FRANCIA
San Sebastián
Vitoria
Pamplona
NAVARRA
Logroño
ANDORRA
Ebro
Zaragoza
CATALUÑA
Barcelona
Costa Brava
ARAGÓN
C. Formentor
Palma de Mallorca
C. Salines
VALENCIA
Valencia
Golfo de Valencia
Júcar
ISLAS BALEARES
Costa Blanca
Murcia
MURCIA
Cabo de Palos
Cartagena
MAR MEDITERRÁNEO
Almería
Cabo de Gata
Argel
ARGELIA
La Palma
Gomera
Hierro

プログレッシブ
西和・和西辞典

2色刷

Diccionario de bolsillo
Español-Japonés
Japonés-Español

〈編者代表〉
高垣　敏博
（東京外国語大学名誉教授）
〈編者〉
小池　和良
（拓殖大学教授）
大森　洋子
（明治学院大学教授）
長谷川信弥
（大阪大学教授）

小学館

Shogakukan
Diccionario de bolsillo
Español-Japonés
Japonés-Español

ポケット プログレッシブ西和・和西辞典

装丁　有限会社バンブー・アイランド
地図　㈱小学館クリエイティブ

まえがき

スペイン語はスペインやラテンアメリカをはじめ、世界の23もの国や地域で、約3億5000万を超える人々によって話されています。国際化が急速に進む社会の中で、スペイン語の重要性はますます大きくなっています。スペイン語圏の社会や文化を学び、情報を伝える道具としてスペイン語を学習する人の数も着実に増えていると言われます。

そこで初学者からすでにスペイン語になじみのある方までを対象とし、スペイン語の「読み、書き、話す」を可能にする充実した内容を、携帯に便利なコンパクトな1冊にまとめてみました。

本辞典には次のような特色があります。

（1）西和辞典・和西辞典・表現集の3部から成っています。

（2）西和は約4万5000語を収録しました。そのうち使用頻度が高い3000語を赤字にし、特に重要な400語については大きな活字の見出しにしました。

（3）赤字の見出し語にはかな発音を入れました。

（4）用例や成句なども紙面の許す限り収録しました。特に前置詞や代名詞、接続詞などについては、中規模の辞典にも劣らない充実した内容にしました。

（5）中南米の諸地域で特有に用いられる語については、独自の調査データをもとに、従来より厳密で明示的な記述をめざしました。また本辞典の大きな特色として、スペインや中南米の国々での同一事物の呼称の違いを「地域差」の欄で示しました。

（6）インターネットから収集したデータをもとに、使用頻度の高い現代的な語彙や新語を積極的に取り入れました。

（7）和西は新語をはじめとして約1万5000語の見出し語を収録しました。できる限り多くの用例や連語形を載せ、必要な表現が作れるよう心がけました。

（8）表現集では、入門会話、旅行会話や、Eメールの書き方、スペイン語圏および世界の国々の資料など、便利な情報を掲載しました。

このように、小さいながらも最新で有用な情報がぎっしり詰まったこの辞書を、授業や、ビジネス、旅行などにいつでもどこでも携帯し、役立てていただけるよう編者一同願っています。

内容の充実をめざしたつもりですが、小型版の制約から十分意を尽くせないところもあるかと思います。みなさんのご意見やご叱正をお聞かせいただければ幸いです。

2003年7月

編者代表　高垣敏博

執筆・校閲

【西和辞典】

高垣敏博

大森洋子　　長谷川信弥

★

上田博人（中南米語）　　宮本正美（新語）

★

落合佐枝　　菊田和佳子　斎藤華子　　四宮瑞枝

下田幸男　　高松英樹　　中本　香　　西村君代

二宮　哲　　松本健二　　村上陽子

インフォーマント：Víctor Calderón de la Barca

【和西辞典・表現集】

小池和良

小池ゆかり　　泉水浩隆　　廣康好美

インフォーマント：Concepción Ruiz Tinoco

校正協力　木越　勉

執筆協力　大川　努

編集協力・校正　岡　悦子

この辞典の使い方

1．見出し語

①一般語，固有名詞，外来語，略語などを収録し，アルファベット順に配列した．

②原則として同一つづりの語は1つの見出し語とした．

③同一語でつづりおよびアクセントを異にするものは / を用いて示した．

achichịncle / achichịnque

aimạra / aimarạ́

④重要語（約3000語）は赤字にし，代表的語義を赤字で示した．最重要語（約400語）は赤字の大見出しにした．

⑤外来語は〔　〕内に語源の語を示した．

airbag [エルバ(グ)]〔英〕男

⑥スペイン語のうちスペインでのみ用いられる語は《スペイン》，ラテンアメリカでのみ用いられる語は《ラ米》，さらに国別に用いられる場合は(メキシコ)などと国名を示した．

abusạdo, da 形《ラ米》(メキシコ)(グアテマラ)

2．発音

①スペイン語の発音の原則と本書でのかな発音の表記法については「つづり字とかな発音，アクセント」の表（vi－viiiページ）参照．

②重要語，発音のまぎらわしい外来語等はかな発音を示した。

③かな発音中，アクセントのある音は赤字で示した．

④かな発音を示していない見出し語は，アクセントのある母音の下に点をつけてアクセントの位置を示した．

abọno

⑤アクセントのある**a-**，**ha-**で始まる女性名詞は［el ～］で示した．

ạlba 女［el ～］

3．品詞

①品詞記号についてはvページを参照．

②男性形と女性形を示した形容詞や名詞の項目中に前置詞，副詞，間投詞等が含まれる場合，それらの品詞の語は男性形をとる。

bajo, ja 形❶(高さ・位置が)低い．― 副 ❶ 低く．― 男 女《話》背が低い人，ちび．― 男 ❶ 低いところ，1階．― 前❶《場所》…の下に

たとえば bajo, ja の品詞は形，副，男女，男，前があるが，形と男女は「bajo, baja」，副，男と前は「bajo」の形をとる．

4．変化形

①不規則な複数形をとる語は複数形を［複 ～s］などで示した．

②見出し語が複数形の場合は複で示した．

ambos, bas [アンボス,バス] 形 複

③不規則動詞には，巻末の動詞変化表の番号を示した．

andar [アンダル] ⑯ 自

④重要語，最重要語の動詞で，形容詞・名詞と同じつづりの活用形のあるものは形容詞・名詞の項目中にその旨記した．

ahorro 男 … ― 活 → ahorrar.

5．語義

①原則として一般的な語義から示した．

②多義語については❶❷❸で語義区分をし，時に(1)(2)でさらに細分化した．また一部の重要語では 1 2 3 で大区分をした．

③1つの語義中に訳語が並ぶ場合，同種の訳語は「,」で，大きな区分は「；」で示した．

④複数形によってその語義が示されるものは訳語の前に［複］を入れて示した．

gafa 女 ❶ 鉤(かぎ)．❷［複］めがね．

⑤ 地域差 のラベルは，同じ事物がスペインやラテンアメリカの国々でどのように呼ばれているのかを示してある．

automóvil 男 …… 地域差 自動車
automóvil《スペイン》；auto《ラ米》(キューバ)(メキシコ)(ニカラグア, パナマ)(ペルー, ボリビア)(チリ)(ウルグアイ, アルゼンチン)；carro《ほぼラ米全域》；coche《スペイン》《ラ米》(メキシコ)(パラグアイ).

6．用例

①用例中の見出し語に当たる部分は，見出し語と同形のときは「～」で，性・数や時制で変化しているときはイタリック体で全書した．

airoso, sa 形 … ❷ 優美な. … una respuesta *airosa* 当意即妙の返答. quedar [salir] ～ de ... …に見事成功する.

②用例中のスモールキャピタルで組まれた所有形容詞 SU は全人称にわたって変化することを表す．

abundar 自《en》… ❷(意見に)固執する. ～ *en* SU opinión 自分の意見を曲げない.

7．成句

成句は項目の最後に太いイタリック体（重要な成句は赤字）で示した．

alabar 他 賞賛する，褒める. ……
¡Alabado sea Dios! 主をたたえよ.

8．記号

～：原則として見出し語のつづりの全体を表す．男性形と女性形の見出し語の場合は男性形を示す．

ácido, da 形 … ❷〖化〗酸の，酸性の. lluvia *ácida* 酸性雨. ❸ しんらつな. hablar en un tono ～ とげのある言い方をする.

（ ）：省略可能を示す．

abollar 他 ❶(金属面等を)へこませる.

［ ］：直前の語との言い換えを示す．

abusar 自 《de》… ～ *del* tiempo [dinero] 時間[お金]を無駄にする.
→「～ del tiempo 時間を無駄にする」あるいは「～ del dinero お金を無駄にする」の意.

記号一覧

～ 原則として見出し語のつづりの全体を表す.
( ) 省略可能を示す.
[ ] 直前の語との言い換えを示す.
〖 〗専門語ラベル
＝ 同意語
↔ 反意語
➜ 参照

品詞

男 男性名詞
女 女性名詞
固名 固有名詞
冠 冠詞
代名《人称》人称代名詞
代名《疑問》疑問代名詞
代名《指示》指示代名詞
代名《不定》不定代名詞
代名《関係》関係代名詞
形 形容詞
形《所有》所有形容詞
形《疑問》疑問形容詞
形《指示》指示形容詞
副 副詞
自 自動詞
他 他動詞
再 再帰動詞
前 前置詞
接 接続詞
間 間投詞

スピーチレベル

《話》 話し言葉
《文》 書き言葉
《軽蔑》軽蔑して
《俗》 俗語
《隠》 隠語
《スペイン》 特にスペイン国内で用いられる語
《ラ米》中南米語

外来語

〔ア〕アラビア語
〔ギ〕ギリシャ語
〔ポ〕ポルトガル語
〔ラ〕ラテン語
〔ロ〕ロシア語
〔伊〕イタリア語
〔英〕英語
〔独〕ドイツ語
〔日〕日本語
〔仏〕フランス語

専門語

〖医〗医学
〖印〗印刷
〖IT〗コンピュータ, インターネット
〖演〗演劇
〖音〗音楽
〖化〗化学
〖海〗海洋
〖解〗解剖
〖カト〗カトリック
〖技〗技術
〖ギ神〗ギリシャ神話
〖軍〗軍事
〖言〗言語学
〖建〗建築
〖航〗航空
〖鉱〗鉱物
〖昆〗昆虫
〖車〗自動車
〖写〗写真
〖宗〗宗教
〖商〗商業
〖植〗植物
〖心〗心理学
〖神〗神学
〖数〗数学
〖生〗生物
〖生化〗生化学
〖政〗政治
〖聖〗聖書
〖哲〗哲学

〖TV〗テレビ
〖動〗動物
〖農〗農業
〖馬〗馬具・馬術
〖服〗服飾
〖物〗物理学
〖法〗法律
〖紋〗紋章
〖冶〗冶金
〖遊〗遊技
〖ラジ〗ラジオ
〖歴〗歴史
〖ロ神〗ローマ神話
〖論〗論理学

つづり字と発音，アクセント

かな発音の（ ）内は省略可能
かな発音中の赤字はアクセントがある音

アクセントの規則

母音または-n，-sで終わる語	後ろから２番目の母音にアクセント plaza［プらさ］広場，lunes［るネス］月曜日 注意①二重（三重）母音は一つの母音と数える sitio［シティオ］場所 ②後ろから２番目の母音が二重（三重）母音の場合には，強母音が強くなる causa［カウサ］原因
-n，-s以外の子音で終わる語	最後の母音にアクセント hotel［オテる］ホテル，color［コろル］色
アクセント記号がついている語	その母音にアクセント sofá［ソファ］ソファー， periódico［ペリオディコ］新聞

母音

単母音	a e i o u の５つ．a,e,oが強母音，i,uが弱母音． mapa［マパ］地図，cena［セナ］夕食，chico［チコ］子供， copa［コパ］グラス，ducha［ドゥチャ］シャワー	
二重母音	〈強母音＋弱母音〉ai (ay), au, ei (ey), eu, oi (oy), ou 〈弱母音＋強母音〉ia, ie, io, ua, ue, uo 〈弱母音＋弱母音〉iu, ui	aula［アウら］教室 piedra［ピエドゥラ］石 ruido［ルイド］騒音
三重母音	〈弱母音＋強母音＋弱母音〉iai, iei, uai (uay), uei (uey)	Uruguay［ウルグアイ］

子音

文字	発音，かな発音の表記法
b	バ行音． baño［バニョ］風呂，cubo［クボ］バケツ． bのかな発音は［ブ］． hombre［オンブレ］男性

c	ca cu co a,u,o の前でカ行音．かな発音は［カ，ク，コ］． casa［カサ］家，banco［バンコ］銀行． ci ce i,e の前で英語のthのように発音．かな発音は［し，せ］． cero［せロ］ゼロ． c のかな発音は［ク］． acto［アクト］行為，cruz［クルす］十字架
ch	チャ行音． muchacho［ムチャチョ］少年，chaqueta［チャケタ］ジャケット
d	ダ行音．dato［ダト］データ． di du は［ディ，ドゥ］． disco［ディスコ］レコード． d のかな発音は［ドゥ］．語末ではほとんど発音されない． madre［マドゥレ］母，pared［パレ(ドゥ)］壁
f	英語の f のように軽く下唇をかむ． familia［ファミりア］家族，jefe［ヘフェ］上司． f のかな発音は［フ］． flor［フろル］花
g gu	ga gu go a,u,o の前でガ行音．かな発音は［ガ，グ，ゴ］． gafas［ガファス］めがね． gui gue のつづりで［ギ，ゲ］の音． guía［ギア］ガイド． g のかな発音は［グ］． negro［ネグロ］黒い
g	gi ge i,e の前でハを口の奥の方から強く出すような音． Egipto［エヒプト］エジプト，Argentina［アルヘンティナ］アルゼンチン
j	ja ji ju je jo gi, ge の g と同じ音． jabon［ハボン］石けん，ojo［オホ］目． j のかな発音は［フ］． reloj［レろ(フ)］時計
h	発音されない． harina［アリナ］小麦粉，ahora［アオラ］今
l	舌先を上の歯茎につけて出す．かな発音は［ら，り，る，れ，ろ］． labio［らビオ］唇，malo［マろ］悪い． l のかな発音は［る］． hospital［オスピタる］病院
ll	リャ行，ヤ行もしくはジャ行音． llave［リャベ〈ヤベ・ジャベ〉］鍵，calle［カリェ〈カイェ・カジェ〉］通り
m	マ行音．mano［マノ］手． mのかな発音は基本的に［ン］． tiempo［ティエンポ］時間
n	ナ行音． nube［ヌベ］雲，vino［ビノ］ワイン． n のかな発音は［ン］．manta［マンタ］毛布

ñ	ニャ行音. niño［ニニョ］少年，mañana［マニャナ］朝
p	パ行音. padre［パドゥレ］父，esposo［エスポソ］夫. p のかな発音は［プ］. plato［プらト］皿
qu	qui que のつづりで［キ，ケ］の音。 queso［ケソ］チーズ，equipo［エキポ］チーム
r- -rr-	語頭の r は巻き舌で発音．かな発音は［ラ，リ，ル，レ，ロ］. radio［ラディオ］ラジオ，rosa［ロサ］バラ. rra rri rru rre rro 巻き舌．語中でのみ用いる. correo［コレオ］郵便
r	ラ行音．舌先を一回はじく音. pájaro［パハロ］鳥. r のかな発音は［ル］. mar［マル］海
s	サ行音. sol［ソる］太陽，mesa［メサ］机. s のかな発音は［ス］. postal［ポスタる］絵はがき
t	タ行音. tarde［タルデ］午後，foto［フォト］写真. ti tu は［ティ，トゥ］. tío［ティオ］おじ. t のかな発音は［トゥ］. traje［トゥラヘ］スーツ
v	バ行音（b と同じ．英語のように下唇をかまない）. vaso［バソ］コップ，cerveza［せルべさ］ビール
x	母音の前では［ks］. éxito［エクシト］成功. 語頭や子音の前では［s］. extranjero［エストゥランヘロ］外国人， xenofobia［セノフォビア］外国人嫌い
y	ヤ行もしくはジャ行音. ya［ヤ〈ジャ〉］すでに，mayo［マヨ〈マジョ〉］5月. 単独または語末では［イ］. y［イ］そして，muy［ムイ］とても
z	za zu zo a,u,o の前で ce, ci の c と同じ発音．かな発音は［さ，す，そ］. zumo［すモ］ジュース，razón［ラそン］理性. z のかな発音は［す］．luz［るす］光

＊ ce,ci と za,zu,zo はスペインでは南部を除いて［θ］で発音されるが，ラテンアメリカを含めその他のスペイン語圏では s と同じ発音である.

＊ {p,t,c,b,d,g,f} ＋ {l,r} の組み合わせは（tl，dlを除く）二重子音となり，一つの子音として扱われる．libro (li-bro)［りブロ］本，postre (pos-tre)［ポストゥレ］デザート

Aa

A, a [ア] 女 ❶ スペイン語字母の第１字；a の名称．❷〘音〙ラ la.

a [ア] 前 (↔de) ► a＋男性定冠詞 el は al となる (→al). 〔英 to, at〕 **1** 《基本用法》 ❶《方向・到達点》…へ，…に．doblar *a* la izquierda [derecha] 左[右]へ曲がる．Por fin llegamos *a* Buenos Aires. 私たちはついにブエノスアイレスに着いた．Subió *al* segundo piso. 彼は２階へ上がった．El avión cayó *al* mar. 飛行機は海に墜落した．Mi habitación mira *a* la playa. 私の部屋は浜辺に面している．❷《場所・位置》…で，のところで．Llaman *a* la puerta. 戸口で誰かが呼んでいるよ．Vivo *a* la vuelta de la esquina. 私は角を曲がったところに住んでいる．*al* sol [*a* la sombra] 日なた[日陰]で．*a* la salida [entrada] 出る[入る]ときに．*a* la mesa 食卓で．❸《時点》…に，…の時に．Mi abuelo murió *a* los ochenta años. 祖父は80歳で死んだ．¿*A* cuántos estamos? 今日は何月何日ですか．Ella volvió *al* día siguiente. 彼女は翌日帰ってきた．*a* medianoche 真夜中に．*al* mismo tiempo 同時に．*a* estas horas 今ごろ．❹《隔たり》(1)《空間》…離れて．Mi casa está *a* quinientos metros de aquí. 私の家はここから500メートルのところにある．(2)《時間》…たって，…したのち．*A* los seis meses de estar en la capital, ya decidió volver al pueblo. 彼は首都に６か月住んでもう故郷に帰ることを決めた．(3)《終結点》…まで．Se tarda dos horas y media de Madrid *a* Sevilla. マドリードからセビリアまで２時間半かかります．Descansamos del día 1 *al* 30. １日から30日まで休みます．Nos llegaba el agua *a* la cintura. 水は私たちの腰まで来ていた．❺《手段・方法》(1)《手段・方法》…で，…によって．hecho *a* mano 手作りの．ir *a* pie 歩いて行く．cuadro *al* óleo 油絵．pagar *al* contado 即金で払う．(2)《原動力》…による．olla *a* presión 圧力釜(がま)．un avión *a* reacción ジェット機．❻《味覚・嗅覚・聴覚等》…の味[におい，音]の．gambas *al* ajillo エビのニンニク風味．sabor *a* fresa イチゴ味．olor *a* quemado 焦げたにおい．❼《様態・習慣》…風に[の]，…流に．tortilla *a* la española スペイン風オムレツ．La chica quiere vestirse *a* la última moda. その娘は流行の服を着るのが好きだ．❽《基準》(1)《数量・値段・程度》…で．El coche corría *a* ciento veinte kilómetros por hora. その車は時速120キロで走っていた．La gasolina se vende *a* ciento veinte yenes el litro. ガソリンは１リットル120円で売られている．(2)《割合》…につき．tres veces *al* día 一日に３回．❾《比較》…と比べて．Prefiero el tren *al* avión. 私は飛行機より列車の方がいい．La niña es muy parecida *a* su madre. その娘はお母さんによく似ている．❿《楽器・スポーツ・ゲームで》…を(する)，…で(奏でる)．jugar *al* fútbol [*a* las cartas] サッカー[トランプ]をする．tocar jazz *al* piano ピアノでジャズを演奏する．⓫《対象》…に対する．miedo *a* los perros 犬に対する恐怖．el derecho *a* la educación 教育を受ける権利．el ataque *a* [de] la ciudad その街への攻撃．⓬《＋不定詞》《条件》(もし) …すると．*a* juzgar por ... から判断すると．*a* decir verdad 本当のことを言うと．⓭《名詞を繰り返して》día *a* día 日々，cara *a* cara 面と向かって．**2** 《構文の中で》 ❶《＋人[動物]を表す直接目的語》…を．Vi *a* Pedro en el centro. 私は中心街でペドロに会った．Llamaron *a* la policía. 彼らは警察に電話した．Voy a pasear *al* perro. 今から犬を散歩させます．► 特定化されない人を表す場合には a をつけないことがある．Busco una secretaria que hable ruso. ロシア語を話す秘書を探している．❷《＋間接目的語》…に，…から．Regaló unas flores *a* su madre. 彼は母親に花を贈った．Le han robado la cartera *a* mi tía. 私の叔母は財布を盗まれた．❸《ir, venir, correr 等の移動動詞＋不定詞》《目的》…するために，…しに．Salieron *a* dar un paseo. 彼らは散歩に出かけた．He venido *a* hablar con usted. 私はあなたに話があって来ました．❹《a＋不定詞》《勧誘・命令》…しよう，…しなさい．¡*A* comer! さあ，食事ですよ．❺《名詞＋a＋不定詞》《義務》…すべき．problema *a* resolver 解決すべき問題．❻《動詞＋a＋不定詞》《慣用句》acostumbrar *a* ... 習慣で…する．empezar *a* ... …し始める．obligar *a* ... …することを強いる．❼《al＋不定詞》→ al ②．***a diferencia de ...*** …と違って．***a semejanza de ...*** …に似て．

a / a. *a* la *a*tención de … 《手紙》…宛(あて)．

AA. 女 *A*erolíneas *A*rgentinas アルゼンチン航空；複 *A*ltezas 殿下．── 男 女 複 *a*utores 作家．

AA. EE. 男 Ministerio de *A*suntos *E*xteriores (スペイン) 外務省．

abacá 男〘植〙マニラアサ；マニラ麻の布．

abacería 女 食料品店．

abacero, ra 男 女 食料品商(人)．

abacial 形 修道院長の；修道院の．

ábaco 男 ❶ そろばん；(ビリヤードの) 点数盤．❷〘建〙頂板，アバクス．

abad 男 (大) 修道院長；(特定の地方で) 教区の主任司祭．→ abadesa.

abadejo 男〘魚〙タラの一種．

abadengo, ga 形 修道院 (長) の，修道院 (長) に属する．── 男 (大) 修道院長の職[権威，管轄区，資産]．

abadesa 女 女子修道院長．→ abad.

abadía 女 ❶ (大) 修道院長の職[権威，管轄区，資産]．❷ (大) 修道院；聖堂．❸ (特定の地方で) 司祭館．

abajadero 男 傾斜(面)，下り勾配(こうばい)．

abajeño, ña 形 男 女《ラ米》低地の(人)，海岸[沿岸]地方の(人)．

abajo [アバホ] 副 〔英 down〕 ❶《場所》下で[に]，階下で；下から[へ，の] (↔arriba)．Te esperan tus amigos 〜. 下で友達が君を待っているよ．El buzón está 〜. 郵便受けは下にあります．ir hacia 〜 下へ行く，下る．❷《方向》下方へ，低い方へ；《無冠詞名詞＋》

(…を) 下って, 降りて ;《体の一部を表す名詞+》(…を) 下に向けて, 伏せて ;《irse, venirse 等の動詞と共に》地面へ. cuesta ～ 坂を下って. con la boca ～ うつ伏せで. Con la tormenta la muralla se vino ～. 嵐(あらし)で防壁が倒壊した. ❸ (文章の) もっと先 [下] で. Citaremos unos ejemplos más ～. 後ほどいくつか例をあげることにしよう. ❹ (地位・立場が) 低く. los de ～ (社会的に) 下層の人々. ── 間 倒せ, やっつけろ. ¡*A*～ la dictadura! 独裁政権打倒.

abalanzar 57 他 ❶ 調整する. ❷ 均衡を保たせる. ❸ 投げつける. ── **abalanzar*se*** 再 突進する, 襲いかかる.

abalaustrado, da 形 手すり[欄干]のついた.

abaldonar 他 (権威・価値・品性等を) 落とす ; 辱める.

abalear 他 ❶ (穀物から) くま手でわら等を取り除く. ❷《ラ米》銃で撃つ.

abalizamiento 男 航路標識の設置.

abalizar 57 他 …に航路標識を設置する.

abalorio 男 ビーズ ; ビーズ細工 (品) ; 安物の装飾品.

abanderado 男 ❶ 旗手. ❷《比喩的》主唱者, リーダー.

abanderamiento 男 船籍登記.

abanderar 他 ❶ (外国に) 船籍登記をする ; 船籍証明書を交付する. ❷ 旗で飾る. ❸ (主義・主張を) 唱える.

abanderizar 57 他 分裂させる. ── **abanderizar*se*** 再《**a**》(…に) 入党[加盟]する.

abandonado, da 過分 → abandonar. 形 ❶ 捨てられた ; 廃墟(はいきょ)になった. ❷ だらしがない ; 汚らしい.

abandonar [アバンドナル] 他 〔英 leave, abandon〕 ❶ **捨てる** ; (習慣を) やめる. *Abandonó* a su marido. 彼女は夫を見捨てた. ❷ (場所・活動から) 離れる, 去る. ❸ (中途で) 断念 [放棄] する. ❹ 怠る, 無視する. ── 自 (競技で) 棄権する, 退場 [リタイア] する. ── **abandonar*se*** 再 ❶《**a**》(…に) 屈する ; (悪習等に) おぼれる. ～ *a* la tentación 誘惑に負ける. ❷ 無精をする. ❸《**a, en**》(…に) 身をゆだねる. ～ *en* manos de la suerte 運を天に任せる.

abandonista 形 敗北主義の, 悲観論的な. ── 男 女 敗北主義者, 悲観論者.

abandono 男 ❶ 放棄 ; 見放すこと. el ～ de una carrera 学業の断念. ❷ 怠慢 ; 放縦. ❸ 自暴自棄. ❹〖スポ〗棄権. ── 活 → abandonar.

abanicar 26 他 ❶ あおぐ, 風を送る. ❷〖闘牛〗カポーテ capote を左右に動かして牛を挑発する. ❸《俗》(野球で) 三振させる.

abanico 男 ❶ 扇子, うちわ ; 扇状のもの. ❷ 範囲, 幅. ❸《俗》サーベル. ❹〖海〗クレーン, デリック. ***en*** ～ 扇状に[の]

abaniqueo 男 ❶ せわしくあおぐこと. ❷ 大げさな手振り.

abaniquería 女 扇子屋[店, 工場].

abaniquero, ra 男 女 扇子職人 [商人].

abano 男 (天井等に取り付けた) 風送り.

abanto 男〖鳥〗(エジプト) ハゲワシ. ── 形 ❶ まぬけな. ❷〖闘牛〗(牛が) 臆病(おくびょう)な.

abaratamiento 男 値下げ[下がり].

abaratar 他 値下げする, 価格を下げる. ── **abaratar*se*** 再 値下がりする.

abarca 女 (昔の革製の) サンダル.

abarcar 26 他 ❶ 抱きかかえる. ❷ 含む, 包含する ; (範囲が) 及ぶ. ❸ 見渡せる. ❹ 引き受ける. ❺〖狩〗(獲物を) 追い込む. ***Quien mucho abarca, poco aprieta.*** 《諺》二兎(にと)を追う者は一兎をも得ず.

abaritonado, da 形 バリトン (音域) の.

abarloar 他〖海〗横付けする.

abarquillado, da 形 反り返った.

abarquillamiento 男 反り.

abarquillar 他 反らせる, 丸める. ── **abarquillar*se*** 再 反る, 丸まる.

abarraganar*se* 再 同棲(どうせい)する.

abarrancar 26 他 ❶ …に亀裂(きれつ) [地溝] を作る. ❷ 泥沼に沈める. ── 自 座礁する. ── **abarrancar*se*** 再 ❶ 泥沼に沈む, (ぬかるみに) はまる. ❷ 行き詰まる.

abarrotado, da 形《**de**》(…で) ぎっしり詰まった, すし詰めの. una carta *abarrotada de* disparates ばかげた話でいっぱいの手紙.

abarrotar 他 ❶《**con, de**》(…を) ぎっしり詰め込む. ❷ (板等を) 添え木で補強する. ❸ 在庫 [供給] 過剰にする. ❹《ラ米》買い占める, 独占する. ── **abarrotar*se*** 再 いっぱいになる.

abarrote 男 [複]《ラ米》食料品 (店), 雑貨.

abarrotería 女《ラ米》食料雑貨店 ; 金物屋.

abastecedor, dora 形 供給 [補給] する. ── 男 女 供給[補給]者.

abastecer 76 他《**con, de**》(食料等を) 供給[補給] する. ── **abastecer*se*** 再 調達[購入]する.

abastecimiento 男 (食料等の) 供給.

abastionar 他 砦(とりで)を築く.

abasto 男 ❶ 食料品の供給[補給]. ❷ 多量, 豊富. ❸ [複] 糧食 ; 食料. ❹ (刺繍(ししゅう)で) 背景の模様. ***dar ～ a ...*** …に必要なものを与える.

abatanado, da 形 織り目の詰んだ, 縮絨(しゅくじゅう)された.

abatanar 他 ❶ (毛織物を) 打つ, 縮絨(しゅくじゅう)する. ❷ 殴る, 痛めつける.

abatatar 他《ラ米》(アルゼンチン) (パラグアイ) (ウルグアイ)《話》動揺させる ; 怖がらせる. ── **abatatar*se*** 再 ❶《話》無気力になる. ❷《ラ米》(アルゼンチン)(パラグアイ)(ウルグアイ)《話》おじけづく ; 恥じる.

abate 男〖カト〗下位の聖職者.

abatí 男《ラ米》(アルゼンチン)(パラグアイ)トウモロコシ (酒).

abatible 形 (いす等が) 折り畳み式の.

abatido, da 形 ❶ 落胆した. ❷ 卑しい. ❸ 価値の下がった ; (食品等が) 傷んだ.

abatimiento 男 ❶ 意気消沈, 落胆. ❷ 衰弱, 憔悴(しょうすい). ❸ 卑劣, 下賤(げせん).

abatir 他 ❶ 破壊[解体]する. ❷ 降ろす. ❸ 打 [撃] ち落とす. ❹ 落胆させる ; 衰弱 [憔悴(しょうすい)] させる. ❺ (慢心・誇りを) くじく. ❻ 傷つける, 殺す. ── 自〖海〗風下へ流される, (航路から) それる. ── **abatir*se*** 再 ❶《**sobre**》(…の上に) 舞い降りる ; (…に) 襲いかかる. ❷ 屈する. ❸ 落胆する.

abazón 男 (猿の) 頬(ほお)袋.

abdicación 女 退位, 譲位 ; (権力・権

利の)放棄.
abdicar 26 他 ❶ (王位・官職等を)退く, 譲る. ❷ (考え・主張を)捨てる. ―― 自 退位する;《de》(主義等を)捨てる.
abdomen 男 腹部.
abdominal 形 腹の, 腹部の.
abducción 女 ❶ 誘拐. ❷〘論〙蓋然(がいぜん)的三段論法. ❸〘解〙外転(運動).
abductor 男〘解〙外転筋.
abecé 男 いろは;基礎, 初歩.
abecedario 男 ❶ アルファベット, 字母(表). ❷ 読み書きの本. ❸ 記号, 符号.
abedul 男〘植〙カバノキ.
abeja 女 ❶〘昆〙ミツバチ. ～ maesa [maestra, reina] 女王バチ. ～ neutra [obrera] 働きバチ. ❷ 働き者.
abejaruco 男 ❶〘鳥〙ハチクイ. ❷ うわさ好き, ロうるさい人.
abejera 女 ❶ 養蜂(ようほう)場. ❷〘植〙ヤマハッカ.
abejón 男〘昆〙(1) マルハナバチ. (2) (ミツバチの)雄バチ.
abejorro 男 ❶〘昆〙(1) マルハナバチ. (2) コフキコガネ. ❷ 煩わしい人.
abellotado, da 形 どんぐり形の.
abencerraje 男 Cegríes y *A～s* セグリー家とアベンセラー家, 仇敵(きゅうてき)関係.
aberenjenado, da 形 ナス色[形]の.
aberración 女 ❶ 異常, 奇行. ❷〘生〙奇形. ～ cromosómica 染色体異常.
aberrante 形 常軌を逸した, 異常な.
aberrar 51 自 逸脱する, 間違う;道に迷う.
abertura 女 ❶ 開く[あける]こと;〘法〙(遺言状の)開封. ❷ 穴, 亀裂(きれつ);開口部. ❸ 山あい;入り江. ❹ 率直さ, ざっくばらんなこと. ～ de espíritu 度量の広さ. ❺〘光〙(レンズの)有効口径;(カメラの)絞り.
abertzale [アベルチャれ〈アベルされ・アベルツァれ〉] 形 バスク民族主義の. ―― 男 女 バスク民族主義者.
abertzalismo 男 バスク民族主義者[団体]の政治的[社会的]活動.
abetal / abetar 男 モミ林.
abeto 男〘植〙モミ(の木);モミ材.
abetunado, da 形 タール質[褐色]の.
abierto, ta [アビエルト,タ] 過分 → abrir. 形〔英 open〕❶ 開いた (↔ cerrado). ventana *abierta* 開いた窓. ❷ 広々とした. campo ～ 平原. ❸ 開店[開館]している, 営業[執務]中の. La tienda está *abierta*. 店は営業中だ. ❹ 開放的な. curso ～ al público 公開講座. ❺ ざっくばらんな. ❻ 明白な, 公然の. ❼ (都市が)城壁で囲われてない. ❽〘音声〙開口音の;開音節の. ❾〘海〙無甲板の. ❿ 寛大な;親切な;(性格が)オープンな.
abietáceos 男 複 モミ属の植物.
abigarrado, da 形 ❶ 雑色の;配色の悪い. ❷ 寄せ集めの;まとまりのない.
abigarramiento 男 ❶ 趣味の悪い配色. ❷ 寄せ集め;まとまりのなさ.
abigarrar 他 …に色をごてごて塗り付ける.
abigeato 男 家畜泥棒.
ab initio 〔ラ〕最初から.
ab intestato 〔ラ〕遺言なしに.
abipón, pona 形 男 女 (アルゼンチンのチャコ地方に住んでいた)アビポン族の(人).
abisagrar 他 蝶番(ちょうつがい)を取り付ける.
abisal 形 深淵(しんえん)の;深海の.
abisinio, nia 形 エチオピアの. ―― 男 女 エチオピア人. ―― 男 エチオピア語.
abismado, da 形 没頭した;物思いにふけった.
abismal 形 深淵(しんえん)の;深海の;計り知れない. ―― 男 矢じりの止め釘(くぎ).
abismar 他 ❶《en》(深みに)沈める, 投げ込む. ❷ 恥じ入らせる. ―― **abismarse** 再《en》(…に)沈む;(…に)没頭する;(…に)身をゆだねる. ～ *en* el dolor 悲嘆に暮れる.
abismático, ca 形 深淵(しんえん)の;深い, 計り知れない.
abismo 男 ❶ 深淵(しんえん), (底知れない)深み;深海. ❷ 地獄, 奈落. ❸ 計り知れないもの. ❹ 深い断絶;対立. ❺ 紋章盾の中心(部). *al borde del* ～ 破滅寸前の.
abizcochado, da 形 スポンジケーキ状[風]の.
abjuración 女〘宗〙異端誓絶;(主義・主張等の)撤回;放棄.
abjurar 自《de》(信仰・主義等を)捨てる. ―― 他 (信仰・主義等を)放棄する.
ablación 女 ❶〘医〙切除, 除去. ❷〘地質〙削磨;浸食;風化.
ablandamiento 男 柔らかくする[なる]こと, 軟化;緩和, 軽減, 弛緩(しかん).
ablandar 他 ❶ 柔らかくする;緩める. ❷ 静める, 和らげる. ❸ 態度を軟化させる;ほろりとさせる. ❹ (氷雪を)溶かす. ―― **ablandarse** 再 ❶ 柔らかくなる;和らぐ;弱まる. ❷ (性格が)穏やかになる. ―― 自 (風雨が)弱まる, (寒さが)和らぐ.
ablande 男《ラ米》(アルゼンチン)(ウルグアイ)〘車〙慣らし運転.
ablativo 男〘文法〙奪格 (＝caso ～).
ablución 女 ❶ 体を洗うこと;みそぎ. ❷〘カト〙(ミサのときの聖杯・手指の)洗浄;[複](洗浄用の)水とぶどう酒.
ablusado, da 形 ブラウス風の, ゆったりした.
abnegación 女 自己抑制, 自己犠牲.
abnegado, da 形 犠牲的[献身的]な.
abnegarse 72 再 自分を犠牲にする, 私欲を捨てる, 献身する.
abobado, da 形 ばかな;呆然(ぼうぜん)とした.
abobamiento 男 ❶ 痴呆(ちほう), ぼけ. ❷ 呆然(ぼうぜん)自失, 驚嘆.
abobar 他 ❶ ばかにする;もうろくさせる. ❷ 呆然(ぼうぜん)とさせる, 驚嘆させる. ―― **abobarse** 再 ぼける;ぼうっとする.
abocado, da 形 ❶《a》(…に)瀕(ひん)した. ❷ (ワインが)やや甘口で口当たりのよい.
abocar 26 他 ❶ (瓶の口から口へ)注ぎ込む. ❷ 近づける. ❸ (口に)くわえる. ―― 自 ❶ (船が)港[海峡]に入る. ❷《a》(…に)到達する. ―― **abocarse** 再 ❶ 集まる;《con》(…と)会う. ❷《a》(…に)近づく.
abocardar 他 (筒・穴の)口を広げる.
abocetado, da 形 下絵の, スケッチ風の;(彫刻で)荒削りな.
abocetar 他 下絵を描く;粗彫する.
abochornar 他 ❶ 息苦しく[のぼせ]させる. El calor nos *abochorna*. 我々は暑くて息が詰まりそうだ. ❷ はずかしめる, 赤面させる. ―― **abochornarse** 再 ❶《de, por》(…を)恥じる, (…で)赤面する. ❷ (植

A

物が) 暑さでしおれる, 干からびる.
abocinado, da 形 ❶ らっぱ状の. ❷ (馬が) 首を垂れた.
abocinar 他 ❶ (筒・穴の) 口をらっぱ形に広げる. ❷ うつぶせになる[倒れる]. ― **abocinarse** 再 (馬が) 首を垂らして歩く.
abofeteamiento 男 ❶ 平手打ちを食らわせること. ❷ 侮辱.
abogacía 女 弁護士業.
abogada 女 → abogado.
abogaderas 女 複 《ラ米》《話》へ理屈, 詭弁(きべん).
abogadete / abogadillo 男 《話》へぼ弁護士.
abogado, da [アボガド,ダ] 男 女 〔英 lawyer〕 ❶ 弁護士, 弁護人 ; 法学士. ～ defensor 被告弁護人. ～ de oficio 国選弁護人. ～ fiscal 検事. ❷ 調停者, 仲裁人. ❸ 庇護(ひご)者. ❹ 〖カト〗守護聖人. ～ *del diablo* 列聖調査審問検事 ; 異を立てる人 ; けちをつける人.
abogar 66 自 ❶ (訴訟で) 弁護する. ～ por ... / ～ en [a] favor de ... …の弁護をする. ❷ 取りなす, 仲裁する.
abolengo 男 ❶ 先祖 ; 血統, 家系. ❷ 世襲財産. *de* ～ 名門の.
abolición 女 廃止, 撤廃, 撲滅.
abolicionismo 男 ❶ 廃止論, 撤廃論. ❷ 奴隷制廃止論.
abolicionista 形 男 女 (奴隷制) 廃止論者 (の).
abolir 8 他 廃止する, 撤廃する.
abolladura 女 ❶ 凹部, へこみ. ❷ 浮き出し (模様), 圧印加工.
abollar 他 ❶ (金属面等を) へこませる. ❷ (飾り模様を) 浮き上がらせる, 打ち出す. ― **abollarse** 再 へこむ, くぼむ.
abolsar 他 膨らませる, だぶだぶにする. ― **abolsarse** 再 たるむ, 膨らむ.
abombado, da 形 ❶ 凸状[凸面]の. ❷ 呆然(ぼうぜん)とした. ❸ 《ラ米》愚かな.
abombar 他 ❶ 凸状[凸面]にする ; 膨らませる. ❷ 《話》呆然(ぼうぜん)とさせる. ― **abombarse** 再 ❶ 凸状[凸面]になる. ❷ 《ラ米》(1) 酔っ払う. (2) 腐る.
abominable 形 忌まわしい, 憎むべき ; 恐ろしい. un crimen ～ 忌まわしい犯罪.
abominación 女 嫌悪 ; 嫌悪すべきもの, ぞっとするもの.
abominar 他 嫌悪する, 憎む. ― 自 《**de**》(…を) 忌み嫌う ; 嫌悪する, のろう.
abonable 形 ❶ 支払い可能な ; 払い込まれる. ❷ 〖農〗土地改良のできる.
abonado, da 形 ❶ 支払い済みの, 納入済みの. ❷ 保証のある. ❸ 《**para**》(…する) 能力がある, 準備ができている. ❹ 肥料を施した. ― 男 女 (電気・ガス・水道・電話等の) 加入者 ; 定期会員[購読者], 通し券[回数券]購入者. ― 男 〖農〗施肥.
abonanzar 57 自 〖海〗嵐(あらし)が収まる, 海が凪(な)ぐ ; (混乱等が) 落ち着く. ― **abonanzarse** 再 静まる.
abonar 他 ❶ 支払う, 払い込む. ❷ 保証人になる ; 保証する. ❸ 《**a**》(新聞・雑誌等の) (定期) 購読を申し込む ; (演劇等の通し券を) 買う. ❹ 〖農〗肥料を施す. ❺ 改良[改善]する. ― 自 → abonanzar. ― **abonarse** 再 《**a**》(…を) 予約する, (…に) 加入する ; 申し込む ; (演劇等の通し券を) 買う.
abonaré 男 〖商〗約束手形.
abono 男 ❶ 支払い, 払込金. ❷ (新聞・雑誌等の) 定期購読の申し込み ; (演劇・スポーツ等の) シーズンチケット. sacar un ～ para las corridas 闘牛の通し券を買う. ❸ 保証金, 内金. ❹ 貸方記入. ❺ 〖農〗肥料 ; 施肥. ～ mineral [orgánico] 無機[有機]肥料.
aboquillar 他 吸い口をつける ; (柱等の) 面取りをする.
abordaje 男 接舷(せつげん) ; 乗船 ; 衝突.
abordar 他 ❶ (人に) 近づく, 話しかける. ❷ (問題を) 切り出す, 触れる. ❸ (仕事に) 取り組む. ❹ (敵船に乗り込んで) 攻撃する ; (他船に) 船を接触させる. ― 自 入港する, 船を横づけにする.
aborigen 形 [複 aborígenes] 先住の. ― 男 女 先住民. ***aborígenes de Australia*** オーストラリア先住民, アボリジニー.
aborlonado, da 形 《ラ米》(コロンビア)(チリ)(布地が) 縞(しま)の, 織りむらのある.
aborrajarse 再 (穀物が) 早枯れする.
aborrascarse 26 再 ❶ 悪天候になる, 暴風雨になる. ❷ (会議等が) 荒れる.
aborrecer 76 他 ❶ 嫌悪する, 忌まわしく思う ; 不愉快にさせる. ❷ (動物が子を) 捨てる. ― **aborrecerse** 再 うんざりする.
aborrecible 形 忌まわしい, 憎むべき.
aborrecimiento 男 ❶ 嫌悪, 反感. ❷ 嫌気, 倦怠(けんたい).
aborregarse 66 再 ❶ (空が) 白い雲で覆われる. ❷ 人に左右される.
abortar 自 ❶ 流産[早産]する. ❷ 破綻(はたん)する. ❸ (動植物の器官が) 発育不全になる. ❹ (病気の) 進行が止まる. ― 他 ❶ 流産[早産]する ; 中絶する. ❷ 不完全に終わらせる, 中断する.
abortista 形 男 女 中絶賛成の (人).
abortivo, va 形 流産の, 早産の ; 中絶の. ― 男 中絶薬.
aborto 男 ❶ 流産 ; 中絶. ❷ 失敗 (作). ❸ 《話》醜い人[物]. ❹ 〖生〗発育不全.
abotagamiento / abotargamiento 男 はれ, むくみ.
abotagarse / abotargarse 66 再 はれる, むくむ.
abotinado, da 形 半長靴の ; (ズボンの裾(すそ)が) すぼまった.
abotonadura 女 ボタン一式.
abotonar 他 …のボタンを掛ける. ― 自 (植物が) 芽を出す ; (ゆで卵の割れ目から) 卵白が出る. ― **abotonarse** 再 (服の) ボタンを掛ける.
abovedado, da 形 ドーム状の.
abovedar 他 ドーム状にする.
aboyar 他 ❶ …に浮標[ブイ]を設置する, (危険区域等を) 浮標で示す. ❷ 浮かべる. ― 自 浮かぶ, 漂う.
abra 女 [el ～] ❶ 入り江. ❷ 谷間. ❸ (地面の) 割れ目, 亀裂(きれつ). ― 活 → abrir.
abracadabra 男 アブラカダブラ. ► 病魔を追い払うため等に使われる呪文(じゅもん).
abracadabrante 形 奇妙な, 突飛な.
abrace(-) / abracé(-) 活 → abrazar.
abrasador, dora 形 燃えるような.

una pasión *abrasadora* 激しい情熱.

abrasar 他 ❶ (熱・光・酸等が) 焼く, 焦がす. ❷ (舌・胃等を) ひりひりさせる. Me *abrasa* la sed. のどがからからだ. ❸《比喩的》胸を痛めさせる, 怒らせる. El odio me *abrasa*. 憎悪で身を焼かれる思いだ. ❹ (しんらつな言葉で) 恥をかかせる. ❺ (暑さ・霜等が植物を) 枯らす. ❻ (財産等を) 浪費する. ── **abrasarse** 再 ❶ 焦げる, 焼ける. ❷《de, en》(…に) 身を焦がす. ～ *de* calor 暑さにうだる. ～ *de* sed のどがからからになる. ❸ (暑さ・霜等で植物が) 枯れる.

abrasión 女 ❶ 擦りむくこと; (皮膚の) 剝離(はく). ❷ 浸食作用; 磨耗, 研磨.

abrasivo, va 形 浸食する; 研磨の. ── 男 研磨材.

abrazadera 女 ❶ 留め金, 締め具. ❷〖印〗角括弧, ブラケット([ ]).

abrazar [アブラさル] 57 他 〔英 embrace〕 ❶ **抱く**, 抱擁する. El padre *abrazó* al niño. 父親は子供を抱き締めた. ❷ (仕事を) 引き受ける. ❸ 包含する; (範囲が) 及ぶ. ❹ 信奉する, (考えを) 抱く. ❺ (職業に) 就く. ── **abrazarse** 再 抱き合う, 抱擁する.

abrazo 男 抱擁. dar un ～ 抱擁する. ── 活 → abrazar. ***A～s.*** 《手紙》愛情を込めて. ***Un (fuerte) ～*** 《手紙》愛情を込めて. ► 親しい間柄の結語表現.

abreboca 男《話》食前酒.

abrebotellas 男 [単複同形] 栓抜き.

abrecartas 男 [単複同形] ペーパーナイフ.

ábrego 男 南風; 南西風.

abrelatas 男 [単複同形] 缶切り.

abrevadero 男 (動物の) 水飲み場.

abrevar 他 ❶ (家畜に) 水を飲ませる. ❷ (皮をなめすために) 水につける, 湿らす. ── **abrevarse** 再 (家畜が) 水を飲む.

abreviación 女 ❶ 省略; 略語. ❷ 要約, 概要.

abreviadamente 副 かいつまんで.

abreviador, dora 形 要約する, 短縮する. ── 男 女 要約者.

abreviar 17 他 ❶ 要約する. ❷ 短縮する; 早く済ます, 急ぐ. ❸ 略語にする. ── 自 急ぐ, 手短にする.

abreviatura 女 ❶ 省略形, 略語. ❷ 要約. ***en ～*** 略語で; 急いで.

abridero, ra 形 (モモ等) 実離れのよい. ── 男 ネクタリン.

abridor, dora 形 あける, 開く. ── 男 缶切り; 栓抜き.

abrigado, da 過分 → abrigar. 形 ❶ 守られた, 避難所となった. ❷ (衣服を) 着込んだ. ❸ (家・場所等が) 暖かい, 快適な. ── 女 風よけの場所, 避難所.

abrigar [アブリガル] 66 他 〔英 protect〕 ❶ (風・寒さから) **保護する**, 守る; 遮蔽(しゃへい)する. Este jersey *abriga* mucho. このセーターはとても暖かい. ❷ (期待・疑い等を) 抱く. ── **abrigarse** 再 ❶ (衣服を) 着込む. ❷《de》(…から) 避難する. *Me abrigo de* la lluvia. 私は雨から身を守る.

abrigo 男 ❶ コート, オーバー, 外套(がいとう); 《ラ米》ジャンパー (→ cazadora 地域差). ❷ 保護, 庇護(ひご). ❸ 避難所, シェルター. ❹ 雨風をしのぐ場所. ── 活 → abrigar. ***al ～ de ...*** (寒暑・風を) 避けて; 守られて. fugarse *al* ～ *de* la noche 夜陰に紛れて逃げる. ***de ～*** (1) 本当の; 最高の. (2)《話》要注意の. Aquel joven es *de* ～. あの若者には気をつけたほうがいい.

abrigue(-) / abrigué(-) 活 → abrigar.

abril [アブリル] 男 〔英 April〕 ❶ **4月** 《略 abr.》 En ～, aguas mil. 《諺》4月は雨の月. ❷ [複]《話》(特に若い人の) 歳. ¿Cuántos ～*es* tienes? 君, いくつ. ❸《比喩的》青春. ～ de la vida 人生の春. ***estar hecho un ～*** めかし込んでいる.

abrileño, ña 形 4月の, 春のような.

abrillantado, da 形《ラ米》(果物に) 砂糖等をまぶした, 糖衣の.

abrillantador, dora 形 つや出しの. ── 男 ❶ 宝石研磨 [細工] 師. ❷ 研磨器; つや出し.

abrillantar 他 ❶ つや出しする. ❷ (宝石を) カットする. ❸《比喩的》(価値・品質を) 高める, 際立たせる.

abrir [アブリル] 9 他 [過分 abierto, ta] 〔英 open〕 ❶ **開く**, 開ける (↔ cerrar); (穴等を) あける. ～ las ventanas de par en par 窓をいっぱいに開く. ～ un fichero〖IT〗ファイルを開く. ～ el libro por la página 45 本の45ページを開く. ～ el grifo 蛇口を開く. ❷ 広げる. ～ el mantel テーブルクロスを広げる. ～ los brazos 腕を広げる. ❸ 始める, 開始する. ～ un curso 講座を開講する. ～ la cuenta 口座を開く. ～ el desfile 行列の先頭を行く. ～ comillas 引用を始める. ～ un paréntesis 余談を入れる. ❹《間接目的代名詞を伴って》(…に欲求等を) 起こさせる. El ejercicio *te abre* las ganas de comer. 君, 運動すれば食欲が出るよ. ── 自 ❶ 開く. Esta puerta no *abre* bien. このドアはうまく開かない. ❷ (空が) 晴れる, 明るくなる. ── **abrirse** 再 〔英 open〕 ❶ **開く**, 開けられる; 広がる; 始まる. ～ las flores 花が開く. *Se abrieron* las puertas a todo el mundo. 皆に門戸が開放された. ❷《con, a》(…に) 心のうちを明かす, 心を開く. Los chicos no *se han abierto* todavía conmigo. あの子たちはまだ私に心を開いていない. ❸ (車等がカーブで) 大回りする. ❹《a》(…に) 面している. ❺《話》退散する. ***abrirse camino en la vida*** 成功[出世]する. ***no abrir el pico [la boca]*** 《話》黙っている.

abrochador 男 ❶ (鉤(かぎ)状の) ボタン掛け. ❷《ラ米》(アルゼンチン)ホッチキス.

abrochar 他 締め具 [留め金] で留める, …のボタン[フック]を掛ける; (靴等の) ひもを結ぶ. ── **abrocharse** 再 (ベルト等を) 締める, ボタンを掛ける. *Abróchense* el cinturón de seguridad, por favor. (飛行機で) 安全ベルトをお締めください.

abrogación 女 廃止, 撤廃.

abrogar 66 他 廃止する, 撤廃する.

abrojal 男 ハマビシの茂った土地.

abrojo 男 ❶〖植〗ハマビシ. ❷ 鉄びし.

abroncar 26 他《話》❶ 怒鳴りつける. ❷ 野次る, …に不満を表明する. ❸ 恥をかかせる. ── **abroncarse** 再《話》❶ 恥じる. ❷ 腹を立てる.

abroquelarse 再 ❶ 身を守る. ❷《en, con, de》(…を) 盾に取る, 口実にする.

abrọtano 男〘植〙ヨモギ類.

abrumạdo, da 形 うんざりした；圧倒された.

abrumadọr, dọra 形 うんざりする，堪えがたい；打ちのめす，圧倒する.

abrumadọramẹnte 副 圧倒的に.

abrumạr 他 ❶ 重荷を与える，苦しめる. La noticia me *abrumó*. その知らせに私は打ちのめされた. ❷《**con**》(…で) うんざりさせる，悩ます. ～ con atenciones 迷惑がられるほど歓待する. ❸(議論で)圧倒する. ── **abrumarse** 再 ❶ 当惑する，弱る. ❷ 霧でかすむ.

abrụpto, ta 形 ❶ 険しい，傾斜の急な. ❷ 無愛想な.

abscẹso 男〘医〙膿瘍(のうよう).

abscịsa 女〘数〙横座標.

abscisiọ́n 女〘医〙切断，切除.

absentịsmo 男 ❶(無断の，頻繁な)欠勤，欠席. ❷(地主の)不在，不在地主制.

absentịsta 形 男 女 ❶ 不在地主(制の). ❷ 欠勤[欠席]の多い(人).

absidạl 形〘建〙後陣の.

ạ́bside 男〘建〙後陣：教会の祭壇後方に張り出した半円形の奥室.

absidiọla 女〘建〙小後陣：ábside の周囲に配置される半円形の祭室.

absidiọlo 男 → absidiola.

absoluciọ́n 女 ❶〘カト〙(告解後の)罪の許し，赦免；赦禱(しゃとう)(式). ～ sacramental 赦罪. ❷ 無罪宣告，無罪放免.

absolụta 形 → absoluto.

absolụtamẹnte 副 絶対に；完全に. *A*～ sí [no]. 全くそのとおりだ[違う].

absolutịsmo 男 絶対主義(体制).

absolutịsta 形 絶対主義の. ── 男 女 絶対主義者.

absoluto, ta [アブソるト,タ] 形〔英 absolute〕❶ **絶対の**，絶対的な；完全な；無条件の. En la elección su partido obtuvo la mayoría *absoluta*. 彼の党が選挙で絶対多数を獲得した. ❷ 専制的な，独裁的な. monarquía *absoluta* 絶対君主制. ❸〘文法〙絶対の；独立した. superlativo ～ 絶対最上級. ❹〘数〙〘物〙絶対の. valor ～ 絶対値. ❺〘化〙純粋な. ── 男 el *A*～ 神. ***en*** ～《肯定・(特に)否定を強めて》全く，絶対に；決して. ¿Le gusta esta película? — *En* ～. この映画は好きですか. 一全然.

absolutọrio, ria 形〘法〙無罪の.

absolvẹr 110 他〔過分 absuelto〕❶《**de**》(罪・義務から)解放する；〘カト〙罪を許す，赦免する. ❷〘法〙無罪を宣告する.

absorbẹncia 女 吸収(性，力).

absorbẹnte 形 ❶ 吸収力のある，吸収性の. ❷ 心を奪う；時間[手間]のかかる. ❸ 専制[独占]的な. ── 男 吸収剤. ～ higiénico 生理用ナプキン.

absorbẹr 他 ❶ 吸収する；引き寄せる. ❷(時間・資源等を)消費する. ❸(注意等を)奪う，引きつける. ❹(企業・組織等を)吸収[合併]する.

absorciọ́n 女 ❶ 吸収，吸着；合併. ❷ 熱中，没頭.

absọrto, ta 形 ❶《**en**》(…に)熱中[没頭]した，夢中になった. ❷《**ante**》(…に)驚嘆した. Quedé ～ *ante* tanta belleza. 私はあまりの美しさに目をみはった.

abstẹmio, mia 形 男 女 酒を飲まない(人)；禁酒中の(人).

abstenciọ́n 女(選挙での)棄権.

abstencionịsmo 男〘政〙棄権(主義).

abstencionịsta 形 男 女〘政〙棄権主義の[者].

abstenẹrse 33 再《**de**》(…を)控える；断つ；棄権する. *Abstente de* decir tonterías. ばかなことを言うのはやめろ. ～ *del* vino 禁酒する.

abstergẹr 84 他(傷を)洗浄する.

abstinẹncia 女 ❶ 節制，禁欲. ❷(宗教上の)精進，断食；〘カト〙小斎.

abstracciọ́n 女 ❶ 抽象(作用)，抽象化；〘哲〙捨象. ❷ 精神集中，専念. ❸ 上の空，放心.

abstrạcto, ta 形 ❶ 抽象的な(↔ concreto). ideas *abstractas* 抽象観念. nombre ～ 抽象名詞. número ～ 無名数. ❷〘美〙抽象(派)の. arte ～ 抽象芸術. ❸(学問が)観念的[理論的]な；純粋な. ❹ 難解な. ── 男 抜粋，要約. ***en*** ～ 抽象的に，総括的に.

abstraẹr 104 他 ❶ 抽象[捨象]する. ❷ 抜き出す，分離する. ── 自《**de**》(…を)無視する. ── **abstraerse** 再 ❶《**de**》(…を)忘れる，意に介さない. ～ *del* ruido 物音を気にせず熱中する. ❷《**en**》(…に)専念する.

abstraị́do, da 形 ❶《**en, por**》(…に)熱中[没頭]した. ❷ 上の空の，放心した.

abstrụso, sa 形 難解な；深遠な.

absuẹlto, ta 過分 → absolver. 形 ❶〘カト〙赦免された. ❷ 無罪を宣告された.

absurdidạd 女 不条理，ばかげたこと.

absụrdo, da 形 不条理な；ばかげた. ── 男 不条理；ばかげたこと. decir ～*s* 理屈に合わないことを言う.

abubịlla 女〘鳥〙ヤツガシラ.

abuchẹar 他 野次る，ブーイングをする.

abuchẹo 男《話》野次，ブーイング.

abuẹla 女 → abuelo.

abuelạstro, tra 男 女 継父母の父[母]；祖父母の再婚した相手.

abuelịto, ta 男 女《話》おじいちゃん，おばあちゃん.

abuelo, la [アブエろ,ら] 男 女〔英 grandfather, grandmother〕❶ **祖父，祖母**，おじいさん，おばあさん. ～ paterno [materno] 父方の[母方の]祖父. tío ～ [tía *abuela*] 大おじ[大おば]. ❷ 老人. ── 男〔複〕❶ 祖父母. ❷ 祖先. ***¡Cuéntaselo a tu abuela!*** そんなこと誰が信じるものか. ***no tener [necesitar] abuela*** 自画自賛する.

abuhardillạdo, da 形 屋根裏部屋のついた[風の].

abulẹnse 形 男 女(スペインの)アビラの(人).

abụlia 女〘医〙意志喪失；無意志(症).

abụ́lico, ca 形 意志喪失の，無気力の.

abultạdo, da 形 ❶ かさばった；ぶ厚い. ❷ 腫(は)れ上がった. ❸ 大げさな.

abultamiẹnto 男 ❶ かさばり. ❷ 腫(は)れ；増大，膨張. ❸ 誇張.

abultạr 他 ❶ かさばらせる，膨らませる. ❷ 腫(は)れ上がらせる. ❸ 誇張する. ～ una historia 話に尾ひれをつける. ── 自 かさばる. Este armario *abulta* mucho. このたんすはずいぶん場所を取る.

abundamiento 男 豊富, 多量. ***a mayor*** ～ 念のため, さらに.

abundancia 女 豊富, 多量; 裕福. ***en*** ～ 十分に, 裕福に. ***nadar*** [***vivir***] ***en la*** ～ 金があり余っている, 裕福に暮らす.

abundante [アブンダンテ] 形 〔英 abundant〕 **豊富な**, 多量[多数]の, あり余るほどの. En aquel concierto la juventud era ～. あのコンサートには若い人がたくさん来ていた.

abundar 自 《**en**》 ❶ (…に) 富む, (…が) 豊富である; 多い. En este libro *abundan* los errores. この本には間違いが多い. Lo que *abunda* no daña. 《諺》 多いに越したことはない. ❷ (意見に) 固執する; 賛同する. ～ *en* su opinión 自分の意見を曲げない. ～ *en* la opinión de ... …に全く同感である.

abundoso, sa 形 豊富な; 肥沃(ひよく)な.

¡abur! 間 《話》 さよなら, バイバイ.

aburguesamiento 男 ブルジョア化.

aburguesarse 再 ブルジョア化する.

aburrido, da 過分 → aburrir. 形 退屈な; うんざりした. Ya me tienes ～. いい加減にしろよ.

aburrimiento 男 退屈.

aburrir [アブリル] 他 〔英 bore〕 **退屈させる**, うんざりさせる. Esta película *aburre* a cualquiera. この映画には誰でも退屈する. — **aburrirse** 再 〔英 get bored〕 《**de, con**》 (…で) **退屈する**. Me *aburro de* leer novelas policiacas. 私は探偵小説を読むのにあきあきしている.

abusado, da 形 《ラ米》(メキシコ)(グアテマラ) 《話》 (1) 利口な. (2) ¡(Ponte) ～! 気をつけろ.

abusar 自 《**de**》 ❶ (…を) 乱用する; (善意・弱み等に) つけ込む. ～ *de*l tiempo [dinero] 時間[金]を無駄にする. ❷ (…の) 度を過ごす. ～ *de* la bebida 酒を飲みすぎる. ❸ (弱者を) 虐待する; (女性を) 暴行する. ～ *de* un menor 幼児虐待.

abusivo, va 形 不当な, 法外な; 横暴な.

abuso 男 ❶ 乱用; 越権. ～ de poder [autoridad] 権力[職権]乱用. Es un ～ cobrar tanto dinero. そんなに高い料金を取るのは不当だ. ❷ つけ入ること; 裏切り. ～ de confianza 背任, 背信. ❸ (性的) 虐待, 暴行. ～ deshonesto レイプ, わいせつ行為.

abusón, sona 形 男 女 《話》 自分勝手な(人), 厚かましい(人).

abyección 女 ❶ 卑劣. ❷ 悲惨.

abyecto, ta 形 ❶ 卑劣な. ❷ 悲惨な.

a.C. *a*ntes de *C*risto 紀元前 (↔d. C.).

acá [アカ] 副 〔英 here〕 ❶ 《aquí よりも漠然とした場所を指して》 **こちらへ**, ここに. Ven (más) *acá*. (もっと) こっちへおいで. ► 《ラ米》 ではほとんどの場合 aquí と同じ意味で使われる. ❷ 《**de, desde**》 (…から) 今まで. *de* ayer *acá* 昨日から, 最近. ¿*De* cuándo *acá* no lo ves? いつから彼に会っていないのですか. ❸ 《ラ米》 この人. *Acá* le sirve de guía. この人あなたのガイドを務めます. ***acá y allá*** あちらこちらに. ***de acá para allá*** あちらこちらへ.

acabado, da 過分 → acabar. 形 ❶ 完成した; 完全な, 完ぺきな; 精緻(せいち)な. ❷ 熟練した; 洗練された. ❸ 古びた, がたがきた. ❹ 老いた; 衰弱した. — 男 仕上げ, 仕上がり.

acabar [アカバル] 他 〔英 finish〕 ❶ **終える**; 仕上げる. ～ la tarea 宿題を終わらせる. ❷ …を平らげる, 飲み尽くす; 使いきる. — 自 ❶ **終わる**. *Acabará* pronto la crisis económica. 経済危機はまもなく終わるだろう. ❷ 《+形容詞・副詞・ **en**》 結末が…である; (…で) 終わる. Esta novela *acaba bien*. この小説の結末はハッピーエンドである. ～ *en* punta 先がとがっている. ❸ 《**con**》 (…を) だめにする; 殺す; (…との交際を) 終わらせる. Esta situación *acaba con* los niños. こんな状況では子供たちはだめになっちゃうよ. Juan *ha acabado con* Carmen. フアンはカルメンと別れた. ❹ 《**de**+不定詞》 **(…した) ばかりである**; (…し) 終える; 《否定で》 …できない, …しかねる. ► 「(…した) ばかりである」の意味では未完了時制 (現在形・線過去) で用いる. *Acaban de* salir hace un rato. ちょっと前に外出したばかりだ. *No acabo de* creer en él. 彼の言うことを信じきれない. ❺ 《**por**+不定詞 / +現在分詞》 結局…することになる. *Acabaron por* aceptar la petición. 結局は願いを受け入れることになった. — **acabarse** 再 ❶ 終わる, 終結する; 完成する. ❷ なくなる, 尽きる. *Se me ha acabado* la gasolina. ガソリンがなくなっちゃった. ❸ 死ぬ. ***¡acaba de parir!*** 《話》 はっきりしろよ. ***acabáramos*** そうか, そういうことだったんだ. ***de nunca acabar*** 決して終わらない. el tema *de nunca acabar* 永遠のテーマ. ***para acabar(lo) de arreglar*** その上, かてて加えて. ***san se acabó*** / ***se acabó lo que se daba*** / ***y se acabó*** これでおしまい, 一件落着.

acabose 男 《話》 最悪. ***ser el*** ～ ひどい, 我慢できない. Estos chavales *son el* ～. このがきどもはひどいものだ.

acacia 女 〖植〗 アカシア.

academia [アカデミア] 女 〔英 academy〕 ❶ (学術・芸術等の) **協会**, **アカデミー**, 学士院. Real *A*～ Española スペイン王立アカデミー. ❷ 専門学校; 塾. ～ de idiomas 語学学校. ～ militar 士官学校. ❸ 〖美〗 ヌードの習作. ❹ 〖史〗 (プラトンの) アカデミア.

académicamente 副 ❶ 学問的見地から. ❷ 月並みな見方[言い方]をすれば.

academicismo 男 (学術・芸術で) 伝統[形式]主義, アカデミズム.

academicista 形 形式主義の, アカデミーを信奉する. — 男 女 形式[伝統]主義者, アカデミー信奉者.

académico, ca 形 ❶ 学問的な, 理論的な; アカデミックな. ❷ アカデミーの; 学会の. ❸ 学校教育の. año ～ 学年. título ～ 学位. — 男 女 アカデミー[学士院, 芸術院]会員. ～ correspondiente アカデミー準会員. ～ de número アカデミー正会員.

acaecer 76 自 (事が) 起こる, 生じる.

acaecimiento 男 出来事, 事件.

acahual 男 《ラ米》(メキシコ) 〖植〗 ヒマワリの一

種；(背の高い) 雑草.

acalambrarse 再 けいれんする，(足が) つる.

A

acalefo 男〘動〙ハチ[真正]クラゲ類.

acalia 女〘植〙ビロードアオイ.

acallar 他 ❶ 黙らせる，静める；なだめる. ❷ (苦痛を) 和らげる；(空腹を) 紛らす. ― **acallarse** 再 黙る，静かにする.

acalorado, da 形 ❶ 興奮した. ❷ (議論等が) 激しい. ❸ 熱心な.

acaloramiento 男 ❶ 熱く[暑く]なること. ❷ 熱心，熱意. ❸ 白熱，興奮.

acalorar 他 ❶ 熱く[暑く]する，暖める. ❷ 興奮させる，鼓舞する. ～ a las masas 群衆を熱狂させる. ― **acalorarse** 再 ❶ 熱く[暑く]なる，暖かくなる. ❷ かっかする，(議論で) 興奮する.

acamar 他 (風雨が穀物等を) なぎ倒す.

acampada 女 キャンプ，野営(地).

acampanado, da 形 ❶ 釣り鐘形の. ❷ (容器の) 口が広い. ❸ 裾(すそ)の広い. falda *acampanada* フレアスカート.

acampanar 他 ❶ 釣り鐘形にする. ❷ (衣類を) 裾(すそ)広がりにする.

acampar 自 野営[キャンプ]する.

ACAN [アカン] 女 *A*gencia *C*entro-*a*mericana de *N*oticias 中米通信.

acanalado, da 形 ❶ 溝のある，溝を流れる. ❷ 畝のある；波形の. ― 男 → acanaladura.

acanaladura 女 溝；(柱等の) 縦溝.

acanalar 他 …に溝を掘る；波形にする；〘建〙縦溝をつける.

acanallado, da 形 やくざな；卑しい.

acanallar 他 堕落させる. ― **acanallarse** 再 堕落する，柄が悪くなる；柄の悪い連中と付き合う.

acanillado, da 形 織りむらのある.

acantáceas 女 ⑱〘植〙キツネノマゴ科(の植物).

acantilado, da 形 ❶ (断崖(だんがい)が) 切り立った，急勾配(こうばい)の. ❷ (海底が) 棚を作っている，段丘状の. ― 男 ❶ 断崖，絶壁. ❷ 急斜面.

acantilar 他 ❶ 暗礁[浅瀬]に乗り上げる. ❷ 海底を削って段丘状にする.

acanto 男 ❶〘植〙アカンサス. ❷〘建〙(コリント式円柱頭等の) アカンサス葉飾り.

acantonamiento 男〘軍〙宿営；野営地；野営部隊.

acantonar 他〘軍〙野営させる.

acantopterigios 男 ⑱〘魚〙(キンメダイ等の) 棘鰭(きょくき)類.

acaparador, dora 形 独占的な. ― 男 女 独占者；買い占め業者.

acaparamiento 男 買い占め；独占.

acaparar 他 ❶ 独占する；買い占める. ❷ (注意・関心を) 集める；(時間を) 取る. Juana *acaparó* la atención de todos. フアナはみんなの目を釘(くぎ)付けにした.

acápite 男《ラ米》段落.

acaponado, da 形 去勢された；めめしい.

acaracolado, da 形 らせん形の.

acaramelar 他 …にカラメルをかける. ― **acaramelarse** 再《話》いちゃつく.

acardenalar 他 …にあざをつくる. ― **acardenalarse** 再 あざに[青黒く]なる.

acariciador, dora 形 愛撫(あいぶ)するような，優しくなでるような.

acariciar ⑰ 他 ❶ 愛撫(あいぶ)する；軽く触れる. La brisa *acarició* su rostro. そよ風が彼女の顔を心地よくなでた. ❷ (考え・思いを) 抱く，(計画を) 温める. ～ grandes ambiciones 大きな野心を抱く.

acáridos 男 ⑱〘動〙コナダニ類.

ácaro 男〘動〙ダニ，(特に) コナダニ.

acarreamiento 男 → acarreo.

acarrear 他 ❶ 運ぶ，運搬する. ❷ 引き起こす，もたらす.

acarreo 男 ❶ 運搬，運送(費). ❷〘地質〙堆積(たいせき).

acartonarse 再 ❶ (厚紙のように) 堅くなる. ❷《話》しわだらけになる；ひからびる.

acaserarse 再《ラ米》(ﾁﾘ)(ﾍﾟﾙｰ)常連になる；(ある場所の) なじみになる.

acaso [アカソ] 副 [英 maybe] ❶《+接続法》《推測》**もしかして，あるいは**，…かもしれない；《+直説法》(ほぼ確信して) おそらく…だろう. *A*～ la conozca usted. もしかしたらあなたは彼女をご存じかもしれません. ❷《疑問文の文頭で》ひょっとして；《反語的》どうして…であろうか. ¿*A*～ me llamaste? もしかして電話をくれたかい. ¿*A*～ te engaño? 私が君をだますとでも言うの. ― 男 偶然，運. Fue un ～ que nos conociéramos allí. 私たちがそこで出会ったのは偶然だった. ***al*** ～ 運まかせで，行き当たりばったりで. ***por si*** ～ 万一のために；ひょっとすると…かもしれないから. Me llevo el chubasquero, *por si* ～. 念のためレインコートを持って行こう. ***si*** ～ (1) もしそうだとしても，いずれにしても. No llegará tarde, *si* ～ sólo unos minutos. 彼は遅刻しないだろう，遅れたとしてもほんの数分だろう. (2) もしも…ならば. *Si* ～ llueve, suspenderemos la excursión. もし雨が降ればピクニックは取りやめにします. (3) 最終的に，仕方なく.

acastañado, da 形 栗(くり)色がかった.

acatamiento 男 尊敬；遵守(じゅんしゅ).

acatar 他 ❶ 尊敬する，敬意を表す. ❷ 守る，遵守(じゅんしゅ)する. ❸《ラ米》気づく.

acatarrarse 再 かぜをひく.

acaudalado, da 形 裕福な，金持ちの.

acaudalar 他 ❶ (金を) ためる. ❷ (徳を) 積む；(知識を) 蓄える.

acaudillamiento 男 指揮，統率.

acaudillar 他 統率する；先頭に立つ.

acceder 自《a》❶ (…に) 同意する，応じる. ❷ (王位・高位に) 就く；到達する. ❸〘IT〙(…に) アクセスする.

accesibilidad 女 近づきやすさ.

accesible 形 ❶《**a, para**》(…に) 接近できる；入手[利用]できる；容易な. Es un tema ～ *para* un niño de esa edad. その年代の子供にも理解しやすいテーマだ. ❷ 近づきやすい，親しみやすい.

accésit 男 [単複同形，しばしば複 ～s, accesis] (コンクール・コンテストの) 佳作.

acceso 男 ❶《**a**》(…への) 接近；立ち入り. ～ prohibido 立入禁止. ❷ 就任，即位. ❸《**a**》(…への) 通路，入り口；進入(路). ❹ 交尾；性交. ❺《**de**》(感情・病気の) 激発，発作. ～ de tos 激しい咳(せき)込み. ❻〘IT〙アクセス.

accesoria 女 別館，付属の建物.

accesoriamente 副 副次的に.

accesorio, ria 形 付属の，付帯的な．gastos ～s 付帯支出．── 男 ❶ 付属品；〘服〙アクセサリー．～s de automóvil カーアクセサリー．❷［複］〘演〙小道具．

accidentado, da 形 ❶ 事故に遭った；けがをした．coche ～ 事故車．❷ 多難な，波乱に富んだ．❸（地面が）凸凹［起伏］のある．── 男 女 事故の被害者．

accidental 形 ❶ 偶然の，思いがけない．muerte ～ 不慮の死．❷ 付随的な，非本質的な．❸ 臨時の，代理の．── 男 〘音〙臨時記号（♯・♭・♮等）．

accidentalidad 女 偶然性，偶発性．

accidentalmente 副 偶然に，図らずも．

accidentar 他 事故を引き起こす．── **accidentarse** 再 事故に遭う［巻き込まれる］．

accidente［アクシデンテ］男〔英 accident〕❶ **事故**，不慮［偶然］の出来事．sufrir un ～ de tráfico 交通事故に遭う．～ de trabajo 労働災害．sin ～s 無事に．❷ 付随的なこと．❸（地面の）凸凹，起伏．❹〘文法〙屈折，語尾変化．❺〘医〙偶発症候；発作；気絶，失神．❻〘音〙臨時記号（♯・♭・♮等）．❼〘哲〙偶有性．*por* ～ 偶然に，思いがけず．

acción［アクシオン］女〔英 action〕❶ **行い**，行動；活動．hombre de ～ 活動的な人．campo de ～ 行動範囲．radio de ～ 行動半径．❷ **働き**，作用．～ erosiva 侵食作用．❸ 身振り，演技．❹ 戦闘，交戦（＝ ～ de armas，～ de guerra）．❺（物語等の）筋（の運び），展開．❻〘商〙**株，株式**（の持ち分）Las *acciones* están en alza [baja]. 株価が上がって［下がって］いる．❼〘法〙訴訟．***en ～ de gracias***（神への）感謝のしるしに．***estar en ～*** 行動［作動，作戦］中である．***poner en ～*** 行動［作動］させる．

accionamiento 男 作動，作用．

accionar 他（機械を）作動させる．── 自 身ぶり手ぶりを交えて話す．

accionariado 男《集合的》株主．

accionarial 形 株（主）の．paquete ～（名義人の）総株式．

accionario, ria 形 株式の．índice ～ 株式指数．

accionista 男 女〘商〙株主．

ace［エイス］〔英〕男（テニスの）エース．

acebo 男〘植〙セイヨウヒイラギ．

acebuche 男 野生オリーブの木．

acebuchina 女 野生オリーブの実．

acechanza 女 → acecho.

acechar 他 ❶ 見張る，（獲物等を）待ち伏せる．Nos *acechan* los policías. 警官たちがひそかに我々を見張っている．❷（危険等が）降りかかる．

acecho 男 待ち伏せ．***al ～*** 待ち伏せて．estar *al* [en] ～（隠れて）見張る．

acecinar 他（肉を）薫製にする．── **acecinarse** 再 しなびる，やせ細る．

acedar 他 ❶ 酸っぱくする．❷ 不愉快にさせる．── **acedarse** 再（葉が）黄ばむ，しおれる．

acedera 女〘植〙スカンポ；カタバミ．

acedía 女 ❶ 酸っぱさ，酸味．❷ 胃酸過多．❸ 無愛想．❹〘魚〙ツノガレイの一種．

acéfalo, la 形 ❶ 無頭の．❷ 指導者［指揮官］のいない．❸〘生〙無頭類の．

aceitar 他 油を塗る［さす，加える］．

aceite［アセイテ］男〔英 oil〕**油**，オイル．～ de oliva オリーブ油．～ esencial 精油．～ virgen バージンオイル．***balsa de ～*** 水を打ったような静けさ．***echar ～ al fuego*** 火に油を注ぐ．

aceitero, ra 形 油の．── 男 油商人，油売り．── 女 ❶ 油壺(つぼ)；油差し．❷［複］食卓用の調味料立て．

aceitoso, sa 形 油性の，脂ぎった．

aceituna 女 オリーブの実．～ rellena スタッフドオリーブ．***llegar a las ～s***（会議・催し等の）終わりごろになって到着する．

aceitunado, da 形 オリーブ色の；（顔が）黄ばんだ．── 女 オリーブの収穫（期）．

aceitunero, ra 男 女 オリーブ売り；オリーブを摘む人．── 男 オリーブの貯蔵庫．

aceleración 女 加速；促進．poder de ～〘車〙加速力．

acelerado, da 形 ❶ 速い，迅速な；急ぎの．❷〘物〙加速された．── 男〘映〙クイックモーション，早送り．── 女 加速．

acelerador, dora 形 加速する，促進する．── 男 加速装置，アクセル．

aceleramiento 男 加速，促進；急ぎ．

acelerar 他 速める；促進する；時期を早める．No se debe ～ en las curvas. カーブで加速してはならない．── **acelerarse** 再 急ぐ．

acelerón 男 急な加速．

acelga 女〘植〙フダンソウ．***cara de ～***《話》青白い［陰気な］顔；仏頂面．

acémila 女〘動〙ラバ；《話》まぬけ．

acemilero 男 ラバ追い［引き，飼育係］．

acendrado, da 形 純粋な，無垢(く)な．

acendrar 他 ❶ 精錬する．❷ 純化する，浄化する；洗練する．── **acendrarse** 再 純粋になる；洗練される．

acento［アセント］男〔英 accent〕❶ **アクセント**；アクセント符号（´）．El ～ cae en la última sílaba. 強勢は最終音節にある．～ agudo [grave, circunflejo] 揚音符（´）［抑音符（`），曲折音符（^）］．❷ 口調，抑揚．❸ 訛(なま)り．～ andaluz アンダルシア訛り．❹（話等の）力点．❺〘音〙アクセント．

acentuación 女 ❶ アクセントを置くこと，アクセントの付け方．❷ 強調．

acentuadamente 副 際立って．

acentuado, da 形 ❶ アクセント（符号）のついた．❷ 際立った．

acentual 形〘文法〙アクセントの．

acentuar 58 他 ❶ アクセント符号をつける，アクセントを置く．❷ 強調する，目立たせる；力説する．── **acentuarse** 再 ❶ アクセントがある．❷ 顕著になる，増大する．❸《con》（…によって）引き立つ．

aceña 女（粉ひき）水車．

acepción 女 ❶（語・句の）意味，語義．❷ えこひいき，偏愛．

acepillar 他 → cepillar.

aceptable 形 容認できる；まずまずの．

aceptablemente 副 ❶ かなりよく．❷ 充分に．

aceptación 女 ❶ 受け入れること；是認，承諾．❷ 好評．

aceptar［アセプタル］他〔英 accept〕❶ **受け入れる**，受理する；同意［承諾］す

A

A

る；《＋不定詞》…することを受諾する，引き受ける．*Acepto* su regalo con mucho gusto. あなたのプレゼントを喜んでお受けします．*Aceptó* acompañarla. 彼は彼女についていくことを承諾した．❷（手形等を）引き受ける．

aceptọr 男〖物〗〖化〗受容体．

acẹquia 女 灌漑(かんがい)用水路．

acera［アセラ］女〔英 sidewalk〕❶（車道の外側の）**歩道**（➜地域差）．❷（街路・広場の）家並み．❸〖建〗（壁の）仕上げ面；装飾用石材［タイル］．***ser de la ～ de enfrente***《話》ホモセクシュアルである．地域差（車道の外側の）歩道 acera《ほぼスペイン語圏全域》；banqueta《ラ米》(メキシコ)(グアテマラ)；vereda（エクアドル，ペルー，ボリビア）(チリ)(パラグアイ，ウルグアイ，アルゼンチン).

acerạdo, da 形 ❶ 鋼鉄製の；鋼のような；（青みがかった）鋼色の．❷ 頑丈な，強靭(きょうじん)な．❸ 鋭利な．❹ しんらつな，手厳しい．── 男〖冶〗焼き入れ．

acerạr 他 ❶ 鋼を張る［かぶせる］；鋼鉄に変える．❷（精神的に）鍛える．❸（言葉等を）しんらつにする．❹ …に歩道をつける．

acẹrbo, ba 形 ❶ 苦い；酸っぱい；渋い．❷ しんらつな，厳しい．❸ 激しい，強い．～ dolor 深い悲しみ．

acẹrca ～ de …について（の），…に関して（の）．Está escribiendo un libro ～ *de* Japón. 彼は日本について本を書いている．── 活 ➜ acercar.

acercamiẹnto 男 ❶ 接近．❷ 和解；調停，友好関係（の樹立）．

acercar［アセルカル］26 他〔英 bring near〕❶《**a**》（…に）**近づける**，接近させる．El experimento nos *acerca a* la solución. その試みで私たちは解決に近づく．❷ 持ってくる；《話》手渡す．❸《**a**》《話》（…で）降ろす．❹ 結びつける，団結させる．── **acercarse** 再〔英 come near〕《**a**》❶（…に）**近づく**．❷（…へ）行く．*Acércate a* mi oficina enseguida. すぐに私のオフィスに寄りなさい．❸（…に）傾く，偏る；（…に）近い．❹ 協調する．

acería 女 製鋼所．

acerịco 男 針山，針刺し．

acẹro 男 ❶ 鋼鉄，鋼．～ inoxidable ステンレス．❷ 剣，刀；［複］切れ味．cruzar el ～ 剣を交える；《比喩的》論争する．❸［複］食欲．❹［複］勇気．***de ～*** 鉄のような，硬い．

acerọla 女〖植〗アセロラ（の実）；バルバドスザクラの実．

acerọlo 男〖植〗《ラ米》バルバドスザクラ．

acerque(-) / acerqué(-) 活 ➜ acercar.

acẹ́rrimo, ma 形［acre の絶対最上級］断固とした，頑固な．

acertạdamẹnte 副 的確に，適切に．

acertạdo, da 過分 ➜ acertar. 形 的を射た，的確な；時宜を得た．decisión *acertada* 賢明な決定［決断］．una idea muy *acertada* 名案，妙案．un color ～ ぴったりの色．

acertạnte 形（くじ・賭博(とばく)で）当たりの．── 男 女 正解者，当たりの人．

acertar［アセルタル］18 他〔英 hit〕❶（的に）**当てる**，命中させる．～ el [al] blanco 的を射る．❷ 言い［探し］当てる．*Acierta* mi edad. 私の年を当ててごらん．── 自 ❶《**a, en**》（…に）**命中する**．*Acerté en* la diana.（ダーツの）的に命中した．❷《**con**》（…を）言い［探し］当てる，見抜く．*Ha acertado con* la solución. 彼女は答えを探し当てた．❸《**con, en**》（…において）的確なことをする．*Acerté en* marcharme. 私がそこを立ち去ったのは正しかった．❹《**a**＋不定詞》うまく…し遂げる；偶然…する．*Acertó a* abrir la ventana. 彼はやっと窓を開けることができた．❺（植物が）根づく，芽を出す．

acertịjo 男 なぞなぞ，判じ物．

acẹrvo 男 ❶ 積み重ね，堆積(たいせき)．❷（共有の）財産，遺産．el ～ cultural 文化遺産．

acetạto 男 ❶〖化〗酢酸塩，酢酸エステル．❷（繊維）アセテート．

acético, ca 形〖化〗酢の，酢酸の．

acetilẹno 男〖化〗アセチレン．

acetịlo 男〖化〗アセチル基．

acetímetro 男〖化〗酢酸比重計．

acetọna 女〖化〗アセトン．

acẹtre 男 ❶《稀》バケツ．❷〖カト〗聖水桶．

achabacanạr 他 下品にする．── **achabacanarse** 再 低俗になる．

achacạr 26 他《**a**》（罪・失敗等を）（…の）せいにする．～ la responsabilidad *a* ... …に責任を負わせる．

achacọso, sa 形 不定愁訴のある，（軽い）病気持ちの．

achaflanạr 他〖技〗角面を落とす．

achampanạdo, da / achampañạdo, da 形（酒が）シャンパンに似せた．► 「シャンパン」は商標．

achanchạrse 再《ラ米》(1)(アルゼンチン)《話》（キャブレターの故障で車が）動かなくなる．(2)(アルゼンチン)(ウルグアイ)《話》太り過ぎる．(3)(チリ)（ドミノで）駒(こま)が追い詰められる；無精になる．

achantạr 他《話》おじけづかせる．── **achantarse** 再 ❶ おじけづく；黙り込む．❷《ラ米》（好んである所に）とどまる．

achaparrạdo, da 形 ❶（人等が）ずんぐりした．❷（植物等が）こんもりとした．

achaparrạrse 再 低く広がる，こんもりとする；ずんぐりとする．

achạque 男 ❶ 不定愁訴，（軽い）持病．～*s* de la vejez 老人病．❷ 口実，言い訳．con (el) ～ de ... …の口実で．en ～ de ... …の件については．

achạres 男 複《話》嫉妬(しっと)．dar ～ 嫉妬させる．

acharolạdo, da 形 エナメルのような，エナメルを塗ったような．

acharolạr 他 ➜ charolar.

achatamiẹnto 男 押しつぶすこと．

achatạr 他 平たくする，目立たなくする．── **achatarse** 再 ぺちゃんこになる．

achicamiẹnto 女 縮小，短縮．

achicạr 26 他 ❶ 小さくする．～ la falda スカートを詰める．❷（たまった水を）抜く．❸ おじけづかせる．── **achicarse** 再 ❶ 小さくなる．❷ おじけづく．～ el ánimo 弱気になる．

achicharradẹro 男《話》かまどのように暑い場所．

achicharrạr 他 ❶ 焦がす，過度に熱する．❷ 悩ます．～ a preguntas 質問攻め

にする. — **achicharrarse** 再 ❶ (料理が) 焦げる. ❷ 日焼けする.

achichincle / achichinque 男 《ラ米》(ﾒｷｼｺ)子分, 手下.

achicoria 女〖植〗チコリ.

achiguarse 55 再 《ラ米》(ｱﾙｾﾞﾝﾁﾝ)(ﾁﾘ)腹が出る, 太る.

achinado, da 形 (容貌(ようぼう)が) 中国人 [東洋人, 先住民] のような.

achiote 男〖植〗ベニノキ ; ビクシン (染料).

achique 男 ❶ (船等からの) 水のかい出し. ❷ (サッカー) ディフェンスの前進守備.

achiquitar 他 《ラ米》《話》小さくする.

achira 女 《ラ米》〖植〗カンナ.

achispar 他 ほろ酔いにする. — **achisparse** 再 軽く酔う.

achocar 26 他 ❶ (壁等に) 投げ[押し]つける, 傷つける. ❷ 《話》お金を貯め込む.

achocolatado, da 形 チョコレートのような.

acholado, da 形 《ラ米》(ｱﾙｾﾞﾝﾁﾝ)(ｳﾙｸﾞｱｲ)(ﾊﾟﾗｸﾞｱｲ)メスティーソ mestizoの肌色の.

acholar 他 《ラ米》(ﾁﾘ)はずかしめる. — **acholarse** 再 恥じる.

achote 男〖植〗→ achiote.

achuchado, da 形 ❶ 難しい. ❷ 《話》お金のない.

achuchar 他 ❶ そそのかす, けしかける. ❷ 《話》せかす. ❸ (仕事等を) 押しつける ; (過重で) 押しつぶす. ❹ 《話》やさしく抱きしめる. — **achucharse** 再 ❶ 《話》押し合う. ❷ 《ラ米》(ｱﾙｾﾞﾝﾁﾝ)(ｳﾙｸﾞｱｲ)(寒さ・熱で) 震える.

achucharrar 他 《ラ米》(ｺﾛﾝﾋﾞｱ)(ﾁﾘ)(ﾎﾝｼﾞｭﾗｽ)押しつぶす, たたきつぶす. — **achucharrarse** 再 《ラ米》(ﾒｷｼｺ)萎縮(いしゅく)する, おじけづく.

achuchón 男 ❶ 《話》押し, 突き. dar un ～ 押す. ❷ 突然の体調不良. ❸ 愛撫.

achulado, da / achulapado, da 形 《話》生意気な.

achunchar 他 《ラ米》(1)(ｴｸｱﾄﾞﾙ)(ﾁﾘ)(ﾍﾟﾙｰ)(ﾎﾞﾘﾋﾞｱ)《俗》恥をかかせる. (2)(ﾁﾘ)《俗》(他人に) 不運を呼ぶ.

achura 女 《ラ米》(ｱﾙｾﾞﾝﾁﾝ)(ｳﾙｸﾞｱｲ)(ﾁﾘ) [主に複] (四足獣の) 臓物.

achurar 他 《ラ米》(ｱﾙｾﾞﾝﾁﾝ)(ﾎﾞﾘﾋﾞｱ)(ﾊﾟﾗｸﾞｱｲ)…から臓物を取り出す ; 《話》刺し殺す.

aciago, ga 形 縁起の悪い ; 不運な.

aciano 男〖植〗ヤグルマギク.

acíbar 男 ❶〖植〗アロエ ; アロエの汁液 (健胃剤, 緩下剤). ❷ つらさ ; 辛苦.

acibarar 他 ❶ 苦くする. ❷ つらい思いをさせる, 苦しめる ; 不愉快にする, みじめにする.

acicaladura 女 ❶ (武器の) 研磨. ❷ おめかし, 飾りたて ; 整髪.

acicalamiento 男 → acicaladura.

acicalar 他 ❶ (武器を) 研ぐ, 磨く. ❷ (精神を) 研ぎ澄ます. ❸ 飾りたてる, 着飾らせる ; (髪を) 整える. — **acicalarse** 再 着飾る, おめかしをする ; (髪を) 整える.

acicate 男 ❶ (先のとがった) 拍車. ❷ 刺激, 励み.

acíclico, ca 形 周期的でない.

acicular 形〖植〗針状の ;〖鉱〗針状構造の.

acid [アしｨ(ドゥ)] 形 男〖音〗アシッドハウス (の).

ácida 形 → ácido.

acidez 女 ❶ 酸っぱさ, 酸味. ❷〖医〗胃酸過多症. ❸〖化〗酸性 (度).

acidificar 26 他 酸っぱくする.

ácido, da [アしド,ダ] 形 [英 sour; acid] ❶ **酸っぱい**, 酸味のある. ❷〖化〗酸の, 酸性の. lluvia *ácida* 酸性雨. ❸ しんらつな. hablar en un tono ～ とげのある言い方をする. ❹ 気難しい. — 男〖化〗酸. ～ sulfúrico 硫酸. ～ desoxirribonucleico デオキシリボ核酸.

acidosis 女 [単複同形]〖医〗酸血症.

acídulo, la 形 やや酸味のある.

acientífico, ca 形 非[反]科学的な.

aciert- 活 → acertar.

acierto 男 ❶ 的中, 当たり ; 名案. La idea ha sido un ～. アイディアは成功だった. ❷ 巧みさ, 手際のよさ. — 活 → acertar. ***con*** **～** 当を得た.

ácimo 形 酵母の入ってない. pan ～ パン種を入れずに焼き上げたパン.

acimut 男〖天〗方位角. ～ magnético〖物〗(地磁気の) 偏角.

acimutal 形 方位角の.

ación 女〖馬〗鐙(あぶみ)革.

acitara 女 橋の欄干.

acitrón 男〖料〗レモンピール.

aclamación 女 歓呼の声, 拍手喝采(かっさい). por ～ 満場[全員]一致で.

aclamar 他 ❶ 喝采(かっさい)する, 歓声を上げる. ❷ (地位等を) 満場一致で認める.

aclaración 女 ❶ 説明, 解説. ❷ 注記, 注釈.

aclarado 過分 → aclarar. 男 すすぎ, ゆすぎ.

aclarar [アクららル] 他 [英 clear] ❶ **明らかにする**, 説明する. *Aclaraste* el malentendido. 君が誤解を解いた. ❷ 明瞭(めいりょう)にする ; (声等を) はっきりさせる. ～ la voz 咳(せき)払いする. ❸ 明るくする. ～ el tono 明るい色合いにする. ❹ 薄める ; まばらにする, 間引く. ❺ (洗濯物を) すすぐ, 水洗いする. ❻〖海〗綱を解く. — 自 晴れる, (空が) 明るくなる ; (夜が) 明ける. ► 3人称単数のみに活用. — **aclararse** 再 ❶ 明るくなる. *Se aclara* el día. 空が白み始める. ❷ はっきりする, 明確になる. ❸ 釈明する, 弁明する ; (意中を) 打ち明ける. *Aclárate*. わけを話してごらん. ❹ 理解する. No *me aclaro* en ese asunto. 私にはその問題は分からない. ❺ 意識を取り戻す.

aclaratorio, ria 形 説明[解説]的な ; 解明する. nota *aclaratoria* 注解.

aclimatación 女 順応, 適応, 順化.

aclimatar 他 順応[適応]させる, なじませる. — **aclimatarse** 再 順応[適応]する, なじむ.

acné 女〖医〗にきび, 吹き出物.

ACNUR [アクヌル] 女 *A*lto *C*omisariado de las *N*aciones *U*nidas para los *R*efugiados 国連難民高等弁務官事務所 [英 UNHCR].

acobardamiento 男 おじけづくこと, ひるむこと.

acobardar 他 ❶ おじけづかせる, ひるませる. ❷ 自信[希望]を失わせる, 意気をくじく. — **acobardarse** 再 おじけづく ; いじける. ～ ante la amenaza 脅迫されてひるむ.

acocil 男 《ラ米》(ﾒｷｼｺ)(淡水産の) エビ.

A

acodado, da 形 ❶ 肘(ひじ)状[L字]に曲がった. ❷ 肘をついた.
acodalar 他 〖建〗横木で支える.
acodar 他 ❶ (L字に) 折り曲げる. ❷ 〖農〗取り木する. **—acodarse** 再 肘をつく. ～ en la mesa. テーブルに肘をつく.
acodillar 他 (L字に) 折り曲げる. —自 (動物が前脚を折って) 膝(ひざ)を地面につける.
acodo 男 ❶ 〖農〗取り木 (すること). ❷ 〖建〗(扉・窓枠の) 刳形(くりかた).
acogedor, dora 形 ❶ 歓迎[歓待]する. un pueblo muy ～ 実に友好的な国民. ❷ 居心地のよい, 快適な.
acoger 84 他 ❶ 迎える, 歓迎する. ～ a los amigos 友人たちを歓待する. ❷ 認める, 承認する; 引き受ける. ～ las peticiones 請願を聞き入れる. ❸ 収容する; 保護する. **—acogerse** 再 《a》 ❶ (…に) 逃げ込む; 頼る. ～ *a* [bajo] sagrado 聖域に逃げ込む. ❷ (…に) 基づく; (…を) 口実にする.
acogido, da 形 受け入れられた; もてなされた. bien [mal] ～ 温かく[冷たく]迎えられた. — 男 女 (施設の) 収容者. — 女 ❶ もてなし, 歓待; (世間の) 反応. tener buena [mala] *acogida* 歓迎[冷遇]される, 好評を博す[不評を買う]. ❷ 保護, 庇護(ひご); 収容施設.
acogimiento 男 ❶ 受け入れ, もてなし, 歓待. ❷ 保護; 収容施設.
acogotar 他 ❶ 《話》(首筋を殴って) 殺す; …の首筋をつかんで倒す. ❷ 威圧する; ひるませる.
acojinamiento 男 〖機〗(ピストン運動の) 緩和, (蒸気クッションの) 緩衝作用.
acojonado, da 形 《俗》おじけづいた.
acojonamiento 男 《俗》ひるむこと.
acojonante 形 《俗》とてつもない.
acojonar 他 《俗》たじろがせる. — **acojonarse** 再 《俗》おじけづく, たじろぐ.
acojone / acojono 男 《俗》恐れ; 強烈な印象.
acolchado, da 形 キルティングした, 詰め物した. — 男 ❶ キルティング. ❷ 《ラ米》(アルゼンチン)掛け布団.
acolchar 他 ❶ キルティングする, 詰め物する. ❷ (防音等のために) 布等で覆う.
acólito 男 ❶ 〖カト〗侍祭; 侍者 (の少年). ❷ 取り巻き.
acollarado, da 形 (鳥等が) 首周りの毛色が異なった; (犬等に) 首輪のついた.
acollarar 他 《ラ米》(アルゼンチン)(チリ)(動物や人を) 首のところでくくりつける; 一緒にする. — **acollararse** 再 《ラ米》(アルゼンチン)(ウルグアイ) 《俗》同棲(どうせい)する.
acomedido, da 形 《ラ米》世話好きな, 親切な.
acomedirse 77 再 《ラ米》助けを買って出る.
acometer 他 ❶ 攻撃する; 襲いかかる. ❷ (感情・感覚等が) 不意に襲う. De pronto me *acometió* el sueño. 突然私は睡魔に襲われた. ❸ (物事に) 着手する.
acometida 女 ❶ 攻撃, 襲撃. ❷ 接続, 連結 (部); 引き込み線.
acometimiento 男 → acometida.
acometividad 女 ❶ 攻撃性. ❷ 積極性, 意気込み.
acomodable 形 → acomodaticio.
acomodación 女 ❶ 適応, 順応. ❷ 配置, 収納. ❸ (視覚の) 調節作用.
acomodadizo, za 形 → acomodaticio.
acomodado, da 形 ❶ 裕福な. ❷ 快適な, (人が) 快適を好む. ❸ (値段が) 手ごろな. ❹ 《a》(…に) 適した.
acomodador, dora 男 女 (映画館・劇場等の) 案内係.
acomodamiento 男 ❶ 妥協, 和解, 調整. ❷ 快適さ, 便利さ.
acomodar 他 ❶ (適切な場所に) 置く; (人を席・部屋等に) 落ち着かせる; 職に就かせる. ❷ 《a, con》(…に) 合わせる, 適合させる; (…と) 和解させる. ❸ 準備する, 整える. — 自 (人にとって) 都合がよい, 適している. Lo haré como me *acomode*. 私の都合のいいようにやります. — **acomodarse** 再 ❶ (場所に) 落ち着く; 宿泊する; (職に) 就く. ❷ 《a, con》(…と) 和解する.
acomodaticio, cia 形 ❶ (物・人が) 融通のきく, 順応性のある. ❷ (人が) 御都合主義の, 日和見(ひよりみ)の.
acomodo 男 ❶ 落ち着き先, 泊まる所. ❷ 職, 働き口. ❸ 配置, 便宜.
acompañado, da 過分 → acompañar. 形 ❶ 《de, por》(…に) 付き添われた, (…を) 伴った. Más vale solo que mal ～. 変な仲間といるよりは一人の方がまし. bien [mal] ～ よい[悪い]仲間と一緒である[付き合っている]. ❷ 《話》(場所が) にぎやかな.
acompañamiento 男 ❶ 同伴, 同行; 付随 (する事柄). ❷ 《集合的》同伴者, 付き添い; 〖演〗エキストラ, 端役. ❸ 〖音〗伴奏 (部). ❹ (料理の) 付け合わせ.
acompañanta 女 (女性の) 付き添い.
acompañante 形 同伴の, 同行の. — 男 女 ❶ 同伴者, 付き添い, 助手; パートナー. ❷ 〖音〗伴奏者.
acompañar [アコンパニャル] 他 〔英 accompany〕 ❶ **…に付いて行く**, 付き添う. Os *acompaño* a la estación. 君たちを駅まで送っていくよ. Los perros *acompañan* mucho cuando vives solo. 一人暮らしには犬はいい相手となる. ❷ 《con, de》(…を) …に添える, …に組み合わせる. ❸ 《con, de》(…で) …の伴奏をする. ❹ 同封する. ❺ 《資質・運を主語にして》…に恵まれている. A ver si nos *acompaña* la suerte. 私たちに運があるかどうか. — 自 《a》(…に) 付いている. — **acompañarse** 再 ❶ 《con, de》(…に) 付き添われる, (…と) 一緒にいる[行く]. ❷ 弾き語りする. Le ***acompaño en el sentimiento.*** まことにご愁傷様です. ***Si el tiempo acompaña ...*** 天気がよければ….
acompasado, da 形 ❶ (出来事・行動が) 規則的な. ❷ ゆっくりした.
acompasar 他 《a, con》(…と) 調子を合わせる.
acomplejado, da 形 《por, con》(…に) 劣等感を抱いた.
acomplejar 他 …に劣等感を抱かせる. — **acomplejarse** 再 《por》(…で) 劣等感を抱く.
Aconcagua 固名 Cerro ～ アコンカグア山: アンデス山中の山. 6960m .
aconchabarse 再 《話》徒党を組む.

aconchar 他 《ラ米》(ﾁﾘ)他人の家に居候する. — **aconcharse** 再 ❶ (座礁した船が) 横倒しになる. ❷ 〖闘牛〗(牛が攻撃を避けて) 柵(さく)に体を寄せる. ❸ 《ラ米》(ﾁﾘ)(おりが) 沈澱(ちんでん)する.

acondicionado, da 形 整備された, 条件の整った. bien [mal] ～ よい[悪い]状態の.

acondicionador 男 ❶ エアコン, 冷暖房装置. ❷ (毛髪用の) コンディショナー.

acondicionamiento 男 整備, 調節 (すること). ～ de aire 空気調節.

acondicionar 他 整備する, (…の条件・状態を) 調整する; (空気を) 調節する. — **acondicionarse** 再 《**para**》(…のための) 資質・条件を備える.

aconfesional 形 特定宗派に属さない.

aconfesionalidad 女 特定の宗派に属さないこと.

acongojar 他 悲しませる, 苦しめる. — **acongojarse** 再 嘆き悲しむ, 苦しむ.

acónito 男 〖植〗トリカブト.

aconsejable 形 勧められる; 得策の.

aconsejado, da 過分 → aconsejar. 形 思慮深い, 賢明な. bien [mal] ～ 賢明[浅はか]な.

aconsejar [アコンセハル] 〔英 advise〕 他 《+不定詞 / **que**+接続法》(…するように) **勧める; 忠告する**, 助言する. Te *aconsejo* dejar de fumar. 君に禁煙を勧めるよ. El médico le *aconseja que* no coma antes de acostarse. 医者は彼に寝る前に食事をしないようにと言っている. — **aconsejarse** 再 《**con, de**》(…に) 相談する.

aconsonantar 他 〖詩〗《**con**》(…と) 子音韻を踏ませる. — 自 (語が) 子音韻を踏んでいる.

acontecedero, ra 形 ありうる.

acontecer 76 自 (事が) 起こる, 生じる. — 男 出来事, 事件.

acontecimiento [アコンテしミエント] 〔英 event〕 男 **出来事, 事件**; 一大行事.

acopiamiento 男 → acopio.

acopiar 17 他 (穀物・食料を) 備蓄する.

acopio 男 備蓄; 集積, 集めること. hacer ～ de ... …を集める, 蓄える.

acoplado, da 形 仲のよい; 調和した. — 男 《ラ米》(ｱﾙｾﾞﾝﾁﾝ)(ﾁﾘ)(ﾊﾟﾗｸﾞｱｲ)(ｳﾙｸﾞｱｲ)トレーラー.

acopladura 女 組み立て, 結合, 接合.

acoplamiento 男 ❶ 接合, 連結; 〖電〗接続; 〖機〗接合部. ❷ 交尾.

acoplar 他 ❶ つなぐ, 接合する; はめ込む. ❷ 《**a**》(…に) 合わせる; 転用する. ❸ 調整する, 調和させる. ❹ 《ラ米》(ｱﾙｾﾞﾝﾁﾝ)(ﾁﾘ)(ﾊﾟﾗｸﾞｱｲ)(ｳﾙｸﾞｱｲ)トレーラーをつなぐ. ❺ 交尾させる. ❻ 《ラ米》(ﾁﾘ)(…に) 居させる, 置く. — **acoplarse** 再 ❶ 《**a**》(…に) 適合する. ❷ 《**a**》(…と) うまくいく. ❸ 交尾する. ❹ 〖音響〗ハウリングを起こす.

acoquinamiento 男 おじけ, おびえ.

acoquinar 他 《話》おびえさせる. — **acoquinarse** 再 《話》おびえる.

acorazado, da 形 ❶ 装甲した. ❷ (人が) 動じない, 無表情の. — 男 戦艦.

acorazamiento 男 装甲 (すること).

acorazar 57 他 (軍艦等を) 装甲する; (弱み等を) 補強する. — **acorazarse** 再 《**contra**》(…から) 身を守る, 動じない.

acorazonado, da 形 ハート形の.

acorchamiento 男 ❶ コルク状[すかすか]になること. ❷ しびれ, まひ.

acorchar 他 コルクで覆う. — **acorcharse** 再 ❶ (木材・果物等が) すかすかになる. ❷ しびれる, まひする.

acordadamente 副 全員一致で.

acordado, da 過分 → acordar. 形 同意[合意]した. lo ～ 協定事項, 合意.

acordar [アコルダル] 32 他 ❶ 《+不定詞 / **que**+接続法》(熟慮の上…することに) 決定する, 合意する. ❷ 《**con**》(…と) 調整する, 合わせる. — 自 《**con**》(…と) 合う, 一致する. — **acordarse** 再 〔英 remember〕 ❶ 《**de**》(…を) **覚えている**; 思い出す (↔ olvidarse). ❷ (意見等が) 一致する. ***si mal no me acuerdo*** 《話》私の記憶に誤りがなければ. ***¡Te acordarás de mí! / ¡Te vas a acordar!*** 《話》覚えていろよ.

acorde 形 《**con**》(…と) 合った, 一致した; 調和した. — 男 〖音〗和音, コード. ***a los ～s de ...*** …の旋律に合わせて.

acordeón 男 ❶ 〖音〗アコーデオン. ～ de boca 《ラ米》ハーモニカ (→ armónica 地域差). ❷ [複] 《ラ米》カンニングペーパー (→ chuleta 地域差).

acordeonista 男 女 アコーデオン奏者.

acordonamiento 男 ❶ ひもで結ぶこと. ❷ 包囲 (すること), 非常線.

acordonar 他 ❶ ひもで結ぶ, …のひもを締める. ❷ 包囲する, …に非常線を張る.

acornear 他 角(つの)で突く.

acorralamiento 男 ❶ 囲い込むこと, 閉じ込めること. ❷ 窮地に立たせること; ひるませること.

acorralar 他 ❶ 閉じ込める; (家畜等を) 囲いに入れる. ❷ 窮地に立たせる; (議論等で) やり込める.

acorrer 他 …を助けに駆けつける; 救う.

acortamiento 男 縮めること, 短縮.

acortar 他 短くする; 縮める. ～ el camino 近道する. — **acortarse** 再 ❶ 短くなる. ❷ 気後れする. ***acortar las distancias con ...*** …に追いつく.

acosar 他 ❶ 執拗(しつよう)に追い回す. ❷ 追い詰める, 責めたてる. ～ con preguntas 質問攻めにする.

acoso 男 執拗(しつよう)な追跡[追及]; 悩ます[苦しめる]こと. ～ sexual セクハラ.

acostar [アコスタル] 32 他 〔英 lay down〕 ❶ **寝かせる**, 横にする. ❷ (船を) 横付けする. ► この意味では規則活用. — 自 (船が) 接岸する. — **acostarse** 再 〔英 go to bed〕 ❶ **寝る**, 床に就く. ❷ (男女が) 寝る. ❸ 横になる, 倒れる. ***acostarse con las gallinas*** 早寝する.

acostumbrado, da 形 ❶ 《estar と共に》《**a**》(…に) 慣れた. bien ～ よくしつけられた. ❷ いつもの, 習慣的な.

acostumbrar [アコストゥンブラル] 他 〔英 accustom〕 《**a**》(…に) **慣らす**, 慣れさせる. — 自 《+不定詞 / **a**+不定詞》…するのを習慣にしている, いつも…する (= soler). — **acostumbrarse** 再 〔英 get accustomed to〕 《**a**》(…に) **慣れる**, 適応する. ～ *al* nuevo trabajo 新しい仕事に慣れる.

A

A

acotación 女 ❶〖地理〗標高. ❷ 境界画定, 区画. ❸ 傍注, 注. ❹〖演〗ト書き.
acotamiento 男 ❶ 境界画定. ❷《ラ米》(ﾒｷｼｺ)路肩.
acotar 他 ❶ (土地の) 境界を定める；制限を設ける. ❷ 禁猟区にする, 立ち入り禁止区域にする. ❸ (地図に) 標高表示をする. ❹ (余白等に) 書き込む. ― **acotarse** 再 (管轄外に) 身を寄せる, 逃げ込む.
acotejar 他《ラ米》(ｺﾛﾝﾋﾞｱ)(ｷｭｰﾊﾞ)(ﾄﾞﾐﾆｶ)整える, 配置する.
acotiledóneo, a 形〖植〗無子葉の.
acracia 女《文》無政府主義.
ácrata 形《文》無政府主義の. ― 男 女 無政府主義者.
acre 形 (におい・味が) 刺激的な；しんらつな, 手厳しい. ― 男 エーカー (約4047m²).
acrecentamiento 男 増加, 増大.
acrecentar ⑱ 他 ❶ 増やす, 増大させる. ❷ 改良する. ― **acrecentarse** 再 増える, 増大する；よくなる.
acrecer ⑯ 他 → acrecentar. ― 自 増える, 増大する；〖法〗(相続分等が) 増える. derecho de ～ 相続遺産追加権. ― **acrecerse** 再 増える, 増大する.
acrecimiento 男 ❶ 増大, 増加. ❷〖法〗相続[受贈]分の増加, 付加財産.
acreditación 女 ❶ 身分証明書；信任状. ❷ 評判, 名声.
acreditado, da 形 ❶《de, como / en》(…として / …において) 信用のある；資格のある. ❷ (外交官が) 信用状を与えられた.
acreditar 他 ❶《de, como / en》(…として / …において) 保証する, 信用に足るものであると証明する. ❷ …の評価を高める. ❸ (外交官に) 信任状を与える. ❹ 貸方勘定に記入する. ― **acreditarse** 再 信用[名声]を得る.
acreditativo, va 形《de》(…を) 証明する, 保証する.
acreedor, dora 形《a, de》(…に) 値する, (…を受ける) 資格のある. ― 男 女 債権者. ～ hipotecario 抵当権者.
acremente 副 しんらつに, 厳しく.
acribillar 他 ❶ 穴[傷]だらけにする. ❷ 困らせる. ～ a preguntas 質問攻めにする.
acrílico, ca 形〖化〗アクリルの.
acrimonia 女《文》→ acritud.
acriollarse 再《ラ米》(外国人が) 中南米の土地に慣れる.
acrisolar 他 ❶ 精錬する；純化する. ❷ (性質等を) 立証する, 明らかにする.
acristalado, da 形 ガラスのはまった.
acristalar 他 (窓や扉に) ガラスを入れる, ガラスを入れて (隙間(ｽｷﾏ)等を) 埋める.
acristianar 他《話》→ cristianar.
acritud 女 ❶ 刺激臭；苦み. ❷ しんらつ, 痛烈.
acrobacia 女 アクロバット, 軽業.
acróbata 男 女 軽業師.
acrobático, ca 形 アクロバットの.
acrobatismo 男 → acrobacia.
acrofobia 女 高所恐怖症.
acromático,ca 形 ❶〖光〗色収差のない. lente *acromática* アクロマチック[色消し]レンズ. ❷ 無色の.
acromatismo 男〖光〗色消し性.
acromegalia 女〖医〗末端肥大症.
acrónimo 男 頭文字による略語. ⇀ UE (＝Unión Europea).
acrópolis 女〖単複同形〗アクロポリス.
acróstico, ca 形 折り句形式の. ― 男 折り句：各行の冒頭の文字を縦につなぐとキーワードとなる遊戯詩.
acrotera 女〖建〗アクロテリオン.
acta 女 [el ～] ❶ 会議録. ❷ 証書. ～ de nacimiento 出生証明書. ***levantar ～*** 証書[記録]を作成する.
actinia 女〖動〗イソギンチャク.
actínico, ca 形〖化〗化学線の.
actinio 男〖化〗アクチニウム.
actitud [アクティトゥ(ドゥ)] 女〔英 attitude〕 **態度**, 姿勢. tomar una ～ agresiva [amistosa] けんか腰の[友好的な]態度を取る. mostrar una ～ rebelde 反抗的な様子を見せる. No estoy de acuerdo con su ～ política. 私は彼の政治姿勢には賛同できない. ***en ～ de ...*** …する[の]様子で.
activa 形 → activo.
activación 女 促進, 活性化；起動.
activador 男〖化〗活性剤.
activamente 副 活発に, 積極的に.
activar 他 ❶ 促進する, 加速する；活性化する. ～ el mercado 市場を活気づける. ❷ 始動させる. ❸〖物〗放射能を与える.
actividad [アクティビダ(ドゥ)] 女〔英 activity〕 ❶ **活動**. ～*es* económicas 経済活動. ❷ **活気**. Hay mucha ～ en aquel mercado. あの市場は活気がある. ❸ 仕事, 事業. ～ docente 教育事業. ***en ～*** 活動中の. volcán *en* ～ 活火山.
activismo 男 行動主義；(政党・労働組合等の) 活動.
activista 形 男 女 活動[運動]家 (の).
activo, va [アクティボ, バ] 形〔英 active〕 ❶ **活動的な**, 積極的な (↔ pasivo). una persona muy *activa* 行動力にあふれた人. ❷ 活動中の, 現役の. población *activa* 労働人口. ❸ 即効性のある. ❹ 活性の. vitamina *activa* 活性ビタミン. ❺〖文法〗能動 (態) の. voz *activa* 能動態. ― 男 資産. ～ y pasivo 資産と負債. ***en ～*** 現職の. ***por activa y por pasiva*** すべての手を尽くして.
acto [アクト] 男〔英 act〕 ❶ **行為**. ～ carnal [sexual] 性行為. ～ de terrorismo [violencia] テロ[暴力]行為. hacer ～ de presencia (儀礼的に) 顔を出す. ❷ 儀式, 行事. ～ de inauguración [clausura] 開会[閉会]式. ❸〖演〗幕. comedia en dos ～*s* 二幕の芝居. ***～ continuo [seguido]*** 直後に. ***en el ～*** ただちに, 即座に.
actor, tora [アクトル, トラ] 形 男 女〖法〗原告 (の). ― 男 [女性形は actriz]〔英 actor〕 **俳優**；《比喩的》演技上手の人.
actriz 女 女優. primera ～ 主演女優.
actú- 活 → actuar.
actuación 女 ❶ 行動, 振る舞い. ❷ 演技；演奏；上演.
actual [アクトゥアル] 形〔英 present〕 ❶ **現在の**, **現代の**；現行の. situación ～ 現状. ❷ 今話題の, 流行の. un problema muy ～ 非常に今日的な問題.
actualidad [アクトゥアリダ(ドゥ)] 女

〔英 present〕❶ 現在；現状. en la ～ 現在のところ. ❷ ニュース，今日的話題. de ～ 流行の. perder ～ 時代遅れとなる.
actualización 女 ❶ 現代化；現状に合わせること. ❷〘言〙現前化. ❸〘IT〙バージョンアップ.
actualizador, dora 形 男〘言〙現前化させる(もの).
actualizar 57 他 ❶ 現代化する，現状に合わせる；最新版にする. ❷〘言〙現前化する.
actualmente 副 現在，今.
actuante 形 応募する. — 男 女 論文審査を受ける人；志願[応募]者.
actuar [アクトゥアル] 58 自〔英 act〕❶ 行動する，振る舞う. *Actuó* muy bien en este asunto. 彼はこの件で非常にうまく動いた. ❷《de, como》(…としての) 職務を果たす. ～ *de* mediador 仲介の労をとる. Las enfermeras *actuaron* con rapidez. 看護婦たちはてきぱきと働いた. ❸〘映〙〘演〙演じる；〘音〙演奏する. ～ de galán 二枚目を演じる. ❹ 作用する，(薬等が) 効く. ❺《en》(…に) 応募する，試験を受ける. ❻〘法〙訴訟手続きを取る.
actuarial 形 保険会計士の.
actuario 男 ❶〘法〙裁判所書記官. ❷ 保険会計士.
acuafortista 男 女 エッチング制作者.
acuaplano 男 水中翼船.
acuarela 女〘美〙水彩画(法).
acuarelista 男 女 水彩画家.
acuario 男 水槽；水族館. — 形 男 女 水瓶座生まれの(人). — 固名 [A-]〘占星〙宝瓶(ほうへい)宮；〘天〙水瓶(みずがめ)座.
acuartelamiento 男〘軍〙兵舎；(出動に備えての) 外出禁止，待機.
acuartelar 他〘軍〙(出動に備えて兵士・軍隊を) 兵舎に待機させる.
acuático, ca 形 水の；水生の. esquí ～ 水上スキー. aves *acuáticas* 水鳥.
acuatinta 女〘美〙アクアティント(版画).
acuatizaje 男 着水.
acuatizar 57 自 着水する.
acuchillado 男 (木の) 面仕上げ.
acuchillador, dora 形 (刀剣等で) 刺す. — 男 女 (木の) 面仕上げ職人. — 女 (木面の) 仕上げ道具.
acuchillamiento 男 殺傷.
acuchillar 他 ❶ (刀剣で) 切りつける，刺し殺す. ❷ (表面を) 平らにする. ❸〘服〙(下の布地が見えるように) スリットを入れる.
acuchuchar 他《ラ米》(チリ)押しつぶす.
acuciante 形 緊急の.
acuciar 17 他 ❶ 急がせる，せきたてる. estar *acuciado* por la necesidad 必要に迫られている. ❷ 困らせる，悩ませる. ❸ 熱望する，渇望する.
acuclillarse 再 しゃがむ，うずくまる.
acudir [アクディル] 自〔英 attend〕《a》❶ (呼ばれた場所へ) 駆けつける. ～ *a* una cita 約束の場所へ行く. ～ en ayuda de ... …の助けに行く. Los bomberos *acudieron* inmediatamente *al* lugar del incendio. 消防士たちは火災現場に大急ぎで駆けつけた. ❷ (…に) 応じる，対応する. ～ *al* teléfono 電話に出る. ❸ (…に) 通う. ～ *a* la biblioteca 図書館に通う. ❹ (…の手段に) 訴える，(…に) 頼る. sin ～ *a* las armas 武力に訴えることなしに. ❺ (不幸等が) 起こる；(考え等が) (…に) 思い浮かぶ. ～ *a* la mente 脳裏に浮かぶ.
acueducto 男 送水路；水道橋.
ácueo, a 形 水の，水性の.
acuerd- 活 → acordar.
acuerdo [アクエルド] 男〔英 agreement, accord〕❶ 合意，意見の一致；協定(＝convenio). llegar a un ～ 合意に達する. de común ～ 全員の合意の上の[で]. ～ marco 基本的取り決め. ～ comercial 貿易協定. concertar [firmar] un ～ 協定を結ぶ. ❷ 決断，決意(＝determinación). tomar el ～ de ... …する決断をする. ❸ 調和. vivir en perfecto ～ 仲よく暮らす. ～ de los colores 色の調和. ❹《ラ米》(1)(アルゼ)(メキシ) (協力者との) 審議会. (2)(アルゼ)(チリ)閣議；上院による指名の承認. — 活 → acordar.
¡De ～! 了解. ***de ～ con ...*** …に従って. ***estar [ponerse] de ～ con ... en ...*** …について…と意見が一致している[同意する].
acuícola 形 水生植物[動物]の.
acuicultura 女 (植物の) 水栽培；(魚介類の) 養殖.
acuidad 女 鋭さ，明敏さ.
acuífero, ra 形 水を含んだ，帯水の. — 男 帯水層.
acuitar 他 悲しませる；苦しませる. — ***acuitarse*** 再《por》(…を) 悲しむ；(…に) 苦しむ.
acular 他《a, contra》(馬・車等を) (…に) 押しつける. ～ el carro *a* la pared 車を壁際に寄せる.
acullá 副《文》あちらに[へ]. acá y ～ あちこちに.
acumulación 女 蓄積. ～ de capital 資本の蓄積. una ～ de arena 砂山.
acumulador, dora 形 蓄積する. — 男〘機〙〘IT〙アキュムレータ；バッテリー.
acumulamiento 男 → acumulación.
acumular 他 蓄積する；積み重ねる. ～ recuerdos 思い出を積み重ねる. — ***acumularse*** 再 たまる，集まる. *Se* nos *han acumulado* los problemas. 我々には問題が山積している.
acumulativo, va 形 累積する，累積した.
acunar 他 (赤ん坊を) 揺りかごで[抱いて] あやす.
acuñación 女 ❶ (貨幣等の) 鋳造；刻印. ❷ (新語・新表現を) 作り出す[普及させる]こと.
acuñar 他 ❶ (貨幣・メダル等を) 鋳造する，刻印する. ❷ (新しい言葉・表現・概念を) 作り出す；普及させる. ❸ くさびを打ち込む.
acuosidad 女 水気の多いこと；水性.
acuoso, sa 形 水の(ような). fruta *acuosa* 水気の多い果物.
acupuntor, ra 形 鍼(はり)治療の. — 男 女 鍼治療師.
acupuntura 女〘医〙鍼(はり)治療.
acurrucarse 26 再 (寒さ等で) 縮こまる.
acusación 女 ❶ 非難. ❷〘法〙告発，起訴(状)；原告(側). acta de ～ 起訴状. cargo de ～ (起訴状の) 訴因.
acusadamente 副 明らかに；あからさ

まに.

acusado, da 過分 → acusar. 形 際立った, 明らかな. ―男 女 〘法〙被告(人), 容疑者.

A

acusador, dora 形 非難する, 責める. en tono ～ とがめるような口調で. ―男 女 〘法〙告発者, 告訴人.

acusar [アクサル] 他 〔英 accuse, blame〕 ❶ 《de》(…のかどで) **非難する**, 責める. Le *acuso de* todas nuestras desdichas. 我々の不幸はすべてあいつのせいだ. ❷ 《de / ante》(…の罪で / …に) 告発する, 告訴する. ～ *de* robo 窃盗の罪で訴える. Le *acusaron de* soborno *ante* la policía. 彼は贈賄罪で警察に告訴された. ❸ 示す ; 暴く. El termómetro *acusa* un cambio de temperatura. 温度計は気温の変化を示している. El resultado *acusará* su falta de esfuerzo. 結果が彼の努力不足を露呈させるであろう. ― **acusarse** 再 ❶ 《de》(…を) 白状[告白]する. ～ *de* un crimen 犯罪を白状する. ❷ 明白になる. ***acusar el golpe*** 痛手[衝撃]を隠しきれない. ***acusar recibo de ...*** …の受領を通知する.

acusativo, va 形 〘文法〙対格の. ―男 対格, 直接目的語.

acusatorio, ria 形 告訴に関する, 非難の. discurso ～ 弾劾演説.

acuse 男 受領. ～ de recibo 受領通知(書). ―活 → acusar.

acuseta 男 女 《ラ米》(ﾍﾞﾈｽﾞｴﾗ) → acusetas.

acusetas 男 女 [単複同形] 《ラ米》告げ口屋 ; 密告者.

acusete, ta 男 女 《ラ米》告げ口屋.

acusica / acusón, sona 形 《話》告げ口する. ―男 女 《話》告げ口屋.

acústico, ca 形 聴覚の ; 音響学の, 音響効果の. guitarra *acústica* アコースティックギター. ―女 音響学, 音響効果.

acutángulo, la 形 〘数〙鋭角 (三角形) の.

adagio 男 ❶ 格言. ❷ 〔伊〕〘音〙アダージョ (の曲[楽章]). ―副 〘音〙緩やかに.

adalid 男 指導者, リーダー ; 〘史〙首領.

adamantino, na 形 《文》ダイヤモンドのような.

adamascado, da 形 ダマスク織り風の.

adamascar 26 他 ダマスク風にする.

adán 男 《話》《軽蔑》(身なりの) だらしない男. ir hecho un ～ 汚らしい身なりをしている. ―固名 [A-] 〘聖〙アダム. manzana [nuez, bocado] de ～ のどぼとけ. ***en el traje*** [***vestido***] ***de*** ～ 裸で.

adánico, ca 形 アダムの ; 地上の楽園の.

adaptabilidad 女 適応性, 適合性.

adaptable 形 適応できる, 順応性のある ; 融通の利く.

adaptación 女 ❶ 適応, 順応. ～ a las circunstancias 環境への適応. ❷ 調整, 改造. ❸ 脚色 ; 編曲. ～ de una novela al teatro 小説の戯曲化.

adaptador, dora 形 適合する[させる]. ―男 アダプター.

adaptar [アダプタル] 他 〔英 adapt〕 ❶ 《a》(…に) **適合させる**. ～ el largo de la falda *a* la moda スカート丈を流行に合わせる. ❷ 改造する, 組み換える. ～ la sala como local de exposiciones ホールを展覧会場に模様替えする. ❸ 脚色 [編曲] する. ～ una novela al cine 小説を映画用に脚色する. ― **adaptarse** 再 《a》(…に) 適応する ; 合う. ～ *al* medio ambiente 環境に順応する.

adaraja 女 〘建〙待ち歯.

adarga 女 (革製で楕円・ハート形の) 盾.

adarme 男 微量, 少量. No tiene un ～ de consideración. 彼には全く思いやりがない.

adarve 男 (城壁上の) 通路, 城壁.

addenda 〔ラ〕追加, 補足.

adecenar 他 10ずつに分ける.

adecentar 他 きれいにする ; 整頓(せいとん)する. ― **adecentarse** 再 身ぎれいにする.

adecuación 女 適合, 適応.

adecuado, da [アデクアド,ダ] 形 〔英 adequate〕 《a, para》(…に) **適切な**, ふさわしい. vestido ～ *para* este clima この気候に合った服.

adecuar 10 他 《a》(…に) 適合[適応]させる. ～ las reglas *a* la actualidad 現状に合わせて規則を変える. ― **adecuarse** 再 順応[適合]する.

adefagia 女 貪食(どんしょく), 大食.

adefesiero, ra 形 《ラ米》(ﾍﾟﾙｰ) 《話》ばかげた.

adefesio 男 《話》ひどく醜い人[物], 突拍子もない人[物, 衣装]. estar hecho un ～ 突飛な格好をしている.

adelantado, da 過分 → adelantar. 形 ❶ 早くなった ; 早熟の. Tengo el reloj ～. 私の時計は進んでいる. Su hijo está muy ～ para su edad. 彼の息子は年の割にとてもませている. ❷ 発達した. técnica *adelantada* 先進技術. ❸ 前払いの. pago ～ 前金. ―男 〘史〙アデランタード : レコンキスタや新大陸征服時の前線の総督. ***por*** ～ 前もって.

adelantamiento 男 ❶ 前進. ❷ 追い越し. ❸ 〘史〙総督領.

adelantar [アデランタル] 他 ❶ 前進させる, 前に出す. ～ la mesa テーブルを前に動かす. ❷ 追い越す, (…の) 前に出る. ～ a su rival ライバルを追い抜く. ❸ (予定・進行を) 早める. ～ la salida 出発を早める. ～ el reloj 時計を進める. ❹ 予定前に与える, 前払いする. ～ mil euros 1000ユーロ前貸しする. ― 自 〔英 progress〕 ❶ **前進する**. Mi reloj *adelanta* mucho. 私の時計はすごく進む. ～ en edad 年を取る. ❷ 上達する. ～ en francés フランス語が上達する. ❸ 《a》(…を) 追い越す. ～ *al* autobús バスを追い抜く. Prohibido ～. 〘車〙追い越し禁止. ― **adelantarse** 再 ❶ (時期が) 早まる. Este año *se ha adelantado* la estación de las lluvias. 今年は梅雨が早かった. ❷ 《a》(…に) 先んじる, 先行する, (…を) 出し抜く ; (車が) 追い越す (→地域差). ～ *a* la época 時代を先取りする. ❸ 《a＋不定詞》先を越して…する. *Se adelantó a* pedir disculpas. 彼の方が先に謝った. ***adelantar con ...*** 《疑問・否定文で》(…して) 得るところがある. ¿Qué *adelantas con* quejarte? 文句を言って何の得があるんだい. ***adelantarse al encuentro de ...*** …を迎えに行く. 地域差

(車が) 追い越す adelantar(se) 《スペイン》《ラ米》(キューバ, ドミニカ共和国)(グアテマラ, ニカラグア)(コロンビア)(チリ)(ウルグアイ, アルゼンチン); pasar (プエルトリコ)(メキシコ)(ホンジュラス, エルサルバドル, コスタリカ, パナマ)(ベネズエラ)(エクアドル, ペルー, ボリビア)(チリ)(パラグアイ, ウルグアイ, アルゼンチン); rebasar (ドミニカ共和国)(メキシコ)(グアテマラ, パナマ)(コロンビア).

adelante [アデランテ] 副 〔英 ahead, forward〕《場所・時間》前へ, 先へ. seguir ～ 前進する, 先へ進む. camino [calle, sendero, vía] ～ 道[通り]をもっと進んで, もっと先で. ► para, hacia 等を前置すると「方向性」が強まる. ― 間 ❶《ノック等に対して》どうぞ(お入りください). ❷《続行を促しながら》さあ. ***¡～ con los faroles!*** 《話》最後までやり遂げろ. ***de ahora [aquí, hoy] en ～ / en ～*** 今後, これからは. ***huida hacia ～*** 問題の先延ばし. ***llevar ～*** 推進する, 遂行する. ***más ～*** もっと先で; 後ほど. ***sacar ～*** 子供を育て上げる; (商売等を) 軌道に乗せる. ***¡tira ～!*** 急げ; 立ち止まるな.

adelanto 男 ❶ 前進, 進捗(しんちょく); 先行. ～ de las obras 工事の進展. llegar con un ～ de media hora 30分早く着く. ❷ 進歩; [主に複] 進歩したもの[機器]. los ～*s* de la ciencia 科学の進歩. los últimos ～*s* técnicos 最新の技術[装置]. ❸ 前払い(金). ― 活 → adelantar.

adelfa 女《植》キョウチクトウ.

adelgazamiento 男 減量, 細くする[なる]こと. régimen de ～ 減量療法.

adelgazar 57 他 細くする, やせさせる. Ese vestido la *adelgaza* mucho. その服は彼女をとても細く見せる. ―

adelgazar(*se*) 自 再 やせる, 細くなる. *He adelgazado* tres kilos. 私は体重を3キロ落とした.

ADELPHA [アデるファ] 女 *A*sociación para la *D*efensa *E*co*l*ógica y del *P*atrimonio *H*istórico-*A*rtístico (スペインの) 環境および歴史芸術遺産保護協会.

adema 女 → ademe.

ademán 男 ❶ 身ぶり; 態度. con un ～ amenazador 脅迫的な態度で. hacer ～ de escaparse 逃げ出す素振りを見せる. ❷ [複] 行儀. Tiene *ademanes* muy groseros. 彼は非常に不作法な男だ. ***en ～ de ...*** …のつもりで, …するかのように. ***en ～ de*** agradecimiento 感謝のしるしとして. ***hacer ～ de que*** 〈+接続法〉…するように合図する. Me *hizo* ～ *de que* me callase. 彼は私に黙るようにと合図した.

además [アデマス] 副 〔英 besides〕 そのうえ, さらに. Ese coche es de segunda mano y, ～, muy caro. その車は中古だ, しかもとても高い. ***～ de (que) ...*** …に加えて, … (である) ほかに. Empezó a llover, ～ *de que* hacía mucho frío. とても寒かったうえに雨まで降り出した. ～ *de* eso [esto] それに加えて, おまけに.

ademe 男《鉱》坑木, 支柱.

ADENA [アデナ] 女 *A*sociación para la *De*fensa de la *Na*turaleza (スペインの) 自然保護協会.

adenda 女 (巻末の) 注, 付録.

adenitis 女 [単複同形]《医》リンパ炎.

adenología 女《医》腺学(せんがく).

adenoma 男《医》腺腫(せんしゅ).

adenopatía 女《医》腺疾患.

adensar 他 凝縮する, 濃くする. ―

adensarse 再 濃くなる.

adentrarse 再 《en》(…に) 入り込む, (…を) 深く研究する. ～ *en* un bosque 森の奥深く入り込む. ～ *en* los misterios del universo 宇宙の神秘を探求する.

adentro [アデントゥロ] 副 〔英 inside〕 ❶《方向》中へ[に] (↔ afuera); 奥へ[に]. mar [tierra] ～ 沖[内陸]へ. Pasen ～. どうぞ中へお入りください. ► de, desde, hasta, hacia, para, por 等の前置詞を伴うこともある. ❷《位置》《主にラ米》中で, 奥で. Vamos a ver la televisión ～. 中でテレビを見ましょう. ― 男 [複] 胸の内. decir [hablar] para sus ～*s* 心の中で考える[独り言を言う]. ― 間《ノック等に対して》どうぞ(お入りください).

adepto, ta 形《a, de》(…を) 支持[信奉]している, (…に) 加盟している. ― 男 女 支持[信奉]者.

aderezar 57 他 ❶《料》調味する. ～ la sopa con sal y pimienta 塩こしょうでスープに味つけする. ❷ 飾る, 支度を整える. ❸ 面白くする, 興を添える. ―

aderezarse 再 着飾る, 身支度を整える.

aderezo 男 ❶《料》調味 (料), 味つけ. ❷ 飾りつけ, 装飾(品); 装身具一式.

adeudar 他 ❶ 借金している. ～ diez mil euros 1万ユーロの借金がある. ❷《商》借方に記入する. ― **adeudarse** 再 借金をする.

adeudo 男 借金;《商》借方記入.

adherencia 女 ❶ 接着; 粘着(性). ❷ (車輪の) 安定. tener buena ～ (車の) 走行安定性がいい. ❸ [主に複] 付着物. ❹ 癒着(症).

adherente 男 接着剤. ― 男 女 支持者. ― 形 粘着性のある;《ラ米》(アルゼンチン)(ウルグアイ) (意見や政党等を) 支持する.

adherir 98 他 《a》(…に) 貼(は)りつける. ～ el sello *al* sobre 封筒に切手を貼る. ― 自 付着する. Este parche no *adhiere*. この膏薬(こうやく)は付きが悪い. ―

adherirse 再 《a》❶ (…に) くっつく. ❷ (意見・政党等に) 賛同する, 加入する. No *se adhiere a* ningún partido. 彼はいかなる政党にも加入していない.

adhesión 女 ❶ (学説等への) 支持; (団体等への) 加入. manifestar su ～ a ... …への支持を表明する. ❷ 粘着[接着](力). ❸《物》付着力.

adhesividad 女 粘着性, 付着性.

adhesivo, va 形 粘着性の, くっつく. ― 男 接着剤; 粘着テープ.

ad hoc 〔ラ〕 特にこの問題のために[の], 特別に[の].

adiabático, ca 形《物》断熱(性)の.

adicción 女《a》(麻薬等の) 中毒. ～ *al* alcohol アルコール中毒.

adición 女 ❶ 追加 (物), 付加 (したもの). hacer *adiciones* a un texto 原文に追記する. ❷《数》加法, 足し算. ❸《ラ米》(アルゼンチン)(パラグアイ)(ウルグアイ) 勘定書, 伝票.

adicional 形 追加の, 補足的な. artículo ～ 追加条項.

adicionalmente 副 《a》(…に) 追加して; さらに, 加えて.

adicionar 他 《a》(…に) 付加[添加]す

A

る，足す．

adictivo, va 形 中毒性の．

adicto, ta 形《a》❶（麻薬等に）中毒の．～ *al* trabajo 仕事中毒の．❷（人物・主義に）傾倒した．～*al* partido 政党を支持する．── 男 女 中毒患者；支持者．

adiestramiento 男 訓練，練習．

adiestrar 他 ❶《en》（…を）教育する，訓練する．～ *en* el manejo de la máquina 機械操作を教え込む．❷ 調教する．── **adiestrarse** 再《en》（…の）練習をする．

adinerado, da 形 金持ちの，裕福な．

adinerarse 再《話》金持ちになる．

adintelado, da 形〘建〙平屋根の．

¡adiós! [アディオス] 間 [英 good-bye] ❶ さようなら；（出かける人が）行って来ます；（出かける人に）行ってらっしゃい．¡*A*～, hasta mañana! さようなら，また明日．❷《驚き・失望》おや，あら．¡*A*～! Se apagó la luz. あれ，明かりが消えた．── 男 別れ（の言葉）．Es la hora del ～. お別れの時間です．***decir ～ a ...*** …に別れを告げる；…を断念する．*Dijo* ～ *al* proyecto. 彼はその企画をあきらめた．

adiposidad 女〘医〙脂肪過多[太り]．

adiposis 女[単複同形]〘医〙脂肪過多（症），肥満（症）．

adiposo, sa 形〘解〙脂肪（質）の，脂肪過多の．tejido ～ 脂肪組織．

aditamento 男 付加物；〘言〙状況補語．

aditivo, va 形 男 添加される（物）．～*s* alimentarios 食品添加物．

adivinación 女 占い，予言；（予測・偶然で）言い当てること；なぞ解き．

adivinanza 女 なぞなぞ．

adivinar 他 ❶ 占う，予言する．～ el futuro 未来を占う．❷（推測・直感で）言い当てる，推測する；（なぞを）解く．～ el pensamiento de ... …の心を見抜く．❸ 遠く[かすか]に見える．── **adivinarse** 再（遠くに）ぼんやり見える．***dejar adivinar*** ほのめかす．*Dejó* ～ su descontento. 彼はそれとなく不満をにおわせた．

adivinatorio, ria 形 占いの．

adivino, na 男 女 占い師．

adjetivación 女 形容；形容詞化．

adjetival 形 形容詞の[的な]．

adjetivalmente 副 形容詞的に．

adjetivar 他 ❶《de》（…と）形容する，評する．No quiero que me *adjetiven de* cobarde. 私は臆病(おくびょう)者と呼ばれたくない．❷〘言〙（名詞等を）形容詞的に用いる．── **adjetivarse** 再〘言〙形容詞化する．

adjetivo, va 形 ❶〘文法〙形容詞の，形容詞的な．❷ 付随的な．── 男 形容詞．～ demostrativo 指示形容詞．～ posesivo 所有形容詞．

adjudicación 女 授与；競売，落札．

adjudicar 26 他 ❶（賞等を）与える．～ el primer premio 1等賞を授与する．❷（競売等で）…に落札させる．── **adjudicarse** 再 自分のものとする；勝つ；落札する．～ la liga リーグ優勝する．

adjudicatario, ria 男 女 受賞者；落札者．── 形 落札した．

adjunción 女〘法〙所有者の異なる財産を一方に吸収して合体させること．

adjuntar 他 同封する；添付する．

adjunto, ta 形 ❶《a》（…に）添付[同封]した．el documento ～ 添付資料．❷ 補佐の．profesor ～ 准教員．el director ～ 副部長．── 男 女 助手．── 男〘文法〙付加詞．── 副 同封して．

adlátere 男《軽蔑》側近，取り巻き．

ad líbitum 〔ラ〕アドリブで．

adminículo 男 ❶（ピン・鋲(びょう)等の）小物，付属品．❷[主に複]救急用品．

administración [アドゥミニストゥラシオン] 女[複 administraciones][英 administration] ❶ 管理（部門），経営．～ de bienes 財産管理．consejo de ～ 重役会．encargarse de la ～ 経営に携わる．❷ 行政（機関），官公庁．～ pública 行政．～ central 中央官庁．❸ 投薬，服用．❹ 供給．

administrado, da 形 管理下にある．── 男 女 被管理者．

administrador, dora 男 女 管理者，経営者；行政官．～ de aduanas 税関長．── 形 管理[統治]する．

administrar 他 ❶ 管理[経営]する；治める．❷（法を）施行する．～ la justicia 裁判を行う．❸（薬を）投与する．❹ 提供する．❺〘カト〙（聖体・秘跡を）授ける．❻（殴打等を）食らわす．── **administrarse** 再 ❶ やりくりする．❷（薬を）服用する．

administrativamente 副 管理[行政]上．

administrativo, va 形 管理[経営，行政]（上）の．── 男 行政官，管理者．

admirable [アドゥミラブレ] 形 [英 admirable] 賞賛に値する，見事な．

admiración 女 ❶ 感嘆；驚き．causar ～ 賞賛の気持ちを起こさせる．tener [sentir] ～ por ... …に感心する．❷〘文法〙感嘆符（¡ !）（＝signos de ～）．

admirado, da 形 感嘆した，驚いた．

admirador, dora 形 賞賛する．── 男 女 賛美者，崇拝者；愛好家．Es un gran ～ de este músico. 彼はこの音楽家の大ファンだ．

admirar [アドゥミラル] 他 [英 admire] ❶ 感嘆する，賞賛する．～ el paisaje 景色に見とれる．❷《(que ＋接続法) を主語として》驚かす，不思議に思わせる．Me *admira que* tengas tanta paciencia. 君の忍耐力には驚かされるよ．── **admirarse** 再《de＋名詞・不定詞 / de que＋接続法》（…に）感心する；（…を）賞賛する．*Me admiro de que* hayas pasado el examen. 君が試験に合格したとは驚いた．

admirativo, va 形 感嘆した，驚いた．en [con] tono ～ 感心した口調で．

admisible 形 容認できる．

admisión 女 ❶ 入場[入会，入学]許可；合格；容認．examen de ～ 入学[採用]試験．❷〘機〙吸気．***Reservado el derecho de ～.***《掲示》入場をお断りすることがあります．

admitir [アドゥミティル] 他 [英 admit] ❶《en》（…に）入るのを許可する．❷ 受け入れる，受け付ける．No se *admiten* propinas. チップはご遠慮申し上げます．❸ 認める；許す，容認する．No *admito*

tus excusas. 君の言い訳を私は認めない. ❹ 収容できる.
admonición 女《形式》訓戒；叱責(しっせき). hacer una ～ 説教する.
admonitorio, ria 形 訓戒[警告]の.
ADN 男 *á*cido *d*esoxirribo*n*ucleico デオキシリボ核酸 [英 DNA].
adobado, da 形《ラ 米》(アルゼンチン)(ウルグアイ)《話》酔った.
adobar 他 ❶《料》マリネにする. ❷(皮を)なめす. ❸ 歪曲(わいきょく)する.
adobe 男 日干しれんが. ***hacer ～s con la cabeza***《稀》《話》死ぬ.
adobo 男 ❶《料》漬け汁；漬けた肉[魚]. pescado en ～ 魚のマリネ. ❷ 皮なめし(剤).
adocenado, da 形 平凡な, ありふれた.
adocenar 他 1ダースずつに分ける. **—adocenarse** 再 凡庸になる.
adoctrinamiento 男 (思想) 教化.
adoctrinar 他《en》《時に軽蔑》(…を)教え[たたき]込む, 教化する.
adolecer 76 自《de》❶(…の)病気になる. ～ *de* reúma リューマチを患う. ❷(欠点・悪習を)持つ, (…に)苦しむ. **—adolecerse** 再《de》(…に)同情する.
adolescencia 女 思春期, 青春.
adolescente 形 思春期の. — 男 女 青年, 若者.
Adolfo 固名 アドルフォ：男子の名.
adolorido, da 形《ラ米》痛い, 痛む；悲しんでいる, 痛々しい.
adonde 副《関係》❶《方向・場所》…する所へ. el lugar ～ voy 私が行く場所. ❷《稀》…する所で. — 前 …の家へ[で]. Voy ～ Luis. ルイスの家へ行く.
adónde 副《疑問》どこへ[に] (＝a dónde). ¿*A*～ vas? どこへ行くの.
adondequiera 副 どこへでも, 《稀》どこにでも；《que＋接続法》どこへ…しようとも. ～ *que* vayas 君がどこへ行こうとも.
adonis 男 [単複同形] 美青年.
adopción 女 ❶ 採用；採択. ❷ 養子縁組. ***de*** **～** 帰化した.
adoptar [アドプタル] 他 [英 adopt] ❶ 養子にする. ❷(自分のものとして) **取り入れる**, 採用する, (議案等を) 採択する. ～ la nacionalidad española スペインの国籍を取る. ～ una actitud severa 厳しい態度を取る.
adoptivo, va 形 ❶ 養子関係の. hijo ～ 養子. madre *adoptiva* 養母. ❷ 帰化した. patria *adoptiva* 帰化した国.
adoquín 男 ❶ 敷石. ❷《話》《軽蔑》ばか.
adoquinado, da 形 (敷石で) 舗装された. — 男 (舗石による) 舗装(路).
adoquinar 他 (敷石で) 舗装する.
adorable 形 素晴らしい；崇拝すべき. una persona ～ 魅力的な人.
adoración 女 ❶ 礼拝. ❷ 熱愛. sentir ～ por ... …を熱愛する.
adorador, dora 形 崇拝する；熱愛する. — 男 女 崇拝者；求愛者.
adorar 他 ❶ 崇拝する. ❷ 熱愛する. ～ bailar 踊ることが大好きである.
adoratorio 男 持ち運び用の祭壇背後の飾り壁.
adormecer 76 他 ❶ 眠くする, 眠らせる. ❷(苦痛等を)鎮める；まひさせる. **—adormecerse** 再 寝入る, うとうとする；まひする.
adormecimiento 男 眠気；まひ.
adormidera 女《植》ケシ(の実).
adormilarse / adormitarse 再 うとうとする.
adornar [アドルナル] 他 [英 decorate] ❶《con, de》(…で) **飾る**；引き立たせる. ～ la sala *con* [*de*] flores 部屋を花で飾る. Las flores *adornan* la sala. 花が部屋に美しさを添える. ❷(人徳等が) 備わっている. Las virtudes lo *adornan*. 彼には人徳がある. **—adornarse** 再《con》(…で) 飾られる；着飾る.
adornista 男 女 (室内) 装飾家.
adorno 男 ❶ 装飾品. ❷《闘牛》アドルノ：場を盛り上げるために闘牛士が牛の前で行う動作. — 活 → adornar. ***de ～*** お飾りの. gafas *de* ～ だて眼鏡.
adosado, da 形 男 テラスハウス(の), 棟続きの(住宅). chalé ～ テラスハウス.
adosar 他《a》(…に) ぴったり寄せる, もたせ掛ける.
adquier- 活 → adquirir.
adquirido, da 過分 → adquirir. 形 ❶ 獲得した. velocidad *adquirida* 到達速度. ❷ 習得した, 後天的な.
adquirir [アドゥキリル] 11 他 [英 acquire] ❶ **手に入れる**, (習慣・能力等を) 身につける (＝conseguir. ↔ perder). ～ fama 名声を得る. ～ un idioma 言語を習得する. ❷ 買う, 購入する. ❸(病気等に) かかる.
adquisición 女 ❶ 取得(物), 購入(品)；習得. ❷ 掘り出し物.
adquisidor, dora 形 獲得する. — 男 女 獲得者.
adquisitivo, va 形 取得の[できる]. poder ～ 購買力.
adrede [アドゥレデ] 副 [英 on purpose] ❶《軽蔑》**故意に**, 意図的に, わざと. ❷ わざわざ.
adrenalina 女《生化》アドレナリン.
adriático, ca 形 アドリア海の.
adscribir 52 他《a》(…に) 割り当てる；(職務に) 任命する. ～ *al* departamento financiero 経理部門に配属する. **—adscribirse** 再《a》(…に) 加入する.
adscripción 女 割り当て；任命, 配属；類別.
adsorber 他《物》吸着する.
adsorción 女《物》吸着(作用).
aduana [アドゥアナ] 女 [英 customs] ❶ **税関**. pasar por la ～ 通関する. ❷ 関税. sin ～ 免税で[の].
aduanero, ra 形 税関の. trámites ～*s* 税関手続き. — 男 女 税関職員.
aducción 女《解》内転(作用).
aducir 12 他 (証拠・理由等を) 申し立てる, 提示する.
aductor 男《解》内転筋.
adueñarse 再《de》❶(…を) 自分のものとする, 奪取する. ❷(恐怖・感情が)(…の) 心を奪う. El pánico *se adueñó de* nosotros. 我々はパニックに陥った.
adujar 他《海》(ロープ等を) 巻く, 片付ける. **—adujarse** 再 (体を) 小さく丸くする.

A

A

adulación 女 へつらい，お世辞．
adulador, dora 形 男 女 おべっか使い(の)．
adular 他 (…に) お世辞を言う，こびる．
adulatorio, ria 形 お世辞の．
adulón, lona 形 男 女 ➜ adulador.
adulteración 女 ❶ 混ぜ物をすること；偽造．❷ 歪曲(わいきょく)．
adulterador, dora 形 混ぜ物をする．— 男 女 混ぜ物をする人，偽造者．
adulterar 他 ❶ 《con》(…を) 混ぜる；偽造する．～ la leche *con* agua 牛乳を水で薄める．❷ 歪曲(わいきょく)する．— **adulterarse** 再 品質が落ちる．
adulterino, na 形 不貞の[による]．
adulterio 男 不倫．
adúltero, ra 形 不倫の．— 男 女 姦通(かんつう)者．
adultez 女 成熟[成長]度；成熟期．
adulto, ta 形 成年に達した，大人の；成熟した．insecto ～ 成虫．una nación *adulta* 成熟した国家．— 男 女 成人．
adustez 女 厳しさ；そっけなさ．
adusto, ta 形 無愛想な；無味乾燥な．mirada *adusta* 冷淡な視線．
advenedizo, za 形 成り上がりの．— 男 女 成り上がり者．
advenimiento 男 ❶ (重要な時代等の) 到来．～ de la democracia 民主政治の到来．❷ 即位．***esperar el*** [***al***] ***santo*** ～ 無意味に待ち続ける．
advenir 23 自 到来する；即位する．
adventicio, cia 形 ❶ 偶然の，偶発の．❷ 〖植〗〖動〗不定の，偶生の．
adventismo 男 〖宗〗(キリスト) 再臨説．
adventista 形 男 女 〖宗〗再臨説[派]の(人)，アドヴェンテスト派(の)．
adverbial 形 副詞の，副詞的な．
adverbializar 57 他 副詞として用いる．— **adverbiarse** 再 副詞化する．
adverbio 男 〖文法〗副詞．
adversario, ria 形 反対派の，敵の．el equipo ～ 相手チーム．— 男 女 敵，競争相手．— 男 《集合的》敵，反対派．
adversativo, va 形 〖文法〗反意の．
adversidad 女 逆境，不運；不利．sufrir ～*es* 災難に遭う．Se conoce a los amigos en la ～. 《諺》まさかの時の友こそ真の友．
adverso, sa 形 反対(側)の；不都合な．situación *adversa* 不利な状況．
advertencia 女 ❶ 警告．❷ はしがき．
advertidamente 副 知っていながら．
advertido, da 過分 ➜ advertir. — 形 経験豊富な；《de》(…に) 気づいた．
advertir [アドゥベルティル] 98 他 [英 notice；warn] ❶ 《de》(…について) **知らせる**，気づかせる (= avisar)．～ *del* peligro 危険を知らせる．❷ (…に) 気づく (= notar)．～ las faltas 欠陥に気づく．❸ 《que＋接続法》(…するよう) 警告する．
adviento 男 [主に A-] 〖カト〗待降節：クリスマス前の4週間．
adviert- / advirt- 活 ➜ advertir.
advocación 女 (教会等に冠される) 守護聖人[聖母]の名；(聖母を称えて) 御名．
adyacencia 女 近接，隣接．
adyacente 形 隣接[近接]した．— 男 〖文法〗付加語．
AEB 女 *A*sociación *E*spañola de la *B*anca (Privada) スペイン銀行協会．
AEE 女 *A*gencia *E*uropea del *E*spacio 欧州宇宙機関．
aeración 女 風通し，換気．
aéreo, a 形 ❶ 空気の，大気の；空中の．contaminación *aérea* 大気汚染．❷ 航空(機)の．por correo ～ 航空郵便で．fuerzas *aéreas* 空軍．línea *aérea* 航空路；[複] 航空会社．❸ 軽い．
aerobic / aeróbic 男 エアロビクス．
aerobio, bia 形 〖生〗好気性の．— 男 〖生〗好気性生物，好気菌．
aerobús 男 〖空〗エアバス．
aeroclub 男 飛行クラブ(の施設)．
aerodeslizador 男 ホバークラフト．
aerodinámico, ca 形 ❶ 空気[航空]力学の．❷ 流線型の．— 女 空気[航空]力学，流線型．
aeródromo 男 飛行場(設備)．
aeroespacial 形 航空宇宙の．
aerofagia 女 〖医〗空気嚥下(えんか)症．
aerofaro 男 航空標識灯．
aerofotografía 女 航空写真．
aerógrafo 男 エアブラシ．
aerograma 男 航空書簡．
aerolínea 女 航空会社．
aerolito 男 〖天文〗(石質) 隕石(いんせき)．
aerómetro 男 〖物〗気量計．
aeromodelismo 男 模型飛行機の製作[操縦]．
aeromodelista 形 男 女 模型飛行機製作[操縦](者)の．
aeromodelo 男 模型飛行機．
aeromotor 男 空気圧モーター．
aeromoza 女 《ラ米》客室乗務員，スチュワーデス (➜ azafata 地域差)．
aeronauta 男 女 (飛行船の) 操縦士，乗務員．
aeronáutico, ca 形 航空(学，術)の．— 女 航空学，航空輸送術．
aeronaval 形 〖軍〗海空の．
aeronave 女 飛行船，気球，飛行機．
aeronavegación 女 〖空〗航法，飛行．
aeroparque 男 《ラ米》(アルゼンチン)小飛行場．
aeropirata 男 女 ハイジャック犯．
aeroplano 男 飛行機．
aeroportuario, ria 形 空港の．
aeropostal 形 航空便の．
aeropuerto [アエロプエルト] 男 [英 airport] **空港**，飛行場．
aerosol 男 ❶ 〖化〗エアゾール (微粒子)．❷ 噴霧器[剤]，スプレー．
aerostación 女 (気球等による) 飛行．
aerostático, ca 形 空気静力学の；気球[飛行船] 飛行の．— 女 空気静力学．
aeróstato 男 気球，飛行船．
aerotaxi 男 エアタクシー．
aeroterapia 女 〖医〗空気療法．
aerotermodinámica 女 空気熱力学．
aeroterrestre 形 〖軍〗空陸の．
aerotransportado, da 形 〖軍〗空輸(用)の．tropas *aerotransportadas* 空挺(くうてい)部隊．
aerotrén 男 リニアモーターカー．
aerovía 女 航空路．
afabilísimo, ma 形 [afable の絶対

最上級］非常に感じのよい．

afạble 形《con, para》(…に対して) 感じのよい，優しい，親切な．

afamạdo, da 形 有名な；評判の．

afamạr 他 有名にする．— **afamar*se*** 再 有名[評判]になる．

afán 男 ❶ 熱意，意欲；熱望．con ～ 熱心に，夢中で．～ de superación 向上心．poner mucho ～ en ... …に意欲的に取り組む．tener ～ de [por] ... …を強く欲する．❷［主に複］労苦．pasar muchos *afanes* 多くの困難を経験する．

afanadọr, dọra 男 女《ラ米》(メキシコ)《話》(ビル等の) 掃除係．

afanạr 他《話》盗む；だまし取る．Me *han afanado* la cartera. 財布をすられた．— **afanar*se*** 再《por, en》(…のために) 精を出す，努力する．～ *por* [*en*] conseguir un buen puesto いいポストに就こうと必死になる．

afanọso, sa 形 ❶ 骨の折れる，困難な．❷ 熱心な，懸命の．

afarolạdo, da 形 ちょうちん形の．*pase* ～ 闘牛士がカパ capa を高く振りかざす技．

afarolạr*se* 再《ラ米》(1)(チリ)ほろ酔いになる．(2) 興奮する．

afạsia 女〖医〗失語(症)．

afạsico, ca 形 男 女 失語症の(患者)．

afeamiẹnto 男 ❶ 醜くなる[する] こと．❷ 非難．

afeạr 他 ❶ 醜くする，魅力を損わせる．～ el paisaje 景観を台無しにする．❷ 非難する，とがめる．～ su conducta (人の) 行為を非難する．— **afear*se*** 再 醜くなる．

afección 女 ❶ 病気，疾患．❷ 好み，(人・主義への) 傾倒．

afectación 女 見せかけ，装い；気取り．

afectạdo, da 形 ❶ 気取った；偽りの，見せかけの．ignorancia *afectada* 知らんぷり．❷ 被害を受けた．

afectạr 他 ❶ (悪) 影響を及ぼす，(損) 害を与える．～ la salud 健康に悪い．❷ 気持ちを動揺させる．❸ …の振りをする；…を気取る．～ tranquilidad 平静を装う．❹ (資金を) 割り当てる．❺ 加える．— 自《a》(…に) 関係がある；(…を) 害する．～ *a* la economía 経済に (悪) 影響を及ぼす．— **afectar*se*** 再 動揺する．

afectịsimo, ma 形 [afecto の絶対最上級]《手紙》(1) 敬具《略 afmo., afma.》．suyo ～ (servidor) 敬具，敬白．(2) 親愛なる．～ amigo 親愛なる友(へ)．

afectịvamẹnte 副 情緒的に，感情の面で．

afectividạd 女 感情，情緒；優しさ；感受性，感じやすさ．

afectịvo, va 形 ❶ 情緒的な．❷ 敏感な，傷つきやすい．❸ 愛情の深い．

afẹcto, ta 形《a》❶ (…が) 好きな．la maestra muy *afecta a* los niños とても子供好きな先生．❷ (…に) 配属された．❸ (…の) 支払い義務を負った．— 男 ❶ 情緒，感情．❷ 愛情；愛着．

afectuosidạd 女 親愛の情，優しさ．

afectuọso, sa 形 愛情深い，優しい．

afeitạdamẹnte 副 きちんと，上品に．

afeitạdo, da 形 ❶ (ひげ・体毛等を) そった；(植木等が) 刈り込まれた．❷〖闘牛〗角の先端を削った．— 男 そること．

afeitadọra 女 ❶ シェーバー，電気かみそり．～ eléctrica《ラ米》電気かみそり (→ máquina 地域差)．❷《ラ米》安全かみそり (→ maquinilla 地域差)．

afeitạr 他 ❶ (…のひげ・体毛を) そる；(植木等を) 刈り込む．hoja de ～ カミソリの刃．❷〖闘牛〗角の先端を削る．— **afeitar*se*** 再 (自分の) ひげをそる．地域差 ひげをそる afeitarse《スペイン》《ラ米》(キューバ, ドミニカ共和国, プエルトリコ)(ニカラグア)(コロンビア, ベネズエラ)(ペルー)(チリ)(パラグアイ, ウルグアイ, アルゼンチン)；hacerse la barba (コスタリカ)(エクアドル)；rasurarse (キューバ)(メキシコ)(グアテマラ, ホンジュラス, エルサルバドル, ニカラグア)(コロンビア)(ボリビア)．

afẹite 男 ❶《古》化粧 (品)．❷ おしゃれ；装飾品．— 活 → afeitar.

afẹlio 男〖天〗遠日点．

afelpạdo, da 形 ビロード状の．

afelpạr 他 ビロード状にする．

afeminación 女 女っぽさ．

afeminạdo, da 形 男 女のような[めめしい](男)．

afeminamiẹnto 男 女っぽさ．

afeminạr 他 (男を) 女っぽくする；めめしくする．— **afeminar*se*** 再 (男が) 女っぽくなる；めめしくなる．

aferẹnte 形〖解〗(血管が) 輸入 (性) の；(神経が) 求心性の．

aféresis 女［単複同形］〖言〗語頭音消失．⇀ autobús が bus となる類．

aferramiẹnto 男 ❶ つかむ[しがみつく] こと．❷ 強情；固執．❸〖海〗係留．

aferrạr 18 他 ❶ つかむ．❷〖海〗係留する．— 自 ❶ つかまる．❷ 固執する．— **aferrar*se*** 再 ❶《a, en》(…に) しがみつく；固執する．❷《a》(…に) すがる．

afestonạdo, da 形 花綱で飾られた．

affaire [アフェル]［仏］男 問題；事件．

Afganistán 固名 アフガニスタン：首都カブール Kabul.

afgạno, na 形 アフガニスタンの．— 男 女 アフガニスタン人．— 男 アフガン語，パシュトゥー語．

afianzamiẹnto 男 ❶ 保証，請け合い．❷ 保釈金，担保．❸ 補強，強化；(健康の) 増進．❹ 確立，定着．

afianzạr 57 他 ❶ 強化する；確実なものにする．～ las patas de una silla con travesaños 横木でいすの脚を補強する．～ la salud 体を丈夫にする．❷ 保証する，請け合う．❸ つかむ；支える．— **afianzar*se*** 再 ❶ 安定する，定着する；立場を確立する．～ en un puesto 地位を揺るぎないものにする．❷ しがみつく．❸ 固執［執着］する．❹《en》(…に) 自信を持つ．

afịche 男《ラ米》ポスター，びら．

afición 女 ❶ 愛着，好み．cobrar [tomar] ～ a ... …が好きになる．tener ～ a ... …に好意[愛着]を抱く．❷ 愛好．～ a la lectura 読書の趣味．❸《集合的》ファン，愛好者．❹ 熱狂．con ～ 熱心に．*por* ～ 趣味として，道楽で．

aficionado, da [アフィしオナド,ダ] 形［英 amateur］❶ **アマチュアの**，素人の．❷《a》(…の) **好きな**，(…に) 熱中する．～ *a* la carpintería 大工仕事の好きな．— 男 女 ❶ 愛好家，ファン；[複]《ラ米》(サッカー等の) 熱狂的ファン［サポーター］(→ hincha 地域差)．❷ アマチュア (選手)．

A

aficionar 他 熱中させる. — **aficionarse** 再 《a》 ❶ (…が) 好きになる, (…に) 熱中する. ❷ (…が) 習慣になる.
afijo, ja 形 男 〖文法〗接辞 (の).
afiladera 形 女 砥石(といし)(の) (= piedra ～).
afilado, da 形 ❶ 鋭利な；とがった. cuchillo ～ よく切れるナイフ. voz *afilada* 甲高い声. ❷ やせた. cara *afilada* 頬(ほお)のこけた顔. ❸ しんらつな. lengua *afilada* 毒舌. — 男 研ぐこと, とがらせること.
afilador, dora 形 刃をつける, 研ぐ (ための). — 男 女 研ぎ師[屋]. — 男 研磨機, グラインダー；研ぐ[削る] 道具；(かみそりの) 革砥(かわ).
afilalápices 男[単複同形]鉛筆削り.
afilamiento 男 やせ (こけ) ること.
afilar 他 ❶ 研ぐ, とがらせる. ～ un cuchillo ナイフを研ぐ. ❷ (声を) 甲高くする. ❸ 《ラ米》(アルゼ)(パラグ)(ウルグ) 《話》 言い寄る；(チ)性的関係を持つ. — **afilarse** 再 ❶ とがる；やせる. Su nariz *se ha afilado.* 彼の鼻は肉がそげてとがってきた. ❷ 《ラ米》(ボリ)(チリ)準備をする.
afiliación 女 加入, 加盟, 入会.
afiliado, da 形 ❶ 加入[加盟]した, 会員の. los países ～*s* 加盟国. ❷ 系列の. — 男 女 会員, 加入者.
afiliar 106 他 加入[加担]させる, 会員にする. — **afiliarse** 再 《a》 (…に) 加入[加担, 加盟]する, (…の) 会員になる.
afiligranado, da 形 金[銀]線細工の[を施した].
afiligranar 他 ❶ 金[銀]線細工を施す. ❷ 洗練させる, 磨き上げる. ❸ 飾る.
afilón 男 革砥(かわ)；(肉屋の) 鋼砥(はがねと).
afín 形 ❶ 隣接の, 隣り合った. ❷ 類似の. ideas *afines* 似たような考え. ❸ 関連する, 関係のある. — 男 女 親類.
afinación 女 ❶ 精錬, 精製. ❷ 洗練. ❸ 〖音〗調律, チューニング；音合わせ.
afinador, dora 男 女 〖音〗 調律師. — 男 調律用具.
afinar 他 ❶ 精錬[精製]する；洗練する. ～ el oro 金を精錬する. ❷ 調律する；正しい音程で歌う[演奏する]. ❸ 仕上げる, 完成させる. — 自 ❶ 的を射ている. ❷ 調子を外さずに歌う[演奏する]. — **afinarse** 再 ❶ やせる, 細くなる. ❷ 洗練される.
afincar 26 自 (不動産を) 買う, (資産を) 手に入れる. — 他 定住[定着]させる. — **afincarse** 再 定住[定着]する.
afinidad 女 ❶ 類似, 相似；類縁 (性). ❷ 姻戚(いんせき)(関係). ❸ 〖化〗親和力.
afirmación 女 ❶ 肯定, 断言, 主張. ❷ 固定, 補強.
afirmado 過分 → afirmar. 男 路面, 舗装部分；《ラ米》(アルゼ)(ウルグ)石の舗装.
afirmar [アフィルマル] 他 [英 affirm] ❶ **肯定する**, 断言[確言, 保証] する. *Afirmo* que es verdad. 確かにそれは本当です. ❷ 取り付ける. ～ un estante 棚をしっかり固定する. ❸ 言う, 言明する. — **afirmarse** 再 ❶ 《en》 (…に) 体を固定する. ❷ 《en》 (…を) 確言する. ～ *en* lo dicho 自説を曲げない.
afirmativo, va 形 肯定的な；断定的な. — 女 肯定, 賛成；肯定的意見. contestar con una *afirmativa* 承諾の返事をする. *en caso* ～ もしそのようなら；賛成の場合.
aflamencado, da 形 ジプシー風の.
aflatarse 再 《ラ米》(グアテ)(チ)(ホンジ)(ニカラ)悲しくなる, 憂鬱(ゆううつ)になる.
aflautado, da 形 笛を吹くような. con una voz *aflautada* 甲高い声で.
aflautar 他 (声・音を) 甲高くする.
aflicción 女 苦痛；悲しみ, 苦悩.
aflictivo, va 形 ❶ 痛ましい, 悲惨な. ❷ 〖法〗 pena *aflictiva* 体刑.
afligido, da 形 ❶ 《con》 (…で) 悲嘆に暮れた. ❷ 病気の. — 男 女 ❶ 苦しむ[悲しむ]人. los ～*s* 受難者. ❷ 遺族.
afligir 44 他 ❶ 悲しませる；(精神的に) 苦しめる. ❷ (肉体的に) 苦痛を与える. — **afligirse** 再 《de, con, por》 (…に) 苦しむ, 嘆き悲しむ.
aflij- 活 → afligir.
aflojamiento 男 緩み, たるみ；緩和.
aflojar 他 ❶ 緩める, 弱くする；緩和する. ～ el freno ブレーキを緩める. ～ el paso ペースを落とす. ❷ 《俗》 しぶしぶ支払う[渡す]. — 自 ❶ 和らぐ, 弱まる. ❷ 緩む, たるむ. ❸ 衰える；怠ける. fe que *afloja* 揺らぐ信仰心. — **aflojarse** 再 ❶ 怠ける；だれる；(興味・信仰等が) 薄れる. ❷ (ひも等が) 緩む；(身につけているものを) 緩める. ～ el cinturón ベルトを緩める.
afloramiento 男 (鉱脈等の) 露出, 露頭.
aflorar 自 ❶ (鉱物・岩層が) 露出する；(地下水が) 湧(わ)き出る. ❷ (問題等が) 表面化する；現れる. — 他 篩(ふるい)にかける.
afluencia 女 ❶ 人[物]の流れ. ～ de espectadores 引きも切らぬ観客. ❷ 流入. ～ de refugiados 殺到する難民たち. ❸ 充血. ❹ 豊富. ❺ 流暢(りゅうちょう).
afluente 男 支流. — 形 ❶ (川が) 流入する, (道が) 合流する. ❷ 能弁な.
afluir 60 自 ❶ 《a》 (…に) 流入する；殺到する. ❷ (川等が) 合流する；注ぐ.
aflujo 男 (液体の) 流れ, 流量. ～ de sangre 充血.
afofarse 再 (肉等が) ぶよぶよになる.
afonía 女 〖医〗 失声症.
afónico, ca / áfono, na 形 ❶ 失声症の. ❷ 声の出ない. ❸ 無音の.
aforado, da 形 特権を与えられた.
aforar 他 ❶ (容積等を) 測定する. ❷ 査定[評価]する. ❸ (空港で荷物を) 預ける[受け取る]. ❹ (都市に) 特権を与える (► この語義では32の活用). ❺ 借地料を払う.
aforismo 男 格言, 金言, 警句.
aforístico, ca 形 警句[格言]の.
aforo 男 ❶ 測定 (値), 計測. ❷ 査定, 評価 (額). ❸ 流水量. ❹ 収容力. un ～ de dos mil personas 2000人の座席数.
aforrar 他 《con, de, en》 (…で) 裏打ちする, 裏地をつける. — **aforrarse** 再 《話》 たくさん着込む；たらふく飲み食いする.
afortunada 形 → afortunado.
afortunadamente 副 幸いにも, 運よく.
afortunado, da [アフォルトゥナド, ダ] 形 [英 fortunate] ❶ **運のよい**. coincidencia *afortunada* 幸運な偶然の一致. ❷ 幸福な. época *afortunada* 幸せな時代. ❸ 恵まれた. un hombre ～ en

amores 女性によくもてる男性. un estilo ～ en imágenes イメージ豊かな文体. ❹ 的を射た, 適切な. decisión *afortunada* 時宜を得た決定. ── 男 女 幸運な人. los ～*s* de la lotería 宝くじの当選者. ***una cara poco afortunada*** 仏頂面.

afrancesạdo, da 形 男 女 フランスびいき[支持] (の) ; フランスかぶれ (の).

afrancesamiẹnto 男 フランスかぶれ.

afrancesạr 他 フランス風にする. ── **afrancesarse** 再 フランス風になる, フランスにかぶれる.

afrẹcho 男 麩(ふすま), ぬか.

afrẹnta 女 ❶ 侮辱. hacer ～ a ... …をはずかしめる. ❷ 不名誉 ; 恥.

afrentạr 他 ❶ 侮辱する. ❷ 不快にさせる, 感情を害させる. ── **afrentarse** 再 《**de, por**》 (…を) 恥じる, (…に) 困惑する.

afrentọso, sa 形 ❶ 屈辱的な, 無礼な. ❷ 恥さらしの, 不名誉な.

Ạ́frica 固名 アフリカ.

africạdo, da 形 女 〖音声〗 破擦音 (の).

africanịsmo 男 アフリカ趣味[志向] ; アフリカ学 ; アフリカ主義.

africanịsta 男 女 アフリカ学者 ; アフリカ主義者. ── 形 アフリカ学の.

africanizạr 57 他 アフリカ化する.

africạno, na 形 ──アフリカ (人) の. ── 男 女 アフリカ人. ── 男 ➜ afrikaans.

afrijolạr 他 《ラ米》(コロンビア)(面倒な仕事を) 押しつける.

afrikạans 男 アフリカーンス語.

ạfro 形 アフリカ系黒人の ; (髪形が) アフロの. peinado ～ アフロヘア. ── 男 《ラ米》 縮れ毛 (➜ pelo 地域差).

afroamericạno, na 形 男 女 アフリカ系アメリカ人 (の).

afroasiạ́tico, ca 形 アジア・アフリカの. países ～*s* AA諸国.

afrocubạno, na 形 アフリカ系キューバ (人) の.

afrodisiạco, ca / afrodisíạco, ca 形 催淫(さいいん)的な, 性欲を起こさせる. ── 男 媚薬(びやく), 催淫剤.

afrontamiẹnto 男 ❶ 直面 ; 取り組み. ❷ 対立, 対決.

afrontạr 他 ❶ 直面する ; 立ち向かう. ～ al enemigo 敵に立ち向かう. ❷ 対決させる. ❸ 向かい合わせにする.

afrutạdo, da 形 果物の香りのする.

ạfta 女 [el ～] 〖医〗 アフタ.

aftershave [アフテルシェイ(ブ)] 〔英〕 男 アフターシェーブローション.

aftọso, sa 形 アフタ性の. fiebre *aftosa* 口蹄疫(こうていえき).

afuera [アフエラ] 副 〔英 outside〕 **外に[で]**, 外側に[で] (↔ adentro). de puertas ～ 外側に, 戸外に. la parte de ～ 外側. más ～ もっと遠くに. por ～ 外に, 外側へ. ── 女 [複] ❶ 郊外. las ～*s* de Madrid マドリード郊外. ❷ (城郭の周囲の) 平地. ── 間 出て行け ; どけ.

afuerẹño, ña 形 《ラ米》 よその, 見知らぬ.

afuerịno, na 形 《ラ米》(チリ)➜ afuereño.

afụste 男 〖軍〗 砲架.

afutrạrse 再 《ラ米》(チリ)着飾る, めかす.

agạ́ 男 [複 agaes] トルコの士官.

agachạda 女 《話》 《ラ米》(アルゼンチン)(ウルグアイ)ごまかし, 言い逃れ.

agachadịza 女 〖鳥〗 タシギ.

agachạdo, da 形 ❶ かがんだ. ❷ 《ラ米》 (1) ずるい. (2)(ペルー)卑屈な. (3)(メキシコ)おくびょうな. ── 男 《ラ米》(メキシコ)妻を寝とられた夫.

agachạr 他 (身を) かがめる. ～ la cabeza うなだれる. ── **agacharse** 再 かがむ, うずくまる.

agạlla 女 ❶ 〖植〗 虫こぶ, 癭瘤(えいりゅう). ❷ 〖解〗 扁桃腺(へんとうせん) ; [複] 〖医〗 咽喉(いんこう)炎, 扁桃腺炎. ❸ 〖魚〗 えら. ❹ [複] 《話》 勇気, 気力.

agallọ́n 男 首飾り用の銀の玉 ; (ロザリオの) 大きな玉.

agallụdo, da 形 《ラ米》 《話》 大胆な, 向こう見ずな.

agamị́ 男 《ラ米》 〖鳥〗 ラッパチョウ.

ạ́gape 男 ❶ 宴会, 会食. ❷ 愛餐(あいさん) : 初期キリスト教徒が最後の晩餐をしのぶ会食.

agarbanzạdo, da 形 通俗的で古くさい.

agarẹno, na 形 男 女 (特にスペイン中世の) イスラム教徒 (の).

agạ́rico 男 〖植〗 ハラタケ, アガリクス.

agarrạda 過分 ➜ agarrar. 女 ❶ 《話》 取っ組み合い[つかみ合い] のけんか ; 激しい口論, 言い争い. ❷ 〖スポ〗 タックル.

agarradẹra 女 《ラ米》 (1) 取っ手, 柄. (2) [複] 《話》 コネ. (3) [複] (メキシコ)乳房.

agarradẹro 男 ❶ 取っ手, 柄 ; フック. ❷ 《話》 口実, 言い訳. ❸ [複] コネ. tener ～*s* 後ろだてがある.

agarrạdo, da 過分 ➜ agarrar. 形 ❶ つかまった, しがみついた. ～*s* del brazo 腕を組み合って. ❷ いいコネを持った. estar [ir] ～ 有力な縁故がある. ❸ 《話》 けちな. ── 男 女 《ラ米》 けち (➜ tacaño 地域差). ── 男 チークダンス.

agarradọr 男 柄 ; 鍋(なべ)つかみ.

agarrar [アガラル] 他 〔英 grasp〕 ❶ **つかむ** ; すがりつく, 握る. ～ a ... de [por] la manga …の袖(そで)をつかむ. ～ un autobús バスに乗る (► 《ラ米》 では coger の代わりに agarrar が一般的). ❷ 《話》 手に入れる, 捕まえる. ❸ 《話》 (病気等が) 取りつく, (ひどい目に) 遭う ; (睡魔等が) 襲う. ～ un resfriado かぜをひく. ❹ 《話》 解釈する, 受け止める. ── 自 根づく ; つく ; こびりつく. ── **agarrarse** 再 ❶ 《**a, de**》 (…に) つかまる, しがみつく. ～ *a*l camino 道なりに進む. ～ *de*l brazo 腕を組む. ❷ くっつく, 根づく ; 焦げつく. ❸ (病気等が) 取りつく. ❹ 《**a**》 (…に) すがる, 頼る ; (…を) 口実として利用する. ～ *a* un clavo ardiendo わらにもすがる. ❺ 《話》 取っ組み合いのけんかをする ; 口論する. ***agarrar y ...*** 《話》 突然[思いきって] …する. Como no venga, *agarro y* me voy. 先方が来ないのなら, さてと, こっちも失敬するよ.

agạrre 男 ❶ コネ. ❷ つかまること. ❸ 取っ手. ── 活 ➜ agarrar.

agarrochạr 他 〖闘牛〗 (ピカドール picador が) (牛に) 槍(やり)を刺す.

agarrọ́n 男 ❶ わしづかみ ; つかんで引っ張ること. ❷ 《ラ米》 《話》 けんか, 乱闘.

agarrotamiẹnto 男 ❶ 縛り ; 束縛,

A

締めつけ. ❷ (筋肉等の) 硬化, 痙攣(けいれん). ❸〖機〗(エンジン等の) 焼き付き.

agarrotar 他 ❶ しっかり縛る；締めつける. ❷ (筋肉等を) こわばらせる. —— **agarrotarse** 再 ❶ (筋肉等が) こわばる. ❷〖機〗(エンジン等が) 焼き付く.

agasajador, dora 形 歓迎の；心を込めた. —— 男 女 もてなす人, 接待者[係].

agasajar 他 手厚くもてなす；ごちそうする.

agasajo 男 もてなし, 歓迎；贈り物.

ágata 女 [el ～]〖鉱〗瑪瑙(めのう).

agatas 副《ラ米》(アルゼ)(ウルグ)ほとんど…ない.

agauchado, da 形《ラ米》(ウルグ)(チリ)ガウチョ gaucho のような, ガウチョをまねた.

agaucharse 再《ラ米》(アルゼ)(チリ)(パラグ)(ウルグ)ガウチョ gaucho のようになる.

agave 女〖植〗リュウゼツラン.

agavillador, dora 男 女 束ねる人. —— 女〖農〗コンバイン.

agavillar 他 束ねる；集める, まとめる. —— **agavillarse** 再 (人々が) 集まる.

agazapar 他 (人を) 捕まえる. —— **agazaparse** 再 (隠れるように) うずくまる.

agencia [アヘンしア] 女〔英 agency〕❶ **代理店**, 取次店；支店. ～ de viajes 旅行代理店. ～ inmobiliaria 不動産仲介業. ～ de transportes 運送会社. ❷ 代理[代行] 業務. ❸ 公的機関. ～ de colocaciones 職業安定所.

agenciar 17 他 ❶ 世話する, 提供する；働きかける. ❷《話》まんまと手に入れる. —— **agenciarse** 再 ❶《**para**＋不定詞》工夫して[何とか] …する. ❷ うまく手に入れる. ***agenciárselas*** なんとかやってみる. Juan sabe *agenciárselas*. フアンならうまくやれる.

agenciero, ra 男 女《ラ米》(1)(アルゼ)(パラグ)宝くじ等の販売店主[店員]. (2)(チリ)質屋の主人. (3)(アルゼ)自動車販売業者.

agenda 女 ❶ (日付入りの) 手帳. ❷ 日程.

agenesia 女〖医〗不妊；陰萎(いんい).

agente 男 ❶ 代行人, 代理[仲介]業者. ～ de bolsa 証券業者. ～ de negocios 委託代行業者. ❷ スパイ. ～ provocador 秘密工作員. ❸ 警官；捜査官；役人. ～ ejecutivo 代執行人. ❹ 動因；媒介；薬剤. ～ químico 化学薬品. ❺〖文法〗動作主. —— 形 作用する, 動因の；行為者の.

aggiornamento [アジョルナメント]〔伊〕男〖カト〗(体制・教理等の) 現代化.

agigantado, da 形 巨大な；並外れた. ***a pasos ～s*** 目覚ましく, 長足に.

agigantar 他 ❶ 誇張する. ❷ 巨大にする. —— **agigantarse** 再 巨大になる.

ágil 形 ❶ 敏捷(びんしょう)な；鋭敏な, 俊敏な. ❷ (文体等が) 軽妙な, 洒脱(しゃだつ)な.

agilidad 女 ❶ 敏捷(びんしょう)性, 軽快さ. ❷ 才覚. tener mucha ～ en los negocios 商才にたけている. ❸ (文体等の) 軽妙さ.

agilitar 他 ❶ 敏捷(びんしょう)にする, 軽快にする. ❷ 容易にする. —— **agilitarse** 再 敏捷になる, 動きが軽くなる；ウォームアップする.

agilización 女 迅速化, 促進.

agilizar 57 他 → agilitar.

agio 男〖商〗打歩(うちぶ), プレミアム；投機(売買).

agiotaje 男〖商〗投機売買；(株式等の) 不正売買；打歩(うちぶ), プレミアム.

agiotista 男 女〖商〗相場師, 投機筋.

agitación 女 ❶ 揺れ. ～ de bandera 旗のはためき. ❷ 喧噪(けんそう). ～ de la muchedumbre ひしめき合う群衆. ❸ 動揺. semblar la ～ en el ánimo de ... …に不安を起こさせる. ❹ 扇動, アジテーション.

agitado, da 過分 → agitar. 形 ❶ よく振った, かき混ぜた. ❷ 騒ぎ立つ；波立った. ❸ 動揺した；興奮した. época *agitada* 動乱の時代. ❹ 慌ただしい. vida *agitada* 波乱の多い生涯.

agitador, dora 男 女 扇動者. —— 男〖化〗攪拌(かくはん)棒；〖機〗攪拌機, ミキサー. ►「料理用ミキサー」は batidora. —— 形 攪拌 (用) の；揺り動かす；扇動する.

agitanado, da 形 ジプシー[ロマ]風の.

agitar [アヒタル] 他〔英 wave〕❶ **振る**；攪拌(かくはん)する. ～ un(a) arma 武器を振り回す. ～ un líquido con una cuchara スプーンで液体をかき混ぜる. ❷ 不安にさせる；扇動する. ～ el ánimo de ... …を動揺させる. —— **agitarse** 再 ❶ 揺れ動く；ざわめく；はためく；波立つ. ❷ 動揺する；騒然となる.

aglomeración 女 塊 (になること)；群集. ～ de tráfico 交通渋滞.

aglomerado, da 形 塊になった, 寄り集まった. —— 男 ❶ 寄せ集め；合板. ❷ 炭.

aglomerante 男〖技〗結合材.

aglomerar 他 寄せ集める, 塊にする. —— **aglomerarse** 再 集まる, 塊になる.

aglutinación 女 ❶ 接着, 接合. ❷〖医〗癒着；(細菌・血球の) 凝集. ❸〖言〗膠着(こうちゃく). ❹ 結集, 連結.

aglutinador, dora 形 接着する；結集する.

aglutinante 形 接着[接合, 癒着, 凝集]させる；膠着(こうちゃく)性の. —— 男 接着剤；接合剤.

aglutinar 他 ❶ 接着する；一体化させる. ❷〖医〗癒着させる；〖言〗膠着(こうちゃく)させる. —— **aglutinarse** 再 ❶ 接着する, くっつく；一体化する. ❷ 癒着する；膠着する.

agnición 女〖文学〗(登場人物の) 素姓を明かすこと.

agnosia 女〖医〗失認 (症), 認知不能.

agnosticismo 男〖哲〗不可知論.

agnóstico, ca 形 男 女 不可知論者(の).

agnus / agnusdéi 男〖カト〗神の小羊：キリストの象徴；神羔誦(しんこうしょう)；神の小羊の像を押印した蠟(ろう)製のメダル.

agobiado, da 形 ❶ 疲れきった. ❷ 背負い込んだ, 苦しんでいる. ～ de deudas 借金苦にあえぐ. ❸ 猫背の；腰が曲がった.

agobiador, dora 形 → agobiante.

agobiante 形 ❶ 骨の折れる. una tarea ～ 疲れる仕事. ❷ 耐えがたい. un calor ～ やりきれない暑さ. ❸ 手に負えない, 厄介な.

agobiar 17 他 疲れさせる；うんざりさせる；息苦しくさせる；苦しめる. —— **agobiarse** 再《**por, con**》(…に) 忙殺される, 疲れ果てる；あえぐ.

agobio 男 ❶ 疲労困憊(こんぱい)；憔悴(しょうすい). ❷ 重荷；苦悩, 心労. ❸ 息苦しさ；退屈.

agolpamiento 男 ❶ 集中, 山積み. ❷ 群集, 殺到.
agolparse 再 ❶ 殺到する；集中する. ❷ 一時に起こる, 突発する.
agonía 女 ❶ 苦悩, 苦痛. ❷ 今わの際の苦しみ, 断末魔. ❸ 切望, 悲願.
agonías 男 女 [単複同形]《話》悲観主義者.
agónico, ca 形 臨終[瀕死(ひんし)], 末期]の.
agonista 男 女《文》闘技者.
agonizante 形 ❶ 今わの際の, 臨終の. ❷〚カト〛臨終の儀を司(つかさど)る. ── 男 女 瀕死の人. ── 男〚カト〛臨終の儀を司る司祭.
agonizar 57 自 ❶ 死に瀕(ひん)している, 今わの際にいる. ❷ 消えうせかける. luz que *agoniza* 薄れゆく明かり. ❸《por》(…を)強く望む.
ágora 女 [el ～]〚史〛(古代ギリシャの)市民広場；市民集会.
agorafobia 女〚医〛広場恐怖症.
agorar 39 他 予言する, 占う.
agorero, ra 形 縁起の悪い, 不吉な. ── 男 女 占い師.
agostar 他 ❶ 夏枯れさせる. ❷ (希望等を) しぼませる；(元気を) 失わせる. ── 自 ❶ (家畜が乾期を) 放牧地で過ごす. ❷ 夏枯れする, しおれる. ── **agostarse** 再 枯れる, しおれる.
agosteño, ña 形 8月の.
agostero, ra 男 女 (8月の) 農業季節労働者.
agostizo, za 形 ❶ 8月の. ❷ (動物が) 8月生まれの. ❸ 夏枯れしがちな.
agosto [アゴスト] 男 〔英 August〕 ❶ **8月** 《略 ago.》. ❷ 収穫期；収穫物. ***hacer* su ～** 《話》ぼろもうけ[荒稼ぎ]する.
agotable 形 尽きる, 枯渇する.
agotado, da 形 空になった；売り切れた, 絶版の；疲れきった.
agotador, dora 形 疲れさせる.
agotamiento 男 ❶ 枯渇；品切れ. ❷ 疲労困憊(こんぱい), 消耗.
agotar 他 ❶ 空にする. ～ una cisterna タンクを空にする. ❷ 使いきる, 枯渇させる. ～ las existencias 在庫品を一掃する. ～ la paciencia de ... …の堪忍袋の緒を切らせる. ～ un tema テーマを徹底的に検討する. ❸ 疲れさせる, 消耗させる. ── **agotarse** 再 ❶ 尽きる, 枯渇する. ❷ 疲れ果てる. ❸ 品切れ[絶版]になる.
agracejo 男〚植〛メギ類；未熟なブドウ.
agraciado, da 形 ❶ かわいい；優雅な. un rostro ～ 愛らしい顔. ❷ つきに恵まれた；当選した. el billete ～ [no ～] 当たり[外れ]くじ. salir ～ con el primer premio 1等が当たる. ── 男 女 当選者. ── 女 魅力[愛嬌]のある人.
agraciar 17 他 ❶ 愛らしくする. ❷ 報酬を与える；《con》(…を) 授与する. ～ a ... *con* un premio [una condecoración] …に賞[勲章]を授与する.
agradabilísimo, ma 形 [agradable の絶対最上級] たいへん楽しい[快い].
agradable [アグラダブレ] 形 〔英 agreeable〕 **快い**, 快適な；愉快な, 楽しい；(人が) 親切な. ～ al gusto [al paladar] 美味な. ～ al tacto 感触のいい. ～ de sabor おいしい. unir lo útil con lo ～ 趣味と実益を兼ねる.
agradar 自 気に入る, 満足させる；…が好きだ (► 間接目的語が意味上の主語となる). ～ a todos 皆の気に入る. si le *agrada* よろしければ. ── **agradarse** 再 ❶ 互いに気に入る. ❷《de》(…を) 喜ぶ.
agradecer [アグラデセル] 76 他 〔英 thank〕 ❶ **感謝する**, ありがたく思う. Le *agradezco* su oferta. あなたのお申し出に感謝いたします. ❷ (恩義等に) 応(こた)える. ❸ …の恩恵をこうむる. Los árboles *agradecen* la lluvia. 木々が雨で潤う. ── **agradecerse** 再 感謝[歓迎]される. ***¡Se agradece!*** どうもありがとう.
agradecido, da 過分 → agradecer. 形 感謝している, 恩義を感じている. ～ por un favor 好意に応(こた)えて. ***¡Muy ～!*** どうもありがとう.
agradecimiento 男 感謝. en señal de ～ 感謝のしるしとして. expresar su ～ 感謝の意を表す.
agradezc- 活 → agradecer.
agrado 男 ❶ 喜び. hallar ～ en 〈+不定詞〉…して楽しむ. ❷ 好み. ❸ 愛想のよさ, 親切. ***con* ～** 喜んで, 快く.
agrafia 女〚医〛失書症, 書字不能 (症).
ágrafo, fa 形 男 女 ❶ 文字が書けない (人). ❷ 文字のない (もの).
agramar 他 (麻の) 茎を砕いて繊維を採る.
agrandamiento 男 増大, 拡大.
agrandar 他 ❶ 拡大[拡張]する. ～ una casa 増築する. ❷ 誇張する. ～ los defectos de ... …の欠点を大げさに言う. ── **agrandarse** 再 大きくなる.
agranujado, da 形 ❶ 粗い, ざらざらした. ❷ ぶつぶつのできた. una cara *agranujada* にきび面. ❸《話》下品な.
agrario, ria 形 農業の；農地の.
agrarismo 男 農地改革運動.
agravamiento 男 ❶ 悪化, 深刻化；(病状の) 進行. ❷ (税率・罰則の) 強化.
agravante 形 ❶ 悪化させる. ❷〚法〛加重の. ── 女 ❶〚法〛加重事由. ❷ 悪化の要因. con la ～ de que ... …という悪条件も重なって.
agravar 他 ❶ 悪化させる, 深刻にする. ❷ (税率・罰則を) 重くする, 強化する. ── **agravarse** 再 悪化する, 深刻になる.
agraviar 17 他 侮辱する, 辱める. ～ de palabra ののしる. ── **agraviarse** 再 感情を害する.
agravio 男 ❶ 侮辱, 無礼. deshacer ～*s* 屈辱を晴らす. ❷ 被害, 損害.
agraz 男 ❶ 未熟なブドウ；その酸っぱい果汁. ❷《話》不快. ***en* ～** 未熟な, 時期早尚の.
agrazón 男 (未熟な) ブドウの房, 野ブドウ；〚植〛セイヨウスグリ.
agredir 8 他 襲う, 攻める. ～ de palabra ののしる.
agregación 女 集合；付加, 追加.
agregado, da 過分 → agregar. 男 女 ❶ (大使館の) 担当官. ～ comercial 商務官. ～ cultural 文化担当官. ❷ 准教員；(スペイン) (昔の) 准教授. ❸ 付加[付属]物. ❹ 集合体. ── 形 付属の；補佐の.
agregaduría 女 ❶ 大使館担当官の職務[執務室]. ❷ 准教授の職務.
agregar [アグレガル] 66 他 〔英 add〕 ❶

A

加える，追加する；言い添える．～ cinco a diez 10に5を足す．❷《a》(…に) 加入させる．── **agregarse** 再《a》(…に) 加入する，加わる．

A

agregue(-) / agregué(-) 活 → agregar.

agremiar 17 他 組合に加入させる．── **agremiarse** 再 同業組合を結成する[に加入する]．

agresión 女 襲撃，攻撃；侵略，侵犯；侵害．pacto de no ～ 不可侵条約．

agresividad 女 ❶ 攻撃性，侵略性；闘争性．❷ 積極性．

agresivo, va 形 ❶ 攻撃的な；侵略的な；けんか腰の．tono ～ 突っかかるような口調．❷ 積極果敢な．❸ 害のある．

agresor, sora 形 攻撃の，侵略の．── 男 女 攻撃者；侵略者[国]；犯人．

agreste 形 ❶ 険しい，荒れた．❷ 田舎の．❸ 野生の．❹ 粗野な，無骨な．

agriar 106 他 ❶ 酸っぱくする．❷ つらい[惨めな]気持ちにする．❸ いらだたせる，怒らせる．── **agriarse** 再 ❶ 酸っぱくなる，酸敗する．❷ 気難しくなる；不機嫌になる．

agrícola 形 農業の；農業に従事する．política ～ 農業政策．── 男 女 農民．

agricultor, tora 男 女 農民．

agricultura [アグリクるトゥラ] 女 〔英 agriculture〕 農業，農耕；農芸．～ orgánica 有機農業．Ministerio de *A*～, Pesca y Alimentación (スペイン) 農業漁業食糧省．

agridulce 形 ❶ 甘酸っぱい．cerdo ～ 〘料〙酢豚．❷《比喩的》ほろ苦い．

agriera 女《ラ米》胸やけ，胃酸過多．

agrietar 他 亀裂を生じさせる，ひびを入れる．── **agrietarse** 再 亀裂が生じる，ひびが入る．

agrimensor, sora 男 女 測量技師．

agrimensura 女 土地測量．

agrimonia / agrimoña 女〘植〙キンミズヒキ．

agringado, da 形《ラ米》米国[ヤンキー gringo]かぶれの．

agringarse 66 再《ラ米》ヤンキー gringo ぶる，米国流になる．

agrio, gria 形 ❶ 酸っぱい．frutas *agrias* 柑橘(かんきつ)類．volverse ～ 酸っぱくなる．❷ 気難しい，とげとげしい．actitud *agria* けんか腰の態度．❸ 厳しい；苛酷(かこく)な．crítica *agria* しんらつな批評．── 男 ❶ 酸味．❷ 酸っぱい果汁；[複] 柑橘類．

agrisado, da 形 灰色の，灰色がかった．

agro 男 農地．

agroalimentario, ria 形 農業と食糧の．

agroambiental 形 農業と環境に関する[影響を及ぼす]．

agroindustrial 形 農産加工業の．

agrología 女 応用土壌学．

agronomía 女 農学，作物学．

agronómico, ca 形 農学の，作物学の．

agrónomo, ma 形 農学の，農業の．── 男 女 農学者，農業専門家．

agropecuario, ria 形 農牧の，農業と牧畜の．ingeniero ～ 獣医．

agroturismo 男 農業参加型ツアー．

agrupación 女 ❶ グループ化，組み分け．❷ まとまり；団体．～ coral 合唱団．

agrupamiento 男 → agrupación.

agrupar 他 グループ化する；集める．～ los libros por temas テーマ別に本をまとめる．── **agruparse** 再 グループを作る；まとまる．

agrura 女 酸味；柑橘(かんきつ)類．

agua [アグア] 女 [el ～] 〔英 water〕 ❶ 水．～ caliente 湯．～ blanda [dura] 軟[硬]水．～ mineral ミネラルウォーター．～ corriente 流水，水道水．～ potable 飲料水．❷ 汁，液．～ de limón レモン水．～ de colonia オーデコロン．～ de cepas《話》ワイン．pera de ～ みずみずしい梨．❸ 汗，涙；分泌液．～*s* mayores [menores] 大[小]便．❹ [時に複] 雨，雨水．Ha sido una primavera de mucha ～. 雨の多い春だった．❺ 川，鉱泉；海水，潮．～(*s*) abajo [arriba] 下流[上流]に．las frías ～*s* de Atlántico 大西洋の寒流．❻ [複] 海域；航跡．❼ (布・宝石等の) 光沢，きらめき；波状模様．❽ (屋根の) 斜面．tejado a dos ～*s* 切妻屋根．*¡A～s!*《ラ米》(きけん)気をつけて，注意しろ．*～ bendita* 〘カト〙聖水．*A～ pasada no mueve molino.*《諺》覆水盆に帰らず．*bailar el ～ a ...* …にこびる．*cambiarle el ～ al canario* [*cambiarle(s) el ～ a las aceitunas*]《話》《ユーモラスに》小便する．*como ～ de mayo*《スペイン》待ち焦がれて；いいタイミングで．*con el ～ al cuello* 非常に困難な．*entre dos ～s* どっちつかずの．*hacer ～* (船に) 水が入る；沈み始める．*llevar el ～ a* SU *molino* 自分の都合のいいようにする．*más claro que el ～* 非常にはっきりした．*romper ～s* (妊婦が) 破水する．*ser ～ pasada* 済んでしまったことである．*tomar las ～s* 温泉で保養する．*volver las ～s a su cauce* 元のさやに収まる．

aguacal 男 (白壁用の) 水しっくい．

aguacate 男〘植〙アボカド (の木・実)．

aguacero 男 どしゃ降り，にわか雨．

aguachar 他《ラ米》(アルゼ)(チリ)(チリ)飼いならす．── **aguacharse** 再《ラ米》(1) おとなしくなる．(2)(チリ)(場所に) 愛着を持つ．

aguachento, ta 形《ラ米》水分の多い；(水っぽくて) 味の薄い．

aguachirle 女 ❶ まずい飲み物[スープ]；安酒．❷ つまらないこと．

aguada 女 ❶ 水飲み場；〘海〙飲料水の補給．hacer ～ 飲料水を積み込む．❷ 〘美〙水彩画；水彩絵の具，グアッシュ．

aguaderas 女 [複] (水がめ・壺(つぼ)を運ぶための) 荷鞍(にぐら)．

aguadero 男 水飲み場．

aguado, da 形 ❶ 水っぽい，薄い．❷ 白けた．❸ 退屈な，元気のない．── 男 ❶ (ワインを) 水で割ること．❷《ラ米》半熟卵 (→ huevo 地域差)．

aguador, dora 男 女 水の運び屋，水売り．── 男 (水車の) 水受け板．

aguaducho 男 飲み物の屋台．

aguafiestas 男 女 [単複同形]《話》興をそぐ人，楽しみに水を差す人．

aguafuerte 女 (時に男)《美》エッチング．grabar al ～ エッチングする．

A

aguafuertista 男女 エッチング画家.
aguaitar 他《ラ米》見る；待ち伏せする.
aguaje 男 ❶〖海〗(1) 海流, 潮流；高潮. (2) 飲料水の補給. ❷ 水飲み場.
aguamala 女〖動〗クラゲ.
aguamanil 男 ❶ (洗面用の) 水差し. ❷ 洗面器.
aguamanos 男〖単複同形〗手洗い用の水. dar ～ 手洗い用の水を出す.
aguamar 男〖動〗クラゲ.
aguamarina 女〖鉱〗アクアマリン.
aguamiel 女 ❶ 蜂蜜(はち)水；砂糖水. ❷《ラ米》(メキシコ)リュウゼツランの汁.
aguanieve 女〖気象〗みぞれ.
aguanoso, sa 形 ❶ 水のしみ込んだ, じめじめした. ❷ 水っぽい, 味のない.
aguantable 形 耐えられる, 我慢できる.
aguantaderas 女［複］《話》❶ 忍耐(力), 我慢強さ. ❷ 耐久力；強度.
aguantar [アグアンタル] 他 〔英 bear, stand〕 ❶ **耐える**, 我慢する. ～ la risa 笑いをこらえる. ～ la respiración 息を詰める. ～ bromas 冗談を受け流せる. ❷ しっかり支える. ❸ 使用に耐える, もつ. ― 自 ❶ 持ちこたえる；抵抗する. ～ mucho bebiendo 少々飲んでもなんともない. ❷ 我慢する. No *aguanto* más. もうたくさんだ. ― ***aguantarse*** 再 ❶ 耐える, 我慢する. ～ el hambre 空腹に耐える. ～ con ... …で我慢する. ❷ あきらめる. ¡Pues, *aguántate*! 《話》まあ, あきらめることだね.
aguante 男 忍耐(力), 我慢強さ；耐久力；強度. tener mucho ～ とても辛抱[粘り]強い. ― 活 → aguantar.
aguapié 男 水っぽいワイン.
aguar 55 他 ❶ 水で薄める. ～ el vino ワインを水で割る. ❷ 台無しにする, 白けさせる. ～ la fiesta 楽しみに水を差す. ― ***aguarse*** 再 ❶ 水浸しになる. ❷ 台無しになる.
aguaraibá 男 → aguaribay
aguardar 他 ❶ 待つ. *Aguardaba* a que le llamaran. 呼ばれるまで彼は待っていた. ❷ 期限を延ばす. Te *aguardaré* un día más. もう1日お前に猶予を与えよう. ― 自 ***aguardarse*** 再 その場で待つ. *Aguárdate*. そこで待っていなさい.
aguardentoso, sa 形 蒸留酒の入った, 蒸留酒を飲んだような, 酒くさい. bebidas *aguardentosas* 蒸留酒(類). voz *aguardentosa* (酔っ払いのような) しゃがれ声.
aguardiente 男 蒸留酒, 焼酎(しょうちゅう). ～ de caña [ciruela] ラム酒, 梅酒.
aguardo 男 待ち伏せ.
aguaribay 男《ラ米》(アルゼンチン)(パラグアイ)〖植〗テレビンノキ.
aguarrás 男 テルペンチン, テレビン油.
aguasarse 再《ラ米》(アルゼンチン)(チリ)田舎者になる；粗野になる.
aguatero, ra 男女《ラ米》水の運び屋；水売り.
aguaturma 女〖植〗キクイモ.
aguaverde 女〖動〗クラゲ.
aguazal 男 水たまり；沼地.
aguda 形 → agudo.
agudeza 女 ❶ (感覚の) 鋭さ；敏感. ❷ 頭脳の冴(さ)え. ❸ 機知 (に富んだ言葉)；しんらつ. tener mucha ～ とてもウイットに富んでいる. ❹ (刃先・先端の) 鋭さ, 鋭利.
agudización 女 とがらせること；(病気等の) 悪化.
agudizar 57 他 ❶ 鋭くする. ❷ 悪化させる. ～ la crisis 危機を深める. ― ***agudizarse*** 再 悪化する, 深刻化する.
agudo, da [アグド, ダ] 形 〔英 acute〕 ❶ (刃先・先端が) **鋭い**, とがった. ❷ **鋭敏な**, 敏感な. vista *aguda* (遠くまで見える) 良い視力. ❸ 機知に富んだ；しんらつな. dicho ～ 当意即妙の言葉. ser de ingenio ～ ウイットに富んでいる. ❹ (痛みが) 激しい. un dolor ～ 激痛. ❺ (においが) きつい. ❻ 高音域[部]の；(音・声が) 甲高い. ❼〖文法〗最終音節にアクセントのある. ― 男 ❶［複］〖音〗(合唱の) 最高声部. ❷ (音響機器の) 高音域調整つまみ.
Águeda 固名 アゲダ：女子の名.
agüelo, la 男女《話》→ abuelo.
agüero 男 前兆. de buen ～ 幸運な, 吉兆の. pájaro de mal ～ 不吉な鳥.
aguerrido, da 形 勇敢な；熟練した.
aguerrir 8 他 (兵士を) 鍛える, 仕込む.
aguijada 女 (家畜を追い立てる) 突き棒.
aguijar 他 ❶ (家畜を) 突き棒で追い立てる. ❷ 駆り立てる, せかす. ～ el paso 急ぎ足になる. ― 自 急ぐ.
aguijón 男 ❶ (生物の) 針, 毒針. ❷ (棒等の先の) とがった鉄の金具. ❸ 刺激, 衝動. el ～ de los celos 嫉妬(しっと)のうずき. ❹ (植物の) とげ.
aguijonazo 男 (鋭利な刃物等でできた) 刺し傷；厳しい批判, しんらつな言葉.
aguijonear 他 ❶ 突き棒で追い立てる. ❷ 駆り立てる；刺激する. ～ la curiosidad de ... …の好奇心をそそる.
águila 女 [el ～] ❶〖鳥〗ワシ. ～ real イヌワシ. ～ imperial カタジロワシ. mirada de ～ 鋭い目つき[視線]. ❷ 鷲(わし)の図柄の軍旗；〖紋〗(翼を広げた) 鷲. ❸ 敏腕家. ser un ～ para los negocios 商売のやり手である. ❹ (裏面が鷲模様の) イーグル金貨.
aguileño, ña 形 ❶ ワシの (ような). ❷ わし[かぎ]鼻の. ― 女〖植〗オダマキ.
aguilucho 男〖鳥〗(1) ワシのひな. (2) ケアシクマタカ. (3) チュウヒ.
aguinaldo 男 ❶ クリスマスの贈り物 [チップ]. ❷ クリスマスキャロル.
agüista 男女 湯治客.
agüita 女 煎(せん)じ薬, ハーブティー.
aguja 女 ❶ 針, 縫い針. enhebrar el hilo en la ～ 針目に糸を通す. ～ colchonera 布団針, キルティングニードル. ～ de gancho 鉤(かぎ)針. ～ de hacer punto [media] 編み棒. ❷ 注射針, 縫合用の針；レコード針；エッチング用の針. ❸ 針状のもの；〖建〗尖塔(せんとう)；ヘアピン；〖植〗針状葉；〖魚〗(サヨリ・カジキ等の) 細長い魚；〖料〗(肉等が入った) 細長いパイ. ❹［複］〖鉄道〗ポイント. dar ～*s* ポイントを切り換える. ❺［複］あばら. carne de ～ スペアリブ. ***buscar una ～ en un pajar*** 不可能なことを試みる. ***meter ～ por sacar reja*** 《諺》海老(えび)で鯛(たい)を釣る.
agujerar 他 → agujerear.
agujereado, da 形 穴のあいた.
agujerear 他 穴をあける. ― ***aguje-***

A

rearse 再 穴があく，穴だらけになる.

agujero 男 ❶ 穴，孔. ～ negro ブラックホール. ～ en [de] la capa de ozono オゾンホール. ❷ 赤字，損失. ❸《話》自宅，自室. encerrarse en su ～ 自室に閉じこもる.

agujeta 女 ❶［複］筋肉痛. estar lleno de ～s 体じゅう凝っている. tener ～s en las piernas 脚が痛む. ❷《ラ米》靴ひも(→ cordón 地域差).

¡agur! 間 さよなら，それじゃまた.

agusanarse 再 うじがわく；虫がつく.

Agustín 固名 アグスティン：男子の名.

agustinianismo 男 聖アウグスティヌスの神学[教義].

agustiniano, na 形 ❶→ agustino. ❷ アウグスティノ会の；聖アウグスティヌスの；アウグスティヌス派の. —— 男 女 聖アウグスティヌスの(教義の)信奉者.

agustino, na 形 男 女 アウグスティノ会修道士[修道女]（の）.

agutí 男《ラ米》《動》オオテンジクネズミ.

aguzamiento 男 鋭利にする[磨く]こと；鋭敏にすること.

aguzanieves 女［単複同形］《鳥》ハクセキレイ.

aguzar 57 他 ❶ 鋭利にする. ～ un cuchillo ナイフを研ぐ. ～ un lápiz 鉛筆を削る. ❷ 刺激する，そそる. ❸（知覚・感覚を）鋭敏にする，研ぎ澄ます. ～ el ingenio 知性を磨く. ～ el oído 耳をそばだてる. ～ las orejas（動物が）耳をぴんと立てる；耳を澄ます. ～ la vista 目を凝らす.

¡ah! ［ア］ 間［英 ah］❶《悲哀・苦痛・恐怖・驚き・満足・納得・想起》**ああ**，痛いっ，ほう，まあ，あら，ほんとう. *¡Ah,* qué ganas tenía de verte! ああ，どんなに君に会いたかったことか. ❷《ラ米》《確認・聞き返し》そうだろう；何ですって.

ahechar 他 篩(ふるい)にかける.

aherrojamiento 男 支配，抑圧.

aherrojar 他 鎖でつなぐ；圧迫する.

aherrumbrarse 再 さびつく.

ahí ［アイ］副［英 there］《中称の指示副詞》**そこに[へ]**；そこで；その点に. *Ahí* viene el autobús. ほらあそこにバスがやって来た. *Ahí* está el problema. 問題はその点にある. de [desde] *ahí* そこ[その時点，その点]から. por *ahí* その辺りに；大体それくらいで. ***¡Ahí es nada!*** まさか，そんな. ***Ahí está.*** そのとおりだ. ***Ahí le duele.*** 問題点はそこだ. ***Ahí me las den todas.***《話》そんなことは私にはどうでもいい. ***ahí mismo*** すぐそこに. ***¡Ahí va!***《驚き》わあ. ***de ahí que***〈＋接続法〉したがって….

ahichincle / achichinque 男《ラ米》(ﾒｷｼｺ)子分，手下.

ahidalgado, da 形 高潔な，寛大な.

ahijado, da 男 女 ❶ 名付け子. ❷ 養子. ❸ 被保護者.

ahijamiento 男 養子縁組.

ahijar 15 他 ❶ 養子[養女]にする. ❷（動物が自分の子でないものを）育てる. —— 自（動物が）子を産む；（植物が）芽を出す.

¡ahijuna! 間《ラ米》(ﾗﾌﾟﾗﾀ)(ﾁﾘ)《俗》畜生，くそっ；おおっ，すごい.

ahilar 15 自 1列で進む. —— **ahilarse** 再 ❶（空腹で）ふらふらになる；（病気で）やせ衰える. ❷（樹木が）ひょろひょろ伸びる.

ahínc- 活 → ahincar.

ahincar 13 他 せきたてる；しつこくせがむ. —— **ahincarse** 再 急ぐ，あわてる.

ahínco 男 ❶ 熱心. trabajar con ～ 一生懸命に働く. ❷ 執拗(しつよう)さ. pedir con ～ しつこく頼む.

ahistórico, ca 形 非歴史的な.

ahíto, ta 形 ❶ 満腹の；胃がもたれた. quedar ～ 満腹になる. ❷ うんざりした. —— 男 消化不良，胃のもたれ；食傷.

ahogadero, ra 形 息苦しい，窒息しそうな. —— 男（馬の）喉革(のどかわ).

ahogadilla 女（ふざけて人の）頭を水に突っ込むこと. darle a ... una ～ …の頭を水に突っ込む.

ahogado, da 形 ❶ 溺(おぼ)れた；窒息した. morir ～ 溺死(できし)[窒息死]する. ❷ 息の詰まりそうな. respiración *ahogada* 苦しげな呼吸. ❸ 行き詰まった. ～ de deudas 借金で首が回らない. estar [verse] ～ 苦境にある. ❹ 狭苦しい，混雑した. —— 男 女 溺死者；窒息[ガス中毒]による死者.

ahogamiento 男 ❶ 息が詰まること，窒息(死)；溺死(できし). ❷ 苦悩；困窮.

ahogar 66 他 ❶ 溺(おぼ)れさせる，溺死(できし)させる. ❷ 首を絞める；窒息(死)させる. ～ con una cuerda ロープで絞殺する. ❸ 息苦しくさせる. ❹ 水浸しにする；（水のやりすぎで植物を）だめにする. ❺ 鎮める，抑える；（計画等を）つぶす. ～ una rebelión 反乱を鎮圧する. ～ el llanto 涙をこらえる. ❻ 苦しめる，さいなむ. —— **ahogarse** 再 ❶ 溺れる，溺死する；身投げする. ❷ 窒息(死)する. ❸ 息苦しくなる. ～ de calor 暑くて息苦しい. ❹ 苦しむ，悩む. ***ahogarse en poca [en un vaso de] agua*** ささいなことを気に病む.

ahogo 男 ❶ 呼吸困難；窒息. ❷ 苦悩；困窮. pasar un ～ 生活が苦しい.

ahogue(-) / ahogué(-) 活 → ahogar.

ahondamiento 男 掘り下げ；検討.

ahondar 他 ❶（穴等を）深くする，掘り下げる. ❷ 徹底的に調べる. —— 自 ❶ 深くなる；深く入る. ❷ 徹底的に調べる. ～ en una cuestión ある問題を掘り下げて検討する. —— **ahondarse** 再 深く入る.

ahora ［アオラ］副［英 now］❶ **今**，現在は；今どき. de ～ en adelante 今後. hasta ～ 今まで. ❷ 今しがた；今すぐ（＝ ～ mismo）. *A*～ caigo. 今分かったよ. ❸《話の切り出し・切り替え》さて，今度は. ～ ... ～ ... ある時は…またある時は…. *A*～ llora, ～ sonríe. 泣いているかと思ったら笑っている. ***～ bien*** さて，ところで；だが. ***～ mismo*** 今しがた；今すぐ. ***～ o nunca*** やるなら今しかない. ***～ que ...*** 今や…だから；今…したが. ***～ sí que ...*** 今度こそ…. ***por ～*** 今のところ，差し当たり.

ahorcajarse 再《en》（…に）またがる. ～ *en* los hombros 肩車に乗る.

ahorcamiento 男 絞首刑；絞殺.

ahorcar 26 他 ❶ 絞殺する；絞首刑にする. ❷（聖職・学業等を）放棄する. ～ los hábitos 還俗(げんぞく)する. —— **ahorcarse** 再 首をつって死ぬ.

ahorita 副《ラ米》(ﾒｷｼｺ)《話》今すぐ，ちょう

ど今. *A*～ mismo. 今すぐに.
ahormar 他 ❶ 型に合わせる；履き[着]慣らす. ❷ 良識に従わせる. ― **ahormarse** 再 従う, 順応する. ～ a una nueva vida 新しい生活に慣れる.
ahornar 他 かまど[オーブン]に入れる.
ahorquillado, da 形 二股(ふた)の.
ahorquillar 他 ❶ (股木(また)で枝を) 支える, 固定する. ❷ 二股にする.
ahorrador, dora 形 節約[倹約] する, つましい. ― 男 女 節約家；貯蓄家.
ahorramiento 男 節約；貯蓄.
ahorrar [アオラル] 他 〔英 save〕 ❶ (お金を) **蓄える**, 貯金する；節約[倹約]する. ～ energía エネルギーを節約する. ❷ (時間・労力・手間を) 惜しむ, 省く；(困難・問題を) 避ける. ～ sus fuerzas 力を出し惜しむ. ～ saliva 無駄な議論を避ける. ― 自 蓄える, 貯金する；節約[倹約] する. ― **ahorrarse** 再 ❶ 節約[倹約] する. ～ tiempo 時間を節約する. ❷ 避ける, 免れる. ～ molestias 面倒を避ける.
ahorrativo, va 形 節約[倹約]好きな.
ahorro 男 ❶ 貯金, 貯蓄. caja postal de ～*s* 郵便貯金局. ❷ 節約, 倹約. ― 活 → ahorrar.
ahuasarse 再 → aguasarse.
ahuchar 14 他 貯め込む.
ahuecado, da 形 ❶ (声が) 太い；重々しい. ❷ 空洞の, えぐれた；ふくらんだ.
ahuecar 26 他 ❶ 空洞にする, くりぬく. ❷ ふっくらさせる；(服に) ゆとりを持たせる. ❸ (声を) 太くする. ― 自 《話》 立ち去る. ¡*Ahueca*! 出て行け. ― **ahuecarse** 再 ❶ 空洞になる, えぐられる. ❷ ほぐれる；ふっくらする. ❸ 《話》 うぬぼれる, 気取る. ***ahuecar el ala*** 《話》 立ち去る, 出て行く.
ahueh(u)ete / ahuehuete 男 《ラ米》(メキシコ) 〖植〗 ラクウショウ, ヌマスギ.
ahuesado, da 形 骨のように黄ばんだ.
ahuesarse 再 《ラ米》 (欠陥・流行遅れのために) 売り物にならなくなる；信用を失う.
ahúm- 活 → ahumar.
ahumado, da 形 ❶ 煙でいっぱいの. ❷ いぶした, 薫製の. salmón ～ スモークサーモン. ❸ (透明な物が) 黒ずんだ, くすんだ. gafas *ahumadas* スモークグレーの (遮光) めがね. ― 男 薫製 (にすること)；いぶすこと.
ahumar 14 他 ❶ 薫製にする. ❷ 煙で満たす；いぶす. ～ las abejas ミツバチをいぶし出す. ― 自 煙が出る, 煙る. ― **ahumarse** 再 ❶ いぶしたような味がする. ❷ 煙が充満する. ❸ 黒くすすける.
ahusado, da 形 紡錘形の；先細の.
ahuyentador, dora 形 男 女 追い払う (人).
ahuyentar 他 ❶ 追い払う. ❷ 払いのける, 消し去る. ～ las penas con vino 悲しみを酒で紛らす. ― **ahuyentarse** 再 逃げ去る.
aikido 〔日〕 男 合気道.
ailanto 男 〖植〗 ニワウルシ.
aimara / aimará 形 男 女 アイマラ族の (人)：南米の先住民. ― 男 アイマラ語.
aindiado, da 形 先住民のような.
airado, da 形 怒った, 激高した.
airamiento 男 怒り, 激高.
airar 15 他 怒らせる. ― **airarse** 再 憤慨する.
airbag [エルバ(グ)] 〔英〕 男 [単複同形または複 ～s] 〖車〗 (緩衝用) エアバッグ.
aire [アイレ] 男 〔英 air〕 ❶ **空気**, 大気；空；[複] 気候. ～ acondicionado エアコン. ❷ **風**. Hace ～. 風がある. ❸ **外見**, 様子；見せかけだけのもの. ❹ 風貌(ふう)；雰囲気；類似. ～ de familia 親族間の似かより. ❺ 気品；優雅さ；気取り. Ella lleva el vestido con mucho ～. 彼女はワンピースを華やかに着こなしている. ❻ 発作；麻痺(ひ)；《話》 空気嚥下(えんか)症. ❼ 〖音〗 調べ；旋律. ❽ 《話》 活気. ― 間 《退去・制止を命じて》 出て行け；やめろ. ***al ～*** むきだしの. ***al ～ libre*** 戸外で. ***a su ～*** 自分のやり方で. ***cambiar*** [***mudar***] ***de ～s*** 転地療養する；引っ越す. ***coger el ～ a ...*** …の意図をつかむ. ***coger*** [***tomar***] ***～*** 深呼吸する. ***darse ～s de ...*** …を気取る. ***en el ～*** (1) 宙に浮いた, 中断した；懸案の. quedar *en el* ～ 中断している. dejar ... *en el* ～ …を懸案事項にする. (2) 放映中の, オンエア中の. Estamos *en el* ～. 現在放送中です. ***tomar el ～*** 外気に当たる；散歩に出る. ***vivir del ～*** 食うや食わずの生活をする.
aireación 女 換気, 通気.
aireado, da 形 換気された, 風の通る.
airear 他 ❶ 風に当てる；換気する. ❷ 公表する. ― **airearse** 再 ❶ 外気に当たる. ❷ かぜをひく.
airón 男 ❶ 〖鳥〗 アオサギ. ❷ (鳥の) 冠毛. ❸ (かぶと・帽子の) 羽飾り.
airoso, sa 形 ❶ 風通しのよい. ❷ 優美な, さっそうとした；成功した. una respuesta *airosa* 当意即妙の返答. quedar [salir] ～ de ... …に見事成功する.
aislacionismo 男 〖政〗 孤立主義.
aislacionista 形 孤立主義の. ― 男 女 孤立主義者.
aislado, da 形 ❶ 孤立した, 離れた. pabellón ～ 隔離病棟. ❷ 〖電〗 絶縁した.
aislador, dora 男 〖電〗 絶縁体, 絶縁器具. ― 形 絶縁する.
aislamiento 男 ❶ 孤立；分離, 隔離. vivir en el ～ 隠遁(いんとん)生活を送る. ❷ 絶縁 (体). ～ de sonido 防音 (材).
aislante 男 絶縁体, 断熱[防音] 材. ― 形 絶縁の. cinta ～ 絶縁テープ.
aislar 15 他 ❶ 孤立させる, 隔離する. ❷ 仲間外れにする. ❸ 〖電〗 〖技〗 絶縁する. ― **aislarse** 再 孤立する；引きこもる.
¡ajá! 間 《話》 《同意・是認》 なるほど, いいぞ；《驚き》 おや, まあ.
ajado, da 形 ❶ よれよれの, 擦り切れた. ❷ しおれた；やつれた. tez *ajada* しわの寄った顔. ― 女 ニンニクソース.
¡ajajá! / ¡ajajay! 間 → ¡ajá!
ajamonarse 再 《話》 (特に女性が) 中年太りになる.
ajar 他 ❶ (布等を) よれよれにする. ～ un vestido 洋服をしわくちゃにする. ❷ しおれさせる；色あせさせる；老けさせる. ― **ajarse** 再 よれよれになる, 擦り切れる；しおれる, しなびる. ― **ajar** 男 ニンニク畑.
ajardinar 他 (土地を) 庭[公園]にする.
ajedrea 女 〖植〗 キダチハッカ, シソ.
ajedrecista 男 女 チェス競技者；チェス愛好家.

A

A

ajedrecístico, ca 形 チェスの.
ajedrez 男 チェス；チェス用具(一式).
ajedrezado, da 形 市松模様の，チェックの. escudo ～ チェックの紋章.
ajena 形 → ajeno.
ajenjo 男〖植〗ニガヨモギ；アブサン(酒).
ajeno, na［アヘノ，ナ］ 形〔英 somebody else's; irrelevant〕❶ 他人の，よその. los bienes ～*s* / lo [el bien] ～ 他人の財産. jugar en campo ～ 遠征試合をする. vivir a costa *ajena* 居候をする. ❷《a》(…に) 無関係の，無縁の. ～ *a* su especialidad 専門外の. por razones *ajenas a* nuestra voluntad 不可抗力で. personas *ajenas a*l servicio 部外者. ❸ 相いれない，矛盾した；異なった. ～ a su carácter 性格に合わない. ❹《a, de》(…を) 知らない，(…に) 気づいていない. ❺《de》(…に) とらわれない. ～ *de* prejuicios 先入観のない. estar ～ *de* sí 私心がない.
ajerezado, da 形 シェリー酒に似た.
ajete 男 (球根のできる前の) 若いニンニク.
ajetreado, da 形 多忙な.
ajetrearse 再 忙しく働く［動き回る］.
ajetreo 男 ❶ あわただしさ，多忙. ¡Qué ～! ああ忙しい. ❷ にぎわい，雑踏.
ají 男［複 ajíes］《ラ米》チリ (トウガラシ) (→ chile 地域差)；チリソース.
ajiaceite 男 ニンニクソース (の一種).
ajiaco 男《ラ米》トウガラシ (→ chile 地域差)；トウガラシ入りスープ［ソース］.
ajilimoje / ajilimójili 男 ❶ ニンニクソース (の一種). ❷ 乱雑，ごたまぜ. ❸［複］《話》添え物. con todos sus ～*s* いっさいがっさい込みで.
ajillo 男 揚げニンニクのソース.
ajimez 男〖建〗二連アーチ窓.
ajipuerro 男〖植〗野生のポロネギ.
ajo 男 ❶ ニンニク. diente de *ajo* ニンニクの一片. ristra de *ajos* 数珠つなぎのニンニク. *ajo* blanco つぶしたニンニクにパン・酢・油等を加えたソース. ❷《話》秘密，陰謀. estar [andar] en el *ajo* 内情に通じている，たくらみに関係している. ❸《話》悪態，雑言. soltar *ajos* 悪態をつく. ***¡Ajo y agua!*** 《話》しょうがないよ，あきらめよう. ***estar harto de ajos*** 《話》育ちが悪い. ***Quien*** [***El que***] ***se pica, ajos come.*** 《諺》うわさが気になるのも身に覚えがあるから. ***revolver el ajo*** 《話》火に油を注ぐ.
¡ajo! / ¡ajó! 間 (幼児のあごをなでてあやしながら) よしよし.
ajoaceite 男 → ajiaceite.
ajoarriero 男〖料〗卵・ニンニクを使ったタラの煮込み料理.
ajochar 他《ラ米》(ペル)《話》責め立てる，執拗(しつよう)に頼む.
ajolote 男〖動〗アホロートル，メキシコサンショウウオ，ウーパールーパー.
ajonjolí 男〖植〗ゴマ.
ajorca 女 ブレスレット；アンクレット.
ajornalar 他 日雇いで雇う.
ajuar 男 家財道具；嫁入り道具.
ajudiado, da 形 ユダヤ人らしい.
ajuglarado, da 形 旅芸人の［的な］.
ajumado, da 形 男 女《話》酔っ払った(人).
ajumarse 再《話》酔っ払う.
ajuntar 他《幼児語》仲間に入れる. ── **ajuntarse** 再 ❶《幼児語》友達になる. ❷《話》同棲(どうせい)する.
ajustado, da 過分 → ajustar. 形 ❶《a》(…に) 適合した，適正な. ❷ ぴったりした，きつい. ── 男 調整.
ajustador, dora 男 女 組立工；〖印〗組み版工. ── 男［時に複］ブラジャー.
ajustamiento 男 → ajuste.
ajustar［アフスタル］ 他〔英 fit, adjust〕❶ 調整［調節］する；《a》(…に) 合わせる；締める. ～ el grifo 蛇口を締める. ❷《en》(値段・条件等を) (…に) 取り決める，(契約等を) 取りまとめる；雇う. ❸ 清算する，決済する. ❹〖印〗(欄・ページを) 組む. ── 自《a》(…に) ぴったり合う，一致する. ── **ajustarse** 再 ❶《a》(…と) 一致する，(…に) 合う. ❷《a, con》(意見等を) (…に) 合わせる，従う. ❸《en》(…で) 合意に達する. ***ajustarle las cuentas a ...*** …に仕返しをする，借りを返す. ***ajustarse el cinturón*** ベルトを締める；財布のひもを締める.
ajuste 男 ❶ 調整，調節. ～ de traje 仮縫い. ❷ 合意，(値段等の) 取り決め；調停. ❸ 清算，決済. ── 活 → ajustar. ***～ de cuentas*** 借りを返すこと，報復.
ajusticiado, da 男 女 処刑者.
ajusticiamiento 男 処刑.
ajusticiar 17 他 処刑する.
al［アル］❶［前置詞 a＋男性定冠詞 el］Fuimos *al* cine el domingo. 日曜日に私たちは映画へ行った. ► El を伴う固有名詞では縮約しない. Mañana vamos de excursión *a El* Escorial. 明日私たちはエル・エスコリアルへ遠足に出かける. ❷《＋不定詞》《同時》…するときに，…したときに；…すると. *Al* salir de la clase me encontré con Julia. 教室を出るときにフリアに出会った. Se quedó muy sorprendido *al* oír esa noticia. その知らせを聞いて彼は驚いた.
ala［アら］ 女［el ～］〔英 wing〕❶ (鳥類・飛行機の) 翼；(昆虫等の) 羽. *ala* delta ハンググライダー. ❷ (帽子の) 縁，つば. ❸ (建物の) 両脇に張り出した部分；ひさし. ❹ (政党等の) 翼(よく)，派. ～ derecha 右翼. ❺ 小鼻，鼻翼. ❻〖スポ〗ウイング. ❼〖軍〗側面部隊. ***ahuecar el ala*** 《話》立ち去る，退散する. ***caérsele a ... las alas*** (***del corazón***) …が気力を失う. ***cortarle las alas a ...*** 《話》…のやる気をそぐ. ***darle alas a ...*** …に好きなようにやらせる；勇気づける. ***del ala*** 《話》(後に付けて金額を強調) cien euros *del ala* 100ユーロもの額. ***estar tocado del ala*** 《話》頭がおかしい.
¡ala! 間 → ¡hala!
Alá 固名 アラー：イスラム教の唯一神.
alabado 男 (*A*～ sea で始まる) 聖歌.
alabamiento 男 賞賛，賛美.
alabanza 女 賞賛，賛美；賛辞. ***propia*** ～ 自画自賛.
alabar 他 賞賛する，褒める. ── **alabarse** 再《de, por》(…を) 自慢する；誇らしく思う. ***¡Alabado sea Dios!*** 主をたたえよ.
alabarda 女 矛槍(ほこやり).
alabardero 男 ❶ 矛槍(ほこやり)兵. ❷《話》

(雇われて拍手する) さくら.
alabastrino, na 形 雪花石膏(せっこう)の(ような)；(肌が) 白く滑らかな.
alabastro 男 雪花石膏(せっこう), アラバスター.
álabe 男 (水車・タービン等の) 羽根.
alabeado, da 形 反った, 湾曲した.
alabear 他 反らせる；カーブをつける. — **alabearse** 再 反る, 湾曲する.
alabeo 男 反り, 湾曲.
alacena 女 作り付けの食器戸棚.
alacrán 男 ❶ 〖動〗サソリ. ❷ 毒舌家.
aladares 男 複 こめかみに垂れた髪.
alado, da 形 ❶ 翼[羽]のある；〖植〗翼状の. ❷ 素早い, 軽快な.
alagartado, da 形 男 女 《ラ米》けちな(人), 暴利をむさぼる(人), 一人占めする(人).
alajú 男 [複 alajúes] アーモンド・クルミ・蜂蜜(はちみつ)等の入った菓子.
alalia 女 〖医〗失声症, 失語症.
alamar 男 飾りボタン；飾り房.
alambicado, da 形 ❶ 凝った, 緻密(ちみつ)な；鋭い. ❷ (金額等が) 最低限の.
alambicamiento 男 緻密(ちみつ)さ, (文体等の) 凝りすぎ.
alambicar 26 他 ❶ (文体等を) 磨く；吟味する. ❷ 蒸留する.
alambique 男 蒸留器.
alambrada 女 鉄条網；金網のフェンス.
alambrado 男 ❶ → alambrada. ❷ → alambrera. ❸ 配線.
alambrar 他 金網を張る, 鉄線を巡らす.
alambre 男 針金, ワイヤー. ～ ***de púas*** [***de espino, espinoso***] 有刺鉄線.
alambrera 女 金網；炉格子.
alambrista 男 女 綱渡り芸人.
alameda 女 並木路；ポプラ並木[林].
álamo 男 〖植〗ポプラ.
alanceado, da 形 (葉が) 披針形の.
alancear 他 槍(やり)で突く.
Alano 固名 アラノ：男子の名.
alano, na 形 男 女 アラン族の(人). ***perro*** ～ マスチフ犬.
alantoides 女 [単複同形] 〖動〗〖解〗尿膜.
alar 男 軒, ひさし.
Alarcón 固名 アラルコン Pedro Antonio de ～ (1833-91)：スペインの小説家・政治家. *El sombrero de tres picos*『三角帽子』.
alarde 男 見せつけ, 誇示. hacer ～ de ... …を見せびらかす, 自慢する.
alardear 自 《de》(…を) 見せびらかす.
alardeo 男 見せつけ, 誇示.
alargadera 女 継ぎ脚；誘導管.
alargado, da 形 細長い.
alargador, dora 形 延長用の. — 男 延長コード.
alargamiento 男 長くすること, 延長.
alargar 66 他 ❶ 長くする, 伸ばす；延長する, 引き延ばす. ❷ 手渡す. — **alargarse** 再 ❶ 長くなる, 伸[延]びる. ❷ 《en》(説明等に) 言葉数を費す. ***alargar el oído*** 耳を澄ます. ***alargar la vista*** 目を凝らす.
alargue(-) / alargué(-) 活 → alargar.
alarido 男 叫び声, 悲鳴.
alarife 男 《古》(大工の) 親方.
alarma 女 ❶ 警報；警報装置. ❷ 警戒, 非常時. ❸ 不安, 恐怖. ***dar la voz de*** ～ 警報[警鐘]を鳴らす. ***estado de*** ～ 非常事態.
alarmante 形 警戒すべき, 危険な.
alarmar 他 警戒させる, 不安を覚えさせる. — **alarmarse** 再 警戒する；おびえる.
alarmista 形 男 女 ❶ 人騒がせな(人), デマを飛ばす(人). ❷ 心配性の(人).
alauita / alauí 形 男 女 [複 ～s / ～es] (イスラム教の) アラウィー派の(人).
Álava 固名 アラバ：スペインの県；県都ビトリア.
alavense / alavés, vesa 形 男 女 (スペインの) アラバの(人).
alazán, zana / alazano, na 形 栗毛(くりげ)の. — 男 女 栗毛馬.
alazor 男 〖植〗ベニバナ.
alba 女 [el ～] ❶ 夜明け, 曙(あけぼの)；曙光(しょこう). ❷ 〖カト〗司祭が着る白の長衣. — 固名 [A-] Duque de ～ アルバ公 (1507-82)：スペインの将軍・政治家.
albacea 男 女 遺言執行人.
albaceazgo 男 遺言執行人の職務.
Albacete 固名 アルバセテ：スペインの県；県都.
albacetense / albaceteño, ña 形 男 女 アルバセテの(人).
albacora 女 〖魚〗ビンナガ(マグロ).
albahaca 女 〖植〗バジル.
albanés, nesa 形 男 女 → albano.
Albania 固名 アルバニア：首都ティラナ Tirana.
albano, na 形 アルバニア(語, 人)の. — 男 女 アルバニア人. — 男 アルバニア語.
albañal / albañar 男 ❶ 下水道, 下水溝. ❷ 不潔な場所.
albañil 男 左官, 石工, れんが職人.
albañilería 女 左官職；れんが積み.
albar 形 (特に動植物が) 白い.
albarán 男 (商品の) 受領証.
albarazado, da 形 ❶ ヘルペス(の一種) にかかった. ❷ (黒赤の) まだら色の.
albarca 女 (底革とひもでできた) サンダル.
albarda 女 (馬の) 荷鞍(にぐら)；《ラ米》鞍. ～ ***sobre*** ～ 《話》不要な繰返し.
albardado, da 形 〖動〗背中の毛色だけが(他の部分と) 違う.
albardar 他 荷鞍(にぐら)をつける.
albardear 他 《ラ米》(人を) 困らせる.
albardilla 女 ❶ (子馬) 調教用の鞍(くら). ❷ 〖料〗(肉を焼くときに乗せる) ベーコン；衣. ❸ 笠石(かさいし), ひさし.
albardón 男 ❶ (前後が高く突き出した) 鞍(くら). ❷ 《ラ米》水面に突き出た土地.
albaricoque 男 〖植〗アンズ(の実, 木).
albaricoquero 男 アンズ(の木).
albariño 形 男 (スペイン) ガリシア産のワイン(の).
albarrana 女 (城壁の外の) 監視塔.
albatros 男 [単複同形] ❶ 〖鳥〗アホウドリ. ❷ (ゴルフの) アルバトロス.
albayalde 男 鉛白, 白色顔料.
albazo 男 《ラ米》早朝に演奏される音楽；夜明けの奇襲.
albear 自 ❶ 白くなる. ❷ 《ラ米》(アルゼンチン)早起きする.
albedrío 男 意志；気まぐれ. ***a*** SU ～

思うままに. *libre* ～ 自由意志.
albéitar 男《古》→ veterinario.
Albéniz 固名 アルベニス Isaac ～ (1860-1909)：スペインの作曲家・ピアニスト.
A
alberca 女 ❶ 貯水槽. ❷《ラ米》プール (→ piscina 地域差). *en* ～ 屋根のない.
albérchigo 男〖植〗モモ［アンズ］の一種.
alberchiguero 男 albérchigo の木.
albergar 66 他 ❶ 泊める；収容する；保護する. ❷（感情・考え等を）抱く. ── 自 **albergarse** 再 泊まる；避難する.
albergue 男 ❶ 宿, 宿泊施設；ロッジ. ～ de juventud ユースホステル. ❷（獣の）巣, 穴. ❸ 避難所, 逃げ場所.
albero, ra 男 ❶ 白く乾いた土地. ❷ 庭土；〖闘牛〗砂, 砂場.
Alberto 固名 アルベルト：男子の名.
albiceleste 形 男 女（スペインのサッカーチーム）Deportivo Málaga の（ファン）.
albigense 形 男 女〖史〗アルビジョア派（の）.
albillo, lla 形 白ブドウ（のワイン）の.
albina 女 潟；（潟が蒸発してできた）塩.
albinismo 男 ❶〖医〗白色［白皮］症. ❷〖生〗白化現象.
albino, na 形 白皮症の. ── 男 女 色素欠乏症の人［動物, 植物］.
albita 女〖鉱〗曹長石.
albivioleta 形 男 女（スペインのサッカーチーム）Real Valladolid の（ファン）.
albo, ba 形《文》白い.
albóndiga 女〖料〗肉団子, ミートボール.
albondiguilla 女 ❶ → albóndiga. ❷《幼児》（丸めた）鼻くそ.
albor 男 ❶ 白さ, 純白. ❷ 曙(あけぼの), 曙光(しょこう). ❸［主に複］初期. *～es de la vida* 幼年期, 青春期.
alborada 女 ❶ 夜明け, 曙(あけぼの). ❷ 朝の訪れを歌う歌. ❸ 夜明けの奇襲.
alborear 自 ❶ 夜が明ける. ❷ 兆しが見える.
albornoz 男〖服〗バスローブ.
alborotadizo, za 形 興奮しやすい, かっとなりやすい.
alborotado, da 形 ❶ 興奮した, 騒然とした；落ち着きがない. ❷ 乱れた.
alborotador, dora 形 ❶ 騒々しい, 大騒ぎする. ❷ 反抗的な；扇動的な. ── 男 女 騒々しい人［子供］, 騒動を起こす人；扇動者.
alborotamiento 男 → alboroto.
alborotar 自 大騒ぎをする. ── 他 ❶ 動揺させる. ❷ 興奮させる；扇動する. ❸ 乱す. ── **alborotarse** 再 ❶ 動揺する. ❷ 興奮する. ❸ 騒動［暴動］を起こす. ❹ 荒れる, 乱れる. *alborotar el gallinero* [*el cotarro*]《話》面倒を引き起こす. *alborotar el palomar*《話》（集団に）動揺を与える.
alboroto 男 ❶ 騒ぎ, 混乱；暴動. ❷ 騒音. ❸《ラ米》(1)(まれ)→ alborozo. (2)［複］ポップコーン.
alborozado, da 形 大喜びの.
alborozar 57 他 大喜びさせる, うれしがらせる. ── **alborozarse** 再 大喜びする.
alborozo 男 大喜び；歓声.
albricias 間 ¡*A*～! やった, よかった, わーい. ── 女 複（吉報を持ってきた人への）慶(よろこ)び［お祝い］の言葉［品物］.
albufera 女 潟. ── 固名 [A-] アルブフェラ：スペイン, バレンシアの潟湖(せきこ).
álbum [アるブ(ム)] 男［複 ～(e)s］［英 album］**アルバム**；（CD等の）アルバム.
albumen 男［複 albúmenes］〖植〗胚乳(はいにゅう)；卵白.
albúmina 女〖生化〗アルブミン.
albuminoide 男〖生化〗アルブミノイド.
albuminoideo, a 形〖生化〗アルブミンの性質を有する［に似た］.
albuminoso, sa 形 アルブミン質の.
albuminuria 女〖医〗たん白尿（症）.
albur 男 ❶ 賭(か)け, 運任せ. ❷〖魚〗ボラ. *estar al* ～ *de* ... …任せにする. *jugar* [*correr*] *un* ～ 一か八(ばち)かやってみる, 危険を冒す.
albura 女 ❶ 純白, 白さ. ❷ 白太(しらた), 辺材.
alca 女［el ～］〖鳥〗オオハシウミガラス.
alcabala 女《ラ米》警官の詰所.
alcachofa 女 ❶〖植〗アーティチョーク. ❷ 花の形のパン. ❸（じょうろ・シャワーの）散水口；（吸引ポンプの）濾過(ろか)器.
alcahuete, ta 男 女 ❶ 男女の仲をこっそり取り持つ人；売春仲介人. ❷《話》うわさ好きの人；密告者.
alcahuetear 自 他 ❶ 売春［愛人関係］を仲介する. ❷（人の陰口を）言いふらす；《ラ米》陰口を言う；密告する.
alcahuetería 女 売春［愛人関係］の仲介；仲介者のやり口.
alcaicería 女〖史〗（スペインのモーロ人の）絹問屋街；市場.
alcaide 男 ❶〖史〗城塞(じょうさい)守備隊長. ❷ 刑務所長.
alcaidesa 女 ❶〖史〗城塞(じょうさい)守備隊長の妻. ❷ 刑務所長の妻.
Alcalá 固名 ～ de Henares アルカラ・デ・エナーレス：スペインの古い大学都市.
alcalaíno, na 形 男 女 アルカラの（人）.
alcaldada 女 職権乱用；横暴.
alcalde [アるカるデ] 男［英 mayor］**市長, 町長, 村長**.
alcaldesa 女 女性の市［町, 村］長；市［町, 村］長夫人.
alcaldía 女 ❶ 市［町, 村］長の職［権限, 管轄地］. ❷ 市役所, 町［村］役場.
alcalescencia 女〖化〗弱アルカリ性.
álcali 男〖化〗アルカリ.
alcalinidad 女〖化〗アルカリ性［度］.
alcalino, na 形〖化〗アルカリ（性）の.
alcalinotérreo, a 形 男〖化〗アルカリ土類（の）.
alcaloide 形 男〖化〗アルカロイド（の）.
alcalosis 女［単複同形］〖医〗アルカローシス, アルカリ血症.
alcance 男 ❶（届く）距離［範囲］, 射程. ❷ 重要性, 影響力. ❸［複］才能（► 否定的な意味で用いられることが多い）. persona de pocos [cortos] ～*s* たいした能力のない人物. ❹〖商〗欠損, 赤字. ❺（電車等の）追突, 接触. ❻（フェンシング・ボクシング）リーチ. *al* ～ *de* ... …の（手の）届く所に；…に理解可能な. *andar* [*ir*] *a* [*en*] *los* ～*s de* ... …を追跡［尾行］する；…にもう少しで手が届く. *dar* ～ *a* ... …に追いつく. *estar fuera del* ～ *de* ... …の手が届かない；…の理解が及ばない. *noticia* [*infor-*

mación] *de* ～ 最新のニュース[情報].

alcance(-) / alcancé(-) 活 → alcanzar.

alcancía 女 《ラ米》 貯金箱 (→ hucha 地域差); (教会の) 献金箱.

alcándara 女 ❶ (猛禽(もうきん)の) 止まり木. ❷ 洋服掛け, ハンガー.

alcanfor 男 樟脳(しょうのう), カンフル.

alcanforado, da 形 樟脳の入った.

alcanforar 他 樟脳(しょうのう)を入れる.

alcanforero 男 〖植〗 クスノキ.

Alcántara 固名 アルカンタラ : スペインのカセレス県の町.

alcantarilla 女 下水道 ; 下水口.

alcantarillado 男 下水設備.

alcantarillar 他 下水設備を設ける.

alcanzado, da 過分 → alcanzar. 形 困窮した ; 負債を抱えた.

alcanzar [アるカンさル] 57 他 〔英 reach〕 ❶ …に手が届く, 追いつく ; (影響が) …に及ぶ. Le *alcancé* en el camino. 私は彼に途中で追いついた. ❷ (遠くのものを) 手を伸ばして取る ; (遠いところまで) 足を伸ばす ; (ある時代まで) 生き延びる. ～ la orilla de la isla a nado 泳いで島の岸までたどり着く. Mi padre no ha podido ～ el nuevo siglo. 私の父は新しい世紀を迎えることなく亡くなった. ❸ (探し[求め] ていたものを) 手に入れる ; …に至る. ～ la fama 名声を得る. ❹ (意味等を) 理解する. ── 自 ❶ 《**a, hasta**》 (…に) 手が届く. *hasta* donde *alcanza* el oído 聞えるところまで. ❷ (ものが) 足りている. ❸ 《**a**+不定詞》 (…することが) できる. ── ***alcanzarse*** 再 《間接目的語代名詞を伴って》 (…に) 理解できる. a lo que *se me alcanza* 私の理解するところでは. No *se me alcanza* lo que quieres decir. 私には君の言いたいことが理解できない.

alcaparra 女 〖植〗 フウチョウボク ; 〖料〗 ケッパー.

alcaparrón 男 フウチョウボクの実.

alcaraván 男 〖鳥〗 イシチドリ.

alcaravea 女 〖植〗 ヒメウイキョウ, キャラウエー.

alcarraza 女 素焼きの水がめ.

alcarreño, ña 形 男 女 (スペイン) アルカリア地方の (人).

alcarria 女 (草木の生えない) 高地.

alcartaz 男 → alcatraz ②.

alcatifa 女 (上質の) じゅうたん.

alcatraz 男 ❶ 〖植〗 アルム. ❷ (菓子等を入れる) 三角袋. ❸ 〖鳥〗 シロカツオドリ.

alcaucí / alcaucil 男 〖植〗 アーティチョーク.

alcaudón 男 〖鳥〗 モズ.

alcayata 女 鉤釘(かぎくぎ), フック.

alcazaba 女 城塞(じょうさい).

alcázar 男 城塞(じょうさい), 城 ; 王宮.

alce 男 〖動〗 ヘラジカ.

alce(-) / alcé(-) 活 → alzar.

alción 男 〖鳥〗 カワセミ.

alcista 形 (相場・物価が) 上昇する. ── 男 女 〖商〗 (株・商品の) 強気筋.

alcoba 女 寝室.

alcohol [アるコオる] 男 〔英 alcohol〕 ❶ アルコール. ❷ アルコール飲料, 酒.

alcoholato 男 〖化〗 アルコレート.

alcoholemia 女 血中アルコール (濃度).

alcoholero, ra 形 アルコール製造 [流通] の. ── 女 酒造工場.

alcohólico, ca 形 ❶ アルコールの [を含む]. ❷ アルコール中毒の. ── 男 女 アルコール中毒者.

alcoholímetro 男 アルコール計.

alcoholismo 男 アルコール中毒 (症).

alcoholista 男 女 《ラ米》 (アルゼンチン) (ウルグアイ) 《話》 アルコール中毒者.

alcoholización 女 アルコール中毒になること.

alcoholizado, da 形 アルコール中毒の. ── 男 女 アルコール中毒者.

alcoholizar 57 他 ❶ アルコール化する. ❷ アルコール中毒にする. ── ***alcoholizarse*** 再 アルコール中毒になる.

alcohómetro 男 アルコール計.

alcor 男 《文》 丘.

Alcorán 男 (イスラム教) コーラン.

alcornocal 男 コルクガシの林.

alcornoque 男 ❶ 〖植〗 コルクガシ. ❷ 《話》 ばか.

alcorque 男 (吸水のために掘られた) 木の根元のくぼみ.

alcorza 女 (洋菓子の) 糖衣, アイシング.

alcotán 男 〖鳥〗 チゴハヤブサ.

alcotana 女 つるはし ; ピッケル.

alcubilla 女 タンク, 貯水槽.

alcurnia 女 家系 ; 名門.

alcuza 女 ❶ (台所用の) 油入れ ; (機械油の) 油差し. ❷ [複] 《ラ米》 (中米) (食卓用酢と油の) 調味料スタンド.

alcuzcuz 男 クスクス : アラブ料理.

aldaba 女 ❶ (扉の) ノッカー. ❷ かんぬき, 掛け金. ❸ (馬をつなぐ壁の) 環. ***agarrarse a buenas*** ～***s*** コネに頼る. ***tener buenas*** ～***s*** 強いコネがある.

aldabilla 女 (扉・トランク等の) 止め金.

aldabón 男 ❶ 大型のノッカー. ❷ (大型の箱のふた等の) 取っ手.

aldabonazo 男 ❶ ノッカーを鳴らすこと [音]. ❷ 警告.

aldea [アるデア] 女 〔英 village〕 (小さな) 村.

aldeanismo 男 《軽蔑》 村意識 ; 粗野.

aldeano, na 形 ❶ 村の ; いなかの. ❷ いなか者の, 粗野な. ── 男 女 村人.

aldehído 男 〖化〗 アルデヒド.

aldehuela 女 小村.

aldeorr(i)o 男 《軽蔑》 寒村, 貧村.

¡ale! 間 → ¡hala!

aleación 女 合金にすること ; 合金.

alear 他 合金にする. ── 自 ❶ 羽ばたく. ❷ 健康[元気]を取り戻す.

aleatorio, ria 形 運次第の, 偶然に支配される. acceso ～ 〖IT〗 ランダム・アクセス. ***número*** ～ 乱数.

alebrestarse 再 いらいら[興奮]する.

aleccionador, dora 形 教訓的な.

aleccionamiento 男 教育 ; 訓練.

aleccionar 他 ❶ 《**en, sobre**》 (…を) 教える ; 訓練する. ❷ 戒める, 教訓を与える. ── ***aleccionarse*** 再 学ぶ, 懲(こ)りる.

aledaño, ña 形 《**de, a**》 (…に) 隣接した. ── 男 [複] 周辺, 隣接地.

alegación 女 申し立て, 主張, 弁論.

alegador, dora 形 《ラ米》 議論好きな.

alegar 66 他 (理由・口実として) 申し立て

る，主張する．— 自《ラ米》議論する．
alegato 男 ❶〘法〙陳述(書)，申し立て，抗弁；主張．❷《ラ米》議論．
alegoría 女 寓意(ぐう)，アレゴリー；寓話．
alegórico, ca 形 寓意(ぐう)的な．
alegorizar 57 他 寓意(ぐう)的に表現[解釈]する；寓話化する．
alegrar [アレグラル] 他 [英 cheer (up)] ❶ **喜ばせる**，うれしがらせる．❷ 雰囲気を盛り上げる；明るくする．❸ (火を) かき立てる．❹〘闘牛〙(牛を) 興奮させる．— **alegrarse** 再 [英 be glad] ❶《de, con, por》(…を) **喜ぶ**，うれしく思う．❷《de＋不定詞 / (de) que ＋接続法》(…して) うれしく思う．*Me alegro de* verte. 君に会えてうれしいよ．*Me alegro de que* me hayas llamado. 君が電話してくれてうれしいよ．❸ 元気になる，陽気になる．
alegre [アレグレ] 形 [英 cheerful, glad] ❶ **陽気な**，快活な．❷《con, de》(…を) 喜んでいる，(…して) うれしい，楽しい．❸ (場所・色合いが) 明るい．❹《話》《estar と共に》ほろ酔いの．❺ 軽率な．— 活 → alegrar. *de vida* ～《話》(性的に) だらしない．
alegreto 副〘音〙アレグレットで．— 男 アレグレット (の曲・楽章)．
alegría [アレグリア] 女 [英 gladness] ❶ **喜び**，うれしさ；楽しみ．❷ 陽気さ，快活さ．❸ 軽率さ．❹[複]〘音〙アレグリーアス：フラメンコのリズムの一つ．❺〘植〙ゴマ．
alegro 副〘音〙アレグロで．— 男 アレグロ (の曲・楽章)．— 活 → alegrar.
alegrón, grona 形《話》ほろ酔いの；ほれっぽい．— 男 ❶《話》思いがけない大きな喜び．❷ 燃え上がった炎．
alejado, da 過分 → alejar. 形《de》(…から) 遠く離れた；遠ざかった．
alejamiento 男 疎遠；離れていること．
alejandrino, na 形 ❶ (エジプトの) アレクサンドリアの．❷ アレクサンドル詩句の．❸ アレクサンダー大王の．— 男 女 アレクサンドリアの人．— 男〘詩〙アレクサンドル詩句．
Alejandro 固名 アレハンドロ：男子の名．
alejar [アレハル] 他 [英 keep away] ❶《de》(…から) **遠ざける**，引き離す (↔ acercar)．❷ 追い払う．— **alejarse** 再 [英 go away]《de》(…から) **遠ざかる**；疎遠になる；(職等から) 退く．
alelado, da 形 (頭が) ぼうっとした．
alelamiento 男 (頭が) ぼうっとすること．
alelar 他 ぼうっとさせる．— **alelarse** 再 ぼうっとする．
alelí → alhelí.
aleluya 間 ❶《歓喜》ありがたい，万歳．❷〘カト〙ハレルヤ．— 男 (または女) ハレルヤ聖歌[聖唱]．— 女 ❶ 宗教画．❷[主に複]《話》つまらない詩[話]．*cara de* ～ 大喜びの顔．
alemán, mana 形 ドイツ (人・語) の．— 男 女 ドイツ人．— 男 ドイツ語．*pastor* ～ シェパード犬．
Alemania 固名 ドイツ．República Federal de ～ ドイツ連邦共和国《略 RFA》：首都ベルリン Berlín.
alentado, da 形 元気になった，丈夫な．*de una alentada* 一息で，一気に．
alentador, dora 形 元気づける；希望を与える．
alentar 18 他 元気づける，励ます．— 自 ❶《en》(感情が人に) 息づく．❷ 呼吸する．— **alentarse** 再 ❶ 元気づく．❷ 健康を取り戻す．
aleonado, da 形 黄褐色の．
alerce 男〘植〙カラマツ．
alergeno / alérgeno 男 アレルゲン．
alergia 女〘医〙《a》(…に対する) アレルギー；《話》拒絶反応．
alérgico, ca 形《a》(…に対して) アレルギー性[体質]の；(…が) 大嫌いな．— 男 女 アレルギー体質の人．
alergólogo, ga 男 女 アレルギー科医．
alero 男 ❶〘建〙軒，ひさし．❷〘車〙泥よけ，フェンダー．❸〘スポ〙ウイング．*estar en el* ～ 危うい[不確かな]状況にある．
alerón 男 ❶〘空〙補助翼，フラップ．❷《話》わきの下．
alerta 形 油断のない，注意している．— 女 (または男) 警戒態勢．dar la ～ (sobre ...) (…について) 警告[警報]を発する．en estado de ～ 警戒態勢で．— 副 警戒[注意]して．— 間 気をつけろ．～ *roja* 緊急事態，極限状況．
alertar 他《de, sobre》(…について) 警告する．
aleta 女 ❶ (魚・海獣等の) ひれ；(潜水用の) 足ひれ．❷ 小鼻，鼻翼．❸〘車〙(特に２輪車の) 泥よけ．❹ ひれ状の部品；(ミサイル・タービン等の) 羽根．
aletargado, da 形 まどろんだ；冬眠(状態)の．
aletargamiento 男 眠気；冬眠．
aletargar 66 他 眠くさせる；無気力にする．— **aletargarse** 再 眠くなる．
aletazo 男 羽[ひれ]をばたつかせること．
aletear 自 ❶ (鳥が) 羽ばたく；(魚がひれを) ばたつかせる．❷ はためく；ちらちら見える．❸《話》活力[元気]を取り戻す．
aleteo 男 羽ばたき；はためき；動悸(どう)．
aleve 形 → alevoso.
alevín 男 稚魚．— 男 女 ❶ 新人，初心者．❷〘スポ〙子供クラス (infantil と benjamín の間) の選手．
alevosía 女 (犯罪の) 計画性；背信．*con premeditación y* ～〘法〙予謀(ぼう)をもって；計画的に．
alevoso, sa 形 (犯罪が) 計画的な；害意のある．— 男 女 予謀犯．
alexia 女〘医〙失読症．
alfa 女 アルファ (Α, α)：ギリシャ語アルファベットの第１字．rayos [partícula] ～〘物〙アルファ線[粒子]．～ *y omega* 初めと終わり．
alfabéticamente 副 アルファベット順に[で]．
alfabético, ca 形 アルファベット(順)の．
alfabetización 女 ❶ 識字教育．❷ アルファベット配列．
alfabetizado, da 形 ❶ 読み書きができる．❷ アルファベット順になった．
alfabetizar 57 他 ❶ 読み書きを教える．❷ アルファベット順に並べる．
alfabeto 男 アルファベット，字母；符号．～ fonético 音声記号．～ Morse モールス信号．
alfaguara 女 (水量の多い) 泉．
alfajor 男〘料〙アルファホール：アーモンド・クルミ・蜂蜜(はち)入りの菓子；《ラ米》(製)ビスケッ

トサンド．
alfalfa 女〖植〗アルファルファ．
alfalfal / alfalfar 男 アルファルファの牧草地．
alfandoque 男《ラ米》アルファンドーケ：フレッシュチーズのデザート；マシュマロ状の菓子．
alfanje 男 ❶ 新月刀．❷〖魚〗メカジキ．
alfanumérico, ca 形〖IT〗文字数字式の．
alfaque 男［主に複］（河口の）砂州．
alfaquí 男 ウラマー：イスラム教の法学者．
alfar 男 陶器工房；陶土．
alfarería 女 陶芸；陶器工房［店］．
alfarero, ra 男 女 陶工．
alfarje 男〖建〗寄せ木造りの天井．
alfayate 男《古》仕立て屋．
alféizar / alfeiza 男 窓の水切り．
alfeñique 男 ❶《話》ひ弱な人．❷（砂糖を煮固めて作った）ねじり菓子．
alferecía 女 ❶〖医〗てんかん（の発作）．❷〖軍〗少尉の位．
alférez 男 少尉；旗手．～ de fragata 海軍少尉．～ de navío 海軍中尉．
alfil 男（チェス）ビショップ．
alfiler 男 ピン；《ラ米》安全ピン（＝～ de gancho）（→ imperdible 地域差）．***no caber un*** ～《話》立っている場所もない（ほど混んでいる）．***para*** ～***es***《話》チップ［小遣い］として．***prendido*** ［***pegado***］ ***con*** ～***es***《話》不安定な；中途半端な．
alfilerazo 男 針の一刺し；《話》皮肉．
alfiletero 男 針入れ；針刺し．
alfolí 男 穀物［塩］倉庫．
alfombra 女 じゅうたん，カーペット．～ de flores 一面の花．
alfombrado, da 形 じゅうたんの敷いてある；《**con, de**》（…で）敷きつめられた．── 男 敷物類；じゅうたんを敷くこと．
alfombrar 他 …にじゅうたんを敷く；（草花等で）敷きつめる．
alfombrilla 女 ❶ 敷物，（ドア）マット．～ de baño バスマット．❷〖医〗風疹(ふうしん)．
alfombrista 男 じゅうたん業者．
alfóncigo 男〖植〗ピスタチオ．
alfonsino, na / alfonsí 形〖史〗アルフォンソ王（派）の．
Alfonso 固名 アルフォンソ：男子の名．
alforfón 男〖植〗ソバ．
alforja 女［主に複］（振り分けの）背負い［鞍(くら)］袋；旅中の食糧．***Para este viaje no se necesitan*** ～***s.***《話》そこまで大層なことではない．
alforza 女 ❶〖服〗タック．❷ 傷（跡）．
Alfredo 固名 アルフレド：男子の名．
alga 女［el ～］〖植〗海藻；海苔(のり)．
algalia 女 じゃこう，ムスク．
algarabía 女 ❶（話し声による）騒音．❷《話》意味の分からない言葉；アラビア語．
algarada 女 暴動，騒乱．
algarroba 女〖植〗カラスノエンドウ；イナゴマメの実．
algarrobal 男 カラスノエンドウの野原；イナゴマメ畑．
algarrobo 男〖植〗イナゴマメ（の木）．
algazara 女 歓声，騒ぎ声．
álgebra 女［el ～］〖数〗代数学．
algebraico, ca / algébrico, ca 形 代数学の
Algeciras 固名 アルヘシラス：スペインの港湾都市．
álgido, da 形 ❶ 非常に寒い［冷たい］；悪寒のする．❷ 頂点の．punto ～ 絶頂．

algo

［アるゴ］代名《不定》［性数不変］（↔nada）〔英 something〕
❶《不定の事物》**何か**．Hay ～ de comer en la nevera. 冷蔵庫に何か食べる物があるよ．Tenemos que hacer ～. 私たちは何か行動を起こさなければ．¿Por qué no comes ～? 何か食べたらどう．¿(Desea) ～ más?（店員が客に向かって）他には何か．¿Sabes ～?（話を切り出すとき）ねえ，知ってる．❷ 少し，少量．¿Tú no has bebido vino? ─ *A*～. 君はワインを飲んだんじゃないの．─ 少しね．¿Me prestas ～ de dinero? お金を少し貸してもらえないかな．Tiene ～ de tonto. 彼は少しばかなところがある．❸《皮肉で》かなり．*A*～ habrán bebido. 彼らはかなり飲んだに違いない．── 副 いくらか，少し．Estamos ～ cansados. 私たちはちょっと疲れている．Mi madre toca ～ el violín. 母は少々バイオリンを弾く．～ ***así*** …程度，…のようなもの．Tardaremos tres horas, o ～ *así*. 私たちは 3 時間程度かかるでしょう．～ ***así como ...*** …程度の，大体…．Ella mide ～ *así como* uno sesenta. 彼女は160センチ程度の背丈だ．Llegaron ～ *así como* a las once de la noche. 彼らは夜の11時ぐらいに着いた．～ ***es*** ～ ないよりまし．Sólo me han pagado 100 euros, pero ～ *es* ～. たった100ユーロしか払ってもらえなかったけどないよりはましだ．***darle*** ～ ***a ...***（…が）急に不調を来す．***por*** ～ 何らかのわけがあって．*Por* ～ os lo dije. 私が君たちにそう言ったのはわけがあってのことだ．Cuando no quiere venir, *por* ～ será. 彼が来たくないというのなら，それなりのわけがあるのだろう．

algodón

［アるゴドン］男〔英 cotton〕
❶ **綿**；脱脂綿．❷ **木綿**，綿布．❸〖植〗ワタ．～ dulce ［de azúcar］ワタアメ．***(criado) entre algodones*** 大事に［甘やかされて］（育てられた）．
algodonal 男 綿畑．
algodonero, ra 形 綿の．── 男 女 綿の栽培者［業者］．── 男〖植〗ワタノキ．
algodonoso, sa 形 綿のような．
algoritmo 男〖数〗〖IT〗アルゴリズム．
alguacil 男（裁判所の）執行官，（役場の）下級職員．
alguacilillo 男〖闘牛〗騎馬先導役．

alguien

［アるギエン］代名《不定》［性数不変］（↔nadie）〔英 someone; anyone〕❶《不定の人》**誰か**．Hoy te ha llamado ～. 今日誰かがお前に電話してきたよ．*A*～ me dijo que no venías. 君は来ないと誰かが言ってたけど．¿Esperáis *a* ～? 君たちは誰か待っているの．❷《話》重要な人物．En este pueblo mi abuelo era ～. この村で祖父はちょとしたものだった．Se cree ～. 彼はうぬぼれている．
algún 形 → alguno. ～ ***tanto*** 少し．

alguno, na

［アるグノ，ナ］形《不定》［男性単数名詞の前で algún］〔英 some; any〕**1**《＋名詞》（↔ninguno）❶《単数で》《不定の人・事物》**何らかの，どれかの；誰か**．*Algún* día nos veremos en España. い

A

つの日かスペインでお会いしましょう. Siempre me ayuda *algún* colega. いつも仲間の誰かが私を助けてくれます. La librería estará en *alguna* parte de esta calle. その本屋はこの通りのどこかにあるでしょう. ❷[複]いくつかの;何人かの. Estuvo ～*s* años en Cuba. 彼はキューバに数年いた. Últimamente he recibido *algunas* cartas de mis padres. 最近私は両親から何通か手紙を受け取っています. ❸ かなりの, 相当の. Es un problema de *algún* peso. それはかなり重要な問題です. 2 《名詞+》(＝ninguno)《否定》全く(…ない). Sin duda *alguna* ella está equivocada. 明らかに彼女が間違っています. Se fue sin decir cosa *alguna*. 彼は全く何も言わずに出ていった. ── 代名 《集合の中の不定なものを指し》**誰か**, どれか(↔ninguno);[複]何人か, いくつか. Te acompañará *alguna* de mis amigas. 私の友人の誰かがあなたと御一緒します. *A*～*s* opinaron, pero no todos. 意見を言う人も何人かいたが全員ではなかった. ～ [***algún***] ***que otro*** わずか(の). *Algún que otro* alumno lee *el Quijote*. 学生のうち『ドン・キホーテ』を読むのはわずかです. En la fiesta había *alguna que otra* chica. パーティーには女性もちらほらいた.

alhaja 女 ❶ 宝飾品, 宝石. ❷《話》優れたもの[人];《皮肉》たいしたやつ.

alhajar 他 ❶ 宝石で飾る. ❷(部屋に)家具調度類を整える.

alhajera 女 《ラ米》(アルゼンチン)(メキシコ)→ alhajero.

alhajero 男 《ラ米》(アルゼンチン)(チリ)(ウルグアイ)宝石箱.

Alhambra 固名 la ～ アルハンブラ宮殿:スペインのグラナダのイスラム建築.

alharaca 女 大げさな感情表現, 大騒ぎ.

alharma 女 〖植〗ヘンルーダ.

alhelí 男 〖植〗ストック, アラセイトウ.

alheña 女 〖植〗セイヨウイボタ;その染料. ***estar hecho una*** ～ くたくただ.

alhóndiga 女 公設穀物取引所.

alhucema 女 〖植〗ラベンダー.

aliáceo, a 形 ニンニク(味・臭)の.

aliado, da 形 同盟[連合]した, 提携した. ── 男 女 同盟者. Los *A*～*s* (第1次・第2次大戦の)連合国.

aliadófilo, la 形 連合国側の, 連合国を支持する.

aliaga 女 〖植〗ハリエニシダ.

aliancista 形 男 女 政治同盟に属する(人);国民同盟 Alianza Popular の(党員).

alianza 女 ❶ 同盟;協定. ❷ 結婚指輪. ❸ 結びつき;《文》婚姻. ❹〖宗〗(神と人間との)契約.

aliar 31 他 《con, a》(…と, に)結合させる, 合わせる. ── **aliarse** 再 ❶《con》(…と)同盟を結ぶ. ❷ 統合する.

alias 副 別名で, 通称で. Antonio López, ～ el Pirata アントニオ・ロペスまたの名を海賊. ── 男[単複同形]別名, 通称.

alicaído, da 形 《話》気落ちした, しょんぼりした;衰弱した.

Alicante 固名 アリカンテ:スペインの県;県都.

alicantino, na 形 男 女 アリカンテの(人).

alicatado, da 形 男 タイル張り(の).

alicatar 他 タイルを張る.

alicates 男 複 ペンチ, やっとこ.

Alicia 固名 アリシア:女子の名.

aliciente 男 魅力;刺激.

alicuanta 形 〖数〗割り切れない. ── 女 〖数〗非約数.

alícuota 形 〖数〗割り切れる;等分の. parte ～ 約数. en partes ～*s* 均等に.

alienación 女 ❶〖医〗精神錯乱[障害]. ❷〖哲〗疎外.

alienado, da 形 精神錯乱の;疎外された. ── 男 女 精神異常者.

alienar 他 ❶ 理性を失わせる, 気をおかしくさせる. ❷ 疎外する;人間性を奪う.

alienígena 形 異星の, 宇宙人の. ── 男 女 宇宙[異星]人, 地球外生命体.

alienista 男 女 精神科医.

aliento 男 ❶ 呼気, 息. faltarle a ... el ～ (…が)息切れする. aguantar [contener] el ～ 息を凝らす. ❷ 活力, 気力;(芸術における)ひらめき. ── 活 → alentar. ***de un*** ～ 一息に, 一気に.

alifafe 男 軽い病気, 持病.

aligátor 男 〖動〗アリゲーター.

aligeramiento 男 軽減, 緩和.

aligerar 他 ❶ 軽くする, 軽減する;縮小する. ❷ 緩和する. ❸ 速める. ── 自 急ぐ. ── **aligerarse** 再 ❶ 軽くなる. ❷《de》(…を)取り去る. ～ *de* ropa 軽装になる.

alígero, ra 形 《文》翼のある;身の軽い.

aligustre 男 〖植〗イボタノキ.

alijar 他 ❶(船の)積み荷を軽くする[降ろす];(密輸品を)降ろす, 密輸する. ❷ サンドペーパーで磨く. ── 男 放牧地;未開墾地.

alijo 男 密輸品;荷揚げ.

alimaña 女 (キツネ等の)害獣;人でなし.

alimentación 女 ❶ 栄養, 食べ物;栄養摂取. tienda de ～ 食料品店. ❷(原料等の)供給[補給];〖IT〗送り. interruptor de ～ 電源スイッチ. fuente de ～ 電源, 動力源. ❸(感情の)増長.

alimentador, dora 形 (食物・原料等を)供給[補給]する. ── 男 供給装置.

alimentar 他 ❶《con, de》…に(食べ物を)与える;(…で)養う, 育てる. ❷(…の)栄養[糧]となる. ❸《con, de》(原料等を)供給[補給]する. ❹〖IT〗入力する. ❺ 維持する;助長する, (感情を)かきたてる. ── **alimentarse** 再 《con, de》(…を)常食[糧]とする, (…で)生きる.

alimentario, ria 形 食物の, 食品の.

alimenticio, cia 形 栄養のある, 栄養摂取の;食べ物の. conducto ～ 消化管. ***pensión alimenticia*** 扶養料.

alimento[アリメント] 男 [英 food] ❶ **食べ物**;えさ. ～ equilibrado 配合飼料. ❷ 栄養;糧, 活動の源. ❸[複]〖法〗扶養料, 養育費.

alimoche 男 〖鳥〗エジプトハゲワシ.

alimón ***al*** ～ 一緒に, 協力して.

alindado, da 形 気取った.

alindamiento 男 境界の画定.

alindar 他 (土地の)境界線を定める. ── 自 《con》(…と)境を接している.

alineación 女 ❶ 整列. ❷〖スポ〗出場(メンバー). ❸ 連合, 提携. política de no ～ 非同盟政策. ❹〖電〗〖機〗調整.

alineado, da 形 ❶ 整列した. ❷

《con》(…を) 支持する. países no ～*s* 非同盟諸国.

alineamiento 男 整列；連合.

alinear 他 ❶ 列に並べる, 整列させる. ❷ 〘スポ〙試合のメンバーに入れる. ― **alinearse** 再 ❶ 整列する. ❷ 《con》(…と) 連合する, (…の) 支持に回る；《en》(…に) 加わる.

aliñado, da 形 こざっぱりした.

aliñar 他 ❶〘料〙味を整える；ドレッシングをかける. ❷ 飾りたてる；着飾らせる.

aliño 男 ❶〘料〙味つけ；調味料, ドレッシング. ❷ 身だしなみ, 整頓(せいとん).

alioli 男〘料〙(ニンニクとオリーブ油の) ソース.

alionín 男〘鳥〙アオガラ；エナガ.

alípede 形《文》足に翼のある.

aliquebrado, da 形《話》元気をなくした, 弱った；翼の傷ついた.

alirón 間《勝利の歓喜》やったぞ, 万歳. cantar [entonar] el ～ 勝利を祝う.

alisado 男 滑らかにすること.

alisador, dora 形 滑らかにする. ― 男 滑らかにする道具.

alisar 他 ❶ 滑らかにする. ❷ (しわ等を) 延ばす. ― **alisarse** 再 髪をとかす.

aliseda 女 ハンノキ林.

alisios 形 男 複〘気象〙貿易風 (の).

aliso 男〘植〙ハンノキ.

alistado, da 形 ❶ (徴兵) 名簿に載っている. ❷ 縞(しま)模様の.

alistamiento 男〘軍〙徴兵, 入隊；《集合的》年間補充兵.

alistar 他 ❶ 名簿に載せる；兵籍に入れる. ❷《ラ米》準備する. ― **alistarse** 再《en》(…に) 登録する；(志願して) 入隊する.

aliteración 女〘修〙頭韻 (法).

aliviadero 男〘土木〙余水路.

aliviador, dora 形 ほっと[楽に]させる.

aliviar 17 他 ❶ (負担・苦しみ等を) 軽く[緩和] する. ❷《de》(…を取り除いて) (人を) 楽にする, ほっとさせる. ❸ (時に自) 軽やかにする, 急ぐ. ❹《話》くすねる. ― **aliviarse** 再 ❶ 楽になる, ほっとする. ❷《de》(病気から) 快方に向かう. ❸《俗》排便する.

alivio 男 ❶ (苦痛等の) 緩和, ほっとすること；(病状等の) 好転. ❷ 略式の喪服. vestirse de ～ 略式の喪服を着る. ***de*** ～《話》ひどい, 手がつけられない.

alizarina 女〘化〙アリザリン.

aljaba 女 矢筒.

aljama 女〘史〙モーロ人[ユダヤ人]の集会[礼拝所, 居住地区].

aljamía 女 ❶ (モーロ人から見た) スペイン語. ❷ (14-16世紀の) アラビア文字表記のスペイン語文.

aljamiado, da 形 アラビア文字表記されたスペイン語による.

aljibe 男 ❶ 貯水槽, 雨水だめ. ❷ タンカー. buque ～ タンカー, 給水船. camión ～ 給水車.

aljófar 男 小粒真珠；真珠状のもの.

aljofifa 女 床ぞうきん, モップ.

allá [アリャ〈アヤ・アジャ〉] 副 [英 over-there] ❶《遠称の指示副詞》(allí, ahí よりも漠然とした場所を指して) **あちらへ[に]**；そちらへ[に]. ～ en España あちらスペインでは. de ... para ～ …から先は. hacia ～ あちらの方へ. para ～ あちらへ. ❷《en, por》(かつて) …のころ. ～ *en* mi juventud 若かったころ. ❸《＋(代) 名詞》…の勝手だ[私には関係ない]；《＋接続法》勝手に…しろ. *A*～ ella con sus problemas. 彼女の問題は彼女の好きにさせておけ. *A*～ os las arregléis vosotros solos. お前たちだけで何とかしろよ. ***el más*** ～ あの世, 天国. ***hacerse*** ～ 離れる, 遠ざかる. ***más ～ de ...*** …より先に, …を超えて；…以上は.

allanamiento 男 ❶ 平らにすること. ❷ 除去；克服. ❸〘法〙住居侵入.

allanar 他 ❶ 平らにする. ❷ 取り除く. ～ los problemas 問題を克服する. ❸ 侵入する. ― **allanarse** 再 ❶ 平らになる；崩壊する. ❷《a》(…に) 妥協する.

allegado, da 形 ❶ 親しい. ❷ 親戚(しんせき)の. ❸ 味方の. ― 男 女 ❶ 近親者, 親戚. ❷ 親しい友人. ❸ 支持[支援]者；側近.

allegar 66 他 ❶ 寄せ集める. ❷ 近づける. ― **allegarse** 再 ❶ 近づく. ❷ 同意する.

allegro [伊] 副〘音〙→ alegro.

allende 前 …の向こう[かなた]に. ～ los mares 海のかなたに. ～ ***de ...*** …の上に, さらに. ― 固名 [A-] アジェンデ：(1) Salvador ～ (1908-73)：チリの政治家・大統領. (2) Isabel ～ (1942-)：チリの作家.

allí [アリ〈アイ・アジ〉] 副 [英 there] ❶《遠称の指示副詞》**あそこに[へ, で]**；そこに[へ, で]. Espérame ～. あそこで待ってて. hasta [desde] ～ あそこまで[から]. ❷ あの時；その時. *A*～ ocurrió el accidente. その時事故は起こった. ～ ***donde ...*** …するところではどこでも. ***hasta*** ～ ***(de ...)***《話》あれほどの (…). un coche *hasta* ～ (*de* caro) あれほどの (高い) 車.

alma [アるマ] 女 [el ～] [英 soul] ❶ **魂**；精神；心 (↔ cuerpo). amigo de mi ～ 私の心の友. ～ de Dios 神の心の持ち主, すごくいい人. ～ cántaro《話》でくの坊. ～ en pena 煉獄(れんごく)にいる霊魂；悩みの多い人. Ella tiene el ～ limpia. 彼女は心のきれいな人だ. ¡*A*～ mía! / ¡Mi ～! ねえ, あなた；《間投詞的に》後生だから. ❷ 生命；人間, 個人. ni ～ viviente 誰も (ない). No había ni un ～ en la calle. 通りには人っ子一人いない. ❸ (物の) 本質, 真髄；中心. Estamos en el ～ del asunto. 我々は問題の核心に迫っている. Ella era el ～ de la fiesta. 彼女がパーティーの主役だった. ❹ 気迫, 気力. poner todo el ～ en ... …に打ち込む. ❺〘機〙磁心, コア；(弦楽器の) 魂柱；〘建〙支柱；〘植〙髄. ***abrir*** SU ～ 心を開く. ***arrancar***le ***el ～ a ...*** …の命を奪う；打ちのめす. ***caérsele el ～ a los pies*** …ががっかりする. ***como ～ que lleva el diablo*** 急いで, 一目散に. ***con el ～ en vilo [en un hilo]*** ひどく心配して. ***con (el) ～ y (la) vida*** 喜んで；心から；懸命に. ***con toda*** SU ～ 心から. ***dar [entregar] el ～ (a Dios)***《文》死ぬ；息を引き取る. ***del ～ / de mi ～*** 心からの. ***doler el ～*** 心が痛む. ***en cuerpo y***

～ 全く；全て. *en el* ～ 心から. *llegarle al* ～ *a* ... …の心に訴える，胸を打つ. *llevar* [*tener*] *clavado en el* ～ (心配事等が) 胸につかえている. *no poder con su* ～ ぐったりしている. *no tener* ～ 良心がない；薄情である. *partir el* ～ 胸が痛む.

almacén [アるマセン] 男 [複 almacenes] [英 warehouse] ❶ **倉庫**. ❷ 卸問屋. ❸ 《ラ米》食料品店 (→ tienda 地域差). *grandes almacenes* デパート.

almacenaje 男 貯蔵, 保管 (料).

almacenamiento 男 ❶ 貯蔵, 保管；ストック. ❷ 【IT】入力.

almacenar 他 ❶ 倉庫に入れる, 保管する；ためる. ❷ 【IT】入力する.

almacenero, ra 男 女 倉庫管理者；《ラ米》食料品店主[店員].

almacenista 男 女 倉庫 [卸売り] 業者.

almáciga 女 ❶ 乳香, 樹脂. ❷ 苗床.

almácigo 男 ❶ 【植】マスティクス. ❷ 苗床.

almádena / almádana 女 (石割りに用いる) ハンマー.

almadía 女 いかだ.

almadraba 女 マグロ漁[漁場, 網]

almadreña 女 木靴.

almagra 女 → almagre.

almagre 男 代赭(たいしゃ)：赤土色の顔料.

alma mater 女 〔ラ〕母校；活力.

almanaque 男 暦, カレンダー.

almandina 女 【鉱】貴ざくろ石.

almarada 女 (断面が三角形の) 短剣；(サンダル用の) 大針.

almarjo 男 【植】オカヒジキ.

almazara 女 搾油工場；搾油機.

almeja 女 (アサリ・ハマグリ等の) 二枚貝.

almena 女 【築城】銃眼つき胸壁.

almenara 女 ❶ かがり火. ❷ (枝つき) 燭台(しょくだい).

almendra 女 ❶ アーモンド；(果物の) 核. ～*s* garapiñadas プラリーヌ (飴(あめ)がけアーモンド). ❷ アーモンド形のダイヤモンド.

almendrado, da 形 アーモンド形の [入りの]. ― 男 (または女) アーモンドクッキー. ― 女 アーモンド乳に砂糖を加えた飲み物.

almendro 男 【植】アーモンドの木.

almendruco 男 未熟のアーモンド.

Almería 固名 アルメリア：スペインの県；県都.

almeriense 形 男 女 アルメリアの (人).

almete 男 鉄かぶと.

almez 男 【植】エノキ類, ハックベリー.

almeza 女 エノキの実.

almiar 男 【農】干し草の山.

almíbar 男 シロップ. *estar hecho un* ～ やたらに優しくなる.

almibarado, da 形 《話》(態度・話し方が) 甘ったるい, こびた.

almibarar 他 ❶ シロップに漬ける. ❷ (態度・話し方を) 過度に優しくする.

almidón 男 糊(のり)；でん粉.

almidonado, da 形 糊(のり)の利いた；ぱりっとした. ― 男 糊づけ.

almidonar 他 (洗濯物に) 糊(のり)をつける.

almimbar 男 (イスラム教寺院の) 説教壇.

alminar 男 ミナレット：イスラム寺院の塔.

almirantazgo 男 【軍】(1) 提督職；提督権限区域. (2) 海軍裁判所.

almirante 男 【軍】提督, 海軍大将.

almirez 男 すり鉢.

almizcle 男 麝香(じゃこう)；ムスク.

almizcleño, ña 形 麝香(じゃこう)の (香りのする). ― 女 【植】ムスカリ.

almizclero, ra 形 麝香(じゃこう)の (香りのする). ― 男 【動】ジャコウジカ. ― 女 【動】ジャコウネズミ.

almocafre 男 (除草・移植用の) くわ.

almófar 男 【史】(かぶとの下に着用した) 鎖ずきん.

almogávar 男 【史】中世の傭兵(ようへい).

almohada [アるモアダ] 女 〔英 pillow〕 ❶ **枕**(まくら)；枕カバー. ❷ → almohadilla. *consultar con la* ～ 《話》(結論を出す前に) じっくり考える.

almohadazo 男 枕(まくら)で殴ること.

almohadilla 女 ❶ 小クッション, 座布団；パッド；針刺し；スタンプ台. ❷ 【動】肉趾(し). ❸ 【建】浮き上げ装飾；積彫石.

almohadillado, da 形 クッションを張った, 詰め物をした. ― 男 【建】浮き上げ装飾.

almohadillar 他 ❶ 【建】浮き上げ装飾を施す. ❷ 詰め物をする.

almohadón 男 ❶ クッション；【宗】ひざ当て布団. ❷ 枕カバー. ❸ 【建】(アーチの) 迫(せ)り台.

almojarifazgo 男 【史】輸出入関税.

almojaya 女 【建】(足場の) 腕木.

almóndiga 女 肉団子, ミートボール.

almoneda 女 競売；安売り.

almorávide 形 男 女 ムラービト朝 (1056-1147) の (人).

almorc- 活 → almorzar.

almorranas 女 複 【医】痔(じ).

almorta 女 【植】レンリソウ (の一種).

almorzar [アるモルさル] 54 自 〔英 have lunch〕 **昼食を取る**；《ラ米》午前の軽食を取る. ― 他 …を昼食[軽食]に食べる.

almuecín / almuédano 男 (イスラム教寺院の) 祈禱(きとう)時報係.

almuer- 活 → almorzar.

almuerzo 男 ❶ 《ラ米》昼食 (→ comida 地域差). tomar el ～ 昼食を取る. ❷ (午前中に取る) 軽食. ― 活 → almorzar.

almunia 女 農場.

¡alo! / ¡aló! 間 《ラ米》《電話での応答》もしもし (→ decir 地域差).

alocado, da 形 思慮[落ち着き]がない, 性急な；動転した. ― 男 女 考えずに行動する人.

alocar 26 他 気を動転させる；狂わせる. ― **alocarse** 再 気が動転する；狂う.

alocución 女 訓示, 訓話.

áloe / aloe 男 【植】アロエ；【薬】アロエ汁：緩下剤.

alófono 男 【音声】異音.

aloja 女 アロハ：蜂蜜(はちみつ)を入れた清涼飲料；《ラ米》(アルゼンチン)(パラグアイ)(ウルグアイ)(チリ)(ボリビア)イナゴマメの発酵酒. ― 活 → alojar.

alojamiento 男 宿泊 (施設)；【軍】宿営.

alojar [アろハル] 他 〔英 lodge〕 ❶ **泊める**, 宿泊させる. ❷ 《en》(…の中に) 入れる. ― **alojarse** 再 ❶ **泊まる**, 宿泊する；駐留する. ❷ 《en》(…の中に) 入り込む.

alomorfo 男 【言】異形態.

A

alọn 男 手羽, 手羽先. ―― 形 《ラ米》(帽子の) つばの広い.
alọndra 女 〖鳥〗ヒバリ.
Alọnso 固名 アロンソ：男子の名；姓.
alọ́pata 形 逆症療法の. ―― 男女 逆症療法医.
alopatịa 女 〖医〗逆症療法.
alopẹcia 女 〖医〗脱毛症.
alopẹ́cico, ca 形 脱毛症の[を患った].
alọque 形 淡紅色の. ―― 男 ロゼワイン.
alotropịa 女 〖化〗同素体.
alotrọ́pico, ca 形 〖化〗同素体の.
alpạca 女 ❶ 〖動〗アルパカ；その毛[織物]. ❷ 洋銀：銅・亜鉛・ニッケルの合金.
alpamạto 男 〖植〗《ラ米》(アルゼンチン) アルパマト：葉は薬用, マテ茶の代用品になる.
alpargạta 女 アルパルガータ：麻底の布靴.
alpargaterịa 女 alpargata の工場[店].
alpechịn 男 オリーブの実から出る灰汁(あく).
alpẹnde 男 差し掛け小屋, 物置.
Ạlpes 固名 los 〜 アルプス山脈.
alpẹstre 形 〖植〗山地に育つ；高山性の.
alpinịsmo 男 登山.
alpinịsta 男女 登山家, アルピニスト.
alpịno, na 形 ❶ アルプスの. cordillera *alpina* アルプス山脈. ❷ 高山の. ❸ 登山の. ***pruebas alpinas*** アルペン種目.
alpịste 男 ❶ 〖植〗クサヨシ属の一種；その種子. ❷ 《話》酒, アルコール類.
alpujarrẹño, ña 形男女 (スペイン, アンダルシアの) アルプハラス (山岳地帯) の (人).
Al Qạida / Al Qạeda アルカイダ：アメリカとの聖戦を唱えるイスラムの組織.
alquequẹnje 男 〖植〗食用ホオズキ.
alquerịa 女 農家, 農場；その集落.
alquilar [アるキらル] 他 〔英 let; rent〕 ❶ **貸す**, 賃貸しする. Voy a 〜 el piso a mi amigo. 私はマンションを友人に貸すつもりだ. ❷ **借りる**, 賃借りする. 〜 un coche レンタカーを借りる. ❸ (人を) 雇う. ―― **alquilarse** 再 賃貸[賃借]される. *Se alquila* habitación. 《広告》部屋貸します.
alquiler [アるキれル] 男 〔英 rent〕 ❶ **賃貸**, 賃借. de 〜 賃貸用の. coche de 〜 レンタカー. vivienda en 〜 賃貸住宅. contrato de 〜 賃貸契約. precio de 〜 賃貸料. ❷ 賃貸料, 使用料；家賃. el 〜 [los 〜*es*] del piso マンションの家賃.
alquịmia 女 錬金術.
alquịmico, ca 形 錬金術の.
alquimịsta 形男女 錬金術師 (の).
alquitạra 女 蒸留器.
alquitrạn 男 タール.
alquitranạdo, da 形 タールを塗った. ―― 男 タールを塗ること.
alquitranạr 他 タールを塗る.
alrededor [アるレデドル] 副 〔英 around〕 ❶ **周囲に[を, で]**. (1) 《de》(…の) 周りに[を, で]. 〜 *de* la plaza 広場の周りに[を, で]. (2) 《+所有詞完全形》《主にラ米》(アルゼンチン)(チリ)(…の) 周りに[を, で]. 〜 tuyo 君の周りに[を, で]. ❷ 《de》約…, およそ…. 〜 *de* las cinco 5 時ごろに. 〜 *de* cuarenta personas 約40人. ―― 男 ❶ [複] 近郊, 周辺. los 〜*es* de Madrid マドリード近郊. ❷ 周囲. en nuestro 〜 私たちの周囲.
ạ́lsine 女 [el 〜] 〖植〗ツメクサ.
ạlta 女 [el 〜] (医師による) 完治宣言, 退院許可 (証)；(団体・組織への) 加入, 入会 (証)；営業届. ―― 形 → alto. ***causar* 〜** 入会[入隊]する. ***dar de* [*el*] 〜** 完治宣言をする, 退院許可を出す. ***darse de* 〜** 加入手続をする；営業届けを出す.
altạico, ca 形 ❶ アルタイ山脈の. ❷ アルタイ語族の. ―― 男女 アルタイ地方の人.
altamạr 男 遠洋, 外洋. ***en* 〜** 外洋で.
ạltamẹnte 副 非常に；大きく, 高く.
altanerịa 女 ❶ 高慢, 尊大. ❷ タカ狩り. ❸ 高さ；上空.
altanẹro, ra 形 高慢な, 尊大な.
altạr 男 祭壇；供物台. elevar a los 〜*es* 〖カト〗列聖する. llevar [conducir] al 〜 a ... 《話》…と結婚する. ***poner en un* 〜** 《話》ほめる, 祭り上げる.
altaricọ́n, cọna 形 《話》大男[大女]の.
altavọz 男 スピーカー, 拡声器.
alterạble 形 変わりやすい.
alteraciọ́n 女 ❶ 変更, 変化, 変質；(秩序等の) 乱れ. Hay una 〜 en el horario de los vuelos. フライトの時刻表に変更がある. 〜 del órden público 治安の乱れ. ❷ (感情の) 動揺. ❸ 〖音〗変調.
alterạdo, da 形 ❶ 変化した, 変質した；(秩序等が) 乱れた. ❷ 動揺した；怒った.
alterạr 他 ❶ 変える, 変更する, 変質させる；(秩序等を) 乱す. 〜 el silencio 静寂を乱す. ❷ 動揺させる；怒らせる. ―― **alterarse** 再 ❶ 変化[変質]する. ❷ 動揺する. *Se altera* por cualquier ruido. 彼はちょっとした物音にも動揺する.
altercạdo 男 口論, 激論. tener un 〜 con ... …と口げんかする.
altercạr 26 自 言い争う, 口論する.
ạlter ẹgo 〔ラ〕分身.
alteridạd 女 他者 (同一) 性.
alternạdamẹnte 副 交互に, 交替で.
alternadọr 男 〖電〗交流発電機.
alternạncia 女 交互, 交替.
alternạnte 形 交互の, 交替する.
alternạr 他 《con》(…と) 交互に行う. 〜 el estudio *con* el trabajo 仕事と勉強を交互にする. ―― 自 ❶ 《con》(…と) 交互に起こる. En la vida *alternan* las alegrías *con* las tristezas. 人生では喜びと悲しみが交互に来る. ❷ 《en》(…に) 交替で従事する. ❸ 接客する. ―― **alternarse** 再 交替でする；交互に起こる.
alternatịva 女 ❶ 二者択一, 代案. No tenemos 〜. 私たちに選択の余地はない. ❷ 交互, 交替；交替勤務. ❸ 正闘牛士への昇進式.
alternatịvamẹnte 副 交互に.
alternatịvo, va 形 ❶ 交互の, 交互に起こる. ❷ 代わりの, 代替できる.
altẹrne 男 《話》交流 (の場), 付き合い；(バー等での) 接客. chica de 〜 ホステス.
altẹrno, na 形 ❶ 交互の. en días 〜*s* 1日おきに. ❷ 〖植〗互生の.
altẹza 女 ❶ [A-] 殿下. Su *A*〜

A

Real 殿下. ❷ 崇高さ, 高潔さ.

altibajo 男 [主に複] ❶ 《話》 急激な変化; 浮き沈み, 上下. ❷ (地面の) 起伏.

altillo 男 ❶ 袋戸棚, 天袋. ❷ 中二階. ❸ 小高い丘.

altilocuencia 女 大げさな話し方.

altilocuente / altílocuo, cua 形 大げさな, もったいぶった.

altimetría 女 高度測定法.

altímetro 男 高度測定器, 高度計.

altiplanicie 女 高原, 台地.

altiplano 男 高原, 台地. ── 固名 El *A*～ アルティプラノ:ボリビアを中心にしたアンデス山脈の高原地帯.

altísimo, ma 形 [alto の絶対最上級] 非常に高い. ***el A～*** (全能の) 神.

altisonancia 女 大げさな話し方.

altisonante / altísono, na 形 仰々しい, もったいぶった.

altitonante 形 《文》 雷鳴とどろく.

altitud 女 ❶ 高さ, 高度; 高所. ❷ 海抜, 標高.

altivez / altiveza 女 高慢, 横柄.

altivo, va 形 高慢な, 横柄な.

alto, ta [アるト,タ] 形 〔英 high, tall〕 ❶ 《高さ・数値・程度》 高い (↔bajo). chico ～ 背の高い少年. ventana *alta* 高窓. *alta* frecuencia 高周波. *alta* presión 高圧. *alta* velocidad 高速. en voz *alta* 大きな声で. precio ～ 高値. ❷ 《身分・地位》 高い; 上流の. ～ funcionario 高官. clase *alta* 上流階級. ❸ 崇高な, 高潔な. ❹ 高地の, 上流の. ❺ 〖音〗 アルトの. ❻ (時刻が) 遅い. ── 男 ❶ 高さ. ❷ 高原; 丘. ❸ 〖音〗 アルト. ❹ 停止. ¡*A*～! 止まれ. ── 副 高く, 上方へ; 大声で. ***～ el fuego*** 《スペイン》 停戦. ***lo ～*** 高所, 頂上. ***lo ～ de*** la montaña 山頂. ***pasar por ～*** 無視する; 黙認する. ***por lo ～*** ぜいたくに, 多めに.

altoparlante 男 《ラ米》 スピーカー, 拡声器 (= altavoz).

altozano 男 丘, 小山.

altramuz 男 〖植〗 ルピナス; その繊維.

altruismo 男 利他[愛他]主義.

altura [アるトゥラ] 女 〔英 height〕 ❶ 高さ; 高度 (= altitud); 身長; 海抜, 標高. ganar [coger, tomar] ～ 上昇する. perder ～ 下降する. salto de ～ 〖スポ〗 走り高跳び. ❷ 高所; 高位; [複] 頂上; 上層部. mal de ～ 高山病. ❸ 価値; 重要性. jugadores de ～ internacional 世界的水準の選手. ❹ 精神の高貴さ. ❺ 〖音〗 ピッチ, 音の高さ. ❻ [複] 天, 天国. ascender a las ～*s* 昇天する. estar en las ～*s* 現実離れしている. ***a estas ～s*** この段階になって, この期(ご)に及んで. ***a la ～ de ...*** …の高さ[所, レベル]で[に]. no estar *a la* ～ *de* las circunstancias 場違いである. ¿A qué ～ está la oficina? オフィスはどの辺にあるの. ***quedar a la ～ del betún*** 《話》 散々な結果になる.

alubia 女 〖植〗 インゲンマメ.

alucinación 女 幻覚; 魅了.

alucinado, da 形 男 女 ❶ 錯乱 [動転] した (人). ❷ 幻覚を起こした (人); 超常現象を信じている (人).

alucinador, dora 形 ❶ 幻覚を起こさせる; 眩惑(げんわく)する. ❷ 魅惑する.

alucinamiento 男 → alucinación.

alucinante 形 魅力的な; すばらしい.

alucinar 他 眩惑(げんわく)する; 魅惑する. ── 自 幻覚を起こす. ── **alucinar*se*** 再 驚嘆する; 錯覚する.

alucinógeno, na 形 幻覚を生じさせる. ── 男 幻覚剤.

alud 男 雪崩(なだれ); 急激に押し寄せるもの. ～ de trabajo 山のような仕事.

aludido, da 形 当該の. ***darse por ～*** 自分のことを言われていると思う.

aludir 自 《a》 ❶ (…について) ほのめかす, それとなく言う. ❷ (…に関して) 言及する.

alumbrado, da 形 ❶ 明かりをともした, 照らされた. ❷ 《話》 ほろ酔いの. ── 男 女 照明派の信者. ── 男 《集合的》 照明.

alumbramiento 男 ❶ 照明. ❷ 出産. ❸ (文学作品等の) 創作, 制作.

alumbrar 他 ❶ 照らす, 明るくする. ❷ 啓発する, 啓蒙(けいもう)する. ❸ 出産する. ❹ 生み出す, もたらす. ❺ (布等を) 明礬(みょうばん)液につける. ── 自 ❶ 光を放つ, 輝く; 照らす. ❷ 出産する. ── **alumbrar*se*** 再 《話》 ほろ酔いになる.

alumbre 男 〖化〗 明礬(みょうばん).

alúmina 女 〖化〗 アルミナ, 酸化アルミニウム.

aluminio 男 〖化〗 アルミニウム.

aluminosis 女 [単複同形] アルミナセメントの劣化.

aluminoso, sa 形 アルミナ (質) の.

aluminotermia 女 〖冶〗 アルミニウム・テルミット法: 金属酸化物の還元法.

alumna 女 → alumno.

alumnado 男 《集合的》 生徒, 学生.

alumno, na [アるムノ,ナ] 男 女 〔英 pupil, student〕 生徒, 学生. antiguo ～ 卒業生; 昔の教え子.

alunado, da 形 気まぐれな; 気がふれた.

alunarado, da 形 (動物が) まだらの.

alunar*se* 再 《ラ米》 (1)(アルゼンチン)(ウルグアイ)不機嫌になる. (2)(ミコン)(ピア) (一時的に) 気がふれる. (3) 鞍(くら)擦れができる.

alunizaje 男 月面着陸.

alunizar 57 自 月面に着陸する.

alusión 女 ❶ ほのめかし, 暗示; 言及. ❷ 〖修〗 引喩(いんゆ).

alusivo, va 形 《a》 (…を) 暗示する; (…に) 言及する.

aluvial 形 ❶ 沖積層[土]の. ❷ 洪水の.

aluvión 男 ❶ 洪水. ❷ (物・人等の) 多量の流入, 殺到. ❸ 〖地質〗 沖積土.

álveo 男 川床, 河床.

alveolado, da 形 ハチの巣状の.

alveolar 形 ❶ 〖解〗 歯槽の; 肺胞の; ハチの巣状の. ❷ 〖音声〗 歯茎 (音) の. ── 女 〖音声〗 歯茎音.

alveolo / alvéolo 男 ❶ 〖解〗 歯槽. ❷ (ハチの巣の) 巣室; ハチの巣状のもの.

alverja 女 〖植〗 → arveja.

alza 女 [el ～] ❶ (温度・価格等の) 上昇, 高騰. ❷ (靴の) 敷き革. ❸ (銃の) 照準器. ── 活 → alzar. ***en ～*** (価格・評判等が) 上昇中の. Ese autor está *en* ～. その作家は人気上昇中だ. ***jugar al ～*** 値上がりを見込んで投機する.

alzacuello 男 ローマンカラー, 司祭服.

alzado, da 過分 → alzar. 形 ❶ 上げた；決起した. ❷ (価格が) 請負により定められた. trabajar a un tanto ～ 請負で働く. ❸ 《ラ米》 傲慢(ごう)な；(アルゼ)(チリ)(ウル)(グアイ)動物が野生化した；発情した. ―男 立面図. ―女 ❶ (馬の) 体高. ❷ 〖法〗 控訴，上告.

alzamiento 男 ❶ 上昇. ❷ 反乱. ～ militar 軍部の蜂起(ほう). ❸ 計画倒産. ～ de bienes 資産の隠匿.

alzapaño 男 カーテンベルト (の止め具).

alzaprima 女 ❶ (柄の短い) てこ；くさび. ❷ 〖音〗 (弦楽器の) 駒(こま).

alzapuertas 男 [単複同形] 端役.

alzar [アるサル] 57 他 〔英 lift (up)〕 ❶ 上げる，高くする. ～ las copas para brindar 乾杯でグラスを高く上げる. ～ la voz 声を張り上げる. ❷ (倒れたものを) 起こす. ❸ 建てる，建立する；設立する. ❹ 蜂起(ほう)させる. ❺ 取り去る；片付ける；撤廃する. ❻ 収穫する. ―自 ❶ (ミサで) 聖体・聖杯を高くささげる. ❷ トランプを切る. ―**alzarse** 再 ❶ 立つ，身を起こす；上がる. ❷ 突出する；そびえ立つ. ❸ 蜂起する. ～ en armas 武装蜂起する. ❹ 《**con**》 (…を) 持ち逃げする. ❺ 〖法〗 控訴する. ***alzar el vuelo*** 飛び立つ；立ち去る. ***alzarse con el santo y la limosna*** 他人のものまで一人占めする. ***alzarse de hombros*** 肩をすくめる.

alzheimer [アるせイメル] 〔独〕 男 la enfermedad de *A*～ アルツハイマー病.

ama [アマ] 女 [el ～] 〔英 mistress〕 ❶ 女主人. → amo. ❷ 主婦 (= ～ de casa). ❸ 家政婦；女中頭 (= ～ de gobierno [de llaves]). ❹ 乳母 (= ～ de leche [de cría]). ―活 → amar. ***～ de brazos*** 子守. ***～ seca*** (離乳後の) 養育係.

amabilidad 女 親切，好意；優しさ. Gracias por su ～. ご親切ありがとうございます. tener la ～ de 〈+不定詞〉 …してくださる.

amabilísimo, ma 形 [amableの絶対最上級] とても親切な；とても優しい.

amable [アマブれ] 形 [絶対最上級 amabilísimo, ma] 〔英 kind, nice〕 親切な，優しい. Es usted muy ～. ご親切にありがとうございます. ¿Sería usted tan ～ de 〈+不定詞〉? …していただけますか.

amablemente 副 親切に，優しく.

Amadeo 固名 アマデオ：男子の名.

amado, da 男女 愛する人. ―形 愛された，愛する.

amadrinamiento 男 代母 [名付け親] になること；(女性が) 後援者になること.

amadrinar 他 代母 [名付け親] になる.

amaestrado, da 形 (動物が) 訓練を受けた，調教された.

amaestrador, dora 形 (動物を) 調教する. ―男女 調教師.

amaestramiento 男 (動物の) 調教.

amaestrar 他 (動物を) 調教する.

amagar 66 自 …の恐れがある；(病気の) 徴候が現れる. *Amaga* llover [lluvia]. 雨が降りそうだ. ―他 ❶ …の気配を見せる. *Amagó* un saludo. 彼はあいさつする素振りをした. ❷ 〖スポ〗 フェイントをかける. ―**amagarse** 再 《話》 隠れる；潜む.

amago 男 気配，素振り；徴候. hacer un ～ de ... …の素振りを見せる. tener un ～ de ... …の徴候がある.

amainar 他 (帆を) 降ろす. ―自 弱まる，鎮まる；減少する；《**en**》 (感情等を) なくす. *Amaina* el viento 風が収まる.

amalgama 女 ❶ 〖化〗 アマルガム. ❷ (異質なものの) 混合 (物).

amalgamación 女 〖冶〗 アマルガム法.

amalgamar 他 ❶ 〖化〗 アマルガムにする. ❷ 結合する，混ぜ合わす.

amalgamiento 男 〖冶〗 アマルガム法.

amamantar 他 乳を飲ませる，授乳する.

amancay / amancayo 男 《ラ米》 〖植〗 キズイセン.

amancebamiento 男 同棲(どう)，内縁関係.

amancebarse 再 同棲(どう)する，内縁関係を持つ.

amanecer [アマネせル] 76 自 〔英 dawn〕 ❶ 《3人称単数で》 夜が明ける. Cuando me desperté, ya había *amanecido*. 目が覚めた時にはもう夜が明けていた. ❷ 夜明けに…の状態にある [いる]；目覚める. *Amanecí* con fiebre. 朝起きるとひどい熱があった. ❸ 《話》 (ひょっこり) 現れる. ―男 夜明け；目覚め. al ～ 夜明けに，明け方に.

amanecida 女 夜明け，明け方.

amanerado, da 形 ❶ 気取った，わざとらしい. ❷ マンネリの. ❸ (男性が) 女性的な. ―男女 気取った [わざとらしい] 人.

amaneramiento 男 ❶ 気取り，わざとらしさ. ❷ 型どおり，マンネリズム. ❸ (男性の) 女性的な振る舞い.

amanerar 他 気取ったものにする. ―**amanerarse** 再 ❶ 気取る. ❷ (男性が) 女性的になる.

amanezc- 活 → amanecer.

amanita 女 〖植〗 テングタケ.

amansador, dora 男女 調教師.

amansamiento 男 ❶ 飼いならすこと；調教. ❷ 鎮静，和むこと.

amansar 他 (動物を) ならす；和らげる；鎮める，落ち着かせる. ―**amansarse** 再 落ち着く，おとなしくなる.

amante 男女 ❶ 愛人，情夫 [婦]. ❷ 愛好家. ―形 《**de**》 (…を) 愛する.

amanuense 男 書記；写字生；筆耕.

amañar 他 不正に工作する；偽造する；ごまかす. ―**amañarse** 再 《**para**》 うまく…する；《**con**》 …に順応する；とうまくやる. Ella *se amaña* bien *para* cuidar a su hermano. 彼女は弟の面倒をうまくみている.

amaño 男 ❶ 巧みなやり方，抜けめなさ；策略. ❷ [複] 道具，工具.

amapola 女 〖植〗 ヒナゲシ，ケシ.

amar [アマル] 他 〔英 love〕 愛する；好む. ～ a Dios 神を愛する. ～ la música clásica クラシック音楽を好む.

amaraje 男 (水上飛行機等の) 着水.

amaranto 男 〖植〗 アマランサス，ハゲイトウ；(伝説上の) 不死の花，常花.

amarar 自 (水上飛行機等が) 着水する.

amarga 形 → amargo.

amargado, da 形 苦しんだ，落ち込んだ；世をすねた. ―男女 世をすねた人.

amargamente 副 苦く；つらく.

amargar 66 他 苦くする；悲しませる，つら

A

い思いをさせる；台無しにする. ― 自 苦い味がする. ― **amargarse** 再 悲しむ，落ち込む. ***A nadie le amarga un dulce.*** 《諺》自分の得になるものは拒否し難い.

A

amargo, ga [アマルゴ,ガ] 形 [英 bitter] ❶ **苦い**，渋い. ❷ つらい；気難しい. ― 男 苦み；(リキュールの)ビター.

amargón 男 《ラ米》(ﾁﾘ) 《話》ひどく不快なこと.

amargor 男 苦み；苦しさ，不快.

amarguera 女 〖植〗ミシマサイコの一種.

amargura 女 苦み；つらさ；悲嘆，沈痛.

amarilis 女 [単複同形] 〖植〗アマリリス.

amarilla 形 → amarillo.

amarillear 自 黄色くなる.

amarillento, ta / amarillejo, ja 形 黄色っぽい；(顔色が) 青白い.

amarilleo 男 黄色くなる[する]こと；血の気のうせること.

amarillez 女 黄色；(肌・顔の) 青白さ.

amarillismo 男 (ジャーナリズムの) 扇情主義.

amarillista 形 扇情的な，俗っぽいニュース好きの.

amarillo, lla [アマリ リョ〈アマリヨ・アマリジョ〉, リャ〈ヤ・ジャ〉] 形 [英 yellow] ❶ **黄色い**；黄色人種の. ❷ 青ざめた. ― 男 黄色；《ラ米》金髪 (→ rubio 地域差). ～ limón レモンイエロー. ***fiebre amarilla*** 〖医〗黄熱病. ***prensa amarilla*** 大衆紙.

amariposado, da 形 〖植〗(花冠が) 蝶(ちょう)形の.

amaro 男 〖植〗サルビアの一種.

amarra 女 ❶ 〖海〗係留用ロープ，もやい綱. ❷ (馬具の) 胸懸(むながい). ❸ [複] 《話》縁故，コネ；援助. ***soltar las ～s*** 庇護(ひご)[束縛]から脱する.

amarradero 男 〖海〗係船柱[リング]；係船場.

amarrado, da 形 縛られた，拘束[束縛]された；係留された.

amarraje 男 〖海〗停泊料.

amarrar 他 ❶ 〖海〗もやう，係留する. ❷ 結ぶ，縛る；つなぎとめる，つかむ. ～un paquete 小包を縛る. ～ a un buen cliente 顧客を確保する. ❸ 《話》猛勉強する. ― **amarrarse** 再 しっかりつかまる.

amarre 男 係留；係船場.

amarrete, ta 形 《ラ米》(ｱﾙｾﾞﾝﾁﾝ)(ｳﾙｸﾞｱｲ)けちな. ― 男 女 《ラ米》けち (→ tacaño 地域差).

amartelado, da 形 《con》(…に) 夢中になった，いちゃついた.

amartelamiento 男 (男女が) いちゃつくこと.

amartelarse 再 (男女が) いちゃつく.

amartillar 他 ❶ 槌(つち)で打つ. ❷ (銃の) 撃鉄を起こす.

amasamiento 男 こねること；マッサージ.

amasar 他 ❶ こねる；練り合わせる. ❷ ため込む. ～ una fortuna 一財産を築く. ❸ 《話》たくらむ.

amasijo 男 ❶ 《話》寄せ集め，混在. ❷ こねる[練る]こと；(パン生地等の) 塊.

amate 男 《ラ米》(ﾒｷｼｺ)(ｸﾞｱﾃﾏﾗ)イチジクの一種.

amateur [アマテル] [仏] 形 男 女 [複 ～s] アマチュア (の)，素人 (の).

amateurismo 男 (スポーツの) アマチュアリズム；《軽蔑》素人くささ.

amatista 女 〖鉱〗アメジスト，紫水晶.

amatorio, ria 形 恋愛の；愛欲の.

amaurosis 女 [単複同形] 〖医〗黒内障.

amauta 男 《ラ米》(ﾍﾟﾙｰ)賢者；長老.

amazacotado, da 形 ぎっしり詰まった，ぎゅうぎゅう詰めの；ごてごてした，くどい.

amazona 女 ❶ 女戦士；女傑. ❷ 女性騎手；婦人乗馬服.

Amazonas 固名 el ～ アマゾン川；〖ギ神〗las ～ アマゾン族.

amazónico, ca 形 アマゾン川 [地方] の；アマゾン族の.

ambages 男 複 遠回しな言い方. sin ～ 率直に.

ámbar 男 琥珀(こはく). ― 形 琥珀色の. ***～ negro*** 〖鉱〗黒玉.

ambarino, na 形 琥珀(こはく)(色)の.

ambas 形 → ambos.

ambición 女 野心，大望；[時に複] 意欲. ～ de poder 権力欲.

ambicionar 他 野心[大望]を抱く，切望する；《＋不定詞》…することに野心を抱く.

ambicioso, sa 形 ❶ 野心的な，大がかりな. ❷ 野望を抱いた；《de》(…を) 熱望する. ～ *de* cariño 愛情に飢えた. ― 男 女 野心家.

ambidextro, tra / ambidiestro, tra 形 男 女 両手が利く (人).

ambientación 女 ❶ (文学・美術等の) 舞台設定，背景描写. ❷ 雰囲気作り. ❸ 環境への適応.

ambientador 男 芳香剤，消臭剤.

ambiental 形 周囲の，環境の；大気の. música ～ バックグラウンドミュージック.

ambientar 他 ❶ (劇等の) 時代・場面を設定する；雰囲気を作る. ❷ 適応[順応]させる，方向づける. ― **ambientarse** 再 《a, con》(…に) 適応[順応]する，なじむ.

ambiente [アンビエンテ] 男 [英 surrounding; atmosphere] ❶ (自然・社会的) **環境**；大気，空気. ～ familiar 家庭環境. contaminación del ～ 環境汚染. ❷ (好意的な) **雰囲気**，ムード，活気. Había mucho ～ en la fiesta. パーティーはとても盛り上がった. ❸ [複] グループ，仲間. ❹ 〖美〗遠近法. ― 形 周囲の. medio ～ 環境.

ambigú 男 [複 ～(e)s] ❶ (主に夜の) 軽食. ❷ (劇場等の) 軽食堂.

ambigüedad 女 あいまいさ；両義性.

ambiguo, gua 形 ❶ あいまいな；両義にとれる. una persona *ambigua* はっきりしない人. ❷ 〖文法〗男女両性の.

ámbito 男 境界内；範囲，領域；分野.

ambivalencia 女 両面性，両義性.

ambivalente 形 両面性を持つ，両義的な.

amblar 自 〖馬〗側対歩で歩く.

ambliopía 女 〖医〗弱視.

ambón 男 (教会の) 説教壇.

ambos, bas [アンボス,バス] 形 複 《不定》[英 both] それら２つの，２人の，**両方の**，両者の. Me gustan ～ equipos. 私はその両方のチームが好きだ. ― 代名 《不定》それら２つ，２人，両方，両者. *Ambas* son mis primas. ２人とも私のいとこです. ► 口語では los [las] dos を用いることが多い. **～ a dos** 《文》2人, 2つ.

ambrosía 女 ❶ 美味な食べ物. ❷ 〘植〙キク科ブタクサ属.

Ambrosio 固名 アンブロシオ：男子の名.

ambulancia 女 救急車；野戦病院.

ambulante 形 移動する, 巡回する, 歩き回る. circo ～ 移動サーカス. ― 男 女 (列車の) 郵便車勤務員；物売り.

ambulatorio, ria 形 通院治療の. en régimen ～ 外来で. ― 男 診療所.

ameba 女 〘動〙アメーバ.

amedrentar 他 怖がらせる, 脅かす. Me *amedrenta* la oscuridad. 私は暗がりが怖い. ― **amedrentarse** 再 《con》…を怖がる, びくびくする.

amelcochar 他 《ラ米》飴(あめ)状にする. ― **amelcocharse** 再 《ラ米》(ﾒｷｼｺ)(男女が) べたべたする；(過度に) やさしく振る舞う.

amelga 女 (区画に分けた畑の) 畝.

amelgado, da 形 発芽にむらのある.

amelgar 66 他 (畑に) 畝を立てる.

amelocotonado, da 形 モモのような.

amelonado, da 形 メロンのような.

amén 間 アーメン. **～ de ...** 《話》…のほかに；…を除いて. **decir ～ a ...** …に同意する. **en un decir ～** 《話》あっと言う間に.

amenaza 女 脅し, 脅迫；凶兆.

amenazador, dora / amenazante 形 脅迫的な.

amenazar 57 他 ❶ 脅迫する. ～ de muerte 殺すぞと脅す. ❷ …の恐れがある, …しそうである. El edificio *amenaza* derrumbamiento. その建物は今にも倒壊しそうだ. ― 自 (危険等が) 今にも起こりそうである.

amenguar 55 他 ❶ 減らす. ❷ 見くびる. ― 自 減少する.

amenidad 女 心地よさ, 快適さ；楽しさ.

amenizar 57 他 楽しく[心地よく]する.

ameno, na 形 心地よい, 快適な；楽しい；魅力のある.

amenorrea 女 〘医〙無月経.

amento 男 〘植〙尾状花序.

amerengado, da 形 ❶ 甘ったるい. ❷ 《話》押しつけがましい.

América [アメリカ] 固名 **アメリカ** (► スペイン語ではしばしば中南米・ラテンアメリカの意味で使われる). ～ Latina ラテンアメリカ. las ～*s* 南北アメリカ. → Hispanoamérica, Iberoamérica, Latinoamérica. ***hacer(se) la(s) ～(s)*** (アメリカで) 一財産を作る, 金持ちになる.

América Central [アメリカセントゥラル] 固名 **中央アメリカ**, 中米 (= Centroamérica). ► メキシコ南部, グアテマラ, ベリーズ, ホンジュラス, エルサルバドル, ニカラグア, コスタリカ, パナマ. 西インド諸島を含めることもある.

América del Norte 固名 北アメリカ, 北米 (= Norteamérica).

América del Sur [アメリカデるスル] 固名 **南アメリカ**, 南米 (= Sudamérica). ► ベネズエラ, コロンビア, エクアドル, ペルー, チリ, ボリビア, パラグアイ, アルゼンチン, ウルグアイ, ブラジル, ガイアナ, スリナム, トリニダードトバゴとフランス領ギアナ.

americana 女 《スペイン》《ラ米》上着, ジャケット (→ chaqueta 地域差). ― 形 女 → americano.

americanada 女 《軽蔑》典型的アメリカ映画；アメリカ (人) の典型的な振る舞い.

americanismo 男 ❶ ラテンアメリカ特有のスペイン語 (用法)；アメリカ現地語からの借用語[語法]. ❷ 米国気質；米国びいき.

americanista 男 女 (ラテン) アメリカ研究者. ― 形 アメリカ的な；米国的な.

americanización 女 アメリカ[米国]化.

americanizar 57 他 アメリカ[米国]化する. ― **americanizarse** 再 アメリカ[米国]化する.

americano, na [アメリカノ, ナ] 形 **米国の；ラテンアメリカの.** ― 男 女 ❶ **米国人.** ❷ **ラテンアメリカの人,** 中南米の人.

americio 男 〘化〙アメリシウム.

amerindio, dia 形 男 女 アメリカ先住民 (の).

ameritar 他 《ラ米》(賞賛等に) 値する.

amerizaje 男 (水上機等の) 着水.

amerizar 57 自 着水する.

amestizado, da 形 男 女 メスティーソ mestizo 風の (人).

ametrallador, dora 形 fusil ～ 自動小銃. ― 女 機関銃, マシンガン.

ametrallamiento 男 機銃掃射.

ametrallar 他 ❶ 機関銃で撃つ, 機銃掃射する. ❷ 《con》(質問等を) 浴びせる.

ametropía 女 〘医〙非正視, 眼屈折異常.

amianto 男 〘鉱〙アミアンタス, アスベスト.

amiba 女 → ameba.

amicísimo, ma 形 [amigo の絶対最上級] 《文》とても親しい.

amida 女 〘化〙アミド.

amiga 女 → amigo.

amigable 形 親しみのある；友好的な. en tono ～ 親しげな口調で.

amigacho, cha 男 女 《話》《軽蔑》相棒, 仲間.

amígdala 女 〘解〙扁桃(へんとう)(腺(せん)).

amigdalitis 女 [単複同形] 〘医〙扁桃腺(へんとうせん)炎.

amigo, ga [アミゴ, ガ] 男 女 [英 friend] ❶ **友**, 友達, 友人；味方. ～ de siempre [de toda la vida] 生涯の友. ～ íntimo 親友. Eres mi mejor ～. 君は私の一番の親友だ. hacerse ～*s* 友達になる. En el peligro se conoce al ～. 《諺》まさかの時の友こそ真の友. ¡*A～!* やあ, 君. ❷ 恋人, ボーイフレンド, ガールフレンド；《話》愛人. ― 形 [英 friendly] ❶ **親しい**, 仲の良い；好意的な. Somos muy ～*s*. 私たちはとても仲がよい. ❷ 《de》(…を) 好む. Soy ～ *de* madrugar. 私は早起きするのが好きだ. ❸ 《文》心地よい. ***cara de pocos ～s*** 無愛想な顔. ***Querido ～*** 《手紙》拝啓.

amigote 男 《話》仲良し；悪友；仲間.

amiguete 男 《話》知り合い；親友.

amiguismo 男 《話》《軽蔑》友人[身内]びいき.

amiláceo, a 形 でん粉質の.

amilanamiento 男 おびえ；落胆.

amilanar 他 ❶ おびえさせる. ❷ 落胆させる. ― **amilanarse** 再 ❶ おびえる, おじ

A

けづく. ❷ 落胆する.
amilasa 女〘生〙アミラーゼ, ジアスターゼ.
amílico 男〘化〙アミルアルコール.
amilo 男〘化〙アミル基.
amina 女〘化〙アミン.
aminoácido 男〘化〙アミノ酸.
aminoración 女 減少, 低下.
aminorar 他 減らす, 低下させる. — **aminorarse** 再 減る, 低下する.
amistad 女 ❶ 友情, 親交, 友好 (関係). hacer [trabar] ～ con ... …と親しくなる. ❷[複]友達;コネ. tener ～*es* 友人を持つ. ***hacer ～(es)*** 仲直りする. ***romper la ～*** 仲たがいする.
amistar 他 親しくさせる. — **amistarse** 再 《con》(…と) 親しくなる;仲直りする.
amistoso, sa 形 親切な, 好意的な, 友好的な. partido ～ 親善試合.
amito 男〘カト〙アミクトゥス:司祭が肩にかける白い麻布.
amnesia 女〘医〙記憶喪失;健忘症.
amnésico, ca 形 男 女 記憶喪失の(人);健忘症の(人).
amniocentesis 女 [単複同形]〘医〙羊水穿刺(せんし).
amnios 男 [el ～] [単複同形]〘解〙羊膜.
amniótico, ca 形〘解〙羊膜の. líquido ～ 羊水.
amnistía 女 恩赦, 大赦. *A*～ Internacional アムネスティ・インターナショナル.
amnistiado, da 形 男 女 恩赦を受けた(人).
amnistiar 31 他 恩赦を与える.
amo [アモ] 男 [英 master] ❶ 所有者, 持ち主. *amo* de la tienda 店主. ❷ **主人**;家長. → ama. ❸ 親方;ボス. — 活 → amar. ***El ojo del amo engorda al caballo.*** 《諺》財産は自分で管理すべし. ***hacerse el amo*** (場を) 取り仕切る;《de》(…を) わが物にする. ***ser el amo (del cotarro)*** 《話》采配(さい)を振るう.
amoblar 32 他 家具を備えつける.
amodorrado, da 形 うとうとした.
amodorrar 他 眠気を誘う. — **amodorrarse** 再 うとうとする.
amohinar 15 他 いらだたせる, 怒らせる. — **amohinarse** 再 すねる, ふくれる.
amojamado, da 形 やせこけた.
amojamar 他 (マグロを) 塩干しする. — **amojamarse** 再 (年をとって) やせこける.
amojonamiento 男 境界石[境界標]を立てること.
amojonar 他 …に境界石を置く, 境界を定める.
amolado, da 形 ❶ 研いだ. ❷《話》うんざりした, いらいらした.
amolar 32 他 ❶ 研ぐ. ❷《話》困らす, 悩ます. — **amolarse** 再 《話》我慢する.
amoldamiento 男 型に合わせること;順応.
amoldar 他 《a》(型に) 合わせる;(…に) 適合させる. — **amoldarse** 再 《a》(…に) 適応する. Los guantes *se amoldan a* mis manos. その手袋は私の手に合う.
amollar 自 譲歩する.
amonal 男〘化〙アンモナール:強力爆薬.
amonarse 再 《話》酔っ払う.
amondongado, da 形 《話》でぶでぶした, (筋肉が) たるんだ.
amonedar 他 (硬貨を) 鋳造する.
amonestación 女 ❶ 説諭, 訓戒. ❷ (教会での) 結婚公告. correr las *amonestaciones* 結婚公告をする.
amonestar 他 ❶ たしなめる, 諭す. ❷ (教会で)…の結婚予告[公告]をする.
amoniacal 形 アンモニアの.
amoniaco, ca / amoníaco, ca 形 アンモニアの. sal *amoniaca* 塩化アンモニウム. — 男〘化〙アンモニア.
amonio 男〘化〙アンモニウム(基).
amonita 女 アンモナイト.
amontillado, da 形 男 アモンティリャード(の):スペインのモンティーリャ産シェリー.
amontonado, da 形 積み上げられた.
amontonamiento 男 山積み.
amontonar 他 ❶ 山積みにする, 積み上げる. ❷ (資料等を) 集める. — **amontonarse** 再 ❶ 山積みになる, 積み重なる;詰め掛ける. ❷ (たくさんの事が) 一時に集中して起こる. ❸《話》かっとなる.
amor [アモル] 男 [英 love] ❶ **愛, 愛情**;慈しみ. ～ de Dios 神の愛. ～ propio 自尊心. ～ materno 母性愛. ～ platónico プラトニックラブ. ❷ **恋**, 恋愛;[複]情事, 恋愛関係. ❸ 愛する人, 恋人. ¡*A*～ (mío)! 《夫・妻・恋人への呼びかけ》ねえ, あなた[おまえ]. ❹ 愛好, 愛着. ～ a la pintura 絵画への愛好. ❺ 丹精, 入念. preparar con ～ la comida 丹念に食事の準備をする. ***al ～ de ...*** …の近くで. ***al ～ de*** la lumbre [*del* fuego] 炉端で. ***A～ con ～ se paga.*** 《諺》愛は愛をもって報われる;目には目を歯には歯を. ***con [de] mil ～es*** 大変喜んで. ***en ～ y compaña*** 仲良く. ***hacer el ～*** 《話》セックスする. ***por ～ al arte*** 無償で. ***por (el) ～ de Dios*** 後生だから.
amoral 形 男 女 道徳観念のない(人).
amoralidad 女 無道徳.
amoralismo 男〘哲〙無道徳主義.
amoratado, da 形 紫色になった. tener la rodilla *amoratada* ひざにあざができている.
amoratarse 再 紫色[あざ]になる.
amorcillado, da 形 モルシーリャ morcillaのような.
amorcillo 男 キューピッド;キューピー.
amordazamiento 男 さるぐつわをはめること;箝口(かん)令, 言論統制.
amordazar 57 他 ❶ さるぐつわをはめる. ❷ 言論を抑圧する, 黙らせる.
amorfo, fa 形 無定形の;《話》得体の知れない;非結晶の.
amorío 男 《話》恋愛ざた, 情事.
amoroso, sa 形 ❶ 恋愛の. carta *amorosa* ラブレター. ❷ 愛情深い. un padre ～ con sus hijos 子供たちに優しい父親. ❸ (天候が) 穏やかな;(土地が) 耕しやすい.
amorrar 自 顔を下に向ける, うつむく;顔を近づける. — **amorrarse** 再 怒って[黙って]下を向く;《a》(…に) 顔を近づける.
amortajar 他 屍衣(しい)を着せる.
amortecer 76 他 弱める, 和らげる.
amortiguación 女 緩和, 軽減.

amortiguado, da 形（色等が）淡い；控えめな.
amortiguador, dora 形 弱める，和らげる. ── 男〖機〗緩衝器.
amortiguamiento 男 緩和，軽減.
amortiguar 55 他 弱める；軽減する. ～ el golpe 衝撃を和らげる. ── **amortiguarse** 再 弱まる，和らぐ.
amortizable 形 償却[償還]できる.
amortización 女〖商〗償却，償還；元本回収.
amortizar 57 他 ❶〖商〗償却する；償還する；元本を回収する. ～ una deuda 負債を返済する. ❷〖法〗（不動産を）永代寄付する. ❸（企業内の職を）廃止する.
amosal 男〖化〗アモサール：化学爆薬.
amoscamiento 男 立腹.
amoscarse 26 再《話》腹を立てる.
amostachado, da 形 口ひげの濃い.
amostazar 57 他《話》怒らせる. ── **amostazarse** 再《話》怒る.
amotinado, da 形 暴動[反乱]を起こした. ── 男 女 暴徒，反乱者.
amotinamiento 男 暴動，反乱.
amotinar 他 暴動に駆り立てる. ── **amotinarse** 再 暴動[反乱]を起こす.
amover 70 他（…の任を）解く，解雇する.
amovible 形 転任[免職]できる.
amparar [アンパラル] 他〔英 protect〕**保護[庇護(ひ)]する**；かばう. ¡Dios le *ampare*! 神のご加護がありますように. ── **ampararse** 再 ❶《**de, contra**》（…から）身を守る. ～ *de* la lluvia 雨宿りする. ❷《**en**》（…に）保護[庇護]を求める. ～ *en* la ley 法を盾に取る.
amparo 男 保護，援助；避難場所. bajo el ～ de ... …の庇護(ひ)のもとで. ── 活 ➡ amparar. ***al ～ de ...*** …の庇護のもとに；…に守られて. ***no tener ni (para) un ～*** 何も持っていない.
amperaje 男〖電〗アンペア数.
amperímetro 男 電流計.
amperio 男〖電〗アンペア《略 A》. ～ hora アンペア時.
amplia 形 ➡ amplio.
ampliable 形 拡大[拡張]可能な.
ampliación 女 拡大，拡張；〖写〗引き伸ばし. ～ del edificio ビルの増築. ～ del plazo 期限の延長.
ampliado, da 形 拡大[拡張]した.
ampliador, dora 形 拡大する. ── 女〖写〗引き伸ばし機.
ampliamente 副 ❶ 広く；十分に；存分に. ❷ 詳細に.
ampliar 31 他 拡大[拡張]する；〖写〗引き伸ばす. ～ el número de participantes 参加者数を増やす.
amplificación 女 拡大；〖電〗増幅.
amplificador, dora 形 拡大する；増幅する. ── 男〖電〗増幅器，アンプ.
amplificar 26 他 拡大する；〖電〗増幅する. ～ el sonido 音を大きくする.
amplio, plia [アンプリオ,プリア] 形〔絶対最上級 amplísimo, ma〕〔英 wide〕❶ **広い**，広々とした（= extenso）. habitación *amplia* 広い部屋. ❷（服が）ゆったりした. ❸《＋名詞》広範な. *amplia* victoria 圧倒的勝利. ❹ 寛大な.
amplitud 女 ❶ 広さ，大きさ. ～ de miras [horizontes] 視野の広さ. ❷ 空間，スペース. ❸〖物〗振幅.
ampo 男《文》雪片；輝くような白さ.
ampolla 女 ❶ まめ，水膨れ. ❷（液剤の）アンプル；とっくり型の瓶. ❸（湯が沸くとき等の）水泡. ***levantar ～s*** 怒らせる.
ampolleta 女 ❶《ラ米》電球（➡ bombilla 地域差）. ❷ 砂時計.
ampulosidad 女 誇張，仰々しさ.
ampuloso, sa 形 大げさな，冗長な.
ampurdanés, nesa 形 男 女（スペイン，カタルーニャ地方の）アンプルダンの（人）.
amputación 女〖医〗切断（手術）.
amputar 他（手術等で）切断する.
amueblado, da 形 家具つきの. ── 男 女《ラ米》(アルゼンチン)(ウルグアイ)ラブホテル.
amueblar 他 家具を備えつける.
amujerado, da 形 女性的な.
amulatado, da 形（容貌(ぼう)が）ムラート mulatoのような.
amuleto 男 お守り，魔よけ.
amura 女 船首，へさき（の側面）.
amurallado, da 形 城壁に囲まれた.
amurallar 他 壁で囲む；城壁を巡らす.
ana 女 アナ：長さの単位. 約 1 メートル. ── 固名 [A-] アナ：女子の名.
anabaptismo 男〖宗〗再洗礼派.
anabaptista 形 男 女〖宗〗再洗礼派の（人）.
anabolismo 男〖生〗同化（作用）.
anacarado, da 形 真珠（層）のような.
anacardo 男〖植〗カシュー（の木）；カシューナッツ.
anacoluto 男〖文法〗破格構文.
anaconda 女〖動〗アナコンダ.
anacoreta 男 女 隠者，世捨て人.
anacreóntico, ca 形 アナクレオン（詩）風の. ── 女 アナクレオン体の詩.
anacrónico, ca 形 時代錯誤の.
anacronismo 男 時代錯誤.
ánade 男 女〖鳥〗マガモ.
anaeróbico, ca 形 酸欠の；無酸素の.
anaerobio, bia 形（菌等が）嫌気性の. ── 男〖生〗嫌気性生物.
anafe 男 携帯こんろ.
anafiláctico, ca 形〖医〗過敏性の.
anafilaxia / anafilaxis 女 過敏症.
anáfora 女 ❶〖修〗行頭[首句]反復. ❷〖言〗前方照応.
anafórico, ca 形 ❶〖修〗行頭反復の. ❷〖言〗前方照応の.
anafre 男 ➡ anafe.
anafrodisia 女 冷感症，無性欲症.
anafrodisiaco, ca / anafrodisíaco, ca 形 性欲を抑制する. ── 男 制淫(いん)剤.
anagnórisis 女〔単複同形〕（古典劇中の）人物の正体判明.
anagogía 女 ❶（聖書語句の）神秘的解釈. ❷ 宗教的法悦.
anagrama 男 ❶ アナグラム. ❷ 文字をアレンジしたシンボルマーク[記章]. ⇒ televisión española を tve とする等.
Anáhuac 固名 アナワク：メキシコの高原.
anal 形 肛門(こう)(部)の.
analectas 女 複 選集，語録.
anales 男 複 ❶ 年代記. ❷《話》歴史.
analfabetismo 男 読み書きができない

A

こと，無学．
analfabeto, ta 形 男 女 読み書きができない（人）；無学の（人）．
analgesia 女〘医〙無痛覚（症）．
analgésico, ca 形〘医〙無痛覚の；〘薬〙鎮痛の．── 男 鎮痛剤．
analice(-) / analicé(-) 活 → analizar.
análisis［アナリシス］男［単複同形］〔英 analysis〕❶ 分析，分解；精査．～ cuantitativo 定量分析．❷〘医〙検査；検査結果．～ de sangre 血液検査．～ clínico 臨床検査．❸〘数〙解析．
analista 男 女 ❶ 分析者；精神分析医；アナリスト．❷ 年代記作者．
analítica 女〘医〙検査；検査結果．
analíticamente 副 分析的に，分析的な方法で．
analítico, ca 形 分析の，分析的な．geometría *analítica*〘数〙解析幾何学．
analizable 形 分析できる，分解できる．
analizador, dora 形 分析する，分解する．── 男 分析器．
analizar 57 他 分析［分解，検査］する．
analmente 副 肛門(こう)から．
análogamente 副 同様に，同じように．
analogía 女 ❶ 類似；類似点［性］．❷〘論〙〘言〙類推．
analógicamente 副 類推して．
analógico, ca 形 ❶〘論〙〘言〙類推の．❷ 類似の．❸ アナログの．
análogo, ga 形《a》（…に）類似した．
anamnesis 女［単複同形］〘医〙既往症，病歴．
anamorfosis 女［単複同形］歪像(わい)（画法）．
ananá / ananás 男［複 ananás］〘植〙パイナップル．
anapesto 男〘詩〙短短長格．
ANAPO［アナポ］女 *A*lianza *Na*cional *Po*pular（コロンビアの）全国人民同盟．
anaquel 男 棚板，棚．
anaquelería 女《集合的》棚．
anaranjado, da 形 男 オレンジ色（の）．
anarco, ca 形 → anarquista.
anarcosindicalismo 男 アナルコサンジカリズム，革命的労働組合主義．
anarquía 女 無政府状態；無秩序．
anárquico, ca 形 無政府状態の；無秩序な．── 男 女 乱雑を気にとめない人．
anarquismo 男 無政府主義，アナーキズム．
anarquista 形 無政府主義の．── 男 女 無政府主義者，アナーキスト．
anarquizar 57 他 …に無政府主義を広める；無政府状態に陥れる．
Anastasia 固名 アナスタシア：女子の名．*Doña* ～《話》（出版物・演劇等の）検閲．
Anastasio 固名 アナスタシオ：男子の名．
anastigmático, ca 形〘光〙収差を補正した．
anastomosis 女［単複同形］〘医〙吻合(ふん)（術）．
anástrofe 女〘修〙倒置法．
anata 女 年収．
anatema 男（または女）❶〘カト〙破門．❷ 呪(のろ)い；冒瀆(ぼう)；非難．
anatematizar 57 他 ❶〘カト〙破門する．❷ 呪(のろ)う；罵倒(ばとう)する；非難する．
anatomía 女 ❶ 解剖；解剖学．～ patológica 病理解剖学．❷《話》（人の）体，身体．❸（動植物の）構造，組織．
anatómico, ca 形 ❶ 解剖の，解剖学的な．❷ 人体に合うように作られた．
anatomista 男 女 解剖学者．
anatoxina 女〘薬〙アナトキシン．
anca 女［el ～］［主に複］（馬等の）尻(しり)，臀部(でん)；腿(もも)；《話》（人の）尻．～*s* de rana〘料〙カエルの足．
ancestral 形 先祖［祖先］の；昔からの．
ancestro 男［主に複］先祖，祖先．
ancho, cha［アンチョ，チャ］形〔英 broad, wide〕❶ 幅広い，幅のある（↔ estrecho）．ser ～ de hombros 肩幅が広い．❷ ゆったりとした；大きすぎる；空き［スペース］のある．Esta chaqueta me está *ancha*. この上着は私には大きすぎる．Fui muy ～ en el asiento. 私は席に楽に座って行けた．❸ くつろいだ，のんびりした．❹ 思い上がった，うぬぼれた．ponerse ～ 得意がる．── 男 幅．tener tres metros de ～ 幅が3メートルある．***a lo ～ (de ...)*** 横方向に，（…の）幅いっぱいに．***a sus anchas*** 思う存分，気ままに；くつろいで．***quedarse tan ～*** 平然としている．***tener manga ancha*** 寛大である，甘い．***venirle ～ a ...*** …には荷が重過ぎる．
anchoa / anchova 女〘魚〙アンチョビ．
anchoveta 女〘魚〙《ラ米》(ペルー)(ニカ)(太平洋岸産の)カタクチイワシ．
anchura 女 ❶ 幅，横幅；サイズ．tener una ～ de tres metros 3メートルの幅がある．❷ 気まま．
anchuroso, sa 形 広い，広々とした．
anciana 形 女 → anciano.
ancianidad 女 老年，老齢．
anciano, na［アンシアノ，ナ］形〔英 old, aged〕年老いた，高齢の．── 男 女 老人，お年寄り，高齢者．residencia de ～*s* 老人ホーム．
ancla 女［el ～］錨(いかり)．echar［levar］～*s*［el ～］錨を降ろす［上げる］．
ancladero 男〘海〙錨地(びょう)，停泊地．
anclaje 男 ❶〘海〙投錨(とうびょう)；停泊地；停泊料．❷（建築物等の土台を）固定するもの［金具］．
anclar 自〘海〙投錨(とうびょう)する，停泊する．── **anclarse** 再（考え等に）固執する．
ancón 男 ❶ 入り江，小さな湾．❷〘建〙渦型持ち送り．
áncora 女［el ～］《文》錨(いかり)．***～ de salvación*** 救いの神，頼みの綱．
andada 過分 → andar. ***volver a las ～s*** 昔の悪い癖を出す．
andadero, ra 形 歩きやすい．── 女［複］歩行器．
andado, da 過分 → andar. 形 ❶ 歩いた．❷ 人通りの多い．❸ 着古した．── 男 歩き方．
andador, dora 形 ❶ 健脚な；足の速い．❷ 出好きな．── 男 女 ❶ 健脚家．❷ 出好きな人．── 男 ❶ 歩行器．❷［複］幼児の歩行練習用のひも．
andadura 女《文》歩行；行程，道のり．
Andalucía 固名 アンダルシア：スペイン南部の地方；自治州．
andalucismo 男 ❶（スペイン）アンダルシ

ア特有の語彙(ごい) [言い回し]；アンダルシア方言. ❷ アンダルシアびいき, アンダルシアに対する郷土意識[地方主義].

andalucịsta 形 男 女 (スペイン) アンダルシア地方主義の (人)；アンダルシア地方 [方言]研究者 (の).

andalusị 形[複 ～es] (スペインの) イスラム教(徒)の；アル・アンダルスの.

andalụz, lụza 形 男 女 (スペイン) アンダルシアの(人). ── 男 アンダルシア方言.

andaluzạda 女《話》大げさに言うこと.

andamiạda 女 → andamiaje.

andamiạje 男《集合的》足場, 足場組み.

andạmio 男 ❶ (建築現場等の) 足場, 足場組み. ❷ 仮設観覧席.

andạna 女 列, 並び；層. ***llamarse (a) ～***《話》約束を破る, 知らないふりをする.

andanạda 女 ❶ (軍艦の) 片舷(げん)斉射. ❷《話》非難, 叱責(しっせき), 小言. ❸〘闘牛〙(ひさしつきの) 最上部席.

andạncia 女《ラ米》(軽度の) 伝染病.

andạnte 形 歩く. caballero ～ 遍歴の騎士. ── [伊] 男〘音〙アンダンテ (の曲). ── 副 アンダンテ (のテンポ) で.

andantịno [伊] 男〘音〙アンダンティーノ (の曲). ── 副 アンダンティーノ (のテンポ) で.

andạnza 女[主に複]旅の出来事, 冒険.

andar [アンダル] 16 自 [英 walk; work] ❶ **歩く**, (人・動物等が)**動く**. ～ a caballo 馬に乗って散歩する. ～ tras ... …を追い回す；…を得ようとやっきになっている. ❷ (物が) **作動する**；(時が) 流れる. Este reloj *anda* atrasado [adelantado] 時計が遅れて[進んで]いる. *andando* el tiempo 時が経って. ❸《＋形容詞 (句)・副詞 (句)》…な状態である；《＋現在分詞》…し回っている；《**por**》(…の あたりに) いる. ～ mal de salud 健康がすぐれない. *Anda* diciendo bobadas. 彼はくだらないことを言い回っている. Ella *anda por* los cuarenta. 彼女は40くらいだ. ❹《**en**》(…に) 関わって[首を突っ込んで]いる；《**en, con**》(…を) いじくる. ～ *en* pleitos 訴訟中である. ❺《話》《**con**》(…と) 交際している. Ella *anda con* Juan. 彼女はフアンと付き合っている. Dime *con* quién *andas* y te diré quién eres.《諺》類は友を呼ぶ. ── 他 ❶ …を歩く；…を巡る. Ya *hemos andado* muchos kilómetros. もう私たちは何キロも歩いた. ❷《ラ米》身につけている. ── **andarse** 再 ❶《＋形容詞 (句)・副詞 (句)》(…のように) 振る舞う. No *te andes* con rodeos. 回りくどい言い方はやめてください. ❷《**en, con**》(…に) 関わる；(…を) いじる, かき回す. ── **andar** 男 歩調, 足並み. ***(por) allá se andan*** 似たり寄ったりである. ***¡Anda!***《驚き・不信・怒り等》ええっ, まさか；《誘い・促し》さあさあ, ねえ. ¡*Anda*! No lo tomes en serio. ほら, 本気にしないでよ. ***Anda [Ande] con Dios.***《挨拶》ごきげんよう. ***Ándale [Ándele] (pues).***《ラ米》(メキシコ)さあさあ；じゃ, さよなら. ***¡Andando!***《話》《促し》さあさあ. ***andar a derechas [derecho]*** まじめに行動する. ***andar a una*** (何人かが) 一致団結する. ***a todo andar*** 全速力で. ***cerca le anda / le anda cerca / por ahí le anda*** (ある言動に対して) まあそんなところか. ***no saber por dónde anda*** 何のことか分かっていない. ***Todo se andará.*** なるようになるさ.

andariẹgo, ga 形 歩くのが好きな. ── 男 女 ❶ 健脚家. ❷ 放浪者.

andarịn, rịna 形 男 女 足まめな (人), 健脚な[家].

andarivẹl 男 ❶ (川の両岸に張った引き綱をたぐる) 渡し船, ケーブルフェリー；渡しかご. ❷ ケーブル；〘海〙手すり索. ❸《ラ米》(1)(アルゼンチン)(ウルグアイ) (水泳の) コース. (2)(アルゼンチン)高速道路の車線.

andarrịos 男[単複同形]〘鳥〙(1) ハクセキレイ. (2) クサシギ. (3) タカブシギ.

ạndas 女 複 ❶ 担架. ❷ (聖像・棺・人等を運ぶ) 輿(こし). ── 活 → andar.

andẹ́n 男 ❶ プラットホーム. ❷ 埠頭(ふとう), 桟橋. ❸《ラ米》(グアテマラ)(ホンジュラス)(コロンビア)(ペルー)歩道.

Ạndes 固名 Cordillera de los ～ アンデス山脈.

andesịta 女〘鉱〙安山岩.

andinịsmo 男《ラ米》(南米)登山.

andịno, na 形 男 女 アンデスの (人).

andọrga 女《話》腹.

Andọrra 固名 アンドラ：ピレネー山中の国.

andorrạno, na 形 男 女 アンドラの (人).

andrạjo 男[主に複] ❶ ぼろ切れ, ぼろ服. ❷ くず同然のもの[人].

andrajọso, sa 形 ぼろをまとった, ぼろぼろになった. ── 男 女 ぼろをまとった人.

Andrẹ́s 固名 アンドレス：男子の名.

androcẹo 男〘植〙《集合的》雄しべ.

andrọ́geno 男〘生化〙アンドロゲン, 男性ホルモン.

andrọ́gino, na 形 雌雄同株の；雌雄同体の. ── 男〘植〙雌雄同株；〘生〙雌雄同体；両性具有者. ── 男 女 (外見が) 男っぽい女性, 女っぽい男性.

andrọide 男 アンドロイド, 人型ロボット.

andrọ́mina 女《話》ほら話, うそ.

andropaụsia 女〘医〙(男性の性的な) 減退[更年]期.

andurriạl 男[主に複]人里離れた場所.

anduv- 活 → andar.

anẹa 女〘植〙ガマ.

anẹ́cdota 女 ❶ 逸話, エピソード. ❷ とるに足りないこと.

anecdotạrio 男 逸話集.

anecdọ́tico, ca 形 ❶ 逸話の；逸話を含んだ. ❷ とるに足りない, 二次的な.

anegaciọ́n 女 浸水；洪水, 出水.

anegadịzo, za 形 浸水しやすい.

anegạr 72 他 ❶ 水浸しにする. ❷《**en, de**》(…で) いっぱいにする. ── **anegarse** 再 ❶ 浸水する. ❷《**en, de**》(…で) あふれる.

anejạr 他 ❶ (領土等を) 併合する. ❷ 添付する, 付加する.

anẹjo, ja 形《**a**》(…に) 付随した, 付属の. ── 男 ❶ 付属物；別館；教区付属教会；属地. ❷ 添付書類；付録.

anẹ́lido 男[複]〘動〙環形動物.

anẹmia 女〘医〙貧血 (症).

anẹ́mico, ca 形 男 女 貧血 (症) の (人).

anemọ́filo, la 形〘植〙風媒の.

anemometrịa 女〘気象〙風力[風速]測定.

anemọ́metro 男〘気象〙風速計.

anẹ́mona / anemọne 女〖植〗アネモネ. ～ *de mar*〖動〗イソギンチャク.
anemoscọpio 男〖気象〗風向計.
anerọide 形（気圧計が）アネロイド式の.
anestẹsia 女 麻酔法；麻酔薬. ～ general [local] 全身[局部]麻酔.
anestesiạr ⑰ 他 麻酔をかける.
anestẹ́sico, ca 形 麻酔の. ― 男 麻酔薬.
anestesiologịa 女 麻酔学.
anestesiọ́logo, ga 男 女 麻酔医[学者].
anestesịsta 男 女 麻酔(専門)医.
aneurịsma 男（または女）〖医〗動脈瘤(りゅう).
anexạr 他 → anejar.
anexiọ́n 女 併合；付加, 添付.
anexionạr 他（領土等を）併合する.
anexionịsmo 男（領土）併合主義.
anexionịsta 形（領土）併合主義の. ― 男 女（領土）併合主義者.
anẹxo, xa 形 → anejo.
anfetamịna 女〖薬〗アンフェタミン：覚醒剤.
anfịbio, bia 形 ❶ 水陸両生の, 両生類の. ❷ 水陸両用の. ― 男 ❶ 水陸両用車[飛行機]. ❷[複]〖動〗両生類.
anfíbol 男〖鉱〗角閃(かくせん)石.
anfibologịa 女〖修〗両義性, 多義性；(文意等の) あいまいさ.
anfibolọ́gico, ca 形 両義的な, 多義的な；あいまいな.
anfiọxo 男〖動〗ナメクジウオ.
anfiprọ́stilo 男〖建〗前後柱廊式, アンフィプロスタイル.
anfiteạtro 男 ❶（古代の）円形劇場[闘技場]. ❷（大学等の半円形の）階段教室. ❸〖演〗階段桟敷；三階席.
anfitriọ́n, triọna 男 女（客をもてなす）主人(役), 主催者. el país ～ 主催国.
ạ́nfora 女 [el ～] ❶（古代の）両取っ手つきの大形壺(つぼ). ❷（ラ米）投票箱.
anfractuosidạd 女 [主に複]（地面等の）凸凹, 起伏；連続カーブ.
anfractuọso, sa 形（地面等が）凸凹の, 起伏の多い；曲がりくねった.
angarịllas 女 ⑱ ❶ 担架. ❷（石等を運ぶ）手押し車；荷かご.
ángel [アンヘる] 男 [英 angel] ❶ **天使**；天使のように善良な[美しい, 純朴な]人. ～ custodio [de la guardia] 守護天使. ～ caído [malo, rebelde, de tinieblas] 悪魔. ～ patudo 腹黒いやつ. ❷ 魅力. tener ～ 魅力がある. ― 固名 [Á-] アンヘル；男子の名. *como los á～s* すばらしく上手に. *¡Ha pasado un á～!*（会話が途切れた時に）天使が通ったぞ. *salto del á～* 前飛び伸び型飛込み.
Ạ́ngela 固名 アンヘラ：女子の名. *¡～ María!*（驚き・抗議）おや, まあ, いやだ.
angẹ́lica 女〖植〗アンゼリカ.
angelicạl 形 天使の(ような)；あどけない.
angẹ́lico, ca 形 天使の(ような). la salutación *angélica*〖カト〗アベマリア.
angelịto 男（特に死亡した）幼児；無邪気な子供(人)；無邪気を装う人.
angelọ́n 男 ～ *de retablo*《話》肥満した人.
angelọte 男 ❶（美術画等に出てくる）大きな天使. ❷ 丸々太った子供. ❸ 純朴な人.
ạ́ngelus 男 ❶ お告げの祈り. ❷ お告げの鐘, アンジェラスの鐘.
angịna 女 [主に複] 扁桃腺(へんとうせん), 扁桃の炎症. ～ *de pecho* 狭心症.
angiografịa 女〖医〗血管造影(法).
angiologịa 女〖医〗脈管学.
angiọma 男〖医〗血管腫(しゅ).
angiospẹrmo, ma 形〖植〗被子植物の. ― 女 [複] 被子植物.
anglicanịsmo 男〖宗〗英国国教会主義；英国国教会の教義.
anglicạno, na 形 男 女〖宗〗英国国教会の(信者).
anglicịsmo 男 英語的語法[表現], 英語からの借用語. ⇀ gol, mitin, nilón.
ạnglo, gla 形 アングロサクソン(族)の；英国系の. ― 男 女 アングロサクソン人；英国(系)人.
angloamericạno, na 形 ❶ 英国系米国人の. ❷ 英国と米国に関する. ― 男 女 英国系米国人.
anglofịlia 女 英国びいき, 英国(文化)崇拝.
anglọ́filo, la 形 男 女 英国びいきの(人), 親英の[家].
anglofọbia 女 英国(人)嫌い.
anglọ́fobo, ba 形 男 女 英国(人)嫌いの(人).
anglọ́fono, na 形 男 女 英語話者(の).
anglomanịa 女 英国かぶれ.
anglonormạndo, da 形 ❶ アングロノルマン時代の；移住ノルマン人の. ❷ アングロノルマン種[語]の. ― 男 女 移住ノルマン人. ― 男 アングロノルマン語.
angloparlạnte 形 男 女 英語を母語とする(人).
anglosajọ́n, jọna 形 ❶ アングロサクソン系の. ❷ 英国系の. ❸ 英語を話す, 英国文化に関する. ― 男 女 英国人. ― 男 [複] アングロサクソン族.
Angọla 固名 アンゴラ：首都ルアンダ Luanda.
angolẹño, ña / angolẹ́s, lẹsa 形 男 女 アンゴラの(人).
angọra 形 アンゴラ(種)(の).
angọsto, ta 形 狭い；窮屈な.
angostụra 女 ❶ 狭さ, 窮屈. ❷ 狭長な地形；山峡, 細い山道；川幅の狭まった場所. ❸〖植〗アンゴスツラ：ミカン科の木.
ạ́ngstrom / ạngström 男 [単複同形または複 ～s]〖物〗オングストローム.
anguịla 女 ウナギ. ～ de mar アナゴ.
angụla 女〖魚〗シラスウナギ, ウナギの幼魚. ～*s* a la bilbaína ビルバオ風シラスウナギ：ウナギの稚魚をオリーブ油とニンニクで炒めたバスク料理.
angulạdo, da 形 角張った, 角のある.
angulạr 形 ❶ 角度の, 角度に関する. piedra ～ 隅石. ❷ 角のある, とがった. ― 男 山形鋼, L形鋼. *gran ～* 広角レンズ.
ángulo [アングろ] 男 [英 angle] ❶ **角, 角度**. ～ acimutal 方位角. ～ externo [interno] 外角[内角]. ～ muerto 死角. ～ recto 直角. ❷ 視点. desde este ～ この見地から. ❸ 角；隅.

～ del ojo 目頭，目尻(めじり)．❹ 曲がり，屈曲．

anguloso, sa 形 ❶ (顔が) 角張った，骨ばった．❷ 曲がりくねった，角の多い．

angurria 女 ❶《ラ米》《話》(1)(チリ)(アルゼンチン)(ウルグアイ)極度の不安．(2)(アルゼンチン)(ウルグアイ)(コロンビア)食欲．(3) 欲深さ．❷〖医〗排尿困難．

angurriento, ta / angurrioso, sa 形《ラ米》《話》(1) 食いしん坊の．(2) 欲の深い．(3) 不安な．

angustia 女 ❶ 苦痛，苦悩，不安．❷ (腹部・胸部の) 圧迫感．

angustiado, da 形 苦悩した，悲痛な．

angustiar 17 他 苦しめる，悩ませる．── **angustiarse** 再《por》(…のことで) 心配になる；(…について) 悲嘆にくれる．

angustioso, sa 形 不安[苦悩]に満ちた．

anhelante 形 ❶ あえいでいる，息を切らせている．❷ 熱望[切望]している．estar ～ por 〈＋不定詞〉 …することを強く願っている．

anhelar 他 熱望[切望]する，あこがれる；《＋不定詞》…するのを熱望する．── 自《por》(…を) 熱望[切望]する．

anhelo 男 熱望，切望．esperar con ～ 今か今かと待つ．

anheloso, sa 形 ❶《por》(…を) 熱望[渇望]している．❷《文》息苦しそうな．

anhídrido 男〖化〗無水物．～ carbónico 二酸化炭素．

anhidro, dra 形〖化〗無水の．

anhidrosis 女 [単複同形]〖医〗無汗症，発汗減少．

anidamiento 男 巣作り，巣ごもり．

anidar 自 ❶ (鳥が) 巣を作る．❷ (人・動物が) 住み着く．❸《文》(感情が) 心に宿る．

anilina 女〖化〗アニリン．

anilla 女 ❶ 輪；リング．～ de desgarre プルトップ．～*s* mágicas 知恵の輪．❷ 鳥の脚環，家畜の鼻輪．❸ [主に複] (体操の) つり輪．

anillado, da 形 ❶ 環状の，輪になった．❷ 脚環[鼻輪]をはめた．

anillar 他 ❶ 環状にする．❷ 脚環[鼻輪]をはめる．❸ 輪でとめておく．

anillo [アニりョ〈アニヨ・アニジョ〉] 男 〔英 ring〕 ❶ 指輪．～ de boda 結婚指輪．～ de compromiso 婚約指輪．❷ 輪[環] 状のもの．～*s* de Saturno 土星の輪．～*s* viarios 環状道路．❸ 樹木の年輪．❹ (ミミズ・ヒル等の) 環節．***caérsele los ～s a ... por*** 〈＋不定詞〉 …することは…にとって体裁が悪い．***venir como ～ al dedo*** 《話》望みどおりである，ぴったりである．

ánima 女 [el ～] ❶ 魂，(特に煉獄(れんごく)の) 霊魂．❷ [複] (煉獄の霊魂への祈りを呼びかける) 晩鐘．❸ 銃砲の内腔(ないこう)．

animación 女 ❶ 活気づけること；(活動の) 推進．❷ にぎわい．❸ アニメーション．

animado, da 過分 → animar. 形 ❶ 生きている，生命のある．❷《de, por》(…で) 元気になった，勇気づけられた．❸ 活気のある，にぎやかな．❹ アニメーションの．

animador, dora 形 勇気[元気]づける，励みになる．── 男 女 ❶ (番組等の) 進行役，司会者．❷ 応援団員，チアリーダー．

animadversión 女 敵意，憎悪；批評，非難．

animal [アニマる] 男 〔英 animal〕 ❶ 動物．～ de compañía ペット．～*es* domésticos 家畜．～ salvaje 野生動物．❷ がさつな人，乱暴な人．～ de bellota ばか者．❸ 並外れた体力[知力]を持った人．¡Qué ～! なんてやつなんだ．── 形 ❶ 動物の，動物性の．❷《話》理性を欠いた，乱暴な；無知な．

animalada 女 ❶《話》ばかげた振る舞い，場所柄をわきまえない言動．❷ 大量のもの[人，お金等]．

animalejo 男 ❶《愛情を込めて》動物，生き物．❷《軽蔑》虫けら．

animalidad 女 動物性，獣性．

animalucho 男 気味の悪い動物．

animar [アニマル] 他 〔英 animate〕 ❶ 元気づける，励ます，盛り上げる．❷ ～le a ... 〈＋不定詞〉 / ～le (a) que 〈＋接続法〉 …に…する気にさせる．❸ 生命[生気]を与える，(作品等に) 魂を入れる．── **animarse** 再 ❶ 元気になる，活気づく．¡*Anímate*! 頑張れ．❷《a＋不定詞》…する気になる．Nosotros vamos al cine, ¿*Te animas*? 僕たち映画に行くけど，君もどうだい．

anímicamente 副 精神的に．

anímico, ca 形 精神の；霊魂の，心霊の．

animismo 男 アニミズム．

ánimo [アニモ] 男 〔英 spirit〕 ❶ 精神，心，魂．estado de ～ 精神状態，気持ち．con el ～ decaído 落ち込んで．❷ やる気，意欲；勇気．¡*A*～! 頑張れ．dar ～ a ... …を盛り上げる．❸ 意図，もくろみ．con el ～ de ... …するつもりで．

animosidad 女 憎しみ，敵意．

animoso, sa 形 勇敢な；元気のよい．

aniñado, da 形 子供のような，無邪気な；幼稚な．una cara *aniñada* あどけない顔．

aniñarse 再 子供のようになる，子供っぽいまねをする．

anión 男〖物〗陰イオン．

aniquilación 女 ❶ 絶滅，消滅．❷ 落胆；圧倒．❸ 悪化．

aniquilador, dora 形 消滅[絶滅]させる，壊滅的な．

aniquilamiento 男 → aniquilación.

aniquilar 他 ❶ 全滅[絶滅，消滅]させる．❷ 落ち込ませる；圧倒する．❸ 損ねる，衰弱させる．── **aniquilarse** 再 ❶ 消滅[絶滅]する．❷ 悪化する．❸ 落ち込む．

anís 男 ❶ アニス酒[油]；アニス菓子．❷〖植〗アニス (の実)．

anisado, da 形 アニスを含んだ．── 男 アニス酒．

anisar 他 アニス (酒，エッセンス) を加える．── 男 アニス畑．

anisete 男 アニゼット：アニスのリキュール．

anisopétalo, la 形〖植〗不等花弁の．

anisotropía 女〖物〗異方性．

Anita 固名 アニータ：Ana の愛称．

aniversario 男 記念日[祭]；命日．

ano 男 肛門(こうもん)．

anoche [アノチェ] 副 〔英 last night〕 昨夜，昨晩．antes de ～ 一昨晩 (＝anteanoche)．

anochecer 76 自 ❶ 夜になる，日が暮れる；辺りが暗くなる．❷ 日暮れに…にいる[着く]；日暮れに…の状態にある. *Anocheció* en Madrid. 彼はマドリードで夜を迎えた. ── 男 夕暮れ, 日没(時). al ～ 日暮れに.

A

anochecida 女 日暮れ. de ～ 日暮れに.
anochecido 副 夜になって.
anochezc- 活 → anochecer.
anodino, na 形 ❶ 面白味のない, つまらない. ❷ 鎮痛(剤)の. ── 男 鎮痛剤.
ánodo 男 〘電〙陽極.
anofeles 形 男 単 〘昆〙ハマダラカ(の).
anomalía 女 変則, 異常, 例外；〘生〙異形；〘気象〙〘物〙偏差；〘言〙変則.
anómalo, la 形 変則的な；異例の.
anón 男 〘植〙バンレイシ(の木・実).
anona 女 → anón.
anonadación 女 茫然(ぼうぜん)自失, 困惑.
anonadamiento 男 → anonadación.
anonadar 他 困惑させる.
── **anonadarse** 再 《ante, por》(…に)困りはてる, 閉口する.
anonimato 男 匿名. en el ～ 匿名で. conservar el ～ 名を伏せておく.
anónimo, ma 形 ❶ 作者不詳の；差出人不明の, 匿名の. ❷ 株式会社の. sociedad *anónima* 株式会社《略 S.A.》. ❸ 名もない, 有名でない. ── 男 ❶ 匿名. ❷ 署名のない文書[手紙], 匿名電話, 作者不詳の作品.
anorak 男 [複 ～s] 〘服〙アノラック.
anorexia 女 食欲不振；拒食症.
anoréxico, ca 形 男 女 食欲不振の(患者), 拒食症の(患者).
anormal 形 ❶ 異常な, 並外れた, 常軌を逸した. ❷ (発育) 不全の；精神薄弱の. ── 男 女 異常者；精神薄弱者.
anormalidad 女 異常, 変則, 異例.
anormalmente 副 並外れて, 異常に, 常軌を逸して.
anosmia 女 〘医〙無嗅覚(きゅう)(症).
anotación 女 ❶ メモ, 書き込み, 所見. ❷ 注釈, 注解, 注. ❸ 登録, 登記. ～ preventiva 登録商標. ❹〘スポ〙得点.
anotador, dora 形 ❶ メモを取るための, 記録用の. ❷ 注釈のための. ── 男 女 ❶ 記録係, スコアラー；スクリプター. ❷ 注釈をつける人. ── 男 得点表, スコアノート.
anotar [アノタル] 他 〔英 note〕 ❶ **書き留める**；注解を入れる. ❷ 得点をあげる. ～ tres tantos 3点入れる.
── **anotarse** 再 得る. ～ la victoria [un fracaso] 勝利[失敗]する.
anquilosamiento 男 ❶ (関節の) 強直. ❷ 停滞状態, (ある局面の) 硬直化.
anquilosar 他 ❶ (関節を) 強直させる. ❷ 停滞させる.
── **anquilosarse** 再 ❶ (関節が) 強直する. ❷ 鈍る, 鈍化する.
anquilosis 女 [単複同形] 〘医〙(関節の) 強直 (症).
ánsar 男 〘鳥〙ガチョウ；ガン.
anseático, ca 形 〘史〙ハンザ (同盟) の. Liga *anseática* ハンザ同盟.
Anselmo 固名 アンセルモ：男子の名.
ansia [アンシア] 女 [el ～] 〔英 anxiety〕 ❶ [主に複] **強い欲求**, 切望. ❷ 不安, 心配事. ❸[複]吐き気, むかつき.
ansiar ⑯ 他 熱望[切望, 渇望]する.
ansiedad 女 ❶ 心配, いらだち；切望. ❷ (特に神経症を伴うほどの) 不安な状態.
ansiolítico, ca 形 〘薬〙不安を緩和[抑制]する. ── 男 精神安定剤.
ansioso, sa 形 ❶《estar と共に》心配している；《por [de]＋名詞 [不定詞] / que＋接続法》…を切望した. ❷《ser と共に》欲張りの.
anta 女 [el ～] ❶〘考古〙メンヒル. ❷〘建〙壁端柱, アンタ. ❸〘動〙(1) ヘラジカ. (2)《ラ米》バク.
antagónico, ca 形 敵対[対立]した, 相反する.
antagonismo 男 ❶ 敵対関係, 敵意. ❷〘物〙拮抗(きっ)作用. ❸〘解〙拮抗筋.
antagonista 形 敵対[対立]する；拮抗する. ── 男 女 敵対者, 反対者.
antaño 副 以前, 昔.
antañón, ñona 形 非常に古い.
antártico, ca 形 南極 (地方) の (↔ ártico). polo ～ 南極. círculo polar ～ 南極圏.
Antártida 女 la ～ 南極大陸.
ante [アンテ] 前 〔英 before〕 ❶《場所》**…の前に[で]**, …の前面に (＝delante de). *A*～ mí se derrumbó la enorme torre. 私の目の前で高層ビルが崩壊した. rezar ～ el altar 祭壇の前で祈る. Tuve que presentarme ～ el tribunal como testigo. 私は証人として法廷に出廷しなければならなかった. ► delante de ... よりも文語的. ❷《状況》…に直面して, …に対して. *A*～ un problema tan grave no sabemos qué hacer. こんなに重大な問題に対して私たちはどうしていいのか分からない. ── [アンテ] 男 ❶〘動〙ヘラジカ. ❷ バックスキン, スエード. **～ todo** 何よりもまず.
antealtar 男 (教会堂の) 内陣.
anteanoche 副 一昨晩, おとといの夜.
anteayer 副 一昨日, おととい.
antebrazo 男 前腕, 前膊(はく).
antecámara 女 次の間, 控えの間.
antecedente 男 ❶[複]いきさつ, 先行する事情. ❷ [複] 前科, 前歴；病歴. ❸〘文法〙先行詞；〘数〙(比例の) 前項；〘論〙前件. ── 形《a》(…に) 先立つ. ***estar en ～s de ...*** …のいきさつを知っている. ***poner a ... en ～s de ...*** (人に) …のいきさつを教える.
anteceder 自《a》(…より前に) 起こる[ある], (…に) 先立つ.
antecesor, sora 男 女 ❶ 前任者, 先輩. ❷ [主に複] 祖先, 先祖. ── 形 先行する, 前 (任) の.
antecocina 女 配膳(ぜん)室, パントリー.
antedatar 他 (文書等に実際より) 早い日付をつける.
antedicho, cha 形 前述の, 上記の.
antediluviano, na 形 ❶ 太古の；古くさい. ❷ ノアの洪水 el Diluvio 以前の.
antefirma 女 ❶《手紙》結辞：敬具 atentamente 等. ❷ 肩書き, 役職名.
anteguerra 女 戦前.
antelación 女 (ある事柄に) 先立つ時間, 事前. con una semana de ～ 1週間前に. con la debida ～ しかるべき余裕をもって.

antemano ***de*** ～ 前もって, あらかじめ.
ante merídiem 〔ラ〕 午前《略 a.m.》
antemural 男 ❶ 自然の要さい. ❷ (精神的な) 防護壁, 砦(とりで).
antena 女 ❶ アンテナ. ～ emisora [receptora] 送信[受信]用アンテナ. ～ parabólica パラボラアンテナ. en ～ 放送されて, 放送中の. ❷ [主に複] 昆虫の触角; 《皮肉》(うわさ好きの) 耳. ***estar con las*** ～***s puestas*** 耳をそばだてている.
antenatal 形 誕生[出産]前の.
antenoche 副 → anteanoche.
antenombre 男 (名前の前につける) 敬称. ⇀ san, don, señor, fray 等.
anteojera 女 ❶ [複] めがねケース. ❷ (馬の) 目隠し(革). ❸ 先入観, 偏見.
anteojo 男 ❶ 望遠鏡. ❷ [複] 《ラ米》 めがね (→ gafa 地域差). ❸ オペラグラス, 双眼鏡; 鼻めがね.
antepalco 男 (劇場の) ボックス席の控えの間.
antepasado, da [アンテパサド, ダ] 形 〔英 antecedent〕 さらに1つ前の. ― 男 女 [主に複] **先祖**, 祖先.
antepecho 男 ❶ 手すり, 欄干; 出窓. ❷ 《軍》 胸墻(きょう). ❸ 《馬》 胸懸(むながい).
antepenúltimo, ma 形 終わりから3番目の.
anteponer 75 他 《a》 ❶ (…よりも, …の) 前に置く (↔posponer). ❷ (…よりも) 優先させる. ― **anteponerse** 再 《a》 (…に) 優先する; 先行する.
anteportada 女 (本の) 前扉, 小扉.
anteposición 女 前置; 優先(権).
anteproyecto 男 草案; 設計原案.
antepuesto, ta 形 前に置いた; 優先させた.
Antequera 固名 アンテケラ: スペインの都市. ***que salga el sol por*** ～ 何が起ころうとも.
antera 女 《植》 葯(やく).
anterior [アンテリオル] 形 〔英 previous; front〕 ❶ 《a》 (時間的に) **(…より) 前の**; (空間的に) (…の) 前の, (…の) 前部の (↔posterior). ❷ 《文法》 前の, 完了した. futuro ～ 未来完了, 前未来. ❸ 《音声》 vocal ～ 前舌母音.
anterioridad 女 《時間・順位等》 前, 先 (であること); 優先. con ～ 前もって. con ～ a ... …に先立って, …に優先して.
anteriormente 副 先に, あらかじめ.
antes [アンテス] 副 〔英 before〕 ❶ **前に, 以前に**; 《期間を表す名詞+》 … 前に; 《形容詞的》 前の. Quiero hablar ～ contigo. その前に君と話したい. La había conocido un año ～. 彼女とはその1年前から知り合いだった. la noche ～ 前の夜に. ❷ かつては, 昔は. ❸ 先に; 《+que》 (…より) 早く, 先に. Llegó ～ (*que* tú). 彼は (君より) 先に着いた. ― 接 むしろ. ～ ***bien*** / ～ ***al*** [***por el***] ***contrario*** 《文》 それどころか, むしろ. ～ ***de anoche*** 一昨夜. ～ ***de ayer*** 一昨日. ～ ***de Cristo*** 紀元前《略 a.C., a. de C.》. ～ ***de*** 〈+名詞・不定詞〉 / ～ ***(de)*** 〈***que***+接続法〉 …する前に. ～ *de* la cena 夕食前に. ～ *(de) que* salgamos 私たちが出かける前に. ～ ***de*** [***que***] ***nada*** 何よりもまず. ～ ***que ...*** …よりむしろ. ***cuanto*** ～ / ***lo*** ～ ***posible*** できるだけ早く. ***de*** ～ 昔の, 以前の.
antesala 女 ❶ 待合室. ❷ 前ぶれ, 前段落. ***hacer*** ～ (診察・会見を) 待つ.
antevíspera 女 2日前, 前々日.
antiabortista 形 中絶反対の. ― 男 女 中絶反対者.
antiaborto 形 [性数不変] 中絶反対の.
antiácido, da 形 男 制酸性の[剤].
antiacné 形 にきび予防[治療]の. crema ～ にきび予防クリーム.
antiadherente 形 (フライパン等が) こびりつかない.
antiaéreo, a 形 対空の, 防空の. refugio ～ 防空壕(ごう). ― 男 高射砲.
antiafrodisíaco, ca/antiafrodisiaco, ca 形 性欲を抑制する. ― 男 制淫(いん)剤.
antialcohólico, ca 形 禁酒 (主義) の. ― 男 女 禁酒家, 禁酒主義者.
antialcoholismo 男 禁酒 (主義, 運動).
antiapartheid [アンティアパルテイ(ドゥ) 〈アンティアパルヘイ(ドゥ)〉] [性数不変] 形 反アパルトヘイトの.
antiarrugas 形 [性数不変] (肌の) しわを予防する.
antiasmático, ca 形 ぜんそくを抑える. ― 男 抗ぜんそく薬.
antiatómico, ca 形 ❶ 放射能 (災害) を防ぐ, 核汚染防御の. refugio ～ 核シェルター. ❷ 核兵器に反対する.
antibalas 形 [性数不変] 防弾の.
antibiótico, ca 形 男 抗生物質 (の).
antibloqueo 形 [性数不変] 《車》 (ブレーキが) アンチブロック方式[ＡＢＳ]の.
anticanceroso, sa 形 抗がん (性) の. medicina *anticancerosa* 抗がん剤.
anticarro 形 [性数不変] 対戦車の.
anticátodo 男 (X線管の) 対陰極.
anticiclón 男 高気圧(圏).
anticipación 女 (期日・予定を) 早めること. con ～ 前もって; (予定より) 先に.
anticipadamente 副 前もって, あらかじめ.
anticipado, da 形 (期限) 前の, 予定より早い. jubilación *anticipada* 早期退職. elecciones *anticipadas* 解散総選挙. venta *anticipada* 前売り. ***por*** ～ 前もって, あらかじめ.
anticipar 他 ❶ (予定を) 早める, 繰り上げる. ❷ 前払いする; 前金を払う. ❸ 前もって通告する. ― **anticiparse** 再 ❶ (期日・予定等が) 早まる; 早産で生まれる. ❷ 《a+不定詞》 前もって…する. ❸ 《a》 (…を) 見越す; (…の) 先を越す, (試合等で) (…に) 先行する.
anticipo 男 ❶ 前払い金; 《法》 手付金, 証拠金. ❷ 先駆け, 兆し.
anticlerical 形 教権反対の. ― 男 女 反教権主義者.
anticlericalismo 男 反教権主義.
anticlinal 形 男 《地質》 凸 (の), 背斜褶曲(しゅうきょく)(の).
anticoagulante 形 抗凝血[凝固]性の. ― 男 抗凝血[凝固]剤.
anticolonialismo 男 反植民地主義.
anticomunista 形 反共(産)主義の.

A

— 男 女 反共(産)主義者.
anticoncepción 女 避妊(法).
anticonceptivo, va / anticoncepcional 形 避妊の. — 男 避妊具[薬, 法].
anticongelante 形 氷結防止の, 不凍の. — 男 《車》氷結防止剤.
anticonstitucional 形 憲法違反の.
anticonstitucionalidad 女 違憲性.
anticonvencional 形 伝統に反する.
anticresis 女 [単複同形] 《法》収益権付き契約.
anticristiano, na 形 反キリスト教の.
anticristo 男 反キリスト, キリストの敵.
anticuado, da 形 流行[時代]遅れの.
anticuario, ria 男 女 ❶ 骨董(こっとう)商. ❷ 古物研究家 ; 古物[骨董]愛好家. — 男 骨董品店.
anticuarse 65 再 流行から遅れる, 旧式になる.
anticucho 男 《ラ米》(ペルー)(アルゼンチン)(ボリビア)(チリ) (香辛料をきかせた) 肉や臓物の串(くし)焼き.
anticuerpo 男 《生》抗体, 免疫体.
antidemocrático, ca 形 非民主的な.
antideportivo, va 形 スポーツマンシップに反する, スポーツマンらしくない.
antidepresivo, va 形 抗うつ(薬)の. — 男 抗うつ薬.
antideslizante 形 (タイヤ等が) 滑り止め加工された, ノンスリップの. — 男 ノンスリップ・タイヤ ; 滑り止め用具.
antidetonante 形 制爆性の, アンチノック性の. — 男 (内燃機関の) アンチノック剤, 制爆剤.
antidisturbios 形 [単複同形] 暴動を鎮圧する, 紛争解決の. la policía ～ 機動隊. — 男 女 機動隊(員).
antidopaje 形 ドーピングを禁じる. control ～ ドーピングテスト.
antídoto 男 ❶ 解毒剤. ❷ 《contra》 (…への) 対応策.
antidroga 形 [性数不変] 反麻薬の, 麻薬取り締まりの. lucha ～ 麻薬根絶運動.
antieconómico, ca 形 不経済な.
antiedad 形 [単複同形] 老化防止の.
antiemético, ca 形 制吐作用のある, 吐き気を止める. — 男 制吐剤.
antiescorbútico, ca 形 《医》抗壊血病性の. — 男 抗壊血病剤.
antiespasmódico, ca 形 《医》痙攣(けいれん)止めの. — 男 鎮痙剤.
antiestético, ca 形 美しくない, 悪趣味な.
antifascista 形 反ファシズムの. — 男 女 ファシズム反対者, 反ファシスト.
antifaz 男 覆面, (半) 仮面 ; アイマスク.
antifeminista 形 反男女同権主義の. — 男 女 反男女同権主義者.
antífona 女 《宗》交唱聖歌.
antifonario / antifonal 形 《カト》交唱聖歌の. — 男 交唱聖歌集.
antifranquista 形 反フランコ Franco (派) の. — 男 女 反フランコ派の人.
antífrasis 女 [単複同形] 《修辞》反語(用法).
antifricción 女 減摩材, 減摩メタル.
antigás 形 防毒(ガス)用の.
antígeno 男 《医》抗原.
antiglobal 形 反グローバリズムの.
antiglobalización 女 反グローバリゼーション.
antigripal 形 男 インフルエンザ[かぜ]予防[治療](の).
antigua 形 → antiguo.
antigualla 女 [主に複] 時代遅れのもの.
Antigua y Barbuda 固名 アンチグアバブーダ : 首都セントジョン Saint John.
antigubernamental 形 反政府の.
antigüedad 女 ❶ 古さ, 年代 ; 勤続年数. ❷ 古代(の人々) ; [A-] (ギリシャ・ローマの) 古典時代. ❸ [複] 骨董(こっとう)品, 遺跡.
antiguo, gua [アンティグオ, グア] 形 [絶対最上級 antiquísimo] 〔英 old, ancient〕 ❶ 古い, 古代の, 古くからいる[ある]. a la *antigua* [lo ～] 昔風に. de ～ 昔から. en ～ 昔は. ❷ 元の, 以前の, かつての. ❸ 時代遅れの. — 男 [複] 古代の人々. — 男 女 先輩.
antihelmíntico, ca 形 駆虫の. — 男 駆虫剤.
antihéroe 男 アンチヒーロー.
antihigiénico, ca 形 非衛生的な.
antihistamínico, ca 形 抗ヒスタミン性の. — 男 抗ヒスタミン剤.
antiimperialista 形 反帝国主義の. — 男 女 反帝国主義者.
antilegal 形 法律違反の, 不法の.
antillano, na 形 男 女 アンティル諸島の(人).
Antillas 固名 アンティル諸島 : 西インド諸島の中心. ～ Mayores 大アンティル諸島. ～ Menores 小アンティル諸島.
antilogaritmo 男 《数》真数.
antilogía 女 (自己) 矛盾.
antilógico, ca 形 矛盾した, 非論理的な.
antílope 男 《動》レイヨウ.
antimagnético, ca 形 耐磁性の.
antimateria 女 《物》反物質.
antimilitarismo 男 反軍国主義.
antimilitarista 形 反軍国主義の. — 男 女 反軍国主義者.
antimisiles 形 [単複同形] ミサイル迎撃の. escudo ～ ミサイル防御シールド.
antimonárquico, ca 形 反君主制の.
antimonio 男 《化》アンチモン.
antimonopolio 男 [性数不変] 反独占. ley(es) ～ 独占禁止法.
antimonopolista 形 独占禁止の.
antimoral 形 反道徳的な.
antinacional 形 反国家的な.
antinacionalismo 男 反国家主義.
antinatura 形 [性数不変] 自然の法則[摂理]に反した ; 道徳に背いた.
antinatural 形 自然の摂理に反する.
antineurálgico, ca 形 抗神経痛性の, 神経痛治療の. — 男 抗神経痛薬.
antiniebla 形 [性数不変] 濃霧対策の. faro ～ 《車》フォグライト.
antinomia 女 法則[原則]の自己矛盾 ; 《哲》二律背反.
antinómico, ca 形 矛盾する ; 《哲》二律背反の.
antinuclear 形 反核の.
antioxidante 形 男 酸化防止の[剤].

antipalúdico, ca 形 抗マラリア性の. ―男 抗マラリア薬.

antipapa 男 対立教皇, 僭称(せんしょう)教皇.

antipara 女 ❶ 衝立(ついたて), 屏風(びょうぶ). ❷ [主に複] (兵士等の) すね当て, ゲートル.

antiparasitario, ria 形 ❶ 寄生虫を防止する. ❷→ antiparásito.

antiparásito, ta 形 雑音防止の.

antiparlamentarismo 男 反議会主義.

antiparras 女 複 《話》 めがね.

antipartícula 女 〖物〗 反粒子.

antipatía 女 嫌悪感, 反感, 不快感. sentir [tener, coger] ～ por [a, hacia] ... …に対して反感を抱く.

antipático, ca 形 感じの悪い, 反感を抱かせる. ―男 女 感じの悪い人.

antipatriota 男 女 愛国心のない人, 非国民; 反愛国主義者.

antipatriótico, ca 形 愛国心のない; 反愛国的な, 非国民の.

antiperistáltico, ca 形 〖医〗 逆蠕動(ぜんどう)の.

antipersonal 形 (爆弾等が) 対人 (用) の.

antipersonas 形 [単複同形] 対人の. ***mina*** ～ 対人地雷.

antipiratería 女 海賊版防止.

antipirético, ca 形 解熱 (性) の. ―男 解熱剤.

antipirina 女 アンチピリン: 鎮痛解熱剤.

antípoda 形 対蹠(たいせき)地の, 地球の裏側の. ― 男 女 地球の反対側に住んでいる住民. ―男 (または女) ❶ 対蹠地. ❷ 正反対 (の意見・立場・事物).

antipoético, ca 形 詩的でない.

antiprotón 男 〖物〗 反陽子.

antiquísimo, ma 形 [antiguo の絶対最上級] 非常に古い, 大昔の.

antiquismo 男 → arcaísmo.

antirrábico, ca 形 狂犬病予防の.

antirradar 形 レーダー妨害用の. ―男 レーダー妨害用装置.

antirreglamentario, ria 形 法規に反する, 規則違反の.

antirreligioso, sa 形 反宗教的な.

antirrevolucionario, ria 形 反革命 (主義) の. ―男 女 反革命主義者.

antirrobo 形 男 [性数不変] 盗難防止 (の). alarma ～ 盗難防止アラーム.

antisemita 形 反ユダヤ主義の. ―男 女 反ユダヤ主義者.

antisemítico, ca 形 反ユダヤ主義の.

antisemitismo 男 反ユダヤ主義.

antisepsia 女 防腐 (法); 消毒 (法).

antiséptico, ca 形 防腐の; 消毒した, 無菌の. ―男 防腐剤; 消毒薬.

antisida 形 [性数不変] エイズ予防の.

antisionista 男 女 形 反シオニスト (の), 反ユダヤ民族主義者 (の).

antisocial 形 反社会的な.

antisubmarino, na 形 対潜水艦の.

antisudoral 形 発汗を防ぐ. ―男 発汗防止剤.

antitabaco 形 [性数不変] 禁煙の, 喫煙に反対する. campaña ～ 禁煙運動.

antitalibán 形 反タリバーンの.

antitanque 形 対戦車用の.

antiterrorista 形 反テロの. ―男 女 反テロ運動家.

antítesis 女 [単複同形] ❶ 正反対 (のもの・人), 対立. ❷ 〖修〗 対照法, 対句; 〖哲〗 アンチテーゼ, 反定立.

antitetánico, ca 形 破傷風予防 [治療] の.

antitético, ca 形 ❶ 正反対の, 対照的な. ❷ 〖修〗 対照 [対句] 法の; 〖哲〗 アンチテーゼの.

antitóxico, ca 形 抗毒性の.

antitoxina 女 抗毒素; 抗毒薬.

antituberculoso, sa 形 結核治療 [予防] の.

antitusígeno, na 形 せき止めの. ―男 せき止め薬, 鎮咳(ちんがい)剤.

antivenéreo, a 形 性病治療 [予防] の.

antiviral 形 抗ウイルス性の.

antivirus 形 [単複同形] コンピュータウイルスを検出する. ―男 コンピュータウイルス検出 [アンチウイルス] プログラム.

Antofagasta 固名 アントファガスタ: チリの州; 州都.

antojadizo, za 形 気まぐれな, 移り気な; 変わりやすい.

antojado, da 形 切望する, あこがれる.

antojarse 再 《間接目的語を伴って》 ❶ (ふっと) したくなる. ❷ 気がする. *Se* me *antoja* que va a llover. 雨が降りそうな気がする.

antojitos 男 複 《ラ米》(メキ) 〖料〗 つまみ, 前菜.

antojo 男 ❶ わがまま, 気まぐれ. a su ～ 思いのままに. seguir sus ～*s* (自分の) 思いどおりにする. ❷ (妊婦の) 気まぐれな嗜好(しこう). ❸ 生まれつきのあざ.

antología 女 選集, アンソロジー. ***de*** ～ 《話》 すばらしい, すごい.

antológico, ca 形 選集 [アンソロジー] の; すばらしい.

antólogo, ga 男 女 (詩歌等の選集の) 選者.

Antonia 固名 アントニア: 女子の名.

antónimo, ma 形 〖文法〗 反義 [反意] (語) の. ―男 反義 [反意] 語.

Antonino 固名 アントニノ: 男子の名.

Antonio 固名 アントニオ: 男子の名.

antonomasia 女 〖修〗 換称. ***por*** ～ 言わずと知れた, まさに; とりわけ.

antorcha 女 ❶ たいまつ, トーチ. ❷ 導きの光, 光明; 手本. ***pasar*** [***entregar***] ***la*** ～ (***a*** ...) (後任に) 仕事を引き渡す. ***recoger la*** ～ 仕事を引き継ぐ.

antozoo 男 (サンゴ等の) 花虫綱の動物.

antraceno 男 〖化〗 アントラセン.

antracita 女 無煙炭.

ántrax 男 [単複同形] 炭疽(たんそ)(菌).

antro 男 ❶ 穴蔵 (のような所). ～ de perdición 悪の巣窟(そうくつ). ❷ 《文》 洞穴, 洞窟(どうくつ).

antropocéntrico, ca 形 人間中心の.

antropocentrismo 男 〖哲〗 (宇宙における) 人間中心主義.

antropofagia 女 人肉を食うこと, 食人 (の風習).

antropófago, ga 形 男 女 食人種の (人).

antropografía 女 記述的人類学.

A

antropoide 形 男 類人猿(の).
antropología 女 人類学.
antropológico, ca 形 人類学の.
antropólogo, ga 男 女 人類学者.
antropometría 女 人体測定(法).
antropométrico, ca 形 人体測定(法)の.
antropomórfico, ca 形 擬人化された.
antropomorfismo 男 神人同形説, 擬人観.
antropomorfo, fa 形 人間に似ている;人間の形をした. — 男[複]類人猿.
antroponimia 女 人名研究, 人名学.
antropopiteco 男 猿人.
antruejo 男 カーニバル, 謝肉祭.
anual 形 毎年の, 年1回の; 1年間の. planta ～ 一年生植物.
anualidad 女 ❶ 年賦金. ❷ 年1回制, 例年の行事.
anualmente 副 毎年, 年々.
anuario 男 年鑑, 年報, イヤーブック.
anubarrado, da 形 曇った.
anublar 他 ❶ 曇らせる;(月・太陽等を)雲で覆う. ❷(植物を)枯れさせる. — **anublarse** 再 ❶ 曇る;(希望等が)消える. ❷(植物が)しおれる.
anudadura 女 結ぶこと;結び目.
anudamiento 男 → anudadura.
anudar 他 ❶(ひも等を)結ぶ. ～ una alianza 同盟を結ぶ. ❷(再び)始める. — **anudarse** 再 ❶(自分の)…を結ぶ. ～ la corbata ネクタイを結ぶ. ❷ 結び合わされる;絡みつく. La hiedra *se anudó* al muro. ツタが壁に絡みついた. ❸ 発育[成長]が止まる.
anuencia 女 承諾, 同意.
anuente 形 承諾の, 同意する.
anulable 形 取り消し[撤回]できる;無効にできる.
anulación 女(契約等の)解消, 取り消し;(法律等の)廃止, 無効.
anular 他 ❶(契約・予約等を)取り消す, キャンセルする. ❷(法律を)無効とする, 認めない. ❸〖スポ〗(ゴールを)無効とする. ❹(敵等を)圧倒する;(人を)おとしめる. — 形 指輪の, 輪状の. — 男 薬指(= dedo ～).
anunciación 女 告知, 予告. la *A*～〖カト〗受胎告知;(聖母マリア)お告げの祝日: 3月25日. — 固名 [A-] アヌンシアシオン: 女子の名.
anunciador, dora 形 知らせる;宣伝する. empresa *anunciadora* 広告代理店. — 男 女 ❶ 広告主. ❷ 司会者.
anunciante 形 告げる, 報道の. — 男 女 広告主.
anunciar [アヌンシアル] 17 他 [英 announce] ❶ **告げる**, 知らせる;宣伝する, 発表する. ❷ …の到来を告げる, 兆しを見せる. — **anunciarse** 再 ❶ 通知される;宣伝される. ❷(自分の)訪問[到着]を告げる, 現れる.
anuncio [アヌンしオ] 男 [英 announcement] ❶ **知らせ**, 発表, 通知. ❷ **広告**, 掲示;広告[掲示]板. ❸[複](テレビの)コマーシャル(→地域差). ❹ 前兆. — 活 → anunciar. 地域差(テレビの)コマーシャル anuncios《スペイン》《ラ米》(キューバ, ドミニカ共和国, プエルトリコ)(メキシコ)(グアテマラ, ホンジュラス, ニカラグア, コスタリカ); avisos (ウルグアイ); comerciales (ドミニカ共和国)(メキシコ)(エルサルバドル, パナマ)(コロンビア)(エクアドル, ペルー, ボリビア); propaganda (ニカラグア, パナマ)(ベネズエラ)(エクアドル, ペルー, ボリビア)(チリ)(パラグアイ, アルゼンチン); reclames (チリ).
anuria 女〖医〗無尿症, 尿閉症.
anuro, ra 形〖動〗無尾目の. — 男(カエル等)無尾目(の動物).
anverso 男(貨幣の)表;〖印〗表[右]ページ;(紙の)表.
anzuelo 男 ❶ 釣り針. ❷《比喩的》餌(え), わな. tragar [morder, picar] el ～ わなにはまる.
añada 女(特に農事に関しての) 1年(間);(特にブドウの)年間収穫量. — 活 → añadir.
añadido, da 過分 → añadir. 形 付け加えられた, 追加された. valor ～ 付加価値. — 男 ❶ 加えること, 加えたもの;付け足し, おまけ. ❷ ヘアピース.
añadidura 女 追加;おまけ. ***por*** **～** その上, おまけに.
añadir [アニャディル] 他 [英 add] ❶ (a)(…に)**加える**. ～ un centímetro a las mangas そでを1センチ伸ばす. ❷ 言い添える, 加筆する.
añafil 男(まっすぐで長い)モーロ式らっぱ.
añagaza 女 策略, わな;おとり(用の鳥).
añal 形(羊・ヤギ・牛が)生後1年の. — 男 1周忌にささげられる供物.
añalejo 男〖カト〗教会暦,(1年間の)祭式規程書, 聖務案内.
añejar 他(ワイン等を)熟成させる, 寝かす. — **añejarse** 再 熟成する.
añejo, ja 形 ❶ 熟成した. ❷ 古くさい.
añicos 男 複 破片, かけら. hacerse ～ 粉々に砕ける. ***estar hecho*** **～** 粉々になっている;くたくたに疲れ切っている.
añil 男(染料の)インディゴ, 藍(あい);藍色, インディゴブルー. — 形 藍色の.
año [アニョ] 男 [英 year] ❶ **年**, 1年, 年度. este *año* 今年. el *año* pasado 昨年. hace (muchos) *años* 何年も前に. *año* fiscal [económico] 会計年. *año* civil [común] カレンダー暦. *Año* Viejo 大晦日(おおみそか). Esperaron *años* y *años*. 彼らは何年も待った. ❷〖天文〗暦年. *año* bisiesto うるう年. *año* lunar 太陰暦. *año* luz 光年. ❸ 学年(= *año* escolar [académico]). ¿En qué *año* estás? — Estoy en primer *año* de Medicina. 君は何年生かね. 一医学部の1年生です. ❹ **年齢**, …歳. cumplir (los) 20 *años* 二十歳になる. ¿Cuántos *años* tienes? 君, 年はいくつかね. A los 25 *años* empezó a trabajar como actor. 彼は25歳で俳優として働き始めた. ❺[複]年月, 歳月;年代. Este estilo estaba de moda en los *años* ochenta. このスタイルは80年代にはやっていた. El señor tendrá más o menos mis *años*. その人はだいたい私と同じ年代だろう. ***año de la nana*** **[*nanita, pera, polca*]** ずっと前. ***Año Nuevo*** 新年. ***de año y vez*** 隔年に. ***de buen año*** 健康的な, 恰幅(かっぷく)のいい. ***echársele los años encima a*** …が(急に)老け込む. ***¡Feliz Año!*** | ***¡Feliz Año nuevo!*** 新年おめでとう. ***perder año*** 落第する. ***quitarse años*** 歳を(若く)偽る.

añojo, ja 男 女 (子牛・子羊等の) 1年子. ── 男 (子牛・子羊の) 肉.
añoranza 女 郷愁, 懐かしさ; 哀惜.
añorar 他 懐かしむ; 惜しむ, 悼む. ── 自 懐かしく思う, 郷愁に駆られる.
añoso, sa 形 (樹木等が) 年数を経た, 樹齢の高い.
añublo 男 《農》 胴枯れ病; 銹病(さびびょう).
añusgarse 66 再 《con》 (…で) のどが詰まる, 息が詰まる.
aojamiento 男 → aojo.
aojar 他 目でのろいをかける.
aojo 男 邪眼: 見る者を不幸にするのろい.
aoristo 男 《文法》 (古典ギリシャ語動詞の) 不定過去, アオリスト.
aorta 女 《解》 大動脈.
aórtico, ca 形 大動脈の.
aortitis 女 [単複同形] 《医》 大動脈炎.
aovado, da 形 卵形の, 長円形の.
aovar 自 産卵する, 卵を産む.
aovillarse 再 丸くなる, 縮こまる.
APA [アパ] 女 *A*sociación de *P*adres de *A*lumnos (スペイン) 保護者会 〔英 PTA〕.
apabullamiento 男 《話》 → apabullo.
apabullante 形 圧倒的な, 打ちのめす.
apabullar 他 圧倒する, うろたえさせる. ── **apabullarse** 再 呆然(ぼうぜん)とする, うろたえる.
apabullo 男 《話》 圧倒すること, 呆然(ぼうぜん)とさせること; 意気消沈.
apacentamiento 男 放牧; 牧草.
apacentar 18 他 ❶ 放牧する; 牧草を食べさせる. ❷ (精神的に) 育む. ❸ (欲望・情熱を) かき立てる. ── **apacentarse** 再 ❶ 草を食(は)む. ❷ 《con, de》 (…を) 糧とする, (…で) 満たされる.
apache 男 女 ❶ (北米先住民の) アパッチ族の人. ❷ (大都市の) ならず者, 無頼漢. ── 男 アパッチ語.
apacheta 女 (古代ペルーの) 石の祭壇.
apachurrar 他 押しつぶす.
apacibilidad 女 穏やかさ; 心地よさ.
apacible 形 穏やかな; 心地よい.
apaciguador, dora 形 なだめる, 和らげる. ── 男 女 調停者[役].
apaciguamiento 男 ❶ なだめること, 調停. ❷ 鎮静; 平穏.
apaciguar 55 他 ❶ なだめる, 落ち着かせる. ❷ (苦痛を) 和らげる, いやす. ── **apaciguarse** 再 ❶ 落ち着く. ❷ (苦痛等が) 和らぐ; 静まる.
apadrinado, da 男 女 (有力者から) 庇護(ひご)を受けている人, 後援されている人.
apadrinamiento 男 ❶ (洗礼での) 代父[名付け親] の役. ❷ (作家・スポーツマン等への) 後援, 援助.
apadrinar 他 ❶ …の名付け親 padrino になる. ❷ …の後援者になる.
apagadizo, za 形 燃えにくい.
apagado, da 過分 → apagar. 形 ❶ (火・明かり等が) 消えた; 電源を切った. ❷ (性格等が) 内気な; 意気消沈した. ❸ (色等が) ぼんやりした, くすんだ.
apagador, dora 形 消す (ための). ── 男 ❶ (火・音等を) 消す道具; 《ラ米》 (電気の) スイッチ (→ interruptor 地域差). ❷ ろうそく消し. ❸ (ピアノの) ダンパー, 止音器; (打楽器の) 弱音器.
apagamiento 男 消えること; 消火; 消灯, 停電; 消音; 鎮静 (化).
apagar [アパガル] 66 他 〔英 put out〕 ❶ (火を) **消す**; (スイッチを) 切る, 止める (↔ encender). ～ el incendio 火事を消す. ～ la radio ラジオを止める. ❷ (欲求・怒り等を) 押さえる, 静める. ～ el hambre 空腹を押さえる. ❸ (色を) 押さえる, 控えめにする. ── **apagarse** 再 ❶ 消える, 止まる. ❷ (欲求等が) 鎮まる. ❸ (色が) あせる.
apagavelas 男 [単複同形] (帽子型の) ろうそく消し.
apagón 男 停電.
apague(-) / apagué(-) 活 → apagar.
apaisado, da 形 横長の.
apalabrar 他 口頭で約束する.
apalancamiento 男 てこで持ち上げる [こじ開ける, 動かす] こと.
apalancar 26 他 てこで持ち上げる [こじ開ける, 動かす]. ── **apalancarse** 再 《en》 (…に) 居座る.
apaleamiento 男 (棒で) たたくこと, 殴ること; はたくこと.
apalear 他 (棒で) たたく, 殴る; (ごみ等を) たたき落とす; (穀物を) 振るい分ける. ～ *dinero* [*oro, plata*] 金がうなるほどある.
apaleo 男 → apaleamiento.
apandar 他 《話》 ねこばばする, くすねる.
apantanar 他 (土地を) 水浸しにする.
apañado, da 形 ❶ 《話》 上手な, うまい. ❷ 《話》 (形・大きさが) ぴったりの. ❸ 《話》 着飾った. ❹ 《estar, ir と共に》 《話》 見当違いである; 困ったことになっている.
apañar 他 ❶ (うまく) 整える, 準備する; 繕う. ❷ 飾り立てる, 着飾る. ❸ 《話》 くるむ. ❹ (不当に) 手に入れる; くすねる. ❺ 《ラ米》 (1)(アルゼンチン)(ボリビア)(ペルー)(ウルグアイ) 隠す. (2)(チリ) 無理に引き止める. (3)(ペルー) つかみとる. ── **apañarse** 再 何とかやっていく; 身を処する. ***apañárselas*** 何とかやってのける. ***apañarse para ...*** …をどうにかやりこなす. ***Ya le apañaré.*** 《話》 やつをとっちめてやる.
apaño 男 ❶ (一時的な) 修繕, 修理; その場逃れ. ❷ 《話》 手腕, こつ; 効用. ❸ 《俗》 情事; 愛人.
aparador 男 ❶ 食器戸棚, サイドボード. ❷ 《ラ米》 ショーウインドー, ショーケース, 陳列窓 [棚] (→ escaparate 地域差).
aparar 他 ❶ 準備する, 用意する. ❷ (手を伸ばして) 取る; (受け取るために手等を) 広げる. ❸ (靴を) 縫い合わせる. ❹ (果物の) 皮をむく.
aparato [アパラト] 男 〔英 apparatus〕 ❶ **装置**, 器材, 1セットの器具; 資料. ～ eléctrico 電気器具. ～ de afeitar 《ラ米》 電気ひげそり (→ máquina 地域差). ～ de precisión 精密機器. ～*s* de laboratorio 実験器材. ～ del oído 補聴器. ～ crítico 考証資料. ❷ 《特定の機械を指して》 (1) 電話. ¿Quién está al ～? どちら様ですか. (2) 歯の矯正器具 (＝ ～ dental). (3) 飛行機. ❸ (身体の) 器官. ～ circulatorio 循環器. ～ genital [reproductor] 生殖器. ～ respiratorio 呼吸器. ❹ 仰々しさ, 華やかさ. ❺ 兆し, 症状. ❻ 組織, 機構, 執行部. ～ del partido 政党組織. ～ del Estado

国家機構.

aparatosidad 女 華麗さ；仰々しさ.

aparatoso, sa 形 華麗な；仰々しい.

aparca 男 (または女) 《話》 → aparcacoches.

aparcacoches 男 女 [単複同形] (客の車を) 駐車する係.

aparcamiento 男 駐車, パーキング；《スペイン》 駐車場 (→地域差)；パーキングエリア. 地域差 駐車場 aparcamiento 《スペイン》；cochera 《ラ米》(ペルー)；estacionamiento (プエルトリコ)(メキシコ)(グアテ, パナマ)(ベネズエラ)(エクアドル, ボリビア)(パラグアイ)；garaje (ドミニカ共和国)(ニカラグア)(アルゼンチン)；parking (プエルトリコ)；parqueadero (コロンビア)(エクアドル)；parqueo (キューバ, ドミニカ共和国)(ホンジュラス, エルサルバドル, ニカラグア, コスタリカ)；playa (ペルー)；playa de estacionamiento (チリ)(ウルグアイ, アルゼンチン).

aparcar 26 他 ❶ 駐車する. ❷ (計画・議論等を) 棚上げする. ── 自 駐車する. No [Prohibido] 〜. 《掲示》 駐車禁止.

aparcería 女 分益農法, 分益小作契約.

aparcero, ra 男 女 ❶ 《農》 小作人. ❷ 《ラ米》(アルゼンチン)仲間, 友達.

apareamiento 男 対[ペア]にすること；交配, 交尾.

aparear 他 対[ペア]にする；交配させる. ── **aparearse** 再 組[ペア]になる；交尾する.

aparecer [アパレセル] 76 自 〔英 appear〕 ❶ **現れる**, 出現する；(なくしたものが) 見つかる. ❷ 出版[刊行]される；(新聞・名簿等に) 載る. ❸ 《como＋名詞 / ＋形容詞》 …のように見える[思われる]. ── **aparecerse** 再 《a, ante》 (…の前に) 現れる.

aparecido 過分 → aparecer. 男 幽霊, 亡霊.

aparejado, da 形 適切な, ぴったりの. ***ir 〜 con ...*** …と緊密な関係にある. ***llevar*** [***traer***] 〜 〈＋名詞〉 (►aparejado は名詞と性数一致) …という結果をもたらす. La no asistencia a clase *trae aparejada* la expulsión. 授業に出席しなければ結果は退学だ.

aparejador, dora 男 女 建築施工士.

aparejar 他 ❶ 準備[用意]する；(馬に) 馬具を付ける；《海》 艤装(ぎそう)する. ❷ 対[ペア]にする. ── **aparejarse** 再 ❶ 整う. ❷ 対[ペア]になる.

aparejo 男 ❶ 準備. ❷ [主に複] 用具；馬具. 〜*s* de pintura 絵の具. ❸ (帆・帆柱等の) 艤装(ぎそう)品. ❹ レンガの積み方. ❺ 滑車装置.

aparentar 他 ❶ …を装う；《＋名詞・不定詞》 …のふりをする. ❷ (…の年齢が) …に見える. Tu marido no *aparenta* tantos años. 君の御主人はそんな年には見えないよ. ── 自 見えをはる.

aparente 形 ❶ 見せかけの. ❷ 目に見える, 明白な. ❸ 格好のよい, 見栄えのする.

aparentemente 副 うわべは, 一見したところ, 外見上.

aparezc- 活 → aparecer.

aparición 女 ❶ 出現. ❷ 超自然的な出現, 幽霊, 幻. ❸ 出版, 刊行.

apariencia [アパリエンシア] 女 〔英 appearance〕 ❶ 見せかけのもの. ❷ **外見**, 体裁. Las 〜*s* engañan. 《諺》 見かけは当てにならない. ❸ 徴候, 気配. ***en 〜*** 見たところ, 外見は. ***guardar*** [***cubrir, salvar***] ***las 〜s*** 体面を保つ. ***tener 〜 de ...*** …らしく見える.

aparque(-) / aparqué(-) 活 → aparcar.

apartadero 男 ❶ (鉄道の) 待避線, (道路等の) 待避所. ❷ 《闘牛》 (出番の牛を仕切っておく) 囲い場.

apartadijo 男 細分化したもの, 小片；小スペース. hacer 〜*s* 小さく分ける.

apartado, da 過分 → apartar. 形 ❶ 離れた, 遠くの；孤立した, ひっそりとした. ❷ 隔離した, 分けられた. ── 男 ❶ (文章の) 段落, 節, 項. ❷ 私書箱の番号. 〜 de correos /〜 postal 私書箱. ❸ 《鉱》 金の製錬；(金・銀の) 純度の検定. ❹ (闘牛開始の前の) 牛囲いへの仕分け. ❺ 別室, 離れ, 人里離れた場所.

apartador, dora 形 離す, 分ける. ── 男 女 (家畜等の) 選別係. ── 男 選別機, 分離機.

apartamento [アパルタメント] 男 〔英 apartment〕 (一般に piso より小さい) **アパート**. 地域差 アパート apartamento 《スペイン》《ラ米》(プエルトリコ)(グアテ, コスタリカ)(コロンビア)(ウルグアイ)；bloque (ベネズエラ)；condominio (プエルトリコ)(ニカラグア)(コロンビア)；departamento (メキシコ)(ホンジュラス, エルサルバドル)(エクアドル, ペルー, ボリビア)(チリ)(パラグアイ, アルゼンチン).

apartamiento 男 ❶ 分離；孤立；僻地(へきち). ❷ 《ラ米》 アパート.

apartar [アパルタル] 他 〔英 separate〕 ❶ 《de》 (…から) **遠ざける**, 分ける. ❷ 《de》 (…から) そらす. 〜 la vista 視線をそらす. ❸ (邪魔にならないように) どかす, よける. ❹ 《de》 (…を) 断念させる. ❺ 取り分ける. ── **apartarse** 再 《de》 ❶ (…から) 遠ざかる. ❷ よける, どく. ¡*Apártense*, por favor! 道を開けて下さい. ❸ 《de》 (…を) やめる.

aparte [アパルテ] 副 〔英 apart〕 ❶ **別にして**, 離して；離れて；《名詞＋》 (…は) さておき. enviar 〜 別送する. bromas 〜 冗談はさておき. ❷ 他に, さらに. ❸ 《演》 傍白で. ── 形 別の；異なった. escritor 〜 別格の作家. tirada 〜 《印》 抜き刷り. ── 男 ❶ 《演》 傍白. en un 〜 内緒で. ❷ 段落. punto y 〜 ピリオドを打って改行. ── 活 → apartar. ***〜 de ...*** …を別にして；…の他に.

apartheid [アパルテイ(ドゥ)〈アパルヘイ(ドゥ)〉] 男 (南ア共和国がかつてとっていた) 人種隔離政策, アパルトヘイト.

aparvar 他 脱穀場に集める.

apasionado, da 形 情熱的な；《de, por, con》 (…に) 夢中になった. ── 男 女 熱狂的な人, 愛好家.

apasionamiento 男 情熱；興奮.

apasionante 形 熱中[興奮]させる.

apasionar 他 夢中にさせる, 熱中させる. ── **apasionarse** 再 《por, con, en》 (…に) 夢中になる, 熱中する.

apatía 女 無感動, 無関心；無気力.

apático, ca 形 《a, en》 (…に対して) 無感動の, 無関心の；無気力な.

apatito 男 《鉱》 リン灰石.

apátrida 形 ❶ 無国籍の. ❷ 《ラ米》(ア

ｾﾞﾝﾁﾝ)非愛国的な．— 男 女 ❶ 無国籍者．❷《ラ米》(ｱﾙｾﾞﾝﾁﾝ)非愛国者．

apdo. 男 → apartado (de correos).

apeadero 男 乗馬台；停車場，無人駅．

apear 他《de》❶（高い所・役職等から）降ろす；辞めさせる．❷（…を）断念させる．— **apearse** 再《de》（…から）降りる；（…を）断念する．***apearse del burro*** 意見を変える．

apechugar 66 自《話》《con》（厄介なことを）引き受ける．

apedazar 57 他（衣服の）ほころびを繕う．

apedreado, da 形 ❶ 石を投げつけられた．❷ 雑色［まだら］の．

apedreamiento 男 投石．

apedrear 他 …に石を投げる；石打ちの刑にする．— 自 雹(ﾋｮｳ)が降る．

apegado, da 形 愛着を抱いた，執着した，執心の．

apegarse 66 再《a》（…に）愛着を抱く，執着する．

apego 男《a》❶（…への）愛着，執着．❷（…に対する）興味，関心．

apegue(-) / apegué(-) 活 → apegarse.

apelable 形〖法〗上訴できる．

apelación 女 ❶〖法〗上訴，控訴．recurso de ～ 控訴．tribunal de ～ 上訴裁判所．❷ 訴え，アピール．***sin ～*** 手の打ちようのない．

apelado, da 形 男 女〖法〗被上訴人（の）．

apelambrar 他（脱毛のため皮革を）石灰液に浸す．

apelar 自 ❶〖法〗《de》（…に対して）上訴［控訴，上告，抗告］する．❷《a》（…に）訴える，頼る．

apelativo, va 形 通称の；呼び名の．— 男 ❶ 通称，呼び名；〖文法〗通称名詞．～ cariñoso 親しみを込めた呼び名．❷《稀》名字，姓（氏）．

apellidar 他 ❶ 姓［名字］で呼ぶ；あだ名をつける．❷《比喩的》《de》（…と）評する．— **apellidarse** 再 …と呼ばれる，姓は…である．

apellido ［アペリド（アペイド・アペジド）］ 男〔英 surname〕❶ 姓，名字．～ de soltera 旧姓．► スペインの氏名は「個別名 nombre」＋「第一姓 primer ～（父方の姓）」＋「第二姓 segundo ～（母方の姓）」．既婚女性の場合はさらに「de＋夫の姓」をつける．❷ 呼び名，通称，あだ名．

apelmazado, da 形 ❶ 固まった，塊になった．❷（文体等が）こなれていない．

apelmazar 57 他 固くする，密にする；べとつかせる．— **apelmazarse** 再 固くなる，密になる；べとつく．

apelotonar 他 塊［玉］状にする，丸める．— **apelotonarse** 再 ❶ 塊［玉］になる，丸まる．❷ 一か所に固まる，群がる．

apenar 他 悲しませる．— **apenarse** 再 ❶ 悲しむ，悩む．❷《ラ米》赤面する．

apenas ［アペナス］ 副〔英 hardly〕❶《動詞に前置．後置の場合は no＋》ほとんど…ない．*A～* duerme. / No duerme ～. 彼はほとんど眠らない．❷ かろうじて；《＋数量》せいぜい．*A～* me alcanza el dinero. お金はぎりぎりのところで足りている．～ una semana せいぜい1週間．— 接《主にラ米》…するやいなや．***～ ... cuando ...*** …するとすぐに…．*A～* había empezado a leer, *cuando* sonó el teléfono. 読書を始めてすぐ電話が鳴った．***～ si*** ほとんど…ない；かろうじて．

apencar 26 自《話》《con》（厄介なことを）引き受ける．

apéndice 男 ❶ 補遺，付録；添付物．❷〖解〗付属器官，突起；虫垂．

apendicitis 女［単複同形］〖医〗虫垂炎．

apeo 男 ❶ 測量，線引き．❷ 伐採．❸〖建〗支え，支柱，足場．

apeonar 自（鳥が）地面を走る．

apepsia 女〖医〗消化機能喪失．

apercibimiento 男 ❶ 警告．❷ 用意．❸〖法〗召喚（状），出廷［出頭］命令．

apercibir 他 ❶《de, por》（…だと）警告する；《con》（…だと）脅かす．❷ 準備する，用意する．— **apercibirse** 再 ❶《a, para》（…の）準備をする，（…に）備える．❷《de》（…に）気付く．

apergaminado, da 形 羊皮紙のような；（皮膚等が）かさかさになった．

apergaminarse 再《話》（皮膚の）色つやがなくなる，かさかさになる，しなびる．

aperiódico, ca 形 非周期的な．

aperitivo, va 形 食欲増進の．— 男 ❶ 食前酒，アペリティフ；前菜．❷（飲み物に添える）軽いつまみ．❸ 食欲促進剤．

apero 男 ❶［主に複］農具；道具，用具．❷《ラ米》馬具．

aperreado, da 形《estar と共に》《話》大忙しの，大変な．

aperrear 他 ❶ …に犬をけしかける．❷《話》疲弊させる；うんざりさせる．— **aperrearse** 再《話》へとへとになる；うんざりする．

aperreo 男《話》❶ 不快，迷惑，面倒．❷ 骨折り．❸ 怒り．

apersonado, da 形《bien［mal］と共に》風采(ﾌｳｻｲ)の良い［あがらない］，身なりの良い［悪い］．

apersonarse 再 出頭する；面会する．

apertura 女 ❶ 開設；開始；開催；始業．❷ 開口部．❸（チェス）序盤の手．❹（心の）広さ；開放（性）．***medio de ～***（ラグビー）スタンドオフハーフ．

aperturismo 男 開放主義；（異なる意見に理解を示す）寛大，寛容．

aperturista 男 女 開放主義信奉者；寛大な人．

apesadumbrar / apesarar 他 悲しませる，苦しめる．— **apesadumbrarse / apesararse** 再 悲嘆に暮れる，心を痛める．

apestado, da 形 ❶ 嫌なにおいの．❷ ペスト［伝染病］に感染した．❸《de》（…が）横行する，（…で）いっぱいの．— 男 女 ペスト［伝染病］患者．

apestar 他 ❶ 悪臭で満たす．❷ ペスト［伝染病］に感染させる．— 自 におう，悪臭を放つ．— **apestarse** 再 ペスト［伝染病］に感染する．

apestillar 他《ラ米》(ｱﾙｾﾞﾝﾁﾝ)押さえつける．

apestoso, sa 形 悪臭を放つ．

apétalo, la 形〖植〗無花弁の．

apetecer ［アペテセル］ 76 自《間接目的

語を伴って》(…の) **食欲をそそる**；その気にさせる. No me *apetece* hacer nada. 私は何もする気にならない. ── 他 欲する, 望む.

A

apetecible 形 食欲をそそる；魅力的な.
apetencia 女 (本能的) 欲求, 欲望.
apetezc- 活 → apetecer.
apetitivo, va 形 ❶ 食欲をそそる, おいしそうな. ❷ 欲求の.
apetito [アペティト] 男 〔英 appetite〕 ❶ **食欲**. tener ～ おなかが空いている, 食欲がある. ❷ (本能的) 欲求, 欲望. *¡Buen ～!* どうぞごゆっくり(召し上がれ).
apetitoso, sa 形 ❶ 食欲をそそる, おいしそうな. ❷《話》心をそそる.
ápex 男 [単複同形]〖天〗太陽向点.
apezonado, da 形 乳首形の.
apiadar 他 …の同情をさそう. ── **apiadarse** 再《de》(…を) 哀れむ.
apical 形〖音声〗舌尖(ぜっせん)(音)の. ── 女 舌尖音.
apicararse 再 悪人になる, ごろつきになる.
ápice 男 ❶ 頂上, 頂点；絶頂. ❷ 先端；舌先. ❸《文》(アクセント acento, 波形符 tilde 等の) つづり字記号. ❹《否定で》微小, 微塵(みじん). (ni) un～ これぽっちも(ない).
apícola 形 養蜂(ようほう)の.
apicultor, tora 男 女 養蜂(ようほう)家.
apicultura 女 養蜂(ようほう)(業).
apilamiento / apilado 男 山積み.
apilar 他 積み重ねる, 山積みにする. ── **apilarse** 再 積み重なる, 山積みになる.
apilonar 他《ラ米》(コロンビア)(ニカラグア)積み上げる.
apimplarse 再《話》酔っ払う.
apiñamiento 男 詰め込み；混雑.
apiñar 他 (松かさ状に) 密集させる. ── **apiñarse** 再 ぎっしり詰まる, 群がる.
apio 男〖植〗セロリ.
apiolar 他 ❶ (動物をつるすために脚を 2 本ずつ) 縛る. ❷《話》捕まえる；殺す.
apiparse 再《話》《de》(…を) 浴びるほど飲む.
apiporrarse 再《話》たらふく食べる[飲む].
apirético, ca 形〖医〗無熱の, 発熱間欠期の.
apirexia 女〖医〗無熱, 発熱間欠期.
apisonadora 女 ❶ ロードローラー, 地ならし機. ❷《話》強引な人, 回りを圧倒する人.
apisonamiento 男 (ローラーによる) 地ならし, 地固め.
apisonar 他 (ローラーで) 地ならし[地固め]する.
apitonado, da 形 怒りっぽい.
apitonar 自 (角が) 生える；(木が) 芽を吹く. ── 他 (くちばしで卵の殻等を) 割る. ── **apitonarse** 再《話》腹を立てる.
apizarrado, da 形 石板[スレート]色の, 濃い青灰色の.
aplacamiento 男 緩和, 鎮静.
aplacar 26 他 なだめる, 和らげる. ── **aplacarse** 再 静まる, 和らぐ, 衰える.
aplace(-) / aplacé(-) 活 → aplazar.
aplanadera 女〖機〗ランマー.
aplanadora 女《ラ米》ロードローラー.
aplanamiento 男 ❶ 平らにすること, ならし. ❷《話》気落ち, がっかりすること.
aplanar 他 ❶ 平らにする. ❷《話》落胆させる；参らせる. ── **aplanarse** 再 落胆する；参る.
aplastamiento 男 ❶ (押し) つぶす[ぺしゃんこにする]こと. ❷ 鎮圧, 制圧；論破.
aplastante 形 圧倒的な, 文句のない.
aplastar 他 ❶ (押し) つぶす. ❷ 打ちのめす；言い負かす. ── **aplastarse** 再 ❶ つぶれる, ぺしゃんこになる. ❷《contra》(…に) へばりつく.
aplatanado, da 形《話》やる気のない.
aplatanar 他《話》やる気をくじく. ── **aplatanarse** 再《話》やる気をなくす.
aplaudir 他 ❶ …に拍手喝采(かっさい)する. ❷ 称賛する, 賛同する.
aplauso 男 ❶ [単または複] 拍手, 喝采(かっさい). ¡*A*～! 拍手をお願いします. ❷ 称賛, 賛同. ～ cerrado 会場一杯の盛大な拍手.
aplazado, za 形 ❶ 延期した. ❷《ラ米》落第した.
aplazamiento 男 延期.
aplazar 57 他 ❶ 延期する. ❷《ラ米》不合格にする.
aplebeyar 他 低俗にする. ── **aplebeyarse** 再 低俗[卑俗]になる.
aplicable 形《a》(…に) 適用できる[すべき], 応用できる[すべき].
aplicación [アプリカシオン] 女 [複 aplicaciones] 〔英 application〕 ❶ **適用**, 応用；割り当て. ❷ 実施, 施工. ❸ 熱中, 勤勉. ❹ 飾り付け, アップリケ. ❺ (医薬品等の) 貼付(てんぷ), 塗布. ❻〖数〗アプリケーション, 適用. ❼〖IT〗アプリケーション・プログラム.
aplicado, da [アプリカド, ダ] 過分 → aplicar. 形 〔英 diligent; applied〕 ❶ **勤勉な**, よく働く. ❷ **応用の**. ciencias *aplicadas* 応用科学.
aplicar [アプリカル] 26 他 〔英 apply〕 ❶ 取り付ける, 飾り付ける. ❷ **適用する**, 応用する, 援用する. ❸ (資材・人材等を) 充当する, 割り当てる. ── **aplicarse** 再《en》(…に) 精を出す, 励む. *Aplíquese el cuento.* 以(も)って他山の石とせよ.
aplique 男 ❶ 壁掛け照明器具. ❷ (取り付け式の) 装飾, アップリケ；(舞台の) 小道具.
aplique(-) / apliqué(-) 活 → aplicar.
aplomado, da 形 ❶ 鉛(色)の. ❷ 垂直の. ❸ 沈着な, 落ち着いた. ❹〖闘牛〗(牛が疲れて) 動きの止まった.
aplomar 他 ❶ (錘鉛(すいえん)を当てて) 垂直かどうか調べる. ❷ …に重りをつける. ❸ 垂直に置く. ── **aplomarse** 再 ❶ 冷静になる. ❷ 倒れる.
aplomo 男 ❶ 垂直 (性). ❷ 沈着, 冷静；自信.
apnea 女〖医〗無呼吸, 窒息.
apocado, da 形 内気な, 臆病(おくびょう)な.
apocalipsis 男 [単複同形] ❶ [A-] (新約の) ヨハネの黙示録. ❷ 黙示, 啓示. ❸ 破局；この世の終わり.
apocalíptico, ca 形 ❶ 黙示録の, 終末論的な. ❷《文》この世の終わりのような.
apocamiento 男 内気, 臆病(おくびょう).
apocar 26 他 ❶ おじけづかせる, 気後れさせる；さげすむ．❷ 小さくする．❸ 限定する．— **apocarse** 再 いじける；縮こまる．
apocopar 他〖言〗語尾を落とす．
apócope 女〖言〗語尾（音）消失．
apócrifo, fa 形 ❶ 典拠の疑わしい；偽作の．❷ 聖書外典の．
apodar 他 …にあだ名をつける．
apoderado, da 男 女 委任された人；〖法〗代理人；（選手等の）マネージャー．
apoderamiento 男 ❶ 権限［権能］の付与，権利の委譲．❷ 奪取，占拠．
apoderar 他 …に権限［権能］を与える；〖法〗委任する．— **apoderarse** 再《**de**》（…を）わがものにする，奪取する；（感情等が）（…に）取りつく．
apodíctico, ca 形〖論〗（命題等が）必然的な；明白な．
apodo 男 あだ名，ニックネーム．
ápodo, da 形〖動〗無脚の，無足（類）の．— 男［複］無脚目，無足目［類］．
apódosis 女［単複同形］〖文法〗帰結；（条件文の）帰結節．
apófisis 女［単複同形］〖解〗（骨）突起；（菌類の）隆起．
apofonía 女〖言〗母音交替．
apogeo 男 ❶ 頂点，絶頂．❷〖天〗遠地点．
apógrafo 男《文》筆写したもの，写本．
apolillado, da 形 ❶（衣類・本等が）虫食いの．❷ 古臭い，時代遅れの．
apolilladura 女 虫食い穴．
apolillamiento 男 虫食い．
apolillar 他（ガ・シミ等が衣類・本等を）虫食いにする，穴を開ける．— **apolillarse** 再（虫食いで）傷む，だめになる．
apolíneo, a / apolinar 形 ❶《文》アポロンの．❷《話》均整の取れた，美男子の．
apoliticismo 男 非政治性，政治的関心の欠如．
apolítico, ca 形 非政治的な，政治に関心のない．
Apolo 固名〖ギ神〗〖ロ神〗アポロン，アポロ：太陽神．— 男［a-］美男子．
apologético, ca 形 護教の；弁明［弁護］の．— 女（キリスト教）護教論，弁証論．
apología 女 擁護；賞賛．
apológico, ca 形 教訓的寓話(ぐうわ)の．
apologista 男 女 擁護者；賞賛者．
apólogo, ga 形 男 寓話(ぐうわ)(の)．
apoltronado, da 形 無精な，怠惰な．
apoltronamiento 男 怠惰．
apoltronarse 再 ❶ 無精になる，怠ける．❷ どっかと座る．
aponeurosis 女［単複同形］〖解〗腱(けん)，腱膜．
apoplejía 女〖医〗卒中，溢血(いっけつ)．
apoquinar 他《話》しぶしぶ（金を）払う．
aporcar 26 他（作物の）根元に土を寄せる．
aporía 女〖哲〗アポリア，論理的難点．
aporreado, da 形 ❶ 殴られた，たたかれた．❷ 貧しい，惨めな．❸ ならず者の．— 男《ラ米》(キューバ)(メキシコ)牛肉の煮込み．
aporreamiento 男 → aporreo.
aporrear 他 ❶ 棍棒(こんぼう)で殴る；激しくたたく．❷ 苦しめる．— **aporrearse** 再《複数形で》殴り合う．
aporreo 男 めった打ち；殴り合い．
aportación 女 ❶ 分担（金），出資（金）；寄付（金）；寄与．❷ 提示，提出．
aportar 他 ❶ 分担する；寄与する；もたらす．❷ 提示する，提出する．❸ 出資する；（婚資を）持参する．— 自〖海〗港に入る．
aporte 男 寄与；出資額；寄付（金）．
aportillar 他（壁等に）穴をあける，突き破る；《話》台無しにする．
aposentamiento 男 宿泊；宿舎．
aposentar 他 宿泊させる．— **aposentarse** 再 宿泊する．
aposento 男 ❶《文》部屋．❷ 宿泊．
aposición 女〖文法〗同格．
apositivo, va 形〖文法〗同格の．
apósito 男 傷の手当；（包帯・ガーゼ・脱脂綿等の）救急用品．
aposta 副 わざと，故意に．
apostante / apostador, dora 形 男 女 賭(か)けをする（人）．
apostar 32 他 ❶《**a**》（…に）賭(か)ける．❷ 配置［配備］する（► この意味では規則活用）．— 自《**a**》（…という方に）賭ける，《**por**》（…に）賭ける．*Apuesto a* que no viene hoy. 彼，今日はきっと来ないよ．— **apostarse** 再 ❶ 賭ける．❷ 位置［持ち場］につく（► この意味では規則活用）．
apostasía 女《文》背教；背信；転向．
apóstata 男 女《文》背教者；転向者．
apostatar 自《文》《**de**》（信仰を）捨てる，背教者となる；転向する；寝返る．
apostema 女〖医〗膿瘍(のうよう)．
a posteriori〔ラ〕副 帰納的に；後天的に，経験に基づいて．
apostilla 女 注記．
apostillar 他 …に注記を加える．
apóstol 男 ❶〖聖〗使徒《略 apóst.》．❷（キリスト教の）布教者，伝道者；（主義・思想等の）主唱者；旗手．
apostolado 男 ❶ 使徒の職務；布教；布教期間．❷ 使徒団，十二使徒．❸（主義・思想等の）宣伝，普及（運動）．
apostólico, ca 形 ❶ 使徒の．❷ ローマ教皇の．❸ 使徒派の．
apostrofar 他 罵倒(ばとう)する．
apóstrofe 男 ❶〖修〗頓呼(とんこ)法：詩・文・演説で，その場にいない人・物に呼びかける表現法．❷ ののしり，叱責(しっせき)．
apóstrofo 男 アポストロフィ（’）．
apostura 女（所作等における）気品．
apotegma 男《文》警句，格言．
apotema 女〖数〗辺心距離．
apoteósico, ca 形 熱烈な；驚くべき．
apoteosis 女［単複同形］❶（英雄等の）神格化；崇拝．❷ フィナーレ．〜 final〖演〗グランドフィナーレ．
apoyar［アポヤル（アポジャル）］他 ❶〔英 lean; support〕《**en, sobre**》（…に）**寄せかける**；置く，載せる．❷（主張等の）根拠となる．❸ **支持する**；賛成する；支援する．— 自《**en**》（…に）寄りかかる．— **apoyarse** 再《**en**》❶（…に）寄りかかる，もたれる；支えられる．❷（…に）依拠する．❸（…に）頼る．
apoyatura 女 支え；〖音〗アッポジャトゥーラ，（装飾音符の）短前打音．
apoyo 男 ❶ 支え，支柱，腕木．❷ 支持，支援．en 〜 de ... …を支持して．❸ 論拠；足掛かり．— 活 → apoyar.
APRA［アプラ］女 *Alianza Popular*

Revolucionaria Americana アプラ党：ペルーの政党.

apreciable 形 ❶ かなりの，相当な，目立った．❷ 価値のある，評価すべき．

A

apreciación 女（正当な）評価，正しい認識．

apreciar［アプレシアル］17 他〔英 appreciate〕❶ **評価する**，値をつける．❷ 尊敬［尊重］する．❸ 識別［知覚］する．❹ 鑑賞［賞味］する．— **apreciarse** 再 ❶ 価値が上がる．❷ 認められる，観察される．

apreciativo, va 形 ❶ 評価の．❷ 鑑賞力のある．❸ 敬意を表する，肯定的な．

aprecio 男 ❶ 値踏み，評価，査定．❷ 敬意，尊重．*no hacer* ～ *de* ...《ラ米》(ﾁﾘ)(ｺﾞｱﾃ)(ﾒｷｼ) …を気に留めない．

aprehender 他 ❶ 逮捕する；押収する．❷ 知覚する，理解する．

aprehensible 形 理解できる．

aprehensión 女 ❶ 逮捕；押収．❷ 知覚，認識．

aprehensivo, va 形 理解の．

apremiante / apremiador, dora 形 急を要する，緊急の．

apremiar 17 他 ❶ 促す，せきたてる．❷ 強制する．— 自 急を要する．

apremio 男 ❶ 急ぎ，緊急．❷ 督促，催促．❸〖法〗強制執行；(滞納税の) 強制徴収．❹ 逼迫(ひっぱく)，不足．*por vía de* ～〖法〗強迫による．

aprender［アプレンデル］他〔英 learn〕❶ **学ぶ**，学習する．～ a 〈+不定詞〉… するのを習う．❷ 覚える．～ de memoria 暗記する．— **aprenderse** 再 暗記する．*aprender en cabeza ajena* 同じ轍(てつ)を踏まないようにする．

aprendiz, diza 男 女 ❶ 見習い，徒弟．❷ 入門者；研修生；学習者．

aprendizaje 男 習得；修業(期間).

aprensión 女 ❶ 恐れ，不安；［複］妄想．❷ 気配り．

aprensivo, va 形 気に病んだ，心配性の．

apresar 他 捕らえる；逮捕する．

aprestar 他 ❶ 準備する，用意する．❷ (織物に) 糊(のり)付け加工する．— **aprestarse** 再《a, para》(…するための) 支度をする．

apresto 男〖技〗サイズ剤；サイジング加工，糊(のり)付け．

apresuradamente 副 急いで，大あわてで．

apresurado, da 形 急いでいる；あわただしい；性急な．

apresuramiento 男 急ぐこと；あわてること；性急．

apresurar 他 ❶ 早める，速める．❷ 急がせる，せかせる．— **apresurarse** 再 急ぐ；《a [en]＋不定詞》急いで…する．

apretadamente 副 ❶ きつく，固く．❷ やっと．

apretado, da 過分 → apretar. 形 ❶ きつい；密な．tener una agenda muy *apretada* 予定がぎっしり詰まっている．❷ 難しい，ぎりぎりの．victoria *apretada* 辛勝．❸ 金［時間］に窮した；けちな．

apretamiento 男 ❶ 抱き［握り］締めること，押しつけ．❷ (ねじ・ベルト等の) 締めつけ．❸ 押し合いへし合い．❹ 窮地，苦境．

apretao 男 女《ラ米》けち，けちん坊 (→ tacaño 地域差).

apretapapeles 男［単複同形］《ラ米》(ｱﾙｾﾞﾝﾁﾝ)文鎮，紙押さえ．

apretar［アプレタル］18 他〔英 press; clasp〕❶ **強く押す**，押し込む；締めつける．～ el botón ボタンを押す．～ el paso 歩調を速める．❷ **抱き締める**，握り締める．❸ (人に) 圧力をかける；厳しくする．— 自 ❶ (気候・痛み等が) 厳しい．❷ (靴・服等が) 窮屈である．❸ 力を入れる，頑張る．❹ 急ぐ；《～ a＋不定詞》急に…する．～ *a* correr 駆け出す．— **apretarse** 再 押し合いへし合いする．*apretarle las clavijas* [*las tuercas*] *a* ...《話》…に厳しくする．

apretón 男 ❶ 締めつけ；握り［抱き］締めること．❷ 押し合いへし合い．❸《話》便意．❹《話》頑張り．～ *de manos* 握手．*Reciba un* ～ *de manos.*《手紙》心から御挨拶を申し上げます．

apretujar 他《話》ぎゅうぎゅう押す．— **apretujarse** 再《話》押し合いへし合いする．

apretujón 男《話》❶ 押し合いへし合い．❷ 抱き［握り］締めること，抱擁，握手．

apretura 女 ❶［複］ぎゅうぎゅう詰め．❷ 窮地，苦境．❸ 窮乏，逼迫(ひっぱく)．

apriet- 活 → apretar.

aprieto 男 窮地，苦境．poner a ... en un ～ …を窮地に追い込む．— 活 → apretar.

a priori〔ラ〕演繹(えんえき)的に，先験的に．

apriorismo 男 先験主義；演繹(えんえき)的推論．

apriorístico, ca 形 先験主義による，演繹(えんえき)的推論による．

aprisa 副 急いで，速く．

aprisco 男 家畜の囲い場．

aprisionar 他 投獄する；取り押える．

aproar 自 船首を向ける，進路を取る．

aprobación 女 ❶ 承認；(議案等の) 賛成．❷ 合格．

aprobado, da 過分 → aprobar. 形 承認［可決］された；合格した．— 男 及第点，(成績としての) 可．～ ramplón ぎりぎりの合格．

aprobar［アプロバル］32 他〔英 approve; pass〕❶ **承認する**；(議案等に) 賛成する．❷ **合格する** (↔ suspender)；合格させる．— 自 合格する．

aprontar 他 急いで準備する；(金を) すぐに支払う．

apropiación 女 占有；私物化．

apropiado, da 形 適切な．

apropiar 17 他 適合させる；当てはめる．— **apropiarse** 再《de》(…を) 自分のものにする，横取りする．

apropincuarse 10 再《a》(…に) 近づく．

apropósito 男〖演〗寸劇．

aprovechable 形 利用できる，役立つ．

aprovechado, da 過分 → aprovechar. 形 ❶ やりくり上手な．❷ 勉強［仕事］熱心な．❸《話》がめつい，抜けめない．— 男 女 がめつい人，抜けめない人．

aprovechamiento 男 ❶ 利用；［複］(資源) 開発．❷ (学習等の) 成果；上達．

A

aprovechar [アプロベチャル] 他〔英 make use of〕利用する, 役立たせる. ― 自 ❶ 役に立つ, 有用である. ❷ ((en)) (…で) 成果を上げる, (…が) 向上する. ― **aprovecharse** 再 ((de)) ❶ (…を) 利用する; (…を) 開発する. ❷ (…に) つけ入る. ❸ ((話)) (…に) みだらな振る舞いをする. *¡Que aproveche!* (食事中の人に) どうぞごゆっくり, たくさん召し上がれ.
aprovechón, chona 形 男 女 ((話)) 抜けめない(人); 要領のいい(人).
aprovisionamiento 男 補給, 調達.
aprovisionar 他 ((de)) (…を) 補給する. ― 再 ((de)) …を調達する.
aproximación 女 ❶ 接近; 歩み寄り. ❷ 近似(値); 概算; 目安. ❸ (宝くじの) 前後賞.
aproximadamente 副 およそ, 約.
aproximado, da 形 近似の, 概算の.
aproximar 他 ((a)) (…に) 近づける. ― **aproximarse** 再 ((a)) (…に) 近づく.
aproximativo, va 形 おおよその.
aprueb- 活 → aprobar.
ápside 男〔天〕軌道極点.
aptdo. / Aptdo. 男 → apartado (de correos)
áptero, ra 形〔鳥〕〔昆〕無翼の.
aptitud 女 適性; 能力, 素質.
Apto. 男 → apartamento.
apto, ta 形 ((para)) (…の) 能力[素質]がある; (…に) 適した.
apuesto, ta 形 粋(いき)な; 端整な. ― 女 賭(か)け, 賭金.
apunarse 再 ((ラ米)) 高山病にかかる.
apuntación 女 ❶ 支え, 補強. ❷ 書き留めること; メモ. ❸〔音〕記譜.
apuntado, da 形 先のとがった.
apuntador, dora 形 ❶ 照準を合わせる, ねらう. ❷ メモする. ― 男 女 ❶ 照準手. ❷〔演〕プロンプター.
apuntalamiento 男 支え, 補強.
apuntalar 他 支柱で支える, 補強する.
apuntamiento 男 ❶ 照準合わせ. ❷ 書き込み, メモ. ❸〔法〕公判調書.
apuntar [アプンタル] 他〔英 note〕❶ 書き留める, メモする; 登録する. ❷ (武器を) 向ける; 指さす. ❸ 指摘する; 示唆する. ❹ とがらせる. ❺ 仮留め[仮縫い]する. ❻ (俳優に) 台詞(せりふ)をつける. ― 自〔英 aim〕❶ ((a)) (…を) ねらう, ねらいをつける. ❷ 現れ始める. ～ el día 日が昇る. ❸〔演〕プロンプターを務める. ― **apuntarse** 再 ❶ ((a, en)) (…に) 自分の名前を記入する; 申し込む, 登録する. ❷ (得点等を) 入れる.
apunte 男 ❶ メモ; 書き込み; [複] (学生の) 講義ノート. ❷ スケッチ, 素描. ❸〔演〕プロンプター (用台本). ❹〔商〕記帳. ― 活 → apuntar.
apuntillar 他〔闘牛〕短剣でとどめを刺す.
apuñalamiento 男 刃物による攻撃, めった刺し.
apuñalar 他 短刀で刺す.
apuñar 他 握る, つかむ.
apuradamente 副 かろうじて; 困窮して.
apurado, da 形 ❶ 窮している; 手詰まりの. estar [andar] ～ de dinero 金に困っている. ❷ 急いでいる.
apuramiento 男 ❶ 困窮; 手詰まり. ❷ 解明. ❸ 浄化.
apurar 他 ❶ 使い果たす[尽くす], 空にする. ～ todos los medios あらゆる手立てを尽くす. ❷ せき立てる; 急がせる. ❸ うんざりさせる; 怒らせる; 恥ずかしい思いをさせる. ❹ 究明する. ❺ 純化する. ― 自 我慢の限界を越える. ― **apurarse** 再 ❶ 気をもむ; いらいらする. ❷ 急ぐ. *apurándolo mucho* せいぜい, たかだか.
Apurímac 固名 アプリマク: ペルーの県; 県都.
apuro 男 ❶ 窮地; 手詰まり. ❷ [主に複] 困窮, 窮乏. ❸ 恥ずかしさ, きまり悪さ. ❹ ((ラ米)) 急ぐこと.
apurón 男 ((ラ米)) ((話)) 大急ぎ, 大あわて.
aquejar 他 (病気・痛みが) 苦しめる.
aquel, aquella [アケる, アケリャ〈アケヤ・アケジャ〉] 形 ((指示)) [複 aquellos, aquellas]〔英 that〕❶ (離れた人・事物を指して) **あの**. → este, ese. *aquella* casa あの家. en ～ momento あの時. ► 時に((軽蔑)). las mujeres *aquellas* ああいう女たち. ❷ ((後者に対して)) ((＋名詞)) 前者の. ❸ → aquél. ❹ ((＋関係代名詞)) …する人. ～*s* que no estudian 勉強しない人々. ― 男 ((話)) (女性の性的な) 魅力.
aquél, aquélla [アケる, アケリャ〈アケヤ・アケジャ〉] 代名 ((指示)) [複 aquéllos, aquéllas]〔英 that〕❶ **あれ, あの人**. → éste, ése. Esta maleta es más pesada que *aquélla*. このスーツケースはあれより重い. ► 指示形容詞 aquel, aquella と混同のおそれのないときはアクセント符号を省略できる. ❷ ((後者に対して)) 前者.
aquelarre 男 ❶ 悪魔や魔女の集会. ❷ (深夜の) 騒音, 大騒ぎ.
aquella 形 → aquel.
aquélla 代名 → aquél.
aquello [アケリョ〈アケヨ・アケジョ〉] 代名 ((指示)) [中性]〔英 that〕**あれ**, あのこと; (場所) あそこ. → esto, eso. Aún no puedo olvidarme de ～. まだあのことを忘れられない.
aquende 前 …のこちら側に.
aquenio 男〔植〕痩果(そうか).
aqueo, a 形 (古代ギリシャの) アカイヤの. ― 男 女 アカイヤ人.
aquerenciarse 17 再 ((a)) (主に動物がある場所に) 住み着く.
aqueste, ta, to 形 ((指示)) ((文)) → este, esta, esto.
aquí [アキ] 副〔英 here〕❶ ((近称の指示副詞)) **ここに[で, へ]**. Ven ～. こっちにおいで. ～ cerca この近くに. ❷ 今; その時. Hasta ～ no ha ocurrido nada. 今まで何も起こっていない. ❸ ((出席の返事)) はい. ❹ ((話)) (人を紹介して) こちら; ((俗)) (人を指して) この人, こいつ. *A*～, Ricardo, mi amigo. こちらが私の友達のリカルドです. ***A～ tiene [está].*** (物を手渡して) どうぞ. ***～ y allí*** そこかしこに[で]. ***de ～ a …*** 今から…したら; …後まで. ***de ～ a*** una semana 今から1週間したら; 1

週間後まで. ***de ～ en adelante*** 今後は. ***de ～ te espero*** 《話》すごい, とても大きい. un frío *de ～ te espero* ひどい寒さ. ***¡Largo de ～!*** 《話》ここから出て行け. ***de ～*** 〈＋名詞／ ***que***＋接続法〉 こんなわけで…. ***por ～*** このあたりに；ここを通って.

aquiescencia 女 承諾, 同意.

aquiescente 形 承諾する, 同意する.

aquietar 他 落ち着かせる, なだめる；(苦痛等を)和らげる. ── **aquietarse** 再 落ち着く；(苦痛が)和らぐ.

aquifoliáceas 女 複 〖植〗モチノキ科(の植物).

aquilatamiento 男 (価値の) 調査, 吟味.

aquilatar 他 ❶(貴金属の)カラット数を調べる；試金する. ❷吟味[評価]する.

aquilino, na 形 《文》ワシの(ような).

aquillado, da 形 竜骨[キール]の形をした；〖海〗キールの長い.

aquilón 男 《文》北風.

ara 女 [el ara] 祭壇；(祭壇の) 聖石. ***en aras de ...*** …のために, …に免じて.

árabe 形 ❶ アラブ (人) の, アラビア (人) の, アラビア語の. ❷ イスラム教の. ── 男 女 ❶ アラブ人, アラビア人. ❷ イスラム教徒. ── 男 ❶アラビア語. ❷訳の分からぬ言葉.

arabesco, ca 形 男 アラビア風装飾様式(の), アラベスク(の).

Árabes Unidos 固名 Emiratos ～ アラブ首長国連邦：首都アブダビ Abu Dhabi.

Arabia 固名 アラビア(半島).

Arabia Saudita 固名 Reino de ～ サウジアラビア王国：首都リヤド Er-Riad.

arábico, ca 形 → arábigo.

arábigo, ga 形 アラブの, アラビアの. Golfo *A*～ ペルシャ湾.

arabismo 男 アラビア語的表現, アラビア語源の語. → alcalde, azúcar 等.

arabista 男 女 アラブ[アラビア]学者, アラビア語[文学]研究家.

arabización 女 アラブ[アラビア]化.

arabizar 57 他 アラブ[アラビア]風にする, アラビア様式に変える.

arácnido, da 形 〖動〗クモ形類[綱]の. ── 男 [複]クモ形綱(の節足動物).

aracnoides 女 [単複同形] 〖解〗くも膜.

arada 女 ❶ 耕すこと；1日分の農作業. ❷耕地.

arado 男 〖農〗犂(すき).

arador, dora 形 耕す. ── 男 女 農夫. ── 男 〖動〗カイセンチュウ, ヒゼンダニ.

aradura 女 鋤(すき)起こし.

Aragón 固名 ❶ アラゴン：スペインの地方；自治州. ❷〖史〗Corona de ～ (y Cataluña) アラゴン王国.

aragonés, nesa 形 男 女 アラゴン (地方) の (人)；〖史〗アラゴン王国の (人). ── 男 アラゴン方言. ── 女 大粒の赤ブドウ.

aragonesismo 男 アラゴン地方独特の語句[表現]；アラゴン中心主義.

aragonito 男 〖鉱〗あられ石.

araguato, ta 形 《ラ米》(ｺﾛﾝﾋﾞｱ)(ﾍﾞﾈｽﾞｴﾗ)黄褐色の, 暗黄色の. ── 男 〖動〗ホエザル.

arameo, a 形 アラム (人, 語) の. ── 男 女 アラム人. ── 男 アラム語.

arancel 男 関税 (率)；公定運賃 (表).

arancelario, ria 形 関税の.

arándano 男 〖植〗ブルーベリー.

arandela 女 〖技〗(ボルトの) 座金, ワッシャー.

arandillo 男 〖鳥〗ヨシキリの一種.

aranés, nesa 形 男 女 (スペイン, レリダ県)アラン渓谷の (人). ── 男 アラン渓谷方言.

Aranjuez 固名 アランフエス：スペインのマドリード県の町. 18世紀の王宮がある.

araña 女 ❶〖動〗クモ. tela de ～ クモの巣. ❷ シャンデリア.

arañar 他 ❶ (爪(つめ)等で) 引っかく；…に (引っかき) 傷をつける. ❷ (金等を) かき集める. ❸(弦楽器を) かき鳴らす. ── **arañarse** 再 自分の…を引っかく.

arañazo 男 引っかき傷, みみず腫(ば)れ.

arañuela 女 ❶→ arañuelo. ❷〖植〗クロタネソウ.

arañuelo 男 〖動〗(クモの巣状のものを作る害虫の) 幼虫；ダニ.

arao 男 〖鳥〗ウミガラス.

arapaima 男 〖魚〗アラパイマ.

arar 他 ❶ 犂(すき)で耕す. ❷ …に溝をつける. ***～ en el mar*** 無駄骨を折る.

Arauca 固名 el ～ アラウカ川：オリノコ川の支流.

araucano, na 形 男 女 アラウカノ族の (人). ── 男 ❶[複]アラウカノ族. ❷ アラウカノ語.

araucaria 女 〖植〗ナンヨウスギ.

arawak 男 アラワク語.

arbitraje 男 ❶ 〖法〗仲裁, 調停. ❷〖スポ〗審判.

arbitral 形 ❶〖法〗仲裁 (者) の, 調停 (者) の. ❷〖スポ〗審判 (員) の.

arbitrar 自 (en, entre) 〖法〗(…の) 仲裁[裁定, 調停]をする. ── 他 ❶ …の審判をする；…を仲裁する. ❷ (手段を) 考える, 見つける.

arbitrariedad 女 ❶ 独断, 専横. ❷無法；気まぐれ. ❸〖言〗恣意(しい)性.

arbitrario, ria 形 気ままな, 恣意(しい)的な；独断的な.

arbitrio 男 ❶ (自由) 意志, 裁量. dejar al ～ de ... …の裁量に任せる. estar al ～ de ... …に従う, …に依存する. ❷〖法〗裁定. ❸手段. ❹[複]税金.

arbitrista 男 女 夢想的な政治家.

árbitro, tra 男 女 ❶ 審判員. ❷ 調停者, 仲裁者. ❸影響力のある人.

árbol [アルボる] 男 [英 tree] ❶ 木, 樹木. ❷〖植〗 ～ de Judas [del amor] ハナズオウ. ～ de Júpiter サルスベリ. ～ del pan パンノキ. ～ del Paraíso ホソバグミ, グミ類. ❸ 軸, シャフト. ～ de levas (車の) カムシャフト. ❹帆柱, マスト. ～ mayor メインマスト. ❺(らせん階段の) 親柱. ❻ 枝分かれ図. ～ genealógico 家系図；〖言〗系統樹. ***～ de la vida*** (1)〖聖〗生命の樹. (2)〖植〗マツ科クロベ属の針葉樹. (3)〖解〗小脳活樹. ***Del ～ caído todos hacen leña.*** 《諺》人間落ち目になると寄ってたかって食い物にされる. ***Los ～es no dejan ver el bosque.*** 《諺》木を見て森を見ず. ***Por el fruto se conoce el ～.*** 《諺》人の値打ちはその仕事で分かる. ***Quien a buen ～ se arrima, buena sombra le cobija.*** 《諺》寄らば大樹の陰.

arbolado, da 形 ❶ 樹木の茂った. ❷ 高波の. ―男 樹木, 木立.
arboladura 女 帆柱, 帆桁(ほた).
arbolar 他 ❶ (船に) マストを立てる. ❷ 高く掲揚する. ❸ 高波を生じさせる. ― **arbolarse** 再 (波が) 高く上がる.
arboleda 女 木立; 植林[造林]地.
arbóreo, a 形 樹木の; 〘動〙 樹上性の.
arborescencia 女 樹木状, 樹枝状.
arborescente 形 樹木状の.
arboricidio 男 森林[緑地]破壊.
arborícola 形 〘動〙 樹上生活の.
arboricultor, tora 男 女 樹木栽培業者.
arboricultura 女 樹木栽培.
arborización 女 (結晶・神経細胞等の) 樹枝状, 樹状分枝.
arbotante 男 (ゴシック建築の) 飛び梁(ばり), 飛梁(ひりょう).
arbustivo, va 形 低木[灌木(かんぼく)]状の.
arbusto 男 低木, 灌木(かんぼく).
arca 女 [el ～] ❶ 櫃(ひつ), 長持, 箱. ～ de la alianza [del testamento] 〘聖〙 契約の箱. ❷ [複] 金庫; 公庫. ～*s* públicas 国庫. ❸ タンク, 貯蔵所. ～ de agua 貯水槽, 給水塔. **～ *cerrada*** 口の堅い人. **～ *de Noé* [*del diluvio*]** ノアの箱舟; 〘貝〙 フネガイ.
arcabucear 他 …を火縄銃で撃つ.
arcabucero 男 火縄銃兵[製造者].
arcabuz 男 火縄銃.
arcabuzazo 男 火縄銃の発砲.
arcada 女 ❶ アーケード. ❷ (橋の) 径間. ❸ [複] むかつき, 吐き気.
arcadia 女 桃源郷, 田園の理想郷.
arcaduz 男 導管, 水道管.
arcaico, ca 形 ❶ 古風な; 旧式の. ❷ 〘地質〙 始生代の.
arcaísmo 男 ❶ 古めかしさ. ❷ 古語 (趣味). ❸ 擬古主義.
arcaizante 形 擬古的な, 懐古趣味の. ―男 女 擬古文作家; 懐古主義者.
arcaizar ⑲ 他 古風 (な表現) にする.
arcángel 男 〘宗〙 大天使.
arcano, na 形 不可思議な, 謎(なぞ)の. ―男 神秘, 秘密.
arce 男 〘植〙 カエデ.
arcediano 男 〘カト〙 大助祭, 助祭長.
arcedo 男 カエデの林.
arcén 男 路肩; (歩道の) 縁石.
archicofradía 女 〘カト〙 大兄弟会.
archiconocido, da 形 《話》 とてもよく知られた.
archidiácono 男 → arcediano.
archidiócesis 女 [単複同形] (カトリック) 大司教区; (ギリシャ正教) 大主教区; (プロテスタント) 大監督区.
archiducado 男 ❶ 大公領, 大公国. ❷ 大公の位.
archiducal 形 大公の, 大公領の.
archiduque 男 大公.
archiduquesa 女 大公妃; 女大公.
archimandrita 男 (ギリシャ正教) 修道院長.
archipámpano 男 《話》 お偉方.
archipiélago 男 多島海; 群島. *A*～ de Colón ガラパゴス諸島.
archisabido, da 形 《話》 とてもよく知られた, 周知の.
archivador, dora 形 書類保管 (用) の. ―男 女 (書類の) 保管係. ―男 書類キャビネット; (仕切り付き) 書類ケース.
archivar 他 ❶ (書類を) 綴(と)じ込む, ファイルする. ❷ お蔵入りにする; 棚上げする.
archivero, ra / archivista 男 女 文書保管係, 文書係.
archivístico, ca 形 記録 (文書) の; 保管書類の.
archivo 男 ❶ 《集合的》 記録 (文書), 資料, 保管書類. ❷ [単または複] (記録) 文書保管所, 資料室; 古文書館. ❸ 書類保管キャビネット. ❹ 〘IT〙 ファイル; アーカイブ.
archivología 女 古文書学.
archivolta 女 〘建〙 アーキボールト, 飾り迫縁(せりぶち).
arcilla 女 粘土. ～ cocida テラコッタ.
arcilloso, sa 形 粘土質の, 陶土質の.
arciprestazgo 男 〘カト〙 首席司祭の職務.
arcipreste 男 〘カト〙 首席司祭.
arco [アルコ] 男 〔英 arch〕 ❶ **弓**. tirar con ～ 弓を射る. tiro con [de] ～ アーチェリー. ❷ 〘建〙 **アーチ**. ～ de herradura [morisco, arábigo] 馬蹄(ばてい)形アーチ. ～ de medio punto 半円アーチ. ❸ (弦楽器の) 弓. ❹ 〘数〙 弧. ❺ 〘解〙 弓(きゅう). ❻ ～ eléctrico [voltaico] 〘電〙 電気アーク. ❼ 《ラ米》 (サッカー等の) ゴール. **～ *de triunfo* [*triunfal*]** 凱旋(がいせん)門. **～ *iris*** 虹(にじ).
arcón 男 大櫃(ひつ), 大箱.
arconte 男 〘史〙 アルコン: 古代アテネの執政官.
ARDE [アルデ] 女 *A*lianza *R*evolucionaria *De*mocrática (ニカラグアの) 民主革命同盟.
arder [アルデル] 自 〔英 burn〕 ❶ **燃える**, 燃焼する. ❷ 《de, en》 (…で) 感情が高ぶる, 激する; 熱くなる. ～ *en* deseos de ... …したさで気が狂いそうである. ～ por 〈+不定詞〉 …したくてうずうずする. ❸ 《en》 (…で) 沸き立つ, 騒然となる. ❹ 焼けるような感触である. ― **arderse** 再 燃える, 燃え上がる. ***estar que arde*** 燃焼中である; 熱くなっている; 腹を立てている; 騒然としている. ***ir que arder*** 《話》 (得たもので) 十分だ.
ardid 男 策略, 奸計(かんけい).
ardido, da 形 《ラ米》 不機嫌な, 怒った.
ardiente 形 ❶ 燃えている; 熱い. rojo ～ 真っ赤 (な). ❷ 熱烈な; 情熱的な, (特に性欲が) 激しい.
ardientemente 副 熱烈に.
ardilla 女 〘動〙 リス.
ardimiento 男 熱情; 勇気.
ardite 男 ❶ (古) アルディテ硬貨: 非常に小額のスペインの古銭. ❷ 取るに足りないもの. (No) me importa un ～. 全然気にしていない.
ardor 男 ❶ 酷暑, 暑熱; 焼ける感覚. ～ de estómago 胸焼け. ❷ 熱情, 激しさ.
ardoroso, sa 形 熱い, 暑い; 激しい.
arduo, dua 形 困難な, 骨の折れる.
área [アレア] 女 [el ～] 〔英 area〕 ❶ **地域**; 地帯, 圏. ～ metropolitana [urbana] 大都市圏. ❷ 範囲, 領域. ～ de servicio サービスエリア. ❸ 面積; 敷地, 土地面積. ❹ アール: 100平方メートル.

❺〘スポ〙エリア．～ de castigo ペナルティーエリア．❻〘IT〙記憶(領)域．
areca 女〘植〙ビンロウジュ(の実)．
arena [アレナ] 女 [英 sand] ❶ 砂．～*s* movedizas 流砂．reloj de ～ 砂時計．❷(古代ローマの)闘技場．❸〘闘牛〙アレナ，闘技場．❹[複](腎臓・膀胱等の)結石，結砂．***edificar sobre ～*** 砂上に楼閣を築く．***estar en la ～*** 対決[対戦]する．***sembrar en ～*** 無駄骨を折る．
arenal 男 砂原；砂地；流砂(床)．
arenero 男〘闘牛〙闘技場整備員．
arenga 女 大演説，熱弁．
arengar 66 他 熱弁を振るう．
arenilla 女 ❶ 細かい砂．❷〘医〙結砂．
arenisco, ca 形 砂の混じった．── 女 砂岩．
arenoso, sa 形 砂の，砂状の．
arenque 男〘魚〙ニシン．
areola / aréola 女 ❶〘医〙(皮疹の)紅輪．❷ 乳輪．
areolar 形 輪紋状の．
areómetro 男〘物〙液体比重計．
arepa 女《ラ米》トウモロコシで作ったパン．
Arequipa 固名 アレキパ：ペルーの県；県都．
arete 男 ❶ 小さな輪[環]；リング状のピアス．❷[複]《ラ米》イヤリング(→ zarcillo 地域差)．
argallera 女(樽板(たる)の)溝切り道具．
argamandel 男 ぼろ．
argamandijo 男《話》道具一式．
argamasa 女 モルタル．
argán 男〘植〙シデロキシロン．
Argel 固名 アルジェ：アルジェリアの首都．
Argelia 固名 アルジェリア：首都アルジェ Argel.
argelino, na 形 アルジェリアの．── 男 女 アルジェリア人．
argemone 女〘植〙アザミゲシ．
argentado, da 形《文》銀めっきした；銀(白)色の．
argénteo, a 形 銀の(ような)，銀めっきの．
argentífero, ra 形 銀を含む．
Argentina [アルヘンティナ] 固名 アルゼンチン：首都ブエノスアイレス Buenos Aires.
argentinismo 男 アルゼンチン特有の語[語法]．
argentino, na [アルヘンティノ,ナ] 形 ❶ アルゼンチンの．República *Argentina* アルゼンチン共和国．❷ 銀の(ような)，銀に似た．❸(音・声が)澄んで響きのよい．voz *argentina* 玉を転がすような声．── 男 女 アルゼンチン人．── 男 アルゼンチン金貨．── 女〘植〙ヘビイチゴの類．
argento 男《文》銀．
argentoso, sa 形 銀を含む．
argivo, va 形 男 女(古代ギリシャの都市)アルゴスの(人)；古代ギリシャの(人)．
argólico, ca 形 → argivo.
argolla 女 ❶(金属の)輪，環．❷(罪人に首枷(くびかせ)をはめる)さらし刑．❸ 束縛．❹ 首飾り；腕輪．❺《ラ米》(1) 結婚[婚約]指輪．(2)[複]イヤリング(→ zarcillo 地域差)．(3) 仕事上の特権グループ．(4) 政治的談合．
argón 男〘化〙アルゴン．
argonauta 男〘動〙アオイガイ，カイダコ．
argot [仏] 男[複 ～s] 隠語，仲間内の言葉；俗語，スラング．
argucia 女 詭弁(きべん)，へ理屈．
argüir 20 他 ❶ 推論する．❷ 論じる；示す．── 自 論じる ～ a favor [en contra] de ... …に賛成[反論]する．
argumentación 女 主張；論拠．
argumentar 自 論じる．── 他 論じる；主張する；推論する．
argumento 男 ❶ 論証；論拠，論旨；考え方．❷(小説・映画等の)筋，ストーリー．❸〘数〙独立変数；偏角．
aria [伊] 女 [el ～]〘音〙アリア．
aridez 女 ❶ 乾燥；不毛．❷ 無味乾燥．
árido, da 形 ❶ 乾燥した；不毛の．❷ 面白みのない，無味乾燥な．── 男 ❶[複]〘商〙穀物，(豆類等の)乾物類．❷(建築用の)砂，セメント．
Aries 固名〘占星〙白羊宮；〘天〙牡羊(おひつじ)座．
ariete 男 ❶(昔の)破城槌(つち)．❷(サッカー)センターフォワード．
ario, ria 形 アーリア人[語族]の．── 男 女 アーリア人．
arisco, ca 形 無愛想な，よそよそしい．
arista 女 ❶〘植〙(麦等の)芒(のぎ)．❷ 縁，へり，角．❸〘数〙稜(りょう)；〘建〙稜；(石組等の)隅，角．❹[複]困難．❺[複]無愛想，取っつきの悪さ．
aristocracia 女《集合的》貴族(階級)；上流[特権]階級；貴族政治．
aristócrata 男 女 貴族；上流[特権]階級の人；貴族政治主義者．
aristocrático, ca 形 ❶ 貴族的な，貴族階級[政治]の．❷ 上品な，高貴な．
aristoloquia 女〘植〙ウマノスズクサ．
aristotélico, ca 形 アリストテレスの；アリストテレス学派の．── 男 女 アリストテレス学派の人．
aritmética 女 算数．
aritméticamente 副 計算して；計算上．
aritmético, ca 形 算数の，算術の．operación *aritmética* 四則演算，加減乗除．── 男 女 算術家．
arito 男[複]《ラ米》イヤリング(→ zarcillo 地域差)．
arlequín 男〘演〙アルルカン：イタリア喜劇の道化役；おどけ者．
arma [アルマ] 女 [el ～] [英 arm] ❶ 武器，兵器．～ de fuego 火器．～ blanca 刀剣(類)，ナイフ；白刃．¡A las ～*s*! / ¡A formar con ～*s*! 武器を取れ，戦闘準備．❷ 部隊，兵種．～ de artillería 砲兵隊．～ de caballería 騎兵隊．❸[複]軍隊；軍務；戦闘．❹[主に複]《比喩的》武器，手段．～ de doble filo [dos filos] 両刃の剣．❺[主に複]紋章．***alzarse*** [***levantarse***] ***en ～s*** 武装蜂起(ほうき)する．***dar ～s contra sí mismo*** 自ら災いを招く．***de ～s tomar*** 大胆不敵な．***estar en ～(s)*** 反乱状態である，蜂起している．***hacer*** sus ***primeras ～s*** デビューする．***llegar a las ～s*** 戦端を開く；武力[暴力]に訴える．***medir las ～s*** 激しく渡り合う．***pasar por las ～s*** 銃殺する．***poner en ～s*** 武装[蜂起]させる．***rendir el ～*** 神に感謝と崇敬の念を表す．***rendir***

(***las***) ***～s*** 屈服する. ***sobre las ～s*** 武装を整えて. ***tocar*** (***el, al***) ***～*** 非常呼集らっぱを鳴らす. ***tomar*** (***las***) ***～s*** 武装する. ***velar las ～s*** (叙任式の前に騎士になる者が) 武器の不寝番をする. ***volver el ～ contra ...*** …に刃(やいば)を向ける.

armada 女 ❶ 海軍, 海軍力. ❷ 艦隊. *A*～ Invencible (スペインの) 無敵艦隊.

armadía / almadia 女 筏(いかだ).

armadillo 男〘動〙アルマジロ.

armado, da 形 ❶ 武装した, 武器を持った. fuerzas *armadas* 軍隊. ❷ 補強した. hormigón ～ 鉄筋コンクリート. ❸ 《**con, de**》(…の) 付いた ; (…を) 備えた. ❹ 組み立てられた. ── 男 (聖週間の行列で) ローマ兵の姿をした人.

armador, dora 男 女 ❶〘海〙船主. ❷ 組立工, 整備工.

armadura 女 ❶ 鎧(よろい), 甲冑(かっちゅう). ❷ 枠, 縁 ; 骨組み. ～ de las gafas めがねのフレーム. ❸ (人・動物の) 骨格.

armamentista 形 軍備拡張の ; 兵器産業の. ── 男 女 軍備拡張論者 ; 兵器製造業者.

armamento 男 軍備, 武装 ; 軍需品.

Armando 固名 アルマンド : 男子の名.

armar 他 ❶ 武装させる. ❷ (攻撃のため) 武器を準備する. ❸ (船を) 艤装(ぎそう)する ; 出港準備を整える. ❹ 組み立てる, 据えつける. ❺ 補強する. ❻ 《話》 たくらむ. ❼ 《話》 (騒ぎ等を) 引き起こす. ── **armarse** 再 ❶ 武装する, 武器を取る, 軍備する. ❷ 《**de**》(…を) 備える, 持つ. ～ *de* valor 勇気を奮う. ❸ 起こる, 持ち上がる. ***armar caballero*** 騎士に叙する. ***armarla*** (***buena***) 《話》 面倒を起こす, 騒ぎ[けんか]を始める. ***armarse la gorda*** [***la de Dios es Cristo***] 《話》 大騒ぎになる.

armario [アルマリオ] 男 〔英 wardrobe〕 **たんす**, 戸棚, ロッカー. ～ de cocina 食器棚.

armatoste 男 大きすぎて役立たずの物 ; 《話》《軽蔑》 うどの大木.

armazón 女 (または男) ❶ 骨[枠]組み. ❷ (ラ米)(アルゼンチン)(ウルグアイ)(めがねの) フレーム.

armella 女 アイボルト : 輪のついたボルト.

Armenia 固名 アルメニア : (1) 独立国家共同体の共和国. (2) アジア西部の古代国家.

armenio, nia 形 アルメニア (人, 語, 教会) の. ── 男 女 アルメニア人 ; アルメニア教会の信徒. ── 男 アルメニア語.

armería 女 武器展示[保管]所 ; 武器販売店.

armero 男 ❶ 武器製造[販売, 修理, 保管]者. ❷ 銃架.

armiño 男〘動〙アーミン ; アーミンの毛皮.

armisticio 男 休戦, 停戦.

armón 男〘軍〙(砲車等の) 前車.

armonía [アルモニア] 女 〔英 harmony〕 ❶ **調和**, ハーモニー ; 協調. en ～ con ... …と調和[仲良く, 協力]して. ❷〘音〙和声 (法).

armónico, ca 形 ❶ 調和の (取れた). ❷〘音〙和声の. ── 男〘音〙〘物〙〘音声〙倍音. ── 女 ハーモニカ. 地域差 ハーモニカ armónica 《ほぼスペイン語圏全域》 ; acordeón de boca 《ラ米》(ニカラグア) ; dulzaina (ホンジュラス, エルサルバドル, コスタリカ) (コロンビア) ; flauta (アルゼンチン) ; música de boca (チリ) ; organillo (ボリビア) ; órgano de boca (メキシコ) (ニカラグア) ; rondín (エクアドル, ペルー) ; sinfonía (ドミニカ共和国, プエルトリコ)(ベネズエラ) ; violenta (グアテマラ).

armonio 男〘音〙ハーモニウム.

armonioso, sa 形 耳に快い ; 調和の取れた.

armónium 男 → armonio.

armonización 女 ❶ 調和[協調]させること. ❷〘音〙和音をつけること.

armonizar 57 他 ❶ 調和[協調]させる. ❷〘音〙和音をつける. ── 自 《**con**》(…と) 調和[協調]する.

armuelle 男〘植〙ハマアカザ.

ARN 男 *á*cido *r*ibo*n*ucleico リボ核酸 〔英 RNA〕.

arnés 男 ❶ 甲冑(かっちゅう). ❷ [複] 馬具 (一式). ❸ ハーネス (ベルト状の装具).

árnica 女〘植〙アルニカ ; アルニカチンキ. ***pedir ～*** 《話》 (窮状を訴えて) 助けを求める.

aro 男 ❶ 輪, たが. jugar al *aro* 輪を転がして遊ぶ. ❷ [複] 《ラ米》 イヤリング (→ zarcillo 地域差). ❸〘植〙アルム. ***pasar*** [***entrar***] ***por el aro*** しぶしぶ譲歩する.

aroma 男 芳香.

aromaticidad 女 香りのよいこと.

aromático, ca 形 香りのよい.

aromatización 女 香りづけ.

aromatizante 形 香りをつける. ── 男 香料.

aromatizar 57 他 香りをつける.

aron 男〘植〙アルム.

arpa 女 [el ～]〘音〙ハープ, 竪琴(たてごと).

arpado, da 形 ❶ のこぎりの歯のような. ❷ 《文》(鳥が) 美しい声の.

arpegiar 17 自〘音〙アルペジオ (奏法) で弾く.

arpegio 男〘音〙アルペジオ (奏法).

arpía 女 ❶〘ギ神〙ハルピュイア : 女性の顔・猛禽(もうきん)の体を持つ. ❷ 《軽蔑》 性悪女.

arpillera 女 (袋・包装用の) 粗製麻布.

arpista 男 女 ハープ奏者.

arpón 男 銛(もり).

arponado, da 形 銛(もり)の形をした.

arponear 他 銛(もり)で捕る, 銛を投げる.

arponero 男 銛(もり)打ち師.

arqueado, da 形 弓形の, 湾曲した. ── 女 (弦楽器の) 運弓.

arqueaje / arqueamiento 男 (船舶の) 積載量 (の測定).

arquear 他 ❶ 弓形にする. ❷ (金庫・帳簿の金を) 勘定する. ❸ (船舶の) 積載量を測定する. ── **arquearse** 再 湾曲する.

arqueo 男 ❶ 湾曲 (すること). ❷ 会計検査. ❸ (船舶の) 積載量の測定 ; 積載量.

arqueolítico, ca 形 石器時代の.

arqueología 女 考古学.

arqueológico, ca 形 考古学の.

arqueólogo, ga 男 女 考古学者.

arquería 女〘建〙装飾アーケード.

arquero, ra 男 女 ❶ アーチェリー選手 ; (弓の) 射手. ❷ (樽(たる)の) たが職人. ❸ 《ラ米》 (サッカー) ゴールキーパー.

arqueta 女 ❶ 小箱, 小形の櫃(ひつ). ❷ 排水を受ける器.

arquetípico, ca 形 原型の ; 典型的な.

arquetịpo 男 原型；典型；理想型.
arquitẹcto, ta 男 女 建築家, 建築技師. ～ técnico 現場監督.
arquitectọnico, ca 形 建築（学上）の.
arquitectura [アルキテクトゥラ] 女〔英 architecture〕❶ **建築**；建築学［技術］. ～ civil [religiosa] 一般［教会］建築. ～ militar 築城. ❷ 建築様式. ～ románica ロマネスク様式. ❸ 構造.
arquitecturạl 形 → arquitectónico.
arquitrạbe 男〘建〙アーキトレーブ, 台輪.
arquivọlta 女 → archivolta.
arrabạl 男《軽蔑》市外地区；町［村］はずれ；［複］郊外.
arrabalẹro, ra 形 男 女 ❶《話》《軽蔑》育ち［行儀］の悪い（人）；粗野な［下品な］（人）. ❷ 町はずれに住む（人）.
arrạbio 男〘冶〙銑鉄, 鋳鉄.
arracạda 女（下げ飾り付きの）イヤリング.
arracimạdo, da 形 房状の；集まった.
arracimạrse 再 房になる；集まる.
arraclạ́n 男〘植〙クロウメモドキ.
arraigạdo, da 形 根付いた；定着した. costumbres *arraigadas* 根強い習慣.
arraigamiẹnto 男 → arraigo.
arraigạr 66 自 ❶（植物が）根を張る. ❷（感情・習癖等が）深く根づく. — **arraigarse** 再 住み着く.
arrạigo 男 根付くこと；定着. tener ～ en ... …に根付いている.
arramblạr 自《con》（…を）持ち去る.
arramplạr 他《話》持ち去る.
arrancaclạvos 男［単複同形］釘(くぎ)抜き.
arrancạda 過分 → arrancar. 女 急発進；突然の動き［反応］. ***tener ～s de caballo y paradas de mula***（人が）熱しやすく冷めやすい.
arrancadọr 男 ❶〘機〙スターター, 始動機；《ラ米》〘車〙スターター（→ arranque 地域差）. ❷ 根を掘り起こす機械.
arrancamiẹnto 男 引き抜くこと.
arrancar [アランカル] 26 他〔英 pull up〕❶ 根こそぎにする, **引き抜く**. ❷《de》（悪習や考え等を）やめさせる. ❸《de》（…から）奪取する, 引き離す. ❹ 引き出す, 得る. ～ información a ... …から情報を引き出す. El episodio les *ha arrancado* lágrimas. そのエピソードは彼らの涙を誘った. ❺（車・機械等に）エンジンをかける, 作動させる；（人を）仕事に取り掛からせる. ～ el ordenador コンピュータを起動させる. — 自〔英 start〕❶（車・機械等が）**動き始める**；（人が）重い腰をあげる. ❷《de》（…から）発している；（…に）由来している. ❸《a＋不定詞》急に…する. — **arrancarse** 再 ❶《a＋不定詞》急に…する, 出し抜けに…し始める. ❷《de》（…から）立ち去る, 重い腰をあげる.
arranchạr 他 ❶（海岸等の近くを）航行する. ❷《ラ米》(ペルー)ひったくる. — **arrancharse** 再 集まる；会食する.
arrạnque 男 ❶ 始動, 発進；〘車〙スターター（→地域差）. motor de ～ スターター. ❷ 根源. ～ del cine moderno 近代映画の起源. punto de ～ 始まり, 出発点. ❸ 思い切り；衝動；機転. en un ～ 衝動的に. — 活 → arrancar. 地域差〘車〙スターター arranque《スペイン》《ラ米》(キューバ)(ホンジュラス, エルサルバドル, パナマ)(コロンビア)(エクアドル)(ウルグアイ, アルゼンチン)；arrancador (コスタリカ)(パラグアイ, アルゼンチン)；contacto (ボリビア)(チリ)；encendido (ニカラグア)(アルゼンチン)；estart (パナマ)(コロンビア)；ignición (プエルトリコ)(ホンジュラス, ニカラグア)；marcha《スペイン》《ラ米》(メキシコ)；suichera (ベネズエラ)；switch (メキシコ)(グアテマラ, ホンジュラス)(ベネズエラ)(エクアドル).
arranque(-) / arranqué (-) 活 → arrancar.
arrapiẹzo 男《話》（薄汚い）子供.
ạrras 女 複（新郎が新婦に贈る）13枚の硬貨；手付金.
arrasạdo, da 形 ❶ 平らな, ならされた；破壊された. ❷（涙で）いっぱいの. ojos ～*s* en lágrimas 涙でいっぱいの目.
arrasamiẹnto 男 壊滅.
arrasạr 他 ❶（表面を）平らにする. ❷ 破壊する. ❸（器に）なみなみと注ぐ；《de》（涙を）あふれさせる. — 自《話》大勝利をおさめる. — **arrasarse** 再 ❶（空が）晴れ渡る. ❷《de, en》（…で）いっぱいになる. ***arrasarse en lágrimas***（目に）涙があふれる.
arrastradẹro 男 ❶ 木材搬出道. ❷〘闘牛〙死んだ牛を砂場から引き出す場所.
arrastrạdo, da 過分 → arrastrar. 形 ❶ 困窮した, 惨めな. llevar una vida *arrastrada* 苦しい生活を送る. ❷《ラ米》《話》追従する. — 男 女 ごろつき.
arrastramiẹnto 男 引きずること.
arrastrar [アラストゥラル] 他〔英 drag〕❶ **引きずる**；引っ張る. ❷ 惹(ひ)きつける. ❸（結果として…を）もたらす. ❹（逆境等を）過ごす. ❺〘IT〙ドラッグする. — 自 ❶ 引きずる. ❷（トランプで）同じ組札を要求するカードを打ち出す. — **arrastrarse** 再 ❶ 這(は)って動く. ❷ 卑屈になる.
arrạstre 男 ❶ 引きずること. pesca de ～ トロール漁業. ❷（トランプ）同じ組札を要求するカードの打ち出し. ❸〘闘牛〙死んだ牛の搬出. ❹（スキー場の）バーリフト. — 活 → arrastrar. ***estar para el ～***《話》疲れ切っている, 状態の悪い.
arrastrẹro, ra 形 男 女 底引き網漁業の（漁師）.
arrayạ́n 男〘植〙ミルタス, ギンバイカ.
¡ạrre! 間（馬等に）それっ, 急げ.
¡arrẹa! 間《話》《驚き・不快感・驚嘆》うわ, すごい.
arreạdo, da 形《ラ米》《話》急いだ；疲れきった. — 女《ラ米》(アルゼンチン)(ウルグアイ)(1)（家畜の）駆り立て. (2) 家畜を盗むこと.
arreadọr 男《ラ米》(中米)（家畜用の柄の短い）鞭(むち).
arreạr 他 ❶（家畜等を）追い立てる. ❷（打撃を）加える. ～ una patada 一蹴(け)りを食らわす. ❸（馬に）馬具をつける. — 自 ❶ 急ぐ. ❷《con》…を奪い取る.
arrebañadụras 女 複 残り物；残飯.
arrebañạr 他《話》（残さず）集める；食べ尽くす.
arrebatạdo, da 形 ❶ 性急な；ばたばたした. ❷ 逆上した. ～ de ira 怒りに我を忘れた. ❸（顔が）上気した.
arrebatadọr, dọra 形 魅了する. sonrisa *arrebatadora* 魅惑的な微笑.
arrebatamiẹnto 男 ❶ 奪取. ❷ 激怒. ❸ 恍惚(こうこつ), 忘我.

A

arrebatar 他 ❶ 奪い取る；取り去る. ❷ 強く惹(ひ)きつける. ❸ 激怒させる. ── **arrebatarse** 再 ❶〖料〗(中まで火が通らずに) 焦げる. ❷ 激高する.

arrebatiña 女 奪い合い.

arrebato 男 ❶ 感情の爆発；激怒. en un ～ de ira 激怒して. ❷ 恍惚(こうこつ), 忘我.

arrebol 男 ❶ 夕焼け, 朝焼け. ❷《文》(頬(ほお)等の) 赤み.

arrebolada 女 朝焼け雲, 夕焼け雲.

arrebolar 他《文》赤くする. ── **arrebolarse** 再 赤くなる.

arrebozar 57 他 ❶〖料〗…に衣をつける. ❷ (顔の下部を) 覆う. ── **arrebozarse** 再 ❶ (顔を) 隠す. ❷ (ミツバチ等が巣に) 群がる.

arrebujar 他 ❶ (衣類等を) 無造作にしまう, くしゃくしゃに丸める. ❷ (人を) くるむ, 包み込む. ── **arrebujarse** 再《**en, con, entre**》(毛布・シーツ等に) くるまる.

arrechar 自《ラ米》(1)(ﾒｷｼｺ)張り切る. (2)(ﾒｷｼｺ)(ﾍﾞﾈｽﾞｴﾗ)欲情する. ── **arrecharse** 再《ラ米》(ｺﾛﾝﾋﾞｱ)(ﾍﾞﾈｽﾞｴﾗ)(1) 欲情する. (2) 激怒する.

arrechera 女《ラ米》欲情；激怒.

arrecho, cha 形《ラ米》《俗》欲情した；激怒した.

arrechucho 男《話》(一時的な) 体調不良；癇癪(かんしゃく).

arreciar 17 自 (雨・風・感情等が) 強まる, 激しくなる.

arrecife 男 岩礁, 礁. ～ de coral 珊瑚(さんご)礁.

arrecir 8 他《主に不定詞・過去分詞で》こごえさせる. *arrecido* de frío 寒さにこごえて. ── **arrecirse** 再 かじかむ.

arredramiento 男 おじけづくこと.

arredrar 他《文》おびえさせる. ── **arredrarse** 再 しり込みする, おじけづく.

arreglado, da 過分 → arreglar. 形 ❶ 整頓された；(人・生活等が) きちんとした；身なりを整えた. ❷ (価格・質が) 妥当な. ❸《**a**》(…に) 従った. *estar* [*ir*] ～《話》見当違いだ；期待外れだ. ¡*Estamos* ～*s*! がっかりだ. ¡Pues *estaría* ～ si tuviera que aguantarlo! 彼のことを我慢しないといけないなんてとんでもない.

arreglar [アレグらル] 他 〔英 fix; arrange〕 ❶ **直す**, 修理する；**整える**. ～ los zapatos 靴を修理する. ～ el cuarto 部屋を片付ける. ❷ 用意する, 取り決める. ～ una reunión 会合の打ち合わせをする. ❸ 解決する, 調整する. ～ el conflicto いざこざを収める. ～ cuentas con ... …と精算をする. ❹〖音〗アレンジする；〖料〗味付け[調味]する. ── **arreglarse** 再 ❶ (自分の身なりを) 整える, 身支度する. No tardo mucho en *arreglarme*. 私はすぐに用意できるよ. ❷ (物事が) 解決する, うまくいく. Ya *se ha arreglado* el problema. もう問題は解決した. ❸《**con**》(…と) 折り合う, 合意する. Yo voy a *arreglarme con* ella para cambiar los turnos. 当番を替わってもらうよう彼女と折り合いをつけるつもりだ. ❹ 切り盛りする, 何とかやる. ～ con [sin] ... …で間に合わせる[なしで済ます]. ❺ (男女が) 仲良くなる；(交際が) 復活する. ***arreglárselas*** 何とかやる, どうにかやっていく. *Ya te arreglaré.* 覚えてろよ.

arreglista 男 女〖音〗編曲者.

arreglo 男 ❶ 整理, 調整；修理. ～ personal 身繕い. ❷ 合意. ❸〖料〗味付け. ❹〖音〗編曲, アレンジ. ❺《話》愛人関係. ── 活 → arreglar. ～ ***de cuentas*** 復讐. ***con*** ～ ***a*** ... …に従って.

arrejuntarse 再《俗》同棲(どうせい)する.

arrellanarse 再《**en**》(…に) ゆったりと座る.

arremangar 66 他 …のそで・すそをまくり上げる. ── **arremangarse** 再 ❶ 腕まくりする. ❷ (事に当たる) 決意を固める.

arremeter 自《**contra**》(…に) 襲いかかる；(…を) 攻撃する. ── 他 (決然と) 取りかかる. ～ el trabajo 仕事に取り組む.

arremetida 女 攻撃, 突撃.

arremolinarse 再 ❶ 渦巻く. ❷ 群がる, ひしめき合う.

arrempujar 他《俗》→ empujar.

arrendadero 男 (馬をつなぐ) 環.

arrendador, dora 男 女 ❶ 家[地]主. ❷ 借家[地]人.

arrendajo 男 ❶〖鳥〗(1) カケス. (2) (アメリカ産の) モノマネドリ. ❷《軽蔑》他人のまねをする人, まがいもの.

arrendamiento 男 賃貸 (料), 賃借 (料), リース (料), レンタル (料). contrato de ～ 賃貸[賃借]契約.

arrendar 18 他 ❶ (土地・家屋等を) 賃貸[借]する. ❷ (馬を) つなぐ；調教する.

arrendatario, ria 形 賃借 (人) の. ── 男 女 借地[家]人.

arrendaticio, cia 形 賃貸借の.

arreo 男 ❶ (家畜を) 追い立てること. ❷《ラ米》(ﾁﾘ)泥棒. ❸[複]馬具；付属品.

arrepanchigarse 66 再《話》《**en**》(…に) ゆったりと座る.

arrepentido, da 形《**de**》(…を) 後悔している；悔い改めた. ── 男 女 更生した犯罪者.

arrepentimiento 男 ❶ 後悔, 悔恨. tener ～ 後悔する. ❷ (絵画の) 加筆, 修正 (の跡).

arrepentirse 98 再 ❶《**de**》(…を) 後悔する. *Me arrepiento de* haberlo hecho. 僕はそれをしたことを悔やんでいる. ❷ 約束を違える.

arrepient- / arrepint- 活 → arrepentirse.

arrequesonarse 再 (牛乳が) 分離する.

arrestar 他 逮捕する, 拘禁する. ── **arrestarse** 再《**a**＋不定詞》大胆にも…する.

arresto 男 ❶ 逮捕；拘留. ～domiciliario 自宅拘禁. ❷〖軍〗営倉, 禁固. ❸[複]勇気, 決意. tener ～*s* para 〈＋不定詞〉…をする勇気がある.

arrezagar 66 他 ❶ (そで等を) まくり上げる. ❷ (腕等を) 上げる.

arriada 女 ❶ 洪水. ❷〖海〗帆[旗]を下ろすこと.

arrianismo 男〖神〗アリウス派.

arriano, na 形 男 女 アリウス派の (信奉者).

arriar 31 他 ❶〖海〗(帆・旗等を) 下ろす. ❷ 氾濫(はんらん)させる. ── **arriarse** 再 氾濫する.

arriate 男 (細長い) 花壇；道.

A

arriba [アリバ] 副 〔英 up〕 ❶《場所・方向》上に[へ], 階上に(↔abajo). vivir ～ 階上に住む. los de ～ 階上[上層部]の人たち. la voz de ～ 上からの[天の]声. como escrito más ～ 上述のように. Vamos hacia ～. 上の方へ行きましょう. ❷《場所を表す名詞＋》…を上に向かって. escaleras ～ 階段を上って. calle ～ 通りを向こうの方へ. ❸《体の一部を表す名詞＋》(…を)上に向けて. boca ～ あお向けに. ¡Manos ～! 手を上げろ. ❹《名詞の前で, あるいは単独で間投詞的に》万歳；乾杯；起き上がれ；がんばれ. ¡*A*～ España! スペイン万歳. ～ ***de*** 〈＋数量〉…以上. ～ *de* treinta personas 30人以上. ***de ... para*** ～ …から上にかけて；…以上. ***de*** ～ ***abajo*** 上から下へ, 端から端まで. mirar *de* ～ *abajo* 頭のてっぺんから足の先まで見る；見下す. ***patas*** ～《話》ひっくり返って, ぐちゃぐちゃに.

arribada 女 (船の)到着, 入港.

arribar 自 (船が)入港する；到着する.

arribazón 男 魚群の沿岸への接近.

arribeño, ña 形 男 女《ラ米》(海岸部の住民から見て)高地から来た(人).

arribismo 男《軽蔑》出世至上主義.

arribista 形 野心のある. ― 男 女 野心家, 出世至上主義者.

arribo 男 到着.

arriendo 男 → arrendamiento.

arriero 男 馬方, ラバ追い.

arriesgado, da 形 危険な；大胆な. una empresa *arriesgada* 無謀な企て.

arriesgar 66 他 ❶ …を危険にさらす；賭(か)ける. ～ la vida 生命の危険を冒す. ～(se) el pellejo《話》命を賭ける. ❷ 思い切ってする. ～ una pregunta 思い切った質問をする. ― **arriesgarse** 再 危険を冒す；《**a**＋不定詞 / **que**＋接続法》思い切って…する. ***Quien no se arriesga no pasa el río [la mar].***《諺》虎穴(こけつ)に入らずんば虎児を得ず.

arriesgue(-) / arriesgué(-) 活 → arriesgar.

arrimadero 男 支え.

arrimar 他《**a**》(…に)近づける；寄せ掛ける. ― **arrimarse** 再 ❶《**a**》(…に)近づく；寄り掛かる；(…に)頼る. ❷ 集まる. ❸〖闘牛〗(牛に)接近する. ❹《俗》同棲(どうせい)する. ***arrimarse al sol que más calienta*** 強いものにつく.

arrimo 男 ❶ 支え；庇護(ひご). ❷ 傾倒, 好み. ❸ 境界壁. ***al ～ de ...*** …の庇護の下に.

arrimón 男 ***estar de ～***《話》壁に寄りかかって長時間待っている. ***hacer el ～***《話》(泥酔して)壁に寄りかかって歩く.

arrinconado, da 形 ❶ 隅に置かれた. ❷ 忘れられた, 見捨てられた.

arrinconamiento 男 隅に置くこと；見捨てること.

arrinconar 他 ❶ 隅に追いやる. ❷ 追いつめる. ❸ 遠ざける, 見捨てる. ― **arrinconarse** 再《話》隠遁(いんとん)する.

arriñonado, da 形 腎臓(じんぞう)の形の.

arriscadamente 副 大胆に, 向こう見ずに.

arriscado, da 形 ❶ 岩の多い. ❷ 無鉄砲な.

arriscar 26 他 ❶ 危険にさらす. ❷《ラ米》上げる, まくり上げる. ― **arriscarse** 再 → arriesgarse.

arritmia 女〖医〗不整脈.

arrítmico, ca 形 リズムの不規則な；〖医〗不整脈の.

arroba 女 ❶ アローバ：重量・容積の単位. 約 11.5kg; 油で約 12.5*l*, ワインで約 16.1*l*. ❷〖IT〗アットマーク(@). ***por ～s***《話》たくさん.

arrobador, dora 形 うっとりさせる.

arrobamiento 男 魅了；恍惚(こうこつ).

arrobar 他 うっとり[恍惚(こうこつ)と]させる. ― **arrobarse** 再 うっとり[恍惚と]する.

arrobo 男 → arrobamiento.

arrocero, ra 形 男 女 米の(生産者).

arroces 男 [複] → arroz.

arrodillar 他 ひざまずかせる. ― **arrodillarse** 再 ひざまずく；屈服する.

arrogación 女〖法〗(孤児等の)養子縁組.

arrogancia 女 ❶ 尊大, 傲慢(ごうまん). ❷ 勇敢.

arrogante 形 ❶ 尊大な, 傲慢(ごうまん)な. ❷ 勇ましい.

arrogar 66 他〖法〗(孤児等を)養子にする. ― **arrogarse** 再 (権利や能力を不当に)主張[行使]する.

arrojadizo, za 形 投げられる.

arrojado, da 過分 → arrojar. 形 勇気のある；向こう見ずな.

arrojar [アロハル] 他 〔英 throw〕 ❶ 投げる(＝tirar). ～ piedras 石を投げる. ❷ ほうり出す. ～ de casa 家から追い出す. ❸ (光・煙等を)放つ, 噴出する. ❹ (結果として)生む, 出す. ～ un saldo negativo 赤字を出す. ❺《話》吐く. ― 自《話》吐く. ― **arrojarse** 再 ❶ 身を投げる. ～ al río 川に飛び込む. ❷《**a, sobre, contra**》(…に)飛びかかる. ***arrojar luz*** 解明する. ***arrojar por la borda*** (船から)投げ捨てる；棒に振る. ***arrojarse a los pies de ...*** …の足元にひれ伏す.

arrojo 男 勇敢さ；大胆さ. ― 活 → arrojar.

arrollado 男〖料〗《ラ米》牛[豚]肉のロール巻き.

arrollador, dora 形 圧倒的な. fuerza *arrolladora* 破壊的な力.

arrollamiento 男 ❶ (車等が)ひくこと；(権利等を)踏みにじること. ❷ 圧倒すること. ❸ 巻くこと.

arrollar 他 ❶ (車等が)ひく. ❷ 圧倒する；やり込める. ～ al competidor 競争相手を圧倒する. ❸ (権利・法等を)踏みにじる. ❹ 巻く.

arromanzar 57 他 (特にラテン語から)ロマンス語(特にスペイン語)に翻訳する.

arropamiento 男 ❶ (衣類等で)くるむこと. ❷ 保護, 援助. ❸ 去勢牛が闘牛を砂場へと導くこと.

arropar 他 ❶ (衣類等で)包む, くるむ. ❷ 保護[援助]する. ❸ (去勢牛が闘牛を砂場へ戻すために)囲む. ― **arroparse** 再 着込む.

arrope 男 ブドウの濃縮汁；〖薬〗シロップ剤.

arrostrar 他 (困難や危険等に)敢然と立ち向かう；挑む.

A

arroyada 女 ❶ 小川の流れる場所；(雨水でできた) 溝. ❷ (小川の) 氾濫(はんらん).
arroyar 他 (雨が地面に) 流れ[溝]を作る.
arroyo 男 ❶ 小川, 流れ. ❷ (道路の) 側溝. ❸《話》惨めな状況. ***plantar*** [***poner***] ***... en el ～*** …を追い出す.
arroyuelo 男 小川, 小さな流れ.
arroz [アロす] 男 [複 arroces] 〔英 rice〕 ❶〖植〗イネ. cultivar ～ 稲作する. ❷ 米. ～ descascarillado 精白米. ～ blanco (白米の) ご飯. ～ integral 玄米. ～ con leche ライスプディング (米を牛乳で炊いたデザート). ***¡que si quieres ～, Catalina!*** 《話》《不満・失望》全く無駄である. Se lo pedí muchas veces, pero *¡que si quieres ～, Catalina!* 何回も彼にそれを頼んだが, 全く無駄だった.
arrozal 男 稲田, 水田.
arruga 女 ❶ (皮膚・布等の) しわ. ❷《ラ米》(ペル)借金.
arrugamiento 男 ❶ しわを寄せること, しわができること；しわ. ❷ おじけづくこと.
arrugar 66 他 …にしわを作る[寄せる]；しわくちゃにする. ～ el periódico 新聞をしわくちゃにする. ― 自《ラ米》(1)(チ)気力を失う. (2)(ペル)(アルゼ)(ウルグ)おじけづく. ― **arrugarse** 再 ❶ しわになる. ❷ おじけづく；萎縮(いしゅく)する. ***arrugar el ceño*** [***el entrecejo, la frente***] 眉間(みけん)にしわを寄せる.
arruinado, da 形 ❶ 破滅した. ❷《ラ米》(墨)(ペル)病弱な.
arruinamiento 男 破滅.
arruinar 他 ❶ 破産[破滅]させる. ❷ 壊す；だめにする. ― **arruinarse** 再 ❶ 破産[破滅]する. ❷ 壊れる；だめになる.
arrullador, dora 形 (音・声等が) 耳に心地よい.
arrullar 他 ❶ (雄バトが雌バトに) クークー鳴く. ❷ (子供を子守歌で) 寝かしつける. ❸ (音が) 心地よく[うっとり]させる. ❹《話》(恋人等に) 甘くささやく. ― **arrullarse** 再《話》(恋人同士が) 甘くささやき合う.
arrullo 男 ❶ ハトの鳴き声. ❷ 心地よい音；甘いささやき；子守歌. ❸ おくるみ.
arrumaco 男 [主に複]《話》愛情のこもった言葉[態度]；おだて. hacer ～*s* a ... …に甘える, …といちゃつく.
arrumaje 男〖海〗荷物の積み込み.
arrumar 他《ラ米》積み重ねる. ― **arrumarse** 再 雲に覆われる.
arrumbar 他 ❶ (不用なものを) 隅に片付ける；捨てる. ❷ (人を) 疎外する. ― 自〖海〗針路を取る.
arrurruz 男〖料〗クズウコンの根茎から採れる澱粉(でんぷん).
arsenal 男 ❶ 兵器庫. ❷ (情報等の) 宝庫. ❸ 造船所；海軍工廠(こうしょう).
arseniato 男〖化〗ヒ酸塩.
arsénico 男 ヒ素.
arseniuro 男〖化〗ヒ化物.
arta 女 [el ～]〖植〗オオバコ.
artanica / artanita 女〖植〗シクラメン.
arte [アルテ] 男 (または女. 単数では主に男, 複数では女) 〔英 art〕 ❶ 芸術；美術(様式). bellas ～*s* 芸術. ～*s* decorativas [plásticas] 装飾[造形]芸術. ～*s* gráficas グラフィックアート. ～ griego ギリシャ美術. séptimo ～ 映画. ❷ 技術, 技法. ～ poética 詩法. ～*s* marciales 武術. ❸ 学術, 学芸. ～*s* liberales 教養科目：音楽, 修辞学, 幾何学. ❹ [主に複] ずる賢さ. malas ～*s* 策略. ❺ [主に複] 釣り道具. ❻〖詩〗詩型. ～ mayor [menor] 一行が8音節を超える[超えない]詩. ***con*** [***sin***] ***～*** 器用に[下手に]. ***de buen*** [***mal***] ***～*** 上機嫌で[不機嫌に]. ***no tener ～ ni parte en ...*** …と全く関係がない. ***por ～ de birlibiloque*** [***magia***]《話》魔法のように.
artefacto 男 ❶ 装置；機械. ～ explosivo 爆破装置. ❷《軽蔑》大きすぎて役に立たないもの. ❸〖医〗〖生〗人工産物；〖考古〗人工遺物.
artejo 男 ❶〖解〗指関節. ❷〖動〗(節足動物の) 体節, 節.
artemisa / artemisia 女〖植〗ヨモギ類.
arteria 女 ❶ 動脈 (↔vena). ～ aorta 大動脈. ❷ (交通等の) 幹線, 幹線道路.
artería 女 狡猾(こうかつ)さ, 策略.
arterial 形 動脈の. presión ～ 血圧.
arteriola 女 細[小]動脈.
arteriosclerosis / arterioesclerosis [単複同形] 女〖医〗動脈硬化(症).
arterioso, sa 形 動脈の.
arteritis 女 [単複同形]〖医〗動脈炎.
artero, ra 形 狡猾(こうかつ)な.
artesa 女 (パンをこねる逆台形の) 桶(おけ)；かいば桶.
artesanado 男 手工芸；職人 (階級).
artesanal 形 手工芸の；職人仕事の.
artesanía 女 手工芸 (品)；手仕事.
artesano, na 形 手工芸の. ― 男 女 職人, 手工芸家.
artesiano, na 形 (井戸が) 自噴式の.
artesón 男 ❶ 桶(おけ). ❷〖建〗(格(ごう)天井の) 格間.
artesonado, da 形〖建〗格間を施した. ― 男 格(ごう)天井.
ártico, ca 形 北極 (地方) の (↔ antártico). polo ～ 北極.
articulación 女 ❶ 連結. ～ universal 自在継ぎ手. ❷〖解〗関節；〖植〗節, 茎節. ❸〖音声〗調音.
articulado, da 形 ❶ 連結した. muñeca *articulada* 手足の動かせる人形. ❷〖動〗関節のある. ❸〖言〗分節的な. ― 男 ❶〖法〗《集合的》条項；証拠物. ❷〖動〗体節動物.
articular 形 関節の. ― 他 ❶ 連結する. ❷〖法〗(法律等を) 条項にまとめる；(計画等を) まとめる. ❸ (言葉をはっきり) 発する；〖音声〗調音する.
articulatorio, ria 形〖音声〗調音の.
articulista 男 女 コラムニスト；論説委員.
artículo [アルティクろ] 男 〔英 article〕 ❶ 記事；論文. ～ de fondo 社説. ❷ 条項, 事項. el ～ nueve de la Constitución 憲法第9条. ～ de fe 信仰箇条. ～*s* del diccionario 辞書の見出し語. ❸ 品物, 商品. ～*s* alimenticios 食料品. ❹〖文法〗冠詞. ～ definido [indefinido] 定[不定]冠詞. ***hacer el***

A

～ (de ...) ((話))(…を) ほめる.
artífice 男 女 ❶ 作者, 作った人. ～ del éxito del plan 計画を成功させた人. *A*～ Supremo 創造主, 神. ❷ 職人.
artificial [アルティフィしアる] 形 〔英 artificial〕 ❶ **人工の**. fuegos ～*es* 花火. inteligencia ～ 〖IT〗人工知能. ❷ わざとらしい, 作りものの.
artificialidad 女 人為的であること; わざとらしさ.
artificiero, ra 男 女 ❶ (警察や軍隊の) 爆発物専門家. ❷ 花火師.
artificio 男 ❶ 装置, 仕掛け. ❷ 巧妙な手, 技巧. ❸ 不自然さ.
artificiosidad 女 不自然さ.
artificioso, sa 形 不自然な; わざとらしい.
artillería 女 ❶ 〖軍〗砲術; ((集合的)) 砲; 砲兵隊. ❷ ((話)) 力; 努力.
artillero, ra 形 砲の. ── 男 ❶ 砲手; 爆発物専門家. ❷ (サッカー) ストライカー.
artilugio 男 ❶ 複雑な装置. ❷ 策略. ❸ (仕事等の) 道具.
artimaña 女 ((話)) 計略; 〖狩〗わな.
artiodáctilo 形 〖動〗偶蹄(ぐうてい)目の. ── 男 [複] 偶蹄目動物.
artista [アルティスタ] 男 女 〔英 artist〕 ❶ **芸術家**, アーティスト. ❷ 俳優; 芸能人, タレント. ❸ ((話)) 名人, 達人.
artístico, ca 形 芸術の; 芸術的な.
arto 男 〖植〗クコ.
artolas 女 ⑱ 2人乗り用の鞍(くら).
artralgia 女 〖医〗関節痛.
artrítico, ca 形 男 女 〖医〗関節炎の(患者).
artritis 女 [単複同形] 〖医〗関節炎.
artritismo 男 〖医〗関節病体質, リューマチ素質.
artrópodo, da 形 〖動〗節足動物の. ── 男 節足動物; [複] 節足動物門.
artroscopia 女 内視鏡での関節検査.
artrosis 女 [単複同形] 〖医〗関節症 [炎].
Arturo 固名 アルトゥーロ: 男子の名.
arúspice 男 腸卜(ちょうぼく)師.
arveja 女 〖植〗イナゴマメ; [複] ((ラ米)) エンドウ豆 (➜ guisante 地域差).
arzobispado 男 大司教[大主教, 大監督]の職; 大司教[大主教, 大監督]区.
arzobispal 形 大司教[大主教, 大監督]の. palacio ～ 大司教館.
arzobispo 男 (カトリック) 大司教; (ギリシャ正教) 大主教; (プロテスタント) 大監督.
arzón 男 〖馬〗鞍橋(くらぼね).
as 男 ❶ (トランプ) エース; (さいころの目) 1. *as* de copas 聖杯のエース. ❷ 第一人者, 名手. ❸ (古代ローマの銅貨) アス. ***as de guía*** 〖海〗細(ほそ)結びの一種. ***tener [llevar, guardar] un as en la manga*** 秘策[とっておき]を持っている.
asa 女 [el asa] (鍋・かご・かばん等の半円形の) 柄, 取っ手. ── 活 ➜ asar.
asadero, ra 形 焼くための. ── 男 非常に暑い場所.
asado, da 過分 ➜ asar. 形 ❶ 焼いた. castañas *asadas* 焼き栗. ❷ ((ラ米)) (ごル) (チリ) 怒った. ── 男 アサード: 直火で焼いた肉.
asador 男 ❶ 焼き串. ❷ (回転式の) ロースター. ❸ アサード専門のレストラン.
asadura 女 [主に複] (食用の) 内臓.
asaetear 他 ❶ (矢で) 射る. ❷ 困らせる.
asalariado, da 形 給与所得者[サラリーマン]の. ── 男 女 ❶ 給与所得者, サラリーマン. ❷ 会社の言いなりの人.
asalariar 17 他 …に給与を支払う[提示する]; 雇う.
asalmonado, da 形 サケに似た; サーモンピンクの.
asaltante 形 襲いかかる, 攻撃する. ── 男 女 襲撃者, 強盗.
asaltar 他 ❶ 襲う; 強盗する. ～ una tienda 店に押し入る. Me *asaltaron*. 私は強盗に遭った. ❷ (質問等で) 攻めたてる. ❸ (考え等が) …の脳裏をかすめる.
asalto 男 ❶ 攻撃, 襲撃; 強盗. ❷ (ボクシング等) ラウンド; (フェンシング) 突き.
asamblea 女 ❶ 集会, 大会. ❷ 議会.
asambleario, ria 形 集会[議会]の.
asambleísta 男 女 (会議・大会等の) 参加者, 出席者.
asar [アサル] 他 〔英 roast〕 ❶ (直火で) **焼く**. ～ la carne a la parrilla 肉を網で焼く. ❷ うんざりさせる. ～ a preguntas 質問攻めにする. ── **asarse** 再 ❶ (食べ物が直火で) 焼ける. ❷ 非常に暑く感じる.
ásaro 男 〖植〗カンアオイ.
asaz 副 ((文)) かなり; とても.
asbesto 男 〖鉱〗石綿, アスベスト.
ascáride / áscaris 女 〖動〗カイチュウ.
ascendencia 女 先祖; 家系, 出自.
ascendente 形 上昇する. línea ～ 上昇線. ── 男 〖占星〗星座.
ascender 101 自 ❶ 上がる, 上昇する. ～ la temperatura 気温が上昇する. ❷ ((a)) (数字が…に) 達する. ～ la cuenta *a* cincuenta euros 合計が50ユーロになる. ❸ ((a)) (…に) 昇進する. ～ *a* general 将軍に昇進する. ── 他 ((a)) (…に) 昇進させる.
ascendiente 男 女 (直系の) 先祖, 尊属. ── 男 (精神的) 影響力.
ascensión 女 ❶ 上がること, 上昇; 登頂. ❷ [A-] 〖カト〗キリストの昇天; キリスト昇天祭. ❸ 昇進.
ascensional 形 上昇する[させる], 押し上げる. fuerza ～ 揚[浮]力.
ascenso 男 上ること, 上昇; 昇進.
ascensor [ア(ス)せンソル] 男 〔英 elevator〕 **エレベーター** (➜ 地域差); (運搬用) リフト. llamar al ～ エレベーターを呼ぶ. subir en el ～ エレベーターで上がる. 地域差 エレベーター ascensor ((ほぼスペイン語圏全域)); elevador ((ラ米)) (キューバ, メキシコ, コスタリカ, ドミニカ, エルサルバドル, グアテマラ, ホンジュラス, エルサルバドル)(パラグアイ).
ascensorista 男 女 エレベーター係[技術者].
ascesis 女 [単複同形] 苦行, 修行.
asceta 男 女 苦行者; ((話)) 禁欲的な生活を送る人.
ascético, ca 形 (人が) 禁欲的な; 苦行の. ── 女 ➜ ascetismo.
ascetismo 男 苦行; 禁欲(生活).
ascitis 女 [単複同形] 〖医〗腹水.
asco 男 ❶ 嫌悪[不快]感. poner cara de ～ 不快な顔をする. Me dan ～ las

cucarachas. 私はゴキブリが大嫌いだ. ❷《話》嫌悪［不快］感を与えるもの. Este plato es un ～. この料理はひどい. ❸ 吐き気. ***hacer ～s a ...*** 《話》(気位が高くて)…を見下す［拒絶する］. *Hace ～s a* saludar a los vecinos. 彼は隣人に挨拶(あいさつ)もしようとしない. ***hecho un ～*** 《話》ひどく汚れた；ひどい状態の. ***¡Qué ～!*** 《話》ああ, いやだ［気持ち悪い］.

ascua 女 [el ～]（石炭・木炭等の）燠(おき), 真っ赤に焼けたもの. ***arrimar el ～ a su sardina*** 《話》自分だけ得をしようとする. ***estar en*** ［***sobre***］ ***～s*** 浮き足立っている. ***～ de oro*** 光り輝くもの.

ase / asé 活 → asar.

aseado, da 形 ❶《estar と共に》さっぱりした, 整った. ❷《ser と共に》清潔好きな.

asear 他 きれいにする, 整える. ── **asearse** 再 身だしなみを整える.

asechanza 女 ［主に複］わな, たくらみ.

asediar 17 他 ❶ 包囲する, 取り囲む. ❷（しつこく迫って）困らせる.

asedio 男 包囲；攻め立て, 迷惑.

asegurado, da 過分 → asegurar. 形 保険のかかった；確実な. ── 男 女 被保険者, 保険契約［加入］者.

asegurador, dora 形 保証する；保険の. compañía *aseguradora* 保険会社. ── 男 女 保険業者.

aseguramiento 男 ❶ 固定, 取り付け. ❷ 保証；保険.

asegurar ［アセグラル］ 他 〔英 assure; guarantee〕 ❶ 固定する；確保する. ❷ **保証する**, 請け合う. Te *aseguro* que no viene. 彼は絶対来ないよ. ❸《**contra**》(…に対して)保険をかける. ～ la casa *contra* incendios 家に火災保険をかける. ❹（事業主が）…の社会保険料を負担する. ── **asegurarse** 再 ❶《**de que**＋直説法［接続法］》(…であることを)確かめる. ❷ 保険に加入する. ❸（天気が）回復する.

aseidad 女 〚神〛(神の)自存性.

asemejar 他《**a**》(…に)似せる；なぞらえる. ── **asemejarse** 再《**a / en, por**》(…に / …の点で)似ている. *Se asemeja a* su abuelo *en* el carácter. 彼は祖父に性格が似ている.

asendereado, da 形 ❶（道等が）踏みならされた. ❷ 経験を重ねた. ❸ 疲れきった.

asenderear 他 ❶ 道をつける［開く］. ❷ 追跡する, 追い回す. ❸（次々と）苦労［面倒］をかける.

asenso 男《文》→ asentimiento.

asentaderas 女 ⑱《話》お尻(しり).

asentado, da 形 ❶ 分別のある, 思慮深い. ❷ 定着した.

asentador, dora 男 女 ❶（食料品）卸売り商. ❷ 設置［敷設］する人.

asentamiento 男 ❶ 設置, 固定. ❷ 定着, 定住(地). ❸ 沈殿. ❹ 鎮静.

asentar 18 他 ❶ 設置する, 据える. ～ los cimientos 土台を据えつける. ❷（場所・地位等に）定着させる, つける. ❸ 平らにする, 固める. ❹ 落ち着かせる. ～ el estómago 胃の負担を和らげる. ❺〚商〛記帳する. ❻（殴打を）見舞う. ── 自 安定する. ── **asentarse** 再 ❶（場所・地位等に）落ち着く, 定着する；位置する. ❷ 沈殿する, 積もる. ❸（胃に）もたれる.

asentimiento 男 同意, 承諾.

asentir 98 自《**a**》(…に)同意する, 賛成する. ～ con la cabeza うなずく.

asentista 男（公的機関等の）指定［請負］業者, 御用商人.

aseo 男 ❶ 片付け. ❷ 身繕い. ～ personal 身だしなみ. ❸ 化粧室.

asépalo, la 形 〚植〛無萼(がく)片の.

asepsia 女 〚医〛無菌(状態)；無菌法.

aséptico, ca 形 ❶〚医〛無菌(法)の. ❷ 冷たい, 無感情な.

asequible 形 ❶ 入手［達成］できる. precio ～ 手ごろな値段. ❷ 理解できる. ❸ 親しみやすい. persona ～ 気さくな人.

aserción 女《文》断言, 断定.

aserradero 男 製材所.

aserrado, da 形 のこぎり(歯)状の, ぎざぎざの. ── 男 のこぎりを挽(ひ)くこと.

aserrador, dora 男 女 製材工. ── 女 動力のこぎり.

aserradura 女 のこぎりで切ること；切り口；［複］おがくず.

aserrar 18 他 のこぎりで切る.

aserrín 男 おがくず.

asertivo, va 形 断定的な.

aserto 男 断言, 断定.

asertórico, ca / asertorio, ria 形 〚哲〛実然的な.

asesinar 他 ❶ 暗殺［殺害］する. ❷《話》(作品等を)台無しにする.

asesinato 男 暗殺, 殺害.

asesino, na 形 殺人の；殺人的な. mirada *asesina* 殺意［敵意］のこもった目つき. ── 男 女 暗殺者, 人殺し.

asesor, sora 形 助言を与える, 顧問の. ── 男 女 相談役, コンサルタント. ～ técnico ［jurídico］ 技術［法律］顧問.

asesoramiento 男 助言, 勧告.

asesorar 他 助言［勧告］する. ── **asesorarse** 再《**con, de/en, sobre**》(…に / …について)助言を求める.

asesoría 女 顧問職, 顧問事務所.

asestar 他（武器等を）向ける；(打撃等を)加える.

aseveración 女《文》断言, 主張.

aseverar 他《文》断言する, 明言する.

aseverativo, va 形《文》断定的な；〚文法〛平叙(文)の.

asexuado, da 形 性別のない；中性的な.

asexual 形 〚生〛無性の. reproducción ～ 無性生殖.

asfaltado 男 アスファルト舗装.

asfaltar 他 アスファルトで舗装する.

asfáltico, ca 形 アスファルトの.

asfalto 男 アスファルト；《比喩的》道路.

asfixia 女 ❶ 窒息. ❷（心理的な）息苦しさ. ❸〚医〛気絶.

asfixiante 形 窒息させる, 窒息性の；息の詰まるような.

asfixiar 17 他 窒息させる；息苦しくさせる. ── **asfixiarse** 再 窒息する.

asg- → asir.

así ［アシ］ 副 〔英 so; like that〕 ❶《様態・程度》**このように［な］, そのように［な］**. ¿Está bien *así*? これ［このくらい］でいいですか. *Así* es la vida. 人生

そんなものだよ. con un carácter *así* そんな性格では. Como [Tal como, Cual, Según] vivas *así* morirás. 人は生きたとおりに死んでいくだろう. ❷ 《願望》《+接続法》(悪態等で) …してしまえ；(祈り等で) どうか…ように (＝ojalá). *Así* lo suspendan. 彼なんか落第してしまえ. *Así* sea. そうなりますように. ❸ 《結果》《+直説法》それで，だから. No tenía coche, (y) *así* no salía mucho. 私は車を持っていなかった，それであまり出かけることもなかった. ❹ 《譲歩》《+接続法》たとえ…でも (＝aunque). No renunciaré, *así* pierda todo. すべてを失ってもあきらめないぞ. ***así así*** 《話》まあまあの，普通の. ***así como ...*** (1) …と同じように；…も. los españoles *así como* los franceses フランス人同様スペイン人も. *Así como* yo lo hago, tienes que hacerlo tú. 私がするのと同じようにしてもらいたい. (2) …と同じくらい；《+数量》大体. (3) 《+直説法・接続法》…するとすぐ. ***así ... como ...*** …も…も；…と同様に…. ***así como así*** 軽々しく，どうでもいいことのように. ***así de*** 《話》(1) 《+形容詞・副詞》(身ぶり等で示しながら) こんなに[そんなに] …な. una mesa *así de* grande こんな大きなテーブル. (2) 《+名詞》こんなに[そんなに]たくさんの. Había *así de* personas esperando. 待っている人がこんなにたくさんいた. ***Así es.*** そのとおりです. ***así mismo*** 同様に. ***así o [que] asá [asado, asao]*** 《話》《無関心》どうであろうが. No me importa que se llame *así o asá*. 彼がどんな名だろうと私にはどうでもいい. ***así pues*** したがって；そんなわけで. ***así que*** (1) それで，だから (＝～ es que). (2) 《+直説法・接続法》…するとすぐ. ***así ... que ...*** とても…なので…である. ***así y todo*** 《話》それにもかかわらず. ***aun así*** たとえそうでも. ***o algo así*** 大体…くらい. Veinte personas *o algo así*. 20人かそのくらい. ***por decirlo así*** 言ってみれば. ***tanto es así que*** 〈+直説法〉あまりにそうなので…. ***un tanto así*** 《話》(指し示して) このくらい (の量). ***y así*** それで；《話》(列挙の後で) 等々.

Asia 固名 アジア. *A*～ Menor 小アジア.

asiático, ca 形 男 女 アジアの[人].

asidero 男 ❶ 取っ手. ❷ 支援；つて，コネ. ❸ 口実，言い訳.

asiduidad 女 頻繁；熱心.

asiduo, dua 形 頻繁に通う. cliente ～ 常連客. ── 男 女 常連.

asiento [アシエント] 男 〔英 seat〕 ❶ 席, 座席；座部；《ラ米》(自転車の) サドル (➜ sillín 地域差). ～ plegable 折りたたみいす. ～ reclinable リクライニングシート. ceder el ～ 席を譲る. ❷ 所在地. ❸ (裁判所等の) ポスト. ❹ 基盤，土台. ❺ 〘商〙記帳. ❻ 沈殿物，澱(おり). ❼ 定着，安定. ***de ～*** 定住した；分別のある. ***hacer ～*** 定住する；(建物が) 沈下する. ***no calentar el ～*** 《話》腰が落ち着かない；長続きしない. ***pegársele el ～ a ...*** …が長居する. ***tomar ～*** 席につく.

asignable 形 割り当て[付与]可能な.

asignación 女 割当て；手当；小遣い.

asignar 他 《**a**》(…に) 割り当てる. ～ una habitación 部屋を割り当てる. ～ *a* una sección 課に割り当てる.

asignatura [アシグナトゥラ] 女 〔英 subject〕 科目, 教科. ～ pendiente 再履修科目；懸案事項.

asilado, da 男 女 (施設等の) 被収容者；(政治) 亡命者.

asilar 他 (施設に) 収容する；(亡命者等を) 保護する. ── **asilarse** 再 避難する；庇護(ひご)を受ける.

asilo 男 ❶ (福祉) 施設. ～ de ancianos 老人ホーム. ❷ 庇護(ひご), 保護, 避難所[地]. ～ político 政治亡命.

asilvestrado, da 形 (動植物が) 野生化した；(人が) 粗野な.

asimetría 女 非対称, 不均整.

asimétrico, ca 形 非対称の, 不均整の.

asimilación 女 ❶ 同化, 吸収. ❷ 受容, 順応. ❸ 〘生〙〘音声〙同化.

asimilar 他 ❶ 《**a**》(…と) 同化する；同等に扱う. ❷ (知識・栄養等を) 吸収する；(状況を) 受け入れる. ❸ 〘音声〙《**a**》(…に) 同化させる. ── **asimilarse** 再 《**a**》(…に) 似る；(…に) 同化する.

asimilativo, va 形 同化する[させる], 同化力のある.

asimismo [アシミスモ] 副 〔英 in the same way〕 同様に (＝así mismo)；…もまた (＝también).

asincrónico, ca 形 非同時的な；〘電〙非同期の.

asíndeton 男 〘修〙連結辞省略.

asintomático, ca 形 〘医〙無症候性の；潜在的な.

asíntota 女 〘数〙漸近線.

asir 21 他 《文》つかむ, 握る. ～ el bolso バッグをつかむ. ── **asirse** 再 ❶ 《**a, de**》(…に) しがみつく. ❷ 《話》つかみ合いのけんかをする.

asirio, ria 形 アッシリア (人, 語) の. ── 男 女 アッシリア人. ── 男 アッシリア語.

asistencia [アシステンしア] 女 〔英 attendance〕 ❶ 《**a**》(…への) 出席；《集合的》出席者. ❷ 援助, 救護. ～ médica 治療, 看護. ～ jurídica 法律扶助. ❸ 〘スポ〙アシスト.

asistencial 形 社会福祉の, 援助の.

asistenta 女 (通いの) 家政婦.

asistente 形 立ち会い[列席]の；補佐の. ── 男 女 ❶ 助手, アシスタント. ❷ 《**a**》(…への) 出席者. ── 男 〘軍〙従卒. ～ *social* ソーシャル[ケース]ワーカー.

asistido, da 過分 ➜ asistir. 形 (機器に) 補助される. dirección *asistida* 〘車〙パワーステアリング. respiración *asistida* 人工呼吸器による呼吸.

asistir [アシスティル] 自 〔英 attend〕 ❶ 《**a**》(…に) 出席する；居合わせる. ～ a clase 授業に出る. ❷ (家政婦として) 働く. ❸ (トランプ) 同じ組札を出す. ── 他 ❶ 助ける, 診療する；世話をする. ～ al enfermo 病人を看護する. ❷ (権利等が) … (の側) にある. ❸ …に随行する.

askenazi / ashkenazi 男 女 アシュケナージ：中央ヨーロッパ出身のユダヤ人.

asma 女 [el ～] 〘医〙喘息(ぜんそく).

asmático, ca 形 男 女 〘医〙喘息(ぜんそく) の (患者).

asnada 女 《話》愚かな[ばかげた]こと.

asnal 形 ロバの；《話》粗野な；愚かな.

asnillo 男〘昆〙ハネカクシ.
asno, na 男 女 ❶〘動〙ロバ. ❷《話》粗野で頭の悪い人. ― 形 粗野[まぬけ]な；無知な.
aso / asó 活 → asar.
asociación [アソシアシオン] 女[複 asociaciones]〔英 association〕❶ 協会, 組合, (学)会. ～ de vecinos 町内会. *A*～ de Naciones del Sureste Asiático 東南アジア諸国連合〔英 ASEAN〕. ❷ 関連(付け). ～ de ideas 連想.
asociacionismo 男〘哲〙観念連合論.
asociado, da 形 関連のある, 協力[提携]した. miembro ～ 準会員. profesor ～ 非常勤講師. ― 男 女 会員；協力者.
asociamiento 男 提携, 連合.
asociar ⑰ 他 ❶《a》(…に) 参加させる, 入れる. María *asoció* a su hijo *al* equipo de fútbol. マリアは息子をサッカーチームに入れた. ❷《a, con》(心理的に…と) 結び付ける, 関係付ける. ～ el verano *con* la playa 夏からビーチを連想する. ― **asociarse** 再《a, con》❶(…と) 協力[提携]する. ❷(…と) 結び付く, 結合する.
asociativo, va 形 連合の；連想の.
asocio 男《ラ米》(中米)(コロンビア)(エクアドル)(アルゼンチン)提携, 共同, 協力. en ～ 協力[提携]して.
asolación 女 → asolamiento.
asolador, dora 形 破壊的な.
asolamiento 男 破壊, 壊滅.
asolar ㉜ 他 ❶ 壊滅させる. ❷(暑さが作物を) 枯らす. ― **asolarse** 再 枯れる.
asoleada 女《ラ米》(チリ)(コロンビア)(グアテマラ)日射病.
asolear 他 日に当てる. ― **asolearse** 再 日光浴をする；日に焼ける.
asomar [アソマル] 自〔英 appear, show〕現れる；(ちらりと) 見える. ～ el sol 太陽が顔を出す. ― 他《a, por》(…から) 見せる. ～ la cabeza *por* la puerta [*a* la ventana] ドア[窓]から頭をのぞかせる. ― **asomarse** 再 ❶《a, por》(…に) 顔[頭]をのぞかせる；姿を見せる. ❷《話》《a》(…に) ざっと目を通す；かじる.
asombrar [アソンブラル] 他〔英 amaze〕❶ 驚かす；感嘆させる. ❷(絵画に) 陰影をつける；…に影を落とす. ― **asombrarse**〔英 be amazed〕再《de, con, por》(…に) 驚く；感嘆する.
asombro 男 ❶ 驚嘆, 感嘆. ❷ 驚嘆させる人[もの]. ― 活 → asombrar.
asombrosamente 副 ❶ 驚くべきことに. ❷ すばらしく.
asombroso, sa 形 驚くべき, びっくりするような；信じがたい.
asomo 男 ❶ 兆し, 兆候. ❷ 疑い. ***ni por*** ～ 少しも[全く] … (でない).
asonada 女(政治的) 暴動, 騒動.
asonancia 女〘詩〙類音韻.
asonantar 自〘詩〙類音韻を踏む. ― 他〘詩〙類音韻を踏ませる.
asonante 形〘詩〙類音韻の[を踏んだ].
asonar ㉜ 自《con》(…と) 類音韻を踏む.
asordar 他 …の耳をつんざく. ― **asordarse** 再 耳が聞こえなくなる.
asorocharse 再《ラ米》(1) 高山病になる. (2)(チリ)赤面する.
aspa 女 [el ～] ❶ X形十字；X形のもの. ❷ 風車の羽根.
aspar 他 ❶(X形十字に) 磔(はりつけ)にする. ❷(糸を) 巻く. ***¡Que me aspen si …!***《話》もし…なら磔にしてくれ (絶対に…ではない). ***¡Que me aspen si lo sé!*** そんなこと知るもんか. ***y que te aspen***《話》《軽蔑》あとはどうにでもしろ.
aspaventero, ra 形 大げさな, 芝居がかった.
aspaviento 男 [主に複] 大仰な身ぶり[表現].
aspecto [アスペクト] 男〔英 aspect〕❶ 様相, 外観, 様子. tener buen ～ 元気そうだ, おいしそうだ, よさそうだ. ❷ 局面；見方. en todos los ～*s* あらゆる面で. ❸〘言〙アスペクト, 相.
aspereza 女 ❶(表面の) 粗さ, ざらつき；でこぼこ. ❷(味・声等の) 不快さ；(天候の) 厳しさ. ❸ 無愛想. ***limar*** ～ 丸く収める.
asperjar 他 …に水を振りかける；〘カト〙聖水を振りかける.
áspero, ra 形 ❶(手触りが) 粗い, ざらざらした；(地面が) でこぼこの. ❷(味・におい・音等が) 不快な. ❸ 無愛想な. ❹(天候が) 厳しい.
asperón 男 砂岩.
aspérrimo, ma 形《文》áspero の絶対最上級.
aspersión 女 ❶(水等の) 散布. ❷〘カト〙灌水(かんすい).
aspersorio 男〘カト〙灌水(かんすい)器.
áspid / áspide 男〘動〙エジプトコブラ.
aspidistra 女〘植〙ハラン.
aspillera 女 銃眼.
aspiración 女 ❶(息を) 吸うこと. ❷〘機〙吸引. bomba de ～ 吸い上げポンプ. ❸ 願望；[複] 野望. ❹〘音声〙気(息)音, (帯) 気音. ❺〘音〙息つぎ, ブレス.
aspirado, da 過分 → aspirar. 形〘音声〙(帯) 気音の. ― 女 (帯) 気音.
aspirador, dora 形 吸引する. ― 女(または男) 電気掃除機.
aspirante 形 ❶ 吸い上げの. bomba ～ 吸い上げポンプ. ❷《a》(…を) 熱望した. ― 男 女《a》(…への) 志願者, 志望者；(士官・警察学校の) 生徒.
aspirar [アスピラル] 他〔英 breathe〕❶(息を) 吸う. ❷(機械が) 吸引する. ❸〘音声〙(帯) 気音で発音する. ― 自《a》(…を) 熱望する.
aspirina 女〘薬〙アスピリン.
asqueado, da 形《de》(…に) うんざりした.
asquear 他 吐き気を催させる；嫌悪感を抱かせる. ― 自 吐き気を催す. ― **asquearse** 再《de》(…に) うんざりする.
asquenazi 男 女 → askenazi.
asquerosidad 女 不潔；不快 (なもの).
asqueroso, sa 形 ❶ 吐き気を催させる；汚らしい, 不快な；卑劣な. ❷《話》潔癖な. No seas tan ～, que los platos están bien limpios. そんなに神経質になるなよ, お皿は清潔だから. ― 男 女 卑劣な人.

assịstant 〔英〕 男 女 助手, 補佐.
ạsta 女 [el 〜] ❶ 旗竿(はたざお). ❷ (動物の) 角. ❸ (剣・槍(やり)等の) 柄. ***a media 〜*** (旗が) 半旗の. ***dejar a ... en las 〜s del toro*** 《話》 苦境にある…を見捨てる.
ạ́staco 男 〘動〙 ザリガニ.
astạdo, da 形 ❶ 〘動〙 角のある. ❷ 柄のついた. ── 男 (闘牛の) 牛.
ASTANO [アスタノ] 女 *As*tilleros y *Ta*lleres del *No*roeste, S. A. (スペインの) アスタノ造船所.
ạ́stato 男 〘化〙 アスタチン.
astẹnia 女 〘医〙 無力症.
astẹ́nico, ca 形 男 女 無力症の (人).
astẹr / ạ́ster 男 〘植〙 シオン.
asterịsco 男 アステリスク, 星印 (＊).
asterịsmo 男 〘天〙 星群, 星座.
asterọide 形 〘天〙 星状の, 星形の. ── 男 〘天〙 小惑[遊]星.
astifịno, na 形 (牛が) 細くとがった角の.
astigmạ́tico, ca 形 男 女 乱視の (人).
astigmatịsmo 男 〘医〙 乱視 ; 〘光〙 非点収差.
astịl 男 ❶ (木の) 柄. ❷ 〘鳥〙 羽根の軸. ❸ (秤(はかり)の) 竿(さお).
astịlla 女 ❶ (木等の) 切れ端, 屑(くず) ; とげ. ❷ 《話》 賄賂(わいろ). ***De tal palo, tal 〜.*** 《諺》 カエルの子はカエル. ***hacer 〜s*** 木っ端微塵(みじん)にする. ***No hay peor 〜 que la del mismo palo.*** 身内を敵に回すほど厄介なことはない.
astillạr 他 粉々にする. ── **astillarse** 再 砕ける, 割れる.
astillẹro 男 造船所.
astillọso, sa 形 砕けやすい.
astracạ́n 男 アストラカン織物.
astracanạda 女 《話》 道化芝居.
astrạ́galo 男 〘解〙 距骨 ; 〘建〙 定規縁.
astrạl 形 星の. cuerpos 〜*es* 星気体. carta 〜 (占星術の) 星座図.
astreñịr 103 他 → astringir.
astricciọ́n 女 〘医〙 → astringencia.
astrictịvo, va 形 収斂(しゅうれん)性の.
astrịcto, ta 形 拘束[束縛]された.
astringẹncia 女 収斂(しゅうれん)性.
astringẹnte 形 収斂(しゅうれん)性の (ある). ── 男 〘医〙 収斂剤, アストリンゼン.
astringịr 44 他 (皮膚・生物組織を) 収斂(しゅうれん)させる.
astriñịr 71 他 → astringir.
ạstro 男 天体 ; (芸能界等の) スター.
astrofị́sico, ca 形 男 女 宇宙物理学の (学者). ── 女 宇宙物理学.
astrolạbio 男 〘天文〙 アストロラーベ.
astrologị́a 女 占星術, 星占い.
astrolọ́gico, ca 形 占星術の.
astrọ́logo, ga 男 女 占星術師.
astronạuta 男 女 宇宙飛行士.
astronạ́utica 女 宇宙航行学.
astronạve 女 宇宙船.
astronomị́a 女 天文学.
astronọ́mico, ca 形 ❶ 天文学の. ❷ 《話》 (数量が) 途方もない. un precio 〜 途方もない値段.
astrọ́nomo, ma 男 女 天文学者.
astrọso, sa 形 汚らしい.
astụcia 女 抜け目なさ, 要領 (のよさ).
astụr 形 アストゥリアス地方の. ── 男 女 アストゥリアス地方の人 ; アストゥール人.
asturianịsmo 男 アストゥリアス方言 ; アストゥリアス独特の語句[表現].
asturiạno, na 形 男 女 アストゥリアス地方の (人). ── 男 アストゥリアス方言.
Astụrias 固名 ❶ アストゥリアス : スペインの地方 ; 自治州. Reino de 〜 アストゥリアス王国. ❷ アストゥリアス Miguel Ángel 〜 (1899-1974) : グアテマラのノーベル賞作家. ***el Príncipe de 〜*** スペイン皇太子 (の称号).
astụto, ta 形 抜け目のない, ずるい ; 要領のいい.
asuẹto 男 (短い) 休暇.
asumịr 他 ❶ (任務等を) 引き受ける. 〜 la dirección 指揮を取る. ❷ 把握[認識]する. 〜 sus limitaciones 自分の限界を知る.
asuncẹno, na 形 男 女 アスンシオンの (人).
asunciọ́n 女 ❶ [A-] 〘カト〙 聖母被昇天. ❷ (任務・責任等を) 引き受けること. ── 固名 [A-] アスンシオン : パラグアイの首都.
asunto [アスント] 男 〔英 matter〕 ❶ **こと**, 事柄 ; 事件 ; 用件. Es otro 〜. それは別問題だ. ❷ 主題, テーマ. ❸ 仕事, 商売. ❹ 情事, 恋愛スキャンダル.
asustadịzo, za 形 臆病(おくびょう)な.
asustar [アススタル] 他 〔英 frighten〕 **驚かす** ; おびえさせる. No me *asustes.* びっくりさせるなよ. ── **asustarse** 再 《**por, de, con**》 (…に) 驚く ; おびえる.
atabacạdo, da 形 タバコ色[茶褐色]の.
atabạl 男 〘音〙 アタバル : 大型のバスドラム.
atabaleạr 自 指でトントンたたく.
atacạble 形 攻撃できる.
atacạdo, da 過分 → atacar. 形 ❶ 優柔不断な. ❷ けちな.
atacadọr 男 (パイプに) タバコを詰める道具.
atacạnte 形 攻撃する. ── 男 女 攻撃者 ; 〘スポ〙 アタッカー.
atacar [アタカル] 26 他 〔英 attack〕 ❶ **攻撃する**. 〜 a los enemigos 敵を攻撃する. ❷ (災害・病気等が) 襲う. ❸ 非難する. ❹ (仕事・勉強に) 取りかかる ; (演奏を) 始める ; 〘スポ〙 攻める. ❺ 損なう.
atadẹro 男 ❶ 縄. ❷ 縄をつなぐ輪, 柱.
atadịjo 男 《話》 小さな包み.
atạdo, da 過分 → atar. 形 縛られた ; 束縛された. ── 男 束, 包み ; (タバコの) 箱.
atadụra 女 縛ること ; 縛るもの ; 束縛.
atafagạr 66 他 (強いにおいで) 息苦しくさせる.
ataguị́a 女 〘土木〙 堰(せき).
atahạrre 男 (馬の) 鞦(しりがい).
atajạda 女 《ラ米》 〘スポ〙 ゴール前の守備.
atajạr 他 ❶ 阻む, 遮る ; 分割する. ❷ 〘スポ〙 インターセプトする. ── 自 近道する.
atạjo 男 ❶ 近道. No hay 〜 sin trabajo. 《諺》 学問に王道なし. ❷ 分割, 削除 ; 〘スポ〙 カット. ❸ 《軽蔑》 群れ, 集団.
atalạya 女 監視塔 ; 見晴らし台.
atañẹr 100 自 《**a**》 (…に) かかわる. en [por] lo que *atañe a ...* …については. ► 3人称のみに活用.
ataque [アタケ] 男 〔英 attack〕 ❶ **攻**

撃, 攻めること. ～ por sorpresa 奇襲. ❷ 発作. ❸ 批判的言動.
ataque(-) / ataqué(-) 活 → atacar.
atar [アタル] 他 〔英 tie (up)〕 ❶ 《a / de, por》(…に/…を) **縛る, つなぐ**. ～ un perro *a* un árbol 木に犬をつなぐ. ～ *de* pies y manos 手足を縛る；(人の行動を) 封じる. ❷ 束縛する. ❸ 関連づける. — **atarse** 再 ❶ (身に着けたものを) 結ぶ；(自分の体の一部を) 縛る. ❷ 《a》(…に) 拘束される. *atar corto* 厳しく監視する.
atarantar 他 茫然(ぼう)とさせる. — **atarantarse** 再 茫然とする.
ataraxia 女 〖哲〗心の平静.
atarazana 女 造船所.
atardecer 76 自 日が暮れる. — 男 日暮れ. al ～ 日暮れに.
atareado, da 形 多忙な.
atarear 他 働かせる. — **atarearse** 再 《con, en》(…に) 精を出す.
atarugar 66 他 《話》❶ たらふく食べさせる, 詰めこむ. ❷ 茫然(ぼう)とさせる. — **atarugarse** 再 ❶ たらふく食べる. ❷ 茫然とする.
atascadero 男 ぬかるみ；渋滞箇所.
atascado, da 形 立ち往生した, 詰まった.
atascamiento 男 → atasco.
atascar 26 他 ❶ 塞(ふさ)ぐ, 詰まらせる. ❷ 妨げる, 邪魔する. — **atascarse** 再 ❶ 詰まる. ❷ つかえる；立ち往生する.
atasco 男 ❶ つかえ；渋滞. ❷ 詰まり.
ataúd 男 棺桶(かんおけ).
ataurique 男 (イスラム建築の) 唐草模様の装飾.
ataviar 31 他 《con》(…で) 飾り立てる. — **ataviarse** 再 《con, de》(…で) 着飾る.
atávico, ca 形 隔世遺伝の, 先祖返りの.
atavío 男 ❶ 装飾；盛装. ❷ [複] 衣装；装身具.
atavismo 男 隔世遺伝, 先祖返り.
ataxia 女 〖医〗運動失調 (症).
ate 男 (シロップで煮た果物の) 練り菓子.
ateísmo 男 無神論.
atelaje 男 《集合的》引き馬；馬具.
atelana 形 女 (古代ローマの) 笑劇 (の).
atemorizar 57 他 怖がらせる. — **atemorizarse** 再 《de, con, por》(…に) 震え上がる；おじけづく.
atemperación 女 沈静, 抑制.
atemperar 他 和らげる. — **atemperarse** 再 和らぐ.
atemporal 形 時間の分からない, 時間に言及しない.
atenazar 57 他 しっかりつかむ；動けなくする.
atención [アテンしオン] 女 [複 atenciones] 〔英 attention〕 ❶ **注意**. ❷ [複] 配慮, 心遣い. — 間 気をつけて；お知らせします. *a la ～ de ...* 《手紙・書類》…様あて. *en ～ a ...* …を配慮して. ***llamar la ～ a ...*** …の注意を引く.
atender [アテンデル] 101 他 〔英 attend〕 **…に応対する**, …の世話をする. ¿Le atienden ya? (店員が) もうおうかがいしておりますでしょうか. — 自 《a》(…に) 注意を払う. ～ a las necesidades 必要性を考慮する. ～ *por ...* (ペットが) …という名前である. *estar bien* [*mal*] *atendido* よく整備されている[いない].
ateneísta 男 女 学芸協会員.
ateneo 男 学芸協会.
atenerse 33 再 《a》(…に) 従う, (規則等を) 遵守する.
ateniense 形 男 女 アテネの (人).
atenta 形 → atento.
atentado 男 《contra》(…に対する) テロ行為, 襲撃；(法・秩序への) 違反行為.
atentamente 副 注意深く；敬意をもって. Le saluda ～. /*A*～. 《手紙》敬具, 草々.
atentar 自 《contra》(…に) テロ行為を働く；(…に) 反する. ～ *contra* la moral 風紀を乱す.
atentatorio, ria 形 《contra》(…を) 侵害する.
atento, ta [アテント, タ] 形 〔英 attentive〕 ❶ 《a》(…に) **注意深い**. ❷ 《con》(…に) 思いやりのある, 親切な. ***su atenta*** 《手紙》貴信 (略 su atta.). ***su ～ y seguro servidor*** 《手紙》敬具 (略 s.a.s.s.).
atenuación 女 ❶ 緩和, 軽減. ❷ 〖法〗情状酌量.
atenuante 形 ❶ 緩和する, 緩める, 軽減する. ❷ 〖法〗情状酌量できる.
atenuar 58 他 ❶ 緩和する, 緩める. ～ el dolor 痛みを和らげる. ❷ (罪等を) 軽減する. — **atenuarse** 再 和らぐ, 緩む.
ateo, a 形 無神論の. — 男 女 無神論者.
aterciopelado, da 形 (ビロードのように) 滑らかな.
aterido, da 形 凍えた, かじかんだ.
aterir 他 凍えさせる. — **aterirse** 再 凍える. ► 不定詞と過去分詞のみ.
atérmano, na 形 〖物〗不伝熱性の.
aterrador, dora 形 恐ろしい.
aterrar 他 恐れさせる, おびえさせる. — **aterrarse** 再 《con》(…に) 恐れを感じる, ぞっとする.
aterrizaje 男 着陸；〖スポ〗着地. ～ forzoso 不時着. pista de ～ 滑走路. tren de ～ 着陸装置.
aterrizar 57 自 ❶ 着陸する. ❷ 《話》(人が) 不意に現れる. ❸ 《話》新しい物[場所]になじむ.
aterronarse 再 塊になる.
aterrorizador, dora 形 恐ろしい.
aterrorizar 57 他 ぞっとさせる. — **aterrorizarse** 再 《con》(…に) おびえる.
atesoramiento 男 (金・宝石等を) ため込むこと, 蓄財.
atesorar 他 ❶ (金・宝石等を) ため込む. ❷ (才能等を) 備えている. ～ muchos conocimientos 知識が豊富である.
atestación 女 証言.
atestado, da 形 ❶ 証明[確認]された. ❷ 《de》(…で) いっぱいの. ❸ 頑固な. — 男 〖法〗調書, 供述書.
atestar 18 (時に規則変化) 他 ❶ 詰め込む, いっぱいにする. ❷ 〖法〗証明[証言]する. — **atestarse** 再 《話》《de》(…を) 腹いっぱい食べる.
atestiguación 女 証言, 証明.

atestiguamiento 男 → atestiguación.
atestiguar 55 他 ❶〖法〗証言[証明]する. ❷(文献等で)確認する.
A
atezado, da 形 小麦色に焼けた.
atezar 57 他 (肌等を)小麦色に焼く. ─ **atezarse** 再 日焼けする.
atiborrar(se) 他 再 → atestar.
aticismo 男 簡潔かつ上品な表現.
ático, ca 形 ❶ アッティカの, アテネの. ❷ 簡素で上品な. ─ 男 女 アッティカ人, アテネ人. ─ 男 ❶ (マンションの) ペントハウス; 屋根裏部屋. ❷ アッティカ方言.
atiend- 活 → atender.
atiesar 他 ぴんと張る.
atigrado, da 形 縞(しま) [トラ] 模様の.
atildado, da 形 粋(いき)な; 着飾った. estilo ~ 気取った文体.
atildamiento 男 着飾る[めかし込む]こと.
atildar 他 ❶ 着飾らせる, めかし込ませる. ❷ アクセント符号(´, ˜)をつける. ─ **atildarse** 再 着飾る, めかし込む.
atinado, da 形 的を射た, 賢明な.
atinar 自 ❶《a+不定詞》うまく…する; 《en+不定詞・名詞》(…に) 命中する, (…して) 正解である. ~ *a* encontrar la solución うまく解決策を見つける. ❷《con》(…を) 見つける.
atingencia 女《ラ米》関連; (ペルー)反論.
atípico, ca 形 型破りな, 逸脱した.
atiplado, da 形 甲高い, 金切り声の.
atiplar 他 (楽器を) 高音域に上げる. ─ **atiplarse** 再 甲高くなる.
atirantar 他 ぴんと張る; 緊張させる.
atisbar 他 ❶ のぞく. ~ por el ojo de la cerradura 鍵穴(かぎあな)からのぞく. ❷ かすかに識別できる. ❸ 察知する; 見いだす. ~ la esperanza 希望を見いだす. ─ **atisbarse** 再 かすかに見える.
atisbo 男 ❶ 偵察. ❷ 気配, 兆し.
Atitlán 固名 el ~ アティトラン(湖): グアテマラの火口湖.
¡atiza! 間《驚き》わっ, おやまあ.
atizador, dora 形 扇動する. ─ 男 火かき棒.
atizar 57 他 ❶ (火を) かき立てる; 燃料を足す; (不和等を) あおる. ❷《話》(パンチ等を) 食らわす. ~ un puñetazo 殴る. ─ **atizarse** 再《話》がぶ飲みする, めいっぱい食べる.
atlante 男〖建〗男像柱. ─ 固名 [A-]〖ギ神〗アトラス.
Atlántico 固名 el ~ 大西洋.
atlántico, ca [アトゥらンティコ, カ] 形 〔英 Atlantic〕 **大西洋の**. el Océano *A*~ 大西洋.
Atlántida 固名 アトランティス(島).
atlas 男 [単複同形] ❶ 地図帳, アトラス. ❷ 図版集. ❸〖解〗第一頸椎(けいつい). ─ 固名 [A-]〖ギ神〗アトラス.
atleta 男 女 陸上選手, アスリート, 運動選手.
atlético, ca 形 陸上競技の, 運動選手の.
atletismo 男 陸上競技.
atmósfera / atmosfera [アトゥモスフェラ/アトゥモスフェラ] 女 〔英 atmosphere〕 ❶ **大気(圏)**. ❷ **雰囲気**, ムード. ❸ 気圧.
atmosférico, ca 形 大気の. contaminación *atmosférica* 大気汚染. ─ 男 [複] (雷等による) 空電障害.
atocha 女〖植〗アフリカハネガヤ.
atocinado, da 形《話》太った.
atocinarse 再《話》目がくらむ.
atol / atole 男《ラ米》アトレ: トウモロコシ粉に水・牛乳を混ぜた飲み物.
atolladero 男 ❶ ぬかるみ. ❷ 窮地.
atollarse 再 (ぬかるみ・窮地に) はまる.
atolón 男 環礁.
atolondrado, da 形 困惑した; 軽率な.
atolondramiento 男 困惑; 軽率さ.
atolondrar 他 まごつかせる; ぼうっとさせる. ─ **atolondrarse** 再 まごまごする; ぼうっとする.
atomicidad 女〖化〗原子数, 原子価.
atómico, ca 形 原子の, 原子力(利用)の. proyectil ~ 核ミサイル. cabeza *atómica* 核弾頭. países ~*s* 核(兵器)保有国.
atomismo 男〖哲〗原子論.
atomista 男 女〖哲〗原子論者.
atomización 女 微粒子化; 霧化.
atomizador 男 噴霧器, スプレー.
atomizar 57 他 微粒子[霧状]にする.
átomo 男 ❶〖物〗〖化〗原子. ❷《話》ごくわずかな量. no tener ni un ~ de sentido común 常識のかけらもない.
atonal 形〖音〗無調の.
atonalidad 女〖音〗無調(性, 様式).
atonía 女〖医〗アトニー; 無気力.
atónico, ca 形 アトニーの; 無気力な.
atónito, ta 形 あっけに取られた.
átono, na 形〖音声〗無強勢の.
atontado, da 形 ぼんやりしている; ぼけた.
atontamiento 男 ぼんやりしていること.
atontar 他 ぼんやりさせる. ─ **atontarse** 再 ぼうっとする.
atontolinar 他《話》→ atontar.
atoramiento 男 (管等の) 詰まり; (会話の途中で) 詰まること.
atorar 他 ふさぐ; (管等を) 詰まらせる. ─ **atorar(se)** 自 再 (管等が) 詰まる; (人が言葉に) 詰まる.
atormentar 他 苦しめる, 痛めつける; 拷問にかける. ─ **atormentarse** 再《con, de》(…に) 苦しむ, 嘆く.
atornillador 男 ねじ回し, ドライバー.
atornillar 他 ❶ (ねじで) 止める. ❷ (人を) 奮起させる.
atorrante, ta 男 女《ラ米》浮浪者; 怠け者; 粗野な人.
atortolar 他《話》(人の心を) 混乱させる. ─ **atortolarse** 再 夢中になる.
atosigamiento 男 あせり; 催促.
atosigar 66 他 急がせる; せきたてる. ─ **atosigarse** 再 あわてる, 焦る.
atrabiliario, ria 形 男 女 怒りっぽい(人).
atracada 女 ❶〖海〗接岸. ❷ 満腹.
atracadero 男〖海〗埠頭(ふとう).
atracador, dora 男 女 強盗.
atracar 26 他 ❶ (船を) 接岸させる. ❷ 強盗を働く. ❸《de》(…を) めいっぱい食べさせる. ─ 自 停泊[接岸]する. ─

A

atracarse 再 ❶《a》(…に) 近づく. ❷《de》(…を) めいっぱい食べる.
atracción 女 ❶ 引きつけること, 引力. ～ universal 万有引力. ❷ 魅力. ❸[主に複] 娯楽施設；アトラクション. parque de *atracciones* 遊園地.
atraco 男 強盗.
atracón 男《話》満腹. darse un ～ de 〈+名詞〉…をめいっぱい食べる. darse un ～ de 〈+不定詞〉 やたらと…する.
atractivo, va 形 魅力ある；引きつける. ── 男 魅力.
atraer [アトゥラエル] 104 他〔英 attract〕❶ 引きつける. ～ las miradas 人目を引く. ❷ 魅了する, 気を引く. ❸ (結果として) 引き起こす. ── **atraerse** 再《a》(…の心を) とらえる；引き寄せる；引き合う.
atrafagar(se) 66 自 再 あたふたする.
atragantamiento 男 呼吸困難, のどの詰まり.
atragantarse 再 ❶ (のどを) 詰まらせる；《con》(…で) むせる. ❷ (のどに物が) つかえる. *Se* me *atragantó* una espina. 骨がのどに刺さった. ❸《間接目的代名詞を伴って》《話》(…の) 気に入らない. *Se me atraganta* este tío. こいつには腹が立つ. ❹《話》しどろもどろになる.
atraig- 活 → atraer.
atraillar 15 他 (犬を) つなぐ；服従させる.
atraj- 活 → atraer.
atrancar 26 他 ❶ (…に) かんぬき[錠]を掛ける. ❷ (通り道を) ふさぐ. ── **atrancarse** 再 ❶ 詰まる；つかえる；言葉に詰まる. ❷ 閉じこもる.
atranco / atranque 男 ❶ 障害, 難局. ❷ ぬかるみ.
atrapamoscas 男 [単複同形]〖植〗ハエトリソウ.
atrapar 他 ❶ 捕まえる；《話》つかむ. ❷《話》(病気に) かかる. ～ un resfriado かぜをひく.
atraque 男 (船の) 接岸；(船体同士の) 接近.
atrás [アトゥラス] 副〔英 back〕❶《場所・方向》後ろに[へ], 背後に (↔adelante). estar ～ 後ろにいる；遅れている. la parte de ～ 後ろ側, 裏側. hacer [dar] marcha ～ 車をバックさせる. volver la vista ～ 後ろ[過去]を振り返る. mirar hacia ～ 後ろを見る. ir para ～ 後ろの方へ行く. ¡*A*～! 下がれ. ❷《時間》前に, 以前に. tiempo ～ 昔. los recuerdos de años ～ 何年も前の思い出. ── 男〖車〗バック (後退) (→地域差). *cuenta* ～ 秒読み. *dejar* ～ 後にする；引き離す. *echarse* [*volverse*] ～ 後退する；前言[態度]を翻す. *quedar* ～ 遅れる；過去のものになる. 地域差〖車〗バック (後退) atrás《スペイン》《ラ米》(キューバ, プエルトリコ)(コスタリカ) (コロンビア) (チリ) (パラグアイ, ウルグアイ, アルゼンチン)；retro (エクアドル, ボリビア)；retroceso (グアテマラ, ホンジュラス, エルサルバドル, ニカラグア) (ベネズエラ) (ボリビア)；reversa (メキシコ) (パナマ) (ペルー)；riversa (ドミニカ共和国).
atrasado, da 形 ❶ 遅れた；延期された, 未納の. llegar ～ 遅れて着く. pago ～ 滞納. ❷ 進歩[成長]の遅れた. ── 男 女 ❶ 時代遅れの人. ❷ ～ mental 知的障害者.
atrasar 他 ❶ 遅らせる. ❷ 延期する. ～ la boda medio año 結婚式を半年遅らせる. ── 自 (時計が) 遅れる. ～ cinco minutos 5分遅れている. ── **atrasarse** 再 遅れる, 遅刻する.
atraso 男 ❶ 遅れ, 延滞；後進性. con cinco minutos de ～ 5分遅れで. ❷ [複] 滞納金, 未払い金.
Atrato 固名 el ～ アトラト川：カリブ海に注ぐコロンビアの川.
atravesado, da 過分 → atravesar. 形 横断した；貫通した；悪意のある.
atravesar [アトゥラベサル] 18 他〔英 go across〕❶ 横断する. ～ la calle 通りを横切る. ❷ 貫通する, (頭・心を) よぎる. ❸ (時期に) さしかかる. ❹ 横たえる, (進路を) ふさぐ. ── **atravesarse** 再 ❶ 横たわる；通せんぼする；(困難が) 立ちはだかる. ❷ (突き) 刺さる. ❸ 口を挟む, 首を突っ込む. *atravesar el Rubicón* ルビコン川を渡る；決断を下す.
atravies- 活 → atravesar.
atrayente 形 魅力的な.
atreverse [アトゥレベルセ] 再〔英 dare〕❶《a+不定詞》あえて…する, 思い切って…する. ❷《con》(…に) 横柄な態度を取る；(…に) 挑む.
atrevido, da 過分 → atreverse. 形 ❶ 大胆な, 思い切った；厚かましい, 横柄な. ❷ 斬新(ざん)な. ── 男 女 大胆な人, 横柄な人.
atrevimiento 男 大胆さ；厚かましさ.
atrezo 男 → attrezzo.
atrezzo 男 → attrezzo.
atribución 女 ❶《a》(…に) 帰属すること. la ～ de una obra *a* Calderón ある作品をカルデロンの作と見なすこと. ❷ [複] 権限, 職権.
atribuir 60 他 ❶《a》(…に) 帰属させる, (…の) ものとする, (性質・原因等が) (…に) あるとする. *Atribuyeron* el fracaso *a* su carácter. 人はその失敗を彼の性格のせいだとした. ❷ (権限等を) 委託する. ── **atribuirse** 再《a》(…に) 帰属する；自分の物とみなす. La responsabilidad *se atribuye al* presidente. 責任は社長にある.
atribulación 女 心痛.
atribulado, da 形 辛く苦しい.
atribular 他《文》(心を) 苦しませる. ── **atribularse** 再 嘆き悲しむ.
atributivo, va 形 属性を表す；〖文法〗属詞的な；限定的な.
atributo 男 ❶ 属性, 特質, 持ち味. ❷〖文法〗属詞, 限定詞.
atrición 女〖カト〗(神の罰を恐れての) 不完全痛悔.
atril 男 書見台；譜面台.
atrincar 26 他 縛りあげる；押えつける.
atrincheramiento 男 ❶ 塹壕(ざんごう)陣地. ❷ 固執.
atrincherar 他 塹壕(ざんごう)で守る. ── **atrincherarse** 再 ❶《en》(…に) 立てこもる. ❷《en, tras》(…で) 身を守る, (…を) 盾にとる.
atrio 男 中庭；アトリウム；前廊.
atrocidad 女 ❶ 残忍 (な行為). ❷《話》でたらめ；暴言. ❸《話》けた外れの量[こと].
atrofia 女〖医〗萎縮(いしゅく)症.

A

atrofiạr ⑰ 他 〖医〗萎縮(いしゅく)させる. — **atrofiar*se*** 再 〖医〗萎縮する.
atronạdo, da 形 そそっかしい, 軽率な.
atronadọr, dọra 形 轟音(ごうおん)の.
atronạr ㉜ 他 ❶ (音が) …にとどろく；…の耳をつんざく. ❷ 〖闘牛〗(牛の頸部(けいぶ)を刺して) 殺す. — 自 (音が) とどろく. — **atronar*se*** 再 (雷鳴で) 仮死状態になる.
atropellạdo, da 形 ❶ (車に) 轢(ひ)かれた. ❷ あわてた；せっかちな.
atropellamiẹnto 男 → atropello.
atropellạr 他 ❶ 轢(ひ)く；なぎ倒す. ❷ (権利・法等を) ないがしろにする；押しのける. — **atropellar*se*** 再 あわてる.
atropẹllo 男 ❶ (車が) 轢(ひ)くこと. ❷ 《**contra**》(…の) 蹂躙(じゅうりん). ***con*** ～ あわてて.
atropịna 女 〖薬〗アトロピン.
atrọz 形 ❶ 残忍な. ❷ 《話》とてつもない.
ATS 男 女 *A*yudante *T*écnico *S*anitario 看護師.
attrẹzzo [アトゥレツォ] [伊] 男 〖映〗〖演〗小道具.
atuẹndo 男 身なり, 装い.
atufạr 他 ❶ (悪臭・煙が) 気分を悪くする, 中毒を起こさせる. ❷ 怒らせる. — 自 悪臭を放つ. — **atufar*se*** 再 ❶ (悪臭で) 気分が悪くなる, 中毒にかかる. ❷ いらだつ.
atún 男 〖魚〗マグロ.
atunẹro, ra 形 マグロ漁の. industria *atunera* マグロ加工業. — 男 女 マグロ漁師. — 男 マグロ漁船.
aturdịdo, da 形 ❶ 呆然(ぼうぜん)とした, 困惑した. ❷ そそっかしい.
aturdimiẹnto 男 ❶ 呆然(ぼうぜん)とすること. ❷ 落ち着きのなさ, そこつさ.
aturdịr 他 ❶ 呆然(ぼうぜん)とさせる. くらくらさせる. ❷ 困惑させる. — **aturdir*se*** 再 くらくらする；呆然とする.
aturquesạdo, da 形 トルコ石色の, ターコイズブルーの, 青緑色の.
atur(r)ullamiẹnto 男 《話》混乱；当惑.
atur(r)ullạr 他 《話》どうしていいかわからなくする. — **atur(r)ullar*se*** 再 《話》どうしていいかわからなくなる.
atusạr 他 (髪・ひげを) なでつける. — **atusar*se*** 再 (自分の髪・ひげを) 整える.
audạcia 女 大胆さ.
audạz 形 男 女 大胆な(人).
audịble 形 聞き取ることができる.
audición 女 ❶ 聴力. ❷ コンサート, 朗読会. ❸ オーディション.
audiẹncia 女 ❶ 謁見. conceder [dar] ～ a ... (…に) 謁見を許す. ❷ 聴聞会. ❸ 裁判所；審問. ～ provincial 地方裁判所. *A*～ Nacional 最高裁判所. ❹ 王立大審問院：スペイン王室の新大陸における司法・行政機関. ❺ (テレビ番組等の) 聴衆, 視聴者；観客.
audífono / audiọ́fono 男 補聴器.
audimetría 女 視聴率調査.
audímetro 男 ❶ → audiómetro. ❷ (テレビ等につける) 視聴率調査機.
ạudio 形 [男女同形] 音声録音[再生, 送受信]に関する. — 男 音声録音[再生, 送受信]に関する技術, 機器.
audiogrạma 男 〖医〗オーディオグラム, 聴力図.
audiometría 女 聴力検査.
audiọ́metro 男 〖物〗オーディオメーター, 聴力計.
audiovisuạl 形 視聴覚の.
auditạr 他 …の会計監査をする.
auditịvo, va 形 聴覚の, 耳の.
auditọr, tọra 男 女 会計監査(役).
auditoría 女 会計監査職.
auditọrio 男 ❶ 聴衆, 観客. ❷ 講堂, ホール.
auditọ́rium 男 [複 ～s] 講堂, ホール.
ạuge 男 ❶ 絶頂, ピーク；ブーム. estar en pleno ～ 頂点にある. ❷ 〖天〗遠地点.
augịta 女 〖鉱〗普通輝石, オージャイト.
augụr 男 (古代ローマの) 卜占(ぼくせん)官.
augurạr 他 占う；…の前兆を示す.
augụrio 男 前兆, 徴候.
Augụsto 固名 アウグスト：男子の名.
augụsto, ta 形 《文》威厳のある；高貴な. — 男 (clown と組む) 道化師.
ạula 女 [el ～] 教室. ～ magna (大学の) 大教室. 地域差 教室 aula 《スペイン》《ラ米》(キューバ, ドミニカ共和国)(メキシコ)(グアテマラ, ホンジュラス, エルサルバドル, ニカラグア, コスタリカ, パナマ)(コロンビア)(エクアドル, ボリビア)(パラグアイ, ウルグアイ, アルゼンチン)；sala (チリ)；salón (プエルトリコ)(メキシコ)(パナマ)(コロンビア, ベネズエラ)(ペルー, ボリビア)(ウルグアイ, アルゼンチン).
aulạga 女 〖植〗ハリエニシダ.
ạ́ulico, ca 形 男 女 宮廷の[人].
aulladọr, dọra 形 遠ぼえする.
aullạr ㉒ 自 ❶ (犬・オオカミが) 遠ぼえする. ❷ (風が) うなる.
aullịdo / ạ́ullo 男 遠ぼえ；風のうなり.
aumentar [アウメンタル] 他 [英 increase] **増やす**, 増加させる. ～ la velocidad 加速する. ～ el voltaje 電圧を上げる. — 自 増える, 増加する. ～ de peso 体重が増える.
aumentatịvo, va 形 増大(辞)の. — 男 〖文法〗(1) 増大辞 (↔ diminutivo)：「大きい, 多い」等の意味を表す接尾辞：-ón, -ote, -azo 等. (2) 増大辞のついた語.
aumẹnto 男 ❶ 増加. ～ de precio 値上げ. ❷ (レンズ等の) 倍率. — 活 → aumentar.
aun [アウン] 副 [英 even] **…でさえ**. *aun* en pleno invierno 真冬でさえ. ***aun*** 〈＋現分〉…だが, …するにもかかわらず. ***aun así*** たとえそうでも. ***aun cuando*** …するにもかかわらず；《＋接続法》たとえ…だとしても. *Aun cuando* tenga tiempo, no vendrá. たとえ時間があっても彼は来ないだろう. ***ni aun*** 〈＋現分〉たとえ…しても…しない. ***ni aun así*** たとえそうだとしても…しない.
aún [アウン] 副 [英 still, yet] ❶ **まだ** (＝todavía). *Aún* no ha venido. まだ彼は来ていない. ❷ 《比較級の強調》さらに, いっそう. Es *aún* más lista que sus hermanos. 彼女は兄弟たちよりさらに賢い.
aunạr ㉒ 他 1つにする. — **aunar*se*** 再 1つになる.
aunque [アウンケ] 接 《譲歩》[英 although] ❶ 《＋直説法》《事実として認めて》**…とはいえ**, …ではあるが. *A*～ llueve, saldremos. 雨が降っているが私たちは出かけるつもりです. *A*～ soy

español, nunca he ido a los toros. 私はスペイン人だが一度も闘牛に行ったことがない. Te acompañaré al cine, ～ no me apetece. 一緒に映画に行くよ, あまり気はすすまないが. ❷《＋接続法》《仮定的；発言を和らげて》…だとしても, (なるほど) …かもしれないが. Mañana, ～ esté nevando, saldré. 明日たとえ雪が降っていても出かけるつもりだ. *A*～ sea español, no me gustan los toros. 確かに私はスペイン人かもしれないが闘牛が嫌いだ. ❸《＋接続法過去》《現在の事実に反する事柄を仮定して》たとえ…ということがあろうとも. *A*～ lo supiera, no te lo contaría. たとえそれを知っていても君には言うつもりはない. ❹《＋接続法過去完了》《過去の事実に反する事柄を仮定して》たとえ…ということがあったとしても. *A*～ lo hubiera sabido, no te lo habría contado. たとえそれを知っていたとしても君には言わなかっただろう.

¡aúpa! 間 ❶ よいしょ, それっ；《幼児語》抱っこ (して). ❷ 起き上がれ；頑張れ. ***de*** ～ 《話》ものすごい. almuerzo *de* ～ 豪華な昼食. ***ser de*** ～ (人が) 扱いにくい.

¡aupa! 間 → ¡aúpa! ②.

aupar 22 他 ❶《話》抱き上げる. ❷ (人をある地位に) 引き上げる. ── **auparse** 再 ❶ 立ち上がる. ❷ (高い地位に) 就く.

aura 女 [el ～] ❶ オーラ, (人や物が発する) 独特の雰囲気. ❷〖鳥〗ヒメコンドル.

áureo, a 形 ❶ 金 (色) の, 金製の. ❷ 全盛の. edad *áurea* 黄金時代. número ～〖数〗黄金数. ── 男 古代ローマの金貨.

aureola / auréola 女 ❶ 後光, 光輪, 光背. ❷ 名声, 評判. ❸〖天〗コロナ.

aureolar 他 後光[光輪]で飾る.

aureomicina 女〖薬〗〖商標〗オーレオマイシン：抗生物質.

áurico, ca 形 金を含む.

aurícula 女 (心臓の) 心耳；耳介, 耳たぶ.

auricular 形 ❶ 耳の, 聴覚の. ❷ 耳状の. ❸〖解〗心耳の. ── 男 ❶ 受話器. ❷ [複] イヤホン, ヘッドホン. ❸ 小指.

auriense 形 男 女〖史〗(スペイン) アウリア (現オレンセ) の (人)；オレンセの (人).

aurífero, ra 形 金を含む.

auriga 男《文》御者.

aurora 女 ❶ 夜明け, あけぼの. ❷ オーロラ. ❸ 始まり, 黎明(れいめい)期.

auscultación 女 聴診.

auscultar 他 聴診する.

ausencia 女 ❶ 不在, 留守；欠席, 欠勤. ❷ 欠如, 不足. ❸ 放心, 上の空. ❹〖法〗失踪(しっそう). ***brillar por*** su ～《話》いない[ない]のが目立つ. ***en*** ～ ***de ...*** …がないので[ときは].

ausentarse 再《de》(…を) 離れる, 留守にする, 欠席[欠勤]する.

ausente 形 ❶ 不在の, 留守の；欠席[欠勤]した. ❷ 欠如した, 不足した. ❸ 放心した. ❹〖法〗失踪(しっそう)した. ── 男 女 ❶ 不在者, 欠席[欠勤]者. ❷ 失踪者.

ausentismo 男 不在地主制度；(常習的な) 欠勤.

auspiciar 17 他 ❶ 予言する, 占う. ❷ 支援する.

auspicio 男 ❶ [主に複] 前兆. ❷ 支援.

auspicioso, sa 形 幸先のよい.

austeridad 女 禁欲；質素.

austero, ra 形 ❶ 禁欲的な；質素な. ❷ 厳格な, 厳しい.

austral 形 南の, 南極の, 南半球の.

Australasia 固名 南洋州：オーストラリアとその付近の諸島の総称.

Australia 固名 オーストラリア：首都キャンベラ Canberra.

australiano, na 形 オーストラリアの. ── 男 女 オーストラリア人.

Austria 固名 オーストリア：首都ウイーン Viena.

austriaco, ca / austríaco, ca 形 オーストリアの. ── 男 女 オーストリア人.

austro 男《文》南風；南.

autarquía 女 自給自足 (体制), 経済的自立.

autárquico, ca 形 自給自足の, 自立経済の.

auténtica 女 ❶ 証明書. ❷ 謄本. ── 形 → auténtico.

autenticación 女 認証.

auténticamente 副 本当に, まがい物でなく.

autenticar 26 他〖法〗(本物であることを) 認証する.

autenticidad 女 本物であること；信憑(しんぴょう)性.

auténtico, ca [アウテンティコ, カ] 形 〔英 authentic〕 ❶ **本物の**, 正真正銘の. un Picasso ～ 本物のピカソの絵. ❷〖法〗認証された. ❸《話》すばらしい.

autentificar 26 他 → autenticar.

autillo 男 ❶〖鳥〗モリフクロウ. ❷ 異端審問所の判決.

autismo 男〖医〗自閉症.

autista 形 男 女 自閉症の (患者).

auto [アウト] 男 ❶ [automóvil の省略形] 〔英 automobile〕《ラ米》《話》**自動車**, 車 (→ automóvil 地域差). ❷〖法〗決裁, (裁判所の) 決定. ～ de comparecencia 出頭命令. ～ de prisión 逮捕令状. ～ de procesamiento 起訴状. ❸ [複] 訴訟 (記録). ❹ 小宗教劇. ～ sacramental 聖体神秘劇. ～ ***de fe*** 異端審問所の死刑宣告；火刑；焚書(ふんしょ). ***día*** [***lugar***] ***de*** ～***s*** 犯行の当日[現場]. ***estar*** [***poner***] ***en*** ～***s*** いきさつをよく知っている[知らせる].

autoabastecerse 76 再《de, en》(…を) 自給自足する.

autoadhesivo, va 形 接着剤付きの. ── 男 粘着テープ.

autoafirmación 女 自己肯定.

autobiografía 女 自伝, 自叙伝.

autobiográfico, ca 形 自伝的な.

autobomba 男 ポンプ車.

autobombo 男《話》自画自賛. darse el ～ 自画自賛する.

autobús [アウトブス] 男 〔英 bus〕 **(市内) バス**. parada de ～ バス停 (留所). ～ escolar スクールバス. ～ urbano [municipal] 市バス, 市営バス. ～ turístico 観光バス. 地域差 (市内) バス autobús《スペイン》《ラ米》(キューバ, ドミニカ共和国, プエルトリコ) (メキシコ) (エルサルバドル, パナマ) (ベネズエラ) (ペルー)；bus (キューバ) (ホンジュラス, ニカラグア, パナマ) (コロンビア) (エクアドル) (チリ)；camión (メキシコ)；camioneta (グアテマラ, エルサルバドル)；colectivo (ボリビア)

(パラグアイ, アルゼンチン)；guagua (キューバ, ドミニカ共和国, プエルトリコ)；micro (チリ)(アルゼンチン)；microbús (ペルー)；ómnibus (キューバ)(ペルー)(パラグアイ, ウルグアイ, アルゼンチン).

A

autobusero, ra 形 男 女 《ラ米》(ベネズエラ) バスの(運転手).

autocar 男 長距離バス, 観光バス.

autocartera 女 社内株, 自己株式.

autocine 男 ドライブインシアター.

autoclave 女 〘機〙 オートクラーブ；〘医〙 加圧滅菌器.

autoconfianza 女 自信.

autocontrol 男 ❶ 自己抑制, 自制(心). ❷ 自己評価.

autocracia 女 専制政治.

autócrata 男 女 《文》 専制君主.

autocrático, ca 形 専制(政治)の.

autocrítico, ca 形 自己批判の, 自省的な. ── 女 自己批判；自戒.

autóctono, na 形 その土地固有の, 土着の. ── 男 女 先住民.

autodefensa 女 自己防衛. Las Fuerzas Armadas de *A*～ 自衛隊.

autodegradación 女 謙遜(けんそん).

autodestrucción 女 自滅, 自壊.

autodestructivo, va 形 自滅的な.

autodeterminación 女 自己決断；民族自決.

autodeterminista 形 民族自決の. ── 男 女 民族自決主義者.

autodidacto, ta 形 男 女 独学の(人).

autodirigido, da 形 自動操縦の, 自動誘導の.

autodisciplina 女 自己鍛練, 修養.

autódromo 男 〘車〙 レースサーキット.

autoempleo 男 自営.

autoencendido 男 (内燃機関の) 自己点火；自然発火.

autoengaño 男 自己欺瞞(ぎまん).

autoerotismo 男 〘心〙 自体愛, 自己性欲；自慰.

autoescuela 女 自動車教習所.

autoestima 女 自尊(心)；自負.

autofecundación 女 自家受粉[受精].

autofinanciación 女 自己資本導入.

autofoco / autofocus 男 (カメラの) オートフォーカス.

autogamia 女 自家生殖, 自家受精.

autógeno, na 形 自然発生の.

autogestión 女 自主管理, 自己統制.

autogiro 男 〘空〙 オートジャイロ.

autogobierno 男 自治制, 自主管理.

autogol 男 〘スポ〙 オウンゴール.

autografía 女 石版印刷.

autógrafo, fa 形 自筆の. ── 男 サイン；自筆原稿.

autoinfección 女 〘医〙 自己感染.

autointoxicación 女 〘医〙 自家中毒.

automación 女 → automatización.

autómata 男 ❶ 自動機械, ロボット. ❷ 傀儡(かいらい)；いいなり.

automática 形 → automático.

automáticamente 副 自動的に；それだけで.

automaticidad 女 自動性.

automático, ca [アウトマティコ, カ] 形 〔英 automatic〕 ❶ **自動(式)の**, オートマティックの. cajero ～ 現金自動支払機. cierre ～ オートロック. control ～ 自動制御. portero ～ インターホン接続のドア開閉装置. ❷ 機械的な, 無意識の, 反射的な. respuesta *automática* いつも同じ返事. ❸ 不可避の. ── 男 ❶ 〘服〙 スナップ. ❷ 〘電〙 ヒューズ.

automatismo 男 ❶ 無反省で機械的な行為[様子]. ❷ 〘生〙 自動性, 自律性.

automatización 女 オートメーション(化).

automatizar 57 他 オートメーション化する.

automedicarse 26 再 《con》 (薬を) 自己診断で服用する.

automoción 女 (産業分野としての) 自動車. sector de ～ 自動車部門.

automotor, tora 形 自動推進の. ── 男 気動車, ディーゼルカー.

automotriz 形 自動推進の. ── 女 気動車, ディーゼルカー.

automóvil [アウトモビる] 形 自動推進の. ── 男 〔英 automobile〕 **自動車**. 《略 auto》. 地域差 自動車 automóvil 《スペイン》；auto 《ラ米》(キューバ)(メキシコ)(ニカラグア, パナマ)(ペルー, ボリビア)(チリ)(ウルグアイ, アルゼンチン)；carro 《ほぼラ米全域》；coche 《スペイン》《ラ米》(メキシコ)(パラグアイ).

automovilismo 男 ドライブ；カーレース；自動車産業.

automovilista 形 自動車の. ── 男 女 自動車運転者, ドライバー.

automovilístico, ca 形 自動車の.

autonomía 女 ❶ 自治, 自治独立；自治州. ❷ 〘軍〙〘空〙 走行[航続]距離.

autonómico, ca 形 ❶ 自治の；自治州の. ❷ 自主的な, 自力の.

autonomista 形 自治主義の. ── 男 女 自治推進論者.

autónomo, ma 形 ❶ 自治の, 自治権のある；自治州の. ❷ 自営の. ❸ 自主的な, 自律的な.

autopista [アウトピスタ] 女 〔英 freeway〕 **高速道路**.

autoplastia 女 〘医〙 自家移植(術).

autopropulsado, da 形 自走の.

autopropulsión 女 自動推進.

autopropulsor, sora 形 自動推進の.

autoprotección 女 自己防衛.

autopsia 女 〘法〙 検死, 死体解剖.

autopullman 男 デラックス観光バス.

autor, tora [アウトル, トラ] 男 女 〔英 author〕 ❶ **著者**, 作者. ❷ 犯人, 張本人. ❸ 考案者.

autoría 女 原作者であること.

autoridad [アウトリダ(ドゥ)] 女 〔英 authority〕 ❶ **権力**, 権限. ～ estatal 国家権力. ❷ 権威；《en》(…の) 大家. ❸ 当局, 権力機構；警察. ～ legislativa [administrativa, judicial] 立法[行政, 司法]機関. ❹ [複] 典拠.

autoritario, ria 形 権威主義的な, 高圧的な. carácter ～ 横柄な性格. ── 男 女 権威主義者, 横柄な人.

autoritarismo 男 権威主義；横暴.

autorización 女 権限の授与, 認可, 許可(証).

autorizado, da 形 ❶ 許可[認可]を受けた, 法定の. precio ～ 法定価格. ❷ 権威ある, 信頼できる. fuente *autorizada* 信頼できる筋. ❸ (映画等が) 成人指定でない.
autorizamiento 男 → autorización.
autorizar 57 他 ❶ 認可[許可, 公認]する;《para [a]＋不定詞》(…する) 権限を与える. ～ la manifestación デモを許可する. ❷《con》(…で) 正式なものであると認める, 公証する.
autorregulable 形 自動制御の, 自己調整のきく.
autorregulación 女 自動制御, 自己調節機能.
autorregulador, dora 形 自動制御の.
autorregular*se* 再 自動制御する, 自己調整する.
autorretrato 男 自画像.
autoservicio 男 セルフサービス (の店).
autostop 男 ヒッチハイク.
autostopista 男 女 ヒッチハイカー.
autosuficiencia 女 ❶ 自給自足. ～ alimentaria 食糧自給. ❷ 自信過剰, うぬぼれ.
autosuficiente 形 ❶ 自給自足できる. ❷ 自信過剰な.
autosugestión 女 自己暗示.
autosugestionar*se* 再 自己暗示にかかる.
autovacuna 女 自家ワクチン.
autovía 女 自動車専用道路, 高速道路. ── 男〚鉄道〛気動車, ディーゼルカー.
autumnal 形 秋の.
auxiliador, dora 形 補助する.
auxiliar 形 ❶ 補助の. mesa ～ 補助テーブル. catedrático ～ 助教授. verbo ～ 助動詞. ❷〚IT〛周辺 (機器) の. ── 男 女 助手, 補助員. ～ de vuelo (飛行機の) 客室乗務員. ── 106 他 ❶ 助ける, 救助する. ❷ (死を) 見取る.
auxilio 男 補助, 援助, 救援. pedir ～ 助けを求める. primeros ～*s* 応急手当. ¡*A*～! 助けて. ～ en carretera 高速道路の修理サービスセンター.
Av. / Avda. 女 → avenida.
aval 男 (連帯保証人の署名のある) 書類, (裏書きのある) 書類[手形], 保証 (書). ～ bancario 銀行保証. con el ～ de ... …の保証のある.
avalancha 女 ❶ 雪崩(なだれ). ❷ 殺到.
avalar 他 保証する, 保証人となる.
avalista 男 女 裏書人, 保証人.
avalorar 他 ❶ …の価値を高める;(…を) より高く評価する. ❷ 励ます.
avaluar 58 他 評価する.
avance 男 ❶ 前進, 進行;向上;進軍. ❷ (ニュース等の) 速報. ～ informativo スポットニュース. ❸ (映画の) 予告編. ❹ (金の) 前借り, 前渡し.
avance(-) / avancé(-) 活 → avanzar.
avante 副〚海〛前方へ, 前進.
avanzado, da 過分 → avanzar. 形 進んだ, 進歩した. edad *avanzada* 高齢. tecnología *avanzada* 先端技術. ── 女〚軍〛前哨(ぜんしょう);時代の先端.
avanzar [アバンサル] 57 自〔英 advance〕**進む**, 前進する;経過する;進歩する. ～ las tropas 軍隊が前進する. ～ el tiempo [el otoño] 時間[秋]が進む[深まる]. ～ la tecnología 科学技術が進歩する. ── 他 進める, 早める.
avaramente 副 強欲に, 貪欲(どんよく)に.
avaricia 女 強欲, 貪欲(どんよく). ***con*** ～《話》極度に.
avaricioso, sa / avariento, ta 形 → avaro.
avaro, ra 形 男 女 強欲な (人);けちな (人) (→ tacaño 地域差).
avasallador, dora 形 圧倒的な, 威圧的な.
avasallamiento 男 服従させること.
avasallar 他 服従させる, 圧倒する. ── **avasallar*se*** 再 服従する.
avatar 男[複]有為転変, 栄枯盛衰.
ave [アベ] 女 [el ave]〔英 bird〕**鳥**;[複]鳥類. *ave* de paso 渡り鳥.
AVE [アベ] 男 *A*lta *V*elocidad *E*spañola スペインの高速鉄道, 新幹線.
avechucho 男 ❶ 醜い鳥. ❷《話》醜悪で卑しい人間.
avecilla 女 小鳥.
avecinar*se* 再 近づく.
avecindado, da 形《en》(…に) 住む, 定住した.
avecindamiento 男 居住, 定住.
avecindar 他 定住させる. ── **avecindar*se*** 再 住民となる, 定住する.
avefría 女〚鳥〛タゲリ.
avejentar 他 老けさせる. ── 自 **avejentar*se*** 再 老ける.
avellana 女 ハシバミの実, ヘーゼルナッツ.
avellanado, da 形 しわの寄った.
avellanal 男 ハシバミ林.
avellanar 男 ハシバミ林. ── 他〚技〛…に皿穴を開ける. ── **avellanar*se*** 再 しなびる.
avellaneda 女 ハシバミ林.
avellano 男〚植〛ハシバミ.
avemaría [el ～] 女〚カト〛(1) アベマリア (の祈り), 天使祝詞. (2) ロザリオの小玉. ***al*** ～ 夕暮れに. ***en un*** ～《話》たちまち, 一瞬にして. ***¡A～ (Purísima)!***《古》《挨拶》ごめんください;《驚き》これはこれは.
avena 女〚植〛エンバク;オートミール.
avenar 他 排水する.
avenencia 女 ❶ 合意;和解, 妥協. llegar a una ～ 合意する. ❷ 取引.
avenido, da 形《bien [mal] を伴い》仲が良い[悪い]. una pareja *bien avenida* 仲のよいカップル. ── 女 ❶ 大通り, 並木道. ❷ 増水, 洪水;殺到. una *avenida* de turistas 押し寄せた観光客.
avenimiento 男 合意;和解.
avenir 23 他 合意[和解]させる. ── **avenir*se*** 再 ❶《con》(…と) 合意[和解]する. ❷《a》(…に) 順応する, 慣れる.
aventador, dora 形 (穀物を) 吹き分ける. ── 男〚農〛フォーク, 唐箕(とうみ).
aventajado, da 形 抜きんでた.
aventajar 他《en》(…で) リードする, 先んじる. ── **aventajar*se*** 再 抜きんでる.
aventar 18 他 吹き飛ばす;(穀物を) 吹き分ける.
aventón 男《ラ米》ヒッチハイク.

A

aventura［アベントゥラ］ 女〔英 adventure〕 ❶ **冒険**，思いがけない経験. película de ～*s* 冒険映画. ❷ 危険. ❸ 情事，アバンチュール.

aventurado, da 形 冒険的な，危うい.

aventurar 他 ❶ 危険にさらす. ～ su vida（自分の）命を賭(か)ける. ❷ 思い切って言う. ～ una hipótesis 思い切って仮説を出す. — **aventurarse** 再 ❶《por》（…に）挑む. ❷《a＋不定詞》あえて…する.

aventurero, ra 形 冒険好きの. — 男 女 冒険家.

average［アベラヘ］〔英〕 男〖スポ〗アベレージ，率. gol ～ 得失点差.

avergonzado, da 形 恥じている.

avergonzante 形 恥辱を与える.

avergonzar 24 他 …に恥をかかせる. — **avergonzarse** 再《de, por》（…を）恥じる. ～ *de* sus acciones 自分の行動を恥じる.

avería 女 ❶（車の）故障（→ 地域差）. tener una ～ 故障している. ❷ 損傷. sufrir ～ 損傷している. 地域差（車の）故障 avería《スペイン》《ラ米》(キューバ)(エルサルバドル)(コロンビア)(エクアドル)(パラグアイ)；daño (ドミニカ共和国，プエルトリコ)；descompostura (メキシコ)(グアテマラ，コスタリカ，パナマ)(ベネズエラ)(パラグアイ，ウルグアイ，アルゼンチン)；desperfecto (ペルー)；falla (メキシコ)(グアテマラ，ニカラグア)(ベネズエラ)(エクアドル)(アルゼンチン)；pana (チリ).

averiado, da 形 故障［損傷］した.

averiar 31 他 故障［損傷］させる. — **averiarse** 再 故障する，損傷を受ける. *Se* nos *averió* el coche. 私たちの車が故障した.

averiguación 女 調査，究明. *averiguaciones* policiales 警察の捜査.

averiguar 55 他 調べる，調査する. ～ la causa 原因を調査する.

averío 男《集合的》家禽(かきん).

averno 男《文》黄泉(よみ)の国.

averroísmo 男 アベロエス主義：アベロエスの唯物論的・汎神論的思想.

aversión 女《a, por》（…への）嫌悪.

Avesta 男 アベスタ：ゾロアスター教の聖典.

avestruz 男〖鳥〗ダチョウ. *política del* ～ 事なかれ主義.

avetoro 男〖鳥〗サンカノゴイ.

avezado, da 形《a, en》（…に）経験豊富な.

avezar 57 他《a》（…に）慣れさせる. — **avezarse** 再《a》（…に）慣れる.

aviación 女 ❶ 航空，飛行. ～ civil 民間機. ❷〖軍〗空軍.

AVIACO［アビアコ］ 女 *Avia*ción y *Co*mercio（スペインの）アビアコ（航空会社）.

aviado, da 形 用意［準備］のできた. *estar* [*ir*] ～《話》困っている.

aviador, dora 男 女 飛行士.

AVIANCA［アビアンカ］ 女 *A*erovías *N*acionales de *C*olombia, S. A.（コロンビアの）アビアンカ（航空会社）.

aviar 31 他 ❶ 整理する，整える. ～ la casa 家を片付ける. ❷ 用意する. ～ la maleta スーツケース［旅行］の用意をする. ～ a ... de dinero（…に）金を用意してやる. — **aviarse** 再 ❶ 身支度をする. ❷《話》急ぐ.

aviario, ria 形 鳥（類）の.

avícola 形 家禽(かきん)飼育の. granja ～ 養鶏場.

avicultor, tora 男 女 家禽(かきん)飼育家，養鶏家.

avicultura 女 家禽(かきん)飼育；養鶏.

avidez 女 貪欲(どんよく)；切望.

ávido, da 形 貪欲(どんよく)な；《de》（…を）切望する.

aviejar 他 年を取らせる，老けさせる. — **aviejarse** 再 年を取る，老ける.

avieso, sa 形 ひねくれた；邪悪な.

avifauna 女〖鳥〗鳥相，鳥類.

Ávila 固名 アビラ：スペインの県；県都.

avilés, lesa 形 男 女 アビラの（人）.

avillanado, da 形 低俗な；がさつな.

avillanamiento 男 低俗化，粗野［がさつ］になること.

avillanar 他 低俗にする. — **avillanarse** 再 低俗［粗野，がさつ］になる.

avinagrado, da 形 ❶ 酸味のある. ❷ 無愛想な，不機嫌な.

avinagrar 他 ❶ 酸っぱくする，酸味を加える. ❷ 不機嫌にする. — **avinagrarse** 再 ❶ 酸っぱくなる，酸味が出る. ❷ 不機嫌になる.

avío 男 ❶ 準備，用意. ❷［主に複］《話》用具；材料. ～*s* de pesca 釣り道具. *hacer* (*buen*) ～ 役立つ，有用である.

avión［アビオン］ 男［複 aviones］〔英 plane〕 ❶ **飛行機**. ir en ～ 飛行機で行く. por ～ 航空便（で），飛行機で. ～ de reacción ジェット機. ～ supersónico 超音速機. ～ continental [transcontinental] 中距離［長距離］機. ～ de bombardeo 爆撃機. ～ de caza 戦闘機. ～ de reconocimiento 偵察機. ～ sin motor グライダー. ❷〖鳥〗イワツバメ，ショウドウツバメ，チャイロツバメ等の総称.

avioneta 女 軽飛行機，小型飛行機.

avisado, da 過分 → avisar. 形 思慮深い；用心深い.

avisar［アビサル］ 他〔英 inform〕 ❶ **知らせる**；予告する；《que》（…であると）知らせる. ～ a la policía 警察に通報する. ❷ 呼びにやる，呼ぶ. ～ al médico 医者を呼ぶ［呼びにやる］. ❸《que＋接続法》（…するように）警告［忠告］する；気づかせる.

aviso［アビソ］ 男〔英 notice〕 ❶ **知らせ**，通知，通報；掲示，通達. dar un ～ al público 一般に公表する. ～ por escrito 文書による通達. ❷ 警告，注意；前兆. ❸〖闘牛〗（規定時間内に牛を殺せないマタドールに主催者が出す）警告. ❹［複］《ラ米》（テレビの）コマーシャル，広告（→ anuncio 地域差）. — 活 → avisar. *andar* [*estar*] *sobre* ～ 警戒している.

avispa 女〖昆〗スズメバチ. *cintura de* ～ 細くくびれた腰.

avispado, da 形《話》賢い；抜け目ない.

avispar 他 ❶《話》知恵をつける. ❷（馬に）拍車をかける，鞭(むち)を当てる.

avispero 男 ❶ スズメバチ［ハチ］の巣［群れ］. ❷《話》厄介，ごたごた. meterse en un ～ 面倒なことに足を突っ込む.

avistar 他（遠くに）認める；眺める.

avitaminosis 女［単複同形］〖医〗ビタミン欠乏症.

avituallamiento 男（船・軍隊等への）

食糧の補給[供給].

avituallar 他 (船・軍隊等に) 糧食を補給[供給]する.

avivamiento 男 活気づく[づける]こと；興奮；激高.

avivar 他 活気づける；強める. ～ un dolor 苦悩の色を濃くする.

avizor 形 *ojo* ～ 警戒して, 見張って. ¡*Ojo* ～! 気をつけろ.

avizorar 他 見張る.

avoceta 女 〖鳥〗ソリハシセイタカシギ.

avutarda 女 〖鳥〗ノガン.

axial / axil 形 軸の, 軸に沿った.

axila 女 腋窩(えきか), 腋(わき)の下.

axilar 形 腋(わき)の下の.

axiología 女 〖哲〗価値論.

axiológico, ca 形 価値論の.

axioma 男 〖数〗〖言〗公理；自明の理.

axiomático, ca 形 公理の；自明の.

axis 男 [単複同形] 〖解〗第二頸椎(けいつい).

¡ay! [アイ] 間 [英 oh!] 《苦痛・驚き・悲嘆》**ああ**, 痛い, おお. ¡*Ay*! Me he pillado los dedos en la puerta. あ痛っ, ドアに指を挟まれちゃった. ¡*Ay de ...!* 《苦悩・恐れ・同情・脅し》¡*Ay de mí!* 哀れな私, どうしてこの私が. ¡*Ay de* Pedro, como me entere de que me engaña! ペドロめ, 私をだましたらただでは済まないぞ. — 男 《文》嘆き, うめき. dar *ayes* 嘆く.

Ayacucho 固名 アヤクチョ：ペルーの県；県都.

ayatolá / ayatola 男 [複 ～s] アヤトラー：イスラム教シーア派の最高指導者[部].

ayer [アイェル〈アジェル〉] 副 [英 yesterday] ❶ **きのう**, 昨日. *A*～ hizo buen tiempo. 昨日はいい天気だった. ❷ 昨今. ❸ 昔, 過去. la España de ～ 以前のスペイン. *antes de* ～ おととい. *de* ～ *a hoy* / *de* ～ *acá* 近ごろ, 最近；短時間に.

ayllu 男 《ラ米》(ペルー)(ボリ) 血縁共同体.

aymara 形 男 女 → aimara.

ayo, ya 男 女 養育係, 家庭教師.

Ayto. 男 → ayuntamiento.

ayuda [アユダ〈アジュダ〉] 女 [英 help] ❶ **助け**, 手伝い. con ～ de ... …の助けを借りて. prestar ～ 手伝う. ❷ 援助, 救援. ～ mutua 相互扶助. ～ estatal 国庫補助(金). ❸ 〖医〗浣腸(かんちょう)(液, 剤). — 男 従者, 下男. ～ de cámara 従僕. *costar Dios y* ～ 大仕事である. — 活 → ayudar.

ayudanta 女 女性の助手[アシスタント].

ayudante 男 女 助手, アシスタント. ～ de obras públicas 〖土木〗アシスタント・エンジニア. ～ de operador 〖映〗撮影助手.

ayudantía 女 ayudante の地位[職].

ayudar [アユダル〈アジュダル〉] 他 [英 help, assist] **助ける**, 手伝う；援助する；《**a**+不定詞》(…するのを) 助ける. ～ a los pobres 貧しい人たちを救う. — **ayudarse** 再 ❶ 《**con, de**》(…を) 利用する, (…の) 助けを借りる. ❷ 《複数形で》助け合う. *Ayúdate y ayudarte he (y Dios te ayudará).* 《諺》天は自ら助くる者を助く.

ayunar 自 断食する, 絶食する.

ayuno, na 形 ❶ 何も食べていない, 断食している. ❷ 《**de**》(…が) 欠けている；(…を) 知らない, 理解できない. — 男 断食, 絶食. guardar ～ 絶食する. *en* ～*s* 何も食べずに；知らずに, 理解せずに.

ayuntamiento [アユンタミエント〈アジュンタミエント〉] 男 [英 city hall] ❶ **市役所**, 町[村]役場；市庁舎. ❷ 市[町, 村]議会. ❸ 《文》《婉曲》～ carnal 性交.

ayuntar 他 → juntar.

azabache 男 〖鉱〗黒玉(炭), 貝褐炭.

azacán, cana 形 苦役する, 下働きの. — 男 ❶ 苦役をする人, 雑役夫. ❷ 水運び人. *estar hecho un* ～ 《話》あくせく働く.

azacanear 自 《話》あくせく働く.

azada 女 鍬(くわ).

azadón 男 大鍬(ぐわ), 鍬.

azafata 女 ❶ スチュワーデス, 客室乗務員 (→地域差). ❷ (催し物・会議等の) コンパニオン, 案内係. ❸ 侍女, 女官. **地域差** スチュワーデス azafata 《スペイン》《ラ米》(ドミニカ共和国, プエルトリコ)(メキシコ)(グアテマラ, パナマ)(コロンビア, ベネズエラ)(エクアドル, ペルー, ボリビア)(チリ)(パラグアイ, ウルグアイ, アルゼンチン)；aeromoza (キューバ, ドミニカ共和国, プエルトリコ)(メキシコ)(ホンジュラス, エルサルバドル, パナマ)(ベネズエラ)(ペルー)；fly hostess (ペルー)；steward (プエルトリコ)(メキシコ)(ニカラグア).

azafate 男 《ラ米》盆, 大皿.

azafrán 男 〖植〗〖料〗サフラン.

azafranado, da 形 サフランで香味[風味]を付けた；サフラン色の.

azagaya 女 (短めの) 投げ槍(やり).

azahar 男 (オレンジ・レモン等) 柑橘(かんきつ)類の花.

azalea 女 〖植〗アザレア.

Azaña 固名 アサニャ Manuel ～ (1880-1940)：スペインの政治家. 共和国政府首相・同大統領.

azar 男 ❶ 偶然, 運, 巡り合わせ. al ～ 偶然に；成り行き任せに. juego de ～ 運任せの勝負事. por ～ 思いがけなく. ❷ 事故, 災難.

azaramiento 男 困惑, 狼狽(ろうばい).

azarar 他 困惑[狼狽(ろうばい)]させる. — **azararse** 再 とまどう；恥じらう.

azarbe 男 (灌漑(かんがい)の) 落ち水の排水路.

azaroso, sa 形 ❶ 危険な, 冒険的な. ❷ 不確かな.

azatioprina 女 〖薬〗アザチオプリン：免疫抑制薬.

ázimo 形 パン種の入っていない.

azimut 男 → acimut.

aznarista 男 女 形 (スペイン首相) アスナル José María Aznar 支持者(の).

ázoe 男 《稀》〖化〗窒素.

azogadamente 副 元気に；そわそわと.

azogar 66 他 (鏡用ガラス等に) 水銀を塗る. — **azogarse** 再 ❶ 水銀中毒症になる. ❷ 《話》そわそわする.

azogue 男 水銀. *ser un* ～ 落ち着きがない.

azor 男 〖鳥〗オオタカ.

azoramiento 男 動転, 狼狽(ろうばい).

azorar 他 困惑[狼狽(ろうばい)]させる. — **azorarse** 再 当惑する, うろたえる.

azoro 男 《ラ米》(1) 幽霊；妖精. (2) → azoramiento.

azorrarse 再 居眠りする.

azotaina 女 《話》(罰としての) むち打ち. dar una ～ 尻(しり)をたたく；こらしめる.

azotamiento 男 打ち据えること；むち打ち.

A

azotạr 他 ❶ (むちで) 打つ；(尻(しり)を) ぶつ. ❷ (雨風が) 吹きつける, (波が) 打ち寄せる. ❸ 被害をもたらす, 痛めつける.
azọte 男 ❶ むち. ❷ (むち等で) 打つこと；尻(しり)をぶつこと. dar (de) ～s むちで打つ, こらしめる. ❸ (雨風が) 吹きつけること, (波が) 打ち寄せること. ❹ 災い；災害.
azotẹa 女 屋上；(平) 屋根. ***estar mal de la ～*** 《話》 頭がどうかしている.
aztẹca 形 アステカ (族, 語) の. imperio ～ アステカ王国. ── 男 女 アステカ族 (の人). ── 男 アステカ語.
Aztlán 固名 アストラン. ► カリフォルニア湾北部にあった, アステカ族の伝説上の故国.
azúcar [アスカル] 男 (または女) 〔英 sugar〕 砂糖；糖 (類). un terrón de ～ 角砂糖 (1個). ～ glaseado 粉砂糖. ～ granulado グラニュー糖. ～ moreno 黒砂糖. ～ cande [candi] 氷砂糖.
azucarạdo, da 形 ❶ 砂糖を入れた [まぶした]；甘い. café ～ 砂糖入りコーヒー. ❷ 優しい, 甘ったるい；口先のうまい.
azucarạr 他 ❶ …に砂糖を入れる [まぶす]. ❷ 感傷的にする.
azucarẹro, ra 形 砂糖の. ── 男 (食卓の) 砂糖入れ. ── 女 砂糖工場.
azucarịllo 男 ❶ 角砂糖. ❷ アスカリリョ：糖蜜(とうみつ), 卵白, レモン汁を混ぜた菓子.
azucẹna 女 〖植〗 シラユリ；[複] ユリ類.
azụd 男 ❶ 水揚げ車. ❷ 堰(せき).
azuẹla 女 手斧(ちょうな).
azufạifa 女 ナツメの実.
azufạifo 男 〖植〗 ナツメ (の木).
azufrạr 他 (病虫害予防のため) 硫黄でいぶす, …に硫黄剤を散布する.
azụfre 男 〖化〗〖鉱〗 硫黄.
azufrọso, sa 形 硫黄を含む, 硫黄の.
azul [アスる] 形 〔英 blue〕 **青い**, 青色の. ── 男 **青**, ブルー；(空・海の) 青さ. ～ celeste スカイブルー. ～ (de) cobalto コバルトブルー. ～ marino ネイビーブルー. ***la Costa A～*** (フランスの) コートダジュール.
azulạdo, da 形 青みがかった, 青い.
azulạr 他 青くする, 青く染める.
azulẹar 自 青く見える；青みがかる.
azulẹjo, ja 形 《ラ米》 青みがかった. ── 男 ❶ タイル, 装飾用タイル. ❷ 〖鳥〗 ソライロフウキンチョウ.
azulẹnco, ca 形 青みがかった.
azulẹte 男 青み剤；藍(あい)の粉末.
azulgrạna 形 ❶ 青色と深紅色の. ❷ (スペインのサッカーチーム) FCバルセロナの. ── 男 女 青色と赤色のユニフォームのサッカーチームのファン.
azulịno, na 形 青みがかった.
azulọso, sa 形 青みがかった, 青い.
azụmbre 女 アスンブレ：液量の単位；8分の1 cántara, 2.016リットル.
azụr 〔仏〕 形 男 〖紋〗 紺色 (の).
azurịta 女 〖鉱〗 藍(らん)銅鉱, アズライト.
azuzạr 57 他 (犬を) けしかける；そそのかす, あおり立てる.

Bb

B, b [べ] 女 ❶ スペイン語字母の第2字. ❷ 〖音〗 シ.
bạba 女 ❶ 唾液(だえき). ❷ (動物の) 粘液；(植物の) 樹液. ***caérsele a ... la ～*** 《話》 …が魅了される；溺愛(できあい)する. ***mala ～*** 《話》 悪意, 性悪.
babạda 女 (四足獣の) 後ろ足大腿骨(だいたいこつ)から脛骨(けいこつ)付近の肉.
babạza 女 ❶ (動植物の) 粘液. ❷ 〖動〗 ナメクジ.
babẹar 自 ❶ よだれを垂らす. ❷ うっとりする, 満足気に話す. ❸ 《ラ米》 うっとり眺める.
babẹl 男 (または女) 大混乱 (の場).
babélico, ca 形 訳の分からない, 混乱した.
babẹo 男 よだれを垂らすこと；(動植物が) 粘液を出すこと.
babẹra 女 ❶ (冑(かぶと)の) あご当て. ❷ よだれ掛け.
babẹro 男 よだれ掛け, 胸当て.
Bạbia 固名 バビア：スペインのレオン県の山岳地帯. ***estar en ～*** 《話》 上の空である.
babiẹca 形 男 女 《話》《軽蔑》 まぬけ (な), 愚か者 (の). ── 固名 [B-] バビエカ：エル・シドの馬の名.
babịlla 女 ❶ → babada. ❷ 牛の内もも肉.
babilónico, ca 形 ❶ バビロニア [バビロン] の. ❷ 華美な.
babilọnio, nia 形 男 女 バビロニア [バビロン] の (人).
babirụsa 女 〖動〗 バビルサ.
bạble 男 スペインのアストゥリアス地方の方言.
babọr 男 〖海〗 左舷(さげん) (↔estribor).
babọsa 女 〖動〗 ナメクジ.
babosạda 女 《話》 ❶ 愚かな振るまい, ばかげたこと. ❷ 《ラ米》 軽蔑すべき人[もの].
babosẹar 他 ❶ よだれで汚す [濡らす]. ❷ 《ラ米》 嘲笑(ちょうしょう)する, からかう. ── 自 べたぼれする.
babosẹo 男 気を引くための迷惑行為.
babọso, sa 形 ❶ よだれを垂らす. ❷ 《話》 生意気な, 大人ぶった. ❸ 《話》 ほれっぽい；(気を引こうと) うっとうしい；まぬけな. ❹ 《ラ米》 ばかな, 単純な. ── 男 女 ❶ よだれをたらす人. ❷ 《話》 おませ. ── 男 ❶ 《話》 ほれっぽい人；しつこい人；とんま. ❷ 〖魚〗 ベラ.
babụcha 女 (イスラム教徒の) スリッパ. ***a ～*** 《ラ米》(アルゼンチン)(ウルグアイ) 背負って.
babuịno 男 〖動〗 ヒヒ.
bạca 女 (車の上に載せる) ラック. 地域差 (車の上に載せる) ラック baca 《スペイン》《ラ米》(ウルグアイ)；baúl (ホンジュラス, エルサルバドル)(コロンビア)(アルゼンチン)；canastilla (メキシコ)；maletero (キューバ)(コスタリカ)；parrilla 《ほぼラ米全域》；portaequipajes (パラグアイ).
bacalạda 女 保存加工したタラ.
bacaladẹro, ra 形 タラ (漁) の. ── 男 タラ漁船.
bacalạo 男 ❶ 〖魚〗 タラ. ～ al pil-pil (バスク地方の) タラのニンニク煮込み. ❷ 《話》 バカラオ：同じリズムを繰り返す激しい音楽. ***conocer a ... ～*** 《話》 …の意図[下心]はお見通しだ. ***cortar [partir] el ～*** 《話》 采配(さいはい)を振る.
bacạn, na 形 男 女 《ラ米》 (1) 金持ち (の). (2)(コロンビア) 《話》 すばらしい (人).
bacanạl 形 酒神バッカスの. ── 女 乱痴気騒ぎ；[複] バッカス祭.
bacạnte 女 バッカス神の巫女(みこ).

bácara 女〘植〙オニサルビア.
bacará / bacarrá 男 (トランプ) バカラ.
bache 男 ❶ (路面の) 穴, くぼみ. ❷〘航〙エアポケット. ❸ (経済・精神状態等の) 一時的落ち込み.
bachear 他 (道の穴を) 補修する.
bachicha 男 女《ラ米》(アルゼンチン)(ボリビア)(チリ)(ペルー)《話》イタリア人. ― 女[複]《ラ米》(メキシコ)飲み残し, 食べ残し; (タバコの) 吸い殻 (→ colilla 地域差).
bachiche 男《ラ米》(エクアドル)(ペルー)《話》イタリア人移民.
bachiller 男 女 ❶ 中等教育課程修了者. ❷《古》大学前期課程修了者.
bachillerato [バチリェラト(バチイェラト・バチジェラト)] 男〔英 secondary school〕❶ 中等教育課程 (日本の中学校・高校に相当). ❷ 中等教育課程修了証書[資格].
bacía 女 ❶ (昔の理髪師が用いた) ひげそり用の浅型洗面器. ❷ (給餌(きゅうじ)用の) 容器.
bacilar 形〘医〙バチルス (性) の, 桿菌(かんきん) (性) の.
baciliforme 形〘医〙桿(かん)(菌) 状の.
bacillar 男 ブドウ棚.
bacilo 男〘医〙バチルス, 桿菌(かんきん).
bacín 男 (つぼ形の) 寝室用便器, おまる.
bacinero, ra 男 女 お布施[献金]を集める人.
backgammon 男〘遊〙バックギャモン.
back-up [バカ(プ)]〔英〕男〘IT〙バックアップ.
Baco 固名〘ロ神〙バッカス, 酒神.
bacon [ベイコン]〔英〕男〘料〙ベーコン.
baconiano, na 形 (フランシス) ベーコン (学派) の. ― 男 女 ベーコン学派の人.
bacteria 女 バクテリア, 細菌.
bacteriano, na 形 バクテリア[細菌]の.
bactericida 形 殺菌力のある. ― 男 殺菌剤.
bacteriología 女 細菌学.
bacteriológico, ca 形 細菌学の. arma *bacteriológica* 細菌兵器.
bacteriólogo, ga 男 女 細菌学者.
báculo 男 ❶ ステッキ, つえ. ～ pastoral 司教のつえ (権威の象徴). ❷ 支え, 慰め. ～ de la vejez 老後の頼り.
badajo 男 ❶ (鈴・鐘の) 舌. ❷ (愚かな) 多弁家.
badajocense / badajoceño, ña 形 バダホスの (人).
Badajoz 固名 バダホス: スペインの県; 県都.
badana 女 (低品質の) なめし革. ― 男 女《話》《軽蔑》ぐうたらな人. ***zurrar*** [***sobar***] ***la*** ～《話》殴る, ひどくしかる.
badén 男 ❶ 雨水の流れ道; 道路の排水溝. ❷ 路面のくぼみ; (車両通行用の) 歩道上のへこみ.
badián 男〘植〙ダイウイキョウ, トウシキミ.
badiana 女〘植〙八角: ダイウイキョウの実.
badil 男 → badila.
badila 女 (暖炉や火鉢の) 火かき棒. ***dar a ... con la ～ en los nudillos*** …の言動を叱責(しっせき)する.
bádminton / badmintón〔英〕男 バドミントン.
badulaque 形 男 女《話》《軽蔑》ばかな (人), まぬけな (人).
bafle / baffle〔英〕男 バッフル (スピーカーボックスの低音用隔壁); ハイファイスピーカー.
baga 女〘植〙亜麻の種子のさや.
bagá 男《ラ米》(キューバ)〘植〙トゲバンレイシの一種.
bagaje 男 ❶ (旅行用) 手荷物; 軍隊の運搬用荷物. ❷ 知識の蓄え.
bagajero 男 軍用荷物の運搬管理者.
bagatela 女 つまらないもの, ささいなこと.
bagazo 男 (サトウキビ等の) 搾りかす; (亜麻の) 殻.
bagre 男〘魚〙ナマズ.
bagual, guala 形《ラ米》(アルゼンチン)(ウルグアイ) (馬・牛が) 野生の, 飼いならされていない. ― 男《ラ米》(アルゼンチン)(ウルグアイ)野生の馬.
baguette [バゲ(トゥ)]〔仏〕女[複 ～s]〘料〙(フランスパンの一種) バゲット.
¡bah! 間 (不信・軽蔑・無関心) ふふん; どうだか; ばかばかしい.
Bahamas 固名 バハマ: 首都ナッソー Nassau.
bahareque 男 → bajareque.
baharí 男〘鳥〙ハイタカ.
bahía 女 湾, 入り江.
Bahrein 固名 バーレーン: 首都マナマ Manama.
bailable 形 ダンス向きの. ― 男 (オペラ・劇中の) 舞踊.
bailador, dora 形 踊り (好き) の. ― 男 女 ダンサー, 踊り手.
bailaor, ora 男 女 フラメンコダンサー.
bailar [バイラル] 自〔英 dance〕❶ 踊る, ダンスをする. ～ de puntas トゥ[つま先立ち]で踊る. sacar a ～ a una chica 女の子にダンスを申し込む. ❷ (こま等が) 回る. ❸ (サイズが合わず) だぶつく; ぐらぐらする, ふらつく. ― 他 ❶ 踊る. ❷ (こま等を) 回す. ❸ (数字・文字等を) 取り違える, 勘違いする. ～le ***el agua a ...*** …にへつらう. ～ ***al son que tocan*** 簡単に人に同調する. ～ ***con la más fea***《話》損な役回りになる. ***otro que tal*** [***bien***] ***baila***《話》似たり寄ったりのもの. ***¡Que*** le ***quiten lo bailado!***《話》楽しむだけ楽しんだのだからよしとするさ.
bailarín, rina 形 踊る, ダンス好きの. ― 男 女 ダンサー, 舞踊愛好家. ― 女 かかとが低く先の丸い靴.
baile [バイレ] 男〔英 dance〕❶ ダンス, 踊り, 舞踊 (= danza); バレエ (= ballet). ～ de salón 社交ダンス. ～ clásico クラシックバレエ. ❷ ダンスパーティー. ～ de candil [de botón gordo]《話》大衆的なダンスパーティー. ～ de etiqueta 正装の舞踏会. ～ de máscaras 仮面舞踏会. ❸ (数字・文字の順番等の) 書き間違い. tener un ～ de cifras [letras] 数字[文字]を間違える; 思考が混乱する. ❹ 持続的変動[揺れ]; 貧乏揺すり. ❺ 選挙結果がなかなか判明しないこと. ― 活 → bailar. ～ ***de San Vito***《話》舞踏病. ***el ～ de la escoba*** 椅子取りゲーム (敗者はほうきと踊る).
bailón, lona 形 男 女 踊り好きの (人), よく踊る (人).
bailongo 男《軽蔑》庶民の陽気な踊り.
bailotear 自 めちゃくちゃに踊る.
bailoteo 男 めちゃくちゃに踊ること.
baja 女 ❶ 退職, 退会; 休職; 休会; 退職[休業, 脱退] 証明書. causar [ser]

B

B

～ 辞める. estar de ～ por enfermedad 病気休暇中である. ❷ (戦争による) 死者, 行方不明者, 負傷者 ; 損害. ❸ (メンバーの) 欠員. ❹ (価格・価値の) 下落, 低下. ―形 → bajo. ―活 → bajar. ***a la*** ～ 下降[悪化]ぎみの. ***dar*** ～ / ***ir de*** [***en***] ～ 値打ち[評判]が下がる. ***dar de*** ～ ***a*** ... …を解雇する. ***darse de*** ～ ***en*** [***de***] ... …を辞める, 退会する.

bajá 男 パシャ : トルコの軍司令官の称号.

Baja California 固名 バハ・カリフォルニア : メキシコの太平洋岸の半島.

bajada 過分 → bajar. 女 ❶ 下り坂. ❷ 下ること, 落下, 降下. ～ del telón 〘演〙閉幕. ❸〘建〙樋(とい). ～ de aguas 雨樋. ***～ de bandera*** (タクシーが) メーターを倒すこと ; 初乗り (料金).

bajalato 男 パシャ bajá の職[管轄地].

bajamar 男 干潮, 低潮 (時).

bajante 女 ❶ 排水管. ❷《ラ米》干潮.

bajar [バハル] 自 〔英 come [go] down〕 ❶ **降りる**, 下る (↔ subir) ; 《**de**》(乗り物から) 降りる. ¿*Baja* usted aquí? あなたはここで降りますか. ❷ 下がる, 低下する. ―他 〔英 take ... down〕 ❶ **下ろす**, 降ろす. ¿Me *bajas* la maleta? スーツケースを降ろしてくれますか. ❷ 下げる, 低くする. ❸ …を降りる, 下る. ―**bajarse** 再 ❶ 《**de**》(…から) 降りる ; (…から) 脱する. ～ *del* autobús バスを降りる. ～ *del* vicio 悪癖から逃れる. ❷ (身を) かがめる, かがむ. ***bajarse el cuerpo*** 《話》生理になる, 月経が始まる.

bajareque 男 《ラ米》(中米)(コロンビア)(エクアドル)(ベネズエラ) 土壁, 土塀.

bajativo 男 《ラ米》食後酒.

bajel 男 《文》船, 船舶.

bajero, ra 形 下の, 内側の. sábana *bajera* 下側のシーツ, 敷布. ―女 《ラ米》取るに足りない人[もの].

bajeza 女 下品, 俗悪 ; 卑しい行為.

bajini / bajinis ***por lo*** ～ 《話》こっそりと, 内密に ; 小声で.

bajío 男 ❶〘海〙浅瀬. ❷《ラ米》低地.

bajista 形 値下がりの. ―男 女 ❶ (相場の下落を見越して) 空売りする人. ❷〘音〙ベース奏者.

bajo, ja [バホ, ハ] 形 〔英 low, short〕 ❶ (高さ・位置が) **低い**. hombre ～ 背の低い男. nubes ～*s* 低い雲. ❷ 下げた. con la cabeza *baja* うつむいて. ❸ 下流の, 低地の. el ～ Ebro エブロ川下流. ❹ (音が) 低い. en voz *baja* 低い声で, 小声で. ❺ (数値・価値・身分が) 低い. *bajas* temperaturas 低温. clase *baja* 下層階級. de *baja* calidad 品質が悪い. ❻ 《**en**》(…が) 少ない. ～ *en* nicotina ニコチンの少ない. ❼ 下品な ; 粗悪な. ❽ (時代が) 後期の. ～ latín 後期ラテン語. ―副 ❶ 低く. ❷ 小声で. ―男 女 《話》背が低い人, ちび (→ 地域差). ―男 ❶ 低いところ ; 1階. ❷ [複] 《スペイン》(ズボンの) 折り返し (→ bordillo 地域差). ❸ 低地 ; くぼ地. ❹〘音〙低音 (部), バス ; ベース. ―[バホ] 前 (↔sobre) 〔英 under〕 ❶ 《場所》 **…の下に[で]** (＝debajo de). Pasamos la noche ～ las estrellas. 私たちは星空の下で夜を過ごした. Dormimos ～ el árbol. 私たちはその木の下で眠った. ～ techo 屋内で. Tenemos diez grados ～ cero. 温度は零下10度になっている. ► debajo de より文語的で, より抽象的な場所を指す場合が多い. ❷ 《従属・保証》…のもとに. ～ (el reinado de) Felipe II フェリペ2世の治世下. ❸ 《原因・動機》…によって. Seguía dormido ～ los efectos de la anestesia. 彼は麻酔の効果で眠ったままだった. ―[バホ, ハ] 活 → bajar. ***～ relieve*** 浅浮き彫り. ***planta baja*** 1階. ***por lo*** ～ 《話》こっそりと, 小声で. ***temporada baja*** シーズンオフ. **地域差** 《話》背が低い人, ちび bajo 《スペイン》《ラ米》(キューバ, ドミニカ共和国, プエルトリコ)(メキシコ)(エルサルバドル, コスタリカ)(コロンビア, ベネズエラ)(エクアドル)(チリ)(パラグアイ) ; canijo 《スペイン》 ; chaparro 《ラ米》(メキシコ) (グアテマラ, ホンジュラス, エルサルバドル, ニカラグア) (ボリビア) ; chato (ペルー, ボリビア)(チリ)(アルゼンチン) ; chico (ドミニカ共和国)(コスタリカ)(エクアドル) ; enano 《スペイン》《ラ米》(パナマ)(ベネズエラ)(ペルー) ; petiso (ボリビア)(パラグアイ, ウルグアイ, アルゼンチン) ; retaco 《スペイン》 ; topito 《ラ米》(プエルトリコ)

bajón 男 ❶〘商〙暴落 ; (資産の) 激減. ❷ (病状の) 悪化 ; (精神的な) 落ち込み. ❸〘音〙ファゴット.

bajonazo 男 〘闘牛〙(首から肺への) 突き刺し.

bajorrelieve 男 〘美〙浅いレリーフ.

bajura 女 低さ ; 低地. ***navegación*** [***pesca***] ***de*** ～ 沿岸航行[漁業].

bakalao 男 《話》バカラオ : 速いビートの激しい音楽 (＝bacalao).

bala 女 ❶ 弾, 弾丸. ～ perdida 流れ弾. tren ～ 超特急列車. ❷ (商品等の) 梱(こり), 梱包(こんぽう). ―男 《話》与太者, ごろつき. ***como una*** ～ 《話》鉄砲玉のように. ***ni a*** ～ 《ラ米》決して[全然] …でない. ***～ perdida*** 《話》ろくでなし, 放蕩(ほうとう)者. ***～ rasa*** 《話》勝手気ままな男. ***tirar con*** ～ (***rasa***) 悪意を込めて話す.

balacear 他 《ラ米》発砲する, 銃撃する.

balacera 女 《ラ米》銃撃, 発砲.

balada 女 ❶〘文〙バラッド, 叙事詩[歌]. ❷〘音〙バラード.

baladí 形 取るに足りない, ささいな.

baladrón, drona 形 虚勢を張る ; ほら吹きの. ―男 女 はったり屋.

baladronada 女 虚勢, 空威張り, ほら.

baladronear 自 空威張りする.

bálago 男 ❶ (穀類の) 茎, わら. ❷ (石けんの) 泡, シャボン玉.

balaj / balaje 男 〘鉱〙尖晶(せんしょう)石.

balalaica 女 〘音〙バラライカ.

balance 男 ❶〘商〙収支勘定, 決算 ; 棚卸し, 財産[商品]目録. ❷ 総括 ; 評価. ❸〘化〙バランス. ***hacer el*** ～ (***de*** ...) (…の) 在庫調べをする ; (…を) 総括する ; (…の) 全てを思い起こす.

balancear 他 揺する, 揺り動かす. ―自 揺れ動く. ―**balancearse** 再 体を揺らす, 揺れ動く.

balanceo 男 揺れ, 振れ.

balancín 男 ❶ 揺り椅子, ロッキングチェアー. ❷ シーソー. ❸ (綱渡りの) バランス棒. ❹〘機〙横木 ; (エンジンの) ロッカーアーム

balandra 女 〘海〙スループ (小型ヨット).

balandrán 男 聖職者の長い上着, カソック.

balandrista 男 女 〘海〙スループ[ヨット]操縦者.

balandro 男〘海〙小型スループ(1本マストの帆船).
bálano / balano 男〘解〙亀頭(きとう).
balanza 女 ❶はかり. ～ de cruz 天秤(てんびん). ～ romana さおばかり. ～ de Roberval 上皿天秤. ❷〘商〙収支勘定. ～ comercial 貿易収支. ～ de pagos 国際収支. ── 固名 [B-]〘天文〙天秤座. *inclinar(se) la ～ por ...* …に肩入れする, 味方する.
balar 自 (羊・ヤギ・シカ等が)鳴く.
balarrasa 男 ❶《話》放埒(ほうらつ)な人, 勝手気ままな人. ❷強い蒸留酒.
balastar 自 バラス[砂利]を敷く.
balasto / balastro 男 道床, バラス.
balausta 女〘植〙ザクロの実.
balaustra 女〘植〙ザクロ(の一種).
balaustrada 女 欄干, 手すり.
balaustre / balaústre 男〘建〙手すり子：手すり・欄干を支える小柱.
balazo 男 弾丸の一撃；銃傷. *ser un ～* 《ラ米》(アルゼンチン)(チリ)(人が)(仕事が)素早い.
balboa 男 バルボア：パナマの通貨単位. ── 固名 バルボア Vasco Núñez de *B*～ (1475-1517)：スペインの探検家.
balbucear 他 自 どもる, 口ごもる；たどたどしく話す；(幼児が)片言を言う.
balbuceo 男 ❶どもること；片言のおしゃべり. ❷(歴史的事件の)発端.
balbuciente 形 ❶どもった, たどたどしい, 片言の. ❷漠然とした, 発端の.
balbucir 67 他 自 → balbucear. ► 欠如動詞→ abolir.
balcánico, ca 形 男 女 バルカン半島[諸国]の(人).
balcanización 女 小国への細分化；小国分立, バルカン化.
balcón [バるコン] 男 [複 balcones] [英 balcony] ❶バルコニー(の手すり). ❷(手すり付きの)展望台, 見晴らし台.
balconada 女《集合的》(建物全体の)バルコニー；一続きのバルコニー.
balconaje 男 → balconada.
balconcillo 男 ❶〘闘牛〙牛の囲い場の真上の席. ❷〘演〙2階最前列.
balda 女 棚, 棚板.
baldado, da 形 ❶手足が不自由な. ❷くたくたになった, 疲れきった.
baldaquín / baldaquino 男 (王座・祭壇等の)飾り天蓋(てんがい).
baldar 他 疲れさせる；迷惑をかける.
balde 男《ラ米》バケツ(→ cubo 地域差). *de ～* ただで, 無料で. *en ～* 無駄に, むなしく. tanto esfuerzo *en ～* 骨折り損, 無駄骨. *estar de ～* (1)(仕事もせず)ぶらぶらしている. (2)邪魔[無用]である.
baldear 他 ❶(バケツで)水をかける[洗い流す]. ❷水をかい出す.
baldeo 男 ❶(甲板・床等を)水で洗い流すこと. ❷水をかい出す[くみ出す]こと.
baldés 男 (羊の)なめし革.
baldío, a 形 ❶(土地が)未開墾の；不毛の. ❷無駄な, むなしい. ── 男 ❶不毛の土地, 荒れ地. ❷《ラ米》建設用地(→ solar 地域差).
baldón 男 非礼な行為；不名誉.
baldonar / baldonear 他 侮辱する.
baldosa 女 敷石, タイル.
baldosín 男 (床・壁画用の)小タイル.
baldragas 男 [単複同形]《話》弱虫.
balduque 男 (書類にかける赤い)細ひも；たくさんの書類；お役所仕事.
balear 他《ラ米》発砲する；射殺する. ── 形 男 女 バレアレス諸島の(人).
Baleares 固名 las (Islas) ～ ❶バレアレス諸島：スペインの県. 県都パルマ・デ・マジョルカ. ❷バレアレス(諸島)：スペインの自治州.
baleárico, ca 形 → balear.
balénido, da 形〘動〙クジラ科の. ── 男 [複] クジラ(科).
balero 男《ラ米》けん玉(→ bola 地域差).
balido 男 (羊・ヤギ・シカ等の)鳴き声. dar ～*s* (羊・ヤギ・シカ等が)鳴く.
balín 男 小径の銃弾；散弾.
balístico, ca 形 弾道(学)の. ── 女 弾道学.
baliza 女 ❶航路標識ビーコン；ブイ；〘航〙標識灯. ❷《ラ米》(アルゼンチン)(ウルグアイ)〘車〙ウインカー.
balizamiento / balizado 男 (滑走路・海上等への)ビーコン[標識]の設置, (標識による)危険区域の指定.
balizar 57 他 航路標識を設ける.
ballena 女 ❶〘動〙クジラ. ❷クジラのひげ製品；コルセットの芯(しん).
ballenato 男 子クジラ.
ballenero, ra 形 捕鯨の. ── 男 女 捕鯨業者. ── 男 捕鯨船.
ballesta 女 ❶石弓；投石機. ❷(車両の)スプリング, 板ばね.
ballestero 男 ❶石弓の射手[職人]. ❷(王室の)銃器世話役；狩の従者.
ballet [バれ] [仏] 男 [複 ～s] バレエ(団, 音楽).
balneario 男 温泉；湯治場, 保養地.
balneoterapia 女 湯治, 温水浴療法.
balompédico, ca 形 サッカーの.
balompié 男 サッカー.
balón [バろン] 男 [複 balones] [英 ball] ❶(大型の)ボール. ❷(ガスの)気球. ～ *alto* (サッカー)ロングパス. ～ *de oxígeno* 酸素バッグ；援助. ～ *medicinal* 訓練用の重量ボール. *echar balones fuera* 《話》はぐらかす.
balonazo 男 (ボールでの)一撃.
baloncestista 男 女 バスケットボール選手.
baloncestístico, ca 形 バスケットボールの.
baloncesto 男 バスケットボール.
balonmano 男 ハンドボール.
balonvolea 男 バレーボール.
balsa 女 ❶いかだ. ❷〘植〙バルサ；バルサ材. ❸(ため)池, 貯水池. *ser (como) una ～ de aceite* 波乱もなく静まりかえっている.
balsadera 女 渡し場.
balsámico, ca 形 バルサムの.
balsamina 女〘植〙ホウセンカ.
bálsamo 男 ❶バルサム, 香油；〘植〙バルサム(類)の木；鎮痛剤. ❷(心の)慰め.
Balsas 固名 el ～ バルサス川：メキシコ南西部の川.
balsear 他 いかだで渡る.
balsero, ra 男 女 渡し守, 船頭.
báltico, ca 形 男 女 バルト海沿岸[諸

B

国, 語派]の(人). ── 男 バルト語(派).
baluarte 男 要塞(ようさい), とりで; 後ろ盾.
baluma / balumba 女 山積; 乱雑.
bamba 女 ❶ バンバ(南米の音楽・舞踊). ❷ 菓子パンの一種. ❸ スニーカー.
bambalearse 再 → bambolearse.
B **bambalina** 女 〘演〙 舞台装置の上部(幕). *actor nacido entre ~s* 生え抜きの役者. *detrás de las ~s* 舞台裏で, 陰で. *entre ~s* 芸能界で.
bambarria 形 男 女 《話》まぬけ(な), ばか(な).
bambolearse 再 揺らぐ; ぐらつく.
bamboleo 男 揺れ, ぐらつき, ふらつき.
bambolla 女 ❶ 《話》見え; こけおどし; 虚勢. ❷ 《ラ米》おしゃべり; 騒ぎ.
bambú 男 〘植〙 タケ.
banal 形 陳腐な, 平凡な, ありふれた.
banalidad 女 陳腐, 凡俗(な話, もの).
banana 女 《ラ米》バナナ (→ plátano 地域差).
bananal / bananar 男 バナナ園.
bananero, ra 形 バナナ(園)の. ── 男 バナナの木.
banano 男 《ラ米》→ banana.
banasta 女 大型バスケット.
banasto 男 (深い丸型の) 大型バスケット.
banca 女 ❶ 《集合的》銀行(業界, 業務). ❷ (賭博(とばく)の) 胴元(の持ち金). copar [saltar] la ~ 胴元をつぶす. ❸ (背もたれのない) ベンチ. ❹ 《ラ米》席, 議席. *tener ~* 《ラ米》(アルゼンチン)(ウルグアイ)権力[お金, コネ]を持つ.
bancada 女 ❶ 〘機〙 台座. ❷ (ボート) 漕(こ)ぎ座. ❸ 《ラ米》(アルゼンチン)(コロンビア)(ウルグアイ)党の議席.
bancal 男 ❶ 〘農〙 (1) 長方形の畑. (2) 段々畑. ❷ 砂州.
bancario, ria 形 銀行(業)の, 金融の.
bancarrota 女 破産, 倒産; 経済的破綻(はたん).
banco [バンコ] 男 〔英 bank; bench〕 ❶ 銀行. *B~* Central Europeo 欧州中央銀行: EUの中央銀行 (略 BCE). el ~ por Internet ネットバンク. ~ de datos 〘IT〙 データバンク. ❷ ベンチ. ~ azul (スペイン議会の) 大臣席. ❸ 〘技〙 台, 作業台. ❹ (海中の) 堆(たい), 州, 浅瀬. ~ de coral サンゴ礁. ❺ 魚群. ❻ (雲・霧の) 層. ❼ 地層, 鉱脈. *~ de hielo* 流氷, 氷山. *Herrar o quitar el ~.* やるかやめるか(決断の時)だ.
bancocracia 女 金融資本による支配.
banda 女 ❶ 飾り帯, サッシュ; 綬(じゅ); リボン; (シャツ等の) 太い線, 縞. ❷ 〘放送〙〘通信〙 バンド, 周波数帯 (= ~ de frecuencia); (揺れ・変動の) 幅. ❸ 徒党, 一味. ❹ (鳥の) 群れ. ❺ 音楽隊, バンド (= ~ de música). ❻ 側; (人間の) わき腹, 横腹; 舷側(げんそく). a la otra ~ del río 川の対岸に. ❼ サイド[タッチ]ライン. saque de ~ (サッカー) スローイン. *agarrar [coger, pillar] por ~ a ...* (1) …を長時間ひきとめて話す. (2) …をしかる. *arriar en ~* もやい綱を解く. *cerrarse en [a la] ~* 《話》自分の立場に固執する. *jugar a dos ~s* (対立する双方の) どちらにもいい顔をする. *~ sonora* サウンドトラック. *~ transportada* ベルトコンベア. *~ de rodadura* (車輪の) 接地面, トレッド.
bandada 女 ❶ (鳥・魚の) 群れ. ❷ 《話》(人々の) 一団, 一群.
bandazo 男 ❶ (船の) 急な揺れ; 左右の大きな揺れ, ふらつき. ❷ (情況の) 急変.
bandear 他 ❶ 横に揺する. ❷ 《ラ米》(川・湖等を) 渡る. ── **bandearse** 再 ❶ うまく切り抜ける. ❷ (支持政党を) くるくる変える.
bandeja [バンデハ] 女 〔英 tray〕 ❶ 盆, トレイ. ❷ 仕切り板; (トレイ式の) 整理棚; (自動車の) リア・シェルフ. *pasar la ~* 《話》(盆を回して) お金を集める. *servir [dar] ... en ~ (de plata)* (人に) 簡単に…を与えて[させて]やる.
bandera [バンデラ] 女 〔英 flag〕 ❶ 旗; 国旗, 軍旗. ~ a media asta 半旗. ❷ 船舶の国籍. ❸ 理念, 信条. ❹ 部隊; (スペイン) 歩兵中隊. *a ~s desplegadas* 障害もなく; のびのびと. *alzar [levantar] (la) ~* 旗揚げをする, 決起する. *arriar (la) ~* 降伏する. *bajar [levantar] la ~* (タクシーが) メーターを倒す[起こす]. *de ~* 《話》すごい, とびきり上等の. *jurar la ~* 国に忠誠を誓う. *lleno hasta la ~* 《話》いっぱい詰まった. *militar bajo [seguir] la ~ de ...* …に従う, …の側につく.
banderazo 男 〘スポ〙 旗による(反則等の) 合図.
bandería 女 党派, 派閥; 〘史〙 反徒の一団.
banderilla 女 ❶ 〘闘牛〙 バンデリリャ: 飾りつきの銛(もり). ❷ (ようじに刺した) つまみ. *clavar [plantar, poner] ~s a ...* …にしんらつなことを言う.
banderillear 他 〘闘牛〙 (牛に) 銛(もり)を打つ.
banderillero 男 〘闘牛〙 銛(もり)打ち.
banderín 男 ❶ 小旗, ペナント. ❷ 〘軍〙 先導兵. *~ de enganche* 徴募兵事務所.
banderita 女 (募金者に与える) 小旗.
banderola 女 小旗.
bandidaje 男 (長期に渡る) 略奪.
bandido, da 男 女 ❶ 盗賊, 追いはぎ. ❷ 悪者; うそつき. ❸ 逃亡者, お尋ね者.
bando 男 ❶ 布告, 公布; 法令. ❷ 派(閥); (敵・味方の) グループ. ❸ (鳥・魚等の) 群れ.
bandola 女 〘音〙 バンドーラ: マンドリンの一種.
bandolera 女 ❶ 弾薬帯. ❷ 肩かけかばん, 《スペイン》ショルダーバッグ. *a la [en] ~* 肩から斜めにかけて.
bandolerismo 男 ❶ 山賊行為, 追いはぎ. ❷ 野蛮な行為, 態度.
bandolero, ra 男 女 山賊, 追いはぎ.
bandolín 男 → bandola.
bandolinista 男 女 bandola 奏者.
bandoneón 男 〘音〙 バンドネオン.
bandurria 女 〘音〙 バンドゥーリア: リュートの一種.
bangaña 女 《ラ米》ひょうたん(の容器).
Bangladesh 固名 バングラデシュ: 首都ダッカ Dacca.
baniano 男 (バラモン教徒の) インド商人.
banjo 男 〘音〙 バンジョー.
banquero, ra 男 女 ❶ 銀行家, 銀行業者. ❷ (賭博(とばく)の) 胴元.

banqueta 女 ❶ (背のない) 腰掛け, スツール. ❷《ラ米》(車道の外側の) 歩道 (→ acera 地域差).
banquete 男 宴会, 祝宴 ; ごちそう.
banquetear 他 宴会[ごちそう] する. ── 自 宴会に出る, ごちそうになる.
banquillo 男 ❶〖法〗被告席. ❷〖スポ〗(控えの) ベンチ. ***chupar*** ～〖スポ〗《話》ベンチを温める.
banquina 女《ラ米》(アルゼ)(ウルグ)(道路の) 縁, 路肩.
banquisa 女 (極地付近の) 海氷群.
bantú [複 ～es] 形 バンツー族[語] の. ── 男 女 バンツー族の人. ── 男 バンツー語.
banzo 男 (はしご・いすの背の) 側木.
baña 女 → bañadero. ── 活 → bañar.
bañadera 女《ラ米》浴槽.
bañadero 男 (野生動物の) 水浴び場.
bañado, da 過分 → bañar. 形 《en》(…で) ぬれた. ～ *en* sangre 血まみれの. ── 男《ラ米》低湿地帯, 沼地.
bañador, dora 男 女 海水浴客. ── 男《スペイン》(女性用) 水着. 地域差 (女性用) 水着 bañador《スペイン》; calzoneta《ラ米》(グアテ, エルサル) ; malla (ボリ)(パラグ, ウルグ, アルゼ) ; ropa de baño (ペルー) ; terno de baño (エクア) ; traje de baño《スペイン》《ラ米》(ドミニカ, プエル)(メキ)(コロン, ベネズ)(ペルー)(チリ)(ウルグ) ; trusa (キューバ) ; vestido de baño (ホンジュラス, ニカラグア, コスタリカ, パナマ)(コロン).
bañar [バニャル] 他 [英 bathe] ❶ **入浴させる**, 風呂(ふ)に入れる. ❷《con, en》(…に) つける, 浸す ; (…で) ぬらす. ❸ (海・川が) …に沿っている. ❹《con, de, en》(…で) 覆う, 被膜をつくる. ～ *de* oro 金めっきする. ❺ (光等が) …をあまねく照らす. ── **bañarse** 再 [英 bathe] ❶ **入浴する**. ❷ 水浴びする.
bañero, ra 男 女 (海水浴場・水泳場の) 監視員. ── 女 浴槽 ; たらい.
bañista 男 女 ❶ 海水浴客 ; 温泉客. ❷ (海水浴場の) 監視員 ; ふろ番.
baño [バニョ] 男 [英 bath; bathroom] ❶ **入浴** ; **水浴び** ; 海水浴. ～ de sol 日光浴. traje de ～ 水着. ❷ **トイレ** ; **浴室** (= cuarto de ～), 浴槽 ; 《ラ米》シャワー (→ ducha 地域差) ; una habitación con ～ completo バス・トイレ付きの部屋. ❸ [複] 湯治場, 温泉[鉱泉] 地. ❹ めっき, 皮膜, 上薬 ; 糖衣. ❺《古》(モーロ人の) 牢獄(ろう). ── 活 → bañar. ***al*** ～ ***(de) María*** 湯煎(ゆせん)(鍋(なべ)) で. hacer el pescado *al* ～ *María* 魚を湯煎する. ～ ***de sangre*** 血の粛清, 大虐殺. ***darse un*** ～ (1) 入浴する. (2) 磨きをかける, 勉強し直す. *darse un* ～ de español スペイン語を勉強し直す. ***dar un*** ～ ***a ...***《話》…に大勝する. ***un*** ～ ***de cultura*** 上辺だけの教養.
bao 男〖海〗ビーム, 甲板梁(はり).
baobab 男〖植〗バオバブ.
baptismo 男《古》洗礼.
baptista 形 男 女 バプテスト[洗礼派] の (信徒).
baptisterio 男 洗礼堂[盤].
baqueano, na 形 男 女 → baquiano.
baquear 自 (船が) 潮に乗って進む.
baquelita 女〖商標〗ベークライト.
baqueta 女 ❶ (銃身清掃用の) 槊杖(さくじょう) ; (ピカドール picador が馬を操る) むち. ❷ [複] (太鼓の) ばち. ***tratar a ... a (la)*** ～ …を乱暴に扱う.
baqueteado, da 形 痛めつけられた ; 鍛えあげられた ; 熟練した.
baquetear 他 痛めつける ; 鍛えあげる.
baqueteo 男 虐待 ; (車の) 揺れ ; 鍛錬.
baquía 女《ラ米》(1) 土地鑑, 地理に明るいこと. (2) (手先の) 器用さ, 巧みさ.
baquiano, na 形 男 女《ラ米》(1) 土地鑑のある (人). (2)(アルゼ)(コロン)(ウルグ) 経験豊かな[器用な] (人).
báquico, ca 形 バッカスの ; お祭り騒ぎの.
bar [バル] 男 [英 bar, pub] ❶ **バル** : カウンターでの飲酒・軽食が中心. 劇場・大学・学生寮等にもある. ❷《ラ米》居酒屋 (→ taberna 地域差). ❸ バール : 気圧の単位.
baraca 女〖宗〗バラカ : (イスラム教) 霊力.
barahúnda 女 喧噪(けんそう), 混乱.
baraja 女 ❶ 一組のトランプ[カード]. jugar a la ～ トランプをする. peinar la ～ カードを切る. ❷ 多くの選択肢. ***jugar con dos*** ～***s*** 二枚舌を使う. ***romper la*** ～《話》怒って参加をとりやめる.
barajadura 女 (トランプ) シャッフル.
barajar 他 ❶ (トランプ) (カードを) 切る. ❷ (数字等を) 次から次へと挙げる ; (名前を) 列挙する. ❸ いろいろな可能性を検討[考慮] する. ❹《ラ米》(アルゼ)(チリ)(ウルグ) (物を宙で) つかむ.
baraje 男 (トランプの) シャッフル.
baranda 女 ❶ 手すり, 欄干. ❷ 上司, 権威者. ❸《ラ米》(アルゼ)(ウルグ) 汗臭さ, 悪臭.
barandal 男 手すり ; 手すりの支え.
barandilla 女 手すり ; 手すりの支え.
barata 女《ラ米》(チリ)(ペルー)〖昆〗ゴキブリ. ── 形 → barato.
baratear 他 安売りする ; 値切る.
baratería 女 詐欺 ; 裁判官の収賄.
baratija 女 [複] つまらない物, がらくた.
baratillero, ra 男 女 安物露店商.
baratillo 男 ❶《集合的》安物, 格安品 ; 《ラ米》バーゲンセール (→ liquidación 地域差). ❷ 安物を商う店[露店] ; バーゲン品売り場.
barato, ta [バラト, タ] 形 [英 cheap] ❶ **安い** (↔ caro) ; 安っぽい. Lo ～ es [sale] caro.《諺》安物は高くつく. ❷ わけもない, 簡単にできる. ── 男 安物. ── 副 安く. ***dar de*** ～《話》細かいことには目をつぶる. ***de*** ～ 無利子で ; ただで.
báratro 男《文》地獄.
baratura 女 安価, 廉価.
baraúnda 女 → barahúnda.
barba [バルバ] 女 [英 beard] ❶ [主に複] (あごとほおの) **ひげ**, **あごひげ** ; (ヤギ・クジラ等の) ひげ. ～ cerrada 濃い (あご) ひげ. ～ corrida あごからほおまで生やしたひげ. ～*s* de chivo やぎひげ. hacerse la ～《ラ米》ひげをそる (→ afeitarse 地域差). ❷ あご. ❸ (鳥の) 肉垂. ❹ [複] ひげ状のもの ; (植物の) ひげ根 ; (紙等の) ぎざぎざ, ほつれ ; (鳥の) 羽枝(うし). ***con toda la*** ～《話》(人が) 申し分ない, 極め付きの. ***Cuando las*** ～***s del vecino veas pelar, echa las tuyas a remojar.***《諺》今日は

人の身，明日はわが身．***en las ~s de ...*** …に面と向かって，…の目の前で．***mentir por (mitad de) la ~*** ぬけぬけとうそをつく．***por ~***《話》一人当たり．***subirse a las ~s de ...*** …に対して礼を欠く．***tener pocas ~s*** 未熟である．***tirarse de las ~s*** 憤慨する．

barbacạna 女 ❶（城門・橋を守る）外堡（がいほう）．❷ 銃眼．❸（教会を囲む）石垣．

barbacọa / barbacuạ́ 女 ❶ バーベキュー（の網，肉）．❷《ラ米》（樹上の）小屋．

barbạdo, da 形《文》あごひげを生やした．— 男 苗木，若木．

Barbạdos 固名 バルバドス：首都ブリッジタウン Bridgetown.

barbạr 自 ❶ あごひげを生やす．❷〖農〗根づく．

bárbara 形 → bárbaro. — 固名 [B-] バルバラ，バーバラ：女子の名．

barbárico, ca 形 蛮族の，未開人の．

barbaridạd 女 ❶ 野蛮，残酷，非道．❷ でたらめ；ぶしつけ．hacer *~es*《話》ばかなまねをする．***¡Qué ~!*** あきれた，ひどい；すごい．***una ~***《話》たくさん，大量．

barbạrie 女 未開，野蛮；残忍，非道．

barbarịsmo 男 非標準的な言葉遣い．

barbarizạr 57 自 でたらめ[ばかなこと]を言う．— 他 ❶ 野蛮にする．❷（ある言語を誤用や外来語で）乱す．

bárbaro, ra [バルバロ，ラ] 形 [英 barbarous] ❶ **野蛮な**；荒っぽい，下品な；残忍な．❷ 大胆不敵な，向こう見ずな．❸《話》**すごい**，すばらしい．❹〖史〗蛮族の．— 副《話》すごく，すばらしく．Lo hemos pasado ~. 私たちはとても楽しかった．— 男 女 ❶（古代ローマ人から見た）蛮族．❷ 野蛮人；大胆不敵な人．

barbeạr 自 ❶《con》（…と）同じ高さになる．❷〖闘牛〗（牛が出口をさがして）壁ぞいを歩く．

barbechạr 他 ❶ 休耕させる．❷（種まき前に）耕す．

barbẹcho 男〖農〗休耕（地）．

barberịa 女 理髪店；理髪業．

barbẹro, ra 形 男 女 理容師（の）．

barbiạ́n, biạna 形 男 女《話》陽気な（人）．

barbiblạnco, ca / barbicạno, na 形 ひげの白い．

barbihẹcho, cha 形 ひげをそりたての．

barbilampịño, ña 形 男 ひげの薄い（男）．

barbilịndo / barbilụcio 形 [男性形のみ] きざな．— 男 ダンディ，気取り屋．

barbịlla 女（下）あご，あご先．

barbilụengo, ga 形 ひげの長い．

barbipoṇiẹnte / barbipungẹnte 形 ひげの生えかける年ごろの；新米の．

barbiquẹjo 男 → barboquejo.

barbirrọjo, ja 形 赤ひげの．

barbirrụcio, cia 形 ごま塩ひげの．

barbitahẹño, ña 形 赤ひげの．

barbitúrico, ca 形 バルビツール酸の．— 男 バルビツール：鎮痛[催眠]剤．

bạrbo 男〖魚〗ニゴイ．~ de mar ヒメジ．

barboquẹjo 男 あごひも．

barbotạr / barboteạr 他 自 ぶつぶつ言う，つぶやく．

barbotẹo 男 ぶつぶつ言うこと，つぶやき．

barbụdo, da 形 ひげもじゃの．

barbụlla 女《話》やかましいおしゃべり．

barbullạr 自《話》やかましく話す．

barbullọ́n, llọna 形《話》やかましくしゃべる．— 男 女 かしましい人．

barbuquẹjo 男 → barboquejo.

bạrca 女 小船．***estar en la misma ~*** 同じ状況[状態]にある．

barcạda 女（渡し）船 1 杯分の積み荷．

barcạje 男 小型船での運搬；船賃．

barcarọla [伊] 女〖音〗ゴンドラの船歌．

barcạza 女 小型渡し船．

Barcelọna 固名 バルセロナ：スペインの県；県都（港湾都市）．

barcelonés, nẹsa 形 男 女 バルセロナの（人）．

barcelonịsta 形 男 女（スペインのサッカーチーム）Fútbol Club Barcelona の（ファン）．

bạrcia 女（穀物の）ふるいかす，もみ殻．

barcịno, na 形（動物が）葦毛（あしげ）の．

barco, ca [バルコ，カ] 男 女《ラ米》優しい先生（→ benévolo 地域差）．— 男 [英 boat, ship] **船**，船舶；艦．~ aljibe [cisterna] タンカー．~ de carga 貨物船．~ de pasajeros 客船．~ de pesca [pesquero] 漁船．~ de recreo 遊覧船．~ de vapor 汽船．~ de vela [velero] 帆船．~ mercante 商船．~ nodriza 母船，補給船．~ patrullero 巡視艇，哨戒（しょうかい）艇．

bạrda 女 ❶（わらで作った）土塀の屋根．❷《ラ米》塀，壁．

bardagụera 女〖植〗ヤナギの一種．

bardạl 男 → barda.

bardạna 女〖植〗ゴボウ．

bạrdo 男《文》吟遊詩人．

baremạr 他 換算表から割り出す；基準を当てはめて評価する．

barẹmo 男 計算早見表；採点[評価]基準表．

barẹto 男《話》安っぽいバル bar.

bargueño 男 飾り戸棚．

bạria 女〖物〗バリー：圧力の単位．

baricẹntro 男〖物〗重心．

barín, na 男 女（帝政ロシアの）領主，主人．

bạrio 男〖化〗バリウム．

barisfẹra 女〖地質〗重圏．

barịta 女 酸化[水酸化]バリウム．

baritịna 女〖鉱〗重晶石．

barítono 男 バリトン（歌手）．

barlọa 女〖海〗もやい綱，係船索．

barloạr 他〖海〗係船させる．

barloventeạr 自〖海〗（船が）間切る．

barlovẹnto 男〖海〗風上（側）．

bạrman [英] 男 [複 ~s] ❶ バーテン．❷（レストランの）ボーイ（→ camarero 地域差）．

barnạcla 女〖鳥〗カナダガン．

barnịz 男 ❶ ワニス，ニス．❷ 上薬，釉薬（ゆうやく）．❸《ラ米》（ｶﾘﾌﾞ）マニキュア．❹ うわべ，見せかけ；生かじりの知識．***~ del Japón*** ウルシ（の木）．

barnizạdo 男 ❶ ワニス塗り，ニス仕上げ．❷ 上薬かけ，施釉（せゆう）．

barnizadọr, dọra 男 女 ❶ ワニス[ニス]塗り職人．❷ 施釉（せゆう）工．

barnizar 57 他 ❶ ワニス[ニス]を塗る. ❷ 上薬をかける, 施釉(せゆう)する.
barógrafo 男 自記気圧計.
Baroja 固名 バローハ Pío 〜 (1872-1956) : スペインの小説家.
barojiano, na 形 (スペインの小説家) ピオ・バロハ Pío Baroja (1872-1956) の.
barométrico, ca 形 気圧(計)の.
barómetro 男 ❶ 〖気象〗 気圧計, 晴雨計. ❷ 《比喩的》 バロメーター.
barón, ronesa 男 女 ❶ 男爵 ; 男爵夫人. ❷ (会社・政党等で) 地位の高い人, 要職にある人.
baronía 女 男爵の位[身分] ; 男爵領.
baroscopio 男 〖気象〗 気圧計.
barquero, ra 男 女 船頭, 渡し守.
barquilla 女 ❶ (気球の) ゴンドラ ; 〖空〗 ナセル : エンジンのカバー. ❷ (ケーキの) 型.
barquillero, ra 男 女 アイスクリームコーン職人[売り]. — 男 アイスクリームコーンの型. — 女 アイスクリームコーン専用の容器.
barquillo 男 アイスクリームコーン.
barra [バラ] 女 〔英 bar〕 ❶ **棒**, バー ; にぎり, 手すり. ❷ 横棒. 〜 de equilibrio 平均台. 〜 fija 鉄棒. 〜*s* paralelas 平行棒. ❸ 棒状の塊 [パン] (バゲット等). 〜 de labios 口紅. en 〜 棒状の. ❹ 棒線, 縞(しま) ; 分割の記号 (/ , |) ; 〖IT〗 スペースバー. codigo de 〜 バーコード. ❺ (楽譜の) 縦線 ; 小節. ❻ (バー等の) **カウンター**, スタンド, 売り場 ; 《ラ米》 居酒屋 (→ taberna 地域差). 〜 americana ナイトバー, スナック. 〜 libre (前金による) 食べ[飲み] 放題. ❼ 《ラ米》 (1)(アルゼンチン)(ウルグアイ)友達どうしの集まり. (2) (サッカー等の) 熱狂的ファン [サポーター] (→ hincha 地域差). (3) (野外のショー等の) 観衆. — 活 → barrer.
barrabasada 女 《話》 めちゃくちゃなこと.
barraca 女 ❶ 小屋, バラック. ❷ 仮設小屋, 屋台. ❸ (バレンシア・ムルシアの) かやぶき小屋.
barracón 男 (大きな) 兵舎 ; 仮設小屋.
barracuda 女 〖魚〗 オニカマス, バラクーダ ; モトカマス.
barrado, da 形 ❶ 縞(しま)の入った, 縞状の. ❷ 閉まった.
barragana 女 内縁の妻, 情婦.
barraganería 女 内縁 [同棲(どうせい)] 関係.
barranca 女 → barranco.
barranco 男 ❶ 峡谷 ; 断崖(だんがい). ❷ 障害, 困難.
barranquera 女 峡谷.
barredero, ra 形 一掃する, さらう. red *barredera* 底引き網. viento 〜 突風. — 女 道路清掃車.
barredor, dora 男 女 清掃人.
barredura 女 清掃 ; [複] ごみ, くず.
barreminas 男 [単複同形] 掃海艇.
barrena 女 錐(きり), ドリル, 穿孔(せんこう)機. ***entrar en* [*hacer la*] 〜** きりもみ降下する.
barrenado, da 形 《話》 頭のおかしい.
barrenar 他 ❶ 穴をあける, 掘削する. ❷ (計画を) 妨害する, だめにする. ❸ (法律・規則を) 違反する.
barrendero, ra 男 女 道路清掃人.
barrenero 男 穿孔(せんこう)夫 ; 発破工.
barrenillo 男 キクイムシ (による害).
barreno 男 ❶ 穿孔(せんこう)機, ドリル. ❷ 穿孔機による穴, 発破をつめる穴. ❸ 爆薬.
barreña 女 → barreño.
barreño 男 桶(おけ), たらい.
barrer [バレル] 他 〔英 sweep〕 ❶ **掃く**, 掃除する. ❷ 取り払う, 一掃する, 追い払う ; 圧勝する. ***〜 con todo*** 根こそぎ持ち去る. ***〜 para* [*hacia*] *casa*** 自己中心的に振る舞う.
barrera 女 ❶ 柵(さく) ; (踏切等の) 遮断機. 〜 de seguridad ガードレール. ❷ 障害, 障壁. 〜*s* arancelarias 関税障壁. 〜 del sonido 音速(の壁). ❸ バリヤー, 防柵, (サッカー等で) ディフェンスの壁. ❹ 〖闘牛〗 防壁 ; 最前列の席. ❺ 陶土採掘場. ***ver* [*mirar*] *los toros desde la 〜*** 高見の見物をする.
barretina 女 カタルーニャの帽子.
barriada 女 区画 ; 《ラ米》 スラム街.
barrial 男 ぬかるみ, 泥沼.
barrica 女 (中型の) 樽(たる).
barricada 女 防柵(ぼうさく), バリケード.
barrida 過分 → barrer. 女 《ラ米》 掃除, 清掃 ; 一斉検挙.
barrido 過分 → barrer. 男 ❶ 掃除. ❷ (情報の) 見直し. ❸ 〖映〗 カメラの水平移動. ❹ 一斉検挙. ❺ 買い占め.
barriga 女 ❶ 腹, 腹部. ❷ (肥満・妊娠による) 腹の膨らみ. ❸ (容器・壁等の) 膨らみ. ***rascarse* [*tocarse*] *la 〜*** 《話》 のらくら過ごす.
barrigón, gona 形 男 女 太鼓腹の(人). — 男 太鼓腹, 大きなお腹.
barrigudo, da 形 男 女 太鼓腹の(人).
barril 男 ❶ (木製・ステンレス製の) 樽(たる). ❷ バレル : 液量の単位. ❸ 水がめ, 水差し. ***ser un 〜 de pólvora*** 一触即発の危険をはらむ.
barrilero 男 樽(たる)製造者 ; 樽商人.
barrilete 男 ❶ 小さな樽(たる). ❷ L字形の留め金. ❸ (ピストルの) 弾倉. ❹ 《ラ米》 凧(たこ)(→ cometa 地域差).
barrilito, ta 男 女 《ラ米》 《話》 太った人, でぶ (→ rechoncho 地域差).
barrilla 女 〖植〗 オカヒジキ (を焼いた灰).
barrillo 男 にきび, 吹き出物.
barrio [バリオ] 男 〔英 area〕 ❶ **地区**, 区域. 〜 bajo 貧民街. 〜 chino 売春街. ❷ 郊外. ***de 〜*** (商店・学校等が) 地元の. ***el otro 〜*** あの世.
barriobajero, ra 形 品のない.
barritar 自 (象が) 鳴く.
barrito 男 (象の) 鳴き声.
barrizal 男 ぬかるみ, 泥沼.
barro [バロ] 男 〔英 mud〕 ❶ **泥**, ぬかるみ. ❷ 粘土 ; 陶土. ❸ 〖医〗 吹き出物. — 活 → barrer.
barroco, ca 形 バロック様式の ; 装飾過多の. — 男 バロック様式[時代].
barroquismo 男 バロック様式 ; 装飾過多.
barroso, sa 形 ❶ 粘土質の ; ぬかるんだ. ❷ 土色の, 赤褐色の. ❸ 吹き出物のある.
barrote 男 ❶ 太い棒. ❷ 鉄格子, 鉄柵(てっさく), 鉄棒. ❸ 横木.
barrumbada 女 ほら, 自慢話 ; 浪費.
barruntamiento 男 → barrunto.
barruntar 他 予感する.

B

B

barrunte 男 しるし，徴候.

barrunto 男 ❶ 徴候. ❷ 予感.

bartender 男 《ラ米》(レストランの) ボーイ (➜ camarero 地域差).

bartola *a la ～* 《話》 気楽に. *tumbarse a la ～* 《話》 怠ける.

bartolillo 男 小型のミート[クリーム]パイ.

Bartolo 固名 バルトロ：Bartolomé の愛称.

Bartolomé 固名 バルトロメ：男子の名.

bártulos 男 複 道具類，日用雑貨. *liar los ～* 《話》 荷物をまとめる.

barullero, ra 形 男 女 騒々しい (人)，がさつな (人).

barullo 男 騒音；混乱. *a ～* たくさん.

basa 女 〖建〗(円柱の) 基部，柱礎，土台.

basada 女 (船の) 進水架，船架.

basal 形 〖生理〗基礎の.

basáltico, ca 形 玄武岩の.

basalto 男 〖鉱〗玄武岩.

basamento 男 〖建〗柱礎；基盤.

basar 他 《en》(…に) 根拠を置く；《sobre》(…の上に) 据える. — **basarse** 再 《en》(…に) 基づく.

basca 女 ❶ [主に複] 吐き気. ❷ かっとなること. ❸ 《俗》 遊び仲間；人込み.

bascosidad 女 汚らしさ，汚い言葉.

báscula 女 台秤(だいばかり)，秤，体重計.

basculante 形 上下 (左右) に傾く [動く].

bascular 自 上下に傾く[動く].

base [バセ] 女 〔英 base〕 ❶ **土台**，台座，基部. ❷ 根拠；**基本**，基礎，要(かなめ). ❸ 〖軍〗基地. ～ aérea [naval] 空軍[海軍]基地. ❹ (野球) ベース. ❺ 〖数〗底辺，底面；基線. ❻ (政党等の) 支持基盤. *a ～ de ...* …のお陰で，…を中心とした. *a ～ de bien* 十分に；大量に. *～ de datos* データベース. *～ imponible* 課税所得. *en ～ a ... / sobre la ～ de ...* …によると.

basic [ベイシ(ク)] 〔英〕 男 〖IT〗(プログラミング言語) ベーシック.

básica 女 初等教育. — 形 ➜ básico.

básicamente 副 ❶ 元来は，そもそも. ❷ 基本的には.

basicidad 女 〖化〗塩基性，塩基度.

básico, ca [バシコ，カ] 形 〔英 basic〕 ❶ **基礎的な**，基本的な (= fundamental). ❷ 〖化〗塩基性の.

basílica 女 ❶ バシリカ：古代ローマの公会堂. ❷ (バシリカ風の) 初期キリスト教教会堂. ❸ 大聖堂，大寺院：特にローマの13の聖堂.

Basilio 固名 バシリオ：男子の名.

basilisco 男 〖動〗バシリスク：熱帯アメリカ産のトカゲ. *ponerse* [*estar hecho*] *un ～* 《話》 激怒する，激怒している.

basket / basketball [バスケ(トゥ)/バスケトゥボル] 〔英〕 男 《ラ米》 バスケットボール.

basquear 自 《ラ米》(メキシコ) 《話》 バスケットボールをする.

básquetbol 男 《ラ米》 バスケットボール.

basquiña 女 (黒の) 外出用スカート.

basta 女 ❶ 仕付け (縫い). ❷ (布団・クッションの) とじ. ❸ 《ラ米》(ズボンの) 折り返し (➜ bordillo 地域差). — 活 ➜ bastar.

bastante [バスタンテ] 副 〔英 fairly, enough〕 **かなり**，相当；十分に. — 形 **かなりの**，相当の；十分な. Tengo ～ dinero para pagarlo. 私はそれを払うのに十分なお金がある. ～*s* amigos かなりたくさんの友人. *(lo)* ～ 〈＋形容詞〉 *para* 〈＋不定詞〉 …するのにかなり[十分に] …な.

bastantear 自 他 〖法〗(書類の) 有効性を認定する.

bastanteo 男 〖法〗(書類の) 有効証明，認証 (書).

bastar [バスタル] 自 〔英 be enough〕 ❶ 《a》(…にとって) **十分である**，足りる. ¡*Basta* (ya)! もうたくさんだ. ❷ 《con》(…で，があれば) 十分である；《con＋不定詞》 …さえすればよい. — **bastarse** 再 《para》 …する力を十分備えている. *¡Basta de ...!* …はもうたくさん[うんざり]だ. *bastar y sobrar* 十分すぎる.

bastardear 自 劣化する，退化する. — 他 歪曲(わいきょく)する.

bastardía 女 ❶ 庶出，私生児であること. ❷ (家柄・身分にふさわしくない) 下品さ.

bastardilla 女 イタリック体.

bastardo, da 形 男 女 ❶ 庶出の (人)，私生の (人). ❷ 卑しい (人)，下劣な (人). *letra bastarda* イタリック体の字.

bastedad 女 粗雑さ；がさつ.

basteza 女 下品な言動；教養のなさ.

bastidor 男 ❶ 枠，フレーム，骨組，シャーシ. ❷ 〖演〗書き割り. *entre～es* 舞台裏で.

bastilla 女 ❶ (ほつれ止めの) へり縫い. ❷ 《ラ米》(ズボンの) 折り返し (➜ bordillo 地域差).

bastimento 男 ❶ 補給食，糧食. ❷ 船舶.

bastión 男 稜堡(りょうほ)；要塞(ようさい).

basto, ta 形 ❶ 粗い，ざらざらした；粗雑な. ❷ 不作法な，下品な. — 男 (スペイン・トランプ) こん棒の札；[複] こん棒 (の組み札). — 活 ➜ bastar. *pintar ～s* やばい事になる.

bastón 男 ❶ つえ，ステッキ. ～ de esquí (スキーの) ストック. ❷ (権威の象徴) つえ，官杖(かんじょう)；権力. ～ de mando 指揮棒；指揮権. *empuñar el ～* 指揮を取る；実権を握る.

bastonada 女 ➜ bastonazo.

bastonazo 男 棒[つえ]でたたくこと.

bastoncillo 男 ❶ 綿棒. ❷ 〖解〗網膜の神経細胞.

bastonero, ra 男 女 ダンスの仕切り役；バトントワラー. — 女 傘[ステッキ]立て.

basura [バスラ] 女 〔英 garbage〕 ❶ **ごみ**，廃棄物. tirar [coger] la ～ ごみを捨てる[拾う]. ❷ ごみ箱 (= cubo de la ～). ❸ つまらないもの[人].

basural 男 《ラ米》(アルゼンチン)(ウルグアイ) ごみ捨て場.

basurear 他 《ラ米》(アルゼンチン)(ウルグアイ) 《話》 さげすむ.

basurero, ra 男 女 ごみ回収[運搬]人. — 男 ❶ ごみ捨て場. ❷ 《ラ米》(アルゼンチン)(ウルグアイ)(エクアドル) ごみ箱.

bat 男 〖スポ〗《ラ米》 バット.

bata 女 ガウン，(つなぎの) 部屋着；(医師・薬剤師の) 白衣. — 活 ➜ batir. *～ de cola* フラメンコ用のドレス.

batacazo 男 ❶ 急な落下. darse [pegarse] un ～ 《話》 どすんと落ちる[倒れる]. ❷ 大失敗. ❸ 《ラ米》(競馬) 予期せぬ勝利，大穴.

bataclana 女 《ラ米》 ストリッパー.

batahola 女 《話》騒ぎ, 騒動 ; 騒音.
batalla [バタリャ〈バタヤ・バタジャ〉] 女 〔英 battle〕 ❶ **戦い**, 会戦 ; 争い, けんか ; 対立. ～ campal 野戦, (大勢での) 殴り合い. campo de ～ 戦場. ❷ (心の) 葛藤(かっとう). ❸ 〖車〗ホイールベース. *de ～* ふだん着の. *caballo de ～* 難関. *presentar [dar] ～ (a) ...* …に立ち向かう.
batallador, dora 形 男 女 好戦的な (人).
batallar 自 戦う ; 争う ; 奮闘する.
batallita 女 《話》(語り手自身が主人公の) 昔話.
batallón, llona 形 《口》議論好きの. ── 男 ❶ 大隊. ❷ 多数.
batán 男 ❶ 縮絨(しゅくじゅう)機. ❷ 《ラ米》調味料をすりつぶすための石.
batanar 他 ❶ (毛織物を) 縮絨(しゅくじゅう)する. ❷ 《話》→ batanear.
batanear 他 《話》小突き回す.
bataola 女 → batahola.
batasuno, na 男 女 (バスクの政党) Herri Batasuna 党員.
batata 女 ❶ 〖植〗サツマイモ. ❷ 《ラ米》(アルゼンチン) 内気, 恥ずかしがり.
bate 男 (野球・クリケットの) バット. ── 活 → batir.
batea 女 ❶ 盆, トレイ ; (引き出し式の) 整理棚. ❷ 箱舟. ❸ 無蓋(むがい)貨車. ❹ カキの養殖場. ❺ 《ラ米》洗濯槽 ; 桶(おけ) ; 洗面台 (→ pila 地域差).
bateador, dora 男 女 〖スポ〗(野球・クリケットの) 打者.
batear 他 自 《ラ米》バットで打つ.
batel 男 小型ボート, 小舟.
batelero, ra 男 女 ボートの漕(こ)ぎ手, 船頭.
batería 女 ❶ バッテリー, (蓄) 電池. ❷ 一組, 一式. ❸ ドラムセット ; 打楽器. ❹ 砲兵中隊, 砲列. ❺ フットライト. ❻ [複] 《ラ米》カンニングペーパー (→ chuleta 地域差). ── 男 女 ドラマー. *aparcar en ～* 並列駐車する.
baterista 形 男 女 〖音〗ドラマー (の).
batiborrillo / batiburrillo 男 《話》ごたまぜ, 寄せ集め.
baticola 女 ❶ 〖馬〗しりがい. ❷ 《スペイン》ふんどし.
batida 過分 → batir. 女 ❶ 捜索. ❷ (獲物の) 狩り立て. ❸ (貨幣の) 鋳造.
batidera 女 モルタル[しっくい]練り器.
batido, da 過分 → batir. 形 ❶ よく踏み固められた. ❷ 泡立てた, ホイップした. ── 男 ❶ 〖料〗(1) かき卵. (2) メレンゲ : 卵白のホイップ. (3) 練り生地. ❷ 攪拌(かくはん).
batidor, dora 男 女 ❶ 斥候(せっこう), 偵察人. ❷ 〖狩〗勢子(せこ). ❸ 《ラ米》(アルゼンチン)(ウルグアイ) 密告者. ── 男 ❶ 泡立て器. ❷ (目の粗い) 櫛(くし). ── 女 電動式ミキサー.
batiente 男 ❶ 扉板. ❷ (ドア・窓の) 抱き. ❸ 波打ち際. ❹ (ピアノの) ダンパー.
batifondo 男 《ラ米》(アルゼンチン)(ウルグアイ) 大騒ぎ, 騒動.
batihoja 男 金箔(ぱく) [銀箔] 職人.
batimetría 女 水深測量, 深海探査.
batimétrico, ca 形 水深測量 [深海探査] の.
batín 男 男性用のガウン.
batintín 男 (船等の) どら.

batir [バティル] 他 〔英 beat; whip〕 ❶ **打つ, たたく** ; (波・雨・風・太陽が) 打ち[吹き, 照り] つける. ❷ (卵・クリーム等を) **かきまぜる** ; 泡立てる, クリーム状にする. ❸ 打ち破る ; (記録を) 更新する. ❹ 狩り出す ; 捜索する. ❺ 壊す, 解体する. ❻ (金属を) 打ち延ばす, 箔(はく)にする ; (貨幣を) 鋳造する. ❼ (羽等を) ばたばたさせる. ❽ 《ラ米》(アルゼンチン)(ウルグアイ) 密告する. ── 自 (鼓動・脈が) 強く打つ. ── **batirse** 再 戦う. *batirse el cobre en ...* …に全力を尽くす. *batirse en retirada* 〖軍〗退却する.
batiscafo 男 〖海〗深海潜水艇.
batisfera 女 〖海〗深海撮影用潜水球.
batista 女 キャンブリック : 上質の薄い布.
bato 男 《ラ米》(メキシコ) 《話》男 (の子), 若者, 少年. ── 活 → batir.
batojar 他 (果実を) 棒でたたき落とす.
batómetro 男 〖海〗測深機[儀].
batracio, cia 形 男 〖動〗両生類の (動物).
batúa 男 共通バスク語.
batuda 女 (複数選手の) 連続とんぼ返り.
Batuecas 固名 las ～ バトゥエカス : スペインのサラマンカ県の一地域. *estar en las ～* 《話》上の空でいる.
batuque 男 《ラ米》(アルゼンチン)(パラグアイ)(ウルグアイ) 《話》騒ぎ, 混乱.
baturrillo 男 → batiborrillo.
baturro, rra 形 男 女 (スペインの) アラゴン農民 (の)
batuta 女 〖音〗指揮棒, タクト. *llevar la ～* 指揮を取る ; 牛耳る.
batzoki [バツォキ〈バチョキ〉] 〔バスク〕 男 バスク国民党本部 (施設).
baúl 男 ❶ トランク. ～ mundo 大型トランク. ❷ 《ラ米》 (1) 〖車〗トランク (→ maletero 地域差). (2) (車の上に載せる) ラック (→ baca 地域差). *henchir [llenar] el ～* 《話》たらふく食べる.
baulera 女 《ラ米》〖車〗トランク (→ maletero 地域差).
bauprés 男 〖海〗船首斜檣(しゃしょう).
bautismal 形 洗礼の.
bautismo 男 ❶ (キリスト教) 洗礼 (式). fe (partida) de ～ 洗礼証明書. ❷ (比喩的) 洗礼, 初体験. ～ de fuego 砲火の開始, 初陣. ❸ 命名式.
bautista 男 ❶ バプテスト派の信徒. ❷ 施洗者. *San Juan B～* 洗礼者ヨハネ.
bautisterio 男 洗礼堂, 授洗所.
bautizar 57 他 ❶ 洗礼を施す, 洗礼名を授ける. ❷ 命名する. ～ ... con el nombre de ... …に…と名付ける. ❸ 《話》水で割る, 薄める. ❹ 《話》水等をかける.
bautizo 男 洗礼 (式).
bauxita 女 〖鉱〗ボーキサイト.
bávaro, ra 形 男 女 バイエルン (州) の (人).
baya 女 〖植〗漿果(しょうか).
bayadera 女 インドの舞姫[歌姫].
Bayardo 固名 バヤルド : 男子の名.
bayeta 女 台ふきん, ぞうきん, モップ.
bayo, ya 形 (馬が) 鹿毛(かげ)の. ── 男 黄色のインゲンマメ.
bayonesa 女 ❶ カボチャパイ. ❷ マヨネーズ. ► mayonesa の誤用.
bayoneta 女 〖軍〗銃剣.
bayonetazo 男 銃剣で刺すこと ; その

傷.

bayunco, ca 形《ラ米》(ﾁﾘ)田舎者の.

baza 女 ❶ (トランプ) (手持ちの) 強いカード. ❷ 利点, 強み. ***jugar otra ～*** 新しい手を試みる, やり方を変える. ***jugar*** sus ***～s*** チャンスをものにする. ***meter ～ en ...*** …に口出しする. ***sacar ～ a ...*** …を上手に利用する.

B

bazar 男 ❶ (中東の) 市場, バザール；バザー. ❷ 百貨店. ❸《ラ米》食料品店 (→ tienda 地域差).

bazo, za 形 黄褐色の. ── 男〘解〙脾臓(ひぞう).

bazofia 女 まずい食べ物；くだらない物.

bazooka [バスカ]〔英〕女 → bazuca.

bazuca / bazuka 男〘軍〙バズーカ砲.

be [ベ] 女 アルファベットの b の名称. ***tener las tres bes***《話》三拍子そろっている (► *b*ueno 質がよくて, *b*onito きれいで, *b*arato 安い).

beat [ビ(トゥ)]〔英〕形 男 女 ビート族[世代] (の). ── 男 ビート, 強いリズム.

beatería 女 見せかけの信仰心[信心家].

beaterio 男 修道女修道院.

beatificación 女〘カト〙列福, 列福式.

beatificar ㉖ 他 (死者を) 列福する.

beatífico, ca 形 幸福に満ちた；穏やかな.

beatitud 女 ❶〘カト〙至福. ❷ 平安, 平静. ***Su*** [***Vuestra***] ***B～*** 教皇聖下.

beatnik [ビトゥニ(ク)]〔英〕男 女 [複 ～s] ビート族；ビート・ジェネレーション.

beato, ta 形 男 女 ❶〘カト〙列福された(人). ❷《話》信心家ぶった (人). ── 男 モサラベ mozárabe の細密画.

Beatriz 固名 ベアトリス：女子の名.

bebe, ba 男 女《ラ米》(ｱﾙｾﾞﾝﾁﾝ)(ﾊﾟﾗｸﾞｱｲ)(ｳﾙｸﾞｱｲ)赤ん坊, 幼児.

bebé〔仏〕男 赤ん坊.

bebedero 男 ❶ (家畜・鳥の) 水飲み容器；水飲み場. ❷ (つぼ等の) 口, 飲み口. ❸《ラ米》(ｱﾙｾﾞﾝﾁﾝ)(ｳﾙｸﾞｱｲ)公共の水飲み場.

bebedizo 男 ❶ 媚薬(びやく). ❷ 毒薬. ❸ 水薬.

bebedor, dora 形 男 女 酒飲みの(人).

beber [ベベル] 他〔英 drink〕❶ **飲む**. ～ agua 水を飲む. ►「薬・お茶を飲む」は tomar を用いる. ❷ 一心に聞く, 聞きほれる. ❸ (知識等を) 得る, 知る. ── 自 ❶ **酒を飲む**. ❷ 乾杯する. ～ por [a] ... …を祝して乾杯する. ── **beberse** 再 飲み干す. ── **beber** 男 飲み物 (= bebida).

bebestible 形《話》飲める. ── 男 飲み物.

bebible 形《話》(飲み物が) まずくない.

bebida 過分 → beber. 女 ❶ 飲み物. ❷ アルコール飲料, 酒 (類) (= ～ alcohólica). ❸ 飲酒の習慣.

bebido, da 形 酔った.

bebistrajo 男《話》まずい飲み物.

be-bop [ビボ(プ)]〔英〕男〘音〙ビバップ：1940年代に生まれた即興的ジャズ.

beca 女 ❶ 奨学金. ❷ (学生の) V字形の懸章.

becada 女〘鳥〙ヤマシギ.

becado, da 形 奨学金を受けている. ── 男 女《ラ米》奨学生 (= becario).

becar ㉖ 他 …に奨学金を出す.

becario, ria 男 女 奨学生.

becerrada 女 子牛の闘牛.

becerril 形 子牛の；子牛革の.

becerrillo 男 子牛革, カーフスキン.

becerrista 男 子牛と闘う闘牛士.

becerro, rra 男 女 2歳未満の子牛. ── 男 子牛革. ── 女〘植〙キンギョソウ.

bechamel / bechamela 女〘料〙ベシャメルソース, ホワイトソース (= besamel).

Bécquer 固名 ベッケル Gustavo Adolfo ～ (1836-70)：スペインのロマン派詩人. *Rimas*『抒情詩集』.

becqueriano, na 形 (スペインのロマン派詩人) ベッケルの.

becuadro 男〘音〙ナチュラル (♮).

bedel 男 (学校の) 用務員.

bedelía 女 用務員の職.

beduino, na 形 男 女 ベドウィン族の(人).

befa 女 野次. hacer ～ de ... …を野次る.

befar 自 (馬が) 馬銜(はみ)をかむ. ── 他 あざける, 野次る.

befetón 男 強い平手打ち, パンチ；衝撃.

befo, fa 形 男 女 ❶ 唇の厚い (人). ❷ X脚の (人).

begonia 女〘植〙ベゴニア.

begoniáceo, a 形 シュウカイドウ科の. ── 女 [複]〘植〙シュウカイドウ科 (の植物).

behaviorismo [ベハビオリスモ] 男〘心〙行動主義.

behetría 女〘史〙(中世の) 自由農民.

beicon 男〘料〙ベーコン.

beige [ベイス]〔仏〕形 男 ベージュ色 (の).

béisbol〔英〕男〘スポ〙野球.

beisbolero, ra 形 男《ラ米》野球の[選手].

beisbolista 男《ラ米》野球選手.

bejín 男〘植〙ホコリタケ.

bejucal 男 カズラ[トウ]の群生地.

bejuco 男 つる植物；カズラ, トウ.

bel 男〘物〙ベル：音・電力の単位.

belcebú 男 悪魔.

beldad 女 美貌(びぼう)；絶世の美女.

beldar ⑱ 他 (穀物を) 吹き分ける.

belemnita 女 (化石の) 箭石(やいし)類.

belemnites 男 → belemnita.

belén 男 ❶ キリスト降誕の人形. ❷ [主に複]《話》面倒, ごたごた. ── 固名 [B-] ベツレヘム：ヨルダンの町. ***estar en B～*** 夢見心地である.

beleño 男〘植〙ヒヨス.

belesa 女〘植〙ルリマツリ.

belfo, fa 形 男 女 下唇の厚い (人). ── 男 厚い下唇.

belga 形 男 女 ベルギーの (人).

Bélgica 固名 ベルギー：首都ブリュッセル Bruselas.

Belice 固名 ベリーズ：首都ベルモパン Belmopan.

belicismo 男 好戦的傾向；武力行使.

belicista 形 男 女 好戦的な (人).

bélico, ca 形 戦争の, 戦いの.

belicosidad 女 好戦的性格.

belicoso, sa 形 好戦的な, 攻撃的な.

beligerancia 女 交戦状態；参戦. ***no dar*** [***conceder***] ***～ a ...*** …を無視する.

beligerante 形 交戦中の. ── 男 女

戦闘員.
belígero, ra 形《文》尚武(しょうぶ)の.
belinún, na 男 女《ラ米》(アルゼンチン)(ウルグアイ)まぬけ.
belio 男 → bel.
Belisario 固名 ベリサリオ：男子の名.
bella 形 → bello.
bellaco, ca 形 男 女 悪党(の).
belladona 女《植》ベラドンナ.
bellaquería 女 悪質な言動；狡猾(こうかつ)さ.
belleza [ベリェさ〈ベイェさ・ベジェさ〉] 女 〔英 beauty〕 ❶ 美, 美しさ. salón de ～ 美容院. ❷ 美男, 美女, 美しい動物.
bellísimo, ma 形 [bello の絶対最上級] とてもきれいな[美しい, すばらしい, 立派な].
Bello 固名 ベジョ Andrés ～ (1781-1865)：ベネズエラの言語学者・詩人・政治家.
bello, lla [ベリョ〈ベヨ・ベジョ〉, リャ〈ヤ・ジャ〉] 形 〔英 beautiful〕 ❶ 美しい (↔ feo), 麗しい. el ～ sexo 女性. *La bella y la bestia*『美女と野獣』. ❷《+名詞》気高い, 立派な. una *bella* persona 立派な人間. ***bellas artes*** 美術.
bellota 女 ❶《植》どんぐり. ❷ カーネーションのつぼみ. ***animal de*** ～ 豚. ～ ***marina*** [***de mar***]《動》フジツボ.
beluga 女《動》シロイルカ, シロクジラ. — 男 キャビアの一種.
belvedere 〔伊〕男 (建物の) 展望台.
bembo, ba 形《ラ米》《話》唇の厚い. — 男《ラ米》《話》厚い唇.
bemol 形《音》変音の, フラットの. — 男 変音, フラット, 変記号 (♭). ***tener*** (***tres*** [***muchos***]) ～***es***《話》困難である, 難しい；腹立たしい限りである.
ben 男《植》ワサビノキ.
Benavente 固名 ベナベンテ Jacinto ～ (1866-1954)：スペインの劇作家. ノーベル文学賞 (1922).
benceno 男《化》ベンゼン.
bencina 女《化》ベンジン.
bendecir 25 他 ❶ 祝福する；神の加護を願う. ¡Que Dios le [te] *bendiga*! あなたに神の恵みのあらんことを. ❷ たたえる；感謝する.
bendición 女 ❶ 祝福, 恩恵. ❷ 祝別(式), 祝福；《カト》(聖体) 降福式. ～ papal [del Papa] 教皇の祝福. ～ nupcial 結婚の祝福. ***echar la*** ～ ***a ...*** (1) …を祝福する. (2)《話》…と絶交する. ***ser una*** ～ すばらしい；豊富である.
bendito, ta 形 ❶ 祝福された. ❷ 神聖な；《+名詞》ありがたい. *bendita* medicina ありがたい薬. ❸《+名詞》ひどい. ❹ お人よしの. — 男 聖者；善人；お人よし. ***¡B～ sea Dios!*** ちくしょう；ありがたい. ***dormir como un*** ～《話》熟睡する. ***reír como un*** ～《話》笑いこける.
benedictino, na 形 男 女 ベネディクト修道会の (会員). — 男 ベネディクティン：リキュール.
Benedicto 固名 ベネディクト：男子の名.
benefactor, tora 形 善行を施す；ためになる. — 男 女 慈善家, 恩人.
beneficencia 女 福祉, 慈善 (団体).
beneficiado, da 男 女 恩恵にあずかる人. — 男 聖職禄(ろく)受領者.
beneficiar 17 他 ❶ 恩恵を与える. ❷《鉱》採掘する. ❸《ラ米》畜殺する. — **beneficiarse** 再 ❶《de, con》(…から) 利益を得る, 利用する. ❷《a》《俗》(…と) 性的関係をもつ.
beneficiario, ria 男 女 受益者, 受取人.
beneficio [ベネフィしオ] 男 〔英 benefit〕 ❶ 利益, 収益；利点. a [en, para el] ～ de ... …の (利益の) ために. ❷ 慈善 (興行), チャリティー；親切, 世話. Le debo muchos ～*s*. 彼にはずいぶん世話になっている. ❸《鉱》採掘. ***a*** ～ ***de inventario***《法》(1) 限定承認 [相続] として. (2) なおざりに. ***conceder el*** ～ ***de la duda a ...*** …をむやみに疑わない. ***no tener oficio ni*** ～ 仕事がない, 失業している.
beneficioso, sa 形《para》(…に) 利益となる, 有利な.
benéfico, ca 形 ❶ 慈善の, チャリティーの. obra [función] *benéfica* 慈善行為 [興行]. ❷《para》(…に) 利益となる.
benemérito, ta 形 栄誉に値する. — 女 La *Benemérita* (スペインの) 治安警備隊 (＝la Guardia Civil).
beneplácito 男 ❶ 承認, 許可. ❷ 大絶賛.
benevolencia 女 慈悲, 情け.
benevolente 形 慈悲深い, 情け深い.
benévolo, la 形 親切な, 好意的な. profesor ～《スペイン》優しい先生. 地域差 優しい先生 profesor benévolo《スペイン》; barco《ラ米》(メキシコ)(ベネズエラ); blando (ウルグアイ); buena gente (コロンビア)(チリ); canchero (アルゼンチン); chévere (キューバ); choro (チリ); flojo (パラグアイ); guame (プエルトリコ); macanudo (アルゼンチン); mage (ホンジュラス); pata (コスタリカ); pelex (グアテマラ); profesor madre (コロンビア, ベネズエラ); suave (パナマ); tuanis (コスタリカ, エルサルバドル, グアテマラ).
bengala 女 ❶《植》トウ. ❷ 信号弾；ベンガル花火：彩色花火.
bengalí 形 男 女 ベンガルの (人). — 男 ❶ ベンガル語. ❷《鳥》カエデチョウ.
Beni 固名 el ～ ベニ川：ボリビアの川.
benignidad 女 ❶ (疾患の) 良性, 軽症. ❷ 好意, 寛大. ❸ 温和, 穏やかさ.
benigno, na 形 ❶ (疾患が) 良性の (↔ maligno), 軽い. ❷《con》(…に) 好意的な, 寛大な. ❸ 温和な, 穏やかな.
benimerín 形 男 女《史》ベニメリン族の(人).
Benín 固名 ベナン：首都ポルトノボ Porto-Novo.
Benito 固名 ベニート：男子の名.
benito, ta 形 男 女 → benedictino.
Benjamín 固名 ベンハミン：男子の名.
benjamín, na 男 女 ❶ 末っ子 (→ 地域差). ❷ (グループ等の) 若手. ❸《スポ》最年少選手. 地域差 末っ子 benjamín《スペイン》《ラ米》(メキシコ)(グアテマラ)(コロンビア)(エクアドル, ボリビア)(チリ)(パラグアイ, アルゼンチン); bordón (パナマ); chocoyote (メキシコ); concho (チリ); consentido (コスタリカ); cuba (コロンビア); cumiche (ニカラグア); puchucai (エクアドル); sacaleche (エルサルバドル); sobrita (ボリビア).
benjamita 形 男 女《聖》ベニヤミン族の(人).

B

benjuí 男〘化〙ベンゾイン(樹脂), 安息香.

bentonita 女〘地質〙ベントナイト.

benzoato 男〘化〙ベンゾアート.

benzoico, ca 形〘化〙安息香(性)の.

benzol 男〘化〙ベンゼン.

beocio, cia 形 男 女 愚鈍な(人).

beodez 女 酔い, 酩酊(めいてい).

beodo, da 形 酔った. ― 男 女 酔っ払い.

beorí 男〘動〙アメリカバク.

berberecho 男〘貝〙ザルガイ.

Berbería 固名 バーバリ:アフリカ北部.

berberisco, ca 形 男 バーバリ種の(馬).

bérbero 男〘植〙メギ(の木・実).

berbiquí 男 手動ドリル.

bereber / beréber 形 ベルベル(人, 語)の. ― 男 女 ベルベル人. ― 男 ベルベル語.

berenjena 女〘植〙ナス.

berenjenal 男 ❶ ナス畑. ❷《話》面倒. meterse en un ～ 厄介事に首を突っ込む.

bergamota 女〘植〙ベルガモット;セイヨウナシ.

bergamoto / bergamote 男〘植〙ベルガモット;セイヨウナシ(の木).

bergante, ta 男 女《話》やくざ者, 悪党.

bergantín 男 2本マストの小型帆船.

beriberi 男〘医〙脚気(かっけ).

berilio 男〘化〙ベリリウム.

berilo 男〘鉱〙緑柱石, 酸化ベリリウム.

berkelio 男〘化〙バークリウム.

berlanga 女(トランプ)スリーカード.

Berlín 固名 ベルリン:ドイツの首都.

berlina 女 ❶〘車〙4ドアセダン. ❷ 2人乗り4輪馬車.

berlinés, nesa 形 男 女 ベルリンの(人).

berma 女〘建〙《ラ米》路肩.

bermejizo, za 形 赤みがかった.

Bermejo 固名 el ～ ベルメホ川:アルゼンチン北部の川.

bermejo, ja 形 ❶ 朱色の. ❷ 赤毛の;赤肌の.

bermejón, jona 形 朱色を帯びた.

bermellón 男 朱, 辰砂(しんしゃ);深紅色.

bermudas 男 複 バーミューダ・ショーツ.

Bernabé 固名 ベルナベ:男子の名.

bernardina 女《話》ほら, 作り話.

Bernardino 固名 ベルナルディノ:男子の名.

Bernardo 固名 ベルナルド:男子の名. *perro de San B～* セントバーナード犬.

bernardo, da 形 男 女〘カト〙ベルナルド会の(修道士, 修道女).

bernés, nesa 形 男 女 ベルンの(人).

berquelio 男 → berkelio.

berrea 女(シカ等の)咆哮(ほうこう);発情期.

berrear 自 ❶(子牛等が)鳴く. ❷《話》わめく, 泣き叫ぶ. ❸ 調子っぱずれに歌う.

berrendo, da 形 ぶちの, まだらな. ― 男〘動〙レイヨウの一種.

berrera 女〘植〙セリ科シウム属の植物.

berretín 男《ラ米》❶(アルゼンチン)(ウルグアイ)強情;強い愛情. ❷(アルゼンチン)気取り.

berrido 男 ❶(小牛等の)鳴き声. ❷(子供等の)わめき声, 金切り声.

berrinche 男 ❶《話》激怒. ❷《話》(子供の)しつこい泣きわめき.

berro 男〘植〙クレソン.

berrocal 男 岩だらけの土地.

berroqueño, ña 形 ❶ 花崗(こう)岩でできた. ❷ 堅い, 頑固な. ― 女 花崗岩.

berrueco 男 花崗(こう)岩の大岩.

Berruguete 固名 ベルゲーテ. (1) Pedro ～ (1450?-1504):スペインの画家. (2) Alonso ～ (1486?-1561):スペインの画家・彫刻家. Pedro (1)の息子.

Berta 固名 ベルタ:女子の名.

Bertrán 固名 ベルトラン:男子の名.

berza 女 ❶ キャベツ(の一種). ❷ 酩酊(めいてい)状態. *estar con la ～* うわの空である. *ser la ～* むちゃである, 腹立たしい.

berzal 男 キャベツ畑.

berzas / berzotas 男 女〔単複同形〕《俗》ばか, まぬけ.

besalamano 男 無署名の短い手紙.

besamanos 男〔単複同形〕❶ 謁見(えっけん). ❷(あいさつとしての)手への接吻(せっぷん).

besamel / besamela 女〘料〙ベシャメルソース.

besana 女〘農〙畝上げ.

besar［ベサル］他〔英 kiss〕❶ **キスする**. ❷ 触れる, 接する. ― **besarse** 再 ❶ キスし合う. ❷(出会い頭に)ぶつかる. *besar el suelo* うつぶせに倒れる. *besar el suelo por donde pisa ...* …をとても尊敬している. *besar la tierra que pisa ...* (…に)敬意を示す. *llegar y besar el santo* 簡単に物事をやり遂げる.

besito 男 軽いキス.

beso［ベソ］男〔英 kiss〕❶ 口づけ, **キス**. tirar un ～ 投げキスをする. comerse a ～*s* a ... …にキスの雨を降らせる. ❷ 接触, 衝突. ― 活 → besar. *B～s. / Mil ～s.* 《手紙の結語》愛情を込めて. *～ de Judas* ユダの接吻(せっぷん):裏切り者のへつらい.

bestia 女 獣, 四足動物;(特に荷役用の)馬, ロバ, 家畜. ― 男 女 ❶ 粗暴な人. mala ～《話》ひどいやつ. ❷ とんま, うすのろ. ― 形 ひどい, 粗暴な;とんまな. *～ negra* [*parda*] トラブルメーカー;心配の種. *gran ～*〘動〙オオジカ;バク.

bestial 形 ❶ 獣の, 動物的な. ❷《話》すごい, 途方もない;でかい.

bestialidad 女 ❶ 凶暴性. ❷《話》ひどいこと, むちゃ. ❸ 多量;たくさん.

bestialismo 男 獣姦(じゅうかん).

bestiario 男 ❶(古代ローマ)猛獣と闘わされる奴隷. ❷〘文学〙動物寓話(ぐうわ)集.

bestión 男〘建〙動物や怪獣を模した装飾.

best seller / bestséller［ベストゥセれル］〔英〕男〔複 ～s〕ベストセラー.

besucar 26 他《話》→ besuquear.

besucón, cona 形 男 女《話》キス好きな(人).

besugo 男 ❶〘魚〙マダイ. ❷《話》ばか, まぬけ. *ojos de ～*《話》出目.

besuguera 女 ❶(タイ等を煮る)平鍋(ひらなべ). ❷ タイ漁船.

besuguete 男〘魚〙タイ科の魚.

besuquear 他《話》やたらにキスをする. ― **besuquearse** 再《話》何度もキスし合う.

besuquẹo 男《話》やたらにキスすること.

bẹta 女 ❶ ベータ (B, β)：ギリシャ語アルファベットの第2字. ❷ 綱, ひも；〖海〗索. ── 男 (ビデオテープの)ベータ方式.

betarrạga 女〖植〗ビート, サトウダイコン.

betatrọn 男〖物〗ベータトロン.

betẹl 男〖植〗キンマ；キンマの実.

bẹ́tico, ca 形 ベティカの. Sistema *B*～ ベティカ山系(スペイン南部の山系).

betọ́nica 女〖植〗カッコウチョロギ.

betulạ́ceas 女 複 カバノキ科(の植物).

betụ́n 男 ❶ 瀝青(れきせい), タール. ～ de Judea [judaico] アスファルト. ❷ 靴墨. ***quedar a la altura del ～*** 《話》びりになる.

betunẹro 男 靴磨き(人).

bẹy 男 (オスマントルコ帝国の)地方長官.

bẹzo 男 ❶ 厚い下唇(＝belfo). ❷〖医〗肉芽；(傷の)盛り上がり.

bezoạr 男 (反芻(はんすう)動物の)結石, 胃石.

bezọte 男 下唇に入れる飾り環.

bezụdo, da 形 唇の厚い(人).

Bhutạ́n 固名 ブータン：首都ティンブー Thimbu.

bianuạl 形 年2回の；〖植〗二年生の. ── 男〖植〗二年生[越年生]植物.

biauriculạr 形〖解〗両耳の.

biạ́xico, ca 形 軸が2つある.

bibelọt 〔仏〕男 [複 ～s] 小型の装飾品.

biberọ́n 男 哺乳(ほにゅう)瓶.

bịblia 女 ❶ la *B*～ 聖書, バイブル. ❷《比喩的》聖典. ***papel ～*** インディア・ペーパー. ***saber más que la ～*** なんでも知っている. ***ser la ～ en pasta*** [***verso***] あまりにもすごい, ばかばかしい.

bị́blico, ca 形 聖書の, 聖書に関する.

bibliofịlia 女 書籍愛好, 書物収集癖.

bibliọ́filo, la 男 女 愛書家, 書物収集家.

bibliografịa 女 ❶ 図書目録；著作目録. ❷ 参考文献, 文献目録. ❸ 書誌学.

bibliográ́fico, ca 形 図書目録の, 参考文献の, 書誌(学)の.

bibliọ́grafo, fa 男 女 参考文献編さん者, 書誌学者.

bibliologịa 女 図書学, 書誌学.

bibliomancịa 女 本占い.

bibliomanịa 女 書物収集癖.

bibliọ́mano, na 男 女 収書[蔵書]マニア.

bibliorạto 男《ラ米》(アルゼンチン)(パラグアイ)(ウルグアイ)ファイル, フォルダー.

biblioteca [ビブリオテカ] 女〔英 library〕❶ **図書館**, 図書室；(個人の)蔵書. ～ circulante [ambulante] 巡回図書館. Es una ～ viviente. 彼はまるで生き字引だ. ratón [rata] de ～ 本の虫. ❷ 文庫, 叢書(そうしょ). ❸ 書架, 本棚.

bibliotecạrio, ria 男 女 図書館員, 図書係, 司書.

bicạl 男〖魚〗雄のサケ.

bicamerạl 形 二院制の.

bicameralịsmo 男 (議会の)二院制.

bicarbonạto 男〖化〗重炭酸塩.

bicẹ́falo, la 形 双頭の.

bicentenạrio 男 200周年記念日, 200年祭.

bị́ceps 男 [単複同形]〖解〗二頭筋.

bicẹrra 女〖動〗野生のヤギ.

bịcha 女 ❶ 長虫(「蛇」の婉曲(えんきょく)表現). ❷〖建〗〖美〗(人面の)怪獣彫刻. ***mentar*** [***nombrar***] ***la ～*** 面と向かって嫌なことを言う.

bichẹro 男〖海〗鉤竿(かぎざお).

bịcho 男 ❶ 虫, 気持ちの悪い虫, 小動物. ❷ 動物, 家畜. ❸ 嫌なやつ. ***B～ malo nunca muere.*** 《諺》憎まれっ子世にはばかる. ～ ***raro*** 変人. (***todo***) ～ ***viviente*** 誰も彼も.

bichọco, ca 形《ラ米》(アルゼンチン)(ウルグアイ)よぼよぼの.

bịci 女《話》自転車.

bicicleta [ビシクレタ] 女〔英 bicycle〕**自転車**.

biciclo 男 (前輪の大きな)旧式自転車.

biclorụro 男〖化〗二塩化物.

bicọca 女《話》掘り出し物, お得な品.

bicolọr 形 2色の, ツートンカラーの.

bicọ́ncavo, va 形 (レンズが)両凹の.

biconvẹxo, xa 形 (レンズが)両凸の.

bicọrne 形《文》角(つの)の2つある.

bicọrnio 男 ビコーン, 二角帽.

bicromạto 男〖化〗重クロム酸塩.

bicromịa 女〖印〗2色刷り.

bicụ́spide 形 二尖(せん)の. válvula ～ (心臓)二尖弁. ── 男 両尖歯.

BID [ビ(ド ゥ)] 男 *B*anco *I*nteramericano de *D*esarrollo 米州開発銀行.

bidẹ́ 男 ビデ.

bidentạdo, da 形〖植〗歯状突起が2つある. ── 男〖農〗二叉(ふたまた)フォーク.

bidẹnte 形 男 → bidentado.

bidọ́n 男 ドラム缶；《ラ米》ガソリンタンク(→ depósito 地域差).

biẹla 女〖機〗コネクティングロッド, (自転車)クランク.

biẹlda 女〖農〗干し草用レーキ[フォーク].

bieldạr 他 → beldar.

biẹldo 男〖農〗干し草用フォーク.

bielorrụso, sa 形 ベラルーシの. ── 男 女 ベラルーシ人.

bien [ビエン] 副 [比較級 mejor]〔英 well〕❶ **よく, 上手に**. ～ educado しつけ[育ち]がよい. hablar ～ (el) japonés 日本語をうまく話す. ❷ 元気で. estar ～ (de salud) 健康である. ¿Cómo está usted? ― Estoy ～, gracias. お元気ですか. ―はい元気です, ありがとう. ❸ **順調に**, 都合よく. ¿Te va ～ el negocio? 仕事はうまくいってるかい. Aquí se come ～. ここの食事はうまい. ❹ **十分に**, かなり. dormir ～ よく眠る. ❺《形容詞・副詞を強調》とても. leche ～ caliente 十分に温めたミルク. ❻ 喜んで. *B*～ le ayudaría si ... …なら喜んでお手伝いするのですが. ❼《文頭で》まさに, 確かに. ── 男 ❶ 善. ❷ 利益, 役に立つこと. ❸ [複] 財産, 富. ***～ ..., ～ ...*** …かまたは…か. ***¡B～! / ¡Está ～!*** すばらしい；了解した；もういい. ***estar ～*** 〈＋不定詞 / que＋接続法〉…するのはいいことだ, …してかまわない. ***Muy ～.*** よくできました；かしこまりました. ***no ～*** …するとすぐ. ***¡Qué ～!*** それはいい, たいしたものだ. ***si ～*** たとえ…でも. ***tener a*** (***por***) ***～*** 〈＋不定詞〉…するのが適当と考える；《敬語》…してくださる.

bienạl 形 2年ごとの；〖植〗二年生の. ── 女 2年に一度の行事, ビエンナーレ.

bienandanza 女 幸福；成功，繁栄.
bienaventurado, da 形 男 女 ❶ 幸福な（人）. ❷〘カト〙祝福を受けた（人）.
bienaventuranza 女 ❶〘宗〙天国の至福；[複]真福八端. ❷ 幸福，幸運.
bienestar 男 ❶ 幸福，満足；健康であること. ～ público [social] 公共[社会]福祉. ❷ 物質的・経済的な豊かさ.
biengranada 女〘植〙アカザ.
bienhablado, da 形 上品に話す.
bienhechor, chora 形 慈善を施す；ためになる. ―男 女 慈善家，恩人.
bienintencionado, da 形 悪気がない，善意からの.
bienio 男 2年間；2年おきの昇給.
bienmandado, da 形 素直な，従順な.
bienoliente 形 香りのよい.
bienquerencia 女 ❶ 愛情，愛着. ❷ 好感，好意.
bienquerer 87 他 好意[愛情]を抱く.
bienquistar 他《con》(…と) 和解させる. ―**bienquistarse** 再 和解する.
bienquisto, ta 形 評判のいい.
bienvenido, da [ビエンベニド，ダ] 形〔英 welcome〕❶《a》(…に) 歓迎される. ❷《間投詞的》**ようこそ**. ¡*Bienvenidas*, señoras! 奥様方よくいらっしゃいました. ―女 歓迎の言葉. dar la *bienvenida* 歓迎の言葉を述べる.
bienvivir 自 ❶ 裕福に暮らす. ❷ 誠実に生きる.
bies 男 バイアス（布，テープ）. ***al ～*** 斜めに，はすに.
bifásico, ca 形〘電〙2相性の.
bife 男《ラ米》(アルゼンチン)(チリ)(ウルグアイ)ステーキ（＝bistec）.
bífero, ra 形〘植〙1年に2度実を結ぶ.
bífido, da 形〘植〙2裂の，二股(また)の.
bifloro, ra 形〘植〙双花の.
bifocal 形 焦点が2つある. lentes [gafas] ～*es* 遠近両用眼鏡.
bifronte 形 双面の，2つの顔を持つ.
bifurcación 女 分岐（点）；〘IT〙ブランチ.
bifurcarse 26 再 分岐する.
bigamia 女〘法〙重婚（罪）.
bígamo, ma 形 重婚（罪）の. ―男 女 重婚者.
bigardía 女 うそ，でたらめ，ごまかし.
bigardo, da 形 男 女 ❶ 怠惰な（人）. ❷ 図体の大きい（人）. ❸ 放縦な（聖職者）.
bigardón, dona 形 図体のばかでかい.
bígaro / bigarro 男〘貝〙タマキビガイ.
big-ban 男〘物〙ビッグバン.
bigornia 女 双角金床[金敷].
bigote [ビゴテ] 男〔英 moustache〕❶ **口ひげ**，（猫等の）ひげ. ❷ 上唇の周りに付着した飲み物の跡. ***de ～(s)***《話》すばらしい，すごい. ***menear el ～***《話》食べる. ***ser un hombre de ～s / tener ～s***《話》男らしい男である.
bigotera 女 ❶（製図用）スプリングコンパス. ❷（口ひげを保護する）ひげ当て. ❸ [主に複] 上唇の周りに付着した飲み物の跡.
bigotudo, da 形 口ひげの濃い.
bigudí 男（毛髪用の）カーラー（のクリップ）.
bija 女 ❶〘植〙ベニノキ（の実，種）. ❷（ベニノキの実から取った赤色染料）ビクシン.
bikini 〔英〕男 ビキニ（水着）.
bilabiado, da 形〘植〙（花冠が）2唇の.
bilabial 形〘音声〙両唇（音）の. ―女〘音声〙両唇音.
bilateral 形 二者間の. ―女〘音声〙両側音.
bilbaíno, na 形 男 女 ビルバオの（人）. ―女 ベレー帽.
Bilbao 固名 ビルバオ：スペイン，ビスカヤ県の県都.
bilbilitano, na 形 男 女（スペイン，サラゴサ県の町カラタユッの旧称）ビルビリスの（人）.
bilet 男《ラ米》リップスティック（→ lápiz 地域差）.
biliar 形 胆汁の.
biliario, ria 形 → biliar.
bilingüe 形 バイリンガルの.
bilingüismo 男〘言〙2言語併用.
bilioso, sa 形 ❶ 胆汁分泌過多の. ❷ 胆汁質の；気難しい.
bilis 女 ❶ 胆汁. ❷ 不機嫌，かんしゃく. ***descargar la ～*** 当たりちらす. ***tragar la ～*** 怒りを抑える.
billa 女（ビリヤード）玉をポケットに入れること.
billar 男 ❶ ビリヤード，玉突き. ～ ruso スヌーカー. ❷ [複] ビリヤード場.
billarista 男 女 ビリヤードの選手.
billetaje 男《集合的》切符，入場券[料].
billete [ビリェテ(ビイェテ・ビジェテ)] 男〔英 ticket〕❶ **紙幣**，札(さつ). ❷《スペイン》（バス等の）**切符**（→地域差）；チケット，入場券. ～ abierto オープンチケット. ～ de abono 回数券. ～ de favor 招待券. ～ de ida [ida y vuelta] 片道[往復]切符. ～ kilométrico（一定のキロ数内で有効な）割引切符. ～ semanal 1週間有効の定期券. ～ a mitad de precio 半額券. medio ～ 半額料金（の券）. ❸（短い）手紙，書簡（＝carta）. ***No hay ～s.*** 切符売り切れ. **地域差**（バス等の）切符 billete《スペイン》；boleto《ほぼラ米全域》；pasaje（キューバ，ドミニカ共和国，プエルトリコ）（ニカラグア，パナマ）（コロンビア，ベネズエラ）（ボリビア）（チリ）（ウルグアイ，アルゼンチン）；ticket（キューバ，ドミニカ共和国）（ホンジュラス，エルサルバドル，ニカラグア，コスタリカ）（コロンビア）（ペルー，ボリビア）.
billetera 女《ラ米》財布，札入れ（→ cartera 地域差）.
billetero 男 → billetera.
billón 男《数詞》1兆.
billonésimo, ma 形 ❶ 1兆番めの. ❷ 1兆分の1の. ―男 1兆分の1.
bilocarse 26 再 同時に違う場所にいる.
bilocular 形〘植〙2室の，2房の.
bimensual 形 月2回の，半月ごとの.
bimestral 形 2か月ごと[間]の.
bimestre 男 2か月間[分]. ―形 → bimestral.
bimetálico, ca 形 ❶（金銀）複本位制の. ❷ 2種の金属からなる，バイメタルの.
bimetalismo 男（金銀）複本位制.
bimotor, tora 形 双発式の. ―男〘空〙双発機.
bina 女〘農〙2度鋤(す)き.
binadera 女〘農〙（除草用の）鍬(くわ).
binadura 女〘農〙2度鋤(す)き.
binar 他〘農〙（畑を）2度鋤(す)きする. ―自〘カト〙1日に2回ミサを行う.

binario, ria 形 ❶ 2つからなる, 二項の. ❷〘音〙2拍子の. compás ～ 2拍子. ❸〘数〙二進法の. sistema ～ 二進法.
bincha 女《ラ米》ヘアバンド, カチューシャ.
bingo 男 ❶〘遊〙ビンゴ. ❷ ビンゴの賭博(とばく)場；ビンゴの賞金. *¡B～!* まさにそれだ.
binguero, ra 形 ビンゴ好きの. ── 男 女 ビンゴの参加者.
binocular 形 両眼の. ── 男[複]双眼鏡.
binóculo 男[主に複]オペラグラス.
binomio, mia 形〘数〙2項(式)の. ── 男 ❶〘数〙2項式. ❷ 名コンビ.
bínubo, ba 形 男 女 再婚の[者].
binza 女 ❶ 膜, 薄膜. ❷ (タマネギ等の)皮, 卵の薄皮, (温めた牛乳に張る)薄膜.
biobibliografía 女 ❶ 作家の生涯と作品の研究. ❷ 略伝つき書誌[文献目録].
biocenosis 女[単複同形]〘生〙生物共同体；生物群集.
biodegradable 形 生物分解性の.
biodiversidad 女〘生〙生物多様性.
bioética 女〘医〙生命倫理学.
biofísica 女 生物物理学.
biogénesis 女[単複同形]生物発生(説).
biogenético, ca 形 生物発生(説)の.
biogeografía 女 生物地理学.
biografía 女 伝記, 一代記；伝記文学.
biografiado, da 形 男 女 伝記の対象の(人物).
biografiar 31 他 (ある人の)伝記を書く.
biográfico, ca 形 伝記の, 伝記体の, 伝記風の.
biógrafo, fa 男 女 伝記作家[作者].
bioingeniería 女〘生〙生命工学.
biología 女 生物学.
biológico, ca 形 生物学の, 生物学的な；生物の. guerra *biológica* 細菌戦.
biólogo, ga 男 女 生物学者.
biomasa 女〘生〙生物量；(エネルギーとしての)生物資源.
biombo 男 屏風(びょうぶ).
biomecánica 女 生物[生体]力学.
biomedicina 女〘医〙生体臨床医学.
biomédico, ca 形 生物医学の.
biometría 女 生物測定学, 生体統計学.
biónica 女 生体工学, バイオニクス.
biopsia 女〘医〙生検(法), バイオプレシー.
bioquímico, ca 形 生化学の. ── 男 女 生化学者. ── 女 生化学.
biorritmo 男 バイオリズム.
biosfera 女〘生〙生物圏：地球上・大気中の全生物の生活圏.
biosíntesis 女[単複同形]生合成.
biotecnología 女 生物工学, バイオテクノロジー.
biotecnológico, ca 形 生物工学の.
bioterapia 女〘医〙生物学的療法.
biótico, ca 形 生命の；生物の.
biotipo 男〘生〙生物型(同一種の異形態)；同遺伝子形個体群.
biotita 女〘鉱〙黒雲母(うんも).
bióxido 男〘化〙二酸化物.
bipartición 女 ❶ 2分割. ❷〘植〙(葉の) 2裂.
bipartidista 形 二大政党制の.
bipartido, da 形〘植〙2裂の.
bipartito, ta 形 二者分担の.
bípedo, da 形 2本足の. ── 男 人間.
biplano 男〘航〙複葉(飛行)機.
biplaza 形 男 2人乗りの(乗り物).
bipolar 形 2極式の.
bipolarización 女 二極分化.
biquini 男 → bikini.
birdie [ベルディ] [英] 男[複 ～s]〘スポ〙(ゴルフ)バーディー.
birimbao 男〘音〙ビヤボン, 口琴.
birlar 他《話》くすねる, だまし取る.
birlibirloque 男 *por (el) arte de* ～ まるで魔法のように, たちどころに.
birlocha 女 凧(たこ).
birlocho 男 無蓋(むがい)の軽四輪馬車.
Birmania 固名 ミャンマー：首都ヤンゴン Yangon.
birmano, na 形 ビルマ(人, 語)の. ── 男 女 ビルマ人. ── 男 ビルマ語.
birome 女《ラ 米》ボールペン(→ bolígrafo 地域差).
birra [伊] 女《話》ビール.
birreactor 男 双発ジェット機.
birrefringencia 女〘光〙複屈折.
birreme 女〘海〙二段漕(こ)ぎ座のガレー船.
birreta 女〘カト〙聖職者の四角形帽子.
birrete 男 ❶ (裁判官・弁護士等が用いる)角帽. ❷ 縁なし帽. ❸ → birreta.
birria 女 ❶《話》醜男, ブス, 不格好な人. ❷《話》くだらないもの, つまらないもの.
bis 副 ❶ (同一番号・番地内の区別に用いる記号) …の2. Vivo en el 22 [veintidós] *bis.* 私は22番の2に住んでいる. ❷〘音〙再び. ── 男 ❶ アンコール. ❷〘音〙ビス：反復を指示する記号.
bisabuelo, la 男 女 曾(そう)祖父, 曾祖母. ── 男[複]曾祖父母.
bisagra 女 ❶ 蝶番(ちょうつがい). ❷《比喩的》かすがい.
bisar 他 アンコールに応じて繰り返す.
bisbís 男〘遊〙数合わせの賭(か)けゲーム.
bisbisar / bisbisear 他《話》ぶつぶつ言う, ささやく, つぶやく.
bisbiseo 男 ささやき, つぶやき.
biscocho 男 → bizcocho.
biscuit [仏] 男 ❶ ビスケット. ❷ 素焼き, 無釉(ゆう)陶器. → bizcocho.
bisecar 26 他〘数〙2等分する.
bisección 女〘数〙2等分.
bisector, triz 形 女〘数〙2等分の[線].
bisel 男 斜断面.
biselado 男 斜断面を付けること, 面取り.
biselar 他 斜断面を付ける, 面取りをする.
bisemanal 形 週に2回の.
bisemanario 男 隔週刊の刊行物.
bisexual 形 両性具有の；バイセクシャルの. ── 男 女 両性愛者, バイセクシャル.
bisiesto 形 閏(うる)の. año ～ 閏年.
bisilábico, ca / bisílabo, ba 形 2音節の.
bismuto 男〘化〙ビスマス.
bisnieto, ta 男 女 曾孫(そうそん), ひまご.
bisojo, ja 形 男 女 斜視の(人)
bisonte 男〘動〙バイソン, 野牛.
bisoñada / bisoñería 女 青臭い言動, 新米らしい言動.

bisoñé 男 前頭部用かつら.
bisoño, ña 形 ❶ 未熟な；新入りの. ❷〖軍〗新兵の. ── 男 女 青二才，新米. ── 男〖軍〗新兵.
bistec / bisté [複 ～s / ～s] 男 ビーフステーキ.
B
bistorta 女〖植〗イブキトラノオ.
bisturí [複 ～(e)s] 男〖医〗メス.
bisulfato 男〖化〗硫酸水素塩.
bisulfito 男〖化〗亜硫酸水素塩.
bisutería 女 イミテーションのアクセサリー.
bit 〔英〕 男〖IT〗ビット，二進法.
bita 女〖海〗係柱.
bitácora 女〖海〗羅針盤箱. cuaderno de ～ 航海日誌.
bíter 男 [単複同形または複 biters] ビター：苦味酒.
bitoque 男 樽(たる)の栓.
bituminoso, sa 形 タール質の.
bivalente 形 ❶〖化〗2価の. ❷《話》相反する.
bivalvo, va 形 男 二枚貝(の).
bizantinismo 男 ❶ ビザンチン文化研究. ❷ ささいな論争に明け暮れること.
bizantino, na 形 ❶ ビザンチン[東ローマ]帝国の；〖建〗〖美〗ビザンチン様式の. ❷ (言論等が) 不毛な；複雑すぎる.
bizarría 女 ❶ 勇ましさ. ❷ 寛大，雅量.
bizarro, rra 形 ❶ 勇ましい. ❷ 寛大な.
bizcar 26 自 → bizquear.
bizco, ca 形 男 女 斜視の(人). ***dejar ～ a ...*** 《話》唖然(あん)とさせる. ***quedarse ～*** 唖然とする.
bizcocho 男 ❶ スポンジケーキ，カステラ. ❷ 堅焼きパン. ❸ 素焼き，無釉(ゆう)器.
bizcotela 女 ラスク.
bizma 女 湿布剤，パップ剤；張り薬.
biznaga 女 ❶〖植〗セリ科アミ属の一種. ❷ ジャスミンの小さな花束.
biznieto, ta 男 女 → bisnieto.
bizquear 自《話》横目で見る.
bizquera 女《話》斜視.
blader 男《ラ米》〖車〗タイヤチューブ (→ cámara 地域差).
blanco, ca [ブランコ，カ] 形 [絶対最上級 blanquísimo, ma] 〔英 white〕 ❶ 白い. la *blanca* nieve 白雪. Casa *Blanca* ホワイトハウス. vino ～ 白ワイン. ❷ 白人の. ❸ 空白の. página *blanca* 空白のページ. ── 男 女 白人. ── 男 ❶ 白(色)；白いもの. ❷ 目標，標的. dar en el ～ / hacer ～ 的中する. ❸ 空白. ── 女 ❶ (14-17世紀ごろの) スペイン貨幣. ❷ 2分音符. ❸ (チェス・ドミノの) 白い駒(こま) [牌(はい)]. ***en ～*** (1) 何も書いていない. dejar *en* ～ 白紙にしておく. (2) 寝ずに. pasar la noche *en* ～ まんじりともせず夜を過ごす. (3) 理解できないで. quedarse *en* ～ 理解できないでいる. ***libro ～*** 白書. ***no tener blanca / estar sin blanca*** 《口》一文無しである.
blancor 男 白さ，純白.
blancura 女 ❶ 白さ，純白. ❷ 純潔，清らかさ. ～ ***del ojo*** (目の) 角膜白斑(はん).
blancuzco, ca 形 白っぽい，汚れた白の.
blanda 形 → blando.
blandear 自 屈する，譲歩する. ── 他 ❶ 説得する. ❷ → blandir. ──
blandearse 再 軟化する，屈服する.
blandengue 形《話》(ものが) ぐにゃぐにゃの；(人が) 軟弱の，もろい.
blandir 8 他《**contra**》(…に向かって) (剣等を) 振り回す.
blando, da [ブランド，ダ] 形 〔英 soft〕 ❶ 柔[軟]らかい，ソフトな，しなやかな (＝ tierno, ↔ duro). ～ al tacto 手触りが柔らかい. ～ de carnes 肉のたるんだ. ❷ 温和な. ～ de corazón 心の優しい. un clima muy ～ とても温暖な気候. ❸《**con**》(…に) 寛大な；軟弱な. ❹ 気ままな. ── 男 女《ラ米》優しい先生 (→ benévolo 地域差). ── 副 緩やかに，穏やかに. ***agua blanda*** 軟水. ***crédito ～*** 《話》あるとき払い. ***droga blanda*** (マリファナ等の中毒性のない) 弱い麻薬. ***ojos ～s*** 涙目. ***ser ～ al hierro*** (人が) あきらめの早い.
blandón 男 大ろうそく(の燭台(しょくだい)).
blanducho, cha / blandujo, ja 形《話》(物が) ぐにゃぐにゃの，(人が) 軟弱な，もろい.
blandura 女 ❶ 柔らかさ，しなやかさ. ❷ 優しさ. ❸ 軟弱さ，無気力；気楽さ. ❹ (湿気を含んだ) 生暖かい陽気. ❺ 膏薬(こうやく). ❻ [主に複] こび，へつらい.
blanqueado 男 → blanqueo.
blanquear 他 ❶ (汚れを落として) 白くする，漂白する；(壁等を) 白く塗る. ❷ (金属を) 磨く. ❸ マネーロンダリングする. ── 自 白くなる[見える].
blanquecer 76 他 ❶ (金属を) 磨く. ❷ 白くする.
blanquecimiento 男 (金・銀等を) 磨くこと.
blanquecino, na 形 白みがかった.
blanqueo 男 白くする[塗る]こと；漂白. ～ de dinero マネーロンダリング.
blanquete 男 おしろい.
blanquiazul 形 男 女〖スポ〗白青縞(じま)模様のユニフォームのチームの (選手，ファン).
blanquillo, lla 形 (小麦・パン等が) 白い.
blanquirrojo, ja 形 男 女〖スポ〗白赤縞(じま)模様のユニフォームのチームの (選手，ファン).
blanquita 女〖昆〗ヨトウガの一種：幼虫はキャベツ類の害虫.
blanquivioleta 形 男 女 (スペインのサッカーチーム) F. C. Real Valladolid の (選手，ファン).
Blas 固名 ブラス：男子の名.
Blasco Ibáñez 固名 ブラスコ・イバニェス Vicente ～ (1867-1928)：スペインの小説家.
blasfemador, dora 形 冒瀆(ぼうとく)的な，不敬な. ── 男 女 冒瀆者，不敬者.
blasfemar 自《**contra, de**》(…に対して) 冒瀆(ぼうとく) [不敬] の言葉を発する；毒づく.
blasfemia 女 (神聖なものへの) 冒瀆(ぼうとく)，不敬の言葉；悪口雑言.
blasfemo, ma 形 冒瀆(ぼうとく)的な，不敬な. ── 男 女 不敬者，冒瀆者.
blasón 男 ❶ 紋，紋章；紋章学. ❷ 名誉；[複] 家門の誉れ. ***hacer ～ de ...*** …を自慢する.
blasonar 自《**de**》(…を) 自慢する. ──

他 …に紋章を描く[あしらう].

blasonería 女 虚勢, 誇示.

blastema 男〘生〙芽体, 芽株.

blastodermo 男〘生〙胞胚(はい)葉.

blastómero 男〘生〙割球, 卵割球.

blástula 女〘生〙胞胚(はい).

blaugrana 形 男 女 (スペインのサッカーチーム) Fútbol Club Barcelona の(選手, ファン).

blázer 男《ラ米》上着, ジャケット (➡ chaqueta 地域差).

bledo 男 ❶ 些細(さい)なこと, 意味のないこと. ❷〘植〙アリタソウ. ***importar* [*dársele, valer*] *un* ～** 少しも気にしてない, 問題がない, 価値がない.

blefaritis 女〘医〙眼瞼(けん)炎.

blenda 女〘鉱〙閃(せん)亜鉛鉱.

blenorragia / blenorrea 女〘医〙淋病(りんびょう).

blindado, da 形 ❶ 装甲した, 防弾加工した. ❷ 特別に保護された. ***contrato* ～** 特別条項つき契約. ── 男〘軍〙装甲車.

blindaje 男 装甲, 遮蔽(しゃへい).

blindar 他 ❶ 装甲する, 防弾加工する. ❷ 特別な保護をする.

bloc 男[複 ～s](1枚ずつはぎとれる) 紙のつづり. ～ de notas デスクパッド, メモ用箋(せん).

blocao 男〘軍〙簡易防塞(さい).

blocar 26 他〘スポ〙ブロックする; (ボクシング) ガードする.

blonda 女 絹レース.

blondo, da 形《文》ブロンドの.

bloque 男 ❶ 塊, 角塊; ひと塊のもの. ❷ 連合, 圏, ブロック; 派. el ～ atlántico 大西洋ブロック. ❸ 街区, ブロック. ❹ 集合住宅 (の建物), 棟; 《ラ米》アパート (➡ apartamento 地域差). ❺〘IT〙情報ブロック. ***en* ～** 一緒に, まとまって.

bloquear 他 ❶ ふさぐ, 遮断する; はばむ; (通行を) 妨害する. ❷ (機械等を) 動かなくする, 停止させる. ❸〘スポ〙ブロックする. ❹ (預金等を) 凍結する, 封鎖する. ── **bloquear*se*** 再 ❶ (通行等が) ふさがる, 遮断する. ❷ (機械等が) 動かなくなる, 停止する. ～ el sistema〘IT〙システムがダウンする. ❸《話》思考が麻痺(ひ)する, 頭が真っ白になる.

bloqueo 男 ❶ 遮断; 妨害; 動作の中断. ～ mental 思考停止. ～ cardíaco〘医〙心臓の完全ブロック. ❷〘商〙凍結, 封鎖, 〘軍〙海上封鎖. ～ económico 経済封鎖. ❸〘スポ〙ブロック.

blue-jean(s) [ブるジン]〔英〕男 ジーンズ, ジーパン (＝vaqueros, tejanos).

blues [ブるス]〔英〕男〘音〙ブルース.

bluff [ブる(フ)]〔英〕男 空威張り, はったり.

blúmer 男《ラ米》パンティー (女性の下着) (➡ braga 地域差).

blusa [ブるサ] 女〔英 blouse〕❶ ブラウス. ❷ (画家等の) 仕事着, スモック.

blusón 男 オーバーブラウス; スモック.

boa 女〘動〙ボア. ── 男〘服〙ボア.

boardilla 女 屋根裏部屋; 屋根窓.

boato 男 (富・権力の) 見せびらかし, 誇示.

bobada 女 ばかなこと, まぬけなこと; つまらないもの.

bobalicón, cona 形《話》まったくばかな. ── 男 女《話》ばか者, まぬけ.

bobamente 副 ❶ ばかのように. ❷ なんとなく; 理由なく. ❸ 労せず.

bobear 自 ❶ ばかげたことをする[言う]. ❷ 時間を無駄に使う.

bobería 女 ばかげたこと, 愚かなこと.

bóbilis ***de* ～** 《話》ただで; やすやすと.

bobina 女 ❶ ボビン, リール;〘印〙巻き取り機[紙]. ❷ 巻き枠; ひと巻きの量. ❸〘電〙コイル. ～ de encendido〘車〙イグニッション・コイル.

bobinado 男 巻き取り;〘電〙巻き線.

bobinar 他 巻き取る.

bobo, ba 形 愚かな, ばかな; お人よしの, 無邪気な. ── 男 女 ばか, お人よし. ── 男 ❶〘演〙道化役者. ❷《ラ米》(アルゼンチン)(ペルー)(ウルグアイ) 時計; 心臓. ***A los* ～*s se les aparece la Madre de Dios* [*la Virgen*].** 愚者に福来たる. ***Entre* ～*s anda el juego.*** 同じ穴のむじな. ***hacer ... a lo* ～** 何気なさを装って…をする. ***hacerse el* ～** とぼける.

bobsleigh [ボブスれイ]〔英〕男[複 ～s]〘スポ〙ボブスレー.

boca [ボカ] 女〔英 mouth〕❶ 口, 口もと; 唇 (話すこと・食べることを象徴). hablar con la ～ llena (食べ物で) 口を一杯にしてしゃべる. limpiarse la ～ con la servilleta ナプキンで口元をふく. ～ abajo [arriba] うつぶせに[あお向けに]. ❷ 口状のもの, 出入り口, 開口部; [主に複] 河口. ～ de metro 地下鉄の出入り口. ～ de alcantarilla 下水溝. ～ de riego (公共の) 水道栓. ～ de [contra] incendio(s) 消火栓. ❸ (養うべき) 人, 動物. ❹ (ワイン等の) 口当たり, 風味. tener buena [mala] ～ 口当たりがいい[悪い]. ❺ 銃口; (ハンマーの) 頭, (鑿(のみ)等の) 刃先;〘動〙(カニ類の) はさみ. ❻《ラ米》(酒の) つまみ (＝tapa). ***a* ～ *de jarro*** 至近距離で. ***abrir* [*hacer*] ～** 前菜を食べる[食前酒を飲む]. ***andar* [*ir, correr*] *de* ～ *en* ～** 《話》人から人に伝わる, うわさとなる. ***aplicar* [*hacer, practicar*] *el* ～ *a* ～ *a ...*** …に人工呼吸を施す. ***buscar la* ～ *a ...*** …をけしかける. ***calentárse*le *la* ～** 《話》(…が) 饒舌(じょうぜつ)になる. ***coserse la* ～** 《話》口に封をする, 黙っている. ***de* ～** 口先だけで. ***decir con la* ～ *chica* [*pequeña*]** 心にもない (誘い等の) 言葉を言う; 口先だけのことを言う. ***En* ～ *cerrada no entran moscas.*** 《諺》口は災いのもと. ***estar en* ～ *de ...*** …の言葉である. ***írse*le *la* ～** …の口が滑る. ***hablar por* ～ *de ganso de ...*** …の受け売りをする. ***hacérse*le *la* ～ *agua*** (食欲がわいて) よだれが出る; 満足する, 喜ぶ. ***llenárse*le *la* ～ *de* [*con*] *...*** (…が) (…について) 力説する. ***meterse en la* ～ *del lobo*** 《話》危険に身をさらす, 危険を冒す. ***no caérse*le *de la* ～** …の話題になる. ***no decir esta* ～ *es mía*** 黙ったままでいる. ***partir* ～** 《話》殴る. ***por* [*de*] ～ *de ...*** …を通して. ***qudarse* [*estar*] *con la* ～ *abierta*** 唖然(あぜん)とする[している]. ***salir* [*ir, venir*] *a pedir de* ～** (事が) 思ったとおりに進む, うまくいく. ***tapar la* ～ *a ...*** …の口を封じる. ***tener la* ～ *caliente*** (人が) 口の悪い, きつい; 饒舌(じょうぜつ)である. ***venírse*le *a la* ～** …が思わず言って[口にして]しまう.

B

bocabajo 副 うつぶせに(= boca abajo).
bocacalle 女 曲がり角；わき道.
bocadillo 男 ❶(フランスパンで作った)サンドイッチ. ❷軽食, スナック. ❸(漫画等の)吹き出し. ❹《ラ米》ミルクやココナッツで作った菓子.

B

bocadito 男 プチシュークリーム.
bocado 男 ❶ひと口分, ひとかじり(分). hablar entre ～ y ～ 口に物を入れたまましゃべる. ❷噛(か)みつくこと, 噛み傷. ❸(馬具の)くつわ, はみ. ❹動物の口をあけておくための支え棒. ***～ de Adán*** のどぼとけ. ***～ de cardenal*** 最高のごちそう. ***buen ～*** 《話》うまい話. ***caro ～*** 《話》割に合わない仕事. ***irse [marcharse, salir] con el ～ en la boca*** 食事の後すぐに出かける. ***no probar ～*** 何も食べない.
bocajarro ***a ～*** (1)(射撃で)至近距離から. (2)不意に.
bocal 男 広口瓶；(楽器の)マウスピース.
bocallave 女 鍵穴(かぎあな).
bocamanga 女 袖口(そでぐち).
bocamina 女 坑口, 坑道入り口.
bocana 女 河口.
bocanada 女 (煙・息・風等の)ひと吹き, ひと吐き；(液体の)ひと口, ひと飲み. ***a ～s*** とぎれとぎれに, 断続的に. ***echar ～s de ...*** …を自慢する.
bocarte 男 カタクチイワシ.
bocata 男《話》➜ bocadillo.
bocaza 女 大きな口. ― 男 女 [複 ～s または単複同形]《話》口の軽い人, おしゃべり.
bocel 男 ❶〖建〗トーラス, 大玉縁(おおたまぶち). ❷溝カンナ(= cepillo ～).
bocera 女 (飲食後の)口の周りの汚れ；口の周りにできる吹き出物.
boceras 男 女 [単複同形]《話》おしゃべり；でしゃばり；ほら吹き.
boceto 男 ❶下絵, 下書き. hacer el ～ de ... …のひな形を作る. ❷草案, 構図.
bocezar 57 自 (動物が)口をもぐもぐさせる.
bocha 女〖遊〗木球；[複]ペタンクに似た球技, 玉転がし.
boche 男《ラ米》(ボリ)(ペルー)(チリ)けんか；騒ぎ.
bochinche 男《話》騒ぎ, 騒動, 混乱.
bocho, cha 形《ラ米》(アルゼ)(ウルグ)頭のよい；勉強好きな.
bochorno 男 ❶うだるような暑さ. ❷(顔等の)ほてり, 上気, 赤面. ❸恥ずかしさ, きまり悪さ. sufrir [pasar] un ～ 恥ずかしい思いをする.
bochornoso, sa 形 ❶蒸し暑い. ❷(行動・状況等が)恥ずかしい, きまり悪い.
bocina 女 ❶メガホン；〖車〗クラクション(➜ 地域差)；(蓄音機の)らっぱ. ❷角笛.
地域差 〖車〗クラクション bocina《スペイン》《ラ米》(キューバ, ドミニカ共和国, グアテマラ, ホンジュラス, エルサルバドル, パナマ)(コロンビア, ベネズエラ)(ペルー, ボリビア)(チリ)(パラグアイ, ウルグアイ, アルゼンチン); claxon《スペイン》《ラ米》(キューバ, プエルトリコ)(メキシコ)(ペルー); corneta (ベネズエラ); fututo (キューバ); pito (ホンジュラス, エルサルバドル, ニカラグア, コスタリカ, パナマ)(コロンビア)(エクアドル).
bocinazo 男 ❶クラクションの音. ❷《話》しかりつける大声.
bocio 男〖医〗甲状腺腫(せんしゅ).
bock 男 [複 ～s]ビール用小ジョッキ.
bocón, cona 形 男 女《話》❶口の大きい(人). ❷《話》ほら吹き(の). ― 男 イワシの一種.
bocoy 男 (主にワイン搬送用の)大樽(おおだる).
boda [ボダ] 女 ❶〔英 wedding〕**結婚(式)**, 婚礼. celebrar la ～ 結婚式をあげる. lista de ～ 結婚祝い品のリスト. ❷[複]結婚記念日. ～s de oro [plata] 金[銀]婚式.
bodega [ボデガ] 女〔英 winery〕❶(ワインの)**醸造所**, 貯蔵室. ❷ワイン醸造；醸造元. la ～ riojana de 1975 1975年もののリオハ産のワイン. ❸ワイン小売店, 酒屋. ❹(地下の)食糧貯蔵庫；船倉. ❺《ラ米》食料品店(➜ tienda 地域差)；(キューバ)倉庫.
bodegaje 男《ラ米》倉庫料, 保管料.
bodegón 男 ❶〖美〗静物画. ❷居酒屋, 安料理屋.
bodeguero, ra 男 女 bodega の経営者.
bodijo 男《話》不釣合いな結婚.
bodocal 形 黒ブドウの.
bodoque 男 女《話》うすのろ, まぬけ. ― 男 丸く盛り上げた刺繍(ししゅう).
bodorrio 男《話》➜ bodijo.
bodrio 男 ❶失敗作, 駄作. ❷まずい料理；粗末な料理.
body [ボディ]〔英〕男 [複 ～s](女性用)ボディースーツ；レオタード.
BOE [ボエ] 男 *Boletín Oficial del Estado* (スペインの)政府公報, 官報.
bóer 形 男 女 [複 ～s]ボーア人(の).
bofe 男 (特に食用される牛の)肺臓. ***echar el ～ [los ～s]*** 仕事に精を出す, (仕事等で)くたくたに疲れる.
bofetada 女 ❶平手打ち, びんた；《比喩的》打撃, 一撃；強い刺激. dar [pegar, lanzar] una ～ a ... …に平手打ちを食わせる, 打撃を与える. ❷はずかしめ. ***darse de ～s por ...*** …のことで殴り合いになる. ***darse de ～s (con ...)*** (…と)うまくいかない, 反発し合う. ***no tener (ni) media ～*** (相手として)頼りない, 弱すぎる.
boga 女 ❶漕(こ)ぐこと. ❷流行, 人気. estar en ～ はやっている. ❸ウグイに似たコイ科の淡水魚.
bogada 女 (ボート等の)ひと漕(こ)ぎ.
bogar 66 自 櫂(かい)で漕(こ)ぐ.
bogavante 男〖動〗ロブスター, ウミザリガニ.
bogey [ボギ]〔英〕男 [複 ～s](ゴルフ)ボギー.
Bogotá 固名 ボゴタ：コロンビアの首都.
bogotano, na 形 男 女 ボゴタの(人).
bohardilla 女 屋根裏部屋；屋根窓.
bohemio, mia 形 ❶ボヘミア(人)の. ❷自由放縦な, ボヘミアンの. ― 男 女 ❶ボヘミア人. ❷放浪的芸術家, ボヘミアン.
bohío 男《ラ米》(キューバ)(コロンビア)(ベネズエラ)掘っ建て小屋.
bohordo 男 ❶(騎士の)投げ槍(やり). ❷〖植〗花茎, 根生花梗(かこう).
boicot 男 [複 ～s] ➜ boicoteo.
boicotear 他 ボイコットする.
boicoteo 男 ボイコット, 排斥 [不買] 運動.
boina 女 ベレー帽. ～ azul《話》ブルーベレー：国連平和維持軍の兵士. ***pasar la ～*** 《話》カンパを募る.

boite [ブア(トゥ)] 〔仏〕 女 ナイトクラブ.

boj 男 〖植〗ツゲ；ツゲ材.

boja 女 〖植〗ヨモギ属の低木.

bojar / bojear 他 (島・岬の) 周囲を測定する. ── 自 (島・岬の沿岸を) 航行する.

boje 男 → boj.

bojedal 男 ツゲの林.

bojiganga 女 旅回りの一座.

bojote 男 《ラ米》包み, 束.

bol 男 ❶ 椀(わん), ボール. ❷ 地引き網；網打ち.

bola [ボら] 女 〔英 ball〕 ❶ 球, ボール；玉 ；[複] ビ ー 玉 (= ～*s* de cristal [quiñar]) (→地域差). ～ loca けん玉 (→地域差). ❷ 〖遊〗球投げ；(トランプで) 全勝, グランドスラム. ❸ 靴墨. ❹ 《話》うそ, 作り話. contar [meter] ～*s* うそをつく. ❺ [複] 《俗》睾丸(こうがん). ～ *de nieve* 雪の球；〖植〗セイヨウカンボク. *correr la* ～ 《話》うわさを流す. *¡Dale* ～*!* 《話》いいかげんにしろ, もうやめろ. *dar* ～ 《ラ米》注目する. *darse* ～ 去る. *dejar rodar [que rueda] la* ～ 成り行きに任せる. *en* ～*s* 《話》真っ裸で；全く準備せずに. *hacer* ～*s* 《話》サボる, ずる休みする. *no dar pie con* ～ 《話》ぜんぜんうまくいかない. *pasar la* ～ *a ...* …に責任を押し付ける. **地域差** ①けん玉 bola loca 《スペイン》；balero 《ラ米》(プエルトリコ) (メキシコ) (コスタリカ) (エクアドル) (ウルグアイ, アルゼンチン)；bolero (プエルトリコ)(コスタリカ)(ペルー)(パラグアイ)；boliche 《スペイン》《ラ米》(ドミニカ共和国, プエルトリコ) (ホンジュラス) (アルゼンチン)；capirucho (グアテマラ, エルサルバドル)；coca (コロンビア)；coco (choca) (ボリビア)；embique (コロンビア)；emboque (チリ)；perinola (パナマ)(ベネズエラ). ②ビー玉 bolas, bolitas 《スペイン》《ラ米》(キューバ, プエルトリコ)(ニカラグア, コスタリカ, パナマ)(コロンビア)(エクアドル, ペルー, ボリビア)(チリ)(パラグアイ, ウルグアイ, アルゼンチン)；bolas de cristal (コロンビア)；bolas de quiñar (パナマ)；bolillas (アルゼンチン)；canica 《スペイン》《ラ米》(キューバ, ドミニカ共和国, プエルトリコ)(メキシコ)(グアテマラ, ホンジュラス, コスタリカ, パナマ)(コロンビア)(ペルー, ボリビア)；chibolas (エルサルバドル, ニカラグア)；cincos (グアテマラ)；metras (ベネズエラ)；moules (ホンジュラス).

bolada 女 ❶ 投球, ひと打ち, ワンストローク. ❷ 《ラ米》(1) デマ；ゴシップ. (2) チャンス, 好機.

bolado 男 《ラ米》出来事, 事件.

bolardo 男 繋船(けいせん)柱；(路上の) 安全柱.

bolazo 男 ❶ bola による一撃. ❷ 《ラ米》うそ, デマ.

bolchevique 形 男 女 ボルシェビキ(の).

bolchevismo/bolcheviquismo 男 ボルシェビズム.

boldo 男 〖植〗チリ原産の高木.

boleadoras 女 (複) 《ラ米》投げ縄[玉]：ガウチョ gaucho の狩猟道具.

bolear 他 ❶ 《話》(ボールを) 投げる. ❷ 《ラ米》(靴を) 磨く (= ～ los zapatos) (→ limpiar 地域差). ── 自 《ラ米》(1)(アルゼンチン)(ウルグアイ)(チリ)投げ縄 [玉] で猟をする. (2)(メキシコ)靴を磨く. ── **bolearse** 再 キャッチボールをする.

boleo 男 球投げ.

bolero, ra 形 うそつきの, ほら吹きの, ── 男 女 ❶ うそつき, ほら吹き. ❷ ボレロの踊り手, ダンサー. ── 男 ボレロ. (1) スペインの舞踊曲. (2) 女性用の丈の短い上着. ❸ 《ラ米》靴磨きの人 (→ limpiabota 地域差). ❹ 《ラ米》けん玉 (→ bola 地域差). ── 女 ボウリング場；〖スポ〗ボウリング. **地域差** 〖スポ〗ボウリング bolera 《スペイン》《ラ米》(ホンジュラス)；boliche (メキシコ)(グアテマラ, エルサルバドル, ニカラグア, コスタリカ)(コロンビア)(ペルー)；bowling (ドミニカ共和国, パナマ)(ベネズエラ)(パラグアイ, ウルグアイ, アルゼンチン).

boleta 女 ❶ 入場券；許可証, パス. ❷ (現金の代用をする) 引換え券, クーポン. ❸ 《ラ米》領収書, レシート；投票 [くじ引き] 用紙；交通違反切符.

boletería 女 《ラ米》(鉄道等の) 切符売り場 (→ taquilla 地域差).

boletero, ra 男 女 《ラ米》(1) 切符 [入場券] 売り (場の人)；出札係；(車内の) 検察係 (→ revisor 地域差). (2)(アルゼンチン)うそつき.

boletín 男 ❶ 広報, 報告書；会報, 通信. ～ informativo (定時の) ニュース番組. ❷ (学校の) 通信簿 (= ～ de notas). ❸ 申込み用紙.

boleto 男 ❶ 《ラ米》(バス等の) 切符 (→ billete 地域差)；(映画館の) チケット (→ entrada 地域差). ❷ (宝くじ等の) 券.

boli 男 《話》ボールペン (= bolígrafo).

boliche 男 ❶ 球転がしの bocha 用の木球；球状の装飾. ❷ 《ラ米》〖スポ〗ボウリング (→ bolera 地域差). ❸ けん玉 (→ bola 地域差). ❹ 《ラ米》食料品店 (→ tienda 地域差).

bolichear 自 《ラ米》(アルゼンチン)安酒場に通う.

bólido 男 ❶ 《ユーモア・皮肉》すごい車. ❷ レーシングカー. ❸ 〖天文〗火球, 隕石(いんせき).

bolígrafo 男 ボールペン (→地域差)；《ラ米》シャープペンシル (→ lápiz 地域差). **地域差** ボールペン bolígrafo 《スペイン》《ラ米》(ドミニカ共和国, パナマ)；birome (パラグアイ, ウルグアイ, アルゼンチン)；esfero (コロンビア)；esferógrafo (esferográfica) (コロンビア) (エクアドル)；lapicera (チリ) (ウルグアイ, アルゼンチン)；lapicero (キューバ, ドミニカ共和国) (グアテマラ, ホンジュラス, エルサルバドル, ニカラグア, コスタリカ) (ベネズエラ) (ペルー)；lápiz (de) pasta (チリ)；lápiz tinta (ホンジュラス)；pluma (ドミニカ共和国, プエルトリコ) (メキシコ) (パナマ) (ベネズエラ)；pluma atómica (メキシコ)；puntabola (ボリビア).

bolilla 女 ❶ [複] 《ラ米》ビー玉 (→ bola 地域差). ❷ (教科の) テーマ. *dar* ～ *a ...* (アルゼンチン)…に注意を払う.

bolillo 男 ❶ 糸巻き, ボビン. ❷ (馬の) 蹄骨(ていこつ). ❸ 《ラ米》(メキシコ)小型フランスパン.

bolina 女 〖海〗ボウライン, はらみ綱.

bolita 女 《ラ米》ビー玉.

bolívar 男 ❶ ボリーバル：ベネズエラの貨幣単位. ❷ ウルグアイの金貨. ── 固名 [B-] ボリーバル Simón ～ (1783-1830)：南米大陸独立運動の指導者.

Bolivia [ボりビア] 固名 ボリビア：首都ラパス La Paz.

boliviano, na [ボりビアノ,ナ] 形 ボリビアの. ── 男 女 ボリビア人. ── 男 ボリビアノ：ボリビアの通貨単位.

bollar 他 (織物に商標 [製造印] を) つける.

bollería 女 ❶ 菓子パン販売店[製造所]. ❷ 《集合的》菓子パン類.

bollero, ra 男 女 菓子パン職人.

bollo 男 ❶ 菓子パン；小型パン. ❷ 《話》へこみ, くぼみ. ❸ (打撃でできた) こぶ. ❹ 《話》騒ぎ, けんか. *No está el horno para* ～*s.* 《話》時期尚早である. *perdonar el* ～ *por el coscorrón* 《話》

B

割が合わないとみてあきらめる.
bollón 男 飾り鋲(びょう)；丸型イヤリング.
bolo, la 形《ラ米》(キューバ)(グアテマラ)酔っ払った. ── 男 女 酔っ払い. ── 男 ❶ ボウリングのピン；[複]ボウリング. ❷ 心柱，(装飾用の)軸. ❸ (トランプ)全勝. ❹ 巡業一座の興行. hacer ～*s* 巡業公演する. ❺《話》うそ，でまかせ. ～ *alimenticio* (一回で飲み込む)咀嚼(そしゃく)した食べ物. *echar a rodar los* ～*s*《話》騒ぎを起こす.
bolón 男《ラ米》(チリ)〔建〕切り石，割栗(わりぐり)石.

bolsa [ボるサ] 女〔英 bag; stock market〕❶ 袋，かばん，手さげ，バッグ；《ラ米》ハンドバック(→ bolso 地域差). ～ de papel [plástico] 紙[ポリ，ビニール]袋. ～ de aseo 化粧ポーチ. ～ para el mareo (乗り物酔いの)嘔吐(おうと)袋. ❷ 財布；資金，財源. ～ de estudios 奨学金. ¡La ～ o la vida! 金を出せ. no abrir la ～ 財布のひもが堅い. aflojar la ～ 財布のひもを緩める. ❸〔商〕株式市場，証券取引所；相場；商品取引. subir [bajar] la ～ 株が上がる[下がる]. jugar a la ～ 株をやる. ～ de divisas 外国為替相場. ❹ (衣類・皮膚等の)たるみ. tener unas ～*s* enormes en los ojos 目の下に大きなたるみがある. ❺ くぼみ，たまり；(周囲と異なる)小集団. ～ de pobreza 貧民街. ～ de buenos especialistas 優秀な専門家グループ. ❻〔解〕動物の体内の袋. ～ lacrimal 涙嚢. ～ *de trabajo* [*empleo*] 職業安定所.
bolsear 他《ラ米》(1)(キューバ)(グアテマラ)《話》掏(す)る. (2)(チリ)《話》人におごらせる，たかる.
bolsero, ra 男 女 ❶ 袋物製造[販売]業者. ❷《ラ米》(キューバ)(グアテマラ)すり；(チリ)たかり.

bolsillo [ボるシりョ(ボるショ・ボるシジョ)] 男〔英 pocket〕❶ ポケット. ～ de parche [de pecho] パッチ[胸]ポケット. ～ interior 懐中，内ポケット. ❷ ポケットマネー，小銭；財布，小銭入れ. consultar con el ～ 財布と相談する. tener un buen ～ 懐具合がいい. *de* ～ 小型の，ポケットサイズの. *rascarse el* ～ (しぶしぶ)金を出す. *tener* [*meter*] *a ... en el* ～ …から信頼[好評]を得る.
bolsín 男〔商〕(証券等の)場外取引(市場).
bolsita 女 小さいかばん，袋.

bolso [ボるソ] 男〔英 handbag〕❶ ハンドバッグ(→地域差)；かばん. ～ de mano 手荷物. ❷ ポケット. **地域差** ハンドバッグ bolso《スペイン》《ラ米》(アルゼ)(コスタリカ)(グアテ)，コスタリカ)(コロンビア，ペネズ，エクア)(ペル)；bolsa (メキシコ)(グアテ，パナ)；cartera《ほぼラ米全域》.
bolsón, sona 形 男 女《ラ米》(コロンビア)(ベネズエラ)ばかな(人). ── 男《ラ米》(1) ハンドバッグ. (2)(チリ)学生かばん. (3) 沼地，盆地.
boludo, da 形 男 女《ラ米》(アルゼ)(ウルグ)《俗》《軽蔑》ばかな(人).
bomba 女 ❶ 爆弾，砲弾. ～ atómica 原子爆弾. ～ de relojería [tiempo] 時限爆弾. coche [carta] ～ 車[手紙]爆弾. ❷ ポンプ. ～ de bicicleta 自転車の空気入れ. ～ alimenticia 給水ポンプ. ❸ 衝撃的な出来事[ニュース]，大事件. ❹〔音〕(トロンボーン等の)滑奏管，スライド. ❺《ラ米》(ガソリンスタンドの)給油機(→ surtidor 地域差). ❻《ラ米》電球(→ bombilla 地域差). ── 形 すごい，すばらしい. éxito ～ 大成功. Está ～ aquella chica. あの子はすてきだね. *a* ～ *y platillo*《話》大々的に. *a prueba de* ～*s* 防弾の；頑丈な. *caer* [*sentar*] *como una* ～ 衝撃的である. *estar echando* ～*s*《話》(人が)かっかしている. *pasár(se)lo* ～《話》とても楽しく過ごす.
bombacha 女 [主に複]《ラ米》(1) パンティー(女性の下着)(→ braga 地域差). (2) (ガウチョ gaucho の)だぶだぶのズボン.
bombacho 男 ジョッパーズ；(膝(ひざ)下まである運動用)半ズボン(＝pantalón ～).
bombarda 女 ❶ (中世の)射石砲. ❷ (パイプオルガンの)低音栓.
bombardear 他 ❶ 爆撃する. ❷ 強引に質問[要求]をする. ❸〔物〕(原子分裂のための)衝撃を与える.
bombardeo 男 爆撃；〔物〕衝撃；(質問等の)攻撃. *apuntarse a un* ～《話》何にでも首を突っ込む.
bombardero, ra 形〔軍〕爆撃(用)の. ── 男 (爆撃機の)爆撃手，砲手.
bombardino 男〔音〕サクスホルン.
bombasí 男〔服〕ファスチャン織り.
bombazo 男 ❶ (爆弾の)炸裂(さくれつ)，爆発(被害). ❷ ビッグニュース，突発事件.
bombear 他 ❶ ポンプでくみ上げる；(液体を)送り込む. ❷〔スポ〕ボールを高く打ち上げる，ロブを送る. ❸《ラ米》(アルゼ)(コロンビア)人の計画をつぶす.
bombeo 男 (液体の)くみ上げ.
bombero, ra 男 女 ❶ 消防士；ポンプ係. ❷《ラ米》(ベネズ)ガソリンスタンドの店員. *idea de* ～ 軽薄な考え.

bombilla 女 ❶ 電球(→ 地域差). fundirse la ～ 電球が切れる. ❷《ラ米》マテ茶 mate を飲む管. *encenderse* [*iluminarse*] *a ... la* ～《話》…にいい考えが浮かぶ. **地域差** 電球 bombilla《スペイン》《ラ米》(キューバ，ドミニカ共和国，プエルトリコ)(グアテ，コスタリカ，パナ)(コロンビア)(アルゼ)；ampolleta (チリ)；bomba (ペル)；bombillo (ドミニカ共和国)(コスタリカ，パナ)(ベネズ)；bombita (ウルグ，アルゼ)；bujía (ニカラグア)(グアテ)；foco (メキシコ)(グアテ，ホンジュラス，エルサルバドル，パナ)(エクア，ペル，ボリビア)(パラグアイ)；lamparita (アルゼ).
bombillo 男 ❶ U字型曲管，トラップ(防臭弁). ❷ 吸い上げ管，ピペット. ❸《ラ米》電球(→ bombilla 地域差).
bombín 男 ❶ 山高帽. ❷《ラ米》(チリ)(自転車の)空気入れ.
bombita 女《ラ米》電球(→ bombilla 地域差).

bombo 男 ❶ 大太鼓(奏者). ❷〔機〕ドラム，胴部；(抽選器の)回転ドラム. ❸《話》(妊婦の)おなか. hacer un ～ a ...《俗》…を妊娠させる. ❹《話》大げさな賛辞，派手な宣伝. dar mucho ～ a ... …を褒めたてる. darse ～ 自慢する；うぬぼれる. *a* ～ *y platillo(s)* 派手に，大げさに. *sin* ～ *y platillo(s)* 静かに，ひっそりと. *tener la cabeza como un* ～《話》頭がぼうっと[くらくら]している.
bombón 男 ❶ チョコレートボンボン. ❷《話》すごい美人；すごくかわいい子.
bombona 女 ボンベ；細首の大形瓶.
bombonera 女 ❶ ボンボン入れ. ❷《話》《比喩的》こぢんまりとした家[部屋].

bombonería 女 チョコレートボンボン屋［店］.
bómper〔英〕男《ラ米》(ｺﾛﾝﾋﾞｱ)〖車〗バンパー.
bonachón, chona 形 男 女 人のいい（人）; のんきな（人）.
bonachonería 女 気立てのよさ, 純真さ.
bonaerense 形 男 女 ブエノスアイレスの（人）.
bonancible 形（天気等が）穏やかな.
bonanza 女 ❶（天気の）穏やかさ, 凪(なぎ); 静寂. ❷ 繁栄, 繁盛. ***ir en ～*** 順調にいく.
bonapartista 形 ボナパルティズム支持の. ── 男 女 ボナパルティズム支持者.
bonche 男《ラ米》(ｷｭｰﾊﾞ)ひと房; 豊富.
bondad［ボンダ(ドゥ)］女〔英 goodness, kindness〕❶ 善, 善良;［複］《文》よい行い. ❷（性格等の）優しさ, 親切さ. ❸［主に複］《文》（物事の）よさ, 利点. ***tener la ～ de***〈+不定詞〉《丁寧》親切にも…する;《依頼文で》…してくださる. *Tenga la ～ de* no fumar. おタバコはご遠慮ください.
bondadoso, sa 形 善良な, 親切な.
bonete 男 ❶〖カト〗聖職者の角帽; 縁なし帽子, キャップ. ❷《ラ米》〖車〗ボンネット（→ capó 地域差）. ❸（反芻(はんすう)動物の）第２胃. ❹（要塞(ようさい)等の）燕尾(えんび)形突出部. ***a tente ～*** 執拗(しつよう)に; 過度に. ***tirarse los ～s*** けんかする.
bongo 男《ラ米》丸木舟;（こうう）渡し舟.
bongó 男〖音〗ボンゴ：小形太鼓.
bonhomía〔仏〕女 → bondad.
boniato 男〖植〗サツマイモ（＝batata）.
Bonifacio 固名 ボニファシオ：男子の名.
bonificación 女 ❶ 値引き; 割戻金, 配当金; ボーナス. ❷〖スポ〗ボーナスポイント.
bonificar 26 他 ❶ 値引きする,（料金等を）割り戻す, 配当する. ❷ 貸方勘定に記入する. ❸〖スポ〗ボーナスポイントを与える.
bonísimo, ma 形［bueno の絶対最上級］すごくよい（＝buenísimo）.
bonita 形 → bonito.
bonitamente 副 巧妙に, やすやすと, まんまと.
bonito, ta［ボニト,タ］形〔英 pretty〕❶ かわいらしい, きれいな, すてきな（↔ feo）. bueno, ～ y barato（品物が）良質でかわいく安い. ❷《+名詞》《皮肉》すごい, ひどい. Anda con un ～ problema. 彼はすごい問題を抱えている. ── 男〖魚〗カツオ. ── 副《ラ米》《話》上手に, うまく.
bono 男 ❶ クーポン, 引換券, 金券. ❷ 定期券, 回数券. ❸〖商〗公債, 債権, 証券. ～ del Tesoro 国債.
bonobús 男 バスの回数券［カード］.
bonoloto 女 ボノロト：６桁(けた)数字を当てる宝くじ.
bononet 男［複 ～s］インターネットの接続回数券.
bonsái / bonsai〔日〕男［複 ～s］盆栽.
bonus 男［単複同形］特別配当; ボーナス.
bonzo 男（仏教の）僧. ***quemarse a lo ～***（抗議のために）体に火をつける.
boñiga 女 牛［馬］糞(ふん).
boñigo 男 牛［馬］糞(ふん).
book［ブ(ク)］〔英〕男（ファッションモデルの）自己ＰＲ用写真集.
boom［ブ(ム)］〔英〕男［複 ～s］ブーム.
boomerang［ブメラン］〔英〕男［複 ～s］ブーメラン. ***efecto ～*** 自業自得.
boqueada 女（特に死に際に）口をぱくぱくさせること. ***dar las (últimas) ～s***《話》死にかけている;（物が）なくなりかけている.
boquear 自 ❶（特に死に際に）口をぱくぱくさせる. ❷（物が）なくなりかける.
boquera 女 ❶〖医〗口角炎. ❷（灌漑(かんがい)用水路の）水門, 堰(せき).
boquerón 男〖魚〗カタクチイワシ.
boquete 男 裂け目, 破れ目.
boquiabierto, ta 形 口を開けた;《estarと共に》あっけに取られた.
boquiancho, cha 形 口の大きい.
boquilla 女 ❶（管楽器の）マウスピース. ❷（タバコ等の）ホルダー, チップ;（パイプ・タバコ等の）吸い口;（哺乳(ほにゅう)瓶の）乳首. ❸（ホースの）ノズル;（ランプ・バーナー等の）火口;（器具の）開口部. ❹（ズボンの）すそ. ❺《ラ米》ソケット（→ portalámparas 地域差）. ***de ～*** 口先だけの［で］.
boquinegro 男（スペイン産の）カタツムリ.
boquirroto, ta 形 男 女 おしゃべりな（人）.
boquiseco, ca 形 口が渇いた.
boquituerto, ta 形 口がゆがんだ.
borato 男〖化〗ホウ酸塩, ホウ酸ナトリウム.
bórax 男〖鉱〗ホウ砂(しゃ).
borbollar / borbollear 自 泡立つ, 沸騰する.
borbollón 男 → borbotón.
Borbón 固名 ブルボン家. (1) Casa de ～ フランスの王家. (2) los *Borbones* スペインの王家.
borbónico, ca 形 ブルボン家の.
borborigmo 男［主に複］〖医〗腹鳴(ふくめい), 腹がごろごろ鳴る音［こと］.
borbotar / borbotear 自 湧(わ)き出る; ぐらぐら沸騰する.
borboteo 男 沸騰する［湧(わ)き出る］こと.
borbotón 男 泡立つこと, 沸騰; 噴出. ***a borbotones*** どっと; あわただしく. hablar *a borbotones* 早口でまくし立てる.
borceguí 男［複 ～(e)s］編み上げ靴, 半長靴.
borda 女 ❶ 舷(げん), 船の側面. ❷ ガレー船の主帆. ***arrojar [echar, tirar] ... por la ～***《話》…を見捨てる, 放棄する.
bordado, da 形 ❶ 刺繍(ししゅう)を施された. ❷《estar と共に》見事な出来栄えの. ── 男 刺繍（すること）. ── 女 ジグザグ針路. dar *bordadas*（帆船が）ジグザグに進む.
bordador, dora 男 女 刺繍(ししゅう)職人.
bordadura 女 ❶ 刺繍(ししゅう). ❷〖紋〗（盾形周囲の）縁取り図形.
bordalesa 女《ラ米》(ｱﾙｾﾞﾝﾁﾝ)(ｳﾙｸﾞｱｲ)(ﾊﾟﾗｸﾞｱｲ)ワインの大樽(たる).
bordar 他 ❶《de, con》（…で）（布に）刺繍(ししゅう)を施す,（模様を）刺繍する. ❷（仕事等を）見事に行う. ***～ la actuación [el papel]*** 演技［役］を見事にこなす.
borde［ボルデ］男〔英 border〕縁, へり; 縁石; 境, 境界. ── 形 ❶ 野生の, 自生の. ❷《話》感じの悪い, 意地悪い. ponerse ～ 不機嫌になる. ❸ 庶子の. ***al ～ de ...*** …の境［瀬戸際］の, 寸前の.

B

bordear 他 ❶ …の縁に沿って行く；…の沿岸を進む．❷ …の周りを囲む，縁取りする．❸ 隣接する．❹ …に近づいている．～ los sesenta 60歳になろうとしている．── 自〘海〙ジグザグに進む．

bordelés, lesa 形 男 女 ボルドーの(人)．

bordillo 男 ❶ 縁(石)，へり(石)．❷《スペイン》(ズボンの) 折り返し．地域差 (ズボンの) 折り返し bordillo《スペイン》; bajos《スペイン》; basta《ラ米》(ベネ)(マ)(エクア, ペル, ボリ)(チリ); bastilla (メキ, ショ)(ボリ, ピア)(チリ); botamanga (パラグ, アルゼ, ウルグ, ソチン); dobladillo (キュ, ニバ)(コロン, ビア)(ボリ, ビア)(ウルグ, アイ, アル, ゼン, チ); ruedo (ドミニカ, 共和国, プエル, トリコ)(グアテ, マラ, ホンジ, ユラス, エルサル, バドル, ニカラ, グア, コスタ, リカ)(ベネズ, エラ)(パラグ, アイ); valenciana (メキ, ショ); vuelta《スペイン》．

bordo 男 ❶ 舷側(げんそく)．❷ ジグザグで進むこと．*a* ～ 船[飛行機] (内) で．subir *a* ～ 乗船[搭乗]する．diario de *a* ～ 航海日誌．***de alto*** ～ 大形の；重要な．

bordón 男 ❶ 長いつえ；支え[頼り]となるもの[人]．❷ 口癖 (の言葉，言い回し)．❸ 繰り返し句，リフレイン．❹〘音〙低音弦；低音部；(太鼓の) 響(ひび)線．❺《ラ米》末っ子 (→ benjamín 地域差)．

bordona 女《ラ米》(アルゼ, ショチン)(ウルグ, アイ)(パラグ, アイ)ギターの第 6 弦．

bordonear 自 ❶ (虫が) ぶんぶんうなる．❷ 低音弦をかき鳴らす．❸ つえで探り歩く．❹ 物乞(ご)いして歩く．

boreal 形《文》北の；北風 bóreas の (↔austral)．aurora ～ 北極光．

bóreas 男 [単複同形]《文》北風．

Borges 固名 ボルヘス Jorge Luis ～ (1899-1986)：アルゼンチンの詩人・作家．*Ficciones*『伝奇集』．

borgoña 男 ブルゴーニュ，バーガンディ：フランス東部のブルゴーニュ産ワイン．

borgoñón, ñona 形 男 女 ブルゴーニュ地方の(人)．

boricado, da 形〘化〙ホウ酸を含んだ．

bórico, ca 形〘化〙ホウ素の．ácido ～ ホウ酸．

borinqueño, ña 形 男 女 プエルトリコの(人)．

borla 女 ❶ (帽子の) 飾り房，玉房．tomar la ～ 博士[修士]号を取得する．❷ (化粧用) パフ．❸ [複]〘植〙アマランサス．

borlilla 女〘植〙葯(やく)(= antera)．

borne 男 ❶〘電〙端子．～ positivo [negativo] プラス[マイナス] 端子．❷ 槍(やり)の先端．

bornear 他 ❶ (金属・板等を) ねじ曲げる．❷〘建〙(柱に) 細工を加える．── 自〘海〙(船が) 錨(いかり)を中心にして回る．── **bornearse** 再 (板が) 反る．

boro 男〘化〙ホウ素．

borona 女 ❶〘植〙キビ；トウモロコシ．❷ トウモロコシパン．❸《ラ米》パンくず．

borra 女 ❶ (詰め物用の) ヤギ[羊]の短い毛，毛くず．❷ (絨毯(じゅうたん)等の) 綿ぼこり．❸ おり，沈殿物．❹《話》中身のない表現[言葉]．── 活 → borrar.

borrachera 女 ❶ 酔い，酩酊(めいてい)．❷ 有頂天，歓喜．

borrachín, china 形《話》大酒飲みの．── 男 女 大酒飲み，飲んだくれ．

borracho, cha 形 ❶ (estarと共に) 酔っ払った．❷ (serと共に)《軽蔑》酒好きの，飲んべえの．❸ (de) (…に) 酔いしれた，夢中の．estar ～ *de* ira 怒りに我を忘れている．❹ (菓子が) アルコールを含んだ．bizcocho ～ サバラン．── 男 女 酔っ払い；飲んべえ．～ ***como una cuba*** [***cubas***]《話》ひどく酔っ払った．***ni*** ～《否定を強めて》絶対に，決して．

borrador 男 ❶ 消しゴム；黒板消し．❷ 草稿，草案；下書き．❸〘商〙仕分け帳；(取引) 日記帳．

borraja 女〘植〙ルリチシャ．***quedar*** [***convertirse***] ***en agua de*** **～*s*** 水泡に帰す．

borrajear 他 なぐり[いたずら]書きをする．

borrajo 男 ❶ 埋(う)み火，残り火．❷ 落ち松葉．

borrar [ボラル] 他 [英 erase] ❶ (記録等を) **消す**；線を引いて消す；〘IT〙削除する．❷ (de) (…から) ぬぐい去る，払拭(ふっしょく)する．❸ (de) (…から) 人を脱退させる．── **borrarse** 再 ❶ 消える，なくなる．❷ (de) (…から) 脱退する，(…を) 辞める．***borrar del mapa*** 殺す，消滅させる．

borrasca 女 ❶ 低気圧；嵐(あらし)；暴風雨．❷《話》口論，騒動．

borrascoso, sa 形 ❶ 荒れ模様の．❷《話》波乱に満ちた．

borrego, ga 形 男 女 人の意見に流されやすい (人)．── 男 ❶ 小羊．❷ [複] ちぎれ雲．❸ [複] 白波．

borricada 女 ❶《話》ばかげたこと，ナンセンス．❷ ロバの群れ．

borrico, ca 男 女 ❶ ロバ (= asno, burro)．❷《話》ばか，とんま；頑固者．❸《話》働き者．── 形《話》ばかな；頑固な．── 男 木挽(び)き台．

borriquero, ra 形 ロバの．cardo ～〘植〙オオヒレアザミ．── 男 女 ロバ追い．

borriquete 男 ❶ 木挽(び)き台．❷〘海〙ロア・フォアトップスル．

borroka [バスク] 男 [複 ～s]《話》闘争，戦い．la kale ～ 街頭闘争．

borrón 男 ❶ (インク等の) しみ，にじみ．❷《比喩的》汚点，傷，不名誉．❸ 下絵．estos *borrones*《謙遜》拙稿，拙文．***hacer*** **～ *y cuenta nueva*** 過去のことを水に流す．

borronear 他 …に書きなぐる；落書きする．

borroso, sa 形 ❶ ぼやけた，不鮮明な；漠然とした．❷ かす[おり]のある．

borujo 男 → burujo.

boscaje 男 ❶ 林，茂み．❷〘美〙森林と動物を描いた風景画．

boscoso, sa 形 森の，森のある．

bosniaco, ca / bosnio, nia 形 男 女 ボスニアの (人)．

bosque [ボスケ] 男 [英 wood, forest] ❶ **森**，森林，林．～ pluvial 熱帯雨林．❷《比喩的》(物が) 密集した場所；もじゃもじゃのひげ，頭髪．

bosquecillo 男 雑木林，木立，林．

bosquejar 他 ❶ スケッチする，…の下図を書く．❷ 概略を述べる．

bosquejo 男 ❶ 素描，デッサン，スケッチ．❷ 概略，あらまし．en ～ 大まかに言って．

bosquete 男 (庭園等の) 小さな森，植え込み．

bosquimano, na 形 男 女 (南アフリカ

の狩猟民族) ブッシュマン (の).

bosta 女 ❶ (牛馬の) 糞(ふん). ❷ 《ラ米》(アルゼンチン)(ウルグアイ) 《話》やっつけ仕事.

bostezar 57 自 あくびする.

bostezo 男 あくび.

bota 女 ❶ ブーツ, 長靴. *~s* de montar 乗馬靴. *~s* de fútbol [esquí, marcha] サッカー[スキー, ウォーキング]シューズ. ❷ (ワインの携帯用) 革袋. ❸ ボタ：ワインを計る単位. 516リットル. ***colgar las ~s*** 《話》(サッカー選手が) 引退する. ***estar con las ~s puestas*** (旅行の) 準備が整っている. ***morir con las ~s puestas*** 殉職(じゅんしょく)する, 非業の死を遂げる. ***ponerse las ~s*** 《話》突然金持ちになる；たくさん食べる.

botador 男 ❶ (船を押し出すための) 竿(さお). ❷ くぎ抜き. ❸ 〖医〗抜歯鉗子(かんし)

botadura 女 (船の) 進水 (式).

botafumeiro 男 提げ香炉. ***manejar el ~ (con ...)*** 《話》(…に) こびる.

botalón 男 ❶ 〖海〗ブーム. ❷ 《ラ米》(コロンビア)(ベネズエラ)(動物をつなぐ) 杭(くい).

botamanga 女 《ラ米》(ズボンの) 折り返し (→ bordillo 地域差).

botana 女 ❶ (酒袋・樽(たる)の漏れを防ぐ) つぎあて, 木栓. ❷ 《話》絆創膏(ばんそうこう). ❸ 《話》傷跡. ❹ 《ラ米》(メキシコ)(酒の) つまみ.

botánico, ca 形 植物の, 植物学 (上) の. jardín ~ 植物園. ── 男 女 植物学者. ── 女 植物学.

botar 他 ❶ (ボール等を) バウンドさせる；キックする. ❷ (船を) 進水させる. ❸ 放り投げる；投げ捨てる. ❹ 《話》《**de**》(…から) 追い出す, 首にする. ── 自 ❶ (ボール等が) バウンドする, 弾む. ❷ 飛び跳ねる. ***estar que ~*** 怒る.

botarate 男 ❶ 《話》無鉄砲な人. ❷ 《ラ米》浪費家.

botarel 男 〖建〗バットレス, 控え壁.

botarga 女 ❶ (道化師の) まだらの服. ❷ (昔の) 太くて長いズボン. ❸ 腸詰の一種.

botavara 女 〖海〗スパンカーブーム.

bote 男 ❶ (円筒形の) 容器, 広口瓶. ~ de humo 発煙筒. ~ de basura 《ラ米》(メキシコ)ごみバケツ. ❷ 飛び跳ねること, 跳躍；バウンド. ❸ ボート. ~ salvavidas 救命ボート. ❹ チップを入れる容器. ❺ (ゲーム・くじ等の) 積立て賭(か)け金. ***a ~ pronto*** いきなり；思わず. ***chupar del ~*** 《話》うまい汁を吸う. ***dar el ~*** 放り出す, つまみ出す. ***darse el ~*** 《話》出て行く, ずらかる. ***de ~ en ~*** 《話》超満員の, すし詰めの. ***de ~ y voleo*** 《話》すぐさま, たちまち. ***estar en el ~*** 《話》(地位等が) 保証されている. ***tener ... metido en el ~*** 《話》…の心をつかんでいる.

botella [ボテリャ (ボテヤ・ボテジャ)] 女 〔英 bottle〕 ❶ **瓶**, ボトル. en ~ 瓶詰めの. ~ de oxígeno 酸素ボンベ. ❷ 瓶 1 本の分量 (＝0.75リットル). media ~ de vino ハーフボトルのワイン. ***No se trata de soplar y hacer ~s.*** 《話》(ことは) それほど簡単ではない.

botellazo 男 瓶による殴打.

botellero, ra 男 女 瓶製造 [販売] 業者. ── 男 瓶棚, ワインラック.

botellín 男 小瓶.

botellón 男 大瓶.

botepronto 男 〖スポ〗(ラグビー) ドロップキック；(サッカー) ハーフボレー.

botica 女 薬局, 薬屋 (＝ farmacia)；《集合的》薬品類. ***Hay de todo como en ~.*** あらゆるものがそろっている, ないものはない.

boticario, ria 男 女 薬剤師.

botijo, ja 男 女 《ラ米》(アルゼンチン)(ウルグアイ)子供. ── 男 (または女) 素焼きの水差し. ── 女 《ラ米》(チリ) 財宝, 埋蔵品. ***estar hecho [como] una botija*** 《話》(1) (子供が) ふくれ面の. (2) 太った.

botillería 女 《ラ米》(チリ)(ペルー)(ベネズエラ)酒屋.

botín 男 ❶ ショートブーツ；(昔の) きゃはん；スパッツ. ❷ 戦利品, 分捕り品.

botina 女 深靴, ショートブーツ；毛糸靴.

botiquín 男 ❶ 救急箱；薬品室；《集合的》薬類. ❷ 《ラ米》(ベネズエラ)居酒屋.

botivoleo 男 〖スポ〗バウンドしたボールを打ち返すこと.

boto 男 (乗馬用の) ブーツ.

botón [ボトン] 男 [複 botones] 〔英 button〕 ❶ (服の) **ボタン**. ~ automático スナップ. abotonar [desabotonar] el ~ ボタンをはめる[はずす]. ❷ (機器の) **スイッチ**, 押しボタン；(ドア・引き出しの) つまみ, ノブ. ~ de expulsión 〖IT〗イジェクトボタン. ~ (de luz) 《ラ米》(電気の) スイッチ (→ interruptor 地域差). pulsar [apretar] el ~ ボタン[スイッチ]を押す. ❸ 〖植〗芽；つぼみ；〖スポ〗(フェンシングの剣の) 先端, ボアン；〖音〗(吹奏楽器の) キー. ❹ [複] → botones. ❺ 《ラ米》(アルゼンチン)(ウルグアイ) 《話》警官. ***como ~ de muestra*** たとえば, 例をあげれば. ***~ de oro*** 〖植〗キンポウゲ. ***de botones adentro*** 《話》心の内で, ひそかに. ***para muestra basta un ~*** 一つ例をあげれば十分である.

botonadura 女 《集合的》(一着用のひと組の) ボタン.

botonazo 男 〖スポ〗(フェンシング) 剣の先留めで突くこと.

botones 男 [単複同形] (ホテルの) ボーイ, ベルボーイ.

Botswana 固名 ボツワナ：首都ガボローネ Gaborone.

botulismo 男 〖医〗ボツリヌス中毒.

bou 男 (漁船 2 隻による) 引き網漁 (の船).

boutade [ブタ(ドゥ)] 〔仏〕 女 ばかげた言動.

boutique [ブティ(ク)] 〔仏〕 女 ブティック.

bóveda 女 ❶ 〖建〗丸天井, 穹窿(きゅうりゅう). ~ de cañón 半円筒穹窿. ~ de crucería リブボールト. ~ claustral クロイスターボールト. ❷ 丸天井を持った部屋；地下納骨堂. ❸ 蓋(ふた). ~ palatina 〖解〗口蓋. ~ celeste 大空, 天空.

bovedilla 女 ❶ 〖建〗(梁(はり)と梁の間の) 小穹窿(きゅうりゅう). ❷ 船尾のカーブ.

bóvido, da 形 ウシ科の. ── 男 [複] 〖動〗《集合的》ウシ科.

bovino, na 形 ウシ科の. 牛の. ── 男 〖動〗《集合的》ウシ科.

bowling [ボウリン] 男 《ラ米》〖スポ〗ボウリング (→ bolera 地域差).

box 男 ❶ 馬房；〖車〗(サーキットの) ピット；救急治療室. ❷ 《ラ米》ボクシング.

boxcalf 〔英〕 男 ボックス革, ボックスカーフ.

boxeador, dora 男 女 〖スポ〗ボクサー.

B

boxear 自〘スポ〙ボクシングをする.
boxeo 男〘スポ〙ボクシング.
boxer / bóxer [ボクセル]〔英〕男[複 ～s] ❶〘動〙ボクサー犬(種). ❷トランクス.
boxístico, ca 形 ボクシングの.
boya 女〘海〙ブイ, 浮標;(魚網の)浮き.
boyada 女 牛の群れ.
boyal 形 牧牛の, 牛の.
boyante 形 ❶ 好景気の;裕福な. ❷〘闘牛〙(雄牛が)扱いやすい. ❸ 浮力のある;〘海〙(船が)充分に喫水していない.
boyar 自 ❶ 浮く. ❷〘海〙(船が)再び就航する.
boyardo, da 男 女 (ロシアの)大貴族.
boyera 女 牛小屋, 牛舎.
boyeriza 女 → boyera ①.
boyerizo 男 牛飼い.
boyero, ra 男 女 牛飼い. ── 固名 [B-]〘天〙牛飼座.
boy scout [ボイエスカウ(トゥ)]〔英〕男 [複 boys scouts] ボーイスカウト.
boyuno, na 形 ウシ科の, 牛の.
boza 女〘海〙留め索;もやい綱.
bozal 男 ❶ (動物の)口輪. ❷《ラ米》馬の端綱. ── 形 ❶ (黒人奴隷が)連れてこられたばかりの. ❷ (動物が)野生の, 荒い.
bozo 男 ❶ (上唇の上に生える)薄ひげ;口の周り. ❷ 馬の端綱.
braceada 女 腕をばたばた動かすこと.
braceaje 男 ❶ (造幣局での)貨幣鋳造. ❷〘海〙(特定の場所の)水深.
bracear 自 ❶ 腕を振り動かす;もがく. ❷ 水をかく;(人波を)かき分けて進む. ❸ (馬が)前脚を高く上げて歩く. ❹〘海〙帆桁(ほげた)を転桁(てんこう)索で回す.
braceo 男 ❶ 腕の動き;(水泳の)ストローク. ❷〘海〙転桁(てんこう).
bracero, ra 男 女 日雇い[農場]労働者. ── 男 ひじ掛け. *de* ～《話》腕を組んで.
bracete *de* ～ 腕を組んで.
bracmán 男 → brahmán.
braco, ca 形 男 女 ❶〘動〙セッター種の(犬). ❷ しし鼻の(人).
bráctea 女〘植〙苞(ほう), 包葉.
bradicardia 女〘医〙徐脈.
bradipepsia 女〘医〙消化不良.
braga 女 ❶[複]《スペイン》パンティー(女性の下着)(→地域差);(乳幼児の)おむつ. ❷[複]ニッカーズ;《ラ米》つなぎの作業服, オーバーオール(→ mono 地域差). ❸《話》くだらない[つまらない]もの. ❹ つり綱[索]. *en ～s*《俗》不意に, 予告なしに. *estar hecho una ～*《俗》ぐったりした;やつれた. *pillar a ... en ～s* …を不意打ちする.
地域差 パンティー(女性の下着) bragas《スペイン》; blúmer《ラ米》(キューバ, ドミニカ共和国)(ホンジュラス, エルサルバドル, ニカラグア)(ベネズエラ); bombachas (パラグアイ, ウルグアイ, アルゼンチン); calzones (メキシコ)(グアテマラ, エルサルバドル, ニカラグア, コスタリカ)(ペルー, ボリビア)(チリ); cuadros (チリ); pantaletas (メキシコ)(ベネズエラ); panties (ドミニカ共和国, プエルトリコ)(パナマ)(ベネズエラ); short(s) (キューバ)(ホンジュラス)(コロンビア).
bragado, da 形 ❶ 果敢な, 向こう見ずな. ❷ 下心のある. ── 女 (馬等の)内もも.
bragadura 女 (人・動物・ズボンの)股(また).
bragazas 男 [単複同形]《話》《軽蔑》尻(しり)に敷かれた夫, 恐妻家.
braguero 男〘医〙ヘルニア[脱腸]帯.
bragueta 女 (ズボン・ブリーフ等の)前開き. ～ de armar (甲冑(かっちゅう)の)股(また)袋.
braguetazo 男《話》金目当ての結婚.
brahmán 男 バラモン, ブラフマン, 梵(ぼん).
brahmánico, ca 形 バラモン教の.
brahmanismo 男 バラモン教.
brahmín 男 → brahmán.
braille 男 ブライユ点字法, 点字.
brama 女 ❶ (人・動物の)うなり声. ❷ (シカ等の)さかり, 発情(期).
bramadera 女 (おもちゃの)うなり板.
bramadero 男 (野生動物が)交尾期に集まる場所.
bramante 男 (麻)ひも[糸].
bramar 自 ❶ (牛・シカが)鳴く. ❷ (風・海等が)うなる, とどろく. ❸ 大声を出す.
bramido 男 ❶ (牛・シカの)鳴き声. ❷ (風・海等の)うなる音, とどろき. ❸ 叫び声;怒号.
brancada 女 刺し網の一種.
brandy 〔英〕男 [複 ～s, brandies] ブランデー.
branquia 女 (魚の)えら.
branquial 形 (魚の)えらの[による].
branquiópodos 男〘動〙(ミジンコ等の)鰓脚(さいきゃく)類の動物.
braña 女 夏に生える湿った牧草.
braquial 形 腕の;上腕の.
braquicefalia 女 短頭(症).
braquicéfalo, la 形 男 女 短頭(症)の(人).
braquiópodos 男 複 腕足綱の動物(シャミセンガイ・ホウズキガイ等).
braquiuro 男 短尾類の動物(カニ類).
brasa 女 燃えている炭火[コークス];燠(おき). carne a la ～ 炭火焼肉. *dar la ～ a ...* …をうんざりさせる. *estar (como) en ～s* やきもきしている. *estar hecho ～s* 顔が真っ赤である. *pasar como sobre ～s por ...* …に軽く触れる.
braserillo 男 小形の火鉢.
brasero 男 ❶ 火鉢, 火桶(ひおけ). ❷ 火刑[火あぶり]場.
brasil 男 ❶〘植〙ブラジルスオウ(材). ❷ 紅(べに). ── 固名 [B-] ブラジル:首都ブラジリア Brasilia.
brasileño, ña / brasilero, ra 形 ブラジル(人)の. ── 男 女 ブラジル人.
Brasilia 固名 ブラジリア:ブラジルの首都.
brava 形 → bravo.
bravata 〔伊〕女 はったり, 空威張り.
braveza 女 猛々(たけだけ)しさ;勇ましさ.
bravío, a 形 ❶ 獰猛(どうもう)な;野生の;(土地等が)荒れた. ❷ (植物が)自生の. ❸ 無骨な;かたくなな. ── 男 猛々(たけだけ)しさ.
Bravo 固名 el ～ del Norte ブラボ・デル・ノルテ川:メキシコと米国の国境を流れる.
bravo, va [ブラボ, バ] 形〔英 brave〕❶ **勇敢な**, 果敢な;気性の激しい;粗野な. ponerse ～ 気が立つ, いらいらする. ❷ (動物が)獰猛(どうもう)な;野生の. toro ～ 闘牛. ❸ (波風が)激しい;(海が)荒れた;(土地が)荒涼とした, 起伏の激しい. ❹ (植物が)自生の. ❺ (人・物・行為が)見事な, すごい. ── 男 喝采(かっさい), 歓呼. ── 間 ブラボー, すばらしい. *a la(s) brava(s) / por la(s) brava(s)* 力ずくで.
bravucón, cona 形 男 女《話》強がりを言う(人), 威張った(人);横柄な(人).

bravuconada / bravuconería 囡 強がり, はったり.
bravura 囡 ❶ (動物の) 獰猛(どうもう)さ ; (人の) 勇敢さ ; (海等の) 荒々しさ. ❷ はったり.
braza 囡 ❶ 平泳ぎ. nadar a ～ 平泳ぎで泳ぐ. ❷ 〖海〗 (1) ブラサ (腕を広げた長さ. 約1.7メートルに相当). (2) 転桁(こう)索, 帆綱.
brazada 囡 ❶ (水泳・ボートの) ストローク. ❷ ひと抱えの量.
brazado 男 ひと抱えの量.
brazaje 男 → braceaje.
brazal 男 ❶ 腕章. ❷ 盾の握り ; 甲冑(かっちゅう)の腕当て. ❸ 用水路, 取水路.
brazalete 男 ❶ ブレスレット. ❷ 腕章. ❸ 甲冑(かっちゅう)の腕当て.
brazo [ブラそ] 男 〔英 arm〕 ❶ **腕**, 上肢 ; (四足獣の) 前足 ; (タコ等の) 触手. coger del ～ 腕をつかむ. dar el ～ a ... 《話》 …に腕を貸す. echar los ～*s* al cuello 首に腕を回す, 抱きつく. ❷ 腕状のもの, アーム, 腕木 ; (はかりの) さお ; 枝. ～ de cruz 十字架の横木. ～ de mar 入り江. ～ de río (川の) 支流. ❸ 《文》 権力, 権威. ❹ [複] 労働力. ❺ 援助者, 援護者. ❻ 部門, 下部組織. ***a*** ～ 機械を用いないで, 手で. ***a*** ～ ***partido*** (戦い等で) 懸命に ; 素手で. ～ ***(de) gitano*** ロールケーキ. ***con los*** ～***s abiertos*** 腕を広げて ; 温かく. ***con los*** **[*****de*****]** ～***s cruzados*** 何もせずに. ***cruzarse de*** ～***s*** 無関心な態度を取る. ***dar*** su ～ ***a torcer*** 譲歩する, 降参する. ***echarse*** **[*****entregarse*****]** ***en los*** ～***s de ...*** …の世話になる. ***estar en*** ～***s de Morfeo*** 《話》 ぐっすり眠っている. ***hecho un*** ～ ***de mar*** 盛装して. ***ser el*** ～ ***derecho de ...*** …の右腕[腹心]である.
brazuelo 男 (四足獣の) 前肢上半部.
brea 囡 タール, ピッチ ; タールを塗った防水布[シート].
break [ブレイ(ク)] 〔英〕 男 [複 ～s] ❶ ステーションワゴン. ❷ (テニス) (サービスの) ブレイク, (ボクシング) ブレイク. ❸ 〖音〗 ブレイクダンス ; (ジャズの) ブレイク.
brear 他 ❶ 殴る, 痛めつける. ～ a ... …攻めにする. ❷ 《話》 からかう, ひやかす.
brebaje 男 得体の知れない飲み物.
brebeta 囡 《ラ米》 → brevete.
breca 囡 〖魚〗 ニシキダイ, ヨーロッパマダイ.
brecha 囡 ❶ 裂け目, 割れ目, 穴, 隙間(すき), 溝. abrir (una) ～ 突破口[新たな道] を開く. ❷ 頭の裂傷 [傷口]. ***estar siempre en la*** ～ 絶えず身構えている. ***hacer*** ～ ***en ...*** …に感銘を与える. ***morir en la*** ～ 闘いのさなか[職務中]に死ぬ.
brécol 男 〖植〗 ブロッコリー.
brega 囡 ❶ 闘争 ; 激務. andar a la ～ 精を出す. ❷ けんか, 争い.
bregar 66 自 ❶ 《en》 (…に) 精を出す, 懸命に (…を) する. ❷ 《con》 (…のために) 闘う, (…と) 奮闘する ; (…と) やり合う, けんかする.
brent 〔英〕 男 ブレント : 北海油田産の原油.
breña 囡 [主に複] やぶと岩だらけの荒れ地.
breñal / breñar 男 → breña.
breque 男 → breca.
bresca 囡 ミツバチの巣板 ; 蜜蝋(みつろう).
brescar 26 他 採蜜(さいみつ)する.
Bretaña 固名 ❶ ブルターニュ : フランスの地方. ❷ Gran ～ グレートブリテン.
brete 男 ❶ 窮地, 窮状. estar en un ～ 窮地に陥っている. ❷ [複] 足かせ.
bretel 男 《ラ米》 吊りひも, ストラップ.
bretón, tona 形 アーサー王と円卓の騎士物語の ; ブルターニュ地方の. ― 男 ブルターニュ語.
breva 囡 ❶ (初物の) イチジク. ❷ 《話》 もうけ物, 幸運. ❸ ブレバ : 葉巻の一種 ; 《ラ米》 噛(か)みタバコ. ***de higos*** **[*****uvas*****]** ***a*** ～***s*** 《話》 時たま, 時々. ***más blando que una*** ～ (しかられて) しゅんとしている. ***¡No caerá esa*** ～***!*** そんなにうまくいくものか.
breve [ブレベ] 形 〔英 brief〕 ❶ **短い**, 短時間の. sílaba ～ 短音節. ❷ 簡略な, 簡潔な. ― 男 ❶ (ローマ教皇の) 小勅書. ❷ (新聞の) 短いニュース. ― 囡 〖音〗 2全音符 ; 短音. ***en*** ～ すぐに, まもなく.
brevedad 囡 短さ ; 簡略. con ～ 短く, 簡潔に. para mayor ～ 簡潔に言うと.
brevete 男 《ラ米》 運転免許証 (→ licencia 地域差).
breviario 男 ❶ 〖カト〗 聖務日課書 ; (一般に) 祈祷(きとう)書. ❷ 要約, 抄録.
brezal 男 (ヒースの生い茂った) 荒れ野.
brezo 男 〖植〗 ヒース, エリカ.
briago, ga 形 《ラ米》(きさ) 《話》 酔っ払った.
brial 男 ❶ (昔の) 絹等のチュニック. ❷ (甲冑(かっちゅう)の) スカート形腰当て.
briba 囡 ずぼらな生活.
bribón, bona 形 ごろつきの, 恥知らずの. ― 男 囡 ❶ ごろつき, 恥知らず. ❷ 《親愛》 いたずらっ子.
bribonada 囡 悪事, 不行状.
bricolaje 男 日曜大工.
brida 囡 ❶ 〖馬〗 馬勒(ばろく). a la ～ あぶみを長くして. ❷ (鉄管の端の) つなぎ手, つば ; (帽子の) 結びひも. ❸ 〖医〗 繊維性組織 ; 癒着. ***a toda*** ～ 全速力で. ***llevar*** **[*****manejar*****]** ***las*** ～***s en ...*** …で支配権を握っている.
bridge [ブリ(チ)〈ブリ(シュ)〉] 〔英〕 男 (トランプ) ブリッジ.
brigada 囡 ❶ 〖軍〗 旅団. ～*s* internacionales (スペイン内戦時の) 国際旅団. ❷ (警察・役所等の) 隊, 班. ― 男 囡 (陸・空軍の) 曹長, (海軍の) 上等兵曹.
brigadier 男 《古》 旅団長.
brigadista 男 囡 〖軍〗 旅団員.
Bright [ブライ(トゥ)] 男 enfermedad [mal] de ～ 〖医〗 ブライト病, 腎炎.
Brígida 固名 ブリヒダ : 女子の名.
brik 〔スウェーデン〕 男 [複 ～s] (飲料の) 紙パック. un ～ de leche 牛乳1パック
brillante [ブリリャンテ〈ブリヤンテ・ブリジャンテ〉] 形 〔英 brilliant〕 ❶ **輝く**, きらめく. los ojos ～*s* きらきらした瞳. ❷ 輝かしい, 傑出した. inteligencia ～ すぐれた知性. ― 男 (ブリリアントカットの) ダイヤモンド.
brillantez 囡 ❶ 輝き, 明るさ. ❷ すばらしさ, 卓抜.
brillantina 囡 整髪料, ヘアリキッド.
brillar [ブリリャル〈ブリヤル・ブリジャル〉] 自 〔英 shine〕 ❶ **輝く**, きらきら光る, きらめく. Le *brillan* los ojos de alegría. 喜びで目が輝いている. ❷ 《por》 (…で) 際立つ, 目立つ. *Brilla por* su inteligencia en clase.

彼の頭のよさはクラスでぴか一である. — 他 ～ los zapatos《ラ米》靴を磨く(→ limpiar 地域差). ～ **... por su ausencia** …がない(のが目につく).

brillo 男 ❶ 輝き, 光沢. dar [sacar] ～ a ... …をぴかぴかに磨く. ～ de labios リップグロス. ❷ すばらしさ, 卓抜. — 活 → brillar.

B

brilloso, sa 形《ラ米》光り輝く(= brillante).

brincar 26 自 飛び跳ねる, 飛び上がる. — 他(子供を)高い高いして遊ばせる.

brinco 男 跳躍, ジャンプ. de un ～ ひと跳び[ひとまたぎ]で. ***dar ～s de alegría*** 大喜びする. ***dar [pegar] un ～***《話》(びくっとして)飛び上がる, びくっとする. ***en un ～ / en dos ～s*** たちまち.

brindar 自《por》(…に)乾杯する. — 他 ❶ 提供する, 与える. ❷(闘牛士が牛を)ささげる. — **brindarse** 再《a》(…することを)(自分から)申し出る.

brindis 男[単複同形] ❶ 乾杯のあいさつ. hacer un ～ por ... …のために乾杯する. ❷ 闘牛士の捧呈(ほうてい)(の辞).

brío 男 ❶[単または複]意気込み, 活力. ❷ 決意, 勇気. con ～ 毅然(きぜん)として. ***cortar a ... los ～s*** …の活動を制限する, 野心をそぐ. ***¡Voto a ～s!***《話》こんちくしょう.

brioche [ブリオ(チ)〈ブリオ(シュ)〉]〔仏〕男 ブリオッシュ(菓子パン).

briofito, ta 形〖植〗苔(こけ)植物の. — 女[複]〖植〗苔植物, 蘚苔(せんたい)類.

brioso, sa 形 ❶ 精力的な, 元気な；毅然(きぜん)とした. ❷(振る舞いが)優雅な, りりしい.

briqueta 女 練炭, たどん.

brisa 女 そよ風；微風；北東の風.

brisca 女(スペイン)トランプゲームの一種.

briscar 26 他 金銀糸で刺繍(ししゅう)する.

británico, ca 形 英国の, イギリスの. Las Islas *Británicas* イギリス諸島.

britano, na〖史〗形 ブリタニアの. — 男 女〖史〗ブルトン人：ケルト系の先住民.

brizna 女 ❶ 筋；細い繊維. ❷ 小片, わずかなこと.

broa 女 浅く岩礁の多い入り江.

broca 女 ❶ ドリル(の穂先), 錐(きり)(の先端部). ❷(靴の)鋲(びょう). ❸ 糸巻き, ボビン.

brocado, da 形(布が)にしきの. — 男 にしき, 金らん；ブロケード.

brocal 男 ❶ 井桁(いげた). ❷ 酒袋 bota の吸い口, 刀のさやの口. ❸〖鉱〗坑口.

brocatel 男 ブロカテール：(1) にしき織り. (2) 多彩な模様の大理石(= mármol ～).

brocha 女 刷毛(はけ)；化粧ブラシ. dar a la ～ a ... …を塗る. ***de ～ gorda***《軽蔑》(作品等が)雑な, へたくそな.

brochada 女 → brochazo.

brochazo 男(絵筆・刷毛(はけ)の)ひと塗り.

broche 男 ❶ ブローチ. ❷ 留め金, ホック, スナップ. ❸[複]《ラ米》(1) ヘアピン(→ horquilla 地域差). (2) カフスボタン(→ gemelo 地域差). ❹ 最後, 締め. ***con ～ de oro***《話》有終の美を飾って.

brocheta 女〖料〗串焼き(料理).

brócoli / bróculi 男〖植〗ブロッコリー.

broker [ブロケル]〔英〕男 女[複 ～s]仲買人.

broma [ブロマ] 女〔英 joke〕❶ 冗談, しゃれ；悪ふざけ, いたずら. ～ pesada きつい[悪い]冗談. andar con ～*s* 冗談ばかり言っている. ❷《話》取るに足らぬ[くだらない]こと. ❸〖貝〗フナクイムシ. ***entre ～s y veras*** 冗談半分で. ***gastar ～s a ...*** …をからかう. ***ni en ～*** 決して(…ない). ***tomar ... a ～*** 本気にしない.

bromato 男〖化〗臭素酸塩.

bromatología 女 栄養学.

bromazo 男 きつい冗談.

bromear(se) 自 再 冗談を言う.

bromeliáceas 女 複 パイナップル科(の植物).

bromhídrico, ca 形 臭化水素の.

brómico, ca 形〖化〗臭素を含む.

bromista 形 男 女 冗談好きの(人).

bromo 男〖化〗臭素.

bromuro 男〖化〗臭化物.

bronca 女 ❶ 激しいけんか. ❷ きつい叱責(しっせき). echar una ～ しかりつける. ❸(スポーツ等での)ブーイング. ❹《ラ米》怒り.

bronce 男 ブロンズ(像)；銅メダル.

bronceado, da 形 ❶ ブロンズ色の. ❷ 日に焼けた. — 男 ❶ 青銅仕上げ. ❷ 日焼け(した肌).

bronceador 男 サンオイル.

bronceadura 女 青銅色をつけること；日焼け.

broncear 他(肌を)日に焼く, 赤銅色にする. — **broncearse** 再 日焼けする.

broncíneo, a 形 青銅製の, ブロンズ風の.

broncista 男 女 ブロンズ像職人.

bronco, ca 形 ❶(音・声が)耳障りな, がらがらの. ❷(性格が)粗暴な.

bronconeumonía 女 気管支肺炎.

broncorrea 女〖医〗気管支漏.

broncoscopio 男〖医〗気管支鏡.

bronquedad 女 ❶(声・音の)かすれ. ❷(表面の)荒さ. ❸(性格の)粗暴さ. ❹(金属の)もろさ.

bronquial 形〖解〗気管支の.

bronquio 男[単または複]気管支.

bronquiolos 男 複〖解〗細気管支.

bronquítico, ca 形 気管支炎の.

bronquitis 女〖医〗気管支炎.

broquel 男 ❶(小型で円形の)盾. ❷《文》盾となる存在.

broqueta 女〖料〗串焼き.

brotadura 女 発芽.

brótano 男〖植〗カワラニンジン, ヨモギ類.

brotar 自 ❶ 芽[葉]を出す. ❷(水が)わき出る, あふれる. ❸〖医〗(発疹(はっしん)が)生じる, 現れる. ❹《比喩的》ふっと芽生える, 生じる, 浮かぶ.

brote 男 ❶〖植〗芽, つぼみ；芽生え. ❷ 出現. ❸ 兆候. ❹〖医〗発疹(はっしん).

broza 女 ❶ 落ち葉, 枯れ枝. ❷ 茂み, やぶ. ❸《軽蔑》(文章の)埋め草.

brozoario / briozoo 男〖動〗コケムシ；[複]コケムシ綱の動物の総称.

brozoso, sa 形 低木の生い茂った.

bruces ***de ～*** うつぶせに. ***darse de ～ (con ...)*** (…と)出くわす.

brugo 男〖昆〗マメゾウムシ.

bruja 女 魔女；醜い老女；《話》悪女.

brujear 自 魔法を使う.

brujería 女 魔術, 魔法, 妖術(ようじゅつ).
brujesco, ca 形 魔法の；魔法使い[魔女]の.
brujo, ja 形 (目等が) 魅惑的な. ── 男 魔術師, 魔法使い, 呪術(じゅじゅつ)師.
brújula 女 磁気コンパス, 磁気羅針盤.
brujulear 他 (先を読んで) うまく立ち回る.
brulote 男 ❶〖史〗火船：発火突撃船. ❷《ラ米》罵詈(ばり)雑言.
bruma 女 ❶ 霧, もや. ❷ [複] (頭の) 混乱.
brumoso, sa 形 ❶ 霧[もや]のかかった. ❷ 不明瞭(ふめいりょう)な, 分かりにくい.
Brunei 固名 ブルネイ：首都バンダルスリブガワン Bandar Seri Begawan.
bruno, na 形 暗褐色の, 黒っぽい. ── 男〖植〗(黒い) プラム (の木・実).
bruñido, da 形 光沢のある, つややかな. ── 男 つや出し.
bruñidor, dora 男 女 磨く人, つや出しする人. ── 男 つや出しの道具.
bruñir 71 他 磨く, つや出しする.
brusco, ca [ブルスコ, カ] 形〔英 sudden〕❶ **突然の**, 不意の, 急激な. ❷ 無愛想な, ぶっきらぼうな.
Bruselas 固名 ブリュッセル：ベルギーの首都. *col de* ～ 芽キャベツ.
bruselense 形 男 女 ブリュッセルの (人).
brusquedad 女 ❶ 突然, 唐突. ❷ ぶっきらぼうな行動[言葉].
bruta 形 → bruto.
brutal 形 ❶ 残忍な. ❷《話》すごい, でかい.
brutalidad 女 ❶ 乱暴, 残忍性. ❷《話》ばかげた行動, むちゃ.
bruteza 女 ❶ 雑な仕上がり. ❷ → brutalidad.
bruto, ta [ブルト, タ] 形〔英 stupid; brutal〕❶ **愚鈍な**. ❷ **乱暴な**. ❸ 未加工の；精製していない. ❹ 総計の. peso ～ 総重量. producto nacional ～ 国民総生産. ── 男 女 愚か者, 乱暴者. ── 男 獣. *en* ～ (1) 磨かれていない；未完の. (2) 総計で.
bruza 女 ブラシ, たわし.
bruzar 57 他 ブラシをかける.
bu 男 [複 búes] お化け, 鬼.
búa 女 ❶ 吹き出物. ❷ [複] → buba.
buba 女 [主に複]〖医〗横根(よこね).
búbalo, la 男 女〖動〗キタハーテビースト.
bubón 男 [主に複]〖医〗横根(よこね).
bubónico, ca 形〖医〗横根(よこね)の. peste *bubónica* 腺(せん)ペスト.
bucal 形〖解〗口腔(こうこう)の.
bucanero 男 バッカニーア：17-18世紀のカリブ海の海賊.
búcare 男《ラ米》〖植〗ブカレ：コーヒー栽培の日よけに用いるマメ科の木.
búcaro 男 花瓶；《稀》水がめ.
buccinador 男〖解〗頬筋(きょうきん).
buccino 男〖貝〗エゾバイ.
buceador 男 潜水士, ダイバー.
bucear 自 ❶ 潜水する. ❷ 調べる.
bucéfalo 男《話》まぬけ.
buceo 男 ❶ 潜水, スキンダイビング. ❷ 調査.
buchada 女 (水等の) 口のひと含み.
buche 男 ❶ (鳥の) 嗉嚢(そのう)；胃袋. ❷《話》胃. ❸ (水・酒等の) 口のひと含み. hacer ～*s*《ラ米》(アルゼンチン)(ウルグアイ)口をゆすぐ.
bucle 男 巻き毛, カール.
buco 男《話》(注射器による) 麻薬の投与.
bucodental 形〖医〗口内 (主に歯) の.
bucólico, ca 形 牧歌の, 牧歌的な. ── 男 女 牧歌詩人. ── 女 牧歌.
búdico, ca 形 仏教の.
budín 男 ❶〖料〗プディング. ❷《ラ米》(アルゼンチン)(ウルグアイ)魅力的な女性.
budinera 女 プディングを作る型.
budión 男〖魚〗ギンポ.
budismo 男 仏教, 仏法.
budista 形 仏教の. ── 男 女 仏教徒.
buen [ブエン] 形 bueno の語尾消失形.
buena 女 厄介なこと. Te has metido en una ～. 君は厄介なことに足を突っ込んだね. ── 形 → bueno.
Buena Esperanza 固名 Cabo de ～ 喜望峰.
buenamente 副 ❶《poder と共に》できる範囲で. ❷ 自ら, 喜んで.
buenandanza 女 幸福；成功, 繁栄.
buenaventura 女 (手相による) 占い；幸運.
buenazo, za 形 人のよい. ── 男 女 お人よし.
buenísimo, ma 形 [bueno の絶対最上級] すばらしく[この上もなく] 良い.
bueno, na [ブエノ, ナ] 形 [男性単数名詞の前では buen. 比較級 mejor, más bueno. 絶対最上級 buenísimo, ma / bonísimo, ma / óptimo, ma]〔英 good〕❶ **よい**. *buenas* noticias よい知らせ. un coche ～ いい車. en un *buen* sentido いい意味で. ❷ 善良な, 親切な. una *buena* persona いい人. *buena* gente《ラ米》優しい先生 (→ benévolo 地域差). ❸ 上等の, 上質の；有能な. una *buena* tela 上質の布地. un *buen* abogado 有能な弁護士. ❹ おいしい. *buena* comida おいしい食べ物. Esta sopa está muy *buena*. このスープはとてもおいしい. ❺《**para**》(…に) 適切な, 都合のよい. una *buena* ocasión *para* salir 出かけるのによい機会. *buen* precio 手ごろな値段. ❻ 健康な. Su madre ya está *buena*. 彼のお母さんはもう元気だ. ❼ 上流の, 由緒正しい. ser de *buena* familia 良家の出身である. ❽ 楽しい. Es ～ pasear por este parque. この公園を散歩するのは楽しい. ❾《話》かなりの；ひどい. una *buena* cantidad かなりの量. un *buen* número de ... 相当数の…. ¡*B*～ está! もうよせ, もういい. ── 男 女 善人, いい人. el ～ de Juan お人よしのフアン. ── 男 (成績の) 良. ── 間 ❶《承諾》そうだ, 分かった. ¿Quieres cerveza? — *B*～, dame un poquito más. ビールいるかい. ─そうだね, もう少しちょうだい. ❷《話題の転換》さあ, それでは. *B*～, vamos a empezar. さあ, それでは始めよう. ❸《ためらい》さあ, まあ. ¿Qué película quieres ver? — *B*～, la que sea. どの映画が見たい. ─まあ, どれでもいいよ. ❹《あきらめ》よしてくれ. *B*～, ya está bien. もういいよ, それでいいから. ❺《驚き》わあ；なんだ. ¡*B*～! ¡Ahora llega tu padre! なんだ, 今ごろ君のお父さんが来たよ.

B

❻《ラ米》(ﾒｷｼｺ)(電話で) もしもし (► かける方も受ける方も) (➜ decir 地域差). *¡Benas! / ¡Muy buenas!* こんにちは (► おはよう, こんにちは, こんばんは：一日中いつでも用いられる). *Buenas noches.* こんばんは；おやすみなさい. *Buenas tardes.* こんにちは；さようなら. *B~s días.* おはようございます, こんにちは；さようなら (► 昼食までのあいさつ. 昼食後夕食までは Buenas tardes.). *dar por ~* 受け入れる；賛成する. *de buenas* 上機嫌で. *de buenas a primeras* 出し抜けに. *por las buenas* 喜んで.

Buenos Aires 固名 ブエノスアイレス：アルゼンチンの首都.

buey 男〘動〙(雄の) 去勢牛. *arar con los ~es que se tiene* 高望みをしない. *~ de mar* オマールエビ. *~ marino*〘動〙マナティー, ジュゴン. *¡Habló el ~ y dijo mu!* 無口な者はろくな事を言わない. *ojo de ~* (丸い) 舷窓(ｹﾞﾝｿｳ).

bueyuno, na 形 牛の；牛のような.

bufa 女 ➜ bufón.

bufador 男〘地質〙噴気孔.

búfalo, la 男 女〘動〙バッファロー, アメリカバイソン.

bufanda 女 マフラー, 襟巻き.

bufar 自 ❶ (動物が) 鼻息を荒くする. ❷ (人が) 怒りをあらわにする.

bufé / bufet 男 ❶ 立食 (用テーブル). ~ libre バイキング料理. ❷ 食器棚. ❸ (劇場・駅・列車等の) ビュッフェ.

bufete 男 書斎机；弁護士事務所.

buffet 〔仏〕男 ➜ bufé.

bufido 男 ❶ (動物の) 荒い鼻息. ❷《話》怒声.

bufo, fa 形 喜劇的な, お笑いの. ópera *bufa* 18世紀イタリアの喜歌劇. ── 男 女 道化役. ── 男《ラ米》(ｱﾙｾﾞﾝﾁﾝ)(ｳﾙｸﾞｱｲ)男色者.

bufón, fona 男 女 おどけ役, ぼけ役. ── 男〘史〙(小人の) 道化師.

bufonada 女 おどけ, 悪ふざけ.

bufonearse 再 ❶ ふざける. ❷《de》(…を) ひやかす.

bufonesco, ca 形 こっけいな.

buga 男《話》自動車.

bugalla 女 没食子(ﾓｯｼｮｸｼ).

buganvilla 女〘植〙ブーゲンビリア.

buggy [ブギ]〔英〕男 ビーチバギー.

bugle 男〘音〙らっぱ (の一種).

buglosa 女〘植〙アンチューサ, ウシノシタグサ.

buhardilla / buharda 女 屋根裏部屋；屋根窓.

buharro 男〘鳥〙コノハズク, ブッポウソウ.

búho 男 ❶〘鳥〙(ミミズクを含む) フクロウ. ❷ 人嫌い；夜型の人. ❸ 夜間運行バス.

buhonería 女 行商人が売る安物.

buhonero, ra 男 女 ❶ 行商人. ❷《ラ米》(街頭の) 新聞売り (➜ vendedor 地域差).

buido, da 形 とがった.

buitre 男〘鳥〙❶ ハゲワシ, ハゲタカ. ❷ 貪欲(ﾄﾞﾝﾖｸ)な人.

buitrear 他 ❶ たかる, おごらせる. ❷ (人を) 利用する. ── 自《ラ米》(ﾍﾟﾙｰ)(ﾁﾘ)(ｺﾛﾝﾋﾞｱ)吐く.

buitrera 女 (ハゲタカ捕りの) わな.

buitrero, ra 形 ハゲタカのような. ── 男 ハゲタカ猟師.

buitrón 男 (魚捕りの) 仕掛けかご, 筌(ｳｹ).

bujarrón 形 同性愛の. ── 男 男性の同性愛者,《軽蔑》ホモセクシュアル.

buje 男〘機〙軸箱.

bujería 女 安物の小物類, がらくた.

bujía 女 ❶ ろうそく. ❷〘車〙点火プラグ. ❸《ラ米》電球 (➜ bombilla 地域差).

bula 女〘カト〙(ローマ教皇の) 大勅書. *tener ~*《話》他にはない特権を有する.

bulario 男 (ローマ教皇の) 大勅書集.

bulbo 男 ❶〘植〙球根, 鱗茎(ﾘﾝｹｲ). ❷〘解〙(円筒形の物の先端の) 丸くふくらんだ部分. ~ dentario 歯根. ~ ocular 眼球. ~ piloso 毛根. ~ raquídeo 延髄.

bulboso, sa 形 球根をもつ, 球根形の.

buldog 男〘動〙ブルドッグ.

buldózer 男 ブルドーザー.

bulerías 女 複 (フラメンコ) ブレリアス：スペインのアンダルシア地方の民謡・踊り.

bulero 男〘史〙免罪符売り.

bulevar 男 (中央に並木のある) 大通り.

Bulgaria 固名 ブルガリア：首都ソフィア Sofía.

búlgaro, ra 形 男 女 ブルガリアの (人). ── 男 ブルガリア語：南スラブ語の1つ.

bulimia 女〘医〙過食症.

bulímico, ca 形 男 女〘医〙過食症の [患者].

bulla 女 ❶ 騒ぎ. ❷ 人ごみ. ❸《話》けんか. ── 活 ➜ bullir.

bullabesa 女〘料〙ブイヤベース.

bullanga 女《話》大騒ぎ.

bullanguero, ra 形 男 女 お祭り好きの (人).

bullarengue 男 ❶ (スカートの) 腰当て. ❷《話》尻(ｼﾘ).

bulldog 〔英〕男 ➜ buldog.

bulldózer 〔英〕男 ➜ buldózer.

bullebulle 男 女 やたらと元気な人.

bullicio 男 ざわめき, 喧噪(ｹﾝｿｳ)；混乱.

bullicioso, sa 形 ❶ 騒がしい. ❷ 混雑した, にぎやかな.

bullir 71 自 ❶ (湯が) 沸騰する, 煮えたぎる. ❷《比喩的》(腸(ﾊﾗﾜﾀ)が) 煮えくり返る. ❸ (アイディアが) 湧(ﾜ)き出る. ❹ (人々が) 押し合いへし合いする；(動物が) うじゃうじゃいる.

bullón 男 飾り鋲(ﾋﾞｮｳ).

bulo 男《話》流言飛語, デマ.

bulto 男 ❶ ふくらみ, 固いしこり. ❷ 大きさ, かさ. ❸ [複] 包み, 荷物. ❹ (判然としない) 形, 人影. ❺《ラ米》書類入れ, ブリーフケース. *a ~* 大ざっぱに見積もって. *~ redondo*〘美〙塑像. *de ~* (過失等が) 重大な. *escurrir el ~*《話》厄介事を避ける. *hacer ~* (集まりに) とりあえず顔を出す.

bululú 男〘演〙一人芝居の役者.

bumerang / bumerán 男 ブーメラン.

buna 女 合成ゴム.

bungaló 〔英〕男 ➜ bungalow.

bungalow 〔英〕男 [複 ~s] バンガロー.

buniato 男〘植〙サツマイモ.

búnker 〔独〕男 [複 ~s] ❶ 防空壕(ｺﾞｳ), トーチカ. ❷ (ゴルフの) バンカー. ❸ 極右派.

buñolería 女 buñuelo 専門店.

buñolero, ra 男 女 buñuelo 売り.

Buñuel 固名 ブニュエル Luis ~ (1900 - 83)：スペインの映画監督. *El perro andaluz*『アンダルシアの犬』.

buñuelo 男 ❶ ブニュエロ：ドーナツの一種. ～ de viento《スペイン》四旬節・万聖節に食べるクリーム・ブニュエロ. ❷《話》出来損ない, やっつけ仕事.

BUP [ブ(プ)] 男 *B*achillerato *U*nificado *P*olivalente (スペインの) 共通総合中等教育.

buque [ブケ] 男〔英 ship〕(大型の) **船**, 船舶. ～ cisterna タンカー. ～ de cabotaje 沿岸航行船. ～ escuela 練習船. ～ factoría 冷凍船. ～ insignia 旗艦. ～ mercante 商船. ～ nodriza 補給船. ～ nuclear 原子力船. ～ submarino 潜水艦.

buqué 男 花束；(ワインの) 芳香.

burbuja 女 ❶ 泡, あぶく. ❷〖医〗無菌室. niño ～ (保育器で育つ) 未熟児.

burbujear 自 泡立つ.

burbujeo 男 泡立ち.

burdégano 男〖動〗ケッテイ：雄馬と雌ロバとの交配種.

burdel 男 売春宿.

burdeos 形 男 [単複同形] ボルドーワイン (の)；ワインレッド (の). ── 固名 [B-] ボルドー：フランスの港湾都市.

burdo, da 形 ❶ 粗製の. ❷ 半端な, 不出来な, 雑な.

burel 男 (紋章で盾を分割する) 横帯.

bureo 男《話》お祭り騒ぎ.

bureta 女〖化〗ビュレット.

burga 女 温泉.

burgalés, lesa 形 男 女 ブルゴスの (人).

burgo 男〖史〗(中世の) 小都市, 城塞(じょうさい)都市.

burgomaestre 男 (オランダ・ドイツ・スイスの) 市長.

Burgos 固名 ブルゴス：スペインの県；県都.

burgués, guesa 形 ❶ 中産階級の. ❷ 俗物的な, 小市民的な. ❸ 金持ちの. ── 男 女 中産階級の人, ブルジョア, 金持ち.

burguesía 女 中産階級, ブルジョワジー；(現代資本主義社会の) 資本家階級.

buril 男 ビュラン：銅版・彫金用の彫刻刀.

burilada / buriladura 女 (ビュラン buril による) 彫刻.

burilado 男 (ビュランによる) 彫刻法.

burilar 他 (ビュラン buril で) 彫刻する.

Burkina Fasso 固名 ブルキナファソ：首都ワガドゥグー Ouagadougou.

burla 女 ❶ あざけり, からかい；冗談. ❷ 詐欺, ひっかけ. ── 活 → burlar.

burladero 男〖闘牛〗待避柵(さく).

burlador 男《文》色男, 色事師.

burlar [ブルラル] 他 ❶ 巧みにかわす. ❷ あざむく. ── **burlarse** 再〔英 make fun (of)〕《de》(…を) **からかう**, 嘲笑(ちょうしょう)する.

burlesco, ca 形 こっけいな, おどけた；からかうような.

burlete 男 目張り.

burlón, lona 形 ふざけた, からかうような. ── 男 女 冗談好きの人.

buró 男 ❶ 事務机. ❷ (政党等の) 事務局. ❸《ラ米》ナイトテーブル (→ mesa 地域差).

burocracia 女 ❶ 官僚制度；《集合的》官僚. ❷ 形式主義, お役所仕事.

burócrata 男 女 官僚, 役人.

burocrático, ca 形 官僚[お役所] 的な.

burocratismo 男 官僚主義.

burocratización 女 (過剰な) 官僚主義化；形式主義化.

burra 女《話》バイク.

burrada 女《話》ばかな言動. ***una*** ～《話》大量；《副詞的》たくさん.

burrajo, ja 男 乾燥した馬糞(ふん).

burriciego, ga 形《話》ひどい近眼の.

burrito 男 ❶ ロバの子. ❷《ラ米》(メキシコ)タコス taco の一種.

burro, rra 男 女 ❶ ロバ. ❷《話》のろま, 粗野な人；働き者；頑固者. ── 男 ❶ ブロ：トランプゲームの一種. ❷《ラ米》(メキシコ)アイロン台. ── 形 のろまな, 粗野な；よく働く；頑固な. ***apearse*** [***bajarse***] ***del*** ～ 非を認める. ～ ***(de arranque)*** (車等の) スターター. ***B～ grande, ande o no ande.***《諺》質より量. ***como un*** ～ 死ぬほど (働く, 食べる). ***no ver tres en un*** ～ 近眼である. ***vender la burra*** まるめこむ.

bursátil 形 株式市場の.

burujo 男 だま, もつれ.

Burundi 固名 ブルンジ：首都ブジュンブラ Bujumbura.

bus 男《ラ米》(市内) バス (→ autobús 地域差).

busca 女 ❶ 探すこと, 探索, 捜索. en [a la] ～ de ... …を求めて. ❷ 廃品回収. ── 男《話》→ buscapersonas. ── 活 → buscar.

buscada 過分 → buscar. 女 → busca ①.

buscador, dora 形 捜索する, 探索する. ── 男 女 探索者. ── 男 ❶ (望遠鏡の) ファインダー. ❷〖IT〗検索エンジン.

buscapersonas 男 [単複同形] ポケットベル (= mensáfono, busca).

buscapiés 男 [単複同形] ねずみ花火.

buscapleitos 男 女 [単複同形]《話》《軽蔑》けんか好き, トラブルメーカー.

buscar [ブスカル] 26 他〔英 search, seek〕❶ **探す**. ❷ 迎えに行く. ❸ (職等を) 求める. ❹ 挑発する. ── **buscarse** 再 自ら…を招く. ***buscárselas*** なんとかうまく切り抜ける.

buscarruidos 男 女 [単複同形] → buscapleitos.

buscavidas 男 女 [単複同形]《話》世慣れた人, お節介焼き；日和見主義者.

buscón, cona 形 だます. ── 男 女 ぺてん師. ── 女《話》売春婦.

busilis 男 [単複同形] 問題点, ネック；核心. ***dar en el*** ～ 難問にぶつかる.

business [ビスネス]〔英〕男 ビジネス. el show ～ ショービジネス. la clase ～ (飛行機の) ビジネスクラス.

busque(-) / busqué(-) 活 → buscar.

búsqueda 女 探索, 捜索.

busto 男 ❶〖美〗胸像. ❷ 上半身；(女性の) バスト.

bustrófedon 副 犂耕(りこう)体で. ── 男 犂耕体：行ごとに書く方向を変える書式.

butaca 女 ❶ (リクライニング式) アームチェアー. ❷ (劇場等の) 1 階席 (券).

butacón 男 (ひじかけ・ヘッドレスト付きの) 大型の安楽いす.
butanés, nesa 形 ブータンの. ── 男 女 ブータン人.
butano 男 〖化〗ブタン.
buten *de* ～ 《話》すばらしく, 見事に.
butifarra 女 ❶ ブティファラ : スペインのカタルーニャ地方のソーセージ. ❷《ラ米》(ペル)肉・野菜のサンドイッチ.
C
butilo 男 〖化〗ブチル基.
butírico, ca 形 〖化〗酪酸の.
butuco 男 女 《ラ米》《話》太った人, でぶ (➡ rechoncho 地域差).
buzamiento 男 (地層の) 傾斜.
buzar 57 自 (地層が) 傾斜している.
buzo 男 ❶ ダイバー. ❷ (子供用) コート ; 《ラ米》つなぎの作業服 (➡ mono 地域差) ; 上着, ジャケット (➡ chaqueta 地域差) ; セーター (➡ jersey 地域差).
buzón 男 ❶ 郵便ポスト, 郵便受け. ❷ 大きな口.
buzoneo 男 宅配広告 (配達業) ; (各家の郵便受けに) ちらしを配布すること.
bypass [バイパス] 〔英〕 男 [複 ～es または単複同形] 〖医〗バイパス ; 側管.
byte [バイ(トゥ)] 〔英〕 男 [複 ～s] 〖IT〗バイト.

Cc

C, c [せ] 女 ❶ スペイン語字母の第 3 字. ❷ (ローマ数字の) 100. ❸ 〖音〗ド do.
c/ → calle; cuenta; caja(s); capítulo; cargo; contra; copia.
¡ca! 間 《話》《否定・疑念》まさか.
cabal 形 ❶ (数量等が) ちょうどの, 正確な. ❷ (人格が) 模範的な. *a carta* ～ 完璧(かんぺき)な. *no estar en sus ～es* (頭が) どうかしている.
cábala 女 ❶ カバラ. ► 神秘思想. ❷ [複] 憶測. hacer ～*s* あれこれ憶測する.
cabalgada 女 ❶ (馬での) 遠乗り. ❷ 〖史〗(敵陣突破の) 騎馬隊.
cabalgadura 女 乗用[荷役用]動物.
cabalgar 66 自 ❶ 馬に乗る. ❷ 《**sobre**》(…の上に) 乗る, またがる. ── 他 (馬等に) 乗る.
cabalgata 女 騎馬行進, パレード.
cabalista 男 女 ❶ カバラ cábala 研究者. ❷ 陰謀家.
cabalístico, ca 形 ❶ カバラの. ❷ 神秘的な, 難解な.
caballa 女 〖魚〗サバ.
caballada 女 馬の群れ.
caballar 形 馬の (ような).
caballeresco, ca 形 ❶ 〖史〗〖文学〗騎士道の. ❷ 紳士的な.
caballerete 男 《話》《軽蔑》若僧.
caballería 女 ❶ 乗用 [荷役用] 動物. ❷ 騎兵隊. ～ ligera 軽騎兵隊. ❸ 〖史〗騎士団. ～ andante 《集合的》遍歴の騎士.
caballerizo, za 男 女 厩務(きゅうむ)員. ── 女 馬小屋, 厩舎.
caballero, ra [カバリェロ〈カバイェロ・カバジェロ〉, ラ] 形 《文》馬に乗った. ── 男 〔英 gentleman; knight〕 ❶ 紳士. ❷ 成人男性. servicio de ～*s* 男性用トイレ. ❸ 騎士, 騎士団員 ; 騎兵. ～ andante 遍歴の騎士. ❹《男性に対する呼びかけ》あなた様. ¿Qué busca Ud., ～? 何をお探しでしょうか. ¡Damas y ～*s*! お集まりのみなさん.
caballerosidad 女 紳士らしさ.
caballeroso, sa 形 紳士的な.
caballete 男 ❶ 画架, イーゼル ; (V字形の) 架台. ❷ (屋根の) 棟. ❸ 鼻梁(びりょう).
caballista 男 女 乗馬の名手.
caballito 男 ❶ 小馬. ❷ [複] メリーゴーラウンド. ～ *del diablo* 〖昆〗トンボ. ～ *marino* [*de mar*] 〖魚〗タツノオトシゴ.
caballo [カバリョ〈カバヨ・カバジョ〉] 男 〔英 horse〕 ❶ 馬, 雄馬 (► 雌馬は yegua). montar a ～ 馬に乗る. ir a ～ 馬で行く. ❷ (体操競技の) 鞍馬(あんば). ❸ (スペイン・トランプ) 馬の札 ; (チェス) ナイト. ❹ 〖物〗馬力 (= ～ de vapor). ❺《俗》ヘロイン. *a* ～ *entre ... y ...* …と…の間に. *a mata* ～ 《話》大急ぎで. ～ *de batalla* 難関. ～ *de buena boca* 《話》融通がきく人. ～ *de Troya* 内部問題.
caballón 男 〖農〗畝 ; 畦(あぜ).
caballuno, na 形 馬の (ような).
cabaña 女 ❶ 小屋. ❷ (家畜の) 群れ.
cabaré / cabaret 〔仏〕 男 [複 ～s] キャバレー.
cabaretero, ra 形 男 女 キャバレーの (歌手, 踊り子).
cabás 男 通学かばん.
cabe 前 《古》《文》…の近くに, そばに.
cabeceamiento 男 → cabeceo.
cabecear 自 ❶ 頭を振る ; (居眠りで) 舟をこぐ. ❷ 〖スポ〗ヘディングする. ❸ (船・車が) 揺れる. ── 他 《ラ米》(ペル) 《俗》(人を) だます.
cabeceo 男 ❶ 頭を振る動作 ; (居眠りの) こっくり. ❷ 〖スポ〗ヘディング. ❸ (船・車の) 揺れ.
cabecera 女 ❶ ベッドのヘッドボード ; 枕もと. ❷ 見出し. ❸ 源, 起点. ❹ 上座. ❺ (地方の) 中心都市.
cabecero 男 ベッドのヘッドボード.
cabecilla 男 女 《軽蔑》主謀者.
cabellera 女 ❶ 《集合的》頭髪. ❷ 〖天〗(彗星(すいせい)の) 尾.
cabello [カベリョ〈カベヨ・カベジョ〉] 男 〔英 hair〕 頭髪, 髪の毛. ～ *de ángel* カボチャの菓子 ; バーミセリ (極細パスタ).
cabelludo, da 形 髪の ; 髪の豊かな.
caber [カベル] 27 自 〔英 fit〕 ❶ 入りうる, 収まる ; 《**por**》(…を) 通り抜けられる. ❷ あり得る, 存在する. ❸ (役割等が) 当たる. *dentro de lo que cabe* 可能な範囲で. *No cabe más.* 《話》最高だ. *no* ～ *en la cabeza* 理解に苦しむ. *no* ～ *en sí de gozo* 有頂天になっている.
cabero, ra 形 しんがりの.
cabestrante 男 〖海〗キャプスタン.
cabestrillo 男 つり包帯.
cabestro 男 ❶ 先導牛. ❷ 《軽蔑》妻に浮気される夫 ; まぬけ. ❸ 端綱.
cabeza [カベさ] 女 〔英 head〕 ❶ 頭, 頭部. afirmar [negar] con la ～ うなずく[首を振る]. volver la ～ 振り向く. ～ abajo 頭を下にして, 逆さで[に]. Le saca una ～ a sus amigas. 彼女は友人たちより頭ひとつ背が高

い. ❷ (配分時の) 頭数. cinco euros por ～ 1人当たり5ユーロ. ❸ 頭脳, 思考, 理性 ;《話》記憶力. tener muy buena ～ 頭[記憶力]がいい. estar tocado [mal] de la ～ 頭がおかしい. tener la ～ dura 頭が固い. ❹ (物の) 頭部, ヘッド, 先端 ; 頭状の物. ～ de ajo ニンニクの球根. ～ impresora [de impresión]〖IT〗印字ヘッド. ～ de puente [playa] 橋頭[海岸] 堡(ほ). ❺ 先頭, 始まり. ～ del río 川の源. ir en ～ de la lista リストの最初に名を連ねる. ── 男 女 ❶ (グループの) トップ, リーダー. ～ de familia 家長. ～ de serie〖スポ〗シード. ❷《形容詞・修飾語句を伴って》…な頭の人. ～ cuadrada 融通がきかない人 ; 記憶力がいい人. ～ de turco 他人の罪を負わされる人, スケープゴート. ～ rapada スキンヘッド (の人). ***a la* [*en*] ～** 頭に ; トップに. ***alzar* [*levantar*] *la* ～** 頭をもたげる, 上を向く ;《話》生き返る. ***andar* [*ir*] *de* ～** 《話》忙しい, 課題をたくさん抱えている. ***bajar* [*agachar*] *la* ～** 頭を下げる ; 屈服する, 従う. ***～ de chorlito*** 《話》《皮肉》おっちょこちょい. ***calentar la ～ a ...*** 《話》…を悩ます, うんざりさせる. ***calentarse la ～*** じっくり考える. ***con la ～ muy alta*** 誇り[自信]を持って. ***dar vueltas a la ～*** 注意を集中する. ***de ～*** (1) 頭から ; 迷わず, きっぱりと. arrojarse *de* ～ 頭から飛び込む. (2) 暗記して, そらで (= de memoria). ***írse**le **la ～*** …の気分が悪くなる ; 頭がいかれる. ***levantar* [*alzar*] ～** (病気・苦境から) 立ち直る, 回復する. ***meter**le **en la ～*** 《話》…の頭に入れる, 納得させる. ***meter la ～ debajo del ala*** 現実から目をそらす, 逃避する. ***meter la ～ en ...*** …で認められる, …のポストにつく. ***metérse**le **en la ～*** …の頭から離れない. ***no caber**le* [*entrar**le*] *en la ～*** …にとって想像できない, 考えられない. *No me cabe en la* ～ que ya tengas hecho el trabajo. もう作品ができ上がっているなんて私には信じられない. ***pasárse**le **por la ～*** (ことが) …の頭をよぎる[かすめる]. ***perder la ～*** 《話》正気を失う, 気を失う. ***quitar* [*sacar*] *de la ～*** 思いとどまらせる, (考え等を) やめさせる. ***romperse* [*quebrarse*] *la ～*** 《話》熟考する ; 頭を悩ます. ***sentar* (*la*) ～** 《話》まじめになる, 分別を持つ. ***sin levantar* (*la*) ～** 一心不乱に, 根を詰めて. ***tener la ～ a pájaros*** 《話》頭が空っぽである. ***torcer la ～*** 《話》病気になる.

cabezada 女 ❶ 頭突き ; 頭の打撲. ❷ (居眠りの) こっくり ; うなずくこと. ❸〖海〗縦揺れ. ❹ 面懸(おもがい).

cabezal 男 ❶ (器具の) 頭部 ; 磁気ヘッド. ❷ 長枕. ❸ (坑道の) 横木.

cabezazo 男 頭突き ; ヘディング.

cabezo 男 小丘 ; 峰.

cabezón, zona 形 男 女 ❶《話》頭の大きな (人). ❷ 頑固な (人). ── 形 (酒が) 悪酔いさせる.

cabezonada / cabezonería 女《話》強情さ, 頑固さ.

cabezota 形 男 女《話》強情な (人).

cabezudo, da 形 男 女 頭の大きい (人) ; 強情な (人). ── 男 (祭りの) 大頭の張子.

cabezuela 女 ❶〖料〗二番粉. ❷〖植〗頭花 ; ヤグルマギク.

cabida 過分 → caber. 女 容量, 収容人員 ; 面積. ***dar* [*tener*] *～ a ...*** …を収容できる ; …を許容する.

cabila 女 ベドウィン人の部族.

cabildada 女 権力乱用.

cabildante 男 女《ラ米》(南米) 市[町, 村] 議会議員.

cabildear 自 画策[裏工作]する.

cabildeo 男 画策, 裏工作.

cabildo 男 ❶〖カト〗司教座聖堂参事会員. ❷ 市[町, 村] 議会の議員団, 議会. *C*～ insular カナリア諸島議会.

cabileño, ña 形 男 女 ベドウィン族 (の).

cabilla 女〖海〗ビレーピン, 索留め栓.

cabillo 男〖植〗茎.

cabina 女 ❶ 小部屋. ❷ 運転席, 操縦室. ❸ (乗物の) 客室, キャビン. ～ ***telefónica*** 電話ボックス.

cabinera 女《ラ米》(コロンビア)スチュワーデス.

cabio 男〖建〗梁(はり) ; (戸の框(かまち)の) 横木 ; 垂木.

cabizbajo, ja 形 うつむいた ; うなだれた.

cable 男 ❶ 太い索, ケーブル ; 通信用ケーブル. ❷ 海底電信. ***cruzarse los ～s a ...*** 《話》…の頭が混乱する ; キレる. ***echar un ～ a ...*** …に助け船を出す.

cableado 男《集合的》ケーブル (工事).

cablegrafiar 31 他 海底電信で送る.

cablegrama 男 海底電信, 海外電報.

cablista 男 女 通信用ケーブル設置技術者.

cabo [カボ] 男〔英 end; cape〕❶ 先端, 端 ; 残り. ❷ 岬. ❸〖軍〗伍長(ごちょう). ❹〖海〗ロープ. ❺《ラ米》(タバコの) 吸い殻 (→ colilla 地域差). ── 固名 Ciudad de El *C*～ ケープタウン : アフリカ大陸最南端の港湾都市. ***al ～*** ついに, 最終的に. ***al ～ de ...*** 《時間》…の後で. ***atar ～s*** 情報を合わせて推理する. ～ ***suelto*** 未解決の事案. ***de ～ a rabo*** 最初から最後まで. ***estar al ～ de la calle*** 精通している. ***llevar a ～*** 実行する.

cabotaje 男〖海〗沿岸航海.

Cabo Verde 固名 カーボベルデ : 首都プライア Praia.

cabr- 活 → caber.

cabra [カブラ] 女〔英 she-goat〕〖動〗雌ヤギ (► 雄ヤギは macho cabrío). ***estar como una ～*** 《話》頭がおかしい.

cabrahígo 男〖植〗野生イチジク (の実).

cabrales 男 [単複同形] (スペイン) カブラレス産の (強烈な香りの) 熟成チーズ.

cabrear 他《話》いらつかせる. ── ***cabrearse*** 再《話》《**con**》(…に) いらつく, むかつく.

cabreo 男《話》むかつくこと, 怒り.

cabrerizo, za 形 ヤギの. ── 男 女 ヤギ飼い.

cabrero, ra 男 女 ❶ ヤギ飼い. ❷《ラ米》怒りっぽい人.

cabrestante 男〖海〗キャプスタン.

cabria 女〖機〗クレーン.

cabrilla 女 ❶〖魚〗マハタ. ❷ 木挽(こび)き台. ❸ [複] 足にできた低温やけど. ❹ [複] 白波. ❺《ラ米》(コロンビア)車のハンドル.

cabrillear 自 ❶ 白波が立つ. ❷ (光が

C

水面で) きらめく.
cabrillẹo 男 ❶ 白波が立つこと. ❷ (水面の) きらめき.
cạbrio 男〖建〗垂木.
cabrío, a 形 ヤギの. macho ～ 雄ヤギ.
cabriọla 女 ❶ (バレエ) カブリオル. ❷ (馬術) カプリオル, 跳躍. ❸ とんぼ返り; 跳躍.
cabriolẹ́ 男 ❶ 軽装の馬車. ❷〖車〗コンバーチブル.
C
cabritịlla 女 子ヤギ等のなめし革.
cabrịto, ta 形 男 女《俗》《軽蔑》意地悪な (人). ── 男 子ヤギ. ── 女 [複]《ラ米》(ﾁﾘ)ポップコーン.
cạbro, bra 男 女《ラ米》(ﾎﾞﾘﾋﾞｱ)(ﾁﾘ)(ｴｸｱﾄﾞﾙ)子供. ── 男《ラ米》(ﾍﾟﾙｰ)ホモセクシュアル.
cabrọ́n, brọna 形 男 女《俗》嫌な (やつ); 《間投詞的》くそったれ. ── 男 ❶ 雄ヤギ. ❷《俗》妻を寝取られた夫.
cabronạda 女《俗》悪らつな行為; 面倒な事.
cabrụno, na 形 ヤギの (ような).
cabujọ́n 男 カボション: 丸く磨いた宝石.
cábula 男 女《ラ米》(ﾒｷｼｺ)《話》悪者.
cabụya 女〖植〗リュウゼツラン; ロープ.
cạca 女《話》❶《幼児語》うんち; 汚いもの. ❷ くだらないもの.
cacahuạl 男 カカオ畑.
cacahuạte 男《ラ米》ピーナッツ (→ cacahuete 地域差).
cacahuẹte / cacahuẹ́ 男 ピーナッツ. 地域差 ピーナッツ cacahuete《スペイン》《ラ米》(ﾎﾝｼﾞｭﾗｽ); cacahuate (ﾒｷｼｺ)(ﾎﾝｼﾞｭﾗｽ, ｴﾙｻﾙﾊﾞﾄﾞﾙ); maní《ほぼラ米全域》.
cacalọte 男《ラ米》(1)(ﾒｷｼｺ)〖鳥〗カラス. (2)(中米)(ﾒｷｼｺ)ポップコーン.
cacạo 男 ❶ カカオ (豆). ❷ 粉末ココア. ❸ リップクリーム. ❹《話》混乱.
cacaotạl 男 → cacahual.
cacareạdo, da 形 世間でうわさの.
cacareạr 自 (鶏が) 鳴く. ── 他《軽蔑》吹聴(ふいちょう)する; 自慢する.
cacarẹo 男 (鶏の) 鳴く声.
cạcas 男 [単複同形]《俗》尻(しり). ***poner el ～ en ...*** …に座る.
cacatúa 女 ❶〖鳥〗バタンインコ. ❷《軽蔑》醜悪な老婆.
cacạxtle 男《ラ米》(ﾒｷｼｺ)(1) しょい子. (2) 骸骨(がいこつ).
cace(-) / cacé(-) 活 → cazar.
cacẹra 女 灌漑(かんがい)用水路.
cacerẹño, ña 形 男 女 (スペイン) カセレス州[市]の (人).
Cạ́ceres 固名 カセレス: スペインの県; 県都.
cacería 女 狩猟; 《集合的》獲物.
cacerọla 女 両手鍋(なべ).
cạcha 女 [主に複] ❶ (ナイフ等の) 柄. ❷《俗》筋肉. ❸《ラ米》角(つの).
cachạco, ca 形 男 女《ラ米》(1)(ｴｸｱﾄﾞﾙ)(ｺﾛﾝﾋﾞｱ)(ﾍﾞﾈｽﾞｴﾗ)きざな (人). (2)(ﾍﾟﾙｰ)(ﾎﾞﾘﾋﾞｱ)警官, お巡り. (3)(ｺﾛﾝﾋﾞｱ)コロンビア内陸部出身の (人).
cachạda 女《ラ米》(1) 角(つの)による突き. (2)(ｱﾙｾﾞﾝﾁﾝ)(ﾊﾟﾗｸﾞｱｲ)(ｳﾙｸﾞｱｲ)冗談.
cachafạz, za 形《ラ米》恥知らずな. ── 男 女《ラ米》恥知らずな人.
cachalọte 男〖動〗マッコウクジラ.
cachamarị́n 男 → quechemarín.
cachạr 他 ❶《スペイン》(1) 空中で受ける, キャッチする. (2) 角(つの)を刺す. ❷《ラ米》(1) からかう. (2)(ｱﾙｾﾞﾝﾁﾝ)(ﾁﾘ)《話》分かる. (3)(ｱﾙｾﾞﾝﾁﾝ)(ｳﾙｸﾞｱｲ)(ﾍﾞﾈｽﾞｴﾗ)(ﾁﾘ)《話》(秘密事を) 押さえる, つかむ. (4)(ﾍﾟﾙｰ)(ｴｸｱﾄﾞﾙ)(ﾁﾘ)《俗》セックスする.
cacharpạri 男《ラ米》(ｱﾙｾﾞﾝﾁﾝ)(ﾍﾟﾙｰ)(ﾎﾞﾘﾋﾞｱ)(アンデス地方の) 送別会, お別れパーティー.
cachạrpas 女 複《ラ米》古着; がらくた.
cacharpạya 女《ラ米》(ｱﾙｾﾞﾝﾁﾝ)→ cacharpari.
cacharrạzo 男《話》強打.
cacharrería 女 瀬戸物店.
cacharrẹro, ra 男 女 瀬戸物商.
cachạrro 男 ❶ (安物の) 瀬戸物; 台所道具. ❷《話》おんぼろ, がらくた; おいぼれ.
cạchas 形 男 女 [単複同形]《話》筋骨たくましい (人).
cachạva 女 (上部の曲がった) つえ.
cachạza 女 ❶ 悠長さ. ❷ サトウキビの蒸留酒.
cachazụdo, da 形 悠長な.
cachẹ́ [仏] 男 [複 ～s] ❶ 高品質. tener un ～ 洗練されている. ❷ (芸能人の) 格, ランク; 出演料, ギャラ.
cacheạr 他 ボディーチェックをする.
cachemarị́n 男 → quechemarín.
cachemịr 男 → casimir.
cachemịra 女〖服〗カシミヤ.
cachẹo 男 ボディーチェック.
cachẹt [仏] 男 → caché.
cachetạda 女 平手打ち.
cachẹte 男 ❶ びんた. ❷ [複]《ラ米》頬(ほお)(→ mejillas 地域差). ❸ 尻(しり).
cacheteạr 他 びんたを食らわす.
cachetẹro 男 ❶ 短剣. ❷ カチェテロ: 短剣でとどめを刺す闘牛士.
cachetọ́n, tọna 形《ラ米》(1) 頬(ほお)のふっくらした. (2)(ﾒｷｼｺ)愉快な. (3)(ﾁﾘ)虚栄心の強い.
cachetụdo, da 形 頬(ほお)のふっくらした.
cachicạmo 男《ラ米》(ﾍﾞﾈｽﾞｴﾗ)アルマジロ.
cachicạ́n 男 農場監督.
cachicuẹrno, na 形《文》(ナイフの) 柄が角製の.
cachịfo, fa 男 女《ラ米》(ｺﾛﾝﾋﾞｱ)(ﾍﾞﾈｽﾞｴﾗ)《軽蔑》子供, 少年, ガキ.
cachifollạr 32 他《話》台無しにする; やりこめる.
cachịmbo, ba 形 男 女《ラ米》(ﾍﾟﾙｰ)(大学で) 新入生 (の), 一年生 (の). ── 女 ❶ パイプ. ❷《ラ米》(1)(ｺﾛﾝﾋﾞｱ)タバコの香り. (2)(ｱﾙｾﾞﾝﾁﾝ)(ｳﾙｸﾞｱｲ)井戸.
cachipọlla 女〖昆〗カゲロウ.
cachipọrra 女 こん棒.
cachiporrạzo 男 こん棒での殴打; 激突.
cachirụlo, la 形 男 女《ラ米》(ｱﾙｾﾞﾝﾁﾝ)愚かな (人). ── 男 ❶ (アラゴン地方の) 男性用スカーフ. ❷《話》おんぼろ車.
cachivạche 男 がらくた; 《話》家財道具.
cạcho 男 ❶ 小片, かけら. ❷《ラ米》(1)(ｱﾙｾﾞﾝﾁﾝ)(ﾊﾟﾗｸﾞｱｲ)(ｳﾙｸﾞｱｲ)バナナの房. (2)《俗》角(つの). (3)(南米)ダイスカップ. (4)(ｱﾙｾﾞﾝﾁﾝ)(ｳﾙｸﾞｱｲ)短い間. ***pillar ～***《話》金[権力]を得る. ***ser un ～ de pan***《話》とても思いやりのある.
cachọ́n 男 [主に複] 白波.
cachondeạrse 再《話》《de》(…を) ちゃかす.
cachondẹo 男《話》悪ふざけ, 冗談;

ばか騒ぎ；混乱.
cachondez 女 ❶《話》上機嫌. ❷《俗》性的興奮.
cachondo, da 形 ❶《話》面白い. ❷《俗》性的に興奮した；発情した. ── 男 女《話》面白い人.
cachorrillo 男 小型のピストル.
cachorro, rra 男 女 子犬；動物の子.
cachucha 女（ひさし付きの）帽子.
cachudo, da 形《ラ米》大きい角(つの)のある.
cachuela 女 鳥の砂嚢(さのう).
cachuelo 男《ラ米》(ペルー)臨時の仕事.
cachumbo 男《ラ米》巻き毛.
cachupín, pina 男 女《ラ米》➜ gachupín.
cacica 女（女性の）カシーケ cacique；カシーケの妻.
cacicada 女《軽蔑》横暴な言動.
cacillo 男 玉じゃくし.
cacique 男 ❶ カシーケ：中南米先住民の首長. ❷ 地方政治におけるボス，ドン. ── 形 男 女 横暴な（人）.
caciquil 形《軽蔑》ボス的な.
caciquismo 男 カシーケ cacique による支配；地方政治におけるボス支配.
caco 男 泥棒，空き巣.
cacofonía 女〘言〙不快音調.
cacofónico, ca 形 耳障りな.
cacografía 女 誤綴(ごてつ).
cacoquimia 女 ➜ caquexia.
cactáceo, a / cácteo, a 形〘植〙サボテン科の. ── 女［複］サボテン科.
cacto / cactus 男〘植〙サボテン.
cacumen 男《話》頭の回転の速さ.

cada
［カダ］形《不定》［性数不変］〔英 each; every〕《可算名詞と共に》❶ **それぞれの，めいめいの**. Hay una secretaria en ～ despacho. 各事務所に1人秘書がいる. *C*～ persona tiene sus ideas. 人はめいめい自分の考えを持っている. *C*～ uno tiene que pagar su entrada. めいめいが入場料を払わないといけない. ❷《数詞と共に》…ごとに. Voy al dentista ～ tres días. 私は3日ごとに歯医者に行きます. ❸ とんでもない，あらゆる. ¡Estos chicos arman ～ jaleo! この子たちはひどい騒ぎ方をするんだから. ***a ～ cual lo suyo*** 人それぞれである. ***～ cual / ～ hijo de vecino*** それぞれ（の人）***～ día*** 1日につき，日ごとに. ***～ dos por tres*** しょっちゅう，頻繁に. ***～ vez más ...*** だんだん…する. La situación se ha puesto ～ *vez más* difícil. 状況はますます困難になった.
cadalso 男 処刑台；式台. ── 固名 カダルソ José *C*～（1741-82）：スペインの作家.
cadáver 男 死体，遺体.
cadavérico, ca 形 死体の（ような）.
cadena［カデナ］女〔英 chain〕❶ **鎖**，チェーン；連鎖；束縛. ～ de montaje 組み立てライン. ～ perpetua 無期懲役. ❷ チェーン店；放送網［局］. ❸ ステレオコンポ（＝～ de música）. ***en ～*** 連鎖的に［な］.
cadencia 女 ❶ 拍子；抑揚. ❷（文末の）下降調；〘音〙カデンツァ.
cadencioso, sa 形 リズミカルな.
cadeneta 女 ❶ チェーンステッチ；鎖編み. ❷ 色紙の鎖.
cadera［カデラ］女〔英 hip〕**腰**，ヒップ（の各側面）；（動物の）尻(しり).
cadete 男 女 ❶ 士官［警察］学校生徒. ❷〘スポ〙15歳前後のクラス. ❸《ラ米》(アルゼンチン)(パラグアイ)(ウルグアイ)見習い店員.
cadí 男［複 ～(e)s］（イスラム教国の）司法官.
cadillo 男〘植〙オナモミ.
Cádiz 固名 カディス：スペインの県；県都.
cadmio 男〘化〙カドミウム.
caducar 26 自 ❶ 失効する；期限が切れる. ❷ 老いぼれる.
caduceo 男〘ロ神〙ヘルメスのつえ.
caducidad 女 失効；移ろいやすさ.
caducifolio, lia 形〘植〙一年生の.
caduco, ca 形 ❶ 老いぼれた. ❷ 時代遅れの. ❸ 失効した. ❹ はかない；〘生〙脱落性の.
cae 活 ➜ caer.
caedizo, za 形 落ちやすい.

caer
［カエル］28 自［現分 cayendo; 過分 caído, da］〔英 fall〕❶ **倒れる**，崩れる，ひっくりかえる. *caer(se)* de espaldas あお向けに倒れる. ～ el gobierno 政府が崩壊する. ❷ **落ちる**，下がる. ～ las hojas 葉が落ちる. *Ha caído* la bolsa de Tokio. 東京で株が暴落した. ❸ 垂れる，垂れ下がる. ❹《**en**》(…に) 陥る，…になる. ～ ***en*** la tentación 誘惑に陥る. ～ enfermo 病気になる. ❺ 弱くなる，衰弱する. ¿Cómo está tu padre? — *Cayendo* y levantando. 君のお父さんの具合はどうですか. ── 一進一退です. ❻ 負ける，やられる；（主に戦いで）死ぬ. ～ en moscas 大勢の人が死ぬ. ❼《**sobre**》(…に) 襲いかかる. ❽《話》分かる，納得する. Ya *caigo*.（説明を聞いて）あっ，分かった. ❾ くじが当たる；《話》手に入る. ～ el gordo（くじで）1等が当たる. ¿Qué *caerá* en el examen de historia? 歴史の試験には何が出るんだろう. ❿《**en**》(…に) 行き当たる；（日にち・行事が）(…に) 当たる. La Noche Buena *cae en* lunes. クリスマスイブは月曜日になる. ⓫《間接目的語代名詞を伴って》(…にとって) …な印象である，…に思える. No me *cae* bien el tío ese. あいつはどうも気に食わないよ. ⓬《**por, en**》…あたりにある，いる. ～ a mano 手の届くところにある. ── **caerse**〔英 fall (down)〕再 ❶ **転ぶ**，倒れる. ❷《**de** ... や間接目的語代名詞を伴って》…から落ちる. *Se ha caído* de la cama. 彼はベッドから転げ落ちた. *Se te ha caído* el botón. 君，ボタンが落ちたよ. ❸《話》《**de**》すごく…である. *Me caía de* sueño. 私は眠くて仕方なかった. ***caer bien*** ［***mal***］合う［合わない］；似合う［似合わない］；気に入る［入らない］. ***caiga quien caiga*** 何が何でも，どうしても. ***con la*** ［***lo***］***que está cayendo***《話》こんな状況では. ***de caerse / que te caes***《話》すごく，卒倒するくらいに. Es tonto *de caerse*. どうしようもないほどばかだ. ***dejar caer*** 落とす；口を滑らす. ***estar*** ［***andar***］***al caer*** すぐそこである.
café［カフェ］男〔英 coffee〕❶ **コーヒー**. ～ descafeinado カフェイン抜きのコーヒー. ～ con leche カフェオレ；《ラ米》ミルク入りコーヒー（➜ cortado 地域差）. ～ cortado ［con crema］（少量の）ミルク入り

コーヒー (→ cortado 地域差). ～ solo [negro] ブラックコーヒー. ❷〘植〙コーヒーノキ；コーヒー豆 (=grano de ～). ❸ 喫茶店，カフェ. ── 形〔主に性数不変〕コーヒー色の. *estar* (*de*) *mal* [*buen*] ～ 機嫌が悪い[よい].

cafeína 女〘化〙カフェイン.

cafetal 男 コーヒー農園.

cafetalero, ra 形 コーヒー栽培[農園]の. ── 男 女 コーヒー農園主.

C

cafetera 女 ❶ コーヒーポット；コーヒーメーカー. ❷《話》ぽんこつ車.

cafetería 女 喫茶店.

cafetero, ra 形 コーヒー (好き) の. ── 男 女 コーヒー農園労働者，コーヒー商人.

cafetín 男 → cafetería.

cafeto 男〘植〙コーヒーノキ.

caficultor, tora 男 女 コーヒー農園主.

cáfila 女 (人・動物等の) 列.

cafre 形 男 女 ❶ (南アフリカの) カフィル人(の). ❷ 野蛮な[人].

caftán 男〘服〙カフタン.

cagaaceite 男〘鳥〙ヤドリギツグミ.

cagada 女《俗》❶ 大便. ❷ へま；くだらないもの.

cagadero 男《俗》便所.

cagado, da 形 男 女《俗》臆病(おくびょう)な[者].

cagafierro 男 鉱滓(こうさい).

cagajón 男 (馬等の) 糞(ふん).

cagalera 女《俗》下痢.

cagar 66 自《俗》糞(ふん)をする. ── 他《俗》だめにする. ── **cagarse** 再《俗》ひどくおじける；《en》(…を) 悪く言う. *cagarla*《俗》しくじる. *¡Me cago en la leche* [*en la mar*]*!*《俗》くそっ.

cagarruta 女 (ヤギ等の) 糞(ふん).

cagatinta / cagatintas 男 女〔単複同形〕《話》《軽蔑》事務員.

cagatorio 男《俗》便所.

cagón, gona 形 男 女《俗》❶ 臆病(おくびょう)な (人). ❷ よくうんちをする (人).

caguama 女〘動〙アオウミガメ；べっ甲.

cague 男《俗》恐怖 (=miedo).

cagueta 形 男 女《話》臆病(おくびょう)な(人).

cahíz 男 穀量の単位.

cahuín 男《ラ米》(チリ)トラブル.

caí- 活 → caer.

caíd 男 (イスラム教国の) 知事，裁判官.

caído, da [カイド, ダ] 過分 → caer. 形〔英 fallen〕❶ **落ちた**；下がった；気落ちした. ❷ 戦死した. ── 男 女〔主に複〕戦死者. ── 女 ❶ 落下；転倒. ❷ 崩壊，失脚. ❸ 下落；傾斜. ❹ 堕落. ❺ ドレープ.

caig- 活 → caer.

caimán 男〘動〙カイマン (ワニ).

caimito 男〘植〙スターアップル.

caín 男 残酷な人. ── 固名 [C-]〘聖〙カイン：嫉妬(しっと)から弟 Abel を殺した. *ir con* [*tener*] *las de C*～《話》よこしまな心を抱く，よからぬことを考える. *pasar las de C*～ ひどい苦労をする，辛酸をなめる.

cainismo 男 身内への憎悪.

cainita 形 男 女 ❶〘哲〙グノーシス派カイン主義の[者]. ❷ 身内を憎む (人).

cairel 男〔主に複〕房飾り；(シャンデリア等の) 飾り.

cairota 形 男 女 (エジプト) カイロの (人).

caja [カハ] 女〔英 box, case〕❶ **箱**，ケース. ～ fuerte 金庫. ～ de música オルゴール. ～ negra フライトレコーダー. ❷ レジ；会計窓口. ❸ 棺おけ. ❹ (ギター等の) 胴；太鼓. ❺〘印〙活字箱. ❻《ラ米》〘車〙トランク (→ maletero 地域差). ～ *de recluta* [*de reclutamiento*] 徴兵所. ～ *tonta* [*boba*]《話》テレビ. *echar* [*despedir*] *a ... con* ～*s destempladas*《話》追い出す. *entrar en* ～ 徴兵される. *hacer* ～ 売り上げを勘定する.

cajero, ra 男 女 会計[レジ]係. ── 男 現金引き出し機，ATM.

cajeta 女《ラ米》(アルゼンチン)(パラグアイ)(ウルグアイ)《卑》女性性器.

cajete 男《ラ米》(グアテマラ)(エルサルバドル)(メキシコ) 土鍋(どなべ).

cajetilla 女 タバコの箱. ── 男 女《ラ米》《話》きざなやつ，気取り屋.

cajetín 男 ❶ 小箱. ❷ 切符箱. ❸〘電〙クリート. ❹ (公衆電話等の) 硬貨を入れるレール. ❺〘印〙活字版の区画.

cajista 男 女〘印〙植字工.

cajón [カホン] 男〔複 cajones〕〔英 big box; drawer〕❶ **大箱**. ❷ **引き出し**. ❸ 屋台. ❹ 闘牛輸送用の房. ❺《ラ米》(1) 峡谷，山峡. (2)(アルゼンチン)(ウルグアイ)(ベネズエラ)(チリ)(ペルー)棺おけ. ～ *de sastre* 散らかった場所[状態]. *de* ～ 明らかな.

cajonera 女 ❶ (教室机の) 引き出し. ❷ 整理だんす.

cajuela 女《ラ米》(1)(メキシコ)〘植〙トウダイグサ科の植物の一種. (2)〘車〙トランク (→ maletero 地域差).

cake [ケイケ] 男《ラ米》(デコレーション) ケーキ (→ pastel 地域差).

cal 女 石灰. *cal* apagada [viva] 消石灰[生石灰]. *cerrar a cal y canto* 厳重に閉める. *de cal y canto* 強固な. *echar* [*dar*] *una de cal y otra de arena*《話》つじつまの合わないことをする.

cala 女 ❶ (岩の多い) 入り江. ❷ 果物の試食；試食用の一切れ. ❸ 試掘孔. ❹ 調査. ❺〘植〙カラー. ❻《話》ペセタ peseta.

calabacera 女〘植〙ヒョウタン；カボチャ.

calabacín 男 ❶〘植〙ズッキーニ. ❷《話》頭の鈍い人.

calabaza 女 ❶〘植〙カボチャ；ヒョウタン. ❷《話》頭の鈍い人. ❸《話》頭. ❹《話》落第. *dar* ～*s a ...*《話》…を試験で落とす；(言い寄る相手を) ふる.

calabazada 女《話》頭突き.

calabazar 男 カボチャ[ヒョウタン]畑.

calabazazo 男 ❶ カボチャ[ヒョウタン]をぶつけること. ❷《話》頭をぶつけること.

calabobos 男〔単複同形〕《話》霧雨.

calabozo 男 独房；地下牢；留置所.

calabriada 女 ❶ (赤・白の) ワインを混ぜた飲み物. ❷ ごたまぜ.

calabrote 男〘海〙9 本縒(よ)りの.

calada 女 ❶ (タバコの) 一服. ❷ 水に浸すこと. ❸〘漁〙投網.

caladero 男 漁場.

calado 男 ❶ ドロンワークの刺繍(ししゅう). ❷〘海〙水深；喫水. ❸ エンスト.

calador 男 ❶〘医〙ゾンデ. ❷《ラ米》(チリ)(穀物等の抜き取り検査用の) 刺し.

caladura 女 ❶ 水にぬれること. ❷ (果物

を試食用に)切ること.
calafate 男 槇皮(まいはだ)職人；船大工.
calafateado 男〖海〗コーキング.
calafateador 男 → calafate.
calafatear 他〖海〗槇皮(まいはだ)を詰める.
calafateo 男 → calafateado.
calamaco 男 ❶ メスカル mezcal と蒸留酒を混ぜた飲み物. ❷ キャリマンコラシャ：光沢のある毛織物.
calamar 男〖動〗イカ.
calambre 男 痙攣(けいれん)；電気ショック.
calambuco 男《ラ米》〖植〗テリハボク.
calambur 男 語呂(ごろ)合わせ.
calamento 男〖植〗ネペタ, イヌハッカ.
calamidad 女 ❶ 災難, 災害；不幸. ❷《話》不運続きの人.
calamina 女〖鉱〗異極鉱；溶亜鉛.
calamita 女〖鉱〗磁鉄鉱.
calamite 女〖動〗アマガエル.
calamitoso, sa 形 不幸な, 悲惨な.
cálamo 男《文》羽ペン；茎.
calamoco 男 つらら.
calamón 男 ❶〖鳥〗セイケイ属の鳥. ❷(飾りの)鋲(びょう).
calandra〔仏〕女〖車〗フロントグリル.
calandraco, ca 形《ラ米》(アルゼンチン)(ニカラグア)軽率な, そそっかしい.
calandrar 他(布を)つや出し機にかける.
calandria 女 ❶〖鳥〗クロエリコウテンシ. ❷(布・紙の)つや出し機. ❸ウィンチ・ドラム.
calaña 女(主に悪い)質, 気質.
calañés, ñesa 形 (スペイン) カラーニャスの. ***sombrero*** **～** つばの反った帽子.
calar 他 ❶ 染み通る；(言葉等が) 心に届く. ❷ 貫く, 突き刺す. ❸ 見抜く. ❹(果物を)味見用に小さく切る. ❺〖軍〗(銃剣を)つける. ❻ ドロンワークの刺繍(ししゅう)を施す. ❼〖海〗(網等を) 水に入れる. ❽ エンストさせる. ❾(帽子等を) 体に密着させる. ❿《ラ米》(穀物等の) 抜き取り検査をする. ― 自 ❶ 染み通る；《en》(…を) 掘り下げる. ❷〖海〗船の喫水が…である. ― ***calarse*** 再 ❶ ずぶぬれになる. ❷(車が) エンストする. ― **calar** 形 石灰(質)の. ― 男 石灰岩の採石場.
calasancio, cia 形 → escolapio.
calato, ta 形《ラ米》(ペルー)裸の；文無しの.
Calatrava 固名 Orden de ～ カラトラバ騎士団：1158年設立. レコンキスタに貢献したスペインの宗教騎士団.
calatravo, va 形 男 女 カラトラバ騎士団の(団員).
calavera 女 ❶ 頭蓋(ずがい)骨. ❷〖昆〗スズメガ(の一種). ― 男 道楽者.
calaverada 女 無分別；道楽.
calcado, da 形 ❶ 透写[複写]された. ❷ そっくりの. ― 男 透写, 複写.
calcador, dora 男 女 トレース工. ― 男 透写機.
calcáneo 男 踵骨(しょうこつ).
calcañal / calcañar 男 かかと. ***pisar los ～es a ...*** (…に) 迷惑をかける.
calcar 26 他 ❶ 透写する. ❷ 模倣する.
calcáreo, a 形 石灰質の.
calce 男 ❶ くさび；輪どめ. ❷《ラ米》(メキシコ)(グアテマラ)(ホンジュラス)(文書の) 下の余白.
calce(-) / calcé(-) 活 → calzar.
calcedonia 女〖鉱〗玉髄.
calceta 女 編み物.
calcetín 男[複 calcetines]ソックス.
cálcico, ca 形〖化〗カルシウムの.
calcificación 女 石灰化, 石灰沈着.
calcificar 26 他(…を)石灰化する. ― ***calcificarse*** 再 石灰化する.
calcímetro 男 カルシメーター.
calcinación 女 煅焼(かしょう).
calcinamiento 男 → calcinación.
calcinar 他 煅焼(かしょう)する；焼いて生石灰にする. ― ***calcinarse*** 再 全焼する.
calcio 男〖化〗カルシウム.
calcita 女〖鉱〗方解石.
calco 男 ❶ 透写, 複写. ❷ 模倣. ❸〖言〗翻訳借用.
calcografía 女 銅版印刷術[画, 所].
calcografiar 31 他 銅版で刷る.
calcográfico, ca 形 銅版印刷の.
calcomanía 女 移し絵, 転写画.
calcopirita 女〖鉱〗黄銅鉱.
calculable 形 計算できる.
calculador, dora 形 計算高い. ― 男 女 打算的な人. ― 女 計算機.
calcular［カるクらル］他〔英 calculate〕**計算する**；見積もる；推定する.
cálculo［カるクろ］男〔英 calculation〕❶ **計算**；見積もり；推定. ❷〖医〗結石.
calda 女 ❶ 加熱. ❷[複]温泉.
caldaico, ca 形 → caldeo.
caldeamiento 男 加熱；あおること.
caldear 他 ❶ 暖める. ❷ 活気づける. ― ***caldearse*** ❶ 暖まる. ❷ 活気づく.
caldeo, a 形 男 女 カルデアの(人). ― 男 ❶ 加熱. ❷ カルデア語.
caldera 女 ❶〖機〗ボイラー. ❷ 釜(かま). ❸〖地質〗カルデラ.
calderada 女 一釜(かま)分；大量.
calderería 女 鍋釜(なべかま)［ボイラー］製造業[所]；(製鉄所の) 鍛造部門.
calderero, ra 男 女 鍋釜(なべかま)［ボイラー］製造職人；(製鉄所の) 鍛造工.
caldereta 女〖料〗魚の煮込み；羊［ヤギ］肉のシチュー.
calderilla 女 ❶《集合的》小銭. ❷〖宗〗聖水桶(おけ).
caldero 男(小さい)釜(かま)；一釜分.
calderón 男 ❶〖動〗ゴンドウクジラ. ❷〖音〗フェルマータ(𝄐)；〖印〗段落標(¶).
Calderón de la Barca 固名 カルデロン・デ・ラ・バルカ Pedro ～ (1600-81)：スペインの劇作家.
calderoniano, na 形〖文〗カルデロン(風)の.
caldillo 男 ❶〖料〗(煮込み用) ソース；汁. ❷《ラ米》(メキシコ)ひき肉の煮込み.
caldo 男 ❶〖料〗煮汁, ブイヨン. ～ gallego ガリシア風スープ. ❷〖料〗ドレッシング. ❸［複］(ワイン・油等の原料となる) 果汁. ～ ***de cultivo***〖化〗培養基；《比喩的》温床. ***hacer a ... el ～ gordo***《話》知らぬ間に…を助ける.
caldoso, sa 形 汁気の多い.
calducho 男《話》まずいスープ.
calé 形 男 女 ジプシー[ロマ] (の).
calefacción 女 暖房(装置), ヒーター.
calefactor, tora 形 暖房(装置)の. ― 男 温風ヒーター. ― 男 女 暖房技師.
calefón 男《ラ米》(アルゼンチン)(ウルグアイ)湯沸かし器.
caleidoscopio 男 万華鏡.
calenda 女［複］(古代ローマ暦の) 朔日

(ついたち). ～s *griegas* 決して来ない日.

calendario [カレンダリオ] 男 〔英 calender〕 ❶ カレンダー, 暦；暦法. ❷ 予定表.

caléndula 女〖植〗キンセンカ.

calentador, dora 形 熱する, 暖める. ― 男 ❶ 湯沸かし器. ❷ レッグウォーマー.

calentamiento 男 加熱；ウォーミングアップ. el ～ de la Tierra 地球温暖化.

C

calentar [カレンタル] 18 他 〔英 heat (up), warm (up)〕 ❶ 熱する, 温める. ❷ 奮い立たせる, あおる. ❸《話》殴る. ― 自 ❶ 熱を出す. ❷ ウォーミングアップする. ― **calentarse** 再 ❶ (体を) 温める；暖まる. ❷ かっとなる；《俗》欲情する.

calentito, ta 形 ❶ 暖かい. ❷《話》できたての.

calentón, tona 形 男 女《俗》色っぽい (人)；《ラ米》(アルゼンチン)(ウルグアイ)怒りっぽい (人). ― 男 ❶ 急加熱. ❷《俗》性的興奮.

calentura 女 ❶〖医〗熱. ❷ (熱による) 膿疱(のうほう). ❸《俗》性的興奮. ❹《ラ米》(1)(コロンビア)(アルゼンチン)(ウルグアイ)怒り. (2)(キューバ)(プエルトリコ)タバコの発酵.

calenturiento, ta 形 ❶〖医〗微熱のある. ❷ 激しやすい. ❸《俗》欲情しやすい.

calenturón 男〖医〗高熱.

calero, ra 形 男 女 石灰の[製造業者]. ― 女 石灰岩採掘場；石灰岩煆焼炉.

calesa 女 幌(ほろ)付きの 2 輪[4 輪]馬車.

calesero, ra 男 女 幌(ほろ)付き馬車の御者. ― 女 (御者の) 上着；(スペイン) アンダルシア地方の民謡.

calesita 女《ラ米》(南米)回転木馬, メリーゴーラウンド.

caleta 女 ❶ 入り江. ❷《ラ米》(1) 沿岸巡航船. (2)(ベネズエラ)港湾労働者組合.

caletre 男《話》常識, 判断力.

Cali 固名 カリ：コロンビアの都市.

calibración 女 → calibrado.

calibrado 男 (口径等の) 測定.

calibrador 男 ゲージ.

calibrar 他 ❶ (内径等を) 測定する[決める]. ❷ よく考える.

calibre 男 ❶ 口径；内径. ❷ 太さ；厚み. ❸ ゲージ. ❹ 重要性.

calicanto 男 (しっくいで固めた) 石積み.

calicata 女〖鉱〗探鉱, ボーリング.

caliche 男 ❶ (壁等の) 剝離；陶土中の小石. ❷ (果物の) 傷. ❸《ラ米》(南米)硝石；硝石床[層].

caliciforme 形〖植〗萼(がく)状の.

calículo 男〖植〗副萼(ふくがく).

calidad [カリダ(ドゥ)] 女 〔英 quality〕 ❶ 質, 性質；良質. ～ de vida 生活の質. ❷ 重要性. ❸ 身分. *de* ～ 上質の；名声をもつ. *en* ～ *de* ... …の資格で.

calidez 女 親切, 親愛.

cálido, da 形 ❶ 熱い, 暑い. ❷ 心暖かい. ❸ 暖色の.

calidoscopio 男 万華鏡.

calient- 活 → calentar.

calientacamas 男 [単複同形] ベッド用暖房器具.

calientapiés 男 [単複同形] 足温器, 湯たんぽ.

calientaplatos 男 [単複同形] (料理の) 保温器.

calientapollas 男 女 [単複同形]《俗》《卑》性的欲望をかきたてる人.

caliente [カリエンテ] 形 〔英 hot〕 ❶ 熱い (↔ frío), 暖かい. ❷ 激しい, 熱気のある. ❸《俗》(性的に) 興奮した. ❹《美》(色彩が) 暖かい. ❺ できたての, 最新の. *¡C～!* (なぞ解き等で) 近いぞ. *en* ～ すぐに. ― 活 → calentar.

califa 男 (イスラム教) カリフ.

califato 男 カリフの地位[治世, 領地].

calificable 形 形容[評価]できる.

calificación 女 ❶ 評価；成績. ❷ 形容, 修飾.

calificado, da 形 ❶ 適任の. ❷ 熟練した；権威のある. ❸ 条件を備えた.

calificar 26 他 ❶《de》(…と) みなす, 評する. ❷ 点数[評価]をつける；査定する. ❸〖文法〗修飾する.

calificativo, va 形 形容する；性質[品質]を示す. ― 男 品質形容詞 (＝ adjetivo ～)；修飾語 (句).

californiano, na 形 男 女 カリフォルニア州の (人).

californio 男〖化〗カリホルニウム.

calígine 女《文》❶ 霧. ❷ 暗闇.

caliginoso, sa 形《文》霧のかかった.

caligrafía 女 書道；能書；筆跡.

caligráfico, ca 形 書道の；筆跡の.

calígrafo, fa 男 女 書家筆跡鑑定者.

calilla 女《ラ米》(中米)(メキシコ)《話》迷惑, 厄介；悪ふざけ；厄介者.

calima 女 (暑い時の) もや.

calimoso, sa 形 もやのかかった.

calina 女 → calima.

calinoso, sa 形 → calimoso.

calipso 男〖音〗カリプソ：トリニダード島の民族音楽[舞踊].

cáliz 男 ❶〖カト〗聖杯, カリス；《文》杯. ❷〖植〗萼(がく). ❸ 苦難.

calizo, za 形 女 石灰質の (岩).

callado, da 過分 → callar. 形 静かな；無口の. ― 女 静けさ；沈黙. *dar la callada por respuesta* 何も答えない.

callampa 女《ラ米》(チリ)(食用) キノコ；《話》フェルト・ハット；小屋, バラック.

callandito / callandico 副《話》黙って, こっそりと.

Callao 固名 カヤオ：ペルーのリマに接する特別郡；郡都, 港湾都市.

callar(se) [カリャル(セ)〈カヤル(セ)・カジャル(セ)〉] 自 再 〔英 keep silent〕 ❶ 黙る. ❷ 静かになる. ― **callar** 他 口に出さない. *¡Calla!* まさか, ええっなんだって. *Quien calla, otorga.*《諺》沈黙は承諾のしるし.

calle [カリェ〈カイェ・カジェ〉] 女 〔英 street〕 ❶ 通り, 街路；路. ～ de dirección única《スペイン》一方通行 (道路) (→地域差). ～ principal メインストリート. ～ peatonal 歩行者専用道. ～ sin salida 袋小路 (→地域差). ～ abajo [arriba] 通りを下って[上って]. doblar la ～ 通りを曲がる. ❷ (家に対して) 外, 屋外. salir a la ～ 外出する. ropa de ～ 外出着. Hemos estado todo el día en la ～. 今日は一日中外出していた. ❸ 世間, 一般の人々. opinión de la ～ 世評. ❹ (競技場・プールの) コース；(ゴルフ) フェアウエー. ― 活 → callar(se). *echar* [*tirar*]

por la ~ del* [*de en*] *medio 思い切った決断をする. ***echarse a la ~*** デモ隊が繰り出す；暴動を起こす. ***en la ~*** 家のない；職のない；釈放された. Le dejaron *en la* ~. 彼は（失業して）路頭に迷うことになった. ***hacer la ~*** （娼婦(しょうふ)等が）客引きする. ***llevarse de ~*** 《話》…を惹(ひ)きつける；支配する. ***llevar* [*traer*] *a ... por la ~ de la amargura*** …を心配［不快に］させる.

地域差 ① 一方通行（道路）calle de dirección única 《スペイン》; calle de un sentido 《ラ米》(メキシコ)(エルサルバドル)(ベネズエラ)(エクアドル, ボリビア); calle de un solo tránsito (チリ); calle de una mano (アルゼンチン); calle de una sola flecha (ベネズエラ); calle de una vía (キューバ, ドミニカ共和国)(グアテマラ, ホンジュラス, ニカラグア, コスタリカ)(エクアドル)(チリ); calle flechada (ウルグアイ); calle de sentido único (パラグアイ); calle de una [sola] dirección (プエルトリコ)(メキシコ)(チリ); one way (プエルトリコ)(パナマ). ② 袋小路 calle sin salida 《スペイン》《ラ米》(キューバ, プエルトリコ)(ホンジュラス, コスタリカ, パナマ)(ベネズエラ)(チリ); calle cerrada (メキシコ)(コロンビア); calle ciega (ドミニカ共和国)(ベネズエラ); calle cortada (ウルグアイ)(アルゼンチン); calle sin bocacalle (ペルー); calle sin pasaje (エルサルバドル); callejón (プエルトリコ)(グアテマラ, エルサルバドル, コスタリカ)(ボリビア)(チリ)(パラグアイ, アルゼンチン); cuchara (エクアドル).

callẹja 女 狭い通り；路地.

callejeạr 自 《**por**》（…を）ぶらつく.

callejẹo 男 そぞろ歩き.

callejẹro, ra 形 通りの；街をぶらつく. ── 男（通り名索引付きの）市街地図.

callejọ́n 男 ❶ 路地；《ラ米》袋小路（➔ calle 地域差）. ~ sin salida 袋小路. ❷《闘牛》柵(さく)と客席との間の通路.

callejuẹla 女 狭い通り；路地.

callicịda 男 うおのめ［たこ］の治療薬.

callịsta 男 女 足の治療医.

cạllo 男 ❶《医》(1) うおのめ, たこ. (2) 仮骨. ❷［複］《料》カジョス：牛等の胃の煮込み料理. ❸《話》醜い人. ***dar el ~*** 《話》根をつめて働く.

callosidạd 女《医》まめ, たこ.

callọso, sa 形（皮膚が）硬くなった. cuerpo ~《解》脳梁(のうりょう).

calma [カるマ] 女 ［英 calm］ ❶ **静けさ**；落ち着き. ❷《海》なぎ ~ chicha《海》べたなぎ.

calmạnte 形 男 鎮静［鎮痛］の［剤］.

calmạr 他 静める, 和らげる. ── **calmarse** 再 静まる, 和らぐ.

cạlmo, ma 形《文》静かな, 穏やかな.

calmọso, sa 形 男 女 ❶ 穏やかな［落ち着いた］（人）. ❷《話》のんびりした（人）.

calọ́ 男（スペインの）ジプシー［ロマ］の言語.

calomẹl 男《化》甘汞(かんこう).

calomelạnos 男 複 ➔ calomel.

calor [カろル] 男 ［英 heat］ ❶ **熱**；熱さ. ❷ **暑さ**. Hace ~. 暑い. ❸（人の）温かみ；熱中. ***al ~ de ...*** …に守られて. ***entrar en ~*** 温まる；活気をおびる.

calorịa 女 カロリー（略 cal）.

calọ́rico, ca 形 カロリーの；熱の.

calorịfero, ra 形 伝熱［放熱］の. ── 男 暖房器具.

calorịfico, ca 形 熱の；熱を生ずる.

calorịfugo, ga 形 ❶ 断熱性の. ❷ 不燃性の.

calorimetrịa 女 熱量測定（法）.

calorímetro 男 熱量計.

calọstro 男《医》初乳.

calọte 男《ラ米》(アルゼンチン)(ウルグアイ)《俗》詐欺, かたり.

caloteạr 他《ラ米》(アルゼンチン)(ウルグアイ)かたる, だまし取る.

calpamụlo, la 形 男 女《ラ米》(メキシコ)中国系と黒人の混血（の）.

calụmnia 女 中傷, 誹謗(ひぼう).

calumniadọr, dora 形 中傷的な. ── 男 女 中傷する人.

calumniạr 17 他 中傷［誹謗(ひぼう)］する.

calumniọso, sa 形 中傷的な.

calurọso, sa 形 ❶ 暑い. ❷ 暑がりの. ❸ 熱烈な, 心温まる.

cạlva 女 はげた部分.

calvạrio 男 ❶《カト》十字架の道行き. ❷ 苦難の連続. ── 固名 [C-] カルヴァリーの丘. ► キリスト処刑の地.

calvẹro 男 森の空き地；粘土状の土地.

calvịcie 女 はげ（頭）, 毛の薄いこと.

calvinịsmo 男《宗》カルバン主義.

calvinịsta 形 男 女 カルバン主義の［者］. ➔ hugonote.

cạlvo, va 形 ❶ 頭のはげた. ❷（土地が）不毛の. ── 男 女 はげ頭の人. ***ni tanto ni tan ~*** ほどほどに.

cạlza 女 ❶ くさび；輪どめ. ❷［複］（昔の男性用の）ストッキング；（ブルマー型の）半ズボン. ── 活 ➔ calzar.

calzạda 過分 ➔ calzar. 女 ❶ 車道. ❷ 石畳の道, 街道.

calzạdo, da 過分 ➔ calzar. 形 ❶（履き物を）履いた. ❷（馬等が）足先だけ毛色が違う. ── 男 履き物, 靴.

calzadọr 男 靴べら. ***entrar* [*meter*] *con ~*** 無理に入る［入れる］.

calzar [カるさル] 57 他 ❶ 靴を履かせる, 靴を履く. *Calzo* un 41. 私の靴のサイズは41だ. ❷ くさびをかませる. ── **calzarse** 再 ［英 wear］ ❶ **靴を履く**. ❷《話》上回る. ❸《話》獲得する.

cạlzo 男 ❶ くさび；輪どめ. ❷［複］毛色が体と違う馬の足. ── 活 ➔ calzar.

calzọ́n 男 ❶［時に複］（スポーツ選手の）トランクス；（昔の）半ズボン. ❷［複］《ラ米》パンティー（女性の下着）（➔ braga 地域差）. ***a ~ quitado*** 《話》無遠慮に.

calzonạzos 男［単複同形］《話》妻の尻(しり)に敷かれた夫.

calzoncịllo 男［主に複］（下着の）パンツ, ブリーフ, トランクス.

calzonẹta 女《ラ米》（女性用）水泳着（➔ bañador 地域差）.

calzonụdo 形《ラ米》(1)(アルゼンチン)(ペルー)妻の尻(しり)に敷かれた, 恐妻家の. (2) 薄のろの.

cama [カマ] 女 ［英 bed］ ❶ **ベッド**. ir a la ~ 床に就く. saltar de la ~ 飛び起きる. coche ~ 寝台車. ~ de matrimonio ダブルベッド. ❷（動物の）巣；寝わら（＝~ de paja）. ❸ 層. ~ de tierra 地層. ❹（鋤(すき)の）柄と刃をつなぐ部分. ❺ 馬車のブレーキ棒. ***~ elástica*** トランポリン. ***caer en ~*** 病気になる. ***estar en* [*guardar, hacer*] *~*** 病気で寝ている. ***hacer la ~*** ベッドメーキングする；（人を）陥れる.

camachuẹlo 男《鳥》(1) ギンザンマシコ. (2) ウソ.

C

camada 女 ❶(動物の) 一腹の子. ❷ 層, 段. ❸《軽蔑》(悪党等の) 一味.
camafeo 男 カメオ.
Camagüey 固名 カマグエイ：キューバ中部の州；州都.
camal 男 ❶ 端綱. ❷(畜殺豚をつるす) 棒. ❸《ラ米》(ボリビア)(エクアドル)(ペルー)畜殺場.
camaleón 男 ❶〖動〗カメレオン. ❷ 日和見主義者.
C
camaleónico, ca 形 ❶ カメレオンの. ❷(態度が) ころころ変わる.
camama 女《俗》うそ, たわ言.
camamila 女 → camomila.
camanchaca 女《ラ米》(チリ)(ペルー)濃霧.
camándula 女《話》狡猾(こうかつ)さ, 偽善.
camandulear 自 ❶《ラ米》猫をかぶる；たくらむ. ❷ 信心深いふりをする, 篤信家ぶる.
cámara [カマラ] 女 〔英 camera〕 ❶ **カメラ**. ～ de vídeo ビデオカメラ. a [en] ～ lenta スローモーションで. ❷ **議会**, 議院；会議所. ～ alta [baja] 上[下]院. ～ de comercio 商工会議所. ❸(王侯の) 寝室, 私室；部屋, 箱. ayuda de ～ 侍従. música de ～ 室内楽. ～ acorazada 金庫室. ～ de gas ガス室. ～ oscura 暗箱. ❹〖車〗タイヤチューブ (→ 地域差). ❺(銃の) 薬室. ── 男 女〖映〗カメラマン. *chupar* ～ マスコミに頻繁に登場したがる. 地域差 〖車〗タイヤチューブ cámara《スペイン》《ラ米》(メキシコ)(ペルー)(チリ)(パラグアイ, ウルグアイ, アルゼンチン)；blader (ボリビア)；llanta (アルゼンチン)；neumático (キューバ)(ホンジュラス, ニカラグア, コスタリカ)(コロンビア)；tripa (ドミニカ共和国)(ベネズエラ)；tubo (ドミニカ共和国, プエルトリコ)(グアテマラ, エルサルバドル, パナマ)(エクアドル).
camarada 男 女 ❶ 仲間, 同僚. ❷(政治的な) 同志.
camaradería 女 連帯[仲間]意識.
camaranchón 男《話》屋根裏部屋.
camarera [カマレラ] 女 〔英 waitress〕 ❶ **ウエートレス**；(ホテル等の) メード. ❷ 侍女. ❸(料理用) ワゴン.
camarero [カマレロ] 男 〔英 waiter〕 ❶《スペイン》(レストランの) **ボーイ** (→ 地域差). ❷ 侍従. 地域差 (レストランの) ボーイ camarero《スペイン》；barman《スペイン》《ラ米》(メキシコ)(グアテマラ, ニカラグア, パナマ)(コロンビア, ベネズエラ)(エクアドル, ペルー, ボリビア)(チリ)(ウルグアイ, アルゼンチン)；bartender (プエルトリコ)；cantinero (キューバ, ドミニカ共和国)(メキシコ)(ホンジュラス, エルサルバドル, ニカラグア, コスタリカ)；copetinero (ペルー)；mesonero (ベネズエラ)(チリ)；mozo (パラグアイ)；salonero (コスタリカ).
camarilla 女 派閥；黒幕.
camarín 男 ❶ 付属礼拝堂；(聖像の装飾品等の) 保管室. ❷〖演〗楽屋.
camarlengo 男〖カト〗カメルレンゴ：教皇庁の会計・教皇代行を行う枢機卿(すうききょう).
camarógrafo, fa 男 女《ラ米》(コロンビア)(アルゼンチン)(ウルグアイ)〖放送〗〖映〗カメラマン.
camarón 男〖動〗小エビ.
camarote 男 キャビン, 船室.
camastro 男 粗末なベッド.
camastrón, trona 形 男 女《話》ずる賢い (人).
cambalache 男 ❶《話》(物の) 交換. ❷《ラ米》(アルゼンチン)(ウルグアイ)古物商.
cambalachear 他《話》交換する.
cambar 他《ラ米》(アルゼンチン)(ベネズエラ)曲げる.
cámbaro 男〖動〗ガザミ類.

cambiable 形 変わりうる；交換できる.
cambiadizo, za 形 変わりやすい, 移り気の.
cambiador 男 交換器；おむつ交換台.
cambiante 形 変化する；変わりやすい. ── 男 [主に複] (光による) 色の変化.
cambiar [カンビアル] 17 他 〔英 change〕 ❶ **変える**；《en》(…に) 変える. ❷《por, con》(…と) 交換する, 取り替える. ❸《en》(…に) 両替する. ～ yenes *en* euros 円をユーロに両替する. ── 自 ❶ **変わる**. ❷《de＋無冠詞名詞》(…を) 変える, 替える. ～ *de* ideas 考えを変える. ── **cambiarse** 再 ❶《en》(…に) 変わる. ❷《de》(…を) 替える；着替える. ❸ 引越しする. ***cambiar de camisa*** [***chaqueta***] 寝返る, 変節する.
cambiario, ria 形〖経〗為替の.
cambiavía 男《ラ米》(キューバ)(プエルトリコ)(メキシコ)(コロンビア)〖鉄道〗転轍(てんてつ)手；転轍機, ポイント.
cambiazo 男 すり替え.
cambio [カンビオ] 男 〔英 change〕 ❶ **変化**, 変更. ❷ **交換**, 交替. ❸《ラ米》お釣り (→ vuelta 地域差)；小銭 (→ suelto 地域差). ❹ 両替, 為替 (相場). ❺〖車〗ギアチェンジ (＝ ～ de marchas [velocidades]). ～ automático オートマチック. ── 活 → cambiar. ***a*** ～ ***de*** ... …と交換に. ***a la(s) primera(s) de*** ～ 即刻；いきなり. ～ ***de vía*** 〖鉄道〗ポイント. ***en*** ～ その代わり；反対に.
cambista 男 女 両替商.
Camboya / Cambodia 固名 カンボジア：首都プノンペン Pnompenh.
camboyano, na 形 カンボジア (人, 語) の. ── 男 女 カンボジア人. ── 男 カンボジア語, クメール語.
cambray 男〖服〗キャンブリック.
cambriano, na / cámbrico, ca 形 男〖地質〗カンブリア紀 (の).
cambrón 男〖植〗クロウメモドキ.
cambronera 女〖植〗クコ.
cambucho 男《ラ米》(チリ)三角の紙袋；くずかご, 汚れ物入れ；(ペルー)わらの覆い.
cambujo, ja 形《ラ米》(中米)(メキシコ)(先住民と黒人の) 混血の；(肌が) 浅黒い.
cambullón 男《ラ米》(コロンビア)(チリ)(ペルー)ぺてん；策略.
cambur 男《ラ米》バナナ (→ plátano 地域差).
camelar 他 ❶《話》おもねる, 機嫌を取る. ❷《話》言い寄る.
camelia 女〖植〗ツバキ (の花).
camélidos 男 複 ラクダ科 (の動物).
camelista 形 男 女《話》口のうまい (人).
camellero, ra 男 女 ラクダ引き.
camello, lla 男 女〖動〗ラクダ. ── 男《俗》麻薬の密売人.
camellón 男 (道路の) 中央分離帯.
camelo 男《話》❶ はったり. ❷ からかい；口説き. ***dar*** (***el***) ～ ***a*** ... …をだます.
camelote 男〖服〗キャムレット.
cameraman 〔英〕男 [複 ～s, cameramen] カメラマン.
camerino 男〖演〗楽屋.
camero, ra 形 セミダブルベッド用の.
Camerún / Camerón 固名 カメルーン：首都ヤウンデ Yaoundé.

camerunés, nẹsa 形 カメルーンの. ―男女 カメルーン人.

Camịla 固名 カミーラ：女子の名.

camịlla 女 ❶ 担架；ストレッチャー. ❷ (下に火鉢を入れる) 丸テーブル (＝mesa ～).

camillẹro, ra 男女 担架を運ぶ人.

Camịlo 固名 カミーロ：男子の名.

camilụcho, cha 形 男女 《ラ米》(先住民の) 日雇い農民 (の).

caminạnte 男女 歩く人；旅人.

caminar [カミナル] 自 〔英 walk〕 ❶ 歩く；進む. ❷ (川が) 流れる；(天体が) 運行する. ― 他 (ある距離を) 歩く.

caminạta 女 《話》(長距離の) 歩行；ハイキング.

caminẹro, ra 形 道の, 道路の.

camino [カミノ] 男 〔英 road, way〕 ❶ 道. ～ de hierro 《文》 鉄道. ～ vecinal 市[町, 村]道. ～ forestal 林道. *C*～ de Santiago サンティアゴ街道 (中世の巡礼街道). Todos los ～*s* llevan a Roma. 全ての道はローマに通ず. ❷ 行程, 道のり. Volvieron por el ～ más corto. 彼らは一番近い道を通って帰った. ¿Sabe usted el ～ a la universidad? 大学への道は分かりますか. Es mucho ～. 道は長いです. No todo es un ～ de rosas. 全てがばら色の道[簡単]というわけではない. ❸ 方向, 進路；手段, 方法. ～ trillado [trivial] 常套(じょうとう)手段. por buen [mal] ～ 正しい[間違った]方法で. errar el ～ 道を誤る. Él quiere ir por su ～. 彼は自分の方法を貫きたいんだ. ❹ 《ラ米》(アルゼンチン)(ウルグアイ)(廊下に敷かれる) 細長い絨毯(じゅうたん). ― 活 → caminar. ***abrirse*** ～ (人が) 群集をかき分けて進む, 前進する；(物が) 受け入れられる；はやる. ***a medio*** ～ 半ばで, 中途で. La solución estará *a medio* ～ entre las dos posturas. 解決法はその２つの立場の間にあるのだろう. ～ ***de …*** …に向けて, …の途中で. Iba ～ *de* Chicago. シカゴへ向かっていた. ***de*** ～ 途中で；ついでに. Lo puedo comprar *de* ～ a casa. 帰宅途中でそれを買えるよ. ***llevar*** [***ir***] ～ ***de …*** …に向かっている；(将来) …になる. Irán ～ *del* desastre. 彼らは破滅の道をたどるだろう. ***en*** ～ ***de …*** …の途中に[で]. ***ponerse en*** ～ 旅行に出る；出発する.

camión [カミオン] 男 [複 camiones] 〔英 truck〕 ❶ トラック. ～ cisterna タンクローリー. ❷ 《ラ米》(市内) バス (→ autobús 地域差). ***estar como un*** ～ 《俗》魅力的な体をしている.

camionạje 男 トラック輸送 (料).

camionẹro, ra 男女 トラック運転手.

camionẹta 女 《ラ米》バン, ワゴン車 (→ furgoneta 地域差)；(市内) バス (→ autobús 地域差).

camisa [カミサ] 女 〔英 shirt〕 ❶ シャツ, ワイシャツ. ～ de dormir (寝巻き用の) 長シャツ. ～ de fuerza 拘束衣. ❷ カバー, 覆い. ❸ (蛇の) 脱けがら. ～***s azules*** (スペインの) ファランヘ党員. ～***s negras*** イタリアのファシスト党員. ～***s pardas*** ナチス党員. ***meterse en*** ～ ***de once varas*** 《話》他人事に口を出す. ***perder hasta la*** ～ 《話》一文無しになる.

camisería 女 ❶ ワイシャツ専門店. ❷ シャツ製造所.

camisẹro, ra 形 ワイシャツ (型) の. ― 男女 シャツ製造[販売]業者.

camisẹta 女 Tシャツ；(スポーツ) シャツ. ***sudar la*** ～ (試合で) 一所懸命闘う.

camisịlla 女 《ラ米》(パラグアイ)(プエルトリコ) → camiseta.

camisọla 女 キャミソール；(スポーツ) シャツ.

camisolín 男 〘服〙プラストロン, 飾り胸当て.

camisón 男 ネグリジェ.

camịta 形 男女 〘聖〙ハム族の (人).

camítico, ca 形 ハム族の；ハム語族の.

camomịla 女 〘植〙カミツレ, カモミール.

camón 男 ガラス張りのベランダ.

camọrra 女 ❶ 《話》けんか. ❷ ナポリのマフィア組織.

camorreạr 自 《ラ米》(アルゼンチン)(ウルグアイ)けんかをする, 争う.

camorrịsta 形 男 女 《話》けんか早い (人).

camọte 男 《ラ米》(1) サツマイモ. (2) 恋愛, 恋心. (3) 愛人, 恋人. (4) うそ. ***tomar un*** ～ 好きになる. ***tragar*** ～ 曖昧(あいまい)に[いやいや]話す.

cạmpa 形 女 木陰のない (野原).

campạl 形 野原の. batalla ～ 野戦.

campamẹnto 男 ❶ キャンプ (地), 野営 (地)；野営隊. ❷ (兵役の) 訓練期間.

campạna 女 ❶ 鐘. ❷ 鐘状のもの. ～ de la chimenea 暖炉のフード. ～ de buzo 潜函(せんかん). ～ extractora レンジフード. ❸ 《ラ米》(中米) 《隠》(泥棒仲間の) 見張り (役). ***echar las*** ～***s a vuelo*** (ニュースを大喜びで) 触れ回る. ***oír*** ～***s y no saber dónde*** 《話》部分的にしか知らない.

campanạda 女 ❶ 鐘を鳴らすこと；鐘の音. ❷ スキャンダル. ***dar la*** ～ 驚かせる.

campanạrio 男 鐘楼. ***de*** ～ 狭量な.

campaneạr 自 ❶ 鐘を打ち鳴らす. ❷ 《ラ米》(アルゼンチン)(ウルグアイ) 見張る. ― **campanearse** 再 揺れる；(体等を) 揺らす.

campanẹo 男 鐘の音.

campanẹro, ra 男 女 鐘鋳造師；鐘を鳴らす人.

campanifọrme 形 鐘形の.

campanịl 男 → campanario.

campanịlla 女 ❶ 鈴. ❷ 〘解〙口蓋(こうがい)垂, 喉(のど)びこ. ❸ 〘植〙鐘状の花. ***de (muchas)*** ～***s*** 《話》一流の, 傑出した.

campanilleạr 自 鈴を連打する.

campanillẹo 男 鈴の連打.

campanillẹro, ra 男 女 鈴を鳴らす人. ― 男 (アンダルシア地方の) 聖歌隊.

campanólogo, ga 男 女 ハンドベル演奏家.

campạnte 形 《話》❶ 平然とした. ❷ 得意気な.

campanụdo, da 形 ❶ (文体等が) 大げさな. ❷ 鐘形の.

campánula 女 〘植〙ホタルブクロ.

campanuláceas 女 複 〘植〙キキョウ科の植物.

campaña 女 ❶ キャンペーン, 運動. ～ electoral 選挙運動. ❷ 〘軍〙軍事行動；遠征. ❸ 平野. misa de ～ 野外ミサ. ❹ 《ラ米》いなか (＝campo).

campañọl 男 〘動〙野ネズミ.

C

campar 自 傑出する；《sobre》(…に) 勝る．～ *por sus respetos* 思いのままにする．

campeador, dora 形 勇ましい．El Cid *C*～ 勇敢なシッド．―男 勇者．

campear 自 ❶ 傑出する；目立つ．❷ (家畜が) 草を食(は)む．

campechanía 女《話》気さくさ．

campechano, na 形《話》気さくな．

campeche 男〘植〙palo (de) ～ ロッグウッド (材)．

C

campeón, ona [カンペオン,オナ] 男 女〔英 champion〕❶ チャンピオン，優勝者．❷ 擁護者．❸ (良くも悪くも) すごい人．―男 (中世の) 戦士．

campeonato 男 選手権；優勝．*de* ～《話》ものすごい；並外れた．

campero, ra 形 いなかの；野外の．―男 ジープ．―女 ❶ 長靴．❷《ラ米》(ｱﾙｾﾞ)(ﾁﾘ)防寒着；ジャンパー (➜ cazadora 地域差)．

campesinado 男《集合的》農民．

campesino, na 形 男 女 農民 (の)；いなかの (人)．

campestre 形 いなかの；田園の，野原の．

cámping / camping [カンピン]〔英〕男 [複 ～s] キャンプ (場)．

campiña 女 耕地；畑．

campismo 男〘スポ〙屋外キャンプ．

campista 男 女 キャンプをする人．

campito 男《ラ米》(ｱﾙｾﾞ)(ｳﾙｸﾞｱｲ)(都心部の) サッカー用の空き地．

campo [カンポ] 男〔英 country; field〕❶ いなか，郊外．casa de ～ 別荘．❷ 野原，田園．❸ 田畑．❹ 場所．～ de concentración 強制収容所．❺ 分野，領域．～ de actividad 活動分野．❻〘物〙〘光〙〘写〙界，場，野；〘IT〙フィールド．～ visual 視界．❼〘軍〙陣地 (= ～ de batalla)．❽ 競技場，グラウンド．*a* ～ *traviesa* [*través*] 野原を横切って．carrera *a* ～ *traviesa* クロスカントリー．*dejar el* ～ *libre* 身を引く．

camposanto / campo santo 男〘カト〙墓地．

CAMPSA [カンプサ] 女 *C*ompañía *A*rrendataria del *M*onopolio de *P*etróleos, *S*. *A*. (スペインの) 石油専売株式会社．

campus 〔英〕男 [単複同形] (大学の) キャンパス．

camuesa 女 リンゴ (の一種)．

camueso 男 リンゴの木．

camuflaje 男 カムフラージュ；迷彩．

camuflar 他 カムフラージュする．

camuñas 女 複 (麦以外の) 穀類．*el* (*tío*) *C*～ 怖いおじさん：子供に対する脅かし．

can 男 ❶《文》犬．❷〘建〙持ち送り．―固名〘天〙*Can* Mayor [Menor] 大犬 [小犬] 座．

cana 女 ❶ [主に複] 白髪．❷《ラ米》刑務所；(ｱﾙｾﾞ)(ﾁﾘ)(ｳﾙｸﾞｱｲ)警察．*echar una* ～ *al aire*《話》羽目を外して遊ぶ．*peinar* ～*s*《話》年を取っている．

canaco, ca 形 男 女 カナカ人 (の)．

Canadá 固名 カナダ：首都オタワ Ottawa．

canadiense 形 カナダの．―男 女 カナダ人．―女 ムートンジャケット．

canal [カナる] 男 (ときに 女)〔英 canal;channel〕❶ 運河；水路．❷〘TV〙チャンネル；〘IT〙回路．❸〘地理〙海峡．❹ 溝；管；雨樋(ﾄﾞｲ)．❺ 経路，ルート．❻〘解〙管．❼ 枝肉．*abrir en* ～ 真っ二つに裂く．

canaladura 女〘建〙(装飾用の) 縦溝．

canalé 男 畝織り．

canalera 女〘建〙雨樋(ﾄﾞｲ)．

canaleta 女《ラ米》(ｱﾙｾﾞ)(ﾁﾘ)(ｳﾙｸﾞｱｲ)(ﾘ)雨樋(ﾄﾞｲ)．

canalete 男 櫂(ｶｲ)，オール．

canalización 女 ❶ 水路開設；配管．❷ 方向付け．

canalizar 57 他 ❶ 運河 [水路] を開く．❷ (意見等を) 導く．

canalla 女《話》悪党 (一味)．―男 女《話》ろくでなし，ごろつき．

canallada 女 卑劣な [汚い] やり口．

canallesco, ca 形 卑劣な，汚い．

canalón 男 雨樋(ﾄﾞｲ)．

canana 女 弾薬帯．

cananeo, a 形 男 女〘史〙カナンの (人)．

canapé [仏] 男 ❶ ソファー；(ベッドの) 寝台．❷〘料〙カナッペ．

Canarias 固名 ❶ Islas ～ カナリア諸島．❷ カナリアス：スペインの自治州．

canario, ria 形 男 女 カナリア諸島の (人)．―男〘鳥〙カナリア．

canarión, riona 形 男 女《話》グランカナリア島の (人)．

canasta 女 ❶ かご．❷〘スポ〙(バスケットボールの) ゴール；得点．❸ (トランプ・ゲーム) カナスタ．

canastilla 女 ❶ (小さい) かご．❷《ラ米》(車の上に載せる) ラック (➜ baca 地域差)．❸ 産着．

canastillo 男 (小さく平たい) かご．

canasto 男 (取っ手の 2 つ付いた深い) かご．*¡C*～*s!*《驚き・嫌悪》おやまあ．

cáncamo 男 アイボルト，リングボルト．

cancamurria 女《話》陰鬱(ｲﾝｳﾂ)．

cancamusa 女《話》ぺてん，詐欺．

cancán 男 ❶ (フレンチ) カンカン．❷ フリル付きペチコート．

cancanear 自《ラ米》(ﾁﾘ)(ｺﾛﾝﾋﾞｱ)(ﾒｷｼｺ)どもる．

cáncano 男《話》シラミ．

cancel 男 防風ドア；衝立(ﾂｲﾀﾃ)．

cancela 女 (鉄格子の) 門扉．

cancelación 女 取り消し，キャンセル；(負債の) 清算．

cancelar 他 ❶ 取り消す，撤回する．❷ (負債を) 清算する．

cáncer 男 ❶〘医〙癌(ｶﾞﾝ)．❷ (社会的な) 害．―固名 [C-]〘占星〙巨蟹(ｷｮｶｲ)宮；〘天〙かに座．―形 男 女 かに座の (人)．

cancerar 他 癌(ｶﾞﾝ) [害] を引き起こす．―**cancerarse** 再〘医〙癌にかかる．

cancerbero 男 ❶ 厳しい門番．❷ ゴールキーパー．

canceriforme 形〘医〙癌(ｶﾞﾝ)のような．

cancerígeno, na 形〘医〙発癌(ﾊｯｶﾞﾝ)性の．―男 発癌性物質．

cancerólogo, ga 男 女〘医〙癌(ｶﾞﾝ)専門医．

canceroso, sa 形〘医〙癌(ｶﾞﾝ)の，癌性の．tumor ～ 癌腫瘍(ｼｭﾖｳ)．

cancha 女 ❶〚スポ〛コート, フィールド. ～ de tenis テニスコート. ❷《ラ米》(1) 空き地, 置き場. (2) こつ. (3) 煎(い)りトウモロコシ. ～ blanca ポップコーン. ***abrir*** ～《ラ米》道をつける；場所をあける. ***dar*** ～ ***a*** ...《ラ米》(アルゼ)(パラグ)(チ)…に便宜を図る. ***estar en*** su ～《ラ米》(アルゼ)(パラグ)(チ)自分の得意とする[本領を発揮できる]所にいる.

canchal 男 岩場.

canchar 他《ラ米》(アルゼ)(パラグ)(ペル)煎(い)る, 焼く.

canche 男 女《ラ米》金髪の人(→ rubio 地域差).

canchero, ra 形《ラ米》(アルゼ)(ウルグ)(チ)熟練した, 老練な. ── 男 女《ラ米》(1)(グランド・コートの)オーナー；管理人. (2) 優しい先生(→ benévolo 地域差).

cancho 男 ❶ 岩場. ❷《ラ米》(チ)謝礼.

cancilla 女 格子の門.

canciller 男 ❶(ドイツ等の) 首相. ❷ 外務大臣. ❸ 国璽(じ)尚書.

cancilleresco, ca 形 外交上の；形式ばった.

cancillería 女 ❶ canciller の職. ❷ 大使館事務局. ❸《ラ米》(アルゼ)外務省.

canción [カンシオン] 女 [複 canciones] 〔英 song〕❶ **歌**. ～ de cuna 子守歌. ～ de gesta 武勲詩. ❷ 言い訳；《軽蔑》決まり文句, いつもの話. ***Ésa es otra*** ～. それは別の話だ.

cancionero 男 詩歌の選集.

cancro 男〚医〛癌(がん)；〚植〛癌腫(しゅ)病.

candado 男 南京錠.

candar 他 鍵(かぎ)をかける.

candeal 形 (小麦が) 白く上質な. pan ～ 白パン.

candela 女 ❶ ろうそく. ❷《話》火. ❸ カンデラ：光度の単位. ***dar*** [***arrear, atizar***] ～ ***a*** ...《話》…を殴る.

candelabro 男 枝付き燭台(しょくだい).

candelaria 女〚カト〛聖母マリアの潔(きよ)めの祝日：2月2日.

candelejón, jona 形《ラ米》(コロン)(チ)(ペル)→ cándido.

candelero, ra 男 燭台(しょくだい), ろうそく立て. ***estar en*** (***el***) ～ 脚光を浴びる.

candelilla 女 ❶〚医〛ブジー：尿道等を拡げる器具. ❷《ラ米》〚昆〛ツチボタル.

candente 形 ❶ 白熱の, 真っ赤に焼けた. ❷(話題等が) 白熱した.

candi 形 ***azúcar*** ～ 氷砂糖.

candidato, ta 男 女《**a**》(…への) (立) 候補者.

candidatura 女 ❶ 立候補, 推薦. ❷《集合的》候補者；候補者名簿.

candidez 女 純真；世間知らず.

cándido, da 形 純真な, 無邪気な；世間知らずな.

candil 男 ❶ カンテラ. ❷ 角(つの)の先端. ❸《ラ米》(メキ)(シコ)シャンデリア. ***ni buscado con*** ～ うってつけの；そうそう見つからない.

candileja 女 ❶ [複]〚演〛フットライト. ❷(カンテラ等の) 油皿.

candinga 女《ラ米》(1)(チ)(リ)厄介, 面倒. (2)(ホンジ)(ュラス)混乱. (3)《ラ米》(メキ)(シコ)悪魔.

candiota 男 (ワイン保存用の) かめ.

candombe 男《ラ米》(1) カンドンベ：黒人のリズムの激しい踊り. (2) (政治の) 腐敗, 乱れ.

candongo, ga 形 男 女《話》ずるい(人)；仕事をサボる(人).

candor 男 純真, 無邪気.

candoroso, sa 形 純真な, 無邪気な.

caneca 女 ❶(酒用の) 陶器の瓶. ❷《ラ米》(コロン)(エクア)(ドル)(酒・油を入れる) 瓶, 容器；湯たんぽ.

canecillo 男〚建〛持ち送り.

caneco, ca 形《ラ米》(ニカラ)(グア)(ボリ)(ビア)ほろ酔いの.

canéfora 女 (古代ギリシャで) 供物を運んだ娘.

canelo, la 形 赤褐色の. ── 男〚植〛ニッケイ. ── 女〚植〛桂皮, シナモン. ***hacer el*** ～《話》だまされやすい；ばかなことをする. ***ser canela*** (***fina***)《話》絶品である.

canelón 男 ❶ [複]〚料〛カネローニ. ❷ 雨樋(どい). ❸ つらら.

canesú 男 [複 ～(e)s]〚服〛身ごろ.

caney 男《ラ米》(1)〚史〛地主や先住民の首長の屋敷. (2) 小屋；(コロン)(ビア)(キュ)(ーバ)納屋. (3) (川の) 屈曲部.

Cangas de Onís 固名 カンガス・デ・オニス：レコンキスタ初期のアストゥリアス王国の首都.

cangilón 男 (井戸の) つるべ.

cangreja 女〚海〛スパンカー.

cangrejero, ra 男 女 カニを捕る[売る]人. ── 男〚鳥〛サギの一種.

cangrejo 男〚動〛カニ. ～ de río ザリガニ. ～ ermitaño ヤドカリ. ── 固名 [C-]〚天文〛かに座. ***estar como un c～*** 真っ赤に日焼けしている.

canguelo 男《話》恐怖.

canguro 男〚動〛カンガルー. ── 男 女《話》ベビーシッター.

caníbal 形 ❶ 食人の. ❷ 残忍な. ── 男 女 ❶ 食人種；食人者. ❷ 残忍な人.

canibalismo 男 ❶ 食人, カニバリズム. ❷ 残虐行為.

canica 女 ビー玉(→ bola 地域差), [複] ビー玉遊び.

caniche 形 男 プードル種の(犬).

canicie 女 髪が白いこと.

canícula 女 盛暑.

canicular 形 盛夏の.

cánidos 男 複〚動〛イヌ科の動物.

canijo, ja 形 ❶《話》体が小さく病弱な. ❷《ラ米》(メキ)(シコ)いたずら者の；悪意のある. ── 男 女 ❶《話》ひよわな人[動物]. ❷《ラ米》(メキ)(シコ)いたずら者. ❸《スペイン》《話》背が低い人, ちび(→ bajo 地域差).

canilla 女 ❶(腕・脚の) 長い骨；すね. ❷ ボビン, 糸巻き. ❸(樽(たる)等の) 栓. ❹《ラ米》(アルゼ)(ウルグ)(コロン)《話》蛇口.

canillera 女 すね当て.

canilleta 男 女《ラ米》靴磨きの人(→ limpiabotas 地域差).

canillita 男《ラ米》(街頭の) 新聞売り(→ vendedor 地域差).

canino, na 形 イヌ科の；犬の. ── 男 犬歯(= diente ～).

canje 男 交換.

canjeable 形 交換できる.

canjear 他《**por**》(…と) 交換する.

cannabis [カナビス] [ラ] [単複同形] 男〚植〛大麻.

Cano 固名 カノ Alonso ～ (1601-67)：

スペインの画家・建築家・彫刻家.

cano, na 形 白髪の(ある). ―男女 《ラ米》金髪の人(→ rubio 地域差).

canoa 女 カヌー;(モーター) ボート.

canódromo 男 ドッグレース場.

canon 男 [複 cánones] ❶ 規範;規準. ～ de la belleza 美の規準. como mandan los *cánones* 規範に従って. ❷ 納付金;使用料. ❸ 〖音〗カノン. ❹ 〖カト〗聖書正典;ミサ典文;[複] 教会法.

C

canonicato 男 → canonjía.

canónico, ca 形 ❶ 〖カト〗教会法に定められた;聖書正典の. ❷ 標準の.

canóniga 女 《話》昼食前の昼寝.

canónigo 男 〖カト〗司教座聖堂参事会員. *llevar vida de* ～ 《話》楽に暮らす.

canonista 男女 教会法学者.

canonización 女 列聖.

canonizar 57 他 〖カト〗列聖する.

canonjía 女 ❶ 〖カト〗司教座聖堂参事会員の地位. ❷ 《話》割のよい仕事.

canoro, ra 形 音[響き]のよい;鳴き声の美しい.

canoso, sa 形 白髪(混じり)の.

canotier [仏] 男 かんかん帽.

cansado, da [カンサド, ダ] 過分 → cansar. 形 [英 tired] ❶ **疲れた**. ❷ 《de》(…に) 飽きた, うんざりした. ❸ 疲れさせる;退屈な.

cansador, dora 形 《ラ米》(アルゼンチン)(ウルグアイ)《話》疲れさせる, うんざりさせる.

cansancio 男 ❶ 疲れ. ❷ 退屈.

cansar [カンサル] 他 [英 tire] ❶ **疲れさせる**. ❷ うんざりさせる. ―
cansarse 再 ❶ 疲れる. ❷ 《de》(…に) うんざりする. ***no cansarse de ...*** 執拗(しつよう)に…する.

cansino, na 形 ❶ のろのろした;消耗した. ❷ つらい, 疲れる.

cantábile [伊] 形 〖音〗カンタービレの, 歌うような. ―男 カンタービレ(調).

cantable 形 歌うことのできる. ―男 〖音〗(サルスエラの) 歌唱部分[場面].

Cantabria 固名 カンタブリア:スペインの地方;自治州.

cantábrico, ca 形 カンタブリア(地方・海・山脈) の. Mar *C*～ カンタブリア海.

cántabro, bra 形 男 女 カンタブリア地方の(人).

cantada 女 (無能力による) ミス, 失敗.

cantado, da 過分 → cantar. 形 《estarと共に》前もって知らされている;確約済みである. *gol* ～ (サッカー) 確実なゴールチャンス. *voto* ～ 《ラ米》(アルゼンチン)(ウルグアイ)記名投票.

cantador, dora 男 女 (民謡等の) 歌手.

cantal 男 石ころ.

cantaleta 女 《ラ米》(俗)鳴り物入りのはやし立て;からかい.

cantalupo 男 〖植〗カンタロープメロン.

cantamañanas 男 女 [単複同形] 《話》《軽蔑》いい加減で無責任な人.

cantante [カンタンテ] 男 女 [英 singer] **歌手**.

cantaor, ora 男 女 フラメンコの歌手.

cantar [カンタル] 他 [英 sing] ❶ **歌う**. ❷ 詩に歌う;称賛する. ❸ 《話》白状する. ～ de plano すっかり白状する. ❹ (トランプ) (手札を) 告げる. ― 自 ❶ 歌を歌う;(鳥等が) 鳴く. ❷ 音を立てる. ❸ 《話》におう. ―男 歌, 詩. ～ de gesta 武勲詩. *ser otro* ～ 別の話である.

cántara 女 ❶ カンタラ:容積の単位. 約16.1リットル. ❷ 壺(つぼ).

cantarela 女 (ギター等の) 第1弦.

cantarero, ra 男 女 壺(つぼ)職人. ― 女 壺を載せる台.

cantárida 女 ❶ 〖昆〗セイヨウミドリゲンセイ. ❷ 〖薬〗カンタリス.

cantarín, rina 形 歌好きの;歌うような. ―男 女 歌手.

cántaro 男 壺(つぼ). *a* ～*s* 大量に. llover *a* ～*s* どしゃ降りの雨が降る.

cantata [伊] 女 〖音〗カンタータ.

cantatriz 女 女性歌手.

cantautor, tora 男 女 シンガーソングライター.

cantazo 男 投石.

cante 男 ❶ (主にスペインのアンダルシア地方の) 民謡. ～ flamenco フラメンコ歌謡. ～ jondo [hondo] カンテホンド. ❷ 《話》派手なもの[こと]. ❸ 《話》不快なにおい. ―活 → cantar. *dar el* ～ ふざけて人目を引く;合図する.

cantear 他 (板等の) 縁を加工する;(れんがを) 縦積みにする.

cantera 女 ❶ 石切り場, 採石場. ❷ (人材を) 輩出する場所.

canterano, na 男 女 〖スポ〗二軍[教育リーグ]の選手.

cantería 女 ❶ 石切り. ❷ 《集合的》切り石;石造物.

cantero 男 ❶ 石工. ❷ (固いパン等の) 切れ端. ❸ 《ラ米》菜園(の1区画), 花壇.

cántico 男 〖カト〗賛歌;(一般に) 歌.

cantidad [カンティダ(ドゥ)] 女 [英 quantity] ❶ **量**, 数量. ❷ 金額. ❸ 大量;《副詞的》《話》たくさん. ～ de ... たくさんの…. ❹ 音量;〖音声〗母音[音節]の長短. *en* ～ 大量に.

cántiga / cantiga 女 中世の賛美歌.

cantil 男 ❶ 岩棚, 海底棚. ❷ 断崖(だんがい).

cantilena 女 → cantinela.

cantimplora 女 水筒.

cantina 女 ❶ (駅等の) 軽食堂, 売店. ❷ 《ラ米》(1) 居酒屋(→ taberna 地域差). (2)(アルゼンチン)(パラグアイ)(ウルグアイ)イタリア料理店.

cantinela 女 ❶ 短い(叙情) 詩歌. ❷ 《話》繰り言.

cantinero, ra 男 女 cantina の店主[従業員]. ― 男 (レストランの) ボーイ(→ camarero 地域差).

cantizal 男 石ころの多い土地.

canto [カント] 男 [英 song] ❶ **歌**, 歌声;鳴き声. ～ gregoriano グレゴリオ聖歌. ❷ へり, 縁;厚み;(刃物の) 峰;(本の) 小口. ❸ 小石, 石ころ. ❹ 詩歌;詩編;賛歌. ―活 → cantar. *al* ～ すぐに;必ず. *al* ～ *del gallo* 夜明けに. *el* ～ *de un duro* 少し. *por el* ～ *de un duro* かろうじて.

cantón 男 ❶ (スイスの) 州;(フランスの) 小郡. ❷ (建物の) 角.

cantonada 女 (建物の) 角;街角. *dar* ～ *a* ... …に待ちぼうけをくわせる.

cantonal 形 ❶ 州[小郡]の. ❷ 地方分立主義の.

cantonalismo 男 地方分立主義.
cantonera 女 ❶ (本の) 角革 ; (家具の) 隅金具. ❷ コーナー用家具.
cantonés, nesa 形 男 女 (中国の) 広東省の (人). ── 男 広東語.
cantor, tora 形 歌う, 鳴く. ── 男 女 ❶ 歌手. ❷ 詩人, 賛美者. ── 女 [複] 鳴禽(めいきん)類.
cantoral 男 《カト》 聖歌集.
cantueso 男 《植》 ラベンダーの一種.
canturrear 自 他 鼻歌を歌う.
canturreo 男 鼻歌.
cánula 女 《医》 ❶ カニューレ, 挿管. ❷ 注射器の針を付ける部分.
canutas *pasarlas* ～ 《話》 危機に遭遇する ; 困難に直面する.
canutillo 男 ❶ (コーデュロイ等の) うね. ❷ (管型の) ビーズ. ❸ 金糸, 銀糸.
canuto 男 ❶ 細い管, 筒. ❷ 《俗》 マリファナ[ハシッシュ]タバコ.
caña 女 ❶ 《植》 茎 ; アシ, ヨシ. ～ dulce [de azúcar] サトウキビ. ❷ (細身の) コップ ; 生ビール. una ～ de cerveza 1 杯の生ビール. ❸ 釣りざお (＝～ de pescar). ❹ (ブーツ等の) ふくらはぎの部分. ❺ 筒状のクリームパイ. ❻ (腕・すねの) 骨 ; 髄. ❼ 銃床. ❽ (管楽器の) リード. ❾ 《ラ米》 サトウキビ酒, ラム酒. *dar* [*meter*] ～ 《話》 殴る ; 煩わせる ; スピード[ボリューム]を上げる.
cañacoro 男 《植》 ダンドク.
cañada 女 ❶ 山あいの道. ❷ (家畜の) 通り道.
cañadilla 女 《貝》 アクキガイの一種.
cañafístula 女 《植》 カシア (の実・木).
cañaheja 女 《植》 オオウイキョウ.
cañal 男 → cañaveral.
cañamar 男 麻畑.
cañamazo 男 ❶ 麻布. ❷ スケッチ.
cañamero, ra 形 麻の.
cáñamo 男 ❶ 《植》 アサ. ❷ 大麻 (＝～ índico).
cañamón 男 アサの実[種].
cañaveral 男 アシ原 ; サトウキビ畑.
cañazo 男 《ラ米》 サトウキビ酒.
cañería 女 《集合的》 配管.
cañero, ra 形 サトウキビの [に関する]. ── 男 女 《ラ米》 (アルゼ)(ウルグ)サトウキビ農園の所有者[管理人, 栽培者].
cañí 形 男 女 [複 ～s] ジプシー [ロマ] の (人). ── 形 《話》 典型的なスペイン (風) の.
cañinque 形 男 女 《ラ米》 病弱 [虚弱] な (人).
cañizal / cañizar 男 → cañaveral.
cañizo 男 よしず ; (建築用の) 網代(あじろ).
caño 男 ❶ 管, パイプ. ❷ (噴水等の) 噴出口. ❸ 《海》 (港・湾の) 水路. ❹ 《ラ米》 (アルゼ)(ウルグ)(武器の) 銃身.
cañón 男 ❶ 峡谷. ❷ 大砲 ; 銃[砲] 身. ❸ (長い) 管, 筒 ; (煙突の) 煙道 ; (オルガンの) パイプ. ～ de nieve 人工降雪機. ❹ 羽根の軸 ; ひげの根元. ❺ スポットライト. ── 形 《話》 [性数不変] すばらしい. ── 副 《話》 すばらしく. pasárselo ～ とても楽しく過ごす. *ser carne de* ～ 《軍》 最前線に立つ.
cañonazo 男 ❶ 砲撃 ; 砲声. ❷ (サッカー等の) 強烈なシュート.
cañoncito 男 《ラ米》 (アルゼ)(ウルグ)棒状クリームパイ.
cañonear 他 砲撃する.
cañoneo 男 砲撃.
cañonero, ra 形 (船が) 大砲を備えた. ── 男 女 (サッカー等の) ストライカー. ── 女 《軍》 砲艦 (＝lancha ～) ; 砲眼 ; 砲座 ; 野営用テント.
cañutillo 男 → canutillo.
cañuto 男 → canuto.
cao 男 《鳥》 ジャマイカガラス.
caoba 女 《植》 マホガニー ; マホガニー材.
caolín 男 《鉱》 高陵土, カオリン.
caos 男 [単複同形] ❶ 無秩序, 混乱. ❷ (天地創造以前の) 混沌(こんとん), カオス.
caótico, ca 形 混沌(こんとん)とした, 無秩序の.
capa [カパ] 女 [英 cape; layer] ❶ **マント**, ケープ ; 《ラ米》 レインコート (＝～ de agua) (→ impermeable 地域差). ❷ **層**, 被膜. ～ de ozono オゾン層. ～ de azúcar 《料》 アイシング. ❸ 《地質》 地層. ❹ (社会的) 階層. ❺ 《闘牛》 カパ, カポーテの一種. ❻ (馬等の) 毛色. ❼ 口実, 見せかけ. so ～ de ... …という口実で. *andar* [*estar, ir*] *de* ～ *caída* 《話》 調子が悪い. *a* ～ *y espada* 必死になって. *hacer de* su ～ *un sayo* 《話》 好き放題にする.
capaces 形 複 → capaz.
capacete 男 (前立て・面頬(めんぽお)のない) かぶと.
capacha 女 《ラ米》 (アルゼ)(チリ)(ボリ)刑務所.
capacho 男 (買い物) 袋, 手提げかご.
capacidad [カパシダ(ドゥ)] 女 [英 capacity] ❶ **容量**, 収容力. ❷ 能力, 性能 ; 才能. tener ～ para ... …する能力がある. ❸ 《法》 法的資格[能力].
capacitación 女 ❶ 訓練, 養成. ❷ 資質, 技能.
capacitancia 女 《電》 静電容量, キャパシタンス.
capacitar 他 ❶ 訓練[養成]する. ❷ 資格[能力]を与える. ── **capacitarse** 再 《para》 (…の) 資格[能力]を得る.
capador, dora 男 女 (動物の) 去勢をする人.
capadura 女 去勢.
capar 他 ❶ 去勢する. ❷ 《話》 切る.
caparazón 男 ❶ (動物の) 殻, 甲羅 ; 《比喩的》 心の殻. ❷ カバー, 覆い.
caparrón 男 (リオハ地方の) インゲンマメの一種.
caparrosa 女 《化》 硫酸塩.
capataz, taza 男 女 現場監督 ; 親方.
capaz [カパス] 形 [複 capaces] [英 able, capable] ❶ 《de》 (…を) **することができる** ; (…) しかねない. ❷ 有能な ; 《para》 (…の) 能力[資格]がある. ❸ 《para》 (…を) 収容できる. ❹ 《ラ米》 (話) 《que＋接続法》 …かもしれない. *C*～ *que* llueva hoy. 今日は雨が降るかもしれない.
capazo 男 大かご ; (赤ん坊用の) かご.
capciosidad 女 (質問等の) 巧妙さ.
capcioso, sa 形 (質問等が) 巧妙な.
capea 女 《闘牛》 (素人が参加できる) 子牛の闘牛.
capear 他 ❶ 《闘牛》 カパ capa で牛をあしらう. ❷ 《話》 言い逃れる ; 切り抜ける. ❸ 《海》 (悪天候を) 乗り切る.
capelina 女 ❶ ケープ, フード. ❷ 鉄かぶ

と. ❸《ラ米》(つばの広い女性用の)帽子.

capellán 男〘カト〙礼拝堂付き司祭.

capellanía 女〘カト〙礼拝堂付き司祭の職[禄(ろく)].

capellina 女 → capelina.

capelo 男〘カト〙枢機卿(けい)のつばの広い赤い帽子;枢機卿の職.

caperucita 女 小ずきん.

caperuza 女 ❶ とんがりずきん. ❷(煙突等の)かさ;(ペン等の)キャップ. ❸《ラ米》〘車〙ボンネット(→ capó 地域差).

C

capi 女《ラ米》トウモロコシ(粉).

capia 女《ラ米》甘く白いトウモロコシ(粉).

capialzado, da 形〘建〙(窓・アーチが)外へ向け角度をもたせてくりぬかれた.

capibara 女〘動〙カピバラ.

capicúa 形 男 左右どちらから読んでも同じ(数字, 語).

capilar 形 ❶ 髪の;頭髪用の. ❷ 毛細管の. ―― 男[複]〘解〙毛細血管.

capilaridad 女 ❶ 毛細[毛管]状であること. ❷〘物〙毛細管現象.

capilla 女 ❶ 礼拝堂, チャペル;携帯用祭壇. ～ ardiente 遺体安置室. ❷(教会付属の)音楽[聖歌]隊;礼拝堂付き司祭団. ❸《話》派閥. ***estar en*** ～ 刑の執行を待つ;(結果待ちで)どきどきしている.

capillo 男 ❶ かぶと. ❷(赤ん坊の)洗礼用ずきん.

capirotada 女《ラ米》(1)(トウモロコシ・肉・チーズ等の)煮込み料理. (2)《話》(メキシコ)共同墓地. (3)(メキシコ)(チーズ・フルーツ入りの)小形パン.

capirotazo 男(頭等を)指ではじくこと.

capirote 男 ❶(聖週間の行列にかぶる)とんがりずきん. ❷(大学教授の)フード付き礼装用肩衣(かたぎぬ). ❸〘狩〙(タカにかぶせる)目隠し. ***tonto de*** ～《話》どうしようもないばか.

capirucho 男《ラ米》けん玉(→ bola 地域差).

capisayo 男 ❶ マント, 上っ張り. ❷ 普段着;Tシャツ.

cápita [ラ] ***per*** ～ 1人当たり.

capital [カピタる] 形 [英 capital] ❶ **主要な**, 重要な. pena ～ 死刑. ❷〘印〙大文字の. ―― 男 ❶ **資本**, 資金. ～ riesgo ベンチャーキャピタル. ❷ 資本家[側]. ―― 女 ❶ **首都**;中心地. ❷〘印〙大文字.

capitalidad 女 首都であること.

capitalino, na 形 男 女 首都の(人).

capitalismo 男 資本主義.

capitalista 形 資本の, 資本主義の. ―― 男 女 ❶ 資産家. ❷ 資本主義者.

capitalización 女 ❶ 資本化;現価計上. ❷ 利用.

capitalizar 57 他 ❶ 資本化する. ❷ 現価計上する. ❸ 利用する, 乗じる.

capitán, tana [カピタン, タナ] 男 女 [英 captain] ❶(チームの)**キャプテン**, 主将;リーダー. ❷ 船長, 機長. ❸ 指揮官, 隊長. ―― 女 旗船.

capitanear 他 指揮する, 統率する.

capitanía 女 指揮官[隊長]の職.

capitel 男〘建〙柱頭.

capitolio 男 ❶〘史〙ジュピターの神殿;アクロポリス. ❷ 荘厳な建物.

capitoné 男 ❶ 引っ越し用トラック. ❷ → acolchado.

capitoste 男《軽蔑》ボス.

capitulación 女 ❶ 降伏;降伏協定. ❷ 協定, 協約. ❸[複]婚姻財産契約.

capitular 自 ❶ 降伏する. ❷ 協定を結ぶ. ―― 形 ❶(教会等の)参事会の, 総会の. ❷ 大文字の. ―― 男 女〘カト〙司教座聖堂参事会員. ―― 女 大文字.

capítulo [カピトゥろ] 男 [英 chapter] ❶(書物の)**章**;テーマ. ❷〘カト〙司教座聖堂参事会. ❸〘植〙在序. ***llamar*** [***traer***] ***a*** ... ***a*** ～ …の責任を問う. ***ser*** ～ ***aparte*** 別問題である.

capiura 女 ***irse de*** ～《ラ米》(学校を)サボる(→ fumar 地域差).

capiurar(se) 自 再《ラ米》(学校を)サボる(→ fumar 地域差).

capo 男 マフィアのドン;《話》(組織の)ボス.

capó 男〘車〙ボンネット. 地域差〘車〙ボンネット capó《スペイン》《ラ米》(キューバ)(グアテマラ)(コロンビア, ベネズエラ)(エクアドル, ペルー)(チリ)(パラグアイ, ウルグアイ, アルゼンチン);bonete(ドミニカ共和国, プエルトリコ);caperuza(エルサルバドル);capota(ドミニカ共和国, プエルトリコ)(パラグアイ);cofre(メキシコ);tapa(キューバ)(ホンジュラス, ニカラグア, コスタリカ, パナマ)(コロンビア)(エクアドル, ボリビア).

capón 形 去勢された. ―― 男 ❶ 去勢した若鶏. ❷(頭を)こつんとたたくこと.

caponera 女(若鶏の)飼育かご.

caporal 男 ❶ リーダー. ❷ 家畜の世話係.

capot [仏] 男 → capó.

capota 女 ❶(折りたたみ式の)幌(ほろ). ❷《ラ米》〘車〙ボンネット(→ capó 地域差).

capotar 自(飛行機が)機首から地面に突っ込む;(車が)ひっくり返る.

capotazo 男〘闘牛〙(カポーテを使って)牛をあしらうこと.

capote 男 ❶ 袖(そで)付きの外套(がいとう);《ラ米》レインコート(→ impermeable 地域差). ❷〘闘牛〙カポーテ. ❸ 雨雲. ***de*** ～《ラ米》(メキシコ)ひそかに, こそこそと. ***echar un*** ～ ***a*** ...《話》…に助け船を出す.

capotear 他 ❶〘闘牛〙カポーテを使って牛をあしらう. ❷ 巧みに切り抜ける.

capotera 女《ラ米》コート掛け.

capotillo 男 短い外套(がいとう).

capricho 男 ❶ 気まぐれ, 思いつき. a ～ 思いつきで. ❷〘音〙奇想曲, 狂想曲. ❸〘美〙奇抜な作品.

caprichoso, sa 形 ❶ 気まぐれな;勝手な. ❷ 奇抜な.

Capricornio 固名〘占星〙磨羯(まかつ)宮;〘天〙やぎ座.

caprino, na 形 ヤギの.

cápsula 女 ❶〘薬〙カプセル. ❷(ロケット等の)カプセル. ❸(瓶の)口金. ❹〘解〙嚢(のう). ～*s* suprarrenales 副腎(ふくじん). ❺〘植〙蒴果(さくか).

capsular 形 カプセル状の;〘植〙蒴状(さくじょう)の;〘解〙包状の.

captación 女 ❶ 把握, 理解. ❷(電波の)受信. ❸(支持者等の)獲得. ❹ 水を集めること.

captar 他 ❶ 理解する, 把握する. ❷(注目を)集める;(信頼等を)得る. ❸(水を)集める. ❹〘放送〙(電波を)受信する. ―― **captarse** 再(関心等を)得る.

captor, tora 形 ❶〘通信〙受信する. ❷ 捕獲する. ―― 男 女 捕獲者.

captura 女 逮捕, 捕獲.
capturar 他 捕らえる, 逮捕[捕獲]する.
capucha 女 ❶ フード, ずきん. ❷ (ペン等の) キャップ.
capuchino, na 男 女 〖カト〗カプチン会修道士[女]. — 男 形 ❶〖カト〗[複] カプチン会(の). ❷ カプチーノ・コーヒー(の).
capucho 男 フード, ずきん.
capuchón 男 ❶ (ペン等の) キャップ. ❷ フード(付きコート), ずきん.
capulí 男〖植〗カプリンチェリー(の木・実).
capullo 男 ❶〖植〗つぼみ. ❷〖昆〗繭(まゆ). ❸《俗》亀頭(きとう). ❹《俗》まぬけ；性悪；青二才.
capuz 男 フード付きの喪服.
caquéctico, ca 形〖医〗悪液質の.
Caquetá 固名 ❶ カケタ：南米コロンビアの州. ❷ el 〜 カケタ川：コロンビア, カウカ付近から発しアマゾン川に合流.
caquexia 女 ❶〖医〗悪液質, カヘキシー. ❷ (植物の) 退色.
caqui 形 カーキ色の. — 男 ❶〖植〗カキ(の木・実). ❷ カーキ色；カーキ色の布地.
cara [カラ] 女 [英 face] ❶ **顔**, 顔つき, 表情. 〜 arriba [abajo] あおむけ[うつぶせ]で. 〜 dura 厚顔無恥. 〜 de circunstancias 深刻な顔. 〜 de vinagre 不機嫌な顔. 〜 de palo むっつりした顔. 〜 de póquer ポーカーフェース. 〜 larga 不機嫌な顔. 〜 nueva 新顔. arrugar la 〜 (痛みで) 顔をしかめる. poner mala 〜 a ... …に難色を示す. tener buena [mala] 〜 顔色がいい[悪い]. ❷ 外観, 様相, 局面. 〜 y cruz de esta cuestión この問題の両局面. ❸ 表面, 面；(コインの) 表. por dos [ambas] 〜*s* (印刷物等が) 両面に. ***a*** 〜 ***descubierta*** おおっぴらに, 公然と. ***a la*** 〜 面と向かって. ***caérse***le ***la*** 〜 ***de vergüenza*** …が恥ずかしさで顔が真っ赤になる, 赤面する. 〜 ***a ...*** …に向かって. 〜 ***a*** 〜 面と向かって, じかに. ***cruzar la*** 〜 ***a ...*** …を平手打ちする. ***dar la*** 〜 ***a ...*** …を正視する, (困難等と) 向き合う. ***dar la*** 〜 ***por ...*** …の責任をとる；…をかばう. ***de*** 〜 (直接) 顔に. ***de*** 〜 ***a ...*** …に直面して. ***decir a la*** 〜 [***en*** SU 〜] ***a ...*** …に直接[じかに]言う. ***echar en*** 〜 ***a ...*** …のせいにする；…に恩を着せる. ***echar a*** 〜 ***o cruz*** (コインの表か裏かで) 決める. ***hacer*** [***plantar***] 〜 ***a ...*** (困難等に) 立ち向かう. ***lavar la*** 〜 ***a ...*** …の外観をよくする. ***no mirar a la*** 〜 (怒りで) 顔も見ない. ***no saber qué*** 〜 ***poner*** (恥ずかしさ等で) どんな顔をしたらいいか分からない. ***no tener a quién volver la*** 〜 頼りにする人がいない. ***no volver la*** 〜 ***atrás*** 後戻りしない, 前に進む. ***partir*** [***romper***] ***la*** 〜 ***a ...*** …の顔を殴る. ***sacar la*** 〜 ***por ...*** …をかばう. ***salvar la*** 〜 メンツを保つ. ***por la*** 〜 ただで. ***por*** SU 〜 ***bonita*** / ***por*** SU ***bella*** [***linda***] 〜 何の苦労もせず, やすやすと. ***tener dos*** 〜***s*** (物が) 二面性をもつ, (人が) 表裏のある. ***verse las*** 〜***s*** (試合・けんかで 2 者が) 対決する.
caraba 女 ***ser la*** 〜《話》ひどいこと[もの, 人]である.
carabao 男 水牛.
carabela 女 カラベル船.
carabina 女 ❶ カービン銃. ❷《話》(未婚女性の) 付き添いの婦人.
carabinero 男 ❶〖動〗クルマエビの一種. ❷ 国境警備兵. ❸ 騎銃兵. ❹《ラ米》(チリ)制服警官.
carabinieri 男 [単複同形] イタリアの治安警察官, 憲兵.
cárabo 男 ❶〖鳥〗モリフクロウ. ❷〖昆〗オサムシ.
caracará 女〖鳥〗カラカラ.
Caracas 固名 カラカス：ベネズエラの首都.
carachoso, sa 形《ラ米》(ペルー)疥癬(かいせん)にかかった.
caracol 男 ❶〖貝〗カタツムリ；巻き貝；その殻. ❷〖解〗蝸牛(かぎゅう)殻. ❸ 巻き毛. ❹〖馬〗旋回. ***¡C〜es!***《驚き・怒り》なにっ.
caracola 女 ❶〖貝〗ホラガイ(の殻). ❷〖料〗コルネ.
caracolada 女 カタツムリ料理.
caracolear 自〖馬〗旋回する.
caracoleo 男〖馬〗半回転；旋回.
caracolillo 男 ❶〖植〗インゲンマメ(の一種)(の花). ❷ 小粒のコーヒー豆.
carácter [カラクテル] 男 [複 caracteres] [英 character] ❶ **性格**；人柄. ❷ 特徴, 個性. de poco 〜 個性の乏しい. ❸ 性質；資格. de 〜 oficial 公式な. ❹ [主に複] **文字**, 字体；〖IT〗文字記号. ❺〖カト〗(秘跡の) 霊印.
característica 女 ❶ 特徴. ❷〖数〗(対数の) 指標. ❸《ラ米》(アルゼンチン)(ウルグアイ)市外局番. — 形 → característico.
característicamente 副 顕著に；特徴的に.
característico, ca [カラクテリスティコ, カ] 形 [英 characteristic] **特徴的な**；特有の. — 男 女〖演〗老け役.
caracterización 女 性格づけ；扮装(ふんそう), メーキャップ.
caracterizar 57 他 ❶ 特徴づける. ❷〖演〗演ずる. — **caracterizarse** 再 ❶《por》(…という) 特徴がある. ❷《de》(…の) 扮装(ふんそう) [メーキャップ]をする；役作りをする.
caracterología 女 性格学；性格.
caracú 男 [複 〜es, caracuses]《ラ米》(南米)〖料〗骨髄の入った骨.
caracul 男〖動〗カラクール(羊の毛皮).
carado, da 形《bien [mal] を伴い》愛想のよい[悪い]顔をした.
caradura 形 男 女《話》ずうずうしい(やつ), 厚かましい(やつ).
carajear 自《ラ米》汚い言葉をはく. — 他《ラ米》ののしる.
carajo 間《俗》《怒り・驚き・軽蔑》ちくしょう；ざまあみろ. — 男〈卑〉陰茎. ***¡al*** 〜***!***《俗》もういやだ. ***del*** 〜《俗》すごい. ***mandar al*** 〜《俗》突き放す. ***irse al*** 〜《俗》失敗する. ***no ... un*** 〜《俗》少しも…ない. ***¡Vete al*** 〜***!***《俗》くたばりやがれ. ***y un*** 〜《俗》《否定》冗談じゃない.
¡caramba! 間《驚き・怒り・抗議・不快》なんだって；おや, まあ.
carámbano 男 つらら.
carambola 女 ❶ (ビリヤード) キャノン. ❷《話》思わぬ幸運. ***de*** [***por***] 〜 偶然に.
carambolo 男〖植〗ゴレンシ.
caramelear 他 (処理・問題の) 引き延ばしをする.

C

caramelizar 57 他 カラメルをかける．
caramelo 男 ❶ 飴(あめ)，キャンデー．❷〖料〗カラメル．❸《話》魅力的なもの[人]．
caramillo 男 ❶ (木，葦(あし)等の) 笛．❷ ゴシップ；がらくたの山．
caramujo 男 ❶〖植〗ノバラ．❷ (船底に付く) 小形の巻き貝．
carancho 男 → caracará. ― 間《ラ米》¡C～!《怒り・驚き》おやまあ；何だって．
C
carantamaula 女 恐い顔の仮面；醜い人．
carantoña 女［主に複］甘えた仕草；ご機嫌取り．
carao 男《ラ米》(1)(中米)〖植〗カシア，モモイロナンバンサイカチ．(2)(アルゼンチン)(ウルグアイ)《話》〖鳥〗ツルモドキ．
caraota 女《ラ米》(ベネズエラ)〖植〗インゲンマメの一種．
carapacho 男 甲羅，甲殻．
caraqueño, ña 形 男 女 (ベネズエラの首都) カラカスの (人)．
carate 男 → kárate.
carátula 女 ❶ 仮面，マスク．❷ (本の) 扉；(CD等の) ジャケット；(ファイルの) ラベル．
caravana 女 ❶ 隊商，キャラバン；一行．❷ 車の列．❸ キャンピングカー．❹［複］《ラ米》イヤリング (→ zarcillo 地域差)．
caravaning 男 キャンピングカーでの旅行．
¡caray! 間《俗》《不快・怒り・抗議・驚き》あれっ，なんだ；ちくしょう．
carbohidrato 男 炭水化物．
carbólico, ca 形〖化〗石炭酸の．
carbón [カルボン] 男［複 carbones］〔英 coal〕❶ 石炭；木炭，炭．～ mineral [de piedra] 石炭．～ vegetal [de leña] 木炭．❷ カーボン紙．
carbonada 女 ❶ (一度に燃焼させる) 石炭の量．❷ 炭火焼肉料理；《ラ米》(アルゼンチン)(ウルグアイ)(肉・ジャガイモ・米等の) 煮込み料理．
carbonado 男〖鉱〗カルボナード．
carbonario, ria 形 男 女〖史〗カルボナリ党の (党員)．
carbonatado, da 形〖化〗炭酸塩の；炭酸入りの．
carbonatar 他 ❶ (飲み物を) 炭酸にする．❷〖化〗炭酸塩化する．
carbonato 男〖化〗炭酸塩．
carboncillo 男 デッサン用木炭；木炭画．
carbonear 他 ❶ 木炭を作る．❷ (船に) 石炭を積み込む．
carbonera 女 炭置き場．
carbonería 女 炭店．
carbonero, ra 形 石炭の．― 男 女 炭商人；炭焼き．― 男 ❶ 石炭運搬船．❷〖鳥〗ヒガラ．
carbónico, ca 形 炭素の；炭酸の．
carbonífero, ra 形 ❶ 石炭 (質) の．❷〖地質〗石炭紀の．― 男 石炭紀．
carbonilla 女 ❶ 石炭の粉；石炭殻．❷《ラ米》(アルゼンチン)(ウルグアイ)(デッサン用の) 木炭．
carbonización 女 炭化．
carbonizar 57 他 炭化させる；黒焦げにする．― **carbonizarse** 再 炭化する．
carbono 男〖化〗炭素．
carbunco 男〖医〗炭疽(たんそ)病．
carbúnculo 男 カーバンクル (丸くカットしたざくろ石)；ルビー．
carburación 女 ❶ (内燃機関での) 気化．❷〖冶〗浸炭．
carburador 男 キャブレター，気化器．
carburante 男 内燃機関用燃料．
carburar 他 (ガス・空気に) 燃料を混合する．― 自《話》うまく機能する．
carburo 男〖化〗炭化物；カーバイド．
carca 形 男 女 保守的な (人)．― 女 チチャ[トウモロコシ酒]を熱する鍋(なべ)．
carcaj 男 箙(えびら)，矢筒．
carcajada 女 大笑い．***reír a ～ limpia*** ゲラゲラ大笑いする．
carcajearse 再 ❶ 大笑いする．❷《**de**》(…を) ばかにする；無視する．
carcamal 形 男 女《話》老いぼれた (人)．
carcamán, mana 男 女《ラ米》(アルゼンチン)(ウルグアイ) いつも機嫌が悪い老人．
carcasa 女 (物の) 骨組；焼夷(しょうい)弾．
cárcava 女 溝，穴；壕(ごう)．
cárcel 女 刑務所，監獄．
carcelario, ria 形 刑務所の．
carcelero, ra 男 女 看守．
carcinógeno, na 形〖医〗発癌(はつがん)性の．
carcinoma 男〖医〗癌(がん)，癌腫(がんしゅ)．
carcoma 女 ❶〖昆〗キクイムシ．❷ むしばむもの．
carcomer 他 ❶ (キクイムシが木を) 食う．❷ さいなむ；むしばむ．― **carcomerse** 再《**con**》(…に) さいなまれる；むしばまれる．
carcunda 形 男 女 → carca.
carda 女 ❶ 梳毛(すきげ)．❷ すきぐし；梳毛機．***dar una ～*** しかりつける．
cardado 男 ❶ 梳毛(すきげ)．❷ 逆毛を立てること．
cardamomo 男〖植〗カルダモン．
cardán 男〖機〗カルダン[自在]継ぎ手．
cardar 他 ❶ (羊毛等を) すく；(布を) 毛羽立てる．❷ 逆毛を立てる．
cardenal 男 ❶〖カト〗枢機卿(けい)．❷ あざ．❸〖鳥〗ショウジョウコウカンチョウ．
cardenalato 男〖カト〗枢機卿(けい)の地位．
cardenalicio, cia 形 枢機卿(けい)の．
cardencha 女〖植〗オニナベナ．
cardenillo 男 緑青(ろくしょう)．
cárdeno, na 形 ❶ 紫がかった．❷ (牛の毛色が) 黒と白の混ざった．
cardiaco, ca / cardíaco, ca 形 心臓 (病) の．― 男 女 心臓病患者．
cardias 男［単複同形］〖解〗噴門．
cárdigan 〔英〕男 カーディガン．
cardillo 男〖植〗キバナアザミ．
cardinal 形 基となる，主要な．número ～ 基数 (詞)．puntos ～*es* 基本方位．
cardiografía 女〖医〗心拍記録法．
cardiograma 男〖医〗心電図．
cardiología 女〖医〗心臓 (病) 学．
cardiólogo, ga 男 女 心臓病専門医．
cardiopatía 女〖医〗心臓疾患．
cardiorrespiratorio, ria 形〖医〗心臓と呼吸の．
cardiovascular 形〖医〗心臓と血管の．
carditis 女［単複同形］〖医〗心臓炎．
cardo 男〖植〗カルドン；アザミ．***ser un ～ (borriquero)*** 無愛想である．
cardón 男 → cardencha.
cardoncillo 男〖植〗オオアザミ．

cardumen / cardume 男 魚群.
carduzar 57 他 → cardar.
carear 他 ❶〖法〗対質尋問させる. ❷ 照合する. ―**carearse** 再 面談する.
carecer［カレセル］ 76 自〔英 lack〕《de》(…を) **欠く**, (…が) **ない**.
carena 女〖海〗船体の喫水部 (の修理).
carenado 男 ❶ 船体［底］の修理. ❷〖車〗(エアロパーツ等による外装の) ドレスアップ.
carenar 他 ❶〖海〗(船体を) 修理する. ❷ (車体等を) 改造する.
carencia 女 ❶ 欠如 ; 不足. ❷〖商〗(返済の) 猶予.
carente 形《de》(…が) 欠けた, ない.
careo 男 ❶〖法〗対質尋問. ❷ 面談.
carero, ra 形 男 女 高値で売る (店主).
carestía 女 ❶ (生活必需品の) 物価高. ❷ 不足, 欠乏.
careta 女 ❶ 仮面, マスク ; 面. ❷ みせかけ. quitarle la ～ a ... …の正体を暴く. quitarse la ～ 本性を現す.
careto, ta 形 (牛・馬が) 白顔の. ― 男《話》ひどい顔.
carey［複 careis, ～es］男 ❶〖動〗ウミガメ. ❷ べっ甲.
carezc- 活 → carecer.
carga［カルガ］ 女〔英 load, cargo〕❶ **積み荷**, 積載 (量) ; 荷積み. ❷ (精神的・経済的) 負担 ; 税金. ❸ 充塡(じゅうてん) (物) ; 装塡 (物). ～ eléctrica〖電〗電荷. ～ de tinta インクカートリッジ. ～ explosiva 装薬. ❹〖スポ〗チャージ ;〖軍〗突撃. ― 活 → cargar. ***llevar una ～ de ...*** …の責任を持つ. ***ser*** ［***constituir***］ ***una ～ para ...*** …のお荷物になる. ***volver a la ～*** 固執する.
cargada 女《ラ米》(アルゼ)(ウルグ)(チリ)悪い冗談.
cargadero 男 荷積み［下ろし］場.
cargado, da 過分 → cargar. 形 ❶《de》(…を) 積み込んだ ; (…で) いっぱいの. ❷ どんより曇った ; 暑苦しい. ❸ (飲み物が) 濃い, アルコールが強い. ❹ 酔った.
cargador, dora 形 荷積みの ; 充塡(じゅうてん)用の. ― 男 女 荷積み人. ― 男 ❶ 弾倉. ❷ 充電器.
cargamento 男 積み荷.
cargante 形《話》迷惑な, うっとうしい ; 負担の重い.
cargar［カルガル］ 66〔英 load〕他 ❶ (荷物等を) **背負う**, 載せる, 搭載する. ～ al niño sobre los hombros 子供を肩車する. ❷《de, con》(…で) 装塡(そうてん)する, (…を) 積み込む ; (燃料等を) 供給する ;〖IT〗プログラム等をロードする. ～ a los alumnos *con* tareas 生徒に宿題を課す. ～ la sopa *de* sal スープに塩を入れすぎる. ❸ (料金等を) 負担させる ; (責任を) 課す. ～ una cantidad en cuenta a ... …に請求書の料金を課す. ❹ 苦しめる, 重荷を与える. ❺ (空気・雰囲気を) 重苦しくする. ❻《俗》落第させる. ❼ (さいころの目に) 細工する. ― 自 ❶《con》(…を) 背負う, (負担等を) 負う. ～ *con* los gastos de viaje 旅行代金を負担する. ❷《sobre》(負担等が) (…に) のしかかる. La educación de los tres hijos *carga sobre* sus espaldas. 3 人の息子の教育が彼の背にかかっている. ❸《contra》(スポーツ・戦い等で) (…に) 衝突する, 飛びかかる. ❹《en》(…に) アクセントがある. ―**cargarse** 再 ❶ (空気・雰囲気が) 重苦しくなる ; (空が) どんよりする, 曇る. ❷《de》(…を) たくさん抱えている ; (…で) 一杯になる ; (…を) 食べ［飲み］過ぎる. ～ *de años* 年を重ねている. ～ *de* hijos 子だくさんである. ❸ (人が) (我慢できなくて) 爆発寸前である ; (体の一部が) 重くなる. ❹《話》壊す, 台無しにする ; 殺す. ❺《俗》落第させる. ***cargar (con) el mochuelo*** 責任を負う. ***cargar la mano en ...*** …を誇張しすぎる, 手が過ぎる. ***cargar las tintas*** 話を大きくする. ***cargarse*** ［***alzar***］ ***con el santo y la limosna*** 全てを自分のものにする. ***cargársela*** 《話》つけが回る ; 割を食う. *Me la cargué* sin haber hecho nada. 何もしなかったのに私は罰せられた.
cargazón 女 (頭・胃等の) 重苦しさ.
cargo［カルゴ］ 男〔英 post; charge〕❶ **職務**, 地位. alto ～ 要職 (にある人). ❷ 担当, 責任 ; 管理. ❸〔複〕告発, 非難. hacer ～*s* a ... …を非難［告発］する. ❹〖商〗債務 ; 手数料. ― 活 → cargar. ***a ～ de ...*** …の世話になって ; …の勘定持ちで. ***～ de conciencia*** 良心の呵責(かしゃく). ***hacerse ～ de ...*** …を引き受ける ; …を自覚［理解］する.
cargoso, sa 形 厄介な ; 負担になる.
cargue(-) / cargué(-) 活 → cargar.
carguero, ra 形 輸送用の. ― 男 貨物船, 貨物列車 ; 輸送機.
cari 形《ラ米》(アルゼ)(チリ)鉛色の, 淡黄色の. ― 男〖料〗カレー.
cariacontecido, da 形 悲しそうな, 不安気な ; びっくりした.
cariado, da 形 カリエスにかかった, 虫歯になった.
cariaguileño, ña 形 面長でわし鼻の.
cariar 106 他 カリエスにかからせる ; 虫歯にする. ―**cariarse** 再 虫歯になる.
cariátide 女〖建〗女人像柱.
caribe 形 男 女 カリブ族 (の). ― 男 カリブ語.
caribeño, ña 形 男 女 カリブ海 (諸国, 沿岸) の (人).
caribú 男［複 ～(e)s］〖動〗カリブー.
caricato〔伊〕男 ものまねの芸人 ;〖音〗道化役の歌手.
caricatura〔伊〕女 ❶ 風刺画, カリカチュア ;［複］《ラ米》コミック, 漫画 (→ cómic 地域差). ❷ 下手な模倣 ; パロディー.
caricaturesco, ca 形 風刺を利かせた ; こっけいな.
caricaturista 男 女 風刺画家［作家］.
caricaturización 女 こっけいなものまね.
caricaturizar 57 他 戯画［パロディー］化する ; 模倣する.
caricia 女 愛撫(あいぶ).
Caricom〔英〕*Car*ibian *Com*munity カリブ共同体 : カリブ地域14か国が結んだ地域協定.
caridad 女 ❶ 思いやり, 慈悲 ; 施し. ❷〖宗〗愛徳, カリタス. ❸［C-］〖カト〗《Su, Vuestra と共に聖職者間での呼称》あなた. *¡Por c～!* 後生ですから (お願いします).
caries 女［単複同形］〖医〗カリエス ; 虫歯.
carilargo, ga 形《話》不機嫌そうな.

carilla 女 (紙の) 面.

carillón 男 カリヨン；鐘付きの時計.

cariñena 男 (スペイン, カリニェナ産の甘口の) カリニェナ・ワイン.

cariño [カリニョ] 男 [英 love] ❶ 愛情, 愛着；《呼びかけ》おまえ, あなた. ❷ 丹精, 丹念. ❸ [主に複] 愛情の表現.

cariñoso, sa 形 心のこもった.

carioca 形 男 女 リオデジャネイロの (人).

C **cariópside** 女 〘植〙 穎果(えいか), 穀果.

cariparejo, ja 形 《話》 ポーカーフェースの.

carisma 男 カリスマ性；〘神〙 カリスマ.

carismático, ca 形 カリスマ的な.

caritativo, va 形 慈善の；慈悲深い.

carite 男 《ラ米》(ベネズエラ) 〘魚〙 ピラニア.

cariz 男 様相, 形勢.

carlanca 女 ❶ (オオカミから首を守る鉄製の) 犬の首輪. ❷ [主に複] 《話》 悪賢さ.

carlinga 女 〘空〙 操縦室.

carlismo 男 〘史〙 カルロス主義 [党].

carlista 形 カルロス主義 [党] の. ── 男 女 カルロス党員.

Carlos 固名 ❶ ～ I カルロス 1 世 (1500-58)：スペイン王 (在位1516-56), ～ V de Alemania 神聖ローマ皇帝カール 5 世 (1519-56). ❷ カルロス：男子の名.

Carlota 固名 カルロタ：女子の名.

carmañola 女 カルマニョール服.

carmela 女 (溝のある) 焼肉用フライパン.

Carmela 固名 カルメラ：(María del) Carmen の愛称.

carmelita 形 〘カト〙 カルメル会の. ── 男 女 〘カト〙 カルメル会修道士 [女].

carmelitano, na 形 カルメル会の.

carmen 男 ❶ 〘文学〙 (ラテン語の) 詩, 韻文. ❷ 庭園 [果樹園] 付き邸宅. ── 固名 [C-] ❶ 〘カト〙 カルメル会. ❷ 『カルメン』：メリメの小説 (1845). ビゼーがオペラ化 (1875). ❸ カルメン：女子の名.

carmenar 他 (髪・羊毛等を) すく.

Carmenchu 固名 カルメンチュ：(María del) Carmen の愛称.

carmesí 形 [複 ～(e)s] 深紅の. ── 男 コチニール染料；深紅.

carmín 形 洋紅色の. ── 男 ❶ 洋紅色. ❷ 口紅.

Carmina 固名 カルミーナ：(María del) Carmen の愛称.

carminativo, va 形 〘医〙 体内のガスを排出する. ── 男 駆風剤.

carnada 女 ❶ (釣り・猟の) 肉のえさ. ❷ わな, おとり.

carnadura 女 → encarnadura.

carnal 形 肉体 [性欲] の；血のつながった.

carnalidad 女 性欲；官能.

carnaval 男 謝肉祭, カーニバル：四旬節前の 3 日間.

carnavalada 女 カーニバルのお祭り騒ぎ.

carnavalero, ra 形 カーニバルの.

carnavalesco, ca 形 カーニバルの.

carnaza 女 ❶ (釣り・猟の) 肉のえさ. ❷ 劣悪な肉. ❸ スキャンダル.

carne [カルネ] 女 [英 meat; flesh] ❶ 肉, 食肉. ～ de ternera 子牛肉. ～ de cerdo 豚肉. ～ de cordero ラム肉. ～ blanca (鶏等の) 白身の肉. ～ picada ひき肉. ～*s* frías 《ほぼラ米全域》 冷肉 (ハム・ソーセージ類) (→ fiambre 地域差). medias de color ～ 肌色のストッキング. ❷ 肉体；肉欲. ❸ 果肉. ❹ 《話》 [複] 肉付き；人体. de muchas [pocas] ～*s* 太った [やせた]. criar [echar, poner, tomar] ～*s* 肉がつく, 太る. perder ～*s* やせる. estar entrado [metido] en ～*s* ふくよかな. ***abrírsele las ～s*** …が驚く, ぎょっとする. ***de ～ y hueso*** 生身の. ***echar [poner] toda la ～ en el asador*** 《話》 手を尽くす, あれこれ試みる. ***en ～ y hueso*** 生身の；実物の. ***en ～ viva*** 皮膚が赤むけの；むきだしの. Tiene las rodillas *en ～ viva.* ひざ小僧が丸出しである. El programa muestra el horror *en ～ viva.* その番組では恐怖をありのままに見せている. ***en ～s vivas*** 素っ裸の, 何も身に付けていない. ***no ser ～ ni pescado*** 《話》《軽蔑》 得体の知れない；どっちつかずである.

carné 男 [複 ～s] 身分証明書. ～ de socio 会員証.

carneada 女 《ラ米》(アルゼンチン)(ウルグアイ) 畜殺 (場).

carnear 他 《ラ米》 (1)(アルゼンチン)(ウルグアイ) 畜殺する；殺害する. (2)(チリ) 欺く, だます.

carnecería 女 《俗》 → carnicería.

carnero 男 ❶ 雄羊；羊肉；羊革. ❷ 《ラ米》(アルゼンチン)(ボリビア)(ペルー) 〘動〙 ラマ, アルパカ (＝ ～ de la tierra). ── 固名 〘天文〙 [C-] 牡羊(おひつじ)座. ～ ***del Cabo*** 〘鳥〙 アホウドリ. ～ ***marino*** 〘動〙 アザラシ.

carnestolendas 女 複 → carnaval.

carnet 男 [複 ～s] ❶ → carné. ❷ 《スペイン》《ラ米》 運転免許証 (→ licencia 地域差).

carnicería 女 ❶ 肉屋, 精肉店. ❷ 殺戮(さつりく)；血の海.

carnicero, ra 男 女 ❶ 肉屋. ❷ 残虐な人. ── 男 肉食動物. ── 形 ❶ 肉食の. ❷ 残虐な.

cárnico, ca 形 食肉の.

carnívoro, ra 形 肉食性の；(植物が) 食虫の. ── 男 [複] 食肉類.

carnosidad 女 ぜい肉；〘医〙 肉芽.

carnoso, sa 形 ❶ 肉の (ような). ❷ 肉付きのよい；果肉の多い.

caro, ra [カロ, ラ] 形 [英 expensive] ❶ (値段が) 高い, 高価な. ❷ 《文》 親愛なる, 愛する. ── 副 高く.

Carolina 固名 カロリーナ：女子の名.

carolingio, gia 形 〘史〙 カロリング朝の.

carona 女 〘馬〙 鞍下(くらした).

carota 形 男 女 《話》 面の皮の厚い (人).

carótida 女 〘解〙 頸(けい)動脈.

carotina 女 〘化〙 カロチン.

carozo 男 ❶ トウモロコシの穂軸. ❷ 《ラ米》 オリーブ・桃等の種.

carpa 女 ❶ 〘魚〙 コイ. ❷ (サーカス等の) テント；《ラ米》 (キャンプ用) テント.

carpaccio [カルパチョ] [伊] 男 〘料〙 カルパッチョ.

carpanta 女 《話》 激しい空腹. ── 男 女 《話》 がつがつ食べる人.

carpelo 男 〘植〙 心皮.

Carpentier 固名 カルペンティエール Alejo ～ (1904-80)：キューバの小説家・音楽史家.

carpeta 女 ❶ フォルダー, 紙ばさみ (→ 地域差)；〘IT〙 フォルダー. ❷ デスクマット. ❸

《ラ米》(アルゼンチン)(ウルグアイ)カーペット. 地域差 フォルダー carpeta 《スペイン》《ラ米》(キューバ)(ニカラグア)(コロンビア, ベネズエラ)(チリ)(パラグアイ, ウルグアイ, アルゼンチン); fólder 《ほぼラ米全域》.

carpetazo 男 ***dar ～ a ...*** …を棚上げにする.

carpetovetónico, ca 形 男 女 国粋主義的な(スペイン人).

carpidor 男 《ラ米》(アルゼンチン)(ウルグアイ)手鍬(てぐわ).

carpincho 男 〖動〗→ capibara.

carpintería 女 ❶ 大工仕事; 大工の作業場. ❷ 《集合的》建材. ～ de aluminio アルミサッシ.

carpintero, ra 男 女 大工.

carpir 他 《ラ米》(アルゼンチン)(ウルグアイ)除草する.

carpo 男 〖解〗手根(しゅこん)骨.

carpófago, ga 形 〖動〗果実食性の.

carpología 女 果実学.

carraca 女 ❶ (聖週間等に使われる) カラカラと音を出す道具. ❷ 〖海〗カラック船. ❸ 老朽化した物, ぽんこつ. ❹ 老いぼれ; 持病持ちの人. ❺ 〖鳥〗ニシブッポウソウ.

Carracuca 男 ***más ... que C～*** この上なく…な.

carraleja 女 〖昆〗ツチハンミョウ.

carrao 男 《ラ米》(プエルトリコ)(ベネズエラ) 〖鳥〗ツルモドキ.

carrasca 女 ❶ 〖植〗トキワガシ. ❷ 《ラ米》(コロンビア)(ベネズエラ)カラスカ: 楽器の一種.

carrascal 男 トキワガシの林.

carrasco 男 ❶ 〖植〗トキワガシ. ❷ 《ラ米》雑木林.

carraspear 自 ❶ せき払いをする. ❷ 声がかすれる.

carraspeo 男 せき払い.

carraspera 女 のどのいがらっぽさ; せき払い.

carraspique 男 〖植〗イベリス属植物の総称: マガリバナ科.

carrasquera 女 → carrascal.

carrera [カレラ] 女 〔英 run; race〕 ❶ **走ること**. pegarse [echarse, darse] una ～ 一走りする. ～ del oro ゴールドラッシュ. ❷ **競走**; レース. ～ contra reloj [contrarreloj] タイムトライアル. ～ ciclista 自転車レース. bicicleta de ～s 競技用自転車. ～ corta 短距離レース, スプリント. ～ de relevos リレー競技. ～ de fondo 長距離レース. ～ de obstáculos 障害物競走[レース]. ～ de resistencia 耐久レース. ❸ (大学等の) 専門課程; 経歴, キャリア. estar en primero de ～ 学部の1年生である. terminar la ～ (大学を) 卒業する. militar de ～ 職業軍人. Tiene una brillante ～ como actor. 彼は俳優としてすばらしい経歴を持っている. ❹ (乗り物の) 行程; 走行距離; 〖機〗行程; 〖天文〗軌道. ～ ascendente [descendente] ピストンの上[下]向きの動き. la ～ de Sol 太陽軌道. ❺ (ストッキングの) 伝線. ❻ 《稀》大通り; 街路. ❼ (野球の) 得点. ***a la ～*** 全速力で. ***hacer ～*** 出世する. ***no poder hacer ～ de [con] ...*** …をうまく前進させることができない. tomar

carrerilla 女 助走. tomar ～ 助走する. ***de ～*** 《話》そらで, 丸暗記で.

carrerista 男 女 ❶ (競馬の) ファン. ❷ (自転車等の) 選手. ❸ 出世主義者.

carrero 男 馬車引き.

carreta 女 2輪の荷車.

carretada 女 ❶ 荷車1台分の積み荷. ❷ 《話》たくさん. ***a ～s*** 《話》大量に.

carrete 男 ❶ 巻き枠, ボビン; リール. ❷ 〖写〗フィルム. ***dar ～ a ...*** …にたくさん話させる. ***tener ～*** 《話》よくしゃべる.

carretear 他 荷車で運ぶ. ── 自 荷車を引く.

carretel 男 《ラ米》ボビン, 糸巻き.

carretela 女 ❶ (折り畳みほろ付きの) 4人乗り馬車. ❷ 《ラ米》バス; 荷車.

C

carretera [カレテラ] 女 〔英 (main) road〕 **(幹線) 道路**, 街道. ～ general [nacional] 国道.

carretero 男 馬車引き. ***fumar como un ～*** 《話》タバコを大量に吸う. ***hablar como un ～*** 汚い言葉遣いをする.

carretilla 女 ❶ 手押し車; 運搬用小型車. ～ elevadora フォークリフト. ❷ (幼児の) 歩行器. ❸ 〖料〗パイカッター. ❹ ねずみ花火. ***de ～*** そらで, 丸暗記して.

carretón 男 小型の荷車; 〖鉄道〗ボギー車.

carric 男 〖服〗カリック: 肩マント付きコート.

carricoche 男 ぽんこつ車.

carriel 男 《ラ米》(コスタリカ)(エクアドル)(コロンビア)(ベネズエラ)(革製の) ブリーフケース, 旅行かばん.

carrier 男 〖通信〗搬送波.

carril 男 ❶ 《ラ米》(道路の) 車線 (→ vía 地域差). ～ bus バス用車線. ❷ (鉄道やカーテンの) レール. ❸ わだち.

carrilano 男 《ラ米》(チリ)(ペルー)鉄道員.

carril-bus 男 バス専用レーン.

carrilero, ra 男 女 ❶ (サッカー) ウィング. ❷ 路上生活者. ── 女 《ラ米》(コロンビア)線路.

carrillo 男 頬(ほお).

carrilludo, da 形 頬(ほお)がふっくらとした.

carrito 男 ワゴン; (ショッピング) カート.

carrizal 男 アシ原.

carrizo 男 〖植〗アシ, ヨシ.

carro [カロ] 男 〔英 cart; car〕 ❶ **荷車**, **馬車**. ❷ 《ラ米》**自動車**, 車 (→ automóvil 地域差). ❸ カート; ワゴン (= carrito). ❹ 〖機〗可動盤. ***aguantar ～s y carretas*** 《話》じっと耐える. ***～ de combate [asalto]*** 戦車. ***C～ Mayor [Menor]*** 〖天文〗大[小]熊座. ***parar el ～*** 《話》自制する. ***subirse al ～*** 《話》おいしい話に加わる.

carrocería 女 ボディー, 車体 (工場).

carrocero, ra 男 女 車体製造工, 車体修理工.

carrocha 女 昆虫の卵.

carromato 男 (サーカス等の) (大型) ほろ馬車; 《軽蔑》大型のぽんこつ車.

carronada 女 カロネード砲.

carroña 女 腐肉; 堕落したもの[人].

carroñero, ra 形 腐肉の; 腐肉をえさとする. ── 男 腐肉をえさとする動物.

carroza 女 ❶ (豪華な) 四輪馬車. ❷ (祭り用の) 山車(だし); 《ラ米》(チリ)(ウルグアイ)霊柩(れいきゅう)車. ── 形 男 女 《話》古臭い (人).

carruaje 男 乗り物, 車.

carrusel 男 ❶ 騎馬パレード. ❷ メリーゴーラウンド.

carta [カルタ] 女 〔英 letter〕 ❶ **手紙**, 書簡. ～ certificada 書留書簡. ～ abierta 公開状. ～ de recomendación 推薦状. ～ de solicitud 申請書. ❷ (公式) 文書. ～ blanca 白紙委任状. ～ de despido 解雇通知. ～ de pago 受領書. ～ de porte 船荷証券. ❸ メニュー. ～ de vinos ワインリスト. a la ～ アラカルトで, 一品料理で. Tráigame la ～, por favor. メニューを持ってきてください. ❹ 地図；海図；図. ～astral 星座図. ～meteorológica 天気図. ❺ 憲章, 憲法. *C*～ Magna 〖史〗マグナカルタ. ❻ (トランプの) カード；持ち札. jugar a las ～*s* トランプをする. ～*s credenciales* 信任状. *echar las ～s* (カードで) 将来を占う. *enseñar las ～s* 手の内を見せる. *jugar* (*bien*) sus ～*s* うまい手を使う. *jugar la última* ～ 奥の手を使う. *jugárselo todo a una* ～ 一か八(ばち)かやってみる, 勝負に出る. *no saber a qué* ～ *quedarse* [*qué* ～ *tomar*] 途方に暮れる. *poner las ～s boca arriba* 手の内を明かす. *tomar ～s en ...* …に介入する.

C

cartabón 男 三角定規.

cartagenero, ra 形 男 女 ❶ (スペイン, ムルシア州) カルタヘナの (人). ❷ (コロンビア) カルタヘナの (人).

Cartagena 固名 カルタヘナ. (1) 地中海に臨む軍港. (2) コロンビア, ボリーバル州の州都, 港湾都市.

cartaginense / cartaginés, nesa 形 男 女 カルタゴの[人].

cartapacio 男 ❶ ファイル；学生かばん. ❷ ノート, 手帳.

cartearse 再 文通する.

cartel [カルテる] 男 〔英 poster〕 ❶ **ポスター**, 張り紙. ❷ 名声, 評判. de ～ 名高い. ❸ カルテル. *en* ～ 公演中の, 上演中の.

cártel 男 カルテル；(企業) 連合；闇(やみ)組織.

cartela 女 ❶ 札, プレート. ❷ 〖建〗(バルコニー等の) 持ち送り.

cartelera 女 ❶ 掲示板；興行案内板. ❷ (新聞の) 映画・演劇欄.

cartelista 男 女 ポスター製造業者.

carteo 男 文通.

cárter 男 〖機〗(エンジンの) クランク室；(自転車の) チェーン・カバー.

cartera [カルテラ] 女 〔英 wallet〕 ❶ **財布**, 札入れ (➜地域差). ❷ 書類かばん；学生かばん. ❸ 〖商〗有価証券類 (＝～ de valores)；《集合的》顧客. ～ de clientes 顧客リスト. ～ de pedidos 受注一覧. ❹ 大臣職. ❺ 《ラ米》ハンドバッグ (➜ bolso 地域差). *tener en* ～ *...* …を計画中である. 地域差 財布, 札入れ cartera 《スペイン》《ラ米》; billetera 《ほぼラ米全域》.

cartería 女 郵便配達職；簡易郵便局.

carterista 男 女 すり.

cartero, ra 男 女 郵便配達人.

cartesianismo 男 〖哲〗デカルト哲学.

cartesiano, na 形 ❶ デカルト (派) の. ❷ 合理主義的な. ── 男 女 デカルト派[主義者]；合理主義者.

cartilaginoso, sa 形 〖解〗軟骨の.

cartílago 男 〖解〗軟骨.

cartilla 女 ❶ (記録用の) 手帳. ～ de ahorros 預金通帳. ～ sanitaria 健康保険証. ❷ 初級教本；基礎知識. *no saber la* ～ 初歩も知らない. *leer a ... la* ～ …に手ほどきをする；…に説教する. *saberse* [*tener aprendida*] *la* ～ やりかたを心得ている.

cartografía 女 地図作成 (法).

cartográfico, ca 形 地図作成の.

cartógrafo, fa 男 女 地図製作者.

cartograma 男 統計地図.

cartomancia / cartomancía 女 トランプ[カード] 占い.

cartomántico, ca 形 男 女 トランプ占いの[師].

cartón 男 ❶ ボール紙, 厚紙. ～ ondulado ダンボール. ～ piedra 紙粘土. ❷ (卵・牛乳等の) 紙パック；(タバコの) カートン. ❸ (フレスコ画等の) 下絵.

cartonaje 男 《集合的》厚紙[段ボール] 製品.

cartoné 男 厚紙装丁.

cartoon [カルトゥン] 〔英〕 男 [複 ～s] 〖TV〗アニメ映画.

cartuchera 女 ❶ 弾薬帯. ❷ 《話》ぜい肉.

cartucho 男 ❶ 薬莢(やっきょう), 弾薬筒. ❷ 紙を筒状に巻いたもの；硬貨の束. ❸ (インク等の) カートリッジ. *quemar el último* ～ 最後の手段を使う.

cartuja 女 ❶ [C-] 〖カト〗カルトゥジオ修道会. ❷ 《話》規律の厳しいところ.

cartujano, na 形 ❶ 〖カト〗カルトゥジオ会の. ❷ (馬が) アンダルシア産の. ── 男 女 カルトゥジオ会修道士[女].

cartujo, ja 形 〖カト〗カルトゥジオ会の. ── 男 女 カルトゥジオ会修道士[女]；寡黙な人.

cartulario 男 〖史〗(修道院等の) 権利証書台帳.

cartulina 女 上質紙. ～ *amarilla* [*roja*] 〖スポ〗イエロー[レッド] カード.

carúncula 女 ❶ 〖動〗肉冠, とさか. ❷ 〖解〗肉丘. ～ lagrimal 涙丘.

casa [カサ] 女 〔英 house, home〕 ❶ **家**, 住居, 住まい. ～ de dos pisos 2階建ての家. ～ adosada テラスハウス. ～ de alquiler 借家. ～ cuartel 駐在所. ～ de campo 別荘. Vivo en la Calle Rosada. Allí tiene usted su ～. ロサダ通りに住んでいます. いつでもお越しください. ❷ 家庭；家族. ropa de ～ 普段着. estar en [fuera de] ～ 在宅[外出]している. Está usted en su ～. (訪問客に対して) お楽になさってください. ❸ 機関, 団体. ～ consistorial 市役所. ～ de Dios [del Señor] 《文》教会. ～ de maternidad 産院. ～ de cambio 両替店. ～ de la moneda 造幣局. ～ de empeño(s) 質屋. ～ de baños 公衆浴場. *C*～ Blanca ホワイトハウス (米国大統領官邸). ❹ 会社；支店；(レストラン・バル bar 等の) 店. ～ editorial 出版社. ～ central 本社, 本店. vino de la ～ ハウスワイン. Hoy invita la ～. 今日はお店のサービスです. ❺ 家系；家族；王朝. ～ real 王家. La *C*～ de Borbón ブルボン王朝. ❻ 〖スポ〗本拠地, ホームグラウンド；(野球の) 本塁；(チェスの) 升目；〖占星〗ハウス, 宿. ── 活 ➜ casar. *Cada uno en su* ～ *y Dios en la de todos.* 《諺》自分のことだけを考えろ (他人のことには干渉する

な). ***caérsele la ～ encima*** …が家にじっとしていられない；…に災難がふりかかる. ***En ～ del herrero, cuchillo de palo.***《諺》紺屋(こうや)の白袴(しろばかま). ***echar [tirar] la ～ por la ventana*** 散財する, 派手にお金を使う. ***empezar la ～ por el tejado*** あべこべに事を進める. ***no parar en ～*** 家に寄りつかない. ***para andar por ～*** 雑な, ぞんざいな. ***quedar todo en ～*** ある家族に利益が集中する. ***ser (como) de ～***《話》(人が) 気の置けない. ***ser muy de su ～*** (人が) 家庭的な. ***Unos por otros y la ～ por barrer.***《諺》船頭多くして, 船, 山に登る.

CASA [カサ] Construcciones Aeronáuticas, Sociedad Anónima スペインの航空宇宙機器メーカー.

casabe 男 → cazabe.

Casa Blanca 固名 ホワイトハウス, 米国大統領官邸.

casaca 女〘服〙(1) カザック：昔の男性用上着. (2)《ラ米》ジャンパー (→ cazadora 地域差).

casada 過分 → casar. 形 → casado.

casadero, ra 形 結婚適齢期の.

casado, da [カサド, ダ] 過分 → casar. 形〔英 married〕結婚した (↔ soltero). estar ～ con ... …と結婚している. ― 男 女 既婚者. recién ～s 新婚夫婦.

casal 男 ❶ 別荘；先祖代々の屋敷. ❷《ラ米》(アルゼンチン)(ウルグアイ) つがい.

Casals 固名 カザルス Pablo [Pau] ～ (1876-1973)：スペインのチェロ奏者・指揮者.

casamata 女〘軍〙(防壁内の) 砲台.

casamentero, ra 形 男 女 仲人好きな (人).

casamiento 男 結婚；挙式.

casanova 男 女性遍歴の多彩な男；女たらし.

casar [カサル] 他 ❶ 結婚させる；(司祭等が) 結婚式を執り行う. ❷《con》(…と) 組み合わせる. ❸ (判決を) 破棄する. ― 自 釣り合う. ― **casarse** 再〔英 marry〕《con》(…と) 結婚する. ― **casar** 男 小さな集落. ***Antes que te cases mira lo que haces.***《諺》せいては事をし損じる. ***no casarse con nadie***《話》人の言いなりにならない.

Casas 固名 ラス・カサス Bartolomé de Las ～ (1484-1566)：ドミニコ会士.

casatienda 女 店舗付き住宅.

casbah 女 → kasbah.

cascabel 男 鈴. ***poner el ～ al gato*** 危険[困難]なことをする. ***ser un ～***《話》(人が) 大変陽気である.

cascabelear 自 ❶ 鈴を鳴らす. ❷《話》軽はずみな行動をとる.

cascabeleo 男 鈴の (ような) 音.

cascabelero, ra 形《話》軽く明るい. ― 男 女《話》(深く考えない) 明るい人.

cascabillo 男〘植〙(麦等の) もみ殻.

cascado, da 形 ❶ 消耗した, くたびれた. ❷ (声が) かすれた. ― 女 ❶ 滝. ❷ 次々大量に現れるもの. ***en cascada*** 次々と.

cascadura 女 ひび割れ；(声等が) かすれること；消耗.

cascajal / cascajar 男 砂利地；(ブドウかすの) 捨て場.

cascajo 男 ❶ 砂利, 破片；がらくた. ❷ ナッツ類. ❸《話》ぼろぼろの物[人]. estar hecho un ～ ぼろぼろになった. ❹ 小銭.

cascanueces 男 [単複同形] くるみ割り (器).

cascar 26 他 ❶ 割る；(声を) しゃがれさせる. ❷《話》殴る；(賭(か)け金等を) 擦る. ❸ (健康) を害す. ― 自《話》❶ よくしゃべる. ❷ 死ぬ. ― **cascarse** 再 ❶ 割れる；壊れる. ❷ (声が) しゃがれる；(体が) 衰える.

cáscara 女 (卵等の) 殻；(バナナ等の) 皮. ***¡C～s!***《驚き・感嘆・不快》うわあ, すごい；くそ. ***no haber más ～s***《話》他に道はない. ***ser de la ～ amarga***《俗》進歩的である；ホモセクシュアルである.

cascarilla 女 ❶ (穀類等の) 殻, 薄皮. ❷ めっき, 塗り；薄片.

cascarón 男 (ひよこの) 卵の殻. ***～ de nuez***《話》小さくて頼りない船. ***recién salido del ～***《話》未熟な.

cascarrabias 男 女 [単複同形]《話》怒りん坊.

casco 男 ❶ ヘルメット, かぶと. ❷ 空き瓶. ❸ (馬蹄(ばてい)類の) 蹄(ひづめ). ❹ 船体, 機体；(タマネギの) 皮；(ミカンの) 袋. ❺ [複] ヘッドホン. ❻ [複]《話》(人の) 頭, 頭蓋(ずがい)骨. ❼ 市街地. ～ ***azul*** 国連軍兵士. ***calentarse [romperse] los ～s***《話》気をもむ. ***meter a ... en los ～s*** 納得させる. ***ser ligero de ～s***《話》軽薄である.

cascote 男 瓦礫(がれき).

cascú 男《ラ米》縮れ毛 (→ pelo 地域差).

caseína 女〘化〙カゼイン.

caseoso, sa 形 チーズ (質) の.

casera 女〘商標〙炭酸水 (= gaseosa).

casería 女 大きな農家.

caserío 男 大きな農家；小集落.

caserna 女〘軍〙地下壕(ごう).

casero, ra 形 ❶ 家の；自家製の. ❷ 気の置けない, 内輪の. ❸ 家庭的な；出不精の. ❹〘スポ〙(審判が) ホームチームびいきの. ― 男 女 ❶ 家主；(別荘等の) 管理人. ❷《ラ米》(商業)得意先.

caserón 男 広大な (荒れた) 屋敷.

caseta 女 小屋. ～ de feria (祭り・市の) 出店, 露店；更衣室. ***mandar [enviar] a ... a la ～*** (審判が) …を退場させる.

casete 女 (または男) カセットテープ. ― 男 カセットテープレコーダー, カセットデッキ.

casetón 男〘建〙格間(ごう).

cash [カ(シュ)]〔英〕男 現金.

casi [カシ] 副〔英 almost〕❶ ほとんど. ～ seis euros ほぼ 6 ユーロ. *C～* hemos acabado. ほとんど終えました. ❷《＋現在形》もう少しのところで…するところだった. *C～* se me olvida. すんでのところで忘れるところだった. ❸ (ためらって) …ではないかと思う. *C～* deberías decírselo. 彼にそのことを知らせたほうがいいのでは. ❹《反復して①②③の意味を強調》*C～ ～* me gustaría dejar de fumar. 私はどちらかと言えば禁煙をしたい. ***¡C～ nada!***《反語》そんなにたくさん, そりゃすごい. ***～ nunca*** めったに…しない. ***～ que ...***《話》ほとんど… (する).

casilla 女 ❶ ます目；(書類等の) 欄. ❷ (キャビネット等の) 一区画. ～ postal [de

C

correos]《ラ米》私書箱. ❸ 小屋；切符売り場. *sacar a ... de* sus *~s*《話》…を激怒させる. *salirse de* sus *~s*《話》激怒する.

casillero 男 ❶（分類用）キャビネット. ❷〖スポ〗スコアボード.

casimir 男〖服〗カシミヤ.

casino〔伊〕男 カジノ；会員制社交クラブ.

Casio 固名 カシオ：男子の名.

casis 男〖植〗クロフサスグリ；カシス酒.

casita 女 小さな家.

casiterita 女〖鉱〗スズ石.

caso［カソ］男〔英 case〕❶ **場合**. en mi ~ 私の場合. en (el) ~ contrario そうでない場合には. ❷ 実例，事例. ❸ 事件. ❹ 症状；症例. ❺〖文法〗格. ~ acusativo [dativo] 対[与]格. ── 活 → casar. *a ~ hecho* わざと，故意に. *~ perdido* どうしようもない人[こと]. *el ~ es ...* 実は；肝心なことは…. *en (el) ~ de ...*〈＋名詞 / ＋不定詞 / *que* ＋接続法〉…の場合には. *en ~ de* emergencia 緊急の場合には. *en ~ de que* llueva 雨が降った場合には. *en todo ~* とにかく. *en último ~* 結局；最後の手段として. *hacer al ~ / venir al ~* 時宜を得ている. *hacer ~ a [de] ...* …に耳を貸す. *hacer ~ omiso de ...* …を無視する. *ir al ~ de ...*（本題等に）行く，入る. *llegado el ~* 必要なら，いざというときは. *no haber ~ de ...* …の機会がない. *pongo [pongamos] por ~ que ...* …であると（仮定）しよう，たとえば. *según el ~* 場合に応じて. *ser un ~* 変わっている，特別である. *verse en el ~ de ...* …をする必要がある.

casona 女（古い）屋敷.

casorio 男《話》《軽蔑》結婚式；早まった結婚.

caspa 女（頭の）ふけ.

caspiroleta 女《ラ米》卵酒.

¡cáspita!〔伊〕間《驚き・感嘆・不快》おやおや；ちくしょう.

casposo, sa 形 ふけだらけの；《俗》汚らしい；けちな.

casquería 女（牛等の）臓物店.

casquete 男 つばなし帽；〖軍〗ヘルメット. ~ *esférico*〖数〗球冠. ~ *glaciar* 冠雪. *echar un ~*《俗》性交する.

casquijo 男 砂利.

casquillo 男 ❶（空の）薬莢(やっきょう). ❷（先端を補強する）金具. ❸（電球の）口金.

casquivano, na 形《話》軽薄な；（性的に）ふしだらな.

cassette［カセテ〈カセ(トゥ)〉］〔仏〕男（または女）→ casete.

casta 女 ❶ 血筋，家系；種，血統. ❷（インドの）カースト；閉鎖的社会集団，階級. *de ~* 血統書つきの.

castaña 女 ❶ クリの実. ~ pilonga 干しグリ. ❷ シニョン. ❸《話》殴打；衝突. ❹《話》酔い. ❺［複］《話》《誇張》（もう）…歳. ❻《話》がらくた；退屈なもの[人]. *meter una ~ a ...* …に法外な金を払わせる. *sacar las ~s del fuego a ...* …を助ける. *¡Toma ~!*《話》《怒り・驚き・満足》ざまあみろ；ちくしょう.

castañal / castañar 男 クリ林.

castañazo 男《話》殴打.

castañero, ra 男 女 クリ売り.

castañeta 女 ❶ 指をはじく音；カスタネット. ❷（闘牛士がまげに結ぶ）リボン.

castañetear 自 ❶ 歯[骨]がガチガチ[ポキポキ]鳴る. ❷［時に他］カスタネットを鳴らす.

castañeteo 男 カスタネット[歯，骨，指]を鳴らすこと.

castaño, ña 形 くり色の. ── 男〖植〗クリ(の木)；くり色. ~ *de Indias*〖植〗マロニエ. *pasar de ~ oscuro*《話》度を越す.

castañuela 女［主に複］カスタネット. *como unas ~s*《話》うきうきしている.

castellanismo 男 カスティーリャ方言；カスティーリャ的特質.

castellanización 女〖言〗外国語のスペイン語化；カスティーリャ化.

castellanizar 57 他（外国語を）スペイン語化する；カスティーリャ化する.

castellano, na［カステリャノ〈カステヤノ・カステジャノ〉，ナ］形 カスティーリャ（地方，語）の；〖史〗カスティーリャ王国の. ── 男 女 ❶ カスティーリャ地方の人. ❷ 城主. ── 男〔英 Spanish〕**スペイン語**，カスティーリャ語.

castellanohablante 形〖言〗スペイン語を話す. ── 男 女〖言〗スペイン語話者.

castellers［カステリェルス〈カステイェルス・カステジェルス〉］〔カタルーニャ〕男 複 人間の塔，人間ピラミッド.

Castellón 固名 カステリョン：スペイン，バレンシア地方の県.

castellonense 形 男 女 カステリョン（デ・ラ・プラナ）の人.

casticismo 男（外国（語）の影響を嫌う）純粋主義.

casticista 形 男 女（言語の）純粋主義の[者].

castidad 女 純潔，貞潔.

castigador, dora 形 罰する. ── 男 女《話》男[女]泣かせ.

castigar 66 他 ❶ 罰する，懲らしめる. ❷ 苦しめる，損害を与える. ❸（馬に）拍車をかける，むちを入れる；〖闘牛〗（牛を）痛めつける；（異性を）その気にさせる.

castigo 男 ❶ 罰，処罰. ❷ 悩み[苦しみ]の種. ~ *máximo*〖スポ〗ペナルティー.

Castilla 固名 ❶ カスティーリャ：スペインの中央部・北部にまたがる地方. ~ la Nueva 新カスティーリャ地方. ~ la Vieja 旧カスティーリャ地方. ❷ Reino de ~〖史〗カスティーリャ王国. *¡Ancha es ~!* 思う存分やろう[やりなさい].

Castilla-La Mancha 固名 カスティーリャ・ラ・マンチャ：スペインの自治州.

Castilla y León 固名 カスティーリャ・レオン：スペインの自治州.

castillete 男 やぐら，支柱.

castillo［カスティリョ〈カスティヨ・カスティジョ〉］男〔英 castle〕❶ **城**. ❷ 船楼，船首楼（＝~ de proa）. ~ de popa 船尾楼. ~ *de fuego* [*de fuegos artificiales*] 仕掛け花火. ~ *de naipes* 砂上の楼閣. *levantar* [*hacer*] *~s en el aire* 甘い期待を抱く.

casting［カスティン］〔英〕男 配役.

castizo, za 形 ❶ 生粋の；（言語が）純正の. ❷ 気がきいて感じのよい. ── 男 女 ❶ 気がきいて感じのよい人. ❷《ラ米》(メキシコ)(アエルトリコ)

カスティーソ：白人の血が 4 分の 1 入った原地生まれの人.
casto, ta 形 純潔な, 貞節な.
castor 男〘動〙ビーバー；ビーバーの毛皮.
Cástor 固名 ～ *y Pólux* (1) カストルとポルクス：船乗りの守護神. (2) 聖エルモの火 (＝Fuego de Santelmo). (3)〘天〙カストルとポルクス：双子座のα星とβ星.
castoreño 男〘闘牛〙ピカドールの帽子.
castración 女 去勢.
castrado 男 ❶ 去勢男子. ❷ カストラート：去勢された男性歌手.
castradura 女 → castración
castrar 他 ❶ 去勢する；弱める, くじく. ❷ 採蜜(さいみつ)する.
castrato 男 → castrado.
castrense 形 軍隊の.
castrismo 男 カストロ主義：カストロとキューバ革命に基づく共産主義.
castrista 形 男 女 カストロ主義の[者].
castro 男〘史〙(前ローマ時代の) 砦(とりで)を持つ集落. ―― 固名 カストロ. (1) Américo *C*～ (1885-1972)：スペインの歴史家・文献学者. (2) Fidel *C*～ (Ruz) (1927-)：キューバの政治家・首相 (1959-).
casual 形 ❶ 偶然の, 思いがけない. ❷〘文法〙格の. ***por un*** ～ 偶然に.
casualidad [カスアリダ(ドゥ)] 女〔英 accident〕**偶然**, 予期せぬこと. ***por [de]*** ～ たまたま；ひょっとして.
casualmente 副 たまたま, 偶然に.
casuarina 女〘植〙モクマオウ.
casuario 男〘鳥〙ヒクイドリ.
casucha 女 掘っ建て小屋.
casuista 形 男 女 決疑論者 (の).
casuístico, ca 形 決疑論の；個別的な. ―― 女 ❶〘神〙決疑論. ❷ 事例研究.
casulla 女〘カト〙カズラ, 上祭服.
cata 女 試食[飲].
catabolismo 男〘生〙異化 (作用).
cataclismo 男 ❶ 天変地異. ❷ (政治的・社会的) 大変動；(生活上の) 災難.
catacresis 女［単複同形］〘修〙語の転化用法：語本来の意味の拡大・転用.
catacumbas 女 複 カタコンベ, 地下墓地.
catador, dora 男 女 (ワインの) 鑑定家.
catadura 女《軽蔑》顔つき, 人相.
catafalco 男 (教会の) 棺台.
catalán, lana 形 (スペインの) カタルーニャ (地方, 語) の. ―― 男 女 カタルーニャ人. ―― 男 カタルーニャ語.
catalanidad 女 カタルーニャ的特質.
catalanismo 男 ❶ カタルーニャ分離主義. ❷ カタルーニャ語的言い回し.
catalanista 形 カタルーニャ分離主義の. ―― 男 女 カタルーニャ分離主義者；カタルーニャ語[文化]研究者.
catalanización 女 カタルーニャ語[文化]の普及.
catalanizar 57 他 カタルーニャ化させる. ―― **catalanizar*se*** 再 カタルーニャ化する.
catalejo 男 望遠鏡.
catalepsia 女〘医〙強梗(きょうこう)症.
cataléptico, ca 形 男 女〘医〙強梗(きょうこう)症の[患者].
catalina 女《話》牛糞(ふん)；(子供の) 便. ―― 固名 [C-] カタリーナ：女子の名.
catálisis 女［単複同形］〘化〙触媒作用.
catalítico, ca 形〘化〙触媒の.
catalizador 男 触媒；牽引(けんいん)者.
catalizar 57 他 ❶〘化〙触媒として作用する. ❷ (グループ等を) 活性化する.
catalogación 女 目録作成；分類.
catalogar 66 他 ❶ 目録を作る[に掲載する]. ❷ (**como, de**) (…として) 分類する.
catálogo 男 目録, カタログ.
Cataluña 固名 カタルーニャ：スペインの地方；自治州.
catamarán 男〘海〙カタマラン：双胴船.
catana 女 ❶ 新月刀；《ラ米》サーベル. ❷《ラ米》〘鳥〙オウムの一種.
cataplasma 女 ❶ 湿布. ❷《話》うるさい人.
cataplexia 女〘医〙脱力発作.
cataplines 男 複《話》《婉曲》男性の急所, 股間(こかん).
¡cataplum! / ¡cataplún! 《擬》ガチャン, ドスン, ボン.
catapulta 女 石弓；〘空〙カタパルト.
catapultar 他 ❶ 石弓で射出する. ❷ (**a**) (…に) 一挙にのし上げる.
catapún ***del año*** ～《話》大昔の.
catar 他 ❶ 試食[試飲]する；(初めて) 経験する. ❷ 採蜜(さいみつ)する.
catarata 女 ❶ 滝, 瀑布(ばくふ)；[複] 豪雨. ❷〘医〙白内障.
cátaro, ra 形 男 女〘史〙カタリ派の (信者).
catarral 形〘医〙カタル (性) の.
catarro 男〘医〙かぜ；カタル.
catarroso, sa 形 かぜをひいた.
catarsis 女［単複同形］〘哲〙カタルシス, 浄化 (作用).
catártico, ca 形 カタルシス[浄化] の；下剤の.
catástasis 女［単複同形］〘演〙クライマックス, 山場.
catastral 形 土地登記 (簿) の.
catastro 男 土地登記 (簿)；《話》固定資産税.
catástrofe 女 ❶ 大惨事[災害]；〘演〙大団円. ❷《話》ひどいもの[人, こと].
catastrófico, ca 形 破滅的な, 大惨事[災害]の；《話》ひどい.
catastrofismo 男 極度の悲観主義.
catastrofista 形 極度に悲観主義的な. ―― 男 女 極度の悲観主義者.
catatonia 女〘医〙カタトニー, 緊張型精神統合失調症.
catatónico, ca 形〘医〙緊張型精神統合失調症の.
cataviento 男〘海〙風見.
catavino 男 利き酒用のグラス[ピペット].
catavinos 男 女［単複同形］ワイン鑑定家.
catch 〔英〕男 (フリースタイルの) レスリング.
cate 男《話》殴打；落第.
catear 他 ❶《話》落第させる；(試験に) 落第する. ❷《ラ米》試掘する；押し入る.
catecismo 男 ❶〘宗〙公教要理, 教理問答書. ❷ 入門書.
catecúmeno, na 男 女 ❶〘カト〙洗礼志願者. ❷ 入門者.
cátedra 女 ❶ 教授の職；講座. ❷ 教壇；講義室；研究室. ～ ***de San Pedro***

C

教皇座. ***sentar*** ～ 精通している；《軽蔑的》もったいをつける.

catedral [カテドゥラる] 女 〔英 cathedral〕 大聖堂, 司教座聖堂.

catedralicio, cia 形 大聖堂の.

catedrático, ca 男 女 専任教授；(高校の) 正教員.

cátedro 男 《話》 大学 (正) 教授, 高校 (正) 教授.

C

categoría [カテゴリア] 女 〔英 class; category〕 ❶ 等級, 階級. de primera ～ 一流の. ❷ 〖言〗〖哲〗 範疇(はんちゅう)；部類. ～ gramatical 文法範疇, 品詞. ***de*** ～ 《話》 一流の, 重要な. ***tener*** ～ 優れている.

categóricamente 副 きっぱりと.

categórico, ca 形 断固とした, 断定的な.

categorización 女 分類.

catenario, ria 形 懸垂線[状]の. ── 女 (電車の) 架線；懸垂線.

cateo 男 《ラ米》(チリ)(警察による) 捜査.

catequesis 女 〖カト〗 [単複同形] (秘跡の前の) 教理指導.

catequismo 男 → catequesis.

catequista 男 女 〖カト〗 教理指導者.

catequístico, ca 形 〖カト〗 教理指導の；問答形式の.

catequización 女 〖カト〗 (キリスト教の) 教理指導.

catequizar 57 他 キリスト教教理を教える；説得する.

catering [カテリン] 〔英〕 男 (飛行機内の) 配膳サービス；ケータリング.

caterva 女 (価値のないもの・人の) 一群.

catéter 男 〖医〗 カテーテル.

cateterismo 男 〖医〗 カテーテル挿入 (法).

cateto, ta 男 女 いなか者, 粗野な人. ── 男 〖数〗 直角三角形の直角を成す辺.

catilinaria 女 弾劾文書[演説].

catinga 女 《ラ米》(アルゼンチン)(ウルグアイ)(チリ)(ボリビア) 体臭；悪臭.

catión 女 陽イオン (↔ anión).

catire, ra 形 男 女 《ラ米》(ベネズエラ) 金髪の (人). ── 男 《ラ米》 金髪 (→ rubio 地域差).

catita 女 《ラ米》(アルゼンチン)(チリ)(ペルー)(ボリビア) 〖鳥〗 サザナミインコ (の一種).

catódico, ca 形 〖電〗 陰極 (性) の (↔ anódico).

cátodo 男 〖電〗 陰極 (↔ ánodo).

católica 形 女 → católico.

catolicidad 女 〖カト〗 (教義の) 普遍性；《集合的》 カトリック信者.

catolicismo 男 〖宗〗 カトリックの教義[信仰].

católico, ca [カトりコ, カ] 形 〔英 Catholic〕 ❶ カトリックの. los Reyes *C～s* 〖史〗 カトリック両王. ❷ 《話》 具合のよい. ── 男 女 カトリック教徒.

catolizar 57 他 カトリックを布教する.

catón 男 初級読本.

catorce [カトルセ] 形 《数詞》 〔英 fourteen〕 14の；14番目の. ── 男 14.

catorceavo, va 形 男 14分の1 (の).

catorceno, na 形 14番目の.

catorzavo, va 形 男 → catorceavo.

catre 男 簡易ベッド；《話》 ベッド.

catrera 女 《ラ米》(アルゼンチン)(ウルグアイ) 《話》 (粗末な) ベッド.

catrín, trina 男 女 《ラ米》(中米)(メキシコ) おしゃれな人.

caucasiano, na 形 男 女 コーカサス地方[山脈]の (人).

caucásico, ca 形 コーカソイドの, 白人種の.

cauce 男 ❶ 河床. ❷ 手順, 流れ；道. ***dar*** ～ ***a*** ... …を助ける, 容易にする.

cauchero, ra 形 ゴムの. ── 男 女 ゴム採取人. ── 女 〖植〗 ゴムノキ.

caucho 男 ゴム；《ラ米》(ベネズエラ) タイヤ.

caución 女 〖法〗 担保, 保証 (金).

caucus 〔英〕 男 [単複同形] 政党支部の幹部会.

caudal 形 尾の. aleta ～ 尾ひれ. ── 男 ❶ 水量；多量. ❷ 財産, 資産.

caudaloso, sa 形 水量の多い.

caudillaje 男 ❶ カウディーリョ caudillo による統治[支配]. ❷ 《ラ米》 独裁政治.

caudillismo 男 カウディーリョの支配体制.

caudillista 形 ボス主導型の.

caudillo 男 カウディーリョ, 統領；ボス. (El) *C～* (スペインの) フランコ Franco 総統.

caulescente 形 〖植〗 地上茎を持つ.

caulífero, ra 形 〖植〗 茎に花がつく.

cauri 男 〖貝〗 タカラガイ.

causa [カウサ] 女 〔英 cause〕 ❶ 原因, 理由. ❷ 大義, 主義. ❸ 訴訟. ❹ 《ラ米》(チリ) 軽食；カウサ (ペルーのポテト料理). ── 活 → causar. ***a*** [***por***] ～ ***de*** …が原因で. ～ ***perdida*** 勝ち目 [見込み] のないこと. ***hacer*** ～ ***común con*** ... …と一致協力する.

causahabiente 男 女 〖法〗 (財産・権利等の) 承継人.

causal 形 原因の, 原因となる, 原因を表す. relación ～ 因果関係. conjunción ～ 原因・理由の接続詞.

causalidad 女 因果関係.

causante 形 原因となる. ── 男 女 原因を作る人.

causar [カウサル] 他 〔英 cause〕 …の原因となる, …を引き起こす.

causativo, va 形 原因となる；〖文法〗 使役の. verbo ～ 使役動詞.

causeo 男 《ラ米》(チリ)(ハム等の) 軽い食事.

causticidad 女 腐食性, 苛性(かせい)；しんらつさ.

cáustico, ca 形 ❶ 腐食性の, 苛性(かせい)の. ❷ しんらつな. ── 男 腐食[焼灼(しょうしゃく)]剤.

cautela 女 用心, 警戒.

cautelar 形 予防の. ── **cautelarse** 再 《**de**》(…に) 用心する.

cauteloso, sa 形 用心深い, 慎重な.

cauterio 男 〖医〗 焼灼(しょうしゃく)療法 [器, 剤]；荒療治.

cauterización 女 〖医〗 焼灼(しょうしゃく).

cauterizar 57 他 ❶ 〖医〗 焼灼(しょうしゃく)する. ❷ 荒療治する.

cautivador, dora 形 魅惑する.

cautivar 他 ❶ 魅了する；(注意等を) 引きつける. ❷ 捕虜にする.

cautiverio 男 → cautividad.

cautividad 女 捕虜状態[期間].

cautivo, va 形 捕虜[とりこ]になった. ―男女 捕虜；《文》とりこ.
cauto, ta 形 用心深い, 慎重な.
cava 女 ❶〖解〗大静脈(＝vena ～). ❷(特にブドウ畑の) 鍬(す)き起こし. ❸(カバの) 地下酒蔵. ―男 カバ：カタルーニャ産発泡性ワイン.
cavar 他 (地面・穴等を) 掘る；耕す. ～ su *propia fosa* [*sepultura*] 墓穴を掘る.
cavatina 〔伊〕女〖音〗カバティーナ.
caverna 女 洞窟(どう)；〖医〗空洞.
cavernario, ria 形 洞窟(どう)の.
cavernícola 形 洞穴に住む；《軽蔑》頭の古い. ―男女 穴居人；頭の古い人.
cavernoso, sa 形 ❶ 洞窟の(ような)；洞窟(どう)の多い. ❷(声が) こもった.
caveto 男〖建〗カヴェット繰形(くりかた).
caviar 男 キャビア.
cavidad 女 くぼみ, 空洞；〖解〗腔(こう).
cavilación 女 思案.
cavilar 自 思案する.
caviloso, sa 形 心配症の.
cavitación 女〖物〗空洞現象.
caxalgia 女〖医〗腰痛.
cay- 活 現分 → caer.
cayado 男 つえ；牧[司教]杖(じょう).
cayo 男 (砂地の) 小島.
cayuco 男《ラ米》(小型の) カヌー.
caz 男 用水路.
caza [カさ] 女〔英 hunting〕❶ **狩猟, 狩り**. ❷ 追跡. ❸《集合的》獲物. ～ mayor [menor] (狩猟対象動物) 大物[小物]. ―男〖空〗戦闘機(＝avión de ～). ―活 → cazar. ***andar a la ～ de ...*** …を探し求める. ***～ de brujas*** 魔女狩り. ***dar ～ a ...*** …を捕える. ***espantar la ～***《話》(早まって) だめにする. ***levantar la ～***《話》獲物を狩り出す；(計画等を) 事前にもらして面倒を起こす.
cazabe 男《ラ米》キャッサバ粉のパン.
cazabobos 男[単複同形]《ラ米》(アルゼ)(ウルグ)《話》遠隔操作の爆弾.
cazabombardero 男 戦闘爆撃機.
cazadero 男 猟場.
cazador, dora 形 狩猟する. ―男女 ❶ 猟師. ❷ 軽装歩兵. ―女 ジャンパー. 地域差 ジャンパー cazadora《スペイン》《ラ米》; abrigo (キュ)(パナ)；campera (パラグ, ウルグ, アルゼ)；casaca (ペル)(チ)；chamarra (メキ)(ニカラ)(ボリ)；chaqueta (ドミニカ共和国)(ニカラ, コスタリカ, パナ)(コロン)(ベネズ)(ボリ)(チ)(パラグ)；chompa (コロン)(エクア)；chumpa (グアテ, ホンジ, エルサル)；jacket (キュ, プエルトリコ)(コスタ)；parca (チ).
cazadotes 男[単複同形] 財産目当てに結婚する男.
cazalla 女 カサーリャ：(スペイン) *C～ de la Sierra* 産の蒸留酒.
cazaprimas 男[単複同形] 賞金稼ぎ.
cazar [カさル] 57 他〔英 hunt〕❶ **狩る**, 狩猟する. ❷《話》捕える, 手に入れる；現場を押さえる. ❸《話》すぐ理解する.
cazasubmarino 男 駆潜艇.
cazatalentos 男女[単複同形] ヘッドハンター；タレントスカウト.
cazatorpedero 男〖海〗駆逐艦.
cazcarria 女[主に複] 泥のはね.
cazo 男 ❶ 玉じゃくし. ❷ 片手鍋(なべ). ❸《話》不細工[不器用]な人. ***meter el ～***《話》へまをする；(余計な) 口出しをする.
cazoleta 女 ❶ 小型の鍋(なべ)；(パイプの) 火皿. ❷(刀剣の) つば.
cazón 男〖魚〗(ツノザメ等) 小型のサメ.
cazuela 女 ❶ 浅い土鍋(なべ), シチュー鍋；煮込み料理. ❷(ブラジャーの) カップ. ❸〖演〗天井桟敷.
cazurrería 女 強情, 頭の鈍さ.
cazurro, rra 形 男 女《話》無口で強情な(人)；頭の鈍い(人).
c/c *cuenta corriente* 当座預金(口座)；*carta de crédito* 信用状.
cc. 男[単複同形] *centímetros cúbicos*. 立方センチメートル.
CCOO 女《無冠詞》*Comisiones Obreras* (スペインの) 労働者委員会.
CD 男 *Disco Compacto* コンパクトディスク, CD；*Cuerpo Diplomático* 外交団.
CDS 男 *Centro Democrático Social* (スペイン) 社会民主中道党.
ce 女 アルファベットの c の名称. ***ce por ce*** [***be***]《話》こと細かに. ***por ce o por be***《話》何のかんの言って.
CEA [セア] 女 ❶ *Cofederación de Estados Centroamericanos* 中央アメリカ諸国連合. ❷ *Compañía Ecuatoriana de Aviación* エクアドルの航空会社.
ceba 女 (家畜の) 肥育.
cebada 女〖植〗オオムギ.
cebadal 男 大麦畑.
cebado, da 形 ❶《話》太った. ❷《ラ米》(猛獣が) 人食いの.
cebadura 女《ラ米》(アルゼ)(ウルグ)(パラグ) 1回分のマテ茶の葉.
cebar 他 ❶(家畜を) 太らせる, 肥育する. ❷(わなに) えさをつける；(機械の) 始動準備をする. ❸(感情を) かき立てる. ❹《ラ米》(アルゼ)(ウルグ)(マテ茶等を) 入れる. ―
cebarse 再 ❶ (**con, en**) (…に) きばをむく, 怒り狂う. ❷ たらふく食べる.
cebellina 女〖動〗クロテン.
cebiche 男《ラ米》(ペル)〖料〗セビーチェ：魚のマリネ.
cebo 男 ❶ えさ, 飼料. ～ artificial 擬餌(ぎ). ❷ おとり. ❸ 雷管, 信管.
cebolla [セボリャ(セボヤ・セボジャ)] 女〔英 onion〕❶〖植〗**タマネギ**. ❷ 球根.
cebollar 男 タマネギ畑.
cebolleta 女〖植〗(葉) ネギ；新タマネギ.
cebollino 男 ❶《話》ばか, あほう. ❷ 種タマネギ；エゾネギ.
cebollón 男 ❶ タマネギ (の一種). ❷《話》酔い.
cebón, bona 形 (家畜が) 太った. ―男女 ❶〖動〗ブタ. ❷《話》太った人.
cebra 女〖動〗シマウマ.
cebú [複 ～(e)s] 男〖動〗コブウシ.
ceca 女 ❶〖史〗造幣所. ❷《ラ米》(アルゼ) 貨幣の裏面. ***de la C～ a la Meca***《話》あちこち.
CECA [セカ] 女 *Confederación Española de Cajas de Ahorro* スペイン貯蓄金庫連合.
cecear 自 スペイン語の s [s] 音を z [θ] と発音する.
ceceo 男 s [s] 音を z [θ] で発音すること.
Cecilia 固名 セシリア：女子の名.
Cecilio 固名 セシリオ：男子の名.

cecina 女 塩漬け乾燥肉.
cecinar 他 → acecinar.
cecografía 女 点字.
ceda 女 → zeta. —活 → ceder.
CEDA [セダ] 女 Confederación *E*spañola de *D*erechas *A*utónomas スペイン自治右派連合：第二共和国時代の右派政党.
cedacero 男 篩(ふるい)職人[売り].
C
cedacillo 男〘植〙コバンソウ(の一種).
cedazo 男 ❶ 篩(ふるい). ❷ 大きな漁網.
ceder [セデル] 他〔英 hand over〕**譲る**, 譲渡する. —自 ❶《a, ante, en》(…に)譲歩する. ❷ 弱まる；緩む；崩れる.
cedilla 女 セディーユ：ç の文字, c の字の下に添える鉤(かぎ)形符号.
cedrino, na 形 ヒマラヤスギの.
cedro 男〘植〙ヒマラヤスギ.
cédula 女 ❶ 証書, 文書. ～ personal [de identidad]《ラ米》身分証. ～ hipotecaria 抵当証券. ❷ 目録カード.
CEE / CE 女 *C*omunidad (*E*conómica) *E*uropea ヨーロッパ(経済)共同体.
cefalalgia 女〘医〙頭痛.
cefalea 女〘医〙偏頭痛.
cefálico, ca 形〘解〙頭(部)の.
cefalópodo, da 形 頭足類の. —男[複]〘動〙頭足類動物.
cefalotórax 男[単複同形]〘動〙(甲殻類・クモ類の)頭胸部.
céfiro 男 西風；《文》そよ風.
cefo 男〘動〙オナガザル(の一種).
cegador, dora 形 目のくらむような.
cegar 72 自 盲目になる. —他 ❶ 盲目にする；目をくらませる. ❷ 分別を奪う. ❸ (穴を) ふさぐ. —**cegarse** 再 ❶《de, con》(…で)分別を失う. ❷ 詰まる.
cegarrita 形 男 女 (近眼のため) 目を細めて見る(人). a ～*s* 目を細めて.
cegato, ta 形 男 女《話》《やや軽蔑》近眼の(人).
cegesimal 形〘物〙C.G.S.単位系の.
cegetista 形《ラ米》C.G.T.の, 労働総同盟の. —男 女 C.G.T.の組合員, 労働総同盟の組合員.
cegrí 男 女[複 ～ (e)s]〘史〙(グラナダ王国の)セグリー家の人.
ceguedad / ceguera 女 盲目；無分別.
CEI [せイ] 女 *C*onfederación de *E*stados *I*ndependientes 独立国家共同体(旧ソ連12か国).
ceiba 女〘植〙カポックノキ.
ceibo 男〘植〙アメリカデイコ.
ceja 女 ❶ まゆ(毛). ❷ 隆起部. ❸ → cejilla. ***hasta las ～s*** 《話》極限まで. ***tener a ... entre ～ y ～*** [***entre ～s***]《話》…を疎んじる. ***metérsele*** [***ponérsele***] ***entre ～ y ～*** 《話》(考え等が)頭にこびりつく. ***quemarse las ～s*** 《話》猛勉強する.
cejar 自《主に否定文で》《en》(…を)あきらめる.
cejijunto, ta 形 ❶ まゆ毛がつながった. ❷ 眉間(みけん)にしわを寄せた.
cejilla 女〘音〙カポタスト；弦を押さえること；上駒(かみこま).
cejudo, da 形 まゆ毛の濃い.
Cela 固名 セラ Camilo José ～ (1916-2002)：スペインの小説家.
celacanto 男〘魚〙シーラカンス.
celada 女 わな, 待ち伏せ；〘史〙かぶと.
celador, dora 形 男 女 監視する[員].
celaje 男 ❶《文》彩雲(さいうん). ❷ 天窓.
celar 他 ❶ 監視する. ❷ 隠す. —自《por, sobre》(…を)見張る.
celda 女 独房；個室.
celdilla 女 ❶ (ハチの巣の) 巣房. ❷ (壁面の)くぼみ.
celebérrimo, ma 形 [célebre の絶対最上級]きわめて名高い.
celebración 女 ❶ (行事の) 開催；(ミサの)司式. ❷ 祝賀会；賞賛.
celebrado, da 過分 → celebrar.
celebrante 男 ミサ司式司祭.
celebrar [せれブラル] 他〔英 celebrate〕❶ **祝う**. ❷ 開催する, 執り行う. ❸ 喜ぶ. ❹ 賞賛する. —自〘宗〙ミサを挙げる. —**celebrarse** 再 開催される.
célebre [せれブレ] 形 [絶対最上級 celebérrimo, ma]〔英 celebrated〕《por》(…で) **有名な**, 高名な.
celebridad 女 有名, 名声；有名人.
celemín 男 セレミン：穀物単位(4.625リットル)；《古》耕地面積単位(約537平方メートル).
celentéreo, a 形 腔腸(こうちょう)動物の. —男[複]腔腸動物.
celeridad 女 速さ, 敏速.
celeste 形 ❶ 天の. ❷ 空色の. —男 空色(＝azul ～).
celestial 形 天上の；最高の.
Celestina 固名 *La* ～『セレスティーナ』：スペインの作家ロハス Rojas の小説(1499年). またそこに登場するやり手婆(ばば)の名. ***polvos de la madre ～*** 《比喩的》(恋の)魔法の薬.
celestinesco, ca 形『セレスティーナ』の, やり手婆(ばば)の；男女の仲を取りもつ.
celestino, na 男 女 売春仲介人；恋の取り持ち役.
celíaco, ca / celiaco, ca 形〘解〙腹腔(ふくこう)の. —男 女 小児脂肪便症患者.
celibato 男 (宗教的理由による) 独身.
célibe 形 独身の. —男 女 独身者.
celidonia 女〘植〙クサノオウ.
celinda 女〘植〙バイカウツギ.
cella 女〘建〙(古代ギリシャ・ローマの) 神殿の内陣.
cellisca 女 (みぞれ交じりの) 吹雪.
cellisquear 自 みぞれが吹きすさぶ.
cello 男 ❶ (樽(たる)等の) たが. ❷ → violoncelo.
celo 男 ❶ [複] 嫉妬(しっと), やきもち. ❷ 熱意；献身. ❸ (動物の) さかり；発情期. ❹ セロハンテープ(＝papel (de) ～).
celofán 男 セロハン紙(＝papel (de) ～).
celoma 男〘解〙体腔(たいこう).
celosía 女 (窓等の) 格子.
celoso, sa 形 ❶《de》(…に) 嫉妬(しっと)する；嫉妬深い；猜疑(さいぎ)心が強い. ❷《en》(…に) 熱心な. ❸《ラ米》(アルゼンチン)(ウルグアイ)(チリ)(銃が) 暴発しやすい.
celotipia 女 激しい嫉妬(しっと)心.
celta 形 ケルト(人, 族, 語)の. —男 女 ケルトの人. —男 ケルト語；[複]ケルト族.

Celtiberia 固名 ケルト・イベリア：現在のスペインのサラゴサ・テルエル・クエンカ・グアダラハラ・ソリアを含む地域.
celtíbero, ra / celtibero, ra 形 男 女 ケルト・イベリア人（の）. ── 男 ケルト・イベリア語；[複]ケルト・イベリア族.
céltico, ca 形 ケルト（人, 語, 族）の.
celtismo 男 ❶〘言〙ケルト語的言い回し. ❷ケルト文化[語]研究.
celtista 男 女 ケルト文化[語]研究者.
celtohispánico, ca / celtohispano, na 形（イベリア半島内の）ケルト文化[遺跡]の.
celtolatino, na 形 ケルト語からラテン語に入った.
célula 女 ❶〘生〙細胞. ～*s* madre 母細胞. ～*s* cancerígenas がん細胞. ❷（組織を作る）単位. ～ ***fotoeléctrica*** 〘光〙光電池, 光電管.
celular 形 ❶〘解〙細胞の. ❷独房の.
celulitis 女〘医〙[単複同形] 蜂窩(ほうか)織炎；《話》セルライト.
celuloide 男〘商標〙セルロイド；映画. llevar al ～ 映画化する.
celulosa 女〘化〙セルロース.
cementación 女〘冶〙浸炭.
cementar 他〘冶〙浸炭処理をする.
cementerio [セメンテリオ] 男〔英 cemetery〕**墓地**；廃棄場.
cementero, ra 形 女 セメント（製造）の[工場].
cemento 男 ❶セメント. ～ armado 鉄筋コンクリート. ❷接合[充塡(じゅうてん)]剤. ❸(歯の)セメント質.
cementoso, sa 形 セメント質の.
Cempoala 固名 センポアラ. (1) メキシコ, ベラクルス州の遺跡. (2)〘史〙トトナカ族の聖都.
cena [セナ] 女〔英 dinner, supper〕**夕食**；晩餐(ばんさん)会. ── 活 → cenar. ***Última*** [***Santa, Sagrada***] ***C～*** 〘カト〙最後の晩餐.
cenacho 男（食物用の）かご.
cenáculo 男 ❶キリストが最後の晩餐(ばんさん)をした食堂. ❷（芸術家等の）サロン.
cenador, dora 形 男 女（重い）夕食を取る（人）. ── 男（庭園内の）あずまや.
cenagal 男 ぬかるみ；《話》窮地.
cenagoso, sa 形 ぬかるんだ.
cenar [セナル] 自〔英 have dinner [supper]〕**夕食をとる**. ── 他 夕食に…を食べる.
cenceño, ña 形 細い, やせた.
cencerrada 女 鳴り物入りの大騒ぎ.
cencerrear 自 ❶鈴[ギター]を鳴らしたてる. ❷《話》(ドア等が) ガタガタ鳴る.
cencerreo 男（鈴等の）しつこい音.
cencerro 男（家畜につける）鈴. ***a ～s tapados*** こっそりと. ***estar como un ～*** 《話》頭がおかしい.
cendal 男 薄絹；（司祭の）肩衣(かたぎぬ).
cenefa 女（壁等の）飾り縁.
cenestesia 女〘心〙体感.
cenetista 男 女 CNT[(スペインの) 国民労働連合]の組合員.
cenicero 男 灰皿；灰受け.
ceniciento, ta 形 灰色の. ── 女 [C-]（童話の）シンデレラ；いじめられっ子.
cenit 男 絶頂；〘天〙天頂.
cenital 形〘天〙天頂の；頂点の（= zenit）.
cenizo, za [セニそ, さ] 形 灰色の. ── 男 ❶《話》疫病神；悪運. ❷〘植〙アカザ. ── 女〔英 ash〕❶**灰**. ❷[複] 遺灰. ***Miércoles de Ceniza*** 〘カト〙灰の水曜日：四旬節の第1日目. ***reducir a*** [***convertir en***] ***cenizas*** （徹底的に）破壊する[やっつける]. ***tomar la cenizas*** 〘カト〙額に灰の印をうける.
cenobial 形 修道院の.
cenobio 男《文》修道院.
cenobita 男 女 修道士, 修道女.
cenobítico, ca 形 修道士[女]の.
cenotafio 男《文》慰霊碑.
cenote 男《ラ米》(メキシコ)(グアテマラ)セノーテ：（メキシコ）ユカタン半島に散在する洞穴井戸.
cenozoico, ca 形 男〘地質〙新生代（の）.
censal 形 国勢調査の.
censar 他 ❶（人口を）調査する. ❷リストにする. ❸人口調査に（…を）登録する. ── 自 人口調査を行う. ── **censarse** 再 人口調査に登録する.
censatario, ria 形 男 女（地代等の）支払い義務のある（人）.
censo 男 ❶国勢調査, 人口調査；有権者名簿. ❷リスト, 一覧表. ❸地代；（古代ローマの）人頭税.
censor, sora 男 女 ❶検閲官；検査官. ❷酷評家. ── 男（古代ローマの）監察官. ── 形 非難[批判]する. ～ ***jurado de cuentas*** 公認会計士.
censual 形 → censal.
censualista 男 女 地代徴収者.
censura 女 ❶非難, 批判. ❷検閲（機関）. ❸（古代ローマの）監察官の職.
censurable 形 非難に値する.
censurar [センスラル] 他〔英 censor〕❶**検閲する**, 検閲して修正[禁止]する. ❷非難する, 批評する.
censurista 男 女 難癖をつける人.
centaura 女〘植〙センタウリウム.
centavo, va [センタボ, バ] 形 100分の1の. ── 男 ❶**100分の1**. ❷**センターボ**：中南米諸国の貨幣単位の100分の1. ❸セント：100分の1ドル. ***estar sin un ～*** 《話》一文無しである.
centella 女 ❶閃光(せんこう)；稲光；火花. ❷[主に複]（感情を表す）目の光. ❸（行動が）素早い人. ***como una ～*** 素早く.
centellar 自 → centellear.
centellear 自 きらきら輝く, きらめく.
centelleo 男 きらめき, 瞬き.
centena 女 100のまとまり, 約 100.
centenada 女 100（くらい）のまとまり. a ～*s* たくさん.
centenal 男 ライ麦畑.
centenar [センテナル] 男〔英 hundred〕❶**100のまとまり**. ❷[複] 多数. ❸→ centenal. ***a ～es*** たくさん.
centenario, ria 形 ❶100の；100歳[年]（くらい）の. ❷とても古い. ── 男 女 100歳（くらい）の人. ── 男 100年祭, 100周年（記念）.
centeno, na 形 男 女 100番目（の）. ── 男〘植〙ライムギ.
centesimal 形 100分の1の.
centésimo, ma 形《数詞》❶100番

目の. ❷100分の１の. ── 男 女100番目.
── 男 センテシモ：パナマ・ウルグアイの貨幣単位バルボア・ペソの100分の１.

centiárea 女 センチアール.

centígrado, da 形 摂氏の；100度目盛りの.

centigramo 男 センチグラム.

centilitro 男 センチリットル.

céntima 形 → céntimo.

C

centímetro [センティメトゥロ] 男 〔英 centimeter〕 センチメートル. ～ cuadrado [cúbico] 平方[立方]センチメートル.

céntimo, ma 形100分の１の. ── 男 センティモ：貨幣単位ユーロ euro 等の100分の１. no tener ni un ～ 一銭もない.

centinela 男 女 見張り.

centinodia 女〖植〗ミチヤナギ.

centolla 女〖動〗ヨーロッパケアシガニ.

centollo 男 → centolla.

centón 男 ❶ 寄せ集めの文学作品. ❷ パッチワークキルト.

centrado, da 形 ❶ 中心にある. ❷ (環境等に) 慣れた.

central [セントゥラる] 形 〔英 central〕 中心の, 中央の；主要な；集中式の. calefacción ～ セントラルヒーティング. ── 女 ❶ 本社, 本部. ❷ 発電所. ── 男 (サッカーの) センターバック.

centralismo 男 中央集権主義.

centralista 形 中央集権主義 (者) の.
── 男 女 中央集権主義者.

centralita 女 電話交換機[台].

centralización 女 集中化；中央集権化.

centralizar 57 他 中心に集める；中央集権化する.

centrar 他 ❶ 中心に置く. ❷《en》(…に) 集中させる. ❸ (関心等を) 引きつける. ❹ 精神的に安定させる. ── 他 自〖スポ〗センタリングする. ── ***centrarse*** 再 ❶《en》(…に) 集中する；慣れる. ❷ 精神的に安定する.

céntrico, ca 形 中心 (部) にある.

centrifugación 女 遠心分離.

centrifugador, dora 形 遠心性の.
── 女 遠心分離機.

centrifugar 66 他 遠心分離する.

centrífugo, ga 形 遠心性の.

centrípeto, ta 形 求心性の.

centrismo 男 中道主義.

centrista 形 男 女 中道派の (人).

centro [セントゥロ] 男 〔英 center〕 ❶ 中心, 中央. ～ de gravedad 重心. ❷ 中心街, 都心. ❸ 施設, センター；中心地；中枢. ～ cultural 文化センター. ～ hospitalario [médico] 医療センター. ～ comercial ショッピングセンター. ～ industrial 工業地帯. ～ nervioso 神経中枢. ❹〖政〗中道. ❺〖スポ〗センタリング. ***～ de mesa*** テーブルセンター. ***estar en su ～*** 居心地がよい.

centroafricano, na 形 男 女 中央アフリカ (共和国) の (人). la República *Centroafricana* 中央アフリカ共和国 (首都バンギ Bangui).

Centroamérica 固名 中央アメリカ, 中米. los países de ～ 中米諸国.

centroamericano, na 形 男 女 中央アメリカの (人).

centrobárico, ca 形 重心の.

centrocampismo 男〖スポ〗(ミッドフィールダー中心の) ディフェンスシフト.

centrocampista 男 女 〖スポ〗ミッドフィールダー.

Centroeuropa 固名 中央ヨーロッパ.

centroeuropeo, a 形 男 女 中央ヨーロッパの (人).

centrosfera 女〖生〗中心球.

centrosoma 男〖生〗中心体.

centuplicar 26 他 100倍にする. ── ***centuplicarse*** 再 100倍になる.

céntuplo, pla 形 男 100倍 (の).

centuria 女 ❶ 100年. ❷ (古代ローマの) 百人隊.

centurión 男〖史〗(古代ローマの) 百人隊長.

ceñido, da 形 ❶ (衣類等が) ぴったりした. ❷ 倹約した.

ceñidor 男 帯, ベルト.

ceñir 103 他 ❶《con, de》(…で) 締めつける, 巻きつける；抱き締める. ❷ 取り囲む.
── ***ceñirse*** 再 ❶ しっかりと身に着ける. ❷《a》(…に) 限る, とどめる.

ceño 男 しかめっ面；眉間(みけん).

ceñudo, da 形 しかめっ面をした.

CEOE [せオエ] 女 *C*onfederación *E*spañola de *O*rganizaciones *E*mpresariales スペイン企業組織連合.

cepa 女 ❶ ブドウの木[株]；(地中の) 株. ❷ 家柄. ***de buena ～*** 生まれ[質]の良い. ***de pura ～*** 生粋の.

cepellón 男〖農〗(植え替えで) 根につけておく土.

cepillado 男 ❶ (衣類等に) ブラシをかけること；髪をとかすこと. ❷ かんながけ.

cepilladura 女 → cepillado.

cepillar 他 ❶ ブラシをかける；髪をとかす. ❷ かんなをかける. ❸《話》盗む, 巻き上げる. ── ***cepillarse*** 再 ❶ (自分の…に) ブラシをかける. ❷《話》殺す；追い出す. ❸《話》使い果たす；素早く終える. ❹《話》落第させる. ❺ (性的に) ものにする.

cepillo 男 ❶ ブラシ. ～ de dientes 歯ブラシ. ❷ かんな. ❸ 献金箱. ❹《ラ米》(コロンビア)《話》へつらい, おべっか使い. ***al ～*** 髪を短く刈った. ***pasar el ～*** 献金を求める.

cepo 男 ❶ わな. caer en el ～ わなにかかる. ❷ 固定器具. ❸ (刑具の) 枷(かせ).

ceporro, rra 形 男 女《話》ばか (な), のろま (な).

CEPSA [せプサ] 女 *C*ompañía *E*spañola de *P*etróleos, *S*ociedad *A*nónima スペイン石油会社.

CEPYME [せピメ] 女 *C*onfederación *E*spañola de la *P*equeña *y* *M*ediana *E*mpresa スペイン中小企業連合.

cequí 男〖史〗ツェッキーノ金貨.

cera 女 ❶ ろう；ワックス. ❷《集合的》ろうそく. ❸ 耳あか. ***dar ～***《話》殴る. ***hacer la ～*** ワックス脱毛を施す. ***No hay más ～ que la que arde.***《話》ここにある物以外何もない. ***ser (como) una ～ / estar hecho de ～*** 柔順である.

cerámico, ca 形 陶器の, セラミックの.
── 女 陶器；陶芸.

ceramista 男 女 陶工, 陶芸家.

cerasta 女〖動〗ツノクサリヘビ.

cerastes 男 → cerasta.
ceraunomancia / ceraunomancía 女 暴風雨による占い.
cerbatana 女 吹き矢.
cerca [セルカ] 副 [絶対最上級 cerquísimo] 〔英 near〕《場所・時間》**近くに**. estar ～ 近くにいる[ある]. (por) aquí ～ この近くに. Están ～ las vacaciones. 休みはもうすぐだ. ── 女 柵(さく), 囲い. *～ de* 《場所・時間・数量》(…の)近くに. estar ～ *de* ... …の近くにある. Son ～ *de* las ocho. もう8時前です. ～ *de* treinta heridos 30人近い負傷者. *de ～* 近くから. mirar *de* ～ 間近に見る.
cercado 男 柵(さく)(で囲った土地); 囲い.
cercana 形 → cercano.
cercanía 女 ❶ 近いこと, 近さ. ❷ [複] 近郊. tren de ～*s* 郊外電車.
cercano, na [セルカノ, ナ] 形 〔英 nearby〕 ❶ **近くの**; 《a》(…に) 近い (↔ lejano). ❷ 近しい, (人が) 関係の緊密な.
cercar 26 他 囲む, 取り囲む; 〖軍〗包囲する.
cercén *a ～* すっぱりと. cortar *a* ～ 根元から切る.
cercenadura 女 切断; 切断部分.
cercenamiento 男 切断.
cercenar 他 切断する; 切り詰める.
cerceta 女 〖鳥〗コガモ, シマアジ.
cercha 女 〖建〗アーチ枠
cerciorar 他 《de》(…を) 確信させる. ── **cerciorarse** 再 《de》(…を) 確かめる.
cerco 男 ❶ 輪, 円; 枠; (太陽・月の) 暈(かさ); 囲い, 柵(さく). ❷ 〖軍〗包囲.
cercopiteco 男 〖動〗グエノン: オナガザル属のサル.
cerda 女 ❶ (豚等の) 剛毛; ブラシの毛. ❷ → cerdo 女.
cerdada 女 《話》卑劣な行為.
Cerdaña 固名 セルダーニャ: スペイン, フランス2国にまたがる地方. → sardanés.
cerdear 自 ❶ (馬・楽器・機械の) 調子が悪い. ❷ 卑劣な行為をする.
Cerdeña 固名 サルデーニャ (島): 地中海にあるイタリア領の島. → sardo.
cerdo, da [セルド, ダ] 男 女 〔英 pig〕 ❶ 〖動〗**ブタ** (→地域差). ❷ 汚い人; 卑劣な人. ── 形 汚い; 卑劣な. *como un ～* 《話》とても太った; 大食いの. 地域差 ブタ cerdo 《スペイン》《ラ米》(キューバ, ドミニカ共和国, プエルトリコ)(メキシコ)(グアテマラ)(コロンビア)(ボリビア)(チリ); chancho (ホンジュラス, ニカラグア, コスタリカ) (エクアドル, ペルー) (チリ) (ウルグアイ, アルゼンチン); chanco (パラグアイ); puerco (キューバ, ドミニカ共和国, プエルトリコ)(メキシコ)(ホンジュラス, パナマ)(コロンビア, ベネズエラ).
cereal 男 [主に複] 穀物, 穀類; シリアル; 穀草. ── 形 穀物の.
cerealista 形 穀物生産の.
cerebelo 男 〖解〗小脳.
cerebral 形 ❶ 大脳の, 脳の. ❷ 理知的な. ── 男 女 理知的な人.
cerebro [セレブロ] 男 〔英 brain〕 ❶ 〖解〗**脳**, 大脳. ❷ 頭脳, 知能; 頭のいい人; ブレーン. *lavar el ～ a ...* …を洗脳する. *secárse*le *el ～* 《話》…の頭がおかしくなる.
cerebroespinal 形 脳脊髄(せきずい)の.
ceremonia [セレモニア] 女 〔英 ceremony〕 ❶ **儀式**, 式典. ❷ 堅苦しさ; 儀礼.
ceremonial 形 儀式の; 儀式ばった. ── 男 儀典, 礼典.
ceremonioso, sa 形 儀式にのっとった; 儀式ばった, 仰々しい.
céreo, a 形 ろうの (ような).
cerería 女 ろう製品店[製造所].
cerero, ra 男 女 ろう製品商; ろう職人.
cereza 女 さくらんぼ. ── 形 男 さくらんぼ色 (の).
cerezal 男 さくらんぼ畑.
cerezo 男 〖植〗サクラ (の木).
cerilla 女 ❶ マッチ. ❷ 耳あか.
cerillero, ra 男 女 マッチ[タバコ]売り.
cerillo 男 《ラ米》(メキシコ)(コロンビア)マッチ.
cerina 女 〖化〗セロチン酸.
cerio 男 〖化〗セリウム.
cerita 女 〖鉱〗セル石, セライト.
cermeño 男 〖植〗セイヨウナシ (の木).
cerne 形 (木質が) 堅い. ── 男 木の芯(しん).
cerner 101 他 篩(ふるい)にかける. ── **cernerse** 再 ❶ 《sobre》(危険等が) (…に) 迫る. ❷ (鳥等が) 旋回する.
cernícalo 男 ❶ 〖鳥〗チョウゲンボウ. ❷ 《話》無骨者.
cernido 男 篩(ふるい)にかけること.
cernidor 男 《ラ米》篩(ふるい).
cernir 45 他 → cerner.
cero [セロ] 男 〔英 zero〕 **ゼロ** (の数字). ～ absoluto 絶対零度. tres grados bajo ～ 零下3度. ── 形 [性数不変] ゼロの. *a ～* 何もない. *al ～* 坊主刈りの. *de [desde] ～* 初め[ゼロ]から. *ser un ～ a la izquierda* 《話》取るに足りない人である.
ceroferario 男 〖カト〗燭台(しょくだい)を持つ侍者.
ceromancia / ceromancía 女 ろう占い.
ceromiel 男 蜜(みつ)ろうと蜂蜜(はちみつ)を混ぜた昔の傷薬.
cerón 男 (蜂蜜(はちみつ)を取った後の) ろうの塊.
ceroplástica 女 ろう細工, ろう型法.
ceroso, sa 形 ろう質の, ろうを含む.
cerote 男 (靴の縫い糸に塗る) ワックス.
cerquillo 男 ❶ (聖職者の) 剃髪(ていはつ)した円形の頭髪. ❷ 《ラ米》前髪.
cerquita 副 すぐ近くに.
cerrado, da [セラド, ダ] 過分 → cerrar. 形 〔英 closed, shut〕 ❶ **閉じた**, 閉鎖された; 〖音〗閉じた. ❷ どんより曇った. ❸ (ひげ等が) 密な; (拍手等が) 激しい. ❹ 《話》閉鎖的な; 内向的な. ❺ 頭の鈍い. ❻ (方言が) 分かりにくい.
cerrador 男 締め具, 錠.
cerradura 女 錠前.
cerraja 女 ❶ 錠前. ❷ 〖植〗ノゲシ.
cerrajería 女 錠前店[工場].
cerrajero, ra 男 女 錠前職人.
cerramiento 男 閉じること; ふさぐもの; 仕切り.
cerrar [セラル] 18 他 〔英 close, shut〕 ❶ **閉める**, 閉じる (↔ abrir); ふさぐ; (店等を) 閉鎖する; (道を) 遮断する; 閉じ込める. ❷ 終わらせる; (契約等を) 結ぶ. ── 自 ❶ **閉じる**, 閉まる. ❷ 《contra》(…を) 攻撃する. ❸ (夜に) なる. ── **cerrarse** 再 ❶ 閉まる, 閉じる. ❷ (花が) しぼむ; (傷口が) ふさがる. ❸ (空が)

C

雲に覆われる. ❹ ((a)) (…に) かたくなな態度を取る; ((en)) (…に) 固執する.
cerrazón 女 強情; 頭の鈍さ; 暗雲.
cerril 形 ❶ 頑固な. ❷ ((話)) 粗野な, 無作法な; (頭の) 鈍い. ❸ 野生の.
cerrilismo 男 自分勝手; 野蛮性.
cerro 男 ❶ 丘, 小山; 険しい所. ❷ ((話)) 多量, たくさん. *irse [salir] por los ～s de Úbeda* ((話)) 本論からそれる.

C

cerrojazo 男 ❶ (乱暴に) 錠を下ろすこと. ❷ 突然の中断[休止].
cerrojillo 男 〘鳥〙 シジュウカラ.
cerrojo 男 ❶ 差し錠. ❷ 銃器の遊底. ❸ (サッカー等の) 守備的布陣.
certamen 男 (文芸等の) コンクール; 討論会.
certero, ra 形 (射撃で) 的を外さない; (判断等が) 的確な.
certeza / certidumbre 女 確実性; 確信.
certificación 女 証明(書); 書留.
certificado, da [セルティフィカド, ダ] 過分 → certificar. 形 ❶ 書留の. ❷ 保証[証明]された. ── 男 〔英 certificate〕 ❶ 証明書. ～ de residencia 居住証明書. ❷ 書留郵便(物).
certificar [セルティフィカル] 26 他 〔英 certify〕 ❶ (文書で) 証明する, 保証する. ❷ 書留にする.
certificatorio, ria 形 証明する, 保証する.
certifique (-) / certifiqué (-) 活 → certificar.
certísimo, ma 形 [ciertoの絶対最上級] 絶対確かな.
certitud 女 → certeza.
cerúleo, a 形 紺碧(こんぺき)の.
cerumen 男 耳あか.
cerusa 女 〘化〙 白鉛.
cerusita 女 〘鉱〙 白鉛鉱.
cerval 形 シカの. *tener un miedo ～ a ...* …をひどく恐れる.
Cervantes 固名 セルバンテス Miguel de ～ Saavedra (1547-1616): スペインの作家. *El ingenioso hidalgo Don Quijote de la Mancha* 『才知あふるる郷士ドン・キホーテ・デ・ラ・マンチャ』.
cervantino, na / cervantesco, ca 形 〘文〙 セルバンテス(風)の.
cervantismo 男 〘文〙 セルバンテス研究; セルバンテス(風)の文体.
cervantista 形 セルバンテス研究(家)の. ── 男 女 セルバンテス研究家.
cervato 男 (生後半年までの) 子ジカ.
cervecería 女 ビヤホール; ビール工場.
cervecero, ra 形 ビール(好き)の. ── 男 女 ビール製造[販売]業者.
cerveza [セルベサ] 女 〔英 beer〕 ビール. ～ de barril 生ビール. ～ negra [rubia] 黒[淡色]ビール.
cervical 形 〘解〙 頸部(けいぶ)の. ── 女 [主に複] 頸椎(けいつい).
cérvidos 男 複 〘動〙 シカ科の動物.
Cervino 固名 Monte ～ チェルビーノ山, マッターホルン: アルプスの高峰. 4478m.
cervino, na 形 → cervuno.
cerviz 女 うなじ; 首. *bajar [doblar] la ～* 服従する.
cervuno, na 形 シカの(ような); (馬の毛色が) 濃い灰色の.
cesación 女 中断, 中止.
cesamiento 男 → cesación.
cesante 形 男 女 失職した(公務員).
cesantía 女 停職, 休職; 休職手当.
cesar [セサル] 自 〔英 cease〕 ❶ やむ, 終わる. ❷ ((en)) (…を) やめる, 退職する. ❸ ((de＋不定詞)) …するのをやめる. ── 他 職を解く. *sin ～* 絶えず, ひっきりなしに.
César 固名 ❶ Cayo Julio ～ ユリウス・カエサル, ジュリアス・シーザー (前100?-前44): ローマの将軍・政治家. ❷ セサル: 男子の名. ── 男 [c-] ローマ皇帝; (一般に) 皇帝.
cesáreo, a 形 (ローマ) 皇帝の; 帝国の. ── 女 〘医〙 帝王切開.
cesarismo 男 独裁制.
cese 男 ❶ 中止, 休止. ❷ 解雇, 退職; 解雇通知. ── 活 → cesar. *dar el ～ a ...* …を解雇する.
cesio 男 〘化〙 セシウム.
cesión 女 〘法〙 (権利等の) 譲渡.
cesionario, ria 男 女 〘法〙 譲受人.
cesionista 男 女 〘法〙 譲渡人.
césped 男 芝生 (→地域差); (競技場の) 芝地. 地域差 芝生 césped ((スペイン)) ((ラ米)) (キュ, アエル トリコ)(ラシ)(メキ シコ)(エルサル バドル, ニカラ グア, パナ マ)(コロン ビア)(エク アド ル)(パラグ アイ, ウルグ アイ, アルゼ ンチン); grama (ドミニカ 共和国, アエル トリコ) (グアテ マラ, ホンジ ュラス, エルサル バドル, ニカラ グア, パナ マ)(ベネズ エラ); pasto (メキ シコ)(ペル ー, ボリ ビア)(チ リ)(パラグ アイ, アルゼ ンチン); prado (コロン ビア) (チ リ); zacate (メキ シコ)(コスタ リカ).
cesta 女 ❶ かご, バスケット. ❷ (バスケットボールの) ゴール. ❸ 〘スポ〙 ハイアライのラケット. *～ de la compra* 生計費.
cestada 女 1かご分.
cestería 女 かご細工[店].
cestero, ra 男 女 かご細工職人.
cesto 男 ❶ (大型の) かご, バスケット. ～ de los papeles くずかご. ❷ (バスケットボールの) ゴール. *estar [ponerse] como un ～* ((話)) 太っている[太る].
cestodo 男 〘動〙 条虫; [複] 条虫類.
cesura 女 〘詩〙 句切り.
ceta 女 → zeta.
cetáceo 形 〘動〙 クジラ目の. ── 男 [複] クジラ目の動物.
cetario 男 鯨等が子育てをする海域.
cetina 女 〘生化〙 セチン.
cetona 女 〘化〙 ケトン.
cetrería 女 タカ狩り; タカの訓練[飼育]法.
cetrero, ra 男 女 タカ匠.
cetrino, na 形 ❶ 緑黄色の; 血色の悪い. ❷ 無愛想な.
cetro 男 ❶ 笏(しゃく); 王権, 治世. ❷ 優位.
ceugma 女 → zeugma.
Ceuta 固名 セウタ: モロッコ北岸にあるスペイン領の都市.
ceutí 形 男 女 [複 ceutí(e)s] セウタの(人).
ceviche 男 → cebiche.
Ch, ch [チェ] 女 旧スペイン語字母.
chabacanada / chabacanería 女 下品, 悪趣味; 下品な言動.
chabacano, na 形 下品な. ── 男 ❶ ((ラ米))(メキ シコ) 〘植〙 アンズ (の木・実). ❷ フィリピンで話されるスペイン語.
chabola 女 掘っ建て小屋, バラック.

chabolismo 男《集合的》スラム街.
chabolista 男女 スラム街の住人.
chacachaca 男（列車等の）ガタゴトいう音.
chacal 男〖動〗ジャッカル.
chacanear 他《ラ米》(チ)(馬に) 拍車をかける；(アルゼ)(ボリ)悪用する，壊す.
chácara 女《ラ米》(1) 農場，畑. (2)(コロンビ)(パナ)(ベネズ)(エクア)革袋；財布.
chacarero, ra 形《ラ米》農民の，農場の. ── 男女《ラ米》(1) 農民. (2)(ウルグ)おしゃべり. (3)(コロン)偽医者. ── 女 アルゼンチンの伝統的音楽；その舞踊.
chacha 女《話》家政婦；子守.
cha-cha-chá 男〖音〗チャチャチャ.
cháchara 女 ❶《話》おしゃべり，雑談. ❷《ラ米》[複] (チ)(メキ)安物.
chacharear 自《話》おしゃべりする.
chacharse 再《ラ米》(学校を) サボる (➜ fumar 地域差).
chachi 形 [性数不変]《話》すばらしい；本物の. ── 副 すばらしく.
chacho, cha 男女 ❶《話》《呼びかけ》➜ muchacho. ❷ [複]《ラ米》双子，双生児 (➜ gemelo 地域差).
chacina 女 腸詰め；塩漬けの豚肉.
chacinería 女 豚肉加工品店.
chacinero, ra 男女 豚肉加工職人[販売業者].
Chac Mool 固名 チャク・モール：アステカ・トルテカ・マヤの神と人間を仲介する神格.
chacó 男 シャコー帽：昔の軽騎兵の軍帽.
Chaco 固名 Gran ～：ボリビア・パラグアイ・アルゼンチンにわたる低湿地.
chacolí 男 チャコリー：スペインのバスク等の酸味のあるワイン.
chacolotear 自 (蹄鉄(ていてつ)等が緩み) 音を立てる.
chacona 女〖音〗シャコンヌ：16-17世紀スペインのダンス (曲).
chacota 女《話》冗談. ***tomarse ... a ～***《話》…を冗談として受けとめる.
chacotear 自《話》からかう. ── **chacotearse** 再《話》《**de**》(…を) からかう.
chacra 女《ラ米》農園；畑；菜園.
Chad 固名 チャド：首都ヌジャメナ N'Djamena.
chador 男 チャドル：イスラム教徒の女性が顔を覆うベール.
chafalote 形《ラ米》(南米)粗野な，下品な. ── 男《ラ米》ナイフ；(ボリ)脚の重い馬.
chafar 他 ❶ 押しつぶす，ぺしゃんこにする. ❷《話》打ちのめす；台無しにする. ── **chafarse** 再 つぶれる；打ちのめされる.
chafardero, ra 形 男女 うわさ好きな (人).
chafarrinada 女 ➜ chafarrinón.
chafarrinón 男 汚れ；下手な絵.
chaflán 男 (建物等の面取りした) 面，角.
chagra 女《ラ米》(エクア)(コロン)小農園，農地. ── 男女《ラ米》(エクア)農民；いなか者.
chagrín 男 シャグリーン革，粒起革.
chagual 男《ラ米》(アルゼ)(チ)(ペル)〖植〗パイナップル科の植物，その果実.
chahuistle 男《ラ米》(メキ)(トウモロコシ・小麦等の) うどん粉病，胴枯れ病，さび病.
chainear 他 ～ los zapatos《ラ米》靴を磨く (➜ limpiar 地域差).
chaira 女 ❶ (靴用の) 革切りナイフ. ❷ 研ぎ棒. ❸《話》ナイフ.
chairman [チェルマン]〔英〕男 (会社の) 会長；学科長.
chajá 男《ラ米》(アルゼ)(パラグ)(ウルグ)(ボリ)〖鳥〗サケビドリ.
chal 男 ショール，肩掛けおくるみ.
chala 女《ラ米》(1)(南米)トウモロコシの皮. (2)(ボリ)殻，もみ殻. (3)(アルゼ)(ボリ)お金，銭.
chalado, da 形 男女《話》❶ 頭がおかしい (人). ❷《**por**》(…に) 夢中な (人).
chaladura 女《話》❶ とっぴな考え [行動]. ❷ 夢中.
chalán, lana 形 ❶ (馬等を) 売買する. ❷ 口のうまい. ── 男女 ❶ 馬喰(ばくろう). ❷ 口のうまい人. ── 男《ラ米》馬の調教師. ── 女〖海〗平底船，はしけ.
chalanear 自 抜けめなく商売する. ── 他《ラ米》(馬を) 調教する.
chalaneo 男 抜けめない商売.
chalanería 女 抜けめないやり口.
chalar 他《話》❶ 気を狂わせる. ❷ 夢中にさせる. ── **chalarse** 再 ❶ 気が狂う. ❷《**por**》(…に) 夢中になる.
chalaza 女〖動〗卵帯，カラザ.
chalchal 男《ラ米》(南米)〖植〗ムクロジ科の植物.
chalé 男 [複 ～s, chalets] 庭付き一戸建て. ～ adosado テラスハウス.
chaleco 男 ベスト. ～ antibalas 防弾チョッキ. ～ salvavidas 救命胴衣.
chalet 〔仏〕男 ➜ chalé.
chalina 女 (男女用の幅広) ネクタイ.
chalota 女〖植〗エシャロット.
chalote 男 ➜ chalota.
chalupa 女 ❶ ランチ；(2本マストの) 小船；《ラ米》カヌー，丸木舟. ❷《ラ米》(メキ)トルティヤ tortilla に肉・サラダ等をのせたもの.
chamaco, ca 男女《ラ米》(中米)(メキ)(エクア)子供；少年，少女.
chamagoso, sa 形《ラ米》(メキ)汚らしい，みすぼらしい；低俗な，卑俗な.
chamán 男 シャーマン.
chamarilear 他 (古物を) 売買する.
chamarileo 男 古物売買.
chamarilero, ra 男女 古物商.
chamarra 女 ❶ (厚手の) チョッキ，ジャケット. ❷《ラ米》ジャンパー (➜ cazadora 地域差). ❸《ラ米》詐欺，いんちき.
chamba 女 ❶《話》偶然. de [por] ～ まぐれで. ❷《ラ米》(1)(コロン)(ベネズ)水たまり；囲い. (2)(中米)(メキ)(ペル)(薄給で臨時の) 仕事. (3) 安全ピン (➜ imperdible 地域差).
chambelán 男 侍従.
chambergo 男 ❶ (近衛隊が用いた) つば広帽子. ❷ 七分丈のコート.
chambón, bona 形 男女《話》運のいい (人)；不器用な (人).
chambra 女〖服〗オーバー [シャツ] ブラウス.
chambrana 女 ❶ (窓等を飾る) 縁枠. ❷ (いすの脚等の) 横木.
chamelo 男〖遊〗ドミノの一種.
chamiza 女 ❶〖植〗カヤ. ❷ たき木.
chamizo 男 かやぶき小屋；あばら屋.
champán 男 ❶ シャンペン. ❷ サンパン：中国等の木造船.
champaña 男 シャンペン.
champar 他 恩着せがましく言う.

C

champiñón 男 ❶〖植〗マッシュルーム. ❷《話》背の低い人.

champú 男［複 ~(e)s］シャンプー.

chamullar 他《話》片言で話す.

chamuscar 26 他 焦がす, 焦げ目をつける, 焙(あぶ)る. ── **chamuscarse** 再（体毛等を）焦がす.

chamusquina 女 ❶ 焦げること. ❷《話》けんか. *oler a* ~《話》《比喩的》きな臭い.

chancaca 女《ラ米》(1) 黒砂糖, 蜜(みつ)の塊. (2)(中米)(エクア)(ペル)糖蜜入りのトウモロコシ［小麦］粉のケーキ.

chancar 26 他《ラ米》(1) 砕く；殴りつける. (2)(エクア)(チリ)いい加減にやる.

chance〔英〕男《ラ米》チャンス, 好機；可能性.

chancear 自 ふざける. ── **chancearse** 再《de》(…を) からかう.

chanchero, ra 男 女《ラ米》(南米)豚肉屋［店主］, 養豚業者.

chanchi 形 副 → chachi.

chancho, cha 形《ラ米》不潔な, 汚い. ── 男《ラ米》(1) 豚 (→ cerdo 地域差). (2) 貯金箱 (→ hucha 地域差). *hacerse el* ~ *rengo*《ラ米》(南米)分からない［聞かなかった］ふりをする.

chanchullero, ra 形 男 女《話》不正行為をする（人）.

chanchullo 男 ❶《話》不正行為, 汚職. ❷［複］《ラ米》カンニングペーパー (→ chuleta 地域差).

chancillería 女 昔の最高裁判所.

chancla / chancleta 女 ❶［複］スリッパ；（ビーチ）サンダル. ❷《ラ米》(アルゼ)(ウルグ)(チリ)《話》（女の）赤ちゃん. ── 男 女《話》役立たず. *en* ~*s*（靴の）かかとを踏んで.

chancletear 自 かかとを引きずって歩く；パタパタと音をたてて歩く.

chancleteo 男 パタパタ歩くこと.

chanclo 男 木靴；オーバーシューズ.

chanco《ラ米》豚 (→ cerdo 地域差).

chancro 男〖医〗下疳(げかん).

chándal 男〖服〗スポーツ用ジャージー（上下）.

chanfaina 女 ❶ 臓物の煮込み. ❷《ラ米》(コロン)(ペル)(ボリ)(ホンジ)もつれ, ごたごた.

changa 女《ラ米》(1) 冗談, ふざけ. (2)(ラプ)(ボリ)臨時の仕事；荷物担ぎの仕事.

changador 男《ラ米》(南米)荷物担ぎ, ポーター；臨時の労働者.

chango, ga 形《ラ米》(1)(メキ)(ジコ)利口な, 抜け目ない. (2)(プエル)(トリコ)ひょうきんな. (3)(チリ)(メキ)(プエル)(トリコ)女っぽい, 女らしい. ── 男 女《ラ米》(アルゼ)(チ)子供.

changuí / changüí 男［複 ~es］❶《ラ米》《話》だまし. ❷ チャンス. ❸《ラ米》（キューバの）ダンス.

chanquete 男〖魚〗シラス.

chantaje 男 恐喝, ゆすり.

chantajear 他 恐喝する, ゆする.

chantajista 男 女 恐喝者.

chantillí 男 ❶〖料〗泡立てた生クリーム. ❷ ボビンレース.

chantre 男〖カト〗聖歌隊の先唱者.

chanza 女［主に複］冗談.

chañar 男〖植〗ネムノキ.

¡chao! 間《話》さよなら, バイバイ.

chapa 女 ❶ 薄板. ❷〖車〗ボディー. ❸（瓶の）口金. ❹ バッジ, 記章. ❺［複］頬の赤み. ❻［複］硬貨を投げ表・裏を当てる遊び. ❼《ラ米》(1) 錠, 錠前. (2)〖車〗ナンバープレート (→ matrícula 地域差). (3)［複］《ラ米》イヤリング (→ zarcillo 地域差). *estar sin* ~《話》文無しである. *no pegar ni* ~《話》ぶらぶらしている.

chapado, da 形 めっきした. ~ *a la antigua* 古風な.

chapalear 自 バチャバチャ音を立てる.

chapar 他《con, de》(…で) 上張りをする；めっきする. ── 自 ❶《話》閉める. ❷《話》一生懸命勉強する［働く］. ❸《ラ米》(ペル)取る.

chaparral 男 カシノキの林.

chaparreras 女 複《ラ米》(メキ)(ジコ)(ズボンの上に着用する）革製の前ズボン.

chaparro, rra 形 ずんぐりした. ── 男〖植〗ケルメスナラ. ── 男 女 ずんぐりした人；《ラ米》《話》背が低い人, ちび (→ bajo 地域差).

chaparrón 男 ❶ にわか雨, 通り雨. ❷《話》厳しくしかること. ❸《話》殺到.

chapear 他 上張りをする；めっきする. ── 自《ラ米》(中米)(メキ)雑草を刈る.

chapeau［チャポ］〔仏〕間 → chapó.

chapela〔バスク〕女〖服〗ベレー帽.

chapeo 男《古》帽子.

chapera 女（建築現場の）登り桟橋.

chapero 男《俗》男娼(だんしょう).

chapeta 女 頬(ほお)の赤み.

chapín, pina 形《ラ米》(1)(コロン)(ビア)(ホンジ)(ユラス)足の曲がった. (2) グアテマラの. ── 男 女性が用いたコルクの厚底靴.

chápiro 男 帽子. *¡Por vida del* ~ *(verde)!* / *¡Voto al* ~*!*《話》ちくしょう.

chapista 男 女 板金工.

chapistería 女 板金加工（工場）.

chapitel 男〖建〗(1) 尖塔. (2) 柱頭.

chapó 男 ビリヤードのゲームの1つ. *¡C~!*《話》恐れ入りました.

chapopote 男《ラ米》(メキ)(ジコ)タール, アスファルト（の一種）.

chapotear 自《話》バチャバチャ音を立てる.

chapoteo 男 バチャバチャ音を立てること；その音.

chapucear 他《話》（仕事を）雑にやる. ── 自 簡単な仕事をする.

chapucería 女 適当；やっつけ仕事.

chapucero, ra 形 ❶ 仕事の雑な；ぞんざいな. ❷《ラ米》(メキ)(ジコ)ごまかしの, うそをつく. ── 男 女 ❶ 仕事の雑な人. ❷《ラ米》(メキ)(ジコ)うそつき；ぺてん師.

chapulín 男《ラ米》(1)(中米)(メキ)〖昆〗バッタ. (2)(中米)子供.

chapurrar 他 → chapurrear.

chapurrear 他 ❶（外国語を）片言で話す. ❷（酒を）混ぜ合わせる.

chapurreo 男（外国語の）片言.

chapuza 女 ❶ 雑な仕事；簡単な仕事. ❷《話》［複］仕事の雑な人. ❸《ラ米》(メキ)(ジコ)ぺてん, 詐欺.

chapuzar 57 他（頭から）水にほうり込む. ── **chapuzarse** 再 頭から水に飛び込む.

chapuzón 男 ❶（水中への）飛び込み. ❷ 一泳ぎ.

chaqué 男〖服〗燕尾服(えんびふく).

chaqueta [チャケタ] 女 〔英 jacket〕 **上着**, ジャケット (➜地域差) ; ジャンパー (➜ cazadora 地域差). **地域差** 上着, ジャケット, chaqueta《スペイン》《ラ米》(ドミニカ共和国)(ニカラグア, コスタリカ, パナマ) (コロンビア, ベネズエラ) (ボリビア) (チリ) (パラグアイ) ; americana 《スペイン》《ラ米》(プエルトリコ) ; blázer (ボリビア) ; buzo (コスタリカ) ; palto (ベネズエラ) ; saco 《ほぼラ米全域》.

chaquẹte 男 〖遊〗バックギャモン.

chaqueteạr 自 寝返る, 変節する.

chaquetẹo 男 寝返り, 変節.

chaquetẹro, ra 形 男 女 変わり身の早い(人).

chaquetịlla 女〖服〗丈の短い上着.

chaquetọ́n 男〖服〗ショートコート.

chaquịra 女 くず真珠.

charạda 女〖遊〗言葉当て遊び.

charạdrio 男〖鳥〗イシチドリ.

charamụsca 女 たき木.

charạnga 女 ブラスバンド, コミックバンド.

charạngo 男〖音〗チャランゴ : アルマジロの甲羅を使った弦楽器.

charạpa 女《ラ米》(ペルー)〖動〗ヨコクビガメの一種.

chạrca 女 池, 沼.

chạrco 男 水たまり.

charcutería 女 豚肉加工品店.

charcutẹro, ra 男 女 豚肉加工品製造[販売]業者 ; ハムソーセージ店主[員].

chạrla 女《話》❶ おしゃべり, 雑談. ❷ (くだけた) 講演. ── 活 ➜ charlar.

charlar [チャルラル] 自 〔英 chat〕《話》 **おしゃべりする**, 雑談する.

charlatạ́n, tạna 形 よくしゃべる ; 口の軽い. ── 男 女 ❶ おしゃべりな人 ; 口の軽い人. ❷ てき屋. ❸ ぺてん師.

charlataneạr 自《話》おしゃべりをする.

charlatanería 女 ❶ 饒舌(じょうぜつ), よくしゃべること. ❷ でまかせ.

charlestọ́n 〔英〕 男〖舞踊〗チャールストン.

charlẹta 女《話》おしゃべり.

charlịsta 男 女 講演者.

charlotạda 女 ❶ こっけいな[露骨な]演技. ❷ 道化闘牛ショー.

charloteạr 自《話》雑談する.

charlotẹo 男《話》おしゃべり, 雑談.

charnẹgo, ga [カタル] 形 男 女《軽蔑》州外からカタルーニャへの移住者(の).

charnẹla 女 蝶番(ちょうつ).

Chạro 固名 チャロ : Rosario の愛称.

charọl 男 ❶ (特に皮革用の) エナメル ; エナメル革. ❷《ラ米》(塗りの) 盆.

charọla 女《ラ米》塗りの盆.

charolạr 他 エナメルを塗る.

chạrqui 男《ラ米》(南米)干し肉, ジャーキー.

charrán, rrạna 形 男 女 悪党(の).

charranạda 女《話》汚い手口.

charrạsca 女《話》❶ 折り畳みナイフ. ❷ 金属の棒でたたく打楽器.

charrasqueạr 他《ラ米》弾く, 掻(か)き鳴らす.

charretẹra 女〖軍〗肩章.

chạrro, rra 形 ❶ (スペインの) サラマンカの. ❷ (特に服装が) けばけばしい. ❸《ラ米》(メキシコ)乗馬の巧みな. ── 男 女 サラマンカ地方の人. ── 男《ラ米》(メキシコ)(1) 牧童, 馬乗り. (2) 典型的なメキシコ人.

charrụ́a 形 ❶ (ラプラタ川北岸に住んでいた) チャルア族の. ❷《ラ米》(ウルグアイ)ウルグアイ(人)の. ── 男 女 チャルア族(の人). ── 女〖海〗引き船.

chartreuse [チャルトゥレス] 〔仏〕 男 シャルトルーズ : 薬草のリキュール.

¡chạs! 男 (平手打ち等の音) ピシッ.

chạsca 女 ❶ 薪(まき). ❷《ラ米》(南米)ぼさぼさの髪.

chascạr 26 自 舌打ちする ; (木が) はぜる ; (鞭(むち)が) 鳴る. ── 他 (舌等を) 鳴らす ; (木等を) パシッと割る ; (鞭を) 鳴らす.

chascarrịllo 男《話》笑い話, 小話.

chạsco 男 ❶ 期待はずれ, 失望. ❷ からかい, だまし.

chascón, cọna 形《ラ米》(チリ)(ボリビア) (髪が) ぼさぼさの.

chạsis 男 [単複同形] ❶〖車〗シャーシ. ❷〖写〗撮り枠. ***quedarse*** [***estar***] ***en el*** ～ 《話》やせこける.

chasqueạr 他 ❶ だます ; からかう. ❷ 落胆させる. ❸ (鞭(むち)・指・舌等を) 鳴らす. ── 自 (鞭・木等が) 音を立てる.

chạsqui 男《ラ米》(南米)(1) 使者, 密使. (2) (インカの) 飛脚.

chasquịdo 男 (鞭(むち)・舌・木等の立てる) 乾いた音.

chạt 〔英〕 男 [複 ～s]〖IT〗チャット.

chạta 女 ❶ 室内用便器. ❷《ラ米》(アルゼンチン)大型トラック.

chatạrra 女 ❶ 鉱滓(こうさい) ; くず鉄. ❷《話》がらくた ; 勲章 ; 小銭.

chatarrería 女 廃材[くず鉄]を売買する施設[店].

chatarrẹro, ra 男 女 くず鉄商.

chateạr 自《話》バル bar をはしごする.

chatẹro, ra 男 女《話》チャット好きの人.

chạto, ta 形 ❶ 鼻の低い. ❷ (普通のものよりも) 浅い, 低い. ❸《ラ米》取るに足りない. ── 男 女 ❶ 鼻の低い人. ❷《ラ米》《話》背が低い人, ちび (➜ bajo 地域差). ❸《話》《呼びかけ》かわいいお前. ── 男《話》(ワイン用の低く広い) コップ.

chatụngo, ga 形 鼻の低い, 団子鼻の. ── 男 女《呼びかけ》お前, 坊や, 彼女.

¡chạu! 間《ラ米》(アルゼンチン)じゃあまた, さよなら.

chạucha 女《ラ米》(南米)(1)〖植〗サヤインゲン. (2) (早掘りの) ジャガイモ. (3) 小銭. ── 形《ラ米》(南米)味けない, つまらない ; 質の悪い.

chauvinịsmo 男 盲目的愛国主義.

chauvinịsta 形 男 女 盲目的愛国主義の(人), 好戦的排外主義の(人).

chavạl, vạla 男 女《話》男の子, 女の子 ; 若者.

chavalería 女《話》《集合的》子供, 若者.

chavẹa 男《話》男の子, 少年.

chavẹta 女 ❶〖機〗くさび栓 ; 割りピン. ❷《ラ米》(キューバ)(メキシコ)(チリ)(ペルー)ナイフ. ❸《話》頭. ***estar*** (***mal de la***) ～ 《話》頭が変である. ***perder la*** ～ 《話》気が狂う.

chạvo 男 ❶《話》昔の銅銭. ❷《ラ米》(メキシコ)(1) 少年, 若者 ; 彼氏. (2) 面積の単位 (350平方メートル). ***no tener un*** ～ / ***estar sin un*** ～ 《話》一文無しである.

chayọte 男〖植〗ハヤトウリ(の実).

chayotẹra 女〖植〗ハヤトウリ(の木).

chẹ 女 旧スペイン語字母 ch の文字[音].

¡chẹ! 間《ラ米》(1)(アルゼンチン)(ウルグアイ)(ボリビア)《呼びかけ》おい, ねえ. (2)《特に意味のないはさみ言葉》ねえ，へえ.
checa 女 (旧ソ連等の) 秘密警察 (署).
checar 26 他《ラ米》(ﾒｷｼｺ)→ chequear.
Chechenia 固名 チェチェン：ロシア連邦の共和国．首都グロズヌイ Grozny.
chechenio, nia 形 男 女 → checheno.
checheno, na 形 男 女 チェチェンの［人］ ── 男 チェチェン語.
chécheres 男 複《ラ米》(ｷｭｰﾊﾞ)(ｺﾛﾝﾋﾞｱ)(ﾊﾟﾅﾏ)がらくた，安物.
checo, ca 形 チェコの．la República *Checa* チェコ共和国：首都プラハ Praga. ── 男 女 チェコ人. ── 男 チェコ語.
chef［チェ(フ)］〔仏〕男 女［複 ～s］シェフ，料理長.
chele 形 男 女《ラ米》金髪の (人) (→ rubio 地域差).
cheli 男［複 ～s］❶ (マドリードに) 特有の伝統的な隠語表現. ❷ ロックを好み特有の隠語を用いた1970年代マドリードの若者達.
chelín 男 シリング：オーストリア等の通貨単位.
chelo 男〖音〗チェロ.
chenca 女《ラ米》(タバコの) 吸い殻 (→ colilla 地域差).
chepa 女 背中の湾曲. ── 男 女 背骨の湾曲した人.
chepe 男［複］《ラ米》カンニングペーパー (→ chuleta 地域差).
cheposo, sa 形 男 女《話》背骨の湾曲した (人).
cheque［チェケ］男〔英 check〕**小切手**. ～ de viaje [de viajero] トラベラーズチェック. ***dar a ... un ～ en blanco*** …に全てを任せる.
chequeador, dora 男 女《ラ米》(車内の) 検札係 (→ revisor 地域差).
chequear 他 ❶ チェックする，点検する. ❷《ラ米》(手荷物を) 託送する. ── *chequearse* 再 健康診断する.
chequeo 男 ❶ チェック，点検；照合. ❷〖医〗健康診断.
chequera 女《ほぼラ米全域》小切手帳 (→ talonario 地域差).
cherna 女〖魚〗ギンムツ.
cherva 女〖植〗ヒマ，トウゴマ.
chéster〔英〕男 チェシャーチーズ.
chetnik［チェトゥニ(ク)］〔セルビア〕男 女［複 ～s］チェトニク：セルビアの民族主義団体員［兵士］.
chévere 形《ラ米》とびきり上等の，すばらしい；やさしい. ── 男 女《ラ米》(1)(ｷｭｰﾊﾞ)(ﾍﾞﾈｽﾞｴﾗ)おしゃれな人，ミーハーな人. (2) 優しい先生 (→ benévolo 地域差).
chevió〔英〕男［複 ～s］チェビオット羊の毛 (織物).
Chiapas 固名 チアパス：メキシコ南部の州.
chibalete 男〖印〗植字台.
chianti［キアンティ］男 キャンティ：イタリアのキャンティ地方の赤ワイン (＝quianti).
chibcha 形 男 女 チブチャ族の (人). ── 男 チブチャ語.
chibola 女［複］《ラ米》ビー玉 (→ bola 地域差).
chibolo 男《ラ米》(ﾍﾟﾙｰ)子供.
chic〔仏〕形［単複同形］シックな，趣味のよい. ── 男 おしゃれ，上品.
chica 女 ❶ 家政婦. ❷ → chico.
chicane［シカン(チカネ)］〔仏〕女［複 ～s］(レース場の) ジグザグ路，障害物を置いた区間.
chicano, na 形 男 女 メキシコ系米国人 (の).
chicarrón, rrona 形 男 女《話》大柄でたくましい (男の子［女の子］).
chicha 女 ❶《幼児語》《話》お肉. ❷《話》内容，中身. ❸《ラ米》(1) チチャ酒：トウモロコシ酒. (2) 発酵ジュース. ～ de uva (ﾁﾘ)ブドウジュース. ～ de manzana (ﾁﾘ)リンゴジュース. ～ morada (ﾍﾟﾙｰ)チチャ・モラーダ：紫トウモロコシのジュース. (3)(ﾍﾟﾙｰ)厚底の靴. (4)(ﾍﾟﾙｰ)沿岸都市で見られるアンデス文化. (5)(ﾆｶﾗｸﾞｱ)不機嫌. ***de ～ y nabo***《話》つまらない. ***no ser ni ～ ni limoná [limonada]***《話》何の足しにもならない.
chícharo 男［複］〖植〗《ラ米》エンドウ豆，グリンピース (→ guisante 地域差).
chicharra 女 ❶〖昆〗セミ. ❷ ブザー. ❸《話》おしゃべりな人.
chicharrero, ra 形 男 女 テネリフェ島の (人). ── 男《話》すさまじく暑い場所.
chicharro 男〖魚〗ニシマアジ.
chicharrón 男 ❶〖料〗(1) 豚皮の唐揚げ. (2) 豚肉を固めた冷製食品. (3) 豚の脂身からラードを除いた残り. (4) 焦げた料理. ❷《話》真っ黒に日焼けした人. ❸《ラ米》縮れ毛 (→ pelo 地域差).
chiche 男《ラ米》(南米)かわいらしい小間物. ── 女《ラ米》(1)［複］《俗》女性のバスト. (2)(ﾒｷｼｺ)乳母. ── 形《ラ米》(ｱﾙｾﾞﾝﾁﾝ)(ﾁﾘ)きれいな，エレガントな.
chichear 自 → sisear.
Chichén Itzá 固名 チチェン・イッツァ：メキシコ，ユカタン半島の遺跡.
chichería 女《ラ米》チチャ chicha 酒製造［販売］店
chichi 男《俗》女性性器. ── 女《ラ米》［複］《話》女性のバスト.
chichigua《ラ米》凧 (たこ) (→ cometa 地域差).
chichimeca 形 男 女 チチメカ族の (人).
chichinabo 男 ***de ～*** つまらない.
chicho 男 (頭髪用) カーラー.
chichón 男 (打撲による) 頭のこぶ.
chichonera 女 ❶ 児童用安全帽. ❷〖スポ〗ヘルメット.
chicle 男 チューインガム.
chico, ca［チコ，カ］形 小さい. ── 男 女〔英 boy, girl〕❶ **子供**；(幅広い年齢層の) 青年. ❷《親しい相手への呼びかけ》君. ❸《話》恋人. ❹《ラ米》《話》背が低い人，ちび (→ bajo 地域差). ── 男 見習い従業員. ***dejar ～ a ...*** …を陵駕(りょうが)する.
chicolear 自 口説き文句を言う.
chicoleo 男 口説き文句.
chicoria 女〖植〗チコリ.
chicote, ta 形 男 女 大柄でたくましい (子供). ── 男《ラ米》(1) 鞭(むち). (2)(ｺﾛﾝﾋﾞｱ)(ﾍﾞﾈｽﾞｴﾗ)タバコの吸い差し.
chicozapote 男〖植〗サポジラ (の実).
chicuelina 女〖闘牛〗体を回転させながら行うカポーテ capote の連続技.
chicuelo, la 男 女 浮浪児.
chifa 男《ラ米》《話》中国料理店.
chifla 女 ❶ 口笛［笛］(を吹くこと). ❷

皮革工芸用ナイフ.
chiflado, da 形《話》❶ 頭がおかしい. ❷《por, con》(…に) 熱中した. ―男女 変人.
chifladura 女 ❶ 頭がおかしいこと；奇矯(ききょう)な言動. ❷《por》(…に対する) 熱中.
chiflar 自 口笛[笛]を吹く. ―他《話》熱中させる. ―**chiflarse** 再 ❶《por》(…に) 熱中する；《con》(…で) わけが分からなくなる. ❷ 頭がおかしくなる. ❸《de》(…を) からかう.
chifle 男 (角状の) 火薬入れ；〖狩〗鳥笛.
chiflido 男 口笛[笛]の音.
chiflón 男《ラ米》(冷たい) すき間風.
chigre 男《スペイン》シードル (リンゴ酒) sidra 専門の居酒屋.
chihuahua 男〖動〗チワワ. ―間《ラ米》(メキシコ)《話》おやまあ (= ¡vaya!). ―固名 [C-] チワワ：メキシコ北部の州.
chií 形男女[複 ~es] → chiíta.
chiita 形男女 イスラム教シーア派の (信徒).
chilaba 女〖服〗ジュラバ：アラブ圏のフード付き長衣.
chilacayote 男〖植〗フィチフォリア.
chile 男〖植〗トウガラシ. 地域差 トウガラシ chile《スペイン》《ラ米》(メキシコ)(グアテマラ, ホンジュラス, エルサルバドル, ニカラグア)；ají《ほぼラ米全域》；locoto (ボリビア)；picante (チリ).
Chile [チれ] 固名 **チリ**：首都サンチアゴ Santiago.
chilena 女 (サッカー) オーバーヘッドキック.
chilenismo 男 チリ特有のスペイン語表現.
chileno, na [チれノ,ナ] 形 **チリ(人)の**. ―男女 **チリ人**.
chilindrina 女 ❶ くだらないこと. ❷ 軽口；話の種.
chilindrón 男〖料〗チリンドロン：トマトやピーマン等を炒(い)め煮したもの.
chilla 女 ❶〖狩〗おとり笛. ❷《ラ米》(メキシコ)《話》貧困.
chillar 自 [英 squeak] ❶ 金切り声を立てる；がなりたてる. ❷《ラ米》(コロンビア)《話》抗議する, ブーブー言う. ―他 …に怒鳴り立てる.
chillería 女《集合的》喚声；わめき声.
chillido 男 金切り声；きしみ.
chillón, llona 形 ❶ (音が) 甲高い；(人が) やかましい. ❷ (色が) どぎつい. ―男女 やかましい人.
chilpayate, ta 男女《ラ米》(メキシコ)《話》幼児.
chimbo, ba 形《ラ米》(コロンビア)(ベネズエラ)質の悪い；偽の. ―男《ラ米》(コロンビア)《俗》《卑》ペニス. ―男女 ビルバオ生まれの人.
Chimborazo 固名 チンボラソ. (1) エクアドルの州. (2) エクアドルの最高峰. 6310m.
chimenea [チメネア] 女 [英 chimney] ❶ **煙突**；排気用ダクト. ❷ 暖炉. ❸〖地〗(火山の) 火道. ❹ (登山で) チムニー. ❺ パラシュートベント. ❻《話》頭. ***estar mal de la ~*** 頭がおかしい.
chimiscolear 自《ラ米》(メキシコ)《話》うわさを触れ回る.
chimpancé 男〖動〗チンパンジー.
chimuelo, la 形《ラ米》(メキシコ)《話》歯の抜けた.
china 女 ❶ 小石. ❷ 陶磁器. ❸ (中国製) 絹織物. ❹《話》金. ❺《俗》ハシッシュ. ❻《ラ米》(メキシコ)いなか娘；ミカンの果実. ―固名 [C-] 中国：首都ペキン Pekín.
chinampa 女《ラ米》〖農〗チナンパ：メキシコ中央高原の伝統的灌漑(かんがい)農法 (による菜園).
chinarro 男 大きめの小石.
chinazo 男 小石をぶつけること.
chinchar 他《話》迷惑をかける. ―**chincharse** 再《話》嫌な思いに耐える.
chinche 形男女 口うるさい (人). ―女〖昆〗ナンキンムシ. ***caer*** [***morir***] ***como ~s***《話》ばたばた死ぬ.
chincheta 女 画鋲(びょう).
chinchilla 女〖動〗チンチラ；その毛皮.
chinchín 男 ❶《話》乾杯. ❷ やかましい演奏. ❸《ラ米》(ペルー)《話》現金.
chinchón 男 ❶ アニス酒. ❷ トランプゲームの一種.
chinchona 女 キナの樹皮；キニーネ.
chinchorrería 女 うんざりさせる言動.
chinchorrero, ra 形男女《話》すぐいらいらする (人).
chinchorro 男 ハンモック；〖海〗手漕(こ)ぎボート；小形の地引き網.
chinchoso, sa 形《話》うんざりさせる.
chincol 男《ラ米》〖鳥〗アカエリシトド：スズメに似たよくさえずる鳥.
chincual 男《ラ米》(メキシコ)はしか；あせも.
chiné [仏] 形 (布が) まだら模様織りの.
chinear 他《ラ米》(ペルー)じっと見る.
chinela 女 スリッパ.
chinerío 男《ラ米》(アルゼンチン)(ウルグアイ)《集合的》先住民[メスティーソ]の女性.
chinero 男 食器棚
chinesco, ca 形 中国 (風) の. ―男〖音〗クレセント.
chinga《ラ米》(タバコの) 吸い殻 (→ colilla 地域差).
chingado, da 形《ラ米》(中米)(メキシコ)《俗》《卑》くそったれの；ひどい. ―女《ラ米》(メキシコ)《俗》《卑》《軽蔑》《罵り》くそ；死. ***¡hijo de la gran chingada!*** (男性に向かって) この最低男. ***importar una chingada a ...*** …には全くどうでもよいことである. *Me importa una chingada* que te vayas. あなたが出て行こうと私の知ったことではない. ***mandar a la chingada*** 追い払う. ***¿qué chingadas ...?*** いったい全体…. ***¡vete a la chingada!*** くたばっちまえ.
chingana 女《ラ米》安酒場；小さな売店.
chingar 66 他《話》❶ しつこくしてうんざりさせる. ❷ よく酒を飲む. ❸ 台無しにする. ❹《卑》セックスをする. ―自《話》《ラ米》(1)(中米)失敗する；どじる. (2)(アルゼンチン)(ウルグアイ) (ズボンやスカートの) 片側がずり下がる. (3)(チリ)やる気を失う. (4)(コロンビア)服のベルトを締めすぎる. ―**chingarse** 再《話》❶ うんざりする. ❷ 酔っ払う. ❸ 壊れる.
chinguirito 男《ラ米》(メキシコ)(キューバ)ラムの一種.
chinita 女《ラ米》(1) 家政婦. (2)(チリ)〖昆〗テントウムシ.
chino, na 形 ❶ 中国 (人, 語) の. ❷《ラ米》《話》(1) 先住民[メスティーソ]の. (2) 縮れ毛の (→ pelo 地域差). ―男女 ❶ 中国人. ❷《ラ米》(1) 先住民, メスティーソ. (2) 縮れ毛の人 (→ pelo 地域差). (3) 使用人, 下僕；家政婦. (4)《親しい相手への呼びかけ) ねえ君. ── 男 ❶ 中国語. ❷《話》ちんぷんかんぷんな言葉. ❸［複］握ったコインの数を当てる遊び. ❹《俗》燃焼型ヘロイン. ❺ 中華レストラン. ❻《ラ米》(ペルー)雑貨屋. ***de ～s***（仕事が）骨の折れる.

chịp〔英〕男［複 ～s］❶〖IT〗チップ. ❷［複］ポテトチップス.

chipạ́ 男《ラ米》(アルゼンチン)(ウルグアイ)〖料〗トウモロコシ[タピオカ]のパイ[ケーキ].

chipẹ́n 形［性数不変］《話》すばらしい.

chipirọ́n 男〖魚〗ホタルイカ.

Chịpre 固名 キプロス：首都ニコシア Nicosia.

chipriọta 形 男 女 キプロス（島）の（人）.

chiqueadọres 男 複《ラ米》(メキシコ)《話》(1) 頭痛用の膏薬(こうやく). (2)《話》べっ甲製のヘアピン.

chiqueạr 他《ラ米》(キューバ)(プエルトリコ)(メキシコ)甘やかす.

chiquẹro 男 ❶〖闘牛〗（出番を待つ）闘牛の囲い場. ❷ 豚小屋.

chiquilicuạtre / chiquilicuạtro 男 女《話》《軽蔑》だらしがなく信用の置けない人.

chiquịlla 形 女 → chiquillo.

chiquillạda 女 幼稚な言動.

chiquillerịa 女 ❶《集合的》子供達. ❷ 子供じみた振る舞い.

chiquịllo, lla 形 子供の；子供じみた. ── 男 女 子供；子供っぽい人.

chiquịto, ta 形 男 女 子供（の）. ── 男 ワイン用小グラス. ***no andarse con chiquitas***《話》単刀直入に言う.

chiribịta 女 ❶ 火花. ❷［複］（視界が）ちかちかすること. ***echar ～s***《話》かっとなる.

chiribitịl 男 物置部屋；狭い部屋.

chirigọta 女 ❶《話》冗談. tomar ... a ～ …を冗談と取る. ❷ カーニバルの楽団.

chirimbọlo 男《話》へんてこなもの.

chirimịa 女〖音〗ショーム：木管楽器.

chirimịri〔バスク〕男 → sirimiri.

chirimọya 女〖植〗チリモヤの果実.

chirimọyo 男〖植〗チリモヤの木.

chirịnga 女《ラ米》凧(たこ)(→ cometa 地域差).

chiringuịto 男 売店；スタンド.

chirịpa 女《話》つき；まぐれ. ***de ～*** まぐれの[で].

chiripạ́ 男《ラ米》〖服〗(1)(アルゼンチン)(パラグアイ)(ウルグアイ)ガウチョ gauchoが腰から下に巻くマント. (2)(アルゼンチン)おむつ.

chirivịa 女〖植〗パースニップ；〖鳥〗セキレイ.

chirlạr 他《俗》ナイフで脅して金品を奪う.

chịrle 形《話》味の薄い.

chịrlo 男 ❶（顔の）切り傷；傷跡. ❷《ラ米》(アルゼンチン)《話》お尻(しり)ぺんぺん.

chirọla 女《ラ米》(1) 小銭. (2)(コスタリカ)殻.

chirọna 女《話》刑務所.

chirriạnte 形 きしむ.

chirriạr 31 自 ❶ きしむ，キーキー音を立てる. ❷（鳥や虫が）鳴く；歌が下手である.

chirrịdo 男 キーキー鳴るいやな音.

chirụsa 女《ラ米》(ラプラタ)(メスティーソの）地方出身で教養のない女性.

¡chịs! 間 ❶（沈黙を要求）しっ，静かに. ❷《俗》（人を呼んで）ちょっと.

chisgarabịs 男《話》《軽蔑》だらしがなく信用の置けない人.

chisguẹte 男《話》（ワインの）ひと飲み；液体の噴出.

chịsme 男 ❶ 陰口，誹謗(ひぼう)中傷. ❷［複］《話》がらくた. ❸《話》名前が分からないもの，あれ.

chismografịa 女《話》うわさ三昧(ざんまい)；《集合的》陰口.

chismorreạr 自 陰口をたたく.

chismorrẹo 男 陰口をたたくこと.

chismọso, sa 形 男 女 うわさ話ばかりする（人）.

chịspa 女 ❶ 火花；〖電〗スパーク. ❷ きらめき. ❸［複］小雨（の粒）. ❹ 少量. ni ～ de ... まったく…ない. ❺ ひらめき；機知. ❻《話》酔い. ***echar ～s***《話》（怒りで）かっとなる[かっかしている].

chispạzo 男 ❶ 火花が飛ぶこと；その焦げ. ❷（大事件の）前兆. ❸（才能の）輝き.

chispeạnte 形 ❶ 火花の散る. ❷（演説等が）才気あふれる.

chispeạr 自 ❶ 火花を飛ばす；輝きを放つ. ❷ 小雨が降る.

chispẹro 男 ❶ マドリードの下町マラビリャスの人. ❷《ラ米》ライター（→ encendedor 地域差）.

chịspo, pa 形 男 女 泥酔した（人）. ── 男 ワインのひと飲み.

chisporroteạr 自 パチパチ火花を飛ばす.

chisporrotẹo 男《話》火花が飛ぶこと.

chisquẹro 男 火口(ほくち)付き携帯点火器.

¡chịst! 間 → ¡chis!

chistạr 自 ❶ チッチッと舌を鳴らして人を呼ぶ. ❷《主に否定文で》口を利く.

chiste〔チステ〕男〔英 joke〕❶ **笑い話，ジョーク**. ❷ 面白おかしいこと. ❸［複］《ラ米》コミック，漫画（→ cómic 地域差）. ***tener ～***《話》《皮肉》とんだお笑いぐさである.

chistẹra 女 ❶〖漁〗魚籠(びく). ❷〖スポ〗ハイアライのセスタ. ❸〖服〗シルクハット.

chistọrra 女（バスクやナバラ地方特産の）激辛ソーセージ.

chistọso, sa 形 ❶ 面白い；笑わせる. ❷（人が）愉快な. ── 男 女 愉快な人.

chịstu 男 チストゥ：バスク地方の横笛.

chịta 女〖解〗距骨. ── 間《ラ米》(チリ) ¡ ～(s)! わあ；おお. ***a la ～ callando*** [***a la chiticallando***]《話》こっそりと.

chịto 男〖遊〗チト：棒等を石で倒すゲーム.

chitọ́n 男〖貝〗ヒザラガイ. ── 間（特に子供に）しっ，静かに.

chịva 女《ラ米》(1)(コロンビア)(パナマ)乗り合いバス. (2)（タバコの）吸い殻（→ colilla 地域差）. ***estar como una ～***《話》（人が）どうかしている.

chivạr 他 告げ口する. ── **chivarse** 再《de》（…のことを）言いつける.

chivatạzo 男《話》告げ口，密告.

chivateạr 他 …のことを告げ口する.

chivạto, ta 形 告げ口する. ── 男 女 ❶ 告げ口屋；密告者. ❷〖動〗生後6か月以上1年未満のヤギ. ── 男 ❶ 警告ランプ［音］. ❷《ラ米》(ベネズエラ)要人.

chịvo, va 男 女 ❶〖動〗子ヤギ. ❷《ラ米》(ペルー)《俗》同性愛者. ── 男［複］《ラ米》カンニングペーパー（→ chuleta 地域差）. ***～ expiatorio*** スケープゴート.

chocante 形 ❶ 驚かせる；ぎょっとする. ❷《ラ米》(1)（人が）感じの悪い. (2)(ﾒｷｼｺ)しつこい. ── 男 女《ラ米》(1) 感じの悪い人. (2)(ﾒｷｼｺ)しつこい人.

chocar [チョカル] 26 自〔英 collide〕❶《con, contra》(…と, …に) **ぶつかる, 衝突する**. ❷（人・意見等が）対立する. ❸ 驚きである；ぎょっとさせる. ── 他 ❶（手を）握る. ❷（乾杯でグラスを）合わせる. *¡Chócalas!*《ラ米》(ﾒｷｼｺ)《話》仲直りしよう.

chocarrería 女 ❶ 下品な冗談. ❷ 教養のなさ.

chocarrero, ra 形 下品な. ── 男 女 下品な冗談ばかり言う人.

chocha 女 → chochaperdiz.

chochaperdiz 女〖鳥〗ヤマシギ.

chochear 自 ❶（年老いて）ぼける, もうろくする. ❷《por》(…を) 溺愛(ﾃﾞｷｱｲ)する.

chochera / chochez 女 ❶（老人性の）痴呆(ﾁﾎｳ). ❷《por》(…への) 溺愛(ﾃﾞｷｱｲ).

chocho, cha 形 ❶ ぼけた；もうろくした. ❷《con, por》(…を) 溺愛(ﾃﾞｷｱｲ)している. ── 男 ❶〖植〗ルピナス. ❷《俗》女性性器.

choclo 男《ラ米》(1) トウモロコシ. pastel de 〜 トウモロコシパイ. (2)(ｱﾙｾﾞﾝﾁﾝ)厄介ごと.

choco, ca 形《ラ米》(1) 身体障害の. (2)(ﾁﾘ)(ｴｸｱﾄﾞﾙ)巻き毛の. (3) 金髪の（→ rubio 地域差）. ── 男 ❶〖動〗小形のイカ. ❷《ラ米》〖動〗ウォータースパニエル. ── 活 → chocar.

chocolatada 女（ココアを飲む）茶話会.

chocolate [チョコらテ] 男〔英 chocolate〕❶ **チョコレート**. ❷ ココア. 〜 a la taza / 〜 caliente ホットココア. ❸《俗》ハシッシュ. ── 形 チョコレート色の. *dar a ... una sopa de su propio* 〜《ラ米》(ﾒｷｼｺ)…に仕返しとして同じ仕打ちをする. *estar para mojar en* 〜 美女[美男]である. *ponerse como agua para* 〜《ラ米》(ﾒｷｼｺ) 感情に火がつく；激昂(ｹﾞｯｺｳ)する. *ser el* 〜 *del loro* わずかな節約である.

chocolatera 女 ココア専用ポット.

chocolatería 女 ❶ チョコレート工場[店]. ❷ ココア専門の喫茶店.

chocolatero, ra 形 チョコレート[ココア]の好きな. ── 男 女 ❶ チョコレート[ココア]好き. ❷ チョコレート屋.

chocolatín 男 → chocolatina.

chocolatina 女 小さい板チョコ.

chocoyote 男 女《ラ米》末っ子（→ benjamín 地域差）.

chofer 男《ラ米》→ chófer.

chófer 男（車の）運転手.

cholla 女《話》頭.

chollo 男《話》掘り出しもの, たなぼた.

cholo, la 形《ラ米》(1) 先住民と白人の混血の. (2) ヨーロッパ的風習を身につけた先住民の. ── 男 女《ラ米》(1) 先住民と白人の混血. (2) ヨーロッパ的風習を身につけた先住民. (3)(ｴｸｱﾄﾞﾙ)(ﾍﾞﾈｽﾞｴﾗ)(ﾍﾟﾙｰ)《話》《親しい相手への呼びかけ》おまえ；かわいいやつ. ── 女 ❶《話》頭. ❷《俗》ペニス. *estar mal de la chola*《話》頭がどうかしている.

chomba 女《ラ米》→ chompa.

chompa 女《ラ米》〖服〗(1) セーター（→ jersey 地域差）；カーディガン；毛糸のチョッキ. 〜 de alpaca アルパカのセーター. (2) ジャンパー（→ cazadora 地域差）. 〜 de cuero 革ジャンパー.

chonchón 男《ラ米》(ﾁﾘ)ランプ.

chongo 男《ラ米》(1)(ﾒｷｼｺ)《話》まげ, ノット；巻き毛, カール. (2)(ﾍﾟﾙｰ)《俗》けんか, いさかい；売春宿. (3)(ﾒｷｼｺ)〖料〗チョンゴ：揚げパンにバターと蜜(ﾐﾂ)をからめたデザート.

chonta 女《ラ米》(ﾁﾘ)(ﾍﾟﾙｰ)〖植〗ヤシの一種.

chontal 形 男 女 ❶ チョンタル族の（人）. ❷《ラ米》がさつな（人）.

choped [チョペ(ドゥ)]〔英〕男（mortadela のような）大型ソーセージ.

chopera 女 ポプラの森[林].

chopo 男 ❶〖植〗ポプラ. ❷〖動〗小形のイカ. ❸《話》銃.

choque 男 ❶ 衝突；衝撃. 〜 de frente 正面衝突. ❷ 対立；抗争口論. ❸（肉体的・心理的）衝撃.

choque(-) / choqué(-) 活 → chocar.

choquezuela 女〖解〗膝蓋(ｼﾂｶﾞｲ)骨.

chorbo, ba 男 女《話》《若者語》少年, 少女, 青年；恋人；（知らないか名前を言いたくないある）人, やつ.

choricero, ra 形 チョリソ chorizo の. ── 男 女 ❶ チョリソ製造[販売]業者. ❷《話》こそ泥.

chorizo, za 男 女《話》こそ泥. ── 男 ❶ チョリソ：豚の腸詰. ❷《ラ米》(1)(ｱﾙｾﾞﾝﾁﾝ)(ｳﾙｸﾞｱｲ)牛肉のサーロイン. bife de 〜 サーロインステーキ. (2)〖建〗円筒状の壁土；わら束.

chorla 女〖鳥〗シロハラサケイ.

chorlito 男〖鳥〗チドリ.

choro, ra 男 女《ラ米》優しい先生（→ benévolo 地域差）.

chorote 男《ラ米》(ﾒｷｼｺ)チョロテ：カカオ・トウモロコシ粉・砂糖・各種スパイスを混ぜた飲み物.

chorra 女 ❶《話》幸運. ❷《俗》ペニス. ── 形 男 女 まぬけな（人）.

chorrada 女《話》❶ ばかげた言動. ❷ くだらない品.

chorreado, da 形《ラ米》（髪の毛等が）染めてある；(ﾒｷｼｺ)汚い. ── 女（液体の）しずく.

chorreadura 女（液体が）垂れること；その染み.

chorrear 自 ❶（液体が）流れ出る. ❷ ぽたぽた垂れる. ❸《主に現在分詞で》びしょ濡れである. ❹ 徐々に集まる[生じる]. ── 他 ❶（液体を）流す. ❷ しかり飛ばす.

chorreo 男 ❶（液体の）流出；漏れ. ❷ 絶えまない出費. ❸ 叱責(ｼｯｾｷ).

chorreón / chorretón 男（液体が）飛び出すこと；その染み.

chorrera 女 ❶（水等の）流れ；その跡. ❷（レースの）胸飾り. ❸《稀》早瀬；滝.

chorretada 女（液体の）噴出.

chorrillo 男 ❶《話》（金等の少量ずつの）出し入れ. ❷《ラ米》(ﾒｷｼｺ)《話》下痢.

chorro 男 ❶（液体等の）噴出；ほとばしり. 〜 de voz 豊かな声量. avión de [a] 〜 ジェット機. ❷〖技〗ブラスト. 〜 de arena サンドブラスト. ❸《ラ米》(ｱﾙｾﾞﾝﾁﾝ)(ｳﾙｸﾞｱｲ)《話》泥棒；詐欺師. *a* 〜*s* 大量に；どんどん. *como los* 〜*s del oro*《話》とても清潔である.

chota 女《ラ米》(ﾒｷｼｺ)警官.

chotacabras 男（または女）〔単複同形〕〖鳥〗ヨーロッパヨタカ.

C

C

chotear 他《ラ米》(1)(ﾒｷｼｺ)ばかにする. (2)《話》安く買いたたく. (3)(ﾒｷｼｺ)(仕事等を)つぶす；だめにする. (4)(ﾍﾟﾙｰ)《俗》軽視する. — **chotearse** 再《de》(…を)からかう.

choteo 男《話》悪ふざけ；冗談.

chotis / chotís 男〖音〗ショッティッシュ：ポルカに似たゆっくりとした舞踊・音楽.

choto, ta 形《ラ米》《話》(1)(ｺﾛﾝﾋﾞｱ)甘やかされた. (2)(ｺﾛﾝﾋﾞｱ)大量の. (3)(ｱﾙｾﾞﾝﾁﾝ)醜い；壊れた. — 男 女 ❶〖動〗(乳離れしていない)子ヤギ；子牛. ❷《話》小柄な闘牛. — 男《ラ米》(ｱﾙｾﾞﾝﾁﾝ)《俗》《卑》(1)ペニス. (2)まぬけな男. *estar como una chota*《話》頭がおかしい.

chotuno, na 形 子ヤギの.

chova 女〖鳥〗ベニハシガラス；キバシガラス.

chovinismo 〔仏〕男《軽蔑》熱狂愛国主義[心], 好戦的排外主義.

chovinista 形 男 女《軽蔑》熱狂的愛国主義の[者], 盲目的愛国主義の[者], 好戦的排外主義の[者].

choza 女 掘っ立て小屋；あばら屋.

chozo 男 小さな小屋.

christmas [クリスマス]〔英〕男[単複同形]クリスマスカード.

chubasco 男 にわか雨, スコール.

chubasquero 男 レインコート(→ impermeable 地域差).

chubesqui 男 円筒形石炭ストーブ.

chúcaro, ra 形《ラ米》《話》(1)(南米)(家畜が)飼いならされていない；暴れん坊の. (2)(人が)非社交的な；極端に内気な.

chucha 女 ❶ → chucho. ❷《話》ペセタ. ❸《ラ米》(1)(ﾍﾟﾙｰ)《俗》《卑》女性性器. (2)(ﾁﾘ)《俗》《強調の冗語》まったく；おおっ. Dime quién ～ te lo dijo. まったくどこのばかがそんなことを君に言ったんだ. ¡*C*～, la policía! おっと警察だ.

chuchería 女 ❶ 軽食；おやつ類. ❷(安いが気のきいた)小物.

Chucho 固名 チュチョ：イエス Jesús の愛称.

chucho, cha 男 女《話》雑種犬. — 男《ラ米》(1)(南米)悪寒. (2)(南米)熱けいれん. (3)(ｱﾙｾﾞﾝﾁﾝ)(ｳﾙｸﾞｱｲ)恐怖. (4)(ｷｭｰﾊﾞ)〖鉄道〗待避線. (5)(ﾍﾞﾈｽﾞｴﾗ)〖鉄道〗転轍(てんてつ)機. (6)(ﾁﾘ)不吉な人. (7)(ﾁﾘ)刑務所. (8)(電気の)スイッチ(→ interruptor 地域差). — 間《話》(犬を追い払うための)しっしっ.

chuchumeca 女《ラ米》(ﾁﾘ)(ﾍﾟﾙｰ)《俗》売春婦.

chuchurrido, da / chuchurrío, a 形《話》しなびた；やつれた.

chucrut 〔仏〕男〖料〗シュークルート.

chueco, ca 形《ラ米》(1)(南米)がにまたの, O脚の. (2)(中米)(ﾒｷｼｺ)(ﾍﾟﾙｰ)(ﾍﾞﾈｽﾞｴﾗ)《話》曲がった, ねじれた. (3)(ﾒｷｼｺ)《話》不正な, 不誠実な；左利きの. *ser de* ～ (ﾒｷｼｺ)盗品である.

chueta 男 女(バレアレス諸島・レバンテ地方の)改宗ユダヤ人の子孫.

chufa 女 ❶〖植〗ショクヨウカヤツリ：オルチャータ horchata の原料. ❷《話》びんた.

chufla 女 冗談.

chulada 女《話》❶ 格好いいもの. ❷ 無作法な言動.

chulapo, pa / chulapón, pona 形 男 女 マドリードの下町育ちの(人).

chulear 他 ❶(女性に)貢がせて暮らす. ❷ からかう. ❸《ラ米》(ﾒｷｼｺ)《話》(女性を)褒めそやす. — **chulearse** 再《de》❶(…を)からかう. ❷(…を)自慢する.

chulería 女 生意気な[気取った]言動.

chulesco, ca 形 横柄な, 生意気な.

chuleta 形 男 女 横柄な(人)；気取った(人). — 女 ❶ チョップ：骨付きあばら肉. ～ de cerdo ポーク・チョップ. ❷[複]《話》カンニングペーパー(→ 地域差). ❸《話》びんた. 地域差 カンニングペーパー chuletas《スペイン》《ラ米》(ﾍﾞﾈｽﾞｴﾗ)；acordeones (ﾌﾟｴﾙﾄﾘｺ)(ﾒｷｼｺ)(ｴﾙｻﾙﾊﾞﾄﾞﾙ)(ｱﾙｾﾞﾝﾁﾝ)；baterías (ﾊﾟﾅﾏ)；chanchullos (ﾎﾞﾘﾋﾞｱ)；chepes (ﾎﾝｼﾞｭﾗｽ)；chivos (ﾄﾞﾐﾆｶ共和国)(ｸﾞｱﾃﾏﾗ)；comprimidos (ﾍﾟﾙｰ)；copias (ｴﾙｻﾙﾊﾞﾄﾞﾙ, ﾆｶﾗｸﾞｱ)；copiatini (ﾊﾟﾗｸﾞｱｲ)；drogas (ﾌﾟｴﾙﾄﾘｺ)；ferrocarril (ｳﾙｸﾞｱｲ)；forros (ｺｽﾀﾘｶ)；fraude (ｷｭｰﾊﾞ)(ｺﾛﾝﾋﾞｱ)；machetes (ｱﾙｾﾞﾝﾁﾝ)；pollas (ｴｸｱﾄﾞﾙ)；torpedos (ﾁﾘ).

chuli 形《話》かわいい；かっこいい.

chulillo 男《ラ米》(ﾍﾟﾙｰ)使用人.

chulla 形《ラ米》(1)(ﾎﾞﾘﾋﾞｱ)(ｺﾛﾝﾋﾞｱ)(ｴｸｱﾄﾞﾙ)(ﾍﾟﾙｰ)対の片方の；やもめの. (2)(ｴｸｱﾄﾞﾙ)キト出身の. — 男 女《ラ米》(ｴｸｱﾄﾞﾙ)キト出身者.

chullo 男《ラ米》(ｱﾙｾﾞﾝﾁﾝ)(ﾎﾞﾘﾋﾞｱ)(ﾍﾟﾙｰ)毛糸の帽子.

chulo, la 形 ❶ 生意気な；気取った. ❷《話》格好いい. ❸《ラ米》(ﾒｷｼｺ)《話》ハンサムな, 美人の. — 男 女 ❶《話》生意気な人；気取った人. ❷ → chulapo. — 男 ぽん引き；ひも. *más* ～ *que un ocho* (服装等を)ばっちり決めている；ひどく生意気[横柄]な.

chumacera 女〖機〗軸受け；〖海〗オール受け.

chumbar 他《ラ米》(1)(ｱﾙｾﾞﾝﾁﾝ)(犬を)けしかける. (2)(ﾎﾞﾘﾋﾞｱ)(弾を)撃つ.

chumbera 女〖植〗ウチワサボテン.

chumbo, ba 男《ラ米》(ｱﾙｾﾞﾝﾁﾝ)(ﾊﾟﾗｸﾞｱｲ)(ｳﾙｸﾞｱｲ)弾丸；ミサイル. *higo* ～ ウチワサボテンの実.

chumpa 女《ラ米》ジャンパー(→ cazadora 地域差).

chuncho, cha 形《ラ米》(ﾍﾟﾙｰ)《話》愛想のない；非社交的な.

chungo, ga 形《話》形の悪い；難しい；病気の；信用のおけない. — 女《話》陽気な冗談, ひやかし.

chunguearse 再《de》(…を)ひやかす；からかう.

chuña 女《ラ米》(南米)〖鳥〗ハイイロノガンモドキ.

chuño 男《ラ米》(南米)ジャガイモのでん粉.

chupa 女 ❶〖服〗《話》ジャンパー；ジャケット. ❷《話》大雨. *poner a ... como* ～ *de dómine* …をきつくしかる.

chupa-chups 男[単複同形]棒つきキャンディー.

chupado, da 過分 → chupar. 形 ❶《話》やつれた；弱々しい. ❷《話》たやすい. ❸《ラ米》(南米)酔っ払った. — 女 吸う[しゃぶる, なめる]こと.

chupador, dora 形 吸う；〖植〗吸根の；〖魚〗吸盤の.

chupar 他 ❶ 吸う；しゃぶる；なめる. ❷(スポンジ等が液体を)吸収する；(車が燃料を)食う. ❸《話》(財産・利益を)巻き上げる. ❹《ラ米》《話》(酒を)飲む. — 自 ❶《de》(…から)利益等を吸い取る. ❷〖スポ〗スタンドプレーに走る. — **chuparse** 再 ❶(自分の体の一部を)吸う；しゃぶる. ❷ 耐える. ❸ やせる. ❹《ラ米》(ﾍﾟﾙｰ)《話》恥じる.

chupar del bote 金づるを利用する. *¡Chúpate ésa!* 《話》(いい思いつき等を強調して) そのとおりだ；どうだ.
chupatintas 男 女 [単複同形] 《話》《軽蔑》事務員.
chupe 男 《ラ米》(ﾍﾟﾙｰ)(ﾁﾘ) 〖料〗シチュー. ～ de camarones エビシチュー (ペルー, アレキパの郷土料理).
chupeta 女 ❶ 〖海〗船尾甲板の部屋. ❷→ chupete ①.
chupete 男 ❶ おしゃぶり；哺乳瓶の吸い口. ❷ 棒つきキャンディー.
chupetear 他 チューチュー吸う[しゃぶる].
chupeteo 男 吸う[しゃぶる]こと.
chupetón 男 強く吸うこと.
chupinazo 男 ❶ 花火の打ち上げ. ❷ 〖スポ〗強烈なシュート.
chupón, pona 形 ❶ 吸う. ❷ 《話》人にたかる. ❸ 〖スポ〗スタンドプレーに走りがちな. ― 男 女 ❶ たかる人. ❷ スタンドプレーの目立つ選手. ― 男 ❶ 《ラ米》(1) 哺乳瓶. (2) おしゃぶり. ❷ 〖植〗吸根.
chupóptero, ra 男 女 [主に男] 《話》他人にたかって生きる人.
churo, ra 形 《ラ米》(ｱﾙｾﾞﾝﾁﾝ)(ﾎﾞﾘﾋﾞｱ)(ﾁﾘ)(ﾍﾟﾙｰ) 魅力的な. ― 男 《ラ米》(ｺﾛﾝﾋﾞｱ)(ｴｸｱﾄﾞﾙ) 縮れ毛.
churra 女 粗い巻き毛の羊.
churrasco 男 〖料〗シュラスコ：直火焼きステーキ.
churrasquear 自 《ラ米》(南米) 直火でステーキを焼く；バーベキューをする.
churre 男 油汚れ.
churrera 女 チューロ用絞り出し器.
churrería 女 チューロ churro 店.
churrero, ra 男 女 ❶ チューロ churro 製造[販売]業者. ❷ 《話》幸運な人.
churrete 男 ❶ (顔や手の) 汚れ. ❷ 《ラ米》(ｱﾙｾﾞﾝﾁﾝ)(ｳﾙｸﾞｱｲ) きつい冗談.
churretón 男 (顔や手の) ひどい汚れ.
churretoso, sa 形 (顔や手が) 汚れた.
Churriguera 固名 チュリゲラ (一族)：17-18世紀スペインの建築・装飾家一族.
churrigueresco, ca 形 ❶ 〖建〗〖美〗チュリゲラ様式の. ❷ 装飾が過剰な.
churriguerismo 男 〖建〗〖美〗チュリゲラ様式.
churro, rra 形 (羊が) 粗い巻き毛の. ― 男 ❶ チューロ：揚げ菓子. ❷ 《話》失敗作；粗悪品. ❸ 《話》偶然. ― 男 女 《ラ米》(南米) 《話》魅力的な人. *de* ～ 偶然に.
churruscar 26 他 焦がす. ― **churruscarse** 再 焦げる.
churrusco 男 ❶ 焦げたトースト. ❷ 《ラ米》縮れ毛 (→ pelo 地域差).
churumbel 男 《話》子供.
churumbela 女 〖音〗チュルンベラ：ショームに似た木管楽器.
churumo 男 《話》果汁；中身.
chusco, ca 形 ❶ 面白い. ❷ 《ラ米》(ﾍﾟﾙｰ)(ﾁﾘ)(ﾎﾞﾘﾋﾞｱ)(犬が) 雑種の. ― 男 配給パン.
chusma 女 《集合的》《軽蔑》大衆；悪党.
chuspa 女 《ラ米》(南米) (革製の) 袋.
chusquero, ra 形 男 女 〖軍〗たたきあげの (将校).
chut 男 〖スポ〗シュート.
chuta 女 《俗》麻薬用注射器.
chutar 自 他 〖スポ〗シュートを打つ. ― **chutarse** 再 《俗》麻薬を注射する. *ir que chuta* 《話》予想外にうまくいく.
chutazo 男 → chut.
chute 男 《俗》麻薬の注射 (1 回分).
chuzo 男 ❶ (夜警が用いる) 先が串(くし)状になった棒. ❷ 《ラ米》(ﾁﾘ) 鍬(くわ). *caer (los) ～s de punta* 《話》大雨が降る.
cía 女 〖解〗寛骨.
cía. 女 compañía.
ciaboga 女 〖海〗(船の) 旋回.
cianhídrico, ca 形 〖化〗シアン化水素の. ácido ～ 青酸.
cianógeno 男 〖化〗シアン.
cianosis 女 [単複同形] 〖医〗チアノーゼ.
cianótico, ca 形 男 女 〖医〗チアノーゼの (患者). ― 女 チアノーゼ.
cianotipo 男 〖写〗青写真.
cianuro 男 〖化〗シアン化物.
ciar 31 自 〖海〗船を後進させる；(事業等を) やめる.
ciático, ca 形 座骨の. ― 男 座骨神経. ― 女 〖医〗座骨神経痛.
cibera 形 (水が) 灌漑(かんがい)用の. ― 女 飼料となる種子.
cibernético, ca 〔英〕形 女 サイバネティックス (の).
ciber punk [しベルパン(ク) 〈しベルプン(ク)〉] 〔英〕形 男 サイバーパンクの (人).
ciborio 男 ❶ (古代ギリシャ・ローマの) 杯. ❷ 〖建〗祭壇の天蓋(てんがい).
cicatear 自 《話》けちけちする.
cicatería 女 けち；細かすぎること.
cicatero, ra 形 男 女 けちな (人)；細かすぎる (人).
cicatriz 女 傷跡；心の傷.
cicatrización 女 〖医〗(傷の) 癒合.
cicatrizar 57 他 (傷を) 癒合させる, 癒(いや)す. ― 自 (傷が) 癒合する, 癒(い)える. ― **cicatrizarse** 再 (傷が) 癒合する.
cícero 男 〖印〗パイカ活字.
cicerón 男 雄弁家.
cicerone 〔伊〕男 女 観光ガイド.
ciceroniano, na 形 キケロの (ような).
ciclamen / ciclamino 男 〖植〗シクラメン.
ciclamor 男 〖植〗ハナズオウ.
cíclico, ca 形 周期的な, 循環性の.
ciclismo 男 自転車競技；サイクリング.
ciclista 形 自転車 [サイクリング] の. ― 男 女 自転車に乗る人；自転車競技選手.
ciclo 男 ❶ 周期, サイクル. ❷ 一連の催し. ❸ 〖文〗一群の作品. ❹ 〖物〗周波. ❺ (教育の) 課程.
ciclocross 〔英〕男 〖スポ〗モトクロス用自転車.
cicloidal 形 〖数〗サイクロイドの.
cicloide 女 〖数〗サイクロイド.
cicloideo, a 形 → cicloidal.
ciclomotor 男 原動機付き自転車.
ciclón 男 ❶ サイクロン；暴風. ❷ 周囲を引っかき回す人.
ciclonal / ciclónico, ca 形 サイクロンの.
cíclope 男 〖ギ神〗キュクロプス.
ciclópeo, a / ciclópico, ca 形 キュクロプスの；巨大な；〖建〗巨石式の.
ciclorama 男 円形パノラマ.
ciclostil 男 輪転謄写 (機).
ciclóstomos 男 複 〖魚〗円口類.
ciclotimia 女 〖医〗躁鬱(そううつ)質.

C

C

ciclotímico, ca 形 男 女 〖医〗躁鬱(そううつ)質の(人).

ciclotrón 男〖物〗サイクロトロン.

cicloturismo 男 自転車旅行.

cicuta 女〖植〗ドクニンジン；その毒.

Cid 固名 エル・シッド El *Cid*, 本名 Rodrigo Díaz de Vivar (1043?-99)：レコンキスタで活躍したスペインの英雄. ► *Cantar de Mio Cid*『わがシッドの歌』：現存するスペイン最古の叙事詩. ***Se cree descendiente de la pata del Cid.*** 《話》やつは自分より偉い者はいないと思っている.

cidra 女〖植〗シトロンの実.

cidrera 女 → cidro.

cidro 男〖植〗シトロンの木.

ciego, ga [しエゴ, ガ] 形〔英 blind〕❶ 盲目の, 目の見えない. ❷《de》(感情に)支配された；夢中になった；盲目的な, 理性を失った. ❸ ふさがった, 詰まった. ── 男 女 目の見えない人, 盲人. ── 男 ❶〖解〗盲腸 (= intestino ～). ❷《話》酩酊(めいてい). ***a ciegas*** 手さぐりで；よく考えずに. ***ponerse ～*** 《話》満腹になる.

cielito 男 ❶《呼びかけ》かわいい人；ねえ. ❷《ラ米》(アルゼンチン)(チリ)(ウルグアイ)(アルゼンチン等の)民族舞踊.

cielo [しエろ] 男〔英 sky〕❶ 空. ❷ 天国, 天；神. reino de los ～*s* 天国. ❸ 天井. ❹《呼びかけ》かわいい人；ねえ. ***a ～ abierto [descubierto]*** 野外で. ***bajado [caído, llovido, venido] del ～*** 《話》ちょうどよく. ***clamar al ～*** 天罰に値する. ***¡C～s!*** 《驚き・賞賛・奇異》すごい；大変だ. ***estar en el (séptimo) ～*** 《話》天にも昇る心地である. ***ganar el ～*** 《話》《比喩的》天国に行ける. ***mover [remover] ～ y tierra*** 《話》あらゆる手を尽くす. ***tocar el ～ con las manos*** 《話》激怒する. ***ver el ～ abierto [los ～s abiertos]*** 《話》希望の光が見える.

ciempiés 男[単複同形]〖動〗ムカデ.

cien [しエン] 形[名詞や mil, millones の前での ciento の語尾消失形] ── 男 100. ***a ～*** 《話》いらいらした, 興奮した. ***～ por ～*** 100パーセント.

ciénaga 女 ❶ 沼地, 湿地. ❷ 道徳[ルール]が守られていない場所.

ciencia [しエンしア] 女〔英 sciense〕❶ 科学, 学問. ～ ficción 空想科学小説. ～*s* ocultas 神秘学. ❷ 知識. ～ infusa 直感. ❸[複] 理系の学問. ***a [de] ～ cierta*** 確実に. ***no tener ～ / tener poca ～*** 《話》簡単である.

cienmilésimo, ma 形 男 10万分の1(の).

cienmilímetro 男 100分の1ミリメートル.

cienmillonésimo, ma 形 男 1億分の1(の).

cieno 男 ❶ 泥, 泥土. ❷ 不名誉.

científica 形 → científico.

científicamente 副 科学的に, 学問的に.

cientificismo 男 科学万能主義.

científico, ca [しエンティフィコ, カ] 形〔英 scientific〕科学の, 科学的な；学問の. ── 男 女 科学者, 研究者.

cientifismo 男 → cientificismo.

ciento [しエント] 形[名詞や mil, millones の前で cien となる]《数詞》〔英 hundred〕100の；100番目の. ── 男 100(番目)；[複] 数百, たくさん. ***～s y ～s (de ...)*** たくさん(の…). ***a ～s*** たくさんの. ***～ y la madre*** 《話》大勢の人々. ***por ～*** パーセント(%). diez *por* ～ 10パーセント.

cierna 女〖植〗葯(やく).

cierne ***en ～(s)*** 始めたばかりの, 初期の.

cierr- 活 → cerrar.

cierre 男 ❶ 閉める[閉まる]こと, 閉鎖；終了；閉店；締め. ～ patronal ロックアウト. echar el ～《話》終わらせる. ❷ 閉める器具；柵(さく). ～ relámpago《ラ米》ジッパー(→ cremallera 地域差). ～ metálico シャッター. ── 活 → cerrar.

cierta 形 → cierto.

ciertamente 副 確かに, 確実に；そのとおり. Es, ～, la chica más guapa de la clase. 彼女は確かにクラス一の美人だ. Estamos agotados, ¿verdad? — *C*～. 疲れてくたくただね. —まったくだ.

cierto, ta [しエルト, タ] 形[絶対最上級 certísimo, ma / ciertísimo, ma]〔英 certain〕❶ 確かな, 確実な, 真実の. Eso no es ～. それはそうではない. ❷《不定》《+名詞》ある, ある種の. *Cierta* persona te ha llamado hoy. 誰かが今日君に電話してきたよ. Tiene ～ tono de ironía. 彼の言葉にはある種の皮肉が感じられる. Me preocupan ～*s* problemas. 私はいくつかの問題で心配なんだ. *cierta(s)* noticia(s) ある知らせ. ► noticia(s) *cierta(s)* 確実な知らせ. ❸《副詞的に用いて》確かに, そのとおり (= ciertamente). Has terminado el trabajo, ¿verdad? — *C*～. 仕事は終えたんだろ. —そうだよ. ***de ～*** 確かに, 確実に. Lo sabe *de* ～. 彼は確かにそれを知っている. ***estar en lo ～*** 正しい. ***por ～*** ところで, そう言えば. ***lo ～ es que ...*** 本当のところは…. *Lo* ～ *es que* te seguí llamando desde la mañana. 本当は朝から君に電話し続けていたんだ.

ciervo, va 男 女〖動〗シカ, 雄ジカ. ***～ volante*** 〖昆〗クワガタムシ.

cierzo 男 北風.

CIF [しフ]〔英〕男 *C*ost, *I*nsurance and *F*reight 運賃保険料込み価格.

cifosis 女[単複同形]〖医〗脊柱(せきちゅう)後湾.

cifra [しフラ] 女〔英 number〕❶ 数(字), 桁(けた)；数量. ❷ 暗号. ❸ モノグラム, 組み合わせ文字. ❹ 要約. ***en ～*** 要するに.

cifrar 他 ❶ 暗号化する. ❷《en》(…に)要約[概算]する. ❸《en》(…に)限定する.

cigala 女〖動〗ヨーロッパアカザエビ.

cigarra 女〖昆〗セミ.

cigarral 男 (スペイン, トレドで) 郊外の別荘.

cigarralero, ra 男 女 別荘の管理人.

cigarrería 女《ラ米》(アルゼンチン)(ウルグアイ)タバコ屋.

cigarrero, ra 男 女 葉巻売り, 葉巻作りの工員. ── 女 葉巻ケース.

cigarrillo [しガリりョ(しガリヨ・しガリジョ)] 男〔英 cigarette〕紙巻きタバコ.

cigarro 男 ❶ 葉巻 (= ～ puro). ❷ 紙巻きタバコ.

cigarrón 男〖昆〗バッタ.
cigomático, ca 形 頬骨(きょうこつ)の.
cigoñal 男 跳ねつるべ.
cigoñino 男 コウノトリのひな.
cigoto 男 → zigoto.
cigüeña 女 ❶〖鳥〗コウノトリ. venir [traer] la ～《話》子供が生まれる. ❷〖機〗クランク.
cigüeñal 男〖機〗クランク軸.
cigüeñuela 女 ❶〖鳥〗セイタカシギ. ❷〖機〗クランク.
cilantro 男〖植〗コリアンダー, コエンドロ.
ciliado, da 形〖生〗繊毛のある. ── 男〖動〗繊毛虫.
ciliar 形〖解〗眉(まゆ)(毛)の;〖生〗繊毛の.
cilicio 男 苦行衣.
cilindrada 女 気筒容積, 排気量.
cilíndrico, ca 形 円筒[円柱](状)の.
cilindro 男 ❶ 円柱;円筒(形のもの). ❷〖機〗シリンダー, 気筒. ❸〖印〗ローラー.
cilindroeje 男〖解〗軸索.
cilio 男〖生〗繊毛.
cillero 男 貯蔵室;倉庫.
cima 女 ❶ 頂上;頂点. ❷〖植〗集散花序. ***dar ～ a ...*** …を完成[成功]させる.
cimacio 男〖建〗S字型の刳形(くりかた).
cimarra 女 hacer la ～《ラ米》学校をサボる(→ fumar 地域差).
cimarrón, rrona 形《ラ米》(奴隷が)逃亡した;(動物が)野生化した. ── 男 女《ラ米》逃亡奴隷;野生化した動物. ── 男《ラ米》(アルゼ)(ウルグ)砂糖を入れないマテ茶.
cimbalista 男 女 シンバル奏者.
címbalo 男 小型の鐘;〖音〗シンバル.
cimbel 男 おとりの鳥(に付けるひも).
cimbor(r)io 男〖建〗丸天井;(丸天井を支える)ドラム.
cimbra 女〖建〗(1) アーチ枠:アーチを作る仮枠. (2)(アーチの)内弧面.
cimbrar 他 ❶(むち等を)振る. ❷(アーチ等の)木枠を組む. ── ***cimbrarse*** 再 しなう;腰をくねらせて歩く.
cimbreante 形 しなやかな.
cimbrear 他 → cimbrar. ── ***cimbrearse*** 再 → cimbrarse.
cimbreño, ña 形 しなやかな, よくしなう.
cimbrón 男《ラ米》(アルゼ)(ウルグ)《話》(しなやかなものの)揺れ;(突然の)振動;地震.
cimbronazo 男《ラ米》(アルゼ)(ウルグ)《話》(しなやかなものの)揺れ.
cimentación 女 基礎固め[工事].
cimentar ⑱[時に規則変化] 他 ❶ 基礎工事をする. ❷ 土台固めをする;創設する.
cimero, ra 形 頂上にある;最高の. ── 女 かぶと飾り.
cimiento 男[主に複](建築物の)基礎, 土台;基盤.
cimitarra 女 偃月(えんげつ)刀.
cinabrio 男〖鉱〗辰砂(しんしゃ).
cinamomo 男〖植〗センダン.
cinc 男[複 cines]〖化〗亜鉛.
cincel 男 のみ, たがね.
cincelado 男 彫刻.
cincelar 他 のみで彫る.
cincha 女(馬の)腹帯. ***a revienta ～s*** 全速力で.
cinchar 他 ❶(鞍等を)腹帯で締める. ❷(樽(たる)等を)たがで締める. ❸《ラ米》包装する(→ envolver 地域差). ── 自《ラ米》(アルゼ)(ウルグ)力一杯引っぱる;一生懸命働く.
cincho 男(樽(たる)等の)たが;帯, ベルト.
cinco [しンコ] 形《数詞》〔英 five〕 5の;5番目の. ── 男 ❶ 5. ❷[複]《ラ米》ビー玉(→ bola 地域差). ***decir a ... cuántas son ～***《話》…にずけずけ言う. ***estar sin ～ / no tener ni ～***《話》一文無しである. ***Choca [Dame] esos ～.***《話》仲直りしよう.
cincoenrama 女〖植〗キジムシロ.
cincuenta [しンクエンタ] 形《数詞》〔英 fifty〕 50の;50番目の. ── 男 50. ***los ～*** 1950年代, 50歳代.
cincuentavo, va 形 男 50分の1(の).
cincuentenario, ria 形 男 女 50年の(もの), 50歳代の(人). ── 男 50周年(記念).
cincuenteno, na 形 50番目の;50分の1の. ── 女 50のまとまり.
cincuentón, tona 形 男 女《話》50代の(人).
cine [しネ] 男〔英 cinema〕 ❶ 映画館. ir al ～ 映画に行く. ❷ 映画. ～ mudo 無声映画. ～ de terror ホラー映画. ***de ～***《話》すばらしい;すばらしく.
cineasta 男 女 映画(制作)関係者.
cineclub 男 映画同好会.
cinéfilo, la 形 映画を愛する. ── 男 女 映画マニア.
cinegético, ca 形 狩猟の. ── 女 狩猟(術).
cinema 男 → cine.
cinemascope 〔英〕 男〖映〗〖商標〗シネマスコープ.
cinemateca 女 フィルム・ライブラリー.
cinemática 女〖物〗運動学.
cinematografía 女 映画撮影技術.
cinematografiar ㉛ 他 映画に撮る.
cinematográfico, ca 形 映画の.
cinematógrafo 男 映写機;映画館.
cinerario, ria 形 納骨用の. ── 女〖植〗サイネリア.
cinético, ca 形 運動の. ── 女〖物〗動力学;〖化〗速度論.
cingalés, lesa 形 男 女 シンハラ族の(人);スリランカの(人). ── 男 シンハラ語.
cíngaro, ra 形 男 女(中央ヨーロッパの)ジプシー[ロマ](の).
cingiberáceas 女 ⑧〖植〗ショウガ科.
cinglar 他 ❶(船を)艫櫂(ともかい)で漕(こ)ぐ. ❷(鉄を)精錬する.
cíngulo 男〖カト〗(僧服を締める)ひも.
cínico, ca 形 男 女 ❶ 皮肉な(人), 冷笑的な(人). ❷〖哲〗犬儒学派の(人).
cínife 男〖昆〗カ(蚊).
cinismo 男 ❶ 皮肉;厚かましさ. ❷〖哲〗犬儒哲学.
cinocéfalo 男〖動〗ヒヒ.
cinoglosa 女〖植〗オオルリソウ.
cinquillo 男(トランプの)5並べ.
cinta [しンタ] 女〔英 ribbon, tape〕 ❶ リボン, テープ. ～ aislante 絶縁テープ. ～ adhesiva 粘着テープ. ～ métrica 巻き尺. ❷ 録音[ビデオ]テープ(= ～ magnética);インクリボン. ❸〖機〗ベルト. ～ transportadora ベルトコンベヤ. ❹〖建〗帯状のレリーフ[装飾]. ❺〖料〗リブロー

ス. ❻ [複]《ラ米》靴ひも (➡ cordón 地域差).

cintarazo 男 刀身でたたくこと.

cinteado, da 形 リボンで飾った.

cintillo 男 (帽子等の) 飾りひも；(宝石付きの) 指輪.

cinto 男 ベルト, 帯.

cintra 女〖建〗アーチの湾曲.

cintura [シントゥラ] 女 [英 waist] ❶ 腰, ウエスト. ～ de avispa くびれたウエスト. ❷ (衣服の) 胴回り. ***meter a ... en ～*** 《話》…に言うことを聞かせる.

C

cinturón [シントゥロン] 男 [複 cinturones] [英 belt] ❶ ベルト, 帯. ～ negro (武道の) 黒帯. ～ de seguridad シートベルト. ❷ 取り巻くもの [人]；地帯. ～ industrial 工業地帯. ***apretarse el ～*** 出費を切り詰める.

cipayo 男 ❶〖史〗セポイ：インド人傭兵 (ようへい). ❷《ラ米》(アルゼンチン)(ウルグアイ)《軽蔑》外国のために働く人.

cipo 男 墓標；道標.

cipolino 男 雲母大理石, シポリン.

cipote 男 ❶《俗》陰茎. ❷《ラ米》(中米)(ずる賢い) 子供.

ciprés 男〖植〗イトスギ；イトスギ材.

cipresal 男〖植〗イトスギ林.

ciprio, pria / chipriota 形 男 女 キプロス (島) の (人).

circense 形 サーカスの.

circo 男 ❶ サーカス；サーカス一座 [小屋]. ❷ (古代ローマの) 円形競技場. ❸《話》騒ぎ, 騒動. ***～ glaciar*** 〖地理〗圏谷.

circón 男〖鉱〗ジルコン.

circonio 男〖化〗ジルコニウム.

circonita 女〖鉱〗ジルコニット.

circuir 60 他 取り巻く, 囲む.

circuito 男 ❶ サーキット；周遊. ～ turístico 周遊ツアー. ❷〖電〗回路, 回線. ～ cerrado [abierto] 閉[開]回路. corto ～ ショート.

circulación 女 ❶ 通行；循環；交通 (量). ❷ 流通. poner en ～ 流通させる.

circulante 形 循環[流通]する.

circular [シルクラル] 形 円 (形) の, 環状の. ― 女 回状；通達. ― 自 [英 circulate] ❶ 通行 [循環] する；進む. ❷ 流布[流通]する.

circulatorio, ria 形 血液循環の.

círculo [シルクロ] 男 [英 circle] ❶ 円, 丸, 輪. ❷ 集まり, サークル；クラブハウス. ❸ [主に複] …界 [社会]. ❹〖地理〗圏. ～ polar antártico [ártico] 南[北]極圏. ***～ vicioso*** 悪循環.

circumpolar 形 北極[南極]付近の.

circuncidar 他 割礼を施す.

circuncisión 女 ❶ 割礼. ❷ [C-]〖カト〗キリスト割礼の祝日：1月1日.

circunciso, sa 形 男 割礼を受けた (人).

circundante 形 周囲の.

circundar 他 取り囲む.

circunferencia 女 ❶〖数〗円周. ❷ 周囲, 周辺.

circunferir 98 他 《a》(…に) 限定する, 制限する.

circunflejo 形 男 曲折アクセント (の) (ˆ) (=acento ～).

circunlocución 女 遠回しな表現.

circunloquio 男 回りくどい言い方.

circunnavegación 女 周航.

circunnavegar 66 他 周航する.

circunscribir 52 他 ❶《a》(…に) 制限 [限定] する. ❷〖数〗外接させる. ― **circunscribirse** 再《a》(…に) とどめる；とどまる.

circunscripción 女 区域；制限.

circunscripto, ta 形 ➡ circunscrito.

circunscrito, ta 過分 ➡ circunscribir. 形 ❶《a》(…に) 限定[制限]された. ❷〖数〗外接した.

circunspección 女 思慮深さ.

circunspecto, ta 形 思慮深い.

circunstancia [シルクンスタンシア] 女 [英 circumstance] ❶ 事情, (周囲の) 状況. ❷ 必要条件. ～ ***agravante [atenuante, eximente]*** 〖法〗(刑罰等の) 加重[軽減, 免除]事由. ***de ～s*** 偶然の；応急の；もっともらしい.

circunstanciado, da 形 詳細な.

circunstancial 形 状況の；一時的な；偶然の. complemento ～〖文法〗状況補語.

circunstancialmente 副 一時的に；事情により.

circunstante 形 居合わせる. ― 男 女 [複] 居合わせた人.

circunvalación 女 周回. carretera de ～ 環状道路.

circunvalar 他 …の周囲を回る.

circunvecino, na 形 周囲の.

circunvolar 32 他 …の周囲を飛ぶ.

circunvolución 女 旋回, 回転.

cirial 男 (教会の) 高い燭台(しょくだい).

cirílico, ca 形 男 キリル文字 (の).

Cirilo 固名 シリロ：男子の名.

cirineo, a 男〖聖〗キレネの人. ― 男 援助者.

cirio 男 ❶ (教会の) 大ろうそく. ❷《話》騒動.

cirquero, ra 男 女 ❶《ラ米》(メキシコ)《話》曲芸師, 軽業師；サーカスの興行主. ❷《話》痛いふりをする人.

cirrípedo, da 形 ツルアシ類の. ― 男 [複]〖動〗ツルアシ類.

cirro 男 絹雲.

cirrocúmulo 男 絹積雲.

cirrópodo 形 男 ➡ cirrípedo.

cirrosis 女 [単複同形]〖医〗肝硬変.

ciruela 女 プラム, セイヨウスモモ.

ciruelo 男〖植〗セイヨウスモモ [プラム] の木.

cirugía 女 外科. ～ plástica [estética] 形成[美容整形]外科.

cirujano, na 男 女 外科医.

cisalpino, na 形 (ローマから見て) アルプス以南の.

cisandino, na 形 (太平洋から見て) アンデス山脈のこちら側の.

ciscar 26 他 ❶《話》汚す. ❷ うんざりさせる. ― **ciscarse** 再《話》大便をもらす.

cisco 男 ❶ 粉炭. ❷ 騒ぎ, ごたごた. ***hacer ～*** 粉々にする. ***hacer ～ a ...*** …を打ちのめす；ぼろぼろにする.

cisma 男 ❶ (教会の) 分派. ❷ 分裂.

cismático, ca 形 分裂する；分派の. ― 男 女 分裂[離反]した人；離教者.

cisne 男〘鳥〙ハクチョウ. ―固名 [C-]〘天〙白鳥座.
Cisneros 固名 シスネロス Francisco Jiménez de ～ (1436-1517)：スペインの枢機卿(けい)・摂政(1516-17).
cisterciense 形 シトー会の. ―男 女 シトー会の修道士[修道女].
cisterna 女 (トイレの) 水槽；雨水だめ；タンク. camión ～ タンクローリー.
cisticerco 男〘動〙ノウビムシ.
cistitis 女 [単複同形] 膀胱(ぼう)炎.
cistotomía 女〘医〙膀胱(ぼう)切開.
cisura 女 割れ目, 亀裂(きれつ).
cita [しタ] 女〔英 appointment〕❶ **会う約束**；会合；デート. ❷ 引用 (文). ―活 → citar.
citación 女〘法〙召喚 (状)；引用.
citar [しタル] 他〔英 make an appointment with〕❶ **…と会う約束をする**, 待ち合わせをする. ❷ 引用する. ❸〘法〙召喚する. ❹〘闘牛〙(牛を) けしかける. ― **citarse** 再 (互いに) 会う約束をする.
cítara 女〘音〙チター.
citarista 男 女 チター奏者.
citatorio, ria 形〘法〙召喚の.
citerior 形 こちら側の (↔ulterior).
citología 女〘生〙細胞学, 細胞検査.
citomegalovirus 男 [単複同形]〘医〙〘生〙サイトメガロウイルス.
citoplasma 男〘解〙細胞質.
citrato 男〘化〙クエン酸塩.
cítrico, ca 形 ❶ 柑橘(かんきつ)類の. ❷〘化〙クエン酸の. ―男 [複] 柑橘類.
citrón 男〘植〙レモン (の木・実).
CIU [しウ] [カタルーニャ] 女 *Convergència i Unió* (政党) 統一と連合.
ciudad [しウダ(ドゥ)] 女〔英 city〕**都市**, 市；街. ～ satélite 衛星都市. ～ universitaria 大学都市. ～ dormitorio ベッドタウン.
ciudadana 女 → ciudadano.
ciudadanía 女 ❶ 市民 [公民] 権；国籍. ❷ 公徳心. ❸《集合的》国民.
ciudadano, na [しウダダノ, ナ] 男 女〔英 citizen〕**市民**；公民, 国民. ―形 都市の；市民の.
ciudadela 女 城塞, 砦(とりで).
Ciudad Real 固名 シウダレアル：スペインの県；県都.
ciudadrealeño, ña 形 男 女 シウダレアルの (人).
civeta 女〘動〙ジャコウネコ.
cívico, ca 形 ❶ 都市の；市民の. ❷ 公共心のある.
civil [しビル] 形〔英 civil〕❶ **市民の**, 公民の. guerra ～ 内戦, 内乱. ❷ 民事の. derecho ～ 民法. ❸ **民間の**；世俗の. administración ～ 民政. ―男 女 ❶ 民間人. ❷《話》治安警備隊員.
civilidad 女 礼儀正しさ, 社交性.
civilista 形 男 女 民法専門の [家].
civilización [しビりさしオン] 女 [複 civilizaciones]〔英 civilization〕**文明**, 文明化.
civilizar 57 他 ❶ 文明化する. ❷ 教育する, しつける. ― **civilizarse** 再 文明化する；教養を身に付ける.
civilmente 副 民法上, 民法に則って；無宗教で；民間人として.
civismo 男 公徳心, 公民精神.
cizalla 女 [主に複] (金切り用の) 大ばさみ；剪断(せんだん)機, 裁断機.
cizaña 女 ❶〘植〙ドクムギ. ❷ 不和の種. meter [sembrar] ～ 不和の種をまく.
cizañar 他 不和にする.
cizañero, ra 形 男 女 不和の種をまく (人).
clac 男 [複 claques] オペラハット. ―女 → claque.
clamar 他 強く求める. ―自《por》(…を) 強く訴える. **～ *al cielo*** ひどい話である.
clámide 女 古代ギリシャ・ローマの短いマント.
clamor 男 ❶ 歓声, 叫び；嘆きの声. ❷ 弔鐘.
clamoroso, sa 形 ❶ 並外れた. ❷ 騒々しい；歓呼の.
clan 男 氏族, クラン；一門.
clandestinidad 女 秘密；非合法性.
clandestino, na 形 秘密の；非合法の. ―男《ラ米》(アルゼンチン)《話》売春宿.
claque [仏] 女《集合的》雇われて拍手する人, さくら.
claqué 男〘音〙タップダンス.
claqueta 女〘映〙カチンコ.
clara 女 ❶ 卵白. ❷ ソーダ水で割ったビール. ―形 → claro. ―固名 [C-] クララ：女子の名.
claraboya 女 天窓.
claramente 副 はっきりと；あきらかに, もちろん.
clarear 自 ❶ 夜が明ける；晴れる. ❷ 薄くなる, 透ける. ―他 明るくする. ― **clarearse** 再 透ける；本心が見える.
clarete 形 男 クラレット (の) (= vino ～).
claretiano, na 形 男 女〘宗〙クラレチアン修道会の (会員).
claridad [クらリダ(ドゥ)] 女〔英 clearness〕❶ **明るさ**；明かり, 光. ❷ **明解さ**, 明晰(めいせき)さ. ❸ 透明度；純粋さ. ❹ [複] 不愉快な真実.
clarificación 女 解明；透明化.
clarificador, dora 形 明確にする.
clarificar 26 他 ❶ 明らかにする；説明する. ❷ (液体を) 澄ます；薄める. ― **clarificarse** 再 はっきりする.
clarín 男〘音〙らっぱ；らっぱ吹き.
clarinete 男 クラリネット. ―男 女 クラリネット奏者.
clarinetista 男 女 クラリネット奏者.
clarión 男 チョーク.
clarisa 形 女 クララ修道女会の (修道女).
claritos 男 複《ラ米》(アルゼンチン)(ウルグアイ) 髪の部分染め.
clarividencia 女 洞察力；予知能力.
clarividente 形 洞察力のある；予知能力の備わった.

claro, ra
[クらロ, ラ] 形〔英 clear〕❶ **明るい**. habitación *clara* 明るい部屋. ❷ 鮮明な. voz *clara* はっきりとした声. ❸ 澄んだ. espejo ～ 曇りのない鏡. cielo ～ 澄んだ空. ❹ 明らかな, はっきりした. una explicación muy *clara* 明快な説明. una idea *clara* 理路整然とした考え. Queda ～. はっきりした. dejar en ～ 明確にする. ❺ 淡い, 薄い. azul ～ ライトブルー. ―男 ❶ すき間, 空白. ❷ 開口部；開けた場所, 空き地. ❸ 晴れ間,

雲の切れ間. ❹ (絵画の) 明るい部分, ハイライト. ── 副 はっきりと. ── 間 もちろん, そのとおり. ***a las claras*** 公然と. ***～ de luna*** 月光がよく見える時. ***C～ que sí [no].*** もちろんそうだ [そうではない]. ***poner [sacar] en ～*** 明らかにする.

claroscuro 男 ❶ (絵画等の) 明暗, 濃淡. ❷ 二面性.

clase [クらセ] 〔英 class〕 女 ❶ **授業**; 講義; 教室. dar ～ 教える. Hoy no hay ～. 今日は授業がありません. Se dan ～*es* particulares. 家庭教師やります. fumarse la ～ (学校を) サボる (→ fumar 地域差). ❷ **クラス**, 学級. ～ superior 上級クラス. Juan es el más estudioso de la ～. フアンはクラスで一番の勉強家だ. ❸ 階級, 階層. ～ social 社会階級. ～ media [alta] 中[上]流階級. ❹ (乗り物の) 等級. ～ turista ツーリストクラス. viajar en primera ～ ファーストクラスで旅行する. ❺ 種類; 〖生〗 (分類上の) 綱. con toda ～ de detalles できるだけ詳しく. ❻ 品質; 品位. de primera ～ 第一級の. mujer con mucha ～ 気品のある女性.

clásica 形 → clásico.

clasicismo 男 古典主義; 古典趣味.

clasicista 形 古典主義の. ── 男 女 古典主義者, 古典主義の作家[研究者].

clásico, ca [クらシコ, カ] 形 〔英 classic(al)〕 ❶ **古典の**, 古典主義の, 古代ギリシャ・ローマの. ❷ 正統派の, 伝統的な; 昔ながらの. ❸ お決まりの. ── 男 女 古典作家; 古典主義者. ── 男 古典, 名作.

clasificación 女 ❶ 分類. ❷ 格づけ, ランク, 順位; 予選通過.

clasificado, da 形 機密の.

clasificador, dora 形 分類の; 予選の. ── 男 ファイリング・キャビネット; ファイル.

clasificar 26 他 《**por, según / en, entre**》 (…で / …に) 分類する. ── **clasificarse** 再 ❶ 順位が決まる. ❷ 《**para**》 (…への) 出場権を獲得する.

clasificatorio, ria 形 〖スポ〗 (試合が) 選抜の, 勝ち残りの (ための). tabla *clasificatoria* 順位表.

clasismo 男 階級差別.

clasista 形 男 女 階級差別をする (人).

clástico, ca 形 〖地質〗 砕屑(さいせつ)性の.

claudia 形 ciruela ～ 〖植〗 クラウディアスモモ. ── 固名 [C-] クラウディア: 女子の名.

claudicación 女 ❶ 屈服; 断念; 不履行. ❷ 〖医〗 跛行(はこう).

claudicar 26 自 ❶ 《**de**》 (主義等を) 捨てる. ❷ 屈服する, あきらめる.

Claudio 固名 クラウディオ: 男子の名.

claustral 形 ❶ 修道院の. ❷ 教授会の. ── 男 女 (大学) 教員.

claustro 男 ❶ (修道院の) 回廊. ❷ 修道生活. ❸ 教授陣, 教授会. ***～ materno*** 〖解〗 子宮.

claustrofobia 女 〖医〗 閉所恐怖症.

claustrofóbico, ca 形 男 女 〖医〗 閉所恐怖症の (人).

cláusula 女 ❶ (契約書等の) 条項, 約款. ❷ 〖文法〗 節.

clausura 女 ❶ 終了; 閉会式; 閉店. ❷ (修道院内の) 禁域; (修道士の) 外出禁止; (俗人の) 出入り禁止.

clausurar 他 ❶ (会期等を) 終える. ❷ 閉鎖する.

clavado, da 過分 → clavar. 形 ❶ 固定された, じっとした. ❷ (時間等が) ぴったりの. ❸ 《**a**》 (…に) そっくりの. ── 男 《ラ米》 (ﾒｷｼｺ) 〖スポ〗 飛び込み. ***dejar ～ a ...*** …を唖然(あぜん)とさせる.

clavar [クらバル] 他 〔英 nail〕 ❶ **くぎで打ちつける**. ❷ 突き刺す. ❸ (視線等を) 凝らす. ❹ ぼる, 不当な利益を得る. ❺ (問題等を) 解く. ── **clavarse** 再 (くぎ・とげ等が) 刺さる.

clave 女 ❶ (謎(なぞ)等を解く) 鍵(かぎ), 手掛かり. ❷ 暗号, コード; 暗証番号, パスワード. ❸ (アーチの) 要石(かなめ). ❹ 〖音〗 音部記号. ── 男 ハープシコード. ── 形 要の. palabra ～ キーワード. ── 活 → clavar. ***dar con [en] la ～*** 鍵を見つける. ***en ～ de ...*** …の調子で.

clavecín 男 〖音〗 ハープシコード, チェンバロ.

clavecinista 〔仏〕 男 女 〖音〗 チェンバロ [ハープシコード] 奏者.

clavel 男 〖植〗 カーネーション.

clavellina 女 〖植〗 ナデシコ.

clavero 男 〖植〗 チョウジ (の木).

claveta 女 木釘(くぎ).

clavete 男 (マンドリン等の) ピック.

clavetear 他 ❶ (飾り) 鋲(びょう)を付ける. ❷ 下手にくぎで打ちつける.

clavicémbalo 〔伊〕 男 チェンバロ.

clavicordio 男 〖音〗 クラビコード.

clavícula 女 〖解〗 鎖骨.

clavija 女 ❶ (木・金属等の) ピン. ～ de escalada (登攀(とうはん)用の) ピトン. ～ hendida 割りピン. ❷ 〖電〗 プラグ. ❸ (ギター等の) 糸巻き.

clavijero 男 (ギター等の) 糸倉; ハンガー.

clavillo 男 ❶ (扇・はさみ等の) 留め金, ピン. ❷ 〖音〗 調弦ピン.

clavo 男 ❶ くぎ; 鋲(びょう). ❷ (香辛料の) クローブ. ❸ うおのめ, たこ. ❹ 心痛, 苦悩. ❺ 《ラ米》 (1)(ｸﾞｱﾃﾏﾗ) 《俗》 借金. (2) けちな人 (→ tacaño 地域差). ── 活 → clavar. ***agarrarse a un ～ ardiendo*** 《話》 おぼれる者はわらをもつかむ. ***como un ～*** (時間に) 正確な. ***dar en el ～*** 《話》 言い当てる. ***no dar [pegar] ni ～*** 《話》 働かない. ***no tener un ～*** 《話》 お金がない. ***¡Por los ～s de Cristo!*** お願いだから. ***remachar el ～*** 間違いをさらに重ねる; 言い張る.

claxon 男 〖車〗 クラクション (→ bocina 地域差).

clearing [クりアリン] 〔英〕 男 〖商〗 清算.

clemátide 女 〖植〗 クレマチス, テッセン.

clembuterol 男 〖薬〗 筋肉増強剤.

clemencia 女 寛大.

clemente 形 情け深い, 寛大な. ── 固名 [C-] クレメンテ: 男子の名.

clementina 女 〖植〗 クレメンタイン: 小型のオレンジ. ── 固名 [C-] クレメンティーナ: 女子の名.

clepsidra 女 水時計.

cleptomanía 女 (病的) 盗癖.

cleptomaníaco, ca / cleptómano, na 形 男 女 盗癖のある (人).

clerecía 女 《集合的》 聖職者 (の身分).

clergyman [クレリマン] 〔英〕 男 聖職者のローマンカラーのスーツ.
clerical 形 ❶ 聖職者の. ❷ 教権主義の. ― 男 女 教権主義者.
clericalismo 男 教権主義.
clericó 男 《ラ米》(アルゼンチン)(ウルグアイ)クラレット・カップ：細かく刻んだ果物・ワイン・砂糖等を混ぜ合わせた飲み物.
clerigalla 女 《軽蔑》《集合的》聖職者.
clérigo 男 聖職者；(中世の) 学者.
clero 男 《集合的》聖職者. ～ regular [secular] 修道[在俗]司祭.
clic 男 [複 ～s] 〚IT〛 クリック.
cliché 〔仏〕 男 ❶ 〚印〛 ステロ版. ❷ 〚写〛 ネガ, 陰画. ❸ 常套(じょうとう)句.
cliente, ta [クリエンテ,タ] 男 女 (clienteで女も) 〔英 customer, client〕 **顧客**, 得意先, 常連客；(一般に) 客.
clientela 女 《集合的》顧客；派閥.
clientelismo 男 《軽蔑》恩顧主義, 派閥人事.
clima [クリマ] 男 〔英 climate〕 ❶ **気候**. ❷ 雰囲気.
climalit 形 〚商標〛(ガラスが) 二重の.
climatérico, ca 形 ❶ 更年期の. ❷ 危機の. año ～ 厄年.
climaterio 男 更年期.
climático, ca 形 気候の.
climatización 女 空調.
climatizado, da 形 エアコン完備の.
climatizador 男 空調設備, エアコン.
climatizar 57 他 空気調節をする.
climatología 女 ❶ 気候学. ❷ 《集合的》気候.
climatológico, ca 形 気候学の.
clímax 男 [単複同形] 絶頂, クライマックス；〚修〛 漸層法.
clínico, ca [クリニコ,カ] 形 男 女 臨床の [医]. ― 女 〔英 clinic〕 ❶ **診療所**, (特に私立の) 病院. ❷ 臨床医学.
clip 〔英〕 男 [複 ～(e)s] ❶ クリップ (式のもの). pendientes de ～ イヤリング. ❷ [複] 《ラ米》 ヘアピン (➜ horquilla 地域差)；カフスボタン (➜ gemelo 地域差). ❸ ビデオクリップ (= videoclip).
clíper 男 ❶ 〚海〛 クリッパー. ❷ 〚空〛 大型旅客機.
clisar 他 〚印〛 ステロ版にする.
clisé 男 ➜ cliché.
clítoris 男 [単複同形] 〚解〛 クリトリス.
cloaca 女 ❶ 下水道, 排水溝. ❷ 汚い場所. ❸ (鳥の) 総排出腔(こう).
cloacal 形 下水 (管) の.
clocar 105 自 ➜ cloquear.
Cloe 固名 クロエ：女子の名.
clon 男 〚生〛 クローン. ～ de células hepáticas 肝細胞クローン.
clonación 女 〚生〛 クローン技術[培養].
clonar 他 〚生〛 クローン再生 [培養] する. embrión *clonado* クローン胚(はい).
cloquear 自 (雌鶏が) 鳴く.
cloqueo 男 (雌鶏の) 鳴き声
cloración 女 〚化〛(水の) 塩素処理.
cloratita 女 塩素酸カリ系爆薬.
clorato 男 〚化〛 塩素酸塩.
clorhidrato 男 〚化〛 塩酸塩.
clorhídrico, ca 形 〚化〛 塩化水素の.
clórico, ca 形 塩素の.
cloro 男 〚化〛 塩素.
clorofila 女 〚植〛 葉緑素.
clorofílico, ca 形 葉緑素の.
cloroformizar 57 他 〚医〛 クロロホルムで麻酔をかける.
cloroformo 男 〚化〛 クロロホルム.
cloromicetina 女 〚医〛〚商標〛 クロロマイセチン.
cloroplasto 男 〚植〛 葉緑体.
clorosis 女 [単複同形] ❶ 〚医〛 萎黄(いおう)病. ❷ 〚植〛 白化.
cloruro 男 〚化〛 塩化物. ～ sódico [de sodio] 塩化ナトリウム, 食塩.
closet / clóset 〔英〕 男 《ラ米》(アルゼンチン)(コロンビア)クローゼット.
Clotilde 固名 クロティルデ：女子の名.
clown 〔英〕 男 [複 ～s] 道化師, ピエロ.
club 〔英〕 男 [複 ～(e)s] ❶ クラブ, 会, サークル；集会所. ❷ ナイトクラブ. ❸ (劇場等の) 1階の前方の席.
clueco, ca 形 ❶ (鳥類が) 卵を抱いた. ❷ 《ラ米》(アルゼンチン)(ウルグアイ)病弱な, 体の弱い. ― 女 抱卵期の雌鶏.
cluniacense 形 男 〚カト〛 クリュニー修道院の (修道士).
CNT 女 *C*onfederación *N*acional del *T*rabajo (スペインの) 国民労働連合；*C*onfederación *N*acional de *T*rabajadores (中南米諸国の) 労働者連合.
coacción 女 強制, 強要.
coaccionar 他 強いる, 強制する.
coactivo, va 形 強制的な.
coadjutor, tora 男 女 助手, 補佐；〚カト〛 助任司祭；(イエズス会) 幇助(ほうじょ)修士.
coadyuvante 形 補助の, 貢献する.
coadyuvar 自 《**a**》(…に) 貢献する.
COAG [コア(グ)] 女 *C*oordinadora de *O*rganizaciones de *A*gricultores y *G*anaderos (スペイン) 農業牧畜組織調整機構.
coagente 男 助手；協力者.
coagulación 女 凝固；凝血.
coagular 他 凝固[凝血]させる. ― **coagular*se*** 再 凝固[凝血]する.
coágulo 男 凝塊, 凝固物；凝血.
coalición 女 (政党等の) 同盟, 提携.
coartación 女 妨害；制限.
coartada 女 ❶ アリバイ. ❷ 言い訳.
coartar 他 妨げる；制限する.
coatí 男 [複 ～(e)s] 〚動〛 ハナジロハナグマ.
coautor, tora 男 女 共作者；共犯者.
coaxial 形 同軸の. cable ～ 同軸ケーブル.
coba 女 おべっか, おだて.
cobalto 男 〚化〛 コバルト.
cobarde 形 臆病(おくびょう)な；卑怯(ひきょう)な. ― 男 女 臆病者；卑怯者.
cobardía 女 臆病(おくびょう)；卑怯(ひきょう).
cobaya 男 女 ❶ 〚動〛 テンジクネズミ. ❷ 《比喩的》 モルモット.
cobea 女 《ラ米》(チリ) 〚植〛 ツルコベア.
cobertera 女 ❶ (鍋の) ふた. ❷ (鳥の) 雨覆羽.
cobertizo 男 ひさし；納屋；小屋.
cobertor 男 ❶ 《ラ米》 毛布 (➜ manta 地域差). ❷ ベッドカバー.
cobertura 女 ❶ 覆うこと[もの]. ❷ 隠

ぺい. ❸ 保証；〘経〙補塡(ほてん). ❹ (電話等の) 通話範囲.

cobija 女 ❶ 牡瓦(おすがわら). ❷ ふた. ❸《ラ米》(1) 毛布 (→ manta 地域差). (2) マント. (3)[複] 寝具.

cobijamiento 男 保護, 庇護(ひご).

cobijar 他 ❶ 泊める, 宿[避難所]を提供する. ❷ 守る, 庇護(ひご)する. ❸ 心に抱く. ― **cobijarse** 再 避難する.

C

cobijo 男 ❶ 庇護(ひご)(者). ❷ 避難所.

cobista 男 女《話》おべっか使い.

cobla 女 サルダーナ sardana の楽隊.

cobra 女 ❶〘動〙コブラ. ❷ (猟犬が) 獲物を持ってくること. ― 活 → cobrar.

cobrable 形 (現金を) 回収できる.

cobrador, dora 男 女 集金係, 徴収者；(バス等の) 車掌.

cobranza 女 集金；獲物の捕獲.

cobrar [コブラル] 他 〔英 receive〕 ❶ (給料・料金等を) **受け取る**. ❷ (感情を) 抱く；(元気等を) 回復する；(評判等を) 得る. ❸ 手繰り寄せる. ❹ (射止めた獲物を) 回収する. ❺ 攻め落とす. ― 自 ❶ 給与を受け取る. ❷《話》殴られる. ― **cobrarse** 再 ❶ 受け取る. ❷ 意識を回復する. ❸ (人命を) 奪う.

cobre 男 ❶ 銅. ❷ [複]〘音〙金管楽器. ― 活 → cobrar. ***batir(se) el ～*** 精を出す.

cobrizo, za 形 銅色の, 銅を含んだ.

cobro 男 (お金の) 受け取り, 徴収. ― 活 → cobrar. ***llamar a ～ revertido*** コレクトコールで通話する.

coca 女 ❶〘植〙コカ (の木, 葉)；コカイン. ❷ 頭の両側に束ねた髪. ❸《話》頭；頭をこつんとたたくこと. ❹《ラ米》けん玉 (→ bola 地域差). ***de ～***《ラ米》(ただ)無料で.

cocada 女 ❶ ココナッツ菓子. ❷《ラ米》(1) マコロン. (2)(ペルー)(ボリビア) (かむために) コカを固めたもの.

cocaína 女 コカイン.

cocainómano, na 形 男 女 コカイン中毒の (者).

cocal 男《ラ米》ココヤシ園；コカ農園.

cocción 女 煮ること；焼くこと；(れんが等の) 焼成.

cóccix 男[単複同形]〘解〙尾骨.

cocear 自 (馬等が) ける.

cocedero, ra 形 火のとおりやすい. ― 男 (魚貝類等を) 調理して売る店.

cocer [コセル] 29 他 〔英 boil〕 ❶ **煮る**, ゆでる；煮立てる. ～ a fuego lento [vivo] とろ火[強火]で煮る. ❷ 焼く. ― 自 煮立つ. ― **cocerse** 再 ❶ 煮える, 焼ける. ❷ (暑さに) 苦しむ. ❸ たくらまれる. ❹《話》酔う.

cocha 女《ラ米》(チリ)(ペルー)(ボリビア)沼, 池, 湖.

Cochabamba 固名 コチャバンバ：ボリビアの県；県都.

cochambre 女 (または男) がらくた.

cochambroso, sa 形 汚い.

cochayuyo 男《ラ米》(チリ)(ペルー)(ボリビア)海草, 昆布.

coche [コチェ] 男 〔英 car〕 ❶ **自動車**, 車 (→ automóvil 地域差). ～ blindado 装甲車. ～ bomba 車爆弾. ～ celular 囚人護送車. ～ de caballos 馬車. ～ de línea 路線バス. ～ deportivo スポーツカー. ～ utilitario (小型) 乗用車. ～ fúnebre 霊柩(れいきゅう)車. ～ patrulla パトカー. ～ de choque ゴーカート. ❷〘鉄〙客車, 車両. ～(-)cama 個室寝台車. ～ comedor [restaurante] 食堂車. ～ litera 寝台車.

cochecito 男 ❶ おもちゃの自動車. ❷ ベビーカー.

cochera 女 車庫, ガレージ；《ラ米》駐車場 (→ aparcamiento 地域差).

cochero 男 (馬車の) 御者；下品な人.

cochifrito 男〘料〙(子ヤギ・子羊の肉を) 油で揚げて味付けしたもの.

cochinada / cochinería 女《話》❶ 汚らしいもの. ❷ 下品な表現[行為].

cochinilla 女〘動〙ワラジムシ；〘昆〙エンジムシ.

cochinillo 男 子豚；子豚の丸焼き.

cochino, na 男 女 ❶〘動〙ブタ. ❷ 不潔な人. ― 形 不潔な；卑劣な.

cochiquera 女 豚小屋；不潔な場所.

cocho, cha 形《ラ米》(ペルー)年老いた. ― 男 女〘動〙ブタ.

cochura 女 焼くこと；一焼き分.

cocido, da 過分 → cocer. 形 ❶ 煮た, 炊いた；焼いた. ❷《話》酔った. ― 男 コシード：スペインの煮込み料理.

cociente 男〘数〙(割算の) 商. ～ ***intelectual*** 知能指数.

cocimiento 男 ❶ 煮炊き；焼くこと；(れんが等の) 焼成. ❷ 煎(せん)じ汁. ❸ (羊毛染色の) 処理液. ❹ ひどい暑さ.

cocina [コしナ] 女 〔英 kitchen; cooking〕 ❶ **台所**, 調理場. ❷ 調理器, こんろ. ～ eléctrica 電気調理台. ❸ **料理** (法). ～ mexicana メキシコ料理.

cocinar [コしナル] 〔英 cook〕 他 ❶ **料理する**, 調理する. ❷ 密かにたくらむ；(麻薬を) 精製する. ― 自 料理を作る.

cocinero, ra [コしネロ,ラ] 男 女 〔英 cook〕 **料理人**, コック.

cocinilla 女 (携帯用の) 小型こんろ. ― 男[時に複]《話》《軽蔑》家事好きな男性.

cocker 〔英〕 男 コッカースパニエル (犬).

coclearia 女〘植〙トモシリソウ.

coco 男 ❶ ココナッツ. agua [leche] de ～ ココナッツミルク. ❷〘植〙ココヤシ. ❸《話》頭. ❹《話》お化け. ❺《話》醜い人. ❻〘生〙球菌. ❼《ラ米》けん玉(だま)(= ～ choca) (→ bola 地域差). ***comerse el ～***《話》あれこれ考える. ***estar hasta el ～***《話》うんざりしている.

cococha 女 (タラ・メルルーサの) 下顎(かがく).

cocodrilo 男〘動〙ワニ.

cocoliche 男《ラ米》(アルゼンチン)イタリア訛(なま)りのスペイン語. ― 男 女《ラ米》(アルゼンチン)(イタリア訛りで話す) 人.

cócora 男 女 うんざりさせる人.

cocoroco, ca 形《ラ米》(チリ)(1) (異性がいることで) 満足している, にたにたしている. (2) 高慢な；ずうずうしい.

cocotal 男 ココヤシ林.

cocotero 男〘植〙ココヤシ.

cóctel 男 [複 ～(e)s] カクテル；カクテルパーティー. ～ de gambas 小エビのカクテル. ～ ***molotov*** 火炎瓶.

coctelera 女 (カクテル用の) シェーカー.

cocuy / cocuyo 男《ラ米》〘昆〙ホタルコメツキ (の一種).

coda 女 ❶〘音〙コーダ. ❷〘言〙尾子音.

❸〘建〙くさび材.
codal 男 (よろいの) ひじ当て.
codazo 男 ひじで突くこと；ひじ鉄.
codear 自 ひじで突く[押す]. ― 他《ラ米》(人に) ねだる, せびる. ― **codearse** 再《**con**》(…と) 親しく付き合う.
CODECA [コデカ] 女 *Co*rporación de *D*esarrollo *E*conómico del *Ca*ribe カリブ地域経済促進連合.
codeína 女〘薬〙コデイン.
codera 女 ❶〘服〙ひじの擦り切れ. ❷ ひじ当て, サポーター.
codeso 男〘植〙アデノカルプス.
códice 男 (15世紀中ごろまでの) 写本.
codicia 女 ❶ 強欲, 貪欲(どんよく)；熱望. ❷〘闘牛〙(牛の) 攻撃性.
codiciable 形 手に入れたい.
codiciar 17 他 たまらなく欲しがる.
codicilo 男 遺言補足書.
codicioso, sa 形 男 女 強欲な (人).
codificación 女 ❶ 法典編纂(へんさん), 成文化. ❷〘IT〙コード化.
codificador, dora 形 (情報を) 符号[コード]化する. ― 男 エンコーダ：情報を符号化するハード[ソフト]ウエア.
codificar 26 他 ❶ (法律等を) 成文化する. ❷〘IT〙コード化する.
código 男 ❶ 法典；法規. ～ de la circulación 交通法規. ～ civil [penal] 民[刑]法. ❷ 暗号 (表), コード；〘IT〙コード. ～ de barras バーコード. ～ postal 郵便番号.
codillo 男 ❶〘料〙肩肉. ❷ (枝の) 切り口. ❸〘技〙ひじ継ぎ手.
codirección 女 共同監督[作品].
codirector, tora 男 女 共同監督(者)；共同経営者.
codirigir 44 他 共同経営[監督]する.
codo, da [コド, ダ] 形《ラ米》(グアテ)(メキシ)けちな. ― 男 [英 elbow] ❶ **ひじ**；〘服〙ひじ部分. ❷ (四足獣の) 前脚上部関節. ❸〘技〙ひじ継ぎ手. ❹ 指先からひじまでの長さ. ― 男 女《ラ米》けちな人 (→ tacaño 地域差). ***empinar*** [***levantar***] ***el*** ～《話》深酒をする. ～ ***con*** [***a***] ～ 並んで, いっしょに. ***hablar por los*** **～*s***《話》しゃべりまくる. ***hincar los*** **～*s***《話》猛勉強する.
codorniz 女〘鳥〙ヨーロッパウズラ.
COE [コエ] 男 *C*omité *O*límpico *E*spañol スペインオリンピック委員会.
coeducación 女 男女共学.
coeficiente 男〘数〙係数；率. ～ intelectual 知能指数.
coercer 68 他 抑える, 制限する.
coercitivo, va 形 抑止力のある.
coetáneo, a 形 男 女 同時代[世代]の(人).
coexistencia 女 共存.
coexistir 自《**con**》(…と) 共存する.
cofa 女〘海〙檣楼(しょうろう).
cofia 女 ❶ (看護婦等の) 帽子. ❷〘植〙根冠.
cofrade 男 女 cofradía の会員.
cofradía 女 ❶ 信徒会. ❷ 同業組合.
cofre 男 ❶ ふた付きの大箱, 櫃(ひつ). ❷《ラ米》〘車〙 (1) トランク (→ maletero 地域差). (2) ボンネット (→ capó 地域差).
cofundador, dora 男 女 共同創設者.
cogedor 男 ちり取り.
coger [コヘル] 84 他 [英 catch] ❶ **つかむ, とる**, 引き寄せる. ～ el balón ボールを取る. ～ apuntes ノートをとる. ～ sitio 席につく. ～ el sueño 眠ってしまう. ～ miedo a ... …を怖がる. ～ fiesta 休みを取る. ❷ 追いつく；捕まえる；奪う. antes que nos *coja* la tormenta 嵐(あらし)に見舞われないうちに. ❸ (車で) 轢(ひ)く；(闘牛が) 人を引っかける. Lo *ha cogido* un autobús. 彼はバスに轢かれた. ❹ (現場を) 取り押さえる. ～ a ... la palabra …の言葉じりを捉える；…の言葉を真に受ける. La *han cogido* fumando. 彼女はタバコを吸っているところを見つけられた. ❺ 把握する, (要点等を) つかむ. ❻ (病気を) もらう；(習慣等を) 身に付ける. ～ un resfriado かぜをひく. ❼ (乗り物に) 乗る；(進路を) とる. ～ el metro 地下鉄に乗る. *Coja* la primera a la izquierda. 最初の道路を左に行きなさい. ❽《俗》交尾する；《ラ米》《卑》性交する (＝joder). ― 自 ❶《**por**》(…の方向に) 進む. ❷《話》入る；…のスペースがある (＝caber). ❸《話》《＋副詞》(場所等が) …である. Ahora la oficina te *coge* muy cerca. 今度のオフィスは君にはとても近いね. ❹ (植物が) 根付く. ❺《**y**＋動詞》意を決して…する. Y así sin decir nada *cogió y* se dirigió a la salida. それでそういう風に何も言わずに, きっぱりと出口の方へ向かった. ― **cogerse** 再《**de, por**》(…を) つかむ. *Se* me *han cogido* del brazo. 私は腕をつかまれた. ***coger el toro por los cuernos*** 意を決する. ***coger al vuelo*** / ***cogerlas al vuelo*** 簡単に理解する. ***coger el truco*** [***el tranquillo, la medida***] ***a ...*** …のこつをつかむ. ***coger la puerta*** 行ってしまう, 帰る. ***no saber por dónde coger*** (***a***) ***...*** …が難しすぎて歯が立たない；…が文句のつけようがない.
cogestión 女 共同管理.
cogido, da 過分 → coger. 形 ❶ つかまれた；拘束された. ❷ (腕等を) 組んで. ～ del brazo 腕を組んで. ― 男 ひだ, ギャザー. ― 女 ❶ (果実等の) 摘み取り, 採集. ❷〘闘牛〙角で引っかけること.
cogitabundo, da 形 物思いに沈んだ.
cognación 女 (母方の) 血縁関係.
cognición 女 認識, 認知.
cognitivo, va 形 認知の.
cognoscible 形〘哲〙認識可能の.
cognoscitivo, va 形〘哲〙認識の.
cogollo 男 ❶ (レタス等の) 芯(しん), 若芽. ❷《話》えり抜き；核心.
cogón 男〘植〙チガヤ.
cogorza 女《話》酔い.
cogotazo 男《話》襟首への平手打ち.
cogote 男 うなじ, 襟首. ***estar hasta el*** **～** うんざりしている.
cogotera 女 日差しからうなじを守る布.
cogotudo, da 形 ❶ 首の太い. ❷《ラ米》(軽)金持ちの, 成り上がりの.
cogujada 女〘鳥〙カンムリヒバリ.
cogulla 女 ずきん (付きの修道服).
cohabitación 女 ❶ (夫婦・団体の) 共同生活. ❷〘政〙連立.
cohabitar 自 ❶ 同居する；同棲(どうせい)する. ❷〘政〙共存する.

C

cohechar 他 買収する.
cohecho 男 買収.
coherencia 女 ❶ 一貫性；まとまり. ❷〘物〙凝集性.
coherente 形 首尾一貫した，まとまりのある.
coherentemente 副 ❶ つじつまが合うように. ❷《con》(…に) 忠実に従って.
cohesión 女 ❶ 結合，団結；つながり. ❷〘物〙凝集(力).
cohesionar 他 まとめる，団結させる. ── **cohesionarse** 再 団結する.
cohesivo, va 形 結合力の強い.
cohete [コエテ] 男 〔英 rocket〕 ❶ **ロケット**. ～ espacial 宇宙ロケット. ～ de señales 信号弾. ❷ 打ち上げ花火.
cohetería 女《集合的》打ち上げ花火；花火工場[店].
cohibir 30 他 抑える；おじけづかせる. ── **cohibirse** 再 おどおど[気後れ]する.
cohombro 男〘植〙キュウリの一種. ～ *de mar*〘動〙ナマコ.
cohonestar 他 取り繕う，正当化する.
cohorte 女 ❶ (古代ローマの) 歩兵隊. ❷ 一群.
COI [コイ] 男 *C*omité *O*límpico *I*nternacional 国際オリンピック委員会〔英IOC〕.
coihué 男《ラ米》(アルゼンチン)(チリ)(ペルー)〘植〙ノトファーガス：ブナ科.
coima 女 ❶ 情婦. ❷《ラ米》わいろ，そでの下 (➜ soborno 地域差).
coincidencia 女 ❶ (偶然の) 一致[出会い]. ❷ 類似.
coincidir [コインしディル] 自 〔英 coincide〕 ❶《con / en》(…と / …で) **一致する**，合致する. ❷ 同時に起こる；偶然出会う.
coipo 男〘動〙ヌートリア.
coito 男 性交.
coj- 活 ➜ coger.
cojear 自 ❶《de》(…の) 足を引きずって歩く. ～ *del* pie derecho 右足を引きずって歩く. ❷ (家具等が) がたつく. ❸《話》うまくいかない，よくない.
cojera 女 跛行(はこう)，足が不自由なこと.
cojín 男 クッション.
cojinete 男 ❶〘機〙ベアリング. ～ de bolas [rodillos] ボール[ローラー] ベアリング. ❷〘鉄道〙レールチェア. ❸ 小型クッション.
cojitranco, ca 形 男 女《軽蔑》足を引きずった(人).
cojo, ja 形 ❶ 足を引きずった；片足のない. ❷ (家具等が) ぐらつく. ❸ 不十分な. ── 男 女 足を引きずった人；片足のない人. ── 活 ➜ coger.
cojón 男 [主に複]《卑》睾丸(こうがん). ── 間 [複]《卑》《驚き・喜び・怒り》すごい；ちくしょう. ***de cojones*** すばらしい；ひどい. ***de los cojones*** 最悪な. ***estar hasta los cojones*** うんざりしている. ***ponérsele los cojones en la garganta [de corbata]*** …が肝を冷やす. ***tener cojones*** 勇気がある. ***tocar [hinchar] a ... los cojones*** …をわずらわす. ***un ～*** とても；《否定語を伴い》全然(…ない).
cojonudo, da 形《俗》すばらしい；《副詞的》すばらしく.
cojudo, da 形《ラ米》(1) 去勢していない. (2)(ウルグアイ)(エクアドル)(ペルー)(ボリビア)まぬけな.
col 女〘植〙キャベツ. *col* de Bruselas 芽キャベツ. *col* china ハクサイ.
cola [コラ] 女 〔英 tail〕 ❶ **尾**；尾羽；しっぽ. ❷ 末尾，最後；後部. ❸ (待つ人の) 列. hacer ～ 行列する. ponerse a la ～ 列につく. ❹ (衣服の) 長いすそ. ❺(1)《ラ米》(コロンビア)尻(しり). (2)《婉曲》陰茎. ❻ にかわ. ～ de pescado 鰾(にべ)にかわ. ❼〘植〙コラノキ；コラの実入り清涼飲料. ～ ***de caballo*** (髪型の) ポニーテール. ***no pegar ni con ～***《話》矛盾している；調和しない. ***piano de ～*** グランドピアノ. ***tener [traer] ～***《話》重大な結果になる.
colaboración 女 ❶ 共同作業. ❷ 協力；寄付金. ❸ 寄稿.
colaboracionismo 男 利敵協力.
colaboracionista 形 男 女 敵に協力する(者).
colaborador, dora 形 ❶ 協力する. ❷ 寄稿する. ── 男 女 共作者；寄稿者.
colaborar [コラボラル] 自 〔英 collaborate〕 ❶《en》(…を) **共同で行う**. ❷ 協力する；寄付金を出す；寄稿する.
colacao 男《話》コラカオ：ミルクに溶いて飲むチョコレート味の粉末. ► 元は商標.
colación 女 ❶ (断食時の) 軽食；間食；(クリスマスの) 菓子. ❷ (学位等の) 授与. ❸ 照合. ～ ***de bienes***〘法〙生前贈与額の申告. ***sacar [traer] a ～*** 引き合いに出す.
colada 女 ❶ ろ過. ❷ 洗濯；洗濯物. ❸ 溶岩流. ❹〘冶〙溶融した鉄の取り出し.
coladera 女《ラ米》(メキシコ)(1) ろ過器. (2) 下水溝，排水管.
coladero 男 ❶《話》受かりやすい試験[学校]；入り[通り]やすい所. ❷ 漉(こ)し器.
colado, da 形 ❶ 漉(こ)した. ❷《話》《por》(…に) 恋をした. ❸〘冶〙溶融した.
colador 男 茶漉(こ)し，漉し器.
coladura 女 ❶ 漉(こ)すこと. ❷《話》へま，勘違い. ❸《話》愛情.
colágeno, na 形 男 コラーゲン(の).
colapsar 他 (道路・血管を) ふさぐ；麻痺(まひ)させる. ── **colapsarse** 再 麻痺する.
colapso 男 崩壊；麻痺(まひ)；〘医〙虚脱.
colar 32 他 ❶ 漉(こ)す，ろ過する. ❷《話》隠して持ち込む；すきをぬって入れる. ❸《話》信じ込ませる. ── 自 (話等が) 信じられる. ── **colarse** 再 ❶ 入り込む. ❷《話》忍び込む；(列に) 割り込む. ❸《話》へまをする. ❹《話》《por》(…に) 惚(ほ)れる.
colateral 形 ❶ 両側の. ❷ 傍系 (親族) の. ── 男 女 傍系親族.
colcha 女 ベッドカバー. 地域差 ベッドカバー colcha《スペイン》《ラ米》(ドミニカ共和国，アルゼンチン)(メキシコ)(ニカラグア，コスタリカ)(コロンビア)(ペルー，ボリビア)(チリ)(パラグアイ，ウルグアイ)；cubrecama (キューバ，ドミニカ共和国)(メキシコ)(グアテマラ，ホンジュラス，エルサルバドル，ニカラグア，パナマ)(ベネズエラ)(ペルー，ボリビア)(チリ)(パラグアイ，アルゼンチン)；sobrecama (キューバ)(ニカラグア，コスタリカ，パナマ)(エクアドル)(アルゼンチン).
colchón 男 ❶ マットレス. ❷ 緩衝材.
colchonería 女 寝具製造業[店].
colchonero, ra 男 女 寝具製造[販売]業者.
colchoneta 女 ❶ マット；エアーマット. ❷ (長いす用の) 細長いクッション.
colcótar 男〘化〙ベンガラ，鉄丹.
cole 男《話》学校.

colear 自 ❶ 尾を振る. ❷ 続く, 尾を引く. ── 他 〖闘牛〗尾を引っ張る.
colección [コれクしオン] 女 [複 colecciones] 〔英 collection〕 ❶ **収集 (品)**. ❷ モード・コレクション. ❸ 多数, 多量.
coleccionable 形 収集対象になる. ── 男 (新聞とじ込みの) 保存版雑誌.
coleccionar 他 収集する.
coleccionismo 男 ❶ 収集癖. ❷ (博物館等の) 収集技術.
coleccionista 男 女 コレクター.
colecta 女 ❶ 募金. ❷ 〖カト〗集禱(しゅうとう)文.
colectar 他 徴収する, 寄付金を募る.
colectivamente 副 集団で; 一斉に.
colectivero 男 《ラ米》(アルゼ)(チリ)(ペル)乗り合いバスの運転手.
colectividad 女 集団, 団体.
colectivismo 男 集産主義.
colectivista 形 男 女 集産主義の(人).
colectivización 女 集産化, 共有化.
colectivizar 57 他 集産[共有]化する.
colectivo, va 形 集団の, 団体の; 集合の. ── 男 ❶ 集団. ❷ 〖文法〗集合名詞 (= nombre ～). ❸ 《ラ米》(1) (市内) バス (→ autobús 地域差). (2)(メキ)(ペル)乗合タクシー.
colector, tora 形 男 女 集める (人), コレクター. ── 男 収集器 (汚水を集める導管, 電車の電気を取り込む集電機等); 下水道.
colega [コれガ] 男 女 〔英 colleague〕 **同僚**, 同業者; 《話》仲間.
colegiación 女 同業組合への加入.
colegiado, da 形 同業組合に属する. ── 男 女 組合員. ── 男 サッカーの審判.
colegial 形 ❶ 学校の. ❷ 同業組合の. ── 男 男子生徒[学生].
colegiala 女 女子生徒[学生].
colegiarse 17 再 同業組合に加入する; 同業組合を結成する.
colegiata 女 参事会教会.
colegio [コれヒオ] 男 〔英 school〕 ❶ (小・中)**学校**; カレッジ; 授業. ～ mayor 大学寮. ❷ 同業組合. ～ *electoral* 《集合的》有権者; 投票所.
colegir 34 他 ❶ 《de, por》 (…から) 推論する. ❷ 寄せ集める.
colegui 男 女 《俗》同僚, 仲間; つれあい.
colemia 女 〖医〗胆血症.
coleóptero 形 〖昆〗鞘翅(しょうし)類の. ── 男 甲虫; [複] 鞘翅類.
cólera 女 激怒 (= ira). ── 男 〖医〗コレラ. *montar en* ～ 激怒する.
colérico, ca 形 男 女 ❶ 怒った (人); 怒りっぽい (人). ❷ コレラの (患者).
colesterina 女 → colesterol.
colesterol 男 〖生〗コレステロール.
coleta 女 束ねた髪; まげ. *cortarse la* ～ (闘牛士が) 引退する; (習慣等を) 捨てる.
coletazo 男 ❶ 尾での一撃. ❷ [主に複] 最後のあがき, 断末魔.
coletilla 女 補遺; 言い足し; 口癖.
coleto 男 《話》心の内. para su ～ 心の内で. *echarse ... al* ～ 《話》…を飲む[食べる]; 一気に終える.
colgadero 男 フック; 《ラ米》(アルゼ)(チリ)(ウルグ)(アイ)物干し台.
colgado, da 過分 → colgar. 形 ❶ 《話》裏切られた; 見捨てられた. ❷ 未解決の. ❸ 《de》(…に) 注意した. ❹ 《話》麻薬中毒の.
colgador 男 ハンガー, 洋服かけ.
colgadura 女 掛け布; 壁掛け.
colgajo 男 ❶ 垂れ下がった布切れ. ❷ 干してある果実.
colgante 形 ぶら下がった. ── 男 ペンダント.
colgar [コるガル] 92 他 〔英 hang〕 ❶ 《de, en》(…に) **掛ける, つるす**. ❷ 《話》絞首刑にする. ❸ 《話》落第させる. ❹ 《話》(罪等を) かぶせる. ❺ (職業等を) 放棄する. ❻ (電話を) 切る. ── 自 ❶ 《de, en》(…から, …に) ぶら下がる; 垂れ下がる; (服が) ずり下がる. ❷ 電話を切る. ❸ 〖IT〗フリーズする. ── **colgarse** 再 ❶ 首をくくる. ❷ 麻薬中毒になる.
colgue(-) / colgué(-) 活 → colgar.
colibacilo 男 〖医〗大腸菌.
colibrí 男 [複 ～(e)s] 〖鳥〗ハチドリ.
cólico 男 〖医〗疝痛(せんつう).
coliflor 女 〖植〗カリフラワー.
coligación 女 連合, 同盟, 結びつき.
coligar 66 他 団結させる. ── **coligarse** 再 同盟を結ぶ.
colilla 女 (タバコの) 吸い殻. 地域差 (タバコの) 吸い殻 colilla 《ほぼスペイン語圏全域》; bachicha 《ラ米》(メキ); cabo (キュ)(ニカ); chenca (グアテ)(マラ); chinga (コスタ)(リカ); chiva (ニカラ)(グア); pacha (ホンジ)(ュラス); pava (パナ)(マ); pitillo (ペル); pucho (エクア)(ドル, ボリ)(ビア)(チ)(リ)(ウルグ)(アイ, ア)(ルゼン)(チン).
colimación 女 〖光〗視準.
colimador 男 〖光〗視準器; 〖天〗視準儀.
colimbo 男 〖鳥〗カイツブリ.
colín 形 (馬が) 切り尾の. ── 男 ❶ グリッシーニ (スティック状のパン). ❷ 《ラ米》(メキ)(シコ) 〖鳥〗コリンウズラ.
colina [コりナ] 女 〔英 hill〕 ❶ **丘**. ❷ 〖生化〗コリン.
colinabo 男 〖植〗カブキャベツ.
colindante 形 隣接した.
colindar 自 《con》(…と) 隣接する.
colirio 男 〖医〗目薬.
colirrojo 男 〖鳥〗シロビタイジョウビタキ.
coliseo 男 大劇場; コロセウム.
colisión 女 衝突; 対立.
colisionar 自 ❶ 《con, contra》(…に) ぶつかる; 衝突する. ❷ 対立する.
colista 男 女 最下位 (のチーム・選手).
colitigante 男 女 共同訴訟当事者.
colitis 女 [単複同形] 〖医〗大[結]腸炎.
collado 男 ❶ 小丘. ❷ 山あいの道.
collage [コら(シュ)] 〔仏〕 男 コラージュ.
collalba 女 ❶ 園芸用木槌(づち). ❷ 〖鳥〗サバクヒタキ.
collar [コりャル(コヤル・コジャル)] 男 〔英 necklace〕 ❶ **ネックレス**; 頸章(けいしょう). ❷ (動物用の) 首輪.
collarín 男 ❶ 〖服〗ローマンカラー; カラー. ❷ (むちうち治療用の) 首当て.
collarino 男 〖建〗柱頸(ちゅうけい).

C

college [コリ(チ)] [英] 男 カレッジ.
colleja 女 ❶〘植〙ナデシコ科の一種. ❷《話》首の後ろを軽くたたくこと.
collera 女 ❶(牛馬の) 首輪. ❷《ラ米》(アルゼンチン)(チ)(くびきにつないだ) 2頭の動物;[複] カフスボタン(→ gemelo 地域差).
collón, llona 形 男 女《話》意気地のない(人).
colmado, da 形《de》(…で) いっぱいの. — 男 ❶《ラ米》食料品店(→ tienda 地域差). ❷ 食堂.
colmar 他 ❶ 満たす;《de》(…で) いっぱいにする;(…を) たっぷり与える. ❷ 満足させる.
colmena 女 ❶ ミツバチの巣;そこに住むハチ. ❷ 戸数の多いマンション.
colmenar 男 養蜂(ようほう)場.
colmenero, ra 男 女 養蜂(ようほう)家.
colmillo 男 ❶〘解〙犬歯. ❷ 牙(きば). ***enseñar los ~s*** 《話》牙をむく.
colmo 男 ❶ 絶頂, 極み. ❷ 山盛り. ***a ~*** ふんだんに. ***para ~*** おまけに, その上. ***ser el ~*** 我慢ならない;けた外れだ.
colocación 女 ❶ 配置, 位置, 設置. ~ de la primera piedra 定礎. ❷ 就職, 職. ❸〘商〙投資.
colocado, da 過分 → colocar. 形 ❶ 職についた, 定職のある. ❷《俗》《estar と共に》麻薬を打っている.
colocar [コろカル] 26 他 [英 place, put] ❶ **置く**, 配置する. ❷ 職に就ける. ❸ 投資する. ❹ 押しつける. — **colocarse** 再 ❶ 位置につく. ❷ 就職する. ❸《話》酔う;麻薬を打つ.
colocho 男《ラ米》縮れ毛(→ pelo 地域差).
colocón 男《話》酩酊(めいてい);(麻薬で) 意識が混濁した[ラリッた]状態.
colodión 男〘化〙コロジオン.
colodra 女 搾乳用容器;角製のコップ.
colodrillo 男 後頭部.
colofón 男 奥付;締めくくり, フィナーレ.
colofonia 女〘化〙ロジン, コロホニウム.
cologaritmo 男〘数〙余対数.
coloidal 形〘化〙コロイドの.
coloide 形〘化〙コロイドの. — 男 コロイド, 膠質(こうしつ).
coloideo, a 形 → coloidal.
Colombia [コろンビア] 固名 **コロンビア**:首都サンタフェ・デ・ボゴタ Santa Fe de Bogotá.
colombianismo 男 コロンビア特有の語法.
colombiano, na [コろンビアノ, ナ] 形 **コロンビアの**. — 男 女 **コロンビア人**.
colombino, na 形 コロンブスの.
colombofilia 女 伝書鳩(ばと)飼育.
colombófilo, la 形 伝書鳩(ばと)飼育の. — 男 女 伝書鳩愛好家.
colon 男〘解〙結腸.
colón 男 コロン:コスタリカ・エルサルバドルの通貨単位(記号 ¢). — 固名 Cristóbal *C~* コロンブス(1451-1506):1492年, サンサルバドル島に到着.
colonato 男 小作制度.
colonia [コろニア] 女 [英 colony] ❶ **植民地**;居留地. ❷《集合的》植民者. ❸(計画) 住宅地. ❹(子供向け) サマーキャンプ(= ~ de verano). ❺〘生〙コロニー, 集落. ❻《ラ米》(メキシコ)(都市の) …区. ❼ オーデコロン(= agua de *C~*). — 固名 [C-] ケルン:ドイツの都市.
coloniaje 男《ラ米》スペインによるアメリカ植民地時代.
colonial 形 植民地風[様式]の. — 男 [複] 植民地からの輸入食料品.
colonialismo 男 植民地主義[政策].
colonialista 形 植民地主義の. — 男 女 植民地主義者.
colonización 女 植民地化.
colonizador, dora 形 植民する. — 男 女 植民地建設者.
colonizar 57 他 植民(地化)する.
colono 男 ❶ 植民者. ❷ 小作人.
coloque(-) / coloqué(-) 活 → colocar.
coloquial 形 口語[会話]の.
coloquíntida 女〘植〙コロシント.
coloquio 男 ❶ 対話;〘文学〙対話体の作品. ❷ 討論会, パネルディスカッション.
color [コろル] [英 color] 男 ❶ **色**;色調, 色合い. lápiz de ~ 色鉛筆. fotos en ~ カラー写真. ❷ 顔色;外観, 特徴. cambiar [mudar] de ~ 顔色を変える. ~ local 地方色. ❸ 主義, 主張. ❹ 音色. ***a todo ~*** 色々な色で[の]. ***coger* [*tomar*] *~*** (果実等が) 色づく. ***dar ~(es) a ...*** …に色[活気]をつける. ***de ~ de rosa*** 非常に楽観的な. ***de todos los ~es*** ありとあらゆる. ***no haber ~*** 特徴がない. ***ponerse de mil ~es*** (怒り・恥ずかしさで) 顔を赤らめる. ***sacar los ~es a ...*** …の顔を赤らめさせる.
coloración 女 着色, 彩色;色合い.
Colorado 固名 ❶ コロラド川. (1) アルゼンチンの川. (2) 米国の川. ❷ コロラド:米国の州.
colorado, da 形 ❶ 赤い. ❷ 卑猥(ひわい)な. — 男 赤(色).
colorante 形 着色する. — 男 着色料, 染料.
colorar 他 着色[染色]する.
colorear 他 着色[染色]する. — **colorear(se)** 自 再 (果物等が) 色づく;《de》(…に) 染まる.
colorete 男 ❶ 頬紅(ほおべに). ❷《ラ米》(棒状) 口紅, リップスティック(→ lápiz 地域差).
colorido 男 ❶ 配色, 色調. ❷ 特色. ❸ 頬紅(ほおべに).
colorín 男 ❶ [主に複] 派手な色. ❷〘鳥〙ゴシキヒワ. ***C~ colorado, este cuento se ha acabado.*** 《童話等の結び》めでたしめでたし.
colorismo 男 ❶〘美〙色彩主義. ❷〘文〙華麗な表現の多用.
colorista 形 男 女 ❶〘美〙色使いの巧みな(画家). ❷〘文学〙表現の華麗な(作家).
colosal 形 巨大な;すごい, すばらしい.
colosense 男 女〘宗〙コロサイ人.
coloso 男 ❶ 巨像. ❷《比喩的》巨人.
cólquico 男〘植〙コルチカム, イヌサフラン.
colt 男 コルト式自動拳銃(けんじゅう).
colúbrido 男〘動〙ヤマカガシ.
coludir 自 共謀[結託]する.
columbario 男 (古代ローマの) 納骨室.
columbino, na 形 ハトの(ような).

columbrar 他 ❶ 遠くにほのかに見る. ❷ 分かり始める.
columna [コるムナ] 女 〔英 column〕 ❶ **円柱**, 柱. ❷ 柱状のもの；積み重ね. ～ de humo 一条の煙. ❸ 支え, 大黒柱. ❹〖印〗段；(新聞等の)コラム. ❺ (軍隊の) 縦隊. ～ ***vertebral*** 脊柱(せきちゅう)；基幹 (となる人[もの]).
columnata 女〖建〗列柱.
columnista 男 女 コラムニスト.
columpiar 17 他 ぶらんこに乗せる. ― **columpiarse** 再 ❶ ぶらんこに乗る. ❷ 間違う.
columpio 男 ぶらんこ；[主に複] (公園の) 遊戯器具.
coluro 男〖天〗分至経線.
colutorio 男〖医〗うがい薬.
colza 女〖植〗アブラナ.
coma 女 ❶ コンマ, 句点 (,). ❷ 小数点. ❸〖音〗コンマ. ― 男〖医〗昏睡(こんすい). ― 活 → comer. ***sin faltar (ni) una*** ～ 一字一句正確に.
comadre 女 ❶ 代母. ❷《話》おしゃべりな女；近所のおばさん.
comadrear 自《話》うわさ話をする.
comadreja 女〖動〗イタチ.
comadreo 男《話》うわさ話.
comadrona 女 助産婦.
comal 男《ラ米》(メキシコ)(中米)(トルティヤ tortilla 等を焼く) 素焼きの薄皿.
comanche 形 男 女 (アメリカ先住民の) コマンチ族の (人). ― 男 コマンチ語.
comandancia 女〖軍〗司令官[少佐]の職[管轄区域]；司令部.
comandanta 女〖海〗旗艦.
comandante 男 ❶〖軍〗司令官. ～ en jefe 最高司令官. ❷ 機長.
comandar 他〖軍〗指揮する.
comandita 女 ***en*** ～ 一緒に, 集団で.
comanditar 他 (有限責任社員として) 出資する.
comanditario, ria 形 合資会社の. ― 男 女 有限責任社員 (= socio ～).
comando 男 ❶〖軍〗突撃隊 (員)；テロ組織. ❷〖IT〗コマンド.
comarca 女 地方, 地域.
comarcal 形 地域の, 地方の.
comarcano, na 形 近隣の.
comatoso, sa 形〖医〗昏睡(こんすい) (状態) の.
comba 女 縄跳び (の縄)；(木等の) たわみ. ***no perder*** ～《話》好機を逃さない.
combadura 女 たわむこと, 反り.
combar 他 曲げる, たわめる. ― **combarse** 再 たわむ；反る.
combate [コンバテ] 男 〔英 fight, combat〕 ❶ **戦い**, 戦闘. ❷ 勝負, 試合. fuera de ～ ノックアウト. ❸ 葛藤(かっとう).
combatiente 形 戦う. ― 男 女 戦闘員；戦士.
combatir 自《**con, contra / por**》(…と / …のために) 戦う. ― 他 ❶ 戦う；(撲滅のために) 戦う. ❷ 反対する.
combatividad 女 戦意；闘志.
combativo, va 形 攻撃的な；闘志満々の.
combi 女 ❶《ラ米》(アルゼンチン)(ウルグアイ) 小型バス. ❷ (女性用の) スリップ. ❸ 冷凍冷蔵庫.
combina 女《話》計略；悪巧み, 陰謀.
― 活 → combinar.
combinación [コンビナしオン] 女 [複 combinaciones] 〔英 combination〕 ❶ **組み合わせ**. ❷ 結集. ❸ 交通の便, 接続. ❹ (女性用) スリップ.
combinado, da 過分 → combinar. ― 男 ❶ カクテル. ❷〖スポ〗混成チーム. ❸《ラ米》ラジオ付きのレコード [CD] プレーヤー. ― 女〖スポ〗複合競技.
combinador 男〖電〗制御器, コントローラー.
combinar [コンビナル] 他 〔英 combine〕 ❶ **組み合わせる**；調和させる. ❷ 取り決める. ❸〖スポ〗(ボールを) パスする. ― 自 調和する. ― **combinarse** 再 取り決める；調整する.
combinatorio, ria 形〖数〗組み合わせの. ― 女〖数〗組み合わせ論.
combo, ba 形 反った, 曲がった. ― 男《ラ米》(1) (砕石用の) ハンマー. (2)(チリ)(ペルー) 一撃, 一発.
comburente 形〖物〗燃焼を促進する. ― 男〖物〗燃焼剤.
combustibilidad 女 可燃性.
combustible 形 可燃性の, 燃えやすい. ― 男 燃料.
combustión 女 燃焼；〖化〗酸化.
comedero 男 ❶ 給餌(きゅうじ)箱[場]. ❷ (施設内の) 食堂.
comedia [コメディア] 女 〔英 comedy〕 ❶ **喜劇**, コメディ；演劇. ❷ 茶番；見せかけ. ***hacer la*** ～ / ***venir con*** ～***s*** 芝居をする.
comediante, ta 男 女 ❶ 喜劇俳優；役者. ❷ 偽善者.
comedido, da 形 ❶ 控えめな, 礼儀正しい. ❷《ラ米》(アルゼンチン)(ウルグアイ) 面倒見がよい, 親切な.
comedimiento 男 節度；礼儀正しさ.
comediógrafo, fa 男 女 (喜) 劇作家.
comedirse 77 再 ❶ 自制する. ❷《ラ米》(アルゼンチン)(コロンビア)(ウルグアイ) 助けを買って出る.
comedón 男〖医〗にきび, 吹き出物.
comedor, dora [コメドル, ドラ] 形 大食の. ― 男 女 大食家. ― 男 〔英 dining room〕 **食堂**；ダイニングセット.
comején 男〖昆〗シロアリ.
comelón, lona 形 男 女《ラ米》→ comilón.
comemierda 男 女《卑》人格的に最低の男[女], くそったれ野郎[女].
comenc- 活 → comenzar.
comendador, dora 男 女 修道院長. ― 男 副騎士団長.
comendatario 男〖史〗在俗聖職者.
comendatorio, ria 形 推薦の.
comensal 男 女 ❶ 会食者. ❷〖生〗共生動物.
comentar 他 コメントする, 解説する, 注釈する.
comentario 男 ❶ 解説, 意見, コメント. ❷ 注釈. ***sin (más)*** ～***s*** ノーコメントで.
comentarista 男 女 解説[注釈]者.
comento 男 → comentario.
comenzar [コメンさル] 49 他 〔英 begin, start〕 **始める**. ― 自 ❶ **始まる**. ❷《**a** + 不定詞》(…し) 始める. ❸《**por** + 不定詞》(…することから) 始める.

C

comer [コメル] [英 eat] 他 ❶ **食べる**. No tienen qué ～. 食べるものがない. ❷ 主要な食事[昼食, 夕食]として食べる. Hoy *comemos* pescado. 今日の昼食は魚だ. ❸ 侵食する;(虫・酸等が) むしばむ, 腐敗させる;(場所等を) 食う. El picor me *come* la espalda. 私は背中がむずがゆい. Le *come* la envidia por dentro. 彼は内心はうらやましくて仕方ない. ❹ (チェス等で) 相手の駒(こま)を取る. ― 自 ❶ 食べる, 食事する. ～ fuera 外食する. ❷ 一日の主要な食事をする, 昼食[夕食]をとる. ― **comerse** 再 ❶ 平らげる, 食べ尽くす. *Se ha comido* una paella. 彼はパエリヤを1人前平らげた. ❷ だめにする. El sol *se ha comido* el color de las persianas. 日光のせいでブラインドの色があせた. El supermercado va *comiéndose* a las pequeñas tiendas. そのスーパーのせいで小さな店がだめになっている. ❸《話》(靴下等を) 靴が挟み込む. La niña *se come* los calcetines. 女の子は靴にソックスが挟まれてたるんでいる. ❹ (言葉・音等を) 発音しない, 読み落とす. ❺《主語が複数形で》(人が) 衝突する, いがみあう. ― **comer** 男 食べること;食事. ser tan necesario como el ～ 必要不可欠である. ***comer a dos carrillos*** 《話》がつがつ食べる. ***comer caliente*** 温かい[まともな] 食事をとる. ***comer como [más que] una lima*** 大食漢である. ***comer jobos*** 《ラ米》(学校を) サボる (→ fumar 地域差). ***comer**le **la lengua el gato*** …が一言もしゃべらない. ***comerse los codos*** 非常に空腹である. ***comer terreno a ...*** …の領分を侵す, …に追いつく. ***¿Con qué se come?*** (抽象的なことについて) それ, どういうこと. ***echar de comer aparte*** 《話》《軽蔑》別扱いする. ***para comérselo[la]* / *para comerlo[la]*** (食べちゃいたいくらい) かわいい, 素敵な. ***ser de buen comer*** 健啖(けんたん)家である.

comerciable 形 取引できる.

comercial [コメルしアる] 形 [英 commercial] **商業の**;通商の;商業的な. ― 男 [複]《ラ米》(テレビの) コマーシャル (→ anuncio 地域差).

comercialismo 男 営利主義.

comercialización 女 ❶ 商品化. ❷ マーケティング.

comercializar 57 他 商品化する;市場に出す.

comerciante [コメルしアンテ] 男 女 [英 merchant] **商人**. ― 形 商売を営む;商売上手の.

comerciar 17 自 ❶ 商売[取引]する;《con, en》(…を) 商う. ❷《con》(…と) 交渉を持つ.

comercio [コメルしオ] 男 [英 commerce] ❶ **商業**, 商売;通商. ～ al por mayor [menor] 卸売り[小売り]. ❷ 商店. ❸《集合的》商人, 商業界. ❹ (主に不法の) 交渉, 交際;情交 (= ～ carnal). ❺《話》食べ物.

comestible 形 食べられる, 食用の. ― 男 [主に複] 食料品.

cometa 男《天》彗星(すいせい). ― 女 凧(たこ). 地域差 凧 cometa 《スペイン》《ラ米》(キューバ)(メキシコ)(ニカラグア, パナマ)(コロンビア, ベネズエラ)(エクアドル, ペルー)(ウルグアイ); barrilete (グアテマラ, ホンジュラス, ニカラグア)(アルゼンチン); chichigua (ドミニカ共和国); chiringa (プエルトリコ); lechuza (ニカラグア); pandorga (パラグアイ); papagayo (キューバ)(ベネズエラ); papalote (キューバ)(メキシコ)(コスタリカ); papelote (ニカラグア); piscucha (エルサルバドル); volador (ボリビア); volantín (ボリビア)(チリ).

cometer 他 (罪・過ち等を) 犯す.

cometido 男 任務, 使命.

comezón 女 かゆみ;うずうずすること.

comible 形 なんとか食べられる.

cómic 男 [複 ～s] コミック, 漫画. 地域差 コミック, 漫画 cómics 《スペイン》《ラ米》(メキシコ)(ペルー)(チリ); caricaturas (キューバ, ドミニカ共和国, プエルトリコ)(グアテマラ, コスタリカ, パナマ)(ボリビア)(チリ)(パラグアイ, アルゼンチン); chistes (グアテマラ)(ペルー); cómicos (パナマ); comiquitos (ベネズエラ); historietas (ドミニカ共和国)(メキシコ)(ニカラグア)(チリ)(ウルグアイ, アルゼンチン); monitos (メキシコ); muñequitos (キューバ)(ニカラグア)(ベネズエラ); revistas (ボリビア); tebeos 《スペイン》; tiras cómicas 《ラ米》(ホンジュラス, エルサルバドル, コスタリカ)(コロンビア)(エクアドル).

cómica 形 → cómico.

comicastro 男 大根役者.

comicidad 女 喜劇性, こっけいさ.

comicios 男 複 選挙;(古代ローマの) 民会.

cómico, ca [コミコ, カ] 形 [英 comic, comical] **喜劇の**;こっけいな. ― 男 女 コメディアン, 喜劇役者 (= actor, comediante);俳優, 役者. ― 男 [複]《ラ米》コミック, 漫画 (→ cómic 地域差).

comida [コミダ] 過分 → comer. 女 [英 food, meal] ❶ **食べ物**. ～ rápida ファーストフード. ～ española スペイン料理. ❷ **食事**;昼食. 地域差 昼食 comida 《スペイン》《ラ米》(ドミニカ共和国)(メキシコ); almuerzo 《ほぼラ米全域》.

comidilla 女《話》うわさの種.

comido, da 過分 → comer. 形 ❶ 食事を済ませた. ❷ (衣類が) 擦り切れた. ***lo ～ por lo servido*** お互いさまである;苦労した割にはもうからない.

comience(-) / **comienz-** 活 → comenzar.

comienzo 男 初め, 最初, 開始. ― 活 → comenzar. ***a ～s de*** (年・月・週等の) 初めに. ***al ～*** 当初.

comillas 女 複 引用符 (« », “ ”, ‘ ’). entre ～ 引用符で囲んで;強調して.

comilón, lona 形 男 女《話》食いしん坊[大食い] (の). ― 女《話》豪勢な料理, ごちそう.

comino 男 ❶《植》クミン. ❷《話》価値のないこと[人]. ***un ～*** 《話》《主に否定文で》全然.

comiquitos 男 複《ラ米》コミック, 漫画 (→ cómic 地域差).

comisar 他 没収[押収]する.

comisaria 女 → comisario.

comisaría [コミサリア] 女 [英 police station] ❶ **警察署** (= ～ de policía). ❷ comisario の事務所[職].

comisariado 男 (特定任務を与えられた) 下部組織;委員会.

comisario, ria 男 女 ❶ 警察署長 (= ～ de policía). ❷ 委員, 役員.

comiscar 26 他 ちょこちょこと食べる.

comisión [コミシオン] 女 [複 comisiones] [英 commission] ❶ **委員会**.

C～ de Derechos Humanos de la ONU 国連人権委員会. ❷ 委任；任務. en ～ 委託販売で. ❸ 手数料, コミッション. a ～ 歩合制で. ❹《稀》(犯罪等を) 犯すこと. **～ *de servicios*** 公務員の出向.

comisionado, da 形 委任された. ― 男 女 委員；弁務官；コミッショナー.

comisionar 他 委任する, 委託する.

comisionista 男 女〘商〙仲買人.

comiso 男〘法〙没収[押収](品).

comisquear 他 → comiscar.

comistrajo 男《話》まずそうな料理；ごたまぜの料理.

comisura 女 ❶ (目・口等の) 角. ❷ 合わせ目, 継ぎ目.

comité [コミテ] 男〔英 committee〕委員会.

comitiva 女 随行員.

cómitre 男 ❶ (ガレー船漕手(そうしゅ)の) 監督. ❷ 人使いの荒い人.

Commonwealth〔英〕固名 英連邦, イギリス連邦.

como [コモ] 副〔英 as, like〕❶ …のように. blanco ～ la nieve 雪のように白い. ～ yo 私のように. ～ antes 以前のように. ❷ (たとえば) …のような. jugadores ～ ellos 彼らのような選手. ❸《ふつう無冠詞の名詞と共に》…として. ～ padre 父親として. ❹ 約, およそ. Vinieron ～ veinte invitados. 20人ほどの招待客が来た. ❺《関係》《方法・様態の名詞を先行詞とする》No le gustó la forma ～ se lo dije. 彼は私の言い方が気に入らなかった. ► 先行詞が省略されることも多い. ― 接 ❶ …のように, …のとおりに. ～ quieras 君の好きなように. ❷《文頭で原因・理由》…なので, だから…. *C～* hacía buen tiempo, salimos de paseo. 天気がよかったので, 私たちは散歩に出かけた. ► 主文の後では porqueを用いる. ❸《単独または así, tanto, también, tampoco を伴い》…も…も. *tanto* en España ～ en Portugal スペインでもポルトガルでも. ❹《＋接続法》もし…なら. *C～* lo hagas otra vez, te castigaré. 今度やったらこらしめるぞ. ❺《譲歩》《形容詞・過去分詞＋》Rico ～ es, no lo parece. 彼は金持ちだが, そうは見えない. ― [コモ] 活 → comer. **～ *para* ...** …に十分な, …に値する. **～ *que*** 〈＋直説法〉まるで…のように；《前文を受けて》だから…. **～ *si*** 〈＋接続法過去〉まるで…であるかのように. **～ *si*** 〈＋接続法過去完了〉まるで…であったかのように. ～ *si* no hubiera ocurrido nada 何事もなかったかように.

cómo [コモ] 副《疑問》〔英 how〕❶《状態・様子》どのように, いかに. ¿*C～* está usted? ご機嫌いかがですか. ❷《手段・方法》どうやって. ¿*C～* lo obtuviste? それをどうやって手に入れたの. ❸《感嘆》何と. ¡*C～* llueve! なんてひどい雨だ. ❹《理由》(いったい) どうして. ¿*C～* lo sabes? いったいどうしてそれを知っているんだい. ❺《単位あたりの数量・値段》どれほど. ¿*A* ～ está hoy el kilo de tomates? 今日はトマト１キロでいくらですか. ❻《＋不定詞》…すべき方法. No sé ～ mantener esta promesa. どうやってこの約束を守ったらいいのか分からない. ― 男 仕方, 方法. ¡***C～!*** 《驚き・怒り》なんだって. ¿***C～?*** 何とおっしゃいましたか. ¡***C～ (que) no!*** もちろん. ¿***C～ (es) que ...?*** …とはどういうわけか. ¿*C～ que* no lo hiciste? それをしなかったとはどういうことだ.

cómoda 女 整理だんす, チェスト. ― 形 → cómodo.

comodato 男〘法〙使用貸借.

comodidad 女 ❶ 快適さ；便利さ. ❷ [複] 生活に快適なもの.

comodín 男 ❶ 口実. ❷ (ジョーカー等の) 自由札. ❸ 何かと役立つもの[人].

cómodo, da [コモド, ダ] 形〔英 comfortable; convenient〕❶ 快適な, 居心地のいい；便利な. ❷ くつろいだ；気楽な.

comodón, dona 形 男 女 楽をしたがる(人).

comodoro 男〘軍〙(海軍の) 代将；《ラ米》(アルゼンチン)空軍の大佐；(一般に) 艦長.

comoquiera 副 ❶《que＋接続法》…にせよ. ❷《que＋直説法》…なので.

Comores 固名 コモロ：首都モロニ Moroni.

compact [コンパ(ク)]〔英〕形 [複 ～s] 小型で軽量の. ― 男 ～ (disc) コンパクトディスク (＝disco compacto, CD).

compactar 他 ぎっしり詰める.

compacto, ta 形 ぎっしり詰まった；小型でかさばらない. ― 男〘音〙CD (＝disco ～)；CDプレーヤー.

compadecer 76 他 …に同情する. ― **compadecerse** 再 ❶《de》(…を) 気の毒に思う. ❷《con》(…と) 相いれる.

compadraje 男 共謀；団結.

compadrar 自 親密になる, 親友になる.

compadrazgo 男 ❶ 共謀, ぐる. ❷ 代父と実父母の関係.

compadre 男 ❶ 代父. ❷《話》(男性間の) 仲間, 連れ.

compadrear 自 ❶ (よこしまな目的で) 親しくする[なる]. ❷《ラ米》(アルゼンチン)(パラグアイ)(ウルグアイ)威張る；自慢する.

compadreo 男 ❶ なれあいの関係. ❷ 親しい付き合い.

compadrería 女 打ちとけた様子.

compadrito 男《ラ米》(アルゼンチン)(ウルグアイ)やくざ者；虚勢を張る人.

compaginación 女 ❶ 調和；両立. ❷〘印〙組み版.

compaginar 他 ❶《con》(…と) 両立させる. ❷ 調整する. ❸〘印〙組み版する. ― **compaginarse** 再《con》(…と) 一致する；両立する.

compaña 女《話》仲間.

compañera 女 → compañero.

compañerismo 男 仲間意識.

compañero, ra [コンパニェロ, ラ] 男 女〔英 companion〕❶ 仲間, 相棒；(事実婚の) パートナー. ❷ (対の) 一方.

compañía [コンパニィア] 女〔英 company〕❶ 一緒にいること[人]. en ～ de ... …と一緒に. ❷ 会社, 商会《略 Cía.》. ❸ 劇団, 一座. ❹〘軍〙中隊. ***C～ de Jesús***〘カト〙イエズス会.

comparable 形《a, con》(…に) 比較しうる.

comparación 女 ❶ 比較, 対照. en ～ con ... …と比較して. sin ～ 比類な

C

い. ❷〘修〙直喩(ちょくゆ).

comparado, da 過分 → comparar. 形 比較の, 比較された.

comparador 男〘物〙比較測定器.

comparanza 女《話》→ comparación.

comparar [コンパラル] 他 〔英 compare〕❶《con》(…と) **比較する**, 対照する. ❷《a》(…に) なぞらえる.

comparativo, va 形 ❶ 比較の. ❷〘文法〙比較級の. ── 男 比較級.

comparecencia 女〘法〙出頭, 出廷.

comparecer [76] 自 ❶〘法〙《ante》(…の前に) 現れる；出頭[出廷] する. ❷《話》(間の悪いときに) 現れる.

comparsa 女 ❶〘演〙《集合的》端役, エキストラ. ❷ 仮装行列. ── 男 女 端役, エキストラ.

compartimiento / compartimento 男 ❶ 共有 (物). ❷ 区画；(列車の) コンパートメント.

compartir 他 ❶ 分け合う. ❷《con》(…と) 共有[用] する.

compás 男 ❶ コンパス. ❷ 羅針盤. ❸〘音〙リズム；小節. ～ ternario 3 拍子. *al* ～ 拍手をとって. *al* ～ *de* ... …のリズムに合わせて. ～ *de espera*〘音〙休止 (小節)；《比喩的》小休止. ***llevar el*** ～〘音〙指揮する；統率する.

compasado, da 形 節度ある.

compasar 他 → acompasar.

compasillo 男〘音〙4 分の 4 拍子.

compasión 女 同情, 哀れみ.

compasivo, va 形 哀れみ深い.

compaternidad 女 → compadrazgo ②.

compatibilidad 女 互換性, 適合性.

compatibilizar [57] 他 両立させる.

compatible 形 ❶《con》(…と) 両立できる. ❷〘IT〙互換性のある.

compatriota 男 女 同国人, 同胞.

compeler 他《a＋名詞・不定詞 / a que＋接続法》…を強いる.

compendiar [17] 他 要約する.

compendio 男 ❶ 要約；概説書. ❷《比喩的》塊. *en* ～ 要するに.

compendioso, sa 形 簡潔な.

compenetración 女 相互理解；相互浸透.

compenetrarse 再 ❶ 理解し合う；《con》(…に) 共感する. ❷〘化〙浸透し合う.

compensación 女 ❶ 補償；代償. en ～ その代わりに. ❷〘商〙手形交換；〘法〙相殺.

compensador, dora 形 補償の. ── 男 補整器；補整振り子.

compensar [コンペンサル] 他 〔英 compensate〕《con》(…で) **埋め合わせる**；補償する. ── 自 (する) 価値がある. ── **compensarse** 再 相殺される.

compensativo, va / compensatorio, ria 形 補償の, 補整の.

competencia [コンペテンシア] 女 〔英 competition〕❶ **競争**；競争相手. ～ desleal 不当競争. ❷ 能力, 技量. ❸ 権限, 管轄. ❹〘言〙言語能力.

competente 形 ❶ 有能な；《en》(…に) 通じた；《para》(…に) 適した；適切な. ❷ 権限のある, 所轄の.

competer 自《a》(…の) 管轄である.

competición 女《por》(…をかけた) 競争；競技.

competidor, dora 形 競争の. ── 男 女 競争相手.

competir [77] 自《por / con / en》(…を求めて / …と / …で) 競う, 張り合う.

competitividad 女 競争 (力), 競合.

competitivo, va 形 競争の；競争力のある.

compilación 女 編纂(へんさん)(物).

compilador, dora 形 編纂(へんさん)の. ── 男 女 編者. ── 男〘IT〙コンパイラ.

compilar 他 編纂(へんさん)する.

compinche 男 女《話》(遊び) 仲間.

complacencia 女 喜び, 満足；寛容.

complacer [78] 他 喜ばせる, 満足させる. ── **complacerse** 再《en》(…を) 喜ぶ；(…に) 満足する.

complaciente 形《con》(…を) 喜ばせる；(…に) 親切な.

compleja 形 → complejo.

complejidad 女 複雑さ, 複合性.

complejo, ja [コンプれホ, ハ] 形 〔英 complex〕❶ **複合の**. ❷ 複雑な. ── 男 ❶ 複合体. ❷ コンビナート, 工業団地 (＝～ industrial). ❸〘心〙コンプレックス. ～ de inferioridad [superioridad] 劣等[優越] 感.

complementar 他 補う, 補足する.

complementariedad 女 補完性.

complementario, ria 形 補完[補足] 的な.

complemento 男 ❶ 補完[補足] (するもの). ❷〘文法〙補語. ～ directo [indirecto] 直接[間接] 補語. ❸〘数〙余角, 余弧. ❹〘生〙補体. ❺《ラ米》(ウルグアイ) (サッカーの試合の) 後半.

completa 形 → completo.

completamente 副 完全に.

completar 他 完成する；完結させる.

completas 女 複〘カト〙終課.

completivo, va 形〘文法〙補完的な. conjunción *completiva* 補完の接続詞. ── 女〘文法〙補語節.

completo, ta [コンプれト, タ] 形 〔英 complete〕❶ **完全な**, 全部そろった. ❷ 満員の. ❸ 完璧(かんぺき)な. ── 男 全員. *al* ～ 全員で；満員の. *por* ～ 完全に.

complexión 女 ❶ 体格, 体つき. ❷〘修〙反復.

complexo, xa 形 → complejo.

complicación 女 ❶ 複雑 (化)；難事. ❷〘医〙合併症.

complicado, da [コンプりカド, ダ] 形 〔英 complicated〕❶ **複雑な**, 込み入った. ❷《en》(…に) 巻き込まれた.

complicar [26] 他 ❶ 複雑にする；ややこしくする. ❷《en》(…に) 巻き込む. ── **complicarse** 再 ❶ 複雑になる. ❷《en》(…に) 巻き込まれる.

cómplice 形 男 女 共犯者 (的な).

complicidad 女 共犯, 共謀.

complot 〔仏〕男〔複 ～s〕陰謀.

complutense 形 男 女 (スペイン) アルカラ・デ・エナーレスの (人).

compón 活 → componer.

compondr- 活 → componer.
componedor, dora 男 女 ❶ 修理屋；仲裁人. ❷〘印〙植字工. ❸《ラ米》(アルゼンチン)(コロンビア)(チリ)(メキシコ)接骨医.
componenda 女 裏取引.
componente 形 構成する. ── 男 構成要素. ── 男 女 構成員.
componer［コンポネル］ 75 他［過分 compuesto, ta］〔英 put together〕❶ 組み立てる；構成する；(詩・曲を) 作る. ❷ 修理する；整える；味を調える. ❸ 調停する；懐柔する. ❹〘医〙整骨する. ❺〘印〙(活字に) 組む. ── **componerse** 再 ❶《de》(…で) 構成される. ❷ 身なりを整える. ***componérselas***《話》何とかする.
compong- 活 → componer.
comportamiento 男 振る舞い, 態度.
comportar［コンポルタル］ 他 ❶ 伴う. ❷ 耐える. ── **comportarse** 再〔英 act〕振る舞う.
composición 女 ❶ 構成；成分. ❷ 作文, 作曲；作品；構図. ❸〘印〙組み版. ❹〘言〙複合. ～ ***de lugar*** 状況の見極め.
compositivo, va 形〘文法〙(複合) 語を構成する.
compositor, tora［コンポシトル, トラ］ 男 女〔英 composer〕❶ 作曲家. ❷《ラ米》(アルゼンチン)(ウルグアイ)調教師；(チリ)接骨医.
compost［コンポス(コンポス)］〔英〕男 堆肥(たいひ).
compostelano, na 形 男 女 (スペイン) サンティアゴ・デ・コンポステラの (人).
compostura 女 ❶ 構成, 組み立て；修理. ❷ 身だしなみ；手入れ. ❸ 行儀良さ, 節度.
compota 女〘料〙コンポート.
compra［コンプラ］ 女〔英 shopping〕買うこと, 買い物；買った (品) 物. ir de ～*s* 買い物に行く. ── 活 → comprar.
comprador, dora 形 男 女 買い手 (の).
comprar［コンプラル］他〔英 buy〕❶ 買う, 購入する (↔ vender). ～ en [por] dos cientos euros 200ユーロで買う. ～ a plazos [al contado] ローン[現金]で買う. ～ por cuatro cuartos ただ同然で買う. ❷ 買収する.
compraventa 女 売買.
comprender［コンプレンデル］ 他〔英 understand, comprehend〕❶ 理解する, 分かる. ❷ 含む, 包含する. ── **comprenderse** 再 理解[包含]し合う.
comprensible 形 理解[納得]できる.
comprensión 女 ❶ 理解 (力). ❷ 物分かりの良さ. ❸〘論〙内包.
comprensivo, va 形 ❶ 物分かりの良い. ❷ 包含する.
compresa 女〘医〙脱脂綿, ガーゼ；(生理用) ナプキン.
compresibilidad 女〘物〙圧縮率.
compresible 形 圧縮できる.
compresión 女 圧縮.
compresor, sora 形 圧縮する. ── 男 圧縮機, コンプレッサー.
comprimible 形 → compresible.
comprimido 男 ❶〘医〙錠剤. ❷［複］《ラ米》カンニングペーパー (→ chuleta 地域差).
comprimir 61 他［過分 compreso, sa または comprimido, da］❶ 圧縮する. ❷ 詰め［押し］込む；(感情を) 抑える. ── **comprimirse** 再 ❶ 圧縮される；詰める. ❷ 自制する；《en》(…を) 倹約する.
comprobación 女 確認.
comprobante 男 受領証；レシート.
comprobar［コンプロバル］ 32 他〔英 verify〕確認する, 検査する；立証する.
comprobatorio, ria 形 確認する.
comprometedor, dora 形 危険［厄介］な.
comprometer 他 ❶ 危険にさらす；《en》(…に) 巻き込む. ❷《a＋名詞［a＋不定詞 / a＋que＋接続法］》(…の［する］) 義務を負わせる. ❸ (裁定を) 委任する. ── **comprometerse** 再 ❶《a＋不定詞》(…すると) 約束する. ❷《en》(…に) 関与する. ❸ 婚約する.
comprometido, da 形 ❶ 危険な；厄介な. ❷ 巻き込まれた；(政治等に) 関与する.
comprometimiento 男 巻き込まれること；約束.
compromisario, ria 形 代理の. ── 男 女 ❶ 代理人. ❷ 代表選挙人.
compromiso［コンプロミソ］ 男〔英 commitment, promise〕❶ 約束, 責任；(人と会う) 約束. ～ matrimonial 婚約. ❷ 窮地. ❸ 調停；妥協.
comprueb- 活 → comprobar.
comprueba 女〘印〙再校ゲラ.
compuerta 女 ❶ 水門. ❷ 半扉.
compuesto, ta 過分 → componer. 形 ❶ 合成の, 複合の. ❷〘文法〙複合 (時制) の；複合語の. ❸ 身だしなみの良い. ❹〘植〙キク科の. ❺〘建〙コンポジット式の. ── 男 合成物；〘化〙化合物. ── 女［複］〘植〙キク科植物.
compulsa 女 謄本, 写し；照合.
compulsación 女 (原本と謄本の) 照合.
compulsar 他 (原本と謄本を) 照合する.
compulsión 女 強制；強迫.
compulsivo, va 形 強制的な.
compunción 女 ❶ 悔恨. ❷ 同情.
compungido, da 形 心を痛めた.
compungir 44 他 深く悔やませる. ── **compungirse** 再 悔やむ；悲しむ.
compus- 活 → componer.
computación 女 → cómputo.
computacional 形 コンピュータの.
computador 男 計算機, コンピュータ.
computadora 女 → computador.
computar 他 計算する；算定する.
computarización / computerización 女 コンピュータ処理［の導入］.
cómputo 男 計算, 算定；〘カト〙移動祝祭日の算出 (＝～ eclesiástico).
comulgar 66 自 ❶〘カト〙聖体を拝領する. ❷《con》(意見等を) 共にする.
comulgatorio 男〘カト〙聖体拝領台.
común［コムン］ 形［複 comunes］〔英 common〕❶《a》(…に) 共通の；公共の. ❷ 普通の；ありふれた. ── 男 ❶ 共同体；大部分 (の人々). ❷ 便所. ***en*** ～

C

共同で；共通で. **por lo ～** 一般的に.

comuna [女] ❶コミューン, 共同体. ❷《ラ米》自治体；(市・町・村等) 地方自治体.

comunal [形] 自治体の.

comunero, ra [形][男][女]〖史〗コムニダーデス[コムネロス]の反乱の(参加者).

comunicable [形] ❶ 伝達可能な. ❷ 社交的な.

comunicación [コムニカしオン] [女]［複 comunicaciones］〔英 communication〕❶ **伝達**, 通信；通知, 通報. ❷ 連絡；交通. ❸［複］伝達［通信］機関. ❹ (学会での) 発表. **～ *de masas*** マスコミュニケーション.

comunicado, da [過分] → comunicar. [形]《bien [mal] を伴い》交通の便の良い[悪い]. ── [男] コミュニケ, 公式声明.

comunicador, dora [形][男][女] コミュニケーションのうまい(人).

comunicante [形] 報告する；連結している. ── [男][女] 報告者；研究発表者.

comunicar [コムニカル] [26][他]〔英 communicate〕❶ **伝える**；知らせる. ❷《con》(…と)(場所を) つなぐ. ❸ 伝染させる；蔓延(まん)させる；伝導する. ── [自] ❶《con》(…と) 連絡を取る. ❷《con》(…と)(場所が) 通じている. ❸ (電話回線が) ふさがる. Está *comunicando*. 話し中です. ── **comunicarse** [再] ❶ 連絡を取り合う；《con》(…と) 連絡を取る. ❷《a》(…に) 伝わる；広がる. ❸ (場所が) 接する.

comunicativo, va [形] ❶ 話好きな. ❷ 伝染しやすい. ❸ コミュニケーションの.

comunidad [女] ❶ 共同体. ～ de propietarios (ビル・マンションの) 自治会. *C*～ Autónoma (スペインの) 自治州. ❷ 共通性. ❸［複］〖史〗コムニダーデス[コムネロス]の反乱：カルロス1世期にカスティーリャで起きた反王権的反乱 (1520-21).

comunión [女] ❶〖カト〗聖体拝領. ❷ 共有；共感. ❸ (宗教・政治) 団体.

comunique(-) / comuniqué(-) [活] → comunicar.

comunismo [男] 共産主義, コミュニズム.

comunista [形] 共産主義の. ── [男][女] 共産主義者, 共産党員.

comunitario, ria [形] 共同体の；欧州共同体の.

con [コン] [前] (↔sin) ► con＋人称代名詞 mí, ti, sí は conmigo, contigo, consigo となる. 〔英 with〕**1**《付随・対象》❶《同伴》**…と一緒に**, …を伴って. Ayer salí *con* mi mujer. 昨日は妻と外出した. agua mineral *con* gas 炭酸入りミネラルウォーター. café *con* leche カフェオレ. ► 方向を表すこともある. Ve *con* tu padre. お父さんのところへ行きなさい. ❷《共同・相手》**…と**. hablar *con* ... …と話す. discutir *con* ... …と口論する. El Real Madrid juega hoy *con* el Betis. レアル・マドリードは今日ベティスと戦う. La moto chocó *con* un camión. そのバイクはトラックと衝突した. Aprendí español *con* el profesor Pérez. 私はペレス先生にスペイン語を習った. ❸《感情の対象》…に対して. Es crítico *con* los colegas. 彼は同僚に批判的だ. Es bueno para *con* los amigos. 彼は友人に対して親切だ. ❹《道具・手段・材料》…で. escribir *con* lápiz 鉛筆で書く. ¿Puedo pagar *con* tarjeta? カードで払うことはできますか. Vine *con* el coche. 僕は自分の車で来た. ❺《一致・比較》…と. estar de acuerdo *con* ... …に賛成する. Me confundiste *con* mi hermano. 君は僕を僕の兄弟と混同した. **2**《付帯状況》❶《原因・理由》…のために, …で. Estoy contento *con* lo que tengo. 今あるものだけで満足だ. No pude dormir *con* el ruido de la calle. 通りがうるさいので眠れなかった. Me cansé *con* tanto escribir. たくさん書いたので疲れた. *Con* lo estudioso que es, ha aprobado. 勉強家なので彼は合格した. ❷《譲歩》…にもかかわらず, …なのに. *con* todo にもかかわらず. *Con* ser rico nunca se sintió feliz. 彼は金持ちなのに一度も幸せだと思ったことはなかった. *Con* lo estudioso que es, no ha aprobado. 彼は勉強家なのに合格しなかった. ❸《条件》…すれば. *con* (sólo) que〈＋接続法〉…(さえ)すれば. *Con* hacer un poco de ejercicio adelgazarás. 少し運動をすれば君はやせられるよ. ❹《同時性》…の時に, …とともに. Mi abuelo se levanta *con* el sol. 私の祖父は日の出とともに起床する. ❺《状況・状態》…した, …のままで. un hombre *con* barba ひげを生やした男. estar *con* gripe かぜをひいている. *con* la televisión puesta テレビをつけっぱなしで. *con* razón 当然ながら. ► 抽象名詞を伴って -mente の副詞と同じ働きをする. *con* frecuencia 頻繁に (= frecuentemente). *con* cortesía 礼儀正しく (= cortésmente).

conato [男] 試み；未遂(行為).

concadenar [他] つなぐ；関連させる.

concatedral [女]〖カト〗参事会を持たない司教座聖堂.

concatenación [女] 連結；連鎖.

concatenar [他] → concadenar.

concavidad [女] 凹状；くぼみ.

cóncavo, va [形] 凹状の；へこんだ.

concebible [形] 考えられる, 理解できる.

concebir [コンセビル] [77][他]〔英 imagine; conceive〕❶ **想像する**, 考える. ❷ (感情等を) 抱く. ❸ (子を) 妊娠する. ❹ 理解する. ── [自] 妊娠する.

conceder [コンセデル] [他]〔英 concede〕❶ (権利等を) **与える**. ❷ (意見等を) 認める. ❸《a》(…に)(価値等を) 認める.

concejal, jala [男][女] 市[町, 村] 議会議員.

concejalía [女] 市[町, 村] 議会議員の職[属する委員会].

concejo [男] 市[町, 村] 議会；役場.

concelebrar [他]〖カト〗(複数の司祭がミサを) 共同執行する.

concentración [女] ❶ 集中；集結；(精神の) 集中. ❷ 濃度. ❸〖スポ〗合宿, キャンプ. **～ *parcelaria*** 土地の整理統合.

concentrado, da [過分] → concentrar. [形] ❶ 集中した. ❷ 濃縮された. ── [男] 濃縮物[液].

concentrar [コンセントゥラル] [他]〔英 concentrate〕❶《en》(…に) **集中させる**, 集める. ❷ (注意等を) 集める. ❸ 濃縮[凝縮] する. ── **concentrarse** [再] ❶

《en》(…に) 集中する, 専念する. ❷ 集まる. ❸ 濃厚になる.

concéntrico, ca 形〖数〗同心の.

concepción 女 ❶ 受胎, 妊娠;〖カト〗(聖母マリアの) 処女懐胎. ❷ 概念;解釈;構想. ― 固名[C-]❶ コンセプシオン:女子の名. ❷ コンセプシオン. (1) パラグアイの県;県都. (2) チリの州;州都.

conceptismo 男〖文学〗奇知主義:17世紀スペインのケベドに代表される文学形式.

conceptista 形 男 女〖文学〗奇知主義の(作家).

concepto [コンセプト] 男〔英 concept〕❶ **概念**. ❷ 見解;判断. ❸ 機知に富んだ言葉. ❹〖商〗品目. ***en* ～ *de* ...** …(代)として. ***en* [*bajo, por*] *ningún* ～** 決して…でない.

conceptual 形 概念の.

conceptualismo 男〖哲〗概念論.

conceptualista 形 男 女 概念論の[者].

conceptualización 女 概念化.

conceptualizar 57 他 概念化する.

conceptuar 58 他《de, por, como》(…と) 考える, みなす.

conceptuoso, sa 形 機知に富んだ.

concerniente 形《a》(…に) 関する. ***en lo* ～ *a* ...** …に関しては.

concernir 45 自《3人称のみで》《a》(…に) 関係する, かかわりがある. ***en* [*por*] *lo que concierne a* ...** …に関しては.

concertación 女 合意, 協定. ～ salarial 賃金協定.

concertado, da 形 ❶ (私学が) 助成金を受けた. ❷ (病院が) 社会保険のきく.

concertar 18 他 ❶ (…を) 取り決める;(意見等を) まとめる. ❷《con》(…と) 一致させる. ❸ (声・楽器の) 音を合わせる. ❹〖文法〗一致させる. ― 自 ❶《con》(…と) 一致する. ❷〖文法〗《en》(…が) 一致する. ― **concertarse** 再 合意する.

concertina 女〖音〗コンチェルティーナ.

concertino 〔伊〕男〖音〗コンサートマスター.

concertista 男 女 独奏者, ソリスト.

concerto [コンチェルト]〔伊〕男〖音〗協奏曲, コンチェルト.

concesión 女 ❶ (権利等の) 付与;委譲. ❷ 譲歩, 妥協.

concesionario, ria 形 男 女 (権利等を) 付与された (人, 会社). ― 男 特約店, 総代理店.

concesivo, va 形〖文法〗譲歩の. ― 女 譲歩節.

concha 女 ❶ 貝殻;殻;甲羅, べっ甲. ❷〖演〗プロンプター・ボックス. ❸ (貝の形の) 入り江. ❹《ラ米》(アルゼ)(チリ)(メキ)(ペル)(ウルグ)《俗》(女性) 性器. ― 固名[C-]コンチャ:Concepción の愛称. ***meterse en su c～*** 《話》自分の殻に閉じこもる. ***tener muchas c～s* [*más c～s que un galápago*]** 《話》油断がならない.

conchabamiento 男 → conchabanza.

conchabanza 女 共謀.

conchabar 他《ラ米》(南米)(メキ)(使用人等を) 雇う. ― **conchabarse** 再 ❶ 共謀する. ❷《ラ米》(南米)(メキ)雇われる.

conchabo 男《ラ米》(南米)(メキ)雇用 (契約);働き口, 仕事.

Conchi 固名 コンチ:Concepción の愛称.

Conchita 固名 コンチータ:Concepción の愛称.

¡concho! 間《話》《怒り・驚き》なにっ.

concho 男《ラ米》(1)(チリ)(ペル)沈殿物, おり. (2) 末っ子 (→ benjamín 地域差).

conchudo, da 形《ラ米》(1)(アルゼ)(チリ)《俗》運の良い. (2)(コロン)(エクア)(メキ)(ペル)ばかな;のろまな;恥知らずの.

concib- 活 → concebir.

conciencia [コンしエンしア] 女〔英 conscious; conscience〕❶ **意識**, 自覚. ❷ **良心**, 道義心. mala ～ 後悔. ***a* ～** 手を抜かずに. ***en* ～** 正直に.

concienciación 女 自覚[意識]すること.

concienciar 17 他《de》(…を) 自覚させる, 気づかせる. ― **concienciarse** 再《de》(…を) 自覚する, (…に) 気づく.

concienzudo, da 形 良心的な;丹精込めた.

concierto [コンしエルト] 男〔英 concert; agreement〕❶ **コンサート**;〖音〗協奏曲, コンチェルト. ❷ **合意**, 取り決め;協調, 調和.

conciliable 形 調和[両立]しうる.

conciliábulo 男 秘密の会合, 密談.

conciliación 女 調停;和解.

conciliador, dora 形 融和的な. ― 男 女 調停者.

conciliar 17 他 ❶ 和解させる;調停[仲裁]する. ❷《con》(…と) 両立させる. ❸ (尊敬等を) 得る. ― **conciliarse** 再 ❶ 和解[両立]する. ❷ (尊敬等を) 得る.

― **conciliar** 形 男〖カト〗公会議の (出席者).

conciliatorio, ria 形 融和的な.

concilio 男 ❶〖カト〗公[宗教]会議;その決定事項[議事録]. ❷ 会議.

concisión 女 (表現の) 簡潔さ.

conciso, sa 形 簡潔な, 簡明な.

concitar 他 (反感等を) あおる. ― **concitarse** 再 (反感等を) 買う.

conciudadano, na 男 女 同じ町の住民;同国人.

cónclave / conclave 男〖カト〗教皇選挙会議;会合.

concluir [コンクるイル] 60 他〔現分 concluyendo〕〔英 conclude〕❶ **終了する**, 完結させる. ❷《de》(…から) **結論を下す**, 推論する. ― 自 終わる;《+現分 /por+不定詞》結局…することになる;《en, con》(…で) 終わる. ― **concluirse** 再 終わる.

conclusión [コンクるシオン] 女〔複 conclusiones〕〔英 conclusion〕❶ **終わり**, 終了. ❷ **結論**;〖論〗断案, 帰結. ❸ (協定等の) 締結. ***en* ～** 要するに. ***sacar en* ～ (*de* ...)** (…から) 結論を出す.

conclusivo, va 形 最終的な.

concluso, sa 形〖法〗結審した.

concluy- 活 現分 → concluir.

concluyente 形 決定的な.

concoide 形 → concoideo.

concoideo, a 形〖鉱〗貝殻状の.

concomerse 再《de, por》(後悔等に) さいなまれる.

C

C

concomitancia 女 一致；同時発生.

concomitante 形 付随の，随伴の.

concordancia 女 ❶ 一致. ～ de género 〘文法〙 性の一致. ❷ [複] コンコーダンス，用語索引.

concordar 32 他 ❶ 合意する；《con》(…と) 調和させる. ❷ 〘文法〙 一致させる. ― 自 《en / con》(…で / …と) 一致する；〘文法〙 一致する.

concordato 男 政教条約.

concorde 形 《en / con》(…で / …と) 一致した.

concordia 女 ❶ 協調，融和. ❷ 取り決め，協定.

concreción 女 ❶ 具体化[性]. ❷ 凝固(物).

concreta 形 → concreto.

concretamente 副 具体的に；正確に言うと.

concretar 他 ❶ 具体化する；具体的に述べる. ❷ 《a》(…に) 限定する. ― **concretarse** 再 ❶ 《a》(…に) とどめる. ❷ 具体化する.

concreto, ta [コンクレト, タ] 形 〔英 concrete〕 **具体的な**. ― 男 《ラ米》 コンクリート. *en* ～ 要するに；具体的には.

concubina 女 内縁の妻.

concubinato 男 《軽蔑》 内縁関係.

concuerda *por* ～ 原本に同じ.

conculcación 女 違反，侵害.

conculcar 26 他 踏みにじる，侵害する.

concuñado, da 男 女 義兄弟[姉妹]の兄弟[姉妹]；義兄弟[姉妹]の配偶者.

concupiscencia 女 〘カト〙 色欲；強欲.

concupiscente 形 〘カト〙 好色な；強欲な.

concurrencia 女 ❶ 《集合的》 参加[出席]者. ❷ 併発. ❸ 競合，競争.

concurrente 形 集まる；参加する. ― 男 女 参加者.

concurrido, da 形 参加者の多い.

concurrir 自 ❶ 《en》(…に) 集まる，集合する；併発する. ❷ 《a》(…に) 参加する；応募する. ❸ 《a》(…に) 影響を及ぼす.

concursante 男 女 参加[出場]者.

concursar 他 〘法〙 破産宣告する. ― 自 《a》(…に) 応募する；《en》(…で) 競う.

concurso [コンクルソ] 男 〔英 competition〕 ❶ **コンクール**，競技会；採用試験；クイズ番組. ❷ (状況等の) 一致. ❸ 〘商〙 競争入札. ❹ (人の) 集まり. ❺ 援助，助力.

concusión 女 ❶ (頭への) 衝撃. ❷ 公金横領.

condado 男 伯爵の地位；伯爵領；(米国の) 郡，(英国等の) 州.

condal 形 伯爵の.

conde 男 伯爵.

condecoración 女 勲章；叙勲.

condecorar 他 表彰する；《con》(…の勲章を) 授ける.

condena 女 ❶ 〘法〙 有罪判決；刑. ～ a muerte 死刑. ❷ 非難.

condenable 形 罰す[非難される]べき.

condenación 女 有罪判決；〘宗〙 地獄落ち (＝～ eterna).

condenado, da 形 ❶ 〘法〙 有罪を宣告された. ❷ 〘宗〙 地獄に落とされた. ❸ いまいましい；いたずらな. ❹ (窓等が) ふさがれた. ― 男 女 ❶ 〘法〙 既決囚. ❷ 〘宗〙 地獄に落ちた人. ❸ いまいましいやつ；いたずらっ子.

condenar 他 ❶ 《a》(…の刑を) 言い渡す. ❷ 非難する. ❸ 《a》(…を) 余儀なくさせる. ❹ (窓等を) ふさぐ. ― **condenarse** 再 ❶ 〘宗〙 地獄に落ちる. ❷ 罪を認める.

condenatorio, ria 形 有罪の.

condensación 女 ❶ 凝縮；〘化〙 凝結，凝固. ❷ 要約.

condensador, dora 形 凝縮する. ― 男 〘電〙 コンデンサー，蓄電器；〘機〙 凝縮器；〘光〙 集光装置.

condensar 他 ❶ 濃縮[凝縮]する. ❷ 〘化〙 凝結[凝固]させる. ❸ 要約する. ― **condensarse** 再 凝縮[凝結]する.

condesa 女 (女性の) 伯爵；伯爵夫人.

condescendencia 女 親切さ，腰の低さ.

condescender 101 自 《a, en, con》(…を) 聞き入れる.

condescendiente 形 親切な，腰の低い，思いやりのある.

condestable 男 中世の元帥.

condición [コンディしオン] 女 [複 condiciones] 〔英 condition〕 ❶ **条件**. ❷ [複] **状態**；状況. ❸ 本性；性格；[複] 素質，適性. ❹ 身分，階級. *a* ～ *de que* 〈+接続法〉 …の条件で. ～ *sine qua non* 必須条件. *en condiciones (de ...)* (…に) 適した状態で.

condicionado, da 形 《a, por》(…に) 条件づけられた.

condicional 形 条件つきの；〘文法〙 条件の. ― 男 〘文法〙 過去未来(形)；条件法.

condicionamiento 男 条件づけ；制限.

condicionante 形 男 (または女) 条件づける(もの). ～*s* políticos 政治的要因[状況].

condicionar 他 ❶ 《a》(…を) …の条件とする. ❷ 左右する.

condigno, na 形 相応の.

cóndilo 男 〘解〙 顆(か).

condiloma 女 〘医〙 湿疣(ゆう).

condimentación 女 味付け，調味.

condimentar 他 味を付ける.

condimento 男 調味料.

condiscípulo, la 男 女 同級生，同窓生.

condolencia 女 同情；弔意.

condolerse 70 再 《de》(…に) 同情する，気の毒に思う.

condominio 男 ❶ 共同支配(地)；共同所有 (地，物). ❷ 《ラ米》 アパート (→ apartamento 地域差).

condón 男 コンドーム.

condonación 女 赦免；(負債の) 免除.

condonar 他 (刑・罰を) 許す；(負債を) 免除する.

cóndor 男 ❶ 〘鳥〙 コンドル. ❷ コンドル：コロンビア・エクアドル・チリの金貨.

condotiero 男 〘史〙 傭兵(ようへい)隊長.

conducción 女 ❶ (車の) 運転. ❷ 《集合的》 導管，導線. ❸ 誘導.

conducente 形 《a》(…に) 導く.

conducir [コンドゥしル] 12 他 〔英

lead; drive〕❶《a》(…に) **導く**, 案内する；運ぶ. ❷ (車を) **運転する** (➔地域差). ❸ 運営する；指導する. ❹ (電気等を) 通す, 伝える. ― 自 ❶ 車を運転する. ❷《a》(…に) 通じる. ― **conducirse** 再 振る舞う. 地域差 (車を) 運転する conducir《スペイン》《ラ米》(ｱﾙｾﾞﾝﾁﾝ)(ﾊﾟﾅﾏ)(ｺﾛﾝﾋﾞｱ)(ﾐｸﾞｱ,ﾎﾞﾘﾋﾞｱ)；guiar (ｱﾙｾﾞﾝﾁﾝ)；manejar《ほぼラ米全域》.

conducta [コンドゥクタ] 女〔英 conduct〕❶ **態度**, 行い. ❷ 運営；指導.

conductibilidad 女 ➔ conductividad.

conductismo 男〖心〗行動主義.

conductividad 女〖電〗伝導性.

conducto 男 ❶ 導管, 管；〖解〗管. ❷ 経路, 手段.

conductor, tora 形 導く. ― 男 女 ❶ 運転手. ❷ 指導者；進行役. ― 男 ❶〖物〗〖電〗導体；導線. ❷《ラ米》(楽団の) 指揮者.

condueño 男 女 共同所有者.

conduj- 活 ➔ conducir.

condumio 男《話》食べ物.

conduzc- 活 ➔ conducir.

conectador 男〖電〗コネクター.

conectar 他 ❶《a, con》(…と) つなぐ, 連結する；関連させる. ❷〖電〗接続する, (スイッチを) 入れる. ― 自《con》(…と) 接触する, つなぐ. ― **conectarse** 再 ❶ つながる；スイッチが入る. ❷ (インターネット等に) 接続する.

conectivo, va 形 接続する.

conector, tora 形 連結する. ― 男 連結器, コネクター；〖文法〗連結詞.

coneja 女 ❶《俗》《軽蔑》多産の女. ❷ ➔ conejo.

conejal / conejar 男 ウサギ小屋.

conejero, ra 形 (犬が) ウサギ狩りの. ― 男 女 ウサギの飼育業者. ― 女 ウサギの巣[穴]；ウサギ小屋；狭い家.

conejillo 男 ～ *de Indias*〖動〗テンジクネズミ, モルモット；実験台.

conejo, ja 男 女〖動〗ウサギ. ― 男《俗》女性性器.

conexión 女 ❶ つながり；関連；連絡. vuelo de ～ (飛行機の) 乗り継ぎ便. ❷〖電〗〖機〗接続 (部). ❸ [複] コネ (クション).

conexionarse 再《con》(…と) つながりを持つ, 関係を結ぶ.

conexo, xa 形 関係[関連] した.

confabulación 女 共謀, 密約.

confabular(se) 自 再 共謀する.

confección 女 ❶ 作成, 製造, 製作. ❷ 縫製；既製服.

confeccionar 他 ❶ 製造[製作] する. ❷ (リスト等を) 作成する.

confeccionista 形 既製服製造 (業) の. ― 男 女 既製服製造業者.

confederación 女 連合, 連盟, 同盟；連邦.

confederado, da 形 同盟の；連邦の. ― 男 女〖史〗アメリカ南部連合国兵士. ― 男 同盟国.

confederal 形 連邦の, 連合の.

confederar 他 同盟[連合] させる. ― **confederarse** 再 同盟[連合] する.

confederativo, va 形 同盟の.

conferencia [コンフェレンしア] 女〔英 conference〕❶ **講演** (会). ❷ (国際的な) **会談**, 会議. ❸ 長距離電話. ～ *de prensa* 記者会見.

conferenciante 男 女 講演者；(会議への) 参加者.

conferenciar 17 自《con》(…と) 協議する.

conferencista 男 女《ラ米》➔ conferenciante.

conferir 98 他 (権限等を) 与える.

confesado, da 過分 ➔ confesar. 形 男 女 告解した (人).

confesar [コンフェサル] 18 他〔英 confess〕❶ **告白する**. ❷ 白状する, 認める. ❸〖カト〗(聴罪司祭が) 告解を聴く；(聴罪司祭に) 告解する. ― **confesarse** 再《a, con》《de》(…に) (…を) 告解する；告白する.

confesión 女 ❶ 告白；白状. ❷〖カト〗告解, 懺悔(ざんげ). ❸〖宗〗信仰；宗派. ❹ [複] 自伝.

confesional 形 ❶ 特定の宗教に属する. ❷〖カト〗告解の, 懺悔(ざんげ)の.

confesionalidad 女 所属宗派.

confesionario 男 ➔ confesonario.

confeso, sa 形 ❶ 自白した. ❷ (ユダヤ人がキリスト教に) 改宗した. ― 男 女 自白者；改宗ユダヤ人.

confesonario 男〖カト〗告解室.

confesor 男〖カト〗❶ 聴罪司祭. ❷〖史〗証聖者.

confeti 男《集合的》紙吹雪.

confí- 活 ➔ confiar.

confiable 形 信頼できる.

confiado, da 過分 ➔ confiar. 形 ❶ 信じやすい. ❷《en》(…を) 確信している；自信のある.

confianza [コンフィアンさ] 女〔英 confidence〕❶《en》(…への) **信頼**, 信用. ❷ **自信**, 確信. ❸ 親密さ. ❹ [主に複] なれなれしさ. *de (toda)* ～ 信頼できる；気のおけない. *en* ～ 内密に.

confianzudo, da 形 ❶ 信じやすい. ❷ なれなれしい.

confiar [コンフィアル] 31 他〔英 confide〕❶《a》(…に) **任せる**. ❷ 打ち明ける. ― 自《en》(…を) **信頼する**；(…を) 確信する. ― **confiarse** 再 ❶《a, en》(…に) 任せる. ❷ 打ち明ける. ❸ 過信する.

confidencia 女 打ち明け話.

confidencial 形 内密の.

confidente, ta 男 女 ❶ 何でも打ち明けられる人. ❷ スパイ. ― 男 2人掛けのS字型ソファー.

confies- 活 ➔ confesar.

configuración 女 ❶ 形成；形状. ❷〖IT〗(コンピュータ・周辺機器の) 構成.

configurar 他 ❶ 形成[構成] する. ❷〖IT〗(コンピュータを) ユーザー仕様にする. ― **configurarse** 再 ❶ 形成される. ❷《como》(…という) 形をとる.

confín 男 ❶ [主に複] 境界. ❷ (視界の) 果て；はるかかなた.

confinamiento 男 幽閉；流罪.

confinar 他《en》(…に) 閉じ込める. ― 自《con》(…と) 接する；紙一重である. ― **confinarse** 再《en》(…に) 閉じこもる.

confirmación 女 ❶ 確認, 確証. ❷

C

〖宗〗堅信(の秘跡).

confirmando, da 現分 → confirmar. 男 女 〖宗〗受堅者.

confirmar [コンフィルマル] 他 〔英 confirm〕 ❶ 確認する. ~ el vuelo 飛行機便をリコンファームする. ❷ 確かなものにする;《en》(…を)確信させる. ❸〖宗〗授堅する. — **confirmarse** 再 ❶ 確かなものになる;《en》(…を)堅持する. ❷〖宗〗受堅する.

C

confirmativo, va / confirmatorio, ria 形 確認[追認]の.

confiscación 女 没収, 押収.

confiscar 26 他 没収する, 押収する.

confiscatorio, ria 形〖法〗没収の.

confitado, da 形 ❶ 糖衣をかけた;シロップ煮にした. ❷《話》期待を抱いた.

confitar 他 ❶ 糖衣をかける;(果物を)シロップ煮する. ❷《話》甘い期待を抱かせる.

confite 男 ナッツ等の砂糖衣菓子.

confitería 女 ❶ 菓子屋. ❷《ラ米》(アルゼンチン)(ボリビア)(ウルグアイ)喫茶店.

confitero, ra 男 女 菓子職[販売]人.

confitura 女(ジャム等)果物の砂糖煮.

conflagración 女《文》紛争, 戦争.

conflagrar 他《稀》燃やす, 焼く.

conflictividad 女 摩擦[対立](を生じうること).

conflictivo, va 形 争いの.

conflicto [コンフリクト] 男 〔英 conflict〕 ❶ 紛争, 争い. ❷ 対立, 衝突. ❸ 問題;葛藤(かっとう).

confluencia 女(道・川等の)合流(地点).

confluente 形 ❶ 合流する[した]. ❷〖医〗(発疹(はっしん)等が)融合性の.

confluir 60 自 ❶(道・川等が)合流する;(人が)集まる. ❷(意見等が)一致する.

conformación 女 形態;構造.

conformar [コンフォルマル] 他 〔英 adjust〕 ❶《a, con》(…に)合わせる, 一致させる. ❷《con》(…で)我慢させる. ❸ 構成[形成]する. ❹(書類等にサインして)承認する;(銀行が小切手を)発行する. — 自《con》(…と)同意見である. — **conformarse** 再 ❶《con》(…で)我慢する, 満足する. ❷《a, con》(…に)一致する;《en》(…で)合意する.

conforme [コンフォルメ] 形 〔英 consistent〕 ❶《a, con》(…に)適合した, 合った. ❷《con / en》(…と / …で)合意した. ❸《con》(…で)我慢した, あきらめた. — 副 〔英 according to〕《a》(…に)したがって, 応じて. — 間《同意》オーケー. — 男(書類の)承認(のサイン). — 活 → conformar. — [コンフォルメ] 接 …するのにしたがって;…のとおりに.

conformemente 副《稀》一致[協調]して.

conformidad 女 ❶ 同意, 承認. ❷ あきらめ, 忍従. ❸ 合致, 調和. *de* [*en*] *~ con ...* …にしたがって, 応じて.

conformismo 男 順応主義.

conformista 形 男 女 ❶ 順応主義の(人). ❷〖宗〗英国国教徒(の).

confort 男 快適さ;快適な設備.

confortable 形 ❶ 快適な, 心地よい. ❷ → confortante.

confortante 形 元気づける.

confortar 他 ❶(食べ物等が)力を与える. ❷(人を)元気づける, 励ます.

confraternidad 女 友愛.

confraternización 女 友好[親睦(しんぼく)]関係(を結ぶこと).

confraternizar 57 自《con》(…と)仲間付き合いをする.

confrontación 女 ❶ 対面;対峙(たいじ). ❷ 照合, 対比.

confrontar 他 ❶《con》(…と)照合[比較]する;対面させる;〖法〗対質尋問する. ❷(困難等に)立ち向かう. — 自《con》(…と)接する. — **confrontarse** 再《con》(…に)直面する.

confucianismo 男 儒教, 儒学.

confuciano, na 形 孔子 Confucio の;儒教の. — 男 女 儒者.

Confucio 固名 孔子(前551 - 前479):中国の思想家. 儒教の祖.

confucionismo 男 儒教, 儒学.

confundible 形 混同しやすい.

confundir [コンフンディル] 他 〔英 confuse〕 ❶《con》(…と)混同する, 間違える. ❷ 混ぜる;紛れさせる. ❸ 当惑させる, 混乱させる. — **confundirse** 再 ❶《de》(…を)間違える. ❷ 混ざる;紛れる. ❸《con》(…に)当惑する.

confusión 女 混同;当惑;混乱.

confusionismo 男《軽蔑》(時に意図的な言語・考えの)混乱状態.

confusionista 形 男 女(考え・言語が)混乱を引き起こす(人).

confuso, sa 形 ❶ 混乱した;不明瞭(めいりょう)な. ❷ 当惑した.

conga 女 ❶〖音〗コンガ:キューバの踊り[音楽]. ❷[複]コンガの太鼓.

congelación 女 ❶ 凍結, 冷凍. ❷〖医〗凍傷.

congelado, da 形 ❶ 凍った, 冷凍した. ❷(体が)冷えきった;〖医〗凍傷にかかった. — 男[主に複]冷凍食品.

congelador 男(冷蔵庫の)冷凍室;(専用)フリーザー.

congelamiento 男 → congelación.

congelar 他 ❶ 凍結させる;冷凍する. ❷〖医〗凍傷を起こさせる. ❸(資金・計画等を)凍結する. — **congelarse** 再 ❶ 凍結する;冷凍される. ❷(体が)凍える;〖医〗凍傷にかかる.

congénere 形 同種の, 同類の. — 男 女《軽蔑》[主に複]仲間, 一味.

congeniar 17 自《con》(…と)気が合う, うまくいく.

congénito, ta 形 先天的な, 先天性の;生まれつきの.

congestión 女 ❶〖医〗鬱血(うっけつ), 充血. ❷ 混雑;閉塞(へいそく)(状態). ~ nasal 鼻づまり.

congestionar 他 ❶ 充血させる. ❷ 混雑[渋滞]させる. — **congestionarse** 再 ❶(顔が)紅潮する. ❷ 混雑[渋滞]する.

conglomeración 女 凝集.

conglomerado 男 ❶ 寄せ集め;集積. ❷〖経〗コングロマリット. ❸〖地質〗礫岩(れきがん). ❹(人工の)塊;合板.

conglomerar 他 寄せ集める;塊にする. — **conglomerarse** 再 凝集する,

塊になる；寄り集まる.
Congo 固名 ❶ República del ～ コンゴ共和国：首都ブラザビル Brazzaville. ❷ República Democrática del ～ コンゴ民主共和国：首都キンシャサ Kinshasa.
congoja 女 苦悩，苦悶(くもん)，悲痛.
congoleño, ña 形 男 女 コンゴの(人).
congraciar 17 他 《con》(性質等が)(…に) 好意を感じさせる. — **congraciarse** 再 《con》(…に) 好かれる，気に入られる.
congratulación 女 [主に複] 《por》(…に対する) 祝賀；祝辞.
congratular 他 《por》(…を) 祝う；喜ばせる. — **congratularse** 再 《de, por》(…を) 喜ぶ，祝う.
congregación 女 ❶ 集まり，会合. ❷ 〖宗〗修道会；信徒団. ❸ (ローマ教皇庁の) 聖省. ～ ***de los fieles*** カトリック教会.
congregante, ta 男 女 信徒団員.
congregar 66 他 (人を) 集める. — **congregarse** 再 《en》(…に) 集まる.
congresista 男 女 議員，代議士；会議[学会]の参加者.
congreso 男 ❶ (専門的な) 会議；学会. ❷ 国会，議会；国会議事堂 (= Palacio de *C*～*s*). ～ de los diputados (スペイン) 下院.
congresual 形 会議[学会，国会]の.
congrio 男 〖魚〗アナゴ.
congruencia 女 ❶ 一致，整合 (性). ❷〖数〗合同 (式).
congruente 形 《con》(…と) 一致した.
cónico, ca 形 円錐(すい)(形) の. — 女 〖数〗円錐曲線.
conidio 男 〖植〗(菌類の) 分生子.
conífero, ra 形 〖植〗針葉樹 [球果植物] の. — 女 [複] 針葉樹類.
coniforme 形 円錐(すい)形の.
conjetura 女 [主に複] 推測，憶測.
conjetural 形 推測に基づく.
conjeturar 他 推測する，憶測する.
conjugación 女 ❶ 〖文法〗(動詞の) 活用 (表)；活用型. ～ regular [irregular] 規則 [不規則] 活用. ❷ 結合；〖生〗(生殖細胞の) 接合.
conjugar 66 他 ❶ 〖文法〗(動詞を) 活用させる. ❷ 結びつける，調和させる. — **conjugarse** 再 ❶ 〖文法〗(動詞が) 活用する. ❷ 調和する.
conjunción 女 ❶ 〖文法〗接続詞. ❷ 結合；〖天〗合(ごう).
conjunta 形 → conjunto.
conjuntamente 副 一緒に，まとまって.
conjuntar 他 まとめる. — **conjuntarse** 再 まとまる.
conjuntiva 女 〖解〗結膜.
conjuntivitis 女 [単複同形] 〖医〗結膜炎.
conjuntivo, va 形 ❶ 結合する. ❷ 〖文法〗接続 (詞) の.
conjunto, ta [コンフント, タ] 形 1つになった，結束した. — 男 [英 whole] ❶ **全体，総体**；集まり. ❷ 〖音〗(小) 楽団，アンサンブル (= ～ musical). ❸ 一式；〖服〗アンサンブル. ❹ 〖数〗集合. ***en*** ～ 全体として.
conjura 女 共謀，陰謀.
conjuración 女 ❶ → conjura. ❷ (危険等の) 回避.
conjurado, da 形 共謀[陰謀]の. — 男 女 共謀[陰謀]者.
conjurar 他 ❶ (危険等を) 避ける. ❷ (悪霊等を) 祓(はら)う. ❸ (霊を) 呼び出す. ❹ 《que + 接続法》(…するよう) 懇願する. — **conjurarse** 再 《contra》(…に対して) 共謀する.
conjuro 男 ❶ 悪魔払い；呪文(じゅもん). ❷ 懇願. ***al*** ～ ***de ...*** …の力[効果]で.
conllevar 他 ❶ (必然的に) 伴う. ❷ (苦境等に) 耐える.
conmemorable 形 記念すべき.
conmemoración 女 記念 (式典).
conmemorar 他 記念する；(記念式典を) 行う.
conmemorativo, va 形 記念の.
conmensurable 形 測定できる.
conmensurar 他 (同じ単位で) 測る.
conmigo [コンミゴ] [前置詞 conと人称代名詞 míとの結合形] [男女同形] [英 with me] ❶ **私と**，私と一緒に. ¿No quieres ir ～? 私と一緒に行きませんか. ❷ 私に対して. Él no se lleva muy bien ～. 彼は私とうまくいかない. ❸ 《再帰》自分で，携えて；自分に対して. No llevo dinero ～. お金を持ち合わせていない. ► mismo を伴うことがある. Estoy enfadada ～ *misma*. 私は自分に腹が立っている.
conmilitón 男 戦友.
conminación 女 脅し；〖法〗命令.
conminar 他 《con》(…で) 脅す，威嚇する；〖法〗《a》(…するように) 命令する.
conminativo, va / conminatorio, ria 形 脅しの；命令的な.
conmiseración 女 同情，憐憫(れんびん).
conmoción 女 ❶ (精神的・肉体的な) 衝撃. ❷ (社会的) 激動. ❸ 地震. ～ ***cerebral*** 〖医〗脳震盪(とう).
conmocionar 他 衝撃を与える. — **conmocionarse** 再 衝撃を受ける.
conmovedor, dora 形 感動的な.
conmover [コンモベル] 70 他 [英 move] ❶ **心を動かす**，感動させる. ❷ 震動させる. — **conmoverse** 再 《con, por》(…に) 感激する；震動する.
conmuev- 活 → conmover.
conmutabilidad 女 ❶ 交換可能性. ❷ 〖法〗減刑の可能性.
conmutación 女 ❶ 交換，変換. ❷ 〖法〗減刑.
conmutador, dora 形 交換する；減刑する. — 男 〖電〗スイッチ，整流 [転換] 器；《ラ米》(電話) 交換台.
conmutar 他 ❶ 〖法〗《por》(…に) 減刑する. ❷ 《con, por》(…と) 交換する.
conmutativo, va 形 ❶ 交換する[できる]. ❷ 〖数〗可換の.
connatural 形 《a》(…に) 生得の.
connivencia 女 《文》❶ 共謀. ❷ (部下の失敗の) 黙認.
connotación 女 ❶ 〖言〗暗示的意味，含意. ❷ 〖論〗内包 (↔denotación).
connotado, da 形 《ラ米》有名な，著名な.
connotar 他 (語句が…を) 含意する.
connotativo, va 形 〖言〗暗示的な；〖論〗内包する.

C

connubio 男《文》婚姻, 結婚.

cono 男 ❶〘数〙円錐(えんすい)(形). ❷ (交通整理等の) コーン. ❸〘解〙(眼の) 円錐体. ❹〘植〙球果. *C*～ *Sur* チリ・アルゼンチン・ウルグアイ (時にパラグアイ) を含む地域.

conocedor, dora 形《de》(…に) 精通した. ― 男 女《de》(…の) 専門家.

conocer [コノセル] 76 他 〔英 know〕 ❶ 知っている, 知る, なじみである. ～ mundo 世界を知っている. ～ el camino 道を知っている. ¿*Conoces* Nápoles? ナポリに行ったことある. ► conocerは経験に基づく知識として知っていることを表す (→ saber). ❷ 識別する, 見分ける ; 気づく. La *he conocido* por la voz. 声で彼女だと分かった. ❸ …の知識を持っている. ～ muy bien la obra del escritor その作家の作品に精通している. ❹ 経験している. No *hemos conocido* una crisis tan grande como ésta. これほどの危機はいまだかつて経験したことはなかった. ❺ (人と) 知り合いである, 付き合いがある. La *conozco* desde hace muchos años. 彼女とは長いつき合いだ. ～ varón 男を知っている (性体験がある). ― 自 ❶《de》(…について) よく知っている, (…に) 精通している. ❷《en, de》(判事等が) (…を) 扱う, 管理する. ― **conocerse** 再 ❶ 自分を知る. *Conócete* bien a ti mismo. 自分自身をよく知りなさい. ❷《主語が複数形で》知り合う ; 面識がある ; お互いを識別し合う. Al principio ellos no *se conocieron*. 最初は彼らはお互い誰だか分からなかった. ❸ 明らかである ; はっきりしている. *Se* le *conoce* una gran tristeza en la cara. 彼の顔を見るとひどく悲しんでいることが分かる. ***conocer de vista*** [***de oídas***] 見て[聞いて]知っている. ***dar a conocer*** 知らせる. ***darse a conocer*** 知られる ; デビューする. ***se conoce que …*** …のようである.

conocido, da [コノシド, ダ] 過分 → conocer. 形〔英 known〕 周知の, 有名な. ― 男 女 知人.

conocimiento [コノシミエント] 男〔英 knowledge〕 ❶ 知っていること ; [主に複] 知識. ❷ 意識. perder [recobrar] el ～ 失神する[意識を回復する]. ❸ 認識, 知ること. ❹ 分別. ❺ 人付き合い ; 《話》知人.

conoide 男 ❶〘数〙円錐(えんすい)曲線体 ; 円錐に似た形. ❷〘数〙扇形.

conopial 形〘建〙反曲線の.

conozc- 活 → conocer.

conque 接《等位》《結果》それで, だから. No te necesitamos aquí, ～ ya te puedes ir. 君はここでは必要ないので帰ってもいいよ. ¿*C*～ lo has hecho tú? 結局, それをしたのは君だったんだね. ¡*C*～ nunca más me pidas dinero! だからもうお金の無心はやめてくれ. ― 男 条件.

conquense 形 男 女 (スペインの) クエンカの (人).

conquista [コンキスタ] 女〔英 conquest〕 ❶ 征服 ; 征服地. ❷ 獲得 (物). ❸ (恋愛で) 口説き落とすこと ; その相手. ― 活 → conquistar.

conquistable 形 征服[獲得]できる.

conquistador, dora 形 征服する, 征服者の ; (異性に) もてる. ― 男 女 ❶ 征服者 ; 〘史〙(アメリカ大陸の) スペイン人征服者. ❷ (異性に) もてる人, 色男[女].

conquistar [コンキスタル] 他〔英 conquer〕 ❶ 征服する ; 獲得する. ❷ (…の) 心をつかむ ; 口説き落とす.

Conrado 固名 コンラド : 男子の名.

consabido, da 形 ❶ いつもの. ❷ 周知の. ❸ 上述[前記]の.

consagración 女 ❶〘宗〙(パンとぶどう酒の) 聖変化. ❷〘宗〙神に捧げること ; 聖別. ❸ 献身, 専念. ❹ (名声等の) 獲得.

consagrar 他 ❶〘宗〙(パン・ぶどう酒等を) 聖別する. ❷《a》(…に) 捧げる ; (神に) 奉献する. ❸《como》(…として) 認知[確立]させる. ― **consagrarse** 再 ❶《a》(…に) 身を捧げる. ❷《como》(…として地位を) 確立する.

consanguíneo, a 形 男 女 血縁の (人).

consanguinidad 女 血族[血縁] (関係). grado de ～ 親等.

consciencia 女 → conciencia.

consciente 形 ❶《ser と共に》《de》(…を) 自覚[意識]した. ❷《estar と共に》意識がある. ❸ 良心的な, 分別のある.

conscripción 女《ラ米》徴兵 (制).

conscripto 男《ラ米》徴集兵.

consecución 女 獲得 ; 達成.

consecuencia [コンセクエンシア] 女〔英 consequence〕 ❶ 結果 ; 結論. ❷ (言行等の) 一貫性. ***a*** ～ ***de …*** …の結果として. ***atenerse a las*** ～***s*** 結果の責任を取る. ***en*** [***por***] ～ その結果, したがって. ***tener*** [***traer***] ～***s*** (特に悪い) 結果をもたらす.

consecuente 形 ❶ (言行の) 一貫した. ❷ 必然的な. ― 男 ❶ 帰結. ❷〘論〙後件 ; 〘数〙後項.

consecuentemente 副 ❶ 首尾一貫して. ❷ したがって, その結果.

consecutivamente 副 連続して ; 《a》(…に) すぐ続いて.

consecutivo, va 形 ❶ 連続した. ❷〘文法〙結果を表す. conjunción *consecutiva* 結果の接続詞.

conseguido, da 過分 → conseguir. 形 よくできた, 有効な.

conseguidor, dora 形 男 女 獲得[達成]する[者].

conseguir [コンセギル] 97 他 [現分 consiguiendo]〔英 attain〕 ❶ 獲得する ; 達成する. ❷《+不定詞 / que+接続法》(…することを) なし遂げる.

conseja 女 昔話, おとぎ話.

consejería 女 ❶ (スペインの自治州の) 局[部, 省] (の事務所). ❷ 審議会委員の職.

consejero, ra 男 女 ❶ 助言者, 相談相手 ; 顧問. ❷ (審議会等の) 委員. ❸ (スペインの自治州の) 閣僚.

consejo [コンセホ] 男〔英 advice〕 ❶ 助言, 忠告. ❷ 会議, 審議会. ～ de ministros 内閣 ; 閣議. *C*～ de Seguridad (国連) 安全保障理事会.

conseller 男 (カタルーニャ・バレンシア・バレアレス諸島の自治州政府の) 閣僚.

consenso 男 同意, コンセンサス.

consensual 形〘法〙合意による.

consensuar 58 他 採択する.

consentido, da 過分 → consentir. 形 ❶ 甘やかされた. ❷ 寛大すぎる；妻の不貞を容認する. ── 男 女 《ラ米》末っ子 (→ benjamín 地域差).
consentidor, dora 形 寛容すぎる.
consentimiento 男 同意, 承諾.
consentir [コンセンティル] 98 他 [現分 consintiendo] [英 allow] ❶ **容認する**, 承服する；許容する, 許す. ❷ 甘やかす. ❸ (物が…に) 耐える. ── 自 《en》(…に) 同意する. ── **consentirse** 再 (重み等で) 壊れる.
conserje 男 守衛；用務員.
conserjería 女 守衛所；守衛の職.
conserva 女 ❶ 保存食品；缶詰, 瓶詰. ❷ 保存；缶[瓶]詰の製造. ── 活 → conservar.
conservación 女 保存；保護.
conservacionista 形 (自然等の) 保護論 (者) の.
conservador, dora 形 ❶ 保存[保管]する. ❷ 保守的な；慎重な. ── 男 女 ❶ 保守的な人；保守主義者；保守党員. ❷ (博物館等の) 学芸員.
conservadurismo 男 保守主義.
conservante 形 保存する. ── 男 保存料, 防腐剤.
conservar [コンセルバル] 他 [英 preserve, conserve] ❶ **保存する**；保管[保持]する. ❷ 缶詰[瓶詰]にする. ── **conservarse** 再 ❶ (…の状態を) 保つ. ❷ (若さを) 保つ；(食品が) 保存の利く.
conservatorio 男 (公立) 音楽学校.
conservero, ra 形 男 女 缶詰[瓶詰]の[業(者)の]. industria *conservera* 缶詰[瓶詰]産業.
considerable [コンシデラブれ] 形 [英 considerable] **相当な**, かなりの.
considerablemente 副 かなり, 相当.
consideración [コンシデラしオン] 女 [複 consideraciones] [英 consideration] ❶ **考慮**, 熟慮；配慮. ❷ 注意, 関心. sin ～ 不注意に. ❸ [主に複] 敬意. ***de* ～** 重大な, かなりの. ***de mi* [*nuestra*] ～** 《ラ米》《手紙》拝啓, 謹啓. ***en* ～ *a* ...** …を考慮して. ***tener* [*tomar*] ... *en* ～** …を考慮に入れる.
considerado, da 過分 → considerar. 形 ❶ 《con》(…を) 思いやる. ❷ 人望のある.
considerando 現分 → considerar. 男 《法》(判決の) 根拠；(この語で始まる) 理由書.
considerar [コンシデラル] 他 [英 consider] ❶ **考慮に入れる**；熟考する. ❷ (…と) 思う. ❸ 《＋形容詞 / (como) ＋名詞》(…と) 見なす, 考える. ❹ 尊重する, 尊敬する. ── **considerarse** 再 (自分を…と) みなす.
consient- 活 → consentir.
consig- 活 現分 → conseguir.
consigna 女 ❶ 手荷物一時預かり所. ～ automática コインロッカー. ❷ (軍隊等の) 指令, 指示. ❸ スローガン, 標語.
consignación 女 ❶ (予算の) 割り当て額, 配分. ❷ 明記, 記入. ❸ 《商》委託；供託 (金). en ～ 委託販売の.
consignar 他 ❶ (予算として) (…を) 割り当てる, 配分する. ❷ (意見等を) 記録する. ❸ 預ける；《商》委託する；《法》供託する. ❹ 《ラ米》(ｺﾛﾝﾋﾞｱ)(銀行口座に) 入金する.
consignatario, ria 男 女 ❶ 《商》荷受け人[業者]. ❷ 《法》受託者. ❸ 《海》船主代理人 (＝～ de buques).
consigo [コンシゴ] [前置詞 con と再帰代名詞 sí との結合形] [性数不変] [英 with oneself] 《3人称》**自分自身で**, 携えて；自分に対して. Siempre lleva los diccionarios ～. 彼はいつも辞書を携えている. ► mismo を伴うことがある. Son muy estrictos ～ *mismos*. 彼らは自分にとても厳しい.
consiguiente 形 結果として起こる；《a》(…に) 伴う. ***por* ～** したがって, その結果.
consiguientemente 副 その結果として, したがって.
consiliario, ria 男 女 助言者；顧問.
consint- 活 現分 → consentir.
consistencia 女 ❶ 濃度；粘度. ❷ (理論等の) まとまり；内容. ***tomar* ～** 形を取る；固まる, 濃くなる.
consistente 形 ❶ (液体・固体が) 濃い, 堅い. ❷ 堅牢(ｹﾝﾛｳ)な, 内容のある. ❸ 《en》(…から) 成る.
consistir [コンシスティル] 自 [英 consist] 《en》❶ (…から) **成る**, 構成される. ❷ (…に) **ある**, (…で) ある.
consistorial 形 ❶ 市議会の. ❷ 《カト》枢機卿(ｷｮｳ)会議の.
consistorio 男 ❶ 市議会；市役所. ❷ 《カト》枢機卿(ｷｮｳ)会議.
consocio, cia 男 女 ❶ 会員, 仲間. ❷ 《商》共同出資者.
consola 女 ❶ (壁面据え付けの) テーブル. ❷ 《IT》コンソール. ❸ 《音》(パイプオルガンの) 演奏台.
consolación 女 慰め. premio de ～ 残念賞.
consolador, dora 形 慰めとなる. ── 男 (性具の) バイブレーター.
consolar [コンソらル] 32 他 [英 console] **慰める**, (苦痛等を) 和らげる. ── **consolarse** 再 《con》(…で) (自らを) 慰める.
consolidación 女 ❶ 強化, 補強. ❷ 長期負債への借り替え.
consolidar 他 ❶ 強固にする. ❷ (短期借入金を) 長期負債に借り替える. ── **consolidarse** 再 強固になる.
consomé 男 《料》コンソメスープ.
consonancia 女 ❶ 一致, 調和. ❷ 《音》協和音；《詩》同音韻. ***en* ～ *con* ...** …と一致して.
consonante 形 ❶ 《詩》同音韻を踏んだ. ❷ 《音声》子音の. ❸ 《con》(…と) 一致した. ── 女 子音；子音字 (↔vocal).
consonar 32 自 ❶ 一致[調和]する. ❷ 《詩》《con》(…と) 同音韻を踏む；《音》協和音となる.
consorcio 男 ❶ (企業等の) 団体, 協会. ❷ (夫婦の) 仲. ❸ 《経》国際借款団.
consorte 男 女 ❶ 配偶者. ❷ 相棒, 共犯者. ❸ 《法》[複] 原告団.
conspicuo, cua 形 《文》著名な；顕著な.
conspiración 女 陰謀.

conspirador, dora 男女 陰謀者.
conspirar 自 ❶《contra》(…に対して) 陰謀を企てる. ❷《a＋名詞・不定詞 / que＋接続法》(…という) 結果をもたらす.
constancia 女 ❶ 根気；恒常性. ❷ 証拠；確実. ❸ 証明, 記録. ― 固名 [C-] コンスタンシア：女子の名.
constante [コンスタンテ] 形 〔英 constant〕 ❶ **絶え間ない**, 不変の；執拗(しつよう)な. ❷《en》(…において) 粘り強い. ― 女 ❶ 変わらないもの. ❷〖数〗定数.
Constantino 固名 コンスタンティノ：男子の名.
constar [コンスタル] 自 〔英 be obvious〕 ❶ (…は) **明らかである**. ❷《en》(…に) 記載されている. ❸《de》(…から) 成り立つ. ***hacer* ～** 明らかにする；明記する. ***que conste*** 断っておくが, 念のため言っておくが. ***Y para que así conste.*** 上記のとおり相違ありません.
constatación 女 確認, 証明.
constatar 他 確認する；証明する.
constelación 女 ❶〖天〗星座. ❷ (人や物の) 集まり.
constelado, da 形 ❶ 星をちりばめた. ❷《de》(…で) いっぱいの.
consternación 女 動転, 狼狽(ろうばい).
consternar 他 (悲しみ・驚き等で) 動転させる. ― ***consternarse*** 再 うろたえる.
constipación 女 ❶ かぜ. ❷ 便秘.
constipado, da 形 男 かぜ (をひいた).
constiparse 再 かぜをひく.
constitución [コンスティトゥしオン] 女 [複 constituciones] 〔英 constitution〕 ❶ 構成, 構造；設立. ❷[主に C-] **憲法**. ❸ 体格, 体質. ❹ 政体. ❺[複] 規約, 会則；〖宗〗(修道会等の) 会憲.
constitucional 形 ❶ 憲法の；合憲の；護憲の. monarquía ～ 立憲君主制. ❷ 体質の.
constitucionalidad 女 合憲性.
constitucionalista 形 護憲論の. ― 男女 護憲論者.
constitucionalizar 57 他 合憲化する, 憲法に則ったものにする.
constitucionalmente 副 ❶ 憲法に則って；憲法上. ❷ 体格的に, 体質的に.
constituir [コンスティトゥイル] 60 他 [現分 constituyendo] 〔英 constitute〕 ❶ **構成する**. ❷ …である, …を成す. ❸ 創設[組織] する. ❹《en》(…に) 任命[指定]する. ― ***constituirse*** 再 ❶《en》(…に) なる；(職等を) 引き受ける. ❷《en》(…に) 出向く. ❸ 構成[組織]される.
constitutivo, va 形《de》(…を) 構成する. ― 男 成分.
constituy- 活 現分 → constituir.
constituyente 形 ❶ 構成する. ❷ 憲法[規約] 制定[改正] の. ― 男 構成要素. ― 女 [C-] 憲法制定議会.
constreñimiento 男 ❶ 強制；制限. ❷〖医〗圧迫.
constreñir 103 他 ❶《a＋不定詞》(…を) 強制する；制限する. ❷〖医〗圧迫する.
constricción 女 ❶ 強制；制限. ❷〖医〗圧迫.
constrictivo, va 形 ❶ 圧迫する, 締めつける. ❷〖音声〗摩擦音の.
constrictor, tora 形 収縮する, 圧迫する. ― 男 ❶〖解〗括約筋. ❷〖医〗収斂(しゅうれん)剤.
construcción [コンストゥルクしオン] 女 [複 construcciones] 〔英 construction〕 ❶ **建設**, 建築；建設業. en ～ 建設[工事]中の. ❷ 建築[建造] 物. ❸〖文法〗構文, 構造.
constructivista 形 (教育方法が) 実践[経験]主義的な.
constructivo, va 形 建設的な.
constructor, tora 形 建設の. ― 男女 建設[建造]業者. ― 女 建設会社.
construir [コンストゥルイル] 60 他 [現分 construyendo] 〔英 construct〕 ❶ **建設する**, 建てる. ❷ 構成する, 組み立てる.
construy- 活 現分 → construir.
consubstanciación 女〖神〗実体共存説.
consubstancial 形《a》(…に) 固有の, 本質的な.
consubstancialidad 女 同質性；本質性.
consuegro, gra 男 女 自分の子の配偶者の父親[母親].
consuel- 活 → consolar.
consuelda 女〖植〗ヒレハリソウ.
consuelo 男 慰め, 安堵(あんど). ― 活 → consolar. ― 固名 [C-] コンスエロ：女子の名.
consuetudinario, ria 形 慣習の.
cónsul 男女 領事. ― 男〖史〗(古代ローマの) 執政官.
consulado 男 ❶ 領事館. ❷ 領事の職[管区]. ❸〖史〗(古代ローマの) 執政官の職[任期].
consular 形 ❶ 領事 (館) の. ❷ (古代ローマの) 執政官の.
consulta [コンスるタ] 女 〔英 consultation〕 ❶ **相談**, 協議. ❷ **診察**, 診察室. ～ a domicilio 往診. ❸ 参照. ― 活 → consultar. ***llamar a ～s*** (外交上の圧力として) 大使等を一時召還する.
consultar [コンスるタル] 他 〔英 consult〕 ❶ **相談する**；《con / sobre》(…に / …について) 助言を求める. ❷ 調べる；《en》(…で) 参照する.
consulting [コンスるティン] 〔英〕 男 → consultoría.
consultivo, va 形 ❶ 諮問の. ❷ 決定権のない.
consultor, tora 形 助言する；顧問の. ― 男女 相談役, 顧問；コンサルタント. ― 男〖カト〗聖省顧問.
consultoría 女 コンサルティング事務所[業].
consultorio 男 ❶ 診察室, 診療所. ❷ 相談所. ❸ (雑誌等の) 相談コーナー.
consumación 女 完結, 遂行, 完遂.
consumado, da 形 完遂された；申し分のない.
consumar 他 ❶ (犯罪等を) 遂行する. ❷〖法〗執行する；履行する.
consumibles 男 複 消耗品.
consumición 女 ❶ 飲食 (費)；飲み物. ❷ 消費；消耗.
consumido, da 形 ❶《話》やつれた. ❷ (果物等が) しなびた.
consumidor, dora 形 消費する.

— 男 女 消費者.
consumir 他 ❶ (飲食物・燃料等を) 消費する. ❷ 消耗 [憔悴(しょう)] させる. ❸ 《ラ米》(ビラ)水に沈める. — **consumirse** 再 ❶ 消費される, 尽きる. ❷ 《de, con》(…で) やつれる ; 憔悴する.
consumismo 男 消費主義.
consumo 男 ❶ 消費, 消耗. bienes de ～ 消費財. ❷ [複] (自治体の) 消費税 (1964年に廃止). *Índice de Precios al C～* 消費者物価指数 《略IPC》.
consunción 女 消費 ; 消耗 ; 衰弱.
consuno *de～* 合意して.
consustancial 形 → consubstancial.
consustancialidad 女 → consubstancialidad.
contabilidad 女 会計, 経理 ; 簿記.
contabilizar 57 他 ❶ 帳簿につける, 記帳する. ❷ 計算する. ❸ 《como》(…と) 見なす.
contable 形 ❶ 数えられる. nombre ～ 〖文法〗可算名詞. ❷ 簿記の. ❸ 語りうる. — 男 女 帳簿[会計]係.
contactar 自 《con》(…と) 連絡を取る, 接触する.
contacto [コンタクト] 男 〔英 contact〕 ❶ **接触**, 触れること. ❷ 交際, 関係. ponerse en ～ con ... …と連絡を取る. estar en ～ con ... …と連絡を取っている. perder el ～ 関係を失う. ❸ 橋渡し役 ; 《話》[主に複] 縁故, コネ. ❹ 〖電〗接触, 接点 ; 《ラ米》〖車〗スターター (→ arranque 地域差). ❺ 〖写〗密着印画.
contado, da 過分 → contar. 形 [主に複] 数少ない. *al ～* 現金[即金]で.
contador, dora 形 数える. — 男 女 ❶ 帳簿[会計]係. ❷ 会計検査官. — 男 メーター. ～ de agua [de gas] 水道[ガス]メーター.
contaduría 女 ❶ 会計, 簿記. ❷ 会計課 ; 会計事務所. ❸ 前売り券売り場.
contagiar 17 他 ❶ (病気を) 感染させる. ❷ (習慣等を) うつす. — **contagiarse** 再 《de》(…に, …から) 感染する ; うつる.
contagio 男 ❶ 〖医〗(接触) 伝染 [感染]. ❷ (習慣等が) うつること.
contagioso, sa 形 伝染性の.
container [コンタイネル(コンテイネル)] 男 [複 ～s] コンテナ (= contenedor).
contaminación 女 ❶ 汚染. ～ atmosférica 大気汚染. ❷ 伝染, 感染.
contaminante 形 汚染する. — 男 汚染物質.
contaminar 他 ❶ 汚染する. ❷ 《con, de》(…を) うつす ; (悪い) 影響を与える. ❸ 〖IT〗《con》(ウイルスに) 感染させる. — **contaminarse** 再 《con, de》(…で) 汚染する ; (悪影響に) 染まる.
contante 形 現金の. *pagar en dinero ～ (y sonante)* 現金で支払う.
contar [コンタル] 32 〔英 count; tell〕 他 ❶ **数える** ; 計算する. ～ los gastos 出費を計算する. ❷ 数に入れる ; 考慮する. ❸ (数が) 及ぶ. Ella ya *cuenta* 64 años. 彼女はもう64歳になる. ❹ 《como》(…と) みなす. No te *contamos como* invitado. 君をお客さんとは思わないよ. ❺ **語る**, 話す. *Cuéntamelo* todo. すべてを私に話しなさい. — 自 ❶ 数を数える ; 数に入る. ～ hasta cien 百まで数える. Pablo no *cuenta* para la fiesta. パブロはパーティーの数に入っていない. ❷ 《por》(量・数が) (…に) 匹敵する. Trabaja tanto que *cuenta por* dos. 彼は2人分の働きをするほど働き者だ. ❸ 《de》(…について) 語る, 話す. ❹ 重要である (= importar). Lo que *cuenta* es .... 重要なのは…である. ❺ 《con》(…を) 頼る, 考慮する, あてにする. No quiero ～ *contigo*. 君を頼りたくない. *Cuenta con* el mal tiempo. 悪天候の場合を考慮しなさい. — **contarse** 再 《entre》(…に) 含まれる ; 《como》(…と) みなされる. *Me cuento entre* sus amigos. 私は彼の友人の1人だ. *a contar de [desde] ...* 《日にちを表す語を伴って》…から数えて. *¿A mí qué me cuentas?* 《話》いまさら何を言うんだ. *¿Qué te cuentas?* 《話》《会話の糸口》で, どうだい. *ya me contarás* 《話》今に分かるさ.
contemplación 女 ❶ 熟視, 凝視. ❷ 瞑想(めい), 観想. ❸ [複] 遠慮, 気遣い.
contemplar [コンテンプラル] 他 〔英 contemplate〕 ❶ **見つめる**, 観察する. ❷ 熟考[考慮]する. ❸ 寛大である, 甘やかす. — 自 瞑想(めい)する.
contemplativo, va 形 ❶ 凝視する. ❷ 瞑想(めい)的な, 観想の. ❸ 寛大な. — 男 女 観想修道士[女].
contemporánea 形 女 → contemporáneo.
contemporaneidad 女 同時代性.
contemporáneo, a [コンテンポラネオ, ア] 形 〔英 contemporary〕 ❶ 《de》(…と) **同時代の**. ❷ 現代の. arte ～ 現代美術. — 男 女 同時代の人[もの].
contemporización 女 妥協, 迎合.
contemporizador, dora 形 迎合的な, 妥協的な. — 男 女 日和見主義者.
contemporizar 57 自 《con》(…に) 迎合する, 妥協する.
contén 活 → contener.
contención 女 ❶ 抑制, 制止. muro de ～ 〖土木〗擁壁. ❷ 争い ; 〖法〗訴訟.
contencioso, sa 形 ❶ 論争好きな. ❷ 〖法〗訴訟の, 係争の. — 男 〖法〗係争. ～ administrativo 行政訴訟.
contender 101 自 《en / con / por》 ❶ (…で / …と / …を) 争う, 競う. ❷ 《sobre》(…について) 論争する.
contendiente 形 争う, 競う. — 男 女 競争相手, 対抗者.
contendr- 活 → contener.
contenedor, dora 形 《de》(…を) 入れた ; コンテナの. — 男 ❶ (輸送用) コンテナ. ❷ ごみ収集容器.
contener [コンテネル] 33 他 〔英 contain〕 ❶ **含む**, 入っている. ❷ 抑える ; 止める. — **contenerse** 再 自制する ; 《de, en》(…を) 我慢する.
conteng- 活 → contener.
contenido, da 過分 → contener. 形 抑制された ; 控え目な. — 男 ❶ 内容(物) ; 含有量. ❷ 〖言〗意味(内容).
contenta 形 → contento. — 活 → contentar.
contentadizo, za 形 満足しやすい.

contentamiento 男 満足, 喜び.
contentar [コンテンタル] 他 〔英 content, satisfy〕 ❶ 満足させる, 喜ばせる. ❷ 《稀》〔商〕(手形に) 裏書きする. ── **contentarse** 再 ❶ 《con》(…に) 満足する. ❷ 和解する.
contento, ta [コンテント,タ] 形 〔英 contented, satisfied〕 ❶ 《con, de》(…に) 満足した, 喜んでいる. ❷ 《話》ほろ酔いの. ── 男 満足, 喜び. ── 活 → contentar. ***darse por*** ～ よしとする.

C

conteo 男 《ラ米》(アルゼンチン)計算, 集計.
contera 女 (つえ・傘等の) 石突き ; (刀のさやの) 鐺(こじり). ***por*** ～ その上, おまけに.
conterráneo, a 形 → coterráneo.
contertulio, lia 男 女 (tertuliaの) 常連, 仲間.
contesta 女 《ラ米》(1) 返事, 答え. (2) (メキシコ)(ベネズエラ)おしゃべり, 会話. ── 活 → contestar.
contestación 女 ❶ 返事, 回答. ❷ 抗議, 反論. ❸ 〔法〕(被告の) 答弁.
contestador 男 留守番電話 (= ～ automático).
contestar [コンテスタル] 他 〔英 answer, reply〕 ❶ (…に) 答える ; 返事を書く[する] ; (…と) 答える. ❷ 抗議[反論]する. ── 自 ❶ 《a》(…に) 答える ; 返事を書く[する]. ❷ 反論する ; 口答えする.
contestatario, ria 形 男 女 (社会通念等に) 批判的な (人).
contestón, tona 《話》 形 男 女 口答えをする (人).
contexto 男 文脈 ; 背景, 状況.
contextual 形 文脈の ; 前後関係の.
contextura 女 ❶ (繊維等の) 組織, 構造 ; (布の) 織り方. ❷ 体格.
contien- 活 → contener.
contienda 女 ❶ 《文》戦闘, 争い. ❷ 口論, 論争.
contigo [コンティゴ] 〔前置詞 conと人称代名詞 tiとの結合形〕 〔男女同形〕 〔英 with you〕 ❶ 君[あなた]と, 君[あなた]と一緒に. Tengo que hablar ～. 君と話をしなくてはなりません. ❷ 君[あなた]に対して. Estamos ～. 私たちは君の味方です. ❸ 《再帰》自分で, 携えて ; 自分に対して. ► mismoを伴うことがある. No hables ～ *mismo*. 独り言を言わないでよ.
contigüidad 女 隣接.
contiguo, gua 形 《a》(…に) 隣接した.
continencia 女 自制 ; (性的) 禁欲.
continental 形 大陸の, 大陸性の.
continente [コンティネンテ] 男 ❶ 〔英 continent〕〔地理〕大陸. Nuevo [Antiguo] *C*～ 新[旧] 大陸. ❷ 入れ物 ; 〔法〕家屋. ❸ 《文》容貌(ようぼう), 顔つき.
contingencia 女 ❶ 起こりうること, 偶発性 ; 危険性. ❷ 不測の事態.
contingente 形 起こりうる, 偶発的な. ── 男 ❶ 起こりうること. ❷ (輸出入・生産の) 分担額. ❸ 〔軍〕分遣隊. ❹ 集団.
continú- 活 → continuar.
continua 形 → continuo.
continuación 女 ❶ 継続, 続行. ❷ 続き, 続編. ***a*** ～ ***(de ...)*** (…に) 引き続き, 続いて.
continuador, dora 形 引き継ぐ. ── 男 女 継承者, 後継者.
continuamente 副 連続して ; 頻繁に.
continuar [コンティヌアル] 58 他 〔英 continue〕 続ける. ── 自 ❶ 続く, 継続する. *Continuará*. (次回[号]に) 続く. ❷ 《+現分》(…し) 続ける. ❸ 《+形容詞》(…の) ままである ; 《en》まだ (…に) いる.
continuativo, va 形 継続的な, 続く.
continuidad 女 ❶ 連続[継続]性. ❷ 続行, 続き.
continuismo 男 現状維持.
continuista 形 (政党等が) 現状維持を支持する. ── 男 女 現状維持の支持者.
continuo, nua [コンティヌオ,ヌア] 形 〔英 continuous〕 連続した, 絶え間ない ; 切れ目のない. corriente *continua* 〔電〕直流. ── 男 ❶ 連続体. ❷ 〔音〕通奏低音 (= bajo ～). ***de*** ～ 絶えず.
contonearse 再 (肩や腰を振って) 歩く.
contoneo 男 (肩や腰を振る) 歩き方.
contornear 他 周囲を回る ; 輪郭をなぞる.
contorno 男 ❶ 輪郭, 周囲. ❷ [主に複] 周辺, 近郊.
contorsión 女 ❶ (発作等による体の) ひきつり. ❷ (道化師等の) こっけいな身ぶり.
contorsionarse 再 (苦痛等で) 身をよじる ; (曲芸師等が) 曲芸をする.
contorsionista 男 女 曲芸師.
contra [コントゥラ] 前 〔英 against〕 ❶ 《対立》…に対して, 反対して, 対抗して. campaña ～ el SIDA エイズ撲滅キャンペーン. infracción ～ el reglamento de tráfico 交通法規違反. ～ corriente 流れに逆らって. Ayer jugó el Real Madrid ～ el Betis. 昨日レアル・マドリードはベティスと戦った. ❷ 《接触》…によりかかって, 立てかけて. Dejó la bici ～ la pared. 彼は壁に自転車を立てかけた. ❸ 《衝突》…にぶつかって. El taxi chocó ～ un árbol. そのタクシーは木にぶつかった. ❹ 《方向・標的》…に向かって, めがけて. Lanzó la piedra ～ el árbol. 彼はその木めがけて石を投げた. ❺ 《予防・防備》…を防ぐ, …に備えて. unas pastillas ～ la tos 咳(せき)止めの錠剤. ❻ 《比較・割合》…と比べて ; …に対して. Mi ganancia, ～ la tuya, no es nada. 私の稼ぎは君のに比べるとないに等しい. Jugamos diez jugadores ～ once. 我々は11人に対して10人の選手で戦った. Son cinco ～ tres. 5 対 3 です. ❼ 《交換》…と引き換えに. mandar la mercancía ～ reembolso 代金着払いで商品を送る. ── [コントゥラ] 男 ❶ 反対意見 ; 難点. los pros y los ～*s* de un tema ある話題についての賛否両論. Hubo más votos en ～ que a favor. 賛成票より反対票の方が多かった. ❷ (オルガンの) ペダル. ── 女 ❶ 反革命派, 反体制, (ニカラグアの) コントラ. ❷ 反撃, カウンター. ❸ 解毒剤. ── 男 女 反革命派 (の人). ～ ***más*** ... 《俗》…であればあるほど (= cuánto más ...). *C*～ ***más*** trabajas, más ganarás. 働けば働くほど稼げる. ***en*** ～ ***(de)*** ... …に反対の. ¿Estás *en* ～ *de* lo que dicen ellos? 君は彼らが言うことに反対なの. ***hacer*** [***llevar***] ***la*** ～ ***(a*** ...***)*** (…に) 反対する, 逆らう. ***ir*** ～ / ***ir en*** ～ ***de*** ...

…に反対する，逆らう．
contraalmirante 男 海軍少将．
contraanálisis 男［単複同形］〖スポ〗(ドーピングの) 再検査．
contraatacar 26 他 反撃［逆襲］する．
contraataque 男 反撃，逆襲．
contraaviso 男 取り消し命令．
contrabajista 男女 コントラバス奏者．
contrabajo 男 (楽器の) コントラバス；ベース，バス；バス歌手．— 男女 コントラバス奏者．
contrabalancear 他 ❶ 補う，埋め合わせる．❷ (天秤(てんびん)を) 釣り合わせる．
contrabandista 形 密輸［密売］の．— 男女 密輸業者，密売人．
contrabando 男 ❶ 密輸，密売［買］．❷ 密輸［密造，密売］品．*de* ～ 非合法に．
contrabarrera 女 (闘牛場で) スタンド席の前から２列目．
contracampo 男〖映〗カウンターショット．
contracción 女 ❶ 収縮，縮小．❷〖文法〗縮約 (a＋el ⇀ al等)；〖音声〗合音．❸ (責任等を) 引き受けること．❹《ラ米》(アルゼンチン)(ウルグアイ)勤勉．
contracepción 女 → contraconcepción．
contraceptivo, va → contraconceptivo．
contrachapado, da / contrachapeado, da 形 合板の．— 男 合板，ベニヤ板；合板製造．
contraclave 女〖建〗(アーチの) 迫石(せりいし)．
contraconcepción 女 避妊．
contraconceptivo, va 形 避妊 (用) の．— 男 避妊具．
contracorriente 女 逆流．*a* ～ 流れ［時流］に逆らって．
contráctil 形 収縮する，収縮性の．
contractilidad 女 収縮性．
contracto, ta 形〖文法〗縮約された．
contractual 形 契約の，契約による．
contractura 女 ❶〖医〗痙攣(けいれん)．❷〖建〗(柱身の上部が) 細いこと．
contracultura 女 反体制文化，カウンターカルチャー．
contracultural 形 反体制文化の．
contradanza 女 (２列で向かい合って踊る) コントルダンス．
contradecir 42 他 ❶ 否定する；反論する．❷ 矛盾する．— **contradecirse** 再《con》(…と) 矛盾する，食い違う．
contradicción 女 ❶ 矛盾，食い違い．❷ 反論，反対．
contradictor, tora 形 男女 反対［反論］する (人)．
contradictorio, ria 形 矛盾する；反論する．— 女〖論〗矛盾対当．
contraer 104 他 ❶ 収縮させる，縮める．❷ (病気に) かかる；(悪癖等を) 身につける．❸ (義務等を) 負う；(契約等を) 結ぶ．❹《a》(…に) 限定する．— **contraerse** 再 ❶ 収縮する；〖文法〗縮約する．❷《a》(…に) 限定される．❸《ラ米》(アルゼンチン)(ウルグアイ)《a》(…に) 専念する．
contraespionaje 男 対スパイ活動．
contrafilo 男 切っ先の峰に付いた刃．
contrafuego 男 ❶ 消火活動．❷ (延焼防止の) 向かい火．
contrafuero 男 特権の侵害．
contrafuerte 男 ❶〖建〗控え壁，バットレス．❷ (靴の) かかと革．❸ (山の) 支脈．❹ (馬具の) 鞍帯(くらおび)．
contragolpe 男 ❶ 反撃，逆襲．❷〖医〗反動［反衝］損傷．
contraguerrilla 女 対ゲリラ部隊［戦］．
contrahecho, cha 形 ❶《軽蔑》背骨の湾曲した；奇形の．❷ 偽造［模造］の．— 男女 猫背の人；奇形の人．
contrahílo *a* ～ (布で) 横方向の地の目に．
contrahuella 女 (階段の) 蹴込(けこ)み．
contraincendios 形［単複同形］防火の．
contraindicación 女〖医〗禁忌．
contraindicado, da 形 (薬等が) 逆効果の；〖医〗禁忌の．
contraindicar 26 他〖医〗禁忌とする．
contralmirante 男 海軍少将．
contralor 男《ラ米》会計検査官．
contraloría 女《ラ米》会計検査院．
contralto 男〖音〗コントラルト，アルト．— 男女〖音〗コントラルト［アルト］歌手．
contraluz 男 (または女) 逆光；逆光の写真［絵］．*a* ～ 逆光で；光にかざして．
contramaestre 男 ❶〖海〗甲板長；掌帆長．❷ (工場の) 職長．
contramano *a* ～ (通常と) 反対方向に；逆らって．
contramarcha 女 ❶〖軍〗回れ右前進；背進．❷〖車〗バック．
contraofensiva 女〖軍〗反攻．
contraoferta 女 対案，代案．
contraorden 女 取り消し命令．
contrapartida 女 ❶ 埋め合わせ，代償．❷〖商〗(複式簿記の) 反対記入．
contrapear 他 ❶ 合板を作る；化粧板で覆う．❷ 交互に並べる．
contrapelo *a* ～ (1) 毛流と逆に．(2) 意に反して；逆らって；場違いに．
contrapesar 他 (重さ等を) 釣り合わせる；(損得等を) 相殺する．
contrapeso 男 ❶ 釣り合い重り；(綱渡りの) 平衡棒．❷ バランスをとるもの；補うもの．
contrapié *a* ～ 体勢［足の位置］が悪く；時機悪く．
contraponer 75 他 ❶《a》(…に) 対置する．❷《a, con》(…に，…と) 比較［対照］する．— **contraponerse** 再《a》(…に) 対立する．
contraportada 女 (雑誌・新聞の) 裏表紙；(本の) 扉の前ページ，遊び紙．
contraposición 女 ❶ 比較，対照．❷ 対立．en ～ con ... …と対照的に．
contraprestación 女 見返り．
contraproducente 形 逆効果の．
contraprogramación 女 (他局に対抗する) 裏番組編成．
contraproposición 女 反対提案．
contrapropuesta 女 反対提案，代案．
contraproyecto 男 対案，代案．
contraprueba 女〖印〗再校 (刷り)．
contrapuerta 女 ❶ 内扉．❷ (ポーチから家への) 扉．❸ (要塞(ようさい)の) 内門．
contrapuesto, ta 形 反対の．
contrapunta 女 (旋盤の) 心押し台．

C

C

contrapuntear 他 ❶〘音〙対位法で歌う[演奏する]. ❷ 嫌みを言う. ── 自 ⦅ラ米⦆ 即興で演奏する[歌う].
contrapuntista 男 女〘音〙対位法を好む[多用する]作曲家.
contrapunto 男 ❶〘音〙対位法, 対位旋律. ❷ 対照 (的なもの). ❸ ⦅ラ米⦆(アルゼンチン)(チリ)即興詩[演奏]の競演.
contraria 形 → contrario.
contrariado, da 形 ⦅estarと共に⦆ 不機嫌な ; 困った.
contrariamente 副 ⦅**a**⦆ (…と) 反対に, 逆に.
contrariar 31 他 ❶ 邪魔[反対] する. ❷ ⦅名詞・不定詞, **que**＋接続法を主語にして⦆ (…が) 不快にさせる, 怒らせる.
contrariedad 女 ❶ 障害, 災難. ❷ 不快, 不機嫌. ❸ 矛盾, 対立.
contrario, ria [コントゥラリオ, リア] 形 〔英 contrary〕 ❶ ⦅**a**⦆ (…に) **反対の**, 逆の. ❷ ⦅**a**⦆ (…に) 害を与える. ❸ ⦅**de**⦆ (…の) 敵の, 相手の. ── 男 女 敵 ; 反対者. ***al*** [***por el***] ～ (***de …***) (…の) 反対に, 逆に ; それどころか. ***de lo*** ～ そうでなければ. ***llevar la contraria a …*** …に反対する, 逆らう.
contrarreforma 女〘史〙〘宗〙対抗宗教改革.
contrarreloj 形 女 [形容詞は性数不変] (自転車競技等で) タイムトライアル (の). etapas ～ タイムトライアル区間.
contrarrelojista 男 女 タイムトライアル専門の選手.
contrarréplica 女 ❶ 答弁, 返答. ❷〘法〙(被告の) 第二訴答.
contrarrestar 他 ❶ (効果等を) 相殺する, 無効にする. ❷ 阻止する ; 抵抗する.
contrarrevolución 女 反革命.
contrarrevolucionario, ria 形 男 女 反革命の[家].
contrasentido 男 矛盾.
contraseña 女 合い言葉, パスワード.
contrastar 他 ❶ 確かめる. ❷ (重さ・貴金属の純度等を) 検証する. ── 自 ⦅**con**⦆ (…と) 対照をなす.
contraste 男 ❶ 対照, 対比. ❷ (度量衡・貴金属の品質の) 検証 ; 検証刻印. ❸〘医〙造影剤.
contrata 女 ❶ (公演等の) 契約. ❷ (仕事等の) 請負.
contratación 女 雇用[請負]契約.
contratante 形 契約する. ── 男 女 契約者.
contratar 他 契約する ; 雇い入れる.
contratiempo 男 不慮の出来事. ***a*** ～〘音〙コントラテンポで ; 折悪く.
contratista 男 女 請負人 ; 請負業者.
contrato [コントゥラト] 男 〔英 contract〕 **契約** ; 契約書. ～ basura ⦅話⦆ 悪条件の雇用契約. ～ bilateral [unilateral] 双務[片務] 契約. ～ blindado 補償付き契約. ～ leonino 不平等な契約. ～ de arrendamiento 賃貸契約. ～ de compraventa 売買契約.
contratuerca 女〘機〙止めナット.
contravención 女 違反.
contraveneno 男 解毒剤.
contravenir 23 自 ⦅**a**⦆ (…に) 背く. ── 他 違反する.
contraventana 女 雨戸 ; 鎧戸(よろいど).
contraventor, tora 形 違反する. ── 男 女 違反者.
contrayente 男 女 新郎 ; 新婦.
contreras 男 女 [単複同形] ⦅話⦆ 何にでも反対する人, へそ曲がり.
contribución 女 ❶ 貢献 ; 助力. ❷ 税 (金). ❸ 分担金, 寄付金.
contribuidor, dora 形 貢献する ; 納税する. ── 男 女 貢献者 ; 納税者.
contribuir [コントゥリブイル] 60 自 [現分 contribuyendo] 〔英 contribute〕 ❶ ⦅**a** / **con**⦆ (…に / …を) **寄付する**. ❷ ⦅**a**⦆ (…に) **貢献する**, 協力する. ❸ 納税する. ── 他 納税する.
contribuy- 活 現分 → contribuir.
contribuyente 形 納税する. ── 男 女 納税者.
contrición 女〘カト〙痛悔.
contrincante 男 女 競争相手, 対戦相手.
contristar 他 悲しませる. ── **contristarse** 再 悲しむ.
contrito, ta 形 痛悔した ; 後悔した.
control [コントゥロル] 男 〔英 control〕 ❶ **管理**, 統制 ; **制御** (装置). ～ del tráfico 交通規制. ～ de calidad 品質管理. ～ automático 自動制御. ～ remoto 遠隔操作, リモートコントロール. ❷ 検査 (所), 検問 (所). ～ de pasaportes 出入国審査所. ～ de frontera 国境検問所. ❸ 小テスト. ❹ 健康診断. ***perder el*** ～ 自制できなくなる. ***sin*** ～ 制御不能で ; ⦅強調⦆ 際限なく, たくさん.
controlable 形 制御できる.
controlador, dora 男 監視官 ; 〘空〙管制官. ～ aéreo 航空管制官.
controlar 他 管理[制御, 検査] する. ── **controlarse** 再 自制する.
controversia 女 論争, 議論.
controvertido, da 形 議論を引き起こす, 賛否両論のある.
controvertir 98 他 自 議論[論争] する.
contubernio 男 ⦅文⦆ ⦅軽蔑⦆ ❶ 結託. ❷ 同棲(どうせい), 内縁.
contumacia 女 ⦅文⦆ 強情, 誤りを認めないこと.
contumaz 形 ⦅文⦆ 誤りを認めない, 強情な.
contundencia 女 打撲 ; 説得力.
contundente 形 ❶ 打撲を与える. objeto ～ 鈍器. ❷ 説得力のある.
contundir 他 (あざができるほど) 打つ.
conturbación 女 不安, 動揺.
conturbar 他 動揺させる ; 衝撃を与える. ── **conturbarse** 再 動揺する.
contusión 女 挫傷(ざしょう), 打撲傷.
contusionar 他 打撲傷を負わせる. ── **contusionarse** 再 打撲傷を負う.
contuso, sa 形 打撲傷を負った.
contuv- 活 → contener.
conuco 男 小規模農場.
conurbación 女 集合都市, 都市圏.
convalecencia 女 回復 (期).
convalecer 76 自 ⦅**de**⦆ (…から) 回復する ; 立ち直る.
convaleciente 形 男 女 回復期の (患者).

convalidación 女 (単位等の) 読み換え, 認定 ; 承認.
convalidar 他 (単位等を) 認定する, 読み換える ; 承認する.
convección 女〘物〙対流.
convecino, na 形 男 女 近所の(人).
convencer [コンベンセル] 68 他 [英 convince] ❶《para que＋接続法》(…するように) **説得する** ;《de que＋直説法 / de》(…だと / …について) **納得させる**. ❷ 気に入らせる. ── **convencerse** 再《de》(…に) 納得する.
convencido, da 過分 → convencer. 形《de》(…に) 確信を持った.
convencimiento 男 説得 ; 納得, 確信.
convención 女 ❶ 協定, 取り決め. ❷ 因襲, 慣例. ❸ 会議 ; 集会.
convencional 形 ❶ 取り決められた. ❷ 伝統的な, 因襲的な. ❸ 従来の. armas *～es* 通常兵器.
convencionalismo 男 慣例尊重 (主義) ; 便宜主義.
convendr- 活 → convenir.
conveng- 活 → convenir.
convenido, da 過分 → convenir. 形 取り決められた.
conveniencia 女 好都合 ; 適切さ ; [主に複] しきたり ; 礼儀作法.
conveniente [コンベニエンテ] 形 [英 convenient] ❶ **便利な**, 都合のよい. ❷ 適当な, ふさわしい.
convenio 男 協定, 取り決め. ～ colectivo 労働協約.
convenir [コンベニル] 23 他 [現分 conviniendo] [英 agree] **合意する** ; 取り決める. ── 自 ❶《en》(…で) 合意する. ❷ (主に事物が主語)《a》(…に) 都合がよい ; ふさわしい. ¿Qué día te *conviene*? 君は何曜日が都合がいい. ❸《3人称単数で》《＋不定詞 / que＋接続法》…したほうがよい. ── **convenirse** 再《en》(…で) 合意する.
conventillo 男《ラ米》(アルゼンチン)(ウルグアイ)(チ)共同住宅, 安アパート.
convento [コンベント] 男 [英 monastery] **修道院**.
conventual 形 修道院. ── 男 修道士.
convenz- 活 → convencer.
convergencia 女 集中 ; 収束.
convergente 形 集中する ; 収束する.
converger 84 自《a, en》❶ (…に) 集まる ; 収束する. ❷ (結論等に) 至る.
convergir 44 自 → converger.
conversación [コンベルサシオン] 女 [複 conversaciones] [英 conversation] **会話**, 会談 ; 話し方. *dar ～ a* ... …とおしゃべりに興じる. *sacar la ～ de* ... …の話題を出す. *tener poca ～* 口数が少ない.
conversador, dora 形 男 女 話好き [話し上手] な(人).
conversar 自《de / con》(…について / …と) 会話する, 話をする.
conversión 女 ❶ 転換, 変化. ❷《a》(…への) 改宗 ; 転向. ❸〘修〙反復法.
converso, sa 形 (特にキリスト教へ) 改宗した ; 転向した. ── 男 女 (特にキリスト教への) 改宗者 ;《軽蔑》転向者.
convertibilidad 女 変換可能性 ; 兌換(だかん)性.
convertible 形 変換できる ; (貨幣が) 兌換(だかん)可能な. ── 男《ラ米》〘車〙コンバーチブル (→ descapotable 地域差).
convertidor 男 ❶〘電〙変換器, コンバーター ;〘IT〙変換器. ❷〘冶〙転炉.
convertir [コンベルティル] 98 他 [現分 convirtiendo] [英 convert] ❶《en》(…に) **変える**, 転換 [変換] する. ❷《a》(…に) 改宗 [転向] させる ; 改心させる. ── **convertirse** 再 ❶《en》(…に) 変わる, 変化する. ❷《a》(…に) 改宗 [転向] する.
convexidad 女 凸状.
convexo, xa 形 凸状の, 凸面の.
convicción 女 ❶ 説得 ; 確信. ❷ [複] 信念, 信条.
convicto, ta 形〘法〙有罪が立証された.
convidado, da 男 女 (パーティー等の) 招待客. ── 女 酒をおごること. *～ de piedra* 黙っている人.
convidar 他《a》(…に) 招待する ; (…を) おごる ; (…する) 気を起こさせる. ── **convidarse** 再《a》(…に) 押しかける.
convien- 活 → convenir
conviert- 活 → convertir.
convin- 活 現分 → convenir.
convincente 形 説得力のある.
convirt- 活 現分 → convertir.
convite 男 ❶ 祝宴 ; 招待. ❷《ラ米》(1)(キューバ)(メキシコ)(見世物・祭りの) 宣伝隊 [係]. (2)(コロンビア)(ベネズエラ)食事と引き換えに働く労働者.
convivencia 女 ❶ 共同生活, 同居 ; 合宿. ❷ 共存, 共生.
convivir 自 ❶《con》(…と) 同居する. ❷ 共存する, 共生する.
convocante 形 招集する, 動員する.
convocar 26 他 ❶《a》(…に) 召集する. ❷ 募集 [公募] する.
convocatoria 女 ❶ 募集, 公募 ; 召集. ❷ 募集要綱 ; 召集通知.
convoy 男 ❶ 護送 [輸送] 船団 ; 護送 [輸送] 隊. ❷ (卓上) 調味料入れ.
convoyar 他 ❶ (輸送部隊を) 護送する. ❷《ラ米》(アンティル)おだてて手に入れる. ── **convoyarse** 再《ラ米》(ベネズエラ)(ベネズエラ)共謀する, 陰謀を企てる.
convulsión 女 ❶ 痙攣(けいれん), 引きつけ. ❷ 激動, 騒乱. ❸ (地震による) 震動.
convulsionar 他 ❶ 痙攣(けいれん)を起こさせる. ❷ 混乱 [動揺] させる. ❸ (地震が) 震動させる.
convulsivo, va 形 痙攣(けいれん)性の.
convulso, sa 形 痙攣(けいれん)した ; 引きつった.
conyugal 形 夫婦の.
cónyuge 男 女 配偶者.
coña 女《俗》❶ 冗談. ❷ うんざりさせるもの. *dar la ～*《話》しつこくする. *de ～*《話》ふざけて. *ni de ～*《俗》絶対…ない.
coñac / coñá 男 [複 coñacs] コニャック.
coñazo 男《俗》つまらないもの [人].
coñete 形《ラ米》(アルゼンチン)(チ)(ペルー)けちな.
coño 男 ❶《卑》女性性器. ❷《ラ米》(1)《軽蔑》スペイン人. (2) けちな人 (→ tacaño 地域差). *¡C～!*《俗》《驚き・怒り》くそっ, あれっ. *en el quinto* ～《俗》非常に遠くに. *estar hasta el* ～ *de ...*《特に女性が用いて》…でもうんざりだ. *tener a ... hasta el* ～《特に女性が用いて》…をうんざりさせる.

cooperación 女 協力. *C*～ Económica Asia Pacífico アジア太平洋経済協力会議〔英 APEC〕.

cooperador, dora 形 協力的な. ―男女 協力者.

C **cooperante** 形 協力する, 協力的な.

cooperar 自 ❶《con / a / en》(…と / …のために / …で) 協力する (= colaborar). ❷《a》(…に) 影響を与える.

cooperativa 女 協同組合；その店舗.

cooperativismo 男 協同組合運動.

cooperativo, va 形 協力の[的な].

coordenado, da 形〖数〗座標の. ―女[主に複]座標.

coordinación 女 ❶ 連携；調整. ❷〖文法〗等位.

coordinado, da 形 ❶ 連携のとれた. ❷〖文法〗等位の.

coordinador, dora 形 調整する. ―男女 まとめ役, コーディネーター.

coordinante 形〖文法〗等位の.

coordinar 他 連携[調和]させる. ―自《話》頭が働く.

coordinativo, va 形 ❶ 連携する. ❷〖文法〗等位の.

copa [コパ] 女〔英 goblet, glass〕❶ (脚付きの) **グラス**；グラス1杯の量[酒]. tomar una ～ 一杯やる. ir de ～*s* 飲みに行く. ❷ 優勝杯, トロフィー；優勝杯争奪戦. ～ mundial ワールドカップ. ❸ 樹冠. ❹ (帽子の) 山, クラウン. ❺ (ブラジャーの) カップ. ❻ (スペイン・トランプ) 聖杯の札. *apurar la* ～ *del dolor* [*de la desgracia*] 悲哀[不運]も極まる. *como la* ～ *de un pino*《話》とても大きい；すばらしい. ～ *de vino español* カクテルパーティー. *llevar una* ～ *de más* ほろ酔いである.

copado, da 形 ❶ 枝葉の茂った. ❷《ラ米》(ｱﾙｾﾞﾝﾁﾝ)(ｳﾙｸﾞｱｲ)一杯の酒で満足している [いい気分になった].

copal 男 コーパル (天然樹脂).

copamiento 男《ラ米》(ｱﾙｾﾞﾝﾁﾝ)(ｳﾙｸﾞｱｲ)(公共施設の) 占拠.

copar 他 ❶ (賞・議席等を) 独占する. ❷ (関心等を) 一心に集める. ❸ 退路を断つ.

coparticipación 女 共同参加.

copartícipe 男女 共同参加者.

cope 男《ラ米》(ｱﾙｾﾞﾝﾁﾝ)《俗》(大げさな) 関心, 熱狂.

COPE [コペ] 女 *C*adena de *O*ndas *P*opulares *E*spañolas (スペインの民放ラジオ局).

copear 自《話》酒を飲む.

cópec 男 [複 ～s] コペイカ：ロシアの貨幣単位.

COPEI 女 独立選挙政治組織委員会 (キリスト教民主党)：ベネズエラの政党.

copela 女〖冶〗灰吹き皿, 骨灰皿.

copeo 男《話》飲み歩き. ir de ～ 飲み歩く.

copépodo, da 形〖動〗橈脚(とうきゃく)類の. ―男[複]橈脚類.

copera 女《ラ米》(ｱﾙｾﾞﾝﾁﾝ)(ｳﾙｸﾞｱｲ)交代のウエートレス.

copernicano, na 形 コペルニクス (学派) の. ―男女 コペルニクス学派の学者.

copero, ra 形〖スポ〗優勝杯のかかった. ―男 ❶ 酌人. ❷ (グラス用) キャビネット.

copete 男 ❶ (上げた) 前髪；(鳥の) 冠羽；(馬の) 前髪. ❷ (アイスクリーム等の) 山盛り部分. ❸ (家具の) 上部装飾. *de (alto)* ～《軽蔑》高貴な；名門の. *estar hasta el* ～ *de ...*《ラ米》…にうんざりしている, 食傷している.

copetín 男《ラ米》(1) リキュールグラス, 小グラス. (2) 食前酒, カクテル.

copetinero, ra 男 女《ラ米》(レストランの) ボーイ, ウエートレス (→ camarero 地域差).

copia [コピア] 女〔英 copy〕❶ 写し, **コピー**, 複写. sacar una ～ コピーする. ～ de la llave 合鍵. ～ de seguridad〖IT〗バックアップ. ～ legalizada (原本証明のされた) 写し. ❷ (本等の) …部. ❸〖写〗印画, プリント. ❹ 模倣, 模写, 模造. ❺ 生き写し. ❻《文》多量. gran ～ de datos 膨大な資料. ❼[複]《ラ米》カンニングペーパー (→ chuleta 地域差). ―活 → copiar.

copiador, dora 形 複写する. ―女 コピー機.

copiante 男女 → copista.

copiar [コピアル] 17 他〔英 copy〕❶ 写す；**コピーする**, 複写する. ❷ 口述筆記をする. ❸ 模倣する. ❹ カンニングする. ～ el examen de un compañero クラスメートの答案をカンニングする.

copiatini 男《ラ米》カンニングペーパー (→ chuleta 地域差).

copihue 男《ラ米》(ｱﾙｾﾞﾝﾁﾝ)(ﾁﾘ)〖植〗ツバキカズラ. ► チリの国花.

copiloto 男女 ❶〖空〗副操縦士. ❷〖車〗ナビゲーター.

copión, piona 形 まねをする；カンニングをする. ―男女 まね[カンニング]をする人.

copiosamente 副 大量に.

copiosidad 女 大量.

copioso, sa 形 豊富な, たくさんの.

copista 男女 写本者, 筆耕, 写字生.

copla 女 ❶ 詩節, 4行詩. ❷ アンダルシアの民謡の一種. ❸《話》いつもの同じ話. ❹[複]おしゃべり. *andar en* ～*s*《話》うわさになる.

coplero, ra 男 女 ❶ copla の歌手；それを作って売る人. ❷ 三流詩人.

copo 男 ❶ 雪片. ❷ (麻・綿等の) 玉. ❸ (選挙等での) 圧勝. ～*s de maíz* コーンフレーク.

copón 男〖宗〗聖体器. *del* ～《俗》ひどい, どうしようもない.

copra 女 コプラ：ヤシ油の原料.

copríncipe 男 アンドラ公国の (フランスとスペインの) 各共同統治者.

coproducción 女 共同製作, 合作.

coproducir 12 他 共同製作[合作]する.

coproductor, tora 形 男 女〖映〗共同制作[合作]の[者].

coprofagia 女《文》糞食(ふんしょく).

coprolito 男〖地質〗糞(ふん)化石；〖医〗糞石.

copropiedad 女 共同所有；共有権.

copropietario, ria 形 共同所有の. ―男女 共同所有者.

coprotagonista 男 女 〘映〙〘演〙主役を分け合う俳優.
copto, ta 形 コプト(人, 語, 教)の. ― 男 女 コプト人[教徒]. ― 男 コプト語.
copucha 女 《ラ米》(チ)デマ, 流言.
copudo, da 形 (木が)こんもり茂った.
cópula 女 ❶ 性交；交尾. ❷ 連結；〘言〙繋辞(けいじ).
copulación 女 性交, 交尾.
copular(se) 自 再 性交する；交尾する.
copulativo, va 形 ❶ 性交の. ❷〘文法〙連結詞の, 繋辞(けいじ)の.
copyright [コピライ(トゥ)〈コピライ(トゥ)〉]〔英〕男 著作権, コピーライト(記号 ©).
coque 男 コークス.
coqueluche 男〘医〙百日咳(ぜき).
coquero, ra 形 《ラ米》(1)(アルゼンチン)(コロンビア)(ペルー)(ボリビア)コカイン中毒の. (2)(コロンビア)コカ栽培に従事している. ― 男 女 《ラ米》コカイン中毒者；コカ栽培者.
coqueta 女 鏡台, ドレッサー.
coquetear 自 ❶ 媚(こ)を売る. ❷《con》(…に)興味半分に手を出す.
coqueteo 男 ❶ 媚(こ)を売ること. ❷ 興味半分に手を出すこと.
coquetería 女 媚(こ), 媚態(びたい).
coqueto, ta 形 ❶ 素敵な, 感じのよい. ❷ 媚(こ)を売る. ❸ 気取った. ― 男 女 媚びる人；気取り屋.
coquetón, tona 形 ❶ 素敵な, しゃれた. ❷ 気取った. ― 男 女 気取り屋.
coquina 女〘貝〙ニッコウガイ類の貝.
coráceo, a 形 → coriáceo.
coracero 男〘史〙胸甲騎兵.
coracoides 形 女〔単複同形〕肩甲骨の突起部(の).
coraje 男 ❶ 勇気, 気力. ❷《話》怒り.
corajina 女《話》腹立ち.
corajudo, da 形 ❶ 怒りっぽい. ❷ 勇気のある, 勇敢な.
coral 形 合唱の. ― 男 ❶〘動〙サンゴ虫；サンゴ(色). ❷ 賛美歌. ― 女 合唱隊.
coralarios 男 複〘動〙(サンゴ等の)花虫綱動物.
coralífero, ra 形 サンゴを含む.
coralígeno, na 形 サンゴを作る.
coralino, na 形 サンゴの(ような). barrera *coralina* サンゴ礁. ― 女〘植〙サンゴモ, 石灰藻.
corambre 女《集合的》皮革, 革.
Corán 男 コーラン：イスラム教の教典.
coránico, ca 形 コーランの.
coraza 女 ❶ 胴よろい；防具. ❷ (船等の)装甲板. ❸〘動〙甲羅.
corazón [コラそン] 男〔複 corazones〕〔英 heart〕❶ 心臓. ataque de ～ 心臓発作. latir el ～ 心臓が鼓動する. ❷ 心, 感情；愛情；勇気. un hombre sin ～ 冷酷な人. tener un ～ de pajarito [piedra] ひどく臆病(おくびょう)[冷淡]である. ¡Mi ～! 《愛する人に向けて》ねえ, あなた. ❸ (果物・野菜の)芯(しん)；(ものの)中心, 核心. ～ de la ciudad 市の中心部. ❹ ハート形(のもの)；トランプのハート. ❺ 中指(= dedo ～). ***abrir*** su ～ 心を開く. ***clavársele en el*** ～ (苦しみ等が)…の心に突き刺さる. ***con el*** ～ ***(en la mano)*** 誠実に, 正直に. ***con el*** ～ ***en un puño*** [***la boca***] びくびくして, 落ち着かないで. ***con todo el*** ～ 心底. ***con todo*** su ～ 心から. ***darle*** [***decirle***, ***anunciarle***] ***el*** ～ …が予感を感じる. *Me da el* ～ que vas a conseguir este trabajo. 私は君がこの仕事をつかむような気がする. ***darle un vuelco el*** ～ …がどきっとする, びっくりする. ***de*** ～ 本心から. ***desde el fondo de*** su ～ 心から. ***encogérsele el*** ～ …が心臓が縮む思いをする；ひどく悩む. ***llegarle al*** ～ …の心に届く, 心に訴える. ***no caberle el*** ～ ***en el pecho de ...*** (…が)…の思いで一杯である. ***partir*** [***romper***] ***corazones a ...*** 《話》…の心をとりこにする[奪う]. ***partírsele*** [***rompérsele***] ***el*** ～ …が心の引き裂かれる思いをする, 心が痛む. ***poner el*** ～ ***en ...*** …しよう[得よう]と心を砕く. ***revista del*** ～ ゴシップ雑誌. ***ser todo*** ～ 全くの善人である. ***ser blando*** [***duro***] ***de*** ～ (人が)優しい[冷淡である]. ***tocar el*** ～ ***a ...*** …の心に響く.
corazonada 女 ❶ 予感. ❷ 衝動.
corbata [コルバタ] 女〔英 tie, necktie〕❶ ネクタイ. ～ de lazo [moño] 《ラ米》蝶(ちょう)ネクタイ(→ pajarita 地域差). ❷ (旗竿(ざお)に付ける)リボン. ❸《ラ米》(コロンビア)《話》コネで手に入れたいい仕事[地位].
corbatín 男《ラ米》蝶(ちょう)ネクタイ(→ pajarita 地域差).
corbeta 女〘軍〙コルベット艦.
Córcega 固名 コルシカ：地中海の島.
corcel 男《文》駿馬(しゅんめ).
corchar 他《ラ米》(コロンビア)(学生を)落第させる.
corchea 女〘音〙8分音符.
corchero, ra 形 コルクの. ― 男 女 コルクガシの樹皮をはぐ人. ― 女 (プールの)コースロープ.
corcheta 女〘服〙鉤(かぎ)ホックの受け.
corchete 男 ❶〘服〙鉤(かぎ)ホック. ❷〘印〙角かっこ, ブラケット：[ ]. ❸《ラ米》ホッチキスの針.
corcho 男 コルク(栓). ― 間《驚き・怒り》えっ, なんだって.
¡córcholis! 間《驚き・怒り・賞賛》おや, まあ, なんだって.
corcova 女 背骨の湾曲；こぶ.
corcovado, da 形 男 女 猫背の(人)；背骨の湾曲した(人).
corcovar 他 曲げる, 湾曲させる.
corcovo 男 背を曲げた動物の跳躍.
cordada 女 (ザイルで互いを結んだ)登山パーティー.
cordado,da 形〘動〙脊索(せきさく)のある. ― 男〔複〕脊索動物.
cordaje 男《集合的》〘海〙索具；(楽器の)弦.
cordal 形 muela ～ 親知らず. ― 男〘音〙(弦楽器の)緒止板.
cordel 男 細い綱. ***a*** ～ 直線状に.
cordelejo 男 ***dar*** ～ からかう.
cordelería 女 ロープ製造[販売]店[業].
cordelero, ra 形 ロープ(製品)の. ― 男 女 ロープ製造[販売]業者.
cordero, ra 男 女 ❶ (1歳に満たない)子羊. ❷ おとなしい人. ― 男 子羊の肉；なめし革. ～ ***pascual*** (ユダヤ教)過越(すぎこし)

祭で食された小羊.
cordial [コルディアる] 形 〔英 cordial〕 ❶ 真心のこもった. saludos ～es《手紙》敬具. ❷ 強心性の. ― 男 強壮剤.
cordialidad 女 真心；誠意.
cordialmente 副 真心こめて；《手紙》敬具.
cordiforme 形 ハート形の.
cordillera [コルディリェラ(コルディイェラ・コルディジェラ)] 女 〔英 mountains〕 山脈, 山系.

C

cordita 女 コルダイト火薬.
córdoba 男 コルドバ：ニカラグアの貨幣単位. ― 固名 [C-] コルドバ. (1) スペインの県；県都. (2) アルゼンチンの州；州都. (3) メキシコの都市.
cordobán 男 コルドバ革：ヤギのなめし革.
cordobés, besa 形 男 女 コルドバの(人).
cordón [コルドン] 男 [複 cordones] 〔英 cord, string〕 ❶ ひも, ひも状のもの；[複] 靴ひも (→地域差). ～ umbilical へその緒；《比喩的》生命線. ❷ 〖電〗コード. ❸ 警戒線. ～ de policía (警察の) 非常線. ～ sanitario 防疫線. ❹《ラ米》(1)(アルゼンチン)(キューバ)(チリ)(歩道の) 縁石. (2)(チリ)(アルゼンチン)(ペルー) 連山, 山脈. (3)(キューバ)(ペルー) 焼酎(しょうちゅう).
地域差 靴ひも cordones《ほぼスペイン語圏全域》; agujetas (メキシコ); cintas (メキシコ)(エルサルバドル); correas (グアテマラ); gavetas (プエルトリコ); guatos (ボリビア); pasadores (ペルー); trenzas (ベネズエラ).
cordoncillo 男 ❶ (布の) 畝, 綾(あや). ❷ (硬貨等の) 縁のぎざぎざ.
cordonería 女 ひも製品[製造業, 販売店].
cordonero, ra 男 女 ひも職人[販売人].
cordura 女 分別, 思慮；正気.
corea 女〖医〗舞踏病. ― 固名 [C-] 韓国, 朝鮮. ～ del Norte 北朝鮮 (República Democrática Popular de ～ 朝鮮民主主義人民共和国：首都ピョンヤン Pyong Yang). ～ del Sur 韓国 (República de ～ 大韓民国：首都ソウル Seúl).
coreano, na 形 韓国の, 朝鮮の. ― 男 女 韓国人, 朝鮮人. ― 男 朝鮮語.
corear 他 合唱する；声をそろえて言う；暗唱する.
coreografía 女 振り付け.
coreográfico, ca 形 振り付けの.
coreógrafo, fa 男 女 振付師.
coriáceo, a 形 革の(ような).
coriandro 男〖植〗コリアンダー, コエンドロ.
corifeo 男 ❶ (ギリシャ悲劇等の) 合唱隊リーダー. ❷《軽蔑》リーダー, 代弁者.
corimbo 男〖植〗散房花序.
corindón 男〖鉱〗コランダム, 鋼玉.
corintio, tia 形 (ギリシャの) コリントの；〖建〗コリント式の. ― 男 女 コリント人. ― 男〖建〗コリント式 (オーダー).
corion 男〖生〗絨毛(じゅうもう)膜.
corista 男 女 (オペラ等の) 合唱団員. ― 女 コーラスガール.
coriza 女〖医〗鼻炎；鼻かぜ.
cormorán 男〖鳥〗ウ.
cornada 女 角の一突き；その傷.
cornadura 女 → cornamenta.
cornalina 女〖鉱〗紅玉髄.
cornalón 形 (闘牛が) 角の大きい.
cornamenta 女 ❶《集合的》(動物の) 角. ❷《話》不実, 浮気.
cornamusa 女〖音〗バグパイプ.
córnea 女〖解〗角膜.
cornear 他 角(つの)で突く.
corneja 女〖鳥〗ハシボソガラス；コノハズク.
cornejo 男〖植〗ハナミズキ科の植物.
córneo, a 形 角の(ような).
córner [コルネル] 〔英〕 男 [複 ～s] (サッカー) コーナーキック.
corneta 女 ❶ らっぱ；角笛；コルネット (＝～ de llaves). ❷《ラ米》〖車〗クラクション (→ bocina 地域差). ― 男 女 らっぱ手. ～ *acústica* らっぱ型補聴器.
cornete 男 ❶〖解〗鼻介骨. ❷ 袋売りのソフトクリーム.
cornetín 男 ❶ コルネット；(軍隊) らっぱ. ❷ コルネット奏者；らっぱ手.
cornezuelo 男 麦角(ばっかく)菌.
corniforme 形 角形の.
cornisa 女 ❶〖建〗コーニス, (軒) 蛇腹. ❷ 岩場；断崖(だんがい)沿いの地帯.
cornisamento 男〖建〗エンタブレチュア.
corno 男〖音〗ホルン.
cornucopia 女 ❶ 豊饒(ほうじょう)の角. ❷ (燭台(しょくだい)の付いた) 装飾用の鏡.
cornudo, da 形 ❶ 角(つの)を持った. ❷《話》妻[夫]に浮気された. ― 男 女 (特に男)《話》妻[夫]に浮気された人.
cornúpeta 男 ❶ 闘牛用の牛. ❷《話》妻に浮気された人.
coro 男 ❶〖音〗合唱 (団, 曲). ❷ 聖歌隊 (席)；祈禱(きとう)席, 内陣. ❸ 天使の階級. ❹ (古代ギリシャ劇の) 合唱隊；合唱部分. ❺ (同意見を持つ) 一団. *a* ～ 声をそろえて. *hacer* ～ *a* ... …に賛同する.
corografía 女 地方地誌；地勢図.
coroides 女 [単複同形]〖解〗脈絡膜.
corojo 男〖植〗アブラヤシ.
corola 女〖植〗花冠.
corolario 男 必然的結果, 当然の帰結.
corona [コロナ] 女 〔英 crown〕 ❶ 冠；王冠, 花冠. ❷ [時に C-] 王位；王室；王国. ❸ 栄冠；(聖像の) 光輪. ❹ 頭頂；〖カト〗剃冠(ていかん). ❺ 花輪. ❻ 歯冠. ❼〖天文〗コロナ. ❽〖機〗座金, ワッシャー；(時計の) 竜頭；〖車〗傘歯車. ❾ クローネ, クローナ：(北欧諸国等の) 貨幣単位.
coronación 女 ❶ 戴冠(たいかん)(式). ❷ 完成, 成就. ❸ 到達；登頂.
coronado, da 形 ❶ 冠を戴(いただ)いた；(栄誉を) 受けた. ❷ 完成した；飾った.
coronamiento 男 ❶ 完成, 成就. ❷〖建〗建物上部の装飾. ❸〖海〗船尾舷(げん).
coronar 他 ❶ …に冠をかぶせる；王位に就ける. ❷ (頂上に) 立つ, 極める；最上部を飾る. ❸ …の最後を飾る；…に報いる. ❹ (チェス) (ポーンが) 成る；(こまを) クイーンにする. ― **coronarse** 再 戴冠(たいかん)する, 王位に就く. *para coronarlo* 挙げ句の果てに.
coronario, ria 形 冠(状)の.
coronel, nela 男 女〖軍〗大佐.
coronelía 女〖軍〗大佐の職.
coronilla 女 頭頂；〖カト〗剃冠(ていかん).

hasta la **～** うんざりした.

coronta 女 《ラ米》(アルゼンチン)(ペルー)トウモロコシの穂軸[芯(しん)].

coroto 男 [複] 《ラ米》 がらくた.

corozo 男 《ラ米》(中米)(コロンビア)(ベネズエラ) 〘植〙(南米産) アブラヤシ.

corpachón 男 《話》 大きな体.

corpiño 男 ❶ (民族衣装等の女性用) ベスト. ❷ 《ラ米》(アルゼンチン)(ウルグアイ)ブラジャー.

corporación 女 法人, 団体；同業組合；(大) 会社.

corporal 形 身体の, 肉体的な. ── 男 [主に複] 〘カト〙 聖体布.

corporalmente 副 肉体的に.

corporativismo 男 協調組合主義.

corporativista 形 協調組合主義の. ── 男 女 協調組合主義者.

corporativo, va 形 団体の, 同業組合の.

corporeidad 女 有形性, 肉体的存在.

corpore insepulto 〔ラ〕 (ミサが) 葬儀の, 遺体を前にしての. misa ～ 葬式.

corpóreo, a 形 有形の；肉体の.

corps 〔仏〕 男 王直属の役職.

corpulencia 女 体の大きいこと.

corpulento, ta 形 体の大きい, がっしりした.

corpus 男 [単複同形または複 corpora] ❶ (文書等の) 集成；資料体, コーパス. ～ textual テキストコーパス. ❷ 〘宗〙 [C-] 聖体の祝日：復活祭から60日目の木曜日 (= *C*～ Christi).

corpuscular 形 小体の；微粒子の.

corpúsculo 男 〘解〙 小体, 血球；微粒子.

corral 男 ❶ (家禽(きん)・家畜の) 囲い場. ❷ 簗(やな). ❸ ベビーサークル. ❹ 芝居小屋.

corrala 女 (各戸が中庭に面した旧式の) 集合住宅.

corralón 男 ❶ 《ラ米》 (1)(アルゼンチン)(家畜等の) 飼育場. (2)(アルゼンチン)(ペルー)(ウルグアイ)材木置場. ❷ 共同住宅.

correa 女 ❶ バンド, 革ひも. ❷ 〘機〙 ベルト. ～ de ventilador ファンベルト. ❸ [複] 《ラ米》 靴ひも (→ cordón 地域差). ❹ 忍耐力. ***tener*** **～** 《話》 我慢強い.

correaje 男 《集合的》 (軍服等の) 革装具.

correazo 男 革ベルトでの殴打.

corrección 女 ❶ 訂正, 修正；添削；〘印〙 校正, 校閲. ❷ 矯正. ❸ 正しさ；礼儀正しさ.

correccional 形 修正の, 訂正の；矯正の. ── 男 少年院.

correccionalismo 男 矯正教育.

correcta 形 → correcto.

correctivo, va 形 矯正する. ── 男 ❶ 懲罰. ❷ 〘スポ〙 大敗.

correcto, ta [コレクト, タ] 形 〔英 correct〕 ❶ **正しい**, 間違いのない. ❷ 礼儀正しい.

corrector, tora 形 訂正[矯正]する. ── 男 女 〘印〙 校正者. ── 男 ❶ 矯正具. ❷ 修正液 (= líquido ～).

corredero, ra 形 (戸等が) スライド式の. ── 女 ❶ 溝, レール；滑り弁. ❷ 〘海〙 測程器. ❸ 《ラ米》(アルゼンチン) 《話》 下痢.

corredizo, za 形 滑る；ほどけやすい.

corredor, dora 形 よく[速く] 走る；〘鳥〙 走鳥類の. ── 男 女 ❶ ランナー, 走者. ～ de fondo 長距離ランナー. ❷ 〘商〙 仲買人, ブローカー. ～ de bolsa 株式仲買人. ❸ 《ラ米》(アルゼンチン) (街頭の) 新聞売り (→ vendedor 地域差). ── 男 廊下；回廊. ── 女 [複] 〘鳥〙 走鳥類.

correduría 女 仲介業；仲介手数料.

correferencia 女 〘言〙 同一指示.

corregible 形 修正[矯正]可能な.

corregidor 男 〘史〙 コレヒドール, 王室代理官.

corregidora 女 corregidor の妻.

corregir [コレヒル] 34 他 [現分 corrigiendo] 〔英 correct〕 ❶ **直す**, 訂正する；添削する；校正する. ❷ 修正する. ❸ 矯正する；しかる. ── **corregirse** 再 《de》 (自分の…を) 改める, 正す.

correhuela 女 〘植〙 ヒルガオ.

correinado 男 共同統治.

correlación 女 相関関係.

correlacionar 他 相関させる.

correlativo, va 形 ❶ 相関の, 相関する. ❷ (数字が) 続きの.

correlato 男 相関物；相関語.

correligionario, ria 形 男 女 同じ政治思想[宗教]を持つ (人).

correlón, lona 形 《ラ米》 (1) 駿足(しゅんそく)の, 足の速い. (2)(ベネズエラ)(メキシコ)臆病(おくびょう)な.

correntada 女 《ラ米》 激流.

correntoso, sa 形 《ラ米》 急流の, 流れの速い.

correo [コレオ] 男 〔英 post (office)〕 ❶ **郵便**. ～ aéreo 航空便. ～ certificado 書留便. ～ electrónico Eメール. ～ urgente 速達. ❷ [主に複] **郵便局**, (特に) 本局. ❸ 《集合的》 郵便物. ❹ 郵便ポスト. ❺ 使者；(公文書等の) 送達吏.

correoso, sa 形 柔軟で丈夫な；(食べ物が) かみ切りにくい.

correr

[コレル] 自 〔英 run〕 ❶ **走る**. ～ como un galgo [gamo] とても速く走る. ❷ (作業を) 素早く行う；急ぐ, あわてる. ¡*Corre*!, que no tenemos tiempo. 急いで, 時間がないんだから. ❸ (液体が) 流れる, したたる；(空気・風が) 通る, 流れる. *Corre* mucho viento. 風が強い. ❹ (時が) 流れる. al ～ el tiempo [los años] 時[年]が経つと. en estos [los] tiempos que *corren* 今日, この時代. *Corría* el año 1960. 時は1960年であった. ❺ (うわさ・ニュースが) 流れる, 広まる. ～ como la pólvora あっという間に広まる. ❻ (線が) 延びている, 続いている. Las montañas *corren* de este a oeste. 山々は東から西へと広がっている. ❼ 支払える. El sueldo no *corre* hasta el día 20. 給料は20日までは支払われない. ❽ (通貨が) 流通している；有効である. ❾ 〘IT〙 アプリケーションソフトが動く. ── 他 ❶ …を走る, …競走に出る. ～ 1000 metros diarios 毎日1000メートル走る. ～ la vuelta a España ツールドスペインに出る. ❷ ずらす, 少し動かす. ❸ (カーテン等を) 引く；スライド錠をかける. ❹ …を駆け巡る. ～ mucho mundo あちこち巡る. ❺ (動物を) 追う, 追い立てる；〘闘牛〙 (牛に) 技をかける, 闘う；せかす. ❻ うわさを流す. ❼ 危険を冒す；(悪いことに) 遭遇する. ～ el riesgo [peligro] de ... …という危険を冒す. ❽ (色を)にじませる. — **correrse** 再 ❶ ずれる, 詰める, (場所を)少し移動する. *Córrete* un poco. 少し詰めてください. ❷ (色が)にじむ；流れる. Con las lágrimas *se* te *ha corrido* el rimel. 君, 涙でマスカラが落ちちゃったよ. ❸《スペイン》《俗》オルガスムに達する, いく；有頂天になる. ❹《por》(…のことを)恥ずかしく思う. ❺ 度が過ぎる, やりすぎる. ***a más correr*** [***a todo correr***] 全速力で. ***dejar correr*** ... …を放っておく, 手つかずにしておく.

C

correría 女 侵攻, 侵略；《話》冒険.

correspondencia [コレスポンデンシア] 女 [英 correspondence] ❶ **一致**, 対応. ～ unívoca 『数』一意対応. ❷ 文通, **通信**；《集合的》郵便物. curso por ～ 通信教育課程. ❸ (交通機関の)乗り換え, 接続.

corresponder [コレスポンデル] 自 [英 correspond] ❶《a》(…に)相当する, **対応する**；(…に)合致する. ❷《a / con》(…に/…で)こたえる；報いる. amor no *correspondido* 片思い. ❸《con》(…と)一致する. ❹《a》(…の)役割[責任]である；(…に)属する. — **corresponderse** 再 ❶ 対応する；《con》(…と)調和する. ❷ 愛し合う. ***a quien corresponda*** 《手紙》関係各位殿.

correspondiente [コレスポンディエンテ] 形 [英 corresponding] ❶《a》(…に) **対応する**, 見合う. ❷ 通信の. miembro ～ 通信会員.

corresponsal 男 女 ❶ 特派員, 支局員. ❷ (企業等の)駐在員.

corresponsalía 女 特派員の職務；支局.

corretaje 男 『商』仲介手数料.

corretear 自 (子供等が)走り回る；歩き回る. — 他《ラ米》(ペルー)追跡する.

correteo 男 走り回ること.

correvedile / correveidile 男 女《話》うわさ話をばらまく人.

corrido, da [コリド, ダ] 過分 → correr. 形 ❶ 恥じた. ❷ 経験豊かな, 世慣れた. ❸ 連続した, 続いた. — 男《ラ米》(1)ロマンセ, バラード, 歌謡詩. (2)(ペルー)お尋ね者, 逃亡者. — 女 [英 run; bullfight] ❶ **走ること**. ❷ **闘牛** (= *corrida* de toros). ❸ [複]『音』コリダス：スペイン, アンダルシア地方の民謡. ❹《ラ米》(1)(アルゼンチン)(ウルグアイ)ストッキングの伝線. (2)(アルゼンチン)(ウルグアイ)(動物や人を)追い立てること；追跡. (3)(チ)一山, 一列, 一連. ***de*** ～ すらすらと. ***en una corrida*** すぐに；急いで.

corriente [コリエンテ] 形 [英 running; current] ❶ **流れる**. agua ～ 流水；水道の水. ❷ **今の**；最新の；流通している. mes ～ 今月. ❸ 普通の, 平凡な. — 女 ❶ **流れ**. ～ marina 海流. ❷ 電流. ～ alterna [continua] 交流[直流]. ❸ 傾向, 潮流. ***al*** ～ (1) 遅れずに. (2)《de》(…を)知っている. ～ ***y moliente*** 《話》ありきたりの. ***dejarse llevar por la*** ～ 大勢に従う. ***ir*** [***navegar***] ***contra*** ～ 大勢に逆らう. ***llevar*** [***seguir***] ***la*** ～ ***a*** ... …に迎合する.

corrig- 活 現分 → corregir.

corrij- 活 → corregir.

corrillo 男 (話をする)人の輪.

corrimiento 男 ❶ 地滑り. ❷ 滑ること；流れること.

corro 男 ❶ 人の輪. el ～ bancario 金融筋. ❷ 輪になってする子供の遊び. ❸ (証券取引所の)立会場. — 活 → correr.

corroboración 女 確証, 裏づけ.

corroborar 他 確証する, 裏づける. — **corroborarse** 再《con》(…で)確証される；裏づけられる.

corroborativo, va 形 裏づける.

corroer 91 他 腐食する；むしばむ. — **corroerse** 再 腐食する；《de》(…の)念に駆られる.

corromper 他 ❶ 損なう；腐らせる. ❷ 堕落させる. ❸ わいろを贈る. — **corromperse** 再 堕落する；腐る.

corrongo, ga 形《ラ米》(キューバ)(コスタリカ)かわいい, 感じのよい.

corrosión 女 腐食, 浸食.

corrosivo, va 形 ❶ 腐食[浸食]性の. ❷ 痛烈な. — 男 腐食剤.

corrupción 女 ❶ 腐敗；堕落；買収, 汚職. ❷ (原文等の)改竄(かいざん).

corruptela 女 腐敗, 不正行為.

corruptible 形 腐敗しやすい.

corruptivo, va 形 腐敗させる.

corrupto, ta 形 腐った；堕落した. — 男 女 堕落した人；買収された人.

corruptor, tora 形 腐敗[堕落]させる. — 男 女 堕落させる人；贈賄者.

corrusco 男《話》固くなったパンくず.

corsario, ria 形 私掠(しりゃく)船の. — 男 海賊.

corsé 男 コルセット；《比喩的》自由を奪うもの.

corsetería 女 コルセット工場[販売店].

corsetero, ra 男 女 コルセット製造[販売]人.

corso, sa 形 男 女 コルシカ島の(人). — 男 ❶『海』私掠(しりゃく)行為. ❷《ラ米》(南米)カーニバルのパレード.

corta 女 伐採. — 形 → corto. — 活 → cortar.

cortaalambres 男 [単複同形] ワイヤーペンチ.

cortacallos 男 [単複同形] うおのめ[たこ]を削るペンナイフ.

cortacésped 男 (または女) [単複同形] 芝刈り機.

cortacigarros 男 [単複同形] シガーカッター.

cortacircuitos 男 [単複同形] 『電』ブレーカー.

cortacorriente 男『電』ブレーカー.

cortada 過分 → cortar. 女 ❶ (パン等の)一切れ；切り傷. ❷《ラ米》(アルゼンチン)(ウルグアイ)近道.

cortadera 女 ❶ たがね. ❷《ラ米》(1) 湿地に生育するカヤツリグサ科の植物. (2)(アルゼンチン)灰色の花をつけるイネ科の植物.

cortadillo 男 ❶ (ワイン用の)小さなグラス. ❷ 角砂糖.

cortado, da 過分 → cortar. 形 ❶ (道路等が)遮断された. ❷ 臆病(おくびょう)な；恥ずかしがった. ❸ (牛乳等が)分離した. ❹ (文体が)断片的な. — 男 ミルク入りコーヒー (= cafe ～). 地域差 ミルク入りコーヒー cortado《スペイン》《ラ米》(エクアドル)(ペルー)(チ)(パラグアイ, ウルグアイ, アルゼンチン); café con crema (メキシコ)(ニカラグア); café con leche (キューバ)(ドミニカ共和国, プエルトリコ)(グアテマラ, ホンジュラス, エルサルバドル, ニカラグア, コスタリカ, パナマ)(コロンビア, ベネズエラ)(ペルー, ボリビア); morroncito (ベネズエラ); pintado (ホンジュラス)(コロンビア).

cortadọr, dọra 形 切る. ── 男 女 裁断工. ── 女 カッター, 切断［裁断］器. ── 男 門歯, 切歯.

cortadụra 女 ❶ 切断；切り傷. ❷ 峡谷, 断層. ❸［複］切りくず, 裁ちくず.

cortafiẹrro 男 《ラ米》冷間たがね.

cortafrío 男 (製鉄用の) 冷間たがね.

cortafuẹgo 男 (森林の) 防火帯［線］；〖建〗防火壁.

cortạnte 形 ❶ 鋭利な；身を切るような. ❷ ぶっきらぼうな.

cortapapẹles 男［単複同形］ペーパーナイフ.

cortapịsa 女［主に複］制約, 障害.

cortaplụmas 男［単複同形］小刀, ペーパーナイフ.

cortapụros 男［単複同形］→ cortacigarros.

cortar ［コルタル］ 他 〔英 cut〕 ❶ 切る, 切断する；断ち切る. ～ el pastel ケーキを切る. ¡*Corta*! (映画等で) カット. ❷ 切り分ける. ～ el queso en cinco trozos チーズを5つに切り分ける. ❸ 遮断する, ブロックする. ～ la hemorragia 出血を止める. *Han cortado* el agua. 水道を止められた. ❹ 省く, 短くする. ❺ 突っ切る；横断する. ❻ (風・寒さが) 突き刺す, あかぎれをつくる. ❼ (液体の味を) 薄くする, 和らげる；(油等を) 分離させる. No me gusta ～ el café con leche. コーヒーにミルクを入れるのは好きではない. ❽ おじけづかせる, 困惑させる. ❾ (ボールを) カットする；(トランプで) カードを切る. ── 自 ❶ (刃物等が) 切れる. Este cuchillo *corta* muy bien. このナイフはよく切れる. ❷ 近道する. ～ por el otro camino 別の道を通って近道する. ❸ (物の使用等を) やめる. ❹ (風等が) 突き刺す. ── **cortarse** 再 ❶ (自分の体の一部を) 切る, 切り傷を負う. ～ el pelo 髪を切る［切ってもらう］. *Me he cortado* en la mano izquierda. 左手を切った. ❷ 遮断される, 切れる. *Se ha cortado* la luz. 電気［電灯］が切れた. ❸ あかぎれができる. *Se me han cortado* las manos con tanto frío. この寒さで手にあかぎれができた. ❹ おじけづく, 困惑する, 言葉に詰まる. ❺ (油等が) 分離する. *¡Corta el rollo!* つまらない話はやめろ. ***cortar de cuajo*** [***de raíz***] 根こそぎにする. ***cortar el bacalao*** 牛耳っている. ***cortar las alas a ...*** …の自由を制限する.

cortaụñas 男［単複同形］爪(つめ)切り.

cortavịdrios 男［単複同形］ガラス切り.

cortaviẹnto 男 風防.

Cortázar 固名 コルタサル Julio ～ (1914-84)：アルゼンチンの小説家.

corte ［コルテ］ 男 〔英 cut〕 ❶ 切ること, 切断；伐採；裁断；遮断；削除. ❷ 切片；(1着［1足］分の) 布地, 革. ❸ 切り口；〖印〗(本の) 小口. ❹ 刃；切り傷. ❺ スタイル, 傾向. ❻ 《話》やり込めること. ❼ (ビスケット・ウエハースに挟んだ) アイスクリーム. ❽ 《話》困惑, 恥ずかしさ. ── 女 ❶ 宮廷；都. ❷ 《集合的》宮廷人；随行 (者). ❸ [C-]［複］(スペインの) 国会；〖史〗(スペイン) コルテス, 身分制議会. ❹ 《ラ米》裁判所, 法廷. ～ suprema 最高裁判所. ── 活 → cortar. ***dar un ～ a ...*** …に冷たく返事をする. ***dar*** [***hacer***] ***un ～ de mangas*** (片腕を曲げる) 侮辱的なしぐさをする. ***hacer la ～*** おべっかを使う；言い寄る.

cortedạd 女 ❶ 短いこと；欠乏；不足. ❷ 臆病(おくびょう)；才能の欠如.

cortejạr 他 ❶ …の機嫌を取る；(女性に) 言い寄る. ❷ (動物が) 求愛する.

cortẹjo 男 ❶ ご機嫌取り；口説き；〖動〗求愛. ❷ 行列, 一行.

cortés 形 礼儀正しい, 丁重な. ── 固名 [C-] コルテス Hernán ～ (1485-1547). 1521年アステカ王国を征服, ヌエバエスパーニャの初代総督 (1522-26).

cortesạno, na 形 宮廷の. ── 男 女 宮廷人, 廷臣. ── 女 高級娼婦.

cortesía 女 ❶ 礼儀 (正しさ), 丁重；親切. de ～ 儀礼的な. por ～ 礼儀として. ❷ 贈り物. ❸ 〖商〗支払い猶予期間. ❹ 〖印〗章の始め等の余白 (ページ).

córtex 男 皮質, 大脳皮質.

cortẹza 女 ❶ 樹皮；皮層；〖解〗皮質. ❷ (パン・メロン等の) 皮. ❸ 外観, 外見. ❹ 豚肉のフライ. ～ ***terrestre*** 地殻.

corticạl 形 〖解〗皮質の；〖植〗皮層の.

corticosterọide 男 〖生化〗コルチコイド：副腎皮質ホルモンの1つ.

cortijẹro, ra 男 女 農夫；農園監督.

cortịjo 男 (スペインのアンダルシア・エストレマドゥーラ地方の) 農場.

cortina ［コルティナ］ 女 〔英 curtain〕 ❶ カーテン；幕. ❷ 遮蔽(しゃへい)物；(城の) 幕壁. ～ de humo 煙幕.

cortinạje 男 《集合的》カーテン.

cortinịlla 女 (車窓等の) 小カーテン.

cortisọl 男 〖薬〗コルチゾール.

cortisọna 女 〖医〗コーチゾン.

corto, ta ［コルト, タ］ 形 〔英 short〕 ❶ (長さ・距離・時間が) 短い (↔largo). onda *corta* 短波. manga *corta* 半そで. a *corta* distancia 近距離で. novela *corta* 短編小説. ❷ 少ない；不足した. ～ de palabras 口数の少ない. ～ de vista 近眼. ❸ 無能な；臆病(おくびょう)な. ── 男 ❶ 短編映画. ❷ 〖電〗ショート. ── 活 → cortar. ***ir*** [***ponerse***] ***de ～*** 半ズボンをはいている；大人になっていない. ***ni ～ ni perezoso*** よく考えないで. ***quedarse ～*** 不足する；(弾等が) 届かない；低く見積もる.

cortocircuịto 男 〖電〗ショート, 短絡.

cortometrạje 男 〖映〗短編映画.

cortón 男 〖昆〗ケラ.

corụja 女 〖鳥〗アナホリフクロウ.

Corụña 固名 La ～ ラコルーニャ：スペインの県, 県都；港湾都市.

coruñés, ñẹsa 形 男 女 ラコルーニャの (人).

cọrva 女 ひかがみ, 膝(ひざ)の裏.

corvadụra 女 湾曲 (部).

corvạto 男 〖鳥〗カラスのひな.

corvejón 男 ❶ (馬等の後脚の) 飛節. ❷ 〖鳥〗ウ.

corvẹta 女 〖馬〗クルベット, 騰躍.

corveteạr 自 (馬が) クルベットをする.

córvidos 男 複 〖鳥〗カラス科.

corvina 女〖魚〗ニベ.
corvo, va 形 曲がった, 湾曲した.
corzo, za 男 女〖動〗ノロ.
cosa [コサ] 女〔英 thing〕❶ **物**, 物体;[複]所有物;(漠然と) 物事. una ～ redonda 丸い物. Cogió sus ～s y se fue. 彼は自分の物をつかむと帰ってしまった. No habrá ～ igual que ésta. これと同じ物なんてないだろう. ❷ **事柄**;出来事. ¿Alguna ～ más? 他には何かありますか. ¿Puedo decir una ～? 一言いいですか. Eso es ～ vieja. それは昔の事だよ. ❸[複]事情;問題. meterse en ～s de otros 他人の問題に首を突っ込む. Son ～s de la edad. それは年齢の問題だよ. ❹[複] 思いつき, 変わった態度. ¡Tienes unas ～s! 君, 何考えてるんだよ. ***a ～ hecha*** 成功を確信して;欲しいものが分かっていて. ***como quien no quiere la ～*** 知らぬふりをして. ***como si tal ～*** 何事もなかったかのように;平然と. ***～ de*** (計測等の語句と共に) 大体, おおよそ. Tardé como ～ de una hora. ほんの1時間ほどかかっただけだ. ***decir cuatro ～s*** 真相を述べる. ***gran ～*** 《否定で》あまり (…ない). Esta moto no vale *gran ～*. このバイクはそう高価なものではない. ***lo que son las ～s*** そういうもんですよ. ***no sea ～ (de) que*** 〈+接続法〉…しないように. ***no ser (la ～) para menos*** (事が) 半端ではない. ***o ～ así*** 《数詞+》…かそのくらい. 5 kilos *o ～ así* 5キロかそのくらい. ***por una(s) ～(s) o por otra(s) ～(s)*** いつも. ***ser ～ de ...*** 〈+不定詞〉…(するの) に好都合である. ***y ～s así*** 《名詞+》…のようなもの.
cosaco, ca 形 男 コサック人の (騎兵).
coscarse 26 再《話》《de》(…に) 気づく.
coscoja 女〖植〗ケルメスナラ;カシ・ナラ等の枯れ葉.
coscojal / coscojar 男 ケルメスナラの林.
coscojo 男 ケルメスナラにできる虫こぶ.
coscorrón 男 ❶ 頭部への強打;げんこつでの殴打. ❷《話》失敗, 挫折(ざ).
cosecante 女〖数〗コセカント.
cosecha [コセチャ] 女〔英 harvest〕❶ **収穫**;収穫期. ❷ 収穫物. ❸ (ブドウ等の) 収穫年. ❹ (努力等の) 産物. ***ser de su (propia) ～*** (考え等が) …のものである.
cosechador, dora 形 刈り取る. ― 男 女 収穫する人. ― 女〖農〗コンバイン.
cosechar 自 取り入れ[収穫]をする. ― 他 ❶ 収穫する. ❷ (結果等を) 得る.
cosechero, ra 形 収穫 (物) の. ― 男 女 (作物の) 生産者.
cosedor, dora 形 縫う. ― 男 女 縫製係[者]. ― 女〖印〗ミシン.
coselete 男 (革製の) 胴鎧(よろい).
coseno 男〖数〗コサイン.
cosepapeles 男[単複同形]ホッチキス.
coser [コセル] 他〔英 sew〕❶ **縫う**. ❷ とじる;〖医〗縫合する. ～ con grapas ホッチキスでとじる. ❸ 穴だらけにする. ― 自 裁縫をする. ***ser ～ y cantar*** 《話》とても簡単である.
cosiaca 女《ラ米》(ﾒｷｼｺ)《話》つまらないもの.
cosido 過分 → coser. 男 縫製, 縫い付け.
cosita 女《ラ米》(ｱﾙｾﾞﾝﾁﾝ)(ｳﾙｸﾞｱｲ)《話》女性に投げかけるほめ言葉.
cosmético, ca 形 化粧用の. ― 男 化粧品. ― 女 美容術.
cósmico, ca 形 ❶ 宇宙の;普遍的な. ❷ とても大きい[重要な].
cosmodromo / cosmódromo 男 (ロシアの) 宇宙船発射基地.
cosmogonía 女 宇宙発生[進化]論.
cosmogónico, ca 形 宇宙発生[進化] (論) の.
cosmografía 女 宇宙構造論[形状誌].
cosmográfico, ca 形 宇宙構造論[形状誌]の.
cosmógrafo, fa 男 女 宇宙構造論[形状誌]学者.
cosmología 女 宇宙論.
cosmológico, ca 形 宇宙論の.
cosmólogo, ga 男 女 宇宙論研究者.
cosmonauta 男 女 宇宙飛行士.
cosmopolita 形 全世界的な, 国際性豊かな. ― 男 女 国際人, コスモポリタン.
cosmopolitismo 男 世界主義, 国際的感覚.
cosmorama 男 コズモラマ:世界風物のぞき眼鏡.
cosmos 男[単複同形]宇宙.
cosmovisión 女 世界観.
coso 男 ❶ 闘牛場. ❷《稀》大通り. ❸《ラ米》(1)(ｱﾙｾﾞﾝﾁﾝ)(ｳﾙｸﾞｱｲ)(名前の分からないものを指して) あれ, それ. (2)(ﾁﾘ)(迷子の家畜を入れておく) 公共の囲い場. ― 活 → coser.
cospel 男《ラ米》(ｱﾙｾﾞﾝﾁﾝ)代用硬貨, コイン.
cosque / cosqui 男《話》頭部への強打.
cosquillas 女 複 くすぐったさ. hacer ～ くすぐる. tener ～ くすぐったがる. ***buscar a ... las ～*** …を怒らせる, 挑発する.
cosquillear 他 ❶ くすぐる. ❷ (計画等が) うずうずさせる.
cosquilleo 男 ❶ くすぐったさ. ❷ 落ち着かない気持ち.
cosquilloso, sa 形 ❶ くすぐったがりの. ❷ 怒りっぽい, 短気な.
costa [コスタ] 女〔英 coast〕❶ **海岸**, 沿岸. ❷[複] 費用;〖法〗訴訟費用. ***a ～ de ...*** …のお陰で;…を犠牲にして;…の費用で. ***a toda ～*** どんな犠牲を払っても.
Costa de Marfil 固名 コートジボワール:首都アビジャン Abidjón.
costado 過分 → costar. 男 ❶横腹, わき腹. ❷ 側面. ***por los cuatro ～s*** 《話》完全に, どこから見ても.
costal 形〖解〗肋骨(ろっ)の. ― 男 (粗布製の) 大袋. ***～ de los pecados*** 人体. ***ser [estar hecho] un ～ de huesos*** やせこけている.
costalada 女 (背中・横腹の) 打ち身.
costalazo 男 → costalada.
costalero, ra 男 女 (聖週間に) イエスや聖母マリアの像を担ぐ人.
costana 女 坂道.
costanero, ra 形 ❶ 海に近い. ❷ 傾斜した. ― 女《ラ米》(ｱﾙｾﾞﾝﾁﾝ)(ﾁﾘ)沿岸, 遊歩道.
costanilla 女 狭い坂道.
costar [コスタル] 32 他 自 他〔英 cost〕

❶（金額が）**かかる**．¿Cuánto *cuesta*? いくらですか．❷（時間・労力を）要する．❸《＋不定詞》…するのが難しい．**～ caro** 高い代償を払う．***cueste lo que cueste*** 値段にかかわらず；なんとしてでも．

Costa Rica［コスタリカ］固名 **コスタリカ**：首都サンホセ San José.

costarricense / costarriqueño, ña［コスタリセンセ/コスタリケニョ，ニャ］形 **コスタリカの．**――男 女 **コスタリカ人．**

costarriqueñismo 男 コスタリカ特有の語法［語彙(ごい)］．

coste 男 費用．

costear 他 ❶…の費用を払う．❷（危険等を）避ける．❸（…にとって）利益になる．――自 沿岸航行する．――**costearse** 再（自分で自分のために）費用を出す．

costeño, ña 形 男 女 海岸［沿岸］の（住民）．

costero, ra 形 海岸の，沿岸の．――女 漁の時期．

costilla 女 ❶〖解〗肋骨(ろっこつ)．❷〖料〗骨つきリブロース．❸〖建〗リブ；〖海〗肋材．❹［複］《話》背中．❺《話》妻．

costillaje / costillar 男《集合的》肋骨(ろっこつ)．

costo 男 ❶費用．❷《俗》大麻；ハシッシュ．

costoso, sa 形 ❶高価な．❷骨の折れる．

costra 女 ❶〖医〗かさぶた．❷外側の固い部分；こびりついた汚れ．

costroso, sa 形 かさぶたのできた；汚い．

costumbre［コストゥンブレ］女［英 custom, habit］**習慣**；［複］習わし，慣習．tener (la) ～ de ... …する習慣である．***de ～*** いつもの．como *de* ～ いつもどおりに．

costumbrismo 男〖文学〗風俗写生主義．

costumbrista 形〖文学〗風俗写生（主義）の．――男 女 風俗写生作家［画家］．

costura 女 ❶裁縫．alta ～ オートクチュール．❷縫い目．❸傷跡．

costurar 他《ラ米》縫う．

costurero, ra 男 女 裁縫師．――男 裁縫箱；裁縫部屋．

costurón 男 雑な縫い目；目立つ傷跡．

cota 女 ❶鎖帷子(くさりかたびら)．❷（測量の）水準点；海抜，標高．❸レベル，重要度［性］．

cotangente 女〖数〗コタンジェント．

cotarro 男《話》❶面倒（な状況）．❷事，活動．❸人の集まり．***dirigir el ～*** 《話》支配する．

cotejar 他《con》（…と）比較する，照合する．

cotejo 男 比較；照合．

coterráneo, a 形 同国［同郷］の．――男 女 同国人，同郷人．

cotidianidad 女 日常性．

cotidiano, na 形 毎日の；日常的な．

cotiledón 男〖植〗子葉．

cotiledóneo, a 形〖植〗子葉の（ある）．――女［複］顕花植物．

cotilla 形 男 女《話》《軽蔑》うわさ話の好きな（人）．

cotillear 自《話》うわさする；詮索する．

cotilleo 男《話》うわさ話；詮索．

cotillo 男 ハンマーの頭；鍬(くわ)等の柄．

cotillón 男 ❶（特に大晦日(おおみそか)の）パーティー（道具一式）．❷〖舞踊〗コティヨン．

cotización 女 ❶会費；（社会保険等の）保険料．❷〖商〗相場（付け），取引価格；上場．❸社会的評価．

cotizar 57 他 ❶…に相場［値］を付ける．❷（会費・保険料等を）支払う．❸評価を付ける．――**cotizarse** 再 ❶《a》（…という）相場［値］が付けられる．❷評価される．

coto 男 ❶保護区，私有地．～ de caza 禁猟区．❷《ラ米》〖医〗甲状腺腫(せんしゅ)．***poner ～ a ...*** …を終わらせる．

cotón 男《ラ米》(1) 仕事着．(2)《メキシコ》《チリ》肌着，シャツ．

cotona 女《ラ米》(1) 仕事着，厚いシャツ．(2) カモシカ革のジャケット．

Cotopaxi 固名 コトパクシ（山）：エクアドルにある世界最高の活火山．5897m．

cotorra 女 ❶〖鳥〗インコ．❷《話》《軽蔑》おしゃべりな人．

cotorrear 自 ❶《話》ぺちゃくちゃしゃべる．❷《ラ米》《メキシコ》からかう．

cotorreo 男 おしゃべり，長話．

cotorro 男《ラ米》《アルゼンチン》《ウルグアイ》独身寮．

cototo, ta 形《ラ米》《チリ》よい．――男《ラ米》《チリ》こぶ．

cotudo, da 形《ラ米》《アルゼンチン》《コロンビア》《ベネズエラ》甲状腺腫(せんしゅ)（症）の．

cotufa 女 ❶〖植〗キクイモ；カヤツリ．❷ポップコーン．***pedir ～s en el golfo*** 《話》ないものねだりをする．

coturno 男（古代ギリシャ・ローマの演劇で用いた）厚底の靴．***de alto ～*** 身分の高い．

cotutela 女〖法〗共同後見．

COU［コウ］男 *C*urso de *O*rientación *U*niversitaria（スペインの）大学準備コース．

coulomb 男〖電〗クーロン．

country［カウントゥリ］［英］男〖音〗カントリーミュージック（＝música ～）．

coupé［クペ］［仏］男［単複同形または複～s］〖車〗クーペ．

covacha 女 ❶小さな洞窟(どうくつ)．❷掘っ建て小屋．

Covadonga 固名 コバドンガ：スペイン，オビエド県の山間地．

cow-boy［カウボイ］［英］男 カウボーイ．

coxal 形〖解〗腰の．

coxis 男［単複同形］〖解〗尾骨．

coyote 男 ❶〖動〗コヨーテ．❷《ラ米》《メキシコ》《話》(1) 密入国者あっせん業者．(2) 仲介者，ブローカー．

coyotear 自《ラ米》《メキシコ》ブローカーの商売を営む．

coyunda 女 ❶（牛をくびきにつなぐ）綱．❷夫婦の絆(きずな)．

coyuntura 女 ❶好機．❷状況，情勢．❸〖解〗関節．

coyuntural 形 一時的な．

coyuyo 男《ラ米》《アルゼンチン》大セミの一種．

coz 女［複 coces］❶（馬等が）けること；その打撃．❷侮辱的な言動．

coz- 活 → cocer.

CP / C.P. código postal 郵便番号．

crac / crack［英］男［複 ～s/～s］❶破たん．❷（体力等の）急激な衰え．❸（サッ

C

カーの) 名選手. ❹ (麻薬の) クラック.

crácking 〔英〕 男 〘化〙 熱分解.

crampón 男 (登山用の) アイゼン；ピトン.

craneal / craneano, na 形 頭蓋(とうがい)(骨) の.

cráneo 男 ❶ 〘解〙 頭蓋(とうがい), 頭蓋骨. ❷ 《ラ米》(アルゼンチン)(ウルグアイ)(ペルー) 《話》 天才.

craneoencefálico, ca 形 〘医〙 頭蓋(ずがい)脳の.

crápula 女 放蕩(ほうとう). — 男 放蕩者.

craquear 自 〘化〙 熱分解する.

craqueo 男 〘化〙 クラッキング, 熱分解.

crash [クラス] 男 [単複同形] 〘経〙 (経済の) 崩壊；(相場・株価の) 大暴落. ～ bursátil 株価大暴落.

crasis 女 [単複同形] 〘音声〙 縮約；合音.

crasitud 女 (内臓の周りの) 脂肪.

craso, sa 形 ❶ 《主に＋名詞》 (間違い等が) 甚しい. ❷ 脂肪の多い.

cráter 男 噴火口；クレーター.

crátera / cratera 女 (古代ギリシャ・ローマでワインと水を混ぜた) 壺(つぼ).

crawl [クロる] 〔英〕 男 (水泳の) クロール.

crayón 男 クレヨン. ～ de labios 《ラ米》 (棒状) 口紅, リップスティック (→ lápiz 地域差).

creación [クレアしオン] 女 [複 creaciones] 〔英 creation〕 ❶ (神による) 天地創造；**創造物**. ❷ 創作 (品). ❸ 創立, 創設.

creador, dora 形 創造する. — 男 女 創造[創始, 創設] 者. ***El C～*** 創造主, 神.

crear [クレアル] 他 〔英 create〕 ❶ **創造する**. ❷ 創作する. ❸ 創立[創設] する. — **crearse** 再 (頭の中で) 作りだす.

creatividad 女 創造性.

creativo, va 形 創造力の豊かな；創造的な. — 男 女 (広告等の) クリエーター.

crecedero, ra 形 ❶ 成長しうる. ❷ 〘服〙 サイズ調整可能な.

crecepelo 男 育毛剤, 養毛剤.

crecer [クレセル] 76 自 〔英 grow〕 ❶ **成長する**, 伸びる, 生える. ❷ 増大する, 大きくなる. ❸ (月が) 満ちる；(川等が) 増水する. — **crecerse** 再 より強くなる, 成長する.

creces 女 複 ***con ～*** 十二分に. — 活 → crecer.

crecido, da 過分 → crecer. 形 ❶ 成長した；大きくなった. ❷ 多数の, 多量の. — 男 [複] 増した編み目. — 女 増水.

creciente 形 成長する；大きくなる. — 女 ❶ 上げ潮；増水. ❷ (月の) 上弦.

crecimiento 男 成長；増大, 増加.

credencial 形 信任の, 保証する. — 女 身分証；[複] 信任状.

credibilidad 女 信憑(しんぴょう)性, 信頼性.

crediticio, cia 形 信用の.

crédito [クレディト] 男 〔英 credit〕 ❶ (支払い能力についての) 信用；ローン, 融資 (金). ～ blando 長期低利貸付. ❷ **信用**, 信望. ❸ (授業の) 単位. ***a ～*** 掛けで；分割払いで. ***dar ～ a ...*** …を信用する.

credo 男 ❶ 〘カト〙 使徒信経. ❷ 信条.

credulidad 女 すぐ信じてしまうこと.

crédulo, la 形 男 女 信じやすい (人).

creederas 女 複 信じやすいこと.

creencia [クレエンしア] 女 〔英 belief〕 ❶ **信じること**, 確信. ❷ [主に複] 信念, 信条；信仰.

creer [クレエル] 35 他 [現分 creyendo; 過分 creído, da] 〔英 believe〕 ❶ **信じる**；思う；みなす. *creer* la doctrina de Cristo キリストの教えを信じる. No *creo* lo que dijiste. 君が言ったことは信じないよ. No la *creo* capaz de hacerlo. 私は彼女にそれができるとは思わない. ❷ 《que＋直説法》 …だと思う. *Creo que vienen* diez personas. 10人の人たちが来ると思います. ► 否定平叙文の場合 que 以下は接続法. *No creo que* llegue a tiempo. (彼が) 時間どおりに来るとは思えない. — 自 ❶ 思う；信じる. ¿Tú *crees*? 《確認》 本当だよね. *según creo* 私が思うに. ❷ 《en》 (…の存在を) 信じる. ～ *en* Dios 神の存在を信じる. — **creerse** 再 ❶ 信じる, 思い込む. No *me* lo puedo *creer*. 私にはそうは思えない. ❷ (自分を) …とみなす. *Se cree* muy inteligente. 彼は自分が頭がいいと思っている. ***dar en creer*** (根拠のないことを) そうだと信じ込む, 信じて疑わない. ***Eso no te lo crees ni tú.*** そんなはずはない. ***¿Qué te crees?*** 自分を何様だと思っているんだ. ***que te crees tú eso / que te lo has creído*** そんなはずはない, 冗談じゃない. ***Ya lo creo.*** そのとおりだよ, 本当だよ.

creí(-) 活 → creer.

creíble 形 信じられる.

creído, da 過分 → creer. 形 男 女 うぬぼれた (人).

crema [クレマ] 女 〔英 cream〕 ❶ 〘料〙 **クリーム**；乳脂；クリーム・スープ；甘口リキュール, クレーム. ～ catalana クリームブリュレ：カスタードクリームの焼き菓子, カタルーニャ地方の名物. ～ de leche 生クリーム. ❷ (化粧品等の) クリーム；歯磨き (チューブ) (→ pasta 地域差). ～ hidratante 保湿クリーム. ❸ 粋(すい), エリート. ❹ 〘文法〙 分音符号：güe, güi の (¨). — 形 [性数不変] クリーム色の.

cremación 女 火葬.

cremallera 女 ❶ ジッパー (→ 地域差). ❷ 〘機〙 ラック, 歯棹(はざお). ferrocarril de ～ アプト式鉄道. 地域差 ジッパー cremallera 《スペイン》《ラ米》(パナマ)(コロンビア)；cierre (ベネズエラ)(エクアドル)(ペルー, ボリビア)(チリ)(パラグアイ, ウルグアイ, アルゼンチン)； cierre relámpago (ペルー)(アルゼンチン)；zípper 《ほぼラ米全域》.

crematístico, ca 形 経済上の, 金銭の. — 女 ❶ 〘経〙 理財[経済] 学. ❷ 金銭問題.

crematorio, ria 形 火葬の. — 男 火葬場.

cremería 女 《ラ米》(アルゼンチン)乳製品製造所.

crémor 男 酒石英.

cremoso, sa 形 クリーム (状) の, 脂肪分の多い.

crencha 女 髪の分け目；分けた各部分.

creosota 女 〘薬〙 クレオソート.

crepe 女 〘料〙 クレープ.

crepé 男 ❶ クレープゴム. ❷ 〘服〙 クレープ. ❸ ヘアピース.

crepitación 女 ❶ ぱちぱちという音. ❷ 〘医〙 (折れた骨が) ごつごつという音.

crepitar 自 (薪(まき)等が) ぱちぱち音をたてる.
crepuscular 形 薄明かりの；黄昏(たそがれ)時の.
crepúsculo 男 ❶ (日の出前・日没後の) 薄明かり. ❷ 晩年.
crescendo [クレシェンド] 〔伊〕 男 〘音〙 クレッシェンド《略 cres(c).》(記号<). ***in*** ～ 次第に.
creso 男《文》億万長者.
crespo, pa 形 縮れ毛の. ― 男《ラ米》縮れ毛 (→ pelo 地域差).
crespón 男 ❶ 喪章. ❷ 〘服〙 ちりめん, クレープ.
cresta 女 ❶ とさか；冠羽. ❷ 尾根；波頭；(グラフ等の) 頂点. ***dar a ... en la*** ～《話》…の鼻っ柱をへし折る. ***estar en la*** ～ ***de la ola*** 絶頂期にいる.
crestería 女 〘建〙 狭間胸壁；棟飾り.
crestomatía 女 (学習用の) 名文集.
creta 女 白亜. ― 固名 [C-] クレタ (島)：地中海にあるギリシャ領の島.
cretáceo, a / cretácico,ca 形 男 〘地質〙 白亜紀 (の).
cretense 形 男 女 クレタ島の (人).
cretinismo 男 ❶ 〘医〙 クレチン病. ❷ 白痴, 愚鈍.
cretino, na 形 男 女 ❶ クレチン病の (患者). ❷ 愚鈍な (人).
cretona 女 クレトン：プリント綿織物.
crey- 活 現分 → creer.
creyente 形 信仰心のある. ― 男 女 信者.
crezc- 活 → crecer.
crí- 活 → criar.
cría 女 ❶ 飼育, 養殖. ❷ 生まれたての動物；《集合的》一腹の子. ― 活 → criar.
criadero ❶ 苗床. ❷ 飼育 [養殖] 場. ❸ 〘鉱〙 鉱脈.
criadilla 女 〘料〙 (牛等の) 睾丸(こうがん). ～ ***de tierra*** 〘植〙 トリュフ.
criado, da 過分 → criar. 形 ***bien*** [***mal***] ～ 育ちがよい[悪い]. ― 男 女 使用人.
criador, dora 男 女 ❶ 飼育者, ブリーダー. ❷ (ワインの) 醸造家. ***El C***～ 造物主, 神.
criandera 女《ラ米》(1) 乳母 (＝ama de cría, nodriza). (2) 安全ピン (→ imperdible 地域差).
crianza 女 ❶ 飼育, 養殖；栽培. ❷ 子育て, 授乳 (期). ❸ (ワインの) 熟成. de ～ 1年半から3年熟成した. ***buena*** [***mala***] ～ しつけのよさ[悪さ].
criar [クリアル] 31 他 〔英 breed〕 ❶ **育てる**；授乳する. ❷ 飼育する；栽培する. ❸ 生じさせる. ❹ (ワインを) 熟成させる. ― 自 (動物が) 子を産む. ― ***criarse*** 再 育つ, 成長する. ***criar en estufa***《話》甘やかして育てる.
criatura 女 ❶ 幼児, 乳児；胎児. ❷ 創造物；人間. ❸ (想像上の) 産物.
criba 女 ふるい；選別機. hacer una ～《比喩的》ふるいにかける, 選別する.
cribar 他 ふるいにかける；選別する.
cric 男 〘機〙 ジャッキ.
cricket 〔英〕 男 〘スポ〙 クリケット.
cricor 男《ラ米》〘車〙 ワイパー (→ limpiaparabrisas 地域差).

crimen [クリメン] 男 [複 crímenes] 〔英 crime〕 ❶ (殺人・傷害等の) **犯罪**. ❷ とがめられるべき行為.
criminal [クリミナる] 形 〔英 criminal〕 ❶ **犯罪の**；犯罪的な. ❷ 刑事上の, 刑法 (上) の. ❸ 罪を犯した. ― 男 女 **犯罪者**.
criminalidad 女 ❶ 犯罪性. ❷ 犯罪発生件数.
criminalista 男 女 ❶ 刑事弁護士. ❷ 犯罪[刑法]学者.
criminología 女 犯罪学.
criminólogo, ga 男 女 犯罪学者.
criminoso, sa 形 男 女 → criminal.
crin 女 ❶ [主に複] たてがみ. ❷ 植物繊維 (＝～ vegetal).
crío, a 男 女《話》子供；赤ん坊. ― 活 → criar.
criollismo 男 クリオーリョの特徴 [伝統, 風習, 言い回し].
criollo, lla 男 女 ❶ クリオーリョ. ► ヨーロッパ人 (特にスペイン人) を両親とする中南米生まれの人. ❷《ラ米》生粋 [自国] の人. ― 形 ❶ クリオーリョ (風) の. ❷《ラ米》自国[生粋]の. ❸ 〘言〙 クレオールの.
crioscopia 女 〘物〙 氷点法.
crioterapia 女 〘医〙 寒冷療法.
cripta 女 地下納骨堂；地下礼拝室.
críptico, ca 形 謎の, 難解な.
criptógamo, ma 形 〘植〙 隠花植物の. ― 女 [複] 隠花植物.
criptografía 女 暗号法.
criptograma 男 暗号文.
criptón 男 〘化〙 クリプトン.
críquet 男 〘スポ〙 クリケット.
crisálida 女 〘昆〙 さなぎ.
crisantemo 男 〘植〙 キク.
crisis [クリシス] 女 [単複同形] 〔英 crisis〕 ❶ **危機**, 重大局面 ～ económica 経済危機. ❷ (大量の) 不足, 欠乏. ～ de la vivienda 住宅難.
crisma 男 (または女) 〘カト〙 聖油. ― 男 [複] クリスマス・カード. ― 女《話》頭.
crismón 男 キリストの銘：XとPの組み合わせ.
crisol 男 ❶ 〘冶〙 るつぼ；炉床. ❷《比喩的》るつぼ.
crisolar 他 (金属を) 精錬する.
crisólito 男 〘鉱〙 橄欖(かんらん)石.
crispación 女 男 ❶ 怒り, いら立ち. ❷ 痙攣(けいれん).
crispamiento 男 → crispación.
crispar 他 ❶ いらいらさせる. ❷ 痙攣(けいれん)させる. ― ***crisparse*** 再 ❶ (筋肉が) 痙攣する. ❷ いらいらする.
cristal [クリスタる] 男 〔英 crystal〕 ❶ **ガラス**；クリスタルガラス. ～ de la ventana 窓ガラス. ～ de Bohemia ボヘミアンガラス. ～ esmerilado すりガラス. ❷ レンズ；鏡. ～ de aumento 拡大鏡. ❸ 結晶体. ～ de roca 水晶. pantalla de ～ líquido 液晶ディスプレー. ❹ 〘車〙 フロントガラス (→ parabrisas 地域差).
cristalera 女 ガラス戸棚；ガラス戸[窓].
cristalería 女 ❶ ガラス工場 [店]. ❷《集合的》ガラス製品[食器].
cristalero, ra 男 女 ガラス屋[製造工].
cristalino, na 形 結晶の；澄みきった. ― 男 〘解〙 水晶体.

C

C

cristalizable 形 結晶可能な.
cristalización 女 結晶化；具体化.
cristalizar 57 自 ❶ 結晶する. ❷《en》(…に) 具体化する. ── 他 結晶にする. ── **cristalizarse** 再 結晶する.
cristalografía 女 結晶学.
cristalográfico, ca 形 結晶学の.
cristaloide 男〘化〙晶質.
cristiana 形 女 → cristiano.
cristianar 他《話》洗礼を施す.
cristiandad 女《集合的》キリスト教徒；キリスト教世界[国家].
cristianísimo, ma 形[cristiano の絶対最上級] 非常に敬虔(けいけん)な.
cristianismo [クリスティアニスモ] 男〔英 Christianity〕**キリスト教**.
cristianización 女 キリスト教化.
cristianizar 57 他 キリスト教化する；キリスト教に改宗させる.
cristiano, na [クリスティアノ,ナ] 形 キリスト教(徒)の. ── 男 女〔英 Christian〕❶ **キリスト教徒**, クリスチャン. ❷《話》人間. ***hablar en ～*** 皆に分かるように話す, 皆が分かる言葉で話す.
Cristina 固名 クリスティナ：女子の名.
cristino, na 形 男 女〘史〙マリア・クリスティナ派の(支持者).
cristo 男 ❶ [C-] イエス・キリスト. antes [después] de *C～* 紀元前[後]. ❷ キリストの十字架像. ***como a un C～ dos [un par de] pistolas***《話》全く合わない, 場違いな. ***¡Ni C～ que lo fundó!***《話》そんなはずはない. ***ni C～***《話》誰も(…ない). ***¡Por los clavos de C～!*** 何てことだ. ***todo C～***《話》誰もが.
Cristóbal 固名 クリストバル：男子の名.
cristus 男 ***no saber (ni) el ～*** 無知である.
criterio [クリテリオ] 男〔英 criterion〕❶ **基準**. ❷ 判断力. ❸ 見方, 意見.
critérium 〔ラ〕男 [複 ～s]（自転車等の非公式な）競技会.
crítica [クリティカ] 女〔英 criticism〕❶ **批評**, 評論；《集合的》評論家. ❷ 批判, 非難. ── 形 → crítico.
criticable 形 批評できる；非難されるべき.
criticar [クリティカル] 26 他〔英 criticize〕**批判する**；批評する.
criticastro 男《いい加減な》評論家.
criticismo 男〘哲〙批判哲学.
crítico, ca [クリティコ,カ] 形〔英 critical〕❶ **批判的な**；批評の. ❷ 危機の；決定的な；〘物〙臨界の. ── 男 女 批評家.
criticón, cona 形 男 女 口うるさい(人).
critique(-) / critiqué(-) 活 → criticar.
croar 自（カエルが）鳴く.
croata 形 クロアチア(人, 語)の. ── 男 女 クロアチア人. ── 男 クロアチア語.
croché 男 ❶ 鉤針編み. ❷（ボクシング）フック.
croissant [クルアサン] 〔仏〕男 [複 ～s]〘料〙クロワッサン.
cromado, da 形 男 クロムめっき(した).
cromar 他 クロムめっきを施す.
cromático, ca 形 ❶〘光〙色(彩)の；色収差のある. ❷〘音〙半音(階)の.
cromatina 女〘生〙染色質, クロマチン.
cromatismo 男 ❶〘光〙色収差. ❷〘音〙半音階主義.
crómico, ca 形〘化〙クロムを含む.
crómlech 男〘考古〙環状列石.
cromo 男 ❶〘化〙クロム. ❷〘遊〙(おまけ等の) カード. ***hecho un ～***《話》(1)(身なりが) きちんとしすぎている. (2) 傷だらけの, とても汚い.
cromolitografía 女 多色石版術[画].
cromosfera 女〘天〙彩層.
cromosoma 男〘生〙染色体.
cromotipografía 女 カラー印刷術[物].
crónico, ca 形 慢性的な；〘医〙慢性の. ── 女 ❶（新聞等の）報道(記事)；(新聞の) 欄. *crónica* deportiva スポーツ欄. ❷ 年代記, 編年史.
cronicón 男 略年代記.
cronista 男 女 ❶ 時事解説者, 報道記者. ❷ 年代記作者[編者].
crónlech 男〘考古〙環状列石.
cronoescalada 女〘スポ〙(自転車の) 上り区間でのタイムトライアル.
cronología 女 ❶ 紀年法；年表. ❷ 年代学.
cronológicamente 副 年代順[的]に, 年代的に見て.
cronológico, ca 形 年代(順)の.
cronometrador, dora 男 女 計時員, タイムキーパー.
cronometraje 男 時間測定.
cronometrar 他 時間[タイム]を計る.
cronométrico, ca 形 クロノメーターによる；精密な.
cronómetro 男 クロノメーター.
croquet 〔英〕男 [複 ～s]〘スポ〙クロッケー.
croqueta 女〘料〙コロッケ.
croquis 〔仏〕男 [単複同形] 略図；〘美〙クロッキー, スケッチ.
cross 〔英〕男 [単複同形]〘スポ〙(1) クロスカントリー. (2)（ボクシング）クロスカウンター.
crótalo 男 ❶〘動〙ガラガラヘビ. ❷ [主に複]〘音〙クロタロ：古代ギリシャの打楽器；《文》カスタネット.
crotón 男〘植〙クロトン.
crotorar 自（コウノトリが）くちばしを鳴らす.
crownglass [クラウングラス]〔英〕男 クラウンガラス.
cruce 男 ❶ 交差点, 十字路；横断歩道. ❷ 交差；(電話等の) 混線. ❸（動植物の）交配(種). ── 活 → cruzar.
cruce- / crucé(-) 活 → cruzar.
cruceiro 男 クルゼイロ：ブラジルの通貨単位.
crucería 女〘建〙交差リブ.
crucero 男 ❶ クルージング, 周航. ❷（教会・寺院の）交差廊. ❸ 巡洋艦. ❹（交差点等の）石の十字架.
cruces 女 複 → cruz.
cruceta 女 ❶ クロスステッチ. ❷〘海〙クロスツリー. ❸〘機〙クロスヘッド.
crucial 形 きわめて重要な, 決定的な.
crucífero, ra 形〘植〙アブラナ科の. ── 女 [複]〘植〙アブラナ科.
crucificar 26 他 ❶ 十字架にかける. ❷

苦しめる.
crucifijo 男 キリスト磔刑(たっけい)像[図].
crucifixión 女 磔刑(たっけい)；キリスト磔刑(像, 図).
cruciforme 形 十字形の.
crucigrama 男 クロスワードパズル.
crucigramista 男 女 クロスワードパズルの出題者.
cruda 女 《ラ米》(グアテマラ)(メキシコ)(二日) 酔い. — 形 → crudo.
crudelísimo, ma 形 [cruel の絶対最上級]きわめて残酷な.
crudeza 女 ❶ (気候等の) 厳しさ. ❷ (描写の) 露骨さ；残酷さ.
crudo, da [クルド, ダ] 形 [英 raw] ❶ **生の**, 半煮えの. ❷ 加工していない. ❸ (天候が) 厳しい. ❹ 露骨な, どぎつい. ❺ 《ラ米》 (1)(メキシコ) 《話》 二日酔いの. (2)(アルゼンチン) 《話》 経験不足の. — 男 ❶ 原油. ❷ 《ラ米》 ズック, 粗布. ***estar ~*** 難しい. ***tener ... ~*** …は難しい.
cruel [クルエる] 形 [絶対最上級 crudelísimo, ma] [英 cruel] ❶ 《**con**》(…に対して) **残酷な**, むごい. ❷ つらい, 過酷な.
crueldad 女 残酷さ；残酷な行為.
cruento, ta 形 流血の, 血なまぐさい.
crujía 女 ❶ 〖建〗 (1) ベイ. (2) 聖歌隊通路. ❷ 〖海〗 (船首・船尾間の) 甲板中央部.
crujido 男 (割れる・こすれる・曲がる・きしむ時等の) 短く乾いた音.
crujiente 形 短く乾いた音を出す. pan ~ (焼き立てで) パリパリのパン.
crujir 自 短く乾いた音を立てる. ~ el suelo 床がきしむ.
crup 男 [複 ~s] 〖医〗 クルップ.
crustáceo, a 形 〖動〗 甲殻類の. — 男 [複] 甲殻類.
cruz [クルす] 女 [複 cruces] [英 cross] ❶ **十字架**. ~ griega [latina] ギリシャ [ラテン] 十字. ❷ 十字架像；十字 (形)；(故人を表す) 十字印 (†)；(十字形) 勲章. *C~* Roja 赤十字 (社). ❸ 苦難. ❹ (硬貨の) 裏面. ❺ 〖動〗 きっ甲；(木の枝の) 股(また). — 固名 ❶ クルス. (1) San Juan de la *C~* 十字架の聖ヨハネ (1542-91)：スペインの神秘詩人・カルメル会修道士. (2) Sor Juana Inés de la *C~* (1651-95)：メキシコの閨秀(けいしゅう)詩人・学者. (3) Ramón de la *C~* (1731-94)：スペインの劇作家. ❷ [C-] 〖天文〗 十字星. *C~* del Sur 南十字星. ***c~ y raya*** 《話》(話を打ち切って) もうおしまいだ. ***en c~*** 十文字形に. con los brazos *en c~* 両腕を広げて. ***hacerse cruces*** 大げさに驚き等を表す.
cruza 女 《ラ米》〖動〗 異種交配；雑種.
cruzado, da 過分 → cruzar. 形 ❶ 交差した, 十字の. ❷ (衣服が) ダブルの. ❸ (動植物が) 交配種の. ❹ 十字軍に参加した. — 男 ❶ 十字軍の兵士. ❷ 交配種. ❸ (舞踊で) 交差. ❹ クルザード：ブラジルの旧通貨単位. — 女 ❶ 〖史〗 十字軍. ❷ (改革・撲滅のための) 運動.
cruzamiento 男 異種交配；交差.
cruzar [クルさル] 57 他 [英 cross] ❶ **交差させる**. ❷ 横断する, 渡る. ❸ (言葉等を) 交わす. ❹ 〖商〗 横線を引く. ❺ (動植物を) 交配する. — 自 ❶ 交差する, 交わる；行き交う；(前を) 通る, 横切る. ❷ 《ラ米》(車等が) 曲がる (→ girar 地域差). — ***cruzarse*** 再 ❶ 交差する, 交わる. ❷ 《**con**》(…と) すれ違う, 出くわす.
CSIC [せシ(ク)] 男 *C*onsejo *S*uperior de *I*nvestigaciones *C*ientíficas (スペインの) 高等科学研究院.
cta. 女 → *cuenta*.
CTNE 女 *C*ompañía *T*elefónica *N*acional de *E*spaña スペイン国営電話会社.
ctra. 女 → *carretera*.
cu 女 [複 cúes] アルファベットの q の名称.
cuaches 男 女 複 《ラ米》 双子, 双生児 (→ gemelo 地域差).
cuaco 男 《話》《ラ米》(メキシコ) 馬.
cuaderna 女 〖海〗〖空〗 肋材(ろくざい). ~ ***vía*** クアデルナ・ビア：1 行14音節の四行詩.
cuadernillo 男 ❶ メモ帳. ❷ 〖印〗 5 枚重ねて二つ折りにした折り丁.
cuaderno [クアデルノ] 男 [英 notebook] **ノート**, 帳面. ~ ***de bitácora*** 航海日誌.
cuadra 女 ❶ 厩舎(きゅうしゃ). ❷ 《集合的》(同じ所有者の) 馬. ❸ 不潔な場所. ❹ 《ラ米》(市街地の) 一区画, ブロック；一区画の一辺の長さ[距離].
cuadrado, da [クアドラド, ダ] 形 [英 square] ❶ **正方形の**, 真四角な. ❷ 2 乗した, 平方の. metros ~*s* 平方メートル (m^2). ❸ 体格ががっしりした. — 男 〖数〗 (1) 正方形. (2) 2 乗. dos al ~ 2 の 2 乗. — 女 《音》 二全音符.
cuadragenario, ria 形 男 女 40年の (もの), 40歳代の (人).
cuadragésima 女 → cuaresma.
cuadragésimo, ma 形 《数詞》 40 番目の；40分の 1 の. — 男 40分の1.
cuadrangular 形 四角形の.
cuadrángulo, la 形 男 四角形 (の).
cuadrante 男 ❶ 四分円. ❷ 象限儀, 四分儀.
cuadrar 自 《**a, con**》(…に) 適する；ぴったり合う. — 他 ❶ 四角にする. ❷ 〖数〗 2 乗する. ❸ …の収支を合わせる. ❹ 《ラ米》 (1) 駐車する. (2)(ペルー) 《話》 脅す. — ***cuadrarse*** 再 ❶ 〖軍〗 気をつけの姿勢をとる. ❷ かたくなになる.
cuadratura 女 ***la ~ del círculo*** 不可能なこと.
cuádriceps 男 [単複同形] 〖解〗 大腿(だいたい)四頭筋.
cuadrícula 女 方眼.
cuadriculado, da 形 ❶ 方眼の. ❷ 秩序立った；頭が堅い.
cuadricular 他 ❶ 方眼を引く. ❷ 厳しく管理する.
cuadrienio 男 4 年間.
cuadriga 女 4 頭立て馬車.
cuadrilátero, ra 形 〖数〗 四辺形の. — 男 四辺形；(ボクシングの) リング.
cuadrilla 女 ❶ 組, チーム, 隊. ❷ クアドリーリャ：闘牛士のチームの 1 つ.
cuadrimotor 男 〖空〗 四発機.
cuadringentésimo, ma 形 《数詞》 400番目の；400分の 1 の. — 男 400分の1.
cuadriplicar 26 他 自 → cuadruplicar.
cuadrisílabo, ba 形 → cuatrisílabo.

C

cuadrivio 男 (中世の大学の) 四学科. ► 算術, 幾何学, 天文学, 音楽.

cuadro [クア ドゥロ] 男 〔英 picture〕 ❶ **絵**, 絵画. ❷ 光景, 情景 ; 描写 ; 〘演〙場. ❸ 四角形 ; 区画 ; 表. ❹ 計器盤. ～ de distribución 配電盤. ～ de mandos 操作パネル. ❺ (自転車等の) フレーム. ❻ スタッフ, 職員. ❼ [複] 《ラ米》 パンティー (女性の下着) (→ braga 地域差). ～ *clínico* 〘医〙 病[臨床]像. *quedarse* [*estar*] *en* ～ (メンバーが) わずかになる.

C

cuadrumano, na / cuadrúmano, na 形 四手の. ― 男 女 四手獣.

cuadrúpedo, da 形 四足の. ― 男 四足動物.

cuádruple 形 4 倍の ; 4 つからなる. ― 男 4 倍.

cuadruplicar 26 他 4 倍する.

cuádruplo, pla 形 → cuádruple.

cuajado, da 形 ❶ 凝固した. ❷ 《話》 呆然(ぼう)とした. ❸ 《de》 《話》 (…で) いっぱいの. ❹ 《話》 眠った. ― 女 凝乳 ; 〘料〙 クアハーダ.

cuajar 男 〘動〙 しわ胃, 第 4 胃. ― 他 ❶ 凝固させる. ❷ 《de》 (…で) いっぱいにする. ― 自 ❶ 固まる, 凝固する. ❷ 《話》 実現する. ❸ 《話》 受け入れられる. ❹ (雪が) 積もる. ― **cuajarse** 再 ❶ 固まる, 凝固する. ❷ 《de》 (…で) いっぱいになる. ❸ (雪が) 積もる.

cuajarón 男 凝血 ; 凝塊.

cuajo 男 ❶ レンニン, 凝乳酵素. ❷ 《話》 悠長さ. ❸ 《ラ米》(ごﾝ)厚かましさ. *de* ～ 根こそぎ.

cuákero, ra 男 女 → cuáquero.

cual [クア る] 代名 《関係》 《先行詞の性数に一致する定冠詞を伴う》 〔英 who, whom, which〕 ❶ 《前置詞と共に》 …するもの[人]. la empresa para la ～ trabajamos 私たちが働いてる会社. la propuesta con la ～ estamos de acuerdo 私たちが同意している提案. los temas de los ～*es* trató el profesor en la clase 授業で先生が扱ったテーマ. ❷ 《非制限[説明]用法》 そして[だが, すると] そのもの[人]は…. Vi a su hermano, el ～ esperaba el autobús. 彼のお兄さんを見たが, 彼はバスを待っていた. ❸ 《中性形の場合は前文全体または一部を受ける》 Sacó malas notas, lo ～ desilusionó a sus padres. 彼は悪い点を取ったが, それは両親をがっかりさせた. *por lo* ～ それゆえに, したがって. *C*～ A, *tal* B 《接続詞的用法》 A もAならBもBだ. *C*～ (es) el padre, *tal* (es) su hijo. 父親が父親なら息子も息子だ.

cuál [クア る] 代名 《疑問》 〔英 which, which one, what〕 **どれ ; 何, 誰**. ¿*C*～ es tu bici? 君の自転車はどれ. ¿*C*～ de los tres llegará primero? 3 人のうち誰がいちばん先に着くだろう. ¿*C*～ es el día de tu cumpleaños? 君の誕生日はいつ. ¿*C*～ es su número de teléfono? あなたの電話番号は何番ですか. ― 形 《疑問》 《ラ米》 どちらの. ¿*C*～ tamaño te va bien? 君にはどのサイズがいいだろうか. ► 《スペイン》 では qué, 今日では 《ラ米》 でも qué を用いるのが普通. *a* ～ [*cual*] *más* [*mejor*] 負けず劣らず. Los dos estudian *a* ～ *más*. 2 人は競って勉強している. ～ [*cual*] *más*, ～ [*cual*] *menos* 多かれ少なかれ. ～ ... ～ ... あるものは…あるものは….

cualesquier 代名 《不定》 複 → cualquier.

cualesquiera 代名 《不定》 複 → cualquiera.

cualidad [クアりダ(ドゥ)] 女 〔英 quality〕 ❶ **特性** ; 性質. ❷ 長所.

cualificado, da 形 ❶ 熟練した ; 資格のある. ❷ 権威のある, 信頼できる.

cualificar 26 他 資格を与える.

cualitativo, va 形 質的な.

cualquier 形 《不定》 [複 cualesquier] [cualquiera の男女単数名詞の前における語尾消失形].

cualquiera [クアるキエラ] 代名 《不定》 [複 cualesquiera] 〔英 anyone, any one〕 ❶ **誰でも**. *C*～ puede entrar en esta oficina. 誰でもこのオフィスへ入ることができる. ❷ **なんでも**, どれでも. Escoge ～ de estos libros. これらの本から (どれでもいいから) どれか選びなさい. ❸ 《感嘆文で反語的》 誰も (…ない). ¡*C*～ lo creería! 誰がそんなことを信じるものか. ❹ 《不定冠詞＋》 取るに足りない人. una ～ 《俗》 売春婦. ► この場合の複数形は cualquieras. ― 形 《不定》 〔英 any〕 ❶ 《単数名詞の前で cualquier, 複数名詞の前で cualesquier》 どんな (…でも). a *cualquier* hora いつでも, 好きなときに. *cualquier* cosa 何でも. Pruébese *cualesquier* corbatas. 適当なネクタイをいくつかお試し下さい. ❷ 《名詞＋》 ありふれた. No es un estudiante ～. 彼は月並みな学生ではない.

cuan 副 [形容詞・副詞の前での cuanto の語尾消失形].

cuán 副 [形容詞・副詞の前での cuánto の語尾消失形].

cuando [クアンド] 接 〔英 when〕 ❶ 《時間》 **…するとき**. *C*～ nos llamó, comíamos. 彼が電話してきたとき, 私たちは食事をしていた. *C*～ (era) pequeño, jugaba mucho en este río. 幼いころ, この川でよく遊んだものだ. Ponme un café con leche, ～ puedas. いつでもいいからカフェオレを入れてくれ. ～ quiera(s) お好きなときに. ► 未来のことについて述べるときは, ～ 〈＋接続法〉. ❷ 《譲歩》 …するにもかかわらず, たとえ…でも. Aun ～ me pida perdón, no le perdonaré. たとえ私に許しを請おうとも私は彼を許さない. ❸ 《理由》 …するのだから, …である以上は. *C*～ no te ha dicho nada, no quiere decírtelo. 彼が君に何も言ってない以上, 君にはそのことを言いたくないんだよ. ― 副 《関係》 (1) …する (とき), …そしてそのとき…. Nació en 1936, ～ empezó la guerra civil. 彼は1936年生まれだが, その年内戦が始まった. (2) 《serと共に用い強調構文》 Fue ayer ～ vino aquí su padre. 彼のお父さんがここに来たのは昨日だった. *de* ～ *en* ～ ときどき.

cuándo [クアンド] 副 〔英 when〕 《疑問》 **いつ**. ¿*C*～ es la fiesta? パーティーはいつ. ¿Desde ～? いつから. ¿Hasta ～? いつまで. ¿Para ～? いつまでに.

cuanta 形 代名, 男 複 → cuanto.

cuạ́nta 形 代名 → cuánto.
cuantịa 女 ❶ 大きさ；量；金額. ❷ 重要性. de mayor [menor] ～ 重要な[でない].
cuạ́ntico, ca 形 〘物〙量子の.
cuantificaciọ́n 女 数量化；定量化；量子化.
cuantificadọr 男 〘言〙数量辞[詞].
cuantificạr 26 他 数量で表す；〘物〙量子化する.
cuantiọso, sa 形 大量の, たくさんの.
cuantitatịvo, va 形 量的な.

cuanto, ta [クアント, タ] 形 《関係》〔英 all ... that〕 ❶ 《後続の名詞に性数一致》(…する) すべての. Vendió ～*s* libros tenía. 彼は持っていたすべての本を売った. ► tanto, todo を前置することもある. 口語では cuanto の代わりに todo 〈＋定冠詞〉 que となることが多い. ❷ 《tanto等の比較語と組み比例を表す》…すればするほど. *Cuantas* más veces ganamos el partido, (*tantas*) más queremos ganar. 試合に勝つ回数が多ければ多いほど勝ちたくなる. ❸ 《unos, unasと共に》いくつかの. Tengo *unos* ～*s* conocidos en Colombia. 私はコロンビアに何人か知り合いがいる. ── 代名 [性数変化する] ❶ 《先行詞を含む関係代名詞》すべてのもの[人]. Lleva ～ quieras. 欲しいだけ持っていきなさい. ► todoを伴う場合もある. ❷ 《相関的に》…すればするほど. *C*～*s* más, mejor. 多ければ多いほどよい. ❸ 《unos, unasと共に》いくつか；何人かの人. ── 副 [性数不変] [más, menos, mayor, mejor 以外の形容詞・副詞の前では cuan] ❶ …すればするほど (ますます). *C*～ más tiene uno, tanto más quiere. 人は持てば持つほど欲しくなるものだ. ❷ できるだけ…. ～ más tarde できるだけ遅く. ～ antes できるだけ早く. ── [クアント] 男 [複 cuanta, ～s] 〘物〙量子. *en* ～ *a* ... …に関しては. *en* ～ …するとすぐ. ► 未来のときは接続法. *En* ～ acabó la ceremonia, me fui. 式が終わると私はすぐに帰った. *En* ～ deje de llover, saldremos. 雨がやんだらすぐ出かけましょう.

cuánto, ta [クアント, タ] 形 《疑問》[後続の名詞と性数一致] [複 ～s] 〔英 how (many, much)〕 ❶ いくつの. ¿*C*～*s* años tienes? 年はいくつ. ¿*C*～ tiempo hace que no vienes aquí? 君がここへ来なくなってどれくらいですか. ❷ 《感嘆》なんと多くの. ¡*Cuánta* gente! なんて大勢の人. ── 代名 《疑問》[複 ～s] いくつ, 何人. ¿*C*～*s* son tres y dos? 2たす3はいくつ. ¿A ～*s* estamos (hoy)? ─ Estamos a dos de mayo. 今日は何日ですか. ─5月2日です. ── 副 《疑問》[形容詞・副詞の前では cuánとなるが, 口語では qué] ❶ どれだけ. ¿*C*～ es [vale] esto? これはいくらですか. ❷ 《感嘆》なんと. ¡*C*～ quiero verte! 君にどれほど会いたいことか.

cuạ́quero, ra 形 男 女 クエーカー教徒(の).
cuarcịta 女 〘鉱〙珪岩(けいがん).
cuarenta [クアレンタ] 形 《数詞》〔英 forty〕 40の；40番目の. ── 男 40. los ～ 40歳代. los (años) ～ 1940年代. *cantar las* ～ 《話》遠慮なく意見を言う；(スペイン・トランプ) 同じ組札の王と馬を集めたことを宣言する.
cuarentạvo, va 形 男 40分の1 (の).
cuarentẹna 女 ❶ 検疫；隔離 (期間)；保留 (期間). ❷ 40からなる一組.
cuarentọ́n, tọna 形 男 女 40歳代の(人).
cuarẹsma 女 〘カト〙四旬節：復活祭直前の日曜を除く40日間.
cuaresmạl 形 四旬節の.
cuạrta 女 ❶ 親指・小指間の長さ. ❷ 〘音〙4度；〘車〙4速. ── 形 → cuarto.
cuartạna 女 〘医〙四日熱.
cuarteạr 他 4分する；(肉を) 切り分ける. ── **cuartearse** 再 (壁等に) ひびが入る.
cuartẹl 男 〘軍〙(1) 兵舎；キャンプ地. (2) 休戦. ～ *general* 総司令部；本部. *no dar* ～ *a* ... …を容赦しない.
cuartelạzo 男 《軽蔑》軍部の反乱.
cuartelẹro, ra 形 ❶ 兵舎[キャンプ地]の. ❷ (言葉が) 下品な. ── 男 女 〘軍〙清掃[雑役]兵.
cuartelịllo 男 (警察等の) 詰め所.
cuarteọ 男 ひび割れ.
cuarterọ́n, rọna 形 男 女 メスティーソ mestizo と白人の混血の (人). ── 男 クアルテロン：重さの単位. 4分の1ポンド.
cuartẹta 女 〘詩〙(8音節の) 4行詩.
cuartẹto 男 ❶ 〘詩〙(11音節の) 4行詩. ❷ 〘音〙カルテット.
cuartịlla 女 四つ切りの紙.
cuartịllo 男 クアルティーリョ：(1) 昔の液量の単位 (約0.5リットル). (2) 昔の豆・穀物を量る単位 (約1.1リットル).
cuarto, ta [クアルト, タ] 形 《数詞》〔英 fourth〕 4番目の；4分の1の. ── 男 〔英 quarter；room〕 ❶ 4分の1；15分. tres ～*s* de hora 45分. ❷ 部屋. ～ de baño 浴室, トイレ. ～ de estar 居間. ～ trastero 物置部屋. ❸ [複] 《話》現金. cuatro ～*s* わずかなお金. ❹ (鳥獣の体の) 四半分. ❺ 〘天文〙弦. ～ creciente [menguante] 上[下]弦. ～*s de final* 〘スポ〙準々決勝. *tres* ～*s* 〘服〙七分丈の. *tres* ～*s de lo mismo* 《話》全く同じこと.
cuartofinalịsta 男 女 準々決勝出場者.
cuartọ́n 男 ❶ 角材. ❷ (四角形の) 畑.
cuartụcho 男 《話》あばら屋.
cuạrzo 男 〘鉱〙石英；水晶.
cuarzọso, sa 形 〘地質〙石英質の.
cuạsi 副 《古》ほとんど (＝casi).
cuạsia 女 〘植〙ニガキ.
cuasicontrạto 男 〘法〙準契約.
cuasidelịto 男 〘法〙準犯罪.
cuạte, ta 形 《ラ米》(ｷｭｰﾊﾞ)(ｴｸｱﾄﾞﾙ)(ﾒｷｼｺ)双子の；よく似た. ── 男 女 《ラ米》(1) [複] 双子, 双生児 (→ gemelo 地域差). (2)(ｷｭｰﾊﾞ)(ｴｸｱﾄﾞﾙ)(ﾒｷｼｺ)仲間, 友達；《呼びかけ》おい, 君.
cuaternạrio, ria 形 ❶ 4つからなる. ❷ 〘地質〙第四紀の. ── 男 第四紀.
cuatezọ́n, zọna 形 《ラ米》(ﾒｷｼｺ)(牛等が) 角のない；臆病(おくびょう)な. ── 男 女 《ラ米》(ﾒｷｼｺ)友達, 仲間.
cuatị 男 《ラ米》(ﾗﾌﾟﾗﾀ) 〘動〙ハナグマ.

C

cuatralbo, ba 形 (馬等が) 四脚が白い.
cuatreño, ña 形 (牛が) 4歳の.
cuatrero, ra 男 女 ❶ 馬泥棒. ❷《ラ米》(1) 悪党. (2)《話》裏切り者.
cuatrienal 形 4年間の；4年ごとの.
cuatrienio 男 4年間.
cuatrillizos, zas 形 男 女 複 四つ子(の).
cuatrimestral 形 4か月間の；4か月ごとの.
cuatrimestre 形 男 4か月(の).
cuatrimotor 男〔空〕四発機.
cuatripartito, ta 形 4つに分かれた.
cuatrisílabo, ba 形 男 4音節の(語).
cuatro [クアトゥロ] 形《数詞》〔英 four〕❶ **4の**；4番目の. ❷《話》わずかな. — 男 ❶ **4**. ❷《ラ米》(ﾌﾟｴﾙﾄﾘｺ)複弦ギター；(ﾍﾞﾈｽﾞｴﾗ) 4弦のギター. ～ ***gatos***《話》わずかな人々. ～ ***por*** ～ 4WD車. ***más de*** ～《話》多くの人々.
cuatrocientos, tas [クアトゥロしエントス,タス] 形《数詞》〔英 four hundred〕**400の**；400番目の. — 男 **400**.
Cuauhtémoc 固名 クアウテモク (1495?-1525)：アステカ王国最後の王 (1520-21).
cuba 女 ❶ 樽(たる). ❷ タンク(車). — 男 女《ラ米》末っ子 (→ benjamín 地域差). ***estar como una*** ～《話》へべれけに酔っ払っている.
Cuba [クバ] 固名 **キューバ**：首都ハバナ La Habana.
cubalibre 男 クーバリブレ：ラム酒のコーラ割り.
cubanismo 男 キューバ特有の言葉や言い回し.
cubano, na [クバノ,ナ] 形 **キューバの**. — 男 女 **キューバ人**.
cubata 男《話》クーバリブレ.
cubero 男 桶(おけ)職人, 樽(たる)類製造者.
cubertería 女《集合的》(ナイフ・フォーク・スプーン等の) 食卓用器具類, カトラリー.
cubertura 女 覆い.
cubeta 女 ❶《ラ米》手桶(ておけ), バケツ (→ cubo 地域差). ❷〔物〕(気圧計の) 水銀槽. ❸ (実験用等の) トレイ. ❹ 製氷皿.
cubicación 女 体積[容積]の算出.
cubicar 26 他〔数〕(1) 体積[容積]を出す. (2) 3乗する.
cúbico, ca 形 立方体の；立方の, 3乗の.
cubículo 男 小さな部屋.
cubierto, ta [クビエルト,タ] 過分 → cubrir. 形 覆われた, 屋根付きの；曇った. — 男 ❶ (1人分の) テーブルウエア；ナイフ・スプーン・フォークのセット. ❷ 定食. — 女〔英 cover〕❶ **カバー**, 覆い. ❷ (本の) 表紙. ❸ 屋根. ❹ 甲板, デッキ. ❺〔車〕タイヤ (→ 地域差). ***a*** ～ 雨宿りして；避難して. 地域差〔車〕タイヤ cubierta《スペイン》《ラ米》(ﾊﾟﾗｸﾞｱｲ, ｳﾙｸﾞｱｲ, ｱﾙｾﾞﾝﾁﾝ)；goma (ｷｭｰﾊﾞ, ﾄﾞﾐﾆｶ共和国, ﾌﾟｴﾙﾄﾘｺ)；llanta (ﾌﾟｴﾙﾄﾘｺ) (ﾒｷｼｺ) (ｸﾞｱﾃﾏﾗ, ﾎﾝｼﾞｭﾗｽ, ｴﾙｻﾙﾊﾞﾄﾞﾙ, ﾆｶﾗｸﾞｱ, ﾊﾟﾅﾏ)(ｺﾛﾝﾋﾞｱ)(ﾍﾟﾙｰ, ﾎﾞﾘﾋﾞｱ)；neumático《スペイン》《ラ米》(ﾁﾘ)；rueda (ﾄﾞﾐﾆｶ共和国, ﾆｶﾗｸﾞｱ)(ﾍﾞﾈｽﾞｴﾗ)(ｳﾙｸﾞｱｲ).
cubil 男 ❶ (野生動物の) 巣. ❷ 隠れ家.
cubilete 男 ❶ さいころ壺(つぼ). ❷ (プリン等の) 型. ❸《ラ米》(ｺﾛﾝﾋﾞｱ)《話》シルクハット.
cubilote 男〔冶〕キューポラ, 溶銑炉.
cubismo 男〔美〕立体派, キュービズム.
cubista 形 男 女 立体派の(芸術家).
cubital 形〔解〕肘(ひじ)の.
cubito 男 角氷；スープキューブ.
cúbito 男〔解〕尺骨.
cubo [クボ] 男〔英 cube〕❶ **立方体**. ❷〔数〕立方, 3乗. tres al ～ 3の3乗. ❸ バケツ (→ 地域差). ❹ (車輪の) ハブ. 地域差 バケツ cubo《スペイン》《ラ米》(ｷｭｰﾊﾞ, ﾄﾞﾐﾆｶ共和国, ﾊﾟﾅﾏ)；balde《ほぼラ米全域》；cubeta (ﾒｷｼｺ)(ｸﾞｱﾃﾏﾗ)；tobo (ﾍﾞﾈｽﾞｴﾗ).
cuboides 男〔単複同形〕〔解〕立方骨.
cubrecadena 女 (自転車の) チェーンカバー.
cubrecama 男《ラ米》ベッドカバー (→ colcha 地域差).
cubreobjeto / cubreobjetos 男〔複 cubreobjetos〕(顕微鏡の) カバーガラス.
cubrepiés 男〔単複同形〕足掛け毛布.
cubretetera 女 (ティーポットの) カバー.
cubrimiento 男 覆うこと；覆い.
cubrir [クブリル] 9 他〔過分 cubierto, ta〕〔英 cover〕❶《con》(…で) **覆う**, (…を) かぶせる；屋根を付ける. ❷ (失敗等を) 隠す；かばう, 援護する. ❸《de, con》(…で) いっぱいにする. ❹ 満足させる, (必要等に) 応える, 十分である. ❺ (空席等を) 埋める. ❻ (ニュースを) 取材する. ❼ (ある距離を) 走破する. ❽〔スポ〕(相手選手を) マークする. ❾《稀》(動物が) 交尾する. — **cubrirse** 再 ❶ 帽子をかぶる；《de》(…に) 身を包む. ❷《de》(…を) たくさんもらう[受ける]. ❸ 覆われる；(空が) 曇る；(空いたポスト等が) 埋まる.
cuca 女 ❶《俗》お金. ❷〔昆〕毛虫.
cucamonas 女 複《話》おだて, 口車.
cucaña 女 脂・石けん等を塗った棒：よじ登って先端に付いた賞品を取る.
cucar 26 他 ウインクする.
cucaracha 女 ❶〔昆〕ゴキブリ. ❷《ラ米》(1)(ﾒｷｼｺ)(路面電車の) 牽引(けんいん)車両. (2)(ｱﾙｾﾞﾝﾁﾝ)(ﾒｷｼｺ)《話》ぽんこつ, ぼろ車.
Cucha 固名《ラ米》(ﾁﾘ)(ﾍﾟﾙｰ) クーチャ：Agustina の愛称.
cuchara 女 ❶ スプーン. ～ sopera スープスプーン. ❷《ラ米》(1) (左官の) こて. (2) 袋小路 (→ calle 地域差). ❸ スプーン形の道具. ***meter con*** ～《話》繰り返し説明する. ***meter la*** ～ ***en ...*** …に口をはさむ.
cucharada 女 スプーン1杯の量.
cucharadita 女 小さじ1杯の量.
cucharear 他《ラ米》(ﾍﾟﾙｰ)(情報を) 聞き出す.
cucharetear 自 ❶ (スプーンで) かき回す. ❷ 他人のことに口を出す.
cucharilla 女 ❶ ティースプーン. ❷ (釣り用の) スプーン.
cucharón 男 (給仕用の) スプーン；玉じゃくし.
cuché 形 papel ～ アート紙.
cuchichear 自 ひそひそ話をする.
cuchicheo 男 ひそひそ話.
cuchilla 女 ❶ (包丁・かみそり等の) 刃. ❷ 牛刀. ❸《ラ米》丘陵.
cuchillada 女 (刃物で) 切る[刺す]こと, その傷.
cuchillazo 男 → cuchillada.

cuchillería 女 刃物店[製造所].

cuchillero, ra 男女 ❶ 刃物職人；刃物売り. ❷《ラ米》けんか好き.

cuchillo [クチリョ〈クチヨ・クチジョ〉] 男 〔英 knife〕 ❶ ナイフ；包丁. ❷[主に複]《服》まち，ゴア. ❸《建》小屋組み. ***pasar a*** ～（捕虜等を）虐殺する.

cuchipanda 女《話》宴会.

cuchitril 男 狭く汚い部屋.

Cucho 固名《ラ米》(チリ)(ボリ) クーチョ：Agustín の愛称.

cucho, cha 形《ラ米》(1) 背骨の湾曲した. (2) 口唇裂の. ── 男《ラ米》(エクアドル)(コロンビア)(ボリ)狭苦しい部屋；隅っこ.

cuchufleta 女《話》冗談.

cuclillas ***en*** ～ しゃがんで.

cuclillo 男《鳥》カッコウ.

Cuco 固名 クコ：Enrique の愛称.

cuco, ca 形《話》❶ きれいな，かわいい. ❷ ずるい. ── 男女《話》ずるいやつ. ── 男《鳥》カッコウ.

cucú 男 カッコウの鳴き声；はと時計.

cucufato, ta 男女《ラ米》(ボリ)信心家ぶった人，偽信者.

cucurbitáceo, a 形《植》ウリ科の. ── 女[複]ウリ科.

cucurucho 男 ❶（円錐(えんすい)形の）紙袋；アイスクリーム・コーン. ❷（聖週間にかぶる）とんがりずきん.

cucuyo 男《ラ米》(1)《車》方向指示器，ウインカー(→ intermitente 地域差). (2)→ cocuy.

cueca 女 クエカ：チリ等の民族舞踊.

cuece(-) 活 → cocer.

cuelg- 活 → colgar.

cuelga 女 ❶（果物等を）つるすこと. ❷《ラ米》(ベネズエラ)(メキシコ)《話》誕生日の贈り物. ── 活 → colgar.

cuelgue 男《話》麻薬による恍惚(こうこつ)感.

cuelgue(-) 活 → colgar.

cuellicorto, ta 形 首の短い.

cuello [クエリョ〈クエヨ・クエジョ〉] 男 〔英 neck〕 ❶ 首. ❷ 襟. ～ de pico Vネック. ～ vuelto [de cisne] タートルネック. ～ alto ハイネック. ❸（物の）くびれた部分. ***～ de botella*** ボトルネック；渋滞.

cuenca 女 ❶《解》眼窩(がんか). ❷《地理》流域；盆地. ❸ 鉱床地帯. ── 固名 [C-] クエンカ：スペインの県；県都.

cuenco 男 ❶ どんぶり，鉢. ❷ くぼみ

cuent- 活 → contar.

cuenta [クエンタ] 女 〔英 count〕 ❶ 計算，数えること；[主に複]もくろみ. ～ de la lechera（取らぬ狸(たぬき)の）皮算用. ～ atrás カウントダウン. hacer una ～ 計算する. ❷ 勘定(書)，請求書；収支，貸借勘定. pasar la ～ a ... …に勘定を回す. pedir la ～ 請求書を頼む. ～ pendiente 借金. ¿Puede traernos la ～? お勘定をお願いできますか. ❸ 口座. abrir una ～ 口座を開く. ～ corriente 当座預金. ～ de ahorro(s) 貯蓄預金. ❹ 弁明，説明. dar ～ de ... …について弁明する. pedir ～*s* 釈明を求める. ❺ 責任. Esto es ～ mía. これは私の問題です. ❻（ロザリオ・数珠(じゅず)の）玉；ネックレスのビーズ. ── 活 → contar. ***a*** ～ 内金として，前払いで. ***ajustar*** [***arreglar***] ***las*** ～***s a*** ... …のけりをつける. ***caer en la*** ～ ***de***〈＋名詞／ **que**＋直説法〉…に気づく. Al despertarse, *cayó en la* ～ *de que* estaba en mi habitación. 目を覚ますと彼は私の部屋にいることに気がついた. ***a*** ～ ***de*** ... …の代わりに. ***dar*** ～ ***de*** ... …について知らせる. ***dar*** (***buena***) ～ ***de*** ...（食べ物等を）たいらげる，片づける，終わらせる. ***darse*** ～ ***de*** ... …に気づく. ¿No *te das* ～ *de* que a ella le ha pasado algo? 彼女に何かあったことに気づかないのかい. ***estar fuera*** [***salir***] ***de*** ～(***s***) 臨月を過ぎている. ***en resumidas*** ～***s*** 要するに，つまり. ***más de la*** ～ 必要以上に，度を越して. ***las*** ～***s del Gran Capitán*** 法外な勘定書，でたらめな収支計算. ***no querer*** ～***s con*** …と付き合いたくない. ***correr por*** [***de la***] ～ ***de*** ...…の責任[負担]である. ***por su*** ～ 自分で. ***tener*** [***tomar***] (***a***) ... ***en*** ～ …を考慮する. *Ten en* ～ *a* tu hermanito. 弟のことを考えてあげなさい. ***por la*** ～ ***que*** le ***trae*** …にとって具合がいいので. ***Vamos a*** ～***s.*** はっきりさせよう.

cuentacorrentista 男女 当座預金者.

cuentacuentos 男 [単複同形] 物語を語る人[こと].

cuentagotas 男 [単複同形] スポイト；点眼器. ***con*** [***a***] ～ 少しずつ.

cuentahílos 男 [単複同形] 拡大鏡.

cuentakilómetros 男 [単複同形]《車》走行計；速度計.

cuentapasos 男 [単複同形]《商標》万歩計.

cuentarrevoluciones 男 [単複同形] 積算回転計.

cuentecito 男 お話. ～ de hadas おとぎ話.

cuentero, ra 形 男女 うわさ好きの(人).

cuentista 形《話》うわさ好きな；ほらふきの. ── 男女 ❶《話》うわさ好きな人；ほらふき. ❷ 短編作家.

cuentitis 女 [単複同形]《話》仮病.

cuento [クエント] 〔英 story, tale〕 男 ❶ 物語；短編小説. ～ de hadas おとぎ話. ～ infantil 童話. ❷《話》作り話，うそ. ❸《話》うわさ話；くだらない話. ¡Déjate de ～*s*! くどくど言わず，はっきりしろよ. ❹《稀》計算. ❺（ステッキ等の）石突き；支柱. 活 → contar. ***¿a*** ～ ***de qué?*** なんで，どういう訳で. ***el*** ～ ***de la lechera*** 希望的観測，絵空事. ***el*** ～ ***de nunca acabar*** 果てしなく続く事柄，堂々巡り. ***estar en el*** ～ 知らされている，分かっている. ***ser de*** ～（物語の世界のように）すばらしい，美しい. ***sin*** ～〈複数名詞＋〉数えきれない. ***traer ... a*** ～（会話で）…を切り出す. ***va de*** ～（たとえ話の前置きとして）こういう話があるんだけど. ***venir a*** ～ 的を射ている. ***vivir del*** ～ 働かないでいい暮らしをする.

cuera 女《ラ米》(1)(メキシコ)革の脚絆(きゃはん)，ゲートル. (2)(パナマ)(プエルトリコ)(ボリ)鞭(むち)打ち；(メキシコ)鞭.

cuerazo 男《ラ米》鞭(むち)打ち；打撃，転倒.

cuerdo, da [クエルド，ダ] 形 男女 ❶ 正気の(人). ❷ 慎重な(人)；分別のある(人). ── 女 〔英 rope〕 ❶ 綱，縄，ロープ；紐(ひも). *cuerda* salvavidas [de salvamento] 命綱. dos metros de *cuerda* 2メートルのロープ. ❷〖音〗弦；《集合的》弦楽器；声域. ❸〖機〗ぜんまい. darle *cuerda* al reloj 時計のねじを巻く. Este juguete funciona con *cuerda.* このおもちゃはぜんまい仕掛けだ. ❹〖幾何〗弦. ❺ *cuerdas* vocales〖解〗声帯. ❻《ラ米》遊び仲間；一味. ***bailar*** [***andar***] ***en la cuerda floja*** 《話》(人が) 綱渡りの[非常に困難な]状況にいる. ***bajo cuerda*** 隠れて；ひそかに. ***contra las cuerdas*** 窮地に陥って[陥った]. El escándalo puso al presidente *contra las cuerdas.* そのスキャンダルが会長を困難な状況に追いやった. ***dar cuerda a …*** …にねじを巻く；…をけしかける. ***ser de la misma cuerda*** 同じ思想・意見を持っている. ***tener cuerda para rato*** 《話》長く続く, 持つ；(人が) 饒舌(じょうぜつ)になる, よくしゃべる. ***tirar de la cuerda*** 《話》(出費を) 切り詰める

cuereada 女《ラ米》❶(南米)(牛の) 皮はぎ；(皮の) 乾燥. ❷打つこと. 鞭(むち)打ち.

cuerear 他《ラ米》(1)(南米)皮をはぐ；(皮を) 乾燥 (処理) する. (2) (鞭(むち)) 打つ, たたく. (3)(アルゼンチン)(パラグアイ)(ウルグアイ)(キューバ)(陰で) 悪口を言う.

cueriza 女《ラ米》(人を) ぶつこと, 鞭(むち)打ち.

cuerna 女《集合的》角(つの)；枝角.

Cuernavaca 固名 クエルナバカ：メキシコのモレーロス州の州都, 学園[観光]都市.

cuerno [クエルノ] 男〔英 horn〕❶(動物の) **角**；角状の物；(昆虫の) 触角. ❷〖音〗ホルン. ❸[複]《話》浮気. ***importar un*** ～ 全く気にかけない. ***irse al*** ～ 《話》挫折(ざせつ)する；《命令文で》くたばれ. ***poner los ～s a …*** …に対して浮気する. ***mandar al*** ～ 《話》…を追い払う. ***romperse los ～s*** 《話》一生懸命に頑張る. ***oler a ～ quemado*** 不審の念を抱かせる. ***¡Un ～!*** 《話》とんでもない；まさか.

cuero [クエロ] 男〔英 leather〕❶ **革**；皮. ～ cabelludo 頭皮. ❷(ワイン等を入れる) 革袋. ❸ サッカーボール. ❹《ラ米》革鞭(むち). ❺《ラ米》売春婦, 老女. ***en ～s (vivos)*** 《話》裸で；無一文で.

cuerpazo 男 美しくセクシーな体.

cuerpear 自《ラ米》(アルゼンチン)(ウルグアイ)(ひらりと) 体をかわす；巧みに逃れる.

cuerpo [クエルポ] 男〔英 body〕❶ **体**, 身体；胴体,〖服〗身ごろ. tener buen ～ スタイルがいい. tener mal ～ 体の具合が悪い. de medio ～ 半身の. ❷ 死体, 遺体. ❸ **物体**. ～ esférico 球体. ❹(物の) 本体；文書の主要部分, 本文. ～ del delito〖法〗犯罪構成事実. ❺ 一団, 一塊, (人の) 集団；〖軍〗部隊. ～ diplomático 外交団. ～ de ejército 軍団. ～ social 社会. ～ docente 教授陣. ❻(物の) 厚み, かさ；(液体の) 濃度, こく；〖印〗文字の大きさ, ポイント. vino con mucho ～ こくのあるワイン. letra en ～ 10 10ポイントの活字. ***a ～ (gentil)*** 軽装で, コートを着ずに. ***a ～ de rey*** ぜいたくに, 豪勢に. Me trataron *a ～ de rey.* 私は至れり尽せりの応対を受けた. ***a ～ descubierto*** [***limpio***] 武器を持たずに, 無防備で. ***～ a ～*** 体をぶつけて, 取っ組み合いの[で] ***¡C～ a tierra!*** 〖軍〗伏せろ. ***dar ～ a …*** …にこく[こし]を持たせる. ***de ～ entero*** (肖像が) 全身の；徹底した. ***de ～ presente*** (遺体が) 安置されて. ***en ～ y alma*** 身も心も, 全身全霊で. ***hacer de(l) ～*** 排便する. ***no quedarse (con) nada en el ～*** すべてを告白する, 胸の内をぶちまける. ***no tener el ～ para …*** …する気がしない. ***pedirle el ～ …*** …が…したくてたまらない. ***tomar*** [***adquirir***] ***～*** こくが出る；(計画等が) 具体化する.

cuervo 男〖鳥〗カラス. ***Cría ～s y te sacarán los ojos.*** 恩をあだで返される.

cuesco 男 ❶《話》大きなおなら. ❷(モモ等の) 種.

cuest- 活 → costar.

cuesta [クエスタ] 女〔英 slope〕**坂**；斜面. ir ～ arriba [abajo] 坂を上る[下る]. — 活 → costar. ***a ～s*** 背負って. ***～ de enero*** (年末年始の出費による) 1月の金欠 (状態). ***hacérsele ～ arriba …*** に大変な思い[努力]を強いる.

cuestación 女 募金集め.

cuestión [クエスティオン] 女 [複 cuestiones]〔英 question〕❶(解決すべき) **問題**, 事柄. Eso es otra ～. それは別の問題だ. poner en ～ 問題にする, 疑う. ❷ 論争, 口論. ***en ～*** 当該の. ***en ～ de …*** …に関しては；〈＋期間〉…したら.

cuestionable 形 疑問の余地のある.

cuestionar 他 問題にする, 疑問視する.

cuestionario 男 ❶ アンケート用紙, 質問表. ❷(試験等の) テーマ.

cuestor 男 ❶(古代ローマの) 財務官. ❷ 募金を募る人.

cueva 女 ❶ 洞窟(どうくつ), 洞穴. ❷ 地下室. ～ ***de ladrones*** 悪者の巣窟.

cuévano 男 (ブドウを運ぶ) 大きなかご.

cuez- 活 → cocer.

cuezo 男 ***meter el ～*** 《話》余計なことを言う[する]. — 活 → cocer.

cui 男《ラ米》〖動〗テンジクネズミ.

cuico, ca 形 男 女《ラ米》よそ者 (の)；先住民 (の混血) (の). — 男《ラ米》(メキシコ)《俗》《軽蔑》警察官, 巡査.

cuidado, da [クイダド, ダ] 過分 → cuidar. 形 入念な, 手の込んだ. — 男〔英 care〕❶ **(細心の) 注意**, 用心深さ；配慮. conducir con ～ 注意深く運転する. ❷ **世話**, 介護, 保護. bajo mi ～ 私の監督のもとで. ～ de los enfermos 病人たちの看護. ❸ 気がかり, 気苦労. ***de ～*** 要注意の, 危険な；重篤(じゅうとく)の. un paciente *de* (mucho) ～ 重篤の患者. ***tener ～ con …*** …に気をつける. *Ten* mucho ～ *con* los coches. 車に十分気をつけるんだよ. ***traer*** [***tener***] ***(a) … sin ～*** …を全く気にかけない.

cuidador, dora 形 面倒を見る. — 男 女〖スポ〗トレーナー；セコンド.

cuidadoso, sa 形 入念な, 注意深い；《con, de》(…に) 気を使う.

cuidar [クイダル] 他〔英 take care of〕**世話をする**, 面倒を見る；気を配る. — 自《de》(…の) 世話をする；(…に) 気をつける. — **cuidarse** 再 ❶(自分の) 体に気をつける. ❷《de》(…に) 気をつける, (…を) 気にかける.

cuita 女《文》悲しみ, 苦悩 (＝pena).

cuitado, da 形 苦しんだ；悲しんだ.

cuja 女《ラ米》ベッド, 寝台.

culada 女 しりもち.
culantrillo 男〘植〙ホウライシダ.
culata 女 ❶ 砲尾；銃床，床尾. ❷〘機〙シリンダーヘッド. ❸（馬等の）臀部(でんぶ). ❹《ラ米》(家屋の) 側面.
culatazo 男 ❶ 銃尾での強打. ❷（発射の）反動.
culé 形 男 女［複 ～s］《話》(スペインのサッカーチーム) Fútbol Club Barcelona の（サポーター）.
culear 自《話》尻(しり)を振る；《ラ米》(コロンビア)(ベル)《俗》セックスする.
culebra 女 ❶〘動〙ヘビ. ❷《ラ米》(チリ)(コロンビア)(ベル)取り立て金，(未支いの) 勘定.
culebrear 自 蛇行する.
culebrilla 女 ❶〘医〙帯状疱疹(ほうしん). ❷（銃身の）亀裂(きれつ).
culebrina 女 カルバリン砲；稲妻，稲光.
culebrón 男《話》《軽蔑》長編メロドラマ.
culero, ra 形《ラ米》(メキシコ)《俗》いいかげんな，約束を守らない；臆病な. ── 男 女 尻(しり)の穴に麻薬を入れて運ぶ人. ── 女（ズボンの尻の）継ぎ当て；汚れ.
culi 男（インド・中国の）苦力(クーリー).
culibajo, ja 形 男 女《話》足の短い（人）.
culillo 男《ラ米》(コロンビア)《話》恐怖.
culinario, ria 形 料理の.
culmen 男《文》頂，頂点.
culminación 女 ❶ 頂点に達すること；絶頂. ❷〘天〙子午線通過.
culminante 形 ❶ 最高の，頂点の. ❷〘天〙子午線上の.
culminar 自 ❶ 最高潮に達する；終わる. ❷〘天〙子午線を通過する. ── 他 終える.
culo 男 ❶《俗》尻(しり)；肛門(こうもん). ❷《話》(器物の) 底；端. ❸《話》底に残った液体. ***con el ～ al aire***《話》逼迫(ひっぱく)して. ***dar a ... por (el) ～***《卑》…をうんざりさせる；…のおかまを掘る. ***ir de ～***《話》うまくいかない；急いでいる. ***lamer el ～ a ...***《俗》…にへつらう. ***mojarse el ～***《俗》危険を冒す. ***perder el ～***《話》慌てふためく；ぺこぺこする. ***～ de mal asiento***《話》尻の落ち着かない人. ***ir [mandar] a tomar por (el) ～***《俗》追い出す，投げ出す.
culombio 男〘電〙クーロン（略 C）.
culón, lona 形 ❶《話》尻(しり)の大きい. ❷《ラ米》(アルゼンチン)(ウルグアイ)運のいい.
culo(t)te［クろテ〈クろ(トゥ)〉］男［複 ～s］［仏］(女性用) ズロース；(自転車選手用) ショートパンツ.
culpa［クるパ］女［英 fault］❶（過ちの）**責任**；罪. ❷〘法〙過失. ***por ～ de ...*** …のせいで.
culpabilidad 女 罪［責任］のあること；〘法〙有罪.
culpabilizar 57 → culpar.
culpable 形 罪［責任］がある；〘法〙有罪の. ── 男 女 ❶〘法〙犯罪人. ❷ 罪［責任］のある人.
culpar 他《de, por》(…の) 罪［責任］を負わせる. ── **culparse** 再 自らを責める.
culposo, sa 形 過失のある.
culteranismo 男《文》文飾［誇飾］主義. ► ゴンゴラ Góngora の作風.
culterano, na 形 男 女〘文学〙文飾［誇飾］主義の（作家）.
cultismo 男〘言〙教養語.
cultivable 形 耕作［栽培］できる.
cultivado, da 過分 → cultivar. 形 ❶ 耕された；栽培された. ❷ 教養のある.
cultivador, dora 形 耕作［栽培］する. ── 男 女 耕作［栽培］者；励行者. ── 女 耕耘(こううん)機.
cultivar［クるティバル］他［英 cultivate］❶ **耕す**；栽培する；養殖する；培養する. ❷（能力等を）開発する；(学問等に) 励む.
cultivo 男 ❶ 耕作；栽培；養殖；培養. ❷ 開発；励行. ── 活 → cultivar.
culto, ta 形 ❶ 教養のある，博学な. ❷ 教養人向けの；気取った. ── 男 ❶〘宗〙崇拝；信仰. ❷ 崇拝，礼賛.
cultura［クるトゥラ］女［英 culture］❶ **文化**. ❷ **教養**；訓練，修養. ～ física 体育. ❸ 栽培，耕作.
cultural 形 文化の；教養の.
culturismo 男 ボディービル.
culturista 形 ボディービルの. ── 男 女 ボディービルダー.
culturización 女 文化を伝える［広める］こと，文明化；啓発.
culturizar 57 他 ❶ 文化を伝える［広める］；文明化する. ❷ 教養を与える. ── **culturizarse** 再 文明化する；教養をつける.
cumbia / cumbiamba 女〘音〙クンビア：コロンビアの踊り［音楽］.
cumbre［クンブレ］女［英 summit］❶ **頂上**；頂点. ❷ 首脳会談，サミット.
cúmel 男 キュンメル：ドイツ等のリキュール.
cumiche 男 女《ラ米》末っ子（→ benjamín 地域差）.
cum laude［ラ］(成績が) 優等の［で］. obtener la calificación de sobresaliente ～ 特優［特別優秀］の評価.
cúmplase 男 法令等の末尾に記入され承認・公布を示す言葉.
cumpleaños［クンプれアニョス］男［単複同形］［英 birthday］**誕生日**. ¡Feliz ～! 誕生日おめでとう.
cumplidamente 副 きちんと；完全に.
cumplidero, ra 形 ❶ 期限が切れる. ❷ 都合のよい.
cumplido, da 過分 → cumplir. 形 ❶ 完了した；実現した；完全な. ❷ 礼儀正しい. ❸ 大きめの. ── 男 ❶ 褒め言葉，お世辞. ❷ 礼儀；儀礼. ***de ～*** 儀礼上の. ***por ～*** 礼儀として，義理で.
cumplidor, dora 形 男 女 信頼できる（人）；義務を果たす（人）.
cumplimentar 18 他 ❶ 表敬訪問する. ❷（命令・手続き等を）実行する. ❸（用紙に）記入する.
cumplimiento 男 ❶ 遂行；(期限の) 満了. ❷ 礼儀；褒め言葉.
cumplir［クンプりル］他［英 fulfill］❶ **果たす**，遂行する. ❷ 満…歳になる. ── 自 ❶ 務め［義務］を果たす；《con》(…を) 果たす，守る. ❷《con》(…に) 礼儀をつくす. ❸ 期限が切れる；〘軍〙兵役を終える. ❹《a》(…に) ふさわしい，都合がよい. ── **cumplirse** 再 ❶ 実現する. ❷（期限が）切れる；…年になる. ***por cumplir*** 儀礼的

C

に，義理で．

cumquibus 男《話》お金．

cúmulo 男 ❶ 山積．❷〘気象〙積雲．

cuna 女 ❶ 揺りかご．❷ 出生地；発祥地；幼時期．❸ 血筋，家柄．❹（牛の）角と角の間．

cundir 自 ❶ 広がる；膨れる；増える．❷ はかどる；効率的である．

cunear 他 揺りかごを揺する．— **cunearse** 再 体を左右に揺らす．

C

cuneiforme 形 くさび形の．escritura 〜 くさび形文字．

cunero, ra 形 ❶ 孤児院育ちの．❷（闘牛が）養牧場不明の．❸（候補者が）地元選挙区出身ではない．— 男 女 ❶ 孤児．❷ 地元出身ではない候補者．— 男 養牧場不明の闘牛．

cuneta 女（道路の）側溝，排水溝．

cunicultura 女 養兎(ようと)(業)．

cunnilingus 男 クンニ，クンニリングス．

cuña 女 ❶ くさび．❷ くさび形のもの．〜 anticiclónica〘気象〙くさび形高気圧圏．〜 esférica〘数〙球形くさび形．❸ 室内用便器．❹ 邪魔（者）．❺（新聞等の）埋め草；〘TV〙スポット（CM）．❻《ラ米》(1) コネ，うしろだて．(2) けちな人（→ tacaño 地域差）．*meter* 〜 不和を引き起こす．*ser buena* 〜《話》（太っていて）場所を取る．

cuñado, da 男 女 ❶ 義兄弟，義姉妹．❷《ラ米》(ﾍﾟﾙｰ)《友人に呼びかけて》…君．

cuño 男（貨幣等の）打ち型；刻印．*de nuevo* 〜 新しくできた．

cuota 女 ❶ 割り当て．❷ 納付金；会費．❸《ラ米》分割払い込み金．

cuotidiano, na 形《稀》→ cotidiano.

cup- 活 → caber.

cupé 男〘車〙クーペ；四輪箱型馬車．

cupido 男 女たらし．— 固名 [C-]〘ロ神〙キューピッド．

cuplé 男 短く軽快な歌．

cupletista 男 女 cuplé の歌手．

cupo 男 ❶ 配当分，割り当て分．❷〘軍〙（市・町・村ごとの）徴兵人数．❸《ラ米》(ｺﾛﾝﾋﾞｱ)(ﾒｷｼｺ)(ﾍﾞﾈｽﾞｴﾗ)容量；車の座席．

cupón 男 クーポン券，半券；宝くじ券．

cuponazo 男《話》ONCE（スペイン盲人協会）による宝くじ cupón の特等賞．

cúprico, ca 形〘化〙第二銅の．

cuprífero, ra 形 銅を含む．

cuproníquel 男 ❶〘化〙キュプロニッケル．❷ 白銅貨．

cúpula 女 ❶〘建〙ドーム．❷ 執行部，本部．❸〘植〙殻斗(かくと)．

cuquería 女 かわいらしい物；ずる賢さ．

cuquillo 男〘鳥〙カッコウ（= cuclillo）．

cura [クラ] 男〔英 priest〕〘カト〙**司祭**．〜 párroco 主任司祭．— 女〔英 cure〕**治療**；(治)療法；治癒．primera 〜 応急手当．— 活 → curar. 〜 *de almas* 魂の救済（主任司祭の務め）．*no tener* 〜《比喩的》手の施しようがない．

curaca 男《ラ米》(ﾍﾟﾙｰ)〘史〙インカの村落共同体 Ayllu の首長．

curación 女 ❶ 治療；治癒．❷（塩漬け等の）保存処理．

curado, da 過分 → curar. 形 ❶ 治った．❷《**de**》(…に) 平気な．❸ 保存処理された；(皮が) なめされた．— 男 保存処理；皮のなめし．*estar* 〜 *de espanto*《話》もう怖いものはない．

curador, dora 形〘法〙後見する．— 男 女〘法〙後見人；(博物館の) 学芸員．

curalotodo 男《話》万能薬．

curanderismo 男 民間療法，呪術療法．

curandero, ra 男 女 民間療法師．

curar [クラル] 他〔英 cure〕❶ **治療する**，治す．❷（悲しみ等を）癒(いや)す．❸（肉・魚に）保存処理をする．❹（皮を）なめす．❺（木材等を）寝かす．— 自 治る；《**de**》(…から) 回復する．— **curarse** 再 治る；《**de**》(…から) 回復する．

curare 男 クラーレ：（南米アマゾンの先住民が）矢の先につける毒．

curasao 男 キュラソー．

curativo, va 形 治療効果のある．

curato 男〘カト〙主任司祭職；教区．

curco, ca 形《ラ米》(ｴｸｱﾄﾞﾙ)(ﾁﾘ)背骨の湾曲した．

cúrcuma 女〘植〙ウコン，ターメリック．

curcuncho, cha 形 男 女《ラ米》(ｱﾙｾﾞﾝﾁﾝ)(ﾁﾘ)(ﾍﾟﾙｰ)(ｴｸｱﾄﾞﾙ)背骨の湾曲した(人)．

curda 女《話》酔い．— 形 [男女同形]《話》酔っ払った．

curdo, da 形 男 女 クルド族の（人）．— 男 クルド語．

cureña 女 砲架，砲車．

cureta 女〘医〙キューレット，掻爬(そうは)器．

curia 女 ❶《集合的》法曹．❷〘カト〙(1) *C*〜 Romana ローマ教皇庁．(2) 〜 diocesana 司教補佐．

curial 形 ローマ教皇庁の．— 男 ❶ ローマ教皇庁の聖職者．❷ 裁判所の事務職員．

curiara 女（南米先住民の）細長い帆船．

curio 男 ❶〘化〙キュリウム．❷ キュリー：放射能の単位．

curiosa 形 → curioso.

curiosamente 副 ❶ 好奇心から；面白いことに．❷ 清潔に．

curiosear 自 ❶ 詮索(せんさく)する，かぎ回る．❷（店等を）冷やかす．— 他 詮索する．

curiosidad [クリオシダ(ドゥ)] 女〔英 curiosity〕❶ **好奇心**；物好き．por 〜 好奇心で．❷ 清潔さ．❸ [主に複] 珍しいもの．

curioso, sa [クリオソ,サ] 形〔英 curious〕❶《**por, de**》(…への) **好奇心が強い**．❷ 好奇心をそそる．❸ 清潔な；注意深い．❹《ラ米》→ curandero. — 男 女 詮索(せんさく)好きな人．

curling [クルリン]〔英〕男 カーリング．

currante 形《話》働き者の．— 男 女《話》労働者；働き者．► 女性形は curranta も用いられる．

currar 自 ❶《話》働く，仕事する．❷《俗》圧勝する；殴る．

curre 男《話》仕事；仕事場．

currelar 自《話》働く．

currículo 男 ❶ カリキュラム；シラバス．❷ 履歴書．

currículum vitae〔ラ〕履歴書．

currinche 男 女《話》三流の人．

currito, ta 男 女《話》(雇われ) 労働者．— 男 ❶ 仕事．❷ 頭へのげんこつ．

curro 男《話》仕事（場）．— 固名 [C-] Francisco の愛称．

curruca 女〘鳥〙ズグロムシクイ属の総称．

currutaco, ca 形 男 女 流行に敏感な(人).
curry 〔英〕 男〘料〙カレー(粉).
cursado, da 形《en》(…に)熟達した.
cursar 他 ❶ 受講する, 履修する. ❷ 手続きをする.
cursi 形 男 女《話》上品ぶった(人), 気取った(人).
cursilada 女 趣味の悪い言動.
cursilería 女 趣味の悪さ[悪いもの].
cursillista 男 女 受講生；研修生.
cursillo 男 短期講座, 講習会.
cursivo, va 形 女 イタリック体(の).
curso [クルソ] 男 〔英 course; current〕 ❶ 講義；講座. ❷ 課程；学年；《集合的》学生. ❸ (水等の) 流れ；(時等の) 経過, 推移；〘商〙(貨幣の) 流通. ***dar ~ a ...*** …を手続きする. ***en ~*** 進行中で, 現在の. ***en el ~ de ...*** …の間に. ***seguir su ~*** 順調に進む.
cursor 男〘IT〙〘技〙カーソル.
curtido, da 形 ❶ 経験を積んだ. ❷ 日に焼けた；鍛えられた. ❸《ラ米》(ﾁﾘ)頑固な. ― 男 なめし；[複]なめし革.
curtidor,dora 男 女 皮なめし職人.
curtiduría 女 皮なめし工場.
curtiembre 女《ラ米》→ curtiduría.
curtir 他 ❶ (皮を) なめす. ❷ (皮膚を) 日に焼く；鍛える. ❸ (辛苦に) 慣れさせる；強くする. ― **curtirse** 再 ❶ 日に焼ける. ❷ 強くなる；鍛えられる.
curva [クルバ] 女 〔英 curve〕 ❶ 曲線；曲線グラフ. ❷ カーブ. ~ cerrada 急カーブ. tomar [coger] una ~ カーブを切る. ❸《話》(女性の) ボディーライン.
curvado, da 形 曲がった, カーブの.
curvar 他 曲げる. ― **curvarse** 再 曲がる.
curvatura 女 湾曲.
curvilíneo, a 形 曲線の.
curvo, va 形 曲がった.
cusca 女 ***hacer la ~ a ...*** 《話》…に迷惑をかける, うんざりさせる.
Cusco 固名 → Cuzco.
cuscurro 男 パンの両端；〘料〙クルトン.
cuscús 男 (アラブ料理) クスクス.
cúspide 女 ❶ 山頂, 頂上；〘数〙頂点. ❷ 絶頂. ❸ 尖端.
custodia 女 ❶ 保管；保護；監視. bajo la ~ de ... …の保護[監督]下で. ❷〘カト〙聖体顕示台；聖櫃(せいひつ).
custodiar 17 他 保管[保護, 監視]する.
custodio 形 [男性形のみ] 保護する；守護の. ― 男 保護者；監視者.
cutáneo, a 形 皮膚の.
cúter 男〘海〙カッター.
cutí 男 マットレス等に使う厚く丈夫な布地.
cutícula 女〘解〙表皮；キューティクル.
cutirreacción 女〘医〙皮膚反応.
cutis 男 [単複同形] (人間の顔の) 皮膚.
cuto, ta 形《ラ米》(ﾒｷｼｺ)(ﾎﾞﾘﾋﾞｱ)片腕[片脚]のない；歯の抜けた；欠けた, 傷んだ.
cutre 形 男 女《話》みすぼらしい[薄汚い](人)；けちな(人).
cutrez / cutrería 女《話》❶ みすぼらしさ, お粗末さ. ❷ けち；欲深さ.
cutter [クテル] 〔日〕 男〘商標〙カッターナイフ.
cuy 男《ラ米》〘動〙(食用の) テンジクネズミ.
cuyo, ya [クヨ(クジョ), ヤ(ジャ)] 形《関係》《先行詞を受け所有を表す》〔英 whose, of which〕 それの, その人の. la casa ~ tejado es rojo 屋根が赤い家. un niño *cuya* madre es enfermera お母さんが看護婦の子供. ► 修飾する(後に来る) 名詞に性数一致する.
Cuzco 固名 クスコ：ペルーの県；県都.
cuzcuz 男 (アラブ料理) クスクス.
cuzqueño, ña 形 男 女 クスコの(人).
cyberpunk 〔英〕 形 男 → ciberpunk.

Dd

D, d [デ] 女 ❶ スペイン語字母の第 4 字. ❷ (ローマ数字の) 500.
D., Dª. 男 女 → Don, Doña.
da 活 → dar.
dable 形 可能な.
daca ***(un) toma y ~*** ギブ・アンド・テイク.
da capo 〔伊〕 副〘音〙ダ・カーポ：初めから繰り返して.
dacha 〔ロ〕 女 (ロシアの) 別荘.
dación 女〘法〙譲渡.
dactilar 形 指の. huella ~ 指紋.
dactílico, ca 形〘詩〙長短短[強弱弱]格の.
dáctilo 男〘詩〙長短短[強弱弱]格.
dactilografía 女 タイプライティング技術.
dactilógrafo, fa 男 女 タイピスト.
dactiloscopia 女 指紋鑑定(法).
dactiloscópico, ca 形 指紋鑑定の.
dad 活 → dar.
dadaísmo 男 ダダイズム.
dadaísta 形 ダダイズムの. ― 男 女 ダダイスト.
dádiva 女 贈り物.
dadivosidad 女 気前のよさ.
dadivoso, sa 形 気前のよい.
dado, da 過分 → dar. 形 ❶ 与えられた；特定の；《+名詞・名詞句》…があるならば, …を考慮すると. *dadas* las circunstancias actuales 現状を考慮すると. ❷《ラ米》(ｱﾙｾﾞﾝﾁﾝ)(ｳﾙｸﾞｱｲ)気さくな. ― 男 ❶ さいころ(状のもの). jugar a los ~s ダイスで賭(か)けをする. ❷ (円柱台座等の) 方形部. ***cargar los ~s*** さいころの目を細工する. ***~ que ...*** (1) …であるから (＝ya que). (2)《+接続法》…であるならば. ***ser ~ a ...*** …の傾向がある；…が好きである. Juan *es ~ a* enamorarse. フアンはほれっぽい.
dador, dora 形 与える. ― 男 女 与える人；配達人；(手形の) 振出人；(トランプの) 親.
daga 女 短剣；《ラ米》(ﾒｷｼｺ)ナイフ.
daguerrotipar 他 銀板写真に撮る.
daguerrotipo 男 銀板写真(機).
daiquiri 男 ダイキリ：カクテルの一種.
dais 活 → dar.
dalai-lama 男〘宗〙ダライ・ラマ.
Dalí 固名 ダリ Salvador ~ (1904-89)：スペインの画家.
dalia 女〘植〙ダリア.
daliniano, na 形 ダリ Salvador Dalí の；ダリ的な.

dallar 他 草刈り鎌で刈る.
dalle 男 草刈り鎌.
dálmata 形 男 女 ダルマチアの(人). —— 男 ❶ ダルメシアン(犬). ❷ ダルマチア語.
dalmático, ca 形 → dálmata. —— 男 ダルマチア語. —— 女 ダルマチカ(助祭用祭服;式典用チュニック).
daltoniano, na / daltónico, ca 形 男 女 色覚異常の[者].
daltonismo 男 色覚異常.
dama [ダマ] 女 〔英 lady〕 ❶ 《丁寧》 婦人;淑女;貴婦人(↔ caballero). ❷ (女王・王女付きの)女官. ❸ 主演女優. ❹ (チェスの)クイーン;[複] チェッカー. ～ *de honor* 花嫁の付き添い;コンテスト準優勝者. ～ *de noche* 〘植〙ヤコウカ. ～ *gris* 《ラ米》(ﾁﾘ)(ﾍﾟﾙｰ) 《俗》パトカー. *primera* ～ ファースト・レディー.
damajuana 女 (かご入りの)瓶.
damán 男 《動》マーモット.
damasana 女 《ラ米》→ damajuana.
damascado, da 形 ダマスク織りの.
damasceno, na 形 男 女 → damasquino.
damasco 男 ❶ ダマスク織り. ❷ 《ラ米》 (1) 〘植〙アンズ(の木), アプリコット. (2) モモ (→ melocotón 地域差). —— 固名 [D-] ダマスカス:シリアの首都.
damasquina 女 〘植〙フレンチマリーゴールド.
damasquinado 男 金銀の象眼細工.
damasquinar 他 …に金銀の象眼を施す.
damasquino, na 形 男 女 ダマスカスの(人). *espada damasquina* ダマスカス・ブレード:ダマスカス鋼製の刀.
damero 男 チェッカー盤;市街図.
damisela 女 《皮肉》淑女ぶった娘.
damnificado, da 形 (災害等で)被害を被った. —— 男 女 被災者.
damnificar 26 他 …に損害を与える.
dan 男 (武術の)段. segundo *dan* 二段. —— 活 → dar.
dancing [ダンしン] 〔英〕 男 ダンスホール.
dandi 男 しゃれ男.
dandismo 男 男のおしゃれ.
danés, nesa 形 デンマーク(人, 語)の. —— 男 女 デンマーク人. —— 男 ❶ デンマーク語. ❷ グレートデン(犬).
Daniel 固名 ❶ 〘聖〙預言者ダニエル;(旧約の)ダニエル書. ❷ ダニエル:男子の名.
danone 男 〘商標〙《話》ヨーグルト.
danta 女 〘動〙ヘラジカ;《ラ米》バク.
dantesco, ca 形 (イタリアの詩人)ダンテの;ダンテ風の;すさまじい.
Danubio 固名 el ～ ドナウ川.
danza [ダンさ] 女 〔英 dance〕 ❶ ダンス, 舞踊(= baile). ❷ 《話》厄介ごと. ～ *de la muerte* 〘美〙〘文学〙死の舞踏. *estar en* ～ 《話》走り回っている;話題になっている.
danzante, ta 形 舞踏の. —— 男 女 ❶ 踊り手. ❷ 《話》あわて者;お節介焼き.
danzar 57 他 …を踊る. —— 自 ❶ 踊る. ❷ 《話》動き回る;揺れる.
danzarín, rina 男 女 (優れた)舞踊家.
danzón 男 ダンソン:キューバ音楽.
dañar 他 損害を与える;傷つける. ～ la reputación de ... …の評判をおとしめる.
—— **dañarse** 再 傷つく;だめになる.
dañino, na 形 有害な.
daño [ダニョ] 男 〔英 damage〕 ❶ 損害, 被害;苦痛;けが. ❷ 《ラ米》 (1)(ﾒｷｼｺ)《話》呪(ﾉﾛ)い. (2) (車の)故障(→ avería 地域差). *hacer ～ (a ...)* (…に)苦痛[害]を与える, 傷つける.
dañoso, sa 形 害になる.
dar [ダル] 37 他 〔英 give〕 ❶ 与える, あげる;贈る;渡す, 配る. *dar* una propina チップをあげる. *dar* de comer 食事[えさ]を与える. ❷ 付ける;(性質等を)付与する. *dar* crema a las manos 手にクリームを塗る. ❸ 見せる, 提示する;上演[映]する;(法律等を)公布する. ¿Qué película *dan* hoy en la televisión? 今日はテレビでは何の映画をやるの. ❹ 《動作を表す名詞と共に》(…を)する. *dar* la aprobación 認める. *dar* aviso 知らせる. *dar* clase 授業する. *dar* la mano 握手する. *dar* una vuelta por ... …を一回りする. *dar* un grito 叫ぶ. ❺ 《打撃等の名詞と共に》ぶつ, 打つ, 殴る. *dar* una bofetada 平手打ちを食わす. ❻ (あいさつ等を)言う. *dar* las gracias お礼を言う. ❼ 《por＋形容詞・過去分詞》(…と)見なす, …したことにする. *Damos por concluida* la ceremonia. 式は終了したものとする[閉会を宣言します]. ❽ (結果を)もたらす, (実を)結ぶ, (感情・感覚を)もたらす. *dar* una risa 笑いを誘う. Sus chistes me *dan* asco. 彼のジョークには私はぞっとする. ❾ (音・におい等を)放つ. *dar* un buen olor いいにおいを放つ. *dar* voces 声を出す. ❿ (行事を)行う, 催す. *dar* una recepción レセプションを行う. ⓫ 《時を表す名詞と共に》時を台無しにする. Me *dio* la tarde contándome esas historias. 彼はそんな話で私の午後を台無しにしてしまった. ⓬ (時計・鐘が)時間を知らせる. El reloj *dio* las once. 時計が11時を打った. —— 自 ❶ 利益を生む. ❷ (感情・感覚が)生じる. Me *dieron* ganas de llorar. 私は泣きたくなった. ❸ 《contra, en》(…に)ぶつかる, 衝突する;《en, a》(…に)当たる, 寄りかかる. *dar en* vacío [vago] 徒労に終わる. La luz me *da en* la cara. 光が顔に当たる. ❹ 《en》(…に)ふける. ❺ 《a》(…を)使う. Le *dieron a* la llave. キーを操作した. ❻ 《con》(…に)出会う, 出くわす. Después de una hora, *dimos con* la solución. 1時間後に解決法に行き着いた. ❼ 《de》(…を)施す, 付ける. *dar de* barniz a ... …にニスを塗る. ❽ 《＋女性定冠詞＋数字》時を打つ, (時間を)知らせる;…時である. Van a *dar* las doce. 12時になる. ❾ 《a》(…の方向を)向いている;(…に)行き着く. Mi piso *da a* la calle principal. 私のアパートは目抜き通りに面している. ❿ 《＋形容詞・副詞》(…の)ようである;《bien [mal] を伴って》(写真等の出来が)いい[悪い]. Me *da* igual [lo mismo]. 私にとっては同じである. ⓫ 重要である, 肝心なことである. ¿Qué más *da*? (それが)なんだって言うんだ.
—— **darse** 再 ❶ 生じる, 現れる. si *se da* el caso そういう場合には. ❷ ぶつける;打撃を受ける. ～ un golpe en un brazo ひじをぶつける. ❸ 《a》(…に)専念する, 没頭する. En aquel entonces *se daba a*

la bebida. あのころは彼は酒におぼれる毎日だった. ❹《感情を表す名詞と共に》(…を) 受ける, 感じる. *Me di* un susto. びっくりした. ❺《bien [mal] を伴って》得意[苦手]である. *Se me dan mal* las matemáticas. 私は数学が苦手である. ❻《por＋形容詞・過去分詞》(…と) みなされる. *Se da por* entendida la regla. 法則は分かっているものとみなす. ***¡Dale!* / *¡Y dale!*** 続けろ, それ；好きにしろ. ***dale que dale*** [***que te pego***] 長々と, だらだらと. Mi hermana está *dale que dale* a la guitarra. 私の妹はずっとギターにはまっている. ***dar de lado*** 《話》無視する. ***dar de sí*** (1) 伸びる, 広がる. (2) 効果が出る. ***dar el tostón a ...*** …に迷惑をかける. ***dar el visto bueno*** 承認する. ***dar guerra*** 悩ます, 手を煩わす. ***dar la lata*** 煩わす；面倒[厄介]である. ***dar la talla*** 本領を発揮する. ***dar**le* ***por*** 〈＋不定詞〉…が…する気分である. *Me da por* salir a la calle. 外出したい気分だ. ***dar lugar a ...*** …を促す. ***dar por (el) saco*** うんざりさせる. ***dar que*** 〈＋不定詞〉…する余地を与える. ***dar que*** sentir 偏見を生む. ***dársela (con queso)*** だます. ***dárselas de ...*** 《話》…のふりをする. ***no dar golpe*** 何もしない. ***no dar ni los buenos días*** 《話》大変けちである. ***no dar para más*** 精一杯である. ***no dar una*** 《話》(ことが) うまく[しっくり]いかない. ***(para) dar y tomar*** (物が) ふんだんに.

dardo 男〖遊〗ダーツ；(小さな) 投げ槍(やり). ***～s envenenados*** 辛口の寸評.

dares 男 複 ***～ y tomares*** 《話》言葉の応酬；売買の額.

Darío 固名 ダリオ：男子の名.

dársena 女〖海〗ドック.

darviniano, na 形 ダーウィン(説)の.

darvinismo 男 → darwinismo.

darvinista 形 ダーウィン説を信奉する. ── 男 女 進化論者.

darwinismo [ダルウィニスモ〈ダルビニスモ〉] 男 ダーウィニズム, 進化論.

das 活 → dar.

dasonomía 女 林学.

data 女 ❶ 年代；日付；(文書記載の) 日付と発信地. ❷〖商〗項目；貸方.

datación 女 日付の記入；制作年代推定.

datar 他 ❶ …に日付を記入する. ❷ 制作年代を推定する. ── 自《de》(…に) 起源をもつ. Este catedral *data de* la Edad Media. この寺院は中世以来の歴史をもつ.

dátil 男 ❶ ナツメヤシの実. ❷ ～ de mar〖貝〗イシマテガイ. ❸[複]《話》手の指.

datilado, da 形 褐色の；ナツメヤシ色の.

datilera 形 ナツメヤシの. ── 女〖植〗ナツメヤシ.

dativo, va 形 ❶〖文法〗与格の. ❷〖法〗選任の. tutor ～ 選任後見人. ── 男〖文法〗与格.

dato [ダト] 男 〔英 data〕 ❶ **資料**；〖IT〗**データ**. ❷〖数〗既知数. ***banco de ～s*** データバンク. ***base de ～s*** データベース. ***protección de ～s*** データ保全[保護]. ***transmisión de ～s*** データ通信.

David 固名 ❶〖聖〗ダビデ (前1000年ごろ). ❷ ダビド：男子の名.

davídico, ca 形〖聖〗ダビデの.

daza 女〖植〗モロコシ.

DBE 男 *D*iploma *B*ásico de *E*spañol スペイン語基礎免状.

d. C. *d*espués de *C*risto 西暦紀元, AD (↔a. C.).

dcha. 女 → derecha.

de [デ] 前 (↔a) ► 定冠詞 el と縮約して del となる. 〔英 of, from〕 **1** 《関係》❶《所有・所属》**…の**, …のもの. la casa *de* mis padres 両親の家. los políticos *de* la oposición 野党の政治家. ❷《部分》…の中から. un poco *de* agua 水を少し. algunos *de* ellos 彼らのうちの何人か. ❸《特定のものの一部分》Bebió *de* aquella agua. 彼はその水を少し飲んだ. Es el más inteligente *de* la clase. 《最上級で》彼はクラスで一番頭がいい. ❹《材料・作者》…からなる, …による. muebles *de* madera 木製家具. un bolso *de* plástico ビニール袋. un libro *de* Borges ボルヘスの本. cocina *de* gas ガスレンジ. ❺《出発点・出身》…から. la casa *de* al lado 隣の家. Ayer se marchó *de* aquí. 彼は昨日ここを出て行った. sacar el dinero *del* banco 銀行でお金を引き出す. viajar en coche *de* Madrid a Cuenca マドリードからクエンカまでドライブする. *¿De* dónde es usted? ─ Soy *de* Zaragoza. どちらのご出身ですか. ─サラゴサです. Este vino es *de* La Rioja. このワインはリオハ産です. **2** 《内容・特徴》❶《題材・内容》…についての (＝sobre, acerca de). novelas *de* ciencia-ficción SF小説. un programa *de* cocina 料理番組. Están hablando *de* negocios. 彼らは仕事の話をしている. una jarra *de* cerveza ジョッキ1杯のビール. un paquete *de* cigarrillos タバコ1箱. sopa *de* mariscos 魚介類のスープ. ❷《性質・特徴》… (のよう) な, …を持つ. una persona *de* valor [confianza] 勇気のある[信頼できる]人. ropa *de* buena calidad 品質のよい衣服. la chica *del* pelo largo 髪の長い女性. ❸《用途・目的》…用の. máquina *de* afeitar 電気かみそり. bolso *de* mujer 女性用のバッグ. casa *de* huéspedes 下宿. vasos *de* vino ワイングラス. una hora *de* ocio 休憩時間. ❹《数量》…の. un coche *de* dos millones de yenes 200万円の車. un niño *de* cinco años 5歳の男の子. Pesa más *de* setenta kilos. 彼の体重は70キロ以上だ. ► 計量単位を表す名詞が主語になると ser de ... となる. El precio *es de* cien euros. 値段は100ユーロである. La distancia *es de* 50 kilómetros. 距離は50キロある. **3** 《時間》❶《時間・始点》…に；…から. Todavía es *de* día. まだ日中だ. Ya es *de* noche. もう夜になった. Estuve en Madrid *del* lunes al viernes. 私は月曜から金曜までマドリードにいた. Trabajo *de* nueve a cinco de la tarde. 私は9時から午後の5時まで働く. ❷《＋時期を表す名詞》…のころ. *de* joven 若いころ. *de* mayor 大人になってから. *de* viejo 老年になって. *de* soltero 独身のころ. *De* niño tocaba el violín.

D

私は子供のころバイオリンを弾いていた. 4《状況》❶《原因・理由・根拠》…による, …で. Murió *de* infarto. 彼は心臓発作で死んだ. Me muero *de* risa. おかしくて死にそうだ. Al oírlo saltó *de* alegría. 彼はそれを聞くと喜びで飛び上がった. *De* tanto caminar, llegamos agotados. 私たちはたくさん歩いたので, くたくたになって帰ってきた. Se deduce *de* sus palabras que nadie quiere ir. 彼の言葉からすると誰も行きたくないということになる. ❷《手段》…によって. ¿*De* qué vive ella? 彼女は何をして暮らしているの. vivir *de* la pensión 年金暮しをする. ❸《役割・状態》…として, …の状態で. trabajar *de* guía ガイドとして働く. ¿Qué quieren *de* postre? デザートは何になさいますか. estar *de* viaje [vacaciones] 旅行[休暇]中である. 5《文法関係》❶《同格》(1) …という. la ciudad *de* Barcelona バルセロナの街. la plaza *de* España スペイン広場. la calle (*de*) Alcalá アルカラ通り. el mes *de* enero 1月. Le pusieron el nombre *de* Pablo. 彼はパブロという名前が付けられた. (2)《名詞を描写》la buena *de* Marta 善良なマルタ. ¡Qué maravilla *de* persona! 何てすばらしい人だ. ¡Ay *de* mí! 何とあわれな私. ¡Qué *de* gente! 何と大勢の人出だ. ❷《動作主》…によって. Es querida *de* todos. 彼女はみんなに愛されている. Vino acompañado *de* sus amigos. 彼は友人たちを連れてやって来た. 6《構文の中で》❶《+不定詞》《条件》もし…ならば. *De* tener dinero, saldría de viaje. 私はもしお金があるのなら旅に出るところだ. *De* haberlo sabido, te habría avisado. もしそれを知っていたのなら君に知らせていたよ. Yo *de* ti no lo haría. 僕が君だったらそんなことはしないだろう. ❷《難易形容詞 (fácil, difícil, imposible 等) と共に》《+不定詞》una historia difícil *de* entender 理解するのが難しい話. ❸《慣用句で》《様態》*de* buena fe 善意で. *de* un trago 一気に. *de* espaldas あお向けに. *de* casualidad 偶然に. *de* repente 突然. *de* pie 立ったまま. ❹《不定詞や節を導いて》…(ということ)を. No te olvides *de* llamarme. 忘れずに電話をしてね. Estoy seguro *de* que vendrán. 彼らが来ることを確信している. El hecho *de* que no vinieras empeoró la cosa. 君が来なかったことが事態を悪化させた. ── [デ] 女 アルファベットの d の名称. ***de ... en ...*** (1)(同じ名詞を繰り返して) 次々に…. *de* año *en* año 年々. *de* día *en* día 日々. La noticia corrió *de* boca *en* boca. その知らせは人の口から口へと伝わった. (2)(同じ数字を繰り返して) …ずつ(まとまって). *de* dos *en* dos 2人ずつ.

dé 活 → dar.

dea 女《文》女神.

deambular 自 ぶらつく；さまよう.

deambulatorio 男 (教会の祭壇裏を通る) 周歩廊.

deán 男《カト》司教地方代理；大聖堂主任司祭, 参事会長.

deanato / deanazgo 男《カト》司教地方代理の職[管轄区].

debacle 〔仏〕女 崩壊, 大惨事.

debajo [デバホ] 副 〔英 under〕《場所》**下に**, 下方に. **~ *de*** …の下に[で]. El chico estaba ~ *del* árbol. その少年は木陰にいた. ***por ~ (de)*** … (の) 下を；…を下回って. pasar *por* ~ 下を通る. *por* ~ *de* la puerta ドアの下[すきま]から. *por* ~ *de* lo normal 通常を下回って.

debate 男 論争；討議.

debatir 他 討議する. ── 自《(de, sobre)》(…をめぐって) 討論する. ── **debatirse** 再 苦闘する.

debe 男 ❶《商》借方 (↔haber)；借方勘定；借方記入. ❷《話》失敗の数々. ── 活 → deber.

deber [デベル] 他 〔英 must〕❶《+不定詞》**…しなければならない, すべきである**；《否定形で》…してはならない. No *debes* beber tanto. そんなに酒を飲んではいけない. Ya *deberías* irte. もう帰ったほうがいいよ. ❷ 借りがある. Te *debo* diez mil euros. 私は君に1万ユーロの借りがある. ── 自《(de)+不定詞》…にちがいない. *Debe* (*de*) estar [haber estado] enfermo. 彼は病気に[病気だったに]ちがいない. ── **deberse** 再《a》(…に対して) 義務を負う；(…に) 原因がある. ── **deber** 男 ❶ 義務. ❷〔複〕宿題. ***sentimiento del deber*** 義務感.

debida 過分 → deber. 形 → debido.

debidamente 副 適切に；しかるべく.

debido, da [デビド, ダ] 過分 → deber. 形 〔英 proper〕**しかるべき**, 正しい. ***como es ~*** しかるべく, 適切に. ***~ a ...*** …が原因で.

débil [デビル] 形 〔英 weak〕❶ **弱い** (↔fuerte)；衰弱した. punto ~ 弱点. sexo ~ 女性. ❷ 意志薄弱な. ❸ かすかな. ❹《音声》アクセントのない；弱母音の. ── 男 女 弱者. ~ mental 知的障害者.

debilidad 女 ❶ 弱さ, 衰弱. ❷ 弱点；偏好. Tiene ~ por los licores. 彼は酒に弱い.

debilitamiento 男 衰弱, 弱まり.

debilitar 他 弱める；衰弱させる；《音声》非強勢化する. ── **debilitarse** 再 弱まる；衰弱する.

debilucho, cha 形《軽蔑》虚弱な, 弱々しい. ── 男 女 虚弱者.

debitar 他《商》借方に記入する.

débito 男 ❶《商》借方；負債. ❷ 夫婦の務め.

debut 〔仏〕男 [複 ~s] デビュー；初登場.

debutante 男 女 新人.

debutar 自 デビューする, 初舞台を踏む.

década 女 ❶10年. en la ~ de los noventa 90年代に. ❷10日[人, 巻].

decadencia 女 衰退 (期)；退廃 (期).

decadente 形 衰退していく；退廃的な；《文学》《美》デカダン派の. ── 男 女 → decadentista.

decadentismo 男《文学》《美》(19世紀末の) デカダン (主義).

decadentista 形 男 女 デカダン派の (作家, 芸術家).

decaedro 男《数》十面体.

decaer 28 自《en》(…が) 衰える, 弱まる. ~ el poder de ... …の勢力を弱める.

decagonal 形 十角形の.
decágono 男〘数〙十角形.
decagramo 男 デカグラム：10グラム.
decaí(-) 活 → decaer.
decaído, da 過分 → decaer. 形 衰えた；元気のない.
decaig- 活 → decaer.
decaimiento 男 衰退, 衰え；気落ち.
decalcificación 女 → descalcificación.
decalcificar 26 他 → descalcificar.
decalitro 男 デカリットル：10リットル.
decálogo 男 (モーセの) 十戒；10か条.
decámetro 男 デカメートル：10メートル.
decanato 男 学部長の職 [任期, 執務室].
decano, na 男 女 ❶ 学部長. ❷ 長老, 古参者.
decantación 女 上澄みを移し取ること；心が傾くこと.
decantar 他 ❶ …の上澄みを移し取る. ❷ 称賛する. — **decantarse** 再《hacia, por》(…の方に) (流れや心が) 傾く. ～ *por* el budismo 仏教に傾倒する.
decapado 男 さび[塗料]落とし.
decapante 形 さび[塗料]落としの. — 男 さび[塗料]落とし剤.
decapar 他 …のさび[塗料]を落とす.
decapitación 女 打ち首.
decapitar 他 …の首を切る.
decápodo 形〘動〙十脚[十腕] 類の. — 男[複]十脚[十腕]類動物.
decárea 女 デカアール：10アール.
decasílabo, ba 形 (詩行が) 10音節の. — 男 10音節の詩行.
decatlón 男〘スポ〙十種競技.
decay- 活 現分 → decaer.
deceleración 女 減速.
decelerar 自 減速する.
decena 女 ❶10ずつのまとまり. una ～ de personas 10人ほどの人. ❷〘音〙第10度. ***por ～s*** 10ずつ.
decenal 形 10年続く；10年ごとの.
decencia 女 品位, 節度, つつましさ.
decenio 男 10年間.
decentar 18 他 (食べ物等に) 手をつける. — **decentarse** 再 床ずれができる.
decente 形 ❶ 品位[慎み]のある. ❷ きちんとした. ❸ まずまずの. un sueldo ～ 人並みの給料.
decepción 女 失望, 落胆.
decepcionante 形 失望させる.
decepcionar 他 失望[落胆]させる. — **decepcionarse** 再 がっかりする.
deceso 男〘文〙死亡.
dechado 男 手本, 見本.
deciárea 女 デシアール：10平方メートル.
decibel / decibelio 男 デシベル.
decididamente 副 断固として；結局.
decidido, da 過分 → decidir. 形 ❶ 決定[決意]した. ❷ 決断力のある.
decidir [デしディル] 他〔英 decide〕❶ **決める, 決定する**. ～ un partido 試合の勝敗を決定づける. *Decidí* salir. 私は出発することにした. *Decidieron* que no habrá reunión. 彼らは会議を開かないことに決めた. ❷《a＋不定詞》(…することを) 決意させる. Su consejo la *decidió a* casarse. 彼女は彼の忠告で結婚を決めた. — 自《en, sobre》(…について) 決定を下す. — **decidirse** 再《a＋不定詞》(…することを) **決心する**；《por》(…に) 決める. ～ *por* un sistema ある方式に決定する.
decidor, dora 形 男 女 話上手な(人).
decigramo 男 デシグラム.
decilitro 男 デシリットル.
décima 女 (体温計の) 分；8音節10行詩. ***tener (unas) ～s / estar con ～s*** 《話》微熱がある. — 形 → décimo.
decimal 形 十進法の；10分の1の；小数の. — 男 小数.
decímetro 男 デシメートル：10センチ.
décimo, ma [デしモ,マ] 形《数詞》〔英 tenth〕❶ **第10番目の**. ❷10分の1の. — 男10分の1；(宝くじの) 10分の1券.
decimoctavo, va 形18番目の.
decimocuarto, ta 形14番目の.
decimonónico, ca 形19世紀の；時代遅れの.
decimonono, na / decimonoveno, na 形19番目の.
decimoquinto, ta 形15番目の.
decimoséptimo, ma 形17番目の.
decimosexto, ta 形16番目の.
decimotercero, ra 形13番目の.
decir [デしル] 38 他 [現分 diciendo; 過分 dicho, cha]〔英 say〕❶ **言う**, 述べる；伝える. no ～ (ni (una)) palabra 何も言わない. ～ para [entre] sí 考える. ¿Puede ～*me* la hora? 時間を教えていただけますか. ¿Qué quieres ～? 何が言いたいの；どういう意味だい. ❷《que＋直説法》…と主張する, 述べる. *Digo que* mañana no vengo. 明日は来ないと言っているんです. No me *digas que* 〈＋直説法〉. …とは言わないでください. ► 否定平叙文の場合 que 以下は接続法. ❸《que＋接続法》…するように言う. Me *han dicho que* limpie mi habitación. 私は部屋を片付けるように言われた. ❹ 表す, 示す. Su enfado lo *dice* todo. 彼女の怒りが全てを物語っています. ❺ 呼ぶ. Le *dicen* Santi. 彼はサンティと呼ばれている. ❻ 唱える. ～ misa ミサを挙げる. — 自 ❶ 言う. ❷《con》…と調和する. Esta falda *dice* mal *con* la blusa que llevo puesta. このスカートは今着ているブラウスとは合わない. — **decirse** 再 言われる；呼ばれる. ¿Cómo se *dice* esto en inglés? これは英語でなんと言いますか. — **decir** 男 (気のきいた) 言い回し；格言；うわさ. ***a decir verdad*** 本当のことを言うと. ***a mí que no me digan*** 《拒絶・意外性》とんでもない. ***a*** 〈＋不定詞〉 ***se ha dicho*** 《話》…すると言ってるでしょう. ***como quien [aquel que] dice*** 言わば, 言ってみれば. ***decir cuántas son cinco [cuántas son dos y dos / cuántas son tres y dos / cuatro cosas bien dichas]*** はっきりものを言う. ***decir por decir*** たいした意味もないことを述べる (＝ hablar por hablar). ***decir que nones*** 断る. ***decir y hacer*** 言うが早いか, すぐに. ***diga / dígame*** 《スペイン》(電話を受けて) もしもし (► 電話をかけて「もしもし」は oiga) (→地域差). ***digamos*** いわば, たとえば, 大体. ***Diría [Yo diría].*** (発言を弱めて) …と言いたいのですが. ***el qué dirán*** 人

が言うこと，うわさ．Siempre estudia por *el qué dirán*. 人の評価を気にして，彼はいつも勉強している．***es decir*** すなわち．***estar diciendo comedme*** [***cómeme***]（食べ物が）おいしそうである．***es un decir*** もののたとえです；言ってみれば．***¡haberlo dicho*** [***me lo hubiera dicho***]***!*** 言ってくれればよかったのに．***he dicho***《演説・発言の終わりを示して》以上です．***hasta decir basta*** 究極の．***lo que se dice***《後続語句を強調》まさしく，文字どおりの．***ni que decir tiene*** もちろん．***no decir malo ni bueno*** 何も答えない．***no decir nada***（物が）何の魅力も示さない．A mí *no* me *dicen nada* los pasteles. 私はケーキには興味がない．***no es que yo lo diga que***〈＋接続法〉…とは言わないが．***¡No me digas!*** まさか．***por así decirlo / por decirlo así*** 言ってみれば．***por mejor decir***（言い直して）というよりはむしろ．***por no decir*** とは言わないまでも．***¡Qué me dices!***《驚き》えっ，本当．***querer ～*** 意味する．***(y) que lo digas / ni que lo digas***《話》（相手の発言に対して）そのとおりだよ．***y (que) ya es decir*** 言うまでもない．地域差 もしもし（電話での応答）diga / dígame《スペイン》；aló《ほぼラ米全域》；bueno（メキシコ）；hola（パラグアイ，ウルグアイ，アルゼンチン）．

decisión 女 ❶ 決定；決意；決断力．con ～ 断固として．❷ 判決．

decisivo, va 形 ❶ 決定的な．un momento ～ 決定的瞬間．❷ 決然とした．

decisorio, ria 形 決定する［できる］．poder ～ 決定権．

declamación 女 演説；朗読（術）．

declamar 他 朗読［朗唱］する；（仰々しく）弁じる．── 自 雄弁を振るう．

declamatorio, ria 形 演説調の；大げさな．

declaración［デクララシオン］女［複 declaraciones］〔英 declaration〕❶ 宣言，声明．～ de guerra 宣戦布告．～ de amor 愛の告白．❷ 申告（書），届出．❸ 証言，供述．prestar ～ jurada 宣誓して供述する．❹ 発生．

declaradamente 副 明白に，公然と．

declarado, da 過分 → declarar. 形 明白な，公然の．

declarante 男 女 申告者；証人．

declarar［デクララル］他〔英 declare〕❶ 宣言する，表明する．～ la guerra 宣戦布告する．～ su amor 愛を告白する．～ culpable 有罪判決を下す．❷ 申告する．── 自 言明する；供述する．── **declararse** 再 ❶（自分が…であると）言明する．❷（火災等が）発生する．❸ 愛を告白する．

declarativo, va 形 宣言する；平叙文の．

declinación 女 ❶ 衰退；傾き．❷ 語形変化，屈折．❸〖天〗赤緯；〖地理〗偏角．

declinar 自 ❶ 衰える，低下する．❷（磁針等が）傾く；（太陽が）沈む；逸脱する．── 他 ❶ 断る．❷ 語形変化させる．── **declinarse** 再 語形変化する．

declive 男 ❶ 斜面，勾配（こうばい）．❷ 衰退．una industria en ～ 斜陽産業．

decocción 女 煎（せん）じること；煎じ薬．

decodificador, dora 形 男 → descodificador.

decodificar 26 他 → descodificar.

decolaje 男《ラ米》離陸．

decolar 自《ラ米》（飛行機が）離陸する．

decoloración 女 変色；脱色．

decolorante 男 脱色剤．

decolorar 他 変色させる；脱色する．── **decolorarse** 再 色が抜ける，変色する．

decomisar 他 没収する；差し押さえる．

decomiso 男 没収（品）．

decoración 女 ❶ 装飾（品），飾りつけ．❷ 舞台装置．

decorado 男 舞台装置；飾りつけ．

decorador, dora 男 女 装飾家；インテリアデザイナー；〖演〗美術監督．

decorar 他《con, de》（…で）飾る，装飾する．～ la habitación *con* cuadros 部屋に絵を飾る．

decorativo, va 形 装飾（用）の；場を華やかにする．***figura decorativa***（実体のない）お飾り．

decoro 男 品格，尊厳；慎み．

decoroso, sa 形 品格のある，恥ずかしくない；慎み深い．una profesión *decorosa* きちんとした職業．

decrecer 76 自（量・程度が）減少する．

decreciente 形 減少［下降］していく．

decrecimiento 男 減少，下降．

decrépito, ta 形 年老いた；衰退した．

decrepitud 女 老衰；衰退．

decrescendo［デクレシェンド］〔伊〕副〖音〗デクレッシェンド：徐々に弱く．── 男 デクレッシェンド（の楽節）．

decretal 形 女 教皇教令（の）．

decretar 他 ❶（法令等で）命令する，申し渡す．❷（欄外に）決裁内容を書き込む．

decretazo 男《話》（政府による一方的な）政令．

decreto 男 法令；命令．～ ley 政令．***por real ～*** 勅命によって；《話》鶴の一声で．

decúbito 男〖医〗臥位（がい）．～ lateral 側臥位．

decuplicar 26 他 10倍にする．

décuplo, pla 形 男 10倍の（量）．

decurso 男（時の）経過，推移．

dedada 女 ❶ 指ですくった量；少量．❷ 指でつけた汚れ．***～ de miel*** わずかな慰め．

dedal 男 ❶（キャップ型の）指ぬき；指サック．❷（液体の）少量．

dedalera 女〖植〗ジギタリス．

dédalo 男 迷路；錯綜（さくそう）．

dedazo 男《ラ米》（メキシコ）公選［民選］を経ない権力者による公職への指名．

dedicación 女 ❶《a》（…への）献身，傾倒；奉献．❷ 職業．***de ～ exclusiva*** 常勤の．

dedicar［デディカル］26 他〔英 dedicate〕❶《a》（…に）ささげる，奉納する；…に献辞を書く．*Dedicó* su vida *a* la lingüística. 彼は言語学に一生をささげた．❷《a, para》（…に）振り当てる．～ la hora de descanso *a* leer 休み時間を読書に当てる．── **dedicarse** 再〔英 dedicate oneself〕《a》（…に）専念する，従事する．*¿A* qué *te dedicas?*（仕事は）

何をしているの.
dedicatoria 女 献辞.
dedil 男 指サック.
dedillo *al* ～ 細部に至るまで.
dedique(-) / dediqué(-) 活 → dedicar.
dedo [デド] 男 [英 finger; toe] ❶(手, 足の)指. ～ pulgar [gordo] 親指. ～ índice 人差し指. ～ (del) corazón [medio, cordial] 中指. ～ anular 薬指. ～ meñique 小指. ❷ 指の幅分の長さ；少量. añadir un ～ de agua 水をほんのちょっと加える. *a* ～ 独断[一存]で；ヒッチハイクで. *chuparse el* ～ 幼い, 無邪気である. *chuparse los* ～*s* 《話》(ごちそうを) 堪能(たんのう)する；すごく喜ぶ. La sopa está de [para] *chuparse los* ～*s.* スープはとってもいい出来だ. *cogerse* [*pillarse*] *los* ～*s* 《話》痛い目に遭わされる；苦境に立たされる. *contarse* [*poderse contar*] *con los* ～*s* (*de la mano*) 数えられるほど[ごくわずか]である. *cruzar los* ～*s* 《話》うまくいくように願う. *estar a dos* ～*s de ...* …のすぐそばにある, …寸前である. *gustar más que comer con los* ～*s* とても好きである. *hacer* ～ ヒッチハイクする. *meter los* ～*s en la boca* しゃべらせる, 口を割らせる. *poner el* ～ *en la llaga* 《話》痛いところをつく, 問題の核心に触れる. *poner bien los* ～*s* (楽器を) 上手に弾く. *ponerse el* ～ *en la boca* 静かにするように合図する. *señalar con el* ～ 指さす, 批判する. *con un* ～ いとも簡単に, やすやすと. *no mover el* ～ 《話》じっとしている, 何の手段も講じない. *tener dos* ～*s de frente* ほんの少しの分別を持つ. Basta *tener dos* ～*s de frente* para evitar eso. ほんのちょっとわきまえるだけでそれを避けることができる.
dedocracia 女 《話》権力者が一存で任命等を行う体制.
deducción 女 ❶ 推論；演繹(えんえき)(法) (↔inducción). ❷ 控除.
deducible 形 ❶ 推論できる. ❷〖商〗控除可能な.
deducir 12 他 ❶《de, por》(…から) 推論する. *Deduje de* esto que estás listo. このことから君は賢いことが分かったよ. ❷ 差し引く, 控除する. — **deducirse** 再 推論される.
deductivo, va 形 演繹(えんえき)的な (↔inductivo). método ～ 演繹法.
de facto [ラ] 事実上(の).
defasaje 男〖電〗位相差；ずれ.
defecación 女 排便；便.
defecar 26 自 排便する.
defección 女 離党, 脱会.
defectivo, va 形 (動詞の活用が) 不完全な. — 男 欠如動詞.
defecto [デフェクト] 男 [英 defect] ❶ 欠陥, 短所. ～ de fábrica 製造上の欠陥. ❷ 不足, 欠如. *en* ～ *de ...* 《話》…の不足のために, …のない場合には. *por* ～ 少ない方に(間違って)；〖IT〗デフォルトで.
defectuoso, sa 形 欠陥のある, 不完全な.
defender [デフェンデル] 101 他 [英 defend] ❶《contra, de》(…から) 守る, 防衛する. ～ la patria *contra* el enemigo 祖国を敵から守る. ❷ 擁護する, 弁護する. — **defenderse** 再 ❶ 身を守る. ❷《話》うまくやっていく. *Se defiende* bien en japonés. 彼は日本語で用を足せる.
defendible 形 防御可能な；弁護しうる.
defendido, da 過分 → defender. 形 弁護[防御]される. — 男 女 被告.
defenestración 女 ❶ (突然の) 更迭. ❷ 窓から人を放り出すこと.
defenestrar 他 ❶ (突然) 更迭する. ❷ 窓から(人を) 放り出す.
defensa [デフェンサ] 女 [英 defense] ❶ 防御(物, 手段), 防衛. ❷ 擁護；弁護(人). ❸〖スポ〗ディフェンス. ❹〖車〗バンパー. — 男 女〖スポ〗ディフェンダー. *salir en* ～ *de ...* …をかばう.
defensivo, va 形 防御(用)の. — 女 防衛態勢.
defensor, sora 形 弁護[防衛]する. — 男 女 擁護者；弁護士；〖スポ〗ディフェンダー. ～ del pueblo 《スペイン》オンブズマン.
deferencia 女 謙虚；敬意；寛容. tener la ～ de 〈＋不定詞〉 快く[わざわざ] …してくださる.
deferente 形 ❶ 謙虚な；丁重な. ❷〖解〗輸精管の.
deferir 98 自《a》(意見等に) 従う, (…を) 尊重する. — 他 (権限等を) ゆだねる.
deficiencia 女 不足；欠陥；(心身の) 障害.
deficiente 形 不十分な；欠陥のある. — 男 女 障害者. ～ mental 知的障害者.
déficit 男 [複 ～s] 赤字 (↔superávit), 欠損；不足.
deficitario, ria 形 赤字の.
defiend- 活 → defender.
definible 形 定義[明確化]できる.
definición 女 ❶ 定義(づけ)；語義. por ～ 定義上. ❷ 決定, 規定. ❸〖TV〗解像度. alta ～ 高解像度, ハイビジョン.
definido, da 過分 → definir. 形 ❶ 定義された；明確な. ❷〖文法〗限定的な.
definir [デフィニル] 他 [英 define] ❶ 定義する. ❷ 明確にする. ❸ 決定する. — **definirse** 再 (態度等を) 明確にする.
definitiva 形 → definitivo.
definitivamente 副 決定的に；結局.
definitivo, va [デフィニティボ, バ] 形 [英 definitive] 決定的な, 最終的な. *en definitiva* 最終的に；要するに.
definitorio, ria 形 特徴的な.
deflación 女〖経〗デフレ (↔inflación).
deflacionario, ria 形〖経〗デフレの.
deflacionista 形 デフレ(政策)(支持)の. — 男 女 デフレ政策論者.
deflagración 女〖化〗爆燃.
deflagrar 自 爆燃する.
deflector 男〖技〗デフレクター.
defoliación 女 (気候不順等よる) 落葉.
deforestación 女 森林破壊.
deforestar 他 森林を破壊する.
deformación 女 ゆがみ, 変形；〖美〗デフォルメ.

deformador, dora 形 男 女 変形する[ゆがめる]（人）.

deformar 他 ❶ 変形する；ゆがめる，歪曲(わいきょく)する. ❷『美』デフォルメする. — **deformarse** 再 変形する；ゆがむ.

deformatorio, ria 形 変形する.

deforme 形 奇形の；歪曲(わいきょく)された.

deformidad 女 奇形；ゆがみ，歪曲(わいきょく).

defraudación 女 ❶ 失望，落胆. ❷ 詐取. ～ fiscal 脱税.

defraudador, dora 形 失望させる；人を欺く. — 男 女 詐取者.

defraudar 他 ❶ 失望させる；…の期待を裏切る. ❷ 欺く. ～ al fisco [a Hacienda] 脱税する.

defunción 女 死亡，死去.

degeneración 女 堕落；『生』退化；変質.

degenerado, da 形 堕落した；退化した. — 男 女 変質者.

degenerar 自 ❶ 堕落する；《en》悪化して(…に)なる. La gripe *degeneró en* neumonía. かぜが悪化して肺炎になった. ❷『生』退化する.

degenerativo, va 形 退化[悪化]の；堕落的な.

deglución 女 飲み下すこと.

deglutir 他 自 飲み下す.

degollación 女 打ち首，斬首(ざんしゅ).

degolladero 男 ❶ 畜殺場. ❷ 断頭台. ***llevar a ... al*** ～ …を危険な目に遭わせる.

degolladura 女 首の切り傷.

degollar 39 他 ❶ …の首[のど]を切る. ❷『闘牛』仕留め損なう；《話》(演奏等を)しくじる.

degollina 女《話》大虐殺；大量の落第.

degradación 女 ❶ 降格. ❷ 悪化；堕落. ❸『美』(色・光の)ぼかし.

degradante 形 品位を落とす，体面を傷つける.

degradar 他 ❶ 降格する. ❷ 堕落させる. ❸『美』徐々に淡く[小さく]する. — **degradarse** 再 堕落する，質が低下する.

degüello 男 斬首(ざんしゅ)；大虐殺. ***a*** ～ 非情に.

degustación 女 試飲，試食.

degustar 他 試飲する，試食する.

dehesa 女 牧草地.

dehiscencia 女『植』(蒴(さく)等の)裂開.

dehiscente 形『植』裂開性の.

deicida 形 男 女 神を殺す（人），殺した（人）.

deicidio 男 キリストの磔刑(たっけい)；神殺し.

deícticamente 副 直示的に.

deíctico, ca 形『言』直示的な.

deidad 女 神性；神.

deificación 女 神格化.

deificar 26 他 神格化する. — **deificarse** 再 神と一体化する.

deísmo 男 理神論.

deísta 形 理神論の. — 男 女 理神論者.

deixis 女[単複同形]『言』直示.

dejación 女 ❶ 放棄. ❷《ラ米》(ま)(ち)無頓着(むとんちゃく).

dejada 過分 → dejar. 女(テニス)ドロップボレー.

dejadez 女 怠慢，不精.

dejado, da 過分 → dejar. 形 男 女 怠慢な[だらしない]（人）.

dejar [デハル] 他〔英 leave, let〕❶ **置いておく**，残しておく；放置する. *He dejado* el móvil en el coche. 私は携帯電話を車に置いてきた. ❷ 貸す；委ねる. ¿Me *dejas* tu bolígrafo? 君のボールペン貸してくれるかい. *Dejé* a mis hijos a mi madre. 子供たちを母に預けてきた. ❸（後に）残す，…から立ち去る. ～ todo su dinero a sus hijos 彼の財産を息子に残す. Te *dejo.* 失礼するよ. ❹《＋形容詞・副詞》**…のままにしておく**；…にする. Me *han dejado* confundido. 私は惑わされた. *Déja*me en paz. ほっといてくれよ. ❺ **やめる**，放棄する；(場所を)去る，発つ. ～ los estudios 学業をやめる. *Dejó* su casa a los quince años. 15歳の時に彼は家を出た. ❻《＋不定詞 / **que**＋接続法》《容認》**…させる**，させておく. No me *dejan* salir sola por la noche. 夜は私を1人で外出させてくれない. — 自 ❶ やめる. *Deja*, yo lo hago más tarde. やめときなさい，後で私がやるから. ❷《**de**＋不定詞》…するのをやめる；《否定で》しょっちゅう…する，…せずにはいられない；必ず…する. ～ *de* fumar 禁煙する. *No dejes de* llamarle. 彼に必ず電話しろよ. — **dejarse** 再 ❶ 放っておく；身なりを構わない. *Se deja* el pelo largo. 彼は髪を長いままにする. ❷《＋不定詞》(…される[する])ままにする；…され得る. no ～ engañar だまされない. *Se deja* sentir el calor. 暑くなってきた. ❸（置き）忘れてしまう. *Se dejó* su pasaporte en casa. 彼はパスポートを家に置いてきてしまった. ❹《**de**》(…を) 終(お)いにする，(…から) 身を引く. *Déjate de* rollos. つまらない話はよしてくれ. ***dejar atrás*** 先を行く；先んじる. ***dejar caer*** 落とす. ***dejar mucho*** [***bastante***] ***que desear*** 改善の余地がある. ***dejarse caer con ...*** …をほのめかす；…に寛大である. ***dejarse querer*** 見過ごす. ***dejarse ver*** [***caer***]（会合等に）姿を見せる. ***ni me gusta ni me deja de gustar***（無関心を表して）どうでもいい. ***no dejar lugar a dudas*** 疑いの余地がない.

deje 男 訛(なま)り；独特の口調. — 活 → dejar.

dejo 男 ❶ → deje. ❷ 後味；余韻. — 活 → dejar.

de jure [デユレ]〔ラ〕正当に，法律上の.

del [デル]［前置詞 de と定冠詞 el の縮約形］→ de.

delación 女 密告；告発.

delantal 男 エプロン.

delante [デランテ] 副〔英 in front〕《場所》**前に**，前方に；正面に. un coche que va ～ 前を行く車. Lleva los botones ～. それは前にボタンがついている. ***de*** ～ 前の. la puerta *de* ～ 前のドア，正面玄関. ～ ***de*** 《場所》…の前に[で]. ***por*** ～ 前方に，この先. Todavía tenemos unos meses *por* ～.

この先まだ数か月ある.
delantero, ra 形 前部の, 前方の. — 男 女 〖スポ〗フォワード. — 男 (衣服の) 前部. — 女 ❶ 前部；前列；〖スポ〗フォワードのライン；《話》女性の胸. ❷ 先行, リード. tomar la *delantera* a ... …の先を越す. llevar la *delantera* a ... (競争等で)…に先行する.
delatar 他 密告する, 暴く；明らかにする. Su reacción *delató* sus intenciones. 彼の反応で意図が分かった. — **delatarse** 再 うっかり表に出す.
delator, tora 形 密告する. — 男 女 密告者.
delco 男〖車〗〖商標〗(点火) 配電器.
dele 男〖印〗削除記号.
DELE [デれ] 男 *D*iploma de *E*spañol como *L*engua *E*xtranjera: 外国語としてのスペイン語免状.
delectación 女《文》→ deleite.
delegación 女 ❶ 委任, 委託. ❷ 代表団. ❸ 支所, 出張所. ～ de Hacienda 地方財務局. ❹《ラ米》(ﾒｷｼｺ)警察署；市役所.
delegado, da [デれガド, ダ] 形 委任された, 代理の. — 男 女 〔英 delegate〕 ❶ **代表者**, 委員；〖商〗エージェント. ❷《スペイン》(地方に派遣された) 中央政府代表.
delegar 66 他 ❶《en》(…に) (権限等を) 委任する. ～ sus poderes *en* ... …に権限を委任する. ❷ 代表として派遣する.
deleitamiento 男 → deleite.
deleitar 他 楽しませる, 喜ばせる. — **deleitarse** 再《en, con》(…で) 楽しむ, 喜ぶ. ～ *en* la lectura 読書を楽しむ.
deleite 男 歓喜, 喜び.
deleitoso, sa 形 楽しい, 快い.
deletéreo, a 形 猛毒の, 致死的な.
deletrear 他 (語の) 綴(つづ)りを言う.
deletreo 男 (語の) 綴(つづ)りを言うこと.
deleznable 形 ❶ もろい；はかない. ❷ 軽蔑すべき.
delfín, fina 男〖動〗イルカ. — 男 女〖史〗フランス王太子[王太子妃]；後継者.
delfinario 男 イルカの水族館.
delgada 形 → delgado.
delgadez 女 やせ細り.
delgado, da [デるガド, ダ] 形〔英 thin〕 ❶ **細い**, やせた (↔ gordo). ponerse ～ やせる. ❷ 薄い (↔grueso). una tela muy *delgada* とても薄い布. ❸ (土地が) やせた. — 男 [複] (動物の) わき腹肉.
delgaducho, cha 形《話》やせっぽちの.
deliberación 女 審議；熟慮.
deliberado, da 形 故意の；熟慮された.
deliberante 形 審議権のある.
deliberar 自《sobre》(…について) 審議する；熟考する.
deliberativo, va 形 審議する.
delicada 形 → delicado.
delicadeza 女 ❶ 繊細さ, もろさ. ❷ 思いやり, 気配り. ❸ 優美さ. *tener la* ～ *de* 〈+不定詞〉 親切にも…する.
delicado, da [デりカド, ダ] 形〔英 delicate〕 ❶ **繊細な, 微妙な**. un problema ～ 扱いが難しい問題. ❷ もろい；病弱な. ❸ 気難しい. ❹ 思いやりのある；慎み深い.
delicaducho, cha 形《話》ひ弱な.
delicatessen [デりカテセン] 〔独〕 女 [複] デリカテッセン, (高級) 惣菜(そうざい).
delicia 女 ❶ 無上の喜び；喜びの種. ❷ 魚のフライ料理. *hacer las* ～*s de* ... …を大いに楽しませる.
delicioso, sa [デりしオソ, サ] 形〔英 delicious〕 ❶ **楽しい**；気持ちのいい. ❷ **おいしい**.
delictivo, va 形 違法の.
delicuescencia 女〖化〗潮解 (性)；(文化等の) 衰微.
delicuescente 形〖化〗潮解性の；衰微する.
delimitación 女 境界画定；限定.
delimitar 他 境界を定める；限定する.
delincuencia 女 犯罪, 非行.
delincuente 形 犯罪を犯した. — 男 女 犯罪者.
delineación 女 輪郭描写；製図.
delineante 男 女 製図家.
delinear 他 …の輪郭を描く, 製図する. — **delinearse** 再 輪郭が浮き出る. ～ los ojos 《ラ米》アイシャドウを塗る (→ pintar 地域差).
delinquir 40 自 犯罪を犯す.
deliquio 男 失神, 気絶.
delirante 形 錯乱した；熱狂的な.
delirar 自 錯乱する；《por》(…に) 夢中になる.
delirio 男 錯乱；熱狂；〖医〗譫妄(せんもう)状態. ～ de grandeza 誇大妄想. con ～ 熱狂的に, とても.
delírium tremens 男〖医〗振顫譫妄(しんせんせんもう)：禁断症状のふるえ.
delito [デりト] 男〔英 crime〕 **罪**, 犯罪；違反. ～ de sangre 殺人[傷害]罪.
delta 女 デルタ (Δ, δ)：ギリシャ語字母の第 4 字. — 男 三角州.
deltoides 形 男 [単複同形]〖解〗三角筋 (の).
demacrado, da 形 やつれた.
demacrarse 再 やつれる.
demagogia 女 扇動, デマ.
demagógico, ca 形 扇動的な.
demagogo, ga 男 女 民衆扇動家.
demanda 女 ❶ 需要 (↔ oferta). ❷ 要求；(訴訟の) 請求, 申立 (書). *en* ～ *de* ... …を求めて.
demandado, da 形 男 女 被告 (側の).
demandante 形 男 女 原告 (側の).
demandar 他 ❶ 請求[要求]する. ❷《por》(…の件で) 訴える. ～ *por* calumnias 名誉毀損(きそん)で訴える.
demarcación 女 ❶ 境界 (画定)；区画. ❷〖法〗管轄区域；〖スポ〗守備範囲.
demarcar 26 他 …の境界を定める.
demarraje 男 (マラソン等で) スパート.
demarrar 〔仏〕 自〖スポ〗スパートする.
demás [デマス] [性数不変] 形 《不定》〔英 other〕《複数定冠詞と共に》**その他の** (もの, 人), 残りの (もの, 人). Ya he devuelto los ～ libros. 残りの本ももう返却したよ. No invitamos a los ～ amigos. 他の友人たちは招待しなかった. ► 列挙するときには定冠詞を省略するこ

D

ともある. En la fiesta estuvieron mis padres, mis tíos y ～ familia. そのパーティーには両親，おじ夫婦，その他親せきの者が出席した. ― 代名《不定》《複数定冠詞または loと共に》その他［残り］（のもの・人）. Sólo asistieron dos compañeros, los ～ faltaron. 同僚のうち2人が来ただけで残りの者は欠席した. Hay que respetar las opiniones de los ～. 他人の意見を尊重しないといけない. todo lo ～ 残り全部. ***por*** ～ (1) 無駄に（＝inútilmente, en vano). Nunca está *por* ～ una solicitud. 申請書を出すことは決して無駄でない. (2) 過度に（＝excesivamente). Tu tío bebe *por* ～. 君のおじさんは飲み過ぎだ. ***por lo*** ～ その他については，それはそれとして. Es un poco aburrido, pero, *por lo* ～ es muy buena persona. 彼は少し退屈だがそれはそれとしてとてもいい人だ. ***y*** ～《話》《列挙の最後に》…等.

demasía 女 過剰，過多；行きすぎ. ***en*** ～ 過度に.

demasiado, da［デマシアド,ダ］形〔英 too much [many]〕**あまりに多くの**，過度の. *demasiadas revistas* あまりに多くの雑誌. ¡Es ～! すごい，ひどい. ― 副〔英 too〕**あまりに**. beber [comer] ～ 飲み［食べ］すぎる. Fue una cuestión ～ difícil. それはとても難しい問題だった.

demasié 形《俗》すばらしい，すごい. ― 副《俗》すごく，すばらしく.

demediar 17 他 半分にする；…の半ばまで達する.

demencia 女 痴呆(ちほう)；錯乱，狂気. ～ precoz [senil] 早発［老年］痴呆.

demencial 形 錯乱した，支離滅裂な.

demente 形 痴呆(ちほう)の；狂気の. ― 男 女 痴呆症患者；狂人.

demérito 男 デメリット，欠点.

demiurgo 男〘哲〙デミウルゴス：(グノーシス派等の)造物主.

democracia［デモクラシア］女〔英 democracy〕**民主主義**；民主制［国家］. ～ parlamentaria 議会制民主主義.

demócrata 形 民主主義の. ― 男 女 民主主義者.

democratacristiano, na 形 男 女 キリスト教民主主義の［者］.

democrático, ca 形 民主主義の，民主的な.

democratización 女 民主化.

democratizador, dora 形 民主化する，民主化推進の.

democratizar 57 他 民主化する.

democristiano, na 形 男 女 → democratacristiano.

demodé［仏］形《話》時代遅れの.

demodulador 男〘電〙復調器.

demografía 女 人口統計学.

demográfico, ca 形 人口（統計学）の.

demógrafo, fa 男 女 人口統計学者.

demoledor, dora 形 解体［破壊］する. ― 男 女 解体業者；破壊する人.

demoler 70 他（建物等を）取り壊す；破壊する.

demolición 女 解体；崩壊.

demonche 男《話》→ demonio.

demoniaco, ca / demoníaco, ca 形 男 女 悪魔のような（人）；悪魔にとりつかれた（人）.

demonio［デモニオ］男〔英 devil〕❶ **悪魔**（＝diablo），堕天使. ❷ 鬼；手に負えない人. ❸ すご腕の人，天才. ❹〘ギ神〙ダイモン. ❺《疑問詞＋》一体. *¿Qué ～s estás haciendo?* 一体お前は何をしているんだ. ❻《間投詞的》¡～(s)! ちくしょう. ***como el [un]*** ～《話》ひどく，必死で. ***darse a (todos) los ～s***《話》激怒する. ***del ～ / de mil ～s / de todos los ～s***《話》ひどい，すごい. ***llevarse los ～ a ...*** …がひどく腹をたてる. ***oler [saber, sonar] a ～s***《話》ひどいにおい［味，音］がする. ***tener el ～ en el cuerpo***（子供が）大変いたずらである.

demontre 男《話》悪魔. ¡*(Qué)* ～! 《話》くそ，ちくしょう.

demora 女 遅れ，遅延.

demorar 他 遅らせる. ― 自 手間取る. ― **demorarse** 再 遅れる，手間取る.

demorón, rona 形 男 女《ラ米》(アルゼンチン)(チリ)(ウルグアイ)(行動が)のろい（人）.

demoscopia 女 世論調査.

demoscópico, ca 形 世論調査の.

demóstenes / demóstenes 男 女［単複同形］雄弁な人，弁の立つ人.

demostrable 形 証明できる.

demostración 女 ❶ 証明；(気持ち等の)表明. ❷ 実演. hacer una ～ de fuerza 力を示す.

demostrar［デモストゥラル］32 他〔英 demonstrate〕❶ **証明する**. ～ la veracidad 真実性を立証する. ❷ 示す. ～ interés 興味を見せる. ❸ 実演する.

demostrativo, va 形 ❶ 証明［明示］する. ❷〘文法〙指示の. ― 男 指示詞.

demudación 女 表情の変化.

demudamiento 男 → demudación.

demudar 他（表情等を）急に変える. ― **demudarse** 再（顔色が）変わる.

demuestr- 活 → demostrar.

den 活 → dar.

denantes 副《俗》(少し)前に.

denario 男 デナリウス：古代ローマの銀貨［金貨］.

dendrita 女〘鉱〙化石樹；(神経の)樹状突起.

denegación 女 拒否，拒絶.

denegar 72 他 拒否［拒絶］する.

denegatorio, ria 形 拒絶の，否定の.

dengoso, sa 形 上品ぶった；《ラ米》(コロンビア)気取って歩く.

dengue 男 ❶ もったいぶること；《ラ米》(コロンビア)気取った歩き方. ❷〘医〙デング熱.

denier 男 デニール：糸の太さの単位.

denigración 女 中傷；侮辱.

denigrante 形 中傷［侮辱］的な.

denigrar 他 中傷する；侮辱する.

denodado, da 形 勇敢な；精力的な.

denominación 女 ❶ 命名；名称，呼称. ～ de origen（ワインの）原産地保証. ❷〘経〙デノミ（ネーション）.

denominador, dora 形 命名する. ― 男 女 命名者. ― 男 分母. común ～/～ común 公分母；共通点.

denominar 他 …と命名する；…と呼ぶ.

denominativo, va 形 命名の；名詞

派生の. ── 男 名詞派生語.

denostar 32 他 侮辱[非難]する.

denotación 女 〘言〙〘論〙外延.

denotar 他 示す；意味する.

densa 形 → denso.

densidad 女 濃度；密度, 比重. ～ de población 人口密度.

densificar 26 他 濃くする, 密にする.

densímetro 男 密度[比重]計.

denso, sa [デンソ,サ] 形 〔英 dense〕濃い, 密な；〘物〙高密度の. bosque ～ 密生した森. discurso ～ 内容のある演説.

dentado, da 形 歯のある；ぎざぎざのついた. rueda *dentada* 歯車.

dentadura 女《集合的》歯；歯並び.

dental 形 歯の；〘音声〙歯音の. caries ～ 虫歯. ── 男 鋤(すき)の軸部分；脱穀機の歯. ── 女 歯音.

dentar 18 他 (刃等に) ぎざぎざを付ける, 目立てをする.

dentario, ria 形 歯の.

dente 〔伊〕 ***al*** ～ (パスタが) 歯ごたえのある, アルデンテで[の].

dentellada 女 かむこと；かみ傷. a ～*s* 歯で, かんで.

dentellar 自 歯をがちがち鳴らす.

dentellear 他 (繰返し) かじる.

dentera 女 (酸味等による) 歯の不快感；羨望(せんぼう).

dentición 女 歯の発生[状態].

dentículo 男 〘建〙歯飾り.

dentífrico, ca 形 歯磨きの. ── 男《ラ米》歯磨き (チューブ) (→ pasta 地域差).

dentina 女 (歯の) 象牙(ぞうげ)質.

dentista 形 男 女 歯科医(の).

dentón, tona 形 男 女 → dentudo. ── 男 〘魚〙ヨーロッパキダイ.

dentro [デントゥロ] 副 〔英 inside〕❶ 中に[で] (↔ fuera). estar ～ 中にいる. ～ o fuera 中か外か；どちらかはっきりしろ. ❷ 心の中で, 胸の内で. ～ ***de*** (1) …の中で[に]. La vi ～ *del* edificio. 建物の中で彼女を見た. (2) …後に；…の期間内に. ～ *de* dos semanas 2週間後に. ～ *de* poco すぐに. ～ *de* ocho días 1週間後に. ***desde*** ～ 中から. ***hacia*** ～ 中[奥] (の方)へ. ***por*** ～ 中で；心の中で.

dentudo, da 形 男 女 歯の大きい (人). ── 男 〘魚〙アオザメ.

denudación 女 (浸食による) 削剝(さくはく).

denudar 他 (地層を) 削剝(さくはく)する.

denuedo 男 勇気；精力.

denuesto 男 侮辱, 無礼.

denuncia 女 告発, 告訴；(条約等の) 廃棄通告. ── 活 → denunciar.

denunciante 形 男 女 告発する[者].

denunciar [デヌンシアル] 17 他 〔英 denounce〕❶ 告発する, 訴え出る. ❷ 示す, 明らかにする. ❸ (条約等の) 廃棄を通告する.

denuncio 男《ラ米》(コロンビア)→ denuncia. ── 活 → denunciar.

deo gracias 〔ラ〕 神に感謝. ── 男《話》しおらしさ.

deontología 女 〘哲〙義務論；職業倫理.

deontológico, ca 形 〘哲〙義務論の.

deo volente 〔ラ〕 神意にかなえば.

deparar 他 与える, もたらす. ～ sorpresas 驚きをもたらす.

departamental 形 部局の；県の.

departamento [デパルタメント] 男 〔英 department〕❶ (官庁・企業の) 部局；(政府の) 省；(大学の) 学科. ～ de ventas 販売部. ❷ 区分；室. ❸ [複]《ラ米》アパート (→ apartamento 地域差). ❹《ラ米》県.

departir 自 会話する.

depauperación 女 貧困化；衰弱.

depauperar 他 貧しくする；衰弱させる. ── ***depauperarse*** 再 貧しくなる；衰弱する.

dependencia 女 ❶ 従属, 依存；つながり. ❷ 支局, 出張所. ❸ [複] 別館, 別棟；付属品. ❹《集合的》従業員. ❺ (薬物) 依存(症).

depender [デペンデル] 自 〔英 depend〕《de》❶ (…に) よる；…次第である. Todo *depende de* ti. 全て君次第だ. ❷ (…に) 従属する；依存する. ***(Eso) depende.*** それは状況次第だ.

dependienta 女 (女性の) 店員.

dependiente 形《de》(…に) 従属する. ── 男 店員.

depilación 女 脱毛.

depilar 他 脱毛する. ── ***depilarse*** 再 (自分で) 脱毛する.

depilatorio, ria 形 脱毛用の. ── 男 脱毛剤.

deplorable 形 痛ましい；嘆かわしい.

deplorar 他 嘆く, 悼む.

deponer 75 他 ❶ 下に置く；捨てる. ～ las armas 降服する. ❷ 解任する. ── 自 ❶ 証言する. ❷《ラ米》(中米)(メキシコ)吐く.

deportación 女 流刑, 追放.

deportar 他 追放する, 流刑に処する.

deporte [デポルテ] 男 〔英 sport〕スポーツ, 運動, 競技. campo de ～*s* 運動競技場. ***por*** ～ 趣味で.

deportista 形 スポーツ愛好の. ── 男 女 スポーツマン[ウーマン]；スポーツファン.

deportiva 形 → deportivo.

deportividad 女 スポーツマンシップ.

deportivista 形 男 女 (スペインのサッカーチーム) Real Club Deportivo de La Coruña の (サポーター).

deportivo, va [デポルティボ,バ] 形 〔英 sports〕❶ スポーツの. ropa *deportiva* スポーツウエア. ❷ スポーツマンらしい. ── 男 スポーツカー.

deposición 女 ❶ 解任. ❷ 証言. ❸ 排便.

depositar [デポシタル] 他 〔英 deposit〕《en》❶ (…に) 預ける；託す. ～ fondos *en* el banco 資金を銀行に預ける. ❷ (信頼等を) (人に) 寄せる；(ある場所に) 置く；かくまう. ── ***depositarse*** 再 沈殿する.

depositaría 女 ❶ 保管所. ❷ 委託[受託]業務.

depositario, ria 形 保管の. ── 男 女 保管[受託]者；信頼のおける人.

depósito [デポシト] 男 〔英 deposit〕❶ 預け入れ；寄託 (物)；預金. ～ a plazo 定期預金. ～ de moneda extranjera 外貨預金. dejar una cantidad en ～ 保証[手付]金を払う. ❷ 保管所. ～ de armas 武器庫. ❸ タンク；《スペイン》ガソリンタンク (➜地域差). ～ de agua 水槽. ❹ 沈殿物. 地域差 ガソリンタンク depósito 《スペイン》；bidón 《ラ米》(パラグアイ)；estanque (チリ)；tanque 《ほぼラ米全域》.

depravación 女 堕落, 退廃.

depravado, da 形 男 女 堕落した(人).

depravar 他 堕落させる. — **depravarse** 再 堕落する.

D

depre 形 男 女 [複 ～s] 《話》落ち込んだ(人). — 女 《話》落ち込み.

deprecación 女 嘆願, 哀願.

deprecar 26 他 嘆願する, 哀願する.

depreciación 女 (価値の) 低下, 下落.

depreciar 17 他 …の価値[価格]を下げる. — **depreciarse** 再 価値[価格]が下がる.

depredación 女 強奪；捕食.

depredador, dora 形 強奪する；捕食する. — 男 女 強奪者；捕食者.

depredar 他 略奪する；〘動〙捕食する.

depresión 女 ❶ うつ病；ふさぎ込み. ❷ 沈下；くぼ地. ～ del terreno 地盤沈下. ❸ 不況. ～ ***atmosférica*** 低気圧.

depresivo, va 形 うつ(状態)の；気のめいる.

depresor, sora 形 抑制する. — 男 (神経) 抑制薬.

deprimente 形 気落ちさせる；憂うつな.

deprimido, da 形 落ち込んだ, うつ状態の.

deprimir 他 ❶ 意気消沈させる；うつ状態にする. ❷ 圧迫する；沈下させる. — **deprimirse** 再 気がめいる；うつになる.

deprisa 副 急いで(＝de prisa).

depuesto, ta 過分 ➜ deponer.

depuración 女 浄化；洗練；〘IT〙デバッグ.

depurado, da 形 緻密(ちみつ)な, 洗練された.

depurador, dora 形 浄化する. — 男 浄化装置.

depurar 他 浄化[粛清]する；洗練する. — **depurarse** 再 清浄になる.

depurativo, va 形 浄化作用のある. — 男 浄化剤.

derbi 〔英〕 男 [複 ～(e)s] ダービー：同じ町・地方の(主にサッカー)チームの対戦.

derby [デルビ] 〔英〕 男 [複 derbi(e)s または ～s] ❶ ➜ derbi. ❷ (競馬の) ダービー.

derecha [デレチャ] 女 〔英 right〕 ❶ **右**, 右側；右手 (↔ izquierda). torcer a la ～ 右に曲がる. ❷〘政〙右翼, 右派. — 形 ➜ derecho. ***a*** **～*s*** うまく, まともに. ***¡D～!*** 《号令》右むけ右.

derechamente 副 まっすぐに；公正に.

derechazo 男 〘闘牛〙右手を使ったムレータ技；(ボクシング) 右のパンチ.

derechista 形 男 女 右翼の(人).

derechización 女 (政党等の) 右傾化, 保守化.

derecho, cha [デレチョ, チャ] 形 〔英 straight; right〕 ❶ **まっすぐな**, 直立の, 垂直の；単刀直入の. líneas *derechas* まっすぐな線. ❷ **右の**, 右側の (↔ izquierdo). Salga por la puerta *derecha*. 右側のドアから出てください. ❸ 正しい, 公正な. — 副 **まっすぐに**, 直接；単刀直入に. Siga todo ～. まっすぐ進みなさい. Fui ～ a Madrid. まっすぐマドリードに向かった. — 男 〔英 law; right〕 ❶ **法律**；法律学. ～ civil [penal] 民[刑]法. conforme a ～ 法に従って. ❷ **権利**. ～ a la intimidad プライバシー権. ～ a la vida 生存権. ～ a la libertad 自由の権利. ～ al voto [a votar] 選挙権. ～ de autodeterminación 民族自決権. ～ de veto 拒否権. ～*s* de emisión 放送権(料). ～*s* de imagen 肖像権. ～ a guardar silencio 黙秘権. ～*s* civiles 市民権. miembro de pleno ～ 正会員. tener ～ a ... …の権利を持つ. dar ～ a 〈＋不定詞〉…する権利を与える. estar en su ～ de ... …する権利がある. entrada con ～ a consumición 無料飲み物1杯付き入場券. ¿Con qué ～ te portas así? どんな権利があってそんな態度をとるのかね. ❸ [複]〘商〙(個人・団体等が持つ) 利権, 権利. reservados todos los ～*s* 不許複製. ～*s* de autor 著作権. ～*s* de emisión 放映権. ❹ [複] 税；手数料. ～ de aduana 関税. ～*s* de autor 印税. ❺ (布・紙等の) 表 (＝lado ～. ↔revés). ***de*** **～** 正当に, 当然. ***hecho y*** **～** 立派な, 真の. ***¡No hay*** **～*!*** 《怒り・抗議》そんな権利はないぞ.

derechona 女 《軽蔑》極右, 右派 (政党) (↔izquierdona).

derechura 女 まっすぐなこと；《ラ米》(中米)(ペルー)幸運.

deriva 女 漂流；〘空〙偏流. a la ～ 方向を見失って. ～ continental 大陸移動(説).

derivación 女 ❶ 推論；誘導；〘数〙導出. ❷ 由来；〘言〙派生. ❸ 分岐；分路；短絡.

derivado, da 形 派生した；誘導された. — 男 派生物；〘言〙派生語；〘化〙誘導体. — 女〘数〙導関数.

derivar 自 ❶ 《de》(…から) 生じる；〘言〙派生する. ❷ 《a, hacia》(…に) 向かう, 方向を変える. — 他 ❶ 《a, hacia》(…に) 向ける；そらす. ～ a un paciente *al* especialista 患者を専門医に送る. ❷ 引き出す；〘言〙派生させる. ～ una conclusión 結論を導き出す. — **derivarse** 再 ❶ 向かう；それる. ❷ 生じる；〘言〙派生する.

dermatitis 女 [単複同形] 皮膚炎.

dermatología 女 皮膚科.

dermatológico, ca 形 皮膚科の.

dermatólogo, ga 男 女 皮膚科医.

dermatosis 女 [単複同形] 皮膚病.

dérmico, ca 形 真皮[皮膚]の.

dermis 女 [単複同形] 〘解〙真皮.

dermitis 女 [単複同形] 皮膚炎.

derogación 女 〘法〙撤廃.

derogar 66 他 (法律を) 撤廃する；(契約を) 破棄する.

derogatorio, ria 形 撤廃[破棄]の.

derrama 女 (分担金等の) 割り当て. —

活 → derramar.

derramamiento 男 こぼれること；流出；流布.

derramar [デラマル] 他 〔英 spill〕 ❶ こぼす, まき散らす. ～ lágrimas 涙を流す. ❷ (恩恵等を) 十分に与える. ❸ (分担金等を) 割り当てる. ― **derramarse** 再 こぼれる；散らばる；広まる.

derrame 男 ❶ → derramamiento. ❷ (血液等の) 滲出(しんしゅつ)；排出物. ～ cerebral 脳溢血. ― 活 → derramar.

derrapaje 男 (車の) スリップ, 横滑り.

derrapar 自 ❶ 〘車〙 横滑りする. ❷ 《ラ米》(ベネズエラ) 型破りな行動をする.

derrape 男 → derrapaje.

derredor 男 周囲. ***en*** [***al***] ～ 周囲に；近くに.

derrengado, da 形 疲れきった.

derrengar 72 他 ❶ (人・動物の) 背中を痛める；へとへとにする. ❷ 傾ける, 曲げる. ― **derrengarse** 再 背中を痛める；へとへとになる.

derretimiento 男 溶けること.

derretir 77 他 ❶ (熱で) 溶かす. ❷ 浪費する. ― **derretirse** 再 ❶ (熱で) 溶ける. ❷ 《**por**》(…に) 恋い焦がれる；《**de**》(…で) 身を焦がす.

derribar 他 ❶ 壊す, 崩す. ～ un edificio ビルを取り壊す. ❷ 倒す. ～ un avión 飛行機を撃墜する. ― **derribarse** 再 倒れる, 落ちる.

derribo 男 ❶ 倒壊, 取り壊し；取り壊し現場；[複] 瓦礫(がれき). ❷ 〘スポ〙 故意に転倒させること.

derrocamiento 男 (権力者の) 打倒；(建物の) 取り壊し.

derrocar 26 他 ❶ (政府等を) 打倒する；失脚させる；投げ落とす. ❷ (建物を) 取り壊す. ► 106 に従って活用することもある.

derrochador, dora 形 浪費する. ― 男 女 浪費家.

derrochar 他 ❶ 浪費する. ❷ (活力・愛情等に) あふれている. ～ alegría とても陽気である.

derroche 男 浪費, 乱費.

derrota 女 ❶ 敗北. las ～***s*** en la vida 人生の挫折(ざせつ). ❷ 針路, 航路.

derrotado, da 形 負けた；くたくたの；がっかりした.

derrotar 他 打ち負かす, 完敗させる. ― 自 〘闘牛〙 角を突き上げる. ― **derrotarse** 再 (船が) 針路をそれる.

derrote 男 〘闘牛〙 角で突き上げること.

derrotero 男 進路；〘海〙 航路 (図). tomar distintos ～***s*** 別々の道に進む.

derrotismo 男 敗北主義.

derrotista 形 男 女 敗北主義の[者].

derrubiar 17 他 浸食する.

derrubio 男 浸食；沖積物.

derruir 60 他 (建物を) 取り壊す.

derrumbadero 男 断崖(だんがい)；危険な状況.

derrumbamiento 男 倒壊, 崩壊；気力の消失. ～ de tierra 地滑り.

derrumbar 他 ❶ (建物等を) 倒壊させる. ❷ (崖(がけ)等から) 突き落とす. ❸ (精神的に) 打ちのめす. ― **derrumbarse** 再 倒壊する；転落する；気力を失う.

derrumbe 男 → derrumbamiento.

des 活 → dar.

desabastecer 76 他 《**de**》(…の) 供給を絶つ. quedar *desabastecido de petróleo* 石油不足になる.

desabastecimiento 男 供給停止；品不足.

desabollar 他 (金属器等の) へこみを直す.

desabonarse 再 (定期講読等を) 解約する.

desabor 男 味のないこと.

desaborido, da 形 味のない；面白味のない. ― 男 女 面白味のない人.

desabotonar 他 …のボタンを外す. ― **desabotonarse** 再 ボタンを外す；(服の) ボタンが外れる.

desabrido, da 形 ❶ (食べ物が) まずい, 味がない. ❷ (天候が) 不順な. ❸ 無愛想な.

desabrigar 66 他 …の上着を脱がせる；覆いを取る. ― **desabrigarse** 再 上着を脱ぐ；毛布等をはぐ.

desabrigo 男 上着を脱ぐこと；軽装；保護のないこと.

desabrimiento 男 味のなさ；無愛想；しんらつ.

desabrochar 他 …のホック[ボタン]を外す. ～ (la camisa) a un niño 子供の(シャツの) ボタンを外す. ― **desabrocharse** 再 ホック[ボタン] を外す；(服の) ホック[ボタン]が外れる.

desacalorarse 再 涼む.

desacatar 他 (法・命令・人に) 従わない, 反抗する.

desacato 男 《**a**》(法・命令・人に) 従わないこと；〘法〙 侮辱罪.

desaceleración 女 減少；減速. ～ de la economía 景気の後退.

desacelerar 他 自 (徐々に) 減少させる[する]；減速する. ― **desacelerarse** 再 (徐々に) 減少する；減速する.

desacertado, da 形 的外れな, 不適切な.

desacertar 18 自 《**en**》(…に) 失敗する. ― 他 …の的を外す. ～ el tiro シュートを外す.

desacierto 男 的外れ, 不適切；失敗.

desacobardar 他 勇気づける.

desacomedido, da 形 《ラ米》 礼儀に欠けた, ぞんざいな.

desacomodado, da 形 困窮した；乱れた.

desacomodar 他 ❶ 不快[不便]な思いをさせる. ❷ 《ラ米》(アルゼ)(チリ)(ウルグ) 散らかす.

desacomodo 男 不快；不便.

desaconsejable 形 勧められない.

desaconsejado, da 形 勧められない；軽率な. ― 男 女 軽率な人.

desaconsejar 他 《＋不定詞 / **que**＋接続法》(…を) やめるように忠告する. Me *han desaconsejado que* vaya a México. 私はメキシコに行くのをやめるように言われた.

desacoplamiento 男 分解, 解体；取り外し.

desacoplar 他 ❶ 切り離す；取り外す. ❷ …の接続を切る.

desacordar 32 他 (音の) 調子を外す；調和を乱す. ― **desacordar(*se*)** 自

D

再 音程が狂う.
desacorde 形 ❶ (音・色調が) 不調和な；調子外れの. ❷ 《con》(…と) (意見の) 合わない.
desacostumbrado, da 形 《a》(…に) 慣れない；珍しい.
desacostumbrar 他 《a》(…の) 習慣をやめさせる. ― **desacostumbrarse** 再 《a, de》(…の) 習慣をやめる；(…に) 耐えられなくなる. ～ *de* la bebida 酒をやめる.
desacreditado, da 形 評判の悪い.
desacreditar 他 《a》(…の) 信用を損わせる. ― **desacreditarse** 再 信用を失う.
desactivación 女 ❶ (起爆装置の) 処理, 解体. ❷ (活動の) 停止.
desactivar 他 ❶ (起爆装置を) 処理する, 解体する. ❷ 停止させる, 不活性化する.
desactualizado, da 形 時代遅れの. diccionario ～ (内容が) 古くなった辞書.
desacuerdo 男 《con / entre》(…との / …の間の) 不一致；不知. Estamos en ～ *con*tigo. 私達は君に同意できない.
desafear 他 …の難点を隠す.
desafección 女 冷淡さ；(政治的) 反感.
desafecto, ta 形 冷淡な；《a》(…に) 反感を持った. ― 男 女 反感を持つ人. los ～*s* al régimen 反体制分子. ― 男 冷淡さ；敵意.
desaferrar 他 放す；(錨(いかり)を) 上げる；《de》(考え等を) 捨てさせる. ― **desaferrarse** 再 《de》(…を) 断念する.
desafiador, dora 形 挑戦的な. ― 男 女 挑戦者.
desafiante 形 挑戦的な；反抗的な.
desafiar 31 他 ❶ 挑戦[挑発]する；《a》(…を) 挑む. ～ *a* un partido de fútbol サッカーの試合を挑む. ❷ 立ち向かう, 対決する. ― **desafiarse** 再 決闘する.
desafilar 他 …の刃を鈍らせる. ― **desafilarse** 再 (刃が) 鈍る.
desafinar 自 ❶ 〔音〕調子が外れる. Este piano *desafina.* このピアノは音が狂っている. ❷ 《話》不適切な発言をする. ― 他 〔音〕…の調子を狂わす. ― **desafinarse** 再 〔音〕調子が狂い出す.
desafío 男 挑戦, 挑発；競争.
desaforado, da 形 並外れた, 途方もない.
desaforar 32 他 …の権利を剥奪(はくだつ) [侵害]する. ― **desaforarse** 再 節度を失う.
desafortunadamente 副 不運にも.
desafortunado, da 形 ❶ 運のない, 不幸な. ❷ 不適切な, 的外れの.
desafuero 男 法律違反, 不法行為.
desagraciado, da 形 品位に欠ける.
desagradable [デサグラダブれ] 形 〔英 disagreeable〕 **不快な**, 嫌な；《con》(…に対して) 無愛想な. ～ al gusto まずい；不快な.
desagradar 自 《a》(…にとって) 不快である. Me *desagrada* hacerlo. それをするのは気が進まない.
desagradecer 76 他 感謝しない.
desagradecido, da 形 ❶ 恩知らずの. ❷ (努力が) 報われない. ― 男 女 恩知らず.
desagradecimiento 男 恩知らず, 感謝の気持ちのないこと.
desagrado 男 不快, 嫌悪. con ～ いやいやながら.
desagraviar 17 他 《de, por》(…を) 謝罪する；償う, 賠償する. ～ *de* una ofensa 無礼をわびる.
desagravio 男 償い, 賠償；謝罪.
desaguadero 男 → desagüe.
desaguar 55 他 排水する；空(から)にする. ― 自 (液体が) はける；水を排出する；《en》(…に) 流れ込む. El Ebro *desagua en* el Mediterráneo. エブロ川は地中海に注ぐ. ― **desaguarse** 再 (液体が) はける；空になる.
desagüe 男 放水；排水.
desaguisado, da 形 不法な；理不尽な. ― 男 違法行為；《話》破壊；いたずら.
desahogado, da 形 広々とした；(服等が) ゆったりとした；(生活等が) ゆとりのある.
desahogar 66 他 ❶ 安心させる；(痛み等を) 和らげる；(感情等を) 発散する. ～ su ira con ... …に怒りをぶちまける. ❷ 片付ける, 場所を空ける. ― **desahogarse** 再 息抜きをする；《con》(…に) 心中を打ち明ける；《de》(悩み等から) 解放される.
desahogo 男 ❶ 息抜き；(痛み等の) 軽減. ❷ ゆとり；快適. vivir con ～ 安楽に暮らす.
desahuciar 17 他 ❶ (医者が) 見放す；希望を捨てさせる. ❷ (借家人等に) 立ち退きを命じる.
desahucio 男 (借家人の) 追い立て；立ち退き.
desairado, da 形 運のない；ぶざまな；屈辱的な. situación *desairada* 厄介な事態.
desairar 15 他 軽視する；侮辱する.
desaire 男 軽視；侮辱.
desajustar 他 ❶ (機械等の) 調子を乱す；(計画等を) 台無しにする. ❷ (結合したものを) 分離する, 引き離す；緩める. ― **desajustarse** 再 ❶ (機械等の) 調子が狂う. ❷ (結合したものが) ずれる, 緩む.
desajuste 男 調整不良；乱れ；不均衡.
desalación 女 塩抜き；海水の淡水化.
desalado, da 形 ❶ 塩抜きした. ❷ 急いだ, 慌てた.
desalar 他 塩抜きする；淡水化する. ― **desalarse** 再 急ぐ, 慌てる；必死になる.
desalentador, dora 形 がっかりさせる.
desalentar 18 他 がっかりさせる, やる気を失わせる. El fracaso le *ha desalentado.* 彼は失敗して気力をなくした. ― **desalentarse** 再 くじける, やる気を失う.
desaliento 男 落胆, 気落ち.
desalinear 他 …の列を乱す. ― **desalinearse** 再 列が乱れる.
desalinización 女 (海水の) 淡水化.
desalinizadora 女 海水淡水化装置[施設].
desalinizar 57 他 (海水を) 淡水化する.
desaliñado, da 形 ❶ (身なり等が) だらしのない；いい加減な. ❷ 味付けしてない.
desaliñar 他 (服装等を) だらしなくする；

乱す. **— desaliñarse** 再 だらしのない格好をする.
desaliño 男 (身なり等の) だらしなさ；いい加減さ. ir vestido con ～ だらしのない格好をしている.
desalmado, da 形 男 女 残酷[冷酷]な(人).
desalojamiento 男 退去, 立ち退き.
desalojar 他 ❶ 《de》(…から) 立ち退かせる, 排除する. ～ a ... *de* su casa …を家から追い出す. ❷ 明け渡す, (…から) 出て行く. ～ una casa 家を引き払う.
desalojo 男 → desalojamiento.
desalquilar 他 (借家等を) 空ける, 引き払う. **— desalquilarse** 再 (借家等が) 空く.
desamarrar 他 (船等の) 綱を解く. **— desamarrarse** 再 …の綱がほどける[ほどかれる].
desambientado, da 形 場違いの；居心地の悪い.
desamor 男 憎しみ；冷淡, 愛情のなさ.
desamortizar 57 他 『史』(永代所有財産を) 解放する；譲渡する.
desamparado, da 形 見捨てられた；身寄りのない.
desamparar 他 ❶ 見捨てる. ❷ (権利等を) 放棄する.
desamparo 男 見捨てられていること. un niño en ～ 寄る辺のない子供.
desamueblar 他 (部屋等から) 家具を取り払う.
desanclar 他 (船の) 錨(いかり)を上げる.
desandar 16 他 ❶ 引き返す, 戻る. ～ el camino もと来た道を引き返す. ❷ (違う方法で) やり直す.
desangelado, da 形 面白みのない；殺風景な.
desangramiento 男 大量の出血.
desangrar 他 ❶ …から血を抜く. ❷ …から財産を絞り取る. **— desangrarse** 再 ❶ 大量に出血する. ❷ 大損をする.
desangre 男 《ラ米》(ﾗﾌﾟﾗﾀ)大量の出血.
desanidar 自 (鳥が) 巣立ちする.
desanimado, da 形 元気のない, 活気のない.
desanimar 他 意気消沈させる；やる気を失わせる. El resultado me *desanimó*. その結果に私はがっかりした. **— desanimarse** 再 がっかりする；やる気をなくす.
desánimo 男 意気消沈, 落胆.
desanudar 他 ❶ (結び目を) ほどく；緩める. ❷ (混乱等を) 解決する. ～ el malentendido 誤解を解く.
desapacibilidad 女 不快さ；とげとげしさ.
desapacible 形 ❶ (天候等が) 不快な. ❷ 怒りっぽい, しんらつな.
desaparcar 26 他 (駐車した車を) どかす.
desaparecer [デサパレセル] 76 自 〔英 disappear〕 **消える**, なくなる；《de》(…から) 姿を消す. Me *ha desaparecido* un zapato. 靴が片方見当たらない. **—** 他 《ラ米》消す.
desaparecido, da 過分 → desaparecer. 男 女 (特に南米軍事政権下の) 行方不明者.
desaparejar 他 ❶ (馬の) 引き具を外す. ❷ (船の) 索具を外す[傷める].
desaparezc- 活 → desaparecer.
desaparición 女 失踪(しっそう), 紛失, 消滅；《婉曲》死.
desapasionado, da 形 冷静な；公平な.
desapasionar 他 …の情熱を冷まさせる. **— desapasionarse** 再 興味を失う；情熱を失う.
desapegarse 66 再 《de》(…への) 興味[愛情]を失う；(…と) 疎遠になる.
desapego 男 冷淡, 無関心；疎遠.
desapercibido, da 形 ❶ 気づかれない. No me ha pasado ～ lo que ha dicho. 私は彼女が言ったことを聞き逃さなかった. ❷ 準備のできていない. coger ～ 不意打ちする.
desaplicación 女 やる気のなさ.
desaplicado, da 形 男 女 やる気のない(人).
desapoderar 他 《de》(…を) …から奪う.
desapolillar 他 虫干しする. **— desapolillarse** 再 《話》外の空気を吸いに出る.
desaprensión 女 無遠慮, 不謹慎.
desaprensivo, va 形 男 女 無遠慮な(人), 不届きな(人).
desapretar 18 他 緩める. **— desapretarse** 再 緩む.
desaprobación 女 不可, 反対；非難.
desaprobar 32 他 認めない；非難する. ～ una decisión ある決定に反対する.
desaprovechamiento 男 十分に利用されないこと, 無駄.
desaprovechar 他 十分利用しない, 無駄にする. ～ una ocasión 好機を逃がす. **—** 自 成果が上がらない；進歩しない.
desarbolar 他 ❶ 解体する；乱す. ❷ (船の) マストを折る.
desarmador 男 《ラ米》(ﾒｷｼｺ)ドライバー, ねじ回し.
desarmar 他 ❶ …から武器を取り上げる；軍備を縮小する. ❷ (機械等を) 分解[解体] する. ❸ (敵意を) 和らげる. Su sonrisa me *desarmó*. あなたの笑顔で私の気持ちは和らいだ. ❹ (議論で) やり込める. **—** 自 **desarmarse** 再 武器を捨てる；軍備縮小する；解体される.
desarme 男 ❶ 武装解除；軍備縮小. ❷ 分解, 解体.
desarmonizar 57 他 …の調和を乱す. **—** 自 《con》(…と) 調和しない.
desaromatizar 57 他 …の香りを抜く. **— desaromatizarse** 再 香りが抜ける.
desarraigado, da 形 根から抜かれた；(故郷から) 引き離された；(悪習等から) 抜け出た.
desarraigar 66 他 ❶ 根から引き抜く. ❷ (故郷から) 追いたてる. ❸ (悪習等を) 根絶する. **— desarraigarse** 再 《de》(…から) 抜ける；離れる；根絶される. ～ *de* su patria 祖国を捨てる.
desarraigo 男 根こそぎ；根絶；故郷を離れること.
desarrapado, da 形 男 女 → des-

harrapado.
desarreglar 他 (整ったものを) 乱す, (…の調子を) 狂わす. ～ el peinado 髪を乱す. ― **desarreglarse** 再 乱れる, (調子が) 狂う.
desarreglo 男 ❶ 混乱, 乱雑. ❷ (機械・胃腸の) 不調.
desarrendar ⑱ 他 (家・土地等の) 賃貸をやめる.
desarrollable 形 展開できる ; 発展性のある.
desarrollado, da 過分 → desarrollar. 形 発展した ; 発育した. país ～ 先進国.

D

desarrollar [デサロリャル〈デサロヤル・デサロジャル〉] 他 〔英 develop〕 ❶ **発達させる**, 発展させる ; 発育させる. ～ una capacidad 能力を伸ばす. ～ una urbanización 宅地を開発する. ❷ (理論・活動を) 展開する ; (計画を) 実現する. ～ actividades de rescate 救助活動を繰り広げる. ～ un problema de matemáticas 数学の問題を式に展開する. ❸ (巻いた[畳んだ] 物を) 広げる, 伸ばす. ❹ 現像する. ― **desarrollarse** 再 ❶ 発達 [発展] する ; 育つ. ❷ (事が) 起こる ; 展開する. ❸ (巻いたもの等が) 広がる.
desarrollismo 男 (経済) 発展至上主義.
desarrollo [デサロリョ〈デサロヨ・デサロジョ〉] 男 〔英 development〕 ❶ **発達**, 発展 ; 成長. niño en pleno ～ 育ち盛りの子供. país en vías de ～ 発展[開発] 途上国. plan de ～ 開発計画. ❷ 展開, 推移. el ～ de los acontecimientos 事件の進展. ❸ 〘数〙 展開 (式). ❹ (自転車の) ギア比. ― 活 → desarrollar. ～ ***sostenible*** 持続可能な開発 : 環境を損わずに発展を推進しようとする理念.
desarropar 他 (毛布等を) はぐ ; 薄着にする. ― **desarroparse** 再 (毛布等を) はぐ ; 薄着になる.
desarrugar ⑥⑥ 他 …のしわを伸ばす. ― **desarrugarse** 再 しわが伸びる.
desarticulación 女 ❶ 分解 ; 解散. ❷ 脱臼(だっきゅう).
desarticular 他 ❶ (機械・組織等を) 解体する ; (計画等を) つぶす. ❷ (関節を) 外す. ― **desarticularse** 再 脱臼(だっきゅう) する ; 外れる.
desaseado, da 形 男 女 汚らしい (人), 不潔な (人).
desasear 他 汚す ; 散らかす.
desaseo 男 汚さ, 不潔 ; 乱雑なこと.
desasimilación 女 〘生〙 異化.
desasimilar 他 〘生〙 異化する.
desasir ㉑ 他 放す. ― **desasirse** 再 《**de**》 (…から) 離れる ; (…を) 捨てる.
desasistencia 女 放置, 遺棄.
desasistido, da 形 見捨てられた.
desasistir 他 (援助しないで) 放置する.
desasnar 他 《話》 (粗野な人) に教養を与える. ― **desasnarse** 再 あか抜ける.
desasociar ⑰ 他 分離させる ; 解体する. ― **desasociarse** 再 解散 [分裂] する ; 《**de**》 (…から) 離れる.
desasosegar ⑦② 他 不安にする, …の落ちつきを失わせる. ― **desasosegarse** 再 気をもむ, 不安になる.
desasosiego 男 不安, 動揺.
desastrado, da 形 ❶ 汚い ; ぼろぼろの. ❷ だらしがない. llevar una vida *desastrada* 乱れた生活をする. ― 男 女 汚らしい[だらしない] 人.
desastre [デサストゥレ] 男 〔英 disaster〕 ❶ **大災害** ; 大惨事. correr al ～ 自ら惨事を招く. ❷ 《話》 大失敗 ; ひどい結果, ひどいもの. El partido fue un ～. 試合はさんざんだった. ❸ どうしようもない人 ; 運のない人.
desastroso, sa 形 壊滅的な ; ひどい. Mi hermana es *desastrosa* para cocinar. 私の姉の料理の腕は最悪だ.
desatado, da 過分 → desatar. 形 自由 (奔放) な, 好き勝手な.
desatar [デサタル] 他 〔英 untie, undo〕 ❶ **ほどく**, 緩める ; 放す. ～ un paquete 包みを解く. ～ un perro 犬を放す. ❷ (感情等を) 吐き出す. ― **desatarse** 再 ❶ (身につけたものを) ほどく. ～ el cinturón ベルトを緩める. ❷ ほどける ; 自由になる. ❸ 突発する ; (感情が) 爆発する. ～ una tempestad 突然嵐(あらし)になる. ❹ 《**en**》 (…を) したい放題する. ～ *en* injurias 言いたい放題の悪口を言う.
desatascador, dora 形 (排水管等の) 詰まりを取り除く. ― 男 ❶ ラバーカップ (椀(わん)状のゴムの付いた器具). ❷ 排水管洗浄剤.
desatascar ㉖ 他 ❶ …の詰まりを除く. ❷ ぬかるみから引き上げる ; 《話》 膠着(こうちゃく) 状態から救い出す. ― **desatascarse** 再 詰まりが取れる ; ぬかるみから出る. ～ la carretera 道路の流れがよくなる.
desatención 女 不注意 ; 無視, 無礼.
desatender ⑩① 他 おろそかにする, …への注意を怠る. ～ sus deberes 義務を怠る.
desatentado, da 形 無分別な. ― 男 女 無分別 (な人).
desatento, ta 形 男 女 ❶ 無礼な (人). ❷ 不注意な[ぼんやりした] (人).
desatinar 自 (…の言動が) 的外れである. ― 他 …の的を外す ; 《ラ米》 (いら) 怒らせる.
desatino 男 的外れな言動, 見当外れ. cometer un ～ へまをやらかす.
desatornillador 男 → destornillador.
desatornillar 他 → destornillar.
desatracar ㉖ 他 (船を) 岸壁から離す. ― 自 (船が) 岸から離れる.
desatrancar ㉖ 他 ❶ (戸の) かんぬきを外す. ❷ …の詰まりを除く.
desautorización 女 不認可 ; 却下.
desautorizar ⑤⑦ 他 ❶ 承認しない. ❷ …の権威[信用] を失わせる.
desavenencia 女 対立 ; 不和.
desavenido, da 形 対立した ; 不仲の.
desavenir ㉓ 他 仲たがいさせる. ― **desavenirse** 再 《**con**》 (…と) 仲たがいする.
desaventajado, da 形 不利な, 劣勢の ; 不都合な.
desaviar ㉛ 他 …に必要なものを与えない ; 不便な思いをさせる.
desavío 男 不便, 迷惑. hacer ～ 迷

惑をかける.
desayunado, da 過分 → desayunar. 形 朝食を済ませた.
desayunar [デサユナル〈デサジュナル〉] 自 [英 have breakfast] 《con》(…の) 朝食を取る. ～ *con* tostadas y café トーストとコーヒーの朝食を取る. —— 他 朝食に…を取る. —— **desayunarse** 再 ❶ 朝食を取る. ❷ 初めて知る.
desayuno [デサユノ〈デサジュノ〉] 男 [英 breakfast] 朝食. tomar el ～ 朝食を取る. —— 活 → desayunar.
desazón 女 不安; 不快感; かゆみ. sentir una ～ en el estómago 胃の調子が悪い.
desazonado, da 形 不安な; いらだった.
desazonar 他 不安[不快]にする; いらいらさせる. —— **desazonarse** 再 いらだつ; 気をもむ; 気分が悪くなる.
desbancar 26 他 ❶ …に取って代わる. ❷ (トランプで親を) 破産させる.
desbandada 女 ばらばらになること; ちりぢりになって逃げること. ***a la* [*en*] ～** ちりぢりに, ばらばらに.
desbandarse 再 ばらばらになる; ちりぢりになって逃げる.
desbarajustar 他 散らかす; 混乱させる.
desbarajuste 男 乱雑; 混乱.
desbaratamiento 男 混乱; 破壊.
desbaratar 他 ❶ だめにする; 壊す. ～ los planes 計画を台無しにする. ❷ (お金を) 使い果たす. —— **desbaratarse** 再 駄目になる, 壊れる.
desbarbar 他 ❶ (人の) ひげをそる. ❷ (紙等の) 縁を切りそろえる. ❸ (植物の) ひげ根を切る. —— **desbarbarse** 再 《話》(自分の) ひげをそる.
desbarrancar 26 他 《ラ米》(アルゼ)(シチリ)(コロン)(メキ) 重要な地位からけ落とす; (アルゼ)(チリ)(コロン)(ペル)(ウルグ)(ベネズ) がけから突き落とす. —— **desbarrancarse** 再 《ラ米》転落する.
desbarrar 自 でたらめを言う; ばかげたことをする.
desbastar 他 ❶ 荒削りする; 滑らかにする. ❷ 洗練させる. —— **desbastarse** 再 洗練される.
desbaste 男 ❶ 荒削り. en ～ 荒く仕上げた. ❷ 洗練.
desbeber 自 《話》おしっこ[小便]をする.
desbloquear 他 …の凍結[封鎖]を解除する.
desbloqueo 男 凍結[封鎖]の解除.
desbocado, da 形 ❶ 襟ぐり[そで口]が伸びた; (容器の) 口が欠けた. ❷ 奔放な; (馬が) 暴走した.
desbocar 26 他 (容器の) 口を壊す; (襟ぐり[そで口]を) 大きく開ける. —— **desbocarse** 再 ❶ (襟ぐり[そで口]が) 伸びる; (容器の) 口が欠ける. ❷ 自制心を失う; ののしる. ❸ (馬が) 暴走する.
desbordamiento 男 ❶ 氾濫(はんらん), あふれること. ❷ (感情の) 爆発. ❸ 〖IT〗オーバーフロー (= ～ de capacidad).
desbordante 形 あふれ出すような; 《de》(…で) いっぱいの.
desbordar 自 《de》(…から, …で) あふれる; 氾濫(はんらん)する. El corazón le *desbordó de* alegría. 彼の心は喜びであふれた. —— 他 ❶ …からあふれ出る. El río *desbordó* su cauce. 川が氾濫した. ❷ (…の限界を) 越える. Esto *desborda* mi capacidad. これは私の能力を越えている. —— **desbordarse** 再 《de》(…から, …で) あふれる. ～ un río 川が氾濫する.
desborde 男 《ラ米》(アルゼ)(ウルグ)(シチリ)(ウルグ)(ティア) 氾濫(はんらん).
desbraguetado, da 形 《話》(ズボンの) 前チャックが開いた.
desbravar 他 (動物を) 慣らす. —— 自 **desbravarse** 再 穏やかになる; (動物が) おとなしくなる; (酒の) 気が抜ける.
desbriznar 他 ❶ こなごなに[細かく] する. ❷ (インゲン豆等の) 筋を取る.
desbroce 男 → desbrozo.
desbrozar 57 他 …から雑草[枯葉, 障害物]を取り除く.
desbrozo 男 雑草等の除去; (除去された) 雑草[落ち葉].
descabalar 他 不ぞろいにする; 混乱させる. —— **descabalarse** 再 不完全になる; 混乱する.
descabalgar 66 自 《de》(馬から) 降りる.
descabellado, da 形 気違いじみた, 思慮を欠いた.
descabellar 他 〖闘牛〗(首の急所を突いて) とどめを刺す; 《話》(仕事を) 大急ぎで片付ける.
descabello 男 〖闘牛〗デスカベーリョ: 首の急所を突き刺し即死させる技.
descabezar 57 他 ❶ …の首[先端]を切り落とす. ❷ (組織から) 指導者を奪う. —— **descabezarse** 再 (穂から) 実がこぼれる; 頭を悩ます.
descachalandrado, da 形 《ラ米》(コロン)(ペル)(ベネズ)(エクア) 《話》(身なりに) 無頓着(むとんちゃく)な.
descachar 他 《ラ米》(動物の) 角(つの)を (切り) 取る.
descacharrar 他 → escacharrar.
descafeinado, da 形 ❶ カフェイン抜きの. ❷ 骨抜きにされた, 形だけの. —— 男 カフェイン抜きのコーヒー.
descafeinar 15 他 (コーヒーから) カフェインを取り除く; 《話》骨抜きにする.
descalabazarse 57 再 《話》頭を悩ます.
descalabradura 女 頭のけが[傷跡].
descalabrar 他 (…の) 頭部にけがをさせる; …に大損害を与える. —— **descalabrarse** 再 (頭に) けがをする.
descalabro 男 痛手; 損害.
descalcificación 女 石灰質除去.
descalcificar 26 他 …から石灰質を除去する. —— **descalcificarse** 再 石灰質[カルシウム]が抜ける.
descalificación 女 信用の失墜; 〖スポ〗失格.
descalificar 26 他 ❶ …の信用を傷つける. ❷ 〖スポ〗失格させる. ～ a un equipo de fútbol あるサッカーチームの出場資格を取り上げる.
descalzar 57 他 (…の) 靴を脱がせる; (…の) くさびを外す. —— **descalzarse** 再 靴を脱ぐ.
descalzo, za 形 ❶ はだしの. ❷ 《話》

D

貧乏な. ❸〘カト〙跣足(せんそく)(修道会)の. ─男女 跣足修道士[女].

descamación 女 (表皮・表面の) 剥離(はくり).

descamar 他 (魚の) うろこを取る. ─ **descamarse** 再 (皮膚が) 剥離(はくり)する;(岩石の) 表面がはがれる.

descambiar 17 他 返品[両替]する.

descaminado, da 形 (道・方向等が) 誤った, それた.

descaminar 他 道を誤らせる. ～ a la juventud 若者を堕落させる. ─ **descaminarse** 再 道に迷う;道を誤る.

D

descamisado, da 形 シャツを着ていない;貧しい. ─男女 ぼろを着た人;貧乏人.

descamisar 他 ❶(人の) シャツを脱がせる. ❷《ラ米》破滅[破産]させる. ─ **descamisarse** 再 シャツ[上着]を脱ぐ.

descampado, da 形 空き地の. ─男 空き地. en ～ 広々とした所で.

descampar 自 雨が上がる.

descansado, da 過分 → descansar. 形 気楽な;疲れが取れた. un trabajo ～ 楽な仕事.

descansapiés 男 [単複同形] 足載せ台, フットレスト.

descansar [デスカンサル] 自 〔英 rest〕 ❶ **休む**;《de》(…の) 疲れを取る;眠る. ～ del trabajo 仕事の疲れをいやす. ¡Que *descanse*! ゆっくりお休みください. ❷ 永眠する. Que en paz *descanse*. 安らかに眠らんことを. ❸ ほっとする, 安心する. ❹《en, sobre》(…に) 載っている;基づく;頼る. ～ *sobre* una teoría ある理論にのっとる. ❺ 休耕中である. ─ 他 ❶ 休ませる. ～ la vista 目を休める. ❷《en, sobre》(…に) 載せる, 置く. ❸ 手助けする. ─ **descansarse** 再 ❶ 休む, くつろぐ;眠る. ❷《en》(…を) 頼りにする.

descansillo 男 (階段の) 踊り場.

descanso [デスカンソ] 男 〔英 rest〕 ❶ **休み**, 休憩. tomar un ～ 一休みする. ❷ (芝居等の) 休憩時間;〘スポ〙ハーフ・タイム. ❸ 安らぎ, 息抜き. no dar el menor ～ 心の安まる暇もない. ❹ (階段の) 踊り場. ─ 活 → descansar. *¡D～!* (号令で) 休め (↔firme).

descantillar 他 …の縁を欠く. ─ **descantillarse** 再 縁[角]が欠ける.

descapitalización 女 ❶ (資金の) 損失, 減少. ❷ (歴史・文化遺産の) 喪失.

descapitalizar 57 他 ❶ (企業に) 損失を与える. ❷ 歴史・文化遺産を失わせる. ─ **descapitalizarse** 再 ❶ (企業が) 資金を失う. ❷ (国等が) 歴史・文化遺産を失う.

descapotable 形 幌(ほろ)付きの. ─男〘車〙コンバーチブル. 地域差 コンバーチブル descapotable《スペイン》《ラ米》(ベネズ)(エクア)(アルゼ)(チリ)(ペル); convertible《ほぼラ米全域》.

descapotar 他 (車の) 幌(ほろ)を取り外す[折り畳む].

descarado, da 形 男女 ずうずうしい[無礼な](人).

descararse 再《con》(…に対して) 無礼に振る舞う, 厚かましい行動に出る.

descarbonatar 他〘化〙脱炭酸する.

descarga 女 ❶ 荷降ろし. ❷ (負担・心配等の) 軽減. ❸ 放電;一斉射撃. ❹〘IT〙ダウンロード.

descargadero 男 荷降ろし場.

descargador, dora 男女 (荷物の) 積み降ろし作業員.

descargar 66 他 ❶ (…の荷物を) 降ろす. ～ el barco 船の荷を降ろす. ～ azúcar de un barco 砂糖を陸揚げする. ❷ 発砲する. ❸《de》(負担・心配等を) 軽減する, 取り除く;…から (罪を) 晴らす. ❹ (打撃等を) 浴びせる;(感情等を) ぶちまける. ❺ 放電する. ❻〘IT〙ダウンロードする. ─ 自 ❶《en》(…に) (川が) 流れ込む. ❷ (雲が) 雨等を降らせる;(嵐(あらし)が) 猛威をふるう. ─ **descargarse** 再 ❶ 放電する. ❷《de》(義務等を) 免れる, (苦しみ等から) 楽になる;《en, contra》(…に) 怒りをぶちまける.

descargo 男 ❶ 荷降ろし;負担の軽減. en ～ de conciencia 気休めに. ❷ (被告側の) 答弁;弁明;弁済.

descarnado, da 形 ❶ むき出しの;率直な. estilo ～ 飾り気のない文体. ❷ 肉の落ちた;やせた. ─女 死.

descarnador 男 (歯科用) スクレーパー.

descarnadura 女 やせ細ること;肉をはぎ取ること.

descarnar 他 ❶ やせ細らせる;すり減らす. ❷ (骨・皮から) 肉をはぎとる;むき出しにする. ─ **descarnarse** 再 ❶ やせ細る;すり減る. ❷ むき出しになる.

descaro 男 厚かましさ;無礼.

descarriar 31 他 ❶ 道から外れさせる. ❷ 群れから引き離す. ─ **descarriarse** 再 ❶ 道に迷う;道を誤る. ❷ (動物が) 群れからはぐれる.

descarrilamiento 男 脱線.

descarrilar 自 (列車が) 脱線する.

descarrío 男 道を誤ること;群れからはぐれること.

descartable 形《ラ米》(アルゼ)(チリ)(ペル)(ウルグ)(容器等が) 使い捨ての.

descartar 他 捨てる, 除外する. ─ **descartarse** 再 (トランプ)《de》(不要な札を) 捨てる.

descarte 男 ❶ 捨てること;除外. ❷ (トランプ) 捨て札;《ラ米》(アルゼ)(チリ)(ウルグ) 傷物商品.

descasar 他 ❶ 離婚させる;別れさせる. ❷ 不ぞろいにする. ～ los calcetines 靴下の組み合わせをばらばらにする. ─ **descasarse** 再 離婚する, 別れる.

descascar 26 他 …の殻を割る;皮をむく. ─ **descascarse** 再 殻[皮]がむける.

descascarar 他 → descascar. ─ **descascararse** 再 ❶ → descascarse. ❷ (ペンキ・樹皮等が) はがれ落ちる.

descascarillado 男 薄皮をむくこと;(ペンキ等が) はがれること.

descascarillar 他 ❶ …の薄皮をむく. arroz *descascarillado* 精米. ❷ …の表面をこそぎ落とす. ─ **descascarillarse** 再 (…のペンキ等が) はがれる;めくれる.

descastado, da 形 男女 (身近な人に対して) 薄情な[者];親不孝な[者].

descatalogado, da 形 カタログから削除された.

descendencia 女 ❶《集合的》子孫. ❷ 家系, 血統.

descendente 形 下向きの，下降する. curva ～ 下降曲線，下りカーブ. población ～ 減少する人口.

descender [デ(ス)センデル] 101 自〔英 descend〕❶ 下る，降りる. ～ de la montaña 山を降りる. ❷ (レベルが) 下がる，下落する. ～ en [de] energías físicas 体力が衰える. ❸ 《de》(…の) 子孫 [血統] である；(…に) 由来する. ～ *de* inmigrantes 移民の出である. ── 他 ❶ 降ろす，下げる. ～ al enfermo de la ambulancia 病人を救急車から降ろす. ❷ 降りる，下る. ～ la escalera 階段を降りる.

descendiente 男 女 子孫；末裔(まつえい). ── 形 《de》(…の) 血を引く.

descendimiento 男 降ろすこと；下降. *D*～ de la Cruz キリスト降架.

descenso 男 ❶ 下降；低下；衰退. ～ a segunda división 2部への降格. ❷ (下り) 坂，傾斜. ❸ (スキーの) 滑降競技.

descentrado, da 形 (環境に) なじんでいない；中心がずれた.

descentralización 女 地方分権；分散(化).

descentralizar 57 他 地方分権にする；分散させる.

descentrar 他 ❶ 正しい位置から外す. ❷ 気をそらせる；当惑させる. ── ***descentrarse*** 再 ❶ 正しい位置から外れる [ずれる]. ❷ 集中力を失う；(新しい環境に) 当惑する. ～ con el cambio del colegio 転校してまごつく.

desceñir 103 他 (帯等を) 緩める，解く. ── ***desceñirse*** 再 ❶ 緩む，解ける. ❷ (自分の帯等を) 緩める，解く.

descepar 他 根から [株ごと] 引き抜く.

descercar 26 他 (…から囲い等を) 取り払う；…の包囲を解く [解かせる].

descerebrado, da 形 男 女 《話》頭 [記憶力] の悪い (人).

descerebrar 他 ❶ 脳の機能を奪う. ❷ (実験目的で動物の) 脳を摘出する.

descerezar 57 他 (コーヒー豆から) 殻を取り除く.

descerrajar 他 ❶ …の錠をこじ開ける. ❷ (射撃を) する. ～ un tiro 一発射つ.

desciend- 活 → descender.

desciframiento 男 判読，解読.

descifrar 他 ❶ (暗号・文字等を) 解読 [判読] する；(謎等を) 解く. ❷ (行動の意図を) 見抜く.

descifre 男 → desciframiento.

descimbrar 他〔建〕(アーチ・丸天井の) 枠を取り外す.

descimentar 18 他 (建物等の) 土台を取り壊す.

descinchar 他 (馬の) 腹帯を外す [緩める].

desclasado, da 形 男 女 ❶ 階級意識を失った (人)；社会階層から離脱した (人). ❷ 不相応な階層に属した (人).

desclasificación 女 マル秘解除.

desclasificar 26 他 ❶ (分類を) 乱す. ❷ (秘密扱いを解除して) 公表する.

desclavador 男 釘(くぎ)抜き.

desclavar 他 (釘(くぎ)を) 抜く，(釘で留まっているものを) 外す. ── ***desclavarse*** 再 (釘・留め具が) 抜ける.

descoagular 他 (凝固したものを) 溶かす，液化する.

descocado, da 形 男 女 厚かましい (人)；恥知らず (な).

descocar 26 他 (木の) 害虫を駆除する. ── ***descocarse*** 再 《話》恥知らずな振る舞いをする.

descoco 男 厚かましさ，破廉恥.

descodificación 女〔通信〕復号.

descodificador, dora 形 復号する. ── 男〔通信〕〔IT〕デコーダ，復号器.

descodificar 26 他 ❶ (暗号等を) 解読する. ❷〔通信〕復号する.

descojonarse 再 《俗》大笑いする.

descojone 男 《俗》大笑い，爆笑.

descolgar 92 他 ❶ (掛けてあるものを) (つり) 降ろす，外す. ❷ (電話の) 受話器を取る. dejar el teléfono *descolgado* 受話器を外したままにしておく. ❸〔スポ〕集団を引き離す. ── 自 受話器を取る. ── ***descolgarse*** 再 ❶ (掛けてあるものが) 落ちる，外れる；(高所から) 降りてくる；(ロープ等を伝って) 降りる. ❷ 《話》《por》(…に) 突然現れる；《con/con que》(…を / …と) 突然言い出す. ～ *con* una declaración sorprendente 突然驚くべき発表をする. ❸〔スポ〕集団から引き離される；《de》(…から) 離れる.

descollante 形 卓越した，顕著な.

descollar 32 自 (高さ等が) 抜きん出る；《sobre》(…の上に) そびえ立つ. ～ entre los demás 皆の中で傑出している.

descolocación 女 位置 [配置] が悪いこと.

descolocar 26 他 …の位置を乱す.

descolonización 女 非植民地化.

descolonizar 57 他 非植民地化する.

descoloramiento 男 変色；脱色.

descolorar 他 → decolorar.

descolorido, da 形 ❶ 色あせた；変色した. ❷ 青白い.

descolorir 他 → decolorar. ► 不定詞と現在 [過去] 分詞のみ用いられる.

descombrar 他 → desescombrar.

descomedido, da 形 ❶ 過度の；並外れた. ❷ 横柄な，失礼な.

descomedimiento 男 横柄，失礼.

descomedirse 77 再 《con, ante》(…に) 横柄 [失礼] な態度を取る.

descomer 自 《話》排便する.

descompaginar 他 (計画等を) めちゃめちゃにする；混乱させる.

descompasado, da 形 ❶ 過度の；尋常でない. a una hora *descompasada* とんでもない時間に. ❷ リズムの合わない.

descompasar 他 (…の) リズムを乱す；調和を失わせる. ── ***descompasarse*** 再 リズムが乱れる；調和を失う.

descompensación 女 ❶ 不均衡. ❷ (心臓の) 代償不全.

descompensar 他 ❶ 不均衡にする；補償関係を壊す. ❷ (心臓等に) 代償不全を起こさせる. ── ***descompensarse*** 再 不均衡になる；(心臓等が) 代償不全になる.

descomponer 75 他 ❶ 分解 [分割，解体] する. ～ una palabra en sílabas 単語を音節ごとに区切る. ❷ …の調子を狂わせる；乱す. ～ el vientre a ... (人の) 腹の調子を悪くさせる. ～ los planes 計画を台無しにする. ❸ …の心を乱す. Me *descompone* lo que dice. 彼の言うことには腹が立つ. ❹ 変質[腐敗]させる. —— **descomponer*se*** 再 ❶ ばらばらになる, 分解される. ❷ 変質[腐敗]する. ❸ 調子が悪くなる; 《ラ米》故障する. ❹ 取り乱す, 怒る; (顔の) 表情が変わる.

descomposición 女 ❶ 分解, 解体. ❷ 腐敗, 変質. ❸ 《話》下痢. ❹ 故障, 不調. ❺ (表情の) ゆがみ.

descompostura 女 ❶ 厚かましさ, 無礼. ❷ 《ラ米》(1)(アルゼンチン)(ウルグアイ)下痢. (2) (車の) 故障 (→ avería 地域差). (3) 脱臼(だっきゅう).

descompresión 女 減圧.

descompresor 男 減圧装置; (エンジンの) デコンプレッサー.

descompuesto, ta 形 ❶ 腐敗[変質]した. ❷ 分解[故障]した. ❸ 混乱[動揺]した. rostro ～ うろたえた顔. ❹ 体調をくずした; 下痢をしている. ❺ 《ラ米》ほろ酔いの.

descomulgar 66 他 → excomulgar.

descomunal 形 並外れた, 巨大な. mentira ～ とんでもないうそ.

desconcentrar 他 分散させる. —— **desconcentrar*se*** 再 気が散る.

desconceptuar 58 他 …の信用[評判]を落とさせる.

desconcertado, da 形 混乱[当惑]した; (生活が) 乱れた.

desconcertante 形 当惑[混乱]させる.

desconcertar 18 他 ❶ 当惑させる. Su pregunta me *desconcertó*. 彼の質問に私はあわてた. ❷ (…の調子を) 狂わせる; かき乱す. —— **desconcertar*se*** 再 混乱[当惑]する; 調子が狂う.

desconchabar 他 《ラ米》(1)(アルゼンチン)(チリ)(メキシコ)解雇する; (…との) 付き合いをやめる. (2)(チリ)(メキシコ)脱臼(だっきゅう)させる.

desconchado 男 → desconchón.

desconchar 他 (壁等の) 表面をはがす. —— **desconchar*se*** 再 (壁が) はげ落ちる; (陶磁器の) 表面が欠ける.

desconchón 男 (ペンキ等の) はげ落ち; (陶磁器の) きず.

desconcierto 男 当惑; 不調; 不和.

desconectar 他 …の接続[電源]を切る; 連絡を断つ. estar *desconectado* de ... …との連絡が途絶えている. —— **desconectar*se*** 再 接続が切れる; 《**de**》(…から) 連絡[関係]を断つ.

desconexión 女 切断, 接続[連絡]を断つこと.

desconfiado, da 過分 → desconfiar. 形 男 女 疑い深い[疑いを持った] (人).

desconfianza 女 不信, 疑惑; 用心深さ. inspirar ～ 疑いを抱かせる.

desconfiar 31 自 《**de**》(…を) 信用しない, (…に) 不信感を抱く; 《**de que**＋接続法》…ではないと思う. *Desconfío de que* sea español. 彼がスペイン人かどうか疑わしい.

desconforme 形 → disconforme.

descongelación 女 解凍; (冷蔵庫の) 霜取り; (資産等の) 凍結解除.

descongelar 他 ❶ 解凍する; (冷蔵庫等の) 霜を取る. ❷ (資産等の) 凍結を解除する. —— **descongelar*se*** 再 ❶ 解凍する, 溶ける. ❷ (凍結していた資産等が) 動き出す; (動きが) 再開する.

descongestión 女 (混雑・鬱血(うっけつ)の) 緩和.

descongestionar 他 (混雑・鬱血(うっけつ)を) 緩和する. —— **descongestionar*se*** 再 (混雑・鬱血が) 解消する, 緩和される.

desconocedor, dora 形 《**de**》(…を) 知らない.

desconocer 76 他 ❶ 知らない, (…と) 面識がない. ❷ 見分けられない; 認めない. ～ su firma 自筆のサインであると認めない.

desconocido, da [デスコノシド, ダ] 形 [英 unknown] ❶ **未知の**, 知られていない; 評価されない. un pintor ～ 無名の画家. ❷ (見違えるほど) 変わった. Su pueblo está ～ ahora. 彼の村は今やすっかり変わってしまった. —— 男 女 見知らぬ人, 無名の人.

desconocimiento 男 知らないこと.

desconsideración 女 思いやりのなさ; 無礼; 軽視.

desconsiderado, da 形 男 女 無礼な (人); 思いやりのない (人).

desconsolado, da 形 悲嘆に暮れた; 絶望した.

desconsolar 32 他 悲嘆に暮れさせる; 絶望させる. —— **desconsolar*se*** 再 悲嘆に暮れる, 絶望する.

desconsuelo 男 心痛, 苦悩.

descontado, da 形 ***dar por*** ～ 当然のことと思う. *Doy por* ～ su éxito. 私は彼が成功したのは当然だと思っている. ***por*** ～ もちろん.

descontaminación 女 汚染の除去.

descontaminar 他 …の汚染を除去する, 浄化する. —— **descontaminar*se*** 再 汚染が解消する.

descontar 32 他 ❶ 割り引きする. ～ un diez por ciento del precio 10パーセントの値引きをする. ～ las letras 手形を割り引く. ❷ 差し引く. *Descontando* las vacaciones sólo quedan diez días de trabajo. 休みを除けば就業日数はあと10日だ. ❸ 《スポ》(ロスタイムを) 差し引く.

descontentadizo, za 形 男 女 不平の多い (人), 気難しい (人).

descontentar 他 不満を抱かせる, 不愉快にする. —— **descontentar*se*** 再 不満を抱く, 不機嫌になる.

descontento, ta 形 《**con, de, por**》(…に) 不満を持った. estar ～ *de* su posición 自分の地位に不満である. —— 男 不満, 不平.

descontextualizar 57 他 文脈を無視して解釈する.

descontinuar 58 他 → discontinuar.

descontrol 男 無秩序; 制御不能, 管理不能.

descontrolar*se* 再 自制心を失う, コントロールできなくなる.

desconvocar 26 他 …の召集を取り消す.

desconvocatoria 女 召集の取消し.

descoordinación 女 連携[協調]の

ないこと.

descorazonador, dora 形 落胆させる(ような).

descorazonamiento 男 意気消沈, 落胆.

descorazonar 他 落胆させる, やる気を失わせる. ── **descorazonarse** 再 がっかり[落胆]する.

descorchador, dora 男 女 コルクガシの樹皮をはぐ人. ── 男 コルク栓抜き.

descorchar 他 ❶ …のコルク栓を抜く. ❷ (コルクガシの) 樹皮をはぐ.

descorche 男 コルク栓を抜くこと；コルクガシの樹皮をはぐこと.

descornar 32 他 (動物の) 角(つの)を切り落とす. ── **descornarse** 再 《話》 懸命に努力する；《con》(…に) ぶつかる.

descorrer 他 (カーテン等を) 開ける；(掛け金を) 外す. ── **descorrerse** 再 (カーテン等が) 開く.

descortés 形 男 女 無礼な (人), 礼儀を知らず (の).

descortesía 女 無礼, 無作法.

descortezar 57 他 (木・果実等の) 皮をむく.

descoser 他 …の編み目[縫い目]をほどく. ── **descoserse** 再 ほどける, ほころびる. ***descoser la boca*** 沈黙を破る.

descosido, da 男 ほころび, 縫い目のほどけた部分. ── 形 ほどけた, ほころびた；(話の筋等が) まとまりのない. ***como un ～*** 《話》 過度に.

descostillar 他 (人の) 肋骨(ろっこつ) [背中] を強く殴る. ── **descostillarse** 再 背中を強く打つ.

descote 男 → escote.

descoyuntamiento 男 脱臼(だっきゅう).

descoyuntar 他 ❶ 脱臼(だっきゅう)させる. ❷ 《話》 へとへとに疲れさせる. ── **descoyuntarse** 再 ❶ 脱臼する. ❷ 《話》 へとへとに疲れる.

descrédito 男 信用を失うこと；不評. caer en ～ 評判が悪くなる. ir en ～ de ... …の信用を落とす.

descreído, da 形 男 女 不信心[無信仰]の (人).

descreimiento 男 不信心；無信仰.

descremado, da 形 (乳製品が) 無[低]脂肪の. ── 男 脱脂.

descremar 他 (牛乳を) 脱脂する.

descrestar 他 《ラ米》(コロンビア) 《話》 だます, 偽る.

describir [デスクリビル] 52 他 [過分 descrito, ta] [英 describe] ❶ **描写する**, 記述する. ❷ (線等を) 描く. ～ una trayectoria 軌道を描く.

descripción [デスクリプしオン] 女 [複 descripciones] [英 description] **描写**, 記述. hacer una ～ del accidente 事故の模様を説明する.

descriptible 形 描写[記述]できる.

descriptivo, va 形 記述[描写]的な.

descriptor, tora 形 男 女 記述者 (の). ── 男 〘IT〙 記述語.

descrismar 他 《話》 (人の) 頭を殴る. ── **descrismarse** 再 《話》 頭をぶつける；頭を悩ます.

descristianizar 57 他 非キリスト教化する.

descrito, ta 過分 → describir. 形 描写[記述]された. ***no ser para ～*** 言葉では言い表せない.

descruzar 57 他 (交差したものを) 解く. ～ los brazos 腕組みを解く.

descuadernar 他 → desencuadernar.

descuajar 他 ❶ (凝固物を) 溶かす. ❷ (根から) 引っこ抜く.

descuajaringar / descuajeringar 66 他 《話》 ばらばらにする, 壊す. ── **descuajaringarse / descuajeringarse** 再 ❶ 《話》 ばらばらになる. ❷ 《話》 へとへとに疲れる. ❸ 《話》 笑いころげる.

descuartizador, dora 男 女 ばらばら殺人事件の犯人.

descuartizamiento 男 (動物の) 解体.

descuartizar 57 他 (動物等を) 解体する；(4つに) 切り分ける.

descubierto, ta [デスクビエルト,タ] 過分 → descubrir. 形 [英 uncovered] **露出した**, 覆いのない. un coche ～ オープンカー. una piscina *descubierta* 屋外プール. el cielo ～ 晴れ渡った空. un lugar ～ 開けた場所. ir ～ 帽子をかぶらないで行く. ── 男 赤字, 不足額. en [al] ～ 借り越しの；赤字の. ── 女 偵察. ***al ～ [a la descubierta]*** 公然と；野外で.

descubridor, dora 形 発見する. ── 男 女 発見者；偵察兵.

descubrimiento [デスクブリミエント] 男 [英 discovery] **発見**；発見物. los grandes ～*s* del siglo XX 20世紀の大発見.

descubrir [デスクブリル] 36 他 [過分 descubierto, ta] [英 discover] ❶ **発見する**；解明する. ～ un yacimiento 鉱脈を発見する. ❷ …の覆いを取る；あらわにする. ～ un monumento 記念碑の除幕をする. ❸ 見抜く. ～ su mentira 〈人〉のうそに気づく. ── **descubrirse** 再 ❶ 発見[解明]される. ❷ 帽子を取る；《ante》(…に) 脱帽する. ❸ 姿を見せる；明るみに出る. ❹ (ボクシング) ガードをゆるめる.

descuelgue 男 《ラ米》(アルゼンチン) 《話》 不作法な振る舞い.

descuello 男 (高さが) 抜きん出ていること；傲慢(ごうまん).

descuento [デスクエント] 男 [英 discount] ❶ **値引き**, ディスカウント；差し引き；(手形の) 割引. tasa de ～ oficial 公定歩合. hacer un ～ 値引きをする. ❷ 〘スポ〙 ロスタイム.

descuerar 他 ❶ (動物の) 皮をはぐ. ❷ 《ラ米》 《話》 こき下ろす.

descuidado, da 形 ❶ 不注意な；油断[安心]した. ❷ (身なり等が) だらしのない；ほったらかしの. jardín ～ 荒れた庭. ── 男 女 不注意な[だらしない] 人. ***coger a ... ～*** …の不意をつく.

descuidar 他 ❶ なおざりにする, ほったらかす. ～ el deber 義務を怠る. ❷ 油断させる. ── 自 安心する. ► 主に命令形で. *Descuida*； se lo diré mañana. 心配しないで, 明日言っておくからね. ── **descuidarse** 再 ❶ 《de》(…を) なおざりにする. ❷ 油断する；注意を怠る.

descuidero, ra 形 男 女 置き引き

D

(の), すり(の).

descuịdo 男 ❶ 不注意, 油断；だらしなさ. por ～ うっかりして. ❷ (不注意による) 誤り, ミス. *al* ～ いい加減に；不用意に.

desculạr 他 (容器等の) 底を抜く.

desdạr 41 他 (操作を) 逆にする[回す].

desde [デスデ] 前 (↔hasta) 〔英 from; since〕 ❶ 《空間の起点》 **…から**. ～ lejos 遠くから. ～ Zaragoza hasta Teruel サラゴサからテルエルまで. Te llamé ～ Roma. ローマから君に電話した. *D*～ aquí el camino es muy estrecho. ここから道は細くなる. ► 同じく起点を表す de に比べ desde は経路が強調される. ❷ 《時間の始点》 **…から**, …以来. ～ niño 子供のころから. ～ las ocho de la mañana hasta las diez de la noche 朝の8時から夜の10時まで. Ha pasado mucho tiempo ～ que vine a vivir aquí. ここに住むようになってずいぶん時間がたった. ❸ 《順序・階級の起点》 …から. Aquí venden de todo, ～ un tornillo hasta ordenadores. この店ではねじからコンピュータまで何でも売っている. ❹ 《観点・根拠》 …から判断して. ～ mi punto de vista 私の考えでは. *～ hace ...* …以来, …前から. *～ luego* もちろん. *～ siempre* いつも.

desdecịr 42 自 《de》 (…に) そぐわない；《de, con》 (…と) 調和しない. ── **desdecirse** 再 《de》 (…を) 撤回する.

desdẹ́n 男 冷淡；軽蔑. *al* ～ ぞんざいに；さりげなく.

desdentạdo, da 形 ❶ 歯が抜けた. ❷ (アリクイ等) 貧歯類の. ── 男 女 歯が抜けた人. ── 男 [複] 貧歯類動物.

desdeñạble 形 軽蔑すべき；取るに足りない. una cantidad no ～ かなりの額.

desdeñạr 他 軽蔑する；無視する, (申し出等を) はねつける. ── **desdeñarse** 再 《de＋不定詞》 ばかにして…しない. ～ *de* hablar 話しかけようともしない.

desdeñọso, sa 形 軽蔑的[冷淡]な.

desdibujạr 他 (…の輪郭を) ぼんやりさせる. ── **desdibujarse** 再 輪郭がぼやける, かすむ.

desdịcha 女 ❶ 不運；悲惨. por ～ 災難にも. ❷ 《話》 救いようがない人.

desdichạdo, da 形 不運な, 悲惨な；臆病(おくびょう)な. pobre ～ かわいそうなやつ. ── 男 女 ❶ 不運な人；臆病者. ❷ 恥知らず.

desdinerạrse 再 文無しになる.

desdoblamiẹnto 男 ❶ 広げること, 展開. ❷ 分裂, 複数化. ～ de la personalidad 二重[多重]人格.

desdoblạr 他 ❶ (畳んだ物を) 広げる, 伸ばす. ❷ 分裂させる；複数化する.

desdorạr 他 ❶ …の金箔(きんぱく)をはがす. ❷ (名声等を) 傷つける. ── **desdorarse** 再 ❶ 金箔がはがれる. ❷ 名声を失う.

desdọro 男 不名誉, 汚点.

desdramatizạr 57 他 劇的に扱わない；深刻に考えない.

deseạble 形 ❶ 望ましい, 当を得た. Es ～ que le escribas. 彼に手紙を書いた方がいい. ❷ 性的魅力のある.

desear [デセアル] 他 〔英 wish, desire〕 ❶ 《＋名詞・不定詞 / que＋接続法》 **願う, 望む**. ¿Qué *desea*? (店等で) 何がご入用ですか. *Desearía* pedirle un favor. お願いしたいことがあるのですが. *Deseo que* sean felices. お幸せを祈っています. ❷ …に欲情を感じる. Te *deseo*. 君が欲しい. *ser de* ～ 望ましい. *dejar mucho que* ～ 不十分である.

desecaciọ́n 女 乾燥；干拓.

desecạr 26 他 乾燥させる；干拓する. ── **desecarse** 再 乾く, 干上がる.

desechạble 形 使い捨ての, 捨てられる.

desechạr 他 ❶ 捨てる, 処分する. ❷ (考え・提案を) 退ける.

desẹcho 男 ❶ 廃棄[不用]物；《軽蔑》 価値がない人. ～*s* industriales 産業廃棄物. ～ humano 人間のくず. ❷ 《ラ米》 近道.

deselectrizạr 57 他 放電させる.

desembalạr 他 (荷を) 解く, 開ける.

desembalsạr 他 (貯水池等から) 放水する.

desembarazạr 57 他 ❶ 《de》 …から (…を) 取り除く. ～ la habitación *de* trastos 部屋のがらくたを片づける. ❷ 《ラ米》 出産する. ── **desembarazarse** 再 《de》 (…から) 自由になる, (…を) 追い払う.

desembarạzo 男 ❶ 自信, よどみなさ. hablar con ～ 堂々と話す. ❷ 《ラ米》 出産.

desembarcadẹro 男 埠頭(ふとう).

desembarcạr 26 他 《de》 (船から) 降ろす. ── **desembarcar(*se*)** 自 再 上陸する.

desembạrco 男 下船；荷揚げ；上陸. el ～ de Normandía ノルマンディー上陸作戦.

desembargạr 66 他 (財産の) 差し押さえを解く.

desembạrgo 男 差し押さえ解除.

desembạrque 男 → desembarco.

desembarrancạr 26 他 (船を) 離礁させる. ── 自 離礁する.

desembarrạr 他 …の泥を落とす.

desembaulạr 22 他 (中身を) 箱等から出す；《話》 (愚痴等を) 吐き出す.

desembocadụra 女 河口；(街路の) 出口.

desembocạr 26 自 《en》 ❶ (川が) (…に) 流れ込む；(通り等が) (…に) 通じる. ❷ (出来事が) (…に) 至る. un conflicto que puede ～ *en* una guerra mundial 世界大戦になりかねない紛争.

desembolsạr 他 支払う.

desembọlso 男 支払い；支出. ～ inicial 手付金.

desembotạr 他 (頭の働きを) 鋭くする. ── **desembotarse** 再 (自分の) 頭をはっきりさせる.

desembozạr 57 他 ❶ (顔の覆いを) はぐ, 正体を暴く. ❷ (管の) 詰まりを取る. ── **desembozarse** 再 正体を見せる；詰まりが取れる.

desembragạr 66 他 (エンジン等の) クラッチを切る. ── 自 クラッチを切る.

desembrạgue 男 クラッチを切ること.

desembridạr 他 (馬から) 馬勒(ばろく)を外す.

desembrollạr 他 《話》 もつれをほぐす；解明する.

desembuchar 他《話》(秘密等を) ばらす；(鳥が) (餌(え)を) 吐き出す. ¡*Desembucha*! 白状しろ.
desemejanza 女 相違(点).
desemejar 自 似ていない, 異なる. — 他 (形を変えて) 別のものにする.
desempacar 26 他 梱包(こんぽう)から取り出す；(荷を) 解く.
desempachar 他 胃のもたれを治す. — **desempacharse** 再 ❶ 胃のもたれが治る. ❷ 打ち解ける.
desempacho 男 こだわりのなさ, 気軽さ.
desempañar 他 (ガラスの) 曇りを取る.
desempapelar 他 …の包装［壁紙］を取る.
desempaquetar 他 …の包装を解く.
desemparejar 他 (対のもの［人］を) ばらばらにする. un calcetín *desemparejado* 片方だけの靴下.
desempatar 他 ❶ …の勝敗を決する；決定戦をする. ～ los votos 決戦投票をする. ❷《ラ米》(キューバ)(コロンビア)(プエルトリコ)(船の) 綱を解く.
desempate 男 決戦, 同点決勝. gol de ～ 決勝ゴール. partido de ～ プレーオフ.
desempedrar 18 他 (通りの) 敷石をはがす.
desempeñar 他 ❶ (役割・任務等を) 遂行する. ～ el papel de ... …の役割を果たす；…の役を演じる. ❷ (担保物件を) 請け出す；(…の債務を) 弁済する. — **desempeñarse** 再 債務を処理する, 解放される.
desempeño 男 ❶ (義務・役の) 遂行. ❷ (担保物権の) 請け出し；(債務の) 弁済.
desempleado, da 形 男 女 失業した［者］.
desempleo 男 失業 (=paro).
desempolvar 他 …のほこりを払う；(古いものを) 再び取り出す. ～ viejos recuerdos 昔の思い出をよみがえらせる.
desemponzoñar 他 解毒する.
desempuñar 他 …から手を放す.
desencadenamiento 男 (束縛からの) 解放；暴走；勃発.
desencadenar 他 ❶ …の鎖を解く, 解き放つ. ❷ (激しい勢いを持つ現象を) 引き起こす. ～ el odio 憎しみに火をつける. — **desencadenarse** 再 解き放たれる；引き起こされる. ～ una guerra 戦争が勃発する. ～ una tempestad 嵐(あらし)が吹き荒れる.
desencajado, da 形 接合部が外れた；(顔が) こわばった.
desencajamiento 男 接合部の外れ；表情のこわばり.
desencajar 他 取り外す；脱臼(だっきゅう)させる. — **desencajarse** 再 接合が外れる；(顔が) こわばる.
desencajonar 他 ❶ (しまったものを) 取り出す. ❷〖闘牛〗(牛を) (檻(おり)から) 引き出す.
desencallar 他 離礁させる. — **desencallar(se)** 自 再 (船が) 離礁する.
desencaminar 他 → descaminar.
desencantamiento 男 魔法を解くこと；幻滅.
desencantar 他 …の魔法を解く；幻滅させる. — **desencantarse** 再 迷いから覚める；幻滅する.
desencanto 男 幻滅, 失望.
desencapotarse 再 (空が) 晴れ上がる.
desencaprichar 他《de》…に (…を) 思いとどまらせる. — **desencapricharse** 再《de》(…を) 思いとどまる.
desencarcelar 他 釈放する.
desencarecer 76 他 値下げする. — **desencarecer(se)** 自 再 値下がりする.
desencargar 66 他 …の注文を取り消す. D
desenchufar 他 …のプラグを抜く, 接続を切る.
desenclavar 他 → desclavar.
desencofrado 男 (コンクリート等の) 型枠の撤去.
desencofrar 他 …の型枠を取り除く.
desencoger 84 他 (縮んだ［畳んだ］ものを) 伸ばす, 広げる. — **desencogerse** 再 くつろぐ.
desencoladura 女 (にかわでついたものが) はがれること.
desencolar 他 (にかわでついたものを) はがす. — **desencolarse** 再 はがれる.
desencolerizar 57 他 (怒っている人を) なだめる. — **desencolerizarse** 再 怒りが治まる.
desenconar 他 …の炎症［怒り］を鎮める. — **desenconarse** 再 炎症［怒り］が治まる.
desencono 男 怒り［炎症］が鎮まること.
desencordar 32 他 (楽器等の) 弦を外す.
desencorvar 他 まっすぐにする. ～ la espalda 背筋を伸ばす.
desencuadernar 他 (本の) 綴(と)じ目をほどく. — **desencuadernarse** 再 (本の) 綴じ目がほどける, ばらばらになる.
desencuentro 男 ❶ (意見等の) すれ違い, 行き違い. ❷《ラ米》(アルゼンチン)(待ち合わせの) すれ違い.
desendemoniar 17 他 …の悪魔払いをする.
desendiosar 他 …の思い上がりを正す.
desenfadaderas 女 複《話》危機脱出能力.
desenfadado, da 形 のびのびした；くだけた.
desenfadar 他 …の怒りを鎮める. — **desenfadarse** 再 (怒っている人が) 落ちつく；仲直りする.
desenfado 男 屈託のなさ, 気軽さ.
desenfocar 26 他 …の焦点を外す. ～ el tema 論点を誤って捉える. — **desenfocarse** 再 焦点が外れる, ぼける.
desenfoque 男 焦点のずれ, ぼけ.
desenfrenado, da 形 抑えのきかない. hinchas ～*s* 熱狂したファン.
desenfrenar 他 (馬の) 轡(くつわ)を外す. — **desenfrenarse** 再 抑制を失う；荒れ狂う. ～ la inflación インフレが猛威を振るう.
desenfreno 男 抑制不能, 暴走.
desenfundar 他 …のケース［カバー］を外す；取り出す. ～ el revólver 拳銃(けんじゅう)を抜く.

desenfurecer 76 他 …の怒りを鎮める. ― **desenfurecerse** 再 怒りが治まる.
desenfurruñar 他 …の気嫌を直す.
desenganchar 他《de》(鉤(ﾟ)等から) 外す, 放す. ― **desengancharse** 再 外れる;《話》《de》(麻薬を) 絶つ.
desenganche 男 (鉤(ﾟ)等から) 外すこと; 中毒から抜けること.
desengañado, da 形 (迷いから) 覚めた; 幻滅した.
desengañar 他 …を幻想から覚ます; 幻滅させる. Al hablar de mi futuro, el profesor me *desengañó*. 先生は私の将来について話し, 私の夢を打ち砕いた. ― **desengañarse** 再《de》(…の) 幻想から覚める; (…に) 幻滅する. ¡*Desengáñate*!, eso no es para ti. 目を覚ませ, それは君には向いていない.

D

desengaño 男 幻滅, 失望. un ～ amoroso 失恋.
desengarzar 57 他 (宝石等を) 台座から外す; ばらす.
desengastar 他 (宝石を) 台座から外す.
desengomar 他 → desgomar.
desengoznar 他 → desgoznar.
desengranar 他 (かみ合ったものを) 外す.
desengrasar 他 …の油 [油汚れ, 脂肪] を取る. ― 自《話》❶ やせる. ❷ 口直し[気晴らし]になる. ― **desengrasarse** 再 ❶ 油 [油汚れ, 脂肪] が取れる. ❷《話》《con》(…で) 気晴らしをする.
desengrase 男 油[油汚れ, 脂肪]を取ること.
desengrosar 32 他 減らす; 薄く[細く] する. ― 自 やせる; 減る.
desenhebrar 他 (針から) 糸を抜く.
desenjaezar 57 他 (馬から) 馬具を外す.
desenjaular 他 かご[檻(ｵﾘ)]から出す.
desenlace 男 ❶ (物語等の) 結末. ～ feliz ハッピーエンド. ❷ 解きほどくこと.
desenladrillar 他 …かられんがを取り除く.
desenlazar 57 他 (結んだものを) 解く; (問題を) 解決する. ― **desenlazarse** 再 解ける, ほどける; (物語等が) 終わる.
desenlosar 他 …からタイルをはがす.
desenmarañar 他 (もつれたものを) 解く, 整理する; (もつれた問題を) 解決する.
desenmascarar 他 …の仮面をはぐ; (正体を) 暴く.
desenmohecer 76 他 ❶ …のさび[かび]を落とす. ❷ (さびついた能力を) 再び使用する. ～ las piernas なまった足を動かす.
desenojar 他 …の怒りを鎮める. ― **desenojarse** 再 怒りが治まる.
desenojo 男 怒り[いらだち]が治まること.
desenredar 他 (からまったものを) 解く; 整理する. ― **desenredarse** 再 解ける;《de》(…から) 抜け出る.
desenredo 男 解きほぐし; 解決.
desenrollar 他 (巻いたものを) 広げる, 伸ばす.
desenroscar 26 他 ❶ (ねじを) 抜く, ねじって外す. ❷ (丸めたものを) 伸ばす. ― **desenroscarse** 再 (丸めた) 体を伸ばす; (ねじ等が) 外れる.

desensamblar 他 (組み立てたものを) 分解する.
desensartar 他 糸から外す.
desensibilizar 57 他 → insensibilizar
desensillar 他 (馬から) 鞍(ｸﾗ)を外す.
desensoberbecer 76 他 謙虚にさせる.
desentenderse 101 再《de》❶ (…に) 関与[関係]しない. ❷ (…について) 知らないふりをする. *hacerse el desentendido* 聞こえない[気づかない]ふりをする.
desenterramiento 男 発掘.
desenterrar 18 他 掘り起こす, 発掘する; 記憶に呼び戻す.
desentoldar 他 日よけ[幌(ﾎﾛ)]を取る.
desentonación 女 → desentono.
desentonamiento 男 → desentono.
desentonar 自 ❶ 音程を外す. ❷《con》(…と) 調和しない, 場違いである. Esas cortinas *desentonan con* la habitación. そのカーテンは部屋に合っていない. ― 他 (人の) 調子を悪くする. ― **desentonarse** 再 音程が外れる; 調子が悪くなる;《con》(…に対して) 声を荒げる.
desentono 男 音調が狂うこと; 無礼な話し方.
desentorpecer 76 他 …の動き[流れ]をよくする. ～ los trámites 手続きを円滑化する. ― **desentorpecerse** 再 円滑になる.
desentrampar 他《話》…の借金を払う. ― **desentramparse** 再《話》借金を払い終わる.
desentrañar 他 究明する.
desentrenado, da 形 練習不足の, 腕が落ちた.
desentrenamiento 男 練習不足.
desentrenarse 再 練習不足で腕が落ちる.
desentumecer 76 他 (筋肉を) ほぐす, (しびれた手足を) 動くようにする.
desentumecimiento 男 体をほぐすこと.
desenvainar 他 (刀剣を) 抜く.
desenvoltura 女 よどみなさ, 巧みさ; 軽快さ; 大胆さ.
desenvolver 110 他 ❶ (包み等を) 開ける, 広げる. ❷ (理論・事業を) 展開する. ❸ (謎等を) 解明する. ― **desenvolverse** 再 ❶ (包み等が) 解ける. ❷ (事が) 展開する. ❸ (人が) 何とかやっていく, 切り抜ける; うまくふるまう.
desenvolvimiento 男 展開, 発展; よどみなさ.
desenvuelto, ta 形 のびのびとした, 物おじしない; 有能な.
desenzarzar 57 他 ❶ (イバラの茂みから) 引き出す. ❷《話》(争いに) 割って入る; なだめる.
deseo [デセオ] 男 [英 desire, wish] ❶ **願い**, 願望; 欲望. Tengo un gran ～ de ir a Roma. 私はとてもローマに行きたい. Me entraron ～*s* de cantar. 私は歌いたくなった. Pide un ～. 1つ願いごとをしてごらん. ❷ 性的欲望. ― 活 → desear. *arder en ～s de* 〈+名詞・不定詞 / *que*+接続法〉…を切望する. *buenos ～s* 善

意, 誠意.
deseoso, sa 形 ((**de**)) (…を) 望んでいる.
desequilibrado, da 形 不均衡な; 精神異常の. — 男 女 精神異常者.
desequilibrar 他 均衡を失わせる; 狂わせる. — **desequilibrarse** 再 均衡を失う; 精神のバランスを崩す.
desequilibrio 男 不均衡; 精神の不安定.
deserción 女 脱走.
desertar 自 ((**de**)) (…から) 脱走[脱退]する; (義務を) 放棄する; 足が遠のく.
desértico, ca 形 ❶ 砂漠の (ような). ❷ 人気(ひとけ)のない.
desertización / desertificación 女 砂漠化.
desertor, tora 形 脱走した. — 男 女 脱走兵, 脱退者.
desescalar 他 段階的に縮小する.
desescombrar 他 …から瓦礫(がれき)等を片付ける.
desescombro 男 瓦礫(がれき)の撤去.
deseslabonar 他 → deslabonar.
desesperación 女 絶望 (させるもの); 強い怒り. Es una ～ este niño. この子はどうしようもない. ***con*** ～ 必死に, 死に物狂いで.
desesperadamente 副 必死に; 絶望して.
desesperado, da [デセスペラド, ダ] 過分 → desesperar. 形 [英 desperate] ❶ **絶望した**, やけを起こした. ❷ (成功の) 望みがない[薄い]; 死に物狂いの. — 男 女 絶望した人. correr como un ～ 死に物狂いで走る. ***a la desesperada*** 捨て鉢になって; 最後の望みを託して.
desesperante 形 絶望[いらいら] させる. ruido ～ 腹立たしい騒音.
desesperanza 女 絶望(感), 失望.
desesperanzador, dora 形 絶望感を与える, 絶望的な.
desesperanzar 57 他 …に望みを失わせる. — **desesperanzarse** 再 絶望する, 望みを失う.
desesperar 他 絶望させる; いらだたせる. Me *desespera* lo que dices. 君の言うことにはうんざりだ. — 自 ((**de**)) (…に) 絶望する; (…の) 望みを失う; あきらめる. — **desesperarse** 再 絶望する; いらだつ.
desespero 男 ((ラ米)) → desesperación.
desestabilización 女 混乱, 不安定化.
desestabilizar 57 他 混乱させる, 不安定にさせる. — **desestabilizarse** 再 混乱する, 不安定になる.
desestimación 女 軽視; 拒絶.
desestimar 他 ❶ 軽視する. ❷ (要求を) 拒絶する.
desfachatez 女 ((話)) 厚かましさ, 無礼.
desfalcar 26 他 着服する.
desfalco 男 着服, 横領.
desfallecer 76 自 卒倒する, 力が抜ける; くじける. ～ de hambre 空腹で倒れそうになる.
desfallecimiento 男 卒倒; 衰弱.
desfasado, da 形 時代遅れの; (位相等が) ずれた.
desfasaje 男 ((ラ米)) (アルゼンチン)(ウルグアイ) → desfase.
desfasar 他 …の位相をずらす. — **desfasarse** 再 時代遅れになる; 場違いになる.
desfase 男 位相差; ずれ; (時代) 遅れ.
desfavorable 形 不利な, 不都合な. viento ～ 逆風.
desfavorecer 76 他 不利に働く, 不当に扱う. El color negro te *desfavorece*. 黒は君に似合わない.
desfibrar 他 (木材等の) 繊維質を除去する.
desfigurar 他 …の形[様相]を変える; …の輪郭をぼかす. ～ la cara 顔をゆがめる. ～ la verdad 真実を歪曲(わいきょく)する. — **desfigurarse** 再 変貌する, ゆがむ. ～ el rostro con el dolor 痛みで顔がゆがむ.
desfiladero 男 山間の細道.
desfilar 自 行進[パレード]する; (列になって) 退場する; (次々と) 通り過ぎる.
desfile 男 行進, パレード. un ～ estudiantil 学生のデモ行進. ～ de modelos [de modas] ファッションショー.
desflecar 26 他 …に房飾りをつける. — **desflecarse** 再 (布の) 端がほつれる.
desflorar 他 ❶ …の処女性を奪う. ❷ (問題を) 表面的に扱う.
desfogar 66 他 (怒り等を) 吐き出す. ～ las frustraciones con ... 不満を…にぶつける. — **desfogarse** 再 うっぷんを晴らす; 気持ちを発散させる.
desfogue 男 ❶ 感情のはけ口. ❷ 排煙口; ((ラ米))(メキシコ)排水口.
desfondamiento 男 底が抜けること; スタミナ切れ.
desfondar 他 ❶ (…の) 底を壊す. ❷ 消耗させる. — **desfondarse** 再 ❶ 底が抜ける. ❷ (競技等で) 疲れ果てる.
desforestación 女 → deforestación.
desforestar 他 → deforestar.
desfruncir 112 他 …のひだを広げる.
desgaire 男 無造作, 無頓着(むとんちゃく). ***al*** ～ ぞんざいに; さりげなく.
desgajamiento 男 分裂, 分離.
desgajar 他 ((**de**)) (…から) もぎ取る, 引き裂く. ～ las ramas *de* un árbol 木の枝をへし折る. ～ a una persona *de* su país 故郷から人を追放する. — **desgajarse** 再 折れる, ちぎれる; 引き離される.
desgaje 男 分離, 分裂.
desgalichado, da 形 ((話)) みっともない, だらしがない.
desgalillarse 再 ((ラ米)) → desgañitarse.
desgana 女 食欲[やる気] がないこと. con ～ いやいや, しぶしぶ.
desganar 他 …に食欲[やる気] を失わせる. — **desganarse** 再 食欲をなくす; ((**de**)) (…に) 興味を失う.
desgano 男 ((ラ米)) (アルゼンチン)(コロンビア)(ウルグアイ) → desgana.
desgañitarse 再 ((話)) 声を枯らす.
desgarbado, da 形 (身のこなしが) ぶざまな, みっともない.
desgarrado, da 形 引き裂かれた (よう

D

な)；生々しい.
desgarrador, dora 形 胸を引き裂くような，悲痛な.
desgarradura 女 → desgarrón.
desgarramiento 男 引き裂くこと；悲痛さ.
desgarrar 他 引き裂く；悲しませる. ―自《ラ米》痰(たん)を切る. ― **desgarrarse** 再 ❶ 裂ける；心を痛める. ❷《de》(…から) 離れる.
desgarre 男《ラ米》(アルゼンチン)(チリ)(コロンビア)痰(たん).
desgarro 男 ❶ 引き裂き. ～ muscular 筋断裂. ❷ 悲痛；生々しさ. ❸ 厚かましさ. ❹《ラ米》痰(たん).
desgarrón 男 裂け目，かぎ裂き；(布の) 切れ端.
desgastar 他 すり減らす；消耗させる. ～ la ropa 服を傷める. ― **desgastarse** 再 すり切れる；消耗する.
desgaste 男 磨滅；疲弊. guerra de ～ 消耗戦.
desglosar 他 細分化する；抜き出す.
desglose 男 分類，内訳；抜き出し.
desgobernar 18 他 …の運営［統治，操縦］を誤る. ～ un país 国の統治を誤る. ― **desgobernarse** 再 秩序を失う，制御できなくなる.
desgobierno 男 無秩序，無統制.
desgomar 他 …からゴム［のり］を取り除く.
desgoznar 他 (戸等を) 蝶番(ちょうつがい)から外す. ― **desgoznarse** 再 制御を失う.
desgracia［デスグラシア］ 女［英 misfortune］不運，災難；不幸 (の元). ～ personal del accidente 事故の犠牲者. Tuvo la ～ de que lo dejara su mujer. 彼は不幸なことに妻に捨てられた. ***caer en*** ～ 疎まれるようになる. ***En la ～ se conoce a los amigos.***《諺》まさかの友は真の友. ***Las ～s nunca vienen solas.***《諺》泣き面に蜂(はち). ***por ～*** 不運にも，残念ながら.
desgraciada 形 → desgraciado.
desgraciadamente 副 不運にも，残念ながら.
desgraciado, da［デスグラシアド，ダ］ 形［英 unfortunate］❶ 不運な，不幸な；不成功の. ser muy ～ en el matrimonio 結婚生活が大変不幸である. una operación *desgraciada* うまくいかなかった手術. ❷ 魅力［品］のない. ❸ 哀れな，みじめな；《話》《軽蔑》恥知らずの. una vida *desgraciada* 悲惨な生活. un pobre ～ かわいそうな［どうしようもない］やつ. ― 男 女 哀れなやつ；《軽蔑》恥知らず.
desgraciar 17 他 だめにする，損傷を与える；(女性を) はずかしめる. ― **desgraciarse** 再 だめになる；大けがをする.
desgranar 他 ❶ (穀・穂から) 実を取る. ～ guisantes エンドウマメをむく. ❷ (数珠玉を) 繰る；(言葉等を) 次々繰り出す. ～ las quejas 次から次に文句を言う. ― **desgranarse** 再 実が外れる，ばらばらになる.
desgrasar 他 → desengrasar.
desgravación 女 減税；控除.
desgravar 他 (負担を) 軽減［控除］する.
desgreñar 他 …の髪を乱す. ― **desgreñarse** 再 髪が乱れる；髪をかきむしる.
desguace 男 (車等の) 解体；スクラップ.
desguarnecer 76 他《de》…から (付属品を) 取り除く；無防備にする. ～ *de* cuerdas un violín バイオリンの弦を外す. ～ una ciudad 都市の守備隊を撤退させる.
desguazar 57 他 (船等を) 解体する；《話》壊す.
deshabillé［仏］男 (女性用の) ガウン.
deshabitado, da 形 無人化した.
deshabitar 他 無人化［空き家に］する.
deshabituación 女 習慣をなくすこと. ～ del tabaco タバコをやめること.
deshabituar 58 他《de》(…の) 習慣をやめさせる. ― **deshabituarse** 再《de》(…の) 習慣がなくなる.
deshacer 59 他 ❶ 崩す，壊す，ばらばらにする. ～ un nudo 結び目を解く. ～ al enemigo 敵を粉砕する. ❷ 溶かす. ❸ 無効にする. ～ el camino 来た道を戻る. ❹ 損傷を与える；衰弱させる. ― **deshacerse** 再 ❶ 崩れる，ばらばらになる；溶ける，なくなる. ～ la niebla 霧が晴れる. ❷ (体が) 傷む. ～ las manos 手が荒れる. ❸《por》(…のために) 身を粉にする，夢中になる. ❹《en》(…を) 惜しまず与える. ～ *en* cumplidos たっぷりお世辞を言う. ❺《de》(…と) 手を切る；(…を) 始末する.
desharrapado, da 形 男 女 ぼろを着た (人).
deshechizar 57 他 …の魔法［呪縛(じゅばく)］を解く.
deshecho, cha 形 ❶ 壊れた；ほどけた；乱れた；溶けた. la cama *deshecha* 起きたままのベッド. ❷ 打ちのめされた，くたくたの；傷んだ. zapatos ～*s* 擦り切れた靴. ❸ (雨・風が) 激しい. ― 男《ラ米》(コロンビア)近道.
deshelar 18 他 (氷等を) 解かす；(車等の) 霜取りをする. ― **deshelarse** 再 (凍ったものが) 解ける.
desherbar 18 他 (庭・畑の) 雑草を取る.
desheredación 女 相続権の剝奪(はくだつ).
desheredado, da 形 男 女 貧しい (人).
desheredamiento 男 → desheredación.
desheredar 他 …から相続権を奪う.
deshermanar 他 (対のものを) 半端にする. ― **deshermanarse** 再 半端になる；縁を切る.
desherrar 18 他 (馬の) 蹄鉄(ていてつ)を外す；鎖から解く.
desherrumbrar 他 …のさびを落とす.
deshidratación 女 脱水 (症).
deshidratar 他 脱水する；脱水症にする. ― **deshidratarse** 再 水分を失う；脱水症になる.
deshidrogenación 女〘化〙水素の除去.
deshielo 男 雪解け，解氷；霜取り；緊張緩和.
deshijar 他 (家畜の親と) 子を引き離す.
deshilachado, da 形 布端がほつれた，擦り切れた. ― 男 ほつれ，擦り切れ.
deshilachar 他 (布から) ほつれた糸を抜く；(布の) 縁をほどく. ― **deshilachar-**

se 再 ほつれる, 擦り切れる.
deshilado 男 抜きかがり刺繍(しゅう).
deshilar 他 (布から) 糸を引き抜く；(布の) 縁をほぐす. — **deshilar*se*** 再 ほぐれる, ほつれる.
deshilvanado, da 形 まとまりのない. discurso ～ 支離滅裂な演説.
deshilvanar 他 しつけ糸を取る. — **deshilvanar*se*** 再 しつけ糸が取れる.
deshinchar 他 ❶ しぼませる, 空気を抜く. ❷ 腫(は)れを引かせる. — **deshinchar*se*** 再 ❶ しぼむ；腫れが引く. ❷ 元気[うぬぼれ]がなくなる.
deshipotecar 26 他 …の抵当権を抹消する.
deshojar 他 (植物の) 葉[花弁]を摘む；(本の) ページを破り取る. — **deshojar*se*** 再 落葉[落花]する.
deshoje 男 落葉.
deshollinador, dora 形 煙突掃除の. — 男 女 煙突掃除人. — 男 柄ブラシ；ほうき.
deshollinar 他 (煙突等の) すすを払う.
deshonestidad 女 不道徳(な言動).
deshonesto, ta 形 不道徳な；不誠実な. abuso ～ 性的虐待.
deshonor 男 不名誉, 恥.
deshonra 女 恥, 不面目. tener a ～ ... …を恥ずかしく思う.
deshonrar 他 面目を失わせる；辱める. — **deshonrar*se*** 再 自分をおとしめる.
deshonroso, sa 形 恥ずべき, 不面目な.
deshora 女 ***a*** **～*(s)*** 都合の悪い時に, とんでもない時間に.
deshornar 他 オーブン[かまど]から出す.
deshuesadora 女 (果物の) 種[芯(しん)]取り器.
deshuesar 他 (果物[魚・肉]の) 芯(しん)[骨]を取る.
deshumanización 女 非人間化.
deshumanizar 57 他 …の人間らしさを失わせる.
desideologizar 57 他 イデオロギーを取り除く[捨てさせる].
desiderata [ラ] 女 (購入) 希望品目録.
desiderativo, va 形 〖文法〗願望を表す.
desiderátum [ラ] 男 [複 desiderata] 切実な要求[願望].
desidia 女 怠惰, 無気力；だらしなさ.
desidioso, sa 形 怠惰な, だらしない.
desierto, ta 形 ❶ 無人の；寂れた；不毛の. El restaurante estaba ～. レストランには客がいなかった. ❷ 当選者[該当者]のいない. — 男 砂漠, 荒れ地；人のいない場所. ***predicar*** **[*clamar*]** ***en*** **(*el*)** **～** 馬の耳に念仏.
designación 女 指名, 指示；呼称.
designado 男 《ラ米》(コロンビア) 大統領代理.
designar 他 ❶ 《**para** / **como**》(…に / …として) 指名[指定]する. Me *designaron para* el puesto. 私はそのポストに任命された. ❷ 表示[指示]する；呼ぶ. ～ a ... con el nombre de A …をAという名で呼ぶ.
designio 男 意図, 計画.
desigual 形 ❶ 等しくない；不均衡な. batalla ～ 一方的な戦い. ❷ 不規則な, むら[起伏]のある. tiempo ～ 変わりやすい天気. ❸ 《＋名詞》類(たぐい)まれな.
desigualar 他 …の均衡を破る；差[起伏]をつける. — **desigualar*se*** 再 差がつく.
desigualdad 女 ❶ 差；不均衡. ～*es* sociales 社会的不平等. ❷ むら, 起伏. ❸ 〖数〗不等(式).
desilusión 女 [複 desilusiones] 失望, 幻滅. sufrir [tener, llevarse] una ～ がっかりする.
desilusionar 他 失望[幻滅]させる. — **desilusionar*se*** 再 《**con, de**》(…に) 失望[幻滅]する；幻想から覚める.
desimantar 他 …の磁性を消す.
desincrustante 形 水あか除去の.
desincrustar 他 …の水あか[汚れ]を取る.
desinencia 女 〖文法〗屈接語尾.
desinencial 形 〖文法〗屈折する.
desinente 形 〖文法〗完結相の.
desinfección 女 消毒, 殺菌.
desinfectante 形 消毒の, 殺菌の. — 男 消毒薬, 殺菌剤.
desinfectar 他 消毒[殺菌]する. — **desinfectar*se*** 再 (自分の体を) 消毒する.
desinflamar 他 …の炎症を鎮める. — **desinflamar*se*** 再 炎症が鎮まる.
desinflar 他 しぼませる, 空気を抜く；がっかりさせる. — **desinflar*se*** 再 ❶ しぼむ；力[意欲]を失う. ❷ 《ラ米》(車が) パンクする(→ reventarse 地域差).
desinformación 女 ❶ 情報操作, 隠匿(いんとく). ❷ 情報の不足, 欠如.
desinformar 他 操作した[間違った, 不完全な]情報を伝える.
desinhibición 女 (感情等の) 開放.
desinhibir 他 開放する. — **desinhibirse** 再 (自分を) 開放する.
desinsectación 女 害虫[寄生虫]の駆除.
desinsectar 他 …の害虫[寄生虫]を駆除する.
desintegración 女 分裂；崩壊. ～ nuclear 原子核崩壊[分裂].
desintegrador, dora 形 分裂[分解]させる.
desintegrar 他 分裂させる, 崩壊させる. — **desintegrar*se*** 再 分裂する, 崩壊する.
desinterés 男 《**por**》(…に対する) 無関心；私利私欲のないこと. con ～ 欲得抜きで.
desinteresado, da 形 利己心のない；無関心な.
desinteresar 他 関心をなくさせる. — **desinteresar*se*** 再 《**de**》(…に) 関心をなくす. ～ *de* los estudios 勉強に興味を失う.
desintoxicación 女 解毒；中毒治療.
desintoxicar 26 他 解毒する, …の中毒を治す；《**de**》(…から) 脱却させる. — **desintoxicar*se*** 再 解毒する, 中毒を脱する；《**de**》(…から) 脱却する.
desinversión 女 投資[資本]回収.
desistir 自 《**de**》(…を) 断念[放棄]す

D

る. ～ *de* una demanda 訴訟を取り下げる.

desjarretar 他 (動物の) 腱(けん)を切って後脚を不自由にする.

deslabonar 他 (鎖の環を) 外す ; 分離する. ― **deslabonarse** 再 (鎖の環が) 外れる ; 離れる.

deslastrar 他 …からバラストを取り除く.

deslavazado, da 形 ❶ 支離滅裂な, 整っていない. ❷ よれよれの ; 色あせた.

desleal 形 《a, con》(…に) 不誠実な. competencia ～ 不公正な競争.

D **deslealtad** 女 不誠実, 不正.

deslegitimar 他 正当性を奪う.

desleimiento 男 (液体に) 溶かすこと.

desleír 89 他 《en》(…に) 溶かす. ― **desleírse** 再 溶ける.

deslenguado, da 形 男 女 無礼な (人) ; 口の悪い (人).

deslenguar 55 他 …の舌を切る. ― **deslenguarse** 再 《話》口汚くなる.

desliar 31 他 (包み等を) ほどく, 開ける ; (混乱を) 解決する. ― **desliarse** 再 ほどける, 解ける.

deslice(-) / deslicé(-) 活 → deslizar.

desligar 66 他 ❶ 《de》(…から) 切り離す ; 解放する. ～ un problema *de* otro 1つの問題を他と分けて考える. ❷ (縛りつけてあるものを) ほどく. ― **desligarse** 再 《de》(…から) 離れる, 自由になる ; 解ける. ～ *de* la madre 母親から独立する.

deslindamiento 男 → deslinde.

deslindar 他 境界を定める ; 明確にする ; 《de》(…から) 分離する.

deslinde 男 境界画定 ; 分離.

desliz 男 [複 deslices] ❶ 滑ること ; スリップ. ❷ 《話》失敗, へま.

deslizamiento 男 滑ること, スリップ. ～ de tierra 地滑り.

deslizante 形 滑りやすい ; スライド式の.

deslizar [デスりさル] 57 他 滑らせる ; 滑り込ませる. ～ un trapo sobre la mesa テーブルを台ふきでさっとふく. ～ unas críticas en la conferencia 講演の中に批判を挟む. ― 自 滑る. ― **deslizarse** 再 [英 slide, slip] ❶ 滑る ; 滑るように進む. ～ por la cuesta 下り坂で滑る[スリップする]. *Se deslizaron* los años. いつのまにか年月がたった. ❷ もぐり込む ; 抜け出る. ❸ 口を滑らす ; しくじる.

deslomar 他 ❶ (…の背中) を痛めつける ; 打ちのめす. ❷ 疲労困憊(こんぱい)させる. ― **deslomarse** 再 ❶ 背中[腰]を痛める. ❷ 身を粉にする, くたくたになる.

deslucimiento 男 くすみ ; 精彩のなさ.

deslucir 67 他 くすませる ; つまらなくする, 台無しにする. ～ la carrera 経歴を汚す. ― **deslucirse** 再 くすむ ; 台無しになる. ～ la camisa シャツが色あせる.

deslumbrador, dora 形 まぶしい, 目もくらむような.

deslumbramiento 男 目がくらむこと, 眩惑(げんわく).

deslumbrante 形 → deslumbrador.

deslumbrar 他 目をくらませる ; 惑わす ; 圧倒する. dejarse ～ por ... …に惑わされる. ― **deslumbrarse** 再 目がくらむ.

deslustrar 他 …のつやを消す ; 汚す. ～ su buen nombre 名声を汚す.

deslustre 男 つやがないこと ; 汚点.

desmadejado, da 形 ぐったりした.

desmadejamiento 男 衰弱.

desmadejar 他 消耗させる, ぐったりさせる. ― **desmadejarse** 再 ぐったりする.

desmadrar 他 (動物の子を) 母親から引き離す. ― **desmadrarse** 再 《話》羽目を外す, 度を過ごす.

desmadre 男 《話》どんちゃん騒ぎ ; 大混乱 ; 節度を失うこと.

desmagnetizar 57 他 …から磁気を除く.

desmallar 他 (網状の物を) 破る[ほどく]. ― **desmallarse** 再 破れる, ほどける.

desmamar 他 → destetar.

desmán 男 ❶ 身勝手なふるまい, 横暴 ; 行き過ぎた言動. ❷ 〔動〕デスマン.

desmanarse 再 群れから離れる.

desmanchar 他 《ラ米》…の染みを抜く. ― **desmancharse** 再 《ラ米》(動) 群れから離れる.

desmandarse 再 ❶ 反抗する ; 勝手に振る舞う. ❷ 群れから離れる.

desmano 男 *a* ～ 届かないところに. Su casa nos coge *a* ～. 彼の家は私達の通り道にない.

desmanotado, da 形 不器用な ; おどおどした.

desmantelamiento 男 解体, 撤退.

desmantelar 他 取り壊す ; (場所) を引き払う. ～ el barco 船のマストを外す[折る]. ～ una sucursal 支店を閉める.

desmañado, da 形 男 女 不器用な (人), 下手な (人).

desmaquillador, dora 形 化粧落としの. ― 男 クレンジングクリーム.

desmarañar 他 → desenmarañar.

desmarcar 26 他 …から印[マーク]を外す. ― **desmarcarse** 再 〔スポ〕敵のマークを外す ; 《de》(…から) 身を遠ざける.

desmarque 男 マークを外すこと.

desmayado, da 形 ❶ 気を失った. ❷ 力のない ; 薄い. colores ～*s* 淡い色.

desmayar 他 気絶させる. ― 自 くじける, ひるむ. No *desmayes* en el esfuerzo. 努力の手を緩めるな. ― **desmayarse** 再 失神する, 気を失う.

desmayo 男 ❶ 失神, 気絶. ❷ 力[気力]を失うこと. estudiar sin ～ 気を抜かずに勉強する.

desmedido, da 形 度を越えた. un impuesto ～ 法外な税金.

desmedirse 77 再 度を過ごす. ～ en los gastos 異常にお金を使う.

desmedrado, da 形 衰えた ; 栄養不良の.

desmedrar 自 衰退する. ― 他 損なう. ― **desmedrarse** 再 やつれる, 衰弱する.

desmejoramiento 男 (健康状態の) 悪化, (質の) 低下.

desmejorar 他 損なう, 質を低下させる. ― 自 **desmejorarse** 再 健康状態が悪化する ; 質が落ちる.

desmelenamiento 男 自由奔放, 無秩序.

desmelenar 他 …の髪を乱す. — **desmelenarse** 再 髪をかきむしる；自制心を失う.
desmembración 女 (手足の) 切断；分裂.
desmembrar 18 他 ❶ 分裂させる，解体する. ❷ …の手足を切断する.
desmemoriado, da 形 男 女 忘れっぽい(人).
desmemoriarse 17 再 記憶力を失う.
desmentido 男 否認；訂正(広告).
desmentir 98 他 ❶ …(の真実性)を否定する. ～ un rumor うわさを打ち消す. ～ al jefe 上司に反論する. ❷ (期待等を) 裏切る. ❸ (感情等を) 隠す. — **desmentirse** 再 前言を翻す.
desmenuzable 形 砕けやすい.
desmenuzamiento 男 粉砕；綿密な分析.
desmenuzar 57 他 ❶ 細かく砕く[ちぎる，刻む]. ❷ 綿密に分析する. — **desmenuzarse** 再 細かく砕ける.
desmerecer 76 他 (賞や褒美に) 値しない. — 自 ❶ 《de》 …に劣る. no ～ *de* los otros 他のものにひけをとらない. ❷ 質[価値]が落ちる.
desmerecimiento 男 欠点，きず.
desmesura 女 行き過ぎ；慎みのなさ. criticar con ～ ずけずけ批判する.
desmesurado, da 形 (大きさ等が) 並外れた；無礼な. una mentira *desmesurada* とてつもないうそ.
desmesurar 他 誇張する. — **desmesurarse** 再 礼を失する；度を越す.
desmigajar 他 (パン等を) 細かくちぎる[砕く]. — **desmigajarse** 再 粉々に砕ける.
desmigar 66 他 → desmigajar.
desmilitarización 女 非武装化；非軍事化.
desmilitarizar 57 他 非武装化する；非軍事化する.
desmineralizar 57 他 (量等から) 鉱物質を減少[消失]させる.
desmirriado, da 形 → esmirriado.
desmitificar 26 他 理想化[神格化]をやめる.
desmocha / desmochadura 女 → desmoche.
desmochar 他 ❶ …の先端を切り落とす. ❷ (作品の) 一部を削除する.
desmoche 男 (先端の) 切り落とし；削除.
desmontable 形 取り外せる；組み立て式の.
desmontaje 男 分解；解体；(銃の) 安全装置をかけること.
desmontar 他 ❶ 取り外す；分解[解体]する. ～ la escopeta 銃の発射装置を外す. ❷ 伐採[整地]する. ❸ 《de》 (…から) 降ろす；振り落とす. ❹ (敵の攻撃・議論を) 封じる. — 自 《de》 (馬・乗り物から) 降りる. — **desmontar(se)** 自 再 ばらばらになる；外れる.
desmonte 男 ❶ 伐採，解体，整地；[複] 開墾地. ❷ 瓦礫(がれき)；《ラ米》(チリ)(ピアテ)(ホンジュラス)くず鉱.
desmoralización 女 意気消沈；退廃.
desmoralizador, dora / desmoralizante 形 気力をそぐ；風紀を乱す.
desmoralizar 57 他 ❶ …の気力をそぐ. ❷ 風紀を乱す. — **desmoralizarse** 再 ❶ 気力を失う. ❷ 風紀が乱れる.
desmoronamiento 男 崩壊；気力の衰失.
desmoronar 他 崩壊させる. — **desmoronarse** 再 崩壊する；力尽きる.
desmotivación 女 やる気のなさ.
desmotivar 他 やる気をくじく. — **desmotivarse** 再 やる気をなくす.
desmovilización 女 〖軍〗動員解除.
desmovilizar 57 他 (兵士等の) 動員を解く.
desmultiplicar 26 他 (被駆動部の) 回転速度を落とす.
desnacionalizar 57 他 非国有化する，民営化する.
desnarigar 66 他 …の鼻を削(そ)ぐ[つぶす].
desnatado, da 形 (乳製品が) 無脂肪の. leche *desnatada* 無脂肪乳.
desnatar 他 (牛乳から) クリーム[表面の皮膜]を分離する.
desnaturalización 女 ❶ 国籍喪失[剝奪(はくだつ)]. ❷ 変性.
desnaturalizado, da 形 ❶ 不人情な. ❷ 変性した.
desnaturalizar 57 他 ❶ (アルコール等を) 変性[変質]させる. ❷ …の国籍[市民権]を剝奪(はくだつ)する. — **desnaturalizarse** 再 ❶ 国籍を失う. ❷ 変性[変質]する.
desnivel 男 ❶ 起伏；段差. ❷ 格差.
desnivelación 女 差がつくこと.
desnivelar 他 高低差をつける；…の均衡を破る. — **desnivelarse** 再 差がつく，均衡が破れる.
desnucar 26 他 …の首の骨を折る. — **desnucarse** 再 首の骨が折れる.
desnuclearización 女 非核化.
desnuda 形 → desnudo.
desnudar 他 ❶ …の服を脱がす；身ぐるみ剝(は)ぐ. ❷ 《de》 (飾り・覆い等を) 取り去る，むき出しにする. ～ *de* los cuadros las paredes 壁から額を外す. ～ el corazón 心を開く. — **desnudarse** 再 ❶ 裸になる，服を脱ぐ. ❷ 《de》 捨てる. ～ *de* vanidades 虚栄心を捨てる.
desnudez 女 裸[むき出し]でいること.
desnudismo 男 → nudismo.
desnudista 形 男 女 → nudista.
desnudo, da [デスヌド，ダ] 形 [英 naked, nude] ❶ **裸の**；むき出しの. los hombros ～*s* むき出しの肩. la verdad *desnuda* 包み隠さぬ真実. una habitación *desnuda* 飾りのない部屋. ❷ 《de》 (…が) ない. hablar ～ *de* pretensiones 気取りなく話す. ❸ 丸裸の，無一文の. — 男 裸体画，裸像. ***al*** ～ むき出しで，あらわに.
desnutrición 女 栄養不良.
desnutrirse 再 栄養不良になる.
desobedecer 76 他 背く，服従しない. ～ la orden 命令に逆らう.

D

desobediencia 女 不服従, 反抗
desobediente 形 男 女 反抗的な(人), 不従順な(人).
desobstrucción 女 詰まりを取ること.
desobstruir 60 他 (管等の) 詰まりを取る.
desocupación 女 退去 ; 《ラ米》 失業.
desocupado, da 形 空いている ; 暇な ; 《ラ米》 失業した. ── 男 女 《ラ米》 失業者 ; ぶらぶらしている人.
desocupar 他 ❶ (場所を) 空ける, (容器を) 空にする. ～ una casa 家を引き払う. ❷ 《ラ米》 出産する. ── **desocuparse** 再 ❶ 空く, 空になる. ❷ 暇になる.
D
desodorante 形 脱臭[防臭]効果のある. ── 男 脱臭剤, 制汗剤.
desodorizar 57 他 …から悪臭を除去する.
desoír 73 他 (忠告等を) 無視する.
desojar 他 (針等の) 穴を壊す. ── **desojarse** 再 目を凝らす ; (使い過ぎて) 目を痛める.
desolación 女 荒廃, 荒涼 ; 悲嘆.
desolado, da 形 荒涼とした ; 悲嘆に暮れた. ciudad *desolada* 荒廃した街.
desolador, dora 形 悲惨な, 無残な.
desolar 32 他 ❶ 悲しませる, 嘆かせる. ❷ 荒廃[壊滅]させる. ── **desolarse** 再 (**por**) (…を) 嘆き悲しむ.
desoldar 32 他 (はんだ付けした物を) 離す.
desolladero 男 (畜殺場の) 皮はぎ場.
desolladura 女 すり傷 ; (獣の) 皮はぎ.
desollar 32 他 ❶ …の皮をはぐ[むく]. ❷ 《話》 身ぐるみはぐ ; こき下ろす. ── **desollarse** 再 皮がむける. ***desollar vivo*** 《話》 すっからかんにする ; こてんこてんにやっつける.
desorbitar 他 …に軌道を外させる, 常態を越えさせる ; 誇張する. ── **desorbitarse** 再 常軌を逸する ; 軌道を外れる. ～ los ojos (驚き等で) 目の玉が飛び出る.
desorden 男 [複 desórdenes] ❶ 無秩序, 混乱 ; [複] 騒乱. *desórdenes* estudiantiles 学生紛争. La cocina está en ～. 台所が散らかっている. ❷ [複] (体の) 不調, 異常. ❸ [複] 不品行 ; 不摂生.
desordenado, da 形 ❶ 無秩序な, 乱雑な. habitación *desordenada* 散らかった部屋. ❷ だらしない, ふしだらな.
desordenar 他 (整理されたものを) 乱す, めちゃくちゃにする. ── **desordenarse** 再 乱れる, めちゃくちゃになる ; 無茶をする.
desorejado, da 形 ❶ (容器の) 耳[取っ手]が欠けた. ❷ 《話》 《軽蔑》 恥知らずの.
desorejar 他 …の耳を切り取る.
desorganización 女 (組織・秩序の) 混乱.
desorganizar 57 他 …の組織[秩序]を乱す.
desorientación 女 方向を見失うこと ; 混迷.
desorientar 他 …に方向を見失わせる ; 当惑させる. ── **desorientarse** 再 方向を見失う ; 当惑する.
desornamentado, da 形 飾りのない.

desosar 43 他 → deshuesar.
desovar 自 (昆虫・魚等が) 産卵する.
desove 男 (昆虫・魚等の) 産卵 (期).
desovillar 他 ❶ (毛糸等の) 玉[もつれ]をほどく. ❷ 解明する.
desoxidación 女 〖化〗 脱酸 ; さび落とし.
desoxidante 形 〖化〗 脱酸する. ── 男 還元剤 ; 錆(さ)落とし.
desoxidar 他 ❶ 〖化〗 …から酸素を分離する. ❷ …のさび落としをする.
desoxigenación 女 〖化〗 脱酸.
desoxigenar 他 …から酸素を分離する.
desoxirribonucleico, ca 形 〖生化〗 ácido ～ デオキシリボ核酸 〔英 DNA〕.
despabiladeras 女 [複] ろうそくの芯(しん)切りばさみ.
despabilado, da 形 頭の切れる, 鋭い.
despabilar 他 自 再 → espabilar.
despachaderas 女 ㊗ 《話》 ❶ 無愛想 (な受け答え). ❷ 臨機応変の才.
despachante 男 《ラ米》 (アルゼンチン)(ウルグアイ) 税関吏.
despachar 他 ❶ 処理する, 片付ける ; 応対する ; (商品を) 取り扱う. ～ una botella 1本空にする. ❷ 発送する ; 派遣する. ❸ 解雇する ; 追い払う. ❹ 《話》 殺す. ── 自 ❶ 急ぐ ; さっさと済ます. ❷ 仕事をする ; 応対する. ── **despacharse** 再 ❶ 遠慮なく話す. ❷ (**de**) (…から) 解放される. ～ *del* trabajo 仕事を片づける.
despacho 男 ❶ 執務室 ; オフィス ; オフィス家具. ❷ 売り場 ; 販売 ; 応対. ❸ (外交) 公文書. ❹ (電話・電報による) 報告.
despachurramiento 男 押しつぶし.
despachurrar 他 → espachurrar.
despacio [デスパしオ] 副 〔英 slowly〕 **ゆっくり(と)** (↔ rápidamente) ; 落ち着いて, 静かに. hablar [caminar] ～ ゆっくり話す[歩く]. cerrar la puerta ～ ドアをそっと閉める. ¡*D*～! 徐行, ゆっくり.
despacioso, sa 形 ゆっくりした, 遅い.
despacito 副 ゆっくり, そろそろと.
despampanante 形 驚くほど美しい.
despampanar 他 ❶ (ブドウの) つるを剪定(せんてい)する. ❷ 《話》 びっくりさせる.
despanzurrar 他 破裂させる ; (動物等の) 腹を裂く. ── **despanzurrarse** 再 つぶれる, 破裂する.
desparasitar 他 寄生虫を駆除する.
desparejar 他 片方だけにする. ── **desparejarse** 再 片方だけになる.
desparejo, ja 形 対をなさない ; 異なる.
desparpajo 男 ❶ 《話》 遠慮のなさ. con ～ なれなれしく. ❷ 《ラ米》 無秩序.
desparramamiento 男 散乱 ; 混乱.
desparramar 他 ❶ (**por**) (…に) まき散らす ; (液体を) こぼす. ❷ 気を散らす. ❸ 浪費する. ── **desparramarse** 再 散らばる ; (液体が) こぼれる.
desparrame 男 《話》 → desparramamiento.
desparramo 男 《ラ米》 (アルゼンチン)(チリ)(キューバ) まき散らし, 散乱 ; 大混乱.
despatarrar 他 《話》 足を広げさせる. ── **despatarrarse** 再 足を大きく開く ;

大の字になる.
despavesar 他 (ろうそくの) 芯(しん)を切る；(残り火の) 灰を吹く.
despavonar 他 …からさび止めを取り除く.
despavorido, da 形 ひどく怖がった.
despechado, da 形 憤慨(ふんがい)している.
despecharse 再 怒る, 恨みに思う.
despecho 男 ❶ 恨み；憤り. ❷《話》乳離れ. *a ～ de ...* …にもかかわらず.
despechugar 66 他 (鳥の) 胸肉を切り取る. ― **despechugarse** 再《話》胸をはだける.
despectivo, va 形 軽蔑的な；〖文法〗軽蔑を示す. ― 男 軽蔑語.
despedazamiento 男 ずたずたにする[なる]こと.
despedazar 57 他 ずたずた[粉々]にする；(心等を) 打ち砕く. ― **despedazarse** 再 ずたずたになる, 砕ける.
despedida [デスペディダ] 過分 → despedir. 女〔英 farewell〕**別れ**；送別会；(手紙の) 結辞. ～ de soltero [soltera] 独身最後のパーティー.
despedir [デスペディル] 77 他 [現分 despidiendo]〔英 see off; dismiss〕❶ **見送る**, …に別れを言う. ❷ **解雇する**, 追い出す. ❸ (におい等を) 放つ；放出する. ― **despedirse** 再《de》(…に) 別れを告げる；(…を) やめる. ～ *de* todos 皆に別れを言う.
despedregar 66 他 …の石を取り除く.
despegado, da 形 冷淡な. ser ～ con ... …に冷たい.
despegadura 女 はがれること.
despegar 66 他 はがす, はぎ取る. ― 自 ❶ 離陸する. ❷ 進歩を見せる. ― **despegarse** 再 ❶ はがれる, めくれる. ❷《de》(…から) 離れる；(…に) 関心がなくなる. ～ *de* sus amistades 親しい友人たちと付き合わなくなる.
despego 男 冷淡；無関心.
despegue 男 ❶ 離陸；(ロケットの) 発射. ❷ (発展の) 初期段階.
despeinar 他 …の髪を乱す. ― **despeinarse** 再 髪が乱れる.
despejado, da 過分 → despejar. 形 ❶ 晴れた；遮る物のない. ❷ 明晰(めいせき)な；頭がはっきりした.
despejar [デスペハル] 他〔英 clear〕❶ **片づける**；《de》(…を) 取り除く. ～ la calle *de* vehículos 通りの車両を撤去する. ❷ 解明する. ～ una duda 疑いを晴らす. ❸ (ボールを) クリアーする. ― 自〖スポ〗クリアーする. ― **despejarse** 再 ❶ **晴れる**. ❷ 明らかになる；頭をすっきりさせる.
despeje 男 (サッカー) クリアー. ― 活 → despejar.
despejo 男 (障害の) 除去；伸びやかさ, 自信. ― 活 → despejar.
despellejadura 女 皮をはぐこと；すり傷.
despellejar 他 ❶ …の皮をはぐ. ❷ こき下ろす. ― **despellejarse** 再 擦りむく；革 (製品) が傷む.
despelotarse 再《話》❶ 裸になる. ❷ 大笑いする；羽目を外す.
despelote 男《話》ばか騒ぎ；裸になること；《ラ米》(アルゼ)(ウルグ)(エクア)混乱.
despeluchar 他 …の毛を抜く. ― 自 (動物の) 毛が生え替わる. ― **despelucharse** 再 (じゅうたん等の) 毛が抜ける.
despenalización 女 合法[適法]化.
despenalizar 57 他 合法化する, 適法化する.
despendolarse 再《話》羽目を外す.
despensa 女 ❶ 食料貯蔵室；食料. ❷《ラ米》食料品店 (→ tienda 地域差).
despeñadero 男 ❶ 断崖(だんがい), 絶壁. ❷ 危険, 危機.
despeñar 他 (高所から) 突き落とす, 転落させる. ― **despeñarse** 再《por / a》(…から / …へ) 転落する；身を投げる.
despepitar 他 (果実から) 種を取る. ― **despepitarse** 再 ❶ わめく；大笑いする. ❷《por》(…に) 夢中である. ～ *por* los dulces 甘いものに目がない.
desperdiciar 17 他 無駄にする；浪費する. ～ la oportunidad 機会を逃す.
desperdicio 男 ❶ [主に複] ごみ. ～*s* de papel 紙くず. ❷ 浪費, 無駄. *no tener ～* 無駄がない；完璧(かんぺき)である.
desperdigar 66 他 四散[分散]させる. ― **desperdigarse** 再 ちりぢりになる. ～ por el mundo 世界中に散らばる.
desperecerse 76 再 衰弱する；《por》(…を) 切望する.
desperezarse 57 再 伸びをする.
desperfecto 男 ❶ (小さな) 欠陥；損害. ❷《ラ米》(車の) 故障 (→ avería 地域差).
despersonalización 女 非個性化；匿名(とくめい)化.
despersonalizar 57 他 …の個性を消す. ― **despersonalizarse** 再 個性がなくなる.
despertador, dora 形 目覚めさせる. ― 男 目覚まし時計.
despertar [デスペルタル] 18 他 ❶ 目を覚まさせる, 起こす. ❷ (願望・思いを) かき立てる；(記憶を) 呼び起こす. ― **despertar(se)** 自 再〔英 wake up〕**目が覚める**；(迷い等から) 目を覚ます. (*Se*) *despertó* de su ignorancia. 彼は自分の無知に気づいた. ― **despertar** 男 目覚め. tener buen [mal] ～ 目覚めが良い[悪い].
despestañar 他 (人の) まつげを抜く. ― **despestañarse** 再 目を凝らす.
despiadado, da 形 非情な, 残酷な.
despid- 活 現分 → despedir.
despido 男 解雇 (手当). ― 活 → despedir.
despiece 男 (動物等の) 解体.
despiert- 活 → despertar.
despierto, ta [デスピエルト, タ] 形〔英 awake〕❶ **目を覚ました**, 眠らずにいる. ❷ 利発な, 鋭い.
despiezar 57 他 分解する, 解体する.
despilfarrador, dora 形 浪費する. ― 男 女 浪費家.
despilfarrar 他 浪費[無駄遣い]する.
despilfarro 男 浪費, 無駄遣い.
despintar 他 ❶ …の塗装[色, 化粧]を落とす. ❷ (事実を) 歪曲(わいきょく)する. ― **despintarse** 再 塗装がはげる；色があせる；記憶が薄れる. Su cara no *se* me *despintará*. 彼の顔を忘れることはないだろ

D

う.
despiojar 他 …のシラミを取る.
despiporre 男《話》どんちゃん騒ぎ. ser el ～ とても面白い；混乱した.
despistado, da 形 注意力散慢な；(頭が)ぼうっとした. ── 男 女 うっかり者.
despistar 他 ❶(追跡者を)まく. ～ a la policía 警察をまく. ❷ 惑わす. ── **despistarse** 再 道に迷う；うっかりする.
despiste 男 放心；不注意；失敗. tener un ～ ぼんやりする.
despizcarse 26 再 打ち込む.
D
desplacer 76(または78) 他 不快にする. ── 男 不快感.
desplanchar 他 しわくちゃにする.
desplantar 他 (植物を)引き抜く. ── **desplantarse** 再 (フェンシング・ダンスで)姿勢を崩す.
desplante 男 横柄[傲慢(ごうまん)]な態度.
desplatear 他 …から銀めっきをはがす；《ラ米》(メキシコ)…から金を巻き上げる.
desplazado, da 形 場違いの.
desplazamiento 男 ❶ 移動, 移転；配置換え. ❷〘海〙排水量.
desplazar 57 他 ❶ 移動させる. ❷ …に取って代わる. ❸〘海〙…の排水量を有する. ── **desplazarse** 再 移動する.
desplegable 男 折り畳み式広告.
desplegar 72 他 ❶(畳んだ物を)広げる. ❷(能力等を)発揮する. ❸〘軍〙(部隊を)展開させる. ── **desplegarse** 再 広がる；展開する.
despliegue 男 展開；(能力等の)誇示.
desplomar 他 倒壊させる. ── **desplomarse** 再 倒れる；崩壊する；卒倒する.
desplome 男 倒壊, 崩壊.
desplumadura 女 羽毛が抜けること.
desplumar 他 ❶(鳥の)羽をむしり取る. ❷《話》…から金を巻き上げる, ❸《ラ米》(アルゼンチン)(ウルグアイ)…の悪口を言う. ── **desplumarse** 再 羽毛が抜ける.
desplume 男 → desplumadura.
despoblación 女 過疎化, 無人化.
despoblado, da 形 過疎[無人]化した. ── 男 無人の土地；廃村.
despoblamiento 男 → despoblación.
despoblar 32 他 ❶ …の人口を減らす[絶やす]. ❷《de》(土地等から)(動植物を)なくす. ～ un terreno *de* árboles ある土地の木を伐採する. ── **despoblarse** 再 人口が減る, 無人になる.
despojar 他《de》(…を)…から奪う；取り除く. ～ a ... *de* sus joyas …から宝石を奪い取る. ── **despojarse** 再《de》(…を)放棄する；(衣服を)脱ぐ. ～ *de* su vergüenza 羞恥(しゅうち)心を捨てる.
despojo 男 ❶ 剝奪(はくだつ), 略奪(品). ❷《文》(時や死によって)失われていくもの. ❸[複]残り物；(鶏・牛等の)肉以外の部分；遺体.
despolarizar 57 他〘電〙減極する.
despolitización 女 非政治化.
despolitizar 57 他 …から政治色を取り除く. ── **despolitizarse** 再 政治色がなくなる.
despopularizar 57 他 …の人気を落とす. ── **despopularizarse** 再 人気が落ちる.
desporrondingarse 66 再《ラ米》(1) ゆったりと座る. (2)(コロンビア)(コスタリカ)《話》長々と話をする. (3)(コロンビア)(グアテマラ)《話》浪費する.
desportilladura 女 縁が欠けること；破片.
desportillar 他 (器等の)縁を欠く. ── **desportillarse** 再 縁が欠ける.
desposar 他 (司祭が)結婚させる. ── **desposarse** 再《con》(…と)結婚する；婚約する.
desposeer 35 他《de》…から(…を)奪う, 没収する. ── **desposeerse** 再《de》(…を)手放す, 放棄する.
desposeído, da 形 男 女 貧しい(人), 極貧の(人).
desposeimiento 男 剝奪(はくだつ)；放棄.
desposorio 男[主に複]婚約.
déspota 男 女 専制君主；暴君. ── 形 横暴な.
despótico, ca 形 専制的な；横暴な.
despotismo 男 専制政治, 独裁制；横暴.
despotricar 26 自《話》《contra, de》(…の)悪口をずけずけと言う, (…を)けなす.
despreciable 形 軽蔑に値する；軽視すべき.
despreciar [デスプレしアル] 17 他 〔英 despise〕**軽蔑する**；軽視する；(申し出等を)拒否する. ～ un peligro 危険を見くびる.
despreciativo, va 形 軽蔑的な.
desprecio 男 軽蔑；軽蔑的[無関心]な態度. sentir ～ por ... …を軽蔑する. hacer un ～ a ... …を無視する. ── 活 → despreciar.
desprender 他 ❶ はがす, 取る. ❷(におい等を)発する, 放つ. ❸《ラ米》(アルゼンチン)(プエルトリコ)(ウルグアイ)(ボタンを)外す. ── **desprenderse** 再 ❶《de》(…から)はがれる, 取れる. ❷(におい等が)出る. ❸《de》(…を)手放す. ❹《de》(…から)推論される. *De esto se desprende que ....* このことから…と考えられる.
desprendido, da 形 気前のよい, 私心のない.
desprendimiento 男 ❶ はがす[はがれる]こと, 分離. ～ de rocas 崖(がけ)崩れ. ～ de la retina〘医〙網膜剝離(はくり). ❷ 気前のよさ, 無欲.
despreocupación 女 無頓着(むとんちゃく)；いいかげんさ.
despreocupado, da 形 無頓着(むとんちゃく)な；無関心な. ～ en el vestir 服装に無頓着な.
despreocuparse 再《de》(…を)気にかけるのをやめる. ～ *de* la familia 家族の世話から解放される.
desprestigiar 17 他 …の信用[評判]を落とす. ── **desprestigiarse** 再 信用[評判]を落とす.
desprestigio 男 信用の失墜.
desprevenido, da 形 不用意な；不意の. La llegada de su padre lo ha cogido ～. 思いがけずに父親が来て彼は不意をつかれた.
desprogramación 女 ❶〘IT〙プログ

ラムの消去，リセット．❷《話》(信仰等を) 捨てさせること．

desproporción 女 不均衡．

desproporcionado, da 形 不釣り合いな，不相応な．

desproporcionar 他 不釣り合いにする，…の均衡を破る．

despropósito 男 的外れな［ばかげた］言動．

desprotección 女 無防備．

desproteger 84 他 無防備にする；見捨てる．— **desprotegerse** 再 無防備になる；見捨てられる．

desprotegido, da 形 無防備である．

desproveer 85 他《**de**》(必須のものを) …から奪う．

desprovisto, ta 形《**de**》(…が) 欠けている．

despueble 男 → despoblación．

después ［デスプエス］副〔英 later, afterwards〕❶《時間》**後で**．unos minutos ～ 数分後に．el día [año] ～ 翌日［翌年］．Ahora tengo prisa, ～ hablaremos más traquilamente. 今急いでいるから後でもっとゆっくり話しましょう．❷《位置・順序》次いで．— **después de**《前置詞的》〔英 after〕❶《時間》(1) **…の後で**，…以来．～ *del* partido 試合の後で．～ *de* hacerlo それをした後で．(2)《＋過去分詞》…した後で ～ *de* cerrada la tienda 店を閉めてしまうと．❷ …に次いで，…に続いて．Osaka es la segunda ciudad más grande ～ *de* Tokio. 大阪は東京に次いで2番目に大きい都市だ．**～ *(de) que*** …した後で．*D～ de que* deje de llover, partiremos. 雨がやんだら出かけよう．► 未来(時に過去)を表すときは《＋接続法》．

despumar 他 → espumar．

despuntador 男《ラ米》(ﾒｷｼｺ)砕鉱槌(つち)；砕鉱選別機．

despuntar 他 …の先端を折る．— 自 ❶ 芽を出す．❷ 現れ始める．～ el día 日が出る．❸《**en, por**》(…で) ぬきんでる．— **despuntarse** 再 先端が折れる．

desquiciamiento 男 錯乱，混乱．

desquiciar 17 他 ❶ …の気を変にさせる，激怒させる．❷ 混乱に陥れる，かき乱す．❸ (戸・窓を) 蝶番(ちょうつがい)から外す．— **desquiciarse** 再 ❶ 気が変になる；混乱に陥る．❷ (戸が) 蝶番から外れる．

desquicio 男《ラ米》(ｱﾙｾﾞﾝﾁﾝ)(ｸﾞｱﾃﾏﾗ)(ﾊﾟﾗｸﾞｱｲ)(ｳﾙｸﾞｱｲ)無秩序，混乱．

desquitar 他《**de**》(…を) 償う，(人に) (…の) 埋め合わせをする．El premio nos *desquitó de* las penalidades. 賞で私たちの苦労が報われた．— **desquitarse** 再《**de**》(…を) 取り戻す；(…の) 仕返しをする．～ *de* la derrota 雪辱を果たす．

desquite 男 報復；リターンマッチ．

desratización 女 ネズミ駆除．

desratizar 57 他 …からネズミを駆除する．

desrielar(*se*) 自 再《ラ米》(ﾎﾞﾘﾋﾞｱ)(ﾁﾘ)脱線する．

desriñonar 他 (人の) 腰を痛める；へとへとにさせる．— **desriñonarse** 再 腰を痛める；疲れ果てる．

desrizar 57 他 (髪の) カールを取る．— **desrizarse** 再 カールが取れる．

destacable 形 傑出した．

destacado, da 形 際立った，傑出した．

destacamento 男〘軍〙分遣隊．

destacar 26 他 ❶ 際立たせる，強調する．❷〘軍〙派遣する．— 自 際立つ，傑出する．— **destacar(*se*)** 自 再 出向く．

destajador 男 (鍛冶(かじ)屋の) 金づち．

destajar 他 (仕事の) 条件を決める．

destajo 男 請負仕事．***a*** **～** (1) 出来高払いで．(2) 休みなく，熱心に．

destapador 男《ラ米》(ｱﾙｾﾞﾝﾁﾝ)(ｺﾛﾝﾋﾞｱ)(ｳﾙｸﾞｱｲ)(ﾍﾞﾈｽﾞｴﾗ)栓抜き．

destapar 他 ❶ …の栓を抜く，ふたを取る．❷ …から覆いを取る；暴く．❸《ラ米》(ｱﾙｾﾞﾝﾁﾝ)(ｳﾙｸﾞｱｲ)(管の) 流れを良くする．— **destaparse** 再 ❶ 服を脱ぐ，毛布等をはぐ．❷《話》裸を見せる；意外な一面を見せる．

destape 男 ❶ (映画等での) ヌード．❷《ラ米》(ﾒｷｼｺ)《話》候補者の発表．

destaponar 他 …の栓を抜く．

destartalado, da 形 壊れそうな．

destartalar 他 ❶ 壊す．❷《ラ米》(南米)(部屋等を) 空っぽにする．— **destartalarse** 再 壊れる．

destechar 他 屋根［天井］をはがす．

destejar 他 屋根(瓦(がわら))をはがす．

destejer 他 (織物・編み物を) ほどく．

destellar 自 ぴかっと光る，きらめく．

destello 男 きらめき，輝き；(感情等を) ちらっとのぞかせること．

destemplado, da 形 ❶ (音が) 調子の外れた．❷ いらだった．❸ (天候が) 荒れた．❹ 微熱がある．

destemplanza 女 ❶ しんらつさ．❷ 体の不調．❸ 天候の荒れ．

destemplar 他 (楽器の) 音調を狂わせる；体調を狂わせる．— **destemplarse** 再 ❶ 音調が外れる；体調を崩す．❷ (金属が) 硬度を失う．

destemple 男 音調の外れ；硬度の低下；体の不調．

destensar 他 …の張りを緩める．

desteñir 103 他 …の色を落とす．El sol *ha desteñido* la ropa. 日光で服が色あせた．— 自 色落ちする．— **desteñirse** 再 色があせる．

desternillarse 再 笑いころげる．

desterrar 18 他 ❶ 国外に追放する，流刑にする．❷ (考え・感情・習慣を) 捨てる．— **desterrarse** 再 亡命する．

desterronar 他 (土地の) 土をならす．

destetar 他 離乳させる；《話》独り立ちさせる．— **destetarse** 再 乳離れする；《話》独り立ちする．

destete 男 離乳，乳離れ．

destiempo 男 ***a*** **～** 時機を逸して．

destierro 男 ❶ 国外追放；亡命；流刑地；流刑期間．❷ 廃止，廃棄．

destilación 女 蒸留．

destiladera 女 蒸留器．

destilar 他 ❶ 蒸留する，濾過(ろか)する．❷ 滴らせる；(感情等を) にじませる．— 自 滴る．

destilería 女 蒸留所，蒸留酒製造所．

destinar 他 ❶《**a, para**》(…に) 当てる．～ una cantidad *a* la compra de la casa ある金額を家の購入に当てる．❷《**a**》(…に) 配属する．❸《**a**》(…に向けて) 送る．

destinatario, ria 男女 受取人.

destino [デスティノ] 男 〔英 destiny; destination〕 ❶ **運命**, 宿命; 進むべき道. ❷ 用途, 使い道. ❸ **目的地**, 行き先. ❹ 職; 任地. *con ~ a ...* …行きの; …用の. *unir sus ~s* 結婚する.

destitución 女 解任, 免職.

destituir 60 他 《de》 (…の職を) 解任[罷免]する.

destocar 26 他 髪を乱す. — **destocarse** 再 髪が乱れる; (帽子等の) かぶりものを取る.

D

destorcer 29 他 …のよじれを伸ばす. — **destorcerse** 再 航路から外れる.

destorlongado, da 形 男 女 《ラ米》(ﾒｷｼｺ)雑な[役に立たない] (人).

destornillador 男 ❶ ねじ回し, ドライバー. ❷ 《話》 (カクテルの) スクリュードライバー.

destornillar 他 …のねじを抜く. — **destornillarse** 再 《話》 → desternillarse.

destrenzar 57 他 (三つ編みを) ほどく.

destreza 女 巧みさ, 技量. tener ~ con [en] ... …に熟達している.

destripacuentos 男 女 [単複同形] 《話》 話の腰を折る人.

destripador, dora 形 腹を裂く. — 男 女 切り裂き魔.

destripar 他 ❶ …の内臓を取り出す; 切り裂く. ❷ …の中身を取り出す. ❸ 押しつぶす. ❹ (話の) 腰を折る. — 自 《ラ米》(ﾁﾘ)中退する.

destripaterrones 男 [単複同形] 《話》 《軽蔑》 農夫. — 形 男 女 粗野な(人), 教養のない (人).

destrísimo, ma 形 [diestro の絶対最上級] 非常に巧みな.

destronamiento 男 廃位; 王座の明け渡し.

destronar 他 …の王位を剥奪(はくだつ)する; 王座から引きずり降ろす.

destroncar 26 他 ❶ (木を) 切り倒す. ❷ 疲れさせる. ❸ (計画等の) 邪魔をする. — **destroncarse** 再 疲れ果てる.

destrozar 57 他 ❶ ばらばらにする, 粉砕する. ~ al enemigo 敵を撃破する. ❷ …に損傷を与える; 打ちのめす; ひどく疲れさせる. ~ los zapatos 靴をだめにする. — **destrozarse** 再 ばらばらになる, 壊れる; 疲れ果てる. ~ con el alcohol 酒で体を壊す.

destrozo 男 損害; 破壊.

destrozón, zona 形 男 女 よく物を壊す (人).

destrucción 女 破壊, 破損.

destructible 形 破壊できる.

destructivo, va 形 破壊力のある.

destructor, tora 形 破壊する. — 男 女 破壊者. — 男 駆逐艦.

destruir [デストゥルイル] 60 他 [現分 destruyendo] 〔英 destroy〕 **破壊する**; 壊滅させる; だめにする. ~ una esperanza 希望を打ち砕く. — **destruirse** 再 壊れる; だめになる.

destruy- 活 現分 → destruir.

desubicarse 26 再 《ラ米》(ｱﾙｾﾞﾝﾁﾝ)(ｳﾙｸﾞｱｲ) → desorientarse.

desudar 他 (…の) 汗をぬぐう.

desuello 男 皮をはぐこと; (金の) 巻き上げ.

desuncir 112 他 (牛等を) くびきから外す.

desunión 女 不和; 分裂.

desunir 他 ❶ 引き離す, 分裂させる. ❷ 不和にする, 反目させる. — **desunirse** 再 離れる; 不和になる.

desusado, da 形 ❶ 廃れた; 古めかしい. ❷ 普通でない.

desuso 男 使われなくなること; 廃止; (法律の) 失効.

desustanciar 17 他 …の本質を損なう.

desvaído, da 形 (色の) 薄い; (形が) ぼんやりした; (内容が) 明確でない.

desvalido, da 形 男 女 自立できない (人); 身寄りのない (人).

desvalijamiento 男 強奪.

desvalijar 他 …の金品を根こそぎ奪う.

desvalimiento 男 孤立無援.

desvalorización 女 価値の下落.

desvalorizar 57 他 …の価値を下げる. — **desvalorizarse** 再 価値が下がる.

desván 男 屋根裏 (部屋).

desvanecer 76 他 ❶ (徐々に) 消滅させる, 消し去る. ❷ (色・輪郭等を) ぼかす. — **desvanecerse** 再 ❶ (徐々に) 消える; (霧等が) 晴れる; (色等が) ぼやける. ❷ 気を失う.

desvanecimiento 男 ❶ 消滅; 消散. ❷ 失神, 気絶.

desvarar 他 ❶ 〖海〗 離礁させる. ❷ 《ラ米》(ｺﾛﾝﾋﾞｱ) (乗り物を) 応急修理する. — 自 **desvararse** 再 《ラ米》(ｺﾛﾝﾋﾞｱ) 《話》 切り抜ける.

desvariar 31 自 ばかげた[脈絡のない]ことを言う.

desvarío 男 ばかげた言動; うわ言.

desvelar 他 ❶ 眠れなくする. ❷ 暴露する. — **desvelarse** 再 ❶ 眠れなくなる. ❷ 《por》 (…に) 気を配る.

desvelo 男 不眠; [主に複] 心配り.

desvencijar 他 がたがた[ばらばら]にする. — **desvencijarse** 再 がたがくる, 破損する.

desventaja 女 不利 (な点); 欠点; ハンディキャップ.

desventura 女 不運, 不幸.

desventurado, da 形 男 女 不運[不幸]な (人).

desvergonzado, da 形 男 女 厚かましい (人), 恥知らず (の).

desvergonzarse 24 再 《con》 (…に) 失礼な態度を取る, 開き直る.

desvergüenza 女 厚かましさ; 破廉恥 (なこと).

desvestir 77 他 …の服[カバー]を脱がす[外す]. — **desvestirse** 再 服を脱ぐ.

desviación 女 ❶ (進路・方針等からの) 逸脱; (骨等の) ゆがみ; 常軌を逸した行動. ❷ 迂回(うかい)路, わき道. ❸ 〖教〗 偏差.

desviacionista 形 (思想的に) 逸脱した. — 男 女 逸脱者.

desviar 31 他 ❶ そらす, (…の道筋を) 変えさせる. ~ los planes 計画を変更する. ❷ 《de》 (…を) 断念させる. — **desviarse** 再 《de》 (…から) それる; (…を) 断念する.

desvinculación 女 離脱.

desvincular 他 《de》 (…から) 解放す

る；(…との) つながりを切る. —— **desvincularse** 再 ((de)) (…との) 関係を絶つ.

desvío 男 ❶ → desviación ①②. ❷ 疎んじること, 無視.

desvirgar 66 他 ❶ …の処女性を奪う. ❷ ((俗)) 初めて使う.

desvirtuación 女 価値[特長]がなくなること.

desvirtuar 58 他 …の長所を失わせる；…の本質をゆがめる. —— **desvirtuarse** 再 台無しになる.

desvitalizar 57 他 (神経を) 麻痺(まひ)させる.

desvivirse 再 ((por)) (…に) 強い関心を示す；((por＋不定詞)) (…しようと) 一生懸命になる.

desyemar 他 …の芽を摘み取る.

desyerbar 他 (庭・畑の) 雑草を取る.

deta 女 ***al*** ～ ((ラ米)) 小売り (で) (→ detalle 地域差).

detall 〔仏〕 男 ***al*** ～ 小売りの[で].

detallado, da 形 詳細な, 詳しい.

detallar 他 詳しく説明する[述べる].

detalle [デタリェ〈デタイェ・デタジェ〉] 男 〔英 detail〕 ❶ **詳細**, 細部. con todo ～ 詳しく. ❷ 心遣い；心ばかりの贈り物. Tuvo el ～ de visitar a mis abuelos. 彼は親切にも私の祖父母を訪ねてくれた. ***al*** ～ 小売りで. 地域差 小売りで al detalle ((スペイン)) ((ラ米)) (ドミニカ共和国)(ホンジュラス)(コロンビア)(エクアドル)(チリ)(パラグアイ)；al deta (プエルトリコ)(パナマ)(コロンビア)；al menudeo(ドミニカ共和国)(メキシコ)(ホンジュラス, エルサルバドル, ニカラグア, コスタリカ) (エクアドル, ペルー, ボリビア) (パラグアイ, ウルグアイ)；al minoreo [menoreo] (コスタリカ)(ベネズエラ)；al por menor (グアテマラ)(ホンジュラス, エルサルバドル)(ボリビア)(アルゼンチン).

detallista 形 よく気のつく；細部にこだわる. —— 男 女 ❶ よく気のつく人；細かい人. ❷ 小売商人.

detección 女 探知, 検出.

detectable 形 探知可能な, 検出できる.

detectar 他 探知[検出]する；感じとる.

detective 男 女 (私立) 探偵；刑事.

detectivesco, ca 形 探偵の.

detector 男 探知器, 検出器. ～ de incendios 火災報知器.

detén 活 → detener.

detención 女 ❶ 逮捕；拘留. ❷ 停止, 休止.

detendr- 活 → detener.

detener [デテネル] 33 他 〔英 stop; arrest〕 ❶ **止める**, 制止する；引き留める. ～ el fuego 火を消し留める. ❷ **逮捕する**；拘留する. —— **detenerse** 再 ❶ 止まる, 立ち止まる. ❷ ((en / a＋不定詞)) (…に / …するために) 時間をかける.

deteng- 活 → detener.

detenido, da 過分 → detener. 形 ❶ 拘留[逮捕]された. ❷ 綿密な, 念入りな. —— 男 女 逮捕者, 拘留者.

detenimiento 男 休止, 停止. ***con*** ～ 慎重に, 注意深く.

detentar 他 (地位・権力を) 不法に占有[行使]する.

detergente 形 洗浄性の. —— 男 洗剤.

deteriorar 他 (徐々に) 傷める, 損なう. —— **deteriorarse** 再 (徐々に) 傷む, 悪化する.

deterioro 男 損傷；悪化.

determinación 女 ❶ 決定, 決心；決断力. ❷ 規定, 特定化.

determinado, da 過分 → determinar. 形 ❶ 意志の堅い. ❷ 特定の；決定した. ❸ 〔文法〕 限定の. artículo ～ 定冠詞.

determinante 形 決定する. —— 男 〔言〕 限定詞.

determinar [デテルミナル] 他 〔英 determine〕 ❶ **決める**, 定める. ～ la fecha 日取りを決める. ❷ 確定する. ～ la hora de la muerte 死亡時刻を特定する. ❸ ((＋不定詞)) (…する) 決心をする；((a＋不定詞)) (…する) 決心をさせる. *He determinado* comprar una moto. 私はバイクを買うことに決めた. La noticia me *determinó a* visitarla. その知らせを聞いて私は彼女を訪ねることにした. ❹ 引き起こす. —— **determinarse** 再 ((a＋不定詞)) (…することを) 決心する.

determinativo, va 形 〔文法〕 限定的な. adjetivo ～ 限定形容詞.

determinismo 男 〔哲〕 決定論.

determinista 形 〔哲〕 決定論の. —— 男 女 決定論者.

detersión 女 洗浄.

detestable 形 ひどく悪い[嫌な].

detestar 他 嫌悪する, 憎む.

detien- 活 → detener

detonación 女 爆発, 爆発音.

detonador 男 起爆装置, 起爆剤.

detonante 形 ❶ 起爆性の. ❷ (色等が) 合わない. —— 男 爆薬；起爆剤, 誘因.

detonar 自 爆発する, 轟音(ごうおん)を発する. —— 他 ❶ 爆発させる. ❷ 驚かせる.

detractor, tora 形 中傷[批判]する. —— 男 女 批判者.

detraer 104 他 抜き取る；盗む.

detrás [デトゥラス] 副 〔英 behind〕 ❶ **後ろに**. ir ～ 後ろからついて行く. ❷ 裏面に. ***～ de …*** (1) …の後ろに. *D～ de* la casa corre un río. 家の裏を川が流れている. (2) …のいないところで. ～ *de* ti 君のいないところで. ***por*** ～ (1) 後ろに. pasar *por* ～ 後ろを通る. (2) 陰で.

detrimento 男 損害, 損傷. ir en ～ de … …に損傷を与える.

detrito 男 〔主に複〕 (岩等の) 砕屑(さいせつ)；残骸(ざんがい).

detuv- 活 → detener.

deudo, da [デウド, ダ] 男 女 親戚(しんせき), 親族. —— 男 親戚関係. —— 女 〔英 debt〕 ❶ **借金**, 負債, 債務. *deuda* exterior 外国債. *deuda* pública 国債, 公債. ❷ 恩義, 借り. ❸ 〔宗〕 罪, 過ち. ***estar en*** [***tener una***] ***deuda con …*** …に借り[借金]がある.

deudor, dora 形 負債がある. —— 男 女 債務者.

deus ex machina [デウスエクスマキナ] 〔ラ〕 急場の救いの神.

deuterio 男 〔化〕 重水素.

deuterón 男 〔物〕 重陽子.

Deuteronomio 固名 〔聖〕 (旧約の) 申命記 ((略 Dt)).

devaluación 女 平価切り下げ.

devaluar 58 他 (貨幣の) 平価を切り下げる；…の価値を下げる. —— **devaluarse**

再 平価[価値]が下がる.

devanadera 女 糸繰車[機], 糸枠.

devanado 男 (糸等の) 巻き取り.

devanador, dora 形 (糸等を) 巻き取る. ― 男 女 巻き取る人. ― 男 糸巻 (の芯(しん)).

devanar 他 (糸等を) 巻き取る, 繰る.

devaneo 男 戯れ, お遊び, 暇つぶし.

devastación 女 荒廃 ; 破壊.

devastador, dora 形 荒廃させる ; 圧倒的な, すごい.

devastar 他 荒廃させる ; 破壊する.

develar 他《ラ米》(ベネズエラ)(秘密等を) 発見する ; 除幕する.

devengar 66 他 (利子・利益を) 生む, 稼ぎ出す.

devengo 男 受け取り額, 報酬.

devenir 23 自 ❶《+無冠詞名詞》(…に) なる ;《en》(…に) 変わる. ❷ (事が) 起こる. ― 男〖哲〗生成, 変転.

deverbal 形 動詞から派生した.

devoción 女 ❶《por, a》(…への) 献身, 信仰 ; 敬愛, 忠誠. con ～ 敬虔(けいけん)に. ❷ 祈り, 勤行.

devocionario 男 祈禱(きとう)書.

devolución 女 ❶ 返却, 返品 ; お返し. ❷〖スポ〗返球.

devolutivo, va 形〖法〗返却[帰属]の.

devolver [デボるベル] 110 他 [過分 devuelto, ta]〔英 return〕❶《a》(…に) 返す, 返却する ; 戻す. ～ el coche *al* dueño 車を持ち主に返す. ～ la tranquilidad *a* ... …に落ち着きを取り戻させる. ❷ 報いる, 返礼する. ～ bien por mal 善をもって悪に報いる. ❸《話》吐く. ― ***devolverse*** 再《ラ米》戻る, 帰る.

devónico, ca 形 男〖地質〗デボン紀(の).

devorador, dora 形 男 女 がつがつした(人), むさぼり食う(人).

devorar 他 ❶ がつがつ食べる. ❷ 焼き尽くす, 壊滅させる ; (心を) 狂わせる. ❸ 没頭する. ～ una novela 小説をむさぼり読む.

devoto, ta 形 ❶ 敬虔(けいけん)な, 信心深い. ❷ 信仰の, 礼拝の. ❸ 献身的な ; 傾倒した. ― 男 女 ❶ 信者. ❷ 信奉者.

devuelto, ta 過分 → devolver. 形 返却された, 戻された. ― 女《ラ米》(コロンビア)(プエルトリコ)(ドミニカ)お釣り. ― 男 嘔吐(おうと)物.

devuelv- 活 → devolver.

dexiocardia 女〖医〗右心症.

dextrina 女〖化〗デキストリン.

dextrógiro, ra 形〖物〗右旋性の.

dextrosa 女〖生化〗デキストロース.

deyección 女 ❶ 排便 ; [複] 排泄(はいせつ)物. ❷ [複] (火山の) 噴出物.

DF. 男 *Distrito Federal* (メキシコ) 連邦特別区.

di 活 ❶→ dar. ❷→ decir.

día [ディア] 男〔英 day〕❶ 日, 一日 ; 日付. todos los *días* 毎日. ocho *días* 1週間. quince *días* 2週間. *día* de [entre] semana ウイークデー. *día* festivo 休日. *Día* de La Raza [Hispanidad] コロンブスの日 (10月12日). *día* azul (スペイン国鉄で) 割引日 (► カレンダーに青で印刷). el *día* de mañana 将来. ❷ 日中, 昼間 (↔ noche). de *día* 昼の, 日中の[に]. en pleno *día* 昼下がりに. ❸ (ある日の) 天候. Hace un *día* muy bueno. すごくいい天気だ. ❹ [複] 時代 ; 生涯. *días* de vino y rosas《文》ばら色の日々. las personas de nuestros *días* 現代の人々. ***abrir*** [***romper***] ***el día*** 夜が明ける. ***a días*** 時々, 日によって, その日その日で. ***al día*** 1日につき ; 滞りなく ; その日暮らしで. estar *al día* 最新のことを把握している. ***algún día*** いつか ; かつて, 以前. ***(al) otro día*** 翌日. ***buenos días***《挨拶》おはよう. dar los *buenos días* 朝のあいさつ[おはよう]を言う. ***coger el día*** あるところで朝を迎える. ***como del día a la noche*** / ***como de la noche al día*** 月とすっぽんくらいに (違う). ***cualquier día*** / ***un buen día*** / ***el día menos pensado*** ある日突然. ***dar el día*** 面倒をかける. ***de días*** 以前の, 古い. ***de día en día*** / ***por días*** / ***día a día*** 来る日も来る日も ; 日ごとに. ***del día*** 新鮮な, 最新の. pescado *del día* 新鮮な魚. temas *del día* 今日的なテーマ. menú *del día* 本日の定食. ***de un día a*** [***para***] ***otro*** 即座に, すぐに. ***día y noche*** / ***noche y día*** 昼夜絶え間なく. ***en su día*** 適切な時に. ***hacerse de día*** 夜が明ける. ***Hasta otro día.***《挨拶》いずれまた. ***llevarse el día*** 1日かかる. ***no pasar (los) días por ...*** …が全然変わらない ; …に月日のたつのが感じられない. ***no verse*** [***oírse***] ***todos los días*** (事が) 珍しいことである. ***ponerse al día en ...*** …に最新情報を得る. ***tener los días contados*** 死が近い ; 大詰めに近づいている. ***todo el (santo) día*** 1日中. ***un día sí otro no*** 1日おきに. ***vivir al día*** その日暮らしをする.

diabasa 女〖鉱〗輝緑岩.

diabetes 女 [単複同形]〖医〗糖尿病.

diabético, ca 形 男 女 糖尿病の (患者).

diabla 女 ❶《話》女の悪魔. ❷ (舞台上部の) ボーダーライト.

diablejo 男 小悪魔, いたずらっ子.

diablesa 女《話》女の悪魔.

diablesco, ca 形 悪魔のような.

diablillo 男《話》いたずらっ子.

diablo [ディアブろ] 男〔英 devil〕❶ 悪魔, 魔王. ❷ 悪賢い人 ; いたずらっ子 ; 嫌なやつ. un pobre ～ 哀れな[かわいそうな]やつ. ❸《疑問詞・感嘆詞と共に》《強調》一体全体, なんてまあ. ¿cómo [dónde, qué, quién] ～*s* ...? 一体どんな[どこ, 何, 誰]…. ***¡Al ～ (con) ...!*** (怒りを表して) …なんてくそ食らえだ. ***como un ～*** すごく. ***dar de comer al ～*** ぶつぶつ文句を言う, けんかを売る. ***dar que hacer al ～*** 悪行を働く. ***del ～*** / ***de mil ～s*** / ***de todos los ～s*** (天候・性質等が) 劣悪な ; ひどい. ***～ marino***〖魚〗カサゴ. ***estar*** [***andar***] ***el ～ suelto***《話》もめ事がある. ***hablar con el ～*** 地獄耳である. ***irse al ～*** 壊れる, だめになる. ***llevarse el ～***《話》なくなる, 水の泡となる. ***llevarse a ... el ～*** 怒りでかんかんになる. ***mandar (a) ... al ～*** …を遠ざける, 邪険に扱う. ***Más sabe el ～ por viejo que por ～.*** 亀(かめ)の甲より年の功. ***no valer un ～*** 全く価値がない. ***¡Qué ～s!***《怒り》なんということだ. ***saber*** [***oler,***

sonar] *a* ～*s* ひどい味[におい, 音]である. *¡Vete al ～!* 《怒り》どこかへ行っちゃえ.
diablura 女 いたずら, 悪ふざけ.
diabólico, ca 形 ❶ 悪魔のような；《話》極悪な. ❷ 込み入った, 難しい.
diábolo 男 ディアボロ：空中独楽(ごま).
diaconado 男 〖カト〗助祭職.
diaconal 形 〖カト〗助祭の.
diaconato 男 → diaconado.
diaconía 女 〖カト〗助祭の担当教区［住居］.
diaconisa 女 教会に奉仕する女性.
diácono 男 〖カト〗助祭.
diacrítico, ca 形 〖言〗(発音の) 区別を表す. signo ～ 区分符号.
diacronía 女 〖言〗通時態［論］.
diacrónico, ca 形 〖言〗通時的な.
diacústica 女 屈折音響学.
Diada ［カタル］ 女 ディアダ：カタルーニャの日 (９月11日).
diadema 女 王冠；ティアラ；ヘアバンド.
diafanidad 女 透明性.
diáfano, na 形 透き通った；明解な.
diafragma 男 ❶〖解〗横隔膜. ❷ (スピーカー等の) 振動板；(カメラ等の) 絞り. ❸ (避妊具の) ペッサリー.
diagnosis 女［単複同形］診断.
diagnosticar 26 他 …の診断を下す. ～ a ... diabetes …を糖尿病と診断する.
diagnóstico, ca 形 診断の. ── 男 診断；現状分析.
diagonal 形 対角線の；斜めの. ── 女〖数〗対角線.
diagrama 男 図, 図表, グラフ. ～ de flujo フローチャート.
dial 男 (ラジオ等の) ダイヤル；目盛り板.
dialectal 形 方言の.
dialectalismo 男 方言特有の語法.
dialéctico, ca 形 弁証法の［的な］. ── 男 女 弁証家. ── 女 弁証法；論法.
dialecto 男 方言.
dialectología 女 方言学.
diálisis 女 〖化〗〖医〗透析.
dialogante 形 男 女 話し合いをする (人)；対話者 (の).
dialogar 66 自 対話する；話し合う.
dialogismo 男 〖修辞〗会話形式.
dialogístico, ca 形 対話［会話体］の.
diálogo ［ディアろゴ］ 男 〔英 dialogue〕 ❶ **対話**, 会話；話し合い. ❷ (小説等の) 対話部分；台詞(せりふ). *～ de besugos* [*sordos*] 《話》支離滅裂な［てんでんばらばらの］会話.
dialoguista 男 女 劇作家.
diamante 男 ❶ ダイヤモンド. ～ (en) bruto ダイヤモンドの原石；磨かれていない資質. ❷ (トランプの) ダイヤ.
diamantífero, ra 形 ダイヤモンドを産出する.
diamantino, na 形 ダイヤモンドの (ような)；《文》堅固な.
diamantista 男 女 ダイヤモンド細工師［商人］.
diametral 形 直径の.
diametralmente 副 (端から端へ) 突っ切って；完全に.
diámetro 男 直径.
diana 女 ❶ 的 (の中心). hacer [dar en la] ～ 的の中心を射る；予想が当たる. ❷〖軍〗起床ラッパ.
¡diantre! 間 《話》ちくしょう；おやまあ. ── 男 《話》→ diablo.
diapasón 男 〖音〗音叉(おんさ)；標準音高；音［声］域.
diapositiva 女 〖写〗スライド.
diaria 形 → diario.
diariamente 副 毎日.
diario, ria ［ディアリオ, リア］ 形 〔英 daily〕 **毎日の**, 日々の. ── 男 ❶ **新聞**, 日刊誌. ～ hablado ラジオのニュース. ❷ 日記, 日誌. ❸ 毎日の出費. *a ～* 毎日. *de ～* ふだんの.
diarismo 男 《ラ米》ジャーナリズム.
diarrea 女 下痢. tener ～ 下痢になる. *～ mental* 錯乱.
diarreico, ca 形 下痢の.
diáspora 女 (特にユダヤ民族の) 離散, ディアスポラ.
diastasa 女 〖生化〗ジアスターゼ.
diástole 女 〖医〗心臓拡張 (期).
diastólico, ca 形 心臓拡張 (期) の.
diatérmano, na 形 〖物〗透熱性の.
diatermia 女 〖医〗透熱療法.
diátesis 女［単複同形］〖医〗体質.
diatomea 女 〖植〗珪藻(けいそう).
diatónico, ca 形 全音階の.
diatriba 女 酷評, 痛烈な批判.
diávolo 男 → diábolo.
dibujante 男 女 図案家；漫画家；製図家；素描家.
dibujar ［ディブハル］ 他 〔英 draw〕 ❶ (線で) **描く**；デッサンする；製図する. ❷ (文章で) 描写［表現］する. ❸ 構想する. ── **dibujarse** 再 現れる, 浮かび上がる.
dibujo ［ディブホ］ 男 〔英 drawing〕 ❶ **線画**；デッサン；製図. *～s* animados アニメーション, 動画. ❷ 模様, デザイン. ── 活 → dibujar.
dic- 活 → decir.
dicción 女 発声 (法)；言葉遣い, 表現.
diccionario ［ディクしオナリオ］ 男 〔英 dictionary〕 **辞書**, 辞典. ～ enciclopédico 百科事典. consultar el ～ 辞書を引く.
dicha 女 幸福, 喜び；幸運. ── 形 → dicho. *por* [*a*] *～* 幸い, 運良く.
dicharachero, ra 形 男 女 《話》話が面白い (人).
dicharacho 男 《話》下品な話.
dicho, cha ［ディチョ, チャ］ 過分 → decir. 形 〔英 said〕 ❶ 言われた. ❷ 《＋無冠詞名詞》**前述の**. en *～s* países 上記の国々では. ── 男 ❶ 言葉；格言. ❷ 《話》侮辱. ❸ 証言. *Del ～ al hecho hay mucho* [*un gran*] *trecho.* 《諺》言うはやすく行うは難し. *D～ está.* 話は決まった. *～ sea de paso* 話のついでに. *～ y hecho* 言うやいなや. *Lo ～, ～* (*está*). 言ってしまったことはしょうがない. *mejor ～* むしろ. *propiamente ～* 本来的な意味の.
dichosamente 副 幸せに, 幸運に.
dichoso, sa 形 ❶ 幸せな；幸運な. ❷ 《＋名詞》《話》《皮肉》うんざりする；いまいましい.
diciembre ［ディしエンブレ］ 男 〔英 December〕 **12 月** 《略 dibre., dic., dicbre.》.
diciendo 現分 → decir.

D

dicotiledóneo, a 形 〖植〗双子葉の. ── 女 [複] 双子葉植物.
dicotomía 女 二分(法), 二項対立.
dicroísmo 男 〖物〗2色性.
dicromático, ca 形 2色(性)の.
dictado 男 ❶ 口述；書き取り. escribir al ～ 口述筆記をする. ❷ [複] (良心等の)命令. *al ～ de ...* …の命令[指図]に従って.
dictador, dora 男 女 独裁者；暴君. ── 形 独裁的な.
dictadura 女 独裁政治[政権]；専制.
D
dictáfono 男 〖商標〗ディクタフォン：口述録音機.
dictamen 男 (専門家の)意見, 判断.
dictaminar 他 (専門家が意見を) 述べる, …と判断を下す. ── 自 《sobre》(…について)意見を述べる.
dictar 他 ❶ 口述する. ❷ (法等を) 発令する；(判決を) 言い渡す. ❸ 指示する；命ずる. ❹ (授業・講演を)する.
dictatorial 形 独裁的な, 独裁者の.
dicterio 男 ののしり, 暴言.
didáctico, ca 形 教育の, 教育的な. ── 女 教授法.
didáctilo, la 形 〖動〗2本指の.
dídimo, ma 形 〖植〗双生の, 左右対称の. ── 男 (動物の) 睾丸(こうがん).
diecinueve [ディエしヌエべ] 形 《数詞》[英 nineteen] 19の；19番目の. ── 男 19.
diecinueveavo, va 形 男 19分の1(の).
dieciochavo, va 形 男 18分の1(の).
dieciochesco, ca 形 18世紀の.
dieciocho [ディエしオチョ] 形 《数詞》[英 eighteen] 18の；18番目の. ── 男 18.
dieciséis [ディエしセイス] 形 《数詞》[英 sixteen] 16の；16番目の. ── 男 16.
dieciseisavo, va 形 男 16分の1(の).
diecisiete [ディエしシエテ] 形 《数詞》[英 seventeen] 17の；17番目の. ── 男 17.
diecisieteavo, va 形 男 17分の1(の).
diedro 男 2面角；〖航〗上反角.
Diego 固名 男 ディエゴ：男子の名.
dieléctrico, ca 形 〖電〗不伝導性の, 誘電性の. ── 男 誘電体.
diente [ディエンテ] 男 [英 tooth] ❶ 歯. ～ mamón [de leche] 乳歯. ～ incisivo 門歯. ～ canino 犬歯. ～ molar 臼歯(きゅうし). ～ picado [cariado] 虫歯. lavarse [cepillarse, limpiarse] los ～*s* 歯を磨く. Se le ha caído un ～. 彼の歯が1本抜けた. ❷ 歯状のもの, (くし・のこぎり・歯車の) 歯. ～*s* de sierra のこぎりの目. ～ de ajo ニンニクのひとかけ. ***armado hasta los ～s*** 完全武装して. ***dar ～ con ～*** (寒さ・怖さで) 歯をがちがちさせる, 震える. ***decir de ～s para afuera*** 口先で(ものを)言う, 歯の浮くようなことを言う. ***～ de león*** 〖植〗タンポポ. ***enseñar [mostrar] los ～s*** 敵意を見せる, おどす. ***estar que echa los ～s*** 《話》ひどく怒っている. ***Está que echa los ～s*** con el nuevo director. 彼は新しい部長にかんかんだ. ***hablar entre ～s*** つぶやく, ぶつぶつ言う. ***hincar [meter] el ～ a ...*** (食べにくい物を) 食べる；…をくすねる；(…を) 手がける；(…と) 対決する. ***no llegar ni a un ～ / no haber [tener] (ni) para un ～*** (食べ物が) 少ししかない；不十分である. ***pelar el ～*** 《ラ米》(ﾎﾞﾘ)(ｺﾛﾝﾋﾞｱ)色っぽい微笑みを浮かべる；(ﾒｷｼｺ)(ﾌﾟｴﾙﾄﾘｺ)(ﾍﾞﾈｽﾞｴﾗ)こびる. ***ponérsele los ～s largos*** …がうらやましくてたまらなくなる. Viendo la muestra de varias piedras preciosas, ***se me pusieron los ～s largos***. 色々な宝石の見本を見ていると欲しくてたまらなくなった. ***rechinar los ～s*** 気分を害する；嫉妬(しっと)の念を抱かせる. ***tener buen ～*** 健啖(けんたん)家[食欲旺盛(おうせい)]である.
diéresis 女 [単複同形] ❶ (母音) 分立；分音符号 (¨). ❷ 〖医〗分離, 切断.
diesel 男 ディーゼルエンジン；ディーゼル燃料車.
diestro, tra 形 ❶ 《en/con》(…に/…の扱いが) 巧みな, 熟練した. ser ～ *en* los negocios 商売にかけて抜け目がない. ❷ 右利きの (↔zurdo)；《文》右(側)の. ── 男 女 右利きの人. ── 男 〖闘牛〗マタドール matador. ── 女 右手. ***a ～ y a siniestro*** あちらこちらに；手当たり次第に.
dieta 女 ❶ 食餌(しょくじ)療法；規定食；ダイエット(食). estar a ～ 食餌療法を受けている；ダイエット中である. ❷ 食事, 常食. ❸ (日本等の) 国会. ❹ [複] 出張費；特別手当.
dietario 男 帳簿；家計簿.
dietético, ca 形 食餌(しょくじ)療法の, 栄養学の. ── 女 (応用) 栄養学.
dietista 男 女 〖医〗食餌(しょくじ)療法医.
diez [ディエす] 形 《数詞》[英 ten] 10の；10番目の. ── 男 ❶ 10. ❷ 《ラ米》(ﾒｷｼｺ)《話》10センターボ通貨. ***hacer las ～ de últimas*** 《話》自分の首を締める；賭(か)け金をさらう.
diezmar 他 ❶ (疫病等が) …に大損害を与える；大幅に減少させる. ❷ …の10分の1を取る.
diezmilésimo, ma 形 男 1万分の1(の).
diezmillonésimo, ma 形 男 1000万分の1 (の).
diezmo 男 (中世スペインの) 十分の一税.
difamación 女 中傷, 名誉毀損(きそん).
difamador, dora 男 女 中傷者. ── 形 → difamatorio.
difamar 他 中傷する.
difamatorio, ria 形 名誉毀損(きそん)の.
difásico, ca 形 〖物〗二相(性)の.
diferencia [ディフェレンしア] 女 [英 difference] ❶ 相違, 違い；〖数〗差. ❷ 不和, 対立. ── 活 → diferenciar. ***a ～ de ...*** …とは異なり, …と違って. ***partir la ～*** 折り合いをつける.
diferenciación 女 ❶ 区別；分化. ❷ 〖数〗微分.
diferencial 形 ❶ 相違の；区別的な. característica ～ 弁別的な特徴. ❷ 微分の；〖機〗差動の. ── 女 微分. ── 男 〖機〗差動装置[歯車].
diferenciar [ディフェレンしアル] 17 他

〔英 differentiate〕❶ 区別する，識別する；差別化する．❷ 微分する．── 自 《en》(…について) (意見が) 異なる．── **diferenciarse** 再 (互いに) 異なる；《de》(…と) 区別される．
diferendo 男 《ラ米》(アルゼンチン)(コロンビア)(ペルー)(ウルグアイ)不和；紛争．
diferente [ディフェレンテ] 形 〔英 different〕❶ 《de》(…と) 異なる，別の．ser ～ *de* los demás 他と違っている．❷ [複] 《＋複数名詞》さまざまな．en ～*s* lugares いろいろな場所で．── 副 異なって，違って．
diferido, da 形 延期された．*en* ～ 録画放送の．
diferimiento 男 延期．
diferir 98 他 延期する；延長する．～ el fallo 判決を保留する．── 自 《de》(…と) 異なる；意見を異にする．
difícil [ディフィしる] 形 〔英 difficult〕❶難しい，困難な (↔ fácil)．❷ 《de＋不定詞》(…するのが) 難しい．～ *de* entender 理解しにくい．❸ 気難しい，扱いにくい．*ser* ～ *que* 〈＋接続法〉…ということはありそうもない．
difícilmente 副 かろうじて…する；《＋動詞・形容詞》ほとんど…ない．
dificultad [ディフィクるタ(ドゥ)] 女 〔英 difficulty〕❶ 困難，難しさ；障害．❷ [主に複] 異議．poner ～*es* 異議を唱える．
dificultar 他 困難にする，妨げる．
dificultoso, sa 形 困難な，厄介な．
difracción 女 〖物〗回折．
difractar 他 〖物〗回折させる．
difteria 女 〖医〗ジフテリア．
difuminar 他 (擦筆で) ぼかす．
difumino 男 擦筆．
difundir 他 ❶ (情報・思想等を) 広める，流布させる．❷ 散らす，拡散させる．── **difundirse** 再 広まる，行き渡る．
difunto, ta 形 死亡した．── 男 女 故人．*Día de (los) D～s* 〖カト〗死者の日，万霊節 (11月 2 日)．
difusión 女 拡散；伝播(でんぱ)，流布．
difuso, sa 形 ❶ ぼやけた；散漫な．❷ 拡散した．
difusor, sora 形 広める，流布させる；拡散する．── 男 女 普及者．── 男 拡散器；散光器．
dig- 活 → decir.
diga 活 → decir.
digerible 形 消化のよい．
digerir 98 他 ❶ 消化する；理解する．❷ 《主に否定文で》(不幸等から) 立ち直る；耐える．
digestibilidad 女 消化のよさ．
digestible 形 消化のよい．
digestión 女 消化，こなれ．
digestivo, va 形 消化の，消化を促進する．── 男 消化剤；食後酒；〖薬〗化膿(かのう)止め．
digesto 男 要約，ダイジェスト．
digitación 女 〖音〗運指法．
digitado, da 形 〖植〗(葉が) 掌状の；〖動〗有指の．
digital 形 ❶ 指の．huellas ～*es* 指紋．❷ デジタル (型) の．televisión [TV] ～ デジタルテレビ．radio ～ デジタルラジオ．edición ～ デジタル版．encuentro ～ (有名人との) インターネットチャット欄．cámera ～ デジタルカメラ．fotografía ～ デジタル写真．libro ～ 電子ブック．── 女 〖植〗ジギタリス．
digitalina 女 〖薬〗ジギタリン．
digitalización 女 〖IT〗デジタル化．
digitalizar 97 他 デジタル化する．fotografía *digitalizada* デジタル写真．
digitalmente デジタル方式で；指で．
digitígrado, da 形 〖動〗指行(しこう)性の．
dígito 男 〖数〗❶ 桁(けた)，〖IT〗〖天〗ディジット．❷ (0-9までの) アラビア数字．
digna 形 → digno.
dignarse 再 《＋不定詞》(労をいとわず) …してくれる．No *se digna* saludarme. 彼は私にあいさつもしない．
dignatario 男 高官，要職にある人．
dignidad 女 ❶ 尊厳，品格；自尊心．❷ 高位；高官．
dignificación 女 威厳を与える[持つ]こと．
dignificar 26 他 …に威厳[品格]を与える．── **dignificarse** 再 格が上がる．
digno, na [ディグノ,ナ] 形 〔英 worthy〕❶ 《de》(…に) 値する，ふさわしい．～ *de* mención 言及に値する．❷ 尊敬に値する；威厳を保てる；相応の．una *digna* carrera 立派な経歴．
dígrafo 男 〖言〗複文字：ch, ll 等．
digresión 女 (話・文章の) 脱線，余談．
dij- 活 → decir.
dije 男 チャーム：(アクセサリーに下げる) 飾り．── 形 《ラ米》親切な；魅力的な．── 活 → decir.
dilaceración 女 引き裂き；裂傷．
dilacerar 他 ❶ (肉を) 裂く，引きちぎる．❷ (名誉等を) 傷つける．
dilación 女 延期；遅滞．
dilapidación 女 浪費，散財．
dilapidador, dora 形 浪費する，金遣いの荒い．── 男 女 浪費家．
dilapidar 他 浪費する，散財する．
dilatable 形 膨張力のある；拡張する．
dilatación 女 ❶ 〖物〗膨張．❷ 〖医〗拡張 (法)．
dilatador, dora 形 拡張[膨張]させる．── 男 〖解〗拡張筋；〖医〗拡張器．
dilatar 他 ❶ 広げる；膨張させる．～ la fama 名声を広める．❷ 遅らせる，長引かせる．── 自 《ラ米》手間取る；遅れる．── **dilatarse** 再 ❶ 広がる；膨張する．～ la pupila 瞳孔(どうこう)が開く．❷ 長引く；遅れる；《ラ米》(メキシコ)手間取る．❸ 喜ぶ．
dilatorio, ria 形 遅らせる；時間稼ぎの．
dilecto, ta 形 《文》愛する，親愛なる．
dilema 男 板ばさみ，ジレンマ．
diletante 形 芸術好きの；なまかじりの．── 男 女 素人芸術家；好事家(こうずか)．
diletantismo 男 (素人の) 芸術趣味．
diligencia 女 ❶ 事務[訴訟] 手続き；業務．❷ 機敏さ；勤勉．❸ 乗合馬車．
diligenciar 17 他 (…のために必要な) 手続きをとる，処理する．
diligente 形 ❶ 勤勉な．❷ 機敏な．
dilogía 女 両義性，あいまいさ．
dilucidación 女 解明，解説．
dilucidar 他 明らかにする，解明する．
dilución 女 溶解；希釈．

D

diluir 60 他 ❶ 溶かす，溶解する．❷ 希釈する；薄くする；弱める．～ una responsabilidad 責任を分担する．── **diluirse** 再 溶ける；薄まる；弱まる．
diluvial 形 大洪水の；洪積層の．── 男〖地質〗洪積層．
diluviano, na 形 ノアの大洪水の（ような）．
diluviar 17 自 大雨が降る．
diluvio 男 大洪水；豪雨；《話》大量のもの．*D*～ (Universal) ノアの大洪水．
diluyente 形 男 溶剤（の）．
D
dimanación 女 わき出ること；発生．
dimanar 自《**de**》（…から）わき出る；生じる，由来する．
dimensión 女 ❶ 寸法；大きさ；規模．❷〖数〗〖物〗次元；局面．
dimensional 形 寸法[大きさ]の；次元の．
dimes y diretes 《話》言い争い；うわさ話．***andar en*** ～ ***(con ...)*** （…と）口げんかをする．
diminuendo 形 男〖音〗→ decrescendo.
diminutivo, va 形〖文法〗縮小の．── 男〖文法〗(1) 縮小辞（↔aumentativo）：主に名詞・形容詞に付いて「小ささ」「親愛」等を含意する接尾辞．-ito，-illo 等の系列がある．(2) 縮小語：縮小辞のついた語．
diminuto, ta 形 とても小さい．
dimisión 女 辞職，辞任；辞表．hacer ～ de ... …の職[任務]を辞する．
dimisionario, ria 形 辞任する．── 男 女 辞職[辞任]者．
dimitir 自《**de**》（…を）辞職[辞任]する．── 他（職・任務を）辞する．
dimorfo, fa 形 ❶〖生〗二形性の．❷〖鉱〗同質二像の．
din 男《話》お金．el *din* y el don 富と名誉．
dina 女 ダイン：力の単位．
Dinamarca 固名 デンマーク：首都コペンハーゲン Copenhague.
dinamarqués, quesa 形 デンマーク（人，語）の．── 男 女 デンマーク人．── 男 デンマーク語．
dinámico, ca 形 ❶ 活動[精力]的な．❷ 動的な；力学（上）の．── 女〖物〗力学．
dinamismo 男 力強さ；〖哲〗力本説．
dinamita 女 ❶ ダイナマイト．❷《話》騒動の火種．
dinamitar 他 ダイナマイトで爆破する．
dinamitero, ra 男 女 爆破業者[担当者]；テロリスト．
dinamización 女 活発化．
dinamizar 57 他（活動等を）活発にする．── **dinamizarse** 再 活発になる．
dinamo / dínamo 女 発電機．
dinamómetro 男 力量計，検力計；動力計．
dinar 男 ❶ ディナール：アルジェリア等の通貨単位．❷（古代近東の）ディナール金貨．
dinastía 女 ❶ 王朝．❷ 名家，名門．
dinástico, ca 形 王朝（支持）の．
dineral 男 大金，一財産．
dinerario, ria 形 金銭の，資金の．
dinerillo 男《話》少しの[ちょっとした]金．

dinero [ディネロ]〔英 money〕男 ❶ 金，金銭；通貨．～ de bolsillo ポケットマネー．～ en efectivo [en metálico] 現金．～ de plástico (クレジット)カード．～ suelto 小銭．andar bien [mal] de ～ 金回りがいい[悪い]．estar fatal de ～ 金に困っている．～ en la mano 現金．❷ 富，財産．dar ～ 富を生む．hacer ～ 金もうけする．hombre de ～ 資産家．***D***～ ***llama a*** ～. 金のあるところに金がたまる．***Poderoso caballero es don D***～. 《諺》地獄の沙汰(さた)も金次第．
dingo 男 ディンゴ犬．
dinosaurio 男〖古生〗恐竜（類）．
dinoterio 男〖古生〗恐獣．
dintel 男 楣(まぐさ)：戸口上部の横木．
dintorno 男〖建〗〖美〗(輪郭の) 内部．
diñar [ジニ] 他 ～***la*** 《俗》死ぬ．
dio 活 → dar.
diocesano, na 形〖カト〗教区（司教）の．── 男 教区司教．── 男 女 教区の信徒．
diócesis 女〔単複同形〕〖カト〗教区．
diodo 男〖電〗二極（真空）管；ダイオード．
dioico, ca 形〖植〗雌雄異株の．
dionisiaco, ca / dionisíaco, ca 形〖ギ神〗ディオニュソスの（ような）．── 女〔複〕酒神祭．
Dionisio 固名 ディオニシオ：男子の名．
dioptría 女〖光〗(レンズの) ジオプトリー．
diorama 男 ジオラマ；立体模型．
diorita 女〖鉱〗閃緑(せんりょく)岩．

dios [ディオス] 男〔複 dioses〕〔英 God〕❶ *D*～（キリスト教の）神，創造主．*D*～ todopoderoso 全能の神．*D*～ Hijo [hecho hombre] イエス・キリスト．❷（キリスト教以外の）神．jurar por todos los ～*es* 天地神明に誓う．***a la buena de D***～ 《話》(1) その場しのぎで．(2) 何の気なしに；他意はなく．***¡Ande con D***～***!*** ごきげんよう．***A quien madruga D***～ ***le ayuda.*** 《諺》早起きは三文の得．***armar(se) la de D***～ ***(es Cristo)*** 《話》大騒ぎする．***¡Alabado [Bendito] sea D***～***!*** 《感動・驚き》すばらしい，なんということだ．***como D***～ 《話》すばらしい[しく]．***como D***～ ***le da a entender*** できる限り．***como D***～ ***manda*** きちんと，適切に．***como D***～ ***quiera*** 好きに．***costar D***～ ***y ayuda***（事が）骨折り仕事である．***de*** ～ すごい，並外れた．***¡D***～***!*** 《怒り等》おやまあ．***D***～ ***lo quiera*** そうなればいいのだが．***D***～ ***me [te, le ...] coja confesado ...*** 願わくば…ならんことを．***D***～ ***me perdone, pero ...*** 《相手の意見に疑義を表して》お言葉ですけれど…．***D***～ ***mediante*** 事情が許せば，うまくいけば．***¡D***～ ***mío [santo]!*** 《驚き等》まあ，何てことだ．***D***～ ***sabe / Sabe D***～ ***/ Sólo D***～ ***sabe*** (1)《疑い》さあどうだか分からない．(2)《断定を強めて》神だけはご存知だ；本当に（…だ）．***Sólo D***～ ***sabe*** lo que nos cuesta hacer esto. 本当にこれをするのに私たちがどんな思いをしているかと言ったら．***D***～ ***te [se ...] lo pague.*** 《話》《感謝》神の御加護のあらんことを．***estar de D***～ 《話》運命づけられている．*Estaba de D*～ que ocurriera eso. そのことはしかるべくして起こったことだった．

gracias a D~ おかげさまで. ***hablar con D~*** 祈る. ***llamar a D~ de tú*** 《話》羽目をはずす. ***mañana D~ dirá*** 明日という日がある. ***ni D~*** 《話》《否定》誰も(…ない). ***no haber D~ que*** 〈+接続法〉《話》…する可能性はない. ***por D~*** お願いだから. ***(que) D~ te oiga*** 《話》《相手の願望に対して》そうなればいいですね. ***Si D~ quiere*** 事情が許せば, うまくいけば. ***sin encomendarse (ni) a D~ ni al diablo*** よく考えずに. ***todo D~*** みんな, 多勢. ***válgame D~*** 《驚き・不快》一体どういうことなんだ. ***¡Vaya con D~!*** ごきげんよう. ***¡Vaya por D~!*** 《不快等》どうなっているんだ. ***vivir como D~*** 気楽に暮らす. ***venir D~ a ver a ...*** …に思いがけず幸運が訪れる.

diosa 女 女神.

diostedé 男 《ラ米》〖鳥〗オニオオハシ.

dióxido 男 〖化〗二酸化物. ~ de carbono 二酸化炭素.

dioxina 女 〖化〗ダイオキシン. emisión de ~*s* ダイオキシンの放出. contaminación por [con] ~ ダイオキシン汚染.

dipétalo, la 形 〖植〗二花弁の.

diplodoco 男 → diplodocus.

diplodocus 男 [単複同形] ディプロドクス(属) : 竜脚類, 草食性の巨大恐竜.

diploide 形 〖生〗二倍体の.

diploma 男 (学位・資格の) 免状 ; 卒業[修了]証書 ; 賞状.

diplomacia 女 ❶ 外交(術) ; 外交官の職 ; 外交機関. ❷ 外交手腕.

diplomado, da 形 資格のある. ── 男 女 有資格者 ; (大学・各種学校の) 修了者.

diplomar 他 …に免状[学位]を与える. ── **diplomarse** 再 《en》(…の) 学位[資格]を取得する.

diplomático, ca 形 ❶ 外交の ; 外交官の. ❷ 《話》外交手腕のある, 駆け引き上手な. lenguaje ~ 外交辞令. ── 男 女 外交官. ── 女 ❶ 外交術. ❷ 古文書学.

diplomatura 女 (5年制) 大学の第1課程(3年間) 修了者に授与される学位.

diplopía 女 〖医〗複視.

dipneo, a 形 男 肺魚類の(魚).

dipsomanía 女 〖医〗飲酒癖.

dipsomaníaco, ca / dipsómano, na 形 男 女 飲酒癖の(人).

díptero, ra 形 ❶ 〖建〗(古代ギリシャ神殿の) 二重周柱式の. ❷ 〖昆〗双翅(そうし)目の. ── 男 双翅目(の昆虫).

díptico 男 〖美〗ディプティク : 2つ折りの画像.

diptongación 女 〖言〗二重母音化.

diptongar 66 他 〖言〗二重母音化する. ── **diptongar(se)** 自 再 二重母音になる.

diptongo 男 〖言〗二重母音.

diputación 女 ❶ 代表団 ; 議員団. ❷ 議員の職務[任期]. ❸ 県議会 ; 議事堂.

diputado, da 男 女 国会議員, 下院議員 ; 県議会議員 ; 代議員.

diputar 他 ❶ 選出する, 任命する. ❷ 判断する, 見なす.

dique 男 ❶ 堤防, 防波堤 ; 歯止め. ~ de contención ダム. poner (un) ~ a ... …を抑止する. ❷ ドック, 船渠(せんきょ) ; 乾ドック. ***en el ~ seco*** 活動休止中の.

diquelar 他 《話》感づく, 気づく.

dir- 活 → decir.

dirección [ディレクしオン] 女 [複 direcciones] [英 direction; address] ❶ **方向** ; 針路 ; 方針. en ~ a ... …に向かって. en todas *direcciones* 四方八方に. ~ prohibida 《交通標識》侵入禁止. calle de una [sola] ~ 《ラ米》一方通行(道路) (→ calle 地域差). de doble ~ / de ambas direcciones 《ラ米》(道路が) 両面通行の (→地域差). ❷ 指揮, 指導 ; 監督 ; 演出. llevar la ~ de ... …を統率する. ❸ 《集合的》執行部, 経営陣 ; (官公庁の) 部, 局 (= D~ General). ❹ 長の職[執務室]. ❺ **住所** ; 〖IT〗アドレス. ❻ 《ラ米》〖車〗ハンドル (→ volante 地域差) ; ハンドル操作, 操縦(装置). ~ asistida パワーステアリング. 地域差 (道路が) 両面通行の de doble dirección 《スペイン》《ラ米》(ウルグアイ) ; de ambas direcciones (アルゼンチン・チリ) ; de doble flecha (ベネズエラ) ; de doble mano (アルゼンチン) ; de doble sentido 《スペイン》《ラ米》(メキシコ)(ベネズエラ)(ボリビア)(パラグアイ) ; de dos sentidos (キューバ)(メキシコ)(エクアドル) ; de dos vías (キューバ, ドミニカ共和国) ; doble vía (ドミニカ共和国)(グアテマラ, ホンジュラス, エルサルバドル, ニカラグア, コスタリカ, パナマ)(コロンビア)(チリ).

direccional 男 (または女) [複] 《ラ米》〖車〗方向指示器, ウインカー (→ intermitente 地域差).

directa 女 〖車〗トップギア. ── 形 → directo.

directivo, va 形 指導の ; 経営の ; 指針となる. ── 男 女 役員, 幹部. ── 女 ❶ 役員会 ; 執行部. ❷ [主に複] 指針 ; 指示.

directo, ta [ディレクト, タ] 形 [英 direct] ❶ **まっすぐな** ; 直通の ; 直系の. ir ~ a ... …に直行する. ❷ **直接の**, 直接的な ; 率直な. complemento ~ 直接目的語. una pregunta *directa* 単刀直入な質問. ── 男 ❶ 直通列車. ❷ (ボクシング) ストレート. ***en ~*** 生放送で[の].

director, tora [ディレクトル, トラ] 形 指導的な, 制御する. ── 男 女 [英 director] **長** ; 重役, 部長, 局長 ; 校長 ; 〖映〗〖演〗監督, 演出家 ; 〖音〗指揮者 ; 〖TV〗プロデューサー, ディレクター.

directorio, ria 形 指導上の. normas *directorias* 指針. ── 男 ❶ 指導 ; 指針. ❷ ハンドブック ; 規定. ❸ 理事会 ; 執行部. ❹ 住所録, 名簿 ; 《ラ米》電話帳. ❺ 〖IT〗ディレクトリー.

directriz 形 [女性形のみ] 基準の ; 〖数〗準線の. ── 女 ❶ [主に複] 基準 ; 指示. ❷ 準線.

dirham [ディルハ(ム)] 男 ディルハム : モロッコ等の貨幣単位.

dirigencia 女 《ラ米》(アルゼンチン)(ペルー)(ウルグアイ)(ベネズエラ) (政党等の) 組織の幹部グループ.

dirigente 形 指導的な ; 支配する. ── 男 女 指導者 ; 首脳陣.

dirigible 形 操縦できる. ── 男 飛行船.

dirigir [ディリヒル] 44 他 [英 direct] ❶ **指導する**, 指図する ; 経営する. ❷ 《a, hacia》(…の方向に) 向ける ; (…にあてて) 送る. ~ la palabra *al* público 聴衆に話しかける. ❸ 〖音〗指揮する ; 〖映〗〖演〗監督[演出]する. ❹ 操縦する. ──

dirigirse 再 《a, hacia》(…に) 向かう；(…に) 話しかける，手紙を書く．
dirigismo 男 統制政策．
dirij- 活 → dirigir.
dirimir 他 ❶ (論争等に) 決着をつける．❷〖法〗無効にする．
discal 形 椎間板(ついかんばん)の．hernia ～ 椎間板ヘルニア．
discapacidad 女 身体[精神]障害．
discapacitado, da 形 男 女 身体[精神]障害の[者]．
discar 26 他 《ラ米》(アルゼンチン)(コロンビア)(ペルー)(ウルグアイ) ダイヤルする．

D

discente 形 教育を受けている，学生の．── 男 女 学生．
discernimiento 男 ❶ 識別．❷ 分別，判断力．
discernir 45 他 ❶ 識別する，見分ける．❷〖法〗後見人に指定する．❸ (賞等を) 与える．
disciplina [ディ(ス)シプリナ] 女 〔英 discipline〕 ❶ 規律；秩序．❷ 訓練，しつけ；教育．❸ 学問分野，学科；〖スポ〗部門．❹ [複] (短い) 鞭(むち)．
disciplinado, da 形 規律正しい，訓練された．
disciplinar 他 ❶ 訓練する；規律に従わせる．❷ 鞭(むち)で打つ．── **disciplinarse** 再 規律正しくなる．── **disciplinar** 形 規律の．
disciplinario, ria 形 規律[懲戒]の．
discípulo, la 男 女 弟子；生徒．
disco [ディスコ] 男 〔英 disk, disc〕 ❶ レコード；〖IT〗ディスク．～ compacto CD．～ flexible フロッピーディスク．～ duro [rígido] ハードディスク．～ óptico 光ディスク．❷ 円盤 (状のもの)；(電話等の) ダイヤル；〖スポ〗円盤 (投げ)．～ lunar 月 (の視表面)．❸ 信号 (板)；交通標識．～ (en) rojo 赤信号．❹ 椎間板(ついかんばん)．❺ 《話》繰り返されるもの [話題]．── 女 《話》→ discoteca. *parecer un* ～ *rayado* 《話》同じ話を繰り返す．
discografía 女 レコード目録[製作]．
discográfico, ca 形 レコード (製作) の．
discoidal 形 円盤状の．
díscolo, la 形 言うことを聞かない．── 男 女 反抗的な人[子供]．
disconforme 形 不一致の；《con》(…に) 不賛成の．
disconformidad 女 不一致；不服．
discontinuar 58 他 中断させる．
discontinuidad 女 不連続，断続．
discontinuo, nua 形 不連続の，断続的な．
discordancia 女 不調和，不一致；〖音〗不協和 (音)．
discordante 形 調和 [一致] しない；〖音〗不協和の．
discordar 32 自 ❶ 《de, con / en》(…と / …について) 一致 [調和] しない；意見を異にする．❷〖音〗調子が合わない．
discorde 形 ❶ 調和しない；意見が異なる．❷〖音〗不協和の，音[調子]の外れた．
discordia 女 不和，反目；争い．
discoteca 女 ❶ ディスコ．❷ レコードのコレクション．
discotequero, ra 形 ディスコ (音楽) の；ディスコ好きの．── 男 女 ディスコ通いをする人．
discrasia 女〖医〗異混和症．
discreción 女 思慮深さ，賢明さ．*a* ～ *(de ...)* (…の) 好きなように；無条件で．
discrecional 形 自由裁量の，任意の．
discrepancia 女 不一致；意見の相違．
discrepar 自 《de, con / en》(…と / …について) (意見等が) 異なる；一致しない．
discretear 自 ❶ 《話》耳打ちする，内緒話をする．❷ 思慮深さを示す．
discreto, ta 形 ❶ 慎み深い；思慮のある，口の堅い．❷ 目立たない；ささやかな．boda *discreta* 地味な結婚式．❸〖医〗分離性の；〖数〗離散の．── 男 女 控えめな人，思慮深い人．
discriminación 女 差別；区別．～ positiva 積極的差別是正 (措置)．
discriminador 男〖電〗弁別回路．
discriminante 男〖数〗判別式．
discriminar 他 ❶ 差別する．❷ 識別[区別]する．
discriminatorio, ria 形 識別する；差別的な．
disculpa 女 ❶ 弁解，言い訳．dar ～*s* 言い訳をする．❷ 容赦，勘弁．pedir ～*s* a ... …に許しを請う．── 活 → disculpar.
disculpable 形 許される；納得できる．
disculpar [ディスクるパル] 他 〔英 excuse〕 ❶ 《de, por》(…について) 許す，大目に見る．*Disculpe.* すみません．❷ …の弁明をする．Su juventud no *disculpa* sus descortesías. 若いからといって彼の無礼の言い訳にはならない．── **disculparse** 再 《de, por》(…を) 詫(わ)びる；(…の) 弁解をする．～ *de* su tardanza ante el jefe 上司に遅刻を謝る．
discurrir 自 ❶ 《por》(…を) (川・時間が) 流れる；経過する．❷ 《en》(…について) 熟考する；《sobre》(…について) 論ずる．── 他 考え出す．
discursear 自 《話》熱弁をふるう．
discursista 男 女 演説好きな人．
discursivo, va 形 論証[思索]的な．
discurso 男 ❶ 演説，講演．pronunciar un ～ 演説をする．❷ 論考，論証．❸ (時の) 経過．en el ～ del tiempo 時がたつにつれて．❹〖言〗談話．
discusión [ディスクシオン] 女 [複 discusiones] 〔英 discussion〕 議論，討論；口論．*en* ～ 懸案の．*sin* ～ 異論なく．
discutible 形 議論[疑問]の余地のある．
discutidor, dora 形 男 女 議論好きな (人)．
discutir [ディスクティル] 他 〔英 discuss〕 ❶ 議論する；検討する．❷ …に異議を申し立てる；逆らう．── 自 ❶ 《de, sobre》(…について) 議論する．❷ けんかする．
disecación 女 → disección.
disecar 26 他 ❶ 解剖する．❷ 剝製(はくせい)にする．❸ 押し葉にする，押し花にする．
disección 女 ❶ 解剖；分析．❷ 剝製(はくせい)；押し葉[花]．
diseccionar 他 解剖する．
diseminación 女 散布；拡散．

diseminar 他 (種子等を) ばらまく；(説等を) 広める. — **diseminarse** 再 散らばる；拡散する.
disensión 女 意見の相違；[複] 争い.
disenso 男 → disentimiento.
disentería 女 〖医〗赤痢.
disentérico, ca 形 男 女 赤痢の (患者).
disentimiento 男 意見の相違.
disentir 98 自 《de》(…と) 意見が異なる；相違する.
diseñador, dora 形 設計[デザイン]する. — 男 女 設計者；デザイナー. ～ de moda(s) ファッションデザイナー.
diseñar 他 ❶ 設計する；デザインする；…の下絵を描く. ❷ 概略を述べる.
diseño 男 ❶ デザイン, 設計 (図)；図案. ❷ 構想；概略.
disépalo, la 形 〖植〗二萼片(がくへん)の.
disertación 女 論述；講演.
disertar 自 《de, sobre》(…を) 論ずる.
diserto, ta 形 弁がたつ.
disestesia 女 〖医〗知覚不全.
disfagia 女 〖医〗嚥下(えんげ)困難.
disfasia 女 〖医〗不全失語症.
disfavor 男 不興；冷遇；無礼；不人気.
disforme 形 → deforme.
disfraz 男 ❶ 変装, 仮装；変装用衣装. ❷ 隠れみの. *bajo el ～ de ...* …と見せかけて.
disfrazar 57 他 ❶ (本心を) 隠す；偽装する. ❷ 《de》(…の格好に) 変装[仮装]させる. — **disfrazarse** 再 《de》(…に) 変装[仮装]する.
disfrutar [ディスフルタル] 他 享受する；楽しむ. — 自 [英 enjoy] 《de, con》(…を) **享受する**；(…を) 楽しむ. ～ *de* buena memoria 記憶力がよい.
disfrute 男 享受；楽しみ. — 活 → disfrutar.
disfunción 女 〖医〗機能障害[異常].
disgregación 女 離散；解体, 分裂.
disgregador, dora 形 離散させる；解散させる.
disgregar 66 他 離散[解体]させる. — **disgregarse** 再 分離[解体]する.
disgregativo, va 形 分裂[解体]させる.
disgustar 他 不快にさせる；…の気にさわる. — **disgustarse** 再 ❶ 《con, de, por》(…で) 不愉快になる；立腹する. ❷ 《con》(…と) 仲たがいする.
disgusto 男 ❶ 不愉快, 不満. ❷ 心痛, 苦悩. ❸ 対立, 争い. *a ～* いやいや, しぶしぶ. *matar a ～s a ...* …を悩ます.
disidencia 女 離反；見解の相異.
disidente 形 離反した；反対派の. — 男 女 (体制等への) 反対者；離反者.
disidir 自 ❶ 見解を異にする. ❷ 離反する, 離脱する.
disílabo, ba 形 → bisílabo.
disimetría 女 不均整.
disímil 形 似ていない, 異なる.
disimilación 女 〖音声〗異化.
disimilar 他 〖音声〗異化する.
disimilitud 女 相違.
disimulación 女 偽装, 隠すこと.
disimulado, da 形 隠された；偽装する. — 男 女 本心を表さない人. *hacerse el ～* しらばくれる.
disimular 他 隠す, ごまかす；見逃す. — 自 とぼける, しらばくれる.
disimulo 男 偽装, ごまかし；知らぬ振り. *con ～* 素知らぬ顔で；こっそり.
disipación 女 ❶ 消失. ❷ 放蕩(ほうとう).
disipado, da 形 消失した；遊び暮らす. — 男 女 放蕩(ほうとう)者.
disipar 他 ❶ 散らす, 消散させる. ～ una duda 疑惑を払う. ❷ 浪費する. — **disiparse** 再 消え失せる.
diskette [英] 男 〖IT〗フロッピーディスク.
dislalia 女 〖医〗構音障害, 発音不全.
dislate 男 でたらめ.
dislexia 女 〖医〗失読症.
disléxico, ca 形 男 女 失読症の (人).
dislocación 女 脱臼(だっきゅう)；転位；ずれ.
dislocar 26 他 ❶ 脱臼(だっきゅう)させる. ❷ (…の位置を) 乱す；歪曲(わいきょく)する. — **dislocarse** 再 脱臼する.
disloque 男 《話》限界；極み, 大混乱.
dismenorrea 女 〖医〗月経困難 (症).
disminución 女 減少, 軽減, 低下.
disminuido, da 過分 → disminuir. 形 障害のある；価値が低下した. — 男 女 障害者.
disminuir [ディスミヌイル] 60 他 [現分 disminuyendo] [英 decrease] **減らす**；低下させる；弱める. — **disminuir(se)** 自 再 減る；低下する；弱まる.
disminuy- 活 現分 → disminuir.
dismnesia 女 記憶障害.
disnea 女 呼吸困難.
disociación 女 分離；〖化〗解離.
disociar 17 他 ❶ 《de》(…から) 分離する. ❷ 〖化〗解離させる. — **disociarse** 再 ❶ 《de》(…から) 分離する；(…との) 交際をやめる. ❷ 〖化〗《en》(…に) 解離する.
disolubilidad 女 〖化〗溶解性；解消[解散]の可能性.
disoluble 形 ❶ 溶解性の. ❷ 解消[解散]できる.
disolución 女 ❶ 解散；崩壊；(関係の) 解消. ❷ 〖化〗溶解；溶液. ～ acuosa 水溶液. ❸ 退廃.
disolutivo, va 形 溶解する, 解散[崩壊]させる.
disoluto, ta 形 放埒(ほうらつ)な, 自堕落な. — 男 女 放蕩(ほうとう)者.
disolvente 形 溶解力のある. — 男 〖化〗溶剤.
disolver [ディソるベル] 110 他 [過分 disuelto, ta] [英 dissolve] ❶ 《en》(…に) **溶かす**. ❷ 解散させる；解消する；崩す. ～ un contrato 契約を無効にする. — **disolverse** 再 ❶ 溶ける, 溶解する. ❷ 解散[解消, 崩壊]する.
disonancia 女 ❶ 〖音〗不協和音；不快音. ❷ 不調和；不釣り合い.
disonante 形 ❶ 不協和音の；耳障りな. ❷ 調和しない；不釣り合いな.
disonar 32 自 ❶ 不協和音になる；耳障りな音を立てる. ❷ 《de, con》(…と) 調和しない, そぐわない.
disosmia 女 〖医〗嗅覚(きゅうかく)障害.
dispar 形 一様でない, 異なる
disparada 女 《ラ米》(アルゼンチン)(メキシコ)(ニカラグア)(ウル

ｸﾞｱ)逃走. a la ～《ラ米》(ｱﾙｾﾞﾝﾁﾝ)(ｸﾞｱﾃﾏﾗ)(ﾁﾘ)(ﾍﾟﾙｰ) 一目散に.

disparadero 男 (銃の) 引き金. ***poner a ... en el*** ～《話》…を追いつめる.

disparado, da 形 急いだ. salir ～ 慌てて飛び出す.

disparador 男 ❶ 発射装置. ❷ (カメラの) シャッター.

disparar 他 発射[発砲]する；放つ；作動させる. ―― 自 ❶《**contra, sobre**》(…に向けて) 発射[発砲]する；シュートする；質問を浴びせる. ❷ シャッターを切る. ❸《ラ米》(ﾒｷｼｺ)《話》おごる. ―― ***dispararse*** 再 ❶ 発射される；作動する. ❷ 飛び出す；暴発する；自制心を失う. ～ los precios 物価がはね上がる.

D

disparatar 自 でたらめを言う；非常識なことをする.

disparate 男 ❶ ばかげたこと；非常識な言動. ❷ (金額・量が) 法外なこと. ***¡Qué ～!*** ばかばかしい. ***un ～*** すごく, たくさん.

disparejo, ja 形 → dispar.

disparidad 女 相違, 不一致.

disparo 男 ❶〖スポ〗シュート. ❷ 発射；(装置の) 作動.

dispendio 男 無駄遣い, 浪費.

dispendioso, sa 形 高くつく.

dispensa 女 免除；〖カト〗(教会法からの) 特別免除.

dispensador, dora 形 恩恵を授ける. ―― 男 女 恩恵を付与する人.

dispensar 他 ❶ (喜ばれるものを) 授ける, 与える. ～ una buena acogida 熱烈に歓迎する. ❷《**de**》(…の義務から) 免じる. ❸ 許す, 大目に見る.

dispensario 男 (外来用) 診療所.

dispepsia 女〖医〗消化不良.

dispéptico, ca 形 男 女 消化不良の(人).

dispersar 他 散らす, 分散させる. ～ al enemigo 敵を追い散らす. ―― ***dispersarse*** 再 ❶ 散らばる, 分散する. ❷《**en**》(複数の対象に) 気を散らす.

dispersión 女 分散, 散乱；離散.

dispersivo, va 形 分散する[させる].

disperso, sa 形 散らばった；気が多い.

displacer 76 (または78) 他 → desplacer.

displasia 女〖医〗形成異常.

display [ディスプれイ] 〔英〕 男 ❶〖IT〗ディスプレー, 表示装置. ❷ 陳列台；展示.

displicencia 女 無関心, 冷淡. estudiar con ～ いやいや勉強する.

displicente 形 冷淡な, 無愛想な；気むずかしい.

dispón 活 → disponer.

dispondr- 活 → disponer.

disponer [ディスポネル] 75 他 [過分 dispuesto, ta] 〔英 dispose, arrange〕 ❶ **配置する；整える**. ～ la casa para la fiesta パーティーのために家を整える. ❷《＋不定詞 / **que**＋接続法》(…するよう) 規定する；命令する. ―― 自 〔英 have〕《**de**》❶ (…を) **持っている**；自由に使う. *Disponga* usted *de* mí a su gusto. なんなりとご遠慮なくお申しつけください. ❷ 処分する. ―― ***disponerse*** 再 ❶《**a** [**para**]＋不定詞》…する準備をする；…しようとする. ❷ 位置につく.

dispong- 活 → disponer.

disponibilidad 女 ❶ 利用できること. ❷ [複] (手持ちの) 資金, 流動資産.

disponible 形 ❶ 自由に使用[処分]できる；手元にある. artículos ～*s* 在庫商品. ❷ (定員に) 空きのある. ❸ (軍人・公務員が) 待命中の.

disposición [ディスポシシオン] 女 [複 disposiciones] 〔英 arrangement, disposition〕 ❶ **配置**；間取り. ❷ 適性, 素質. ❸ 自由裁量. Estoy a la ～ de usted [a su ～]. なんなりとお申しつけください. ❹ [複] 方策, 措置. ❺《**de, para**》(…するための) (心身の) 状態. Con este dolor de cabeza no estoy en ～ *de* salir. これだけ頭が痛くては外出する気になれない. ❻ 規定, 命令. ***última ～*** 遺言.

dispositivo 男 装置. ～ intrauterino 避妊リング.

dispuesto, ta [ディスプエスト, タ] 過分 → disponer. 形 〔英 ready〕 ❶《**a**＋不定詞, **para**》(…するための) **準備ができた**. Estoy ～ *a* hacer todo lo posible. できるだけのことをするつもりです. ❷ 有能な. ***bien*** [***mal***] ～ 心の準備[状況]が整った[整わない].

dispus- 活 → disponer.

disputa 女 口論, 議論；争い. ―― 活 → disputar.

disputador, dora 形 男 女 議論好きな(人).

disputar [ディスプタル] 他 (…を競って) 争う；(試合を) する. ―― 自 〔英 dispute〕 ❶《**de, sobre**》(…のことで) **言い争う**；論争する. ❷《**por**》(…をめぐって) 争う, 競う. ―― ***disputarse*** 再 ❶ 取り合いをする. ❷ 議論される；(試合が) 行われる.

disquete 男〖IT〗フロッピーディスク.

disquetera 女〖IT〗ディスクドライブ.

disquisición 女 ❶ 論考, 研究. ❷ [複] 余談.

distancia [ディスタンシア] 女 〔英 distance〕 ❶ **距離**, 間隔. ❷ (時間的) **隔たり**. ❸ 差異, 相異. ❹ 冷淡, 疎遠. ***a*** (***la***) ～ 遠くに, 遠くから. ***guardar las ～s*** 分をわきまえる；一線を画す. ***mantener*** [***tener***] ***a ... a ～*** …と距離を置く, 敬遠する.

distanciamiento 男 隔り；疎遠.

distanciar 17 他 遠ざける；…の間隔をあける. ―― ***distanciarse*** 再《**de**》(…から) 遠ざかる；(…と) 疎遠になる；(競争等で) 引き離す.

distante 形 ❶《**de**》(…から) 離れた, 遠くの；昔の. ❷《**con**》(…に対して) よそよそしい；高慢な.

distar 自《**de**》(…から) 離れている；隔りがある；かけ離れている.

distender 101 他 ❶ 緩める；…の緊張をほぐす. ❷ (筋等を) たがえる. ―― ***distenderse*** 再 ❶ 緩む, ほぐれる. ❷ (筋肉等が) 引きつる.

distensión 女 ❶ 弛緩(しかん)；緊張緩和. ❷ (筋肉等の) 引きつり.

dístico 男〖詩〗二行連句.

distinción 女 ❶ 区別, 識別；相違. ❷ 気品. ❸ 特別待遇；敬意. ***a ～ de ...*** …とは異なり. ***sin ～*** 無差別に.

disting- 活 → distinguir.

distingo 男 難癖；ささいな違い．―活 → distinguir.
distinguido, da 過分 → distinguir. 形 卓越した；著名な；気品のある． ***D*～ *señor*** 拝啓．
distinguir [ディスティンギル] 46 他 〔英 distinguish〕 ❶ 《**entre** / **de**》(…間を / …から) **区別する**，見分ける．～ la música 音楽を聞き分ける．❷ 特徴づける，際立たせる．❸ 《**con**》(…の特権・栄誉を) 与える．❹ 特別待遇する．― 自 違いを作る．―**distinguirse** 再 ❶ 《**por**》(…で) 区別される；ぬきんでる．❷ 感知される．
distinta 形 → distinto.
distintivo, va 形 弁別的な；特有の．― 男 シンボル；記章；特徴．
distinto, ta [ディスティント，タ] 形 〔英 distinct〕 ❶ 《**a**, **de**》(…と) **異なる**，**違った**．❷ [複] 種々の；いくつかの．❸ はっきりした，明瞭(めいりょう)な．
distocia 女 〖医〗難産．
distorsión 女 ❶ ねじれ；捻挫(ねんざ)．❷ (事実等の) 歪曲(わいきょく)．❸ (像の) ゆがみ；(電波の) ひずみ．
distorsionar 他 ❶ よじる；捻挫(ねんざ)させる．❷ (事実等を) 歪曲(わいきょく)する．―**distorsionarse** 再 ゆがむ；捻挫する．
distracción 女 ❶ 気晴らし；娯楽．❷ 注意散漫．
distraer [ディストゥラエル] 104 他 [現分 distrayendo ; 過分 distraído, da] 〔英 distract〕 ❶ (人の) **注意をそらす**．❷ 楽しませる，気晴らしをさせる．❸ (苦痛等を) 紛らせる．❹ 横領[着服]する．― 自 気晴らしになる．―**distraerse** 再 ❶ 《**con**》(…で) 楽しむ，気晴らしをする．❷ 気が散る；ぼんやりする．
distraído, da 過分 → distraer. 形 ❶ ぼんやりした，注意散漫な．❷ 楽しんでいる；面白い．― 男 女 ぼんやりした人．
distraig- 活 → distraer.
distraj- 活 → distraer.
distrayendo 現分 → distraer.
distribución 女 ❶ 分配；配給．❷ 配置；間取り．❸ (水道・ガス等の) 供給；(商品の) 流通．
distribuidor, dora 形 分配する；配給の．― 男 女 分配者；販売者；配給業者．― 男 ❶ (各部屋への) 廊下．❷ 配電器．― 女 卸業者，配給会社．～ ***automático*** 自動販売機．
distribuir [ディストゥリブイル] 60 他 [現分 distribuyendo] 〔英 distribute〕 ❶ 《**a**/**entre**》(…に / …の間に) 配る，**分配する**，配給する．❷ (商品を) 流通させる，配達する；(水道・ガス等を) 供給する．❸ 配置する；割り振る．
distributivo, va 形 ❶ 分配の，配給の．❷ 〖文法〗配分の．
distribuy- 活 現分 → distribuir.
distrito 男 区域，管(轄)区． ***D*～ Federal** (メキシコの) 連邦特別区．
distrofia 女 〖医〗ジストロフィー．
disturbar 他 かき乱す，妨害する．
disturbio 男 騒動；混乱；暴動．
disuadir 他 《**de**》(…を) 断念させる．Me *disuadieron de* fumar. 私は喫煙をやめさせられた．
disuasión 女 思いとどまらせること，抑止．
disuasivo, va / disuasorio, ria 形 思いとどまらせる，制止的な．
disuelto, ta 過分 → disolver. 形 溶けた，解散した；解消した．
disuelv- 活 → disolver.
disúrico, ca 形 〖医〗 男 女 排尿障害の患者．
disyunción 女 〖文法〗分離；〖論〗選言的判断．
disyuntivo, va 形 〖文法〗分離の；〖論〗選言的な．― 女 二者択一．
ditirámbico, ca 形 酒神賛歌の．
ditirambo 男 ❶ 酒神賛歌．❷ 熱狂的な詩[文]；絶賛．
DIU / diu [ディウ] [複 ～s] *d*ispositivo *i*ntra*u*terino 避妊リング．
diuca 女 《ラ米》(チリ) 〖鳥〗ジュウカチョウ．― 男 女 《ラ米》(アルゼンチン) 《話》先生のお気に入り．
diuresis 女 [単複同形] 〖医〗利尿．
diurético, ca 形 男 〖医〗利尿の[剤]．
diurno, na 形 ❶ 昼間の．❷ 〖植〗昼間に開く；〖動〗昼行性の．
divagación 女 (話の) 脱線，余談．
divagar 66 自 ❶ 本題からそれた話をする．❷ → vagar.
diván 男 ❶ (背のない) 長いす．❷ (オスマン・トルコ等の) 枢密院．❸ (アラビア語・トルコ語等の) 詩集．
divergencia 女 分岐；(意見等の) 相違；〖物〗〖数〗発散．
divergente 形 相違[分岐，発散]する．
divergir 44 自 分岐する；相違する．
diversa 形 → diverso.
diversidad 女 多様性；相違．
diversificación 女 多様化，多角化．
diversificar 26 他 多様化させる，多角化させる．―**diversificarse** 再 多様化する．
diversión 女 ❶ 娯楽，気晴らし．❷ 〖軍〗陽動 (作戦)．
diverso, sa [ディベルソ，サ] 形 〔英 diverse〕 ❶ **多様な**；異なる．❷ [複] いくつかの．
divertido, da [ディベルティド，ダ] 過分 → divertir. 形 〔英 amusing〕 ❶ **面白い**，愉快な，楽しい．❷ 《ラ米》(アルゼンチン)(グアテマラ)(チリ)(ペルー) ほろ酔いの．
divertimento 〔伊〕 男 嬉遊(きゆう)曲．
divertimiento 男 → diversión.
divertir [ディベルティル] 98 他 [現分 divirtiendo] 〔英 entertain〕 ❶ **楽しませる**．❷ (敵の) 注意をそらす．―**divertirse** 再 〔英 enjoy oneself〕 《**con**》(…で) **楽しむ**，気晴らしをする．
dividendo 男 〖数〗被除数；配当金．
dividir [ディビディル] 他 〔英 divide〕 ❶ 《**en**》(…に) **分ける**，分割する；《**entre**》(…の間で) 分配する．❷ 《**de**》(…から) 隔てる；分断する．❸ 〖数〗《**entre, por**》(…で) 割る，割算する．❹ 反目[分裂]させる．―**dividirse** 再 分岐[分裂]する；分割される．
diviert- 活 → divertir.
divieso 男 〖医〗癤(せつ)．
divina 形 → divino.
divinidad 女 ❶ 神性，神格；(非キリスト教の) 神．❷ 非常に美しい人；すばらしいもの．

D

D

divinización 女 神格化；礼賛.

divinizar 57 他 神格化する，(神聖なものとして) 崇拝する；礼賛する.

divino, na [ディビノ,ナ] 形 〔英 divine〕 ❶ 神の，神聖な. ❷ すばらしい，非常に美しい.

divirt- 活 現分 → divertir.

divisa 女 ❶ 記章；紋章のモットー. ❷ [主に複] 外国通貨. ❸ 〘闘牛〙 (出身牧場を示す) 色リボン.

divisar 他 (遠くに物・人が) 見える.

divisibilidad 女 可分性；〘数〙 整除性.

divisible 形 可分の；〘数〙 整除できる.

división [ディビシオン] 女 [複 divisiones] 〔英 division〕 ❶ 分割；分配；区分. ～ administrativa [territorial] 行政区画. ❷ 〘数〙 割り算，除法. ❸ 対立；意見の相違. ❹ 〘スポ〙 等級；(会社等の) 部門；〘軍〙 師団. primera ～ 〘スポ〙 1部リーグ. ❺ 〘文法〙 ハイフン.

divisionario, ria 形 分割の；〘軍〙 師団の. ***moneda divisionaria*** 補助貨幣.

divismo 男 スター性；スター気取り.

divisor, sora 形 分割する. ── 男 ❶ 〘数〙 除数；約数. ❷ 分割者[器].

divisorio, ria 形 区分する. ── 女 分水界；境界線.

divo, va 形 《文》 神なる；《軽蔑》 うぬぼれた. ── 男 女 (オペラの) 花形歌手.

divorciado, da 過分 → divorciar. 形 男 女 離婚した (者).

divorciar 17 他 ❶ 離婚させる. ❷ 分離する. ── ***divorciarse*** 再 ❶ 《de》 (…と) 離婚する. ❷ 離反する.

divorcio [ディボルシオ] 男 〔英 divorce〕 ❶ 離婚. ❷ 不一致；分離. ── 活 → divorciar.

divulgación 女 普及；流布；暴露.

divulgador, dora 形 普及させる；暴露する. ── 男 女 普及者；漏洩(ろうえい)者.

divulgar 66 他 ❶ 広める，普及させる. ❷ (秘密等を) 暴露する；公表する. ── ***divulgarse*** 再 広まる；暴露される.

dizque 副 《ラ米》 どうやら；推定上.

Djibuti 固名 → Jibuti.

D. m. *D*ios *m*ediante 神のご加護で；もしできれば.

DNI 男 [単複同形] *D*ocumento *N*acional de *I*dentidad (スペインの) 国民身分証明書. número de(l) ～ 国民身分証明書番号.

do 男 〘音〙 ド，ハ音. ── 副 《稀》 → donde, dónde. ***dar el do de pecho*** 〘音〙 テノール歌手が最高音を出す；《話》 最大限の努力をする.

dobla 女 中世カスティーリャの金貨. ── 活 → doblar. ***a la ～*** 倍賭(が)けで.

dobladamente 副 2倍に；下心をもって.

dobladillo 男 《ラ米》 (ズボンの) 折り返し (→ bordillo 地域差).

dobladura 女 折り目，折り畳んだ部分.

doblaje 男 〘映〙〘TV〙 吹き替え.

doblamiento 男 折り曲げる[畳む]こと.

doblar [ドブラル] 他 〔英 double〕 ❶ 2倍にする；(年齢が) 倍である. Te *doblo* en [la] edad. 私の年齢は君の倍だ. ❷ 折り畳む；曲げる，折り曲げる. ❸ 〘映〙〘TV〙 吹き替える；…の代役をする. ～ una película al español 映画をスペイン語に吹き替える. ❹ 《ラ米》 (車等が) 曲がる (→ girar 地域差). ❺ 《話》 打ちのめす. ❻ 〘スポ〙 …に1周リードする. ❼ 《ラ米》 (ﾒｷｼｺ)射殺する. ❽ 《ラ米》 (ﾁﾘ)恥をかかせる. ── 自 〔英 turn〕 ❶ 《a, hacia》 (…に) 曲がる. ～ *a* la derecha 右に曲がる. ❷ 《por》 (…を弔う) 鐘が鳴る. ❸ 〘闘牛〙 (瀕死(ひん)の牛が) 倒れる. ── ***doblarse*** 再 ❶ 曲がる；体を曲げる. ❷ 《a, ante》 (…に) 屈服する.

doble [ドブレ] 形 〔英 double〕 2倍の；二重の；対の；2人用の. whisky ～ ウイスキーのダブル. tela ～ 厚手の布. habitación ～ 2人部屋. un hombre de ～ faz 裏表のある人. ── 男 ❶ 2倍. ❷ (飲み物の) ダブル. ❸ 弔鐘. ❹ コピー. ❺ [主に複] 〘スポ〙 ダブルス；(バスケットボール) ダブルドリブル. ── 男 女 ❶ 瓜二つの人；〘映〙〘TV〙 代役；スタントマン. ❷ 裏表のある人. ── 副 ❶ 《que, de》 (…の) 2倍に. comer el ～ *que* ... …の2倍食べる. ❷ 偽善的に. ── 活 → doblar.

doblegar 66 他 ❶ 曲げる，折る. ❷ 屈服させる；(意思等を) 曲げさせる. ── ***doblegarse*** 再 ❶ 曲がる，折れる. ❷ 《a, ante》 (…に) 屈服する.

doblemente 副 ❶ 偽善的に. ❷ 二重に；2倍に. ❸ さらに上回って.

doblete 男 ❶ 〘演〙 一人二役. ❷ 〘スポ〙 2連勝. ❸ 〘言〙 二重語：同語源の異なる2語. ❹ (ガラスを張り合わせた) 模造宝石.

doblez 男 折り返し；折り目. ── 女 (まれに男) 偽善，二枚舌.

doce [ドセ] 形 《数詞》 〔英 twelve〕 12の；12番目の. ── 男 12. ***las*** ～ 12時. a *las* ～ y media 12時半に.

doceavo, va 形 男 12分の1 (の).

docena 女 ダース 《略 doc.》. una [media] ～ de huevos 1ダース[半ダース]の卵. ～ ***de(l) fraile*** 《話》 13個. ***por ～s*** ダース単位で；たくさん.

docencia 女 教育活動.

doceno, na 形 12番目の.

docente 形 教育の；教育に携わる. cuerpo ～ 教授陣. ── 男 女 教師.

docetismo 男 キリスト仮現説.

dócil 形 ❶ 素直な，従順な. ❷ (金属等が) 加工しやすい.

docilidad 女 従順さ；扱いやすさ.

dock 〔英〕 男 [複 ～s] 埠頭(ふとう)；倉庫.

docto, ta 形 《文》 博学な；《en》 (…に) 精通した. ── 男 女 学者，博識家.

doctor, tora [ドクトル,トラ] 男 女 〔英 doctor〕 ❶ 博士. ～ en Derecho 法学博士. ～ honoris causa 名誉博士. ❷ 医者；《呼びかけ》 先生. ❸ 〘カト〙 (聖人の称号) 博士. ～ de la Iglesia 教会博士.

doctorado 男 博士課程；博士号.

doctoral 形 ❶ 博士 (課程) の. tesis ～ 博士論文. ❷ 学者ぶった.

doctorando, da 男 女 《文》 博士号申請者.

doctorar 他 ❶ …に博士号を授与する. ❷ 正式の闘牛士に昇格させる. ── ***doctorarse*** 再 ❶ 博士号を取得する. ～ en Física 物理学で博士号を取る. ❷ 正式の闘牛士に昇格する.

doctrina [ドクトゥリナ] 女 〔英 doctrine〕 ❶ 教義；〖カト〗教理 (問答書). ～ cristiana キリスト教の教義. ❷ 学説，主義. ❸ 知識，学識.
doctrinal 形 教義[学説]の. ― 男 規約書，戒律書.
doctrinar 他 → adoctrinar.
doctrinario, ria 形 ❶ 理論[教義]上の. ❷ 教条的な. ― 男 女 教条主義者.
doctrinarismo 男 教条主義.
doctrinero 男 教理問答の教師；(先住民にキリスト教を説いた) 司祭.
docudrama 女 再現映像を交えたドキュメンタリー番組.
documentación 女 ❶ 資料，文献；資料による確認. ❷ (身分等の) 証明書；(公的な) 必要書類.
documentado, da 形 資料に裏づけられた；(身分) 証明書[必要書類]を伴った.
documental 形 資料[証明書]の；資料に基づいた；ドキュメンタリーの. ― 男 〖映〗〖TV〗ドキュメンタリー.
documentalista 男 女 文献・資料の収集者.
documentalmente 副 資料[記録]に基づいて；資料[記録]としては.
documentar 他 ❶ 資料で裏づける. ❷ 情報を与える. ― **documentarse** 再 資料集めをする.
documento [ドクメント] 男 〔英 document〕 書類，文書；証明書；資料，記録. ～ privado [público] 私[公]文書. *D*～ Nacional de Identidad (スペインの) 身分証明書 (略 DNI).
dodecaedro 男 〖数〗十二面体.
dodecafonía 女 十二音音楽.
dodecafónico, ca 形 十二音音楽の.
dodecafonismo 男 十二音音楽.
dodecágono, na 形 〖数〗十二角(形)の. ― 男 十二角形.
dodecasílabo, ba 形 男 12音節の(詩行).
dogal 男 〖馬〗端綱；絞首刑用の縄. *estar con el ～ al cuello* 窮地に陥っている.
dogma 男 教義；教条；原理.
dogmático, ca 形 ❶ 教義(上)の. ❷ 教条的な，独断的な. ― 男 女 独断的[教条的]な人.
dogmatismo 男 ❶ 独断的態度；教条主義. ❷ 《集合的》教義.
dogmatizar 57 自 独断的に話す[書く]；教義として主張する.
dogo 男 グレートデン (犬).
dolador 男 大工，石工.
dólar [ドらル] 男 〔英 dollar〕 (米国等の通貨単位) ドル. *estar montado en el ～* 《話》大金持ちである.
dolarización 女 ドル化.
dolby 男 〔英〕〖商標〗ドルビー：ノイズ除去装置.
dolce vita [ドるチェビタ] 〔伊〕 甘い生活，放蕩(ほうとう)生活.
dolencia 女 病気；体の痛み.
doler [ドれル] 70 自 〔英 hurt〕 ❶ (体が) 痛む. Me *duele* la cabeza. 私は頭が痛い. ❷ (事柄が) 心痛を与える. Me *duele* su muerte. 彼の死に胸が痛む. ― **dolerse** 再 《de》(…の) 痛みを感じる；(…を) 嘆く.
dolicocefalia 女 〖人類〗長頭.
dolicocéfalo, la 形 男 女 長頭の(人).
doliente 形 病気の；悲嘆に暮れる. ― 男 女 遺族.
dolmen 男 〖考古〗ドルメン.
dolo 男 ❶ 〖法〗故意. ❷ 詐欺，ぺてん.
dolomita 女 〖地質〗苦灰石.
dolomítico, ca 形 〖地質〗苦灰石の.
dolor [ドろル] 男 〔英 pain〕 痛み，苦痛；苦悩. parto sin ～ 無痛分娩(ぶんべん). ～ sordo 鈍痛. ～ de corazón 自責の念. *estar con los ～es* 陣痛が始まっている.
dolora 女 ドローラ：哲学的主題の短詩.
Dolores 固名 ドローレス：女子の名.
dolorido, da 形 (体等が) 痛む；悲痛な.
doloroso, sa 形 つらい，痛ましい，痛々しい. ― 女 ❶ 悲しみの聖母マリア像. ❷ 《話》勘定書.
doloso, sa 形 詐欺の，欺瞞(ぎまん)の.
doma 女 (動物の) 調教；コントロール.
domador, dora 男 女 調教師；猛獣使い.
domadura 女 → doma.
domar 他 ❶ 調教する，飼いならす. ❷ (人を) おとなしくさせる. ❸ (感情等を) 抑える. ❹ (物を) なじませる. ～ unos zapatos nuevos 新しい靴を履き慣らす.
domeñar 他 従わせる，屈服させる.
doméstica 形 → doméstico.
domesticable 形 飼いならせる，家畜化できる.
domesticación 女 飼いならし，家畜化.
domesticar 26 他 ❶ 飼いならす；家畜化する. ❷ (家庭向きに) しつける.
doméstico, ca [ドメスティコ,カ] 形 〔英 domestic〕 ❶ 家の，家庭の. economía *doméstica* 家計. ❷ 飼いならされた. animal ～ 家畜. ❸ 国内の (＝nacional). ― 男 女 家事使用人. ― 男 (自転車競技で) 補佐役の選手.
domiciliación 女 (自動) 口座振替.
domiciliar 17 他 ❶ (支払い等を) 口座振替にする. ❷ 住まわせる. ― **domiciliarse** 再 《en》(…に) 居を構える.
domiciliario, ria 形 ❶ 住居での. arresto ～ 自宅軟禁. ❷ 住所の.
domicilio 男 住所；住居. ～ social 会社所在地. sin ～ fijo 住所不定の. *a* ～ (1) 自宅で[に]. servicio *a* ～ 宅配. (2) 〖スポ〗敵の本拠地で.
dominación 女 ❶ 支配，統治. ❷ [複] 〖カト〗主天使.
dominador, dora 形 男 女 支配[威圧]的な(人).
dominante 形 ❶ 支配的な，優勢な. facción ～ 主流派. carácter ～ 〖生〗優性形質. ❷ 威圧的な，横柄な. ― 男 女 威圧的な人. ― 女 〖音〗第5音，属音.
dominar [ドミナル] 他 〔英 dominate〕 ❶ 支配する，統治する. ❷ (感情・被害等を) 抑える，鎮圧する. ❸ 習熟する；熟知する. ❹ 見下ろす；(建物等が…に) そびえ立つ. ── 自 優勢である；際立つ. ── dominarse 再 感情を抑える，自制する.

dómine 男 (昔の) ラテン語教師；学者ぶる人.

domingo [ドミンゴ] 男 〔英 Sunday〕 日曜日；〖カト〗安息日. *D*～ de Ramos 棕櫚(しゅろ)の主日 (復活祭直前の日曜日). *D*～ de Resurrección [de Pascua] 復活祭. ── 固名 [D-] ❶ Santo *D*～ de Guzmán 聖ドミニクス (1170-1221)：スペインの説教師；ドミニコ会の創設者. ❷ ドミンゴ：男子の名. ***hacer d～*** (平日に) 休む. ***ir (vestido) de d～*** 《話》よそゆきを着ている.

D

dominguero, ra 形 《話》日曜日の；(服が) よそゆきの. ── 男 女 《話》《軽蔑》日曜日・祝日だけ出かける[運転する]人.

dominguillo 男 起き上がりこぼし. ***traer [llevar] a ... como un ～*** 《話》…を思いどおりに操る.

domínica 女 〖カト〗主日；日曜祈禱(きとう)書.

Dominica 固名 ❶ ドミニカ：女子の名. ❷ ドミニカ：首都ロゾー Roseau.

dominical 形 ❶ 日曜日の；日曜版の. ❷ 〖カト〗主の，主日の. oración ～ 主の祈り. ── 男 (新聞等の) 日曜版.

dominicano, na [ドミニカノ,ナ] 形 ❶ ドミニカ (共和国) の；サントドミンゴの. República *Dominicana* ドミニカ共和国：首都サントドミンゴ Santo Domingo. ❷ 〖宗〗→ dominico. ── 男 女 ドミニカ (共和国) 人；サントドミンゴ出身者.

dominico, ca 形 男 女 ドミニコ会の (修道士[女]).

dominio 男 ❶ 支配，統治；所有権. tener ... bajo su ～ …を支配下に置く. ❷ 精通，習熟. ❸ [主に複] 領土，支配圏. ❹ (学問等の) 分野，領域. ***ser de(l) ～ público*** 周知である.

dominó 男 ❶ ドミノ遊び[牌(はい)]. ❷ ドミノ：仮装用フード付きマント. ── 活 → dominar.

domo 男 〖建〗丸天井[屋根].

dompedro 男 ❶ 〖植〗オシロイバナ. ❷ 《話》便器，おまる.

don [ドン] 男 ❶ 《男性の洗礼名の前につける敬称》…さん，…様，…殿 《略 D.》. *don* Julio フリオさん. el rey *Don* Juan Carlos フアン・カルロス国王陛下 (► 王等に付けるときは頭文字に大文字を用いるが，普通は小文字). Sr. *D.* ... 《手紙の宛名で》…様 (► 無冠詞で用いられる). → doña. ❷ 天賦の才，資質. ～ de gentes 人を引きつける魅力. ❸ 贈り物. ► ①の場合はアクセントをつけずに発音.

dona 女 《ラ米》ドーナツ.

donación 女 寄付 (金)，寄贈 (品). hacer ～ de ... …を寄付[寄贈]する. ～ entre [inter] vivos 〖法〗生前贈与.

donaire 男 優雅さ；才気.

donante 形 寄贈[寄付，提供]する. ── 男 女 ❶ 寄贈[寄付]者. ❷ (臓器等の) 提供者，ドナー. ～ de sangre 献血者.

donar 他 寄贈[寄付，提供]する.

donatario, ria 男 女 受贈[被提供]者；(臓器等の) 被移植者，レシピエント.

donativo 男 寄付，寄贈.

doncel 男 ❶ (中世の) 騎士への叙任前の貴族の子息. ❷ 《文》若者；童貞.

doncella 女 ❶ 《文》若い女性；処女. ❷ 侍女. ❸ 《スペイン》家政婦 (→地域差). ❹ 〖魚〗ベラ. ── 形 処女の. 地域差 家政婦 doncella 《スペイン》；empleada 《ラ米》(キュ)(ニカ)(ラテア，コスタリカ，パナマ)(ベル)(ボリ)(パラグアイ，アルゼンチン)；mucama (ウルグアイ)；muchacha (グアテマラ，ホンジュラス，コスタリカ)(コロンビア)(エクアドル)；sirvienta (ドミニカ共和国，プエルトリコ)(メキシコ)(グアテマラ，パナマ)(ボリビア)(アルゼンチン).

doncellez 女 処女性，童貞.

donde [ドンデ] 副 《関係》〔英 where〕 ❶ 《場所を表す副詞・名詞を先行詞とする》…するところの. el hospital ～ nació 彼が生まれた病院. la entrada por ～ entramos 私たちが入った入り口. Ya tienes que buscar un sitio ～ dormir. もう君は泊まるところを探さなければならない. ► 静止した場所を示す時は donde を，運動の方向を示す時は adonde を用いるのが原則. Voy *adonde* quieras. お望みのところへ私は行くよ. ❷ 《先行詞を含んで》…する場所に[で]. Escaparon por ～ entraron. 彼らは入ったところから逃げた. ❸ 《前置詞的に》…の家に. Estaban ～ Juan. 彼らはフアンのところにいた. ***de [por] ～*** したがって，そのことによって. 〈接続法 +〉 ～ 〈+接続法〉 どこに[で] …しようとも. estés ～ estés 君がどこにいようと.

dónde [ドンデ] 副 《疑問》〔英 where〕 ❶ どこ (に). ¿*D*～ vives? どこに住んでいるの. ¿A ～ [Adónde] vas? どこへ行くの. ¿De ～ es usted? どちらのご出身ですか. ❷ 《+不定詞》どこで…したらよいか. No sé ～ preguntar. どこで尋ねたらよいか分からない. ***¿De [Por] ～ ...?*** いったい全体….

dondequiera 副 どこにでも，どこへでも. ～ ***que*** 〈+接続法〉 …するどこに[へ]でも. ～ *que* estés 君がどこにいても.

dondiego 男 〖植〗オシロイバナ. ～ de día アサガオ，ヒルガオ.

donjuán 男 ドンファン，女たらし.

donjuanesco, ca 形 ドンファン的な，女たらしの.

donjuanismo 男 ドンファン的性格.

Donoso 固名 ドノソ José ～ (1924-96)：チリの小説家.

donoso, sa 形 《文》❶ 優雅な；気の利いた. ❷ 《+名詞》《皮肉》結構な.

donostiarra 形 男 女 《スペイン》サン・セバスティアンの (人).

donosura 女 (物腰の) 優雅さ；機知.

Don Quijote 固名 → Quijote.

donut [ドヌ(トゥ) (ドヌス)] 〔英〕 男 [複 ～s] ドーナツ.

doña [ドニャ] 女 ❶ [時に D-] 《既婚女性・地位ある女性の洗礼名の前につける敬称》…さん，…様 《略 D.ª》. *d*～ Alicia アリシアさん. Sra. *D.ª* ... 《手紙の宛名で》…様 (► 無冠詞で用いられる). → don. ❷ 《形容詞等を強調して》(怖い) おばさん. Ella es una ～. 彼女は厳しいおばさんだね. Es una ～ mandona. 彼女は威張ってるよね. ❸ 《ラ米》(アルゼンチン)(コロンビア)(ウルグアイ) 《呼びかけ》おばさん (= señora). ► ①の場合はアクセントをつけずに発音.

dopaje 男 〖スポ〗ドーピング.

dopar 他 ❶ 〖スポ〗(選手に) 薬物を与える. ❷ 《ラ米》(アルゼンチン)(ウルグアイ) …に鎮痛剤 [睡眠

薬]を与える. — **doparse** 再 薬物を使用する, ドーピングする.
doping [ドピン] 〔英〕 男 ドーピング.
doquier / doquiera 副 *por* ～ 至る所に[で].
dorada 女 〖魚〗ヨーロッパヘダイ. — 形 → dorado.
Dorado 固名 El ～ エル・ドラド：征服者たちがアマゾン川流域等に探し求めた伝説の黄金郷.
dorado, da [ドラド,ダ] 形 〔英 golden〕 金色の；金を施した；輝かしい. siglo ～ 黄金世紀. — 男 ❶ 金めっき, 金箔(きんぱく). ❷[複]金めっき製品[部分].
doradura 女 金めっき.
dorar 他 ❶ 金めっきする；金色に塗る. ❷ 〖料〗きつね色に焼く. — **dorarse** 再 〖料〗きつね色になる；金色になる.
dórico, ca 形 ❶ (古代ギリシャの) ドーリス(人)の. ❷〖建〗ドーリス様式の. — 男 ドーリス方言.
dorio, ria 形 男 女 (古代ギリシャの) ドーリスの(人).
dormida 女 ❶ 寝ること；《話》仮眠. ❷ 〖昆〗休眠. ❸《ラ米》寝場所.
dormidero, ra 形 眠りを誘う. — 男 家畜の寝場所.— 女 ❶〖植〗→ adormidera. ❷[複]《話》寝つき.
dormido, da 過分 → dormir. 形 眠っている；うとうとしている；(手・足が) しびれた.
dormilón, lona 形《話》眠たがり屋の, 寝坊な. — 男 女 寝坊, 寝ぼすけ. — 女 ❶ 寝いす. ❷《ラ米》(1)(ベネズエラ)ネグリジェ. (2)[主に複] (ゴムの)(輪状の)イヤリング.
dormir [ドルミル] 47 自[現分 durmiendo]〔英 sleep〕 ❶ 眠る. ～ ocho horas 8時間眠る. ❷《en》(…に) 泊まる. ❸《話》《婉曲》《con》(…と) 寝る, 性的関係を持つ. ❹ 放っておかれる；怠ける；《sobre》(…について) 考え込む. ❺ (嵐(あらし)等が) 静まる. — 他 ❶ 寝かしつける. ❷ (昼寝等を) する. ❸ …の眠気を誘う. ❹ 麻酔をかける. — **dormirse** 再 ❶ 眠り込む. ❷ (手足が) しびれる. ❸ →自 ④⑤. *de mal dormir* 寝つきが悪い. *dormir como un ceporro* [*un tronco, un leño*]《話》ぐっすり眠る.
dormitar 自 うとうとする, 居眠りする.
dormitivo, va 形 催眠性の. — 男 催眠剤.
dormitorio [ドルミトリオ] 男 〔英 bedroom〕 ❶ 寝室. ❷ 寝室用家具. ❸ 学生寮, 寄宿舎.
Dorotea 固名 ドロテア：女子の名.
dorsal 形 ❶ 背中の, 背部の. espina ～ 脊椎(せきつい). ❷〖音声〗舌背(音)の. — 男 〖スポ〗背番号, ゼッケン. — 女 ❶〖音声〗舌背音. ❷ 山脈(の頂上部分).
dorso 男 裏面；背中, 背部；〖解〗舌背.
dos [ドス] 〔英 two〕 形《数詞》2の；2番目の. — 男 2. *las dos* 2時. *como dos y dos son cuatro* 明らかに, 当然. *de dos en dos* 2人[2つ]ずつ. *en un dos por tres*《話》あっと言う間に.
doscientos, tas [ドスシエントス,タス] 形《数詞》〔英 two hundred〕 200の；200番目の. — 男 200.

dosel 男 (祭壇・ベッド等の) 天蓋(てんがい).
dosificación 女 (薬の) 調合；配分.
dosificar 26 他 ❶ (薬を) 調合する, 服用量に分ける. ❷ (力等を) 配分[加減]する.
dosis 女 [単複同形] ❶ (1回分の) 服用量. ❷ 分量, 程度. *una buena ～ de ...* かなりの (量・程度の) …
dossier [ドシエル] 〔仏〕 男 [複 ～(e)s] 情報, 資料.
dotación 女 ❶ (資金・設備等の) 支給；基金；(才能等の) 賦与. ❷《集合的》(船の) 乗組員；(組織の) 人員, スタッフ.
dotado, da 形 ❶《de》(…を) 持っている. ❷《para》(…の) 才能がある. *bien* [*mal*] ～ (才能に) 恵まれた[恵まれない].
dotar 他 ❶《de》(才能を) 賦与する. ❷《con》(…を) 持参金[給料, 賞金]として与える. ❸《de, con》(資金・スタッフ・設備を) 付与する, 支給する.
dote 女 ❶ (まれに男) (婚家・修道院への) 持参金. ❷[複]素質, 才能.
dovela 女 〖建〗迫石(せりいし).
dovelaje 男 〖建〗《集合的》迫石(せりいし).
doy 活 → dar.
dozavo, va 形 男 → doceavo. *en* ～ 〖印〗(本が) 12折り判の.
dpto. 男 → departamento.
Dr., Dra. 男 女 → Doctor, Doctora.
dracma 女 (または男) ドラクマ：(1) ギリシャの通貨単位. (2) 古代ギリシャ・ローマの銀貨.
draconiano, na 形 (法律・措置等が) 厳格な；(立法家) ドラコンの.
DRAE [ドゥラエ] 男 *D*iccionario de la *R*eal *A*cademia *E*spañola スペイン王立アカデミーの辞書.
draft 〔英〕 男 → boceto.
draga 女 浚渫(しゅんせつ)機[船].
dragado 男 浚渫(しゅんせつ).
dragaminas 男[単複同形]掃海艇.
dragar 66 他 ❶ 浚渫(しゅんせつ)する. ～ el río 川底をさらう. ❷〖軍〗掃海する.
drago 男 〖植〗リュウケツジュ.
dragón 男 ❶ 竜, ドラゴン；《ラ米》(火を吹く) 大道芸人. ❷〖動〗トビトカゲ. ❸〖史〗竜騎兵. ❹ 国際ドラゴン級ヨット. ❺〖史〗バイキング船.
dragonear 自 《ラ米》(1) 自慢する. (2) 無資格で営業する. — 他 《ラ米》(ラプラタ)(異性に) ちょっかいを出す.
dragontea 女 〖植〗ドラクンキュルス.
drama [ドゥラマ] 男 〔英 drama〕 ❶ 劇, 演劇；戯曲. ❷ 劇的な事件[出来事]. *hacer un ～ (de ...)*《話》(…を) 大げさに騒ぎ立てる.
dramático, ca 形 ❶ 演劇の；戯曲の. ❷ 劇的な；芝居がかった. — 男 女 劇作家. — 女 → dramaturgia.
dramatismo 男 劇的であること.
dramatización 女 劇化, 脚色；誇張.
dramatizar 57 他 劇化[脚色, 誇張]する. — 自 大げさに考える[振る舞う].
dramaturgia 女 ❶ 劇作法[術]. ❷《集合的》戯曲.
dramaturgo, ga 男 女 劇作家, 脚本家.
dramón 男《話》低級な芝居[ドラマ].
drapeado,da 形 男 ドレープ (のついた).
drapear 他 (布に) ドレープをつける.

drástico, ca 形 思い切った, 徹底的な；(下剤が) 強烈な. ── 男 峻(しゅん)下剤.

drenaje 男 ❶ 排水 (設置). ❷ 〖医〗 排膿(はいのう)；(ガーゼ等の) 処置用具.

drenar 他 ❶ (土地の) 排水をする. ❷ 〖医〗 排膿(はいのう)する.

driblar 他 〖スポ〗 ドリブルする[でかわす].

drible 男 〖スポ〗 ドリブル.

dril 男 太綾(ふとあや)織り.

drive [ドゥライ(ブ)〈ドゥライ(フ)〉] 男 (テニス・ゴルフ) ドライブ.

driver [ドゥライベル] 男 ❶ (ゴルフ) ドライバー. ❷ 〖IT〗 ドライバー：プリンタ等周辺機器を制御するソフトウエア.

driza 女 ハリヤード：帆・旗の動索.

droga 女 ❶ 麻薬；《話》 なしではいられないもの. ～ blanda [dura] ソフト[ハード]ドラッグ. ❷ 薬品. ❸ 《ラ米》 (1)(中米)(メキシコ)借金. (2) [複] カンニングペーパー (➜ chuleta 地域差).

drogadicción 女 麻薬中毒.

drogadicto, ta 形 男 女 麻薬中毒の(人).

drogado, da 形 麻薬を使用した. ── 男 女 麻薬使用者. ── 男 麻薬の使用.

drogar 66 他 …に麻薬を与える. ── **drogarse** 再 麻薬を使う.

drogata 男 女 《話》 麻薬中毒[常用]者.

drogodependencia 女 麻薬中毒.

drogodependiente 形 男 女 麻薬中毒[常用]の(人).

droguería 女 ❶ 雑貨店, ドラッグストア. ❷ 《ラ米》 薬局.

droguero, ra 男 女 雑貨店主[店員].

dromedario 男 〖動〗 ヒトコブラクダ.

drosera 女 〖植〗 モウセンゴケ.

drugstore [ドゥラグストル] [英] 男 ドラッグストア.

druida 男 〖宗〗 ドルイド教司祭.

druídico, ca 形 ドルイド教の.

druidismo 男 (古代ケルト族の) ドルイド教.

drupa 女 〖植〗 核果, 石果.

drupáceo, a 形 核果 (状・性) の.

drusa 女 〖鉱〗 晶洞, がま.

druso, sa 形 男 女 (イスラム教) ドルーズ派の(人).

dto. 男 ➜ descuento.

Dtor., Dtora. 男 女 ➜ Director.

dual 形 ❶ 二重の, 二元的な. ❷ 〖文法〗 双数[両数]の. ── 男 〖文法〗 双数, 両数.

dualidad 女 二重性, 二元性.

dualismo 男 ❶ 二重[二元]性. ❷ 〖哲〗 二元論.

dualista 形 男 女 二元論の[者].

dubitable 形 疑わしい.

dubitación 女 疑い；〖修〗 疑惑法.

dubitativo, va 形 疑いを表す；不審げな. oración *dubitativa* 〖文法〗 疑惑文.

ducado 男 ❶ 公国；公爵の位[領地]. ❷ ドゥカド；昔のスペインの金貨.

ducal 形 公爵の.

ducentésimo, ma 形 (数詞) ❶ 200番目の. ❷ 200分の1の. ── 男 200分の1.

ducha 女 ❶ シャワー (➜地域差). darse [tomar] una ～ シャワーを浴びる. ❷ シャワー設備[室]. ❸ (液体の) 注ぎかけ；〖医〗 洗浄. ～ ***de agua fría*** 《話》 冷水を浴びせること. 地域差 シャワー ducha 《ほぼスペイン語圏全域》；baño 《ラ米》(キューバ, ドミニカ共和国, プエルトリコ) (メキシコ) (ホンジュラス, ニカラグア, コスタリカ, パナマ) (コロンビア, ベネズエラ) (ボリビア)；pascón (ニカラグア)；regadera (メキシコ)(グアテマラ, ホンジュラス, エルサルバドル, ニカラグア, コスタリカ, パナマ) (コロンビア, ベネズエラ).

duchar 他 ❶ シャワーを浴びさせる. ❷ 《話》 《con》 (…で) びしょぬれにする. ── **ducharse** 再 シャワーを浴びる.

ducho, cha 形 《en》 (…に) 精通した.

duco 男 (吹き付け用) ラッカー.

dúctil 形 従順な, 素直な；可延[可塑]性の.

ductilidad 女 可延[可塑]性；従順さ.

duda [ドゥダ] 女 [英 doubt] **疑い**, 疑惑；疑問；懐疑. ── 活 ➜ dudar. ***No cabe [hay] ～.*** 疑いの余地がない. ***sacar a ... de ～s*** …の疑いを晴らす. ***salir de ～s*** 疑問を解く. ***sin ～ (alguna)*** 確かに.

dudar [ドゥダル] 自 [英 doubt] ❶ 《de, sobre》 (…を) **疑う**；怪しむ. Juan *duda de* su novia. フアンは恋人のことを疑っている. ❷ 《entre》 (…の間で) 迷う；《en＋不定詞》 (…するのを) ためらう. ── 他 **疑う**；《si＋直説法》 (…かどうか) 確信がない；《que＋接続法》 (…とは) 思わない.

dudoso, sa [ドゥドソ,サ] 形 [英 doubtful] ❶ **疑わしい**, 不確かな；怪しい. ❷ 《estarと共に》 迷って[疑って]いる.

duel- 活 ➜ doler.

duela 女 ❶ 樽(たる)板. ❷ 〖動〗 ジストマ. ── 活 ➜ doler.

duelista 男 決闘者, 決闘好き.

duelo 男 ❶ 決闘, 対立. ❷ 哀悼のしるし；悲嘆. ❸ (集合的) 会葬者. ── 活 ➜ doler. ***sin ～*** 物惜しみせずに.

duende 男 ❶ (子供や老人の姿でいたずらをする) 妖精. ❷ (人を魅きつける) 魔力.

dueño, ña [ドゥエニョ,ニャ] 男 女 [英 owner] ❶ **持ち主**, 所有者. ❷ 雇い主. ── 女 《古》 付き添いの老婦人. ***hacerse ～ de ...*** …を掌握する；支配する. ***ser ～ de sí mismo*** 自制心を保つ. ***ser (muy) ～ de*** 〈＋不定詞〉 《話》 自由に…できる.

duerm- 活 ➜ dormir.

duermevela 女 (または男) 《話》 浅い眠り；うたた寝.

Duero 固名 el ～ ドゥエロ川：スペイン・ポルトガル北部の川で, 大西洋に注ぐ.

dueto 男 〖音〗 デュエット, 二重唱[奏].

dulce [ドゥるセ] 形 [英 sweet] ❶ **甘い**, 甘口の. ❷ 心地よい, 甘美な. voz ～ 甘い声. ❸ (人が) 優しい, 温かい. persona ～ 柔和な人. ❹ 塩分[酸味, 苦味] のない. agua ～ 淡水. pimentón ～ (香辛料の) パプリカ. ── 男 ❶ **菓子**, 甘い物. ❷ (果物の) 砂糖[シロップ] 煮. ～ de leche 《ラ米》(アルゼンチン)(ウルグアイ)キャラメル状の菓子. ***A nadie le amarga un ～.*** 《諺》 得になるものは何でも受け入れたほうがよい. ***de ～*** 《話》 (人が) 魅力的な. ***en ～*** 砂糖漬けの.

dulcémele 男 ダルシマー：打弦楽器.

dulcería 女 菓子店.

dulcero, ra 形 甘党の. ── 男 女 ❶ 甘い物好き. ❷ 菓子職人[販売人].

dulcificación 女 甘くすること；緩和.

dulcificar 26 他 ❶ 甘くする. ❷ 和らげ

る, 緩和する. — **dulcificarse** 再 甘くなる；和らぐ.
dulcinea 女 《話》憧れの女性, 最愛の女性. ► ドン・キホーテの意中の女性から.
dulía 女 〘カト〙聖人崇敬.
dulzaino, na 形 甘ったるい. — 女 〘音〙ドゥルサイナ (木管楽器)；《ラ米》ハーモニカ (→ armónica 地域差).
dulzón, zona 形 《軽蔑》(味・音楽等が) 甘ったるい.
dulzor 男 → dulzura.
dulzura 女 ❶ 甘さ, 甘味. ❷ (性格等の) 優しさ；甘美さ. ❸ (気候の) 穏やかさ.
duna 女 砂丘.
dúo 男 二重唱[奏]曲；デュオ. *a* ～ 二重唱[奏]で；2人で.
duodécimo, ma 形 《数詞》❶ 12番目の. ❷ 12分の1の. — 男 12分の1.
duodécuplo, pla 形 男 12倍 (の).
duodenal 形 十二指腸の. úlcera ～ 十二指腸潰瘍(かいよう).
duodenitis 女 [単複同形] 〘医〙十二指腸炎.
duodeno 男 〘解〙十二指腸.
dúplex 形 [単複同形] 二重の, 複式の. — 男 ❶〘建〙メゾネット. ❷〘通信〙同時送受信方式.
dúplica 女 〘法〙(被告の) 第二の訴答.
duplicación 女 ❶ 複写, 複製. ❷ 倍加, 倍増.
duplicado, da 形 複写の；倍にした. — 男 副本, 写し；複製. ～ de una llave 合鍵(あいかぎ). ***por*** ～ 正副2通にして.
duplicar 26 他 ❶ 2倍にする. ❷ 複写する, …の写しを作る. — **duplicarse** 再 倍増する.
duplicidad 女 ❶ 二重性. ❷ 裏表のあること, 二枚舌.
duplo, pla 形 男 2倍 (の).
duque 男 公爵.
duquesa 女 公爵夫人, 女公爵.
dura 形 → duro. — 活 → durar.
durabilidad 女 耐久性, 持続性.
durable 形 → duradero.
duración 女 継続, 持続；期間；寿命. disco de larga ～ LPレコード.
duradero, ra 形 耐久性のある；長く続く.
duraluminio 男 ジュラルミン.
duramadre / duramáter 女 〘解〙(脳・脊髄(せきずい)) 硬膜.
duramen 男 (木の) 心材, 赤身.

durante [ドゥランテ] 前 〔英 during〕 ❶ 《継続》**…の間ずっと**. Estaremos en la playa ～ las vacaciones. バカンスの間ずっと私たちはビーチにいるつもりです. Estuvieron en España ～ diez años. 彼らは10年にわたってスペインにいた. ► 年月日や時間等が期間を表す場合, 前置詞は不要だが, durante をつけると「…の間ずっと」の意味を強調する. → por 6①. ❷ 《期間》**…の間に**. ～ la cena. 夕食の間に. El autocar realizó dos paradas ～ el trayecto. 長距離バスは旅程の間に2度途中休憩した.

durar [ドゥラル] 自 〔英 last〕 ❶ **続く**, 継続[持続]する. La película *duró* dos horas. 映画は2時間続いた. ❷ (長く) もつ, 耐える. La leche no *dura* mucho. 牛乳は日持ちがしない.
durativo, va 形 〘文法〙継続を表す.
duraznero 男 《ラ米》〘植〙モモ (の木).
duraznillo 男 〘植〙ハルタデ.
durazno 男 《ラ米》モモ (の木, 実) (→ melocotón 地域差)；モモの変種.
dureza 女 ❶ 硬さ；頑丈さ；粗さ. ❷ 厳しさ, 冷酷さ. ❸ (皮膚にできた) たこ.
durm- 活 現分 → dormir.
durmiente 形 眠っている. — 男 〘建〙受け木；《ラ米》(線路の) まくら木.

duro, ra [ドゥロ, ラ] 形 〔英 hard〕 ❶ **硬い**, 堅い (↔ blando). más ～ que una piedra [un mendrugo] すごく堅い. huevo ～ ゆで卵. disco ～ ハードディスク. ❷ **厳しい**；激しい. *dura* mirada 厳しい目つき. viento muy ～ 強風. Es muy ～ con los alumnos. (彼は) 学生にとても厳しい. ❸ **困難な**, 難しい. Esta máquina ha pasado pruebas muy *duras*. この機械はとても厳しい検査を通った. ❹ 《de》(…に) 困難がある. ～ *de* mollera 鈍い, 理解力のない. ～ *de* oído 耳が遠い. Soy muy *dura* para las matemáticas. 私は数学が大の苦手だ. ❺ 《ラ米》(ごく)けちな. — 副 激しく；一生懸命に. trabajar [estudiar] muy ～ 一生懸命働く[勉強する]. — 男 (スペインの) 5ペセタ硬貨. estar sin un ～ 一銭もない. — 男 女 〘演〙ハードボイルド型の俳優. ***estar a las duras y a las maduras*** よいことも悪いことも受け入れる, どんなことも受け止める. ***¡Lo que faltaba para el ～!*** 《話》泣きっ面に蜂(はち)だよ. ***que le den dos ～s*** 《話》(拒絶・不快) もうたくさんだ, いい加減にしてくれ.
DYA [ディア] 女 *D*etente *y* *A*yuda (スペインの道路における) ドライバー救助協会.

Ee

E, e [エ] 女 ❶ スペイン語字母の第5字；e の名称. ❷ 〘音〙ミ mi.
e [エ] 接 〔英 and〕 **…と…**. ► i-, hi- で始まる語の前の y の異形. José *e* Ignacio ホセとイグナシオ.
E → este.
¡ea! 間 ❶ 《話》《強調・激励》さあ, よし. ❷ 《話》《子供をあやして》よし, よし.
eagle [イゲる] 〔英〕 男 (ゴルフ) イーグル.
easonense 形 男 女 (スペイン) サン・セバスティアンの (人).
Easter Island 〔英〕固名 イースター島：南太平洋上のチリ領の島. → Pascua.
ebanista 男 女 指物師, 家具職人.
ebanistería 女 指物技術[工場]；《集合的》指物, 家具.
ébano 男 〘植〙コクタン.
ebonita 女 エボナイト, 硬質ゴム.
ebriedad 女 酔い；陶酔.
ebrio, bria 形 《文》❶ 酔った. ❷ 《de》(…に) 我を忘れた. ～ *de* alegría 狂喜した. — 男 女 酔っ払い.
Ebro 固名 el ～ エブロ川：スペイン北東部の川.
ebullición 女 ❶ 沸騰. ❷ 狂乱, 騒然.
ebullómetro / ebulloscopio 男 〘物〙沸点測定装置.

E

ebúrneo, a 形 象牙(ぞう)の(ような).
eccehomo 男 ❶ エッケホモ：イバラの冠をいただいたキリスト像. ❷ 傷だらけで哀れな人. ***hecho un* ～** 傷だらけで.
eccema 男〖医〗湿疹(しっしん).
eccematoso, sa 形 湿疹(しっしん)性の.
echado, da 過分 → echar. 形 横たわった. ― 女 ❶ 投げること. ❷ 体一つ分(の距離).
echar [エチャル] 他〔英 throw; do〕 ❶ **投げる**, 投げ込む, 放る. ～ una carta en el [al] buzón 手紙を投函(とうかん)する. *Éche*lo a la basura. ごみ箱に捨ててください. ❷ 注ぐ, 入れる. ～ agua 水を入れる. Tienes que *echar*le muchas horas. 君, それには時間をかけなくてはいけないよ. ❸ (におい等を) 放つ；(毛・根等が) 生える；お腹が出てくる. ～ humo 煙が立つ. ❹ 《**de**》(…から) 追い出す；解雇する. ❺ (世辞等を) 言う. ～ un piropo 甘い言葉を投げかける. ❻ (体の部位を) 動かす；横にする. ～ la cabeza un poco a la izquierda 頭を少し左の方に動かす. ❼ 見積もる. ¿Cuántos años me *echas*? 君, 僕は何歳だと思う. *Écha*le dos horas en coche. 車で2時間と思いなさい. ❽ 《ある種の名詞と共に》(何かを) **する**, 行う. ～ la llave [el cerrojo] 鍵(かぎ)[錠]を掛ける. ～ el freno ブレーキをかける. ～ una siesta 昼寝する. ～ un cigarrillo タバコを吸う. ❾ 責任を負わせる, 罰を課す. ～ la culpa a ... …のせいにする. ～ una multa 罰金を課す. ❿ (ゲーム等を) 行う；(カード) 占いをする. ～ una partida 一勝負する. ― 自 ❶ 投げる. ❷ 《**a** ＋不定詞》(急に…し) 始める. Todos *echamos a* reír. 皆がどっと吹き出した. ― **echarse** 再 ❶ 飛び込む. ❷ 横になる. *Échate* un poco y te sentirás mejor. 少し横になりなさい, そうしたら気分がよくなるでしょう. ❸ 少し動く. ❹ 羽織る. *Me eché* una chaqueta. 上着を羽織った. ❺ 《**a**》(習慣に) 染まる. ～ *a* la bebida 酒にのめり込む. ❻ 《強調》…を決め込む；(ある行為を) する. ～ un pitillo (タバコで) 一服する. ～ un trago 飲み込む. ～ una novia 恋人ができる. ***echar a rodar*** ご破算にする. ***echar de menos*** なくて寂しい, 物足りない. ***echar de ver*** 気づく. ***echar la pera*** 《ラ米》(学校を) サボる (→ fumar 地域差). ***echar rayos*** [***centellas, fuego***] 立腹している. ***echarse a dormir*** ぼんやりする. ***echarse atrás*** 前言を翻す. ***echarse encima*** 間近である. ***echárselas de ...*** …を気取る.
echarpe 男 ショール.
Echegaray 固名 エチェガライ José ～ (1832-1916)：スペインの劇作家・数学者・政治家；ノーベル文学賞 (1904).
echón, chona 形 《ラ米》(ごまかし)(きざ)(富や知識を) 自慢する. ― 女 《ラ米》(アルゼンチン)(チリ)(ペルー)(ボリビア)鎌(かま).
eclampsia 女〖医〗子癇(しかん)；急癇.
eclecticismo 男 折衷主義.
ecléctico, ca 形 折衷主義の, 折衷主義者の. ― 男 女 折衷主義者.
eclesial 形 教会の, 聖職者の.
Eclesiastés 男〖聖〗(旧約) 伝道の書.
eclesiástico, ca 形 聖職者の, 教会の. ― 男 ❶ (キリスト教の) 聖職者. ❷ [E-]〖聖〗(旧約) 集会の書.
eclipsar 他 ❶〖天〗(天体が) 食する. ❷ 見劣りさせる. ― **eclipsarse** 再 ❶〖天〗食になる. ❷ 輝きを失う. ❸ 《**de**》(…から) 姿を消す.
eclipse 男 ❶〖天文〗食. ～ lunar 月食. ～ solar 日食. ～ total [parcial] 皆既[部分]食. ❷ 雲隠れ；衰退.
eclíptica 女〖天〗黄道.
eclisa 女 (レールの) 継ぎ目板.
eclosión 女 開花；孵化(ふか)；出現.
eclosionar 自 孵化(ふか)する.
eco [エコ] 男〔英 echo〕 ❶ **こだま**, 反響；〖物〗〖音〗エコー. ❷ うわさ；影響. tener ～ 反響を呼ぶ. ❸ 受け売り(する人). **～*s de sociedad*** (新聞等の) 社交界欄. ***hacerse* ～ *de ...*** …を広める.
ecografía 女〖医〗超音波検査(法). ～ abdominal 腹部エコー検査.
ecología 女 生態学[環境], エコロジー.
ecológico, ca 形 ❶ 生態学の. ❷ 環境にやさしい.
ecologismo 男 環境保護主義[運動].
ecologista 形 環境[自然] 保護(運動)の. ― 男 女 環境[自然]保護主義者.
ecólogo, ga 男 女 生態学者.
economato 男 生活協同組合の店舗.
econometría 女 計量経済学.
economía [エコノミア] 女〔英 economy〕 ❶ **経済**；経済学 ～ de mercado 市場経済. ～ doméstica 家計. ～ sumergida やみ経済. ❷ [時に複] **節約**；[複] 貯金. hacer ～*s* 倹約する.
economicismo 男 経済至上主義.
economicista 男 女 経済至上主義者.
económico, ca [エコノミコ, カ] 形〔英 economic〕 ❶ **経済の**；経済学の. ❷ 経済的な, 安上がりな.
economista 男 女 経済学者.
economizar 57 他 節約[倹約]する.
ecónomo 形〖カト〗(司祭が) 代理の. ― 男 ❶ 司祭代行. ❷ (教会・禁治産者の) 財産管理人.
ecopacifista 形 男 女 反戦環境保護者(の).
ecopunto 男 エコポイント：石油・石炭・天然ガス等エネルギー源の環境汚染度.
ecosistema 男 生態系, エコシステム.
ecosocialista 形 男 女 環境保護社会主義者(の).
ecotasa 女 エコロジー税：大気を汚染するエネルギーに課せられる税金.
ectodermo 男〖生〗外胚葉(はいよう).
ectoparásito, ta 形〖動〗外部寄生の. ― 男 外部寄生生物.
ectopia 女〖医〗転位(症).
ectoplasma 男 ❶〖生〗外原形質. ❷ 心霊体.
ECU [エク] 男 *E*uropean *C*urrency *U*nit 欧州通貨単位, エキュ (1995年まで).
ecuación 女 ❶〖数〗等式, 方程式. ～ de primer [segundo] grado 一次[二次]方程式. ❷〖天〗均差.
ecuador 男 ❶ [主に E-] 赤道. ❷ 中間点.
Ecuador [エクアドル] 固名 **エクアドル**：首都キト Quito.

ecualizador 男 (オーディオ装置の) イコライザー.
ecuánime 形 公正な；冷静沈着な.
ecuanimidad 女 ❶ 公正. ❷ 冷静.
ecuatorial 形 赤道の. ― 男 〘天文〙赤道儀.
ecuatorianismo 男 エクアドル特有の語[表現].
ecuatoriano, na [エクアトリアノ,ナ] 形 エクアドルの. ― 男 女 エクアドル人.
ecuestre 形 馬の, 馬術の；騎馬の.
ecuménico, ca 形 全世界的な, 普遍的な.
ecumenismo 男 〘宗〙世界教会運動.
eczema 男 〘医〙湿疹(しん).
ed. ❶ *e*dición 出版；版. ❷ *ed*itor 発行人.
edad [エダ(ドゥ)] 女 〔英 age〕 ❶ 年, 年齢. ～ del pavo 《話》思春期. tercera ～ 《婉曲》老年期. de cierta ～ やや年配の. de corta ～ 年少の. ～ crítica 思春期；更年期；人生の転機. A tu ～ yo trabajaba. 君の年では私は働いていたよ. Tenemos la misma ～. 私たちは同い年だ. ❷ 時代, 年代. ～ de piedra 石器時代. ～ de los metales [del bronce, del cobre, del hierro] 金属器[青銅器, 銅器, 鉄器]時代. ～ media 中世. ～ moderna [contemporánea] 近世[現代]. ～ dorada [de oro] 黄金時代. ***estar en ～ de ...*** …するのにいい年齢である. ***no tener ～*** (物事が) 年齢に関係ない. El deporte ***no tiene ～***. スポーツは年齢に関係ない. ***ser de ～*** 年をとった.
edafología 女 〘農〙土壌学.
edecán 男 ❶ (将官付きの) 副官. ❷ 助手. ❸ 《ラ米》(学校等の) 用務員.
edelweiss [エデルバイス] 〔独〕 男 〘植〙エーデルワイス.
edema 男 〘医〙浮腫(しゅ), 水腫.
edén 男 〘聖〙エデンの園；楽園.
edénico, ca 形 エデンの園の (ような).
edición [エディしオン] 女 [複 ediciones] 〔英 publication〕 ❶ 出版, 刊行；版. ～ príncipe [princeps] 初版本. primera ～ 初版. ～ agotada 絶版. ～ revisada 改訂版. ❷ 編集. ❸ (大会等の) 回. ***ser la segunda ～ (de ...)*** (…と) そっくりである；(…の) 二番煎(せん)じである.
edicto 男 布告；勅令.
edículo 男 (お堂等の) 小建築物.
edificabilidad 女 (土地が) 法律上建設用地となりうること；その容積.
edificable 形 (土地が) 法律上建設用地となりうる.
edificación 女 建築 (物)；教化.
edificante 形 模範的な.
edificar [エディフィカル] 26 他 〔英 build〕 ❶ 建てる, 建造する；創設する. ❷ (…の) 模範となる.
edificativo, va → edificante.
edificio [エディフィしオ] 男 〔英 building〕 建物, ビル.
edifique(-) / edifiqué(-) 活 → edificar.
edil, dila 男 女 市[町]会議員.
edípico, ca 形 〘ギ神〙オイディプスの.
Edipo 固名 〘ギ神〙オイディプス.
editar 他 ❶ 出版[刊行]する；編集する. ❷ 〘IT〙編集する.
editor, tora 男 女 発行人；編集者. ― 女 出版社. ― 男 〘IT〙エディター.
editorial 形 出版の, 編集の. ― 男 社説, 論説. ― 女 出版社.
editorialista 男 女 論説委員.
edredón 男 (キルト状の) ベッドカバー.
Eduardo 固名 エドゥアルド：男子の名.
educación [エドゥカしオン] 女 [複 educaciones] 〔英 education〕 ❶ 教育. ～ primaria [secundaria] 初等[中等]教育. ～ física 体育. ～ vial 交通安全教育. ❷ 行儀作法.
educacional 形 教育の.
educado, da 過分 → educar. 形 しつけ[行儀]のよい. bien [mal] ～ 行儀のよい[悪い].
educador, dora 男 女 教育者. ― 形 教育の.
educando, da 現分 → educar. 男 女 生徒, 学生.
educar [エドゥカル] 26 他 〔英 educate〕 ❶ 教育する；しつける. ❷ (能力等を) 養う, 訓練する. ― **educarse** 再 教育を受ける.
educativo, va 形 教育の；教育的な.
edulcoración 女 甘味をつけること.
edulcorante 男 甘味料.
edulcorar 他 甘味をつける.
eduque(-) / eduqué(-) 活 → educar.
EE.UU. / EEUU 固名 略 *E*stados *U*nidos (de América) アメリカ合衆国.
efe 女 アルファベットの f の名称.
efebo 男 《文》若者.
efectismo 男 奇をてらうこと；センセーショナリズム.
efectiva 形 → efectivo.
efectividad 女 有効性, 効果.
efectivo, va [エフェクティボ,バ] 形 〔英 effective〕 ❶ 効果的な, 有効な. ❷ 実際の, 事実上の. ― 男 ❶ 現金. ❷ [複] 〘軍〙(実働) 部隊. ***hacer ～*** 現金化する；実行する. ***en ～*** 現金で.
efecto [エフェクト] 男 〔英 effect〕 ❶ 結果. causa y ～ 原因と結果. ❷ 効果, 効力. ～ invernadero 温室効果. ～*s* especiales 〘映〙特殊効果. ～ secundario 〘薬〙副作用. ❸ 印象. hacer buen [mal] ～ 好[悪]印象を与える. ❹ 目的. a tal ～ そのために. ❺ [複] 財産；身の回り品 (= ～*s* personales). ❻ [複] 〘商〙商品；有価証券. ❼ 〘スポ〙スピン. ***a ～s de ...*** …の目的で. ***en ～*** 実際；そのとおり. ***llevar a ～*** 実行する. ***surtir ～*** 期待どおりの効果をもたらす. ***tener ～*** 発効する；実施される.
efectuar 58 他 行う, 実行する. ― **efectuarse** 再 行われる, 実現する.
efeméride 女 ❶ 過去の同じ日に起こった出来事；その記念行事. ❷ [複] 日誌；〘天文〙天体暦.
eferente 形 〘解〙(血管等が) 輸出[導出]性の；(神経が) 遠心性の.
efervescencia 女 発泡；動揺, 興奮.
efervescente 形 発泡性の；興奮した.
eficaces 形 [複] → eficaz.

E

eficacia 女 効果；能率.
eficaz [エフィカす] 形 [複 eficaces]〔英 effective〕**有効な**, 効果的な；有能な.
eficiencia 女 有能；能率.
eficiente 形 有能な, 能率的な.
efigie 女 ❶ 肖像, 像. ❷ 体現.
efímero, ra 形 はかない, つかの間の.
eflorescencia 女 ❶〔化〕風解. ❷〔医〕発疹(ほっしん).
eflorescente 形〔化〕風解性の.
efluvio 男 ❶ におい. ❷ 雰囲気.
efod 男 エポデ：ユダヤ教祭司の法衣.
efracción 女 暴力的破壊.
efugio 男 言い逃れ.
efusión 女 ❶ (感情の) 発露, ほとばしり. con ～ 熱烈に. ❷ 流出；出血.
efusividad 女 感情の大げさな表現.
efusivo, va 形 熱烈な, 感情豊かな.
EGB 女 *E*ducación *G*eneral *B*ásica (スペインの) 一般基礎教育.
egeo, a 形 エーゲ (海) の.
égida / egida 女 ❶〔ギ神〕アイギス：ゼウスがアテナに授けた盾. ❷ 保護. ***bajo la ～ de ...*** …の保護[庇護]の下に.
egipciaco, ca / egipcíaco, ca / egipciano, na 形 男 女 → egipcio.
egipcio, cia 形 エジプトの. ― 男 女 エジプト人. ― 男 古代エジプト語.
Egipto 固名 エジプト：首都カイロ El Cairo.
egiptología 女 古代エジプト学.
egiptólogo, ga 男 女 古代エジプト学者.
égloga 女 牧歌.
ego 男〔哲〕〔心〕自我, エゴ；うぬぼれ.
egocéntrico, ca 形 男 女 自己中心的な (人).
egocentrismo 男 自己中心主義.
egoísmo 男 エゴイズム, 利己主義.
egoísta 形 利己主義の. ― 男 女 利己主義者, エゴイスト.
ególatra 形 自己崇拝の. ― 男 女 自己崇拝者.
egolatría 女 自己崇拝.
egotismo 男 自己中心主義.
egotista 形 自己中心主義の. ― 男 女 自己中心主義者.
egregio, gia 形 高貴な；著名な.
egresado, da 形《ラ米》卒業した. ― 男 女《ラ米》卒業生.
egresar 自《ラ米》(1)《**de**》(…を) 卒業する. (2) 支出がある；出発する.
egreso 男 ❶ 支出. ❷《ラ米》卒業.
¡eh! [エ] 間〔英 hey!, hi!〕❶《呼びかけ》**ちょっと, ねえ.** ❷《文の最後で》《確認・警告》…でしょう；分かったね. ❸《聞き返し・驚き》ええ, へえ.
einstenio 男〔化〕アインスタニウム.
eje 男 ❶〔機〕軸；シャフト；中心線. ～ de rotación 回転軸. ～ de ordenadas [de abscisas] Y[X]軸. ❷ 核心；中心人物.
ejecución 女 ❶ 実施. ❷〔法〕死刑執行；差し押さえ. ❸ 演奏.
ejecutante 男 女 執行者；演奏者, 演奏家.
ejecutar [エヘクタル] 他〔英 execute〕❶ **実行[遂行]する.** ❷ 死刑を執行する；〔法〕差し押さえる. ❸〔音〕演奏する.
ejecutivo, va 形 ❶ (迅速に) 実行[執行]する. ❷ 行政 (上) の. poder ～ 行政権. ― 男 女 役員, 経営陣. ― 女 理事会；執行部.
ejecutor, tora 形 実行[執行]する；演奏する. ― 男 女 執行人；死刑執行人 (＝～ de la justicia).
ejecutorio, ria 形〔法〕(判決が) 確定した. ― 女 ❶ 確定判決；令状. ❷ 貴族証明書 (＝～ de nobleza).
¡ejem! 間《注意喚起》えへん.
ejemplar 形 模範的な；見せしめの. ― 男 ❶ (印刷物の) 部, 冊. una tirada de diez mil ～*es* 発行部数 1 万部. ❷ (種を代表する) 見本；典型. un magnífico ～ de mariposa 見事なチョウの標本.
ejemplaridad 女 模範；見せしめ.
ejemplarizante 形 模範的な.
ejemplarizar 57 他 …の模範[手本]を示す.
ejemplificación 女 例証, 例示.
ejemplificar 26 他 例証[例示]する.
ejemplo [エヘンプろ] 男〔英 example〕❶ **例**, 用例. poner un ～ 例を挙げる. ❷ 模範, 手本. ❸ 典型. vivo ～ 典型的見本. ***dar ～*** 模範を示す. ***por ～*** 例えば《略 p.e., p.ej.》.
ejercer [エヘルせル] 68 自《**como, de**》(…として) 働く. *Ejerce como* [*de*] periodista. 彼は新聞記者として働いている. ― 他〔英 exercise〕❶ **実践する**, 営む. ～ la medicina 医者をしている. ❷《**sobre**》(影響を) (…に) 及ぼす. ❸ (権利を) 行使する.
ejercicio [エヘルししオ] 男〔英 exercise〕❶ **運動**, 体操. hacer ～ 運動する. ❷ **練習**；練習問題, 課題. ❸ 試験 (問題). ～ escrito 筆記試験. ❹ (権利の) 行使；職務. ❺ 会計[事業]年度. ❻ [複]〔軍〕演習. ***～s espirituales***〔宗〕修業. ***en ～*** 現役の；業務中の.
ejercitación 女 ❶ (仕事への) 従事；営業. ❷ (権利の) 行使. ❸ 訓練.
ejercitar 他 ❶ (権利・能力を) 行使する, 使う. ❷ 営む, 従事する. ❸ 実践する. ❹《**en**》(…を) 教え込む, 訓練する. ～ a un alumno *en* latín 生徒にラテン語を教える. ― **ejercitarse** 再 練習する.
ejército [エヘルしト] 男〔英 army〕❶ **軍隊**, (特に) 陸軍；…軍. ～ de Tierra [del Aire] 陸軍[空軍]. ❷ 大群, 群れ.
ejerz- 活 → ejercer.
ejido 男 ❶ (村の) 共有 (牧草) 地. ❷《ラ米》(1)(ﾒｷｼｺ)集合農場. (2)(ｱﾙｾﾞﾝﾁﾝ)(ｳﾙｸﾞｱｲ)市町村の管轄地区.
ejote 男《ラ米》(中米)(ﾒｷｼｺ)〔植〕サヤインゲン.
el [エる] 冠《定冠詞》[男性単数形. 複数形は los, 女性形は la, 女性複数形は las]〔英 the〕❶(1)《既知・前述の名詞に言及して》**その, あの.** Hay un libro en la mesa. *El* libro es de Pedro. 机の上に一冊の本がある. その本はペドロのだ. (2)《文脈や状況から特定されるときや名詞に限定語句がついているとき》En *la* habitación no hay calefacción. 部屋には暖房がない. *el* diccionario que compré ayer 私が昨日買った辞書. (3)《唯一物》*el* sol 太陽. *la* luna 月. *el* sur 南. (4)《身体部位や衣服等について》Me duele *el* estómago.

私は胃が痛い. Se quitó *el* sombrero. 彼は帽子を脱いだ. (5)《総称》*la* gente 人々. Me gusta *el* cine. 私は映画が好きだ. ❷《固有名詞または固有名詞と見なされるものと共に》*el* Ayuntamiento 市役所. *el* Guadalquivir グアダルキビル川. ►(1) 国名には付くもの・付かないもの・どちらでもよいものがある. España スペイン. *El* Salvador エルサルバドル. (*el*) Japón 日本. (2) 人名に付けて愛称・蔑称(べっしょう), または文学作品等の俗称に用いる. *El* Manolo no lo hizo. マノーロはそれをしなかった. *el* Quijote (セルバンテスの作品)『ドン・キホーテ』. ❸《曜日・日時等につけて副詞的に用いる》*el* 23 de abril 4月23日に. Vino aquí *el* jueves por la tarde. 彼は木曜日の午後ここへ来た. ❹《形容詞・過去分詞の(代)名詞化》*el* invitado 招待客. *los* pobres 貧しい人々. ¿Dónde está *el* tuyo? 君のはどこ. ❺《最上級を作る》Es *el* chico más alto de la clase. 彼はクラスで一番背の高い男の子だ. ❻《el [la, los, las] de ... の形で代名詞的に》…のそれ, …の人[もの]. No es mi coche sino *el de* papá. それは僕の車じゃなくてお父さんのだ. *los de* aquí ここの人たち. ►(1) el はアクセントのある (h)a- で始まる女性単数名詞の前でも用いる. *el* agua, *el* hambre. (2) el は前置詞 a, de と結合して al, del となる. Voy *al* colegio. 僕は学校へ行く. ただし固有名詞の前は例外. Voy *a El* Salvador. 私はエルサルバドルへ行く.

él [エる] 代名《人称》[3人称男性単数, 複数形は ellos]〔英 he; him; it〕❶《主語》**彼が[は]**. ¿De dónde sois vosotros? — *Él* es de Zaragoza, y yo soy de Segovia. 君たちはどこの出身だい. —彼がサラゴサで私がセゴビアです. ► 他と対比させる場合, 主語を強調する場合, あいまいさを避ける場合を除いては省略されることが多い. ❷《前置詞+》**彼**;《男性単数名詞を指して》**それ**. A *él* todavía no le han dicho nada. 彼はまだ何も言われていない.

elaboración 女 ❶ 加工; 産出. ❷ 立案, 作成.

elaborado, da 形 ❶ 手の込んだ, 入念な. ❷ 工場で製造された.

elaborar 他 ❶ (原材料を) 加工する; 作り出す. ❷ (計画等を) 練る, 立案する.

elástica 女 肌着.

elasticidad 女 ❶ 弾力[伸縮]性. ❷ 融通[順応]性. ❸ 柔軟体操.

elástico, ca 形 ❶ 弾力性[伸縮性]のある. fibra *elástica* 弾性繊維. ❷ (規則・態度等が) 柔軟な. un horario ～ フレックスタイム. ❸ 色々な解釈のできる. — 男 ❶ ゴムひも; ゴム編み. ❷ [複] ズボンつり.

elastina 女《生化》エラスティン, 弾力素.

Elcano / El Cano 固名 エル・カノ Juan Sebastián ～ (1476?-1526): スペインの航海者.

Elche 固名 エルチェ: スペインの都市. la Dama de ～ エルチェの貴婦人像.

El Chichón 固名 エル・チチョン: メキシコ南部の火山.

Eldorado 固名 エルドラド. → Dorado.

ele 女 アルファベットの l の名称.

¡ele! 間《激励・同意》いいぞ, そうそう.

eleático, ca 形《哲》エレア学派の.

eléboro 男《植》(1) クリスマス・ローズ: キンポウゲ科. (2) シュロソウ: ユリ科.

elección [エれクしオン] 女 [複 elecciones]〔英 choice; election〕❶ **選択**; 選択の余地. ❷ [主に複] **選挙**, 選出. *elecciones* generales [municipales] 総[地方]選挙.

eleccionario, ria 形《ラ米》選挙(人)の.

electivo, va 形 (役職等が) 選挙で選ばれる.

electo, ta 形 選出された, 当選した.

elector, tora 形 選挙権のある. — 男 女 有権者.

electorado 男《集合的》有権者.

electoral 形 選挙の; 有権者の.

electoralismo 男《軽蔑》(選挙活動における) 票集めの戦略.

electoralista 形《軽蔑》(選挙活動における) 票集めの.

electorero, ra 形《軽蔑》選挙運動の. — 男 女《軽蔑》選挙参謀.

eléctrica 形 → eléctrico.

electricidad [エれクトゥりしダ(ドゥ)] 女〔英 electricity〕❶ **電気**; 電力; 電流. ～ estática 静電気. ❷ 電気学. ❸《話》興奮, 緊張.

electricista 形 電気(工)の. — 男 女 電気技師.

eléctrico, ca [エれクトゥりコ, カ] 形〔英 electric〕**電気の**, 電動式の. corriente *eléctrica* 電流.

electrificación 女 電化.

electrificar 26 他 電化する.

electrizable 形 帯電性の.

electrización 女 帯電; 興奮, 感動.

electrizante 形 興奮[感動]させる.

electrizar 57 他 ❶ 帯電させる. ❷ 興奮[感動]させる. — **electrizarse** 再 帯電する; 感動する.

electroacústico, ca 形 女 電気音響学(の).

electrocardiografía 女《医》心電図検査法.

electrocardiógrafo 男 心電計.

electrocardiograma 男 心電図.

electrochoque 男《医》電気ショック(療法).

electrocución 女 感電死.

electrocutar 他 感電死させる. — **electrocutarse** 再 感電死する.

electrodinámico, ca 形 女《物》電気力学(の).

electrodo / eléctrodo 男 電極.

electrodoméstico, ca 形 男 家庭電化製品(の).

electroencefalografía 女 脳波記録法.

electroencefalógrafo 男 脳波計.

electroencefalograma 男 脳波図.

electrógeno, na 形 電気を起こす. — 男 発電機.

electroimán 男《物》電磁石.

electrólisis 女 [単複同形]《化》電気分解, 電解.

electrolítico, ca 形 電解(質)の.

electrólito 男《化》電解液[質].

electrolizar 57 他《化》電解する.

E

electromagnético, ca 形 〘物〙 電磁気の.
electromagnetismo 男 電磁気.
electromecánico, ca 形 電気機械(工)の. ― 男 女 電気機械工. ― 女 電気機械技術.
electrometalurgia 女 電気冶金.
electrometría 女 〘物〙 電気測定法.
electrómetro 男 電位計.
electromotor, tora 形 〘物〙 電動[起電]の. ― 男 電気モーター.
electromotriz 形 [女性形のみ] 電動[起電]の.
electrón 男 〘物〙 電子, エレクトロン.
electronegativo, va 形 〘物〙 陰電気の.
electrónico, ca 形 電子(工学)の. comercio ～ eコマース, 電子取引き. edición *electrónica* デジタル版. enviar un mensaje por correo *E*～ Eメールを送る. ― 女 電子工学, エレクトロニクス.
electropositivo, va 形 〘物〙 陽電気の.
electroquímico, ca 形 女 〘化〙 電気化学(の).
electroscopio 男 〘物〙 検電器.
electroshock 男 → electrochoque.
electrostático, ca 形 女 〘物〙 静電気(の).
electrotecnia 女 〘物〙 電気工学.
electrotécnico, ca 形 電気工学の.
electroterapia 女 〘医〙 電気療法.
electrotermia 女 電熱工学.
electrotipia 女 〘印〙 電気製版(法).
elefanta 女 雌のゾウ.
elefante [エレファンテ] 男 〔英 elefant〕 〘動〙 **ゾウ**. ～ marino ゾウアザラシ.
elefantiasis 女 [単複同形] 〘医〙 象皮病.
elegancia 女 ❶ 優雅. ❷ 上品な言葉遣い[振る舞い].
elegante [エレガンテ] 形 〔英 elegant〕 ❶ **優雅な**, 上品な. ❷ (言葉遣い・態度が) 適切な ; 調和のとれた. una frase ～ 気の利いた言い回し.
elegantoso, sa 形 《ラ米》《俗》 しゃれた ; あか抜けした.
elegía 女 悲歌, エレジー.
elegiaco, ca / **elegíaco, ca** 形 悲歌の ; 哀愁の.
elegibilidad 女 被選挙権[資格].
elegible 形 被選挙権[資格]のある.
elegido, da 過分 → elegir. 形 男 女 選ばれた(人).
elegir [エレヒル] 34 他 〔英 choose; elect〕 **選ぶ** ; 選出する.
elemental [エレメンタる] 形 〔英 elementary〕 ❶ **基礎の**, 基本的な. ❷ 初歩的な ; 明白な. ❸ 構成要素の.
elementalidad 女 ❶ 基本的[初歩的]であること. ❷ 単純明快さ.
elemento [エレメント] 男 〔英 element〕 ❶ **要素**, 成分 ; 部品. ❷ 〘化〙〘物〙 元素. ❸ [複] 基礎. ❹ (自然) 環境 ; [複] 自然の力. ❺ [複] 手段. ❻ 《話》 やつ. los ～*s* sospechosos うさんくさい連中. ***estar en* su** ～ (自分の) 得意な分野にいる.
Elena 固名 エレナ : 女子の名.
elenco 男 ❶ 〘演〙 配役 ; 劇団員. ❷ (人々の) 集団. ❸ 目録, 一覧表.
elepé 男 [複 ～s] LP盤レコード.
elevación 女 ❶ 上げる[上がる]こと, 上昇. ❷ 昇進. ❸ 高所, 高台. ❹ (精神の) 高揚. ❺ 〘カト〙 奉挙.
elevado, da 過分 → elevar. 形 ❶ 高い. ❷ 気高い. pensamientos ～*s* 高邁(こうまい)な思想.
elevador, dora 形 持ち上げる. músculo ～ 〘解〙 挙筋. ― 男 昇降機, 《ラ米》 エレベーター (→ ascensor 地域差).
elevar [エれバル] 他 〔英 elevate〕 ❶ **上げる** ; 高める ; 《a》 (…に) 昇進させる. ❷ 提出する. ～ protestas 異議を申し立てる. ❸ 〘数〙 累乗する. ～ al cuadrado 2乗する. ― **elevarse** 再 ❶ 上がる ; そびえる ; 昇進する. ❷ (精神が) 向上する. ❸ 《a》 (数量が) (…に) 達する.
elfo 男 〘神話〙 エルフ : 精霊, 妖精.
elidir 他 〘文法〙 (母音・語等を) 省略する.
elig- / elij- 活 → elegir.
eliminación 女 除去 ; 〘数〙 消去(法).
eliminar [エりミナル] 他 〔英 eliminate〕 ❶ **取り除く**, 排除する ; 〘医〙 排泄(はいせつ)する. ❷ 予選で落とす. ❸ 〘数〙 消去する. ❹ 殺す. ― **eliminarse** 再 消える.
eliminatorio, ria 形 除去する ; 予選の. ― 女 予選.
elipse 女 〘数〙 楕円(だえん).
elipsis 女 [単複同形] ❶ 〘文法〙 (語句・文の) 省略. ❷ 〘映〙 時間的飛躍.
elipsoidal 形 〘数〙 楕円(だえん)の.
elipsoide 男 〘数〙 楕円(だえん)面[体].
elíptico, ca 形 楕円(だえん)の ; 省略の.
elíseo, a 形 〘ギ神〙 エリュシオン[天国]の.
elisión 女 〘文法〙 (母音等の) 省略.
élite / elite 女 《集合的》 エリート.
elitista 形 エリート主義[気取り, 意識]の.
élitro 男 〘昆〙 翅鞘(ししょう).
elixir 男 霊薬 ; 万能薬 ; エリキシル剤.
ella [エリャ〈エヤ・エジャ〉] 代名 《人称》 [3人称女性単数, 複数形は ellas] 〔英 she; her; it〕 ❶ 《主語》 **彼女が[は]**. *E*～ estudia más que yo. 彼女は私より勉強家です. ► 他と対比させる場合, 主語を強調する場合, あいまいさを避ける場合を除いては省略されることが多い. ❷ 《前置詞＋》 **彼女** ; 《女性単数名詞を指して》 **それ**. Yo no me llevo muy bien con ～. 私は彼女とあまりうまくいっていない.
ellas [エリャス〈エヤス・エジャス〉] 代名 《人称》 [3人称女性複数, 単数形は ella] 〔英 they; them〕 ❶ 《主語》 **彼女らが[は]**. *E*～ se parecen mucho. 彼女たちはよく似ている. ► 他と対比させる場合, 主語を強調する場合, あいまいさを避ける場合を除いては省略されることが多い. ❷ 《前置詞＋》 **彼女たち** ; 《女性複数名詞を指して》 **それら**. A ～ no las conozco. 彼女たちを私は知らない.
ello [エリョ〈エヨ・エジョ〉] 代名 《人称》 [3人称中性単数] 〔英 it, that〕 ❶ 《前置詞＋》 **それ, そのこと**. ► 聞き手が了解していること, 前に述べた事柄等を指して用いる. Por ～ no quiero ir solo. だから1人で行きたくないんだ. ❷ 《主語》 **それ**

が[は]. ¡*A* ～! さあ, やるぞ. ***con*** ～ しかし, とはいえ.

ellos [エリョス〈エヨス・エジョス〉] 代名《人称》[3人称男性複数, 単数形は él] [英 they; them] ❶《主語》**彼らが[は]**. No vienen ～ sino sus padres. 彼らではなく両親が来ます. ► 他と対比させる場合, 主語を強調する場合, あいまいさを避ける場合を除いては省略されることが多い. ❷《前置詞＋》**彼ら**;《男性複数名詞を指して》**それら**. No hay nadie que hable mal de ～. 彼らのことを悪く言う人は誰もいない.

elocución 女 言葉の使い方. Tiene la ～ fácil. 彼は弁がたつ.

elocuencia 女 雄弁;説得力.

elocuente 形 雄弁な;説得力のある. un silencio ～ 意味深長な沈黙.

elogiable 形 賞賛に値する.

elogiar 17 他 賞賛する.

elogio 男 賞賛. hacer ～*s* de ... …を褒めたたえる.

elogioso, sa 形 賞賛の[に値する].

Eloísa 固名 エロイーサ:女子の名.

elongación 女 ❶〘天〙離角, 離隔. ❷〘物〙〘医〙延長(線).

elote 男《ラ米》(ﾒｷｼｺ)(ﾁｭｳﾍﾞｲ)(柔らかい) トウモロコシ.

El Salvador [エるサるバドル] 固名 **エルサルバドル**:首都サンサルバドル San Salvador.

elucidación 女 解明, 説明.

elucidar 他 解明[説明]する.

elucidario 男 解説書.

elucubración 女 思索;空想.

elucubrar 自 思案[思索]する. ── 他 思索する;思い巡らす.

eludir 他 かわす;辞退する.

elusión 形(困難・問題の) 回避, 撃退.

elusivo, va 形 言い逃れの.

emanación 女 発散, 放出;発端.

emanantismo 男〘哲〙〘神〙流出説[論].

emanar 自《de》❶(…から) 発散[放出]する. ❷(…に) 由来[起因]する.

emancipación 女 解放;離脱.

emancipar 他《de》(…から) 解放する, 独立させる. ── ***emanciparse*** 再《de》(…から) 自由になる.

emasculación 女 去勢.

emascular 他 去勢する.

embadurnar 他《con, de》(…を) 塗りたくる;(…で) 汚す. ～ *con* [*de*] pintura ペンキをべたべた塗る. ── ***embadurnarse*** 再《con, de》(…で) べたべたになる, 汚れる.

embaír 73 他 だます. ► 活用語尾に i が現れる形のみ用いられる. → 8

embajada [エンバハダ] 女 [英 embassy] ❶ **大使館**. ►「公使館」legación,「領事館」consulado. ❷ 大使の職務;(大使の伝える) 親書. ❸《話》無理難題.

embajador, dora [エンバハドル, ドラ] 男 女 [英 ambassador] ❶ **大使**. ～ de España en Japón 駐日スペイン大使. ►「公使」ministro,「領事」cónsul. ❷ 使者, 使節. ── 女 女性の大使;大使夫人.

embaladura 女《ラ米》(ﾁﾘ)(ﾍﾟﾙｰ) → embalaje.

embalaje 男 荷造り(費), 梱包(ｺﾝﾎﾟｳ)(費);包装材.

embalar 他 ❶ 包装する (→ envolver 地域差). ❷(エンジン等を) 加速させる. ── ***embalarse*** 再 ❶(エンジン等が) 加速する. ❷ 大急ぎで行う;夢中になる.

embaldosado 男 タイル張り[敷き] (の床).

embaldosar 他(床に) タイルを張る.

embalsadero 男 沼[湿]地.

embalsamador, dora 形 男 女 (死体に) 防腐処理[エンバーミング]をする(人).

embalsamamiento 男 死体の防腐処理.

embalsamar 他 ❶(死体に) 防腐処理を施す. ❷ 香りをつける.

embalsar 他(水を) せき止める. ── 自《ラ米》(ｺﾛﾝﾋﾞｱ)(船で) 横断する. ── ***embalsarse*** 再(水が) たまる.

embalse 男 貯水;ダム.

embanastar 他 ❶ かごに入れる. ❷《話》(人を) 詰め込む. ── ***embanastarse*** 再 詰め込まれる.

embancarse 26 再 ❶〘海〙座礁する. ❷《ラ米》(1)(ｴｸｱﾄﾞﾙ)(ﾁﾘ)(川・湖が) 土砂で埋まる. (2)(ﾒｷｼｺ)〘冶〙(鉱滓(ｺｳｻｲ)が) 炉壁にたまる.

embanderarse 再《ラ米》(ｱﾙｾﾞﾝﾁﾝ)(ｳﾙｸﾞｱｲ)《a》(学説・政党等を) 信奉する.

embanquetar 他《ラ米》(ﾒｷｼｺ)(道路に) 歩道をつける.

embarazada 形 女 妊娠した(女性).

embarazar 57 他 ❶ 妊娠させる. ❷ 妨げる. ── ***embarazarse*** 再 ❶ 妊娠する. ❷ 困惑する.

embarazo 男 ❶ 妊娠. ❷ 障害;困惑.

embarazoso, sa 形 邪魔な;困らせる.

embarbillado 男(板の) 実矧(ｻﾈﾊｷﾞ).

embarcación 女 ❶ 船, 船舶. ～ de recreo 遊覧船. ❷ 乗船, 積み込み.

embarcadero 男 桟橋, 埠頭(ﾌﾄｳ).

embarcar 26 他 ❶ 乗船[乗車, 搭乗]させる;積み込む. ❷《en》(…に) 巻きこむ. ❸《ラ米》(ﾍﾞﾈｽﾞｴﾗ)(1) だます. (2) 待たせる. ── ***embarcarse*** 再 ❶ 乗船[乗車, 搭乗]する. ❷《en》(事業等に) 乗り出す.

embarco 男 乗船, 搭乗;積み込み.

embargar 66 他 ❶〘法〙差し押さえる. ❷ 夢中にさせる. ❸ 妨げる;(時間を) とらせる.

embargo 男 ❶〘法〙差し押さえ. ❷ 輸出[通商]禁止. ***sin*** ～ しかしながら.

embarque 男 ❶ 積み込み;乗船, 搭乗. ❷《ラ米》(ﾍﾞﾈｽﾞｴﾗ)《話》詐欺.

embarrada 女《ラ米》(ｺﾛﾝﾋﾞｱ)(ﾍﾟﾙｰ)《話》へま, しくじり.

embarrancar 26 自 座礁する;動きがとれなくなる. ── ***embarrancarse*** 再 座礁する;行き詰まる.

embarrar 他 ❶ 泥を塗る. ❷《ラ米》(悪事等に) 巻き込む. ── ***embarrarse*** 再 ❶ 泥だらけになる. ❷《ラ米》(ﾒｷｼｺ)(車が) 衝突する. ***embarrarla*** 《ラ米》台無しにする.

embarrialarse 再《ラ米》(1)(ﾁｭｳﾍﾞｲ)(ﾍﾞﾈｽﾞｴﾗ) 泥まみれになる. (2)(ﾁｭｳﾍﾞｲ)詰まる.

embarrilar 他 樽(たる)詰めにする.
embarullar 他《話》混乱させる. — **embarullarse** 再 ❶ 混乱する. ❷ 大あわてで行う.
embastar 他 ❶ 仮縫いする. ❷ 仮に準備する.
embastecer(se) 76 自 再 太る；粗野になる.
embate 男 ❶ (波・風が) 激しく打ちつけること, 時化(しけ). ❷ (感情の) 激発.
embaucador, dora 形 だます. — 男 女 詐欺師, ぺてん師.
embaucamiento 男 いかさま, 詐欺.
embaucar 48 他 だます.
embaular 22 他 トランクに詰める；(人・物を) ぎっしり詰め込む；《話》腹に詰め込む. — **embaularse** 再 がつがつ食べる.
embebecerse 76 再 うっとりする.
embeber 他 ❶ 吸い取る. ❷《en》(…に) 浸す. ❸ 内に取り込む. ❹ (衣服等の寸法を) つめる. — 自 縮む. — **embeberse** 再 ❶ (衣服等が) 縮む. ❷《con, en》(…に) 夢中になる；(…を) 習得する.
embelecamiento 男 詐欺, 甘言.
embelecar 26 他 だます.
embeleco 男 ぺてん, 甘言.
embelesamiento 男 → embeleso.
embelesar 他 魅了する. — **embelesarse** 再《con, en》(…に) うっとりとする.
embeleso 男 魅了 (するもの・人).
embellecedor, dora 形 美しくする. — 男〖車〗ホイールキャップ；(家具・扉等の) 装飾.
embellecer 76 他 美しくする, 飾り立てる. — **embellecerse** 再《con》(…で) 美しくなる, 飾り立てる.
embellecimiento 男 美しくすること.
emberrenchinarse / emberrincharse 再 ❶《話》(子供が) かんしゃくを起こす. ❷《ラ米》(ベネズエラ)《話》(くさいもので) 汚す.
embestida 女 襲撃；突進.
embestir 77 他 自 襲いかかる；突進する.
embetunar 他 靴墨をつける [で磨く]. ～ los zapatos《ラ米》靴を磨く (→ limpiar 地域差).
embicar 26 他 ❶〖海〗(船が) 岸へまっすぐ進む；船首を風上に向ける. ❷《ラ米》(キューバ)(穴に) 差し込む.
embicharse 再《ラ米》うじがわく, 虫がたかる.
embijar 他《ラ米》汚す, 塗りたくる.
embique 男《ラ米》けん玉 (→ bola 地域差).
emblandecer 76 他 柔らかくする；和らげる. — **emblandecerse** 再 柔らかくなる；優しくなる；《con》(…に) 同情する.
emblanquecer 76 他 白くする. — **emblanquecerse** 再 白くなる.
emblanquecimiento 男 白くすること.
emblema 男 標章, 記章；象徴.
emblemático, ca 形 標章の；象徴的な；重要な.
embobamiento 男 驚嘆, 魅了.
embobar 他 驚嘆させる, うっとりさせる. — **embobarse** 再《con》(…に) 驚嘆する, うっとりする.
embobecer 76 他 愚かにする. — **embobecerse** 再 ばかになる.
embobecimiento 男 ばかになること.
embocado, da 形 (ワインが) 中辛口の.
embocadura 女 ❶ (港・川等への) 入り口；河口. ❷〖音〗(管楽器の) 吹き口. ❸ (狭い場所に) 入ること. ❹ (ワインの) 風味. ❺ (馬の) はみ.
embocar 26 他 ❶ (狭い場所に) 入る；入れる. El barco *embocó* el canal. 船は運河に入った. ❷ (楽器の) 吹き口に口を当てる. ❸《ラ米》(アルゼンチン)(ウルグアイ)《話》適切なことを行う.
embochinchar 他《ラ米》混乱させる, 騒ぎを起こす.
embolado, da 形 ❶〖闘牛〗角に防護用の木球をはめた. ❷《ラ米》(アルゼンチン)(ウルグアイ)つまらない, わずらわしい. — 男 ❶《話》問題, やっかいなこと. ❷ うそ. ❸ 端役.
embolador 男《ラ米》靴磨きの人 (→ limpiabotas 地域差).
embolar 他 ❶〖闘牛〗(角に) 防護用の木球をつける. ❷《ラ米》(1)(中米)(メキシコ)酔わせる. (2) 靴を磨く (→ limpiar 地域差).
embolia 女〖医〗塞栓(そくせん)症.
embolismo 男 ❶ 閏(うるう)日 [閏月] の追加. ❷ 混乱.
émbolo 男 ❶〖機〗ピストン, プランジャ. ❷〖医〗塞栓(そくせん).
embolsar 他 ❶ (金を) もうける. ❷ 袋に入れる. — **embolsarse** 再《en》(…で) 金をもうける.
embonar 他 ❶ 改良する. ❷《ラ米》(メキシコ) しっかりとつなぎ合わせる；うまくいく.
emboque 男《ラ米》けん玉 (→ bola 地域差).
emboquillado, da 形 男 フィルター [吸い口] 付きの (タバコ).
emboquillar 他 (タバコに) フィルター [吸い口] をつける.
emborrachar 他 ❶ 酔わせる. ❷ (菓子等を酒・シロップに) 浸す. — **emborracharse** 再 ❶《con, de》(…で) 酔う. ❷ (エンジンが) 燃料過多になる.
emborrascarse 26 再 (天気が) 荒れ模様になる.
emborronar 他 ❶ 走り書きする. ❷ 落書きする.
emboscada 女 待ち伏せ, わな. tender una ～ 待ち伏せする.
emboscar 26 他〖軍〗待ち伏せさせる. — **emboscarse** 再 待ち伏せする.
embotamiento 男 鈍ること, 衰え.
embotar 他 鈍らせる, 弱める；(刃物等の) 切れ味を悪くする. — **embotarse** 再 鈍る, 衰える；切れ味が悪くなる.
embotellado, da 形 ❶ 瓶詰めの. ❷ 渋滞した. — 男 瓶詰め (作業).
embotellador, dora 男 女 瓶詰め工. — 女 瓶詰め機 [工場].
embotellamiento 男 ❶ 瓶詰め. ❷ 交通渋滞.
embotellar 他 ❶ 瓶詰めにする. ❷ (交通を) 渋滞させる；(人等を) すし詰めにする. ❸《話》追い込む. — **embotellarse** 再 渋滞する.
embotijarse 再《話》はれる, 膨らむ.
embozar 57 他 ❶ (マント等で顔を) 覆

う；《con》(…で) 隠す．❷ (パイプ等を) 詰まらせる．── **embozarse** 再 ❶ 顔を覆い隠す．❷ (パイプが) 詰まる．
embozo 男 ❶ (シーツの) 折り返し．❷ (マント・コートの) (立て) 襟．❸ 隠し立て．
embragar 66 他 〖機〗(部品等を) 連結する．── 自 〖機〗クラッチをつなぐ．
embrague 男 〖機〗連動機；クラッチ．
embravecer 76 他 荒れさせる；怒らせる．── **embravecerse** 再 《con》(…に) 怒り狂う；(海が) 荒れ狂う．
embravecimiento 男 激怒；時化(しけ)．
embrazadura 女 (盾の) 腕通し．
embrazar 57 他 (盾等に) 腕を通す．
embrear 他 タールを塗る．
embretar 他 《ラ米》(南米)(動物を) 柵(さく)[囲い] の中に入れる；《話》(人を) 困難に陥れる．── **embretarse** 再 《ラ米》(アルゼンチン)(ウルグアイ)(問題に) 巻きこまれる；(ドミニカ)精を出す．
embriagador, dora 形 陶酔させる．
embriagante 形 → embriagador.
embriagar 66 他 ❶ 酔わせる．❷《比喩的》うっとりさせる；得意にさせる．── **embriagarse** 再 《con, de》(…で，…に) 酔う；有頂天になる．
embriague 男 《ラ米》(アルゼンチン)(ウルグアイ)〖車〗クラッチ (＝embrague).
embriaguez 女 酔い；有頂天．
embridar 他 ❶ 馬勒(ばろく)をつける．❷ (感情等を) 抑える．
embriología 女 発生[胎生] 学．
embriológico, ca 形 発生[胎生] 学の．
embrión 男 ❶〖生〗胚(はい)；胎児．❷ 初期，萌芽(ほうが)．
embrionario, ria 形 ❶ 胚(はい)の，胎児の．❷ 初期の．
embrocar 26 他 ❶ (容器から容器へ) 移しかえる．❷《ラ米》(メキシコ)(中米)頭からかぶって着る．
embrollar 他 もつれさせる；混乱 [紛糾] させる．── **embrollarse** 再 混乱する．
embrollo 男 ❶ もつれ；混乱．❷ うそ．
embromado, da 形 《ラ米》苦境に立たされた；厄介な．
embromar 他 ❶ 冗談を言う；からかう．❷《ラ米》(南米)《話》困らせる；害を与える．
embrujamiento 男 魔法をかける[にかかる] こと．
embrujar 他 魔法をかける；魅惑する．
embrujo 男 ❶ → embrujamiento. ❷ 魅力．
embrutecer 76 他 狂暴にする；愚鈍にする．── **embrutecerse** 再 狂暴化する；鈍くなる．
embrutecimiento 男 狂暴化；鈍化．
embuchado 男 ❶ ソーセージ，腸詰め．❷ 見落としがちな大事なこと．❸ アドリブ．❹ (雑誌等の) とじ込み．❺《話》秘めた怒り．
embuchar 他 ❶ 腸詰めにする．❷ (家禽(かきん)に) 餌(えさ)を詰め込む．❸ かまずにかき込む．❹ (本等に) とじ込む．── **embucharse** 再 《ラ米》訳もなく怒り出す．
embudo 男 ❶ じょうご (形のくぼみ)．❷ 行き詰まり．
emburujar 他 塊を作る；(糸等を) もつれさせる．── **emburujarse** 再 ❶ 塊ができる；もつれる．❷《ラ米》(中米)身にまとう．
embuste 男 大うそ．
embustero, ra 形 うそ (つき) の．── 男 女 大うそつき．
embutido 男 ❶ 腸詰め，ソーセージ．❷ 詰め込み，はめ込み (技術，細工)．
embutir 他 ❶ 腸詰め[ソーセージ] を作る．❷ 詰め込む．～ de plumas una almohada / ～ plumas en una almohada まくらに羽毛を詰める．❸ プレス成形する．❹《話》がつがつ食べる．── **embutirse** 再《話》がつがつ食べる．
eme 女 ❶ アルファベットの m の名称．❷《話》糞(くそ)．*¡Vete a la ～!* くそくらえ．
emenagogo 形 〖医〗月経を促進する．── 男 月経促進剤．
emergencia [エメルヘンしア] 女 〔英 emergency〕❶ **緊急事態**．salida de ～ 非常口．❷ 浮上；出現．
emergente 形 浮かび上がる；新生の．
emerger 84 自 浮かび出る；出現する．
emeritense 形 男 女 (スペイン，バダホス県の町) メリダの (人)．
emérito, ta 形 名誉待遇の．── 男 女 名誉教授．
emersión 女 〖天〗出現．
emético, ca 形 〖薬〗嘔吐(おうと)を促す．── 男 (催) 吐剤．
emétrope 形 〖医〗正視の．
emetropía 女 〖医〗正視．
emigración 女 (国外への) 移住；出稼ぎ；《集合的》移民．
emigrado, da 過分 → emigrar. 男 女 移民；亡命者．
emigrante 形 移住する．── 男 女 移民；出稼ぎ労働者．
emigrar 自 ❶《a》(…へ) 移住する；(鳥等が) 移動する．❷《話》立ち去る．
emigratorio, ria 形 移住[出稼ぎ] の．
Emilia 固名 エミリア：女子の名．
emilio 男《話》Eメール．
eminencia 女 ❶ 卓越；大物．❷《枢機卿(けい)等への尊称》[E-] 猊下(げいか)．❸ 高台，丘．*～ gris* 黒幕．
eminente 形 傑出した．
eminentísimo, ma 形《枢機卿(けい)等への尊称》猊下(げいか)．el ～ señor cardenal 猊下．
emir 男 アミール：(イスラム教国の) 首長 [王子]．
emirato 男 アミールの地位；首長国．
emisario, ria 男 女 使者，密使．── 男 排水路．
emisión [エミシオン] 女 [複 emisiones] 〔英 broadcast〕❶ 放出，排出．❷ **放送** (番組)．～ en directo 生中継[放送]．❸ 発行．
emisor, sora 形 発する；放送する；発行する．centro ～ 放送局．── 男 女 発行人；〖言〗発信者．── 男 〖ラジ〗〖TV〗送信機[局]．～ receptor トランシーバー．── 女 〖ラジオ〗放送局．
emitir [エミティル] 他 〔英 broadcast〕❶ 発する，放出する．❷ **放送する**．❸ 発行する．❹ 表明する．── 自 放送する．～ en onda corta 短波で放送する．
emoción [エモしオン] 女 [複 emociones] 〔英 emotion〕**感動**，興奮；感情．

¡Qué ~! すばらしい.
emocional 形 感情の；感情的な.
emocionante 形 感動的な.
emocionar [エモしオナル] 他 〔英 move, touch〕**感動させる**；わくわくさせる. — **emocionarse** 再 《con, de, por》(…で) 感動[興奮]する.
emoliente 形 〖薬〗(腫瘍(しゅよう)・皮膚を) 緩和する. — 男 緩和剤.
emolumento 男 [主に複] 報酬, 謝礼.
emotividad 女 感動；感受性.
emotivo, va 形 感情の；感動的な；感受性の強い.
empacadora 女 梱包(こんぽう) [包装] 機.
empacar 26 他 ❶ 梱包(こんぽう)する. ❷ 包装する (→ envolver 地域差). — 自 《ラ米》荷作りする. — **empacarse** 再 《ラ米》(動物が) 動こうとしない.
empachar 他 ❶ 消化不良を起こさせる. ❷ うんざりさせる；困惑させる. — 自 消化不良を起こさせる. — **empacharse** 再 《con, de》❶ (…で) 消化不良を起こす. ❷ (…に) 困惑する, 気後れする.
empacho 男 ❶ 消化不良. ❷ 困惑；気恥ずかしさ.
empachoso, sa 形 ❶ 胃にもたれる. ❷ うんざりさせる；気後れする.
empadrar 他 《ラ米》(ﾁﾘ)(特に雌馬を) 交配させる. — **empadrarse** 再 父親[母親] に過度に甘える.
empadronamiento 男 人口[国勢] 調査；住民登録.
empadronar 他 人口[国勢] 調査を行う；住民登録する. — **empadronarse** 再 住民登録する.
empajar 他 ❶ わらを敷く [詰める]. ❷ 《ラ米》(ｺﾛﾝﾋﾞｱ)(ﾁﾘ)(ｱﾙｾﾞﾝﾁﾝ)(ｳﾙｸﾞｱｲ)(屋根を) わらでふく. — **empajarse** 再 《ラ米》(ﾁﾘ)(穀物が実らず) わらばかりできる.
empalagamiento 男 → empalago.
empalagar 66 他 (甘い物が) げんなりさせる；うんざりさせる. — 自 《con》(…に) うんざりする. — **empalagarse** 再 食傷する, うんざりする.
empalago 男 食傷；うんざりすること.
empalagoso, sa 形 甘ったるい；うんざりする. — 男 女 厄介な人.
empalamiento 男 串(くし)刺しにすること.
empalar 他 串(くし)刺しの刑にする. — **empalarse** 再 《ラ米》(ﾁﾘ)まひする.
empalidecer 76 自 青ざめる.
empalizada 女 柵(さく).
empalizar 57 他 柵(さく)を巡らす.
empalmar 他 ❶ つなぎ合わせる；《con》(…と) 関連づける. ❷ (ゴール・シュート等を) 決める. — 自 《con》(…と) 結びつく；接続する. — **empalmarse** 再 《俗》勃起(ぼっき)する.
empalme 男 接合 (箇所)；接続 (駅).
empamparse 再 《ラ米》(ﾗﾌﾟﾗﾀ)道に迷う.
empanada 女 ❶ 〖料〗エンパナダ：肉, 野菜等の入ったパイ. ❷ 《話》隠蔽(いんぺい). ~ *mental* 《話》動揺.
empanadilla 女 〖料〗エンパナディジャ：挽(ひ)き肉等の入った小形揚げパイ.
empanar 他 パン粉をまぶす；パイ生地で包む.
empantanado, da 形 行き詰まった, 停滞した.
empantanar 他 ❶ 浸水させる. ❷ 行き詰まらせる. ❸ 《話》散らかす. — **empantanarse** 再 ❶ 水浸しになる. ❷ 行き詰まる.
empañar 他 ❶ 輝きを失わせる, 曇らせる. ❷ (評判等を) 傷つける. — **empañarse** 再 ❶ 輝きを失う, 曇る. ❷ (評判等が) 傷つく. ❸ (目が) 涙でうるむ.
empañetar 他 《ラ米》(壁等を) 白く塗る, しっくいを塗る.
empapamiento 男 (液体に) 浸すこと.
empapar 他 ❶ 《en》(液体に) 浸す. ❷ ずぶぬれにする. ❸ 吸収する；ふく. — **empaparse** 再 ❶ ずぶぬれになる；しみ込む. ❷ 《話》《de, en》(…に) 詳しい；(…に) 傾倒する.
empapelado 男 壁紙 (を張ること).
empapelador, dora 男 壁紙張り職人.
empapelar 他 ❶ …に壁紙を張る. ❷ 《話》起訴する.
empapuzar 57 他 《話》たらふく食べさせる. — **empapuzarse** 再 《話》《de》(…を) 食べ過ぎる.
empaque 男 ❶ 外見, 堂々とした風貌(ふうぼう). ❷ 深刻[真剣]さ. ❸ 包装；荷造り. ❹ 《ラ米》(1) (動物が) 動こうとしないこと. (2) 図々しさ.
empaquetado 男 荷造り, 包装.
empaquetador, dora 男 女 荷造り人, 包装係.
empaquetadura 女 → empaquetado.
empaquetar 他 ❶ 包装する (→ envolver 地域差). ❷ 《話》《en》(…に) 詰め込む. ❸ 《話》罰する. ❹ 《ラ米》(ｱﾙｾﾞﾝﾁﾝ)(ｳﾙｸﾞｱｲ) だます.
emparar 他 《ラ米》(ﾍﾟﾙｰ)空中で受け止める.
emparchar 他 (継ぎ布を) 張り付ける.
emparedado, da 形 監禁された. — 男 女 囚人；隠遁(いんとん)者. — 男 サンドイッチ.
emparedamiento 男 監禁；隠遁(いんとん)；隠すこと.
emparedar 他 ❶ 壁で囲む[隠す]. ❷ 監禁する.
emparejamiento 男 対にすること；高さ[レベル]をそろえること.
emparejar 他 ❶ 対[組, ペア] にする. ❷ 高さ[レベル]をそろえる. — 自 《con》❶ (…と) 対[組] になる. ❷ (…と) 対等になる. *Emparejamos con* nuestros rivales en la producción. 我々は生産部門でライバルと肩を並べている. — **emparejarse** 再 ❶ 対[組, ペア] になる. ❷ 《con》(…と) 並ぶ, 対等になる.
emparentar 18 自 《con》❶ (…と) 姻戚(いんせき)になる. ❷ (…と) 類似する, 関連がある. — 他 類似点を見出す, 関連づける.
emparrado 男 (ブドウ等の) つる棚.
emparrar 他 (ブドウ等のつるを) 棚に仕立てる.
emparrillado 男 (土台の) 鉄枠.
emparrillar 他 ❶ 焼き網で焼く. ❷ (土台を) 鉄枠で補強する.
emparvar 他 (脱穀のために穀類を) 束に

E

して干す.

empastador, dora 形 (絵の具等を)塗る；詰め物をする. ── 男 女《ラ米》製本工[屋].

empastar 他 ❶ (虫歯に) 詰め物をする. ❷ (絵の具・糊(のり)状のものを) 塗る. ❸《ラ米》(コロンビア)(チリ)《話》(本を) 装丁する；(チリ)《話》(塗る前に壁を) ならす；(南米)牧草地にする. ── 自 ❶ (合唱で) 声がそろう, (合奏で) 音がそろう. ❷《ラ米》(チリ)牧草を植える. ── **empastarse** 再《ラ米》(1) 牧草地になる. (2) (家畜が) 鼓腸症になる.

empaste 男 ❶ (虫歯の) 充填(じゅうてん)(材). ❷《ラ米》(コロンビア)製本. ❸ 糊(のり)状のものの塗布. ❹〖美〗調和のとれた色. ❺《ラ米》(家畜の) 鼓腸 (症).

empatar 自 (試合・選挙で) 引き分ける. ～ a uno 1対1の同点で引き分ける. ── 他 ❶ 引き分けにする. ❷《ラ米》(メキシコ)(コロンビア)(ベネズエラ)(ペルー)結び合わせる. ── **empatarse** 再《ラ米》(ベネズエラ)恋愛関係を築く.

empate 男 ❶ 引き分け, 同点. ❷《ラ米》接合.

empatía 女〖心〗感情移入.

empavesada 女〖海〗満艦飾の旗.

empavesado 男《集合的》満艦飾.

empavesar 他 満艦飾を施す.

empavonar 他 ❶ (金属に) 青い酸化皮膜をつくる. ❷《ラ米》グリースを塗る. ── **empavonarse** 再《ラ米》(中米)着飾る.

empecatado, da 形 いたずらな, 性悪な.

empecer 76 自 妨げる. ► 主に3人称・否定文で使われる.

empecinado, da 形 頑固な.

empecinamiento 男 固執.

empecinarse 再《en》(…に) 固執する.

empedarse 再《ラ米》(アルゼンチン)(ウルグアイ)(メキシコ)《話》酔っ払う.

empedernido, da 形 改めがたい, 常習的な；非情な. fumador ～ ヘビースモーカー.

empedrado, da 形 ❶ 敷石で舗装された. ❷ (空が) うろこ雲で覆われた. ── 男 石畳み (の道路)；舗石工事.

empedrar 18 他 ❶ (敷石で) 舗装する. ❷《de》(…を) 盛り込む, 散りばめる.

empegar 66 他 …にピッチ[松やに]を塗る.

empeine 男 足[靴]の甲.

empellón 男 突きとばすこと. dar un ～ 体当たりする. ***a empellones*** 突きとばして；乱暴に.

empelotarse 再 ❶《俗》裸になる. ❷《ラ米》(1)《話》(キューバ)(メキシコ)《con》(…に) 夢中になる. (2) 混乱する.

empenachar 他 (帽子等を) 羽で飾る.

empeñar 他 ❶ 担保[質, 抵当]に入れる. ❷ …にかけて誓う. ❸《en》(…に) (時間を) 費やす, かける. ❹ (戦闘等を) 始める. ── **empeñarse** 再 ❶《en / con》(…を / …に) 借金をする. *Se empeñó en* dos millones de pesos *con* su padre para pagar sus deudas. 負債を清算するため彼は父親に200万ペソ借金した. ❷《en》(…に) 固執する. ❸《en》(戦闘等を) 始める. ～ *en* una discusión 言い争いになる.

empeño 男 ❶ 担保. casa de ～(*s*) 質屋. ❷ 切望, 熱意. con ～ 熱心に. ❸ 努力. poner ～ en ... (…するように) 尽力する. ❹ 意図, 目的. morir en el ～ 志半ばにして死ぬ.

empeñoso, sa 形《ラ米》粘り強い.

empeoramiento 男 悪化.

empeorar 他 悪化させる. ── **empeorar(se)** 自 再 悪化[劣化]する.

empequeñecer 76 他 小さくする, 小さく見せる；(価値・重要性を) 減少させる. Nos *empequeñece* con sus éxitos. 彼の成功の前では我々は頭が上がらない. ── 自 小さくなる. ── **empequeñecerse** 再 小さくなる；(価値・重要性が) 減少する.

empequeñecimiento 男 小さくすること；見劣り.

emperador 男 皇帝, 帝王, 天皇. → emperatriz. ── 男〖魚〗メカジキ.

emperadora 女 ❶ (主に芸術分野における) 花形的存在, (…界の) 女王. ❷《女性への呼びかけ》あなた；私の愛しい人.

emperatriz 女 女帝, 皇后. → emperador.

emperchado 男 柵(さく).

emperCharse 再《ラ米》(コロンビア)《話》着飾る.

emperejilar 他《話》着飾らせる. ── **emperejilarse** 再《話》めかし込む.

emperezar 57 他 遅らせる. ── 自 **emperezarse** 再 怠ける.

empergaminar 他 羊皮紙を張る.

empericarse 26 再《ラ米》《話》(エクアドル)(コロンビア)酔っ払う；(キューバ)(メキシコ)上がる, 登る.

emperifollar 他 飾り立てる. ── **emperifollarse** 再 過度にめかし込む.

empero 接《稀》しかし, にもかかわらず.

emperrarse 再《話》《en, con》(…に) 固執する.

empezar [エンペサル] 49 他 〔英 begin, start〕 **始める**；使い[食べ, 飲み] 始める. *He empezado* la botella de whisky. 私はウイスキー (のボトル) に手をつけた. ── 自 ❶ **始まる**. ¿A qué hora *empieza* el partido? 試合は何時に始まりますか. ❷《a＋不定詞》…し始める. Empezó *a* nevar. 雪が降りだした. ❸《por, con》(…から) 始める. ～ *con* nada ゼロから始める. *Empecemos por* abrir todas las ventanas. 窓を全部開けることから始めよう. ❹《a＋殴打等の複数名詞》突然…し始める. ～ *a empujones* con ... …を突然突き飛ばす. ***para ～*** まず第一に. ***ya empezamos***《繰り返しに対する不快感》またか.

empiec- 活 → empezar.

empiece 男《話》初め. ── 活 → empezar.

empiez- 活 → empezar.

empiezo 男《ラ米》(アルゼンチン)(コロンビア)(エクアドル)(グアテマラ)初め. ── 活 → empezar.

empilchar 他《ラ米》(アルゼンチン)(ウルグアイ)上等な服を着せる. ── **empilcharse** 再《ラ米》(アルゼンチン)(ウルグアイ)着飾る.

empilonar 他《ラ米》(キューバ)(コロンビア)(プエルトリコ)積み重ねる.

empinado, da 形 ❶ 急な, 険しい. ❷ 高慢な.

empinar 他 ❶ 立てる, 起こす. ❷ 持ち上げる；(酒瓶等を) 持ち上げる, 傾ける. ❸

E

《話》大酒を飲む. ― 自《話》大酒を飲む. ― **empinarse** 再 ❶ つま先立ちする;(動物が)後ろ脚で立つ. ❷ そびえ立つ.

empingorotado, da 形《話》成り上がりの.

empingorotarse 再《話》出世する;思い上がる.

empiparse 再《ラ米》《話》《de》(…を)たらふく食べる.

empíreo, a 形 男 最高天(の);天空(の).

empírico, ca 形 経験的な;経験主義の. ― 男 女〘哲〙経験主義者.

empirismo 男〘哲〙経験論[主義].

empitonar 他〘闘牛〙角で突く.

E

empizarrado, da 形 男 スレートぶきの(屋根).

empizarrar 他(屋根を)スレートでふく.

emplastecer 76 他 漆喰(しっくい)を下塗りする.

emplasto 男 ❶〘医〙膏薬(こうやく). ❷《軽蔑》べとべとしたもの. ❸ 素人療法, 下手な修理. ***estar hecho un*** ～《話》病弱である.

emplazamiento 男 ❶ 位置, 配置. ❷ 期日, 締切り. ❸〘法〙召喚.

emplazar 57 他 ❶ 位置を定める;配備する. ❷(場所・日時を)指定する. ❸〘法〙召喚する.

empleado, da[エンプれアド,ダ] 過分 → emplear. 男 女〔英 employee〕**従業員**, 職員. ～ de hogar 使用人. ― 女《ラ米》家政婦(→ doncella 地域差). ***dar por bien*** ～ ***...*** …のかいがあったと満足する. ***estarle bien*** ～ ***a ...***《話》…の自業自得だ.

emplear[エンプれアル] 他〔英 use〕❶ **用いる**, 使う;(時間・金を)費やす. ～ sus influencias 影響力を利用する. ～ su fortuna en joyas 財産を宝石につぎこむ. ❷ 雇う. ― **emplearse** 再 用いられる;雇われる.

empleo[エンプれオ] 男〔英 employment〕❶ **職**;雇用. pleno ～ 完全雇用. ❷ 使用;投資. hacer buen ～ de ... …をうまく利用する. ❸〘軍〙階級. ― 活 → emplear.

emplomado 男(窓ガラスの)鉛枠.

emplomadura 女 ❶ 鉛を張ること. ❷《ラ米》(歯の)詰め物.

emplomar 他 ❶ 鉛を張る;鉛で封印する. ❷《ラ米》(歯に)詰め物をする.

emplumar 他 ❶ 羽をつける. ❷《話》罰する. ❸《ラ米》(だます). ― 自 ❶ 羽が生える. ❷《ラ米》逃げる.

emplumecer 76 自 羽が生える.

empobrecer 76 他 貧しくする;衰えさせる. ― **empobrecer(se)** 自 再 貧しくなる;衰退する.

empobrecimiento 男 貧困(化);衰退.

empollado, da 形《話》《estarと共に》《en》(…が)得意の.

empollar 他 ❶(親鳥が卵を)抱く, 孵(かえ)す. ❷《話》猛勉強する. ― 自 ❶《話》猛勉強する. ❷(ハチが)卵を産みつける. ― **empollarse** 再《話》猛勉強をする.

empollón, llona 形 男 女《話》がり勉(の).

empolvar 他 ほこりまみれにする;おしろいをはたく. ― **empolvarse** 再 ほこりまみれになる;おしろいをつける.

emponchado, da 形 ❶《ラ米》(ボリビア)(アルゼンチン)(パラグアイ)(ペルー)(ウルグアイ)ポンチョを着た. ❷ 偽善的な. ― 男 女 偽善者.

emponcharse 再《ラ米》(南米)ポンチョをまとう.

emponzoñar 他 ❶ …に毒を入れる. ❷ 被害を与える;堕落させる. ― **emponzoñarse** 再 だめになる.

empopar 自〘海〙追い風を受ける;船尾が深く沈む. ― **empoparse** 再 追い風を受けて進む.

emporcar 106 他 汚す. ― **emporcarse** 再(自分の体・服を)汚す.

emporio 男 ❶ 交易都市;文化[芸術]の中心地. ❷《ラ米》百貨店.

empotrar 他 埋め込む. ― **empotrarse** 再(衝突して)めり込む.

empozar 57 他 井戸に入れる. ― 自(水が)たまる, よどむ. ― **empozarse** 再《ラ米》(コロンビア)(ベネズエラ)水たまりになる.

emprendedor, dora 形 積極的な. ― 男 女 進取の気性に富む人.

emprender[エンプレンデル] 他〔英 undertake〕企てる, **着手する**, 始める. ～ el vuelo 飛び立つ. ～ un negocio 事業を始める. ***～la (a ...) con ...***《話》(…を)攻撃する;つらく当たる. *La emprendió a tiros con nosotros.* 我々に向かって発砲し始めた.

empreñar 他 ❶ 妊娠させる. ❷ うんざりさせる. ― **empreñarse** 再 ❶ 妊娠する. ❷ うんざりする.

empresa [エンプレサ] 女〔英 enterprise〕❶ **企業**, **会社**. ～ constructora 建設会社. ～ comercial 商社. ～ editora 出版社. ～ familiar ファミリー企業. ～ arriesgada [de riesgo] ベンチャービジネス[企業]. la *E*～ Municipal de la Vivienda 市住宅公社《略 EMV》. la *E*～ Municipal de Transportes 市営交通公社《略 EMT》. Estos gastos corren por cuenta de la ～. これらの経費は会社持ちだ. ❷ **事業**, 企て. ～ de servicios públicos 公共事業. ❸ 紋章, 紋様.

empresariado 男 企業連合;《集合的》事業者.

empresarial 形 経営の, 企業の. Ciencias *E*～*es* 経営学.

empresario, ria 男 女 経営[事業]者;雇用主;興行主.

empréstito 男 公[国]債;貸付.

empujada 過分 → empujar. 女(強く)押すこと.

empujar[エンプハル] 他〔英 push〕❶ **押す**, 突く. ❷《**a**＋名詞・不定詞 / **a que**＋接続法》(…を / …するよう)強いる, せき立てる. La necesidad me *empujó a* buscar trabajo. 必要に迫られて私は仕事を探し始めた. *Empujan* a su abuelo *a que* venda su casa. 彼のおじいさんは家を売るように迫られている. ― 自 進歩[向上]する.

empuje 男 ❶ 押すこと;圧力. ～ de la familia 家族の後押し. ❷ 行動力, 気力. hombre de ～ 頑張り屋;実力者. ❸(建物等の)重み. ― 活 → empujar.

empujón 男 ❶ 押す[突き飛ばす]こと. dar un ~ a ... …を強く押す. ❷《話》急速な進歩. ***a empujones*** 人を押しのけて；とぎれとぎれに.

empuntar 他 向かわせる. ***~las***《ラ米》(ｴｸｱﾄﾞﾙ)(ｺﾛﾝﾋﾞｱ)逃げる. ― **empuntarse** 再《ラ米》(ｺﾛﾝﾋﾞｱ)(ﾍﾞﾈｽﾞｴﾗ)固執する.

empuñadura 女 (剣・傘等の) 柄.

empuñar 他 握る.

empurar 他《話》罰する.

emú 男〖鳥〗エミュー.

emulación 女 ❶ 対抗[競争]（心）. ❷〖IT〗エミュレーション.

emular 他（張り合って）まねる；肩を並べる.

émulo, la 形《de》(…に) 対抗する. ― 男 女 競争相手.

emulsión 女〖化〗乳状液；〖写〗感光乳剤.

emulsionar 他 乳化する, 乳状にする.

emulsivo, va 形 乳化する, 乳剤の.

en [エン] 前〔英 in, on, at, into〕**1**《空間》❶《場所》…で, …に. Nació *en* México. 彼はメキシコで生まれた. Vivo *en* Yokohama, Kanagawa. 私は神奈川の横浜市に住んでいます. Mi casa está *en* el tercer piso. 私の家はマンションの3階にあります. ❷《平面・表面》…（の上）に. La carpeta está *en* la mesa. そのフォルダーは机の上にある. Colgué el cuadro *en* la pared. 壁に絵をかけた. ► 表面から離れている場合は sobre, encima de を用いる. ❸《内部》…（の中）に[へ]. entrar *en* ... …に入る. meterse *en* la cama 床に就く. **2**《時間》❶《時点》…に. *en* este momento 今[現在]. Colón llegó a América *en* (el año) 1492. コロンブスは1492年にアメリカに到達した. ❷《所要時間》…で. *en* pocos segundos すぐに. Lo terminaré *en* una semana. 私は1週間でそれを終えるつもりです. Volverán *en* tres horas. 彼らは3時間で帰って来るだろう. **3**《分野・領域》…について, …において. Es un especialista *en* bioquímica. 彼は生化学の専門家である. **4**《変化の結果》…に. Quiero cambiar estos cheques *en* euros. この小切手をユーロに変えたいのですが. cortar la carne *en* trozos 肉を何切れかに切る. **5**《様態・手段・方法》…の, …で. ❶《材料》estatua *en* mármol 大理石の像. ❷《色・形》El semáforo está *en* rojo. 信号は赤になっている. ❸《道具》calentar *en* el microondas 電子レンジで温める. ❹《手段》novelas escritas *en* catalán カタルーニャ語で書かれた小説. ir *en* avión 飛行機で行く. ❺《服装》correr *en* chándal ジャージを着て走る. ❻《状態》dinero *en* efectivo 現金. El proyecto ya está *en* marcha. その企画はもう進行中だ. ❼《単位》En EE.UU. miden *en* pulgadas. 米国ではインチで測る. ❽《判断の基準》Le reconocí *en* su manera de hablar. 話し方で彼だと分かった. ❾《価格・数量・割合》Me dejaron el coche *en* dos mil euros. 私は2000ユーロでその車を譲ってもらった. ***en***〈+現在分詞〉…するとすぐに. *En* acabando este trabajo, voy a salir. この仕事を終えたらすぐに出かけます. ***en***〈+不定詞〉…することに. Ella no tardará *en* llegar. 彼女はまもなく着くでしょう. Tengo mucho gusto *en* conocerle. 初めまして. ***en broma*** 冗談で. ***en general***（＝generalmente）一般的に. ***en particular*** 特に（＝particularmente）. ***en serio*** 真面目に. ***en secreto*** 秘密で.

enagua 女［主に複］ペチコート；スリップ；《ラ米》スカート(→ falda 地域差).

enagüillas 女 複 ❶（スコットランド等の男性用の）短いスカート. ❷ キリストの腰布.

enajenable 形 譲渡可能な.

enajenación 女 ❶〖法〗譲渡. ❷ 錯乱. ~ mental 狂気. ❸ 陶酔.

enajenado, da 形 気がふれた. ― 男 女 精神異常者.

enajenamiento 男 → enajenación.

enajenar 他 ❶（財産・権利等を）譲渡する. ❷ 我を忘れさせる. ❸ 遠ざける. ― **enajenarse** 再 ❶ 発狂する. ❷ うっとりする. ❸《de》(…から) 遠ざかる,（…を）断つ.

enálage 女〖修〗〖文法〗転用語法.

enalbardar 他 ❶（馬に）荷鞍(にぐら)を置く. ❷〖料〗衣をつける.

enaltecer 76 他 ❶（…の）名声を高める；称賛する. ❷（感情等を）かき立てる. ― **enaltecerse** 再 名声が高まる.

enaltecimiento 男 名声を高めること；称賛.

enamorada 過分 → enamorar. 形 女 → enamorado.

enamoradizo, za 形 惚(ほ)れっぽい.

enamorado, da [エナモラド,ダ] 過分 → enamorar. 形〔英 in love〕《de》❶（…に）恋をしている. ❷（…を）愛好している. ― 男 女 ❶ 恋をしている人；恋人. ❷《de》(…の) 愛好者.

enamoramiento 男 恋すること.

enamorar [エナモラル] 他 恋心を抱かせる；心をとらえる. ― **enamorarse** 再〔英 fall in love〕《de》(…に) 恋をする；(…が) とても気に入る.

enamoricarse / enamoriscarse 26 再《話》《de》(…を) 好きになりかける.

enancarse 26 再《ラ米》❶ 馬に乗る. ❷ 首を突っ込む.

enanismo 男〖医〗小人症.

enano, na 形 ❶（普通より）小さい. ❷《軽蔑》とても小さい. ― 男 女 ❶〖医〗小人症患者；《話》背が低い人, ちび(→ bajo 地域差)；小人. ❷《話》子供. ***como un ~***《話》とてもたくさん；とてもよく.

enarbolado 男〖建〗木材の骨組み.

enarbolar 他 ❶（旗等を）揚げる. ❷（地位等を）振りかざす. ***~ la bandera (de ...)*** (…の) のろしを上げる.

enarcar 26 他 アーチ状にする, 弓なりにする. ~ las cejas 眉を上げる. ― **enarcarse** 再 弓なりになる.

enardecer 76 他（感情・議論等を）かき立てる；興奮させる. ― **enardecerse** 再 白熱する；熱狂[興奮]する.

enardecimiento 男 興奮, 熱狂.

enarenar 他 砂で覆う.

enarmónico, ca 形〖音〗エンハーモニックの；異名同音の.

enastado, da 形〘動〙角(つの)のある.
enastar 他 柄[取っ手]を付ける.
encabalgamiento 男 ❶ 木組みの台. ❷〘詩〙句またがり.
encabalgar 66 他 重ねる，載せる；〘詩〙(詩句を) 2行にまたがらせる. ― **encabalgarse** 再 (詩句が) 2行にまたがる.
encaballar 他 (瓦(かわら)等をずらしながら) 重ね合せる.
encabestrar 他 ❶ (馬に) 端綱を付ける；(闘牛を) 先導の牛に導かせる. ❷ (人を) 牛耳る. ― **encabestrarse** 再 (馬が) 端綱に脚をからませる.
encabezamiento 男 (手紙等の) 書き出し；先頭.
encabezar 57 他 ❶ (リスト等の) 一番目にある. ❷《con》(文章等を) (…で) 書き出す. ❸ 先頭に立つ. ❹《con》(ワインを) (…とブレンドして) アルコール度数を高める.
encabriar 17 他 (屋根に) 垂木をわたす.
encabritarse 再 ❶ (馬が) 後ろ脚で立つ；(乗り物が) 前部を浮かせる. ❷《話》激怒する.
encabronar 他《俗》怒らせる. ― **encabronarse** 再《俗》激怒する.
encachado, da 形《ラ米》(チ)《話》賞賛に値する. ― 男 ❶ (水路の) コンクリート床；(道路舗装の) 砂利の基礎. ❷ 線路の道床. ❸ 敷石.
encachar 他 ❶ (水路等に) 砂利を敷く，コンクリートを打つ. ❷ (ナイフに) 柄をつける；銃床をつける. ― **encacharse** 再《ラ米》(チ)めかし込む.
encachilarse 再《ラ米》(1)(アルゼンチン)激怒する. (2)(ウルグアイ)《話》夢中になる.
encachorrarse 再《ラ米》(コロンビア)《話》不機嫌になる.
encadenación 女 → encadenamiento.
encadenado, da 形〘詩〙前の語句の繰り返しから始まる. ― 男〘映〙〘TV〙フェード(イン，アウト).
encadenamiento 男 鎖でつなぐこと；連鎖.
encadenar 他 ❶《a》(…に) 鎖でつなぐ，縛りつける. ❷ 関連づける. ― **encadenarse** 再 ❶《a》(…に) 鎖で体を縛りつける. ❷ 関連する.
encajador 男 はめ込むための道具.
encajadura 女 はめ込み (部分).
encajar 他 ❶ はめる. ❷ (逆境・苦痛を) 忍ぶ. ❸《話》(殴打を) 食らわす；(厄介事を) 押しつける. ❹〘スポ〙(敗北を) 喫する. ― 自 ❶ (ぴったり) はまる. ❷《con》(…と) つじつまが合う；《en》(…に) 順応する. ― **encajarse** 再 ❶ (衣類を) 着る. ❷《en》(…に) はまる，身動きが取れなくなる；《ラ米》(墨)(乗り物が) 立ち往生する.
encaje 男 ❶ レース. ❷ はめ込み (部分).
encajero, ra 男 女 レース職人 [販売業者].
encajetillar 他 (タバコを) 箱詰めにする.
encajonamiento 男 ❶ (箱や狭い場所に) 入れる[入る]こと. ❷ 苦境.
encajonar 他 ❶ 箱に詰める. ❷ (狭い場所に) 押し込める. ❸ (闘牛を移送用の) 檻(おり)に入れる. ― **encajonarse** 再 ❶ (狭い場所に) 入り込む. ❷ (川が狭い場所を) 流れる.
encalabrinar 他 ❶ いら立たせる. ❷ 期待を抱かせる. ― **encalabrinarse** 再 ❶ いら立つ. ❷《話》《con》(…に) 夢中になる；(…に) 恋する.
encalado 男 しっくい塗り (の壁).
encalambrarse 再《ラ米》(寒さで) かじかむ.
encalar 他 (壁等に) 石灰を塗る.
encalladero 男 座礁しやすい場所.
encalladura 女 座礁.
encallar(se) 自 再 ❶ 座礁する. ❷《話》行き詰まる.
encallecer 76 自 (皮膚が) 固くなる. ― 他 ❶ (皮膚を) 固くする，たこを作る. ❷ 無感覚にする. ― **encallecerse** 再 ❶ たこができる. ❷ (厳しい気候等に) 慣れる. ❸ 無感覚になる.
encallejonar 他 狭い所[通り]に追い込む.
encalmar 他 静める. ― **encalmarse** 再 (天候等が) 静まる.
encalvecer 76 自 (頭等が) はげる.
encamar 他 (病人を) 床につかせる. ― **encamarse** 再 ❶ (病気で) 寝込む. ❷ (獲物が) 身を潜める.
encaminar 他 ❶ 道を教える；(人を) 導く. ❷《a, hacia》(…に) 向ける. ― **encaminarse** 再《a, hacia》(…に) 向かう.
encamotarse 再《ラ米》《話》《de》(…に) 恋をする.
encampanar 他《ラ米》(メキシコ)(プエルトリコ)(ペルー)見捨てる. ― **encampanarse** 再 ❶ 尊大になる. ❷〘闘牛〙(牛が) 頭を持ち上げる. ❸《ラ米》(1)(コロンビア)恋をする. (2)(メキシコ)窮地に陥る. (3)(プエルトリコ)(ベネズエラ)高い地位に上る.
encanalar 他 (水を) 運河に通す.
encanallamiento 男 不良化，堕落.
encanallar 他 堕落させる. ― **encanallarse** 再 堕落する，不良になる.
encanar 他《ラ米》(アルゼンチン)(コロンビア)(ウルグアイ)《話》刑務所に入れる. ― **encanarse** 再 (激しい笑い・号泣で) 息が詰まる.
encandelillar 他《ラ米》(1) 目をくらませる. (2) (布を) まつる.
encandilar 他 ❶《con》(…で) 惑わせる；驚嘆させる. ❷ (愛情・欲望を) かき立てる. ❸ (光が) 目をくらませる. ❹《ラ米》(プエルトリコ)夢から覚めさせる. ― **encandilarse** 再 ❶ 惑わされる. ❷ (酔い・欲望で目が) ぎらつく. ❸《ラ米》(プエルトリコ)驚く，怒る.
encanecer(se) 76 自 再 (髪が) 白くなる. ― 自 老ける.
encanijar 他 弱らせる. ― **encanijarse** 再 衰弱する.
encanillar 他 (糸を糸巻きに) 巻く.
encantado, da [エンカンタド, ダ] 過分 → encantar. 形〔英 pleased; How do you do?〕❶《con》(…に) **喜んだ**，満足した. ❷ [E-] **初めまして**. ► 話し手が女性の時は *Encantada*. ❸ 魔法にかかった. casa *encantada* お化け屋敷.
encantador, dora 形 魅力[魅惑]的な. ― 男 女 魔法使い，魔術師.
encantamiento 男 ❶ 魔法. romperse el ～ 魔法がとける. ❷ 魅惑，魅力.
encantar [エンカンタル] 他〔英 charm〕❶ **魅了する**，魅惑する；大好きである.

Me *encanta* bailar. 私は踊るのが大好きだ. ❷ 魔法をかける.

encanto [エンカント] 男 〔英 charm〕 ❶ **魅力**, 魅惑；[複] 肉体的魅力. ser un ～ 魅力的である. ❷ 《呼びかけ》(恋人等に) 君. ── 活 → encantar.

encañada 女 谷間, 山峡.

encañado 男 ❶ 水道管, 配管. ❷ 格子垣.

encañar 他 ❶ (水を) 管で通す. ❷ 〖農〗(植物に) 添え木をする. ── 自 (穀類に) 中空の茎ができる.

encañonado, da 形 (風等が) 吹き抜ける.

encañonar 他 ❶ 銃口を向ける. ❷ (水等を) 管で引く. ── 自 (鳥の) 羽毛が生える. ── **encañonarse** 再 (川等が) 狭い場所を通る.

encaperuzar 57 他 フードをかぶせる. ── **encaperuzarse** 再 フードをかぶる.

encapotadura 女 暗雲が垂れこめること.

encapotamiento 男 → encapotadura.

encapotarse 再 (空が) 曇る.

encaprichamiento 男 執心, 気まぐれ.

encapricharse 再 《con, de》 ❶ (…に) 執心する. ❷ (…に) のぼせあがる.

encapsular 他 カプセルに詰める.

encapuchado, da 形 男 女 頭巾(ずきん) [フード] をかぶった (人), 覆面をした (人).

encapuchar 他 ずきん [フード] をかぶせる. ── **encapucharse** 再 ずきんをかぶる.

encarado, da 形 bien [mal] ～ 人相の良い[悪い]；美しい[醜い]顔の.

encaramar 他 ❶ 《a, en》 (高い所に) 上げる；《話》 昇進させる. ❷ 《ラ米》(コロンビア)(コスタリカ)赤面させる. ── **encaramarse** 再 上がる；《話》 昇進する.

encaramiento 男 直面；対置.

encarar 他 (問題等に) 直面する；向き合わせる. ── **encararse** 再 《con, a》 (…に) 立ち向かう.

encarcelamiento 男 投獄, 収監.

encarcelar 他 投獄[収監]する.

encarecer 76 他 ❶ 価格を上げる. ❷ 褒めちぎる[そやす]. ❸ 熱心に勧める[頼む]. ── **encarecer(se)** 自 再 値上がりする.

encarecimiento 男 ❶ 値上がり. ❷ 褒めちぎる [そやす] こと. ❸ 力説. con ～ 熱心に.

encargado, da 過分 → encargar. 形 《de》 (…を) 担当している. ── 男 女 担当者, 係；代理人. ～ de negocios 代理公使.

encargar [エンカルガル] 66 他 〔英 entrust〕 (仕事等を) **任せる**；《que＋接続法》 (…するように) 頼む；注文する. ～ un proyecto プロジェクトを任せる. Me *encargaron que* cuidara de su perro. 私は彼の犬の世話を頼まれた. ── **encargarse** 再 〔英 undertake〕 《de》 (…を) **引き受ける**, 担当する.

encargo 男 ❶ 依頼；用事. ❷ 注文 (品). ── 活 → encargar. *de* [*por*] ～ オーダーメードの, 注文による. *como* (*hecho*) *de* [*por*] ～ / *que ni hecho de* ～ おあつらえ向きの. *estar de* ～ 《ラ米》(俗)妊娠している.

encargue 男 《ラ米》(アルゼンチン)(ウルグアイ)→ encargo. ── 活 → encargar.

encargue(-) / encargué(-) 活 → encargar.

encariñar 他 愛情を抱かせる. ── **encariñarse** 再 《con》 (…に) 愛着を持つ.

encarnación 女 ❶ 具現. ❷ (キリストの) 受肉. ❸ 〖美〗 肌色.

encarnado, da 形 ❶ 赤い, 肌色の. ❷ 具現化した. ── 男 赤色, 肌色.

encarnadura 女 傷の治りやすさ.

encarnar 他 ❶ 具現化[体現]する. ❷ (役を) 演じる. ❸ 〖美〗 肌色に塗る. ── 自 ❶ 《en》 (…の) 姿をとる；〖宗〗 (神が) 受肉する. ❷ (傷が) 癒(い)える. ── **encarnarse** 再 ❶ 〖宗〗 受肉する. ❷ (爪が) 食い込む.

encarnecer 76 自 太る.

encarnizado, da 形 ❶ (戦い等が) 激しい. ❷ (目が) 充血した.

encarnizamiento 男 残酷さ, 残忍さ；獰猛(どうもう)さ.

encarnizar 57 他 残酷[獰猛(どうもう)]にする. ── **encarnizarse** 再 ❶ 激しさ[残酷さ]を増す. ❷ 《con》 (…に対して) 残虐にふるまう；(動物が獲物を) むさぼり食う.

encaro 男 銃床の頬(ほお)を支える部分.

encarpetar 他 ❶ (書類を) ファイルする. ❷ 《ラ米》(アルゼンチン)(コロンビア)(ウルグアイ)(案件等を) 棚上げにする.

encarrilar 他 ❶ (列車等を) レールに乗せる. ❷ 軌道に乗せる. ── **encarrilarse** 再 軌道に乗る.

encarroñar 他 腐らせる. ── **encarroñarse** 再 腐る.

encartado, da 形 男 女 (スペイン, ビスカヤ県の) エンカルタシオネス地方の (人).

encartar 他 ❶ 〖法〗 起訴する. ❷ (トランプで同じ組札を) 出す. ❸ 《ラ米》(コロンビア)(嫌な事・人を) 押しつける.

encarte 男 ❶ 投げ[折り]込みチラシ. ❷ 《ラ米》(コロンビア)押しつけ.

encartonar 他 厚紙で包む；〖印〗 厚紙で装丁する.

encartuchar 他 《ラ米》(俗)(紙等を) 円錐(すい)形に巻く.

encasillamiento 男 (性格や役柄に対する) 型にはまった評価[イメージ].

encasillar 他 ❶ 仕分けする, 《en》 (…に) 分類する. ❷ 《en, como》 (…と) 見なす, 決めつける. ── **encasillarse** 再 型にはまる.

encasquetar 他 ❶ (帽子を) 深くかぶらせる. ❷ (考えを) 植えつける. ❸ (話を) 無理やり聞かせる；(嫌な事を) 押しつける. ❹ (殴打を) 見舞う. ── **encasquetarse** 再 ❶ (帽子を) 深くかぶる. ❷ (考えが) こびりつく.

encasquillar 他 《ラ米》(馬に) 蹄鉄(ていてつ)を打つ. ── **encasquillarse** 再 ❶ (銃器の) 弾が詰まる. ❷ (装置等が) 動かなくなる. ❸ 《話》 言葉がつかえる.

encastar 他 (家畜の) 品種改良をする.

encastillarse 再 《en》 (…に) 固執する.

encastrar 他 (部品等を) はめ込む.

encausado, da 形 告訴された. ── 男

E

女 被告(人).

encausar 他 〖法〗告訴[起訴]する.

encauste 男 → encausto.

encáustico, ca 形 〖美〗蠟画(ろうが)の. — 男 ワックス, 蠟. — 女 蠟画.

encausto 男 〖美〗蠟画(ろうが)法.

encauzamiento 男 ❶ 水路を開くこと. ❷ 誘導;調整.

encauzar 57 他 ❶ (流れを) 水路で導く. ❷ (会話等を) 導く, 調整する. — **encauzarse** 再 軌道に乗る.

encebollado, da 形 男 タマネギをふんだんに使った(料理).

encebollar 他 (料理に) たっぷりタマネギを入れる.

E

encefalalgia 女 〖医〗頭痛.

encefálico, ca 形 〖解〗脳の.

encefalitis 女 [単複同形] 脳炎.

encéfalo 男 〖解〗脳.

encefalografía 女 〖医〗脳造影[撮影]法, 脳写.

encefalograma 男 〖医〗脳波図.

encefalomielitis 女 [単複同形] 〖医〗脳脊髄(せきずい)炎.

encefalopatía 女 〖医〗脳障害, 脳症, エンセファロパシー.

enceguecer 76 他 視力[理性]を失わせる. — 自 視力を失う. — **enceguecerse** 再 視力[理性]を失う.

encelar 他 嫉妬(しっと)させる. — **encelarse** 再 ❶ (**de**) (…に) 嫉妬する. ❷ (動物が) 発情する.

enceldar 他 独居房に入れる. — **enceldarse** 再 独居房に入る.

encella 女 チーズの流し型.

encenagado, da 形 ❶ 泥だらけの. ❷ (**en**) (悪事に) 手を染めた.

encenagarse 66 再 ❶ 泥だらけになる. ❷ (**en**) (悪事に) 手を染める.

encendedor, dora 形 点火する. — 男 ライター (→地域差); 点火器. 地域差 ライター encendedor (ほぼスペイン語圏全域); chispero (ラ米)(コスタリカ); fosforera (キューバ); lighter (プエルトリコ); mechero (スペイン); yesquero (ラ米)(ベネズエラ)(ウルグアイ).

encender [エンセンデル] 101 他 [英 light; turn on] ❶ **火をつける**. ～ un cigarrillo タバコに火をつける. ❷ **スイッチを入れる**. ～ la luz 明かりをつける. ❸ (感情等を) かき立てる; 引き起こす. — **encenderse** 再 ❶ 火がつく. ❷ (**de**) (…で) 興奮する. ～ *de* ira 怒りで真っ赤になる.

encendido, da 過分 → encender. 形 ❶ (火・電気等が) ついている. ❷ 真っ赤な. — 男 ❶ 点火[灯]. ❷ (ラ米) 〖車〗スターター (→ arranque 地域差).

encentar 18 他 手をつける. — **encentarse** 再 床擦れができる.

encerado 男 ❶ ワックスがけ. ❷ 黒板. ❸ 防水布.

encerador, dora 男 女 床磨き人. — 女 床磨き機.

encerar 他 ワックスをかける[塗る].

encerradero 男 (家畜の) 囲い場.

encerrar [エンセラル] 18 他 [英 confine] ❶ (**en**) (…に) **閉じ込める**. ❷ (**en**) (…に) しまう. ❸ 含む, 伴う. ❹ (**entre**) (字句を) (…で) くくる, 囲む. ～ una palabra *entre* paréntesis 語を括弧でくくる. ❺ (ゲームで相手の駒(こま)を) 動けなくする. — **encerrarse** 再 (**en**) (…に) 閉じこもる.

encerrona 女 ❶ わな. ❷ (話) (一定時間部屋にこもってテーマの準備をする) 試験. ❸ 〖闘牛〗(個人で行う) 闘牛.

encespedar 他 芝で覆う.

encestador, dora 男 女 (バスケットボール) ポイントゲッター.

encestar 他 かごに入れる. — 自 (バスケットボール) シュートを決める.

enceste 男 (バスケットボール) シュート.

enchapado 男 化粧板張; 金属メッキ.

encharcamiento 男 水浸し.

encharcar 26 他 ❶ 水浸しにする. ❷ (取りすぎた水分が胃を) 不快にする. ❸ (血等が器官内に) たまる. — **encharcarse** 再 ❶ 水浸しになる. ❷ 水腹になる. ❸ (体の器官が血等で) いっぱいになる.

enchicharse 再 (ラ 米) (ペルー) チ チ ャ chicha で酔っ払う; (中米)(コロンビア)怒る.

enchilado, da 形 (ラ米) (メキシコ)赤色の; 怒った. — 男 (ラ米) (メキシコ)チリソースを使った煮込み. — 女 (ラ米)(メキシコ)エンチラーダ: 具を入れたトルティーリャにチリソースをかけた料理.

enchilar 他 (ラ米) (1) チリトウガラシで味つけする. (2)(メキシコ)怒らせる. — **enchilarse** 再 (ラ米) (1)(メキシコ) (話) 怒る. (2) (辛くて) ヒリヒリする.

enchiloso, sa 形 (ラ米) (味が) ピリッとする, 辛い.

enchinar 他 (ラ米) (1)(メキシコ)(髪を) カールする. (2) (話) 鳥肌が立つ.

enchinchar 他 (ラ米) (メキシコ)(グアテマラ) (話) 嫌がらせる, 怒らせる. — **enchincharse** 再 (ラ米)(アルゼンチン)(パラグアイ)(ウルグアイ)怒る.

enchiparse 再 (ラ米)(ボリビア)(コロンビア)(糸や蛇等が) 丸くなる.

enchiquerar 他 ❶ 〖闘牛〗(牛を) 囲い場に入れる. ❷ (話) 刑務所に入れる.

enchironar 他 (話) 刑務所に入れる.

enchisparse 再 (ラ米) ほろ酔いになる.

enchivar 他 (ラ米) (エクアドル)捕らえる. — **enchivarse** 再 (ラ米)(アルゼンチン)(コロンビア)(エクアドル)怒る.

enchufado, da 形 (話) コネのある. — 男 女 (話) ❶ 縁故採用者. ❷ (ラ米) (アルゼンチン)(ウルグアイ) (話) (活動に) 熱心な人.

enchufar 他 ❶ (電気製品等を) コンセントに差し込む. ❷ (話) (光・水等を) 当てる. ❸ (話) コネを使って職等を与える. La *enchufaron.* 彼女はコネで採用された. ❹ (ラ米) (アルゼンチン)(ウルグアイ)罰を与える. — **enchufarse** 再 (話) コネを使って職を得る.

enchufe 男 ❶ 〖電〗コンセント; プラグ. ❷ (話) コネ; コネで得た職; ひいき.

enchufismo 男 (話) (軽蔑) 縁故採用 (されること); コネを介した利益の授受.

enchufista 男 女 (話) コネを使う人.

encía 女 〖解〗歯茎, 歯肉.

encíclica 女 〖カト〗(ローマ教皇の) 回勅.

enciclopedia [エンシクロペディア] 女 [英 encyclopedia] **百科事典**. ***ser una ～ (viviente)*** 生き字引である.

enciclopédico, ca 形 ❶ 百科事典の. ❷ 博識の.

enciclopedismo 男 ❶ 〖史〗(18世紀フランスの) 百科全書派. ❷ 博識.

encięnd- 活 ➔ encender.
encięrr- 活 ➔ encerrar.
encięrra 女《ラ米》(チ)冬期の牧草地（に家畜を追い込むこと). ── 活 ➔ encerrar.
encięrro 男 ❶ 閉じこもること. ❷ 隠れ家［場所］. ❸〖闘牛〗(牛の) 囲い場；牛追い. ── 活 ➔ encerrar.
encima [エンシマ] 副 〔英 above〕 ❶ 上に, 上方に. aquí [ahí, allí] ～ ここ[そこ, あそこ]の上に. ❷ 身につけて. ❸ さらに, その上（= además). ❹ 差し迫って. Tengo ～ los exámenes. 試験が迫っている. ***de*** ～ 一番上の. ***echarse*** ～ 不意をつく；(責任・仕事を) 引き受ける. **～ *de*** (1) …の上に. (2)《＋不定詞》…に加えて. *E*～ *de* (ser) mentiroso, es presumido. 彼はうそつきである上に生意気だ. ***estar*** ～ ***de ...*** …に注視している. ***por*** ～ 上に；ざっと. leer el periódico *por* ～ 新聞にざっと目を通す. ***por*** **～ *de ...*** …の上に[を]；超越して. volar *por* ～ *del* mar 海上を飛行する. ***por*** ～ ***de todo*** とりわけ；どんなことがあっても.
encimęro, ra 形 上の；上に置く. ── 女 ❶ 調理台. ❷《ラ米》(アルゼ)(パラグ)(ウルグ) 鞍(くら)に置き腹帯と結ぶ 2 本の帯のついた革製の馬具の一部.
encịna 女〖植〗カシの類.
encinął / encinąr 男 カシの林[森].
encịno 男 ➔ encina.
encịnta 形 妊娠した.
encintądo 男 (歩道の) 縁石 (の敷設).
encintąr 他 ❶ リボンで飾る. ❷ (歩道に) 縁石を敷く.
encizañąr 他 不和にする.
enclaustramięnto 男 ❶ 修道院入りすること. ❷ (社会との接触を避け) 閉じこもること, 隠遁(とん)生活.
enclaustrąr 他 修道院に入れる；閉じこめる. ── ***enclaustrarse*** 再 修道院に入る；引き[閉じ]こもる.
enclavądo, da 形《en》(…に) 位置する.
enclavąr 他 位置させる. ── ***enclavarse*** 再《en》(…に) 位置する.
encląve 男 飛び地[領土].
enclavijąr 他 (弦楽器に) 糸巻きをつける.
enclęnque 形 男 女 病弱の (人)；やせこけた (人).
enclịsis / ęnclisis 女〖言〗前接.
enclịtico, ca 形〖言〗前接の. ── 男 前接語：直前の語と結びつく.
enclocąr 106 自 ➔ encluecar.
encluecąr 26 自 (家禽(きん)が) 卵を抱く. ── ***encluecarse*** 再《ラ米》(墨) 病気になる.
encochąr 他 (タクシーが) 客を乗せる.
encocorąr 他《話》いら立たせる. ── ***encocorarse*** 再《話》いら立つ.
encofrądo 男 ❶ (コンクリートを流し込む) 型枠. ❷ (坑道の) 土留め.
encofradọr, dọra 男 女 型枠工.
encofrąr 他 ❶ 型枠を作る. ❷ (坑道に) 土留めを設置する.
encoger [エンコヘル] 84 他 〔英 shrink〕 ❶ 縮める. ❷ 萎縮(いしゅく)させる. ── 自 縮む. ── ***encogerse*** 再 ❶ 縮む；縮こまる. ❷ 萎縮する.
encogịdo, da 過分 ➔ encoger 形 ❶ 萎縮(いしゅく)した. ❷ 内気［臆病(おくびょう)］な. ── 男 (布地の糸の) 引きつり.
encogimięnto 男 縮み；萎縮(いしゅく).
encoj- 活 ➔ encoger.
encojąr 他 (片足を) 不自由にさせる. ── ***encojarse*** 再 (片足が) 不自由になる.
encolądo, da 形《ラ米》(メキシ)きざな. ── 男 糊(のり)付け.
encoląr 他 糊(のり)で接着する；〖美〗膠(にかわ)を塗る.
encoleriząr 57 他 激怒させる. ── ***encolerizarse*** 再 激怒する.
encomendąr 18 他 託す, 任せる. ── ***encomendarse*** 再《a》(…に) 頼る.
encomenderịa 女《ラ米》(メキシ)(ペル) 食料品店.
encomendęro, ra 男〖史〗エンコミエンダ encomienda の所有者. ── 男 女《ラ米》(メキシ)(ペル) 食料品店店主.
encomiąble 形 称賛に値する.
encomiąr 17 他 褒めたたえる.
encomiąsta 男 女 賞賛者.
encomiąstico, ca 形 賞賛の, 絶賛の.
encomięnda 女 ❶ 委託, 委任. ❷〖史〗エンコミエンダ：新大陸のスペイン植民地で, 植民地住民の教化義務と引きかえに徴税権と労役権を与えた制度. ❸《ラ米》(南米) 郵便小包.
encọmio 男 褒めたたえること.
encomiọso, sa 形《ラ米》(南米) ➔ encomiástico.
enconądo, da 形 (争い等が) 激しい.
enconąr 他 ❶ (争い等を) 激しくする；(人を) 怒らせる. ❷ (傷を) 化膿(のう)させる. ── ***enconarse*** 再 ❶ (争い等が) 激化する；(人が) 敵意を抱く. ❷ (傷が) 化膿する.
encọno 男 ❶ 恨み. ❷《ラ米》炎症, 化膿(のう).
encontradịzo, za 形 hacerse el ～ (con ...) (…と) 偶然出会ったふりをする.
encontrądo, da 過分 ➔ encontrar. 形 [主に複] 正反対の；対立した.
encontrar [エンコントゥラル] 32 他 〔英 find〕 ❶ 見つける；出会う. *Encontré* el bolso que buscaba. 私は探していたハンドバッグを見つけた. *Encontré* una cartera. 私は財布を見つけた[拾った]. ❷ (…と) 見なす. La *encuentro* aburrida. 私は彼女を退屈な人だと思う. ── ***encontrarse*** 再〔英 encounter〕 ❶ (偶然に) 会う；見つける. *Nos encontramos* en el tren. 私たちは電車で会った. ❷《con》(…と) 出くわす；《con que ...》(…だと) 気付く. ❸ (状態・場所に) いる, ある. *Me encuentro* bien [en Madrid]. 私は気分がいい[マドリードにいる]. ❹ (…で) 落ち合う；合流する. ❺ (意見等が) 一致する. ❻ 衝突する, 対立する.
encontronązo 男《話》激突；けんか.
encoñąrse 再《俗》《con》❶ (特に男性が性的に) (…に) 夢中になる. ❷ (…を) 欲しがる.
encopetądo, da 形《軽蔑》❶ 上流 (気どり) の；うぬぼれた. ❷ 着飾った.
encorajinąr 他 激怒させる. ── ***encorajinarse*** 再 激怒する.
encorąr 32 他 ❶ 革を張る. ❷ (傷を) ふ

E

さぐ. ── 自 (傷が) ふさがる.

encorchar 他 ❶ (瓶に) コルク栓をする. ❷ (ミツバチを) 巣箱に集める.

encorchetar 他 ホックを付ける, ホックで留める.

encordado 男 《集合的》(楽器の) 弦.

encordar 32 他 (楽器に) 弦を張る; (ラケットに) ガットを張る. ── ***encordarse*** 再 (登山者が) 体をザイルで結ぶ.

encordonar 他 ひもで縛る[飾る].

encornado, da 形 bien [mal] ～ 角(つの)が立派な[貧弱な].

encorozar 57 他 《ラ米》(メキシコ)(チリ) (壁の穴を) ふさぐ.

encorralar 他 (家畜を) 囲いに入れる.

encorsetado, da 形 (厳格な規則に) 拘束された.

encorsetar 他 ❶ コルセットを着ける. ❷ 抑圧[制限]する. ── ***encorsetarse*** 再 コルセットを着ける; 抑圧に苦しむ.

encortinar 他 カーテンを付ける.

encorvada 女 ❶ 体を曲げること. ❷ 〖植〗コロニラ.

encorvadura 女 曲げる[曲がる]こと; 湾曲.

encorvamiento 男 → encorvadura.

encorvar 他 曲げる, 湾曲させる. ── ***encorvarse*** 再 湾曲する, (背・腰が) 曲がる.

encostrar 他 (表面を) 硬いもので覆う. ── ***encostrarse*** 再 表面が硬くなる.

encrespamiento 男 ❶ (髪が) 逆立つこと. ❷ 怒り. ❸ 海の荒れ.

encrespar 他 ❶ (髪を) 縮らせる; (髪・羽毛を) 逆立てる. ❷ (風が海を) 波立たせる. ❸ いら立たせる. ── ***encresparse*** 再 ❶ (髪が) 縮れる; (髪・羽毛が) 逆立つ. ❷ (海が) 荒れる. ❸ いら立つ. ❹ (事態が) 紛糾する.

encristalar 他 (窓・扉に) ガラスをはめる.

encrucijada 女 ❶ 十字路. ❷ 岐路. ❸ 策略.

encrudecer 76 他 ❶ 激しく[残酷に]する. ❷ 怒らせる. ── ***encrudecerse*** 再 ❶ 激しく[残酷に]なる. ❷ 怒る.

encuadernable 形 製本可能な.

encuadernación 女 ❶ 製本. ～ en tela [en piel] 布[革]装丁. ～ en rústica ペーパーバック. ❷ 製本所.

encuadernador, dora 男 女 製本工.

encuadernar 他 製本[装丁]する.

encuadrable 形 (分類・枠に) 入る.

encuadramiento 男 入れる[含める]こと.

encuadrar 他 ❶ 枠[額]に入れる. ❷ 《en》(…に) 入れる, 分類する. ❸ 〖映〗〖写〗構図を決める. ❹ 〖TV〗画像を合わせる. ── ***encuadrarse*** 再 《en》(…の枠に) 入る.

encuadre 男 ❶ 〖映〗フレーミング. ❷ 〖TV〗画像調整装置.

encuartelar 他 《ラ米》(南米) 〖軍〗宿営させる (＝acuartelar).

encubar 他 樽(たる)に詰める.

encubierto, ta 過分 → encubrir. 形 隠された.

encubridor, dora 形 隠す. ── 男 女 隠蔽(いんぺい)者.

encubrimiento 男 隠匿; 隠蔽(いんぺい).

encubrir 9 他 [過分 encubierto] 隠す; かくまう.

encucurucharse 再 《ラ米》(中米)(コロンビア) 高いところによじのぼる.

encuentr- 活 → encontrar.

encuentro 男 ❶ 出会い. lugar de ～ 待ち合わせ場所. ❷ 会合[談]. ❸ 発見. ❹ 対立; 〖スポ〗対戦. ── 活 → encontrar. ***ir* [*salir*] *al* ～ *de* ...** …を迎えに行く; …に先んじる.

encuerado, da 形 《ラ米》(メキシコ) 《話》裸の.

encuerar 他 《ラ米》裸にする. ── ***encuerarse*** 再 《ラ米》裸になる.

encuesta 女 ❶ アンケート調査[用紙]. ❷ (警察の) 聞き込み捜査.

encuestador, dora 男 女 アンケート調査員.

encuestar 他 アンケート調査をする.

encumbramiento 男 昇格.

encumbrar 他 ❶ (地位を) 上げる. ❷ 褒めたたえる. ── ***encumbrarse*** 再 ❶ 高い地位につく. ❷ そびえる.

encurtido 男 [主に複] 野菜の酢漬け.

encurtir 他 (野菜等を) 酢漬けにする.

ende 副 《文》por ～ したがって.

endeble 形 弱い.

endeblez 女 弱さ, 脆弱(ぜいじゃく)さ.

endecágono, na 形 男 十一角形 (の).

endecasílabo, ba 形 男 11音節の (詩行).

endecha 女 哀歌.

endehesar 他 (家畜を) 放牧場に入れる.

endemia 女 〖医〗風土病.

endémico, ca 形 ❶ 〖医〗風土病の. ❷ 慢性的な; 地方特有の.

endemoniado, da 形 ❶ 《話》ひどい, 不快な; 厄介な. ❷ 《話》邪悪な; いたずらな. ❸ 悪魔に取りつかれた. ── 男 女 悪魔に取りつかれた人.

endemoniar 17 他 ❶ 悪魔を取りつかせる. ❷ 怒らせる. ── ***endemoniarse*** 再 怒る.

endenantes 副 《ラ米》(チリ)(ペルー) 以前.

endentar 18 他 (歯車等を) かみ合わせる; はめ込む.

endentecer 76 自 歯が生え始める.

enderezamiento 男 まっすぐにすること.

enderezar 57 他 ❶ まっすぐにする[立てる]. ❷ 立て直す; 矯正する. ❸ 《a, hacia》(…の方へ) 向ける. ── ***enderezarse*** 再 ❶ まっすぐになる; 背筋を伸ばす. ❷ 立ち直る.

endeudar 他 借金だらけにする. ── ***endeudarse*** 再 借金する.

endiablado, da 形 ❶ 《話》ひどい, 不快な. ❷ 《話》邪悪な.

endiablarse 再 《話》いら立つ, 激怒する.

endíadis 女 〖修〗二詞一意.

endibia 女 〖植〗エンダイブ; チコリー.

endilgar 66 他 ❶ 《話》(嫌なことを) 押しつける. ❷ 《話》(仕事等を) 急いで片付ける.

endino, na 形 男 女 《話》面倒を起こす

(人).
endiñar 他《話》❶(殴打を)見舞う. ❷(嫌なことを)押しつける.
endiosamiento 男 思い上がり, 高慢.
endiosar 他 神格化する; 思い上がらせる. ── **endiosarse** 再 思い上がる.
endivia 女 → endibia.
endocardio 男〘解〙心内膜.
endocarditis 女[単複同形]〘医〙心内膜炎.
endocarpio / endocarpo 男〘植〙内果皮.
endocéntrico, ca 形〘言〙内心的な.
endocrino, na 形〘生〙内分泌(腺(せん))の. ── 男 女 → endocrinólogo.
endocrinología 女〘医〙内分泌学.
endocrinólogo, ga 男 女 内分泌専門医.
endodermo 男〘生〙内胚葉(はいよう).
endoesqueleto 男〘解〙内骨格.
endogamia 女 同族結婚;〘生〙同系交配.
endogámico, ca 形 同族結婚の.
endogénesis 女[単複同形]〘生〙内生.
endógeno, na 形 内生の; 内因性の.
endomingar 66 他 晴れ着を着せる. ── **endomingarse** 再 晴れ着を着る.
endoparásito, ta 形〘生〙内部に寄生する. ── 男 内部寄生生物.
endoplasma 男〘生〙内部原形質.
endosar 他 ❶〘商〙(小切手等に)裏書きする. ❷《話》(厄介事を)押しつける.
endosatario, ria 男 女〘商〙被裏書人.
endoscopia 女〘医〙内視鏡検査.
endoscopio 男〘医〙内視鏡.
endoso 男〘商〙裏書[譲渡].
endospermo 男〘生〙胚乳(はいにゅう).
endotelio 男〘解〙内皮.
endotérmico, ca 形〘化〙吸熱(性)の.
endovenoso, sa 形〘医〙静脈内の.
endriago 男(人間と猛獣の姿をした)空想上の怪物.
endrino, na 形 青黒い. ── 男〘植〙リンボク. ── 女〘植〙リンボクの実.
endrogarse 66 再《ラ米》《話》借金を作る;(コロンビア)(プエルトリコ)(ドミニカ)麻薬中毒になる.
endulzar 57 他 ❶ 甘くする. ❷(苦難等を)和らげる. ── **endulzarse** 再 ❶ 甘くなる. ❷ 和らぐ.
endurecer 76 他 ❶ 固くする, 固める. ❷ 強くする. ❸(態度等を)硬化させる; 冷酷[冷淡]にする. ── **endurecerse** 再 ❶ 固くなる, 固まる. ❷(体が)鍛えられる. ❸ 硬化する; 冷酷[冷淡]になる.
endurecimiento 男 硬化; 強化.
ene 女 ❶ アルファベットの n の名称. ❷〘数〙(不定・未知数を表す) n .
enea 女〘植〙ガマ.
eneágono, na 形 男〘数〙九角形(の).
enebro 男〘植〙トショウ, ネズ.
eneldo 男〘植〙ヒメウイキョウ, ディル.
enema 男〘医〙浣腸(かんちょう)(液).
enemigo, ga〔エネミゴ, ガ〕形〔英 hostile〕❶ **敵の**, 敵対する. país ～ 敵国. ❷《de》(…が)嫌いな. ～ *de*l tabaco タバコ嫌いの. ── 男 女〔英 enemy〕**敵**, かたき. ～ jurado 不倶戴天(ふぐたいてん)の敵. ～ natural 天敵. crearse ～*s* 敵を作る. ── 男 敵軍.
enemistad 女 敵意.
enemistar 他 敵対させる. ── **enemistarse** 再(互いに)敵対する;《con》(…と)敵対する.
energético, ca 形 エネルギーの. alimento ～ エネルギーになる食品. ── 女〘物〙エネルギー論[学].
energía〔エネルヒア〕女〔英 energy〕❶ **活力**, 精力; 気力. tener ～ para ... …する活力[気力]がある. con ～ 力強く. ❷〘物〙エネルギー. ～ atómica [eléctrica, solar] 原子力[電気, 太陽]エネルギー.
enérgico, ca 形 精力的な; 効果的な.
energúmeno, na 男 女 怒り狂った人; 激高しやすい人, 乱暴な人.
enero〔エネロ〕男〔英 January〕**1 月**《略 ene.》.
enervación 女 気力喪失; いら立ち.
enervamiento 男 → enervación.
enervante 形 いらいらする.
enervar 他 ❶ いら立たせる. ❷ 気力[体力]を奪う. ── **enervarse** 再 ❶ いらいらする. ❷ 気力[体力]をなくす.
enésimo, ma 形 ❶〘数〙n 番目の, n 倍の, n 次の. ❷(回数が)多い. Es la *enésima* vez que te lo digo. 何回それを言わせるんだ.
enfadadizo, za 形 怒りっぽい.
enfadar〔エンファダル〕他〔英 anger〕**怒らせる**. ── **enfadarse** 再〔英 get angry〕《con / por》(…に対して / …が原因で)**怒る**. *Se enfadó con* su vecino. 彼は隣人に腹を立てた. *Se enfada por* nada. 彼は何でもないことで腹を立てる.
enfado 男 怒り. ── 活 → enfadar.
enfadoso, sa 形 腹立たしい; 不愉快な.
enfajillar 他《ラ米》(印刷物を)帯封する.
enfangar 66 他 泥で汚す. ── **enfangarse** 再 ❶ 泥だらけになる. ❷《en》(悪事に)手を染める.
enfardar 他 梱包(こんぽう)する.
énfasis 男[単複同形]強調; 重点. poner [dar] ～ en [a] ... …を強調する. hablar con ～ 力説する; 大げさに話す.
enfático, ca 形 強調した.
enfatizar 57 他 強調する. ── 自 力を込めて表現する.
enfebrecido, da 形《話》熱狂した.
enferma 形 女 → enfermo.
enfermar 他 ❶ 病気にする,《de》(…を)患わせる. ❷ 不快にさせる. ── 自 病気になる,《de》(…を)患う. ── **enfermarse** 再《ラ米》病気になる.
enfermedad〔エンフェルメダ(ドゥ)〕女〔英 sickness, illness〕❶ **病気**, 疾患. contraer [tener, padecer] una ～ 病気にかかる[かかっている]. ～ congénita 先天性疾患. ～ contagiosa 伝染病. ～ profesional 職業病. ～ de Alzheimer アルツハイマー病. ～ de las vacas locas 狂牛病. ～ de Creutfeldt Jakob クロイツ

E

フェルト・ヤコブ病. ❷《比喩的》病；病弊.
enfermería 女 ❶ 医務室. ❷ 看護師の職；看護学.
enfermero, ra 男 女 看護師. *enfermera* jefe 婦長.
enfermizo, za 形 病弱な；病的な.
enfermo, ma [エンフェルモ, マ] 形 〔英 sick, ill〕 病気の；《de》(…を) 患っている. estar ～ 病気である. ponerse [caer] ～ 病気になる. poner ～ a ... …をうんざりさせる. ── 男 女 〔英 patient〕 病人, 患者. ～ terminal 末期患者.
enfermoso, sa 形《ラ米》→ enfermizo.
E
enfermucho, cha 形《話》病気がちな.
enfervorizar 57 他 熱狂させる. ── **enfervorizarse** 再 熱狂する.
enfiestarse 再《ラ米》楽しく過ごす.
enfilar 他 ❶《a, hacia》(…に) 向ける；進む. ～ la calle *hacia* el río 川の方へ道を進む. ❷《話》嫌う. ── 自 進む.
enfisema 男〘医〙気腫(きしゅ).
enfiteusis 女［単複同形］〘法〙永代［長期］(不動産) 賃貸借.
enflaquecer 76 他 やせさせる；衰えさせる. ── **enflaquecer(se)** 自 再 やせる；弱る.
enflaquecimiento 男 やせること；衰弱；意気消沈.
enflatarse 再《ラ米》(1) 悲しむ. (2) (ﾒｷｼｺ)(ﾁﾘ)いら立つ, 不機嫌になる.
enfocar 26 他 ❶ 焦点［ピント］を合わせる. ❷《con》(…で) 光を当てる. ❸ (問題等を) 取り上げる.
enfoque 男 ❶ 焦点［ピント］合わせ. ❷ 視点.
enfoscar 26 他 (壁を) モルタルで塗る. ── **enfoscarse** 再 (空が) 曇る.
enfrascar 26 他 フラスコに入れる. ── **enfrascarse** 再《en》(…に) 没頭する.
enfrenar 他 馬銜(はみ)をつける；(馬を) 調教する.
enfrentamiento 男 対立；議論.
enfrentar 他 ❶ 対立させる；向かい合わせる. ❷ 立ち向かう. ── **enfrentarse** 再 ❶《a, con》(…に) 直面する. ❷ (互いに) 対立する；《con》(…と) 対決する, 対戦する.

enfrente [エンフレンテ] 副 〔英 in front〕 ❶ 正面に. ahí ～ そこの正面に. la casa de ～ 向かいの家. ❷ 対立して. ～ *de* ... (1) …の正面に La mujer se sentó ～ *de* nosotros. その女性は私たちの正面に座った. (2) …に反対して.
enfrí- 活 → enfriar.
enfriamiento 男 ❶ 冷却. ❷〘医〙(軽い) かぜ.
enfriar [エンフリアル] 31 他 〔英 cool down〕 ❶ 冷やす. ❷ (関係・感情等を) 冷ます. ── 自 冷える. ── **enfriarse** 再 ❶ 冷える. ❷ (関係・感情等が) 冷める. ❸ かぜをひく.
enfrijolarse 再《ラ米》(ﾒｷｼｺ)(交渉等が) 紛糾する.
enfrontar 他 直面する.
enfullinarse 再《ラ米》(ﾒｷｼｺ)いら立つ.
enfundar 他 ❶ (ケース・鞘(さや)に) 収める. ❷ (衣服を) 着せる. ── **enfundarse** 再 (衣服を) 着る.
enfurecer 76 他 激怒させる. ── **enfurecerse** 再 ❶《con, contra / de, por》(…に対して / …が原因で) 激怒する. ❷ (海・天候が) 荒れる.
enfurecimiento 男 激怒；悪天候.
enfurruñamiento 男《話》すねる［ふくれる］こと.
enfurruñarse 再《話》すねる, ふくれる.
enfurtir 他 (毛織物を) 縮絨(しゅくじゅう)する.
engaitar 他《話》口車にのせる.
engajado 形《ラ米》(ｺﾛﾝﾋﾞｱ)(髪が) 縮れた.
engalanar 他《con》(…で) 飾る. ── **engalanarse** 再 着飾る.
engalladura 女 → galladura.
engallarse 再 尊大な態度をとる.
enganchada 女《話》口論；(特に殴り合いの) けんか.
enganchar 他 ❶ (鉤(かぎ)等に) 引っかける；(馬を馬車に) つなぐ；(車両を) 連結する. ❷《話》捕まえる；(人を) 引きつける. ❸《話》(病気に) かかる. ❹〘闘牛〙(牛が) 角で持ち上げる. ❺〘軍〙入隊させる. ❻《ラ米》(ｺﾛﾝﾋﾞｱ) 雇う. ── **engancharse** 再 ❶ (鉤等に) 引っかかる. ❷《a》(…に) 中毒［夢中］になる. ❸〘軍〙入隊する.
enganche 男 ❶ (鉤(かぎ)等で) 引っかけること；連結. ❷ 留め金, フック. ❸《話》中毒. Él tiene un ～ con el béisbol. 彼は野球マニアだ. ❹〘軍〙入隊. ❺《ラ米》(ﾒｷｼｺ) 手付金.
enganchón 男 (衣服の) かぎ裂き.
engañabobos 男 女［単複同形］《話》詐欺師. ── 男 ぺてん.
engañapichanga 男 (または 女)《ラ米》(ｱﾙｾﾞﾝﾁﾝ)(ｳﾙｸﾞｱｲ) 見かけ倒しのもの.
engañar [エンガニャル] 他 〔英 deceive〕 ❶ だます, 欺く；惑わす. ～ el hambre con ... …で空腹を紛らわせる. Las apariencias *engañan*.《諺》人は見かけによらぬもの. ❷ 浮気する. Su mujer le *engaña* con otro. 彼の妻は他の男と浮気している. ── **engañarse** 再 ❶ 誤る；《con》(…を) 誤解する. ❷ 自分を欺く, 現実を見ない.
engañifa 女《話》見かけだおし；詐欺.
engaño 男 ❶ 間違い；錯覚. estar en un ～ 思い違いしている. ❷ 欺瞞(ぎまん)；詐欺. ❸ 浮気. ❹〘闘牛〙ムレータ muleta, カパ capa. ── 活 → engañar. ***llamarse a*** ～ だまされていたと嘆く.
engañoso, sa 形 誤解を招く, 欺く.
engarabitarse 再 ❶《a, en》(…に) よじ登る. ❷ (指等が寒さで) かじかむ.
engaratusar 他《ラ米》→ engatusar.
engarce 男 ❶ 数珠つなぎ. ❷ (宝石の) はめ込み；その台座.
engarrotarse 再《ラ米》(ｺﾛﾝﾋﾞｱ)(寒さで体が) こわばる.
engarzar 57 他 ❶ (鎖状に) つなぐ. ❷ (宝石等を) はめ込む.
engastar 他《en》(宝石等を) (…に) はめ込む.
engaste 男 (宝石等の) はめ込み；その台座.
engatillarse 再 (銃の) 引き金がきかな

い；詰まる.

engatusamiẹnto 男《話》丸め込むこと.

engatusạr 他《話》言いくるめる.

engavillạr 他（穀物を）束にする.

engendramiẹnto 男（子を）産むこと.

engendrạr 他 ❶（子を）産む. ❷ 生じさせる. ― **engendrar*se*** 再 発生する，生じる.

engẹndro 男 ❶《軽蔑》非常に醜い人；駄作. ❷ 胎児；奇形児.

englobạr 他 含む；一括する. ― **englobar*se*** 再《ラ米》(コロンビア)ぼんやりする.

engolạdo, da 形 ❶（口調・文体が）大げさな. ❷（人が）尊大な. ― 男 女 高慢な人.

engolamiẹnto 男 気取り，大げさなこと.

engolfạr*se* 再 ❶《**en**》（…に）没頭する. ❷ 不良になる.

engolosinạr 他 気を引く. ― **engolosinar*se*** 再《**con**》（…が）好きになる；欲しくなる.

engomạdo 男 ゴム（糊(のり)）引き.

engomạr 他 糊(のり)付けする.

engọrda 女《ラ米》(チリ)(メキシコ)(家畜の）肥育. ― 活 → engordar.

engordạr 他 ❶ 太らせる. ❷（話等を）膨らます. ― 自 ❶ 太る；増える. ❷《話》金をもうける.

engọrde 男（家畜の）肥育. ― 活 → engordar.

engọrro 男 面倒.

engorrọso, sa 形 面倒な.

engoznạr 他 蝶番(ちょうつがい)をつける.

engrampạr 他《ラ米》ホッチキスで留める.

engranạje 男 ❶ 歯車（装置）；（歯車の）かみ合い. ❷ 連動，結びつき. ***estar preso en el ～***（込み入った事態から）逃れられない.

engranạr 他 ❶（歯車を）かみ合わせる. ❷ 結びつける. ― 自 ❶（歯車が）かみ合う. ❷ 関連する.

engrandecẹr 76 他 ❶ 大きくする. ❷ 立派にする. ― **engrandecer*se*** 再 立派になる；大きくなる.

engrandecimiẹnto 男 拡大，増大；向上.

engrapạr 他《ラ米》（ホッチキスで）留める，綴じる.

engrasạr 他 ❶ 油[グリース]を塗る，油を差す. ❷《ラ米》(ベネズエラ)賄賂(わいろ)を贈る.

engrạse 男 油[グリース]を塗ること；潤滑油.

engreịdo, da 形 男 女 思い上がった（人），高慢な（人）.

engreimiẹnto 男 思い上がり.

engreịr 89 他 ❶ 思い上がらせる. ❷《ラ米》(南米)甘やかす. ― **engreír*se*** 再 ❶ 思い上がる. ❷《ラ米》(ベネズエラ)《**con**》（…に）愛着を抱く，（…を）好きになる.

engrescạr 26 他 けんか[対立]させる. ― **engrescar*se*** 再 けんか[対立]する. ～ en una discusión 口論になる.

engrifạr*se* 再《ラ米》(コロンビア)マリファナを吸う.

engrillạr 他 足かせをはめる. ― **engrillar*se*** 再 ❶（ジャガイモが）芽を出す. ❷《ラ米》(ベネズエラ)激怒する.

engrosamiẹnto 男 増大，肥大.

engrosạr 32 他 太く[厚く]する；増やす. ― 自 増える；太る. ― **engrosar*se*** 再 増える；太く[厚く]なる.

engrudạr 他 糊(のり)を塗る.

engrụdo 男（澱粉(でんぷん)で作った）糊(のり).

engruesạr 自 太くなる；増える.

engrumecẹr*se* 76 再（小麦粉等が）だまになる.

enguachinạr 他 ❶（液体に）水を混ぜる. ❷（取りすぎた水分が）胃をもたれさせる. ― **enguachinar*se*** 再 胃がもたれる.

engualdrapạr 他（馬に）馬衣を着せる.

enguantạr 他 …に手袋をはめる. ― **enguantar*se*** 再 手袋をはめる.

enguatạr 他 …に綿を詰める.

enguirnaldạr 他 花輪で飾る.

engullịr 71 他 丸飲みにする，かき込む.

engurruñạr 他 しわくちゃにする. ― **engurruñar*se*** 再 しわくちゃになる；縮む.

enharinạr 他〖料〗小麦粉をまぶす.

enhebrạr 他 ❶（針に）糸を通す. ❷《話》立て続けに話す；並べたてる.

enhiẹsto, ta 形 直立した；そびえ立つ.

enhilạr 他 ❶（針に）糸を通す. ❷（考え等を）まとめる.

enhorabuẹna 女（主に成功・達成に対する）祝辞. dar la ～ (a ...)（…に）お祝いを言う. ― 副 都合よく；めでたく. ¡Que sea ～! おめでとう（ございます）. ¡*E*～ (por ...)!（…で）おめでとう（ございます）.

enhoramạla 副 不運にも.

enhornạr 他 オーブンに入れる.

enịgma 男 謎(なぞ)；不可解なこと[人].

enigmạ́tico, ca 形 謎(なぞ)の.

enjabonạda 女《ラ米》(ベネズエラ)(コロンビア)《話》叱責(しっせき).

enjabonạdo 男 石けんで洗うこと.

enjabonadụra 女 → enjabonado.

enjabonạr 他 ❶ 石けんで洗う. ❷《話》おべっかを使う. ❸《話》叱責(しっせき)する. ― **enjabonar*se*** 再（自分の体を）石けんで洗う.

enjaezạr 57 他（馬に）飾り馬具をつける.

enjalbegạr 66 他 しっくいで白く塗る.

enjạlma 女 荷鞍(にぐら).

enjalmạr 他（牛馬に）荷鞍(にぐら)をつける.

enjambrạr 他（ミツバチを）巣箱に集める；分封させる. ― 自（ミツバチが）分封する.

enjạmbre 男 ❶ ミツバチの群れ. ❷《比喩的》群れ.

enjaranạr*se* 再《ラ米》(中米)借金する.

enjarciạr 17 他（船に）船具を装備する.

enjardinạr 他 造園する.

enjaretạdo 男 格子.

enjaretạr 他 ❶（衣服に）ひもを通す. ❷《話》慌てて話す[する]. ❸《話》（嫌なことを）押しつける. ❹《話》（殴打を）見舞う. ❺ 含める，入れる.

enjaulạr 他 ❶ 檻(おり)[かご]に入れる. ❷《話》投獄する.

enjoyạr 他（人・物を）宝石で飾る. ― **enjoyar*se*** 再 宝石で身を飾る.

enjuagạr 66 他 すすぐ，ゆすぐ. ― **enjuagar*se*** 再（口を）ゆすぐ. ～ la boca（自分の）口をゆすぐ.

E

enjuague / enjuagatorio 男 ❶ すすぎ；水洗い；うがい. ❷ 洗口液. ❸ 《軽蔑》策略.
enjugar 66 他 ❶ (水気を) ふき取る. ～ los vasos コップをふく. ❷ 清算する. ― **enjugarse** 再 ❶ (自分の体を) ふく. ～ el sudor 汗をふく. ❷ (負債が) なくなる.
enjuiciamiento 男 審議, 調査；〖法〗起訴.
enjuiciar 17 他 ❶ 審議[調査]する. ❷ 〖法〗起訴する.
enjundia 女 ❶ 中身, 実質. con mucha ～ 内容の濃い. ❷ (特に鳥の卵巣の周囲の) 脂肪.
enjundioso, sa 形 中身の濃い.
enjuto, ta 形 やせ (こけ) た.
enlabiar 17 他 唇を近づける；甘言でつる.
enlace 男 ❶ 結びつき. ❷ 連結, 接続. ❸ (交通機関の) 連絡. ❹ 結婚. ～ matrimonial 結婚 (式). ❺ (組織の) 連絡係. ❻ 〖化〗結合.
enlaciar 17 他 しおれ[やつれ]させる. ― **enlaciar(se)** 自 再 しおれる, やつれる.
enladrillado 男 れんが舗装 (された道).
enladrillador, dora 男 女 れんが舗装職人.
enladrillar 他 (床等に) れんがを敷く.
enlatado, da 形 〖TV〗《話》録画[録音]の. ― 男 〖TV〗録画放送.
enlatar 他 缶詰にする.
enlazamiento 男 → enlace.
enlazar 57 他 ❶ 結びつける. ❷ 結ぶ；(動物を投げ縄で) 捕らえる. ― 自 《con》(…と) つながる；(交通機関が) 接続する. ― **enlazarse** 再 ❶ つながる. ❷ 姻戚(いんせき)関係になる.
enllantar 他 (車輪に) リムをはめる.
enlodar 他 ❶ 泥まみれにする. ❷ (名声等に) 泥を塗る. ― **enlodarse** 再 ❶ 泥だらけになる. ❷ 名声を失う.
enloquecedor, dora 形 気を狂わせるような.
enloquecer 76 他 ❶ 発狂させる. ❷ 夢中にさせる. ― **enloquecer(se)** 自 再 ❶ 発狂する. ❷ 《de》(…で) 気が変になる；《con》(…が) 大好きである.
enloquecimiento 男 発狂；熱狂.
enlosado 男 タイル[石]張りの床.
enlosar 他 (床等に) タイル[板石]を張る.
enlozar 57 他 《ラ米》うわ薬をかける；ほうろう引きにする.
enlucido 男 しっくいを塗ること.
enlucir 67 他 ❶ (壁等に) しっくいを塗る. ❷ (金属を) 磨く.
enlutar 他 ❶ 喪服を着せる. ❷ 悲しみに沈ませる. ― **enlutarse** 再 喪服を着る.
enmaderado 男 ❶ (天井等の) 板張り. ❷ 木組み.
enmaderar 他 ❶ (壁等に) 板を張る. ❷ (建物の) 木組みを作る.
enmadrarse 再 (子供が) 母親に甘えすぎる.
enmagrecer 76 他 やせさせる.
enmarañamiento 男 もつれ；紛糾.
enmarañar 他 ❶ もつれさせる. ❷ 錯綜(さくそう)[混乱] させる. ― **enmarañarse** 再 ❶ もつれる. ❷ 混乱する.
enmarcar 26 他 ❶ 額に入れる. ❷ 枠にはめる, 限定する. ❸ 《en》(…に) 位置づける. ― **enmarcarse** 再 《en》(…に) 位置づけられる.
enmascarado, da 形 男 女 仮面[覆面]をつけた (人).
enmascaramiento 男 ❶ 仮面[覆面]をつけること；変装. ❷ カムフラージュ.
enmascarar 他 ❶ 仮面[覆面]をつける. ❷ 覆い隠す. ― **enmascararse** 再 仮面[覆面]をかぶる.
enmasillar 他 (穴等を) パテでふさぐ；(ガラス等を) パテで固定する.
enmelar 18 他 蜂蜜(はちみつ)を塗る. ― 自 (ミツバチが) 蜜をつくる.
enmendar 18 他 ❶ (間違い・欠点を) 修正[訂正]する. ❷ 償う. ― **enmendarse** 再 《de》(…を) 改める.
enmienda 女 ❶ (間違いの) 訂正；改心. propósito de ～ 悔悛(かいしゅん)の情. ❷ 修正案.
enmohecer 76 他 ❶ かび[さび]させる. ❷ 《比喩的》さびつかせる. ― 自 かびる；さびる. ― **enmohecerse** 再 ❶ かびる；さびる. ❷ 使い物にならなくなる.
enmohecimiento 男 かびる[さびる]こと；役に立たなくなること.
enmudecer 76 他 黙らせる. ― 自 ❶ 口が利けなくなる；黙る. ❷ (音が) やむ.
ennegrecer 76 他 黒く[暗く]する. ― **ennegrecer(se)** 自 再 ❶ 黒く[暗く]なる. ❷ 暗澹(あんたん)となる.
ennegrecimiento 男 黒くする[なる]こと, 黒ずみ.
ennoblecer 76 他 ❶ 品格を与える. ❷ 爵位を授ける. ― **ennoblecerse** 再 ❶ 《con》(…で) 品格を得る. ❷ 爵位を得る.
ennoblecimiento 男 ❶ 品格を高めること. ❷ 授爵.
enojadizo, za 形 怒りっぽい.
enojar 他 怒らせる；いらだたせる. ― **enojarse** 再 《con, contra / por》(…に / …の理由で) 怒る；いらだつ.
enojo 男 怒り；いらだち. ― 活 → enojar.
enojoso, sa 形 腹立たしい；不快な；厄介な.
enología 女 ワイン醸造学.
enológico, ca 形 ワイン醸造 (学) の.
enólogo, ga 男 女 ワイン醸造学者.
enorgullecer 76 他 誇り[自慢]に思わせる. ― **enorgullecerse** 再 《de, por》(…を) 誇りに思う.
enorgullecimiento 男 誇ること, 自慢.
enorme [エノルメ] 形 [英 enormous] ❶ 巨大な, 並外れた. ❷ 《話》すばらしい.
enormidad 女 ❶ 巨大[莫大(ばくだい)]さ. ❷ でたらめ, 間違い. ***una*** ～ 《話》とても, ものすごく. La película me gustó *una* ～. 私はその映画がすごく気に入った.
enotecnia 女 ワイン生産[販売]技術.
enotécnico, ca 形 ワイン生産[販売]技術の.
enquiciar 17 他 ❶ (ドア・窓を) 枠にはめる. ❷ きちんとさせる.
enquistamiento 男 ❶ 〖医〗嚢胞(のうほう)[嚢腫(のうしゅ)] 化；〖生〗被嚢体化. ❷ 《話》停滞.

enquistarse 再 ❶〘医〙嚢胞(のうほう)[嚢腫(のうしゅ)]になる. ❷《en》(…に) 入り込む. ❸行き詰まる.

enrabiar 17 他 怒らせる, 激高させる. ― **enrabiarse** 再 怒る, 激怒する.

enracimarse 再 房になる；集まる.

enraizar(se) 19 自 再 根を下ろす；《en》(…に) 定着する.

enramada 女 ❶《集合的》枝, 茂み. ❷(木の枝をふいた) ひさし.

enramar 他 木の枝で飾る[覆う].

enranciar 17 他 (食べ物を) だめにする. ― **enranciarse** 再 (食べ物が) 腐る.

enrarecer 76 他 ❶(気体を) 希薄にする；(空気を) 汚す. ❷(雰囲気等を) 損なう. ― **enrarecerse** 再 ❶(気体が) 希薄になる；(空気が) 汚れる. ❷(雰囲気等が) 損なわれる.

enrarecimiento 男 ❶(気体の) 希薄化；(空気の) 酸欠. ❷(関係等の) 悪化.

enrasar 他 高さをそろえる；平らにする. ― 自 同じ高さになる.

enrase 男 高さをそろえる[平らにする]こと.

enredadera 形 つるのある. ― 女〘植〙つる植物.

enredador, dora 形 ❶ごたごたを起こす. ❷うわさ話[かげ口]の好きな. ― 男 女《話》問題を起こす人；ゴシップ好き.

enredar 他 ❶(糸等を) 絡ませる. ❷混乱[紛糾]させる. ❸《en》(うまく言いくるめて) (…に) 巻き込む. ❹時間をとらせる, 忘れさせる. ― 自 ❶いたずらをする. ❷《con》(…を) もてあそぶ. ― **enredarse** 再 ❶《en, entre, con》(…に) 絡まる. ❷紛糾する；口論する. ❸《en》(…に) 巻き込まれる. ❹《話》《con》(…と) 愛人関係を持つ.

enredista 形《ラ米》(東)→ enredador.

enredo 男 ❶もつれ. ❷混乱；厄介事. ❸ぺてん；悪だくみ. ❹(小説等の) 込み入った筋. ❺《話》愛人関係.

enredoso, sa 形 込み入った, 厄介な.

enrejado 男《集合的》格子；柵(さく).

enrejar 他 ❶格子[柵(さく)]をつける. ❷投獄する. ❸《ラ米》(メキシコ) (衣服を) 繕う. ❹《ラ米》(南米)(動物に) 縄をつける.

enrevesado, da 形 複雑な.

enrielar 他 レールを施設する.

enripiar 17 他〘建〙(穴等を) 粉砕石で埋める.

Enrique 固名 エンリケ：男子の名.

enriquecedor, dora 形《de》(…を) 豊かにする；《para》(…の) ためになる.

enriquecer 76 他 金持ち[裕福]にする；豊かにする. ― **enriquecer(se)** 自 再 金持ちになる；豊かになる.

enriquecimiento 男 金持ちになること；豊かになること.

enriscado, da 形 岩だらけの；岩々に隠れた.

enriscarse 26 再 岩々の間に入る.

enristrar 他 ❶(槍(やり)を) 鎧(よろい)の槍受けで支える；(槍を) 小脇(こわき)に水平に持つ. ❷(ニンニク等を) 数珠つなぎにする.

enrocar 26 他 (チェスでキングとルークを) キャスリングする. ― **enrocarse** 再 ❶キャスリングする. ❷(釣具が) 水中で岩に引っかかる.

enrojecer 76 他 赤くする. ― 自 (顔を) 赤らめる. ― **enrojecerse** 再 赤くなる.

enrojecimiento 男 赤くなる[する]こと.

enrolamiento 男 ❶〘海〙船員登録. ❷入会, 登録.

enrolar 他 ❶〘海〙船員登録する. ❷〘軍〙入隊させる. ❸入会[加入]させる. ― **enrolarse** 再《en》❶〘海〙(…に) 船員登録する. ❷〘軍〙(…に) 入隊する. ❸(…に) 入会[加入]する.

enrollado, da 形 ❶巻いた. ❷《話》《con》(…に) 没頭した. ❸《話》人なつっこい.

enrollar 他 ❶巻く. ❷《話》(言いくるめて) 巻き込む. ― 自《話》大好きである. Me *enrolla* esa película. 私はその映画が大好きだ. ― **enrollarse** 再 ❶長々と話す[書く]. ❷《話》《+ bien [mal]》人づき合いが上手[下手]である. ❸《話》《con》(…と) 性的関係を持つ. ❹《話》《en, con》(…に) のめり込む；参加する. ❺《ラ米》(ペルー)(エクアドル)《話》当惑する.

enrolle 男《話》❶(…への) 没頭. ❷取り留めのないおしゃべり.

enronquecer 76 他 かすれ声にする. ― **enronquecer(se)** 自 再 かすれ声になる.

enronquecimiento 男 声のかすれ.

enroque 男 (チェス) キャスリング.

enroscadura 女 ぐるぐる巻くこと；ねじを締めること.

enroscamiento 男 → enroscadura.

enroscar 26 他 ❶ぐるぐる巻く. ❷(ねじを) 締める. ― **enroscarse** 再 ❶ぐるぐる巻きになる；体を丸める. ❷(ねじ等が) 締まる.

enrostrar 他《ラ米》(東)非難する.

enrubiar 17 他 (髪を) 金色に染める. ― **enrubiarse** 再 (髪が) 金色に染まる.

enrudecer 76 他 粗野[愚鈍]にする. ― **enrudecerse** 再 粗野[愚鈍]になる.

enrular 他《ラ米》(髪を) カールする.

ensabanado, da 形 男〘闘牛〙体が白く頭と四肢が黒い (牛).

ensabanar 他 シーツで覆う[包む].

ensacar 26 他 袋に入れる[詰める].

ensaimada 女 エンサイマダ：マジョルカ名物のらせん状のパイ菓子.

ensalada [エンサらダ] 女 [英 salad] ❶**サラダ**. ～ mixta ミックスサラダ. ～ rusa ポテトサラダ. en ～ ドレッシングであえた. ❷ごちゃまぜ. ～ *de tiros* [*balas*] 銃撃戦.

ensaladera 女 サラダボウル.

ensaladilla 女 ポテトサラダ (= ～ rusa).

ensalivar 他 唾液(だえき)で湿らす.

ensalmo 男 (病気を治す) まじない. (*como*) *por* ～ たちまち；魔法のように.

ensalzamiento 男 称揚, 賞賛.

ensalzar 57 他 ❶賞賛する. ❷地位[名声]を高める. ― **ensalzarse** 再 自賛する.

ensamblador 男〘IT〙アセンブラー.

ensambladura 女 組み立て, 接合.

ensamblaje 男 → ensambladura.

ensamblar 他 組み立てる[合わせる].

ensamble 男 → ensambladura.

E

ensanchamiento 男 拡張, 拡大.

ensanchar 他 広げる. ── 自 太る. ── **ensancharse** 再 ❶ 広がる, 伸びる. ❷ 得意になる.

ensanche 男 ❶ 拡張, 拡大. ❷ (都市の) 新開発地区 ; 新興住宅地.

ensangrentar 18 他 血まみれにする. ── **ensangrentarse** 再 血まみれになる.

ensañamiento 男 残忍[残酷]さ.

ensañarse 再 《con, en》(…を) 残酷に扱う, いたぶる.

ensartar 他 ❶ 糸を通す, 針金を通す. ～ las cuentas del collar ネックレスの珠に糸を通す. ❷ (とがった物で) 突き刺す. ❸ まくし立てる. ❹ 《ラ米》《話》だます. ── **ensartarse** 再 《ラ米》(俗) (面倒なことに) 巻き込まれる, だまされる.

ensayar [エンサヤル(エンサジャル)] 他 〔英 exercise; try〕 ❶ (公演等に向けて) **練習[けいこ]する** ; 《演》《音》リハーサルする. ❷ 練習させる. ❸ (性能等を) **試験する**. ～ una nueva vacuna 新しいワクチンを試験する. ── 自 ❶ 練習する ; リハーサルする. ❷ (ラグビー) トライする. ── **ensayarse** 再 練習する.

ensayismo 男 (文学ジャンルの) 随筆.

ensayista 男 女 随筆家, エッセイスト.

ensayístico, ca 形 随筆的な.

ensayo [エンサヨ(エンサジョ)] 男 〔英 exercise; trial〕 ❶ **練習**, けいこ ; 《演》《音》リハーサル. ～ general 本げいこ. ❷ (性能等の) **テスト**, 試験 ; 試行. vuelo de ～ テスト飛行. ❸ 随筆, エッセイ. ❹ (ラグビー) トライ. ── 活 → ensayar.

ensebar 他 …に脂を塗る.

enseguida [エンセギダ] 副 〔英 at once〕 **すぐに**, ただちに.

ensenada 女 《地理》入り江, 浦.

enseña 女 記章, 旗印. ── 活 → enseñar.

enseñado, da 過分 → enseñar. 形 《bien [mal] と共に》しつけの良い[悪い].

enseñante 男 女 教師, 教える立場にある人.

enseñanza [エンセニャンさ] 女 〔英 education〕 ❶ **教育** ; 教育法. ～ obligatoria 義務教育. ～ infantil [primaria] 幼児[初等]教育. ～ secundaria [media] 中等教育. ～ superior 高等教育. ～ a distancia 通信教育. ❷ 教訓 ; [複] 教え.

enseñar [エンセニャル] 他 〔英 teach; show〕 ❶ **教える** ; 《a＋不定詞》(…の仕方を) 教える. Mi padre me *enseñó a* nadar. 父が泳ぎを教えてくれた. ❷ **見せる**, 示す. Te *enseño* las fotos del viaje. 君に旅行の写真を見せてあげるよ. ── 自 教える.

enseñorearse 再 《de》(…を) わが物とする, 支配する.

enseres 男 複 家財道具 ; 商売道具.

ENSIDESA [エンシデサ] 女 *E*mpresa *N*acional de *Sid*erurgia, *S. A.* (スペイン) 国営製鉄会社.

ensiforme 形 (葉が) 剣形の.

ensilladura 女 鞍(くら)をつけること.

ensillar 他 (馬に) 鞍(くら)をつける.

ensimismamiento 男 物思いにふけること.

ensimismarse 再 物思いにふける ; 《en》(考えに) 浸る.

ensoberbecer 76 他 傲慢(ごう)にする. ── **ensoberbecerse** 再 ❶ 傲慢になる. ❷ (海が) 荒れる.

ensombrecer 76 他 影にする ; 寂しくする. ── **ensombrecerse** 再 暗くなる ; 寂しくなる.

ensoñación 女 夢見ること.

ensoñar 32 自 夢を見る.

ensopar 他 《ラ米》(俗)ぬらす. ── **ensoparse** 再 《ラ米》(俗)ずぶぬれになる.

ensordecedor, dora 形 耳をつんざくような.

ensordecer 76 他 ❶ 耳を聞こえなくする. ❷ 音を弱くする. ❸ 《音声》無声音化する. ── 自 耳が聞こえなくなる. ── **ensordecerse** 再 《音声》(有声子音が) 無声音化する.

ensordecimiento 男 ❶ 耳が聞こえなくなること. ❷ 《音声》無声音化.

ensortijar 他 (髪等を) カールする. ── **ensortijarse** 再 ❶ (髪等が) カールする. ❷ 指輪[宝石]をつける.

ensuciar 17 他 ❶ 汚す. ❷ (名誉等を) 傷つける. ── **ensuciarse** 再 ❶ 《de》(…で自分の服・体を) 汚す ; 汚れる. ❷ 《婉曲》(便を) もらす. ❸ (悪事に) 手を染める.

ensueño 男 夢, 夢想. ***de*** ～ すばらしい. un viaje *de* ～ 夢のような旅.

entablado, da 形 《話》定着した. ── 男 板張りの床[台].

entablamento 男 《建》エンタブレチュア : 古代建築で柱列の上部の水平部分.

entablar 他 ❶ (会話・交渉等を) 始める. ❷ 板を張る ; 《医》添え木をあてる. ❸ (チェス等で駒(こま)を) 並べる. ── 自 《ラ米》引き分ける. ── **entablarse** 再 始まる.

entablillar 他 《医》添え木を当てる.

entalegar 66 他 ❶ 袋に入れる. ❷ 《俗》投獄する.

entallar 他 ❶ (服を体型に) 合わせる, フィットさせる. ❷ 彫る ; (木材に) 切り込みをつける. ── **entallar(se)** 自 再 (服が) フィットする.

entallecer(se) 76 自 再 芽が出る.

entapizar 57 他 タペストリーを掛ける ; 《比喩的》(一面を) 覆う.

entarimado 男 板張りの床.

entarimar 他 (床を) 板張りにする.

éntasis 女 [単複同形] 《建》エンタシス : 円柱中央部の膨らみ.

ente 男 ❶ 《哲》存在, 実在. ❷ 機関, 団体. ❸ 《軽蔑》変わり者.

entechar 他 《ラ米》(ﾁﾘ)(ｴｸｱﾄﾞﾙ)屋根をふく.

enteco, ca 形 弱々しい.

entelequia 女 《哲》エンテレケイア.

entena 女 《海》(三角帆の) 帆桁(ほげた).

entendederas 女 複 《話》理解力. tener buenas ～ 頭がいい.

entendedor, dora 形 男 女 精通している[者]. ***A buen ～, pocas palabras bastan.*** 《諺》一を聞いて十を知る.

entender [エンテンデル] 101 他 〔英 understand〕 ❶ **理解する, 分かる** ; 意味をとる. No *entiendo* lo que quieres decir. あなたの言いたいこ

とが私には分からない. ❷ 了解する；解する；判断する. ¿Qué *entiendes* por amor? 君は愛とは何だと思いますか. ── 自 ❶ 分かる, 納得する. ¡Ya *entiendo*! あっ, 分かった. ～ mal 誤解する. ❷《de, en》(…について) 精通している. *Entiende de* teatro español スペイン演劇に詳しい. ❸《話》同性愛者である. ── **entenderse** 再 ❶ 自分自身を理解する. ❷《con》(…と) うまくいく. *Nos entendemos* muy bien. 私たちはうまくいっている. Ella no *se entiende con* su compañera. 彼女は仲間とうまくいっていない. ❸ 折り合う. *Se han entendido* en la fecha. 日程について合意した. ❹ 男女関係にある. ── **entender** 男 考え, 判断. a mi ～ 私の考えでは. ***¿Cómo se entiende?*** (怒りを表して) 一体どういうことだい. ***dar a entender*** ほのめかす, それとなく言う. ***entendérselas con ...*** …に対処する, …をうまくこなす. ***para que me entienda(s) / para entendernos*** 言ってみれば. ***tener ... entendido*** …を理解している.

entendible 形 理解可能な.

entendido, da 形 ❶《en》(…に) 精通した. ❷ 理解[了解]された. ¿*E*～? 《文末で念押し》分かったかい. ¡*E*～! 《返答で》了解. ── 男 女 精通者. ***bien ～ que ...*** …という条件で.

entendimiento 男 ❶ 理解 (力). ❷ 判断 (力). ❸ 合意；協調.

entenebrecer 76 他 暗闇にする；《比喩的》暗くする. ── **entenebrecerse** 再 暗闇になる；《比喩的》暗くなる.

entente 女 (特に国家間の) 協定；協商.

enter [エンテル] 〔英〕 男 〖IT〗(キーボードの) エンターキー.

entera 形 → entero. ── 活 → enterar.

enterado, da [エンテラド,ダ] 過分 → enterar. 形 〔英 well-informed〕 ❶《de, en》(…に) **精通した**；物知りの. ❷《軽蔑》物知り顔の. ── 男 女 ❶ 精通者, 物知り. ❷《軽蔑》物知り顔する人. ── 男《文書で》了承済み (のサイン). ***darse por ～ de ...*** (1) (…を) 知っていることを示す. (2)《否定文で》…を知らないふりをする.

enterar [エンテラル] 他《de》(…を) 知らせる, 伝える. ── **enterarse** 〔英 get to know〕 再《de》(…を) **知る**；(…に) 気づく. ～ *de* la noticia ニュースを知る. ***¿Te enteras?*** 分かった[分かる]かい. ***para que te enteres*** 《話》《文に続けて念押し》言っておくが. ***te vas [se va] a enterar*** 《脅し》思い知らせてやる.

entereza 女 ❶ (意志の) 強さ. ❷ (態度等の) 毅然(きぜん)さ.

entérico, ca 形〖医〗腸の.

enteritis 女 [単複同形] 〖医〗腸炎.

enterito 男《ラ米》〖服〗ロンパース.

enterizo, za 形 1枚[1本]でできた.

enternecedor, dora 形 優しい気持ちに[ほろりと]させる.

enternecer 76 他 優しい気持ちにする；心を打つ. ── **enternecerse** 再 優しい気持ちになる.

enternecimiento 男 優しさ；同情.

entero, ra [エンテロ,ラ] 形 〔英 entire〕 ❶ **全体の**, 全部の. un día ～ 丸一日. ❷ 完全な, 無傷の；(体調が) 万全な. ❸ 堅固な, 不屈の；毅然(きぜん)とした. ❹ (果物が) まだ熟していない；〖料〗芯(しん)がある. ❺《ラ米》よく似た. ❻〖数〗整数の. ── 男 ❶〖数〗整数 (＝número ～). ❷〖経〗(相場の単位) ポイント. ❸《ラ米》(ある額・数に) 達すること. ── 活 → enterar. ***por ～*** 完全に, すべて.

enterocolitis 女 [単複同形] 〖医〗全腸炎.

enterotomía 女〖医〗腸切開術.

enterrador, dora 男 女 墓掘り人. ── 男〖昆〗シデムシ.

enterramiento 男 埋葬；墓, 墓地.

enterrar [エンテラル] 18 他 〔英 bury〕 ❶ 埋める；(埋めて) 隠す. ❷ **埋葬する**. ❸ 葬り去る, 忘れ去る. ❹ (…より) 長生きする. ── **enterrarse** 再 ❶《en》(…に) 埋まる. ❷ 引きこもる (＝～ en vida).

enterratorio 男《ラ米》(古)先住民の墓地.

entibación 女〖鉱〗(坑道の) 補強.

entibar 他〖鉱〗(坑道の壁・天井を) 補強する. ── 自 寄りかかる.

entibiar 17 他 ❶ ぬるくする. ❷《比喩的》(感情等を) 冷ます. ── **entibiarse** 再 ❶ ぬるくなる. ❷ (感情等が) 冷める.

entidad 女 ❶ 団体, 機関. ❷ 重要性. ❸ 本質；存在.

entiend- 活 → entender.

entierr- 活 → enterrar.

entierro 男 埋葬；葬式；葬列. ── 活 → enterrar. ～ ***de la sardina*** イワシの埋葬：灰の水曜日に行われる祭り.

entimema 男〖論〗省略三段論法.

entintar 他 ❶ インクで汚す. ❷ 染める.

entoldado 男《集合的》日よけ (を掛けた場所).

entoldar 他 日よけをつける. ── **entoldarse** 再 (空が) 曇る.

entomófilo, la 形 ❶ 昆虫好きな. ❷〖植〗虫媒の. ── 男 女 昆虫好き.

entomología 女 昆虫学.

entomológico, ca 形 昆虫学の.

entomólogo, ga 男 女 昆虫学者.

entonación 女 ❶ イントネーション, (声の) 抑揚；語調. ❷ 調音.

entonado, da 形 ❶ 音の合った. ❷《話》ほろ酔いの.

entonar 他 ❶〖音〗歌う；音を合わせる. ❷ (色調を) 合わせる. ❸ 活力を与える. ❹《話》軽く酔わせる. ── 自 ❶ 正しい音程で歌う. ❷《con》(…と) 色調が合う. ── **entonarse** 再 ❶ 調子[元気]を取り戻す. ❷《con》(…で) ほろ酔いになる.

entonces [エントンセス] 副 〔英 then〕 ❶ **その時**；その当時. *E*～ se echó a reír. その時彼は急に笑い出した. desde ～ それ以来. ❷ それなら. ❸ すると. ***en [por] aquel ～*** その当時, あのころは. ***E～ fue cuando ...*** …したのはその時だった. ***¡Pues ～!*** それならそれでいいではないか.

entono 男 ❶ 傲慢(ごうまん). ❷ 調音.

entontecer 76 他 愚かにする. ── **entontecer(se)** 自 再 ばかになる.

entontecimiento 男 ばかになること.

entorchado, da 形〖建〗(柱が) らせん形の. ── 男 ❶〖音〗巻弦. ❷ (軍服等の)

E

金[銀]モール.

entorchạr 他 金属糸を巻く.

entorịlar 他 (牛を) 囲い場に入れる.

entornạr 他 半分閉める ; (目を) 細める.

entọrno 男 周囲, 環境.

entorpecẹr 76 他 ❶ (動き・思考を) 鈍らせる. ❷ 邪魔する. ―**entorpecerse** 再 ❶ (動き・思考が) 鈍る. ❷ 妨げられる.

entorpecimiẹnto 男 鈍化 ; 遅れ.

entourage [アントゥラジェ] 〔仏〕 男 《集合的》 側近, 取り巻き (連中).

entrada [エントゥラダ] 〔英 entrance; entry; ticket〕 過分 → entrar. 女 ❶ **入ること**, 入場, 加入 (↔salida). dar ～ a ... …の入場を許す. Prohibida la ～. 入場お断り. ❷ **入り口**, 玄関. ～ principal 正面玄関. ❸ **入場券** ; (映画館の) チケット (→地域差). sacar una ～ 入場券を買う. ❹ 《集合的》 入場者. ❺ 〘商〙 収入, 収益 ; 《スペイン》 内金. ～*s* y salidas 収支. ❻ [主に複] (前髪の) 生え際. tener ～*s* 生え際が後退している. ❼ 〘料〙 前菜 (= entrante). ❽ 初め ; 〘演〙 登場 (= ～ en escena) ; 〘音〙 導入部. a la ～ de marzo 3月初めに. ❾ (辞書の) 見出し語. ❿ 〘スポ〙 タックル ; (野球) イニング. ⓫ 〘IT〙 インプット. ***de*** **～** 初めは[に] ; 最初に. 地域差 (映画館の) チケット entrada 《スペイン》 《ラ米》 (ドミニカ共和国, プエルトリコ) (コスタリカ) (ベネズエラ) (エクアドル, ペルー) (チリ) (パラグアイ, ウルグアイ, アルゼンチン) ; boleto (メキシコ) (グアテマラ, パナマ) (エクアドル, ペルー, ボリビア) (パラグアイ, アルゼンチン) ; taquilla (プエルトリコ) ; tiquete (キューバ, ドミニカ共和国) (グアテマラ, ホンジュラス, エルサルバドル, ニカラグア) (コロンビア, ベネズエラ) (パラグアイ).

entradịlla 女 (新聞の) 冒頭の第一段落, (ニュース報道の) 冒頭の要約文.

entrạdo, da 形 (時間帯が) もう始まった. muy *entrada* la noche 夜も更けて. ～ ***en años*** 年を取った.

entradọr, dọra 形 《ラ米》 (1) 積極的な. (2) 人好きのする.

entramạdo 男 ❶ 〘建〙 骨組み. ❷ 絡み合ったもの.

entrạmbos, bas 形 代名 《文》 複 両方 (の).

entrampạr 他 ❶ 借金を負わせる. ❷ わなにかける. ―**entramparse** 再 ❶ 借金を背負う. ❷ わなにかかる.

entrạnte 形 次の. el año ～ 来年. ― 男 ❶ 入る部分. ❷ 〘料〙 前菜.

entrạña 女 ❶ [主に複] 内臓. ❷ [複] 心. no tener ～*s* 薄情である. ❸ [複] 深部. ❹ 核心, 本質. ***de*** sus ***～s*** 愛する…. ***echar (hasta) las ～s*** 激しく吐く. ***sacar las ～s*** 金を使わせる, 殺す, 痛い目に遭わせる.

entrañạble 形 ❶ 親しい, 愛する. ❷ 心からの ; 真実の.

entrañạr 他 含む, 伴う. ～ muchos riesgos 大きな危険をはらむ.

entrar [エントゥラル] 自 〔英 enter〕 ❶ 《en, a》 (…に) **入る** ; 仕事に取りかかる. ¿A qué hora *entras*? 仕事は何時からですか. ❷ 《en》 (…に) 収まる, 入る. *En* esta caja no *entran* estos disquetes. この箱にはフロッピーディスクは入らない. No me *entra* esta falda. このスカートは私には入らない. ❸ 《en》 (活動・団体等に) 加わる. ～ *en* el negocio 商売を始める. ❹ 《en》 (…に) 含まれる. Las bebidas no *entran en* el precio. 飲み物は別料金です. ❺ (季節・時代等が) 始まる. la semana que *entra* 《ラ米》 来週. ❻ 《en》 (感情・感覚を) 感じる ; 《間接目的語代名詞を伴って》 (…に) 感覚 [感情] が生じる. ～ *en* pánico パニックになる. *Me entró* miedo de ver la escena. その光景を見て怖くなった. ❼ 《間接目的語代名詞を伴って》 (…の頭に) 入る, 理解される. No *me entran* las palabras difíciles. 難しい語が頭に入らない. ❽ 《a》 (…に) 介入する ; 《a ＋不定詞》 …し始める. ❾ 《por》 (…に) なじむ. ❿ 《間接目的語代名詞を伴って》 (…にとって) (食べ物・飲み物が) 口当たりがいい ; 《話》 (人が) 感じがよい. Este vino *entra* muy bien. このワインは口に合う. ― 他 ❶ 入れる. ❷ 《俗》 〘服〙 丈を詰める. ***～ a saco*** 侵入する ; 《話》 押しかける ; 単刀直入に言う. ***～ pocos en un kilo*** [***una docena***] 貴重な存在である. ***no ～ ni salir en ...*** 《話》 …に口出ししない.

entre [エントゥレ] 前 〔英 between, among〕 ► 主格人称代名詞をとる. ～ Juan y tú. ただし sí は例外. ❶ 《2つ以上の事物の間》 **…の間に**, …の中に. ～ Madrid y Toledo マドリードとトレドの間に. Es imposible encontrarle ～ tanta gente. こんなに多くの人の中で彼を見つけるのは不可能だ. Está ～ los libros más leídos. その本はベストセラーの中に入っている. El ciervo salió de ～ los árboles. そのシカは木々の間から跳び出した. ❷ 《選択》 …の中から. Tenemos que escoger ～ tantos hoteles. こんなにたくさんのホテルの中から選ばないといけないのか. Vaciló ～ el dinero y el honor. 彼は金をとるか名誉をとるかでためらった. Estoy dudando ～ salir y quedarme. 私は出かけるか家にいるかで迷っている. ❸ 《程度・状態》 …の中間の. Tiene un color ～ rojo y naranja. それは赤とオレンジの中間の色をしている. ❹ 《協力》 …と[で]一緒に, 協力して. Prepararán la cena ～ Teresa y sus hermanas. テレサとその姉妹たちで夕食を準備することになっている. ❺ 《相互》 …の間で. En casa hablan catalán ～ ellos. 彼らは家では互いにカタルーニャ語で話している. Ellos se entienden ～ sí [ellos]. 彼らはお互い理解し合っている. Debemos mantener el respeto ～ los colegas. 我々同僚は互いに敬意をもつ必要がある. ❻ 《複数の原因》 …やら…やらのために. *E*～ las letras de la casa y las del coche estoy sin dinero. 家のローンやら車のローンで僕は一文なしだ. ❼ 《割り算》 割る…. Doce ～ cuatro son tres. 12割る4は3. ― [エントゥレ] 活 → entrar. ***～ tú y yo /*** ***～ nosotros*** [***vosotros, ellos***] ここだけの話だが…. Esto debe quedar ～ *nosotros*. これは内緒にしておいて. ***～ semana*** 週日の[に], 平日の[に]. ***～ que*** 〈＋直説法〉 …する間.

entreabiẹrto, ta 過分 → entreabrir.

entreabrịr 9 他 半開きにする. ―**entreabrirse** 再 半開きになる.

entreạcto 男 〘演〙 幕間 ; 休憩 (時間).

entrebarrẹra 女 [主に複] 〘闘牛〙 砂場のフェンスと観客席との間の通路.

E

entrecalle 女〖建〗刳形(くりかた)間の溝.
entrecano, na 形 白髪混じりの.
entrecavar 他 (土を) 浅く掘る.
entrecejo 男 眉間(みけん).
entrecerrar 18 他 《ラ米》(アルゼンチン)(ウルグアイ)半分閉じる.
entrechocar 26 他 (繰り返し) ぶつける. ― **entrechocarse** 再 ぶつかり合う.
entreclaro, ra 形 薄明るい.
entrecomillado 男 引用符を付されて記述された語 (句).
entrecomillar 他 引用符で囲む.
entrecortado, da 形 とぎれとぎれの.
entrecortar 他 切れ目を入れる. ― **entrecortarse** 再 (声等が) とぎれる.
entrecot 男〖料〗あばら肉, リブロース.
entrecruzamiento 男 交差.
entrecruzar 57 他 交差させる. ― **entrecruzarse** 再 交差する.
entrecubiertas 女 複〖海〗中甲板.
entredicho 男 ❶ 疑い. estar en ～ 疑わしい. poner ... en ～ …を疑う. ❷〖カト〗聖務禁止. ❸《ラ米》(南米)口論.
entredós 男 ❶〖服〗2つの布をつなぐレース. ❷ (2つの窓の間に置く背の低い) キャビネット.
entrefilete 男 (新聞の) 囲み記事.
entrefino, na 形 中厚の, 中太の.
entrega 女 ❶ 渡すこと ; 授与式. ❷ 献身. ❸ (出版物の) 分冊 ; 1回分.
entregador, dora 男 女 授与[贈呈]する人.
entregar [エントゥレガル] 66 他 〔英 give〕 ❶ **渡す**, 授与する. ❷ ゆだねる. ― **entregarse** 再 ❶ 降伏[投降]する. ❷ 《**a**》(…に) 没頭する ; おぼれる, ふける.
entregue(-) / entregué(-) 活 → entregar.
entreguerras *de* ～ (第一次世界大戦終結から第二次世界大戦開戦までの) 戦間期の, 大戦間の.
entreguismo 男 勝負を投げ出すこと.
entrelazamiento 男 組み[絡み]合わせること.
entrelazar 57 他 組み[絡み]合わせる.
entrelínea 女 行間 (の書き込み).
entremedias 副 その間に.
entremés 男 ❶ [主に複]〖料〗オードブル. ❷ 幕間劇.
entremeter 他 間に入れる. ― **entremeterse** 再 入り込む.
entremetido, da 形 男 女 → entrometido.
entremetimiento 男 → entrometimiento.
entremezclar 他 混ぜる.
entrenador, dora 男 女 トレーナー, コーチ ; 監督.
entrenamiento 男 トレーニング.
entrenar [エントゥレナル] 他 〔英 train〕 **訓練する**, 鍛える. ― 自 トレーニングする. ― **entrenarse** 再 練習する, トレーニングする.
entreno 男 《話》→ entrenamiento.
entrenudo 男〖植〗節間.
entreoír 73 他 わずかに聞こえる ; 小耳に挟む.
entrepaño 男 ❶ 棚板. ❷〖建〗柱間.
entrepelado, da 形 (馬が) ぶちの.
entrepierna 女 ❶ (体・衣服の) 股(また). ❷ 《俗》性器. *pasarse por la* ～ 《俗》軽蔑(けいべつ)する.
entreplanta 女 中2階.
entrepuente 男〖海〗中甲板.
entresacar 26 他 ❶ 《**de**》(…から) 選び出す. ❷ 間伐する. ❸ (髪を) すく.
entresijo 男 ❶ [主に複] 秘密. ❷ 《話》〖解〗腸間膜. *tener muchos ～s* 《話》複雑である.
entresuelo 男 ❶ 中2階. ❷〖演〗2階 (正面) 席.
entretanto 副 その間に. ― 男 合間.
entretecho 男 《ラ米》(南米)屋根裏 (部屋).
entretejer 他 織り込む ; 組み合わせる.
entretela 女 ❶〖服〗芯地(しん). ❷ [複]《話》心の奥. hija de mis ～*s* 私の最愛の娘.
entretén 活 → entretener.
entretención 女 《ラ米》→ entretenimiento.
entretendr- 活 → entretener.
entretener [エントゥレテネル] 33 他 〔英 entertain〕 ❶ **楽しませる**. ❷ 引き留める. ❸ 遅らせる, 引き延ばす ; 維持する. ❹ 気を紛らわす. ― **entretenerse** 再 ❶ 《**con**＋不定詞・現在分詞 / **en**＋不定詞・現在分詞》(…で) 楽しむ, 気晴らしをする. ❷ ぐずぐずする, だらだら過ごす.
entreteng- 活 → entretener.
entretenido, da 過分 → entretener. 形 ❶ 楽しい. ❷ 手間暇のかかる. ― 女 愛人.
entretenimiento 男 ❶ 楽しみ ; 娯楽. ❷ 維持.
entretiempo 男 間(あい)の季節, 春と秋. ropa de ～ 合[間]服.
entretien- 活 → entretener.
entretuv- 活 → entretener.
entrever 83 他 ❶ かすかに見える. ❷ 予想[推測]する.
entreverado, da 形 混じった.
entreverar 他 混ぜる. ― **entreverarse** 再 ❶ 混ざる. ❷ 《ラ米》(アルゼンチン)(チリ)(ウルグアイ)入り乱れる ; 《**en**》(…に) 巻き込まれる. ❸ 《ラ米》(アルゼンチン)(チリ)(パラグアイ)(ウルグアイ) (入り乱れて) 戦う ; (アルゼンチン)口論する.
entrevero 男 《ラ米》(1)(アルゼンチン)(チリ)(ウルグアイ)混乱. (2)(アルゼンチン)(チリ)(パラグアイ)(ウルグアイ)口論.
entrevía 女〖鉄道〗ゲージ, 軌間.
entrevista [エントゥレビスタ] 過分 → entrever. 女 〔英 interview〕 ❶ **会見**, 会談. ❷ インタビュー. hacer una ～ a ... …にインタビューする. ❸ 面接 (試験). ― 活 → entrevistar.
entrevistador, dora 男 女 インタビュアー ; 面接官.
entrevistar [エントゥレビスタル] 他 〔英 interview〕 **会見する**, インタビューする. ― **entrevistarse** 再 会談する ; 《**con**》(…と) 会談[会見]する.
entrevisto 過分 → entrever.
entripado, da 形 腹[腸]の. ― 男 ❶ 《話》(食べ過ぎによる) 腹痛. ❷ 《ラ米》(メキシコ) 《話》(腹にためた) 怒り.
entripar 他 《ラ米》(コロンビア)(エクアドル)怒らせる. ― **entriparse** 再 《ラ米》(1)(コロンビア)(エクアドル)怒る. (2)(メキシコ)ぬれる.

E

entristecedor, dora 形 悲しませる.
entristecer 76 他 悲しませる. — **entristecerse** 再《con, de, por》(…を)悲しむ.
entristecimiento 男 悲しみ.
entrometer 他 → entremeter. — **entrometerse** 再 ❶ 入り込む. ❷《軽蔑》《en》(…に)口を出す.
entrometido, da 形 男 女《軽蔑》差し出がましい(人).
entrometimiento 男《軽蔑》口出し.
entromparse 再 ❶《話》酔っ払う. ❷《ラ米》怒る.
E
entronar 他 → entronizar.
entroncamiento 男 ❶ 血縁関係. ❷ つながり.
entroncar 26 他《con》(…と)結びつける;(…との)血縁を証明する. — 自《con》(…と)つながる;(…と)血縁である.
entronización 女 即位.
entronizar 57 他 ❶ 即位させる. ❷ 称揚する;地位を高める. — **entronizarse** 再《軽蔑》思い上がる.
entronque 男 ❶ 血縁関係. ❷《ラ米》(ｺﾛﾝﾋﾞｱ)接続地点.
entropía 女〖物〗〖IT〗エントロピー.
entropillar 他《ラ米》(ｱﾙｾﾞﾝﾁﾝ)(馬を)群れに慣らす.
entropión 男〖医〗眼瞼(ｶﾞﾝｹﾝ)内反.
entubar 他 ❶(…に)管を取り付ける. ❷《俗》処罰する.
entuerto 男 ❶ 不正;侮辱. deshacer un ~ 不正を正す;無礼を償う. ❷[複]後陣痛.
entumecer 76 他 感覚を失わせる, しびれさせる. — **entumecerse** 再 かじかむ, しびれる.
entumecimiento 男 麻痺(ﾏﾋ).
entumirse 再 → entumecerse.
enturbiamiento 男 混濁.
enturbiar 17 他 ❶ 濁らせる. ❷ かき乱す. — **enturbiarse** 再 ❶ 濁る. ❷(気分が)損なわれる.
entusiasmar 他 熱狂させる. — **entusiasmarse** 再《con, por》(…に)熱狂する.
entusiasmo [エントゥシアスモ] 男〔英 enthusiasm〕**熱狂**, 熱中.
entusiasta 形 男 女 熱狂的な(人).
entusiástico, ca 形 熱狂的な.
enucleación 女〖医〗摘出.
enumeración 女 ❶ 列挙. ❷ 一覧表.
enumerar 他 列挙する.
enumerativo, va 形 列挙する.
enunciación 女 表明.
enunciado 男 ❶ → enunciación. ❷〖言〗発話.
enunciar 17 他(考え等を)表明する.
enunciativo, va 形 ❶ 陳述の. ❷〖文法〗平叙の.
envainar 他 ❶(剣を)鞘(ｻﾔ)に収める. ❷(鞘のように)包む. ❸《ラ米》(ｺﾛﾝﾋﾞｱ)(ﾍﾟﾙｰ)(ﾍﾞﾈｽﾞｴﾗ)《話》(厄介事に)巻き込む. — **envainarse** 再《ラ米》(ｺﾛﾝﾋﾞｱ)(ﾍﾟﾙｰ)(ﾍﾞﾈｽﾞｴﾗ)《話》(厄介事)に巻き込まれる.
envalentonamiento 男 強がり.
envalentonar 他 勇気づける. — **envalentonarse** 再 強気[大胆]になる.
envalijar 他 スーツケースに詰める.
envanecer 76 他 思い上がらせる. — **envanecerse** 再《con, de》(…で)思い上がる.
envanecimiento 男 思い上がり.
envarado, da 形 男 女 高慢な(人).
envaramiento 男 ❶(体が)こわばること. ❷ 高慢(な態度).
envarar 他(体を)こわばらせる. — **envararse** 再 ❶ 高慢な態度を取る. ❷(体が)こわばる.
envasado 男 容器に詰めること.
envasador, dora 形 男 女 容器に詰める(人). — 男(大型)じょうご.
envasar 他 ❶(容器に)入れる. ~ al vacío 真空パックにする. ❷《話》大量に飲む.
envase 男 ❶ 容器. ~ desechable [retornable] 使い捨て[返却金のもらえる]容器. ❷ 容器に詰めること.
envegarse 66 再《ラ米》(ﾁﾘ)ぬかるむ.
envejecer 76 他 ❶ 老けさせる;老朽化させる. ❷(ワインを)熟成させる. — 自 年を取る;古くなる. — **envejecerse** 再 老ける.
envejecimiento 男 老化;老朽化;熟成.
envenenado, da 形 中毒を起こす;悪意のある.
envenenamiento 男 ❶ 中毒;毒殺. ❷ 悪化.
envenenar 他 ❶ 毒を盛る;中毒を起こさせる. ❷ 損なう. — **envenenarse** 再 ❶ 中毒死する;中毒になる. ❷ 損なわれる.
enverar 自(ブドウ等が)熟し始める.
enverdecer 76 自 緑色になる.
envergadura 女 ❶ 重要性. de gran ~ 非常に重要な;大規模な. ❷(腕の)リーチ. ❸〖動〗〖空〗翼幅;〖海〗帆幅.
envergar 66 他〖海〗(帆を)帆桁(ﾎｹﾀ)に結びつける.
enverjado 男 鉄柵(ﾃｯｻｸ).
envero 男(ブドウ等が)色づくこと.
envés 男(葉・布等の)裏(面).
envestir 77 他 → investir.
enviado, da 過分 → enviar. 男 女 使者, 使節. ~ especial 特派員.
enviar [エンビアル] 31 他〔英 send〕❶ **送る**. ~ una carta 手紙を出す. ❷(人を)行かせる.
enviciar 17 他 堕落させる;《con》(悪習に)染まらせる. — 自(植物が)実をつけずに葉ばかりつける. — **enviciarse** 再《con, en》(悪習等に)おぼれる. ~ *con* la bebida アルコールにおぼれる.
envidar 自 他(賭金(ｶｹｷﾝ)を)上乗せする.
envidia 女 羨望(ｾﾝﾎﾞｳ), ねたみ, 嫉妬(ｼｯﾄ). dar ~ うらやましがらせる. tener ~ a ... …をうらやむ. sentir [tener] ~ de [por] …をうらやましく思う. ¡Qué ~! なんてうらやましい. — 活 → envidiar.
envidiable 形 うらやましい.
envidiar [エンビディアル] 17 他〔英 envy〕**うらやむ**;ねたむ. ***no tener (nada) que ~ a ...*** …に劣らない, 引けをとらない.

envidioso, sa 形 男 女 ねたみ深い(人).

envido 男 (トランプ) (musで) 2ポイント上乗せして賭(か)けること.

envigar 66 他 自 〖建〗梁(はり) [桁(けた)] を架ける.

envilecer 76 他 品位[価値]を落とす. — **envilecerse** 再 品位[価値]が落ちる.

envilecimiento 男 品位[価値]の下落.

envinado, da 形 《ラ米》(メキシコ)(菓子が)ワイン[リキュール]の入った.

envío 男 発送(品); 派遣. ～ por correo 郵送. — 活 → enviar.

enviscar 26 他 ❶(犬を)けしかける. ❷(人を)対立させる.

envite 男 ❶(トランプ) 賭金(かけきん)の上乗せ. ❷申し出. ❸一押し. ***al primer*** **～** 初めに, いきなり.

enviudar 自 夫[妻]を亡くす.

envoltijo 男 → envoltorio.

envoltorio 男 ❶(無造作に) 巻いた物. ❷包み紙, カバー.

envoltura 女 包み紙; 外層; 外見.

envolvente 形 包む, 囲む.

envolver [エンボルベル] 110 他 [過分 envuelto, ta] [英 wrap] ❶《con, en》(…で) **包む**, (…に) くるむ; 包装する (→ 地域差). ❷《en》(…に) 巻き込む. ❸(意味を) 含む. ❹《con》(…で) 言いくるめる. ❺〖軍〗包囲する. ❻巻く. — **envolverse** 再 ❶《con, en》(…に)くるまる. ❷《en》(…に) 巻き込まれる. 地域差 包装する envolver 《スペイン》《ラ米》(ホンジュラス, エルサルバドル, コスタリカ)(ウルグアイ, アルゼンチン); cinchar 《ラ米》(ニカラグア)(ペルー); embalar 《スペイン》《ラ米》(メキシコ)(ホンジュラス, エルサルバドル, コスタリカ)(コロンビア, ベネズエラ)(エクアドル, ペルー, ボリビア)(チリ)(パラグアイ, ウルグアイ); empacar (メキシコ)(ニカラグア); empaquetar 《スペイン》《ラ米》(キューバ, プエルトリコ)(メキシコ)(グアテマラ, パナマ)(ボリビア); flejar (ドミニカ共和国)(メキシコ).

envuelto, ta 過分 → envolver. 形《en》(…に) 包まれた. — 男《ラ米》(メキシコ)トルティヤ tortilla に具を包んだもの.

envuelv- 活 → envolver.

enyerbar 他《ラ米》(チリ)(コロンビア)(メキシコ)魔法にかける. — **enyerbarse** 再《ラ米》(1) 草に覆われる. (2)(グアテマラ)(メキシコ)恋をする. (3)(グアテマラ)(メキシコ)中毒になる.

enyesado 男 ❶しっくいを塗ること. ❷〖医〗ギプスをつけること.

enyesar 他 ❶しっくいを塗る. ❷〖医〗ギプスをつける.

enyugar 66 他 くびきを掛ける.

enzacatarse 再《ラ米》(中米)(メキシコ)牧草で覆われる.

enzarzar 57 他《en》(争いに) けしかける. — **enzarzarse** 再 ❶《en》(争いを) 始める. ❷《en》(困難に) 巻き込まれる. ❸(イバラに) 絡まる.

enzima 男 (または女) 〖生化〗酵素.

enzolvar 他《ラ米》(メキシコ)(管を) 詰まらせる. — **enzolvarse** 再 (管が) 詰まる.

enzootia 女 (動物の) 風土病.

enzunchar 他 輪状の金具で留める.

eñe 女 アルファベットの ñ の名称.

eoceno 男 形〖地質〗始新世 (の).

eólico, ca 形 風の; 風神アイオロスの.

eolio, lia 形 → eólico.

eolito 男〖地質〗原石器, エオリス.

eón 男〖宗〗(グノーシス派の) 霊体.

¡epa! 間《ラ米》(1) → ¡hola!. (2)(ベネズエラ)(メキシコ)気をつけて. (3)(チリ)さあ.

epacta 女 ❶太陽年と太陰年の日数差. ❷〖カト〗教会暦.

epactilla 女 → epacta ②.

epanadiplosis 女 [単複同形]〖修〗首尾同語.

epanalepsis 女 [単複同形]〖修〗隔語句反復.

epatar 他 驚かせる.

epazote 男《ラ米》(中米)(メキシコ)〖植〗アリタソウ.

epeira 女〖動〗ニワオニグモ.

epéntesis 女 [単複同形]〖音声〗語中音添加; 挿入字[音].

E

epentético, ca 形 語中音添加の.

epiblasto 男〖生〗外胚葉(がいはいよう).

épica 女〖文〗叙事詩.

epicarpio 男〖植〗外果皮.

epiceno, na 形〖文法〗通性の. — 男〖文法〗通性名詞: 雌雄に1つの語形.

epicentro 男〖地質〗震央.

épico, ca 形 ❶叙事詩の. ❷《話》英雄的な; 壮大な. — 男 女 叙事詩人.

epicureísmo 男 ❶〖哲〗エピクロス主義. ❷快楽[享楽]主義.

epicúreo, a 形 男 女 ❶〖哲〗エピクロス(主義[派])の(人). ❷快楽主義の(人).

epidemia 女〖医〗疫病; 蔓延(まんえん).

epidémico, ca 形 流行[伝染]性の.

epidemiológico, ca 形 疫学の.

epidérmico, ca 形 表皮の.

epidermis 女 [単複同形] 表皮.

epidídimo 男〖解〗精巣上体.

epidural 形〖解〗硬膜外の.

Epifanía 女〖カト〗主の御公現の祝日: 1月6日.

epífisis 女 [単複同形]〖解〗松果体; 骨端.

epifito, ta 形〖植〗着生植物の.

epifonema 男〖修〗感嘆的結語.

epífora 女〖医〗流涙(症), 涙漏.

epigástrico, ca 形 上腹部の.

epigastrio 男〖解〗上腹部.

epigeo, a 形〖植〗地表上の.

epiglotis 女 [単複同形]〖解〗喉頭蓋(こうとうがい).

epígono 男 追随者, 亜流.

epígrafe 男 ❶標題; (新聞の) 見出し. ❷題辞. ❸碑銘.

epigrafía 女 碑銘研究, 金石学.

epigráfico, ca 形 金石学の.

epigrafista 男 女 金石学者.

epigrama 男 ❶警句. ❷風刺詩. ❸碑銘.

epigramatario 男 警句[風刺詩]集.

epigramático, ca 形 しんらつな. — 男 女 → epigramatista.

epigramatista 男 女 警句家; 風刺詩人.

epigramista 男 女 → epigramatista.

epilepsia 女〖医〗癲癇(てんかん).

epiléptico, ca 形 男 女〖医〗癲癇(てんかん)の[患者].

epílogo 男 ❶(小説等の) 終章; (演説の) 結び. → prólogo. ❷(事件の) 終局.

episcopado 男〘カト〙司教の職[任期]; 司教団.
episcopal 形 司教の. ― 男〘カト〙(司教用の) 典礼書.
episcopalismo 男〘宗〙主教[司教]制主義.
episódico, ca 形 挿話[一時]的な.
episodio [エピソディオ] 男〔英 episode〕❶ **挿話**, エピソード. ❷ (一連の場面の中の) 一コマ; 〘放送〙(連続ものの) 1 回分. ❸ (厄介な) 事件.
epistemología 女〘哲〙認識論.
epistemológico, ca 形 認識論の.
epístola 女 ❶《文》書簡. ❷〘聖〙(新約の) 使徒書簡 (の朗読).

E

epistolar 形 書簡 (体) の.
epistolario 男 書簡集.
epitafio 男 墓碑銘, 墓誌.
epitalámico, ca 形 祝婚歌の.
epitalamio 男 祝婚歌.
epitelial 形 上皮の.
epitelio 男〘解〙上皮.
epíteto 男〘文法〙特徴形容詞 : 名詞に前置して名詞の持つ本来の性質を示す. ⇀ la *blanca* nieve 白雪.
epítome 男 要約, 概説.
epizootia 女 動物 (間) の流行病.
época [エポカ] 女〔英 epoch〕❶ **時代**. ～ medieval 中世. ～ actual / nuestra ～ 現代. ❷ 時期; 季節. ～ de la siembra 種まきの時期. en esta [aquella] ～ 今ごろ[あのころ]は. ～ de lluvias / estación de las lluvias 雨期. ❸〘地質〙世(せ). ***de*** **～** 年代ものの. ***hacer*** **～** 一世を風靡(ふうび)する.
epodo 男〘詩〙エポード : 長短の行が交互する古代叙情詩の一形式.
epónimo, ma 形 男 名祖(なおや)(の) : 民族・土地等の名の由来となった人物・神.
epopeya 女 ❶ 叙事詩. ❷ 英雄的な業績, 偉業.
épsilon 女 エプシロン (E, ε) : ギリシャ語アルファベットの第 5 字.
equiángulo, la 形〘数〙等角の.
equidad 女 公平, 公正.
equidistancia 女 等距離.
equidistante 形 等距離の.
equidistar 自《de》(…から) 等距離にある.
equidna 男〘動〙ハリモグラ.
équido 形 馬科の. ― 男 [複] 馬科.
equilátero, ra 形〘数〙等辺の. triángulo ～ 正三角形.
equilibrado, da 形 均衡の取れた; 落ち着き[分別]のある. ― 男 釣り合わせること.
equilibrar 他 釣り合わせる. ― **equilibrarse** 再 釣り合う.
equilibrio [エキリブリオ] 男〔英 balance〕❶ **釣り合い**, バランス; 調和. mantener [perder] el ～ バランスを保つ[崩す]. ❷ 平静. ❸ [複] 妥協策.
equilibrismo 男 軽業, 綱渡り.
equilibrista 形 男 女 軽業師 (の).
equimosis 女 [単複同形]〘医〙斑状(はんじょう)出血.
equino, na 形 馬の. ― 男 ❶〘動〙ウマ. ❷〘建〙ドーリス式柱頭の刳形(くりかた).
equinoccial 形 昼夜平分の.
equinoccio 男 昼夜平分時. ～ de primavera 春分. ～ de otoño 秋分.
equinococo 男〘動〙ホウチュウ : サナダムシの幼虫.
equinodermo, ma 形〘動〙棘皮(きょくひ)動物の. ― 男 [複] 棘皮動物.
equipación 女〘スポ〙公式ユニフォーム.
equipaje 男 ❶ 荷物. ～ de mano 手荷物. ❷《ラ米》(プエルトリコ) スーツケース (→ maleta 地域差).
equipal 男《ラ米》(メキシコ)(革・棕櫚(しゅろ)を張った) いす.
equipamiento 男 ❶ (装備・設備を) 整えること; (必要なものを) 供給すること. ❷ 装備, 設備.
equipar 他 備える. ― **equiparse** 再《con, de》(…を) 用意する, 備える.
equiparable 形《con, a》(…と) 比較できる; (…に) 匹敵する.
equiparación 女 比較.
equiparar 他《a, con》(…と) 比較する.
equipo [エキポ] 男〔英 team; equipment〕❶ **チーム**. ～ de fútbol サッカーチーム. ～ de salvamento 救助隊. ～ nacional (スポーツの) ナショナル・チーム. ❷ **装備**, 設備. ～ musical 音響設備. ～ quirúrgico 手術用設備. ～ periférico〘IT〙周辺機器. ～ de novia 嫁入り道具. ***en*** **～** チーム[集団]で.
equipolencia 女〘論〙等価, 等値.
equipolente 形〘論〙等値[等価]の.
equis 女 [単複同形] アルファベットの x の名称. ― 形 未知[不定]の. ***hecho una*** **～**《話》酔って.
equitación 女 馬術, 乗馬.
equitativo, va 形 公平[公正]な.
equivalencia 女 同等, 等価.
equivalente [エキバレンテ] 形〔英 equivalent〕❶《a, de》(…と) **同等の**, 同価値の. un cuadro ～ *a* un millón de yenes 100万円相当の絵画. ❷〘数〙同値の. ― 男 同等[同量]のもの;〘数〙同値;〘化〙当量.
equivaler 82 自《a》(…と) 同等である, (…に) 相当する.
equivocación 女 間違い; 誤解. por ～ 間違って.
equivocado, da 過分 → equivocar. 形 間違った.
equivocar [エキボカル] 26 他 ❶〔英 mistake〕《con》(…と) **間違える**. *Equivoqué* mi carpeta *con* la suya. 私は彼のファイルと自分のとを間違えた. ❷ 誤らせる, 混乱させる. ― **equivocarse** 再〔英 make a mistake〕《de, en, con》(…を) **間違える**. ～ *de* fecha 日付を間違える. ～ *en* el cálculo 計算を間違える.
equivocidad 女 (誤解を招くような) 言動のあいまいさ[紛らわしさ].
equívoco, ca 形 ❶ あいまいな. ❷ 疑わしい. ― 男 ❶ 誤解. ❷ あいまいな表現.
equivoque(-) / equivoqué(-) 活 → equivocar.
era [エラ] 女〔英 era, age〕❶ **紀元**. la *era* cristiana キリスト[西暦]紀元. ❷ **時代**. la *era* espacial 宇宙時代. ❸〘地質〙代. *era* paleozoica [mesozoica, cenozoica] 古[中, 新] 生代. ❹ 脱穀場. ― 活 → ser.

era- / éra- 活 → ser.
eral 男 (2年に満たない) 子牛.
erario 男 公庫, 国庫 ; 大金庫.
erasmiano, na 形 エラスムスの.
erasmismo 男 エラスムス主義[学派].
erasmista 形 男 女 エラスムス主義[学派]の(人).
erbio 男 〘化〙 エルビウム.
ere 女 アルファベットの r の名称.
erebo 男 《文》 冥府(めいふ), 地獄.
erección 女 ❶ 建設. ❷ 〘生〙 勃起(ぼっき).
eréctil 形 勃起(ぼっき)性の.
erecto, ta 形 直立した.
erector, tora 形 勃起(ぼっき)させる.
eremita 男 女 隠者.
eremítico, ca 形 隠者の.
eremitorio 男 隠者のいおりのある場所.
eres 活 → ser.
erg 男 砂丘の続く広大な砂漠.
ergio 男 〘物〙 エルグ.
ergo 〔ラ〕 それ故に.
ergometría 女 エルゴメトリー, (筋力の疲労を計る) 運動負荷試験.
ergonómico, ca 形 人間工学の.
ergotina 女 〘薬〙 麦角流動エキス.
ergotismo 男 〘医〙 麦角中毒.
erguimiento 男 立てること.
erguir 50 他 立てる. ── **erguirse** 再 ❶ 直立する, そびえ立つ. ❷ 思い上がる.
erial 形 未開拓の. ── 男 未開拓地.
erigir 44 他 ❶ 建てる ; 創設する. ❷ 昇格させる. ── **erigirse** 再 《en》 (…を) 自任する. ～ *en* juez 裁判官を気取る.
erisipela 女 〘医〙 丹毒.
eritema 男 〘医〙 紅斑(こうはん).
Eritrea 固名 エリトリア : 首都アスマラ Asmara.
eritreo, a 形 男 女 紅海 (沿岸) の (人).
eritrocito 男 〘生〙 赤血球.
eritropoyetina 女 〘医〙 エリスロポイエチン, 赤血球造成因子.
erizado, da 形 《de》 (とげ・針で) 覆われた ; (障害で) いっぱいの. problema ～ *de* dificultades 困難に満ちた問題.
erizar 57 他 ❶ (毛を) 逆立てる ; (とげ・針等を) 突き立てる. ❷ (障害等で) いっぱいにする. ── **erizarse** 再 (毛が) 逆立つ.
erizo 男 ❶ 〘動〙 ハリネズミ. ❷ ウニ (＝～ de mar). ❸ (クリ等の) いが. ❹ 《話》 気難しい人. ❺ 〘魚〙 ハリセンボン.
ermita 女 隠者のいおり ; 人里離れた礼拝堂.
ermitaño, ña 男 女 隠者, 世捨て人.
Ernesto 固名 エルネスト : 男子の名.
erogación 女 ❶ (資産の) 分配. ❷ 《ラ米》(アルゼンチン)(ウルグアイ)(メキシコ)支出, 出費.
erogar 66 他 ❶ (資産を) 分配する. ❷ 《ラ米》(アルゼンチン)(ウルグアイ)(メキシコ)支払う.
erógeno, na 形 性的興奮を引き起こす. zonas *erógenas* 性感帯.
eros 男 [単複同形] 〘心〙 性愛 ; 生の本能, エロス.
erosión 女 ❶ 浸食 ; 磨耗. ❷ (評判等の) 下落. ❸ 〘医〙 びらん.
erosionar 他 浸食する ; (威信等を) 喪失させる. ── **erosionarse** 再 浸食する ; 威信を失う.
erosivo, va 形 浸食 (性) の.
erótico, ca 形 官能的な ; 恋愛の. ── 女 魅力.
erotismo 男 エロチシズム, 好色.
erotomanía 女 〘医〙 色情狂.
errabundo, da 形 放浪[流浪]の.
erradicación 女 根絶, 撲滅.
erradicar 26 他 根絶[撲滅]する.
errado, da 形 間違った.
erraj 男 (オリーブの種をつぶした) 粉炭.
errante 形 放浪[流浪]の.
errar 51 自 ❶ 《en》 (…を) 間違える. ～ *en* el cálculo 計算を間違える. ❷ さまよう. ❸ (話が) 本筋から外れる. ── 他 ❶ 間違える. ❷ (的を) 外す.
errata 女 誤字, 誤植.
errático, ca 形 ❶ 放浪の ; 移動性の. ❷ 異常な. ❸ 〘医〙 (痛み等が) 迷走性の.
errátil 形 不確定の, 変わりやすい.
erre 女 アルファベットの rr の名称. ～ ***que*** ～ 《話》 頑固に, しつこく.
erróneo, a 形 間違った.
error [エロル] 男 〔英 error, mistake〕 ❶ **誤り**, 間違い. cometer un ～ 誤りを犯す. ～ de bulto 重要な誤り. ❷ 過失, 落ち度. ❸ 誤差. ***por*** ～ 間違えて.
ertzaina [エルチャイナ〈エルツァイナ〉] 〔バスク〕 男 女 バスク地方の自治州警察官.
ertzaintza [エルチャインチャ〈エルツァインツァ〉] 〔バスク〕 女 バスク地方の自治州警察.
eructar 自 げっぷが出る.
eructo 男 げっぷ.
erudición 女 学識.
erudito, ta 形 博識な. ── 男 女 学者, 物知り.
erupción 女 ❶ 〘地質〙 噴火. estar en ～ 噴火している. ❷ 〘医〙 発疹(はっしん) ; 吹き出物. ❸ 勃発(ぼっぱつ), 突発.
eruptivo, va 形 ❶ 噴火による. ❷ 発疹(はっしん)性の.
es 活 → ser.
esa 形 《指示》 女 → ese.
ésa 代名 《指示》 女 → ése.
Esaú 固名 〘聖〙 エサウ.
esbelta 形 → esbelto.
esbeltez 女 すらりとしていること.
esbelto, ta 形 すらりとした.
esbirro 男 《軽蔑》 ❶ (法の) 執行人. ❷ 用心棒 ; 子分.
esbozar 57 他 ❶ スケッチ[素描]する ; 概略を述べる. ❷ (表情等に) かすかに表す. ～ una sonrisa ほほえみを浮かべる.
esbozo 男 ❶ 素描, スケッチ. ❷ 素案 ; 概略. ❸ かすかに見せること.
escabechar 他 ❶ マリネにする. ❷ 《話》 (試験で) 落とす. ❸ 《話》 (剣で) 殺す.
escabeche 男 ❶ マリネード : マリネ用漬け汁. ❷ マリネ.
escabechina 女 《話》 ❶ 大被害. ❷ 大量の落第生.
escabel 男 足載せ台 ; スツール.
escabrosidad 女 ❶ (土地の) 険しさ. ❷ 困難. ❸ 卑猥(ひわい)さ.
escabroso, sa 形 ❶ (土地が) 険しい. ❷ 困難な. ❸ みだらな.
escabullirse 71 再 ❶ (手から) 滑り落ちる ; すり抜ける. ❷ こっそり抜け出す ; 逃れる.
escachalandrado, da 形 《ラ米》(中米)(コロンビア)だらしのない.

E

escachar 他 つぶす, 壊す.
escacharrar 他《話》壊す. ― **escacharrarse** 再《話》壊れる.
escachifollar 他《話》壊す. ― **escachifollarse** 再 壊れる.
escafandra 女 ❶ 潜水具, 潜水服. ～ autónoma アクアラング. ❷ 宇宙服.
escafoides 男［単複同形］舟状骨 (= hueso ～).
escala［エスカら］女［英 ladder］❶ はしご. ～ de cuerda 縄ばしご. ❷ 尺度, 段階；規模. ～ de valores 価値体系. a gran ～ 大規模の. ❸ 目盛り. ～ termométrica 温度計の目盛り. ❹ 縮尺. ❺ 寄港(地). ～ técnica 燃料補給のための着陸. ❻〖音〗音階. **～ (*de*) *Richter*** (マグニチュードを表示する) リヒタースケール.
escalabrar 他 → descalabrar.
escalada 女 ❶ よじ登ること. ❷ 急騰；急増；昇進.
escalador, dora 形 よじ登る. ― 男 女 ❶ 登山家. ❷ (自転車競技) 山地に強い選手.
escalafón 男 (等級・勤続年数等の) 序列.
escalamiento 男 昇進；家宅侵入.
escálamo 男〖海〗オール受け.
escalar 他 ❶ よじ登る. ❷ 押し入る. ❸ 出世する. ― 自 出世する. ― 形〖数〗スカラーの.
escaldado, da 形 ❶ 熱湯を通した. ❷《話》ひどい目に遭った, 懲りた.
escaldar 他 ❶ 熱湯を通す. ❷ (火で) 真っ赤に焼く. ❸ (熱湯で) やけどを負わす. ― **escaldarse** 再 (熱湯で) やけどする.
escaldo 男 スカルド：古代スカンジナビアの英雄伝説や叙事詩を歌った詩人.
escaleno 形〖数〗(三角形が) 不等辺の；(円錐(すい)の軸が) 斜めの. ― 男 ❶ 不等辺三角形. ❷〖解〗斜角筋.
escalera［エスカれラ］女［英 stair］❶ 階段；はしご. subir [bajar] la ～ 階段を上る[下りる]. ～ de caracol らせん階段. ～ de incendios [emergencia] 非常階段. ～ de mano はしご. ～ de servicio 裏階段. ～ doble [de tijera] 脚立. ～ mecánica エスカレーター (→ ascensor). ❷ (トランプ) (数字が連なる) 連続カード. ～ de color ストレートフラッシュ.
escalerilla 女 小階段；タラップ.
escalextric 男 → scalextric.
escalfar 他 ポーチドエッグを作る.
escalinata 女 (玄関前等の) 階段.
escalmo 男 ❶ → escálamo. ❷ くさび.
escalo 男 ❶ 押し入ること. robo con ～ 押し込み強盗. ❷ 抜け穴.
escalofriante 形 身の毛がよだつ.
escalofrío 男［主に複］寒気；震え.
escalón 男 ❶ (階段の) 段；段差. ❷ 等級；足掛かり.
escalonado, da 形 段になった；段階的な.
escalonamiento 男 間隔を置くこと.
escalonar 他 一定間隔をおいて配置する, 段階的に行う.
escalonia 女〖植〗エシャロット.
escalope〔仏〕男 エスカロップ：薄くパン粉をまぶした薄切り肉のバター焼き.
escalpelo 男〖医〗解剖用メス.
escama 女 うろこ (状のもの)；〖医〗鱗屑(りんせつ).
escamar 他 ❶ …のうろこを取る. ❷《話》疑わせる. ― **escamarse** 再《de》(…を) 疑う, 警戒する.
escamón, mona 形《話》疑い深い.
escamondar 他 剪定(せんてい)する.
escamoso, sa 形 うろこのある.
escamotear 他 ❶ (手品等で) 隠す. ❷《話》くすねる；回避する.
escampada 女《話》(雨の) 晴れ間.
escampar 自 雨が上がる.
escanciador, dora 形 男 女 酒をつぐ(人).
escanciar 17 他 (酒を) つぐ.
escandalera 女《話》→ escándalo.
escandalizar 57 他 衝撃を与える, 憤慨させる. ― 自 騒ぎ立てる. ― **escandalizarse** 再《de》(…に) ショックを受ける, 憤慨する.
escandallar 他〖海〗(測鉛を下ろして) 水深を測る.
escandallo 男 ❶〖商〗価格の査定；抜き取り検査. ❷〖海〗測(深)鉛の先.
escándalo［エスカンダろ］男［英 scandal］❶ スキャンダル, 醜聞. piedra de ～ スキャンダルの種. ❷ 騒ぎ, 騒動. ❸ 言語道断, けしからんこと. ***de ～*** 法外な, ひどい.
escandaloso, sa 形 ❶ スキャンダラスな, 破廉恥な. ❷ 騒々しい, うるさい. ― 男 女 騒ぎ立てる人. ― 女〖海〗ガフ・トップスル：斜桁(しゃこう)の上に張る縦帆. ***echar la escandalosa a ...***《話》…を口汚くののしる.
Escandinavia 固名 スカンディナビア.
escandinavo, va 形 スカンディナビアの. ― 男 女 スカンディナビア人.
escandio 男〖化〗スカンジウム.
escanear 他 スキャナーにかける.
escáner 男［複 ～es または単複同形］〖医〗CTスキャナー；〖IT〗スキャナー.
escantillón 男〖技〗〖機〗(寸法測定・線引き用) 定規, 型板.
escaño 男 ❶ 議員席；議席. ❷ (背もたれのある) ベンチ.
escapada 女 ❶ ちょっとした遠出；さぼり. ❷ 逃亡.
escapar［エスカパル］自［英 escape］❶《de》(…から) 逃げる, 免れる. ～ ***de*** la cárcel 脱獄する. ～ ***de*** un peligro 危険から逃れる. ❷《a》(…の) 及ばないところにある. Esto *escapó a* mi vista. 私はこれをうっかり見逃した. ― **escaparse** 再 ❶《de》(…から) 逃れる, 抜け出る. El pajarito *se escapó de* la jaula. 小鳥が鳥かごから逃げた. ❷《a》(…の) 及ばないところにある. ❸ (乗り物に) 乗り遅れる；逸する. ❹ 口から漏れる；思わずやってしまう. ❺〖スポ〗逃げ切る, 振り切る.
escaparate［エスカパラテ］男［英 showcase］❶ ショーウインドー (→ 地域差). ❷ 宣伝媒体. ❸《ラ米》洋服だんす. 地域差 ショーウインドー escaparate《スペイン》《ラ米》(メキ)(ニカラ, パナ)(ペル)；aparador (メキ)(ニカラ)(ペル)；exhibidor (ベネズエラ)；vidriera (キュ, ドミニカ共和国, パナ, マ)(ベネズエラ)(ウルグアイ, アルゼンチン)；vitrina《ほぼラ米全域》.
escaparatista 男 女 ショーウインドーの

飾り付けをする人(デコレーター).
escapatoria 女 ❶ 逃げ道；逃げ口上. ❷ 逃亡, 脱走.
escape 男 ❶ (ガス・液体が) 漏れ出ること. ❷ 逃げ道；逃亡. ❸〖機〗排気. ❹〖IT〗エスケープ(キー). — 活 → escapar. *a* ～ 大急ぎで, 全速力で.
escapismo 男 現実逃避(主義).
escápula 女〖解〗肩甲骨.
escapulario 男〖カト〗スカプラリオ：肩から前後に垂らす修道士の肩衣(かたぎぬ).
escaque 男 (チェス盤等の) 升目.
escara 女〖医〗痂皮(かひ), かさぶた.
escarabajo 男〖昆〗甲虫(こうちゅう)；コガネムシ；カブトムシ.
escaramujo 男〖植〗ノイバラ(の実).
escaramuza 女 小戦闘.
escarapela 女 (花の形の) リボン飾り.
escarapelar 他《ラ米》(ペルー)(メキシコ)鳥肌が立つ.
escarbadientes 男〔単複同形〕爪楊枝(つまようじ).
escarbar 他 ❶ (地面を) 引っかく, 掘り返す. ❷ 探る. ❸ (指等で) ほじくる. ❹ (火を) かき立てる. — 自《en》(…を) ひっかく；探る. ～ *en* un asunto ある事柄を徹底的に究明する.
escarcela 女 ❶ (猟師の) 網状の獲物入れ. ❷ (腰に下げる) 小袋. ❸ (鎧(よろい)の) 腿(もも)当て.
escarceo 男 ❶ ちょっとかじってみること, 手出し. ❷〔複〕余談, 脱線；浮気. ❸〔複〕(馬の) 急旋回. ❹ 小波.
escarcha 女 霜.
escarchada 女〖植〗アイスプラント.
escarchar 自 霜が降りる. — 他 (果物を) 砂糖漬けにする；白い粉を振りかける；(糖分の強い蒸留酒に入れたアニス等の小枝に) 糖分を結晶させる.
escarda 女 小鍬(くわ)；除草(の時期).
escardar 他 除草する；取り除く.
escardillo, lla 男 女 小鍬(くわ).
escariar ⑰ 他〖機〗(穴を) 広げる.
escarificar ㉖ 他 ❶〖農〗(土を) かきならす. ❷〖医〗(皮膚等を) 乱切りする.
escarlata 男 緋(ひ)色. — 形 緋色の.
escarlatina 女〖医〗猩紅(しょうこう)熱.
escarmentar ⑱ 他 懲らしめる, 説教する. — 自 懲りる. ～ *en cabeza ajena* 他人の過ちから学ぶ.
escarmiento 男 説教；罰；自戒.
escarnecer ⑯ 他 冷やかす.
escarnio / escarnecimiento 男 嘲笑(ちょうしょう).
escarola 女〖植〗エンダイブ, キクヂシャ.
escarpa 女 断崖(だんがい), 急斜面.
escarpado, da 形 急勾配(こうばい)の.
escarpadura 女 急斜面.
escarpe 男 ❶ 急斜面. ❷ (鎧の) 靴.
escarpelo 男 ❶〖医〗解剖メス. ❷ (木工用) 粗やすり.
escarpia 女 鉤(かぎ)形の釘(くぎ).
escarpiador 男 (管・樋(とい)の) 留め具.
escarpín 男 パンプス；防寒用ソックス.
escasa 形 → escaso.
escasear 自 不足している, 少なくなる. — 他 少なくする.
escasez [エスカセす] 女〔複 escaseces〕〔英 scarcity〕**不足**, 欠乏；貧窮.
escaso, sa [エスカソ, サ] 形〔英 scarce〕❶《de》(…の) **乏しい**, 不足した (↔abundante, sobrado). una *escasa* posibilidad わずかな可能性. ser ～ *de* inteligencia 知性が乏しい. ❷ たったの, ぎりぎりの.
escatimar 他 出し惜しむ. no ～ esfuerzos 努力を惜しまない.
escatofagia 女〖動〗食糞(しょくふん)性.
escatología 女 ❶ 糞尿(ふんにょう)趣味, スカトロジー；糞便学. ❷〖神〗終末論[観].
escatológico, ca 形 ❶ 糞尿(ふんにょう)趣味の；糞便学の. ❷〖神〗終末論[観]の.
escayola 女 石膏(せっこう)；〖医〗ギプス.
escayolar 他〖医〗ギプスで固定する.
escayolista 男 女 石膏の内装職人.
escena [エ(ス)せナ] 女〔英 scene〕❶〖演〗**舞台**, ステージ. salir a ～ 舞台に立つ. poner en ～ 上演する. ❷ 演劇. director de ～ 舞台監督. ❸〖演〗〖映〗場面. ～ retrospectiva〖映〗フラッシュバック. ～ de amor ラブシーン. ❹ (劇的な) 場面, 光景；現場. ❺ (活動の) 場, 舞台. ***entrar en*** ～ 舞台に出る；《話》口を出す. ***hacer una*** ～ ひと騒動起こす.
escenario 男 ❶ 舞台. ～ giratorio 回り舞台. ❷ (事件等の) 現場；環境.
escénico, ca 形 演劇の. miedo ～ 舞台度胸のなさ.
escenificación 女 脚色；上演.
escenificar ㉖ 他 脚色[劇化, 上演]する.
escenografía 女〖演〗舞台装置[美術]；〖美〗遠近画法.
escenógrafo, fa 男 女 舞台美術家.
escepticismo 男〖哲〗懐疑論；懐疑(主義).
escéptico, ca 形 懐疑論[主義]の；疑い深い. — 男 女〖哲〗懐疑論者, 懐疑主義者；疑い深い人.
escindir 他 分割する；〖物〗核分裂させる. — **escindirse** 再 分裂する；〖物〗核分裂する.
escisión 女 分離, 分裂. ～ nuclear 核分裂.
escita 形 男 女 スキュティアの(人), スキタイ人(の).
esclarecedor, dora 形 明らかにする.
esclarecer ⑯ 他 ❶ 明らかにする. ❷ 有名にする. — 自 夜が明ける.
esclarecido, da 形 傑出した.
esclarecimiento 男 解明.
esclava 女 腕輪, ブレスレット.
esclavina 女 肩マント, ケープ.
esclavismo 男 奴隷制度(の支持).
esclavista 形 奴隷制擁護の. — 男 女 奴隷制擁護論者.
esclavitud 女 奴隷の身分；奴隷制度；隷属.
esclavizar ㊼ 他 奴隷にする；支配する, 酷使する.
esclavo, va 形 ❶ 奴隷の, 従属した. ❷《de》(…に) 束縛された. ser ～ *de* su deber 義務に束縛されている. — 男 女 ❶ 奴隷. ❷ とりこになった人. un ～ de la ambición 野望に取りつかれた男.
esclerosis 女〔単複同形〕❶〖医〗硬化(症). ～ arterial 動脈硬化. ❷《比喩的》麻痺(まひ)状態.

E

esclerótico, ca 形 硬化症の. 女〖解〗(目の) 鞏膜(きょうまく).
esclusa 女 (運河の) 閘門(こうもん), 水門.
escoba 女 ❶ ほうき. pasar la ～ ほうきで掃く. coche ～〖スポ〗リタイア選手収容車. ❷〖植〗エニシダ. ❸ トランプ遊びの一種. ***no vender una ～*** 《話》しくじる.
escobajo 男 (粒をもぎとった) ブドウの軸.
escobazo 男 ❶ ほうきで殴ること. echar a ... a ～*s* 《話》…をたたき出す. ❷ ほうきで掃くこと.
escobén 男〖海〗錨鎖孔(びょうさこう).
escobero, ra 男 女 ほうき職人[商人]. ── 男 掃除道具入れ. ── 女〖植〗レダマ属の一種.
E
escobilla 女 ❶ 短いほうき；ブラシ. ❷〖植〗オニナベナ；ヒース；キンレンカ (= ～ amarga)；コハクアザミ (= ～ de ámbar). ❸《ラ米》〖車〗ワイパー (→ limpiaparabrisas 地域差).
escobillar 自《ラ米》(アルゼ)(チリ)(ウルグ)(ベネズ) すり足の速いステップで踊る. ── **escobillarse** 再 (牛の角が) 折れる.
escobillón 男 柄の長いブラシ；(銃口の) 掃除具.
escobón 男 大ぼうき；手ぼうき；長柄のほうき.
escocedura 女 ひりひりする痛み；ただれ.
escocer 29 自 ❶ ひりひり痛む. ❷ (人の) 感情を害す. ── **escocerse** 再 ❶ 炎症を起こす, ひりひりする. ❷ 感情を害す.
escocés, cesa 形 ❶ スコットランドの. ❷ 格子縞(じま)の, チェックの (= tartán). ── 男 女 スコットランド人. ── 男 ❶ スコットランド語. ❷ タータン.
Escocia 固名 (英国の) スコットランド.
escocimiento 男 → escocedura.
escoda 女 (石工の) 鉄槌(つち), ハンマー.
escodar 他 (石等をハンマーで) 刻む.
escofina 女 粗やすり.
escoger [エスコヘル] 84 他 〔英 choose, select〕《de, entre》(…から) 選ぶ, えり抜く. ～ una manzana *de* una cesta かごからリンゴを 1 個選び取る.
escogido, da 過分 → escoger. 形 えり抜きの.
escoj- 活 → escoger.
escolanía 女 少年聖歌隊 (養成所).
escolano 男 少年聖歌隊員.
escolapio, pia 形 男 女〖カト〗ピアリスト会の (修道士[女]).
escolar [エスコラル] 形 〔英 scholastic〕学校の. edad ～ 就学年齢. año ～ 学年. ── 男 女 生徒.
escolaridad 女 就学 (期間). ～obligatoria 義務教育.
escolarización 女 (義務的) 学校教育；就学.
escolarizar 57 他 教育する, 義務教育を受けさせる.
escolástica 女 スコラ哲学.
escolasticismo 男 → escolástica.
escolástico, ca 形 スコラ哲学の. ── 男 女 スコラ哲学者.
escoliar 17 他 …に注釈をつける.
escolio 男 注釈, 注解.
escoliosis 女 [単複同形]〖医〗(脊椎(せきつい)の) 側彎(そくわん)(症).
escollera 女 (防波堤の) 波消しブロック.
escollo 男 (暗) 礁；難事.
escolopendra 女〖動〗ムカデ.
escolta 女 護衛, 護送. ── 男 女 護送団；付添人；お供；(バスケットボール) ガード.
escoltar 他 護衛[護送]する.
escombrar 他 → desescombrar.
escombrera 女 瓦礫(がれき)捨て場.
escombro 男 ❶ [主に複] 瓦礫(がれき). ❷《ラ米》(アルゼ)(ウルグ) 騒動, 混乱.
esconder [エスコンデル] 他 〔英 hide〕❶ 隠す；覆う, (視界を) 遮る. ❷ 秘める. Estas palabras *esconden* una verdad. これらの言葉はある真実を秘めている. ── **esconderse** 再 隠れる.
escondidillas ***a ～*** ひそかに, こっそりと.
escondido, da 過分 → esconder. 形 へんぴな. ── 男《ラ米》[単または複] 隠れんぼう；(アルゼ) 舞曲の一種. ── 女 [複]《ラ米》〖遊〗隠れんぼう. ***a escondidas*** こっそりと.
escondite 男 ❶ 隠れ[隠し] 場所. ❷ 隠れんぼう. jugar al ～ 隠れんぼうをする.
escondrijo 男 隠し場所, 隠れ家.
escoñar 他《俗》壊す. ── **escoñarse** 再 壊れる；負傷する.
escopeta 女 猟銃, 散弾銃. ～ de aire comprimido 空気銃. ～ recortada (銃身の短い) ショットガン.
escopetado, da 形《話》《主に salir と共に副詞的に用いる》(弾丸のように) ものすごい速さで. Todos han *salido* ～*s*. みんな大急ぎで飛び出した.
escopetazo 男 ❶ (猟銃による) 発砲；銃声；銃創. ❷《話》凶報.
escopladura / escopleadura 女 (のみによる) 彫り込み；ほぞ穴.
escoplo 男 のみ, たがね.
escora 女〖海〗(建造時に船腹を支える) 支柱；(船の) 横傾斜.
escorar 他〖海〗(建造中の船を) 支柱で支える. ── 自〖海〗(船が) 傾く. ── **escorarse** 再 (体を) 傾ける.
escorbuto 男〖医〗壊血病.
escorchar 他《ラ米》(アルゼ)(ウルグ)《俗》うんざりさせる.
escoria 女 ❶〖冶〗スラグ, 鉱滓(こうさい)；がらくた. ❷《軽蔑》くず, 落ちこぼれ. ❸〖地質〗火山岩滓.
escoriación 女 擦りむき[傷].
Escorial 固名 (San Lorenzo de) El ～ エル・エスコリアル：マドリードにある王宮・僧院・王廟・聖堂.
escoriar(se) 17 他 再 擦りむく.
Escorpio 固名 → escorpión.
escorpión 男〖動〗サソリ. ── 固名 [E-]〖占星〗天蝎(てんかつ)宮；〖天文〗さそり座.
escorzar 57 他〖美〗短縮法で描く.
escorzo 男〖美〗(遠近法による) 短縮 (画) 法；短縮法で描いた絵.
escota 女〖海〗帆脚索(ほあし).
escotado, da 形 襟ぐりの深い.
escotadura 女 ❶ 襟ぐり. ❷〖演〗(舞台の) 迫(せ)り出し.
escotar 他 ❶ 襟ぐりを大きくする. ❷ (割り前を) 支払う.
escote 男 ❶ 襟ぐり. ～ redondo 丸首. ～ en pico Vネック. ❷ 割り前. ***a ～***

割り勘で.
escotilla 女 ハッチ, 艙口(ｿｳｺｳ).
escotillón 男 (床の) 上げぶた；〖演〗迫(ｾ)り. ***aparecer*** [***desaparecer***] (***como***) ***por*** ～ 不意に現れる[ぱっと消える].
escozor 男 ❶ ひりひりする痛み, うずき. ❷ 悲しみ；いら立ち.
escriba 男 ❶ (ユダヤ教の) 律法学者. ❷ (昔の) 代筆屋.
escribanía 女 ❶ 書き物机；筆記用具. ❷ 公証人の職[地位]；公証役場.
escribano 男 ❶ 書記. ❷ (公証) 書記官. ❸ 《ラ米》公証人 (=notario).
escribiente 男 女 書記.
escribir [エスクリビル] 52 他 [過分 escrito, ta] 〔英 write〕 ❶ (文字等を) 書く. ～ a mano 手書きする. ～ a máquina [en el ordenador] タイプライターで [パソコンで] 打つ. ❷ (書物等を) 執筆する；作曲する. ❸ 手紙で知らせる. ── 自 ❶ 手紙を書く[送る]. ❷ 著作する. ❸ (ペン等が) 書ける. ── **escribirse** 再 ❶ 綴(ﾂﾂﾞ)る. ❷ 文通する.
escrito, ta 過分 → escribir. 形 書かれた. ── 男 ❶ 文書；[複] 著作. ❷〖法〗申請. ***estar*** ～. 不可避 [宿命] である. ***por*** ～ 書面で.
escritor, tora [エスクリトル, トラ] 男 女 〔英 writer〕 作家, 著述家.
escritorio 男 ❶ 書き物机. ❷ 事務所.
escritura 女 ❶ 書くこと；書き方, 筆跡. Tiene una ～ clara. 彼はわかりやすい字を書く. ❷ 文字, 表記法；書体, 字体. ❸〖法〗証書；契約書. ❹ [複] [E-] 聖書 (=las Sagradas *E～s*).
escriturar 他 ❶ 公正証書にする. ❷ 出演契約を結ぶ.
escrófula 女〖医〗瘰癧(ﾙｲﾚｷ).
escroto 男〖解〗陰嚢(ｲﾝﾉｳ).
escrupulizar 57 自 こだわる.
escrúpulo 男 ❶ ためらい. tener ～*s* 気がひける. ❷ [主に複] 不潔感. ❸ 綿密. con ～ 細心の注意を払って.
escrupulosidad 女 細心[綿密]さ.
escrupuloso, sa 形 ❶ 綿密な；きちょうめんな. ❷ 清潔好きな, 神経質な. ❸ 良心的な. ── 男 女 神経質[良心的]な人.
escrutador, dora 形 詮索(ｾﾝｻｸ)するような. ── 男 女 投票集計人.
escrutar 他 ❶ 詳しく調査する, 詮索(ｾﾝｻｸ)する. ❷ 得票を集計する.
escrutinio 男 ❶ 得票集計. ❷ 吟味；詮索(ｾﾝｻｸ).
escuadra 女 ❶ 直角[三角]定規. ❷〖スポ〗(ゴールの) コーナー. ❸〖海〗艦隊；〖軍〗分隊. ***a*** [***en***] ～ 直角に.
escuadrar 他 直角[四角]にする.
escuadrilla 女〖海〗小艦隊；飛行隊.
escuadrón 男 騎兵中隊；飛行隊.
escualidez 女 やせこけていること.
escuálido, da 形 やせこけた.
escualo 男〖魚〗サメ.
escucha 女 聴取. ～ telefónica (電話の) 盗聴. ── 活 → escuchar. ── 男〖軍〗夜間偵察兵. ***a la*** ～ 傾聴している.
escuchar [エスクチャル] 他 〔英 listen to〕 ❶ (注意して) 聴く. ❷ (助言等に) 耳を貸す. ❸ 《ラ米》聞く (=oír). ── 自 聞き耳を立てる. ── **escucharse** 再 もったいぶって話す.
escuchimizado, da 形 《話》ひ弱な.
escudar 他 かばう. ── **escudarse** 再 《en》(…を) 口実に使う. *Se escuda en* el trabajo para no ayudarme. 彼は仕事を口実にして手伝ってくれない.
escudería 女 ❶〖スポ〗レーシング・チーム. ❷ 従者の職.
escuderil 形 従者の.
escudero 男 ❶ (騎士の) 従者. ❷ 郷士. ❸ 盾職人.
escudete 男 ❶ 小さい盾. ❷〖農〗接ぎ穂. ❸〖植〗コウホネ, スイレン.
escudilla 女 ボウル, 椀(ﾜﾝ)；《ラ米》(ﾁﾘ)カップ.
escudo 男 ❶ 盾. ❷〖紋〗盾形紋章 (= ～ de armas). ❸ 《比喩的》盾. ❹ エスクード：(1) ポルトガルの旧通貨単位. (2) (昔の) 金貨, 銀貨. (3) チリの旧通貨単位. ❺ (盾形の) 鍵穴(ｶｷﾞｱﾅ)隠し. ❻〖地理〗盾状地.
escudriñar 他 細かく調べる.
escuela [エスクエラ] 女 〔英 school〕 ❶ 学校, (特に) 小学校. ～ pública [privada] 公[私]立学校. ～ de Bellas Artes 美術学校. ～ normal 師範学校. ❷ 教育 (法), 訓練. tener buena [mala] ～ きちんと教育を受けている[いない]. ❸ 学派, 流派.
escuelante 男 女 《ラ米》(1)(ｺﾛﾝﾋﾞｱ)(ﾍﾞﾈｽﾞｴﾗ)(ﾒｷｼｺ)生徒. (2)(ﾒｷｼｺ)先生.
escuelero, ra 形 《ラ米》学校の[に関する]. ── 男 女 《ラ米》《軽蔑》(初等教育の) 教師.
escuerzo 男 《話》やせた人.
escueto, ta 形 簡潔な；飾り気のない.
escuincle, cla 男 女 《ラ米》(ﾒｷｼｺ)子供.
esculcar 26 他 《ラ米》詳しく調べる.
esculpir 他 彫る；刻み込む.
escultor, tora 男 女 彫刻家.
escultórico, ca 形 彫刻[彫像]の.
escultura [エスクるトゥラ] 女 〔英 sculpture〕 彫刻；彫像. ～ de bronce ブロンズ像.
escultural 形 彫刻の；彫像のような.
escupidera 女 ❶ 痰壺(ﾀﾝﾂﾎﾞ). ❷ 《ラ米》おまる.
escupidor 男 《ラ米》(1) 痰壺(ﾀﾝﾂﾎﾞ). (2) (ﾒｷｼｺ)花火. (3)(ｺﾛﾝﾋﾞｱ)丸ござ.
escupir 自 つば [痰(ﾀﾝ)] を吐く. ── 他 ❶ 吐く, 吐き出す. ❷ 噴き出す；はじく. ～ ***a la cara*** 《話》…を軽蔑[侮辱]する.
escupitajo 男 (吐き出した) つば, 痰(ﾀﾝ).
escupitinajo 男 《話》→ escupitajo.
escurialense 形 エル・エスコリアルの.
escurreplatos 男 [単複同形] 食器の水切りかご.
escurridero 男 水切りかご[台].
escurridizo, za 形 ❶ 滑りやすい. ❷ (人が) つかまえにくい；とらえどころのない.
escurrido, da 形 やせた, 腰の細い.
escurridor 男 水切りかご；脱水機.
escurriduras 女 複 ❶ 滴. ❷ 《話》残り物, かす.
escurrir 他 ❶ 水を切る. ❷ (容器等を) 空ける；(水を) 滴らせる. ❸ 《スペイン》(洗濯物等を) 絞る (→地域差). ── 自 ❶ 滴り落ちる. ❷ 滑りやすい. ── **escurrirse** 再 ❶ 滑る；滑り落ちる；逃げる. ❷ 度を越す.

E

地域差 (洗濯物等を) 絞る. escurrir 《スペイン》; estrujar 《ラ米》(†); exprimir 《ほぼラ米全域》; retorcer(ホンジュラス, エルサルバドル, ニカラグア, コスタリカ, パナマ)(ウルグアイ, アルゼンチン).

esdrújulo, la 形 男 女 終わりから3番目の音節にアクセントのある (語). ⇀ águila, Dímelo 等.

ese 女 ❶ アルファベットの s の名称. ❷ 蛇行; S字形. ***hacer eses*** 《話》 ジグザグに進む, 千鳥足で歩く.

ese, esa [エセ, エサ] 形 《指示》 [複 esos, esas] 〔英 that〕 その. → este, aquel. *esa* chica その少女. *esos* libros それらの本. ***en ese sentido*** そういう意味で.

E

ése, ésa [エセ, エサ] 代名 《指示》 [複 ésos, ésas] 〔英 that〕 ❶ それ. → éste, aquél. *Ése* es más grande que aquél. それはあれよりも大きい. ► 指示形容詞 ese, esa と混同のおそれのないときはアクセント符号を省略できる. ❷ 《時に軽蔑》 その人. Se lo di a *ésa*. 私はそれをその女に与えた. ***¿Ahora me viene con ésas?*** 何をいまさら. ***Ésa es otra.*** それはいやだ. ***ni por ésas*** どうやっても (…ない).

esencia [エセンしア] 女 〔英 essence〕 ❶ 本質; 核心. ❷ エッセンス; エキス. ❸ 精油; 香水. ***en ~*** 本質的に; 要点だけ. ***por ~*** 本質的に. ***quinta ~*** 第五元素; 物質の基本要素; 精髄.

esencial [エセンしアる] 形 〔英 essential〕 ❶ 本質的な. ❷ 肝要な; 不可欠の. ❸ エキスの.

esencialismo 男 《哲》 本質主義.

esenio, nia 形 男 女 《宗》 エッセネ派の (人).

esfenoides 男 《解》 蝶形(ちょう)骨.

esfera [エスフェラ] 女 〔英 sphere〕 ❶ 球, 球体. ~ celeste 天球. ~ terrestre 地球. ❷ 範囲, 領域. ❸ 階級. ❹ (時計・計器の) 文字盤.

esfericidad 女 球体, 球形.

esférico, ca 形 球の. — 男 ボール.

esfero 男 《ラ米》 ボールペン (→ bolígrafo 地域差).

esferográfica 女 → esferógrafo.

esferógrafo 男 《ラ米》 ボールペン (→ bolígrafo 地域差).

esferoidal 形 《数》 回転楕円(だえん)体の.

esferoide 男 《数》 回転楕円(だえん)体.

esferómetro 男 球面計.

esfigmómetro 男 《医》 脈拍計.

esfinge 女 ❶ 《神話》 スフィンクス (像). ❷ 謎めいた人. ❸ 《昆》 スズメガ.

esfínter 男 《解》 括約筋.

esforc- 活 → esforzar.

esforzado, da 過分 → esforzar. 形 勇ましい.

esforzar [エスフォルさル] 54 他 無理させる, 力を入れる; 力づける. — **esforzarse** 再 〔英 make an effort〕 《en [por] + 不定詞》 (…しようと) 努力する, 頑張る. *Se esforzó en* [*por*] conseguir el puesto. 彼は地位を手に入れるために努力した.

esfuerc- / efuerz- 活 → esforzar.

esfuerzo [エスフエルそ] 男 〔英 effort〕 努力, 骨折り; 酷使. hacer un ~ 努力する. — 活 → esforzar.

esfumar 他 ぼかす; (トーンを) 和らげる. — **esfumarse** 再 ぼやける; 《話》 こっそり立ち去る.

esfuminar 他 → difuminar.

esfumino 男 → difumino.

esgrafiar 31 他 掻(か)き絵[字]を描く.

esgrima 女 ❶ フェンシング. ❷ 剣さばき.

esgrimir 他 (剣等を) 振り回す; 武器に使う.

esguín 男 《魚》 サケの稚魚.

esguince 男 《医》 筋違い, 捻挫(ねんざ).

eslabón 男 ❶ (鎖の) 環. ❷ 火打ち金.

eslabonar 他 (環で) つなぐ. — **eslabonarse** 再 つながる.

eslalon 男 [複 eslálones] (スキーの) 大回転.

eslavo, va 形 スラブの. — 男 女 スラブ人. — 男 スラブ語派.

eslinga 女 《海》 吊(つ)り索.

eslogan 男 [複 ~s, eslóganes] スローガン, 標語.

eslora 女 《海》 船の全長.

eslovaco, ca 形 スロバキアの. — 男 女 スロバキア人. — 男 スロバキア語.

Eslovaquia 固名 スロバキア: 首都ブラチスラバ Bratislava.

esloveno, na 形 スロベニアの. — 男 女 スロベニア人. — 男 スロベニア語.

esmaltar 他 ❶ エナメル[ほうろう]引きにする; 七宝を施す; (陶器に) 上薬をかける. ❷ とりどりの色で飾る.

esmalte 男 ❶ エナメル, ほうろう; 上薬. ❷ 七宝 (細工). ❸ (歯の) エナメル質. ❹ マニキュア液. ~ de uñas マニキュア.

esmerado, da 形 入念な[になされた].

esmeralda 女 エメラルド. — 形 エメラルドグリーンの.

esmerarse 再 《en, con》 (…を) 入念に行う.

esmerejón 男 《鳥》 コチョウゲンボウ.

esmeril 男 エメリー, 金剛砂.

esmerilar 他 金剛砂で研磨する.

esmero 男 入念. poner ~ en ... …に気を配る.

esmirriado, da 形 やせこけた; 生育の悪い.

esmoquin 男 [複 esmóquines] タキシード.

esnifar 他 (麻薬を) 鼻から吸引する.

esnob 形 [複 ~s] 《軽蔑》 俗物 (根性) の, 上流ぶった. — 男 女 (上流気取りの) 俗物.

esnobismo 男 上流気取り, 俗物根性.

esnórquel 男 《海》 シュノーケル.

eso [エソ] 代名 《指示》 [中性] 〔英 that〕 それ, そのこと; 《場所》 そこ. → esto, aquello. ¿Qué es *eso*? それは何. *Eso* no tiene sentido. それは意味がない. ¿Y *eso*? どういうこと. ***a eso de ...*** …時ごろに. ***eso de ...*** …のこと. ***eso sí*** もちろん; そのとおり. ***por eso*** だから, それゆえ. ***y eso que ...*** …ではあるが, …なのに.

ESO [エソ] Escuela Secundaria Obligatoria (スペインの) 義務中等学校.

esófago 男 《解》 食道.

esos, sas 形 複 → ese.

ésos, sas 代名 複 → ése.

esotérico, ca 形 秘密の; 秘教の; 難

解な.
esoterismo 男 秘教；神秘性，難解さ.
esotro, tra 形《指示》《古》その他の，もう一方の. ―代名 その他の人(たち).
espabilado, da 形 → despabilado.
espabilar 他 ❶(ろうそくの)芯(しん)を切る. ❷眠気をさます；奮起させる. ❸急いで終わらせる. ❹《俗》盗む；殺す. ―自 奮起する；急ぐ. ―**espabilarse** 再 眠気を払う；奮起する.
espachurrar 他《話》押しつぶす. ―**espachurrarse** 再《話》押しつぶされる.
espaciador 男〖IT〗スペースバー.
espacial 形 宇宙の；空間の.
espaciar 17 他 ❶間[間隔]をおく. ❷〖印〗(語間・行間を)空ける. ―**espaciarse** 再 長々と述べる.
espacio [エスパシオ] 男〔英 space〕❶**空間**，スペース. ～ aéreo 領空. ～ vital 生活空間. ❷**宇宙**(空間). ❸**空き**，余地. ❹〖印〗スペース. a doble ～ ダブルスペースで. ❺期間，時間；〖放送〗番組，枠. en el ～ de un año 1年の間に.
espacioso, sa 形 広々とした.
espada 女 ❶剣. ～ blanca 刃のついた. ～ negra 刃のない剣；フェンシングのエペ. cruzar la ～ con ... …と剣を交える；決闘する. ceñir ～ 剣を腰に帯びる. ❷(スペイン・トランプ)剣の札；スピード. ❸〖魚〗メカジキ(＝pez ～). ―男女 剣客. ―男 マタドール matador. *～ de Damocles* ダモクレスの剣(繁栄の中に潜む危険). *～ de dos filos* 両刃(もろは)の剣. *entre la ～ y la pared* 進退窮まって.
espadachín 男 剣の達人.
espadaña 女 ❶〖建〗(盾形をした一枚壁の)鐘楼(しょうろう). ❷〖植〗ガマ.
espadero 男 刀鍛冶(かじ)；刀剣商.
espadín 男 ❶礼装用短剣. ❷〖魚〗スプラットイワシ.
espadón 男《話》《軽蔑》高級将校；重要人物.
espagueti 男[主に複]スパゲティー.
espalda [エスパるダ] 女〔英 back〕❶[単または複]**背中**，背. Se echó la mochila a la ～. 彼はリュックを背負った. ❷(建物等の)背面，背後；(いす等の)背もたれ. ❸[複]後ろ. ❹〖スポ〗背泳. los cien metros ～ 100メートル背泳. *a ～s de ...* …のいないところで；…を無視して. *a la(s) ～(s) de ...* …の後ろで. *cargado de ～s [hombros]* 猫背の. *dar la ～* 背を向ける. *echarse sobre las ～s* 責任を担う. *～ mojada* 不法移民[侵入者]. *de ～s a ...* …に背を向けて. *guardarse [cubrirse] las ～s* 危険から身を守る. *ponerse de ～s* 後ろ向きになる，背を向ける. *ponerse ～ contra ～* 背中合わせになる；持ちつ持たれつの関係になる. *tener las ～s bien cubiertas [guardadas]* 危険から守られている. *tirar [echar, tumbar] de ～s*《話》びっくり仰天させる. *volver la(s) ～(s) a ...* …に背を向ける；…を見捨てる，無視する.
espaldar 男 ❶背；背肉. ❷(いす等の)背もたれ. ❸(甲冑(かっちゅう)の)背当て.
espaldarazo 男 ❶(社会的に)認知されること. ❷(騎士の叙任式で)剣で肩を軽く叩(たた)く儀式. ❸後援，後ろ盾.
espaldera 女 ❶(植物をはわせる)格子，垣. ❷[複](体操用具の)肋木(ろくぼく).
espaldero 男《ラ米》(ﾍﾞﾈｽﾞｴﾗ)ボディーガード.
espaldilla 女 肩甲骨；(羊・豚等の)肩肉.
espantada 女 急に逃げ出すこと，急に手を引くこと. *dar la ～* 逃げ出す.
espantadizo, za 形 臆病(おくびょう)な.
espantajo 男 ❶かかし. ❷《話》おかしな格好の人；《軽蔑》こけ脅し.
espantalobos 男[単複同形]〖植〗ボウコウマメ.
espantamoscas 男[単複同形]ハエ払い，ハエ取り紙.
espantapájaros 男[単複同形]かかし.
espantar 他 ❶怖がらせる；驚かせる. Me *espantan* los exámenes. 試験のことを考えると僕はぞっとする. ❷追い払う. ―自《話》不快に思わせる. ―**espantarse** 再《de, por, con》(…に)おびえる，驚く.
espanto 男 ❶恐怖；驚き. causar ～ 恐れを感じさせる. ❷《話》不快，面倒. ❸《話》格好[見ため]の悪いこと. ❹《ラ米》お化け. *de ～*《話》途方もない. *ser un ～* 驚異的である. *Es un ～ lo cara que está la carne.* 肉が高いのには本当に驚いてしまう.
espantoso, sa 形 ❶恐ろしい. ❷ものすごい. ❸《話》醜い.
España [エスパニャ] 固名 **スペイン**：首都マドリード Madrid.
español, ñola [エスパニョる，ニョら] 形〔英 Spanish〕**スペイン(人，語)の**. a la *española* スペイン風[流]に. ―男女 **スペイン人**. ―男 **スペイン語**.
españolada 女《軽蔑》スペイン的特質を誇張したもの[作品].
españolidad 女 スペイン人の特性，スペイン人らしさ，スペイン人であること.
españolismo 男 ❶スペインびいき. ❷スペイン(人)的性格[特質]. ❸〖言〗スペイン語特有の語法.
españolista 形男女 ❶スペインびいきの(人). ❷(バルセロナのサッカークラブ) el Espanyolの(ファン). ❸(スペインで)中央集権化支持の(人).
españolizar 57 他 スペイン風[的]にする. ―**españolizarse** 再 スペイン風[的]になる.
esparadrapo 男 絆創膏(ばんそうこう).
esparaván 男 ❶〖鳥〗ハイタカ. ❷(馬の)飛節内腫(しゅ).
esparavel 男 投網；(左官用)こて板.
esparceta 女〖植〗イガマメ.
esparcimiento 男 ❶まき散らすこと；流布. ❷休息；気晴らし.
esparcir 112 他 ❶まく；こぼす. ❷(ニュース等を)広める. ❸楽しませる. Un paseo me *esparce* el ánimo. 散歩は気晴らしになる. ―**esparcirse** 再 ❶散らばる；こぼれる. El petróleo crudo *se esparció* por el golfo. 原油が湾内に流出した. ❷流布する. ❸気晴らしをする.
esparragal 男 アスパラガス畑.
espárrago 男 ❶〖植〗アスパラガス. ～ triguero 野生のアスパラガス. ❷〖機〗植え

込みボルト. ***mandar freír ~s*** 《話》…を冷たく追い払う. ***¡Vete a freír ~s!*** 《話》黙れ；出て行け.

esparraguera 女 〖植〗アスパラガス.

esparrancarse 26 再 《話》股(ｍｍ)[足]を広げる.

espartal 男 → espartizal.

espartano, na 形 スパルタの；厳格な. educación *espartana* スパルタ(式)教育. ── 男 女 スパルタ人.

esparteína 女 〖化〗スパルテイン.

esparteña 女 (アフリカハネガヤで編んだ)サンダルの一種.

espartero, ra 男 女 アフリカハネガヤ細工の職人[販売者].

E

espartizal 男 アフリカハネガヤの群生地.

esparto 男 〖植〗アフリカハネガヤ(の葉).

espasmo 男 〖医〗痙攣(けいれん)；発作.

espasmódico, ca 形 痙攣(けいれん)(性)の, 発作性の.

espatarrarse 再 《話》❶ 股(また)[足]を広げる. ❷ 大の字になる[倒れる].

espático, ca 形 〖鉱〗ガラス光沢状の.

espato 男 〖鉱〗スパー：結晶性鉱物の総称. ~ de Islandia 氷州石. ~ flúor 蛍石. ~ calizo 方解石.

espátula 女 ❶ へら；〖料〗ゴムべら；〖美〗パレットナイフ. ❷〖鳥〗ヘラサギ.

especería 女 香辛料店.

especia 女 〖料〗薬味, 香辛料, スパイス.

especial [エスペしアる] 形 [英 special] ❶ **特別な**, 特殊な. No hay nada de ~. 特に変わったことはない. caso ~ 特例. ❷ 専門[専用]の. tela ~ para cortinas カーテンに最適な布地. ❸ 独特の；変わった. ── 男 特別列車；特別番組. ***en ~*** 特に, とりわけ.

especialidad 女 ❶ 名物, 特産品. ~ de la casa 当店のおすすめ料理. ❷ 専門, 専攻；得意(分野). ❸ 特性；特殊性.

especialista [エスペしアリスタ] 男 女 [英 specialist] ❶ 《en, de》(…の) **専門家**；専門医. ~ *en* neurología 神経科専門医. ~ *de* latín ラテン語の専門家. Es ~ *en* entretener a los invitados. 彼はお客の接待が実にうまい. ❷ スタントマン. ── 形 ❶ **専門(家)の**. médico ~ 専門医. ❷ 《話》《en, de》(…が)得意な.

especialización 女 ❶ 専攻, 専門. ❷ 特殊[専門]化.

especializar 57 他 《en》(…に)限定する；(…を)専門に教育する. ── **especializarse** 再 《en》(…を)専攻する, 専門に扱う.

especie [エスペしエ] 女 [英 species] ❶ **種類**；性質. Este libro es una ~ de enciclopedia. この本は一種の百科事典だ. ❷〖生〗種(類). ~ humana 人類. ❸ 物事；ニュース, うわさ. ***en ~*** 現物で. pagar *en* ~ 現物で支給する. ***~s sacramentales*** 〖カト〗秘跡の形色(けいしょく).

especiería 女 香辛料店.

especiero, ra 男 女 香辛料商人. ── 男 薬味[香辛料]入れ, スパイスラック.

especificación 女 明記；仕様書.

especificar 26 他 明記[詳述]する.

especificativo, va 形 特定化する, 明示する.

especificidad 女 ❶ 特異[特殊]性. ❷〖医〗特効性.

específico, ca 形 ❶ 特有の, 特殊な. ❷〖医〗特異性の；特効性の. ── 男〖医〗特効薬, (製法特許)医薬品.

espécimen 男 [複 especímenes] 見本, ひな形. ~ de insectos 昆虫標本.

especioso, sa 形 うわべだけの, 当てにならない.

espectacular 形 ❶ 壮観な, 人目を引く. ❷ 見せ物の. ── 男 《ラ米》(アルゼンチン)〖TV〗特別番組.

espectacularidad 女 華々しさ, 人目を引くもの.

espectáculo [エスペクタクろ] 男 [英 spectacle] ❶ **見世物**, ショー, 催し物. ~ de variedades バラエティーショー. ❷ 光景, 出来事. ❸ 騒ぎの種になるような行為. dar el ~ 妙なまねをする.

espectador, dora 男 女 観客；見物人. ── 形 見物の, 観客の.

espectral 形 ❶ 幽霊の(ような), 不気味な. ❷〖物〗スペクトルの.

espectro 男 ❶ 幽霊, 亡霊；《話》やせこけた人. ❷〖物〗スペクトル. ~ luminoso 光[可視光線]のスペクトル. ❸ 範囲；〖医〗スペクトル. antibiótico de amplio ~ 有効範囲の広い抗生物質.

espectrógrafo 男 ❶〖物〗分光写真機, スペクトルグラフ. ❷ 音響スペクトルグラフ.

espectroscopia 女 〖物〗分光学.

especulación 女 ❶ 熟考；推測. vanas *especulaciones* つまらぬ考えごと. ❷〖商〗投機.

especulador, dora 形 〖商〗投機する. ── 男 女 投機家.

especular 他 (…を)思索[推測]する. ── 自 ❶ 《con, en》(…に)投機をする. ~ *en* bolsa 株をやる. ❷ 《sobre》(…について)熟考[推測]する. ── 形 鏡の.

especulativo, va 形 ❶ 思索的な. ❷ 思弁的な. ❸〖商〗投機の.

espéculo 男 〖医〗検鏡, スペキュラ.

espejarse 再 (鏡のように)映る.

espejear 自 (鏡のように)光る, 反射する.

espejismo 男 蜃気楼(しんきろう)；幻覚.

espejito 男 《ラ米》(アルゼンチン)(ウルグアイ)壁に小さな人形を投げつけて遊ぶ子供の遊戯.

espejo [エスペホ] 男 [英 mirror] ❶ **鏡**. mirarse en el ~ 鏡に姿を映す. ~ de cuerpo entero [de vestir] 姿見. ~ retrovisor バックミラー. ❷ 反映. Su teatro es el ~ de la sociedad. 彼の演劇は社会を如実に映し出している. ❸ 手本, 模範. ***como un ~*** 清潔な, ぴかぴかの. ***~ de los Incas*** 黒曜石. ***mirarse en ... como en un ~*** …を手本にする；…をいとおしく思う.

espejuelo 男 ❶〖鉱〗透明石膏(せっこう). ❷ さくら, おとり. ❸ [複]《ラ米》めがね (→ gafa 地域差).

espeleología 女 洞穴学；洞窟(どうくつ)探検.

espeleólogo, ga 男 女 洞穴学者；洞窟(どうくつ)探検家.

espelunca 女 洞穴.

espeluznante 形 恐ろしい.

espeluznar 他 (恐怖で)震え上がらせる. ── **espeluznarse** 再 震え上がる.

espeluzno 男 《話》戦慄(せんりつ).

espera 女 ❶ 待つこと；待ち時間. sala de ～ 待合室. ❷〖狩〗待ち伏せ場所. ❸〖法〗猶予(期間)；期限. —— 活 → esperar. ***estar a la ～ de ...*** …を待っている. ***en ～ de ...*** …を待ちながら. *en ～ de* su respuesta《手紙》御返事をお待ちしつつ.

esperanto 男 エスペラント語.

esperanza [エスペランサ] 女〔英 hope〕❶ 希望, 期待；頼みの綱. tener [abrigar] ～(*s*) 希望を抱く. dar ～(*s*) 希望を抱かせる. tener muchas ～*s* 大いに期待する. tener ～ de〈+不定詞 / **que**+接続法〉…すると期待している. Tengo ～ de que venga mañana. 彼が明日来てくれたらと思っている. ❷〖カト〗望徳. ***～ de vida*** 平均寿命.

esperanzador, dora 形 有望な.

esperanzar 57 他 希望を与える. —— **esperanzarse** 再 希望を持つ.

esperar [エスペラル] 他〔英 expect〕❶ 待つ, 待機する. Ahí te *espero*. そこで君を待っているよ. ❷ 期待する；《+不定詞》…したいと思う；《**que**+接続法》…することを望む. Así lo *espero*. そう願っています. *Esperamos* volver a verle. 私たちはまたあなたにお会いできるのを楽しみにしています. *Espero que* me toque la lotería. 私は宝くじが当たるのを期待している. ► 実現可能性が高い場合には que以下に直説法が来ることもある. *Espero que* vendrás. 君が必ず来てくれると思っているよ. ❸ 待ち受ける. ❹ 妊娠している. —— 自 ❶ 待つ；《**a**+不定詞 / **a que**+接続法》(…するのを) 待つ. *Hemos esperado* un momento *a* verle. 私たちはあなたにお会いするのを少し延ばしました. *Esperaré a que* vengas para comer. 君が来るまで食べずに待っているよ. ❷ 妊娠している. —— **esperarse** 再 ❶ 期待する, 予期する. ❷ 待つ. ¡*Espérate* un momento! ちょっと待て. ***de aquí te espero***《話》とてつもない, 並外れた. ***esperar sentado*** 待ちぼうけを食う；かなわぬ望みを抱く. ***ser de esperar*** 〈**que**+接続法〉(…するのは) 当然だ, (…する) はずだ. Con lo mal que conduce, *era de esperar que* tuviera un accidente. あのとおり運転が下手だから必ず事故を起こすと思っていたよ.

esperma 男 (または女) ❶〖生〗精液. ❷ 鯨蠟(げいろう), 鯨油 (＝～ de ballena). ❸《ラ米》(コロンビア)(ベネズエラ) ろうそく.

espermático, ca 形〖生〗精液の, 精子の.

espermátida 女〖生〗精娘(せいじょう)細胞 (二次精母細胞).

espermatocito 男〖生〗精母細胞.

espermatogénesis 女〔単複同形〕〖生〗精子形成.

espermatozoide / espermatozoo 男〖生〗〖植〗精子, 精虫.

espernada 女 (鎖の先端にある) 鉤(かぎ)状の環.

esperpéntico, ca 形 ❶ 異様な, ばかげた. ❷〖文学〗esperpentoの.

esperpento 男 ❶《話》《軽蔑》醜い人；ばかげたこと[人]. ❷〖文学〗エスペルペント：スペインの作家 Valle-Inclán (1866-1936) の不条理劇の呼称.

espesa 形 → espeso.

espesamiento 男 濃くすること.

espesar 他 ❶ (液体を) 濃くする. ❷ 密にする；(布等の) 織り目を詰める. —— **espesarse** 再 ❶ 濃くなる. ❷ (草木が) 茂る.

espeso, sa 形 ❶ (液体等が) 濃い, こってりした. jugo ～ 濃縮ジュース. ❷ 密の, 茂った；(織り目等が) 詰まった. ❸ 厚い. ❹ (動きが) 鈍い.

espesor 男 ❶ 厚さ；太さ. ～ de nieve 積雪の深さ. ❷ 濃度.

espesura 女 ❶ 濃度. ❷ 厚さ, 太さ. ❸ (織物等の) 目の詰まり. ❹ (森・林の) 茂み. ❺ 複雑；難問.

E

espetar 他 ❶ 串(くし)刺しにする. ❷《話》(…を) 不意に言い出す；(耳の痛い話を) 聞かせる. Me *espetó* un sermón. 彼は私に説教をした. —— **espetarse** 再 ❶ 威張る. ❷《**en**》(…に) 落ちつく, 居つく.

espetera 女 ❶ 調理用具をつるす鉤(かぎ)のついた板；それにつるす (フライパン等の) 調理用具. ❷《話》女性の乳房.

espetón 男 ❶ 焼き串(くし). ❷〖魚〗カマス.

espía 男 女 スパイ. hacer de ～ スパイを働く. —— 女〖海〗引き綱. —— 形 スパイ(用)の. avión ～ 偵察機.

espiar 31 他 スパイする；偵察する. —— 自 スパイを働く.

espichar 自《話》死ぬ. —— 他 ❶《ラ米》(チリ) スピーチをする. ❷ つぶす. —— **espicharse** 再《ラ米》(1)(キューバ)(メキシコ) やせる. (2)(コロンビア)(ベネズエラ)(車が) パンクする (→ reventarse 地域差). ***espicharla***《話》死ぬ.

espiche 男 ❶ (樽(たる)等の) 栓. ❷ 先のとがった武器[道具]. ❸《ラ米》(アルゼンチン)(ウルグアイ)(長たらしい) スピーチ.

espiga 女 ❶〖植〗(麦などの) 穂；穂状花序. ❷ 杉綾(すぎあや)模様. ❸ (刀剣等の) 小身(こみ). ❹ (木材の) ほぞ；釘(くぎ).

espigado, da 形 (子供・若者が) 背の高い, すらりとした.

espigadora 女〖技〗ほぞをつける道具.

espigar 66 他 ❶ 落ち穂を拾う. ❷ (文献等から情報を) 拾う. ❸〖技〗ほぞを作る. —— 自 ❶ 穂が出る. ❷ 資料集めをする. —— **espigarse** 再 背がぐんと伸びる.

espigón 男 ❶ 防波堤, 突堤. ❷ (ざらざらでとげのある) 穂. ❸ (釘(くぎ)等の) 先端.

espigueo 男 落ち穂拾い.

espiguilla 女 ❶ 杉綾(すぎあや)模様. ❷〖植〗小穂(しょうすい).

espín 男 ❶〖物〗スピン. ❷〖動〗ヤマアラシ (＝puerco ～).

espina 女 ❶ とげ. clavarse una ～ en el dedo 指にとげがささる. camino de ～*s* いばらの道. ❷ 魚の小骨. ❸〖解〗骨の突起；脊柱(せきちゅう). ～ dorsal 背骨, 脊椎(せきつい). ❹ 悩み事. ***dar mala ～***《話》危惧(きぐ)の念を抱かせる.

espinaca 女〖植〗ホウレンソウ.

espinal 形 脊柱(せきちゅう)の. médula ～ 脊髄.

espinar 男 サンザシ[とげの多い植物]の茂み.

espinazo 男〖解〗脊柱(せきちゅう), 脊椎(せきつい). ***doblar el ～***《話》屈服する；こびへつらう.

espinela 女〔詩〕8音節10行の詩形.
espineta 女〔音〕スピネット：チェンバロに似た細長い箱型の古楽器.
espingarda 女 ❶ (小型の) 大砲；アラビア銃. ❷《話》すらりとした女性.
espinilla 女 ❶ 脛骨(けいこつ)；向こうずね. ❷ 吹き出物.
espinillera 女〔スポ〕レガーズ，すね当て.
espino 男 ❶〔植〕サンザシ. ❷ 有刺鉄線 (＝～ artificial).
espinoso, sa 形 ❶ とげの多い；小骨の多い. ❷ 厄介な.
espionaje 男 スパイ行為[組織].
espira 女 ❶〔数〕らせん (の一回転). ❷〔建〕柱礎の上部.
E **espiración** 女 息を吐くこと；呼気.
espiráculo 男〔動〕(鯨の) 噴気孔；〔魚〕(サメの) 噴水孔；〔昆〕気門.
espiral 女 ❶ らせん (形). ❷ (時計等の) ひげぜんまい. ❸ 悪循環，スパイラル. ～ deflacionaria デフレスパイラル. ── 形 らせん形の.
espirar 他 ❶ (息を) 吐く. ❷ (におい等を) 発散する. ── 自 息を吐く；呼吸する.
espiritado, da 形《話》やせこけた.
espiritismo 男 交霊[心霊]術.
espiritista 形 交霊術の，心霊術の. ── 男 女 交霊[心霊]術者.
espiritoso, sa 形 アルコール分の強い.
espíritu [エスピリトゥ] 男 〔英 spirit〕 ❶ **精神**，心. el ～ fuerte たくましい心. ❷ 霊，霊魂. *E*～ Santo 聖霊. los ～*s* del agua 水の精. ～ maligno 悪魔. ❸ 精神力，意欲；姿勢. pobre de ～ 元気のない，小心の. ～ amistoso 友情. ～ de la contradicción へそ曲がり. ❹ リキュール，スピリッツ. ***exhalar el ～***《文》《婉曲》息を引き取る. ***levantar el ～ a ...*** …を励ます. ***quedarse en el ～*** (人が) やせ細る. ***ser el ～ de la golosina***《話》(人が) 虚弱の.
espiritual [エスピリトゥアル] 形〔英 spiritual〕❶ **精神の**，精神的な. salud ～ 精神衛生. ❷ 霊的な；宗教的な. ejercicios ～*es* 心霊修業. ── 男 黒人霊歌.
espiritualidad 女 精神性；霊性.
espiritualismo 男〔哲〕唯心論，観念論；精神主義.
espiritualista 形 唯心論の，精神主義の. ── 男 女 唯心論者，精神主義者.
espiritualizar 57 他 精神的[霊的]にする；精神的な意味を与える.
espirituoso, sa 形 → espiritoso.
espiroidal 形 らせん状[形]の.
espirómetro 男〔医〕肺活量計.
espiroqueta 女〔生〕スピロヘータ.
espita 女 (水道・樽(たる)等の) コック，栓.
esplender 自《文》輝く.
espléndida 形 → espléndido.
esplendidez 女 気前のよさ；豪華さ.
espléndido, da [エスプレンディド，ダ] 形〔英 splendid〕❶ **すばらしい**，見事な；豪華な. una cosecha *espléndida* 大量の収穫. ❷ 気前のよい.
esplendor 男 ❶ 豪華[華麗]さ. ❷ 全盛. una época de ～ 絶頂期. ❸ 輝き.
esplendoroso, sa 形 ❶ 見事な；豪華な. ❷ 輝かしい.
esplénico, ca 形〔解〕脾臓(ひぞう)の.
esplenio 男〔解〕板状筋.
espliego 男〔植〕ラベンダー (の種子).
esplín 男 憂鬱(ゆううつ)(状態).
espolada 女 (馬に) 拍車をかけること.
espolazo 男 → espolada.
espoleadura 女 (馬の) 拍車による傷.
espolear 他 ❶ (馬に) 拍車をかける. ❷ 刺激[激励]する.
espoleta 女 ❶ (爆弾等の) 信管，導火線. ～ de percusión (爆弾の) 着発信管. ❷〔鳥〕鵯思(さむ)骨.
espolín 男 (靴に固定された) 拍車.
espolio 男 ❶ 略奪 (品). ❷ けんか，騒ぎ.
espolón 男 ❶ (鳥の) 蹴爪(けづめ)；(馬の) 蹴爪突起. ❷ (船首の) 水切り；(橋脚の) 水よけ. ❸ 堤防. ***tener ～es***《話》年を取っている.
espolvorear 他 (粉末等を) 散布する.
espondaico, ca 形 (古典詩の韻律で) 長々格の.
espondeo 男 (古典詩の) 長々格.
espongiario 形 海綿 (動物) の. ── 男 [複] 海綿動物.
espongiforme 形 スポンジ状の，海綿状の. ***encefalopatía ～ bovina*** 牛海綿状脳症〔英 BSE〕.
esponja 女 ❶ スポンジ[海綿] (状のもの). ❷ [複] 海綿動物. ❸《話》酒豪；飲み込み[吸収]が早い人. ❹《話》他人にたかる人.
esponjadura 女 (鋳鉄の失敗で入った) 気泡，鬆(す).
esponjar 他 スポンジ状にする；ふんわりさせる. ── **esponjarse** 再 ❶ スポンジ状になる；ふんわりする. ❷ 得意になる.
esponjera 女 スポンジ入れ.
esponjosidad 女 スポンジ状.
esponjoso, sa 形 スポンジ状の.
esponsales 男 複 婚約 (式). contraer ～ 婚約する.
esponsorización 女 後援，賛助.
espontanearse 再 意中[秘密]を打ち明ける.
espontaneidad 女 自然さ；自発性. comportarse con ～ ごく自然にふるまう.
espontáneo, a 形 ❶ 自発的な. ❷ 自然な，自然発生の；〔植〕自生の. combustión *espontánea* 自然発火. ❸ 率直な，素直な. ── 男 女 (興行等の) 飛び入り.
espora 女〔植〕〔生〕胞子.
esporádico, ca 形 ❶ 散発的な，時々起こる. ❷〔医〕散発性の.
esporangio 男〔植〕胞子嚢(のう).
esporozoario 男 → esporozoo.
esporozoo 形 男〔動〕胞子虫 (の).
esportear 他 かごで運ぶ.
esportilla 女 小さなかご.
esporulación 女〔植〕胞子形成[分裂].
esposa 女 ❶ [複] 手錠. poner las ～*s* 手錠をかける. ❷ → esposo.
esposar 他 手錠をかける.
esposo, sa [エスポソ，サ] 男 女〔英 husband, wife〕**夫**，**妻**，配偶者. los ～*s* 夫婦.
espot 男 → spot.

esprint / esprín 男 [複 ~s/~es] 〖スポ〗短距離走；全力疾走.
esprintar 自 全速力で走る.
esprínter 男 女 〖スポ〗短距離選手.
espuela 女 ❶ 拍車. picar con la ~ a ... (馬に) 拍車をかける. ❷ 刺激. poner ~s 刺激する. ~ *de caballero* 〖植〗デルフィニウム. *calzar* ~ 騎士である. *calzarse la* ~ 騎士になる[叙せられる].
espuelear 他 ❶《ラ米》拍車をかける；駆り立てる. ❷《話》試す, 体験する.
espuerta 女 (アフリカハネガヤ等で編んだ)かご. *a ~s* 《話》どっさり, たっぷり.
espulgar 66 他 ❶ (…の) ノミ[シラミ]を捕る. ❷ 詳細に調べる. — **espulgarse** 再 ❶ (自分の) ノミ[シラミ]を捕る. ❷ 調べ上げる.
espuma 女 ❶ 泡, あぶく. hacer ~ 泡立てる. ❷〖料〗あく. ❸ ちぢみ (織り), クレープ. ❹ フォームラバー, スポンジゴム (= ~ de caucho). ❺ (化粧用等の) ムース. ~ de afeitar シェービングフォーム. *crecer como la* ~ 急に大きくなる.
espumadera 女〖料〗穴杓子(じゃくし).
espumajear 自 (口から) 泡を出す[吐く].
espumajo 男 → espumarajo.
espumar 他 泡[あく]を取る. — 自 泡立つ.
espumarajo 男 唾液(だえき)の泡, 大量のつば. *echar ~s por la boca* 《話》激怒する.
espumeante 形 泡の立つ.
espumear 自 泡立つ.
espumilla 女 ❶ 薄手のちぢみ (織り). ❷《ラ米》メレンゲ (菓子).
espumoso, sa 形 泡立つ；泡状の；発泡性の. — 男 スパークリングワイン.
espurio, ria 形 ❶ 偽の. una raza *espuria* 雑種. ❷ 非嫡出の. hijo ~ 非嫡出子.
espurrear / espurriar 他 吹き出す, 吐きかける.
esputar 他 (つば・痰(たん)を) 咳(せき)をして出す[吐く].
esputo 男 痰(たん), つば.
esquejar 他 挿し木する.
esqueje 男〖農〗(挿し木用の) 接ぎ穂.
esquela 女 ❶ 死亡通知；(新聞等の) 訃報欄. ❷ 短い手紙.
esquelético, ca 形 やせぎすの.
esqueleto 男 ❶〖解〗骸骨(がいこつ)；(人・動物の) 骨格. ❷ (建造物等の) 骨組み. ❸ (小説等の) 概要. ❹《話》やせぎすの人. estar hecho un ~ 骨と皮ばかりになっている. ❺《ラ米》(手続き・申請の) 用紙. *menear* [*mover*] *el* ~ 《話》踊る.
esquema [エスケマ] 男 〔英 scheme〕 ❶ **図式**, 図表；見取り図. en ~ 図解で. ❷ (計画・演説等の) 草案, 概要. ❸《話》(行動・思考の) 土台. *romper los ~s* 《話》当惑[混乱]させる.
esquemático, ca 形 図表の, 図式的な；概略の. explicar de forma *esquemática* ざっと説明する.
esquematismo 男 図式化して解説する傾向.
esquematización 女 図式化, 概略化.
esquematizar 57 他 図式化する；概略化する.
esquí 男 [複 ~(e)s] スキー (板). ~ acuático [náutico] 水上スキー.
esquiador, dora 男 女 スキーヤー.
esquiar 31 自 スキーをする.
esquife 男〖海〗(船に搭載する) 小船；〖スポ〗(1人乗り) 軽舟, カヌー.
esquila 女 ❶ (家畜の首につける) 鈴. ❷ (修道院で用いる召集用の) 呼び鈴. ❸ 剪毛(せんもう).
esquilador, dora 男 女 剪毛(せんもう)工. — 女 剪毛(せんもう)機.
esquilar 他 (羊等の) 毛を刈る；(髪を短く) 刈る.
esquileo 男 羊毛刈り[剪毛(せんもう)] (時期, 場所).
esquilmar 他 ❶ (資源等を) 枯渇させる. ❷ (金を) 搾り取る. ❸ (植物が) 土地をやせさせる.
esquilón 男 大形のカウベル.
esquimal 形 エスキモーの. — 男 女 エスキモー (人). — 男 エスキモー語.
esquina [エスキナ] 女 〔英 corner〕 ❶ **曲がり角**, 街角；〖スポ〗コーナー. calle Velázquez, ~ Goya ベラスケス通りとゴヤ通りの角. El banco hace ~. 銀行は角にある. ❷ 角. ~ de mesa テーブルの角.
esquinado, da 形 ❶ 角のある. ❷ 気難しい.
esquinar 他 角に置く；角を作る. — 自《con》(…の) 角にある；角を作る. — **esquinarse** 再《con》(…と) 不和になる.
esquinazo 男《話》角, 曲がり角. *dar ~ a ...* 《話》…との約束をすっぽかす；…と会うのを避ける；…の追跡をかわす.
esquinero 男《ラ米》(コロンビア)(アルゼンチン)(ウルグアイ)コーナー用家具.
esquirla 女 (骨・石等の) 破片.
esquirol 男《軽蔑》スト破り.
esquisto 男〖鉱〗片岩.
esquite 男 ポップコーン.
esquivar 他 (巧みに) 避ける. ~ una invitación 招待をそれとなく断る.
esquivez 女 冷淡, 無愛想；内気.
esquivo, va 形 冷淡な, 無愛想な；内気な.
esquizofrenia 女〖医〗統合失調症.
esquizofrénico, ca 形 男 女〖医〗統合失調症の (患者).
esquizoide 形 男 女〖医〗統合失調症質の (人).
esta 形 → este.
ésta 代名 → éste.
está(-) 活 → estar.
estabilidad 女 安定性；不変性；平衡. ~ atmosférica 天候の安定. Este florero tiene poca ~. この花瓶は座りが悪い.
estabilización 女 安定化；平衡化.
estabilizador, dora 形 男 女 安定させる (人, もの). — 男 ❶〖航〗水平尾翼；〖車〗安定装置. ❷〖化〗安定剤.
estabilizar 57 他 安定させる, 固定させる. ~ los cambios 為替 (レート) を固定する. — **estabilizarse** 再 安定する；落ち着く.
estable [エスタブレ] 形 〔英 stable〕 **安**

E

定した, しっかりした；〘化〙安定な.
establecedor, dora 形 設立[創立]する. ― 男 女 創立[設立, 創始]者.
establecer [エスタブレセル] 76 他 〔英 establish〕 ❶ 設立する, 創設する；確立する. ❷ (法令等を) 制定する. ❸ 確証[立証]する. ― **establecerse** 再 ❶ 定住[定着]する. ❷《de, como》(…として) 開業する. *Se ha establecido de* abogado. 彼は弁護士として独立した.
establecido, da 過分 → establecer. 形 ❶ 確立した；制定された. conforme a lo ～ en el artículo 43 [cuarenta y tres] 43条の規定に従って. ❷ 習慣的な, 通例の. ***dejar*** ～ 設立する, 制定する. ***orden*** ～ 集団；勢力.
E
establecimiento 男 ❶ 設立, 制定. ～ de un nuevo gobierno 新政府の樹立. ❷ (学校・病院等の) 施設, 設備. ～ penitenciario 刑務所. ❸ 定住；植民地.
establezc- 活 → establecer.
establo 男 家畜小屋；《話》汚い場所.
estabulación 女 (家畜の) 屋内飼育.
estabular 他 (家畜を) 厩舎(きゅうしゃ)で飼う.
estaca 女 ❶ 杭(くい)；(こん) 棒. ❷〘農〙(挿し木用の) 挿し穂. ❸《ラ米》(チリ)(鉱山の) 採掘権.
estacada 女 ❶ 柵(さく), 囲い. ❷ 戦場；決闘場. ***dejar a ... en la*** ～ (窮地に立つ) …を見捨てる. ***quedar(se) en la*** ～ 見捨てられる；失敗する.
estacar 26 他 ❶ (動物を) 杭(くい)につなぐ. ❷ 杭で境界を仕切る. ❸《ラ米》杭で固定する. ― **estacarse** 再 ❶ 棒立ちになる, 立ちすくむ. ❷《ラ米》負傷する.
estacazo 男 ❶ 杭(くい) [棒] での一撃. ❷ (手厳しい) 非難.
estacha 女 (捕鯨用) 銛(もり)綱；太い綱.
estación [エスタしオン] 女 [複 estaciones] 〔英 station; season〕 ❶ 駅, 駅舎. ～ de autobuses バスターミナル. ¿Dónde está la ～ de ferrocarril? 鉄道の駅はどこですか. ❷ 季節, シーズン. cuatro *estaciones* del año 四季. ～ de las lluvias 雨季. ❸ 基地, 施設；署, 局；(サービスを行う) 所. ～ emisora 放送局. ～ de servicio ガソリンスタンド. ～ de trabajo 〘IT〙ワークステーション. ～ de esquí [montaña] スキー場. ❹ 立ち寄る場所. hacer ～ 立ち寄る. ❺〘カト〙*Estaciones* del Vía Crucis 十字架の道行きの留(りゅう)；それぞれの場面に捧げる祈り. ❻〘生〙生息地.
estacional 形 季節 (特有, ごと) の.
estacionamiento 男 ❶ 駐車；《ラ米》駐車場. (→ aparcamiento 地域差). ～ en batería [línea] 並列[縦列]駐車. ❷ 停滞；不変.
estacionar 他 駐車[停車]させる. ― **estacionarse** 再 立ち止まる；停滞する. El alza del cambio *se ha estacionado*. 為替相場の騰貴も一段落というところだ.
estacionario, ria 形 停滞した；変動のない. mar ～ 凪(なぎ)の海.
estada 女 滞在 (期間).
estadía 女《ラ米》(アルゼンチン)(ウルグアイ)(コロンビア)(一定期間の) 滞在.
estadillo 男 データ記入表；統計結果の要約.
estadio [エスタディオ] 男 〔英 stadium〕 ❶ 競技場. ～ olímpico オリンピックスタジアム. ❷ 段階, 局面.
estadista 男 女 ❶ (指導的な) 政治家；国の指導者. ❷ 統計家[学者].
estadístico, ca 形 統計学 [上] の. ― 男 女 統計学者. ― 女 統計 (学, 表).
estádium 男 → estadio ①.
estadizo, za 形 よどんだ；停滞した.
estado [エスタド] 男 〔英 state〕 ❶ 状態, 調子. ～ de ánimo 精神状態, 気分. ～ del bienestar まずまずの生活. ～ de excepción 非常事態. ～ de sitio 戒厳 (状態). ～ sólido 固体状態. ❷ 身分, 地位. ～ civil (既婚・未婚等の) 法律上の身分. ～ llano / tercer ～ 平民. ❸ [時に E-] 国家, 政体；州. ～de derecho 法治国家. ～ federal 連邦国家. hombre de ～ 政治家. ❹ [複] 領地. ❺ 目録, 表. ～ de cuentas 計算書. ***en*** ～ ***(de buena esperanza) / en*** ～ ***interesante*** 妊娠中の. ～ ***mayor*** 〘軍〙参謀本部.
Estados Unidos de América 固名 los ～ アメリカ合衆国：首都ワシントン Washington《略 EE.UU., E.U.A.》.
estadounidense 形 男 女 アメリカ合衆国[米国] の (人).
estafa 女 詐欺, 搾取.
estafador, dora 男 女 詐欺師.
estafar 他 ❶《a》(…から) だまし取る；《en》(…を) ごまかす. ❷ 横領する.
estafermo 男《話》薄のろ.
estafeta 女 郵便局, (特に) 支局.
estafilococo 男〘医〙ぶどう球菌.
estajanovista 形 男 女 勤勉な[有能な] (労働者).
estalactita 女 鍾乳(しょうにゅう)石.
estalagmita 女 石筍(せきじゅん).
estalinista 形 スターリン主義の. ― 男 女 スターリン主義者.
estallar [エスタリャル(エスタヤル・エスタジャル)] 自 〔英 explode〕 ❶ 爆発する, 破裂する；割れる. El vaso de cristal *estalló*. ガラスのコップが割れた. ❷ 鳴り響く. ～ el látigo むちがピシッと鳴る. ❸ (戦争が) 勃発(ぼっぱつ)する. ❹ (感情が) 爆発する. Estas palabras le hicieron ～. この言葉で彼はかっとなった. ～ de alegría 狂喜する. ～ en llanto わっと泣き出す. ― **estallarse** 再《ラ米》(車が) パンクする (→ reventarse 地域差).
estallido 男 ❶ 破裂[爆発] (音). ❷ 勃発(ぼっぱつ). ❸ (感情等の) 爆発. Él tuvo un ～ de cólera. 彼は烈火のごとく怒った.
estambre 男 ❶〘植〙おしべ. ❷ (毛足の長い) 羊毛, 梳毛(そもう)；梳毛織物.
estamental 形 (社会的な) 階級[身分] の, 身分制の.
estamento 男 階級, 身分；階層.
estameña 女 梳毛(そもう)織物, サージ.
estampa 女 ❶ 挿し絵；(宗教的な) 版画. ❷ 外見, 姿. Tiene ～ de malvado. 彼は人相が悪い. ❸ 典型, 見本. ❹ 印刷. ***maldecir la*** ～ ***de ...*** 《話》…の悪口を言う. ***ser la (viva)*** ～ ***de ...*** 《話》…の生き写しである.
estampación 女 印刷；型押し.

estampado, da 形 (布地が) プリント柄の；型押しされた．― 男 印刷；プリント地．
estampador, dora 男 女 印刷工；型付け工．
estampar 他 ❶ 刷る．～ grabados 版画を刷る．❷ 書く；署名[捺印(なつ)]する．～ su firma 署名する．❸ (心に) 刻みつける．❹ (跡を) 残す．～ las pisadas 足跡を残す．❺ 《話》投げつける．～ la botella contra la pared 壁に瓶を投げつける．❻ 《話》(キス・殴打等を) 与える．
estampía *de* ～ 慌てて，不意に．
estampida 女 ❶ 一斉に逃げ出すこと．❷➜ estampido.
estampido 男 爆音，轟音(ごう)．*dar un* ～ 爆発する；《話》悲惨な結果になる．
estampilla 女 ❶ 印，スタンプ．❷ 《ラ米》切手 (➜ sello 地域差)．
estampillado 男 印を押すこと．
estampillar 他 印を押す．
estancación 女 ➜ estancamiento.
estancamiento 男 流れを止めること；停滞．
estancar 26 他 ❶ 流れを止める．❷ 中断[停止]させる．― **estancarse** 再 ❶ (液体が) よどむ．❷ 停滞する．*Se ha estancado* en sus negocios. 彼は商売に行き詰まってしまった．
estancia [エスタンシア] 女 [英 stay] ❶ 滞在 (期間)．❷ 部屋，居間．❸ 〖詩〗連，節．❹ 《ラ米》(1) 農場，牧場．(2)(キューバ)(ベネズエラ)(農園付きの) 別荘．
estanciero, ra 男 女 《ラ米》農場主；牧場主．
estanco, ca 形 密閉された．― 男 タバコ屋，(専売品の) 売店．► タバコ，切手等を売っている．
estándar / estandar 形 標準的な；画一的な．― 男 標準．～ de vida 生活水準．
estandarización 女 標準化，規格化；画一化．
estandarizar 57 他 標準化する，規格を統一する．
estandarte 男 軍旗；団旗；旗印．
estannífero, ra 形 錫(すず)を含んだ．
estanque 男 (人工の) 池，貯水池；《ラ米》貯水槽；ガソリンタンク (➜ depósito 地域差)．～ para chapotear (子供の) 水遊び用プール．
estanquero, ra 男 女 タバコ屋 [専売品店] の店主[店員]．
estanquillo 男 《ラ米》(1) (公営の) タバコ[酒]店．(2) 雑貨屋．(3)(エクアドル)居酒屋．
estante 男 (個々の) 棚；本棚．
estantería 女 《集合的》本棚；棚．
estantigua 女 ❶ 幽霊．❷ 《話》やせこけてみすぼらしい身なりをした人．
estañar 他 錫(すず)めっきをする．
estaño 男 〖化〗錫(すず)．
estaquear 他 《ラ米》(アルゼンチン)(昔の刑罰で手足を) 4 本の杭(くい)に縛りつける．
estaquilla 女 木の杭(くい)；(頭のない) 釘(くぎ)．
estar [エスタル] 53 自 [英 be] ❶ 《＋場所を表す語句》《所在を表して》…にある，いる．¿Dónde *está* la llave? キーはどこにあるの．¿*Está* la señora Rodríguez? ロドリゲスさんはいらっしゃいますか．La oficina *está* a veinte minutos de aquí en autobús. オフィスはここからバスで20分のところにある．► ある特定の場所に存在するものを表す場合は hay. ❷ 《＋形容詞・副詞》《状態を表して》…である，…になっている，…している．¿*Está* bien así? これでいい [大丈夫] ですか．¡Qué elegante *está* usted! すごく素敵ですね．Tiene 60 años, pero *está* muy joven. 彼は60歳だけどもっと若く見える．¿Qué tal la sopa? ― *Está* muy buena. スープはどうですか．―とてもおいしいです．► 一時的状態・印象等を表す場合に用いる．❸ 《a [en]＋時間を表す語句》(今) …である；《a＋程度を表す語句》(温度が) …度である，(値段が) …である．*Estamos en* mayo. 今は5月である．¿*A* cómo *están* las naranjas? オレンジはいくらですか．❹ 《de＋名詞》…中である；…している．～ *de* vacaciones [viaje, paseo] 休暇[旅行，散歩] 中である．❺ 準備が整っている．Ahora apagamos el fuego, y ya *está*. これで火を消して，出来上がり．― 助動 ❶ 《＋現在分詞》《動作の進行中を表して》…している (ところである)．*Está* acabando la tesis. 論文が完成間近である．❷ 《＋過去分詞》《動作の結果・状態を表す受動態》…になっている，…されている．El ordenador *está* estropeado. パソコンは故障している．― **estarse** 再 《＋形容詞・副詞》…のままでいる；じっとしている；とどまる．Puedes *estarte* aquí con nosotros durante las vacaciones. 休暇中君は僕たちと一緒にいていいよ．***ahí está*** 《発言に確証を与えて》そうなんですよ．***estar a ...*** …に従う，…を守る．*Estoy a* sus órdenes. 何なりとお申し付けください．***estar a [en] lo que se está*** 《話》(現状に) 応える，取り組む．***estar con ...*** …と同意見である，…を支持している．***estar de*** 〈＋身体部位名詞〉《話》…の具合が悪い．Juan *está del* corazón. フアンは心臓が悪い．***estar de más*** (1) 不必要である；余っている，邪魔である．(2) 《俗》失業中である，ぶらぶらしている．***estar en ...*** …を信じている；…に取り組んでいる．*En* ello *estamos*. そのことを問題にしています．*Estoy en* que ... 私は…だと思います．***estar para*** 〈＋不定詞〉ちょうど…するところである．***estar por ...*** …に好意を抱いている，…に味方している．***estar por*** 〈＋不定詞〉(1) これから…(される) ところである．Las camas *están por hacer*. ベッドメーキングはこれからです．(2) …する気になっている．
estarcir 112 他 (模様等を) 型を通して刷り出す．
estart 男 《ラ米》〖車〗スターター (➜ arranque 地域差)．
estasis 女 [単複同形] 〖医〗血流停止．
estatal 形 国の，国家の，国営の．
estatalismo 男 国家主義．
estatalista 形 男 女 国家主義の (人)．
estático, ca 形 静止状態の；〖物〗静力学の．bicicleta *estática* フィットネスバイク．la superficie *estática* del lago 鏡のような湖面．― 女 〖物〗静力学．
estatificación 女 国有[国営]化．
estatificar 26 他 国有[国営]化する．
estatismo 男 ❶ 静止．❷ 《軽蔑》国

家主権主義.

estatizar 57 他《ラ米》→ estatificar.

estator 男〘電〙固定子, ステーター.

estatua [エスタトゥア] 女 〔英 statue〕 ❶ 像, 彫像. ❷ 無表情な[冷淡な]人.

estatuario, ria 形 彫像の(ような). pase ～ 体を動かさないで闘牛をやり過ごすこと. ━女 彫像術. ━男女 彫像家.

estatuilla 女 小さな彫像.

estatuir 60 他 ❶(法・規則等を)制定する. ❷ 立証[証明]する.

estatura 女 ❶ 身長. ❷ 美徳, 偉大さ.

estatus 男(社会的)地位, 身分.

estatutario, ria 形 制定法の.

estatuto 男 制定法;規約. ～ de autonomía (スペインの)地方自治基本法.

estay 男〘海〙支索, ステー.

este, esta [エステ, エスタ] 形《指示》[複 estos, estas] 〔英 this〕 ❶(話し手に近い人・事物を指して)この, こちらの. → ese, aquel. ❷(近い未来または過去を指して)今の. *esta* noche 今夜, 昨晩. ～ domingo 今度の[前の]日曜日. *esta* semana 今週. ━男 〔英 east〕 ❶[主に E-] 東 (略 E). al *E*～ 東に. ❷ 東部;東風.

éste, ésta [エステ, エスタ] 代名《指示》[複 éstos, éstas] 〔英 this〕 ❶ これ, この人. → ése, aquél. No me gusta ～, sino aquél. これは好きじゃない, あれがいい. ► 指示形容詞 este, esta と混同のおそれのないときはアクセント符号を省略できる. ❷(前者に対して)後者. Marta e Isabel son hermanas; *ésta* es alta, pero aquélla no lo es. マルタとイサベルは姉妹だ. 後者は背が高いが前者はそうではない. ━女《手紙》当地;本状. ***ésta y nunca más*** [***y no más***] これが最後だ.

esté(-) 活 → estar.

esteárico, ca 形〘化〙ステアリンの.

estearina 女〘化〙ステアリン.

esteatita 女〘鉱〙ステアタイト, 凍石.

Esteban 固名 エステバン:男子の名.

estegosaurio 男 ステゴサウルス, 剣竜.

estela 女 ❶ 跡, 航跡. ～ luminosa 光の尾. ❷ 余韻. Dejó una ～ de descontento. 彼は不満げな様子だった. ❸ 石碑, 石柱.

estelar 形 ❶ 星(形)の. ❷ スターの, 花形の. combate ～ (ボクシング等の)メーンエベント.

estema 男(写本の関係を示した)系統図.

esténcil 男《ラ米》(アルゼンチン)(ウルグアイ)ステンシル(ペーパー).

estenocardia 女〘医〙狭心症.

estenografía 女 速記.

estenógrafo, fa 男女 速記者.

estenordeste / estenoreste 男 ❶ 東北東(略 ENE). ❷ 東北東の風.

estenosis 女[単複同形]〘医〙狭窄(きょうさく)(症).

estenotipia 女 ❶(ステノタイプによる)速記(法). ❷〘商標〙ステノタイプ.

estentóreo, a 形 大声の.

estepa 女 ステップ, 草原地帯.

estepario, ria 形 ステップ(性)の.

éster 男〘化〙エステル.

estera 女 むしろ, ドアマット. ***dar*** [***llevar, sacudir***] ***más palos que*** (***a***) ***una*** ～ (***vieja***) 《話》何度もたたく. ***recibir más palos que una*** ～ (***vieja***) 《話》何度もたたかれる.

esterar 他(床に)敷物[ござ]を敷く.

estercolar 他 堆肥(たいひ)を施す, 施肥する. ━自 糞(ふん)をする.

estercolero 男 ❶ 堆肥(たいひ)場. ❷ 不潔な[むさ苦しい]場所.

estéreo 形男 ステレオ(の).

estereofonía 女 ステレオ, 立体音響(効果).

estereofónico, ca 形 ステレオの. amplificador ～ ステレオアンプ.

estereografía 女 立体[実体]画法.

estereometría 女〘数〙体積測定.

estereoscopio 男 ステレオスコープ, 立体鏡.

estereotipado, da 形 型にはまった, ステレオタイプの;お決まりの.

estereotipar 他 ❶ 形式化する. ❷〘印〙ステロ版にする[で印刷する].

estereotipia 女 ❶ ステロ版製版;ステロ版印刷(所, 機). ❷〘医〙常同(症).

estereotipo 男 ❶ 固定観念, ステレオタイプ. ❷ ステロ版, 鉛版.

estereotomía 女 切石(きりいし)法.

estéril 形 ❶ 不毛の. el terreno ～ やせた土地. ❷ 不妊の. ❸ 無駄な, 実りのない. investigación ～ 成果の出ない研究. ❹ 殺菌した, 無菌の.

esterilidad 女 ❶(土地の)不毛. ❷ 不妊(症). ❸ 無菌[殺菌]状態.

esterilización 女 ❶ 不妊手術. ❷ 殺菌, 消毒.

esterilizador, dora 形 ❶ 不毛[不妊]にする. ❷ 殺菌[消毒]用の. ━男 殺菌装置.

esterilizar 57 他 ❶ 不毛[不妊]にする. ❷ 殺菌[消毒]する.

esterilla 女 小形の敷物, ビーチマット.

esternón 男〘解〙胸骨.

estero 男 ❶ 河口. ❷《ラ米》(1)(アルゼンチン)低湿地. (2)(チリ)(ベネズエラ)小川. ❸ 敷物を置くこと.

esterol 男〘化〙ステロール.

estertor 男(臨終の際の)喉(のど)鳴り;〘医〙いびき呼吸. estar en los últimos ～*es* 臨終の床にある.

estesudeste 男 ❶ 東南東(略 ESE). ❷ 東南東の風.

esteta 男女 美的感覚の優れた人;耽美(たんび)主義者.

estética 女 ❶ 美学. ❷ 美観, 美しさ.

esteticismo 男 唯美[耽美(たんび)]主義.

esteticista 男女 エステティシャン.

estético, ca 形 ❶ 美(学)の. desde un punto de vista ～ 美的見地から. ❷ 美容の, エステ(ティック)の. ━男女 美学者.

estetoscopia 女〘医〙聴診(法).

estetoscopio 男〘医〙聴診器.

esteva 女 鋤(すき)の柄.

estevado, da 形男女 O脚の(人), がに股の(人).

estiaje 男(川等の)最低水位;渇水期.

estiba 女〘海〙積み荷;(積み荷重量を)調整[配分]すること.

estibador 男 荷揚げ[積み]作業員.

estibar 他 ❶ (…を) 詰め込む. ❷〖海〗荷を積み込む.
estiércol 男 堆肥(たいひ); (動物の) 糞(ふん).
estigma 男 ❶ 傷跡, 痕跡(こんせき). ❷ 恥辱; 烙印(らくいん). ❸〖カト〗聖痕. ❹〖植〗(めしべの) 柱頭. ❺〖動〗気門, 気孔.
estigmatizar 57 他 ❶ 焼き印を押す. ❷ 《比喩的》烙印(らくいん)を押す. ❸〖カト〗聖痕(せいこん)を生じさせる.
estilar(se) 自 再 使われる; 流行する.
estilete 男 ❶ 尖筆(せんぴつ), 鉄筆. ❷ (細身の) 短剣, 小刀. ❸〖医〗探り針.
estilismo 男 スタイリスト[デザイナー]業.
estilista 男 女 ❶ 名文家. ❷ スタイリスト, デザイナー.
estilístico, ca 形 文体 (論) の. ── 女 文体論.
estilita 形 (柱の上で行をした) 柱頭行者の. ── 男 女〖カト〗柱頭行者.
estilización 女 ❶ (芸術的表現等の) 様式化. ❷ 細くすること.
estilizar 57 他 ❶ 様式化する. ❷ やせさせる. ─ **estilizarse** 再 やせる.
estilo [エスティろ] 男〔英 style〕❶ **流儀**, やり方. ～ de vida ライフスタイル. de buen [mal] ～ 正しい[不適切な]振る舞いの, 上品[下品]な. ❷ 文体, 表現形式; 個人の特徴. el ～ de Cervantes セルバンテスの文体. ～ directo [indirecto] 直接[間接]話法. ❸ 様式, 型, スタイル. ～ renacentista ルネッサンス様式. Es el último ～. 最新型です. ❹ 上品さ, 品格. Tiene mucho ～ vistiendo. 彼の着こなしはスマートだ. ❺ 泳法. ～ libre [mariposa] 自由形[バタフライ]. ❻ 鉄筆. ❼ (日時計の) 針. ❽〖植〗花柱. ***por el ～*** 類似した. No tengo nada *por el* ～. 似たようなものは何も持っていない.
estilóbato 男〖建〗スチロベート, 土台床.
estilográfico, ca 形 万年筆の. ── 女 万年筆. 地域差 万年筆 estilográfica 《スペイン》《ラ米》(コロン); pluma fuente 《ほぼスペイン語圏全域》; estilógrafo 《ラ米》(エクア)(コロン); lapicera (fuente) (ボ)(パラグア, ウルグ, アルゼ, ンチン).
estilógrafo 男《ラ米》万年筆(→ estilográfica 地域差).
estima 女 尊敬. tener ... en gran [mucha] ～ …に多大の敬意を払う. ── 活 → estimar.
estimabilidad 女 尊敬に値すること.
estimabilísimo, ma 形 大いに尊敬すべき.
estimable 形 ❶ 尊敬に値する. ❷ 評価[見積もり]可能な. ❸ かなりの, 相当な.
estimación 女 ❶ 尊敬. ～ propia 自尊(心). Esta novela ha merecido la ～ del público. この小説は世間で好評を博した. ❷ 評価, 見積もり.
estimado, da 過分 → estimar. 形 《手紙》親愛なる. *E～* señor 拝啓.
estimar [エスティマル] 他〔英 estimate〕❶ **評価する**, 尊敬する; 愛する. ❷ 判断する, 見なす; 見積もる. No lo *estimo* necesario. 私はそれが必要だとは思いません. ── **estimarse** 再 ❶ 尊敬し合う. ❷ 自分を大切にする. ❸ 判断される. *Se estima* que ... …と考えられる.
estimativo, va 形 評価の判断 (のため) の; 概算の. ── 女 判断力.
estimulación 女 刺激; 激励.
estimulante 形 励ましの; 刺激する. ── 男 刺激剤[物].
estimular 他 ❶ 《**a**＋不定詞・名詞 / **a que**＋接続法》(…するように) 励ます. *Estimula* a su hijo *a* estudiar [estudio / *a que* estudie] 彼は息子を勉強しろと激励する. ❷ 刺激する, 興奮させる. ～ el apetito 食欲を増進させる. ── **estimularse** 再 刺激物[麻薬]を摂取する; 元気になる.
estímulo 男 ❶ 刺激 (物); 激励. ❷〖生〗(器官等の) 刺激.
estío 男《文》夏.
estipendio 男 報酬, 謝礼.
estípula 女〖植〗托葉(たくよう).
estipulación 女 約款, 条項; 口頭での契約.
estipular 他 ❶ 規定する. ❷ 口頭で契約する.
estirado, da 形 高慢な. andar ～ 威張っている. ── 女 (サッカーのキーパーが) 腕を伸ばしてボールをキャッチ[クリアー]すること.
estirajar 他《話》強く引っ張る.
estiramiento 男 ❶ 伸ばす[広げる]こと. ❷ (しわを取る) 美容整形. ❸ 高慢さ.
estirar 他 ❶ 伸ばす; 引っ張る; しわを伸ばす. ～ con la plancha アイロンをかける. ❷ (話等を) 引き延ばす. ❸ (お金を) 倹約[やりくり]する. ❹《ラ米》殺す. ── 自 ❶《話》《**de**》(…を) 引っ張る. ❷ 背が伸びる. ❸《ラ米》死ぬ. ── **estirarse** 再 ❶ 伸びる, 広がる; 背が伸びる. ❷ (手足を) 伸ばす. ❸ 長引く. ❹《話》気前よく振る舞う.
estireno 男〖化〗スチレン.
estirón 男 ❶ (勢いよく) 引っ張ること. ❷ 急激な背丈の伸び.
estirpe 女 ❶ 家系. No niega su ～. 血は争えない. ❷ 仲間.
estítico, ca 形《ラ米》(コロン)便秘 (症) の.
estival 形 夏の. solsticio ～ 夏至.
esto [エスト] 代名《指示》[中性]〔英 this〕(近い事物で何か分からないもの・事柄を指して) **これ**, このこと; 《場所》ここ. → eso, aquello. ¿Qué es ～? これは何ですか. con ～ これで, 以上で. ***E～ ...*** ええと…. ***en ～*** この時. ***E～ es.*** そのとおり; すなわち. ***por ～*** このために. ***y en ～*** するとこの時; そこで….
estocada 女 (剣で) 突くこと; 〖闘牛〗(とどめの) 突き. una ～ en lo alto 急所の一突き.
estofa 女《軽蔑》種類, 階層. de baja ～ 下層の, たちの悪い.
estofado 男 ❶ 煮込み料理. ❷ キルティング.
estofar 他 ❶ 煮込む. ❷ キルティングにする. ❸(1) (金箔(きんぱく)に上塗りした塗料を) 彫る. (2) (金地の上に) テンペラ絵の具で描く.
estoicismo 男 ❶ ストア哲学, ストア主義. ❷ 禁欲 (主義).
estoico, ca 形 ❶ ストア学派の, ストア哲学の. ❷ 禁欲的な. ── 男 女 ❶ ストア哲学者. ❷ 禁欲主義者.
estola 女 ❶ (女性用) 肩掛け. ❷ (聖職者用) ストラ.

estolidẹz 女 愚かなこと, 鈍いこと.
estọ́lido, da 形 愚かな, 鈍い.
estolọ́n 男〘植〙匍匐(ほふく)枝[茎].
estọma 男〘植〙気孔.
estomacạl 形 胃の；消化によい. ── 男 健胃[消化]剤.
estomagạnte 形 胸が悪くなるような.
estomagạr 66 他 …に消化不良を起こさせる；《話》うんざりさせる.
estómago [エストマゴ] 男 〔英 stomach〕 ❶ **胃**, 胃袋. dolor de ～ 胃痛, 腹痛. ❷《話》腹, 腹部. echar ～ 腹が出る. ❸《話》忍耐, 我慢. ***echarse al*** ～《話》食べる, 飲む. ***levantar el*** ～《話》胃をもたれさせる. ***revolver el*** ～ ***a ...***《話》…をむかむかさせる. ***tener buen*** ～ (逆境や批判に)動じない.
estomatịtis 女[単複同形]口内炎.
estomatología 女 口腔(こうこう)外科.
estomatọ́logo, ga 男 女 口腔(こうこう)外科医.
estọnio, nia 形 エストニアの. ── 男 女 エストニア人. ── 男 エストニア語.
estọpa 女 ❶ (粗布・ロープ用の) 麻くず. ❷〘海〙(水漏れ防止用の) 槇肌(まいはだ). ***dar*** [***repartir, arrear***] ～《話》ぶちのめす.
estoperọl 男〘海〙(頭の大きな) 鋲(びょう)；《ラ米》(めっきした) 飾り鋲.
estọque 男 ❶ (先端に刃のついた) 細身の剣；〘闘牛〙(とどめを刺すときに用いる) エストケ. ❷〘植〙グラジオラス.
estoqueạr 他〘闘牛〙(エストケで) 刺す.
estọr 男 (上に巻き上げる) カーテン.
estorạque 男 ❶〘植〙エゴノキ；安息香. ❷《ラ米》(ベネズエラ)冗漫な文(章).
estorbạr 他 邪魔をする, 妨げる. ～ el paso 通行を妨げる. Me *estorba* la luz al conducir. 運転時に光が目に入って困る. ── 自 邪魔である. Este sofá *estorba* mucho. このソファはずいぶん場所をとる.
estọrbo 男 障害(物), 邪魔(者). Él es un ～ en el trabajo. 彼は職場の厄介者だ. ── 活 → estorbar.
estornịno 男〘鳥〙ムクドリ.
estornudạr 自 くしゃみをする.
estornụdo 男 くしゃみ.
ẹstos, tas 形 複 → este.
ẹ́stos, tas 代名 複 → éste.
estọy 活 → estar.
estrábico, ca 形 男 女 斜視の(人).
estrabịsmo 男〘医〙斜視.
estrạdo 男 壇；貴賓席.
estrafalạrio, ria 形 男 女《話》(服装や行動が) 風変わりな[おかしな] (人).
estragạr 66 他 ❶ 荒らす, 害を与える；(感覚・機能を) 損なう. ～ el apetito 食欲を失わせる. ～ el país 国を荒廃させる. ❷ 胃を荒らす. ── **estragarse** 再 胃を悪くする；(感覚等が) だめになる.
estrạgo 男 [主に複] 荒廃, 壊滅的な損傷；堕落. ***hacer*** ～***s*** 損傷を与える；《entre》(…に) 熱狂を巻きおこす.
estragọ́n 男〘植〙〘料〙エストラゴン.
estrambọte 男〘詩〙(ソネット等の) 追加句.
estrambọ́tico, ca 形《話》奇抜な.
estramọnio 男〘植〙チョウセンアサガオ.
estrangulacịón 女 → estrangulamiento.
estranguladọr, dọra 形 窒息させる. ── 男 女 絞殺犯. ── 男〘車〙チョーク.
estrangulamiẹnto 男 絞殺；絞めつけ.
estrangulạr 他 ❶ 窒息させる, 絞め殺す. ❷ (通り道等を) 狭める；はばむ. ～ las posibilidades 可能性を狭める. ── **estrangularse** 再 ❶ 窒息する. ❷ 狭まる, 詰まる.
estrapạda 女 つり落としの刑.
estraperleạr 自《con》(…を) やみ取引する.
estraperlịsta 男 女 やみ商人.
estrapẹrlo 男 やみ取引 (の品物).
estrás 男 (人造宝石用の) 高鉛フリント・ガラス.
estratagẹma 女 戦略；策略.
estratẹga 男 女 戦術家.
estratẹgia 女 戦略. ～ de mercado 市場戦略.
estratégico, ca 形 戦略 (上) の, 戦略的な；重要な.
estratẹgo 男 → estratega.
estratificación 女 層を成すこと. ～ social (社会の) 階層化.
estratificạr 26 他 層にする. ── **estratificarse** 再 層になる.
estrạto 男 ❶ 層；地層. ❷ 階層. ❸〘気象〙層雲.
estratocúmulo 男〘気象〙層積雲.
estratosfẹra 女〘気象〙成層圏.
estratosfẹ́rico, ca 形 成層圏の.
estrạza 女《集合的》ぼろ切れ.
estrẹcha 形 → estrecho.
estrechamiẹnto 男 狭まり, 締めつけ；緊密化. ～ de un río 川幅が狭まっているところ.
estrechạr 他 ❶ 狭くする. ～ una falda スカートの幅を詰める. ❷ 握りしめる；抱きしめる. ～ la mano 握手をする. ❸ 緊密にする. ～ un lazo 絆(きずな)を強める. ── **estrecharse** 再 ❶ 狭まる；緊密になる. ❷ 握手する；抱き合う. ❸ 倹約する.
estrechẹz 女 ❶ 狭さ, 窮屈. ～ de miras 了見の狭さ. ～ de los vasos sanguíneos 血管の狭窄(きょうさく). ❷ (経済的) 困難. pasar *estrecheces* 金に窮している. ❸ (関係の) 緊密さ.
estrecho, cha [エストゥレチョ,チャ] 形 〔英 narrow〕 ❶ (幅が) **狭い**；窮屈な (↔ ancho). ～ de cintura ウエストが細い. Estos zapatos me están ～*s*. この靴は私にはきつい. ❷ 緊密な. una relación *estrecha* 親密な関係. ❸ 厳格な；(精神的・経済的) 余裕のない. de espíritu ～ 心の狭い. ❹《軽蔑》性的に保守的な. ── 男 女 性的に保守的な人. ── 男 海峡.
estrechụra 女 → estrechez.
estregạr 72 他 こする；磨く. ── **estregarse** 再 (体 (の一部) を) こする.
estrella [エストゥレリャ〈エストゥレヤ・エストゥレジャ〉] 女 〔英 star〕 ❶ **星**, 恒星. ～ de rabo 彗星(すいせい). ～ fugaz 流れ星. ～ matutina [del alba] 明けの明星. ～ Polar 北極星. ～ vespertina 宵の明星. ❷ 星形 (のもの)；星印；〘軍〙星章. sopa de ～*s* 星形パスタ入りスープ. ❸ 星回り, 運勢. nacer con buena ～《話》幸

運の星のもとに生まれる. tener buena [mala] ～ 運がいい[悪い]. ❹ スター, 花形. una ～ de cine 映画スター. *～ de mar* 〘動〙ヒトデ. *Unos nacen con ～ y otros estrellados.* 《諺》運のいい人もいれば悪い人もいる. *ver las ～s* 《話》(激痛で)目から火が出る.

estrellado, da 形 星形の；星のある. el cielo ～ 満天の星空.

estrellamar 男〘動〙ヒトデ

estrellar 他 ❶ 《**contra**》(…に) 打ちつける；粉々に砕く. ～ un vaso *contra* la pared コップを壁にたたきつける. ❷ 星でいっぱいにする. **— estrellarse** 再 ❶ 《**contra, con**》(…に) 激突する, 粉々になる；挫折(ざっ)する. *Me estrellé* en el primer intento. 最初の試みで失敗した. ❷ 星でいっぱいになる.

estrellato 男 スターダム, スターの地位.

estrellón 男 ❶ 星形の花火. ❷ 《ラ米》衝突.

estremecedor, dora 形 ぞっとするような.

estremecer 76 他 震わす；動揺させる. ～ los cimientos de la sociedad 社会の根底を揺るがす. **— estremecerse** 再 震える；震え上がる；揺らぐ. ～ de frío 寒さで身震いする.

estremecimiento 男 震動；動揺.

estremezón 男 《ラ米》(コロンビア)(ベネズエラ) → estremecimiento.

estrena 女 ❶ 《古》祝儀, 贈り物. ❷ → estreno.

estrenar 他 ❶ 初めて使う. ～ un vestido 新しい服を下ろす. ❷〘演〙初演する；〘映〙封切る. **— estrenarse** 再 ❶ 《**con**》(…で) 初舞台を踏む；《**como**》(…として) デビューする. ❷〘演〙初演される；〘映〙封切られる.

estreno 男 使い初め；〘演〙〘映〙初演, 封切り. una falda de ～ 下ろしたてのスカート. cine de ～ 封切り館.

estreñido, da 形〘医〙便秘の.

estreñimiento 男〘医〙便秘.

estreñir 103 他 自〘医〙便秘を起こさせる. **— estreñirse** 再〘医〙便秘する.

estrépito 男 大音響.

estrepitoso, sa 形 ❶ けたたましい, やかましい. ❷ 華々しい, 人目を引くような. un fracaso ～ 大失敗.

estreptococo 男〘生〙連鎖球菌.

estreptomicina 女〘薬〙ストレプトマイシン.

estrés 男 [単複同形] ストレス, 緊張.

estresado, da 形 ストレスがたまった.

estresante 形 ストレスの要因となる.

estría 女 (ものの表面や皮膚上の) 筋, 溝. las ～*s* del embarazo 妊娠線.

estriar 31 他 …に溝を彫る, 筋をつける. **— estriarse** 再 溝[筋]ができる.

estribación 女 [主に複] 支脈.

estribar 自 《**en**》(…に) 支えられる；(…に) 拠(よ)る. Su belleza *estriba en* la fuerza interior. 彼女が美しいのは内面の力のせいだ.

estribera 女 《ラ米》(南米)あぶみ革.

estribillo 男〘詩〙〘音〙反復句, リフレイン；《話》口癖.

estribo 男 ❶ あぶみ；(乗降用) ステップ. ❷ 支え；〘建〙控え壁, (アーチを支える) 迫台(せりだい). ❸〘解〙(中耳の) あぶみ骨. ❹ 《ラ米》(コロンビア)(帰り際の) 最後の一杯 (の酒). *hacer ～ con las manos a ...* 自分の両手を踏み台にして…を馬に乗せる. *perder los ～s* 冷静さを失う.

estribor 男〘海〙右舷(げん)(↔babor).

estricnina 女〘薬〙ストリキニーネ.

estricta 形 → estricto.

estrictez 女 《ラ米》(南米)厳密；厳格.

estricto, ta [エストゥリクト,タ] 形 〔英 strict〕 **厳しい**, 厳格な；厳密な. el cumplimiento ～ de una ley 法の厳正な施行. un padre muy ～ con su hija 娘にとても厳しい父親.

estridencia 女 甲高さ；強烈さ.

estridente 形 ❶ 甲高い, 耳障りな. ❷ どぎつい.

estrilar 自 《ラ米》(アルゼンチン)(ウルグアイ)(ペルー)腹を立てる.

estro 男 ❶ (芸術上の) 霊感. ❷〘動〙(雌の) 発情 (期).

estróbilo 男〘植〙(松かさ等の) 球果.

estroboscopio 男 ストロボスコープ.

estrofa 女〘詩〙節, 連.

estrógeno 男〘生〙エストロゲン, 発情[卵胞]ホルモン.

estroncio 男〘化〙ストロンチウム.

estropajo 男 ❶ たわし, スポンジ. ❷〘植〙ヘチマ. ❸ 《話》役立たず, ぼろぼろになったもの. *poner como un ～* 《話》徹底的に批判する. *tratar como un ～* 《話》ひどい扱いをする.

estropajoso, sa 形 《軽蔑》❶ (肉等が) ぱさぱさの, 筋っぽい. ❷ 汚らしい, ぼろぼろの. ❸ (舌が) 回らない.

estropear [エストゥロペアル] 他 〔英 spoil〕 **傷める**, だめにする. ～ un video ビデオを壊す. ～ el estómago 胃をこわす. **— estropearse** 再 だめになる, 悪くなる. ～ la leche 牛乳が腐る. ～ un coche 車が故障する.

estropicio 男 《話》物が音をたてて壊れること；大騒ぎ.

estructura [エストゥルクトゥラ] 女 〔英 structure〕 **構造**, 構成；枠組み. ～ social 社会構造. ～ celular 細胞組織. ～ de un poema 詩の構成. ～ de un edificio 建物の骨組み.

estructuración 女 組織[体系]化.

estructural 形 構造 (上) の, 構造的な；構造主義の. paro ～ 構造的失業.

estructuralismo 男 構造主義.

estructuralista 形 構造主義の. — 男 女 構造主義者.

estructurar 他 組織化する；体系化する. **— estructurarse** 再 構成される；組織される.

estruendo 男 大音響, 騒音.

estruendoso, sa 形 響きわたるような；騒々しい.

estrujamiento 男 圧搾, 押しつぶし.

estrujar 他 ❶ 搾る；…から搾り取る. ～ al pueblo 国民を搾取する. ❷ 《ラ米》(洗濯物等を) 絞る (→ escurrir 地域差). ❸ 押しつける；押しつぶす. ～ una carta 手紙をくしゃくしゃに丸める. **— estrujarse** 再 押し合う；押しつけられる.

estrujón 男 押し合い；絞り取り；搾取.

E

estuario 男 (潮のさす) 河口.
estucado 男 しっくい塗り.
estucar 26 他 化粧しっくいを塗る.
estuche 男 ケース；(ケースに入った) 一式. ～ de aseo personal 洗面用具.
estuco 男 化粧しっくい, スタッコ.
estudiado, da 形 入念に検討された；わざとらしい. una sonrisa *estudiada* 作り笑い.
estudiantado 男 《集合的》学生.
estudiante [エストゥディアンテ] 男 女 〔英 student〕(高校・大学の) 学生, 生徒. ～ de medicina 医学生. carnet de ～ 学生証.
estudiantil 形 学生の.
estudiantina 女 学生の楽隊.
estudiar [エストゥディアル] 17 他 〔英 study〕 ❶ 勉強する；研究する. ～ español スペイン語を勉強する. ❷ 検討する；観察する. ～ la posibilidad 可能性を検討する. ── 自 勉強する, 学ぶ. ～ con el profesor Bosque ボスケ先生の下で学ぶ. ～ para abogado 弁護士になるための勉強をする.
estudio [エストゥディオ] 男 〔英 study〕 ❶ 勉強, 学問；[複] 学業. hacer ～*s* de medicina 医学の勉強をする. plan de ～*s* 履修計画. ❷ 研究 (書)；調査. un ～ de mercado 市場調査. ❸ 書斎；仕事場；スタジオ. un ～ de pintor 画家のアトリエ. ～*s* cinematográficos 撮影所. ❹ ワンルームマンション. ❺ 〖音〗練習曲；〖美〗習作. ── 活 → estudiar. ***dar ～s a ...*** …の学費を払う. ***en ～*** 検討中の. ***tener ～s*** 学がある.
estudioso, sa 形 勉強家の. ── 男 女 学者, 研究者.
estufa 女 ❶ ストーブ；加熱殺菌器. ～ de gas ガスストーブ. ❷ 温室；サウナ室. ❸ 《ラ米》(コロン)(メキシコ) コンロ.
estulticia 女 愚かさ, 無知.
estulto, ta 形 男 女 愚かな (人).
estupefacción 女 呆然(ぼうぜん).
estupefaciente 形 呆然(ぼうぜん)とさせるような；麻酔性の. ── 男 麻薬；麻酔剤.
estupefacto, ta 形 呆然(ぼうぜん)とした. dejar ～ a ... …をびっくり仰天させる.
estupendo, da [エストゥペンド, ダ] 形 〔英 wonderful〕 すばらしい. ¡*E*～! 《感嘆・承諾》すばらしい, いいですね. Lo pasamos ～ en la fiesta. 僕たちはパーティーで実に楽しい時を過ごした.
estupidez 女 愚かさ；ばかげた言動.
estúpido, da [エストゥピド, ダ] 形 〔英 stupid〕《軽蔑》愚かな, ばかな. una novela *estúpida* くだらない小説. He sido ～. 僕はばかだった. ── 男 女 《軽蔑》ばか, まぬけ.
estupor 男 ❶ 〖医〗昏迷(こんめい)；知覚麻痺(まひ). ❷ びっくり仰天.
estuprar 他 (未成年者に) 性的暴行を働く.
estupro 男 (未成年者に対する) 性的暴行.
esturión 男 〖魚〗チョウザメ.
estuv- 活 → estar.
esvástica 女 鉤(かぎ)十字, (逆) まんじ.
eta 女 エータ (H, η)：ギリシャ語アルファベットの第 7 字.
ETA [エタ] 女 Euzkadi ta Azkatasuna バスク祖国と自由：バスク民族主義組織.
etalaje 男 〖冶〗朝顔：高炉の漏斗状の部分.
etano 男 〖化〗エタン.
etanol 男 エタノール, エチルアルコール.
etapa 女 ❶ 行程 (の一区切り), 旅程；区間. la última ～ de una carrera 〖スポ〗レースの最終区. ❷ 段階；時期. estrenar una nueva ～ de la vida 人生の新しいスタートを切る. ***por ～s*** 段階を追って. ***quemar ～s*** 各段階を大急ぎでこなす.
etarra 形 男 女 ETA の (成員).
etc. 男 *etc*étera.
etcétera 男 …等, その他 《略 etc.》. Aquí venden de todo: alimentos, ropas, libros, ～. ここでは何でも売っている. 食品, 服, 本等.
éter 男 ❶ 〖化〗エーテル. ❷ 《文》天空.
etéreo, a 形 ❶ 〖化〗エーテルの. ❷ 《文》天空の；とらえどころのない.
eterna 形 → eterno.
eternal 形 〖詩〗永遠の.
eternidad 女 ❶ 永遠；〖宗〗来世. ❷ 《話》恐ろしく長い時間. tardar una ～ ひどく時間がかかる.
eternizar 57 他 長引かせる；不朽のものにする. La fama *eterniza* el nombre de un escritor. 名声のおかげで作家の名が永久に伝えられる. ── **eternizarse** 再 ずっと続く；時間をかける. *Se eterniza* para hacer todo. 彼は何をするにも時間を取る.
eterno, na [エテルノ, ナ] 形 〔英 eternal〕 ❶ 永遠の, 永久の. vida *eterna* 永遠の命. ❷ 延々と続く；お決まりの. Apareció con su *eterna* corbata. 彼はいつものネクタイで現れた.
ético, ca 形 倫理 (学) の, 道徳的な. ── 女 倫理 (学).
etileno 男 〖化〗エチレン.
etílico, ca 形 〖化〗エチルの；アルコール中毒の. alcohol ～ エチル・アルコール.
etilismo 男 〖医〗アルコール中毒.
etilo 男 〖化〗エチル.
étimo 男 〖言語〗語源.
etimología 女 語源 (学). ～ popular 民間語源.
etimológico, ca 形 語源 (学) の.
etimologista / etimólogo, ga 男 女 語源学者.
etiología 女 病因 (学)；因果関係研究.
etiológico, ca 女 病因学の；因果関係研究の.
etíope 形 エチオピアの. ── 男 女 エチオピア人. ── 男 エチオピア語.
Etiopía 固名 エチオピア：首都アジスアベバ Addis-Abeba.
etiqueta 女 ❶ ラベル；レッテル. ～ de precio 値札. poner la ～ de egoísta エゴイストのレッテルをはる. ❷ 礼儀 (作法). con mucha [gran] ～ うやうやしく. Se ruega [Se suplica] ～. 《招待状等で》正装のこと. ❸ 〖IT〗フラッグ. ***de ～*** 正装の；あらたまった. ir *de* ～ 正装で行く.
etiquetado / etiquetaje 男 ラベルの貼付(ちょうふ).
etiquetar 他 …に札 [ラベル] をつける；《de, como》…に (…の) レッテルを張る.
etiquetero, ra 形 格式ばった.

etmoides 男［単複同形］篩骨(しこつ).
etnia 女 民族, 種族.
étnico, ca 形 民族の. comida *étnica* エスニック料理.
etnocidio 男 エスノサイド, 少数民族の文化的アイデンティティの破壊.
etnografía 女 民族誌(学).
etnográfico, ca 形 民族誌(学)の.
etnógrafo, fa 男 女 民族誌学者.
etnología 女 民族学.
etnológico, ca 形 民族学の.
etnólogo, ga 男 女 民族学者.
etología 女 動物行動学.
etopeya 女〘修〙人物[性格]描写.
etrusco, ca 形 エトルリアの. ── 男 女 エトルリア人. ── 男 エトルリア語.
E.U.A. 男 略 → EE.UU.
eucalipto 男〘植〙ユーカリ.
eucaristía 女〘宗〙聖体(拝領)；聖餐(せいさん)式；ミサ.
eucarístico, ca 形〘宗〙聖体[聖餐(せいさん)]の.
euclidiano, na 形 ユークリッドの.
eudiómetro 男〘化〙水電量計.
eufemismo 男〘修〙婉曲語法.
eufemístico, ca 形 婉曲語法の.
eufonía 女〘修辞〙〘言〙好音調：口調の良い音配列.
eufónico, ca 形 口調がいい.
euforia 女 幸福感, 高揚；〘医〙多幸症.
eufórico, ca 形 幸福感に満ちた.
eugenesia 女 優生学.
eugenésico, ca 形 優生学(上)の.
Eugenio 固名 エウヘニオ：男子の名.
eunuco 男 宦官(かんがん)；男性的でない男.
eupepsia 女〘医〙消化良好.
eupéptico, ca 形 消化促進の. ── 男〘薬〙消化薬.
Eurasia 固名 ユーラシア(大陸).
eurasiático, ca 形 ユーラシアの. ── 男 女 ヨーロッパとアジアの混血の人.
¡eureka! 間 見つけた, 分かった.
euritmia 女 ❶(芸術作品の)均整. ❷〘医〙正常脈拍.
euro 男 ❶ ユーロ：欧州連合の共通通貨. ❷《文》東風→ austro.
eurobanco 男 ユーロバンク.
Eurocámara 女 欧州議会.
eurocomunismo 男 欧州型共産主義.
Eurocopa 女 ヨーロッパカップ(争奪戦).
eurodiputado, da 男 女 欧州連合(EU)議会議員.
eurodivisa 女 欧州内で取引される外貨.
eurodólar 男〘経〙ユーロダラー.
Euroejército 男 欧州合同軍.
Eurolandia 女 → eurozona.
Euroliga 女 ヨーロッパリーグ.
Europa 固名 ヨーロッパ, 欧州. ～ occidental [oriental] 西[東]ヨーロッパ, 西欧[東欧].
europea 形 女 → europeo.
europeidad 女 ヨーロッパ性；ヨーロッパへの帰属.
europeísmo 男 ヨーロッパ(統合)主義.
europeísta 形 ヨーロッパ(統合)主義(者)の；ヨーロッパ研究の. ── 男 女 ❶ ヨーロッパ(統合)主義者. ❷ ヨーロッパ研究者；ヨーロッパびいき.
europeización 女 ヨーロッパ化.
europeizar 19 他 ヨーロッパ化する.
europeo, a ［エウロペオ,ア］形〔英 European〕**ヨーロッパの**, ヨーロッパ人の. la Unión *Europea* 欧州連合《略 UE》. ── 男 女 ヨーロッパ人.
europio 男〘化〙ユウロピウム.
Eurovisión 固名 ユーロビジョン：西ヨーロッパ諸国間でのテレビ番組の交換中継放送.
eurozona / Eurozona 女 ユーロ圏：EU中ユーロを単一通貨とする国. → UE.
euscalduna 形 バスク語を話す, バスク(人)の. ── 男 女 バスク語話者.
Euskadi 固名 バスク(＝el País Vasco).
euskaldun / euskaldún, duna 〔バスク〕形 男 女 → euscalduna.
euskaldunización 女 バスク語およびバスク地方特有の文化の普及.
euskera / eusquera 形 男 バスク語(の)(＝vascuense).
eutanasia 女 安楽死. ～ pasiva (延命をしない)消極的安楽死.
Eva 固名 ❶〘聖〙エバ, イブ. las hijas de ～ 女性. traje de ～ 裸, 裸体. ❷ エバ：女子の名.
evacuación 女 避難；撤退；排泄(はいせつ).
evacuar 58 他 ❶(場所を)立ち退く；(人)を立ち退かせる, 避難させる. ～ la ciudad 町を撤退する. ～ a los heridos 負傷者を運び出す. ❷ 排泄(はいせつ)物を出す. ❸ 処理[実行]する. ～ los asuntos pendientes 残っていた用事を片付ける. ── 自 排便する.
evacuativo, va 形〘医〙排泄(はいせつ)促進の. ── 男 下剤.
evacuatorio, ria 形〘医〙排泄(はいせつ)促進の. ── 男 公衆便所；下剤.
evadir 他 回避する；逃避する. ～ impuestos 脱税する. ── **evadirse** 再《de》(…から)逃れる. ～ *del* sufrimiento 苦しみを紛らす. ～ *de* la cárcel 脱獄する.
evaluación 女 評価, 採点；見積もり.
evaluar 58 他 評価[採点]する；《en》(…と)見積もる. ～ los daños *en* diez mil euros 損害を1万ユーロと見積もる.
evanescente 形 はかない.
evangélico, ca 形 ❶ 福音(書)の. ❷ 福音主義の；プロテスタントの. ── 男 女 福音主義者；プロテスタント.
evangelio 男 ❶［主に E-］福音,［複］福音書. el *E*～ según San Mateo 聖マタイによる福音書. jurar sobre los *E*～*s* 聖書に手を置いて誓う. ❷《話》絶対的真実；信念.
evangelista 男 福音史家：福音書著者. ── 男 女 福音朗読者.
evangelización 女 福音伝道.
evangelizador, dora 形 福音を説く. ── 男 女 福音伝道師.
evangelizar 57 他 …に福音[キリスト教]を説く.
evaporación 女 蒸発；消滅.
evaporar 他 蒸発[消滅]させる. ～ la ilusión 幻滅させる. ── **evaporarse** 再 ❶ 蒸発する；消える. ❷《話》《de》(…

から) 姿を消す.
evaporizar 57 他 → vaporizar.
evasión 女 ❶ 脱走；逃避. ～ de capital 資本の流出. ～ de impuestos 脱税. ❷ 気晴らし. película de ～ 娯楽映画.
evasivo, va 形 回避的な, 言い逃れの. una respuesta *evasiva* どっちつかずの返事. ── 女 言い訳.
evento 男 出来事；催し物.
eventual 形 偶発的な, 起こりうる；臨時の. un trabajo ～ 臨時職, アルバイト. ── 男 女 アルバイター.
eventualidad 女 予測できない出来事；不確定性.

E

evicción 女 〖法〗追奪.
evidencia 女 ❶ 明白なこと；確信. con toda ～ 明らかに. ❷《ラ米》証拠.
evidenciar 17 他 明らかにする.
evidente [エビデンテ] 形 〔英 evident〕 **明らかな**, 明白な. ¿Será fácil? ─ *E*～. 簡単かなあ. ─もちろんだよ. Es ～ que está molesto. 彼が怒っているのは明らかだ.
Evita 固名 エビータ：Eva の愛称.
evitable 形 回避できる.
evitación 女 回避, 防止. en ～ de mayores desgracias 災難を防ぐために.
evitar [エビタル] 他 〔英 avoid〕 **避ける**, 遠ざける. *Evito* beber demasiado. 私は飲み過ぎないようにしている. Me *has evitado* una pérdida de tiempo. 君のおかげで時間を無駄にしないですんだ. ── **evitarse** 再 ❶《+不定詞・名詞》(…を) うまく避ける. *Me he evitado* tener que ir. 私は行かずにすんだ. ❷ 互いに避ける.
evocación 女 想起, 回想.
evocador, dora 形 呼び起こす.
evocar 26 他 (…の記憶を) 呼び起こす, 想起させる；(死者の霊を) 呼び出す. ～ aquellos días felices 昔の幸せな日々を思い起こす.
evolución 女 ❶ 進展, 変転. la teoría de la ～ 進化論. ～ de las circunstancias 事態の推移. ❷ [複] 動き回ること；旋回；〖軍〗機動.
evolucionar 自 ❶ 進化[発展]する；移り変わる. El enfermo *evoluciona* favorablemente. 病人は快方に向かっている. ❷ 旋回する；〖軍〗(隊形を) 変える.
evolucionismo 男 進化論.
evolucionista 形 進化論の. ── 男 女 進化論者.
evolutivo, va 形 進化の, 発展する.
evónimo 男 〖植〗セイヨウマユミ.
ex 形 前の, 元の. ► 役職を表す名詞に前置. *ex* ministro 元[前]大臣. *ex* mujer 前妻. ── 男 女《話》前の恋人.
ex abrupto 〔ラ〕いきなり；乱暴に.
exabrupto 男 乱暴な話し方.
exacción 女 (税の) 取り立て；(金銭の) 強要.
exacerbación 女 憤り；激化, 悪化.
exacerbar 他 激怒させる；(苦痛等を) 激化[悪化]させる. ── **exacerbarse** 再 激怒する；激化[悪化]する.
exacta 形 → exacto.
exactitud 女 正確[的確]さ. describir con ～ 精密に描写する. ～ de juicios 判断の正しさ.
exacto, ta [エクサクト, タ] 形 〔英 exact〕 **正確な**, 正しい；精密な. dos horas *exactas* ちょうど 2 時間. El cálculo es ～. 計算は正確だ. ── 間 そのとおり.
exageración 女 誇張；行き過ぎ.
exagerado, da 形 ❶ 誇張された. una reacción *exagerada* オーバーな反応. ❷ 度を越えた. precio ～ 法外な値段. ── 男 女 大げさな人. Es un ～ al gastar. 彼は浪費家だ.
exagerar 他 ❶ 誇張する. ～ el tamaño 実際より大きく表現する[見せる]. ❷ やり過ぎる. ～ los gastos お金を使い過ぎる. ── 自 ❶ 誇張して話す. ❷《con, en》(…において) 限度を超す. ～ *con* las bebidas 飲み過ぎる.
exaltación 女 ❶ (精神の) 高揚. hablar con ～ 興奮して話す. ❷ 称揚；昇格. ～ al papado 教皇座即位.
exaltado, da 形 興奮した；過激な. una discusión *exaltada* 過熱した議論. ── 男 女 熱狂的な人, 急進派.
exaltar 他 ❶ ほめたたえる；《a》(地位等を) (…まで) 高める. ～ *al* trono 王位につける. ❷ 興奮させる. ── **exaltarse** 再 興奮[高揚]する.
examen [エクサメン] 男 [複 exámenes] 〔英 examination〕 ❶ (学校の) **試験** (→ 地域差). ～ de conducir 運転免許試験. aprobar [pasar] un ～ 試験に合格する. Hoy tengo un ～ de español. 今日スペイン語の試験がある. ❷ **検査**；調査. ～ de conciencia 自省；〖宗〗内省. ～ de testigos 〖法〗証人尋問. ～ médico 診察. 地域差 (学校の) 試験 examen 《ほぼスペイン語圏全域》; prueba 《ラ米》(ﾒｷｼｺ) (ﾊﾟﾅﾏ)(ｺｽﾀﾘｶ)(ﾎﾞﾘﾋﾞｱ)(ﾁﾘ)(ﾊﾟﾗｸﾞｱｲ).
examinador, dora 男 女 試験[審査, 検査]官.
examinando, da 現分 → examinar. 男 女 受験者.
examinar [エクサミナル] 他 〔英 examine〕 ❶ **調べる**, 検査する. ～ a un enfermo 病人を診察する. ～ el proyecto 計画を検討する. ❷《de》(…の) 試験を課す. El profesor nos *examinó de* inglés. 先生は私達に英語のテストをした. ── **examinarse** 再《de》(…の) 試験を受ける.
exangüe 形 血の気のない；息のない；ぐったりした.
exánime 形 生きている気配のない；気を失った；くたくたになった.
exantema 男 〖医〗発疹(ﾎｯｼﾝ).
exasperación 女 強い怒り.
exasperante 形 いらだたせる.
exasperar 他 激怒させる. ── **exasperarse** 再 激怒する. *Me exaspero* con sus indirectas. 彼の皮肉には頭に来る.
excarcelación 女 釈放.
excarcelar 他 釈放する.
excavación 女 穴 (掘り)；発掘.
excavadora 女 掘削機. *excavadora* mecánica パワーシャベル.
excavar 他 掘る；発掘する.
excedencia 女 休職, 有給休暇. ～ por maternidad [paternidad] 育児休暇.

excedentario, ria 形 余剰の，過剰な．
excedente 形 余剰の；休職中の．personal ～ 余剰人員．── 男 剰余．～*s* agrícolas 余剰農産物．── 男 女 休職者．**～ de cupo** 徴兵を免れた人．
exceder [エスセデル] 他 〔英 exceed〕《en》(…において) **超える**，しのぐ．El cargo *excede* mi capacidad. その職は私の身に余る．── 自《a, de》(…を) 超える；余る．Su peso *excede de* 80 kilos. 彼の体重は80キロを超える．── **excederse** 再 行き過ぎる，度が過ぎる．
excelencia 女 ❶ 優れていること．❷ (高官の敬称として) 閣下．Su [Vuestra] *E*～ (el Embajador). (大使) 閣下．***por*** ～ 特に，ぬきんでた．
excelente [エスセレンテ] 形 〔英 excellent〕**優れた**；すばらしい．un estudiante ～ de [en] matemáticas 数学に秀でた学生．
excelentísimo, ma 形 [excelente の絶対最上級] …閣下 《略 Excmo.》．► 高官の敬称として señor の前につける．El ～ Señor Ministro 大臣閣下．
excelsitud 女 崇高さ；至高．
excelso, sa 形《文》崇高な；至高の．
excéntrica 女〖機〗偏心器．
excentricidad 女 ❶ 奇抜さ；奇行．❷〖機〗偏心；〖数〗離心 (率)．
excéntrico, ca 形 ❶ 風変わりな，常軌を逸した．la ropa *excéntrica* とっぴな服装．❷ 中心を外れた；中心を異にする．── 男 女 変人，奇人．
excepción [エスセプシオン] 女 [複 excepciones] 〔英 exception〕❶ **例外**，除外；特例．No hay regla sin ～.《諺》例外のない規則はない．sin ～ 例外なく．❷〖法〗抗弁．***a*** **[*con*] ～ *de* ...** …を除いて．***de*** ～ 特例の；とびきりの．***hacer*** **(*una*) ～ [*con*] ...** …を例外[特別扱い]にする．
excepcional 形 並外れた；例外的な．
excepto [エスセプト] 前 [主格人称代名詞をとる] (＝ salvo, menos) 〔英 except〕❶《除外》**…を除いて**．Estábamos todos ～ él. 彼を除いて私たちは皆いました．Invitaron a todos ～ a José. ホセを除いて全員が招待された．❷《＋不定詞 / ＋ **que** [**cuando, si** ...]》…を除いて，…でなければ．*E*～ jugar a las cartas con sus amigos, no tiene otra afición. 彼は友人とトランプをする以外は特に趣味を持たない．Mi abuelo sale de pesca todos los días ～ *cuando* [*si*] llueve mucho. 大雨の場合を除いて祖父は毎日釣りに出かける．
exceptuar 58 他《de》(…から) 除外する．～ a los menores *de* una obligación 年少者を義務からはずす．── **exceptuarse** 再《de》(…から) 除外される．
excesivamente 副 過度に．
excesivo, va 形 過度の；極端な．
exceso 男 ❶ 過剰；超過分．～ de velocidad スピードの出し過ぎ．～ de equipaje 手荷物の重量超過．❷ [複] 行き過ぎ；暴力行為；不節制．cometer ～*s* en la bebida 飲み過ぎる．***en*** **[*con*] ～** 過度に．

excipiente 男〖薬〗補形薬．
excitabilidad 女 興奮しやすさ．
excitable 形 興奮しやすい．
excitación 女 興奮．la ～ del público 観衆の熱狂．
excitante 形 興奮させる，刺激的な．── 男 興奮剤，刺激物．
excitar 他 ❶ 刺激する，興奮させる；《a》(…へと) 駆り立てる．～ el interés 興味を呼び起こす．❷ (感情等を) 起こさせる；(神経等を) 刺激する．❸《ラ米》(ﾁﾘ) 勧告する．── **excitarse** 再 興奮する．
exclamación 女 ❶ 叫び，感嘆の声．lanzar una ～ 叫び声を上げる．❷〖文法〗感嘆符 (¡ !) (＝ signos de ～)．
exclamar [エスクらマル] 自 〔英 exclaim〕**叫ぶ**，感嘆の声を上げる．
exclamativo, va / exclamatorio, ria 形 感嘆の．oración *exclamativa*〖文法〗感嘆文．
exclaustración 女〖宗〗還俗(げんぞく)．
exclaustrar 他〖宗〗還俗(げんぞく)させる．── **exclaustrarse** 再 俗人に戻る．
excluir [エスクるイル] 60 他 [現分 excluyendo] 〔英 exclude〕《de》(…から) **除外する**；排除する．～ *de* la lista リストから外す．～ una idea 考えを捨てる．── **excluirse** 再 両立しない．
exclusión 女 除外；排斥．zona de ～ 立入禁止区域．
exclusiva 女 独占権，占有権；特種(とくだね)．una entrevista en ～ 独占インタビュー．ofrecer la noticia en ～ スクープとしてニュースを提供する． ── 形 → exclusivo.
exclusive 副 (境界となる数値を) 除外して (↔ inclusive)．hasta el once ～ 11日まで (► 11日は含まれない)．
exclusividad 女 排他[専一]性；独占権．un colegio de alta ～ 特権階級に限定された学校．
exclusivismo 男 排他主義．
exclusivista 形 排他主義の．── 男 女 排他主義者．
exclusivo, va [エスクるシボ,バ] 形 〔英 exclusive〕❶ **独占的な**，占有的な；唯一の．una *exclusiva* zona residencial 高級住宅街．❷ 排他的な，《de》(…を) 排除する．
excluyendo 現分 → excluir.
excluyente 形《de》(…を) 排除[拒否]する．
excogitar 他 考え出す．
excomulgar 66 他〖宗〗破門する；《話》除名する．
excomunión 女〖宗〗破門 (状)．
excoriación 女 → escoriación.
excoriar(*se*) 17 他 再 擦り傷をつくる．
excrecencia 女 (こぶ等の) 異常増殖物；余計なもの．
excreción 女 排泄(はいせつ)(物)．
excremento 男 排泄(はいせつ)物．
excretar 自 他 排泄(はいせつ) [分泌] する．
excretor, tora 形 排泄(はいせつ) [分泌] の．
exculpación 女 免罪，免責．
exculpar 他〖法〗《de》(罪・責任から) 解放する．── **exculparse** 再《de》(罪・責任を) 免れる．

E

exculpatorio, ria 形 無実の.

excursión [エスクルシオン] 女 [複 excursiones] [英 excursion] **遠足, 小旅行**, 散策. ir de [hacer una] ～ 遠足に行く.

excursionismo 男 ハイキング活動.

excursionista 男女 ハイカー, 旅行者.

excusa 女 弁解, 言い訳 ; 謝罪のことば. Le presento mis ～*s*. なにとぞご容赦ください. Esto no tiene ～. これには弁解の余地がない.

excusable 形 許容できる, 無理もない.

excusado, da 形 ❶ ((**de**)) (…から) 免除された, 許された. Estás ～ *de* ir. 君は行く必要はない. ❷ 無用な. ── 男 《文》便所. ***E～ es decir que*** …. …であるのは言うまでもない.

excusar 他 ❶ ((**con**)) (…に対して) 弁解する. Tienes que ～ me *con* tu padre. お父さんに謝っておいてほしい. ❷ ((**por**)) (…について) 許す ; ((**de**)) (…から) 免ずる. *Excúse*me *por* mi largo silencio. 長くお返事しなかったことをお許しください. Esto me *excusa de* hablar directamente con él. これで彼と直接話さないですむ. ❸ 回避する ; ((＋不定詞)) …しないでおく[すむ]. *Excuso* decirte más. これ以上は言わないでおこう. ── ***excusarse*** 再 ((**con** / **por, de**)) (…に対して / …を) 弁解する. *Me excusé con* el profesor *por* el descuido. 私は先生に不注意をわびた.

execrable 形 憎むべき.

execración 女 ののしり ; 憎悪.

execrar 他 憎悪する ; ののしる.

exegesis / exégesis 女 [単複同形] (聖書等の) 釈義.

exegeta / exégeta 男女 (聖書の) 釈義者 ; 解釈学者.

exegético, ca 形 (聖書の) 釈義の.

exención 女 (義務等の) 免除 (資格).

exento, ta 形 ❶ ((**de**)) (義務等から) 免除された ; (厄介事が) ない. No está ～ de responsabilidades. 彼は責任を免れない. ❷ 〖建〗むき出しの, 吹きさらしの.

exequátur 男 [単複同形] (外国領事の活動に承認を与える) 認可状.

exequias 女 複 《文》葬儀.

exfoliación 女 (表皮等の) 剝離(はく).

exfoliador 男 《ラ米》 はぎ取り式ルーズリーフ. ── 形 《ラ米》 はぎ取り式の.

exfoliante 形 (皮膚の) ピーリング用の.

exfoliar 17 他 …の表皮をはがす. ── ***exfoliarse*** 再 はげ落ちる.

exfoliativo, va 形 剝離(はく)(性) の.

exhalación 女 ❶ (気体の) 発散 ; 呼気, ため息. ❷ 光線. irse [pasar] como una ～ 瞬く間に消える[過ぎる].

exhalar 他 《文》 ❶ (気体・においを) 発散する. ❷ (ため息・不満等を) もらす.

exhaustividad 女 網羅的なこと, 徹底ぶり.

exhaustivo, va 形 網羅[徹底]的な.

exhausto, ta 形 枯渇した ; 力尽きた.

exhibición 女 ❶ 公開, 展示 ; 誇示. hacer ～ de los sentimientos 感情を表に表す. ❷ 〖スポ〗エキジビション.

exhibicionismo 男 自己顕示癖 ; 〖医〗〖心〗露出症.

exhibicionista 形 男 女 自己顕示欲の強い (人) ; 露出症の (患者).

exhibidor 男 《ラ米》 ショーウインドー (→ escaparate 地域差).

exhibir [エクシビル] 他 [英 exhibit] **見せる**, 展示する ; 誇示する. ～ una película 映画を上映する. ～ sus dotes de música 音楽の才能を見せつける. ── ***exhibirse*** 再 自分の姿を人前にさらす.

exhortación 女 勧告 ; (短い) 説教.

exhortar 他 ((**a**)) (…するように) 勧告する. ～ *a* cambiar de actitud 態度を改めるように注意する.

exhortativo, va / exhortatorio, ria 形 勧告[奨励]の. oración *exhortativa* 〖文法〗命令文.

exhorto 男 〖法〗司法共助の要請 ; 裁判事務嘱託.

exhumación 女 掘り起こし.

exhumar 他 (死体等を) 掘り起こす ; (忘れていたものを) 表に出す. ～ los recuerdos 思い出をよみがえらせる.

exigencia 女 [主に複] (強い) 要求 ; 必要性. según las ～*s* del caso その場の必要に応じて.

exigente 形 男 女 多くを要求する (人). una persona ～ en el aseo personal 身だしなみにうるさい人.

exigible 形 要求[請求]できる.

exigido, da 形 《ラ米》(アルゼ)(ウルグ)(チリ)(ペル)大きな努力を必要とする.

exigir [エクシヒル] 44 他 [英 demand, require] ❶ (権利として) **要求する**, (強く) 求める. Les *exijo* que me devuelvan mis tierras. 土地を返すように請求します. ❷ 必要とする. La recesión *exige* nuevas medidas económicas. 不況のために新しい経済政策が必要だ. ── 自 口やかましくする.

exigüidad 女 不足, 欠乏.

exiguo, gua 形 わずかな.

exij- 活 → exigir.

exilado, da 形 男 女 → exiliado.

exilar 他 → exiliar.

exiliado, da 形 男 女 亡命した[者].

exiliar 106 他 ((**de**)) (祖国から) 追放する. ── ***exiliarse*** 再 ((**a, en**)) (…に) 亡命する.

exilio 男 国外追放 ; 亡命 (地). llevar muchos años en el ～ 何年も亡命生活を送る.

eximente 形 〖法〗責任を減免する. ── 女 〖法〗情状酌量 (＝circunstancia ～).

eximio, mia 形 傑出した.

eximir 他 ((**de**)) (義務・責任等から) 免除する. Lo *eximen del* servicio militar. 彼は兵役を免除されている. ── ***eximirse*** 再 ((**de**)) (…を) 免れる.

existencia [エクシステンしア] 女 [英 existence] ❶ **存在** ; 〖哲〗実存. ❷ 人生, 生活. a lo largo de la ～ 生涯を通じて. ❸ [複] 〖商〗在庫品. liquidación de ～*s* 在庫一掃セール.

existencial 形 存在の ; 〖哲〗実存の.

existencialismo 男 〖哲〗実存主義.

existencialista 形 実存主義の. ── 男 女 実存主義者.

existente 形 実在する, 現存する.

existir [エクシスティル] 自 [英 exist] **存在する**, 実在[生存]する. dejar de ～

亡くなる.
éxito [エクシト] 男 〔英 success〕 ❶ **成功**. salir con ～ 成功を収める. ❷ ヒット作品[商品]. ～*s* musicales ヒット曲集. ～ de ventas ベストセラー. ***tener*** **～** 成功する. *tener* ～ en el examen 試験に合格する.
exitoso, sa 形 《ラ米》 成功した.
ex libris 〔ラ〕 蔵書印.
exocéntrico, ca 形 〖言〗 外心的な.
exocrino, na 形 外分泌の.
éxodo 男 (人々の) 大移動, 出国. *É*～ 〖聖〗 出エジプト記.
exoftalmía 女 〖医〗 眼球突出 (症).
exogamia 女 族外婚；〖生〗 異系交配.
exógeno, na 形 ❶ 外因 (性の). ❷ 〖植〗 外生の.
exoneración 女 (義務の) 免除, 軽減；(権威の) 剥奪(はく). ～ de base 基礎控除.
exonerar 他 《**de**》 ❶ (義務を) 免除[軽減] する. ❷ (権威等を) 剥奪(はく)する. ～ *de* un cargo 職を奪う.
exorbitante 形 法外な.
exorcismo 男 悪魔払い.
exorcista 男 女 悪魔払い師. ― 男 〖カト〗 祓魔(ふつま)師.
exorcizar 57 他 …から悪魔を追い払う.
exordio 男 前置き, 前文.
exornar 他 文飾を施す；飾る.
exotérico, ca 形 大衆向きの.
exotérmico, ca 形 〖化〗 発熱する.
exótico, ca 形 異国風[外来]の；風変わりな. rasgos ～*s* エキゾチックな容貌(ぼう).
exotismo 男 異国趣味[情緒].
expandir 他 拡張する；広める. ― **expandirse** 再 拡大する；広まる.
expansible 形 〖物〗 膨張力のある.
expansión 女 ❶ 広がり；〖物〗 膨張. ～ de la cultura 文化の伝播(ぱ). ❷ 息抜き；吐露.
expansionar 他 拡大させる. ― **expansionarse** 再 ❶ 膨張[拡大]する. ❷ 《**con**》 (…に) 心を打ち明ける；気晴らしをする.
expansionismo 男 (領土) 拡張主義.
expansionista 形 拡張主義の. ― 男 女 拡張主義者.
expansivo, va 形 ❶ 〖物〗 膨張性の. ❷ 開放的な. carácter ～ 気さくな性格.
expatriación 女 亡命；国外移住[追放].
expatriado, da 形 祖国を捨てた[追われた]. ― 男 女 亡命者.
expatriar 106 他 国外に追放する. ― **expatriarse** 再 祖国を去る.
expectación 女 期待 (感). esperar con ～ わくわくして待つ.
expectante 形 待ち構えた；様子を見守る.
expectativa 女 期待；[複] 予想, 可能性. ～*s* de vida 平均余命. ～*s* de que le den un buen trabajo 彼がいい職を得る見込み. ***estar a la ～ de ...*** …を(ただ) 待っている.
expectoración 女 喀痰(かくたん)；痰.
expectorante 形 痰(たん)の排出を促す. ― 男 〖医〗 祛痰(きょたん)剤.
expectorar 他 自 〖医〗 (痰(たん)を) 出す.
expedición 女 ❶ 発送；交付. ❷ 遠征 (隊), 探検 (隊). ～ científica 学術調査 (団).
expedicionario, ria 形 男 女 遠征[探険]隊の (隊員). cuerpo ～ 遠征軍.
expedidor, dora 形 発送する. ― 男 女 発送人, 差出人.
expedientar 他 懲罰審査にかける.
expediente 男 ❶ (一連の) 手続き；関係書類. ～ de crisis (人員削減の) 事前手続き. ❷ 経歴；学業[勤務]記録. empleado de un ～ excelente 勤務評定に優れた社員. ❸ 審問；懲罰審査. abrir [incoar] un ～ 懲罰にかける. ❹ 手段, 方策. ***cubrir el ～*** (最低限の) 義務を果たす. Asiste a clases sólo para *cubrir el* ～. 彼は義務で仕方なく授業に出ている.
expedir 77 他 発送する；発行[交付]する. ～ por correo 郵便で送る.
expeditar 他 《ラ米》 手早く処理する.
expeditivo, va 形 手際のよい.
expedito, ta 形 (通行に) 邪魔のない；迅速な.
expeler 他 吐き出す；噴出する.
expendedor, dora 形 小売りの, 販売の. ― 男 女 売り子. ― 男 自動販売機 (＝～ automático).
expendeduría 女 売店.
expender 他 (切符やタバコ等を) 売る.
expendición 女 小売り, 販売.
expendio 男 《ラ米》 売店, 小売店.
expensar 他 《ラ米》 (チリ)(グアテマラ)(メキシコ) …の費用を負担する.
expensas 女 複 出費；〖法〗 訴訟費用. ***a ～ de ...*** …の費用[負担]で.
experiencia [エスペリエンシア] 女 〔英 experience〕 ❶ **経験**, 体験. una persona de ～ 経験豊かな人. Tengo mucha ～ en esto. 私はこういうことにはよく慣れている. ❷ 試み, 実験 (＝experimento).
experimentación 女 実験；体験. estar en fase de ～ 試験段階にある.
experimentado, da 形 経験豊かな.
experimental 形 実験に基づく；試験的な. ciencias ～*es* 実験科学.
experimentar 他 ❶ 実験する, 試す. ❷ 体験する, 感じる. ～ un dolor 苦しみを覚える. ～ una mejora 進歩を見せる. ― 自 実験する.
experimento 男 実験, 試み.
experto, ta [エスペルト, タ] 形 〔英 expert〕 《**en**》 (…に) **精通した**, 熟練した. ser ～ *en* la materia その分野の専門家である. ― 男 女 専門家；熟練者.
expiación 女 贖罪(しょくざい)；(刑の) 服役.
expiar 31 他 (罪を) 償う, 浄化する；(罪の) 報いを受ける.
expiativo, va / expiatorio, ria 形 贖罪(しょくざい)の.
expiración 女 (期限の) 終了；他界.
expirar 自 ❶ 息を引き取る. ❷ (期限が) 切れる.
explanación 女 地ならし；説明.
explanada 女 平地, 空き地.
explanar 他 ❶ 地ならしする. ❷ 説明する.
explayar 他 (考えや視野を) 広げる；楽しませる. ― **explayarse** 再 ❶ 《**en**》 (…

について) 延々と話す. ❷ 気晴らしをする；《**con**》(…に) 心を打ち明ける. ❸ 広がる.

expletivo, va 形〘文法〙付加的な. palabra *expletiva* 虚辞 (口調の良さや強調のために付け足される語).

explicable 形 説明のつく, もっともな.

explicación [エスプリカシオン] 女 [複 explicaciones]〔英 explain〕**説明**, 解説；弁明. dar *explicaciones* 説明 [弁解] する. Su ausencia no tiene ～. 彼の欠席には理由がつけられない.

explicaderas 女 複《話》説明の仕方.

explicar [エスプリカル] 26 他〔英 explain〕**説明する**；釈明する；教える. ～ la primera lección 第1課を解説する. ―**explicarse** 再 ❶ (自分の考えや行動を) うまく説明する. ¿*Me explico*? (私の言うことが) 分かりますか. ❷ 納得する；説明がつく. Ya *me explico*. これで分かったぞ. Su actitud no *se explica*. 彼の態度は理解できない.

explicativo, va 形 説明的な.

explicitar 他 明示する, はっきりとさせる.

explícito, ta 形 明快な, 明記された.

explique(-) / expliqué(-) 活 → explicar.

exploración 女 探検；調査；〘TV〙〘IT〙走査. ～ del estómago 胃の (精密) 検査.

explorador, dora 形 探検 [探査] の. ―男 女 探険家；ボーイ [ガール] スカウトの団員；調査者.

explorar 他 ❶ 探検する；調べる. ～ el corazón 心臓を検査する. ❷〘IT〙〘TV〙走査する.

exploratorio, ria 形 調べる；検診の.

explosión 女 爆発, 破裂；急増. ～ de una guerra 戦争の勃発 (ぼっ). ～ demográfica 人口の爆発的増加.

explosionar 他 爆発させる. ―自 爆発する.

explosivo, va 形 ❶ 爆発性の；爆発的な；衝撃的な. una declaración explosiva 爆弾宣言. ❷〘音声〙破裂音の. ―男 爆薬. ―女 破裂音.

explotable 形 開発 [利用] 可能な.

explotación 女 ❶ (資源等の) 開発, 利用；産業施設. ～ minera 採鉱. ❷ 搾取.

explotador, dora 形 ❶ 搾取する. ❷ 開発する；経営する. empresa *explotadora* petrolífera 石油採掘会社. ―男 女 搾取者；開発 [経営] 者.

explotar [エスプロタル] 他〔英 exploit〕❶ (資源等を) **開発する**, 開拓する；経営する. ❷ 搾取する；悪用する. ～ la inocencia 無知につけ入る. ❸ 爆発させる. ―自 ❶ 爆発する；怒りを爆発させる. ❷ (車が) パンクする (→ reventarse 地域差).

expoliación 女 略奪, 強奪.

expoliador, dora 形 男 女 略奪者 (の).

expoliar 17 他 略奪する；《**de**》(…を) …から奪う.

expolio 男 略奪, 強奪.

expón 活 → exponer.

expondr- 活 → exponer.

exponencial 形 (増加等が) 急激な.

exponente 男 ❶ 代弁者；典型；指標. ❷〘数〙冪 (べき) 指数.

exponer [エスポネル] 75 他 [過分 expuesto, ta]〔英 expose〕❶ **展示する**；述べる, 表明する. ～ un plan 計画を披露する. ❷《**a**》(…に) さらす, 露出する；危険にさらす. ～ la vida 命を危険にさらす. ～ *a* la luz 光に当てる. ―自 出品する, 発表する. ―**exponerse** 再《**a**》(…に) 身をさらす；危険を冒す. ～ *al* sol 日光に当たる. *Se expone a* que le despidan. 彼は解雇されるかもしれない.

expong- 活 → exponer.

exportable 形 輸出できる.

exportación 女 輸出 (品).

exportador, dora 形 輸出する. país ～ 輸出国. ―男 女 輸出業者.

exportar [エスポルタル] 他〔英 export〕**輸出する** (↔importar).

exposición [エスポシシオン] 女 [複 exposiciones]〔英 exposition〕❶ **展覧会**, 展示会. *E*～ Universal 万国博覧会. ❷ 展示, 陳列. ❸ 提示, 説明. hacer una ～ de sus opiniones 自分の意見を発表する. ❹《**a**》(光・危険等に) さらすこと；〘写〙露出. ❺〘音〙〘演〙導入部.

exposímetro 男〘写〙露出計.

expositivo, va 形 説明の.

expósito, ta 形 男 女 捨て子 (の).

expositor, tora 形 出品 [展示] する；説明する. ―男 女 出品 [発表] 者. ―男 陳列棚.

exprés 形 急行 [速達] の. ―男 ❶ 急行列車 (=tren ～). ❷ エスプレッソ・コーヒー (=café ～).

expresa 形 → expreso.

expresable 形 表現可能な.

expresar [エスプレサル] 他〔英 express〕**表す**, 表現する. ～ una opinión 意見を述べる. ―**expresarse** 再 言いたいこと [思い] を伝える.

expresión [エスプレシオン] 女 [複 expresiones]〔英 expression〕❶ **表現**；語句, 言い回し. ～ literaria 文語的表現. Perdone la ～. 失礼な表現をお許しください. ❷ (気持ちの) 表出；表情. en ～ de mi agradecimiento 私の感謝のしるしとして. tener mucha ～ 豊かな表現力をもつ. ❸〘数〙式. ～ algebraica 代数式. ***reducir a la mínima ～*** 最小限にする.

expresionismo 男 表現主義.

expresionista 形 男 女 表現主義 (派) の (芸術家).

expresividad 女 表現力 (の豊かさ).

expresivo, va 形 ❶ 表現力のある；表情豊かな. ❷ 愛情のこもった.

expreso, sa [エスプレソ, サ] 形 ❶ 明示された. ❷ 急行の. ―男〔英 express〕❶ **急行** (列車) (=tren ～). ❷ 速達郵便. ❸《ラ米》(アルゼンチン) 輸送会社. ―副 わざと；わざわざ. ―活 → expresar.

exprimidor 男 (果汁の) 絞り器.

exprimir 他 ❶ (果物等を) 絞る；《ラ米》(洗濯物等を) 絞る (→ escurrir 地域差). ❷ …から絞り取る. ―**exprimirse** 再 知恵を絞る. ～ el cerebro 頭を絞る.

ex profeso [ラ] わざわざ；もっぱら.

expropiación 女 収用；[主に複] 収用した物.

expropiar ⑰ 他 (土地等を) 収用する.

expuesto, ta 過分 → exponer. 形 ❶ ((a)) (…に) さらされた. ❷ 危険な.

expugnar 他 (武力で) 奪取[占拠]する.

expulsar 他 ❶ ((de)) (…から) 追い出す; 退学[退場]させる. ❷ 排出する.

expulsión 女 ❶ 追放, 放逐. ❷ 排出.

expulsor, sora 形 放出する. ― 男 排出装置; エゼクター.

expurgación 女 ❶ 浄化, 粛正. ❷ 検閲削除.

expurgar 66 他 ❶ 浄化する. ❷ (不穏当な箇所を) 削除する, カットする.

expurgatorio, ria 形 浄化する; 検閲削除される.

expurgo 男 → expurgación.

expus- 活 → exponer.

exquisitez 女 ❶ 美味 (なもの). ❷ 洗練; 素晴らしさ.

exquisito, ta 形 ❶ おいしい; 見事な, 絶妙な. ❷ 優美な, 洗練された.

extasiar 31 他 うっとりさせる, 恍惚(こう)とさせる. ― **extasiarse** 再 ((con)) (…に) うっとりする, 恍惚となる.

éxtasis 男 [単複同形] ❶ 恍惚(こう), 有頂天; エクスタシー. entrar en ～ うっとりする. ❷ 〖宗〗 法悦, 脱魂. ❸ エクスタシー: 麻薬の一種.

extático, ca 形 有頂天の; うっとりした.

extemporáneo, a 形 ❶ 季節外れの. ❷ 時機を逸した, 的を射ない.

extender [エステンデル] 101 他 [英 extend] ❶ **広げる**, 伸ばす. ～ el brazo 腕を伸ばす. ❷ 拡大する, 普及させる. ～ la fe cristiana キリスト教を広める. ❸ (書類を) 作成する. ～ el certificado 証明書を発行する. ❹ 薄く伸ばす. ― **extenderse** 再 ❶ 広まる. ❷ 広がる. ❸ 及ぶ; 伸びる. ❹ 長々と述べる. ❺ 大の字に横たわる.

extensa 形 → extenso.

extensible 形 広げられる, 伸ばせる.

extensión [エステンシオン] 女 [複 extensiones] [英 extension] ❶ **広がり**, 範囲; 面積. tener una ～ de ... …の面積がある. ❷ 伸長, 拡張; 拡大. ❸ (電話の) 内線. ❹ 〖論〗 外延; (語義の) 拡張. en toda la ～ de la palabra あらゆる意味で. por ～ 広義で.

extensivo, va 形 ((a)) (…に) 適用される. ***hacer*** ～ …を広げる, 伝える. *Hago* ～ mi agradecimiento a ... …に感謝いたします.

extenso, sa [エステンソ, サ] 形 [英 extensive] **広い**; 広範な; 長い. ***por*** ～ 十分に, 詳細に.

extensor, sora 形 伸張性の. ― 男 〖解〗 伸筋 (= músculo ～).

extenuación 女 疲弊, 衰弱.

extenuante 形 疲れ果てさせる.

extenuar 58 他 疲れ[衰弱]させる. ― **extenuarse** 再 疲れ果てる.

exterior [エステリオル] 形 [英 exterior] ❶ **外の**, 外部の, 外側の (↔ interior). habitación ～ 外[通り]に面した部屋. ❷ 外国の, 対外的な. Ministerio de Asuntos *E～es* 外務省. comercio ～ 貿易. ― 男 ❶ 外側, 外面; 外部. ❷ 外観, 外見. ❸ [複] 〖映〗 ロケーション, 野外シーン.

exterioridad 女 ❶ 外部, 外面, 外観. ❷ [主に複] 虚飾.

exteriorización 女 表面化.

exteriorizar 57 他 (感情等を) 表面化する.

exteriormente 副 外部から; 外見は.

exterminador, dora 形 破壊的な, 根絶[絶滅]させる. ― 男 女 根絶するもの[人].

exterminar 他 根絶する, 絶滅させる.

exterminio 男 根絶, 絶滅.

externado 男 通学生 (の学校). ►「寄宿学校」は internado.

externalización 女 外部委託, 外注.

externo, na 形 ❶ 外側の; 外的な. ❷ 対外的な. ❸ 通いの. ― 男 女 通学生.

extiend- 活 → extender.

extinción 女 ❶ 消す[消える]こと; 消火, 消灯. ❷ 消滅; 絶滅.

extinguidor 男 ((ラ米)) 消火器.

extinguir 46 他 ❶ (火・明かりを) 消す. ❷ 消滅させる; 終わらせる. ― **extinguirse** 再 ❶ (火・明かりが) 消える. ❷ なくなる, 終わる; 失効する.

extinto, ta 形 ❶ 消えた; 絶えた. volcán ～ 死火山. ❷ 亡くなった. ― 男 女 故人.

extintor, tora 形 消火の. ― 男 消火器.

extirpable 形 摘出できる; 根絶できる.

extirpación 女 摘出; 根絶.

extirpar 他 ❶ すっかり抜き取る; 〖医〗 摘出[切除]する. ❷ 根絶させる.

extorsión 女 ❶ ゆすり; 強奪. ❷ 迷惑.

extorsionar 他 ❶ ゆする; 強奪する. ❷ 迷惑をかける.

extorsionista 男 女 ゆすり[たかり]屋.

extra 形 ❶ 極上[上等]の. ❷ 臨時の, 余分の. ― 男 女 〖映〗〖演〗 エキストラ. ― 男 ((話)) 臨時手当, 賞与, ボーナス.

extracción 女 ❶ 引き抜くこと, 摘出; 抽出; 採掘. ❷ 家柄, 血筋. ❸ 〖数〗 根を求めること.

extractar 他 要約[抜粋]する.

extracto 男 ❶ 要約, 抜粋. ❷ 抽出物, エキス.

extractor, tora 形 抽出する. ― 男 排気装置, 換気扇.

extradición 女 (国外に逃げた犯人の) 引き渡し, 送還.

extraditar 他 (逃亡犯の身柄を) 他国の政府[警察]に引き渡す.

extradós 男 (アーチ・丸天井の) 外輪.

extraer 104 他 ❶ 引き抜く, 摘出する. ❷ (エキス等を) 抽出する. ❸ (解釈等を) 引き出す; 〖数〗 根を求める.

extraescolar 形 学外の, 課外の. actividades ～*es* 課外活動.

extrafino, na 形 最上の, 極上の.

extrajudicial 形 裁判[法廷]外の.

extralegal 形 法の領域外の, 超法規的な.

extralimitación 女 (権限の) 乱用, 越権.

extralimitarse 再 ((en)) ❶ (…で) 度を越す. ～ *en* la dieta 行き過ぎたダイエット

をする. ❷(権限等を)乱用する.
extramarital 形 婚外(交渉)の. relación ～ 婚外交渉.
extramatrimonial 形 婚姻外の.
extramuros 副 市外[郊外]で[に].
extramusical 形 音楽(作品)外の.
extranjera 形 → extranjero.
extranjería 女 外国人であること；外国人の法的身分. ley de ～ 外国人法.
extranjerismo 男 ❶〖言〗外来語；外国語風の言い回し. ❷外国好き[かぶれ].
extranjerizar 57 他 外国風にする. ― **extranjerizarse** 再 外国風になる.
extranjero, ra [エストゥランヘロ,ラ] 形 〔英 foreign〕外国の. lengua *extranjera* 外国語. ― 男 女 外国人. ― 男 外国. ir al ～ 外国へ行く.
extranjis *de* ～ 〖話〗こっそりと, 秘密に.
extraña 形 → extraño. ― 活 extrañar.
extrañamiento 男 国外追放.
extrañar [エストゥラニャル] 他 〔英 surprise〕❶ 不思議に思わせる, 驚かせる；〖que＋接続法〗(…とは) 奇妙である. Eso me *extraña*. それは変だ. Me *extraña que* Isabel no haya llegado. イサベルがまだ着いていないなんて変だ. ❷ …になじめない, 変な感じがする. No he dormido bien porque *extraño* la cama. ベッドが変わってよく眠れなかった. ❸ …が(い)ないのを寂しく思う. Te *extraño* mucho. 君がいなくてとても寂しい. ❹(国外)追放する. ― **extrañarse** 再 〔英 wonder〕〖de / de que＋接続法〗(…を) 不思議に思う, 奇妙に思う. *Me extraño de que* no venga Antonio. アントニオが来ないなんて不思議だ.
extrañeza 女 奇妙なこと；驚き.
extraño, ña [エストゥラニョ,ニャ] 形 〔英 strange〕❶ 奇妙な, 不思議な；異質の. Es ～ que 〈＋接続法〉. …とは変だ. cuerpo ～ 異物. ❷〖a〗(…に) 無関係の, 無縁の；よその. ― 男 女 よそ者, 部外者. ― 男 不意の動き, 予期しない動作. ― 活 → extrañar.
extraoficial 形 非公式の.
extraordinario, ria [エストゥラオルディナリオ,リア] 形 〔英 extraordinary〕❶ 異常な；突飛な. frío ～ 異常な寒さ. ❷ 並外れた, 非凡な, すばらしい. ❸ 臨時の, 特別な. paga *extraordinaria* ボーナス. horas *extraordinarias* 残業時間. ― 男 ❶ 特別版；号外. ❷ 臨時支出. ― 女 ボーナス, 賞与.
extraparlamentario, ria 形 (国会に) 議席を持たない.
extraplano, na 形 超平面の, 超薄型の.
extrapolable 形 拡大適用可能な.
extrapolación 女 ❶(既存の資料に基づく) 推定. ❷(語句等の) 抜粋.
extrapolar 他 自 ❶(事実から) 結論を導く, (既存の資料に基づき) 推定する. ❷(語句等を) 抜粋する. ❸〖数〗外挿する.
extrarradio 男 郊外.
extrasensorial 形 超感覚的な.
extraterrestre 形 地球外の. ― 男 女 宇宙人.
extraterritorial 形 治外法権の.
extraterritorialidad 女 治外法権.
extrauterino, na 形〖解〗子宮外の.
extravagancia 女 突飛なこと, 奇行.
extravagante 形 風変わりな. ― 男 女 変人.
extravasación 女〖医〗溢血(いっけつ).
extravasarse 再〖医〗溢血(いっけつ)する.
extraversión 女 → extroversión.
extravertido, da 形 男 女 → extrovertido.
extraviar 31 他 ❶ 道に迷わせる. ❷ 紛失する. ❸(目を) きょろきょろさせる. ～ la mirada 目をうつろにする. ― **extraviarse** 再 ❶ 道に迷う. ❷ なくなる. *Se* me *han extraviado* los documentos. 私は書類をなくしてしまった. ❸ 道を踏み外す.
extravío 男 ❶ 紛失. ❷[主に複] 堕落, 道を踏み外すこと. ～*s* de juventud 若げのいたり. ❸〖話〗面倒, 迷惑.
extrema 形 → extremo.
extremado, da 形 ❶ 極端な. ❷ 最高の.
Extremadura 固名 エストレマドゥーラ：スペイン中西部の地方；スペインの自治州.
extremar 他 極端なまでにする. ～ la prudencia 極端に用心する. ― **extremarse** 再〖en〗(…に) 一生懸命になる；細心の注意を払う.
extremaunción 女〖カト〗終油(の秘跡).
extremeño, ña 形 男 女 エストレマドゥーラの(人).
extremidad 女 ❶ 端, 先端. ❷[複] 手足.
extremismo 男 過激主義[論].
extremista 形 過激派の, 極端論の. ― 男 女 過激派(の人), 極端論者.
extremo, ma [エストゥレモ,マ] 形 〔英 extreme〕❶ 端の, 先端の, 極限の. el *E*～ Oriente 極東. ❷ 極度の；極端な. calor ～ 酷暑. *extrema* derecha 極右派. ― 男 〔英 terminal; extreme〕❶ 端, 先端, 末端. ❷ 極端, 限度；極端な態度. en ～ 極度に, ひどく. en último ～ 最後の手段として. llegar al ～ de ... …の限界に達する. Los ～*s* se tocan. 〖諺〗両極端は相通じる. ❸(サッカー等の) ウイング. ❹ 論点, 問題点.
extremoso, sa 形 (感情等が) 大げさな, 極端な；やたらにべたべた[ちやほや]する.
extrínseco, ca 形 外部からの.
extroversión 女 外向性.
extrovertido, da 形 男 女 外向的な(人).
extrusión 女〖技〗(金属・合成樹脂等の) 押し出し成形.
exuberancia 女 豊富, 充満.
exuberante 形 豊富な.
exudación 女 しみ出ること；〖医〗滲出(しんしゅつ).
exudado 男〖医〗滲出(しんしゅつ)液.
exudar 他 自 しみ出させる[出る].
exultación 女 歓喜, 大喜び.
exultante 形 歓喜の, 有頂天になった.
exultar 自 歓喜する.
exvoto 男〖宗〗(祈願成就の感謝を表す) 奉納物.

E

eyaculación 女 射精. ～ precoz 早漏.
eyacular 他 射精する.
eyección 女 排出, 噴出, 射出.
eyectar 他 排出する, 射出する.
eyector 男 排出装置.
Ezequiel 固名 〖聖〗エゼキエル書：旧約の預言書の1つ《略 Ez》.

Ff

F, f [エフェ] 女 スペイン語字母の第6字.
fa 男 〖音〗ファ, へ音. clave de *fa* へ音記号.
fabada 女 (スペイン, アストゥリアス地方の) 白インゲン豆やソーセージ等の煮込み料理.
fábrica [ファブリカ] 女 〔英 factory〕 ❶ 工場, 製作所. precio de ～ 工場渡し価格. ❷ 製造, 製作. marca de ～ 商標. ❸ 石[れんが]造り.
fabricación 女 製造；製品.
fabricante 形 製造[生産]する. ── 男 女 製造業者, 生産者.
fabricar 26 他 ❶ 製造[生産]する. ❷ 築く；作り上げる.
fabril 形 製造の, 工場[工員]の.
fábula 女 ❶ 寓話(ぐう). ❷ 神話. ❸ 作り話；うわさ話. ***de ～*** 《話》すごい, すごく；すばらしい, すばらしく. pasárselo *de* ～ とても楽しく過ごす.
fabulación 女 物語の創作, 空想.
fabulador, dora 男 女 寓話作家；空想家.
fabular 他 ❶ 物語を創作[空想]する. ❷ 作り話をする.
fabulista 男 女 寓話(ぐう)作者.
fabuloso, sa 形 ❶ 寓話(ぐう)の；架空の. relato ～ 寓話. ❷ 驚くほどの；法外な. ── 副 《話》すばらしく. pasárselo ～ とても楽しく過ごす.
faca 女 (刀身が湾曲した) 大型ナイフ.
facción 女 ❶ 党派；徒党. ❷ [複] 容貌(ぼう).
faccioso, sa 形 徒党の；反乱を起こす. ── 男 女 徒党の一味；反逆者.
faceta 女 側面, 様相；(多面体の) 面.
facha 形 男 女 《話》ファシスト (の). ── 女 ❶ 《話》外観；容姿. ❷ 《話》不格好. ❸ 《ラ米》(チ)うぬぼれ；見え.
fachado, da 形 《bien [mal] を伴い》顔立ち[見かけ] の良い [悪い]. ── 女 ❶ (建物の) 正面, 外面, ファサード. ❷ 《話》見かけ, うわべ. ***hacer fachada ...*** …に面している.
fachenda 女 《話》見え；うぬぼれ.
fachendear 自 《話》うぬぼれる, 見えを張る.
fachendista / fachendoso, sa 形 男 女 《話》虚栄心[うぬぼれ] の強い (人).
fachería 男 《集合的》ファシスト (集団).
fachoso, sa 形 《話》❶ 見た目の悪い, みっともない. ❷ 《ラ米》(エクアドル)(チ)(メキシコ)うぬぼれた.
facial 形 顔の, 顔面の.
facies 女 [単複同形] 顔つき.
fácil [ファしル] 形 〔英 easy〕 ❶ 簡単な, やさしい, 容易な (↔ difícil). Es ～ decirlo. それを言うのは簡単だ. ～ de usar 使いやすい. ❷ 素直な, 従順な. ❸ ふしだらな, 尻軽(しりがる)な. ── 副 容易に, 簡単に. ***ser ～ que*** 〈+接続法〉…はありそうだ, …しそうだ.
facilidad [ファしりダ(ドゥ)] 女 〔英 ease, easiness〕 ❶ 容易さ, たやすさ, 簡単 (↔ dificultad). con ～ 簡単に. ❷ 能力, 素質；性質. ❸ [主に複] 便宜, 機会. ～*es* de pago 分割払い.
facilillo, lla 形 《皮肉》たやすい.
facilitación 女 容易にすること；便宜, 提供.
facilitador, dora 形 容易にする.
facilitar [ファしりタル] 他 〔英 facilitate〕 ❶ 容易にする. Tus indicaciones nos *facilitaron* el trabajo. 君の指示で私たちの仕事は楽になった. ❷ 提供[供与]する. ❸ 《ラ米》甘く見る.
fácilmente 副 ❶ 容易に. ❷ 《話》おそらく.
facilón, lona 形 《軽蔑》ごく簡単な；低俗な.
facilongo, ga 形 《話》たやすい.
facineroso, sa 形 男 女 常習犯 (の).
facistol 男 (教会の) 聖書 (朗読) 台, (聖歌の) 楽譜台.
facón 男 《ラ米》(アルゼンチン)(ボリビア)(パラグアイ)(ウルグアイ) (ガウチョ gaucho が携帯する) 短刀.
facsímil / facsímile 男 複写；ファクシミリ. ── 形 複写[複製]の.
factible 形 実現できる, 実行可能な.
facticio, cia 形 人為的な, 人工の.
fáctico, ca 形 《文》現実の；事実に基づいた. poderes ～*s* 当局 (銀行・教会・新聞社等).
factitivo, va 形 〖文法〗使役の.
factor 男 ❶ 要因, 要素. ❷ 〖数〗因数, 因子. ～ primo 素因数. ❸ (鉄道の) 荷物[貨物]係；代理商, 仲買人.
factoría 女 工場.
factorial 女 〖数〗階乗. ── 形 因数の.
factorización 女 〖数〗因数分解.
factótum 男 女 ❶ 《話》何でも屋. ❷ 《話》腹心, 右腕.
factual 形 事実の, 事実に基づいた.
factura 女 ❶ 請求書；送り状. ❷ 出来上り, 仕上げ. ***pasar la ～*** (1) 請求書を提出する. (2) 《話》…につけを回す. (3) 《話》見返りを要求する.
facturación 女 ❶ 請求書[送り状] の作成. ❷ (空港・駅等で) 荷物を送る手続き.
facturar 他 ❶ 請求書[送り状]を作成する；勘定を請求する. ❷ (荷物の) 発送手続きをする.
fácula 女 〖天文〗(太陽面の) 白斑(はん).
facultad [ファクるタ(ドゥ)] 女 〔英 faculty〕 ❶ 能力, 才能, 技量. tener ～*es* para la música 音楽の才能がある. ❷ 権限, 権力. ❸ [主に F-] (大学の) 学部；(学部の) 建物.
facultar 他 《para》(…の) 権限[資格, 許可]を与える.
facultativo, va 形 ❶ 任意[随意]の. asignatura *facultativa* 選択科目. ❷ 医師による. ❸ (大学を出た) 専門職の. ── 男 女 ❶ (大学を出た) 専門職の人. ❷ 医師；外科医.
faculto, ta 形 《ラ米》(ベネズエラ) 《話》熟練

F

［精通］した．― 男 女 専門家．

facundia 女 能弁，雄弁．

facundo, da 形 能弁［雄弁］な．

fado 〔ポ〕 男 ファド：ポルトガルの民謡．

faena 女 ❶ 仕事，作業．las ～*s* del campo 農作業．❷ 卑劣な［汚い］やり方．¡Vaya ～!（やり方が）汚いなあ．❸〖闘牛〗ファエナ：牛にとどめを刺すまでの一連の技．❹《ラ米》(1)(キューバ)農園での時間外労働．(2)(グアテマラ)重労働．***meterse en ～*** 仕事を始める．

faenar 自 漁をする；農作業をする．― 他《ラ米》(アルゼンチン)(ウルグアイ)畜殺する．

faenero, ra 形 漁をする．

faetón 男 フェートン：軽４輪馬車．

fagocitario, ria 形〖生〗食細胞の．

fagocito 男〖生〗食細胞．

fagocitosis 女［単複同形］食菌作用．

fagot 〔仏〕 男〖音〗ファゴット．― 男 女 ファゴット奏者．

fagotista 男 女 ファゴット［バスーン］奏者．

faisán 男〖鳥〗キジ．

faite 男《ラ米》(ペルー)《俗》紳士然とした悪党．

faja 女 ❶ バンド，帯（状のもの，土地）．❷ ガードル，コルセット．～ pantalón ロングガードル．❸（軍人等の）懸章．

fajado, da 形 帯を巻いた．― 男〖鉱〗坑木．― 女 殴ること．

fajador, dora 男 パンチを連発するボクサー．― 男 女 困難にくじけず立ち向かう人．

fajadura 女 帯を巻くこと．

fajamiento 男 → fajadura.

fajar 他 ❶ 帯で包む［締める］．❷〖スポ〗殴る．― **fajarse** 再 ❶ 帯を締める．❷ 殴り合う．❸ 一生懸命努力する．❹ パンチをかわす．

fajín 男 飾り帯．

fajina 女 ❶（刈り取った）穀類の束；薪(まき)の束．❷〖軍〗食事らっぱ．❸《ラ米》(メキシコ)労働者の集団；(中米)(単調な) 肉体労働．

fajo 男（細長いものの）束．

fakir 男 → faquir.

falacia 女 ❶ 虚偽；詐欺．❷ 誤り．

falange 女 ❶〖解〗指［趾(し)］骨．❷ 部隊，大隊．***F～ Española*** スペイン・ファランヘ党．► 1933年結成のファシズム政党．

falangeta 女〖解〗第三指［趾(し)］骨．

falangina 女〖解〗第二指［趾(し)］骨．

falangio 男 ❶〖動〗メクラグモ，ザトウムシ．❷〖植〗ユリ科の植物．

falangismo 男 ファランヘ主義．

falangista 形 ファランヘ党の．― 男 女 ファランヘ党員．

falansterio 男 ファランステール：(1) フランスの空想社会主義者フーリエの主唱した共同生活団体．(2) 共同住宅．

falaz 形 偽り［虚偽］の；欺く．

falda ［ファるダ］ 女 〔英 skirt〕 ❶ **スカート**（→地域差）．～ fruncida ［pantalón］ ギャザー［キュロット］スカート．❷ 山裾(やますそ)，ふもと．❸［複］《話》女性．❹（座った女性の）膝(ひざ)の部分．❺［主に複］mesa camilla の覆い［カバー］．❻（牛の）脇腹(わきばら)肉．***estar pegado a las ～s de ...***（女性に）依存している，べったりである．

地域差 スカート falda《ほぼスペイン語圏全域》；enagua(s)《ラ米》(ニカラグア，コスタリカ)；pollera (チリ)(パラグアイ，ウルグアイ，アルゼンチン)；saya (キューバ)．

faldellín 男 長いスカートの上に重ねてはく短いスカート．

faldeo 男《ラ米》(アルゼンチン)(チリ)《話》山裾(すそ)．

faldero, ra 形 ❶ スカートの．❷《話》女好きな．― 男《話》女好き．***perro ～***《話》ペットの子犬；…に服従する人，従順な人．

faldillas 女 複〖服〗すそ．

faldón 男 ❶〖服〗すそ．❷（洗礼式用）ベビー服．❸〖建〗切妻．❹ 鞍(くら)のたれ．

faldriquera 女 → faltriquera.

faldudo, da 形《話》傾斜地の，急勾配(こうばい)の．

falena 女〖昆〗シャクガ．

falencia 女《ラ米》破産，倒産．

falibilidad 女 誤りに陥りやすいこと．

falible 形 誤りがちな．

fálico, ca 形 陰茎の，男根の．

falla 女 ❶ 欠陥，きず．❷〖地質〗断層．❸《ラ米》(1) 欠点；誤り．(2)（車の）故障（→ avería 地域差）．❹［複］［主に F-］（スペイン，バレンシアでサン・ホセの日［３月19日］を中心に行われる）火祭り．❺ ファリャ：バレンシアの火祭りで燃やされる張り子の人形．

fallar 他 ❶（判決を）下す；（賞等を）決定する．❷ …に失敗する．― 自 ❶ だめになる，弱くなる．❷ 失敗する．❸ 予想が外れる，期待に背く．

falleba 女（扉・窓の）掛金．

fallecer 76 自 亡くなる．

fallecido, da 形 亡くなった．― 男 女 故人．

fallecimiento 男 死亡，死去．

fallero, ra 形（スペイン，バレンシアの）サン・ホセの火祭りの．→ falla ④．― 男 女 ファリャの製作者；火祭りに参加する人．

fallido, da 形 ❶ 失敗した，期待外れの．❷〖商〗回収不能の，不渡りの．

fallo 男 ❶ 裁決，判決．❷ 欠陥．❸ 誤り．

fallón, llona 形 男 女《話》よく失敗する（人）．

falluto, ta 形《ラ米》(ラプラタ)《話》約束を守らない；うそつきの，不誠実な．― 男 女《ラ米》(ラプラタ)《話》うそつき．

falo 男 陰茎，男根（= pene）．

falsa 形 → falso.

falsario, ria 形 偽る．― 男 女 うそつき．

falseador, dora 形 偽る，歪曲(わいきょく)する．

falseamiento 男 歪曲(わいきょく)；偽り．

falsear 他 偽る，歪曲(わいきょく)する；偽造する．― 自 ❶ 強度を失う．❷ 調子［音］が外れる．

falsedad 女 偽り，うそ．

falseo 男 捏造(ねつぞう)，偽造．

falseta 女〖音〗ファルセータ：伴奏ギターの独奏部分．

falsete 男 ❶〖音〗裏声，ファルセット．❷（樽(たる)の）栓．

falsía 女 偽善；不誠実；二心．

falsificación 女 偽造（したもの）．

falsificado, da 形 偽造の；偽りの．

falsificador, dora 形 偽造する．― 男 女 偽造者．

falsificar 26 他 偽造する．

falsilla 女 下敷き用罫紙(けいし)．

falso, sa ［ファるソ，サ］ 形 〔英 false〕 ❶ **うその**，偽りの（↔ verdadero）．una *falsa* alarma いたずら警報. 〜 testimonio 偽証. pasaporte 〜 偽造パスポート. ❷ 見せかけの, うわべだけの；(人が) 不誠実な. ── 男 女 見せかけだけの人；偽善者. ── 男 ❶ (裏当て) 布, 裏地. ❷《ラ米》(ﾆｶﾗｸﾞｱ)(ｴｸｱﾄﾞﾙ)偽証；屋根裏(部屋) ***en* 〜** 偽って；誤って.

falta［ファるタ］女〔英 lack; fault〕❶ **不足**, 欠乏. 〜 de preparación 準備不足. ❷ **過ち**, 間違い；違反；〖スポ〗反則. 〜 leve 軽犯罪. 〜 de ortografía スペルミス. doble 〜 (テニスの) ダブルフォールト. ❸ 欠席, 欠勤；(人が) いないこと. ❹ 無月経. ── 活 → faltar. ***a* 〜 *de* ...** …が(い) ないので. ***echar (a) ... en* 〜** …が(い) なくて寂しく思う. ***encontrar* [*coger*] *a ... en* 〜** …の違反しているところを捕まえる[押さえる]. ***hacer* 〜** 必要である；《**que**＋接続法》…する必要がある. A esta sopa le *hace* 〜 sal. このスープは塩が足りない. *Hace* 〜 *que* se lo avisemos. 彼にそれを知らせる必要がある. ***hacer* 〜 *a* ...** …に対して反則を犯す. ***poner* 〜 *a* ...** …の欠席を記録する. ***por* 〜 *de* ...** …の不足で. ***sacar* 〜*s a* ...** …の欠点を探す. ***sacar una* 〜** フリーキックをする. ***sin* 〜** 必ず.

faltante 形 男 女 欠けている (人). ── 男 欠けている分.

faltar［ファるタル］自〔英 lack〕❶ **足りない**, 欠けている. ❷ 必要である. *Falta* un cuchillo para cortar el pastel. ケーキを切るのにナイフが必要だ. *Falta* que limpiemos la habitación. 部屋を掃除する必要がある. ❸ 残っている. *Faltan* dos semanas para las vacaciones. あと 2 週間で休暇になる. *Faltan* veinte para las cinco. 《ラ米》5時20分前だ. ❹《**a**》(…に) 行かない. No *faltéis a* la reunión. 集会には必ず来いよ. ❺《**a**》(…を) 欠く. 〜 *a* la palabra 約束を破る. 〜 *al* respeto 礼を欠く. 〜 *a* la verdad うそをつく. ❻《**en**》(…を) 仕損じる. *Faltó en* comunicárselo. それを彼に伝えなかった. ❼ (人が) 亡くなっている. Ya hace cinco años que *falta* mi padre. 私の父が亡くなってもう 5 年になる. ***〜 poco para* ...** もうすぐ…である；もう少しで…するところだった. *Faltó poco para* que la pillaran. 彼女はもう少しで車にはねられるところだった. ***〜 por* ...** …することになっている. ***(no) faltaba* [*faltaría*] *más*** もちろんだ；どうぞどうぞ. ***lo que me* [*nos* ...] *faltaba por oír* [*ver*]** 《ばかげた事に対する拒絶》聞きたく[見たく]もない. ***por si falta algo*** その上. ***sólo faltaba* [*faltaría*] *que*** 〈＋接続法〉 / ***no faltaba* [*faltaría*] *más que*** 〈＋接続法〉…なんてまっぴらだ. *No me faltaba más que* tuviéramos que quedarnos hasta muy tarde. 遅くまで居残りするのはまっぴらだ.

falto, ta 形《**de**》(…の) 不足した. ── 活 → faltar.

faltón, tona 形《話》❶ 約束[義務]を果たさない, ルーズな. ❷ 無礼な.

faltriquera 女 (腰に下げる) 巾着(きんちゃく).

falúa 女〖海〗ランチ, 小型艇.

falucho 男 三角帆の小型船.

fama［ファマ］女〔英 fame〕❶ **名声**, 有名. alcanzar la 〜 名声を得る. ❷ 評判, うわさ. de buena [mala] 〜 評判の良い[悪い]. ***de* 〜** 有名な.

Famatina 固名 Sierra de 〜 ファマティナ山脈：アルゼンチン西北部の山脈.

famélico, ca 形 飢えた；やせ細った.

familia［ファミりア］女〔英 family〕❶ **家族**, 家庭；子供たち. ¿Cuántos son en su 〜? ご家族は何人ですか. ❷ 一族；家柄. ❸ 仲間. ❹〖植〗〖動〗科. ❺〖言〗語族. ***en* 〜** 家族だけ[内輪]で；《皮肉》少人数で.

familiar［ファミりアル］形〔英 family; familiar〕❶ **家族の**, 家庭の. ❷ よく知っている. ❸ 打ち解けた. ❹〖言〗口語の. ❺ ファミリーサイズの. ── 男 ❶ 家族 (の一員)；親戚(しんせき). ❷ 異端審問の審問官.

familiaridad 女 ❶ 親しみ；家族的な待遇. ❷［複］なれなれしさ.

familiarizar 57 他《**con**》(…に) 親しませる, 慣れさせる. ── **familiarizarse** 再《**con**》(…に) 慣れる；(…と) 親しくなる.

familiarmente 副 家族的に；親しく.

familión 男 大家族.

famoso, sa［ファモソ, サ］形〔英 famous〕❶ **有名な**, 名高い；《**por**》(…で) 知られた. ❷《話》びっくりさせるような；面白い. ── 男 女 有名人, 著名人.

fámulo, la 男 女《文》召使い.

fan〔英〕男 女 ファン, 愛好家.

fanal 男 ❶ (港の) 標識灯；舷灯(げんとう). ❷ (ほこりよけの) ガラスのカバー［ふた］. ❸［複］《ラ米》〖車〗ヘッドライト (→ faro 地域差).

fanático, ca 形 狂信的な. ── 男 女 狂信者；［複］《ラ米》(サッカー等の) 熱狂的ファン[サポーター] (→ hincha 地域差).

fanatismo 男 狂信 (的行為)；熱狂.

fanatizar 57 他 狂信的[熱狂的]にする.

fandango 男 ❶ ファンダンゴ：3 拍子または 6 拍子のスペインの舞踊［舞曲］. ❷《話》大騒ぎ. ❸《ラ米》(ｱﾙｾﾞﾝﾁﾝ)(ﾁﾘ)混乱.

fandanguillo 男 ファンダンゴに似た踊り［舞曲］.

fané 形《ラ米》(ｱﾙｾﾞﾝﾁﾝ)(ｳﾙｸﾞｱｲ)やつれた.

faneca 女 ヨーロッパ産マダラの一種.

fanega 女 ❶ ファネガ：穀類・豆等の容量の単位. スペインでは55.5リットル. ❷ 面積の単位. 約64アール.

fanegada 女 → fanega ②.

fanerógamo, ma 形 顕花植物の.

fanfarria 女〖音〗ファンファーレ (を演奏する楽団).

fanfarrón, rrona 形 男 女《話》ほら吹き (の), 空威張りする (人).

fanfarronada 女《話》空威張り；ほら, 大げさででたらめな話.

fanfarronear 自《話》見えを張る；《**de**》(…を) 自慢する.

fanfarronería 女《話》虚勢を張ること；ほら.

fangal / fangar 男 ぬかるみ.

fango 男 ❶ 泥, ぬかるみ. ❷ 不名誉.

fangoso, sa 形 ぬかるんだ.

fantasear 自《**sobre**》(…を) 空想する. ── 他 空想する.

fantasía［ファンタシア］女〔英 fantasy〕❶ **空想**；ファンタジー. ❷［主に複］空想の産物. ❸〖音〗幻想曲. ***de* 〜** (衣服等が) 装飾の多い；イミテーションの.

F

fantasioso, sa 形 ❶ 空想[夢想]的な. ❷《話》見えっぱりの. ── 男 女 ❶ 夢想家. ❷ 見えっぱり.
fantasma 男 ❶ 幽霊. ❷ 脅威. ❸ 幻, 幻影;(テレビの) 仮像. ── 形 ❶ 幻の. pueblo ～ ゴーストタウン. ❷《話》見えっぱりの. ── 男 女《話》見えっぱり.
fantasmagoría 女 幻覚, 幻影.
fantasmagórico, ca 形 幻覚[幻影]の.
fantasmal 形 幽霊のような;非現実的な.
fantasmón, mona 形 見えっぱりの, うぬぼれた. ── 男 女 見えっぱり, うぬぼれ屋.
fantástico, ca [ファンタスティコ, カ] 形 [英 fantastic] ❶ **空想の**, 想像の. ❷《話》すばらしい, すごい. ── 副 すばらしく.
F
fantochada 女 ばかげた言動;うぬぼれ.
fantoche 男《話》おかしな格好の人, 不格好な人. ── 形 男 女 うぬぼれた(人).
fañoso, sa 形《ラ米》(ｶﾘﾌﾞ)(ﾍﾞﾈｽﾞｴﾗ)鼻声の.
faquir 男 (イスラム教・ヒンズー教の) 托鉢(たく)僧, 行者.
farad 男 [複 ～s]〖電〗→ faradio.
faradio 男 ファラッド:静電容量の単位.
faralá 男 [複 faralaes] ❶ フリル. ❷ [複]《話》ごてごてした飾り.
farallón 男 (海面から突き出した) 巨岩, 岩島.
farándula 女 ❶ 演劇界. ❷ (昔の) 旅芸人の一座.
farandulero, ra 男 女 旅回りの役者.
faraón 男 ファラオ:古代エジプト王の称号.
faraónico, ca 形 ❶ ファラオの. ❷《話》豪華な.
faraute 男 ❶ 使者. ❷《話》目立ちたがり屋.
FARC [ファル(ク)] 女 ⓚ *F*uerzas *A*rmadas *R*evolucionarias *C*olombianas コロンビア革命軍.
fardar 自 ❶《話》《de, con》(…を) 自慢する. ❷《話》見栄えがいい, かっこいい.
fardel 男 ずだ袋.
fardo 男 (衣類等の) 包み.
fardón, dona 形 ❶《話》気取った. ❷《話》かっこいい. ── 男 女《話》気取り屋.
farellón 男 → farallón.
fárfara 女〖生〗(卵の) 薄膜.
farfolla 女 ❶ トウモロコシ等の皮. ❷《話》見かけ倒しのもの.
farfulla 女《話》早口で[つかえながら]話すこと. ── 男 女 早口で[つかえながら]話す人.
farfullar 自 他《話》あわてて話す;口ごもる.
farfullero, ra 形 男 女《話》しどろもどろに話す(人).
farináceo, a 形 粉状の.
faringe 女〖解〗咽頭(いんとう).
faríngeo, a 形〖解〗咽頭(いんとう)の.
faringitis 女 [単複同形] 咽頭(いんとう)炎.
fariña 女《ラ米》(ｱﾙｾﾞ)(ｳﾙｸﾞ)キャッサバの澱粉(でんぷん), タピオカ.
fario 男 *mal* ～ 不運.
farisaico, ca 形 ❶ パリサイ人の (ような). ❷ 偽善的な.
farisaísmo / fariseísmo 男 パリサイ派の教義;偽善.
fariseo, a 男 女 ❶ パリサイ人. ❷ 偽善者. ── 形 偽善の.
farmacéutico, ca 形 薬学の;製薬の. ── 男 女 薬剤師.
farmacia 女 ❶ 薬学;(大学の) 薬学部. ❷ 薬局. ～ de guardia [《ラ米》de turno] 救急薬局. 地域差 救急薬局 farmacia de guardia《スペイン》《ラ米》(ﾒｷｼｺ);farmacia de turno《ほぼラ米全域》.
fármaco 男 薬, 薬剤.
farmacología 女 薬理学.
farmacológico, ca 形 薬理学の.
farmacólogo, ga 男 女 薬理学者.
farmacopea 女 薬局方, 調剤書.
faro 男 ❶ 灯台. ❷ [複]〖車〗ヘッドライト. 地域差〖車〗ヘッドライト faros《スペイン》《ラ米》(ﾒｷｼｺ)(ﾍﾞﾈｽﾞｴﾗ)(ｴｸｱﾄﾞﾙ, ﾍﾟﾙｰ); fanales (ﾒｷｼｺ); farolas (ｺﾛﾝﾋﾞｱ); faroles (ﾎﾝｼﾞｭﾗｽ)(ﾎﾞﾘﾋﾞｱ); focos (ｷｭｰﾊﾞ, ﾄﾞﾐﾆｶ共和国, ｱﾙｾﾞﾝﾁﾝ)(ｸﾞｱﾃﾏﾗ, ｺｽﾀﾘｶ)(ﾁﾘ); luz [luces]《ほぼラ米全域》.
farol 男 ❶ 街灯;カンテラ, ランタン;[複]《ラ米》〖車〗ヘッドライト (→ faro 地域差). ❷《話》虚勢(を張る人). tirarse [marcarse, echarse] un ～ 見えを張る. ❸〖闘牛〗カポーテ capote を宙に旋回させる技. ❹ いかさま. ❺《ラ米》(ｱﾙｾﾞﾝﾁﾝ)バルコニー. *¡Adelante con los ～es!*《話》がんばれ, 途中でくじけるな.
farola 女 (farol より大きい) 街灯;[複]《ラ米》〖車〗ヘッドライト (→ faro 地域差).
farolear 自《話》虚勢を張る.
faroleo 男《話》空威張り.
farolería 女 ❶ カンテラ屋 [工場]. ❷《話》空威張り.
farolero, ra 形《話》見えっぱりの. ── 男 女《話》見えっぱり;(街灯の) 点灯係.
farolillo / farolito 男 ❶ ちょうちん. ❷〖植〗フウリンソウ. ～ *rojo*《話》(競走等の) びり.
farra 女《話》お祭り騒ぎ. irse de ～ どんちゃん騒ぎをする. *tomar para la* ～《ラ米》(ｱﾙｾﾞﾝﾁﾝ)(ﾊﾟﾗｸﾞｱｲ)(ｳﾙｸﾞｱｲ)からかう.
fárrago 男 ごちゃ混ぜ.
farragoso, sa 形 ごちゃ混ぜの.
farrear 自《ラ米》(*)《話》どんちゃん騒ぎをする. ── **farrearse** 再《ラ米》(ｱﾙｾﾞﾝﾁﾝ)(ﾁﾘ)(ｳﾙｸﾞｱｲ)《話》お金を無駄使いする.
farrista 形《ラ米》(*)お祭り騒ぎの好きな;ふざけるのが好きな.
farruco, ca 形《話》頑固な, 挑戦的な.
farsa 女 ❶《話》茶番. ❷ 笑劇.
farsante, ta 形 とぼけた. ── 男 女 ❶ うわべだけの人. ❷ 喜劇役者.
fas *por ～ o por nefas*《話》理由があろうとなかろうと.
fascículo 男 ❶ 分冊. ❷〖解〗(神経・筋肉の) 束.
fascinación 女 魅了, 魅惑.
fascinante / fascinador, dora 形 魅惑[魅力]的な;すばらしい.
fascinar 他 魅了する.
fascismo 男 ファシズム.
fascista 形 ファシストの;ファシズムの. ── 男 女 ファシスト党員;ファシズム信奉者.
fascistoide 形 男 女 ファシズム寄りの(人).
fase 女 ❶ (変化・発展の) 段階;局面.

❷〘天文〙位相；〘電〙〘物〙相.
fastidiado, da 形 ❶《話》《de＋体の一部》(…が) 不調である；《con》(…で) (精神的に) 苦しんでいる. ❷《話》性格の悪い.
fastidiar [ファスティディアル] 17 他 ❶ うんざり[不快に]させる. ❷ 台無しにする, だめにする. ― **fastidiarse** 再〔英 get bored〕❶ **うんざりする**, 嫌になる. ❷ 辛抱する. ❸ だめになる, 台無しになる. *¡No fastidies!*《話》うそ[冗談]だろう.
fastidio 男 ❶ 不快, 面倒. ❷ 退屈. ― 活 → fastidiar.
fastidioso, sa 形 厄介[面倒, 退屈]な.
fasto, ta 形 幸運な, 縁起のいい. ― 男 豪華(な催し).
fastuosidad 女 華麗さ, 豪華さ.
fastuoso, sa 形 豪華[ぜいたく好き]な.
fatal [ファタる] 形〔英 fatal〕❶ 不運な；致命的な. ❷ 宿命的な, 不可避の. ❸《話》**ひどい**, 最悪[最低]の. ― 副《話》ひどく. *mujer* ～ 妖婦(ようふ), 悪女.
fatalidad 女 不運, 災い；運命, 宿命.
fatalismo 男 宿命論, 運命論.
fatalista 形 宿命論的な. ― 男 女 宿命論者.
fatalmente 副 ❶ 宿命的に. ❷ 不幸にも. ❸《話》ひどく.
fatídico, ca 形 不吉な, 縁起の悪い.
fatiga 女 ❶ 疲れ. ❷ 呼吸困難. ❸ [複] 苦労. ❹《話》遠慮.
fatigar 66 他 疲れさせる；息切れさせる；うんざりさせる. ― **fatigarse** 再 疲れる.
fatigoso, sa 形 ❶ 骨の折れる. ❷ 息苦しい.
fatigue(-) / fatigué(-) 活 → fatigar.
fatimí / fatimita 形 (イスラムの) ファーティマ朝の. ― 男 女 ファーティマの子孫.
fato 男 《ラ米》(アルゼンチン)(ウルグアイ)《話》怪しい[不正な]取引[仕事].
fatuidad 女 ❶ 愚かさ；愚行. ❷ うぬぼれ.
fatuo, tua 形 ❶ 愚かな. ❷ 思い上がった. *fuego* ～ 燐火(りんか), 鬼火.
fauces 女 複〘解〙口峡.
fauna 女 ❶ 動物相. ❷《話》《軽蔑》(人々の) 集団.
fauno 男〘ロ神〙牧神.
fausto, ta 形 幸せな. ― 男 豪華さ.
fauvismo 男〘美〙フォービズム, 野獣派.
favor [ファボル] 男〔英 favor〕❶ **好意**, 親切心. Quiero pedirte un ～. あなたにお願いしたいことがあります. hacer un ～ a ... …に恩恵を施す, 親切にする. ❷ 支援, 援助；寵愛(ちょうあい)；偏愛. ❸ [複]《婉曲》(女性が) 身を許すこと. *a* ～ *de* ... …に賛成の, …に味方して. las opiniones *a* ～ *de* ... …の賛成意見. ¿Está *a* ～ *de* la idea? その考えに賛成ですか. *de* ～ (切符等が) 無料の；特別の. *en* ～ *de* ... …のために；…を支持して. ***hacer el* ～ *de*** 〈＋不定詞〉(…して) いただく；…してくださる. ¿Me *hace el* ～ *de* bajarme la maleta? スーツケースを降ろしていただけますでしょうか. ***por* ～**《依頼表現と共に》どうぞ, どうか.
favorable 形 ❶ 有利な, 都合のよい. ❷《a》(…に) 好意的な.
favorecedor, dora 形 似合う, よく見せる.
favorecer 76 他 ❶ 有利に働く. ❷ よく見せる.
favorecido, da 形 恵まれた；特恵の.
favorita 女 (王・貴族の) 愛妾(あいしょう).
favoritismo 男 えこひいき.
favorito, ta 形 ❶ お気に入りの. ❷ 優勝候補の. ― 男 女 ❶ お気に入りの人[もの]. ❷ 優勝候補, 本命. ❸ 寵臣(ちょうしん).
fax [英] 男 ファックス.
faya 女 ファイユ：畝のある織物.
faz 女 ❶《文》顔. ❷ 表面；表.
F. C. 男 *F*útbol *C*lub サッカーチーム；*f*errocarril 鉄道.
FDN 女 *F*uerza *D*emocrática *N*icaraguense ニカラグア民主軍；*F*rente *D*emocrático *N*acional (メキシコ・ペルーの) 国民民主戦線.
fe [フェ] 女〔英 faith〕❶ **信頼**, 信用. tener *fe* en ... …を信頼[信用]する. ❷ **信仰**. ❸ 誓い, 誓約. a *fe* mía 誓って, 私の名誉にかけて. buena [mala] *fe* 善意[悪意]. ❹ 証明書. ***dar fe de ...*** …を証言[確言]する. ***fe de erratas*** 正誤表. ***fe del carbonero*** 素朴な信仰.
fealdad 女 醜さ；卑劣さ.
febrero [フェブレロ] 男〔英 February〕**2月**《略 feb., febr.》.
febrícula 女〘医〙微熱.
febrífugo, ga 形 解熱の. ― 男 解熱剤.
febril 形 ❶ 熱の. ❷ 激しい.
fecal 形 糞便(ふんべん)の.
fecha [フェチャ] 女〔英 date〕❶ **日付**, 年月日. poner la ～ 日付を記す. La carta tiene ～ de 20 de abril. 手紙は4月20日付だ. ❷ 日数. tardar varias ～*s* 数日かかる. ❸ 今, 現在. a estas ～*s* このごろ. hasta la ～ 現在まで, 今のところ.
fechador 男 ❶《スペイン》《ラ米》(チリ)日付印. ❷《ラ米》(アルゼンチン)(メキシコ)→ matasellos.
fechar 他 …に日付を入れる；…の年月日を確定する.
fechoría 女 ❶ 悪事, 犯罪. ❷ (子供の) いたずら.
fécula 女 澱粉(でんぷん).
feculencia 女 澱粉(でんぷん)を含んでいること.
feculento, ta 形 澱粉(でんぷん)質の.
fecundación 女 受胎, 受精.
fecundar 他 ❶ 受胎[受精]させる. ❷ 肥沃(ひよく)にする.
fecundidad 女 受胎能力；生産力, 創造力.
fecundizar 57 他 肥沃(ひよく)にする；受胎[受精]させる.
fecundo, da 形 ❶ 受胎できる. ❷ 肥沃(ひよく)な；多産の. escritor ～ 多作な作家.
fedatario, ria 男 女 公証人.
FEDER [フェデル] 男 *F*ondo *E*uropeo de *D*esarrollo *R*egional (EUの) 欧州地域開発基金.
federación 女 ❶ 連邦 (政府). ❷ 連合, 連盟. *F*～ Española de Fútbol スペインサッカー連盟.
federal 形 連邦 (制, 主義) の. gobierno ～ 連邦政府. ― 男 女 連邦主義者.
federalismo 男 連邦主義, 連邦制度.
federalista 形 連邦主義の, 連邦制の.

F

―男女 連邦主義者.

federar 他 連合させる. ― **federarse** 再 連合する；連合[連盟]に加入する.

federativo, va 形 連邦の；連合の. ―男 連合[連盟]の幹部.

Federico 固名 フェデリコ：男子の名.

feedback [フィドゥバ(ク)]〔英〕男〖IT〗フィードバック.

feeling [フィりン]〔英〕男 感覚, 直感.

féferes 男 複《ラ米》がらくた.

fehaciente 形 立証できる, 確実な.

feísmo 男 醜いものに芸術的価値を見出すこと.

felación 女 フェラチオ.

felatio 〔ラ〕女 → felación.

feldespato 男〖鉱〗長石

felices 形 複 → feliz.

F

felicidad [フェりしダ(ドゥ)] 女〔英 happiness〕**幸福**, 幸せ；幸運. con toda ～ 無事に. ***¡F～es! / ¡Muchas ～es!*** (新年・誕生日・クリスマス等の) おめでとう.

felicísimo, ma 形 [feliz の絶対最上級] 最高に幸せな.

felicitación 女 祝い；祝辞；祝いの手紙. telegrama de ～ 祝電.

felicitar [フェりしタル] 他〔英 congratulate〕《por》(…を) **祝う**, 祝辞を述べる. Te *felicito por* el ascenso. 昇進おめでとう. ― **felicitarse** 再《por》(…を) うれしく思う, 喜ぶ.

félido 男〖動〗ネコ科の動物；[複] ネコ科.

feligrés, gresa 男女 ❶ 教区の信者. ❷《話》常連客.

feligresía 女《集合的》教区民；教区.

felino, na 形〖動〗ネコの (ような)；ネコ科の. ―男〖動〗ネコ科の動物.

Felipe 固名 フェリペ：男子の名.

felipillo, lla 形《ラ米》(ペル)裏切る. ―男女 裏切り者.

felipismo 男 フェリペ主義：ゴンサレス Felipe González (スペイン社会党党首, 在任1982-96) の政策；その政治傾向.

felipista 形 男女 フェリペ主義 (者) (の).

feliz [フェりす] 形 [絶対最上級 felicísimo, ma] [複 felices]〔英 happy〕❶ **幸福な**, 幸せな；幸せをもたらす. ❷ 順調な, 無事な, 成功した. ¡*F～* viaje! どうぞよい旅行を. ❸ 的確な. ❹ 無邪気な. ***desearle a ... un F～ Año Nuevo*** …に新年のお祝いを言う. ***¡Felices Pascuas!*** クリスマスおめでとう. ***¡F～ Año Nuevo!*** 新年おめでとう.

felizmente 副 幸せに；無事に.

felón, lona 形 裏切りの. ―男女 裏切り者.

felonía 女 裏切り.

felpa 女 ❶ フラシ天 (ビロードの一種)；パイル[ループ]地. oso de ～ クマのぬいぐるみ. ❷《ラ米》(アルゼ)(チリ)(ウルグ)《話》たたくこと.

felpar 他 フラシ天で覆う[を敷き詰める].

felpear 他《ラ米》(ウルグ)(アルゼ)たたく；叱る.

felpudo, da 形 フラシ天のような；パイル[ループ]地の. ―男 ドア[玄関]マット.

femenil 形 女性特有の, 女性らしい.

femenino, na [フェメニノ,ナ] 形〔英 femenine〕❶ **女性の**；女らしい. ❷〖生〗雌の. sexo ～ 女性. flor *femenina* 雌花. ❸〖文法〗女性 (形) の. ―男〖文法〗女性形.

fementido, da 形 裏切りの；偽りの.

fémina 女 女性.

feminidad 女 女らしさ；めめしさ, 女性化.

feminismo 男 男女同権主義, 女性解放論, フェミニズム.

feminista 形 フェミニズムの, 男女同権主義の. ―男女 男女同権主義者, 女性解放論者.

feminización 女 ❶〖文法〗女性形にすること. ❷ 女性的に[女らしく]なること.

feminoide 形 (特に男性が) 女性的な.

femoral 形 大腿(だいたい)骨の.

fémur 男〖解〗大腿(だいたい)骨.

fenecer 76 自 死ぬ；終わる.

fenecimiento 男 死去；終了.

fenicio, cia 形 ❶ フェニキア (人) の. ❷《軽蔑》商売上手な. ―男女 フェニキア人. ―男 フェニキア語.

fénico 形〖化〗石炭酸の.

fénix 男 [単複同形] ❶ 不死鳥, 火の鳥. ❷ 第一人者.

fenol 男〖化〗フェノール, 石炭酸.

fenomenal 形 ❶《話》並外れた；すばらしい. ❷ 自然現象の, 現象の. ―副《話》すばらしく.

fenomenalismo 男〖哲〗現象論.

fenomenalmente 副 すばらしく；非常に.

fenómeno, na [フェノメノ,ナ] 形《話》すごい, すばらしい, 見事な. ―男〔英 phenomenon〕❶ **現象**, 事象；出来事. los ～*s* de la naturaleza 自然界の現象. ～ atmosférico 大気現象. ❷《話》並外れた人[もの], すごい人, 見事なもの. ❸ 珍奇なもの[人]；怪物.

fenomenología 女〖哲〗現象学.

feo, a [フェオ,ア] 形〔英 ugly〕❶ **醜い**, 美しくない. ❷ 不快な. ❸ 厄介な, 始末に負えない. ❹ 不法な, 不名誉な. ❺《話》まずい, くさい. ―男 侮辱, はずかしめ. hacer un *feo* a ... …を侮辱する, ばかにする. ―副 ひどく, 下手に. ***tocarle a ... bailar con la más fea*** …が貧乏くじを引く.

feracidad 女 肥沃(ひよく).

feraz 形 肥沃(ひよく)な.

féretro 男 棺, 柩(ひつぎ).

feria [フェリア] 女〔英 fair〕❶ **市**, 展示会 (場). ～ del campo [de ganado] 農産物[畜産]市. ～ del libro 書籍フェア. ～ internacional de muestras 国際見本市. ❷ **祭り**；縁日；《集合的》縁日に出るアトラクションや屋台. *F～* de Sevilla セビーリャの春祭り. ❸《ラ米》小銭 (→ suelto 地域差).

feriado 男《ラ米》(アルゼ)(チリ)(ウルグ)休日, 祭日.

ferial 形 男 市(いち)の (会場).

feriante 男女 (売買を目的に) 市(いち)に集まる人；(見本市の) 出品者.

feriar 17 他 ❶ (市で) 買う, 売る. ❷《ラ米》(ポ)(コロン)(アンデス)安売りする.

ferino, na 形 獰猛(どうもう)な. ***tos ferina*** 百日咳(ぜき).

fermentación 女 発酵.

fermentar 自 他 発酵する[させる].

fermento 男 ❶ 酵素, 酵母. ❷ (不

満・憎悪等の）誘因.
fermio 男〘化〙フェルミウム.
fernandino, na 形（スペイン国王）フェルナンド７世（在位1808，1814-33）（の治世）の. ── 男 女 フェルナンド７世の支持者.
Fernando 固名 フェルナンド：男子の名.
ferocidad 女 ❶ 獰猛(どうもう)さ，残忍さ. ❷ 残虐な行為.
ferodo 男〘車〙ブレーキライニング.
feroz 形 ❶ 獰猛(どうもう)な. ❷ 残酷［残忍］な. ❸ 激しい.
férreo, a 形 ❶ 鉄の. ❷ 丈夫な. ❸ 鉄道の.
ferrería 女 製鉄所；鉄工場.
ferretería 女 金物店［業］.
ferretero, ra 男 女 金物職人；金物屋.
férrico, ca 形 鉄の；〘化〙第二鉄の.
ferrita 女〘化〙フェライト：磁性材料.
ferrobús 男 気動車，ディーゼルカー.
ferrocarril ［フェロカリる］ 男［英 railroad］ ❶ **鉄道**，レール. por ～（輸送手段として）鉄道で. ～ de vía sencilla [doble] 単［複］線. ～ de vía ancha [estrecha] 広軌［狭軌］鉄道. ～ funicular 登山電車，ケーブルカー. ～ aéreo [teleférico] ロープウエー. ～ monorraíl モノレール. ～ de sangre 馬車鉄道. ❷ 鉄道会社. ❸《ラ米》カンニングペーパー（→ chuleta 地域差）.
ferrocarrilero, ra 形 男 女《ラ米》→ ferroviario.
ferroso, sa 形 鉄の，鉄分を含む；〘化〙第一鉄の.
ferrotipo 男 鉄板写真（法）.
ferroviario, ria 形 鉄道の. ── 男 女 鉄道員.
ferruginoso, sa 形 鉄分を含む.
ferry ［英］ 男 フェリー（ボート）.
fértil 形 ❶ 肥沃(ひよく)な. ❷ 生殖能力のある. ❸ 豊かな. ～ en ... …が多い.
fertilidad 女 ❶ 肥沃(ひよく)；豊かさ. ❷ 生殖（能力）.
fertilización 女 ❶ 肥沃(ひよく)にすること. ❷ 受精，受粉. ～ in vitro 体外受精.
fertilizante 形（土地を）肥沃(ひよく)にする，肥やす. ── 男 肥料.
fertilizar 57 他 肥沃(ひよく)にする.
férula 女 ❶〘医〙副木(ふくぼく). ❷（体罰用の）木のへら. ***bajo la ～ de ...*** …の支配下に［で］.
férvido, da 形 熱烈な.
ferviente 形 ❶（信仰に対して）熱心な. ❷ 情熱［熱意］のある.
fervientemente 副 熱烈に.
fervor 男 ❶（信仰に対する）熱心さ. ❷ 熱狂. ❸ 灼熱(しゃくねつ).
fervoroso, sa 形 → ferviente.
festejar 他 ❶（パーティーを開いて）祝う. ❷ もてなす. ❸（女性を）口説く. ── **festejarse** 再 祝われる，…の祝典が挙げられる.
festejo 男 ❶（客の）もてなし；宴会. ❷［複］祭りの行事［催し物］.
festín 男（踊りや音楽のある）祝宴.
festinar 他《ラ米》急がせる.
festival 形 祭りの. ── 男 ❶ フェスティバル，祭典；音楽祭. ❷ 目を引くもの［こと］.
festivalero, ra 形 フェスティバルの.
festividad 女 ❶（宗教的な）祝日，祝祭. ❷（公式行事としての）祭典.
festivo, va 形 ❶ 祭りの. día ～ 休日. ❷ 陽気な.
festón 男 ❶ 花綱(はなづな). ❷ スカラップ：衣服のすそ等に用いる波形の縁取り，刺繍(ししゅう). ❸〘美〙花綱装飾；〘建〙懸花装飾.
festonar 他 → festonear.
festoneado, da 形 波形に縁取りされた；花綱装飾の施された.
festonear 他 波形に縁取る；花綱で飾る.
feta 女《ラ米》（アルゼンチン）（ウルグアイ）（腸詰め）薄切り.
fetal 形 胎児の.
fetén 形［性数不変］《話》❶ 本物の. ❷ すばらしい. una chica ～ すごい美人. ── 女《話》本当のこと. ── 副 とても上手に.
fetiche 男 ❶ 呪物(じゅぶつ)，物神. ❷ お守り，マスコット.
fetichismo 男 ❶ 呪物(じゅぶつ)［物神］崇拝. ❷ 熱狂的な支持. ❸ フェティシズム.
fetichista 形 ❶ 呪物(じゅぶつ)［物神］崇拝の. ❷ フェティシズムの. ── 男 女 ❶ 呪物［物神］崇拝者. ❷ フェティシスト.
fetidez 女（耐えがたい）悪臭.
fétido, da 形 悪臭を放つ.
feto 男 ❶ 胎児. ❷《話》不細工な人.
feúco, ca / feúcho, cha 形《話》醜い，不器量な.
feudal 形 封建制の，封建的な.
feudalismo 男 封建制度［時代］.
feudatario, ria 形 領地を与えられた. ── 男 家臣，臣下.
feudo 男 ❶（封建制度における）領地授与；封土. ❷（領主に対する）家臣の貢ぎ物. ❸（個人・企業・政党等の）圧倒的な影響力がある場所［土地］. ❹〘スポ〙コート.
feúra 女 醜いこと；醜い人［もの］.
FEVE ［フェベ］ 女 *F*errocarriles de *V*ía *E*strecha（スペイン）狭軌鉄道.
fez 男（イスラム教徒がかぶる）トルコ帽.
ffcc. 男 複 ferrocarriles.
fi 女 フィー，ファイ（Φ, φ）：ギリシャ語アルファベットの第21字.
fí- 活 → fiar.
fiabilidad 女 信頼性，信頼度.
fiable 形 信頼できる.
fiado, da 形 代金後払いの. al [de] ～ つけで.
fiador, dora 男 女 保証人，身元引受人. ── 男 ❶ かんぬき. ❷（銃等の）安全装置.
fiambre 形〘料〙冷たい. ── 男 ❶ 冷たい料理；冷肉（ハム・ソーセージ類）（→ 地域差）. ❷《俗》死体. **地域差** 冷肉（ハム・ソーセージ類）fiambre《スペイン》《ラ米》（グアテマラ，アルゼンチン）；carnes frías（ほぼラ米全域）.
fiambrera 女 ❶ 弁当箱. ❷《ラ米》(1)（アルゼンチン）ハム・ソーセージをスライスする機械. (2)（アルゼンチン）（パラグアイ）（ウルグアイ）食器棚.
fiambrería 女《ラ米》（アルゼンチン）（パラグアイ）（ウルグアイ）（ハム・ソーセージ等の）冷肉販売店.
fianza 女 保証［保釈］金. dos meses de ～ ２か月分の保証金. libertad bajo ～ 保釈.
fiar 31 他 ❶ 掛けで売る. ❷ 信用する；信用して任せる. ❸ 保証する，保証人になる. ── 自 ❶ …に掛け売りする. ❷《en》（…を）

F

信用する. ― **fiarse** 再 《de》(…を) 信頼[信用]する. ***ser de fiar*** 信用できる.

fiasco 男 失敗；詐欺.

fibra 女 ❶ 繊維, ファイバー；人造繊維. ～ óptica 光ファイバー. ～ muscular 筋(肉)線維. ❷ 才能, 素質. ❸ 《ラ米》(アルゼンチン)(ウルグアイ)フェルト[マーカー] ペン. ***tocar la ～ sentimental*** 心の琴線に触れる.

fibrilación 女 〖医〗(心臓の) 細動, (筋肉の) 線維攣縮(れんしゅく).

fibrilar 形 〖解〗線維性の.

fibrina 女 〖生化〗線維素, フィブリン.

fibrinógeno 男 〖生化〗線維素原, フィブリノゲン.

fibrocemento 男 繊維セメント.

fibroma 男 〖医〗線維腫(しゅ).

fibrosis 女 [単複同形] 〖医〗線維症.

fibroso, sa 形 筋[繊維]の多い.

ficción 女 ❶ 作り話；虚構. ❷ 小説. ciencia-～ 空想科学小説, ＳＦ. ～ ***legal*** [***de derecho***] 〖法〗擬制.

ficcional 形 空想の, フィクションの.

ficha 女 ❶ (整理・記録・登録用の) カード, 調査票, 受講票；タイムカード. ～ antropométrica 犯罪者人体測定索引カード. ～*s* bibliográficas 蔵書目録カード. ～ policíaca 警察の調書. ❷ (クローク・駐車場等の) 番号札；(電話・遊戯等で用いる) 代用硬貨, トークン；チップ. ❸ (ドミノ・マージャンの) はい, パイ (牌). ❹ 〖スポ〗(選手の) 年棒. ❺ 《ラ米》悪党. ～ ***técnica*** 〖映〗〖TV〗クレジットタイトル.

fichaje 男 ❶ (スポーツ選手の) 入団契約(金). ❷ 契約選手.

fichar 他 ❶ カードに記載する；…の索引カードを作る；…の調書を取る. ❷ 〖スポ〗(チームが選手と) 契約を結ぶ. ❸ 要注意人物と見なす, …に目を付ける. ― 自 ❶ タイムカードを押す. ❷ 〖スポ〗《por》(選手が) (チームと) 契約する.

fichero 男 ❶ カードボックス；《集合的》整理されたカード情報, ファイル. ❷ 〖IT〗ファイル.

ficho 男 《話》→ ficha.

ficticio, cia 形 見せかけの；架空[虚構]の.

ficus 男 [単複同形] (観葉) ゴムの樹.

fidedigno, na 形 信頼できる.

fideicomisario, ria 形 信託された. ― 男 女 〖法〗受託者.

fideicomiso 男 ❶ 〖法〗信託処分, 介立贈与. en [bajo] ～ 介立贈与で. ❷ (国連の) 信託統治.

fideicomitente 男 女 〖法〗信託者.

fidelidad 女 ❶ 忠実；(配偶者に対する) 貞節. ❷ 正確さ. ❸ 〖ラジオ〗〖通信〗忠実度. alta ～ ハイファイ.

fidelísimo, ma 形 [fiel の絶対最上級] とても忠実な.

fidelización 女 (客から) 愛顧を賜ること.

fidelizar 57 他 (客から) ご愛顧を賜る.

fideo 男 ❶ ヌードル, バーミセリ：細い麵類(めんるい). ❷ 《話》やせた人.

fidjiano, na / fijiano, na 形 男 女 → fiyiano.

fiduciario, ria 形 信用[信託] の；受託者の. ― 男 〖法〗受託者.

fiebre [フィエブレ] 女 [英 fever] ❶ 〖医〗**熱**；[複] 熱病. tener ～ 熱がある. ～ amarilla 黄熱病. ～ del heno 枯草熱, 花粉症. ～ de Malta [Mediterránea] マルタ[地中海]熱. ～ intermitente [recurrente] 間欠熱. ～ palúdica マラリア熱. ～ tifoidea 腸チフス. ❷ 熱狂, 興奮.

fiel [フィエる] 形 [絶対最上級 fidelísimo, ma] [英 faithful] ❶ 《a》(…に) **忠実な**, 誠実な；信心深い. ❷ 事実に基づいた. ❸ 精密な. ― 男 女 信者, (特に) キリスト教徒. ― 男 ❶ 秤(はかり)の指針 [検査官]. ❷ はさみの支軸.

fielato 男 (昔の) 入市税関.

fieltro 男 フェルト(製品).

fiemo 男 堆肥(たいひ).

fiera 女 ❶ 猛獣. ❷ 残忍 [凶悪] な人. ❸ 《en, para, con》(…に) たけている人, 名人. ～ ***corrupia*** (1) 祭りに登場する怪獣の置き物. (2) 残忍な人；性悪な人. ***hecho una ～*** 逆上した, 怒っている.

fiereza 女 獰猛(どうもう)；残忍；すさまじさ.

fiero, ra 形 ❶ 獰猛(どうもう)な, 野性の. ❷ 残忍[冷酷]な. ❸ (人が) 扱いにくい；(人・動物が) 気が立っている. ❹ すさまじい. ― 男 [複] 虚勢.

fierro 男 ❶ 《古》鉄. ❷ 《ラ米》(アルゼンチン)(1) 刃物. (2) カーラー. (3)(メキシコ) [複] 銭.

fiesta [フィエスタ] 女 [英 festival; party; holiday] ❶ **祭り**, 祭典. ❷ **パーティー**, 宴会. ❸ **休日**, **祭日**；[複] 休暇. Mañana es día de ～. 明日は祝日です. ～ fija [inmoble] 固定祝祭日. ～ movible [móvil] 移動祝祭日. ～ de guardar [de precepto] 仕事を休んでミサに行くべき日. las ～*s* de Navidad [navideñas] クリスマス休暇. la ～ de Navidad クリスマスの祝日. las ～*s* de Pascua 復活祭の休暇. ❹ 大喜び, 大の楽しみ. ***aguar la ～*** 座を白けさせる. ***arder en ～s*** (イベント等で) 盛り上がっている. ***coronar la ～ con ...*** …をして盛り上がってパーティーを終える. ***estar de ～*** 盛り上がっている. ～ ***nacional*** 闘牛；国の祝祭日. ***fin de ～*** (1) (フラメンコ等のショーで) 最後の締めくくりの踊り. (2) 残念な結末. ***hacer ～s*** 機嫌をとる, じゃれつく. ***hacer*** [***guardar***] ～ 休みを取る. ***no estar para ～s*** 何もする気になれないでいる. ***sala de ～s*** ナイトクラブ. ***Se acabó la ～.*** 《感嘆詞的》もううんざりだ. ***Tengamos la ～ en paz.*** (口論になりそうなとき間に入って) まあまあ折角の席なのだから. ***y como fin de ～*** 最後の締めくくりとして. ► スペインの主な祭り：Feria de Sevilla セビーリャの春祭り (4月). Fiesta de San Fermín サン・フェルミン祭 (パンプローナの牛追い. 7月7日). Las Fallas de Valencia バレンシアの火祭り (3月中旬).

fiestero, ra 形 男 女 《話》お祭り騒ぎの好きな(人).

FIFA [フィファ] 女 *F*ederación *I*nternacional de *F*útbol *A*sociación 国際サッカー連盟.

fifí 男 《ラ米》(1)(アルゼンチン)(ウルグアイ)きざな男. (2)(アルゼンチン)(ウルグアイ)(メキシコ)道楽息子.

fifiriche 形 男 女 弱々しい(人).

figle 男 (金管楽器の) フィグレ. ― 男 女 フィグレ奏者.

figón 男 大衆食堂.

F

figulino, na 形 女 素焼きの(人形), 陶製の(人形).

figura [フィグラ] 女 〔英 figure〕 ❶ 姿, 形. una ～ de pez 魚の(ような)形. una ～ de hombre 男の姿. ❷ 容姿, スタイル. tener buena [mala] ～ スタイルがいい[悪い]. ❸ (小説・劇等の) 人物 ; 役. ❹ 像. ～ de bulto 彫像. ～ de nieve 雪だるま. ❺〖数〗図(形). ❻ チェスの駒(こま) ; トランプの絵札. ❼〖スポ〗フィギュア. ❽〖修〗文彩. ── 男 女 《話》 大物, 名士. grandes ～*s* de la política 政界の大物たち. ── 活 → figurar.

figuración 女 ❶ 空想(の産物). ❷ 形[図]に表すこと.

figurado, da 過分 → figurar. 形 比喩(ゆ)的な, 転義の.

figurante 男 女 ❶ エキストラ, 端役. ❷ 《話》《軽蔑》 下っ端.

figurar [フィグラル] 他 ❶ 装う, …のふりをする, …と見せかける. ❷ …の形をしている, …を表す. ── 自 〔英 appear〕 ❶ 《entre, en》 (…に) (一部・一員として) 出ている, 記載[登録]されている. ❷ 重要な役割を担う, 目立つ. ❸ 《como》 (…という) 役職を持つ. ── **figurarse** 再 ❶ 心に描く, 想像する. ❷ (確信を持たずに) ぼんやりと思う.

figurativo, va 形 ❶ 象徴的な ; 比喩(ゆ)的な ; 《de》 (…を) 表している. ❷〖美〗具象の, 形象描写の.

figurilla 女 小さな像[人形]. ── 男 女 《話》 下っ端.

figurín 男 ❶ 服飾デザイン ; スタイルブック. ❷ 《話》《軽蔑》 めかし屋.

figurinista 男 女 服飾デザイナー.

figurón 男 ❶ 《話》 うぬぼれ屋, 目立ちたがり屋. ❷ (17世紀スペインの) 風刺喜劇の主役. ～ *de proa*〖海〗船首像.

fija 女 《ラ米》(アルゼンチン)(チリ)(ウルグアイ)(プエルトリコ)(コロンビア)(ペルー) (競馬の) 本命馬 ; 勝馬についての確かな情報. ── 形 → fijo. ── 活 → fijar.

fijación 女 ❶ 固定, 取り付け. ❷ 決定, 確定. ❸ (娯楽・趣味等への) 強い執着心, 熱狂. ❹〖化〗凝固, 固定. ❺ [複] (スキー) ビンディング.

fijado 過分 → fijar. 男〖写〗定着.

fijador, dora 形 固定させる[留める] ための. ── 男 ❶ 整髪料. ❷〖写〗色止め剤, 定着剤[液].

fijapelo 男 整髪料.

fijar [フィハル] 他 〔英 fix〕 ❶ 固定する, 取り付ける, 張る. ❷ (視線・注意等を) とめる, 注ぐ, 集中させる. ～ la atención en ... …に注目[注意]する. ～ la mirada [los ojos] en ... …を凝視する. ❸ 決定する, 定める. ❹〖写〗定着させる. ❺〖化〗凝固させる, 固定する. ── **fijarse** 再 《話》《en》 ❶ (…に) 注意を向ける ; 気づく. ❷ (…に) 目を奪われる. *¡Con que fíjate!* よく考えてごらん (おかしいじゃないか). *¡Fíjate!* 見てごらん, 考えてもごらん, いいかい.

fijativo 男〖美〗〖写〗定着液.

fijeza 女 ❶ 不動, 固定. mirar con ～ じっと見つめる. ❷ 持続性.

Fiji 固名 フィジー : 首都スバ Suva.

fijo, ja [フィホ, ハ] 形 〔英 fixed〕 ❶ 《a, en》 (…に) 固定した, 安定した, ぐらつかない. ❷ 定められた. ❸ (視線等が) じっと動かない. con la mirada *fija* en ... …をじっと見つめて. ❹ 《estarと共に》 身を落ち着けた. ❺〖化〗凝固した, 不揮発性の. ── 副 じっと. ── 活 → fijar.

fila [フィラ] 女 〔英 row, line〕 ❶ 行列. ❷ (劇場・映画館の席の) 列. en primera ～ 最前列に. ❸ [複] 軍隊 ; 部隊. llamar a ～*s* (軍隊に) 召集する. ❹ (主に政治的な) 集団, 党(派). cerrar las ～*s* (同志の) 結束を固める. ***en ～ india*** [***de a uno***] (前後にぴったりと) 1列になって, 1列縦隊で. ***¡Rompan ～s!***〖軍〗解散.

filamento 男 ❶ (紡織用の) 単繊維 ; (細い) 糸, 線. ❷〖電〗フィラメント.

filantropía 女 博愛, 慈善.

filántropo, pa 男 女 博愛主義者, 博愛家, 慈善家.

filar 他 《話》 …の魂胆[素性]を見抜く.

filaria 女〖動〗〖医〗糸状虫, フィラリア.

filarmonía 女 音楽好き.

filarmónico, ca 形 音楽愛好の, 交響楽団の. ── 男 女 音楽愛好家. ── 女 交響楽団.

filatelia 女 切手収集.

filatélico, ca 形 切手収集[愛好]の. ── 男 女 切手収集[愛好]家.

filatelista 男 女 切手収集[愛好]家.

filete 男 ❶ ヒレ肉, テンダーロイン ; (肉・魚の骨なしの) 切り身. ❷ (本の表紙等の) 装飾輪郭 ; 縁取り[飾り]. ❸〖建〗平縁. ***darse el ～*** (カップルが) いちゃつく.

filetear 他 …に縁飾り[平縁]をつける.

filfa 女 《話》 でっちあげ, うそ ; 偽物. ¡Es pura ～! それは全くのでっちあげだ. hacer correr una ～ デマをとばす.

filiación 女 ❶ 個人データ[調書]. ❷ 発生, 起源. ❸ 関連性. ❹ (特定の思想・政党を) 支持していること ; 党籍, 兵籍簿. ❺ 親子関係.

filial 形 ❶ 子の, 子としての. amor ～ 子としての情愛. ❷ 系列の, 支部の. ── 女 支店, 支社 ; 子会社.

filialmente 副 子らしく, 子として.

filiar ⑯ 他 個人調書を作る.

filibusterismo 男 ❶ 海賊行為. ❷ (政治での) 議事進行妨害 (牛歩戦術等).

filibustero 男 ❶ (17-18世紀のカリブ海の) 海賊. ❷ 《話》 議事進行の妨害者.

filicida 形 男 女 子殺しの(親).

filicidio 男 実子殺害, 子殺し(の罪).

filiforme 形 糸状の ; 糸のように細い.

filigrana 女 ❶ 金[銀]線細工. ❷ 透かし(模様). ❸ 《話》 精巧な細工品. ❹ 《ラ米》(キューバ)〖植〗ランタナ(の一種).

filípica 女 個人攻撃. soltar a ... una ～ …をきつくしかる, いびる.

Filipinas 固名 フィリピン : 首都マニラ Manila.

filipino, na 形 フィリピンの. ── 男 女 フィリピン人. ***punto ～*** 《話》 意地悪な人.

filis 女 [単複同形] ❶ 巧みさ. ❷ (飾りに用いる) 素焼きの小さな人形.

film 〔英〕 男 [複 ～s] ❶ 映画 (作品). ❷ フィルム ; ラップ.

filmación 女 映画撮影.

filmar 他 自 撮影する.

filme 男 → film.

fílmico, ca 形 映画(向き, 業界)の.

filmografía 女 (監督・俳優・ジャンル別の)映画作品(リスト).

filmoteca 女 フィルム・ライブラリー[コレクション], シネマテーク.

filo 男 ❶ (刃物の) 刃. ❷ 《ラ米》(1)(グアテ)(マラ)(ホンジ)(ュラス)(メキ)(シコ)(コロン)(ビア)空腹. (2)(アルゼ)(ンチン)恋人. (3)(コロン)(ビア)山頂. ❸ (動植物分類上の) 門. ***al ～ de ...*** (1) (時間が) ちょうど…に. (2) (位置が) とても近くに. ***espada de dos ～s*** [***de doble ～***] 両刃(もろは)の剣. ***tener lengua de doble ～*** 人を傷つけることをずけずけ言う.

filología 女 文献学. ～ comparada 比較文献学. ～ románica ロマンス語学.

filológico, ca 形 文献学の.

filólogo, ga 男女 文献[言語]学者.

filón 男 ❶ 〖鉱〗鉱脈. ❷ 《話》もうけ口[もの], たくさんもうけてくれる人.

F

filoso, sa 形 《ラ米》とがった.

filosofal 形 《古》哲学 (者) の. ***piedra ～*** 賢者の石.

filosofar 自 ❶ 哲学的に思索する. ❷ 思いを巡らす.

filosofastro, tra 男女 《軽蔑》えせ哲学者, 哲学者ぶる人.

filosofía [フィロソフィア] 女 〔英 philosophy〕 ❶ **哲学**; 哲理, 根本原理. ～ (de la) metafísica 形而(けい)上学. La *F*～ de Aristóteles アリストテレス哲学. ～ del lenguaje 言語哲学. ～ de la historia 歴史哲学. ❷ 人生[価値]観. ❸ 落ち着き, 悟り.

filosófico, ca 形 哲学の; 悟った.

filósofo, fa 男女 哲学者; 哲人; 賢い人.

filoxera 女 〖昆〗ブドウネアブラムシ; (この虫による) ブドウの木の病気.

filtración 女 ❶ 濾過(ろ) (作用). ❷ 浸透, 雨漏り; (光等が) 透き間から入ってくること. ❸ (秘密の) 漏洩(ろうえい).

filtrado, da 形 ❶ 濾過(ろ) した. líquido ～ 濾過液. ❷ 《ラ米》(アルゼ)(ンチン)(ウルグ)(アイ) 《話》とても疲れた. ── 男 濾過 (液).

filtrador 男 フィルター.

filtrante 形 濾過(ろ)の; 濾過性の.

filtrar 他 ❶ 濾過(ろ)する. ❷ (データを) 選別する. ❸ (機密を) 漏らす. ── 自 浸透する, にじむ. ── **filtrarse** 再 ❶ 濾過される, 浸透する. ❷ (秘密・光等が) 漏れる. ❸ (お金・財産が) 徐々になくなる.

filtro 男 ❶ フィルター. (1) 濾過(ろ)器, 濾紙. ～ de aceite オイル・フィルター, 油濾過器. ～ de aire エア・フィルター. (2) タバコのフィルター. cigarrillo con ～ フィルター付きタバコ. (3) 〖電〗濾波器; 〖写〗濾光板. ❷ 《比喩的》ふるいに掛けること, 選別. ❸ 魔法の薬, 媚薬(びやく).

filudo, da 形 《ラ米》(刃の) 鋭い.

fimo 男 肥やし; (動物の) 糞(ふん).

fimosis 女[単複同形] 〖医〗包茎.

fin [フィン] 男 〔英 end〕 ❶ **終わり**, 終結. el *fin* del mundo 最果ての地. *fin* de fiesta フィナーレ. *fin* de semana 週末. dar [poner] *fin* a ... …を終わらせる. llegar a buen *fin* ハッピーエンドを迎える. ❷ **目的**, 意図. con *fines* experimentales 実験という目的で. ***a fin de*** 〈+不定詞 / que+接続法〉…という目的で. ***a fines de ...*** …の終わりごろ. ***al*** [***por***] ***fin*** ついに, 結局. ***al fin y al cabo*** 結局, 要するに. ***en fin*** とにかく. ***sin fin*** 際限ない, 無数の. ***tocar a*** SU ***fin*** 終わりを迎えようとしている.

fina 形 → fino.

finado, da 男女 故人, 死者.

final [フィナる] 形 〔英 final〕 ❶ **終わりの**, 最後の, 最終の. ❷ 〖文法〗目的の, 目的を表す. ── 男 最後, 結末; 死. hasta el ～ 最後まで. al ～ del año (その) 年の終わりに. película con ～ feliz ハッピーエンドの映画. ── 女 〖スポ〗決勝戦. la ～ de copa (優勝杯を争う) 優勝決定戦. cuartos de ～ 準々決勝 (戦). ► 「準決勝」は semifinal. ***al ～*** 最後に, 結局. ***a ～es de ...*** …の終わり[末]に.

finalidad 女 目的, 目標.

finalista 形 男女 決勝戦の (出場選手); 最終選考まで残った (応募者).

finalización 女 終了, 決着.

finalizar 57 他 終える, 決着をつける. ── 自 終わる.

finalmente 副 ついに; 最終的に; 最後に.

financiación 女 融資, 資金供給[調達].

financiamiento 男 → financiación.

financiar 17 他 …の資金を供給[調達]する, …に出資[融資]する.

financiero, ra 形 財政[金融]の. ── 男女 金融業者; 財界人. ── 女 金融会社[機関].

financista 男女 《ラ米》金融業者; 財界人.

finanza 女 ❶ 財政, 金融; 国家財政. ❷ [複] 資力.

finar 自 死去する (= morir).

finca 女 ❶ 不動産, 地所. ～ urbana 都市の地所[ビル]. ❷ (いなか・郊外の広い) 別荘; 農場.

fincar 26 自 不動産[地所]を買う.

finés, nesa 形 ❶ フィンランド (人, 語) の. ❷ フィン族[語]の. ── 男女 ❶ フィンランド人. ❷ フィン人 ── 男 フィンランド語.

fineza 女 ❶ 繊細さ; 気配り. ❷ やさしい言葉[振る舞い]; 賛辞.

finger [フィンゲル] 〔英〕 男 ターミナルビルと航空機をつなぐ伸縮式の通路, フィンガー.

fingido, da 形 見せかけの; 偽りの.

fingimiento 男 見せかけ; 偽り.

fingir 44 他 装う, ふりをする. *Finge* que está enfermo. 彼は仮病を使っている. ── 自 装う, 偽る. ── **fingirse** 再 …のふりをする.

finiquitar 他 ❶ 〖商〗決済する. ❷ 《話》終わらせる.

finiquito 男 〖商〗❶ 清算 (書), 決済. ❷ 解雇通知; 退職金.

finisecular 形 世紀末の.

finito, ta 形 ❶ 限界[限度]のある. ❷ 〖文法〗(動詞が) 定形の.

finlandés, desa 形 フィンランド (人, 語) の. ── 男女 フィンランド人. ── 男 フィンランド語.

Finlandia 固名 フィンランド: 首都ヘルシンキ Helsinki.

fino, na [フィノ, ナ] 形 〔英 thin〕 ❶ **薄い**. ❷ **細い**, ほっそりした, スマートな. ❸ す

べすべした，滑らかな．❹ 上品な．❺ 上質の，精選された；（金属の）混合物の入っていない．❻ 敏感な，研ぎ澄まされた．❼ 機知に富んだ；風刺のきいた．── 男 辛口のシェリー酒．*ser canela fina* とてもすばらしい．

finolis 形 男 女［単複同形］《話》上品ぶった（人），きざな（人）．

finta 女《スポ》フェイント．

fintar 自《スポ》フェイントをかける．

finura 女 薄さ；細さ；なめらかさ；上品；上質；敏感．

finústico, ca 形《話》上品ぶった，わざとらしい．

fiord / fiordo 男 峡湾，フィヨルド．

fique 男《ラ米》(ｺﾛﾝ)(ﾍﾞﾈｽﾞ)(ｴｸｱ)リュウゼツラン科オオマンネンランの繊維（で編んだ綱）．

firma［フィルマ］女〔英 signature〕❶ **署名**，サイン．～ en blanco 白紙委任．media ～ 姓だけの署名．recoger ～*s* 署名を集める．falsificar la ～ 署名を偽造する．❷ **記名**，調印．❸（署名を要する）書類．❹ 会社，商会；商号．❺ 特色．❻ 作者，執筆者．── 活 → firmar.

firmamento 男（澄みわたった）夜空；天空．

firmante 形 署名［調印］した．los países ～*s* 調印国．── 男 女 署名［調印］者．el abajo ～ 署名者，下名．

firmar［フィルマル］他〔英 sign〕**…に署名する**，記名する；調印する．～ con estampilla 捺印(ﾅﾂｲﾝ)する．～ de su propia mano 自署する．～ un cheque 小切手にサインする．～ en blanco 白紙委任する；自由裁量に任せる．── 自 署名［記名］する．── **firmarse** 再 …と署名する．

firme［フィルメ］形〔英 firm〕❶ **堅い**，固定した．❷ 確固たる，くじけない．── 男 ❶ コンクリート，舗装．❷（建物の）土台，基礎．── 副 しっかりと，堅固に．pegar ～ 強く殴る．── 活 → firmar. *¡F～s!*（号令で）気をつけ（↔¡Descanso!）．*tierra* ～ 大陸；陸地．*de* ～ 強く，激しく；ずっと．*en* ～ 確実に；《商》確定取引で，正式に．*poner* ～*s* 規律を守らせる．

firmeza 女 ❶ 堅さ．❷ 毅然(ｷｾﾞﾝ)．

firuletes 男 複《ラ米》(ｱﾙｾﾞ)悪趣味な飾り，ごてごてした装飾．

fiscal 形 ❶ 国庫の．contribuciones ～*es* 国税．❷ 財政（上）の．año ～ 会計年度．❸ 税政（上）の．── 男 ❶《法》検事，検察官．❷ 税務官吏［署員］．

fiscalía 女 ❶ 検察庁，検事局．❷ 検事［検察官］の職．*～ de tasas* 課税事務所．

fiscalidad 女 税の徴収；（国の）税収．

fiscalización 女 監査，監督．

fiscalizar 57 他 監査［監督］する；監視する．

fisco 男 国庫．

fisga 女（魚を突く）銛(ﾓﾘ)．

fisgar 66 他 詮索(ｾﾝｻｸ)する，聞き耳を立てる．── 自 詮索する．── **fisgarse** 再《de》（…を）からかう．

fisgón, gona 形 男 女 詮索(ｾﾝｻｸ)好きな（人）．

fisgonear 他 自（いつも）詮索(ｾﾝｻｸ)する．

fisgoneo 男 詮索(ｾﾝｻｸ)，かぎ回り．

fisible 形《物》核分裂する．

física 女 物理学．～ nuclear［cuántica］核［量子］物理学．～ matemática［experimental］数理［実験］物理学．── 形 → físico.

físicamente 副 物理的に；肉体的に．

físico, ca［フィシコ，カ］形〔英 physical〕❶ **物理の**，物理学（上）の．❷ 物質の；自然の．❸ **肉体の**，身体の．educación *física* 体育．── 男 女 物理学者．── 男 体格，顔（つき）．

fisicoquímico, ca 形 女 物理化学（的な）．

fisiocracia 女 重農主義．

fisiografía 女 自然地理学．

fisiología 女 ❶ 生理学．❷ 身体［器官］の働き．

fisiológico, ca 形 生理（学）的な．

fisiólogo, ga 男 女 生理学者．

fisión 女《物》核分裂（＝～ nuclear）．

fisionomía 女 → fisonomía.

fisioterapeuta 男 女 理学療法士．

fisioterapia 女 理学［物理］療法．

fisonomía 女 ❶ 顔だち，容貌(ﾖｳﾎﾞｳ)．❷（物の）様相．

fisonómico, ca 形 顔だちの，人相の．

fisonomista 男 女 人の顔をよく覚えている人．ser buen［mal］～ 人の顔をよく覚えている［すぐ忘れてしまう］．

fistol 男《ラ米》(ﾒｷｼ)ネクタイピン．

fístula 女《医》瘻(ﾛｳ)管．～ lagrimal 涙管瘻．～ anal 痔瘻(ｼﾞﾛｳ)．

fisura 女 ❶ 亀裂(ｷﾚﾂ)；《地質》岩の割れ目．❷《医》裂，溝．～ anal 裂肛(ﾚｯｺｳ)．

fitness［フィトゥネス］男 フィットネス運動．

fitófago, ga 形 草食性の．── 男 女 草食動物．

fitografía 女 記述植物学．

fitología 女 植物学．

fitopatología 女 植物病理学．

fitoterapia 女 草食治療．

fixing［フィクシン］〔英〕男《経》外国通貨為替レートの終値．

Fiyi 固名 → Fiji.

fiyiano, na 形 男 女 フィジーの（人）．

flabelo 男（教皇の公式行列等に用いる）儀礼用扇；長柄の羽扇．

flaca 形 → flaco.

flac(c)idez 女（肌に）張りのないこと，（筋肉の）弛緩(ｼｶﾝ)．

flác(c)ido, da 形（肌・筋肉等に）張り［締まり］のない，たるんだ．

flaco, ca［フラコ，カ］形〔英 thin〕❶ **やせた**，やせ細った．❷ 頼りない．❸ ごくわずかな．～ argumento 説得力に欠ける論拠．un carácter ～ de voluntad 意志薄弱な性格．una mujer *flaca* か弱い女．ser ～ de memoria 物覚えが悪い．una recompensa muy *flaca* 雀(ｽｽﾞﾒ)の涙ほどの報酬．── 男 弱点，弱み．*hacer un ～ servicio*［*favor*］期せずして相手を害する，親切があだになる．*punto* ～ 弱点．*vacas flacas* 不幸な時期［時代］．

flacura 女 やせているさま；弱さ．

flagelación 女 むち打ち．

flagelado, da 形《生》鞭毛(ﾍﾞﾝﾓｳ)のある．── 男［複］鞭毛虫類．

flagelar 他 むち打つ．── **flagelarse** 再（苦行のため）己の体をむち打つ．

flagelo 男 ❶ むち（打ち）．❷ 大惨事．❸《生》鞭毛(ﾍﾞﾝﾓｳ)．

flagrante 形 ❶《法》現行の．sor-

F

prender a ... en ～ delito …を現行犯で逮捕する. ❷ 今話題になっている. un tema ～ 話題のテーマ. ❸ 明白な.

flama 女 ❶ 炎(の輝き). ❷ 猛暑.

flamante 形 ❶ まばゆいばかりの, 派手な. ❷ 真新しい；新米の.

flamear 自 ❶ 炎が上がる. ❷ (旗等が) ぱたぱたとはためく. ── 他 〖料〗フランベする.

flamenco, ca [フらメンコ, カ] 形 ❶ フラメンコの, フラメンコに適した；ジプシー[ロマ]の影響を受けた. ❷ フランドル人の. ❸ (女性が) 血色のいい, がっしりした. ❹ ロうるさい. ── 男 女 フランドル人. ── 男 [英 flamenco] ❶ **フラメンコ**. ❷ フラマン語. ❸ 〖鳥〗フラミンゴ.

flamenquería 女 ❶ (踊り等の) 粋, 優雅. ❷ (態度等の) 横柄さ.

flamígero, ra 形 ❶ 炎のような. ❷ 〖建〗火炎式の.

flámula 女 (槍(やり)等の先端部に付ける) 三角形の小旗.

flan 男 〖料〗カスタードプリン；プディング. ～ de espinacas ホウレンソウのプディング. ***como un ～*** びくびくして.

flanco 男 ❶ (人・動物の) 脇(わき)腹. ❷ 側面；(船の) 舷側(げんそく).

flanero, ra 男 女 プディングの型.

flanquear 他 ❶ …の両側にある, …を挟んでいる. ❷ …の側面を守る[攻撃する].

flanqueo 男 側面攻撃[防御].

flaquear 自 ❶ (体力等が) 弱まる, (視力等が) 衰える. ❷ 《en》(…の点で) 劣っている, 弱い. ❸ やる気[関心]をなくす.

flaquencia 女 《ラ米》(チリ)(メキシコ)やせていること.

flaqueza 女 ❶ やせていること. ❷ もろさ；弱点. ❸ 出来心(で犯した行為).

flash [フらスʃ] [英] 男 ❶ 〖写〗フラッシュ(ライト). ❷ ニュース速報. ❸ 衝撃的な発言[行為, 出来事]. ❹ (麻薬による) 恍惚(こうこつ)感.

flatearse 再 《ラ米》(車が) パンクする (→ reventarse 地域差).

flato 男 ❶ 〖医〗(胃) 腸内ガス；(そのガスによる) 腹部の痛み. ❷ 《ラ米》憂鬱(ゆううつ)；不機嫌；心配, 不安.

flatulencia 女 〖医〗膨満.

flatulento, ta 形 〖医〗膨満感を与える[で苦しんでいる].

flauta 女 ❶ 〖音〗フルート, 笛. ～ travesera (古楽器) フラウト・トラベルソ. ～ dulce [de pico] リコーダー. ～ de Pan 牧神の笛. ❷ 《ラ米》ハーモニカ (→ armónica 地域差). ❸ 細長いパン. ── 男 女 フルート奏者 (= flautista). ***Cuando pitos, ～s, cuando ～s, pitos.*** 《話》物事は望むようにはいかないものだ. ***entre pitos y ～s*** あれやこれやの理由で. ***por pitos o ～s*** なんらかの理由で. ***sonar la ～ (por casualidad)*** 偶然うまくいく, (試験等で) 山が当たる.

flautín 男 〖音〗ピッコロ. ── 男 女 ピッコロ奏者.

flautista 男 女 フルート奏者.

flébil 形 《文》涙を誘う.

flebitis 女 [単複同形] 静脈炎.

flebotomía 女 静脈切開(術), 瀉血(しゃけつ).

flecha 女 ❶ 矢(状のもの)；尖塔(せんとう). ❷ 矢印. ❸ 〖建〗(アーチの) 迫高(せりだか). ❹ 《ラ米》(1)(ウルグアイ) 〖車〗ウインカー. (2)(ベネズエラ)一方通行の標識. de doble ～ 《ラ米》(道路が) 両面通行の (→ dirección 地域差). ***como una ～*** 素早く.

flechar 他 ❶ 矢で射止める. ❷ 《話》…のハートを射止める. ❸ 《ラ米》(1)(アルゼンチン)(太陽が) 照りつける. (2)(ウルグアイ)(道を) 一方通行にする. ── **flecharse** 再 《con》(…に) 一目ぼれする.

flechazo 男 ❶ 矢を射ること；矢傷. ❷ 《話》一目ぼれ.

fleco 男 ❶ 房(飾り). ❷ 前髪. ❸ 未解決の問題.

flejar 他 《ラ米》包装する (→ envolver 地域差).

fleje 男 (樽(たる)・桶(おけ)等の) 帯金, たが.

flema 女 ❶ 痰(たん). ❷ 沈着. ❸ 鈍重.

flemático, ca 形 ❶ 痰(たん)の(多い). ❷ 沈着冷静な；鈍重な.

flemón 男 〖医〗歯肉炎.

flequillo 男 前髪.

fletador, dora 男 女 用船主.

fletamento 男 用船契約；チャーター.

fletán 男 〖魚〗ハリバ, オヒョウ.

fletante 男 《ラ米》(アルゼンチン)(エクアドル)(チリ)貸し主.

fletar 他 ❶ (船・飛行機・車を) チャーターする. vuelo *fletado* チャーター便. ❷ (旅客[貨物]を) 乗[載]せる. ❸ 《ラ米》(1)(チリ)なぐる. (2)(アルゼンチン)(チリ)追い出す. (3)(メキシコ)面倒な仕事をする. ── **fletarse** 再 《ラ米》(1)(キューバ)こっそりと姿を消す. (2)(メキシコ)面倒な仕事をする.

flete 男 ❶ 積み荷. ❷ 用船[チャーター]料. ❸ 《ラ米》(アルゼンチン)(パラグアイ)(ウルグアイ)駿馬(しゅんめ).

fletero, ra 男 女 《ラ米》(1)(アルゼンチン)(チリ)(ウルグアイ)陸運業者. (2)(エクアドル)(グアテマラ)(チリ)(ペルー)ポーター, 運搬人.

flexibilidad 女 柔軟性；素直さ.

flexibilizar 57 他 軟化させる.

flexible 形 ❶ 曲げやすい. ❷ 素直な；融通の利く. ❸ (時間割・就労時間等が) フレックス制の. ── 男 ソフト帽.

flexión 女 ❶ 曲がること, 屈伸(運動). ❷ 〖文法〗屈折, 活用. ～ nominal 名詞の語尾変化. ～ verbal 動詞の活用.

flexional 形 〖文法〗屈折の, 活用の.

flexionar 他 (手足を) 屈伸させる.

flexivo, va 形 〖言〗屈折の. lengua *flexiva* 屈折語.

flexo 男 アームが折れ曲がる電気スタンド.

flexor, xora 形 〖解〗(特に筋が) 曲がる, 屈筋の. ── 男 屈筋 (= músculo ～).

flipado, da 形 ❶ 《話》驚いた. ❷ 《俗》麻薬中毒の.

flipar 自 ❶ 《話》とても(…の) 気に入る. Me *flipan* los toros. 私は闘牛が大好きだ. ❷ 《俗》(麻薬で) 幻覚症状に陥る. ── **fliparse** 再 《por, con》(…が) とても気に入る.

flipe 男 《話》大好きな[熱中する]事[物].

flirt [英] 男 戯れの恋(の相手).

flirtear 自 《con》(…と) 戯れの恋をする；(面白半分に)(…に) 手を出す, ちょっとかじる.

flirteo 男 戯れの恋.

flojear 自 弱まる；やる気をなくす.

flojedad 女 弱まること；衰え；無気力.

flojera 女 (体力の) 衰え；無気力.

flojo, ja [フろホ, ハ] 形 [英 loose] ❶ **ゆるい**, たるんだ. cordón ～ ゆるんだひ

も. ❷ 弱い, 柔弱な. viento ～ 弱い風. ❸ 無気力な, 怠惰な. ❹ (質の) 悪い. ── 男 女 ❶ 弱い人, 怠け者, たるんだ人. ❷ 《ラ米》優しい先生 (➜ benévolo 地域差).

floppy [フロピ] [英] 形 男 フロッピーディスク (の). ～ disk フロッピーディスク.

flor [フろル] 女 [英 flower] ❶ 《植》花, 草花. ～ de la Pasión トケイソウ. ～ de la Trinidad パンジー, 三色スミレ. tienda [puesto] de ～*es* 花屋. batalla de ～*es* (祭りの) 花合戦. No se admiten ～*es* ni coronas. (死亡広告等で) 弔花は固くご辞退申し上げます. ❷ 《比喩的》花盛り. en la ～ de la edad [juventud, vida] 若い盛りに. ❸ 精華, 精髄, 選りすぐりの物[人]. ～ de harina / harina de ～ 極上小麦粉. la ～ de la sociedad 社交界の花形. ❹ (女性への) 甘い言葉 (= piropo). echarle [decirle] ～*es* a ... …にお世辞を言う. ❺ 《ラ米》(アルゼンチン)(ウルグアイ) じょうろ [シャワー] の先の部分. ***a ～ de ...*** …すれすれの, …の表面に. ***a ～ de*** tierra 地面すれすれに. ***a ～ de piel*** 爆発寸前の, 非常に敏感な. ***en ～*** 花の咲いた; 極めてよい [美しい] 状態の. ***～ de estufa*** ひ弱な人. ***～ de la canela*** とびきりよい物[人]. ***～ y nata*** 精華, 粋. la ～ *y nata* de la sociedad madrileña マドリード社交界の華. ***ir de ～ en ～*** 次から次へと手を出す. ***ser la ～ de la maravilla*** 《話》人の態度が急激に変わる; 病状があっという間によくなる. ***no tener ni ～es*** 《話》何もない, さっぱり分からない.

flora 女 ❶ (一定地域・時期の) 植物相, 植物区系. ► 「動物相」は fauna. ❷ 植物誌. ❸ (体内の) バクテリア.

floración 女 開花 (期間).

floral 形 花の (ような). ***juegos ～es*** 詩歌[文芸]コンクール.

florar 自 開花する.

floreado, da 形 ❶ 花模様 [花柄] の. ❷ (文体等が) 華麗な.

florear 自 ❶ 《ラ米》花が咲く. ❷ (ギターで) トレモロを弾く. ── **florearse** 再 《ラ米》(アルゼンチン)(ウルグアイ)(ボリビア)(チリ) 自慢する.

florecer 76 自 ❶ 花が咲く. ► 「木」が主語. ❷ 栄える; 活躍する. ── **florecerse** 再 (食べ物に) かびが生える.

floreciente 形 花の咲いた; 栄える.

florecimiento 男 開花; 繁栄.

florentino, na 形 男 女 フィレンツェの (人).

floreo 男 ❶ 飾った言葉[身ぶり]. ❷ (舞踊で) 足を巧みに打ち鳴らすこと.

florera 形 女 ➜ florero.

florería 女 花屋, 生花店.

florero, ra 形 男 女 花売り (の), 花屋 (の). ── 男 花瓶, 花器.

florescencia 女 開花 (期).

floresta 女 心地よい林[森].

florete 男 フェンシングのフルーレ (種目).

florezc- 活 ➜ florecer.

floricultor, tora 男 女 花卉(かき)栽培家.

floricultura 女 草花栽培.

florido, da 形 ❶ 花でいっぱいの. ❷ 精選された. lo más ～ de la ciudad 市のエリートたち. ❸ (文章・言葉が) 華麗な.

florilegio 男 選集, アンソロジー.

florín 男 フロリン. (1) ハンガリーの通貨単位. (2) 昔の銀の単位.

floripondio 男 ❶ 《植》ダチュラ, チョウセンアサガオ. ❷ 《軽蔑》趣味の悪い大きな花柄 [飾り].

florista 男 女 花屋, 花売り.

floristería 女 生花店, 花屋.

florón 男 《建》フリューロン : 建物の頂点を飾る花形装飾.

flósculo 男 (キク科植物の) 小筒花.

flota 女 ❶ 商船団; 漁船団. ❷ 《軍》艦隊; 航空部隊. ❸ (同一会社の) 全航空機, 全保有車両. ❹ 《ラ米》(コロンビア) 長距離バス. ── 活 ➜ flotar.

flotación 女 ❶ 浮くこと. línea de ～ 喫水線. ❷ (為替の) 変動.

flotador, dora 形 浮いている. ── 男 ❶ 浮き輪; ブイ, 浮標. ❷ (タンク等の水量調節用) 浮球. ❸ 《ラ米》(アルゼンチン)(ウルグアイ) 腹部のぜい肉.

flotante 形 ❶ 浮かんだ, 漂っている. dique ～ 《海》浮きドック. ❷ 浮動の, 流動的な; 《商》変動する. costillas ～*s* 《解》遊走肋骨(ろっこつ). riñón ～ 《医》遊走腎. población ～ 浮動人口. capital ～ 流動資本.

flotar [フろタル] 自 [英 float] ❶ 浮く, 浮かぶ, 浮遊する. ❷ (旗・髪等が) 翻る, なびく. ❸ 気配が漂う, 感じがする.

flote 男 ***a ～*** (1) (水面に) 浮かんだ. estar *a* ～ (水に) 浮かんでいる. poner un barco *a* ～ 船を浮かべる. (2) (苦境・危機等を) 脱した. ***sacar a ～*** (事件等を) 明るみに出す. ***salir a ～*** (危機等を) 乗り越える. ── 活 ➜ flotar.

flotilla 女 小艦隊; 小型船団.

fluctuación 女 変動, 変化, 動き. *fluctuaciones* del mercado de divisas 為替市場の変動.

fluctuar 58 自 ❶ (相場等が) 変動 [上下] する. ❷ (気持ち等が) 揺れ動く.

fluidez 女 ❶ 流動性. ❷ 流暢(りゅうちょう)さ.

fluido, da 形 ❶ 流動体[性]の; 流れやすい. cuerpo ～ / sustancia *fluida* 流体. ❷ (言葉・文体が) 流暢(りゅうちょう)な, 滑らかな. ── 男 ❶ 《物》流体. ❷ 《電》電流.

fluir 60 自 ❶ (流体が) 流れる, わき出る; (交通等が) 滞らずに流れる. ❷ (言葉・考え等が) すらすら出てくる.

flujo 男 ❶ 流れ. ❷ (考え・言葉等が) よどみないこと. ❸ 電流. ❹ 《医》(体液・分泌液等の) 流出. ～ sanguíneo 出血. ～ blanco 白帯下(こしけ). ～ de vientre 下痢. ～ menstrual 月経. ***～ y reflujo*** 潮の干満; 盛衰.

fluminense 形 男 女 リオデジャネイロの (人).

flúor 男 《化》フッ素.

fluoración 女 フッ素添加.

fluorescencia 女 蛍光 (発光, 性).

fluorescente 形 蛍光を放つ. lámpara ～ 蛍光灯. ── 男 蛍光灯.

fluorhídrico, ca 形 《化》フッ化水素の. ácido ～ フッ化水素酸.

fluorita / fluorina 女 《鉱》蛍石.

fluoruro 男 《化》フッ化物.

fluvial 形 河川の. tráfico ～ 水上交通. vía ～ 水路.

flux 男 [単複同形] 《ラ米》三つぞろいの背

F

広.
fluxión 女〘医〙炎症, 充血；鼻かぜ.
FM 男 *F*recuancia *M*odulada, エフエム〔英 FM〕.
FMI 男 *F*ondo *M*onetario *I*nternacional 国際通貨基金〔英 IMF〕.
fobia 女 恐怖症；嫌悪.
fóbico, ca 形 男 女 恐怖症の(人).
foca 女〘動〙アザラシ；非常に太った人.
focal 形 焦点の.
focalización 女〘物〙焦点調整, (光等を)焦点に集めること.
focalizar 57 他 焦点を[に]合わせる.
focha 女〘鳥〙オオバン.
foco [フォコ, カ] 男〔英 focus〕❶〘物〙〘数〙焦点；〘写〙ピント. fuera de ～ ピンぼけ. ❷《比喩的》中心, 核心. ～ de la civilización griega ギリシャ文明の中心. ～ de infección 感染源. ❸ 投光装置, スポットライト. ～*s* del teatro 舞台照明. ～*s* del plató フットライト. ❹《ラ米》(1) 街灯. (2)［複］〘車〙ヘッドライト(→ faro 地域差). (3) 電球(→ bombilla 地域差).

F

foete 男《ラ米》鞭(むち)(= fuete).
fofo, fa 形 ぶよぶよな. ── 男 女 教師の教官.
fogaje 男《ラ米》(1) 灼熱(しゃくねつ). (2)(アルゼ)(シチン)(ニカ)(メキ)(シコ)発疹(はっしん). (3)(ベネズ)微熱.
fogarada 女 炎, 火炎.
fogata 女 焚(た)き火.
fogón 男 ❶ かまど；コンロ, レンジ；(ボイラー等の)燃焼室. ❷ 焚(た)き火.
fogonazo 男 閃光(せんこう)；フラッシュの光.
fogonero 男 ボイラーマン, かまたき.
fogosidad 女 ❶ 情熱；激しさ, 気迫. ❷(馬が)はやること, 走りたがること.
fogoso, sa 形 ❶ 血気盛んな. carácter ～ 血の気の多い性格. ❷(馬が)性質の荒い.
foguear 他 ❶(新兵等を)銃砲火[爆音]に慣れさせる. ❷(苦労等に)慣れさせる, 鍛える. ── ***foguearse*** 再 ❶(銃砲火・爆音に)慣れる. ❷(苦労等に)慣れる.
fogueo 男 ❶(新兵・馬等を銃砲火に)慣れさせること. ❷《話》《隠》抜き打ち試験. ***de*** ～ 空砲. ***tiro de*** ～ 空砲の発射.
foguista 男《ラ米》(アルゼ)(シチン)(ウルグ)(アイ)ボイラーマン.
foja 女 ❶〘鳥〙オオバン. ❷(特に公式の)書類の各ページ.
folclor / folclore 男 ❶ 民間伝承. ❷ 民俗学, フォークロア. ❸《話》大騒ぎ.
folclórico, ca 形 民俗の, 民間伝承の, 民俗学の. ── 男 女《話》(フラメンコをはじめとする)スペイン歌謡の歌手[ファン].
fólder 男《ラ米》フォルダー, 紙ばさみ(→ carpeta 地域差).
folía 女［主に複］ポルトガルの踊り；カナリア諸島の歌と踊り.
foliáceo, a 形 ❶ 葉の, 葉状の. ❷ 層状の.
foliación 女 ❶ 発葉；葉の付き方. ❷〘印〙(本の)丁付け, 丁数.
foliar 形 葉の, 葉状の. ── 他(本に)丁付けをする.
folículo 男 ❶〘植〙袋果(たいか). ❷〘解〙小胞, 濾胞(ろほう), 卵胞.
folio 男 ❶(本・ノート等の)1枚, A4サイズの用紙(= papel tamaño ～). ～ explicativo〘印〙柱. ～ recto 表ページ. ～ verso [vuelto] 裏ページ. ❷〘印〙(全紙 pliego の)二つ折り(4ページ分). edición en ～ 二つ折り版.
folíolo / foliolo 男〘植〙小葉.
folk〔英〕男 フォーク音楽.
folklore〔英〕男 → folclor.
folklórico, ca 形 → folclórico.
follaje 男 ❶《集合的》葉. ❷〘建〙ごてごてした飾り. ❸ 饒舌(じょうぜつ), 冗長.
follar 他《俗》性交する. ── ***follarse*** 32 再《俗》すかしっ屁(ぺ)をする.
folletín 男(新聞の)連載小説；メロドラマ的[通俗]小説；メロドラマ的な出来事.
folletinesco, ca 形 ❶ メロドラマ的な. ❷ ありそうもない.
folletinista 男 女 連載小説の作者.
folleto 男 パンフレット；広告, ちらし.
folletón 男 → folletín.
follón, llona 形 臆病(おくびょう)な；虚勢を張る；卑怯(ひきょう)な. ── 男 女 怠け者；空威張りする人；卑怯者. ── 男 ❶ 騒然. ❷ 混乱, 無秩序な状態. ❸(音の出ない)ロケット花火. ❹《俗》すかしっ屁(ぺ).
fomentar 他(産業等を)促進する；(反乱・憎悪等を)かきたてる, あおる.
fomento 男 ❶ 振興；(反乱・憎悪等の)扇動. ❷［主に複］温湿布(を施すこと).
fon 男〘物〙ホン, フォン：音の強さの単位.
fonación 女 発声.
fonda 女 簡易旅館, 安宿；安食堂.
fondeadero 男 停泊地, 錨(びょう)地.
fondear 他(船を)錨(いかり)で固定する, 停泊させる. ── 自 投錨(とうびょう)[錨泊]する.
fondero, ra 男 女《ラ米》→ fondista ①.
fondillos 男 複 ズボンの尻(しり).
fondista 男 女 ❶ 安宿[安食堂]の主人[経営者]. ❷〘スポ〙長距離ランナー.
fondo [フォンド] 男〔英 bottom; fund〕❶ 底；深さ. el ～ del mar 海底. tener mucho [poco] ～ 底が深い[浅い]. bajos ～*s* 底辺社会. ❷ 奥；奥行き；背景, バック. al ～ de ... …の奥に. verde sobre ～ rojo 赤地に緑色. música de ～ バックグラウンドミュージック(BGM). ❸(人の)本性, 心根；(問題の)核心, 内容. tener buen ～(人が)性格のよい. llegar al ～ del problema 問題の核心に行きつく. ❹〘スポ〙長距離；持久力, スタミナ. carrera de ～ 長距離走. medio ～ 中距離. ❺［主に複］資金；基金. ～*s* reservados 機密費. *F*～ Monetario Internacional 国際通貨基金〔英 IMF〕. ～ de inversión 投資ファンド. cheque sin ～*s* 不渡り小切手. estar escaso [mal] de ～*s* 資金不足である. estar en ～*s* お金がある. recaudar ～*s* 資金を集める. ❻［主に複］(図書館・美術館の)蔵書, 所蔵品. ～ editorial (出版社の)図書目録. ❼《ラ米》(メキ)(シコ)(ベネズ)(エラ)《話》ペチコート, スリップ. ***a*** ～ 完全[徹底的]に[な]. una investigación ***a*** ～ 徹底的な調査. ***a*** ～ ***perdido*** 払い戻しに応じない. ***en el*** ～ 実は, 心の底では. ～ ***de reptiles*** 公にしたくない資金；裏金. ***tocar*** ～ 底をつく, 行きつく.
fondón, dona 形《話》《軽蔑》中年太りの, (太って)動きが鈍くなった.

fonema 男〘言〙音素.
fonendoscopio 男 聴診器.
fonética 女〘言〙音声学；音声体系.
fonéticamente 副 音声(学)的に.
fonético, ca 形 音声[発音, 表音]の；音声学の.
fonetismo 男 一言語[方言]で使われる音声の特徴.
fonetista 男女 音声学者.
foniatra 男女〘医〙音声医学の専門医.
foniatría 女〘医〙音声医学[治療学].
fónico, ca 形 音の, 音声の.
fono 男《ラ米》(アルゼンチン)(ペルー)(ニカラグア)(チリ)(ボリビア)(電話の)受話器.
fonocaptor 男 (レコードプレーヤーの) ピックアップ.
fonográfico, ca 形 蓄音機の.
fonógrafo 男 蓄音機.
fonograma 男 表音文字.
fonología 女〘言〙音韻論.
fonológico, ca 形 音韻(論)の.
fonometría 女 測音法.
fonómetro 男 測音器.
fonoteca 女 レコード[テープ, カセット]ライブラリー.
fonsado 男 ❶ (戦時の) 兵役. ❷ 塹壕(ざんごう)作り.
fontana 女《文》泉 (＝fuente).
fontanal 形 男 泉 (の), 湧水(ゆうすい)地帯 (の).
fontanela 女〘解〙(胎児・乳幼児の頭蓋(ずがい)の) 泉門, ひよめき.
fontanería 女 (水道の) 配管技術 [作業]；配管[給水]設備[用具店].
fontanero, ra 男 女 (水道等の) 配管工, 水道工事人.
footing [フティン] 〔英〕 男 ジョギング.
foque 男〘海〙ジブ, 船首三角帆.
forajido, da 形 無法の；逃亡している. ── 男 女 無法者；逃亡者.
foral 形 特権[法律]の[による].
foráneo, a 形 よその土地の；外国の.
forastero, ra 形 よその土地の, 外部の；外国の. ── 男 女 ❶ よそ者；部外者. ❷ 外国人.
forcé(-) / force- 活 → forzar.
forcejear 自 ❶ 奮闘する, 努力する. ❷ (意見が) 対立する.
forcejeo 男 努力；もがき；意見の対立.
fórceps 男[単複同形]〘医〙鉗子(かんし).
forense 形 法廷[裁判]の, 法律の. medicina ～ 法医学. ── 男 女 検死官.
forestación 女 植林.
forestal 形 森林の. patrimonio ～ del Estado 国有林. repoblación ～ 植林. ── 男 女 森林警備員.
forja 女 ❶〘冶〙鍛造工場, 製鉄所. ❷ 鍛錬. ❸ 創出；育成；捏造(ねつぞう).
forjado, da 形 ❶〘冶〙鍛造された. ❷ 想像上の；捏造(ねつぞう)された. ── 男 ❶〘建〙床の枠組み. ❷ → forja.
forjar 他 ❶ 鍛える, 鍛造する. ❷ 練り上げる；構築する；捏造(ねつぞう)する. ── **forjarse** 再 ❶ 思い描く. ❷ 確立する, 築く.

forma [フォルマ] 女 〔英 form〕 ❶ **形**. en ～ de hongo きのこの形をした. dar ～ a ... …を形にする, 具体化する. ❷ 形式, 形態；書式. ❸ 方法. ～ de pago 支払い方法. de (una) ～ 〈＋形容詞〉…な方法で. en debida ～ しかるべき方法で. ❹ 体調, 健康状態. mantenerse en ～ 体調を保つ. estar en (buena) ～ [en baja ～] 好調[不調]である. ❺[複] 礼儀, マナー. guardar [cubrir] las ～*s* 礼儀をわきまえる. ❻[複] (主に女性の) 体型, 容姿. ❼〘カト〙聖体. ❽〘印〙組み版. ── 活 → formar. ***de ～ que*** だから…. ***de [en] ～ que*** 〈＋接続法〉…するように. ***de todas ～s*** とにかく. ***en ～*** 好調な；正式に.
formación 女 ❶ 形成, 編成. ～ del gabinete 組閣. ❷ 教育；訓練；知識. ～ universitaria 大学教育. ～ profesional 職業訓練. ❸〘地質〙累層. ❹〘軍〙隊形, 陣形；〘スポ〙フォーメーション.
formador, dora 男 女 (人材) 育成者.
formal [フォルマる] 形 〔英 formal〕 ❶ **形式の**, 形式的な. ❷ 正式の, 公式の；格式ばった. una visita ～ 公式訪問. ❸ 礼儀正しい；まじめな, 誠実な. ── 男《北米》正式のダンスパーティー[会合].
formaldehído 男 ホルムアルデヒド.
formalidad 女 ❶ まじめさ；行儀のよさ. ❷[主に複] 正規の[形式的] 手続き.
formalismo 男 (芸術・哲学等の) 形式主義.
formalista 形 男 女 形式主義の[者].
formalización 女 正式化, 公式化.
formalizar 57 他 正式[正規]なものにする；具体化する；まじめにさせる. ── **formalizarse** 再 まじめになる.
formalmente 副 形式上；正式に.
formar [フォルマル] 他 〔英 form〕 ❶ **形づくる**；形成[構成]する；組織[編成]する. ～ filas 整列する. ❷ 育成する. ── 自 ❶〘軍〙整列する. ❷《en, entre》(…の) 一部[一員]となる. ❸《ラ米》(アルゼンチン)(ウルグアイ)《話》勘定を払う, おごる. ── **formarse** 再 ❶ 形成[構成]される, 生じる. ❷ 教育[訓練]を受ける. ❸〘スポ〙(選手が) 勢ぞろいする；〘軍〙整列する. ***formar parte de ...*** …の部分を形成する, …の一部[一員]である.
formativo, va 形 ❶ 形成する；人間[人格]形成の. ❷ 教育的な.
formato 男 ❶ (書籍・紙等の) 判型. ❷〘IT〙フォーマット；初期化.
formero 男〘建〙壁付きアーチ.
fórmico 形〘化〙蟻酸(ぎさん)の.
formidable 形 ❶ 恐るべき. ❷《話》すごい. ❸ 巨大な, 並外れた.
formol 男〘化〙〘商標〙ホルマリン.
formón 男 ❶ (工具の) 薄刃のみ. ❷ (円形の) 型ぬき, パンチ.
Formosa 固名 台湾(島).
fórmula 女 ❶ (儀式等の) 決まり文句；書式. ❷ (慣例的) 手法. ❸ 公式；化学式；処方 (箋(せん))；〘料〙調理法. ❹ フォーミュラ：カーレースの規格. *F* ～ uno エフワン (F 1).
formulación 女 公式[定式]化；表明.
formular 他 ❶ (決まり・公式に従って) 表す；公式化する. ❷ 表明する. ❸ 処方する. ── 形 規定の；(公) 式の.
formulario, ria 形 儀礼[形式]的な.

F

── 男 ❶ 書き込み用紙, 書式. ❷ 書式[規則]集 ;〘医〙処方集.

formulismo 男 ❶《軽蔑》形式主義. ❷ 儀礼的な振る舞い.

fornicación 女 不倫.

fornicador, dora 形 不倫の. ── 男 女 姦淫(かんいん)者.

fornicar 26 自 他 不倫関係を結ぶ.

fornicario, ria 形 男 女 → fornicador.

fornido, da 形《文》(体格が) がっしりした, たくましい.

fornitura 女 ❶ (ボタン・ホック等の) 服の付属品. ❷[複]〘軍〙弾(薬)帯.

foro 男 ❶ 公開討論. ❷ 古代ローマの公共広場. ❸ 弁護士業 ; 法廷. ❹〘演〙舞台正面奥. ***hacer mutis por el*** ～ 気づかれないように姿を消す.

F

forofo, fa 男 女《話》[複] 熱狂的ファン [サポーター] (→ hincha 地域差).

FORPPA [フォルパ] 男 *F*ondo de *O*rdenación y *R*egulación de *P*recios y *P*roductos *A*grarios (スペイン) 農産物価格調整基金.

forraje 男 ❶ (家畜の) 飼料 ; まぐさ (刈り). ❷《話》寄せ集め.

forrajear 他 自 まぐさを刈る.

forrajero, ra 形 (植物が) まぐさ用の. ── 女 ❶ (軍服等につける) 飾りひも. ❷ (騎兵隊の礼装用) ベルト.

forrar 他 ❶《**con, de**》(…で) 裏張りする. ❷ 表装する. ❸《話》殴打する. ── **forrarse** 再 ❶《話》たらふく食べる ; 大もうけする. ❷《ラ米》(アルゼ)(ウルグ)(試験に備えて) 猛勉強する.

forro 男 ❶ 裏張り, 裏地, (コートの) ライナー. ～ ártico 防寒用の裏地[ライナー]. ❷ カバー ; 上張り. ❸[複]《ラ米》カンニングペーパー (→ chuleta 地域差). ❹《ラ米》(アルゼ) コンドーム. ***ni por el*** ～《話》全然[少しも] …ない. ***pasárselo por el*** ～ ***(de los caprichos*** [***cojones***]***)***《俗》全く重要でない.

fortachón, chona 形《話》たくましい, がっしりした.

fortalecer 76 他 ❶ 強化する ; 強靭(きょうじん)にする. ❷ 要塞(ようさい)化する. ── **fortalecerse** 再 体を強健にする ; 強くなる.

fortalecimiento 男 強化 ; 要塞(ようさい)化.

fortaleza 女 ❶ 強度 ; 頑強. ❷ 要塞(ようさい). ❸ 通貨の安定.

forte 〔伊〕副 男〘音〙フォルテ(で).

fortificación 女 ❶ 強化, 補強. ❷ 防備工事, 要塞(ようさい)(化) ;[複] 防御施設.

fortificar 26 他 ❶ (体・精神を) 鍛錬する. ❷ …に防備工事を施す, 要塞(ようさい)化する. ❸ (構築物を) 補強する. ❹ (人を) 励ます. ── **fortificarse** 再 ❶ 強化[補強]される. ❷ 防備を固める.

fortín 男 小さな砦(とりで) ;〘軍〙トーチカ.

fortísimo, ma 形 [fuerte の絶対最上級] きわめて強い.

fortuito, ta 形 偶然の. ***un caso*** ～ 不可抗力.

fortuna [フォルトゥナ] 女 〔英 fortune〕 ❶ **運**, 幸運 (= suerte). golpe de ～ 運命の巡り合わせ. ❷ La *F*～〘神話〙運命の女神. ❸ 財産, 成功. ❹ 嵐(あらし). ***hacer*** ～ 流行する. ***por*** ～ 偶然[幸運]にも.

fortunón 男《話》❶ 莫大(ばくだい)な財産. ❷ たいへんな幸運.

fórum / forum 男 フォーラム, 公開討論会 (= foro).

forúnculo 男〘医〙癤(せつ), 腫(は)れ物.

forzado, da 過分 → forzar. 形 ❶ 強制的な. ❷ 不自然な, こじつけの. ***a marchas forzadas***〘軍〙強行軍で ; 急ピッチで.

forzamiento 男 強制 ; 強姦(ごうかん) ; 押し入り.

forzar [フォルサル] 54 他 〔英 force〕 ❶《**a** + 不定詞 /**que** + 接続法》**…することを強制する**. La situación política nos *forzó* a aplazar el viaje. 政治情勢のために我々はやむをえず旅行を延期した. ❷ こじ開ける ; 押し入る ; (無理な) 力を加える ; 無理をさせる. ～ el hecho 事実を歪曲(わいきょく)する. ❸ 強姦(ごうかん)する. ── **forzarse** 再 無理をする.

forzosamente 副 やむを得ず.

forzoso, sa 形 ❶ やむを得ない, 必然的な. ❷ 強制的な ; 無条件の. ***heredero*** ～ 法定推定相続人.

forzudo, da 形 たくましい. ── 男 女 力持ち.

fosa 女 ❶ 墓 (穴). ❷ 溝, 濠(ほり). ～ oceánica 海溝. ❸〘解〙(骨等の) くぼみ, 窩(か). ❹《ラ米》(アルゼ)(ウルグ)〘演〙プロンプターボックス.

fosal 男 墓地.

fosco, ca 形 ❶ (髪が) くせの強い. ❷ (空が) 曇った.

fosfatado, da 形 リン酸塩の, リン酸塩を含んだ ; リン酸カルシウムの. ── 男 リン酸肥料散布.

fosfatar 他 …にリン酸塩を加える ; …にリン酸肥料をまく.

fosfatina 女 ***estar hecho*** ～《話》疲労困憊(こんぱい)している ; 病気である. ***hacer*** ～ 破壊する, 傷つける.

fosfato 男〘化〙リン酸塩 ; リン酸カルシウム.

fosforado, da 形〘化〙リンと化合した.

fosforecer 76 自 燐光(りんこう)を発する.

fosforero, ra 形 ❶ リンの. ❷ マッチの. ── 男 女 マッチ売り. ── 女 ❶ マッチ箱 ; マッチ工場. ❷《ラ米》ライター (→ encendedor 地域差.)

fosforescencia 女 燐光(りんこう).

fosforescente 形 燐光(りんこう)を発する ; 蛍光性の.

fosforescer 76 自 → fosforecer.

fosfórico, ca 形〘化〙(5 価の) リンの [を含む].

fosforito, ta 形《話》蛍光性の. ***ser un*** ～ 怒りっぽい人である.

fósforo 男 ❶〘化〙リン. ❷ マッチ (= cerilla). ❸ 明けの明星.

fosforoso, sa 形 (3 価の) リンの[を含む]. ácido ～ 亜リン酸.

fosgeno 男 ホスゲン : 無色の有毒ガス.

fósil 形 ❶ 化石の, 化石化した. ❷《話》時代遅れの. ── 男 ❶ 化石. ❷《話》時代遅れの人[もの, 制度].

fosilización 女 ❶ 化石化. ❷ 時代遅れになること ; (進歩の) 停滞.

fosilizarse 57 再 ❶ 化石化する. ❷ 進歩しなくなる.
foso 男 ❶ (地面の) 穴, 堀 ; 〖軍〗 壕(ごう). ❷ (整備工場の) ピット ; オーケストラボックス ; (ジャンプ競技の) 着地用砂場.
foto [フォト] 女 〔英 photo〕 **写真**. sacar ~s 写真を撮る.
fotocélula 女 光電池(こうでんち).
fotocomposición 女 写真植字.
fotocopia 女 (フォト) コピー. hacer ~ コピーをとる.
fotocopiadora 女 写真複写機.
fotocopiar 17 他 …の (フォト) コピーをとる.
fotoelectricidad 女 光電気 (現象).
fotoeléctrico, ca 形 光電の.
fotoelectrón 男 〖物〗 光電子.
fotofobia 女 〖医〗 羞明(しゅうめい), 光恐怖症.
fotogénico, ca 形 《話》 写真うつりのよい, フォトジェニックな.
fotógeno, na 形 発光性の.
fotograbado 男 写真製版, グラビア製版[写真].
fotografía [フォトグラフィア] 女 〔英 photography〕 ❶ **写真**. ❷ 写真撮影 ; 写真スタジオ. ❸ 正確な描写.
fotografiar 31 他 ❶ …の写真を撮る. ❷ 正確に描写する.
fotográfico, ca 形 写真 (術) の.
fotógrafo, fa 男 女 カメラマン.
fotograma 男 〖映〗 フィルムの一齣(ひとこま).
fotólisis / fotolisis 女 [単複同形] 〖化〗 光分解.
fotolitografía 女 写真石版 [平版] (画).
fotomatón 男 スピード写真 (装置).
fotomecánico, ca 形 女 写真製版印刷 (の).
fotometría 女 〖物〗 光度測定 (法), 測法学.
fotómetro 男 光度計 ; (カメラの) 露出計.
fotomicrografía 女 顕微鏡写真 (法).
fotomontaje 男 モンタージュ写真 (製作法).
fotón 男 〖物〗 光子, 光量子.
fotonovela 女 写真にせりふや話の筋が入った小説.
fotoquímico, ca 形 女 光化学 (の).
fotosensible 形 感光性の.
fotosfera 女 〖天〗 (太陽・恒星の) 光球.
fotosíntesis 女 [単複同形] 光合成.
fototeca 女 フォトライブラリー.
fototerapia 女 〖医〗 光線療法.
fototipia 女 〖印〗 コロタイプ.
fototropismo 男 〖植〗 屈光性.
foul [ファウる] 〔英〕 男 〖スポ〗 反則.
fox 男 → foxtrot.
foxterrier 〔英〕 男 フォックステリア (犬).
foxtrot 〔英〕 男 (社交ダンスの) フォックストロット.
foyer [フアイェ(ル) 〈フアジェ(ル)〉] 〔仏〕 男 〖演〗 ロビー ; 楽屋.
FP 女 *Formación Profesional* 職業訓練.
frac 〔仏〕 男 [複 ~s, fraques] 燕尾(えんび)服.
fracasado, da 過分 → fracasar. 形 失敗した. ― 男 女 失敗者.
fracasar [フラカサル] 自 〔英 fail〕 《en》 (…に) **失敗する**, 挫折(ざせつ)する.
fracaso [フラカソ] 男 〔英 failure〕 ❶ **失敗**, 挫折(ざせつ). ~ amoroso 失恋. ❷ 不出来なもの ; 失敗者. ― 活 → fracasar.
fracción 女 ❶ 分割 ; 部分 ; 一分派. ❷ 分数. ~ decimal 小数. ❸ 〖化〗 分留.
fraccionamiento 男 ❶ 分割 ; 分裂. ❷ 〖化〗 分留. ❸ 《ラ米》(メキシコ)(都市近郊の) 宅地開発.
fraccionar 他 ❶ 分割[細分] する ; 分裂させる. ❷ 〖化〗 分別[分留] する.
fraccionario, ria 形 分数[断片] の. moneda *fraccionaria* 小銭 ; 補助貨幣.
fractura 女 ❶ 破砕. ❷ 骨折. ❸ 〖地質〗 (岩石等の) 断口.
fracturar 他 ❶ 砕く ; (錠を) 押し破る. ❷ 骨折させる. ― **fracturarse** 再 砕ける ; 骨折する.
fraga 女 ❶ (岩だらけの ; 雑草が生い茂った) 荒れ地. ❷ 木切れ.
fragancia 女 芳香 ; よい評判.
fragante 形 ❶ 芳しい. ❷ 現行 (犯) の.
fraganti *in* ~ 現行犯で.
fragata 女 ❶ 〖海〗 フリゲート艦 ; 〖軍〗 (18-19世紀ごろの) 海軍快速帆船. ❷ 〖鳥〗 グンカンドリ.
frágil [フラヒる] 形 〔英 fragile〕 ❶ **壊れやすい**, もろい. ❷ 虚弱な, 弱い. ❸ 誘惑されやすい.
fragilidad 女 ❶ もろさ, 壊れやすさ. ❷ 虚弱, 弱さ. ❸ 意志の弱さ.
fragmentación 女 分裂, 分割.
fragmentar 他 断片にする, 分割する. ― **fragmentarse** 再 ばらばらになる.
fragmentario, ria 形 断片的な ; 不完全な.
fragmento 男 ❶ 断片. ❷ (文章等の) 一部分, 抜粋 ; 断章.
fragor 男 大音響, 轟音(ごうおん) ; 雷鳴.
fragoroso, sa 形 耳をつんざくような.
fragosidad 女 ❶ (道の) 険しさ ; (石ころ・雑草で) 土地が荒れている様子. ❷ けたたましさ.
fragoso, sa 形 ❶ (道・土地が) 険しい. ❷ けたたましい, 轟音(ごうおん)の.
fragua 女 (鍛冶(かじ)屋の) 炉 ; 鍛造工場.
fraguado 男 (セメント・石膏(せっこう)等の) 硬化.
fraguar 55 他 ❶ (鉄を) 鍛える. ❷ 考え出す, (計画を) 練る. ― 自 ❶ (セメント等が) 固まる. ❷ (考え・計画が) 受け入れられる. ― **fraguarse** 再 (計画等が) 練られる.
fraile 男 ❶ 〖カト〗 (托鉢(たくはつ)修道会の) 修道士. ❷ 《話》 (衣服の) まくれ.
frailecillo 男 〖鳥〗 ニシツノメドリ.
frailero, ra 形 《話》 修道士の, 修道士と親しい.
frailesco, ca 形 《話》 修道士の.
frailuno, na 形 《話》 修道士じみた.
frambuesa 女 キイチゴ, ラズベリー.
frambueso 男 〖植〗 キイチゴ (の木).
franca 形 → franco.
francachela 女 《話》 どんちゃん騒ぎ ; 大盤振舞.

F

francamente 副 ❶ 率直に. ～ hablando 率直に言えば. ❷ 明らかに.
francés, cesa 形 フランスの. tortilla (a la) *francesa* プレーンオムレツ. ── 男 女 フランス人. ── 男 フランス語. ***despedirse*** [***marcharse***] ***a la francesa*** 《軽蔑》あいさつしないで退席する.
francesada 女 ❶ ナポレオン軍のスペイン侵入(1808). ❷ フランス的言い方[やり方].
franchute, ta 男 女 《話》《軽蔑》フランス人, フランス野郎.
Francia 固名 フランス：首都パリ París.
francio 男 フランシウム：放射性元素.
Francisca 固名 フランシスカ：女子の名.
franciscano, na 形 ❶ フランシスコ修道会の. ❷ 謙虚な. ── 男 女 フランシスコ会修道士[女]. ── 女 〘動〙カワイルカ.
Francisco 固名 フランシスコ：男子の名.
F
francmasón, sona 男 女 フリーメーソン(団員).
francmasonería 女 フリーメーソン団.
Franco 固名 ❶ フランコ Francisco ～ Bahamonde (1892-1975)：スペインの将軍・政治家. スペイン内戦(1936-39)に勝利し独裁制を確立. → falange. ❷ フランコ：男子の名.
franco, ca [フランコ, カ] 形 〔英 frank〕 ❶ **率直な**；誠実な；遠慮のない. un carácter ～ 誠実な人柄. ❷ 自由な；《**de**》(…を) 免じられた；無関税の. puerto ～ 自由貿易港. ❸ 明らかな. ❹ 〘史〙フランク族の. ── 男 女 ❶ 〘史〙フランク族の人, フランク人. ❷ (アフリカ沿岸で) ヨーロッパ人, (特に) フランス人. ── 男 ❶ フラン：フランス・ベルギー等の旧通貨単位, スイスの通貨単位. ❷ フランク語.
francófilo, la 形 男 女 フランス (人) びいきの (人).
francófobo, ba 形 男 女 フランス (人) 嫌いの (人).
francófono, na 形 男 女 フランス語を話す (人).
francolín 男 〘鳥〙ムナグロシャコ.
francote, ta 形 《話》ざっくばらんな.
francotirador 男 ❶ 狙撃(そげき)兵. ❷ 単独行動を取る人.
franela 女 フランネル, フラノ, ネル.
franja 女 ❶ 縁 [房] 飾り. ❷ 帯状のもの；縞(しま)(模様). ～ de interferencia 電波障害.
franjirrojo, ja 形 男 〘スポ〙赤いラインが斜めに一筋通ったユニフォームの (チーム).
franqueable 形 ❶ 通行[通過, 渡河]できる. ❷ (困難等を) 克服できる.
franqueadora 女 (切手の代わりに印字で料金を表示する) 押印機.
franquear 他 ❶ (通行を) 自由にする, (障害物を) 取り除く；《**de**》(…を) 免除する. ❷ 渡る；(困難を) 乗り越える. ❸ (郵便物に) 切手をはる, スタンプを押す. ── ***franquearse*** 再 《**con**》(…に) 心中を打ち明ける.
franqueo 男 ❶ 郵便料金[税]. ❷ 切手をはること；スタンプを押すこと.
franqueza 女 ❶ 率直；寛大. ❷ 親密.
franquía 女 〘海〙操船余地. ***estar*** [***ponerse***] ***en*** ～ 自由である.
franquicia 女 ❶ (税金等の) 免除. ❷ フランチャイズ.
franquiciado, da 形 男 女 商標の使用権と自社製品の販売権を他者に認められた (企業, 経営者), フランチャイズの.
franquiciador, dora 形 男 女 商標の使用権と自社製品の販売権を他者に認める (企業, 経営者), フランチャイズの.
franquismo 男 フランコ体制[主義].
franquista 形 フランコ支持の. ── 男 女 フランコ支持者.
frasca 女 ワインを入れるガラスの角瓶.
frasco 男 ❶ (香水等の) 小瓶 (一杯の量). ❷ (実験用) フラスコ. ❸ 〘軍〙(角型の) 火薬入れ. ***¡Toma del ～!*** 《俗》飲め；いい気味だ；《驚き》ええっ, あら.
Frascuelo 固名 フラスクエロ：Francisco の愛称.
frase 女 ❶ 句；語句. ～ hecha 成句. ❷ 〘文法〙文. ❸ 〔複〕空言；美辞麗句. ❹ 〘音〙楽句.
frasear 自 他 ❶ 言葉に出す. ❷ (曲を) 楽句に区切る.
fraseo 男 〘音〙フレージング, 区切り法.
fraseología 女 ❶ 言葉遣い；用語. ❷ 多弁, 大言壮語.
frasquete 男 小瓶, (特に) 薬瓶.
Frasquita 固名 フラスキータ：Francisca の愛称.
Frasquito 固名 フラスキート：Francisco の愛称.
fraternal 形 兄弟の；友愛の.
fraternidad 女 兄弟関係[愛]；友愛.
fraternizar 57 自 (兄弟のように) 親しく交わる.
fraterno, na 形 兄弟の；友愛の.
fratricida 形 男 女 兄弟[姉妹]殺しの(犯人).
fratricidio 男 兄弟[姉妹]殺し(の罪).
fraude 男 ❶ 詐欺；不正. ～ fiscal 脱税. ❷ 《ラ米》カンニングペーパー (→ chuleta 地域差).
fraudulento, ta 形 ごまかしの；詐欺(行為)の, 不正な.
fray 男 《修道士の称号》…師 《略 Fr.》.
frazada 女 《ラ米》(毛足の長い) 毛布 (→ manta 地域差).
freak [フリ(ク)] 〔英〕 形 男 女 〔複 ～s〕 《**con**》(特定の物事に) 異様に執着する (人), フリーク.
freático, ca 形 地下水の, 浸潤層の. capa *freática* 地下水面.
frecuencia 女 ❶ 頻繁. ❷ 頻度. ❸ 周波数；〘数〙度, 度数. ～ modulada FM放送.
frecuentación 女 頻繁な出入り；行為のくり返し.
frecuentado, da 形 《**por**》(…が) 頻繁に訪れる.
frecuentar 他 ❶ 頻繁に出入りする. ❷ 付き合いを続ける.
frecuentativo, va 形 反復表示の. ── 男 〘文法〙反復形 (の動詞).
frecuente 形 ❶ たびたびの. pulso ～ 〘医〙頻脈. ❷ ありふれた.
frecuentemente 副 しばしば, 頻繁に.
fregada 過分 → fregar. 女 《ラ米》(メキシコ)(アルゼンチン)(チリ) 《話》迷惑；災難.
fregadera 女 《ラ米》《話》大迷惑.

fregadero 男 (台所等の)流し, シンク.

fregado, da 形 《ラ米》 (1) 《話》 面倒な. (2) 疲労した. (3)(ﾆｶﾗｸﾞｱ・ﾍﾟﾙｰ) 《話》 ずる賢い. (4) 《話》 気難しい. ── 男 ❶ 洗う[磨く]こと. ❷ 厄介なこと；騒動.

fregamiento 男 摩擦；磨くこと.

fregandero, ra 男 女 《ラ米》(ﾒｷｼｺ)清掃員.

fregar [フレガル] 72 他 〔英 scrub, polish, wash〕 ❶ (食器等を)洗う, 磨く；こする. ❷ 《ラ米》 《話》 悩ます.

fregona 女 ❶ (掃除用の) モップ. ❷ 《話》 《軽蔑》 掃除婦；粗野な女.

fregotear 他 雑に拭(ふ)く[洗う, 磨く].

fregoteo 男 雑に拭(ふ)く[洗う, 磨く]こと.

freí- 活 → freír.

freidora 女 揚げ物用鍋(なべ).

freidura 女 油で揚げること.

freiduría 女 (魚の) 揚げ物店[屋台].

freír [フレイル] 56 他 [現分 friendo; 過分 frito, ta または freído, da] 〔英 fry〕 ❶ 油で揚げる [いためる, 焼く]. ❷ 《話》 (発砲して) 傷を負わせる, 射殺する. ❸ 《話》 悩ます, 苦しめる. ── **freírse** 再 ❶ 揚がる. ❷ ひどく暑い思いをする. ***Al freír será el reír.*** 《諺》 最後に笑った者が勝ち.

fréjol 男 → frijol.

frenado / frenaje 男 ブレーキをかけること, 制動.

frenar 他 ブレーキをかける；抑制する. ── **frenarse** 再 自制[自重]する.

frenazo 男 急ブレーキ. dar un ～ 急ブレーキをかける.

frenesí 男 熱狂；(発作的) 精神錯乱.

frenético, ca 形 熱狂的な, 逆上した.

frenillo 男 ❶ 〖解〗 小帯. ～ de la lengua 舌小帯. ❷ 〖医〗 舌小帯短小. ❸ (犬の) 口輪. ***no tener ～ en la lengua*** ずけずけものを言う. ***tener ～*** 口ごもる.

freno [フレノ] 男 〔英 brake〕 ❶ ブレーキ, 制動機. echar [poner] el ～ ブレーキをかける. soltar el ～ ブレーキを緩める. ❷ (馬具の) 馬銜(はみ). ❸ 歯止め. ***tascar [morder] el ～*** 《話》 (馬がいらいらして) 馬銜をかむ；しぶしぶ従う.

frenología 女 骨相学.

frenopatía 女 精神病学.

frenopático, ca 形 精神病 (学) の. ── 男 精神病院.

frentazo 男 《ラ米》(ｱﾙｾﾞﾝﾁﾝ)(ﾒｷｼｺ)(ｳﾙｸﾞｱｲ)頭突き；精神的打撃, 落胆.

frente [フレンテ] 女 〔英 forehead〕 ❶ 額, おでこ. arrugar [fruncir] la ～ 額にしわをよせる, 顔をしかめる. ❷ 顔つき, 表情. con la ～ alta [erguida] 堂々と, 誇らしげに. ❸ (印刷物の) 上部余白, ヘッド. ── 男 ❶ 前面, 正面, 表. el ～ del edificio 建物の正面. ❷ 戦線. ～ popular 人民戦線. ❸ (政治・社会活動の) 協力戦線, 派 (閥). formar [hacer] un ～ con ... …と共同戦線を張る. ～ democrático 民主派. ❹ 〖気象〗 前線. ～ frío [cálido] 寒冷[温暖]前線. ❺ (本等の) 扉. ***al ～*** 先頭に. ***al ～ de ...*** …を率いて. ***de ～*** 前を向いて. ***de ～ con ...*** …と向き合って；率直に. ***en ～*** 正面に, まっすぐ前に. ***～ a ...*** …の前に, (困難等) に直面して；…に対して. ***～ a ～*** 向き合って. ***～ por ～ a [de] ...*** …の真正面に. ***hacer ～*** 対決する. ***llevar [traer] ... escrito en [sobre] la ～*** …が表情に表れている. ***ponerse al ～ de ...*** …を率いる.

freo 男 〖海〗 海峡.

freón 男 〖商標〗 フレオン, フロンガス.

fresa 女 ❶ イチゴ (の木・実). ❷ (切削工具の) フライス；(歯科医の) ドリル. ── 形 [性数不変] いちご色の.

fresado 男 〖機〗 フライス加工[削り].

fresador, dora 男 女 フライス盤作業員. ── 女 〖機〗 フライス盤.

fresal 男 イチゴ畑.

fresar 他 フライス加工する.

fresca 女 ❶ (夏の朝夕の) 涼しさ. ❷ 《話》 しゃくに障る言葉. ❸ 厚かましい女. ── 形 → fresco.

frescachón, chona 形 《話》 はつらつとした. ***viento ～*** 涼風；〖海〗 疾風.

frescales 男 女 [単複同形] 《話》 厚かましい人.

fresco, ca [フレスコ, カ] 形 〔英 cool, fresh〕 ❶ 涼しい. brisa *fresca* 涼風. ❷ 冷えた, 冷たい. agua *fresca* 冷たい水. ❸ 新鮮な. pescado ～ 鮮魚. ❹ 鮮明な；最新の. memoria *fresca* 鮮明な記憶. ❺ 生き生きした. cutis ～ みずみずしい肌. ❻ 落ち着いた, 平然とした. ❼ 《話》 厚かましい. ── 男 女 厚かましい人. ── 男 ❶ 涼気. Hoy hace ～. 今日は涼しい. tener ～ 涼気を感じる. tomar el ～ 涼む. ❷ フレスコ画 (法). ***estar ～*** 当てがはずれる.

frescor 男 ❶ 涼しさ. ❷ 〖美〗 (人物の肌の) 健康的な色.

frescote, ta 形 《話》 健康そうな.

frescura 女 ❶ 涼しさ, さわやかさ；冷たさ. ❷ 新鮮さ；平静. ❸ 《話》 ずうずうしさ.

fresneda 女 トネリコの林.

fresno 男 〖植〗 トネリコ類.

fresón 男 〖植〗 (大粒の) イチゴ.

fresquera 女 (換気がよく涼しい) 食料保管所.

fresquería 女 《ラ米》(ﾁﾘ)冷たい飲み物を売る店.

freudiano, na [フロイディアノ, ナ] 形 フロイト (学派) の. ── 男 女 フロイト学派の人.

freudismo [フロイディスモ] 男 フロイト主義[学説].

freza 女 ❶ (魚の) 産卵 (期)；腹子；稚魚. ❷ (動物が地面に, 魚が水底に作る) くぼみ. ❸ (動物の) 糞(ふん).

frezar 57 自 ❶ 産卵する. ❷ (魚が産卵のために) 水底をくぼませる, (動物が) 地面を掘る. ❸ 糞(ふん)をする.

fri- / frí- 活 → freír.

fría 形 → frío.

friabilidad 女 もろさ.

friable 形 もろい.

frialdad 女 ❶ 寒さ, 冷たさ. ❷ 無関心. ❸ 〖医〗 冷感症, 不感症.

fricandó 男 〖料〗 フリカンドー：子牛肉の煮込み料理.

fricasé 男 〖料〗 フリカッセ：肉と香味野菜のホワイトソース煮.

fricativo, va 形 摩擦音の. ── 女 〖音声〗 摩擦音. ⇒ f, j, s, z 等の子音.

fricción 女 ❶ 摩擦. ❷ マッサージ (=

masaje). ❸ 不和.

friccionar 他 摩擦する；マッサージする.

frieg- 活 → fregar.

friega 女 ❶ 摩擦. ❷ マッサージ. ❸《ラ米》面倒. ❹《ラ米》(メキシコ)殴打；(プエルトリコ)(ペルー)(メキシコ)叱責(しっせき).

friegaplatos 男 女［単複同形］皿洗い(をする人)；食器洗浄器.

friendo 現分 → freír.

Frigia 固名 フリギア：小アジアの古代国家.

frigider 男《ラ米》冷蔵庫(→ frigorífico 地域差).

frigidez 女 ❶ 冷たさ. ❷ 冷感症，不感症.

frígido, da 形 ❶ 冷たい，冷淡な. ❷ 性的不感症の.

frigio, gia 形 男 女 フリギアの(人). gorro ～ フリギア帽：自由の印としてフランス革命軍，後にスペインの共和派がかぶった.

frigoría 女〖物〗フリゴリー：熱量の単位.

frigorífico, ca 形 冷蔵［冷却］する；冷蔵装置の(付いた). ― 男 ❶《スペイン》冷蔵庫(→地域差). ❷《ラ米》(アルゼンチン)(パラグアイ)(ウルグアイ)冷凍工場. 地域差 冷蔵庫 frigorífico《スペイン》；frigider《ラ米》(ペルー)；frío (キューバ)；heladera (パラグアイ，ウルグアイ，アルゼンチン)；nevera《スペイン》《ラ米》(キューバ，ドミニカ共和国，プエルトリコ)(コスタリカ，パナマ)(コロンビア，ベネズエラ)；refrigerador (キューバ)(メキシコ)(グアテマラ，ホンジュラス，エルサルバドル，ニカラグア，パナマ)(エクアドル，ペルー，ボリビア)(チリ).

frijol / fríjol 男《ラ米》(1)〖植〗フリホール(豆)，インゲンマメ. (2)［複］(キューバ)(メキシコ)《話》食事，食べ物.

frío, a［フリオ，ア］形［絶対最上級 friísimo, ma］〔英 cold〕❶ 寒い，冷たい；冷めた. ❷ 冷淡な；冷酷な. sangre *fría* 冷血. ❸ 冷静な. ❹〖美〗寒色の；(作品が)感銘を与えない. ❺ 性的不感症の. ― 男 ❶ 寒さ，低温；冷気. Hoy hace mucho ～. 今日はとても寒い. ❷ 寒け，かぜ. ❸ 冷淡；冷酷. ❹《ラ米》冷蔵庫(→ frigorífico 地域差). ― 活 → freír. ***dejar ～ a ...*** …に感銘を与えない；ぞっとさせる. ***en ～*** 冷たくして；冷静に；準備なしに. ***no dar ni ～ ni calor a ...*** …にとってどうでもよい. ***quedarse ～*** (驚き・恐怖で)硬直する.

friolento, ta 形 → friolero.

friolera 女 取るに足りないもの；《皮肉》大金.

friolero, ra 形 寒がりの.

frisa 女 ❶〖服〗フリース. ❷《ラ米》(布地の)毛羽；毛布(→ manta 地域差).

frisar 他 (布地を)毛羽立てる. ― 自 ❶《en》(…に)すれすれである；(…歳に)近づく. ❷ 気が合う.

friso 男〖建〗フリーズ：彫刻を施した小壁；(壁の上下の)帯状装飾.

frita 過分 → freír. 形 → frito.

fritada 女〖料〗揚げ物，炒(い)め物.

fritanga 女 ❶《話》《軽蔑》(油っぽい)揚げ物，炒め物. ❷《ラ米》(コロンビア)揚げ物の屋台.

fritar 他 ❶ (ガラス原料等を)溶融する；(鉱物を)焼結する. ❷《ラ米》油で揚げる.

frito, ta 過分 → freír. 形 ❶ 油で揚げた，フライにした. patatas *fritas* フライドポテト；ポテトチップ. ❷《話》うんざりした；困窮した. ❸《話》眠りこんだ；死んだ. ― 男［主に複］揚げ物，炒(い)め物. ***dejar ～***《話》殺す. ***estar ～ por***〈＋不定詞〉《話》…したくてたまらない.

fritura 女 ❶〖料〗揚げ物，炒(い)め物. ❷〖ラジ〗〖TV〗雑音.

frivolidad 女 軽薄；取るに足りないこと.

frívolo, la 形 軽薄な；取るに足りない.

fronda 女 ❶ (シダ類の)葉；［複］葉の茂み. ❷ 木立.

frondosidad 女 (枝葉が)茂っている様子；《集合的》葉の茂み.

frondoso, sa 形 (枝)葉の多い［茂った］；(森林等が)密生した.

frontal 形 ❶ 前頭［前額部］の. ❷ 前面［正面］の. ❸《ラ米》(コロンビア)重要な. ― 男 ❶ 前頭骨. ❷ (祭壇の)正面装飾布.

frontera［フロンテラ］女〔英 frontier〕❶ 国境(線)；辺境. ❷ 限度；境界. ❸ (建物の)正面；(本の)扉，口絵.

fronterizo, za 形 ❶ 国境の；《con, de》(…と)国境を接する. ❷ 反対側の，向かい合った. ― 男 ブラジルとウルグアイの国境付近で話されているポルトガル語なまりのスペイン語.

frontero, ra 形《a》(…に)反対側の. ― 男 (幼児の)額当て.

frontis 男［単複同形］❶ (建物の)正面. ❷〖スポ〗(フロントン frontón の)壁.

frontispicio 男 ❶〖建〗(建物の)正面；ペディメント，(三角形の)切妻壁. ❷ (本の)扉；口絵. ❸《話》(人の)顔.

frontón 男 ❶〖スポ〗フロントン：球を壁に当てて返すスペイン，バスク地方の球技. ❷ (フロントン球技の)壁［コート］. ❸〖建〗ペディメント，切妻壁. ❹ (海岸の)断崖(だんがい).

frotación / frotadura 女 → frotamiento.

frotamiento 男 こすること；摩擦.

frotar 他 ❶ こする，磨く. ❷ (マッチを)擦る；(火打ち石等を)打つ. ― **frotarse** 再 こすり合わせる.

fructífero, ra 形 実のなる；《比喩的》有意義な.

fructificación 女 (植物の)結実；《比喩的》実り，成果.

fructificar 26 自 ❶ (植物が)結実する. ❷《比喩的》実を結ぶ，好結果をもたらす.

fructosa 女〖化〗果糖，フルクトース.

fructuoso, sa 形 よく実のなる；有意義な.

frufrú 男《擬》さらさら；衣擦(きぬず)れの音.

frugal 形 (食生活が)質素な；少食の.

frugalidad 女 (食生活の)質素；少食.

frugívoro, ra 形〖動〗果実を常食とする.

fruición 女 喜び，楽しみ.

frumentario, ria 形 小麦の，穀物の.

frunce 男〖服〗シャーリング；ギャザー，ひだ.

fruncido, da 形 ❶ ギャザーのついた. ❷ 顔をしかめた. ❸《ラ米》(アルゼンチン)(チリ)気取った. ― 男 ❶〖服〗ギャザー. ❷ しかめっ面.

fruncir 112 他 ❶ (布に)ギャザーをつける. ❷ (不快感で顔の一部に)しわをよせる. ― **fruncirse** 再 ❶ しわが寄る. ❷《ラ米》(メキシコ)おじけづく.

fruslería 女 つまらない品物［事］.

frustración 女 ❶ 挫折(ざっ)；失望. ❷〖心〗欲求不満.

frustrado, da 形 挫折(ざっ)した，失敗した.

frustrante 形 フラストレーション[挫折(ざっ)感]を引き起こす.

frustrar 他 挫折(ざっ)[失望]させる. ── **frustrarse** 再 ❶ 失敗[挫折]する. ❷ (期待等が) 裏切られる.

frustre 男 《話》フラストレーション, 挫折(ざっ)(感).

fruta [フルタ] 女 〔英 fruit〕 ❶ **果物**, 果実. ～ del tiempo 旬(しゅ)の果物. ❷ 成果；利益. ***～ del cercado ajeno*** 隣の芝生は青い. ***～ de sartén*** 揚げ菓子.

frutal 形 果実がなる, 果物の. ── 男 果樹 (＝árbol ～).

frutería 女 果物店[屋].

frutero, ra 形 果物 (用) の；果物を売る. ── 男 女 果物を売る人. ── 男 果物皿[かご].

fruticultura 女 果樹栽培(法).

frutilla 女 ❶ (ロザリオの) 珠. ❷ 《ラ米》(チリ原産の大粒の) イチゴ.

fruto [フルト] 男 〔英 fruit〕 ❶ **木の実**, **果実**. ～ prohibido 《比喩的》禁断の木の実. ～*s* secos ドライフルーツ. ❷ [単または複] 生産物, 収穫物. ❸ 成果；たまもの；授りもの. sacar ～ de ... …から成果を上げる. ***sin ～*** 成果のない, 無駄に.

FSLN 男 *F*rente *S*andinista de *L*iberación *N*acional (ニカラグアの) サンディニスタ民族解放戦線.

ftalato 男 フタル酸塩.

fu 男 《擬》(猫のうなり声) フー. ***¡Fu!*** 《嫌悪・軽蔑》へっ, ふん. ***hacer fu a ...*** …を鼻であしらう. ***ni fu ni fa*** まあまあの.

fucilazo 男 《文》遠い稲妻, 稲光.

fuco 男 〖植〗ヒバマタ.

fucsia 女 〖植〗フクシア. ── 男 紫紅色 (＝color ～). ── 形 紫紅色の.

fue(-) / fue 活 ❶→ ir. ❷→ ser.

fuego [フエゴ] 男 〔英 fire〕 ❶ **火**. ～ fatuo 鬼火, きつね火. pegar [prender] ～ a ... …に火をつける. ❷ (料理・暖房用の) 火；バーナー. a ～ lento [vivo] とろ火[強火]で. ¿Me das ～? (タバコの) 火を貸してくれますか. Mi cocina tiene cuatro ～*s*. 私のコンロには 4 口のバーナーがある. ❸ 火事 (＝incendio). ¡*F*～! 火事だ. apagar un ～ 火事を消す. ❹ 熱情. ❺ (火器の) 発射. abrir [hacer] ～ 発射する. ¡Alto el ～! 射撃休止. ❻ [複] 花火 (＝～s artificiales [de artificios]). ❼ 熱；ほてり. ❽ 《古》世帯. un pueblo de 50 ～*s* 50世帯の集落. ***atizar [avivar] el ～*** 《話》あおる. ***echar ～ por los ojos*** 激怒している. ***entre dos ～s*** 板ばさみの. ***jugar con ～*** 火遊びする, 危険なことに手を出す.

fueguino, na 形 男 女 フエゴ島の(人).

fuel 〔英〕 男 燃料油, (暖房用) 灯油.

fuelle 男 ❶ ふいご. ❷ (楽器の) 送風器；バンドネオン. ❸ 蛇腹 (状のもの)：アコーディオンプリーツ；(かばんの) まち；(車両の) 連結部；(車・馬車の) 幌(ほろ). ❹ 《話》スタミナ.

fuel-oil 〔英〕 男 → fuel.

fuente [フエンテ] 女 〔英 fountain, spring〕 ❶ **泉** (＝manantial). ❷ 噴水, 池；(公園等の) 水飲み場, 給水場. ～ bautismal 〖カト〗洗礼盤. ❸ 源, 起源, 原因；情報源；原典. ～ de alimentación 発電機. ❹ 大皿 (に盛られた食べ物). ❺ 〖医〗(血液・膿(うみ)等の) 排出口.

Fuentes 固名 フエンテス Carlos ～ (1928 -): メキシコの作家.

fuer 男 ***a ～ de ...*** …として(は).

fuera [フエラ] 副 〔英 out, outside〕 ❶ **外に[で]** (↔ dentro). cenar ～ 外で夕食をとる. jugar ～ 〖スポ〗遠征する. ❷ 《間投詞的に》¡*F*～! 出て行け, 消え失せろ. ***de ～*** よそからの. ***desde ～*** 外から. ***～ de ...*** …の外に；…の他に. ～ *de* alcance 手の届かない, 力の及ばない. ～ *de* contexto 文脈を離れて. ～ *de* duda 疑いの余地なく. ～ *de* juego (サッカー) オフサイド. ～ *de* moda 流行遅れの. ～ *de* servicio 〖交通〗回送. ～ *de* sí 我を忘れて.

fueraborda 男 [単複同形] 船外機 (付きボート).

fuerce(-) 活 → forzar.

fuero 男 ❶ 特権. ❷ 〖史〗(中世スペインで特定の都市や地域に付与された) 特別法. ❸ 〖法〗法, 法典. ❹ 司法[裁判] 権；管轄権. ***en*** su ***～ interno [interior]*** 心の底では, 秘かに. ***volver por los ～s de ...*** …を擁護する. ***volver por*** sus ***～s*** (本領を) 取り戻す.

fuerte [フエルテ] 形 [絶対最上級 fortísimo, ma] 〔英 strong〕 ❶ (力・意志等が) **強い**, 強固な, 丈夫な. un hombre ～ たくましい人. caja ～ 金庫. viento ～ 強風. voluntad ～ 強い意志. voz ～ 大声. ❷ (味・におい等が) 強い, 濃い. café ～ 濃いコーヒー. medicamento ～ 効き目の強い薬. olor ～ 強烈なにおい. ❸ 《**en**》(…の) (能力が) ある. Estoy ～ *en* química. 化学は得意です. ❹ (感覚が) 鋭い. ❺ (言葉等が) 乱暴な. ❻ 強力な, 有力な. ❼ 大量の, 多い. una ～ nevada 大雪. ❽ 〖文法〗強母音の. ── 男 ❶ 得意 (なもの). ❷ 砦(とりで), 要塞(ようさい). ❸ 最盛期. ❹ 強者. ── 副 ❶ 強く；激しく. ❷ 大きな声で. ❸ 大量に, ふんだんに. ***hacerse ～*** 意志を強くする；立てこもる.

fuertemente 副 力強く；熱心に.

fuerz- 活 →forzar.

fuerza [フエルサ] 女 〔英 force, power〕 ❶ **力**, **強さ**；激しさ. ～ de voluntad 意志力, 自制力. El viento sopla con ～. 風が強く吹いている. ❷腕力, 暴力. ～ bruta 腕力. recurrir a la ～ 暴力に訴える. ❸ 効力, 効果, 影響力. ～ mayor 不可抗力. la ～ de ley 法の力. cobrar ～ 勢いづく. ❹ [複] 勢力；軍事力. ～*s* vivas (土地の) 有力者. ～*s* políticas 政治団体. ～*s* de oposición 反対勢力. ～*s* armadas [aéreas] 軍隊[空軍]. ～ de choque 突撃部隊. ❺ 〖物〗力, エネルギー；電流. ～ de (la) gravedad 引力. ── 活 → forzar. ***a ～ de ...*** …を用いて, …によって. *A ～ de* paciencia conseguimos convencerla. 根気強く彼女を説得した. ***a la ～*** 力ずくで. ***írsele a ... la ～ por la boca*** …がでまかせを言う. ***por ～*** 無理やり. ***sacar ～s de flaqueza*** 涙ぐましい努力をする.

F

fuete 男《ラ米》鞭(むち)(打ち).

fuga 女 ❶ 逃亡；駆け落ち. darse a la ～ / ponerse en ～ 逃げる. ❷（気体・液体の）漏出；《比喩的》流出. ～ de cerebros 頭脳流出. ❸ 激しさ；最盛期. ❹〖音〗フーガ.

fugacidad 女 はかなさ, 刹那(せつな).

fugado, da 形 逃亡した, 脱獄した. ── 男 女 逃亡者, 脱獄者.

fugarse 66 再 逃げる；駆け落ちする.

fugaz 形 ❶ はかない. estrella ～ 流れ星. ❷ 逃げ足の早い.

fugitivo, va 形 ❶ 逃げた, 逃亡中の. ❷ つかの間の. ── 男 女 逃亡[脱走]者.

fuguillas 男 女［単複同形］《話》落ち着かない人, こらえ性のない人.

führer [フィウレル]〔独〕男 独裁者.

fui(-) / fui 活 ❶ → ir. ❷ → ser.

fuina 女〖動〗テン.

ful 形 ❶《話》偽の, まがいの. ❷《ラ米》(コロンビア)完全な, いっぱいの；素晴らしい. ── 男 偽物, いんちき；〖遊〗フルハウス.

fulano, na 男 女 ❶（名前を言う代わりに）ある人, 某氏；(知らない[想像上の]) 誰か. ～, mengano y zutano 誰かと誰か, それにもうひとりの誰か. ❷ 愛人. ── 女《話》娼婦(しょうふ).

fular 男〖服〗フーラード(製スカーフ).

fulastre 形《話》ぞんざいな. ── 男 女 へまをやる人, 不器用な職人.

fulbito / futbito 男 ミニサッカー；《ラ米》(アルゼンチン)(ウルグアイ)サッカーゲーム.

fulcro 男（てこの）支点, てこ台.

fulero, ra 形 雑な, 役に立たない. ── 男 女 ぞんざいな人；無能な人；うそつき.

fulgente / fúlgido, da 形《文》輝く.

fulgir 44 自《文》輝く.

fulgor 男《文》きらめき, 輝き；すばらしさ.

fulgurante 形 きらめく, 輝く；輝かしい.

fulgurar 自 きらめく, 輝く.

fúlica 女〖鳥〗オオバン.

fuliginoso, sa 形 煤(すす)の；《文》くすんだ.

full〔英〕男〖遊〗フルハウス.

fullería 女 ❶（トランプ・博打(ばくち)等での）いかさま, ずる. ❷ 悪知恵.

fullero, ra 形 狡猾(こうかつ)な；ぺてん師の. ── 男 女 ずるい人, ぺてん師.

full time [フるタイ(ム)]〔英〕副 常勤で, 専任で(＝a tiempo completo).

fulminación 女 ❶ 落雷；電光. ❷ 爆発. ❸（破門等の）宣告；非難.

fulminante 形 ❶ 爆発性の；閃光(せんこう)を発する. ❷ 突発性の；突然の. ❸《話》びっくりするような. ── 男 起爆薬[剤].

fulminar 他 ❶（雷光を）放つ；感電(死)させる. ❷ にらみつける. ❸（病気が）急死させる. ❹（破門等を）宣告する；(非難を)浴びせる.

fulminato 男〖化〗雷酸塩.

fulo, la 形《ラ米》(アルゼンチン)(ウルグアイ)《話》激怒した. ── 男 女《ラ米》金髪の人（→ rubio 地域差）.

fumable 形 喫煙に適した.

fumadero 男 喫煙所[室].

fumado, da 過分 → fumar. 形《話》(麻薬で) 恍惚(こうこつ)状態の. ── 女《話》麻薬パーティー.

fumador, dora 形 喫煙する. ── 男 女 喫煙家.

fumar [フマル] 自〔英 smoke〕❶ **タバコを吸う**, 喫煙する. ❷ 煙が出る, 煙る. ── 他（タバコ・大麻等を）吸う. ──

fumarse 再 ❶ タバコを吸う. ❷《話》浪費する. ❸《話》サボる. ～ la clase《スペイン》学校をサボる（→ 地域差）. ❹《ラ米》(アルゼンチン)(キューバ)(メキシコ)《de》（…を）煙に巻く. **地域差** 学校をサボる fumarse la clase《スペイン》; capiurar(se)《ラ米》(ホンジュラス, エルサルバドル)；chacharse (ボリビア)；comer jobos (プエルトリコ)；echar la pera (エクアドル)；hacer la cimarra (チリ)；hacer la vaca (ペルー)；hacer novillos, hacer pellas《スペイン》；hacerse la pera《ラ米》(エクアドル)；hacerse la rabona (パラグアイ, ウルグアイ, アルゼンチン)；hacerse rata (アルゼンチン)；irse de capiura (ホンジュラス, エルサルバドル)；irse de pinta (メキシコ)；jubilarse (ベネズエラ)；libretearse (ニカラグア)；pavear (パナマ)；pintar buenas (アルゼンチン)；pintar venado (メキシコ)；tigurear (ドミニカ共和国)；vaquerear (ペルー).

fumarada 女 ❶（一吹き分の）煙. ❷（パイプタバコの）一服分.

fumarola 女（火山の）噴気孔.

fumata 男 女《隠》麻薬中毒者.

fumigación 女〖農〗燻蒸(くんじょう)消毒.

fumigador, dora 形 男 女 燻蒸(くんじょう)(消毒)する(人). ── 男 燻蒸消毒器.

fumigar 66 他〖医〗〖農〗燻蒸(くんじょう)消毒[療法]をする.

fumígeno,na 形 煙を出す.

fumista 形 冗談好きの. ── 男 女 ❶ 暖房[厨房(ちゅうぼう)]器具の修理工[清掃人, 販売人]. ❷ 冗談好きの人.

funambulesco, ca 形 綱渡り（芸）の；危なっかしい.

funámbulo, la 男 女 綱渡り芸人.

función [フンしオン] 女［複 funciones］〔英 function〕❶ **機能**, 作用. ❷［主に複］**職務**, 役割. ❸〖演〗興行；〖映〗上映. ～ benéfica チャリティー公演. ❹〖文法〗機能. ❺〖数〗関数. ❻〖化〗作用. ❼ 祝宴；大騒ぎ. ***en ～ de ...*** …に応じて. ***en funciones*** 代理[代行]の.

funcional 形 ❶ 機能の, 機能的な. ❷ 実用的な. ❸ 関数の.

funcionalidad 女 機能性.

funcionalismo 男 機能主義.

funcionalmente 副 機能上, 機能的に；職務上.

funcionamiento 男 ❶ 機能（を果たすこと). ❷〖機〗作動；性能.

funcionar [フンしオナル] 自〔英 function〕❶（機械・器官等が）**機能する**, 作動する. No *funciona*. 故障中. ❷ 職分[役目, 機能]を果たす.

funcionariado 男《集合的》公務員.

funcionarial 形 公務員の, 役人の.

funcionario, ria [フンしオナリオ, リア] 男 女〔英 civil servant〕**役人**, 公務員.

funda 女（布・革等の）ケース, カバー. ── 活 → fundar. ～ ***nórdica*** ダウンジャケット.

fundación 女 ❶ 創設, 設立. ❷ 基金；財団, 協会.

fundacional 形 創設[財団, 基金]の.

fundado, da 過分 → fundar. 形 ❶ 創設[設立]された. ❷ 根拠のある.

fundador, dora 形 創立[設立]する. ― 男 女 創立[創始]者；(国家等の) 建設者.

fundamentación 女 ❶ (建物等の) 定礎. ❷ 《en》(…に) 論拠を置くこと.

fundamental [フンダメンタる] 形 〔英 fundamental〕 基本的な；根本的な. derechos ～*es* del hombre 基本的人権.

fundamentalismo 男 原理主義.

fundamentalista 形 原理主義の. ― 男 女 原理主義者.

fundamentalmente 副 基本的に, もともと；根本的に.

fundamentar 他 ❶ (建物等の) 基礎を築く；建設[確立]する. ❷ 《en》(…に) 根拠を置く, 基づかせる. ― **fundamentarse** 再 《en》(…に) 基づく.

fundamento [フンダメント] 男 〔英 foundation〕 ❶ 基礎；『建』土台, 基礎工事. ❷ 根拠. ❸ まじめさ, きちょうめんさ. sin ～ ふまじめな. ❹ [複] (学術の) 基礎的原理, 初歩.

fundar [フンダル] 他 〔英 found〕 ❶ 創設[創始]する. ❷ 建設する, 築く. ❸ 《en, sobre》(…に) 根拠を置く. ― **fundarse** 再 《en》(…に) 立脚する.

fundente 形 『化』溶解力のある. ― 男 ❶ 『化』融剤, 溶剤. ❷ 『薬』消炎剤.

fundible 形 溶けやすい, 溶解できる.

fundición 女 ❶ 融解, 溶解. ❷ 鋳造；鋳造工場；鋳鉄. ❸ 『印』フォント.

fundido, da 過分 → fundir. 形 《ラ米》(アルゼンチン)(ペルー)破産[倒産]した. ― 男 ❶ 鋳物. ❷ 『映』フェード. ～ en negro フェードアウト.

fundidor 男 製錬工, 鋳造者.

fundillo 男 《ラ米》(コロンビア)(ペルー)(ベネズエラ) 《話》(人の) 尻(しり)；(ズボンの) ヒップの部分.

fundir [フンディル] 他 〔英 melt〕 ❶ (熱で) 溶かす；『冶』(金属を) 溶解する；鋳造する. ❷ 融合[合併]させる；混ぜ合わせる. ❸ 《話》浪費する. ❹ 《ラ米》《話》(人を) からかう. ― **fundirse** 再 ❶ 溶ける；溶解する. ❷ (ヒューズが) 飛ぶ；(電球が) 切れる；(部品が) 焼けつく. ❸ 混ざり合う；融合する.

fundo 男 『法』農地；地所. ― 活 → fundar, fundir.

fúnebre 形 ❶ 葬式の, 葬儀の. ❷ 死を思わせる；悲しげな, 陰気な.

fúnebremente 副 しめやかに, 陰鬱(いんうつ)に.

funeral 形 葬式[埋葬]の. ― 男 [主に複] 葬式.

funerala *a la* ～ 『軍』(喪を表すために) 銃口を下に向けて. *ojo a la* ～ 《話》(殴打による) 青あざのできた目.

funerario, ria 形 葬儀の. ― 女 葬儀社.

funesto, ta 形 ❶ 不吉な, 忌まわしい. ❷ 《話》台無しにする.

fungible 形 ❶ 消耗性の. ❷ 『法』代替可能な.

fungicida 形 殺菌の, 防かびの. ― 男 殺菌剤, 防かび剤.

fungir 44 自 《ラ米》(メキシコ)(ペルー)《de》(…を) 代行する.

fungo 男 『医』菌状腫(しゅ), 海綿腫.

funguicida 形 男 → fungicida.

funicular 形 綱 (索) を用いた. ― 男 ケーブルカー.

funk [ファン(ク)] 〔英〕 形 男 [複 ～s] 『音』ファンク (の), ファンキージャズ (の).

funky [ファンキ] 〔英〕 男 → funk.

furcia 女 《俗》売春婦.

furgón 男 有蓋(ゆうがい)トラック[貨物運搬車].

furgoneta 女 『車』バン, ワゴン車. ～ familiar ステーションワゴン. 地域差 バン, ワゴン車 furgoneta 《スペイン》《ラ米》(ニカラグア)(コロンビア)(チリ)(ウルグアイ, アルゼンチン)；camioneta (キューバ, ドミニカ共和国, プエルトリコ)(メキシコ)(エルサルバドル, ニカラグア, パナマ)(ベネズエラ)(エクアドル, ペルー)(チリ)(ウルグアイ)；guagua (プエルトリコ).

furia 女 ❶ 激怒；逆上 (した人). estar hecho una ～ 怒り狂っている. ❷ 猛威, 激しさ. ❸ 激烈. ❹ 絶頂；ブーム. *a toda* ～ 猛烈に；急いで.

furibundo, da 形 ❶ 激怒した；激烈な. ❷ 熱狂的な.

furioso, sa 形 ❶ 激怒[激高]した；狂暴な；荒れ狂った. ❷ 莫大(ばくだい)な.

furor 男 ❶ 激怒, 憤激；激しさ, 激烈；激情. ❷ 熱中, 熱狂；大流行. hacer ～ 人気をさらう. ～ *uterino* 『医』色情狂.

furriel / furrier 男 『軍』(糧食・給与等の係の) 下士官.

furruco 男 《ラ米》(ベネズエラ)(1) 『音』フルーコ：民族楽器の一種. (2) 古い乗り物.

furrusca 女 《ラ米》(コロンビア)争い, 口論.

furtivo, va 形 人目を忍んだ. ― 男 女 密猟[漁]者.

furúnculo 男 → forúnculo.

furunculosis 女 [単複同形] 癤瘡(せつそう)症.

fusa 女 『音』32分音符.

fuselaje 男 (飛行機の) 胴体.

fusibilidad 女 可融[融解]性[度].

fusible 形 可融性の. ― 男 『電』ヒューズ.

fusiforme 形 紡錘形の.

fusil 男 銃；ライフル銃. *piedra de* ～ 火打ち石.

fusilamiento 男 ❶ 銃殺. ❷ 盗作.

fusilar 他 ❶ 銃殺する. ❷ 《話》盗作する, 剽窃(ひょうせつ)する.

fusilería 女 ❶ 《集合的》小銃 (隊). ❷ 銃撃, 射撃.

fusilero, ra 形 男 小銃[銃撃]兵 (の).

fusión 女 ❶ 溶解, 融解 (物). ～ nuclear 『物』核融合. ❷ 合併；融合.

fusionar 他 ❶ 融合[融和]させる. ❷ 合併させる. ― **fusionarse** 再 融合[合併]する.

fusta 女 ❶ (乗馬用の) 鞭(むち). ❷ 小枝.

fustán 男 ❶ 『服』ファスチアン織り：綾(あや)織りの厚手の綿布. ❷ 《ラ米》(南米)ペチコート.

fuste 男 ❶ 『建』(柱頭と台石の間の) 柱身；棒, (槍(やり)の) 柄. ❷ 支えるもの, 基本；内容. ❸ 重要性.

fustigación 女 ❶ (馬に) むち打つこと. ❷ 懲罰；非難.

fustigar 66 他 ❶ (馬に) むちを打つ. ❷ 激しく非難する.

fútbol [フトゥボる] 男 〔英 football, soccer〕 サッカー. ～ americano アメリカン・フットボール. ～ sala 《スペイン》フットサル.

futbolero, ra 形 男 女 《話》《ユーモラ

ス》サッカーの(選手)；サッカーファン(の).
futbolín 男〖遊〗サッカーゲーム(機).
futbolista 男女 サッカー選手.
futbolístico, ca 形 サッカーの.
futesa 女《話》つまらないこと[もの].
fútil 形 取るに足りない，ささいな.
futileza / futilidad 女 くだらなさ；[複]つまらないこと.
futre 男《ラ米》(チリ)《話》きざな男.
futura 形 → futuro.
futurible 形 将来起こりうる. ― 男女 候補者.
futurismo 男 ❶〖美〗未来派. ❷ 未来主義[志向].
futurista 形 未来派の；未来主義[志向]の. ― 男女 ❶〖美〗未来派の芸術家. ❷ 未来主義者.
futuro, ra [フトゥロ,ラ] 形 〔英 future〕**未来の**，将来の. en lo ～ / en los años ～s 将来，今後. ― 男 ❶ **未来**，将来. ❷ 将来性. ❸ [複]〖商〗先物(契約，売買). ❹〖文法〗未来(時制，形).
fututo 男《ラ米》〖車〗クラクション(→ bocina 地域差).

Gg

G, g [へ] 女 スペイン語字母の第7字.
G-3 / G3 ベネズエラ・コロンビア・メキシコが結んだ地域協定. ► G は grande(s) の略.
gabacho, cha 形《話》《軽蔑》フランス風の；ピレネー地方特有の. ― 男女《話》《軽蔑》フランス人；ピレネー地方在住の人.
gabán 男 ❶ 外套(がいとう). ❷《ラ米》(1)(コロンビア)(ベネズエラ)〖鳥〗アメリカトキコウ. (2) 上着，ジャケット(→ chaqueta 地域差).
gabardina 女 ❶ レインコート(→ impermeable 地域差). ❷〖料〗《話》フライ. gambas a la ～ エビフライ.
gabarra 女〖海〗港内運搬船；はしけ.
gabela 女 ❶《文》税. ❷《ラ米》(コロンビア)(プエルトリコ)(エクアドル)(ベネズエラ)(ドミニカ共和国)〖遊〗〖スポ〗《話》ハンディキャップ.
gabinete 男 ❶ [G-] 内閣，政府(＝ gobierno). ❷ 客間，書斎. ❸ 執務[処置，展示]室. ～ de presidente 社長室. ～ de psicólogos カウンセリング・ルーム. ～ de arte 美術室.
gablete 男〖建〗切妻，破風.
Gabriel 固名 ガブリエル：男子の名.
Gabriela 固名 ガブリエラ：女子の名.
gabrieles 男 複《話》(煮込み料理の)ヒヨコマメ.
gacela 女〖動〗ガゼル.
gaceta 女 ❶ 定期刊行物. ❷《話》情報通；物知り.
gacetilla 女 雑報；ゴシップ.
gacetillero, ra 男女 雑報・ゴシップ専門の記者；《軽蔑》三流記者.
gacha 女[主に複](牛乳や砂糖を加えた)小麦粉の粥(かゆ).
gaché 男 ❶(ロマ[ジプシー]の言葉で)アンダルシア人の男性. ❷ → gachó.
gacheta 女 錠前の留め金.
gachí 女[複 ～s]《俗》女. → gachó.
gachó 男[複 ～s] ❶《俗》男；(怪しげな)野郎(↔ gachí). ❷《俗》情人.
gacho, cha 形 ❶ 下を向いた. llevar la cabeza *gacha* うなだれている. ❷《ラ米》(メキシコ)《話》醜悪な；悪趣味な；不誠実な.
gachupín, pina 男女《ラ米》(メキシコ)《話》《軽蔑》スペイン人.
gacilla 女《ラ米》安全ピン(→ imperdible 地域差).
gádido, da 形 男 タラ科の(魚).
gaditano, na 形 男 女 カディスの(人).
gadolinio 男〖化〗ガドリニウム.
gaélico, ca 形 ゲールの. ― 男女 ゲール人. ― 男 ゲール語.
gafa 女 ❶ 鉤(かぎ). ❷ [複] めがね(→ 地域差). ～*s* bifocales 遠近両用めがね. ～*s* de sol サングラス. ～*s* submarinas [de bucear] 水中めがね. **地域差** めがね gafas《スペイン》《ラ米》(メキシコ)(コロンビア)(エクアドル)；anteojos (メキシコ)(ホンジュラス，エルサルバドル，ニカラグア，コスタリカ)(チリ)(パラグアイ，アルゼンチン)；espejuelos (キューバ，ドミニカ共和国，プエルトリコ)；lentes (ドミニカ共和国)(メキシコ)(グアテマラ，パナマ)(ベネズエラ)(エクアドル，ペルー，ボリビア)(パラグアイ，ウルグアイ，アルゼンチン).
gafar 他 不運をもたらす.
gafe 形 男 女 不運を呼ぶ(人).
gafedad 女〖医〗かぎづめ手.
gafete 男《話》名札，IDタグ.
gafo, fa 形 男 女 ❶ かぎづめ手を患った(人). ❷《ラ米》(ベネズエラ)まぬけな(人).
gag 〔英〕男[複 ～s]笑わせる場面.
gagá 形 ❶《話》ぼけた. ❷《ラ米》(ペルー)気品のある.
gaita 女 ❶〖音〗(1) バグパイプ. (2) ガイタ：縦笛の一種. ❷《話》面倒. ❸《話》首. ― 形 男 女《ラ米》(アルゼンチン)(ウルグアイ)スペイン人(の)；スペイン人の子孫(の). ***templar ～s con ...*** …を腫(は)れ物に触るように扱う.
gaitero, ra 形 バグパイプ[ガイタ]演奏の. ― 男 女 バグパイプ[ガイタ]奏者.
gajes 男 複 臨時収入. ～ ***del oficio*** 仕事につきものの煩わしさ.
gajo 男 ❶(オレンジ等の)房，袋；(ブドウ等の)房，一枝. ❷ 木の枝.
gal 男〖物〗ガル：加速度の単位. ― 男 女 GALのメンバー.
GAL [ガる] 男 *Grupo Antiterrorista de Liberación* 反テロリスト解放組織.
gala 女 ❶ 盛装；晴れ着. ❷(盛装・正装を要する)式典，パーティー；コンサート. ***hacer ～ de ...*** …を鼻にかける；見せびらかす. ***tener a ～*** 〈＋不定詞〉…することを自慢の種にしている. ***vestido* [*uniforme*] *de ～*** 正装；礼服. ***vestir* [*ir*] *de ～*** 正装する.
galáctico, ca 形〖天文〗銀河(系)の.
galactosa 女〖化〗ガラクトース.
galaico, ca 形 ガリシアの(＝ gallego).
galaicoportugués, guesa 形 男 女 → gallegoportugués.
galalita 女〖化〗ガラリット.
galán 形 → galano. ― 男 ❶《話》美男子. ❷ 主演級の男優. ❸《話》《やや ユーモラスに》彼氏；恋人. ～ ***de noche*** 〖植〗ヤコウカ；コート掛け.
galano, na 形[男性単数名詞の前で galán]《稀》着飾った；(家が)きれいに飾り立てた；(文体が)気取った.
galante 形 ❶(特に女性に対して)礼儀正しい；気配りできる. ❷〖文学〗色恋の絡む. historia ～ 艶笑(えんしょう)物語.
galanteador, dora 形 女性に優しい.
galantear 他(特に女性の)気を引こうとする.

G

galanteo 男 (特に女性の) 気を引こうとすること；求愛.

galantería 女 (特に女性への) 礼儀正しさ；気配り.

galantina 女 〖料〗ガランティン：鶏肉等をゼリーでかためた冷製食品.

galanura 女 (動作の) 優雅[しなやか]さ.

galápago 男 ❶〖動〗(淡水生息の) カメ. ❷《ラ米》(コロンビア)《話》自転車のサドル. ***tener muchas [más] conchas que un ～*** 《話》(人が) 見かけによらない；偽善者である.

Galápagos 固名 Islas ～ ガラパゴス諸島：別称 Archipiélago de Colón.

galardón 男 賞；勲章.

galardonado, da 形 賞[褒賞, 勲章]を得た. ── 男 女 受賞者.

galardonar 他 賞[褒賞, 勲章]を与える.

galaxia 女 銀河；[G-] 銀河系 (= La Vía Láctea).

galbana 女 《話》倦怠(けんたい)感；無気力さ.

galdosiano, na 形 (スペインの写実主義の小説家) ガルドス Benito Pérez Galdós (1843-1920) (風) の. ── 男 女 ガルドス信奉[研究]者.

galena 女 〖鉱〗方鉛鉱.

galénico, ca 形 (古代ギリシャの医学者) ガレノスの；ガレノス派医学の.

galeno, na 男 女 《話》《皮肉》医者.

galeón 男 ガレオン船：大型帆船.

galeote 男 ガレー船を漕(こ)ぐ囚人[奴隷].

galera 女 ❶ ガレー船. condenar a ～*s* ガレー船の漕(こ)ぎ手として鎖につなぐ. ❷〖魚〗シャコ. ❸〖印〗組ゲラ. ❹ 幌(ほろ)馬車. ❺《ラ米》(1)(中米)(メキシコ)《話》小屋. (2)(アルゼンチン)(ウルグアイ)(チリ)山高帽.

galerada 女 〖印〗(校正済みの) ゲラ刷り.

galería 女 ❶ 細長い部屋. ❷ 回廊；バルコニー風廊下. ❸ 画廊 (のコレクション). ❹ 地下トンネル. ❺ カーテン・フレーム. ❻ 天井桟敷 (の観客). ❼ (専門家以外の) 一般大衆. de cara a la ～ 世間に迎合して. ❽ 小売店が陳列窓を並べる通り[ビル]；デパート. ～ de alimentación 食品店街[フロア]. ～ de comercio 専門店街[フロア].

galerista 男 女 画商, 画廊経営者.

Gales 固名 (英国) ウェールズ.

galés, lesa 形 ウェールズの. ── 男 女 ウェールズ人. ── 男 ウェールズ語.

galgo, ga 形 男 女 グレーハウンド犬 (の). ── 女 ❶ (巨大な) 落石. ❷ 標準ゲージ. ***¡Échale un ～!*** 《話》(追いかける・取り戻すのを) あきらめざるを得ないね.

galguear 自 《話》❶ 間食する. ❷《ラ米》(中米)(アルゼンチン)(ウルグアイ)腹が減る；お金がない.

gálibo 男 〖車〗積載基準測定器.

galicano, na 形 ガリアの, ゴール人の.

Galicia 固名 ガリシア：スペインの自治州.

galicismo 男 〖言〗ガリシズム：フランス語風の言葉遣い.

galicista 形 ガリシズムの.

gálico, ca 形 ガリアの.

galileo, a 形 ガリラヤの. ── 男 女 ガリラヤ人. ── 女 (教会の) 柱廊.

galimatías 男 [単複同形]《話》わけの分からない言葉[もの]. ser un ～ ちんぷんかんぷんである.

galio 男 〖化〗ガリウム；〖植〗ヤエムグラ.

galladura 女 (卵黄中の) 胚盤.

gallarda 女 16世紀前後に流行した舞踊 (曲).

gallardear 自 きりっとしたところを見せる.

gallardete 男 〖海〗ペナント, 信号旗.

gallardía 女 勇気と決断力；りりしさ.

gallardo, da 形 勇気と決断力のある；りりしい.

gallear 他 (雄鶏(おんどり)が) 交尾する. ── 自 《話》《軽蔑》うぬぼれる；空威張りする.

gallegada 女 ❶ ガリシア人特有の言動. ❷《ラ米》(ウルグアイ)《話》(1) スペイン系の人々. (2)《軽蔑》スペイン人特有の言葉遣い.

gallego, ga 形 ❶ ガリシア (人, 語) の. ❷《ラ米》《話》《軽蔑》(1)(南米)スペイン系の. (2)(アルゼンチン)(ウルグアイ)頭の悪い. ── 男 女 ガリシア人. ── 男 ガリシア語.

gallegoportugués, guesa 形 男 ガリシア・ポルトガル語 (の).

galleguismo 男 ガリシア語風言葉遣い.

galleguista 形 ガリシア地方主義の. ── 男 女 ガリシア地方主義者.

galleguito 男 《ラ米》(ウルグアイ)食物の一時保管所.

gallero, ra 形 闘鶏を飼育する. ── 男 女 闘鶏の飼育家[愛好家]. ── 女 闘鶏場；闘鶏の飼育場；闘鶏を運ぶかご.

galleta 女 ❶ ビスケット；クラッカー. ❷《話》びんた；激しい打撃. darse una ～ con ... …に激しくぶつかる. ❸〖鉱〗(一握りの) 無煙炭. ❹《ラ米》(1)(アルゼンチン)(ウルグアイ)マテ茶用の器. (2)(コロンビア)靴下かかとの破れ. (3)(アルゼンチン)(ウルグアイ)(ベネズエラ)《話》混乱. (4)(ベネズエラ)《話》渋滞. ～ ***maría*** 《スペイン》〖商標〗丸型ビスケット.

galletero, ra 形 ビスケット (製造業) の. ── 男 女 ビスケット製造業者. ── 男 ビスケット保存用の缶[密閉容器].

gallina [ガリナ(ガイナ・ガジナ)] 女 [英 hen] 雌鶏(めんどり)(↔gallo). caldo de ～ 〖料〗チキンスープ. ── 形《話》《軽蔑》臆病(おくびょう)な. ── 男 女 《話》《軽蔑》臆病者. ***acostarse con las ～s*** 《話》早寝する. ***como ～ en corral ajeno*** 居心地が悪そうな. ***la ～ [gallinita] ciega*** 〖遊〗目隠し鬼ごっこ. ***la ～ de los huevos de oro*** 《話》《比喩》打出の小槌(こづち). ***ponerse la carne [piel] de ～*** 鳥肌が立つ.

gallináceo, a 形 キジ目の. ── 女 [複] キジ目の鳥.

gallinaza 女 鶏糞(けいふん).

gallinazo 男 《ラ米》(コロンビア)(エクアドル)(ペルー)(ボリビア)〖鳥〗ヒメコンドル, ハゲタカ.

gallinejas 女 複 (マドリードの) もつ料理.

gallinería 女 ❶ 鶏販売業；鶏の群れ. ❷ 臆病(おくびょう)さ.

gallinero, ra 形 鶏を飼育[販売]する. ── 男 女 養鶏業者. ── 男 ❶ 鶏小屋 (の鶏). ❷《話》非常に騒々しい場所. ❸〖演〗天井桟敷. ***alborotar el ～*** 騒動を巻き起こす. ***estar más sucio que el palo de un ～*** とても汚れている.

gallineta 女 〖鳥〗オオバン；ヤマシギ；《ラ米》ホロホロチョウ.

gallito, ta 形 男 女 《話》《軽蔑》いばりたがる (人). ── 男 《話》バドミントン. ***ponerse ～*** 挑戦的な態度をとる.

gallo 男 ❶ 雄鶏(おんどり). → gallina. ～ silvestre 〖鳥〗オオライチョウ. ❷ いばり屋の男. ❸〖魚〗マトウダイ. ❹《話》調子外れの

歌声，けたたましい声．❺《話》詐欺師．❻《ラ米》(1)(ﾒｷｼｺ)《話》【音】セレナーデ．(2)(ｱﾙｾﾞﾝﾁﾝ)《話》痰(たん)．── 形（男が）いばり屋の．**al canto del ～** 夜明け頃に．**en menos que canta un ～** あっという間に．**G～ que no canta, algo tiene en la garganta.**《諺》多弁な人がしゃべらないときは必ず何か理由がある．**mamadera de ～**《ラ米》(ﾍﾞﾈｽﾞｴﾗ)悪質な冗談．**misa del ～** クリスマスイブの深夜に行うミサ．**ojo de ～ [pollo]** 足指のたこ．**otro ～ le cantara [cantaría]**《条件文帰結節で》(もし…していたら）うまくいっていただろうに．**pata de ～** 千鳥格子．**patas de ～** 目じりの小じわ．**peso ～**（ボクシング）バンタム級．

gallón 男 ❶ 切り芝．❷【建】オボロ，まんじゅう刳型(くりかた)．

galo, la 形 ガリアの．── 男 女 ガリア人．── 男 ガリア語．

galocha 女 ❶ 雪道用の木靴．❷《ラ米》(ｱﾙｾﾞﾝﾁﾝ)ゴム長靴．

G

galón ❶【服】組みひも．❷【服】【軍】モール；階級章．❸《比喩》階級．❹〔英〕ガロン：液量の単位．

galopada 女【馬】ギャロップ走．

galopante 形 ❶（馬等が）よく駆ける．❷《話》急速な；（病気が）急進性の．

galopar 自【馬】ギャロップで走る．

galope 男【馬】ギャロップ．**a ～ tendido** フル・ギャロップで；全速力で．

galopín 男《話》（いたずら者の）浮浪児．

galpón 男《ラ米》(1)(南米)物置小屋．(2)(ﾍﾟﾙｰ)闘鶏の飼育場．

galucha 女《ラ米》(ｺﾛﾝﾋﾞｱ)(ﾍﾞﾈｽﾞｴﾗ)(ﾌﾟｴﾙﾄﾘｺ)(ｷｭｰﾊﾞ)【馬】ギャロップ．

galvánico, ca 形【物】直流電気の．

galvanismo 男 直流電気（療法）．

galvanización 女 ❶ 直流電気をかけること；電気めっき．❷ 活性化．

galvanizar 57 他 ❶ 直流電気をかける；電気めっきする．❷ 活性化する．

galvanómetro 男【電】検流計．

galvanoplastia 女 電気めっき［製版］法．

galvanotipia 女 電気製版法．

gama 女 ❶【動】→ gamo．❷ 音階．❸ 段階；色合い．❹（商品の）シリーズ；カテゴリー．

gamada 形［女性形のみ］**cruz ～** 鉤(かぎ)十字；まんじ(卍)．

gamba 女 ❶ 小エビ；シバエビ．cóctel de ～s【料】シバエビのカクテル．❷《俗》100ペセタ硬貨．**meter la ～** へまをする．

gamberrada 女 野蛮［無作法］な言動．

gamberrismo 男 野蛮な態度．

gamberro, rra 形 男 女 野蛮［無作法］な（人）．**hacer el ～** 行儀悪くふるまう．

gambeta 女 ❶【舞】脚を交差させての跳躍．❷【馬】クルベット，騰躍(とうやく)．❸《ラ米》(南米)(サッカー) ドリブル．

gambito 男（チェス）序盤の捨て駒(ごま)（を使う手）．

game [ゲイ(ム)]〔英〕男（テニスの）1ゲーム．

gamella 女 ❶ 飼い葉おけ．❷（牛馬の）くびきのフック；首掛け．

gameto 男【生】配偶子．

gamma 〔ギ〕男 ガンマ（Γ，γ）；ギリシャ語アルファベットの第3字．

gamo 男【動】ファロージカ，ダマジカ．

gamón 男【植】アスフォデル，ツルボラン．

gamonal 男《ラ米》地方の政治［経済］的ボス．

gamopétalo, la 形【植】合弁の．

gamosépalo, la 形 結合萼(がく)をもつ．

gamuza 女【動】シャモア；セーム革．

gana

[ガナ] 女〔英 desire, wish〕❶［主に複］**欲求，願望**；意欲．chicos con ～s de divertirse 遊びたい一心の子供たち．Se me han quitado las ～s de ir. 出かける気がなくなった．❷ 食欲．comer con ～s がつがつ食べる．── 活 → ganar．**con ～s**《話》すごく．ser malo *con ～s* どうしようもなく悪い．**dar la (real) ～ de ...** …したい気分である．**de buena [mala] ～**《話》喜んで［いやいや］．*De buena ～* te acompañaría. 喜んでお供したいのですが．**quedarse con las ～s**《話》（やりたかったことを）しないで終わる．**tener ～s a ...** …に反感［敵意］を持つ．**tener ～s de**〈＋不定詞／ que＋接続法〉…したい，…することを望む．*Tengo ～s de* volver a casa. 家に戻りたい．*Tengo ～s de que* lleguen las vacaciones. 休暇が待ち遠しい．

ganadería 女 ❶ 牧畜．❷（特定家畜の）種；（個人所有の闘牛の）群れ．

ganadero, ra 形 家畜［牧畜］の．── 男 女 牧場主．

ganado 男 ❶ 家畜．～ de cerda [porcino]《集合的》豚．～ mayor [menor] 大型家畜（牛馬）［小型家畜（羊豚）］．～ vacuno《集合的》牛．❷《ラ米》《軽蔑》《集合的》やつら．**～ bravo**《集合的》闘牛．

ganador, dora 形 勝つ側の．── 男 女 勝者；当選者．

ganancia 女 ❶［複または単］利益，収入．❷（テレビ等の）音量調整．**no arrendar a ... la ～**《話》…はひどい目に遭う，思い知る．

ganancial 形【経】利益の，利潤の．

ganancioso, sa 形 有利な；もうかる．

ganapán 男 ❶ 雑用係．❷《話》《軽蔑》粗野で無教養な男性．

ganapierde 男【遊】（チェッカー）手駒(ごま)を全て失った側が勝つプレー．

ganar

[ガナル] 他〔英 earn; gain; win〕❶（お金を）**稼ぐ**．¿Cuánto *ganas* al mes? 君の月収はいくらだい．❷（賞等を）獲得する；（時間等を）稼ぐ．～ el primer premio 優勝する．～ popularidad 人気を博す．❸ **勝つ**．Nuestro equipo *ganó* el partido por dos goles a uno. 我がチームは2対1で試合に勝った．❹《en》(…で) 勝る，しのぐ．Él te *gana en* inteligencia 彼は知性で君に勝っている．❺ たどり着く．～ la orilla nadando 泳いで岸にたどり着く．── 自 ❶ 稼ぐ．～ mucho 稼ぎがいい．❷ 勝つ．～ cuatro a dos 4対2で勝つ．❸《en》(…の点で) よくなる．～ mucho *en* salud 健康が改善する．── **ganarse** 再 ❶ 勝ち取る，獲得する．～ la vida 生計を立てる．❷《ラ米》《a》(…に) 向かう；(ｱﾙｾﾞﾝﾁﾝ)(ｳﾙｸﾞｱｲ)身を寄せる．**no ganar para ...** …は日常茶飯事である．Aquí *no ganas para* sustos. ここでは驚くことばかりだ．

ganchero, ra 形《ラ米》(アルゼンチン)(ウルグアイ)《話》売春あっせんをする.
ganchete 男 *a medio* ～ 中途半端に. *de medio* ～ いい加減に. sentarse *de medio* ～ 浅く腰掛ける.
ganchillo 男 鉤針(かぎばり)(編み), クロッシェ.
gancho 男 ❶ フック；鉤(かぎ)(針). ❷《話》魅力. una persona con ～ 魅力ある人物. ❸《話》(見世物等の) さくら. ❹ (ボクシング) フック；(バスケットボール) フックショット. ❺《ラ米》(1) ヘアピン；洗濯バサミ. ～*s* (de pelo) / ～*s* sardinos ヘアピン (➔ horquilla 地域差). (2)(ベネズエラ)ハンガー. (3)(ウルグアイ)《俗》(成績の) 優. (4)(アルゼンチン)ホッチキスの針. *echar el* ～ *a* ... …をうまくだます；…の心を奪う. ～ *de ropa* [*nodriza*]《ラ米》安全ピン (➔ imperdible 地域差).
gandido, da 形《ラ米》(中米)(コロンビア)(ベネズエラ)《話》《軽蔑》大食いの.
gandul, dula 形 男 女《話》《軽蔑》怠惰[無気力]な(人). ── 男 [複]《ラ米》エンドウ豆 (➔ guisante 地域差).
gandulear 自 怠惰な暮らしを送る.
genealógico, ca 形 家系の；系図(学)の. árbol ～ 系譜；系統樹.
gang [英] 男 女 [複 ～s] ギャング；遊び仲間.
ganga 女 ❶ 掘り出し物；バーゲン品. ❷〖鉱〗脈石. ❸〖鳥〗サケイ.
ganglio 男〖解〗神経節.
gangoso, sa 形 男 女 鼻声の(人), 鼻声で話す(人).
gangrena 女〖医〗壊疽(えそ).
gangrenarse 再 壊疽(えそ)を起こす.
gangrenoso, sa 形 壊疽(えそ)にかかった.
gángster [ガンステル] [英] 男 [複 ～(e)s] ギャングの一員；暴力を振るう男.
gangsterismo [ガンステリスモ] [英] 男 ギャングの悪事；極度に暴力的な言動.
ganguear 自 鼻声で話す.
ganoso, sa 形 *estar* ～ *de* ... …をしたがっている.
gansada 女《話》ばかげた言動.
gansarón 男〖鳥〗ガチョウ.
gansear 自《話》ばかげたことをする.
ganso, sa 男 女 ❶〖鳥〗ガチョウ. ❷《話》冗談好きの人；ばか. ── 形《話》冗談好きの；ばかな；不器用な. *pasta gansa*《話》大金. *hablar por boca de* ～《話》他人の意見をそのまま述べる.
ganzúa 女 ピッキングの道具. ── 男 女 泥棒.
gañán 男《稀》農夫；《軽蔑》粗野な男.
gañido 男 犬の(キャンキャンという)鳴き声.
gañir 71 自 (犬が) キャンキャン鳴く；(カラスやカモメが) 鳴く.
gañote 男《話》のど；《ラ米》(アルゼンチン)(ウルグアイ) 首. *echarse* ... *al* ～ …を一気に飲み干す.
gaonera 女〖闘牛〗背面にケープを構えたさばき.
gap [ガ(プ)] [英] 男 間隔, へだたり.
garabatear 自 落書きする.
garabato 男 ❶ 落書き；殴り書き；理解しがたい文章[絵画]. ❷ 手鉤(てかぎ).
garaje 男 車庫；自動車整備工場；《ラ米》駐車場 (➔ aparcamiento 地域差).
garambaina 女 [複または単] 安物の装飾品；意味のない言動.
garante 形 保証する. ── 男 女 保証人.
garantía [ガランティア] 女 [英 guarantee] ❶ **保証**, 確約. dar ～*s* de que ... …すると保証[確約]する. estar en ～ (商品が) 保証期間内である. ～*s* constitucionales 憲法が保証する基本的権利. ser de ～ 信用に足る. suspensión de ～*s* 憲法による保証・権利の一時停止措置. ❷ 担保. ❸ (商品の) 保証期間；保証書.
garantice(-) / garanticé(-) 活 ➔ garantizar.
garantizado, da 過分 ➔ garantizar. 形 保証つきの.
garantizar [ガランティさル] 57 他 [英 guarantee] **保証する**. Te *garantizo* que este chico nos ayudará mucho. 私はこの子が大いに我々の役に立つと君に保証する.
garañón 男 種馬, 種ロバ.
garapacho 男 カメ[カニ]の甲羅.
garapiña 女 ➔ garrapiña.
garapiñar 他 ➔ garrapiñar.
garbancero, ra 形 ❶ ヒヨコマメの. ❷《軽蔑》趣味が凡庸な. ── 男 女 凡庸な趣味の持ち主.
garbanzal 男 ヒヨコマメ畑.
garbanzo 男〖植〗ヒヨコマメ, ガルバンソ. *ganarse* [*buscarse*] *los* ～*s* 生計を立てる. *ser el* ～ *negro*《話》厄介者である.
garbeo 男《話》軽い散歩.
garbo 男 (身のこなしの) 優美[華麗]さ；(文体の) 気品.
garboso, sa 形 優美な, 華麗な.
garceta 女〖鳥〗コサギ.
García 固名 ❶ ガルシア：男子の名. ❷ ガルシア・ロルカ Federico ～ Lorca (1898-1936)：スペインの詩人・劇作家. *Romancero gitano*『ジプシーのロマンセ集』. ❸ ガルシア・マルケス Gabriel ～ Márquez (1928-2014)：コロンビアの作家. ノーベル文学賞 (1982). *Cien años de soledad*『百年の孤独』.
gardenia 女〖植〗クチナシ(の花).
garduño, ña 男 女 泥棒. ── 女〖動〗テン.
garete 男 *ir(se) al* ～ (1) 漂流する. (2)《話》(計画が) 失敗する.
garfio 男 手鉤(てかぎ)；《比喩的》手.
gargajear 自《話》痰(たん)を吐く.
gargajo 男《話》痰(たん).
garganta [ガルガンタ] 女 [英 throat] ❶ **のど**；首. ❷ (歌手の) 声. ❸〖地理〗峡谷；山峡. *tener atravesado en la* ～ *a* ... …に反感を抱く.
gargantilla 女 チョーカー.
gárgara 女 [主に複] うがい. *irse a* ～*s* (計画等が) だめになる. *mandar a* ... *hacer* ～*s*《話》…を追い払う. *¡que se vaya a hacer* ～*s!*《話》とっとと失せろ.
gargarismo 男 ❶ [主に複] うがい. ❷ うがい薬.
gárgola 女〖建〗ガーゴイル：屋根の水落とし口.
garguero 男《稀》のど.
garita 女 番小屋；管理人室.
garito 男 賭博(とばく)場；《話》大人の遊び場.
garlar 自《ラ米》(コロンビア)《話》とめどなくしゃ

G

べる.

garlito 男《狩》簗(やな)；わな.

garlopa 女《技》仕上げ用の鉋(かんな).

garnacha 形 (赤ブドウが) 甘みが強く大粒の. ― 女 ❶ 甘みが強く大粒の赤ブドウ；そのワイン. ❷《ラ米》(メキシコ)《料》タコス.

garra 女 ❶[主に複]《動》鉤爪(かぎづめ)(のある脚). ❷《話》《軽蔑》人の手. ❸《比喩的》魅力；説得力. ❹[複] 絶対的支配. ❺[複] 毛皮の質の悪い部分. ❻《ラ米》(1) 古い毛皮. (2)(コロンビア)豚革. (3)(メキシコ) [複] かぎ裂き. (4)(メキシコ)《話》服；古着. (5)(ウルグアイ)《話》どうにも役立たない代物.

garrafa 女 ❶ (首長でずんぐりした) ガラス瓶. ❷《ラ米》(アルゼンチン)(ウルグアイ)(ガス・液体の) ボンベ. ***vino de ～*** テーブル・ワイン.

garrafal 形《話》(失敗等が) ひどい. ― 副 とても悪く.

garrafón 男 (首長の) 大形ガラス瓶.

garrapata 女《動》ダニ.

G **garrapatear** 自 他 なぐり書きする.

garrapato 男 なぐり書き.

garrapiña 女 (液体の) 凝固.

garrapiñar 他 ❶ 凝固させる. ❷ (アーモンド等に) 糖衣をつける.

garrido, da 形《文》見目(みめ)麗しい.

garrocha 女 ❶ 鉤(かぎ)の付いた棒；《闘牛》長槍(やり). ❷《ラ米》棒高跳びのポール.

garrón 男《ラ米》(1) (馬の後脚の) 飛節. (2)(ウルグアイ)(牛の) すね肉.

garronear 他《ラ米》(アルゼンチン)(ウルグアイ)(パラグアイ)《話》(1) (犬が馬の) 飛節を噛(か)む. (2) 責めたてる. (3) 金をたかる.

garrota 女 こん棒；(握りの曲がった) つえ.

garrotazo 男 こん棒による殴打. ***～ y tentetieso*** 《話》強硬手段；鉄拳(てっけん)制裁.

garrote 男 ❶ こん棒；(拷問用) 締め具. ❷ (オリーブの) 挿し木.

garrotillo 男《話》《稀》《医》ジフテリア.

garrotín 男《音》ガロティン：19世紀スペインの歌唱・舞踊.

garrucha 女 滑車.

garrulería 女 ❶ (言動の) 荒っぽさ；雑さ. ❷ おしゃべり；長話.

garrulo, la 形《軽蔑》のろまな；下品な.

gárrulo, la 形《話》(鳥が) よく鳴く；(人が) よくしゃべる.

garúa 女《ラ米》霧雨；驟雨(しゅうう)；濃霧.

garuar 58 自《ラ米》霧雨が降る.

garzo, za 形 青い (目をした). ― 女 ❶《鳥》サギ. ～ imperial アオサギ. ❷《ラ米》(チリ)(細めの) ビール用グラス.

garzón 男 ❶ [仏] 男の子；(近衛兵組織の) 伝令. ❷《ラ米》(コロンビア)(ベネズエラ)《鳥》ユキコサギ.

garzota 女《鳥》シラカゴイ.

gas [ガス] 男 [英 gas] **ガス**；《化》気体；《機》排気ガス；《生》腸内ガス；屁(へ). cámara de *gas* ガス室. fogón de *gas* ガスレンジ. *gas* ciudad 都市ガス. *gas* lacrimógeno 催涙ガス. *gas* mostaza イペリット. (*gas*) sarín サリン. *gas* tóxico 毒ガス. horno de *gas* ガスオーブン. *gases* de efecto invernadero 温室効果ガス. agua (mineral) sin *gas* 炭酸の入ってないミネラルウォーター. ***perder gas*** 力[勢い]を失う；ばてる.

gasa 女 薄絹, 紗(しゃ)；(医療用) ガーゼ.

gasear 他 (液体に) ガスを含ませる；ガスで攻撃する.

gaseiforme 形《化》ガス状の.

gaseoso, sa 形 ガス状の；炭酸ガスを含む. ― 女 炭酸水[飲料].

gasfitero 男《ラ米》(チリ)(ペルー)(エクアドル)ガス修理[配管]工.

gasificación 女 気化.

gasificar 26 他 ❶《化》気化する. ❷ (飲料水に) 炭酸を詰める.

gasoducto 男 ガス・パイプライン.

gasógeno 男 ガス発生炉.

gasoil [英] 男 軽油.

gasóleo 男 → gasoil.

gasolina [ガソリナ] 女 [英 gasoline] **ガソリン**. echar ～ ガソリンを入れる. ～ normal [regular] レギュラーガソリン. ～ super ハイオクガソリン. ～ sin plomo 無鉛ガソリン.

gasolinero, ra 男 女 ガソリンスタンド従業員[所有者]. ― 女 ガソリンスタンド；モーターボート

gasómetro 男 ガス計量器；ガスタンク.

gastado, da 過分 → gastar. 形 消耗した；すり減った；使い古された.

gastador, dora 形 金遣いの荒い. ― 男 女 ❶ 浪費家. ❷《軍》工兵.

gastar [ガスタル] 他 [英 spend] ❶ (**en**) (…に) (金・時間を) **費やす**. ❷ 消耗する；すり減らす；使い古す. ❸ (習慣的に) 使用する. ― 自 金を遣う. ― **gastarse** 再 ❶ 金を遣う. ❷ すり減る；がたが来る. ❸ 体力を消耗する；ばてる. ***gastar bromas*** 冗談を飛ばす. ***gastarlas*** (ひどく) 振る舞う. No sabes cómo *las gasta* su novio. 彼女の恋人がいかに傍若無人か君は知らない. ***gastar mal genio [humor]*** いつも気難しい[機嫌が悪い]人である. ***gastar (la) pólvora en salvas*** 《話》無駄な努力をする. ***gastar pólvora en chimango*** 《ラ米》(アルゼンチン)《話》《比喩》豚に真珠を与える.

gasterópodo 形《動》腹足類の. ― 男[複]《動》腹足類.

gasto [ガスト] 男 [英 expenditure] ❶ 消費 (行為). ❷[主に複] 消費量；**出費**；**支出**；コスト. ❸ (単位時間内の) 流出量. ― 活 → gastar. ***correr con los ～s*** 全額負担する. ***cubrir ～s*** 元を取る. ***hacer el ～*** 《ラ米》(アルゼンチン)(コロンビア)《話》孤軍奮闘する.

gastralgia 女 胃痛.

gástrico, ca 形 胃の. jugo ～ 胃液.

gastritis 女[単複同形] 胃炎.

gastroenteritis 女[単複同形]《医》胃腸炎.

gastroenterología 女 胃腸病学.

gastrointestinal 形 胃腸の.

gastronomía 女 美食；料理法.

gastronómico, ca 形 美食の；料理法の.

gastrónomo, ma 形 食通の. ― 男 女 美食家, グルメ；料理家.

gata 女 → gato.

gatear 自 はい歩く[登る].

gatera 女 ❶ 猫のくぐり戸. ❷《ラ米》(ラプラタ)(競馬の) 出走ゲート.

gatillazo 男 (特に引き金を引いても弾が発射されないときに出る) 引き金の音.

gatillo 男 (銃の) 引き金；(歯医者) 鉗子(かんし).

gatito, ta 男 女 子猫.

gato, ta [ガト, タ] 男 女 〔英 cat〕 ❶〖動〗**ネコ**；ネコ科動物. ❷《話》マドリード出身の人. ❸《ラ米》(メキシコ)《話》使用人. — 男《ラ米》(1)〖技〗ジャッキ. (2) 蝶(ちょう)ネクタイ (→ pajarita 地域差). ***a gatas*** 四つん這(ば)いで. ***buscar tres* [*cinco*] *pies al ~*** 必要以上に思い煩う. ***cuatro ~s*** ごくわずかな人たち. ***dar ~ por liebre*** 何かの見返りにそれより劣るものを与える. ***estar como el perro y el ~*** (2人が) とても仲が悪い. ***~ montés*** ヤマネコ. ***~ siamés*** シャムネコ. ***haber ~ encerrado*** 不審な点がある. ***lengua de ~*** (菓子) ラングドシャ. ***llevar(se) el ~ al agua*** (競争で) 他を制する. ***poner el cascabel al ~*** 猫の首に鈴を付ける (危険の伴う名案を実行する). ***tener siete vidas* (*como los ~s*)** (人が) 非常に頑健[タフ]である.

gatopardo 男〖動〗ユキヒョウ.

gatuno, na 形 猫の (ような).

gatuperio 男《話》《軽蔑》もめごと；不祥事.

gauchada 女《ラ米》(アルゼンチン)(ウルグアイ)(パラグアイ)(チリ)(ペルー)(1) 善意. (2) ガウチョ gaucho らしい言動.

gauchaje 男《ラ米》(アルゼンチン)(ウルグアイ)(パラグアイ)(チリ)ガウチョ gaucho の集団.

gauchear 自《ラ米》(アルゼンチン)(ウルグアイ)ガウチョ gaucho の暮らしを送る；(チリ)善意を施す.

gauchesco, ca 形 ガウチョ gaucho の.

gauchismo 男 ガウチスモ：ガウチョ gaucho を主題とした19世紀後半アルゼンチンの文芸運動.

gaucho, cha 男 女 ガウチョ：アルゼンチン・ウルグアイ・ブラジル平原地帯の人[牧童]. — 形 ❶ ガウチョの. ❷《ラ米》(1) 乗馬のうまい. (2)(アルゼンチン)粗野な. (3)(アルゼンチン)(チリ)ずるい.

gaudeamus 男 [単複同形]《話》宴会.

Gaudí 固名 ガウディ Antonio ~ (1852-1926)：スペインの建築家. *Templo Expiatorio de la Sagrada Familia*『聖家族教会』.

gaudiniano, na 形 ガウディ (風) の.

gaullista [ゴリスタ] 形 男 女 ドゴール主義者 (の).

gaveta 女 ❶ 整理棚；引き出し. ❷[複]《ラ米》靴ひも (→ cordón 地域差).

gavia 女 ❶ 溝；堀. ❷ (帆船の) トップスル；見張り台. ❸→ gaviota.

gavial 男〖動〗ガビアル, インドワニ.

gavilán 男〖鳥〗ハイタカ；(剣の) つば.

gavilla 女 ❶ (草・枝・木の) 束. ❷《ラ米》(アルゼンチン)(ウルグアイ)(コロンビア)《話》犯罪者集団.

gaviota 女〖鳥〗カモメ.

gavota 女〖音〗ガボット：舞踏 (曲).

gay [ゲイ〈ガイ〉] 〔英〕 男 形 [複 ~s] 男性同性愛者 (の).

gayo, ya 形 陽気[派手]な. ***gaya ciencia*** 詩法.

gayola 女《ラ米》(アルゼンチン)(ウルグアイ)《俗》刑務所；豚箱.

gaza 女〖船〗ロープ端の結び目.

gazapera 女 ❶ ウサギの巣穴. ❷《ラ米》(コロンビア)言葉遣いの間違いリスト.

gazapo 男 ❶〖動〗子ウサギ. ❷《話》言葉遣いの間違い.

gazmoñería 女 道徳家ぶること, 偽善.

gazmoño, ña 形 男 女《話》《軽蔑》人前で道徳家ぶる (人).

gaznápiro, ra 形 男 女 まぬけな (人)；単純な (人).

gaznate 男《話》のど. ***echarse al ~ …*** …をぐいっと飲む.

gazpacho 男〖料〗ガスパチョ.

gazpachuelo 男〖料〗(ホット) 卵スープ.

gazuza 女《話》すきっ腹 (＝hambre).

ge 女 アルファベットの g の名称.

géiser 男〖地理〗間欠泉.

geisha [ゲイサ] 〔日〕 女 芸者.

gel 男〖化〗〖物〗ゲル.

gelatina 女 ゼラチン；ゼリー.

gelatinoso, sa 形 ゼラチン質の.

gélido, da 形《文》凍てつくような.

gema 女 ❶ 宝石. ❷〖植〗芽.

gemación 女 発芽；無性生殖.

gemebundo, da 形 うなり声をあげる.

Gemelo 固名〖天文〗双子座.

gemelo, la 形 ❶ 双子の. ❷ 互いに似通った. — 男 女 [複] 双子, 双生児 (→ 地域差). — 男 [複] カフスボタン (→ 地域差)；双眼鏡；〖解〗双子筋, 双筋. — 女 (競馬の) 連勝複式. 地域差 ①双子, 双生児 gemelos《スペイン》《ラ米》(キューバ, プエルトリコ)(メキシコ)(グアテマラ, エルサルバドル, ニカラグア, コスタリカ, パナマ)(コロンビア, ベネズエラ)(エクアドル, ペルー)；chachos (ホンジュラス)；cuaches (グアテマラ)；cuates (メキシコ)；jimaguas (キューバ)；mellizos《スペイン》《ラ米》(ドミニカ共和国)(メキシコ)(パナマ)(ペルー, ボリビア)(チリ)(パラグアイ, ウルグアイ, アルゼンチン)；morochos (ベネズエラ). ②カフスボタン gemelos《スペイン》《ラ米》(キューバ, ドミニカ共和国, プエルトリコ)(コスタリカ, パナマ)(エクアドル, ペルー)(チリ)(パラグアイ, ウルグアイ, アルゼンチン)；broches (エクアドル)；chips (ボリビア)；colleras (チリ)；mancornas (コロンビア)；mancuernas (メキシコ)(ホンジュラス, パナマ)(コロンビア)；mancuernillas (メキシコ)(グアテマラ, ホンジュラス, エルサルバドル, ニカラグア, コスタリカ)；yugos (キューバ)；yuntas (プエルトリコ)(ベネズエラ).

gemido 過分 → gemir. 男 うめき声, うなり声.

geminación 女〖修辞〗(文内) 語句反復；〖言〗(語内) 子音重複.

geminado, da 形 ❶〖生〗2つに分かれた. ❷ 1対の.

geminar(se) 自 再〖修辞〗(文内) 語句反復する；〖言〗(語内) 子音反復する.

géminis 形 男 女 双子座生まれの (人). — 固名 [G-]〖占星〗双子宮；〖天文〗双子座.

gemir [ヘミル] 自 [現分 gimiendo] 〔英 groan〕 ❶ **うめく**, 苦悶(くもん)の声を出す. ❷ (動物・風が) うなる.

gémula 女〖植〗胚芽.

gen 男〖生〗遺伝子.

genciana 女〖植〗リンドウ.

gendarme 〔仏〕 男 憲兵.

gendarmería 女 ❶ 憲兵隊 (本部). ❷《ラ米》(アルゼンチン)国境警備隊.

gene 男 → gen.

genealogía 女 家系；系図 (学)；系統.

genealogista 男 女 系図学者.

generación [ヘネラしオン] 女 [複 generaciones] 〔英 generation〕 ❶ **世代**；

G

同時代の人々；(同族・同系統機種の) 一世代. ❷ 生殖；創出；発生.
generacional 形 世代の.
generador, dora 形 《de》(…を) 産み出す；〖数〗生成する. ── 男〖機〗発電機；〖数〗生成元.
general [ヘネラる] 形 〔英 general〕 ❶ **全般的な**, 概括的な；**一般的な**. anestesia ～ 全身麻酔. huelga ～ ゼネスト. lingüística ～ 一般言語学. medicina ～ 一般総合医療. ❷ (組織の) 全体を統括する. capitán ～ 最高司令官. carretera ～ [nacional] 国道. cuartel ～ 指令部. dirección ～ (官公庁の) 局. secretario ～ 〖政〗書記長；総書記. ── 男 将軍；〖カト〗総会長 (修道会の長). *en* ～ 一般に；たいていは. *en líneas ～es* 大筋において. *por lo* [*regla*] ～ 一般的に；たいていは.
generala 女 ❶ 将軍夫人. ❷ 進軍の合図. tocar a ～ 進軍らっぱを鳴らす. ❸ 《ラ米》(アルゼンチン)(ウルグアイ) トランプ遊びの一種.
generalato 男 将軍位 (在任期間)；《集合的》将軍.
generalidad 女 ❶ 大多数. ❷ [複] あいまいさ. ❸ [複] 一般論.
generalista 形 幅広い知識を持った. ── 男 女 幅広い知識を持った人；一般医.
generalizable 形 一般化できる.
generalización 女 普及；一般化；(戦火等の) 拡大.
generalizado, da 形 普及した, 一般化した.
generalizar 57 他 広める, 普及させる；一般化する, 一般論を述べる.
generalmente 副 一般的に, ふつう, たいていは.
generar 他 生み出す；〖生〗産む.
generativo, va 形 生み出す. gramática *generativa* 〖言〗生成文法.
generatriz 形 [女性形のみ] 生成する；発電の. ── 女 発電機.
genérico, ca 形 ❶ 〖生〗属の. ❷ 包括的な. ❸ 〖文法〗(1) 総称的な. nombre ～ 総称名詞. (2) 性の.
género [ヘネロ] 男 〔英 genre, kind〕 ❶ **種類**；種. ese ～ de temas その種の話題. ❷ ジャンル. ～ literario 文芸. ～ chico 〖文学〗19世紀末スペインの小歌劇. ❸ やり方. ～ de vida 生き方. ❹ 〖生〗属. ❺ 商品. ❻ [複] 布. ～*s* de punto ニット. ❼ 〖文法〗性, ジェンダー. ～ neutro [masculino, femenino] 中性 [男性, 女性]. ～ ambiguo 不定性 (男としても女としても用いられる. 名詞 mar 等). ～ común 男女共通性 (名詞 taxista 等).
generosa 形 → generoso.
generosidad 女 寛容；心の広さ.
generoso, sa [ヘネロソ,サ] 形 〔英 generous〕 ❶ **寛容な**, 気前のいい. ❷ 高貴な, 高潔な. ❸ 豊富な；たっぷりした.
genesiaco, ca / genesíaco, ca 形 〖聖〗創世記の.
genésico, ca 形 生殖の, 発生の.
génesis 女 [単複同形] 起源；生成；[G-] 〖聖〗創世記.
genético, ca 形 遺伝子の. manipulación *genética* 遺伝子操作. mapa ～ 遺伝子地図. código ～ 遺伝暗号. información *genética* 遺伝子情報. terapia *genética* 遺伝子治療. ── 女 〖生〗遺伝学.
genetista 男 女 遺伝学者.
genial 形 才能ある；(作品が) 素晴らしい；独創的な. ── 副 とても上手に.
genialidad 女 ❶ 天分；素晴らしさ. ❷ [複] 《皮肉》思いつき；でまかせ.
génico, ca 形 遺伝子の.
genio [ヘニオ] 男 〔英 temper; genius〕 ❶ **性格**；気質, 気性. ❷ 機嫌. mal ～ 不機嫌. ❸ 才能；創造力；独創性. ❹ 優れた才能の持ち主；**天才**. un gran ～ de la literatura española スペイン文学の異才. ❺ 〖ギ神〗守護神. ❻ 〖文学〗精. ～ de la lámpara ランプの精.
genital 形 生殖 (器) の. ── 男 [複] 生殖器.
genitivo, va 形 男 〖文法〗属格 (の).
genízaro 男 → jenízaro.
genocida 形 男 女 大量殺戮(さつりく)者 (の).
genocidio 男 集団虐殺, ジェノサイド.
genoma 男 ゲノム. ～ humano ヒトゲノム. Proyecto *G*～ ゲノム計画.
genómico, ca 形 〖生〗ゲノムの.
genotipo 男 〖生〗遺伝子型.
genovés, vesa 形 男 女 ジェノバの (人).
gente [ヘンテ] 女 〔英 people〕 ❶ 《集合的》**人々**. ～ baja 下層民. ～ bien 社会的に恵まれた人々. ～ de bien 善意の人々. ～ de la calle 巷(ちまた)の人々. ～ de mal vivir 犯罪者. ～ gorda 《軽蔑》お偉方. ～ guapa 有名人, 社交界の人々. ～ menuda 子供たち. Hay mucha ～ en la calle. 街にはたくさんの人がいます. ❷ 《集合的》《話》家族, 親せき. Está de viaje con su ～. (彼は) 家族と旅行中です. ❸ 《話》人；仲間. Ella sale con otra ～. 彼女は別の人と付き合っている. Es buena ～. 彼はいい人だ. *ser* (*muy*) ～ 《ラ米》社会的地位が高い.
gentecilla 女 《集合的》おろかな人々.
gentil 形 ❶ 優しい, 礼儀正しい；上品な, 優雅な. ❷ (ユダヤ・キリスト教で) 異教徒の. ── 男 女 (ユダヤ・キリスト教で) 異教徒. *a cuerpo* ～ 防寒着を着ずに.
gentileza 女 優しさ, 礼儀正しさ；上品さ；好意 (の品).
gentilicio, cia 形 男 〖文法〗国名 [地名] を示す (語).
gentílico, ca 形 (ユダヤ・キリスト教で) 異教徒の.
gentilidad 女 《集合的》(ユダヤ・キリスト教で) 異教徒.
gentío 男 (強調) 群衆；人だかり.
genuflexión 女 跪拝(きはい).
genuino, na 形 純粋な；正真正銘の.
geo 男 女 [複 ～s] GEOのメンバー.
GEO [ヘオ] 男 *G*rupo *E*special de *O*peraciones (対テロ組織の) 特殊作戦部隊.
geocéntrico, ca 形 地心の；〖天文〗地球中心の. teoría *geocéntrica* 天動説.
geoda 女 〖鉱〗晶洞石.
geodesia 女 測地学.
geodésico, ca 形 測地 (学) の.

geodesta 男 女 測地学者[技師].

geofísico, ca 形 地球物理学の. ── 男 女 地球物理学者. ── 女 地球物理学.

geografía [ヘオグラフィア] 女 〔英 geography〕 **地理学**；(特定地域の) 地理. ～ física [humana] 自然[人文]地理学. ～ lingüística 方言地理学.

geográfico, ca 形 地理的な, 地理学の.

geógrafo, fa 男 女 地理学者.

geoide 男 〖地理〗ジオイド.

geología 女 地質学；(特定地域の) 地質.

geológico, ca 形 地質学の；地質の.

geólogo, ga 男 女 地質学者.

geomagnético, ca 形 地磁気の.

geomancia / geomancía 女 土占い.

geomántico, ca 形 土占いの. ── 男 女 土占い師.

geómetra 男 女 幾何学者.

geometría 女 幾何学. ～ analítica [del espacio] 解析[立体]幾何学.

geométrico, ca 形 ❶ 幾何学の, 幾何学的な. ❷ 精密な. ***media geométrica*** 相乗平均. ***progresión geométrica*** 等比数列.

geomorfología 女 地形学.

geopolítico, ca 形 女 地政学(の).

georama 男 ジオラマ.

georgiano, na 形 ❶ ジョージア (共和国, 国民, 語) の. ❷ (米国) ジョージア州の. ❸ 〖建〗〖美〗ジョージ王朝風の. ── 男 女 ❶ ジョージア共和国民. ❷ (米国) ジョージア州の人. ── 男 ジョージア語.

geórgico, ca 形 田園の. ── 女 田園詩.

geotermia 女 地熱.

geosinclinal 形 〖地質〗地向斜.

geotérmico, ca 形 地熱の.

geotropismo 男 〖生〗屈地性.

geranio 男 〖植〗ゼラニウム.

Gerardo 固名 ヘラルド：男子の名.

gerbo 男 〖動〗アレチネズミ.

gerencia 女 ❶ 経営(陣), 支配. ❷ 支配人[社長]室. ❸ 経営者の在任期間.

gerente [ヘレンテ] 男 女 〔英 manager〕 **経営者**, マネージャー, 支配人, 店長；理事.

geriatra 男 女 〖医〗老人病専門医.

geriatría 女 〖医〗老人病学.

geriátrico, ca 形 老人病学の.

gerifalte 男 ❶ 《話》大物. ❷ 〖鳥〗シロハヤブサ.

germanía 女 (犯罪者の) 隠語.

germánico, ca 形 ❶ 〖史〗ゲルマニアの. ❷ ゲルマン (民族, 語派) の；《文》ドイツの. ── 男 女 ゲルマン人. ── 男 ゲルマン語派.

germanio 男 〖化〗ゲルマニウム.

germanismo 男 ドイツ語風の言葉遣い.

germanista 男 女 ドイツ語研究者, ドイツ文化研究者.

germanización 女 ドイツ[ゲルマン]化.

germanizar 57 他 ドイツ[ゲルマン]化する.

germano, na 形 男 女 → germánico.

germanófilo, la 形 男 女 ドイツ好き(の).

germanófobo, ba 形 男 女 ドイツ嫌い(の).

germen 男 ❶ 細菌, 病原菌. ❷ 〖生〗胚(はい), 胚種；幼芽. ❸ (物事の) 発端.

germicida 形 殺菌性の. ── 男 殺菌剤.

germinación 女 発芽；発生.

germinal 形 ❶ 〖生〗胚珠(はいしゅ)の；幼芽の. ❷ 初期の.

germinar 自 発芽する；発生する.

germinativo, va 形 発芽の[させる].

Gerona 固名 ヘロナ：スペインの自治州.

gerontocracia 女 長老政治.

gerontología 女 老年学.

gerontólogo, ga 男 女 老年学者.

Gertrudis 固名 ヘルトゥルディス：女子の名.

gerundense 形 男 女 ヘロナの(人).

gerundio 男 〖文法〗現在分詞.

gesta 女 武勲. cantar [canción] de ～ (スペイン中世の) 武勲詩.

gestación 女 ❶ 懐胎. período de ～ 懐胎期間. ❷ (計画の) 創案.

gestante 形 《文》妊娠している. ── 女 妊婦.

gestar 他 懐胎する. ── **gestarse** 再 (計画が) 練られる.

gestatorio, ria 形 人の肩に担いで運ぶ. silla *gestatoria* 教皇用の移動椅子.

gestero, ra 形 《話》身振りの大げさな.

gesticulación 女 身振り, ジェスチャー.

gesticulador, dora 形 身振りの豊かな.

gesticular 自 身振りをする.

gestión 女 ❶ 処理；措置. hacer *gestiones* 手続きをする. ❷ 運営, 管理.

gestionar 他 ❶ …を取得するために適切な措置をとる. ❷ 運営[管理]する.

gesto [ヘスト] 男 〔英 gesture; look〕 ❶ **身振り**, しぐさ. ❷ **顔つき**, 表情. ❸ (…な) 振る舞い. ～ honorable 立派な行為. ***torcer el*** ～ 《話》しかめっ面をする.

gestor, tora 形 運営[管理]をする. ── 男 女 ❶ 理事. ❷ 代理人業者. ～ administrativo 行政書士.

gestoría 女 行政書士事務所.

gestual 形 身振りの, 表情の.

ghanés, nesa 形 ガーナの. ── 男 女 ガーナ人.

ghetto [ゲト] 〔伊〕 男 ❶ ユダヤ人地区[街]. ❷ 少数民族居住地区, スラム街.

giba 女 (ラクダの) こぶ.

gibar 他 《話》うんざりさせる. ── **gibarse** 再 《話》うんざりする.

gibón 男 〖動〗テナガザル.

gibosidad 女 〖医〗凸背(とっぱい)；脊柱(せきちゅう)後湾による隆起.

giboso, sa 形 男 女 ひどい猫背の(人).

Gibraltar 固名 ジブラルタル. el estrecho de ～ ジブラルタル海峡.

gibraltareño, ña 形 男 女 ジブラルタルの(人).

giga 女 〖音〗ジーグ：バロック時代に流行した軽快な舞踊(曲).

giga- 《接頭》ギガ, 10億.

giganta 女 大柄な女性.

gigante [ヒガンテ] 形 〔英 giant〕 **巨大な**. ── 男 ❶ **巨人**, 大柄な男性. ❷ 偉

G

大な人物；巨星. ❸ (祭りの) 大人形.

gigantesco, ca ［ヒガンテスコ, カ］ 形 ［絶対最上級 gigantesquísimo, ma］ ［英 gigantic］ 巨大な；巨人的な.

gigantismo 男 〖医〗 巨人症.

gigantón, tona 男 女 (祭りの) 大人形.

gigoló ［ジゴろ］ ［仏］ 男 若いつばめ；ジゴロ.

gigote 男 〖料〗 ひき肉の煮込み.

Gijón 固名 ヒホン：スペインの都市.

gijonés, nesa / gijonense 形 男 女 ヒホンの (人).

gil, gila 男 女 《ラ米》 ばか, まぬけ.

gilí 形 男 女 ［男女同形, 複 ～s］ → gilipollas.

gilipollada 女 《卑》 ばかげたこと, どじ.

gilipollas 形 男 女 ［単複同形］ 《軽蔑》 ばか (な).

gilipollez 女 《軽蔑》 ばかな言動.

gilipuertas ［単複同形］ 形 男 女 ばか (な), まぬけ (な).

gillet ［ジれ(トゥ)］ 女 〖商標〗 la ～ 《ラ米》 安全かみそり (→ maquinilla 地域差).

gim- 活 現分 → gemir.

gimnasia 女 体操；運動. ～ artística 体操競技. ～ mental 頭の体操. ～ pasiva マシン・トレーニング. ～ rítmica 新体操.

gimnasio 男 ❶ 体育館；屋内競技場. ❷ ギムナジウム (ドイツの中等学校).

gimnasta 男 女 体操競技の選手.

gimnástico, ca 形 体操 (競技) の.

gimnospermas 女 ［複］ 裸子植物.

gimnoto 男 〖魚〗 デンキウナギ.

gimotear 自 めそめそ泣く, べそをかく.

gimoteo 男 めそめそ泣くこと.

gin ［ジン］ ［英］ 男 (酒) ジン.

ginebra 女 (酒) ジン.

ginebrés, bresa / ginebrino, na 形 男 女 ジュネーブの (人).

gineceo 男 〖植〗 雌蕊(しべ).

ginecocracia 女 女性主導型統治.

ginecología 女 〖医〗 婦人科［病学］.

ginecológico, ca 形 婦人科の.

ginecólogo, ga 男 女 婦人科医.

ginesta 女 〖植〗 レダマ.

gineta 女 〖動〗 ジャコウネコ.

gingival 形 〖解〗 歯茎の.

gingivitis 女 ［単複同形］ 〖医〗 歯肉炎.

ginseng ［ジンセン (ジンセン)］ ［中］ 男 〖植〗 ヤクヨウニンジン；ニンジン茶.

gira 女 ツアー；(スポーツ・芸能の) 巡業. ～ turística ツアー旅行.

girada 過分 → girar. 女 〖舞踊〗 つま先立ちの回転.

giradiscos 男 ［単複同形］ レコード［CD］回転台.

girado, da 過分 → girar. 男 女 〖商〗 手形の名宛人.

girador, dora 男 女 手形振出人.

giralda 女 風向計, 風見.

girándula 女 回転花火；回転型噴水.

girar ［ヒラル］ 自 ［英 rotate］ ❶ 回る, 回転する. ❷ 方向を変える；(車等が) 曲がる (→地域差). ❸ (話が) (…を) めぐる. ── 他 ❶ 回す. ～ el volante ハンドルを回す. ❷ (為替で) 送金する. ❸ 〖商〗 (手形を) 振り出す. 地域差 (車等が) 曲がる girar 《スペイン》; cruzar 《ラ米》 (グアテマラ, エルサルバドル, コスタリカ)(ベネズエラ); dar vuelta (メキシコ)(エクアドル, ボリビア); doblar 《ほぼラ米全域》; virar (パナマ)(コロンビア)(エクアドル)(チリ); volver (キューバ).

girasol 男 〖植〗 ヒマワリ (の花).

giratorio, ria 形 回転［旋回］する. escenario ～ 回り舞台. puente ～ 旋回橋. puerta *giratoria* 回転扉.

girino 男 〖昆〗 ミズスマシ.

girl ［ゲルる］ ［英］ 女 ［複 ～s］ ショーで集団で踊る女性ダンサー.

giro ［ヒロ］ 男 ［英 rotation］ ❶ 回転. ❷ (情勢・話の) 推移；成り行き. ❸ 為替による送金. ～ postal 郵便為替. ❹ 〖商〗 手形の振り出し；為替手形. ❺ 〖言〗 言葉遣い. ── 活 → girar.

girocompás 男 ジャイロコンパス.

girola 女 〖建〗 (教会) 周歩廊.

girómetro 男 〖機〗 回転速度計, タコメーター；〖航〗 方位方角距離指示計.

giroscopio / giróscopo 男 ジャイロスコープ.

gis 男 《ラ米》(メキシコ)(コロンビア) チョーク, 白墨(はくぼく).

gitana 女 《間投詞的》 おねえさん.

gitanada 女 ロマ［ジプシー］的な行為.

gitanear 自 《軽蔑》 ずるい商売をする.

gitanería 女 ❶ ロマ［ジプシー］的な言動. ❷ ロマ［ジプシー］の集団.

gitanesco, ca 形 ロマ［ジプシー］の (ような).

gitanismo 男 ❶ ロマ［ジプシー］の生活文化. ❷ ロマ［ジプシー］特有の言葉［表現］.

gitano, na 男 女 ❶ ロマ, ジプシー. ❷ 《話》 言葉巧みな人；商売上手な人；薄汚れた人. ── 形 ロマ［ジプシー］の；言葉巧みな；商売上手な；男性を手玉に取る. ***brazo de*** ～ 〖料〗 ロールケーキ. ***que no se lo salta un*** ～ とてもすばらしい.

glaciación 女 〖地質〗 氷河期；氷河作用.

glacial 形 ❶ 氷の；非常に冷たい. ❷ 北［南］極圏の. ❸ (雰囲気が) 冷めた.

glaciar 形 男 〖地質〗 氷河 (の).

glaciarismo 男 〖地質〗 氷河形成.

glaciología 女 氷河学.

glacis 男 ［単複同形］ なだらかな斜面.

gladio 男 〖植〗 ガマ.

gladiolo / gladíolo 男 〖植〗 グラジオラス.

glamour ［グらムル］ ［英］ 男 魅力.

glamouroso, sa ［グらムロソ, サ］ 形 魅力的な.

glande 男 〖解〗 亀頭(きとう).

glándula 女 〖解〗 腺(せん). ～ endocrina ［exocrina］ 内［外］分泌腺. ～ lagrimal 涙腺. ～ mamaria 乳腺. ～ pineal 松果体. ～ pituitaria 脳下垂体. ～ suprarrenal 副腎.

glandular 形 腺(せん)の.

glasé 男 〖服〗 タフタ；つやつき絹布.

glaseado, da 形 つやの出た. azúcar ～ 粉砂糖.

glasear 他 つやを出す；粉砂糖をまぶす.

glasnost ［グらスノス(トゥ)］ ［ロ］ 女 情報公開, グラスノスチ.

glauco, ca 形 《文》 薄い緑色の.

glaucoma 男 〖医〗 緑内障.

gleba 女 (鋤(すき)で掘り起こした) 農地；土塊. siervo de la ～ 〖史〗 農奴.

glera 女 砂利地；砂利道.
glicérido 男〘化〙グリセリド.
glicerina 女〘化〙グリセリン.
glicerol 男〘化〙グリセロール.
glicina 女〘化〙グリシン；〘植〙フジ(属).
glíptica 女 宝石彫刻術.
global 形 ❶ 全体的な；包括的な. ❷ 世界的な；地球規模の.
globalidad 女 全体(性), 包括(性).
globalización 女 (経済・環境問題等の) グローバリゼーション.
globalizar 57 他 グローバル化する.
globero, ra 男 女 風船屋.
globo [グろボ] 男 〔英 globe〕 ❶ 球体. ～ ocular〘解〙眼球. ～ celeste 天球儀. ❷ 風船, 気球 (= ～ aerostático). (～) dirigible 飛行船. ❸ 地球 (= tierra, ～ terráqueo [terrestre]). ❹ (テニス) ロブ；(サッカー) ループシュート. ❺ (漫画) 吹き出し. ❻《ラ米》(俗)うそ. ～ *sonda* 観測用気球. lanzar un ～ *sonda* 情報を流して様子をうかがう. ***estar en ～***《話》実現が怪しい.
globoso, sa 形 球状の, 丸い.
globular 形〘解〙球状の；小球体からなる.
globulina 女〘生〙グロブリン.
glóbulo 男〘解〙(体液中の) 小球体；血球. ～ blanco [rojo] 白[赤]血球.
globuloso, sa 形 球状の, 丸い.
gloria [グろリア] 女 〔英 glory〕 ❶ 栄光, 名誉；全盛. cubrirse de ～ 栄光に包まれる. lograr la ～ 名誉を得る. un período de ～ 全盛[絶頂]期. ❷ 誇りとなる人[もの], 名声を得た人物. pasar a la ～ 有名になる. ❸〘宗〙天上の栄光；天国. Dios le tenga en su ～. (故人の冥福(めいふく)を祈って) 神のお導きがありますように. ❹《話》大喜び, 楽しみ；すばらしいこと[人]. estar en la ～ 天国にいる；満悦している. Da ～ verte comer así. 君がそんなふうに食べるのを見るととても嬉しいよ. ❺〘美〙後光, 光輪；天国の絵. ── 男〘カト〙グロリア, 栄光の賛歌. ***saber [oler] a ～*** すばらしい味[におい]がする.
gloriar 106 他 …にふさわしい称賛を与える. ── **gloriarse** 再《de》(…を) ❶ 自慢する. ❷ 大喜びする.
glorieta 女 ❶ ロータリー；広場. ❷ あずまや；(庭園内の) 小広場.
glorificación 女 ❶ 賛美. ❷ 神の栄光を授ける[至福を与える]こと.
glorificar 26 他 ❶ 賛美する. ❷ 神の栄光を授ける, 至福を与える. ❸ 喜ばせる. ── **glorificarse** 再 → gloriarse.
glorioso, sa 形 ❶ 栄光ある, 名誉の. ❷〘宗〙神の栄光を受けた. la *gloriosa* Virgen María 聖なる処女マリア. ── 女 La *Gloriosa* 聖母マリア.
glosa 女 ❶ 注釈, 注解, 欄外[行間]注. ❷〘詩〙グロサ；〘音〙変奏(曲).
glosador, dora 形 注解[注釈]する. ── 男 女 注解[注釈]する者.
glosar 他 注釈をつける；解説する.
glosario 男 (巻末等の) 語彙(ごい)集.
glotis 女 [単複同形]〘解〙声門.
glotón, tona 形 大食らいの. ── 男 女 大食漢. ── 男〘動〙クズリ.
glotonear 自 貪(むさぼ)り食う.
glotonería 女 大食らい；食い意地.
glucemia 女〘医〙血糖.
glúcido 男〘化〙糖質.
glucógeno 男〘化〙グリコーゲン.
glucómetro 男 糖度計.
glucosa 女〘化〙グルコース, ぶどう糖.
glucosuria 女〘医〙糖尿.
gluglú 男《擬》(水が流れる音) ゴボゴボ；(七面鳥の鳴き声) グルグル. hacer ～ ゴクゴク[グルグル]と音を出す.
glutamato 男〘化〙グルタミン酸.
glutámico, ca 形 グルタミンの.
gluten 男〘化〙グルテン.
glúteo, a 形 臀部(でんぶ)の. ── 男〘解〙臀筋(でんきん)；《婉曲》お尻(しり).
glutinoso, sa 形 グルテン質の, 粘(着)性の.
gneis 男〘鉱〙片麻岩.
gnómico, ca 形 格言[金言]の, 格言的な. poesía *gnómica* 格言詩.
gnomo 男 地の精；小人.
gnomon 男 (日時計の) 指時針.
gnomónica 女 日時計製作術.
gnosis 女〘哲〙グノーシス, 神秘的直観.
gnosticismo 男〘宗〙グノーシス主義.
gnóstico, ca 形 男 女 グノーシス派の(人).
gnu 男〘動〙ヌー.
gobelino 男 ゴブラン織り(職人).
gobernabilidad 女 統治(の可能性), 政策.
gobernable 形 統治[支配]できる；管理[操縦]しやすい.
gobernación 女 統治, 支配；管理；操縦. Ministerio de la *G*～ 内務[自治]省.
gobernador, dora [ゴベルナドル, ドラ] 形 統治[運営]する. junta *gobernadora* 運営委員会. ── 男 〔英 governor〕 知事, 総督；総裁. ～ del Banco de España スペイン銀行総裁. ～ civil (県・地方等の) 知事. ～ general (植民地等の) 総督. ── 女 (女性の) 知事；知事[総裁]夫人.
gobernalle 男〘海〙舵(かじ).
gobernanta 女 ❶ (ホテル等の) チーフメード, 寮母. ❷ (女性の) 管理者, 長官. ❸《ラ米》(女性の) 家庭教師.
gobernante 形 統治[支配]する. ── 男 女 支配[統治]者.
gobernar [ゴベルナル] 18 他 〔英 govern〕 ❶ 統治する, 治める. ～ un país 国を治める. ❷ 管理[経営]する. ❸ 操縦する；(人を) 操る. ── 自 ❶ 政治を行う, 政権を握る. ❷ 操舵(そうだ)する. ── **gobernarse** 再 ❶ 身を処する；自制する. ❷ (国等が) 統治される, 操られる.
gobiern- 活 → gobernar.
gobiernista 形《話》政府支持の.
gobierno [ゴビエルノ] 男 〔英 government〕 ❶ 政府；内閣. formar el nuevo ～ 組閣する. ❷ 統治；政治(体制)；経営, 管理. ～ democrático 民主政治. ～ de una empresa 会社経営. ～ parlamentario 議会政治. ❸ 知事[長官] の官邸[地位]. ～ civil 知事官邸. ❹〘海〙舵(かじ)；操舵(そうだ). ── 活 → gobernar. ***mirar contra el ～***《話》斜視である.

G

gobio 男〘魚〙ハゼ.
goce 男 喜び, 楽しみ；享受. ～*s* materiales 物質的快楽. ── 活 → gozar.
goce(-) / gocé(-) 活 → gozar.
godo, da 形 ❶〘史〙ゴート人[族]の. ❷《話》《軽蔑》イベリア半島生まれの. ── 男 女 ❶〘史〙ゴート人[族]. ❷《話》《軽蔑》(イベリア半島の) スペイン人. ❸《ラ米》《軽蔑》(1)(アルゼンチン)(チリ)(ウルグアイ)スペイン人. (2)(チリ)(コロンビア)保守派.
gofio 男《ラ米》炒(い)りトウモロコシ粉.
gofrar 他 浮き出し模様をつける；(紙等に) 筋をつける.
gol 男 [複 ～(e)s] (サッカー等の) ゴール, 得点 (すること). meter [marcar] un *gol* ゴールを決める. *gol* cantado イージー・ミスシュート. *gol* fantasma 得点となるか議論の分かれるシュート. tiro a *gol* 得点になるシュート. ganar por tres *goles* a uno 3対1で勝つ.
gola 女 ❶ ひだ襟. ❷ (鎧(よろい)の) のど (当て). ❸〘建〙波刳形(なみくりがた).

G

goleada 女〘スポ〙高得点. ganar por ～《話》圧勝する.
goleador, dora 男〘スポ〙高得点を上げる選手, ポイントゲッター.
golear 他〘スポ〙《a》(…に対して) 得点する. ～ 4-0 *al* equipo contrario 相手チームに4-0で圧勝する. ── 自 得点する.
goleta 女〘海〙スクーナー.
golf [英] 男 ゴルフ. terreno [campo] de ～ ゴルフコース.
golfa 女《話》売春婦.
golfante 形 男 女《話》ごろつき (の).
golfear 自《話》やくざな生き方をする.
golfería 女 やくざな生活；《集合的》ごろつき.
golfista 男 女 ゴルファー.
golfístico, ca 形 ゴルフの[に関する].
golfo, fa [ゴるフォ, ファ] 形 男 女《話》悪党 (の), ごろつき (の), ならず者 (の)；やんちゃな (人). ── 男 [英 gulf] **湾**. el *G*～ de México メキシコ湾.
goliardesco, ca 形 遍歴書生詩人 (風) の.
goliardo, da 形 享楽主義の, 放蕩(ほうとう)の. ── 男 (中世の) 遍歴書生詩人.
golilla 女 ❶ ひだ襟；(司法官等の) カラー；(家禽(かきん)の) 首の羽. ❷〘技〙接管, フランジ. ❸《ラ米》(アルゼンチン)(ウルグアイ)(ボリビア)スカーフ. ***andar de*** ～ (寸分のすきもなく) 盛装する.
gollería 女 ❶ おいしいもの, ごちそう. ❷ ぜいたくな[もったいない]もの. pedir ～*s* ぜいたくを言う.
golletazo 男 ❶ 瓶の首をたたき割ること. ❷〘闘牛〙牛の首から肺を貫く剣の (とどめの) 一撃. ***dar (un)*** ～ ***a*** ... …を打ち切る.
gollete 男 首, のど；瓶の首. ***estar hasta el*** ～《話》もううんざりだ. ***no tener*** ～《ラ米》(南米)常軌を逸する.
golondrina 女 ❶〘鳥〙ツバメ. Una ～ no hace verano.《諺》ツバメ1羽で夏になるわけではない (早合点は禁物). ❷〘魚〙トビウオ. ❸ 遊覧船. ❹《ラ米》(チリ)引っ越し専用車. ～ ***de mar***〘鳥〙アジサシ.
golondrino 男 ❶〘鳥〙ツバメの雛(ひな). ❷〘医〙《話》腋窩(えきか)リンパ腺(せん)炎.
golosina 女 ❶ おいしい物, 甘い物. ❷ 欲望 (の対象). mirar con ojos de ～ よだれの出そうな顔で見る. ❸ 見た目はいいが役に立たないもの. ***ser el espíritu de la*** ～ 弱っている, 元気がない.
goloso, sa 形 ❶ 甘党の；食いしん坊の. ❷ おいしそうな；魅力的な. una oferta *golosa* 魅力的な申し出. ── 男 女 甘い物好き；食いしん坊. ***tener muchos*** ～*s* 垂涎(すいぜん)の的である.
golpazo 男 強打；激しい衝突[衝撃].
golpe [ゴるペ] 男 [英 blow] ❶ **打つ[たたく]こと**, 打撃；衝突. dar ～*s* contra [en] ... …をたたく[ぶつ]. darse un ～ contra la puerta ドアにぶつかる. ❷ 精神的打撃, 痛手, ショック. ❸ 衝撃, 驚き；突発, 発作. ～ de efecto 思いもよらない行動. ～ de mar 高波. ～ de tos 咳(せ)き込み. ❹《話》盗み, 強盗. ❺ 機知, ユーモア. ❻ (ゴルフ等) ショット；(サッカー) キック；(ボクシング) パンチ, ブロー. ～ franco フリーキック. ***a*** ～ ***de*** ... …を使って. ***a*** ～***s*** たたいて；力ずくで. ***dar el*** ～《話》あっと驚かせる. ***de*** ～ ***(y porrazo)***《話》突然. ***de (un)*** ～ 一度[一気]に. ～ ***bajo*** (ボクシング) ローブロー；裏切り行為. ～ ***de Estado*** クーデター. ～ ***de gracia*** とどめの一撃. ～ ***de mano*** 奇襲. ～ ***de vista*** 一瞥(いちべつ). al primer ～ *de vista* 一目見ただけで. ***no dar [pegar] (ni)*** ～《話》働かない, 怠けて過ごす.
golpeador 男《ラ米》(1) (ドアの) ノッカー. (2)(アルゼンチン)女性を殴る男性.
golpear [ゴるペアル] 他 [英 blow, hit] **打つ, たたく**. ── 自 打つ, たたく. ──
golpearse 再《en》(…を) 打つ. *Me golpeé en* la cabeza. 私は頭を打った.
golpeo 男 打つ[たたく]こと, ノック (の音). ── 活 → golpear.
golpetazo 男 強打；激突.
golpetear 他 軽く何度もたたく. ── 自 (雨・窓・扉が) 音を立てる.
golpeteo 男 ❶ 軽く何度もたたくこと [音]. ❷ (エンジンの) ノッキング.
golpista 形 クーデター (主義) の. ── 男 女 クーデター参加者, クーデター主義者.
golpiza 女《ラ米》殴打.
goma [ゴマ] 女 [英 gum, rubber] ❶ **ゴム**；ゴム質の物. ～ arábiga アラビアゴム. ～ elástica 弾性ゴム. ～ laca シェラック. ❷ ゴム製品；消しゴム (＝ ～ de borrar)；ゴムひも. ～ de mascar チューインガム. ～ dos プラスチック爆弾. ～ de pegar ゴム糊(のり). suelas de ～ (靴の) ゴム底. ❸〘医〙(第3期梅毒の) ゴム腫(しゅ). ❹ ホース. ❺《話》コンドーム. ❻《隠》質のいいハシッシュ. ❼《ラ米》(1) 二日酔い. (2)〘車〙タイヤ (→ cubierto 地域差). (3)(コロンビア)気まぐれな愛情. ***de*** ～《話》敏捷(びんしょう)な.
gomero, ra 形 男 女 ❶ ゴムの[採集人, 商人]. ❷ ゴメラ島の (人). ── 男 ❶《ラ米》ゴムの木. ❷ (石を飛ばす) パチンコ.
Gómez 固名 ゴメス：男子の名.
gomina 女 ヘアクリーム, ポマード.
gomita 女 輪ゴム.
gomorresina 女 ゴム樹脂.
gomoso, sa 形 ❶ ゴム (質) の. ❷《話》《軽蔑》おしゃれでうぬぼれた.
gónada 女〘解〙生殖腺(せん).
góndola 女 ❶ ゴンドラ. ❷ (気球等の) つりかご. ❸〘航〙エンジンポッド. ❹《ラ米》(ペルー)(ボリビア)バス.

gondolẹro, ra 男 女 ゴンドラの船頭.
gọng / gọngo 〔英〕 男 [複 ～s] どら, ゴング.
Gọ́ngora 固名 ゴンゴラ Luis de ～ y Argote (1561-1627)：スペインの黄金世紀最大の詩人・聖職者.
gongorịno, na 形 ゴンゴラ（風）の. ── 男 女 ゴンゴラ風の文体を模倣する人.
gongorịsmo 男 〖文学〗誇飾主義.
goniọ́metro 男 測角器, 角度計.
gonocọco 男 〖医〗淋菌(りんきん).
gonorrẹa 女 〖医〗淋病(りんびょう).
gọra 〔バスク〕 間 万歳. ¡*G*～ Euskadi y viva España! バスク万歳, スペイン万歳.
gọrda 女 ❶《話》（昔の）10センティモ硬貨. ❷《ラ米》(メキシコ)分厚いトルティヤ. ── 形 → gordo. ***armarse la*** ～ 騒動が起こる. ***ni*** ～《話》(1) 無一文で. No tengo *ni* ～. 私は無一文だ. (2) 全く…ない. No te entiendo *ni* ～. 君の言っていることはさっぱり分からない. ***sin*** ～ 一文無しで.
gordạl 形 特に大きい[太った].
gordinflọ́n, flọna 形 男 女《話》ぶくぶく[まるまる]太った（人）.
gordo, da [ゴルド, ダ] 形 〔英 fat〕 ❶ **太い**, 分厚い, 肥満の. dedo ～ 親指. ❷ 重要な；大変な. un error ～ 大きな間違い. un problema ～ 大問題. gente *gorda* 大物. premio ～ 一等賞. ❸ 脂肪の, 脂っこい. ── 男 女 太った人. ── 男 ❶ 脂肪, 脂身. ❷（宝くじの）一等, 大当たり（＝premio ～）. ***agua gorda*** 硬水. ***caer*** ～《話》感じが悪い. Ese tipo me *cae* ～. 私はあいつが気に食わない. ***de los*** ～***s*** [***las gordas***]《話》とてつもない, 莫大(ばくだい)な. ***reventar de*** ～ はちきれんばかりに太っている.
gordolọbo 男 〖植〗モウズイカ.
gordụra 女 ❶ 肥満；脂肪. ❷《ラ米》(アルゼンチン)(ウルグアイ)乳脂, クリーム.
gọre 〔英〕 形 [単複同形] 〖映〗残酷な, 血なまぐさい. película(s) ～ スプラッター映画.
gorgọjo 男 〖昆〗ゾウムシ.
gorgoriteạr 自《話》声を震わせる.
gorgorịtos 男 ㊔ 震え声；〖音〗ルラード.
gorgoteạr 自（液体・ガスが）ゴボゴボと音を立てる.
gorgotẹo 男 ゴボゴボという音.
gorguẹra 女 ひだ襟；（鎧(よろい)の）のど当て用防具.
gorigọri 男 ❶《話》埋葬歌. ❷《話》騒ぎ, スキャンダル.
gorịla 男 ❶ ゴリラ. ❷ ボディーガード. ── 形 男 女《ラ米》(アルゼンチン)(ウルグアイ)反動的な（人）.
gorjeạr 自 ❶（鳥が）さえずる；〖音〗のどを震わせて歌う. ❷（幼児が）片言を話す.
gorjẹo 男 ❶（鳥の）さえずり；〖音〗ルラード. ❷（子供の）舌足らずなしゃべり方.
gọrra 女（ひさし付きの）帽子. ～ de marino [de velero] 水兵帽. ～ de plato /～ militar 軍帽. ***con la*** ～ 簡単に. ***de*** ～ 他人の勘定で. comer *de* ～ ただ飯を食う. ***pasar la*** ～《話》（帽子を回して）寄付を募る；物ごいをする.
gorreạr 他 人にたかる, 居候する.
gorrinạda 女 汚いこと；下品；卑劣.
gorrinẹra 女 豚小屋.
gorrinerịa 女 → gorrinada.
gorrịno, na 形《軽蔑》❶ 不潔な. ❷ 卑劣な. ── 男 女 ❶（4か月未満の）子豚. ❷《話》薄汚い人；卑劣な人.
gorriọ́n, rriọna 男 女 〖鳥〗スズメ.
gọrro 男 縁なし帽. ～ de baño [de esquí] 水泳[スキー]帽. ***estar hasta el*** ～ ***de ...*** …にうんざりしている. ***poner el*** ～ ***a ...*** …を困らせる；…に不貞を働く.
gorrọ́n, rrọna 形《話》人にたかる. ── 男 女《話》❶ 居候；人にたかる者. ❷《ラ米》(中米)自分勝手な人. ── 男 回転支軸. ── 女 売春婦.
gorroneạr 他 自 人にたかる.
gorronerịa 女 たかり, 居候.
gospel [ゴスペる] 〔英〕 男 [単複同形] 〖音〗ゴスペル音楽, 黒人霊歌.
gọta 女 ❶ 滴, 滴り；少量. unas ～*s* de agua 水滴. una ～ de queso ひとかけらのチーズ. ❷〖医〗痛風. ～ caduca てんかん. ～ serena 黒そこひ. ❸[複]〖医〗点滴（薬）；目薬. ***caer cuatro*** [***unas***] ～***s*** 小雨がぱらつく. ～ ***a*** ～ (1) ぽたぽたと；少しずつ. caer ～ *a* ～ 滴る. (2) 点滴（器）；点滴で. transfusión ～ *a* ～ 点滴. ～ ***fría*** 〖気象〗寒気の塊. ***ni*** ～《話》全く…ない. ***ser la última*** ～ (***que colma el vaso***)《話》堪忍袋の緒が切れる.
goteạr 自 ❶ 滴る；漏れる. *Gotea* el grifo. 蛇口が漏っている. ❷ 雨がポツポツ降る. ❸ 少しずつ与えられる.
gotẹo 男 ❶ 滴り, 滴. ❷ 小出し.
gotẹra 女 ❶ 水漏れ；雨漏り（の染み）. ❷[複]老人の持病. ❸[複]《ラ米》郊外.
gotẹro 男《ラ米》(メキシコ)(プエルトリコ)点滴器, スポイト.
goterọ́n 男 [主に複]大粒の雨.
gọ́tico, ca 形 ❶ ゴート（人, 族, 語）の. ❷ ゴシック様式の. letra *gótica* ゴシック体（活字）. ── 男 ❶ ゴシック様式. ～ flamígero 火炎式ゴシック様式. ❷ ゴート語.
gotọso, sa 形 男 女 〖医〗痛風の（人）.
gouache [グアシュ] 〔仏〕 男 [複 ～s] 〖美〗グアッシュ, 不透明水彩.
gourmet [グルメ] 〔仏〕 男 女 [複 ～s] グルメ, 美食家.
Gọya 固名 ゴヤ Francisco de ～ y Lucientes (1746-1828)：スペインの宮廷画家.
goyẹsco, ca 形 ゴヤ風の.
gozạda 女《話》（とびきりの）喜び, 楽しみ.
gozar [ゴさル] 57 自 〔英 enjoy〕 ❶《**con, en**》（…を）**喜ぶ, 楽しむ**. *Goza con* [escuchando] música popular. 彼女はポピュラー音楽を聞いて楽しむ. ❷《**de**》（…を）**享受する**. *Gozamos de* buena salud. 私たちは健康に恵まれている. ❸ 性交する. ── 他 ❶ **享受する**. *Gozamos* un clima suave. 温暖な気候に恵まれている. ❷（女性と）肉体関係をもつ；もてあそぶ. ── **gozarse** 再《**en**》（…を）喜ぶ, 楽しむ. ～ *en* hacer daño 危害を加えて喜ぶ. ***gozar de Dios*** 天国にいる. ***gozar del beneficio de la duda*** 〖法〗疑わしきは罰せず. ***gozarla***《話》(1) 楽しい時を過ごす. *La gozamos* mucho en la fiesta anoche. 昨夜, パーティーで楽しく過ごした. (2)《ラ米》(アルゼンチン)(ウルグアイ)他人の不幸を見て喜ぶ.
gọzne 男 ちょうつがい.

G

gozo 男 ❶ 喜び, 楽しみ. saltar de ～ 大喜びする. no caber en sí de ～ 喜びで我を忘れる. dar ～ 喜ばれる. ❷ (聖母・聖人に捧げる) 頌詩(しょうし). *Mi* [*Tu, Su* ...] *～ en pozo.* 《話》 当てが外れた, あああがっかり.

gozoso, sa 形 ❶ 《estar と共に》 《**de, con**》 (…を) 喜んでいる. ❷ 喜ばしい, うれしい. ❸ 〘カト〙 聖母マリアの挿話の.

gozque 男 小犬.

grabación 女 録音, 録画 ; レコード, ビデオ. ～ en una cinta magnetofónica テープ録音.

grabado 過分 → grabar. 男 ❶ 彫版(術) ; 版画 ; 挿し絵. ～ en madera 木版(画). ❷ 録音 ; 録画.

grabador, dora 形 録音[録画] の ; 彫刻の ; 版画の. ── 男 女 彫刻師, 版画家. ～ al agua fuerte エッチング画家. ── 男 《ラ米》(アルゼ)(ウルグ)テープレコーダー. ── 女 録音機.

G

grabar [グラバル] 他 〔英 engrave〕 ❶ **彫る**, 刻む. ～ la plancha (印刷・版画用の) 版を作る. ～ al agua fuerte エッチングする. ❷ 録音する, 録画する. ～ un disco en directo ライブでレコードを録音する. ❸ 胸に刻む. ～ en la memoria 記憶に刻みつける. ── **grabarse** 再 (心に) 焼きつく.

gracejo 男 機知, ユーモア ; ひょうきんな話し方[書き方].

gracia [グラシア] 女 〔英 wit; charm〕 ❶ **面白さ**, おかしさ ; 冗談. Sus chistes tienen mucha ～. 彼のジョークはとても面白い. hacer ～ a ... …を笑わせる. decir ～s 冗談を言う. ❷ 優雅さ, 上品さ, 気品. con ～ 優雅に. ❸ **魅力** ; 才能. tener mucha ～ とても魅力的である. ～ para cantar 歌の素質. ❹ 《皮肉》 めんどうなこと. Es una ～ que tengamos que andar bajo la lluvia. 雨の中を歩かなければならないなんて結構な話だ. ❺ 恩恵, 好意 ; 恩赦, 許し. ❻ 〘宗〙 恩寵(おんちょう), 神の恵み. morir en estado de ～ 神に召される. ❼ [複] 〘ギ神〙 美の女神. *en ～ a ...* …に免じて. *¡Qué ～!* わあ面白い [驚いた]. *reír a ... la(s) ～(s)* …にお世辞笑いをする.

Gracián 固名 グラシアン Baltasar ～ y Morales (1601-58) : スペインの小説家・イエズス会士.

gracias [グラシアス] 女 複 〔英 thanks, thank you〕 《間投詞的》 **ありがとう**. Muchas ～. どうもありがとう. *G～* por tu regalo. プレゼントありがとう. ¿No quiere tomar más? ― No, ～. もう少し召し上がりませんか ? ―いいえ, 結構です. *dar* (*las*) *～* 礼を言う. Le *di las* ～ por haberme ayudado. 手伝ってもらい彼に感謝した. *～ a ...* …のおかげで. ～ *a* ti 君のおかげで. *～ a Dios* ああよかった ; おかげさまで.

grácil 形 きゃしゃな ; 繊細な, 優美な.

gracilidad 女 細さ ; 繊細さ.

graciosa 女 〘演〙 (おどけ役の) 小間使い. ── 形 → gracioso.

graciosamente 副 ❶ 上品に, かわいらしく. ❷ 面白おかしく. ❸ 慈悲で ; 無償で.

gracioso, sa [グラシオソ, サ] 形 〔英 funny〕 ❶ **面白い**, 機知に富んだ ; こっけいな. un chiste ～ 面白いジョーク. ❷ 上品な ; 魅力的な. ❸ 好意による ; 無料の. ❹ 《英国王・王妃の称号》 慈悲深き. Su *Graciosa* Majestad 慈悲深き (女王) 陛下. ❺ 《皮肉》 面白くもない, 面倒な. ── 男 〘演〙 道化役者 ; 三枚目. hacerse el ～ 《話》 道化役をつとめる.

grada 女 ❶ (階段の) 段 ; [複] 階段. subir las ～s 階段を昇る. ❷ スタンド, 観覧席 ; 《集合的》 スタンド席の観客. ❸ 造船台. ❹ (修道院面会室の) 格子窓. ❺ 〘農〙 馬鍬(まぐわ).

gradación 女 ❶ 段階的移行[進展] ; 〘美〙〘音〙 グラデーション. una ～ de colores 色調の移行. ❷ 〘修〙 漸層法.

gradar 他 〘農〙 (土を) 馬鍬(まぐわ)でならす.

gradería 女 → graderío.

graderío 男 《集合的》 スタンド [観覧席] (の観客).

gradiente 男 変化率 ; 〘物〙 勾配(こうばい) ; 《ラ米》(アルゼ)(チリ)(エクア)(ニカラ)(ペル) 坂.

grado [グラド] 男 〔英 degree〕 ❶ (温度・角度等の) **度**. ～ centígrado [celsius] 摂氏. ～ Fahrenheit 華氏. La temperatura es de cinco ～s bajo cero. 気温は零下 5 度だ. un terremoto de tres ～s 震度 3 の地震. ❷ **段階**, 程度. en sumo ～ 極度に. de ～ en ～ / por ～s 徐々に. ❸ 等級 ; 親等 ; (軍隊等の) 階級. homicidio de primer ～ 第一級殺人罪. ❹ 〘文法〙 (形容詞・副詞の) 級. ～ positivo [comparativo, superlativo] 原 [比較, 最上] 級. ❺ 学位, 号. ～ de doctor 博士号. ❻ 学年. ❼ 〘数〙〘物〙 次 (数). ❽ 〘法〙 審. ❾ 喜び, 意欲. *de buen ～* 喜んで. *de ～ o por fuerza* いや応なしに. *de mal ～* しぶしぶ.

graduable 形 ❶ 調節が可能な. ❷ 等級[順位] がつけられる. ❸ 卒業見込みの.

graduación 女 ❶ (分量等の) 測定 ; 調整. ❷ 目盛り. ❸ (アルコールの) 度数. ❹ 学位[階級] の付与[取得].

graduado, da 形 ❶ 調節された ; 段階[目盛り] を付けた. gafas *graduadas* 度入りめがね. vaso ～ 計量カップ. ❷ 《**en**》 (…を) 卒業した, (…の) 学位を受けた. ── 男 女 卒業生. ── 男 卒業 [修了] 資格. ～ escolar 初等教育卒業資格.

graduador 男 〘技〙 計測器, ゲージ.

gradual 形 漸進的な, ゆるやかな. ── 男 〘カト〙 昇階唱.

graduando, da 男 女 卒業予定者.

graduar 58 他 ❶ 調節する ; 徐々に増やす [減らす]. ～ el volumen de la televisión テレビの音量を調節する. ❷ (度数・品質等を) 計る, 測定する. ～ la vista 視力を測る. ❸ 目盛りをつける ; 等級分けする. ❹ 《**de**》 (…の) 学位を与える ; 〘軍〙 (…に) 任じる. ～ a un estudiante *de* doctor 学生に博士号を授ける. ── **graduarse** 再 ❶ 《**de**》 (…の) 学位を取得する. ～ *de* doctor en Letras 文学博士号を取得する. ❷ 《**en**》 (…を) 卒業する. ❸ 〘軍〙 《**de**》 (…に) 任命される.

graffiti [グラフィティ〈グラフィティ〉] 〔伊〕 男 [複 ～s または単複同形] 芸術的落書き.

grafía 女 文字 ; 書記法.

gráfica 女 ❶ グラフィックアート. ❷ グラフ.

gráficamente 副 ❶ グラフ[図表]を使って. ❷ 視覚的に；生き生きと.
gráfico, ca 形 ❶ 文字[表記]の. ❷ グラフで表した；グラフィックの. periodista ～ 写真記者. ❸ 生き生きとした, 視覚的な；明確な. ── 男 グラフ, 図表；図式, 図解.
grafismo 男 ❶ 筆跡, タッチ；画風. ❷ グラフィックデザイン.
grafista 男 女 グラフィックデザイナー.
grafito 男 ❶ 〘鉱〙 グラファイト, 黒鉛. ❷ (壁等の) 落書.
grafología 女 筆跡学, 筆跡観相法.
grafológico, ca 形 筆跡学[鑑定]の. análisis ～ 筆跡分析.
grafólogo, ga 男 女 筆跡学者, 筆跡観相家.
grafomanía 女 《話》 メモ魔.
grafómetro 男 (測量用の) 測角器.
gragea 女 糖衣錠.
grajear 自 (カラス等が) 鳴く.
grajo, ja 男 女 〘鳥〙 ミヤマガラス. ── 男 《ラ米》 体臭, 汗臭さ.
gral. 男 → general.
grama 女 ❶ 〘植〙 ギョウギシバ. ❷ 《ラ米》 芝生 (→ cesped 地域差).
gramática [グラマティカ] 女 〔英 grammar〕 ❶ 文法. ～ española スペイン語文法. ～ generativa [tradicional] 生成[伝統]文法. ❷ 文法書, 文典. *～ parda* 《話》《軽蔑》 要領のよさ, 世渡り上手.
gramatical 形 文法の, 文法的な.
gramático, ca 形 文法の, 文法的な. ── 男 女 文法学者.
gramil 男 定規, 罫引(けび)き.
gramilla 女 《ラ米》 (1)(アルゼ)(ウルグ)芝. (2)(コロン)(ビア)サッカーグラウンド.
gramíneo, a 形 〘植〙 イネ科の. ── 女 [複] イネ科 (の植物).
grammy [グラミ] 〔英〕 男 [複 ～s] (米国の) グラミー賞.
gramo [グラモ] 男 〔英 gram〕 (重さの単位) グラム.
gramófono 男 蓄音機.
gramola 女 ポータブル蓄音機；ジュークボックス.
grampa 女 → grapa ①.
gran 形 grande の語尾消失形.
grana 女 ❶ 結実 (期)；小さな種子. ❷ 〘昆〙 コチニールカイガラムシ. ❸ コチニール染料；深紅. ponerse rojo como la ～ 顔を赤らめる. ── 形 深紅の.
granada 女 〘植〙 ザクロの実. ～ de mano 手榴弾(しゅりゅうだん). ── 固名 [G-] ❶ グラナダ：(スペイン) アンダルシア地方の県；県都. ❷ グレナダ：首都セントジョージズ Saint George's. ❸ Fray Luis de ～ ルイス・デ・グラナダ師, 本名 Luis de Sarría (1504-88)：スペインのドミニコ会士. ***Quien no ha visto Granada no ha visto nada.*** 《諺》 グラナダを見たことのない人は何も見ていない (→ sevilla).
granadero 男 ❶ 〘軍〙 (1) 擲弾(てきだん)兵. (2) 選抜歩兵. ❷ 《ラ米》(メキ)(シコ)(警察の) 特殊部隊, 機動隊.
granadilla 女 〘植〙 (1) トケイソウ. (2) パッションフルーツ.
granadino, na 形 ❶ グラナダの. ❷ ザクロの. ── 男 女 グラナダの人. ── 男 ザクロの花. ── 女 ❶ グラナダの民謡. ❷ ザクロのジュース.
granado, da 形 ❶ 成熟した；熟練の. una muchacha *granada* 大人びた少女. ❷ 優れた. ── 男 〘植〙 ザクロ.
granar 自 〘植〙 実る, 結実する；《比喩的》 成熟する.
granate 男 〘鉱〙 ガーネット. ── 形 暗赤色の.
granazón 女 結実；成熟.
Gran Bretaña e Irlanda del Norte 固名 Reino Unido de ～ グレートブリテンおよび北部アイルランド連合王国, 英国, イギリス 《略 G.B.》：首都ロンドン Londres.
grande [グランデ] 形 [単数名詞の前で gran となる] 〔英 big, great〕 ❶ 大きい (↔ pequeño), 広い. una habitación ～ 大きい部屋. un hombre ～ 大男. Te está ～ este vestido. この服は君には大きすぎる. ❷ 激しい, 強い, 大きい. terremoto ～ 大地震. *gran* velocidad 高速. un *gran* número de gente 大勢の人々. ❸ 《＋名詞》 偉大な, すばらしい；重要な；身分 [地位] の高い. un *gran* hombre 偉人, 大人物. ～*s* temas 重要なテーマ. *gran* banquete 盛大な宴会. ❹ 《話》 大人の. ¿Qué quieres ser cuando seas ～? 大人になったら何になりたいの. ❺ 《話》《皮肉・軽蔑》 ご立派な；うんざりする. ── 男 ❶ 貴族, 高官. el *G*～ de España 〘史〙 大公. ❷ 大国. ❸ 《ラ米》(アルゼ)(ンチン)(ウルグ)(アイ) el ～ 宝くじの1等賞. ***a lo ～*** ぜいたくに, 盛大に. ***en ～*** 《話》 すばらしく；大がかりに. pasarlo *en* ～ 大いに楽しむ.
grandemente 副 大いに.
grandeza 女 ❶ 大きいこと；大規模. ❷ 偉大さ, 気高さ, 立派さ. ❸ 大公の地位 [身分]；貴族.
grandillón, llona 形 《話》 → grandullón.
grandilocuencia 女 《時に軽蔑》 大言壮語；大げさな話し方.
grandilocuente / grandílocuo, cua 形 大言壮語の, 話しぶりが大げさな.
grandiosidad 女 壮大；華麗.
grandioso, sa 形 壮大な；華麗な.
grandor 男 大きいこと.
grandote, ta 形 《話》 ばかでかい.
grand prix [グランプリ] 〔仏〕 男 (車・バイク・馬等の) グランプリ (レース).
Grand Slam 〔英〕 男 〘スポ〙 (1) グランドスラム. (2) (野球の) 満塁ホームラン.
grandullón, llona 形 《話》 やけに大きい. ── 男 女 体の大きい子供.
graneado, da 形 ❶ 粒状の. ❷ (紙等の表面が) ざらざらした；斑点(はんてん)のある.
granear 他 ❶ 微細な凸凹をつける. ❷ 粒状にする.
granel ***a ～*** (1) ばら (売り) で. venta *a* ～ 計り売り. (2) 豊富に, たくさん.
granero 男 穀物倉庫；穀倉地帯.
granítico, ca 形 花崗(こう)岩 (質) の.
granito 男 ❶ 花崗(こう)岩. ❷ にきび；顆粒；蚕の卵. ***echar un ～ de sal en la conversación*** 話にちょっぴりユーモア [皮肉] を交える. ***poner su ～ de arena*** ささやかな協力をする.
granívoro, ra 形 穀類を餌(えさ)にする.

granizado, da 形 ❶ シャーベット状の. ❷《ラ米》(ｱﾙｾﾞﾝﾁﾝ)(ｳﾙｸﾞｱｲ)(アイスクリームに) チョコレートチップの入った. ― 男 シャーベット状の飲み物. ― 女 ❶ ひょう[あられ] が降ること. ❷ 雨あられのように降るもの. una *granizada* de balas 銃弾の雨.

granizar 57 自 ❶ あられ[ひょう] が降る. ► 3人称単数のみに活用. ❷ 雨あられと降る. ― 他 ❶ 雨あられと降らせる[浴びせる]. ❷ 砕いた氷で飲み物を作る.

granizo 男 ひょう, あられ.

granja 女 ❶ 農場, 農園. ~ modelo モデル農場. ~ escuela 教育農場. ❷ 飼育場. ~ avícola [de cerdos] 養鶏[豚]場. ❸ 乳製品販売店. ***La G~*** ラ・グランハ(宮殿): スペイン, セゴビア近郊にある.

granjear 他 ❶ もうける; 得る. ❷《ラ米》(ﾁﾘ)盗む, だまし取る. ― 自〖海〗進航する. ― **granjearse** 再 得る, 獲得する. ~ la confianza de ... …の信頼を得る.

granjería 女 利益, もうけ.

granjero, ra 男 女 農夫; 農場主.

grano [グラノ] 男 [英 grain] ❶ **粒**, 種子. ~ de uva [sal] ブドウ[塩]の粒. pimienta en ~ 粒コショウ. ❷ 穀物. ❸ 吹き出物, にきび. ❹ きめ. papel de lija de ~ grueso 目の粗い紙やすり. ❺ 微量. ❻〖写〗(フィルムの) 粒子. ***apartar el ~ de la paja*** 本物をえり分ける. ***~ de arena*** 砂粒; ささやかな貢献. ***ir al ~*** 《話》本題に入る. ***ni un ~*** 少しも…ない. ***No es ~ de anís.*** 《話》結構ばかにならない, 重要である. ***Un ~ no hace granero pero ayuda al compañero.*** 《諺》塵(ちり)も積もれば山となる.

granoso, sa 形 粒のある; 粒状の.

granuja 形 男 女《話》❶ 悪党(の); ぺてん師(の). ❷ 不良(の).

granujada 女 悪事, ぺてん.

granujería 女 ❶ 悪党の一味. ❷ 悪事; いたずら.

granujiento, ta 形 粒々のある, 吹き出物のできた.

granulación 女 顆粒(かりゅう)(化);〖医〗肉芽形成, 吹き出物.

granulado, da 形 男 顆粒[細粒] 状の(薬).

granular 形 ❶ 粒々の. ❷ 吹き出物[にきび] だらけの. ― 他 粒(状) にする. ― **granularse** 再 粒(状) になる; にきびだらけになる.

gránulo 男 顆粒(かりゅう); 小さな丸薬.

granuloso, sa 形 粒状の.

granza 女 ❶ 精選された石炭粒. ❷ [複] もみ殻; 石膏(せっこう)のふるいかす. ❸ アカネ類.

grao 男 (船着き場になる) 海岸.

grapa 女 ❶ ホッチキスの針; 留め金. coser con ~*s* ホッチキスでとじる. ❷《ラ米》(ｱﾙｾﾞﾝﾁﾝ)(ﾁﾘ)(ﾊﾟﾗｸﾞｱｲ)(ｳﾙｸﾞｱｲ)グラッパ, 蒸留酒.

grapadora 女 ホッチキス.

grapar 他 ホッチキスでとめる.

GRAPO [グラポ] 男 *G*rupos de *R*esistencia *A*ntifascista *P*rimero de *O*ctubre / *G*rupos *R*evolucionarios *A*ntifascistas *P*rimero de *O*ctubre 10.1反ファシスト抵抗グループ.

grapo, pa 男 女 GRAPOのメンバー.

grasa 女 ❶ 脂肪; 脂身油. ~ de cerdo ラード. ❷ グリース. ❸ (服等の) 油汚れ. ❹《ラ米》(ﾒｷｼｺ)靴墨. dar ~ a los zapatos 靴を磨く(→ limpiar 地域差).

grasiento, ta 形 脂肪の多い; 油で汚れた. comida *grasienta* 脂っこい料理.

graso, sa 形 脂肪の多い; 太った. cabello ~ 脂性髪. ― 男 脂っこさ; 脂身.

grasoso, sa 形 脂の多い; 油だらけの.

grata 女 ワイヤーブラシ.

gratar 他 (金属に) ワイヤーブラシをかける.

gratén 男〖料〗グラタン. macarrones al ~ マカロニグラタン.

gratificación 女 報酬, 賞与; 礼金.

gratificante / gratificador, dora 形 満足感を与える.

gratificar 26 他 ❶ 報いる; (特別) 手当[賞与]を支給する. ~ las horas extras 時間外手当を支給する. ❷ 喜ばせる, 満足させる.

gratín 男 → gratén.

gratis [グラティス] 形《話》ただの, 無料の. pase ~ 無料入場券. ― 副 [英 free] **ただで**, 無料で.

gratitud 女 感謝(の気持ち). Le guardo una ~ eterna por su amabilidad. 私はあなたのご親切にたいへん感謝しています.

grato, ta 形 ❶《**a, de, para**》(…に) 快い; 楽しい, うれしい. ~ *al* paladar おいしい. ~ *de* oír [escuchar] 耳に快い. sus *gratas* noticias《手紙》貴信. Me es ~ anunciar [decir] (que) ... .《手紙》…とお伝えできることを喜ばしく存じます. ❷ 無料の; 好意による. hacer *grata* donación de ... …を寄贈する.

gratuidad 女 ❶ 無料, 無償. ❷ 根拠[いわれ]のないこと.

gratuito, ta [グラトゥイト, タ] 形 [英 free] ❶ **無料の**, 無償の. entrada *gratuita* 入場無料. ❷ 根拠[理由] のない. afirmación *gratuita* 根拠なき主張.

grava 女 砂利;〖地質〗砂礫(されき)(層).

gravamen 男 ❶ 義務; 負担. ~ fiscal 租税負担. ❷ 租税.

gravar 他 ❶ …に課税する. ~ los artículos importados 輸入品に課税する. ❷ (重荷を) 負わせる. Tener un coche *grava* mucho la economía familar. 車を持つのは家計の大きな負担になる.

grave [グラベ] 形 [英 grave] ❶ **重大な**, 深刻な; 重態の. situación ~ 深刻な事態. estar ~ (de cuidado) 重態[危篤] である. ❷ 威厳のある, 重々しい. una cara ~ 厳しい顔つき. ❸ 低音の. una voz ~ 低音. ❹〖文法〗(1) 終わりから2音節目にアクセントを持つ. (2) 低[抑音] アクセントの. ― 男 低音;〖音〗グラーベの楽章[曲]. ― 女 終わりから2音節目にアクセントのある語. ― 副〖音〗グラーベ, 荘重に.

gravedad [グラベダ(ドゥ)] 女 [英 gravity] ❶ **重大性**, 深刻さ; ひどさ. ❷ 重々しさ, 荘重さ. con ~ 重々しく, まじめに. ❸〖物〗重力. centro de ~ 重心.

gravemente 副 ひどく, 重々しく.

gravidez 女 妊娠, 懐胎. en estado de ~ 妊娠中の.

grávido, da 形 ❶ いっぱいの, 重い. ❷ 妊娠した.

gravilla 女 小砂利.

gravimetría 女 ❶〘物〙重力測定；重力計測的測地学[法]. ❷〘化〙重量分析.
gravímetro 男〘物〙重力計.
gravitación 女〘物〙〘天文〙重力，引力(作用). ～ universal 万有引力.
gravitar 自 ❶〘物〙〘天文〙(重力・引力により)引きつけられる，動く. La tierra *gravita* alrededor del sol. 地球は太陽に引きつけられその周囲を回る. ❷《**sobre**》(…に)重量がかかる；(責任等が)重くのしかかる；(危険等が)迫る. *Gravita sobre* ti toda la responsabilidad. 全責任が君の肩にかかっているんだよ.
gravitatorio, ria 形 引力の，重力の.
gravoso, sa 形 ❶費用のかかる. ❷煩わしい.
graznar 自 (カラス等が) カアカア [ガアガア] と鳴く.
graznido 男 (カラス等が) カアカア [ガアガア] と鳴くこと[声].
greba 女 (鎧(ょろい)の) 脛(すね)当て.
greca 女 ❶雷文，稲妻模様. ❷《ラ米》(ﾍﾞﾈｽﾞｴﾗ)(ｺﾛﾝﾋﾞｱ)パーコレーター.
Grecia 固名 ギリシャ：首都アテネ Atenas.
grecismo 男 ギリシャ語源の語[表現].
Greco 固名 El ～ エル・グレコ (1541-1614)：クレタ島生まれの画家.
greco, ca 形《古》ギリシャの. ── 男 女《古》ギリシャ人.
grecolatino, na 形 ギリシャ・ラテンの.
grecorromano, na 形 ギリシャ・ローマの. estilo ～ (レスリング) グレコローマン (スタイル).
greda 女〘鉱〙(油脂や汚れをぬぐい取る) 粘土，フーラー土.
gredal 男 粘土[フーラー土]採取場.
green [グリン] [英] 男 [複 ～s または単複同形] (ゴルフ) グリーン.
gregal 形 → gregario ①.
gregario, ria 形 ❶群れをなす. animal ～ 群生動物. ❷付和雷同の. ── 男《話》(自転車競技で) リーダーを助けるチームメイト.
gregarismo 男 群居性；付和雷同.
gregoriano, na 形 ローマ教皇グレゴリウスの. canto ～ (グレゴリウス1世による) グレゴリオ聖歌. calendario ～ (グレゴリウス13世による) グレゴリオ暦. ── 男 グレゴリオ聖歌.
Gregorio 固名 グレゴリオ：男子の名.
greguería 女 ❶喧騒(けんそう). ❷〘文学〙グレゲリア：スペインの作家 Ramón Gómez de la Serna (1888-1963) の散文形式.
grelo 男〘植〙(食用の) カブの葉[芽].
gremial 形 同業組合の. ── 男 ❶同業組合員. ❷(司教が用いる) 膝(ひざ)掛け.
gremio 男 ❶同業組合；〘史〙ギルド. ❷《話》仲間. ❸信徒，団体；教授陣.
greña 女 ❶[主に複]《軽蔑》もつれた[乱れた]髪. ❷紛糾. andar a la ～《話》いがみあう.
greñudo, da 形《話》髪がぼさぼさの.
gres 男 ❶〘地質〙砂岩. ❷(砂の交じった) 陶土 (＝～ cerámico).
gresca 女 口論；騒動. armar [meter] ～ 大騒ぎする.
grey 女 ❶家畜の群れ. ❷(共通の特徴を持つ) 集団. una ～ de estudiantes 学生の一団. ❸〘カト〙信者たち.
grial 男 聖杯 (＝El santo *G*～)：キリストが最後の晩餐(ばんさん)に用いたとされる杯.
griego, ga 形 ギリシャ (人，語，正教) の. filosofía *griega* ギリシャ哲学. ── 男 女 ギリシャ人. ── 男 ❶ギリシャ語. ❷《話》意味の分からない言葉. hablar [escribir] (en) ～ 訳の分からないことをしゃべる[書く]. ❸《話》同性愛.
grieta 女 ❶亀裂(きれつ)；クレバス. ❷(皮膚の) ひび，あかぎれ.
grifa 女《話》(特にモロッコ産の) マリファナ.
grifería 女《集合的》蛇口.
grifero, ra 男 女《ラ米》(ﾍﾟﾙｰ)ガソリンスタンドの従業員.
grifo, fa 形 ❶縮れ毛の. ❷《話》マリファナ中毒の. ❸〘印〙イタリック体の. ── 男 女 ❶縮れ毛の人. ❷マリファナ中毒者. ── 男 ❶(水道等の) 蛇口；栓. abrir [cerrar] el ～ 蛇口を開ける[閉める]. cerrar el ～《話》財布のひもを締める. ❷《ラ米》(ﾍﾟﾙｰ)ガソリンスタンド；(ガソリンスタンドの) 給油機 (→ surtidor 地域差). ❸《ラ米》縮れ毛 (→ pelo 地域差).
grifón 男 グリフォン犬.
grillarse 再《話》発狂する.
grillera 女 ❶コオロギの巣穴[虫かご]. ❷騒々しい場所.
grillete 男[複] 足かせ.
grillo, lla 男 女 ❶コオロギ. ～ cebollera [real] ケラ. ❷〘植〙芽. ── 男 ❶[複] (一対の) 足かせ. ❷妄想. ***estar como un ～*** 頭がおかしい. ***jaula*** [***olla***] ***de ～s*** 大混乱. ***tener la cabeza llena de ～s***《話》頭がすっかりいかれている.
grima 女 不快感；歯が浮く感じ. Me da ～ escribir en la pizarra. 黒板に字を書く音は不快だ.
grímpola 女 ❶〘海〙(風見用の) 短い三角旗. ❷(旧式の三角形の) 軍旗.
gringo, ga 形《ラ米》(1) 米国の. (2)(ｱﾙｾﾞﾝﾁﾝ)(ﾍﾟﾙｰ)(ｳﾙｸﾞｱｲ)金髪の. (3)(ｱﾙｾﾞﾝﾁﾝ)イタリアの；(ｳﾙｸﾞｱｲ)ヨーロッパの. ── 男 女《ラ米》(1)《軽蔑》米国人；英米人. (2)(ｳﾙｸﾞｱｲ)ヨーロッパ人；(ｱﾙｾﾞﾝﾁﾝ)イタリア人. (3)(ﾍﾟﾙｰ)金髪の人 (→ rubio 地域差).
griñón 男 (修道女の) ずきん.
gripa 女《ラ米》→ gripe.
gripal 形〘医〙流行性感冒の.
griparse 再 (主に潤滑油不足で) エンジンが動かなくなる.
gripe 女 インフルエンザ，流行性感冒. coger la ～ インフルエンザにかかる.
griposo, sa 形《estarと共に》インフルエンザにかかった.
gris [グリス] 形 [英 gray] ❶**灰色の**. ❷生彩のない，陰気な. una fiesta ～ 退屈なパーティー. ❸曇った. ── 男 ❶**灰色**，ねずみ色. ～ marengo ダークグレー. ～ perla パールグレー. ～ pizarra 青みがかったグレー. ❷《話》冷たい風，寒い陽気. Hace ～. 冷たい風が吹いている. ❸[複] (スペインの) 警官. ***cerebro ～*** 陰で指図する人，黒幕. ***materia ～*** かしこさ.
grisáceo, a 形 灰色がかった.
grisalla 女 ❶〘美〙グリザイユ画法. ❷《ラ米》(ﾒｷｼｺ)くず鉄.
grisú 男〘鉱〙(炭坑内の) 可燃性ガス. explosión de ～ 坑内ガス爆発.
grita 女 (群衆の) 叫び，怒号；野次. dar ～ a ... …を野次る. ── 活 → gritar.

G

gritar [グリタル] 自 〔英 shout, cry〕 **大声を出す**, 叫ぶ, どなる. ～ a voz en cuello 声を限りに叫ぶ. ～ de alegría 歓声をあげる. ― 他 大声で言う；野次る. ～ a los cuatro vientos 大声で言いふらす.

gritería 女 → griterío.

griterío 男 叫び(声)；罵声(ばせい).

grito [グリト] 男 〔英 shout, cry〕 ❶ **叫び(声)**, 大声. a ～ herido [pelado, limpio] 大声を張り上げて. dar ～*s* 大声を出す. a voz en ～ 声を限りに. lanzar un ～ 叫び声を上げる. Siempre me dice las cosas a ～*s*. 彼はいつも私に怒鳴るように話す. ❷ 鬨(とき)の声. ～ de independencia 独立の叫び. ― 活 → gritar. ***andar a ～s*** 犬猿の仲である. ***el último ～*** 《話》最新の流行. ***estar en un ～*** 絶えず苦痛を訴えている. ***pedir a ～s*** 《話》今すぐに必要としている. La puerta *pide a ～s* una mano de pintura. ドアを今すぐに塗らなくてはならない. ***poner el ～ en el cielo*** 激怒する；抗議する.

G

gritón, tona 形 男 女 《話》騒々しい(人), すぐ怒鳴る(人).

groenlandés, desa 形 グリーンランドの. ― 男 女 グリーンランド人.

grog 〔英〕 男 グロッグ：ラム酒で作る温かい飲み物.

grogui 形 (ボクシング) グロッキーの；ぼんやりした.

grosella 女 〖植〗 ❶ スグリ, グズベリー. ～ espinosa [negra, roja] マルスグリ[クロスグリ, アカスグリ]の実. ❷ スグリ果汁で作った飲み物. ― 男 赤褐色.

grosellero 男 〖植〗スグリ類.

grosería 女 不作法(な振る舞い)；下品な言葉. cometer una ～ con ... …に失礼な事をする.

grosero, ra 形 ❶ 下品な. 教養を欠く, 失礼な. ¡Qué tipo más ～! なんて下品なやつだ. ❷ 粗悪な. tela *grosera* 質の悪い布地. error ～ ひどい誤り. ― 男 女 下品な人, 教養のない人, 失礼な人.

grosísimo, ma 形 [grueso の絶対最上級] 分厚い, 恐ろしく太った.

grosor 男 太さ, 厚み, 直径. de poco ～ 薄い. un alambre de dos milímetros de ～ 直径 2 ミリの針金.

grosso modo 〔ラ〕 ほぼ, おおよそ Cuénteme ～ lo que pasó. 起こったことを大まかに話して下さい.

grotesco, ca 形 ❶ 〖建〗〖美〗怪奇主義[様式]の. ❷ グロテスクな；悪趣味の.

groupie [グルピ] 〔英〕 女 [複 ～s] 《話》グルーピー, 追っかけ.

grúa 女 ❶ クレーン. ～ corredera [corrediza, móvil] 走行クレーン. ～ de pórtico ガントリークレーン. ❷ レッカー車.

grueso, sa [グルエソ, サ] 形 [絶対最上級 grosísimo,ma] 〔英 thick〕 ❶ **太い**, 肥えた；**厚い**. intestino ～ 大腸. libro ～ 分厚い本. ❷ 《ラ米》粗野な, 無礼な. broma *gruesa* 品のない冗談. ❸ (海が)荒れた. mar *gruesa* 荒海. ― 男 ❶ 厚み, 太さ. ～ de un perno ボルトの太さ. ❷ 主要[最大]部分. ～ del ejército 軍の主力部隊. ❸ 文字の肉太の部分. ― 女 グロス：12ダース. una *gruesa* de botones 1グロスのボタン. ***en*** [***por***] ***～*** 卸しで；大ざっぱに. ***préstamo a la gruesa*** 船舶抵当契約.

grullo, lla 形 いなか者の. ― 女 〖鳥〗ツル. *grulla* del Japón タンチョウヅル.

grumete 男 見習い水夫.

grumo 男 ❶ 凝固したもの, だま；凝乳. ❷ (ブドウ等の)房. ❸ (鳥の)翼端.

grumoso, sa 形 だまの多い.

grunge [グルンジ(シュ)] 〔英〕 形 男 女 [単複同形または複 ～s] グランジファッションの(人)：わざと汚れた感じにする.

gruñido 男 ❶ (豚の)ブーブー鳴く声；(犬等の)うなり声. ❷ ぼやき. soltar un ～ a ... …に小言を言う.

gruñir 71 自 ❶ (豚が)ブーブー鳴く. ❷ (犬等が)うなる. ❸ 《話》ぶうぶう不平を言う. ❹ (戸等が)きしむ.

gruñón, ñona 形 男 女 《話》不平ばかり言う(人), 気難しい(人).

grupa 女 (馬等の)尻(しり). ***volver ～s*** 引き返す, 後戻りする.

grupal 形 グループの, 集団の.

grupo [グルポ] 男 〔英 group〕 ❶ **集団, グループ**；団体. en ～ 集団で. ～ de presión 圧力団体. terapia de ～ 集団療法. ❷ 〖美〗群像. ❸ 装置. ～ electrógeno [generador] 発電設備. ❹ (分類上の) 群, 型；〖数〗〖言〗群；〖化〗基. ～ sanguíneo 血液型. ❺ 〖軍〗部隊. ❻ 《ラ米》(アルゼンチン)(パラグアイ)(ウルグアイ)うそ.

grupúsculo 男 《軽蔑》セクト.

gruta 女 洞窟, 洞穴；(地下の)穴倉.

grutesco, ca 形 ❶ 洞穴の. ❷ グロテスク様式の. ― 男 グロテスク模様[装飾].

gruyer / gruyere 男 グリュイエール・チーズ.

gua 男 ビー玉遊び；(ビー玉を入れる)穴.

¡gua! 間 《ラ米》(ベネズエラ) (恐れ・賞賛) うわっ.

guabina 女 《ラ米》(コロンビア)グアビーナ：2拍子の舞曲.

guaca 女 ❶ 《ラ米》 (1)(中米)埋蔵財宝. (2)(南米)〖史〗グアカ：先住民の神聖な場所. (3)(ボリビア)(コスタリカ)(キューバ)(ベネズエラ)貯金箱. ❷ (ボリビア・エクアドル等の) 古代先住民の墳墓.

guacal 男 《ラ米》 (1)(中米)背負いかご. (2)(中米)〖植〗ヒョウタンノキ；ヒョウタン(の実, 容器).

guacamayo, ya 男 女 〖鳥〗コンゴウインコ.

guacamole / guacamol 男 《ラ米》(キューバ)(メキシコ) 〖料〗グアカモーレ：アボカド, タマネギ, トマト等とチリソースで作るサラダ.

guacamote 男 《ラ米》(メキシコ) 〖植〗キャッサバ, マニオク.

guachafita 女 《ラ米》(ベネズエラ)騒ぎ, 混乱.

guache 男 ❶ 〖美〗グワッシュ(水彩画の一種). ❷ 《ラ米》(コロンビア)(ベネズエラ)無礼者.

guachimán 男 《ラ米》警備員, 見張り.

guachinango, ga 形 《ラ米》(キューバ)(コロンビア)(プエルトリコ)お世辞の上手な；抜けめのない；親しみやすい. ― 男 《ラ米》(キューバ)(メキシコ) 〖魚〗タイ.

guacho, cha 形 《ラ米》 (1)(アルゼンチン)(ウルグアイ)(ペルー)孤児の. (2)(アルゼンチン)(ウルグアイ) 《軽蔑》悪意のある. ― 男 女 《ラ米》 (1)(アルゼンチン)(ウルグアイ)(ペルー)孤児. (2) 悪人. ― 男(ペルー)宝くじの分割券.

guaco, ca 形 口唇裂の. ― 男 ❶ (墳墓 guaca から発掘される) 出土品. ❷ 《ラ米》 (1) 〖植〗ツルヒヨドリ属[ウマノスズクサ属]のつる植物. (2) 〖鳥〗アカノドカラカラ.

guadal 男 《ラ米》湿地, 沼地.

Guadalajara 固名 グアダラハラ：(1) スペイン中部の県；県都．(2) メキシコ，ハリスコ州の州都．

guadalajarense 形 男 女 (メキシコの) グアダラハラの (人)．

guadalajareño, ña 形 男 女 (スペインの) グアダラハラの (人)．

Guadalquivir 固名 グアダルキビル (川)：セビーリャ市を流れカディス湾に注ぐスペインの川．

Guadalupe 固名 ❶ グアダルーペ：スペイン・メキシコ・コスタリカ・コロンビア等に所在する町，都市．❷ Nuestra Señora de ～ (スペインの) グアダルーペの聖母：船乗りの守護者．❸ la Virgen de ～ グアダルーペの聖母：メキシコの守護者．

guadamecí / guadamecil 男 浮き彫り細工を施したなめし革．

guadaña 女 (長柄の) 鎌(かま)．► 絵画等における「死」の象徴．

guadañador, dora 男 女 (草や麦等を) 刈り取る人．── 女 刈り取り機．

guadañar 他 (草刈り鎌(がま)で) 刈る．

guadarnés 男 馬具置き場；馬具係．

guadua 女 《ラ米》(コロンビア)(エクアドル)(ベネズエラ)(ペルー)〘植〙ホウライチクの一種．

guagua 女 ❶ がらくた．❷《スペイン》(カナリア)(市内) バス．❸《ラ米》(1)(キューバ)(市内) バス (→ autobús 地域差)．(2)(プエルトリコ)バン，ワゴン車 (→ furgoneta 地域差)．(3)(南米)赤ん坊．*de* ～《話》ただで．

guaira 女《ラ米》(中米)(長短の笛を順に並べた先住民の) パンパイプ．

guaje 形《ラ米》(メキシコ)ばかな．hacer ～ a ... …をまんまとだます．── 男 女《ラ米》(メキシコ)まぬけ．── 男《ラ米》(1)〘植〙ヒョウタン．(2)(中米)(メキシコ)〘植〙アカシアの一種．

guajiro, ra 男 女 ❶ キューバ農民．❷《ラ米》(キューバ)いなか者；農民．── 女〘音〙グアヒーラ：キューバの代表的な民謡．

guajolote 形《ラ米》(メキシコ)ばかな．── 男《ラ米》(メキシコ)〘鳥〙シチメンチョウ；まぬけ．

gualdo, da 形 黄色い．la bandera roja y *gualda* 赤と黄の旗 (スペイン国旗)．

gualdrapa 男 女 (衣服に) 無頓着(むとんちゃく)な人．── 女《話》(衣服の) ぼろ．

gualicho / gualichú 男《ラ米》(1)(南米)たたり．(2)(アルゼンチン)お守り．

guama 女《ラ米》(コロンビア)〘植〙グアモ (の実・木)．

guambra 男 女《ラ米》(エクアドル)若者，青年．

guame 男 女 [男女同形]《ラ米》優しい先生 (→ benévolo 地域差)．

guamo 男〘植〙グアモ (の木)．

guampa 女《ラ米》(アルゼンチン)(チリ)(パラグアイ)(ウルグアイ)(ボリビア)角(つの)；角杯．

guanábana 女〘植〙トゲバンレイシ (の実)．

guanábano 男〘植〙トゲバンレイシ (の木)．

guanaco, ca 形 男 女《ラ米》(南米)ばか (な)，まぬけ (な)．── 男〘動〙グアナコ．

guanajo, ja 形《ラ米》(南米)まぬけの．── 男《ラ米》〘鳥〙シチメンチョウ．

guanero, ra 形 グアノ[鳥糞(ちょうふん)石]の．── 女 グアノの堆積(たいせき)地．

guano 男 ❶ グアノ，鳥糞(ちょうふん)石：肥料として使用．❷ (グアノに似せた) 人工肥料；堆肥．❸《ラ米》(キューバ)〘植〙シュロヤシ．

guantada 女 ❶ 平手打ち．❷《話》殴打；激突．

guantazo 男 → guantada.

guante 男 ❶[主に複] 手袋；(野球・ボクシング等の) グラブ，グローブ．～*s* de caucho [de goma] ゴム手袋．❷ 心付け；《話》賄賂(わいろ)．***arrojar*** [***tirar***] ***el ～ a ...*** …に決闘を申し込む，挑戦する．***colgar los ～s*** 引退する．***como un ～*** 従順に，おとなしく．***con ～ de seda*** 細心の注意を払って，手厚く．***de ～ blanco*** 正装の；暴力を振るわない．***echar el ～ a ...***《話》…を引っ捕える．***estar*** [***ponerse***] ***más suave*** [***blando***] ***que un ～*** とても柔順である[になる]．***recoger el ～*** 決闘に応じる，挑戦を受けて立つ．***sentar como un ～*** ぴったり合う．

guantelete 男 (鎧(よろい)の) 籠手(こて)．

guantero, ra 男 女 手袋製造 [販売] 業者．── 女〘車〙(助手席前面の) グローブ・ボックス．

guapa 形 女 → guapo.

guapamente 副《話》立派に，見事に．

guapear 自《ラ米》(ペルー)(チリ)(ベネズエラ)《話》強がる．

guaperas 形 男 女 [単複同形]《軽蔑》(美貌(びぼう)を鼻にかけた) 美人[美男] (の)．

guapetón, tona 形《話》❶ 実に美しい．❷ 勇み肌の，強がりの．── 男 女 かっこいい男性，美しい女性；強がりを言う人．

guapeza 女《話》❶ かっこよさ，美貌(びぼう)．❷《ラ米》(アルゼンチン)(ウルグアイ)勇ましさ．

guapo, pa [グアポ,パ] 形〔英 handsome, pretty〕❶《serと共に》(人が) **きれいな**，美人の，ハンサムな．Ella no es *guapa*, pero tiene buen carácter. 彼女は美人ではないが性格はいい．❷《estarと共に》おしゃれな．Estás muy *guapa* hoy. 今日はとてもかわいいね．❸《話》すてきな，かわいい，かっこいい．un coche ～ かっこいい車．❹ 勇敢な．❺ 金持ち連中の；気取った人々の．── 男 女〔英 handsome man, beauty〕❶ **美男，美女**．❷ 勇敢な人．❸ 金持ち連中；気取った人々．❹《間投詞的に》《親密さを表して》あなた．¡Ven aquí *guapa*! そこのお嬢さん，こっちへおいでよ．

guapote, ta 形《話》❶ 気立てのよい．❷ 器量良しの．

guapura 女 ❶《話》かっこよさ．❷《ラ米》(コロンビア)勇気．

guaquear 他《ラ米》(中米)(コロンビア)(ペルー)盗掘する．

guaqueo 男《ラ米》(中米)(コロンビア)(ペルー)墓荒らし，盗掘；(コロンビア)違法なエメラルド採掘．

guaracha 女《ラ米》(キューバ)(1) グアラチャ：民族舞踊 [音楽]．(2) 気晴らし，どんちゃん騒ぎ；冗談．

guarache 男《ラ米》革製サンダル．

guaraguas 女 ㊐《ラ米》(ペルー)けばけばしい飾り．

guarango, ga 形《ラ米》(1)(アルゼンチン)(チリ)(ウルグアイ)(パラグアイ)粗野な．(2)(チリ)《軽蔑》(人が) 図体の大きい．── 男《ラ米》(ペルー)アカシアに似た木．

guaraní 形 [複 ～es] グアラニ (族，語) の．── 男 女 グアラニ族の人．── 男 ❶ グアラニ語．❷ グアラニ：パラグアイの通貨単位．

guarapo 男《ラ米》(1) サトウキビの搾り汁，サトウキビ酒．(2)(コロンビア)黒砂糖酒；蜂蜜(はちみつ)

酒.

guạrda 男 女 ❶ 番人；警備員；管理人. ～ forestal 森林監察官. ～ jurado 監視官；護衛. ❷《ラ米》(1)(アルゼンチン)車掌. (2)(車内の) 検札係 (➡ revisor 地域差). ── 女 ❶ 監視；管理. ❷ 保護；後見. Ángel de la *G*～ 守護天使. ❸［主に複］(本の) 見返し. ❹［複］錠の中の突起；鍵(かぎ)の刻み目. ❺ (扇子の) 親骨. ❻ (刀の) つば. ── 活 ➡ guardar.

guardabarrẹra 男 女 踏切番.

guardabạrros 男［単複同形］〖車〗泥よけ，フェンダー. 地域差〖車〗泥よけ guardabarros《スペイン》《ラ米》(コスタリカ)(コロンビア, ベネズエラ) (ボリビア) (パラグアイ, ウルグアイ, アルゼンチン)；guardafango (キューバ, ドミニカ共和国, プエルトリコ)(ホンジュラス, エルサルバドル, ニカラグア, パナマ) (ベネズエラ) (エクアドル, ペルー, ボリビア)；guardalodo (ドミニカ共和国)(コスタリカ)；loderas (グアテマラ, エルサルバドル)；protector (ペルー)；salpicadera (メキシコ)；tapabarro (チリ).

guardabọsque 男 女［単または複］森林監視人.

guardacantọ́n 男 (建物の) 隅石；(車道の) 縁石.

guardacọches 男 女［単複同形］駐車場係員.

guardacọstas 男［単複同形］沿岸警備艇.

guardadọr, dọra 形 男 女 ❶ 監視する (人)；(法律等を) 遵守する (人). ❷ 物持ちのよい (人)；けちな (人).

guardaespạldas 男 女［単複同形］護衛，ボディーガード.

guardafạngo 男《ラ米》〖車〗泥よけ，フェンダー (➡ guardabarros 地域差).

guardafrẹnos 男 女［単複同形］〖鉄道〗(列車の) 制動手.

guardagụjas 男 女［単複同形］〖鉄道〗転轍(てんてつ)手.

guardainfạnte 男 スカートの腰枠，フープ.

guardalọdo 男《ラ米》〖車〗泥よけ，フェンダー (➡ guardabarros 地域差).

guardamạno 男 (刀剣の) つば.

guardamẹta 男 女 ゴールキーパー.

guardamọnte 男 ❶ (銃の) トリガーガード. ❷《ラ米》(アルゼンチン)(鞍(くら)の前につける革製の) 足覆い.

guardamuẹbles 男［単複同形］家具倉庫［置き場］；家具管理係.

guardapẹlo 男 (装身具の) ロケット.

guardapiẹ́s 男［単複同形］(昔の) 長いスカート.

guardapọlvo 男 ❶ ダスターコート；(子供・店員等の) 作業服；ほこりよけカバー. ❷〖建〗ひさし. ❸ (懐中時計の) 中蓋(なかぶた).

guardar

［グアルダル］ 他［英 guard; save; keep］❶《de, contra》(…から) 守る；保護する；(規則等を) 遵守する. El perro *guarda* la casa *contra* los ladrones. 犬は家を泥棒から守る. ～ el ganado 家畜の番をする. ～ su palabra 約束を守る. ❷《en》(…に) 保管する；しまう；〖IT〗(データを) 保存する. ～ las joyas con llave 宝石を鍵をかけて保管する. ～ datos *en* un archivo データをファイルに保存する. ❸ (記憶・感情等を) 抱き続ける，忘れずにいる. ～ rencor 恨みを抱き続ける. ～ un buen recuerdo de ... …のよい思い出を忘れないでいる. ❹ (ある状態を) 保つ. ～ cama 寝込んでいる. ～ silencio 黙り込む. ～ la derecha 右側通行する. ❺ 倹約する. ── 自 倹約［節約］する. ── **guardarse** 再 ❶《de》(…から) 身を守る，用心する. ❷《de＋不定詞》(…しないよう) 気をつける，差し控える. ～ *de* tomar el café コーヒーを控える. ❸ 手元に置いておく. ～ un libro prestado 借りた本を返さないままにする. ***fiesta de guardar***〖カト〗守るべき祝祭日. ***¡Guarda!*** 危ない，気をつけろ. ***guardársela a ...***《話》…に恨みを晴らそうと機会をうかがう，恨みを持ち続ける.

guardarraịl 男 ガードレール.

guardarrạya 女《ラ米》(農地等の) 境界線；小道.

guardarrọpa 男 女 クローク係；衣装係. ── 男 ❶ クローク；衣装部屋；衣装だんす. ❷ 手持ちの衣装.

guardarropịa 女《集合的》舞台衣装；衣装部屋. ***de*** ～ うわべだけの.

guardarruẹdas 男［単複同形］隅石.

guardavạllas 男［単複同形］《ラ米》ゴールキーパー.

guardavịa 男 女〖鉄道〗保線係.

guarderịa 女 ❶ 保育園，託児所 (＝～ infantil). ❷ 監視勤務［業務］.

guardẹ́s, dẹsa 男 女 監視人，見張り番.

guardia

［グアルディア］ 女［英 guard］❶ **警護**；監視. bajar la ～ 油断する，警戒を解く. estar en ～ 警戒している. poner en ～ 注意を呼びかける. ❷ 当直. entrar de ～ 当直入りする. ❸ 警備隊；警察. ～ real 近衛警備隊. cuerpo de ～ 警護隊. ❹〖スポ〗(ボクシング等) ガード. ── 男 女［英 police officer］❶ **警官**. ～ de seguridad 警官. ～ municipal 市警察官. jugar a ～*s* y ladrones 泥棒ごっこをして遊ぶ. ❷〖軍〗警備兵，衛兵. ～ de corps 近衛兵；親衛隊. ～ marina 海軍士官候補生. ❸《ラ米》(車内の) 検札係 (➡ revisor 地域差). ***G***～ ***Civil*** (スペインの) 治安警察.

guardiamarịna 男 女 海軍士官候補生.

guardiạ́n, diạna 男 女 管理人；警備員，保護者. ── 男 (フランシスコ会) 修道院長.

guardịlla 女〖建〗(1) 屋根裏部屋. (2) 明かり窓.

guarecẹr 76 他 保護する，かくまう. ── **guarecerse** 再《de》(…から) 避難する；(…を) 避ける. ～ *de* la lluvia 雨宿りする.

guarịda 女 ❶ (動物の) ねぐら，巣. ❷ 避難所；(特に犯罪者の) 隠れ家，アジト.

guarisạpo 男《ラ米》(チリ)〖動〗オタマジャクシ.

guarịsmo 男 (アラビア) 数字；記数法. ***no tener*** ～《話》無数である.

guarnecẹr 76 他 ❶《de, con》(…を) 備え付ける；飾る. ～ las paredes *de* pinturas 壁に絵を飾る. ❷〖建〗上塗りをする. ❸〖軍〗警備隊をおく，駐屯する.

guarnecịdo 男〖建〗化粧しっくい (を塗ること).

guarniciọ́n 女 ❶ 装飾. ❷〖料〗付け

合わせ. ❸ 守備隊. ❹ (刀剣の) つば. ❺ [複]馬具一式.
guarnicionería 女 馬具製造所[店].
guarnicionero, ra 男 女 革製品製造業者, 馬具職人.
guaro 男 《ラ米》(中米)サトウキビ酒.
guarrada 女 → guarrería.
guarrazo, za 形 とても汚い, めちゃくちゃな. ── 男 激突, 強打.
guarrería 女 《話》《話》 ❶ 汚いこと ; 汚れ ; 散らかした状態. ❷ 卑猥(ひわい)な言葉[行為] ; 卑劣. decir ～*s* 下品な言葉を使う.
guarro, rra 形 《話》 ❶ 汚い. ❷ 卑劣な ; 配慮に欠けた. ❸ 下品 [卑猥(ひわい)] な. ── 男 女 ❶ 〖動〗豚. ❷ 《話》 不潔[卑劣, 下品]な人.
guarura 女 《ラ米》(ベネズエラ) 〖貝〗 ホラガイ. ── 男 《ラ米》(メキシコ) 《話》 護衛, ガードマン.
guasa 女 《話》 冗談 ; 皮肉. estar de ～ 冗談好きである. tomar ... a ～ …を本気にしない.
guasada 女 《ラ米》(南米)下品な振る舞い, 粗野な言動.
guasca 女 《ラ米》(南米)革ひも ; (革の) むち. ***dar ～ a ...*** 《ラ米》(南米)…をむち打つ.
guasearse 再 《話》 《**de**》 (…を) からかう. *Se guasea de* sus amigos. 彼は友達を笑い者にする.
guaso, sa 形 《ラ米》 (1)(チリ)農民の ; いなか者の. (2)(チリ) 《話》 恥ずかしがり屋の, 臆病(おくびょう)な. (3)(アルゼンチン)(パラグアイ)(ウルグアイ) 《話》 下品な, 粗野な. ── 男 女 《ラ米》 (1)(チリ)農民 ; いなか者. (2)(アルゼンチン)(パラグアイ)(ウルグアイ)下品な人.
guasón, sona 形 ふざけた, 皮肉たっぷりの. ── 男 女 ふざけ屋 ; 皮肉屋.
guata 女 ❶ 詰め綿 ; パッド. ❷ 《ラ米》(アルゼンチン)(チリ)(ペルー) 《話》 腹.
guataca 女 《ラ米》(キューバ)小鍬(くわ).
guate 男 《ラ米》(中米)(飼料用) トウモロコシ畑.
guatear 他 綿を詰める.
Guatemala [グアテマら] 固名 **グアテマラ** : 首都グアテマラ市 Ciudad de Guatemala.
guatemalteco, ca [グアテマるテコ, カ] 形 **グアテマラの**. ── 男 女 **グアテマラ人**.
guatemaltequismo 男 グアテマラ特有の言葉[言い回し].
guateque 男 ホームパーティー.
guato 男 [複] 《ラ米》 靴ひも (→ cordón 地域差).
guatón, tona 形 《ラ米》 (アルゼンチン)(チリ)(エクアドル)(ペルー)太鼓腹の.
guatusa 女 《ラ米》(中米)(コロンビア)(エクアドル) 〖動〗 オオテングネズミ.
¡guau! 男 ❶ 《擬》 (犬のほえ声) ワン, ワンワン. ❷ 《感嘆・喜び》 わあ, すごい.
guay 形 《俗》 すごい, 素敵な. ── 副 すばらしく. Lo hemos pasado ～. 最高に楽しく過ごしたよ.
guayaba 女 ❶ 〖植〗 グアバの実. ❷ 若い女性. ❸ 《ラ米》 うそ.
guayabera 女 《ラ米》 グアジャベラ : 刺繍(ししゅう)入り開襟シャツ.
guayabo, ba 形 《話》 若く魅力的な. ── 男 ❶ 〖植〗 グアバ. ❷ 若い男性. ❸ 《ラ米》(コロンビア)二日酔い.
guayaca 女 《ラ米》 (1)(南米)手提げ袋 ; タバコ入れ. (2) お守り札.
guayacán 男 〖植〗 ユソウボク, グアヤクム.
guayacol 男 〖化〗 グアヤコール.
guayo 男 《ラ米》(コロンビア) [複] スポーツシューズ.
guayule 男 〖植〗 グアユールゴム (の木).
gubernamental 形 政 府 (側) の. partido ～ 政府与党.
gubernativo, va 形 政府の ; 行政上の. policía *gubernativa* 治 安 警 察. orden *gubernativa* 行政命令.
gubernatura 女 政権.
gubia 女 〖技〗 丸のみ ; 〖医〗 切骨器.
gudari [バスク] 男 [複 ～s] (バスク) 兵士.
guedeja 女 毛髪の房 ; 長い髪 ; (ライオンの) たてがみ.
guepardo 男 〖動〗 チーター.
Guernica 固名 ゲルニカ : スペイン北部の町. ►1937年ナチス・ドイツ空軍が爆撃. ピカソの『ゲルニカ』で有名. ***Árbol de ～*** ゲルニカの木 : バスク人の自由の象徴とされるカシの木.
güero, ra 形 《ラ米》(中米)(メキシコ)(ベネズエラ)金髪の (＝rubio). ── 男 女 《ラ米》 金髪の人 (→ rubio 地域差).
guerra [ゲラ] 女 〔英 war〕 ❶ **戦争**. estallar la ～ 戦争が勃発(ぼっぱつ)する. estar en ～ 戦争状態にある. hacer la ～ a ... …と戦う. declarar la ～ a ... …に宣戦布告する. consejo de ～ 国防会議. ～ a muerte [sin cuartel, total] 死闘[総力戦]. ～ civil 内戦. *G*～ Civil Española スペイン内戦 (1936-39). ～ de guerrillas ゲリラ戦. ～ santa 聖戦. ～ nuclear 核戦争. ～ sucia (戦闘法規を無視した) 汚い戦争. la Segunda *G*～ Mundial 第二次世界大戦 (1939-45). ❷ (武力によらない) 闘争, 戦い. ～ fría 冷戦. ～ de nervios 神経戦. la ～ a [contra] la droga 麻薬撲滅運動. ❸ 敵対, いがみ合い. tener la ～ declarada a ... …に敵意をあらわにする. ***dar (mucha) ～*** 《話》 面倒をかける. Los niños *dan mucha* ～ a la maestra. 子供たちは先生をとてもてこずらせる. ***en pie de ～*** 臨戦態勢で, 敵対している. ***de antes de la ～*** とても古い, 流行遅れの.
guerrear 自 《**con, contra**》 (…と) 戦う, 争う.
guerrero, ra 形 ❶ 戦争の. danza *guerrera* 戦い [出陣] の踊り. ❷ 好戦的な. ❸ 《話》 やんちゃな. ── 男 女 戦士. ── 女 軍服の上着.
guerrilla 女 ❶ 〖軍〗 ゲリラ部隊 [戦]. guerra de ～*s* ゲリラ戦 (術). ❷ 《ラ米》(ペルー)宝くじの一連の番号. ***marchar en ～*** 散開戦法で進軍する.
guerrillero, ra 形 男 女 ゲリラ (戦) の(兵士).
guerrismo 男 ゲ ー ラ 主 義 : ゲ ー ラ Alfonso Guerra (スペイン社会党副委員長, 在任1982-1991) の政策[政治傾向].
guerrista 形 男 女 ゲーラ主義 (者) (の).
gueto 男 → ghetto.
guí- 活 → guiar.
guía [ギア] 男 女 〔英 guide〕 **案内人**, ガイド ; 指導者. ～ de turismo 観光ガイド. ── 男 ❶ 《ラ米》 (自転車の) ハンドル (→ manillar 地域差) ; 〖車〗 ハ ン ド ル (→ volante 地域差). ❷ 〖軍〗 嚮導(きょうどう). ──

G

女〔英 guidebook〕❶ 案内, 指導；手本. servir de ～ 指針となる, 案内する. ❷ ガイドブック, 案内[手引]書. ～ de ferrocarriles 鉄道時刻表. ～ telefónica [de teléfonos] 電話帳. ❸ (機械等の) 誘導装置. las ～s de la cortina カーテンレール. ❹ 携行[運搬]許可書. ～ de una pistola 拳銃(けんじゅう)所持許可書. ❺ (馬車の) 先導馬. ❻〖植〗本枝, 幹；支えの棒. ❼ 導火線. ❽ (扇子の) 親骨. ―― 活 → guiar.

guiar [ギアル] 31 他〔英 guide〕❶ (a, hasta) (…へ) 案内する. ～ a unos turistas al museo 観光客を博物館へ案内する. ❷ 指導する, 導く. ～ a la victoria 勝利へと導く. ❸ (ラ米) (車を) 運転する (→ conducir 地域差). ～ un avión 飛行機を操縦する. ―― **guiarse** 再 (por) (…に) 導かれる. ～ *por* su instinto 本能に従い行動する. ～ *por* la luz de la luna 月明かりを頼りに進む.

G

Guido 固名 ギド：男子の名.

guija 女 ❶ 丸い小石. ❷〖植〗ヤハズエンドウ.

guijarral 男 小石だらけの場所.

guijarreño, ña 形 小石 (だらけ) の.

guijarro 男 (河原等の) 丸い小石.

guijo 男 ❶ 砂利. ❷〖機〗支軸.

guilla 女 豊作. *de* ～ 《話》実り多い, 豊富に.

guillado, da 形 《話》狂った.

guilladura 女 《話》狂気；夢中.

guillarse 再 《話》気がふれる；逃げ出す, 立ち去る. *guillárselas* 《話》逃げる.

Guillermo 固名 ギリェルモ：男子の名.

guillotina 女 ❶ ギロチン. ventana de ～ 上げ下げ式の窓. ❷ (紙等の) 裁断機.

guillotinar 他 ❶ ギロチン (刑) に処す. ❷ 裁断機で切る.

guinche / güinche 男 《ラ米》(アルゼンチン)(チリ)(ウルグアイ)クレーン；(コロンビア)ウインチ.

guinda 女 ❶〖植〗ダークチェリー. ❷ 《話》とどめの一撃. ❸〖海〗帆柱の全高.

guindar 他 ❶ 《話》(汚い方法で) 奪い取る, 盗む. ～ un empleo a ... …をけ落として職に就く. ❷ ぶら下げる, つるす.

guindilla 女〖植〗アカトウガラシ (の実). ―― 男 女 《話》《軽蔑》(市警察の) 警官. ―― 女 《話》《稀》市警察.

guindillo 男〖植〗～ de Indias トウガラシ (の一種).

guindo 男〖植〗ダークチェリーの木. *caerse del* ～ 《話》やっと気づく, 後になって気づく.

guinea 女 ギニー：昔の英国金貨.

Guinea [ギネア] 固名 ❶ ギニア：首都コナクリ Conakry. ❷ ～ Bissau ギニアビサオ：首都ビサオ Bissau. ❸ ～ Ecuatorial 赤道ギニア：首都マラボ Malabo.

guineano, na [ギネアノ, ナ] 形 ギニアの. ―― 男 女 ギニア人.

guineo, a 形 ギニアの. ―― 男 女 ギニア人. ―― 男 《ラ米》バナナ (→ plátano 地域差).

guiña 女 《ラ米》(1)(コロンビア)(ベネズエラ)不運. (2)(ベネズエラ)魔除け.

guiñada 女 ❶ ウインク. ❷ 船が突然針路から外れること.

guiñador 男 《ラ米》〖車〗方向指示器, ウインカー (→ intermitente 地域差).

guiñapo 男 ❶ ぼろ切れ, ぼろ着. estar hecho un ～ ぼろぼろになった. ❷ 《話》(肉体的に) 弱った人；(精神的に) 落ち込んだ人. dejar a ... hecho un ～ …を弱らせる. *poner* [*tratar*] *a ... como un* ～ …を侮辱する.

guiñar 他 ❶ ウインクする. ～ el ojo a ... …にウインクする. ❷ 両目を細める. ～ los ojos por la luz まぶしさに目を細める. ―― 自〖海〗(船が) 突然針路から外れる. ―― **guiñarse** 再 (互いに) 目配せし合う.

guiño 男 ❶ ウインク. hacer ～s [un ～] a ... …にウインクする. ❷ 暗黙の合図. ❸ 《ラ米》方向指示器, ウインカー (→ intermitente 地域差).

guiñol 男 指人形劇.

guión 男 ❶ 概要. ❷〖映〗〖放送〗シナリオ. ❸ ハイフン (‐)；ダッシュ (―). ❹ (行列の) 先頭旗. ❺ 群れを先導する鳥.

guionista 男 女 脚本家.

guipar 他 《俗》見る；(隠し事等を) 見抜く, 暴く.

guipur 男 ギピュール：目の粗いレース.

guipuzcoano, na 形 男 女 ギプスコアの (人). ―― 男 (バスク語の) ギプスコア方言.

guiri 男 女 《話》《軽蔑》外国人 (観光客). ―― 男 《俗》治安警備隊員.

guirigay 男 [複 ～(e)s] 《話》❶ 大騒ぎ. ❷ 訳の分からない言葉.

guirlache 男 (菓子の) アーモンドヌガー.

guisa 女 方法, 流儀 (＝ modo). a su ～ (自分の) やり方で. ―― 活 → guisar. *a* ～ *de ...* …として, …のように. *de esta* [*esa, tal*] ～ このように[そんな風に]して.

guisado, da 形 料理された, 煮込んだ. ―― 男 煮込み, シチュー.

guisante 男 [複] エンドウ豆, グリンピース (→ 地域差). ～ de olor スイートピー. ～ mollar [flamenco] サヤエンドウ. 地域差 エンドウ豆 guisantes [複] 《スペイン》《ラ米》(アルゼンチン)(ウルグアイ)；arvejas 《ほぼラ米全域》；chícharos (キューバ)(メキシコ)；gandules (ドミニカ共和国)；petit(s)-pois (ニカラグア, パナマ)；pitipuá (アルゼンチン)(ウルグアイ)(ベネズエラ).

guisar 自 料理する (＝ cocinar). ～ muy bien 料理がうまい. ―― 他 ❶ 料理する；煮込む. ❷ 《話》準備する. ～ una huelga ストライキを企てる. ―― **guisarse** 再 準備される.

guiso 男 ❶ 煮込み料理, シチュー. ❷ 料理 (すること).

güisqui 〔英〕男 [複 ～s] ウイスキー (＝ whisky).

guita 女 麻の細ひも；《俗》金, 現なま.

guitarra [ギタラ] 女〔英 guitar〕❶〖音〗ギター. tocar la ～ ギターを弾く. ～ eléctrica エレキギター. ❷ 石膏(せっこう)破砕器. ❸ 《ラ米》(ベネズエラ)晴れ着. ―― 男 女 ギター奏者. *chafar la* ～ *a ...* …の計画をぶち壊す.

guitarreo 男 ギターの単調なつま弾き.

guitarrería 女 弦楽器の製作所 [販売店].

guitarrero 男 ギター職人[販売人], ギター奏者.

guitarrillo 男 四弦の小型ギター.

guitarrista 男 女 ギター奏者, ギタリスト.

guitarro 男 → guitarrillo.

guitarrón 男 弦数の多い大型ギター：メキシコのマリアッチ mariachi で使われる.

güito 男《話》❶ 果実（特にアンズ等）の種. ❷《話》（つばのある）帽子.

gula 女 暴飲暴食. comer con ～ 貪(むさぼ)り食う. pecado de ～〘カト〙貪食(どんしょく)の罪. ―男女《話》《俗》（必要以上に）一人占めしたがる人.

gulag [グら(グ)]〔ロ〕男［複 ～s または単複同形］（旧ソ連の）強制労働収容所.

gules 男 ⑱〘紋〙赤色.

guloso, sa 形 男 女 大食家(の).

gulusmear 自 他《話》❶ つまみ食いする, 甘い物を食べる. ❷（料理中に）においをかぎ回る. ❸ 詮索する.

gurí, risa 男 女《ラ米》(アルゼンチン)(ウルグアイ)(パラグアイ) 先住民[メスティーソ]の子供；少年, 少女.

guripa 男《話》❶ 兵卒；警官. ❷ 悪党.

gurmet〔仏〕男 女 美食家, グルメ.

gurriato 男 子スズメ.

gurrumino, na 形《ラ米》(アルゼンチン)(メキシコ)《話》背が低くやせた. ―男 女《ラ米》(メキシコ)(アルゼンチン)(チリ)《一部スペイン》《話》子供.

gurú 男［複 ～s］（ヒンズー教の）導師；（精神的な）指導者.

gurullo 男 毛玉, だま.

gusa 女《話》空腹.

gusanera 女 虫のいるところ.

gusanillo 男 ❶ 小さな虫. ❷ コイル状に巻いた糸や針金. ❸ 刺繍(ししゅう)（用の金[銀, 絹]糸）. ❹《話》空腹. ❺《話》不安. *～ de la conciencia*《話》良心の呵責(かしゃく). *matar el ～*《話》軽く口に入れる.

gusano 男 ❶〘動〙ミミズ, ウジ, カイチュウ；ケムシ, アオムシ. ～ de luz ホタル. ～ de seda カイコ. ❷《話》（虫けらのような）くだらない人. ❸《ラ米》(キューバ)《話》国外への移民.

gusarapo 男（水中の）小さな虫.

gustar [グスタル] 自〔英 like〕❶(1)《間接目的語が意味上の主語》（…の）気に入る,（…は）…が好きである. Le *gusta* la música. 彼は音楽が好きだ. (2)《＋不定詞》…するのが好きだ；《＋接続法》…してほしい. ¿Te *gusta* viajar? 君は旅行するのが好きですか. No me *gusta* que fumes. お前にタバコを吸ってほしくない. (3)《過去未来形》…したい. Me *gustaría* hablar con el director. 所長とお話したいのですが. ❷《de》（…を）好む, 楽しむ. *Gusto de* pintar. 私は絵を描くのが好きだ. ―他 ❶（飲食物の）味をみる. ❷《比喩的》経験する. *como usted guste* お好きなように. *Si gusta. / ¿Usted gusta?*《食べ物をすすめて》ひとついかがですか.

gustativo, va 形 味覚の.

Gustavo 固名 グスタボ：男子の名.

gustazo 男《話》大きな喜び；快感. *darse [tener] el ～ de*〈＋不定詞〉（…して）満足[大喜び]する.

gustillo 男 ❶ 後味. tener un ～ agrio 酸味が残る. La pelea les dejó un ～ amargo. 争いは彼らには後味の悪いものとなった. ❷（他人の不幸に感じる）快感.

gusto [グスト] 男〔英 taste〕❶ 味覚；味. ～ a limón レモン味. ❷ 喜び, 楽しみ. dar ～ a ... …を喜ばせる, 楽しませる. ～ por el baile 踊り好き. ❸ 好み；趣味, センス. tener mucho [poco] ～ センスのいい[ない]. de mal ～ 下品な. Sobre ～s no hay nada escrito.《諺》蓼(たで)食う虫も好きずき. ―活 → gustar. *a ～* 快適に. Estoy *a ～* con mis amigos. 友達と一緒にいると居心地がいい. *al ～* 好みで. *coger [tomar] el ～ a ...*《話》…が気に入る. *con mucho ～* 喜んで. Te ayudaré *con mucho ～*. 喜んで手伝いましょう. *Mucho [Tanto] ～.* ― *El ～ es mío.*《初対面の挨拶》初めまして, どうぞよろしく. ―こちらこそ. *por [a] su ～* 自分の意志で. *tener el ～ de ...*《丁寧》喜んで…させていただきます. *Tengo el ～ de* enviarle un catálogo de la exposición. 展覧会のカタログを送付させていただきます.

gustosamente 副 喜んで.

gustoso, sa 形 ❶ おいしい. ❷ 楽しい. aceptar ～ la invitación 喜んで招待を受ける.

gutagamba 女〘植〙藤黄(とうおう)；ガンボージ（オトギリソウ科植物から採った樹脂).

gutapercha 女 グッタペルカ（グッタペルカの樹から採った樹脂）；それを塗った布.

gutural 形 ❶ のどの. ❷〘音声〙喉音(こうおん)の；軟口蓋(なんこうがい)音の. ―女 喉音；軟口蓋音（文字).

Guyana 固名 ガイアナ：首都ジョージタウン Georgetown.

gymhkhana / gyncana / gynkana [ジンカナ]〔英〕女 ジムカーナ：運転技術を競う自動車（の障害）レース.

Hh

H, h [アチェ] 女 スペイン語字母の第 8 字.

ha 活 → haber.

haba 女 [el ～] ❶〘植〙ソラマメ（の実・種）；（コーヒー・カカオ等の）豆[実]. ❷（虫刺され等による）腫(は)れ. *echar las ～s*（ソラマメを投げて）運命を占う；魔法をかける. *En todas partes cuecen ～s.*《諺》どこへ行っても災いの種はある. *ser ～s contadas* 確か[明白]である；わずかである. *ser tonto del ～* 大ばかである.

Habana 固名 La ～ ハバナ：キューバの首都.

habanero, ra 形 男 女 ❶ ハバナの（人). ❷ 中南米帰りの成金（の). ―女〘音〙ハバネラ：キューバのハバナを中心として起こった 4 分の 2 拍子のダンスと音楽.

habano, na 形 ❶ ハバナの, キューバの. ❷ 茶褐色の. ―男（特にハバナ産の）葉巻.

hábeas corpus〔ラ〕男 人身保護令状, 身柄提出令状.

haber [アベル] 7 助動〔英 have〕► 過去分詞と共に用いて複合形を作る. ■《直説法》❶《現在完了》《現在形＋過去分詞》もう[すでに] …した, してしまった；《hoy, esta semana, este mes 等と共に用いて》今日[今週, 今月]は…した；…したことがある. Ya *han terminado* las vacaciones. もう休暇は終わってしまった. ¿*Has estado* en Bolivia? ボリビアに行ったことはありますか. ❷《過去完了》《線過去形＋過去分詞》《過去のある時点に言及》（それまでに）…してしまっていた；…したことがあっ

H

た. Cuando llegamos al cine, *había empezado* la película. 私たちが映画館に着いたときには映画は始まってしまっていた. ❸《未来完了》《未来形＋過去分詞》《未来のある時点に言及》(それまでには) …してしまっているだろう；…を経験しているだろう；《発話時点で完了していることに言及》《推量》もう…しているだろう. Mañana a esta hora *habrán llegado* a París. 明日のこの時間にはパリに到着しているでしょう. ❹《過去未来完了》《過去未来形＋過去分詞》《仮定》…していただろう；《推量》…してしまっていただろう；《仮定文の帰結で》…していただろうに. Ayer a las once ya *habría terminado* la fiesta. 昨日の11時にはパーティーは終わっていただろう. **2**《不定形》► 目的人称代名詞は haber に付けられる. ❶《不定詞》《haber＋過去分詞》…してしまったこと. Me arrepiento mucho de no *haberme presentado* a la oposición. 採用試験を受けなかったことを後悔している. ❷《現在分詞》《habiendo＋過去分詞》…してしまっているので[いたら] (► 完了の意味を持つ副詞句を作る). *Habiendo comido* muy poco, llegamos con mucha hambre. 軽い昼食だったので, 私たちはお腹をすかせて到着した. **3**《接続法》❶《接続法現在完了形・過去完了形. 主節の動詞を基準にしてそれ以前の事柄に言及》Me alegro de que *hayas venido* con nosotros. 君が僕たちと一緒に来てくれたことはとてもうれしい. En mi época no había nadie que *hubiera estado* en Estados Unidos. 私のころにはアメリカに行ったことがある人は誰もいなかった. ❷《si＋接続法過去完了形》もし(あの時)…であったら；《como si＋接続法過去完了形》まるで…したことがあるかのように. *Si hubiera tenido* dinero, habría ido a España. もし(あの時)お金があったらスペインに行っていただろうに. ── 他 〔英 there is [are]〕 ❶《3人称単数現在形は hay》《不特定な人や事物の存在》…**がある, いる**. *Hay* un restaurante bueno por aquí. この辺にいいレストランが一軒あります. *Hay* mucho que hacer. やらなければならないことがたくさんある. no *hay* nada mejor que ... …ほど優れたものはない. ❷《稀》《時間を表す語句＋3人称単数》…前に. *tres años ha* 3年前に. ── 男 ❶〔商〕資産；貸方. ❷［複］財産；給与. **～ de** 〈＋不定詞〉…すべきである. *Hemos de* hablar en serio. まじめに話をしなければいけない. ***hay que*** 〈＋不定詞〉《非人称的に》…しなくてはならない. ► 否定は文脈によって「…する必要はない」という意味を持つ. ***no hay más que pedir*** 申し分ない. ***no hay de qué*** 《gracias, perdón への返答として》どういたしまして, お気遣いなさいませんように. ***no hay para tanto*** それほどのことではない. ***¿Qué hay?*** こんにちは, 元気かい. ***¿Qué hubo?*** 《ラ米》(ﾁﾘ)(ｷ)(ﾒｷｼｺ)どうだい, 元気かい. ***si los ha / donde los haya*** 《性質等を表す語句に続けて》究極の, ものすごい. ***habérselas con ...*** …に直面する；応対する. ***de lo que no hay*** 《話》すごい. ***habido y por ～*** 想像し得る. discutir todos los temas *habidos y por haber*. 想像しうる問題全てを論じる.

habichuela 女〔植〕インゲンマメ. ***ganarse las ～s*** 《話》生活の糧を稼ぐ.

habido, da 形 存在した；生まれた. hijos *～s* 生まれた子供.

habiente 形〔法〕所有している.

hábil [アビル] 形〔英 skillful〕❶《con, en》(…が) **器用な**, 上手な, 有能な；如才ない. ～ *con* las manos 手先が器用な. una respuesta ～ 如才ない答え. ❷《para》(…に) 適した. ❸〔法〕(期間等が) 法的に有効な. tiempo ～ 有効期間. ***días ～es*** 就業日, 平日.

habilidad 女 ❶ 巧みさ, 熟達；能力；巧妙さ. tener mucha ～ para [en] ... …が大変上手だ. con mucha ～ とても巧みに. ❷ 特技.

habilidoso, sa 形 巧みな, 器用な.

habilitación 女 ❶(場所の) 利用［使用］(許可). ❷〔法〕資格［権限］の付与. ❸ 会計［経理］の職；経理課. ❹(公的) 融資.

habilitado, da 形 資格［権限］のある. ── 男 女 会計係, 主計官.

habilitar 他 ❶《para, como》(ある場所を)(…として) 利用する, (…に) 充てる. ～ el garaje *como* sala de reuniones ガレージを集会場として使う. ❷〔法〕《para》(…の) 資格［権限］を与える. ❸(公的な) 融資をする；供給［提供］する.

habiloso, sa 形《ラ米》(ﾁﾘ)→ habilidoso.

habitabilidad 女 居住適性.

habitable 形 居住可能な.

habitación [アビタしオン] 女〔複 habitaciones〕〔英 room〕❶ **部屋** (主に寝室). ～ individual [doble] 1人［2人］部屋. ❷ 住むこと. ❸〔法〕居住権. ❹(動植物の) 生息地.

habitacional 形《ラ米》(ｱﾙｾﾞﾝ)(ｳﾙｸﾞｱｲ)住居の.

habitáculo 男 ❶ 住居, 居住部分；(動植物に適した) 生息地. ❷(乗り物の) 車内.

habitante [アビタンテ] 男 女〔英 inhabitant〕**住民**, 住人.

habitar 他 …に住む, 生息する. ── 自《en》(…に) 住む.

hábitat 男 ❶(動植物の) 生息地. ❷(人間の) 居住環境.

hábito 男 ❶ 習慣, 癖 (＝costumbre). ❷ 習熟, 熟練. ❸ 制服 (特に僧服). ❹ 薬物依存. ***ahorcar [colgar] los ～s*** 還俗(ｹﾞﾝｿﾞｸ)する；職［仕事］を捨てる. ***tomar el ～ [los ～s]*** 修道会に入る. ***El ～ no hace al monje.*** 《諺》人は見かけによらぬもの.

habituación 女 習慣化.

habitual 形 いつもの, 習慣的な. un cliente ～ 常連客.

habitualmente 副 習慣的に, いつも.

habituar 58 他《a》(…に) 慣れさせる, (…を) 習慣づける. ── **habituarse** 再《a》(…に) 慣れる (＝acostumbrarse).

habla [アブラ] 女 [el ～]〔英 speech; language〕❶ **言語能力**. perder *el* ～ 口が利けなくなる. ❷ 話すこと, 話し方. tener un ～ dulce 口調が優しい. ❸ 言語, (特定社会の) 言葉；方言. ❹〔言〕言(ｹﾞﾝ), パロール. ── 活 → hablar. ***Al ～.*** 《電話》はい, 私ですが. ***estar al ～ (con ...)*** (…と) 電話をしている. Usted *está al ～ con ....* (電話で)こちらは…でございます. ***ponerse al ～ con ...*** …と連絡をとる.

hablada 過分 → hablar. 女《ラ米》(1)(ｺﾛﾝﾋﾞｱ)話,(普段の)会話. (2)[複]《ｱﾙｾﾞﾝﾁﾝ》《ﾒｷｼｺ》《軽蔑》虚勢, 強がり.

habladera 女《ラ米》(ｺﾛﾝﾋﾞｱ)よくしゃべること.

habladero 男《ラ米》(ｱﾙｾﾞﾝﾁﾝ)悪口, 中傷 ; 無駄口.

hablado, da 過分 → hablar. 形 話される, 口語の. bien [mal] ～ 言葉遣いのいい[悪い]. español ～ 口語スペイン語.

hablador, dora 形 男 女 おしゃべりな[話し好きな](人).

habladuría 女[主に複]うわさ, ゴシップ.

hablante 男 女 話し手, 話者(↔ oyente).

hablar [アブラル] 自 〔英 speak, talk〕 ❶ **話す**, しゃべる, ものを言う. ～ claro はっきり言う. ～ recio [fuerte] 高飛車に話す. ～ entre dientes ぶつぶつ言う. No me hagas ～. いい加減にしてくれ. ❷《con》(…と)話す, おしゃべりする ; つきあっている. ❸《de》(…について)話す ; 扱う. ～ bien [mal] *de* ... …のことをよく[悪く]言う. *hablando de* ... …と言えば. ❹ 物語る, 表す. Estas cifras *hablan* por sí mismas. これらの数字を見れば言わずもがなである. ── 他 ❶ (言語を) **話す**, 話せる ; (言葉を)発する, 言う. Ella *habla* muy bien el italiano. 彼女はイタリア語がとても上手だ. ❷ 取り扱う, 議論する. Eso lo tenemos que ～. そのことは話をしなければならない. ── **hablarse** 再 ❶ 話される. *Se habla* japonés. 《掲示》日本語使えます. ❷ 話し合う ; おしゃべりする. ❸《con》(…と)付き合う ;《否定で》反目する. Desde hace mucho los dos no *se hablan*. ずいぶん前から2人は口をきいていない. ***dar que hablar*** 物議をかもす. ***Eso son ganas de hablar.*** それは大した意味はない. ***hablar diferentes idiomas*** 《主語が複数形で》話がかみ合わない. ***hablar en cristiano*** 分かりやすく話す. ***hablar por hablar*** 大した意味もないことを述べる. ***hablárselo todo*** しゃべりまくる. ***ni hablar*** 《提案等を退けて》もってのほかである, とんでもない. ***No se hable más. / No hay más que hablar.*** 《議論等を打ち切って》これでやめにしよう. ***parecer que está hablando / sólo le falta hablar*** (肖像画等が)生き写しである.

hablilla 女《話》うわさ, 陰口.

hablista 男 女 正しい言葉遣いをする[教える]人.

habón 男 (アレルギー・虫刺されによる皮膚の)腫(は)れ.

habr- 活 → haber.

hacedero, ra 形 実現可能な.

hacedor, dora 男 女 創作者. el Sumo [Supremo] *H*～ 造物主, 神.

hacendado, da 形 (多くの)土地[農場]を所有している. ── 男 女 ❶ (大)地主 ; 農場主. ❷《ラ米》(ｱﾙｾﾞﾝﾁﾝ)(ﾊﾟﾗｸﾞｱｲ)(ｳﾙｸﾞｱｲ)(ﾁﾘ) 牧場主.

hacendista 男 女 ❶ 財政[経済]の専門家. ❷《ラ米》大地主.

hacendístico, ca 形 財政の[に関する].

hacendoso, sa 形 (主に家事を)熱心に行う, よく働く.

hacer [アセル] 59 他 [過分 hecho, cha] 〔英 do; make〕 ❶ **する**. ～ una pregunta 質問をする. ～ un curso de verano 夏期コースをとる. ❷ **作る**. ～ una ensalada サラダを作る. ～ ruido 音をたてる. ❸ (役割を)果たす. ～ un papel de ... …の役を演じる. ❹ 整える ; 準備する. ～ la cama ベッドを整える. ～ la maleta 旅行の準備をする. ❺ 上演する. ¿Qué película *hacen*? 何の映画をやっているの. ❻ (計算が)…になる ; (スピードが)…に達する. Esto *hace* treinta. これで30になる. ❼《形容詞・名詞を伴って》…にする. ～ feliz a ... …を幸せにする. ～ médico a su hijo 自分の息子を医者にする. ❽《a》(…に)慣れさせる. ❾《使役》《+不定詞 / **que**+接続法》**…させる**. La *hice* venir aquí. 私は彼女をここへ来させた. *Hizo que* todo estuviera preparado. 彼はすべて準備万端にさせた. ❿《3人称単数形で》(1)《天候等》*Hace* buen [mal] tiempo. 天気がよい[悪い]. *Hace* calor [frío]. 暑い[寒い]. *Hace* sol. 日が照っている. (2)《時間》《+時間を表す語句》…前に. *hace* tres días 3日前に. No le veía (desde) *hacía* un mes. その1か月前から彼に会っていなかった. (3)《+時間を表す語句+ **que** ...》…してから…の時間がたつ. *Hace* dos años *que* vivo aquí. ここに住んで2年になる. *Hace* una semana *que* murió. 彼が死んで1週間たつ. ── 自 ❶ 振る舞う. Puedes ～ como quieras. したいようにしていいよ. ❷《de》(1)…として働く. *Hace de* bombero. 彼は消防士をしている. (2)…の役を演じる. (3)…のふりをする. ～ *de* tonto ふざける. ❸《**por** [**para**]+不定詞》…しようとする. *Hicieron por* venir. 彼らは何とかして来ようとした. ❹《話》《a》(…に)…が気に入る ; …が都合がよい. ── **hacerse** 再 ❶ 行われる ; 作られる. El pan *se hace* con harina. パンは小麦粉で作られる. ❷ …になる ; …に変わる. ～ rico 金持ちになる. ❸ …のふりをする. ～ el muerto 死んだふりをする. ❹ (自分に…を)してもらう. ～ un nuevo peinado 新しいヘアスタイルにしてもらう. ❺《a》(…に)慣れる. ❻《con》…を手に入れる, 得る. ***hacer de menos a ...*** …を見下す, 軽蔑する. ***hacerla*** いたずらをする. ***hacer y deshacer*** 全権を握る, わがもの顔に振る舞う. ***no hacer más que ...*** …するだけだ. ***¿Qué le vamos a hacer?*** お手上げだ, しょうがない.

hacha 女 [el ～] ❶ 斧(おの), まさかり. ❷ たいまつ ; 大ろうそく. ***desenterrar [enterrar] el ～ de guerra*** 《話》敵意をあらわにする[和睦(ぼく)する]. ***ser un ～ en ...*** 《話》…の名人である.

hachazo 男 ❶ 斧(おの)による一撃. ❷〖スポ〗相手選手への故意の殴打. ❸〖闘牛〗牛の角の横からの突き.

hache 女 [el ～] アルファベットの h の名称. ***Llámale ～.*** 《話》どちらでも同じことだ. ***por ～ o por be*** 《話》何らかの理由をつけて.

hachear 他 自 斧(おの)でぶった切る.

H

hachemí / hachemíta 形 男 女 [複 ～es / ～s] (アラブの) ハシーム家[王国]の(人).

hachero 男 ❶ たいまつ立て；(大ろうそく用) 燭台(しょくだい). ❷ 《ラ米》(アルゼンチン)(ウルグアイ)木こり.

hachís [ハチス] 男 ハシッシュ, 大麻.

hachón 男 たいまつ, 大ろうそく.

hacia [アレア] 前 〔英 towards〕 ❶ 《方向》 … (の方) に向かって. Ayer salió ～ Burgos. 昨日彼はブルゴスに向かって出かけた. Mi habitación mira ～ el mar. 私の部屋は海に面している. ❷ 《場所》 …あたりに (= por). *H*～ el oeste sólo se extiende el desierto. 西には砂漠だけが広がっている. ❸ 《時間》 …ころに, … 前後に (= sobre). Hubo un terremoto ～ las once de la noche. 夜の11時ごろに地震があった. ❹ 《感情等の対象》 …に対して. Ella tiene cariño ～ [a, por] los pequeños animales. 彼女は小さな動物が好きだ.

hacienda 女 ❶ 農場, 農園；《ラ米》大農園, 大牧場. ❷ 資産, 財産. ～ pública 国家財政. ❸ [H-] 大蔵省 (= Ministerio de *H*～). ❹ 《ラ米》(アルゼンチン)家畜(類).

H

hacina 女 (きちんと積み上げた) 束；山積み.

hacinamiento 男 (人・動物が) ひしめき合うこと.

hacinar 他 (きちんと) 積み上げる；山積みにする. ── **hacinarse** 再 山積みになる；(人や動物が) ひしめき合う.

hacker [ハケル] 男 女 [複 ～s] 〖IT〗ハッカー.

hada 女 [el ～] 妖精(ようせい). cuento de ～*s* おとぎ話.

hades 男 冥府(めいふ), 黄泉(よみ)の国；地獄.

hado 男 《文》宿命, 運命.

hag- 活 → hacer.

hagiografía 女 聖人伝, 聖人の研究.

hagiográfico, ca 形 ❶ 聖人伝 (研究) の. ❷ 《軽蔑》偉人伝風の.

hagiógrafo, fa 男 女 聖人伝作者；(旧約) 聖書の作者.

haiga 男 《俗》大型高級車.

haiku [ハイク] [日] 男 [複 ～s] 俳句.

Haití 固名 ハイチ：首都ポルトープランス Puerto Príncipe.

haitiano, na 形 ハイチの. ── 男 女 ハイチ人. ── 男 ハイチクレオール語.

¡hala! 間 《励まし・驚き・不快・別れの挨拶》 さあ, がんばれ, おやまあ, やれやれ, それでは, さあ早く.

halagador, dora 形 へつらいの；喜ばせる.

halagar 66 他 ❶ 《不定詞 [que＋接続法] を主語として》 喜ばせる. Me *halaga que* me hayas escrito. 手紙をもらってうれしく思っています. ❷ お世辞を言う, 追従する.

halago 男 へつらい, お世辞；喜び, 満足.

halagüeño, ña 形 ❶ うれしがらせる, 有望な. ❷ お世辞の.

halar 他 ❶ 〖海〗(索具・オール等を) 引く. ❷ 《ラ米》(キューバ)(ニカラグア)(パナマ)(自分の方へ) 引き寄せる.

halcón 男 ❶ 〖鳥〗タカ, ハヤブサ. ❷ 〖政〗タカ派, 強硬論者 (↔paloma).

halconero, ra 男 女 鷹匠(たかじょう).

halda 女 [el ～] ❶ スカート (= falda). ❷ (包装用の) 麻布. ❸ 山の斜面.

¡hale! 間 ❶ → ¡hala!. ❷ *hale hop* あっと言う間に.

halibut 〔英〕 男 [複 ～s] 〖魚〗オヒョウ.

hálito 男 吐く息；蒸気；《文》微風.

halitosis 女 [単複同形] 口臭.

hall [ホる] 〔英〕 男 [複 ～s] (玄関の) ホール, ロビー.

hallado, da 過分 → hallar. 形 *bien* [*mal*] ～ 居心地のいい[悪い], 適合した[しない].

hallar [アリャル(アヤル・アジャル)] 他 〔英 find〕 ❶ (なくした物等を) 見つけ出す, 探し出す (= encontrar). ❷ (調査・思考して) 発見 [発明] する. ❸ 気づく, 分かる. ── **hallarse** 再 ❶ 《en》(ある場所・状態に) いる, ある. ❷ 《con, ante》(…に) 出くわす, 直面する. *hallarse en todo* 何事にもでしゃばる. *no hallarse* 居心地が悪い, 好みに合わない.

hallazgo 男 ❶ 見つけること；発見, 発明. ❷ 発見した物, 掘り出し物；(遺失物発見者への) 謝礼.

halo 男 ❶ (太陽・月の) 暈(かさ). ❷ (聖人等の) 後光. ❸ (人やものがかもしだす) 雰囲気；威厳.

halófilo, la 形 〖植〗好塩性の.

halógeno, na 形 〖化〗ハロゲンの. ── 男 〖化〗ハロゲン (族元素).

haloideo, a 形 〖化〗ハロゲン塩 [化物] の.

halón 男 ハロゲン化合物.

haloperidol 男 〖薬〗ハロペリドール：統合失調症・うつ病に用いられる薬.

halotecnia 女 〖化〗工業用塩抽出技術.

haltera 女 〖スポ〗ダンベル. ── 男 女 重量挙げ選手.

halterofilia 女 〖スポ〗重量挙げ, ウエートリフティング.

halterófilo, la 形 男 女 重量挙げの (選手).

hamaca 女 ハンモック；デッキチェア；《ラ米》(南米)ロッキングチェア.

hamacar 26 他 《ラ米》(南米)(ハンモック等を左右に) 揺する. ── **hamacarse** 再 《ラ米》揺れる.

hamaquear 他 ❶ → hamacar. ❷ 《ラ米》(キューバ)(絶えず他の人を) 煩わす. ── **hamaquearse** 再 → hamacarse.

hambre [アンブレ] 女 [el ～] 〔英 hunger〕 ❶ 空腹. tener ～ お腹がすいている. matar *el* ～ 空腹をしのぐ. engañar [entretener] *el* ～ 空腹を紛らす. satisfacer ～ 空腹を満たす. huelga del ～ ハンガーストライキ. ❷ 飢餓, 食糧不足. ❸ 渇望, 切望. *A buen* ～ *no hay pan duro.* 《諺》空腹にまずいものなし. ～ *canina* ものすごい空腹. *juntarse el* ～ *con las ganas de comer* 《話》似た者同士である. *matar de* ～ ほとんど食事を与えない. *morir(se) de* ～ 飢え死にする；空腹で死にそうである；食うや食わずの生活をする. *pasar* ～ 常に空腹である；貧乏する. *ser más listo que el* ～ 《話》非常に賢い.

hambrear 他 《ラ米》(まれ)搾取する, 食い物にする. ── 自 ❶ 貧乏する. ❷ (助けを期待して) 窮状を訴える.

hambriento, ta 形《estar と共に》❶ 飢えた，空腹の．❷《de》(…を) 渇望する．～ *de* cariño 愛情に餓えた．── 男 女 空腹の人；《ラ米》けち (→ tacaño 地域差).

hambrón, brona 形《話》とても飢えた，腹ぺこの．── 男 女 とても腹をすかせた人；大食漢．

hambruna 女 飢餓，食糧難．

hamburguesa 女〖料〗ハンバーグ；ハンバーガー．

hamburguesería 女 ハンバーガーショップ．

hampa 女 [el ～] ❶ 犯罪組織．❷ (昔南スペインにあった) やくざ組織．

hampesco, ca 形 悪党集団の．

hampón, pona 形 ❶ 悪党の．❷ 空威張りの．── 男 ならず者，悪党．

hámster [ハムステル]〔独〕男 [複 ～s]〖動〗ハムスター．

han 活 → haber.

handicap [ハンディカ(プ)]〔英〕男 [複 ～s] ❶〖スポ〗(競馬・ゴルフ等の) ハンディ (キャップ)．❷《para》(…にとって) 不利な条件，障害．

handling [ハンドゥリン]〔英〕男 (飛行場での) 旅客荷物の取扱サービス．

hangar 〔仏〕男 (飛行機の) 格納庫．

hansa 〔独〕女 [el ～]〖史〗ハンザ同盟．

haplología 女〖言〗重音脱落：単語内で同音や類音が連続すると一方の音節が脱落する現象．⇀ impudicicia → impudicia.

happening [ハペニン]〔英〕男 [複 ～s] (観客も参加する) 即興的な演技．

happy end [ハピエン(ドゥ)]〔英〕男 ハッピーエンド．

happy hour [ハピアウエル]〔英〕男 (バル bar の) サービスタイム．

har- 活 → hacer.

haragán, gana 形《軽蔑》怠惰な．── 男 女 怠け者．

haraganear 自 怠惰に暮らす．

haraganería 女 怠惰，無為．

harakiri 〔日〕男 → haraquiri.

harapiento, ta 形 ぼろを着た；ぼろぼろの．── 男 女 ぼろを着た人．

harapo 男 [主に複] ぼろ布，ぼろ着．

haraposo, sa 形 ぼろを着た．

haraquiri [アラキリ]〔日〕男 切腹．hacerse el ～ 切腹する；《比喩的》自殺行為を行う．

harca [ハルカ] 女 [el ～] モロッコ先住民の遠征隊；モロッコの反乱部隊．

hardcore [ハルコル]〔英〕男 [単複同形] ハードコアポルノ．

hardware [ハルグアル(ハルドゥエル)]〔英〕男〖IT〗ハードウエア．

harem / harén 男 ❶ ハレム：イスラム教徒の家の女性の居室．❷《集合的》ハレムに住む女たち．

harina [アリナ] 女〔英 flour〕❶ 小麦粉 (=～ de trigo)．～ de flor 上質の小麦粉．～ integral 全粒小麦粉．❷ (一般に) 粉．～ de maíz トウモロコシ粉，コーンスターチ．～ de pescado 魚粉．*Donde no hay ～ todo es mohína.*《話》《諺》貧すれば鈍する．*ser ～ de otro costal*《話》関係ない，全く別の問題である．*estar metido en ～*《話》没頭している．*hacer ～*《話》粉々にする．

harinear 自《ラ米》(ﾍﾞﾈｽﾞｴﾗ) 霧雨が降る．

harinero, ra 形 粉の，製粉の．── 男 女 製粉業者．

harinoso, sa 形 粉の，粉状の；粉っぽい，ぱさぱさの．

harmonía 女 → armonía.

harnero 男 篩(ふるい)．*estar hecho un ～* (銃弾を浴びて) 傷だらけになる．

harpa 女 [el ～]〖音〗→ arpa.

harpía 女 → arpía.

harpillera 女 → arpillera.

hartada 女 → hartazgo.

hartar 他 ❶《de》(…で) 満腹にする，(…を) 腹いっぱい食べさせる [飲ませる]．❷《de, con》(…で) うんざりさせる．～ *con* preguntas 質問攻めにする．❸《de》(…を) いやというほど与える．～ *de* insultos さんざんに侮辱する．── **hartarse** 再《de》❶ (…を) たらふく食べる [飲む]．❷ 存分に…する．～ *de* dormir 思いきり眠る．❸ (…に) 飽き飽きする．～ *de* esperar 待ちくたびれる．

hartazgo / hartazón 男 満腹 (にさせる量)．*darse un ～ de ...* …をいっぱい食べる [飲む，行う]；(…に) うんざりする．

harto, ta 形 ❶ 満腹した，食べ [飲み] 過ぎた．❷《de》(…に) 飽き飽きした．estar ～ *de* oír quejas 愚痴にうんざりしている．❸ 十分な，かなりの．tener *hartas* razones (para ...) (…するのも) もっともだ．── 副《＋形容詞》《否定的な意味で》大いに，かなり．～ difícil かなり難しい．

hartón, tona 形 男 女《ラ米》(ﾁﾘ) 大食らいの (人)．── 男 ❶《話》→ hartazgo．❷《ラ米》(ｺﾛﾝﾋﾞｱ)(ﾌﾟｴﾙﾄﾘｺ)(ﾒｷｼｺ)(ｼﾞｬﾏ) バナナの一種．

hartura 女 ❶ → hartazgo．❷ 豊富，多量．

has 活 → haber.

hasta [アスタ] 前 (↔desde)〔英 as far as; until〕**1**《到達点・終点・限界》❶《到達点》…まで．desde Madrid ～ Cádiz．マドリードからカディスまで．Te llevaré ～ tu casa．君を家まで送って行くよ．► hasta は「ずっと…まで」のように途中の経過，経路にも注意を払う (→ a)．❷《時間の終点》…まで；《ラ米》(ﾒｷｼｺ)《時点》…に．desde las ocho de la mañana ～ las dos de la madrugada 朝の 8 時から夜中の 2 時まで．El banco está abierto ～ el mediodía．銀行は正午まで開いている．Te llamo mañana ～ las tres．《ラ米》(ﾒｷｼｺ) 明日 3 時に電話するよ．❸《別れの挨拶》*H*～ mañana．また明日．～ luego ではまた．～ la vista またいつか．*H*～ ahora．また後で．❹《数量の限界》…まで．Te puedo pagar ～ veinte euros por hora．君には時間給 20ユーロまで払えます．**2**《＋不定詞 / que＋接続法》…するまで．Lucharemos ～ vencer．勝利するまで戦おう．Te esperaremos aquí ～ *que* vuelvas．君が戻って来るまでここで待っているよ．► これから起ること (仮定的内容) は接続法，経験した事実は直説法で表す．La esperamos allí ～ *que* volvió．彼女が戻ってくるまでそこで待った．**3** [アスタ]《強勢を伴って副詞的に》…さえ，…すら．*H*～ sus mejores amigos le han abandonado. 一番の親友たちでさえ彼を見捨ててしまった.

hastial 男 ❶〖建〗切妻造の正面壁（上方の三角部分）;（建物の）正面. ❷〖鉱〗坑道の側壁.

hastiar 31 他 不快に[退屈]させる. ── **hastiarse** 再《de, por》(…に)うんざりする.

hastío 男 ❶ 退屈；嫌悪感. ❷（食物等に対する）吐き気.

hatajo 男 ❶（家畜の）小さな群れ. ❷《話》《軽蔑》一味, 一群, 一山；たくさん. un ～ de mentiras うそ八百.

hatillo 男（身の回り品の）小さい包み. *tomar* [*coger*] *el* ～《話》立ち去る.

hato 男 ❶ 身の回り品（の包み）. ❷（家畜の）群れ. ❸ 一味, 一団. ～ de pícaros 悪党の一味. ❹《ラ米》牧場. *andar con el* ～ *a cuestas*《話》あちこち渡り歩く. *liar el* ～《話》(急いで)立ち去る決心をする.

hawaiano, na 形 男 女 ハワイ（諸島）の（人）. ── 男 ハワイ語.

H

hay 活 → haber.

haya 女 [el ～]〖植〗ブナ（材）. ── 固名 [H-] La ～ ハーグ：オランダの都市.

haya(-) / hayá- 活 → haber.

Haya de la Torre 固名 アヤ・デ・ラ・トーレ Víctor Raúl ～（1895-1979）：ペルーの政治家.

hayal / hayedo 男 ブナの林.

hayo 男 ❶〖植〗コカノキの一種. ❷《ラ米》(ｺﾛﾝﾋﾞｱ)(ﾍﾞﾈｽﾞｴﾗ)コカの葉に石灰等を混ぜたもの. ► 先住民がかむ.

hayuco 男 ブナの実.

haz 男 ❶（細長いものの）束. ❷〖物〗光束, ビーム. ❸〖生〗線維の束. un *haz* muscular [nervioso] 筋肉[神経]線維の束. ── 女 [el ～] ❶ 顔（= faz）. ❷（布地・葉等の）表面, 表側（↔ envés）. *el haz de la Tierra* 地表. ── 活 → hacer. *a dos haces* 二心をもって, 陰日向(ｶﾞﾅﾀ)のある.

haza 女 [el ～] 耕作地, 畑.

hazaña 女 ❶ 偉業, 手柄. ❷《皮肉》お手柄.

hazañería 女（熱意・賞賛・恐怖等の）大げさな振る舞い.

hazañoso, sa 形 ❶（人が）勇敢な. ❷（事柄が）勇気のいる.

hazard 男 las ～《ラ米》〖車〗方向指示器, ウインカー（→ intermitente 地域差）.

hazmerreír 男《話》《軽蔑》嘲笑(ﾁｮｳｼｮｳ)の的.

HB 男 *Herri Batasuna* バスク人民連合（バスクの政党）.

he 副《文》*He aquí* [*ahí*]〈＋直接目的語〉…がここ[そこ]にある[いる]. *He aquí* las consecuencias. これがその結果だ. *Heme aquí.* 私はここにいる. *Hete aquí.*《注意換起》ほら. ── 活 → haber.

heavy [ヘビ] [複 heavies, ～s または単複同形]〔英〕形（ロック音楽の）ヘビーメタルの；《隠》厳しい, きつい. ── 男 ヘビーメタル. ── 男 女 ヘビーメタル愛好者.

heavy metal [ヘビメタる]〔英〕男〖音〗ヘビーメタル, ヘビメタ.

hebdomadario, ria 形 週に1度の, 週刊の（= semanal）. ── 男 週刊誌（= semanario）.

hebilla 女 ❶（ベルト等の）バックル, 締め金. ❷ [複]《ラ米》ヘアピン（→ horquilla 地域差）.

hebra 女 ❶ 縫い糸. ❷ 織物の繊維. ❸（動植物の）繊維；糸状のもの. ❹（話の）脈絡. perder la ～ 話の筋道が分からなくなる. ❺ [複]《文》髪. *cortar la* ～ *de la vida* 殺害する. *de una* ～ [*hebrita*]《ラ米》一気に. *estar de buena* ～ 頑健である. *pegar la* ～《話》おしゃべりを始める；長話をする. *tabaco de* ～ 刻みタバコ.

hebraico, ca 形 → hebreo.

hebraísmo 男 ❶ ヘブライズム；ユダヤ教. ❷〖言〗ヘブライ語源の外来語.

hebraísta 男 女 ヘブライ語[文学, 文化]研究者.

hebreo, a 形 ヘブライ（人, 語）の；ユダヤ（教）の. ── 男 女 ヘブライ人, ユダヤ人[教徒]. ── 男 ヘブライ語.

hecatombe 女（多くの死傷者・被害を伴う）大惨事, 大災害.

hecha 過分 → hacer. 形 → hecho.

hechicería 女 魔法, 呪術(ｼﾞｭｼﾞｭﾂ).

hechicero, ra 形 ❶ 魔法を使う, 魔力を持った. ❷ 魅惑的な. ── 男 女 魔法使い, 呪術(ｼﾞｭｼﾞｭﾂ)師.

hechizar 57 他 ❶ …に魔法[呪(ﾉﾛ)い]をかける. ❷ 魅了する.

hechizo, za 形 ❶《ラ米》(ﾁﾘ)国産の；手作りの. ❷ 模造の；まやかしの. ── 男 ❶ 魔法, 呪術(ｼﾞｭｼﾞｭﾂ). ❷ 魅力.

hecho, cha [エチョ, チャ] 過分 → hacer. 形〔英 made〕❶ **作られた**. ～ en México メキシコ製の. un hombre ～ al trabajo その仕事に向いている人. ❷ 完成した. Ya está ～. もう終わりました, できました. ❸ 大人になった；（ワイン等が）熟した. una mujer *hecha* 大人の女性. ❹（肉が）焼けた. ── 男〔英 fact〕❶ **事実, 出来事**；事柄. el ～ de que〈＋接続法／＋直説法〉… …ということ[事実]. El ～ es que〈＋直説法〉. 実は…だ. ❷ 行為. ❸ [複] 偉業, 手柄. ❹〖法〗犯罪行為, 犯行. *bien* ～ よくできた；容姿の整った；（ステーキが）ウエルダンの. *¡Bien* ～*!* よくやった. *de* ～ 現に；実際は. *¡H*～*!* 了解, それで決まり. ～ *y derecho* 完ぺきな；成熟した. *mal* ～ 出来の悪い. *¡Mal* ～*!* それはまずい. *poco* ～（ステーキが）レアの.

hechor, chora 形《ラ米》(雄)種馬[ロバ]の. ── 男 女《ラ米》(ﾁﾘ)(ｴｸｱﾄﾞﾙ)悪人, 罪人.

hechura 女 ❶ 製作（したもの）, 作品；（製作の）方法, 出来栄え. de ～ excelente 素晴らしい仕上がりの. ❷（服の）仕立て, 縫製. ❸ 外見, 体型.

hectárea 女 ヘクタール：面積の単位（100アール）.

hecto-《接頭》「100」の意.

hectogramo 男 ヘクトグラム：重量の単位（100グラム）.

hectolitro 男 ヘクトリットル：容積の単位（100リットル）.

hectómetro 男 ヘクトメートル：長さの単位（100メートル）.

hectovatio 男〖電〗ヘクトワット：電力の単位（100ワット）.

heder 101 自 悪臭を放つ；うんざりさせる.

hediento, ta 形 → hediondo.
hediondez 女 ❶ 悪臭（を放つ物）. ❷ うんざりさせるもの.
hediondo, da 形 ❶ 悪臭を放つ，ひどくくさい. ❷ 不快な，うんざりさせる；汚らしい.
hedónico, ca 形 快楽主義の.
hedonismo 男 快楽［享楽］主義.
hedonista 形 快楽主義（者）の. ── 男 女 快楽主義者.
hedor 男 悪臭，腐臭.
hegelianismo ［ヘゲリアニスモ］ 男 〖哲〗 ヘーゲル哲学.
hegeliano, na ［ヘゲリアノ，ナ］ 形 ヘーゲル（哲学）の. ── 男 女 ヘーゲル派哲学者.
hegemonía 女 覇権；主導権.
hegemónico, ca 形 覇権主義的な.
hégira / héjira 女 （イスラム教）ヒジュラ，聖遷；ヒジュラ紀元，イスラム教紀元（622年を元年とする）.
helada 女 0℃以下の冷え込み；霜（＝ ～ blanca）. caer una ～ 気温が氷点下になる，霜が降りる. ── 形 → helado.
heladera 女 《ラ米》 冷蔵庫（→ frigorífico 地域差）.
heladería 女 アイスクリーム店［工場］.
heladero, ra 男 女 アイスクリーム売り［製造者］.
heladizo, za 形 凍りやすい.
helado, da ［エラド，ダ］ 過分 → helar. 形 〔英 frozen〕 ❶ 凍った；非常に冷たい. ❷（驚き・恐怖等で）唖然（あぜん）とした，怯（おび）えた. ❸ 冷淡な，そっけない. ── 男 〔英 ice cream〕 アイスクリーム. ～ de corte ウエハースで挟んだアイスクリーム. ～ de palito 《ラ米》（アルゼンチン）（ウルグアイ）アイスキャンディー.
helador, dora 形 とても冷たい. ── 女 アイスクリーム製造機.
helamiento 男 凍結.
helar ［エラル］ 18 他 〔英 freeze〕 ❶ 凍らせる，凍結させる. ❷（農作物等に）冷害［霜害］をもたらす；（人を）凍傷にかからせる. ❸（恐怖等で）ぞっと［動けなく］させる；意気消沈させる. ── 自 氷点下になる. Ayer *heló.* 昨日はひどく寒かった. ► 3人称単数で無主語. ── **helarse** 再 ❶（体・手足が）凍える；凍死する. ❷ 凍る. ❸（植物が）霜枯れる；（人が）凍傷にかかる. ❹（驚き・恐怖で）身動きできなくなる；がっかりする. ***helarse la sangre*** 血の凍る思いがする.
helechal 男 〖植〗 シダの群生地.
helecho 男 〖植〗 シダ.
Helena 固名 エレナ：女子の名.
helénico, ca 形 （古代）ギリシャの. la cultura *helénica* 古代ギリシャ文明.
helenismo 男 ❶ 〖史〗 ヘレニズム［古代ギリシャ］の時代［文化］. ❷ ギリシャ語特有の語［表現］；ギリシャ語源の語.
helenista 男 女 ❶ 古代ギリシャ語［文化］研究者. ❷ 〖史〗（古代に）ギリシャ化したユダヤ人；ユダヤ教を信仰するギリシャ人.
helenístico, ca 形 ヘレニズム時代［文化］の；古代ギリシャ研究者の.
helenizar 57 他 …に（古代）ギリシャの言語・文化を取り入れる. ── **helenizarse** 再 （古代）ギリシャ化する.
heleno, na 形 （古代）ギリシャの. ── 男 女 （古代）ギリシャ人.
helero 男 万年雪の下の氷の塊，氷河；残雪.
helgado, da 形 歯並びの悪い.
helgadura 女 ❶（歯と歯の）すき間. ❷ 歯並びの悪さ.
hélice 女 ❶（飛行機の）プロペラ；（船の）スクリュー. avión de ～ プロペラ機. ❷ らせん（状のもの）；〖数〗 渦巻線. ❸ 〖解〗 耳輪（じりん）：耳たぶのへり.
Helicobacter 男 → pylori.
helicoidal 形 らせん形［状］の.
helicoide 男 〖数〗 らせん体［面］.
helicón 男 ❶ 〖音〗 ヘリコン：大型のチューバ. ❷ ［H-］ 〖詩〗 詩的霊感（の生まれる所）.
helicóptero ［エリコプテロ］ 男 〔英 helicopter〕 ヘリコプター.
helio 男 〖化〗 ヘリウム.
heliocéntrico, ca 形 〖天文〗 太陽中心の，太陽から測定した. teoría *heliocéntrica* 地動説.
heliogábalo 男 大食漢.
heliograbado 男 〖印〗 写真製版［グラビア］印刷術；グラビア.
heliografía 女 ❶ グラビア印刷術. ❷ 〖天文〗 太陽面記述（学）. ❸ 太陽写真.
heliógrafo 男 日光反射信号機；太陽観測機器.
heliómetro 男 〖天文〗 ヘリオメーター，太陽儀.
helioscopio 男 〖天文〗 ヘリオスコープ，太陽観測用望遠鏡.
helióstato 男 〖天文〗 ヘリオスタット.
helioterapia 女 〖医〗 日光浴療法.
heliotropismo 男 〖植〗 屈光［向日］性.
heliotropo 男 ❶ 〖植〗 ヘリオトローブ. ❷ 〖鉱〗 血石. ❸（手動式の）ヘリオスタット.
helipuerto 男 ヘリポート.
helmintiasis 女 〖医〗 寄生虫病.
helminto 男 〖動〗 ゼンチュウ；腸内寄生虫.
helvecio, cia 形 ヘルベティアの；スイスの. ── 男 女 ヘルベティア人；スイス人.
helvético, ca 形 男 女 → helvecio.
hematemesis 女 ［単複同形］ 〖医〗 吐血.
hemático, ca 形 血液の［に関する］.
hematíe 男 赤血球（＝glóbulo rojo）.
hematites 女 ［単複同形］ 〖鉱〗 赤鉄鉱.
hematocrito 男 〖医〗 ヘマトクリット：赤血球容積率.
hematófago, ga 形 〖動〗 吸血性の.
hematología 女 〖医〗 血液（病）学.
hematoma 男 〖医〗 血腫（けっしゅ）.
hematosis 女 ［単複同形］ 〖解〗（静脈血の）動脈血化.
hematuria 女 〖医〗 血尿.
hembra ［エンブラ］ 女 〔英 female〕 ❶（動物の）雌（↔ macho）；女性（↔ varón）. ❷ 《話》《軽蔑》 肉体的魅力のある女性. ❸ 〖植〗 雌株. ❹ ペア部品の受けの部分；雌ねじ，ナット，ほぞ穴，コンセント.
hembraje 男 《ラ米》《集合的》 (1) 雌の家畜. (2) 女たち.
hembrilla 女 （機械部品の）受け金，雌ねじ，アイボルト.
hemeroteca 女 定期刊行物図書館，新聞雑誌閲覧室.
hemiciclo 男 ❶ 段々のある半円形の空間；（特にスペイン下院の）（半円形）会議室.

❷ 半円.

hemiplejia / hemiplejía 女〘医〙半身不随.

hemipléjico, ca 形 男 女〘医〙半身不随の(人).

hemíptero, ra 形〘昆〙半翅(はん)目の. ── 男(セミ・カメムシ等の)半翅目の昆虫；[複]半翅目.

hemisférico, ca 形 半球(形)の.

hemisferio 男 ❶(地球の)半球. ～ austral [boreal]/ ～ sur [norte] 南[北]半球. ❷〘解〙大脳半球.

hemistiquio 男(詩の)半行, 半句.

hemocianina 女〘動〙〘生化〙ヘモシアニン, 血青素.

hemodinámico, ca 形 女 血行力学(の).

hemofilia 女〘医〙血友病.

hemofílico, ca 形 血友病(患者)の. ── 男 女 血友病患者.

hemoglobina 女〘生化〙ヘモグロビン, 血色素.

hemólisis 女[単複同形]〘医〙溶血：赤血球が壊れること.

hemopatía 女〘医〙血液疾患.

hemoptisis 女[単複同形]〘医〙喀血(かっけつ).

hemorragia 女〘医〙出血. ～ cerebral 脳溢血(のういっけつ). ～ nasal 鼻血.

hemorrágico, ca 形〘医〙出血の.

hemorroidal 形〘医〙痔(じ)(疾)の.

hemorroide 女[主に複]〘医〙痔(じ)核, 痔疾.

hemos 活 → haber.

hemostasis / hemóstasis 女[単複同形]〘医〙止血.

hemostático, ca 形 止血の. ── 男 止血剤.

henal 男 → henil.

henar 男 干し草畑, 牧草地.

henchidura 女 満杯(になること).

henchir 103 他《**de**》(…で)満たす, (満杯に)膨らます. ～ los pulmones *de* aire 胸いっぱい空気を吸い込む. ── **henchirse** 再《**de**》(…で)一杯になる, 飽食する. ～ *de* orgullo 思い上がる.

hendedura 女 → hendidura.

hender 101 他 ❶ひび割れさせる, 裂く. ❷《文》(水等を)切って[かき分けて]進む.

hendido, da 形〘動〙〘植〙(ひづめ等が2つに)割れた, 裂けた.

hendidura / hendija 女 ❶割れ目, 亀裂(きれつ)；すき間. ❷(滑車等の)溝.

hendimiento 男 割る[割れる]こと；亀裂(きれつ).

hendir 45 他 → hender.

henequén 男〘植〙サイザルアサ.

henificar 26 他 干し草にする.

henil 男〘農〙干し草置き場.

heno 男 ❶干し草. ❷〘植〙ホルクス：干し草用のイネ科植物. ***fiebre de～*** 花粉症.

henrio / henry 男〘物〙ヘンリー：インダクタンスの単位.

heñir 103 他(パン生地をこぶしで)こねる.

hepático, ca 形 肝臓の；肝臓病にかかった. transplante ～ 肝移植. insuficiencia *hepática* 肝(機能)不全. ── 男 女 肝臓病患者.

hepatitis 女[単複同形]〘医〙肝炎. ～ C [viral] C型[ウィルス性]肝炎.

heptacordo 男〘音〙7音音階；7度の音程.

heptaedro 男〘数〙七面体.

heptagonal 形 七角形の.

heptágono, na 形 男 七角形(の).

heptámetro 男〘詩〙七歩格.

heptasílabo, ba 形 男 7音節の(詩).

heráldico, ca 形 紋章(学)の. ── 男 女 紋章学者. ── 女 紋章学.

heraldista 男 女 紋章学者.

heraldo 男 ❶(中世の)紋章官, 伝令官；使者. ❷前触れ.

herbáceo, a 形〘植〙草本(性)の.

herbaje 男 ❶《集合的》草, 牧草. ❷牧草(利用)税.

herbario 男 ❶植物標本. ❷反芻(はんすう)動物の第一胃.

herbazal 男 牧草地.

herbicida 形 除草の. ── 男 除草剤.

herbívoro, ra 形〘動〙草食(性)の. ── 男[複]草食動物.

herbodietética 女 薬草専門店.

herbolar 他(矢等に)毒を塗る.

herbolario, ria 男 女 薬草採集[販売]人. ── 男 薬草店；薬草標本.

herborista 男 女 → herbolario.

herboristería 女 薬草店.

herborizar 57 自 植物を採集する.

herboso, sa 形 草の生えた, 草に覆われた.

herciano, na 形〘物〙ヘルツの.

herciniano, na 形〘地質〙ヘルシニア造山期の.

hercio 男〘物〙ヘルツ：周波数・振動数の単位.

hercúleo, a 形 ヘラクレスの(ような), 大力無双の.

Hércules 固名〘ギ神〙ヘラクレス；〘天文〙ヘラクレス座. ── 男[h-][単複同形]怪力の持ち主. ***Columnas de H～*** ジブラルタル海峡両岸の岬.

heredable 形 相続可能な, 世襲的な；遺伝しうる.

heredad 女 ❶農地, 田畑. ❷家屋敷, 土地と建物.

heredar 他 ❶《**de**》(…から)(財産等を)相続[継承]する. ❷(遺伝的に体質・性格等を)受け継ぐ. ❸(仕事等を)引き継ぐ. ❹《話》(中古品を)譲り受ける.

heredero, ra 形 相続する, 受け継ぐ. príncipe ～ 皇太子. ── 男 女 ❶相続人, 後継者. ～ forzoso 法定相続人. ❷遺伝的継承者.

hereditario, ria 形 ❶相続の, 世襲の. bienes ～*s* 世襲財産. ❷遺伝的な.

hereje 男 女 ❶異端者；異教徒. ❷《話》恥知らず, 無礼者.

herejía 女 ❶異端, 異教. ❷異説, 異論. ❸侮辱, いじめ；常識外れのこと.

herencia 女 ❶相続権. repudiar la ～〘法〙相続権を放棄する. ❷相続財産, 遺産；(代々)受け継いだもの. ❸〘生〙遺伝(的性質).

hereque 形《ラ米》(ベネズエラ)天然痘にかかった. ── 男《ラ米》(ベネズエラ)皮膚病；コーヒーの木の病気.

heresiarca 男 異端の開祖[指導者].

herético, ca 形 異端[異教]の.

hereu [ｶﾀﾙ ﾆｬ] 男 長男.

herido, da [エリド,ダ] 過分 → herir. 形 ❶ 負傷した, けがをした. caer ～ 負傷する. mal ～ 重傷の. ❷ (精神的に)傷ついた. sentirse ～ 感情を害する. — 男 女 [英 injured] けが人, **負傷者**. — 女 [英 wound, injury] ❶ **傷**, けが. *herida* de arma blanca 刺し傷. hacerse una *herida* en la rodilla 膝(ひざ)にけがをする. ❷ (精神的な)痛手, 苦痛. abrir una *herida* en su corazón …の心を傷つける. ❸ 侮辱, 無礼. ***respirar por la herida*** 胸のうちを話す. ***tocar en la herida*** 痛いところをつく.

herir [エリル] 98 他 [英 injure, hurt] ❶ 《en》(体の一部を)(刃物・殴打で) **傷つける**, 負傷させる. ～ a ... *en* el brazo …の腕を傷つける. ～ de muerte 致命傷を負わせる. ❷ (精神的に) 傷つける, (感情を) 害する; 心を揺さぶる. ～ a ... en su amor propio …の自尊心を傷つける. ❸ (視覚・聴覚に) 障る; (的等に) 当たる, 命中する. ～ el oído 耳をつんざく. ～ a ... en los ojos …にとってまぶしい. ❹ 《文》(弦楽器を)弾く, かき鳴らす. — **herirse** 再 《en》(…に) けがを負う; (精神的に) 傷つく.

hermafrodita 形 ❶ 《医》両性具有の. ❷ 《植》《動》雌雄同株[同体]の. — 男 女 ❶ 《医》両性具有者. ❷ 《植》《動》雌雄同株, 両性動物.

hermafroditismo 男 《生》雌雄同体現象.

hermana 女 → hermano.

hermanamiento 男 ❶ 調和, 結合. ❷ 友好[姉妹都市]関係.

hermanar 他 ❶ (2つのものを) 結合する, 調和させる. ❷ 兄弟のような友好関係[親交]を結ぶ; 姉妹都市にする. — **hermanarse** 再 ❶ 《con》(…と) 結合する, 調和する. ❷ 親交を結ぶ; 兄弟[姉妹]関係になる.

hermanastro, tra 男 女 異父[異母]の兄弟[姉妹].

hermandad 女 ❶ 兄弟[姉妹]関係; 兄弟愛, 調和. ❷ 信徒団体; (同業者等の)団体, 組合. ***Santa H～*** サンタ・エルマンダー: 15-16世紀のスペインの警察組織.

hermano, na [エルマノ,ナ] 男 女 [英 brother, sister] ❶ **兄**, **弟**, **姉**, **妹**; [複] 兄弟, 姉妹. ～ mayor [menor] 兄[弟]. *hermana* mayor [menor] 姉[妹]. ～ carnal 実兄弟. ～ de leche 乳兄弟. ～ de sangre 実兄弟; 血盟した兄弟; 親友. ～ político 義兄弟. medio ～ [media *hermana*] 片親が同じ兄弟[姉妹]. ❷ 《宗》修道士, 修道女; 同一宗派の者. ❸ 同志, 仲間, 同僚. ❹ 同類のもの, (対の) 片方. ❺ 《ラ米》(ﾆｶﾗ ｸﾞｱ)(ﾍﾟﾙｰ)親友への呼びかけ. — 形 ❶ 同類の; 兄弟[姉妹]の. pueblos ～*s* 同胞. ciudades *hermanas* 姉妹都市. ❷ 類似の.

hermeneuta 男 女 (特に聖書の) 解釈学者.

hermenéutico, ca 形 (聖書) 解釈学の. — 女 (特に聖書の) 解釈学.

herméticamente 副 密閉して.

hermético, ca 形 ❶ 空気[水]を通さない, 気[水]密性のある. cierre ～ 密閉. ❷ 秘密の; (人が) 心を閉ざした; 難解な.

hermetismo 男 難解さ; 秘密主義; 密閉性.

hermosa 形 → hermoso.

hermosear 他 美しくする, 美しく見せる.

hermoso, sa [エルモソ,サ] 形 [英 beautiful] ❶ **美しい**, **きれいな**. paisaje ～ 美しい景色. una *hermosa* mujer 美しい女性. ❷ 広々とした, 見事な; 豊富な. una *hermosa* cosecha 豊作. Hace un día ～. いい天気だ. ❸ (行いが) 賞賛すべき. un ～ gesto 立派な態度. ❹ 《話》《estarと共に》(特に子供等が) 丈夫な, 健康な.

hermosura 女 ❶ 美しさ; 素晴らしさ. ❷ 美しい人[物]. ***¡Qué ～ de ...!*** なんて美しい[素晴らしい] …だ. ¡*Qué* ～ *de* niño! なんとかわいい子供だろう.

Hernández 固名 エルナンデス José ～ (1834-86): アルゼンチンの詩人. *Martín Fierro* 『マルティン・フィエロ』(ガウチョ gaucho文学を代表する叙事詩).

hernia 女 《医》ヘルニア; 脱腸. ～ discal [de disco] 椎間板(ついかんばん)ヘルニア.

herniado, da 形 ヘルニアにかかった. — 男 女 ヘルニア患者.

herniarse 17 再 ❶ 《医》ヘルニアにかかる. ❷ 《話》《皮肉》働き過ぎる, 懸命に努力する.

héroe [エロエ] 男 [英 hero] ❶ **英雄**, (手柄を立てた) 勇者. → heroína. ❷ (憧れ・賞賛の的となる) 偉人, ヒーロー. ❸ (小説・映画等の) 主人公. ❹ 《ギ神》(神と人を親とする) 神人.

heroica 女 《ラ米》(ｱﾙｾﾞ ﾝﾁﾝ) 《俗》ヘロイン. — 形 → heroico.

heroicidad 女 英雄的資質[行為], 偉業.

heroico, ca [エロイコ,カ] 形 [英 heroic] ❶ **英雄的な**, 勇敢な, 偉大な. ❷ 果敢な, 大胆な. ❸ 《詩》(古代の) 英雄を謳(うた)う.

heroína [エロイナ] 女 [英 heroine] ❶ **女傑**. → héroe. ❷ (小説・映画等の) 女主人公, ヒロイン. ❸ 《薬》ヘロイン.

heroinómano, na 形 男 女 ヘロイン中毒の(患者).

heroísmo 男 英雄的資質[行為]; 勇気.

herpes / herpe [複 herpes] 男 《医》ヘルペス, 疱疹(ほうしん).

herpético, ca 形 《医》ヘルペス (性) の; ヘルペスにかかった. — 男 女 ヘルペスの患者.

herpetología 女 爬虫類(はちゅうるい)学.

herrada 女 ❶ (底広の) 桶(おけ). ❷ 《ラ米》(ｺﾛﾝ ﾋﾞｱ) → herradero.

herradero 男 (家畜の) 焼き印押し; 焼き印を押す場所[時期].

herrado 男 蹄鉄(ていてつ)打ち.

herrador, dora 男 女 蹄鉄(ていてつ)工.

herradura 女 蹄鉄(ていてつ); 馬蹄形のもの. arco de ～ 《建》馬蹄形アーチ.

herraje 男 (補強・装飾用) 金具; (馬一頭分の) 蹄鉄(ていてつ).

herramienta [エラミエンタ] 女 [英 tool] ❶ **工具**, **道具**. ～ mecánica / máquina ～ 工作機械. caja de ～*s* 工

H

具箱. ❷《話》身を守る道具；ナイフ，歯；角(つの).

herrạr 18 他 (馬等に) 蹄鉄(ていてつ) [金具] をつける；(家畜に) 焼き印を押す.

herrẹn 男 まぐさ，飼料.

herrẹño, ña 形 男 女 (カナリア諸島の) イエロ島の (人).

herrería 女 鍛冶(かじ)屋 (業)；鍛冶場.

herrerịllo 男 〚鳥〛シジュウカラ；アオガラ.

herrẹro, ra 男 女 鍛冶屋.

herrẹte 男 (靴ひも等の先端の) 金具.

herrụmbre 女 鉄さび.

herrumbrọso, sa 形 さびた.

hẹrtz 〔独〕 男 〚物〛 ヘルツ：振動数の単位 (記号 Hz).

hertziạno, na 形 〚物〛 ヘルツの.

hẹrtzio 男 → hertz.

hervidẹro 男 ❶ 煮えたぎる[沸き立つ]こと. ❷ (人や物が) あふれかえること[場所].

hervịdo, da 形 沸騰させた，煮立たせた. un huevo ～ ゆで卵. — 男 煮込み (料理).

hervidọr 男 鍋(なべ)，湯沸かし.

H

hervir [エルビル] 98 自 〔英 boil〕 ❶ **沸騰する**；泡立つ. ～ el mar 海が波立つ. ❷《de》(場所が) (…で) あふれかえる；《en》(人の心が) (…で) わき立つ. *Hervía en deseos de verla.* 彼は彼女に会いたくてたまらなかった. — 他 **沸かす**，煮立たせる.

hervọr 男 沸騰，煮沸；熱狂. romper el ～ 沸騰し始める.

hervorọso, sa 形 熱烈な；沸騰した.

herzegovịno, na 形 ボスニア・ヘルツェゴビナの. — 男 女 ボスニア・ヘルツェゴビナ人.

Hespérides 固名 〚天文〛 プレアデス星団，すばる (昴) (＝ Pléyades).

hesperịdio 男 〚植〛 (レモン等の) 柑果(かんか).

hespẹrio, ria 形 男 女 (古代ギリシャ・ローマ人がイタリア・スペインを指して) ヘスペリアの (人).

hetạira 女 売春婦；古代ギリシャの高級遊女.

heteróclito, ta 形 変則的な；〚文法〛不規則変化の.

heterodọxia 女 (主に神学で) 異説，異端 (↔ ortodoxia).

heterodọxo, xa 形 異説の，異端の (↔ ortodoxo). — 男 女 異端者.

heterogeneidạd 女 異種混交性.

heterogéneo, a 形 不均質の；異種の (↔ homogéneo).

heteromạncia / heteromancía 女 鳥占い.

heterónimo 男 ❶ (作家の) 異名. ❷ 異根同類語：(toroと vacaのように) 語源や形態の異なる同類語.

heterónomo, ma 形 他律的な.

heteroplạstia 女 〚医〛 異種組織移植 (術).

heterosexuạl 形 男 女 異性愛の (人) (↔ homosexual).

heterosexualidạd 女 異性が性的に引き合うこと，異性愛.

hético, ca 形 〚医〛 肺結核の；やせ細った. — 男 女 肺結核患者.

heurístico, ca 形 ヒューリスティクスの. — 女 ヒューリスティクス (試行錯誤による問題解決法)；史料研究.

hevẹa 男 (または女) 〚植〛 パラゴムノキ.

hexacọrdo 男 〚音〛 六音音階.

hexaẹdro 男 〚数〛 六面体.

hexagonạl 形 六角形の.

hexágono, na 形 男 六角形 (の).

hexámetro, tra 形 男 〚詩〛 (ギリシャ・ラテンの叙事詩の) 六歩格の (詩句).

hẹz 女 ❶ 沈殿物；かす. ❷ [複] 糞便(ふんべん) (＝ heces fecales).

hialịno, na 形 男 ガラス質 (の).

hiạto 男 ❶ 〚音声〛 母音分立：独立音節を形成する母音の連続. ⇀ país. ❷ 断絶.

hibernación 女 冬眠；活動休止.

hibernạl 形 冬の.

hibernạr 自 冬眠する；活動を休止する. — 他 冬眠させる；冷却保存する.

hibernés, nẹsa 形 アイルランドの. — 男 女 アイルランド人.

hibịsco 男 〚植〛 ハイビスカス.

hibridación 女 異種交配.

hibridịsmo 男 雑種性；混成.

híbrido, da 形 ❶ 雑種の. ❷ 混成の. — 男 ❶ 雑種. ❷ 混成物；〚言〛 混種語. ⇀ ギリシャ語源の auto とラテン語源の móvil からなる automóvil 等.

hic- 活 → hacer.

hicạco 男 〚植〛 イカコ (バラ科).

Hidạlgo 固名 イダルゴ Miguel ～ y Costilla (1753-1811)：メキシコ独立運動の指導者・司祭.

hidạlgo, ga 形 ❶ 郷士の. ❷ 高貴な；寛大な. — 男 郷士(ごう)：スペイン中世・近世初頭の小貴族.

hidalguía 女 ❶ 郷士(ごう)の身分. ❷ 高貴さ，寛大さ.

hidátide 女 〚医〛 胞虫嚢(のう)；胞虫.

hịdra 女 〚動〛 (腔腸(こうちょう)動物の) ヒドラ；毒ヘビ. — 固名 〚天文〛 *H*～ hembra うみへび座.

hidrácido 男 〚化〛 水素酸.

hidratạnte 形 水和する，潤いを与える.

hidratạr 他 〚化〛 水和させる；水分を与える.

hidrạto 男 〚化〛 水和物. ～ de carbono 炭水化物.

hidráulico, ca 形 ❶ 〚技〛〚機〛 水力 (学) の，水圧[油圧]式の. ❷ 水中で固まる. cemento ～ 水硬セメント. — 男 女 水力学者[技師]. — 女 水力学.

hídrico, ca 形 水の，水力の.

hidroạla 女 水中翼 (船).

hidroavión 男 水上 (飛行) 機.

hidrocarbụro 男 〚化〛 炭化水素.

hidrocefạlia 女 〚医〛 脳水腫(しゅ).

hidrocéfalo, la 形 男 女 〚医〛 脳水腫(しゅ)の (患者).

hidrocẹle 女 〚医〛 水瘤(すいりゅう)，陰嚢水腫(いんのうすいしゅ).

hidrodinámico, ca 形 女 〚物〛 流体力学 (の).

hidroeléctrico, ca 形 水力電気の.

hidrófilo, la 形 親水性の；水生の. algodón ～ 脱脂綿.

hidrofluorocarbọno 男 ハイドロフルオロカーボン：代替フロンの1つ (略 HFC).

hidrofọbia 女 水恐怖症；〚医〛 狂犬病.

hidrófobo, ba 形 狂犬病の；水となじまない. — 男 女 狂犬病患者.

hidrófugo, ga 形 防水の, 防湿の. ―男 防水済, 防湿剤.
hidrogenación 女〘化〙水素添加.
hidrogenado, da 形 水素を添加した.
hidrogenar 他 水素を添加する.
hidrógeno 男 水素.
hidrogeológico, ca 形 水文[水理]地質学の.
hidrografía 女 水圏学；水路分布(図).
hidrográfico, ca 形 水圏学の.
hidrólisis 女[単複同形]〘化〙加水分解.
hidrolizar 57 他〘化〙加水分解する.
hidrología 女 水文(すいもん)学. ～ *médica* 鉱泉水研究.
hidrológico, ca 形 水文[水理]学の.
hidromancia / hidromancía 女 水占い.
hidromel / hidromiel 男 → agua-miel.
hidrometría 女 流速[流量]測定；液体比重測定.
hidrómetro 男 流速計；浮き秤(ばかり).
hidropedal 男 足踏みボート.
hidropesía 女〘医〙水腫(すいしゅ), 浮腫.
hidrópico, ca 形〘医〙水腫(すいしゅ)(性)の；水欠乏症の. ―男 女 水腫患者.
hidroplano 男 水上(飛行)機；水中翼船.
hidropónico, ca 形〘農〙水耕法の.
hidroquinona 女〘化〙ヒドロキノン.
hidrosfera 女〘地質〙水圏.
hidrosoluble 形 水溶性の.
hidrospeed [イドゥロスピ(ドゥ)] 男 ハイドロスピード：(浮き具を付けて) 急流を泳いで下るスポーツ；その浮き具.
hidrostático, ca 形 女〘物〙静水力学(の).
hidroterapia 女 水治療法.
hidróxido 男〘化〙水酸化物.
hidroxilo 男〘化〙水酸基.
hidruro 男〘化〙水素化物.
hiedra 女〘植〙キヅタ.
hiel 女 ❶ 胆汁 (= bilis). ❷ 悪意, 腹立ち；[複]苦しみ. *echar* [*sudar*] *la* ～ 骨身を削って働く.
hiel- 活 → helar.
hielo [イェろ〈ジェろ〉] 男〔英 ice〕❶ 氷；[時に複] 霜. ～ seco ドライアイス. café con ～ アイスコーヒー. ❷ 氷のようなもの；冷淡. una mirada de ～ 冷やかな視線. ―活 → helar. *quedarse de* ～ あっけにとられる. *romper el* ～ 《話》場の緊張をほぐす.
hiena 女 ❶〘動〙ハイエナ. ❷ 残忍な人.
hier- 活 → herir.
hierático, ca 形 ❶ (古代の) 神官の；神官文字の；聖美術の. ❷ 重々しい；無表情の.
hieratismo 男 荘厳さ, 厳格さ.
hierba [イェルバ〈ジェルバ〉] 女〔英 grass〕❶ 草, 草地；牧草；[主に複] 香草. ～ luisa〘植〙コウスイボク. finas ～*s* 香味料, ハーブ. ～ mate マテ茶. hockey sobre ～ ホッケー. mala ～ 雑草. ❷《俗》マリファナ. ❸ (家畜の) 年齢. un toro de dos ～*s* 2歳の雄牛. *en* ～ 未熟の, 青い. *como la mala* ～ 急速に. Los odios crecieron *como la mala* ～. 憎しみは急速に広がっていった. *Mala* ～ *nunca muere.* 《諺》憎まれっ子世にはばかる. *sentir* [*ver*] *crecer la* ～ 《話》抜かりがない. *y otras* ～*s* 《話》等々.
hierbabuena 女〘植〙ハッカ.
hierra 女《ラ米》(*)(家畜の) 焼き印押し.
hierro [イェロ〈ジェロ〉] 男〔英 iron〕❶〘化〙鉄；〘生化〙鉄分. ～ dulce 軟鉄. ～ de doble T I型鋼. tomar ～ 鉄分を取る. Al ～ candente [caliente] batir de repente. 《諺》鉄は熱いうちに打て. ❷ 鉄製品；刀剣；[複] 鉄枷(かせ). El que a ～ mata, a ～ muere. 《諺》剣に頼るものは剣に倒れる. ❸ 焼印；闘牛種. ❹ (ゴルフクラブの) アイアン. *agarrarse a* [*de*] *un* ～ *ardiendo* わらをもつかむ. *de* ～ 鉄製の；頑丈な. salud *de* ～ 丈夫な体. *machacar* [*martillar*] *en* ～ *frío* 冷たい鉄を打つ (無駄である). *quitar* ～ *a* ... 《話》…を軽視する, 何でもないことのように扱う.
hierv- 活 → hervir.
hi-fi [イフィ]〔英〕女 ハイファイ, 高忠実度.
higa 女 ❶ 握りこぶしの人差し指と中指の間から親指を出す仕草 (侮蔑(ぶべつ)・魔除けを表す)；侮蔑. ❷ (握りこぶしの形の) 魔除け. *importar* [*valer*] *una* ～ なんの価値もない.
higadilla 女 → higadillo.
higadillo 男[主に複] (鳥・小動物の) 肝臓, レバー.
hígado [イガド] 男〔英 liver〕❶ 肝臓；〘料〙レバー. mal de ～ 肝臓病. ❷ [複]《話》勇気, 気力. *echar los* ～*s* 《話》必死で努力する[働く]. *hasta los* ～*s* 《話》心底. *malos* ～*s* 悪意.
higadoso, sa 形《ラ米》(*)(*)(*) 嫌な, うるさい.
higiene 女 衛生(学), 保健. ～ mental 精神衛生. ～ personal 身だしなみ.
higiénico, ca 形 衛生的な；衛生(学)の. papel ～ トイレットペーパー. toalla *higiénica* 《ラ米》(*)(*)生理用ナプキン.
higienista 男 女 衛生学者.
higienización 女 衛生的にすること.
higienizar 57 他 衛生的にする；健全にする. ―**higienizarse** 再《ラ米》(*)(*)(体を) 洗う.
higo 男〘植〙イチジク(の実). ～ seco 干しイチジク. *de* ～*s a brevas* 《話》たまに. *hecho un* ～ 《話》しわくちゃの, 台無しの. ～ *chumbo* 〘植〙ウチワサボテンの実. *importar* [*valer*] *un* ～ なんの価値もない.
higrometría 女〘物〙湿度測定(法).
higrómetro 男 湿度計.
higroscopia 女〘物〙湿度測定(法).
higroscopio 男 湿度計.
higuana 女〘動〙イグアナ.
higuera 女〘植〙イチジク(の木). *caer de la* ～ 《話》我に返る. ～ *chumba* [*de Indias, de pala*]〘植〙ウチワサボテン. *estar en la* ～ 《話》上の空である.
hija 女 → hijo.
hijadalgo 女 [複 hijasdalgo] → hidalgo.
hijastro, tra 男 女 義理の息子[娘].
hijo, ja [イホ,ハ] 男 女〔英 son, daughter〕❶ 息子, 娘,

H

子供. el ～ [la *hija*] mayor 長男[長女]. ～ político 娘婿. ～ legítimo 嫡出子. ～ natural 私生児. ～ pródigo 放蕩(ほうとう)息子. ～ [*hija*] de papá《話》お坊ちゃん[お嬢様], 七光りの子. Es ～ de su padre. 父親そっくりの子だ. ❷《親しみを込めた呼びかけ》あなた, 君. ❸《**de**》(…の)子, 産物, 出身者. el *H～ de* Dios 神の子キリスト. los *～s del* Inca インカの末裔(まつえい). los *～s de* Jesús【カト】イエズス会の修道士. Cada uno es ～ *de* sus obras.《諺》氏より育ち. ―― 男 (植物の) 芽. ***como cualquier*** [***cada, todo***] ***～ de vecino*** 他の皆と同じように. ***¡H～! / ¡Híjole!***《ラ米》(メキシコ)《驚き・落胆》へえー, すごい, やれやれ. ***～ de puta*** [***su madre, perra***]《卑》ばか野郎, くそったれ. ***～ de la chingada***《ラ米》(中米)(メキシコ)《卑》ばか野郎. ***llevar un ～ en las entrañas*** 妊娠している.

hijodalgo 男 [複 hijosdalgo] → hidalgo.

hijuela 女 ❶ 付属物；わき道. ❷ 遺産の相続分 (目録)；《ラ米》(アルゼンチン)(チリ)(ペルー)(エクアドル)分割した農地.

hilacha 女 糸くず, ほつれた糸；少量残ったもの.

hilachiento, ta 形《ラ米》(ウルグアイ)ぼろを着た；(服が) 擦り切れた.

hilacho 男 → hilacha.

hilada 女 列, (れんが等の) 一並び.

hiladillo 男 (細い) テープ[糸].

hilado, da 形 糸状の. ―― 男 紡績(糸).

hilador, dora 形 紡績の. ―― 男 女 (絹) 紡績工. ―― 女 紡績機.

hilandería 女 紡績；紡績工場.

hilandero, ra 男 女 紡績工.

hilar 他 ❶ 紡ぐ；紡ぎ出す. ～ su capullo (蚕が) 繭を作る. ❷ (断片を) つなぎ合わせる, (考え・計画等を) 練り上げる. ―― 自 糸を紡ぐ；《**con**》(…と) 関連する. ***～ delgado*** [***muy fino***] 細部にこだわる.

hilarante 形 笑わせる.

hilaridad 女 爆笑, 大喜び.

hilatura 女 紡績 (技術, 業, 工場).

hilaza 女 織り糸；不ぞろいの糸. ***descubrir la ～*** 欠点をあらわにする.

hilemorfismo 男【哲】質料形相論.

hilera 女 ❶ 列, 並び. en ～ 1列になって. ❷【技】針金製造機. ❸【動】[複] (クモの) 出糸突起.

hilo [イろ] 男 [英 thread] ❶ 糸, 筋；糸のように細いもの. un carrete de ～ 糸巻き. ～ telefónico 電話線. un ～ de voz か細い声. un ～ de esperanza いちるの望み. ～ musical 有線放送. ❷【服】リンネル. ❸ (話や考えの) 筋道, 流れ. perder el ～ de la conversación 会話についていけなくなる. ***al ～*** 木目[布目]に沿って. ***manejar los ～s*** (陰で) 糸を引く. ***mantener al ～*** 連絡を保つ. ***pender*** [***colgar***] ***de un ～*** 非常に危うい状況にある.

hilomorfismo 男【哲】質料形相論.

hilozoísmo 男【哲】物活論.

hilván 男【服】(1) しつけ (の縫い目, 糸). (2)《ラ米》(ベネズエラ)すその折返し.

hilvanado, da 形 男 しつけ縫い (をした).

hilvanar 他 ❶ …のしつけ[仮]縫いをする. ❷ (話題等を) 組み立てる, つなぎ合わせる；《話》急ごしらえする.

himen 男【解】処女膜.

himeneo 男《文》結婚；祝婚歌.

himenóptero, ra 形【昆】膜翅(まくし)類の. ―― 男 膜翅類の昆虫；[複] 膜翅目.

himnario 男 聖歌[賛美歌]集.

himno 男 賛美歌；賛歌. el ～ nacional 国歌.

himpar 自 しゃくりあげて泣く.

hinca 女【技】抗(くい)打ち.

hincada 女《ラ米》(杭(くい)等の) 打ちこみ；差すような痛み；跪拝(きはい).

hincadura 女 (杭(くい)等の) 打ちこみ.

hincapié 男 ***hacer ～ en ...*** …を強調する, 特に主張する.

hincar 26 他《**en**》(…に) 打ち込む, 突き刺す；強く押しつける. ～ los pies *en* el suelo 地面に足を踏んばる. ―― **hincarse** 再 ❶ (突き) 刺さる. ❷ ひざまずく (＝～ de rodillas). ***hincar el diente a ...*** …に食いつく；取り組む. ***hincar el pico***《話》死ぬ, くたばる. ***hincarla***《話》働く. ***hincar los codos*** 猛勉強する.

hincha 男 女 ❶ [複] (サッカー等の) 熱狂的ファン[サポーター] (→地域差). ❷《ラ米》(アルゼンチン)(ウルグアイ)うんざりさせる人[動物]. ―― 女《話》憎しみ, 反感. ―― 活 → hinchar.

地域差 (サッカー等の) 熱狂的ファン[サポーター] hinchas《スペイン》《ラ米》(コロンビア)(ペルー)(チリ)(ウルグアイ, アルゼンチン)；aficionados (メキシコ)(ホンジュラス)(エルサルバドル)(パナマ)(パラグアイ)；barra《ラ米》(エクアドル)(チリ)；fanáticos (キューバ, ドミニカ共和国)(メキシコ)(グアテマラ, ホンジュラス, ニカラグア, コスタリカ)(コロンビア, ベネズエラ)(エクアドル, ボリビア)(パラグアイ, アルゼンチン)；forofos《スペイン》；partidarios (プエルトリコ)(メキシコ).

hinchable 形 膨らむ, 膨張する.

hinchado, da 形 膨らんだ, 膨(は)れ上がった；うぬぼれた, 気取った. ―― 女【スポ】《集合的》(特定チームの) ファン, 応援団.

hinchamiento 男 膨らませること；腫(は)れ；誇張.

hinchar 他 ❶ 膨らませる；増量させる；誇張する. ～ una cifra 数値を水増しする. ～ un suceso 出来事を大げさに言う. ❷《ラ米》(アルゼンチン)(ウルグアイ)(チリ)うんざりさせる. ―― 自《ラ米》(アルゼンチン)(ウルグアイ)(チリ)【スポ】《**por**》(特定チームの) 応援をする. ―― **hincharse** 再 ❶ 膨らむ, 腫(は)れる, 増量[増水]する. ～ la pierna 足が腫れあがる. ❷《話》うぬぼれる. ❸《話》《**a**＋不定詞》さんざん…する；《**de**》(…で) お腹一杯になる.

hinchazón 女 ❶ 腫(は)れ. ❷ うぬぼれ；気取り.

hindi 男 ヒンディー語.

hindú 形 [複 ～es] ヒンドゥー教 (徒) の；インド (人) の. ―― 男 女 ヒンドゥー教徒；インド人.

hinduismo 男【宗】ヒンドゥー教.

hinduista 形 ヒンドゥー教の. ―― 男 女 ヒンドゥー教徒.

hinojal 男 ウイキョウ畑.

hinojo 男 ❶【植】ウイキョウ. ❷ [主に複] 膝(ひざ). de ～*s* ひざまずいて.

hinterland [ヒンテルらン] [独] 男【地理】後背地.

hioides 形 [単複同形]【解】舌骨の.

—男 舌骨 (=hueso ～).

hipar 自 しゃっくりをする；べそをかく.

híper 男《話》[単複同形または複 ～s] 超大型スーパー. ► hipermercado の略語.

hiperactividad 女 活発過ぎること，活動亢進(こう).

hiperactivo, va 形 過度に活動的な.

hipérbaton 男 [複 hipérbatos]〖修〗転置法.

hipérbola 女〖数〗双曲線.

hipérbole 女〖修〗誇張法；誇張.

hiperbólico, ca 形 ❶ 双曲線の. ❷ 誇張された，誇張法の.

hiperboloide 男〖数〗双曲面.

hiperbóreo, a / hiperboreal 形 極北の.

hiperclorhidria 女〖医〗過塩酸症.

hipercolesterolemia 女〖医〗高コレステロール症.

hipercrítico, ca 形 酷評する，手厳しい. —男 女 酷評家. —女 酷評.

hiperdulía 女〖カト〗聖母マリア崇拝 (= culto de ～).

hiperestesia 女〖医〗知覚過敏 (症).

hiperfunción 女〖医〗機能亢進(こう).

hiperglucemia 女〖医〗高血糖症.

hipermercado 男 超大型スーパー.

hipermétrope 形 男 女 遠視の (人).

hipermetropía 女〖医〗遠視.

hipersensible 形 《a》(…に対して) 過敏症の.

hipersónico, ca 形 超音速の.

hipertensión 女〖医〗高血圧 (症) (= ～ arterial. ↔hipotensión).

hipertensivo, va 形 高血圧の；高血圧に関する. —男 女 高血圧の人.

hipertenso, sa 形 男 女 高血圧の (人).

hipertermia 女〖医〗高体温.

hipertexto 男〖IT〗ハイパーテキスト.

hipertiroidismo 男〖医〗甲状腺(せん)機能亢進(こう)(症).

hipertrofia 女〖医〗肥大；肥大化 (↔ atrofia).

hipertrofiar 17 他〖医〗肥大させる. — **hipertrofiarse** 再 肥大する.

hipervitaminosis 女 [単複同形]〖医〗ビタミン過多 (症).

hípico, ca 形 馬の；馬術の. —女 馬術競技.

hipido 男 ❶ しゃくりあげ. llorar dando ～*s* しゃくりあげて泣く. ❷→ jipío.

hipismo 男 馬術 (競技).

hipnosis 女 [単複同形] 催眠 (状態).

hipnótico, ca 形〖医〗催眠の，催眠術の. —男 催眠薬.

hipnotismo 男〖医〗催眠術[法].

hipnotizador, dora 形 催眠状態にする. —男 女 催眠術師.

hipnotizar 57 他 催眠術をかける；魅了する.

hipo 男 ❶ しゃっくり. tener ～ しゃっくりをする. ❷ 敵意. tener ～ contra ... …を忌み嫌う. ***quitar el ～*** 《話》息をのませる，すばらしい. un coche que *quita el* ～ すばらしい車.

hipocampo 男 ❶〖魚〗タツノオトシゴ (= caballo marino). ❷〖ギ神〗〖解〗海馬.

hipocentro 男〖地学〗震源.

hipocondría 女〖医〗心気症.

hipocondríaco, ca / hipocondríaco, ca 形 男 女 心気症の (患者).

hipocondrio 男〖解〗季肋(きろく)部.

hipocorístico, ca 形 愛称の. —男 愛称 (=nombre ～).

hipocrático, ca 形 ヒポクラテスの.

hipocresía 女 偽善.

hipócrita 形 偽善 (者) 的な. —男 女 偽善者.

hipodérmico, ca 形 皮下 (注射) の.

hipodermis 女 [単複同形]〖解〗下皮.

hipódromo 男 競馬場；競技場.

hipófisis 女 [単複同形]〖解〗脳下垂体.

hipogastrio 男〖解〗下腹部.

hipogénico, ca 形 (岩石・地層が) 深成の.

hipogeo, a 形 地中の. —男 地下墳墓；地下室.

hipogloso, sa 形〖解〗舌下の.

hipogrifo 男 ヒッポグリフ：ワシの頭と翼を持つ伝説上の馬.

hipopótamo 男〖動〗カバ.

hiposo, sa 形 しゃっくりが出る.

hipóstasis 女 [単複同形]〖哲〗本質，実体；〖神〗(三位一体の) 位格.

hipóstilo, la 形〖建〗多柱式の.

hiposulfito 男〖化〗チオ硫酸ナトリウム.

hipotálamo 男〖解〗視床下部.

hipotaxis 女 [単複同形]〖文法〗従属.

hipoteca 女 抵当 (権)，担保；重荷. levantar una ～ 抵当権を抹消する.

hipotecable 形 担保にできる.

hipotecar 26 他 ❶ 抵当に入れる. ❷ 危険にさらす.

hipotecario, ria 形 抵当 (権) の，担保付きの.

hipotensión 女〖医〗低血圧 (症) (↔ hipertensión).

hipotenso, sa 形 男 女 低血圧の (人).

hipotenusa 女 (直角三角形の) 斜辺.

hipotermia 女〖医〗低体温 (症).

hipótesis 女 [単複同形] 仮説；仮定.

hipotéticamente 副 仮定的に，仮説では；仮の話だが.

hipotético, ca 形 仮説上の；仮定の. oración *hipotética*〖文法〗条件文.

hipotiposis 女 [単複同形]〖修〗迫真法，眼前描出法.

hipotiroidismo 男〖医〗甲状腺(せん)機能低下 (症).

hippismo [ヒピスモ] 男 (社会現象としての) ヒッピー，ヒッピーに傾倒すること.

hippy / hippie [複 hippies] 形 男 女 ヒッピー (の).

hir- 活 現分 → herir.

hirco 男〖動〗野生のヤギ.

hiriente 形 しんらつな，攻撃的な.

hirsuto, ta 形 ❶ 剛毛質の；剛毛に覆われた. ❷ とげのある；無愛想な.

hirv- 活 現分 → hervir.

hirviente 形 沸騰している；わき立った.

hisopar / hisopear 他〖カト〗聖水を振りかける.

hisopo 男 ❶〖植〗ヤナギハッカ. ❷〖カト〗聖水撒布(さんぷ)用の灌水器(かんすいき). ❸《話》刷毛(はけ).

hispalense 形 男 女 (スペインの) セビー

H

リャの(人)(＝sevillano).
Hispalis 固名〘史〙ヒスパリス：ローマ時代のセビーリャの名称.
Hispania 固名〘史〙ヒスパニア：イベリア半島のローマ時代の名称. → Iberia.
hispánico, ca 形 ❶ スペイン(語圏)の；スペイン系の. ❷〘史〙Hispania の.
hispanidad 女 ❶ スペイン語圏諸国. ❷ スペイン的なもの, スペイン精神.
hispanismo 男 ❶ スペイン語(文化)研究[嗜好(しこう)]. ❷〘言〙スペイン語特有[起源]の語法.
hispanista 男 女 スペイン語(文化)研究家[愛好家].
hispanización 女 スペイン化.
hispanizar 57 他 スペイン化する.
hispano, na 形 男 女 ❶ スペイン(語圏)の(人). ❷〘史〙ヒスパニアの(人). ❸ ラテンアメリカ系の(人).
Hispanoamérica [イスパノアメリカ] 固名 **イスパノアメリカ**, スペイン系アメリカ. ► ラテンアメリカのスペイン語圏諸国を指す.
H
hispanoamericanismo 男 ❶ スペイン系アメリカ主義：スペイン系アメリカ諸国間[スペイン系アメリカとスペイン間]の連帯志向. ❷ スペイン系アメリカ特有の語法.
hispanoamericano, na [イスパノアメリカノ,ナ] 形 男 女 **スペイン系アメリカの(人)**.
hispanoárabe 形 イベリア半島におけるイスラム教の. ── 男 女 イベリア半島におけるイスラム教徒.
hispanofilia 女 スペイン(文化)への傾倒, スペイン好き.
hispanófilo, la 形 男 女 スペイン(文化)に傾倒する(人), スペイン好きの(人).
hispanofobia 女 スペイン嫌い.
hispanófobo, ba 形 男 女 スペイン嫌いの(人).
hispanohablante 形 男 女 スペイン語を母語とする(人).
hispanomusulmán, mana 形 → hispanoárabe.
hispanoparlante 形 男 女 スペイン語を母語とする(人).
híspido, da 形 (毛が)太くてかたい.
histamina 女〘生化〙〘薬〙ヒスタミン.
histerectomía 女〘医〙子宮摘出.
histeria 女〘医〙ヒステリー；病的興奮.
histérico, ca 形 ❶ ヒステリー(症)の. ❷ 子宮の. ── 男 女 ヒステリックな人.
histerismo 男 → histeria.
histología 女〘生〙組織学.
histólogo, ga 男 女 組織学者.
historia [イストリア] 女 〔英 history; story〕 ❶ **歴史**；史学；歴史書. ～ universal 世界史. *H*～ Sagrada〘宗〙聖史. ❷ 来歴；顛末(てんまつ). ～ clínica〘医〙カルテ, 診療記録. ❸ **物語**, 話；《話》[主に複]作り話. la ～ de siempre お決まりの話[言い訳]. Déjate ya de ～s. 前置きはそのくらいにしろ. ***hacer*** ～ 画期的な結果を残す. ***pasar a la*** ～ (1) 歴史に残る. (2) 時代遅れになる.
historiado, da 形 飾りの多い, ごてごてした.
historiador, dora 男 女 歴史家, 歴史学者.
historial 男 経歴；来歴；記録.
historiar 106 他 (…の歴史・経緯を)語る；記述する.
histórica 形 → histórico.
históricamente 副 歴史的に, 歴史上, 史実に照らして.
historicidad 女 史実性.
historicismo 男 歴史主義.
historicista 形 歴史主義の. ── 男 女 歴史主義者.
histórico, ca [イストリコ,カ] 形 〔英 historical〕 **歴史の**；歴史的な. monumento ～ 史跡. hecho ～ 史実.
historietas 女 ㊫ 《ラ米》コミック, 漫画 (→ cómic 地域差).
historiografía 女 史料編纂(へんさん).
historiógrafo, fa 男 女 史料編纂(へんさん)官；歴史学者.
histrión 男 ❶ 古典劇の役者；道化師. ❷ 大げさな演技[身ぶり]をする人.
histriónico, ca 形 芝居がかった, おどけた；芸人の.
histrionismo 男 芝居(がかった動作).
hit [ヒ(トゥ)] 〔英〕 男 [複 ～s] ヒットした作品[商品]. ～ parade (音楽作品等の)ヒットチャート.
hitita 形 男 女 ヒッタイト人(の). ── 男 ヒッタイト語.
hitleriano, na [ヒトゥれリアノ,ナ] 形 ヒトラー主義の. ── 男 女 ヒトラー主義者.
hito 男 ❶ 画期的な事件, 転機. ❷ 道標. ***mirar de*** ～ ***(en*** ～***)*** じっと見る.
hizo 活 → hacer.
Hoangho 固名 黄河.
hobby [ホビ] 〔英〕 男 趣味.
hocicar 26 他 (豚等が地面を)鼻でほじくる；《話》やたらにキスをする. ── 自 ❶ かぎ回る. ❷ 顔面をぶつける.
hocico 男 ❶ (動物の)鼻面. ❷《話》口；顔；仏頂面. caer [darse] de ～s 顔をぶつける. romper los ～s 顔をぶん殴る[ぶつける]. estar de ～ 気嫌が悪い. ***meter el*** ～ ***en ...*** 《話》…を詮索(せんさく)する.
hocicón, cona 形 ❶ → hocicudo. ❷ 詮索(せんさく)好きな；《ラ米》(メキシコ)(チリ)おしゃべりの.
hocicudo, da 形 ❶ (動物が)鼻の大きく突き出た；《話》《軽蔑》唇の厚い. ❷《ラ米》(グアテマラ)(ニカラグア)(ペルー)(メキシコ)仏頂面の.
hocino 男 ❶ (薪を切る)鎌(かま)；移植ごて. ❷ 谷間(の畑).
hociquear 他 自 → hocicar.
hockey [ホケイ] 〔英〕 男 ホッケー. ～ sobre hielo アイスホッケー.
hodierno, na 形 今日の, 今の.
hogaño 副 今年(は)；今(は).
hogar [オガル] 男 〔英 home; hearth〕 ❶ **家庭**, 家. empleada de ～ 家政婦. ❷ **炉**, 暖炉. ❸ 集う場所. ～ de estudiante 学生会館.
hogareño, ña 形 家庭の, 家庭的な. esposo ～ 家庭的な夫.
hogaza 女 大きな丸パン.
hoguera 女 たき火；燃え上がる火；火刑.
hoja [オハ] 女 〔英 leaf; sheet〕 ❶〘植〙**葉**. árbol de ～ caduca [perenne] 落葉[常緑]樹. ～ de parra〘聖〙(局部を覆う)イチジクの葉. ❷〘植〙花弁. ❸ (1枚

の)紙, 紙片；書類. ～ de ruta (鉄道) 貨物発送伝票. ～ volante ちらし. ～ de servicios (公務員の) 勤務記録. ❹ (金属·木等の) 薄板. ventana de dos ～*s* 両開きの窓. ❺ 刃. ～ de afeitar《ラ米》安全かみそり (➡ maquinilla 地域差). ～ ***de cálculo***〖IT〗スプレッドシート. ***poner como ～ de perejil*** 非難する, ののしる. ***volver la ～*** 話題[意見]を変える.

hojalata 女 ブリキ.

hojalatería 女 ブリキ屋.

hojalatero, ra 男 女 ブリキ職人.

hojaldrado, da 形〖料〗折りこんだ. pasta *hojaldrada* パイ生地. ── 男 パイ.

hojaldrar 他〖料〗(パイ種を) 折りこむ.

hojaldre 男〖料〗パイ (生地).

hojarasca 女 ❶《集合的》落ち葉. ❷ かさがあって中身がないもの.

hojear 他 (本の) ページをめくる；ざっと目を通す. ── 自《ラ米》(ｸﾞｱﾃ)(ｺﾛﾝ)(ﾒｷｼ)(木が) 葉をつける.

hojoso, sa 形 葉の多い.

hojuela 女 ❶〖植〗小葉；(金銀の) 薄片. ❷〖料〗(1) クレープ. (2)《ラ米》パイ (生地).

¡hola! [オら] 間〔英 hello〕❶《挨拶》**やあ, こんにちは.** ❷《驚き》おやまあ；《注意喚起》ちょっと；《ラ米》《電話での応答》もしもし (➡ decir 地域差).

holanda 女〖服〗薄地の綿布 [リネン]. ── 固名 [H-] オランダ：首都アムステルダム Amsterdam. ➡ Países Bajos.

holandés, desa 形 オランダ (人, 語) の. ── 男 女 オランダ人. ── 男 オランダ語. ── 女 オランダ紙：約28センチ×22センチ.

holding [ホるディン]〔英〕男 [複 ～s] 持ち株会社.

holgado, da 形 ゆったりした, だぶだぶの；余裕のある. estar ～ de tiempo 十分に時間がある.

holganza 女 安逸, 休息；余暇.

holgar 92 自 ❶ 休む；怠ける；《de》(…で) 安らぐ. ❷ 余計である. *Huelga* decir que .... …なのは言うまでもない. ── **holgarse** 再《稀》《de, con》(…を) 喜ぶ, 楽しむ. ～ *de* su éxito 成功を喜ぶ.

holgazán, zana 形 男 女 怠惰な (人).

holgazanear 自 怠ける, ごろごろする.

holgazanería 女 怠惰, 遊んでいること.

holgorio 男《話》➡ jolgorio.

holgura 女 ゆとり, 余裕；(機械の) 遊び.

holladura 女 踏みつけること；足跡.

hollar 32 他 踏む；(場所に) 踏み込む；(権利等を) 踏みにじる.

hollejo 男 (ブドウ等の) 皮.

hollín 男 煤(ｽ).

hollywoodiense / hollywoodiano, na [ホりウ [ブ] ディエンセ/ホりウ [ブ] ディアノ, ナ] 形 ハリウッド的な[スタイルの].

holmio 男〖化〗ホルミウム.

holocausto 男 ❶ (特にナチスによるユダヤ人の) 大虐殺. ❷〖史〗(ユダヤ教で) 全燔祭(ﾊﾝｻｲ)の供物；犠牲.

holografía 女〖光〗ホログラフィー：レーザー光線の干渉による立体映像技術.

hológrafo, fa 形 男 自筆の (遺言状).

holograma 男〖光〗ホログラム.

holoturia 女〖動〗ナマコ.

hombracho 男 屈強の大男；粗野な男.

hombrada 女 男らしい[勇敢な]行為.

hombre [オンブレ] 男〔英 man〕❶ **人間**, 人；人類. El ～ es un animal racional. 人間は理性を備えた動物である. ～ bueno 仲裁人, 調停者. ～ fuerte 実力者. ～ anuncio サンドイッチマン. ～ rana ダイバー. ❷ **男**, 男性 (↔mujer). Los ～*s* no lloran. 男は泣かないものだ. ❸ 成人男性；男らしい男. Pedro es ya un ～. ペドロはもう一人前の大人だ. portarse como un ～ 男らしく振る舞う. ser muy ～《話》とても男らしい. ❹ (de+名詞) (名詞の表す特徴·職業の) 人, …家. ～ *de* la calle 一般人, 普通の人. ～ *de* palabra 約束を守る人. ～ *de* negocios ビジネスマン；実業家. ～ *de* paja ダミー, 手先. ～ *de* pelo en pecho《話》勇敢な人. ❺《話》夫；愛人. ── 間《驚き·怒り·不快》おや, まあ, まさか, もちろん. ► 相手の性別に関わらず用いる. Pero, ～, ¿qué estás haciendo? おい, 一体何してるんだ. ***como un solo ～*** 一斉に. ***de ～ a ～*** 率直に. ***H～ precavido vale por dos.***《諺》備えあれば憂いなし.

hombrear 自 大人ぶる. ── **hombrearse** 再《con》(…と) 張り合う.

hombrera 女 肩パッド；(武具の) 肩当て；肩ひも；(軍服の) 肩章.

hombría 女 男らしさ. ～ de bien 高潔.

hombro [オンブロ] 男〔英 shoulder〕(人間の) **肩**；衣服の肩部分. ～*s* caídos なで肩. ～*s* alzados いかり肩. a [en] ～*s* 肩に担いで. al ～ 肩に；肩から下げて. ***alzarse de ～s*** 肩をすくめる. ***arrimar el ～*** 手を貸す. ***cargado de ～s*** 猫背の. ***echarse al ～*** (重荷等を) 背負う. ***encogerse de ～s*** 肩をすくめる, 関心がないという素振りをする. ***～ con [a] ～*** 肩を並べて. ***mirar por encima del ～***《話》見下す. ***tener la cabeza sobre los ～s*** 分別がある.

hombruno, na 形《時に軽蔑的》男のような.

homeless [ホームれス]〔英〕男 女 [単複同形] ホームレス, 路上生活者.

homenaje 男 ❶ 敬意 (の表明), 賛辞. rendir [dedicar, dar] ～ a ... …に敬意を表する. en ～ a ... …に敬意を表して. ❷ 臣下の礼. ***torre del ～*** 天守閣.

homenajear 他 …に敬意を表する.

homeópata 形 男 女〖医〗同毒療法医 (の).

homeopatía 女〖医〗同毒療法.

homeopático, ca 形〖医〗同毒療法の；少量の.

homeostasis 女 [単複同形]〖生〗ホメオスタシス, 恒常性.

homérico, ca 形 ホメロス (風) の；途方もない.

homicida 形 殺人 (犯) の. arma ～ 凶器. ── 男 女 殺人者 (＝asesino).

homicidio 男 殺人 (罪).

homilía 女〖カト〗説教.

hominicaco 男《話》《軽蔑》取るに足りないやつ.

H

homínido 形 男 女 〖生〗ヒト科の（動物）. ―男［複］ヒト科.
homofobia 女 同性愛（者）嫌い.
homófobo, ba 形 男 女 同性愛（者）嫌いの（人）.
homofonía 女 ❶ 同音. ❷〖音〗ホモフォニー：単旋律曲.
homófono, na 形 ❶〖言〗同音異義の. ❷〖音〗ホモフォニーの. ―男〖言〗同音異義語.
homogeneidad 女 同質［均質］性.
homogeneización 女 同質［均質］化.
homogeneizar 57 他 同質にする, 均質化する.
homogéneo, a 形 均質の, 同種の（成員を持つ）.
homografía 女〖言〗同綴(ぞう)異義.
homógrafo, fa 形 男〖言〗同綴(ぞう)異義語（の）.
homologación 女 ❶ 認可；〖スポ〗（記録の）公認. ❷ 同等化.
homologar 66 他 ❶（製品や営業を）認可する,（単位を）認定する；〖スポ〗（記録を）公認する. ❷《con》（…と）同等にする；対応させる.
homología 女 相応［同族］（関係）.
homólogo, ga 形 相応する；〖生〗相同の；〖化〗同族の. ―男 女 同じ地位の人.
homonimia 女〖言〗同音［同綴(ぞう)］異義；同名異人.
homónimo, ma 形 同音［同綴(ぞう)］異義の；同名の. ―男〖言〗同音［同綴］異義語. ―男 女 同名異人.
homóptero 男〖昆〗同翅(どう)目の昆虫.
homo sapiens［オモサピエンス］〔ラ〕男［単複同形］〖生〗ホモサピエンス；人類.
homosexual 形 同性愛（者）の. ―男 女 同性愛者（↔heterosexual).
homosexualidad 女 同性愛（行為）.
homúnculo 男《軽蔑》小男.
honda 女 投石器, ぱちんこ. ―形 → hondo.
hondazo 男（ぱちんこによる）投石.
hondear 他 ❶ …の水深を測る. ❷（ぱちんこで）（石を）放つ.
hondero 男〖史〗投石兵.
hondo, da［オンド, ダ］形〔英 deep〕深い, 奥まで達する（＝profundo）. plato ～ 深皿, スープ皿. una *honda* alegría 心からの喜び. una *honda* crisis 深刻な危機. respirar ～ 深呼吸する. ―男 底；深さ.
hondonada 女 くぼ地, 低地.
hondura 女 深さ, 深み. ***meterse en ～s*** 難問に首を突っ込む.
Honduras［オンドゥラス］固名 ホンジュラス：首都テグシガルパ Tegucigalpa.
hondureñismo 男 ホンジュラス特有の語法.
hondureño, ña［オンドゥレニョ, ニャ］形 ホンジュラスの. ―男 女 ホンジュラス人.
honestamente 副 正直に, 公正に；慎み深く；正直に言って.
honestidad 女 ❶ 正直, 誠実. ❷ 慎み深さ, 貞節.
honesto, ta 形 ❶ 正直な, 誠実な（＝honrado). ❷ 礼儀正しい, 慎みのある. ❸ 公正な, 妥当な.
hongo 男 ❶〖植〗キノコ；［複］菌類. ～ comestible［venenoso］食用［毒］キノコ. ❷ キノコ状のもの；山高帽（＝sombrero ～）；キノコ雲（＝～ atómico）. ***crecer como ～s*** 急速に成長する.
hon(g)konés, nesa［ホンコネス, ネサ］形 男 女 香港の（人）.
honor［オノル］男〔英 honor〕❶ 名誉, 栄誉；名声；［主に複］名誉ある地位. hombre de ～ 名誉［信義］を重んじる人. matrícula de ～ 特に優れた成績. Tengo a ～〈＋不定詞〉. …して光栄です. Tengo el ～ de〈＋不定詞〉. 謹んで…させていただきます. recibir los *～es* de presidente 議長職に就く. ❷ 敬意；［複］（敬意を表する）礼式. en ～ de ... …に敬意を表して. ❸ 貞潔. ***dama de ～*** 侍女；付き添い役. ***en ～ a la verdad*** 正直に言って. ***hacer ～ a ...***（評判等）を裏切らないふるまいをする. ***hacer los ～es a ...*** …の接待役をする；（飲食物を）おいしくいただく. ***palabra de ～*** 誓約. ***bajo palabra de ～*** 名誉にかけて.
honorabilidad 女 高潔性；信望.
honorable 形 尊敬すべき；高潔な.
honorario, ria 形 名誉職の. ―男［複］（医師・弁護士等への）謝礼（金）.
honorífico, ca 形 名誉上の, 尊敬を表す. término ～ 敬語. ***mención honorífica*** 選外佳作.
honoris causa〔ラ〕名誉のために. doctor ～ 名誉博士.
honra 女 ❶ 面目, 名誉. defender la ～ 体面を重んじる, 名誉を守る. ❷ 貞潔, 純潔. ❸［複］告別式, 法要（＝*～s* fúnebres). ***a mucha ～*** 誇りを持って. Tengo *a mucha* ～ ser de este pueblo. この国に生まれたことを誇らしく思う.
honrada 形 → honrado.
honradamente 副 正直に, 正しく；正直に言って.
honradez 女 正直, 誠実.
honrado, da［オンラド, ダ］形〔英 honest〕正直な, 誠実な；公正な. un trabajo ～ きちんとした［まともな］仕事.
honrar 他 ❶ …に名誉を与える. ❷ 敬意を払う；崇める. ―**honrarse** 再《con, de, en》（…を）光栄に思う, 誇りに思う. ***honrar la casa［mesa］***（招待に応じて）家を訪問する［食事に訪れる］.
honrilla 女 自尊心；面子(めんつ).
honroso, sa 形 名誉ある, 立派な.
hontanar 男 泉, 源泉.
hooligan［フリガン］〔英〕男 女［複 ～s］（サッカー場で騒ぎを起こす）フーリガン.
hopa 女〖服〗チュニック；処刑服.
hopalanda 女〖服〗丈長の外套(がいとう).
hopear 自 しっぽを振る；走り［歩き］回る.
hoploteca 女 武器博物館.
hopo 男 ふさふさした尾；前髪. ***sudar el ～***《話》苦労する.
hora［オラ］女〔英 hour; time〕❶ 時間. una ～ 1時間. media ～ 30分. trabajar ocho *～s* 8時間働く. ❷ 時刻. ¿Qué ～ es? 今何時ですか. ¿A qué ～ empieza la clase? 授業は何

時に始まりますか. a estas ～*s* 今ごろ；こんな時間に. ❸ (特定の) 時間, 時, ころ；《**de** ＋不定詞 / **de que**＋接続法》…する時間. Es la ～ *de que* te marches. 君はもう行く時間だ. Es la ～. 時間です. ～ punta ラッシュアワー. ～*s* muertas 暇な時間. ～ oficial 標準時. ～*s* extras 残業時間. ❹ 予約[約束]の時間. pedir ～ para el dentista 歯医者に予約を入れる. ❺ 死期. Le llegó la ～. 彼に最期の時が訪れた. ～ suprema 《文》臨終. ❻ [複] 〘宗〙定時課. ***a buenas*** ～***s*** (***mangas verdes***) 遅すぎる, 手遅れだ. ***a la*** ～ ***de la verdad*** 《話》肝心な時に. ***a todas*** ～***s*** いつも, 絶えず. ***a última*** ～ 遅くに；終わりごろに. ***dar la*** ～ (時計が) 時を告げる. ***de*** ～ ***en*** ～ 続けて；刻一刻と. ***de última*** ～ 最後の；最新の. ***en*** ～ ***buena*** 都合よく, めでたく (＝ enhorabuena). ***en*** ～ ***mala*** 悪い[祝福されない] 時に. ***entre*** ～***s*** 食間に. ***hacer*** ～***s*** 残業をする. ***hacerse*** ～ ***de*** 〈＋不定詞〉…する時間になる. ***poner en*** ～ ***un reloj*** 時計の時刻[針]を合わせる. ***por*** ～***s*** 時間決めで. ***tener las*** ～***s contadas*** 死期が近づいている. ***tener muchas*** ～***s de vuelo en ...*** 《話》…で経験豊富である.

horadar 他 …に穴をあける.

horario, ria [オラリオ, ア] 形 時の, 時間の. la diferencia *horaria* 時差. ── 男 〔英 timetable〕 ❶ (勤務・勉強の) **時間(割)**；時刻表. ～ de verano 夏時間. ～ de oficina 業務時間. cumplir el ～ de trabajo 勤務時間を守る. ❷ 時計の短針.

horca 女 ❶ 絞首台. ❷ くま手；(枝を支える) 股木(また). ***señor de*** ～ ***y cuchillo*** 封建領主；横暴な人.

horcajadas ***a*** ～ またがって, 馬乗りになって.

horcajadura 女 股(また).

horcajo 男 (川や山脈の) 合流地点.

horchata 女 オルチャタ：カヤツリの地下茎で作る白色の清涼飲料水.

horchatero, ra 男 女 オルチャタ売り[業者].

horco 男 ❶ (数珠状につないで2本ずつまとめた) タマネギ, ニンニク. ❷ → orco.

horcón 男 ❶ → horca. ❷ 《ラ米》(ｱﾙｾﾞﾝﾁﾝ)(ｷｭｰﾊﾞ)(ﾍﾞﾈｽﾞｴﾗ)(ｳﾙｸﾞｱｲ) 柱.

horda 女 遊牧民；武装集団, 暴徒.

horero 男 《ラ米》(時計の) 短針.

horizontal 形 水平な, 横の (↔ vertical). ***coger la*** ～ 《話》横になる.

horizontalidad 女 水平状態.

horizonte [オリソンテ] 男 〔英 horizon〕 ❶ **水平線**；**地平線** (＝ línea del ～). ❷ 視野, 領域；見通し. explorar nuevos ～*s* 未知の分野を開拓する.

horma 女 靴型, 木型. ***encontrar*** [***dar con, hallar***] ***la*** ～ ***de*** su ***zapato*** 《話》うってつけのもの[相手]を見つける.

hormiga 女 ❶ 〘昆〙アリ. ～ león ウスバカゲロウ；アリジゴク. ❷ 《話》働き者.

hormigón 男 コンクリート. ～ armado 鉄筋コンクリート.

hormigonera 女 コンクリートミキサー(車).

hormiguear 自 ❶ (体の部分が) むずむずする. ❷ ひしめく, 群がり動く.

hormigueo 男 ❶ 蟻走(ぎそう)感；不快感. ❷ ひしめき.

hormiguero, ra 形 アリの. ── 男 ❶ アリの巣, アリ塚. ❷ ごった返し, 人込み. ***oso*** ～ 〘動〙アリクイ.

hormiguillo 男 むずつき, 不快感.

hormiguita 女 《話》働き者.

hormilla 女 包(くる)みボタンの芯(しん).

hormona / hormón 女 ホルモン.

hormonal 形 〘生〙ホルモンの.

hornacina 女 〘建〙(像等を置く) 壁のくぼみ.

hornada 女 ❶ (パン等の) 一度に焼ける分量. ❷ 《話》同期の仲間.

hornalla 女 《ラ米》(ｱﾙｾﾞﾝﾁﾝ)(ｳﾙｸﾞｱｲ) こんろ, 火口.

hornazo 男 オルナソ：(復活祭等に食べる) 卵を飾った菓子.

hornear 他 オーブンで焼く.

hornero, ra 男 女 パン屋, パン焼き職人. ── 男 《ラ米》(ｱﾙｾﾞﾝﾁﾝ) 〘鳥〙カマドムシクイ.

hornillo 男 簡易コンロ, 携帯コンロ.

horno [オルノ] 男 〔英 oven〕 ❶ **オーブン**, かまど. patatas al ～ ジャガイモのオーブン焼き. ～ microondas 電子レンジ. fuente de ～ 耐熱皿. ❷ 窯, 炉；《話》ひどく暑い場所. ～ crematorio 火葬炉. alto ～ 高炉. ❸ 製パン店, パン屋. ***No está el*** ～ ***para bollos*** [***tortas***]. 《話》今はまだその時ではない.

Hornos 固名 Cabo de ～ ホーン岬：チリ領, 南米最南端の岬.

horóscopo 男 星占い, 占星術；黄道十二宮.

horqueta 女 ❶ → horca. ❷ 木の股(また)；分岐点. ❸ 《ラ米》(ｱﾙｾﾞﾝﾁﾝ)(ｳﾙｸﾞｱｲ)(ﾁﾘ) (川の) 湾曲部；洲.

horquetear 自 《ラ米》(ﾒｷｼｺ) 枝がつく. ── **horquetearse** 再 《話》《ラ米》(ﾒｷｼｺ)(ｺﾛﾝﾋﾞｱ) またがる, 馬乗りになる.

horquilla 女 ❶ → horca. ❷ [複] ヘアピン (→地域差). ❸ (自転車・オートバイの) フォーク. 地域差 ヘアピン horquillas 《スペイン》《ラ米》(ﾎﾞﾘﾋﾞｱ)(ｱﾙｾﾞﾝﾁﾝ)；broches (ｳﾙｸﾞｱｲ)；clips (ｱﾙｾﾞﾝﾁﾝ)；ganchos (de pelo) 《スペイン》《ラ米》(ｷｭｰﾊﾞ) (ｸﾞｱﾃﾏﾗ, ﾊﾟﾅﾏ) (ｺﾛﾝﾋﾞｱ, ﾍﾞﾈｽﾞｴﾗ) (ﾍﾟﾙｰ)；ganchos sardinos (ﾎﾝｼﾞｭﾗｽ, ｴﾙｻﾙﾊﾞﾄﾞﾙ)；hebillas (ﾎﾞﾘﾋﾞｱ) (ﾊﾟﾗｸﾞｱｲ)；invisibles (ｴｸｱﾄﾞﾙ) (ｳﾙｸﾞｱｲ)；pasadores (ﾒｷｼｺ)；pinchos, pinches (ﾄﾞﾐﾆｶ共和国, ﾌﾟｴﾙﾄﾘｺ)；prensas (ｺｽﾀﾘｶ)；trabas (ﾆｶﾗｸﾞｱ).

horrendo, da 形 → horroroso.

hórreo 男 (高床式) 穀物倉.

horrible [オリブレ] 形 [絶対最上級 horribilísimo] 〔英 horrible〕 ❶ **恐ろしい**, ぞっとさせる. ❷ 《話》**ひどい**, ひどく不快[悪趣味]な.

hórrido, da 形 → horroroso.

horripilación 女 鳥肌 (が立つこと).

horripilante 形 身の毛がよだつ, ぞっとする.

horripilar 他 鳥肌を立たせる, ぞっとさせる.

horrísono 形 (音が) すさまじい.

horro, rra 形 ❶ 《**de**》(…を) 欠いた；(…から) 解放された. ❷ (雌馬等が) 不妊の.

horror [オロル] 男 〔英 horror〕 ❶ **恐怖**, 戦慄(せんりつ)；[複] 恐ろしいこと[行為]. ❷

H

《話》強い不快感. ¡Qué ～! なんてひどいことだ. ❸《話》《時に副詞的》たくさん. Me gustó ～*es* [un ～]. ものすごく気に入ったよ. Había un ～ de gente. 恐ろしくたくさんの人がいた.

horrorizar 57 他 ぞっとさせる, 怖がらせる. ── **horrorizarse** 再《de》(…に)ぞっとする. *Se han horrorizado de* la noticia. 彼らはニュースを聞いて震え上がった.

horroroso, sa 形 恐ろしい, ぞっとさせる;《話》ひどい(＝horrible).

hortaliza 女 野菜(＝verdura).

hortelano, na 形 農園の, 菜園の. ── 男 女 農園で働く人, 野菜農家.

hortense 形 農園[菜園]の.

hortensia 女《植》アジサイ.

hortera 形 男 女《話》趣味の悪い(人), 野暮ったい(人).

hortera̧da 女《話》《軽蔑》悪趣味.

hortícola 形 園芸(学)の.

horticultor, tora 男 女 園芸家.

horticultura 女 園芸(学).

hortofrutícola 形 青果(栽培)の.

H **hosanna** 男《カト》ホザンナ:神を賛美する言葉.

hosco, ca 形 無愛想な, 人を寄せつけない;暗鬱(あんうつ)な.

hospedaje 男 宿泊(場所);宿泊料金.

hospedamiento 男 → hospedaje.

hospedar 他 泊める, 宿泊させる. ── **hospedarse** 再 泊まる, 宿泊する

hospedería 女 簡易宿泊所;《カト》(修道院の)宿泊所.

hospedero, ra 男 女 宿泊所の主人.

hospiciano, na 男 女 養護施設の入所者[出身者].

hospiciante 男 女《ラ米》(墨) → hospiciano.

hospicio 男 ❶(巡礼者等の)宿泊所. ❷ 養護施設.

hospital [オスピタる] 男 [英 hospital] ❶ **病院**. ～ de (primera) sangre《軍》野戦病院. ❷《古》慈善施設.

hospitalario, ria 形 ❶ 人を温かく迎え入れる;居心地のよい. ❷ 病院の.

hospitalidad 女 ❶ 厚遇, 歓待. dar ～ a ... …を手厚くもてなす. ❷ 入院治療.

hospitalización 女 入院.

hospitalizar 57 他 入院させる. ── **hospitalizarse** 再 入院する.

hosquedad 女 無愛想;居心地の悪さ;険しさ.

hostal 男 オスタル:建物の一部を使った宿泊施設.

hostelería 女 ホテル業, ホテル経営.

hostelero, ra 形 ホテル業の. ── 男 女 旅館経営者.

hostería 女 簡易宿泊所.

hostess [ホステス] [英] 女 fly ～《ラ米》スチュワーデス(→ azafata 地域差).

hostia 女 ❶《カト》ホスチア:ミサ聖祭のパン;薄焼きパン(＝oblea). ❷《俗》《スペイン》(1) 殴打;衝突. hinchar a ～*s* たたきのめす. (2) すごい[ひどい]こと. un coche la ～ de caro ものすごく高い車. ¡*H*～(*s*)!《驚き・怒り》うわぁ;くそ. ***echando*** ～***s***《俗》《スペイン》大急ぎで. ***mala*** ～《俗》《スペイン》不機嫌;性格の悪さ.

hostiario 男 ホスチアの容器[型].

hostigamiento 男 責めさいなむこと.

hostigar 66 他 ❶(馬等に)鞭(むち)を当てる. ❷ しつこく責めたてる, 苦しめる. ❸《ラ米》(甘い物が)げんなりさせる.

hostil 形 敵対する, 敵意のある.

hostilidad 女 敵意, 敵対;[複] 戦闘行為. romper las ～*es* 戦闘を開始する.

hostilizar 57 他 執拗(しつよう)に攻撃する;挑発する.

hot dog [ホトゥド(グ)] [英] 男 [複 ～s] ホットドッグ(＝perrito (caliente)).

hotel [オテる] 男 [英 hotel] ❶ **ホテル**. un ～ de tres estrellas 3つ星ホテル. ❷(庭付きの)一戸建て住宅.

hotelero, ra 形 ホテルの. ── 男 女 ホテルの経営者[支配人].

hotentote, ta 形 男 女 ホッテントット(の). ► 現在はコイ族と言う.

hot line [ホトゥらイン] [英] 女 電話相談サービス.

house [ハウス] [英] 男 ハウスミュージック.

hovero, ra 形 → overo.

hoy [オイ] 副 [英 today] **今日**. *hoy* mismo 今日(すぐに), まさに今日. *hoy* (en) día 今日(こんにち), 近ごろ. *hoy* por la tarde 今日の午後. desde *hoy* 今日から. hasta *hoy* 今日まで. de *hoy* a mañana 今にも, まもなく. de *hoy* en quince días 今日から2週間後に. *hoy* por *hoy* さしあたっては, 今のところは. por *hoy* 今日のところは.

hoya 女 ❶(地面の大きな)穴;墓穴. ❷ くぼ地, 低地;流域.

hoyada 女 くぼ地.

hoyo 男 ❶ 穴, くぼみ. ❷ 墓穴;危機. ❸(ゴルフ)ホール. ***El muerto al*** ～***, el vivo al bollo.***《話》《諺》死人には墓, 生者にはパン(死者を悼んでばかりもいられない).

hoyuelo 男 えくぼ, 頬(ほお)や顎(あご)にできるくぼみ.

hoz 女 ❶ 鎌(かま). ❷ 峡谷. ***de hoz y (de) coz*** とことん.

hozar 57 他(イノシシ等が)鼻で(地面を)掘る.

huaca 女《ラ米》→ guaca.

huacal 男《ラ米》→ guacal.

huachafería 女《ラ米》(ペルー)《軽蔑》気取り;俗悪.

huachafo, fa 形《ラ米》(ペルー)気取った;俗悪な. ── 男 女《ラ米》(ペルー)気取り屋.

huacho 男《ラ米》→ guacho.

huaco 男《ラ米》(ペルー) → guaco.

huaico 男《ラ米》(1)(ペルー)土砂崩れ. (2)(アルゼンチン)(ボリビア)山峡.

huairuro 男《ラ米》(ペルー)《植》ウアイルロ(の実).

huarache 男《ラ米》(メキシコ) → guarache.

Huascarán 固名 ワスカラン(山):ペルーの最高峰. 6768 m.

huasipungo 男《ラ米》(エクアドル)(農園労働者への)貸与地.

huaso, sa 男 女《ラ米》(チリ)(ボリビア)いなかの人;粗野な人.

huata 女《ラ米》(アルゼンチン)(ボリビア)(チリ)(ペルー)腹.

Huayna Potosí 固名 ワイナ・ポトシ(山):ボリビア西部の山. 6190 m.

hub- 活 → haber.

hucha 女 貯金箱;貯金. 地域差 貯金箱 hucha《スペイン》; alcancía《ほぼラ米

全域)；chancho (ｺｽﾀﾘｶ)(ﾎﾞﾘﾋﾞｱ).

hueco, ca 形 ❶ 空洞になった；中身のない. tener la cabeza *hueca* 頭がからっぽである. la voz *hueca* うつろな声. ❷ うぬぼれた. ❸ ふわふわした. una falda *hueca* ふんわりしたスカート. ── 男 ❶ くぼみ，空洞；すき間；(壁の) 開口部. ❷ (職等の) 空き，空席；空き時間. hacer (un) ～ (席を詰めて) 場所を空ける. cubrir un ～ 欠員を埋める. ❸ 《ラ米》〖車〗パンク (→ pinchazo 地域差).

huecograbado 男 グラビア印刷[写真].

huel- 活 → oler.

huelebraguetas [単複同形] 男 《隠》私立探偵.

huelga [ウエるガ] 女 〔英 strike〕 ストライキ. ～ de brazos caídos 座り込みスト. ～ de hambre ハンガー・ストライキ. ～ espontánea [salvaje] 山猫スト. ～ general ゼネスト. ～ de celo 順法闘争.

huelgo 男 呼吸，息；〖技〗(部品間の) 遊び.

huelguista 男 女 ストライキ参加者.

huelguístico, ca 形 ストライキの.

huella 女 ❶ 足跡，跡；痕跡(こんせき). ❷ (階段の) 踏み板. ❸ 《ラ米》 (1)(ﾁﾘ)(ﾍﾟﾙｰ)(ｳﾙｸﾞｱｲ) 小道. (2) (道路の) 車線 (→ vía 地域差). ***dejar ～s*** 足跡[影響]を残す. ***～ digital*** [***dactilar***] 指紋. ***seguir las ～s de ...*** …を見習う，…の後に続く.

Huelva 固名 ウエルバ：スペインの県；県都.

huemul 男 《ラ米》(ｱﾙｾﾞﾝﾁﾝ)(ﾁﾘ) 〖動〗アンデスジカ，ゲマルジカ.

huérfano, na 形 ❶ 孤児の；(片) 親を失った. ❷ 《de》 (…に) 欠ける. ── 男 女 孤児. ～ de madre [padre] 母[父]のいない子.

huero, ra 形 ❶ (卵が) 無精の. ❷ 中身がない，不毛な.

huerta 女 農園；菜園；灌漑(かんがい)農地. ► huerto より広いものを指す.

huertano, na 形 男 女 灌漑(かんがい)農地の (住民).

huerto 男 (家庭) 菜園；果樹園；農園. ***llevar(se) al ～ a ...*** 《話》…をだます；《俗》たらし込む.

huesa 女 墓穴.

Huesca 固名 ウエスカ：スペインの県；県都.

huesero, ra 男 女 《ラ米》(ﾍﾟﾙｰ)接骨師. ── 男 《ラ米》(ﾍﾞﾈｽﾞｴﾗ) 《集合的》 骨.

huesillo 男 《ラ米》(南米)乾燥桃.

hueso, sa [ウエソ，サ] 形 オフホワイトの. ── 男 〔英 bone〕 ❶ 骨. Mi hermano se ha roto un ～ de la pierna. 私の弟は足の骨を折ってしまった. ❷ 果物の芯(しん) [種]. aceitunas sin ～ 種抜きオリーブ. ❸ 《話》感じの悪い[扱いにくい]人. Aquel profesor es un ～. あの先生はすごく厳しい. ❹ 《話》難しい[骨の折れる]こと. ❺ [複] 《話》身体. ❻ 黄色がかった白，オフホワイト. ***calado*** [***empapado***] ***hasta los ～s*** 《話》ずぶぬれになった. ***dar con sus ～s en ...*** ついに…に行き着く. ***dar*** [***pinchar***] ***en ～*** 《話》思うようにいかない，失敗に終わる. ***en los ～s*** 《話》やせこけた，がりがりの. ***～ duro de roer*** 《話》扱いにくい[手ごわい]人；難問. ***la sin ～*** 舌.

huesoso, sa 形 骨 (付き) の；骨太の.

huésped, peda 男 女 ❶ 客；宿泊客；下宿人. casa de ～*es* 下宿屋. ❷ (接待役の) 主人；〖生〗(寄生生物の) 宿主.

hueste 女 [主に複] 信奉者，支持者；軍勢.

huesudo, da 形 骨ばった，骨太の.

hueva 女 魚卵，腹子.

huevada 女 《ラ米》(ｱﾙｾﾞﾝﾁﾝ)(ﾁﾘ) 《俗》くだらないこと，愚かなこと.

huevazos 形 男 [単複同形] 《俗》《軽蔑》妻の尻(しり)に敷かれた (夫).

huevear 自 《ラ米》《俗》のらくらする；ばかなことに時間を費す.

huevero, ra 男 女 卵商人. ── 女 卵ケース；エッグ・スタンド.

huevo [ウエボ] 男 〔英 egg〕 ❶ (動物の) 卵；受精卵. incubar los ～*s* 卵を抱く. poner ～*s* 卵を産む. ❷ 卵，鶏卵. ～ duro [cocido] ゆで卵. ～ pasado por agua / 《ラ米》 ～ a la copa 半熟卵 (→ 地域差). ～ frito [estrellado] 目玉焼き. ～*s* revueltos スクランブルエッグ. ～ de pascua イースターエッグ. ❸ 《卑》睾丸(こうがん). ❹ [複] 《俗》勇気. tener ～*s* 勇気[度胸]がある. ***a ～*** 《俗》絶好の条件で，うまい具合に. ***estar hasta los ～s*** 《俗》うんざり[飽き飽き]している. ***importar un ～*** 《俗》重要でない，関心がない. ***parecerse como un ～ a otro ～*** 《話》瓜(うり)二つである. ***parecerse como un ～ a una castaña*** 《話》月とすっぽんである. ***pisando ～s*** 《話》のろのろと. ***un ～*** 《俗》たくさん (＝ mucho). ***¡Y un ～!*** 《否定・怒り》とんでもない. 地域差 半熟卵 huevo pasado por agua 《スペイン》《ラ米》(ｷｭｰﾊﾞ，ﾄﾞﾐﾆｶ共和国，ﾌﾟｴﾙﾄﾘｺ)(ﾒｷｼｺ)(ﾆｶﾗｸﾞｱ)(ﾊﾟﾗｸﾞｱｲ，ｳﾙｸﾞｱｲ，ｱﾙｾﾞﾝﾁﾝ)；aguado (ﾊﾟﾅﾏ)；huevo a la copa (ﾁﾘ)；pasado (ﾍﾟﾙｰ，ﾎﾞﾘﾋﾞｱ)；tibios (ﾒｷｼｺ)(ｸﾞｱﾃﾏﾗ，ﾎﾝｼﾞｭﾗｽ，ｴﾙｻﾙﾊﾞﾄﾞﾙ，ﾆｶﾗｸﾞｱ)(ｺﾛﾝﾋﾞｱ，ﾍﾞﾈｽﾞｴﾗ).

huevón, vona 形 《ラ米》(ｷｭｰﾊﾞ)(ｸﾞｱﾃﾏﾗ)(ﾒｷｼｺ)(ﾍﾟﾙｰ) 《話》《俗》怠け者の. ── 男 女 《ラ米》(ｱﾙｾﾞﾝﾁﾝ)(ﾁﾘ)(ﾒｷｼｺ)(ﾍﾟﾙｰ)(ｺﾛﾝﾋﾞｱ)(ﾍﾞﾈｽﾞｴﾗ) 《俗》ばか，まぬけ.

Hugo 固名 ウーゴ：男子の名.

hugonote, ta 形 男 女 ユグノー (の). ► フランスの新教徒 (カルバン派).

huida 女 ❶ 逃亡，脱出. ～ hacia adelante 現実逃避的な考え. ❷ 時の早さ.

huidizo, za 形 ❶ 臆病(おくびょう)な，内気な. ❷ はかない，つかのまの.

huido, da 形 逃げた，逃亡した. ── 男 女 逃亡者.

huincha 女 《ラ米》(ﾁﾘ)(ﾍﾟﾙｰ)(ﾎﾞﾘﾋﾞｱ)ヘアバンド.

huinche 男 巻揚げ機，ウインチ.

huipil 男 《ラ米》(中米)(ﾒｷｼｺ)ウイピル：ポンチョに似た女性の上着.

huir [ウイル] 60 自 [現分 huyendo] 〔英 flee〕 ❶ 逃げる，逃亡する. ❷ 避ける，回避する. ❸ 時が瞬く間に過ぎる. ── 他 避ける，《de》 (…から) 逃げる. ～ *de* la tentación 誘惑から逃れる.

huiro 男 《ラ米》(ﾎﾞﾘﾋﾞｱ)(ﾁﾘ)(ﾍﾟﾙｰ)海草.

hujier 男 → ujier.

hula [フら] 〔ハワイ〕 男 フラダンス.

hule 男 ❶ 防水布，ビニールカバー. ❷ 《ラ米》(中米)(ﾒｷｼｺ)ゴム；ゴムノキ.

hulla 女 石炭. ***～ blanca*** 水力 (エネルギ

H

–).

hullero, ra 形 石炭の.

humana 形 → humano.

humanamente 副 人間として；人間らしく；人道的に.

humanidad [ウマニダ(ドゥ)] 女 〔英 humanity〕 ❶ 人間性；人間味；人情. con ～ 親切に. ❷《集合的》人間, 人類；多数の人々. oler a ～《話》人いきれがする. ❸ [複] 人文学. ❹《話》肥満体, 巨体.

humanismo 男 ヒューマニズム, 人文主義；人文学.

humanista 男 女 人文主義者, ヒューマニスト；人文学研究者. ― 形 ヒューマニズムの；人文学の.

humanístico, ca 形 人文主義の, ヒューマニズムの；人文学の.

humanitario, ria 形 ❶ 人道上の, 博愛の. ❷ 心優しい, 慈悲深い.

humanitarismo 男 人道主義, 博愛(主義).

humanización 女 人間性を与えること.

H

humanizar 57 他 人間らしくする, …に人間味を与える. ― **humanizarse** 再 人間らしくなる；(人柄が) 温和になる.

humano, na [ウマノ,ナ] 形 〔英 human〕 ❶ 人間の, 人の；人間的な. los seres ～s 人類. ❷ 人間味のある, 思いやりのある. ― 男 [主に複] 人間；人類.

humanoide 形 ヒトそっくりの. ― 男 女 ヒューマノイド, ヒト型ロボット.

humarada / humareda 女 噴煙, もくもくと上がる煙.

humazo 男 もうもうとした[濃い] 煙. ***dar ～ a ...*** (邪魔な人を) 追い立てる.

humeante 形 煙を出す；湯気の立つ.

humear 自 ❶ 煙[蒸気]を出す, くすぶる. ❷ (過ぎたことが) 忘れられずにいる. ― 他《ラ米》燻蒸(くんじょう)消毒する.

humectación 女 加湿, 給湿.

humectador 男 加湿器, 給湿器.

humectante 形 加湿する, 湿らせる.

humectar 他 → humedecer.

húmeda 形 → húmedo.

humedad 女 湿気；水分；湿度.

humedal 男 湿地.

humedecer 76 他 湿らせる, 少しぬらす. ― **humedecerse** 再 湿る, ぬれる.

húmedo, da [ウメド,ダ] 形 〔英 humid〕 ❶ 湿った, 湿気のある；ぬれた. calor ～ 蒸し暑さ. ❷ 湿潤な, 雨の多い.

humeral 形 上腕骨の. ― 男 (司祭がミサで用いる) 肩掛け.

húmero 男〖解〗上腕骨.

humidificador, dora 形 湿気を与える. ― 男 加湿器.

humildad 女 ❶ 謙虚, 謙遜(けんそん)；卑下. ❷ 身分の低さ, 卑しさ.

humilde [ウミるデ] 形 〔英 humble〕 ❶ 謙虚な. ❷ 卑下する, 卑屈な. ❸ 卑しい, 身分の低い.

humillación 女 屈辱, 恥辱.

humilladero 男 町・村の入り口で十字架が建っているところ.

humillante 形 屈辱的な, 侮辱的な.

humillar 他 ❶ はずかしめる, 屈辱を与える. ❷ (体の一部を) 下げる, 曲げる. ❸〖闘牛〗(牛が頭を) 低くする. ― 自〖闘牛〗牛が頭を下げる. ― **humillarse** 再 《**ante**》(…に) 屈伏する；へりくだる.

humita 女《ラ米》(1)(料)つぶしたトウモロコシを蒸した食べ物 (→ tamal). (2) 蝶(ちょう)ネクタイ (→ pajarita 地域差).

humo [ウモ] 男 〔英 smoke〕 ❶ 煙. cortina de ～ 煙幕. ❷ 湯気, 蒸気. ❸ [複] うぬぼれ, 高慢. ***bajar los ～s a ...***《話》…に恥をかかせる. ***echar ～***《話》かんかんに怒っている. ***hacerse ～***《話》消える, いなくなる. ***irse todo en ～*** すべてが水の泡となる. ***subírsele los ～s a ...***《話》…がうぬぼれる.

humor [ウモル] 男 〔英 humor〕 ❶ 気分, 機嫌. estar de buen [mal] ～ 機嫌がいい[悪い]. ❷ ユーモア；機知, ウイット. ～ negro ブラックユーモア. sentido del ～ ユーモアのセンス. ❸〖解〗体液. ***estar de un ～ de perros***《話》とても機嫌が悪い.

humorado, da 形 《bien [mal] を伴い》機嫌のよい[悪い]. ― 女 しゃれ, 冗談, おかしなこと.

humoral 形〖解〗体液の.

humorismo 男 ❶ ユーモア, おかしみ. ❷ 漫談, お笑い.

humorista 男 女 コメディアン, お笑い芸人.

humorístico, ca 形 ユーモアのある, こっけいな.

humus 男 [単複同形]〖農〗腐植質, 腐葉土.

hundible 形 沈められる.

hundido, da 過分 → hundir. 形 (気分の) 落ち込んだ.

hundimiento 男 ❶ 沈む[沈める]こと, 沈没. ❷ 倒壊, 崩壊；倒産. ❸ 落胆；衰弱.

hundir [ウンディル] 他 〔英 sink〕 ❶ 沈める；陥没させる. ❷ 崩す, 倒す, 壊す. ❸ 意気消沈させる. ❹ やっつける, 打ち負かす；失敗させる. ― **hundirse** 再 ❶ 沈む, 沈没[陥没]する. ❷ 崩れる, 倒れる. ❸ 意気消沈する, 落ち込む. ❹ 失敗する, だめになる. ❺《話》《**de**》(…で) 大騒ぎになる.

húngaro, ra 形 ハンガリーの. ― 男 女 ハンガリー人. ― 男 ハンガリー語.

Hungría 固名 ハンガリー：首都ブダペスト Budapest.

huno, na 形 男 女〖史〗フン(族)の.

HUNOSA [ウノサ] 女 *Hu*lleras del *No*rte, *S. A.* (スペインの) 北部石炭会社.

hura 女 小さな穴；巣穴.

huracán 男 ハリケーン；暴風.

huracanado, da 形 ハリケーンのような, 暴風の.

huraño, ña 形 人嫌いの, 引っ込み思案な.

hurgador, dora 形 かき回す. ― 男 火かき棒.

hurgar 66 他 自 ❶ かき回す；ほじくる. ❷ 詮索(せんさく)する, かぎ回る. ― **hurgarse** 再 ほじくる. ～ en la nariz 鼻をほじくる.

hurgón 男 火かき棒.

hurguete 男《ラ米》(チリ)詮索(せんさく)好きな人.

hurguetear 自《ラ米》(チリ)かぎ回る, 詮索(せんさく)する.

hurón, rona 形 ❶《話》詮索(せんさく)好き

な. ❷《話》人付き合いの悪い. ❸(北米先住民の) ヒューロン族の. ── 男 女 ❶〘動〙フェレット. ❷《話》詮索好きな人. ❸《話》人付き合いの悪い人. ❹ヒューロン族.

huronear 自 ❶ フェレットを使って狩る. ❷《話》かぎ回る, 詮索(せんさく)する.

hurонera 女 ❶ フェレットの巣穴. ❷《話》隠れ家.

¡hurra! 間 フレー, 万歳.

hurraca 女 → urraca.

hurtadillas *a* ～ こっそりと, 隠れて.

hurtar 他 ❶ 盗む, くすねる. ❷ どける, 離す. ── **hurtarse** 再 人の目を逃れる, 隠れる.

hurto 男 盗み；万引き；盗品.

husillo 男 ねじ棒.

husky [ハスキ] 〔英〕 男 [複 huskies] ❶ ～ (siberiano) シベリアンハスキー(犬). ❷ ハスキーコート.

husmear 自 他 ❶ (…のにおいを) かぎ回る. ❷《話》《en》(…のことを) かぎ回る, 詮索(せんさく)する.

husmeo 男 かぎ回ること；詮索(せんさく).

huso 男 紡錘, つむ；紡錘形のもの. ～ *horario* 〘地理〙同一標準時間帯.

hutu 形 男 女 (ルワンダ等に住む) フツ族の(人).

¡huy! 間 《驚き・感嘆・不快》おや, まあ；痛い.

huy- 活 → huir.

I i

I, i [イ] 女 [複 íes] ❶ スペイン語字母の第 9 字；i の名称. ❷ (ローマ数字の) 1. ***i griega*** (スペイン語字母の) y (► i の方を i latina とも呼ぶ). ***poner los puntos sobre las íes*** 《話》詳細まではっきりさせる.

IB. *I*beria, Líneas Aéreas de España, S.A. イベリア航空.

iba(-) / íba(-) 活 → ir.

Iberia 固名 ❶ イベリア(半島) (= la Península Ibérica)：スペイン, ポルトガルを含む半島. → Hispania. ❷〘空〙イベリア航空：正式名称 ～, líneas aéreas de España, S.A.

ibérico, ca 形 イベリア半島の, イベリア人[語]の. ── 男〘言〙イベリア語.

ibero, ra / íbero, ra 形 イベリア(人)の. ── 男 女〘史〙イベリア人. ── 男〘言〙イベリア語.

Iberoamérica [イベロアメリカ] 固名 〔英 Latin America〕 **イベロアメリカ.** ► スペイン・ポルトガルの言語や文化が及んだ中南米地域.

iberoamericano, na [イベロアメリカノ, ナ] 形 ❶ **イベロアメリカの, 中南米の.** → americano. ❷ スペイン・ポルトガル・中南米の. ── 男 女 **中南米人.**

íbice 男〘動〙アイベックス：野生のヤギ.

ibicenco, ca 形 (スペイン, バレアレス諸島の) イビサ島の. ── 男 女 イビサ島の人.

ibídem 〔ラ〕 同書[同箇所]に《略 ibid.》.

ibis 男 [単複同形]〘鳥〙トキ科の鳥.

Ibiza 固名 イビサ：スペイン, バレアレス諸島の 1 つ.

icáreo, a / icario, ria 形 (ギリシャ神話の) イカロスの(ような).

ICE [イセ] 男 *I*nstituto de *C*iencias de la *E*ducación 教育科学研究所.

iceberg 〔英〕 男 [複 ～s] 氷山.

ICI [イし] 男 *I*nstituto de *C*ooperación *I*beroamericana イベロアメリカ協力協会.

icneumón 男 ❶〘動〙エジプトマングース. ❷〘昆〙ヒメバチ.

ICONA [イコナ] 男 *I*nstituto Nacional para la *Con*servación de la *Na*turaleza (旧) 自然保護庁.

icónico, ca 形 イコンの, 聖像[聖画]の.

icono 男〘美〙(ギリシャ正教の) イコン, 聖画像；類似記号.

iconoclasia 女 聖像破壊(主義).

iconoclasta 形 男 女 ❶ 聖像破壊(の, 主義の). ❷ 因習打破(の).

iconografía 女 図像学[研究, 集].

iconográfico, ca 形 図像学の.

iconolatría 女 偶像崇拝.

iconología 女 図像解釈学；擬人化図像.

iconostasio 男 聖像壁：聖像の描かれた身廊と内陣との仕切り.

icor 男〘医〙膿漿(のうしょう)(液).

icosaedro 男〘数〙20面体.

ictericia 女〘医〙黄疸(おうだん).

ictiofagia 女 魚食, 魚類常食.

ictiófago, ga 形 魚食性の. ── 男 女 魚を常食とする動物.

ictiología 女 魚類学.

ictiológico, ca 形 魚類学の.

ictiosauro 男〘古生〙魚竜.

ictus 男〘医〙発作；脳卒中.

id 活 → ir.

ida 過分 → ir. 女 行くこと, 往路. billete de *ida* y vuelta 往復切符. ***～s y venidas*** 行き来.

idea [イデア] 女 〔英 idea〕 ❶ **考え；アイデア,** 思いつき. una buena ～ 名案. Se me ocurrió una ～ magnífica. すばらしい考えが浮かんだ. dar una ～ a ... …に思いつかせる. ～*s* de bombero [casquero] 《話》突飛な考え. ❷ 知識；見当；概念. no tener ni ～ 《話》全く分からない. dar una ～ de ... …の概要を示す. ❸ 意見, 判断, 見解. Tienes una ～ equivocada de Luis. 君はルイスのことを誤解している. ❹ 意図, 計画. Tenemos la ～ de ir a Toledo el sábado. 私たちは土曜にトレドに行くつもりです. mala ～ 悪意. ❺ [複] 思想, 信条. ～*s* revolucionarias 革命的な思想. ***formarse [hacerse] una ～ de ...*** …について知識を得る. ***hacerse a la ～ de ...*** …という状況を受け入れる. ***Ni ～.*** 全く分からない.

ideación 女 観念形成, 観念化.

ideal [イデアる] 形 〔英 ideal〕 ❶ **理想的な,** 申し分のない. ❷ 想像上の, 架空の. ── 男 ❶ 理想；模範. ❷ [主に複] 主義, 思想.

idealismo 男 ❶ 理想主義. ❷〘哲〙観念論, 唯心論.

idealista 形 理想主義の；観念論の. ── 男 女 理想主義者；夢想的な人；観念論者.

idealización 女 理想化.

idealizar 57 他 理想化する.

idear 他 考え出す；考案する.

ideario 男 イデオロギー，思想，理念．
ídem 〔ラ〕 同上［同前］(の) 《略 id.》．
～ *de* ～ / ～ *de lienzo* 《話》同じこと．
idéntico, ca [イデンティコ,カ] 形 〔英 identical〕 《**a**》(…と) **同じ**；(…に) よく似た．
identidad 女 ❶ 同一性，一致．❷ 本人であること，身元．tarjeta [carné] de ～ 身分証明書．❸〖数〗恒等式．
identificable 形 同一視しうる；(身元等を) 確認しうる．
identificación 女 ❶ 身元の証明［確認］；鑑定；同一視．❷ 身分証明書．
identificador, dora 形 身分を保証［確認］する．
identificar 26 他 ❶ 《**con**》(…と) 同一視する．❷ …の身元を確認［特定］する．
— **identificarse** 再 ❶ 《**con**》(…と) 同意見である；一体感を持つ．❷ 身元を証明する．
ideografía 女 表意文字 (の使用)．
ideográfico, ca 形 表意 (文字) の．
ideograma 男 表意文字．
ideología [イデオロヒア] 女 〔英 ideology〕 **イデオロギー**，観念形態．
ideológicamente 副 観念的に．
ideológico, ca 形 イデオロギーの．
ideólogo, ga 男 女 空論家；理論的指導者；イデオローグ．
idílico, ca 形 ❶ 恋愛関係の．❷ 快い，気持のよい．paisaje ～ のどかな風景．
idilio 男 恋愛［非常に仲のよい］関係．
idiolecto 男〖言〗個人言語．
idioma [イディオマ] 男 〔英 language〕 ❶ **言語**，国語．～ oficial 公用語．❷ 語法，用語．
idiomático, ca 形 ある言語に特有の；慣用的な．
idiosincrasia 女 気質，特質．
idiosincrásico, ca 形 特有の，特異な．
idiota [イディオタ] 形 ばかな，まぬけの，無知な．— 男 女 〔英 idiot〕 **ばか**，まぬけ．No seas ～. ばかなことやめろ．
idiotez 女 ❶ ばかげた言動．❷〖医〗精神遅滞，白痴．
idiotismo 男 ❶〖言〗(ある言語固有の) 慣用表現．❷〖医〗白痴；《話》無知．
idiotizar 57 他 ばかにする．
ido, da 過分 → ir. 形 ❶ 《話》ぼんやりした，上の空の．❷ 《ラ米》酔った．
idólatra 形 偶像崇拝の．— 男 女 偶像崇拝者．
idolatrar 他 ❶ 偶像崇拝する．❷ 溺愛(できあい)する．
idolatría 女 ❶ 偶像崇拝．❷ 溺愛(できあい)．
idolátrico, ca 形 偶像崇拝の；溺愛(できあい)の．
ídolo 男 ❶ 偶像．❷ 偶像視される人［物］，アイドル．
idoneidad 女 適切，適合．
idóneo, a 形 適した，ふさわしい．
iglesia [イグレシア] 女 〔英 church〕 ❶ (建物としての) **教会**；教会堂．～ catedral 司教座聖堂，カテドラル．❷ 《集合的》キリスト教徒；聖職者．❸ (教団としての) 教会；宗派．～ católica カトリック教会．～ ortodoxa ギリシャ正教会．～ triunfante 天国の信者．
iglú 男 イグルー：氷で造るエスキモーの家．
Ignacia 固名 イグナシア：女子の名．
Ignacio 固名 イグナシオ：男子の名．
ignaro, ra 形 無知な．
ígneo, a 形 火の；〖地質〗火成の．
ignición 女 発火，着火；燃焼；《ラ米》〖車〗スターター (→ arranque 地域差)．
ignícola 形 拝火教を信じる．— 男 女 拝火教信者．
ignífero, ra 形 《文》火を吹く［吐く］．
ignífugo, ga 形 耐火［不燃］性の．
ignominia 女 不名誉，恥辱；恥ずべき行為．
ignominioso, sa 形 不名誉な，恥ずべき．
ignorancia 女 ❶ 無知，知らないこと．❷ 無学，無教養．
ignorante 形 ❶ 知らない，無知の．Permanezco ～ de ese asunto. その件については私は知らない．❷ 無学の，無教養の．— 男 女 無学［無知］な人．un ～ en ... …に無知な人．
ignorar [イグノラル] 他 〔英 be ignorant of〕 ❶ **…を知らない**．❷ 無視する．
ignoto, ta 形 《文》未知の，知られて［発見されて］いない．
igual [イグアる] 形 〔英 equal〕 ❶ (数量・程度・大きさ等が) **等しい**．Los dos sentidos son ～*es*. 2つの意味は同じだ．¿Cómo va el trabajo? — *I*～. 仕事はどう．— 相変わらずだ．❷ 《**a**》(…と) 等しい；《**que**》(…と) 同じような．Dos más tres ～ *a* cinco. 2たす3は5．Su moto es ～ *que* la mía. 彼のバイクは私のと同じ型だ．❸ 対等な，平等な．❹ 一様な；平坦(へいたん)な．velocidad ～ 一定速度．terreno ～ 平地．— 副 〔英 probably〕 ❶ 《**que**》(…と) 同じように．～ *que* antes 以前と同じように．❷ **たぶん**．*I*～ viene mañana. たぶん彼は明日来るだろう．— 男 ❶ 同等の人．❷〖数〗等号．❸〖スポ〗同点．❹［複］《スペイン》宝くじ券．*al* ～ *que* …と同様に．*dar* ～ どちらでもよい．Me *da* ～. どちらでもかまいません．*¡Es* ～*!* (どちらでも) かまわない．～ *que* …するのと同様に．*por* ～ 均等に，一様に．*sin* ～ 比類ない．
iguala 女 ❶ (医療サービス機関等との) 契約；掛け金．❷ 水準器．
igualable 形 匹敵する．
igualación 女 等しくすること，均等化．
igualado, da 形 ❶ 同等の，互角の．equipos ～*s* a puntos 同点のチーム．❷ 高さ［丈］がそろった，平らな．— 女 《話》〖スポ〗同点，引き分け．conseguir la *igualada* 同点にこぎつける．
igualar 他 ❶ …に等しい，…に匹敵する．Nadie *iguala* su belleza. 彼女の美しさに並ぶ人は誰もいない．❷ 《**a**》(…と) 同じにする；平等にする．❸ 平らにする，(高さ・丈を) そろえる．— 自 《**a, con**》(…に) 等しい，同じである．— **igualarse** 再 《**con, a**》(…と) 等しくなる，同等とみなす．
igualatorio 男 医療共済［互助］会．
igualdad [イグアるダ(ドゥ)] 女 〔英 equality〕 ❶ **平等**，同等．en pie de ～ 対等の立場で．❷ 同じであること；一致．❸〖数〗等式．

igualitario, ria 形 平等主義の，公平な.
igualitarismo 男 平等主義.
iguana 女 〘動〙イグアナ.
iguanodonte 男 〘古生〙イグアノドン.
Iguazú 固名 cataratas del ～ イグアスの滝：アルゼンチン・パラグアイ・ブラジルの国境にある滝.
ijada 女（主に動物の）わき腹，横腹.
ijar 男（主に人間の）わき腹.
ikastola〔バスク〕女 バスク語で授業をする学校.
ikurriña 女 バスク地方旗.
ilación 女 脈絡，一貫性.
ilativo, va 形 連結する，つながりのある；〘文法〙推断の.
ilegal［イれガる］形〔英 illegal〕**不法の**，非合法の.
ilegalidad 女 不法，非合法；違法行為.
ilegalización 女 非合法化.
ilegalizar 57 他 非合法化する.
ilegible 形 読みづらい，判読しがたい.
ilegitimar 他 違法とする，非合法とする.
ilegitimidad 女 不法，違法.
ilegítimo, ma 形 ❶ 不法な，違法の. ❷ 非嫡出の. hijo ～ 非嫡出子.
íleo 男〘医〙腸閉塞(ちょうへいそく)(症).
íleon 男〘解〙回腸.
ilerdense 形 男 女（スペインのレリダの旧称）イレルダの（人）.
ilergete 形 男 女〘史〙（スペインのウエスカ等に住んでいた）イレルゲテスの（人）.
ileso, sa 形 無傷な，無事な.
iletrado, da 形 男 女 文盲の（人）；無学の（人）.
ilíaco, ca / ilíaco, ca 形 ❶〘解〙腸骨の；回腸の. ❷→ iliense.
ilicitano, na 形 男 女（スペイン）エルチェの（人）.
ilícito, ta 形 不法の，違法の. tenencia *ilícita* 不法所持. ── 男《ラ米》(アルゼンチン)(ウルグアイ)(パラグアイ)犯罪.
ilicitud 女 不法，不正.
iliense 形 男 女 イリオス[トロヤ]の（人）.
ilimitado, da 形 無限の，制限のない.
ilion 男〘解〙腸骨.
Illimani 固名 el Nevado de ～ イーマニー山：ボリビアの首都ラパス南東の山.
Ilmo., Ilma. 男 女 → ilustrísimo.
ilocalizable 形 位置の特定が不可能な，所在不明の.
ilógico, ca 形 非論理的な，不合理な.
ilota 男 女〘史〙（スパルタの）奴隷.
iluminación［イるミナしオン］女［複 iluminaciones］〔英 illumination〕❶ **照明**，イルミネーション. ❷ 明るさ. ❸〘宗〙天啓，啓示.
iluminado, da 形 ❶ 照らされた. ❷ 天啓を受けた；妄想を抱いた. ── 男 女 ❶ 天啓を受けた人；妄想を抱いた人. ❷（16-17世紀スペインの）照明派[光明派]の信徒.
iluminador, dora 男 女 照明係；（写本等の）彩飾家.
iluminar 他 ❶ 照らす，明るくする；イルミネーションを施す. ❷ 分からせる，はっきりさせる. ❸ 啓蒙(けいもう)する；天啓を与える. ❹（写本等を）彩飾する；蛍光ペンでマークする. ── **iluminarse** 再 照らされる，明るくなる.
iluminarias 女 → luminaria.
iluminativo, va 形 照らす；明らかにする.
iluminismo 男〘宗〙照明派[光明派]の運動.
ilusión［イるシオン］女［複 ilusiones］〔英 illusion〕❶ **幻覚**，幻影. ～ óptica 目の錯覚. ❷ **幻想**，期待. ❸ 喜び，楽しみ. ¡Qué ～ ir a México! メキシコに行けるなんてうれしい. ***hacer*** ～《話》期待させる. Me *hace* ～ volver a verte. 君にまた会えるのを私は楽しみにしています. ***hacerse ilusiones*** むなしい期待を抱く.
ilusionar 他 期待[わくわく]させる. Me *ilusiona* pensar en el viaje. 旅行のことを考えるとわくわくする. ── **ilusionarse** 再《**con**》（…に）期待をする，幻想を抱く.
ilusionismo 男 手品.
ilusionista 男 女 手品師.
iluso, sa 形 幻想を抱く；だまされやすい. ── 男 女 夢想家；だまされやすい人.
ilusorio, ria 形 ❶ 実現性のない，当てにならない. ❷ 架空の.
ilustración［イるストゥラしオン］女［複 ilustraciones］〔英 illustration〕❶ **挿し絵**，図解，イラスト. ❷ 例証，説明. ❸ 知識，教養. ❹［I-］〘史〙啓蒙(けいもう)運動.
ilustrado, da 形 ❶ 挿し絵[図版]入りの. ❷ 知識[教養]のある. ❸ 啓蒙(けいもう)された. ── 男 女 啓蒙主義者.
ilustrador, dora 男 女 挿し絵画家，イラストレーター.
ilustrar 他 ❶ 説明する；例証する. ❷ 挿し絵[図版]を入れる. ❸ 教示する. ── **ilustrarse** 再《**sobre**》（…について）知識を得る，学ぶ.
ilustrativo, va 形 例証となる，明解に示す.
ilustre 形 ❶ 著名な；傑出した；名門の. familia ～ 名家. ❷《尊称》…様，…殿.
ilustrísimo, ma 形［ilustre の絶対最上級］《尊称》…閣下《略 Ilmo.》. Su *Ilustrísima*（司教に対して）猊下(げいか).
imagen［イマヘン］女［複 imágenes］〔英 image〕❶ **像**，画像；聖像. ❷ 姿，様相. ❸ 印象，イメージ. ❹〘物〙像. ～ virtual 虚像. ❺〘修〙比喩(ひゆ)的表現. ***ser la viva ～ de ...*** …とそっくりである.
imaginable 形 想像しうる[がつく].
imaginación［イマヒナしオン］女［複 imaginaciones］〔英 imagination〕❶ **想像力**；創作力，創意. ❷［主に複］妄想，空想.
imaginar［イマヒナル］他〔英 imagine〕❶ **想像する**，思い描く；思う. ❷ 考えつく，思いつく. ── **imaginarse** 再 想像する，思う. *Me* lo *imagino.* 想像がつくよ. ¡***Imagínate*** [***Imagínese***]! 考えてもごらん[考えてもみてください].
imaginaria 女〘軍〙予備の歩哨(ほしょう)；不寝番. ── 男 不寝番の兵士.
imaginario, ria 形 想像上の，架空の.
imaginativo, va 形 想像力豊かな；想像の.
imaginería 女 聖像(画)(芸術).
imaginero, ra 男 女 聖像画家，聖像彫刻家.
imam 男（イスラム教の）イマム，導師.

imán 男 ❶ 磁石. ❷ 魅力, 引きつけるもの. tener ～ 魅力がある. ❸〘宗〙(イスラム教の)イマム, 導師.

imanación 女 → imantación.

imanar 他 → imantar.

imantación 女 磁化.

imantar 他 磁化する. —— **imantarse** 再 磁気を帯びる.

imbatible 形 負かすことのできない.

imbatido, da 形 無敵の, 無敗の.

imbebible 形 飲めない.

imbécil [インベしる] 形 ❶ ばかな, 愚かな. ❷〘医〙知的障害のある. —— 男 女〔英 idiot〕❶《軽蔑》**ばか**, まぬけ. ❷ 知的障害者.

imbecilidad 女 愚かさ, 愚かな言動.

imberbe 形 ひげの生えていない.

imbornal 男 排水口.

imborrable 形 消えない, 消せない.

imbricación 女 うろこ状に重ねる[重なる]こと.

imbricado, da 形 重なり合った；うろこ模様[状]の.

imbricar 26 他 うろこ状に重ねる. —— **imbricarse** 再 重なり合う.

imbuir 60 他 (感情・思想等を) 吹き込む, 教え込む. —— **imbuirse** 再《de》(…に) 染まる, かぶれる.

imitable 形 模倣できる；まねるべき.

imitación [イミタしオン] 女〔複 imitaciones〕〔英 imitation〕❶ **模倣**, (物)まね. ❷ 模造品, イミテーション.

imitador, dora 形 模倣する, まねる. —— 男 女 まねをする人, 物まね師.

imitamonos, nas 形 男 女〔単複同形〕人まねばかりする(人).

imitar [イミタル] 他〔英 imitate〕**模倣する**, まねる. —— 自《a》(…に) 似る, 似せてある.

imitativo, va 形 模倣の, 模倣する.

impaciencia 女 我慢できないこと；じれったさ.

impacientar 他 我慢できなくさせる, いらいらさせる. —— **impacientarse** 再《por, con》(…に) いらいらする.

impaciente 形 ❶《con》(…に) 我慢できない；短気な, せっかちな. ❷《por》(…を) したくてたまらない, 落ち着かない. estar ～ *por* ver la película 映画を見たくてうずうずしている. —— 男 女 短気[せっかち]な人.

impactante 形 インパクトのある, 衝撃的な.

impactar 他 衝撃を与える. —— 自《en》(…に) 衝突する；衝撃を与える.

impacto [インパクト] 男〔英 impact〕❶ (物理的・精神的) **衝撃**, インパクト；影響. causar un ～ en ... …に衝撃を与える. ❷ 着弾, 弾痕(だんこん).

impagable 形 支払いができない；お金に代えられない.

impagado, da 形 男 未払いの(借金).

impago, ga 形《ラ米》(アルゼンチン)(チリ)(エクアドル)(ペルー) まだ支払いを受けていない. —— 男 未払い.

impala 男〘動〙インパラ.

impalpable 形 触知できない；かすかな.

impar 形 ❶〘数〙奇数の. número ～ 奇数 (↔ par). ❷ 比類ない, 無類の. —— 男 女 奇数の物[人].

imparable 形 止められない.

imparcial 形 男 女 公平な(人), 公明正大な(人).

impartir 他 授ける, 分け与える.

impasibilidad 女 無感覚；無感動, 平然.

impasible 形 無感覚な；無感動の, 平然とした.

impasse [インパス]〔仏〕男 袋小路；行き詰まり.

impavidez 女 沈着冷静.

impávido, da 形 ❶ 恐れを知らない；冷静な. ❷《ラ米》ずうずうしい.

impecable 形 欠点のない, 完璧(かんぺき)な.

impedancia 女〘電〙インピーダンス.

impedido, da 過分 → impedir. 形 (体の) 不自由な；《de》(…が) 欠けた. —— 男 女 身体障害者.

impedimenta 女〘軍〙(行軍の障害となる) 隊属荷物.

impedimento 男 妨害, 障害 (物)；婚姻障害.

impedir [インペディル] 77 他〔現分 impidiendo〕〔英 impede, obstruct〕**妨げる**；阻止する. La lluvia nos *impidió* salir. 雨で私たちは出かけられなかった.

impelente 形 押しやる, 推進する.

impeler 他 ❶ 押す, 押し進める. ❷《a＋不定詞》(…に) 駆りたてる, 促す.

impenetrable 形 ❶ 入り込めない；通さない. ❷ 不可解な, うかがい知れない.

impenitente 形 改心しない；(悪癖等を) やめようとしない.

impensable 形 考えられない, ばかげた；実現不可能な.

impensado, da 形 予期しない, 思いがけない.

impepinable 形《話》明白な, 疑う余地のない.

imperante 形 支配[君臨]している；優勢な.

imperar 自 君臨する, 支配する；優勢である.

imperativo, va 形 ❶ 命令の, 命令的な. ❷ 絶対必要な. —— 男 ❶〘文法〙命令法 (＝modo ～)；命令. ❷〔主に複〕絶対的必要性.

imperceptible 形 知覚できない, 微細な.

imperdible 形 失敗のない；なくならない. —— 男 安全ピン. 地域差 安全ピン imperdible《スペイン》《ラ米》(キューバ, ドミニカ共和国, プエルトリコ)(パナマ)(ベネズエラ)(エクアドル, ペルー)；alfiler (キューバ, ドミニカ共和国, プエルトリコ)(ニカラグア, コスタリカ, パナマ)(ベネズエラ)；alfiler de gancho (チリ)(ウルグアイ, アルゼンチン)；chamba (ドミニカ共和国)；criandera (キューバ)；gacilla (ニカラグア)(コスタリカ)；gancho (de ropa) (グアテマラ, ホンジュラス, エルサルバドル)(コロンビア, ベネズエラ)(ボリビア)；gancho de nodriza (コロンビア)；mordaza (コロンビア)；pasador de alfiler (アルゼンチン)；seguro (メキシコ).

imperdonable 形 許されない, 許しがたい.

imperecedero, ra 形 不滅の, 不朽の.

imperfección 女 不完全；欠陥, 欠点.

imperfecto, ta 形 ❶ 不完全な, 未完成の. ❷〘文法〙不完了の. pretérito ～ 不[未]完了過去, 線過去.

imperforación 女〘医〙無孔, 閉鎖.

imperial [インペリアる] 形 〔英 imperial〕 **帝国の**；皇帝の. ciudad ～ 帝都. palacio ～ 宮殿, 皇居.

imperialismo 男 帝国主義；帝政.

imperialista 形 帝国主義(者)の. ── 男 女 帝国主義者.

impericia 女 未熟, 不慣れ；下手.

imperio [インペリオ] 男 〔英 empire〕 ❶ **帝国**. ❷ 皇帝の統治, 帝位；帝政(時代). ❸ 権力；優勢.

imperioso, sa 形 ❶ 横柄な, 高圧的な. ❷ 緊急の, 急務の.

impermeabilizar 57 他 防水加工を施す.

impermeable 形 防水の, 不浸透性の. ── 男 レインコート. 地域差 レインコート impermeable《スペイン》《ラ米》(プエルトリコ)(メキシコ)(コロンビア, ベネズエラ)(エクアドル, ペルー, ボリビア)(チリ)(ウルグアイ, アルゼンチン)；capa (キューバ)(グアテマラ, エルサルバドル, コスタリカ)(コロンビア)；capa de agua(プエルトリコ)；capote(ドミニカ共和国)(ホンジュラス, ニカラグア, パナマ)；chubasquero《スペイン》《ラ米》(キューバ)(ホンジュラス)；gabardina《スペイン》《ラ米》(メキシコ)(ベネズエラ)(エクアドル)(ウルグアイ)；pilot (ウルグアイ)；piloto (パラグアイ, アルゼンチン).

impermutable 形 交換できない.

impersonal 形 ❶ 非個人的な, 一般的な；没個性的な. ❷〖文法〗非人称の. verbo ～ 非人称動詞.

impersonalidad 女 非個人性；没個性.

impertérrito, ta 形 動じない, 冷静な.

impertinencia 女 無礼；生意気；不作法な言動.

impertinente 形 ❶ 無礼な；ずうずうしい；生意気な. ❷ しつこい, うるさい. ❸ 不適切な, 見当違いの. ── 男 女 無礼な人, ずうずうしい人. ── 女 [複] 柄付きめがね, オペラグラス.

imperturbable 形 動揺しない, 平然とした.

impétigo 男〖医〗膿痂疹(のうかしん), 飛び火.

impetrar 他 嘆願する, 懇願する.

ímpetu 男 激しさ, 勢い；熱心さ.

impetuoso, sa 形 ❶ 激しい, 猛烈な. ❷ 衝動的な, せっかちな. ── 男 女 慌て者.

impid- 活 現分 → impedir.

impiedad 女 不敬虔(ふけいけん), 不信心.

impío, a 形 男 女 ❶ 不信心な(人), 信仰のない(人). ❷ 冷酷な(人), 無慈悲な(人).

implacable 形 容赦のない；冷酷な.

implantación 女 ❶ 導入, 取り入れ. ❷〖医〗移植；(受精卵の)着床.

implantar 他 ❶ 導入する, 取り入れる. ❷〖医〗移植する.

implante 男〖医〗インプラント(移植組織片, 人工物).

implementar 他《ラ米》必要な手段を提供する；(ベネズエラ)実行に移す.

implemento 男 ❶ [主に複] 道具, 器具. ❷〖言〗直接補語.

implicación 女 ❶ 参加, 関与. ❷ 論理的帰結, 含意.

implicancia 女《ラ米》(1) → implicación. (2)(アルゼンチン)(チリ)(ウルグアイ)(法律・道徳上の)障害.

implicar [インプりカル] 26 他 〔英 implicate〕 ❶《en》(…に) **巻き込む**, 巻き添えにする. ❷ **含む**, 意味する；伴う. ── **implicarse** 再《en》(…に) 巻き込まれる, 巻き添えをくう.

implicatorio, ria 形 意味する, 含みのある.

implícito, ta 形 暗黙の, 言外の.

imploración 女 哀願, 懇願.

implorar 他 哀願する, 懇願する.

implosión 女〖物〗〖音声〗内破.

implosivo, va 形 女〖音声〗内破音(の).

implume 形 羽のない.

impolítico, ca 形 賢明でない；不作法な.

impoluto, ta 形 汚れていない, 汚染されていない.

impón 活 → imponer.

imponderable 形 測ることのできない；計り知れない. ── 男 [主に複] 不測の事態.

impondr- 活 → imponer.

imponencia 女《ラ米》(アルゼンチン)(ウルグアイ)(チリ)(コロンビア)威容, 威厳；りりしさ, 風采(ふうさい).

imponente 形 威圧的な；堂々たる, すばらしい.

imponer [インポネル] 75 他 [過分 impuesto, ta] 〔英 impose〕 ❶ **強いる**, 強制する, 押しつける. ❷(畏怖(いふ)を) 抱かせる, 起こさせる. ❸ 名前を付ける. ❹(賞・罰を) 与える. ❺《en》(…を) 教える. ❻ 預金する. ── 自 怖がらせる. La altura me *impone*. 私は高い所が怖い. ── **imponerse** 再 ❶(自分に) 強いる, 課す. ❷ 優位に立つ；《a》(…を) 威圧する. ❸ 広まる；流行する.

impong- 活 → imponer.

imponible 形 課税対象となる. base ～ 課税対象所得.

impopular 形 不人気の, 不評の.

importación [インポルタしオン] 女 [複 importaciones] 〔英 import〕 ❶ **輸入** (↔exportación). ❷ [複] 輸入品.

importador, dora 形 輸入する. país ～ 輸入国. ── 男 女 輸入業者.

importancia [インポルタンしア] 女 〔英 importance〕 **重要(性)**, 重大さ. de mucha [poca] ～ 非常に重要な[重要でない, つまらない]. persona de ～ 要人. ***darse*** **～** 偉そうな顔をする.

importante [インポルタンテ] 形 〔英 important〕 **重要な**, 重大な, 大切な. Lo ～ es que 〈+接続法〉. 重要なのは…である. persona ～ 重要人物.

importar [インポルタル] 自《主に3人称単数形に用いる》〔英 be important, matter〕 ❶ **重要である**, 大切である；かかわりがある. No *importa* que no venga José. ホセが来なくても構わない. ¿A mí, qué me *importa*? 私に何の関係があると言うのか. ❷(…にとって) 迷惑である. ¿Le *importa* que abra la ventana? 窓を開けてもよろしいですか. ── 他 〔英 import〕 ❶ **輸入する**；導入する. ❷ 値段が…である[になる]. ❸〖IT〗インポートする. **～ *un pepino* [*pimiento*, *pito*]**《話》少しも構わない, どうでもよい. ***meterse en lo que no le importa*** 関係のないことに口を出す. ***No importa.***《返答》構いません.

importe 男 代金, 金額. ── 活 →

importar.

importunación 女 しつこくせがむこと，くどい要求.

importunar 他 しつこくせがむ.

importuno, na 形 ❶→ inoportuno. ❷ 煩わしい，しつこい.

imposibilidad 女 不可能(性).

imposibilitado, da 形 不可能な；体の不自由な. ―男女 身障者.

imposibilitar 他 不可能にする；体を不自由にさせる.

imposible [インポシブれ] 形 〔英 impossible〕 ❶ 不可能な，ありえない. Es ～ 〈＋不定詞 / que＋接続法〉. …することは不可能だ. *Es* ～ *que* salgamos mañana. 明日出発するなんて無理だ. ❷《話》手に負えない，我慢ならない. ❸《ラ米》(ﾌﾟｴﾙﾄﾘｺ)(ｶﾘﾌﾞ)《話》(服装等が) 汚い，だらしない. ― 男 不可能[無理]なこと. ***hacer lo*** ～ ***(por [para] ...)*** (…のために) 最善を尽くす.

imposición 女 ❶ 押しつけ，強要；(制裁等を) 課すること. ❷ 預金. ❸ 授与 (式). ❹ 課税.

impositivo, va 形 税の；高圧的な.

impositor, tora 形 預金をする. ―男女 預金者.

imposta 女《建》(1) 迫元(せりもと). (2) 階の境を示すファサードの水平突出部.

impostergable 形 遅らせることのできない，後回しにできない.

impostor, tora 形 偽の，詐称した. ―男女 詐称者，詐欺師.

impostura 女 ❶ 中傷. ❷ 詐欺.

impotencia 女 ❶ 無力，無気力. ❷《医》性的不能.

impotente 形 ❶ 無力な. ❷《医》性的不能な. ―男 (男性の) 性的不能者.

impracticable 形 ❶ 実行不可能な. ❷ (道路が) 通行不能の. ❸《演》(窓・ドアが) 開閉できない.

imprecación 女 呪(のろ)いの言葉，ののしりの言葉.

imprecar 26 他 呪(のろ)う；ののしる.

imprecatorio, ria 形 呪(のろ)いの；ののしりの.

imprecisión 女 不正確，不明確.

impreciso, sa 形 不正確[不明確]な.

impredecible 形 予言[予測]できない.

impregnación 女 染み込ませること；浸透.

impregnar 他《con, de, en》❶ (…を) …に染み込ませる；…に染み込む. ～ el algodón *con* [*de, en*] alcohol 綿にアルコールを染み込ませる. ❷ …に影響を及ぼす，感化する. ― **impregnarse** 再 ❶《de, con》(…が) 染み込む；充満する. ❷《de》(思想等に) かぶれる，染まる.

impremeditado, da 形 不用意な，軽率な.

imprenta [インプレンタ] 女 〔英 printing〕 ❶ 印刷，印刷術. letra de ～ 活字体. ❷ 印刷所，印刷工場.

imprescindible 形 必要不可欠な，絶対必要な.

imprescriptible 形《法》時効の制約を受けない.

impresentable 形 人前に出せない，見苦しい. ―男女 (身なりの) 見苦しい人.

impresión [インプレシオン] 女 〔複 impresiones〕〔英 impression〕 ❶ 印象；感銘；衝撃. causar buena [mala] ～ よい[悪い]印象を与える. ❷ 感想，意見；感じ. cambiar *impresiones* 意見を交換する. tener la ～ de que ... …という気がする. ❸ 印刷；版，刷り. ❹ 刻印；跡. ***de*** ～《話》印象的な；すばらしい.

impresionable 形 感受性の強い，感じやすい.

impresionante [インプレシオナンテ] 形 〔英 impressive〕 印象的な，感動的な；人目を引く.

impresionar [インプレシオナル] 他 〔英 impress〕 ❶ 印象づける，感銘を与える. Me *impresionó* esa novela. 私はその小説に感動した. ❷ 録音[録画]する. ― 自 印象づける. ― **impresionarse** 再《con, por》(…に) 感動する，感銘を受ける.

impresionismo 男《美》印象派.

impresionista 形 男女《美》印象主義[派]の(芸術家).

impreso, sa 形 印刷された. ―男 ❶ 印刷物；書籍. ❷ 記入用紙.

impresor, sora 男女 印刷工；印刷業者. ―女《IT》プリンター，印刷機.

imprevisible 形 予測できない，不測の.

imprevisión 女 不測の事態；不用意.

imprevisor, sora 形 不用意な；軽率な.

imprevisto, ta 形 予期しない，思いがけない，予定外の. ―男 ❶ 思いがけないこと. ❷ [主に複] 臨時の出費.

imprimación 女《美》下塗り；下塗り用画材.

imprimar 他 下塗りする.

imprimátur 男 (教会が与える) 出版許可.

imprimir 61 他 ❶ 印刷する；出版する. ❷ 跡を残す，刻印する. ❸ 刻み込む，教え込む. ❹ 特徴づける.

improbabilidad 女 ありそうもないこと.

improbable 形 ありそうにない.

ímprobo, ba 形 ❶ (仕事等が) たいへんな，過酷な. ❷ 不誠実な.

improcedente 形 不適切な；不当な.

improductivo, va 形 非生産的な，不毛な.

impromptu 男 即興(曲).

impronta 女 ❶ (精神的な) 跡，影響. ❷《生》刷り込み.

impronunciable 形 ❶ 発音できない，発音しにくい. ❷ 言葉で表すべきでない.

improperio 男 ❶ [主に複] 侮辱の言葉，雑言. ❷ [複]《カト》インプロペリア.

impropiedad 女 不適当；不適切な表現；(言葉の) 誤り.

impropio, pia 形《de, en, para》(…に) 不適当な；ふさわしくない.

improrrogable 形 延期[延長]できない.

improvisación 女 即興，即席.

improvisar 他 ❶ 即興で作る[行う]. ❷ 急ごしらえする，間に合わせで作る.

improviso, sa / improvisto, ta 形 不意の. de ～ 不意に，突然.

imprudencia 女 軽率 (な行為). ～ ***temeraria***《法》過失.

imprudente 形 男女 軽率な (人)，無

分別な(人).

impụber / impụbero, ra 形 思春期前の. ── 男 女 未成年.

impublicạble 形 発表[出版]できない.

impudịcia 女 恥知らず, 厚顔無知.

impụdico, ca 形 慎みのない, 下品な, みだらな.

impudọr 男 恥知らず, 破廉恥.

impuesto, ta [インプエスト,タ] 過分 → imponer. 男 〔英 tax〕 税, 税金. ～ sobre la renta 所得税. ～ sobre el valor añadido 付加価値税, 消費税《略 IVA》. ～ de sociedades 法人税. ～*s* municipales 市民税. ～*s* locales 地方税. ～ progresivo 累進税. ～ revolucionario (テロ組織が課す) 革命税. ～ directo [indirecto] 直接[間接]税. evasión de ～*s* 脱税.

impugnaciọ́n 女〘法〙異議申し立て;抗議.

impugnạr 他 異議を唱える;〘法〙異議申し立てをする.

impugnatịvo, va 形 反論[抗議]の.

impulsạr 他 ❶ 推進[促進]する. ❷《a》(…に) 駆り立てる, しむける.

impulsividạd 女 衝動的な行動, 衝動性.

impulsịvo, va 形 衝動[直情]的な.

impụlso 男 ❶ 推進 (力). ❷ 衝動;刺激. tomar ～〘スポ〙(跳躍前に) 助走する. ***a ～s de ...*** …に駆られて.

impulsọr, sọra 形 推進する;駆り立てる. ── 男 女 推進者;扇動者.

impụne 形 罰を免れた, 処罰を受けない.

impunidạd 女 刑罰を受けないこと, 刑罰の免除.

impuntuạl 形 時間にルーズな.

impurẹza / impuridạd 女 不純(物).

impurificạr 26 他 不純にする, 汚す.

impụro, ra 形 不純な;汚れた.

impus- 活 → imponer.

imputaciọ́n 女 罪[責任]を負わせること;嫌疑.

imputạr 他 ❶《a》(罪等を) (…に) 負わせる, (…の) せいにする. ❷〘商〙計上する.

imputrescịble 形 腐敗しない.

inabarcạble 形 包含できない;抱えきれない.

inabordạble 形 近寄りがたい;(難解で) 扱いにくい.

inacabạble 形 終わりのない, 延々と続く.

inacabạdo, da 形 終わっていない, 未完成の.

inaccesịble 形 近寄れない;理解できない;手に入らない.

inacciọ́n 女 活動しないこと, 無為.

inacentuạdo, da 形 アクセント[強勢]のない.

inaceptạble 形 受け入れられない, 承認できない.

inactividạd 女 活動しないこと, 不活発.

inactịvo, va 形 活動しない, 動かない.

inadaptạble 形《a》(…に) 適応できない, 適合しない.

inadaptaciọ́n 女 不適応, 不適合.

inadaptạdo, da 形 適応しない, なじまない. ── 男 女 不適応者.

inadecuaciọ́n 女 不適当, 不適切.

inadecuạdo, da 形 不適当な, 不適切な.

inadmisịble 形 容認できない, 受け入れられない.

inadoptạble 形 採用できない.

inadvertẹncia 女 不注意. por ～ うっかりして.

inadvertịdamẹnte 副 気づかずに, うっかりして.

inadvertịdo, da 形 ❶ 気づかれない. ❷ ぼんやりした, 不注意な.

inagotạble 形 ❶ 尽きない, 無尽蔵の. ❷《話》疲れを知らない.

inaguantạble 形 耐えられない, 我慢できない.

inalạ́mbrico, ca 形 無線の.

in ạlbis 〔ラ〕何も分からずに;白紙状態で.

inalcanzạble 形 到達できない, 手の届かない.

inalienạble 形 譲渡できない, 奪うことのできない.

inalterạble 形 ❶ 不変の, 変わらない. ❷ 動じない, 平然とした.

inalterạdo, da 形 変わっていない, 変質していない.

inamẹno, na 形 楽しくない, 不快な.

inamovịble 形 動かせない;罷免できない.

inạne 形 無意味な;栄養失調の.

inaniciọ́n 女〘医〙飢餓による衰弱, 栄養失調. morir por ～ 栄養失調で死ぬ.

inanidạd 女 空虚, 無意味.

inanimạdo, da 形 生命のない;動かない, 気を失った.

inạ́nime 形 生命のない, 死んだ.

inapagạble 形 消すことのできない.

inapelạble 形 ❶ 上告[控訴]できない. ❷ 取り返しのつかない, 不可避の.

inapetẹncia 女 食欲不振, 食欲減退.

inapetẹnte 形 食欲不振の.

inaplazạble 形 延期できない, 緊急の.

inaplicạble 形 適用[応用]できない.

inapreciạble 形 ❶ 取るに足りない, ごくわずかな. ❷ 計り知れない;貴重な.

inaprensịble 形 捕えどころのない, 理解し難い.

inapropiạdo, da 形 不適切な, 不適当な.

inaprovechạdo, da 形 使用[活用]されていない.

inarmonị́a 女 不調和.

inarmọ́nico, ca 形 調和のない.

inarrugạble 形 (衣服が) しわにならない.

inarticulạdo, da 形 ❶ (発音の) 不明瞭(ふめいりょう)な, 言葉にならない. ❷ 無関節の.

in artịculo mọrtis 〔ラ〕臨終に

inasequịble 形 手の届かない, 到達[達成]できない.

inasịble 形 捕らえられない;理解し難い.

inasistẹncia 女 不参加, 欠席.

inastillạble 形 (ガラスが) 飛散防止の.

inatacạble 形 攻撃[反駁(はんばく)]できない.

inatenciọ́n 女 不注意;無礼, 失礼.

inaudịble 形 聞こえない, 聞き取れない.

inaudịto, ta 形 ❶ 前代未聞の, 驚くべき. ❷ 我慢のならない.

inauguraciọ́n 女 ❶ 落成[除幕, 開

会, 開業](式). ❷開始, 発足.
inaugural 形 開会の, 除幕の. discurso ～ 開会の辞.
inaugurar 他 ❶開会[落成, 除幕]式を行う. ～ un teatro 劇場のこけら落としをする. ❷開始する.
inca 形 インカ(族, 文化)の. ―― 男 女 インカ族(の人). ―― 男 ❶《古》ペルーの金貨. ❷インカ帝国皇帝;皇族の男子. ❸[複] インカ族. Imperio de los ～*s* インカ帝国.
incaico, ca 形 インカ(族, 帝国)の.
incalculable 形 測り知れない;無数の.
incalificable 形 言語道断の, 評価できない(ほどひどい).
incanato 男《史》インカ帝国(時代).
incandescencia 女❶白熱. lámpara de ～ 白熱灯. ❷熱狂.
incandescente 形 白熱光を発する.
incansable 形 疲れを知らない;根気のよい. un atleta ～ タフな運動選手.
incapaces 形 複 → incapaz.
incapacidad 女 ❶《de, para》(…する)能力がないこと;無能, 不適格. ❷《法》無能力, 失格.
incapacitado, da 形《法》(準)禁治産の. ―― 男 女 (準)禁治産者.
incapacitar 他 ❶《para》(…を)できなくする, (…に)不適格とする. La herida le *incapacita para* la práctica de los deportes. その傷では彼は運動をするのは無理だ. ❷(法的に)失格とする, 資格を奪う.
incapaz [インカパす] 形 [複 incapaces] 〔英 incapable〕 ❶《de＋不定詞》(…をすることが)できない. ❷《para》(…に)不適格な;無能な. ❸《法》資格のない. ❹収容力のない, 容量のない. ―― 男 女 無能力者, 役立たず.
incardinación 女 (新しい物・人の)受入れ, 受容.
incardinar 他《カト》(聖職者を)教区に配属させる. ―― ***incardinarse*** 再 司教区の配属になる.
incario 男 インカ帝国(時代).
incasable 形 結婚できない, 結婚が困難な.
incásico, ca 形 インカ(族, 帝国)の.
incautación 女 差し押さえ, 押収(物).
incautarse 再《法》《de》(…を)押収[没収]する, 差し押さえる;(他人の物を)取り上げる.
incauto, ta 形 ❶不注意な, 軽率な. ❷(お人よしで)だまされやすい.
incendiar 17 他 …に火をつける. ―― ***incendiarse*** 再 (火事で)燃える, 火災が起こる.
incendiario, ria 形 ❶火災を起こす. bomba *incendiaria* 焼夷(しょうい)弾. ❷扇動[挑発]的な;(目差(まなざ)し等が)燃えるような. ―― 男 女 ❶放火者[犯]. ❷扇動者.
incendio [インせンディオ] 男 〔英 fire〕 ❶火事, 火災. provocar un ～ 放火する. ❷熱情, 激高.
incensar 18 他 ❶《宗》香をまいて清める. ❷お世辞を言う, おだてる.
incensario 男《カト》提げ香炉.
incentivar 他 刺激を与える.
incentivo, va 形 刺激的な, 誘発する. ―― 男 刺激, 奨励(金);魅力. ***el ～ de la ganancia*** 増産報奨金.
incertidumbre 女 不確実(性);迷い.
incertísimo, ma 形 incierto の絶対最上級.
incesante 形 絶え間のない, 不断の.
incesto 男 近親相姦(そうかん)(罪).
incestuoso, sa 形 近親相姦(そうかん)の.
incidencia 女 ❶偶発事件, 出来事, 事故. por ～ たまたま. ❷《物》入射, 投射. ❸反響, 影響. ❹(病気の)発生率.
incidental 形 ❶付随[偶発]的な, ついでの. ❷《文法》(文が)挿入の. ―― 女《文法》挿入節.
incidentalmente 副 偶然に;ついでに(言うと), ちなみに.
incidente [インしデンテ] 形 ❶付随的な;《法》付帯する. ❷《en》(…に)投射する. el rayo ～ 射し込む光. ―― 男 〔英 incident〕 ❶出来事;偶発事件;支障. ❷衝突;紛争.
incidir 自《en》❶(罪・誤りに)陥る. ❷(…に)当たる, 投射する. ～ *en* el blanco 的に命中する. ❸(…に)影響[作用]する. ❹(…を)強調する. ―― 他《稀》《医》切開する.
incienso 男 ❶香(の煙, におい);《聖》乳香. ❷《話》へつらい, お世辞. echar [dar] ～ a ... …にへつらう.
incierto, ta [インしエルト, タ] 形 [絶対最上級 incertísimo, ma] 〔英 uncertain〕 不確かな;疑わしい;自信のない.
incineración 女 焼却;火葬.
incinerador, dora 形 焼却用の, 焼却する. ―― 男 女 焼却炉;火葬炉.
incinerar 他 焼却する;火葬にする.
incipiente 形 初期[発端]の;新米の. el día ～ 夜明け.
íncipit 男 (中世の写本の)始めの語句, 書き出しの語句.
incircunciso, sa 形 割礼を受けていない.
incisión 女 ❶切り込み;《医》切開. ❷《詩》句切り.
incisivo, va 形 ❶切断用の;(刃等が)よく切れる. ❷しんらつな. ―― 男 門歯.
inciso, sa 形 切れ目のある, とぎれとぎれの. ―― 男 ❶《文法》挿入句;《法》別項. ❷余談, 挿話. ***a modo de ～*** ついでに, ちなみに.
incitación 女《a》(…への)刺激, 扇動;誘発.
incitador, dora 形 男 女 あおりたてる(人);誘発する(人).
incitante 形 ❶刺激する, あおりたてる. ❷欲情をそそる.
incitar 他《a》(…に)促す, 刺激して…させる. La película *incitó* a los jóvenes *a* la violencia. その映画は若者たちを暴力へと駆り立てた.
incívico, ca 形 無礼な, 無作法な.
incivil 形 不作法な, 粗野な.
incivilizado, da 形 未開の;無作法な.
inclasificable 形 分類できない, 得体の知れない.
inclaustración 女 修道院に入ること.
inclemencia 女 ❶無慈悲, 冷酷. ❷(天候の)過酷さ. a la ～ 吹きさらしで.
inclemente 形 ❶無慈悲な, 冷酷な.

❷ (天候が) 過酷な.

inclinación 女 ❶ 傾き, 傾斜；お辞儀；〖地質〗〖物〗伏角. ❷《a＋不定詞》(…する) 傾向, 気質. ❸《por, hacia》(…への) 愛情, 好み.

inclinado, da 形 ❶ 傾いた. ❷《a＋不定詞》(…する) 傾向がある, (…する) 気になる.

inclinar [インクリナル] 他 〔英 incline〕 ❶《a, hacia》(…の方向へ) 傾ける. ❷《a＋不定詞》(…する) 気にさせる, 仕向ける. — 自 ❶《a, hacia》(…の方向へ) 傾く. ❷《a》(…に) 似る. — **inclinarse** 再 ❶《a, hacia》(…の方向へ) 傾く；お辞儀する. ❷《por》(…の方を) 好む；味方する；《a＋不定詞》(…する) 気になる, しがちである. ❸《a》(…に) 近づく；似る.

ínclito, ta 形 高名な, 著名な.

incluido, da 過分 → incluir. 形 含まれた；(手紙に) 同封された. IVA ～ 消費税込み(で).

incluir [インクるイル] 60 他 [現分 incluyendo] 〔英 include〕 ❶ **含む**, 入れる. ❷ 同封する.

inclusa 女 孤児院.

inclusero, ra 形 孤児院に収容された, 孤児院育ちの. — 男 女 孤児.

inclusión 女 含めること；含有 (物)；同封. con ～ de ... …を含めて.

inclusive 副 《名詞＋》(…も) 含めて；さえも. No estaré en casa del día diez al veinte, ambos ～ 10日から20日まで (両日含めて) 家にはいません.

inclusivo, va 形 含めた, 包括的な.

incluso, sa [インクるソ, サ] 形 ❶ 含まれた. ❷ 同封された. — 副 〔英 even〕 **…さえ, …までも** (＝hasta)；含めて.

incluy- 活 現分 → incluir.

incoación 女 (訴訟等の) 開始.

incoar 他 (訴訟等を) 開始する；提訴する. ► 直説法現在形 1 人称単数および 3 人称複数, 点過去・線過去は用いられない.

incoativo, va 形 ❶ 開始の. ❷〖文法〗(動詞が) 起動 (相) の.

incobrable 形 (代金等が) 回収不能の. deudas ～*s* 不良債権.

incoercible 形 抑制[抑圧]できない.

incógnito, ta 形 未知の. — 男 正体を隠しておくこと, 匿名. — 女 ❶〖数〗未知数. ❷ 未知のこと, 謎(なぞ). ***de*** ～ お忍びで.

incognoscible 形 知ることのできない.

incoherencia 女 (首尾) 一貫しないこと, 支離滅裂 (な言動).

incoherente 形 (首尾) 一貫しない, 支離滅裂な.

incoloro, ra 形 無色の；面白みのない.

incólume 形 無傷の, 無事な.

incombustible 形 ❶ 不燃[耐火]性の. ❷ (年月や困難に) めげない, しぶとい.

incomible 形 食べられない.

incómoda 形 → incómodo.

incomodar 他 不快にする, 怒らせる；迷惑をかける, 面倒をかける. — **incomodarse** 再 《con》(…に) 不快感を覚える, 腹をたてる；わざわざ (…) する.

incomodidad 女 ❶ 窮屈, 不自由；不便. ❷ 面倒, 煩わしさ. ❸ 不機嫌, 立腹.

incomodo 男 → incomodidad.

incómodo, da [インコモド, ダ] 形 〔英 uncomfortable〕 ❶ **不快な**, 窮屈な. ❷ 面倒な；迷惑な；不便な.

incomparable 形 比較できない；無類の, 卓越した.

incomparecencia 女 ❶ 欠席；〖法〗不出頭. ❷〖スポ〗不戦勝.

incompartible 形《con》(…と) 分かち合えない, 共有できない；調和しない.

incompatibilidad 女 ❶ 非両立性, 相いれないこと. ～ de caracteres 性格の不一致. ❷〖政〗兼職の禁止.

incompatible 形 ❶《con》(…と) 相いれない；同時に起こらない. ❷ 兼業 [兼任, 兼務] できない.

incompetencia 女 ❶ 無能；不適格. ❷〖法〗管轄[権限]外.

incompetente 形 無能な；不適格な；管轄外の.

incompleto, ta 形 不完全な；未完(成) の.

incomprendido, da 形 男 女 誤解された (人), 真価を認められていない (人).

incomprensible 形 理解できない, 不可解な.

incomprensiblemente 副 訳も分からず, 不可解にも.

incomprensión 女 無理解.

incomprensivo, va 形 無理解な；包容力のない.

incompresible 形 圧縮[圧搾]できない, 非圧縮性の.

incomunicable 形 ❶ 交信[連絡, 伝達]できない. ❷ 親しみにくい.

incomunicación 女 ❶ 伝達[通信, 交通]の欠如；孤立. ❷〖法〗独房監禁.

incomunicar 26 他 ❶ 伝達[通信, 交通] の手段を奪う, 孤立させる；出入りできなくする. ❷ (囚人を) 独房に監禁する. — **incomunicarse** 再 孤立する, 閉じこもる.

inconcebible 形 想像できない, 不可解な；奇抜な.

inconciliable 形 相いれない, 調和しない.

inconcluso, sa 形 未完の.

inconcreto, ta 形 あいまいな.

incondicional 形 ❶ 無条件の, 絶対的な；盲目的な. ❷ (弟子・友人等が) 盲信的な, 忠実な. — 男 女 絶対的支持者, 熱狂的ファン.

inconducta 女《ラ米》(アルゼンチン)(ウルグアイ) 悪い行い, 無作法.

inconexión 女 無関連；まとまりのなさ.

inconexo, xa 形 関連[まとまり]のない.

inconfesable 形 口に出せないような, 恥ずかしい.

inconfeso, sa 形 (罪人が) 白状[自白]しない.

inconforme 形 男 女 体制に不満な (人).

inconformidad 女 非順応, 不満.

inconformismo 男 (慣習・伝統等に対する) 非従順 (主義).

inconformista 男 女 (慣習・伝統等に) 従順でない人.

inconfortable 形 快適でない.

inconfundible 形 間違いようのない；独特の.

incongruencia 女 不一致；つじつまの合わないこと.
incongruente 形 一致しない，つじつまの合わない；不適切な. historia ～ 支離滅裂な話.
inconmensurable 形 ❶ 測定できない；《話》巨大な，広大な，莫大(ばく)な. ❷〖数〗約分できない. ❸ 共通項のない，異質の.
inconmovible 形 揺るぎのない，堅固な.
inconmutable 形 不変の；交換できない；減刑できない.
inconquistable 形 ❶ 征服できない；難攻不落の. ❷ 人の言いなりにならない.
inconsciencia 女 ❶ 無意識；意識不明. ❷ 無自覚；軽率，不注意.
inconsciente [インコン(ス)しエンテ] 形〔英 unconscious〕❶ **無意識の**；意識不明の. ❷ 自覚のない，気づかない；軽率な. ― 男〖心〗無意識.
inconsecuencia 女 不一致，矛盾；一貫性のなさ；無節操.
inconsecuente 形 ❶ 一貫性のない；無節操な. ❷（論理の）つじつまが合わない. ― 男 女 無節操[無定見]な人.
inconsideración 女 無分別（な行為），軽率.
inconsiderado, da 形 男 女 無分別な（人），軽はずみな（人）.
inconsistencia 女 ❶ 頑丈さ[ねばり]がないこと，もろさ. ❷ 根拠がないこと.
inconsistente 形 ❶ 頑丈でない，もろい. ❷ 根拠のない.
inconsolable 形 慰めようのない；悲嘆に暮れた.
inconstancia 女 変わりやすさ；移り気，無節操.
inconstante 形 変わりやすい；不安定な；移り気な，無節操な. ― 男 女 移り気な[無節操な]人.
inconstitucional 形 憲法違反の，違憲の.
inconsútil 形（キリストの寛衣のように）縫い目のない.
incontable 形 ❶ 数えきれない，無数の. ❷ 話せない.
incontaminado, da 形 汚れていない；汚染されていない.
incontenible 形 抑えきれない，制止できない.
incontestable 形 議論の余地のない，明白な.
incontestado, da 形 ❶ 議論[反論]されたことのない. ❷ 返事のない.
incontinencia 女（欲望・情熱を）自制できないこと；淫乱(いん). ～ ***de orina***〖医〗尿失禁.
incontinente 形 ❶（欲望・情熱を）抑制できない；淫乱(いん)な. ❷〖医〗失禁の.
incontrastable 形 議論[反論]の余地のない.
incontrolable 形 抑制[制御，管理]できない.
incontrolado, da 形 男 女 抑制のきかない（人）；乱暴な（人）.
incontrovertible 形 議論の余地のない.
inconvencible 形 納得させることのできない，かたくなな.
inconveniencia 女 ❶ 不都合，支障. ❷ 軽率さ；不作法[下品]な言動.
inconveniente [インコンベニエンテ] 形〔英 inconvenient〕**不都合な**，不適当な；不作法な. ― 男 不都合，支障；迷惑. ¿Tiene algún ～ en que le haga unas preguntas? あなたにいくつか質問しても構いませんか.
incordiar 17 他《話》いらだたせる，不愉快にする.
incordio 男《話》不愉快，面倒.
incorporación 女 ❶ 合体，合併；編入；(任務・活動への) 加入，配属. ❷（寝た姿勢から）上体を起こすこと.
incorporal 形 → incorpóreo.
incorporar 他 ❶《a, en》(…に) 合体[合併] する，編入[混合] する；内蔵する. ❷ 上体を起こさせる. ― ***incorporarse*** 再 ❶ 合体する，一体になる. ❷（団体・任務・活動等に）加わる. ❸ 上体を起こす.
incorporeidad 女 肉体[実体]を持たないこと，無形.
incorpóreo, a / incorporal 形 実体[形態]のない，無形の.
incorrección 女 ❶ 間違い，不正確. ❷ 不適当；不作法.
incorrecto, ta 形 ❶ 正しくない，不正確な. ❷ 不適切な；不作法な；不格好な.
incorregible 形 矯正[修正]できない.
incorrupción 女 腐敗しないこと，堕落しないこと.
incorruptible 形 腐敗[堕落]しない.
incorrupto, ta 形 ❶ 腐敗[堕落]していない；買収されない. ❷（女性が）純潔な.
incredibilidad 女 信じられないこと.
incredulidad 女 ❶ 疑い深さ. ❷〖宗〗不信仰，不信心.
incrédulo, la 形 男 女 疑い深い（人）；信仰のない（人）.
increíble [インクレイブれ] 形〔英 incredible〕**信じられない**；とてつもない. Es ～ que valga tanto este cuadro. この絵画にそれ程価値があるなんて信じられない.
incrementar 他 ❶ 増大[拡大]させる. ❷ 促進[振興]させる；発展させる. ― ***incrementarse*** 再 増える.
incremento 男 ❶ 増大，増加. ❷ 発展，進展. ❸〖数〗増分. ❹〖文法〗音節増加.
increpación 女 叱責(しっせき)，ののしり.
increpar 他 しかりつける；ののしる.
incriminación 女 起訴，告発；糾弾.
incriminar 他 告発[起訴，糾弾]する.
incruento, ta 形 無血の，死傷者を出さない.
incrustación 女 ❶ はめ込み；象眼細工. ❷ 付着（物）；かさぶた.
incrustar 他 ❶ はめ込む；象眼する. *incrustado* con piedras preciosas 宝石をちりばめた. ❷ 付着させる. ❸ 刻み込む，銘記する. ― ***incrustarse*** 再 ❶ はまり込む，めり込む. ❷ 付着する.
incubación 女 ❶ 抱卵（期），孵化(ふか)（期）. ❷〖医〗潜伏（期）.
incubadora 女 孵卵(ふらん)器；（未熟児用の）保育器.
incubar 他 ❶（卵を）抱く；孵化(ふか)させる. ❷（病を）潜伏させる. ❸（計画・陰謀等

を)もくろむ. ― 自 抱卵する.

íncubo 男 (眠っている女性と交わるため人間の男性に変身した) 夢魔.

incuestionable 形 議論の余地のない, 明白な.

inculcación 女 教え込むこと;頭にたたき込むこと;銘記すること.

inculcar 26 他 教え込む;頭にたたき込む;銘記する.

inculpabilidad 女 無罪;潔白.

inculpación 女 告発, 起訴;嫌疑.

inculpado, da 形 告発された, 起訴された;嫌疑がかけられた. ― 男 女 被告人, 被疑者.

inculpar 他 《de》(…のかどで) 告発 [起訴] する;疑いをかける.

incultivable 形 耕作 [開墾] できない;教化しがたい.

inculto, ta 形 ❶ 無教養な;粗野な. ❷ 未開拓の. ― 男 女 無知な [無学の] 人.

incultura 女 無教養;粗野;未開拓.

incumbencia 女 ❶ (専門) 分野, 領域. ❷ 義務. ❸〘法〙管轄権.

incumbir 自 《a》(義務・責任が) (…に) 属する, かかわる;(…の) 管轄である.

incumplido, da 形 履行されていない. ― 男 女 《ラ米》(コロンビア)(チリ)(ペルー) 約束を破る人, いい加減な人.

incumplimiento 男 ❶ (責務の) 不履行. ❷ 違反;(契約の) 破棄.

incumplir 他 ❶ (責務を) 履行しない. ❷ (規則を) 破る;(契約を) 破棄する.

incunable 形 インキュナブラの, (1500年以前に印刷された) 古版本の. ― 男 インキュナブラ, 揺籃(ようらん)期本.

incurable 形 男 女 不治の (病人);矯正できない (人), 救いがたい (人).

incuria 女 不注意, 怠慢.

incurrir 自 《en》(…に) 陥る, (…を) 犯す. ～ *en* olvido うっかり忘れる.

incursión 女 侵攻, 侵略;参入.

incurso, sa 形 《en》(…の) 罪 [過失] を犯した.

indagación 女 研究;究明;審問.

indagador, dora 形 研究 [調査] する. ― 男 女 研究 [調査] 員;捜査官.

indagar 66 他 研究 [究明, 質問] する.

indagatorio, ria 形 取り調べの, 調査 (上) の. comisión *indagatoria* 査問委員会. ― 女〘法〙調書.

indebido, da 形 ❶ 不当な, 不法な;不適切な. un despido ～ 不当解雇. ❷ 強制されない.

indecencia 女 下品;卑猥(ひわい).

indecente 形 ❶ 下品な;卑猥(ひわい)な. ❷ 不快な;汚らしい;みすぼらしい.

indecible 形 言葉にならない.

indecisión 女 優柔不断, ためらい.

indeciso, sa 形 ❶ 未決定の, 迷っている. ❷ 優柔不断の;あいまいな. ― 男 女 優柔不断な人.

indeclinable 形 ❶〘文法〙(語形・格が) 不変化の. ❷ 不可避の.

indecoroso, sa 形 不作法な;下品な, 慎みのない.

indefectible 形 お決まりの;必然的な.

indefendible / indefensible 形 防御 [弁護] しようのない.

indefensión 女 無防備;孤立無援.

indefenso, sa 形 無防備の;無援の.

indefinible 形 定義できない;形容し難い.

indefinición 女 不明確, あいまい.

indefinido, da 形 ❶ 定義されていない;不明確な. ❷ 無限の. por tiempo ～ 無期限に. ❸〘文法〙不定の.

indeformable 形 変形しない.

indehiscente 形〘植〙(果皮が) 不裂開の.

indeleble 形 消すことのできない, 忘れられない.

indeliberado, da 形 ❶ 故意でない. ❷ 軽率な.

indelicadeza 女 心遣いのなさ;不作法.

indelicado, da 形 心遣いに欠ける, 不作法な.

indemne 形 無傷の, 損害のない.

indemnización 女 ❶ 賠償 (金), 補償 (金). ❷ 《ラ米》バーゲンセール (→ liquidación 地域差).

indemnizar 57 他 賠償 [補償] する.

indemorable 形 延期できない.

indemostrable 形 証明できない.

independencia [インデペンデンシア] 女 [英 independence] ❶ **独立**, 自立. guerra de la ～ 独立戦争. ❷ 独立心, 自立心. ***con ～ de ...*** …にかかわりなく, …とは別個に.

independentismo 男 独立主義, 独立運動.

independiente [インデペンディエンテ] 形 [英 independent] ❶ **独立した**, 自立した;独立心の強い;無所属の. ❷ 《de》(…と) 関係のない. ― 男 女 独立 [自立] した人;無所属 [無党派] の政治家. ― 副 独自に, 関係なく.

independista / independentista 形 独立運動の. ― 男 女 独立論者, 独立主義者.

independizar 57 他 独立させる, 解放する. ― **independizarse** 再 《de》(…から) 独立 [自立] する.

indescifrable 形 解読 [判読] できない;不可解な.

indescriptible 形 言葉で表せない.

indeseable 形 男 女 好ましくない (人).

indeseado, da 形 望まれない, 好ましくない.

indesmallable 形 (ストッキングが) 伝線しない.

indestructible 形 不滅の, 永遠の.

indetectable 形 検出 [探索] 不可能な.

indeterminable 形 確定 [決定, 決断] できない.

indeterminación 女 不確定;優柔不断.

indeterminado, da 形 ❶ 不確定の;不明確な;優柔不断の. ❷〘文法〙不定の.

indeterminista 形 男 女 非決定論 (者) (の);自由意志論 (者) (の).

indexación 女〘IT〙インデックス付け;〘経〙物価スライド制.

India 固名 インド:首都ニューデリー Nueva Delhi. ― 形 男 女 [i-] → indio.

indiada 女 《ラ米》 (1) 先住民の集団[群衆]. (2)(アルゼ)(ウルグ)(チリ)騒動を起こす連中.

indianismo 男 インド学；インド的性格.

indiano, na 形 中南米の, インディアスの；西インド諸島の. hueste *indiana* 〖史〗新大陸征服軍勢. ― 男 女 インディアスで財を成して帰国したスペイン人.

Indias 固名 (スペイン統治時代の) 中南米, インディアス, 新大陸. ***archipámpano de las*** ～ 《ユーモラスに》 大物, 傑物. ***conejillo de*** ～ 〖動〗テンジクネズミ；《比喩的》モルモット.

indicación 女 ❶ 指示, 指図；示唆. ❷ 表示, 印. *indicaciones* de tráfico 交通標識.

indicado, da 過分 → indicar. 形 ❶ 適した, ふさわしい. ❷ 指示された. medicamento ～ 処方薬.

indicador, dora 形 指示[表示]する. ― 男 ❶ 指示器, メーター；指針. ❷ 標識, 案内板. ❸ 〖化〗指示薬. ～ ***de giro*** 《スペイン》〖車〗ウインカー (→ intermitente 地域差).

indicar [インディカル] 26 他 〔英 indicate〕 ❶ **指す**, 指示する；(日時・場所を) 指定する；知らせる. ❷ 《**que**＋接続法》(…するように) 指図する；(医者が処置・薬を) 指示する. El médico me *indicó que* me pusiera a régimen. 医者は私にダイエットをするようにと指示した. ❸ (兆しを) 示す；示唆する.

indicativo, va 形 ❶ 表示[指示]する. síntoma ～ (病気の) 徴候. ❷ 〖文法〗直説法の. ― 男 ❶ 〖文法〗直説法. ❷ (放送局・無線局の) 呼び出し符号[番号].

índice 男 ❶ 人指し指. ❷ 索引；図書目録；〖カト〗[Í-] 禁書目録；〖IT〗インデックス. ❸ 指標. ❹ 〖統計〗〖物〗指数, 率. el ～ Dow [Nikkei] ダウ[日経]平均株価. ～ de precios al consumo 消費者物価指数. ～ de audiencia 視聴率. ～ de desempleo [paro] 失業率. ～ de natalidad [mortalidad] 出生[死亡]率. ❺ (時計の) 針, (計器の) 指針. ― 形 指し示す.

indiciar 17 他 (徴候を) 示す.

indicio 男 ❶ 徴候；形跡. El silencio es ～ de que ha reconocido su culpa. 沈黙は彼が自分の罪を認めたというしるしだ. ❷ 微量. descubrir ～*s* de ... 微量の…を検出する. ❸ 〖法〗証拠 (物件).

índico, ca 形 インドの. Océano *Í*～ インド洋. ― 男 サンスクリット語派生言語.

indiferencia 女 無関心, 冷淡.

indiferenciado, da 形 《estarと共に》区別されない, 違わない.

indiferente [インディフェレンテ] 形 〔英 indifferent〕 ❶ 《**a**》(…に) **無関心な**；冷淡な. una mujer ～ つれない女. ❷ どちらでもよい；重要でない. ❸ 〖物〗中立の. ― 男 女 無関心な人；冷淡な人.

indiferentismo 男 (宗教・政治等に対する) 無関心 (主義).

indígena 形 《**de**》(…に) 先住の；原産の. ― 男 女 先住民.

indigencia 女 極貧, 貧窮.

indigenismo 男 ❶ 先住民文化の研究. ❷ 先住民の権利擁護運動；インディヘニスモ. ❸ (スペイン語に入った) 先住民の言葉.

indigenista 形 男 女 先住民の権利擁護運動の[家, 作家].

indigente 形 極貧の. ― 男 女 貧困者, 生活困窮者.

indigestarse 再 ❶ 《**con, por, de**》(…で) 消化不良になる；《**a**》(食物が) (…の) 胃にもたれる. ❷ 《**a**》(…に) 不快感をもたらす, 理解されない. *Se me indigesta* el ordenador. コンピュータにはお手あげだ.

indigestible 形 ❶ 消化しにくい. ❷ 理解しがたい. ❸ 我慢ならない.

indigestión 女 消化不良, 胃のもたれ.

indigesto, ta 形 ❶ 消化されない. estar [sentirse] ～ 胃がもたれている. ❷ 扱いにくい. ❸ 無秩序な.

indignación 女 憤慨, 激怒.

indignante 形 腹立たしい.

indignar 他 憤慨[激怒]させる. ― 自 憤慨する. ― **indignarse** 再 《**con, contra, por**》(…に) 怒る, 憤慨する.

indignidad 女 ❶ 下劣さ；低俗な行為. ❷ 〖法〗(相続者の不敬行為による) 相続権喪失.

indigno, na 形 ❶ 《**de**》(…に) 値しない, ふさわしくない. ❷ 下劣な, 低俗な.

índigo 男 (染料の) インディゴ, 藍(あい).

indino, na 形 《話》いたずらな；恥知らずな.

indio, dia [インディオ, ディア] 形 〔英 Indian〕 ❶ (ラテンアメリカ・北米の) **先住民の**. ❷ インド (人) の. ❸ 藍(あい)色の. ― 男 女 ❶ **先住民**. ❷ インド人. ❸ 《ラ米》(アルゼ)(チリ)(ウルグ)いたずらっ子. ― 男 〖化〗インジウム. ***hacer el*** ～ 《話》おどける；無責任な行動をとる.

indiofobia 女 先住民嫌い.

indiófobo, ba 形 男 女 先住民嫌いの (人).

indique(-) / indiqué(-) 活 → indicar.

indirecto, ta 形 ❶ 間接的な；遠回しの. ❷ 〖文法〗間接 (話法) の. ― 女 ほのめかし, 暗示.

indiscernible 形 識別できない.

indisciplina 女 (規律への) 不服従.

indisciplinado, da 形 男 女 反抗的な (人), 規律を守らない (人).

indisciplinarse 再 規律を守らない.

indiscreción 女 無分別, 軽率 (な行為)；不用意な発言.

indiscreto, ta 形 男 女 無分別[軽率, 不謹慎]な (人).

indiscriminado, da 形 無差別の.

indisculpable 形 許せない.

indiscutible 形 議論の余地ない, 明白な；文句なしの.

indiscutiblemente 副 明白に；文句なしに.

indisociable 形 分けられない.

indisoluble 形 ❶ 溶解[分解]できない. ❷ 確固とした, 不変の.

indispensable [インディスペンサブれ] 形 〔英 indispensable〕 《**para**》(…に) **欠かせない**. ***ser*** ～ ***que*** 〈＋接続法〉どうしても…しなければならない.

indisponer 75 他 ❶ 《**con, contra**》(…に対して) 気を悪くさせる, (…と) 仲たがいさせる. ❷ 体調を悪くさせる. ― **indisponerse** 再 ❶ 《**con, contra**》

(…と) 仲たがいする, (…に) 反感を抱く. ❷ 体調を崩す.

indisposición 女 体の不調; 不快感.

indispuesto, ta 過分 → indisponer. 形 ❶ 体調が悪い. ❷ 不快な; 《**con, contra**》(…と) 仲たがいをした.

indisputable 形 議論の余地のない, 明白な.

indisputablemente 副 明白に.

indistinción 女 識別不能; 無差別.

indistinguible 形 区別できない.

indistinto, ta 形 ❶ 区別のつかない; 不明瞭(ふめいりょう)な. ❷ どちらでもよい.

individua 形 → individuo.

individual [インディビドゥアる] 形 〔英 individual〕 **個人の**; 個々の. las características ～es 個性. habitación ～ 個室, (ホテルの) シングル・ルーム. ── 男 〖スポ〗シングルス. ～ masculino [femenino] 男子[女子]シングルス.

individualidad 女 個性(的な人).

individualismo 男 ❶ 個人[利己]主義. ❷ 〖哲〗個体[個人]主義.

individualista 形 個人主義の, 利己的な. ── 男 女 個人[利己]主義者.

individualización 女 個別化, 個性化.

individualizar 57 他 ❶ (…の) 個性[特性]を際立たせる, 差別化する. ❷ (一般的なことを) 個にあてはめる.

individuo, dua [インディビドゥオ, ドゥア] 形 〔英 individual〕 ❶ **個々の**. ❷ 分割できない. ── 男 女 ❶ 《話》(正体を明らかにするまでもない) 人. ❷ 《軽蔑》やつ. ── 男 (集団を構成する) **個人**; 一員.

indivisible 形 ❶ 不可分の. ❷ 〖数〗割り切れない. ❸ 〖法〗分割不能な.

indiviso, sa 形 ❶ 分割されない. ❷ 〖法〗(財産が) 不分割の, 共有の. herencia *indivisa* 共同相続財産. ***pro*** ～ 不分割の.

Indo 固名 el ～ インダス川.

indoblegable 形 意志を曲げない; 手に負えない.

indochino, na 形 男 女 インドシナ (半島) の (人).

indócil 形 従順でない, 強情な.

indocto, ta 形 教養のない, 無知な.

indocumentado, da 形 ❶ 身分証明書を持たない[不携帯の]. ❷ (資料・文献に) 記述のない, 依拠していない. ── 男 女 ❶ 身分証明書を持たない人. ❷ 世間に知られていない人.

indoeuropeo, a 形 インド・ヨーロッパ (語, 民族) の. ── 男 女 インド・ヨーロッパ語系民族[人]. ── 男 インド・ヨーロッパ祖語.

indogermánico, ca 形 男 女 → indoeuropeo.

índole 女 ❶ (人の) 性格, 性分; (物の) 特徴. ❷ 種類.

indolencia 女 怠惰; 無感動.

indolente 形 ❶ 怠惰な. ❷ 無感動な. ── 男 女 怠け者, 無精者.

indoloro, ra 形 無痛の.

indomable 形 ❶ 調教しにくい; 手なずけにくい. un caballo ～ 荒馬. ❷ (感情等が) 抑えられない.

indomado, da 形 ❶ 調教されていない. ❷ (感情等が) 抑制されていない.

indomesticable 形 飼いならすことのできない.

indómito, ta 形 飼いならされていない; 不従順な; 荒々しい.

Indonesia 固名 インドネシア : 首都ジャカルタ Yakarta.

indonesio, sia 形 インドネシア (人, 語) の. ── 男 女 インドネシア人. ── 男 インドネシア語.

indostanés, nesa / indostano, na 形 男 女 ヒンドスタンの (人).

indostaní 男 〖言〗ヒンドスタニー語.

indostánico, ca 形 ヒンドスタン (人) の.

indubitable 形 疑う余地のない, 明白な.

inducción 女 ❶ 誘発, 誘引. ❷ 〖電〗誘導, 感応. ❸ 〖論〗帰納 (法).

inducido, da 形 〖電〗誘導された. ── 男 〖電〗(ダイナモ等の) 電機子.

inducir 12 他 ❶ 《**a**》(…に) 仕向ける, (…を) 誘発する. ～ *a* engaño だます. ❷ 推断する. ❸ 〖電〗(電気・磁気を) 誘導する.

inductancia 女 〖電〗インダクタンス, 電磁誘導回路.

inductivo, va 形 ❶ 帰納的な. ❷ (電気) 誘導の.

inductor, tora 形 ❶ 誘導的な. ❷ 〖電〗誘導[感応]の. ── 男 女 勧誘者. ── 男 〖電〗誘電子.

indudable 形 疑う余地のない, 明白な.

indulgencia 女 ❶ 寛大, 寛容. ❷ 〖カト〗免償. ～ plenaria 全贖宥(しょくゆう).

indulgente 形 《**con, hacia, para**》(…に) 寛大な.

indultar 他 《**de**》(罪を) 免除[軽減]する; (義務・責任等を) 免ずる.

indulto 男 ❶ 恩赦; 免除. ❷ 慈悲.

indumentaria 女 ❶ 《集合的》衣装, 衣服. ❷ 服飾史 (学).

industria [インドゥストゥリア] 女 〔英 industry〕 ❶ **産業**, **工業**; 産業界. ～ automotriz 《ラ米》(アルゼンチン)(コロンビア)(ウルグアイ) 自動車工業. ～ clave [básica] 基幹産業. ～ ligera [pesada] 軽[重]工業. ❷ 製造所, 工場. ❸ 巧知. ***de*** ～ わざと.

industrial [インドゥストゥリアる] 形 〔英 industrial〕 **産業の**, **工業の**. polo ～ 開発促進地域. polígono ～ 工業団地. residuos ～*es* 産業廃棄物. espionaje ～ 産業スパイ. ── 男 女 企業家; 製造業者. ***en cantidades ～es*** 《話》多数の, 大量の.

industrialismo 男 産業主義; 金もうけ主義.

industrialización 女 産業化, 工業化.

industrializar(*se*) 57 他 再 工業[産業]化する.

industriarse 17 再 巧みに手に入れる. ***industriárselas*** (***para*** ...) (…の達成のために) うまくやる.

industrioso, sa 形 勤勉な, 器用な.

inecuación 女 〖数〗不等 (式).

inédito, ta 形 未刊の, 未発表の; 世に知られていない, 新しい.

ineducación 女 不作法; 無教養.

ineducado, da 形 男 女 不作法な (人), 教養のない (人).

inefable 形 言葉で表現できない.
inefectivo, va 形 効果のない.
ineficacia 女 無効果；無益.
ineficaz 形 効力[効果]のない；無益な，無駄な.
ineficiencia 女 無能，非能率.
ineficiente 形 効率の悪い，無能な.
inelegancia 女 優雅でないこと，やぼ.
inelegante 形 優雅でない，やぼな.
inelegible 形 (選ばれる) 資格のない，不適格な.
ineluctable 形 避けられない.
ineludible 形 避けられない.
INEM [イネ(ム)] 男 *I*nstituto *N*acional de *Em*pleo 国立職業訓練所.
inembargable 形 〖法〗差し押さえの対象にならない.
inenarrable 形 ❶ 言葉に尽くせない. ❷ すばらしい.
inencontrable 形 見つけられない.
inepcia / ineptitud 女 無能；愚かさ.
inepto, ta 形 無能な；不適格な；愚かな. — 男 女 無能者，役立たず.
inequívoco, ca 形 紛れもない，明白な.
inercia 女 ❶〖物〗慣性，惰性. ❷ 不活発，ものぐさ. ***por*** ～ 習慣で，惰性で.
inerme 形 武器を持たない；無防備の；(動植物が) とげ[針]のない.
inerte 形 ❶ 動かない；不活発な. ❷〖化〗不活性の.
inervación 女〖解〗神経支配[分布].
inervar 他 (神経を) 刺激する.
Inés 固名 イネス：女子の名.
inescrupuloso, sa 形 男 女 厚顔無恥な (人).
inescrutable 形 計り知れない；不可解な.
inesperado, da 形 予期しない，不意の.
inestabilidad 女 不安定.
inestable 形 不安定な.
inestimable 形 計り知れない，(評価できないほど) 貴重な.
inestimado, da 形 ❶ 評価を受けていない. ❷ 軽視された.
inevitable 形 不可避の.
inexactitud 女 不正確；間違い.
inexacto, ta 形 不正確な；間違った；うその.
inexcusable 形 ❶ 許せない. ❷ 避けられない.
inexhausto, ta 形 無尽蔵の.
inexistencia 女 存在[実在]しないこと，欠如.
inexistente 形 存在[実在]しない.
inexorabilidad 女 ❶ 無情，冷酷. ❷ 不可避.
inexorable 形 無情な，冷酷な.
inexperiencia 女 未経験；未熟.
inexperto, ta 形 男 女 経験がない (人)，未熟な (人).
inexplicable 形 説明がつかない，不可解な.
inexplicablemente 副 不可解なことに.
inexplorado, da 形 探検[探索]されていない，未知の.
inexpresable 形 言い表せない.
inexpresivo, va 形 無表情な；表現力に乏しい.
inexpugnable 形 ❶ 攻略できない. ❷ かたくなな.
inextensible 形 拡張できない.
inextenso, sa 形 広がり[伸び]のない.
inextinguible 形 ❶ 消せない；抑えられない. ❷ 尽きることのない.
in extremis 〔ラ〕臨終に；土壇場で.
inextricable 形 解決できない；もつれた.
infalibilidad 女 絶対的な確実性. ～ pontificia 〖カト〗教皇不謬(ふびゅう)性.
infalible 形 絶対間違いのない；確実な.
infalsificable 形 偽ることのできない；偽造できない.
infamación 女 中傷，名誉毀損(きそん).
infamante 形 恥辱的な.
infamar 他 中傷する；名誉を傷つける.
infamatorio, ria 形 中傷的な；評判を落とす.
infame 形 劣悪な；評判の悪い. — 男 女 卑劣な人，極悪人.
infamia 女 極悪；悪名.
infancia [インファンシア] 女〔英 infancy〕❶ 幼少，幼年時代. ❷《集合的》子供. Fondo de las Naciones Unidas para la *I*～ 国連児童基金，ユニセフ. ❸ 初期.
infando, da 形 忌まわしい.
infantado 男 王子・王女の位[領地].
infante, ta 男 女 ❶ (7歳未満の) 子供，幼児. ❷ (スペイン・ポルトガルの王位継承権のない) 王子，王女. ❸〖軍〗歩兵.
infantería 女〖軍〗歩兵 (隊).
infanticida 形 男 女 嬰児(えいじ) [幼児] 殺しの (犯人).
infanticidio 男 嬰児(えいじ) [幼児] 殺し.
infantil 形 ❶ 幼児の，子供の；幼児用の. ❷ 幼稚な. ❸ 純真な. — 男〖スポ〗alevín と cadete の間の年齢層 (の選手).
infantilismo 男 ❶ 幼児性. ❷〖医〗幼稚症.
infantiloide 形 男 女《軽蔑》子供っぽい性格の (人).
infanzón, zona 男 女 郷士(ごうし)：中世スペインの貴族階級の下位に属する地位.
infartado, da 形 男 女 (心筋) 梗塞(こうそく)の (患者).
infartante 形《話》感動的な，すばらしい. el ～ triunfo すばらしい勝利.
infarto 男〖医〗梗塞(こうそく)；(器官等の) 肥大化. ***de*** ～《話》感動的な，すばらしい.
infatigable 形 疲れを知らない.
infatuar 58 他 うぬぼれさせる. — **infatuarse** 再 (con) (…に) うぬぼれる.
infausto, ta 形 不幸な，痛ましい.
infección 女 感染，伝染 (病)；化膿(かのう).
infeccioso, sa 形 感染する，伝染性の.
infectar 他 感染させる；汚染する. — **infectarse** 再 感染する；化膿(かのう)する；汚染される.
infecto, ta 形 ❶ 感染[汚染]した. ❷ 腐敗した，汚い；不快な.
infecundidad 女 不毛；不妊.
infecundo, da 形 ❶ (土地が) 不毛の.

❷ 不妊の；実を結ばない.
infelicidad 女 不幸, 不運.
infeliz 形 ❶ 不幸な, 不運な. ❷ 悲惨な. ❸《話》お人よしの. ― 男 女 ❶ 不幸[不運]な人. ❷《話》お人よし.
inferencia 女 推論, 推定.
inferior [インフェリオル] 形 〔英 lower; inferior〕《a》❶ (…より) (位置が) 下の, 低い. labio ～ 下唇. ❷ (…より) (質が) 劣った；(等級・身分が) 下の；(数量が) 少ない. animales ～*es* 下等動物.
inferioridad 女 劣っていること；下級, 下位 (↔ superioridad). complejo de ～ 劣等コンプレックス, 劣等感.
inferir 98 他 ❶《de, por》(…から) 推論[推定] する. ❷ (苦痛・侮辱等を) 与える. ― **inferirse** 再《de》(…から) 推論される.
infernal 形 ❶ 地獄の. ❷ すさまじい；不快な；最悪の.
infernillo 男 → infiernillo.
infértil 形 肥沃(ひよく)でない.
infestación 女 ❶ (害虫等の) 蔓延(まんえん)；(病気の) 伝染. ❷ 荒廃, 退廃.
infestar 他 ❶ (場所を) いっぱいにする. ❷ はびこる；荒廃させる. ❸ 汚染する；悪影響を及ぼす.
infeudar 他 → enfeudar.
inficionar 他 感染させる；(空気・水等を) 汚染する；堕落させる.
infidelidad 女 ❶ 不忠実, 不誠実, 不貞；不正確. ❷〖カト〗不信仰；異教徒.
infidelísimo, ma 形 infiel の絶対最上級.
infiel 形 ❶《a》(…に) 忠実でない；不貞な. ❷ 不正確な；当てにならない. ❸〖カト〗異教の. ― 男 女 不信心者, 異教徒.
infiernillo 男 こんろ. ～ de alcohol アルコールランプ.
infierno 男 ❶ 地獄 (↔paraíso). ir al ～ 地獄に落ちる. ❷《比喩的》修羅場；(地獄のような) 苦しみ. ❸ [複]〖ギ神〗冥府(めいふ). ***al ～ con ...***《話》いまいましい…め. ***¡Anda [Vete, Que se vaya] al ～!***《話》くたばれ, いいかげんにしろ. ***en el quinto ～ / en los quintos ～s***《話》人里離れた所に, 世界の果てに. ***mandar a ... al ～***《話》…を罵倒(ばとう)する.
infijo 男〖文法〗接中辞, 挿入辞.
infiltración 女 ❶ 浸透；浸入. ❷〖医〗浸潤.
infiltrado, da 男 女 侵入者, スパイ.
infiltrar 他 染み込ませる；浸透させる. ― **infiltrarse** 再 ❶《en》(…に) 浸透する. ❷ 侵入[潜入]する.
ínfimo, ma 形 最低の；最悪の.
infinidad 女 無限 (性)；無数, 莫大(ばくだい).
infinita 形 → infinito.
infinitesimal 形 微小の；〖数〗無限小の. cálculo ～ 微積分.
infinitivo, va 形〖文法〗不定詞の. ― 男〖文法〗(動詞の) 不定詞.
infinito, ta [インフィニト, タ] 形 〔英 infinite〕❶ 無限の. a lo ～ 果てしなく. ❷ 無数の. ― 男 無限；〖数〗無限大. ― 副 無限に, 非常に.
infinitud 女 無限, 無限大, 無数.
inflación 女 ❶ インフレーション (↔ deflación). ❷ 増加, 増大.
inflacionario, ria 形 インフレの.
inflacionismo 男 インフレ政策[状態].
inflacionista 形 インフレの.
inflador 男 空気[エア]ポンプ.
inflamable 形 ❶ 可燃性の, 引火性の. ❷ 激高[興奮]しやすい.
inflamación 女 ❶ 点火, 燃焼. ❷ 激高. ❸〖医〗炎症.
inflamar 他 ❶ 燃え上がらせる. ❷ (感情等を) あおりたてる. ❸ 炎症を起こさせる. ― **inflamarse** 再 ❶ 燃え上がる. ❷ 激高する. ❸ 炎症を起こす.
inflamatorio, ria 形 点火の；炎症性の.
inflamiento 男 膨張；腫(は)れ；誇張.
inflar 他 ❶ (空気・ガスで) 膨らませる. ❷ 誇張する. ❸ 増長させる. ❹《ラ米》(アルゼ)(チリ)(ウルグ)(話) 迷惑をかける. ― **inflarse** 再 ❶ (空気・ガスで) 膨らむ. ❷ うぬぼれる. ❸《話》《de》(…で) 満腹になる. ❹《a + 不定詞》思い切り…する.
inflexibilidad 女 曲がらないこと；頑固；厳正.
inflexible 形 ❶ 曲がらない. ❷ 不屈の, 頑固な；厳格な.
inflexión 女 ❶ 屈曲, 屈折. ❷ (声等の) 抑揚. ❸〖文法〗屈折, 語尾変化.
infligir 44 他 (苦痛・打撃等を) 与える.
inflorescencia 女〖植〗花序.
influencia [インフるエンしア] 女 〔英 influence〕❶《en, sobre》(…に対する) 影響 (力), 感化 (力). ejercer una ～ *sobre* ... …に影響を及ぼす. ❷ [主に複] 勢力 (圏)；コネ. tener ～ con ... …に顔が利く.
influenciable 形 影響されやすい.
influenciar 17 他 影響を与える.
influenza 女〖医〗インフルエンザ.
influir [インフるイル] 60 自 [現分 influyendo] 〔英 influence〕❶《en, sobre》(…に) 影響を与える, 作用する. ～ *en* la decisión 決定を左右する. ❷《en》(…に) 圧力をかける. ― 他 影響を与える. ― **influirse** 再《de》(…から) 影響を受ける.
influjo 男 ❶ 影響 (力), 感化 (力)；勢力. ❷ 満ち潮.
influy- 活 現分 → influir.
influyente 形 影響力[勢力]のある.
infografía 女〖IT〗コンピュータグラフィックの技術.
infolio 男〖印〗二つ折り判の本.
información [インフォルマしオン] 女 〔英 information, news〕❶ 情報；消息；照会；報道. a título de ～ 参考として. para su ～ ご参考までに. ～ genética 遺伝子情報. ❷《集合的》ニュース. ❸〖法〗調査, 審問. ❹ 案内所[係]. ❺〖IT〗データ, 情報.
informado, da 過分 → informar. 形 ❶《de, sobre》(…の事情に) 通じた, 詳しい. ❷ 身元の保証された.
informador, dora 形 情報を提供する. ― 男 女 情報提供者；特派員.
informal 形 ❶ いいかげんな. ❷ 非公式の, 略式の.
informante 形 情報を提供する. ― 男 女 情報提供者；〖言〗インフォーマント.

informar [インフォルマル] 他 〔英 report; inform〕 ❶《しばしば de, sobre を伴って自動詞的》報告する, 知らせる. Me *han informado de* la situación. 私は現状について報告をうけた. ❷ 特徴づける. ❸〖哲〗形成する. ── 自 (法廷で) 弁論する; 論告する. ── **informarse** 再《de, sobre》(…について) 情報を得る, 問い合わせる. *Me he informado de* las condiciones de empleo. 私は雇用条件について問い合わせた.

informática 女〖IT〗情報科学, 情報処理.

informático, ca 形 情報科学の, 情報処理に関する.

informativo, va 形 情報を提供する. ── 男 (テレビ・ラジオの) ニュース番組.

informatización 女 情報化, コンピュータ化.

informatizar 57 他 情報化する, コンピュータ化する.

informe [インフォルメ] 形 形のはっきりしない. ── 男 〔英 report〕 ❶ 報告 (書), レポート. ❷ 情報; 報道. ❸〖法〗弁論; (事件・人に関する) 調書. ❹〔複〕(身元等の) 証明書, 保証書. ── 活 → informar.

infortificable 形 強化[補強]できない.

infortunado, da 形 不運[不幸]な; 悲惨な. ── 男 女 不運[不幸]な人.

infortunio 男 不運, 不幸.

Infovía 女〖IT〗インフォビア: 電話回線を通してプロバイダーに接続するための情報網.

infracción 女 (法律・規則に対する) 違反, 侵害. ～ de tráfico 交通違反.

infractor, tora 形 違反の, 侵害の. ── 男 女 (法律上の) 違反者.

infradotado, da 形〖医〗身体[精神]障害の.

infraestructura 女 ❶〖建〗基礎構造[工事]. ❷ (社会等の) 下部組織; 〖哲〗下部構造; 〖経〗インフラストラクチャー.

infraestructural 形〖経〗インフラストラクチャーの; 〖建〗基礎工事 (部分) の.

in fraganti 〔ラ〕現行犯で.

infrahumano, na 形 人間に値しない.

infrangible 形 壊すことのできない.

infranqueable 形 越えられない; 克服できない. un río ～ 渡れない川.

infrarrojo, ja 形〖物〗赤外線の. ── 男 赤外線 (= rayos ～*s*).

infrascrito, ta 形 男 女《手紙・文書》下に署名した (者); 下記の (者).

infrasonido 男〖物〗超低周波音, 不可聴音.

infrautilización 女 充分に利用[活用]されないこと.

infravaloración 女 過小評価.

infravalorar 他 過小評価する.

infravivienda 女 劣悪な住居.

infrecuencia 女 稀(まれ)なこと.

infrecuente 形 稀(まれ)な.

infringir 44 他 (法律等を) 犯す, (契約等に) 違反する.

infructífero, ra 形 ❶ 非生産的な, 不毛の (= estéril). ❷ 無益な.

infructuoso, sa 形 無益の, 無駄な.

infrutescencia 女〖植〗(クワ・イチジクの実等の) 集合果.

ínfulas 女 複 ❶ (古代ギリシャ・ローマの神官の) 白鉢巻き. ❷〖カト〗(司教冠についた 2 枚の) 垂れ飾り. ***darse*** [***tener***] (***muchas***) ～ 気取る, うぬぼれる.

infumable 形 ❶ (タバコが) 吸えたものではない. ❷《話》つまらない; 受け入れがたい.

infundado, da 形 根拠[理由]のない.

infundio 男《話》デマ, 作り話.

infundir 他 ❶《en》(…に) (活力等を) 注入する; (感情等を) 抱かせる; 〖神〗(恩寵(おんちょう)を) 授ける. ❷ (薬を) 煎(せん)じる.

infusión 女 ❶ 煎(せん)じること; 煎じた薬[飲物]. ❷〖宗〗(洗礼で) 頭上に水を注ぐこと. ❸〖医〗点滴.

infuso, sa 形 神から授かった. ciencia *infusa*〖神〗アダムが神から授かった知識. dones ～*s* 天賦の才. ***tener la ciencia infusa***《話》知ったかぶりをする.

infusorios 男 複〖動〗滴虫類.

ingeniar 17 他 考察する; 工夫する. ***ingeniárselas*** (***para*** ...) (…のために) うまくやる, やりくりする.

ingeniera 形 → ingeniero.

ingeniería 女 工学, エンジニアリング. ～ civil 土木工学. ～ de sistemas システムエンジニアリング.

ingeniero, ra [インヘニエロ, ラ] 男 女 〔英 engineer〕技師, エンジニア; 工学士.

ingenio 男 ❶ 才能; 創意; 才人. ❷ 機知, ウイット. ❸ 兵器, 武器. ❹ 機械, 装置. ❺ 製糖工場 (= ～ de azúcar).

ingenioso, sa 形 創意に富んだ; 巧妙な; 機知に富んだ.

ingénito, ta 形 生まれつきの, 先天的な.

ingente 形 巨大な, 膨大な.

ingenuidad 女 純真, 無邪気; 単純さ.

ingenuo, nua 形 男 女 純真[無邪気]な (人); お人よし (の).

ingerir 98 他 摂取する.

ingesta 女 摂取.

ingestión 女 (飲食物等の) 摂取.

Inglaterra 固名 イギリス, 英国; イングランド (地方).

ingle 女〖解〗鼠径(そけい)部.

inglés, glesa 形 ❶ イギリスの, イングランドの. ❷ イギリス[英国] 人の; イングランド人の. ❸ 英語の. ── 男 女 イギリス人; イングランド人. ── 男 英語. ***a la inglesa*** イギリス風の[に].

inglesismo 男 → anglicismo.

inglete 男 ❶ (三角定規の) 45度の角. ❷ (タイル等) 直角の結合部.

ingobernable 形 統治[操縦]不能な.

ingratitud 女 恩知らず.

ingrato, ta 形 ❶《con, para con》(…に対して) 恩知らずの. ❷ 不快な. ❸ やり甲斐(がい)のない. ── 男 女 恩知らず, 人でなし.

ingravidez 女 軽さ; 無重力.

ingrávido, da 形 軽やかな; 無重力の.

ingrediente 男 成分, 材料; (特徴的) 要素; 食材.

ingresar 自 ❶ 入る, 加入[入会, 入院]する. ～ en una universidad 大学に入る. ❷ (入試に) 合格する. ── 他 ❶ 入金する, 振り込む. ～ una cantidad en su cuenta ある金額を口座に振り込む. ❷ …の収入を得ている. ❸ 入院させる.

ingresịvo, va 形〖言語〗起動の. aspecto ～ 起動相.
ingrẹso 男 ❶ 入ること；入会, 加入, 入学. ❷〖商〗入金. ❸［複］収入, 所得；(国家の) 歳入. ～*s* anuales 年収.
inguinạl 形〖解〗鼠径(そけい)(部)の.
ingurgitạr 他 (特に動物が) 飲み込む, 丸飲みする.
inhạ́bil 形 ❶ 不器用な, 下手な；不適任の；〖法〗無資格の. ❷ 休みの. día ～ 休業日.
inhabilitaciọ́n 女 資格剥奪(はくだつ).
inhabilitạr 他《para》(…に対する) 資格を取り上げる.
inhabitạble 形 (住居等が) 人の住めない.
inhabitạdo, da 形 人の住んでいない.
inhacedẹro, ra 形 実現できない.
inhalaciọ́n 女 吸入(法), 吸入剤.
inhaladọr, dọra 形 吸入用の. — 男 吸入器, 吸入マスク.
inhalạr 他 吸い込む, 吸入する.
inherẹncia 女 属性, 固有(性).
inherẹnte 形《a》(…に) 本来の, 固有の. Es un rasgo ～ *a* su personalidad. 彼らしい特徴だ.
inhibiciọ́n 女 抑制；禁止；機能停止.
inhibidọr 男〖化〗抑制剤；防止剤.
inhibịr 他 ❶〖法〗審理を停止させる. ❷ (器官等の活動を) 抑制する. — **inhibir*se*** 再《de, en》(…を) 差し控える. ～ *en* un asunto 問題にかかわらない.
inhibitọrio, ria 形 抑制[防止]する.
inhospitalạrio, ria 形 ❶ 無愛想な, もてなしの悪い. ❷ 住みにくい.
inhospitalidạd 女 無愛想.
inhọ́spito, ta 形 住みにくい；無愛想な.
inhumaciọ́n 女 埋葬.
inhumạno, na 形 ❶ 非人間的な；薄情な；ひどい. ❷《ラ米》(チ)汚い.
inhumạr 他 埋葬する.
INI [イニ] 男 *I*nstituto *N*acional de *I*ndustria. (スペイン) 産業公社.
iniciaciọ́n 女 開始；入門；加入.
iniciạdo, da 過分 → iniciar. 形 始まった；秘法[奥義]を授けられた. — 男 女 秘法[奥義]を授けられた人.
iniciadọr, dọra 形 始めの, 初歩の. — 男 女 創始者；草分け, 先駆者.
iniciạl 形 始めの, 初期の. — 女 頭文字, イニシャル (＝letra ～).
iniciạlmẹnte 副 始めは.
iniciar [イニしアル] 17 他〔英 initiate〕❶ 始める, 着手する. ❷《en》(…に) 加入[入門]させる；(…の) 手ほどきをする, 奥義を授ける. Me *inició en* el español. 彼女が私にスペイン語の手ほどきをしてくれた. — **iniciar*se*** 再 ❶《en》(…を) 習い始める, (…に) 入門する. *Me inicié en* la medicina. 私は薬学の勉強を始めた. ❷ 始まる.
iniciạ́tico, ca 形 入門の, 入会の.
iniciatịvo, va 形 初めの. — 女 ❶ 主導(権)；発意. tomar la *iniciativa* イニシアチブを取る. ❷ 進取の精神, 自発性.
inịcio 男 開始；冒頭. — 活 → iniciar.
inịcuo, cua 形 不公平な；凶悪な.
inigualạble 形 比類ない, 卓越した.
inigualạdo, da 形 比類ない, 抜群の.
in ịllo tẹ́mpore 〔ラ〕かつては.
inimaginạble 形 想像できない, 思いもよらない.
inimitạble 形 まねのできない, 独自の.
ininflamạble 形 不燃性の.
ininteligịble 形 理解できない, 判読不能の.
ininterrumpịdo, da 形 絶え間のない, 連続した.
iniquidạd 女 不公平, 不当；凶悪.
injerẹncia 女 介入, 干渉；口出し.
injeridụra 女 接ぎ木箇所.
injerịr*se* 98 再《en》(…に) 介入[干渉]する；口出しする.
injertạr 他 ❶ 接ぎ木[接ぎ穂]する. ❷〖医〗移植する (＝implantar).
injẹrto 男〖農〗接ぎ(穂)；〖医〗移植.
injụria 女 侮辱；罵詈(ばり)雑言.
injuriadọr, dọra 形 男 女 侮辱的[無礼]な人.
injuriạnte 形 侮辱的な, ののしりの.
injuriạr 17 他 ❶ 侮辱する, 罵倒(ばとう)する. ❷ 痛めつける, 傷つける.
injuriọso, sa 形 侮辱的な.
injustịcia 女 不正, 不当；不公正.
injustificạble 形 正当化できない, 弁解のしようがない.
injustificạdo, da 形 正当でない, 不当な.
injụsto, ta 形 不正な, 不公正な, 不当な.
inmaculạdo, da 形 けがれのない, 一点の曇りもない；無垢(むく)な；〖カト〗無原罪の.
inmadurẹz 女 未熟, 未成年；未完成.
inmadụro, ra 形 未熟の, 幼稚な；未完成の.
inmancạble 形《ラ米》(ベネズエラ)(コロンビア)(ドミニカ共和国)(プエルトリコ)誤りのない, 確かな.
inmanejạble 形 扱いにくい；手に余る.
inmanẹncia 女〖哲〗内在(性, 論).
inmanẹnte 形 内在する；内在的な.
inmanentịsmo 男〖哲〗内在哲学.
inmarcesịble / inmarchitạble 形 色あせない；不朽の；不滅の.
inmateriạl 形 非物質的な, 実体のない, 無形の.
inmaterialịsmo 男〖哲〗非物質論, 唯心論.
inmediaciọ́n 女［複］近郊, 郊外.
inmediạta 形 → inmediato.
inmediạtamẹnte 副 直ちに, 即刻.
inmediatẹz 女 差し迫っていること.
inmediato, ta [インメディアト, タ] 形〔英 immediate〕❶《a》(…の) すぐ隣の, (…の) 近くの. un pueblo ～ *a* Madrid マドリードのすぐ隣の町. ❷ 即時の, 即座の. ❸ 直接の. causa *inmediata* 直接原因. *de* ～ すぐに, 直ちに.
inmejorạble 形 最上の, 申し分のない.
inmemorạble / inmemoriạl 形 遠い昔の, 太古の, 大昔からの. desde tiempo ～ 大昔から.
inmẹnsa 形 → inmenso.
inmẹnsamẹnte 副 たいそう, すごく.
inmensidạd 女 広大；無数, 莫大(ばくだい).

inmenso, sa [インメンソ,サ] 形 〔英 immense〕 ❶ 広大な, 巨大な；はかり知れない, 莫大(ばく)な. ❷《話》すばらしい, すごい.
in mente 〔ラ〕 副 心[頭]の中で.
inmerecidamente 副 不相応に.
inmerecido, da 形 値しない, 過分な, ふさわしくない.
inmersión 女 ❶ 沈めること, 水に浸(つ)けること；潜水. ❷ 熱中, 没頭. ❸〖天〗潜入：天体が他の天体の後ろ・影に隠れること.
inmerso, sa 形 ❶ 浸った；潜った. ❷《**en**》(…の状況に) 陥った.
inmigración 女 (他国からの) 移住；入国；《集合的》移民 (↔emigración).
inmigrado, da 形 移住した. ── 男 女 移民.
inmigrante 形 (他国から) 移住する. ── 男 女 移民.
inmigrar 自 (他国から) 移住する, 移民してくる (↔emigrar).
inmigratorio, ria 形 (他国からの) 移住の, 移民の.
inminencia 女 切迫, 緊迫した状態.
inminente 形 切迫した, 緊迫した.
inmisario, ria 形 (川が) 流れ込む.
inmiscuirse 60 再 《**en**》(…に) 干渉[介入]する. *Se inmiscuyó en* mis planes. 彼女は私の計画に干渉した.
inmisericorde 形 非情な, 冷酷な.
inmobiliario, ria 形 不動産の. agencia *inmobiliaria* 不動産業；不動産屋. especulación *inmobiliaria* 不動産投機. ── 女 不動産会社.
inmoderado, da 形 度を越えた, 並外れた.
inmodesto, ta 形 慎みのない, 厚かましい.
inmodificable 形 修正不可能な, 変更不可能な.
inmolación 女 供犠；犠牲[生贄(にえ)]になること.
inmolar 他 生贄(にえ)としてささげる；犠牲にする. ── **inmolarse** 再 自分を犠牲にする.
inmoral 形 不道徳な；いかがわしい, 背徳的な.
inmortal 形 不死の, 不滅の. obra ～ 不朽の名作. ── 男 女 (名声等で) 不滅の人.
inmortalizar 57 他 不滅にする；不朽の名声を与える.
inmotivado, da 形 動機のない.
inmóvil 形 不動の；固定の.
inmovilismo 男 保守主義, 現状維持の傾向.
inmovilista 形 男 女 保守主義の (人), 現状維持的な (人).
inmovilización 女 動かなくすること, 動かなくなること, 固定；麻痺(ひ)；〖商〗(資本の) 固定化.
inmovilizado 男 固定資産.
inmovilizar 57 他 動かなくする, 固定する；麻痺(ひ)させる；〖商〗不動産化する. ── **inmovilizarse** 再 動かなくなる；麻痺する.
inmueble 形 不動産の. bienes ～*s* 不動産. ── 男 (不動産としての) 建築物.
inmundicia 女 汚さ, 不潔；[主に複] 汚物, ごみ.
inmundo, da 形 汚い, 不潔な；不純な, 堕落した.
inmune 形 ❶〖医〗《**a, contra**》(…に) 免疫の, 抗体を持つ. estar ～ *al* cólera コレラに対して免疫がある. ❷ 免除された.
inmunidad 女 ❶〖医〗免疫 (性), 抗体. ❷ 免除；特権. ～ parlamentaria [diplomática] 議員[外交官]特権.
inmunitario, ria 形 免疫性の.
inmunización 女 免疫をつけること, 免疫化.
inmunizar 57 他 《**contra**》(…に対して) 免疫をつける. ～ a los niños *contra* el tifus 子供たちにチフスの免疫をつける. ── **inmunizarse** 再 《**contra**》(…に対して) 免疫になる.
inmunodeficiencia 女〖医〗免疫不全, エイズ. → SIDA.
inmunodepresor, sora 形 免疫抑制の. ── 男 免疫抑制剤.
inmunología 女〖医〗免疫学.
inmunológico, ca 形 免疫学の.
inmutable 形 ❶ 不変の, 変わらない. ❷ 動じない, 冷静な.
inmutación 女 変化；動揺.
inmutado, da 形 変化[動揺]のない.
inmutar 他 変える；動揺させる. ── **inmutarse** 再 変わる；声[顔色]が変わる, 動揺する.
innatismo 男〖哲〗生得説.
innato, ta 形 生まれつきの, 先天的な.
innatural 形 不自然な, 人工的な.
innavegable 形 航行不能の.
innecesario, ria 形 不必要な.
innegable 形 否定できない, 明白な.
innegablemente 副 明白に.
innegociable 形 交渉の余地のない.
innoble 形 卑怯(きょう)な；下品な.
innocuo, cua 形 無害の, つまらない.
innominado, da 形 名前のない, 無名の.
innovación 女 刷新, 革新；新機軸；〖経〗イノベーション.
innovador, dora 形 刷新する, 革新的な. ── 男 女 刷新者, 革新者.
innovar 他 刷新する, 革新する.
innumerable / innúmero, ra 形 数えきれない, 無数の.
inobjetable 形 反対[反論]できない, 異議のない.
inobservable 形 観察不能の；遵守できない.
inobservancia 女 不履行, 違反.
inocencia 女 ❶ 無邪気, 無垢(く), あどけなさ. ❷ 潔白, 無罪.
Inocencio 固名 イノセンシオ：男子の名.
inocentada 女 (12月28日の幼な子殉教者の日にちなんだ) いたずら, 冗談.
inocente [イノセンテ] 形 〔英 innocent〕 ❶ 潔白な, 無罪の. ❷ 無邪気な, 悪意のない. ❸ 無害な. ── 男 女 ❶ 潔白の人；無邪気な人. ❷ 子供, 幼児.
inocentón, tona 形 男 女 お人よし (の).
inocuidad 女 無害, 無毒.
inoculación 女〖医〗(ワクチン等の) 接種；感染.
inocular 他 ❶〖医〗接種する. ❷ (思想

等を) 吹き込む.
inocultable 形 隠しきれない.
inocuo, cua 形 無害の；つまらない.
inodoro, ra 形 無臭の. — 男 水洗便所, 便器.
inofensivo, va 形 無害の.
inoficioso, sa 形 役に立たない.
inolvidable 形 忘れられない.
inoperable 形 手術不能の.
inoperancia 女 効果がないこと, 無能.
inoperante 形 効果のない.
inopia 女 貧困, 困窮. ***estar en la*** ～ 《話》ぼんやりしている.
inopinado, da 形 予期しない, 思いがけない.
inoportunidad 女 時宜にかなっていないこと；不都合.
inoportuno, na 形 時機を失した；都合の悪い.
inorgánico, ca 形 ❶ 無生物の；無機(質)の. ❷ 非組織的な；まとまりのない.
inoxidable 形 錆(さ)びない, 酸化しない. acero ～ ステンレス.
input [インプ(トゥ)] 〔英〕 男 〖IT〗 入力, インプット.
inquebrantable 形 壊れない；(愛情・信念等が) 確固とした.
inquietante 形 気をもませる, 心配させる.
inquietar 他 気をもませる, 心配させる. — ***inquietarse*** 再 《con, de, por》(…に) 気をもむ, 心配する. *Me inquieto por* cualquier problema. 私はどんな問題にでも不安になる.
inquieto, ta 形 ❶《estar と共に》落ち着かない, そわそわした；《ser と共に》落ち着きのない. niño ～ 落ち着きのない子供. mar ～ 荒れる海. ❷ 気がかりな, 不安な. ❸ 好奇心のある.
inquietud [インキエトゥ(ドゥ)] 女 〔英 anxiety〕 ❶ 不安, 心配. ❷ [複] 知識欲, 野心.
inquilinato 男 (家屋等の) 賃貸借；家賃.
inquilino, na 男 女 ❶ 借家人, テナント. ❷ (他の動物の巣等に住む) 共生動物.
inquina 女 反感, 恨み.
inquirir 11 他 自 調査する；尋問する.
inquisición 女 ❶ [I-] 〖カト〗 異端審問(所), 宗教裁判(所). ❷ 調査；尋問.
inquisidor, dora 形 調査する；尋問する. — 男 ❶ 異端審問官. ❷ 調査官.
inquisitivo, va 形 取り調べの, 詮索(せんさく)する.
inquisitorial 形 ❶ 異端審問の, 宗教裁判の. ❷ 厳格な.
inquisitorio, ria 形 → inquisitivo.
inri 男 あざけり. ***para más (mayor)*** ～ さらに悪いことには.
insaciable 形 飽くことを知らない, 貪欲(どんよく)な.
insacular 他 (くじの紙片を) 袋[箱]に入れる.
insalivar 他 〖生〗 (口の中で食物に) 唾液(だえき)を混ぜる.
insalubre 形 健康によくない, 不健康な.
INSALUD [インサる(ドゥ)] 男 *I*nstituto *N*acional de la *Salud* (スペインの) 国民健康機関.
insalvable 形 克服できない.
insania 女 《文》 狂気 (の沙汰(さた)).
insano, na 形 不健康な.
insatisfacción 女 不満足.
insatisfactorio, ria 形 満足のいかない.
insatisfecho, cha 形 不満足な.
inscribir 52 他 ❶ 刻む, 彫る. ～ un epitafio 墓碑銘を刻む. ❷ 《en》(…に) 登録する. ～ a ... *en* la lista de socios …の名を会員名簿に載せる. ❸ 〖数〗 内接させる. — ***inscribirse*** 再 ❶ (名簿等に) 自分の名を記す；登録する. ❷ (…に) 入る, 含まれる.
inscripción 女 ❶ 登録；申し込み. ❷ 銘, 碑文. ❸ 〖数〗 内接.
inscrito, ta 過分 → inscribir. 形 ❶ 登録された；申し込みをした. ❷ 刻み込まれた. ❸ 〖数〗 内接した.
insecticida 形 殺虫の. — 男 殺虫剤.
insectívoro, ra 形 〖動〗〖植〗 食虫性の. planta *insectívora* 食虫植物. — 男 食虫動物；[複] 食虫目.
insecto [インセクト] 男 〔英 insect〕 昆虫. → bicho, gusano.
inseguridad 女 不確実, 不安.
inseguro, ra 形 不確かな, 不安な.
inseminación 女 授精. ～ artificial 人工授精.
inseminar 他 授精する.
insensatez 女 無分別；ばかげた言動.
insensato, ta 形 男 女 無分別な(人), ばかげた(人).
insensibilizar 57 他 (感覚を) 麻痺(まひ)させる；…に麻酔をかける. — ***insensibilizarse*** 再 麻痺する, 無感覚になる.
insensible 形 《a》(…に) 無感覚な, 麻痺(まひ)した；冷淡な；かすかな. ～ *al* frío 寒さに強い.
inseparable 形 《de》(…から) 切り離せない.
insepulto, ta 形 埋葬されていない.
inserción 女 ❶ 挿入, 差し込み. ❷ (新聞等への) 掲載(記事). ❸ 〖解〗 (筋肉の) 付着点；〖生〗 着生(点).
INSERSO [インセルソ] 男 *I*nstituto *N*acional de *Ser*vicios *So*ciales (スペインの) 国立社会サービス研究機構.
insertar 他 《en》 ❶ (…に) 挿入する, 差し込む. ～ el hilo *en* la aguja 針に糸を通す. ❷ (新聞等に) 掲載する. — ***insertarse*** 再 入る；〖解〗 付着する；〖生〗 着生する.
inserto, ta 形 挿入された, 掲載された.
inservible 形 役に立たない；使い物にならない.
insidia 女 ❶ 計略, わな. ❷ 悪意 (に満ちた言葉).
insidioso, sa 形 ❶ 悪意に満ちた, 腹黒い. ❷ 〖医〗 潜行性の.
insigne 形 著名な, 高名な.
insignia 女 ❶ 記章, バッジ. ❷ 団旗；〖海〗 (艦の指揮官の身分を示す) 旗. buque ～ 旗艦.
insignificancia 女 無意味；取るに足りないこと[もの, 人].
insignificante 形 無意味な, 取るに足りない.

insincero, ra 形 誠意のない，まじめでない．
insinú- 活 → insinuar.
insinuación 女 暗示，ほのめかし．
insinuante 形 暗示的な；思わせぶりな．
insinuar [インシヌアル] 58 他 〔英 suggest〕 暗示する，ほのめかす． ── **insinuarse** 再 ❶ (異性の) 気を引く．❷ しみ込む．❸ 《比喩的》 芽生える．
insipidez 女 無味；退屈．
insípido, da 形 味のない；つまらない．
insistencia 女 固執，しつこさ．
insistente 形 固執する，しつこい．
insistir [インシスティル] 自 〔英 insist〕 《**en**》 (…に) 固執する，(…を) 強く主張する．*Insistí en* el tema. 私はそのテーマに固執した．
in situ 〔ラ〕 副 形 その場で (の)．inspección ～ 現地査察．
insobornable 形 買収されない．
insociable 形 非社交的な．
insolación 女 ❶ 〖医〗 日射病．coger [pillar] una ～ 日射病にかかる．❷ 日照時間 (＝horas de ～)；日照．
insoldable 形 溶接のきかない．
insolencia 女 無礼 (な言動)，横柄．
insolentar 他 横柄な態度を取らせる． ── **insolentarse** 再 《**con**》 (…に) 無礼な態度を取る，横柄な口を利く．
insolente 形 男 女 無礼[横柄]な (人)．
insolidaridad 女 連帯のなさ，団結しないこと．
insolidario, ria 形 ❶ 連帯感のない，協調性のない．❷ 連帯責任のない．
insólito, ta 形 珍しい；並外れた．
insoluble 形 不溶性の；解決できない．
insolvencia 女 支払い不能，破産．
insolvente 形 支払い不能の． ── 男 女 破産者．
insomne 形 不眠 (症) の．
insomnio 男 不眠 (症)．
insondable 形 計り知れない，底知れぬ．
insonoridad 女 防音性．
insonorización 女 防音 (工事)．
insonorizar 57 他 防音する．
insonoro, ra 形 無音の，響かない．material ～ 防音材．
insoportable 形 耐えがたい，我慢できない．
insoslayable 形 不可避の，やむを得ない．
insospechable 形 考えられない；思いがけない．
insospechado, da 形 思いがけない，予想外の．
insostenible 形 支持[維持]できない．
inspección [インスペクしオン] 女 [複 inspecciones] 〔英 inspection〕 検査 (所)，監査，視察．～ ocular 現場[実地]検証．revista de ～ 〖軍〗 閲兵．
inspeccionar 他 検査する，監査する，視察する．
inspector, tora 形 検査[監査]する，視察の． ── 男 女 ❶ 検査官，視察官．～ de policía 警部．❷ 《ラ米》 (車内の) 検札係 (→ revisor 地域差)．
inspiración 女 ❶ インスピレーション，霊感．❷ (芸術的な) 影響，感化；示唆．❸ 息を吸うこと，吸気．
inspirado, da 形 着想を得た，(芸術的な) 感興のある．
inspirador, dora 形 インスピレーション[霊感]を与える；吸気の．
inspirar 他 ❶ 息を吸い込む．❷ インスピレーション[霊感]を与える．❸ (感情・考えを) …に起こさせる． ── **inspirarse** 再 《**en**》 (…から) インスピレーション[霊感]を得る；感興がわく．El autor *se inspiró en* la obra de Cervantes. その作家はセルバンテスの作品から着想を得た．
instalación 女 ❶ 取り付け，設置．❷ 設備 (一式)．～ frigorífica 冷蔵設備．❸ 〖IT〗 インストール．
instalador, dora 形 取り付けを行う． ── 男 取り付け業 (者)；〖IT〗 インストーラー．
instalar [インスタらル] 他 〔英 install〕 ❶ (設備等を) 取り付ける；設置する．❷ 定住させる，住まわせる．❸ (職務等に) 就任させる．❹ 〖IT〗 インストールする． ── **instalarse** 再 ❶ 定住する，居を定める．❷ 就任する．
instancia 女 ❶ 懇願，請願 (書)；請求 (書)．❷ 〖法〗 審級．❸ 権力 (組織)．***a ～(s) de ...*** …の要請で．***de primera ～*** まず第一に，手始めに．***en última ～*** 最後の手段として，いざとなれば．
instantáneo, a 形 即時の，瞬間的な，インスタントの． ── 女 スナップ写真；(特に新聞用語で) 写真．
instante [インスタンテ] 男 〔英 instant〕 瞬間．**(a)** ***cada ～*** 絶えず；いつでも．***al ～*** すぐに．***en todo ～*** いつも．***en un ～*** ただちに．***por ～s*** しょっちゅう，絶えず．
instar 他 強く頼む． ── 自 《**que**＋接続法》 (…することが) 急を要する．*Insta que* vayas a verle. 君は一刻も早く彼に会いに行くべきだ．
in statu quo 〔ラ〕 現状のままで．
instauración 女 設立，創立．
instaurador, dora 形 設立[創設]する． ── 男 女 設立者，創設者．
instaurar 他 設立する，創設する．
instigación 女 扇動，教唆．
instigador, dora 形 扇動する，教唆的な． ── 男 女 扇動者．
instigar 66 他 扇動する，教唆する．
instilación 女 〖医〗 点滴注入 (法)；点眼 (薬)；(思想等を) 徐々に浸透させること．
instilar 他 一滴ずつ垂らす，滴注する；(思想等を) 徐々に浸透させる．
instintivo, va 形 本能の，本能的な，直観的な．
instinto [インスティント] 男 〔英 instinct〕 ❶ 本能；天性．～ materno 母性本能．～ sexual 性本能[衝動]．❷ 才能，素質．***por ～*** 本能的に．
institución [インスティトゥしオン] 女 [複 instituciones] 〔英 institution〕 ❶ 機関，団体．❷ 設立，創設．❸ [複] 社会制度，体制．***ser una ～*** 有名人である．
institucional 形 制度的な，機関の．
institucionalización 女 制度化，機関化．
institucionalizar 57 他 制度化する，組織化する．
instituir 60 他 ❶ 設立する，創設する；制定する．❷ (遺言状で) 指定する．
instituto [インスティトゥト] 男 〔英 in-

stitute; (junior) high school] ❶ 研究所, 学院, 協会 ; (公的) 機関 ; (軍事的な) 組織. ❷ 中等教育機関, 中［高等］学校 (= ～ de segunda enseñanza, ～ de enseñanza media). *～ de belleza* 美容院.

institutriz 女 (女性の) 家庭教師.

instrucción [インストゥルクシオン] 女 [複 instrucciones] [英 education; instruction] ❶ 教育, 訓練 ; 〖軍〗 教練. ～ primaria 初等教育. ～ pública 公教育. ～ de las tropas 軍隊の教練. ❷ [複] 指示, 指図. *instrucciones* de uso 使用説明 (書). ❸ (教育による) 知識, 教養. una persona de gran ～ 教養の豊かな人. ❹ 〖法〗 予審.

instructivo, va 形 教訓となる, 有益な ; 教育用の.

instructor, tora 形 教える, 教育用の ; 予審をする. ―― 男 女 教官, 教師 ; 〖スポ〗 コーチ, インストラクター ; 〖法〗 予審判事 (= juez ～).

instruido, da 過分 → instruir. 形 教育を受けた, 学識の高い.

instruir 60 他 ❶ 《en》 (…を) 教える, 教育する. ～ a ... *en* el manejo de un arma …に武器の操作を教える. ❷ 《de, sobre》 (…を) 知らせる. ❸ 〖法〗 予審をする. ―― **instruirse** 再 学ぶ ; 知識を得る.

instrumentación 女 〖音〗 器楽編成 (法), 編曲.

instrumental 形 ❶ 楽器の. música ～ 器楽. ❷ 道具として役立つ. ❸ 〖法〗 証書となる. ―― 男 ❶ 《集合的》 器具, 器械 ; 楽器. ❷ 〖文法〗 道具格.

instrumentalizar 57 他 (人を) 道具のように扱う.

instrumentar 他 ❶ 器楽［管弦楽］用に編曲する. ❷ 実行する.

instrumentista 男 女 ❶ 楽器演奏者 ; 編曲者 ; 楽器制作家. ❷ 外科助手.

instrumento [インストゥルメント] 男 [英 instrument] ❶ 道具, 器具 ; 装置. ～*s* de precisión 精密器機. ～*s* de medida 測定器具. ❷ 楽器. ～ de cuerda 弦楽器. ～ de percusión 打楽器. ～ de viento 吹奏楽器. ❸ 《比喩的》 道具, 手段. ❹ 法律文書.

instruy- 活 現分 → instruir.

insubordinación 女 反抗, 反逆.

insubordinado, da 形 男 女 服従しない (人), 反抗的な (人).

insubordinar 他 反抗させる. ―― **insubordinarse** 再 反抗［反発］する.

insubstancial 形 → insustancial.

insubstituible 形 → insustituible.

insuficiencia 女 ❶ 不十分, 不足. ❷ 無能, 弱点. ❸ 〖医〗 不全 (症). ～ cardíaca 心不全.

insuficiente 形 不十分な, 足りない ; 無能な. ―― 男 落第 (点), 不合格 (点).

insuflación 女 〖医〗 (空気) 注入 (法), 通気 (法).

insuflar 他 ❶ (空気等を) 吹き入れる ; 〖医〗 通気する. ❷ (感情等を) 抱かせる.

insufrible 形 耐えがたい, 我慢できない.

ínsula 女 《文》 島 (= isla).

insular 形 島の ; 〖解〗 島状の. ―― 男 女 島民.

insulina 女 〖生化〗〖薬〗 インシュリン.

insulsez 女 味がないこと ; つまらなさ.

insulso, sa 形 味がない ; 面白みのない.

insultada 女 《ラ米》《話》 ののしること, 侮辱すること.

insultante 形 侮辱的な.

insultar 他 侮辱する, ばかにする.

insulto 男 侮辱 (的な言動).

insumergible 形 沈まない.

insumisión 女 不服従.

insumiso, sa 形 不服従の, 反抗的な.

insumo 男 〖商〗 投入 (量).

insuperable 形 ❶ この上もない, 最高の. ❷ 克服できない.

insurgente 形 反乱［暴動］を起こした, 反旗を翻した. ―― 男 女 反逆者, 暴徒.

insurrección 女 反乱, 蜂起(ほう).

insurreccional 形 反乱の.

insurreccionar 他 反乱を扇動する. ―― **insurreccionarse** 再 反乱を起こす, 蜂起(ほう)する.

insurrecto, ta 形 反乱を起こした, 蜂起(ほう)した. ―― 男 女 反乱者, 反逆者.

insustancial 形 ❶ 中身［内容］のない, 浅薄な. ❷ (食べ物が) 味のない.

insustituible 形 取り替えられない, かけがえのない.

intachable 形 (言動等が) 完璧(かん ぺき)な, 非の打ちどころのない.

intacto, ta 形 手をつけていない ; 元のままの ; 無傷な.

intangible 形 触れることができない ; 触れてはならない.

integérrimo, ma 形 [íntegro の絶対最上級] 完全無欠な.

integrable 形 〖数〗 積分可能な.

integración 女 ❶ 統合 ; 一体化. ❷ 〖数〗 積分法. ❸ 〖IT〗 集積化.

integracionista 男 女 人種差別撤廃論者 ; 宗教的差別廃止論者.

integrado, da 形 集積した.

integrador, dora 形 全体的な, 統合的な. proyecto ～ 統合計画.

integral 形 ❶ 全体的な, 完全な. ❷ 〖数〗 積分の ; 整数の. cálculo ～ 積分学. ―― 女 〖数〗 積分 (記号 ∫). *pan* ～ (無精白の小麦粉で作った) パン.

integrante 形 構成要素の ; 必要不可欠の. ―― 男 女 構成員［要素］.

integrar 他 ❶ …の全体を構成する. Diez jugadores *integran* el equipo. 10人の選手がそのチームを構成している. ❷ 《en》 (…に) 統合する, 一体化する. ❸ 〖数〗 積分する. ―― **integrarse** 再 《en》 (…に) 入る, 同化する.

integridad 女 ❶ 完全, 無欠 ; 全体. ❷ 正直, 誠実 ; 純潔.

integrismo 男 ❶ 〖史〗 インテグリスモ. ► スペインで19世紀後半カルロス党の分裂を契機に表面化した政治思想. ❷ 原理主義. ～ islámico イスラム原理主義.

integrista 形 原理［根本］主義的な. ―― 男 女 原理［根本］主義者.

íntegro, gra 形 ❶ 完全な, 完璧(かん ぺき)な ; 無傷の ; 全部の. ❷ 正直な, 高潔な.

intelectivo, va 形 女 知力 (の), 理解力 (を持った).

intelecto 男 知的能力, 理解力.

intelectual [インテレクトゥアる] 形 〔英 intellectual〕 知的な, 知性の. cociente [coeficiente] ～ 知能指数, IQ. trabajo ～ 頭脳労働. ―― 男 女 知識人, インテリ.
intelectualidad 女 ❶ 知的であること, 知性. ❷ 知識階級.
intelectualismo 男 〖哲〗主知主義; 知性偏重.
intelectualizar 57 他 知的にする, 知性を与える.
intelectualoide 男 女 《軽蔑》インテリ, 頭でっかち.
inteligencia [インテリヘンシア] 女 〔英 intelligence〕 ❶ 知性, 知能; 理解力. ～ artificial 〖IT〗人工知能. ❷ 高い知性の持ち主, 知識人. ❸ 情報機関, 諜報(ちょう)部 (= servicio de ～).
inteligente [インテリヘンテ] 形 〔英 intelligent〕 ❶ 賢い, 聡明(そう)な. ❷ 知的な, 知性[理解力]のある. ❸ コンピュータ化した. edificio ～ インテリジェントビル. ―― 男 女 頭の良い人; 知識人.
inteligentemente 副 (理) 知的に.
inteligibilidad 女 理解できること.
inteligible 形 理解できる; 明瞭(めい)な.
intemperancia 女 不節制.
intemperante 形 不節制な.
intemperie 女 悪天候. *a la ～* 戸外で. dormir *a la* ～ 野宿する.
intempestivo, va 形 タイミングの悪い; 場違いな.
intemporal 形 時を超えた, 永遠の.
intención [インテンしオン] 女 [複 intenciones] 〔英 intention〕 ❶ 意図, 意向; 〖カト〗(ミサを挙行する) 意向. Tenía la ～ de visitarte ayer. 私はきのう君を訪ねるつもりだった. con ～ 故意に. de buena [mala] ～ 善[悪]意で. ❷ 悪意, 悪行. *de primera ～* まず第一に. *segunda [doble] ～* 下心.
intencionado, da 形 意図的な. bien [mal] ～ 善[悪]意の.
intencional 形 意図的な, 故意の.
intencionalidad 女 意図性.
intendencia 女 ❶ 〖軍〗補給部隊; (補給の) 管理. ❷ 監督 (職), 管理 (職). ❸ 《ラ米》(アルゼ)(ウルグ)市役所; 市長 (職).
intendente, ta 男 女 ❶ (行政) 監督官, 局長. ❷ 〖軍〗需品 [補給] 課長. ❸ 《ラ米》(チリ)(ニカラ)知事; (アルゼ)(ウルグ)(チリ)市長, 村長; (メキシ)警部.
intensa 形 → intenso.
intensidad 女 激しさ; 熱心; 強さ.
intensificación 女 増強, 強化.
intensificar 26 他 増強[強化]する, 厳重にする. ―― **intensificarse** 再 強まる; 激しくなる.
intensivo, va 形 ❶ 強化した; 集中的な. curso ～ 集中[速成]コース. ❷ 〖文法〗強意の, 強調の.
intenso, sa [インテンソ, サ] 形 〔英 intense〕 激しい, 強い; 濃い; 熱心な. dolor ～ 激痛. frío ～ 厳しい寒さ.
intentar [インテンタル] 他 〔英 intend〕 企てる, 試みる; 《+不定詞》…しようと努める, …するつもりである. *Intenté* decir algo, pero no pude. 私は何か言おうとしたができなかった.
intento [インテント] 男 〔英 intention〕 ❶ 試み; 企て. ❷ 目的, 意図. ―― 活 → intentar. *de [a] ～* わざと, 故意に.
intentona 女 《話》無謀な企て.
interacción 女 相互作用 (の影響).
interactividad 女 〖IT〗双方向, 対話式.
interactivo, va 形 〖IT〗双方向の, 対話式の.
interactuar 58 自 〖IT〗相互に作用する, 互いに伝達し合う.
interamericano, na 形 (南北) アメリカ大陸諸国間の.
interanual 形 前年度比の. tasa ～ 前年度比率.
interbancario, ria 形 銀行間の.
intercalación / intercaladura 女 間に差し挟むこと[挟まったもの].
intercalar 他 《en, entre》(…の) 間に入れる, 挿入する. ―― 形 閏(うるう)の. año ～ 閏(うるう)年.
intercambiable 形 相互に交換できる, 取り替え可能な.
intercambiador 男 《スペイン》(交通機関の乗り換え) ターミナル; 〖技〗交換機.
intercambiar 17 他 相互交換する, 取り替える. ―― **intercambiarse** 再 (互いに) 交換する, 取り換える.
intercambio 男 ❶ 相互交換; 交流. ❷ 貿易, 通商.
interceder 自 取りなす, 仲介する.
intercelular 形 細胞間の.
intercentros 形 [性数不変] センター間の, 諸機関の間の.
intercepción / interceptación 女 ❶ 横取り. ❷ 遮断, 妨害.
interceptar 他 ❶ 途中で捕らえる, 横取りする. ❷ 遮断する; (通信を) 傍受する; 〖スポ〗インターセプトする; 〖軍〗迎撃する.
interceptor, tora 形 横取りする, 遮る. ―― 男 〖軍〗迎撃機 (= avión ～).
intercesión 女 仲裁, 調停, 取りなし.
intercesor, sora 形 取りなしの, 仲介の. ―― 男 女 仲裁者, 調停者.
intercity [インテルしティ] 〔英〕 男 《スペイン》(都市と都市を結ぶ) 長距離高速列車. el ～ Valencia-Madrid バレンシア・マドリード高速列車.
interclasista 形 社会階層間の.
intercomunicación 女 (相互の) 交通, 連絡.
intercomunicador 男 (事務所・乗り物等の) インターコム; インターホン.
intercomunicarse 26 再 相互に通信する.
interconectar 他 〖電〗相互に連結[連絡]させる.
interconexión 女 〖電〗相互連結.
intercontinental 形 大陸間の. misil balístico ～ 大陸間弾道弾[ミサイル].
intercostal 形 〖解〗肋間(ろっかん)の.
intercultural 形 異文化間の.
intercurrente 形 〖医〗併発性の.
interdental 形 女 〖音声〗歯間音 (の).
interdepartamental 形 部局間の.
interdependencia 女 相互依存.
interdependiente 形 相互依存の.
interdicción 女 禁止, 停止. ～ civil

〘法〙禁治産宣告；市民権停止.

interdicto, ta 形 男 女〘法〙禁止処分を受けた(人).

interdigital 形〘解〙指間の.

interdisciplinar / interdisciplinario, ria 形 学際的な.

interdisciplinariedad 女 学際性.

interés [インテレス] 男 [複 intereses] [英 interest] ❶ **利益**, 利点；価値. un invento de gran ~ とても有益な発明品. ❷ **興味**, 関心. tener ~ en [por] ... …に関心がある. ❸ **利子**, 利息. alto [bajo] ~ 高[低]利. ❹[複]財産.

interesado, da 過分 → interesar. 形 ❶《en, por》(…に)関心がある；関係する. ~ *en* un negocio ある事業に関心のある. ❷ 打算的な. ── 男 女 ❶ 当事者, 関係者. ❷ 打算的な人.

interesante [インテレサンテ] 形 [英 interesting] **興味深い**, 面白い；(人物が)魅力的な. *hacerse el* ~ 目立とうとする.

interesar [インテレサル] 他 [英 interest] ❶ (…に) **興味を抱かせる**, 関心をひく. Esta novela me *interesa* mucho. この小説は私にはとても面白い. ❷〘医〙傷つける. ── **interesarse** 再 [英 get interested]《en, por》(…に) **関心をもつ**；(…のことを) 尋ねる. *Se interesó* mucho *por* este problema. 彼はこの問題に大変興味を示した.

interestatal 形 州間の, 州をまたぐ.

interestelar 形 星間の.

interface 男〘IT〙インターフェース.

interfase 女〘生〙中間期.

interfaz 女〘IT〙インターフェース.

interfecto, ta 形 惨殺された. ── 男 女 ❶〘法〙惨殺死体. ❷《話》当人, 話題の人物.

interferencia 女〘物〙干渉；(電波による)妨害；〘スポ〙インターフェア.

interferir 98 他 妨害する. ── 自《en, con》(…に) 干渉する. ── **interferirse** 再《en》(…に) 割り込む, 干渉する.

interferón 男〘医〙インターフェロン.

interfijo 男〘文法〙接中辞.

interfluvio 男〘地理〙河間地域.

interfoliar 17 他〘印〙間紙を入れる.

interfono 男 インターホン.

intergaláctico, ca 形 星雲間の.

intergeneracional 形 世代間の.

interglaciar 形〘地質〙間氷期の.

intergubernamental 形 政府間の.

ínterin 男 ❶ 合間. ❷ 代行期間. *en el* ~ その間に.

interinato 男《ラ米》代理, 代行 (期間).

interinidad 女 ❶ 一時的[暫定的]なこと. ❷ 代行(職, 期間).

interino, na 形 代理の, 代行の；当座の, 仮の. ── 男 女 代行者, 代理人.

interinsular 形 島と島の, 島間の.

interior [インテリオル] 形 [英 interior] ❶ **内部の**, 内側の (↔ exterior). mar ~ 内海. patio ~ 中庭. ropa ~ 下着. ❷ 内的な, 精神的な. vida ~ 精神生活. ❸ 自国の, 国内の. ── 男 ❶ 内部, 内面, 内情；国内；内陸(部). decoración de ~*es* 室内装飾. ❷ (サッカー) インサイド・フォワード. ~ derecha [izquierda] インサイド・ライト[レフト] フォワード. ❸《ラ米》地方.

interioridad 女 ❶ 内部；内在性. ❷ [複]内密なこと；私事.

interiorismo 男 インテリアデザイン.

interiorista 男 女 インテリアデザイナー.

interiorización 女 ❶ (感情を) 表に出さないこと. ❷ (考え・思想等を) 自分のものにすること. ❸〘心〙内在化, 内面化.

interiorizar 57 他 ❶ (感情等を) 表に出さない；消化して自分のものにする. ❷《ラ米》(アルゼ)(チリ)(ウルグ)(パラグ)情報を知らせる.

interjección 女 感嘆；〘文法〙間投詞.

interjectivo, va 形 間投詞の.

interlínea 女 (印刷物の) 行間.

interlineación / interlineado 女 行間をあけること；行間記入(語句).

interlineal 形 行間の, 行間に書かれた.

interlinear 他 行間に書き込む；〘印〙行間にインテルを入れる.

interlocución 女 会話, 対話.

interlocutor, tora 男 女 対話者.

interlocutorio, ria 形〘法〙中間(判決)の. ── 男 中間判決.

interludio 男〘音〙間奏(曲)；〘演〙幕間(まくあい)の寸劇.

interlunio 男〘天〙無月期間：陰暦30日ごろの約4日間.

intermedia 形 → intermedio.

intermediación 女 ❶ 仲裁. ❷ (金融等の) 仲介業.

intermediar 17 自《en》(…の) 仲介をする.

intermediario, ria 形 中間[仲介]の. ── 男 女 仲介[仲裁]者；仲買人.

intermedio, dia [インテルメディオ, ディア] 形 [英 intermediate] **中間の**. ── 男 合間；休憩；幕間(まくあい). *por* ~ *de* ... …を介して.

intermezzo [伊] 男〘音〙インテルメッツォ, 間奏曲, 幕間(まくあい)歌劇.

interminable 形 いつまでも続く.

interministerial 形 各省(庁)間の.

intermisión 女 中断, 休止.

intermitencia 女 ❶ 断続, 間欠. ❷〘医〙間欠症状；間欠熱.

intermitente 形 断続的な, 間欠性の. ── 男〘車〙方向指示器, ウインカー (→ 地域差)；ハザードランプ. ── 女〘医〙間欠熱 (= fiebre ~). 地域差〘車〙ウインカー intermitente《スペイン》《ほぼラ米全域》; cucuyo (ベネズ); direccional (ドミニカ, 共和国, アエル, トリコ) (メキ, シコ) (ペル, ー); guiñador (ボリ, ビア); guiño (ア, ルゼン, チン); indicador de giro《スペイン》; las hazard《ラ米》(エクア, ドル); luz [luces]《ほぼラ米全域》; luz de cortesía (ホンジ, ュラス); luz de cruce (ベネズ, エラ); pidevías (グアテ, マラ, ニカ, ラグ, ア); señalero (パラグ, アイ, ウルグ, アイ); signal lights (プエル, トリコ).

intermolecular 形 分子間の.

interna 形 → interno.

internación 女 収容, 入院.

internacional [インテルナしオナる] 形 [英 international] **国際的な**, 国際の. derecho ~ 国際法. ── 男 女〘スポ〙国際競技出場選手. ── 女 インターナショナル：労働運動の国際組織.

internacionalidad 女 国際性.
internacionalismo 男 国際(協調)主義.
internacionalista 形 国際主義的な. ― 男 女 ❶ 国際(協調)主義者. ❷ 国際法学者.
internacionalización 女 国際化.
internacionalizar 57 他 国際化する.
internacionalmente 副 国際的に.
internado, da 形 収容された. ― 男 寄宿(制度, 生活, 舎);《集合的》寮生. ― 女〖スポ〗(球技で) 敵陣へのすばやい侵入, 速攻.
internamente 副 内心では.
internamiento 男 収容, 入院.
internar 他《en》(…に) 収容[拘留]する, 入院させる. ― **internarse** 再 ❶《en》(…に) 侵入する. ～ *en* el bosque 森の奥深くに入り込む. ❷《en》(…を) 掘り下げる, 深く究明する. ❸〖スポ〗敵陣に切り込む.
internauta 男 女〖IT〗ネットサーファー.
Internet [インテルネ(トゥ)]〔英〕女 (または男) インターネット. ～ de alta velocidad 高速インターネット.
internista 形〖医〗médico ～ 内科医. ― 男 女 内科医.
interno, na [インテルノ, ナ] 形〔英 internal〕❶ **内部の**. oído ～ 内耳. medicina *interna* 内科. ❷ 国内[内政]の. ❸ 住み込みの; 寄宿の. ❹ レジデントの. ― 男 女 寮生;〖医〗レジデント.
ínter nos 〔ラ〕《話》ここだけの話だが.
internuncio 男 ❶ 代弁者; 対話者. ❷〖カト〗教皇(庁)公使.
interoceánico, ca 形 大洋間の.
interpaginar 他〖印〗間紙を入れる.
interparlamentario, ria 形 各国議会間の.
interpelación 女 (議会での) (代表) 質問; 尋問; 嘆願.
interpelar 他 (議会で大臣・政府に) 質問する; 尋問する; 嘆願する.
interpersonal 形 個人間の, 人と人との.
interplanetario, ria 形 惑星間の.
interpolación 女 加筆, 改竄(かいざん); 挿入.
interpolar 他 挿入する; (原文に) 加筆する; 改竄(かいざん)する.
interponer 75 他 間に挟む[置く]; (異議等を) 差し挟む; (権力等を) 行使する;〖法〗控訴する. ― **interponerse** 再 介入する; 介在する.
interposición 女 介在; 介入;〖法〗(控訴の) 提起.
interpósita persona *por* ～〖法〗第三者を介して.
interpretación [インテルプレタしオン] 女 [複 interpretaciones]〔英 interpretation〕❶ **解釈**, 説明; 翻訳. ❷〖音〗〖演〗演奏, 演技.
interpretar [インテルプレタル] 他〔英 interpret〕❶ **解釈する**; 翻訳する. ❷ 歌う, 演奏する; 演じる. ❸ 代弁する.
interpretativo, va 形 解釈(上)の.
intérprete [インテルプレテ] 男 女〔英 interpreter〕❶ **通訳**. ❷ 解釈者, 注釈者. ❸ 代弁者. ❹ 演奏者; 出演俳優.
interprofesional 形 職種間の.
interprovincial 形 県外の; 県相互の.
interpuesto, ta 過分 → interponer. 形 挿入された; 仲に入った.
interracial 形 異人種間の.
interregno 男 君主空位[政治的空白]期間.
interrelación 女 相関[相互]関係.
interrelacionar 他 相互に関係させる. ― **interrelacionarse** 再《con》(…と) 相互に関係する.
interrogación 女 ❶ 質問, 尋問. ❷〖文法〗疑問(文). signo de ～ 疑問符.
interrogador, dora 形 男 女 質問する(人).
interrogante 形 疑問の; 尋問的な. ― 男 女 質問者, 尋問者. ― 男 ❶ (時に女) 疑問点, 問題点. ❷ 疑問符.
interrogar 66 他 質問する; 尋問する.
interrogativo, va 形 疑問の. pronombre ～〖文法〗疑問代名詞.
interrogatorio 男 質問, 尋問(調書).
interrumpir [インテルンピル] 他〔英 interrupt〕❶ **中断する**. ❷ 妨げる; 話の腰を折る.
interrupción 女 中断, 遮断; 妨害. *sin* ～ 間断なく, 引き続いて.
interruptor, tora 形 遮る, 妨害する. ― 男 (電気の) スイッチ. 地域差 (電気の) スイッチ interruptor《スペイン》《ラ米》(キューバ, プエルトリコ)(メキシコ)(グアテマラ, ホンジュラス, ニカラグア, パナマ)(コロンビア, ベネズエラ)(エクアドル, ペルー, ボリビア)(チリ)(アルゼンチン); apagador (メキシコ)(ニカラグア, コスタリカ, パナマ)(ベネズエラ)(アルゼンチン); botón (de luz) (メキシコ)(アルゼンチン); chucho (キューバ); llave de (la) luz (ペルー)(パラグアイ, ウルグアイ, アルゼンチン); switch (ドミニカ共和国, プエルトリコ)(メキシコ)(グアテマラ, エルサルバドル, ニカラグア, パナマ)(コロンビア, ベネズエラ).
intersección 女 ❶ 交差; 交差点. ❷〖数〗交点; 交線; 交わり.
intersexual 形 異性間の;〖生〗間性の.
intersideral 形〖天〗恒星間の.
intersindical 形 労働組合間の.
intersticio 男 すき間, 割れ[裂け]目.
intertropical 形 南北回帰線間の, 熱帯(地方)の.
interurbano, na 形 都市間の;〖通信〗市外の. conferencia ～ 市外通話.
intervalo 男 ❶ 間隔, 隔たり; 期間. ❷《ラ米》(アルゼンチン)(ウルグアイ)休憩時間. ❸〖音〗音程. *a* ～*s* 時々; ところどころに.
intervención 女 ❶ 干渉, 介入; 仲裁; 参加, 出演. ～ política 内政干渉. ❷ 会計検査(室, 局, 官), 監査. ❸〖医〗手術 (＝～ quirúrgica). ❹ 盗聴.
intervencionismo 男 (内政) 干渉政策.
intervencionista 形 (内政) 干渉の. ― 男 女 干渉主義者.
intervendr- / interveng- 活 → intervenir.
intervenir [インテルベニル] 23 自〔英 participate; intervene〕《en》❶ (…に) **参加する**, 出演する. ❷ (…に) **干渉する**, 介入する; 仲裁する. ― 他 ❶〖医〗手術する. ❷ (会計) 検査をする. ❸ 統制する; 盗聴する; 差し押さえる. ❹ (内政) 干渉をする.
interventor, tora 形 干渉する；仲裁する. ― 男 女 検査官, 監査役［官］；選挙管理［立会］人.
intervien- / intervin- 活 現分 → intervenir.
interviú 女 インタビュー, 会見.
interviuar / interviuvar 他 インタビューする, 会見する.
intervocálico, ca 形 〚音声〛(子音が) 母音間にある.
intestado, da 形 〚法〛遺言をしない. ― 男 女 無遺言死亡者.
intestinal 形 腸の.
intestino, na 形 内部の, 内輪の. ― 男 腸. ～ ciego 盲腸. ～ delgado 小腸. ～ grueso 大腸.
inti 男 インティ：ペルーの旧貨幣単位.
intifada 〔アラ〕 女 インティファーダ：占領下パレスチナ人の一斉蜂起(ほうき).
íntima 形 女 → íntimo.
intimar 自 《con》(…と) 親しくなる, 打ち解ける. ― 他 通達する；要請する.
intimidación 女 威嚇, 脅し.
intimidad 女 ❶ 親密；身内. ❷ 私生活, プライバシー；［複］私事. ❸［複］性器；下着. *en la* ～ 内々で, 内輪で.
intimidar 他 威嚇する, 脅す.
intimidatorio, ria 形 おどしの, 威嚇する.
intimismo 男 内面描写（の文学傾向）；日常描写（の画風）；内面重視（の宗教的傾向）.
intimista 形 男 女 〚文〛〚美〛内面派の（信奉者）.
íntimo, ma［インティモ, マ］ 形〔英 intimate〕❶ **親密な**, 密接な. ❷ 心の奥底の. ❸ 形式ばらない, 仲間内の；居心地のいい. ― 男 女 親友；側近, 腹心.
intitular 他 表題［題名］を付ける.
intocable 形 触れてはならない；疑いえない. ― 男 女 (カースト制で) 不可触民.
intolerable 形 耐えられない, 我慢［受忍］できない.
intolerancia 女 ❶ 不寛容, 偏狭. ❷ 〚医〛不耐性, 過敏性.
intolerante 形 寛容でない, 偏狭な. ― 男 女 不寛容な人, 偏狭な人.
intonso, sa 形 ❶ 髪を切っていない. ❷（製本で本の）縁が裁断されていない.
intoxicación 女 中毒. ～ alimenticia 食中毒. ～ por monóxido de carbono 一酸化炭素中毒.
intoxicar 26 他 中毒させる. ― **intoxicarse** 再 中毒になる.
intracelular 形 細胞内の.
intracraneal 形 頭蓋骨(ずがいこつ)内の.
intradérmico, ca 形 〚医〛皮内の.
intradós 男 〚建〛(アーチ・丸天井等の) 内輪, 内弧.
intraducible 形 翻訳できない.
intramuros 副 市内に；城壁内で.
intramuscular 形 〚医〛筋肉内の. inyección ～ 筋肉注射.
intranquilidad 女 不安, 心配.
intranquilizador, dora 形 不安を与える.
intranquilizar 57 他 不安にする. ― **intranquilizarse** 再 不安になる.
intranquilo, la 形 落ち着かない；不安な.
intranscendente 形 → intrascendente.
intransferible 形 譲渡できない.
intransigencia 女 妥協［譲歩］しないこと, 頑固.
intransigente 形 非妥協的な, 頑固な.
intransitable 形 通行不能な.
intransitivo, va 形 〚文法〛自動詞の［的な］. ― 男 自動詞（＝verbo ～）.
intransmisible 形 伝達できない.
intransmutable 形 変換できない, 転換できない.
intrascendencia 女 重要でないこと, 取るに足りないこと.
intrascendente 形 重要でない, 取るに足りない.
intrasmisible 形 → intransmisible.
intratable 形 手に負えない；非社交的な.
intrauterino, na 形 〚医〛子宮内の, 胎内の.
intravenoso, sa 形 静脈内の. inyección *intravenosa* 静脈注射.
intrepidez 女 大胆（な行為）, 勇猛.
intrépido, da 形 大胆な, 恐れを知らぬ.
intricar 26 他 → intrincar.
intriga 女 ❶ 陰謀；策略. ❷ 好奇心, 関心. ❸ 筋（立て）, プロット.
intrigante 形 ❶ 陰謀を巡らす；策略にたけた. ❷ 興味をそそる. ― 男 女 陰謀家, 策士.
intrigar 66 自 陰謀を企てる, 策を巡らす. ― 他 …の好奇心［興味］をそそる.
intrincado, da 形 もつれた, 錯綜(さくそう)した.
intrincar 26 他 もつれさせる.
intríngulis 男［単複同形］《話》謎(なぞ), 神秘；複雑さ.
intrínseco, ca 形 本来備わっている, 固有の.
introducción［イントゥロドゥクしオン］ 女［複 introducciones］〔英 introduction〕❶ 入れること, 挿入. ❷ **導入**, 取り入れ；紹介；序論. ❸ 入門（書）, 概論. ❹ 〚音〛序奏（部）, 導入部.
introducir［イントゥロドゥしル］ 12 他〔英 introduce〕❶ 《en》(…に) **入れる**, 挿入する. ～ una moneda *en* la ranura 硬貨を投入口に入れる. ❷（人を場所に）招じ入れる, 通す；紹介する. ❸ **導入する**；取り入れる. ～ una nueva técnica 新技術を導入する. ❹（芝居等に人物を）登場させる；（小説等の世界に）引き入れる. ― **introducirse** 再 ❶ 《en》(…に) 入る；（社交界等に）入れてもらう. ❷ 《con》(…と) 近づきになる, 取り入る.
introductor, tora 形 紹介する；前置きの.
introductorio, ria 形 紹介の；前置きの.
introduj- / introduzc- 活 → introducir.
introito 男 序文；〚カト〛(ミサの最初の) 入祭文.

intromisión 女 干渉.
introspección 女〘心〙内省, 内観.
introspectivo, va 形 内省的な, 内観による.
introversión 女〘心〙内向(性).
introvertido, da 形 男 女 内向型の(人).
intrusión 女 侵入 ; 闖入(ちんにゅう).
intrusismo 男 無資格営業.
intruso, sa 形 侵入的な ; もぐりの. ― 男 女 侵入[闖入(ちんにゅう)]者, 部外者 ; もぐり.
intubación 女〘医〙(気管への)挿管.
intubar 他〘医〙挿管する.
intuición 女 直観(力) ; 勘.
intuicionismo 男〘哲〙直観主義.
intuir 60 他 直観的に感じる ; 見抜く.
intuitivo, va 形 直観的な ; 勘の鋭い.
intumescencia 女 腫(は)れ(上がること), 腫張(しゅちょう).
intumescente 形 腫(は)れ上がる.
inundable 形 浸水しやすい, 洪水の起こりうる.
inundación 女 洪水, 氾濫(はんらん), 浸水.
inundar 他 ❶ …に洪水を起こす, …を水浸しにする. ❷《de, con》(…で) あふれさせる. ～ el mercado *de* productos extranjeros 市場を外国製品であふれさせる. ― **inundarse** 再 水浸しになる.
inusitado, da 形 普通でない ; 並外れた.
inusual 形 普通でない, 異常な.
inútil [イヌティる] 形 [英 useless] ❶ **役に立たない**, 無駄な. ❷《話》体の不自由な. ― 男 女《話》役立たず.
inutilidad 女 役に立たないこと, 無駄.
inutilización 女 役に立たなくなること.
inutilizar 57 他 使えなく[台無しに]する.
inútilmente 副 無駄に.
invadir [インバディル] 他 [英 invade] ❶ **侵入[侵略]する**. ❷ …にあふれる ; 蔓延(まんえん)する. Los coches *invadían* las carreteras. 国道は車であふれていた. ❸ (感情が) 襲う. Le *invadió* una gran tristeza. 彼は深い悲しみに襲われた.
invaginación 女〘医〙腸重積(症) ; 〘生〙陥入.
invaginar 他〘医〙重積させる ; 〘生〙陥入させる.
invalidación 女 無効, 失効.
invalidar 他 無効にする, 失効させる.
invalidez 女 ❶ 病身 ; 身体障害. ❷ 無効, 無価値.
inválido, da 形 ❶ 身体障害の. ❷〘法〙無効の, 効力のない. ― 男 女 身体障害者 ; 傷病兵.
invaluable / invalorable 形 たいへん貴重な.
invariable 形 不変の, 一定の.
invasión 女 侵入, 侵略 ; 蔓延(まんえん).
invasor, sora 形 侵入する. ― 男 女 侵入者, 侵略者.
invectiva 女《文》(文書・演説での) 罵倒(ばとう).
invencible 形 ❶ 無敵の, 無敗の. Armada *I*～ 無敵艦隊. ❷ 克服できない.
invención [インベンしオン] 女 [複 invenciones] [英 invention] ❶ **発明**(品). ❷ 創作 ; でっち上げ.
invendible 形 売り物にならない.
inventar [インベンタル] 他 [英 invent] ❶ **発明する**, 考案する. ❷ 創作する ; でっち上げる. ― **inventarse** 再 でっち上げる.
inventariar 17 他 商品[財産]目録を作る, 棚卸しをする.
inventario 男 (商品・財産の) 目録, 棚卸し(表).
inventivo, va 形 発明の(才がある) ; 機略に富んだ. ― 女 発明の才, 創作力.
invento 男 発明品. ― 活 → inventar.
inventor, tora 男 女 発明[考案]者.
inveraz 形 事実でない.
inverecundo, da 形 男 女 厚顔無恥の(人).
invernáculo 男 温室.
invernada 女 ❶ 冬場. ❷《ラ米》(1) 冬季用牧場. (2)(ベネズエラ)暴風雨.
invernadero 男 温室 ; 冬季用牧場 ; 避寒地.
invernal 形 冬の.
invernar 18 自 ❶ 冬を過ごす, 避寒する. ❷〘動〙冬眠する.
invernazo 男《ラ米》(ドミニカ)(プエルトリコ)(7月から9月の) 雨期.
invernizo, za 形 冬のような[らしい].
inverosímil 形 ありそうにもない.
inversión 女 逆転, 反転 ; 投資, 出資.
inversionista 形 男 女 投資家(の).
inverso, sa 形 (位置・方向が) 反対の. *a* [*por*] *la inversa* 逆に.
inversor, sora 形 ❶ 投資の. ❷ 逆転の. ― 男 女 投資家. ― 男〘物〙インバーター.
invertebrado, da 形 ❶〘動〙無脊椎(せきつい)動物の. ❷ 弱い. ― 男 [複] 無脊椎動物.
invertido, da 形 反対にした, 転倒した. ― 男 女 性的倒錯者, 同性愛者.
invertir 98 他 ❶ 逆にする, 反対にする. ❷《en》(…に) 投資する ; (時間を) かける. ～ *en* acciones 株に投資する.
investidura 女 任命(式) ; (資格等の) 授与.
investigación [インベスティガしオン] 女 [複 investigaciones] [英 investigation] **調査**, 研究.
investigador, dora 形 研究の, 調査の. ― 男 女 研究者 ; 調査者[員].
investigar [インベスティガル] 66 他 [英 investigate] **調査する** ; 研究する.
investigue(-) / investigué(-) 活 → investigar.
investir 77 他《con, de》(職務・地位・勲章等を) 授ける. ～ a ... *con* una condecoración …に勲章を授ける.
inveterado, da 形 (病気・習慣等が) 古くからの, 根深い.
inviable 形 実現不可能な, 実現性のない.
invicto, ta 形 不敗の, 無敵の.
invidente 形 男 女 目の不自由な(人).
invierno [インビエルノ] 男 [英 winter] ❶ **冬**. deporte de ～ ウインタースポーツ. ～ suave 暖冬. ❷《ラ米》(中米)(カリブ)(コロンビア)雨期.
inviolable 形 不可侵の.
inviolado, da 形 神聖な.

invisible 形 目に見えない；隠れた. ── 男[複]《ラ米》ヘアピン (→ horquilla 地域差).

invitación [インビタしオン] 女 [複 invitaciones] 〔英 invitation〕 **招待**；招待状 (= carta de ～).

invitado, da 過分 → invitar. 形 招待された. Estás ～. 今日は僕のおごりだ. ── 男 女 客, 招待客.

invitar [インビタル] 他 〔英 invite〕 ❶《a》(…に)**招待する**, 招く. ～ *a* la boda 結婚式に呼ぶ. ❷《a》(…を) ごちそうする. ～ *a* una copa 一杯おごる. ❸《a＋不定詞》…するように頼む, 勧める. Me *invitó a* seguirle. 彼は私について来るように言った. El tiempo *invita a* ir de excursión. 天気がいいので遠足に行きたくなる.

in vitro 〔ラ〕 副 形 試験管内で (の), 生体外で (の). fecundación ～ 体外受精.

invocación 女 ❶ (特に神への) 祈り, 祈願. ❷ 呪文(じゅもん). ❸ (法律・慣習を) 引き合いに出すこと, 援用.

invocar 26 他 ❶ (神・霊等に) 加護を祈願する；懇願する, 念じる. ～ la piedad de ... …の情けを請う. ❷ (法律・慣習等を) 引き合いに出す. ～ el artículo trece de la ley 法律の第13条に照らす.

invocatorio, ria 形 祈りの, 祈願の.

in voce 〔ラ〕 副 形 言葉で (の), 肉声で (の).

involución 女 後退；〖生〗退化, 退行. ～ senil 老人性退行.

involucionar 自 後退する.

involucionista 形 男 女 反動的な (人)；後ろ向きな (人).

involucrar 他 ❶《en》(…に) 巻き込む, 巻き添えにする. ❷ (本題に関係ない話を) 差し挟む；混乱させる. ── **involucrarse** 再《en》(無関係の事柄に) 巻き込まれる.

involuntario, ria 形 ❶ 不本意の；無意識の. de forma *involuntaria* ついうっかりして. ❷〖医〗不随意の.

invulnerable 形 ❶ 傷つけられない, 不死身の. ❷ 頑丈な；(物事に) 動じない.

inyección 女 ❶ 注射, 注入；注射[注入]薬. poner una ～ a ... …に注射を打つ. ❷ 刺激；活気を与えるもの.

inyectable 形 注射用の, 注射可能の. ── 男 注射液, 注入薬.

inyectado, da 形 (目が) 充血した.

inyectar 他 ❶ (液体・気体を) 注入する；注射する. ❷ 投入する；注ぎ込む.

inyector 男 注射器；注入器, 噴射器.

iodo 男 → yodo.

ion / ión 男〖物〗〖化〗イオン. *ion* positivo [negativo] 陽[陰]イオン.

iónico, ca 形〖物〗〖化〗イオンの, イオンを含む.

ionización 女〖物〗〖化〗イオン化, 電離.

ionizar 57 他〖物〗〖化〗イオン化する, 電離する.

ionosfera 女 電離圏, 電離層.

iota 女 イオタ (Ι, ι)：ギリシャ語アルファベットの第 9 字.

IPC 男 *Í*ndice de *P*recios al *C*onsumo 消費者物価指数.

ipecacuana 女《ラ米》〖植〗〖薬〗トコン.

iperita 女〖化〗イペリット[マスタード]ガス.

ípsilon 女 ユプシロン, ウプシロン (Υ, υ)：ギリシャ語アルファベットの第20字.

ipso facto 〔ラ〕 ❶ ただちに, すぐさま. ❷ その事実によって, その結果.

ir [イル] 62 自 [現分 yendo] 〔英 go; be going to〕 ❶ **行く**. *ir* a España スペインへ行く. *ir* al médico 医者に行く. *ir* andando [a pie] 歩いて行く. *ir* en avión [autobús, bicicleta, metro, tren] 飛行機[バス, 自転車, 地下鉄, 電車]で行く. *ir* al cine 映画に行く. *ir* de compras 買い物に行く. ¿Por dónde *se va* al hospital? 病院へはどう行けばいいですか. ❷ 達する, 広まる. *ir* de boca en boca 口づてに広まる. ❸ (事が) 運ぶ；(機械等が) 動く. *ir* bien うまくいく. ❹ (ある状態に) ある；いる. *ir* de gala 盛装している. ¿Cómo te [le] *va*? 調子はどう[どうですか]. ❺《a＋不定詞》《未来》**…しようとしている**. *Voy a* jugar al tenis esta tarde. 午後テニスをしようと思っている. ❻《＋現分》…していく. La situación económica *va* mejorando. 経済状態はだんだんよくなっている. ❼ (差・違いが) …になる. De dos a cinco *van* tres. 5 引く 2 は 3. *ir* marcha diferencia de ... a ... …と…では大きな違いがある. ❽《a》(…に) 適する, 気に入る；意味がある. No *me va* nada este sombrero. この帽子は私には全然似合わない. ❾ 賭(か)ける. ── **irse** 63 再 〔英 go away〕 ❶ **立ち去る**, 行ってしまう；帰る. Ya *me voy*. もう失礼します. ❷《婉曲》この世を去る. ❸ 滑る；(口や手が) 思わず動く. *Se* le *fue* la mano. 彼は思わず手が出た. ❹ (水等が) 漏れる. ～ el gas por ... ガスが…から漏れる. ❺ なくなる；消える；過ぎ去る；色あせる. ～ la luz 停電する. Su nombre *se* me *fue* de la memoria. 彼女の名前を忘れてしまった. ***A eso voy*** [***vamos***] 言いたかったのはそれですよ. ***el no va más*** 最上 (のもの). ***ir a lo*** SUYO 自分勝手に振る舞う. ***ir con ...*** …と釣り合う；…に同調する. ***ir detrás de ...*** …に引きつけられる. ***ir lejos*** 行き過ぎである. ***ir para ...*** (年齢が) …になる；…(の職業) を目指す. *Voy para* veinte años. 私は 20 歳になるところです. *Va para* abogado. 彼は弁護士を目指している. ***ir (a) por ...*** …を取りに行く；約…歳である. *ir por* el médico 医者を呼びに行く. *Voy a por* agua. 水を取ってくるよ. ***No va ni viene a ....*** …にとってはどうでもよい. ***¡Qué va!*** まさか. ***Vamos.*** さあ行こう；《ためらい》あのう；ふざけるな. ***Vamos a***〈＋不定詞〉. さあ…しよう. *Vamos a* brindar. さあ乾杯しよう. ***¡Vaya!***《意外・不快・不満等》まさか, なんだって；《文末で》要するに. ***¡Ya voy!*** 今行きます.

ira 女 ❶ 怒り, 憤怒. descargar la *ira* en [contra] ... …に怒鳴り散らす. ❷ (自然現象等の) 猛威.

iracundia 女 怒り, 憤慨；怒りっぽいこと.

iracundo, da 形 怒った, 憤慨した；怒りっぽい.

Irak / Iraq 固名 イラク：首都バグダッド Bagdad.

Irán 固名 イラン：首都テヘラン Teherán.

iraní 形 [複 ～es] イラン (人) の；イラン[ペルシャ]語の. ── 男 女 イラン人. ── 男 イラ

ン[ペルシャ]語.

iranio, nia 形 (昔の) ペルシャ (人) の; ペルシャ[イラン]諸語の. — 男 女 ペルシャ人. — 男 ペルシャ語, イラン諸語.

iraquí 形[複 ~es] イラク (人・語) の. — 男 女 イラク人.

irascible 形 怒りっぽい, 短気な.

Irene 固名 イレネ: 女子の名.

irg- 活 → erguir.

iridio 男 〖化〗イリジウム.

iridiscencia 女 虹(にじ)色, 玉虫色.

iris 男 ❶ 虹(にじ)(= arco ~). ❷〖解〗(眼球の) 虹彩(こうさい).

irisación 女 虹(にじ)色の光[輝き].

irisado, da 形 虹(にじ)色の, 玉虫色の.

irisar 自 虹(にじ)色に光る; 光彩を放つ. — 他 虹色に彩る[光らせる].

iritis 女[単複同形]〖医〗虹彩(こうさい)炎.

Irlanda 固名 アイルランド: 首都ダブリン Dublín.

irlandés, desa 形 アイルランド (人, 語) の. — 男 女 アイルランド人. — 男 アイルランド語.

ironía 女 ❶ 皮肉; 意外[皮肉]な成り行き. la ~ del destino 運命のいたずら. ❷〖修〗反語法; 反語.

irónicamente 副 皮肉にも; 皮肉を込めて.

irónico, ca 形 皮肉な; 反語的な.

ironizar 57 他 皮肉る, からかう. — 自 《sobre》(…のことを) 皮肉る.

iroqués, quesa 形 (北米先住民の) イロクォイ族[語]の. — 男 イロクォイ語.

IRPF 男 *I*mpuesto sobre la *R*enta de las *P*ersonas *F*ísicas 個人所得税.

irracional 形 ❶ 理性[分別]のない. ser ~ (馬等の) 動物. ❷ 不条理な, ばかげた. ❸〖数〗無理 (数) の.

irracionalismo 男〖哲〗非合理主義.

irradiación 女 発光, 放熱; 放射; 波及.

irradiar 17 他 ❶ (光・熱等を) 発散させる, 放射する. ❷ 光線に当てる; 照射する; 〖医〗放射線治療をする. ❸ (影響等を) 広く及ぼす, 放つ. — **irradiarse** 再 (影響等が) 広がる.

irrazonable 形 道理に合わない, 不合理な; 無分別な.

irreal 形 非現実的な; 実在しない, 架空の.

irrealidad 女 非現実 (性); 実在しないこと, 虚構.

irrealizable 形 実現できない, 達成不可能な.

irrebatible 形 反論[論破]できない.

irrechazable 形 拒めない.

irreconciliable 形 和解できない; 相いれない, 対立する.

irreconocible 形 見分けられない, 識別[認知]不可能の.

irrecuperable 形 取り返せない, 回復不可能の.

irrecusable 形 拒めない; 避けられない.

irredentismo 男〖史〗イッレデンタ[未回復地]併合主義; 民族統一主義.

irredento, ta 形 未回復[未回収]の; (領土が) 外国の支配下にある.

irredimible 形 買い戻せない, 救い出せない.

irreductible / irreducible 形 ❶ 削減[減少]できない, これ以上小さくならない. fracción ~〖数〗既約分数. ❷ 相いれない, 対立する. ❸ 不屈の, 揺るぎない.

irreemplazable 形 取り替えられない, 置き替えられない.

irreflexión 女 無思慮, 無分別; 軽率.

irreflexivo, va 形 思慮の足りない, 無分別な; 軽率な.

irrefragable 形 阻止[抵抗]できない.

irrefrenable 形 抑えきれない, 制止[制御]できない.

irrefutable 形 反論[論破]できない.

irregular [イレグらル] 形 [英 irregular] ❶ **不規則な**, 変則的な. polígono ~〖数〗不等辺三角形. pulso ~〖医〗不整脈. verbo ~〖文法〗不規則動詞. ❷ (形が) ふぞろいの, でこぼこした. ❸ 規律のない, 乱れた; 不正規の.

irregularidad 女 ❶ 不規則 (性); 不ぞろい. ❷ 不正, 反則 (行為).

irrelevante 形 取るに足りない; 無関係な.

irreligioso, sa 形 男 女 無宗教の (人), 不信心な (人); 反宗教的な (人).

irremediable 形 ❶ 手の施しようがない; 取り返しのつかない. ❷ 避けられない

irremisible 形 許しがたい, 容赦できない.

irrenunciable 形 あきらめられない, 譲れない.

irreparable 形 修繕不能の; 回復できない.

irrepetible 形 二度とない; 二度とあってはならない.

irreprensible 形 非の打ちどころのない, 申し分のない.

irrepresentable 形 上演不可能の; 想像できない.

irreprimible 形 抑えきれない, 抑止できない.

irreprochable 形 非の打ちどころのない, 完璧(かんぺき)な.

irresistible 形 ❶ 逆らえない, 抗しがたい. ❷ 魅力的な.

irresoluble 形 解決不能の, 解けない.

irresolución 女 未解決; 優柔不断.

irresoluto, ta 形 ❶ 決断力のない, 優柔不断の. ❷ (問題等が) 未解決の. — 男 女 優柔不断な人, 決断力のない人.

irrespeto 男 《ラ米》(コロンビア)(ベネズエラ)無礼, 不敬.

irrespetuoso, sa 形 不敬[無礼]な.

irrespirable 形 呼吸できない, 息のつまりそうな. gas ~ 窒息ガス.

irresponsable 形 ❶ 責任能力のない, 免責の. ❷ 無責任な, いい加減な. — 男 女 無責任な人, いい加減な人.

irretroactividad 女〖法〗不遡及(そきゅう).

irreverencia 女 不敬, 無礼な行為[言葉, 態度].

irreverente 形 男 女 不敬な (人), 無礼な (人).

irreversible 形 元に戻らない, 取り返しのつかない.

irrevocable 形 取り消し[撤回]できない. carta de crédito ~ 取消不能信用状.

irrigación 女 ❶ 灌漑(かんがい); 灌水. ❷〖医〗灌注, 洗浄 (液); (血液の) 循環.

irrigar 66 他 ❶ 灌漑(かんがい)する. ❷〘医〙灌注[洗浄]する；(血液を) 循環させる.

irrisión 女 嘲笑(ちょうしょう)(の的), 物笑いの種. hacer ～ de ... …を笑いものにする.

irrisorio, ria 形 ❶ こっけいな；ばかばかしい. ❷ 取るに足りない, ごくわずかな.

irritable 形 ❶ 短気な, 怒りっぽい. ❷〘医〙過敏な.

irritación 女 ❶ いらだち, 腹立ち. ❷〘医〙刺激；過敏症, 軽い炎症.

irritante 形 ❶ いらだたせる, 腹立たしい. ❷ 刺激性の. agente ～ 刺激薬[物].

irritar 他 ❶ いらだたせる, 怒らせる. Su actitud indiferente me *irritó* mucho. 彼の冷たい態度に私は無性に腹が立った. ❷〘医〙(生体を) 刺激する, 炎症を起こさせる. ❸ (感情等を) かき立てる. — **irritarse** 再 ❶《con, contra, por》(…に) いらだつ, 腹を立てる. ❷〘医〙刺激に反応する；炎症を起こす. ❸ (感情が) かき立てられる, つのる.

irritativo, va 形 炎症を起こす.

irrogar 66 他〘法〙(損害・厄介等を) 引き起こす, もたらす. — **irrogarse** 再〘法〙(損害・厄介等を) 被る.

irrompible 形 壊れない；頑丈な.

irrumpir 自《en》(…に) 飛び込む；押し入る.

irrupción 女 突入, 乱入；不意打ち.

Irún 固名 イルン：(スペイン) ギプスコア県の町.

IRYDA [イリダ] 男 *I*nstituto Nacional para la *R*eforma *y* *D*esarrollo *A*grarios (スペインの) 全国農業改革促進協会.

Isaac 固名 イサク：男子の名.

Isabel 固名 ❶ ～ I la Católica イサベル1世カトリック女王：カスティーリャ女王 (在位1474-1504). ❷ ～ II イサベル2世：スペイン女王 (在位1833-68). ❸ イサベル：女子の名.

isabelino, na 形 イサベル女王の, イサベル1世[2世] (時代) の；(英国の) エリザベス女王 (時代) の, エリザベス朝の. — 男 女 イサベル2世派の人.

Isaías 固名 イサイアス：男子の名.

ísatis 男 [単複同形]〘動〙ホッキョクギツネ.

isidoriano, na 形 (スペイン, セビーリャの大司教) 聖イシドルス[イシドーロ] の.

Isidoro 固名 イシドーロ：男子の名.

isidrada 女 マドリードの聖イシドロ San Isidro 祭で行われる闘牛.

isidro, dra 男 女 (マドリードに出て来た) いなか者, お上りさん.

isla [イスラ] 女 [英 island] ❶ 島. ～*s* volcánicas 火山島. ❷ (陸の) 孤島, 隔離された場所.

islam 男 ❶ イスラム教. ❷ [I-] イスラム文明, イスラム世界.

islámico, ca 形 イスラム教 (国) の. mundo ～ イスラム世界.

islamismo 男 イスラム教；イスラム世界.

islamista 形 イスラム原理主義の. — 男 女 イスラム原理主義者.

islamita 形 イスラム教の. — 男 女 イスラム教徒.

islamización 女 イスラム (教) 化.

islamizar 57 他 イスラム (教) 化する.

islandés, desa 形 アイスランド (人, 語) の. — 男 女 アイスランド人. — 男 アイスランド語.

Islandia 固名 アイスランド：首都レイキャビク Reikiavik.

isleño, ña 形 男 女 島の (住民).

isleta 女 ❶ 小島. ❷ (道路の) 緑地[分離]帯.

islote 男 (無人の) 小島；海面上に出ている大岩.

ismaelita 形 男 女 イスマエルの子孫 (の)；アラブ人 (の)；イスラム教徒 (の).

ismo 男 主義, イズム.

isobara / isóbara 女 等圧線.

isobárico, ca 形〘気象〙等圧 (線) の. líneas *isobáricas* 等圧線.

isoclinal / isoclino, na 形〘地質〙等傾斜の.

isocromático, ca 形〘光〙等色の；〘写〙整色性の.

isócrono, na 形〘物〙等時 (性) の.

isoglosa 女 (言語地理学で) 等語線.

isómero, ra 形〘化〙〘物〙異性 (体) の. — 男〘化〙〘物〙異性体.

isomorfo, fa 形〘化〙〘物〙〘鉱〙同形の；類質同像の.

isópodo, da 形〘動〙等脚 (類) の. — 男 等脚類 (の動物).

isósceles 形 [性数不変] 二等辺の. triángulo ～ 二等辺三角形.

isoterma 女〘気象〙等温線.

isotérmico, ca 形 等温の. vagón ～ 空調車両.

isotermo, ma 形 等温 (線) の；一定温度[等温] で起こる；温度管理された. tanque ～ 冷蔵タンク.

isotónico, ca / isótono, na 形〘物〙等張の, 等浸透圧の.

isotópico, ca 形〘物〙アイソトープの, 同位体の, 同位元素の.

isótopo 男〘物〙アイソトープ, 同位体[元素]. ～ radioactivo 放射性同位元素.

isotropía 女〘生〙〘物〙等方性.

isótropo, pa 形〘生〙〘物〙等方性の. — 男 等方性のある物体[生物体].

isquemia 女〘医〙虚血, 乏血.

isquiático, ca 形 座骨の.

isquion / isquión 男 座骨.

Israel 固名 イスラエル：首都エルサレム Jerusalén.

israelí 形 (現代の) イスラエル (国, 人) の. — 男 女 (現代の) イスラエル人.

israelita 形 (古代) イスラエル[ヘブライ, ユダヤ] の；ユダヤ教徒の. — 男 女 (古代) イスラエル[ヘブライ, ユダヤ] 人；ユダヤ教徒.

istmeño, ña 形 男 女 地峡の (人).

istmo 男 地峡.

itacate 男《ラ米》(メキシコ)(旅の) 携行食.

Italia 固名 イタリア：首都ローマ Roma.

italianismo 男〘言〙イタリア語法, イタリア訛(なま)り；イタリア語からの借用語 (句).

italianista 男 女 イタリア (語) 学者, イタリア文化研究者.

italianizar 57 他 イタリア風にする, イタリア (語) 化する. — **italianizarse** 再 イタリア風になる, イタリア (語) 化する.

italiano, na 形 イタリア (人・語) の. a la *italiana* イタリア風[式] (に). — 男 女 イタリア人. — 男 イタリア語.

itálico, ca 形 ❶ 古代イタリア (人) の；イ

タリック語派の. ❷〘印〙イタリック体の. ── 男〘言〙イタリック語派. ── 女 イタリック体（の文字）.

ítalo, la 形《文》イタリア（人, 語）の. ── 男 女《文》イタリア人. ── 男 イタリア語.

ítem 副 同じく；さらに（＝～ más）. ── 男 項目, 箇条；品物；〘IT〙アイテム.

iterar 他 繰り返す, 反復する.

iterativo, va 形 繰り返しの, 反復の.

iterbio 男〘化〙イッテルビウム.

itinerancia 女 ❶ 巡業. ❷〘IT〙国外で携帯電話を使用すること.

itinerante 形 巡回する, 移動する.

itinerario 男 ❶ 道順；行程. ❷ 旅行日程（表）, 旅行計画.

itrio 男〘化〙イットリウム.

ITV 女［単複同形］*I*nspección *T*écnica de *V*ehículos 車検. pasar la ～ 車検を受ける.

IU 女 *I*zquierda *U*nida 左翼連合.

IVA［イバ］男 *I*mpuesto sobre el *V*alor *A*ñadido（スペイン）付加価値税, 消費税.

izado / izamiento 男（旗等の）掲揚.

izar 57 他（旗・帆を）揚げる.

izq. / izqdo., da. 形 → izquierdo, izquierda.

J

izquierda［イスキエルダ］女〔英 left〕❶ 左, 左側. a la ～ 左（側）に. Conserva su～.《交通標識》左側通行. ❷ 左手. escribir con la ～ 左手で書く. ❸〘政〙左翼, 左派. extrema ～ 極左. ── 形 → izquierdo.

izquierdismo 男 左翼性.

izquierdista 形 男 女（政治思想が）左翼［左派］の（人）.

izquierdo, da［イスキエルド, ダ］形〔英 left〕左の, 左側の；左利きの（＝zurdo）. ── 男 女 左利きの人. ***levantarse con el pie ～***《話》朝からついていない. ***tener mano izquierda***《話》手腕がある, 手抜かりがない.

izquierdoso, sa 形 男 女《話》左翼っぽい（人）.

Jj

J, j［ホタ］女 スペイン語の字母の第10字.

jaba 女《ラ米》（運搬用）かご；木枠の箱.

jabalcón 男〘建〙筋交い, 方杖(ほうづえ).

jabalí 男［複 ～es］〘動〙イノシシ. cabeza de ～ イノシシ・豚肉等で作るコールドミート.

jabalina 女 ❶〘動〙雌イノシシ. ❷ 投げ槍(やり)；〘スポ〙槍(やり)投げ（の槍）.

jabardillo 男（鳥・昆虫の）大群；人込み, 群衆.

jabardo 男 ハチの群れ；大勢の人, 群衆.

jabato, ta 形 無鉄砲な, 大胆な. ── 男 女 ❶ 無鉄砲な［大胆な］人. ❷〘動〙イノシシの子.

jábega 女 小型漁船の一種；引き網, 地引き網.

jabeque 男〘海〙ジーベック：3本マストの小型船舶.

jabirú 男〘鳥〙アメリカトキコウ.

jabón 男 ❶ 石けん. ～ líquido 液体石けん. ～ en polvo 粉石けん. ❷《ラ米》（アルゼ）（プエルト）（ウルグ）《話》驚き, 恐怖. ***dar ～***《話》お世辞を言う, おだてる. ***～ de sastre***（裁縫用の）チャコ.

jabonada 女 ❶ 石けんを塗る［で洗う］こと. ❷《ラ米》（チリ）（メキシコ）《話》叱責(しっせき), 非難.

jabonado 男 → jabonada.

jabonadura 女 ❶ → jabonada ①. ❷［複］石けん水；石けんの泡.

jabonar 他 石けんをつける［で洗う］. ── ***jabonarse*** 再《ラ米》（アルゼ）（ウルグ）驚く, おびえる.

jaboncillo 男 ❶ 化粧石けん. ❷（裁縫用の）チャコ（＝～ de sastre）. ❸〘植〙セッケンノキ.

jabonería 女 石けん工場［店］.

jabonero, ra 形 ❶ 石けんの. ❷〘闘牛〙（雄牛が）黄白色の. ── 男 女 石けん製造［販売］業者. ── 女 石けん箱.

jabonoso, sa 形 石けんを含んだ；石けんのような；滑らかな.

jaborandi 男〘植〙（ミカン科）ピロカルプス.

jabugo 男（ウエルバ原産の良質の）生ハム.

jaca 女〘動〙雌馬；小型の馬, ポニー.

jacal 男《ラ米》（グアテ）（メキシコ）掘っ建て小屋, 粗末な家.

jácara 女 ハカラ：(1) ならず者の生活を歌った陽気なロマンセ［物語詩］. (2) スペインの民俗舞踊［音楽］.

jacarandá 男〘植〙ジャカランダ.

jacarandoso, sa 形《話》屈託のない；さっそうとした, 粋な.

jacarero, ra 形《話》冗談好きの, 陽気な.

jácena 女〘建〙大梁(おおばり), 主桁(しゅけた).

jacinto 男 ❶〘植〙ヒヤシンス（の花）. ❷〘鉱〙ジルコン（＝～ de Ceilán）. ～ occidental トパーズ. ～ oriental ルビー. ── 固名［J-］ハシント：男子の名.

jack［ジャ(ク)］〔英〕男 プラグの差し込み口, ジャック.

jacket［ジャケ(トゥ)］男《ラ米》ジャンパー（→ cazadora 地域差）.

jaco 男 駄馬, やせ馬.

Jacob 固名 ハコブ：男子の名.

jacobeo, a 形 使徒ヤコブ［サンティアゴ］の. peregrinación *jacobea*〘カト〙聖地サンティアゴ・デ・コンポステラへの巡礼.

jacobinismo 男 ❶〘史〙（フランス革命下の）ジャコバン主義. ❷〘政〙急進的平等主義, 過激共和主義.

jacobino, na 形 ジャコバン党（員）の；急進派の. ── 男 女 ジャコバン党員；急進派の人.

jacobita 形 男 女〘宗〙ヤコブ派（の）：キリスト単性説を唱えるシリア民族教会.

Jacobo 固名 ハコボ：男子の名.

jactancia 女 自慢；うぬぼれ.

jactancioso, sa 形 うぬぼれた, 虚栄心の強い. ── 男 女 自慢屋；うぬぼれ屋.

jactarse 再《de》（…を）自慢する, 鼻にかける.

jaculatoria 女〘カト〙射禱(しゃとう)：力強く短い祈りの言葉.

jacuzzi［ジャクシ〈ジャクジ〉］男〘商標〙ジャグジーバス：あわ風呂, 気泡風呂.

jade 男〘鉱〙翡翠(ひすい).

jadeante 形 あえいだ, 息を切らした.

jadear 自 あえぐ, 息を切らす.

jadeo 男 あえぎ, 息切れ.

Jaén 固名 ハエン：スペインの県；県都.

jaenés, nesa 形 男 女 → jienense.

jaez 男 ❶ [主に複] 馬具；(たてがみに編み込んだ) 飾り. ❷ 《軽蔑》(人の) 質(たち), タイプ.

jaguar 男 〖動〗ジャガー.

jagüey 男 《ラ米》ため池, 水たまり.

jai alai [バスク] 男 〖スポ〗ハイアライ.

jaiba 女 《ラ米》〖動〗カニ, ザリガニ.

jailoso, sa 形 《ラ米》(コロンビア)上流階級の.

Jaime 固名 ❶ ～ I el Conquistador ハイメ 1 世征服王：アラゴン王 (在位1213-76). ❷ ハイメ：男子の名.

jainista 形 男 女 ジャイナ教の[教徒].

jaique 男 ハイク：アラブ人がまとう布.

jala 女 《ラ米》(コロンビア) 《話》酔い.

jalado, da 形 《ラ米》(ペルー) 《話》(1) 不合格の, 落第した. (2) 切れ長の目をした.

jalapa 女 〖植〗ヤラッパ. ― 固名 [J-] ハラパ：(1) メキシコ, ベラクルス州の州都. (2) グアテマラの州；州都.

jalapeño, ña 形 男 女 ハラパの (人). ― 男 《ラ米》(メキシコ) 〖料〗ハラペーニョ：極辛の青トウガラシ.

jalar 他 ❶ 《話》がつがつ食べる. ❷ 引っぱる. ― 自 《ラ米》(コロンビア)(メキシコ)(エクアドル)急いで行く, 立ち去る.

jalbegar 66 他 しっくいで白く塗る.

jalbegue 男 白壁塗り, しっくい.

jalea 女 ゼリー(状薬剤). ～ real ローヤルゼリー.

jalear 他 ❶ (拍手や掛け声で) 景気づける, はやし立てる. ❷ (猟犬を) けしかける.

jaleo 男 ❶ 《話》お祭り[どんちゃん] 騒ぎ. ❷ 《話》混乱, ごたごた；けんか. armar un ～ con ... …と口論[けんか]する. ❸ (スペイン) アンダルシア地方の民俗舞踊[音楽].

jalifa 男 ハリファ：旧スペイン保護領モロッコにおける最高統治者.

jalisciense 形 男 女 ハリスコ州の (人).

Jalisco 固名 ハリスコ：メキシコの州. 州都 Guadalajara.

jalón 男 ❶ (測量用の) 標尺, ポール. ❷ (歴史・人生等の) 節目となる出来事. ❸ 《ラ米》引っぱること.

jalonar 他 ❶ 標尺[ポール] を立てる；区画する. ❷ 印をつける；(歴史・人生等に) 節目をつける.

Jamaica 固名 ジャマイカ：首都キングストン Kingston.

jamaicano, na 形 男 女 ジャマイカの (人).

jamar 他 自 《話》食う, たらふく食べる. ― **jamarse** 再 《話》平らげる.

jamás [ハマス] 副 〔英 never; ever〕 ❶ 決して…ない (＝nunca). No lo he visto ～. / J～ lo he visto. 私は一度もそれを見たことがない. ► 動詞の前に来るとき no は不要. ❷ 《疑問文・最上級で》かつて, 今までに. Fue el mejor partido que ～ haya visto. 今までに見たことのない最高の試合だった. ***(en) el ～ de los jamases*** 《話》絶対に…ない. ***nunca ～*** 決して…ない. ***para [por] siempre ～*** 永久に；絶対に…ない.

jamba 女 〖建〗(戸・窓等の) 抱き, わき柱.

jambar 他 《ラ米》(中米)(メキシコ)食べる.

jamelgo 男 やせ馬, 駄馬.

jamón [ハモン] 男 [複 jamones] 〔英 ham〕 ❶ 生ハム, ハム. ～ de pata negra [Ibérico] どんぐりで飼育した豚の上質生ハム. ～ de York [york] (加熱処理した) ハム. ～ en dulce (白ワインで煮た) 豚腿肉(ももにく)のハム. ～ serrano ハモンセラーノ (骨付き豚腿肉の生ハム). ❷ (人の) 肉付きのよい太もも[二の腕]. ***estar ～*** 《話》(肉体的に) 魅力的[セクシー] である. ***¡Y un ～ (con chorreras)!*** 《話》《依頼・申し出等の拒絶》だめだ, ごめんだ.

jamona 形 [女性形のみ] 女 《話》中年太りした (女).

jamuga 女 [主に複] (馬具の) 横鞍(くら)：女性用の鞍.

jansenismo 男 〖宗〗ヤンセン主義, ジャンセニスム.

jansenista 形 男 女 ヤンセン派の (人, 信奉者).

Japón [ハポン] 固名 日本：首都東京 Tokio.

japonés, nesa [ハポネス,ネサ] 形 [複 japoneses, ～s] 〔英 Japanese〕 日本 (人, 語) の. de nacionalidad *japonesa* 日本国籍を持つ. ― 男 女 日本人. ― 男 日本語.

japuta 女 〖魚〗シマガツオ, マナガツオ.

jaque 男 ❶ (チェス) 王手, チェック. ～ mate 王手詰め. dar ～ 王手をかける, チェックする. dar ～ y mate (キングを) チェックメイトする. ❷ 《話》威張りちらす人, 強がり屋. ***tener [traer, poner] en ～*** 脅しをかける, 追い詰める.

jaqueca 女 〖医〗偏頭痛；頭痛.

jaquelado, da 形 ❶ 〖紋〗チェックの. ❷ (宝石が) 四角面にカットされた.

jaquetón 男 〖魚〗ホオジロザメ.

jara 女 〖植〗シスタス, ゴジアオイ.

jarabe 男 ❶ シロップ (状の薬). ～ de arce メープルシロップ. ❷ 甘ったるい飲み物. ❸ 《ラ米》サパテアード zapateado を用いる民俗舞踊. ***～ de palo*** 《話》お仕置きでひっぱたくこと.

jaral 男 シスタス[ゴジアオイ] の群生地.

jaramago 男 〖植〗カキネガラシ.

jarana 女 ❶ 《話》どんちゃん騒ぎ. ir de ～ 浮かれ騒ぐ. ❷ 口論, けんか；騒動. armar ～ 騒ぎを起こす. ❸ 《ラ米》《話》(内輪の) ダンスパーティー.

jaranero, ra 形 どんちゃん騒ぎの (好きな).

jarano 男 (フェルト製の) つば広帽.

jarcha 女 〖詩〗ハルチャ：俗アラビア語もしくは初期スペイン語で書かれた2-4行の叙情詩.

jarcia 女 [主に複] 〖海〗索具；漁具.

jardín [ハルディン] 男 [複 jardines] 〔英 garden〕 庭, 庭園. ciudad ～ 田園都市. ～ botánico 植物園. ～ zoológico 動物園. ***～ de infancia*** / 《ラ米》(アルゼンチン)(ウルグアイ) ***～ de infantes*** 幼稚園.

jardinera 女 ❶ フラワーポット, プランター. ❷ 《ラ米》〖服〗つなぎの作業服 (→ mono 地域差). ***a la ～*** 〖料〗(肉に) 野菜を添えた.

jardinería 女 造園, 園芸.

jardinero, ra 男 女 庭師, 植木屋. ～ paisajista 造園家.

jareta 女 〖服〗(リボン・ひもを通すための) 折り返し；ピンタック.

jaretón 男 (主にシーツ等の) 幅の広い折り返し[へり, 縁].

J

jarillo 男〘植〙アルム.

jarocho, cha 形 粗野で横柄な. ― 男 女 ❶ 粗野で横柄な人. ❷《ラ米》(メキシコ)ベラクルス地方の人[農民].

jarra 女 (柄付きで広口の) 水差し, ピッチャー; ジョッキ. ***de* [*en*] ～*s*** 両手を腰に当てて.

jarrete 男 ❶〘解〙(人の足の) ひかがみ, ひざの裏側. ❷(牛・馬等の) 飛節.

jarretera 女 ガーター; ガーター勲章.

jarro 男 ❶ (jarraより口が細く柄が 1 つの) 水差し, ピッチャー; ジョッキ. ❷ ワインに用いる単位: jarro一杯分およそ0.24リットル. ***a ～s*** 《話》大量に. ***echar un ～ de agua fría*** 《話》失望[がっかり]させる.

jarrón 男 (装飾用の柄なし) 壺(つぼ); 花瓶.

jaspe 男〘鉱〙碧玉(へきぎょく), ジャスパー.

jaspeado, da 形 縞(しま) [大理石] 模様の.

jaspear 他 縞(しま) [大理石] 模様をつける.

jato, ta 男 女 子牛. ― 男《ラ米》(ペルー)《俗》家.

jauja 女 [時に J-] 《話》この世の楽園, 逸楽の国.

jaula 女 ❶ (動物用の) 檻(おり); ケージ. ❷ 牢獄(ろうごく).

J

jauría 女 猟犬の一群.

Java 固名 ジャワ (島): インドネシアの主島.

javanés, nesa 形 男 女 ジャワ (島) の (人). ― 男 ジャワ語.

Javier 固名 ハビエル: 男子の名.

jayán, yana 男 女 大柄で力持ちの人; 無骨者.

jazmín 男〘植〙ジャスミン (の花). ～ del cabo [de la India] クチナシ.

jazz [ジャス] 〔英〕男 [単複同形]〘音〙ジャズ.

jazz-band [ジャスバン] 〔英〕男〘音〙ジャズバンド.

jazzero, ra [ジャセロ, ラ] 男 女 形《話》ジャズ (愛好家) (の), ジャズ演奏家 (の).

jazzista [ジャシスタ] 男 女 (プロの) ジャズ演奏家.

jazzístico, ca [ジャシスティコ, カ] 形 ジャズの, ジャズ的な.

J.C. Jesucristo イエス・キリスト.

jean [ジン] 〔英〕男 [複 ～s] [主に複] ジーパン. los blue ～*s* ブルージーンズ.

jebe 男 ❶〘化〙カリ明礬(みょうばん). ❷《ラ米》ゴム;〘植〙ゴムノキ.

jeep [ジ(プ)] 〔英〕男 [複 ～s]〘車〙ジープ.

jefa 女 → jefe.

jefatura 女 ❶ 首長[指導者]の地位[職務]. ❷ 本部, 司令部.

jefe, fa [ヘフェ, ファ] 男 女 〔英 chief〕 ❶ (組織・集団の) **長**, 上司, チーフ. comandante en ～ 総司令官. ～ de Estado 元首, 国家主席. ～ de gobierno 首相. ❷《話》父親, 母親. ❸〘軍〙佐官. ❹《話》《呼びかけ》だんな, あなた.

Jehová 男 エホバ: 旧約聖書の神の名.

jején 男《ラ米》〘昆〙ブヨの総称.

jeme 男 ヘーメ: 親指と人差し指を広げた長さ.

jemer 形 クメール [カンボジア] の (= khmer). ― 男 女 クメール人. ― 男 クメール語.

jengibre 男〘植〙ショウガ.

jenízaro, ra 形 雑種の. ― 男 トルコ皇帝の近衛(このえ)兵.

jeque 男 (イスラム圏の) 領主; 首長.

jerarca 男 要人; 大物.

jerarquía 女 ❶ 階級 [階層] (制), 序列; (聖職者等の) 位階. elevarse [ascender] en la ～ 昇進する. ❷ 等級, 段階. ❸ 高僧; 高官.

jerárquico, ca 形 階級 [階層] 制の, 序列的な.

jerarquización 女 階級[階層, 序列] 化.

jerarquizar 57 他 階層[序列]化する.

jerbo 男〘動〙トビネズミ.

jeremiada 女 悲嘆にくれること; 泣き言.

jeremías 男 女 [単複同形] 愚痴っぽい人, いつもめそめそしている人. ― 男 [J-]〘聖〙(旧約の) エレミヤ書《略 Jer》. ― 固名 [J-] ヘレミーアス: 男子の名.

jerez 男 シェリー (酒).

jerezano, na 形 男 女 ヘレスの (人).

Jerez de la Frontera 固名 ヘレス・デ・ラ・フロンテラ: (スペイン) カディス県の都市. シェリー酒の産地.

jerga 女 隠語, 仲間言葉; 訳の分からない言葉.

jergal 形 隠語の; 隠語めいた.

jergón 男 わら布団.

jeribeque 男 [主に複] しかめっ面; 目くばせ. hacer ～*s* 顔をしかめる.

jerigonza 女 → jerga.

jeringa 女 ❶ 注入[注射]器, 浣腸(かんちょう)器. ❷《ラ米》《話》面倒 (な人).

jeringar 66 他 ❶ 注入する; 注射する. ❷《話》うんざり[いらいら]させる. ―

jeringarse 再 うんざり[いらいら]する.

jeringazo 男 注射, 注入.

jeringuilla 女 ❶ 小型注射器. ❷〘植〙バイカウツギ.

jeroglífico, ca 形 象形文字の [で書いた]. ― 男 ❶ 象形文字. ❷ 判じ物[絵]. ❸《軽蔑》難解なもの.

Jerónimo 固名 ヘロニモ: 男子の名.

jerónimo, ma 形 男〘カト〙ヒエロニムス会の (修道士).

jerosolimitano, na 形 男 女 エルサレムの (人).

jersey 〔英〕男 [複 ～s, jerséis] 〔英 sweater〕《スペイン》セーター. 地域差 セーター jersey 《スペイン》; buzo 《ラ米》(アルゼンチン); chompa, chomba (ペルー, ボリビア) (チリ); pulóver (パラグアイ, アルゼンチン); suéter 《ほぼラ米全域》.

Jesucristo 固名 イエス・キリスト.

jesuita 形〘カト〙イエズス会 (士) の; 《話》ずるい, 偽善的な. ― 男 イエズス会士. ― 男 女 ずるい人, 偽善者.

jesuítico, ca 形 → jesuita.

Jesús 固名 ❶ イエス, イエス・キリスト (前7?-後30?). ～ Nazareno ナザレのイエス. El Niño ～ 幼子イエス. → Cristo. ❷ ヘスス: 男子の名. ― 間 ❶ 《驚き・苦痛・安心・落胆等》ああ, えっ, やれやれ. ❷ (くしゃみをした人に) お大事に (► ¡Salud! とも言い, Gracias. で答える). ***en un* (*decir*) ～** 《話》あっという間に. ***sin decir ～*** 突然, 急に, 出し抜けに.

jet [ジェ(トゥ)] 〔英〕男 ジェットエンジン; ジェ

ット機. ～ foil ホバークラフト. padecer [sufrir] (el) ～ lag 時差ぼけになる. ── 女 (ジェット機で遊び回るような) 有閑階級, 金持ち (＝ ～ set).

jeta 女 ❶ 厚かましさ, 無礼. ❷《話》(人の) 顔. ❸ 豚の鼻づら. ***estirar la ～***《話》死ぬ;《ラ米》仏頂面[不機嫌]である.

jetón, tona 形《ラ米》→ jetudo.

jetudo, da 形 口[鼻] の突き出た; 口をとがらせた.

ji 女 キー, カイ (X, χ) : ギリシャ語アルファベットの第22字.

jíbaro, ra 形 ❶ ヒバロ族の. ❷《ラ米》いなか者の. ── 男 女 ❶ ヒバロ族 (の人) : エクアドル・ペルーのアマゾン流域の先住民. ❷《ラ米》(ｱﾝﾃｨﾙ)(ﾌﾟｴﾙﾄﾘｺ)農民.

jibia 女【動】コウイカ; コウイカの甲.

jibión 男 コウイカの甲.

Jibuti 固名 ジブチ : 首都ジブチ Jibuti.

jícara 女 ❶ チョコレート用のカップ. una ～ de chocolate 1杯のチョコレート. ❷《ラ米》(ヒョウタンの実でできた) 椀(わん).

jicote 男《ラ米》(ﾒｷｼｺ)【昆】マルハナバチの一種.

jicotera 女《ラ米》(中米)(ﾒｷｼｺ)マルハナバチの巣 [羽音].

jiennense / jienense 形 男 女 (スペインの) ハエンの (人).

jijona 男【料】トゥロン, ヌガー.

jilguero 男【鳥】ヒワ.

jilote 男《ラ米》(ﾒｷｼｺ)(結実前の) トウモロコシの穂; [複] トウモロコシの穂先の毛.

jimaguas 男 女 ㊥《ラ米》双生児 (→ gemelo 地域差).

Jiménez 固名 ヒメネス Juan Ramón ～ (1881-1958) : スペインの詩人. ノーベル文学賞 (1956年). *Platero y yo*『プラテロと私』.

jinete, ta 男 女 騎手; 乗馬のうまい人. ── 男【軍】騎馬兵. ── 女【動】ジェネット.

jinetear 他《ラ米》(1)(ｱﾙｾﾞﾝﾁﾝ)(ｳﾙｸﾞｱｲ) (馬を) 飼いならす. (2)(ﾎﾞﾘﾋﾞｱ)(ﾎﾝｼﾞｭﾗｽ)(ﾒｷｼｺ)(ｸﾞｱﾃﾏﾗ)(荒馬 [牛] を) 乗り回す. (3)(ﾒｷｼｺ)(人の金を) 勝手に持ち出す.

jinetera 女《ラ米》(中米)(ﾒｷｼｺ)(ｷｭｰﾊﾞ)《軽蔑》売春婦.

jínjol 男【植】ナツメ (の実).

jipa 女《ラ米》(ｺﾛﾝﾋﾞｱ)→ jipijapa.

jipato, ta 形《ラ米》(ﾍﾞﾈｽﾞｴﾗ)(ﾒｷｼｺ)《話》血色の悪い, 青白い, 元気のない.

jipi 男 ❶《話》→ jipijapa. ❷ ヒッピー.

jipiar 31 他《話》見る. ── 自《ラ米》(ｺﾛﾝﾋﾞｱ)めそめそする.

jipido 男 → jipío.

jipijapa 男 パナマ帽.

jipío 男 (フラメンコの歌に特有の) 物悲しい響きを持った小節.

jiquilete 男【植】藍(あい), インディゴ.

jira 女 ❶ 野外パーティー; ピクニック. ❷ 細長い布切れ.

jirafa 女 ❶【動】キリン. ❷ 背の高い人. ❸ 移動マイクの支柱 [ブーム].

jirón 男 ❶ (布等の) 切れ端, 断片. hacer *jirones* ずたずたにする. ❷ 小部分, 一部. ❸《ラ米》(ﾍﾟﾙｰ)通り.

jitomate 男《ラ米》(ﾒｷｼｺ)【植】トマト.

jiu-jitsu 〔日〕男 柔術.

jívaro, ra 形 男 女 (エクアドル・ペルーの) ヒバロ族の (人).

JJOO / JJ. OO. 男 ㊥ *Juegos Olímpicos* オリンピック大会.

¡jo! 間《疑問・驚き・感嘆・不快》ほう, まあ, わあ, へえ.

Joaquín 固名 ホアキン : 男子の名.

Job 固名【聖】ヨブ. ── 男【聖】(旧約の) ヨブ記. ***tener más paciencia que (el santo) Job*** きわめて忍耐強い.

jockey [ジョケイ]〔英〕男 [複 ～s] (競馬の) 騎手, ジョッキー.

joco, ca 形《ラ米》(中米)(ﾒｷｼｺ)(果物が腐って) 酸っぱい.

jocoque 男《ラ米》(ﾒｷｼｺ)乳酸飲料.

jocosidad 女 ❶ こっけいさ, ユーモア. ❷ おどけた言動, 冗談.

jocoso, sa 形 こっけいな, おどけた.

jocundidad 女 陽気, 快活.

jocundo, da 形 陽気な, 快活な.

joda 女《ラ米》《俗》(1)(ｺﾛﾝﾋﾞｱ)厄介, 迷惑. (2)(ｱﾙｾﾞﾝﾁﾝ)(ｳﾙｸﾞｱｲ)(ﾍﾞﾈｽﾞｴﾗ)冗談. en ～ ふざけて.

jodedor, dora 形《俗》セックス好きの.

joder 自《卑》性交する, セックスする. ── 他《俗》❶ うんざり [いらいら] させる. ❷ だめ [台無し] にする. ── **joderse** 再《俗》❶ 困る; うんざりする. ❷ 台無しになる. La excursión *se jodió* con la lluvia. 遠足は雨でさんざんだった. ── **joder** 間《疑問・驚き・感嘆・不快》くそ, ちくしょう, なんてこった. ***¡(Anda y) que te jodan!***《俗》勝手にしろ. ***¡Hay que joderse!***《俗》だめだ, これはひどい. ***joderla***《俗》失敗する, どじを踏む. ***¿No te jode?***《俗》ひどい話だろう, 冗談じゃないよ.

jodido, da ❶《con, de》(…に) 困った; くたばった; 具合の悪い. ❷ つまらない, 面倒くさい; いまいましい.

jodienda 女《卑》迷惑, 厄介.

jodón, dona 形《ラ米》(ｱﾙｾﾞﾝﾁﾝ)(ｳﾙｸﾞｱｲ)《卑》冗談の好きな, うるさい.

jofaina 女 洗面器.

jogging [ジョギン]〔英〕男 ジョギング.

joint venture [ジョインベンチュル]〔英〕男 合弁 (事業, 会社, 企業).

jojoba 女【植】ホホバ (の種子).

jojoto 男《ラ米》(ﾍﾞﾈｽﾞｴﾗ)未熟なトウモロコシ.

jolgorio 男《話》ばか [お祭り] 騒ぎ.

¡jolín! / ¡jolines! 間《疑問・驚き・感嘆・不快》くそ, ちくしょう; こりゃたまげた.

jondo 形 *cante* ～ → hondo.

jónico, ca 形 ❶ イオニアの. ❷【建】イオニア式の (＝ orden ～). ── 男 女 イオニア人. ── 男 (ギリシャ語の) イオニア方言.

jonio, nia 形 男 女 イオニアの (人).

jonrón 男《ラ米》(ﾍﾞﾈｽﾞｴﾗ)(ﾒｷｼｺ)(ｷｭｰﾊﾞ)(ﾌﾟｴﾙﾄﾘｺ)(ｴｸｱﾄﾞﾙ)【スポ】ホームラン.

jopo 男 → hopo.

jora 女《ラ米》(南米)(チチャ酒用の) トウモロコシ.

Jordán 固名 el ～ ヨルダン川.

Jordania 固名 ヨルダン : 首都アンマン Ammán.

jordano, na 形 ヨルダンの. ── 男 女 ヨルダン人.

Jorge 固名 ホルヘ : 男子の名.

jornada 女 ❶ (仕事の区切りとしての) 1日; 1日の労働. ～ intensiva (昼休みなしの) 集中 [連続] 労働. trabajo de media ～ [～ entera] パートタイム [フルタイム] の仕事. ❷ 日程; 1日の旅程 [行程]. ❸【演】(スペイン古典劇の) 幕;【映】部.

jornal 男 ❶ 日給, 日当. a ～ 日給で.

❷ 1日(分)の仕事.
jornalero, ra 男女 日雇い労働者.
joroba 女 ❶ 猫背；背中のこぶ. ❷ 出っ張り. ❸《話》厄介, 面倒. ❹《ラ米》〖車〗トランク (→ maletero 地域差). ― 間《疑問・驚き・感嘆・不快》まあ, おや；ちくしょう.
jorobado, da 形 ❶ 煩わしい；厄介な. ❷ 背中の湾曲した. ― 男女 背中の湾曲した人.
jorobar 他《話》❶ いらいら[うんざり]させる. ❷ 壊す, だめにする. ― **jorobarse** 再 ❶ いらいら[うんざり]する. ❷ (物が) 壊れる；だめになる；けがをする. *¡No te joroba!*《俗》そんなばかな；いい加減にしろ.
jorobón, bona 形《ラ米》(ｱﾙｾﾞﾝﾁﾝ)(ｸﾞｱﾃﾏﾗ)煩わしい, 厄介な.
jorongo 男《ラ米》(ﾒｷｼｺ)ポンチョ；毛布.
joropo 男《ラ米》(ｺﾛﾝﾋﾞｱ)(ﾍﾞﾈｽﾞｴﾗ)ホロポ：足拍子で軽快に踊る民俗舞踊.
José 固名 ❶ ホセ1世, ジョゼフ・ボナパルト ～ I Bonaparte (1768-1844)：フランス王ナポレオン1世の兄でスペイン王 (在位1808-13). ❷ ホセ：男子の名.
Josefa 固名 ホセファ：女子の名.
Josefina 固名 ホセフィーナ：Josefaの愛称.
josefino, na 形男女 ❶ 聖ヨゼフ修道会の (修道士). ❷〖史〗ジョゼフ・ボナパルト派の(人).
Josué 男〖聖〗(旧約の) ヨシュア記.
jota 女 ❶ スペイン語字母 j の名称. ❷ ホタ：(スペイン) アラゴン・バレンシア・ナバラ地方の民俗舞踊[音楽]. *ni* ～ ほとんど…ない, 全く…ない.
jote 男《ラ米》(ｱﾙｾﾞﾝﾁﾝ)(ﾁﾘ)(ﾍﾟﾙｰ)〖鳥〗ヒメコンドル.
joto 男《ラ米》《話》(1)(ﾒｷｼｺ)ホモセクシャルの人. (2)(ｺﾛﾝﾋﾞｱ)包み.
joule[ジュる]〔英〕男 → julio ②.
Jove 固名 ❶〖ロ神〗ジュピター, ユピテル (＝Júpiter). ❷〖天〗木星.
joven [ホベン] 形 [複 jóvenes] [絶対最上級 jovencísimo, ma] 〔英 young〕❶ 若い (↔ viejo), 年少の. un árbol ～ 若木. de ～ 幼少のころ(に). ❷ 新生の, 新しい. un país ～ 新興国. ❸ 若々しい, はつらつとした. de aspecto ～ 若々しい風貌(ふう)の. ― 男女 若者, 青年.
jovenzuelo, la 形 とても[まだ] 若い. ― 男女 少年, 少女, 若者.
jovial 形 陽気な, 楽しい；愛想のよい.
jovialidad 女 陽気；愛想のよさ.
joviano, na 形 ジュピターの；木星の.
joy 男《ラ米》(ﾒｷｼｺ)《俗》仲間, ダチ.
joya [ホヤ〈ホジャ〉] 女 〔英 jewel〕❶ 宝石；宝飾品. ❷ 貴重なもの[人], 宝物.
joyel 男 小さな宝石.
joyería 女 宝石[宝飾品]店[加工技術].
joyero, ra 男女 宝石商；宝石[宝飾品]加工職人. ― 男 宝石箱.
juagar 66 他《ラ米》(ｺﾛﾝﾋﾞｱ)ゆすぐ, すすぐ.
Juan 固名 フアン：男子の名. *don* ～ ドン・フアン；女たらし, 漁色家. *Yo soy* ～ *Palomo, yo me lo guiso y yo me lo como.* 大丈夫, ひとりでやれる. ► Juan Palomo は一匹狼(おおかみ)的な人物をいう.
Juana 固名 ❶ ～ la Loca フアナ狂女王：カスティーリャ女王 (在位1504-55), アラゴン女王 (1516-55). ❷ フアナ：女子の名.
Juan Carlos 固名 フアン・カルロス1世：スペイン国王 (在位1975-).
juanete 男〖解〗ほお骨；〖医〗(特に足の親指の) 腱膜瘤(けんまくりゅう).
jubilación 女 ❶ 退職, 引退. ～ anticipada 早期退職. ～ voluntaria 希望退職. sistema de ～ 退職制度, 定年制. ❷ 年金, 恩給.
jubilado, da 形男女 退職[引退] した(人), 年金[恩給]を受けている(人).
jubilar 他 ❶ 退職[引退]させる. ❷《話》捨てる, お払い箱にする. ― **jubilar(se)** 自再 ❶ 退職[引退]する. ❷《ラ米》(学校を) サボる (→ fumar 地域差). ― **jubilar** 形〖宗〗(古ユダヤ教の) 50年節の；〖カト〗聖年の.
jubileo 男 ❶〖宗〗(古ユダヤ教の) 50年節, ヨベルの年. ❷〖カト〗聖年. ganar el ～ 全免償を得る. ❸ (大勢の人の) 出入り.
júbilo 男《文》歓喜, 狂喜. mostrar ～ 大喜びする. no caber en sí de ～ 喜びに我を忘れる.
jubiloso, sa 形 歓喜の, 喜びに満ちた.
jubón 男 (中世の) 胴衣, ダブレット.
Júcar 固名 el ～ フーカル川：スペイン東部の川.
judaico, ca 形 ユダヤ(人, 教)の.
judaísmo 男 ユダヤ教[精神, 主義].
judaizante 形 ユダヤ教を信奉する；ユダヤの風習に従った. ― 男女 ユダヤ教徒.
judaizar 57 自 ユダヤ教を信奉する；ユダヤの風習に従う.
judas 男 [単複同形] 裏切り者, 反逆者.
judeocristiano, na 形 ユダヤ教とキリスト教の.
judeoespañol, ñola 形男女 ユダヤ系スペイン (人) の. ― 男 ユダヤ系スペイン語.
judería 女 ユダヤ人街；ゲットー.
judía 女〖植〗インゲンマメ. ～ verde サヤインゲン.
judiada 女《話》卑劣な行い, ひどいこと.
judicatura 女 裁判官の地位[職務, 権限, 任期].
judicial 形 司法 (上) の；裁判 (官) の. partido ～ 裁判所の管轄区域.
judío, a 形 ❶ ユダヤ (人) の；ユダヤ教(徒)の. ❷《話》強欲[けち]な. ― 男女 ❶ ユダヤ人[教徒]. ❷ 強欲な人, けち.
judo [ジュド]〔日〕男 柔道.
judoka / judoca [ジュドカ]〔日〕男女 柔道家.
jueces 男 複 → juez.
jueg- 活 → jugar.
juego [フエゴ] 男 〔英 play, game; gamble〕❶ 遊び, 娯楽, ゲーム. ～ de manos 手品. ～ de palabras しゃれ, 語呂(ごろ)合わせ. ～ de rol ロールプレイングゲーム. ❷ 試合, 競技；(テニス・バレー等の) 回, ゲーム, セット；[複] 競技会. *J～s Olímpicos* オリンピック (競技) 大会. terreno de ～ 競技場. ❸ プレー, 技；演技. crear ～ (サッカー等で) チャンスボールを出す. ～ limpio [sucio] フェア[反則] プレー. ❹ ギャンブル, 賭(か)け事 (＝～ de azar). ¡Hagan ～, señores! さあ, 皆さん賭けて下さい. ～ de Bolsa 相場, 投機. ❺ ～そろい, 1セット；ゲーム道具一式.

～ de comedor 食堂用家具一式. ～ de ajedrez チェスの道具. ❻ 重要でないこと；簡単なこと. Para María, esta relación es un ～. マリアにとってこの関係はただの遊びに過ぎない. ❼ 作用, 機能；ゆとり. ～ de piernas フットワーク. Hay ～ entre estas dos piezas. この 2 つの部品の間には遊びがある. ❽ 関節；連結部. ～ de gozne 蝶番(ちょうつがい). ❾ 計略, たくらみ. Conozco muy bien tu ～. 君の手口はよく分かっている. ❿ (トランプ等の) 手札, 持ち札. ⓫ (色・光の) 輝き, きらめき. ～ de luces まばゆい光. ── 活 → jugar. ***a*** ～ 似合った；そろいの. ***dar*** ～ 評判になる；成功する. ***Desgraciado en amores, afortunado en el*** ～. 賭け事に強い者は色事には恵まれない. ***entrar en*** ～ 介入する. ***fuera de*** ～ (サッカー) オフサイドで；ライン[コート]外に. ***hacer el*** ～ ***a ...*** …を支持[応援]する. ***hacer*** ～ ***con ...*** …と似合う[調和する]. ***poner en*** ～ (1) 賭ける；危険にさらす. (2) (影響力等を) 利用する.

juegue(-) 活 → jugar.

juẹrga 女 《話》 ばか騒ぎ, どんちゃん騒ぎ. correrse una ～ 羽目を外して遊ぶ. estar de ～ にぎやかに騒いでいる.

juerguịsta 形 男 女 《話》 どんちゃん騒ぎの好きな(人).

jueves [フエベス] 男 [単 複 同 形] 〔英 Thursday〕 木曜日 《略 juev.》. ***estar en medio como el*** ～ (人が) 邪魔になっている. ***No es nada del otro*** ～. 《話》 大したことはない.

juez, za [フエす, さ] 男 女 [複 jueces, juezas] 〔英 judge〕 ► juez は女性名詞としても用いられる. ❶ 裁判官, 判事. ～ de instrucción 予審判事. ～ de paz 治安裁判所判事. ～ de primera instancia 第一審裁判所判事. ～ ordinario 一審担当判事. ❷ 〖スポ〗 審判[審査](員). ～ de línea ラインズマン. ～ de silla (テニスの) 審判. ***ser*** ～ ***y parte*** 不公平である, 中立的でない.

jugạdo, da 過分 → jugar. 形 《話》 熟練した, 経験豊富な. ── 女 ❶ (スポーツ・ゲーム等の) 一勝負, 一回戦. una buena *jugada* うまい手, 好プレー. ❷ 汚いやり方, ひどい仕打ち.

jugador, dora [フガドル, ドラ] 男 女 〔英 player〕 ❶ 競技者, 選手；遊戯者. ～ de manos 手品師. ❷ 賭事(かけごと) [遊び]好きな人；勝負師. ～ de Bolsa 相場師. ～ de ventaja いかさま師. ── 形 スポーツをする；遊び[賭事]好きな.

jugar [フガル] 64 自 〔英 play〕 ❶ 《a》 遊ぶ, (スポーツ・ゲームを) する. ～ *al* tenis [fútbol, béisbol] テニス[サッカー, 野球]をする. ～ *a* las casitas ままごとをする. ❷ 《con》 …で遊ぶ；いじくる；もてあそぶ. ❸ 賭(か)け事をする；《a》 …に賭ける. ～ fuerte 大金を賭ける. ❹ 《en》 (…に) 関与する；影響する. ～ *en* contra de ... …にマイナスに働く. ── 他 ❶ (スポーツ・ゲームを) する. ～ un partido 試合をする. ❷ (トランプのカードを) 捨てる；(チェスの駒(こま)を) 動かす. ❸ (役割を) 果たす. ～ el papel de ... …の役をする. ❹ 賭ける. ❺ 利用する, 操る. ── **jugarse** 再 ❶ 賭ける. ～ la vida 人生を賭ける. ～ el pellejo 身を危険にさらす. ❷ 賭けで擦る. ***jugar limpio*** フェアプレーをする. ***jugársela a ...*** …をもてあそぶ, いじめる. ***jugar sucio*** 反則を犯す, 汚い手を使う.

jugarrẹta 女 《話》 悪質ないたずら；汚いやり方.

juglạr 男 (中世の) 吟遊詩人, 大道芸人.

juglarẹsa 女 → juglar.

juglarẹsco, ca 形 吟遊詩人の, 大道芸人の.

juglarịa 女 遍歴芸人の文芸.

jugo [フゴ] 男 〔英 juice〕 ❶ 《ラ米》 ジュース (→ zumo 地域差). ❷ 〖料〗 肉汁. ❸ 体液；分泌物. ～ gástrico 胃液. ❹ エッセンス；意義, 価値. sacar (el) ～ de un libro 《話》 本の内容を読み取る.

jugosidạd 女 ❶ 水分[水気]の多いこと, みずみずしさ. ❷ 内容の豊かさ, 含蓄.

jugọso, sa 形 ❶ 汁[液]の多い, 水気に富んだ. ❷ 《話》 内容豊かな, 実のある.

jugue(-) / jugué- 活 → jugar.

juguete [フゲテ] 男 〔英 toy〕 ❶ おもちゃ, 玩具(がんぐ). ❷ おもちゃ扱いされる人[物], 慰みもの. ❸ 〖演〗 寸劇, 小(喜)劇.

juguetẹar 自 《con》 (…を) もてあそぶ；(…と) じゃれる.

juguetẹo 男 遊び；戯れ.

juguetería 女 おもちゃ屋；玩具(がんぐ)業界.

juguetẹro, ra 形 おもちゃの, 玩具(がんぐ)(製造)の. ── 男 女 玩具製造者.

juguetọ́n, tọna 形 遊び[いたずら]好きな. perro ～ よくじゃれつく犬.

juicio [フイしオ] 男 〔英 judgment〕 ❶ 判断, 評価；見解. a ～ de ... …の意見では. elementos de ～ 判断材料. ～ de valor 価値判断[観]. tener el ～ recto 正しい判断力を持つ. ❷ 理性, 良識. beber el ～ a ... …の理性を失わせる. estar en su (sano) ～ 正気である. perder el ～ 気が狂う. volver en su ～ 正気づく. ❸ 〖法〗 裁判, 審理；審判. ～ de faltas 略式手続き. ～ sumario [sumarísimo] 略式[簡易]裁判. *J*～ Final [Universal] 〖宗〗 最後の審判.

juiciọso, sa 形 ❶ 分別のある, 思慮深い. ❷ 的を射た, 適切な.

julại / julại / julạy 男 女 [複 ～s] 《俗》《隠》 ❶ まぬけ. ❷ 《軽蔑》 あいつ, やつ. ── 男 男性同性愛者.

julẹpe 男 ❶ トランプ遊びの一種. ❷ 過度の仕事. dar un (buen) ～ a ... …をこき使う. ❸ 〖医〗 シロップ薬. ❹ 《話》 叱責；殴打.

Jụli 固名 フリ：Julia の愛称.

Jụlia 固名 フリア：女子の名.

Juliạ́n 固名 フリアン：男子の名.

Juliạna 固名 フリアナ：女子の名.

juliạno, na 形 ユリウス・カエサル[ジュリアス・シーザー]の. calendario ～ ユリウス暦. ── 女 〖料〗 (千切りの) 野菜スープ (＝ sopa ～). en *juliana* (野菜を) 千切りにして.

Juliẹta 固名 フリエータ：女子の名. Romeo y ～ ロミオとジュリエット.

julio [フりオ] 男 〔英 July〕 ❶ 7月 《略 jul.》. ❷ ジュール：電気エネルギーの単位. ── 固名 [J-] フリオ：男子の名.

jụma 女 《話》 → jumera.

jumạrse 再 《話》 酔っ払う.

jumbo [ジュンボ] 〔英〕 男 ジャンボジェット

機.

jumento, ta 男 女 〖動〗ロバ.

jumera 女 《話》酔い.

jumo, ma 形 《ラ米》(エクアドル)(メキシコ)(プエルトリコ)(ベネズエラ)《話》酔っ払った.

juncáceo, a 形 〖植〗イグサ科の. ― 女 [複] 〖植〗イグサ科(の植物).

juncal 形 ❶ イグサの. ❷ 細い, すらりとした. ― 男 イグサの群生地.

juncar 男 → juncal.

juncia 女 〖植〗スゲ, カヤツリグサ.

junco 男 ❶ 〖植〗イグサ. ～ de Indias トウ. ～ marinero ガマ. ❷ つえ, ステッキ. ❸ 〖海〗ジャンク : 中国の平底帆船.

jungla 女 ジャングル, 密林(地帯) ; 危険地帯. ～ de asfalto コンクリートジャングル.

junio [フニオ] 男 [英 June] **6月** (略 jun.).

júnior [ジュニオル] [性数不変] [英] 形 ❶ 若い[子供]の方の. ❷ 〖スポ〗ジュニア級の. ― 男 女 [複 ～(e)s] ❶ 息子, 娘, ジュニア. ❷ ジュニア級の選手. ❸ 〖宗〗見習い僧[尼僧] (► 女性形は júniora).

junior, ra 男 女 → júnior ③.

junípero 男 〖植〗イブキ, トショウ, ネズ類.

junquera 女 〖植〗イグサ(の群生地).

junqueral 男 → juncal.

junquillo 男 ❶ 〖植〗(1) キズイセン. (2) トウ. ❷ トウのステッキ. ❸ 〖建〗玉縁.

junta [フンタ] 女 [英 meeting] ❶ **会議**, 会合 ; **委員会**, 評議会. celebrar una ～ 会議を開く. ～ de accionistas 株主会. ❷ 〖建〗〖機〗接合(部分) ; ジョイント. ～ de goma ゴムパッキン. ❸ (継ぎ目の) 目地材, 詰め物. ― 形 → junto. ― 活 → juntar.

juntamente 副 一緒に, 同時に.

juntar [フンタル] 他 [英 join] ❶ **合わせる**, 結合[接合]する ; まとめる. La amistad nos *junta*. 我々は友情で結びついている. ❷ (呼び) 集める ; 収集する. ― **juntarse** 再 ❶ **集まる** ; (a, con) (…と) いっしょになる ; (…と) 提携する. *Se juntó a* su familia en Barcelona. 彼はバルセロナで家族と合流した. Mi boda *se junta con* la suya. 私の結婚式は彼女のとかち合ってしまっている. ❷ 同棲(どうせい)する. ***Dios los cría y ellos se juntan.*** 《諺》類は友を呼ぶ.

juntero, ra 男 女 党員, 構成員.

junto, ta [フント, タ] 形 [英 joined, united] ❶ 《副詞的に》**一緒の**. vivir ～*s* 一緒に暮らす. ❷ 合わせた ; 接合した. ❸ 並んだ. dos asientos ～*s* 隣り合った2席. ― 副 近くに. ～ ***a*** … …の近くに ; …と一緒に. ～ *a* la ventana 窓際に. ～ ***con*** … …と一緒に. ***todo*** ～ 全部まとめて, 一度に.

juntura 女 接合部 ; 詰め材, パッキン ; 〖解〗関節部.

Júpiter 固名 〖ロ神〗ジュピター ; 〖天文〗木星.

jura 女 宣誓(式), 誓い. ～ de (la) bandera 忠誠の誓い.

juraco 男 《ラ米》(中米)(キューバ)(ベネズエラ)穴ぼこ.

jurado, da 過分 → jurar. 形 誓った, 宣誓した. intérprete ～ 公認通訳官. ― 男 ❶ 陪審(員). ❷ 審査員[会]. ～ de cuentas 公認会計士. ～ mixto 労使協議会.

juramentar 他 誓わせる, 宣誓させる. ― **juramentarse** 再 誓う ; 誓い合う. *Nos juramentamos* para luchar contra la injusticia. 我々は不正と戦うことを誓い合った.

juramento 男 ❶ 宣誓, 誓い(の言葉). bajo ～ 宣誓して. prestar ～ 宣誓する. tomar ～ a … …に宣誓させる. ❷ ののしり, 悪態. soltar ～*s* 悪態をつく.

jurar [フラル] 他 [英 swear] **誓う**, 宣誓する. ～ (la) bandera 忠誠を誓う. ～ sobre la Biblia 聖書に手を置いて誓う. ― 自 ののしる, 悪態をつく. ***jurársela(s) a*** … 《話》…に仕返しをすることを誓う. ***¡Te lo juro!*** 《話》《念を押して》本当にそうなんだよ, 間違いないよ.

jurásico, ca 形 男 〖地質〗ジュラ紀(の).

jurel 男 〖魚〗アジ.

jurgo 男 《ラ米》(コロンビア)(メキシコ)《話》たくさん, いっぱい.

jurídicamente 副 法的に, 司法にのっとって.

jurídico, ca 形 司法の, 法律上の. persona *jurídica* 法人.

jurisconsulto, ta 男 女 法律家, 法律顧問 ; 法学者.

jurisdicción 女 ❶ 司法[裁判]権. ❷ 管轄(区域), 権限(の及ぶ範囲). bajo la ～ de … …の管轄下で.

jurisdiccional 形 司法[管轄]権の. aguas ～*es* 領海.

jurispericia 女 法学, 法律学.

jurisperito, ta 男 女 法律に詳しい人, 法律家.

jurisprudencia 女 ❶ 法学, 法律学. ❷ 判例 ; 判例研究. sentar ～ (先例となる) 判例となる.

jurista 男 女 法学者, 法律家.

juro 男 ❶ 永代所有権. ❷ 年金, 恩給.

justa 形 → justo.

justamente 副 ❶ 公正に. ❷ ちょうど, まさに ; ぴったりと.

justedad / justeza 女 正当性, 公正さ.

justicia [フスティシア] 女 [英 justice] ❶ **正義**, 公正. en ～ 公平に見て. ser de ～ 正当である. ❷ 司法 ; 裁判 ; 法廷. administrar (la) ～ 裁判を行う. hacer ～ 裁きを下す. tomarse la ～ por su mano 私的制裁を加える. ❸ 処罰.

justicialismo 男 社会正義 : アルゼンチンのペロン Juan Domingo Perón (在任 1946-55) による国家主義的大衆政治運動.

justicialista 形 男 女 〖政〗社会正義の[支持者].

justiciero, ra 形 厳正な ; 公正な.

justificable 形 正当化[釈明]できる.

justificación 女 ❶ 正当化, 弁明 ; 証明. ❷ 〖印〗行末[行間]そろえ.

justificado, da 過分 → justificar. 形 正当な, 根拠のある.

justificante 形 正当化[証明]する. ― 男 証拠, 証明書.

justificar 26 他 ❶ (書類等で) 証明する, 裏付ける. *Justificó* los gastos con los recibos. 彼は領収証で経費を証明した. ❷ 正当化[弁明]する. ～ el retraso 遅れ

を弁解する. ❸〘印〙行末[行間]をそろえる. ❹〘神〙(罪ある人を)許す, 受け入れる. ― **justificarse** 再 《con / de》(…に対して / …を)弁明する, 自己弁護する.
justificativo, va 形 正当化する, 証拠となる.
justillo 男 チョッキ, ウエストニッパー.
justipreciación 女 見積もり, 評価.
justipreciar 17 他 見積もる, 評価する.
justiprecio 男 見積もり, 評価.
justo, ta [フスト,タ] 形 〔英 just〕 ❶ 正しい, 公平な；合法の. una sentencia *justa* 公正な判決. *J*～ es que .... …なのはもっともだ. ❷《estarと共に》ちょうどの, ぎりぎりの. mil pesos ～*s* きっかり1,000ペソ. ❸《estarと共に》(服等が) ぴったりの；窮屈な. Esta falda está muy *justa*. このスカートはとてもきつい. ❹ ふさわしい, 適切な. una palabra *justa* 適切な言葉. ❺〘カト〙戒律を守る. ― 男 女 ❶ 公正な人；品行方正な人. los ～*s* 正義の人々. ❷〘カト〙戒律を守る人. ― 副 ❶ ちょうど, ぴったり. Llegaron ～ cuando me iba. ちょうど私が出かけようとしている時に彼らが着いた. ❷ 正当に. ***más de lo*** ～ 十分に, たっぷりと.
juvenil [フベニる] 形 [英 youthful] ❶ 若々しい；若者(特有)の. delincuencia ～ 青少年犯罪. ❷〘スポ〙(16-18歳の) ジュニアクラスの. ― 男 女 ジュニアクラスの選手.
juventud [フベントゥ(ドゥ)] 女 〔英 youth〕 ❶ 青年時代, 青春；初期. en su ～ 若い頃. ❷ 若さ, 活力. ❸《集合的》青年, 若い人. la ～ de hoy 現代の若者. ❹[複] (政党の) 青年組織.
juzgado 過分 → juzgar. 男 ❶ 裁判所；法廷. ❷ 裁判官の職務[身分]；《集合的》裁判官, 判事. ❸ 司法管区. ***de*** ～ ***de guardia*** ひどい, あってはならない.
juzgador, dora 形 判断する, 審査する. ― 男 女 判断する人, 審査員.
juzgar [フスガル] 66 他 〔英 judge〕 ❶ 裁く, 裁判する. El tribunal le *juzgó* culpable. 法廷は彼に有罪の判決を下した. ❷《por》(…で) 判断する, 考える, みなす. ～ *por* las apariencias 見かけで判断する. ～ bien [mal] よく[悪く]思う. ***a*** ～ ***por ...*** …から判断すると.
juzgue(-) / juzgué(-) 活 → juzgar.

Kk

K, k [カ] 女 スペイン語字母の第11字.
ka 女 アルファベットのKの名称.
kabuki 〔日〕 男 歌舞伎.
kafkiano, na 形 〘文〙 カフカの；カフカ的な, 不条理な, 不可思議な.
kaki 男 → caqui.
kalashnikov [カラスニコ(フ)] 男 [単複同形または複 ～s] 〘商標〙 カラシニコフ：ロシア製の自動小銃.
kamikaze 〔日〕 男 神風特攻隊 (員), 神風特攻機. ― 男 女 無鉄砲な人.
Kampuchea 固名 → Camboya.
kan 〔ﾓﾝｺﾞﾙ〕 男 (モンゴル等の) 汗(ｶﾝ), ハーン. Gengis ～ ジンギス・カン.
kantiano, na 形 カントの, カント哲学の. ― 男 女 カント哲学 (信奉) 者.
kantismo 男 〘哲〙 カント哲学.
kapoc 男 カポック, パンヤ.
kappa 女 カッパ(K, χ)：ギリシャ語アルファベットの第10字.
karakul 男 〘動〙 カラクール羊 (の毛皮).
karaoke 〔日〕 男 カラオケ；カラオケ店 (装置).
kárate / karate 〔日〕 男 空手.
karateka / karateca 〔日〕 男 女 空手家.
karma 男 〘宗〙 カルマ, 業(ごう)；因果応報.
karst 男 〘地質〙 カルスト.
kart [カル] 〔英〕 男 [複 ～s] ゴーカート.
karting 〔英〕 男 ゴーカートレース.
KAS [カス] 女 *K*oordinadora *A*bertzale *S*ozialista (バスクの) 社会主義祖国連絡会議.
kasbah / kasba 〔アラ〕 女 カスバ (アラブの都市の旧市街).
katakana 〔日〕 男 カタカナ.
katana 〔日〕 女 日本刀.
Katar 固名 カタール：首都ドーハ Doha.
kayak 男 カヤック (競技).
kazajo, ja / kazako, ka 形 男 女 カザフスタンの (人).
Kb / kb / KB [キろバイ(トゥ)] 男 [単複同形] 〘IT〙 *K*ilo *b*yte(s) キロバイト.
kéfir 男 ケフィール：発酵乳の一種.
Kenia 固名 ケニア：首都ナイロビ Nairobi.
keniano, na / keniata 形 ケニアの. ― 男 女 ケニア人.
kepí / kepis 男 ケピ：ひさし付き筒形軍帽.
kermes 男 〘昆〙 ケルメス, エンジムシ.
kermés / kermes 〔仏〕 女 ❶ 村祭り；野外パーティー. ❷《ラ米》(ｱﾙｾﾞﾝﾁﾝ)(ｳﾙｸﾞｱｲ) 慈善バザー.
kerosén / kerosene 男 《ラ米》 → queroseno.
ketchup [ケチュ(プ)] 〔英〕 男 トマトケチャップ.
khmer [ヘメル(ヘメル)] 〔ﾋﾝﾃﾞｨｰ〕 形 男 女 クメールの (人). ― 男 〘言〙 クメール語.
kHz 〘物〙 *kilo*h*ercio* キロヘルツ.
kib(b)utz 男 [複 kib(b)utzim] (イスラエルの生活共同体) キブツ.
kif 男 キフ, 大麻タバコ.
kilo [キろ] 男 〔英 kilo〕 ❶ [kilogramo の省略形] キログラム (= quilo). ❷《話》たくさん. ❸《話》100万ペセタ.
kilocaloría 女 〘物〙 キロカロリー.
kilociclo 男 〘電〙 キロサイクル.
kilogramo 男 キログラム.
kilohercio 男 〘物〙 キロヘルツ.
kilolitro 男 キロリットル.
kilometraje 男 キロメートル測定；走行距離.
kilometrar 他 (キロメートルで) 測る.
kilométrico, ca 形 ❶ キロメートルの. ❷《話》非常に長い. una cola *kilométrica* 長蛇の列. ― 男 周遊券；割引切符.
kilómetro [キろメトゥロ] 男 〔英 kilometer〕 キロメートル. ～ cuadrado 平方キロメートル. ～ por hora 時速…キロメートル. ～ cero ゼロキロメートル地点 (マドリードの中心プエルタ・デル・ソルにある).

kilotón 男〖物〗キロトン：爆発力の単位.
kilovatio 男〖電〗キロワット. ～ hora キロワット時.
kilovoltio 男〖電〗キロボルト.
kilt 男〖服〗(スコットランドの) キルト.
kimono 〔日〕男 着物.
kinder 男 → kindergarten.
kindergarten 〔独〕男 幼稚園.
kinesiterapia 女〖医〗運動療法.
kiosco 男〔英 kiosk〕❶ (街頭にある新聞・雑誌等の) 売店, キオスク (＝quiosco). ❷ (公園・庭園の) あずまや；野外音楽堂.
Kiribati 固名 キリバス：首都タラワ Tarawa.
kirie 男［主に複］〖宗〗キリエ・エレイソン, 求憐誦(きゅうれんしょう)：「主よ哀れみたまえ」の祈り文句または聖歌. ***llorar los ～s*** 《話》号泣する.
kirieleisón 男 ❶ → kirie. ❷ 葬送歌［曲］. ***cantar el ～*** 慈悲を請う；《話》葬式の準備をする.
kirsch [キルス]〔独〕男 キルシュ, チェリーブランデー.
kit 〔英〕男［複 ～s または単複同形］組み立てキット, 一式.
kitsch [キ(チュ)]〔独〕形 男［単複同形］趣味の悪い［もの, こと］.
kiwi [キビ(キウィ)] 男〖鳥〗キーウィ；キーウィ (フルーツ).
kleenex [クリネ(ク)ス] 男［単複同形］〖商標〗ティッシュ (ペーパー).
knock-out [ノカウ(トゥ)]〔英〕男［単複同形］〖スポ〗ノック・アウト.
K. O. [カオ]〔英〕男 *Knock out* ノックアウト. ***dejar ～ a ...*** …を唖然(あぜん)とさせる；打ちのめす. ***perder por ～*** ノックアウト負けする；完敗する. ***quedar(se) ～*** 唖然とする；打ちのめされる.
koala 男〖動〗コアラ.
koiné 男〖言〗コイネー語 (古代ギリシャ語の共通語)；共通語.
kolinos 男《ラ米》〖商標〗歯磨き (チューブ) (→ pasta 地域差).
koljós / koljoz 〔ロ〕男 コルホーズ, 集団農場.
komintern 男〖政〗コミンテルン.
kópec / kópek / kopek 〔ロ〕男 → cópec.
kosovar 男 女 形 コソボ自治州民 (の).
krausismo 男 クラウゼ哲学［主義］. ► ドイツ人 Karl Krause (1781-1832) の哲学.
krausista 形 クラウゼ (哲学) の. doctrina ～ クラウゼの学説. ── 男 女 クラウゼ哲学の信奉者.
kriptón 男〖化〗クリプトン.
kulak 〔ロ〕男［複 ～s］(ロシアの革命前の) クラーク, 富農.
kurdo, da 形 クルド (語, 族, 人) の. ── 男 女 クルド族 (の人). ── 男 クルド語.
Kuwait / Koweit 固名 クウェート：首都クウェート Kuwait.
kuwaití [クバイティ] 形［複 ～es］クウェートの. ── 男 女 クウェート人.

L l

L, l [エれ] 女 ❶ スペイン語字母の第12字. ❷ (ローマ数字の) 50. ❸ L字型. ángulo *L* 山形鋼.

la [ら] 冠《定冠詞》［女性単数形. 複数形は las］→el. 《女性定冠詞の特別な用法》〔英 the〕❶《時刻》a *las* tres 3時に. Es *la* una. 1時です. Son *las* siete y media. 7時半です. ❷《方法・様式》a *la* española スペイン風に. ► アクセントのある (h)a- で始まる女性名詞単数形には el を付ける. ── 代名《人称》［3人称単数, 女性形］〔英 her, you, it〕► 普通, 動詞の すぐ前に置かれるが, 不定詞・現在分詞・肯定命令形と共に用いられる場合は, それらの後に付ける. ❶《直接目的語》**彼女［あなた］を**；《女性単数名詞を指して》**それを**. Todos *la* quieren mucho. みんなが彼女のことを愛している. ❷ 成句中で特に意味を持たずに用いられる. → armar：armar*la*, dar：dárse*la*. ── [ら] 男〖音〗ラ, イ音, A音.
lábaro 男 ローマ皇帝軍旗. ► Cristo のギリシャ語名の最初の2文字 (XとP) を図案化；その文字.
laberíntico, ca 形 迷路のような；錯綜(さくそう)した.
laberinto 男 ❶ 迷宮, 迷路. ❷ 錯綜(さくそう), 紛糾. ❸〖解〗内耳迷路.
labia 女《話》雄弁, 口達者なこと. tener mucha ～ 弁が立つ, 口がうまい.
labiado, da 形〖植〗唇形花冠の；シソ科に属する. ── 女［複］シソ科の植物.
labial 形 唇の；〖音声〗唇音の. ── 女 唇音. ⇒ b, p, m, f 等.
labialización 女〖音声〗唇音化.
labializar 57 他〖音声〗唇音化する.
labihendido, da 形 兎唇(としん)の.
lábil 形 ❶ 滑りやすい, つるつるした. ❷ 壊れやすい, もろい. ❸〖化〗不安定な.
labilidad 女 もろさ；不安定さ.
labio [らビオ] 男〔英 lip〕❶ **唇**, 口唇. ～ superior [inferior] 上［下］唇. ～ leporino 兎唇(としん). apretar los ～*s* 口を一文字に結ぶ. ❷［複］(話す器官としての) 口；言葉, 発言, 話. estar pendiente de los ～*s* de ... …の話に聞き入る. ❸ (容器の) 口, 縁；［複］傷口. ❹〖植〗唇弁, 唇形花片. ❺〖解〗陰唇. los ～*s* mayores [menores] 大［小］陰唇. ***cerrar los ～s*** 黙る, 口を閉ざす. ***hablar con el corazón en los ～s*** 腹蔵なく［ざっくばらんに］話す. ***morderse los ～s*** (笑い・言いたいことを抑えて) 唇をかむ. ***no despegar [descoser] los ～s*** 《話》黙っている. ***sellar (a ...) los ～s*** (…の) 口を封じる, 口止めする. ***tener los ～s sellados*** 口止めされている.
labiodental 形 女〖音声〗唇歯音 (の).
labor [らボル] 女〔英 labor〕❶ **労働**, 仕事；業績. ～ de equipo チームワーク, 共同作業. ～*es* domésticas [de la casa] 家事. ❷［主に複］〖農〗農作業, 耕作. tierra de ～ 耕地. ～*es* del campo 農作業. ❸［主に複］手仕事, 手芸(品). ～*es* de aguja 針仕事, 裁縫. ～*es* de punto 編み物. ❹［主に複］タバコ製品. ❺《ラ米》(グアテ)(メキシ)(エルサル)小農園. ***estar por la ～*** やる気になっている, 準備［覚悟］ができている (► 主に否定で用いられる). ***sus ～es*** 《文書の職業欄の決まり文句》主婦, 家事手伝い. Me dedico a *mis*

～*es*. 私は主婦です.

laborable 形 ❶ 仕事の, 就業すべき. día ～ 就業日, ウイークデー. ❷ 耕作可能な. tierra ～ 耕作用地.

laboral 形 労働の. derecho ～ 労働法. jornada ～ 労働時間.

laboralista 形 労働法の. ― 男 女 ❶ 労働法弁護士. ❷《ラ米》(コロンビア)医療研究所の職員.

laborar 他 耕す, 耕作する. ― 自 《**por**》(…のために) 努力する, 骨を折る.

laboratorio [らボラトリオ] 男 〔英 laboratory〕 研究所, 実験室 ; 〖写〗 現像所 (＝～ fotográfico). ～ de idiomas ランゲージ・ラボラトリー, ＬＬ教室. *de* ～ 《話》人工的な.

laborear 他 耕す ; 〖鉱〗 採掘する.

laboreo 男 耕作 ; 〖鉱〗 採掘.

laboriosidad 女 勤勉 ; 困難.

laborioso, sa 形 ❶ 勤勉な, 働き者の. estudiante ～ 勤勉な学生. ❷ 骨の折れる. parto ～ 難産.

laborista 形 労働党の. partido ～ 労働党. ― 男 女 労働党員.

labra 女 (石等の) 加工, 細工.

labrada 女 休耕地.

labradío, a 形 → labrantío.

labrado, da 形 ❶ (石等を) 加工[細工] した ; (布が) 刺繍(ししゅう)を施された. ❷ 耕した. ― 男 ❶ (石等の) 細工, 加工 ; 刺繍. ❷ 耕地.

labrador, dora 形 農業 (用) の ; 農民の. ― 男 女 ❶ 農民 ; 農場主. ❷ 〖動〗 ラブラドールレトリーバー (犬).

labradorita 女 〖鉱〗 曹灰長石.

labrantín 男 小農, 貧農.

labrantío, a 形 耕作に適する, 耕作用の. ― 男 耕作地.

labranza 女 耕作 ; 耕地

labrar 他 ❶ (木材・石等に) 彫る ; 細工する. ❷ 耕す, すき起こす. ❸ (種まき用に) 溝をつける. ❹ 形作る. ― **labrarse** 再 …のもとを築く, 形作る. ～ un porvenir 未来を切り開く.

labriego, ga 男 女 農民.

laburno 男 〖植〗 キングサリ.

laca 女 ❶ 漆, ラッカー ; 漆器. ～ de uñas マニキュア. ❷ 整髪用スプレー. ❸ ラック, セラック : ニスの原料.

lacayo, ya 男 女 おべっか使い, 腰巾着(ぎんちゃく). ― 男 (制服を着た) 下男, 従僕.

laceador 男 《ラ米》(南) 投げ縄師.

lacear 他 (動物を) 投げ縄で捕える.

lacedemonio, nia 形 男 女 ラケダイモンの (人), スパルタの (人). ― 女 (古代ギリシャの) ラケダイモン, スパルタ.

lacerante 形 傷つける ; ひどくつらい.

lacerar 他 傷つける ; つらい思いをさせる.

lacería 女 リボン飾り ; 幾何学模様.

lacero, ra 男 女 ❶ (動物を捕える) 投げ縄師. ❷ 密猟者. ❸ 野犬捕獲人.

lacetano, na 形 男 女 (ローマ時代バルセロナあたりにあった) ラケタニアの (人).

lacha 女 ❶《話》 恥ずかしさ. no tener ～ 恥知らずである. ❷ 〖魚〗 カタクチイワシ.

lachear 他 《ラ米》(チリ)(女を) 口説く.

lacho, cha 男 女 《ラ米》(チリ)(ペルー)ほれっぽい人. ― 男 《ラ米》(ペルー)趣味の悪い服装をした人.

lacio, cia 形 直毛の ; しぼんだ ; ひ弱な.

lacón 男 豚の肩肉, ショルダーハム.

lacónico, ca 形 (文章等が) 簡潔な ; (人が) 口数の少ない.

laconismo 男 簡潔さ ; 寡黙.

lacra 女 ❶ (傷・病気の) 痕(あと), 傷跡. ❷ 悪, 欠陥. ❸ 《ラ米》 (1) (南) 傷, 腫物(はれもの). (2)(アルゼンチン)(プエルトリコ)(ペルー)かさぶた.

lacrar 他 ❶ (手紙を) 封蠟(ふうろう)で閉じる. ❷ 傷つける, 損う.

lacre 男 封蠟(ふうろう). cerrar con ～ 封蠟で封緘(ふうかん)する.

lacrimal 形 涙の. glándula ～ 涙腺(るいせん).

lacrimógeno, na 形 ❶ 催涙性の. gas ～ 催涙ガス. ❷ 涙を誘う.

lacrimoso, sa 形 ❶ 涙ぐんだ. ojos ～*s* 涙でうるんだ目. ❷ 涙もろい. ❸ 涙を誘う, 哀れな. una película *lacrimosa* 泣かせる映画.

lactación 女 授乳, 哺乳(ほにゅう).

lactancia 女 乳 ; 授乳 (期). ～ materna [artificial] 母[人工]乳.

lactante 形 授乳期の, 授乳する. ― 男 女 乳児, 乳飲み子. ― 女 授乳する女性.

lactar 他 授乳する. ― 自 乳を飲む.

lacteado, da 形 ミルク[乳]を混ぜた. productos ～*s* 乳製品.

lácteo, a 形 ❶ 乳の, 牛乳の. dieta *láctea* 牛乳食. ❷ 乳状の, 乳白色の. Vía *Láctea* 銀河, 天の川. ― 男 乳製品.

láctico, ca 形 乳汁の. ácido ～ 〖化〗 乳酸.

lactómetro 男 乳脂計, 乳比重計.

lactosa 女 〖化〗 乳糖, ラクトース.

lacustre 形 湖の, 湖水の ; 湖畔の.

LADE [らデ] 女 *Líneas Aéreas del Estado* (アルゼンチンの) 国営航空.

ladeado, da 形 傾いた, 体を曲げた.

ladear 他 傾ける ; 曲げる. ～ la cabeza 頭を傾ける. ― **ladearse** 再 ❶ 傾く ; 体を曲げる. ❷ 《ラ米》(チリ) 《話》 《**con**》 (…に) 恋する.

ladeo 男 傾ける[傾く]こと ; 傾倒.

ladero, ra 形 ❶ 横の, 側面の. ❷ 《ラ米》(南) (馬が) 右側から荷車を引く ; (ドミニカ)おしゃべりな. ― 男 《ラ米》(アルゼンチン)(ウルグアイ) 《話》 仲間, 連れ. ― 女 山腹, 山[丘陵]の斜面.

ladilla 女 〖昆〗 ケジラミ. ― 男 女 《ラ米》(アルゼンチン)(ウルグアイ)(ベネズエラ) 《話》 嫌な人, うっとうしい人 ; (アルゼンチン) 《話》 抜け目のない人.

ladillo 男 〖印〗 傍注, 書き込み.

ladino, na 形 ❶ 抜け目ない, 腹黒い. ❷ スペイン系ユダヤ人の. ❸ 〖言〗 レト・ロマン語の. ❹ 《ラ米》(ドミニカ)おしゃべりな. ― 男 〖言〗 (1) ラディノ語, ユダヤ・スペイン語. (2) レト・ロマン語.

lado [らド] 男 〔英 side〕 ❶ 側, 側面, 面 ; 方向. al otro ～ de ... …の反対側[向こう]に. por el ～ de ... …の方へ. ❷ (人の) そば, 近く. Siéntate a mi ～. 私の隣に座りなさい. ❸ (中心部に対する) わき, 周辺. echar [poner] ... a un ～ …をわきへどける. hacerse [echarse] a un ～ わきによける. ❹ (事柄の) 側面. ver el ～ bueno [malo] de las cosas 物事のよい[悪い]面だけを見る. ❺ 場所 ; 隙間, 余地. Déjame un ～. ちょっと詰めてくれ. ❻ わき腹 ; (体の) 半身.

❼ 道, 方法. irse [echar, tirar] por otro ~ 別の道を行く；別の手段をとる. ir cada uno por su ~ (人が) それぞれの道を行く；縁を切る. ❽ 血統, 血筋. pariente mío por el ~ paterno [materno] 父方[母方]の親せき. ❾ 味方. estar [ponerse] del ~ de ... …の味方である. ❿ 《数》 辺. **al ~** 近く[横]に. **al ~ de ...** …のそば[隣]に；…と比べて. **dar de ~** 《話》(人を) 無視する, 敬遠する. **de ~ a ~** 端から端へ. **de (medio) ~** 斜めに, 傾けて. **de un ~ para otro** あちこちへ；休みなく. **dejar ... de [a un]~** …を無視する；わきへやる. **ir de ~** 《話》思い違いをする. **mirar de (medio) ~** 軽蔑する. **por un ~ ..., por otro (~) ...** 一方では…, また一方では….

ladrador, dora 形 (犬が) よくほえる, 口うるさい.

ladrar 自 ❶ (犬が) ほえる. ❷ 《話》がみがみ言う. ❸ 《話》脅し文句を言う. — 他 わめきたてる. **no tener padre ni madre ni perrito que le ladre** うるさく言う人がいない.

ladrido 男 (犬の) ほえ声；《話》怒鳴り声.

ladrillar 男 れんが工場.

ladrillazo 男 れんがで殴りつけること.

ladrillo 男 ❶ れんが. ~ hueco [macizo] 空胴[空胴でない]れんが. ~ de cemento コンクリートブロック. ❷ 退屈な[しつこい]もの. ser un ~ 《話》面白みがない, 退屈である. **~ de chocolate** 板チョコのブロック.

ladrón, drona [らドゥロン, ドゥロナ] 形 盗みを働く, 泥棒の. — 男 女 [複 ladrones, ~s] [英 thief] ❶ 泥棒. cueva de *ladrones* 泥棒の巣. ¡Al ~! / ¡*Ladrones*! 泥棒だ. La ocasión hace al ~. 《諺》機会が泥棒を作る. Piensa el ~ que todos son de su condición. 《諺》身に覚えのある者は他人を同じように疑う. ❷ 腕白坊主, いたずらっ子. — 男 ❶ 《電》分岐ソケット. ❷ 水門, 取水口.

ladronera 女 盗賊の根城；《建》(城砦(じょうさい)等の) 石落とし櫓(やぐら).

ladronzuelo, la 男 女 こそ泥, すり.

lady [れイディ] [英] 女 《英国女性貴族の称号・尊称》…夫人；淑女.

lagaña 女 《ラ米》(アルゼンチン)(ウルグアイ)(コロンビア)(エクアドル)目やに (= legaña).

lagar 男 (ブドウ等の) 圧搾所；圧搾用桶(おけ).

lagarta 女 《話》あばずれ；売春婦.

lagartija 女 《動》小トカゲ.

lagarto, ta 形 ずる賢い, 腹黒い. — 男 女 ❶ 《動》トカゲ, ワニ. ❷ ずる賢い人. — 間 《魔よけのまじないで繰り返して》くわばら, くわばら.

lagartón, tona 形 男 女 《話》ずるい (人), 悪賢い (人). — 女 売春婦.

lago [らゴ] 男 [英 lake] 湖, 湖水；《比喩的》海. ~ de agua salada 塩湖. ~ de sangre 血の海.

lágrima [らグリマ] 女 [英 tear] ❶ 涙. bañado en ~*s* 涙に暮れて. con ~*s* en los ojos 目に涙を浮かべて. deshacerse en ~*s* / llorar a ~ viva 号泣する. llorar ~*s* de cocodrilo 空涙を流す. llorar ~*s* de sangre 後悔する. saltársele a ... las ~*s* …が泣き出す. ❷ 涙の滴形のもの. ❸ [複] 悲しみ, 苦しみ. valle de ~*s* つらいこの世.

lagrimal 形 涙の (= lacrimal). glándula ~ 涙腺(るいせん). — 男 目頭.

lagrimear 自 ❶ 涙が出る. Con el humo le *lagrimearon* los ojos. 煙のせいで彼女は涙を流した. ❷ すぐに泣く.

lagrimeo 男 涙の分泌；すぐに泣くこと.

lagrimón 男 大粒の涙.

lagrimoso, sa 形 → lacrimoso.

laguna 女 ❶ 小さな湖；潟, 潟湖. ❷ 空白, 欠落.

lagunar 男 《建》(天井等の) 格間(ごう).

lagunero, ra 形 ❶ 湖沼の. ❷ (スペインのカナリア諸島) ラ・ラグーナの. — 男 女 ラ・ラグーナ人.

lagunoso, sa 形 湖沼[潟]の多い.

laicado 男 ❶ (聖職者に対して) 在俗であること. ❷ 《集合的》一般信徒, 在家.

laicalizar 57 他 → laicizar.

laicidad 女 世俗主義, 非宗教性.

laicismo 男 世俗性[主義], 非宗教性.

laicista 形 世俗主義の. — 男 女 世俗主義者；政教分離主義者.

laicización 女 世俗化；非宗教化.

laicizar 57 他 (政治・社会機関を) 世俗化する, 非宗教化する.

laico, ca 形 世俗の, 非宗教的な. escuela *laica* (宗教系学校に対し) 普通学校. — 男 女 一般信徒, 在家.

laísmo 男 《文法》間接目的格人称代名詞 le, les の代わりに la, las を使用すること.

laísta 形 男 女 laísmo の[を用いる人].

laja 女 平たくすべすべした石；石の薄板.

lama 男 ラマ僧. — 女 ❶ (金属の) 薄板；(よろい戸の) よろい板. ❷ 軟泥, 沈泥. ❸ 《ラ米》(1) 苔(こけ). (2)(ボリビア)(メキシコ)(コロンビア)かび.

lamaísmo 男 《宗》ラマ教.

lamaísta 形 男 女 《宗》ラマ教の[信者].

lambada 女 ランバダ：ブラジルの踊り.

lambda 女 ラムダ (Λ, λ)：ギリシャ語アルファベットの第11字.

lamber 他 《ラ米》(1)(アルゼンチン)(コロンビア)(ウルグアイ)なめる. (2) ご機嫌を取る, おべっかを使う.

lambido, da 形 《ラ米》気取った.

lambiscón, cona 形 男 女 《ラ米》(コロンビア)(メキシコ)媚(こ)びる (人), おべっか使い (の).

lambón, bona 形 《ラ米》(コロンビア)(パナマ)(メキシコ)(エクアドル)へつらう, おもねる.

lamé [仏] 男 《服》ラメ.

lameculos 男 女 [単複同形] 《俗》《軽蔑》へつらう人, おべっか使い.

lamedura 女 なめること.

lamelibranquios 男 複 《貝》(ハマグリ等) 斧足弁鰓(ふそくべんさい)類の貝, 二枚貝.

lamentable 形 ❶ 哀れな, 痛ましい. un estado ~ 惨状. ❷ 情けない；無残な. ~ espectáculo ひどいショー.

lamentablemente 副 哀れにも；悲しむべきことに.

lamentación 女 [主に複] ❶ 嘆き, 哀悼 (の言葉). ❷ 愚痴, 不平.

lamentar [らメンタル] 他 [英 be sorry] 《+名詞 / +不定詞 / **que**+接続法》残念に思う；気の毒に思う. *Lamento* tener que irme ya. もう帰らなければならないのが残念だ. — **lamentarse** 再 《**de, por**》 ❶ (… について) 不平を言う.

Siempre *te estás lamentando de* tu mala suerte. 君は自分は不運だと言っていつも愚痴をこぼしているね. ❷ (…を) 深く悲しむ. ～ *de* las desgracias de su familia 家族の不幸を嘆き悲しむ.

lamento 男 嘆きや苦痛の訴え. ―― 活 → lamentar.

lamentoso, sa 形 悲しげな；嘆かわしい. en tono ～ 哀れな口調で.

lameplatos 男女〔単複同形〕《話》物ごい；甘い物好きな人.

lamer 他 なめる；やさしく触れる；(波が岸等を) 洗う. ―― **lamerse** 再 (自分の体を) なめる. El gato *se lamía* la pata. 猫が足をなめていた.

lametada 女 → lametón.

lametazo 男 → lametón.

lameteo 男 なめ回すこと.

lametón 男 ぺろぺろとなめること；(小波が) ひたひた打ち寄せること. comer a *lametones* 夢中でしゃぶる.

lamia 女 ❶〘ギ神〙ラミア：頭が女で下半身が蛇の怪物. ❷〘魚〙メジロザメ類.

lamido, da 形 ❶ やせこけた. ❷《軽蔑》とりすました. ❸ 使い古した，擦り切れた. ❹ (髪が) なでつけられた. ―― 男 なめること.

lámina 女 ❶ 薄板，薄片. ～ de oro 金箔(きん). ❷ 図版，イラスト；版画. ～ en color カラー図版. ❸ 外見，格好.

laminación 女 ❶ (金属の) 圧延；薄板[薄片]にすること. tren de ～ 圧延機. ❷ 薄板[箔(はく)]で覆うこと；ラミネート加工.

laminado 男 ❶ (金属の) 圧延. ❷ 薄片；薄板の貼り合わせ.

laminador, dora 形 圧延の. ―― 男女 圧延工. ―― 男 (または女) 圧延機.

laminar 他 ❶ (金属を) 薄板にする，薄片に切る. ❷ 薄板で覆う，ラミネート加工を施す. ―― 形 薄板[薄片]状の.

laminero, ra 形 男女 甘党(の).

laminoso, sa 形 薄層でできている.

lampa 女《ラ米》(南米)(コスタ)鍬(くわ)；つるはし.

lampalagua 女《ラ米》(1)(アルゼ)(チリ)〘動〙ボア. (2)(チ)川の水を飲み干す蛇の怪物.

lampar 自 (金を) 無心する.

lámpara 女 ❶ 電灯，明かり；電球. ～ de mano [bolsillo] 懐中電灯. ～ de pie フロアスタンド. ～ relámpago〘写〙フラッシュ. encender [apagar] la ～ 明かりをつける[消す]. ❷ ランプ. ～ de aceite [alcohol] 石油[アルコール]ランプ. ❸ 真空管. ❹《話》油の染み.

lamparería 女 照明器具製造工場[店].

lamparilla 女 ❶ 灯明 (台)；常夜灯. ❷《ラ米》(ウルグ)(アイ)電球. ❸〘植〙ハコヤナギ.

lamparín 男《ラ米》(チ)(リ)カンテラ；(ペル)石油ランプ.

lamparita 女《ラ米》電球 (→ bombilla 地域差).

lamparón 男 ❶ ランプ. ❷《話》油の染み，油汚れ.

lampazo 男 ❶〘植〙ゴボウ. ❷《ラ米》(アルゼ)(チン)(ウルグ)(アイ)モップ.

lampiño, ña 形 ひげの生えていない[薄い]；毛のない[薄い].

lampista 男女 ❶ 照明器具販売人. ❷ 水道工事業者.

lampistería 女 → lamparería.

lampo 男《文》きらめき，閃光(せん).

lamprea 女〘魚〙ヤツメウナギ.

lamprear 他 (調理した肉・魚をワイン・スパイス等で) 味付けする.

LAN [らン] 女 *Línea Aérea Nacional* チリの航空会社.

lana [らナ] 女〔英 wool〕❶ 羊毛；ウール，毛織物；毛糸. ～ artificial 合成ウール. tejido de ～ 毛織物. batir la ～ 羊の毛を刈る. ❷〔複〕《話》《軽蔑》長く伸びた髪. ❸《ラ米》(チ)(リ)(メキ)(シコ)(ペル)(ナチ)《話》お金. ***cardarle a ... la*** ～《話》…をこっぴどくしかりつける，とっちめる. ***ir por ～ y volver trasquilado*** ミイラ取りがミイラになる.

lanado, da 形〘植〙細毛の生えた.

lanar 形 (動物が) 毛の採れる. ganado ～ 綿羊.

lance 男 ❶ 出来事，事件. ～ de fortuna 偶然. ❷ 窮地；局面. ❸ けんか. ～ de honor 決闘. ❹ (トランプ等の) 手. ❺〘闘牛〙カパ capa さばき. ―― 活 → lanzar. ***de～*** 中古の，バーゲンの. librería *de* ～ 古本屋.

lance(-) / lancé(-) 活 → lanzar.

lanceado, da 形 → lanceolado.

lancear 他 ❶ 槍(やり)で突く. ❷〘闘牛〙(カパ capaを広げて) 牛を挑発する.

lanceolado, da 形〘植〙披針(ひしん)形の.

lancería 女《集合的》槍(やり)；槍(やり)騎兵隊.

lancero 男 槍(やり)騎兵.

lanceta 女 ❶〘医〙ランセット. ❷《ラ米》(チ)(リ)(グアテ)(マラ)(メキ)(シコ)(ペル)(ー)(ウルグ)(アイ)(昆虫の) 針.

lancha 女 ❶ ランチ；小型船. ～ motora [rápida] モーターボート. ～ neumática ゴムボート. ～ salvavidas 救命ボート. ❷ 平たい石. ❸《ラ米》(コロン)(ビア)最新型の派手な車.

lanchero 男 ランチの乗組員[船長].

lanchón 男 大型のランチ.

lancinante 形 (痛みが) 突き刺すような，うずくような. un dolor ～ 疼痛(とう).

landa 女 荒野，荒れ地.

landó 男 幌(ほろ)付き四輪馬車.

landre 女〘医〙リンパ腺(せん)の腫(は)れ.

land rover [らンロベル]〔英〕男〘商標〙オフロード車.

lanería 女 羊毛店，毛織物店.

lanero, ra 形 羊毛の. ―― 男女 羊毛商，毛織物商. ―― 男 羊毛倉庫.

langosta 女 ❶〘動〙ロブスター. ❷〘昆〙バッタ，イナゴ.

langostero, ra 形 ロブスターの. ―― 男女 ロブスターの漁師. ―― 男 ロブスター漁船.

langostín / langostino 男〘動〙クルマエビ.

languidecer 76 自 衰弱する，元気[活気]がなくなる. *Languidece* el fuego de la chimenea. 暖炉の火に勢いがなくなる.

languidez 女 衰弱；無気力.

lánguido, da 形 衰弱した，元気のない. una conversación *lánguida* はずまない会話.

LANICA [らニカ] 女 *Líneas Aéreas de Nicaragua* ニカラグア航空.

lanilla 女 (毛織物の) けば；薄い毛織物.

lanolina 女〘化〙ラノリン.

lanosidad 女 (果実等の) 綿毛.

L

lanoso, sa 形 毛の多い.

LANSA [ランサ] 女 *Líneas Aéreas Nacionales, S. A.* (コロンビアの) ランサ (国営) 航空.

lantano 男 〖化〗ランタン.

lanudo, da 形 ❶ 毛の多い. ❷ 《ラ米》 (1)(アルゼンチン)(ウルグアイ)(ベネズエラ) 《話》 金持ちの. (2)(ベネズエラ) 下品な.

lanuginoso, sa 形 柔毛の多い.

lanza 男 《ラ米》(チリ)こそ泥, すり. ── 女 ❶ 槍(やり). correr ～*s* (馬上試合で) 槍で勝負する. ❷ 槍兵(そうへい). ❸ (馬車の) ながえ, 梶棒. ❹ (ホースの) ノズル. ❺ 《ラ米》(ベネズエラ)器用な人. ***estar con la ～ en ristre*** 攻撃体勢が整っている；準備万端整っている. ***medir ～s con ...*** …と決闘[議論]する. ***romper ～s [una ～] por [en defensa de] ...*** (危険をおかして) …を守る. ***ser una [buena] ～*** やり手である.

lanzabombas 形 爆弾投下の. ── 男 [単複同形] 爆弾投下装置；迫撃砲.

lanzacabos 形 〖海〗(救助用の) 綱を発射する. ── 男 救命綱打ち装置.

lanzacohetes 形 ロケットを発射する. ── 男 [単複同形] ロケット発射機.

lanzada 女 槍(やり)での一突き；槍傷(そうしょう).

lanzadera 女 ❶ (織機・ミシンの) 杼(ひ). ❷ 宇宙船. ～ espacial スペースシャトル.

lanzado, da 過分 → lanzar. 形 男 女 ❶ 《話》 せっかちな (人). ❷ 《話》 決然とした (人), 大胆な (人). ── 男 投げ釣り.

lanzador, dora 形 投げる. ── 男 女 投げる人；〖スポ〗投手；促進者.

lanzagranadas 男 [単複同形] 〖軍〗 擲弾(てきだん)発射筒.

lanzallamas 男 [単複同形] 火炎放射器.

lanzamiento 男 ❶ 投げること；〖スポ〗投擲(とうてき), 投球. ～ de disco 円盤投げ. ❷ 発射；打ち上げ；(船の) 進水. plataforma [base] de ～ 発射場, 打ち上げ場. ❸ (新製品の) 売り出し；着手. ❹ 《ラ米》(コロンビア)(ウルグアイ)立ち退き.

lanzamisiles 形 男 [単複同形] ミサイル発射の[装置].

lanzaplatos 男 [単複同形] 〖スポ〗(射撃の) クレー発射機.

lanzar [ランサル] 57 他 [英 throw, cast] ❶ (**a, contra**) (…に) **投げる**. ～ piedras *contra* ... …に向かって石を投げつける. ❷ 発射[投下]する, 打ち上げる；(船を) 進水させる. ～ un cohete ロケットを打ち上げる. ❸ (言葉や声を) 発する；吐く. ～ una mirada ちらりと見る. ❹ 広める；着手する；売り出す. ～ un nuevo producto 新製品を発売する. ❺ 《ラ米》(コロンビア)(ウルグアイ)立ち退かせる. ── **lanzarse** 再 ❶ (**a, contra, hacia, sobre**) (…に) 飛びかかる；突進する；飛び込む. ～ *hacia* la puerta ドアに向かって突進する. ❷ (**a**) (…に) 取りかかる；企てる.

lanzaroteño, ña 形 男 女 (カナリア諸島の) ランサローテの (人).

lanzatorpedos 形 [性数不変] 魚雷発射の. tubo ～ 魚雷発射管. ── 男 [単複同形] 魚雷発射管.

lanzazo 男 → lanzada.

laña 女 陶器用固定金具, 締め具；〖医〗縫合用クリップ.

Laos 固名 ラオス：首都ビエンチャン Vientiane.

laosiano, na 形 ラオスの. ── 男 女 ラオス人. ── 男 ラオ語.

lapa 女 ❶ 〖貝〗カサガイ. ❷ 《話》 しつこく付きまとう人. ❸ 《ラ米》 (1) (中米) コンゴウインコ. (2)(コロンビア)(ベネズエラ) 〖動〗パカ.

laparotomía 女 〖医〗開腹術.

La Paz 固名 ラパス：ボリビアの首都.

lapicera 女 ❶ 鉛筆. ❷ 《ラ米》 (1) 万年筆 (＝～ fuente) (→ estilográfica 地域差). (2) シャープペンシル (→ lápiz 地域差). (3) ボールペン (→ bolígrafo 地域差). (4) ペン軸.

lapicero 男 ❶ 鉛筆. ❷ 《ラ米》 (1) ペン軸. (2) ボールペン (→ bolígrafo 地域差). (3) シャープペンシル (→ lápiz 地域差).

lápices 男 複 → lápiz.

lápida 女 石碑；墓碑.

lapidación 女 石打ちの刑.

lapidar 他 ❶ 石を投げつけて処刑する. ❷ 《ラ米》(アルゼンチン)(コロンビア)(ウルグアイ)(宝石を) 加工[カット]する.

lapidario, ria 形 ❶ 宝石の. ❷ 碑銘の. la inscripción *lapidaria* 碑文. ❸ (文体が) 簡潔な. estilo ～ 碑文体. ── 男 女 ❶ 宝石細工人, 宝石商. ❷ (石碑の) 石工. ── 男 宝石事典[解説書].

lapídeo, a 形 石の, 石のような.

lapilli 〔伊〕 男 [複] 〖地質〗火山礫(れき).

lapislázuli 男 〖鉱〗ラピスラズリ, るり.

lápiz [ラピス] 男 [複 lápices] 〔英 pencil〕 ❶ **鉛筆**；鉛筆状のもの. escribir a [con] ～ 鉛筆で書く. ～ (de) pasta / ～ tinta 《ラ米》 ボールペン (→ bolígrafo 地域差). dibujo a ～ 鉛筆画. ❷ シャープペンシル (＝～ automático) (→地域差). ～ de labios (棒) 口紅, リップスティック (＝《ラ米》 ～ labial) (→地域差). ～ de ojos アイライナー. ～ óptico 〖IT〗ライトペン. ❸ 〖鉱〗グラファイト, 黒鉛, 石墨.

地域差 ① シャープペンシル lápiz automático 《スペイン》《ラ米》(ホンジュラス, パナマ)(チリ); (ウルグアイ); bolígrafo (ドミニカ共和国, チリ); lapicera (エクアドル)(チリ); lapicero (メキシコ)(エルサルバドル, コスタリカ)(コロンビア, ボリビア); lápiz (キューバ, プエルトリコ)(コスタリカ)(ペルー)(パラグアイ, ウルグアイ, アルゼンチン); lapizmina (チリ); portaminas (グアテマラ, エルサルバドル)(ベネズエラ)(エクアドル). ②リップスティック lápiz de labios 《スペイン》《ラ米》(メキシコ)(エクアドル, ペルー)(ウルグアイ, アルゼンチン); bilet (メキシコ); colorete (パラグアイ); crayón de labios (キューバ)(グアテマラ); lápiz labial (キューバ, プエルトリコ)(メキシコ)(ホンジュラス, エルサルバドル, コスタリカ, パナマ)(コロンビア, ベネズエラ)(ペルー)(アルゼンチン); lipstick (パナマ); pintalabios (ドミニカ共和国); pintura de labios (キューバ)(ニカラグア, コスタリカ)(ベネズエラ); rouge (チリ)(アルゼンチン).

lapizmina 男 《ラ米》 シャープペンシル (→ lápiz 地域差).

La Plata 固名 → Plata.

lapo 男 ❶ 《話》 痰(たん)；唾(つば). ❷ 《話》 (むち等での) 殴打；びんた.

lapón, pona 形 男 女 ラップ (ランド) の[人]. ── 男 ラップ語.

lapso 男 ❶ (時間の) 経過；期間. en el ～ de dos horas 2時間のうちに. ❷ 失敗, 間違い (＝lapus).

lapsus 〔ラ〕 男 誤り, 間違い. ～ cálami [mentis, linguae] 書き[思い, 言い] 違い.

laquear 他 ラッカー[漆]を塗る.

lar 男 ❶[主に複]（古代ローマの）家の守護神. ❷かまど. ❸[複]家庭. volver a los *lares* 帰宅する.

lardo 男 ラード, 豚脂.

larga 女 ❶《闘牛》カポーテ capote を振りかざすかわし技. ❷[複]遅れ. dar ～*s* a ... …を先送りする. ── 形 → largo. ***a la*** ～ 長期的には, 結局は.

largada 女《ラ米》(ﾁ)(ﾗﾌﾟ)《スポ》(競走等の) スタート(地点).

largar 66 他 ❶《話》(不適切に) 言う. ～ un insulto 罵声(ばせい)を浴びせる. ❷《話》(打撃等を) 与える；(厄介なものを) 押しつける. ～ una bofetada 平手打ちを食らわせる. Mi jefe me *largó* un discurso interminable. 上司に演説を延々と聞かされた. ❸《話》《**de**》(…から) 追いやる；解雇する. ～ a ... *del* trabajo …を首にする. ❹《ラ米》(1)(ｺﾛﾝﾋﾞｱ)貸し付ける. (2)(ｱﾙｾﾞﾝﾁﾝ)(ｳﾙｸﾞｱｲ)《話》(仕事を) やめる. ── 自 ❶《話》まくし立てる, ぺらぺらしゃべる. ❷《ラ米》(ｱﾙｾﾞﾝﾁﾝ)(ｳﾙｸﾞｱｲ)《話》(スポーツの試合で) 開始[スタート]の合図を出す. ── **largarse** 再 ❶《話》立ち去る, 出ていく. ¡*Lárgate*! 出ていけ. ❷《ラ米》《**a**＋不定詞》…し始める.

largo, ga [ラルゴ, ガ] 形 [絶対最上級 larguísimo, ma]〔英 long〕❶ **長い**；長距離の (↔ corto). vocal *larga* 長母音. camisa de manga *larga* 長そでシャツ. llamada de *larga* distancia 長距離通話. ❷(期間等が) **長い**, 長く続く. a ～ plazo 長期の. ～*s* años de investigación 長年にわたる研究. ❸《数字を伴って》ゆうに, 充分の. Tardé una hora *larga*. ゆうに1時間かかった. ❹《話》(人の) 背が高い；ひょろっとした. ❺抜け目のない, 賢い. ❻気前のいい, 寛大な. ── 男 ❶長さ, 丈. Tiene ocho metros de ～. それは長さが8メートルあります. ❷長編映画 (＝largometraje). ── 副 長く, 長々と；遠くに. ***a lo*** ～ 縦に；遠くに. ***a lo ～ de ...*** …に沿って；…の間ずっと. ***a lo más*** ～ せいぜい. ***de*** ～ ずっと以前から. ***hablar ～ y tendido*** だらだら話す. ***¡L～ (de aquí [de ahí])!*** (ここ[そこ]から) 出てけ. ***para*** ～ ずっと後[先]まで. ***pasar de*** ～ 素通りする. ***ponerse de*** ～ 長いドレスを着る；社交界にデビューする. ***ser más ～ que un día sin pan*** すごく長い, 延々と続く.

largometraje 男《映》(60分以上の) 長編映画.

larguero, ra 形《ラ米》(ﾁ)長ったらしい；気前のよい. ── 男 ❶縦材；梁(はり). ❷長枕. ❸《スポ》ゴールポスト；(ゴールの) クロスバー. ❹(テーブル等の) つぎ足し用天板. ❺《空》翼桁(よくけた).

largueza 女 気前よさ, 鷹揚(おうよう)；長さ.

larguirucho, cha 形《話》のっぽの, ひょろ長い.

largura 女 長さ, 縦.

laringe 女《解》喉頭(こうとう).

laríngeo, a 形 ❶喉頭(こうとう)の. ❷《音声》喉頭音の.

laringitis 女[単複同形]喉頭(こうとう)炎.

laringología 女《医》喉頭(こうとう)(病)学.

laringoscopia 女《医》喉頭(こうとう)(鏡)検査(法).

laringoscopio 男《医》喉頭(こうとう)鏡.

laringotomía 女 喉頭(こうとう)切開(術).

larva 女《動》幼虫；幼生.

larvado, da 形 表面に出ない, 潜在の.

larval 形 幼虫の；幼生(期)の.

las [ラス] 冠《定冠詞》[女性複数形] → el, la 冠. ── 代名《人称》[3人称複数, 女性形]〔英 them, you〕► 普通, 動詞のすぐ前に置かれるが, 不定詞・現在分詞・肯定命令形と共に用いられる場合は, それらの後に付ける. ❶《直接目的語》**彼女たち[あなた方]を**；《女性複数名詞を指して》**それらを**. Estas tarjetas no *las* venden en la tienda. これらのカードはお店では売っていない. ❷成句の中で特に意味を持たずに用いられる. → arreglar (arreglárse*las*), componer (componérse*las*).

lasca 女 石片；薄片.

lascivia 女 淫乱(いんらん), 猥褻(わいせつ)(行為).

lascivo, va 形 猥褻(わいせつ)な, みだらな. una mirada *lasciva* いやらしい目つき.

láser 〔英〕男 レーザー. rayo ～ レーザー光線. ～ disc レーザーディスク.

lasitud 女 疲労, 倦怠(けんたい), 無気力.

laso, sa 形 ❶疲れきった. ❷(繊維の) 縒(よ)れてない；(髪が) 直毛の.

lástima [ラスティマ] 女〔英 pity〕❶ **哀れみ**, 同情. sentir [tener] ～ 気の毒に思う. Me da ～ verlo así. あんな姿の彼を見るのはつらい. ❷ **残念なこと**；悲惨な状態. estar hecho una ～ 哀れな様子である. ❸[主に複]不平, 不満. llorar ～*s* 嘆き悲しむ. ***Ser una ～ que*** 〈＋接続法〉. …するとは残念[気の毒]だ. *Es una* ～ *que* no puedas venir a la fiesta. 君がパーティーに来られないとは残念だ. ***¡Qué ～!*** 全く残念だ；なんと気の毒に.

lastimada 女 けが；損傷.

lastimar 他 ❶けがをさせる, 傷つける. Estos zapatos *lastiman* los pies. この靴はきつくて足が痛い. ❷(心を) 傷つける；不快にさせる. ❸哀れむ, 同情する. ── **lastimarse** 再 ❶けがをする, 傷つく. ～ la mano 手にけがをする. ❷《**de**》(…を) 哀れむ；嘆く.

lastimero, ra 形 悲しげな, 痛々しい. voz *lastimera* 哀れな声.

lastimoso, sa 形 哀れな, 悲惨な. en un estado ～ 悲惨な状態にある.

lastra 女 平らな石.

lastrar 他 ❶重しを置く；《海》バラストを積む. ❷妨害[邪魔]する.

lastre 男 ❶重し；《海》《空》バラスト. ❷重荷, 障害. ❸分別, 堅実.

lata 女 ❶ブリキ(板). ❷(缶詰の) 缶；缶詰. sardinas en ～ イワシの缶詰. ❸《話》面倒[厄介]なこと[人, 話]. dar la ～ うんざりさせる. Esta película es una ～. この映画はつまらない. ❹《ラ米》(1)(ｺﾛﾝﾋﾞｱ)パン焼き用皿；食べ物. (2)(ｱﾙｾﾞﾝﾁﾝ)(ｳﾙｸﾞｱｲ)《話》(警官等の) サーベル, 刀剣. ***¡Qué [Vaya una] ～!*** うんざりだ, まっぴらだ.

latazo 男《話》厄介なこと[人]. ¡Vaya ～! なんて面倒なんだ.

latear 他《ラ米》(ﾁ)《話》うんざりさせる. ── 自《ラ米》(ﾁ)《話》長々としゃべる.

latencia 女 潜在；潜伏期間.

latente 形 潜在性の, 表面に出ない. un

L

odio ～ 内に秘めた憎悪.

lateral 形 ❶ 横の, 側面の；（血縁等が）傍系の. línea ～ 傍系. ❷ 重要でない；周辺的な. ❸〚音声〛側音の. ── 男 ❶ 側面, 横側. ❷（サッカー等の）ウイング. ── 女〚音声〛側音.

latero, ra 形《ラ米》厄介な, うんざりする. ── 男 女《ラ米》ブリキ職人[屋]；おしゃべり.

látex 男 [単複同形]〚植〛(ゴムの木等の) 樹液；〚化〛ラテックス.

latido 男 ❶ (心臓の) 鼓動, 動悸(どうき). ❷ ずきずきする痛み, 疼痛(とうつう).

latifundio 男 大土地所有, ラティフンディオ, 大農地.

latifundismo 男 大土地所有制.

latifundista 形 大土地所有の. ── 男 女 大土地所有者, 大地主.

latigazo 男 ❶ むち打ち；その音. ❷ 感電. ❸《話》ずきっとする痛み. ❹ 衝撃；痛烈な言葉. ❺《話》(酒の) 一杯. darse [pegarse] un ～ 酒を一杯ひっかける.

látigo 男 ❶ むち；革ひも. ❷ ゴーカート. ***usar* [*sacar, enseñar*] *el* ～** 厳しく対処する[扱う].

latiguillo 男 ❶ (繰り返し用いられる) 決まり文句. ❷ (役者等の) 過剰な演技[表現]. ❸ パイプ管.

latín [らティン] 男 [英 Latin] ❶ **ラテン語**《略 lat.》. ～ clásico 古典ラテン語. ～ tardío 後期ラテン語. ～ vulgar 俗ラテン語. ～ medieval 中世ラテン語. bajo ～ 低ラテン語 (～ tardío, ～ vulgar, ～ medieval を含む総称). ❷ [主に複] ラテン語 (句, 法). echar *latines* ラテン語 (句) を使う. ***saber* (*mucho*) ～** 抜けめがない, 賢い.

latina 形 女 → latino.

latinajo 男《話》(スペイン語の中で用いられる) ラテン語句；下手な[誤った] ラテン語. echar [soltar] ～*s* ラテン語の言い回しを用いる.

latinidad 女 ラテン (語) 文化；ラテン語圏.

latiniparla 女 ラテン語をむやみに使う表現[文章].

latinismo 男 ラテン語からの借用語, ラテン語法.

latinista 形 ラテン語の；ラテン語 (文化) に似せた. ── 男 女 ラテン語[文化]に精通した人, ラテン語学者.

latinización 女 ラテン語化, ラテン化.

latinizar 57 他 ラテン (語) 化する. ── 自 ラテン語句を用いる.

latin lover [らティンろベル] [英] 男 情熱的でセクシーなラテン系の男性. Antonio Banderas, nuevo ～ 新しいラテンの恋人, アントニオ・バンデラス.

latino, na [らティノ,ナ] 形 [英 Latin] ❶ **ラテン語系の**, (米国の) ヒスパニックの. los países ～*s* ラテンアメリカ諸国. ❷ 古代ラティウム Lacio の；古代ローマの. ❸ ローマ・カトリックの. La Iglesia *Latina* ローマ・カトリック教会. ── 男 女 ❶ ラテン系の人, ヒスパニック. ❷ ラティウム人.

Latinoamérica [らティノアメリカ] 固名 [英 Latin America] **ラテンアメリカ**, 中南米. ► ラテン系の言語・文化をもつメキシコ以南のアメリカ大陸およびカリブ海地域.

latinoamericano, na [らティノアメリカノ,ナ] 形 男 女 **ラテンアメリカの (人), 中南米の (人)**.

latir 自 ❶ (心臓が) 鼓動する, どきどきする. ❷ (傷口等が) ずきずきする. ❸ (感情等が) 脈打つ. En la conversación *latía* el descontento de todos. 会話には全員の不満がうずまいていた.

latitud 女 ❶ 緯度；〚天〛黄緯. Murcia está a 38 grados de ～ norte. ムルシアは北緯38度にある. ❷ [複]《話》場所；地域. ❸ 自由, 許容範囲. ❹ (特に体の) 幅.

latitudinal 形 横方向の, 横に広がる.

LATN 女 *L*íneas *A*éreas de *T*ransporte *N*acional. (パラグアイの) 国営航空.

lato, ta 形 幅の広い；広義の. en (el) sentido ～ 広義では.

latón 男 ❶ 真鍮(しんちゅう). ❷《ラ米》(アルゼンチン)(ウルグアイ)(洗濯用の) 金だらい.

latonero, ra 男 女 真鍮(しんちゅう)細工師.

latoso, sa 形 うるさい, うんざりする.

latría 女〚カト〛ラトリア, (神への) 礼拝.

latrocinio 男《文》盗み, 詐欺.

laucha 女《ラ米》(1)(アルゼンチン)(パラグアイ)(ウルグアイ)(チリ) ネズミ. (2)(アルゼンチン)(チリ) やせ細った人. (3)(アルゼンチン)《話》利口な[抜けめのない] 人. (4)(コロンビア) 小さな川魚.

laúd 男 ❶〚音〛リュート. ❷〚海〛(地中海の) 1 本マストの小型帆船. ❸〚動〛オサガメ.

laudable 形 賞賛に値する.

láudano 男〚薬〛アヘンチンキ.

laudatorio, ria 形 賞賛する.

laudes 女 複〚カト〛(聖務日課の) 賛課.

laudo 男 ❶〚法〛仲裁, 裁定. ❷《ラ米》(アルゼンチン)(ウルグアイ)(レストランの) サービス料.

lauráceo, a 形 クスノキ科の. ── 女 [複] クスノキ科 (の植物).

laureado, da 形 月桂冠(げっけいかん)を授与された；受賞した. poeta ～ 桂冠(けいかん)詩人. ── 男 女 受賞者；サン・フェルナンド十字勲章受章者. ── 女 サン・フェルナンド十字勲章.

laurear 他 月桂冠(げっけいかん)をかぶせる；賞[栄誉]を授与する.

lauredal 男 月桂樹(げっけいじゅ)畑.

laurel 男 ❶〚植〛ゲッケイジュ；〚料〛ローリエ. ❷ [複] 月桂冠(げっけいかん)；栄冠, 栄誉. cosechar [conquistar] ～*es* 栄冠を勝ち取る. ***dormirse en* [*sobre*] *los* ～*es*** (過去の) 栄光の上にあぐらをかく. **～ *cereza* [*real*]**〚植〛セイヨウバクチノキ. **～ *rosa***〚植〛キョウチクトウ.

laurencio 男〚化〛ローレンシウム.

láureo, a 形 ゲッケイジュ (の葉) の.

laureola / lauréola 女 月桂冠.

laurisilva 女 クスノキ科ゲッケイジュ属の植物.

lauro 男 → laurel.

lauroceraso 男〚植〛セイヨウバクチノキ.

Laus Deo [ラ] 神に栄光あれ.

lava 女 溶岩. un río de ～ 溶岩流. ── 活 → lavar.

lavable 形 洗濯可能な, 洗える.

lavabo 男 ❶ 洗面台；洗面器. ❷ 洗面所；トイレ. ❸〚カト〛洗手式.

lavacoches 男 女 [単複同形] 洗車係.

lavada 過分 → lavar. 女 (軽く) 洗うこと.

lavadero 男 ❶ 洗濯場[室]；洗濯槽；

《ほぼラ米全域》洗面台 (→ pila 地域差). ❷〚鉱〛砂金洗鉱場.

lavado 過分 → lavar. 男 ❶ 洗うこと, 洗濯 ; 〚医〛洗浄. ～ en seco ドライクリーニング. ～ gástrico [de estómago] 胃洗浄. dar un ～ 洗濯する. ❷《ラ米》(ｺﾛﾝﾋﾞｱ) 浣腸(かんちょう). ～ ***de cara*** 外見を一新すること, 化粧直し. ～ ***de cerebro*** [《話》***coco***] 洗脳.

lavador, dora 形 洗う. ── 男 女 洗濯係, 洗う人. ── 女 洗濯機.

lavafrutas 男〔単複同形〕(食卓に出す) 果物を洗うための鉢 ; フィンガーボール.

lavaje 男 ❶ 羊毛を洗うこと, 洗毛. ❷《ラ米》洗濯 ; 洗浄.

lavamanos 男〔単複同形〕❶ フィンガーボール. ❷《ラ米》(ｺﾛﾝﾋﾞｱ)洗面器, 洗面台.

lavanco 男〚鳥〛ノガモ.

lavanda 女〚植〛ラベンダー(水, 香水).

lavandería 女 ❶ 洗濯屋, クリーニング店 ; コインランドリー. ❷《ラ米》(ｱﾙｾﾞﾝﾁﾝ)洗濯室.

lavandero, ra 男 女 洗濯屋. ── 女〚鳥〛セキレイ.

lavándula 女〚植〛ラベンダー.

lavaojos 男〔単複同形〕洗眼用コップ.

lavaplatos 男 ❶ 食器洗い機. ❷《ラ米》(ｺﾛﾝﾋﾞｱ)(ﾍﾞﾈｽﾞｴﾗ)(ﾒｷｼｺ)(台所の) 流し. ── 男 女〔単複同形〕皿洗い(人).

lavar [らバル] 他〔英 wash〕❶ **洗う** ; 洗浄する. ～ la ropa con detergente 洋服を洗剤で洗う. ～ en seco ドライクリーニングする. echar a ～ 洗濯に出す. ～ los minerales 鉱石を選別する. ❷ (罪・汚名等を) そそぐ, 晴らす. ～ la ofensa con sangre 受けた侮辱に血の報復をする. ❸ (絵に) 淡彩を施す. ── 自 (布地が) 洗える. Esta falda no *lava* muy bien. このスカートは洗ってもあまりきれいにならない. ── **lavarse** 再 (自分の体を) 洗う. ～ la cara [la cabeza] 顔[頭]を洗う. ***lavarse las manos*** 手を洗う ; 手を切る.

lavarropas 男〔単複同形〕《ラ米》(ｱﾙｾﾞﾝﾁﾝ)(ｳﾙｸﾞｱｲ)洗濯機.

lavativa 女 ❶〚医〛浣腸(かんちょう) ; 浣腸器. ❷《ラ米》(ﾍﾞﾈｽﾞｴﾗ)《話》不快, 迷惑.

lavatorio 男 ❶ 洗うこと. ❷〚カト〛(聖木曜日の) 洗足式 ; (ミサの) 洗手式. ❸《ラ米》(ｱﾙｾﾞﾝﾁﾝ)(ﾁﾘ)(ﾍﾟﾙｰ)(ｳﾙｸﾞｱｲ)洗面台 ; 洗面所, トイレ.

lavavajillas 男〔単複同形〕❶ 食器洗い機. ❷ 台所用洗剤.

lavazas 女 複 (洗濯・洗浄後の) 汚水.

lavotear 他 さっと洗う.

lavoteo 男 さっと洗うこと.

laxación 女 ❶ 緩み ; リラックス. ❷ (腸の) 通じをつけること.

laxamiento 男 → laxación.

laxante 形 ❶ 下剤の. ❷ 和らげる. ── 男 下剤, 通じ薬.

laxar 他 ❶ 緩める, 弛緩(しかん)させる. ❷ (腸の) 通じをつける. ── **laxarse** 再 緩む.

laxista 形 寛解主義の. ── 男 女 寛解主義者.

laxitud 女 弛緩(しかん), 緩み ; だらしなさ.

laxo, xa 形 ❶ 緩い, たるんだ. ❷ だらけた, いい加減な. ❸〚言〛強勢のない.

lay 男〔複 ～s〕(中世フランス文学で) レー, 短詩.

laya 女 ❶ 種類 ; 質. ser de la misma ～ 同種[同質]のものである. ❷ 鋤(すき).

lazada 女 ちょう結び ; 引き結び.

lazar 57 他 投げ縄[輪]で捕らえる.

lazareto 男 隔離病院 ; ハンセン病院.

lazarillo 男 盲人の手引きをする少年 ; 盲導犬.

lázaro 男 物ごい, 非常に貧しい人. ── 固名 [L-] ラサロ : 男子の名. ***estar hecho un*** ～ 傷だらけである.

lazo [らソ] 男〔英 knot〕❶ **結び目** ; ちょう結び, 飾り結び. atar [hacer] un ～ 結び目をつくる. ～ corredizo 引き結び. ❷ わな, 落とし穴 ; 計略. cazar a ～ わなで捕える. caer en el ～《話》だまされる. ❸ 投げ縄 ; 綱, ロープ. ❹ ちょうネクタイ (→ pajarita 地域差). ❺ 湾曲部, カーブ. ～ cerrado (鉄道の) ループ線. ❻〔主に複〕絆(きずな), つながり. ❼〚美〛組み合わせ模様.

lazulita 女〚鉱〛ラピスラズリ, るり.

Ldo., Lda. 男 女 → licenciado.

le [れ] 代名《人称》〔3 人称単数〕〔英 him, her, you, it〕► 普通, 動詞のすぐ前に置かれるが, 不定詞・現在分詞・肯定命令形と共に用いられる場合は, それらの後に付ける. ❶《間接目的語》〔男女同形〕**彼[彼女, あなた, それ]に**, 彼[彼女, あなた, それ]にとって, 彼[彼女, あなた, それ]から. Hace mucho que *le* damos vueltas al asunto. ずいぶん前からその件についてじっくり検討している. ► 直接目的語代名詞 3 人称 (lo, le, la, los, las) と共に用いる場合には se になる. → se [1]. ❷《直接目的語》〔男性形〕**彼[あなた]を**. ► スペインの一部の地域を除いては lo が一般的.

lead [り(ドゥ)]〔英〕男 (新聞記事等の) 書き出し, 冒頭 (の段落) (= entradilla).

leal [れアる] 形〔英 loyal〕《a》(…に) **忠実な**, 誠実な ; 忠誠心のある. un corazón ～ 誠意. ── 男 女 支持者, 忠実な人 ; 忠臣.

lealtad 女 忠実, 誠実 ; 忠誠. jurar a ... ～ …に忠誠を誓う.

leandra 女《話》ペセタ.

Leandro 固名 レアンドロ : 男子の名.

leasing [りシン]〔英〕男〚商〛リース.

lebeche 男 (地中海沿岸地方の) 南東風.

lebrada 女 野ウサギ料理の一種.

lebrato 男 子ウサギ.

lebrel 形 男 ハウンド種の (犬).

lebrero, ra 形 野ウサギを狩る. ── 男 女 グレーハウンド (犬).

lebrillo 男 洗い桶(おけ), 金だらい.

lebruno, na 形 野ウサギのような.

lección [れクしオン] 女〔複 lecciones〕〔英 lesson〕❶ **授業**, 講義, レッスン ; 稽古(けいこ). ～ inaugural 始業式の講演. ～ magistral 特別講義. dar ～ [lecciones] 教える. recibir ～ 授業[レッスン]を受ける. ❷ (教科書の) **課**. ❸ 教訓, 戒め ; 忠告. dar a ... una ～ …を戒める ; 〈人〉に教訓を与える. ❹〚カト〛(聖書・聖伝の) 読誦(どくじゅ). dar la ～ (生徒が) 習った事を発表[暗誦]する. tomar la ～ a ... …に習った事を聞いて確かめる.

leccionario 男〚カト〛読誦(どくじゅ)集.

lecha 女 (魚の) 白子, 魚精.

lechada 女 ❶ 水しっくい, 石灰水, のろ. ～ de cal (白壁用の) しっくい. ❷ (製紙原料の) パルプ.

lechal 形 授乳期の. cordero ～ 離乳していない子羊. ― 男 (植物の) 乳液.

lechar 形 ❶ 授乳期の. ❷ (植物が) 乳液を出す. ❸ (家畜が) 乳の出る. vaca ～ 乳牛. ― 他 《ラ米》(ﾁﾘ)しっくいで白く塗る.

lechaza 女 → lecha.

lechazo 男 ❶ (哺乳期の) 子羊. ❷ 《ラ米》(ｺﾛﾝﾋﾞｱ)(ﾍﾞﾈｽﾞｴﾗ)思いがけない幸運.

leche [れチェ] 女 〔英 milk〕 ❶ 乳, ミルク ; 乳状液. café con ～ カフェオレ ; 《ラ米》ミルク入りコーヒー (→ cortado 地域差). ～ condensada 練乳, コンデンスミルク. ～ en polvo 粉ミルク. ama de ～ 乳母. dientes de ～ 乳歯. vaca de ～ 乳牛. ～ limpiadora クレンジング乳液. ～ de coco ココナツミルク. ❷《俗》殴打 ; 激突. ❸《俗》幸運. tener ～ 運がいい. ❹《俗》厄介なもの, 面倒なこと. ❺《俗》不気嫌, 意地の悪さ. ❻《俗》精液. ***a toda ～*** 《俗》大急ぎで. ***como la ～*** (調理した物が) 柔らかな. ***estar con*** [***tener, traer***] ***la ～ en los labios*** 《話》まだ子供である. ***estar de*** [***tener***] ***mala*** [***buena***] ***～*** 気嫌が悪い[いい]. ***¡L～(s) / La ～ / Qué ～(s)!*** ちくしょう, なんてことだ. ***mamar ... en la ～*** 《話》…を幼いうちから覚える. ***¡Me cago en la～!*** くそっ, ちくしょう. ***¡Por la ～ que mamé*** [***mamaste***]***!*** 《俗》(脅迫・約束等を) 必ずやってやるぞ. ***ser la ～*** (1) 稀(ﾏﾚ)である ; すごい. (2) 厄介者 [うるさい人] である. ***tener mala ～*** 《俗》意地[性格]が悪い ; 機嫌が悪い.

lechecillas 女 複 ❶ (子羊・子牛・子ヤギの) 胸腺(ｷｮｳｾﾝ). ❷ (動物の) 臓物.

lechera 女 牛乳缶 ; ミルク入れ.

lechería 女 ❶ 牛乳店 ; 乳製品販売店. ❷ 《ラ米》(ｺﾛﾝﾋﾞｱ)(ｴｸｱﾄﾞﾙ)(ﾒｷｼｺ)けちなこと.

lechero, ra 形 ❶ 乳の, 牛乳の. ❷ 乳を出す, 乳用の. ❸《話》パトカー. ❹《ラ米》幸運な ; (ｺﾛﾝﾋﾞｱ)(ｴｸｱﾄﾞﾙ)(ﾒｷｼｺ)けちな. ― 男 女 牛乳屋, 酪農家 ; 牛乳をたくさん飲む人.

lechetrezna 女 〖植〗タカトウダイ.

lechigada 女 《集合的》(動物の) 一腹の子.

lecho 男 ❶《文》ベッド ; 寝床. ❷ 川床, 水底 ; 海底, 湖底. ❸ 台, 床. ❹〖建〗(柱・碑の) 礎盤, 台 (座). ❺〖地質〗地層.

lechón, chona 男 女 ❶ (離乳前の) 子豚. ❷《話》汚らしい人, 不潔な人. ― 男 雄豚. ― 形《話》汚らしい, 不潔な.

lechoso, sa 形 ❶ 乳のような, 乳状の. ❷ 《ラ米》(ｴｸｱﾄﾞﾙ)(ﾆｶﾗｸﾞｱ)幸運な, 運のいい. ― 男〖植〗パパイヤの木. ― 女 パパイヤの実.

lechucear 自 ❶ いつも甘い物を食べる. ❷《ラ米》(1)(ﾍﾟﾙｰ)(タクシーの運転手が) 夜間勤務につく. (2)(ｱﾙｾﾞﾝﾁﾝ)悪口を言う. ― 他《ラ米》(ｱﾙｾﾞﾝﾁﾝ)かぎ回る.

lechuga 女 ❶〖植〗(サニー) レタス. ❷ ひだ襟 ; ひだ, プリーツ. ***estar tan fresco como una ～*** 《話》みずみずしい, はつらつとした. ***ser más fresco que una ～*** 《話》厚かましい.

lechuguino, na 男 女《話》おしゃれな若者. ― 男 レタスの苗 (床).

lechuzo, za 男 女 ❶《話》甘いものをいつも食べている人. ❷《話》(フクロウに似た) 醜い人 ; 宵っぱりの人 ; まぬけな人. ― 女 ❶ フクロウ. ❷ 《ラ米》(ﾒｷｼｺ)《俗》売春婦. ❸ 《ラ米》凧(ﾀｺ)(→ cometa 地域差).

lecitina 女〖生〗レシチン.

leco 男《ラ米》(ｴｸｱﾄﾞﾙ)呼び声.

lectivo, va 形 講義[授業]のある. día ～ 授業日.

lector, tora [れクトル, トラ] 形 読む, 読み取る. ― 男 女 〔英 reader〕 ❶ 読者. ～*es* de periódico 新聞の読者. ❷ ネイティブスピーカーの語学講師. ❸ (出版社で原稿の出版可否にたずさわる) 編集者. ― 男〖IT〗読み取り装置. ～ óptico de caracteres 光学スキャナー.

lectorado 男 外国人教師の職.

lectura [れクトゥラ] 女 〔英 reading〕 ❶ 読書 ; 読むこと. sala de ～ 閲覧室. ❷ 読解, 解釈 ;〖IT〗読み取り, スキャン. hacer la ～ 解釈する. ❸ 読み物. ❹ 知識, 教養.

leer [れエル] 35 他 自 [現分 leyendo ; 過分 leído, da] 〔英 read〕 ❶ 読む. ～ de corrido すらすらと読む. ～ de un tirón 一気に読む. ❷ 読み取る, 解読する, 察する. ～ el pensamiento 意図を察する. ～ entre líneas [renglones] 行間を読む. ❸〖IT〗読み取る, スキャンする.

legación 女 ❶ 使節の職務 ; 使節に託されたメッセージ. ❷ 公使館 ;《集合的》公使館員. → embajada.

legado 男 ❶ 遺産, 文化財. ❷ 特使, 使節. ❸ (古代ローマの) 地方総督.

legajo 男 書類の束 ; 関連書類一式.

legal 形 ❶ 法律の, 法的な ; 合法的な. recurrir a los medios ～*es* 法的手段に訴える. ❷ 誠実な, 忠実な. ❸《ラ米》(ｺﾛﾝﾋﾞｱ)(ﾍﾟﾙｰ)優れた, すばらしい.

legalidad 女 適法性, 合法性 ; 法 (的範囲).

legalismo 男 法律尊重主義 ; お役所的形式主義.

legalista 形 法律尊重主義の. ― 男 女 法律尊重主義者.

legalización 女 ❶ 合法化, 適法化. ❷ 認定, 公的証明.

legalizar 57 他 ❶ 合法化する, 適法と認める. ❷ (書類・署名を) 真正と認める.

legalmente 副 ❶ 合法的に, 法律に沿って. ❷ 忠実に, 誠実に.

légamo 男《文》軟泥, 泥土.

legaña 女 目やに.

legañoso, sa 形 男 女 目やにの多い (人).

legar 66 他 ❶ 遺贈する. ❷ 派遣する. ❸ (文化等を) 後世に残す, 伝える.

legatario, ria 男 女〖法〗被遺贈者, 受遺者.

legendario, ria 形 ❶ 伝説 (上) の ; 架空の. ❷ 有名な. ― 男 聖人伝.

legibilidad 女 読みやすさ.

legible 形 読みやすい.

legión 女 ❶ レギオン : 古代ローマの軍団. ❷ (特殊) 部隊. *L～* Extranjera 外人部隊. ❸ 群れ, 群衆 ; 多数.

legionario, ria 形 男 (古代ローマの) レギオン軍の (兵士).

legionella [れヒオネら] 女 レジオネラ病 (菌).

legionelosis 女 [単複同形] (レジオネラ菌による) 激症急性肺炎.

L

legislación 女 ❶《集合的》(一国・一分野の) 法，法律．❷ 法学；立法，法律制定．

legislador, dora 形 立法の．— 男 女 立法者，法律制定者．

legislar 自 法律を制定する．

legislativo, va 形 ❶ 立法(上)の，立法権のある．poder ～ 立法権．❷ 法律の，法的な．

legislatura 女 立法府，立法議会；立法議会の会期．

legista 男 女 法律家，法学者．

legítima 女《法》遺留分．

legitimación 女 合法化；認知．

legitimar 他 ❶ 正当[適法，合法]と認める．❷ 権限[資格]を与える．❸《法》嫡出子と認知する．

legitimario, ria 形《法》遺留分の(権利を持つ)．— 男 女《法》遺留分権利者．

legitimidad 女 ❶ 適法性，合法性；(子の) 嫡出性．❷ 真正；正当性．

legitimismo 男 正統王朝主義．

legitimista 形 正統王朝主義(者)の．— 男 女 正統王朝主義者．

legítimo, ma 形 ❶ 合法的な；正当な．*legítima* defensa 正当防衛．❷ 本物の，純粋な．❸ 嫡出子の．

lego, ga 形 ❶ 聖職者でない，世俗の，平信徒の．❷《en》(…に対して) 門外漢の，苦手な．— 男 女 一般信徒，平信徒，俗人．

legón 男 (除草用の平らな) 鍬(くわ)．

legra 女 ❶《医》骨膜剝離子(はくしき)；キュレット．❷ 木材をくりぬく道具．

legrado 男《医》骨膜をはがすこと；掻爬(そうは)．

legrar 他《医》(骨を) 削る；掻爬(そうは)する．

legua 女 レグア：距離の単位 (約5572m)．～ de posta 1里 (約4キロメートル)．～ marítima 海里 (約5555メートル)．***a la*** [***una***] ***～*** / ***a cien ～s*** (遠くても) はっきりと．***cómico de la ～*** 旅[どさ]回りの役者．

legui 男 (軍人の) ゲートル，すね当て．

leguleyo, ya 男 女《話》へぼ弁護士．

legumbre 女 [主に複] ❶ 豆類：ヒヨコ豆，レンズ豆，エンドウ豆等．❷ 野菜．

leguminoso, sa 形 女 マメ科の (植物)．

lehendakari [レンダカリ] [バスク] 男 [複 ～s] バスク自治政府の首相．

leí- 活 → leer.

leíble 形 → legible.

leído, da 過分 → leer. 形 ❶ 博学の，物知りの．❷ よく読まれている．— 女 読むこと．***～ y conforme***《文書》上記承認[認可]された．

leísmo 男《文法》直接目的格人称代名詞3人称単数形 lo，複数形 los の代わりに le, les を用いること．→ le.

leísta 形《文法》leísmo を用いる．— 男 女 leísmo を用いる人．

leitmotiv [独] 男 ライトモチーフ，示導動機；(文学・演説等の) 中心思想，主題．

lejana 形 → lejano.

lejanamente 副 遠くに[で]．

lejanía 女 (距離・時間の) 遠さ；離れた場所．

lejano, na [レハノ, ナ] 形 [英 distant] ❶ (空間的・時間的に) **遠い**，遠方にある (↔ cercano.)．en épocas *lejanas* はるか昔の時代に．*L～* Oriente 極東．un lugar ～ 遠い場所．❷ (関係・縁が) 薄い，かけ離れた．pariente ～ 遠い親類．

lejía 女 ❶ 苛性(かせい)アルカリ溶液；灰汁(あく)；漂白剤．❷《話》しかること．

lejísimos 副 [lejosの絶対最上級] とても遠くに，はるか遠くで．

lejitos 副《話》少し遠くに；かなり遠くに．

lejos [レホス] 副 [絶対最上級 lejísimos] [英 far]《距離的・時間的に》**遠くに** (↔cerca)．¿Queda ～ la estación? 駅は遠いですか．¿La boda todavía está ～? 結婚式はまだ先のことですか．***a lo ～*** ずっと遠くに．***de*** [***desde***] ***～*** 遠くから．***ir*** [***llegar***] ***～***《未来形で》前途有望である．***～ de*** (1) …から遠くに．Mi casa está ～ *de*l centro de la ciudad. うちは町の中心から遠い．(2) …どころか，…する代わりに．～ *de* eso それどころか．

lelo, la 形 ばかな；ぼうっとした．— 男 女 うすのろ，ばか者．

lema 男 ❶ スローガン，モットー，標語．❷ (紋章・記念碑等の) 銘句．❸ (本の) 題辞；テーマ．❹ (審査作品等につける作者の) 仮名．❺《論》《数》補助定理．

lemming 男《動》レミング．

lemnáceas 女 複《植》ウキクサ科 (の植物)．

lempira 男 レンピラ：ホンジュラスの貨幣単位．

lémur 男 ❶《動》キツネザル．❷ [複]《ロ神》死者の霊．❸ [複] 幽霊．

lencería 女 ❶ 女性用下着，ランジェリー．❷ リネン類[製品]．❸ ランジェリー売り場[専門店]；リネン類販売店．

lencero, ra 男 女 リネン類製造[販売]業者．

lendakari 男 → lehendakari.

lendrera 女 (目の細かい) すきぐし．

lengua [レングア] 女 [英 tongue, language] ❶ **言語**，…語；(特有の) 言葉遣い．～ de Cervantes セルバンテス独特の話法．～ materna [natural] 母(国)語．～ muerta [viva] 死[現用]語．❷ (人・動物の) 舌．sacar la ～ (診察等で) 舌を出す；あかんべえをする．❸ (発声器官としての) 舌，口；しゃべること．media ～《話》舌足らず．～ viperina [de víbora] / ～ afilada [de doble filo] / mala ～ 毒舌，中傷．❹ 舌状のもの；(鈴・鐘の) 舌；(岬等の) 張り出した土地．～ de gato ラングドシャ (薄く細長いクッキー)．***andar en ～s***《話》うわさの的になる．***atar la ～ a ...*** …の口を封じる，黙らせる．***comer ～***《話》おしゃべりである．***con la ～ afuera***《話》へとへとになって．***hacerse ～s de ...*** …をほめちぎる．***irse de la ～***《話》口を滑らす．***morderse la ～*** しゃべりたいのを我慢する．***tener la ～ muy larga***《話》余計なことまでしゃべってしまう．***tirar a ... de la ～*** …に白状させる．***trabarse*le *la ～*** …の舌がもつれる；…が言葉に詰まる．

lenguado 男《魚》シタビラメ．

lenguaje [レングアヘ] 男 [英 language] ❶ **言葉**，言語．adquisición del ～ 言語習得．❷ 言葉遣い，話し方；文体；用語．～ culto [grosero] 洗練

された[下品な]言葉遣い. ～ escrito [hablado] 書き[話し]言葉. ～ gestual 身ぶり言語. ～ vulgar 俗語. ❸〘IT〙言語. ～ de programación プログラム言語.

lenguaraz 形 ❶ おしゃべりな；口の悪い. ❷ 多言語に熟達した. ── 男 女 多言語に通じている人.

lengüeta 女 ❶ 舌状のもの；(靴の) 舌革；(壁等の) 留め具；(楽器の) リード；喉頭蓋(こうとうがい). ❷《ラ米》悪口を言う人.

lengüetada 女 (舌先で) なめること.

lengüetazo 男 → lengüetada

lengüetear 自 ❶ (ぺろぺろと) 舌を出す. ❷《ラ米》べらべらとしゃべる. ── 他《ラ米》(舌先で) なめる.

lengüetería 女《集合的》(パイプオルガンの) リードストップ, リード音栓.

lengüilargo, ga 形《話》おしゃべりな；口の悪い.

lenguón, guona 形《ラ米》おしゃべりな；うわさ好きな, 陰口を言う人.

lenidad 女 寛大さ, 甘さ.

lenificación 女 軟らかくすること；和らげる[軽減する]こと.

lenificar 26 他 ❶ 軟らかくする, ほぐす. ❷ (苦痛・悲しみ等を) 和らげる.

leninista 形 レーニン (主義) の. ── 男 女 レーニン主義者.

lenitivo, va 形 鎮痛作用のある. ── 男 鎮痛[鎮静]剤；慰め (となるもの), 癒(いや)し.

L

lenocinio 男《文》売春斡旋 (業).

lenta 形 → lento.

lente [れンテ] 女〔英 lens〕**レンズ**, ルーペ. ～*s* de contacto コンタクトレンズ. ── 男〔複〕《ラ米》めがね (→ gafa 地域差).

lenteja 女 ❶〘植〙レンズ豆, ヒラ豆. ❷《ラ米》(ｺﾞﾝﾍﾞ)(ﾁﾘ)のろまな人. ***venderse por un plato de ～s***《話》貴重なものをつまらないものと引き替える.

lentejar 男 レンズ豆畑.

lentejuela 女〘服〙スパンコール.

lenticular 形 レンズ豆の形をした, レンズ状の. ── 男〘解〙レンズ状骨.

lentilla 女〔複〕コンタクトレンズ. ～*s* blandas [duras] ソフト[ハード]レンズ.

lentiscal 男 ピスタチオの林[茂み].

lentisco 男〘植〙ピスタチオ.

lentitud 女 遅さ.

lento, ta [れント, タ] 形〔英 slow〕❶ **遅い**, ゆっくりした (↔rápido). ～ en el trabajo 仕事の遅い. a cámara *lenta* スローモーション撮影で. ❷ (暑さ・火力等が) 勢いがない, 弱い. a fuego ～ 弱火[とろ火]で. ── 男〘音〙レント. ── 副 ゆっくりと.

leña 女 ❶《集合的》まき, 薪. hacer [cortar] ～ 薪を拾う[割る]. ❷《話》処罰；殴打. ❸《北米》《俗》マリファナ. ❹《ラ米》(ｱﾙｾﾞﾝﾁﾝ)(ｳﾙｸﾞｱｲ) (燃料にするための) 羊の糞(ふん). ***añadir [echar, poner] ～ al fuego***《話》火に油を注ぐ. ***dar ～***〘スポ〙ラフプレーをする. ***llevar ～ al monte*** よけいな骨折りをする.

leñador, dora 男 女 木こり；薪売り.

leñazo 男《話》棒での殴打；激しい衝突.

¡leñe! 間《俗》ちくしょう, くそっ.

leñero, ra 男 女 ❶ 薪売り. ❷ 薪置き場. ── 形〘スポ〙ラフプレーをする.

leño 男 ❶ 丸太, 丸木. ❷《話》うすのろ, まぬけ. ***dormir como un ～*** ぐっすり眠る.

leñoso, sa 形 木のように固い；木質の.

Leo 固名〘占星〙獅子(しし)宮；〘天文〙獅子座.

León 固名 レオン：スペインの県；県都.

león, ona [れオン, オナ] 男 女〔複 leones, ～s〕〔英 lion〕❶〘動〙**ライオン**. ❷《話》勇敢[大胆]な人. ❸《ラ米》〘動〙ピューマ. ── 女 女傑, 気の強い女性. ***diente de ～***〘植〙タンポポ. ***hormiga de ～***〘動〙アリジゴク. ***～ marino***〘動〙アシカ. ***llevarse la parte del ～*** うまい汁を吸う. ***No es tan fiero [bravo] el ～ como lo pintan.***《諺》案ずるより産むがやすし. ***ponerse como un ～*** 怒り狂う.

Leona 固名 獅子(しし)座.

leonado, da 形 黄褐色の.

leonera 女 ❶ ライオンの檻(おり). ❷《話》乱雑な部屋. ❸《ラ米》(ｱﾙｾﾞﾝﾁﾝ)(ｴｸｱﾄﾞﾙ)(ﾌﾟｴﾙﾄﾘｺ) (刑務所の) 雑居房.

leonés, nesa 形 男 女 レオンの (人). ── 男 レオン方言.

leonino, na 形 ❶ ライオンの (ような). ❷ 不公平な. contrato ～ 一方的な契約.

Leonor 固名 レオノール：女子の名.

leontina 女 (懐中時計の) 鎖.

leopardo 男〘動〙ヒョウ.

Leopoldo 固名 レオポルド：男子の名.

leotardo 男 [主に複] タイツ, レオタード.

Lepanto 固名 レパント. batalla de ～ レパントの海戦.

lepero, ra 男 女 形 (スペイン, ウエルバ県の村) レペの (人)；抜け目のない (人).

lépero, ra 男 女《ラ米》(1)(ﾒｷｼｺ)(ｸﾞｱﾃﾏﾗ)下層の人；ごろつき. (2)(ｷｭｰﾊﾞ)抜けめのない人.

lepidóptero, ra 形〘昆〙鱗翅(りんし)目の. ── 男〔複〕鱗翅目の昆虫.

lepórido, da 形 男〘動〙ウサギ科の (動物).

leporino, na 形 ウサギの (ような). labio ～ 口唇裂.

lepra 女〘医〙ハンセン病.

leprosería 女 ハンセン病療養所.

leproso, sa 形 男 女 ハンセン病の (患者).

lerdo, da 形《軽蔑》(動作が) 遅い；(頭が) 鈍い. ── 男 女 のろま, 薄のろ.

Lérida 固名 レリダ：スペインの県；県都.

leridano, na 形 男 女 (スペインの県・都市) レリダの (人).

les [れス] 代名《人称》[3 人称複数]〔英 them, you〕► 普通, 動詞のすぐ前に置かれるが, 不定詞・現在分詞・肯定命令形と共に用いられる場合は, それらの後に付ける. ❶ [男女同形]《間接目的語》**彼ら[彼女たち, あなた方, それら]に**, 彼ら[彼女たち, あなた方, それら]にとって, 彼ら[彼女たち, あなた方, それら]から. *Les* agradecemos mucho su invitación. ご招待いただき感謝いたします. ► 直接目的語代名詞 3 人称と共に用いる場合には se になる. → se ①. ❷ [男性形]《直接目的語 losの代わりに用いられ》彼ら[あなた方]を. ► スペインの一部の地域を除いては los が一般的.

lesbiana 女 (女性の) 同性愛者, レスビアン.

lesbianismo 男 (女性の) 同性愛.

lesbiano, na 形 レスビアンの. amor ～

女性の同性愛.
lésbico, ca 形《文》レスビアンの.
lesera 女《ラ米》(チリ)(ペルー)愚かさ；愚行.
lesión 女 ❶ 傷，損傷. ❷ 損害，害；〖法〗(権利等の) 侵害.
lesionado, da 形 ❶ 負傷した. ❷ 損害を被った. ── 男女 負傷者.
lesionar 他 ❶ 傷つける. ❷ 損害を及ぼす. ── **lesionarse** 再 負傷する.
lesivo, va 形 損害を及ぼす；有害な.
leso, sa 形 ❶ 侵害した. crimen de *lesa* majestad [patria] 大逆罪；反逆罪. ❷ 錯乱した. ❸《ラ米》(チリ)愚かな.
letal 形《文》致命的な，死に到る.
letanía 女 ❶ [単または複]〖カト〗連禱(れんとう). ❷《話》(苦情等を)くどくど述べること.
letárgico, ca 形〖医〗昏睡(こんすい)(状態)の.
letargo 男 ❶〖医〗昏睡(こんすい). ❷ 活動停止. ❸〖動〗冬眠；〖植〗休眠.
letón, tona 形 男 女 ラトビアの (人). ── 男 ラトビア語：バルト語の1つ.
letra [れトゥラ] 女〔英 letter〕❶ 文字，字. ～ mayúscula [minúscula] 大[小]文字. ❷ 筆跡；活字，書体. ～ bastardilla [cursiva, itálica] イタリック体. ～ doble 複文字. ～ negrilla [negrita] ボールド体. ～ redondilla ローマン体. ～ de imprenta [molde] 活字体. ～ versalita スモールキャピタル. tener buena [mala] ～ 字がきれいである[汚い]. ❸ 文字どおりの意味；文面，字義. atarse a la ～ 文字どおりに解釈する. ❹ 歌詞. escribir las ～s 作詞をする. ❺〖商〗手形. girar una ～ 手形を振り出す. ～ de cambio 為替手形. protestar una ～ 手形の支払いを拒否する. ～ del tesoro 国債. por ～s ローンで. ❻[複] 学識，教養；人文科学；文学. facultad de ～s (大学の) 文学部. hombre de ～s 教養豊かな人. ❼[複] (短い) 手紙，書き置き. ***primeras ～s*** (読み書きや算術等の) 基礎学問. ***a la ～*** [***al pie de la ～***] 文字どおりに，正確に. ***～ muerta*** (法律・条例等で実際には効力のない) 死文. ***～ por ～*** 一語一語；完全に. ***～ menuda*** [***pequeña***] (契約書等の) 細字部分.
letrado, da 形 学問[教育]のある，博学の；物知り顔の，学者ぶった. ── 男女 弁護士，法律家.
letrero 男 ❶ 張り紙，ポスター；掲示(板)，看板. ～ luminoso ネオンサイン. ❷ 落書き.
letrilla 女 ❶〖詩〗各連の末尾にリフレインが付いた短い詩行の詩. ❷ 歌詩.
letrina 女 ❶ 野外用簡易トイレ. ❷ 汚らしいもの[場所].
letrista 男女 ❶ 作詞家. ❷《ラ米》(エルサルバドル)(ウルグアイ)(看板の) 文字書き職人.
leucemia 女〖医〗白血病.
leucémico, ca 形〖医〗白血病の，白血病にかかった. ── 男女 白血病患者.
leucocito 男〖解〗〖医〗白血球.
leucocitosis 女[単複同形]〖医〗白血球増加症.
leucoma 男〖医〗角膜白濁[白斑(はくはん)].
leucorrea 女〖医〗白帯下(こしけ).
leudar 他 パン種[酵母]で発酵させる.
leva 女 ❶〖海〗出帆. ❷ (兵員の) 徴募，召集. ❸〖機〗カム；レバー. árbol de ～s (車の) カムシャフト. ❹《ラ米》(コロンビア)モーニングコート.
levadizo 形 上げ下げできる，跳ね橋の. ── 男 跳ね橋.
levadura 女 パン種，イースト；酵母(菌).
levantada 過分 → levantar. 女《ラ米》(ラプラタ)(ペルー)起床；(病後の) 離床.
levantador, dora 男 女 重量挙げ選手.
levantamiento 男 ❶ 持ち上げること. ～ de pesos 重量挙げ. ❷ 建設，建造. ❸ 反乱，蜂起(ほうき). ❹ 解除，解禁. ❺〖地質〗隆起. ***～ de cadáver*** 遺体の検視.
levantar [れバンタル] 他〔英 raise〕❶ 上げる，持ち上げる；起こす. ～ la mano 手を挙げる. ～ la mirada 視線をあげる. ❷ 引き起こす. ～ polémica 議論を呼ぶ. ❸ 建設する；創設する. ～ una fábrica 工場を建設する. ❹ 高める；(声等を) 大きくする. ～ el ánimo 元気づける. ～ la voz 声を荒げる. ❺ 扇動する. ❻ 取り除く. ～ la cortina カーテンを開ける. ❼ 撤廃[撤収]する. ～ la sesión 閉会する. ❽ (文書等を) 作成する. ～ acta 議事録を作成する. ❾ (獲物を) 追い立てる. ❿《話》盗む. ── **levantarse** 再〔英 get up〕❶ 起きる；立ち上がる. ～ de la cama 起床する. ❷ そびえ立つ；上がる，昇る. ❸ 蜂起(ほうき)する. ～ en armas 武装蜂起する. ❹ (風・波等が) 立つ；(騒ぎが) 起こる. ❺《con》(…を) 自分のものにする.
levante 男 ❶ 東，東方. ❷ 東風. ❸《ラ米》(1) 誹謗(ひぼう)，中傷. (2) 軟派した相手. (3) 厳しくしかること. ── 固名 [L-] (スペインの) レバンテ地方；地中海東部地方. ── 活 → levantar.
levantino, na 形 男 女 (スペインの) レバンテ地方の (人).
levantisco, ca 形 反逆的な，不穏な.
levar 他〖海〗(錨(いかり)を) 上げる. ～ anclas 出航する. ── 自〖海〗出航する.
leve 形 軽い；かすかな；ささいな.
levedad 女 軽さ；かすかなこと.
leviatán 男〖聖〗レバイアサン：水中に棲(す)む巨大な怪獣で，悪の象徴.
levita 男 女 ❶ レビ人；(古代イスラエルの) 神官. ❷〖カト〗助祭. ── 女 フロックコート. ***tirar de la ～*** 《話》おべっかを使う.
levitación 女 (心霊術・物理現象の) 空中浮揚.
levitar 自 空中浮揚する.
Levítico 固名〖聖〗(旧約の) レビ記.
levítico, ca 形 ❶ レビ人の. ❷ あまりにも教会[聖職者]的な.
levógiro, ra 形〖化〗〖光〗左旋性の.
léxico, ca 形 語彙(ごい)の. ── 男 ❶ 辞書；(特にギリシャ語等の) 古典語辞書. ❷ (特定の分野・作家等の) 語彙；用語集.
lexicografía 女 辞書編集 (法)；語彙(ごい)記述.
lexicográfico, ca 形 辞書編集 (法) の；語彙(ごい)記述の.
lexicógrafo, fa 男 女 辞書編集者.
lexicología 女 語彙(ごい)論.
lexicológico, ca 形 語彙(ごい)論の.
lexicólogo, ga 男 女 語彙(ごい)論研究

者.

lexicón 男 辞書；語彙(ごい)目録.

ley- 活 現分 → leer.

ley [れイ] 女 〔英 law〕 ❶ **法律**, 法令, …法；[複] 法学, 法律学. hombre de *leyes* 法律家. *ley* electoral 選挙法. *ley* orgánica 基本法. *Ley* Orgánica de Protección de Datos データ保護基本法. *ley* orgánica de educación 教育基本法. *ley* penal del menor 少年法. *ley* marcial 戒厳令. respetar [violar] la *ley* 法を守る[破る]. ❷ 法則, 原則. ❸ ルール, 規則；規約. *ley* de la ventaja 〖スポ〗アドバンテージルール. ❹ 〖宗〗戒律. *ley* de Dios (モーゼに与えられた) 神の掟(おきて). ❺ (法定による金・銀の) 含有量. oro de *ley* (法定含有量を持つ) 純金. ❻ 愛情；忠誠. tener [tomar, cobrar] *ley* a ... …に愛情を持つ；…に忠実である. ***con todas las de la ley*** 規則に従った. ***de buena* [*mala*] *ley*** 善良[悪辣(あくらつ)]な. ***de ley*** 当然の, 正当な；善良な.

leyenda [れイェンダ(れジェンダ)] 女 〔英 legend〕 ❶ **伝説**；民話；伝承物語. ❷ (貨幣・紋章等の) 銘, 刻銘. ❸ (挿画等の) 説明書き, キャプション；(地図等の) 凡例. ～ ***aúrea* [*dorada*]** 黄金伝説：13世紀に編纂(へんさん)された聖人伝記集.

lezna 女 (靴職人の) 突き錐(きり)；(木工用の) 錐；千枚通し.

lí- 活 → liar.

lía 女 (荷造り用) 荒縄. ── 活 → liar.

LIA [りア] *L*ínea *I*nternacional *A*érea (エクアドルの) 国際航空.

liado, da 過分 → liar. 形 ❶ こんがらかっている, もつれている. ❷ 親密な. ❸ 《話》忙しい.

liana 女 〖植〗つる植物.

liante, ta 形 《話》やっかいな. ── 男 女 トラブルメーカー.

liar [りアル] 31 他 〔英 tie〕 ❶ (縄・ひも等で) **縛る**. ❷ くるむ, 包む；巻く；(糸等を) 巻きとる. ❸ 《話》(困難・窮地に) 巻き込む, 陥れる. ❹ 《話》混乱させる. ── **liarse** 再 ❶ 混乱する. ❷ 《en》(…に) 首を突っ込む. ❸ 長々と話す. ❹ 《俗》《con》(…と) セックスする. ❺ 《con》(…で) 忙しくする. ***liarla*** 《話》へまをする. ***liarse a*** 〈+不定詞〉(激しく・熱心に) …し始める. ***liarse a palos*** 《話》殴り合う.

libación 女 ❶ (昆虫が) 蜜を集めること. ❷ 酒の試飲. ❸ (供犠の際に) 酒を注ぐこと.

libanés, nesa 形 レバノン (人) の. ── 男 女 レバノン人.

Líbano 固名 レバノン：首都ベイルート Beirut.

libar 他 ❶ (昆虫が花蜜(かみつ)等を) 吸う. ❷ (酒を) 試飲する；《皮肉》かなり酒を飲む. ❸ (供犠の際に) 酒を注ぐ.

libelista 男 女 〖法〗(文書による) 名誉毀損(きそん)者, 中傷者.

libelo 男 〖法〗名誉を毀損(きそん)する文書.

libélula 女 〖昆〗トンボ.

líber 男 〖植〗靭皮(じんぴ).

liberación 女 ❶ 解放. ❷ 免除；(不動産の) 免税. ❸ 受取書, 領収証.

liberado, da 形 ❶ 解放された, 自由になった. ❷ 免税の. ❸ 〖商〗払い込み済みの. ── 男 女 (組織の) 活動家.

liberador, dora 形 解放する, 自由にする. ── 男 女 解放者, 救済者.

liberal [りベラる] 形 〔英 liberal〕 ❶ **自由主義の**；自由な, 縛られない. partido ～ 自由党. profesión ～ 自由業 (主に知的職業). ❷ 《con》(…に) 気前のよい；寛容な. ── 男 女 自由主義者；自由党員. ***artes* ～*es*** (中世の大学の) 自由7科.

liberalidad 女 気前のよさ；寛大, 寛容.

liberalismo 男 自由主義, リベラリズム.

liberalización 女 自由化.

liberalizar 57 他 自由化する.

liberar 他 ❶ 自由にする, 解放する. ❷ 《de》(…を) 免除する, 解除する. ── **liberarse** 再 自らを解放する.

liberatorio, ria 形 (義務・負担から) 免除する, 解放する.

Liberia 固名 リベリア：首都モンロビア Monrovia.

liberiano, na 形 ❶ リベリア (人) の. ❷ 〖植〗靭皮(じんぴ)の. ── 男 女 リベリア人.

líbero 男 (サッカー) リベロ.

libérrimo, ma 形 [libreの絶対最上級] 最も自由な, 全く自由な.

libertad [りベルタ(ドゥ)] 女 〔英 liberty〕 ❶ **自由**；(従属・束縛等からの) 解放. ～ de prensa 報道の自由. ～ condicional 〖法〗保護観察 (処分). ～ provisional 仮釈放. ～ de culto [conciencia] 信仰の自由. ❷ 自由, 奔放；気楽, 気まま. ❸ [時に複] なれなれしさ, 気安さ. tomarse ～*es* con ... …になれなれしい. ❹ 巧みさ, 自在さ；動きやすさ. ***tomarse la* ～ *de*** 〈+不定詞〉勝手ながら…する.

libertador, dora 形 自由にする, 解放する. ── 男 女 解放者.

libertar 他 ❶ 解放[釈放]する. ❷ (義務・負担を) 免除する. ❸ 放つ, 発する.

libertario, ria 形 絶対自由 [無政府] 主義の. ── 男 女 絶対自由 [無政府] 主義者.

liberticida 形 男 女 自由を束縛する[奪う] (人).

libertinaje 男 ❶ 傍若無人, 放埒(ほうらつ). ❷ 無信仰, 不信心.

libertino, na 形 傍若無人な, 放埒(ほうらつ)な. ── 男 女 道楽者.

liberto, ta 男 女 (奴隷の身分から解放された) 自由民, 解放奴隷.

Libia 固名 リビア：首都トリポリ Trípoli.

líbico, ca 形 → libio.

libídine 女 淫乱(いんらん).

libidinoso, sa 形 みだらな, 淫乱な.

libido 女 〖心〗リビドー；性的衝動.

libio, bia 形 リビア (人) の. ── 男 女 リビア人.

libra 女 ❶ ポンド：イギリス, エジプト等の通貨単位. ❷ 古い重さの単位：カスティーリャでは460グラム. ❸ ポンド：液体の重さの単位. 約454グラム. ❹ 《話》100ペセタ. ── 固名 [L-] 〖占星〗天秤(てんびん)宮；〖天文〗天秤座. ── 活 → librar.

libraco 男 《話》くだらない[つまらない]本.

librado, da 過分 → librar. 男 女 (手形の) 名宛(なあて)人. ***salir bien* [*mal*]** ～ うまくいく[失敗]する.

librador, dora 形 解放[自由に]する. ── 男 女 〖商〗(為替手形の) 振出人.

libramiento 男 ❶ 解放，釈放；免除．❷〘商〙支払命令書．

libranza 女 為替手形；支払命令書．

librar [りブラル] 他〔英 free〕❶《de》(義務等から) 解放する，自由にする (= libertar)；免除する．～ de una preocupación 心配事から解放する．❷ (手形・小切手等を) 振り出す．～ un cheque contra ... …に小切手を振り出す．❸ (判決を) 申し渡す；(命令・法令等を) 発する．❹ (希望・信頼を) 託す，寄せる．❺ 戦い抜く．— 自 ❶《話》(労働者が) 休み [休暇] を取る．❷ 出産する．— **librarse** 再《de》(…から) 解放される，免れる，自由になる．***¡Dios me libre!* / *¡Líbreme Dios!*** そんなことのないように．***librarse por los pelos*** 《話》間一髪で助かる，九死に一生を得る．

libre [りブレ] 形 [絶対最上級 libérrimo, ma]〔英 free〕❶ 自由な；束縛のない，拘束のない；《de [para] + 不定詞》自由に…できる．Nosotros somos ～*s* ***de*** pensar cualquier cosa. 我々は何を考えようと自由だ．tener entrada ～ en ... …に自由に出入りする．traducción ～ 意訳．❷《estar と共に》暇 [時間] のある；手の空いた．¿Estás ～ esta noche? 君，今晩暇かい．❸ (席・場所が) 空いた．un taxi ～ 空車のタクシー．❹《de》(…を) 免れた，(…に) とらわれない．～ ***de*** cuidado 危険を脱した．tienda ～ ***de*** impuestos 免税店．❺ 無料の．entrada ～ 入場無料．❻ 大胆な，遠慮のない．llevar una vida ～ 奔放な生活を送る．❼ 恋人のいない，独身の．❽〘スポ〙フリースタイル [自由形] の．— 男〘スポ〙フリーキック．***al aire ～*** 野外で．***dejar el campo ～*** 道を譲る．***por ～*** 自由に；自由契約 [フリーランス] で．

librea 女 ❶ (コンシェルジュ等のきちんとした) 制服．❷ (シカ等の) 毛並み．

librecambio 男 自由貿易．

librecambismo 男 自由貿易主義 [政策]．

librecambista 形 自由貿易 (制) の．— 男 女 自由貿易主義者．

librepensador, dora 形 (宗教上の) 自由思想の．— 男 女 自由思想家．

librepensamiento 男 (宗教上の) 自由思想．

librería [りブレリア] 女〔英 bookstore〕❶ 書店，本屋；書籍販売業．❷ 書棚．

librero, ra 男 女 本屋，書籍販売人．— 男《ラ米》本箱，書棚．

libresco, ca 形《軽蔑》本の；書物から得た．

libreta 女 ❶ ノート；メモ帳．❷ 会計簿；通帳．～ de depósitos [ahorros] 預金通帳．～ de cheques 小切手帳．❸ 1 ポンド分のパン．❹《ラ米》運転免許証 (→ licencia 地域差)．

libretearse 再《ラ米》(学校を) サボる (→ fumar 地域差)．

libretista 男 女 (歌劇・オラトリオ等の) 台本作者，脚本家．

libreto 男 (歌劇・オラトリオ等の) 台本．

librillo 男 ❶ 小さい本，小冊子．❷ (巻きタバコ用の) 紙 (の束)．～ de papel de fumar 1 束の巻きタバコ用紙．❸ 反芻(すう) 動物の第 3 胃．

libro [りブロ] 男〔英 book〕❶ 本；書物，書籍．～ de bolsillo 文庫本．～ de cabecera 座右の書．～ electrónico 電子ブック．❷ (書物の) 巻，編．novela de cinco ～*s* 5 巻本の小説．❸ [主に複] 帳簿．～ mayor 台帳；元帳．llevar los ～*s* 帳簿をつける．teneduría de ～*s* 簿記．❹ 記録，資料．～ blanco 白書．～ escolar [de escolaridad] 成績通知表．～ de familia 戸籍簿．～ de oro (訪問客の) 記帳簿．❺〘動〙(反芻(すう)動物の) 第 3 胃．***de ～*** 典型的な．***hablar [expresarse] como un ～ abierto*** 能弁である；気取った話し方をする．

Lic. 男 女 → licenciado 男 女．

licantropía 女 ❶ (伝説上の) オオカミへの変身．❷〘医〙狼狂(ろうきょう)．

licántropo 男 ❶ (伝説上の) オオカミ男．❷〘医〙狼狂(ろうきょう)患者．

liceísta 男 女 (文芸サークル・団体の) 会員，メンバー．

licencia [りセンシア] 女〔英 license〕❶ 許可，認可；[複] 聖職者が上司から受ける聖務をつかさどるための許可．❷ 許可証，免許；《ラ米》運転免許証 (→地域差)．❸ 休暇 (期間)；〘軍〙一時休暇，賜暇．❹ 学士号．❺ 傍若無人，放埒(ほうらつ)．❻ ～ poética (詩の) 破格．～ ***absoluta*** 〘軍〙除隊．***tomarse la ～ de ...*** 許可なく…する．地域差 運転免許証 licencia《ほぼラ米全域》；brevete, breveta (エクア, ペル)；carnet《スペイン》《ラ米》(チリ)(アルゼンチン)；libreta (ウルグアイ, アルゼンチン)；pase (コロンビア)；permiso《スペイン》《ラ米》(アルゼンチン)；registro (パラグアイ, アルゼンチン)．

licenciado, da 形 ❶ 大卒の．❷ 知ったかぶりの，衒学(げんがく)的な．❸ (義務から) 解放された．❹〘軍〙除隊した．— 男 女 学士．～ en filología inglesa 英語学科卒．— 男 ❶ (昔の学生・僧侶(そうりょ)等の) 長い服を着た人．❷〘軍〙除隊兵．❸《ラ米》《敬称》弁護士．～ ***vidriera*** (1) ビードロ学士：セルバンテスの同名の短編小説の主人公．(2) 臆病(おくびょう)者．

licenciamiento 男〘軍〙除隊．

licenciar 17 他 ❶ 許可する，免許を与える．❷ 学士号を授与する．❸〘軍〙除隊させる．❹ 解雇する，解任する．— **licenciarse** 再 学士号を得る．～ en derecho 法学部を卒業する，法学士になる．

licenciatura 女 ❶ 学士号．❷ (大学の) 卒業 (式)．❸ (大学の) 専門課程．

licencioso, sa 形 放縦な，自堕落な．

liceo 男 ❶ 文芸サークル．❷《ラ米》中等学校；小・中学校．❸ アリストテレス学派．

licitación 女 競売，入札．

licitador, dora / licitante 男 女 入札者，競売人．

licitar 他 入札する，競売にかける．

lícito, ta 形 合法的な；妥当な．

licitud 女 合法性；妥当性．

licopodio 男〘植〙ヒカゲノカズラ．

licor 男 リキュール，蒸留酒；液体，溶液．

licorería 女《ラ米》蒸留酒製造場．

licorero, ra 男 女《ラ米》蒸留酒製造者；酒類販売業者．— 女 (酒瓶・グラスの) キャビネット・ケース；(装飾された) 酒瓶．

licoroso, sa 形 (ワインが) 香りの芳醇(ほう

(じゅ)な.

licuación 女 液化, 融解；溶離.

licuado 男 《ラ米》(アルゼンチン)(ウルグアイ)フルーツジュース.

licuadora 女 ジューサー.

licuar 65 他 ❶ (固体を) 液化[融解]する. ❷〖冶〗溶離する. ── **licuarse** 再 (固体が) 液化[融解]する.

licuefacción 女 液化, 融解.

lid 女《文》❶ 戦い, 抗争；論争. ❷ [複] 活動, 業務. ***en buena lid*** 正々堂々と.

líder 男 女 ❶ (政党の) 党首, 指導者, リーダー. ❷〖スポ〗首位, トップ.

liderar 他 率いる；トップの位置にいる.

liderato / liderazgo 男 指導者の任務[身分]；指導力, リーダーシップ.

lidia 女 ❶ 闘牛. toros de ～ 闘牛用の牛. ❷ 戦い, 戦闘.

lidiador, dora 男 女 闘牛士.

lidiar 17 他 (牛と) 闘う, 闘牛をする. ── 自 ❶ 戦う, 争う. ❷ あしらう, いなす.

liebre 女 ❶〖動〗ノウサギ. ❷《話》臆病(おくびょう)者. ❸〖スポ〗ペースメーカー. ***cazar la ～ / coger una ～*** 《話》(つまずいて・滑って) 転ぶ. ***correr como una ～*** 《話》貧しい生活を送る. ***Donde [Cuando] menos se piensa, salta la ～.*** 《話》思いがけないときに事件は起こる. ***levantar la ～*** 《話》(秘密等を) ばらす, 暴露する.

L

lied [リ(ドゥ)] 〔独〕 男〖音〗歌曲.

liencillo 男《ラ米》(ペルー)(エクアドル)粗綿布.

liendre 女 シラミの卵. ***cascar [machacar] a ... las ～s*** 《話》…をたたく, しかる.

lienzo 男 ❶ (木綿・リンネル等の) 布, 織物. ❷ ハンカチ. ❸ カンバス, 画布；油絵. ❹〖建〗(建物の) 正面；壁面. ❺ (城塞(じょうさい)の塔と塔を結ぶ) 城壁.

lifting [リフティン] 〔英〕 男 [複 ～s] しわとり整形.

liga 女 ❶ ガーター, 靴下留め；ゴムバンド. ❷ 連盟, 同盟. ❸〖スポ〗リーグ. ❹ 混合, 結合；合金. ❺ 鳥もち. ***hacer buena [mala] ～ con ...*** …と仲がよい[悪い].

ligado, da 形 結ばれた. ── 男 ❶〖印〗合字 (œ, fi, ffi 等). ❷〖音〗スラー (⌒)；スラーで連結された音符.

ligadura 女 ❶ 結ぶこと, つながり. ❷ [複] ひも, 縄, 帯. ❸ 拘束, 束縛. ❹〖医〗結紮(けっさつ)(糸). ❺〖音〗連結音, スラーをつけて演奏すること. ❻〖音声〗わたり (音).

ligamento 男 ❶〖解〗靭帯(じんたい). ❷ 縛る[くくる]こと, つながり.

ligar 66 他 ❶ (ひも・縄で) 縛る, 結ぶ. ❷ 結びつける, 関連づける. ❸ 結合[合体]させる. ❹ 束縛[拘束]する. ❺〖冶〗合金にする. ❻〖医〗結紮(けっさつ)する. ❼〖音〗(音符に) スラーをつける. ❽〖料〗(材料を) 均一に混ぜる. ❾《話》手に入れる. ❿ (トランプで) いい手をそろえる. ⓫《ラ米》(1)(アルゼンチン)(ウルグアイ)(チリ)罰を受ける. (2)(アルゼンチン)(チリ)運よく手に入れる. ── 自《話》《con》(…を) 軟派する. ── **ligarse** 再 ❶ 結びつく. ❷ 束縛される. ❸《ラ米》(アルゼンチン)(ペルー)(エクアドル)(電話が) 混線する.

ligazón 女 強いつながり.

ligera 形 → ligero.

ligeramente 副 ❶ 軽く；さっと. ❷ かすかに. ❸ 軽率に.

ligereza 女 ❶ 軽いこと, 軽さ；軽快, 敏捷(びんしょう). ❷ 移り気, むら気；軽率, 軽薄.

ligero, ra [リヘロ] 形 〔英 light〕 ❶ 軽い (↔ pesado). aleación ***ligera*** 軽合金. ❷ 軽快な, 敏捷(びんしょう)な. paso ～ 軽快な足取り. ❸ 気楽な, 肩の凝らない. ❹ わずかな, 少しの. sueño ～ 浅い眠り. ❺ 移り気な；軽率な, 浅薄な；(素材が) 薄い. ── 副《ラ米》速く, 敏速に；手早く. ***a la ligera*** 軽率に, 軽々しく. ***de ～*** 軽率[無思慮]に. ***ser ～ de cascos*** 軽率[無思慮]である.

light [ライ(トゥ)] 〔英〕 形 [性数不変] ❶ (タバコが) 軽い；(カロリーが) 低い. cigarrillos ～ 軽いタバコ. ❷《軽蔑》どうでもいい.

lighter [ライテル] 男《ラ米》ライター (→ encendedor 地域差).

lignificarse 26 再 木質化する.

lignito 男 亜炭, 褐炭.

ligón, gona 形 男 女《話》プレーボーイ[ガール](である).

ligoteo 男 軟派すること.

ligue 男《話》軟派した相手. ── 活 → ligar.

ligue(-) / ligué(-) 活 → ligar.

liguero, ra 形〖スポ〗リーグの. ── 男 ガーター, 靴下留め.

liguilla 女〖スポ〗参加チームの少ないリーグ戦；予選リーグ.

ligustro 男〖植〗イボタノキ類.

lija 女 ❶〖魚〗ホシザメ (の皮). ❷ サンドペーパー, 紙やすり.

lijado 男 やすりがけ.

lijadora 女 研磨機[盤].

lijar 他 紙やすり[サンドペーパー]で磨く.

lijoso, sa 形《ラ米》(キューバ)うぬぼれた.

lila 女〖植〗ライラック (の花). ── 形 ❶《話》ばかな, まぬけな. ❷ 薄紫色の. ── 男 女 ばか, まぬけ.

liliáceo, a 形〖植〗ユリ (科) の. ── 女 [複]〖植〗ユリ科の植物.

liliputiense 形 小人の, 小さい. ── 男 女 小人.

lima 女 ❶ やすり (で磨くこと). pasar [dar con] la ～ やすりをかける. ❷ 推敲(すいこう). ❸ 大食漢. ❹〖植〗ライム, レモン類. ❺ (屋根の) 隅木 (材)；隅棟. ── 固名 [L-] リマ：ペルーの首都.

limado 男 やすり仕上げ.

limadura 女 やすりかけ；[複] やすりくず.

limalla 女《集合的》やすりくず.

limar 他 ❶ やすりをかける. ❷ 推敲(すいこう)する. ❸ (対立・欠点を) 軽減する, 弱める. ～ diferencias 対立をなくす. ～ ***asperezas*** (事を) 丸く収める.

limatón 男 ❶ 円形のやすり. ❷《ラ米》(隅棟の下に取り付ける) 隅木 (材).

limaza 女〖動〗ナメクジ.

limbo 男 ❶〖カト〗(1) 地獄の辺土：洗礼を受けずに死んだために天国に入れない幼児, 白痴, 善良な異教徒等の霊魂が住むといわれる場所. (2) 古聖所：聖人や大司教の霊魂が人類の救済を願望する場所. ❷ (太陽・月等の) 周縁. ❸ (衣服等の) 縁. ❹〖数〗(分度器等の) 目盛り縁. ❺〖植〗葉身, 葉片. ***estar en el ～*** ぼんやりしている.

limeño, ña 形 男 女 リマの (人).

limero 男〖植〗ライム[レモン類]の木.

limeta 女 (フラスコのような) 瓶.

liminal 形〖心〗識閾(しきいき)の.

liminạr 形 冒頭の，巻頭の．

limitacịón 女 ❶ 制限，限定；抑制．❷[複]（能力の）限界．

limitạdo, da 過分 → limitar． 形 ❶ 限られた，有限の．sociedad *limitada* 有限会社．❷ 少しの，わずかな．❸ 頭の鈍い，うすのろな．

limitar [りミタル] 他 〔英 limit〕 ❶ 限定する，制限する．❷ 切り詰める，縮小する．― 自 《con》（…と）境界を接する，隣接する．― **limitarse** 再 《a》（…に）限定する；《a＋不定詞》…するにとどまる．

limitatịvo, va 形 制限する，限定的な．

límite [りミテ] 男 〔英 limit〕 ❶ 限度，限界；制限；終わり．situación ～ 危機的状況．fecha ～ 締切日．poner (un) ～ a ... …を終わらせる．❷[複] 境界（線）（＝fronteras）．❸〖数〗極限．*como* ～ 最高でも；遅くとも．

limịtrofe 形（国・領土が）隣接する．

lịmo 男 ❶（沈殿した）泥；ローム．❷《ラ米》(コロンビア)〖植〗ライム（の木）．

limón [りモン] 男 [複 limones]〔英 lemon〕 レモン；レモンの木．～ natural / refresco de ～ レモネード．― 形 [性数不変] レモン色の．color amarillo ～ レモンイエロー．

limonạda 女 レモネード．

limonạr 男 レモン果樹園．

limonẹro, ra 形 レモンの．― 男 女 レモン売り，レモン商人．― 男〖植〗レモンの木．

limonịta 女〖鉱〗褐鉄鉱．

limọsna 女 ❶ 施し物，お布施．dar ～ 施しをする．❷《軽蔑》わずかな礼金，薄給．

limosneạr 自 物ごいをする．

limosnẹro, ra 形 施しをする，慈善心の厚い．― 男 女 《ラ米》(ベネズエラ)(アルゼンチン)(ペルー)(ウルグアイ) 物ごい．― 女 献金袋．

limọso, sa 形 泥だらけの．

limousine [りムシン]〔仏〕女〖車〗リムジン．

lịmpia 女 清掃；磨き；一掃．― 男《話》靴磨き．― 形 → limpio．― 活 → limpiar．

limpiabạrros 男 [単複同形] 靴の泥落とし；玄関マット．

limpiabọtas 男 女 [単複同形] 靴磨き（の人）．**地域差** 靴磨き（の人） limpiabotas 《スペイン》《ラ米》(キューバ，ドミニカ共和国，プエルトリコ)(メキシコ)(コスタリカ，パナマ)(ベネズエラ)(エクアドル，ボリビア)(アルゼンチン)；bolero (メキシコ)；canilleta (ペルー)；embolador (コロンビア)；lustrabotas (ホンジュラス)(コロンビア)(ペルー，ボリビア)(チリ)(パラグアイ，アルゼンチン)；lustrador de zapatos (グアテマラ，エルサルバドル，ニカラグア)(エクアドル，ペルー)(ウルグアイ)．

limpiabrịsas 男 [単複同形]《ラ米》〖車〗ワイパー（→ limpiaparabrisas 地域差）．

limpiacristạles 男 [単複同形] ガラスクリーナー．

limpiadọr, dọra 形 清掃[掃除]する，汚れを落とす．― 男 女 掃除人．― 男 清掃剤；《ラ米》〖車〗ワイパー（→ limpiaparabrisas 地域差）．

lịmpiamẹnte 副 きれいに，公正に；巧妙に，見事に．

limpiaparabrịsas 男 [単複同形]〖車〗ワイパー．**地域差**〖車〗ワイパー limpiaparabrisas 《スペイン》《ラ米》(キューバ)(コロンビア，ベネズエラ)(ペルー，ボリビア)(チリ)(パラグアイ，ウルグアイ，アルゼンチン)；cricor (エルサルバドル)；escobilla (コスタリカ)；limpiabrisas (ドミニカ共和国)(グアテマラ，パナマ)(コロンビア，ベネズエラ)(ウルグアイ)；limpiador (メキシコ)；pluma (エクアドル)；plumilla (ペルー)；wiper (プエルトリコ)(パナマ)．

limpiar [りンピアル] 17 他 〔英 clean〕 ❶ きれいにする，掃除する．❷ ぬぐう，ふく．～ los zapatos 靴を磨く（→ 地域差）．❸《de》（…を）取り除く，一掃する．～ las calles *de* rateros 通りからこそ泥を一掃する．❹ 剪定(せんてい)する．❺ 清める，浄化する．❻《話》盗む，奪う；（賭事(かけごと)で）金を巻き上げる．❼《ラ米》(アルゼンチン)(ウルグアイ)(パラグアイ)(ボリビア)(ベネズエラ) 殺す．― **limpiarse** 再（自分の体の一部を）きれいにする，ぬぐう．*Me limpio* las narices. 私は鼻をかむ．**地域差** 靴を磨く limpiar los zapatos 《スペイン》《ラ米》(ドミニカ共和国)(コスタリカ，パナマ)(ベネズエラ)；bolear (los zapatos) (メキシコ)；brillar los zapatos (プエルトリコ)；chainear los zapatos (ホンジュラス)；dar grasa a los zapatos (メキシコ)；embetunar los zapatos (プエルトリコ)(パナマ)；embolar los zapatos (コロンビア)；lustrar los zapatos 《ほぼラ米全域》；pulir los zapatos (ベネズエラ)．

limpidẹz 女《文》透明，清澄．

lịmpido, da 形《文》澄みきった，清澄な．

limpiẹza 女 ❶ きれいなこと，清潔；純潔．～ de sangre 血の純潔．❷ 掃除，洗濯．～ en seco ドライ・クリーニング．❸ 浄化，根絶．～ étnica 民族浄化．❹《話》盗難；（ギャンブルで）擦ること．❺ 巧妙さ，手際のよさ．❻（スポーツ・ゲームで）フェアプレー；正直．～ *de corazón* 誠実．

limpio, pia [りンピオ，ピア] 形 [絶対最上級 limpísimo, ma]〔英 clean〕 ❶ 清潔な，きれいな（↔sucio）．más ～ que una patena すごく清潔な．❷ 澄んだ；透き通った．El cielo está ～. 空が澄み渡っている．❸ 純粋な，潔白な；見事な．Estoy ～ de este asunto. この件には私は関係していない．❹《話》一文なしの，すかんぴんの；（試験等で）何の準備もできていない．estar ～ 一文なしである．❺ 正味の，掛け値なしの．Hoy he ganado cien mil yenes ～*s*. 今日私は正味 1 万円稼いだ．― 副 公正に．jugar ～ フェアプレーをする．― 活 → limpiar．*a* 〈＋名詞〉 ～ 《強調》力一杯．Los chicos las aplaudían *a* grito ～. 子供たちは精一杯声を出して彼女たちに声援を送っていた．*en* ～ 正味で；手取りで．*sacar en* ～ 解明する．*pasar* ... *a* ～ / *poner* ... *en* ～ 清書する．

limpiọ́n 男 ❶《話》簡単な掃除．❷《ラ米》(1)(コスタリカ)(コロンビア)(ベネズエラ) ふきん．(2)(コロンビア) 小言．

limusịna 女〖車〗リムジン．

lináceo, a 形〖植〗アマ科の．― 女[複] アマ科（の植物）．

linạje 男 ❶ 血統，家柄．❷ 種類．

linajụdo, da 形 貴族の，名門の；家柄を鼻にかける．

linạza 女 アマの種子，亜麻仁．

lịnce 男 ❶〖動〗オオヤマネコ．❷《話》頭の切れる人．― 形 ❶（目つきが）鋭い，油断のならない．❷《話》頭の切れる．*ojos de* ～ 鋭い目つき．

L

linchamiento 男 リンチ. ～ moral バッシング.
linchar 他 リンチにかける.
linda 形 → lindo.
lindamente 副 見事に, 巧妙に.
lindante 形 隣接する, 隣り合った.
lindar 自 《con》 ❶ (土地・建物が) (…に) 隣接する. ❷ (…と) 紙一重である.
linde 女 (時に男) 境界 (線) ; 限界, 限度.
lindero, ra 形 隣接する, 隣り合った. ― 男 [主に複] 境界 (線).
lindeza 女 ❶ [主に複] 《話》 ののしり. ❷ きれいさ, 愛らしさ. ❸ 機知に富んだ言葉, しゃれ.
lindo, da [りンド, ダ] 形 〔英 pretty〕 ❶ **かわいい**, 愛らしい (= bonito) ; すばらしい, すてきな. ❷ 《話》 《反語的》 結構な, ご立派な. ― 男 《話》 おしゃれな男性. ― 副 《ラ米》 上手に, 見事に. ***de lo ～*** 大いに, 非常に.
línea [りネア] 女 〔英 line〕 ❶ **線**, 直線 ; 筋. ～ de la vida (手相の) 生命線. ～ quebrada 折れ線. ～ recta 直線. ❷ 電話線, 電線 ; ケーブル. La ～ está ocupada. 《電話》 ただいまお話し中です. ～ derivada (電話の) 内線. ❸ 路線 ; 航空路, 航路. ～(*s*) aérea(s) 航空路[便]. final de ～ 終着駅, ターミナル駅. ❹ 境界線, ライン. cruzar la ～ 境界線 [ライン] を横切る. ❺ 列, 並び. ～ de montaje 組み立て[生産]ライン. aparcamiento [estacionamiento] en ～ 縦列駐車. ❻ 〖スポ〗 ライン. juez de ～ ラインズマン. ～ de fondo ベースライン. ❼ 家系, 血筋. ～ recta 直系. ～ colateral [transversal] 傍系. ❽ 輪郭, (体の) ライン. coche esbelto de ～ スマートボディーの車. guardar la ～ スタイルを保つ. ❾ (文書の) 行 ; [複] (簡単な) 手紙 [文書]. leer entre ～*s* 行間を読む. ❿ (商品等の) シリーズ. una nueva ～ de cosméticos コスメの新シリーズ. ～ blanca 白物家電 (冷蔵庫や洗たく機等). ⓫ 方針, 方向 ; 路線. ～ de conducta 行動の指針 ; 生き方. ⓬ 〖軍〗 戦線. primera ～ 最前線. ⓭ 種類 ; 等級. en su ～ そのジャンルで. ***de primera ～*** 一流の. ***en ～*** 一列の ; 〖IT〗 オンラインの. ***en ～s generales*** 大筋では ; 概して. ***en toda ～*** あらゆる点で.
lineal 形 ❶ 線の ; 変化のない. dibujo ～ 線画. ❷ 〖数〗 線形の, 1次の.
lineamento / lineamiento 男 (素描等の) 輪郭 ; 《ラ米》(ｱﾙｾﾞﾝﾁﾝ)(ｳﾙｸﾞｱｲ)大枠.
linear 形 細長い.
linfa 女 〖解〗 リンパ (液).
linfático, ca 形 〖解〗 リンパ (液) の.
linfocito 男 〖解〗 リンパ球.
linfoide 形 〖解〗 リンパ (液, 状) の.
lingote 男 鋳塊, インゴット.
lingotera 女 インゴットの型, 鋳型.
lingua franca 〔伊〕 女 〖言〗 リンガフランカ. (1) 地中海諸港でコミュニケーションに使用された共通[混合]言語. (2) (国際) 共通語.
lingual 形 ❶ 舌の. ❷ 〖音声〗 舌音の. ― 女 〖音声〗 舌音. ⇀ t, d, l 等.
lingüista 男 女 言語学者.
lingüístico, ca 形 言語の ; 言語学の. ― 女 言語学.
linier 男 〖スポ〗 線審, ラインズマン.
linimento 男 〖薬〗 リニメント剤, (やけどや外傷等の) 塗布剤.
lino 男 ❶ 〖植〗 アマ. ❷ (織物・麻糸用の) 亜麻 ; 亜麻布, リンネル.
linóleo / linóleum 男 リノリウム : 室内床材の一種.
linón 男 〖服〗 寒冷紗(かんれいしゃ), ローン.
linotipia 女 〖印〗 〖商標〗 ライノタイプ : 自動鋳造植字機.
linotipista 男 女 ライノタイプ工 [タイピスト].
linterna 女 ❶ 懐中電灯. ❷ カンテラ, ランタン, 角灯. ❸ 〖建〗 頂塔. ❹ 映写機.
linyera 男 女 《ラ米》(ｱﾙｾﾞﾝﾁﾝ)(ﾁﾘ)(ﾊﾟﾗｸﾞｱｲ)(ｳﾙｸﾞｱｲ)浮浪者. ― 女 《ラ米》(ｱﾙｾﾞﾝﾁﾝ)衣装袋, 衣類入れ.
lío 男 ❶ 《話》 混乱 ; 困難な事態. meterse en un *lío* もめごとに陥る. ❷ 包み, 小包. ❸ 不倫, 情事. tener un *lío* con ... …と関係をもつ. ― 活 → liar. ***armar un lío*** 騒ぎをおこす. ***hacerse un lío*** 混乱する.
liofilizar 57 他 凍結乾燥する.
lioso, sa 形 《話》 いざこざを起こす ; 困難な. ― 男 女 いざこざを起こす人 ; ゴシップ好きな人.
lipa 女 《ラ米》(ﾍﾞﾈｽﾞｴﾗ) 《話》 腹, 腹部.
lipasa 女 〖化〗 リパーゼ, 脂肪分解酵素.
lípido 男 〖化〗 脂質.
lipoma 男 〖医〗 脂肪腫(しゅ).
lipón, pona 形 《ラ米》(ﾍﾞﾈｽﾞｴﾗ)腹の出た, 太鼓腹の.
liposucción 女 脂肪吸引.
lipotimia 女 〖医〗 気絶.
lipstick 男 《ラ米》 リップスティック (→ lápiz 地域差).
liquen 男 〖植〗 地衣, 地衣類.
líquida 女 〖音声〗 流音⇀ l, r 等. ― 形 → líquido.
liquidación 女 ❶ 〖商〗 清算, 決済. ～ judicial 会社更正法による清算. ❷ バーゲンセール (→地域差). ～ por fin de temporada 期末バーゲン. ～ por reforma 店舗改装セール. ❸ 退職金. ❹ (企業の) 倒産, (活動の) 停止. ❺ (不動産の) 売却. 地域差 バーゲンセール liquidación 《スペイン》 《ラ米》(ﾌﾟｴﾙﾄﾘｺ)(ﾎﾝｼﾞｭﾗｽ, ｴﾙｻﾙﾊﾞﾄﾞﾙ, ｺｽﾀﾘｶ)(ｺﾛﾝﾋﾞｱ)(ﾁﾘ)(ﾊﾟﾗｸﾞｱｲ, ｳﾙｸﾞｱｲ, ｱﾙｾﾞﾝﾁﾝ) ; baratillo (ﾄﾞﾐﾆｶ共和国)(ｺｽﾀﾘｶ) ; indemnización (ﾎﾞﾘﾋﾞｱ)(ｳﾙｸﾞｱｲ) ; oferta (ｷｭｰﾊﾞ)(ｸﾞｱﾃﾏﾗ, ﾎﾝｼﾞｭﾗｽ, ｴﾙｻﾙﾊﾞﾄﾞﾙ)(ﾍﾞﾈｽﾞｴﾗ)(ﾍﾟﾙｰ)(ﾁﾘ)(ｱﾙｾﾞﾝﾁﾝ) ; realización (ｺﾛﾝﾋﾞｱ)(ｴｸｱﾄﾞﾙ, ﾍﾟﾙｰ).
liquidador, dora 男 女 清算人, 支払者.
liquidámbar 男 〖植〗 フウ, アメリカフウ.
liquidar 他 ❶ 清算する, 決済する. ❷ (在庫一掃の) 安売りをする. ❸ (会社等を) 解散[整理]する. ❹ 解決する. ❺ (不動産を) 売却する. ❻ 《話》 使い果たす. ❼ 《話》 殺す, 消す. ❽ 液化する. ❾ 《ラ米》(ﾒｷｼｺ) 《話》 解雇する. ― **liquidarse** 再 液化する.
liquidativo, va 形 決済の, 清算の.
liquidez 女 ❶ 液体性, 流動性. ❷ (資産等の) 流動性, 換金性.
líquido, da [りキド, ダ] 形 〔英 liquid〕 ❶ **液体の**, 液状の ; 流動的な. combustible ～ 液体燃料. ❷ 〖商〗 (収支・貸借を) 決算した ; (諸経費を差し引いた)

正味の. dinero ～ 現金. sueldo ～ 手取り給与. ❸〘音声〙流音の. ―男 ❶ 液体, 流動体. ❷〘商〙決算高；正味金額, 資産額. ～ imponible 課税対象純所得.

liquiliqui / liquilique 男《ラ米》(ベネズエラ)(首までボタンのある)木綿の上着.

lira 女 ❶〘音〙リラ, 竪琴(たてごと). ❷〘詩〙叙情詩の一種. ❸ (詩人の) インスピレーション. ❹ リラ：ユーロ導入以前のイタリアの通貨単位.

lírico, ca 形 ❶ 叙情的な, 叙情詩の. poesía *lírica* 叙情詩. ❷ 情熱的な. ❸〘演〙歌や踊りのある. ❹《ラ米》夢想的な. ―男女 ❶ 叙情詩人. ❷《ラ米》空想家, 夢想家. ―女 叙情詩.

lirio 男 ❶〘植〙アヤメ, アイリス. ～ blanco 白ユリ. ❷〘魚〙アジの一種.

lirismo 男 ❶ 叙情性, リリシズム. ❷ 感情の発露, 心情の流露. ❸《ラ米》空想, 夢.

lirón 男 ❶〘動〙ヤマネ. ❷《話》よく寝る人. dormir como un ～ ぐっすり眠る, 熟睡する. ❸〘植〙サジオモダカ.

lis 女 ❶〘植〙アヤメ, アイリス. ❷〘紋〙flor de *lis* フラ・ダ・リ：紋章図形に使用されるユリの花.

lisa 女〘魚〙ボラ；《ラ米》(ベネズエラ)生ビール. ―形 → liso.

lisamente 副 滑らかに；平坦(へいたん)に.

Lisboa 固名 リスボン：ポルトガルの首都.

lisboeta / lisbonense / lisbonés, nesa 形男女 リスボンの(人).

lisiado, da 形 体に障害[損傷]のある. ―男女 身体障害者. ～ de guerra 傷痍(しょうい)軍人.

lisiar 17 他 (体に) 損傷を与える.

liso, sa [りソ, サ] 形 〔英 smooth〕 ❶ 滑らかな；平らな. cutis ～ すべすべした肌. terreno ～ 平坦(へいたん)な土地. ❷ (布地が) 無地の. una camisa *lisa* 無地のシャツ. ❸ (髪が) 縮れていない, 直毛の. ❹ 障害のない；順調な. carrera de cien metros ～*s* (障害物のない)100メートル競走. ❺《ラ米》厚かましい. ―男女 厚かましい人. ―男《ラ米》(アルゼンチン)(ウルグアイ)(円筒形の)ビール用グラス. ～ *y llano* 率直な；ありのままの. *lisa y llanamente* 率直に, 単刀直入に.

lisonja 女《文》へつらい, 追従.

lisonjeador, dora 形 へつらいの, おもねる. ―男女 へつらう人, おべっか使い.

lisonjear 他 ❶ おべっかを使う. ❷ うぬぼれさせる. ❸ 楽しませる. ―**lisonjearse** 再 ❶ うぬぼれる. ❷ 楽しむ.

lisonjero, ra 形 ❶ おべっかを使う, へつらいの. ❷ 満足な；快い. ―男女 へつらう人, おべっか使い.

lista [りスタ] 女 〔英 list〕 ❶ 表, 一覧表；名簿. ～ de boda (新郎新婦に贈る)祝い品リスト. ～ grande (宝くじの) 当選番号リスト. ❷ 縞(しま), 縞模様. camisa a [con] ～*s* 縞模様のシャツ. ❸ (布・紙・板等の) 細長い切れ端；テープ. ―形 → listo. ～ *civil* (国家予算の)王室費. ～ *de correos* 局留め郵便. *pasar* ～ 出席[点呼]を取る.

listado, da 形 縞(しま)模様の. ―男 ❶ リスト. ❷〘IT〙表示.

listar 他〘IT〙表示する；リストに載せる.

listel 男 ❶〘建〙(2つの刳形(くりがた)の間の) 平縁, 幕面, フィレット. ❷〘紋〙(モットー等を書き込む)リボン.

listeza 女 賢さ；機敏さ.

listillo, lla 形男女《話》《軽蔑》知識をひけらかす(人).

listín 男 アドレス帳.

listo, ta [りスト, タ] 形 〔英 clever; ready〕 ❶《serと共に》賢い, 利口な；機転が利く, 抜けめがない. *ser* ～ como una ardilla 《話》すばしっこい；抜けめがない. ❷《estarと共に》用意のできた, 準備の整った. ¿*L*～? 用意はいいか. ❸ 機敏な, 敏活な, すばしこい. *echárselas* [*dárselas*] *de* ～《話》知ったかぶりをする. ¡*Estamos* ～*s!*《話》困ったことになったぞ. *estar* [*ir*] ～《話》《計画等を評して》失敗する. *pasarse de* ～《話》利口すぎる, 考えすぎて誤る.

listón 男 ❶ 細長い板. ❷〘スポ〙(ハイジャンプ等の) バー. ❸ (達成すべき) 水準. ❹ (絹の)リボン, 細帯.

lisura 女 滑らかさ, 平坦(へいたん)；(髪が) まっすぐなこと；飾り気のなさ；《ラ米》厚かましさ.

litera 女 ❶ 2段ベッド. ❷ (船・列車の壁の) 簡易寝台. ❸ (馬に担がせる昔の) 輿(こし).

literal 形 文字どおりの；逐語的な, 一字一句そのままの.

literalidad 女 正確な文字使い；字面.

literalmente 副 ❶ 文字どおりに, 逐語的に. ❷ まさに.

literariamente 副 文学的に.

literario, ria 形 文学の, 文学的な；人文系の. obra *literaria* 文学作品. premio ～ 文学賞. crítico ～ 文学評論家.

literato, ta 男女《主に軽蔑》文学(研究)者；作家.

literatura [りテラトゥラ] 女 〔英 literature〕 ❶ 文学, 文芸；文学研究. la ～ española スペイン文学. ❷ 文献, (特定分野の) 全著作. ❸ 文学の素養；教養. *hacer* ～ 口先で話す, 言葉巧みである.

litiasis 女[単複同形]〘医〙結石症.

lítico, ca 形 ❶ 石の, 石からなる. ❷〘医〙結石の.

litigante 形 訴訟している, 係争中の. ―男女 訴訟当事者.

litigar 66 自 ❶〘法〙法に訴える, 訴訟する. ❷ 論争する, 言い争う. ―他 …を争う.

litigio 男 ❶ 訴訟. ❷ 論争, 争い. *en* ～ 論争中の；問題の.

litigioso, sa 形 訴訟(好き)の, 係争の.

litio 男〘化〙リチウム.

litoclasa 女〘地質〙(岩の) 裂罅(れっか), 亀裂(きれつ).

litofotografía 女 写真石版(画).

litogenesia 女〘地質〙岩石成因論.

litografía 女 石版印刷(術)；リトグラフ, 石版画；石版印刷所.

litográfico, ca 形 石版(印刷)の, リトグラフの.

litógrafo, fa 男女 石版工, 石版師, 石版画家.

litología 女 岩石学.

litoral 形 沿岸の, 海岸の. ―男 沿岸.

litosfera 女〘地質〙岩石圏, 地殻.

lítotes / litote / litotes 女〘修〙

曲言法，緩叙法．

litotricia 女〘医〙結石除去法．

litri 形《話》めかし込んだ，きざな．

litro［リトゥロ］男〔英 liter〕❶ **リットル**：容積の単位．❷ 1リットルの量．

litrona 女《話》ビールの1リットル瓶．

Lituania 固名 リトアニア：首都ビリニュス Vilna.

lituano, na 形 リトアニア（人，語）の．━ 男女 リトアニア人．━ 男 リトアニア語．

liturgia 女〘宗〙典礼，礼拝式．

litúrgico, ca 形 典礼の；礼拝の．

liviandad 女 ❶ 軽さ；ささいなこと．❷ 軽薄，気まぐれ．❸ みだらなこと．

liviano, na 形 ❶ 軽い；ささいな，重要でない．❷ 気まぐれな；ふしだらな．━ 男〔複〕（動物の）肺．

lividecer 76 自（顔色が）蒼白(そうはく)になる；（打撲・寒さ等で）暗紫色になる．

lividez 女 蒼白(そうはく)；暗紫色．

lívido, da 形 ❶ 蒼白(そうはく)の．❷ 暗紫色の．❸《estar と共に》《話》驚いた．

living［リビン］〔英〕男〔複 ～s〕リビングルーム，居間．

liza 女 試合場，闘技場；試合．entrar en ～ 試合に出る；討論に加わる．

lizo 男（織機の）（糸・金属）綜絖(そうこう)．

Ll, ll［エリェ〈エイェ・エジェ〉］女 旧アルファベットの一字．

L **llaga** 女 ❶ 潰瘍(かいよう)；傷．❷（心の）傷，痛手．❸〘聖〙聖痕(せいこん)．***poner el dedo en la ～*** 痛い所を突く；問題の核心に触れる．

llagar 66 他 傷を負わす．

llama［リャマ〈ヤマ・ジャマ〉］女〔英 flame〕❶ **炎**，火炎．estar en *～s* 燃えさかっている．❷ 激情，情熱．❸〘動〙ラマ，リャマ．❹ 低湿地，沼地．━ 活 → llamar.

llamado, da［リャマド〈ヤマド・ジャマド〉，ダ］過分 → llamar. 形 …という名の，いわゆる．━ 女〔英 call〕❶ **呼ぶこと**，呼び声．*llamada* de socorro 救援信号．～ de atención 警鐘．❷ 通話；呼び出し（音）．*llamada* a cobro revertido コレクトコール．*llamada* urbana [interurbana] 市内[長距離]電話．hacer una *llamada* a ... …に電話をかける．❸ 点呼；召集，召喚．*llamada* a escena〘演〙カーテンコール．❹ 心に訴える力；誘惑．❺（書物の）参照記号．━ 男 呼ぶこと，呼び声．

llamador 男（ドアの）ノッカー，呼び鈴．

llamamiento 男 ❶ 呼びかけ，訴え．❷〘軍〙召集．

llamar

［リャマル〈ヤマル・ジャマル〉］他〔英 call〕❶ **呼ぶ**；呼び出す．～ a un camarero ボーイを呼ぶ．～ un taxi タクシーを呼ぶ．～ al médico 医者を呼ぶ．❷ **…に電話をかける**（＝ ～ por teléfono）．～ al ... …番に電話する．❸《名前・あだ名等を表す語句を伴って》…と呼ぶ．Le *llamamos* Pep. 私たちは彼をペップと呼んでいる．❹（関心・興味を）引きつける．～ la atención a ... …の注意を引く．━ 自 呼ぶ；電話をかける．～ a la puerta ドアをノックする．━ **llamarse** 再 **…という名前である**．¿Cómo *te llamas*? ― *Me llamo* Juan. 君の名前は何というの．―フアンです．

llamarada 女 ❶（炎が）ぱっと燃え上がること．❷（顔の）紅潮，上気；（感情の）爆発．

llamativo, va 形 けばけばしい；人目を引く．

llamear 自 めらめらと[炎を上げて]燃える．

llampo 男《ラ米》(ﾁﾘ)(ﾍﾟﾙｰ)砕けた鉱石．

llana 女 ❶（左官の）こて．dar de ～ こてで平らにする．❷（紙の）面．❸ 平原．━ 形 → llano.

llanada 女 平地，平原．

llanamente 副 飾らずに，率直に．lisa y ～ 公然と，あからさまに．

llaneador, dora 男女（自転車競技）平地に強い選手．

llanero, ra 男女 ❶ 平地の住民．❷《ラ米》(オリノコ川流域の大平原) リャノスの人．

llaneza 女 飾り気のなさ；（文体の）平易さ．

llano, na［リャノ〈ヤノ・ジャノ〉］形〔英 level, flat〕❶ **平らな**，平坦(へいたん)な．❷ 飾り気のない，気さくな；平易な．❸ 平民の．pueblo [estado] ～ 平民．❹〘文法〙最後から2番目の音節にアクセントがある．━ 男 平地，平原．***a la llana*** 飾らず[率直]に．***de ～*** 率直[あからさま]に．

llanote, ta 形 率直な，気さくな．

llanta 女 ❶（車輪の）リム；（荷車・馬車の）金輪．❷《ラ米》〘車〙(1) タイヤチューブ（→ cámara 地域差）．(2) タイヤ（→ cubierta 地域差）．estar [andar] en ～ タイヤがパンクしている．

llantarse 再《ラ米》（車が）パンクする（→ reventarse 地域差）．

llantén 男〘植〙オオバコ

llantera / llantina 女《話》大泣き．

llanto 男 号泣；すすり泣き；涙．anegarse [deshacerse] en ～ 泣きくずれる．prorrumpir [romper] en ～ わっと泣き出す．

llanura 女 ❶ 平原，平野．❷ 平坦(へいたん)．

llapa 女《ラ米》(ﾍﾟﾙｰ)景品，おまけ．

llar 女［主に複］（炉の）自在鉤(かぎ)．

llareta 女《ラ米》(ﾁﾘ)〘植〙（セリ科の）ラレティア．

llave［リャベ〈ヤベ・ジャベ〉］女〔英 key〕❶ **鍵**，キー．cerrar con ～ 鍵をかける．～ maestra マスターキー．～ de contacto〘車〙イグニッションキー．～ del éxito 成功の鍵．～ de oro（名誉市民の印の）金の鍵．❷ スパナ，レンチ．～ inglesa 自在スパナ．❸ スイッチ，栓，コック．～ del agua 水道の栓．～ de (la) luz《ラ米》(電気の) スイッチ（→ interruptor 地域差）．❹ 角かっこ（[ ]），中かっこ（{ }）．❺〘音〙音部記号，弁，キー．❻（レスリング・柔道等の）技，固め．***bajo ～ / bajo siete ～s*** 安全な場所に；しっかり鍵をかけて．***～ de la mano***（手を開いて）親指の先から小指の先までの長さ．

llavero 男 キーホルダー．

llavín 男（掛け金を外す）小型の鍵(かぎ)．

llegada［リェガダ〈イェガダ・ジェガダ〉］過分 → llegar. 女〔英 arrival〕**到着**；到来；〘スポ〙ゴールライン．

llegar

［リェガル〈イェガル・ジェガル〉］66 自〔英 arrive〕❶《a》（…に）**着く**，到着する．～ *a* casa 帰宅する．～ a tiempo 間に合う．❷ 来る，到来する．*Llega* la paz. 平和がやって来る．❸《a》

(…に) 届く；(高さ・数量が) 届く；(年齢が) 達する；(合意に) 達する，(納得が) いく．～ *a* cien euros 100ユーロに達する．～ *a* la conclusión 結論に達する．El título no me *llegó*. その題は私にはピンと来なかった．❹ 《a＋不定詞》…することになる．～ *a* ser famoso 有名になる．**— llegarse** 再 ❶ 訪ねる，立ち寄る．❷ 《a》…に近づく．***estar al llegar*** 間近である．

llegue(-) / llegué(-) 活 → llegar.

llena 形 → lleno. — 活 → llenar.

llenado 過分 → llenar. 男 満たすこと．

llenador, dora 形 《ラ米》(アルゼンチン)(チリ)満腹にさせる．

llenar [リェナル〈イェナル・ジェナル〉] 他 〔英 fill〕 ❶ 《de, con》(…で) **いっぱいにする**；満たす．～ el depósito *de* gasolina ガソリンを満タンにする．❷ 空欄に必要事項を書き込む．❸ (条件を) 満たす；(人を) 満足［納得］させる．**— llenarse** 再 《de》(…で) いっぱいになる．*Me llené de* vino. 私はワインをたくさん飲んだ．

lleno, na [リェノ〈イェノ・ジェノ〉，ナ] 形 〔英 full〕 ❶ 《de》(…で) **いっぱいの**，(…に) 満ちた．vaso ～ *de* vino ワインをなみなみとついだコップ．luna *llena* 満月．aguas *llenas* / mar *llena* 満潮．estar ～ 満腹である．❷ 太り気味の．❸ 元気な．**—** 男 ❶ 満員．❷ 満月．**—** 活 llenar. ***a manos llenas*** ふんだんに，気前よく．***de*** ［***en***］ ***～*** 一杯に，完全に．***estar ～ hasta la bandera*** いっぱいである．

llevadero, ra 形 我慢できる．

llevar [リェバル〈イェバル・ジェバル〉] 他 〔英 take; wear〕 ❶ **持って［連れて］行く**，運ぶ．～ a ... de la mano …の手を引いて行く．～ a ... al cine …を映画に連れて行く．❷ 《a》(…に) 導く；(影響等を) もたらす，(結果として) 生じる．～ a ... *a* la victoria [*a* la ruina] …を勝利［破滅］に導く．❸ **身に着けている**；(名前等が) ついている．～ un sombrero 帽子をかぶっている．～ puesto ... …を身に着けている．*Lleva* mucho dinero en la bolsa. 彼はバッグに大金を入れている．～ el nombre de ... …という名前がついている．❹ 《形容詞・過去分詞・副詞と共に》…に保つ，しておく．～ atrasados [bien] los estudios 勉強が遅れて［うまくいって］いる．❺ (時間を) 過ごす，経過する；(時間・労力を) 必要とする．～ una vida feliz 幸せに暮らす．¿Cuánto tiempo *llevas* estudiando francés? フランス語をどれくらい勉強しているの．*Lleva* ya más de diez años en Japón. 彼は日本に住んでもう10年以上になる．Esto *lleva* mucho trabajo. これはとても手間がかかる．❻ 担当する；(帳簿を) つける．～ el negocio 商売を取り仕切る．～ el asunto その件を担当する．～ el diario 日記をつける．❼ 持つ，抱く；(うまく) 付き合う．～ una idea de ... …する考えを持つ．～ una enfermedad con paciencia 病気とうまく付き合う．❽ (乗り物を) 操縦する．～ muy bien el coche 車の運転がうまい．❾ 上回る．～ dos años [diez centímetros] a ... …より2歳年上だ［10センチ背が高い］．❿ (花や実を) つける．～ manzanas リンゴがなる．⓫ (計算で) 繰り上げる．**—** 自 通じる．Todos los caminos *llevan* a Roma. すべての道はローマに通ず．**— llevarse** 再 ❶ 携行する，一緒に連れて行く．～ el paraguas 傘を持って行く．～ al niño al parque 子供を公園に連れて行く．❷ **持ち去る**．～ todo el dinero 有り金すべてを奪う．❸ …を獲得する．～ el premio 賞を獲得する．❹ (苦痛等を) 受ける；(不快な事を) 経験する．～ un castigo 報いを受ける．～ una sorpresa [un susto] びっくりする．❺ (計算で) 繰り上げる．❻ 流行する．***llevar adelante ...*** …を押し進める．***llevar con*SIGO** (必然的に) 伴う．***llevar las de ganar*** ［***perder***］ 有利な［不利な］立場にいる．***llevarse a matar*** 犬猿の仲である．***llevarse bien*** ［***mal***］ ***con ...*** …とうまくいく［いかない］．***llevarse por delante*** なぎ倒す．***no llevarlas todas con*SIGO** 疑心暗鬼である．

lliclla 女 《ラ米》(エクアドル)(ペルー)(ボリビア)(先住民の女性がまとう) 肩掛け．

Llivia 固名 リィビア：フランスのピレネー・ゾリアンタ県にあるスペイン領の飛び地．

lloradera 女 《話》泣きわめくこと．

llorado, da 過分 → llorar. 形 《死者の名に冠して》惜しまれる，今は亡き．**—** 男 (コロンビア・ベネズエラにまたがる平野) Los Llanos の民謡．

llorar [リョラル〈ヨラル・ジョラル〉] 自 〔英 weep〕 **泣く**，涙を流す；嘆く．～ a lágrima viva [a mares, a moco tendido] 泣きじゃくる．**—** 他 ❶ 嘆く；(死を) 悼む．❷ (涙を) 流す．***El que no llora no mama.*** 《諺》泣かぬ子は乳にありつけない．***Ya ni ～ es bueno.*** 《北米》後悔先に立たず．

llorera 女 《話》泣きわめくこと．

llorica 形 男 女 泣き虫 (の)．

lloriquear 自 しくしく泣く．

lloriqueo 男 しくしく泣くこと．

lloro 男 泣くこと；嘆き．

llorón, rona 形 男 女 泣き虫 (の)；泣き言ばかり言う (人)．***sauce ～*** シダレヤナギ．

lloroso, sa 形 泣きはらした；今にも泣きそうな．

llovedera 女 《ラ米》(コロンビア)(キューバ)長雨．

llovedizo, za 形 雨漏りのする．

llover [リョベル〈ヨベル・ジョベル〉] 70 自 〔英 rain〕 ❶ 《3人称単数で》**雨が降る**．*Llovió* a cántaros [a mares]. どしゃ降りに降った．❷ 《比喩的》雨あられと降る，ふんだんにある．Mucho *ha llovido* desde entonces. あの時以来いろいろなことがあった．***como llovido*** ［***venido, bajado***］ ***del cielo*** 不意に，降ってわいたように．***como quien oye ～*** 知らん顔で，馬耳東風で．***～ sobre mojado*** 弱り目にたたり目．***Nunca llueve a gusto de todos.*** 《諺》すべての人を満足させようとするのは無理である．

llovizna 女 霧雨，こぬか雨．

lloviznar 自 霧雨が降る．

llueca 女 卵を抱いている雌鳥．

lluev- 活 → llover.

lluvia [リュビア〈ユビア・ジュビア〉] 女 〔英 rain〕 ❶ **雨**．～ ácida 酸性雨．agua de ～ 雨水．nube de ～ 雨雲．❷ 降雨量．una región de poca ～ 雨の少ない地域．❸ 多量．～ de estrellas 流星群．❹ 《ラ米》(アルゼンチン)(チリ)(ニカラグア)シャワー．

L

lluvioso, sa 形 (季節・地域が) 雨の多い, 多雨の.

lo [ろ] 冠 《定冠詞》[中性. 形容詞・過去分詞・副詞に付けて抽象名詞化・代名詞化する] [英 the] ❶ (…な) もの, こと. *lo* caro y *lo* barato 高価なものと安いもの. *lo* mejor y *lo* peor 最善のことと最悪なこと. según *lo* previsto por la ley 法の定めるところによれば. a *lo* lejos 遠くに. hacer todo *lo* posible できるだけのことをする. ❷ 《所有形容詞 (後置形) に付けて》(…の) もの. *lo* mío 私のもの. Esto es *lo* tuyo. これが君のだ. — 代名 《人称》[3人称単数] [英 him, you, it] ► 普通, 動詞のすぐ前に置かれるが, 不定詞・現在分詞・肯定命令形とともに用いられる場合は, それらの後に付ける. ❶ 《直接目的語》[男性形] 彼 [あなた] を ; 《男性単数名詞を指して》 それを. A él *lo* conozco desde muy niño. 彼なら子供のころから知っているよ. ► スペインの一部の地域では人間を指す場合には le が用いられる. ❷ 《直接目的語》[中性形] (漠然とした物事を指して) それを, そのことを. *Lo* digo para tu bien. 君のためにそう言っているんだよ. ***lo de*** 《+名詞/+不定詞》(…の) こと. *lo de* ayer 昨日のこと. *Lo de* Marta me dio asco. マルタのことでは私は頭に来た. ***lo*** 〈+形容詞・副詞〉 ***que ...*** …であること, どんなに…であるか. No sabes *lo* contentas *que* estamos. 私たちがどれほどうれしいかあなたは分かっていない. ► 形容詞は主語に性数一致する.

loa 女 ❶ 賞賛. ❷ 頌詩(しょうし) ; (古い劇の) 前口上 ; 寸劇. ❸ 《ラ米》(まれ)(ぶこ)叱責(しっせき).

loable 形 賞賛すべき.

loar 他 《文》賞賛する.

lob [英] 男 (テニス) ロブ.

loba 女 ❶ (田畑の) 畝. ❷ 法衣. ❸ → lobo.

lobagante 男 《動》ロブスター.

lobanillo 男 皮脂嚢腫(のうしゅ) ; 《植》(樹皮の) こぶ.

lobato 男 オオカミの子.

lobby [ろビ] [英] 男 [複 lobbies または ~s] ロビー活動 (団体).

lobelia 女 《植》ロベリア.

lobero, ra 形 オオカミの. — 男 オオカミ狩りの猟師. — 女 オオカミのすみか.

lobezno 男 オオカミの子.

lobo, ba [ろボ, バ] 男 女 [英 wolf] ❶ 《動》 オオカミ. hombre ~ オオカミ男. ~ acuático カワウソ. ~ cerval オオヤマネコ. ~ marino アシカ ; アザラシ. ❷ 《解》葉 ; 《植》裂片. ***~ de mar*** ベテランの船乗り. ***¡Menos ~s (Caperucita)!*** それは大変だね. ***meterse en la boca del ~*** 進んで危険に身をさらす. ***ser ~s de la misma camada*** 同じ穴の貉(むじな)である. ***ver las orejas al ~*** 危険に気づく.

lobotomía 女 《医》ロボトミー.

lóbrego, ga 形 暗い, 陰気な ; 悲しい.

lobreguez / lobregura 女 暗さ ; 陰気.

lobulado, da 形 《植》《解》小葉に分かれた. arco ~ 《建》裂片状アーチ.

lobular 形 《解》葉(よう)の.

lóbulo 男 ❶ 《植》裂片 ; 《建》(アーチ等の) 小葉状切れ込み. ❷ 耳たぶ. ❸ 《解》葉(よう). ~ frontal 前頭葉.

lobuno, na 形 オオカミの (ような).

loca 女 《ラ米》(アルゼ)(ウルグ)(チリ)売春婦. — 形 → loco.

locación 女 《法》賃貸借 (契約).

locador, dora 男 女 《ラ米》(ベネズ)(エクア) 《法》貸主.

local [ろカる] 形 [英 local] ❶ 地方の, その土地の. periódico ~ 地方紙. hora ~ 現地時間. ❷ 局地の ; 局部の. anestesia ~ 局部麻酔. — 男 (建物内の店舗や事務所用の) 区画, 部屋 ; 施設. alquilar un ~ 1区画借りる.

localidad 女 ❶ (町, 村等の) 地域, 地方 (の土地). ❷ 観客席, 座席 ; 入場券.

localismo 男 地方色 ; 地方訛(なま)り ; 地方 (分権) 主義.

localista 形 地域的な ; 地域偏重の ; 偏狭な.

localización 女 位置測定 ; 局部化.

localizar 57 他 ❶ …の所在 [位置] を突きとめる. ~ el hotel en el plano 地図でホテルを探し出す. ❷ 局地化する, 局部化する. ~ la epidemia 伝染病を (一地域に) 食い止める. — ***localizarse*** 再 1箇所 [局部] に位置する.

localmente 副 ❶ ここでは, そこでは. ❷ あるところでは. ❸ 局所的に.

locamente 副 狂ったように, 夢中で.

locatario, ria 男 女 借主, 借家人.

locatis 男 女 [単複同形] 《話》気がふれた人.

locativo, va 形 《文法》所格の, 位格の. — 男 所格, 位格.

locería 女 《集合的》磁器 ; 陶磁器店 [工場].

locero, ra 男 女 陶工 ; 陶磁器販売人.

locha 女 《魚》ドジョウ.

loche 男 → locha.

loción 女 ❶ 化粧水, ローション. ~ capilar ヘアローション. ~ para después del afeitado アフターシェーブローション. ❷ (ローション剤を使った) 洗浄, マッサージ ; 塗布.

lock-out [ろカウ(ト)] [英] 男 ロックアウト, 工場閉鎖 (= cierre patronal).

loco, ca [ろコ, カ] 形 [絶対最上級 loquísimo, ma] [英 mad, crazy] ❶ 気の狂った ; 狂気じみた. ❷ 《estar と共に》《con, de, por》(…に) 夢中になった. *estar ~ por* el fútbol サッカーに夢中になっている. *estar ~ por* ir a España スペインに行きたくてしかたない. ❸ とてつもない, 並外れた. ❹ 《機》(計器が) 正常でない. — 男 女 気が変な人 ; 狂気じみた人. ***a lo ~*** 狂ったように ; 軽率に. ***(a tontas y) a locas*** でたらめに. ***hacer el ~*** 羽目を外す. ***hacerse el ~*** 知らんぷりをする. ***la loca de la casa*** 《話》空想, 妄想. ***ni ~*** 決して…ない. ***volver [tener, traer] ~*** …を狂わせる ; 夢中にさせる.

locomoción 女 移動, 輸送.

locomotor, tora 形 移動の, 運動の. — 女 機関車.

locomotriz 形 [女性形のみ] 移動の, 運動の.

locomóvil 形 移動可能な. — 女 移動式蒸気機関 [発動機].

locoto 男 《ラ米》トウガラシ (→ chile

地域差).

locro 男 《ラ米》(墨)トウモロコシ・小麦・ジャガイモ・肉等を入れた煮込み料理.

locuacidad 女 多弁, おしゃべり.

locuaz 形 多弁な, おしゃべりな.

locución 女 慣用的な言い回し, フレーズ, 句. ～ adverbial [prepositiva] 副詞[前置詞]句.

locuelo, la 形 《話》向こう見ずな. ― 男 女 やんちゃな子.

locura 女 ❶ 狂気, 精神錯乱. acceso [ataque] de ～ 発狂. ❷《話》熱狂, 熱愛. ❸ 並外れたこと. *con* ～ 猛烈に. *de* ～ 並外れた.

locutor, tora 男 女 アナウンサー, ニュースキャスター.

locutorio 男 ❶ (修道院・刑務所等の) 面会室. ❷ 電話ボックス. ❸ 放送スタジオ.

lodazal / lodazar 男 泥地, ぬかるみ.

loden 男 ローデン：厚手の防水布.

lodera 男 [複]《ラ米》〖車〗泥よけ (→ guardabarro 地域差).

lodo 男 ❶ 泥. ❷ 不名誉, 悪評. *arrastrar por el* ～ / *poner* [*cubrir*] *de* ～ 《比喩的》(…に) 泥を塗る.

loess 男〖地質〗レス, 黄土.

logarítmico, ca 形〖数〗対数の.

logaritmo 男〖数〗対数.

logia 女 ❶ (フリーメーソン秘密結社の) 支部, 集会 (所). ❷ (イタリア建築の) 柱廊.

lógica 女 ❶ 論理学. ❷ 論理 (性), 筋道. ― 形 → lógico.

lógicamente 副 論理上, 必然的に.

lógico, ca [ろヒコ,カ] 形 〔英 logical〕 **論理的な**, 道理にかなった；論理学 (上) の；当然の. ― 男 女 論理学者. *ser* ～ *que* 〈+接続法〉…なのは当然である. *Es* ～ *que* no te conteste. 彼から君に返事がないのは当り前だ.

logístico, ca 形 ❶ 兵站(へいたん)学の, 兵站業務の. ❷ 記号論理学の. ― 女 ❶〖軍〗兵站学. ❷〖経〗物流管理 (システム), ロジスティックス. ❸ 記号論理学.

logogrifo 男 文字によるなぞなぞ：与えられた語の中の文字や音節を組み合わせて他の語を作る言葉遊び.

logomaquia 女 言葉に関する論争.

logopeda 男 女 言語治療医.

logopedia 女 言語医学, 言語治療.

logos 男〖哲〗ロゴス, 理法；〖聖〗神の道(ことば), (三位一体の第 2 位の) キリスト.

logotipo 男 ロゴ, シンボルマーク.

logrado, da 過分 → lograr. 形 うまくいった, 成功した.

lograr [ろグラル] 他 〔英 get, obtain〕 ❶ **得る**, 獲得する (= conseguir). ❷ 達成する；《+不定詞 / que+接続法》…し遂げる, うまく…する. *Logré* escaparme. 私はうまく逃げた. *Hemos logrado que* acepte la propuesta. 彼に提案を受け入れさせることができた. ― **lograrse** 再 成功する, うまくいく；(子供が) 無事に生まれる.

logrero, ra 男 女 ❶ 高利貸し. ❷《ラ米》たかり屋；金の亡者.

logro 男 達成；利益, もうけ；成果. ― 活 → lograr.

logroñés, ñesa 形 男 女 ログローニョの (人).

LOGSE [ろグセ] 女 *Ley* de *O*rdenación *G*eneral del *S*istema *E*ducativo (スペインの) 教育制度整備法.

loísmo 男〖文法〗間接目的格人称代名詞 3 人称単数男性形の le の代わりに lo を誤用すること.

loísta 形〖文法〗loísmo を用いる. ― 男 女 loísmo を用いる人.

Lola / Loli 固名 ロラ / ロリ：(María) Dolores の愛称.

lolita 女 《話》性的魅力のある少女. ― 固名 [L-] ロリータ：Lola, Loli の縮小辞.

lolo, la 男 女 《ラ米》(チ)《話》少年, 少女. ― 女 [複]《ラ米》(アルゼンチン)(ウルグアイ)《話》乳房.

loma 女 丘, 小山.

lomada 女 《ラ米》(アルゼンチン)(パラグアイ)(ウルグアイ)(ペルー)(小さな) 丘.

lombardo, da 形 男 女 ロンバルディアの (人). ― 男 ❶ [複] (古代ゲルマン民族の) ロンバルド族. ❷ ロンバルド語：イタリアの方言の 1 つ. ― 女〖植〗赤キャベツ；射石砲.

lombriz 女 ❶ ミミズ. ❷ 蠕虫(ぜんちゅう). ～ intestinal カイチュウ. ～ solitaria サナダムシ.

lomera 女 (本の) 背革；〖馬〗背帯.

lometa 女 小さな丘.

lomo 男 ❶ (動物の) 背. ❷ (豚等の) 背肉, ロース. ～ embuchado 生ハム. ❸ (書物・刃物の) 背. ❹ (2 つ折りの) 折り山 [目]；〖農〗畝；山の肩, 尾根. ❺ [主に複] (人間の) 腰. *a* ～*s de* … …の背に乗って；…に積んで. *agachar* [*doblar*] *el* ～ 一心に努力する [働く]；服従する. *de tomo y* ～ 途方もない.

lona 女 ❶ (厚手の) 木綿地, カンバス. ❷〖スポ〗(ボクシング・格闘技の) マット. *besar la* ～ ノックアウトされる；敗北する.

loncha 女 薄切り, スライス. cortar en ～*s* 薄切りにする.

lonche 男 《ラ米》(1) 昼食；軽食. (2) (ペルー)(午後の) おやつ.

lonchería 女 《ラ米》軽食堂.

londinense 形 男 女 ロンドンの (人).

Londres 固名 ロンドン：英国の首都.

loneta 女 《ラ米》木綿布, カンバス.

longanimidad 女 忍耐；寛容.

longánimo, ma 形 忍耐力のある；寛容な.

longaniza 女 ソーセージ, 腸詰め. *Allí no atan los perros con* ～*s.* そうは問屋が卸さない. *Hay más días que* ～*s.* 急ぐことはない, 日にちはたっぷりある.

longevidad 女 長命, 長寿.

longevo, va 形 長寿の.

longitud [ろンヒトゥ(ドゥ)] 女 〔英 length〕 ❶ **長さ**；(横に対して) 縦. ～ de onda 〖物〗波長. ❷ 経度, 経線.

longitudinal 形 縦[経度, 経線]の.

longobardo, da 形 男 女 → lombardo.

longui / longuis 男 *hacerse el* ～ 《話》知らんぷりをする.

lonja 女 ❶ スライス, 1 切れ. ❷ 商品取引所. ❸ 革ひも. ❹〖建〗ホール.

lontananza 女〖美〗遠景, 背景. en ～ 遠くに.

look [る(ク)] 〔英〕 男 外見, 見た目.

looping [るピン] 〔英〕 男〖航〗宙返り, ア

L

クロバット飛行.
loor 男《文》賞賛, 賛辞.
Lope de Vẹga 固名 Félix ～ y Carpio ロペ・デ・ベガ(1562-1635)：スペインの詩人・劇作家；黄金世紀 Siglo de Oro の国民演劇コメディアの創始者.
Lọpez 固名 ロペス：姓名. ***Esos son otros ～.***《話》それは別のことだ.
lopịsta 形 男 女 ロペ・デ・ベガの[研究者].
loqueạr 自 ばかげたこと[ばか騒ぎ]をする.
loquẹro, ra 男 女 精神病患者の看視人. ── 男 精神病院. ── 女《ラ米》狂気.
lord［ろル］〔英〕男［複 lores］卿(きょう)(英国での敬称)；貴族, 上院議員. Cámara de los *Lores* (英国の) 上院. *L*～ Mayor (ロンドン等大都市の) 市長.
lordọsis 女〖医〗脊柱(せきちゅう)前湾.
Lọren 固名 ロレン：Lorenzo の愛称.
Lorẹnzo 固名 ロレンソ：男子の名.
lorịga 女 (中世の) 長い鎖帷子(かたびら)；馬甲.
lọro, ra 男 女 ❶〖鳥〗オウム. ❷ おしゃべりな人. ❸《話》醜い人. ── 男《俗》ラジカセ. ***al ～*** ほら, ねえ. ***estar al ～ de ...*** …を知っている.
lorquiạno, na 形 (スペインの詩人・作家) ガルシア・ロルカの, ガルシア・ロルカ的な.
lọrza 女〖服〗(すその) 上げ.

los［ろス］冠《定冠詞》［男性複数形］→ el. ── 代名《人称》［3 人称複数, 男性形］〔英 them, you〕► 普通, 動詞のすぐ前に置かれるが, 不定詞・現在分詞・肯定命令形と共に用いられる場合は, それらの後に付ける.《直接目的語》彼ら[あなた方]を；《男性複数名詞を指して》それらを. Yo ～ miré, pero ellos no me hicieron caso. 私は彼らを見たが彼らは私を無視した.
lọsa 女 ❶ 板石；敷石；タイル. ❷ (平らな) 墓石. ❸ 苦悩. tener una ～ encima 苦悶(くもん)している.
losạnge 男〖紋〗菱(ひし)形の図形.
losạr 他 敷石で舗装する.
losẹta 女 小敷石；(床用の) 小さなタイル.
lọte 男 ❶ 分け前, 取り分. ❷ 一組, 一山. ❸ 当たりくじ. ❹ (土地の) 一区画；《ラ米》建設用地 (→ solar 地域差). ***darse [meterse, pegarse] el ～***《俗》ペッティングする. ***un ～***《話》たくさん.
loteạr 他《ラ米》(土地を) 割りふる.
loterịa 女 ❶ 宝くじ. ～ primitiva 6 つの数字を合わせるスペイン国営のくじ. ❷ 宝くじの売店. ❸〖遊〗ビンゴ. ***caerle [tocarle] a ... la ～*** …に宝くじが当たる；ついている.
lotẹro, ra 男 女 宝くじ売り.
lotifọrme 形 ハスの花状の.
lotizạr 57 他《ラ米》→ lotear.
lọto 男〖植〗スイレン (の実・花). ── 女《スペイン》→ lotería ①.
loxodrọmia 女〖海〗航程線.
lọza 女 ❶ (集合的) 陶磁器. ❷ 陶土.
lozanịa 女 (植物の) 繁茂；生気.
lozạno, na 形 (草木が) 青々と繁茂した；(果物等が) みずみずしい；はつらつとした.
LRU 女 *Ley* de *Reforma Univer*sitaria 大学改革法.
lubigạnte 男〖動〗ウミザリガニ.
lubịna 女〖魚〗スズキ.
lubricaciọn 女 潤滑；注油.
lubricạnte 形 滑らかにする. ── 男 潤滑油[剤].
lubricạr 26 他 油を差す, 滑りを良くする.
lubricatịvo, va 形 潤滑性の.
lubricidạd 女 みだら；滑りやすさ.
lụbrico, ca 形 みだらな；滑りやすい.
lubrificaciọn 女 → lubricación.
lubrificạnte 形 → lubricante.
lubrificạr 26 他 → lubricar.
Lụcas 固名 ルーカス：男子の名.
lucẹnse 形 男 女 (スペイン) ルーゴの (人).
lucẹrna 女 天窓.
lucẹro 男 ❶［L-］明星, 金星；(一般に) 大きく輝く星. ～ del alba [de la mañana] 明けの明星. ～ de la tarde [vespertino] 宵の明星. ❷［複］《文》目, 瞳(ひとみ). ❸ (動物の額の) 白星, 白斑(はくはん).
lụces 女 複 → luz. ── 活 lucir.
lucha［るチャ］女〔英 fight〕❶ 戦い, 闘争. ～ interna 葛藤(かっとう). ～ de clases 階級闘争. ～ por la existencia [supervivencia] 生存競争. ❷ 論争, 口論. ❸〖スポ〗レスリング, 格闘. ～ libre [grecorromana] フリー[グレコローマン]スタイルのレスリング. ～ libre《ラ米》プロレス. ── 活 → luchar.
luchadọr, dọra 男 女 闘士；〖スポ〗レスラー, 格闘競技者.
luchar［るチャル］自〔英 fight〕❶ 《**contra, con / por**》(…と / …のために) 戦う, 争う. ～ *por* el poder 権力を得るために戦う. ❷ 論争する. ❸〖スポ〗格闘する, レスリングをする.
Lucịa 固名 ルシア：女子の名.
lucidẹz 女 明晰(めいせき)；正気.
lucịdo, da 過分 → lucir. 形 ❶ 輝かしい, 見事な. ❷ 《estarと共に》《皮肉》出来の悪い；失敗した.
lụcido, da 形 ❶ 明晰(めいせき)な；明快な. ❷ 《estarと共に》正気の. intervalo ～〖医〗(狂気が一時正常に戻る) 覚醒(かくせい)期.
luciẹnte 形 輝く, きらきらした.
luciẹrnaga 女〖昆〗ホタル.
lucifẹr 男 悪魔, サタン；悪党. ── 固名［L-］ルシフェル：男子の名.
luciferịno, na 形 悪魔的な.
lucịfero, ra 形《文》光り輝く. ── 男［L-］明けの明星.
lucimiẹnto 男 輝き；大成功；成果.
Lụcio 固名 ルシオ：男子の名.
lụcio, cia 男〖魚〗カワカマスの一種.
luciọn 男〖動〗アシナシトカゲ.
lucir［るシル］67 自〔英 shine〕❶ 光る, 輝く；照らす. ❷ ぬきんでる, 目立つ. ❸ 役に立つ, 得になる. ❹《ラ米》顔色[外見]がいい. ── 他 ❶ 見せびらかす, 誇示する. ❷ (壁等を) 白く塗る. ── **lucirse** 再 ❶ 目立つ, ぬきんでる；成功する. Ella *se luce* cocinando. 彼女の料理の腕は際立っている. ❷ 着飾る, 盛装する. ❸《話》失敗する.
lucrạr 他 手に入れる, 獲得する. ── **lucrarse** 再 利益を得る.
lucratịvo, va 形 利益をあげる, もうかる.
Lucrẹcia 固名 ルクレシア：女子の名.
Lucrẹcio 固名 ルクレシオ：男子の名.
lụcro 男 利益, もうけ.

luctuoso, sa 形 哀れな，痛ましい．

lucubración 女 思索；苦心の作．

lucubrar 他 自 → elucubrar.

lúcuma 女 《ラ米》(ﾁﾘ)(ﾍﾟﾙｰ)〘植〙ルクモの実．

lúcumo 男 《ラ米》(ﾁﾘ)(ﾍﾟﾙｰ)〘植〙ルクモ．

ludibrio 男 愚弄(ぐろう)，嘲笑(ちょうしょう)．

lúdico, ca / lúdicro, cra 形 遊戯の，遊びの．

ludir 他 こする．

ludópata 男 女 ギャンブル中毒者．

ludopatía 女 ギャンブル中毒．

luego [るエゴ] 副 〔英 then, afterwards〕 ❶ 後で，後になって (= después)．❷《ラ米》すぐに；ときどき．❸ 隣りに．―― 接 それゆえに．*desde* ～ もちろん．*Hasta* ～．《挨拶》ではまた．～ *de*〈+不定詞〉…するとすぐに．*L*～ *de* levantarse, salió sin decir nada. 彼は起きるとすぐに何も言わずに出ていった．～ *que* … …したらすぐに．*L*～ *que* lo termines, dímelo. それを終えたらすぐ知らせてくれ．► 未来を表す場合は〈+接続法〉．

lueguito 副 《ラ米》すぐに．

luengo, ga 形 《文》長い，遠い．

lugano 男 〘鳥〙マヒワ．

lugar [るガル] 男 〔英 place〕 ❶ 場所；箇所；座席，スペース．en cualquier ～ どこでも．en el ～ habitual いつもの場所に．hacer ～ 場所[席]を空ける．❷ 土地；村，町．En un ～ de la Mancha ...（『ドンキホーテ』の書き出しで）ラ・マンチャのある地方に…．❸ 順位；地位；《比喩的》位置．ocupar [tener] un buen ～ en la empresa 会社でいい地位にいる．❹ ふさわしい場所．Pon esos juguetes en su ～. そのおもちゃを片づけなさい．❺ 機会；適当な時機．estar (puesto) en su ～ 適切である，タイミングが合っている．No es el ～ de decirlo. 今はそれを言う時ではない．❻ 余裕，暇．No hay ～ para tantas cosas. そんなに多くのことをする暇はない．*dar* ～ *a* … …を生じさせる原因となる，…の口実を与える．*en* ～ *de* … …の代わりに；…の立場で．*en su* ～ (…の) 代わりに；(…の) 立場なら．*en primer* [*último*] ～ まず第一に[最後に(は)]．*fuera de* ～ 場違いの，的外れの．～ *común* ありふれた考え，決まり文句．*no haber* ～ *a* [*para*] … …する余地[理由]はない．*no ha* ～ (*a* …) 《法》(…は) 却下する．*sin* ～ *a dudas* 疑問の余地なく．*tener* ～ 行われる．

lugareño, ña 形 村の；《軽蔑》いなかの．―― 男 女 村人；《軽蔑》いなか者．

lugarteniente 男 職務代理者，職務代行者．

lúgubre 形 陰気な；不吉な．

Luis 固名 ルイス：男子の名．

luisa 女 hierba ～〘植〙リピア，コウスイボク．―― 固名 [L-] ルイサ：女子の名．

lujar 他 《ラ米》靴(の底)をきれいにする．

lujo [るホ] 男 〔英 luxury〕 ❶ 豪華，ぜいたく．❷ ゆとり，余裕．no poder permitirse el ～ de〈+不定詞〉…するようなゆとり[暇]はない．❸ 豊富，たくさん．*de* ～ ぜいたくな；豪華な．artículos *de* ～ ぜいたく品．～ *asiático* 極度のぜいたく．

lujoso, sa [るホソ,サ] 形 〔英 luxurious〕 ぜいたくな，豪華な．

lujuria 女 ❶ 好色，淫乱(いんらん)．pecado de ～〘カト〙色欲の罪．❷ 過度，過多．

lujuriante 形 繁茂した．

lujurioso, sa 形 淫乱(いんらん)な，みだらな．―― 男 女 好色者．

lulú 男 (スピッツ等の) 愛玩(あいがん)犬．

lumbago 男 → lumbalgia.

lumbalgia 女 〘医〙腰痛，ぎっくり腰．

lumbar 形 腰の，腰椎(ようつい)の．

lumbre 女 ❶（暖炉・タバコ等の）火．¿Me das ～? 火を貸してくれないか．❷ 明かり，光．*a* ～ *de pajas* たちまちのうちに．*echar* ～ 怒る．*ni por* ～ 少しも[決して]…ない．*ser la* ～ *de los ojos de* … …にとって非常に大切なもの[かわいい人]である．

lumbrera / lumbreras 女 ❶ 発光体；光．❷ 優秀な人，実力者．Su hijo es una ～. 彼の息子は優秀だ．❸ 天窓．

lumen 男 〘物〙ルーメン：光束の単位．

lumia 女 売春婦．

luminaria 女 ❶［複］（祭り等の街頭の）イルミネーション．❷（教会の祭壇の）常夜灯．

lumínico, ca 形 光の，明るい．

luminiscencia 女 蛍光，冷光．

luminiscente 形 蛍光の，冷光を発する．

luminosa 形 → luminoso.

luminosidad 女 明るさ；（天体の）光度；（テレビの）輝度．

luminoso, sa [るミノソ,サ] 形 〔英 luminous〕 ❶ 光る，明るい．cuerpo ～ 発光体．letrero ～ ネオンサイン．❷ 明快な；すばらしい．idea *luminosa* すばらしい考え．❸《話》陽気な，生き生きした．

luminotecnia 女 照明技術．

luminotécnico, ca 形 照明技術の．―― 男 女 照明技師．

lumpen 〔独〕 男 形 [単複同形または ～es] 浮浪者（の），ルンペン（の）．

luna [るナ] 女 〔英 moon〕 ❶〘天文〙月；月光．eclipse de ～ 月食．～ llena 満月．～ nueva 新月．❷（大きな）鏡；（ショーウインドーの）ガラス．la ～ del armario 洋服だんすの姿見．❸ 太陰月，陰暦の1か月：29日間．hace muchas ～*s* ずっと以前に．❹（惑星の）衛星．❺ 気まぐれ；気分，機嫌．estar de buena [mala] ～ 機嫌がいい[悪い]．tener ～*s* 気まぐれである．*estar* [*vivir*] *en la* ～《話》うわの空である．*ladrar a la* ～《話》無意味な非難[批判]をする．～ *de hiel* (新婚に対する) 倦怠(けんたい)期．～ *delantera* 《スペイン》〘車〙フロントガラス (→ parabrisas 地域差)．～ *de miel* 新婚(時代)；新婚旅行，ハネムーン．*media* ～ 半月(形)．*Media L*～〘史〙イスラム教国；オスマントルコ．*pedir la* ～ ないものねだりをする．*quedarse a la* ～ *de Valencia*《話》思ったとおりにならない．

lunación 女 太陰月．

lunar 形 月の；太陰暦の．eclipse ～ 月食．―― 男 ❶ ほくろ．～ postizo つけぼくろ．❷ 水玉(模様)．❸ 欠点，きず．

lunarejo, ja 形 《ラ米》(ｺﾛﾝﾋﾞｱ)(ﾍﾟﾙｰ)ほくろのある，ほくろの多い．

lunario, ria 形 男 太陰暦の(暦)．

lunático, ca 形 精神異常の；狂気の．―― 男 女 狂人；気まぐれな人．

L

lunch [らン(チ)] [英] 男 [複 ～s] 軽食；昼食.

lunero, ra 形 《稀》月の；(人が) 月の影響で異常を感じる.

lunes [るネス] 男 [単複同形] [英 Monday] **月曜日** 《略 lun.》. ***cada ～ y cada martes*** 毎日；頻繁に. ***hacer ～ (porteño)* / *hacer San L～*** 《ラ米》月曜日をずる休みする.

luneta 女 ❶ 〖車〗リア・ウインドー. ～ térmica 熱線入りリア・ウインドー. ❷ (眼鏡の) レンズ. ❸ 《ラ米》(劇場の) 1等席. ❹ → luneto.

luneto 男 〖建〗半月形の採光窓.

lunfardo, da 形 男 《ラ米》(アルゼンチン) 泥棒の；(ブエノスアイレスを中心とする) 泥棒仲間で使われる隠語 (の).

lúnula 女 ❶ (爪(つめ)の) 半月. ❷ 〖数〗半月形.

lupa 女 虫眼鏡, ルーペ.

lupanar 男 売春宿.

Lupe 固名 ルーペ：Guadalupe の愛称.

lupino, na 形 オオカミの. ― 男 〖植〗ルピナス.

lúpulo 男 〖植〗ホップ (の実).

lupus 男 [単複同形] 〖医〗狼瘡(ろうそう).

luquete 男 (パンチに入れるレモン・オレンジ等の) 輪切り.

lusitanismo 男 (他の言語に入った) ポルトガル語[語法].

lusitano, na / luso, sa 形 ルシタニアの；ポルトガルの. ― 男 女 ルシタニア人；ポルトガル人.

M

lustrabotas 男 女 [単複同形] 《ラ米》靴磨き (人) (→ limpiabotas 地域差).

lustrador, dora 男 女 ～ de zapatos 靴磨き (の人) (→ limpiabotas 地域差).

lustrar 他 磨く, つや[光沢]を出す. ～ los zapatos 《ほぼラ米全域》靴を磨く (→ limpiar 地域差).

lustre 男 ❶ つや, 光沢. ❷ 輝き；栄光.

lustrín 男 《ラ米》(チリ) 靴磨きスタンド.

lustro 男 5年 (間).

lustroso, sa 形 ❶ 光沢がある. ❷ 健康そうな.

lutecio 男 〖化〗ルテチウム.

luteranismo 男 〖宗〗ルター派[主義].

luterano, na 形 男 女 ルター派の (人).

luthier [るティエ] [仏] 男 女 [複 ～s] 弦楽器製造者.

luto 男 ❶ 喪, 喪中；喪服. estar [ir] de ～ 喪に服している. aliviar el ～ 半喪につく. medio ～ 半喪；(グレー等地味な色の) 半喪服. ❷ [単または複] 喪章；(黒い幕等) 葬儀の飾り付け. ❸ 悲しみ, 哀悼.

lux 男 〖物〗ルックス：照度の単位.

luxación 女 〖医〗脱臼(だっきゅう).

Luxemburgo 固名 ルクセンブルク：首都ルクセンブルク Luxemburgo.

luxemburgués, guesa 形 ルクセンブルクの. ― 男 女 ルクセンブルク人.

luz [るす] 女 [複 luces] [英 light] ❶ **光**, 光線. *luz* natural 太陽の光. *luz* cenital 天窓から射す光. estar a media *luz* 薄暗い. quitar [tapar] la *luz* 光を遮る. ❷ **電灯**, 電気；[単または複] 《ほぼラ米全域》(車の) ヘッドライト (→ faros 地域差). *luz* de cruce 《ラ米》(車の) 方向指示器, ウインカー (→ intermitente 地域差). *luces* largas ハイビーム. ❸ 明かり；イルミネーション. *luz* de posición 方向指示灯. ❹ [主に複] 輝き. *luces* de diamante ダイヤモンドの輝き. ❺ (建物の) 明かり取り；(窓の) 内径. ❻ (問題解決等の) ヒント, 手がかり. arrojar [dar] *luz* sobre ... …について解明する. estudiar a nueva *luz* 新しい観点から研究する. ❼ (模範となる) 人, 物；手本. ❽ [主に複] 知力, 知性. El niño tiene pocas *luces*. その子は頭が悪い. ***a la luz de ...*** …を考慮して. ***a todas luces*** 明らかに. ***dar a luz*** 出産する, 生む. Acaba de *dar a luz* a un niño. 彼女は男の子を出産したばかりだ. ***entre dos luces*** 夕暮れ[明け方]に. ***sacar ... a la luz*** …を公にする；出版する. ***salir a la luz*** 公になる. ***ver la luz*** 生まれる；出版される.

lycra / licra [りクラ] 女 〖商標〗ライクラ：伸縮性ポリウレタン繊維 (の布).

Mm

M, m [エメ] 女 ❶ スペイン語字母の第13字. ❷ (ローマ数字の) 1000.

maca 女 (果物・布の) 傷, 傷み.

macabro, bra 形 無気味な, ぞっとする.

macaco, ca 形 醜い. ― 男 女 ❶ 〖動〗マカク：短尾のサルの総称. ❷ 《呼びかけ》《子供に愛情を込めて》坊主；《大人に軽蔑的に》ばか.

macadam / macadán [複 ～s / macadanes] 男 マカダム道路 (砕石を敷き詰めた舗装道路)；舗装用の砕石.

macagua 女 ❶ 〖鳥〗ワライハヤブサ. ❷ 〖植〗アカネ科エグゾステマ属の一種.

macana 女 ❶ 傷物. ❷ 《ラ米》(1) 警棒；(昔の先住民が武器にした) こん棒. (2) (アルゼンチン)(ウルグアイ) ばかげたこと；(アルゼンチン)(ベネズエラ) うそ；(ベネズエラ) 厄介. (3)(コロンビア) 体力. (4) (先住民の) ショール. ❸ → balaustre.

macanazo 男 こん棒による殴打[一撃].

macaneador, dora 形 男 女 ばかげたこと[でたらめ]を言う (人).

macanear 自 《ラ米》(1)(南米) でたらめを言う. (2)(コロンビア)(ホンジュラス) 仕事に精を出す. ― 他 《ラ米》(コロンビア)(ベネズエラ)(ニカラグア) 除草する.

macanudo, da 形 《ラ米》《俗》すばらしい. ― 男 女 《ラ米》(1) 優しい先生 (→ benévolo 地域差). (2)(コロンビア)(ベネズエラ)(エクアドル) 体力のある人.

macarrón 男 ❶ [複] マカロニ. ❷ (特に電線の) ビニール[プラスチック]外装.

macarrónico, ca 形 《話》(言語が) 文法的にでたらめな.

macarse 26 再 (果物が傷の部分から) 傷み出す.

macear 他 木槌(きづち)で打つ.

macedonia 女 〖料〗マセドニア：フルーツポンチの一種. ― 固名 [M-] マケドニア共和国 (旧ユーゴスラビア).

macedónico, ca / macedonio, nia 形 男 女 マケドニアの (人).

maceración 女 ❶ (液体に浸したり, たたいたりして) 柔らかくすること. ❷ 苦行.

maceramiento 男 → maceración.

macerar 他 ❶ (液体に浸したり, たたいたりして) 柔らかくする. ❷ 苦行を課す. ── **macerarse** 再 ❶ 浸されて柔らかくなる. ❷ 苦行する.
macero 男 (行列・儀式等で) 金頭杖(じょう)の捧持(ほうじ)者.
maceta 女 植木鉢 ; 小槌(こづち). ── 男 女 《ラ米》けち (➜ tacaño 地域差).
macetero 男 植木鉢台.
macfarlán / macferlán 男 〖服〗インバネスコート.
mach [マ(ク)] 〔独〕 男 〖物〗 マッハ : 速度の単位.
macha 女 《ラ米》(南米で多く採れる) アサリに似た貝.
machaca 男 女 《話》 ❶ うんざりさせる人, 退屈な人. ❷ がんばり屋. ── 女 ➜ machacadera.
machacadera 女 粉砕器.
machacante 男 ❶ 《話》 5 ペセタ硬貨. ❷ 従兵.
machacar 26 他 ❶ 砕く. ❷ 《話》 しつこく繰り返す. ❸ 《話》 猛勉強する. ❹ こてんぱんにやっつける. ❺ 疲れさせる. ── 自 猛勉強する. ── **machacarse** 再 (自分の体を) 痛めつける.
machacón, cona 形 男 女 くどい (人), しつこい (人).
machaconería 女 くどさ, しつこさ.
machada 女 ❶ 勇敢な振る舞い ; 《皮肉》 愚行. ❷ 雄ヤギの群れ.
machadiano, na 形 マチャード Antonio Machado の[的な].
Machado 固名 マチャード Antonio ～ y Ruiz (1875-1939) : スペインの98年世代の詩人. *Campos de Castilla*『カスティーリャの野』. ➜ noventayochista.
machamartillo 男 *a* ～ 徹底して ; 執拗(しつよう)に.
machaqueo / machaque 男 砕くこと ; 《話》 執拗(しつよう)さ.
maché 形 papel ～ 紙粘土.
macheta 男 女 《ラ米》 けち (➜ tacaño 地域差).
machetazo 男 マチェテでの切断[傷].
machete 男 ❶ マチェテ, 山刀. ❷ 狩猟用ナイフ. ❸ [複] 《ラ米》 カンニングペーパー (➜ chuleta 地域差).
machetear 他 ❶ マチェテで切る. ❷ 《ラ米》(コロンビア)ぞんざいにやる ; (メキシコ)だまし取る. ── 自 《ラ米》(メキシコ)猛勉強する ; しつこく言う.
machetero 男 マチェテ machete で道を切り開く[サトウキビを刈り取る]人.
machihembrar 他 (木工) 実矧(さねはぎ)で継ぐ.
machina 女 (港・造船所の) 大型クレーン.
machismo 男 男性優位, マチスモ.
machista 形 男 女 男尊女卑の (人).
macho [マチョ] 形 〔英 male〕 ❶ 雄の (↔ hembra) ; 〖植〗 雄性の ; (部品が) 雄の. enchufe ～ プラグ. ❷ 男っぽい ; 《軽蔑》 マッチョな ; 強い. ❸ 男まさりの. ── 男 ❶ 雄 ; 〖植〗 雄性植物 ; 〖機〗 (部品の) 雄. ❷ 《話》 男っぽい男. ❸ 〖建〗 控え壁. ❹ 〖地質〗 岩脈. ❺ (闘牛士のズボンの) 飾り房. ❻ 大ハンマー. ❼ 金敷 (台). ❽ 《ラ米》 金髪. ── 男 女 《ラ米》 金髪の人 (➜ rubio 地域差). *apretarse* [*atarse*] *los* ～*s* 勇気を出す.
machón 男 〖建〗 控え壁.
machona 女 《ラ米》 男勝りの娘, おてんば娘.
machorra 女 ❶ 子のできない雌. ❷ 男のような女, 男勝りの女.
machote, ta 形 男らしい ; 勇ましい. ── 男 ❶ 《話》 男らしい男. ❷ 槌(つち). ❸ 《ラ米》 下書き ; ひな形. ── 女 男勝りの女. *a la machota* 《ラ米》(メキシコ)手荒く.
machucar 26 他 (ぶつけて・ぶつかって) 傷をつける ; へこませる.
machucho, cha 形 《軽蔑》 若くない.
Machu Picchu 固名 マチュ・ピチュ : (ペルー) アンデス山中のインカの遺跡.
macilento, ta 形 やつれた.
macillo 男 (ピアノの) ハンマー ; (打楽器の) ばち.
macizo, za 形 ❶ 中身の詰まった. ❷ 《話》 がっしりした. ❸ 《俗》 (体つきが) 魅力的な. ── 男 ❶ 塊 ; 〖地理〗 山塊. ❷ 植え込み. ❸ 〖建〗 壁の一区画.
macla 女 〖鉱〗 双晶.
macolla / macoya 女 《ラ米》(メキシコ)(1) 一族, 血族. (2) 《話》 金.
macramé 〔仏〕 男 マクラメ編み.
macró 男 《ラ米》(チリ)(アルゼンチン)(ウルグアイ)ぽん引き.
macrobiótico, ca 形 長寿食の. ── 女 長寿法.
macrocefalia 女 〖医〗 大頭症.
macrocéfalo, la 形 ❶ 〖医〗 大頭 (症) の. ❷ 頭でっかちの.
macroconcierto 男 大規模コンサート.
macrocosmo 男 [主に複] 大宇宙, 大世界 (↔ microcosmo).
macroeconomía 女 マクロ経済学.
macroeconómico, ca 形 マクロ経済 (学) の.
macrófago, ga 形 男 〖生〗 大食細胞 (の).
macrofotografía 女 拡大撮影 (術).
macrogameto 男 〖生〗 大配偶子.
macromolécula 女 〖化〗 巨大分子, 高分子.
macroscópico, ca 形 肉眼で見える.
macrosondeo 男 大規模 (世論) 調査.
macruro, ra 形 〖動〗 (甲殻類等で) 長尾類の. ── 男 長尾類動物.
macuco, ca 形 《ラ米》(軽)悪賢い. ── 男 《ラ米》(アルゼンチン)(コロンビア)(ボリビア)(ペルー)ばかでかい少年.
mácula 女 ❶ 《文》 斑点(はんてん). ❷ 〖天文〗 (太陽の) 黒点.
maculatura 女 〖印〗 刷り損じ.
macundales 男 複 《ラ米》(メキシコ)用具.
macuto 男 〖軍〗 背嚢(はいのう).
Madagascar 固名 マダガスカル : 首都アンタナナリボ Antananarivo.
madama / madam 女 ❶ マダム, 夫人. ❷ 《ラ米》(ウルグアイ)産婆.
madapolán 男 マダポラン綿布.
Madariaga 固名 マダリアーガ Salvador de ～ (1886-1978) : スペインの外交官・文筆家.
made in [メイドゥイン] 〔英〕 副 …産の (＝hecho en).
madeira 男 マデイラ : ポルトガルのマデイラ島産の甘口ワイン.
madeja 女 (糸の) 桛(かせ), 一桛分の長さ

M

(の糸)；(髪の) 房. ── 男《話》怠け者. *enredarse la* ～ 紛糾する.

madera [マデラ] 女 〔英 wood〕 ❶ 材木. ❷ 素質. ❸ (ゴルフクラブの) ウッド. ❹《スペイン》《話》警察. ❺ [複]〘音〙木管楽器. ── 固名 [M-] マデイラ (島)：ポルトガル領の島. *tocar madera* (忌み言葉等を聞いた後, たたりを恐れて) 木製品に手を触れる.

maderable 形 用材として利用できる.

maderaje / maderamen 男 (建造に必要な) 材木；(建造物の) 木造部分.

maderería 女 材木置き場.

maderero, ra 形 製材の. ── 男 材木商；木材運搬船.

madero 男 ❶ 丸太；角材. ❷《俗》《スペイン》警官.

madona 女 マドンナ, 聖母マリア (像).

madrás 男 マドラス木綿.

madrastra 女 継母；冷酷な母.

madraza 女《話》子を溺愛(できあい)する母.

madrazo 男《ラ米》(1)(メキシコ)強い殴打. (2)(コロンビア)母親を持ち出しての侮辱.

madre [マドゥレ] 女 〔英 mother〕 ❶ 母, 母親 (↔ padre). ～ de leche 乳母. ～ de familia 家庭の主婦, 母親. ～ de Dios 聖母マリア. ～ expectante [futura] ～ 妊婦. ～ soltera 未婚の母. ～ de alquiler 代理母. ～ política 義理の母. ～ biológica 生みの母. ～ adoptiva 養母. ～ patria《文》母国. ～ naturaleza 母なる大地. ❷ 源, 起源. El latín es la lengua ～ del castellano. ラテン語はスペイン語の祖語である. ► 同格として用いられる. ❸〘カト〙《修道女に対する呼称》マザー. ～ superiora 女子修道院長. ❹《話》(母親のように) 人に優しい人. *de puta* ～《俗》いかす, すごい. *la* ～ *del cordero* 問題の核心. *la* ～ *que me [te, le ...] parió*《俗》《驚き・怒り》すごいぞ, くそ, ちくしょう. *¡M～ mía! / ¡Mi [Tu, Su ...] ～!*《驚き・感動等》おやまあ, なんていうことだ. *mentar la* ～ *a ...* …を (母親を持ち出して) 侮辱する. *sacar de* ～ いらいらさせる. *salirse de* ～《話》度を越す, 羽目をはずす.

madreña 女 木靴

madreperla 女〘貝〙真珠貝.

madrépora 女〘動〙イシサンゴ.

madrepórico, ca 形 イシサンゴの.

madreselva 女〘植〙スイカズラ類.

Madrid 固名 マドリード：(1) スペインの首都. (2) スペインの県；県都. (3) Comunidad de ～ マドリード自治州.

madridista 形 男 女 (スペインのサッカーチーム) Real Madrid の (選手, ファン).

madrigal 男〘詩〙〘音〙マドリガル, 牧歌.

madrigalesco, ca 形 ❶〘詩〙〘音〙マドリガルの, 牧歌的な. ❷ 甘美な.

madriguera 女 (ウサギ等の) 穴；(盗賊等の) 巣窟(そうくつ).

madrileño, ña 形 男 女 マドリードの (人).

madriles 形 男 女 [単複同形]《話》マドリードの (人). los *M～* [～] マドリード.

madrina 女 ❶ (洗礼に立ち会う) 代母, 名(付け)親；(結婚式で) 新郎の付添人. → padrino. ❷ (女性の) 後援者. ❸《ラ米》(ベネズエラ)馬[ロバ, 牛]の群れを率いる雌.

madrinazgo 男 代母の役；後援.

madroñal 男 ヤマモモの木の林.

madroñera 女 → madroñal.

madroño 男〘植〙ヤマモモ；ヤマモモの実の形をした丸い飾り房.

madrugada [マドゥルガダ] 女 〔英 dawn〕 ❶ 明け方, 夜明け. ❷ (夜の12時から明け方までの) 夜中. ❸ 早起き. *de* ～ 明け方に.

madrugador, dora 形 男 女 早起きの (人).

madrugar 66 自 ❶ 早起きする. A quien *madruga*, Dios le ayuda.《諺》早起きは三文の得. No por mucho ～ amanece más temprano.《諺》果報は寝て待て. ❷ 先手を打つ.

madrugón 男 早起き.

madura 形 → maduro.

maduración 女 成熟.

madurar 他 成熟させる；(計画等を) 練り上げる. ── 自 **madurarse** 再 ❶ 成熟する；大人になる. ❷〘医〙化膿(かのう)する.

madurativo, va 形 熟成させる.

madurez 女 成熟；食べごろ；円熟期.

maduro, ra [マドゥロ, ラ] 形 〔英 ripe〕 ❶ 熟した. ❷ 円熟した. ❸ 壮年の；大人びた；成熟した. ❹ 熟考した.

maese 男《古》師匠.

maestra 女 → maestro. ── 固名 [M-] Sierra ～ マエストラ山脈：キューバ南東部の山脈.

maestral 形 北西風の. ── 男 (地中海特有の) 冷たく乾いた北西風 (＝mistral).

maestranza 女〘軍〙工廠(こうしょう)；《集合的》工廠の労働者.

maestrazgo 男 騎士団長の地位；騎士団の管轄区域.

maestre 男 騎士団長. ～ *de campo* (昔の) 歩兵[騎兵]連隊長.

maestresala 男 給仕長；(ホテル・レストランの) 支配人.

maestrescuela 男 (昔の教会の) 神学教授職.

maestría 女 ❶ 巧みさ. ❷ 教職；師匠[親方]の身分. ❸ (大学院の) 修士課程.

maestrillo 男 へぼ教師. Cada ～ tiene su librillo.《諺》どんなへぼ教師にもそれぞれ一家言がある (十人十色).

maestro, tra [マエストゥロ, トゥラ] 男 女 〔英 teacher; master, mistress〕 ❶ (主に小学校の) 教師. ❷ 師；名人. ❸ (芸術上の) 巨匠 (＝gran ～). ❹ 作曲[演奏]者. ❺ 修士. ── 男《俗》《呼びかけ》旦那(だんな). ── 形 ❶ 主要な. llave *maestra* マスターキー. ❷ 熟練した. ❸ 飼いならされた. *～ de ceremonias* 儀典長.

mafia 女 マフィア；《軽蔑》排他的組織.

mafioso, sa 形 男 女 マフィアの (メンバー).

Magallanes 固名 マゼラン Ferdinando de ～ (1480-1521)：ポルトガルの航海者. Estrecho de ～ マゼラン海峡.

magazine [マガシン] 〔英〕 男 [複 ～s] ❶ (イラストや写真のある) 雑誌. ❷ (テレビやラジオの) ワイドショー.

magdalena 女 (菓子) マドレーヌ. ── 固名[M-] ❶ マグダレナ：女子の名. ❷ (コロンビアの) マグダレナ州. ❸ el *M～* (コロンビ

M

アの) マグダレナ川.

magdaleniẹnse 形 男 〘考古〙 マドレーヌ期(の).

mạge 男 女 《ラ米》 優しい先生 (→ benévolo 地域差).

magẹnta 形 男 マゼンタ[赤紫]色(の).

mạgia 女 ❶ 魔法；呪術(じゅじゅつ). ～ blanca [natural] 善意の呪術. ～ negra 災いの呪術. ❷ 手品. ***(como) por arte de ～ [birlibirloque]*** 不思議なことに.

magiạr 形 男 女 マジャール[ハンガリー]の(人). ― 男 マジャール語.

mágico, ca 形 ❶ 魔法の (ように不思議な). ❷ 魅惑的な. ― 男 女 魔法使い.

magịn 男 《話》 想像；機知.

magistẹrio 男 ❶ 教職(過程). ❷ 《集合的》 職員. ❸ 教育内容.

magistrạdo, da 男 女 ❶ 行政官；判事. ❷ (ローマ帝国) 執政官. ***primer ～*** 《ラ米》(メキシコ)首相.

magistrạl 形 ❶ 上出来の. ❷ 教職の. ― 男 〘カト〙 説教資格をもつ参事会員.

magistratụra 女 ❶ 行政官[判事]職[任期]. ❷ 《集合的》 地方行政官[判事]. ❸ 裁判所. ***llevar a ～*** (労使問題で) 訴訟を起こす. ***primera ～*** 《ラ米》(アルゼンチン)(ウルグアイ) 大統領(職).

maglia rosa [マリャロサ] 〔伊〕 女 イタリアの自転車競技大会で1位の選手が着て出場するピンク色の競技用上着.

mạgma 女 ❶ 〘地質〙 マグマ. ❷ 粘液状物質；得体の知れないもの.

magnanimidạd 女 寛大さ.

magnánimo, ma 形 寛大な.

magnạte 男 女 (財界の) 大物.

magnẹsia 女 〘化〙 マグネシア.

magnésico, ca 形 〘化〙 マグネシウムの.

magnẹsio 男 〘化〙 マグネシウム.

magnético, ca 形 磁気を帯びた, 磁石の；魅力ある.

magnetịsmo 男 磁気(学), 磁力；ひきつける力. ***～ animal*** 催眠術.

magnetịta 女 〘鉱〙 磁鉄鉱.

magnetización 女 〘物〙 磁化.

magnetizạr 57 他 ❶ 〘物〙 磁化する. ❷ 催眠術をかける. ❸ 魅了する.

magnẹto 女 高圧磁石発電機.

magnetofón / magnetófono 男 テープレコーダー.

magnetofónico, ca 形 テープレコーダーの[で録音した].

magnetoscọpio 男 ビデオテープレコーダー.

magnetrón 男 〘電気〙 マグネトロン, 磁電管.

magnicịda 形 男 女 要人暗殺者(の).

magnicịdio 男 要人暗殺.

magnífica 形 → magnífico.

magnificạr 26 他 褒めちぎる；話を大げさにする.

magníficat 男 〘カト〙 聖母マリアの賛歌.

magnificẹncia 女 壮大さ, 華麗さ；寛大さ.

magnífico, ca [マグニフィコ, カ] 形 〔英 wonderful, magnificent〕 ❶ **すばらしい**. ❷ 壮大な；華麗な. ❸ (大学学長の敬称) 殿. ― 女 《ラ米》(コロンビア)災難の予兆をうたう歌.

magnitụd 女 ❶ 巨大さ；(規模の) 大きさ. ❷ 〘天文〙 光度；等級. ❸ 〘数〙 量.

mạgno, na 形 《文》 大きい；偉大な.

magnọlia 女 〘植〙 タイサンボク(の花).

magnoliáceo, a 形 〘植〙 モクレン科の. ― 女 [複] モクレン科の植物.

magnọlio 男 〘植〙 マグノリア, タイサンボク.

mạgo, ga 男 女 ❶ 魔術師. ❷ 《de》 (…の) 達人. ❸ 〘聖〙 Reyes *M～s* 東方の三博士. el día de los Reyes *M～s* 公現の祝日 (1月6日).

magreạr 他 《俗》 まさぐる.

Magrẹb 固名 マグレブ：アフリカ北西部.

magrebí 形 男 女 [複 ～es] (北アフリカの) マグレブの(人).

magrẹz 女 (肉の) 脂が抜けていること.

mạgro, gra 形 (肉が) 脂身の少ない. ― 男 豚肉の赤身.

maguẹr / maguẹra 接 《古》 → aunque.

maguẹy 男 〘植〙 《ラ米》 リュウゼツラン.

magulladụra 女 打撲傷.

magullamiẹnto 男 打撲(傷).

magullạr 他 (果物に) 傷をつける；(人を) 強く殴打する. ― **magullar*se*** 再 (果物が) 傷つく；(人が) 打撲傷を負う.

magullón 男 《ラ米》 打撲傷.

maharajá 〔ヒンディー〕 男 マハーラージャ：大王, 藩王.

maharaní 〔ヒンディー〕 女 マハーラーニ：王妃, 王女.

mahatma [マハトゥマ] 〔ヒンディー〕 男 マハートマ：(バラモンの) 聖者.

Mahọma 固名 ムハンマド (571?-632)：イスラム教の開祖.

mahometạno, na 形 ムハンマドの；イスラム教の. ― 男 女 イスラム教徒.

mahometịsmo 男 〘宗〙 イスラム教.

mahometịsta 形 男 女 イスラム教徒(の).

mahón 男 ❶ 南京木綿. ❷ (メノルカ島) マオン Mahón 産のチーズ.

mahonẹ́s, nẹsa 形 男 女 (メノルカ島) マオンの(人). ― 女 マヨネーズ.

maicẹna 女 〘商標〙 トウモロコシ粉, コーンスターチ.

maicẹro, ra 形 《ラ米》 トウモロコシの.

maíces 男 複 → maíz.

mailing [メイリン] 〔英〕 男 (メーリングリストを使った) 送付.

maillot [マリョ(トゥ)] 〔仏〕 男 [複 ～s] ❶ 自転車競技のときに着るジャージ；それを着た選手. ～ amarillo (ツールドフランスで1位の走者が着る) 黄色のジャージ. ❷ レオタード.

Maimónides 固名 マイモニデス Moisés Ben Maimón ～ (1135-1204)：スペイン生まれのユダヤ人哲学者・医師.

mainẹl 男 〘建〙 マリオン：窓の縦仕切り.

maitịnes 男 複 〘カト〙 朝課.

maíz [マイす] 男 〔英 corn, maize〕 〘植〙 **トウモロコシ**.

maizạl 男 トウモロコシ畑.

mạja 女 すりこぎ.

majá 男 女 《ラ米》(キューバ)怠け者.

majạda 女 ❶ 夜間専用厩舎(きゅうしゃ). ❷ 《ラ米》(チリ)(羊の) 群れ.

majadereạr 他 《ラ米》 迷惑をかける. ― 自 《ラ米》(コロンビア)(ベネズエラ) 《話》 ばかなことを言

う[する].

majadería 女《軽蔑》愚かなこと；はた迷惑なこと.

majadero, ra 形 男 女《軽蔑》愚かな(人)；はた迷惑な(人).

majadura 女(実を)砕く[つぶす]こと.

majar 他(実を)砕く；つぶす.

majara / majareta 形 男 女《話》少し頭のおかしい(人).

majestad 女 ❶ 威厳；荘厳さ. ❷ su *M*～ 陛下.

majestuosidad 女 威厳があること.

majestuoso, sa 形 威厳ある.

majeza 女 粋(いき)な[しゃれた]こと；外見の良いこと.

majo, ja 形 しゃれた；美しい，感じがいい. ── 男 女 ❶《話》美男，美女；しゃれた人. ❷《古》マドリードの下町に見られた華美な服装の遊び人. *La maja desnuda* [*vestida*]『裸[着衣]のマハ』(ゴヤの絵).

majorero, ra 形 男 女(カナリア諸島の)フェルテベントゥーラ島の(人).

majuela 女〘植〙サンザシの果実.

majuelo 男 ❶〘植〙サンザシ. ❷〘農〙若摘み用のブドウ園.

maketo, ta 形 男 女 → maqueto.

mal [マる] 副 [英 badly] ❶ 悪く(↔ bien), 不正に. hablar [pensar] *mal* de ... …のことを悪く言う[思う]. estar *mal* visto 体裁が悪い. ❷ まずく，間違って，不正確に；不快に. Se oye muy *mal.* よく聞こえない. ❸ 調子[具合]が悪く，不調で. estar *mal* de dinero 懐具合が悪い，金欠病である. ── 形 [malo の語尾省略形] → malo. ── 男 ❶ 悪，不正；不都合. echar *mal* de ojo a ... …に(目で)呪いをかける. ❷ 病気；痛み；苦しみ. *mal* de amores 恋の病. *mal* de la tierra ホームシック. *mal* de piedra 尿結石. *mal* de las alturas [montaña] 高山病. ***andar*** [***ir***] ***de mal en peor*** どんどん悪くなる. ***echar ... a mal*** …を軽視する，さげすむ. ***estar*** [***ponerse***] ***a mal con ...*** …とうまくいってない[まずくなる]. ***llevar ... a mal*** …を不快に思う. ***mal que bien*** どうにかして. ***mal que***〈+接続法〉…だとしても. ***mal menor***(悪いものの中で)ましなもの，欠点の少ないもの. ***menos mal que***〈+直説法〉…はまだましである，不幸中の幸いである. ***no hacer mal a un gato***《話》非常におとなしい，お人よしである. ***parar en mal*** 悲劇に終わる. ***por mal***《話》やむを得ず，無理やり. ***tomar ... a mal*** …を悪く[深刻に]受け止める.

mala 女 ❶《俗》左(側). ❷(トランプの)2番目に強い札. ❸ 逆境. ── 形 → malo.

malabar 形 インド南西海岸地帯マラバルの. ***juegos*** ～***es***(道具を用いた)曲芸.

malabarismo 男 [主に複] ❶(道具を用いた)曲芸. ❷ 巧みな操作.

malabarista 男 女 曲芸師.

malacate 男 ❶〘機〙ウインチ. ❷《ラ米》(ﾒｷｼｺ)(ﾎﾝｼﾞｭﾗｽ)紡錘.

malacia 女〘医〙異食症.

malacitano, na 形 男 女 マラガの(人).

malacología 女 軟体動物学.

malaconsejado, da 形 口車に乗せられて分別を失った.

malacopterigio, gia 形 男〘魚〙軟鰭(なんき)目の(魚)：サケ等.

malacostumbrar 他 甘やかす；《a +不定詞》(…する癖を)植え付ける.

malacrianza 女《ラ米》無作法.

málaga 男 マラガワイン：甘口のワイン. ── 固名 [M-] マラガ：スペインの自治州，州都. *M*～ *Virgen* 最高級マラガワイン.

malagana 女《話》やる気のなさ.

malage 男 女 → malaje.

malagradecido, da 形《話》恩知らずな.

malagueño, ña 形 男 女 マラガの(人). ── 女〘音〙マラゲーニャ：フラメンコの歌曲.

malaje 男 女《話》悪党，悪人.

malandanza 女《話》不運.

malandrín, drina 形《ややユーモラス》悪い. ── 男 女 悪党；《ラ米》(ｱﾙｾﾞﾝﾁﾝ)(ｳﾙｸﾞｱｲ)《話》《軽蔑》ぺてん師.

malapata 男 女 [男女同形]《話》つまらない人.

malaquita 女〘鉱〙孔雀(くじゃく)石，マラカイト.

malar 形〘解〙頬(ほお)の.

malaria 女 ❶〘医〙マラリア. ❷《話》《ラ米》(ｱﾙｾﾞﾝﾁﾝ)(ｳﾙｸﾞｱｲ)極貧；(ｱﾙｾﾞﾝﾁﾝ)不運.

malasangre 形 男 女 陰険な(人).

Malasia 固名 マレーシア：首都クアラルンプール Kuala Lumpur.

malasio, sia 形 マレーシアの. ── 男 女 マレーシア人.

malasombra 男 女 つまらない人.

malaventura 女 不運，不幸.

malaventurado, da 形 男 女 不運な(人)，不幸な(人).

malaventuranza 女(突然の)不幸.

Malawi 固名 マラウイ：首都リロングウェ Lilongwe.

malayo, ya 形 マレーシアの；マレーの. ── 男 女 マレーシア人；マレー人. ── 男 マレー語.

malbaratar 他 ❶ 捨て値で売る. ❷ 浪費する.

malcarado, da 形 仏頂面の.

malcasar 他 望まない相手と結婚させる. ── **malcasarse** 再 望まない相手と結婚する.

malcomer 自 あまり食べない；しぶしぶ食べる.

malcriado, da 形 しつけのなっていない. ── 男 女 礼儀知らず.

malcriar 31 他 甘やかす.

maldad 女 悪(意)；悪行.

maldecir 25 他 呪(のろ)う；罵倒(ばとう)する. ── 自《de》(…を)呪う；罵倒する.

maldiciente 形 男 女 口が悪い(人).

maldición 女 ❶ 呪(のろ)い；罵倒(ばとう)(の言葉). ❷ 天罰. *¡M～!*《間投詞的》くそっ.

maldispuesto, ta 形 体調が悪い；やる気のない

maldito, ta 形 ❶《話》《怒り・不快》いまいましい. ❷ 呪(のろ)われた. ❸《否定的》《+定冠詞+名詞》まったく…ない. *Malditas* las ganas que tengo. 私は少しも気が進まない. ❹(作家が)社会と孤絶した. ── 男 女 ❶ 邪悪な[呪われた]人. ❷ 社会と孤絶した作家. ── 女《話》舌.

¡Maldita sea! 《間投詞的》ちくしょう.

Maldịvas 固名 モルディブ：首都マレ Male.

maleabilidạd 女 ❶（金属の）可鍛(かたん)性. ❷（性格の）柔軟性.

maleạble 形 ❶（金属が）可鍛(かたん)性のある. ❷（性格が）柔軟性のある.

maleạnte 形 男 女 ごろつき（の）.

maleạr 他 堕落させる；損害を与える. ― **malearse** 再 堕落する；損害を被る.

malecọ́n 男 ❶〖鉄道〗（海沿いの）高い路盤. ❷〖海〗防波堤.

maledicẹncia 女 陰口を言うこと[癖].

maleducạdo,da 形 男 女 無作法な（人）.

malefịcio 男 呪(のろ)い（の作用）.

maléfico, ca 形 呪(のろ)いの；悪い作用をもたらす.

malentendịdo 男 誤解.

maléolo 男 くるぶし.

malestạr 男 ❶ 体の不調；気分の悪さ. ❷ 不快.

maleta [マれタ] 女〔英 suitcase〕❶ **スーツケース**（→ 地域差）. ❷《ラ米》(アルゼンチン)学生かばん；〖車〗トランク（→ maletero 地域差）. ― 形 男 女《話》《軽蔑》無能な[下手な]（選手）. ― 副《ラ米》(チリ)悪く. ***hacer las ～s***《話》（辞職の時等に）身辺整理をする. 地域差 スーツケース maleta《ほぼスペイン語圏全域》; equipaje《ラ米》(プエルトリコ)；petaca (メキシコ)；valija (キューバ)(メキシコ)(グアテマラ, ホンジュラス, エルサルバドル, ニカラグア, コスタリカ)(チリ)(パラグアイ, ウルグアイ, アルゼンチン)；veliz (メキシコ).

maletẹro, ra 男 女 スーツケース製造[販売]業者. ― 男 ❶〖車〗トランク（→ 地域差）. ❷ ポーター. ❸ 屋内収納庫[棚]. ❹《ラ米》（車の上に載せる）ラック（→ baca 地域差）. ― 女《ラ米》〖車〗トランク. 地域差〖車〗トランク maletero《ラ米》(ニカラグア, パナマ)(ベネズエラ)(ペルー, ボリビア)；baúl (ドミニカ共和国, プエルトリコ)(グアテマラ, ホンジュラス, エルサルバドル)(エクアドル)(ウルグアイ, アルゼンチン)；baulera (アルゼンチン)；caja (エクアドル)；cajuela (ドミニカ共和国)(メキシコ)(ペルー)；cofre (ホンジュラス)；joroba (コスタリカ)；maleta (エルサルバドル)(コロンビア)(ベネズエラ)(チリ)；maletera (ベネズエラ)(ペルー, ボリビア)；portamaletas (チリ)；valija (コスタリカ)(ウルグアイ)；valijera (ニカラグア)(パラグアイ).

maletịlla 男 若手の闘牛士見習い.

maletị́n 男 ❶ アタッシェケース. ❷《ラ米》(コロンビア)学生かばん.

maletọ́n 男 大型スーツケース.

malevạje 男《ラ米》(アルゼンチン)(ウルグアイ)(パラグアイ)《集合的》悪党.

malẹvo, va 形《ラ米》(アルゼンチン)(ウルグアイ)(パラグアイ)悪事を働く. ― 男 女 悪党.

malevolẹncia 女 悪意.

malévolo, la 形 男 女 悪意のある（人）；意地悪な（人）.

malẹza 女（耕地の）雑草；茂み；藪(やぶ).

malformaciọ́n 女〖医〗奇形.

malgạche 形 男 女[単複同形]マダガスカルの（人）. ― 男 マダガスカル語.

malgastạr 他《en》（…に）無駄遣いする.

malgeniạdo, da 形《ラ米》(ペルー)(コロンビア)《話》怒りっぽい.

malhablạdo, da 形 口汚い.

malhadạdo, da 形 つきに見放された, 不幸な.

malhạya 間《ラ米》(メキシコ)《話》ちくしょう.

malhechọr, chọra 形 男 女 常習的に犯罪を働く（者）.

malherịr 98 他 重傷を負わせる.

malhumọr 男 不機嫌.

malhumorạdo, da 形 不機嫌な.

malhumorạr 他 不機嫌にする. ― **malhumorarse** 再 機嫌を損ねる.

Malí 固名 マリ：首都バマコ Bamako.

malịcia 女 ❶ 悪意. ❷ ずる賢さ；猫被り. ❸ 邪推.

maliciạr 17 他 怪しむ；邪推する. ― **maliciarse** 再 怪しむ；邪推する.

maliciọso, sa 形 男 女 ❶ 悪意をもつ（人）, ずるそうな（人）. ❷ 偏屈な（人）.

málico, ca 形〖化〗リンゴ（酸）の.

malignidạd 女 ❶ 有害性. ❷〖医〗悪性. ❸ たちの悪さ.

malịgno, na 形 ❶〖医〗悪性の. ❷ 邪悪な. ― 男《婉曲》悪魔. ***espíritu ～ [inmundo]***〖カト〗サタン.

malịlla 女〖遊〗（スペイン・トランプ）2 番目に強い札；ポーカーの一種.

Malịnche 固名 マリンチェ（?-1527）：コルテスの愛人として通訳を務めた先住民の女性.

malintencionạdo, da 形 男 女 悪意を含んだ（人）, 悪意をもつ（人）.

malinterpretạr 他 誤解する.

malịto, ta 形（少し）悪い.

mạlla 女 ❶ 網；網目（のある布[袋]）. ❷〖史〗鎖かたびら. ❸〖服〗レオタード. ❹《ラ米》（女性用）水着（→ bañador 地域差）；(アルゼンチン)(ウルグアイ)腕時計のチェーン.

mallạr 自 ❶ 魚網を作る. ❷（魚が）網にかかる.

mạllo 男 ❶ 木槌(きづち). ❷〖スポ〗ペルメル球技（場）.

Mallọrca 固名 マジョルカ（島）：バレアレス諸島最大の島.

mallorquín, quịna 形 男 女 マジョルカ島の（人）. ― 男 カタルーニャ語のマジョルカ方言.

malmandạdo, da 形 男 女 命令に従わない[反抗的な]（人）.

malmaridạda 形[女性形のみ] 女《文》不幸な結婚生活を送る（女性）.

malmetẹr 他 ❶ 仲たがいさせる. ❷ 悪風に染める.

malmirạdo, da 形 ❶ 鼻つまみものの. ❷ 礼儀知らずの.

malnacịdo, da 男 女《軽蔑》役立たずの人, 用無しの人.

malnutriciọ́n 女 栄養不良.

malo, la [マろ, ら] 形[絶対最上級 pésimo, ma][男性単数名詞の前で mal]〔英 bad, wrong〕❶ **悪い**（↔ bueno）, 劣悪な；まずい；厄介な. tener *mala* suerte 運が悪い, ついてない. *mal* tiempo 悪天候. enfermedad *mala* de curar 治りにくい病気. lo ～ es que ... 悪いことに…である. ❷ 意地悪な, 不親切な；《話》いたずらな, やんちゃな. ❸《話》具合の悪い, 病気の；（女性が）生理中の；（ものが）悪くなった. Me puse ～ después de comer. 食後具合が悪くなった. ❹《para, en》（…が）苦手な, 下手な. ― 男 女〖演〗悪役. ― 男《ラ米》縮れ毛（→ pelo 地域差）. ― 間《不快》おやおや，なんていうことだ．***de*** [***a***] ***malas*** 不機嫌な；敵対的な．***ir de*** ～ 悪意をもって振舞う．***ni un mal*** [***una mala***]〈＋名詞〉《否定》…さえも(ない)．No hay *ni un mal* restaurante para comer. 食事するレストランすらない．***poner*** ～ ***a ...*** …を怒らせる．***por las malas***《話》否応なしに．

malogrado, da 形 夭逝(ようせい)した．

malograr 他 ❶(好機を) 台無しにする．❷《ラ米》(ｴｸｱﾄﾞﾙ)《話》殺す，殺害する．── **malograrse** 再 ❶ 台無しになる；〔農〕不作になる．❷ 夭逝(ようせい)する．

maloliente 形 悪臭を放つ．

malón 男《ラ米》(南米)〔史〕先住民による襲撃；(ｱﾙｾﾞﾝﾁﾝ)(ｳﾙｸﾞｱｲ)《話》大群衆；(ｱﾙｾﾞﾝﾁﾝ)(ﾁﾘ)《話》友人のために行うびっくりパーティー．

malparado, da 形 ひどい目に遭う．

malparir 他 流産する．

malpensado, da 形 男 女 悪く考えがちな(人)，マイナス思考の(人)．

malquerencia 女 反感．

malquerer 87 他 反感を抱く．

malquerido, da 形 → malquisto.

malquistar 他《con》(…と) 仲違いさせる．── **malquistarse** 再《con》(…と) 仲違いする．

malquisto, ta 形《de / en》(…から / …の間で) 嫌われている．

malsano, na 形 健康に悪い；病的な．

malsonante 形(言葉・表現が) 下品な．

malta 女 麦芽，モルト；麦芽飲料．── 固名[M-] マルタ：首都バレッタ Valletta.

M

maltasa 女〔生化〕マルターゼ．

malteada 女《ラ米》ミルクセーキ．

malteado 男 麦芽製造(工程)．

maltear 他(大麦を) 麦芽にする．

maltés, tesa 形 男 女 マルタ(島)の(人)．── 男 マルタ語．

maltón, tona 形 男 女《ラ米》(ﾍﾟﾙｰ)(ﾎﾞﾘﾋﾞｱ)(ｴｸｱﾄﾞﾙ)(年齢のわりに) 大柄な(子供)．

maltosa 女〔化〕麦芽糖．

maltraer 104 他 ***traer a*** ～ …に絶えず面倒をかける．

maltraído, da 形《ラ米》(ｱﾙｾﾞﾝﾁﾝ)(ﾁﾘ)(ﾎﾞﾘﾋﾞｱ)(ﾍﾟﾙｰ)だらしない身なりの．

maltratador, dora 形 男 女 虐待する(人)．

maltratar 他 虐待する；手荒く扱う．

maltrato 男[主に複] 虐待．

maltrecho, cha 形(肉体的・精神的に) 痛めつけられた．

maltusianismo 男 マルサス主義．

maltusiano, na 形〔経〕マルサス主義の．── 男 女 マルサス主義者．

malucho, cha 形《話》(体の) 具合が悪い．

maluco, ca 形 ❶ モルッカ諸島の．❷《話》→ malucho. ❸《ラ米》(ｺﾛﾝﾋﾞｱ)《話》邪悪な．

malva 女〔植〕アオイ．── 形 男 薄紫色(の)．***estar criando*** ～***s*** 亡くなっている．***estar como una*** ～ おとなしくしている．

malváceo, a 形 アオイ科の．── 女[複] アオイ科の植物．

malvado, da 形 男 女 邪悪な(人)，極悪の(人)．

malvarrosa 女〔植〕タチアオイ．

malvasía 女 ❶〔植〕マルボワジー(ブドウ)．❷(甘口の) マルボワジー・ワイン．❸〔鳥〕アヒルの一種．

malvavisco 男〔植〕ウスベニタチアオイ．

malvender 他 投げ売りする．

malversación 女 横領．

malversador, dora 形 横領する．── 男 女 横領犯．

malversar 他 横領する．

Malvinas 固名 Islas ～ マルビナス諸島：英領 Folkland Islands.

malvinense / malvinero, ra 形 男 女 (アルゼンチンの) マルビナス諸島の(人)．

malvís 男〔鳥〕ワキアカツグミ．

malvivir 自 貧しい生活をする．

malvón 男《ラ米》(ﾒｷｼｺ)(ｱﾙｾﾞﾝﾁﾝ)(ｳﾙｸﾞｱｲ)《話》〔植〕ゼラニウム．

mama 女 ❶〔解〕哺乳(ほにゅう)器官，乳房．❷《話》《幼児語》ママ．

mamá [ママ] 女 [複 ～s] [英 mom]《話》**お母さん，ママ．** ～ ***grande***《ラ米》《話》おばあちゃん．

mamada 女 ❶ 乳を吸う行為．❷《卑》性器をしゃぶる行為．❸《ラ米》(南米)楽をして得た利益；酩酊(めいてい)．

mamadera 女 ❶ 搾乳器．❷《俗》《稀》母親の乳房．❸《ラ米》(ｱﾙｾﾞﾝﾁﾝ)(ｳﾙｸﾞｱｲ)(ﾍﾟﾙｰ)(ﾁﾘ)(ｱﾙｾﾞﾝﾁﾝ)哺乳(ほにゅう)瓶；(ﾍﾟﾙｰ)楽でもうかる仕事．～ ***de gallo***《ラ米》(ｴｸｱﾄﾞﾙ)たちの悪い冗談．

mamado, da 形 ❶《俗》酒に酔った．❷《ラ米》(ｺﾛﾝﾋﾞｱ)(ｴｸｱﾄﾞﾙ)《話》疲れた；(ｺﾛﾝﾋﾞｱ)《話》わけなくできる．

mamar 自 ❶ 母乳を飲む；《話》ちゅうちゅう吸う．❷《話》飲酒する．── 他 ❶(母乳を) 飲む．❷《話》(まねすることで) 覚える．── **mamarse** 再 ❶《俗》酒に酔う．❷《俗》…に甘んじる．❸《ラ米》(ﾁﾘ)がつがつ食べる；(ｴｸｱﾄﾞﾙ)《話》しぶしぶやる．***¡Por la leche que mamé*** [***mamaste***]***!***《実行の脅迫・約束》絶対にやるぞ．

mamario, ria 形 哺乳(ほにゅう)器官の，乳房の．

mamarrachada 女《話》《軽蔑》ばかげた言動．

mamarracho, cha 男 女《話》ばかげたこと[変な服装] をする人；《軽蔑》ばか．── 男《話》《軽蔑》ばかげたもの．

mambí / mambís, bisa 形 男 女〔史〕キューバ独立主義の(人)．

mambo 男 ❶〔音〕マンボ(ダンス)．❷《ラ米》(ｱﾙｾﾞﾝﾁﾝ)(ｳﾙｸﾞｱｲ)《俗》(殴打や麻薬摂取による) 足もとのふらつき．

mambrú 男(汽船の) 煙突．

mameluco, ca 形 男 女 ❶《話》《軽蔑》どじな(人)；のろまな(人)．❷〔史〕マムルーク(朝)の(人)．── 男 ❶〔史〕マムルーク王朝．❷《ラ米》〔服〕つなぎの作業服(→ mono 地域差)．❸(幼児用) ロンパース．

mamerto, ta 形《話》まぬけな，ばかな．── 男 女 まぬけ，ばか；《ラ米》(ｳﾙｸﾞｱｲ)酔っ払い．

mamey 男〔植〕マンメア，マミーの実．

mami 女(幼児語) → mamá.

mamífero, ra 形 哺乳(ほにゅう)類の．── 男[複] 哺乳類．

mamila 女〔解〕乳頭．

mamilar 形〔解〕乳頭の．

mamola 女《話》《挑発・親愛》相手の顎(あご)の下をなでる行為．── 間《幼児語》《返答を否定して》ブッブッー．

mamón, mona 形 男 女 ❶《俗》《軽

蔑》軽蔑すべき（人）；嫌な性格の（人）. ❷ 乳離れしていない（子供）.
mamonazo 男《ラ米》(ﾍﾞﾈｽﾞｴﾗ)強い殴打；不運.
Mamoré 固名 Río ～ マモレー川：ボリビアを流れるアマゾン川の支流.
mamotreto 男《話》《軽蔑》分厚いだけの本；何ら役に立たない代物.
mampara 女 屋内スクリーン；ついたて.
mamparo 男〖海〗船内隔壁.
mamporro 男 殴る[軽くぶつかる]こと.
mampostería 女〖建〗石工技術.
mampuesto, ta 形 石工(ｾｯｺｳ)用の. ― 男 ❶〖建〗未加工の石材. ❷《ラ米》(銃の)二脚架.
mamut 男 [複 ～s]〖古生〗マンモス.
maná 男 ❶〖聖〗マナ：出エジプト記に記された奇跡的食材. ❷ ごちそう；天の恵み.
manada 女 ❶（動物の）群れ. ❷《話》大群衆.
management [マナジェメン(トゥ)]〔英〕男 企業マネージメント.
manager / mánager [マナジェル]〔英〕男 女 [複 ～s] 経営者；マネージャー；監督.
Managua 固名 ❶ マナグア：ニカラグアの首都. ❷ Lago de ～ マナグア湖.
managüense 形 男 女 マナグアの（人）.
manantial 男 ❶ 泉. ❷《比喩的》源. ― 形（水が）湧(ﾜ)き出る.
manar 他（液体を）流出させる. ― 自 ❶ 湧(ﾜ)き出す. ❷（言葉・思考が）湧く.
manatí 男〖動〗マナティー.
manaza 女《話》《軽蔑》汚れた手.
manazas 男 女 [単複同形] 不器用な人.
manca 女《俗》刀剣類.
mancar 26 他（体の一部を）傷つける. ― 自《ラ米》失敗する. ― **mancarse** 再（体の一部を）けがする.
manceba 女《稀》愛人.
mancebía 女《古》売春宿.
mancebo, ba 男 女 ❶《文》(独身の) 若者. ❷《稀》(薬局の) 店員（見習い）.
mancera 女（鋤(ｽｷ)の）柄.
mancerina 女 ココアカップの受け皿.
mancha [マンチャ] 女〔英 spot〕❶ 染み；汚れ. ❷ 斑点(ﾊﾝﾃﾝ)；あざ. ❸ 不名誉. ❹《ラ米》(ﾍﾞﾈｽﾞｴﾗ)バナナ・カカオの病虫害. ― 活 → manchar. ― 固名 [M-] ❶ La *M*～ ラ・マンチャ：スペインの地方名. ❷ Castilla La *M*～ カスティーリャ・ラ・マンチャ：スペインの自治州. 州都トレド Toledo.
manchado, da 過分 → manchar. 形（動物が）ぶちの.
manchar [マンチャル] 他〔英 spot〕❶ (**de**)（…で）汚す, 染みをつける. ❷ (**con**)（…を）（液体に）混ぜる. ❸（名誉を）汚す. ― 自 染みを作る. ― **mancharse** 再 染みを作る.
manchego, ga 形 男 女 ラ・マンチャ地方の（人）. ***queso*** ～ ラ・マンチャ特産羊乳製チーズ.
manchón 男 大きなしみ[汚れ].
manchú 形 男 女 [複 ～(e)s] 満州の（人）. ― 男 満州語.
manchuriano, na 形 男 女（旧満州）中国東北部の（人）.
mancilla 女（名誉の）汚れ, 汚点, 傷.
mancillar 他（名誉を）汚す.
manco, ca 形 ❶ 欠陥のある；不完全な. ❷ 腕[手]を失った[の不自由な]. ***no ser*** [***quedarse***] ～ ***en*** ...《話》《皮肉》…するのが上手である.
Manco Cápac 固名 ❶ マンコ・カパク：伝説上のインカ文明初代王. ❷ ～ II マンコ・カパク二世 (1500-44).
mancomún ***de*** ～ 合意の上で.
mancomunar 他 ❶（人材・資金・努力を）結集する. ❷〖法〗連帯責任[保証債務]を課す.
mancomunidad 女 ❶（人材・資金・努力の）結集. ❷ 自治連合, 自治会.
mancorna 女 [複]《ラ米》カフスボタン（→ gemelo 地域差）.
mancuerna 女 ❶（角(ﾂﾉ)で結わえた）2頭の牛. ❷〖スポ〗ダンベル. ❸ [複]《ラ米》カフスボタン（→ gemelo 地域差）.
mancuernillas 女 複《ラ米》カフスボタン（→ gemelo 地域差）.
manda 女〖法〗遺贈. ― 活 → mandar.
mandadero, ra 男 女 連絡係；使い走り.
mandado, da 過分 → mandar. 男 女 使い走り. ― 男 ❶ 受けた注文；依頼. ❷（上司の）命令. ***estar al*** ～ ***de*** ... …の言うがままに動く.
mandamás 形 男 女《軽蔑》権力を笠(ｶｻ)に着て威張り散らす（人）.
mandamiento 男 ❶〖聖〗神の戒律. los Diez *M*～*s*（出エジプト記）十戒(ｼﾞｯｶｲ). ❷〖法〗命令.
mandanga 女 ❶《話》悠長すぎること. ❷《俗》マリファナ. ❸《話》作り話.
mandante 男 女〖法〗委託者.
mandar [マンダル] 他〔英 command; send〕❶（＋不定詞 / **que**＋接続法）（…するよう）**命令する**. Me *mandaron* limpiarlo todo. 私は全部きれいにするよう命ぜられた. Le *mandé* que viniera enseguida. 私は彼にすぐ来るよう命じた. ❷ **送る**（＝enviar）；派遣する, 使いにやる. ～ (a ...) por ...（…に）…を探し[取り]に行かせる. ❸ 指揮する；統治する. ❹ 処方する. ❺〖スポ〗優位に立つ. ❻ 遺贈する. ― 自 指揮する. ― **mandarse** 再《ラ米》(1)《＋不定詞》…してくださる. *Mándese* pasar. どうぞお入りください. (2) すっかり食べる, 平らげる. ***Lo que usted mande.*** 何なりとご用命を. ***¡Mande!***《ラ米》(ﾒｷｼｺ)(ﾁﾘ)《聞き返し》もう一度言ってくださいますか；《返事》何でしょうか；《疑惑》何ですって. ***mandarse*** (***a***) ***mudar***《ラ米》(ｱﾙｾﾞﾝﾁﾝ)(ｳﾙｸﾞｱｲ)立ち去る.
mandarín, rina 形 北京官話の. ― 男 ❶ 北京官話. ❷ 清朝の官吏. ❸（政財界の）有力者.
mandarina 女 マンダリン（オレンジ）の実.
mandarinero / mandarino 男〖植〗マンダリン（オレンジ）の木.
mandatario, ria 男 女 ❶〖法〗受託者. ❷ 統治者.
mandato 男 ❶〖法〗命令（書）；委託. ❷（要職者の）任期. ❸（選挙で選ばれた代理人の果たす）使命. ❹〖カト〗洗足式.
mandíbula 女（下）あご；〖解〗下顎骨(ｶｶﾞｸｺﾂ). ***reír a*** ～ ***batiente*** げたげた笑う.
mandibular 形（下）あごの；〖解〗下顎

骨(がいこつ)の.

mandil 男 エプロン.

mandilón 男 《ラ米》(メキシコ) 《話》 妻の尻(しり)に敷かれている男.

mandinga 形 男 女 マンディンゴの(人). ── 男 ❶ マンディンゴ語. ❷ 《ラ米》 悪魔.

mandioca 女 ❶ 〘植〙 キャッサバ. ❷ タピオカ澱粉(でんぷん).

mando 男 ❶ 指揮. puesto de ～ 〘軍〙 司令部. torre de ～*s* (空港) 管制塔. ❷ [主に複] 指導者. alto ～ 首脳陣. ❸ 〘機〙 制御[操縦]装置; (テレビ等の) リモコン装置 (= ～ remoto). ── 活 → mandar.

mandoble 男 ❶ 《話》 手による殴打. ❷ 刀剣を両手で握って斬(き)ること.

mandolina 女 〘音〙 マンドリン.

mandón, dona 形 男 女 《話》 《軽蔑》 威張り散らす(人).

mandrágora 女 〘植〙 マンダラゲ: 麻酔性で有毒.

mandria 形 ❶ 《話》 《軽蔑》 軽率な. ❷ 《話》 元気のない. ── 男 女 ❶ 《話》 《軽蔑》 粗忽(そこつ)者. ❷ 《話》 元気のない人.

mandril 男 〘動〙 マンドリル; 〘機〙 心棒; 主軸.

mandriladora 女 〘機〙 鑽孔機(さんこうき).

manduca 女 《話》 食べ物; 食事.

manducar 26 他 自 《話》 食べる.

manear 他 (馬の) 足を縛る. ── ***manearse*** 再 《話》 少々もたつく; 《ラ米》(アルゼンチン)(ウルグアイ) 足がもつれる; (ウルグアイ) 頭に血が上る.

manecilla 女 ❶ 小さな手; 〘印〙 指標 (☞). ❷ (時計等の) 針. ❸ (本の) 留め金.

manejabilidad 女 扱いやすさ.

manejable 形 扱いやすい.

manejar [マネハル] 他 〔英 handle, manage〕 ❶ (道具を) **手で扱う**; 操作する. ❷ 管理[運営]する. ❸ (人・言葉を) 自在に使う. ❹ 《ラ米》 (車を) 運転する (→ conducir 地域差). ── 自 《ラ米》 車の運転をする. ── ***manejarse*** 再 うまくやる. ***manejárselas (con ...)*** (…に関して) うまくやる.

manejo 男 ❶ 扱い; 操作. ❷ (扱い・操作の) 巧みさ. ❸ [主に複] 《話》 計略. ❹ 《ラ米》 車の運転. ── 活 → manejar.

manera [マネラ] 女 〔英 manner〕 ❶ **方法**, 仕方 (= modo). ～ de ser 人となり, 性格. Es una ～ de hablar. それも1つの言い方です. a mi ～ de ver 私の意見では. de la misma ～ 同じように. de ～ accidental 偶然に. ❷ 様式; 手法. a la ～ de ... …の手法で, …風に. ❸ [複] 作法, 行儀, マナー (= modales). con buenas ～*s* ていねいに. ***a ～ de ...*** …のように. ***de alguna ～*** ある程度; ある意味で. ***de cualquier ～*** いい加減に; いずれにしても. ***de ～ que ...*** (1) 《+直説法》 《結果》 だから…である. (2) 《+接続法》 《様態》 …のように. ***de ninguna ～*** 《否定》 決して, 全然. ***de otra ～*** (1) 別の方法で. dicho *de otra* ～ 言い換えれば. (2) さもなければ. ***de tal ～ que ...*** 〈+直説法〉 そのようなわけで…. ***de todas ～s / de cualquier ～*** とにかく. ***en gran ～ / sobre ～*** 《文》 すごく, とても. ***no haber ～ de*** 〈+不定詞 / que +接続法〉 《話》 …するのは不可能である.

manes 男 複 〘史〙 〘宗〙 マーネース: (古代ローマ) 神格化された死者の魂.

manga 女 ❶ 〘服〙 袖(そで). ❷ ホース. ❸ 〘スポ〙 …回戦. ❹ 茶漉(こ)し. ❺ (生クリームの) 絞出し袋[器]. ❻ 船幅. ❼ 〘植〙 マンゴーの一種. ❽ 《ラ米》 (1)(アルゼンチン)(ウルグアイ) 虫の大群; 《話》 《軽蔑》 非行少年の集団. (2)(ベネズエラ) 囲い場に通じる隘路(あいろ). ── 男 (日本の) 漫画. ***andar [ir] ～ por hombro*** 乱雑な状態にある. ***～ de agua*** 集中豪雨. ***tener ～ ancha con ...*** …に寛大である.

mangancia 女 《軽蔑》 泥棒家業, たかり屋生活.

manganesa / manganesia 女 〘鉱〙 軟マンガン鉱.

manganeso 男 〘化〙 マンガン.

manganeta 女 《ラ米》 (目的達成のための) 策略.

mangante 形 男 女 《話》 《軽蔑》 泥棒(を働く); 恥知らずな(人).

manganzón, zona 形 男 女 《ラ米》 (中米)(ベネズエラ) 《話》 《軽蔑》 自堕落な(人). ── 男 《ラ米》(ペルー) でくのぼう; (ベネズエラ) ませた子供.

mangar 66 他 《話》 盗む.

manglar 男 〘植〙 マングローブ.

mangle 男 〘植〙 (マングローブを形成する) ヒルギ科の木.

mango 男 ❶ 柄(え), 取っ手. ❷ 〘植〙 マンゴー(の実). ❸ 《ラ米》 (1)(ペルー) 《話》 心臓. (2)(アルゼンチン)(パラグアイ)(ウルグアイ) 《話》 1ペソ貨幣; [複] (中米)(アルゼンチン)(パラグアイ)(ウルグアイ) 《話》 お金.

mangonear 他 《話》 …に横やりを入れる. ── 自 ❶ 《話》 《en》 (…に) 口出しをする. ❷ 《ラ米》 《話》 私腹を肥やす; (キューバ)(メキシコ) 《話》 汚職をする.

mangoneo 男 《話》 余計な口出し.

mangosta 女 〘動〙 マングース.

mangostán 男 〘植〙 マンゴスチン.

manguear 他 《ラ米》 (1)(アルゼンチン)(チリ) (家畜を) 追い立てる. (2)(アルゼンチン)(ウルグアイ) 《話》 たかる. (3)(チリ) 《話》 (人を) 誘い出す; (人・獲物を) おびきよせる.

manguera 女 ホース, 流水管.

manguero, ra 形 《ラ米》(アルゼンチン)(ウルグアイ) 《話》 金をたかる. ── 男 女 ❶ (ホースによる) 散水係. ❷ 《ラ米》(アルゼンチン)(ウルグアイ) 《話》 金をたかる人.

mangueta 女 ❶ (トイレの) トラップ. ❷ 〘医〙 スポイト式浣腸(かんちょう)器. ❸ 〘建〙 梁(はり). ❹ 〘機〙 ハブ.

manguito 男 ❶ 〘服〙 マフ; (事務用) 腕抜き. ❷ 〘機〙 継ぎ手 (パイプ).

maní 男 [複 manises, ～es] 《ラ米》 ピーナッツ (→ cacahuete 地域差).

manía 女 ❶ 〘医〙 妄想. ❷ 偏執, マニア. ❸ 熱狂的愛好心. ❹ 《話》 《a》 (…への) 嫌悪感. ***～ depresiva*** 躁鬱(そううつ)病. ***～ persecutoria*** 被害妄想.

maniaco, ca / maníaco, ca 形 男 女 〘医〙 妄想の(患者); 偏執的な(人).

maniatar 他 手を縛る; 手錠をかける.

maniático, ca 形 男 女 偏執的な(人).

manicomio 男 《俗》 精神病院.

manicorto, ta 形 男 女 節約家(の), けち(な).

manicuro, ra 男 女 ネイルアーティスト. ── 女 美爪術; 手と爪の手入れ.

manido, da 形 ❶ 手あかのついた; 使い古された．❷（食べ物が）傷んだ．

manierismo 男〖美〗マニエリスム．

manierista 形 男 女〖美〗マニエリスムの（芸術家）．

manifestación 女 ❶ 表明；表れ．❷ デモ，示威活動．

manifestante 男 女 デモの参加者．

manifestar［マニフェスタル］⑱ 他〔英 show, manifest〕❶（思考・意見・立場を）表明［明示］する；（感情を）あらわにする．❷〖カト〗（聖体を）顕示する．

── **manifestarse** 再 デモを行う．

manifiest- 活 → manifestar.

manifiesto, ta 形 明白な．── 男 ❶ 宣言［声明］（文）．❷〖カト〗聖体の顕示．── 活 → manifestar. *poner de* ～ はっきり示す．

manigua 女《ラ米》(1)(ｷｭｰﾊﾞ)湿地；(ｺﾛﾝﾋﾞｱ)人跡未踏の密林．(2)(ｷｭｰﾊﾞ)トランプゲームの一種．

manija 女《ラ米》(1) 取っ手；ドアノブ．(2)(ｱﾙｾﾞﾝﾁﾝ)(ｳﾙｸﾞｱｲ) 1 リットル・ジョッキ．

manila 女 *papel* ～ マニラ紙．

manilense / manileño, ña 形 男 女 マニラの（人）．

manilla 女 ❶（ドアの）ノブ．❷（計器の）針．❸ 手錠．

manillar 男（自転車の）ハンドル．地域差（自転車の）ハンドル manillar《スペイン》《ラ米》(ｳﾙｸﾞｱｲ)；guía (ﾄﾞﾐﾆｶ共和国)；manubrio《ほぼラ米全域》；timón (ｷｭｰﾊﾞ)(ｸﾞｱﾃﾏﾗ, ﾎﾝｼﾞｭﾗｽ, ﾊﾟﾅﾏ)(ﾍﾟﾙｰ)；volante (ｺｽﾀﾘｶ)．

maniobra 女 ❶ 制御；操作．❷ 策略．❸［複］〖軍〗演習．

maniobrabilidad 女 操縦［機動］性．

maniobrable 形 操縦しやすい；機動性に優れた．

maniobrar 自 ❶ 操作［操縦］する．❷〖軍〗演習を行う．

maniobrero, ra 形 ❶〖軍〗諜報(ちょうほう)活動をする；機動性のある．❷ たくさんの可能性をもつ．

manipulación 女 ❶（物の）取り扱い．❷（情報の）操作．

manipulado 男（商品の）丁寧な装飾．

manipulador, dora 形 男 女（情報・人心を）操作する（人）．── 男 遠隔操作機．

manipular 他 ❶（手・道具で）（もの・機器を）取り扱う．❷（機器・爆発物の中を）探る．❸（情報・人心を）操作［工作］する．

manípulo 男 ❶（古代ローマ）歩兵中隊．❷〖カト〗マニプルス：腕にかける飾り帯．

maniqueísmo 男 ❶（善悪の）二元論．❷〖宗〗マニ教．

maniqueo, a 形 マニ教の．── 男 女 ❶ マニ教徒．❷（善悪の）二元論者．

maniquí 男［複 ～(e)s］❶ マネキン人形．❷《話》きれいに着飾った人．── 男 女 ファッションモデル．

manirroto, ta 形 男 女《話》金遣いの荒い（人）．

manisero, ra 男 女《ラ米》ピーナッツ売り．

manitas 形 男 女［単複同形］手先の器用な（人）．*hacer* ～ 愛撫(あいぶ)する．

manito, ta 男 女《ラ米》(ﾒｷｼｺ)《話》《親友に対する呼びかけ》兄弟，おまえ．── 男 小児用飲み薬．

manitú 男〖宗〗マニトゥ：北米先住民文化における超自然的存在．

manivela 女〖機〗クランク；《ラ米》〖車〗ハンドル（→ volante 地域差）．

manjar 男《文》（盛大・美味な）料理．*ser* ～ *de dioses* 最高においしい．

mano［マノ］女〔英 hand〕❶ 手，（四足獣の）前足，（料理用の動物の）足．al alcance de las ～s 手の届くところに．～s de cerdo 豚足．¡～s arriba! 手を挙げろ．❷ 技量，能力．tener buena [mala] ～ para [con] ... …が上手［下手］である．❸ 支配力，権力；影響力．Está en sus ～s. あなた次第です．tener mucha ～ (en ...)（…で）大きな力を持つ．❹（手で示す）方向，側；（ドアの開く）方向．a ～ derecha [izquierda] 右［左］（手）に．❺（仕事をする）手，作業；担い手；（刷毛(はけ)・筆等の）一塗り；［複］人手．dar la última ～ a ... …の仕上げをする．～ de obra 労働力．❻［複］所有者，持ち主．❼ 手のような形のもの；時計の針；すりこぎ，乳棒；（紙の）一束；《話》（バナナの）房．❽（トランプの）持ち札；先手，親；一勝負．❾〖スポ〗ハンド（リング）．❿《ラ米》災難，不慮の出来事．── 男《ラ米》(ﾒｷｼｺ)《話》同僚，友達（= hermano）．*abrir la* ～ 寛大になる，心を開く．*a* ～ 手で．escribir *a* ～ 手書きする．*a* ～ *alzada* 挙手で；フリーハンドで．*a* ～ *armada* 武器を持って．*a* ～*s de ...* …の手にかかって．*a* ～*s llenas* ふんだんに，気前よく．*bajo* ～ 不法に，こっそり．*caerse de las* ～*s*（本等が）全くつまらない．*cargar la* ～ *en ...* …の点で度を越す．*coger con las* ～*s en la masa*（悪巧みの）真っ最中のところを捕まえる．*con la* ～ *en la cintura*《ラ米》(ﾒｷｼｺ)《話》簡単に，やすやすと．*con las* ～*s vacías* 手ぶらで．*con [de]* ～ *dura* 手厳しく．*con una* ～ *detrás [atrás] y otra delante* お金がなく，貧乏で．*dar [estrechar] la* ～ 握手する．*decir [hablar] con el corazón en la* ～ / *con la* ～ *en el corazón* 正直に［腹を割って］話す．*de doble* ～《ラ米》両面通行の（→ dirección 地域差）．*dejado de la* ～ *de Dios*《話》神に見放された；忘れられた．*de* ～ 手で扱う．bolsa *de* ～ 手さげかばん．*de primera [segunda]* ～ じか［間接］に；真新しい［中古］の．*echar* ～ *a ...* …をつかむ．*echar* ～ *de ...* …に頼る，…を使う．*echar [dar, prestar] una* ～ *a ...* …に手を貸す，手伝う．*en buenas* ～*s* しかるべき人［場所］に．*en* ～ じかに，直接．*en* ～*s de ...* …の指揮のもとに．*estar en la* ～ *de* …による，従う．*estar* ～ *sobre* ～ 何もしないでいる．*frotarse las* ～*s*《悪意を含んだ満足・喜びを表して》もみ手をする，ほくそえむ．*ganar por la* ～ 先んじる．*írsele de las* ～*s* 取り損なう，取り逃す．*írsele la* ～ 行き過ぎる，調子に乗る．*lavarse las* ～*s* 撤退する，手を引く．*levantar la* ～（たたこうとして）手を挙げる．*llegar [venir] a las* ～*s* 取っ組み合いになる，けんかする．*llevarse las* ～*s a la cabeza*《話》驚く，怒る．～ *a* ～ 協力して．～ *de santo* 特効薬．～ *derecha* 右腕，最も頼りになる人．～ *izquierda* 手腕．*meter* ～《話》愛撫(あいぶ)する；敵対する，対決する．*pedir la* ～

M

de ... (女性との) 結婚の許しを請う, (女性に) プロポーズする. *poner en las ~s de* ... …が使用できるようにする；…の管理下に置く. *poner la ~ encima* 人をたたく. *poner ~s a la obra* 仕事に取り掛からせる[取り掛かる]. *tender la ~* 手を貸す, 手をさし出す. *tener la ~ larga* 訳もなく殴る. *tener las ~s largas* (けんか・盗み等で) 手が早い. *traerse* [*tener*] ... *entre ~s* …に取り組んでいる.

manojo 男 ❶ ひとつかみ, 束. ❷ ひと握り (の人々). *estar hecho un ~ de nervios* / *ser un ~ de nervios* 極度に緊張している.

Manola 固名 マノラ： Manuela の愛称.

manoletina 女 ❶ 〘闘牛〙 ムレタ muleta を後ろ手に構えるパセ pase. ❷ 闘牛用ブーツに似たデザインの靴.

Manoli 固名 マノリ： Manuela の愛称.

Manolo 固名 マノロ： Manuel の愛称.

manolo, la 男 女 《古》 マドリードの粋(いき)な下町っ子.

manómetro 男 〘物〙 圧力計.

manopla 女 ❶ 〘服〙 ミトン；(入浴用) タオル；(甲冑(かっちゅう)の) 小手当て. ❷ 《ラ米》(メキシコ)《話》 手.

manoseado, da 形 使い古した.

manosear 他 ❶ 《軽蔑》 いじり回す；(嫌がる相手に) しつこく触る. ❷ (同じ問題を) ほじくり返す.

M

manoseo 男 いじり回す [しつこく触る] こと.

manotada 女 ❶ 平手打ち. ❷ 《ラ米》(コロンビア)《話》(両[片]手による) ひとすくい.

manotazo 男 《話》 平手打ち.

manotear 他 ❶ パチンと打つ. ❷ 《ラ米》(アルゼンチン)(メキシコ) 盗む. ── 自 手をやたらと振り回す.

manoteo 男 手をやたらと振り回すこと.

manotón 男 ❶ 平手打ち. ❷ 《ラ米》(アルゼンチン)(ウルグアイ) 《話》 ひったくり行為.

manquedad / **manquera** 女 《稀》 (手・腕の) 欠損.

mansalva 女 *a ~* 確実[無事, 大量]に.

mansarda 女 〘建〙 マンサード屋根；屋根裏部屋.

mansión 女 大邸宅.

manso, sa 形 ❶ (動物が) 従順な；(人が) 温和な. ❷ (動きの) 穏やかな. ❸ 《ラ米》(チリ) 《話》 とてつもない. ── 男 ❶ 《軽蔑》 妻に浮気されても平気な男. ❷ 群れを先導する家畜.

mansurrón, rrona 形 《軽蔑》 おとなしすぎる.

manta [マンタ] 女 〔英 blanket〕 ❶ **毛布** (→地域差). ❷ 《話》 (棒による) 殴打. ❸ 〘魚〙 マンタ. ── 男 女 《話》 怠惰で役立たずな人. *a ~(s)* 《話》 大量に. *liarse la ~ a la cabeza* 《話》 前後を顧みず突進する.

地域差 毛布 manta 《スペイン》《ラ米》(パナマ) (コロンビア) (ペルー) (ウルグアイ)； cobertor (メキシコ) (ニカラグア) (コロンビア)； cobija (メキシコ) (ホンジュラス, エルサルバドル, コスタリカ) (コロンビア, ベネズエラ) (エクアドル)； frazada (キューバ) (グアテマラ, エルサルバドル, ニカラグア) (ペルー, ボリビア) (チリ) (パラグアイ, ウルグアイ, アルゼンチン)； frisa (ドミニカ共和国, プエルトリコ)； sábana gruesa (パナマ) (ベネズエラ).

mantazo 男 〘闘牛〙 でたらめにムレータ muleta をさばくこと.

manteamiento 男 (毛布に載せての) 胴上げ.

mantear 他 ❶ (毛布に載せて) 胴上げする. ❷ 《ラ米》(アルゼンチン)(メキシコ)(プエルトリコ) (2人以上が1人を) 棒でたたく.

manteca 女 ❶ ラード；乳脂. ❷ 植物性油脂. ~ de cacahuete ピーナッツ・バター. ❸ 《話》 (人の) 脂肪. ❹ 《ラ米》(アルゼンチン)(ウルグアイ) バター.

mantecada 女 ❶ (スペイン) アストルガ産のマドレーヌ. ❷ 《ラ米》 バターつき菓子パン.

mantecado 男 ❶ アイスクリーム. ❷ (ラードを使った) 菓子パン.

mantecoso, sa 形 ❶ 脂肪の多い. ❷ (触感が) べたつく；ねばっこい.

mantel 男 ❶ テーブルクロス. ❷ 祭壇布.

mantelería 女 テーブルクロス・セット.

manteleta 女 女性用ケープ.

mantén 活 → mantener.

mantendr- 活 → mantener.

mantenedor, dora 男 女 (審査会の) 進行役, 審査員.

mantener [マンテネル] 33 他 〔英 maintain〕 ❶ (状態を) **保つ**, 維持する. ❷ (物理的に) 支える (= sostener). *Mantén* este clavo. この釘(くぎ)に手を添えていてくれ. ❸ (意見・主張を) 固持する. ❹ (義務・約束を) 守る. ❺ (生活費・食費を) 賄う；養う. ── **mantenerse** 再 ❶ (…の状態を) 保つ, 維持する. ~ joven 若さを保つ. ❷ 生計を立てる.

manteng- 活 → mantener.

mantenido, da 過分 → mantener. 男 女 被扶養者；(主に男) 居候, ひも.

mantenimiento 男 ❶ 維持；支持. ❷ (義務の) 履行. ❸ 扶養. ❹ 〘機〙 整備；メンテナンス.

manteo 男 ❶ (毛布に載せての) 胴上げ. ❷ 聖職者用の長いケープ.

mantequera 女 バター入れ.

mantequería 女 乳製品の製造工場 [販売店].

mantequero, ra 形 バター製造の. ── 男 女 バター製造業者.

mantequilla [マンテキリャ〈マンテキヤ・マンテキジャ〉] 女 〔英 butter〕 **バター**；バタークリーム.

mantien- 活 → mantener.

mantilla 女 ❶ 〘服〙 マンティリャ：頭と肩を覆う女性用スカーフ. ❷ 乳幼児用おくるみ. *estar en ~s* 《話》 始めたばかりである.

mantillo 男 ❶ 腐植土層. ❷ 腐葉土；堆肥(たいひ).

mantis 男 [単複同形] 〘昆〙 カマキリ.

mantisa 女 〘数〙 仮数.

manto 男 ❶ マント；女性用黒ベール. ❷ 〘地質〙 マントル. ❸ 〘動〙 外套(がいとう)膜. ❹ 覆うもの.

mantón 男 〘服〙 ショール. *~ de Manila* 房のある独特の刺繍(ししゅう)入りショール.

mantuv- 活 → mantener.

manual 形 手を使う, 手動の；労力を要する. obrero ~ 肉体労働者. ── 男 手引き書, マニュアル.

manubrio 男 ❶ 〘機〙 クランク. ❷ 〘動〙 (クラゲの) 口柄(こうへい). ❸ 《ラ米》〘車〙 ハンドル (→ volante 地域差)；(自転車の) ハンドル (→ manillar 地域差).

Manuel 固名 マヌエル：男子の名.

manuela 女 《古》 (マドリードの) 貸し馬車.

— 固名 [M-] マヌエラ：女子の名.
manuelino, na 形 〖建〗マヌエル様式の.
manufactura 女 ❶ 製品，手工芸品. ❷ 製造業[所].
manufacturar 他 製造する.
manufacturero, ra 形 製造の. — 男 女 製造業者.
manu militari 〔ラ〕 副 武力によって.
manumisión 女 〖史〗(奴隷の) 解放.
manumiso, sa 形 〖史〗(奴隷が) 解放された.
manumitir 他 〖史〗(奴隷を) 解放する.
manuscrito, ta 形 手書きの. — 男 ❶ 写本，手稿本. ❷ オリジナル原稿.
manutención 女 扶養；日々の糧；生活維持.
manyar 他《ラ米》《話》(アルゼ)(ウルグ)食う；(アルゼ)(ウルグ)(ペル)気付く；(ペル)見る.
manzana [マンサナ] 女 〔英 apple〕 ❶ リンゴの実. ❷ (道と道の間の) 一区画，ブロック. ❸《ラ米》のどぼとけ (＝～ de Adán) (→ nuez 地域差). ～ ***de la discordia***《話》争いの種.
manzanal / manzanar 男 リンゴ畑.
Manzanares 固名 el ～ マンサナレス川：スペインのタホ川の支流.
manzanilla 女 ❶〖植〗カモミール. ❷ カモミール・ティー. ❸ マンサニージャ：アンダルシア産の辛口白ワイン. ❹〖植〗小粒オリーブ.
manzano 男〖植〗リンゴの木.
maña 女《話》❶ 器用さ. Se da muy buena ～ con los toros. 彼は闘牛の扱いがとても巧みだ. ❷ [複] 策略；悪習.
mañana [マニャナ] 女 〔英 morning〕 朝，午前. a las siete de la ～ 午前7時に. esta ～ 今朝. por la ～ 午前中に. — 男 未来. El ～ no lo conocemos. 未来がどうなるかは分からない. — 副 〔英 tomorrow〕 明日. pasado ～ 明後日. ～ por la ～ 明日の午前中. ***a media ～*** 日が高くなってきたころに (午前10時ごろに). ***de la noche a la ～***《話》一夜のうちに，急に. ***(muy) de ～*** 朝早くに. ***de ～ en dos [tres] días*** 明日から2日[3日]のうちに. ***el día de ～*** 明日；将来. ***¡Hasta ～!***《挨拶》また明日. ***Hoy por mí ～ por ti.*** 明日はわが身. ***¡M～!***《話》《拒絶》やだね. ***M～ será otro día.*** 明日は明日の風が吹く. ***No dejes para ～ lo que puedas hacer hoy.***《諺》今日できることは明日に伸ばすな.
mañanear 自 早起きである.
mañanero, ra 形 朝の；早起きの.
mañanita 女 ❶ 女性用ベッドジャケット. ❷ [複]《ラ米》(メキ)(シコ)マニャニタス：誕生日等祝い事のための歌.
maño, ña 形 男 女《話》アラゴンの (人).
mañosear 自《ラ米》(チ)(リ)(食事の) 行儀が悪い.
mañoso, sa 形 ❶ 器用な. ❷ 悪知恵の働く.
maoísmo 男 毛沢東主義[思想].
maoísta 形 毛沢東主義の. — 男 女 毛沢東主義者.
maorí 形 男 女 [複 ～(e)s] マオリ人 (の). — 男 マオリ語.
Mao Tse-tung 固名 毛沢東 (1893-1976)：中国の革命家.

mapa [マパ] 男 〔英 map〕 地図. ～ físico 地勢図. ～ político 政治行政の境界線図. ***borrar del mapa ～***《話》抹殺する.
mapache 男〖動〗アライグマ.
mapamundi 男 (南北両半球を分けて描いた) 世界地図.
mapuche 形 男 女 (チリの先住民族) マプーチェの (人). — 男 マプーチェ語.
maquear 他 漆を塗る. — **maquearse** 再《話》着飾る.
maqueta 女 ❶ ひな型；プラモデル. ❷〖印〗束(つか)見本；レイアウト.
maquetas [単複同形] 男《ラ米》(コロン)(ビア)《話》《軽蔑》ぼんやりした男.
maquetista 男 女〖印〗レイアウトを職業とする人.
maqueto, ta 形 男 女《軽蔑》スペインの地方からバスク地方に移民した (人).
maqui 男 ❶ → maquis. ❷〖植〗チリ産ホルトノキ科の常緑低木.
maquiavélico, ca 形 マキャベリズムの. — 男 女 利にさとい人；狡猾な人.
maquiavelismo 男 マキャベリズム.
maquila 女《ラ米》(メキ)(シコ)海外資本による保税加工工業.
maquiladora 女《ラ米》(メキ)(シコ)マキラドーラ：海外資本による保税加工工業の工場.
maquillador, dora 男 女 メイク係.
maquillaje 男 化粧(品).
maquillar 他 ❶ メイクする. ❷ 偽装する. — **maquillarse** 再 化粧する.
máquina [マキナ] 女 〔英 machine; camera〕 ❶ 機械，器械. ～ de coser ミシン. ～ de vapor [hidráulica] 蒸気[水力] 機関. 水力機関. ～ neumática 真空ポンプ. ❷ カメラ (＝～ de fotos [fotográfica]). ❸ 機関車. ❹ (舞台の) からくり. ❺ (ゲームセンターの) ゲーム機；自動販売機. ❻ 機構，大組織. ❼《俗》麻薬の注射器. ❽ 電気かみそり (→地域差). ❾《ラ米》(1)(アルゼ)(ウルグ)《俗》(豊満で) 魅力的な女性. (2)(アルゼ)(ウルグ)《話》心臓. (3)(キ)(ュ)(プエ)(ルト)自動車. (4) 安全かみそり (→ maquinilla 地域差). (5) (ガソリンスタンドの) 給油機 (→ surtidor 地域差). ***a ～*** (手ではなく) 機械で. escribir ***a ～*** ワープロで書く. ***a toda ～*** 全速力で. ***ser como una ～*** 素早く精密な仕事をする；心がとても冷たい. 地域差 電気かみそり máquina《スペイン》《ラ米》(キュ, プエル)(エルサル, パナマ)(ニカラ)(ペル)(チリ)(アルゼ)；afeitadora eléctrica (エクア)(パラグ, ウルグ)；aparato de afeitar (ドミニカ共和国)；rasurador eléctrico (メキ)(グアテ, コスタ, パナ)(コロン)(ボリ).
maquinación 女《contra》(…に対する) 陰謀.
maquinador, dora 形 陰謀をたくらむ. — 男 女 陰謀[策略]家.
maquinal 形 機械的な，無意識の.
maquinar 他 陰謀を企てる.
maquinaria 女 ❶ (集合的) 機械 (設備). ❷ メカニズム. ❸ 機構.
maquinilla 女 安全かみそり (→地域差)；電気かみそり (＝～ eléctrica). 地域差 安全かみそり maquinilla《スペイン》《ラ米》(コロン)(エクア)(パラグ)；afeitadora (ベネズ)；hoja de afeitar (エクア)(チリ)；la gillet (アルゼ)；máquina (キュ)(グアテ, ニカラ, パナ)(コロン, ベネズ)(エクア, ペル, ボリ)(チリ)(ウルグ, アルゼ)；

M

navaja [aparato]de afeitar (ドミニカ共和国)；rastrillo (メキシコ)(ペルー)；rasurador (プエルトリコ)(ホンジュラス，エルサルバドル，コスタリカ)(ボリビア).

maquinismo 男 機械化.

maquinista 男 女 ❶ 機械運転者，機械工. ❷〘映〙カメラアシスタント.

maquinizar 57 他 機械化する.

maquis 男［単複同形］❶ マキ：第二次大戦中のフランスの対独ゲリラ組織. ❷ 地方のゲリラ活動. — 男 女 地方で活動するゲリラ.

mar ［マル］男（時に女）〔英 sea〕❶ 海（↔tierra）. alta *mar* 大海；公海. *mar* adentro 沖合いで［に］. por *mar* 海路で，船で. ► 文学で，または海浜地域の意味では女性名詞として用いられることが多い. ❷《修飾語句を伴って》ある状態の海；大波，うねり；潮. *mar* arbolada 大しけの荒海. *mar* gruesa 荒海. *mar* de fondo 高波；動揺. *mar* picada やや波のある海. *mar* llena 満潮. ❸ 大洋；湖；《固有名詞》…海；（月面等の）海. *Mar* Mediterráneo 地中海. ***a mares***《話》ふんだんに，たくさん. ***hacerse a la mar*** 海に出る；航海する；船乗りになる. ***la mar de ...***《話》すごく；多量の. El vestido te queda *la mar de* bien. そのワンピースはあなたにすごくよく似合っている. ***un mar de ...*** 多量の…，たくさんの.

marabú 男〘鳥〙ハゲコウ（の羽毛）.

marabunta 女 ❶ アリの大群の移動（による被害）. ❷《話》（大騒ぎの）群集.

M

maraca 女［主に複］〘音〙マラカス.

Maracaibo 固名 マラカイボ：ベネズエラの港湾都市.

maragato, ta 形 男 女（スペイン，レオン県の）マラガテリーア地方の（人）.

marajá 男 → maharajá.

maraña 女 ❶（糸・髪等の）もつれ. ❷ 紛糾. ¡Qué 〜! いったい何がどうなってんだ. ❸ 茂み.

marañón 男〘植〙カシューの木. — 固名 el *M*〜 マラニョン川：ペルー北部を流れるアマゾン川の主要源流の1つ.

marasmo 男 ❶ 不振. ❷〘医〙消耗（症），衰弱. ❸ 紛糾.

maratón 男（時に女）❶〘スポ〙マラソン. ❷ 耐久レース［競技］. ❸ 長時間にわたり忍耐を必要とする活動.

maratoniano, na 形 マラソンの.

maravedí 男［複 〜(e)s, maravedises］マラベディ：19世紀半ばまで通用したスペインの貨幣の1つ.

maravilla ［マラビリャ〈マラビヤ・マラビジャ〉］女〔英 marvel, wonder〕❶ 驚異；すばらしいもの. ❷〘植〙オシロイバナ（＝〜 de Indias）；キンセンカ. ***a las (mil) 〜s*** 申し分なく. ***contar [decir, hablar] 〜s de ...*** …を褒めちぎる. ***hacer 〜s*** 驚くべき成果を上げる；妙技を見せる.

maravillar 他 驚嘆［感嘆］させる. — **maravillarse** 再《con, de》（…に）驚嘆する；不思議に思う.

maravilloso, sa ［マラビリョソ〈マラビヨソ・マラビジョソ〉，サ］形〔英 marvelous〕驚くべき；すばらしい. paisaje 〜 絶景.

Marbella 固名 マルベーリャ：（スペイン）コスタ・デル・ソル有数の観光地.

marbete 男 ラベル，荷札；へり，縁.

marca ［マルカ］女〔英 mark〕❶ 目印，マーク. ❷ ブランド，メーカー；商標（＝〜 de fábrica）. de 〜 ブランド［メーカー］品の；上等の. ❸（傷）跡. ❹ 特徴；影響（を受けた跡）. ❺〘スポ〙記録. — 活 → marcar. — 固名 *M*〜 Hispánica スペイン辺境領：現在のカタルーニャ地方. ***de m〜 mayor***《話》とびきり上等の；途方もない.

marcación 女《ラ米》(アルゼンチン)(ウルグアイ) → marcaje.

marcado, da 過分 → marcar. 形 目立った，著しい.

marcador, dora 形 印［マーク］を付ける. — 男 女 ❶ 検査官. ❷〘スポ〙得点記録係，スコアラー. — 男 ❶〘スポ〙得点表示版，スコアボード. ❷《ラ米》(アルゼンチン)(コロンビア)(ウルグアイ)マーカー，フェルトペン.

marcaje 男〘スポ〙得点（をあげること）；（相手選手を）マークすること.

marcapasos 男［単複同形］〘医〙ペースメーカー.

marcar ［マルカル］26 他〔英 mark〕❶ 印［マーク］をつける. ❷ 跡［傷］をつける Esa experiencia *marcó* su vida. その経験が彼の人生に影響を与えた. ❸（時計・計器等が）示す. ❹（電話の）ダイヤルを回す，プッシュボタンを押す. ❺（商品の）金額を表示する；値をつける. ❻〘スポ〙(1) 得点をあげる. 〜 un gol（サッカー等で）ゴールを決める；《比喩的》点を稼ぐ. (2)（相手選手を）マークする. ❼ 示す，意味する. ❽ 目立たせる. ❾（髪を）セットする. — 自 ❶〘スポ〙得点をあげる. ❷（電話の）ダイヤルを回す. — **marcarse** 再 ❶〘スポ〙得点する. ❷ 目立つ. ❸《話》行う；言う. ***marcarse unos pasos de baile*** ダンスのステップを踏む.

marcasita 女〘鉱〙白鉄鉱.

marcear 他 自（陽気が）3月らしくなる.

Marcela 固名 マルセラ：女子の名.

Marcelina 固名 マルセリーナ：女子の名.

Marcelino 固名 マルセリーノ：男子の名.

Marcelo 固名 マルセロ：男子の名.

marceño, ña 形 3月（生まれ）の.

marcescente 形〘植〙（花・葉が）落ちないで枯れる.

marcha ［マルチャ］女〔英 march〕❶ 行進；歩み. abrir [cerrar] la 〜（行進の）先頭［最後尾］を行く. ¡En 〜! さあ行こう；前へ進め. ❷ 経過；進行；（物事の）進展. llevar buena 〜 順調である. poner en 〜 動かす. ponerse en 〜 動き出す. ❸ 出発. ❹〘音〙行進曲. *M*〜 Real 国王行進曲（► スペイン国歌）. ❺〘車〙(1)（変速）ギア. 〜 directa トップギア. meter la 〜 atrás バックギアに入れる. → velocidad. (2) スターター（→ arranque 地域差）. ❻《話》活気. ❼ どんちゃん騒ぎ. ❽〘スポ〙競歩（＝〜 atlética）. — 活 → marchar. ***a 〜s forzadas*** 大急ぎで. ***a toda 〜*** 全速力で. ***dar 〜 atrás***（車を）後退させる；（考えを）元に戻す. ***sobre la 〜*** 成り行きを見て.

marchador, dora 男 女 競歩選手.

marchamo 男 ❶（税金・製品の）検査済マーク. ❷（製品を特徴づける）ラベル.

marchante, ta 形 商人［商業］の. — 男 女 ❶ 商人，（特に）美術商. ❷《ラ

米》(1) 得意先回りの商人. (2) 得意客.
marchar [マルチャル] 自 〔英 go〕 ❶ 行く, 進む；出発する. ❷ (事柄が) 進展する. ❸ (機械等が) 動く, 稼動する. ❹ 〘軍〙 行軍する. ── **marcharse** 再 〔英 leave〕 (ある場所を) 去る, 帰る.
marchitable 形 しおれやすい.
marchitamiento 男 ❶ (草花が) しおれること. ❷ 衰え.
marchitar 他 ❶ (草花を) しおれさせる. ❷ (体力・容色等を) 衰えさせる. ── **marchitarse** 再 ❶ しおれる. ❷ 衰える.
marchito, ta 形 ❶ (草花が) しおれた. ❷ 活力を失った.
marchoso, sa 形 《話》 愉快な, ごきげんな. ── 男 女 愉快な人, 遊び好きの人.
marcial 形 軍隊の；戦争の；軍人 [軍隊] のような. ley ～ 戒厳令. artes ～*es* 武道, 武術.
marcialidad 女 軍人気質.
marciano, na 形 火星 (人) の；(火星人のように) 奇妙な. ── 男 女 火星人.
marco 男 ❶ 枠, 額縁. ❷ 範囲；枠組み. ❸ 環境, 周りの状況. ❹ 〘スポ〙 ゴールポスト. ❺ マルク：ユーロ導入以前のドイツの通貨単位. ── 活 → marcar. ── 固名 [M-] マルコ：男子の名.
Marcos 固名 マルコス：男子の名.
Mar del Plata 固名 マル・デル・プラタ：アルゼンチンの都市.
marea 女 ❶ 潮 (の満ち干). ～ negra 海に流出した原油. ～ roja 赤潮. ❷ 人の流れ, 殺到. *contra viento y* ～ 万難を排して.
mareado, da 形 気分が悪い；(乗り物・酒等に) 酔った.
mareaje 男 〘海〙 航海術；航路.
mareamiento 男 → mareo.
mareante 形 吐き気を催す；《話》 うんざりさせる. ── 男 船乗り.
marear 他 ❶ 《話》 悩ます, うんざりさせる. ❷ 乗り物酔いさせる；吐き気を催させる. ❸ (船を) 操縦する. aguja de ～ 羅針盤. ❹ 《話》 ほろ酔いにさせる. ── **marearse** 再 ❶ 乗り物に酔う；気分が悪くなる. ❷ めまいがする. ❸ 《話》 ほろ酔い機嫌になる. ❹ 《ラ米》(ﾁﾘ)(布が) 色あせる.
marejada 女 ❶ 大波, うねり. ❷ (人々の) 動揺.
marejadilla 女 小さな波のうねり.
maremagno / maremágnum / mare mágnum 男 《話》 ❶ 群衆. ❷ 多数；混乱.
maremoto 男 海底地震.
marengo 男 ダークグレー (＝gris ～).
mareo 男 ❶ めまい；乗り物酔い, 吐き気. ❷ 《話》 面倒；困惑.
mareógrafo 男 (自動) 検潮器.
mareomotor, triz 形 潮力の.
marfil 男 ❶ 象牙(ぞうげ)(製品). torre de ～ 《比喩的》 象牙の塔. ❷ 象牙色, アイボリー. ── 形 象牙 (質, 色) の, アイボリーの.
marfileño, ña 形 ❶ 象牙(ぞうげ)の, 象牙でできた. ❷ コートジボアールの.
marga 女 〘鉱〙 泥灰土 [岩], マール.
margal 男 泥灰土 [マール] の多い土地.
Margara 固名 マルガーラ：Margarita の愛称.
margarina 女 マーガリン.
margarita 女 ❶ 〘植〙 ヒナギク；マーガレット. deshojar la ～ 花びらを抜きながら恋占いをする. ❷ 真珠. echar ～*s* a los cerdos [puercos] 豚に真珠 (を与える). ── 男 マルガリータ：テキーラベースのカクテル. ── 固名 [M-] マルガリータ：女子の名.
margen [マルヘン] 男 [複 márgenes] 〔英 margin〕 ❶ (ページの) 余白, 欄外. ❷ 余裕；(一定の) 許容範囲. ❸ 〘商〙 マージン, 売買差益. ❹ 機会；口実. ❺ へり, 縁. ── 女 (川の) 岸. 川の両岸. *al* ～ 欄外に；疎外されて. *dejar al* ～ *a* ... …を無視する.
marginación 女 のけ者にする [される] こと, 疎外；拒絶, 拒否.
marginado, da 形 疎外された. ── 男 女 社会から疎外された人；アウトサイダー.
marginador 男 (タイプライターの) マージン・ストップ.
marginal 形 ❶ 欄外の. ❷ 副次的な, 非本質的な. ❸ (社会から) 孤立した. ── 男 女 (社会から) 孤立した人.
marginalidad 女 排他性, 局外性；重要性のなさ.
marginar 他 ❶ 無視する；疎外する. ❷ 欄外 [余白] に書き込む.
margrave 男 〘史〙 (神聖ローマ帝国時代のドイツの) 辺境伯.
Mari / Mary 固名 マリ：María の愛称.
maría 女 《話》 ❶ 《俗》 マリファナ. ❷ 楽勝科目. ❸ 《軽蔑》 単純で人のいい女性. ❹ 〘料〙 (マリア) ビスケット. ── 固名 [M-] ❶ Santa [Virgen] *M*～ 聖母マリア. ❷ マリア：女子の名.
mariachi / mariachis 男 〘音〙 マリアッチ：メキシコの民俗舞踊音楽 [楽団].
María de Guadalupe 固名 マリア・デ・グアダルーペ：女子の名.
María de la Encarnación 固名 マリア・デ・ラ・エンカルナシオン：女子の名.
María del Carmen 固名 マリア・デル・カルメン：女子の名.
Mariana 固名 マリアナ：女子の名.
Marianas 固名 Islas ～ マリアナ諸島.
marianista 形 男 女 〘カト〙 (1817年フランスで設立された) マリア会の (会員).
mariano, na 形 聖母マリアの.
Mariátegui 固名 マリアテギ José Carlos ～ (1894-1930)：ペルーの思想家.
marica 女 〘鳥〙 カササギ. ── 男 《俗》 ホモセクシュアル, その相手.
Mari Carmen 固名 マリ・カルメン：(María del) Carmen の愛称.
Maricastaña 固名 *en tiempos de* ～ 大昔に, 昔々.
maricón, cona 形 《俗》 同性愛の. ── 男 《俗》 同性愛者；腹黒い男.
mariconada 女 《俗》 ❶ 悪意のある [卑劣な] 行為；ばかげたこと. ❷ ホモセクシュアルのような態度 [ことば].
mariconeo 男 《俗》 ホモセクシュアルの仕草.
mariconería 女 《俗》 ❶ ホモセクシュアルであること. ❷ → mariconada.
maridaje 男 ❶ 調和. ❷ 夫婦関係.
maridar 自 結婚する；同棲(どうせい)する. ── 他 結合させる, 合体させる.
marido [マリド] 男 〔英 husband〕 夫,

M

主人. ► 「妻」は mujer, esposa.

mariguana / marihuana 女〖植〗タイマ；マリファナ(タバコ).

mariguano, na 男 女 《ラ米》《メキシコ》マリファナ常用者.

marimacho 男 《話》❶ 男勝りの女. ❷《俗》レズビアン.

marimandón, dona 形 男 女 《話》口やかましい(人), 威張った(人).

marimba 女〖音〗マリンバ：木琴に共鳴管をつけた打楽器.

marimorena 女《話》けんか；騒ぎ.

marina 女 ❶ 海軍. ❷(国が所有する)船団, 船舶. ❸ 沿岸. ❹ 海洋画, 海[船]の絵. ❺ 航海術. ── 固名 [M-] → Malinche.

marinar 他 ❶〖料〗マリネ[酢漬け]にする. ❷(船に)船員を乗り組ませる.

marine 〔英〕男(米国の)海兵隊員.

marinear 自 船乗りとして働く.

marinera 女 ❶ セーラー服. ❷《ラ米》《ペルー》〖音〗マリネラ：民族舞踊. *a la* ～〖料〗マリネの.

marinería 女《集合的》(船の)乗組員；船乗り.

marinero, ra 形 ❶ 海の, 海洋の. ❷ 船乗りの；水兵の. ❸(船舶が)航海に適する；操船しやすい. ❹ マリンルックの. ── 男 船乗り；水兵.

marino, na 形 海の. azul ～ ネービーブルー. ── 男 船員, 船乗り；水兵.

M

marioneta 女 ❶ マリオネット, 操り人形. ❷《比喩的》人の言いなりになる人.

mariposa [マリポサ] 女〔英 butterfly〕❶〖昆〗**チョウ**；ガ(= ～ nocturna). ❷〖機〗蝶(ちょう)ナット. ❸(ランプの)浮き灯明. ❹〖スポ〗バタフライ(= braza ～). ── 男《話》《俗》ホモセクシュアル, 同性愛者.

mariposear 自 ❶ 移り気である；(次から次へと)女性を口説く. ❷ つきまとう.

mariposón 男 ❶《話》浮気者. ❷《話》《俗》ホモセクシュアル, 同性愛者.

Mariquilla 固名 マリキーリャ：María の愛称.

mariquita 女〖昆〗テントウムシ. ── 男《俗》ホモセクシュアル, 同性愛者. ── 固名 [M-] マリキータ：María の愛称.

marisabidillo, lla 男 女《話》インテリぶる人.

mariscada 女〖料〗海の幸の盛合わせ.

mariscal 男〖軍〗陸軍元帥.

mariscar 26 他 自(エビ・カニ・貝類等の)海産物を取る, 漁をする.

marisco 男(エビ・カニ・貝類等の)海産物, シーフード.

marisma 女〖地〗海辺の低湿地, 塩湿地. *Las M～s* ラス・マリスマス：スペインのグアダルキビル川河口の低湿地帯.

marismeño, ña 形 塩湿地の.

marisquería 女 海産物の[シーフード]レストラン[バル bar].

marisquero, ra 形 海産物の, 海産物に関する. ── 男 女(エビ・カニ・貝類の)漁師；海産物業者.

marista 形〖カト〗マリスト会[マリア会]の. ── 男〖カト〗マリスト会[マリア会]会士.

marital 形 夫婦の, 結婚(生活)の；夫の.

marítimo, ma 形 ❶ 海の；海事の. ❷ 海辺の. ciudad *marítima* 臨海都市.

maritornes 女〔単複同形〕《話》がさつで醜い女中.

marjal 男 低湿地；湿原.

marjoleto 男〖植〗(セイヨウ)サンザシ.

marketing [マルケティン]〔英〕男〖経〗マーケティング, 市場調査.

marmita 女 ふたつき鍋(なべ)；飯盒(はんごう).

marmitako 男〖料〗(バスク地方の)カツオとジャガイモの煮込み.

marmitón 男 調理場の見習い.

mármol 男 大理石(の彫刻・像).

marmolería 女《集合的》(建物に使われている)大理石；大理石加工場[工房].

marmolillo 男《軽蔑》まぬけ.

marmolista 男 女 大理石職人, 大理石業者.

marmóreo, a 形 大理石の(ような).

marmota 女 ❶〖動〗マーモット. ❷《話》よく眠る人；《ラ米》《アルゼンチン》《ウルグアイ》まぬけ.

marojo 男〖植〗ヤドリギの一種.

maroma 女 ❶ 太綱, ケーブル. ❷《ラ米》曲芸, 軽業.

maromo 男《話》❶(特定して言う必要のない)やつ. ❷《軽蔑》愛人, 浮気相手.

maronita 形 男 女 マロン派キリスト教徒(の).

marque(-) / marqué(-) 活 → marcar.

marqués 男 侯爵.

marquesa 女 侯爵夫人.

marquesado 男 侯爵の身分[爵位, 領地].

marquesina 女 張り出し屋根.

marquesita 女 ❶〖鉱〗黄鉄鋼. ❷ 砂糖をまぶした四角い小さなカステラ.

marquetería 女 寄せ木細工, はめ込み細工；象眼.

Márquez 固名 → García.

marquista 男 女(スペインのヘレスで)ワインの商標権所有者.

marra 女 ❶(石を砕く)大ハンマー. ❷ 欠如；不足.

marrajo, ja 形 ❶(闘牛が)油断ならない. ❷ ずる賢い. ── 男〖魚〗アオザメ.

marramao / marramáu 男 発情期の猫の鳴き声.

marranada / marranería 女《話》ずるい手口, 卑劣なこと；汚らしさ.

marrano, na 形《話》❶(豚のように)汚らしい. ❷ 浅ましい. ── 男 女 ❶《話》卑しい人；汚らしい人. ❷〖史〗(ユダヤ教から)カトリックへの偽装改宗者. ── 男 ❶〖動〗ブタ. ❷(回転軸と受け部の)つなぎ材. *joder* [*jorobar*] *la marrana* 《俗》人に迷惑をかける, うっとうしい, 煩わしい.

marrar 自 誤る, 失敗する.

marras *de* ～ 例の, 周知の.

marrasquino 男 マラスキーノ：マラスカ種のさくらんぼを蒸留して作ったリキュール.

marro 男(地面に立てた棒に投げる)石投げ遊び；陣取りに似た遊び.

marrón [マロン]〔複 marrones〕形〔英 brown〕**茶色の**, 栗(くり)色の. ── 男 ❶ **茶色**, 栗色. ❷ 石投げ遊び marro に用いる石. ❸ 面倒. ❹ マロングラッセ. *meter un* ～ 罰を与える. *pillar de* ～《俗》現行犯で捕える.

marronazo 男〖闘牛〗ピカドール

picador の長槍(ﾔﾘ)が牛の背にうまく刺さらないこと.

marroquí / marroquín, quina 形 モロッコの. ― 男 女 モロッコ人.

marroquinería 女 ❶ モロッコ革製造[工場]. ❷ 皮革製品(製造[販売]業).

marroquinero, ra 男 女 (モロッコ革の) 革職人, 革製品店の店員.

marrubio 男 〖植〗(シソ科) マルビウム.

marrueco, ca 形 男 女 → marroquí.

Marruecos 固名 モロッコ : 首都ラバト Rabat.

marrullería 女 甘言, 口車 ; 媚(ｺﾋﾞ).

marrullero, ra 形 口先で. ― 男 女 口先のうまい人.

marsellés, llesa 形 男 女 マルセイユの(人).

marsopa / marsopla 女 〖動〗ネズミイルカ.

marsupial 形 有袋類の. ― 男 [複] (カンガルー・コアラ等) 有袋目(の動物).

marta 女 ❶ 〖動〗テン(の毛皮). ❷《ラ米》(ｶﾄ)(修道院の) 雑役婦.

marte 男 ❶ 戦争 ; 戦士. ❷ (錬金術で) 鉄. ― 固名 [M-] 〖天〗火星.

martellina 女 石工のハンマー.

martes [マルテス] 男 [単複同形] 〔英 Tuesday〕 火曜日 (略 mart.). ***El ～, ni te cases ni te embarques.*** 《諺》(縁起の悪い) 火曜日には結婚するな, 船出もするな. ***～ y trece*** 13日の火曜日 : 縁起の悪い日とされる.

Martí 固名 マルティ José ～ (1853-95) : キューバの詩人,「キューバ独立の父」.

martillar 他 ❶ ハンマーで (何度も) 打つ. ❷ しつこく繰り返す ; 苦しめる.

martillazo 男 槌(ﾂﾁ) [ハンマー] で打つこと[音].

martillear 他 → martillar.

martilleo 男 ハンマーで (何度も) 打つこと.

martillero 男 《ラ米》競売人.

martillo 男 ❶ 槌(ﾂﾁ), ハンマー. ～ neumático (圧縮) 空気ドリル[ハンマー]. ～ pilón (杭(ｸｲ)打ち用) パイル[ドロップ]ハンマー. ❷ ピアノのハンマー ; ベルの打ち子. ❸ 〖スポ〗(ハンマー投げの) ハンマー. ❹ 〖解〗(中耳の) 槌骨(ﾂｲｺﾂ).

Martín 固名 マルティン : 男子の名. ***San ～*** 豚の畜殺時期 (► 11月11日ごろ). ***llegarle [venirle] a ... su San ～*** 《話》…にとってそういつまでもバラ色の日々が続くわけではない.

martinete 男 ❶ 〖鳥〗ゴイサギ. ❷ ピアノのハンマー. ❸ 〖機〗(鍛造用) ドロップハンマー ; (杭(ｸｲ)打ち用) パイルハンマー. ❹ マルティネーテ : スペイン, アンダルシア地方の民謡.

martingala 女 ❶ 《話》仕掛け ; 策略 ; 面倒. ❷ (よろいの下にはく) 半ズボン.

martini 〔伊〕 男 〖商標〗《話》ベルモット ; マティーニ (ベルモットとジンのカクテル).

martiniano, na 形 ホセ・マルティ José Martí の.

martín pescador 男 〖鳥〗カワセミ.

mártir 男 女 殉教者 ; 犠牲者. ***hacerse el ～*** 自分だけが苦労していると思う[言う].

martirio 男 ❶ 殉教, 殉死. ❷ 苦悩.

martirizador, dora 形 男 女 責めさいなむ(人), 迫害する(人).

martirizar 57 他 ❶ 異端者として殺す, 迫害する. ❷ 責めさいなむ.

martirologio 男 殉教者名簿 ; 〖カト〗聖人名簿.

Marucha 固名 マルーチャ : María の愛称.

maruja / marujona 女 《話》《軽蔑》(昔ながらの) 専業主婦.

Maruja 固名 マルーハ : María の愛称.

marujear(se) 自 他 再 《話》《軽蔑》主婦業をする.

marujeo 男 《話》《軽蔑》主婦業.

marujil 形 《話》《軽蔑》主婦の.

marxismo 男 マルクス主義.

marxista 形 マルクス主義 (者) の. ― 男 女 マルクス主義者.

marzal 形 3月の. trigo ～ 春まき麦.

marzas 女 複 マルサス : (スペイン) サンタンデルで若者たちが夜ねり歩きながら歌う歌.

marzo [マルソ] 男 〔英 March〕 3月 (略 mzo.). ***Cuando ～ mayea, mayo marcea.*** 《諺》3月が5月の陽気なら5月は3月の陽気になる.

mas 接 《文》しかし, されど.

más [マス] [mucho の比較級] 副 〔英 more; most〕 ❶ 《比較級》《+形容詞・副詞》もっと…な[に] ; 《動詞を修飾して》もっと (…する) ; むしろ…である (↔menos). *más* interesante もっと面白い. estudiar *más* もっと勉強する. Vamos a trabajar una hora *más*. あと1時間働きましょう. ► 比較の対象は que で導入する. Ella es *más* guapa *que* su madre. 彼女は母親よりきれいだ. Ella es *más* lista *que* inteligente. 彼女は頭がいいというよりむしろ賢いのだ. ❷ 《de + 数詞》《判断基準》… 以上. *más de* cien personas 100人以上の人. Es *más* fácil *de* lo que pensaba. それは思っていたより簡単だ. ❸ 《最上級》《+形容詞》《定冠詞等を伴って》もっとも…である ; 《+副詞》もっとも…に ; 《動詞を修飾して》もっとも (…する). la pluma *más* barata 一番安いペン. Juan es el que trabaja *más*. フアンが一番よく働いている. Salió de casa cuando *más* llovía. 雨が一番ひどいときに彼は家を出た. ► 比較の範囲を表す場合は前置詞 de を用いる. Este reloj es *el más* caro *de* todos estos. この時計はこれら全ての中で一番高価だ. ❹ 《否定》《動詞を修飾して》これ以上 (…しない). *No* digas *más*. それ以上言うな. ❺ 《感嘆文で》すごく (= tan). ¡Qué casa *más* grande! なんて大きな家なんだ. ❻ 《足し算》足す, プラス. 5 *más* 6 son 11. 5足す6は11. ► 強勢は置かれない. ― 形 ❶ 《比較級》もっとたくさん[多く]の. ¿Quieres *más* agua? もっと水が欲しいかい. ❷ 《最上級》もっともたくさん[多く]の. Siempre está donde hay *más* discusión. 彼は議論が白熱するところには必ずいる. ❸ 《話》もっといい (= mejor). ❹ 《否定》《que》…のほかの. ― 代名 《不定》もっと ; 《定冠詞を伴って》大多数 ; 《否定》《que》…だけ, …しか. los [las] *más* 大多数. ¿Quieres *más*? もっと[もう少し]どうですか. No vino *más que* él. 彼だけが来た. ― 男 〖数〗プラス (記号). ***a más (de)*** (…に) 加えて, さらに (= además). ***a más y mejor*** 《強調》大

いに，たくさん．***cuanto más ... (tanto) más*** …すればするほど，ますます…である．***de lo más*** きわめて，とても．***de más*** 余計に，過度に；無為に．***el que más y el que menos*** 誰でも，皆．***es más*** 《話を続けて》まだあるんです，それだけではないのです．***lo más posible*** できるだけ．Quiero alejarme *lo más posible* del grupo．そのグループとはできるだけ離れていたい．***más aun*** 特に，それだけではなく．***más bien*** むしろ，どちらかというと．***más o menos*** 大体，おおよそ．***más y más*** どんどん．***ni más ni menos*** まさしく；《強調・驚き》あろうことか．***no más*** 《ラ米》だけ，単に；…するとすぐ．dos días *no más* ただ2日だけ．*No más* llegamos nos echaron．着いた途端に追い出された．***por más que*** 〈＋直説法／＋接続法〉どんなに…しても（► これからのことを述べる時は接続法を用いる）．*Por más que* se lo pedí, no me ayudó．一生懸命お願いしたんだけど彼は私を手伝ってくれなかった．***sin más (ni más)*** 出し抜けに，突然；これ以上は何もなく．sus ***más y*** sus ***menos*** 問題，揉め事．***todo lo más*** せいぜい，多くとも．

masa ［マサ］ 女 〔英 mass〕❶ 塊；大量．producción en ～ 大量生産．❷ 大衆．medios de comunicación de ～*s* マスメディア．❸ パン生地，粉をこねたもの．❹ 全体，総量．❺〘物〙質量．***en ～ / con las manos en la ～*** 一団となって，全体として；大量[大規模]の．

M

masacrar 他 大虐殺する．

masacre 女 大虐殺．

masada 女 農家，いなか家．

masai 形 男 女 マサイ族の（人）．

masaje 男 マッサージ．

masajista 男 女 マッサージ師．

mascado, da 形 《話》（難しい話等を）分かりやすく説明した．── 女 《ラ米》(ﾁﾘ)絹のハンカチ．

mascar 26 他 ❶ かむ．goma de ～ チューインガム．❷《話》（口の中で）ぶつぶつ言う．❸《話》分かりやすくする．── **mascarse** 再《話》（危険が）予測される．

máscara 女 ❶ 仮面；覆面．❷ 仮装，変装．❸ 見せかけ．quitar la ～ a ... …の化けの皮をはぐ．❹［複］仮装パーティー．

mascarada 女 ❶ 仮面舞踏会，仮装行列．❷ 見せかけ．

mascarilla 女（かぜ等の際に用いる）マスク；麻酔[酸素]マスク；（化粧品の）パック；ヘアーキャップ．

mascarón 男〘建〙（装飾用の）怪人面．～ de proa 船首像[飾り]．

mascota 女 マスコット，お守り．

masculina 形 ➜ masculino.

masculinidad 女 男性であること；男らしさ；男性性．

masculinización 女〘生〙男性化．

masculinizar 57 他 男らしくする，男性的にする．── **masculinizarse** 再 男らしくなる，男性的になる．

masculino, na ［マスクリノ,ナ］ 形 〔英 masculine〕❶ 男の，雄の．❷ 男性用の；男らしい．❸〘文法〙男性（形）の．── 男 男性（形）．

mascullar 他《話》（口の中で）ぶつぶつ言う．

masera 女 パン生地のこね桶(おけ)；パン生地にかける布．

masetero 男〘解〙咬筋(こうきん)．

masía 女（カタルーニャ地方の）農家．

masificación 女 大衆化，密集化，大規模化．

masificar 26 他 ❶ 個性をなくさせる，大衆化する．❷ 人でいっぱいにする．── **masificarse** 再 個性がなくなる，大衆化する；人でいっぱいになる．

masilla 女（窓ガラス用の）パテ．

masita 女〘軍〙（給与から天引きされる）被服費．

masivo, va 形 ❶ 大集団の，大規模な．❷ 大量の．

maslo 男〘動〙尾の芯(しん)部；〘植〙茎．

masoca 形 男 女 ➜ masoquista.

masón, sona 男 女 フリーメーソン団員．

masonería 女 フリーメーソン．

masónico, ca 形 フリーメーソンの．

masoquismo 男 マゾヒズム，被虐性愛．

masoquista 形 マゾヒズムの．── 男 女 マゾヒスト，被虐性愛者．

mass media / mass-media 〔英〕男 複 マスメディア．

mastaba 女〘史〙マスタバ：台形墳墓．

mastectomía 女〘医〙乳房切除術．

masterillo 男〘海〙トゲルンマスト．

mastelero 男〘海〙トップマスト．

master / máster ［マステル］［複 ～s］〔英〕男 ❶ 修士課程；修士号．❷ マスターテープ．── 男 女 修士．

masters / másters ［マステルス］ 男 複〘スポ〙マスターズトーナメント．

masticación 女 かみ砕くこと．

masticador, dora 形 かみ砕く，（器官が）咀嚼(そしゃく)の．── 男（食物の）粉砕器．

masticar 26 他 ❶ かむ．❷ 思案する．

mastigador 男〘馬〙馬銜(はみ)．

mástil 男 ❶ マスト，帆柱．❷ 支柱；（旗等を揚げる）竿(さお)．❸（ギター等の）棹(さお)．

mastín, tina 形 男 マスチフ（種）の（犬）．

mástique 男〘美〙（壁画の下塗りに用いる）充填(じゅうてん)剤．

mastitis 女［単複同形］乳腺(にゅうせん)炎．

mastodonte 男 ❶〘古生〙マストドン．❷《話》巨大なもの[人]．

mastodóntico, ca 形 巨大な．

mastoideo, a 形〘解〙乳様突起の．

mastoides 形［単複同形］〘解〙乳様突起の．── 男（または女）乳様突起．

mastranzo / mastranto 男〘植〙ヤグルマハッカ．

mastuerzo, za 形 愚鈍な．── 男 ❶〘植〙クレソン．❷ 愚か者，まぬけ．

masturbación 女 マスターベーション，オナニー．

masturbar 他 …の性器を手［指］で刺激する．── **masturbarse** 再 マスターベーションをする．

mata 女 ❶ 灌木(かんぼく)；［複］低木の茂み．❷〘冶〙鈹(かわ)．── 活 ➜ matar. ***～ de pelo*** 長くふさふさした髪．

matacán 男 ❶〘建〙（城や壁等の）跳ね出し狭間(はざま)，石落とし．❷〘植〙マチン；犬を殺す毒物．

matacandelas 男［単複同形］ろうそく消し．

matacandil 男〘植〙アブラナ科カキネガラ

シ属の一種.
matachị́n 男 ❶ 畜殺人. ❷ けんか早い男. ❸ (昔の) 道化役者.
matadẹro 男 畜殺場. *ir* [*llevar*] *al* ～ 危険な場所に赴く[送る].
matạdo, da 形 ❶ 《ラ米》(ﾒｷｼｺ)働きすぎの, がり勉の. ❷ 覇気のない, 疲れた.
matadọr, dọra 男 女 ❶ 〘闘牛〙マタドール：牛にとどめを刺す闘牛士. ❷ 殺し屋. ── 形 ❶ 骨の折れる. ❷ 悪趣味の, みっともない.
matadụra 女 鞍(くら)擦れ；かすり傷.
matafuẹgo 男 消火器；消防士.
matagigạntes 男 女 [単複同形] 〘スポ〙大物食いの選手[チーム].
matalahúga / matalahụ́va 女 〘植〙アニス, ウイキョウ (の実).
mạ́talas callạndo 男 女 [単複同形] 《話》油断のならない人, 偽善者.
matalotạje 男 ❶ (船舶に備える) 食料. ❷ 《話》雑然とした寄せ集め.
matalọte 男 〘海〙僚艦.
matạmbre 男 《ラ米》(ﾗﾌﾟﾗﾀ)牛のあばら肉 (で作った料理).
matamọscas 形 [単複同形] ハエ取りの. ── 男 [単複同形] ハエたたき, ハエ取り紙.
matạnza 女 ❶ 虐殺. ❷ 畜殺 (の時期). ❸ (ハム・ソーセージ等) 豚肉加工食品.
Matạnzas 固名 マタンサス：キューバの州；州都, 港湾都市.
matapẹrros 男 [単複同形] 《話》わんぱく坊主.
matar [マタル] 他 〔英 kill, murder〕 ❶ 殺す. ❷ へとへとにする. ～ a preguntas 質問責めにする. ❸ (のどの渇きを) いやす；(空腹を) 紛らす；(時間を) つぶす. ❹ (火・輝きを) 消す. ❺ 《話》驚かす, 失望させる. ❻ 《比喩的》押しつぶす, 壊す. ～ las esperanzas 期待を打ち砕く. ── **matarse** 再 ❶ 自殺する；(事故で) 死ぬ. ❷ 懸命に働く. ～ a 〈+不定詞〉…しようと努力する. ～ por ... …に没頭する. ❸ (色等が) 調和しない. *estar* [*llevarse*] *a matar* (*con* ...) 《話》…に恨みを抱いている. *matarlas callando* 《話》猫をかぶる. (*que*) *me maten si* ... …ならこの首をかけてもいい.
matarị́fe 男 畜殺人[業者].
matarrạtas 男 [単複同形] 猫いらず；ねずみ駆除剤.
matasạnos 男 [単複同形] 《話》《軽蔑》やぶ[へぼ]医者.
matasẹllos 男 [単複同形] (郵便切手の) 消印；消印用スタンプ.
matasiẹte 男 《話》空威張りをする人.
matasuẹgras 男 [単複同形] (玩具(がんぐ)の) 蛇腹笛.
matazọ́n 女 《ラ米》(ｺﾛﾝﾋﾞｱ)(ﾍﾞﾈｽﾞｴﾗ)大量虐殺.
match [マ(チ)] 〔英〕 男 〘スポ〙試合, 競技. *～-ball* 〘スポ〙マッチポイント.
mạte 形 つやのない, くすんだ；(音が) 鈍い. ── 男 ❶ 《ラ米》マテ茶. ❷ (チェス) チェックメイト. ❸ (テニス等) スマッシュ；(バスケットボール) ダンクシュート；(バレー) アタック, スパイク. ── 活 → matar.
mateạr 自 《ラ米》マテ茶を飲む
matemạ́tica 女 [主に複] 数学. ── 形 → matemático. *si las ～s no fallan* 《話》計算どおりなら.
matemạ́ticamẹnte 副 ❶ 数学上は, 計算に従えば. ❷ 厳密に.
matemático, ca [マテマティコ,カ] 形 〔英 mathematical〕 ❶ 数学の, 数学的な. ❷ 正確[精密]な. ── 男 女 数学者.
Matẹo 固名 ❶ マテオ：男子の名. ❷ 〘聖〙 San ～ 聖マタイ：『マタイによる福音書』の著者.
materia [マテリア] 女 〔英 material〕 ❶ 物質；実質. ❷ 材料；材質. ～ prima 原料. ❸ 題材；内容. ❹ 教科. *en ～ de* ... …に関して言えば. *entrar en ～* 本題に入る. *～ gris* 〘解〙(脳の) 灰白質；知能.
material [マテリアる] 形 〔英 material〕 ❶ 物質の, 物質的な；肉体の. ❷ 実質上の, 具体的な. el autor ～ del hecho 事件の張本人. el tiempo ～ 実際にかかる時間. ── 男 ❶ 材料, 素材. ～ publicitario 広告媒体. ❷ 用具；機材. ❸ (なめし) 革.
materialidạd 女 ❶ 物質性, 実質；具体性. ❷ 外観, 表面.
materialịsmo 男 物質主義；実利主義；〘哲〙唯物論.
materialịsta 形 物質主義の, 唯物論の. ── 男 女 ❶ 物質[実利] 主義者；唯物論者. ❷ 《ラ米》(ﾒｷｼｺ)トラック[ダンプ]の運転手.
materializaciọ́n 女 物質[具体]化.
materializạr 57 他 物質化する；具体化する, 実現する. ── **materializarse** 再 ❶ 物質になる；具体化する, 実現する. ❷ 物質主義者になる.
materiạlmẹnte 副 ❶ 物質的[物理的]に；具体的に. ❷ 実際に. ❸ (ほぼ) 完全に.
maternạl 形 母親の(ような).
maternidạd 女 ❶ 母であること, 母性. ❷ 産院 (＝casa de ～).
matẹrno, na 形 ❶ 母親の. ❷ 母方の. *lengua materna* 母語.
matẹro, ra 形 《ラ米》(ｱﾙｾﾞﾝﾁﾝ)(ｳﾙｸﾞｱｲ)マテ茶の；マテ茶を好む.
matẹte 男 《ラ米》(ｱﾙｾﾞﾝﾁﾝ)(ｳﾙｸﾞｱｲ)混乱.
Matịlde 固名 マティルデ：女子の名.
matinạl 形 朝の；〘演〙昼の部の. ── 女 → matiné.
matinẹ́ 〔仏〕 女 〘演〙昼興行, マチネー.
matịz 男 ❶ 色合い, 色調. ❷ ニュアンス, 意味合い.
matizaciọ́n 女 ❶ 配色, (色の) 調和. ❷ (説明や声等に) 微妙なニュアンスをもたせること, 変化をつけること.
matizạr 57 他 ❶ (色を) 調和させる, 配色する. ❷ (説明や声に) 微妙なニュアンスをもたせる, 変化をつける.
matọjo 男 ❶ (一般に) 雑木, 低木. ❷ 〘植〙アカザ科ハロキシロン属の一種.
matọ́n, tọna 形 けんか早い, 気性の荒い. ── 男 女 ❶ けんか早い人, 気性の荒い人. ❷ 用心棒, 刺客.
matonerị́a 女 → matonismo.
matonịsmo 男 腕にものを言わせて服従させること.
matorrạl 男 低木の茂み；雑木林.
matrạca 女 ❶ 〘カト〙マトラカ：聖週間に用いられる木製のガラガラ. ❷ 《話》しつこい

と. dar la ～ a ... …をうんざりさせる. ❸ [複]《話》数学. ―男女 しつこい人, うるさい人.

matraquear 自 マトラカを鳴らす；カタカタ音を立てる. ―他《話》うるさく言う, うんざりさせる.

matraqueo 男 ❶《話》マトラカを鳴らすこと；カタカタいう音. ❷《話》くどさ.

matraz 男〘化〙長首のフラスコ.

matrero, ra 形 ❶ ずる賢い. ❷《ラ米》(俗)逃亡中の. ―男女《ラ米》(俗)逃亡者.

matriarca 女 女家[族]長.

matriarcado 男 (原始) 母系家族制, 女家長制.

matriarcal 形 母系家族[女家長]制の.

matricida 形男女 母親殺しの(人).

matricidio 男 母親殺し(の罪).

matrícula [マトゥリクラ] 女[英register] ❶ **登録簿**, 名簿. ❷ (大学等への) 登録, 入学手続き. ～ de honor 特待生資格. ❸《集合的》登録者数, (新年度の) 学生数. ❹〘車〙(登録) ナンバー；ナンバープレート. 地域差〘車〙ナンバープレート. matrícula《スペイン》《ラ米》(ホンジュラス)(ウルグアイ)；chapa (キューバ)(パラグアイ, ウルグアイ, アルゼンチン)；número (コスタリカ)；padrón (チリ)；patente (チリ)(アルゼンチン)；placa (キューバ, ドミニカ共和国, プエルトリコ)(メキシコ)(エルサルバドル, ニカラグア, コスタリカ, パナマ)(コロンビア, ベネズエラ)(ペルー, ボリビア)；registro (ニカラグア, パナマ)(パラグアイ).

matriculación 女 登録, 入学手続き.

matricular 他 ❶ 登録する；入学させる. ❷ 車両登録する. ― ***matricularse*** 再 登録[入学]する.

M

matrimonial 形 結婚[婚姻]の, 夫婦(間)の.

matrimonio [マトゥリモニオ] 男 [英marriage; couple] ❶ **結婚**, 婚姻 (関係)；(企業等の) 合併. consumar el ～ 新婚夫婦が初めて結ばれる. ～ civil (宗教的儀式によらない) 民事婚 (姻). ～ de conveniencia 政略結婚；(企業間の) 協定. ～ religioso 教会での結婚. ❷ **夫婦**. cama de ～ ダブルベッド.

matritense 形男女 → madrileño.

matriz 女 [複 matrices] ❶〘解〙子宮；母胎. ❷ ひな形；〘機〙鋳型(いがた)；〘印〙(活字の) 字母；(レコードの) 原盤. ❸〘印〙(スペース込みで 1 行あたりの) 文字数. ❹ (小切手帳等の) 控え. ❺〘数〙〘IT〙行列, マトリックス. ❻ 本社, 本部. ―形 母体となる. casa ～ 本部, 本社.

matrona 女 ❶ 助産婦. ❷ (特に古代ローマの) 上流夫人；太った中年女性.

matungo, ga 男女《ラ米》(俗)老馬, 駄馬.

maturrango, ga 形男女《ラ米》乗馬が下手な(人). ―女 (巧妙な) わな, だまし.

matusalén 男 長寿の人.

matute 男 密輸 (品). ***de*** ～ 密輸の[で]；隠れて.

matutear 自 密輸する, (税関の目をごまかして不法に) 持ち込む.

matutino, na 形 朝の, 早朝の. ―男 朝刊.

maula 男女《話》❶ 役立たず. ❷ ぺてん師. ❸《ラ米》(ウルグアイ)臆病(おくびょう)者. ―女《話》がらくた, くず. ―形《話》❶ ろくでなしの；役立たずの. ❷ ぺてんの.

maullador, dora 形 (猫が) よく鳴く.

maullar 22 自 (猫が) ニャーニャー鳴く.

maullido / maúllo 男 猫の鳴き声.

Mauricio 固名 ❶ マウリシオ：男子の名. ❷ モーリシャス：首都ポートルイス Port Louis.

Mauritania 固名 モーリタニア：首都ヌアクショット Nouakchott.

mauritano, na 形 モーリタニアの. ―男女 モーリタニア人.

máuser 男 モーゼル拳銃(けんじゅう).

mausoleo 男 霊廟(れいびょう).

maxifalda 女〘服〙マキシスカート.

maxilar 形〘解〙あごの, 上顎(じょうがく)の. ―男 あご (骨).

máxima 女 ❶ 格言, 金言. ❷ 規律；主義. ❸〘気象〙最高気温. ―形 → máximo.

maximalismo 男 (政治的) 過激主義.

maximalista 形 過激主義の. ―男女 過激主義者.

máximamente 副 とりわけ, なおさら.

máxime 副 ことに, とりわけ.

maximizar 57 他 ❶ 最大化する. ❷〘数〙関数の値を最大にする.

máximo, ma [マクシモ, マ] 形 [英maximum] **最大の**, 最高の (↔ mínimo). ～ común divisor〘数〙最大公約数. ―男 最大限, 極限. ***como*** ～ せいぜい；最大限.

máximum 男 → máximo.

maya [マヤ〈マジャ〉] 形 マヤ (族, 語, 文化) の. ―男女 [英 Maya(n)] **マヤ族**(の人), マヤ人：ユカタン半島, メキシコ南部からホンジュラスに住む先住民. ―男〘言〙マヤ語. ―女 ❶〘植〙ヒナギク. ❷ 5 月の祭りの歌[女王].

mayal 男 (穀物を打つ) 殻竿(からざお).

mayar 自 (猫が) 鳴く.

mayestático, ca 形 威厳のある. el plural ～〘言〙威厳の複数：国王等が公式の場で自らを 1 人称複数で述べる表現法.

mayéutica 女〘哲〙(ソクラテスが命名した) 産婆術.

mayido 男 → maullido.

mayo [マヨ〈マジョ〉] 男 [英 May] ❶ **5 月**. como (el) agua de ～ (5 月の雨のように) ありがたい；時宜を得た. ❷ 5 月柱：5 月に花・リボン等で飾りつけ, 若者がその周りで踊る.

mayólica 女 (イタリア陶器) マジョリカ焼き.

mayonesa / mahonesa 女〘料〙マヨネーズ (＝ salsa ～).

mayor [マヨル〈マジョル〉] 形 [grande の 比 較 級] [英 greater; major] ❶ **より大きい**；年上の (↔ menor). hermano [hermana] ～ 兄[姉]. ❷《定冠詞を伴って》もっとも大きい；最年長の. Yo soy *la* ～ de las tres. 私は 3 人姉妹の中で一番年上です. ❸ 主要な, 重要な；トップの, チーフの. la (premisa) ～ 大前提. cocinero ～ 料理長. por razones ～*es* のっぴきならない理由で. ❹ 成人の, 大人の；年配の, 老齢の. hacerse ～ 大人になる. ❺〘音〙長調の. ―男女 ❶ 大人, 成人；お年寄り, 老齢者. ～ de edad 成人. Hay que respetar a los ～*es*. お年寄りを敬わなくてはいけません. ❷[複] 先祖. ―男 司令官. ***al***

por ～ 卸売りの[で]；大規模な[に]．venta *al por* ～ 卸売り．*de* ～ 大人になって．

mayoral 男 ❶ 牧夫頭；人夫頭．❷（主に駅馬車等の）御者．

mayorazgo, ga 男 女（長子相続権を持つ）長男，長女．── 男 長子相続制，長子が相続する財産．

mayordomía 女 mayordomo の職[任務，事務所]．

mayordomo, ma 男 女 執事．── 男（信徒会の）財産管理委員．

mayoreo 男《ラ米》(ﾁﾘ)(ﾒｷｼｺ)(ｺﾛﾝﾋﾞｱ)卸売り．

mayoría [マヨリア〈マジョリア〉] 女 〔英 majority〕 ❶ **大多数**，大部分．～ silenciosa 物言わぬ大衆．❷（投票の）過半数．～ absoluta [relativa] 絶対[相対]多数．❸（法律上の）成年，成人（＝～ de edad）．

mayorista 形 男 女 卸売りの[業者]．

mayoritario, ria 形 多数派に属する；多数決による．

mayormente 副 主に，特に，とりわけ．

mayúsculo, la 形 ❶ 大文字の．❷《話》途方もなく大きい．un susto ～ びっくり仰天．── 女 大文字．

maza 女 ❶ 棍棒(ｺﾝﾎﾞｳ)；（新体操の）棍棒．❷ 杵(ｷﾈ)；槌(ﾂﾁ)．❸（太鼓の）ばち．❹（ビリヤード）キュー尻(ｼﾞﾘ)．❺《話》厄介な人[物]．

mazacote 男 ❶ コンクリート；堅くなったもの．❷《話》出来の悪い芸術作品．

mazamorra 女《ラ米》(1) コーン・プディング．(2)(ｺﾛﾝﾋﾞｱ)(ﾍﾞﾈｽﾞｴﾗ)《話》混乱．

mazapán 男 マジパン：アーモンド粉菓子．

mazazo 男 槌(ﾂﾁ)[棍棒(ｺﾝﾎﾞｳ)]での一撃．

mazdeísmo 男〖宗〗ゾロアスター教．

mazmorra 女〖建〗地下牢(ﾛｳ)．

mazo 男 ❶ 木槌(ｷﾂﾞﾁ)，ハンマー；槌(ﾂﾁ)状のもの；（ゴルフ）クラブ；（野球）バット．❷ 束．

mazorca 女（トウモロコシ等の）穂．

mazurca 女〖音〗マズルカ．

me [メ] 代名《人称》[1人称単数，男女同形] 〔英 me〕 ► 普通，動詞のすぐ前に置かれるが，不定詞・現在分詞・肯定命令形と共に用いられる場合はそれらの後に付ける．❶《直接目的語》**私を**．¿*Me* ayudas? 君，僕を手伝ってくれるかい．❷《間接目的語》**私に**，私にとって，私から．No *me* gusta nada el café. 私はコーヒーは全然好きじゃないんだ．► 直接目的語の代名詞と共に用いられる場合にはその代名詞の前に置かれる．¿*Me* lo das? 君はそれを私にくれるかい．❸《再帰代名詞》→ se ②．

mea culpa 〔ラ〕〖カト〗（祈りの言葉）わが過ちなり．── 男[単複同形]過ち，過失．

meada 女《俗》小便[おしっこ]（の跡）．

meadero 男《俗》便所．

meado 男 → meada．

meandro 男 ❶（河川・道の）蛇行．❷[複]複雑な[未知の]もの．

meapilas 男 女 [単複同形]《俗》《軽蔑》極端に信心深い人．

mear 自《話》小便をする．── 他《話》…に小便をかける．── **mearse** 再《話》❶ 小便をもらす．❷ 笑いころげる．

meato 男〖解〗管．

MEC [メ(ク)] 男 *M*inisterio de *E*ducación y *C*iencia 文部科学省．

Meca 固名 La ～ メッカ：サウジアラビアの都市．イスラム教の聖地．── 女 [m-] 聖地，中心地．

¡mecachis! 間《疑問・驚き・感嘆・不快》ちえっ，しまった．

mecánica 女 ❶ 力学；機械学．❷ 仕組み．❸《話》メカニズム．── 形 → mecánico．

mecánicamente 副 ❶ 機械的に．❷ 自動的に；無意識に．

mecanicismo 男〖哲〗（宇宙）機械観[論]；機械主義．

mecanicista 男 女〖哲〗機械論者；機械主義者．

mecánico, ca [メカニコ，カ] 形 〔英 mechanical〕 ❶ **機械の**．❷ 力学の．❸ 機械的な；無意識の．── 男 女 整備士，修理工．

mecanismo [メカニスモ] 男 〔英 mechanism〕 ❶ **機械装置**；メカニズム．～ del CD-ROM〖IT〗シーディーロム（CD-ROM）ドライブ．❷ **機構**，仕組み．～ de defensa〖心理〗防衛機制；〖生〗防衛機構．

mecanización 女 機械化．

mecanizar 57 他 ❶ 機械化する．❷（金属材を）機械で仕上げる．

mecano, na 形 男 女 メッカの（人）．── 男〖商標〗メッカーノ：組み立て式おもちゃ．

mecanografía 女 タイプライターを打つこと[技能]．

mecanografiar 31 他 タイプライターで打つ．

mecanográfico, ca 形 タイプライターの．

mecanógrafo, fa 男 女 タイピスト．

mecanoterapia 女〖医〗器械的療法．

mecapal 男《ラ米》(ｸﾞｧﾃﾏﾗ)(ﾎﾝｼﾞｭﾗｽ)(ﾒｷｼｺ)（荷物運搬用の額で支える）革の背負いひも．

mecapalero, ra 男 女《ラ米》(ｸﾞｧﾃﾏﾗ)(ﾎﾝｼﾞｭﾗｽ)(ﾒｷｼｺ)運搬人，荷物担ぎ（人）．

mecate 男《ラ米》（ピタ麻等の）縄，ひも．

mecedor 男 ❶《稀》かき混ぜ棒．❷《ラ米》(ﾍﾞﾈｽﾞｴﾗ) → mecedora．

mecedora 女 ロッキングチェア．

mecenas 男 女 [単複同形] 文芸後援者，パトロン．

mecenazgo 男 芸術家[文学者]に対する後援[経済的支援]．

mecer 68 他 ❶ 揺する，揺り動かす．❷（液体を）かき混ぜる．── **mecerse** 再 揺れる；（風に）そよぐ．

mecha 女 ❶（ランプ・ろうそく等の）芯(ｼﾝ)．❷ 導火線；（銃の）火縄．❸ 髪の房；メッシュ．❹〖料〗詰め物用の背脂．❺（商品を服に隠す）万引き行為．❻《ラ米》(ｱﾙｾﾞﾝﾁﾝ)(ﾍﾟﾙｰ)(ｳﾙｸﾞｱｲ)(ﾁﾘ)ドリルの穂先；(ﾎﾞﾘﾋﾞｱ)あざけり；(ﾒｷｼｺ)恐れ．*aguantar (la)* ～《話》辛抱する．*a toda* ～《話》全速力で．

mechar 他〖料〗（鳥肉等に豚の）脂肉を詰める．

mechero, ra 男 女 万引き犯．── 男 ❶《スペイン》ライター（→ encendedor 地域差）．❷（ガス・ランプの）火口，バーナー．── 女 詰め物をする調理具．

mechinal 男 ❶〖建〗（足場用の横木を差し込む）壁の穴．❷《話》小部屋．

mechón 男 髪[毛]の束．

mechudo, da 形《ラ米》髪が多い；ぼ

M

さぼさの.

meco, ca 形《ラ米》(1)(ﾒｷ)(ｸﾞｱ)未開の，野蛮な．(2)(ｸﾞｱ)力強い．

meconio 男〖医〗(新生児の)胎便．

medalla [メダリャ(メダヤ・メダジャ)] 女 〔英 medal〕❶ メダル，勲章．❷(聖人像等を刻んだ)メダイユ，護符．―― 男 女 → medallista.

medallero 男 獲得メダル数；その表．

medallista 男 女〖スポ〗メダル受賞者．

medallón 男 ❶(ペンダントの)ロケット．❷〖建〗円形浮き彫り．❸〖料〗メダイヨン：小円盤形の肉[魚]．

médano 男 砂丘；砂州．

Medellín 固名 メデリン：コロンビア，アンティオキア州の州都．

media [メディア] 女 ❶〔英 half an hour; stocking〕30分．tocar la ～ (時計が)半を打つ．❷[複 ～s]〖服〗ストッキング；《ラ米》ソックス，靴下．～*s* de punto タイツ．❸ 平均．～ aritmética 算術平均．❹〖スポ〗中衛．❺〖服〗メリヤス編み．―― 形 → medio. *a* ～*s* 折半で；中途半端に．*entre* ～*s* その中に，混ざって．

mediacaña 女 ❶〖建〗モールディング，刳形(ｸﾘｶﾀ)；平縁．❷ 丸のみ；半円やすり．

mediación 女 仲裁；仲介．por ～ de ... …を介して．

mediado, da 形 半分の；半ばの．*a* ～*s de ...* …の中ごろに．

mediador, dora 形 調停[仲裁，仲介]の．―― 男 女 調停者，仲裁[仲介]人．

medialuna [複 mediaslunas] 女 三日月形のもの；クロワッサン．

mediana 女 ❶〖数〗(三角形の)中線；中点．❷(ハイウェーの)中央分離帯．―― 形 → mediano.

medianamente 副 ほどほどに，まあまあ．

medianejo, ja 形《話》並みよりやや劣る．

medianera 女 境界壁(= pared ～)．

medianería 女 (建物・地所等の)境界壁[塀]．

medianero, ra 形 (壁・塀等が)共有の，境界の．―― 男 女 ❶ 仲裁人．❷(境界壁を共有する)隣人；共有者．

medianía 女 ❶ 中流の生活．❷ 平凡さ；凡人．

mediano, na [メディアノ,ナ] 形 〔英 middling, avarage〕❶ 中くらいの，平均的な．❷《話》つまらない，並以下の．un trabajo muy ～ 三流の作品．

medianoche 女 ❶ 真夜中．a ～ 真夜中に．❷〖料〗ロールパン(のサンドイッチ)．

mediante [メディアンテ] 前 〔英 by means of〕《仲介・手段》…によって，…を通じて．Consiguió el puesto ～ un enchufe. 彼はコネでその地位を得た．

mediapunta 女〖スポ〗トップ下，司令塔．

mediar 17 自 ❶(月・季節等が)半ばになる．*Mediaba* mayo cuando llegamos a Japón. 私たちが日本に着いた時は5月の半ばだった．❷《en, entre》(…の)間に入る；《por》(…のために)取りなす．❸ 経過する；間に起こる．Entre las dos guerras *mediaron* veinte años. 2つの戦争の間に20年の時の隔たりがある．❹《entre》(…の)間にある，介在する．

mediastino 男〖解〗(両肺間の)縦隔(ｼﾞｭｳｶｸ)．

mediático, ca 形 報道媒体の，メディアの．

mediatización 女 (間接的)支配，干渉．

mediatizar 57 他 (間接的に)支配[干渉]する．

mediato, ta 形 間接の，間を隔てた．

mediatriz 女〖数〗垂直二等分線．

medicable 形 薬で治せる．

medicación 女〖医〗(1) 投薬．(2)《集合的》医薬品；治療．

medicamentar 他 → medicar.

medicamento 男 薬，薬剤，医薬．

medicamentoso, sa 形 薬用の，薬効のある．

medicar 26 他 薬を飲ませる，投薬する．―― **medicarse** 再 薬を服用する．

medicastro 男 やぶ[偽]医者．

medicina [メディしナ] 女 〔英 medicine〕❶ 医学；医療．～ general [interna] (専門に対して)一般医療，内科．❷ 薬．❸《話》《比喩的》解決法．

medicinal 形 薬用の，薬効のある．

medicinar → medicar.

medición 女 測量，計量．

médico, ca [メディコ,カ] 男 女 〔英 doctor〕医者，医師．～ de cabecera かかりつけの医者．～ forense [legista] 監察医．～ particular 保険治療をしない医師．―― 形〔英 medical〕❶ 医学の，医師の．reconocimiento [examen] ～ 健康診断，診察．❷〖史〗メディア(人)の．

medicucho 男 やぶ医者．

medida [メディダ] 過分 → medir. 女〔英 measure〕❶ 測定(量)；計測．❷ 寸法；量．～ de superficie 面積．❸ [複]対策，手段；処置．tomar las ～*s* para ... …のための対策を講じる．❹ 度量の単位．❺ 節度，抑制．❻ 程度，割合．hasta [en] cierta ～ ある程度まで[は]．en la ～ de lo posible できるだけ．❼〖詩〗韻律；〖音〗リズム，拍子．*a la* ～ (1) 比例して；釣り合って．(2) オーダーメイドで．*a* ～ *del deseo* 望み[期待]どおりに．*a* ～ *que ...* …につれて．*sin* ～ 際限なく．*tomar* sus ～*s* 最善をつくす．*tomar*le *las* ～*s* (*a* ...)《話》(…の)扱い方を知っている．

medidor, dora 形 測定[計量]する．―― 男 ❶ 測定[計量]器．❷《ラ米》(ガス・水道・電気等の)メーター．―― 男 女 測定[測量]士．

mediero, ra 男 女 ❶ 靴下製造業者[販売人]．❷ 折半[分益]小作農[人]．

medieval 形 中世(風)の，中世的な．

medievalismo 男 中世的特徴；中世研究．

medievalista 男 女 中世研究家．

medievo 男 中世(期)．

medina 女 アラブ人居住区の旧市街．

medio, dia [メディオ,ディア] 形〔英 half, middle〕❶ 半分の．*media* hora 半時間．*media* pensión (ホテルで)1泊2食付きの宿泊．～ kilo de tomates トマト半キロ．❷ 中間の，真ん中の．clase *media* 中流

M

階級．❸ 平均の；平均的な．por término ～ 平均して．── 男 ❶ 中間，真ん中．en ～ de la plaza 広場の真ん中で．❷［主に複］手段，方策．～ de transporte 交通手段．～*s* de comunicación コミュニケーション媒体．❸［複］財産，資産．❹［主に複］団体，仲間，…界；環境．～*s* financieros 財界．～ ambiente（生活）環境．❺ 中指（＝dedo ～）．❻〘スポ〙ハーフバック；［複］（闘牛場の3分割した）真ん中部分．❼ 霊媒．── 副 ❶《＋形容詞・副詞》半ば…の，半分…で．estar ～ muerto 死にかけた；ぐったりしている．Lo dije ～ en broma. 私は冗談半分でそれを言った．❷《ラ米》かなり；少し．***a* ～**〈＋不定詞〉…やりかけて．La carta está *a* ～ escribir. 手紙は書きかけのままである．***de* ～ *a* ～** 完全に．***en* ～ (*de* ...)**（…の）真ん中で，（…の）真っただ中で；間に．***por* (*en*) ～** 障害になって；乱雑に．Hay dificultades de *por* ～. 厄介なことが絡んでいる．***por* ～ *de* ...** …によって，…を介して．

medioambiental 形 環境の．contaminación ～ 環境汚染．

medioambiente 男（自然）環境．

mediocre 形 並みの，平凡な；二流の．

mediocridad 女 平凡，月並み；凡人．

mediodía［メディオディア］男〔英 midday, noon〕❶ 正午，真昼．❷ 昼食時，お昼．❸ 南，南部．

medioeval 形 → medieval.

medioevo 男 → medievo.

mediofondista 形 男 女〘スポ〙中距離走者（の）．

mediopensionista 男 女 学校で給食を受ける通学生；2食付きの下宿人．

medir［メディル］⑰ 他［現分 midiendo］〔英 measure〕❶ 測る，測定［測量］する．～ a ojo 目測する；目分量で計る．❷ 判定［評価］する；吟味する．❸〘詩〙韻律をそろえる［数える］；〘音〙拍子をとる．── 自（寸法が）…ある．¿Cuánto *mide* usted? 身長はどれだけですか．── **medirse** 再 ❶《con》（…と）競う．❷ 自制する．***medir con* [*por*] *el mismo rasero*** 公平［平等］に扱う．

meditabundo, da 形 考え込んだ，沈思（黙考）した．

meditación 女 熟考；思索；（宗教的な）瞑想（めいそう）．

meditar 自 思いを巡らす；《sobre》（…を）熟考する；瞑想（めいそう）する．── 他 …を熟考する．

meditativo, va 形 瞑想（めいそう）的な；考え込んだ．

mediterráneo, a 形 地中海（性）の．El mar *M*～ 地中海．

médium 男 女［単複同形］霊媒．

medo, da 形 男 女〘史〙メディアの（人）．── 男 メディア語．

medra 女 → medro.

medrar 自 ❶ 成功する，出世する．❷（動植物が）成長する．

medro 男 成長；繁栄；進歩．

medroso, sa 形 臆病（おくびょう）な．

médula / medula 女 ❶〘解〙髄，脊髄（せきずい）（＝～ espinal）；骨髄（＝～ ósea）．❷〘植〙髄．❸ 真髄，核心，主要部．***hasta la* ～**《話》徹底的に，骨の髄まで．

medular 形〘解〙〘植〙髄の；核心の．

medusa 女〘動〙クラゲ．

mefistofélico, ca 形 メフィストフェレス的な，悪魔のような．

mefítico, ca 形 有毒な；悪臭のある．

megabanco 男 巨大銀行，メガバンク．

megaciclo 男〘電〙メガサイクル．

megafonía 女 音響技術［装置］．

megáfono 男 メガホン，拡声器．

megalítico, ca 形 巨石の［を用いた］．

megalito 男（有史前の）巨石建造物．

megalomanía 女〘医〙誇大妄想（狂）．

megalómano, na 形〘医〙誇大妄想（狂）の．── 男 女 誇大妄想患者．

megalópolis 女［単複同形］巨大都市，メガロポリス．

megaproyecto 男 巨大計画，メガプロジェクト．

megaterio 男〘古生〙（化石動物の）メガテリウム．

megatón 男〘物〙メガトン．

megatonelada 女 → megatón.

megavatio 男〘電〙メガワット．

megnicida 男 女（要人対象の）暗殺者．── 形 要人暗殺を行う．

meharí 男〘動〙メハリ．

meigo, ga 男 女 魔法使い．

meiosis 女［単複同形］〘生〙減数分裂．

mejana 女 中州．

mejicana 形 女 → mejicano.

mejicanismo 男 メキシコ特有の語彙（ごい）［語法］．

mejicano, na［メヒカノ，ナ］形 メキシコの．── 男 女 メキシコ人．► メキシコでは mexicano, na を用いる．

Méjico 固名 → México.

mejido, da 形（卵・砂糖を加えて）かき混ぜた．

mejilla［メヒリャ〈メヒヤ・メヒジャ〉］女〔英 cheek〕［複］《スペイン》頬（ほお）．地域差 頬 mejillas《スペイン》；cachetes《ほぼラ米全域》．

mejillón 男〘貝〙ムールガイ．

mejor［メホル］形［bueno の比較級］〔英 better; best〕❶ よりよい，より優れた（↔peor）．Es mucho ～ de lo que creíamos. 私たちが思っていたのよりもずっとよい．No hay nada ～ que el buen acompañamiento. 仲間がいることが何よりもいいことだ．❷《最上級》《定冠詞を伴って》最良の，最上の，最もよい．lo ～ 選りすぐったもの．Es el ～ de todos los alumnos.（彼が）全生徒の中で一番優秀だ．── 副［bien の比較級］❶ よりよく，より上手［上等］に；《最上級》最高に，最も上手に．Lo haces cada vez ～. 君は回を重ねるごとに出来がよくなっているよ．¿Ya te sientes ～? 少しは気分よくなったかい．¿Quién es el que canta ～? 最も上手に歌うのは誰だい．❷ むしろ（＝más bien）．～ dicho というよりはむしろ．❸《間投詞的》それはいい，結構だ．***a la* ～**《ラ米》（メキシコ）（キューバ）（ベネズエラ）多分，おそらく．***a lo* ～** 多分，おそらく．***a más y* ～** たくさん，よく（＝mucho）．***el* ～ *día*** あるとき突然．***Es* ～**〈＋不定詞／*que*＋接続法〉．…するほうがいい．*Es* ～ *que* no vayas a la reunión.

M

君は会合には行かないほうがいい. ***ir a ～*** よくなる. ***ir de bien en ～*** どんどんよくなる. ***～ que ～*** ずっとよい[よく] (= mucho mejor). ***～ o peor*** 良かれ悪しかれ, とにかく. ***pasar a ～ vida*** 《比喩的》死ぬ.

mejora 囡 ❶ 改良；進歩. ❷ 修繕, 改修. ❸ (競売の) 競り上げ.

mejorable 形 改良[改善]しうる.

mejoramiento 男 改良, 改善；進歩.

mejorana 囡〖植〗マヨラナ.

mejorar [メホラル] 他 〔英 improve〕 ❶ **よくする**, 改良[改善]する. ❷ (病状を) 回復させる. ❸ …を上回る, …に勝る. — 自〔英 recover, get better〕 ❶ (病状・天気が) **よくなる**, 回復する. ❷ (経済状態等が) よくなる. — **mejorarse** 再 (病状・天気が) よくなる, 回復する. ¡Que *se mejore*! お大事に.

mejoría 囡 (病状・天気の) 回復.

mejunje 男《話》《軽蔑》気持ち悪い[得体の知れぬ]液体[薬, 化粧品]；混ぜ物.

melado, da 形 蜂蜜(はちみつ)色[あめ色]の. — 男 (サトウキビの) シロップ.

melancolía 囡 憂鬱(ゆううつ)；悲哀.

melancólico, ca 形 憂鬱(ゆううつ)な, ふさぎ込んだ. — 男 囡 憂いのある[ふさぎ込んだ]人.

Melanesia 固名 メラネシア.

melanesio, sia 形 男 囡 メラネシアの(人). — 男 メラネシア語派：マライ・ポリネシア語族の1つ.

M

melanina 囡〖生化〗メラニン.

melanita 囡〖鉱〗黒ざくろ石.

melanoma 男〖医〗メラノーマ, 黒色腫(しゅ).

melanosis 囡 [単複同形]〖医〗黒色症.

melar 自 他 (ミツバチが) 蜜(みつ)を作る；蜜を煮つめる.

melaza 囡 糖蜜(とうみつ).

melcocha 囡 煮詰めた糖蜜(とうみつ)；糖蜜菓子.

melé 囡〖スポ〗(ラグビーの) スクラム.

melena 囡 ❶ 長い髪；[複]乱れた[ぼさぼさの]髪. ❷ ライオンのたてがみ. ❸〖医〗下血. ***soltarse la ～*** 《話》ずけずけと言う；羽目をはずす.

melenudo, da 形 男 囡《話》《軽蔑》長髪の(若者).

melero, ra 男 囡 蜂蜜(はちみつ)業者；蜂蜜好きの人. — 男 蜂蜜貯蔵所. — 形 蜂蜜好きな.

meliáceo, a 形〖植〗センダン科の. — 囡[複]センダン科(の植物).

mélico, ca 形 叙情詩の, 詩歌の.

melífero, ra 形〖詩〗蜜(みつ)の入った.

melificar 26 自 他 (ミツバチが) 蜜(みつ)を集める.

melífico, ca 形 蜜(みつ)を作る.

melifluidad 囡 甘美さ；《軽蔑》甘ったるさ.

melifluo, flua 形 (話し方・態度が) 甘美な；《軽蔑》甘ったるい.

melillense 形 男 囡 メリリャの(人).

melindre 男 ❶ 蜜(みつ)と小麦粉で作った揚げ菓子. ❷[主に複]気取り.

melindrear 自 気取る.

melindrería 囡 → melifluidad.

melindroso, sa 形 男 囡 気取った[上品ぶった](人).

melisa 囡〖植〗セイヨウヤマハッカ.

mella 囡 ❶ (刃物・皿等の) 欠け. ❷ 空所；歯の抜け跡. ***hacer ～ a [en] ...*** 《話》…に影響を与える, 効きめがある；…に損害を与える.

mellado, da 形 ❶ 刃の欠けた；歯の抜けた. ❷《ラ米》(ｳﾙｸﾞｱｲ)口唇裂の.

melladura 囡 → mella.

mellar 他 ❶ 刃[縁]を欠く. ❷ 損なう. — **mellarse** 再 ❶ 刃[縁]が欠ける. ❷ 傷がつく.

mellizo, za 形 双子の. — 男 囡 [複] 双生児 (→ gemelo 地域差).

melocotón 男 ❶〖植〗モモ (→地域差). ❷《話》酔い. 地域差 モモ melocotón《スペイン》《ラ米》(ｷｭｰﾊﾞ, ﾄﾞﾐﾆｶ共和国, ﾌﾟｴﾙﾄﾘｺ)(ｴﾙｻﾙﾊﾞﾄﾞﾙ, ﾊﾟﾅﾏ)(ﾍﾟﾙｰ)；damasco (ｳﾙｸﾞｱｲ)；durazno《ほぼラ米全域》.

melocotonar 男 桃畑.

melocotonero 男〖植〗モモの木.

melodía [メろディア] 囡 〔英 melody〕 **メロディー**；快い調べ.

melódico, ca 形 メロディーの；旋律の美しい.

melodioso, sa 形 旋律の美しい.

melodista 男 囡 メロディーの作曲者.

melodrama 男 メロドラマ；音楽劇.

melodramático, ca 形 メロドラマの；芝居がかった.

melodreña 形 piedra ～ 砥石.

melojo 男〖植〗カシワの一種.

melomanía 囡 音楽に熱中すること.

melómano, na 形 男 囡 音楽マニア(の).

melón 男 ❶〖植〗メロン. ❷《話》(はげ)頭. ❸《話》《軽蔑》まぬけ.

melonada 囡《話》愚かさ, ばかげた事.

melonar 男 メロン畑.

meloncillo 男〖動〗マングースの一種.

melonero, ra 男 囡 メロン栽培者；メロン売り.

melopea 囡 ❶《話》酔い. ❷ 単調な歌. ❸《話》(しつこい) 苦情, 要求.

melosidad 囡 媚(こ)びるような態度；甘ったるさ.

meloso, sa 形 ❶ 蜂蜜(はちみつ)のような. ❷ (過度に) 優しい；甘ったるい.

melva 囡〖魚〗ヒラソウダ.

mema 囡《ラ米》(ｳﾙｸﾞｱｲ)哺乳(ほにゅう)瓶.

memada 囡《話》愚かな言動.

membrana 囡〖解〗膜；打楽器の皮.

membranoso, sa 形 膜状[質]の.

membrete 男 レターヘッド：便箋(びんせん)上部に印刷した名前・住所等.

membrillar 男 マルメロ園.

membrillero 男〖植〗マルメロの木.

membrillo 男〖植〗マルメロ (の木・実). carne de ～ マルメロの砂糖煮.

membrudo, da 形《話》筋骨たくましい.

memento 男〖カト〗メメント, 記念唱.

memez 囡 ばかげたこと.

memo, ma 形 男 囡 愚かな[者].

memorable 形 記憶に残る.

memorándum / memorando 男 [複 memoranda/～s] 覚え書き, 備忘録；(外交上の) 覚え書き.

memorar 他 思い出させる.

memoria [メモリア] 女 〔英 memory〕 ❶ **記憶**, 物覚え, 思い出すこと. tener buena [mala] ～ 記憶力のよい[悪い]. hacer ～ 思い出す. si no me falla la ～ 私の記憶に間違いなければ. ❷ 思い出. grata [buena, feliz] ～ いい思い出. ❸ 研究論文；レポート. ～ de licenciatura 学位論文. ❹ 報告書, 記録；リスト. ❺ [複] 回顧録；自伝. ❻ 〖IT〗メモリー, 記憶；記憶装置. ～ caché キャッシュメモリー. ～ RAM ランダムアクセスメモリー. ～ ROM 読み出し専用メモリー. ***de*** ～ そらで, 暗記して；記憶によって. ***en*** [***a la***] ～ ***de*** …を記念して；…をしのんで. ***saberse de*** ～ 丸暗記する. ***tener*** ～ ***de elefante*** 《話》記憶力がすばらしくいい. ***traer a la*** ～ ***a ...*** …に思い出させる. ***venir a la*** ～ …に(思い出等が)よみがえる.

memorial 男 ❶ 陳情[請願]書. ❷ 記念行事. ❸ 《稀》公報.

memorialista 男 《稀》請願書作成者.

memorión, riona 男 女 非常に物覚えのいい人, 記憶力に優れた人.

memorismo 男 詰め込み[暗記]主義.

memorista 形 男 女 暗記に頼る(人), 暗記主義の(人).

memorístico, ca 形 暗記による.

memorización 女 記憶(すること).

memorizar 57 他 記憶する, (丸)暗記する.

mena 女 〖鉱〗鉱石, 原鉱.

ménade 女 ❶ 〖ロ神〗〖ギ神〗マイナデス：酒神バッカスの巫女(みこ). ❷ 狂乱した女.

menaje 男 《集合的》家庭用品, 家具.

menchevique 形 男 女 メンシェビキ(の).

Menchu 固名 メンチュ：(María del) Carmen の愛称.

mención 女 ❶ 言及, 話題に出すこと. ❷ 《ラ米》(ペルー)(エクア)栄誉, 表彰. ～ ***honorífica*** 選外佳作.

mencionado, da 過分 → mencionar. 形 前述の.

mencionar [メンシオナル] 他 〔英 mention〕 **言及する**, …の名前を挙げる.

menda 代名 《話》私自身, この私. ► 主に el [la], mi, este [esta] に先行され, 3人称単数形の動詞を取る. ¡***Mi*** ～ dice que no se va, y no se va! (私が)行かないって言ったら行かない. ― 男 女 《話》誰か.

mendacidad 女 虚言(癖).

mendaz 形 男 女 うそつき(の).

mendelevio 男 〖化〗メンデレビウム.

mendeliano, na 形 メンデルの(法則の).

mendelismo 男 メンデルの遺伝の法則.

mendicante 形 物ごいをする；托鉢(たく)をする. ― 男 女 物ごい.

mendicidad 女 物ごい(生活).

mendigante 男 物ごい；托鉢(たく)修道士.

mendigar 66 他 ❶ 物ごいをする. ❷ (屈辱的に)嘆願する. ― 自 物ごいする.

mendigo, ga 男 女 物ごい.

mendocino, na 形 男 女 (アルゼンチンの)メンドサの(人).

Mendoza 固名 ❶ メンドサ：アルゼンチンの州；州都. ❷ メンドサ Pedro de ～ (1487-1537)：アルゼンチンを征服したスペイン人.

mendrugo 男 ❶ 固くなったパンのかけら. ❷ 《話》ばか, まぬけ.

menear 他 ❶ (体の一部等を)動かす, 揺する. ❷ (問題解決のための)手段を取る. ― ***menearse*** 再 ❶ 動く, 揺れる. ❷ 《話》急ぐ；腰を振って歩く. ***de no te menees*** 《話》ものすごい.

Menéndez 固名 ❶ メネンデス・ピダル Ramón ～ Pidal (1869-1968)：スペインの歴史家・文献学者. ❷ メネンデス・イ・ペラーヨ Marcelino ～ y Pelayo (1856-1912)：スペインの文学史家・批評家・歴史家.

meneo 男 ❶ 揺する[揺れる]こと. dar un ～ a ... …を揺らす, 動かす. ❷ 《話》けんか.

menequeo 男 《ラ米》(ペルー)(体を)揺らすこと.

menester 男 ❶ 必要. ser～ 〈＋不定詞 /que＋接続法〉…の必要がある. ❷ [主に複]職. ❸[複] 《話》道具.

menesteroso, sa 形 男 女 貧乏な[困窮した](人).

menestra 女 〖料〗ミネストローネ.

menestral, trala 男 女 〖史〗職人；手工業者.

mengano, na 男 女 《話》誰それ, 誰か. fulano, ～ y zutano. 誰かと誰か.

mengua 女 ❶ 減少, 縮小, 低下；不足. ❷ 不評, 名誉の失墜. ***sin*** ～ 完全な.

menguado, da 形 臆病(おくびょう)な, 愚かな. ― 男 女 臆病者, 愚か者. ― 男 (編み物の)減らし目.

menguante 形 減少する；(月が)欠けていく. cuarto ～ 下弦(の月). ― 女 水位の低下；引き潮；(月の)欠け；衰退.

menguar 55 自 ❶ 減少する；衰える. ❷ (月が)欠ける. ❸ (編み物で)減らし目する. ― 他 ❶ 減少させる；弱くする. ❷ (編み物の目を)減らす.

mengue 男 《話》悪魔.

menhir 男 〖考古〗メンヒル.

meninge 女 〖解〗(脳脊(せき)) 髄膜.

meníngeo, a 形 髄膜の.

meningitis 女 [単複同形] 髄膜炎.

meningococo 男 〖医〗髄膜炎菌.

menino, na 男 女 〖史〗(王室の)侍従, 侍女.

menisco 男 〖解〗関節間軟骨, 半月板.

menjunje / menjurje 男 → mejunje.

menopausia 女 〖医〗閉経(期).

menopáusico, ca 形 更年期の.

menor [メノル] 形 〔pequeño の比較級〕〔英 smaller, minor〕 ❶ **より小さい**；年下の (↔ mayor). hermano [hermana] ～ 弟[妹]. Voy al cine con ～ frecuencia que antes. 以前ほどは映画に行っていない. Eres ～ que yo. 君は私より若い. ❷ 《最上級》《定冠詞を伴って》もっとも小さい；最年少の. Hagan *el* ～ ruido posible. できるだけ静かにしてください. ❸ 〖音〗短調の. ― 男 女 年少者；未成年者. ～ de edad 未成年. ***al por*** ～ (1) 《ラ米》小売りで (→ detalle 地域差). (2) 詳細に.

Menorca 固名 (スペイン) メノルカ(島).

M

menoría 女 未成年 (＝～ de edad).
menorquín, quina 形 男 女 メノルカ島の(人).
menorragia 女 月経過多.
menos [メノス] [poco の比較級] 副 [英 less; least] ❶《比較級》《+形容詞・副詞》より…でない；《動詞を修飾して》より(…しない)(↔ más). Últimamente salgo ～. 最近は外出が減っている. ► 比較の対象は que で導入する. Me gusta esta falda ～ *que* la otra. このスカートはもうひとつの方よりも気に入らない. ❷《de＋数詞》《判断基準》…に満たない, …未満の. ～ *de* cien personas 100人足らずの人たち. Es ～ complicado *de* lo que crees. それは君が思っているほど複雑ではない. ❸《最上級》《定冠詞を伴って》もっとも…でない；《動詞を修飾》もっとも…しない. Es el que estudia ～. 勉強を一番しない子だ. ► 比較の範囲を明示する場合には de を用いる. Es el ～ estudioso *de* la clase. 彼がクラスで一番勉強嫌いだ. ── 形 ❶《比較級》より少ない. Él tiene ～ vicios que yo. 彼の方が僕より欠点が少ない. ❷《最上級》もっとも少ない. el chico que tiene ～ años 一番若い子. ── 代名《不定》もっと少し[少量]；《los＋》ごく少数, 少数(派). ── 男 マイナス(記号). ── [メノス] 前 [主格人称代名詞をとる. excepto, salvo に比べて menos が最も口語的] [英 except] ❶《除外》…を除いて. Fueron todos al cine ～ Isabel. イサベルを除いて全員映画へ出かけた. ❷《引き算・時刻》引く, …前. Diez ～ tres son siete. 10引く3は7. Son las once ～ cinco. 11時5分前です. ***a ～ que*** 〈＋接続法〉…する以外は, …でないなら. No voy a la fiesta *a ～ que* me inviten. 私は招待されないのならパーティーには行かない. ***al ～ / cuando ～ / por lo ～*** 少なくとも. ***de ～*** 不足して, 足りずに. ***en ～ de nada*** あっという間に. ***lo de ～*** ささいなこと. ***lo ～*** 少なくとも. ***nada ～ que ...*** 《強調》…もの；他ならぬ…. Me dieron *nada ～ que* 100,000 yenes. 私は10万円ももらってしまった. Era *nada ～ que* la princesa. (彼女は)まさしく王女だった. ***no ser para ～*** 《発話を受けて》もっともな話だ. それだけのことはある.
menoscabar 他 減少させる；損なう. ── **menoscabarse** 再 損なわれる.
menoscabo 男 (名誉・威信等の)失墜, 損傷.
menospreciable 形 軽蔑[軽視]すべき.
menospreciar 17 他 軽蔑[軽視]する.
menospreciativo, va 形 軽蔑的な.
menosprecio 男 軽蔑；軽視.
mensaje [メンサヘ] 男 [英 message] ❶ 伝言；通信. ❷ 意見書. ❸ (芸術作品等の)主張. ❹〖IT〗メッセージ.
mensajería 女 運送[輸送]業(者).
mensajero, ra 形 伝言を伝える, 使いの. ── 男 女 使者；配達人. ── 男〖生〗伝達子.
menso, sa 形《ラ 米》(アルゼンチン)(チリ)(メキシコ)《話》《軽蔑》頭の弱い. ── 男 女 ばか.
menstruación 女 月経.
menstrual 形 月経の.
menstruar 58 自 月経がある.
menstruo, trua 形 → menstrual. ── 男 → menstruación.
mensual [メンスアる] 形 [英 monthly] 毎月の, 月決めの；1か月の.
mensualidad 女 ❶ 月給. ❷ 毎月の支払い, 月賦(金).
mensualizar 57 他 月決め[月例]にする.
mensualmente 副 月毎に, 毎月.
ménsula 女〖建〗コンソール：渦巻形持ち送り.
mensurabilidad 女 計測[計量]できること.
mensurable 形 計測[計量]できる.
mensurar 他 計測[計量]する.
menta 女 ❶〖植〗ミント. ❷ ミントティー.
mentado, da 形 有名な, 広く知られた.
mental 形 心の, 精神の；知的な.
mentalidad 女 考え方, ものの見方.
mentalismo 男 心理主義.
mentalización 女 自覚, 納得.
mentalizar 57 他 自覚[納得]させる.
mentalmente 副 心(の中)で；精神的に.
mentar 18 他 …に言及する. ～ [***nombrar***] ***la bicha*** 《話》相手が不快になる[触れてほしくない]ことを言う.
mente [メンテ] 女 [英 mentality] ❶ 知力, 知能. ❷ 頭(の中)；考え. irse de la ～ うっかり忘れる. tener en ～ 意図[計画]する. ❸ ものの考え方；精神.
mentecatería / mentecatez 女 愚かさ；ばかげた言行.
mentecato, ta 形 愚かな. ── 男 女 ばか, まぬけ.
mentidero 男 集まっておしゃべりする場.
mentido, da 過分 → mentir. 形 偽りの, うその.
mentir [メンティル] 98 自 [現分 mintiendo] [英 lie] ❶ うそをつく, 偽る. ❷ 欺く. ── 他《文》…のふりをする, …だと信じ込ませる. ¡*Miento!* 《言い直し》間違えた.
mentira [メンティラ] 女 [英 lie] ❶ うそ, 偽り. ～ piadosa 思いやりゆえのうそ. Parece ～ que 〈＋接続法〉. まるで…がうそみたいだ. ❷《話》(爪(つめ)に出る)白斑(はくはん).
mentirijillas ***de ～*** 《話》冗談で.
mentiroso, sa 形 うそつきの；うその. ── 男 女 うそつき. Antes se coge al ～ que al cojo. 《諺》うそはすぐにばれる.
mentís 男 [単複同形] 否定, 反論. dar un ～ a ... …を否定する, …に反論する.
mentol 男〖化〗メントール.
mentolado, da 形 メントール入りの；ミント味の.
mentón 男〖解〗顎(あご), 顎先.
mentor, tora 男 女 良き師, 指導者, 助言者.
menú [メヌ] 男 [複 ～s] [英 menu] ❶ メニュー, 献立(表). ～ del día 日替わり定食. ❷〖IT〗メニュー.
menudear 他 ❶ 頻繁に…する. ❷ 小売りする. ── 自 たびたび[頻繁に]起こる.
menudencia 女 ささいなこと, つまらないこと[もの].

menudeo 男 ❶《ラ米》《話》小売り. al ～ 小売り(で)(➜ detalle 地域差). ❷ 頻繁.
menudillo 男 ❶(馬の)球節. ❷[複](鶏等の)臓物.
menudo, da 形 ❶ごく小さい;細かい. gente *menuda*《話》子供たち. ❷ささいな. ❸《話》すごい;ひどい. ━男 ❶[複](食肉の)身[肉]以外の部分. ❷臓物料理. ❸《ラ米》小銭(➜ suelto 地域差). ***a* ～** しばしば, たびたび.
meñique 形 男 小指(の).
meollo 男 核心, 要所.
meón, ona 形 男 女《話》小便の近い(人);おもらしする(子). lluvia *meona*《話》霧雨.
mequetrefe 男 女《話》❶いいかげんな人;お節介. ❷《ラ米》(ｳﾙｸﾞｱｲ)《話》か弱い[やせた]人.
mera 形 ➜ mero.
meramente 副 単に.
mercachifle 男 女 ❶《話》《軽蔑》金もうけ主義の人;小商人. ❷行商人.
mercadear 自 商売をする;取引をする.
mercadeo 男 ❶商売,(商)取引. ❷マーケティング.
mercader, dera 男 女 商人.
mercadería 女《古》商品.
mercadillo 男(普通週に1度の)青空市.
mercado [メルカド] 男〔英 market〕❶ **市**(ｲﾁ), 市場(ｲﾁﾊﾞ). ❷ **市場**(ｼｼﾞｮｳ);需要. estudio de ～ 市場調査. economía de ～ 市場経済. ～ bursátil 株式市場. ～ electrónico 電子商取引市場. ～ laboral 労働市場. ❸取引, 売買.
mercadotecnia 女〖経〗マーケティング. estudio de ～ マーケティングリサーチ.
mercancía [メルカンシア] 女〔英 goods〕**商品**, 品物. ━男[複]貨物列車(＝tren de ～*s*).
mercante 形 海運の, 商船の. ━男 商船.
mercantil 形 商人の, 商業の.
mercantilismo 男 ❶〖史〗重商主義. ❷《軽蔑》営利[金もうけ]主義.
mercantilista 形 重商主義の. ━男 女 ❶重商主義者. ❷商法の専門家.
mercantilización 女 営利化, 商業化.
mercantilizar 57 他(売り買いできないものを)営利化する;金に換算する.
mercar 26 他 買う. ━ ***mercarse*** 再(自分のものを)買う.
merced 女 ❶恩恵, 好意. hacer la ～ de〈＋不定詞〉(親切にも)…してくださる. ❷恩赦;恩典. ***a* ～ *de* ...** …の意のままに. ***su* [*vuestra*, *vuesa*] ～**《古》貴殿, あなた.
mercedario, ria 形 男 女〖カト〗メルセス会の[修道士・修道女].
Mercedes 固名 メルセデス:女子の名.
mercenario, ria 形 男 女 ❶傭兵(ﾖｳﾍｲ)(の). ❷《軽蔑》金目当ての(人).
mercería 女 手芸品店, 小間物屋;《集合的》手芸品, 小間物.
mercerizar 57 他(綿糸・綿布に)シルケット加工をする.
mercero, ra 男 女 手芸品商, 小間物商.
merchandising [メルチャンダイシン]〔英〕男 商品化計画.
merchante 男 女 行商人.
Merche 固名 メルチェ:Mercedes の愛称.
Mercosur 男 *Mer*cado *Co*mún del *Sur* メルコスール:南米南部共同市場. アルゼンチン・ブラジル・パラグアイ・ウルグアイの共同市場.
mercromina 女〖薬〗マーキュロ, 赤チン.
mercúrico, ca 形〖化〗水銀の.
mercurio 男〖化〗水銀. ━固名 [M-]〖天〗水星.
merdoso, sa 形《俗》汚らしい.
mere 副 単に.
merecedor, dora 形《de》(…に)値する, ふさわしい.
merecer [メレセル] 76 他〔英 merit, deserve〕**…に値する**, ふさわしい. ━自 目的達成のために行動する. ━ ***merecerse*** 再 …にふさわしい, 値する.
merecido, da 過分 ➜ merecer. 形 ふさわしい. ━男 当然の報い[罰].
merecimiento 男 価値があること;功績;努力.
merendar 18 自 おやつ[軽食]を食べる. ━他 おやつに…を食べる. ━ ***merendarse*** 再《話》❶さっさと終わらせる. ❷《a》(相手を)負かす. ❸《ラ米》(ｺﾛﾝﾋﾞｱ)殺す.
merendero 男(屋外の)軽食店.
merendona / merendola 女《話》豪勢なおやつ, 祝いの食事.
merengue 男 ❶〖料〗メレンゲ. ❷〖音〗メレンゲ:ドミニカ起源の舞曲. ❸《ラ米》(ｱﾙｾﾞﾝﾁﾝ)(ｳﾙｸﾞｱｲ)《話》混乱. ━男 女 ❶《話》ひ弱な人. ❷《話》(スペインのサッカーチーム)レアル・マドリードのサポーター[選手]. ━形《話》レアル・マドリードの.
meretriz 女 売春婦.
merezc- 活 ➜ merecer.
mergánsar 男〖鳥〗カワウ.
Mérida 固名 メリダ:(1)スペイン, バダホスの都市. (2)メキシコ, ユカタン州の州都. (3)ベネズエラの州;州都.
meridiano, na 形 ❶正午の. ❷非常に明るい;明白な. ━男〖天〗〖地〗子午線, 経線.
meridional 形 南の, 南部の. ━男 女 南部の人.
meriend- 活 ➜ merendar.
merienda 女(午後の)軽食, おやつ, (ピクニック等の)弁当. **～ *de negros***《話》大騒ぎ, 混乱.
merino, na 形(羊が)メリノ種の. ━男 ❶メリノ種のヒツジ. ❷〖史〗(中世スペインの)代官.
mérito [メリト] 男〔英 merit〕❶ **値打ち**, 価値. ❷ **功績**, 手柄. ***de* ～** すばらしい, 価値のある. ***hacer* ～*s*** (自分の)いいところを見せる.
meritocracia 女 能力主義(社会).
meritocrático, ca 形 能力主義の.
meritorio, ria 形 ❶賞賛に値する, 価値のある. ❷見習いの. ━男 女(無給の)見習い, 研修生.
merlo 男〖魚〗クロベラ.
merlón 男〖建〗銃眼間の凸壁.

M

merluzo, za 形 男 女 《話》ばかな(人), まぬけな(人). ── 女 ❶〘魚〙メルルーサ. ❷《話》泥酔. agarrar [coger, pescar] una *merluza* 酔っ払う.
merma 女 減少, 損失.
mermar 他 減らす. ── **mermar(se)** 自 再 減少する, 低下する, 小さくなる.
mermelada 女 ジャム.
mero, ra [メロ, ラ] 形 〔英 mere, just〕 ❶ **単なる**, ただの. ❷《ラ米》(ﾒｷｼｺ)まさにその, ちょうどの. ── 副 《ラ米》(ﾒｷｼｺ)もう少しで, 危うく. ── 男〘魚〙ハタ, マハタ.
merodear 自 《**por**》(…を)うろつき回る, 嗅(か)ぎ回る.
merodeo 男 徘徊(はいかい).
merovingio, gia 形 男 女〘史〙メロビング朝[王家]の(人).
meruéndano 男 野イチゴ(の木).
mes [メス] 男 〔英 month〕 ❶ **月**. este *mes* 今月. el *mes* próximo [que viene] 来月. ❷ 1か月. al [por] *mes* ひと月に, 月決めで. ❸ 月給. ❹ [el ～] 《話》月経.
mesa [メサ] 女 〔英 table, desk〕 ❶ **テーブル, 机**; 台. ～ auxiliar サイドテーブル. ～ de noche [de luz] ナイト・テーブル(➜地域差). ～ de tijera 折りたたみ式テーブル. ～ de billar ビリヤード台. tenis de ～ 卓球. ❷ 食卓; 食事; 料理. buena ～ ごちそう. poner la ～ 食卓を整える. bendecir la ～ 食前の祈りを捧げる. levantar [quitar, recoger] la ～ 食卓を片付ける. ❸ 《集合的》(食卓を囲む)人たち, (会議に集まった)人たち. ～ redonda 丸テーブル; パネルディスカッション. ❹ (会議等の)執行部. ～ electoral 選挙管理委員会. ❺ (宝石の)台座. ***a ～ puesta*** 安楽に. ***de ～*** 食卓用の. vino *de* ～ テーブルワイン. ***poner ... en [encima de] la ～*** …を議論にかける, 提案する. 地域差 ナイト・テーブル mesa de noche 《ほぼスペイン語圏全域》; buró 《ラ米》(ﾒｷｼｺ)(ﾃﾞｸﾞｧ); mesa de luz (ﾊﾟﾗｸﾞｱｲ, ｳﾙｸﾞｱｲ, ｱﾙｾﾞﾝﾁﾝ); mesita de noche 《ほぼスペイン語圏全域》; velador (ｴｸｱﾄﾞﾙ)(ﾁﾘ).
mesalina 女 身分の高い遊び好きの女性.
mesana 男 女〘海〙ミズンマスト. ── 女 ミズンマストの縦帆.
mesar 他 (他人の髪・ひげを)引っぱる. ── **mesarse** 再 (怒り・苦悩等から自分の髪・ひげを)かきむしる.
mescalina 女 メスカリン: 幻覚剤.
mescolanza 女 《話》ごちゃ混ぜ.
mesentérico, ca 形〘解〙腸間膜の.
mesenterio 男〘解〙腸間膜.
mesero, ra 男 女 《ラ米》(ｸﾞｧﾃﾏﾗ)(ｺﾛﾝﾋﾞｱ)(ﾒｷｼｺ) ウエーター(＝camarero), ウエートレス.
meseta 女 ❶ メセタ, 台地, 高原. ► スペインの国土の大半を海抜300－900mのメセタが占めている. ❷ (階段の)踊り場.
mesetario, ria 形 メセタ(性, 地方)の, 高原[台地]の.
mesiánico, ca 形 救世主の; メシアの; キリストの.
mesianismo 男 メシア信仰.
mesías 男〘宗〙救世主; メシア. el *M*～ イエス・キリスト.
mesilla 女 ❶ 小机, ナイト・テーブル. ❷ (階段の)踊り場.
mesita 女 ～ de noche ナイト・テーブル (➜ mesa 地域差).
mesmerismo 男 メスメリズム: 動物磁気説による催眠術.
mesnada 女 [主に複] ❶〘史〙(王・貴族に仕えた)兵, 軍勢. ❷ 信奉者たち.
Mesoamérica 固名 メソアメリカ. ► メキシコ中央高原を中心にユカタン半島・グアテマラ・ホンジュラス等の地域を含むスペイン統治以前の考古学上の古代文明圏. マヤ・アラスカ文明等が栄えた.
mesocarpio 男〘植〙中果皮.
mesocéfalo, la 形〘解〙中脳の;〘人類〙中頭の. ── 男 女〘人類〙中頭の人類.
mesocracia 女 中産階級(主導の政治).
mesocrático, ca 形 中産階級(による)政治の.
mesodermo 男〘解〙中胚葉(はいよう).
mesolítico, ca 形 男 中石器時代(の).
mesón 男 ❶ (いなか風の)居酒屋;〘史〙宿屋. ❷《ラ米》(ﾁﾘ)《話》(飲み屋の)カウンター. ❸〘物〙中間子.
mesonero, ra 男 女 ❶ 居酒屋[宿屋]の亭主[女将(おかみ)]. ❷《ラ米》(レストランの)ボーイ, ウエートレス(➜ camarero 地域差).
mesopotámico, ca 形 男 女 メソポタミアの(人).
mesosfera 女 (大気の)中間圏.
mesotelio 男〘解〙〘生〙中皮.
mesotórax 男 [単複同形]〘解〙〘昆〙中胸.
mesozoico, ca 形 男〘地質〙中生代(の).
mesquite 男 《ラ米》➜ mezquite.
mesta 女 ❶ [M-]〘史〙メスタ: スペイン中世の移動牧羊組合. ❷ [複] (川等の)合流点.
mester 男 《稀》仕事, 職務. ***～ de clerecía*** 教養派文芸: 中世の主に聖職者による韻文. ***～ de juglaría*** 遍歴芸人の文芸: 中世の吟遊[民衆]詩人による詩の形式.
mestizaje 男 混血; 混交; 《集合的》混血児.
mestizar 57 他 混血させる; 混交させる. ── **mestizarse** 再 入り混じる.
mestizo, za 形 ❶ 混血の, メスティーソの. ❷ 雑種の. ── 男 女 (特に先住民と白人の間の)混血(の人), メソティーソ.
mesura 女 冷静さ; 慎重.
mesurar 他 抑える. ── **mesurarse** 再 《**en**》(…を)抑制する.
meta [メタ] 女 〔英 goal〕 ❶ **目標**, 目的. ❷〘スポ〙ゴール; 決勝点. ── 男〘スポ〙ゴールキーパー. ── 固名 [M-]el ～ メータ川: 南米のオリノコ川の支流.
metabólico, ca 形 (物質)代謝の.
metabolismo 男〘生〙(物質)代謝.
metacarpiano, na 形 中手骨の.
metacarpo 男〘解〙中手(骨).
metacentro 男〘技〙浮力の傾心.
metacrilato 男〘化〙❶ メタクリル酸塩; メタクリル酸エステル. ❷ メタクリル樹脂.
metadona 女〘薬〙メタドン: 麻薬中毒治療に用いられる合成鎮痛剤.
metafase 女〘生〙(細胞分裂の)中期.
metafísico, ca 形 ❶ 形而(けいじ)上学

M

の，形而上学的な．❷《話》抽象的すぎる，難解な．── 男 女 形而上学者．── 女 ❶ 形而上学．❷[主に複]《話》抽象論．

metáfora 女〖修〗隠喩(いんゆ)，メタファー．

metafóricamente 副 比喩的(ひゆてき)に；いわば．

metafórico, ca 形 隠喩(いんゆ)の，比喩的な．

metaforizar 57 他 隠喩(いんゆ)を使う．

metagoge 女〖修〗擬人法．

metal [メタる] 男〔英 metal〕❶ 金属．～ precioso [noble] 貴金属．❷ 声の響き，音色．❸〖音〗金管楽器．❹《話》お金(= el vil ～)．

metalenguaje 女〖言〗メタ言語．

metalepsis 女[単複同形]〖修〗転喩(てんゆ)．

metálico, ca 形 金属の．── 男 現金．

metalífero, ra 形 金属を含む．

metalización 女 金属化；金属被覆．

metalizado, da 形 メタリック塗装を施した，メタリックカラーの．

metalizar 57 他 ❶ 金属化させる，金属で被覆する．❷ メタリック塗装する．── **metalizarse** 再 ❶ 金属化する．❷ 金銭に固執する．

metaloide 男〖化〗半金属，非金属．

metalurgia 女 冶金(やきん)(学，工業)．

metalúrgico, ca 形 冶金(やきん)の；冶金学の．── 男 冶金工；冶金学者．

metamórfico, ca 形〖地質〗変成の．

metamorfismo 男〖地質〗変成(作用)．

metamorfosear 他 変形[変身]させる．── **metamorfosearse** 再 変わる，変形[変態]する．

metamorfosis / metamórfosis 女[単複同形] ❶ 変身；変化，変容．❷〖動〗変態．

metano 男〖化〗メタン．

metanol 男〖化〗メタノール．

metaplasmo 男〖文法〗語音[語形]変異．

metapsíquico, ca 形 心霊[超心理]現象の．── 女 心霊現象[超心理]研究．

metástasis 女[単複同形]〖医〗転移．

metatarsiano, na 形 男〖解〗中足骨(の)．

metatarso 男〖解〗中足(骨)．

metate 男《ラ米》(メキシコ)メタテ：トウモロコシ等をひくための石板．

metátesis 女[単複同形]〖文法〗音位転換．

metatórax 男[単複同形]〖昆〗後胸．

metazoo 男〖動〗後生動物；[複]後生動物門．── 形〖動〗後生動物の．

meteco, ca 男 女 ❶ よそ者，外国人．❷〖史〗アテネ在住の外国人．

metedura 女 入れること．～ *de pata* 《話》間違い，へま．

metempsicosis / metempsícosis 女[単複同形]転生．

meteórico, ca 形 ❶ 気象(上)の；流星の．❷《話》つかの間の．

meteorismo 男〖医〗鼓腸．

meteorito 男 隕石(いんせき)．

meteorización 女〖地質〗風化作用．

meteorizar 57 他 ❶(岩石等を)風化させる．❷〖医〗鼓腸させる．── **meteorizarse** 再(岩石等が)風化する．

meteoro / metéoro 男 気象現象．

meteorología 女 気象学．

meteorológico, ca 形 気象(学上)の．

meteorólogo, ga 形 男 女 気象学の[者]．

metepatas 男 女[単複同形]《話》場をわきまえない人；遠慮のない人．

meter [メテル] 他〔英 put ... in〕❶《en》(…の中に)入れる，はめる．～ la llave *en* el bolsillo ポケットに鍵(かぎ)を入れる．❷《en》(人を)(…に)入れる．～ al hijo *en* un colegio privado 息子を私立の学校へ入れる．～ a ... a trabajar …を働きに出す．❸(感情等を)引き起こす；(考え等を)吹き込む；理解させる．～ un susto [miedo] a ... …を驚かせる[怖がらせる]．¿Quién te *ha metido* estas ideas en la cabeza? 誰にそんな考えを吹き込まれたんだい．❹ 投資する；(金を)つぎ込む．❺〖スポ〗得点する．❻《話》《a》(…に)(いやなことを)押しつける．❼《話》《打撃を表す名詞を伴って》《a》(…を)殴る．～ un golpe 殴りつける．❽《話》巻き込む．❾〖服〗(寸法を)縮める；〖印〗詰める．❿(道具)を使う．～ la tijera はさみを入れる．── **meterse** 再〔英 enter〕❶ 入る，入り込む．❷ …の仕事に就く．～ (a) soldado 兵士になる．❸《en》(…に)巻き込まれる，夢中になる．❹《con》(…に)ちょっかいを出す，(…を)怒らせる．❺ 介入する，口を出す．❻《a + 不定詞》(身のほどしらずにも)…し始める．***a todo meter*** 大急ぎで，全速力で．***meterse donde no*** lo [le] ***llaman*** 余計なことに口をはさむ．***meterse en*** sí ***mismo*** 没頭する；自分の殻に閉じこもる．

meterete 形 男 女《ラ米》(アルゼンチン)(ウルグアイ)《話》お節介な(人)．

metete 形 男 女《ラ米》(中米)(チリ)(ペルー)(ボリビア)《話》お節介な(人)．

metiche 形 男 女《ラ米》(チリ)(メキシコ)(コロンビア)(グアテマラ)《話》お節介な(人)．

meticón, cona 形 男 女《話》お節介な(人)．

meticulosidad 女 細心[綿密(めんみつ)]さ．

meticuloso, sa 形 神経質な；綿密(めんみつ)な．

metido, da 過分 → meter. 形 ❶《en》(…で)いっぱいの．～ *en* carnes 太った．❷《en》(…に)没頭した；深く関わった．❸《ラ米》(アルゼンチン)(コロンビア)(ウルグアイ)(ベネズエラ)《話》お節介な．── 男(または 女 = metida) ❶ 精を出すこと，はかどること．❷ 殴打．── 男(衣服の)縫い込み．

metileno 男〖化〗メチレン．

metílico, ca 形〖化〗メチル基の．

metilo 男〖化〗メチル(基)．

metisaca 男 闘牛士が(とどめを刺せないと判断して)1度刺した剣をすぐに引き抜くこと．

metódico, ca 形 秩序立った；規律正しい．

metodismo 男〖宗〗メソジスト派(の教義)．

metodista 形〖宗〗メソジスト派[教徒]の．── 男 女 メソジスト教徒．

metodizar 57 他 秩序[順序]立てる．

método [メトド] 男〔英 method〕❶

M

方法, 方式, 手順. ❷ 教則本. ❸ 教授法. *con* ～ 順序立てて.
metodología 囡 ❶〘論〙方法論. ❷ 教育方法論, 教授法.
metodológico, ca 形 方法(論)の.
metomentodo 形 男 囡《話》お節介な(人).
metonimia 囡〘修〙換喩(かんゆ).
metonímico, ca 形 換喩(かんゆ)の.
metopa / métopa 囡〘建〙メトープ, 小間壁.
metoposcopia 囡 骨相[人相]学.
metra 囡 [複]《ラ米》ビー玉 (→ bola 地域差).
metraje 男 ❶〘映〙フィルムの長さ. ❷《ラ米》(タルグ/アイ)長さ.
metralla 囡 ❶ 散弾. ❷《話》役に立たない[無駄な]もの；小銭.
metrallazo 男 散弾の発射(による傷).
metralleta 囡 自動小銃, 軽機関銃.
métrico, ca 形 ❶ メートル(法)の. ❷ 韻律の, 韻文の. ―囡 韻律論, 詩法.
metrificación 囡 韻文を書くこと, 詩作.
metrificar 26 自 詩[韻文]を作る. ―他 韻文で書く.
metritis 囡[単複同形]〘医〙子宮(筋層)炎.
metro [メトゥロ] 男〔英 meter; subway〕❶ メートル(略 m). ～cuadrado [cúbico] 平方[立方]メートル. ❷ 定規, 物差し；巻き尺. ❸ 地下鉄. ❹〘詩〙韻律.
Metrobús / metrobús 男 (10枚つづりの)地下鉄・市バス共通乗車券.
metrología 囡 度量衡(学).
metrónomo 男〘音〙メトロノーム.
metrópoli / metrópolis [複 ～s/単複同形] 囡 ❶ 主要都市；大都市. ❷ (植民地に対して)本国. ❸ 大司教管区.
metropolitano, na 形 ❶ 大都市の；本国の. ❷ 大司教の. ―男 ❶〘カト〙大司教. ❷ 地下鉄(＝metro).
metrorragia 囡〘医〙子宮出血.
meublé [メブれ]〔仏〕男 売春宿.
mexicanismo 男 → mejicanismo.
mexicano, na [メヒカノ,ナ] 形 メキシコの. ―男 囡 メキシコ人.
México [メヒコ] 固名 ❶ メキシコ：首都メキシコシティー (Ciudad de) México. ❷ Ciudad de ～ メキシコシティー：(1) メキシコの首都. (2)〘史〙メキシコ副王領 Nueva España の首都. ❸ メヒコ：メキシコ中南部の州. ～ *viejo*《北米》(米国のニューメキシコ州と区別して)メキシコ.
meyba 男 短パン型の男性用水着.
meyosis 囡 → meiosis.
mez- 活 → mecer.
mezcal 男 ❶〘植〙メスカル. ❷《ラ米》メスカル：リュウゼツランの蒸留酒.
mezcalina 囡 → mescalina.
mezcla [メすクら] 囡〔英 mixture〕❶ 混合(物). ❷ モルタル. ❸[主に複]〘映〙〘放送〙ミキシング. ―活 → mezclar. ～ *detonante* [*explosiva*] 爆発性混合物；《話》印象的な組合わせ.
mezclador, dora 男 囡〘放送〙ミキサー, 音量調整技師. ―囡〘機〙ミキサー.
mezclar [メすクらル] 他〔英 mix〕❶ 混ぜる, 混合する. ❷ 混ぜこぜにする. ❸《en》(…に)巻き込む. ― **mezclarse** 再 ❶ 混ざる；いっしょになる. ～ con la multitud 群衆にまぎれ込む. ❷《en》(…に)介入する. ❸《con》(…と)付き合う；交わる.
mezclilla 囡 (薄地の)混紡の布地.
mezcolanza 囡《話》ごちゃ混ぜ.
mezquinar 自《ラ米》(稀)けちけちする.
mezquindad 囡 けち；卑しさ.
mezquino, na 形 ❶ けちな. ❷ 下劣な. ❸ 乏しい. ―男 囡 けち[卑劣]な人.
mezquita 囡 モスク：イスラム教の礼拝堂.
mezquite 男《ラ米》(メキ)(ジョ)(テキサ)〘植〙(マメ科インガ属の)メスキート.
mezzo / mezzosoprano [メソ〈メツォ〉/メソソプラノ〈メツォ ソプラノ〉] 囡〘音〙メゾソプラノ.
mi [ミ] 形《所有》[前置形, 単数. 複数形は mis]〔英 my〕《＋名詞》私の. *mi* padre 私の父. *mis* padres 私の両親. *mis* gafas 私のめがね. en *mi* opinión 私の意見では. ► 常に名詞の前に置いて用いられ, 冠詞等と一緒に用いることはない. 名詞の後ろに置く場合, ser の補語として用いる場合, 定冠詞に付けて代名詞として用いる場合には mío, mía. ― [ミ] 男〘音〙ミ, ホ音, E音.
mí [ミ] 代名《人称》[1人称単数, 男女同形]〔英 me〕《前置詞＋》私. Yo no lo hago para ti sino para *mí* misma. 私は君のためにやってるんじゃないんだ, 私自身のためなんだ. ► 前置詞 con と用いる場合には conmigo となる. *¡a mí!* 助けて. *para mí (que* 〈＋直説法〉*)* 私の考えでは, 私には(…のようだ). *Para mí que* se ha quedado en casa para estudiar. 私の見るところでは彼は一日中家で勉強していたようだ. *por mí* 《話》(承認・無関心を表す文の前で)私としては(構わない). *Por mí,* puedes hacer lo que quieras. 私としては君が何やったっていいさ.
mía 形 → mío.
miaja 囡《話》パンくず. No hay ni una ～ de comida.《俗》食べ物が何もない.
mialgia 囡〘医〙筋痛症, 筋肉痛.
miamense 形 男 囡 (米国) マイアミの(人).
miasma 男[主に複]毒気, 瘴気(しょうき).
miau 《擬》(猫の鳴き声) ニャーオ, ニャー. ―間《話》《驚き・感嘆・不信》うわあ.
mibor / Mibor [ミボル] 男〘経〙マドリード銀行間取引金利：金融取引の基準. ► *M*adrid *I*nterbank *O*ffered *R*ate の略.
mica 囡〘鉱〙雲母(うんも).
micáceo, a 形〘鉱〙雲母(うんも)(質)の.
micado [日] 男 帝(みかど), 天皇.
micción 囡 排尿.
micelio 男〘植〙菌糸体.
micénico, ca 形 男 囡 ミケーネの(人).
micha 男 囡《ラ米》けち(→ tacaño 地域差).
miche 男《ラ米》(ベネズエラ)焼酎(しょうちゅう).
michi 囡 corbata ～《ラ米》蝶(ちょう)ネクタイ(→ pajarita 地域差).
Michoacán 固名 ミチョアカン：メキシコの州. 州都モレリア Morelia.
mico, ca 男 囡 ❶〘動〙オナガザル. ❷

《話》《子供に親しみを込め》ちび, 坊主. — 男《話》《軽蔑》醜男(ぶおとこ). *estar con el ~ al hombro* 《ラ米》(コロンビア)《話》機嫌が悪い. *quedarse hecho un ~* 《話》恥をかく. *volverse ~* 《話》てんてこまいする, 手間取る.

micosis 女［単複同形］〖医〗(タムシ等の) 真菌症, 糸状菌症.

micra 女 ミクロン.

micro 男 ❶《話》マイク. ❷《ラ米》(市内) バス (→ autobús 地域差).

microamperio 男 マイクロアンペア.

microbiano, na 形 微生物[細菌]の.

microbicida 形 男 殺菌する[剤].

microbio 男 ❶ 微生物, 細菌. ❷《話》小さいこと.

microbiología 女 微生物学, 細菌学.

microbiológico, ca 形 微生物学の, 細菌学の.

microbús 男《ラ米》(市内) バス (→ autobús 地域差).

microcefalia 女〖医〗小頭症.

microcéfalo, la 形 男 女〖医〗小頭(症)の人.

microchip 男〖IT〗マイクロチップ

microclima 男〖気象〗小[微]気候.

micrococo 男〖生〗単球菌.

microcosmo / microcosmos 男［単数形. 複数なし］小宇宙；〖哲〗(宇宙の縮図としての) 人間.

microeconomía 女 ミクロ経済 (学).

microelectrónica 女 マイクロエレクトロニクス.

microfaradio 男〖電〗マイクロファラッド.

microfilm / microfilme 男［複 ~(e)s/~s］マイクロフィルム.

microfilmar 他 マイクロフィルムに撮る.

microfísica 女 (分子・原子・原子核等の) 微視的物理学.

micrófono [ミクロフォノ] 男〔英 microphone〕マイク.

microfotografía 女 マイクロ写真 (術)；顕微鏡写真.

micrografía 女 顕微鏡観察物の図解；顕微鏡検査[写真].

microinyección 女〖生〗マイクロインジェクション, 微量注入.

microlentilla 女 コンタクトレンズ.

micrométrico, ca 形 マイクロメーターの.

micrómetro 男 ❶ マイクロメーター. ❷ ミクロン.

micrón 男 ミクロン.

Micronesia 固名 ミクロネシア.

micronesio, sia 形 男 女 ミクロネシアの(人).

microonda 女 マイクロ波. — 男［複］電子レンジ.

microordenador 男 マイクロコンピュータ.

microorganismo 男 微生物.

microprocesador 男〖IT〗マイクロプロセッサー.

microscopia / microscopía 女 顕微鏡使用法[検査].

microscópico, ca 形 ❶ 顕微鏡による. ❷ 顕微鏡でなければ見えない (ような).

microscopio 男 顕微鏡.

microsegundo 男 マイクロ秒.

microsurco 形 (レコードが) 微細溝の. — 男 マイクログルーブ；LPレコード.

micrótomo 男 ミクロトーム：顕微鏡用の薄片を作る器械.

mid- 活 現分 → medir.

midriasis 女［単複同形］〖医〗瞳孔(どうこう)散大.

mieditis 女［単複同形］《話》恐れ.

miedo [ミエド] 男〔英 fear〕❶ 恐れ, 恐怖. ~ cerval 極度の恐れ. tener ~ a ... …を恐れる. ❷ 不安, 心配. tener ~ de〈+不定詞 / que+接続法〉…しないかと心配している. *de ~* 《話》すばらしい, すごい；すばらしく.

miedoso, sa 形 男 女 怖がり (の).

miel [ミエる] 女〔英 honey〕❶ 蜂蜜(はち), 蜜. ~ virgen 巣から自然に流れ出る蜂蜜. ❷ 優しさ, 甘美さ. ❸［複］満足感. *dejar* [*quedarse*] *con la ~ en los labios* ぬか喜びさせる. *~ sobre hojuelas* (加えて) ますます結構なことだ.

mielga 女 ❶〖魚〗ツノザメ. ❷〖植〗ウマゴヤシ. ❸〖農〗フォーク；(畑の) 畝.

mielina 女〖解〗ミエリン.

mielitis 女［単複同形］〖医〗脊髄(せきずい)炎；骨髄炎.

miembro [ミエンブロ] 男〔英 limb; member〕❶ 肢, 手足. ~s superiores [inferiores] 上肢 [下肢]. ❷ メンバー, 会員. países ~s 加盟国. ❸ 部分. ❹ 陰茎 (= ~ viril). ❺〖数〗(等式・不等式の) 辺.

mient- 活 → mentir.

miente 女［主に複］《古》思考. caer en (las) ~s 思い出す. parar [poner] ~s en ... …に留意する. pasarse por las ~s 思い浮かぶ. *¡Ni por ~s!* そんなことは絶対にない.

mientras [ミエントゥラス] 接〔英 while〕❶ …している間. ❷ …する一方で, …なのに. ❸《+接続法》…する限り. ~ no llueva 雨が降らない限り. — 副 その間に (= ~ tanto)；《+比較級》…すればするほど. *M~* más gana, más gasta. 稼げば稼ぐほど出費もかさむ. *~ que ...* …する一方で, …なのに；…している間.

miera 女 ❶ 杜松(ねず)油. ❷ 松やに.

miércoles [ミエルコれス] 男［単複同形］〔英 Wednesday〕水曜日《略 miérc.》. — 間《ラ米》(アルゼンチン)(ウルグアイ)(メキシコ)(コロンビア)《話》くそっ, ちえっ. *~ de ceniza* 〖カト〗灰の水曜日：四旬節の初日.

mierda 《俗》女 ❶ 糞(くそ). ❷ 汚さ, 汚れ. ❸ ひどい出来のもの [こと]. ❹ 酔い. agarrarse [cogerse, pillarse] una ~ 酔っぱらう. — 間《俗》くそっ, ちえっ. *¡A la ~!* もううんざりだ. *enviar* [*mandar*] *a la ~* 追い払う. *hecho una ~* くたくたの；打ちひしがれた. *irse a la ~* 失敗する. *¡Vete a la ~!* とっとと失せろ. *¡(Y) una ~!* 絶対いやだ.

mies 女 ❶ (実った) 穀物；［複］穀物畑. ❷ 収穫期.

miga 女 ❶ パンの柔らかい中身. ❷［主に複］パンくず. ❸《話》中身, 内容；内情. tener ~ 中身が濃い；裏がある. ❹［複］〖料〗ミーガス：パン切れを炒(い)めたもの. *hacer buenas* [*malas*] *~s* 《話》…と気が合う[合わない]. *hacer ~s* 《話》粉々に

M

する；がっくりさせる．

migaja 女 ❶[主に複]《話》パンくず．❷かけら；わずかなもの．❸[複]残り物．

migajón 男 (大き目の)パンくず．

migala 女〘動〙トリクイグモ．

migar 66 他 ❶(パン等を)小さくちぎる．❷(液体に)パンの小片を浸す．

migración 女 移住，人口移動；(鳥・魚等の)季節移動．

migraña 女〘医〙偏頭痛．

migrar 自 ❶ 移住[移民]する．❷(鳥・動物が)季節移動する，(魚が)回遊する．

migratorio, ria 形 移動する；回遊性の．aves *migratorias* 渡り鳥．

Miguel 固名 ミゲル：男子の名．

miguelete 男〘史〙(スペイン，カタルーニャ地方の)山岳兵；(ギプスコア地方の)民兵．

miguelito 男《ラ米》(アルゼンチン)(ウルグアイ)(チリ)タイヤをパンクさせるために路上に置く鋲(びょう)．

mihrab 男 ミフラーブ：イスラム教寺院でメッカの方向に向いた壁面のくぼみ．

mijo 男〘植〙キビ(の種子)．

mil [ミる] 形《数詞》〔英 thousand〕❶ **1000の**；1000番目の．tres *mil* dólares 3000ドル．*mil* millones 10億．el año dos *mil* tres 西暦2003年．❷ 多数の．── 男 ❶**1000**．❷[複] 1000個のもの；数千．*miles* de veces 何度となく．*a las mil y quinientas* [*monas*]《話》ひどく遅くに，とんでもない時刻に．*a miles* たくさん．*miles y miles de ...* 何千もの….

M

milagrería 女 ❶ 奇跡の話．❷(当然の事を)奇跡だと思い込む傾向．

milagrero, ra 形《話》❶ すぐに奇跡と信じ込む．❷ 奇跡をもたらす．

milagro [ミらグロ] 男〔英 miracle〕❶ **奇跡**(的な出来事)；**驚異**．❷〘宗〙〘演〙奇跡劇．*de* [*por*] *～s* 奇跡的に；偶然に．*hacer ～s* 奇跡を起こす．*la vida y ～s* (人の)経歴．

milagroso, sa 形 ❶ 奇跡的な．❷ 驚くべき．

milamores 男[単複同形]〘植〙ベニカノコソウ．

milanés, nesa 形 男 女 ミラノの(人)．

milano 男 ❶〘鳥〙トビ．❷〘魚〙セミホウボウ．❸〘植〙冠毛．*cola de ～* (木材等をつなぐ)蟻(あり)ほぞ．

mildeu / mildíu 男〘植〙うどん粉病(菌)，べと病．

milenario, ria 形 ❶1000(年)の．❷ 千年至福説[終末説]を信じる．── 男1000年間，1000年祭．── 男 女〘史〙千年至福説[終末説]信仰者．

milenarismo 男〘宗〙千年至福説；千年終末説．

milenarista 形 男 女 千年至福説の(信奉者)；千年終末説の(信奉者)．

milenio 男 1000年間；〘史〙1000年期．

milenrama 女〘植〙ノコギリソウ．

milésimo, ma 形《数詞》❶ 第1000番目の．❷ 1000分の1の．── 男 1000分の1．

milhojas 女[単複同形]〘植〙ノコギリソウ．── 男 ミルフィーユ．

milhombres 男[単複同形]《話》空威張りする男．

mili 女《話》兵役．

miliamperímetro 男 ミリアンペア計．

miliamperio 男 ミリアンペア．

miliar 形 ❶(古代ローマの) 1マイルの，(柱・石が)マイルを表示する．❷〘医〙粟粒(ぞくりゅう)状の．── 女 粟粒熱．

miliario, ria 形 (古代ローマの) 1マイルの，マイル表示の．

milibar 男〘気象〙ミリバール．

milicia 女 ❶ 民兵軍(組織)；軍隊．❷ 兵役．❸ 兵法，兵学．

miliciano, na 形 民兵の，軍(隊)の．── 男 女 民兵；(スペイン内戦時の共和国政府側の)市民兵．

milico 男《ラ米》(南米)《俗》兵士，兵隊；警官，おまわり；憲兵．

miligramo 男 ミリグラム．

mililitro 男 ミリリットル．

milimetrado, da 形 (用紙等)ミリメートル単位の(目盛りの付いた)．

milimétrico, ca 形 ミリメートルの．

milímetro 男 ミリメートル．

militancia 女 ❶ 政治活動等に深く関わること，活動家[党員]であること．❷(総称的に)政党の党員．

militante 形 闘う，戦闘的な．── 男 女 闘争的な人；(政治)活動家．

militar [ミりタル] 形〔英 military〕**軍の**；軍事上の；戦争の．── 男 女 (職業)軍人，兵士．── 自 ❶ 軍隊に入る．❷(団体・運動等で)熱心に活動する．❸(証拠等が)作用する．

militarada 女 軍事クーデター．

militarismo 男 軍国主義；軍人支配．

militarista 形 軍国主義の．── 男 女 軍国主義者．

militarización 女 軍国化，軍事化．

militarizar 57 他 軍国化する；軍人精神をたたきこむ；軍用化する．

milivoltio 男〘電〙ミリボルト．

milla 女 ❶ マイル．1609.3メートル．❷ 海里(＝～ marina)．1852メートル．❸ ローマ・マイル．約1481メートル．

millar 男 ❶1000；1000の単位．un ～ de mujeres 1000名の女性．❷[複]数千．a *～es* 無数に．

millarada 女 約1000．a *～s* 無数に．

millo 男〘植〙キビ．

millón [ミリョン〈ミヨン・ミジョン〉] 男[複 millones]〔英 million〕❶《数詞》**100万**．medio ～ de pesetas 50万ペセタ．❷ 無数；大量．Un ～ de gracias. 心から感謝します．❸[複] 大金 Cuesta *millones*. とても高い．

millonada 女 100万もの数；大金．

millonario, ria [ミリョナリオ〈ミヨナリオ・ミジョナリオ〉，リア] 形 男 女 〔英 millionaire〕**百万長者(の)**，大富豪(の)．

millonésimo, ma 形《数詞》❶ 第100万番目の．❷ 100万分の1の．── 男 100万分の1．

milmillonésimo, ma 形《数詞》❶ 第10億番目の．❷10億分の1の．── 男10億分の1．

miloca 女〘鳥〙キンメフクロウ．

milonga 女 ❶〘音〙ミロンガ：ラ・プラタで誕生した民謡・ダンス．❷《話》うそ．❸《ラ米》(アルゼンチン)パーティー；《話》(ウルグアイ)混乱；くどい愚痴．

milonguero, ra 男 女 ❶ ミロンガの歌手[ダンサー]．❷《ラ米》(ラプラタ)踊りの好きな人．

milord [ミろル] 男 [複 milores] 閣下. ► 英国の貴族に対する敬称.
milpa 女 《ラ米》(ﾒｷｼｺ)(ｸﾞｱﾃﾏﾗ)トウモロコシ(畑).
milpear 自 《ラ米》(ﾒｷｼｺ)(ｸﾞｱﾃﾏﾗ)トウモロコシを栽培する；(トウモロコシの種子が) 芽を出す.
milpiés 男 [単複同形] 〘動〙ワラジムシ.
milrayas 男 [単複同形] ピンストライプの布地.
mimado, da 形 甘えた, 甘やかされた.
mimar 他 ❶ 甘やかす. ❷ パントマイムで演じる.
mimbre 男 ヤナギの小枝；籐(とう).
mimbrear(se) 自 再 ゆらゆら揺れる.
mimbrera 女 〘植〙ヤナギ類；ヤナギ林.
mimeografía 女 謄写版(印刷).
mimeografiar 31 他 謄写版で刷る.
mimeógrafo 男 謄写版印刷物.
mimesis / mímesis 女 [単複同形] ❶〘文〙〘修〙模倣, ミメシス. ❷ (からかいの) 物まね.
mimético, ca 形 ❶ 模倣の；まね好きの. ❷〘動〙擬態の.
mimetismo 男 〘動〙擬態；物まね.
mimetizarse 57 再 (動物が) 擬態する.
mímico, ca 形 身ぶりによる, 身体表現の. ── 女 ジェスチャー.
mimo 男 ❶ 優しさ；甘やかし. ❷ 丁寧さ. ❸ パントマイム. ── 男 女 パントマイム役者.
mimosa 女 〘植〙ミモザ.
mimosáceas 女 ㊜ ミモザ科 (の植物).
mimoso, sa 形 甘やかす；甘ったれの；媚(こ)びるような.
mina 女 ❶ 鉱山；鉱脈. ❷ 鉄道；地下道. ❸ 鉛筆の芯(しん). ❹〘軍〙地雷, 機雷. ～*s* antipersonas [antipersonales] 対人地雷. ❺ 金脈となる人 [事]；(…の) 宝庫.
minador, dora 形 地雷 [機雷] を敷設する. ── 男 ❶ 地雷工兵；爆破要員. ❷〘海〙機雷敷設艦.
minar 他 ❶ 採掘する；坑道 [地下道] を掘る. ❷〘軍〙地雷 [機雷] を敷設する. ❸ 浸食する.
minarete 男 〘建〙ミナレット
Minas 固名 ❶ ミナス：ウルグアイの都市. ❷ Sierra de las ～ (グアテマラ) ミナス山脈.
mineral [ミネラる] 形 [英 mineral] **鉱物の.** ── 男 ❶ **鉱物** (= sustancia ～)；鉱石. ❷ 源泉；(知識等の) 宝庫.
mineralización 女 鉱 (石) 化.
mineralizar 57 他 鉱化させる. ── **mineralizarse** 再 鉱化する.
mineralogía 女 鉱物学.
mineralógico, ca 形 鉱物学 (上) の.
mineralogista 男 女 鉱物学者.
minería 女 ❶ 鉱業. ❷ 採掘. ❸ 《集合的》 鉱山 (労働者).
minero, ra 形 鉱山 [鉱業] の. ── 男 女 鉱山労働者；鉱山主.
minerva 女 ❶ 知恵, 頭脳. ❷ ミネルバ印刷機.
minga 女 ❶ 《卑》 陰茎. ❷ 《ラ米》 共同作業 (員).
mingitorio 男 溲瓶(しびん).
mingo 男 (ビリヤード) 赤玉. *poner el* ～ 《話》 際立つ.
mini 男 (ビール等を入れる) 1リットル入りくらいのジョッキ. ── 女 《話》 ミニスカート.
miniar 17 他 細密画を描く.
miniatura 女 ❶ 細密画. ❷ 小型 [縮小] 模型. en ～ ミニチュアの.
miniaturista 男 女 細密画家.
miniaturización 女 小型化.
miniaturizar 57 他 小型化する.
minibar 男 (ホテル等の) ミニバー.
minibús 男 マイクロバス.
minicadena 女 〘音〙 高性能のミニコンポ.
minicine 男 〘映〙ミニシアター.
minicomputador 男 ミニコンピュータ.
minifalda 女 ミニスカート.
minifundio 男 小規模農地 (所有).
mínima 女 ❶ 極小. ❷ 最低気温. ❸〘音〙二分音符. ── 形 → mínimo.
minimalismo 男 〘美〙ミニマリズム, ミニマルアート：1960年代米国で生まれた芸術運動.
minimalista 形 〘美〙ミニマリズムの, ミニマルアート様式の. ── 男 女 ミニマリズムの芸術家.
mínimamente 副 ごくわずかに；最低限に；最低でも, 最小でも；少なくとも.
minimizar 57 他 最小にする；過小評価する.
mínimo, ma [ミニモ, マ] 形 [英 minimum] ❶ **最小の**, 最少の, 最低の (↔ máximo). ❷ 綿密な. ❸ ミニモ会修道士 [女] の. ── 男 ❶ 最小, 最低；最小 [最低] 限度. ❷ 《ラ米》 バナナ (→ plátano 地域差). ── 男 女 〘カト〙ミニモ会修道士 [女]. ***al*** ～ **/ *a lo más*** ～ 最小限に. ***como*** ～ 《話》 少なくとも. ***no*** ... ***(en) lo más*** ～ 《話》 少しも [全然] …でない.
mínimum 男 最小, 最少.
minino, na 男 女 《話》 猫.
minio 男 鉛丹, 赤色酸化鉛.
ministerial 形 大臣の；政府 (側) の.
ministerio [ミニステリオ] 男 [英 ministry] ❶ **省** (の建物). ❷ 大臣の職務 [任期]. ❸ 《集合的》 全閣僚, 内閣.
ministra 女 → ministro
ministrable 形 《話》 大臣候補の.
ministrar 他 (職務等を) 遂行する. ── 自 勤める.
ministro, tra [ミニストゥロ, トゥラ] 男 女 [英 minister] ❶ **閣僚, 大臣.** primer ～ 首相 (= presidente del gobierno). ❷ 公使 (→ embajador)；執行官. ～ de justicia 裁判官. ❸ (神の) しもべ, 聖職者；修道院長. ～ de Dios [del Señor, de la Iglesia] 司祭.
minoico, ca 形 ミノス [古代クレタ島] 文明の. ── 男 女 ミノス人.
minoración 女 軽減；緩和.
minorar 他 軽減 [緩和] する.
minoreo 男 al ～ 《ラ米》 小売りで (→ detalle 地域差).
minoría [ミノリア] 女 [英 minority] ❶ **少数派** (↔ mayoría). ❷ (民族・言語・宗教等での) 少数集団. ❸ 未成年 (期) (= ～ de edad).
minoridad 女 未成年 (期).
minorista 形 小売りの. ── 男 女 ❶ 小売り商 (人). ❷〘カト〙下級聖職者.
minorita 男 〘カト〙聖フランシスコ会 (修道) 士.
minoritario, ria 形 少数派の.

M

mint- 活 現分 → mentir.
minucia 女 ささいなこと[もの]；詳細.
minuciosidad 女 細心；綿密.
minucioso, sa 形 細心[綿密]な.
minué 男 メヌエット：3拍子の舞踏(曲).
minuendo 男〖数〗被減数.
minúsculo, la 形 ❶ 極めて小さい[少ない]. ❷ 小文字の. ── 女 小文字.
minusvalía 女 ❶ 身心の障害. ❷ 価値の下落.
minusvalidez 女 身心の障害.
minusválido, da 形 男 女 身体[精神]障害の[者].
minusvalorar 他 過小評価する，みくびる.
minuta 女 ❶ (弁護士・医者等の) 請求書. ❷ 献立表. ❸ (契約書等の) 草稿；メモ. ❹《ラ米》(アルゼンチン)(パラグアイ)(ウルグアイ)簡単な料理.
minutar 他 (法律書類等の) 草案を作る.
minutero 男 (時計の) 長針.
minuto [ミヌト] 男〔英 minute〕❶ (時間単位の) 分. ❷ (角度の単位の) 分：1度の60分の1. ***al* ～** すぐに. **～ *a* ～** 刻一刻. ***no tardar un* ～** すぐに行う.
Miño 固名 el ～ ミーニョ川：スペイン北西部から大西洋に注ぐ.
mío, a [ミオ,ア] 形《所有》[後置形，単数. 複数形は míos, mías]〔英 (of) mine〕《名詞を修飾して》私の. ► 所有されるものを表す名詞の性数によって語尾変化する. (1)《名詞＋》una hermana *mía* 私の姉の1人. un amigo *mío* 私の友人の1人. esta maleta *mía* この私のスーツケース. ► 名詞の前に置く場合は mi. (2)《ser の補語として》Esta chaqueta de piel no es *mía*. この革のジャケットは私のではない. (3)《定冠詞と共に用いて所有代名詞になる》La *mía* no es de piel. 私の(ジャケット)は革製ではない. ***¡Dios mío!***《驚き・不快等》ああ困った，さあ大変，おやまあ. ***Ésta es la mía.***《話》さあ(私の)チャンスだ. ***lo mío***《話》私の本分，得意技. Los deportes no son *lo mío*. スポーツは私の性分に合わない. ***los míos*** 私の家族[仲間]. ***una de las mías*** 私らしい(いつもの)ふざけ，いたずら，へま. ***Ya es mío.*** やったね，もうこっちのものだ.
miocardio 男〖解〗心筋(層).
miocarditis 女［単複同形］〖医〗心筋炎.
mioceno 形 男〖地質〗中新世(の).
miología 女 筋肉学.
mioma 男〖医〗筋腫(きんしゅ).
miope 形 男 女 ❶ 近視の(人). ❷ 近視眼的な(人).
miopía 女 近視；先見の明のないこと.
miosis 女［単複同形］〖医〗瞳孔(どうこう)収縮.
miosota 女〖植〗ワスレナグサ.
miosotis 男［単複同形］→ miosota.
MIR / mir [ミル] 男 女［単複同形］インターン. ── 男 インターンになるための試験.
mira 女 ❶ 照準具；照星. ❷ (測量用の) 標尺. ❸ 望楼. ❹ [主に複] 意向. ❺ [複]〖海〗船首の両側に取り付けられる砲. ── 活 → mirar. ***con* ～*s a* ...** …をにらんで. ***línea de* ～** (銃の) 照準線；〖天〗視線；〖通信〗見通し線；〖医〗視線. ***poner la(s)* ～*(s) en* ...** …にねらいをつける. ***punto de* ～** 標的.
mirabel 男〖植〗ホウキギ；ヒマワリ.
mirado, da [ミラド,ダ] 過分 → mirar. 形 ❶《en》(…に) 慎重な；《con》(…に) 気を遣う. ❷ 見られた. bien [mal] ～ よく[悪く]見られた[思われた]. ── 女〔英 look, glance〕❶ 見ること. echar [lanzar] una *mirada* a ... …を一瞥(いちべつ)する. ❷ 視線；注視. ❸ 目つき. la *mirada* perdida うつろな目.
mirador 男 ❶ 出窓. ❷ 展望台.
miraguano 男〖植〗ヤシ科スリナックス属のヤシ.
miramiento 男 ❶ 配慮. ❷ 慎重；臆病(おくびょう)；遠慮；敬意. ***sin* ～*s*** 無神経に.
Miranda 固名 ミランダ Francisco ～ (1750-1816)：ベネズエラ独立運動の先駆者.
mirar [ミラル] 他〔英 look〕❶ (注意して) 見る；眺める. ～ fijamente 見つめる. ► ver「見える」との違いに注意. ❷ 考える；気をつける；調べる. gastar dinero sin ～ 考えもせずに金を使う. *Mira* bien lo que haces. 自分のしていることをよく考えなさい. ❸《命令形》ほら，ごらんなさい；《会話のつなぎで》ねえ. *Mira* que no tienes suerte. 君はほんとについてないね. ── 自 ❶《a》(…に) 目を注ぐ，見る. ～ *a* la cara 顔をのぞき込む. ❷《a》(…に) 面している. ～ *al* sur 南向きである. ❸《en》(…を) 捜す；考慮する. *Mira* bien *en* el cajón. 引き出しをよく見なさい. ❹《por》(…に) 注意する；(…を) 考慮する；(…の) 世話をする. ～ *por* la salud 健康に気をつける. ── **mirarse** 再 ❶ 自分の姿を見る. ～ en el espejo 鏡に自分の姿を映す. ❷ 熟考する. ❸ 顔を見合わせる. ～ uno a otro お互いに見つめ合う. ***de mírame y no me toques***《話》ひ弱な，もろい. ***¡Mira!*** おや，まあ；ほら. ***Mira a quién se lo cuentas.*** 百も承知だ. ***mira que si ...*** …かもしれない；…であればなあ. ***¡Mira quién habla!*** お前が言えた柄か. ***mirar atrás*** 過去を振り返る. ***se mire como se mire*** どう考えても. ***si se mira bien*** よく考えてみるると.
mirasol 男〖植〗→ girasol.
miríada 女 無数.
miriagramo 男 1万[10キロ]グラム.
miriámetro 男 1万[10キロ]メートル.
miriápodo 形 男 多足(類)の(動物).
mirífico, ca 形《文》感嘆すべき.
mirilla 女 (壁・扉等の) のぞき穴；(測量器具の) 視準穴，(カメラの) ファインダー.
miriñaque 男〖服〗クリノリン：スカートを膨らませるアンダースカート，パニエ.
miriópodo 形 男 → miriápodo.
mirlo 男 ❶〖鳥〗クロウタドリ. ❷《話》もったいぶった態度. ***un* ～ *blanco*** 毛色の違った人[もの]；例外的な人[もの].
Miró 固名 ❶ ホアン・ミロ Joan ～ (1893-1983)：スペインの画家・版画家. ❷ ガブリエル・ミロ Gabriel ～ (1879-1930)：スペインの小説家. ── 活 [m-] → mirar.
mirón, rona 形 男 女 詮索(せんさく)好きな(人)；野次馬(の)；《俗》のぞき趣味の(人).
mirra 女 没薬(もつやく)(を採る木)，ミルラ.
mirtáceas 女 複 フトモモ科(の植物).
mirtilo 男〖植〗コケモモ.

mirto 男〚植〛ギンバイカ.

mis 形 → mi.

misa [ミサ] 女〔英 mass〕❶〚カト〛**ミサ**. cantar ～(新任の司祭が) 初ミサを行う. ～ del gallo (クリスマスイブに行われる)深夜ミサ. ❷〚カト〛ミサ曲. ***como si dicen ～*** 《話》他人が何と言おうが気にせずに. ***estar como en ～*** 静まり返っている. ***ir a ～*** ミサにあずかる[出る]; 反論の余地がない. ***no saber de la ～ la media*** [***la mitad***]《話》全く知らないでいる. ***ser de ～ y olla*** 《話》(聖職者が) 無知である.

misacantano 男 初ミサを行う司祭.

misal 男〚カト〛ミサ典書; 祈禱(きとう)書.

misantropía 女 人間嫌い.

misantrópico, ca 形 人間嫌いの.

misántropo, pa 形 男 女 人間嫌いの(人).

misceláneo, a 形 種々雑多の. ── 女 ❶ 寄せ集め; (一巻に集められた) 作品集. ❷《ラ米》食料品店 (→ tienda 地域差).

miscible 形 混合できる.

miserable [ミセラブれ] 形〔英 miserable〕❶ **哀れな**; **極貧の**. ❷ 貧弱な; わずかばかりの. ❸ 卑劣な; けちな. ── 男 女 ❶ 哀れな[貧しい] 人. ❷ 卑劣なやつ; けちん坊. ***¡M～ de mí!*** ああ, 情けない.

miserando, da 形 哀れむべき.

miserere 男 ❶〚カト〛ミゼレーレ. ► ラテン語 "*M～* mei Deus"「神よ, 私を憐(あわ)れんでください」で始まる詩編. ❷ ミゼレーレの楽曲. ***cólico ～*** 〚医〛腸閉塞(へいそく).

miseria [ミセリア] 女〔英 misery〕❶ **悲惨**; **貧困**. ～ negra 赤貧. ❷[主に複] 不幸. ❸《話》ささいな事; 小額, 少量. ❹ けち.

misericordia 女 ❶ 慈悲. ❷ (大聖堂の) ミゼリコルディア. ► 起立した時に支えとなる聖歌隊席の突出部. ❸ (中世の) 短剣.

misericordioso, sa 形 慈悲深い.

misero, ra 形《話》ミサによく出る.

mísero, ra 形 男 女 → miserable.

misérrimo, ma 形[mísero の最上級] 極貧の; ひどくけちな.

misia / misiá 女《ラ米》《話》《呼びかけ》奥さま (= mi señora).

misil / mísil 男〚軍〛ミサイル.

misión [ミシオン] 女[複 misiones]〔英 mission〕❶ **任務**. ❷ 使節 (団). ❸ 伝道 (団); 布教区.

misional 形 伝道の.

misionario 男 宣教師, 伝道師; 使節.

misionero, ra 形 男 女 ❶ 伝道の[師]. ❷ (アルゼンチン・パラグアイの) ミシオネスの(人).

misiva 女《文》書簡; 親書.

mismamente 副《話》まさに, ちょうど.

mismidad 女〚哲〛アイデンティティー, 自己同一性; 自己同一の条件.

mismísimo, ma 形《話》《強調》まさに同じ, まぎれもない. en ese ～ momento ちょうどその時.

mismo, ma [ミスモ, マ] 形〔英 same〕《不定》❶ **同じ**, 同一の. Es la *misma* mujer que vimos ayer. 彼女は昨日私たちが会った女性と同じ人です. ❷ 同じような, 似た. ❸《+名詞, 名詞+》まさにその, …さえ. Te buscaré en la *misma* puerta [la puerta *misma*]. 君をちょうど出口のところで出迎えるよ. Ni el ～ Javier lo sabe. ハビエル本人でさえそれを知らない. ❹《人称代名詞・名詞に後置して強調》…自身, 自分自身. Tú ～ me lo dijiste. 君自身が僕にそう言ったんだ. Nunca habla de sí *misma*. 彼女は自分自身のことを語ることがない. ── 代名《不定》《定冠詞と共に》同じもの. Este coche es el ～ que alquilamos hace tres meses. この車は 3 か月前に借りたのと同じものだ. Tú ya no eres la *misma*. 君はもう今までの君とは違うよ. El abuelo siempre repite lo ～. 祖父はいつも同じことを繰り返し言う. ── 副《不定》《副詞に後置して》ちょうど, まさに. Nos veremos aquí ～. ちょうどここで会うことにしよう. ***dar lo ～*** / ***ser lo ～*** どちらでもよい, 同じこと. Me *da lo* ～ que vengas o que te quedes. 君が来ても残っても僕はかまわない. ***lo ～ que*** …と同じく. ***por lo ～*** それゆえに, それだからこそ.

misoginia 女 女嫌い.

misógino, na 形 男 女嫌いの(人).

misoneísmo 男 新しもの嫌い.

misoneísta 形 男 女 新しもの嫌いの(人).

mispiquel 男〚鉱〛硫砒(りゅうひ)鉄鉱.

miss 〔英〕女[複 ～es] (美人コンテストの) 女王.

missing [ミシン]〔英〕形《estar と共に》消息不明の, 姿を消した.

mistela 女 ❶ 蒸留酒に水・砂糖・シナモン等を加えた飲み物. ❷ ブドウ液にアルコールを添加した飲み物.

mister / míster 男[複 ～s] ❶ サッカーの監督, コーチ. ❷ ミスターコンテストの優勝者. ❸《英語圏の男性への敬称・呼びかけ》ミスター, …氏.

misterio [ミステリオ] 男〔英 mystery〕❶ **神秘**; 謎(なぞ). ❷ 秘密. ❸[複] (古代民族の) 秘教儀式; 秘法. ❹ (キリスト教) 神秘的な教義. ❺ キリストの生涯の一場面; (中世の) 神秘劇. ***con ～(s)*** ひそかに.

misterioso, sa [ミステリオソ, サ] 形〔英 misterious〕**神秘的な**, 謎(なぞ)に包まれた.

mística 女 ❶ 神秘神学. ❷ 神秘主義; 神秘主義文学 (作品).

misticismo 男 神秘主義 (信仰).

místico, ca 形 ❶ 神秘的な; 秘法の; 秘密の. ❷ 神秘主義 (文学) の. ❸ 霊感を受けた; 敬虔(けいけん)な. ── 男 女 神秘主義者[作家].

mistificación 女 歪曲(わいきょく); 欺瞞(ぎまん).

mistificar 26 他 ❶ 歪曲(わいきょく) [曲解]する. ❷ 欺く.

mistral 男 ミストラル: 南仏で吹く冷たく乾いた北西風. ── 固名 ミストラル Gabriela *M～* (1889-1957): チリの女性詩人・外交官. ノーベル文学賞 (1945).

mita 女《ラ米》〚史〛ミタ: (1) インカ時代の交替制労役. (2) (スペイン統治時代, 先住民に課せられた) 強制労役.

mitad [ミタ(ドゥ)] 女〔英 half〕❶ **半分**. ❷ 中間; 真ん中. ❸《話》伴侶(はんりょ). ── 副 半分だけ. ***a ～ de ...*** …の半分で, …の中間で. ***en ～ de ...*** …の真ん中で; …の最中に. ***～ y ～*** 半々に; まあまあで.

M

mitayo 男 ミタヨ：強制労役に就く先住民.

mítico, ca 形 伝説[神話]（上）の.

mitificación 女 神話[伝説]化，英雄視.

mitificar 26 他 (…を) 神話化する，伝説にする；英雄扱いする.

mitigación 女 (苦痛等の) 緩和；(刑罰の) 軽減.

mitigador, dora 形 緩和[軽減]する. ── 男 女 心を落ちつかせる人[もの].

mitigar 66 他 緩和[軽減]する. ── **mitigarse** 再 和らぐ；軽くなる.

mitin 男 [複 mítines] (討論) 集会. *dar el* ～ 説教する.

mito 男 ❶ 神話. ❷ 伝説；作り話.

mitología 女 ❶ 《集合的》神話 (体系). ❷ 神話学.

mitológico, ca 形 神話 (上) の. ── 男 女 神話学者.

mitologista 男 女 神話学者.

mitólogo, ga 男 女 → mitologista.

mitomanía 女 虚言症.

mitómano, na 形 虚言症 (患者) の. ── 男 女 虚言症患者；誇大妄想癖の人.

mitón 男 指先のない手袋.

mitosis 女 [単複同形]《生》有糸分裂，間接核分裂.

mitote 男 《ラ米》(1)(ﾒｷｼｺ)騒ぎ. (2)《史》ミトテ：アステカ族の踊りの一種.

mitra 女 ❶《カト》司教冠；司教の位[職，区]. ❷ (古代ペルシャ人の) とんがり帽子. ❸ (鳥の) 尾羽の付け根.

M

mitrado, da 形 《カト》司教冠をかぶった. ── 男 (大) 司教.

miura 男 ミウラ牛：スペインのミウラ牧場で飼育される獰猛(どうもう)な闘牛.

mix 男 [単複同形] ❶ 合金の一種：電気部品のコーティングや他の合金の製造に用いられる. ❷ 複数のアーティストの楽曲の入ったCD，ミックス盤.

mixomatosis 女 [単複同形] (ウサギの) 粘液腫(しゅ)症.

mixomicetos 男 ⑱《植》変形菌類，粘菌類.

mixta 形 → mixto.

mixtificación 女 → mistificación.

mixtificar 26 他 → mistificar.

mixtilíneo, a 形 《数》(図形が) 直線と曲線からなる.

mixto, ta [ミスト,タ] 形 〔英 mixed〕 ❶ **混合の**，混成の. doble ～《スポ》混合ダブルス. ❷ 混血の，雑種の. ── 男 ❶ マッチ. ❷ (客車と貨車の) 混合列車 (＝ tren ～).

mixtura 女 混合物；混合薬.

mixturar 他 混合する.

mízcalo 男 《植》食用キノコの一種.

mnemotecnia 女 記憶術.

mnemotécnico, ca 形 記憶術[法]の. ── 女 記憶術.

moabita / moabdita 形 男 女 (古代王国) モアブの[人]. ── 男 モアブで用いられた言語.

moaré 男 波紋織.

moaxaja 女 モアシャッハ：アラビア語・ヘブライ語で書かれた中世スペインの叙情詩 (形).

mobiliario, ria 形 動産の. ── 男 ❶ 《集合的》家具. ❷ 動産.

moblaje 男 《集合的》家具 (類)，調度品.

moca 男 モカコーヒー；モカクリーム.

mocárabe 男 《建》(イスラム建築の) 鍾乳(しょうにゅう)石飾り.

mocarro 男 《話》鼻水，鼻汁.

mocasín 男 [複] モカシン：柔らかい革靴.

mocear 自 《話》若者ぶる.

mocedad 女 [単または複] 青年期，青春時代.

mocejón 男 《貝》イガイ (科の二枚貝).

moceril 形 若者らしい；青年期の.

mocerío 男 《集合的》若人.

mocetón, tona 男 女 大柄な若者.

mochales 形 [単複同形]《話》《**por**》(…で) 気が違った；夢中になった.

mochar 他 《ラ米》(ﾆｶﾗｸﾞｱ)(一部を) 切り落とす；(地位・権利を) 奪う.

moche 副 *a troche y* ～ 軽はずみに.

mochila 女 ❶ リュック (サック). ❷《軍》背嚢(はいのう).

mocho, cha 形 ❶ 先のない，先が丸い. ❷《ラ米》(ﾒｷｼｺ)保守派の. ── 男 ❶ (器具の) 先端の太い部分. ～ de un fusil 銃床. ❷ (床掃除の) モップ. ❸ (人間の) 頭.

mochuelo 男 ❶《鳥》フクロウ. ❷《話》厄介. cargar con el ～ 面倒なことをしょい込む. ❸《印》組み落とし. ***Cada ～ a su olivo.*** 《諺》分をわきまえよ.

moción 女 (議会等の) 動議，案. ～ de censura (contra el Gobierno) (内閣) 不信任案.

mocionar 他 《ラ米》提議する.

mocito, ta 形 青年期に入りたての. ── 男 女 少年，少女.

moco 男 ❶ 鼻汁；鼻くそ. limpiarse los ～*s* 鼻をかむ. ❷ 粘液；溶けて垂れ下がった蠟(ろう). ❸ (七面鳥の) とさか. ***llorar a ～ tendido*** 泣きじゃくる. ***no ser ～ de pavo*** 《話》あなどれない；かなりのものである. ***tirarse el ～*** うぬぼれる.

mocoso, sa 形 はな垂れの；小生意気な. ── 男 女 はな垂れ小僧；若僧.

mocosuena 副 《話》聞こえるとおりに.

Moctezuma 固名 ～ Ⅱ モクテスマ2世：アステカ帝国の王 (在位1502-20).

mod 〔英〕 形 流行最先端の. ── 男 女 [複 ～s] ファッションリーダー.

moda [モダ] 女 〔英 mode〕 ❶ **流行**，モード. estar [pasar] de ～ 流行している[流行遅れになる]. ❷ (統計学の) 並数，最頻値. ***a la (última) ～*** 流行の；今風に.

modal 形 様式の；《哲》様態の；《文法》叙法の. ── 男 ❶ [複] 行儀，マナー. ❷《言》法助動詞.

modalidad 女 様式；様態；種類.

modelado 男 ❶《美》彫塑；塑像. ❷ 形；地形.

modelar 他 ❶ 《**en**》(…で) 造形する. ❷ (人格等を) 形成[育成]する. ❸ (骨格等を) 矯正する. ── 自 モデルの仕事をする. ── **modelarse** 再 ❶ 型にはまる. ❷ 《**sobre**》(…を) 手本にする.

modélico, ca 形 模範[手本]となる，モデルとして使える.

modelista 男 女 ❶ 鋳型工. ❷ 服飾デザイナー.

modelo [モデろ] 男 〔英 model〕 ❶ **模範**；見本. ❷ ひな形. ❸ (服・機器・自動

車等の)型. ―― 男 女 (ファッション) モデル.

módem 男 [複 ～s] 〘IT〙 モデム. ―― 形 モデムの[による].

moderación 女 節度; 穏健.

moderadamente 副 控えめに, 節度を持って; 適度に; 少しばかり.

moderado, da 形 中くらいの, 控えめな; 穏健派の. Marcha *moderada*. ((交通標識)) スピード落とせ. ―― 副 〘音〙 モデラート, 中くらいの速さで.

moderador, dora 男 女 調停者; 議事進行役. ―― 男 〘物〙 モデレーター.

moderar 他 ❶ 緩和[調節]する. ❷ 司会進行役をつとめる. ―― **moderarse** 再 ((en)) (…を) 慎む.

moderna 形 → moderno.

modernamente 副 近代的に, 今風に; 最近[今日]では.

modernidad 女 近代[現代]性; 近代精神.

modernismo 男 ❶ 近代趣味. ❷ 〘文〙 モデルニスモ: 19世紀末南米で起こった文学思潮. ❸ (建築・美術等の) モダニズム. ❹ 〘神〙 近代主義.

modernista 形 近代[現代] 主義の; 流行を追いかける. ―― 男 女 ❶ 近代[現代] 主義者. ❷ 新しもの好きの人. ❸ 〘文〙 モデルニスモの作家.

modernización 女 近代[現代]化.

modernizar 57 他 近代[現代]化する. ―― **modernizarse** 再 近代的[モダン]になる.

moderno, na [モデルノ, ナ] 形 〔英 modern〕 **近代[現代]の**; モダンな. ―― 男 女 ❶ [複] 現代人. ❷ 流行を追いかける人, モダンな人.

modesta 形 → modesto.

modestia 女 ❶ 謙虚, 謙遜(けんそん). ❷ 質素. ❸ (特に女性の) 慎み.

modesto, ta [モデスト, タ] 形 〔英 modest〕 ❶ **謙虚な**. ❷ 質素な, つつましい. ❸ (特に女性が) 慎み深い. ―― 男 女 謙虚な[控えめな, 慎み深い]人.

módico, ca 形 (価格が) 手ごろな, 安い.

modificable 形 変更[修正]できる.

modificación 女 ❶ 変更, 修正. ❷ 〘文法〙 修飾.

modificador 男 〘文法〙 修飾部.

modificar 26 他 ❶ 変更[修正, 改正]する. ❷ 〘文法〙 修飾する. ―― **modificarse** 再 変化する; 〘生〙 変異する.

modificativo, va / modificatorio, ria 形 変更[修正]の; 修飾の.

modillón 男 〘建〙 (軒蛇腹を支える) 飾り持ち送り, ブラケット.

modismo 男 熟語, 慣用句.

modistilla 女 見習いデザイナー, お針子.

modisto, ta 男 女 ファッションデザイナー; 婦人服仕立屋.

modo [モド] 男 〔英 mode, way〕 ❶ **方法**, 仕方 (= manera). No me gusta tu ～ de actuar. 君の態度は好きじゃないよ. de ～ coherente 一貫性を持って. grosso ～ 大まかに言うと. ❷ 芸風, 作風. ❸ 〘言〙 (叙) 法, モード. ～indicativo [subjuntivo] 直説[接続]法. ❹ 〘IT〙 モード. ～ gráfico [texto] グラフィックス[テキスト] モード. ❺ 〘音〙 旋法, 音階; 調. ❻ [主に複] 行儀, 作法. ***a ～ de ...*** …のように; …として. ***a ～ de*** ejemplo 例として. ***de cualquier ～*** ぞんざいに; いずれにしても. ***de ～ que*** (1) ((＋直説法)) ((結果)) だから…. (2) ((＋接続法)) ((様態)) …のように. ***de ningún ～*** 決して, 全然. ***del mismo ～ que ...*** (…と) 同じように. ***de otro ～*** さもなければ. ***de todos ～s / de cualquier ～*** とにかく. ***en cierto ～*** ある意味では. ***¡Ni ～!*** ((ラ米)) (ｷｭｰﾊﾞ) 仕方がない, どうしようもない. ***no haber ～ de*** 〈＋不定詞 / que＋接続法〉 ((話)) …するのが不可能である.

modorro, rra 形 ❶ 睡魔に襲われた; ぼけっとした. ❷ (果実が) 腐りかけた. ―― 女 ❶ 睡魔. ❷ 〘獣医〙 暈倒(うんとう)病.

modosidad 女 行儀よさ; 慎み深さ.

modoso, sa 形 ❶ 行儀のよい. ❷ (特に女性が) 慎み深い.

modulación 女 ❶ (音・声の) 抑揚. ❷ 〘音〙 転調; 〘ラジオ〙 変調. ～ de frecuencia 周波数変調, FM.

modulador, dora 形 ❶ 抑揚[変化] をつける. ❷ 転調の; 変調の. ―― 男 〘技〙 変調器.

modular 自 ❶ (声・音に) 抑揚をつける. ❷ 〘音〙 転調する; 〘ラジオ〙 (電波が) 変調する. ―― 他 ❶ 抑揚をつける. ❷ 転調[変調]する.

módulo 男 ❶ (測定・計算の) 基準, 単位; 〘建〙 基準寸法; (家具等の) 組立ユニット. ❷ (宇宙船の) モジュール. ❸ 〘IT〙 モジュール. ❹ 型. ❺ 〘音〙 転調.

modus vivendi 男 ❶ 暫定的な合意 [協定], 妥協. ❷ 生き方, 生き様.

mofa 女 あざけり.

mofarse 再 ((de)) (…を) からかう.

mofeta 女 ❶ 〘動〙 スカンク. ❷ (火山・坑内の) 有毒ガス. ❸ ((話)) 屁(へ).

moflete 男 ((話)) 肉付きのよい頬(ほお), 下膨れの顔.

mofletudo, da 形 (頬(ほお)・顔が) まるまるとした.

mogate 男 上塗り; 上薬. ***de medio ～*** ((話)) 雑に.

mogol, gola 形 モンゴル (人, 語) の. ―― 男 女 モンゴル人. ―― 男 モンゴル語. ***el Gran M～*** (インドの) ムガール帝国皇帝.

mogólico, ca 形 モンゴル (人, 語) の.

mogollón 男 ❶ (雑然とある) 大量 [多数] の物[人]. ❷ ((話)) 混乱. ―― 副 ((話)) よく, 大いに. ***de ～*** ((話)) ただで; 苦労せずに.

mogón, gona 形 角(つの)が折れた.

mogote 男 ❶ 小山, 塚. ❷ (麦わらを積み上げた) 堆(たい). ❸ (シカの) 若い角.

mohair [モエル] 〔英〕 男 モヘア.

mohicano, na 形 男 女 (北米先住民の) モヒカン族の (人).

mohín 男 (唇をとがらせた) 膨れっ面.

mohíno, na 形 ❶ 憂鬱(ゆううつ)な; 不機嫌な. ❷ 鼻面 [毛並み] の黒い; 雄馬と雌ロバの雑種の. ―― 女 憂鬱(ゆううつ); 不機嫌.

moho 男 ❶ かび; 錆(さび). criar ～ かびが生える; さびつく. ❷ (休み明けの仕事に対する) やる気のなさ. ***no criar ～*** 絶えず動いている.

mohoso, sa 形 かびた; さびた.

moisés 男 [単複同形] 揺りかご. ―― 固名 [M-] 〘聖〙 モーセ.

M

mojado, da 過分 → mojar. 形 ❶ ぬれた，湿った．❷〖音声〗硬口蓋(ぶ)音の．— 女 ❶ 湿らす［ぬれる］こと．❷《話》(武器による) 刺し傷．*espalda mojada*《ラ米》(ﾒｷｼｺ)(メキシコから米国への) 不法入国者．*llover sobre* ～ 2度あることは3度ある．*papel* ～ 無効となった書類．
mojador 男 指ぬらし；(服の) 霧吹き．
mojadura 女 ぬらす［湿る］こと．
mojama 女 塩干しマグロ．
mojar［モハル］他〔英 wet〕❶ **ぬらす**，湿らせる．❷《en》(…に) 浸す．❸〖音声〗口蓋(ぶ)音化する．❹《話》(酒でもてなして) 祝う．❺《話》寝小便をする．— 自《en》(…に) かかわる．— **mojarse** 再〔英 get wet〕❶ **ぬれる**，ずぶぬれになる．❷ (もめ事の) 責任をとる．❸《en》(不法な事に) 手を染める．*mojar el gaznate*《話》(ちょっと) 一杯やる．
mojarra 女 ❶〖魚〗アフリカチヌ．❷《俗》舌．
moje 男 (料理の) ソース，(焼き) 汁．
mojicón 男 ❶《話》顔を平手で殴ること．❷ 円錐(すい)形のスポンジケーキ．
mojiganga 女 ❶ (主に動物の格好をした) 仮装パーティー．❷ 滑稽(こっ)劇；茶番．❸ あざけり．
mojigatería 女 猫かぶり．
mojigato, ta 形 男 女 猫をかぶった (人)；上品ぶった (人)；清純ぶった (人)．
mojinete 男 ❶ (塀の) 笠石(かさ)．❷ 屋根の棟．
M **mojito** 男 モヒート：ラム酒ベースにライム・ソーダ・ミント・砂糖等を入れたカクテル．
mojo 男 ❶ → moje. ❷ 酢とオリーブ油にスパイスやハーブ等を加えたドレッシング［ソース］．❸ タマネギ炒め．～ picón 炒めたタマネギにニンニク・パセリ・パプリカ等を加えて作るカナリア諸島の調味料．
mojón 男 ❶ 境界石［柱］；道標．❷ 積み重ねた山．❸《ラ米》(ｺﾛﾝﾋﾞｱ)《俗》うそ．
moka 男 → moca.
mol 男〖物〗〖化〗モル：物質量の単位；グラム分子．
mola 女 ❶〖医〗胞状奇胎．❷ (頂上が丸みを帯びた) 円山．
molar 形 ❶ (大) 臼歯(きゅう)の．❷ かみ砕く．— 男 (大) 臼歯 (= diente ～)．
moldavo, va 形 モルドバ (共和国) の．— 男 女 モルドバ人．— 男 モルドバ語．
molde 男 ❶ 型，枠．❷ 模範．❸ 跡形．❹〖印〗紙型；組み版；〖服〗型紙．*de* ～ ぴったり合った．*letras de* ～ 活字 (体)．
moldeable 形 ❶ 型に取れる．❷ (人が) 扱いやすい．
moldeado 男 ❶ 型取り．❷ 鋳造 (品)．
moldeador 男 (パーマによる) 髪のウエーブ．
moldear 他 ❶ 型に入れて作る，鋳造する．❷ 型を取る；(人格を) 形成する．❸ (家具等に) 刳形(くり)(材) をつける．
moldura 女 刳形(くり)，モールディング．
moldurar 他 …に刳形(くり)をつける．
mole 女 巨大で重い塊；巨体．— 男《ラ米》(1)(ﾒｷｼｺ)トウガラシ・チョコレート等のソースで鶏肉を煮込んだ料理．(2) 血
molécula 女〖化〗(微) 分子．
molecular 形 分子の．
moledor, dora 形 ❶ ひく，砕く．❷《話》うんざりさせる．— 男 女《話》煩わしい人．— 男 (サトウキビの) 圧搾器．
moledura 女 ❶ ひく［砕く］こと．❷《話》疲れ，わずらわしさ．
moler 70 他 ❶ 砕く，ひく．❷ 疲れさせる；うんざりさせる．
molesta 形 → molesto. — 活 → molestar.
molestar［モレスタル］他〔英 bother〕❶《主語は名詞 (句)，不定詞，que＋接続法》(…が，…することが) **邪魔をする**；迷惑になる，面倒になる；不愉快にする．¿Le *molesta* venir? ご足労いただけますか．Me *molestó que* no me hubieran invitado. 招待されなかったことが気に障った．❷ 不快感［苦痛］を与える．❸ 口説く；からかう．— **molestarse** 再 ❶《por》(…を) 気遣う．❷《en＋不定詞》わざわざ…する．❸《por / con》(事に / 人に) 腹を立てる．
molestia 女 ❶ 煩わしさ，迷惑；厄介；手間．❷ 不快感，苦痛；不自由．
molesto, ta［モレスト，タ］形〔英 troublesome〕❶ **煩わしい**，面倒な；不愉快な．❷《estarと共に》《con, por》(…を) 迷惑だと感じている；(…に) 不満な；腹を立てた；痛みを感じている．— 活 → molestar.
molestoso, sa 形《ラ米》煩わしい，面倒な．
molibdeno 男〖化〗モリブデン．
molicie 女 柔らかさ；(生活の) 華美さ．
molido, da 形 ❶ ひいた；粉にした．❷《話》《de, por》(…で) ぐったり疲れた；痛めつけられた．
molienda 女 ❶ (粒を) ひく［砕く］こと；(サトウキビ等を) 搾ること．❷ (ひく・砕く・搾る) 一回の量；その作業時期．
moliente 形 ひき割る，粉にする．*corriente y* ～ ありきたりの．
molificar 26 他 柔らかくする．
molimiento 男 ❶ ひく［粉にする］こと．❷ 疲労困憊(ぱい)；面倒．
molinería 女 製粉業．
molinero, ra 男 女 粉屋；製粉業者
molinete 男 ❶ 換気扇［口，装置］．❷ 回転ドア．❸ (おもちゃの) 風車．❹ (器械体操) 大車輪；(フェンシング) 剣を頭上で振り回す動き．❺〖闘牛〗突進する牛をムレータ muletaで払いながら体を回転する技．
molinillo 男 ❶ 粉ひき器，ミル．❷ (おもちゃの) 風車．❸ (先がギザギザの木製) 攪拌(かく)棒．
molinismo 男〖神〗モリニズム：スペインの神学者 Molina (1536-1600) の説．
molino 男 ❶ 風車［水車］(小屋)；製粉場．❷ 製粉［粉砕］機；圧搾機；回転式の装置．❸ 落ち着きのない人；迷惑な人．*empatárse*le *a ... el* ～《話》困難にぶつかる．*estar picado el* ～《話》好機である．*luchar contra los* ～*s de viento* (ドン・キホーテのように) 空想の敵と戦う．
molito 男《ラ米》小銭 (→ suelto 地域差)．
molla 女 ❶ (脂身のない) 赤身の肉；(パン・果実の) 柔らかい部分．❷［複］《話》ぜい肉．
mollar 形 (果肉が) 柔らかい．
molledo 男 ❶ (手足の) 肉づきのよい部

分. ❷ (パンの) 柔らかい中身.
molleja 女 ❶〔鳥〕砂嚢(さのう). ❷ 食材として珍重される子牛・子羊の肥大化した胸腺(きょうせん). ❸〔解〕胸腺.
mollera 女 ❶〔解〕頭頂部；(胎児・乳児の) ひよめき. ❷ 知能. cerrado [duro] de ～ 愚鈍な；頑固な. ***cerrarse la*** ～ (子供に) 知恵がついてくる.
mollete 男 ❶ ロールパン. ❷ (体につく) 脂肪.
molotov [モロトフ] 形 [単複同形] cóctel(es) ～ 火炎瓶.
molturación 女 → molienda ①.
molturar 他 → moler ①.
molusco 男〔動〕軟体動物；[複] 軟体動物類.
momentáneo, a 形 一瞬の；即席の.
momento [モメント] 男 〔英 moment〕 ❶ **一瞬**, 瞬時. ¡Un ～, por favor! ちょっと待ってください. ❷ (具体的な) 時, 時間；現在；(その時代の) 時. los mejores ～s de mi vida 人生最良の時. en el ～ actual 現在. en todo ～ いつも. ❸ 時機, 機会. buen ～ 好機. Ya te avisarán en su ～. しかるべきときに連絡があるでしょう. ***a cada*** ～ しょっちゅう, いつも. ***al*** ～ すぐに. ***de*** [***por el***] ～ 今のところ, さしあたって. ***de un*** ～ ***a otro*** まもなく, 今にも. ***en el*** ～ ***menos pensado*** 思いがけないところで. ***en el*** [***un***] ***primer*** ～ 最初は. ***por*** ～***s*** どんどん；急速に.
momia 女 ❶ ミイラ. ❷ 骨と皮ばかりの人.
momificación 女 ミイラ化.
momificar 26 他 ミイラにする.
momio, mia 形 脂肪のない；柔らかい. ── 男 もうけ物；うまい話；おまけ. ***de*** ～ ただで, 苦労せずに.
momo 男 おかしな[こっけいな]仕草.
mona 女 ❶ 酩酊(めいてい). dormir la ～ 泥酔して眠り込む. ❷ (チョリソ chorizo, ハム等を詰めて卵で飾った) パイ[パン]；(復活祭のときの) チョコレート菓子をのせたパン. ❸ (トランプ) ジョーカー；ばば抜き. ❹〔闘牛〕ピカドール picadorの右足用の防具. ❺ → mono. ***corrido como una*** ～ 赤っ恥をかいた；赤面した. ***ir*** [***mandar***] ***a ... a freír*** ～***s*** …を追い払う. ***¡Vete a freír*** ～***s!*** とっとと消えうせろ.
monacal 形 修道士[修道女]の.
monacato 男 修道士[修道女]の身分[生活]；修道院制度.
Mónaco 固名 モナコ：首都モナコ Mónaco.
monada 女 ❶ 猿のような顔つき[仕草]. ❷ 幼稚 (な行為). ❸ おべっか；[複] 媚(こ)び. ❹ (子供の) かわいらしさ；かわいらしい[素敵] なもの；美人.
mónada 男 ❶〔哲〕モナド, 単子. ❷〔生〕単細胞生物, モナス.
monago 男《話》→ monaguillo.
monaguillo 男〔カト〕(ミサの) 侍者, 侍祭.
monarca 男 君主, 帝王, 主権者.
monarquía 女 君主制[王制] (時代), 君主国. ～ absoluta 絶対君主制.
monárquico, ca 形 君主 (制) の；君主制支持の. ── 男 女 君主制支持者.
monarquismo 男 君主 (制) 主義.
monasterial 形 修道院の.
monasterio 男 修道院.
monástico, ca 形 修道院[士, 女]の.
Moncho 固名 モンチョ：Ramón の愛称.
monda 女 ❶ 剪定(せんてい)(期). ❷ 皮むき；[複] むいた皮. ❸ (川床・井戸の) 清掃. ***ser la*** ～《話》すごい；とても面白い.
mondadientes 男 [単複同形] 爪楊枝(つまようじ).
mondadura 女 皮むき；(むいた) 皮.
mondar 他 ❶ (果実等の) 皮をむく, 殻を取る. ❷ 剪定(せんてい)する. ❸ (水底を) 浚(さら)う. ── **mondarse** 再 大笑いする.
mondo, da 形 ❶ 正味の, …だけの. ❷《**de**》(本来あるものが) 欠けた；はげた. ～ ***y lirondo***《話》そのままの；すっきりした.
mondongo 男 ❶ (特に豚の) 内臓；《話》(人の) 腸. ❷ 腸詰め.
moneda [モネダ] 女 〔英 money〕 **貨幣**, コイン；通貨. ～ corriente 通貨. ～ divisoria [fraccionaria] 補助貨幣. ***pagar en*** [***con***] ***la misma*** ～ 同じ方法で復讐(ふくしゅう)する. ***ser*** ～ ***corriente*** よくあること[ごく普通]である. ***Se ruega*** ～ ***fraccionaria.*** 釣り銭のないようお願いします.
monedero, ra 男 女 貨幣鋳造者. ── 男 小銭入れ
monegasco, ca 形 男 女 モナコの (人).
monería 女 → monada.
monetario, ria 形 貨幣[通貨]の；財政の. ── 男 貨幣やメダルの収集；収集箱.
monetarista 男 女〔経〕通貨主義者, マネタリスト. ── 形〔経〕通貨主義 (者) の.
monetizar 57 他 ❶ 通貨と定める. ❷ 貨幣を鋳造する.
money [モニ] 男《話》→ dinero.
mongol, gola 形 モンゴルの. ── 男 女 モンゴル人. ── 男 モンゴル語.
Mongolia 固名 モンゴル (国)：首都ウランバートル Ulan Bator.
mongólico, ca 形 モンゴル (人種) の. ── 男 女 ❶ モンゴル人；モンゴル人種. ❷《話》《軽蔑》ダウン症候群の (患者).
mongolismo 男《話》ダウン症候群.
mongoloide 形 男 女 モンゴロイド (の), 黄色人種 (の).
monicaco, ca 男 女 ❶ (見た目が) ぱっとしない人, くだらない人. ❷ 幼年者；身長の低い人.
monición 女 戒告；叱責(しっせき).
monigote 男 ❶ 不気味な[へんてこな] 人形. ❷ 下手くそな絵[彫刻]. ❸ 自分の意見を持たない人.
monís 男 [主に複]《話》お金.
monismo 男〔哲〕〔神〕〔宗〕一元論.
monitor, tora 男 女 (スポーツ・芸術・技術の) コーチ. ── 男 ❶ (テレビ) モニター, 監視装置. ❷〔IT〕モニター, ディスプレー.
monitorio, ria 形 戒告の, ── 男〔カト〕(信者への) 戒告状.
monitos 男 複《話》アニメ, 漫画 (→ cómic 地域差).
monje, ja 男 女 修道士[女]. ── 男〔鳥〕ヒガラ.
monjil 形 修道女の (ような)；あまりに控えめ[地味]な.
mono, na [モノ,ナ] 形 ❶《話》かわいい；きれいな；素敵な. ❷ (ラ米)(コロンビア)《話》金髪の. ── 男 女 〔英 monkey〕 ❶〔動〕

M

サル. Aunque la *mona* se vista de seda, *mona* se queda. 《諺》地は隠せない. ❷ まねをする人；おどけ者. ❸ 大人ぶった若者. ❹ 金髪の人 (→ rubio 地域差). — 男 ❶ つなぎの作業服, オーバーオール (→ 地域差). ❷ (毛むくじゃらの) 醜い男. ❸ 欲求；(麻薬の) 禁断症状. ❹ (恋人同士の) 目くばせ, 合意. ❺ おかしな絵, いたずら書き. ¿Tengo ～*s* en la cara? 私の顔に何かついているのか (じろじろ見るな). ❻ 《ラ米》金髪 (→ rubio 地域差). ～ ***de imitación*** [***repetición***] 猿まねをする人. ***ser el último*** ～ 下っ端である. 地域差 オーバーオール mono 《スペイン》《ラ米》(ｷｭｰﾊﾞ)(ﾁﾘ)；braga (ﾍﾞﾈｽﾞｴﾗ)；buzo (ﾁﾘ)；jardinera (ﾁﾘ)(ﾊﾟﾗｸﾞｱｲ)；mameluco (ﾄﾞﾐﾆｶ共和国, ﾌﾟｴﾙﾄﾘｺ)(ﾊﾟﾅﾏ)(ﾍﾟﾙｰ)(ﾁﾘ)(ﾊﾟﾗｸﾞｱｲ, ｳﾙｸﾞｱｲ)；overol 《ほぼラ米全域》.

monobásico, ca 形〖化〗一塩基の.

monobloque 形 (シリンダー等の) 継ぎめのない.

monocameralismo 男 (議会の) 一院制.

monocarril 形 男 モノレール (の).

monocasco 形 (船体・車体等が) モノコック(構造) の.

monociclo 男 (自転車) 一輪車.

monoclonal 形 単一クローンの.

monocolor 形 ❶ 単色の, (色が) モノトーンの. ❷ 単一政党の.

monocorde 形 ❶〖音〗一弦 (琴) の. ❷ 単調な.

M

monocotiledóneo, a 形〖植〗単子葉の. — 女〖複〗単子葉植物.

monocromático, ca 形 単色 [単彩] の；(写真・映画等が) 白黒の.

monocromía 女 単色 (画), 単彩.

monocromo, ma 形 単色 [単彩] の.

monóculo 男 片めがね；眼帯.

monocultivo 男〖農〗単作, 単一栽培.

monodia 女〖音〗モノディ：11～12世紀の独唱歌.

monofásico, ca 形〖電〗単相 (交流) の.

monogamia 女 一夫一婦 (制)；一雌一雄 (制).

monógamo, ma 形 一夫一婦 (制) の；〖動〗一雌一雄の. — 男 女 一夫一婦主義者.

monogenismo 男 人類単一起源説.

monografía 女 モノグラフ：1つのテーマに限定した学術論文.

monográfico, ca 形 モノグラフの；(特殊) 専門的な.

monograma 男 モノグラム, 組み合わせ文字；落款.

monoico, ca 形〖植〗雌雄同株の；単花性の.

monolingüe 形 単一言語の.

monolingüismo 男 単一言語使用, 単一言語主義：多言語併用の地域でどれか1つの言語の使用だけを選ぶ [行う] こと.

monolítico, ca 形 ❶ (碑・柱等が) 一本石 [一枚岩] でできた. ❷《比喩的》一枚岩の.

monolito 男 (建築・彫刻用の) 一本石；一本石で造られた碑 [柱, 彫像].

monologar 66 自 独り言を言う, 独白する.

monólogo 男 ❶ 独り言. ❷〖演〗独白；独り芝居.

monomanía 女 偏執狂；(異常な) 熱中.

monomaníaco, ca / monomaníaco, ca 形 男 女 偏執狂の (人).

monometalismo 男〖経〗(通貨の) 単本位制.

monomio 男〖数〗単項式.

mononuclear 形〖生〗(細胞が) 単核の；〖化〗(炭化水素が) 単環の.

mononucleosis 女〖単複同形〗〖医〗単核 (細胞増加) 症.

monoparental 形 片親の.

monopatín 男 ❶ スケートボード. ❷《ラ米》(ｱﾙｾﾞﾝﾁﾝ)(ｳﾙｸﾞｱｲ)(遊具の) キックボード, スケーター.

monopétalo, la 形 (花冠等が) 単弁の；(花弁が) 合着の.

monoplano 形 男〖空〗単葉機 (の).

monoplaza 形 男 ひとり乗りの (乗り物).

monopolio 男 独占 [専売] (権)；専有.

monopolista 男 女 独占する人, 専売業者. — 形 独占の, 専売の.

monopolístico, ca 形 独占 (企業) の, 専売 (業者) の.

monopolización 女 独占, 専売；専有化.

monopolizador, dora 形 独占の, 専売の. — 男 女 独占者, 専売者.

monopolizar 57 他 独占 [専有, 専売] する.

monóptero, ra 形〖建〗単列周柱式の.

monoptongo 男〖音声〗単母音.

monorraíl 形 男 モノレール (の).

monorrimo, ma 形〖詩〗単一脚韻の.

monosabio 男 ❶〖闘牛〗ピカドール picadorの補助役. ❷ 芸を仕込んだ猿.

monosacárido 男〖生化〗単糖類.

monosépalo, la 形〖植〗単一萼(ｶﾞｸ)片の.

monosilábico, ca 形〖文法〗単音節の.

monosílabo, ba 形〖文法〗単音節の. — 男 単音節語.

monoteísmo 男 一神教, 一神論.

monoteísta 形 一神教の. — 男 女 一神教信者, 一神論者.

monotipia 女〖印〗モノタイプによる植字 [印刷].

monotonía 女 単調さ.

monótono, na 形 単調な, 退屈な.

monotrema 男〖複〗〖動〗単孔類.

monovalente 形〖化〗一価の.

monovolumen 男 ワンボックスカー.

monóxido 男〖化〗一酸化物.

monseñor 男 ❶《司教・枢機卿(ｷｮｳ)に対する尊称》猊下(ｹﾞｲｶ), …師. ❷《フランスの貴族に対する尊称》殿下, 閣下.

monserga 女〖主に複〗❶ 長々しい説明；くどいお願い. ❷《話》うんざりさせるもの.

monstruo [モンストゥルオ] 男 [英 monster] ❶ 怪物, 怪獣. ❷ 恐ろしい物；醜い人；極悪人. ❸ 卓越した才能の持ち主.

monstruosidad 女 ❶ 奇怪さ；怪物. ❷ 極悪非道.

monstruoso, sa 形 ❶ 奇怪な；巨大

な. ❷ とても醜い. ❸ 極悪非道の.

montа 女 ❶ 騎乗, 乗車；馬術. ❷ (馬等の) 交尾 (期). ❸ 合計, 総額. ❹ 価値, 重要性. de poca 〜 たいしたことはない. ―活→ montar.

montacargas 男 [単複同形] 貨物用エレベーター[リフト].

montadero 男 → montador.

montado, da 形 ❶ 騎馬の；鞍(くら)のついた. ❷ (必要なものが) 据えつけられた；準備の整った. ❸ 組み立てられた. ❹ 〚演〛 演出された. ―男 騎馬兵.

montador, dora 男 女 ❶ 乗馬者. ❷ 組立工；(宝石の) 象眼職人. ❸ 〚演〛 演出家；〚映〛(フィルム) 編集者. ―男 乗馬用の踏み台.

montaje 男 ❶ 組み立て；(機械の) 据えつけ. ❷ でっちあげ, 出任せ. ❸ 〚演〛 演出；〚映〛(フィルムの) 編集. ❹ (宝石の) 象眼.

montanero,ra 男 女 森林[牧場]警備員.

montano, na 形 山 (岳) の.

montante 男 ❶ (垂直の) 支柱；(機械の) 脚. ❷ 〚建〛(明かり取りの) 上窓. ❸ 総額, 総計.

montaña [モンタニャ] 女 [英 mountain] ❶ 山；山脈, 山地. ❷ 山積み；大量. ❸ 難問. ***hacer una 〜 de un grano de arena / hacer de todo una 〜*** 針小棒大に言う. 〜 ***rusa*** ジェットコースター.

montañero, ra 形 山の, 山岳の. ―男 女 登山者.

montañés, ñesa 形 ❶ 山の, 山地の. ❷ (スペイン, サンタンデルの) ラ・モンターニャ地方の. ―男 女 ❶ 山に住む人, 山岳人. ❷ ラ・モンターニャ地方の人.

montañismo 男 登山.

montañoso, sa 形 山の多い.

montaplatos 男 [単複同形] (料理運搬用の) リフト.

montar [モンタル] 自 [英 mount] ❶ 《a》(馬等に) 乗る. ❷ 《en》(乗り物に) 乗る；運転する. ❸ 重要である；《a》価値が (…に) 達する. ―他 ❶ 乗る；《en》(…の上に) 乗せる. ❷ 組み立てる；据えつける. ❸ 開業[居住] のために必要なものを設置する；開業する, 開店する. ❹ (金額・数量が) 達する. ❺ (宝石等を) はめ込む. ❻ (卵白・クリーム等を) 泡立てる. ❼ 〚演〛 演出[上演]する. ❽ 〚映〛〚TV〛(フィルムを) 編集する. ❾ (銃の) 打金を起こす. ❿ (雄が雌に) 乗りかかる. ―**montarse** 再 ❶ 《en》(…に) 乗る. ❷ 《ラ米》(アルゼ)(ウルグ)(ウルグ) 《話》 性交する. ***montar en cólera*** 烈火のごとく怒る. ***montárselo*** 《話》 うまくやる. ***tanto monta (como ...)*** (…と) 同じである；価値[能力]が等しい.

montaraz 形 ❶ 野生の. ❷ 粗野な.

montazgo 男 (中世のスペインで) 牧畜業者に課せられた山林通行料.

monte [モンテ] 男 [英 mountain] ❶ 山；[複] 山脈. ❷ 山林. ❸ (トランプ) 配った後の残りの札；モンテ賭博(とばく). ❹ 《話》 ぼさぼさの頭. ❺ 《話》 困難. ―活 → montar. ***batir el 〜*** 狩りに行く. ***echarse [hacerse, tirarse] al 〜*** 雲隠れする；(ゲリラ戦のために) 山に逃げる. 〜 ***de piedad / 〜 pío*** 公設質屋. 〜 ***de Venus*** 〚解〛 恥丘；(手相の) 金星宮. ***No todo el 〜 es orégano.*** 《諺》 人生楽あれば苦あり.

montea 女 ❶ 山狩り. ❷ 〚建〛(地面・壁に描かれた) 現寸図；石切り法；(アーチ・円天井の) 迫高(せりだか).

montear 他 ❶ 狩りをする. ❷ (地面・壁に) 現寸を記入する；弓形[弧] にする. ―自 《ラ米》(ウルグ) 伐採する.

montenegrino, na 形 モンテネグロの. ―男 女 モンテネグロ人.

montepío 男 ❶ 互助基金；共済組合. ❷ 質屋.

montera 女 ❶ 闘牛士帽. ❷ 〚建〛 天窓. ❸ 〚海〛 三角帆. ***ponerse el mundo por 〜*** 世間に何と言われようが構わない.

montería 女 狩猟術；(大物の) 狩猟.

montero, ra 男 女 〚狩〛 勢子(せこ).

Monterrey 固名 モンテレイ：メキシコ, ヌエボ・レオン州の州都.

montés, tesa 形 野生の.

montevideano, na 形 男 女 モンテビデオの (人).

Montevideo 固名 モンテビデオ：ウルグアイの首都.

montículo 男 小山；〚スポ〛(野球の) マウンド.

montilla 男 モンティーリャ：スペイン, コルドバ県モンティーリャ産の上質ワイン.

monto 男 総額, 総計.

montón [モントン] 男 [複 montones] [英 heap] ❶ 山積み. ❷ 多数, 多量. un 〜 de años 長年. ***a montones*** たくさんの. ***del 〜*** どこにでもいる, 平凡な.

montonero, ra 男 女 《ラ米》(アルゼ) 70年代以降ゲリラ戦を展開したペロン支持者. ―女 ❶ 多数, 大量. ❷ 《ラ米》 ゲリラ部隊.

montuno, na 形 ❶ 山の. ❷ 《ラ米》(キュ)(ベネズ)(ドミニ) いなか育ちの；粗野な.

montuosidad 女 山の多いこと.

montuoso, sa 形 山の多い, 起伏に富んだ.

montura 女 ❶ 鞍(くら)；馬具. ❷ (馬・ロバ等の) 乗用の動物. ❸ (宝石の) 台座；(めがねの) フレーム；(天体望遠鏡の) 支柱.

monumental 形 ❶ 記念碑の, 記念像の, 記念塔の；歴史に残る. ❷ 《話》 巨大な；すさまじい.

monumentalidad 女 記念碑的[歴史的]なこと；不朽の素晴らしさ, 荘厳.

monumento [モヌメント] 男 [英 monument] ❶ 記念碑[像, 塔]；(歴史的・美術的価値のある) 建造物. ❷ 不滅の名作. ❸ 《話》 美人. ❹ 〚カト〛(聖木曜日に仮にしつらえられる) 聖体安置所.

monzón 男 モンスーン, 季節風.

moña 女 ❶ (リボン等の) 髪飾り；束髪, シニヨン. ❷ 闘牛士の髷(まげ)に付ける黒いリボン；牛の背に付ける飾り. ❸ 《話》 酔い. ❹ (布切れで作った) 人形.

moñiga 女 《話》 牛糞(ふん), 家畜の糞.

moño 男 ❶ 束髪, シニヨン. ❷ 《ラ米》(アルゼ)(チリ)(リボンの) 蝶(ちょう)結び. ❸ 〚鳥〛 羽冠. ***estar hasta el 〜*** 飽き飽きする. ***ponérsele en el 〜*** 《話》(考えが) 頭から離れない. ***ponerse 〜s*** 思い上がる.

moñudo, da 形 羽冠のある.

moquear 自 鼻水が出る.

M

moqueo 男《話》鼻水.
moquero 男(はなをかむための)ハンカチ.
moqueta 女 モケット織り：毛羽のある織物.
moquete 男《話》鼻面を殴ること.
moquillo 男〘獣医〙(1) ジステンパー. (2) 鶏の舌にできる腫物(はれもの).
moquita 女 水ばな.
mor *por mor de ...* …のゆえに.
mora 女 ❶〘植〙クワの実；キイチゴ. ❷〘法〙〘経〙(義務遂行の) 遅滞, (債務の) 不履行.
morabito / morabuto 男 イスラム教の隠者[聖者]；イスラム教の隠者のいおり.
morado, da 形 紫の, 暗紫色の. ── 男 ❶ 紫, 暗紫色. ❷《話》(打撲による) あざ. ── 女《文》住まい. la última morada 墓. *pasarlas moradas*《話》悲惨なめに遭う. *ponerse* ～ 満腹になる.
morador, dora 男 女 住人, 居住者.
moradura 女《話》(打撲による) あざ.
moral [モラる] 形〔英 moral〕❶ **道徳の**, 倫理上の. ❷ 精神的な, 心の. linchamiento ～ バッシング. ❸ 品行方正な. ── 女 ❶ **道徳**, モラル, 倫理 (学). ❷ 意気；士気. ── 男〘植〙クワ (の木). *tener la* ～ *por los suelos*《話》堕落した生活を送る. *tener más* ～ *que el Alcoyano*《話》やる気がある, くじけない.
moraleja 女 (寓話(ぐうわ)等の) 教訓.
moralidad 女 道徳性, 倫理性；品性.
moralina 女《軽蔑》表面的な道徳 (心)；浅薄な教訓.
moralismo 男〘哲〙道徳主義.
moralista 男 女 ❶ 道徳 (実践) 家. ❷ 倫理学者. ❸ モラリスト.
moralización 女 徳化, 教化, 徳育.
moralizador, dora 形 徳化[教化, 説教]する. ── 男 女 道徳家.
moralizante 形 道徳心を植え付ける, 教化のための.
moralizar 57 他 道徳を植え付ける, 教化する.
moralmente 副 ❶ 道徳的に (見て). ❷ 精神的に.
morapio 男《話》(高価でない) ロゼワイン.
morar 自 住む, 居住する.
Moratín 固名 モラティン Leandro Fernández de ～ (1760-1828)：スペインの劇作家.
moratón 男《話》(打撲による) あざ.
moratorio, ria 形 女〘法〙モラトリアム (の), 支払い猶予の (期間).
moravo, va 形 モラビアの (人).
morbidez 女 (特に女性の体・肌の) 柔らかさ.
morbididad 女 → morbilidad.
mórbido, da 形 ❶ 病気がちの, 不健康な；病気を引き起こす. ❷ (女性の体・肌が) 柔らかい.
morbilidad 女 罹病(りびょう)率.
morbo 男 ❶《話》不健全なもの[禁じられていること]が持つ魅力. ❷ 病気.
morbosidad 女 ❶ 不健全な魅力. ❷ 罹病(りびょう)率.
morboso, sa 形 ❶ 病気の；病原となる. ❷ (精神・肉体が) 病的な, 不健全な. ── 男 女 意地悪 (な人), 性悪.
morcilla 女 ❶〘料〙モルシーリャ：豚の血にタマネギ・香辛料等を加えた腸詰め. ❷〘演〙アドリブ, 台本にない台詞(せりふ). *¡Que te den ～!*《話》とっととうせろ.
morcillero, ra 男 女 ❶ モルシーリャを作る人[職人]. ❷ アドリブをよく入れる役者.
morcillo 男 (牛肉・豚肉の) もも肉.
morcón 男 (太い腸を使った) モルシーリャ morcilla；(ソーセージ用の) 大腸.
mordacidad 女 (批評等の) しんらつさ.
mordaz 形 ❶ (酸等が) 腐食性の. ❷ しんらつな.
mordaza 女 ❶ 猿轡(さるぐつわ)；《比喩的》自由な発言を阻止するもの. ❷ 鉗子(かんし), はさみ, ペンチ. ❸《ラ米》安全ピン (→ imperdible 地域差).
mordedor, dora 形 かみつく. ── 男 おしゃぶり.
mordedura 女 かむこと, かみつくこと；かみ傷.
mordente 男 ❶ → mordiente. ❷〘音〙モルデント；装飾音.
morder [モルデル] 70 他〔英 bite〕❶ **かみつく**；かじる. ❷ キスをする. ❸ (歯車等が) かむ, 挟む. ❹ (財産・幸運を) 少しずつ減らす. ❺〘印〙(金属板に) 食刻する, (酸で) 腐食させる. ── **morderse** 再 (自分の体の一部を) かむ. *estar que muerde*《話》怒る, 腹を立てる. *morder el anzuelo* だまされる, わなにはまる.
mordido, da 形 かまれた；穴のあいた；欠けた. ── 女 ❶ かむ [かみつく] こと. ❷《ラ米》わいろ, その下 (→ soborno 地域差).
mordiente 男 媒染剤；(金属板の) 腐食剤.
mordiscar 26 他 少しずつかじる, 軽く何度もかむ.
mordisco 男 ❶ かむこと, 食いつくこと. dar [pegar, tirar] un ～ かむ, かみつく. ❷ (細かく切った) 一片, 一部分. ❸ (激しい) キス (シーン). ❹ 配当金, 分け前.
mordisquear 他 → mordiscar.
moreno, na [モレノ, ナ] 形〔英 dark〕❶ (毛髪が) **黒い**；(皮膚が) **浅黒い**；日に焼けた. ❷ 褐色の. azúcar ～ 黒砂糖. ❸《ラ米》(ﾆｭ)黒色人種の；ムラート mulato の. ── 男 女 ❶ (髪・皮膚が) 浅黒い人. ❷《ラ米》黒人；ムラート mulato. ── 女 ❶〘魚〙ウツボ. ❷ 氷堆石.
morera 女〘植〙クワ (の木).
moreral 男 桑畑.
morería 女 モーロ人街；モーロ人の国.
moretón 男《話》(打撲による) あざ.
morfema 男〘言〙形態素：意味を持つ最小の言語単位.
Morfeo 固名〘ギ神〙モルペウス：夢の神. *en brazos de* ～ (ぐっすり) 眠って.
morfina 女〘薬〙モルヒネ.
morfinismo 男 モルヒネ中毒.
morfinomanía 女 モルヒネ中毒.
morfinómano, na 形 男 女 モルヒネ常用[中毒]の (人).
morfología 女〘生〙形態学；〘言〙形態論.
morfológico, ca 形〘生〙形態学の；〘言〙形態の, 形態論の.
morfosintaxis 男〘言〙形態統語[統辞]論.
morganático, ca 形 貴賤(きせん)結婚の

[をした]: 王族と身分の低い女性との結婚.
morgue [英] 女 (身元不明の) 死体安置[保管]所.
moribundo, da 形 男 女 瀕死の(人), 危篤の(人).
morigeración 女 節度, 節制.
morigerado, da 形 男 女 節度のある(人).
morigerar 他 (食欲・感情等を) 抑える, 節制する. — **morigerarse** 再 和らぐ.
morilla 女 〖植〗アミガサタケ.
morillo 男 (炉の) まき載せ台.
morir [モリル] 69 自 [現分 muriendo; 過分 muerto, ta] [英 die] ❶ 死ぬ (=fallecer). ~ muy joven 若くして死ぬ. ❷ 《de》(…で) 死ぬ思いである. ~ *de* hambre 餓死する; 死ぬほど空腹である. ❸ 枯れる. ❹ (音・光が) 薄らぐ; (日が) 暮れる, 薄暗くなる. ❺ なくなる, 終わる. ❻ 〖遊〗(すごろくで) 振り出しに戻る. — **morirse** 再 ❶ 死ぬ. Mi abuelo *se murió* de cáncer. 祖父は癌(がん)で死んだ. ❷ 《de》(…で) 死ぬ思いである. ~ *de* ganas de ... 死ぬほど…したい. ~ *de* risa 抱腹絶倒する. ❸ 《話》《por》(…が) 好きで[したくて]たまらない. ***morir vestido* [*con las botas puestas*]** 非業の死を遂げる. ***¡Muera* [*Mueran*] *...!*** …を倒せ.
morisco, ca 形 モリスコの; ムデハル様式の. — 男 女 モリスコ. ► 特にレコンキスタ(711-1492) 以後, キリスト教に改宗してスペインに残留したモーロ人 moro.
morisma 女 《集合的》《軽蔑》モーロ人 moro.
morisqueta 女 しかめっ面.
morlaco 男 (大型の闘牛用の) 牛.
mormón, mona 男 女 〖宗〗モルモン教徒.
mormónico, ca 形 〖宗〗モルモン教(徒)の.
moro, ra 形 ❶ (北西アフリカのイスラム教徒) モーロ人の, 北アフリカの. ❷ (8-15世紀にスペインにいた) イスラム教徒の; アラブ (人) の. — 男 女 ❶ モーロ人. ❷ (特に8-15世紀にかけてイベリア半島を支配した) イスラム教徒. ❸ (ミンダナオ・マレーシア諸島の) モロ族. — 男 ❶ 《話》嫉妬(しっ)深い男. ❷ 《隠》モロッコ. bajar al ~ モロッコにハシッシュを買いに行く. ***A más ~s, más ganancia.*** 《諺》虎穴(けつ)に入らずんば虎子を得ず. ***dar a ~ muerto gran lanzada*** 人の弱みにつけ込んでひどい仕打ちをする. ***haber ~s y cristianos*** 《話》騒ぎがある. ***¡Hay ~s en la costa!*** 《話》壁に耳あり障子に目ありだ. ***~s y cristianos*** キリスト教徒とイスラム教徒の戦いを擬した踊り.
morocho, cha 形 《話》《ラ米》(1)(アルゼンチン)(ウルグアイ)黒褐色の, 浅黒い. (2) 頑強な. (3)(ベネズエラ)双子の; 対をなす. — 男 女 ❶ (肌が) 黒褐色の人. ❷ [複] 《ラ米》双生児 (→ gemelo 地域差).
morondanga 女 《話》がらくたの山.
morondo, da 形 毛[葉]のない; 余計な物が付いていない.
moronga 女 《ラ米》(中米)(メキシコ) 〖料〗モロンガ: 豚の血に香辛料を混ぜたもの; 鼻血.
morosidad 女 ❶ 〖法〗支払いの滞り, 滞納(金). ❷ ぐずぐずすること.
moroso, sa 形 ❶ (支払いの) 遅れがちな. ❷ ぐずぐずする. — 男 女 (法的義務・債務の) 不履行者, 違反者.
morrada 女 顔面への強打[パンチ], 平手打ち.
morral 男 ❶ (猟の) 獲物入れ. ❷ (兵士等の) 背負い袋. ❸ (馬の首からつるす) 飼い葉袋.
morralla 女 ❶ 《集合的》くず, がらくた. ❷ 雑魚. ❸ 《軽蔑》烏合(うごう)の衆. ❹ 《ラ米》小銭 (→ suelto 地域差).
morrazo 男 《話》頭を打つこと; 一撃.
morrena 女 〖地質〗(氷) 堆石(たいせき).
morreo 男 《俗》やたらにキスすること.
morrillo 男 ❶ (羊等の食用の) 首の肉. ❷ 《話》太い首.
morriña 女 郷愁, ノスタルジア.
morriñoso, sa 形 望郷の念にかられた.
morrión 男 ❶ モリオン: 16-17世紀の鉄兜(てつかぶと). ❷ シャコー: 前立ての付いた筒形軍帽.
morro 男 ❶ (豚等の突き出た) 鼻. ❷ 唇. ❸ 機首, 船首, (ロケット・誘導弾の) 円錐(えんすい)形の先端部; 自動車の前部. ❹ 厚かましさ. ¡Vaya ~! 何て図々しいんだ. ❺ 丸い小石. ❻ 〖海〗(船からの目標となる) 大岩; 丘. ❼ (ピストル・銃の) 床尾, 銃床. ***beber a ~*** ラッパ飲みする. ***echarle* [*tener*] *~*** 《話》図々しく振る舞う. ***poner* [*torcer*] *el ~*** しかめっ面をする. ***por el ~*** 《話》無料で; 何の努力もせずに; 厚かましく.
morrocotudo, da 形 ❶ 《話》大きい; 重大な; 難しい. ❷ 《ラ米》(アルゼンチン)(ウルグアイ) 《話》(人が) 丈夫な.
morrón 男 ❶ 《話》強打; 転倒. ❷ 〖植〗ピーマン.
morroncito 男 《ラ米》ミルク入りコーヒー (→ cortado 地域差).
morrongo, ga 男 女 《話》猫.
morrudo, da 形 ❶ 《話》鼻の突き出た, 唇の分厚い. ❷ 《ラ米》(アルゼンチン)(ウルグアイ)たくましい.
morsa 女 〖動〗セイウチ.
morse 男 モールス符号[式電信文字].
mortadela 女 モルタデッラ: ダイス状の豚脂を散らしたボローニャ産の太いソーセージ.
mortaja 女 経かたびら, 死者に着せる衣.
mortal [モルタる] 形 [英 mortal] ❶ 死すべき, 死を免れない (↔ inmortal). ❷ 致命的な. un veneno ~ 猛毒. ❸ 死を連想させる, 死人のような. ❹ 耐えがたい; ひどく退屈な. ❺ 決定的な. señas ~*es* 動かぬ証拠. — 男 女 ❶ 人間. ❷ 《皮肉》ただの人.
mortalidad 女 ❶ 死すべき運命, 死を免れないこと. ❷ 死亡率; 死亡者数.
mortalmente 副 ❶ 命にかかわるほどに. ❷ 死ぬほど, 耐えがたいほど.
mortandad 女 大量死; 死亡者数.
mortecino, na 形 死にかけた, 消滅しかかった; 消え入りそうな; ほの暗い.
mortero 男 ❶ 乳鉢. ❷ モルタル, しっくい. ❸ 〖軍〗臼砲(きゅうほう). ❹ 花火打ち上げ用の筒.
mortífero, ra 形 致命的な.
mortificación 女 ❶ 苦行, 禁欲. ❷ 悩みの種. ❸ 屈辱. ❹ 〖医〗壊疽(えそ).
mortificador, dora 形 ❶ 苦行の; 禁欲的な. ❷ 傷つける, 悩ます; 屈辱的な.
mortificar 26 他 ❶ (修行のため肉体を) 苦しめる; 禁欲する. ❷ 悩ます. ❸ 屈辱

を味わわせる. ── **mortificarse** 再 ❶ 苦行[修行]する. ❷ (con) (…に) 悩む；苦しむ.

mortuọrio, ria 形 ❶ 死の, 死者の；葬式の. ❷ 喪に服した.

morụcho 男 (角に球を付けた) 闘牛遊び用の子牛.

morueco 男 (種付け用の) 雄羊.

morụno, na 形 モーロ人 moro の.

mosạico, ca 形 ❶ モザイク(用)の. ❷ モーセ Moisés の. ── 男 ❶ モザイク模様(の工芸品). ❷ 《比喩的》寄せ集め. ❸ 《話》学位[単位]取得者名簿.

mosaísmo 男 〖宗〗モーセの律法.

mọsca 女 ❶ 〖昆〗ハエ；羽のある虫. ～ azul クロバエ. ～ de la fruta ショウジョウバエ. ❷ (釣りの) 毛針, 擬餌(ぎじ)針. pescar a ～ フライフィッシングをする. ❸ (下唇と顎(あご)の間の) 生え始めのひげ. ❹ 《話》お金. ❺ 警護隊. ❻ (ボクシング) フライ級. ── 形 《estar と共に》《**con**》《話》(…を) 疑っている, (…に) 不安を感じている；(…に) 怒っている. ***estar con la ～ en*** [***detrás de***] ***la oreja*** 疑ってかかる, 用心している. ～ [***mosquita***] ***muerta*** 油断のならないやつ. ***por si las ～s*** 《話》万一に備えて. ***¿Qué ～ le*** [***te***] ***ha picado?*** いったい何があったの, なぜ急に怒りだしたの.

moscạda 形 [女性形のみ] nuez ～ ナツメグ；ニクズク. ── 女 ハエの群れ.

moscạrda 女 〖昆〗クロバエ.

M

moscardọ́n 男 ❶ 〖昆〗(1) ウマバエ, ウシバエ. (2) アブ. (3) クロバエ, アオバエ. ❷ 《話》うるさいやつ, しつこい男.

moscarẹta 女 〖鳥〗ムナフヒタキ.

moscatẹl 形 マスカットブドウ[ワイン]の. ── 男 マスカットブドウ(園)；マスカットワイン.

mọsco 男 〖昆〗カ；ブヨ, ハムシ.

moscọ́n 男 ❶ 〖昆〗ウマバエ；アブ；スズメバチ；クロバエ. ❷ 《話》うるさい[しつこい]男.

mosconeạr 自 執拗(しつよう)に求める.

mosconẹo 男 うるさくする[困らせる]こと, 邪魔.

moscovịta 形 男 女 モスクワ(大公国)の(人)；ロシアの[人]. ── 女 〖鉱〗雲母.

Moscụ́ 固名 モスクワ：ロシア連邦の首都.

mosẹ́n 男 師：スペインのアラゴン, カタルーニャ地方で聖職者の尊称.

mosqueạr 他 ❶ 《話》不審を抱かせる. ❷ 《話》怒らせる. ── **mosquearse** 再 ❶ 疑う. ❷ 《**por**》(…に) 腹を立てる.

mosquẹo 男 ❶ 《話》むっとすること. ❷ 《話》疑い.

mosquẹte 男 マスケット銃.

mosqueterịa 女 《集合的》マスケット銃兵[銃隊].

mosquetẹro 男 マスケット銃兵.

mosquetọ́n 男 ❶ (銃口の大きな) 短銃；小型カービン銃. ❷ (登山用の金輪) カラビナ.

mosquịta 女 〖鳥〗ヒタキ科ツグミ属の鳴鳥. ～ ***muerta*** 《話》猫かぶり.

mosquitẹra 女 → mosquitero.

mosquitẹro 男 蚊帳(かや), 網戸.

mosquịto 男 〖昆〗カ(蚊), ブヨ・ブユ・羽虫類の昆虫.

mostacẹra 女 (食卓用の) からし入れ.

mostacẹro 男 → mostacera.

mostạcho 男 濃い口ひげ.

mostạjo 男 → mostellar.

mostạza 女 ❶ 〖植〗カラシ. ❷ カラシの種子. ❸ 〖料〗マスタード(ソース).

mostellạr 男 〖植〗ナナカマド類.

mọsto 男 (発酵前の) ブドウの搾り汁；グレープジュース. ～ agustín ブドウの果汁に小麦粉・香料を入れて煮込んだもの.

mostradọr, dọra 形 (人・物が) 見せる, 示す. ── 男 (商店の) カウンター；(商品の) 陳列台.

mostrar [モストゥラル] 32 他 〔英 show〕 ❶ **見せる**. ❷ **示す**；(意志・感情等を) 表す, 表明する. ❸ (事実を) 明らかにする, (具体的に) 説明する, (例を挙げて) 教える. ── **mostrarse** 再 ❶ 《形容詞と共に》(…の) 態度を示す, (…に) 振る舞う. ❷ 姿を見せる.

mostrẹnco, ca 形 ❶ 《話》《軽蔑》ばかな；飲み食いの遅い. ❷ 《話》太った. ❸ 〖法〗所有権者のいない. bienes ～*s* (所有権が国家に属する) 所有者不在財産. ── 男 女 ばかな人；太った人.

mọta 女 ❶ 非常に小さな破片. ❷ 小さなしみ, 斑点(はんてん)(模様). ❸ 小丘. ❹ 《ラ米》(1) 縮れ毛 (→ pelo 地域差). (2)(メキシコ)マリファナ. (3)(チリ)毛玉.

mọte 男 ❶ あだ名, ニックネーム. ❷ 標語, モットー. ❸ 《ラ米》(南米)塩ゆでしたトウモロコシ.

moteạdo, da 形 斑点(はんてん)のある, まだらの.

moteạr 他 (織物等に) 斑点(はんてん)をつける, 水玉模様をつける.

motejạr 他 《**de**》(…と) あだ名をつける.

motẹl 〔英〕 男 モーテル.

motẹro, ra 形 男 女 バイク好き(の), バイク乗り(の).

motẹte 男 〖音〗モテット：聖書の章句等に曲を付けた声楽曲.

motilạr 他 丸坊主に刈る.

motilọ́n, lọna 形 ❶ 毛のない. ❷ (コロンビア・ベネズエラに住む) モティロネス族の. ── 男 女 ❶ はげ頭の人. ❷ モティロネス族.

motín 男 暴動；(軍隊等の) 反乱.

motivaciọ́n 女 動機(づけ)；原因.

motivadọr, dọra 形 動機づける.

motivạr 他 ❶ 引き起こす. ❷ 興味を起こす, やる気にさせる. ── **motivarse** 再 興味を示す.

motivo [モティボ] 男 〔英 motive〕 ❶ **動機**；原因, 根拠. bajo ningún ～ どんなことがあっても. por ～*s* personales 個人的事情により. ❷ (音楽・芸術等の) 主題, モチーフ. ***con ～ de ...*** …のために；…に際して. ***con mayor*** [***más***] ～ まして, いわんや.

moto [モト] 女 [motocicleta の省略形] 〔英 motorcycle〕 **バイク**, オートバイ. ── 男 道標, 境界石. ***estar como una ～*** 狂った；いらいらしている. ***vender la ～*** 説得する；ご機嫌をとる.

motobọmba 女 モーターポンプ, 自動給水機.

motocạrro 男 オート三輪(車).

motociclẹta 女 オートバイ, バイク.

motociclịsmo 男 オートバイレース.

motociclịsta 男 女 バイク乗り, ライダー；オートバイレーサー.

motocịclo 男 原動機付き自転車. ►

ciclomotor, velomotor, motocicleta 等の総称.
motocross 〔英〕 男 [単複同形] 《スポ》 モトクロス.
motocultivador / motocultor 男 《農》 耕耘(こううん)機.
motocultivo 男 機械化農業.
motón 男 《海》 滑車.
motonáutica 女 モーターボートレース.
motonave 女 大型モーターボート, 発動機付きの船.
motoneta 女 ❶ 電動車椅子. ❷ 《ラ米》(ﾗﾌﾟﾗﾀ)スクーター.
motoniveladora 女 地ならし機, (モーター) グレーダー.
motor, tora [モトル, トラ] 形 ❶ 動かす, 発動の. fuerza [potencia] *motora* (原) 動力. ❷ 《解》(神経等が) 運動を伝える. ── 男 女 《比喩的》 原動力. ── 男 〔英 motor〕 **エンジン**; モーター, 発動機. ～ de arranque (エンジンの) スターター. ～ de reacción [a chorro] ジェットエンジン. ～ de dos tiempos 2サイクルエンジン. ～ eléctrico lineal リニアモーター. ── 女 モーターボート. ***el primer*** ～ 創造主, 神.
motorismo 男 《スポ》 オートバイレース.
motorista 男 女 ❶ オートバイ乗り, ライダー; オートバイレーサー. ❷ (オートバイに乗った) 警官. ❸ 《ラ米》 自動車の運転手.
motorización 女 動力化, 機械化; 自動車化.
motorizado, da 形 動力化[機械化]された.
motorizar 57 他 動力設備[モーター]を付ける, 機械化する. ── **motorizarse** 再 《話》 車を持つ[備える].
motorola 女 携帯電話, (特に自動車用の) 移動電話. ► モトローラは社名.
motosegadora 女 《農》 (穀類・草等の) 刈り取り機.
motosierra 女 チェーンソー.
motoso, sa 形 ❶ 《話》 (髪の毛が) 縮れた; (衣類に) 毛玉がついた. ❷ 《ラ米》(ﾍﾟﾙｰ) 先住民のアクセントでスペイン語を話す. ── 男 《ラ米》 縮れ毛 (➜ pelo 地域差).
motovelero 男 機帆船.
motricidad 女 《医》 ❶ (神経・筋肉の) 運動機能. ❷ 動き回ること, 動けること.
motriz 形 [motor の女性形] 発動の.
motudo 男 《ラ米》 縮れ毛 (➜ pelo 地域差).
motu proprio 〔ラ〕 自発的に.
moules 男 複 《ラ米》 ビー玉 (➜ bola 地域差).
mousse [ムス] 女 (《ラ米》 は男) 《料》 ムース; (整髪・ひげそり・美容用) ムース.
mouton [ムトン] 男 《服》 ムートン (ヒツジの毛皮の加工品); ムートン製の衣服.
movedizo, za 形 ❶ 動きやすい. arenas *movedizas* 流砂. ❷ (人が) 移り気の; (状況等が) 不安定な, 落ち着かない.
mover [モベル] 70 他 〔英 move〕 ❶ **動かす**; 揺する. ～ la cabeza de arriba abajo 頭を上下に振る; うなずく. ❷ 《技》 作動させる. ❸ (a) (同情・哀れみ等を) 催させる, 誘う. ❹ 促す, 駆り立てる; 原因となる. ❺ (仕事・作業を) 早くこなす. ❻ 流産[早産]させる. ❼ なぐる. ── 自 ❶ (a) (同情・哀れみを) 呼び起こす. ❷ (植物が) 芽ぶく. ❸ 動き始める, 出発する. ──
moverse 再 ❶ 動く. ❷ 行動する, 努力する; 急ぐ. ¡*Muévete*! ぐずぐずするな. ❸ 心を動かされる. ❹ (en) (…に) 身を置く, (…で) 活動する. ❺ (海・空等が) 荒れる, 時化(しけ)る. ***mover cielo y tierra*** あらゆる手段を尽くす. ***mover los hilos*** 陰で糸を引く. ***moverse bien en ...*** …での振る舞い方を心得ている.
movible 形 ❶ 動かせる. ❷ 変わりやすい, 不安定な. ❸ (天体が) 移動する.
movido, da 形 ❶ (物理的・精神的に) 動かされた. ～ de [por] la piedad 同情して. ❷ 活発な; 落ち着きのない; あわただしい. ❸ 《写》 ピンぼけの, ぶれた. ── 女 ❶ 《話》 活気; 人込み. ❷ 騒ぎ.
móvil 形 ❶ 動かせる, 固定されていない. ❷ 不安定な, 変わりやすい. ── 男 ❶ 動機, 原因. ❷ 《物》(流) 動体. ❸ 《美》 モビール. ❹ 《話》 携帯電話 (＝teléfono ～).
movilidad 女 動きやすさ, 可動[移動]性.
movilización 女 動員.
movilizar 57 他 動員する, 結集させる. ── **movilizarse** 再 結集する.
movimiento [モビミエント] 男 〔英 movement〕 ❶ **運動**, 動き. ～ acelerado 加速運動. ～ de rotación 回転運動. ～ sísmico 地震運動. poner en ～ 動かす. estar en ～ 動いている. ❷ 動作, 身振り; 感情の動き. ❸ 移動; 往来; 活動. ～ de población 人口移動. ❹ (社会・政治・芸術的) 運動, 活動. el ～ militar 軍の反乱. el *M*～ Nacional 《史》 国民運動 (フランコ体制下の政党). ❺ 変動, 変化; 《商》 値動き, 変動. ❻ 《音》 楽章.
moviola 女 ❶ 《商標》 ムービオラ: 映画フィルム編集用の映写機. ❷ リプレイ画面, リプレイ[編集]シーン.
¡moxte! 間 ➜ ¡oxte!
moyuelo 男 麸(ふすま).
moza 女 ❶ 《軽蔑》 めかけ, 情婦. ❷ ➜ mozo.
mozalbete 男 少年, 若者; 《軽蔑》 青二才, 若僧.
Mozambique 固名 モザンビーク: 首都 マプト Maputo.
mozambiqueño, ña 形 モザンビークの. ── 男 女 モザンビーク人.
mozárabe 形 ❶ モサラベの. ❷ モサラベ建築[様式]の. ── 男 女 モサラベ. ► イスラム教徒支配下で信仰を保ったスペインのキリスト教徒. ── 男 モサラベ方言.
mozo, za [モソ, サ] 形 若い, 年少の; 独身の. ── 男 女 〔英 youth〕 ❶ **若者**, 青年; 独身者. ❷ 使用人. ～ de paja y cebada 宿屋の馬番; 厩舎(きゅうしゃ)番. ❸ 《ラ米》 (レストランの) ボーイ, ウエートレス (➜ camarero 地域差); ポーター. ❹ 徴集兵, 国民兵. ～ de escuadra (スペイン, カタルーニャの) 自衛軍の隊員. ❺ (闘牛士の) 剣持ち.
muaré 男 (織物・印刷の) モアレ, 波紋織.
mucamo, ma 男 女 《ラ米》 使用人. ── 女 《ラ米》 家政婦 (➜ doncella 地域差).
muceta 女 ❶ 《カト》 モゼタ: 高位聖職者

M

用の小さなフード付きの短いケープ. ❷ 大学式服 : 博士号取得者等が着用する絹服.
mucha 形 代名 → mucho.
muchacha 女 ❶ 《ラ米》家政婦 (→ doncella 地域差). ❷→ muchacho.
muchachada / muchachería 女 《集合的》子供 ; 子供っぽい行為 [言葉遣い].
muchacho, cha [ムチャチョ,チャ] 男 女 〔英 boy, girl〕 ❶ 子供, 少年, 少女. ► 時に成人あるいは乳飲み児を指す場合もある. ❷ 見習い, 研修中の従業員. ― 女 家政婦 (→ doncella 地域差).
muchedumbre 女 ❶ 群衆, 人込み. ❷ たくさん ; 集まり, 群れ.
muchísimo, ma 形 [mucho の絶対最上級] 非常に多くの, 大量の. ― 副 非常によく, たいへん.
mucho, cha [ムチョ,チャ] (↔ poco) 形 《不定》 〔英 many, much〕 ❶ たくさんの, 多くの. Hoy hace ～ frío. 今日はとても寒い. Hay *mucha* gente en la plaza. 広場には大勢の人がいる. ¿Tomas *mucha* cerveza? ― No *mucha.* ビールをたくさん飲むの. ―それほどじゃないよ. ► 定冠詞をとることができる. *el* ～ interés que tiene ... 彼が抱く大きな興味. ❷ 《話》すばらしい, 秀でている. Nuestro jefe es ～, todo el mundo le quiere. うちの上司はすばらしいよ, みんなから愛されている. ― 代名 《不定》 たくさんの人, 多くのもの. Hay ～*s* que se oponen al plan. その計画に反対する者は多い. No es ～ lo que nos exigen. 彼らの要求するものはそれほど多くない. ― 副 《不定》 ❶ たいへん, よく. ir ～ 頻繁に行く. pesar ～ とても重い. Mis hijos comen ～. うちの子供たちはよく食べる. Su coche corre ～. 彼の車はスピードが出る. En esta empresa trabajan ～. この会社ではみんなよく働く. ❷ 長時間. Hace ～ que no nos vemos. しばらく会っていないね. ❸ 《形容詞・副詞の比較級に付けて》ずっと, はるかに. Mi hermano duerme ～ *más* que yo. 弟は僕よりもずっとたくさん睡眠をとる. Mi padre se levanta ～ antes que yo. 父は私よりもずっと早起きです. ► más [menos] 〈+名詞〉のときには mucho が名詞と性数一致する. Este año he visto *muchas más* películas que el año pasado. 今年私は去年よりずっとたくさんの映画を見た. ***como* ～** 多くて, せいぜい. Asistieron unos veinte alumnos *como* ～. 多くて約20人の学生が出席した. ***con* ～** はるかに, 断然. Es, *con* ～, el más destacado. 彼は断然抜きん出ている. ***cuando* ～** 多くて. ***ni con* ～** 《比較して》…どころではない. Mi casa no es, *ni con* ～, tan grande como la tuya. わが家は君の家のように大きいということは全くない. ***ni* ～ *menos*** とんでもない. No podemos confiar en él, *ni* ～ *menos*. 我々は彼を信用できるどころじゃないよ. ***Por* ～ *que*** 〈+接続法〉. 《譲歩》いくら…であれ. *Por* ～ *que* estudies, no aprobarás. 君はいくら勉強しても合格しないだろう.
mucilaginoso, sa 形 植物粘質物の, 粘液の ; 粘着性の.
mucílago / mucílago 男 植物粘質物, 粘液.
mucosidad 女 粘性 ; 粘液性.
mucoso, sa 形 粘液を分泌する ; 粘液状の. ― 女 粘膜.
muda 女 ❶ 替え下着一式, 下着. ❷ 《動》脱皮 ; 羽毛の抜け変わり (時期). ― 形 → mudo. ― 活 → mudar.
mudable 形 ❶ 変えられる. ❷ 移り気な ; 変化しやすい, 不安定な.
mudanza 女 ❶ (心境・振る舞い等の) 変化 ; 心変わり. ❷ (家具等の) 移動, 移転. hacer la ～ 引っ越しをする. ❸ (鳥の) 羽変わり ; 脱皮. ❹ (ダンスの一連の) 旋回運動, フィギュア.
mudar [ムダル] 他 〔英 change; move〕 《しばしば **de** を伴って自動詞的》 ❶ 変える, 取り替える ; 変化させる. ～ el [*de*] carácter 性格が変わる. ～ *de* voz 声変りする. ❷ 転属[転勤]させる. ❸ (羽毛・角等が) 生え変わる ; 脱皮する. ― **mudarse** 再 ❶ 変わる, 変化する. ❷ 《**de**》 (…を) 着替える. ❸ 《**de**》 (場所を) 移転する, 引っ越す.
mudéjar 形 ❶ ムデハルの. ❷ 《建》ムデハル様式の. ► モーロ人 moro の影響を受けた11-16世紀のスペインのキリスト教建築. ― 男 女 ムデハル. ► 中世スペインで, 改宗することなく定住したイスラム教徒. → mozárabe.
mudez 女 ❶ (障害のため) 口をきけないこと. ❷ 無言, 沈黙.
mudo, da [ムド,ダ] 形 〔英 dumb, mute〕 ❶ 口のきけない. ❷ 無言の, 無声の ; 無口な. cine ～ / película *muda* 無声映画. ❸ 《言》無音の, 黙字の. ► スペイン語の h- 等. ❹ 白紙の, 無記入の. ― 男 女 唖者(あ), (障害のため) 口がきけない人. ― 活 mudar.
mueblaje 男 → moblaje.
mueble [ムエブレ] 形 動かせる. bienes ～*s* 動産. ― 男 〔英 funiture〕 ❶ 家具, 調度, 家財. ～ cama ユニット式折り畳みベッド. ～ bar 酒類キャビネット. ❷ 《ラ米》(アルゼンチン)(ウルグアイ) 《話》ラブホテル.
mueblería 女 家具 (製作所).
mueblista 形 家具 (商) の. ― 男 女 家具職人, 指物師 ; 家具商 (人).
mueca 女 ❶ しかめっ面, 不快[嫌悪]の表情. ❷ おどけ顔 ; ばかにした表情.
muela 女 ❶ 臼歯(きゅうし), 奥歯. ～ cordal [del juicio] 親知らず. ～ picada 虫歯. ❷ (ひき臼(うす)の) 上石. ❸ 丸砥(まると), 車砥. ❹ 《植》ヤハズエンドウ. ***estar que echar las* ～*s*** 《話》激怒する, 怒り狂う. ***No hay ni para una* ～.** 《話》食べる物がこれっぽっちもない.
muellaje 男 《海》波止場使用料.
muelle 形 ❶ 気楽な, 穏やかな. ❷ 柔弱な. ― 男 ❶ ばね, スプリング ; ぜんまい. ❷ 波止場, 埠頭(ふとう). ❸ (鉄道の) 貨物線プラットホーム.
muer- 活 → morir.
muérdago 男 《植》ヤドリギ.
muerdo 男 1口分, 1かけら ; キス.
muérgano / muergo 男 《貝》マテガイ.
muermo 男 ❶ 退屈な状態[人, もの]. ❷ 眠気. ❸ 鼻疽(びそ) : 馬・ロバの伝染病.
muerte [ムエルテ] 女 〔英 death〕 ❶ 死 (↔ vida). ～ ce-

M

rebral 脳死. ～ dulce 苦しまない死. ～ civil (市民権の) 法的剝奪(はく). ～ súbita 〖医〗突然死, 急死 ; (ゴルフ) サドンデス ; (サッカー) Vゴール ; (テニス) タイブレイク. morir de ～ natural 自然死する. estar a las puertas de la ～ 死にかけている. ❷ 終焉(しゅうえん) ; 消滅 ; 終結. ❸ [主に M-] 死神. ❹ 殺し, 殺人. *a* ～ 《話》死を賭(と)して ; 徹底的に. *a* [*de*] *vida o* ～ 生きるか死ぬかの. *dar* ～ *a* ... …を殺す ; 終わりにする ; 片づける. *de mala* ～ くだらない ; 粗末な. *de* ～ 《話》すごい, でかい. Me dieron un susto *de* ～. 私はすごくびっくりさせられた. *ser la* ～ ひどい ; すごい.

muerto, ta [ムエルト, タ] 過分 → morir. 形 〔英 dead〕 ❶ **死んだ**, 死んでいる. ❷ 《誇張》(疲れ等で) 死んだようになった, 参った ; (死んだように) しんとした. Basta ya. Estoy ～. もういいよ. へとへとだよ. Por la noche estas calles están *muertas*. 夜はこれらの通りはしんと静まり返る. ❸ 《de》(…で) 死にそうである. estar ～ *de* hambre. お腹がぺこぺこである. ― 男 女 ❶ **死者**, 死亡者 ; 遺体. ❷ 《話》退屈な人. *echar el* ～ *a* ... …に責任を負わす ; (いたずら等の) 一味にする. *hacer el* ～ (水面で) あおむけに浮かぶ. *hacerse el* ～ 死んだふりをする. *tus* ～*s* 《俗》いやだね, 冗談じゃない. *un* ～ *de hambre* 貧乏人.

muesca 女 ❶ 刻み目, 切り込み. ❷ (木工) 枘穴(ほぞあな).

muestr- 活 → mostrar.

muestra [ムエストゥラ] 女 〔英 sample〕 ❶ **見本**, サンプル. vivienda [piso] de ～ モデル・ハウス[ルーム]. ❷ 〖統計〗サンプル, 標本 ; 試料. ❸ 手本, 模範. ❹ 証(あか)し, 証拠. ❺ 見本市, 展示会. ❻ 看板, 案内板. ❼ 犬が獲物のありかを示す [立ち止まる] 動作. ― 活 → mostrar. *Para* ～ *basta un botón.* 証拠は1つで十分である.

muestrario 男 ❶ (商品・布地・色等の) 見本集, 試料. ❷ 寄せ集め, 詰め合わせ.

muestreo 男 見本[標本] 抽出 (法), 試料採取 (法), サンプリング.

muev- 活 → mover.

mufla 女 マッフル窯[炉] : 材料を加熱するための間接加熱室.

muflón 男 〖動〗ムフロン : 野生の羊.

muga 女 境界 (石, 標識).

mugido 男 (牛の) 鳴き声, (動物の) 咆哮(ほうこう) ; (風等の) うなり.

mugir 44 自 (牛が) 鳴く ; (風等が) うなる, ヒューヒュー鳴る.

mugre 女 ❶ 垢(あか), 油汚れ. ❷ 《ラ米》(アルゼンチン)(ウルグアイ) 質が悪いもの.

mugriento, ta 形 垢(あか)だらけの.

mugrón 男 (ブドウの) 取り木 ; 新芽.

mugroso, sa 形 → mugriento.

muguete 男 ❶ 〖植〗スズラン. ❷ 〖医〗鵞口瘡(がこうそう).

mujer [ムヘル] 女 〔英 woman; wife〕 ❶ **女**, (成人) 女性 (↔ hombre). ropa de ～ 婦人服. ～ empresaria [de negocios] ビジネスウーマン. ～ policía 婦人警官. ～ de la limpieza 掃除婦. ～ del tiempo (テレビの) 天気予報専門の女性アナウンサー. ～ de su casa 家事をこまめにする女性. Es toda una ～. 彼女はすごく女性らしい. ❷ **妻** (＝ esposa. ↔marido). mi ～ 私の妻. *de* ～ *a* ～ (2人の女性が) 率直に ; 対等な女同士として. *ser* ～ 初潮を迎える. *tomar* ～ 《古》妻をめとる ; 結婚する. *¡M～!* 《親しみ・説得を意図して女性に向かって》ねえ. ～ *objeto* 《話》性的対象としての女性.

mujerero 形 [男性形のみ] 《ラ米》女好きの.

mujeriego, ga 形 ❶ 女好きの. ❷ 女性特有の. ― 男 女たらし.

mujeril 形 女の, 女らしい.

mujerío 男 《集合的》女, 女性.

mujerona 女 ❶ 大女, よく肥えた女. ❷ (品格のある) 年配の女性.

mujerzuela 女 売春婦.

Mujica Láinez 固名 ムヒカ・ライネス Manuel ～ (1910-84) : アルゼンチンの小説家.

mújol 男 〖魚〗ボラ.

mula 女 《話》❶ 麻薬の運び屋. ❷ トレーラー. ❸ 《ラ米》(ウルグアイ)(チリ) うそ.

mulada 女 ラバの群れ.

muladar 男 ❶ ごみ捨て場 ; 堆肥(たいひ) 置き場. ❷ 不健全な[いかがわしい] 場所.

muladí 形 イスラム教に改宗した. ― 男 女 ムラディー. ► 中世スペインでイスラム教に改宗したキリスト教徒.

mular 形 ラバの.

mulato, ta 形 男 女 ムラート (の), 白人と黒人の混血 (児) (の).

mulero, ra 男 女 ラバ飼い ; うそつき.

muleta 女 ❶ 松葉づえ. ❷ 〖闘牛〗ムレータ : マタドールが殺しの場で用いる赤布を支える棒 ; 棒と布全体を言う.

muletear 他 〖闘牛〗ムレータ muleta で牛をあしらう.

muletilla 女 ❶ 〖闘牛〗(小さめの) ムレータ muleta. ❷ 口ぐせ, 意味なく繰り返される冗語. ❸ 棒状のボタン, トッグル.

muleto, ta 男 女 子ラバ, ならされていないラバ.

muletón 男 ❶ メルトン : 滑らかな織物. ❷ テーブルクロス.

Mulhacén 固名 Pico de ～ ムラセン峰 : ネバダ山脈の山. ► スペインの最高峰 (3478 m).

mulillas 女 複 〖闘牛〗死んだ牛や馬を引きずるラバ (隊).

mullido, da 形 ふわふわの. ― 男 (ベッド・いす等の) 詰め物.

mullir 71 他 ❶ (布団等を) ふっくらさせる. ❷ (土・地面を) 鋤(す)き返す, ほぐす.

mulo, la 男 女 ❶ ラバ. ❷ 我慢強い人 ; 働き者 ; 丈夫な人. ❸ 粗野な人.

mulso, sa 形 砂糖[蜜(みつ)] を入れた.

multa [ムるタ] 女 〔英 fine〕 **罰金** ; 交通違反チケット[通知書]. poner ～ 罰金を科す.

multar 他 …に罰金を科す. ～ a ... con diez mil pesetas …に1万ペセタの罰金を科す.

multicanal 形 男 〖放送〗多重チャンネル (の).

multicelular 形 〖生〗多細胞の.

multicine 男 シネマコンプレックス : 複数の小映画館が集まった施設.

multicolor 形 多色の, 多彩な.

multicopiar 17 他 複写する.

multicopista 女 複写機 ; 謄写版印

M

刷機.

multicultural 形 多文化の[的な].

multiculturalismo 男 多文化主義[社会].

multidisciplinar 形 学際的な, 多くの学問領域にわたる.

multidisciplinario, ria 形 → multidisciplinar.

multiétnico, ca 形 多民族の.

multiforme 形 多形の, 多種多様の.

multifuncional 形 多機能の.

multilateral 形 ❶ 多辺の；多面的な. ❷ 多数国参加の. un acuerdo ～ 多国間協定.

multimedia 男 [単複同形] マルチメディア.

multimillonario, ria 形 男 女 億万長者(の), 大富豪(の).

multinacional 形 多国籍(企業)の. ── 女 多国籍企業(＝empresa ～).

multíparo, ra 形 一度にたくさん子を産む；多産の.

múltiple 形 ❶ 複式の；多重の. ❷ [複] 多様な. ── 男 写し, 複製.

multiplicación 女 ❶ 増大, 倍加；〖生〗増殖, 繁殖. ❷ 掛け算.

multiplicador, dora 形 ❶ 倍増させる；増殖の. ❷ 掛け算の. ── 男 〖数〗乗数.

multiplicando 男 〖数〗被乗数.

M

multiplicar [ムるティプりカル] 26 他 〔英 multiply〕 ❶ 増やす；増殖[繁殖]させる. ❷ 〖数〗乗じる, 掛ける. ～ tres por cinco 3に5を掛ける. ❸ 高速ギアに入れる. ── ***multiplicarse*** 再 ❶ 増える, 増加する；繁殖する. ❷ 精一杯努力する.

multiplicativo, va 形 ❶ 増加する. ❷ 〖数〗乗法の. ❸ 〖文法〗倍数詞の. ── 男 〖文法〗(doble等の) 倍数詞.

multiplicidad 女 多数；多様性, 多種多様.

multiplico 男 (家畜の) 増殖, 繁殖.

multiplique(-) / multipliqué(-) 活 → multiplicar.

múltiplo, pla 形 〖数〗倍数の. ── 男 倍数. mínimo común ～ 最小公倍数.

multipropiedad 女 〖経〗(不動産・施設等の) 共同所有 (物).

multirracial 形 多民族の[から成る].

multirriesgo 形 [男女同形] (保険等が) 複数の災害に対応した, マルチリスク (対応) の.

multisectorial 形 多部門の, 多分野にわたる.

multisecular 形 何世紀にもわたる.

multitud [ムるティトゥ(ドゥ)] 女 〔英 majority〕 ❶ 多数. ❷ 群衆；大衆.

multitudinario, ria 形 群衆の.

multiuso 形 [性数不変] 多目的の. vehículo multiuso 多目的車 〔英 MPV〕.

mundanal 形 世俗の, 俗界の.

mundano, na 形 ❶ 世間の, 世俗の；この世の. ❷ 上流社会[階級]の.

mundial [ムンディアる] 形 〔英 world〕 世界の, 国際的な (＝universal). la Segunda Guerra *M*～ 第二次世界大戦. a escala ～ 世界的な規模で. récord ～ 世界記録. ── 男 (特にサッカーの) ワールドカップ (＝copa ～).

mundialista 形 世界レベルの. ── 男 女 世界レベルの選手, 世界選手権出場者.

mundialmente 副 世界的に.

mundillo 男 ❶ …界. el ～ literario 文壇. ❷ (レース編み用の) まくら台.

mundo [ムンド] 男 〔英 world〕 ❶ 世界；天地, 宇宙；地球. ～ occidental 西欧社会. el *M*～ Antiguo / el Viejo *M*～ 旧世界. el Nuevo *M*～ 新世界. el tercer ～ 第三世界. otros ～*s* 他の惑星. ❷ …界；社会. ～ cristiano [islámico] キリスト教[イスラム教]世界. gran ～ 上流社会. ❸ 〖宗〗世俗. ❹ 莫大(ばく)なもの. Hay todo un ～ de posibilidades. たくさんの可能性がある. ***este*** [***el otro***] ～ この[あの]世. ***medio*** ～ たくさんの人々. ***caérsele*** [***venírsele***] ***el*** ～ ***encima*** …の目の前が真っ暗になる. ***El*** ～ ***es un pañuelo.*** 世間は狭い. ***correr*** [***ver***] ～ 世界を巡る. ***desde que el*** ～ ***es*** ～ 天地開闢(かいびゃく)以来, ずっと前から. ***echar*** [***traer***] ***al*** ～ 出産する. ***en el*** [***al***] ***fin del*** ～ 遠いところに. ***hacer un*** ～ ***de ...*** 《話》…を大げさにとらえる. ***hundírsele el*** ～ ***a ...*** 《話》…の計画等が失敗する, 崩れる. ***irse al otro*** ～ 《話》死ぬ. ***meterse en su*** ～ 《話》放心する. ***no ser el fin del*** ～ / ***no acabarse el*** ～ 深刻になることはない. ***no ser nada del otro*** ～ どこにでもある普通のものである. ***por nada del*** [***en el***] ～ / ***por todo el oro del*** ～ 《否定文で》絶対に, 決して. ***tener mucho*** ～ / ***ser de mucho*** ～ 《話》経験豊かである, 見識を持つ. ***todo el*** ～ 世界中；誰もが, 皆が. ***venir al*** ～ 生まれる. ***vivir en otro*** ～ 現実離れしている.

mundología 女 《話》人生経験；処世術.

mundovisión 女 (テレビの) 衛星中継.

munición 女 ❶ [主に複] 軍需品[物資]. *municiones* de boca 糧食. ❷ 弾薬, 弾. ～ menuda 散弾.

municionamiento 男 軍需品[物資]の補給.

municipal 形 (地方) 自治体の, 市[町・村]の；市[町, 村]営の. guardia ～ 市警察. término ～ 市町村の管轄区域. ── 男 (市町村の) 警官.

municipalidad 女 市役所, 町[村]役場.

municipalizar 57 他 市[町, 村]営化する.

munícipe 男 女 地方自治体の住民.

municipio 男 ❶ (自治体としての) 市町村；市町村の行政区域；市町村議会. ❷ 市町村民.

munificencia 女 気前のよさ.

munífico, ca / munificente 形 気前のよい.

muniqués, quesa 形 男 女 ミュンヘンの(人).

muñeco, ca 男 女 ❶ 人形. ❷ 美男, 美女. ── 男 《話》人のいいなりになる人. ── 女 手首.

muñecón 男 《話》人の言いなりになる人.

muñeira 女 〖音〗ムニェイラ：スペイン, ガリシア地方の踊り[曲].

muñequera 女〖スポ〗手首用サポーター.
muñequilla 女 (ニスを塗るための) 布, ばれん.
muñequitos 男 複《ラ米》コミック, 漫画 (→ cómic 地域差).
muñidor, dora 男 女 ❶ (選挙等で) 裏工作をする人. ❷ (教区・教団の) 世話人.
muñir 71 他 ❶ 裏工作する. ❷ (教区・教団の人々を) 呼び寄せる[集める].
muñón 男 ❶ (切断後の手足の) 断端. ❷ 未発達で萎縮(いしゅく)したままの手足. ❸ (大砲の) 砲耳.
mural 形 壁の, 壁面の, 壁上の. ― 男 壁画.
muralista 形 男 女 壁画の[家 (の)].
muralla 女 ❶ 城壁, 防壁. la Gran *M*～ (china) 万里の長城. ❷《比喩的》壁, 障害.
murar 他 城壁を築く.
Murcia 固名 ムルシア：スペインの地方；自治州；県；県都.
murciano, na 形 男 女 ムルシアの (人).
murciélago / murciégalo 男〖動〗コウモリ.
murena 女〖魚〗ウツボ.
murga 女 ❶ (オリーブの) 灰汁(あく). ❷ (流しの) 音楽隊. ❸《話》煩わしさ. dar la ～ うんざりさせる.
murgón 男 サケの稚魚.
murguista 男 女 (流しの) 楽隊の一員.
muri- 活 現分 → morir.
múrice 男 ❶〖貝〗(古代に紫染料に使われた) アクキガイ, ホネガイ. ❷《文》紫紅色, 紫色.
Murillo 固名 ムリーリョ Bartolomé Esteban ～ (1617-82)：スペインの画家.
murmullo 男 ❶ つぶやき, ささやき, (遠くの) 人声. ❷ せせらぎ；(風の) ざわめき；羽音.
murmuración 女 うわさ話, 陰口.
murmurador, dora 形 男 女 うわさ話をする[不平を言う, 中傷する] (人).
murmurar [ムルムラル] 自 [英 murmur] ❶ **つぶやく**, 不平を言う. ❷ 陰口をたたく. ❸ (風等が) ざわめく；(川が) さらさらいう. ― **murmurarse** 再 *Se murmura* que .... …というううわさが広まる.
muro [ムロ] 男 [英 wall] ❶ **壁**, 塀. ～ de contención (貯蔵タンク等の) 保持壁. ～ de defensa 漏水防止壁. ～ de revestimiento 土手. ❷ 城壁 (= muralla). ❸《比喩的》壁, 障壁.
murrio, rria 形《話》悲しい, 寂しい, 憂鬱(ゆううつ)な；不機嫌な. ― 女 悲しさ；憂鬱；不機嫌.
murruco 男《ラ米》縮れ毛 (→ pelo 地域差).
murta 女 ❶〖植〗ギンバイカ (の実). ❷《俗》オリーブ (の実).
murusho 男《ラ米》縮れ毛 (→ pelo 地域差).
mus 男 (スペイン・トランプ) ムス. ***No hay mus.*** おあいにくさま. ***sin decir tus ni mus*** うんともすんとも言わずに.
musa 女 詩才, 詩的霊感.
musáceas 女 複〖植〗バショウ科 (の植物).
musaraña 女〖動〗トガリネズミ. ***mirar a*** ***[pensar en] las ～s*** 《話》上の空である.
musculación 女 筋肉の増強[強化].
muscular 形 筋肉の.
musculatura 女 ❶ 筋肉組織. ❷ 肉付き, 筋力.
músculo [ムスクろ] 男 [英 muscle] ❶ **筋肉**, 筋；[複] 筋肉組織. ～ liso 平滑筋. ～ recto mayor del abdomen 腹直筋. ～ sartorio (大腿(だいたい)の) 縫工筋. ❷ [主に複] 筋力, 腕力. tener ～*s* 腕っぷしが強い. hacer ～*s* 筋肉を鍛える.
musculoso, sa 形 筋肉質の；筋骨隆々の.
museístico, ca 形 美術[博物]館の.
muselina 女〖服〗モスリン.
museo [ムセオ] 男 [英 museum] **博物館**, 美術館；《比喩的》おもしろい物がある所.
museográfico, ca 形 博物館実践学の, 博物館資料の記録技術に関する.
muserola 女〖馬〗鼻革.
musgaño 男〖動〗トガリネズミ.
musgo 男〖植〗コケ；[複] コケ類.
musgoso, sa 形 コケの[で覆われた].
música [ムシカ] 女 [英 music] ❶ **音楽**. ～ de cámara 室内楽. ～ sacra 教会音楽. ～ vocal [harmónica] 声楽. ～ enlatada《軽蔑的》(生演奏ではなく) 録音した音楽. ～ ligera ポップミュージック. ～ de fondo バックグラウンド・ミュージック, BGM. ～ de boca《ラ米》ハーモニカ (→ armónica 地域差). ❷ 楽曲；作曲. ～ bailable [de baile] 舞曲. ～ llana グレゴリオ聖歌. ～ y letra 作曲と作詩. ❸ 快い音. ❹ 楽団, バンド. ❺ → músico. ***irse [marcharse] con la ～ a otra parte*** 《話》とっとと消える. ***mandar con la ～ a otra parte*** 《話》追い払う. ***～ celestial*** 妙(たえ)なる調べ；意味のないこと. ***sonar****le* ***a ... a ～ celestial*** …にとって非常にうれしく思える；ちんぷんかんぷんだ.
musical 形 音楽の；音楽的な. ― 男 ミュージカル (= comedia ～).
musicalidad 女 音楽性.
músico, ca [ムシコ, カ] 形 音楽の；音楽的な. ― 男 女 [英 musician] **音楽家**, 演奏家.
musicógrafo, fa 男 女 音楽評論家.
musicología 女 音楽学.
musicólogo, ga 男 女 音楽学研究者.
musicomanía 女 音楽に熱中すること.
musicómano, na 男 女 音楽マニア.
musiquero, ra 形 音楽の. ― 男 楽譜棚.
musiquilla 女《話》❶ 口調, なまり. ❷《軽蔑》簡単で覚えやすい楽曲.
musitar 自 ささやく, つぶやく.
muslera 女 (太もも用) サポーター.
muslime 形 イスラム教 (徒) の. ― 男 女 イスラム教徒.
muslo [ムスろ] 男 [英 thigh] ❶ **腿**(もも). ❷ (調理した鶏・七面鳥・カモ等の) もも肉.
musmón 男〖動〗ムフロン：野生の羊.
mustang / mustango 男〖動〗ムスタング：北米の (半) 野生馬.
mustela 女〖動〗イタチ.
musteriense 形 男〖考古〗ムスティエ (文化) 期 (の)：中期旧石器時代.

M

mustiar 17 他 しおれさせる；元気をなくさせる. ―**mustiarse** 再 しおれる，しなびる；しょげかえる.
mustio, tia 形 ❶ (植物が) しなびた，しおれた. ❷ 活気[覇気]のない，憂鬱(ゆううつ)な.
musuco 男 《ラ米》 縮れ毛 (→ pelo 地域差).
musulmán, mana [ムスるマン,マナ] [複 musulmanes, ～s] 形 [英 Muslim] イスラム教の. ― 男 女 イスラム教徒.
mutabilidad 女 変わりやすさ，不安定.
mutable 形 変わりやすい，不安定な.
mutación 女 ❶ (突然の) 変化，変更. ❷ 〖生〗突然変異.
mutante 形 突然変異の. ― 男 突然変異体，ミュータント.
mutatis mutandis [ラ] 必要な更改[変更]を加えて.
mutilación 女 ❶ (手足等の) 切断. ❷ (検閲等の) 削除.
mutilado, da 形 (手足等の) 切断された. ―男 女 手足を失った人.
mutilar 他 ❶ (手足を) 切断する. ❷ 削除[破損]する.
mutis 男 [単複同形] 〖演〗退場 (の合図). ***hacer*** ～ (俳優が) 退場する；黙る.
mutismo 男 沈黙，無言.
mutua 女 共済組合，互助会. ― 形 → mutuo.
mutual 女 《ラ米》(チリ)(ペルー)共済組合，互助会.
mutualidad 女 ❶ 共済組合，互助会. ❷ 相互依存[扶助]. ❸ 相互関係.
mutualismo 男 ❶ 相互扶助論[主義]. ❷ 〖生〗相利共生.
N
mutualista 形 ❶ 共済組合の，互助会の. ❷ 相互主義[扶助]の. ❸ 〖生〗相利共生の. ― 男 女 ❶ 共済組合員，互助会員. ❷ 相互扶助主義の人.
mutuamente 副 互いに.
mutuo, tua [ムトゥオ,トゥア] 形 [英 mutual] 相互 (関係) の.
muy [ムイ〈ムイ〉] 副 [英 very] 《＋形容詞 (句)，副詞 (句)》 たいへん，非常に，とても；《否定文で》あまり…でない. Llegamos ***muy*** cansados. 私たちはへとへとになって到着した. No es ***muy*** simpático. (彼は) あまり感じがよくない. ► 比較級の形容詞・副詞を強める場合は mucho. 〈定冠詞 ＋〉***muy***〈＋形容詞〉《話》あの本当に…なやつ[もの]. el ***muy*** astuto あの本当に抜け目ないやつ.
my 女 ミュー (M, μ) ：ギリシャ語アルファベットの第12字.
Myanma 固名 ミャンマー：首都ヤンゴン Yangon.

Nn

N, n [エネ] 女 ❶ スペイン語字母の第14字. ❷ 〖数〗不定整数. ❸ [N] なにがし，某.
N 男 → norte.
nabí 男 (ヘブライの) ナビ，預言者.
nabina 女 (搾油用の) カブの種子.
nabiza 女 [主に複] カブの若葉.
nabo 男 ❶ 〖植〗カブ. ～ japonés ダイコン. ❷ 《卑》陰茎.
naboría / naborí 男 女 〖史〗先住民の使用人.
nácar 男 (貝殻の) 真珠層.
nacarado, da 形 真珠層の (ような)；真珠光沢の.
nacáreo, a / nacarino, na 形 真珠層の (ような).
nacer [ナセル] 76 自 [英 be born] ❶ 生まれる. ～ con buena [mala] estrella よい[悪い]星の下に生まれる. ～ de una familia de abogados 弁護士の家系に生まれる. ❷ (思想・感情等が) 生まれる. ❸ (川・道路等が) 発する；(植物等が) 開花する；(太陽・月が) 出る. ❹ (a) (…に) 手を出す，(…を) 始める. A los quince años, *nació a* la música. 彼は15歳の時に音楽に目覚めた. ― **nacerse** 再 ❶ 芽吹く. ❷ 縫い目がほころぶ. ***nacer para ...*** …に生まれつく. ～ *para* poeta 生まれついての詩人である. ～ *para* sufrir 苦労するために生まれてきたようなものだ. ***volver a nacer*** 《話》命拾いをする.
Nacha 固名 ナチャ：Ignacia の愛称.
Nachín 固名 ナチン：Ignacio の愛称.
nacho 男 《北米》〖料〗(三角形の揚げた) トルティヤ tortilla の一種. ― 固名 [N-] ナチョ：Ignacio の愛称.
nacido, da 過分 → nacer. 形 生まれた. bien [mal] ～ 家柄[育ち]のよい[悪い]. ― 男 女 [主に複] ❶ 人，人間. los ～*s* el 9 [nueve] de febrero 2月9日生まれの人. ❷ 腫物(はれもの)，でき物.
naciente 形 生まれかけた，現れ始めた. el día ～ 夜明け. ― 男 東 (＝ este). ― 女 《ラ米》(アルゼンチン)(ウルグアイ)水源 (地).
nacimiento [ナしミエント] 男 ❶ 誕生，出生. partida de ～ 出生証明書. fecha de ～ 生年月日. ❷ 発生，起源；水源. ❸ キリスト降誕人形 (＝ belén). ***dar ～ a ...*** …のもととなる. ***de ～*** 生まれながらの.
nación [ナしオン] 女 [複 naciones] [英 nation] ❶ 国民. ～ japonesa 日本国民. ❷ 国家，国. Organización de las *Naciones* Unidas 国際連合《略 ONU》. ❸ 民族. ～ judía ユダヤ民族.
nacional [ナしオナる] 形 [英 national] ❶ 国家の，国内[国有]の. empresa ～ 公社. mercado ～ 国内市場. vuelo ～ 国内便. ❷ 国民の. producto ～ bruto 国民総生産《略 PNB》[英 GNP]. ― 男 女 (スペイン内戦時の) 国民軍兵士；[複] 国民軍.
nacionalcatolicismo 男 国家カトリシズム[カトリック主義].
nacionalidad 女 国籍；国民性.
nacionalismo 男 国家[民族]主義.
nacionalista 形 国家[民族]主義の. ―男 女 国家[民族]主義者.
nacionalización 女 ❶ 帰化. ❷ 国有化，国営化.
nacionalizar 57 他 ❶ 帰化させる. ❷ 国有[国営]化する. ― **nacionalizarse** 再 帰化する.
nacionalmente 副 国家的に.
nacionalsindicalismo 男 (ファランヘ Falange 党の) 国家主義的サンジカリズム.
nacionalsindicalista 形 国家主義的サンジカリズムの. ― 男 女 国家主義的サンジカリスト.

nacionalsocialismo 男 (ナチスの)国家社会主義.
nacionalsocialista 形 男 女 国家社会主義の(者, 党員)(＝nazi).
naco 形《ラ米》(ﾒｷｼｺ)(ｺﾛﾝﾋﾞｱ)《話》(人が) 悪趣味な. ── 男《ラ米》かみタバコ；(ｺﾛﾝﾋﾞｱ)マッシュポテト.
nada [ナダ] 代名《不定》[性数不変] (↔algo)〔英 (not) anything, nothing〕❶ 何も(…ない). No hay ～ en la nevera. 冷蔵庫には何もない. *N*～ de lo que me digas me molesta. 私は君が言うことは何も気にならない. ► 動詞の前に置かれると否定文を作る no は必要ない. ❷ わずかなこと, ほんの少し. Me llamó hace ～. ほんのちょっと前に彼から電話があった. No es ～. (それは) 大したことではない. Mi abuelo se enfada por ～. 祖父は何でもないことで怒り出す. ── 副《否定の強調》全く(…ない), 少しも(…ない). No lo estás haciendo ～ mal. 君はなかなかうまくやっている. Este coche no es ～ barato. この車は決して安くはない. ── 女 無. Dios hizo el mundo de la ～. 神は無から世界を創造された. ── 活 → nadar. *¡Ahí es ～!* 大したものだ. ***antes de*** ～ 何よりもまず第一に. ***como si*** ～ 何事もなかったかのように. Solucionó el problema *como si* ～. 彼はその問題をいとも簡単に解決した. ***de*** ～ どういたしまして；大したことのない. Gracias. ― *De* ～. ありがとう. ―どういたしまして. Tiene un trabajo *de* ～. 彼はつまらない仕事をしている. ～ ***como ...*** / ～ ***mejor que ...*** …ほどいいものはない. *N*～ *como* una buena siesta después de comer. 食後の昼寝ほどいいものはない. ～ ***de ...*** (…の) 何も(…ない). No sé ～ *de* español. スペイン語はまったく分かりません. ***¡～ de ...!*** …はだめだ *¡N～ de* tonterías! ばかなことはやめろ. *¡N～ de* llegar tarde! 遅刻はだめだ. ***¡～ de eso!*** とんでもない. ～ ***más*** …だけ. Me han dado diez dólares ～ *más*. 僕は10ドルもらっただけだ. ～ ***más*** 〈＋不定詞〉 …するとすぐに. ～ ***menos que ...*** …ほども；他ならぬ…. Me llamó ～ *menos que* diez veces aquella noche. あの夜彼から10回も電話があった. ***ni*** ～《先行する否定を強めて》…なんてとんでもない. No es guapo *ni* ～ el chico. その少年がハンサムだなんてとんでもない. ***para*** ～ 無駄に；少しも…ない. Lo hicimos *para* ～. 私たちはそれをしたが無駄に終わった. ¿Te gustan los toros? ― *Para* ～. 君は闘牛が好きかい. ―全然. ***por*** ～ ***(del mundo)*** 決して…ない. *Por* ～ dejaría este trabajo. どんなことがあってもこの仕事をやめない.
nadador, dora 形 泳ぐ. ── 男 女 水泳選手；泳ぐ人.
nadar [ナダル] 自〔英 swim〕❶ 泳ぐ. ～ a braza 平泳ぎで泳ぐ. ❷ 浮かぶ, 漂う. ❸《en》(…を) ふんだんに持っている. ❹ (衣服等が) ぶかぶかである. ～ ***entre dos aguas***《話》二股(ﾌﾀﾏﾀ)をかける.
nadería 女 つまらないこと, ささいなこと.
nadie [ナディエ] 代名《不定》[性数不変] (↔ alguien)〔英 (not) anybody, nobody〕誰も(…ない). No lo sabe ～./ *N*～ lo sabe. 誰もそれを知らない. ► 動詞の前に置かれると否定文を作る no は必要ない. ── 男 つまらない人, 取るに足りない人；地位の低い人. ***no ser*** ～ / ***ser un don*** ～ 取るに足りない人間である. Tú no *eres* ～ para darme órdenes. お前は私に命令できるほどの人間じゃないよ. *Es un don* ～ en nuestra oficina. 私たちの職場では彼はたいした人物ではない.
nadir 男〖天文〗天底.
nadita 副《ラ米》(ﾒｷｼｺ)決して(…ない).
nado 男 ***a*** ～ 泳いで. ── 活 → nadar.
nafta 女〖化〗ナフサ；《ラ米》ガソリン.
naftalina 女〖化〗ナフタリン.
nagua 女[主に複]アンダースカート.
nagual 男 女《ラ米》(1)(ﾒｷｼｺ)(ﾒｷｼｺ)妖術(ﾖｳｼﾞｭﾂ)師. (2)(ｸﾞｱﾃﾏﾗ)(ﾎﾝｼﾞｭﾗｽ)(ﾆｶﾗｸﾞｱ)ペット；(ﾒｷｼｺ)精霊.
nahua / náhuatl 形 ナワトル (語) の. ── 男 女 ナワトル族の人. ── 男 ナワトル語.
naif [ナイ(フ)] 形 男〖美〗〖文学〗素朴派(の). ── 男 女 素朴派の画家.
nailon 男 ナイロン.
naipe 男 ❶ (トランプ・タロットの) カード. ❷ [複] (スペイン式の) トランプ. ***castillo de*** ～***s*** 絵空事.
naja 女 毒ヘビ. ***salir de*** ～***s***《俗》とっとと逃げる.
najarse 再《俗》逃げる, ずらかる.
nalga 女[主に複]尻(ｼﾘ), 臀部(ﾃﾞﾝﾌﾞ).
nalgada 女 尻餅(ｼﾘﾓﾁ)；尻への平手打ち.
nalgamen 男《話》尻(ｼﾘ).
nalgudo, da 形 尻(ｼﾘ)の大きな.
naltrexona 女 (麻薬・アルコール) 依存症の治療薬.
nana 女 ❶ 子守り歌. ❷ ベビーシッター. ❸ (赤ん坊用の) おくるみ. ❹《話》《幼児語》おばあちゃん. ❺《ラ米》(1)(ﾒｷｼｺ)乳母. (2)(幼児の) 軽い病気[痛み]. ***el año de la*** ～ [***nanita***]《話》その昔.
¡nanay! 間《話》冗談じゃない.
Nano 固名 ナノ：Fernando の愛称.
nano, na 男 女《話》子供, ちびっ子.
nanómetro 男 ナノメートル：10億分の1メートル.
nanosegundo 男 ナノ秒：10億分の1秒.
nanotecnología 女 ナノテクノロジー：ナノメートルを基盤とする技術.
nanotubo 男 ナノチューブ. ～ de carbono カーボンナノチューブ.
nansa 女 ❶ 魚籠(ﾋﾞｸ). ❷ 生け簀(ｽ).
nansú 男〖服〗ネーンスック：柔らかく目の細かい (白い) 綿布.
nao 女 ❶ ナオ船：大航海時代に用いられた外洋船. ❷《文》船.
napa 女 子羊のなめし革.
napalm 〔英〕 男〖化〗ナパーム.
Napo 固名 el ～ ナポ(川)：アマゾン川の支流.
napoleón 男 ナポレオン金貨.
napoleónico, ca 形 ナポレオンの.
napolitano, na 形 男 女 ナポリの(人).
naranja [ナランハ] 女〔英 orange〕オレンジ. ── 形 男 オレンジ色 (の). ***media*** ～ (1) 伴侶(ﾊﾝﾘｮ). (2)〖建〗ドーム. ***¡N～s (de la China)!***《話》とんでもない.
naranjado, da 形 オレンジ色の. ── 女 オレンジエード.

N

naranjal 男 オレンジ畑[園].
naranjero, ra 形 オレンジの. ― 男 女 オレンジ栽培業者[売り]. ― 男 オレンジの木；らっぱ銃.
naranjo 男 オレンジの木.
narcisismo 男 自己陶酔, ナルシシズム.
narcisista 形 自己陶酔型の. ― 男 女 ナルシシスト.
narciso, sa 男 女 ナルシシスト. ― 男 〖植〗スイセン.
narco 男 女 《話》→ narcotraficante.
narcoanálisis 男[単複同形]〖医〗麻酔分析.
narcosala 女 (麻薬患者に注射針の支給等のケアをする) 麻薬治療室.
narcosis 女 [単複同形]〖医〗麻酔状態, 昏睡(こんすい).
narcótico, ca 形 麻酔性の. ― 男 麻酔薬, 麻薬.
narcotismo 男〖医〗麻酔状態；麻薬中毒.
narcotización 女 麻酔, 麻痺(まひ).
narcotizar 57 他 麻酔をかける.
narcotraficante 形 麻薬取引[密売]の. ― 男 女 麻薬密売人.
narcotráfico 男 麻薬取引[密売].
nardo 男〖植〗カンショウ.
narguile 男 水煙管(きせる).
narices 女 複 → nariz.
narigón, gona 男 女 《話》大鼻の人. ― 男 《話》大鼻.
narigudo, da 形 男 女 《話》大鼻の(人).
nariguera 女 (先住民の) 鼻輪.

N **nariz** [ナリす] 女 〔英 nose〕[複 narices] ❶ [時に 複] 鼻. ～ aguileña わし鼻. ～ chata 低い鼻. ～ griega [perfilada] (形の整った) ギリシャ鼻. ～ respingada [respingona] 上向きの鼻. sonarse la ～ (音を立てて) はなをかむ. ❷ 鼻状のもの；(道具等の) 突き出た部分, 船首, (筒・管の) 先, ノズル. ❸ 嗅覚(きゅうかく), (ワイン等の) 香り. no tener ～ 鼻が利かない. ❹ [複]《話》勇気, 気力. ***asomar las narices*** 《話》顔を出す. ***dar en la ～*** におう；疑わせる. *Me daba en la ～* que ellos intentaban hacer algo. 私は彼らが何かしようと企んでいるのではないかと思っていた. ***dar en las narices*** 不快にさせる. ***darse de narices con ...*** …と出くわす. ***de tres pares de narices*** 《話》ものすごい；でっかい. ***en*** sus ***(propias) narices*** 目の前で. ***estar hasta las narices*** 飽き飽きしている. *Estoy hasta las narices* de tus preguntas. ぼくは君の質問にうんざりだ. ***hablar con [por] la ～ [las narices]*** 鼻声で話す. ***hinchar las narices a ...*** …を怒らせる. ***meter las narices en ...*** …に首を突っ込む, …に横やりを入れる. ***no ver más allá de*** sus ***narices*** 目先が利かない, 洞察力に欠けている. ***por narices*** 強制的に；強引に. ***¿Qué narices ...?*** 《怒りを表して》一体(全体). ***restregar [refregar, pasar] por las narices*** 見せびらかす, ちらつかせる. ***romper las narices*** 《話》顔を殴る. ***tener a ... agarrado [cogido] por las narices*** …を牛耳る[支配する]. ***tener a ... montado en las narices*** …をいじめている；…に固執している. ***tener narices*** 驚くべき結果である, 不可思議である.

narizotas 男 女[単複同形] 大鼻の人.
narración 女 ❶ 叙述；語り, ナレーション. ❷ 物語；ストーリー. ❸〖修〗地の文.
narrador, dora 形 物語る. ― 男 女 語り手, ナレーター.
narrar 他 物語る, 話す.
narrativo, va 形 叙述体の. ― 女 ❶《集合的》物語. ❷ 語り (の巧みさ).
nártex 男 [単複同形]〖建〗拝廊, ナルテックス.
narval 男〖動〗イッカク.
nasa 女 魚籠(びく).
nasal 形 ❶ 鼻の. ❷〖音声〗鼻音の. ― 女 鼻音.
nasalidad 女〖音声〗鼻音性.
nasalización 女〖音声〗鼻音化.
nasalizar 57 他〖音声〗鼻音化する.
nasofaríngeo, a 形 鼻咽頭(いんとう)の.
nasti *～ de plasti* 《話》全然 (…ない).
nata 女 ❶ 生クリーム. ❷ (液体表面の) 薄い膜. ❸ 最良部分, 選り抜き. ❹《ラ米》スラグ, 鉱滓(こうさい). ❺《話》びんた.
natación 女 水泳.
natal 形 出生 (地) の.
natalicio, cia 形 誕生日の. ― 男 誕生日, 生誕祭.
natalidad 女 出生率.
natatorio, ria 形 水泳の, 泳ぎに役立つ. vejiga *natatoria* (魚の) 浮き袋.
natillas 女 複 ナティーリャス：カスタード菓子の一種.
natío, a 形 (鉱物等が) 天然の, 自然の.
natividad 女 (キリスト・聖母マリア・聖ヨハネの) 誕生 (祭).
nativo, va 形 ❶ 出身 (地) の, 生まれた所の. profesor ～ ネイティブの先生. ❷ (鉱物等が) 天然[自然]の. ― 男 女 現地人.
nato, ta 形 ❶ 天性の, 生まれながらの. ❷ (職権上) 兼務する.
natrón 男〖鉱〗ナトロン, ソーダ石.
natura 女《文》自然. contra ～ 自然 (法) に反する.
¡naturaca! 副《話》《間投詞的に》当然だよ, もちろんだよ.
natural [ナトゥラる] 形 〔英 natural〕 ❶ 自然の (↔artificial). ciencias *～es* 自然科学. ❷ ありのままの；手を加えていない. perla ～ 天然真珠. Usted ha salido ～ en la foto. あなたは写真に自然体で写っている. ❸ 生まれつきの. Tiene un talento ～ para el fútbol. 彼は生まれつきサッカーの才能がある. ❹ 当然の, 道理にかなった；《**ser** ～ **que**＋接続法》…するのは当然である. *Es ～ que* usted se enfade. あなたが怒るのも当然です. ❺《**de**》…出の, …産の. ～ *de* Zaragoza サラゴサ出身の. ― 男 女《**de**》…出身[生まれ]の人. ― 男 性格；素質. ***al ～*** ありのままで, 素顔で.
naturaleza [ナトゥラれさ] 女 〔英 nature〕 ❶ 自然；自然界. ❷ 本性, 性質, 気性. ～ humana 人間性. por ～ 生まれつき. ❸ (外国人に与える) 国籍. carta de ～ 帰化証明書. ***dejar obrar a la ～*** 自然のままに任せる. ***～ muerta*** 〖美〗静物画.

naturalidad 女 自然さ，平然．con toda [la mayor, mucha] ～ 平然と．
naturalismo 男〖文学〗自然主義．
naturalista 形 自然主義の．── 男 女 自然主義者；博物学者，自然科学者．
naturalización 女 帰化；(外国語等の) 移入；(動植物の) 馴化(じゅんか)，移植．
naturalizado, da 形 帰化した；移入した；馴化(じゅんか)した．── 男 女 帰化人．
naturalizar 57 他 ❶ 帰化させる．❷ (外国語等を) 採り入れる．❸ (動植物を) 定着させる．── **naturalizar*se*** 再 ❶ 帰化する．❷ (外国語等が) 根付く．❸ (動植物が) 定着する．
naturalmente 副 ❶ もちろん，当然．❷ 自然に，さりげなく．❸ 生まれつき．
naturismo 男 自然賛美；裸体主義．
naturista 形 自然賛美の；裸体主義の．── 男 女 自然生活運動家；ヌーディスト．
naturópata 男 女 自然療法の専門家．
naufragar 66 自 ❶ 難破する；(海で) 遭難する．❷ 失敗[挫折(ざせつ)]する．
naufragio 男 難破；海難；失敗．
náufrago, ga 形 難破した．── 男 女 ❶ (海の) 遭難者，漂流者．❷ 失敗者．
Nauru 固名 ナウル：首都ヤレン Yaren.
náusea 女 [主に複] 吐き気；不快 (感)．
nauseabundo, da 形 むかつくような．
nauta 男《文》船乗り．
náutico, ca 形 ❶ 航海の．rosa *náutica* 羅針盤．❷ 海の，水上の．── 女 航海術．
nautilo 男〖貝〗オウムガイ．
nava 女 (山間の) 盆地，低地．
navaja 女 ❶〖貝〗マテガイ．❷ 折り畳みナイフ．❸ ～ [aparato] de afeitar《ラ米》安全かみそり (→ maquinilla 地域差)．
navajada 女 → navajazo.
navajazo 男 (ナイフによる) 傷[一刺し]．
navajero, ra 男 かみそりケース；かみそりをふく布．── 男 女 ナイフ強盗．
navajo, ja 形 ナバホ族の：北米の先住民族．── 男 女 ナバホ族の人．
naval 形 船の；航海の；海軍の．
Navarra 固名 ナバラ．(1) スペインの地方；自治州．(2) スペインの県；県都．
navarro, rra 形 男 女 ナバラの (人)．
Navas de Tolosa 固名 ナバス・デ・トローサ：スペイン，ハエン県の村．
nave 女 ❶ 船．～ espacial 宇宙船．❷〖建〗身廊．❸ (工場・倉庫用) 建物．***quemar las ～s*** 背水の陣を敷く．
navegabilidad 女 航行可能性，航行能力．
navegable 形 航行可能な，航行能力のある．
navegación 女 ❶ 航行，航海；航空．～ de altura 遠洋航海．❷ 航海[航空] 術．❸〖IT〗ネットサーフィン．
navegador, dora 形 航行[航海] する．── 男 女 航海者．── 男〖IT〗ブラウザ，ナビゲーター．～ de coche カーナビ．
navegante 形 航海する．── 男 女 航海者；インターネット利用者．
navegar 66 自 ❶ 航海[航行] する．❷ 飛行する．❸〖IT〗ネットサーフィンする．
navegue(-) / navegué(-) 活 → navegar.
naveta 女 ❶〖カト〗船形つり香炉．❷ 引き出し．❸ バレアレス諸島の船形墓．
navicular 形 舟状の，舟形の．
Navidad [ナビダ(ドゥ)] 女〔英 Christmas〕[単または複] **クリスマス**，キリスト降誕祭 (＝Pascua de ～)；クリスマスの季節 (► クリスマスから 1 月 6 日の御公現の祝日まで)．***¡Feliz ～!*** メリー・クリスマス．
navideño, ña 形 クリスマス (用) の．
naviero, ra 形 船舶の，海運の．── 男 女 船主，船舶所有者．── 女 船会社．
navío 男 大型船舶．～ de guerra 軍艦．
Nazaré 固名 ナザレ：ポルトガルの都市．
nazareno, na 形 (イスラエルの) ナザレの．── 男 女 ❶ ナザレの人．❷ 原始キリスト教徒．── 男 ❶ イエス・キリスト (＝El *N*～)．❷〖カト〗(聖週間の) 長ずきんをかぶった参列者．❸ [複]〖美〗ナザレ派．
nazarí 形 男 女 [複 ～es]〖史〗(グラナダにあった最後のイスラム王朝) ナスリ王朝の (人)．
nazc- 活 → nacer.
Nazca 固名 ナスカ：ペルーの都市．
nazi 形 ナチ (ス) の，ナチ党[主義] の．── 男 女 ナチ党員．
nazismo 男 ナチズム．
nazista 形 男 女 ナチズムの信奉者 (の)；国家社会主義者 (の)．
NE 男 → nordeste.
nebladura 女 ❶〖農〗霧の害．❷〖獣医〗旋回病．
neblí 男〖鳥〗ハヤブサ．
neblina 女 ❶ もや，スモッグ．❷ くもり．
neblinoso, sa 形 霧がたちこめた．
Nebrija 固名 ネブリハ Elio Antonio de ～ (1441-1522)：スペインの文法学者・人文主義者．
nebulizar 57 他 霧状化する．
nebulosa 女〖天文〗星雲．
nebulosidad 女 ❶ 曇り．❷ 曖昧(あいまい)．
nebuloso, sa 形 ❶ 曇った．❷ 曖昧(あいまい)な．
necedad 女 愚かさ，ばかげたこと．
necesaria 形 → necesario.
necesariamente 副 ❶ 必然的に；必ず．❷《否定語と共に》必ずしも (…でない)．
necesario, ria [ネセサリオ，リア] 形 [絶対最上級 necesarísimo, ma]〔英 necessary〕❶ 《**para, a**》(…に) **必要な**，欠くことのできない．❷ 不可避の．consecuencia *necesaria* 当然の結果．
neceser 男 洗面道具[化粧] ケース．
necesidad [ネセシダ(ドゥ)] 女〔英 necessity〕❶ **必要** (性)．artículos de primera ～ 生活必需品．❷ [主に複] 必需品．❸ [単または複] 窮乏，苦境．pasar *～es* 苦難を味わう．❹ 排泄(はいせつ)．hacer sus *～es* 用をたす．***por ～*** 必要に迫られて．
necesitado, da 過分 → necesitar. 形 貧しい．── 男 女 貧乏人．
necesitar [ネセシタル] 他〔英 need, necessitate〕**必要とする**，《＋不定詞》…する必要がある．*Necesito* tu consejo. 私は君の助言が必要だ．*Necesito* comprar un ordenador. 私はパソコンを買わなければならない．── 自《**de**》(…を) 必要とする．

necio, cia 形 ❶ ばかな, 愚かな. ❷ 《ラ米》(アルゼ)(ブエル)(ジナン)(トリコ)気難しい. ── 男 女 ばか者, まぬけ.
necrófago, ga 形 腐[死]肉を食べる.
necrofilia 女 屍姦(しかん) ; 死体(性)愛.
necrófilo, la 形 屍姦(しかん)の. ── 男 女 死体嗜好(しこう)症の人, 死体性愛者.
necrofobia 女 死亡[死体]恐怖症.
necróforo 男 〖昆〗シデムシ, マイソウムシ.
necrolatría 女 死者崇拝.
necrología 女 死亡記事, 死亡欄.
necrológico, ca 形 死亡記事の.
necromancia / necromancía 女 交霊術 ; 黒魔術 (= nigromancía).
necrópolis 女 [単複同形] (古代の) 埋葬地, 古墳.
necropsia / necroscopia 女 検死, 死体解剖.
necrosis 女 [単複同形] 〖医〗壊死(えし).
néctar 男 ❶ 〖ギ神〗不老不死の酒. ❷ 〖植〗(花の) 蜜(みつ). ❸ 美味な飲み物, 美酒.
nectarina 女 〖植〗ネクタリン.
nectario 男 〖植〗蜜腺(みつせん).
neerlandés, desa 形 オランダ (人, 語) の. ── 男 女 オランダ人 (= holandés). ── 男 オランダ語.
nefando, da 形 おぞましい, 汚らわしい.
nefasto, ta 形 ❶ 不吉な ; 有害な. ❷ 《話》ひどい, まったくだめな.
nefelismo 男 〖気象〗雲の状態.
nefrítico, ca 形 腎炎の ; 腎臓の. ── 男 女 腎炎患者.
nefritis 女 [単複同形] 腎 (臓) 炎.
nefrosis 女 [単複同形] 〖医〗ネフローゼ, 腎 (臓) 症.
negable 形 否定[否認, 拒否]できる.
negación 女 ❶ 否定, 否認, 拒否. ❷ 〖文法〗否定. ***ser una ～ en ...*** …に関して無能だ.
negado, da 過分 → negar. 形 男 女 能力のない (人).
negar [ネガル] 72 他 〔英 deny〕 ❶ **否定する** ; 否認する (↔ afirmar). ❷ 拒絶する, 拒否する. ～ la mano a ... …との握手を拒む. ❸ …との関係を否定する. ── **negarse** 再 《a》(…を) 拒む, 拒絶する.
negativa 女 否定, 否認, 拒否. ── 形 → negativo.
negativismo 男 否定論[主義].
negativo, va [ネガティボ, バ] 形 〔英 negative〕 ❶ **否定の**, 否認の ; 拒否の. ❷ 消極的な ; 否定的な. ❸ 〖数〗マイナスの ; 〖電〗陰 (極) の ; 〖医〗陰性の ; 〖写〗ネガの. ── 男 〖写〗ネガ.
negligé [ネグリジェ] 〔仏〕 男 〖服〗ネグリジェ.
negligencia 女 怠慢 ; 不注意.
negligente 形 男 女 怠慢[不注意]な (人).
negociabilidad 女 ❶ 〖商〗(証券の) 流通性. ❷ 交渉の可能性.
negociable 形 ❶ 〖商〗(証券等が) 譲渡[売買]できる. ❷ 交渉の余地がある.
negociación 女 ❶ 取引 ; 〖商〗(証券等の) 譲渡. ❷ 交渉, 折衝.
negociado 男 ❶ 局, 部, 課. ❷ 《ラ米》 (1)(チリ)商店. (2)(南米)やみ[不正]取引.
negociador, dora 形 交渉の ; 取引の. ── 男 女 交渉者.
negociante 男 女 ❶ 商人, 実業家. ❷ やり手. ❸ 《軽蔑》金もうけ主義者. ── 形 商売の ; 金もうけ主義の.
negociar 17 自 ❶ 《en, con》(…を) 取引[商売]する. ❷ 交渉[協議]する. ── 他 ❶ …を話し合う, …の交渉をする. ❷ (証券等を) 譲渡[売却]する.
negocio [ネゴしオ] 男 〔英 business〕 ❶ **商売**, 取引, ビジネス. ❷ [主に複] **仕事**, 用件. viaje de ～*s* 出張. ❸ 営業所, 店舗. ❹ もうけ, 有利な取引. ❺ 《ラ米》食料品店 (→ tienda 地域差). ***hacer ～*** 大もうけする.
negra 形 女 → negro.
negral 形 (木が) 黒っぽい. ── 男 黒松.
negrear 自 黒ずむ. ── 他 《ラ米》(ウルグアイ)こき使う ; (コロンビア)侮辱する ; (ベネズエラ)のけ者にする.
negrero, ra 形 男 女 黒人奴隷売買の (商人).
negrilla 女 → negrita.
negrillo 男 ❶ 〖植〗ニレ類. ❷ 《ラ米》(銅を含む) 銀鉱石.
negrita 女 〖印〗ボールド体, 肉太活字.
negrito 男 〖鳥〗セアカタイヨウチョウ.
negritud 女 黒人文化[社会, 歴史]の価値[特質].
negra 女 ❶ 〖音〗4 分音符. ❷ 不運 (= suerte ～). ── 形 → negro.
Negro 固名 el ～ ネグロ川. (1) アマゾン川の支流. (2) ウルグアイ川の支流. (3) アルゼンチン中南部の川.
negro, gra [ネグロ, グラ] 形 〔英 black〕 ❶ **黒い**, 黒っぽい ; 黒くなった. cerveza *negra* 黒ビール. aguas *negras* 汚水. ❷ 黒人種の. música *negra* 黒人音楽. ❸ 暗い ; 不吉な ; 邪悪な. ideas *negras* 悲観的な考え. mercado ～ 闇(やみ)市場. humor ～ ブラックユーモア. ❹ 《話》いらいらした. Este niño me pone ～. この子には腹が立つ. ── 男 女 ❶ 《時に軽蔑》黒人. ❷ ゴーストライター. ❸ 《ラ米》《親しい人への呼びかけ》君, お前 (= negrito). ── 男 ❶ 黒色. ～ azabache 真っ黒. foto en blanco y ～ 白黒写真. ❷ 強いタバコ (= tabaco ～. ↔ rubio). ***pasarlas negras*** 《話》ひどい目に遭う, 苦労する. ***vérselas negras para*** 〈+不定詞〉《話》…するのに大変な思いをする.
negroide 形 男 女 黒色人種 (の).
negror 男 → negrura.
negrura 女 黒さ.
negruzco, ca 形 黒ずんだ.
negue- / negué(-) 活 → negar.
neguilla 女 〖植〗ムギナデシコ.
neis 男 〖鉱〗片麻岩.
nel 副 《ラ米》(メキシコ)→ no.
nematelmintos 男 複 〖動〗線形[円形]動物門 : カイチュウ, 十二指腸虫等.
nematodos 男 複 〖動〗線虫.
neme 男 《ラ米》(コロンビア)アスファルト.
nemoroso, sa 形 《文》森の.
nemotecnia 女 記憶術.
nemotécnico, ca 形 記憶術の, 記憶を助ける. ── 女 記憶術.
nene, na 男 女 赤ん坊, 赤ちゃん. ── 女 《愛しい女性への呼びかけ》お前, 君.
nenúfar 男 〖植〗スイレン.
neocapitalismo 男 新資本主義.

neocatolicịsmo 男 新カトリック主義.
neocatọ́lico, ca 形 新カトリック主義の. ━男 女 新カトリック主義者.
neocelandẹ́s, dẹsa 形 ニュージーランドの. ━男 女 ニュージーランド人.
neoclasicịsmo 男 新古典主義.
neoclạ́sico, ca 形 新古典主義の. ━男 女 新古典主義者.
neocolonialịsmo 男 新植民地主義.
neocolonialịsta 形 新植民地主義の. ━男 女 新植民地主義者.
neoconservadọr 男 新保守主義者, ネオコン.
neodịmio 男 〘化〙ネオジム.
neoescolạ́stico, ca 形 女 新スコラ哲学(の).
neofạcha 形 男 女 《話》《軽蔑》ネオファシスト(の).
neofascịsmo 男 ネオファシズム.
neofascịsta 形 ネオファシズムの. ━男 女 ネオファシズムの信奉者, ネオファシスト.
neọ́fito, ta 男 女 ❶〘カト〙新信者, 新改宗者. ❷新規加入者, 初心者.
neọ́geno 男 〘地質〙新第三紀.
neogọ́tico, ca 形 〘建〙ネオゴシックの.
neoimpresionịsmo 男 〘美〙新印象主義.
neolatịno, na 形 ロマンス語(系)の.
neoliberạl 男 女 形 ニューリベラルの(人), 新自由主義の(人).
neoliberalịsmo 男 〘経〙新自由主義.
neolị́tico, ca 形 男 新石器時代(の).
neologịsmo 男 新語(法).
neọ́n 男 〘化〙ネオン.
neonạto, ta 男 女 新生児.
neonatọ́logo, ga 男 女 新生児学専門医.
neonạzi 形 ネオナチ(ズム)の. ━男 女 ネオナチ(ズム)の信奉者.
neoplạsia 女 〘医〙新生組織; 腫瘍.
neoplatọ́nico, ca 形 男 女 新プラトン主義の(人).
neoplatonịsmo 男 〘哲〙新プラトン主義.
neoprẹno 男 ネオプレン: 耐寒性合成ゴム.
neorrealịsmo 男 ネオリアリズム.
neorrealịsta 形 男 女 ネオリアリズムの(信奉者).
neoyorquịno, na 形 男 女 ニューヨークの(人).
neozelandẹ́s, dẹsa 形 男 女 → neocelandés.
neozọico, ca 形 男 〘地質〙新生代(の).
Nepạl 固名 ネパール: 首都カトマンズ Katmandú.
nepalẹ́s, lẹsa / nepalí 形[複 nepaleses, ～s / ～es]ネパールの. ━男 女 ネパール人. ━男 ネパール語.
neperiạno, na 形 〘数〙ネーピアの.
nepotịsmo 男 縁故採用, 縁者びいき.
neptụnio 男 〘化〙ネプツニウム.
Neptụno 固名 〘天文〙海王星.
nerọ́n 男 残忍な人.
neroniạno, na 形 皇帝ネロのような; 暴君的な.
Nerụda 固名 ネルーダ Pablo ～ (1904-73): チリの詩人. ノーベル文学賞(1971年).
nervạdo, da 形 〘植〙葉脈の浮き出た.
nervadụra 女 ❶〘建〙円天井の肋材(ろくざい). ❷〘植〙葉脈; 〘昆〙翅脈(しみゃく).
nervio [ネルビオ] 男 〔英 nerve〕 ❶ **神経**. ❷筋, 靭帯(じんたい). ❸気力, バイタリティー. ❹[複]神経過敏, 興奮状態. crispar [atacar] los ～*s* a ... …の神経を逆なでする. poner los ～*s* de punta 神経をいらだたせる. perder los ～*s* 興奮する. ❺〘植〙葉脈; 〘昆〙翅脈(しみゃく). ❻(製本の)背とじ糸. ❼〘建〙円天井の肋材(ろくざい). ***ser un puro*** ～ 非常に神経質である.
nerviosidạd 女 神経過敏; 不安.
nerviosịsmo 男 → nerviosidad.
nervioso, sa [ネルビオソ,サ] 形 〔英 nervous〕 ❶ **神経の**. ❷《serと共に》神経質な; 《estar と共に》いらいらした. ponerse ～ 緊張する.
nervụdo, da 形 頑丈な; 筋ばった.
nervụra 女 (本の)とじ糸.
nẹsga 女 〘服〙三角形の布, まち.
nesgạr 66 他 〘服〙まちを入れる; 斜めに裁つ.
nestorianịsmo 男 〘宗〙(シリアの総大司教)ネストリウスの教義, (中国では)景教.
nestoriạno, na 形 男 女 ネストリウス派[教義]の(信徒).
nẹta 形 → neto.
nẹtamẹnte 副 ❶くっきりと. ❷《形容詞+》掛け値なしに.
neto, ta [ネト,タ] 形 〔英 net〕 ❶ **正味の**. peso ～ 正味重量. ❷明瞭(めいりょう)な. ━男 〘建〙台胴.
Network / network [ネトゥウォル] 男[複 ～s]ネットワーク.
nẹuma 男 〘音〙ネウマ: 中世の記譜記号.
neumạ́tico, ca 形 空気の, 気体の; 圧搾空気による. ━男 《ラ米》〘車〙タイヤチューブ (→ cámara 地域差); タイヤ (→ cubierto 地域差).
neumocọco 男 〘生〙肺炎球菌.
neumonị́a 女 〘医〙肺炎.
neumotọ́rax 男 [単複同形] 〘医〙気胸.
neurạlgia 女 〘医〙神経痛.
neurạ́lgico, ca 形 ❶神経痛の. ❷急所の.
neurastẹnia 女 〘医〙神経衰弱(症).
neurastẹ́nico, ca 形 〘医〙神経衰弱(症)の. ━男 女 神経衰弱(症)患者.
neurịsma 男 (または女) 〘医〙動脈瘤.
neurị́tico, ca 形 〘医〙神経炎の.
neurịtis 女 〘医〙[単複同形]神経炎.
neurobiologị́a 女 神経生物学.
neurocirugị́a 女 〘医〙神経外科(学).
neuroendocrịno, na 形 〘医〙神経内分泌系の, 神経内分泌(学)的な.
neurologị́a 女 〘医〙神経(病)学.
neurolọ́gico, ca 形 神経(病)学の.
neurọ́logo, ga 男 女 〘医〙神経科医.
neurọna 女 ニューロン. ***patinar las*** ～***s a*** ... …の頭が変になる.
neuronạl 形 ニューロンの.
neurọ́pata 男 女 〘医〙神経病患者.
neuropatị́a 女 〘医〙神経病.
neuropatologị́a 女 神経病理学.
neurọ́ptero 形 〘昆〙脈翅(みゃくし)類の. ━男[複]脈翅類(の昆虫).

neurosis 女［単複同形］〘医〙神経症，ノイローゼ．

neurótico, ca 形 男 女 神経症［ノイローゼ］の（患者）．

neurovegetativo, va 形 植物［自律］神経（系）の．

neutra 形 → neutro.

neutral 形 男 女 中立の（人，国）．

neutralidad 女 中立（状態，性）．

neutralismo 男 中立主義［論，政策］．

neutralista 形 中立主義（者）の．— 男 女 中立主義者．

neutralización 女 ❶ 中立化．❷〘スポ〙（試合の）無効．❸〘化〙中和．

neutralizador, dora 形 男〘化〙中和物［剤］（の）．

neutralizar 57 他 ❶ 中立化する．❷〘スポ〙（試合を）無効にする．❸〘化〙中和させる．— **neutralizarse** 再 中和する．

neutrino 男〘物〙ニュートリノ，中性微子．

neutro, tra［ネウトゥロ，トゥラ］形〔英 neutral〕❶ 中立の；中間的な．❷ 感情を出さない，淡々とした．❸〘文法〙中性の．❹〘電〙中性の，非帯電の．❺〘化〙中和した，中性の．❻〘生〙中性の，無性の．— 男〘文法〙中性．

neutrón 男〘物〙中性子，ニュートロン．

Nevada 固名 Sierra 〜 (1)（スペインの）ネバダ山脈．(2)（米国の）シエラ・ネバダ．

nevado, da 過分 → nevar. 形 ❶ 雪で覆われた．❷《文》雪のように白い．— 女 降雪；積雪．

nevar［ネバル］18 自〔英 snow〕《3 人称単数で》雪が降る．— 他 白くする．

N

nevasca 女 吹雪．

nevazón 女《ラ米》(ｱﾙｾﾞ)(ﾁﾘ)(ｴｸｱﾄﾞﾙ)(ﾁﾘ)吹雪．

nevera 女 ❶ 冷蔵庫（→ frigorífico 地域差）．❷ クーラーボックス．❸《話》たいへん寒い場所．

nevero 男 雪渓，万年雪原．

nevisca 女 小雪．

neviscar 26 自 小雪が舞う．

nevoso, sa 形 雪の多い．

new age［ニウエイ（チ）］女（または男）ニューエイジ・ミュージック：癒(いや)し系音楽．

newton［ニウトン］男〘物〙ニュートン：力の単位．

newtoniano, na 形 ニュートン（学派）の．

nexo 男 つながり，結びつき；〘言〙連結辞．

ni［ニ］接〔英 neither, nor〕《否定を並列》…も…も（ない）（↔ y）．Mi marido no bebe *ni* fuma. 夫は酒も飲まないしタバコも吸いません．No lo saben *ni* Pedro *ni* Juan. ペドロもフアンもそれを知らない（► 動詞の前に置かれると否定文を作る no は必要ない．*Ni* Pedro *ni* Juan lo saben）．No iremos (*ni*) hoy *ni* mañana. 私たちは今日も明日も行きません．No tenemos (*ni*) cerveza *ni* vino.（私たちには）ビールもワインもない．*Ni* quiero mandarte *ni* que me mandes. 君に命令するのもいやだし君に命令されるのもいやだ．— 副〔英 not even〕《否定の強調》…さえ（ない），…すら（ない）．No tengo tiempo *ni* para hablar con él. 彼と話す時間すらない．No tengo *ni* la menor idea. 少しも分からない．No quiero *ni* pensarlo. そのことを考えたくもない．¡*Ni* hablar! 言うまでもない．► siquiera, aun を伴って強調されることがある．*Ni siquiera* yo sé lo que pasa. 私ですら何が起っているのか分からない．***ni que***〈＋接続法過去〉…でもあるまいし．¡*Ni que* fueses tonto! 君だってばかじゃないんだから．

nica 男 女《ラ米》(ｺｽﾀ)(ﾎﾝｼﾞｭ)《話》ニカラグア人．

nicaragua 女［主に複］〘植〙ホウセンカ．

Nicaragua［ニカラグア］固名 ニカラグア：首都マナグア Managua.

nicaragüense / nicaragüeño, ña［ニカラグエンセ／ニカラグエニョ，ニャ］形 ニカラグアの．— 男 女 ニカラグア人．

nicho 男 ❶〘建〙壁龕(へきがん)．❷ 柩(ひつぎ)を安置する壁穴．❸ 置き場所，空間．〜 ecológico 生態の適所；〜 de mercado すき間産業．

Nicolás 固名 ニコラス：男子の名．

nicotina 女〘化〙ニコチン．

nicotismo / nicotinismo 男〘医〙ニコチン中毒．

nictálope 形 男 女 昼盲（症）の（人，動物）．

nictalopía 女〘医〙昼盲（症）．

nictitante 形 membrana 〜 瞬膜．

nidación 女〘医〙着床．

nidada 女（巣の中の）一腹のひな，卵．

nidal 男 卵を産む［抱く］場所．

nidificación 女 巣造り．

nidificar 26 自 巣造りをする．

nido［ニド］男〔英 nest〕❶ 巣．❷ 巣窟(そうくつ)．❸（悪事等の）温床．❹《話》家庭．❺ 新生児室．❻ 隠し場所．***caerse de un 〜*** うぶである．***〜 de abeja***〘服〙ハニカム・ステッチ．

niebla［ニエブラ］女〔英 fog, mist〕❶ 霧；かすみ．❷ 混沌(こんとん)，曖昧(あいまい)．

nieg- 活 → negar.

niel 男〘技〙黒金［ニエロ］象眼．

nielado 男 黒金［ニエロ］象眼細工．

nielar 他 黒金［ニエロ］で象眼する．

nieta 女 → nieto.

nietastro, tra 男 女 継子(ままこ)の子供．

nieto, ta［ニエト，タ］男 女〔英 grandson, granddaughter〕孫．

nietzscheano, na［ニチェアノ，ナ］形 ニーチェ（哲学）の．— 男 女 ニーチェ哲学信奉者．

niev- 活 → nevar.

nieve［ニエベ］女〔英 snow〕❶ 雪．❷［複］降雪（＝ nevada）．❸〘詩〙雪のような白さ．❹《ラ米》(ｶﾘﾌﾞ)シャーベット．❺《俗》コカイン．— 活 → nevar. ***punto de 〜***〘料〙（卵白等の）8分立て．

nieve 活 → nevar.

NIF［ニ(フ)］男 *N*úmero de *I*dentificación *F*iscal 納税者番号．

nife 男〘地質〙ニフェ：地球の中心核．

Níger 固名 ニジェール：首都ニアメ Niamey.

Nigeria 固名 ナイジェリア：首都アブジャ Abuja.

nigeriano, na 形 ナイジェリアの．— 男 女 ナイジェリア人．

nigromancia / nigromancía 女 交霊術，黒魔術．

nigromante 男 女 交霊術師，黒魔術師.

nigromántico, ca 形 交霊術の，黒魔術の. ― 男 女 交霊術[黒魔術]師.

nigua 女〖昆〗スナノミ.

nihilismo 男〖哲〗ニヒリズム，虚無主義.

nihilista 形 虚無主義の，ニヒリズムの. ― 男 女 虚無主義者，ニヒリスト.

nihil obstat 〔ラ〕出版の許可，教会による出版の承認.

nilón 男 ナイロン.

nimbar 他 …に光輪をつける.

nimbo 男 ❶ 光輪，後光. ❷〖天文〗(日・月等の) 暈輪(うんりん). ❸ 乱雲，雨雲.

nimboestrato 男〖気象〗乱層雲.

nimiedad 女 ささいなこと.

nimio, mia 形 ささいな.

ninfa 女 ❶〖神話〗妖精(ようせい)，ニンフ. ❷《話》乙女，美しい娘. ❸〖昆〗若虫.

ninfea 女〖植〗スイレン.

ninfeáceas 女 (複) スイレン科の植物.

ninfómana / ninfomaníaca 女 ニンフォマニアの女性.

ninfomanía 女〖医〗ニンフォマニア：女性の異常性欲症.

ningún 形 → ninguno.

ninguna 形 代名 → ninguno.

ningunear 他《ラ米》(ベネズエラ)(メキシコ)無視する.

ninguno, na [ニングノ, ナ] 形《不定》[男性単数名詞の前で ningún]〔英 not any〕❶ (集合の中で) **1つ[1人]の…もない** (↔alguno). No tengo *ningún* dinero a mano. 手持ちの金は全然ありません. No conozco a *ninguna* amiga tuya. 私は君の女友だちを誰も知らない. ► 動詞の前に置かれると否定文を作る noは必要ない. ❷《否定の強調》全く…ない. Su informe no es *ninguna* exageración. 彼の報告は全然誇張ではない. ❸《名詞＋》《否定を強調》全く…ない. El político no hizo comentario ～. その政治家は一切コメントしなかった. ― 代名《不定》(集合の中で) **誰も[どれも] (…ない)**. No lo sabrá ～. /*N*～ lo sabrá. 誰もそのことは知らないだろう. *Ninguna* de las invitadas vino sola. 招待された女性客の誰も一人では来なかった. He devuelto todos los libros y no me queda ～. 私は本を全部返却して1冊も残っていません.

ninja [ニンジャ]〔日〕男 忍者；(忍者のように) 戦術にたけた人.

ninot [ニノ(トゥ)] 男 [複 ～s] (バレンシアの火祭りで燃やされる) 人形，はりぼて.

niña 女 ❶ 瞳 (＝pupila). ❷→ niño.

niñada 女 → niñería.

niñato, ta 男 女《軽蔑》若僧，青二才.

niñeces 女 (複) → niñez.

niñería 女 幼稚な行い；くだらないこと.

niñero, ra 形 子供好きな. ― 男 女 ベビーシッター.

niñez [ニニェす] 女 [複 niñeces]〔英 childhood〕❶ **少年[少女]時代**，幼年期. ❷ 初期. ***volver a la*** ～ もうろくする.

niño, ña [ニニョ, ニャ] 男 女〔英 child〕❶ **幼児，子供**. ～ de pañales [pecho, teta] 乳児. ～ burbuja 未熟児. ～ mimado 甘やかされた子供. ～ probeta 試験管ベビー. de ～ 子供のときに，小さいときに. desde ～ 子供のときから. ❷ 子供っぽい人；青二才，世間知らず. ❸ (特に幼い) 息子，娘；赤ん坊. el ～ de la bola 幼子イエス；幸運な子供. Ella va a tener un ～. 彼女には子供が生まれる. ❹ 若者；《呼びかけ》君. ― 形 子供っぽい，幼い. ***el N***～ 幼子イエス；〖気象〗エルニーニョ現象：エクアドルからペルー沿岸に起こる海水温の上昇現象. ***la Niña*** 〖気象〗ラニーニャ現象：エルニーニョと反対に海水温が下がる現象. ***la niña bonita*** 《話》(宝くじ等の) 15という数，15で終わる数. ～ ***bonito*** お気に入り，寵児(ちょうじ)；お坊ちゃん. ～ ***pera*** [***bien, pijo***] 良家の子息. ***qué*** 〈＋名詞〉 ***ni qué*** ～ ***muerto*** 《反論して》とんでもない，もってのほかだよ. ***querer como a las niñas de los ojos*** (目に入れても痛くないくらい) かわいがる.

niobio 男〖化〗ニオブ.

nipón, pona 形 日本の. ― 男 女 日本人 (＝japonés).

níquel 男 ❶〖化〗ニッケル. ❷《ラ米》小銭 (→ suelto 地域差)；お金.

niquelado 男 ニッケルめっき.

niquelar 他 ニッケルめっきをする.

niquelera 女《ラ米》(コロンビア)小銭入れ.

niqui 男 [複 ～s] Tシャツ；ポロシャツ.

nirvana 男〖宗〗涅槃(ねはん)；《話》平静.

níscalo 男〖植〗食用キノコの一種.

níspero 男〖植〗セイヨウカリン[ビワ] (の木・実).

níspola 女〖植〗セイヨウカリン[ビワ]の実.

nitidez 女 ❶ 透明性. ❷ 明確さ.

nítido, da 形 ❶ 澄みきった，透明な；鮮明[明瞭(めいりょう)]な. ❷ 潔白な，汚れのない.

nitración 女〖化〗硝化，ニトロ化.

nitrado, da 形 硝酸塩で処理した.

nitrato 男〖化〗硝酸塩，硝酸エステル.

nítrico, ca 形〖化〗(5価の) 窒素の. ácido ～ 硝酸.

nitrificación 女〖化〗硝化 (作用).

nitrilo 男〖化〗ニトリル.

nitrito 男〖化〗亜硝酸塩[エステル].

nitro 男〖化〗硝石.

nitrobenceno 男〖化〗ニトロベンゼン.

nitrocelulosa 女〖化〗ニトロセルロース.

nitrogenado, da 形〖化〗窒素を含む. abono ～ 窒素肥料.

nitrógeno 男〖化〗窒素.

nitroglicerina 女〖化〗ニトログリセリン.

nitroso, sa 形〖化〗亜硝酸の.

nitrotolueno 男〖化〗ニトロトルエン.

nitruro 男〖化〗窒化物.

nival 形 雪の，雪に関する.

nivel [ニベる] 男〔英 level〕❶ **高さ**，高度；水位. ❷ **レベル**，程度. ～ de vida 生活水準. ❸〖技〗水準器. ❹ 階，層. ***a*** ～ 水平に，同じ高さに. ***estar al*** ～ ***de ...*** …と同じ高さ[水準]にある.

nivelación 女 水平にすること；平均化.

nivelador, dora 形 平らにする.

nivelar 他 ❶ 平らにする. ❷ 水準儀で測量する. ❸ 平等[均一]にする. ― **nivelarse** 再 平ら[均等]になる.

níveo, a 形《文》雪の，雪のような.

nivoso, sa 形 雪の多い.

no [ノ] 副〔英 no; not〕❶《応答》《否認・拒否》**いいえ**，いや，違います (↔ sí). ¿Quieres un café? ― *No*, gracias. コーヒーいかがですか. ―いいえ，結

N

構です．❷《否定文を作る》(1)《＋動詞》…でない，…しない．*No* puedo ir esta tarde. 今日の午後は行けません．(2)《否定の節の代用》そうではない．Yo se lo pedí, pero él dijo que *no*. 私は彼にそれを頼んだけれど彼はだめだと言った．❸《驚き》違うのですか．Yo no voy. ― ¿*No*? 私は行かないわ．―えっ．❹《文末に置き同意を求めて》そうでしょう．Fuiste al cine, ¿*no*? 君，映画に行ったんでしょう．❺《＋名詞・形容詞》…でない(もの)，非…，不…．asiento de *no* fumador 禁煙席．*no* creyentes 不信心者．❻《見せかけの否定》(1)《比較の対象を導入する que の後に置かれて》Nos gusta más estar en casa *que no* salir a la calle. 街に出かけるよりも家にいるほうが私たちは好きです．(2)《恐れ等を表す文の中で que, de que の代用》《話》(3)《時を表す副詞節の中で》No te lo enseñaré hasta que *no* me digas la verdad. 私に本当のことを言うまで君にそれを見せないよ．(4)《応答の導入》《話》¿Qué quieres? ― *No*, que yo no tengo tiempo para arreglarlo. 何が欲しいんだ．―いや，ただそれを整理する時間がないんだ．―― 男［複 noes］❶いいえという返事；不承認，拒否．❷反対票．***a que no ...***《話》《否定の内容を挑戦的に述べて》…なんてことがあるものか．¿*A que no* sabes lo que hicimos nosotros? 私たちがやったことを君は知らないだろうね．***cómo no***《依頼・誘い等に答えて》もちろん，喜んで．

n° 男 → número.

NO 男 → noroeste.

Nobel［ノべる(ノべる)］男［単複同形］ノーベル賞．―― 男 女 ノーベル賞受賞者．

nobelio 男〔化〕ノーベリウム．

nobiliario, ria 形 貴族の．―― 男 貴族名鑑．

nobilísimo, ma 形［noble の絶対最上級］この上なく高貴な．

noble［ノブれ］［絶対最上級 nobilísimo, ma］形〔英 noble〕❶貴族の，高貴な．❷高尚な．❸上質の．metales ～*s* 貴金属．❹(動物が)忠実な．❺〔化〕不活性の．―― 男 女 貴族．

nobleza 女 ❶《集合的》貴族階級．❷気品；威厳．❸忠誠，忠実．～ ***obliga*** 高い身分に伴う義務．

noblote, ta 形 品格があって腰の低い．

nocaut 男《ラ米》ノックアウト．

noceda 女 クルミの林．

noche［ノチェ］女〔英 night〕❶夜，夜間．por la ～ 夜に，夜中に．media ～ 真夜中．hacer ～ en ... …で一泊する．hacerse de ～ 夜になる．❷暗闇，暗黒．❸《比喩的》悲しみ，つらさ．***Buenas ～s.*** 今晩は；おやすみなさい．***de la ～ a la mañana*** 一夜にして．***N～ Buena*** クリスマス・イブ．***～ de bodas*** 新婚初夜．***pasar la ～ en blanco*** 眠れない夜を過ごす．***N～ Vieja*** 大みそかの夜．

Nochebuena 女 ❶クリスマス・イブ．❷［n-］〔植〕ポインセチア．

nochecita 女《ラ米》(ｸﾞｱﾃﾏﾗ)夕暮．

nocherniego, ga 形 夜遊び好きの．

nochero, ra 形《ラ米》(ｱﾙｾﾞﾝﾁﾝ)→ nocherniego. ―― 男 女《ラ米》(ﾁﾘ)夜警．―― 男《ラ米》(ｺﾛﾝﾋﾞｱ)ナイトテーブル．

Nochevieja 女 大みそかの夜．

noción［ノしオン］女［複 nociones］〔英 notion〕❶概念，観念．❷［主に複］基礎知識．

nocional 形 概念的な，観念上の．

nocividad 女 有毒性，有害．

nocivo, va 形 有害な．

noctambulismo 男 夜遊びの癖，夜出歩くこと；〔動〕夜行性．

noctámbulo, la 形 夜遊びする；夜型の；〔動〕夜行性の．―― 男 女 夜型の人．

noctiluca 女 ❶〔昆〕ホタル（＝ luciérnaga）．❷〔動〕夜光虫．

noctívago, ga 形 → noctámbulo.

nocturnidad 女 ❶(夜の)暗闇．❷〔法〕夜間の犯罪に対する刑の加重情状．

nocturno, na 形 ❶夜の，夜間の．❷〔動〕夜行性の；〔植〕(花が)夜開く．―― 男 ❶〔音〕夜想曲，ノクターン．❷〔カト〕夜課．

nodal 形 節となる；重要な．

nodo 男 ❶節，結び目．❷〔天文〕交点；〔物〕波節；〔医〕結節．

nodriza 女 ❶乳母．❷ avión ～ 空中給油機．buque ～ 母船，補給船．

nódulo 男 小さなこぶ；〔地質〕瘤塊(りゅうかい)，団塊；〔医〕小(結)節；〔植〕根粒．

Noé 固名〔聖〕ノア．El arca de ～ ノアの箱舟

nogal 男〔植〕クルミ(の木)；クルミ材．

nogalina 女 クルミの殻からつくる染料．

noguera 女 → nogal.

nogueral 男 クルミの林．

nómada 形 遊牧の，放浪の．―― 男 女 遊牧民，放浪者．

nómade 形《ラ 米》(ｱﾙｾﾞﾝﾁﾝ)(ｳﾙｸﾞｱｲ) → nómada.

nomadismo 男 遊牧生活，放浪生活．

nomás 副《ラ米》ただ…だけ，ちょうど．

nombradía 女 名声，評判．

nombrado, da 過分 → nombrar. 形 有名な，名高い．

nombramiento 男 指名，任命．

nombrar［ノンブラル］他〔英 nominate〕❶指名［任命］する．Le han *nombrado* presidente. 彼は社長に選ばれた．❷(名前を)挙げる．

nombre［ノンブレ］男〔英 name〕❶名前，名称；題名．～ y apellidos 姓名．～ de pila 洗礼名．～ de religión 修道名．mal ～ あだ名．～ de dominio〔IT〕ドメイン名．～ comercial 商号，屋号．～ de familia 苗字．poner ～ a ... …に名前を付ける．¿Cuál es su ～? あなたのお名前は．❷名声．hacerse un ～ 名をあげる．El jugador tiene mucho ～ en el mundo entero. その選手は世界中でよく知られている．❸〔文法〕名詞（＝ sustantivo）．～ común 普通名詞．～ concreto 具体名詞．～ abstracto 抽象名詞．～ colectivo 集合名詞．～ propio 固有名詞．***a ～ de ...*** …の名前［名義］で；…宛(あて)に．***de ～*** 名前［名目］だけの．Era el presidente tan sólo *de* ～. 彼は単に名ばかりの会長だった．***en (el) ～ de ...*** …の名前で，…を代表して．***llamar las cosas por su ～*** はっきりと［率直に］言う．***no tener ～***《話》何とも言いがたい；腹立たしい．

nombrete 男 《ラ米》(ｸﾙｸﾞｱｲ)《話》あだ名.
nomenclador / nomenclátor 男 地名[人名]表, 地名[人名]リスト.
nomenclatura 女 (学術) 専門用語 (集).
nomeolvides 男[単複同形]〖植〗ワスレナグサ.
nómina 女 ❶ 月給. ❷《集合的》正社員. ❸ 給与明細書；賃金台帳. ❹ 名簿.
nominación 女 指名, ノミネート.
nominal 形 ❶ 名前だけの, 名目上の. ❷ 名前の, 名前による. ❸〖文法〗名詞の, 名詞的な.
nominalismo 男〖哲〗唯名論, 名目論.
nominalista 形 唯名論的な, 名目論の. ― 男 女 唯名論者, 名目論者.
nominalización 女〖言〗名詞化.
nominar 他 指名[任命]する；《**para**》(…に)ノミネートする.
nominativo, va 形 ❶〖文法〗主格の. ❷〖商〗記名の. ― 男〖文法〗主格.
nomo 男 → gnomo.
nomograma 男 計算図表, ノモグラム.
non 形 奇数の. ― 男[複] ❶ 奇数 (＝ impar). ❷ 拒否. decir (que) *nones* 《話》きっぱりと拒否する. ― 副《間投詞的》《強い否定》だめだ, いや. ***de non*** 対の片方の.
nona 女 ❶ (古代ローマの) 午後 3 時から 6 時までの時間帯. ❷〖カト〗9 時課.
nonada 女 つまらないこと, ささいなこと.
nonagenario, ria 形 男 女 90歳代の(人).
nonagésimo, ma 形 ❶ 90番目の. ❷ 90分の 1 の. ― 男 90分の 1.
nonágono, na 形 男 九角[辺]形(の).
nonato, ta 形 ❶ 帝王切開で生まれた. ❷ まだ存在していない.
nones 副《間投詞的》だめだ, いや.
noningentésimo, ma 形 ❶900番目の. ❷ 900分の 1 の. ― 男 900分の 1.
nonio 男 副尺(ふくしゃく), バーニヤ.
nono, na 形 ❶《稀》9 番目の (＝ noveno). ❷ 9分の1の. ― 男 女《ラ米》(ｱﾙｾﾞﾝﾁﾝ)(ｳﾙｸﾞｱｲ)(ﾍﾞﾈｽﾞｴﾗ)おじいさん, おばあさん.
nopal 男〖植〗ウチワサボテン.
noquear 他〖スポ〗ノックアウトする.
norabuena 女 副 → enhorabuena.
noradrenalina 女〖生化〗ノルアドレナリン：副腎髄質から抽出されるホルモン.
noramala 副 → enhoramala.
noray 男〖海〗係柱.
norcoreano, na 形 朝鮮民主主義人民共和国 (北朝鮮) の. ― 男 女 朝鮮民主主義人民共和国人.
nordeste 形 北東の. ― 男 北東 (の風)《略 NE》.
nórdico, ca 形 ❶ 北の. ❷ 北欧の, スカンディナビアの. ❸〖スポ〗ノルディックの. ― 男 女 北欧人. ― 男 北欧諸語.
nordista 形 男 女 (米国南北戦争の) 北軍側の (人).
noreste 男 → nordeste.
noria 女 ❶ 水くみ水車. ❷ 観覧車.
norma [ノルマ] 女 〔英 standard〕 ❶ **規範**, 規準. ❷ 規則, 原則. ❸〖技〗(工業) 規格.
normal [ノルマる] 形 〔英 normal〕 ❶ **正常な**, 標準の；当然の. ❷〖数〗垂直の. ― 女〖数〗垂線.
normalidad 女 正常, 常態.
normalista 男 女《ラ米》(ｺﾛﾝﾋﾞｱ)(有資格) 教員.
normalización 女 ❶ 正常化. ❷ 標準化, 規格化.
normalizar 57 他 ❶ 正常化する. ❷ 標準[規格] 化する. ― **normalizarse** 再 正常[平常]に戻る；標準化される.
normalmente 副 正常に；通常[普通]は.
normando, da 形 男 女 ❶ ノルマンディーの (人). ❷〖史〗ノルマン人[民族] (の).
normativo, va 形 標準の, 規範的な. ― 女《集合的》規範.
nornordeste 形 北北東の. ― 男 北北東 (の風)《略 NNE》.
nornoroeste 形 北北西の. ― 男 北北西 (の風)《略 NNO》.
noroccidental 形 北西の.
noroeste 形 北西の. ― 男 北西；北西の風《略 NO》.
nororiental 形 北東の.
nortada 女 北風.
norte [ノルテ] 男 〔英 north〕 ❶ **北**；北部《略 N》. ❷ 北風. ❸ 指針. perder el ～ 目標を失う. ❹《ラ米》(ﾍﾞﾈｽﾞｴﾗ)霧雨. ― 形 北の；北風の.
norteafricano, na 形 男 女 北アフリカの (人).
Norteamérica 固名 北アメリカ, 北米.
norteamericano, na 形 アメリカ合衆国の；北米の. ― 男 女 米国人；北米人.
norteño, ña 形 北の；(スペイン・ヨーロッパの) 北部の. ― 男 女 (スペイン・ヨーロッパの) 北部の人.
Noruega 固名 ノルウェー：首都オスロ Oslo.
noruego, ga 形 ノルウェー (人) の. ― 男 女 ノルウェー人. ― 男 ノルウェー語.
nos [ノス] 代名《人称》[1 人称複数, 男女同形] 〔英 us〕 ► 普通, 動詞のすぐ前に置かれるが, 不定詞・現在分詞・肯定命令形と共に用いられる場合は, それらの後に付ける. ❶《直接目的語》**私たちを**. Ellos no *nos* conocen. 彼らは私たちのことを知りません. ❷《間接目的語》**私たちに**, 私たちにとって, 私たちから. *Nos* da mucha alegría la noticia. その知らせに私たちは喜んでいる. ► 直接目的語の代名詞と共に用いられる場合には, その代名詞の前に置かれる. ❸《再帰代名詞》→ se 2. ► 1 人称複数形の動詞に後置して「…しましょう」の意味で用いられる場合には動詞の最後の -s が脱落する. Vámo*nos*. 行きましょう.
nosocomio 男《ラ米》(ｱﾙｾﾞﾝﾁﾝ)病院.
nosogenia 女〖医〗病因；病因学.
nosología 女〖医〗疾病分類学.
nosotros, tras [ノソトゥロス, トゥラス] 代名《人称》[1 人称複数] 〔英 we; us〕 ❶《主語》**私たちが[は]**. *N*～ somos conscientes de ello. 私たちはそのことに気づいています. ►(1) 他と対比させる場合, 主語を強調する場合を除いては省略されることが多い. (2) 論文・講演・演説等で 1 人称単数の代わりに用いられる場合がある. ❷《前置詞

N

+》私たち. *entre* ～ ここだけの話だが.
nostalgia 女 郷愁, 望郷 ; ホームシック.
nostálgico, ca 形 郷愁を誘う.
nóstico, ca 形 → gnóstico.
nota [ノタ] 女 〔英 note〕 ❶ メモ, 控え ; 勘定書, 伝票. ❷ 注, 注釈. ❸ 成績, 評点. ❹ (公式の) 文書, 通達, 覚書. ❺ 論評, コメント ; 短い記事. ❻ 〖音〗 音符. ❼ 雰囲気, 様子. ── 活 → notar. ***dar la*** ～ 《話》 人目を引く. ***de mala*** ～ 評判の悪い. ～ ***discordante*** 不協和音. ***tomar*** ～ 留意する ; ノートを取る.
nota bene 〔ラ〕 注, 注記 (略 N.B.).
notabilidad 女 ❶ 著名. ❷ 著名人.
notabilísimo, ma 形 [notable の絶対最上級] 非常に著名な, 極めて顕著な.
notable [ノタブれ] 形 [絶対最上級 notabilísimo, ma] 〔英 notable〕 顕著な ; 注目に値する. ser ～ por ... …で有名である. ── 男 ❶ [複] 名士. ❷ (成績) 良.
notablemente 副 著しく, 顕著に.
notación 女 ❶ 表示[表記] (法). ❷ 〖数〗 記数法 ; 〖音〗 記譜法.
notar [ノタル] 他 〔英 notice〕 ❶ 気づく. ❷ …という気がする. Te *noto* preocupado. 君は心配しているみたいだね. ── **notarse** 再 (自分を…と) 感じる ; …が見て取れる. *Me noto* un poco cansado. 私は少し疲れた. ***hacer notar*** 指摘する. ***hacerse notar*** 目立つ.
notaría 女 公証人の職 ; 公証人事務所.
notariado, da 形 公正証書にした. ── 男 公証人の仕事 ; 《集合的》 公証人.
N **notarial** 形 公証人の (作成した). acta ～ 公正証書.
notario, ria 男 女 ❶ 公証人. ❷ (目撃) 証人.
noticia [ノティしア] 女 〔英 news〕 ❶ 知らせ ; [複] 消息 ; 情報. tener ～*s* de ... …について知っている. ❷ [複] ニュース (番組), 報道.
noticiario 男 ニュース (番組, 映画).
noticiero, ra 形 ニュースの. ── 男 ❶ 新聞. ❷ 《ラ米》 → noticiario.
notición 男 《話》 ビッグニュース.
noticioso, sa 形 (**de**) (…を) 知る. ── 男 《ラ米》 → noticiario.
notificación 女 通知, 通告 (書).
notificado, da 形 〖法〗 通知[告示]された. ── 男 女 被通告人.
notificar 26 他 知らせる, 通告する.
notificativo, va 形 通告の.
notoriamente 副 明白に.
notoriedad 女 ❶ 名声. ❷ 明白さ.
notorio, ria 形 ❶ 有名な. ❷ 明白な.
noúmeno 男 〖哲〗 本体, 実体.
nova 女 〖天文〗 新星.
novatada 女 ❶ 新入りいじめ. ❷ 未熟ゆえの失敗.
novato, ta 形 新米の ; 未経験の. ── 男 女 初心者, 新米 ; 新入生.
novecentismo 男 〖文学〗 ノベセンティスモ : 1900-30年にかけてスペインを中心に起こった文学運動[潮流].
novecientos, tas [ノべしエントス, タス] 形 《数詞》 〔英 nine hundred〕 900 の ; 900番目の. ── 男 900.
novedad [ノべダ(ド ゥ)] 女 〔英 novelty〕 ❶ 新しさ, 斬新. ❷ 新しい出来事, ニュース ; 変化. ❸ [複] 新作, 新製品. ❹ [複] 《ラ米》(ﾍﾞﾈｽﾞｴﾗ) 《話》 陣痛.
novedoso, sa 形 ❶ 新しい. ❷ 《ラ米》 新し物好きな.
novel 形 男 女 新米 [新人, 初心者] (の).
novela [ノべら] 女 〔英 novel〕 ❶ 小説. ► 「短編小説」は cuento. ❷ 《話》 フィクション, 作り話.
novelado, da 形 小説化された, 小説風に書かれた.
novelar 他 自 小説化する ; 小説を書く.
novelear 自 《話》 詮索する.
novelería 女 空想 ; うわさ, ゴシップ.
novelero, ra 形 ❶ 小説好きの. ❷ 空想的な. ── 男 女 小説好きな人 ; 空想家.
novelesco, ca 形 小説的な, 小説のような.
novelista 男 女 小説家.
novelístico, ca 形 小説の. ── 女 ❶ 小説文学 ; 《集合的》 小説. ❷ 小説研究, 小説論.
novelón 男 《話》 ❶ 《軽蔑》 (展開が複雑な) 長編小説. ❷ 傑作小説. ❸ 不幸の連続.
novena 女 ❶ 〖カト〗 9日間の祈り. ❷ 《ラ米》(ｺﾛﾝﾋﾞｱ) 野球チーム, ナイン. ── 形 → noveno.
novenario 男 ❶ 9日間の喪. ❷ 〖カト〗 死後9日目の祈り[ミサ].
noveno, na [ノべノ, ナ] 形 《数詞》 〔英 ninth〕 ❶ 9番目の. ❷ 9分の1の. ── 男 9分の1.
noventa [ノベンタ] 形 《数詞》 〔英 ninety〕 90の ; 90番目の. ── 男 90. ***los*** ～ 1990年代, 90歳代.
noventavo, va 形 男 → nonagésimo.
noventayochista 形 男 〖文学〗 (スペイン文学) 98年世代の (作家). ►1898年スペインが米西戦争に敗北したころに形成された作家たちのグループ. 自国の再生への道を求めた.
noventón, tona 形 男 女 《話》 90歳代の (人).
novia 女 → novio.
noviar 17 自 《ラ米》(ｱﾙｾﾞﾝﾁﾝ)(ﾊﾟﾗｸﾞｱｲ)(ｳﾙｸﾞｱｲ)(ﾁﾘ) (**con**) (…と) 恋人付き合いする.
noviazgo 男 婚約 ; 婚約期間.
noviciado 男 ❶ 〖カト〗 修練期 ; 《集合的》 修練者 ; 修練院. ❷ 見習い期間.
novicio, cia 形 新米の. ── 男 女 ❶ 〖カト〗 修練者. ❷ 初心者 ; 見習い.
noviembre [ノビエンブレ] 男 〔英 November〕 11月 (略 nov.).
novillada 女 ❶ 若牛による闘牛. ❷ 若牛の群れ.
novillero, ra 男 女 ❶ 若牛飼い. ❷ 若牛相手の闘牛士. ❸ 《話》 授業を休みがちな学生.
novillo, lla 男 女 若牛. ── 男 《ラ米》(ｱﾙｾﾞﾝﾁﾝ)(ｺﾛﾝﾋﾞｱ)(ｳﾙｸﾞｱｲ)(ﾍﾞﾈｽﾞｴﾗ)(ﾁﾘ)(ﾒｷｼｺ) 去勢された若牛. ***hacer*** ～***s*** 《ラ米》 (学校を) をサボる (→ fumar 地域差).
novilunio 男 新月 (= luna nueva).
novio, via [ノビオ, ビア] 男 女 〔英 boyfriend, girlfriend〕 ❶ 恋人. ❷ フィアンセ, 婚約者. ❸ 新郎 ; 新婦. viaje de ～*s*

新婚旅行. ***quedarse compuesto* [*compuesta*] *y sin novia* [〜]** 結婚目前で破談になる；期待外れに終わる.

novísimo, ma 形 [nuevoの絶対最上級] 非常に新しい，最新の. ── 男［複］〖宗〗四終：死・審判・地獄・天国.

novocaína 女〖薬〗〖商標〗ノボカイン：局所麻酔剤.

novohispano, na 形 ヌエバ・エスパーニャ(スペイン統治時代のメキシコ)(出身)の.

nubarrón 男 ❶ 嵐(あらし)雲. ❷ 難題.

nube [ヌベ] 女［英 cloud］女 ❶ 雲. ❷(ほこり・煙等) 雲状のもの；(物・人の) 大軍. ❸(目の) かすみ；(宝石等の) 曇り. ❹(表情の) かげり；心配事. ***estar en* [*andarse por*] *las* 〜*s*** 上の空である. ***estar por las* 〜*s*** 非常に高価である. ***poner en* [*por*] *las* 〜*s*** 褒めちぎる. **〜 *de verano*** 夕立ち(雲)；一時の怒り.

núbil 形 (主に女性が) 結婚適齢の.

nubilidad 女 婚期，結婚適齢期.

nublado, da 形 曇った，どんよりとした；陰った. ── 男 曇天；一面の黒雲.

nublar 他 ❶ 雲で覆う. ❷(視界等を) 曇らせる，陰りを与える. ── **nublarse** 再 ❶ 曇る. ❷ 動揺する.

nublazón 男《ラ米》曇り空.

nubosidad 女 曇り，曇天.

nuboso, sa 形 曇った.

nuca [ヌカ] 女［英 nape］うなじ，首筋.

nucleado, da 形 核のある.

nuclear 形 核の，原子力の. fusión 〜 核融合. central 〜 原子力発電所.

nuclearizar 57 他 (場所に) 原子力発電所を造る；(軍隊・国に) 核兵器を装備させる.

nucleico, ca 形〖生化〗核酸の.

núcleo 男 ❶(物事・問題の) 中心；中核；中心地. ❷(果物の) 核，種. ❸〖物〗〖生化〗〖言〗核；〖電〗(コイルの) 鉄心；〖天文〗(星の) 核. 〜 atómico 原子核. 〜 celular 細胞核.

nucléolo 男〖生〗核小体，仁(じん).

nucleón 男〖物〗核子.

nucleoproteína 女 核たんぱく質.

nudillo 男［主に複］指の関節.

nudismo 男 裸体主義，ヌーディズム.

nudista 形 男 女 裸体主義の(人).

nudo [ヌド] 男［英 knot］❶ 結び目. hacer un 〜 結ぶ. ❷(茎・幹・根の) 節，こぶ；〖解〗結節；(動物の) 関節. ❸ 分岐点，合流点. 〜 de comunicación 通信[交通]の要所. ❹ 絆(きずな)，つながり. ❺ 核心，クライマックス. ❻〖海〗ノット. ***hacerse un* 〜 *en la garganta a ...*** (感動で) …ののどがつまる.

nudosidad 女〖医〗結節；こぶ.

nudoso, sa 形 節の多い，節くれだった.

nuégado 男 ❶［主に複］ヌガー. ❷ コンクリート.

nuera 女 嫁(＝hija política).

nuestro, tra [(1)ヌエストゥロ，トゥラ. (2)(3)(4)ヌエストゥロ，トゥラ] 形《所有》[前置・後置形，単数. 複数形は nuestros, nuestras]［英 our］私たちの. (1)《＋名詞》*nuestra* casa 私たちの家. (2)《名詞＋》un pariente 〜 私たちの親類の１人. (3)《ser の補語として》Esta habitación es *nuestra*. この部屋が私たちのです. (4)《定冠詞と共に用いて所有代名詞になる》Este coche es más grande que el 〜. この車は私たちのより大きい. ►(1) 所有されるものを表す名詞の性数によって語尾変化する. (2) 名詞の前に置かれる場合には冠詞等と一緒に用いられることはない. ***la nuestra*** (私たちの) チャンス. ***los* 〜*s*** 私たちの家族[仲間]. ***una de las nuestras*** 私たちらしい (いつもの) ふざけ，いたずら. ***Ya es* 〜 [*nuestra*].** やったね，もうこっちのものだ.

nueva 女［主に複］ニュース. ── 形 → nuevo. ***hacerse de* 〜*s*** 驚いたふりをする.

Nueva Castilla 固名〖史〗ヌエバ・カスティーリャ：(1) スペイン統治時代のペルー. (2) スペイン統治時代のフィリピンのルソン島.

Nueva España 固名〖史〗ヌエバ・エスパーニャ (副王領)：スペイン統治時代のメキシコ.

Nueva Galicia 固名〖史〗ヌエバ・ガリシア：ヌエバ・エスパーニャ副王領内の一地方.

Nueva Granada 固名〖史〗ヌエバ・グラナダ副王領.

nuevamente 副 再び，新たに.

Nueva York 固名 ニューヨーク：(1) 米国北東部の州. (2) 米国の都市.

Nueva Zelanda 固名 ニュージーランド：首都ウエリントン Wellington.

nueve [ヌエベ] 形《数詞》［英 nine］9 の；9 番目の. ── 男 9.

nuevo, va [ヌエボ，バ] 形 [絶対最上級 novísimo, ma]［英 new］❶ 新しい，新品の，最新の. ¿Qué hay de 〜? 何か変わったことはありますか. ❷《＋名詞》新たな；別の；追加の. la *nueva* casa 今度の家. ❸ 新入りの. ❹(精神的・肉体的に) 一新した. ── 男 女 新入り，新人.

nuez 女 ❶ クルミ；(クルミに似た) 木の実. ❷ のどぼとけ (→地域差). ❸［複］《ラ米》(ペルー)《話》睾丸(こうがん). 地域差 のどぼとけ nuez《スペイン》《ラ米》(キューバ，ドミニカ共和国)(チリ)(グアテマラ，アルゼンチン)；manzana (de Adán)《ほぼラ米全域》.

nula 形 → nulo.

nulidad 女 ❶〖法〗無効. ❷ 無能. ser una 〜 para ... …に関して役に立たない.

nulo, la [ヌロ，ラ] 形［英 void］❶ 無効の. combate 〜〖スポ〗引き分け，ドロー. ❷ 役に立たない，無能の.

núm. / Núm. 男 *núm*ero 番号.

numantino, na 形 男 女 (スペインにあった古代の町) ヌマンシアの (人).

numen 男 ❶ 霊感. ❷ 神霊.

numerable 形 数えられる.

numeración 女 ❶ 数え方. 〜 decimal 十進法. ❷ 番号[番地]付け.

numerador 男 ❶ ナンバリング・マシン. ❷〖数〗分子.

numeral 形 数の. ── 男〖文法〗数詞.

numerar 他 ❶ 番号を打つ，順番をつける. ❷(物を順番に) 数える，勘定する. ❸ 数値で示す.

numerario, ria 形 専任の. profesor 〜 専任教員. ── 男 女 専任教員［職員］. ── 男 硬貨，現金.

numérico, ca 形 数の，数による.

numerito 男 ***montar el* 〜**《話》(みっともない言動で) 注目を浴びる.

N

número [ヌメロ] 男 〔英 number〕 ❶ 数, 数値. ～ arábigo [romano] アラビア[ローマ]数字. ～ par [impar] 偶[奇]数. ～ cardinal [ordinal] 基[序]数. ～ quebrado [fraccionario] 分数. en ～*s* redondos 概数で. ❷ 数量. gran ～ 多数. escaso ～ de pedidos わずかな数の注文. un buen ～ de ... かなりの数の…. ❸ 番号；番地；(洋服等の) サイズ；型；(定期刊行物の) 号《略 No., N°, núm.》. ～ atómico 〘物〙 原子番号. ¿Qué ～ calza usted? 靴のサイズはいくつですか. los ～*s* anteriores [atrasados] de esta revista この雑誌のバックナンバー. ❹ (予約等の) 順番. ❺ (くじ等の) 券. ❻ (ショー等の) 出し物, 演目. ❼ (警察等の) 階級のない人. ❽ 〘文法〙 数. ～ singular [plural] 単数[複数]. ❾ 《ラ米》〘車〙 ナンバープレート (→ matrícula 地域差). ❿ [複] [N-] 〘聖〙 (旧約の) 民数紀. ***de*** **～** 正規の. ***hacer*** **～*s*** 見積もる, (費用を) 計算する. ***en*** **～*s* *rojos*** 赤字の. **～ *uno*** 《話》 第一人者, トップ. Ella es la ～ *uno* en cardiología. 彼女は心臓病学では第一人者である. ***sin*** **～** 数え切れない, 無数の.

numerologị́a 女 数秘学, 数霊術.

numeroso, sa [ヌメロソ,サ] 形 〔英 numerous〕 多数の, 多数からなる.

nụmerus clạusus 〔ラ〕 男 [単複同形] 定員数；限定数.

numismạ́tico, ca 形 古銭 (学) の. ── 男 女 古銭学者[収集家]. ── 女 古銭学.

nunca [ヌンカ] 副 〔英 never〕 ❶ 決して…ない；一度も…ない；全然…ない (↔siempre). No vienen ～. 彼らは決して来ない. *N*～ he estado en Brasil. ブラジルに行ったことは一度もない. ► 動詞の前に置かれると否定文を作る noは必要ない. ❷ 《疑問文で》 かつて, 今までに. ¿Habéis visto ～ cosa igual? 今までにこれと同じようなものを見たことがありますか (ないでしょう). ► 答えに「決して…ない」を予測させる場合に用いる. ***casi*** **～** めったに…ない, ほとんど…ない. No me escribe *casi* ～. ほとんど私に手紙をよこさない. ***como*** **～** かつてないほど (すばらしく). ***¡Hasta*** **～*!*** (二度と会わないことを表明して) さようなら. ***más que*** **～** かつてないほど, この上なく. ***N～ es tarde si la dicha es buena.*** 《諺》 遅くともやらないよりはまし. **～ *jamás*** 《強調》 絶対に[二度と] …ない.

nunciatụra 女 ❶ 教皇大使の地位[任期, 住居]. ❷ 〘カト〙 教皇庁控訴院.

nụncio 男 ❶ 教皇大使. ❷ 使者；前兆, お告げ.

nupcịal 形 結婚 (式) の.

nupcialidạd 女 婚姻率.

nụpcias 女 複 結婚 (式) (= boda).

nurse [ネルス] 〔英〕 女 子守, 乳母.

nutaciọ́n 女 〘天文〙 章動.

nụtria 女 〘動〙 カワウソ；カワウソの毛皮. ～ marina ラッコ.

nutrịcio, cia 形 養う.

nutriciọ́n 女 栄養摂取；栄養.

nutricionạl 形 栄養の.

nutrịdo, da 形 ❶ 栄養を与えられた. bien [mal] ～ 栄養のよい[不良な]. ❷ 多数からなる；《de》 (…の) 豊富な.

nutriẹnte 形 栄養[養分]を与える. ── 男 栄養 (素), 養分；栄養を与えるもの.

nutrimẹnto / nutrimiẹnto 男 栄養.

nutrịr 他 ❶ 栄養[養分]を与える. ❷ 培う, 助長する. ── **nutrir*se*** 再 《con, de》 (…から) 栄養[養分]を取る.

nutritịvo, va 形 栄養のある[になる].

ny 女 ニュー (N, ν)：ギリシャ語アルファベットの第13字.

nylon [ナイロン] 〔英〕 男 ナイロン (= nailon, nilón).

Ñ ñ

Ñ, ñ [エニェ] 女 スペイン語字母の第15字.

ñacurutụ́ 男 《ラ米》(アルゼンチン) (パラグアイ) (ウルグアイ) 〘鳥〙 アメリカワシミミズク.

ñạme 男 ❶ 〘植〙 ヤマイモ. ❷ 《ラ米》(ベネズエラ) 《話》 でかい足.

ñandụ́ 男 〘鳥〙 レア：南米産のダチョウ.

ñạnga 女 《ラ米》(中米)沼地.

ñạ́ngara 男 女 形 《ラ米》(ベネズエラ) 《話》 《軽蔑》 左翼活動家 (の), 左翼支持者 (の).

ñạngo, ga 形 《ラ米》 (1)(メキシコ)ひ弱な. (2) 不格好な.

ñạño, ña 男 女 《ラ米》 (1)(アルゼンチン)(チリ) 兄, 姉. (2)(ペルー)子供. ── 女 《ラ米》(チリ)乳母.

ñạpa 女 《ラ米》 おまけ；チップ. ***de*** **～** おまけで.

ñapindạ́ 男 〘植〙 《ラ米》(アルゼンチン)(ウルグアイ)アカシアの一種.

ñạto, ta 形 《ラ米》 鼻ぺちゃの；鼻声の.

ñẹque 形 《ラ米》 強い；勇敢な. ── 男 《ラ米》 活力.

ñiquiñạque 男 《話》 (人間の) くず.

ñọ, ñạ 男 女 《ラ米》 《話》 《呼びかけ》 だんな様, 奥様.

ñọclo 男 〘料〙 ニョクロ：焼き菓子の一種.

ñọco, ca 形 《ラ米》(ベネズエラ)片腕の. ── 男 《ラ米》(コロンビア)(体の) 切断部.

ñọngo, ga 形 《ラ米》(ベネズエラ) 《話》 (1) (状況が) 複雑な. (2) 繊細な；上品ぶった.

ñoñerị́a / ñoñẹz 女 ❶ 味気なさ, 面白味のなさ. ❷ 内気. ❸ 気取り.

ñọño, ña 形 男 女 ❶ 面白味のない (人). ❷ 上品ぶった (人), 堅苦しい (人).

ñọqui 男 〘料〙 ニョッキ.

ñụ 男 〘動〙 ヌー.

O o

O, o [オ] 女 スペイン語字母の第16字. ***no saber hacer la o con un canuto*** 何も知らない, 教養がない.

o [オ] 接 《選択》 [o-, ho- で始まる単語の前では u となる. siete *u* ocho 7か8. アラビア数字の間では ó となるが強勢はない. 10 ó 100 10か100] 〔英 or〕 ❶ または. Llegará hoy *o* mañana. 彼は今日か明日着く. ¿Estudias *o* trabajas? 君は学校へ行ってるの, それとも仕事をしてるの. Había por lo menos cincuenta *o* sesenta personas. 少なくとも 5, 60 人の人がいた. ❷ 《o ... o ...》 …か…. *O* lo sabe *o* no lo sabe. 彼はそれを知っているか知らないかどちら

かだ．*O* me escuchas *o* me marcho. 私の言うことを聞かないなら帰るよ．► 疑問文・命令文では用いられない．❸《言い換え》つまり，すなわち．Su suegra, *o* la madre de Julia, me lo dijo. 彼の義母つまりフリアの母親が私にそう言った．❹《命令形 ＋**o**》さもなくば．Corre, *o* llegarás tarde. 急ぎなさい，さもないと遅刻するよ．❺《接続法 ＋**o no**（＋接続法）》《譲歩》…だとしてもそうでないとしても．Quieras *o no* quieras, vendrás conmigo. お前がそうしたいかどうかにかかわらず私と一緒に来るのだ．***o sea* (*que* ...)** つまり（…ということだ）．Mañana tengo trabajo, *o sea que* no puedo ir. 明日は仕事があるので行けないということだよ．***o, si no*** そうでなければ．

O 男 → oeste.

ó［オ］ 接 → o.

oasis 男［単複同形］オアシス；憩いの場．

Oaxaca［オアハカ］ 固名 オアハカ：メキシコの州；州都．

obcecación 女 眩惑(げんわく)；頑迷．

obcecar ㉖ 他 眩惑(げんわく)する，分別を失わせる．── **obcecarse** 再 眩惑される；固執する．

ob. cit. *obra citada* 前掲書中に．

obedecer［オベデセル］ ⑯ 〔英 obey〕 他 従う，服従する．── 自 ❶《**a**》（…に）支配される，反応する．La profunda recesión no *obedecía a* ningún remedio. 深刻な不景気にはどんな手段も効き目がなかった．❷《**a**》（…に）起因する ～ *a*l hecho de que ... …という理由による．

obedezc- 活 → obedecer.

obediencia 女 服従，遵守．～ ciega 盲従．

obediente 形 従順な；遵守する．

obelisco 男 ❶ オベリスク，方尖(ほうせん)塔．❷〖印〗ダガー，短剣符（†）．

obenque 男〖海〗シュラウド．

obertura 女〖音〗序曲．

obesidad 女 肥満．

obeso, sa 形 男 女 肥満の（人）．

óbice 男《否定文で》障害，邪魔．

obispado 男 司教の職務［位］；司教区．

obispal 形 司教の．

obispo 男 ❶〖カト〗司教．❷ 大きなモルシーリャ morcilla. ❸〖魚〗トビエイ属の一種．***trabajar para el ～***《話》ただ働きをする．

óbito 男〖法〗〖宗〗死亡．

obituario 男 ❶（教会の）命日表；死亡者名簿．❷（新聞の）死亡広告（欄）．

objeción 女 反論，不服．levantar［poner, hacer］una ～ 異論を唱える．

objetable 形 反論可能な．

objetante 形 反論する，不服とする．── 男 女 反対者．

objetar 他 自 反論する，不服を申し立てる．

objetivación 女 客観化，対象化．

objetivamente 副 ❶ 客観的［公平］に（判断して）．❷ 実際に，現実に．

objetivar 他 客観［対象］化する．

objetividad 女 客観性，公正．

objetivismo 男〖哲〗客観主義［論］．

objetivo, va 形 ❶ 客観的な（↔ subjetivo）；公正な．❷〖文法〗目的語の．── 男 ❶ 目的，目標；〖軍〗標的．❷（対物）レンズ．

objeto［オブヘト］ 男 〔英 object〕 ❶ 物．～*s* perdidos 遺失物．～*s* de uso personal 身の回りの品．❷ 目的，目標；対象（物）．❸〖哲〗客観．❹ 主題，テーマ．❺〖文法〗目的語．***carecer de*** ［***no tener***］ **～** 無意味である．***sin* ～** むだに；目的なしに．

objetor, tora 男 女 反対者．～ de conciencia 良心的徴兵拒否者．

objetual 形 対象の．

oblación 女 奉献．

oblar 他《ラ米》(アルゼンチン)(ボリビア)支払う，弁済する．

oblata 女〖カト〗（ミサ用の）パンとぶどう酒．

oblato, ta 形 男 女〖カト〗献身［オブレート］修道会の（修道士［女］）．

oblea 女 ❶ オブラート．❷〖カト〗聖餅 hostia 用の薄い生地；（製菓材料の）薄いウエハース．❸《ラ米》(チリ)郵便切手．

oblicua 女〖数〗斜線．

oblicuángulo, la 形〖数〗斜角の．

oblicuidad 女 傾斜（度，角）．

oblicuo, cua 形 ❶ 斜めの．❷〖言〗斜格の．── 男〖解〗斜筋．

obligación［オブリガシオン］ 女［複 obligaciones］〔英 obligation〕 ❶ 義務；責務；［複］扶養義務．tener la ～ de〈＋不定詞〉…する義務がある．❷ 恩義．❸〖商〗債務；債券．

obligacionista 男 女〖商〗債権者．

obligado, da 過分 → obligar. 形 ❶ 義務づけられた．estar［verse］～ a〈＋不定詞〉…せざるをえない．❷ 恩義を感じた．

obligar［オブリガル］ ⑯ 他 〔英 oblige〕 ❶《**a**＋不定詞 / **a que**＋接続法》（…することを）義務づける，強制する．Las dificultades financieras les *obligaron a* suspender la obra. 彼らは資金難から工事を中止せざるをえなかった．❷ 無理に力を加える．── **obligarse** 再《**a**＋不定詞》（…する）義務を負う．

obligatoria 形 → obligatorio.

obligatoriedad 女 義務；強制．

obligatorio, ria［オブリガトリオ，リア］ 形 〔英 obligatory〕 義務の；強制的な．enseñanza *obligatoria* 義務教育．

obligue(-) / obligué(-) 活 → obligar.

obliteración 女〖医〗閉塞(へいそく)．

obliterar 他〖医〗閉塞(へいそく)させる：抹消する．── **obliterarse** 再 閉塞する．

oblongo, ga 形 細長い，楕円(だえん)の．

obnubilación 女 魅了；頭［意識］がぼんやりすること．

obnubilar 他 魅了する；（頭を）ぼんやりさせる；（視界を）曇らせる．── 再《**con**》（…に）うっとりする；頭がぼんやりする．

oboe 男〖音〗オーボエ．── 男 女 オーボエ奏者．

óbolo 男 小額の寄付［献金］．

obra［オブラ］ 女 〔英 work〕 ❶（芸術）作品；著作．～ maestra 傑作．～*s* completas 全（作品）集．la vida y la ～ de Lorca ロルカの生涯と作品．❷ 仕事；行動；仕業．buenas ～*s* 善行．ser ～ de ... …の仕業である．❸ 工事中の建物；［主に複］（建築・修理等の）工事．～*s* públicas 公共工事．estar en［de］～*s*

工事中である. cerrado por ～s 工事中につき休業. ❹ (宗教・慈善) 事業；機関. ～ benéfica 慈善事業. ～ pía 慈善団体. La O～ オプス・デイ. (→ Opus Dei). ❺ ～ viva (船の) 喫水部. ～ muerta (船の) 乾舷(かんげん). **por ～ (y gracia) de ...** …のおかげで；…のせいで.

obrador 男 仕事[作業]場.

obraje 男 《ラ米》(アルゼンチン)伐採作業場.

obrar [オブラル] 自 〔英 act〕 ❶ 行動する, 振る舞う. ❷ 作用する；効果がある. ❸ 工事をする. — 他 ❶ 作る, 建築する；加工する. ❷ (よい結果を) もたらす. **～ en poder de ...** …の手元にある.

obrera 女 《昆》ハタラキバチ[アリ]. — 形 女 → obrero.

obrerismo 男 ❶ 労働運動. ❷ 《集合的》労働者 (階級).

obrerista 形 労働運動の. — 男 女 労働運動家.

obrero, ra [オブレロ, ラ] 形 労働 (者) の. sindicato ～ 労働組合. — 男 女 〔英 worker〕 労働者, 工員.

obscenidad 女 猥褻(わいせつ)(行為).

obsceno, na 形 猥褻(わいせつ)な.

obscuramente 副 → oscuramente.

obscurantismo 男 → oscurantismo.

obscurantista 形 男 女 → oscurantista.

obscurecer 76 他 → oscurecer.

obscurecimiento 男 → oscurecimiento.

obscuridad 女 → oscuridad.

obscuro, ra 形 → oscuro.

O

obsequiar 17 他 《con》 (…を) 贈る, (…で) 歓待する. Me *obsequiaron con* un ramo de flores. 私は花束を贈られた.

obsequio 男 ❶ 贈り物. ❷ 心遣い, 歓待. **en ～ a [de] ...** …に敬意を表して.

obsequiosidad 女 ❶ 親切, 心遣い. ❷ へつらい.

obsequioso, sa 形 ❶ 《con, para》(…に) 親切な, (…を) 気遣う. ❷ へつらう.

observable 形 観察できる；遵守すべき.

observación [オブセルバシオン] 女 [複 observaciones] 〔英 observation〕 ❶ 観察；監視. ❷ 意見；反論；注解. ❸ 遵守.

observador, dora 形 観察する. — 男 女 ❶ 観察[監視]者. ❷ オブザーバー.

observancia 女 (規律の) 遵守.

observante 形 観察する；遵守する.

observar [オブセルバル] 他 〔英 observe〕 ❶ 観察[観測]する；監視する. ❷ …に気づく；評する. ❸ 遵守する.

observatorio 男 観測所；展望台. ～ astronómico 天文台.

obsesión 女 強迫観念, 妄想.

obsesionante 形 強迫的な.

obsesionar 他 (観念・妄想等が) 取りつく, 強迫する. Me *obsesiona* el recuerdo del accidente. 事故の記憶が頭から離れない. — **obsesionarse** 再 《con, por》(…に) 取りつかれる, 拘束される.

obsesivo, va 形 (妄想等が) 取りついた；強迫観念にとらわれやすい.

obseso, sa 形 男 女 妄想[強迫観念]に取りつかれた (人).

obsidiana 女 《鉱》黒曜石[岩].

obsolescencia 女 時代遅れになること；廃れること.

obsoleto, ta 形 廃れた, 時代遅れの.

obstaculización 女 妨害.

obstaculizar 57 他 妨害[邪魔]する.

obstáculo [オブスタクロ] 男 〔英 obstacle〕 障害 (物)；妨害, 邪魔. carrera de ～s 《スポ》障害物競走.

obstante **no ～** (それ) にもかかわらず.

obstar 自 《否定文で》《**para que** + 接続法》(…するための) 妨げになる.

obstetricia 女 《医》産科 (学).

obstétrico, ca 形 《医》産科の.

obstinación 女 頑迷；執拗(しつよう). con ～ かたくなに；しつこく.

obstinado, da 形 頑迷[執拗(しつよう)]な.

obstinarse 再 《en》(…だと) 頑固に言い張る；(…に) 固執する.

obstrucción 女 ❶ 妨害, 邪魔. ❷ 《医》閉塞(へいそく).

obstruccionismo 男 議事妨害.

obstruccionista 形 男 女 議事の進行を妨げる (人).

obstructor, tora 形 妨害する；《医》閉塞(へいそく)を起こす. — 男 女 妨害者.

obstruir 60 他 妨害する；ふさぐ. — **obstruirse** 再 詰まる.

obtención 女 獲得, 達成；抽出.

obtendr- 活 → obtener.

obtener [オブテネル] 33 他 〔英 obtain〕 ❶ 獲得する；達成する. ❷ 抽出する. — **obtenerse** 再 獲得[達成]される；抽出される.

obteng- 活 → obtener.

obtien- 活 → obtener.

obturación 女 (開口部を) ふさぐこと. velocidad de ～ 《写》シャッター速度.

obturador, dora 形 ふさぐ, 詰まらせる. — 男 ❶ 栓, 詰めもの. ❷ 《写》シャッター；《解》閉鎖孔[膜]；《機》チョーク.

obturar 他 ふさぐ, 詰め物をする.

obtusángulo 形 男 《数》鈍角 (三角形) (の).

obtuso, sa 形 ❶ 先の丸い；《数》鈍角の. ❷ 鈍感[愚鈍]な.

obtuv- 活 → obtener.

obús 男 ❶ 砲弾, 曲射砲. ❷ (タイヤチューブの) バルブ.

obviamente 副 ❶ 明らかに；お分かりのように. ❷ 《単独で》もちろん, そのとおり.

obviar 17 他 (障害を) 回避する；…の言及を避ける.

obviedad 女 明白さ, 明瞭(めいりょう)さ.

obvio, via 形 明白な, 明確な.

oc 男 lengua de *oc* (中世南フランスの) オック語.

oca 女 ❶ 《鳥》ガチョウ. ❷ 《遊》すごろく. ❸ 《植》カタバミの一種.

ocarina 〔伊〕 女 《音》オカリナ.

ocasión [オカシオン] 女 [複 ocasiones] 〔英 occasion〕 ❶ 機会；(特定の) 時. en *ocasiones* 時々. ❷ チャンス, 好機 (＝ buena ～). ❸ バーゲン；特売品. ❹ 理由, 口実. ❺ 危険. ***La ～ la pintan calva.*** 《話》チャンスは逃したら二度と来ない. ***con ～ de ...*** …の機会[折]に. ***dar ～ a ...*** …に口実[機会]を与える.

ocasional 形 偶然の；臨時の.
ocasionalmente 副 偶然に，思いがけなく；時々.
ocasionar 他 原因となる；誘発する.
ocaso 男 ❶ 日没（時）（↔ orto）；西. ❷ 衰退；末期.
occidental［オクしデンタる］ 形〔英 western, occidental〕 西の（↔oriental）；西洋の. ━男女 西洋人.
occidentalismo 男 西洋主義，西洋趣味.
occidentalización 女 西洋化.
occidentalizar 57 他 西洋化する.
occidente［オクしデンテ］ 男〔英 west; the Occident, the West〕 ❶ 西，西部（↔ oriente）. ❷［O-］ 西洋；西側（諸国）.
occiduo, dua 形 落日の；末期の.
occipital 形〘解〙後頭（部）の. ━男 後頭部［骨］.
occipucio 男〘解〙後頭（部）.
occiso, sa 形 殺害された. ━男女（殺人事件の）被害者.
occitano, na 形（南仏の）オック地方の；オック語の. ━男女 オック地方の人. ━男 オック語.
oceánico, ca 形 大洋の，海洋の.
océano［オせアノ］ 男〔英 ocean〕 ❶ 大洋，海洋. el *O*～ Atlántico 大西洋. el *O*～ Pacífico 太平洋. ❷ 広大，莫大(ばく)；大きな隔たり. un ～ de problemas 無数の問題点.
oceanografía 女 海洋学.
oceanográfico, ca 形 海洋学の.
oceanógrafo, fa 男女 海洋学者.
ocelo 男〘昆〙単眼；〘鳥〙〘昆〙眼状斑(はん).
ocelote 男〘動〙オセロット.
ochavado, da 形 八角形の.
ochavo 男（近世スペインで使われた）銅貨. ***no tener (ni) un*** ～ 一文無しである.
ochenta［オチェンタ］ 形《数詞》〔英 eighty〕 80の；80番目の. ━男 80. ***los*** ～ 1980年代，80歳代.
ochentavo, va 形男 80分の1（の）.
ochentón, tona 形男女《話》80歳代の（人）.
ocho［オチョ］ 形《数詞》〔英 eight〕 8の；8番目の. dentro de ～ días 1週間後. ━男 8. ***dar igual*** ～ ***que ochenta***《話》大したことではない.
ochocientos, tas［オチョしエントス, タス］ 形《数詞》800の；800番目の. ━男 800.
ocio 男 ❶ 無為，怠惰. vivir en el ～ 怠けて暮らす. ❷ 余暇；暇つぶし.
ociosidad 女 無為，怠惰；暇つぶし. La ～ es madre de todos los vicios.《諺》無為は悪徳のもと.
ocioso, sa 形 ❶ 何もしていない，使用されていない；怠惰な. ❷ 無意味［無益］な. ━男女 働かない人.
ocluir 60 他（器官を）閉塞(へいそく)させる. ━***ocluirse*** 再 閉塞する.
oclusión 女 ❶〘医〙（器官の）閉塞(へいそく). ❷〘音声〙閉鎖.
oclusivo, va 形 閉鎖の；閉塞(へいそく)する. ━女〘音声〙閉鎖音.
ocote 男《ラ米》(メキシコ)(中米)〘植〙オコーテ：松の一種.
ocre 形 黄土（色）の. ━男 黄土（色）；（顔料の）オーカー.
octaédrico, ca 形 八面体の.
octaedro 男〘数〙八面体.
octagonal 形 八角［八辺］形の.
octágono, na 形男〘数〙八角［八辺］形（の）.
octano 男〘化〙オクタン.
octante 男 ❶〘海〙八分儀. ❷〘数〙八分円.
octava 女 ❶〘カト〙（大祝日からの）8日間［目］. ❷〘詩〙8行詩. ❸〘音〙オクターブ. ━形 → octavo.
octavilla 女 ❶ 八つ折り（判）. ❷（政治的な）宣伝ビラ. ❸〘詩〙8行詩.
octavo, va［オクタボ, バ］ 形《数詞》〔英 eighth〕 8番目の；8分の1の. ━男 8分の1. ～*s* de final〘スポ〙ベスト16.
octeto 男 ❶〘音〙八重唱［奏］団，八重唱［奏］曲. ❷ 8個1組のもの.
octigentésimo, ma 形《数詞》800番目の； 800分の1の. ━男 800分の1.
octogenario, ria 形男女 80（年）の（もの）；80歳代の（人）.
octogésimo, ma 形《数詞》80番目の； 80分の1の. ━男 80分の1.
octogonal 形 → octagonal.
octógono, na 形〘数〙→ octágono.
octópodo, da 形〘動〙（タコ等）八腕目の. ━男［複］八腕目（の動物）.
octosilábico, ca 形 8音節の.
octosílabo, ba 形男 8音節の（語，詩行）.
octubre［オクトゥブレ］ 男〔英 October〕 10月《略 oct.》.
óctuplo, pla / óctuple 形 8倍の.
OCU［オク］ 女 *O*rganización de *C*onsumidores y *U*suarios 消費者連盟.
ocular 形 目の，視覚上の. testigo ～ 目撃者. ━男 接眼レンズ.
oculista 形 眼科の. ━男女 眼科医.
ocultación 女 ❶ 隠蔽(いんぺい)；潜伏. ～ de bienes〘法〙財産の隠匿. ❷ 知らんぷり；見せかけ. ❸〘天文〙掩蔽(えんぺい)，星食.
ocultar［オクるタル］ 他〔英 hide〕 ❶ 隠す，隠蔽(いんぺい)する；黙秘［偽証］する. ❷〘天文〙掩蔽(えんぺい)する. ━***ocultarse*** 再 ❶ 隠れる. ❷〘天文〙掩蔽される.
ocultismo 男 神秘学，オカルティズム.
ocultista 形 神秘学の，オカルトの. ━男女 神秘学者，オカルト信奉者.
oculto, ta 形 ❶ 隠された，隠れた；裏の. ❷ 秘密の，神秘の. ━活 ocultar.
ocupa 男女 → okupa.
ocupación［オクパしオン］ 女［複 ocupaciones］〔英 occupation〕 ❶ 職業；業務. ❷ 占領；占有.
ocupacional 形 職業（上）の，職業に関する. terapia ～ 作業療法.
ocupado, da 過分 → ocupar. 形 ❶ 忙しい. ❷ ふさがった；（電話が）話し中の.
ocupante 形 占める. ━男女 占有［占拠］者；現住者；乗客.
ocupar［オクパル］ 他〔英 occupy〕 ❶（場所を）占拠［占領］する；居住する. ❷（時間を）費やす；（地位・職務に）就く. Ese trabajo no me *ocupó* más de tres horas. その仕事をするのに3時間しかかから

O

なかった. ❸ 雇う. **—ocuparse** 再 ❶ 《**de, en**》(…に) 従事する. ❷ 《**de**》(…の) 世話をする. ❸ 《**de**》(テーマを) 扱う.

ocurrencia 女 ❶ 思いつき；機知，ユーモア. ❷ 出来事.

ocurrente 形 機知[創意]に富む.

ocurrir [オクリル] 自〔英 occur〕(出来事が) **起こる**；(考え等が) 浮かぶ. ¿Qué (te) *ocurre*? (君) どうしたの. — **ocurrirse** 再 ❶ (考え等が) 浮かぶ，**思いつく**. Se me *ha ocurrido* una idea. 考えが浮かんだぞ. ❷ 《ラ米》(ﾁﾘ)駆けつける. ***por lo que pueda ocurrir*** 万一のために.

oda 女 《詩》オード，頌詩(ｼｮｳｼ).

odalisca 女 オダリスク；ハレムの女.

odeón 男 (古代ギリシャ・ローマの) 音楽堂；オペラ劇場.

odiar [オディアル] 17 他〔英 hate〕❶ **憎む**，嫌う. ❷ 《ラ米》(ﾁﾘ)うんざりさせる.

odio [オディオ] 男〔英 hatred〕**憎しみ**，憎悪. — 活 → odiar.

odioso, sa 形 嫌悪すべき；憎らしい.

odisea 女 ❶ *La O*～『オデュッセイア』. ❷ 長期の冒険旅行.

odómetro 男 ❶ 《商標》歩数計. ❷ 《車》走行距離計；タクシーのメーター.

odontalgia 女 《医》歯痛.

odontología 女 《医》歯学.

odontólogo, ga 男 女 歯科医.

odorífero, ra / odorífico, ca 形 香りのよい.

odre 男 (酒・油を入れる) 革袋.

OEA 女 *O*rganización de *E*stados *A*mericanos 米州機構〔英 OAS〕.

oerstedio 男 《物》エルステッド.

oesnoroeste / oesnorueste 男 西北西 (の風).

O **oeste** [オエステ] 男〔英 west〕❶ **西**；西部 《略 O》. una película del *O*～ 西部劇. ❷ 西風. — 形 西の；西風の.

oesudoeste / oesudueste 男 西南西 (の風).

ofender [オフェンデル] 他〔英 offend〕**侮辱する**；不快感を与える；危害を加える. — **ofenderse** 再 《**de, por**》(…に) 腹を立てる. *Se ofende por* nada. 彼は理由もなく怒る.

ofendido, da 過分 → ofender. 形 侮辱された；怒った；危害を受けた. — 男 女 侮辱された人；怒った人.

ofensa 女 ❶ 侮辱，無礼. ❷ 犯罪.

ofensiva 女 攻撃，襲撃.

ofensivo, va 形 ❶ 侮辱的な；不快な. ❷ 攻撃的な.

ofensor, sora 形 侮辱的な，不快な；危害を加える. — 男 女 侮辱する者；危害を加えるもの.

oferente 形 提供する；贈る. — 男 女 提供者，贈与者.

oferta [オフェルタ] 女〔英 offer〕❶ **申し出**，提供. ❷ 《経》供給；オファー；見積もり (書)；付け値. ～ (en) firme ファームオファー：回答期限つき売り申し込み. ❸ 《ラ米》バーゲンセール (→ liquidación 地域差). ❹ 約束.

ofertar 他 特売する；《ラ米》提供する；《商》オファー[入札]する.

ofertón 男 (特別) バーゲン.

ofertorio 男 《カト》(ミサ中の) パンとぶどう酒の奉献；奉献文[歌].

off 〔英〕男 (電化製品等が) ＯＦＦの状態[位置]. ***en off*** 《演》《映》舞台裏の.

office [オフィス] 〔仏〕男 配膳(ﾊｲｾﾞﾝ)室.

offset 〔英〕男 オフセット印刷.

oficial [オフィしアる] 形〔英 official〕**公式** [**正式**] **の**；公立の，政府の. hora ～ 標準時. boletín ～ 官報. — 男 女 ❶ aprendiz と maestro の間の地位にある職人 (►女 は oficiala). ❷ (auxiliarと jefe の間の地位にある) 役人，職員. ❸ 将校，士官.

oficialía 女 職員の身分；職人の資格.

oficialidad 女 ❶ 《集合的》将校. ❷ 公共性；公式であること.

oficialismo 男 官僚主義；《ラ米》《集合的》政府関係[支持]者.

oficialista 形 ❶ 官僚主義の. ❷ 《ラ米》政府関係 [支持] (者) の. — 男 女 ❶ 官僚主義者. ❷ 《ラ米》政府 [与党] 支持者.

oficializar 57 他 公式にする；公認する.

oficialmente 副 公式[正式]に；表向きは.

oficiante 形 《カト》(ミサ・祭式を) 司式する. — 男 (ミサの) 司式者.

oficiar 17 他 ❶ (ミサ・祭式を) 司式する. ❷ (書面で) 通知する. — 自 ❶ (ミサ・祭式を) 司式する. ❷ 《**de**》(…の) 役を務める.

oficina [オフィしナ] 女〔英 office〕❶ **事務所**，オフィス；役所. horas de ～ 勤務[営業]時間. ～ de correos 郵便局. ❷ 調剤室. ❸ [複] 地下室.

oficinesco, ca 形 《話》お役所的な.

oficinista 男 女 事務員；[複] 《集合的》ホワイトカラー.

oficio [オフィしオ] 男〔英 occupation〕❶ **職業**；(熟練を要する) 仕事. ❷ (仕事の) 巧みさ，能力；機能. ❸ 公文書. ❹ [主に複] 《カト》聖務日課；礼拝；典礼. ***buenos ～s*** 尽力；仲介. ***de ～*** 公費による；(事件の審理が) 裁判所の判断で開始される. abogado *de* ～ 国選弁護人. ***～ de difuntos*** 死者典礼. ***Santo O～*** 異端審問 (所). ***ser del ～*** 《話》売春婦である.

oficiosidad 女 非公式 (性).

oficioso, sa 形 ❶ (情報等が) 非公式の；(組織が) 半官の. ❷ 仲介する，お節介な.

ofidio, dia 形 《動》ヘビ (類) の. — 男 ヘビ；[複] ヘビ類.

ofimática 女 《IT》オフィスオートメーション，ＯＡ；ＯＡ機器.

ofiolatría 女 蛇信仰[崇拝].

ofita 女 《鉱》オファイト.

ofrecer [オフレせル] 76 他〔英 offer〕❶ **提供する**，差し出す；(提供・実行を) 約束する. ❷ (神に) ささげる. ❸ (祝宴等を) 催す. ❹ 《**por**》(…の購入・販売のために) (価格を) 提示する. ❺ 示す，呈する；(機会等を) 与える. — **ofrecerse** 再 ❶ 身をささげる. ❷ 《**de, a**＋不定詞》(…を) 買って出る. ❸ 起こる；思いつく.

ofrecimiento 男 提供；申し出；奉納；付け値.

ofrenda 女 供物；寄進.

ofrendar 他 《**a / por**》(…に / …のために) ささげる；寄進[寄付]する.

ofrezc- 活 → ofrecer.

oftalmia / oftalmía 女〘医〙眼炎.
oftálmico, ca 形〘医〙目の；眼病の.
oftalmología 女〘医〙眼科学.
oftalmológico, ca 形 眼科(学)の.
oftalmólogo, ga 男 女 眼科医.
oftalmoscopia 女〘医〙眼底検査.
oftalmoscopio 男 検眼鏡.
ofuscación 女 ❶ 目がくらむこと，眩惑(げんわく). ❷ 無分別.
ofuscamiento 男 → ofuscación.
ofuscar 26 他 目をくらませる；眩惑(げんわく)する. ── **ofuscarse** 再 目がくらむ；眩惑される，無分別になる.
ogaño 副 今年(は)；今(は).
ogro 男 (童話・民話の) 人食い巨人.
¡oh! 間《感嘆・驚き・奇異感・喜び・悲しみ》おお，あっ.
ohm / ohmio 男〘電〙オーム.
oí- 活 過分 → oír.
oíble 形 聞こえる，聞き取れる.
oída 過分 → oír. 女 ***de*** [***por***] ***~s*** 伝聞で. conocer ***de ~s*** 話に聞いて知っている.
oídio 男〘植〙オイディウム菌；うどんこ病.
oído [オイド] 過分 → oír. 男〔英 ear〕**聴覚**；(聴覚器官としての) 耳 (→ oreja). ~ medio [interno, externo] 中耳[内耳，外耳]. ser duro [tardo] de ~ 耳が遠い. tener buen ~ 耳がいい；音楽に向いている. ***aguzar*** [***abrir***] ***el ~*** [***los ~s***] 耳を澄ます. ***al ~*** 耳打ちで；耳だけを頼りに. ***cerrar los ~s a ...*** …に耳を貸さない. ***dar*** [***prestar***] ***~(s) a ...*** …に耳を貸す. ***cantar*** [***interpretar, tocar***] ***de ~*** 聞いたとおりに歌う[演奏する，弾く]. ***entrarle por un ~ y salirle por el otro*** 意に介さない；聞いたそばから忘れる. ***hacer ~s sordos*** 少しも耳を貸さない. ***llegar a ~s de ...*** …の耳に入る，知る. ***regalar el ~*** [***los ~s***] お世辞を言う. ***ser todo ~s*** 一心に耳を傾けている.
oidor 男〘史〙オイドール，聴訴官.
oig- 活 → oír.
oíl 男 lengua de *oíl* (中世北フランスの) オイル語.
oír [オイル] 73 他 [現分 oyendo；過分 oído, da]〔英 hear〕❶ **聞こえる**. *oír* un ruido 物音が聞こえる. *oír* hablar de ... …について伝え聞く. No te *oigo* bien. 君の声がよく聞こえないよ. La *oí* gritar. 私は彼女が叫ぶのを聞いた. *Oí* a los jóvenes cantando. 若者たちが歌っているのが聞こえた. → escuchar. ❷ 耳を貸す；聴講する. *oír* las propuestas 提案に耳を傾ける. ❸〘法〙証言を聞く. ── 自 (耳が) 聞こえる. *oír* mal 耳が遠い. ── **oírse** 再 聞こえる. *Se oyó* un grito. 叫び声が聞こえた. ***como quien oye llover*** 聞き流して. ***¡Dios le oiga!*** そうだといいが. ***Lo que hay que oír.*** まさか，そんなばかな. ***¡Oiga!*** 《注意の喚起》すみません；《電話をかけて》もしもし (► 電話を受けた方は ¡Díga(me)!). ***¡Oye!*** ねえ，ちょっと，おい.
ojal 男 ボタン穴；穴.
¡ojalá! [オハラ] 間〔英 I wish〕《(***que***) ＋接続法》**どうか…であるように**；《単独で》そうだといいのだが. ¡*O~* (*que*) no llueva! どうか雨が降りませんように. ¡*O~* (*que*) pudiera verla! 《少ない可能性に言及して》彼女に会えたらなあ. ¡*O~* (*que*) lo hubiera conocido antes! 《過去の可能性のない願望を表して》彼ともっと前に会っていればなあ.
OJD 女 *O*ficina de *J*ustificación de la *D*ifusión de la Prensa. 新聞普及審査委員会.
ojeada 女 一瞥(いちべつ). echar [dar] una ~ a ... …をちらっと見る.
ojeador, dora 男 女〘狩〙勢子(せこ).
ojear 他 ❶ ちらっと見る；ざっと目を通す. ❷〘狩〙狩り出す. ❸《ラ米》(アルゼンチン)(ペルー)(ウルグアイ) 目で呪(のろ)う.
ojén 男 アニス酒.
ojeo 男〘狩〙狩り出し.
ojera 女 [複] (目の) 隈(くま).
ojeriza 女 恨み；嫌悪.
ojeroso, sa 形 目に隈(くま)のできた.
ojete 男 ❶ (靴・衣服の) ひも穴，鳩目(はとめ). ❷《俗》尻(しり)の穴. ❸《ラ米》(アルゼンチン)(ウルグアイ)《話》幸運.
ojialegre 形《話》目の輝いた.
ojigarzo, za 形 青い目の.
ojímetro 男《話》***a ~*** 目分量で.
ojimoreno, na 形《話》茶色の目の.
ojinegro, gra 形《話》黒い目の.
ojito 男 → ojo. ***hacer ~s*** 色目を使う.
ojituerto, ta 形《話》斜視の.
ojiva 女 ❶ (ゴシック建築の) オジーブ；尖頭(せんとう)アーチ. ❷ (ミサイル等の) 弾頭(部).
ojival 形 尖頭形の.
ojizarco, ca 形 → ojigarzo.
ojo [オホ] 男〔英 eye〕❶ **目**，目つき；視線. Tiene los *ojos* azules. 彼は青い目をしている. tener *ojos* de lince 目がいい. ❷ 監視の目，注視；眼識力. a los *ojos* de ... …から見ると. andar [ir] con (cien) *ojos* 注意深く行動する. ¡*Ojo*! 注意しなさい. ❸ (器具・針等の) 目，穴；(橋の) 径間(けいかん). *ojo* de la cerradura 鍵穴. *ojo* de huracán 台風の目；《比喩的》渦中の人. *ojo* de buey 円窓. *ojo* de pollo 魚の目. ***abrir los ojos*** 気づく，悟る；警戒している. ***abrir los ojos a ...*** …の目を覚まさせる. ***aguzar los ojos*** 目を凝らす. ***alegrarse los ojos a ...*** (喜びで) …の目が輝く. ***a ojo de buen cubero*** おおよそ，ざっと見て. ***a ojos vistas*** 見るからに，はっきりと. ***ante*** [***delante de***] ***los ojos de ...*** …の目の前で. ***arrasarse a ... los ojos de*** [***en***] ***lágrimas*** …が目に涙を浮かべる. ***bailar a ... los ojos*** …の目が輝く. ***cerrar los ojos*** 眠る；死ぬ；結果を考えずに行動する. ***cerrar los ojos a*** [***ante***] ***...*** …のことを知りたがらない，…に対して目をつぶる. ***clavar los ojos en ...*** …を凝視する. ***comerse con los ojos*** 物欲しげに見る. ***a*** [***con los***] ***ojos cerrados*** 何も考えずに；盲信して. ***con los ojos fuera de las órbitas*** (怒り・痛み・驚き等で) 目を見開いて. ***costar*** [***valer***] (***por***) ***un ojo de la cara*** 目の玉が飛び出るほど高い. ***cuatro ojos*** 《俗》《軽蔑》めがねをかけた(人). ***dar*** [***saltar***] ***en*** [***a***] ***los ojos*** 明白である. ***¡Dichosos los ojos*** (***que te*** [***le, os, les***] ***ven***)***!*** 《挨拶》お久しぶり. ***echar el ojo*** 目をつける. ***echar*** [***poner***] ***el ojo*** [***los ojos***] ***a*** [***en, encima*** (***a***)] ***...***

O

…をじっと見る；…を見張る. **echar un ～ a …** …に注意する. **en un abrir y cerrar de ojos** あっという間に，たちまち. **entrar a … por el ojo [los ojos]** …が(外見を)気に入る，…の目にとまる. **írsele los ojos tras [detrás de] …** (欲しさ・愛等で) …に目が行ってしまう. **meter a … por los ojos** …の目にとまるようにする；…にしつこく勧める. **mirar con buenos [malos] ojos** ひいき目［悪意の目］で見る. **mirar con ojos de …** …の目で見る. *mirar con ojos de* padre 父親としての目で見る. **mirar con otros ojos** 別の目で見る，違う評価をする. **no pegar [cerrar] (el, un) ojo [los ojos]** 一睡もしない. **no quitar ojo a … / no quitar los ojos de …** …から目を離さない. **no tener ojos en la cara** 目が節穴同然である. **no tener ojos más que para …** …しか眼中にない. **ojo avizor** 《話》警戒の目. **ojos de cordero degollado** 悲しそうな目. **ojo por ojo (, diente por diente)** 目には目を(歯には歯を). **pasar los ojos por …** …にざっと目を通す. **poner los ojos en …** …を選ぶ；…に気が向く. **poner los ojos en blanco** (驚き等で) 目を見開く. **saltar un ojo** 失明させる；傷つける. **saltarse a … los ojos** 欲しくて…の目がくらむ. **ser el ojo derecho de …** …のお気に入りである. **ser todo ojos** 目を凝らす，目を皿のようにする. **tener [traer] a … entre [sobre] ojos** …を嫌っている. **tener buen ojo para …** …に才能がある. **volver los ojos a …** …に目を向ける.

ojoso, sa 形 (チーズ等が) 孔の多い.

ojota 女 《ラ米》(ﾁﾘ)(ビーチ) サンダル.

okapi 男 【動】オカピ.

okupa 男 女 (空き物件の) 不法占拠者.

okupación 女 (空き物件の) 不法占拠.

ola [オら] 女 〔英 wave〕 ❶ 波. ❷ 《比喩的》波；殺到. la nueva *ola* (文学・芸術等の) 新しい波，ヌーベルバーグ. **ola de calor [de frío]** 【気象】熱波［寒波］.

¡ole! / ¡olé! 間 《踊り手・闘牛士等への喝采(かっさい)・激励》いいぞ，しっかり. ── 男 アンダルシアの舞踊［舞曲］.

oleáceas 女 複 モクセイ科 (の植物).

oleada 女 ❶ 波動；波の衝撃. ❷ (人の) 殺到；高まり. una ～ de aplausos 大喝采(かっさい).

oleaginosidad 女 含油性；油性.

oleaginoso, sa 形 油性の；油を含む.

oleaje 男 波浪，大波.

olécranon 男 【解】肘頭(ちゅうとう).

oleícola 形 オリーブ栽培の；オリーブ油製造の.

oleicultor, tora 男 女 オリーブ栽培者；オリーブ油製造 (業) 者.

oleicultura 女 オリーブ栽培；オリーブ油製造 (業).

oleífero, ra 形 (植物等が) 油脂を含んだ.

óleo 男 ❶ 油絵 (の具). pintura al ～ 油絵. ❷ 【カト】聖油.

oleoducto 男 パイプライン.

oleómetro 男 油比重計.

oleosidad 女 油性，油っこさ.

oleoso, sa 形 油 (性) の.

oler [オれル] 74 他 …のにおいをかぐ；感づく. ── 自 〔英 smell〕 《a》 ❶ (…の) においがする. ❷ (…の) 気配がする. Sus palabras *huelen a* mentira. 彼の言葉はどうもうそくさい. ── **olerse** 再 ❶ …のような気がする. *Me huelo* que va a nevar. 雪が降りそうな気がする. ❷ 感づく.

olfa 男 女 《ラ米》(ｱﾙｾﾞ)(ｳﾙｸﾞ)(ﾊﾟﾗｸﾞｱｲ) 追従者.

olfatear 他 …のにおいをかぐ；かぎ回る；詮索(せんさく)する. ── 自 (においを) かぎ回る.

olfateo 男 においをかぎ回ること；詮索(せんさく).

olfativo, va 形 嗅覚(きゅうかく)の.

olfato 男 ❶ 嗅覚(きゅうかく). ❷ 直観，勘のよさ. tener ～ para los negocios 商才がある.

oligarca 男 女 少数支配者集団の成員.

oligarquía 女 寡頭政治；少数の支配者集団.

oligárquico, ca 形 寡頭政治の.

oligisto 男 【鉱】赤鉄鉱.

oligoceno, na 形 【地質】漸新世の. ── 男 漸新世；漸新統.

oligoelemento 男 【生化】微量元素.

oligofrenia 女 【医】精神遅滞.

oligofrénico, ca 形 【医】精神遅滞 (者) の. ── 男 女 精神遅滞者.

oligopolio 男 売り手寡占(かせん).

olimpiada / olimpíada 女 ❶ オリンピック (競技) 大会. ❷ (古代の) オリンピア競技会；オリンピア紀.

olímpico, ca 形 ❶ オリンピック (大会) の. juegos ～s オリンピック (競技) 大会. ❷ 【ギ神】オリンポス山 (の神々) の；オリンピアの. ❸ 高慢［横柄］な.

olimpismo 男 オリンピック精神［活動］.

Olimpo 固名 ❶ 【ギ神】オリンポス山. ❷ 《集合的》オリンポスの神々.

oliscar 26 他 《話》…のにおいをかぐ；詮索(せんさく)する. ── 自 悪臭を放つ.

olisquear 他 自 →oliscar.

oliva 女 オリーブの実；オリーブの木.

oliváceo, a 形 オリーブ色がかった.

olivar 男 オリーブ園，オリーブ畑.

olivarda 女 ❶ 【鳥】ハヤブサ. ❷ 【植】オオグルマ.

olivarero, ra 形 オリーブ栽培の. ── 男 女 オリーブ栽培者.

olivera 女 →olivo.

olivero 男 オリーブ貯蔵所.

olivícola 形 オリーブ栽培［生産］の.

olivicultor, tora 男 女 オリーブ栽培［生産］者.

olivicultura 女 オリーブ栽培.

olivino 男 【鉱】橄欖(かんらん)石，ペリドット.

olivo 男 オリーブの木；オリーブ材. **tomar el ～** (闘牛士が) 柵(さく)の中に逃げ込む；退散する.

olla [オリャ〈オヤ・オジャ〉] 女 〔英 pot〕 ❶ 鍋. ～ exprés [a presión] 圧力鍋. ❷ 煮込み料理. **～ de grillos** 《話》大混乱の場.

olma 女 【植】ニレの大樹.

olmeca 形 オルメカ (族) の. ── 男 女 オルメカ族の人.

olmeda 女 ニレの林.

olmedo 男 → olmeda.

olmo 男 【植】ニレの一種.

ológrafo, fa 形 男 自筆の (文).

olor [オろル] 男 〔英 smell〕 《a》 (…の) に

おい, 香り. ～ *a* quemado こげくさいにおい. ***al ～ de ...*** …に釣られて. ***en ～ de multitudes*** 群衆の歓声[喝采(かっさい)]の中で. ***en ～ de santidad*** 《カト》徳の誉れ高く.

oloroso, sa 形 よいにおいの, 芳香性の. ── 男 オロローソ：シェリー酒の一種.

olote 男 《ラ米》(中米)(メキシコ)トウモロコシの穂軸.

OLP 女 *O*rganización para la *L*iberación de *P*alestina パレスチナ解放機構〔英 PLO〕.

olvidadizo, za 形 忘れっぽい；恩知らずの.

olvidado, da 過分 → olvidar. 形 ❶ 忘れられた. ❷ 忘れっぽい；恩知らずの. ── 男女 見捨てられた人；忘れっぽい人.

olvidar [オるビダル] 他 〔英 forget〕 ❶ (…のことを) **忘れる**；《+不定詞》(…し) 忘れる. *Olvidé* echar la carta. 手紙を投函し忘れた. ❷ 置き忘れる. ── **olvidarse** 再 《de》(…を) **忘れる**. *Me olvidé* de decírtelo. それを君に言うのを忘れた. ～ *de* sí mismo 自分の利益を考えない. ***olvidárse**le **a ...*** 《3人称のみに活用》(…が) うっかり忘れる. *Se me olvidó* comprar la leche. 牛乳を買い忘れた.

olvido 男 ❶ 忘却, 失念. dar [echar] al [en el] ～ 忘れる. caer en el ～ 忘れ去られる. sacar del ～ 思い出す. ❷ 油断, 見過ごし；放置. ── 活 → olvidar. ***～ de sí mismo*** 利他主義.

ombligo 男 ❶ 《解》へそ (の緒). ❷ 中心 (点). ❸ ～ de Venus 《植》ベンケイソウ科ウムビリクス属の一種. ***encogérse**le* [***arrugárse**le*] ***a ... el ～*** 《話》…がたじたじとなる.

ombú 男 《植》オンブー.

omega 女 ❶ オメガ (Ω, ω)：ギリシャ語アルファベットの第24字. ❷ 最後.

ómicron 女 オミクロン (O, ο)：ギリシャ語アルファベットの第15字.

ominoso, sa 形 嫌悪すべき；不吉な.

omisión 女 (記述等の) 脱落, 省略；怠慢.

omiso, sa 形 省略した. ***hacer caso ～ de ...*** …を無視[軽視]する.

omitir 他 ❶ (書く[言う] のを) 省略する. ❷ 《+不定詞》(…し) 落とす, (…し) 忘れる, (…し) 損ねる, (…しないで) 済ませる.

ómnibus 男 [単複同形] 《ラ米》(市内) バス (→ autobús 地域差).

omnidireccional 形 《放送》全指向性[方向性]の.

omnímodo, da 形 網羅[総括]的な.

omnipotente 形 全能の, 絶対的権力を持つ. el *O*～ 全能の神.

omnipresencia 女 遍在.

omnipresente 形 ❶ 遍在する. ❷ つきまとう.

omnisapiente 形 博識の.

omnisciencia 女 全知.

omnisciente 形 全知の；博識の.

ómnium 男 [単複同形] ❶ 総合商社. ❷ 総合自転車レース；(馬の年齢性別を問わない) 混合レース.

omnívoro, ra 形 男 女 雑食性の (動物).

omóplato / omoplato 男 《解》肩胛(けんこう)骨.

OMS [オムス] 女 *O*rganización *M*undial de la *S*alud 世界保健機構〔英 WHO〕.

on 男 (電化製品等が) ONの状態[位置].

onagra 女 《植》メマツヨイグサ.

onagro 男 《動》アジアノロバ.

onanismo 男 自慰, オナニー.

onanista 形 自慰の, オナニーの. ── 男女 自慰をする人.

once [オンせ] 形 《数詞》〔英 eleven〕 **11の**；11番目の. ── 男 ❶ **11**. ❷ (サッカーチームの) イレブン. ***las ～*** (午前11時ごろに取る) 軽食；《ラ米》(チリ)午後の軽食, おやつ.

ONCE [オンせ] 女 *O*rganización *N*acional de *C*iegos *E*spañoles 国立スペイン盲人協会.

onceno, na 形 第11の；11分の1の. ── 男 11分の1.

oncología 女 《医》腫瘍(しゅよう)学.

oncológico, ca 形 腫瘍(しゅよう)学の.

oncólogo, ga 男 女 腫瘍(しゅよう)専門医.

onda [オンダ] 女 〔英 wave〕 ❶ **波**；波状のもの；(髪の) ウエーブ. ❷ 《物》(音・光・電気等の) 波, 波動. ～ electromagnética 電磁波. ～ corta [media, larga] 短[中, 長]波. ～*s* acústicas [sonoras] 音波. ❸ (炎・光等の) 揺らめき. ***captar la ～*** 意を汲(く)む, (暗示等から) 理解する. ***estar en la misma ～*** 趣味[考え方]が同じである. ***estar en la ～*** 《話》時代の潮流に乗っている.

ondeado, da 形 波打つ, うねっている；(髪が) ウエーブしている.

ondeante 形 波打つ；(旗等が) 翻る.

ondear 自 ❶ 波打つ, うねる；波状になる. ❷ (風に) 翻る；(炎が) 揺らめく. ── **ondearse** 再 揺れ動く.

ondina 女 《神話》オンディーヌ：水の精.

ondulación 女 ❶ 波立ち；《物》波動；(髪の) ウエーブ. ❷ 曲がりくねり；起伏.

ondulado, da 形 波状の；起伏のある；ウエーブのかかった. cartón ～ 段ボール.

ondulante 形 波状の；(髪が) ウエーブのある；(炎が) 揺らめいている.

ondular 自 波打つ；(旗が) 翻る；(炎が) 揺らめく. ── 他 波打たせる；(髪に) ウエーブをつける.

ondulatorio, ria 形 波動する；起伏のある.

oneroso, sa 形 ❶ 負担[重荷]になる；煩わしい；費用のかかる. ❷ 《法》有償の.

one way [ワンウェイ] 〔英〕 形 男 《ラ米》一方通行 (道路) (の). (→ calle 地域差).

ónice 男 (または女) 《鉱》縞瑪瑙(しまめのう), オニキス.

onírico, ca 形 夢の.

oniromancia / oniromancía 女 夢占い.

ónix 男 [単複同形] 《鉱》→ ónice.

on line / on-line / online [オンライン] 〔英〕 形 [単複同形] 《IT》オンラインの. servicios ～ オンラインサービス.

onomancia / onomancía 女 姓名判断.

onomasiología 女 《言》名義論.

onomástico, ca 形 固有名詞の, 名前の. ── 女 ❶ 固有名詞学. ❷ 霊名の祝日.

onomatopeya 女 擬声[擬音] (語).

onomatopéyico, ca 形 擬声(語)の.
onoquiles 女［単複同形］〘植〙アルカンナ.
ontogenia 女〘生〙個体発生.
ontología 女〘哲〙存在論.
ontológico, ca 形〘哲〙存在論的な.
ontologismo 男〘哲〙存在論主義.
ONU［オヌ］女 *O*rganización de las *N*aciones *U*nidas 国際連合〔英 UN〕.
onubense 形 男 女（スペインの）ウエルバの（人）.
onza 女 ❶（ヤード・ポンド法の）オンス. ❷ スペイン・メキシコで用いられた重さの単位（28.76 g）；金貨. ❸ 板チョコレートの一かけら. ❹〘動〙ユキヒョウ.
onzavo, va 形 男 11分の1（の）.
oolítico, ca 形〘地質〙魚卵状の.
oolito 男〘地質〙魚卵状（石灰）岩.
oosfera 女〘植〙卵球.
opa 形《ラ米》(ｱﾙｾﾞﾝﾁﾝ)(ｳﾙｸﾞｱｲ)(ﾎﾞﾘﾋﾞｱ)愚かな，ばかな. ── 間《ラ米》やあ；(ｱﾙｾﾞﾝﾁﾝ)やめろ.
OPA［オパ］［単複同形または複 ～s］*O*ferta *P*ública de *A*dquisición 株式公開買付け〔英 TOB〕.
opacar 26 他《ラ米》不透明にする. ── **opacarse** 再《ラ米》曇る.
opacidad 女 不透明，つやのなさ.
opaco, ca 形 ❶ 不透明な. ❷《a》（…を）遮断する. ❸ さえない，鈍い.
opalescencia 女 乳白光.
opalescente 形 オパール色の.
opalino, na 形 オパール（色）の；乳白ガラスの. ── 女 乳白ガラス.
ópalo 男〘鉱〙オパール.
opción 女 ❶ 選択（権）；［複］選択肢. ❷（就任・昇進等の）権利. ❸〘商〙（売買の）オプション.
opcional 形 任意の，自由選択の.
op. cit. → ob. cit.
open［オペン］男［単複同形］（テニス・ゴルフ等の）オープンゲーム［トーナメント］.
OPEP［オペ(プ)］女 *O*rganización de *P*aíses *E*xportadores de *P*etróleo 石油輸出国機構〔英 OPEC〕.
ópera 女 歌劇，オペラ（劇場）.
operable 形 実行可能な；手術可能の.
operación［オペラしオン］女［複 operaciones］〔英 operation〕❶ **働き**；活動. ❷ **操作**，運転. ～ automática オートメーション. ❸〘医〙**手術**. ❹〘軍〙作戦，戦略. ❺〘数〙演算；〘IT〙オペレーション. ❻〘商〙取引. ～ ***salida*** ［***retorno***］長期休暇初期［末期］の交通規制.
operacional 形 作戦［操作］（上）の.
operador, dora 男 女 ❶（機械等の）操作員，オペレーター. ❷ 執刀医. ❸ 撮影［映写］技師. ── 男〘数〙〘IT〙演算子.
operando 男〘数〙演算数.
operante 形 活動中の；効果的な.
ópera prima〔伊〕女 処女作.
operar［オペラル］他〔英 operate〕❶《de》（…の）**手術をする**. La *operaron de* apendicitis. 彼女は盲腸の手術を受けた. ❷（変化・効果等を）もたらす. ～ una mejora 改善させる. ❸ 操作［運営］する. ── 自 ❶ 働く；処理する；活動する. ❷ 作用する. ❸ 取引［売買］する. ❹〘数〙演算する. ── **operarse** 再 ❶ 生じる. ❷《de》（…の）手術を受ける.
operario, ria 男 女 工員，職人.
operativamente 副 効果的に；操作上；効率の面では.
operatividad 女 効率，有効性；作業能力.
operativo, va 形 作動（中）の；効果のある.
operatorio, ria 形 手術の.
opérculo 男〘魚〙えらぶた；〘貝〙ふた；〘植〙蘚蓋(ｾﾝｶﾞｲ).
opereta 女〘音〙オペレッタ.
operístico, ca 形 オペラ（風）の.
opiáceo, a 形〘薬〙アヘン（性）の.
opilación 女〘医〙無月経；閉塞(ﾍｲｿｸ)（症）.
opimo, ma 形 豊饒(ﾎｳｼﾞｮｳ)な；豊富な.
opinable 形 賛否両論のある.
opinar 自《de, sobre》（…について）意見を述べる［持つ］. ── 他《que＋直説法》（…と）思う，考える. Y tú, ¿qué *opinas*? それで君はどう思う.
opinión［オピニオン］女［複 opiniones］〔英 opinion〕❶ **意見**；見解. ～ pública 世論. ❷ 評価. ***abundar en la misma*** ～ 同じ意見である. ***andar en opiniones*** いろいろ取りざたされている.
opio 男 アヘン；麻痺(ﾏﾋ)させるもの.
opiómano, na 形 アヘン中毒の. ── 男 女 アヘン中毒者.
opíparo, ra 形 豪華な.
oploteca 女 武器博物館.
opón 活 → oponer.
opondr- 活 → oponer.
oponente 形 反対［対立］する. ── 男 女 反対者.
oponer［オポネル］75 他［過分 opuesto, ta］《a》（…に対称的な位置に）置く，（…に）対抗させる. ～ obstáculos 妨害する. *Opusieron* resistencia al invasor. 彼らは侵略者に抵抗した. ── **oponerse** 再〔英 oppose〕❶《a, contra》（…に）**反対する**；妨害する；（…の）反対に位置する. ❷ 互いに対立する；向かい合う.
opong- 活 →oponer.
oponible 形 反対［対抗，対置］できる.
oporto 男（ポルトガル原産の）ポートワイン.
oportuna 形 → oportuno.
oportunidad［オポルトゥニダ(ドゥ)］女〔英 opportunity〕❶ **好機**，機会. ❷ 好都合；タイミングの良さ. ❸［主に複］バーゲンセール.
oportunismo 男 ご都合主義.
oportunista 形 ご都合主義の. ── 男 女 ご都合主義者.
oportuno, na［オポルトゥノ，ナ］形〔英 suitable; timely〕❶ **好都合の**，タイミングのよい；臨機応変の. ❷ 適切な.
oposición［オポシしオン］女［複 oposiciones］〔英 opposition〕❶ **反対**，抵抗；対立. ❷ 反対派，野党. ❸［主に複］《a》（…の職の）採用［選抜］試験. ❹〘天文〙衝.
opositar 自《a》（…の）採用［選抜］試験を受ける.
opositor, tora 男 女 ❶ 対抗［反対］者. ❷ 志願者，立候補者.
oposum 男〘動〙オポッサム，フクロネズミ.
opresión 女 ❶ 押すこと，締めつけること.

❷ 圧迫, 迫害；圧迫感.
opresivo, va 形 抑圧的な；息の詰まるような.
opresor, sora 形 抑圧的な. ── 男 女 抑圧者.
oprimir 他 ❶ 押す, 締めつける. ❷ 抑圧する, (心に) 重くのしかかる.
oprobiar 17 他 名誉を傷つける.
oprobio 男 不名誉, 恥.
oprobioso, sa 形 不名誉な, 恥ずべき.
optar 自 ❶ 《por》(…を) 選ぶ, 《entre》(…から) 選択する. ❷ 《a》(…に) 志願する.
optativo, va 形 ❶ 随意[任意]の. ❷ 〖文法〗願望を表す. ── 男 〖文法〗希求法.
óptico, ca 形 ❶ 目の, 視覚の. nervio ～ 視神経. ❷ 光学の. ── 男 女 検眼士；めがね屋；光学機器業者. ── 女 ❶ 光学. ❷ 光学機器販売店；めがね屋[店]. ❸ 視点.
óptima 形 → óptimo.
optimar 他 → optimizar.
optimate 男 名士；偉人.
optimismo 男 楽観主義；〖哲〗楽天論.
optimista 形 楽天的な, 楽天主義の. ── 男 女 楽天家, 楽観主義者.
optimización / optimación 女 最大限に生かすこと；〖IT〗最適化.
optimizar 57 他 最大限に生かす, 最大限に活用する；〖IT〗最適化する.
óptimo, ma [オプティモ, マ] 形 [bueno の絶対最上級]〔英 optimum〕**最上の**, 最良の (↔pésimo).
optómetro 男 〖光〗屈折計.
opuesto, ta [オプエスト, タ] 過分 → oponer. 形〔英 opposite〕❶ **反対の**, 相反する. ❷ 《a》(…に) 反対する；合わない. ❸ 反対側の；敵対する. ❹ 〖植〗(葉が) 対生の.
opugnación 女 論破, 反論；攻撃.
opugnar 他 …に反論する；攻撃する.
opulencia 女 富裕；豊満.
opulento, ta 形 富裕な；豊満な.
opus 〔ラ〕男 [単複同形]〖音〗作品 (番号) 《略 op.》.
opus- 活 → oponer.
opúsculo 男 小品, 小論文；パンフレット.
Opus Dei 〔ラ〕固名 オプス・デイ：カトリックの宗教団体.
oquedad 女 穴；空洞；空虚.
oquedal 男 (下草・低木のない) 高木だけの山.
ora 接 [ahora の語頭音消失形]《文》 ***ora ..., ora ...*** 時には…また時には…；…であろうと…であろうと.
oración [オラしオン] 女 [複 oraciones]〔英 oration〕❶ **祈り** (の言葉), 祈禱(きとう). ❷ (式典等の) 演説. ❸ 〖文法〗文；節. ～ ***de ciego*** 単調な議論. ***romper las oraciones*** 話に割って入る.
oracional 形 〖文法〗文の；節の.
oráculo 男 ❶ 神託 (所), 神のお告げ. ❷ 権威者.
orador, dora 男 女 演説者；雄弁家. ── 男 説教師, 宣教師.
oral [オラる] 形 ❶〔英 oral〕**口頭の**, 口述の. ❷ 口の；経口の；〖心〗口唇の；〖言〗口音の. ── 女 〖言〗口音.
orangután 男 〖動〗オランウータン.
orar 自 ❶ 《por》(…のために) 祈る. ❷ 演説する.
orate 男 女 精神障害者.
oratorio, ria 形 演説の；雄弁な. ── 男 ❶ 祈禱(きとう)室. ❷ 〖音〗オラトリオ. ❸ 〖宗〗[O-] (在俗司祭の) オラトリオ会. ── 女 雄弁 (術).
orbe 男 ❶ 世界；地球. ❷ 円；球体, 天体. ❸ 〖魚〗ハリセンボン.
orbicular 形 球形の；〖解〗輪筋の. ── 男 輪筋.
órbita 女 ❶ 〖天文〗軌道. ❷ (活動・影響の広がる) 範囲. ❸ 〖解〗眼窩(がんか).
orbital 形 ❶ (天体等の) 軌道の. ❷ 〖解〗眼窩(がんか)の.
orca 女 〖動〗シャチ.
orco 男 (古代ローマ) 黄泉(よみ)の国, 冥府(めいふ).
órdago 男 (トランプゲーム mus で) 有り金を全部賭(か)けること. ***de ～*** 《話》すごい.
ordalía 女 (中世の) 試罪法.
orden [オルデン] [複 órdenes]〔英 order〕男 ❶ **順序**；順番. ～ de las palabras 語順. por ～ alfabético [cronológico] アルファベット[年代]順に. ❷ 秩序；(社会的) 規律；整頓. ～ público 社会秩序. poner en ～ 整頓する. ❸ 〖建〗様式, オーダー. ～ dórico ドリス様式. ❹ 種類, 等級；階級；分野. de primer ～ 一級の. de otro ～ 他の分野の. ❺ 〖軍〗隊列. ～ cerrado [abierto] 密集[散会]隊形. ❻ 〖カト〗叙階のための秘蹟(ひせき)(＝～ sacerdotal). ❼ 〖数〗次数；〖生〗(分類上の) 目(もく). ── 女 ❶ **命令**, 指示；〖法〗令状；〖商〗注文書. dar (la) ～ de 〈＋不定詞〉…するように命令する. por ～ de ... …の命令によって. ～ de arresto [detención] 逮捕令状. ❷ (中世の) 騎士団 (＝～ militar)；〖カト〗修道会 (＝～ religiosa). ❸ 〖カト〗聖職者の叙階；勲章, 勲位. la ～ de Isabel la Católica イサベル女王賞. ***a la ～ / a sus órdenes*** (軍隊等で) 了解；かしこまりました；《ラ米》(コロンビア)(ベネズエラ)(自己紹介で名乗ってから) よろしくお願いします. ***a las órdenes de ...*** …の指揮のもとで. ***a su ～*** 《ラ米》(コロンビア)(ベネズエラ)《話》かしこまりました. ***del ～ de ...*** (数量を表す語句に前置して) 大体, およそ. ***de ～*** 保守的な. ***en ～ a ...*** 《文》…のために (＝para)；…に関して. ***estar a la ～ del día*** 流行している. ***llamar al ～*** しかる, 注意する. ***la ～ del día*** 議事予定；当日の行動予定. ***sin ～ ni concierto*** 支離滅裂に；雑然と.
ORDEN [オルデン] 女 *Organización Democrática Nacionalista* 民族民主主義機構：エルサルバドルのテロ組織.
ordenación 女 ❶ 順序 (立て)；整理整頓(せいとん)；整備. ❷ 命令. ❸ 〖建〗間取り；〖美〗構図. ❹ 〖カト〗叙階 (式). ❺ 会計事務所 (＝～ de pagos).
ordenado, da 過分 → ordenar. 形 整然とした, きちんとした. ── 男 〖カト〗叙階を受けた人. ── 女 〖数〗Y座標.
ordenador, dora [オルデナドル, ドラ] 形 順序立てる. ── 男 女 社長, 所長. ── 男〔英 computer〕**コンピュータ**. ～

O

personal パソコン.
ordenamiento 男 ❶ 法令；条令. ❷ 配列；整理.
ordenancista 形 規律にうるさい. ― 男 女 厳しい上司；規律にうるさい人.
ordenando 男〘カト〙叙階志願者.
ordenante 男 女（為替等の）支払い名義人.
ordenanza 女 ❶［単または複］法令；条例. *～s* municipales 市条例. ❷ 命令. ❸（絵画・建築の）構成，配置. ― 男 女 ❶〘軍〙伝令. ❷（事務所・官庁等の）下級職員.
ordenar 他 ❶（順序・基準に合わせて）整える，整理する；処理する. ❷《＋不定詞／**que**＋接続法》（…するように）命令する. Me *ordenaron que* compareciera ante el juez. 私は裁判所に出頭するよう命じられた. ❸《**a**》（…に）向ける. ❹〘カト〙叙階する. ― **ordenarse** 再〘カト〙叙階される.
ordeñador, dora 形 乳しぼりの. ― 男 女 搾乳者. ― 女 搾乳器.
ordeñar 他 搾乳する；しごき落とす.
ordeño 男 搾乳；しごき落とすこと.
órdiga 間《話》¡(Anda) la ～!《驚き・感嘆》おやおや，まあ.
ordinal 形 順序を表す. ― 男 序数（＝número ～）.
ordinaria 形 女 → ordinario.
ordinariamente 副 普通は；下品に.
ordinariez 女 下品；粗野な言葉［行為］.
ordinario, ria［オルディナリオ，リア］形〔英 ordinary〕❶ **普通の**，通常の. comité ～ 定例委員会. correo ～ 普通郵便. ❷ 並の，平凡な. ❸ 粗野な，下品な. ― 男 女 粗野な人. ― 男 運搬人. ***de*** ～ 普通は，通常は.

O

orear 他 風［外気］に当てる，(部屋を) 換気する. ― **orearse** 再 風に当たる.
orégano 男〘植〙オレガノ. ***No todo el monte es*** ～. よい時ばかりとは限らない.
oreja［オレハ］女〔英 ear〕❶ **耳**，耳殻(じく)（→ oído). dar un tirón de ～*s* 耳を引っ張る. cortar las ～*s*〘闘牛〙(賞として) 雄牛の耳を切り落とす. ❷ 耳状のもの；安楽いすのそで；水差しの取っ手. ― 男 女《ラ米》(ｴﾙｻﾙﾊﾞﾄﾞﾙ)(ﾒｷｼｺ)密告者，スパイ；(ｱﾙｾﾞﾝﾁﾝ)おべっか使い. ***agachar*** [***bajar***] ***las*** ～***s*** 非を認める，折れる. ***abrir*** [***aguzar, atiesar***] ***las*** ～***s*** 耳をそば立てる；注意深く聴く. ***asomar*** [***descubrir, enseñar***] ***la*** ～ 本性を現す. ***calentar las*** ～***s a ...*** …をひどくとがめる，しかる. ***con las*** ～***s gachas*** [***caídas***] おじけづいて；しょげて. ***de*** ～ ***a*** ～（笑顔等が）満面の. ***mojar la*** ～ ***a ...*** …をやっつける；…の面目を失わせる. ～***s de soplillo***《話》大きい耳. ***planchar*** [***aplastar***] ***la*** ～《話》眠る. ***ser un*** ～***s***《話》大きい耳の. ***tirar (de) las*** ～***s***（誕生日に年の数だけ）耳を何度も引っ張る；しかる. ***ver las*** ～***s al lobo***（忍び寄る）危険を察知する.
orejear 自（動物が）耳を動かす.
orejera 女（帽子の）耳覆い，(ヘルメット等の）耳当て；(先住民の）耳飾り.
orejón, jona 形《話》耳の大きい；《ラ米》(ﾒｷｼｺ)(ｺﾛﾝﾋﾞｱ)(ﾒｷｼｺ)粗野な. ― 男 女 大耳の人. ― 男 ❶（お仕置きとして）耳を引っ張ること. ❷ 干した桃［アンズ］.
orejudo, da 形（動物が）耳の長い；(人が）耳の大きい. ― 男〘動〙ウサギコウモリ.
orejuela 女（器等の対になる）取っ手.
orensano, na 形 男 女 オレンセの（人）.
oreo 男 換気；風に当てること.
oretano, na 形 男 女（古代スペイン中央南部の）オレタニアの（人）.
orfanato 男 孤児院.
orfanatorio 男《ラ米》(ﾍﾟﾙｰ)孤児院.
orfandad 女 ❶ 孤児の境遇；孤児に対する生活保護. ❷ 孤立無援.
orfebre 男 金［銀］細工師.
orfebrería 女 金［銀］細工.
orfelinato 男 孤児院.
orfeón 男〘音〙(伴奏なしの) 合唱団.
orfeonista 男 女 合唱団員.
órfico, ca 形〘ギ神〙オルフェウスの.
orfo 男〘魚〙メダマダイ.
organdí〔仏〕男［複 ～(e)s］(織物) オーガンディ.
organice(-) / organicé(-) 活 → organizar.
organicismo 男〘医〙器質病説；(社会組織を生物にたとえる) 社会有機体説.
orgánico, ca 形 ❶ 有機（体）の；有機的な. ❷ 器官の；〘医〙器質性の.
organigrama 男（企業等の）組織図；〘IT〙フローチャート.
organillero, ra 男 女 手回しオルガン弾き.
organillo 男 手回しオルガン；《ラ米》ハーモニカ（→ armónica 地域差).
organismo 男 ❶ 有機体，生物. ❷《集合的》器官，臓器. ❸ 組織，機関.
organista 男 女（パイプ）オルガン奏者.
organización［オルガニさしオン］女［複 organizaciones］〔英 organization〕❶ **組織化**，編成；企画. ❷ **組織体**；機構. *O*～ Internacional de Policía Criminal 国際刑事警察機構，インターポール. *organizaciones* no gubernamentales 非政府組織《略 ONG》〔英 NGO〕. ❸ 有機体.
organizado, da 過分 → organizar. 形 組織された；有機体の.
organizador, dora 形 組織［編成］する，組織的な. ― 男 女 主催者，企画者.
organizar［オルガニさル］57 他〔英 organize〕❶ **組織（化）する**；編成する. ❷ 準備［企画］する. ❸（騒ぎ・うわさを）引き起こす. ― **organizarse** 再（自分の仕事を）要領よく処理する.
organizativo, va 形《話》統率の，組織する. capacidad *organizativa* 統率力.
órgano［オルガノ］男〔英 organ〕❶（動植物の）**器官**. trasplante de ～ 臓器移植. ❷ 装置；機関. ❸ ～ legislativo [administrativo] 立法［行政］機関. ❹〘音〙(パイプ) オルガン. ～ de boca《ラ米》ハーモニカ（→ armónica 地域差).
organogenia 女〘生〙器官形成学.
organografía 女〘生〙器官学.
organología 女 ❶〘生〙器官学. ❷〘音〙楽器（史）研究.
orgasmo 男 オルガスムス，絶頂感.
orgía 女 乱痴気騒ぎ；放埒(ほうらつ).

orgiástico, ca 形 乱痴気騒ぎの.
orgullo [オルグリョ(オルグヨ・オルグジョ)] 男〔英 pride〕❶ **自尊心**, 誇り. ❷ 傲慢(ごうまん). ❸ 自慢の種.
orgulloso, sa 形《de》(…を) 誇り[自慢]にする；(…について) 傲慢(ごうまん)な.
orientación 女 ❶ 方向づけ；指導. sentido de la ～ 方向感覚. ❷ 方位；(建物等の) 向き. ❸ 傾向.
orientador, dora 形 指導する. ―― 男 女 進路指導担当者.
oriental [オリエンタる] 形〔英 oriental〕**東の** (↔ occidental)；東洋の；近東の. ―― 男 女 東洋人；近東諸国人.
orientalismo 男 東洋趣味；東洋学.
orientalista 形 東洋趣味[学]の. ―― 男 女 東洋学者, 東洋通.
orientalizar 57 他 東洋風にする. ―― **orientalizarse** 再 東洋風になる.
orientar 他 ❶《a, hacia》(…の方向に) 向ける[置く]. ❷ 導く, 指導する. ―― **orientarse** 再 ❶ 方向[位置]が分かる. ❷《hacia》(…の方向に) 向く, 進む. ❸ 要領を飲み込む.
orientativo, va 形 目安[指標]となる.
oriente [オリエンテ] 男〔英 east; the Orient〕❶ **東**, 東部 (↔occidente). ❷ [O-] **東洋**；近東 (諸国). *O*～ Medio 中東. ❸ 真珠の光沢. ❹ フリーメーソン支部.
orificar 26 他 (歯に) 金を充填(じゅうてん)する.
orífice 男 金細工師.
orificio 男 開口部, 孔.
oriflama 女 (風にはためく) 軍旗.
origen [オリヘン] 男 [複 orígenes]〔英 origin〕❶ **起源**；出所. ❷ 出身, 家柄；原産. ❸ [主に複] 原因, 理由. ❹ 〖数〗(座標の) 起点. ***dar ～ a ...*** …の要因となる. ***de ～*** 最初から, もともと；《場所を表す語句の後で》…出身[原産]の.
original [オリヒナる] 形〔英 original〕❶ **本来の**；最初の. ❷ 独創的な；風変わりな. ❸ 原本の. ―― 男 女 変わり者, 奇人. ―― 男 原本, 原文, 原作.
originalidad 女 ❶ 独創 (性), オリジナリティー. ❷ 奇抜さ.
originalmente 副 元来, もともと；独創的に.
originar 他 引き起こす, もたらす. ―― **originarse** 再 起こる, 由来する.
originario, ria 形 ❶ 元の, 当初の. ❷ 原因[元]となる. ❸《de》(…が) 起源の, 原産の.
orilla [オリリャ(オリヤ・オリジャ)] 女〔英 edge〕❶ **岸**；土手. a ～*s* del Ebro エブロ川のほとりに. ❷ 縁；道端. ❸ [複]《ラ米》(アルゼ)(チリ)(ウルグ)(メキシ)郊外. ***～ de ...***《話》…のすぐ隣[そば]に；…しそうな.
orillar 他 ❶ 縁取りする. ❷ 回避[迂回(うかい)]する. ❸《ラ米》(メキシ)端に寄せる；《a》(行為に) 追いやる. ―― **orillar(se)** 自 再 端に寄る.
orillero, ra 形《ラ米》(アルゼ)(チリ)町外れに住む.
orillo 男 (布地の) 縁.
orín 男 ❶ 鉄錆(さび). ❷ [複] 尿.
orina 女 尿.
orinal 男 溲瓶(しびん), おまる.
orinar 自 小便をする. ―― 他 排出する. ～ sangre 血尿が出る. ―― **orinarse** 再 小便をもらす.
oriol 男〖鳥〗コウライウグイス.
Orión 固名〖天文〗オリオン座.
oriundez 女 原産；出身.
oriundo, da 形《de》(…が) 原産の, 出身の. ―― 男 女《de》(…の) 出身者. ―― 男 (スペイン人と同じ条件でプレーする) 外国人サッカー選手.
orla 女 ❶ 縁取り, 縁飾り. ❷〖紋〗オール. ❸ (卒業等の) 記念写真額.
orlar 他 ❶《con, de》(…で) 縁取りする. ❷〖紋〗オールを付ける.
orlón 男〖商標〗オーロン：合成繊維の一種.
ornamentación 女 飾り付け, 装飾.
ornamental 形 装飾の.
ornamentar 他 装飾する.
ornamento 男 ❶ 装飾 (品). ❷《比喩的》美点. ❸ [複] (司祭の) 祭服と祭壇用具.
ornar 他 飾る；(人) に美徳を与える.
ornato 男 装飾 (品).
ornitología 女 鳥類学.
ornitológico, ca 形 鳥類学の.
ornitólogo, ga 男 女 鳥類学者.
ornitomancia / ornitomancía 女 (飛び方[鳴き方]による) 鳥占い.
ornitorrinco 男〖動〗カモノハシ.
oro [オロ] 男〔英 gold〕❶ **金**；金貨. *oro* batido 金箔(きんぱく). *oro* en polvo 金粉. *oro* blanco 白金, プラチナ. chapado en *oro* 金メッキした. ❷《集合的》金の装身具；〖スポ〗金メダル. ❸ お金, 富. un negocio que produce mucho *oro* 多くの富を生む商売. ❹ (スペイントランプの) 金貨の札. ❺ 金色. ***como oro en paño*** 大事に. ***de oro*** 非常によい, 高価な；黄金の. siglo *de oro* 黄金世紀. ***el oro y el moro*** とてつもないこと[量]. ***hacerse de oro*** 大もうけする. ***No es oro todo lo que reluce.***《諺》輝くもの必ずしも金ならず. ***oro molido***《話》申し分のないもの[人].
orobanca 女〖植〗ハマウツボ.
orogénesis 女 [単複同形]〖地質〗造山作用[運動].
orogenia 女〖地質〗造山作用学.
orogénico, ca 形〖地質〗造山作用 (学) の.
orografía 女 山地地形学；山岳誌.
orográfico, ca 形 山地地形に関する.
orometría 女 山岳測量.
orondo, da 形《話》❶ (腹部等が) 出っ張った, でっぷりした. ❷ 自慢げな, 満足げな.
oropel 男 (金に似せた) 真鍮箔(しんちゅうはく)；安ぴか物；虚飾.
oropéndola 女〖鳥〗ニシコウライウグイス.
oropimente 男〖鉱〗雄黄.
oroya 女《ラ米》(ペル)(谷間の) 渡しかご.
orozuz 男〖植〗カンゾウ.
orquesta [オルケスタ] 女〔英 orchestra〕**オーケストラ**, 楽団；オーケストラ・ボックス.
orquestación 女〖音〗管弦楽の作曲[編曲], 管弦楽法.
orquestal 形 オーケストラの, 管弦楽 (団) の.
orquestar 他 ❶ オーケストラ用に作曲[編曲]する. ❷ …の指揮を執る.

orquídea 女 ラン；[複]ラン科(の植物).
orquídeo, a 形《植》ラン科の.
orquitis 女[単複同形]睾丸(こうがん)炎.
ortega 女《鳥》クロハラサケイ.
ortiga 女《植》イラクサ.
ortigal 男 イラクサの生い茂った土地.
orto 男 日[月, 星]の出(↔ocaso)；東.
ortocentro 男《数》(三角形の)垂心.
ortoclasa 女《鉱》正長石.
ortocromático, ca 形《写》整色性の.
ortodoncista 男女 矯正歯科医.
ortodoxia 女 ❶ 正統(性). ❷ 東方正教会.
ortodoxo, xa 形 ❶ 正統の, オーソドックスな. ❷ 東方正教会の. — 男女 ❶ 正統派の人. ❷ 東方正教徒.
ortodromia 女《海》《航》大圏航法；最短距離航路.
ortogénesis 女[単複同形]《生》定向進化.
ortogonal 形《数》直角[直交]の.
ortografía 女 正書(法)；スペル.
ortografiar 31 他 正書法に従って書く.
ortográfico, ca 形 正書法の；綴(つづ)り字上の. signos ～*s* (アクセント・ハイフン等の)綴り字記号.
ortología 女 正音学；正しい発音法.
ortológico, ca 形 正音学の.
ortopedia 女《医》整形外科(学).
ortopédico, ca 形 整形外科(学)の. — 男女 整形外科医.
ortopedista 男女 整形外科医.
ortóptero, ra 形《昆》直翅(ちょくし)類の. — 男[複]直翅類.
ortosa 女《鉱》正長石.
oruga 女 ❶《昆》いも虫, 毛虫. ❷《植》(ヨーロッパ原産の)アブラナ科植物. ❸《機》キャタピラ.
orujo 男(ブドウ等の)搾りかす；蒸留酒.
orza 女 ❶ (保存食を蓄える)壺(つぼ). ❷《海》船首を風上に向けること；ラフ；センターボード.
orzaga 女《植》ハマアカザ.
orzar 57 自《海》船首が風上に向く；ラフする.
orzuelo 男《医》麦粒腫(しゅ), ものもらい.
os [オス]代名《人称》[2人称複数, 男女同形]〔英 you〕► 普通, 動詞のすぐ前に置かれるが, 不定詞・現在分詞・肯定命令形と共に用いられる場合は, それらの後に付ける. ❶《直接目的語》君[お前, あなた]たちを. Aquí *os* esperamos. ここで君たちを待とう. ❷《間接目的語》君[お前, あなた]たちに, 君[お前, あなた]たちにとって, 君[お前, あなた]たちから. *Os* pido mil perdones. 君たちには本当に申し訳ないよ. ► 直接目的語の代名詞と共に用いられる場合には, その代名詞の前に置かれる. ❸《再帰代名詞》→ se ②. ► 肯定命令形に付けられる場合に, Id*os*. (君たち, 帰りなさい)を除いては, 肯定命令形の最後の d が省略される. Lava*os* las manos antes de comer. 食事の前に手を洗いなさい.
osadía 女 大胆さ；無鉄砲；厚顔, 無恥.
osado, da 形 ❶ 大胆な；向こう見ずな. ❷ 厚顔無恥な.
osamenta 女(人・動物の)骨格.
osar 自《+不定詞》大胆にも…する.
osario 男 骨を埋める場所；納骨堂.
óscar 〔英〕男《映》オスカー, アカデミー賞.
oscense 形 男 女 (スペインの) ウエスカの(人).
oscilación 女 ❶ 揺れ；振幅. ❷ 変動；動揺.
oscilador 男《物》振動子；《電》発振器.
oscilante 形 ❶ 振動性[発振性]の. ❷ 揺れ動く；動揺する.
oscilar 自 ❶ (吊(つ)り下がっている物が)振動する. ❷ 変動する. ❸ ためらう, 動揺する.
oscilatorio, ria 形 振動の, 揺れ動く.
oscilógrafo 男《電》振動記録計.
osciloscopio 男《電》(陰極線管) オシロスコープ.
osco, ca 形 男 女《史》(イタリア先住民) オスク人[語] (の). — 男 オスク語.
ósculo 男《文》接吻(せっぷん)(＝beso).
oscura 形 → oscuro.
oscuramente 副 ひっそりと；漠然と.
oscurantismo 男 反啓蒙(けいもう)主義.
oscurantista 形 反啓蒙(けいもう)主義(者)の. — 男女 反啓蒙主義者.
oscurecer 76 他 ❶ 暗くする, 曇らせる. ❷ あいまいにする；難解にする. ❸ 輝きを奪う. El escándalo *oscureció* su popularidad. スキャンダルが彼の人気を陰らせた. ❹《美》陰影をつける. — 自 日が暮れる；暗くなる. — **oscurecerse** 再 ❶ (空が) 曇る, 暗くなる. ❷ 不明瞭(ふめいりょう) [あいまい]になる；陰る.
oscurecimiento 男 ❶ 暗くなる[する]こと. ❷ 不明瞭(ふめいりょう), あいまい.
oscurezc- 活 → oscurecer.
oscuridad 女 ❶ 暗いこと；暗がり (↔claridad). ❷ 不明瞭(ふめいりょう), あいまい. ❸ 無知, 無教養. ❹ 無名.
oscuro, ra [オスクロ, ラ] 形〔英 dark〕❶ 暗い, 闇(やみ)の；曇った. ❷ 暗色の, 地味な. ❸ 無名の；身分の卑しい. ❹ 不明瞭(ふめいりょう)な, あいまいな；難解な. ❺ 見込みのない, 先行きが不安な；うさんくさい. — 男《美》陰影；《演》暗転. ***a oscuras*** 暗闇で；何も知らされずに.
oseína 女《生化》オセイン, 骨質.
óseo, a 形 骨の. tejido ～ 骨組織.
osera 女 クマの穴[ねぐら].
osezno 男 子グマ. → oso.
osificación 女 骨化(作用).
osificar(se) 26 自 再 骨化する.
osmio 男《化》オスミウム.
ósmosis / osmosis 女[単複同形] ❶《物》《化》浸透(性). ❷ (特に思想の)相互影響.
osmótico, ca 形 ❶ 浸透(性)の. ❷ 相互に影響し合う.
oso, sa 男女《動》クマ. ～ polar 北極グマ. ～ hormiguero アリクイ. ～ marino オットセイ. ***¡Anda la osa!*** 《驚き》おやおや. ***hacer el*** ～ 《話》おどける, ふざける.
ososo, sa 形 骨の；骨のある.
¡oste! 間 → ¡oxte!
osteína 女《生化》骨質.
osteítis 女[単複同形]《医》骨炎.
ostensible 形 明らかな；あからさまな.
ostensiblemente 副 明らかに；これ見よがしに.

ostensivo, va 形《de》(…の) 明らかな, あらわな.
ostensorio 男〖カト〗聖体顕示台.
ostentación 女 見せびらかし；見え.
ostentar 他 ❶ 見せる；見せびらかす, 誇示する. ❷ (権利·資格等を) 保持する.
ostentoso, sa 形 ❶ 豪勢な, 派手な. ❷ 人目を引く.
osteoartritis 女〔単複同形〕〖医〗骨関節炎.
osteoblasto 男 造骨[骨芽]細胞.
osteogénesis 女〔単複同形〕〖生化〗骨形成.
osteolito 男 化石骨.
osteología 女 骨学.
osteólogo, ga 男 女 骨学者.
osteoma 男〖医〗骨腫(こつしゅ).
osteomalacia 女〖医〗骨軟化症.
osteomielitis 女〔単複同形〕〖医〗骨髄炎.
osteópata 男 女 整骨医.
osteopatía 女〖医〗整骨治療学；骨障害.
osteoporosis 女〔単複同形〕〖医〗骨粗しょう症.
osteosarcoma 男〖医〗骨肉腫.
osteosíntesis 女〔単複同形〕〖医〗骨接合.
osteotomía 女〖医〗骨切術.
ostión 男〖貝〗(大型の) カキ.
ostra 女〖貝〗カキ. ***aburrirse como una ～*** 《話》死ぬほど退屈する. ***¡O～s!*** 《スペイン》《話》まあ, これは驚いた.
ostracismo 男 ❶〖史〗(古代ギリシャの) 陶片追放. ❷ 公職追放.
ostrero, ra 形〖貝〗カキの. — 男 女 カキ売り. — 男 ❶ カキ養殖場. ❷〖鳥〗ミヤコドリ.
ostrícola 形 カキ養殖の.
ostricultor, tora 男 女 カキ養殖業者.
ostricultura 女 カキ養殖 (業).
ostrífero, ra 形 カキの生育する.
ostrogodo, da 形 男 女 東ゴート族 (の).
osuno, na 形 クマの (ような).
otalgia 女〖医〗耳痛.
OTAN [オタン] 女 *O*rganización del *T*ratado del *A*tlántico *N*orte 北大西洋条約機構〔英 NATO〕.
otario, ria 形《ラ米》(アルゼンチン)(ウルグアイ)《話》まぬけな.
otate 男《ラ米》(メキシコ)竹.
oteador, dora 形 見張る, 監視する. — 男 女 見張り, 監視人.
otear 他 (高い所から) 眺める；目を凝らす.
otero 男 (平原にぽつんとある) 小山.
OTI [オティ] 女 *O*rganización de *T*elevisiones *I*beroamericanas イベロアメリカテレビ機構.
otitis 女〔単複同形〕〖医〗耳炎.
otología 女 耳科学.
otomano, na 形 (オスマン) トルコの. — 男 女 トルコ人. — 女 トルコ風長いす.
otoñada 女 秋；(秋の) 牧草の生育.
otoñal 形 秋の；初老期の.
otoñar 自 秋を過ごす；(草が) 秋に育つ. — **otoñarse** 再 (土地が) 秋雨で潤う.
otoño [オトニョ] 男〔英 autumn, fall〕❶ 秋. ❷ 秋の二番生 (草). ❸ 初老期.
otorgamiento 男 ❶ 授与；譲渡. ❷〖法〗(契約書·遺言状等の) 文書 (作成).
otorgante 形 譲渡[授与] (者) の. — 男 女 譲渡者；契約者.
otorgar [オトルガル] 66 他〔英 grant〕❶ 与える；(権限を) 移譲する. ❷ 許可[同意]する. Quien calla, *otorga*. 《諺》沈黙は承諾のしるし. ❸〖法〗(公証人のもとで文書を) 作成する.
otorgue(-) / otorgué(-) 活 → otorgar.
otorragia 女〖医〗耳出血.
otorrea 女〖医〗耳だれ.
otorrinolaringología 女〖医〗耳鼻咽喉(いんこう)科学.
otorrinolaringólogo, ga 男 女〖医〗耳鼻咽喉(いんこう)科医.
otoscopio 男〖医〗耳鏡.

otro, tra [オトゥロ, トゥラ] 形《不定》〔英 other, another〕❶《無冠詞》《＋名詞》《非限定的に》他の, 別の；次の, さらに1つ[いくつか]の. ～ día いつか. en *otra* ocasión 別の機会に. Vendrán *otras* cinco chicas. 女の子たちがあと5人来るだろう. ❷《定冠詞・所有形容詞・指示形容詞 ＋**otro**＋名詞》《限定的に》他の；(二者のうちの) もう一方の；残りの. el ～ día 先日. el ～ fin de semana 先週末. No me gustó la *otra* película. もう1本の映画は気に入らなかった. ❸《主格補語·目的格補語で》異なった. Hoy te encuentro ～. 今日君は別人のようだね. ❹ 第二の. — 代名《不定》❶《無冠詞》《非限定的》他の物[人]；次の物[人]；さらに1つ[1人, いくつか, 何人か]. algún ～ 他の誰か. Esta falda me queda pequeña. Quiero *otra*. このスカートは私には小さいわ. 別のが欲しい. Unos quieren ir de compras y ～*s* prefieren jugar al fútbol. 買い物に行きたい者もいればサッカーをしたいという者もいる. ❷《定冠詞を伴って》《限定的に》他の物[人]；残りの物[人]. Soy español y los ～*s* son italianos. 私はスペイン人で残りの人たちはイタリア人です. ❸《無冠詞または定冠詞を伴って》(二者のうちの) もう一方. Hay dos manzanas: una para ti y *otra* para mí. リンゴが2つあります. 1つは君のでもう1つは私のです. ***como ～ cualquiera*** 月並みな. ***de ～ modo / de otra manera*** 他の方法で；さもなくば. ***el ～ mundo*** あの世, 来世. ***¡Hasta otra!*** ではまた近いうちに. ***¡Otra!*** アンコール. ***otra cosa*** 別のもの；さらにまた, それと. ***otra vez*** もう一度. ***～ que ...*** …以外の. ***～ que tal*** 似たりよったりのもの. ***～(s) tanto(s)*** 同数[同量] の. ***uno que ～*** いくつか, 何人か.

otrora 副《文》以前は.
otrosí 副 さらに, その上. — 男〖法〗追加嘆願書.
OUA 女 *O*rganización para la *U*nidad *A*fricana アフリカ統一機構〔英 OAU〕.
ouija [ウイハ] 女〖商標〗ウィージャ；こっくり占い板.
out [アウ(トゥ)]〔英〕形〔単複同形〕《話》流行に無頓着(むとんちゃく)な, 流行から外れた；かやの外にいる. — 間 (テニス) アウト.

O

outing [アウティン] 〔英〕 男 私生活の公表[暴露].
outsider [アウトゥサイデル] 〔英〕 男 女 [複 ～s] ❶ アウトサイダー. ❷ ダークホース.
ova 女 〖植〗 アオサ(属), アオノリ.
ovación 女 大喝采(かっさい); 大歓迎.
ovacionar 他 喝采(かっさい)[大歓迎]する.
ovado, da 形 ❶ (鳥が) 受精した. ❷ 卵形の.
oval / ovalado, da 形 楕円(だえん)形[卵形]の.
ovalar 他 楕円(だえん)形[卵形]にする.
óvalo 男 卵形; 〖数〗 卵形線.
ovar 自 卵を産む.
ovárico, ca 形 〖解〗 卵巣の; 〖植〗 子房の.
ovariectomía 女 〖医〗 卵巣摘出(術).
ovario 男 ❶ 〖解〗 卵巣; 〖植〗 子房. ❷ 〖建〗 卵形刳形(くりがた).
ovariotomía 女 〖医〗 卵巣切開(術).
ovas 女 複 魚卵.
oveja [オベハ] 女 〔英 sheep〕 ❶ 〖動〗 ヒツジ; 雌羊. ► 「雄羊」は carnero, 「子羊」は cordero. ❷ 善良な人; 臆病(おくびょう)者. ❸ 《ラ米》(南米) 〖動〗 リャマ (= llama). *Cada ～ con su pareja.* 《諺》 類は友を呼ぶ. *～ negra* [*descarriada*] (グループの)はみ出し者, やっかい者; 変わり種.
ovejería 女 《ラ米》(チリ)羊の飼育; (南米)飼育場.
ovejero, ra 形 羊を見張る. — 男 女 羊飼い.
ovejo 男 《ラ米》(コロンビア)(ベネズエラ)雄羊.
ovejuno, na 形 羊の.
overbooking [オベルブキン] 〔英〕 男 オーバーブッキング, 予約の取り過ぎ.
overo, ra 形 (毛色が) 黄褐色の. — 女 (鳥の) 卵巣.
overol 男 《ほぼラ米全域》 〖服〗 オーバーオール (→ mono 地域差).
ovetense 形 男 女 (スペイン北部) オビエドの(人).
óvidos 男 複 〖動〗 羊類.
oviducto 男 〖解〗 卵管, 輸卵管.
oviforme 形 卵形の.
ovillar 他 (糸を) 巻く. — **ovillarse** 再 糸玉に巻き上がる; 体を丸くする.
ovillejo 男 10行詩の一形式.
ovillo 男 糸玉, 毛玉; もつれ; 山積み. *hacerse un ～* 体を丸くする; まごつく. *Por el hilo se saca el ～.* 《諺》 小さな手がかりから全体を推論する.
ovino, na 形 男 羊(の).
ovíparo, ra 形 〖動〗 卵生の.
oviscapto 男 〖動〗 産卵器[管].
ovni 男 *o*bjeto *v*olante *n*o *i*dentificado 未確認飛行物体 〔英 UFO〕.
ovo 男 〖建〗 卵形装飾.
ovocito 男 〖生〗 卵母細胞.
ovoide 形 卵形の. — 男 卵形(体).
ovoideo, a 形 → ovoide.
óvolo 男 〖建〗 丸身刳形(くりがた); 卵形装飾.
ovovivíparo, ra 形 〖動〗 卵胎生の.
ovulación 女 〖生〗 排卵.
ovular 形 〖生〗 卵子の; 〖植〗 胚珠(はいしゅ)の. — 自 〖生〗 排卵する.
óvulo 男 ❶ 〖植〗 胚珠(はいしゅ); 〖生〗 卵子, 卵細胞. ❷ [複] 避妊用膣(ちつ)座薬.

P

¡ox! 間 (鳥等を追う声) しっ, しっ.
oxácido 男 〖化〗 酸素酸, オキシ酸.
oxalato 男 〖化〗 シュウ酸塩.
oxálico, ca 形 〖化〗 シュウ酸の.
oxiacanta 女 〖植〗 サンザシ.
oxiacetilénico, ca 形 酸素アセチレンの.
oxidable 形 酸化しやすい; さびやすい.
oxidación 女 〖化〗 酸化; さびること.
oxidante 形 酸化させる, さびつかせる. — 男 酸化剤.
oxidar 他 〖化〗 酸化させる; さびつかせる. — **oxidarse** 再 〖化〗 酸化する; さびる.
óxido 男 ❶ 〖化〗 酸化物. ～ de carbono 一酸化炭素. ～ de nitrógeno 窒素酸化物. ❷ (金属の) 錆(さび).
oxigenación 女 〖化〗 酸素処理[添加]; 外気吸入.
oxigenado, da 形 ❶ 酸素を含む. agua *oxigenada* オキシドール. ❷ (髪が) 脱色した.
oxigenar 他 〖化〗 酸素処理[添加]する; (髪を) 脱色する. — **oxigenarse** 再 外気を吸い込む.
oxígeno [オクシヘノ] 男 〔英 oxygen〕 〖化〗 酸素.
oxigenoterapia 女 〖医〗 酸素療法.
oxihemoglobina 女 〖生〗 酸素ヘモグロビン.
oxítono, na 形 〖文法〗 最後の音節にアクセントのある. — 男 最終音節強勢語.
oxiuro 男 〖動〗 ギョウチュウ.
¡oxte! 間 《拒絶》 しっしっ, 消え失せろ. *sin decir ～ ni moxte* 一言も言わず.
oy- 現分 活 → oír.
oyente [オイェンテ〈オジェンテ〉] 形 聞いている. — 男 女 〔英 listener〕 ❶ 聞き手; [複] 聴衆. ❷ 聴講生.
ozono 男 〖化〗 オゾン.
ozonosfera 女 (大気圏の) オゾン層.

Pp

P, p [ペ] 女 スペイン語字母の第17字.
P/. / Pl. 女 → Plaza.
pabellón 男 ❶ パビリオン, 仮設展示場. ❷ 別棟; あずまや. ❸ 大型テント; 天蓋(てんがい). ❹ (国・団体の) 旗; (船舶の) 国籍旗. ❺ (管楽器の) 朝顔. ❻ 〖解〗 外耳, 耳殻.
pabilo / pábilo 男 (ろうそくの) 芯(しん)(の黒くなった部分), 灯心.
Pablo 固名 パブロ: 男子の名. *¡Guarda, ～!* 《話》《警告》 危ない.
pábulo 男 栄養物; 活動を支えるもの. *dar ～ a ...* …を誘発[助長]する.
paca 女 ❶ 〖動〗 パカ. ❷ (羊毛等の) 梱包(こんぽう). — 固名 [P-] パカ: Francisca の愛称.
pacana 女 〖植〗 ペカン(の木).
pacato, ta 形 内気な; 猫かぶりの.
pacay 男 [複 ～es, pacaes] 《ラ米》(南米) 〖植〗 グアモ(の木).
pacaya 女 《ラ米》 (1)(コスタリカ)(グアテマラ)(ホンジュラス)(ニカラグア) 〖植〗 パカヤ. (2)(グアテマラ)腹立ち.
pacense 形 男 女 (スペイン, エストレマドゥーラ地方の) バダホスの(人).
paceño, ña 形 男 女 (ボリビアの) ラパスの(人).

pacer 76 自（家畜が）牧草を食べる．── 他（牧草を）食べる；消費する．
paces 女 複 → paz.
pacha 女《ラ米》（タバコの）吸い殻（→ colilla 地域差）．
pachá 男 パシャ：昔のトルコの高官の称号．
pachaco, ca 形《ラ米》(中米)ひ弱な；役立たずの．
pachamanca 女《ラ米》(ﾍﾟﾙｰ)(ﾎﾞﾘﾋﾞｱ)石焼きのバーベキュー．
pachanga 女《ラ米》(1)(ﾒｷｼｺ)パーティー．(2)(ｷｭｰﾊﾞ)パチャンガ：軽快なダンス[曲]．
pachanguero, ra 形〘音〙単純でのりのいい；《軽蔑》低俗な．
pacharán 男 リンボクの実で作ったリキュール．
pacho, cha 形《ラ米》(中米)ずんぐりした；(中米)(ﾒｷｼｺ)平べったい；(ｷｭｰﾊﾞ)腰の重い．
pachocha 女《ラ米》《話》→ pachorra.
pachón, chona 形 ❶《話》のろまな，無気力な．❷ バセット犬の．❸《ラ米》毛深い，毛で覆われた．── 男 女 のろまな人．── 男 バセット犬．
pachorra 女《話》ぐず；無精．
pachorrudo, da 形《話》ぐずな，無精な．
pachotada 女《ラ米》でたらめ，ばかなこと．
pachucho, cha 形 ❶（果物が）熟しすぎた；（花が）しおれた．❷《話》元気のない．
pachuco, ca 形《ラ米》(ﾒｷｼｺ)（服装等が）けばけばしい．
pachulí [複 ～(e)s] 男〘植〙パチョリ．
paciencia [パしエンしア] 女〔英 patience〕❶ **忍耐**，辛抱．acabar con la ～ 怒らせる．con ～ 根気よく．tener ～ 辛抱する．❷ 悠長．❸ 小さいクッキー．
paciente [パしエンテ] 形〔英 patient〕❶ **忍耐強い**．ser ～ con ... …に対して辛抱強い．❷〘文法〙受身の．── 男 女 ❶ **患者**．❷〘文法〙被動作主．
pacienzudo, da 形 非常に我慢強い．
pacífica 形 → pacífico.
pacificación 女 ❶ 和解；和平工作．❷ 鎮圧；平穏．
pacificador, dora 形 仲裁する；鎮圧の．── 男 女 平定者；仲裁者．
pacificar 26 他 ❶ 和解させる．❷ 平定[鎮圧]する．── **pacificarse** 再 平静を取り戻す；（風雨等が）和らぐ．
Pacífico 固名 el (océano) ～ 太平洋．*Guerra del* ～ 太平洋戦争．
pacífico, ca [パしフィコ,カ] 形〔英 peaceful〕❶ **平静な**，穏やかな．❷ **平和(的)な**．coexistencia *pacífica* 平和的共存．
pacifismo 男 平和主義，不戦主義．
pacifista 形 平和主義（者）の．── 男 女 平和主義者．
pack 〔英〕男 [複 ～s] 包装した一定量のもの，パック．
packaging [パカジン]〔英〕男 商品包装（の技術，材料）．
Paco 固名 パコ：Francisco の愛称．
paco, ca 形《ラ米》(南米)赤い，赤みを帯びた．── 男 女《ラ米》(ｴｸｱﾄﾞﾙ)(ﾎﾞﾘﾋﾞｱ)(ﾁﾘ)制服の警官．── 男 ❶〘史〙（モロッコの）モーロ人狙撃兵．❷《ラ米》(ﾍﾟﾙｰ)麻薬の包み．❸〘動〙アルパカ．
Pacorro 固名 パコーロ：Francisco の愛称．
pacota 女《ラ米》(ﾒｷｼｺ) → pacotilla.
pacotilla 女（船員が持ち込める）船賃無料の荷物．*de* ～ 粗悪な，三流の．
pactar 自 協定[条約]を結ぶ；合意する．── 他 …に合意する，（合意して）決める．
pactista 形 協調主義（者）の．── 男 女 協調主義者．
pacto 男 契約，条約．hacer [firmar] un ～ 協定を結ぶ．～ de [entre] caballeros 紳士協定．
paddle [パデる]〔英〕男 → pádel.
paddock 〔英〕男（競馬場の）パドック．
padecer [パデせル] 76 他〔英 suffer〕❶（苦難・苦痛等を）**被る**，受ける．～ hambre 飢えに苦しむ．❷ 病む，患う．❸（困難・侮辱等に）耐える．── 自 ❶《**de, con, por**》（…で）苦しむ，悩む．❷《**de**》（…を）病む，患う．❸ 損害を受ける．～ en la honra 名誉に傷がつく．
padecimiento 男 苦しみ；病苦．
pádel 〔英〕男〘スポ〙パドルボール．
padezc- 活 → padecer.
padilla 女 小型フライパン；パン焼き窯．
padrastro 男 ❶ 継父．❷《話》（子供に）つらくあたる父親．❸（爪(つめ)の）ささくれ．❹《ラ米》陥入爪(かんにゅうそう)（→ uñero 地域差）．
padrazo 男《話》（子供に）甘い父親．
padre [パドゥレ] 男〔英 father; parents〕❶ **父**，父親（↔ madre）．～ político 義理の父（= suegro）．～ de familia 家長．❷（家・集落の）長．❸ 神父．Santo *P*～ ローマ教皇．～ espiritual 聴罪師．Dios *P*～ 父なる神．❹ 創始者．❺ [複] **両親**；（直系の）先祖．Vivo con mis ～*s*. 私は両親と同居している．── 形 [単複同形] ❶ とても大きい．❷《ラ米》すばらしい．*de* ～ *y muy señor mío*《話》とても大きい，重大な．*no tener ni* ～ *ni madre, ni perrito que le ladre* 天涯孤独である．
padrear 自（雄が）種つけする．
padrenuestro 男〘カト〙主の祈り．*en un* ～《話》瞬く間に．
padrillo 男《ラ米》(南米)種馬．
padrinazgo 男 代父の役；後援．
padrino 男 ❶ 代父；[複] 代父母．❷（結婚式の）付添人；（決闘の）立会人．❸ 後援者．
padrón 男 ❶ 住民名簿．inscribirse en el ～ 住民登録をする．❷ 模範．❸ 標石，標柱．❹ 悪名；不名誉．❺《話》甘い父親．❻《ラ米》〘車〙ナンバープレート（→ matrícula 地域差）．
padrote 男《ラ米》(1)(中米)(ｺﾛﾝﾋﾞｱ)(ﾌﾟｴﾙﾄﾘｺ)(ﾍﾞﾈｽﾞｴﾗ)種畜．(2)(ﾒｷｼｺ)ぽん引き．
paella 女〘料〙パエリヤ：バレンシア起源の米料理．
paellera 女 パエリヤ鍋．
¡paf! 間《擬》《衝撃・落下音》ドスン，ピシャ．
pág. → página.
paga [パガ] 女〔英 pay, payment〕❶ **給料**．hoja de ～ 給料明細書．❷ **支払い**，支払い額．❸ 代償，報い．── 活 → pagar.
pagable 形 支払い[代償]可能な．

P

pagadero, ra 形 支払うべき. ～ a plazos 分割払いの. ～ a sesenta días (手形が) 60日払いの.

pagado, da 過分 → pagar. 形 ❶ 支払い済みの；報われた. un amor mal ～ かなわぬ恋. ❷ 雇われた. ❸ 《de》(…に) 誇りを持った. ～ *de* sí mismo うぬぼれた.

pagador, dora 形 支払い(者)の. ── 男 女 支払者[人]；経理係.

pagaduría 女 会計[経理]課.

paganini 男 女 いつもおごらされる人.

paganismo 男 異教(徒).

paganizar 57 他 異教徒にする.

pagano, na 形 異教(徒)の；無宗教の. ── 男 女 ❶ 異教徒. ❷ 《話》人のつけを回される人.

pagar [パガル] 66 他 〔英 pay〕 ❶ (金を) **払う**, 納付する；(費用を) 負担する. ～ al contado [en metálico, en efectivo] 現金で支払う. ～ a plazos [por adelantado] 分割[前]払いで支払う. ❷ 《con》(…で) 代償を払う；(罪を) 償う. ～ *con* su vida 命と引き換えにする. ～ las consecuencias 結果を甘んじて受ける. ❸ 《con》(…で) 報いる；仕返しをする. ～ *con* ingratitud 恩を仇(あだ)で返す. ── 自 支払う. ── **pagarse** 再 《de》(…を) 自慢する, (…で) 満足する. ***pagar el daño*** [***el pato, los vidrios rotos***] 責任をかぶる. ***pagarla(s)*** (***todas juntas***) 報いを受ける. ¡Ya me *las pagarás*! 仕返しはさせてもらうぞ. ***pagar con*** [***en***] ***la misma moneda*** 相手と同じ方法で対応する.

pagaré 男 《商》約束手形. ～ del tesoro 国債.

pagel 男 《魚》ニシキダイ.

página [パヒナ] 女 〔英 page〕 ❶ **ページ** 《略 pág.》；(印刷物の) 一面. Véase la ～ diez. 10ページを見よ. ❷ ページの内容. las ～*s* de deporte del periódico 新聞のスポーツ欄. ～ web ホームページ. ❸ (歴史・人生の) 一時期. **～*s amarillas*** 職業別電話帳.

P

paginación 女 ❶ ページ打ち；ページ数. ❷ 《IT》ページング.

paginar 他 (本等の) ページを打つ.

pago, ga [パゴ, ガ] 形 支払い済みの. ── 男 〔英 payment〕 ❶ **支払い** (金, 額). hacer [efectuar] un ～ 支払いをする. ～ adelantado [anticipado] 前払い. ～ contra entrega 代金引き換え渡し. ❷ 報い；償い；仕返し. ❸ 《ラ米》(1) (ブドウ・オリーブの) 農園. (2)(ペルー)(アルゼンチン)(ウルグアイ)故郷, 村落；地域. ── 活 → pagar. ***en ～ de ...*** …の報酬[お返し]として.

pagoda 女 仏塔, パゴダ.

pagro 男 《魚》ヨーロッパマダイ.

págs. 女 複 → página.

pague(-) / pagué(-) 活 → pagar.

paguro 男 《動》ヤドカリ.

paico 男 《植》ケアリタソウ.

paidofilia 女 → pedofilia.

paila 女 《ラ米》平鍋(なべ)；フライパン.

pailebote 〔英〕 男 小型のスクーナー (船).

paipay [複 paipáis] 男 (シュロの葉で作った) うちわ.

pairo 男 《海》(帆を上げたままの) 停泊. al ～ 停泊している；様子を見ている.

país [パイス] 男 〔英 country〕 ❶ **国**；地方；祖国；故郷；国民. ～ desarrollado [en vías de desarrollo] 先進国[発展途上国]. ～ natal 故国. *P*～ Vasco バスク地方. ❷ 扇の地紙[布].

paisa 男 女 《ラ米》《話》同国[同郷]人.

paisaje [パイサヘ] 男 〔英 landscape〕 **景色**, 風景；《美》風景画.

paisajista 形 風景画の. ── 男 女 風景画家.

paisajístico, ca 形 風景の.

paisanada 女 《ラ米》(アルゼンチン)(ウルグアイ)(パラグアイ) 《集合的》農民, 村人.

paisanaje 男 ❶ (軍人に対して) 民間人. ❷ 同郷人(意識).

paisano, na 形 同郷の；民間人の. ── 男 女 ❶ 同郷人. ❷ (軍人に対して) 民間人；村人, 農民. de ～ 平服を着て.

Países Bajos 固名 オランダ：首都アムステルダム Amsterdam.

paja 女 ❶ 《時に集合的》麦わら, わら. techo de ～ わらぶき屋根. ❷ ストロー. ❸ 余計な部分, 不用な話. hablar ～*s* 無駄話をする. ***hacerse una ～*** 《俗》自慰をする. ***hombre de ～*** 傀儡(かいらい), 操られる人. ***por un quítame allá esas ～s*** 《話》ごくささいなことで.

pajar 男 干し草[わら]置き場.

pájara 女 ❶ 雌の (小) 鳥；折り紙の鳥. ❷ 《スポ》急に力が抜けること.

pajarearse 再 《ラ米》(ペルー) 《俗》どじを踏む.

pajarera 女 鳥小屋.

pajarería 女 小鳥屋；ペットショップ.

pajarero, ra 形 ❶ 鳥の. ❷ 軽薄な；派手な. ── 男 女 小鳥商；鳥撃ち.

pajarita 女 ❶ 折り紙の鳥. ❷ 蝶(ちょう)ネクタイ (→地域差). ～ ***de las nieves*** 《鳥》セキレイ. 地域差 蝶ネクタイ pajarita 《スペイン》《ラ米》(グアテマラ)；corbata de lazo (エクアドル)；corbata (de) moño (メキシコ)(ベネズエラ)(パラグアイ, ウルグアイ, アルゼンチン)；corbatín (ドミニカ共和国)(グアテマラ, ホンジュラス, エルサルバドル, ニカラグア, コスタリカ)(コロンビア, ベネズエラ)；gato (ドミニカ共和国)(パナマ)(ボリビア)；humita (チリ)；lazo 《スペイン》(キューバ, プエルトリコ)(ニカラグア)；michi (ペルー).

pajarito 男 ❶ 小鳥. ❷ ある人. Me lo dijo un ～. ある人から聞いたよ. ***quedarse*** [***morirse***] ***como un ～*** 《話》眠るように死ぬ.

pájaro, ra [パハロ, ラ] 形 狡猾(こうかつ)な, 利己的な. ── 男 女 《話》(狡猾な) 人；やつ. ── 男 〔英 bird〕 **鳥**, 小鳥. ～ carpintero キツツキ. ～ mosca ハチドリ. ～ bobo ペンギン. ***a vista de ～*** 鳥瞰(ちょうかん)した；一見. ***Más vale ～ en mano que ciento volando.*** 《諺》飛んでいる百羽より手中の一羽. ***matar dos ～s de un tiro*** 一石で二鳥を得る. ***tener la cabeza a ～s*** / ***tener ～s en la cabeza*** ぼうっとしている.

pajarón, rona 形 《ラ米》(チリ)ぼうっとした, まのぬけた.

pajarraco, ca 男 女 醜い鳥；《話》悪党.

paje 男 《史》小姓, 従者；見習い.

pajel 男 《魚》ニシキダイ.

pajero, ra 男 女 わら売り人；《俗》自慰をする人.

pajilla 女 ストロー.

pajillero, ra 男 女《俗》手淫(しゅいん)をする人. ― 女《俗》安売春婦.
pajita 女 ストロー.
pajizo, za 形 麦わら色の；わらの（ような）；わらで覆われた.
pajolero, ra 形《話》腹立たしい，うんざりする.
pajón 男《ラ米》刈り株；〖植〗パホン.
pajonal 男《ラ米》刈り株だらけの土地；雑草地.
Pakistán 固名 パキスタン：首都イスラマバード Islamabad.
pakistaní 形 パキスタンの. ― 男 女 パキスタン人.
pala 女 ❶ シャベル，スコップ. ～ mecánica パワーシャベル. ❷ へら状の［平たい］もの. ～ de panadero パン焼き用長柄の木べら. ～ de pescado 魚用ナイフ. ❸（ハイアライ等の）ラケット. ❹ 上前歯. ***a punta (de) ～*** 大量に.
palabra［パらブラ］女〔英 word〕❶ **単語**，語. ～ por ～ 逐語的に. ～ clave キーワード. no entender (ni una) ～ 一言もわからない. ❷ 発言，言葉. con estas ～*s* こう言って. cortar la ～ 発言を遮る. de pocas ～*s* 口数の少ない. en otras ～*s* 言い換えれば. tener (la) ～ 発言する. ❸ 約束. hombre de ～ 約束を守る男. cumplir [faltar a] SU ～ 約束を果たす［破る］. ***a la primera ～*** 最初の一言で. ***bajo*** SU ***～*** 口約束で；誓って. ***de ～*** 口頭で. ***en cuatro [dos, pocas, unas] ～s*** 簡潔に，手短に. ***medias ～s*** 遠回しな言葉. hablar a ***medias ～s*** 言葉を濁す. ***¡～ (de honor)!*** 誓って言うよ，本当だよ. ***～s mayores*** 重大な発言；侮辱. ***tomar [coger] la ～ (a ...)***（…の）言質をとる.
palabrear 自《ラ米》(ﾁﾘ)《話》議論をする. ― 他 説き伏せる；たぶらかす.
palabreja 女 訳の分からない言葉.
palabrería 女 無駄口，内容のない話.
palabrero, ra 形 おしゃべりの. ― 男 女 おしゃべりな人，口ばかりの人.
palabrita 女 裏のある言葉.
palabro 男《話》❶（言い誤りによる）変な言葉. ❷ → palabrota.
palabrota 女《話》汚い言葉，悪態.
palacete 男 小さな宮殿；邸宅.
palaciego, ga 形 宮廷風の，王宮の.
palacio［パらしオ］男〔英 palace〕**宮殿**，豪邸；（公共の）建物. ～ real 王宮. ～ municipal 市庁舎.
palada 女 シャベル一掘り［一杯］；（ボート）ストローク.
paladar 男 ❶〖解〗口蓋(こうがい). ～ duro 硬口蓋. velo del ～ 軟口蓋. ❷ 味覚；（芸術に対する）識別力. tener el ～ fino 舌がこえている.
paladear 他 味わって食べる［飲む］；鑑賞する.
paladeo 男 味わうこと，賞味.
paladín 男 ❶〖史〗勇士. ❷ 擁護者.
paladino, na 形 明らかな；公然の.
paladio 男〖化〗パラジウム.
paladión 男 守り神.
palafito 男 水上家屋.
palafrén 男（女性・王侯用の）おとなしい乗用馬.
palafrenero 男（王室の）馬丁.
palamenta 女〖海〗《集合的》オール.
palanca 女 ❶ てこ；レバー，ハンドル. ～ de cambios ギアチェンジレバー. ～ de mando 操従桿(かん). ❷ つて，コネ. ❸（水泳）飛び板. salto de ～ 飛び込み（競技）.
palancana / palangana 女 洗面器. ― 男 女《ラ米》ほら吹き，自慢屋.
palanganear 自《ラ米》《話》自慢する，ほらを吹く.
palanganero 男 洗面器台.
palangre 男〖海〗延縄(はえなわ).
palangrero 男 延縄(はえなわ)漁船［漁師］.
palanquear 他《ラ米》(ｱﾙｾﾞﾝﾁﾝ)《話》コネで…を得る，…にコネを頼る.
palanquero, ra 男 女 押し込み強盗. ― 女 柵(さく).
palanqueta 女 短い金てこ.
palanquín 男 ❶（中国等の）輿(こし)；人足(にんそく). ❷〖海〗帆を引き上げる動索(どうさく).
palastro 男 板金；錠箱.
palatal 形 口蓋(こうがい)の；〖音声〗硬口蓋（音）の. ― 女 硬口蓋音.
palatalización 女〖音声〗（硬）口蓋(こうがい)音化.
palatalizar 57 他〖音声〗（硬）口蓋(こうがい)（音）化する.
palatino, na 形 ❶ 口蓋(こうがい)の. bóveda *palatina* 口蓋. ❷ 宮廷の；宮中伯の. ― 男 ❶〖解〗口蓋骨. ❷〖史〗宮中伯.
palazo 男 シャベル［オール］での一撃.
palco 男 桟敷，ボックス（席）. ～ de platea 1階桟敷席. ～ escénico 舞台.
Palencia 固名 パレンシア：スペインの県；県都.
palenque 男 ❶ 柵(さく)；（柵で囲まれた）広場. ❷《ラ米》(ｱﾙｾﾞﾝﾁﾝ)(ｳﾙｸﾞｱｲ)(ﾊﾟﾗｸﾞｱｲ)（家畜をつなぐ）杭(くい). ― 固名 ［P-］パレンケ：（メキシコ）マヤ文明の神殿建築遺跡群.
palenquear 他《ラ米》(ｱﾙｾﾞﾝﾁﾝ)(ｳﾙｸﾞｱｲ)（家畜を）杭(くい)につなぐ.
palentino, na 形 男 女（スペインの）パレンシアの（人）.
paleoceno, na 形 男〖地質〗暁(ぎょう)新世（の）.
paleocristiano, na 形 初期キリスト教（徒）の. ― 男 初期キリスト教時代の美術.
paleografía 女 古文書学；古書体.
paleográfico, ca 形 古文書（学）の.
paleógrafo, fa 男 女 古文書学者.
paleolítico, ca 形 男 旧石器時代（の）.
paleología 女 古代語研究.
paleólogo, ga 男 女 古代語学者.
paleontografía 女 記述古生物学，古生物誌.
paleontología 女 古生物学.
paleontólogo, ga 男 女 古生物学者.
paleoterio 男〖古生〗パラエオテリウム.
paleozoico, ca 形 男 古生代（の）.
Palestina 固名 パレスチナ.
palestino, na 形 パレスチナの. ― 男 女 パレスチナ人.
palestra 女（古代の）闘技場. salir [saltar] a la ～ 論戦に加わる；舞台に躍り出る.
paleta 女 ❶〖美〗〖IT〗パレット；色調.

P

❷ 小さいへら状のもの；こて. ～ de una hélice プロペラの羽根. ❸ (卓球) ラケット. ❹ 肩甲骨；上前歯. ❺ 《ラ米》(ﾒｷｼｺ)(ｼｬﾝ)棒つき[アイス]キャンディー.

paletạda 女 ❶ こてのひとなすり；シャベル一杯. ❷《話》洗練されていないこと[もの].

paletạzo 男〖闘牛〗角の一撃.

paletẹro, ra 男 女《ラ米》(ﾒｷｼｺ)(ﾆｶﾗｸﾞｱ)アイスキャンディー売り.

paletịlla 女〖解〗肩甲骨；肩肉.

palẹto, ta 形《話》粗野な. — 男 女《話》いなか者.

paletọn 男 (鍵(ｶｷﾞ)の) 歯.

pạli 男 パーリ語.

pạlia 女〖カト〗祭壇掛け布；聖杯布.

paliạr 106 他 (苦痛等を) 緩和する, (罪等を) 軽減する；取り繕う.

paliatịvo, va 形 苦痛を軽減する；取り繕う. — 男 緩和するもの；〖医〗緩和剤. sin ～s 弁解できない；容赦ない.

paliatọrio, ria 形 → paliativo.

pálida 形 → pálido.

palidecẹr 76 自 ❶ 青ざめる. ❷ 輝きを失う；陰る.

palidẹz 女 蒼白(そうはく)；(色彩の) 薄さ.

palidezc- 活 → palidecer.

pálido, da [パりド, ダ] 形〔英 pale〕❶ **青白い**, 青ざめた. ponerse ～ 青くなる. ❷ (色が) 薄い；色あせた. color rosa ～ 淡いピンク. estilo ～ 精彩を欠く文体.

palidụcho, cha 形 少し顔色の悪い.

paliẹr 〔仏〕男〖機〗軸受け, ベアリング.

palillẹro, ra 男 楊枝(ようじ)差し；ペン軸.

palịllo 男 ❶ 細い棒 (状のもの). ～ (de dientes) つま楊枝(ようじ). estar hecho un ～ 骨と皮ばかりである. ❷ [複] 箸(はし). ❸ [複] カスタネット.

palimpsẹsto 男 重ね書きした羊皮紙；重ね書きできる文字板.

palíndromo 男 回文.

palingenẹsia 女〖哲〗再生, 復活；〖生〗反復発生.

palinọdia 女 前言取り消し. *cantar la ～* 自分の誤りを認める.

pạlio 男 ❶ (聖体行列等で用いられる) 天蓋(てんがい). ❷ パリウム：古代ギリシャ・ローマの男性用外衣；〖カト〗総大司教用肩衣(かたぎぬ).

palịque 男《話》むだ話.

palisạndro 男〖植〗ブラジルシタン.

palịsta 男〖スポ〗(1) ボート競技の選手. (2) (ハイアライ等) ラケット球技の選手.

palịto 男《ラ米》(ｱﾙｾﾞﾝﾁﾝ) パリト：パンパ pampaの民族舞踊. *pisar el ～* 《ラ米》(ｱﾙｾﾞﾝﾁﾝ)わなにかかる.

palitrọque 男 ❶ 棒切れ. ❷ → banderilla.

palịza 女 ❶ 殴打, たたきのめすこと；《話》〖スポ〗大差で相手を負かすこと. dar [pegar] una ～ 打ちのめす. ❷《話》体の酷使；疲れる仕事. — 男 女 [時に複]《話》うんざりさせる人. *dar la ～* 《話》うんざりさせる. *darse la ～* 《話》体にむち打つ, 一生懸命になる；《俗》いちゃつく.

palizạda 女 柵(さく), 防水堰(せき).

palladọr 男《ラ米》(ｱﾙｾﾞﾝﾁﾝ)(ｳﾙｸﾞｱｲ)(ﾁﾘ) → payador.

pallạr 男《ラ米》(ｱﾙｾﾞﾝﾁﾝ)(ﾁﾘ)(ﾍﾟﾙｰ)〖植〗インゲンマメ；(ﾍﾟﾙｰ)耳たぶ. — 自《ラ米》(ｱﾙｾﾞﾝﾁﾝ)(ｳﾙｸﾞｱｲ)(ﾁﾘ) → payar.

palma [パるマ] 女〔英 palm〕❶ **手のひら**；[複] 手拍子, 拍手. conocer como la ～ de la mano 熟知している. batir [dar] ～s 手拍子を打つ. ❷〖植〗ヤシ, シュロ；(勝利の象徴としての) シュロの葉. ～ (datilera) ナツメヤシ. — 固名 ❶ *P～* de Mallorca パルマ・デ・マジョルカ：(スペインの) バレアレス県の県都. ❷ パルマ Ricardo *P～* (1833-1919)：ペルーの詩人・批評家・小説家. ***llevarse [ganar] la p～*** 《話》王者である；勝る. ***traer [llevar, tener] en p～ a ...*** 《話》…を大切にする, …の機嫌を取る.

palmạdo, da 形 → palmeado. — 女 ❶ 軽くたたくこと. dar *palmadas* en la espalda 背中をぽんぽんとたたく. ❷ 手をたたくこと；[複] 拍手, 手拍子.

palmạr 自 *～la* 《話》死ぬ. — 形 ❶ 手のひらの. ❷ ヤシの葉でできた. — 男 ヤシ林, ヤシ園.

palmarẹ́s 男 経歴；勝利者リスト.

palmạrio, ria 形 明らかな.

Pạlmas 固名 Las ～ ラス・パルマス：スペインの県；県都. グラン・カナリア島の都市.

palmatọria 女 (持ち運び用の) 燭台(しょくだい).

palmeạdo, da 形 ❶ シュロの葉形の；手のひら状の. ❷ 水かきのある.

palmeạr 自 拍手する；手をたたく. — 他 ❶ 軽くたたく. ❷ (バスケットボール) タップシュートする.

palmẹnse 形 男 女 (スペインの) ラス・パルマスの (人).

palmẹo 男 手拍子；(バスケットボール) タップシュート.

palmẹr/ pálmer 男 [複 ～s] (測定器の) マイクロメーター.

palmẹra 女 ❶〖植〗ヤシ (の木). ❷〖料〗パルミエ：ハート型パイ.

palmerạl 男 ヤシ林, ヤシ園.

palmẹro, ra 形 ラ・パルマの. — 男 女 ❶ ヤシ園の番人. ❷ 聖地パレスチナへの巡礼者. ❸ (スペインの) ラ・パルマの人. ❹ (フラメンコ) 手拍子を打つ人.

palmesạno, na 形 男 女 (スペインの) パルマ・デ・マジョルカの (人).

palmẹta 女 (罰として手を打つ) 木のへら.

palmetạzo 男 (罰として) 手を打つこと；叱責(しっせき).

palmịche 男〖植〗ダイオウヤシ (の実).

palmípedo, da 形〖鳥〗水かきのある. — 女 [複] 游禽(ゆうきん)類.

palmịta 女 ***traer [llevar, tener] en ～s a ...*** …を大切にする.

palmịto 男 ❶〖植〗チャボトウジュロ (の芯(しん)). ❷《話》(女性の) 美しい容姿.

pạlmo 男 パルモ：長さの単位. 約21センチ. ***con un ～ de lengua (fuera)*** 《話》へとへとになって. ***con un ～ de narices*** 《話》当てが外れて. ***crecer a ～s*** ぐんぐん成長する. ***dejar con un ～ de narices*** がっくりさせる, ぬか喜びさせる. ***～ a ～*** 少しずつ；すみずみまで. ***～ de tierra*** 猫の額ほどの土地.

palmoteạr 自 (喜んで) 手をたたく；拍手する. — 他 (…の背中を) ぽんぽんとたたく.

palmotẹo 男 拍手 (喝采(かっさい)).

palo [パろ] 男〔英 stick〕❶ **棒**, 木切れ；杭(くい)；柄. flaco como un ～ がりが

りにやせた. ❷ 棒でたたくこと. echar a ～*s*（乱暴に）追いたてる. meter un ～ お仕置きをする. ❸ 材木；《ラ米》木. una cuchara de ～ 木製のスプーン. ❹ 棒状のもの；〖海〗マスト；〖スポ〗ゴールポスト；（ゴルフ）クラブ；（野球）バット. ❺《話》つらい［不愉快な］こと. ❻（スペイン・トランプ）マーク，組. ❼《ラ米》(ﾍﾞﾈｽﾞｴﾗ)(ﾌﾟｴﾙﾄﾘｺ)酒の一杯. *a medio* ～《ラ米》(ﾍﾞﾈｽﾞｴﾗ)《話》ほろ酔いで. *a* ～ *seco*《話》何も添えずに，そのままで. *dar* ～*s de ciego*《話》あてずっぽうにやってみる. *dar un* ～《話》法外な値を要求する. *no dar un* ～ *al agua*《話》全く働かない. ～ *dulce*〖植〗カンゾウ.

paloduz 男〖植〗カンゾウ.

paloma［パロマ］女 ❶［英 dove, pigeon］〖鳥〗ハト. ～ mensajera 伝書バト. ❷ 温厚［無邪気］な人；ハト派. mi ～《女性への呼びかけ》いとしい人.

palomar 男 ハト小屋. *alborotar el* ～《話》（集団に）動揺を与える.

palometa 女 ❶〖魚〗スジイケガツオ. ❷ 蝶(ちょう)ナット.

palomilla 女 ❶〖昆〗ガ；さなぎ. ❷ 蝶(ちょう)ナット. ❸（棚(たな)を支える）腕木. ❹《ラ米》(ﾒｷｼｺ)遊び仲間. ── 男 女《ラ米》(ﾍﾟﾙｰ)いたずらっ子.

palomina 女 ハトの糞(ふん).

palomino 男 ❶ 子バト；《話》おばかさん. ❷ 鳥の糞(ふん)；《話》下着の汚れ.

palomita 女 ❶［主に複］ポップコーン. ❷ 水割りのアニス酒. ❸（サッカー）（ゴールキーパーの）ダイビング. ❹《ラ米》(ﾒｷｼｺ)チェックマーク（✓）.

palomo 男 ❶〖鳥〗雄バト；モリバト. ❷《話》まぬけ，お人好し.

palotada 女 細い棒で打つこと. *no dar* ～《話》はかどらない，へまばかりする.

palote 男 ❶ 小さな棒；（楽器の）ばち. ❷（習い始めの文字の）棒線.

palotear 自 ❶ 棒と棒を打ち合わせる. ❷ 大声で言い合う.

palpable 形 ❶ 手で触れられる；〖医〗触診できる. ❷ 明白な.

palpablemente 副 目に見えて；明らかに.

palpación 女 触れること；〖医〗触診.

palpador 男〖技〗探針，探触子.

palpamiento 男 ➔ palpación.

palpar 他 ❶ 触る，手探りする；〖医〗触診する. ～ de armas（武器の有無を）ボディチェックする. ❷ 思い知る，はっきりと分かる.

palpebral 形 まぶたの.

palpitación 女［主に複］動悸(どうき)；鼓動；〖医〗心悸亢進(こうしん).

palpitante 形 ❶ 鼓動を打っている；ぴくぴく［ちかちか］する. ❷ 生々しい，ホットな. un tema ～ 最近問題になっているテーマ.

palpitar 自 ❶ 鼓動する；動悸(どうき)を打つ. ～ la cabeza 頭がずきずきする. ❷（感情が）脈打つ，あふれる.

pálpito 男 虫の知らせ，予感.

palpo 男〖昆〗触鬚(しょくしゅ).

palta 女《ラ米》(南米)〖植〗アボカド.

palto 男《ラ米》〖植〗アボカド（の木）.

paltó 男《ラ米》上着，ジャケット（➔ chaqueta 地域差）.

palúdico, ca 形 ❶〖医〗マラリアの. fiebre *palúdica* マラリア. ❷ 湖沼［湿地］の. ── 男 女 マラリア患者.

paludismo 男〖医〗マラリア.

palurdo, da 形《話》《軽蔑》粗野な. ── 男 女《話》いなか者.

palustre 形 湖沼［湿地］の. ── 男（左官等の）こて.

pam 間《射撃・打撃・爆発音》パン.

pamela 女（つば広の）婦人帽.

pamema 女《話》くだらないこと；媚(こ)び，偽善的態度.

pampa 女 パンパ：アルゼンチンの大草原. ── 形 男 女 パンパの［に住む］（先住民）.

pámpana 女 ブドウの葉.

pámpano 男 ❶ ブドウの芽［巻きひげ葉］. ❷〖魚〗サルパ.

pampeano, na 形 男 女（南米の）パンパ pampa の（人）.

pampear 自《ラ米》(南米)（南米の）パンパ pampa を旅する.

pampero, ra 形 男 女 ➔ pampeano. ── 男《ラ米》(ｱﾙｾﾞﾝﾁﾝ)パンペロ：南西から吹きつける寒風.

pampino, na 男 女《ラ米》チリ領パンパ pampa の人.

pampirolada 女 ❶《話》内容のない言葉. ❷ にんにくソース.

pamplina 女 ❶〖植〗ツメクサ. ❷［主に複］《話》くだらないこと；媚(こ)び，お世辞.

pamplinero, ra / pamplinoso, sa 形 お調子者の；おだてられるのが好きな.

Pamplona 固名 パンプローナ：（スペイン）ナバラ県の県都. ► 7月7日のサン・フェルミン祭で通りに牛を放すことで有名.

pamplonés, nesa / pamplonica 形 男 女（スペインの）パンプローナの（人）.

pamporcino 男〖植〗シクラメン

pan［パン］男［英 bread］❶ パン. pedazo de *pan* パン一切れ. *pan* candeal 白パン. *pan* de molde 食パン. *pan* de barra バゲット. *pan* integral 全粒パン. *pan* rallado［molido］パン粉. *pan* tostado《ラ米》トースト（➔ tostada 地域差）. ❷ 生活の糧. ganarse el *pan* 生活の糧を得る. ❸（パンに似た）塊，固形物. *pan* de higo 干しイチジク. *pan* de jabón 固形石けん. ❹ 箔(はく). *pan* de oro 金箔. ***A falta de pan, buenas son tortas.***《諺》欲しいものがないときにはありあわせで我慢すべきだ. ***a pan y agua*** パンと水だけで，必要最小限のもので. ***con su pan se lo coma*** 私の知ったことではない. ***Contigo, pan y cebolla.***《諺》あなたとならば貧乏暮らしもいとわない. ***llamar al pan, pan y al vino, vino*** 歯に衣(きぬ)着せぬ言い方をする. ***pan bendito*** 聖別されたパン；ありがたいもの. ***ser el［nuestro］pan de cada día*** よくあることである. ***ser pan comido*** 簡単なことである. ***ser más bueno que el pan*** 人がいい，お人好しである.

pana 女 ❶ コーデュロイ. ❷《ラ米》（車の）故障（➔ avería 地域差）.

panacea 女 万能薬，特効薬.

panadería 女 パン屋；製パン所［業］.

panadero, ra 男 女 パン屋，パン職人.

panadizo 男〖医〗瘭疽(ひょうそ).

panafricanismo 男 汎(はん)アフリカ主義，全アフリカ主義.

panafricano, na 形 汎(はん)アフリカ主義

P

の；全アフリカの.

panal 男 (ハチの巣の) 巣房；ハチの巣状のもの.

Panamá [パナマ] 固名 **パナマ**：首都パナマ (Ciudad de) Panamá. — 男 [p-] パナマ帽；パナマ布.

panameñismo 男 パナマ特有の語法.

panameño, ña [パナメニョ,ニャ] 形 **パナマ(人)の**. — 男 女 **パナマ人**.

Panamericana 固名 Carretera ～ パンアメリカン・ハイウエー：米国南部からアルゼンチンのブエノスアイレスに至るハイウエー.

panamericanismo 男 汎(はん)アメリカ主義.

panamericanista 形 汎(はん)アメリカ主義(者)の, 全アメリカ主義(者)の. — 男 女 汎アメリカ主義者.

panamericano, na 形 汎(はん)アメリカの, 全アメリカの.

panarabismo 男 汎(はん)アラブ主義.

panarra 男 女 《話》《軽蔑》のろま, ぐず.

panateneas 女 複 (古代ギリシャ) (アテナをたたえる) パンアテナイア祭.

pancarta 女 プラカード；垂れ幕.

panceta 女 (豚の) ばら肉, 三枚肉.

Pancho 固名 《ラ米》 パンチョ：Francisco の愛称.

pancho, cha 形 ❶ 《話》 平静な. ❷ 《ラ米》(コロンビア)ずんぐりした. — 男 《ラ米》(アルゼンチン)(ウルグアイ)(パラグアイ)ホットドッグ；フランクフルトソーセージ.

pancista 形 《話》 御都合[日和見]主義(者)の. — 男 女 御都合[日和見]主義者.

páncreas 男 [単複同形] 《解》 膵臓(すいぞう).

pancreático, ca 形 《解》 膵臓(すいぞう)の.

pancreatitis 女 [単複同形] 《医》 膵(すい)(臓) 炎.

pancromático, ca 形 《写》 全整色の, パンクロの.

panda 男 《動》 パンダ. ～ gigante ジャイアントパンダ. ～ menor レッサーパンダ. — 女 → pandilla.

pandear(se) 自 再 (木材・壁等が) 反る, たわむ.

pandectas 女 複 法典；《史》 ローマ法大全の学説彙纂(いさん).

pandemia 女 世界的な流行病.

pandemónium 男 大混乱；修羅場.

pandeo 男 反り, たわみ.

pandereta 女 タンバリン. *la España de* ～ (フラメンコ・闘牛等の) 観光向けのスペイン.

panderete 男 《建》 (れんがの) 仕切り.

panderetear 自 タンバリンを打ち鳴らす.

pandereteo 男 タンバリンの打ち鳴らし.

panderetero, ra 男 女 タンバリン奏者.

pandero 男 ❶ 大型のタンバリン. ❷ 《話》 尻(しり).

pandilla 女 仲間, 集団；一味.

pandillero, ra 男 女 遊び仲間の一員.

pandit [ピンディー] 男 (インドの) 賢者；(称号) 師.

pando, da 形 ❶ (木材・壁等が) 反った, たわんだ. ❷ (流れ等が) ゆっくりした；浅い.

pandorga 女 ❶ 《話》 太った女性. ❷ 《ラ米》 凧(たこ)(→ cometa 地域差).

panecillo 男 (小型の) パン.

panegírico, ca 形 賞賛の. — 男 賛辞.

panegirista 男 女 賞賛者.

panel 男 ❶ パネル；掲示板；計器盤；画板. ～ de control 制御パネル. ❷ (公開討論等の) 討論者[審査員]団.

panela 女 《ラ米》(中米)(コロンビア)(エクアドル)(メキシコ)黒砂糖(の塊).

panelista 男 女 パネリスト.

panero, ra 形 パン好きな. — 女 パンかご.

paneslavismo 男 汎(はん)スラブ主義.

paneslavista 形 汎(はん)スラブ主義 (者) の. — 男 女 汎スラブ主義者.

paneuropeo, a 形 汎(はん)ヨーロッパ主義(者)の. — 男 女 汎ヨーロッパ主義者.

pánfilo, la 形 男 女 《話》 のろま (な)；まぬけ (な).

panfletario, ria 形 扇動[中傷]的な.

panfletista 男 女 扇動的[中傷的] な文書の作者.

panfleto 男 扇動的[中傷的] 文書；政治[思想]宣伝.

pangelín 男 《植》 パンジェリン.

pangermánico, ca 形 汎(はん)ゲルマン主義(者)の, 全ドイツ主義(者)の.

pangermanismo 男 汎(はん)ゲルマン主義.

pangermanista 形 汎(はん)ゲルマン主義(者)の. — 男 女 汎ゲルマン主義者.

pangolín 男 《動》 センザンコウ.

pangue 男 《植》 パンゲ.

panhelenismo 男 汎(はん)ギリシャ主義.

paniaguado, da 男 女 《話》 お気に入り, コネに頼る人.

pánico, ca [パニコ,カ] 男 〔英 panic〕 恐慌, **パニック**. sembrar el ～ 恐慌を引き起こす. — 形 とてつもない.

panícula 女 《植》 円錐(えんすい)花序.

panículo 男 《解》 皮下脂肪層.

paniego, ga 形 ❶ 小麦を産出する. ❷ パンをよく食べる. — 男 小麦の産地.

panificación 女 パン製造.

panificar 26 他 (小麦等を) パンにする.

panilla 女 (油の単位) 4分の1リットル.

panislamismo 男 汎(はん)イスラム主義.

panizo 男 《植》 アワ.

panocho, cha 形 男 女 (スペイン) ムルシアの灌漑(かんがい)農業地帯の (人). — 男 ムルシアの灌漑農業地帯の方言. — 女 ❶ → panoja①. ❷ 《ラ米》 (1)(メキシコ)黒砂糖の飴(あめ). (2)(コロンビア)(メキシコ) 《俗》 陰門.

panoja 女 ❶ (キビ等の) 穂. ❷ 《植》 円錐(えんすい)花序.

panoli 形 男 女 《話》 まぬけ (な), お人好し (の).

panoplia 女 ❶ よろいかぶと一式；(盾形の) 武具飾り. ❷ 武具コレクション；武具学.

panóptico, ca 形 全体が見渡せる. — 男 1か所から全体が見える建物.

panorama 男 ❶ 全景；概観. el ～ político 政治情勢. ❷ パノラマ, 回転図.

panorámico, ca 形 パノラマ (型) の, 全体を見渡せる. — 女 ❶ → panorama①. ❷ 《映》 パン：カメラをゆっくり左右[上下]に移動させる撮影法.

panqué / panqueque 男 《ラ米》(メキシコ)(コロンビア)クレープ, パンケーキ.

pantagruélico, ca 形 (食べ物が) ふんだんな, 豪勢な.

pantalán 男 (小船用) 桟橋.

pantaleta 女 [複]《ラ米》パンティー (→ braga 地域差).
pantalla 女 ❶〘映〙スクリーン；〘IT〙ディスプレー装置, モニター. un astro de la ～ 映画スター. la pequeña ～《話》テレビ. ❷ シェード；遮断壁. ～ acústica 防音壁；(スピーカーの) バフル. ～ de humo 煙幕, 目隠し. ❸《ラ米》(1)(ﾒｷｼｺ)(ﾌﾟｴﾙﾄﾘｺ)うちわ. (2)[複]イヤリング (→ zarcillo 地域差).
pantalón [パンタロン] 男 [複 pantalones]〔英 pants〕❶ [主に複] ズボン, パンツ. faja ～ (長めの) ガードル. ～ tejano [vaquero] ジーンズ. ❷ [複]《話》男性. ***bajarse los pantalones***《話》屈服する, 折れる. ***llevar*** [***ponerse***] ***los pantalones***《話》(家庭等で) 実権を握る.
pantaloncillos 男 複《ラ米》(ｺﾛﾝﾋﾞｱ)《話》(下着の) パンツ, ブリーフ.
pantalonero, ra 男 女 ズボン仕立屋.
pantanal 男 湿地帯.
pantano 男 沼；貯水池；《比喩的》泥沼.
pantanoso, sa 形 ❶ 沼の多い, 湿地の. ❷ 面倒な, 厄介な.
panteísmo 男 汎(ﾊﾝ)神論.
panteísta 形 男 女 汎(ﾊﾝ)神論の[者].
panteístico, ca 形 汎(ﾊﾝ)神論の.
panteón 男 ❶ パンテオン：(古代ギリシャ・ローマ) 神殿；(神話の) 神々. ❷ 霊廟(れいびょう)；墓地.
pantera 女〘動〙(クロ) ヒョウ；《ラ米》(ﾍﾞﾈｽﾞｴﾗ)ジャガー.
panties 男 複《ラ米》パンティー (→ braga 地域差).
pantógrafo 男 ❶ 写図器. ❷ (電車の) パンタグラフ.
pantómetra 女 → pantómetro.
pantómetro 男 水平角測定器.
pantomima 女 ❶ パントマイム. ❷ 見せかけの行動.
pantoque 男〘海〙船底湾曲部.
pantorrilla 女〘解〙ふくらはぎ.
pantufla 女 スリッパ, 室内履き.
panza 女 ❶《話》(太鼓) 腹. ❷ (容器等の) 胴. ❸ (反芻(はんすう)動物の) 第一胃.
panzada 女 ❶ 腹を打つこと. ❷《話》満腹；大量. darse una ～ de reír《話》笑い転げる.
panzazo 男 → panzada.
panzudo, da 形 太鼓腹の；太った.
pañal 男 [主に複] おむつ；産着. ***criarse en buenos ～es*** 良家に育つ. ***estar en ～es*** 始めた[生まれた]ばかりである.
pañería 女 服地屋；《集合的》服地.
pañero, ra 形 服地 [織物] の. ― 男 女 服地[織物]業者.
pañete 男 ❶ 安手の布[毛織物]. ❷《ラ米》(ｺﾛﾝﾋﾞｱ)化粧しっくい塗り.
pañito 男 テーブルセンター；掛け布.
paño [パニョ] 男〔英 wool; cloth〕❶ 毛織物, ラシャ. ❷ 布；布切れ；ぞうきん. ～ de cocina ふきん. ～ higiénico 生理用ナプキン. ❸ 一続きの面. un ～ de pared 壁の1つの面. ❹ 壁掛け；タペストリー. ❺ (皮膚の) しみ；(ガラス等の) 曇り. ❻ [複] 衣服；〘美〙ドレープ. ❼《ラ米》(道路の) 車線 (→ vía 地域差). ***～ de lágrimas***《話》悩みの聞き役, 慰め役. ***～s calientes***《話》生ぬるいやり方[言い方]. ***conocer el ～***《話》実態が分かる. ***en ～s menores***《話》下着姿で. ***haber ～ que cortar***《話》仕事がふんだんにある.
pañol 男〘海〙船倉.
pañolada 女 ハンカチを振ること.
pañoleta 女 三角形のショール；(闘牛士の) 細いネクタイ.
pañolón 男 (大きな) ハンカチ, ショール.
pañosa 男 ❶ → muleta ②. ❷ (毛の) マント.
pañuelo [パニュエロ] 男〔英 handkerchief〕❶ ハンカチ；ティッシュ (＝～ de papel). ～ de bolsillo (胸ポケットの) 飾りハンカチ. ❷ スカーフ. ***Este*** [***El***] ***mundo es*** (***como***) ***un ～.*** 世間は狭い.
papa [パパ] 男〔英 pope〕❶ [時に P-] ローマ教皇, 法王. el *P～* Juan Pablo II 法王ヨハネパウロ2世. ❷《話》→ papá. ― 女 ❶《ラ米》ジャガイモ (→ patata 地域差). ～ dulce サツマイモ. ❷ [複] (牛乳と小麦粉の) かゆ；離乳食. ***No saber*** [***entender***] ***ni ～***《話》全く知らない, 全く分からない.
papá [パパ] 男 [複 ～s]〔英 dad〕《話》❶ お父さん, パパ；《ラ米》父. ❷ [複] 両親. ～ ***grande***《ラ米》祖父. ***P～ Noel*** サンタクロース.
papable 形〘カト〙(枢機卿(けい)が) 教皇になり得る.
papachar 他《ラ米》(ﾒｷｼｺ)(ｸﾞｱﾃﾏﾗ)なでる, かわいがる.
papada 女 二重あご；〘動〙のど袋.
papado 男 教皇庁；教皇の位[任期].
papagayo 男 ❶〘鳥〙オウム. ❷《話》おしゃべり；受け売りする人. ❸《ラ米》凧(たこ) (→ cometa 地域差).
papaína 女〘化〙パパイン (酵素).
papal 形〘カト〙教皇の. ― 男《ラ米》ジャガイモ畑.
papalina 女 (耳当て付きの) 帽子；ナイトキャップ.
papalote 男《ラ米》凧(たこ) (→ cometa 地域差).
papamoscas 男 [単複同形] ❶〘鳥〙ヒタキ. ❷《話》→ papanatas.
papamóvil 男《話》教皇用の車.
papanatas 男 [単複同形]《話》ばか, 信じやすい人.
papanatería 女《話》愚かさ, だまされやすさ.
papanatismo 男 → papanatería.
papar 他 (食べ物を) かまずに飲み込む.
paparazzi [パパラッツィ]〔伊〕男 [単複同形または複 ～s] パパラッチ.
paparrucha / paparruchada 女《話》ばかげた[根拠のない]こと.
papaverina 女〘化〙パパベリン.
papaya 女 ❶〘植〙パパイヤ (の実). ❷《ラ米》(ﾍﾟﾙｰ)《俗》簡単なこと.
papayo 男〘植〙パパイヤ (の木).
papel [パペる] 男〔英 paper〕❶ 紙. una hoja de ～ 紙一枚. ～ en blanco 白紙. ～ biblia インディア紙. ～ carbón カーボン紙. ～ cebolla オニオンスキン紙. ～ de calco トレーシングペーパー. ～ de estaño [plata] 銀紙. ～ de estraza ハトロン紙. ～ higiénico トイレットペーパー. ❷ [主に複] 書類；身分証明書. sin ～es 身分証明書不携帯の (不法移

P

民). de ～ 書類上の. ❸ 紙幣 (= ～ moneda); 証券, (支払い) 手形. ～ del Estado 国債. ～ de pagos (al Estado) 収入印紙. ❹ 役割; 役柄. hacer el ～ de ... …の役をする. hacer [desempeñar] su ～ 役割を果たす. ～ *mojado* 失効した書類, 反故(ほ). *perder los ～es* 取り乱す. *sobre el ～* 理論上は.

papela 女《話》身分証明書.

papelear 自 書類をかき回す.

papeleo 男 一連の手続き[書類]; 書類をかき回すこと.

papelera 女 ❶ くず入れ, ごみ箱. ❷ 製紙工場.

papelería 女 文房具店.

papelero, ra 形 製紙業の; 紙の.

papeleta 女 ❶ 紙片; 証書, 証明書, 通知書, 申込書. ～ de votación 投票用紙. ～ de examen 採点票. ❷《話》厄介なこと.

papelillo 男 薬包紙; 紙巻きタバコ.

papelina 女《俗》麻薬の包み.

papelón 男 醜態; くだらない書類.

papelorio 男《軽蔑》書類の山.

papelote 男 ❶《話》無用の紙[書類]; 古紙. ❷《ラ米》凧 (たこ)(→ cometa 地域差).

papera 女[複]流行性耳下腺炎, おたふくかぜ.

papi 男《話》《幼児語》パパ, お父ちゃん.

papiamento 男 (西インド諸島) キュラソー島の言語.

papila 女〘解〙乳頭;〘植〙乳頭毛. ～*s* gustativas (舌の) 味蕾(らい).

papilar 形 乳頭[乳頭毛] (状) の.

papilionáceo, a 形〘植〙マメ科の. ── 女[複]マメ科の植物.

papilla 女 ❶ 離乳食, かゆ. ❷〘医〙X 線造影剤. *hacer ～ a ...*《話》…をずたずたに破壊する, (人) を打ちのめす.

P **papiloma** 男 (いぼ等の) 乳頭腫(しゅ).

papión 男〘動〙クモザル.

papiro 男〘植〙パピルス (紙, 文書).

pápiro 男《話》《スペイン》(高額) 紙幣.

papiroflexia 女 折り紙 (工芸).

papirología 女 パピルス古文書学.

papirotazo 男 (頭等を) 指ではじくこと.

papisa 女 la ～ Juana (伝説上の) 女教皇ファナ.

papismo 男《時に軽蔑》ローマカトリック教; 教皇第一主義.

papista 形 男 女 ローマカトリックの (教徒), 教皇第一主義の[者]. *ser más ～ que el papa*《話》(当事者以上に) うるさく言う.

papo 男 ❶ → papada. ❷ (鳥の) 嗉嚢(そのう). ❸〘医〙甲状腺腫(せんしゅ). ❹《話》ふてぶてしさ.

páprika 女〘植〙パプリカ.

papú / papúa [複 ～(e)s] 形 パプア (人) の. ── 男 女 パプア人. ── 男 パプア語.

Papuasia 固名 パプア島: ニューギニア島の別称.

Papúa y Nueva Guinea 固名 パプアニューギニア: 首都ポートモレスビー Port Moresby.

papudo, da 形 (鳥等が) のどの膨らんだ.

pápula 女〘医〙丘疹(きゅうしん).

paquebot / paquebote [仏] 男〘海〙定期船.

paquete, ta [パケテ, タ] 形《ラ米》(ラ゙ラ)気取った, めかしこんだ. ── 男 [英 parcel, package] ❶ 小包み; 包み, パック. ～ postal 郵便小包. ❷ 一まとめ, セット. ～ de programas〘IT〙パッケージプログラム. ～ de acciones (一株主が持つ) 株式. ❸《俗》(男性股間(こかん)の) ふくらみ. ❹《ラ米》(ラ゙ラ)(1) 難問, 面倒. (2) 気取り; めかしこんだ人. *ir de ～*《話》(バイク等の) 後部席に乗っていく. *meter un ～* 罰する.

paquetería 女 パック詰め商品 (の販売); 着飾ること.

paquidermo 形 男〘動〙(ゾウ等) 厚皮動物 (の).

Paquistán 固名 → Pakistán.

paquistaní 形 男 女 → pakistaní.

Paquita 固名 パキータ: Francisca の愛称.

Paquito 固名 パキート: Francisco の愛称.

par [パル] 形 ❶ 偶数の (↔ impar). número *par* 偶数. ❷ 対の; 同等の. órgano *par*〘解〙左右対をなす器官. ── 男 [英 pair] ❶ 対, 2つのもの; 数個, 数人. un *par* de zapatos 靴1足. un *par* de niños 2, 3人の子供. ❷ 偶数. ❸ 同等のもの. sin *par* 類(たぐい)まれな. ❹〘スポ〙(ゴルフ) パー. ❺〘史〙貴族; (英国の) 上院議員. ❻〘建〙(屋根の) 垂木. ── 女〘商〙平価, 額面価. *a la par (que ...)* (…と) 同時に;〘商〙額面どおりで. *a (la) par* そばに. *a pares* 2つ1組で; 大量に. *de par en par* 一杯に (開いて). *par de fuerzas*〘物〙偶力. *pares y nones* (偶数か奇数かを当てる) ゲーム.

para [パラ] 前 [英 for, (in order) to] **I** 《目的・用途・対象・適合》(→ por) ❶《目的》(1) …のために, …のための. ¿*P*～ qué la llamas? 何のために彼女に電話するの. (2)《+不定詞 /que+接続法》…のために, …するように. He comprado este libro ～ leerlo en las vacaciones. 休暇中に読もうとこの本を買った. He comprado este libro ～ *que* lo leas. 君に読んでもらおうとこの本を買った. Estudia ～ (ser) abogado. 彼は弁護士になるために勉強している. ¿*P*～ beber? (レストランで) お飲物は何になさいますか. ¿*P*～ ir al Museo del Prado? プラド美術館に行きたいのですが. Vinieron aquí ～ marcharse al rato. 彼らはここに来たけどすぐに帰って行った. ❷《用途》…のための. Necesitamos papel ～ la impresora. プリンターの用紙が必要です. comedor ～ estudiantes 学生食堂. ❸《対象・宛先》…に対する, …宛(あ)ての. una habitación ～ dos personas 2人部屋. Esto es ～ ti. (プレゼント等を) これをどうぞ. Quiero reservar una mesa ～ esta noche. 今夜テーブルを一つ予約したいのですが. Tengo un mensaje ～ usted. あなたへの伝言があります. ～ sí (自分に向かって) 心の中で. ❹《行き先》…行きの, 向けの. el tren ～ Sevilla セビリア行きの列車. Este paquete es ～ Italia. この小包はイタリア宛てです. Ven ～ acá. こっちへ来なさい. ► a は到達点を示し, para は向かう方向を指す (途中で行くのをやめる可能性もある). 2《適合・判断基準・意見》❶《適合・利益》…にとって. El tabaco es muy malo ～ la salud. タバコは健康にとても悪い. Este coche es demasiado lujoso ～ mí. この車は僕には豪華すぎる. ❷《判断基準》…と[に]しては. Carlitos es muy grande ～ su edad. カルリートスは年の割には大きい. Hace demasiado frío ～ ser marzo. 3月にしては寒すぎる. ❸《意見》…にとっては. *P*～ mí eso no tiene sentido. 私にはそれが無意味に思える. *P*～ la chica, su novio es guapísimo. その女性にとっては彼氏はとてもハンサムということだ. 3《時間》❶《期限》…までに. Lo dejaremos ～ mañana. それは明日に延期しましょう. Habrán terminado la obra ～ el fin de semana. 週末までに工事は終わっているはずです. Falta mucho tiempo ～ el concierto. コンサートまでまだ時間がある. ► 予期される期限の時点に力点を置く (→ hasta). ❷《予定された時点》…に. Su visita está prevista ～ el lunes. 彼の訪問は月曜に予定されている. Volveré ～ mayo. 5月ころに戻ってきます. ❸《期間》…の間. ¿Me dejas tu apartamento ～ las vacaciones? 休暇の間君のアパート貸してくれるかい. ❹《ラ米》《時刻》Son cinco ～ las once. 11時5分前です. ── [パラ] 活 → parar. ***estar*～** 〈＋不定詞〉まさに…しようとしている；…する気分だ. El avión *está* ～ despegar. 飛行機はちょうど離陸するところだ. Esta noche no *estoy* ～ cenar fuera. 私は今夜は外食する気にならない. ***ir* ～** 〈**que**＋直説法〉…ほど経つ. *Va* ～ cinco años *que* vivo en Tokio. 《話》東京に暮らしてかれこれ5年になる.

parabellum [パラベる(ム)] 〔独〕 女 [単複同形] 〖商標〗(小型の) 自動小銃.

parabién 男 祝いの言葉.

parábola 女 ❶ 道徳的なたとえ話. ❷ 〖数〗放物線.

parabólico, ca 形 ❶ たとえ話の. ❷ 放物線状の. ── 女 パラボラアンテナ.

parabolizar 57 他 ❶ 比喩(ひゆ)で話す. ❷〖数〗放物線にする.

paraboloide 男〖数〗放物面.

parabrisas 男 [単複同形] 〖車〗フロントガラス. 地域差 〖車〗フロントガラス parabrisas 《ほぼスペイン語圏全域》; cristal 《スペイン》《ラ米》(ドミニカ共和国, プエルトリコ); luna delantera 《スペイン》; vidrio 《ラ米》(ホンジュラス, ニカラグア, パナマ) (ベネズエラ); windshield (グアテマラ, パナマ).

paraca 女《ラ米》(太平洋から吹く) 強風. ── 男 女 → paracaidista.

paracaídas 男 [単複同形] パラシュート.

paracaidismo 男 ❶ パラシュート降下；スカイダイビング. ❷《ラ米》(メキシコ)不法占拠.

paracaidista 形 パラシュート降下の. ── 男 女 ❶ スカイダイバー；落下傘兵. ❷《ラ米》招待されない客；不法占拠者.

paracentesis 女 [単複同形] 〖医〗穿刺(せんし)(術).

paracetamol 男 〖薬〗パラセタモール：解熱鎮痛剤.

parachispas 男 [単複同形] (煙突の) 火の粉よけ；〖電〗火花止め.

parachoques 男 [単複同形] (車の) バンパー, 緩衝装置.

parada 過分 → parar. 女 ❶ (バス等の) 停留所. ～ discrecional 乗り降りがあるときだけ止まる停留所. ❷ 止まること, 停止, 停車；滞在 (地). ❸ パレード, 閲兵式. ❹《ラ米》青空市場. ❺ (サッカー) セーブ. ── 形 → parado. ～ ***nupcial*** (鳥等の) 求愛行動.

paradero 男 ❶ 居場所；行き先. ❷《ラ米》(1)(コロンビア)(ペルー)バス停. (2)(チリ)駅.

paradigma 男 ❶ パラダイム；範例. ❷ 〖言〗語形変化表；範列.

paradigmático, ca 形 パラダイムの；〖言〗範列的な；語形変化表の.

paradisiaco, ca / paradisíaco, ca 形 天国[楽園]のような.

parado, da [パラド, ダ] 過分 → parar. 形 〔英 stopped〕 ❶ 停止した；《ラ米》立った. El reloj está ～. その時計は止まっている. ❷ 失業した. ❸ 優柔不断な. ❹ 当惑した. ❺《ラ米》(チリ)(プエルトリコ)《話》思い上がった. ── 男 女 ❶ 失業者. ❷ 優柔不断な人. ***bien*** [***mal***] ～ いい[悪い]状態で, 運よく[悪く]. salir *mal* ～ en el accidente 事故でひどい目に遭う.

paradoja 女 逆説, パラドックス；不条理.

paradójicamente 副 逆説的に (言えば), 矛盾して.

paradójico, ca 形 逆説的な, 矛盾した.

parador 男 パラドール：(スペインの) 国営観光ホテル (＝～ nacional de turismo).

paraestatal 形 半官半民の. empresa ～ 公社, 公団.

parafernales 形 複 〖法〗妻に所有権のある.

parafernalia 女《話》仰々しいこと, 派手さ.

parafina 女 パラフィン (蠟(ろう)).

parafinado, da 形 男 パラフィン加工 (した).

parafinar 他 …にパラフィンを塗る.

parafrasear 他 分かりやすく言い [書き] 替える.

paráfrasis 女 [単複同形] 〖言〗パラフレーズ, 言い換え；韻文訳.

paragoge 女 〖言〗語尾音添加.

paragolpes 男 [単複同形] 《ラ米》(アルゼンチン)(パラグアイ)(ウルグアイ) → parachoques.

parágrafo 男 → párrafo.

paraguas [パラグアス] 男 [単複同形] 〔英 umbrella〕 傘. ～ plegable 折り畳み傘.

Paraguay [パラグアイ] 固名 ❶ パラグアイ：首都アスンシオン Asunción. ❷ el ～ パラグアイ川：ブラジル西部に発しパラナ川と合流.

paraguayo, ya [パラグアヨ〈パラグアジョ〉, ヤ〈ジャ〉] 形 パラグアイ (人) の. ── 男 女 パラグアイ人. ── 女 パラグアヤ：桃の一種.

paragüería 女 傘店.

paragüero, ra 男 女 傘職人. ── 男 傘立て.

parahúso 男 〖技〗舞い錐(ぎり).

paraíso [パライソ] 男 〔英 paradise〕 ❶ 楽園；天国. ～ terrenal エデンの園. el ～ perdido 失楽園. ❷ 〖演〗天井桟敷. ❸《ラ米》(ペルー)〖植〗タイワンセンダン. ***ave del*** ～ 〖鳥〗ゴクラクチョウ.

P

paraje 男 (奥まった) 場所, 土地.
paral 男 足場用の腕木.
paralaje 女 〖天〗〖光〗視差.
paralela 女 平行線 ; [複] 〖スポ〗平行棒 (= barras ～*s*). ～*s* asimétricas 段違い平行棒. ― 形 → paralelo.
paralelamente 副 ❶ 《a》(…と) 平行して. ❷ 同様に, 同時に.
paralelepípedo 男 平行六面体.
paralelismo 男 ❶ 平行 ; 対応, 類似. ❷ 〖修〗対句法. ❸ 〖IT〗並列処理.
paralelo, la [パラれろ,ら] 形 〔英 parallel〕 ❶ 《a》(…と) **平行な** ; 並列の. una calle *paralela a* ésta これと並行する通り. ❷ 《a》(…と) 対応関係にある, 類似した ; 同時進行する. ― 男 ❶ 〖地〗緯度線. ❷ 対応関係, 類似. sin ～ 類を見ない. *en* ～ 平行[並行]に.
paralelogramo 男 〖数〗平行四辺形.
paralís 男 [単複同形] 《話》 → parálisis.
parálisis 女 [単複同形] 〖医〗麻痺(ま)(症) ; 停滞. ～ infantil 小児麻痺.
paralítico, ca 形 〖医〗麻痺(ま)した. ― 男 女 麻痺患者.
paralización 女 麻痺(ま) ; 停滞.
paralizador, dora / paralizante 形 麻痺(ま)させる ; 停滞させる.
paralizar 57 他 麻痺(ま)[停滞] させる. ～ la industria 産業を滞らせる. ― **paralizarse** 再 麻痺[停滞, 停止]する.
paralogismo 男 〖論〗偽推理.
paramagnético, ca 形 〖電〗常磁性の.
paramagnetismo 男 〖電〗常磁性.
paramento 男 ❶ 飾り布 ; 飾り馬衣. ～*s* sacerdotales 〖カト〗祭服 ; 祭壇の飾り. ❷ 〖建〗(壁等の) 仕上げ面.
paramera 女 荒野, 不毛地帯.
parámetro 男 〖数〗〖IT〗〖言〗パラメーター, 媒介変数 ; (統計) 母数.
paramilitar 形 軍隊的な ; 準軍隊の.
paramnesia 女 〖医〗記憶錯誤 ; 既視感, デジャヴュ.
páramo 男 ❶ 荒地. ❷ 《ラ米》(霧)霧雨.
Paraná 固名 el ～ パラナ川 : ブラジル南部に発しラプラタ川に注ぐ.
parangón 男 比較 ; 類例. sin ～ 比類のない.
parangonar 他 《con》(…と) 比較する.
paraninfo 男 (大学の) 講堂.
paranoia 女 〖医〗偏執症 ; 被害妄想.
paranoico, ca 形 男 女 偏執症の(人).
paranomasia 女 → paronomasia.
parapente 〔仏〕 男 パラグライダー (のパラシュート).
parapentista 男 女 パラグライダーをする人[選手].
parapetar 他 保護する. ― **parapetarse** 再 物陰に隠れる ; 逃げ込む. ～ tras el silencio だんまりを決め込む.
parapeto 男 〖軍〗胸壁 ; 土嚢(どのう) ; (橋等の) 手すり.
paraplejía / paraplejia 女 〖医〗対麻痺(ついまひ).
parapléjico, ca 形 男 女 対麻痺(ついまひ)の(患者).
parapsicología 女 超心理学.

parar [パラル] 自 〔英 stop〕 ❶ **止まる** ; 《de + 不定詞》…するのをやめる. ～ *de* llover 雨があがる. ❷ 《en》(…に) 泊まる. ❸ 《a, en》(…に) 至る, 最後は…となる. ～ *en* mal 悪くなる. ～ *en* nada 何もなしに終わる. ❹ ストライキを行う. ― 他 ❶ **止める**. ～ el coche 車を止める. ～ atención en [a] ... …に注意を向ける. ❷ 遮る ; かわす ; 〖スポ〗(パス・シュートを) カットする. ― **pararse** 再 ❶ 止まる. ❷ 《a + 不定詞》じっくりと…する ; 《en, con》(… に) か か わ る. ～ *a* pensar 熟考する. No *te pares en* los detalles. 細かいことにこだわるな. ❸ 《ラ米》立ち上がる (= levantarse) ; 財をなす. *¡Dónde vamos a parar!* どうなってしまうのだろう. *no parar hasta (que ...)* …するまでやめない. *parar en seco* 急停止する. *sin parar* 絶えず, やめることなく. *venir a parar a ...* (結論として) (…に) たどりつく.
pararrayos 男 [単複同形] 避雷針.
paraselene 女 〖天〗幻月.
parasicología 女 → parapsicología.
parasimpático, ca 形 男 〖解〗副交感神経 (の).
parasíntesis 女 [単複同形] 〖文法〗並置総合 : 複合と派生による合成語.
parasintético, ca 形 〖文法〗並置総合の.
parasitario, ria 形 寄生 (生物) の, 寄生虫による.
parasiticida 形 寄生虫駆除の. ― 男 駆虫剤.
parasitismo 男 〖生〗寄生 ; 〖医〗寄生虫病 ; 《軽蔑》寄生生活.
parásito, ta 形 寄生する. insectos ～*s* 寄生虫. ― 男 ❶ 〖生〗寄生虫 [生物]. ❷ 《軽蔑》他人[社会]に寄生する人. ❸ [複] 電波障害, 雑音.
parasitología 女 寄生虫[体]学.
parasitosis 女 [単複同形] 寄生虫症.
parasol 男 ❶ 日傘, パラソル. ❷ 〖写〗レンズフード. ❸ 〖車〗サンバイザー.
parástade 男 (補強用) 付柱(はしら).
parata 女 段々畑.
parataxis 女 〖文法〗並列.
paratífico, ca 形 パラチフスの.
paratifoidea 女 〖医〗パラチフス.
paratiroideo, a 形 副甲状腺(せん)の.
paratiroides 女 [単複同形] 〖解〗副甲状腺(せん).
parca 女 ❶ 《文》死. ❷ 《ラ米》〖服〗ジャンパー (→ cazadora 地域差).
parcela 女 (土地の) 一区画 ; 小片.
parcelable 形 区分けできる.
parcelación 女 (土地の) 区分け.
parcelar 他 (土地を) 区分け[細分]する.
parcelario, ria 形 区画の. concentración *parcelaria* 区画統合.
parchar 他 《ラ米》(ニ゙) …に継ぎを当てる.
parche 男 ❶ 継ぎ, 当て布 ; 傷当て, パップ. ponerse un ～ en el ojo 目に眼帯をする. ❷ 《話》一時しのぎ. ❸ 他と調和しないもの. hacer el ～ 場違いで恥をかく. ❹ 打楽器の革. ❺ 〖IT〗パッチ. *¡Ojo [Oído] al ～!* 気をつけろ. *pegar un ～* 継ぎを当てる ; 金品を巻き上げる.
parchear 他 ❶ …に継ぎ当て[当て布]を

P

はる．❷ 応急処置をする．

parchís 男 インドすごろく．

parcial 形 ❶ 部分的な；不完全な．elecciones ～es 補欠選挙．❷ 不公平な，偏った．── 男 中間テスト；〖スポ〗途中成績．

parcialidad 女 ❶ 不公平，偏り；不完全さ．❷ 党派；徒党．

parcialmente 副 ❶ 部分的に．❷ 不公平に．

parco, ca 形 《en》(…が) 控えめな；乏しい．～ *en* el comer 少食の．

parcómetro 男 パーキングメーター．

pardal 男〖鳥〗スズメ；ムネアカヒワ．

pardear 自 褐色がかる．

pardela 女〖鳥〗ミズナギドリ．

¡pardiez! 間 《驚き・怒り》これはこれは．

pardillo, lla 形 男 女 世間知らず (の)．── 男〖鳥〗ムネアカヒワ．

pardo, da 形 ❶ 褐色の．oso ～ ヒグマ．❷ (空等が) 暗い；鈍い．❸ 《ラ米》《軽蔑》ムラート mulatoの．***tener gramática parda*** 抜けめがない．

pardusco, ca / parduzco, ca 形 赤茶けた；黒っぽい．

pareado, da 形 対をなす；〖詩〗対韻の．── 男〖詩〗対句；2軒1棟の家．

parear 他 ❶ 対にする．❷〖闘牛〗(牛に) バンデリリャ banderillas を突き刺す．

parecer [パレセル] 76 自〔英 seem〕❶ **…のように見える**．Esta novela *parece* interesante. この小説は面白そうだ．Es rico, pero no lo *parece*. 彼は金持ちだがそうは見えない．*parece* (ser) que ... …のようだ (► 否定文では que 以下は接続法)．❷ 《間接目的語代名詞を伴って》(…に) **…と判断される**，(…は) …と思う．¿Qué te *parece*? 君はどう思う．Me *parece* extraño que él no venga. 私は彼が来ないのは変だと思う．Vamos al cine si te *parece*. 君がよければ映画に行こう．── **parecerse** 再 ❶ 《a》(…に) 似ている．*Se parece* mucho *a* su abuelo. 彼はおじいさんそっくりだ．❷ 互いに似ている．Las dos hermanas *se parecen* en algo. 彼女ら2人はどこか似ている．── **parecer** 男〔英 opinion, view〕❶ **意見**，見解．a mi ～ 私の考えでは．tomar el ～ de ... …に意見を聞く．ser del ～ (de) que ... …という意見である．❷ 外見，容姿．de buen ～ 見た目がよい．***al parecer*** / ***a*** [***según***] ***lo que parece*** 見たところ．***parece que quiere*** 〈＋不定詞〉…する兆しがある．***por el buen*** [***bien***] ***parecer*** 体裁上．

parecido, da [パレシド,ダ] 過分 → parecer. 形〔英 similar〕《a》(…に) **似ている**，同類の．algo ～ 似たようなもの．Es muy ～ *a* su hermano. 彼は兄にそっくりだ．── 男 類似；類似点．tener ～ con ... …と似ている．***bien*** [***mal***] ～ 顔立ちのよい [悪い]．

pared [パレ(ドゥ)] 女〔英 wall〕❶ **壁**，仕切り；壁面；塀．～ del estómago 胃の内壁．～ de una vasija 容器の側面．～ norte de una montaña 山の北壁．Las ～*es* oyen. 《諺》壁に耳あり．❷ (サッカー) 壁パス．***caerse las ～es encima*** すっかり嫌になる．***darse contra las ～es*** / ***darse con la cabeza en la ～*** 行き詰る．***entre cuatro ～es*** 閉じこもって．***poner contra la ～*** 決断を迫る，責め立てる．***subirse por las ～es*** 頭にくる．

paredaño, ña 形 壁一つ隔てた．

paredón 男 刑場の壁；廃墟(はいきょ)の壁；岩壁．llevar al ～ 銃殺刑に処する．

pareja [パレハ] 女〔英 pair, couple〕❶ **ペア**，カップル，対．una ～ de novios 1組の恋人．❷ パートナー，(対の) 他方．un guante sin ～ 片方がなくなった手袋．***por ～s*** 2人[2つ]一組で．***vivir en ～*** 同棲(どうせい)する．

parejero, ra 形 同時に起こる，同様の．

parejo, ja 形 ❶ 同じような，同等の．❷ むらのない；平らな．

paremia 女 諺(ことわざ)，格言．

paremiología 女 諺(ことわざ)研究．

parénquima 男〖解〗実質組織；〖植〗柔組織．

parentela 女 《話》《集合的》親族，親類．

parentesco 男 ❶ 血縁 [親戚(しんせき)] 関係．❷ 関連，結びつき．

paréntesis 男 [単複同形] ❶ かっこ；丸かっこ．poner entre ～ かっこに入れる．❷ 挿入句 [文]；余談．❸ 中断，休憩．hacer un ～ 中断する．***entre ～*** ついでながら，余談ですが．

parentético, ca 形 かっこ [挿入句] の．

pareo 男 パレオ，(水着の上に巻く) 腰布．

paresia 女〖医〗不全麻痺(まひ)．

parestesia 女〖医〗知覚 [感覚] 異常．

parezc- 活 → parecer.

pargo 男〖魚〗タイの一種．

parhelio 男〖天〗幻日．

paria 男 女 ❶ ハリジャン：インドの最下層民．❷ (社会の) のけ者．

parida 形 [女性形のみ] 出産直後の．── 女 ❶ 出産直後の女性．❷ 《俗》たわ言．

paridad 女 ❶ 同等，等しさ；類似．❷〖経〗(他国通貨との) 平価，パリティー．

paridera 形 [女性形のみ] (雌が) 多産の．── 女 (羊等の) 出産場所．

pariente, ta [パリエンテ,タ] 男 女〔英 relative〕**親戚**(しんせき)，親類；《話》連れ合い．► 女性形はまれ．── 形 ❶ 親戚の．❷ 《話》似ている．

parietal 形 頭頂部の．── 男 頭頂骨．

parietaria 女〖植〗ヒカゲミズ．

parihuela 女 [複] 担架 (式の運搬具)．

paripé 男 《話》《軽蔑》ふりをすること，欺くこと．***hacer el ～*** ふりをする，取り繕う．

parir 自 (動物が) 子を産む；《話》出産する．── 他 ❶ 《話》産む．❷ 《話》引き起こす．***～la*** 《俗》大失敗をする．***poner a ～*** 《話》非難する．***ponerse a ～*** 《話》具合が悪くなる．

parisiense 形 男 女 パリの (人)．

parisílabo, ba 形〖言〗同じ音節数の．

parisino, na 形 男 女 → parisiense.

paritario, ria 形 双方同数の代表者からなる．

parka 女 毛皮のフード付きパーカ [コート]．

parking [パルキン]〔英〕男 《ラ米》駐車場 (→ aparcamiento 地域差)．

párkinson 男〖医〗パーキンソン病．

parla 女 よくしゃべること；饒舌(じょうぜつ)．

parlamentar 自 《con》(…と) 交渉す

P

る, 話し合う.
parlamentario, ria 形 議会[国会]の;議会制の. ── 男 女 国会議員.
parlamentarismo 男 議会政治主義[制度].
parlamento 男 ❶ 議会, 国会;議事堂. ❷ 交渉, 談判. ❸〘演〙長い台詞.
parlanchín, china 形 男 女《話》おしゃべりな(人), 口の軽い(人).
parlante 形 しゃべる, 話す. ── 男《ラ米》拡声器, スピーカー.
parlar 自 他 ❶《話》《軽蔑》しゃべる, 無駄話をする. ❷ 鳥が人まねをする.
parleta 女《話》雑談, おしゃべり.
parlotear 自《話》ぺちゃくちゃしゃべる, 無駄話をする.
parloteo 男《話》おしゃべり, 無駄話.
parmesano, na 形 男 女 (イタリアの)パルマの(人). ── 男 パルメザンチーズ.
parnasianismo 男〘文学〙高踏派.
parnasiano, na 形 男 女 高踏派の(詩人).
parnaso 男《集合的》詩人;詩壇;詩集.
parné 男《俗》お金.
paro 男 ❶ 失業;《集合的》失業者. ❷ 停止;ストライキ. ❸ 失業手当. ── 活 → parar.
parodia 女 パロディー, もじり, まね.
parodiar 17 他 もじる, パロディー化する.
paródico, ca 形 パロディーの.
parodista 男 女 パロディー作者[演者].
paronimia 女〘言〙語形[語音]類似.
parónimo, ma 形 語形[語音]の似た. ── 男 語形[語音]類似語.
paronomasia 女〘修〙類音掛け;〘音声〙類音関係.
parótida 女〘解〙耳下腺(せん).
parotiditis 男[単複同形]〘医〙耳下腺(せん)炎.
P **paroxismo** 男 ❶(感情の)激発, 高揚. ❷(疾病の)発作, 悪化.
paroxístico, ca 形 高揚の;発作の.
paroxítono, na 形〘言〙最後から2番目の音節にアクセントがある.
parpadear 自 ❶ まばたきする. ❷(光が)点滅する.
parpadeo 男 まばたき;点滅.
párpado [パルパド] 男〔英 eyelid〕〘解〙まぶた.
parpar 自(アヒルが)鳴く.
parque [パルケ] 男〔英 park〕❶ 公園;遊び場. ～ de atracciones 遊園地. ～ natural 自然保護区. ❷ 公共的な器具[設備]. ～ de bomberos 消防署. ～ móvil 公用車両.
parqué 男 ❶ 寄せ木張りの床, フローリング. ❷(証券取引所の)立会い場.
parqueadero 男《ラ米》駐車場(→ aparcamiento 地域差).
parquear 他《ラ米》駐車する.
parquedad 女 節約, 倹約;節度.
parqueo 男《ラ米》駐車場(→ aparcamiento 地域差).
parquet [仏] 男 → parqué.
parquímetro 男 パーキングメーター.
parra 女 ブドウのつる[棚]. ***subirse a la ～*** 《話》いい気になる;かっとなる.
parrafada 女《話》❶ 打ち明け話. echar una ～ じっくりと話をする. ❷《軽蔑》長ったらしい話[演説].
parrafear 自 長話をする.
parrafeo 男(退屈な)長話.
párrafo 男 段落, パラグラフ;段落記号(§).
parral 男 ブドウ棚;ブドウ畑.
parranda 女《話》ばか騒ぎ, 飲み歩くこと. estar [ir] de ～ どんちゃん騒ぎをする.
parrandear 自《話》騒ぎ回る, 飲み歩く.
parrandeo 男《話》どんちゃん騒ぎ.
parricida 形 男 女 親殺し(の), 近親者殺し(の).
parricidio 男 親殺し, 近親者殺し.
parrilla 女 ❶ 焼き網, グリル;網焼き料理店. ❷(テレビ等の)番組. ❸《ほぼラ米全域》(車の上に載せる)ラック(→ baca 地域差). ～ ***de salida*** (カーレースの)スタートポジション.
parrillada 女 網焼き料理, バーベキュー.
párroco 形 男〘カト〙(教区の)主任司祭(の).
parroquia 女 ❶〘カト〙教区教会;(小)教区. ❷《集合的》教区民. ❸《話》《集合的》顧客.
parroquial 形〘カト〙教区の.
parroquiano, na 形 男 女 ❶〘カト〙教区信者(の). ❷ 顧客[常連](の).
parsec 男〘天文〙パーセク:距離の単位.
parsimonia 女 悠長, のろさ;質素.
parsimonioso, sa 形 ❶ のんびりした, 悠長な. ❷ 質素な.
parsismo 男〘宗〙パールシー教.
parte [パルテ] 女〔英 part〕❶ 部分, 一部. dividir en tres ～*s* iguales 3等分する. ～ exterior [interior] 外部[内部]. la segunda ～ 第2部, (2部構成の)後半. ～ de la oración 品詞. formar ～ de ... …の一部をなす. ❷ 場所. por ambas ～*s* 両側に. por todas ～*s* あらゆるところに;あらゆる点で. venir de ninguna ～ どこからともなくやって来る. ❸(敵・味方の)一方;(契約・訴訟の)当事者. la tercera ～ 第三者. ～ actora 原告. ❹〘演〙役;台本. tomar ～ en ... …に参加する. ❺(分数・割合)…分の1. una cuarta ～ 4分の1. dos terceras ～*s* 3分の2. ❻(書物の)部, 巻. ❼[複]局部, 生殖器(= ～*s* pudendas). ── 男 ❶ 報告書;声明. ❷ 報道. ── 活 → partir. ***a ～s iguales*** 均等に. ***dar ～ a ...*** …に知らせる. ***de ... a esta ～*** …前から. ***de** algún tiempo **a esta ～*** しばらく前から. ***de ～ de ...*** (1)…から. Muchos recuerdos ***de mi ～***. 私からよろしくと伝えてください. ¿***De ～ de** quién*? 《電話》どちら様ですか. (2)…側の. ***de ～ a ～*** 端から端まで. ***echar ... a buena [mala] ～*** …をよく[悪く]解釈する. ***en gran ～*** 大部分. ***en ～*** 部分的に;少しは. ***llevar la mejor [peor] ～*** 優勢[劣勢]である. ***no ir a ninguna ～*** 重要でない. ***no llevar a ninguna ～*** 何の役にも立たない. ***por otra ～*** 一方. ***por ～s*** 少しずつ.
parteluz 男〘建〙(窓等の)縦仕切り.
partenaire [パルテネル] [仏] 男 女 (ショー等の)パートナー, 相棒.

partenogénesis 女[単複同形]〘生〙単為[処女]生殖.
partero, ra 男女 助産師, 産婆.
parterre 男 花壇；庭園.
partesana 女 矛(ほこ).
partición 女 分配；分割.
participación 女 ❶《en》(…への)参加, 関与. ❷〘商〙資本参加, 出資；分配. ～ en los beneficios 利益分配. ❸ 宝くじの分券(料金). ❹ 通知, 案内状.
participado, da 形 (企業が)経営[資本]参加を受けた.
participante 形 参加する, 加わる. ―男女 参加者, 出場者.
participar [パルティシパル] 自 [英 participate] ❶《en》(…に)**参加する**, 加わる；(…に)関与する. ❷《de》(…を)共有する. ～ *de* la alegría 喜びを分かち合う. ❸《de, en》(…の)分配を受ける；投資する. ―他 知らせる, 通知する.
participativo 形《話》(活動に)参加する, 参加に積極的な.
partícipe 形 参加[関与]する. ―男女 参加者. ***hacer ～ de ...*** …を共有する；…を知らせる.
participio 男〘文法〙分詞. ～ (de) pasado 過去分詞.
partícula 女 ❶ 微粒子, 小さな粒. ❷〘物〙粒子. ～ elemental 素粒子. ❸〘文法〙(副詞・前置詞・接続詞等の)不変化詞, 接頭[接尾]辞.
particular [パルティクラル] 形 [英 particular; personal] ❶ **特別な**, 特殊な. No hay nada de ～. 特に変わったことはない. un caso ～ 珍しいケース. ❷ 特有の. un modo ～ de hablar 独特の話し方. ❸ **個人の**, 個々の；私的な；私人の. asuntos ～*es* 私事. ―男 ❶ 問題, 事柄. sobre el ～ その件について. ❷ 私人, 一般人. ***en ～*** 特に；内密に. ***sin otro ～*** とり急ぎ用件のみ.
particularidad 女 ❶ 特殊性；独自性, 特徴. ❷[主に複] 詳細, 細部. sin entrar en ～*es* 詳細には触れずに.
particularismo 男 自己中心主義, 排他主義.
particularista 形 自己中心的な, 排他的な. ―男女 自己中心主義者.
particularización 女 ❶ 特殊化；個別化. ❷[主に複] 詳述.
particularizar 57 他 ❶ 特殊化する, 特徴づける. ❷ 詳細に述べる. ❸ 特別扱いする. ―**particularizarse** 再《por》(…で)目立つ, 特徴づけられる.
particularmente 副 特に, とりわけ.
partida [パルティダ] 過分 → partir. 女 [英 departure] ❶ **出発**. punto de ～ 出発点. ❷〘商〙(1)(商品の)一定量, 一口分. (2) 会計項目；勘定科目. ❸ 証明書. ～ de nacimiento 出生証明書. ❹ 一試合, 一ゲーム. jugar una ～ de ajedrez チェスを一勝負する. ❺ 一隊；一行. ***andar [recorrer] las siete ～s*** 歩き回る；寄り道する. ***ganar la ～*** 勝ち取る. ***por ～ doble*** 2度, 2倍.
partidario, ria 形 味方の, 信奉[支持]する. ―男女 信奉[支持]者；味方；[複]《ラ米》(サッカー等の)熱狂的ファン[サポーター] (→ hincha 地域差).
partidismo 男 えこひいき；党派心.
partidista 形男女 党派心の強い(人)；えこひいきをする(人).
partido, da [パルティド, ダ] 過分 → partir. 形 分けられた, 割れた. ―男 [英 party; game, match] ❶ **政党**, 党派. ～ del gobierno [de la oposición] 与党[野党]. *P*～ Popular 国民党(スペインの中道右派政党). ❷〘スポ〙**試合**, ゲーム. jugar un ～ 一試合する. ❸ 利益, 得. sacar ～ de [a] ... …から利益を得る. ❹ (司法・行政上の)区域. ～ judicial 裁判所の管轄区域. ❺《話》(条件のいい)結婚相手. un buen ～ 良縁. ***tomar ～ por ...*** (1) …に決める. (2) …に味方する.
partiquino, na 男女 (オペラの)わき役.
partir [パルティル] 他 [英 part] ❶《en》(…に)**分ける**, 分割する. ～ el pan *en* dos パンを2つに分ける. ❷《entre》(…の間で)分配する；《con》(…に)分け与える. ❸ 割る；折る. ～ un huevo 卵を割る. ❹《話》不快にする；打ち砕く. ―自 [英 leave] ❶ **出発する**. ～ para [hacia] Madrid. マドリードへ出発する. ❷《de》(…から)発する, 由来する. ～ *de* su idea …の考えをもとにする. ―**partirse** 再 ❶ 割れる, 壊れる. Me *he partido* un brazo. 腕を折った. ❷《話》大笑いする(＝～ de risa). ***a partir de ...*** …から, …以降；…に基づいて. *a partir de* este mes 今月から. ***～ partir [romper] el alma [corazón]*** 心を引き裂く. ***partir la cara [la boca, los dientes]***《話》殴る. ***partir por el eje [por la mitad]*** ひどい目に遭わせる. Me *ha partido por el eje* la pérdida del pasaporte. パスポートをなくしてひどい目に遭った.
partitivo, va 形〘文法〙部分を示す. ―男〘文法〙部分詞.
partitocracia 女 党利党略の政治.
partitura 女〘音〙楽譜.
parto, ta 形男女 (古代西アジアの)パルティアの(人). ―男 ❶ 分娩(ぶんべん), 出産. ～ sin dolor 無痛分娩. ❷《比喩的》産み出すこと, 創作. ―活 → partir. ***el ～ de los montes***《話》期待外れ.
parturienta 形 [女性形のみ] 分娩(ぶんべん)の；出産直後の. ―女 産婦.
party [パルティ] [英] 男 パーティー.
parva 女 脱穀前の穀物.
parvedad 女 少ないこと, 少量.
parvo, va 形《文》わずかな；小さな.
parvulario 男 ❶ 幼稚園, 保育園. ❷《集合的》幼児.
parvulista 男女 保育士.
párvulo, la 形 幼い, 幼少の；無邪気な. ―男女 幼児.
pasa 女 ❶ 干しブドウ. ❷《ラ米》縮れ毛 (→ pelo 地域差). ―活 → pasar. ***estar [quedarse] como una ～***《話》しわが多い, 老けた.
pasable 形 まあまあの, まずまずの.
pasablemente 副 まずまず, まあまあ.
pasabocas 男 [単複同形]《ラ米》(コロンビア)《話》酒のつまみ.
pasacalle 男〘音〙(舞曲)パッサカリア.
pasada 過分 → pasar. 女 ❶ 通ること；通過, 通行. hacer varias ～*s* 行ったり来

P

たりする. ❷ 一拭(ぬぐ)き, 一塗り; 仕上げ. dar una ～ a la alfombra con el aspirador じゅうたんに掃除機をかける. ❸ かがり[仕付け]縫い. ❹《話》行き過ぎた行為, 並外れたもの. ── 形 → pasado. *de* ～ ついでに; ざっと, ちょっと. *jugar una mala* ～《話》ひどい目に遭わせる, 汚いやり方をする.

pasadero, ra 形 まずまずの; 我慢できる. ── 女 (川の) 飛び石, 踏み石.

pasadizo 男 (狭い) 通路, 抜け道.

pasado, da [パサド,ダ] 過分 → pasar. 形〔英 past〕❶ **過ぎ去った**, 過去の. tiempos ～*s* 昔. la semana *pasada* 先週. ❷ 古くなった; 使い古した; 傷んだ. ❸〖文法〗過去 (時制) の. ── 男 ❶ **過去**, 昔. en el ～ 昔は. ❷〖文法〗過去 (形), 過去時制. ❸《ラ米》半熟卵 (→ huevo 地域差). *Lo* ～, ～ *está.* 過ぎたことは仕方がない, 過去のことは水に流そう.

pasador 男 ❶ [複]《ラ米》ヘアピン (→ horquilla 地域差); ネクタイピン. ～ de alfiler《ラ米》安全ピン (→ imperdible 地域差). ❷ 差し錠; (蝶番(ちょうつがい)の) 心棒. ❸ (料理用の) 濾(こ)し器. ❹ [複]《ラ米》(ブーツ)靴ひも (→ cordón 地域差).

pasaje [パサヘ] 男〔英 ticket〕❶《ラ米》**乗車券**, 切符 (→ billete 地域差); 運賃. ～ de avión 航空券[料金]. ❷ 通行, 通過. ❸《集合的》(船・飛行機の) 乗客. ❹ 狭い通路, 横町; 海峡. ❺ (文学・音楽作品の) 一節.

pasajero, ra [パサヘロ,ラ] 形 ❶ 一時的な, つかの間の. ❷ (鳥が) 渡りの. ── 男 女〔英 passenger〕❶ **乗客**, 旅客. ❷ 渡り鳥.

pasamanería 女 (衣服・カーテン等の) 飾りひも, へり飾り; 飾りひも工場[店].

pasamano 男 ❶ へり飾り. ❷ → pasamanos.

P

pasamanos 男 [単複同形] 手すり, 欄干.

pasamontañas 男 [単複同形] 目出し帽.

pasante 男 女 弁護士見習い; 助手.

pasantía 女 弁護士見習いの職[期間].

pasaportar 他 追い払う;《話》殺す.

pasaporte 男 パスポート, 旅券. control de ～*s* 入国審査 (場). *dar (el)* ～ *a* ...《話》…を解雇する; 殺す.

pasapurés 男 [単複同形] 裏ごし器.

pasar [パサル] 他〔英 pass〕❶ **通る**. ～ un puente 橋を渡る. ❷ **越える**;《ラ米》(車が) 追い越す (→ adelantar(se) 地域差). ～ los cincuenta años 50歳を越える. ❸ 合格する. ～ la eliminatoria 予選を通過する. ❹ **過ごす**. ～ una vida feliz 幸せな人生を送る. ❺ (試練を) 経験する; (病気を) 患う. ～ hambre 飢えに苦しむ. ❻ 移す; 渡す. *Pása*me el azúcar. 砂糖をとってくれ. ～ el balón ボールをパスする. ❼ (病気を) 移す. ❽《por》(…に) 通す; 漉(こ)す. ❾ 抜かす. ～ una lección 1課飛ばす. ❿ …でなでる; 目を通す. ～ la mano por el pelo 手で髪をなでる. ── 自 ❶《por》(…を) **通る**; (…に) 寄る. *Pase por* aquí. どうぞこちらへ. ❷《a》(…に) 移る; 伝わる. ～ de un sitio *a* otro ある場所から別の場所へ移動する. ～ *a* decir ... …を言い始める. ❸ **過ぎる**; 終わる. ～ de moda 流行遅れになる. ❹ **起こる** (= ocurrir, suceder). ¿Qué *pasa*? ― No *pasa* nada. どうしたの. ―なんでもないよ. *pase* lo que *pase* 何が起ころうとも. ❺ 通用する. ❻《de》(…を) 越える. *De* ahí no *pasa.* それだけだ. No *pasa de* ser una broma. ほんの冗談だ. ❼《por》(…と) みなされる. *Pasa por* torpe. 彼はぐずだと思われている. ❽ 暮らす, 過ごす. ❾ (ゲーム等で) パスする. ── **pasarse** 再 ❶ (時を) 過ごす, 費やす. ❷ 過ぎ去る. *Se ha pasado* el verano. 夏が終わった. ❸《a》(…に) 移る; 転向する. *pasarse a* otra sala 別室に移る. ❹ (食べ物が) 傷む; 色あせる; 容姿が衰える. ❺《間接目的語代名詞を伴って》(機会が) (…から) 逃げる; (…に) 忘れられる. ❻ 度を越える. *Se pasa* de bueno. 彼は人がよすぎる. ── **pasar** 男 暮らし向き, 家計. *ir pasando(la)* なんとか暮らす. *Lo que pasa es que ....* 実は…. *pasar adelante* 話を続ける. *pasarlo bien* 楽しく過ごす. *pasarlo mal* ひどい目に遭う. *pasar por encima de ...* …を乗り越える. *y que pase lo que pase [quiera]* あとはどうなっても.

pasarela 女 歩道橋; 渡り板; (ファッションショー等の) 張り出し舞台.

pasarrato 男《ラ米》(グアテ)(マラ)(プエルト)(リコ)(メキ)(シコ) → pasatiempo.

pasatiempo 男 [主に複] 気晴らし, 娯楽. por ～ 気晴らしで, 趣味で.

pasavolante 男 軽率[性急]な行動.

pascal 男〖物〗パスカル: 圧力の単位.

pascana 女《ラ米》(南米) 1日の旅程; 宿.

pascón 男《ラ米》シャワー (→ ducha 地域差).

pascua [パスクア] 女〔英 Easter〕❶ [P-] **復活祭**, イースター (= *P*～ florida): キリストの復活を祝う日. 春分後の最初の満月の後の日曜日. ❷ [主に P-] クリスマス (= Navidad); [複] クリスマスの季節: 12月24日夜から公現節 (1月6日) まで. ¡Felices *P*～*s*! クリスマス[復活祭]おめでとう. ❸〖カト〗(1) 公現節 (= día de los Reyes Magos). (2) 聖霊降臨祭 (復活祭後の第7日曜日). ❹ [P-] (ユダヤ教) 過越(すぎこし)の祭り. ── 固名 [P-] パスクア島, イースター島: チリ領の南太平洋上の孤島. *de P*～*s a Ramos*《話》たまに, まれに. *estar como unas* ～*s*《話》上機嫌である. *hacer la* ～ *a* ...《話》…をうんざりさせる, 困らせる. *Y santas* ～*s.*《話》それで終わりだ[決まりだ].

pascual 形 復活祭[過越(すぎこし)の祭り]の.

pase 男 ❶ 許可[証]; 通行[入場]許可証;《ラ米》運転免許証 (→ licencia 地域差). ～ (de) pernocta〖軍〗外泊許可証. ❷ 移動; 転向. ❸ (予選等を) 通過すること. ❹〖スポ〗パス, 送球. dar un buen ～ いいパスを出す. ❺ 上映; ファッションショー. ❻〖闘牛〗パセ: 牛をあしらう技. ── 活 → pasar. *dar el* ～《話》追い出す, 解雇する. *tener un* ～《話》許せる, まずまずだ.

paseandero, ra 形《ラ米》(南米)散歩好きの.

paseante 男 女 散歩[散策]する人.

pasear [パセアル] 自〔英 walk around〕❶ **散歩する**；(乗り物に乗って) 動き回る. ～ en bicicleta サイクリングをする. ～ en coche ドライブする. ～ por el parque 公園を散歩する. ❷ (馬が) 並足で歩く. ── 他 ❶ 散歩させる, 連れ歩く. ～ al perro 犬を散歩させる. ❷ 見せて回る. ── **pasearse** 再 ❶ 散歩する. ❷ うろつく, ぶらぶらする. ❸ (考え等が) 浮かぶ. ❹ 《話》楽勝する.

paseíllo 男〖闘牛〗入場行進.

paseo [パセオ] 男〔英 walk〕❶ **散歩**. dar un ～ por ... …を散歩する. ir de ～ 散歩に出かける. ❷ 散歩道, 遊歩道；通り. ❸ (歩いて行ける) 短い距離. De mi casa a la estación hay un ～. 私の家から駅までは歩いてすぐです. ❹ 《話》たやすいこと. ── 活 → pasear. ***dar el ～*** 《話》(スペイン内戦時) 郊外に連れ出して殺す. ***mandar [echar, enviar] a ...*** 《話》…を厄介払いする.

pasiẹgo, ga 形 男 女 (スペイン, カンタブリア自治州の) パス渓谷の (人).

pasillo [パシリョ(パシヨ・パシジョ)] 男〔英 corridor, passage〕**廊下**, 通路.

pasión [パシオン] 女〔複 pasiones〕〔英 passion〕❶ **情熱**, 激情. con ～ 情熱的に. ❷ 熱中；熱愛するもの [人]. tener [sentir] ～ por el golf 熱烈なゴルフ好きである. ❸ キリスト受難 (曲).

pasionạl 形 情熱的な；激情による；情欲の. crimen ～ 痴情犯罪.

pasionạria 女〖植〗トケイソウ. ── 固名 La *P*～ ラ・パショナリア. 本名 Dolores Ibárruri (1895-1989)：スペイン共産党指導者.

pasịto 男 小さい一歩. ── 副 そっと, 静かに. ***～ a ～*** ほんの少しずつ.

pasịva 形 → pasivo.

pasividạd 女 受動的態度, 消極性.

pasivo, va [パシボ,バ] 形〔英 passive〕❶ **受け身の**, 消極的な；不活発な. ❷〖文法〗受動態の. ── 男〖商〗負債, 債務. ── 女 受動態. *pasiva* refleja 再帰受身. ***derechos ～s*** 恩給, 年金.

pạsma 女《話》《軽蔑》警察, サツ.

pasmạdo, da 形 男 女 ぼうっと [呆然(ぼうぜん)と] した (人).

pasmạr 他 ❶ びっくり仰天させる, 呆然(ぼうぜん)とさせる. Me *pasmó* su pregunta. 彼の質問に私は唖然(あぜん)とした. ❷ 凍えさせる. ── **pasmarse** 再 ❶ (de) (…に) びっくり仰天する, 呆然となる. ❷ 凍える.

pasmarọte 男《話》ぼうっとした人.

pạsmo 男 ❶ 仰天, 唖然(あぜん). ❷《話》風邪(かぜ).

pasmọso, sa 形 驚くべき, 仰天させる.

pạso, sa [パソ,サ] 形 (果物を) 乾燥させた, 干した. ── 男〔英 passage; step〕❶ **通行**, 通過. dejar [dar] (el) ～ a ... …に道をあける. ¡Prohibido el ～! 通行 [立入] 禁止. ❷ **通路**. ～ a desnivel 立体交差. ～ a nivel 平面交差, 踏切. ～ de peatones [cebra] 横断歩道. ❸ **歩**, 一歩. adelantarse un ～ 一歩前に出る. ¡Un ～ al frente! 《号令》一歩前へ. ❹ 歩調, ペース；(ダンスの) ステップ. a ～ largo 大またで. ❺ 段階, 進歩, 昇進. ❻ (時間の) 経過. con el ～ de los años 年とともに. ❼ 峠；海峡. ❽ [主に複] 処置. dar ～*s* para ... …のための措置を講じる. ── 活 → pasar. ***abrir(se) el ～*** 活路を見い出す. ***a cada ～*** 絶えず. ***al ～*** 通りがかりに. ***a ～ de ...*** …の歩調で. ***a un paso [dos pasos] de ...*** …のすぐ近くに；もうすぐ…しそうである. ***ceder el ～ a ...*** …に道を譲る；…に譲歩する. ***cerrar [cortar] el ～ a ...*** …の通行を妨げる. ***de ～*** 一時的に；通りがかりに. ***salir al ～ de ...*** …の前に立ちはだかる. ***seguir los ～s de ...*** …の後を行く；…を模範とする.

pasodọble 男〖音〗パソドブレ：闘牛の際等に演奏される行進曲とその踊り.

pasọta 形 男 女 《話》無関心 [無気力] な (若者).

pasọte 男〖植〗アリタソウ.

pasotịsmo 男《話》(社会・伝統に対する) 無気力, 無関心；しらけた態度.

paspadụra 女《ラ米》(アルゼンチン) ひび, あかぎれ.

paspạrse 再《ラ米》(アルゼンチン) ひびが切れる, あかぎれになる.

paspartú 男 額縁, フレーム.

pasquín 男 (人・政府等を非難する) びら.

pạssim 〔ラ〕副 (引用文献の) あちこちに.

passing-shot / passing shot [パシンショ(トゥ)]〔英〕男〔複 ～s〕(テニスの) パッシング (ショット).

pasta [パスタ] 女〔英 paste; pasta〕❶ **練り粉**；**ペースト**. ～ de dientes (チューブ) 歯磨き (→ 地域差). ～ de papel 製紙用パルプ. ❷ パイ生地, 種. ❸ パスタ. ❹ クッキー, パイ. ❺ (本の) 革 [布] 製本. ❻ 《俗》お金. ❼ 《話》素質, 性格. ser de [tener] buena ～ 好人物である. ***aflojar [soltar] la ～*** 《話》お金をあげる. ***～ gansa*** 《話》大金. 地域差 (チューブ) 歯磨き pasta de dientes 《ほぼスペイン語圏全域》；crema 《スペイン》《ラ米》(コロンビア) (ペルー)；dentífrico (メキシコ)(ニカラグア)(ベネズエラ)(ボリビア)(パラグアイ, ウルグアイ, アルゼンチン)；kolinos 〖商標〗(ボリビア)(パラグアイ).

pastaflọra 女 スポンジケーキ；《ラ米》(アルゼンチン) カリンジャム入りケーキ.

pastạr 他 自 (家畜が) (草を) 食(は)む.

pasteạr 他 自 《ラ米》(ペルー) 《俗》スパイする.

pastẹl 男 ❶ (デコレーション) ケーキ (→ 地域差)；パイ. ～ de carne ミートパイ. ❷ パステル；パステル画 (法). ❸ 《話》ごまかし, いかさま；出来ばえの悪い仕事. ── 形 パステルカラーの. ***descubrir el ～*** 《話》いかさまを見破る, 秘密を暴く. 地域差 (デコレーション) ケーキ pastel 《スペイン》《ラ米》(メキシコ)(グアテマラ, ホンジュラス, エルサルバドル)(コロンビア)；cake (キューバ)(ホンジュラス, エルサルバドル, パナマ)；pie (プエルトリコ)(ボリビア)；pudín (ドミニカ共和国)；queque (ニカラグア)(コスタリカ)；tarta 《スペイン》《ラ米》(プエルトリコ)(ウルグアイ, アルゼンチン)；torta (コロンビア, ベネズエラ)(ペルー, ボリビア)(チリ)(パラグアイ, ウルグアイ)；torta dulce (アルゼンチン).

pasteleạr 自 ❶ (自分の利益のために) 迎合する. ❷ 《話》たくらむ, 陰謀を企てる.

pastelẹo 男《話》陰謀, 策略.

pastelería 女 ❶ ケーキ屋；ケーキ製造. ❷ 《集合的》ケーキ.

pastelẹro, ra 形 ケーキ屋 [製造] の. ── 男 女 ケーキ職人, ケーキ屋.

pastelón 男 ミートパイ (の一種).

pasterización / pasteuriza-

ción 女 低温殺菌法.

pasterizar / pasteurizar 57 他 低温殺菌する. leche *pasterizada* 低温殺菌牛乳.

pastiche 男 ❶(文学・美術の) 模作, 模倣. ❷まぜこぜ, ごたまぜ.

pastilla [パスティリャ〈パスティヤ・パスティジャ〉] 女 [英 tablet] ❶ **錠剤**; トローチ. ～ para la tos 咳(せき)止めドロップ. ❷小さな四角い[丸い]もの. ～ de chocolate 板チョコの一かけら. *a toda* ～ 《話》大急ぎで, 猛スピードで.

pastinaca 女 ❶〘魚〙アカエイ. ❷〘植〙アメリカボウフウ, パースニップ.

pastizal 男 牧草地.

pasto 男 ❶[主に複] 牧草地, 放牧地. ❷牧草; (家畜の) 飼料. ❸活動を支えるもの. ～ de la murmuración 中傷の種. ～ espiritual 心の糧. ❹《ラ米》芝生(→ césped 地域差). *a todo* ～ 《話》やたらに, ふんだんに.

pastón 男《話》大金.

pastor, tora [パストル, トラ] 男 女 [英 shepherd] **羊飼い**; 牧童. ── 男 牧師; 聖職者. ～ *alemán* シェパード(犬).

pastoral 形 ❶羊飼いの; 牧歌的な. ❷聖職者の, 牧者の. ── 女 ❶牧歌, 田園詩[曲]. ❷〘カト〙司教教書.

pastorear 他 ❶(家畜を) 放牧する. ❷《ラ米》(1)(中米)(アルゼ)(チリ)(ウルグ)待ち伏せする. (2)(アルゼ)(パラグ)(ウルグ)(女に) 言い寄る.

pastorela 女 (恋愛を描いた) 田園詩, 牧歌.

pastoreo 男 (家畜の) 放牧.

pastoril 形 羊飼いの; 牧歌的な.

pastosidad 女 べたつき, 粘つき.

pastoso, sa 形 ❶柔らかい; (声が) 耳触りのよい. ❷ねばねば[べとべと]する. ❸《ラ米》良い牧草の生えた.

pastura 女 牧草; (1回分の) 飼料.

P

pasturaje 男 共同牧草地; 放牧料.

pata [パタ] 女 [英 leg] ❶(動物の) **足, 脚**. ❷《話》(人間の) 足, 脚. a ～ 《話》歩いて, 徒歩で. ❸(家具等の) 脚. ❹《ラ米》(1)(ペル)親友. (2)(チリ)段階. (3)《話》[複] 厚顔. (4) 優しい先生 (→ benévolo 地域差). *a cuatro* ～*s* 《話》四つんばいになって. *a la* ～ *coja* 《話》片足跳びで. *a la* ～ *la llana* 《話》気取らずに. *estirar la* ～ 《話》死ぬ. *mala* ～ 《話》不運. *meter la* ～ 《話》へまをやる, どじを踏む. ～ *de gallo* 〘服〙千鳥格子; [複] 目じりのしわ. ～*s arriba* 《話》散らかって, ひっくり返って. dejar la habitación ～*s arriba* 部屋を散らかす. *tirar* [*echar*] *las* ～*s por alto* 《話》怒る, かっとなる. *salir* [*irse*] *por* ～*s* (危険等から) 逃げ出す.

pataca 女〘植〙キクイモ.

patache 男 小型商船; 連絡艇.

patacón 男 昔の銀貨[銅貨]; 《ラ米》(コロンビア)(エクア)バナナチップス.

patada 女 ❶けること, けり. dar una ～ al balón ボールをける. ❷手段, 手続き, 手間. *a* ～*s* 《話》(1) たくさん. (2) 手荒に, 乱暴に. tratar *a* ～*s* 乱暴に扱う; こき使う. *caer* [*sentar*] *como una* ～ *en los cojones* [*huevos*] 《俗》嫌な思いをさせる; (飲食物が) 不快にさせる. *dar cien* ～*s* (*en el estómago* [*en la barriga*]) *a* ... 《話》…に不愉快な思いをさせる. *dar la* ～ *a* ... 《話》…を追い出す, 解雇する. *en dos* ～*s* あっという間に, 簡単に.

patadón 男《話》強烈な足蹴(げ)り.

patagón, gona 形 男 女 パタゴニアの(人).

Patagonia 固名 パタゴニア: 南米大陸の南端部.

patalear 自 足をばたばたさせる; 地団駄を踏む.

pataleo 男 足をばたつかせること; 地団駄. *derecho al* ～ 《話》じたばたすること.

pataleta 女《話》癇癪(かんしゃく), むかっ腹. ～ del niño 子供のだだ. dar una ～ 《話》痙攣(けいれん)[ひきつけ]を起こす.

patán 形《話》粗野な. ── 男《話》粗野な人, いなか者.

patanería 女《話》非礼, 粗野; 無知.

patata [パタタ] 女 [英 potato] ❶《スペイン》**ジャガイモ** (→地域差). ～*s* fritas フライドポテト. ❷《話》質[出来]の悪い物, 不良品. *ni* ～ 《話》全く, 全然. ～ *caliente* 《話》やっかいな問題. 地域差 ジャガイモ patata 《スペイン》; papa 《ほぼラ米全域》.

patatal 男 ジャガイモ畑.

patatero, ra 形 ❶ジャガイモの; ジャガイモ栽培[販売]の. ❷ジャガイモ好きな. ❸《話》ぶかっこうな. ── 男 女 ジャガイモ栽培者, ジャガイモ売り.

patatín *que* (*sí*) ～ *que* (*sí*) *patatán* 《話》あれやこれやと; のらりくらりと.

patatús 男 [単複同形]《話》失神, 卒倒. Le dio un ～. 彼は気絶した.

patchwork [パチウォル] [英] 男 パッチワーク.

paté 男 [仏]〘料〙パテ.

patear 他 ❶《話》けりつける, けとばす. ❷…に対して足を踏み鳴らす, やじる. ❸(場所を) 奔走する; 歩き回る. ❹《ラ米》(アルゼ)(ボリ)(チリ)(食べ物等が) あたる. ── 自 ❶《話》(怒って) 足を踏み鳴らす. ❷駆けずり回る, 歩き回る. ❸(ゴルフ) パットする. ──

patearse 再 駆けずり回る, 歩き回る.

patena 女〘カト〙聖体皿, パテナ. *como* [*más limpio que*] *una* ～ とても清潔な, ぴかぴかの.

patentar 他 …の特許権を与える[取得する].

patente 形 明らかな, 明白な. ── 女 ❶特許(権), パテント. obtener la ～ de ... …の特許を取る. ❷許可[認可]証. ❸《ラ米》〘車〙ナンバープレート (→ matrícula 地域差).

patentemente 副 明らかに.

patentización 女〘技〙パテンティング.

patentizar 57 他 明らかにする.

pateo 男 (怒り等で) 足を踏み鳴らすこと.

páter 男《話》(軍の) 司祭[牧師].

patera 女 (喫水の浅い) 小船.

pátera 女 供犠用の皿.

paterfamilias 男 [単複同形] (古代ローマの) 家長, 家父.

paternal 形 父親 (として) の; 父親らしい. amor ～ 父性愛.

paternalismo 男 家父長主義; (父親的) 温情主義.

paternalista 形 家父長[温情] 主義の. ── 男 女 家父長[温情]主義者.

paternidad 女 父親であること，父性．
paterno, na 形 父親の；父方の．abuela *paterna* 父方の祖母．
paternóster 男 主の祈り．
Pateta 男《話》悪魔．llevarse ～ a ... …が死ぬ．
patético, ca 形 悲壮[哀れ，悲痛]な．
patetismo 男 哀切，悲痛．
patí 男〖魚〗パティ．
patiabierto, ta 形 がに股(また)の．
patibulario, ria 形 ❶ 絞首台の．❷ 凶悪な，身の毛のよだつ．
patíbulo 男 絞首台；死刑．
paticojo, ja 形 男 女《話》→ cojo.
paticorto, ta 形 短足の．
patidifuso, sa 形《話》びっくりした．
patilla 女 ❶ もみあげ．❷（めがねの）つる；止め金．❸《ラ米》(1)(ｺﾛﾝﾋﾞｱ)(ﾍﾞﾈｽﾞｴﾗ)スイカ．(2)(ﾁﾘ)〖植〗接ぎ穂．
patilludo, da 形《話》《軽蔑》もみあげの長い[濃い]．
patín 男 ❶ スケート靴．～ de ruedas ローラースケート靴．❷ キックボード．❸ 水上自転車．❹〖鳥〗アホウドリ．
pátina 女 ❶ 緑青(ろくしょう)．❷（油絵等の）くすんだ色調，古色．
patinado 男 古色を施すこと．
patinador, dora 男 女 スケートをする人，スケーター．
patinaje 男 スケート．～ artístico [sobre ruedas] フィギュア[ローラー] スケート．
patinar 自 ❶ スケートをする．❷（車が）スリップする；足を滑らせる．❸《話》へまをする，失敗する．
patinazo 男 ❶ スリップ，滑ること．❷《話》へま，失敗．*dar un* ～ スリップする；へまをやる．
patinete 男 キックボード．
patio [パティオ] 男〔英 courtyard〕❶（スペイン建築の）パティオ；中庭．～ de la escuela 校庭．❷〖演〗平土間．～ *de armas* 練兵場．*¡Cómo está el* ～*!*《話》大変だ；何てことだ．
patita 女 *a* ～*s* 徒歩で．*poner a ... de* ～*s en la calle*《話》…を追い出す；解雇する．
patitieso, sa 形 ❶《話》足が硬直した，足が動かない．❷《話》びっくり仰天した．
patituerto, ta 形 脚の曲がった．
patizambo, ba 形 男 女 X脚の（人）．
pato, ta 男 女 ❶ カモ，アヒル．❷《話》うすのろ，鈍い人．❸《ラ米》(ﾒｷｼｺ)《話》怠け者．*estar* ～《ラ米》(ｱﾙｾﾞﾝﾁﾝ)《話》お金が一銭もない．*hacerse* ～《ラ米》(ﾒｷｼｺ)《話》知らぬふりをする，怠ける．*hecho un* ～《話》ずぶぬれの．*pagar el* ～《話》尻(しり)ぬぐいをさせられる，ぬれぎぬを着せられる．
patochada 女 ばかげたこと，でたらめ．
patogenia 女〖医〗発病（学），病原（論）．
patógeno, na 形〖医〗発病の，病原の．gérmenes ～*s* 病原菌．
patojo, ja 形《軽蔑》足の不自由な；体を左右に揺らして歩く．── 男 女 足の不自由な人．
patología 女〖医〗病理学；病気．
patológico, ca 形 病理学の；病的な．
patólogo, ga 男 女 病理学者．
patoso, sa 形《話》❶ どじな，鈍い．❷（人を笑わせようとしても）つまらない，面白くない．── 男 女《話》どじなやつ；鈍い人．
patota 女《ラ米》(ｱﾙｾﾞﾝﾁﾝ)(ﾊﾟﾗｸﾞｱｲ)(ｳﾙｸﾞｱｲ)《話》《集合的》不良．
patraña 女《話》大うそ，作り話．
patria [パトゥリア] 女〔英 homeland〕❶ 祖国，母国．～ celestial 天国．❷ 故郷，出生地．*hacer* ～ 祖国[自分]のために働く．～ *potestad* 親権．
patriada 女《ラ米》(ｱﾙｾﾞﾝﾁﾝ)(ｳﾙｸﾞｱｲ)（祖国のための）武力蜂起(ほうき)；偉業．
patriarca 男 ❶〖聖〗族長，祖；長老．❷〖カト〗総大司教；（ギリシャ正教）総主教．*vivir como un* ～《話》安楽に暮らす．
patriarcado 男 ❶〖カト〗総大司教職[区]；（ギリシャ正教）総主教職[区]．❷ 家父長制[社会]．
patriarcal 形 家父長制の，家父長的な．
Patricia 固名 パトリシア：女子の名．
patriciado 男（古代ローマの）貴族階級；《集合的》貴族．
Patricio 固名 パトリシオ：男子の名．
patricio, cia 形（古代ローマの）貴族の；貴族階級の．── 男 女 ❶（古代ローマの）貴族．❷ 名門の人．
patrimonial 形 世襲[先祖伝来]の．
patrimonio 男（世襲）財産；（歴史的）遺産．～ de la humanidad 世界遺産．
patrio, ria 形 祖国の．
patriota 形 愛国の，愛国的な．── 男 女 愛国者．
patriotería 女《話》《軽蔑》狂信的な[うわべだけの]愛国主義．
patriotero, ra 形 狂信的[うわべだけの]愛国主義の．── 男 女 狂信的[うわべだけの]愛国主義者．
patriótico, ca 形 愛国の．
patriotismo 男 愛国心，愛国主義．
patrístico, ca 形 教父（学）の．── 女 教父学，教父研究．
patrocinador, dora 形 後援する，スポンサーとなる．── 男 女 後援者，スポンサー．
patrocinar 他 後援する，…のスポンサーになる．
patrocinio 男 後援，賛助．*con el* ～ *de ...* …の後援で．
patrología 女 ❶ 教父学[研究]．❷ 教父文献集．
patrón, trona [パトゥロン，トゥロナ] 男 女〔複 patrones，～s〕〔英 master〕❶ 主人，親方；宿の主人[女将(おかみ)]．❷〖カト〗守護聖人．❸ 後援者，庇護(ひご)者．── 男 ❶ 所有者；船長．❷ 型，パターン；型紙．❸〖経〗（貨幣の）本位（制）．el ～ oro 金本位制．*cortado por el mismo* ～《話》そっくりな，瓜(うり)二つの．
patronal 形 ❶ 雇用者の，経営者側の．❷〖カト〗守護聖人の．── 女《集合的》経営者，経営陣．
patronato 男 ❶ 協会，団体；財団．❷《集合的》経営者（団体）．❸ 後援，支援．
patronazgo 男 後援，支援．bajo el ～ de ... …の後援の下に．
patronear 他（船長として）指揮する．
patronímico, ca 形 男 父[祖先]の名から取った（名前）．
patrono, na 男 女 ❶〖カト〗守護聖人．

❷ (宿の) 主人, 女将(おかみ), 親方. ❸ 経営者, 所有者.

patrulla 女 ❶ 巡視, パトロール. coche ～ パトロールカー. ❷ パトロール隊；哨戒(しょうかい)機[艇].

patrullaje 男 パトロールすること, 哨戒(しょうかい).

patrullar 他 自 巡回する, パトロールする. ～ (por) la costa 沿岸をパトロールする.

patrullero, ra 形 巡視の, パトロールの. ── 男 女 哨戒(しょうかい)艇[機]. ── 男 《ラ米》(メキシコ)(車に乗った) パトロール警官.

patuco 男 乳児用の靴[靴下].

patulea 女 《話》騒々しい[無規律な] 集団[子供たち].

patuleco, ca 形 《ラ米》(ペルー) 《話》がに股(また)の.

Pátzcuaro 固名 パツクアロ (湖)：メキシコの湖.

paúl 形 〖カト〗ヴィンセンシオ[ラザリスト] 会の. ── 男 ❶ [複] ヴィンセンシオ [ラザリスト] 会. ❷ 沼沢地, 湿原.

paular 男 沼地, 湿地.

paulatino, na 形 ゆっくりした, 少しずつの.

paulino, na 形 聖パウロの.

paulista 形 男 女 (ブラジルの) サン・パウロの (人). ── 男 〖カト〗聖パウロ会修道士.

Paulo 固名 パウロ：男子の名.

paulonia 女 〖植〗キリ.

pauperismo 男 貧困状態, 貧窮.

paupérrimo, ma 形 [pobreの絶対最上級] 《文》極貧の.

pausa [パウサ] 女 [英 pause] ❶ 休止, 中断. hacer una ～ 中断[休憩]する. ❷ 遅さ, 緩慢. con ～ ゆっくりと. ❸ 〖音〗休止 (符).

pausado, da 形 ゆっくりした；落ち着きのある.

pauta 女 ❶ 規範, 手本；規準. marcar la ～ 模範を示す. ❷ 罫(け)線. ❸ 〖音〗五線紙.

pautado, da 形 罫(け)のついた；〖音〗五線の引いてある.

pautar 他 ❶ (紙) に罫(け)を引く. ❷ …に規準を設ける.

pava 女 《ラ米》(1) (タバコの) 吸い殻 (→ colilla 地域差). (2)(アルゼンチン)(ボリビア)(パラグアイ)(ウルグアイ)(マテ茶用の) 湯沸かし, やかん. ***pelar la ～*** 《話》愛を語り合う；雑談する.

pavada 女 ❶ シチメンチョウの群れ. ❷ 《話》面白くない[つまらない] こと. ❸ 《ラ米》(1)(アルゼンチン)(パラグアイ)(ペルー)(ウルグアイ)《話》ばかげたこと. (2)(アルゼンチン)《話》簡単なこと.

pavana 女 パヴァーヌ：宮廷舞踏 (曲).

pavear 他 《ラ米》(1)(南米)ばかげたことをする. (2) (学校を) サボる (→ fumar 地域差).

pavero, ra 男 女 シチメンチョウ業者. ── 男 (スペイン, アンダルシアの) つば広の帽子.

pavés 男 (中世の) 大盾；敷石舗装.

pavesa 女 火の粉, 火花.

pavía 女 〖植〗モモの一品種.

pávido, da 形 《文》おびえた.

pavimentación 女 舗装 (すること).

pavimentar 他 舗装する.

pavimento 男 舗装；舗装材料.

pavipollo 男 ❶ 〖鳥〗シチメンチョウのひな. ❷ 《話》面白味のない人；ばかな人.

pavisoso, sa 形 男 女 《話》面白味のない (人), 精彩を欠く (人).

pavo, va 男 女 ❶ 〖鳥〗シチメンチョウ. ～ real クジャク. ❷ 《話》面白味のない人；まぬけ. ── 男 《話》5ペセタ貨幣. ***comer ～*** 《話》(ダンスで女性が) 壁の花になる. ***subírsele a ... el ～*** 《話》…が顔を赤らめる.

pavón 男 ❶ 〖鳥〗クジャク. ❷ 〖昆〗クジャクチョウ. ❸ 〖技〗(鋼鉄の) 酸化被膜.

pavonado, da 形 暗青色の. ── 男 (鋼鉄の) 酸化被膜 (づけ).

pavonar 他 (鋼鉄を) 酸化被膜で覆う.

pavonear(se) 自 再 《de》(…を) 自慢する, 見せびらかす.

pavoneo 男 うぬぼれ, 見せびらかし.

pavor 男 恐怖, ひどい恐れ.

pavoroso, sa 形 恐ろしい, ぞっとするような.

payada 女 《ラ米》(アルゼンチン)(チリ)(ウルグアイ) payador の即興の歌.

payador 男 《ラ米》(アルゼンチン)(チリ)(ウルグアイ)ギターを奏でながら即興の歌を歌い歩く人.

payama 女 《ラ米》パジャマ (→ pijama 地域差).

payar 自 《ラ米》(チリ)(ウルグアイ)即興で歌う.

payasada 女 道化, おどけ；悪ふざけ.

payaso, sa 形 《話》お調子者の, ふざけた. ── 男 女 ❶ 道化師, ピエロ. ❷ 《話》面白い人；《軽蔑的》お調子者.

payés, yesa 男 女 (スペインのカタルーニャ地方, バレアレス諸島の) 農民.

payo, ya 形 男 女 (ジプシー[ロマ] 社会で) ジプシー[ロマ] でない (人).

paz [パす] 女 [複 paces] [英 peace] ❶ 平和. negociaciones de *paz* 和平交渉. ❷ 和合；平穏, 安らぎ. vivir en *paz* 平穏に暮らす. hacer las *paces* con ... …と仲直りする. ❸ 講和 (条約). firmar la *paz* 講和条約に調印する. ❹ 〖カト〗(ミサでの) 平和の握手[抱擁]. ── 固名 ❶ → La Paz. ❷ パス Octavio *P*～ (1914-98)：メキシコの詩人・批評家. ノーベル文学賞 (1990). ***aquí paz y después gloria*** 《話》これで解決[決まり] だ. ***dejar en paz*** そっと [そのままに] しておく. *Déjame en paz.* ほうっておいてくれ. ***descansar [reposar] en paz*** 永眠する. ***estar [quedar] en paz*** 貸し借りなしである. ***... que en paz descanse*** (死者への言及に添えて) 亡くなった, 故…. ***¡Vaya en paz!*** お元気で. ***y en paz*** 《話》これで終わりだ.

pazguatería 女 愚直 (な言動).

pazguato, ta 形 愚直な, 何にでも大騒ぎする. ── 男 女 愚直な人；まぬけ.

pazo 男 (スペインのガリシア地方の) 屋敷, 館(やかた).

PCE 男 *P*artido *C*omunista de *E*spaña スペイン共産党；*P*artido *C*onservador de *E*cuador エクアドル保守党.

¡pche! / ¡pchs! 間 ❶ 《無関心・不快》ふん, ちぇっ. ❷ 《俗》《呼びかけ》ちょっと, おい.

PD. 女 *pos*d*ata* 追伸, 追記.

P. D. *P*or *d*elegación 代理で.

pe 女 アルファベットの p の名称. ***de pe a pa*** 《話》始めから終わりまで.

pea 女 《俗》酔っ払うこと, 酔い.

peaje 男 通行料, 使用料；料金所.

peal 男 ❶ ストッキングの足先部分. ❷ 《ラ米》投げ縄.

peana 女 ❶ (像等を載せる) 台 (座). ❷ (祭壇前の) 壇.
peatón 男 歩行者.
peatonal 形 歩行者の.
peatonalizar 57 他 (道路等を) 歩行者専用にする.
pebete, ta 男 女 《ラ米》(アルゼンチン)(ウルグアイ)《話》子供；(チリ)乳児. ― 男 香, 線香；(花火等の) 導火線.
pebetero 男 香炉.
pebre 男 女 《ラ米》(チリ)〘料〙(玉ねぎ・トマト等の入った) ピリッと辛いソース.
peca 女 そばかす.
pecado [ペカド] 過分 → pecar. 男 [英 sin] ❶ (宗教上の) **罪**；過ち. ～ mortal [venial] 大罪[小罪]. ～ original 原罪. ～*s* capitales 七つの大罪. llevar en el ～ la penitencia / pagar (por) sus ～*s* 罪の報いを受ける. ❷《話》ばちが当たること. Es un ～ desperdiciar los alimentos. 食べ物を粗末にするなんてばちが当たる. ***de mis ～s*** 《話》《名詞+》《皮肉・いらだち》¡Paco *de mis* ～*s*! パコったら. ***de ～*** 《話》とてもおいしい[素敵な].
pecador, dora 形 罪を犯す. ― 男 女 (道徳・宗教上の) 罪人(ざいにん). ― 女《話》売春婦.
pecaminoso, sa 形 罪深い, 罪人の；道に外れた.
pecar [ペカル] 26 自 [英 sin] ❶ (宗教・道徳上の) **罪を犯す**, 過ちを犯す. ～ de palabra 言葉で罪を犯す. ❷ 度を越す. ～ de ignorante あまりに無知である.
pecarí 男〘動〙ペッカリー, ヘソイノシシ.
pecblenda 女 → pechblenda.
peccata minuta [ラ]《話》微罪.
pecera 女 金魚鉢, 水槽.
peces 男 複 → pez.
pechada 女 《ラ米》(1)(アルゼンチン)(チリ)(ウルグアイ)《話》たかり. (2) 肩・胸で軽く押すこと.
pechador, dora 男 女 《ラ米》人の犠牲の上に生きる人.
pechar 自《con》(…を) 引き受ける, 負う. ― 他 ❶〘史〙税金を払う. ❷《ラ米》(チリ)たかる.
pechblenda 女〘鉱〙瀝青(れきせい)ウラン鉱, ピッチブレンド.
pechero, ra 形 課税対象の. ― 男 ❶ よだれ掛け；(衣服の) 胸当て. ❷〘史〙納税者. ― 女 ❶ (衣服の) 胸部；ひだ[胸] 飾り. ❷《話》(女性の豊かな) 胸.
pechina 女 ❶〘建〙(円屋根の) ペンデンティブ, 穹隅(きゅうぐう). ❷ (ホタテガイ等の) 貝殻.
pecho [ペチョ] 男 [英 chest] ❶ **胸**, 胸部；呼吸器. ❷ 女性の胸, 乳房. tomar el ～ 母乳を飲む. ❸ 心, 胸中. abrir su ～ 胸の内を打ち明ける. ❹ 勇気. ❺〘史〙税. ***A lo hecho, ～.*** 《諺》やってしまったことは仕方がない. ***a ～ descubierto*** 無防備で；率直に. ***dar el ～*** 母乳を与える. ***echarse [meterse] entre ～ y espalda*** 《話》平らげる, 飲み干す. ***partirse el ～ por ...*** 《話》…しようと努力する. ***sacar ～*** 胸を張る, 堂々とする. ***tomar(se) a ～*** 《話》深刻に受けとめる.
pechón, chona 形 《ラ米》(メキシコ)《話》厚かましい；無礼な.
pechuga 女 ❶ 鳥の胸部；(鶏の) 胸肉. ❷《話》(女性の) 胸.
pechugón, gona 形 ❶《話》胸の大きな. ❷《ラ米》(中米)(コロンビア)(メキシコ)(ペルー)(ベネズエラ)《話》厚かましい. ― 女《話》胸の豊かな女性.
pecina 女 (池・川底の) 軟泥, へどろ.
pecio 男 (難破船の) 漂流[漂着] 物.
peciolado, da 形〘植〙葉柄のある.
pecíolo / peciolo 男〘植〙葉柄.
pécora 女 ❶ 売春婦；悪女. ❷《ラ米》(ペルー)《俗》足の悪臭.
pecoso, sa 形 男 女 そばかすのある (人).
pectina 女〘化〙ペクチン.
pectíneo, a 形〘解〙(筋肉が) 櫛(くし)状の. ― 男 櫛状筋.
pectiniforme 形〘動〙〘生〙(歯等が) 櫛(くし)状の.
pectoral 形 ❶ 胸 (部) の. músculos ～*es* 胸筋. ❷ 咳(せき)止めの. jarabe ～ 咳止めシロップ. ― 男 ❶ 胸筋. ❷ 咳止め薬. ❸ (高位聖職者の) 胸掛け用十字架.
pectosa 女〘化〙ペクトーゼ.
pecuario, ria 形 家畜の；畜産の.
peculiar 形 独特の, 特有の；奇妙な, 特殊な.
peculiaridad 女 特殊性, 独自性；特色.
peculio 男 自分の金[財産].
pecuniariamente 副 金銭的に.
pecuniario, ria 形 金銭 (上) の.
pedagogía 女 教育学, 教授法.
pedagógico, ca 形 教育学の, 教育的な.
pedagogo, ga 男 女 教育者, 先生；教育学者.
pedal 男 ❶ ペダル, 踏み板. dar a los ～*es* ペダルを踏む. ❷ (ピアノ等の) ペダル；保続音. ❸《話》酔い.
pedalear 自 (自転車の) ペダルを踏む.
pedaleo 男 (自転車の) ペダルを踏むこと.
pedáneo, a 形 村落の, 地区の. ― 男 女 (村等の) 行政官.
pedanía 女 小行政地区.
pedante 形 学者ぶった, 知識をひけらかす. ― 男 女 学者ぶる人, 衒学(げんがく)者.
pedantería 女 学者ぶること, 衒学(げんがく).
pedazo [ペダソ] 男 [英 piece] **一片**, 小片；部分. un ～ de pan パン一切れ. cortar en ～*s* 切り分ける. hacer ～*s* 細かくする. ***caerse a ～s*** 《話》(古びて) ぼろぼろになる；くたくたに疲れる. ***estar hecho ～s*** 《話》くたくたに疲れている；気落ちしている. ***hacerse ～s*** (1) 壊れる, 粉々になる. (2)《話》《en》(…で) 身を粉にする. ***～ de alcornoque [animal]*** 《話》ばか, ろくでなし. ***romper(se) en mil ～s*** 粉々に壊す[壊れる]. ***ser un ～ de pan*** 《話》とてもいい人である.
pederasta 男 (少年相手の) 男色家.
pederastia 女 (少年相手の) 男色.
pedernal 男 火打石. ***(duro) como un ～*** とても固い；とても冷酷である.
pedestal 男 ❶ 台座. ❷ (比喩的) 足がかり；踏み台. ***poner [tener] ... en un ～*** あがめ立てる.
pedestre 形 ❶〘スポ〙徒歩[走行] による. ❷ 陳腐な；品がない.
pedestrismo 男〘スポ〙徒歩や走行による競技.
pediatra 男 女 小児科医.

P

pediatría 女〘医〙小児科.
pediátrico, ca 形 小児科[医学]の.
pediculado, da 形〘植〙花柄のある.
pedículo 男 ❶〘植〙花柄. ❷《稀》〘昆〙シラミ.
pediculosis 女[単複同形]〘医〙シラミ寄生症.
pedicuro, ra 男 女 足専門の治療医. ── 女 ペディキュア.
pedida 女 プロポーズ, 求婚.
pedido [ペディド] 過分 → pedir. 男〔英 order〕注文(品).
pedigrí 男 ❶〘動〙血統(書). ❷《話》家系；血筋.
pedigüeño, ña 形 男 女 しつこくねだる(人).
pediluvio 男[主に複](皮膚病治療の)足湯.
pedimento 男 ❶ 申請. ❷〘法〙訴訟(状)；請願書.
pedir [ペディル] 77 他[現分 pidiendo]〔英 ask for〕❶ 求める；頼む. ～ disculpas [perdón] 許しを請う. ～ (un) permiso 許可を求める. ～ dinero 金を無心する. ～ hora 予約する. ❷《que＋接続法／＋不定詞》(…するよう)頼む, 願う. Le *pedí* traer [*que* trajera] un florero. 彼に花瓶を持ってくるよう頼んだ. ❸ 注文[発注]する. ～ un café コーヒーを頼む. ❹《por》(…に)値をつける. ～ cien mil yenes *por* el cuadro 絵に10万円の値をつける. ❺(女性の両親に)結婚の許しを求める(＝～ la mano). ❻〘法〙訴える. ❼ 必要とする. Este problema *pide* tiempo. この問題には時間がかかる. ── 自 ❶ 物ごいする. ❷《por》(…を)求める. ***No hay más que ～.*** 非の打ちどころがない. ***～ la palabra*** 発言の許可を求める. ***～ prestado*** 借りる.
pedo 男 ❶ 屁(へ), おなら. ❷《話》(酒・麻薬による)酩酊(めいてい). llevar [agarrar] un ～ 酔ってふらふらになる.
pedofilia 女 ペドフィリー, 小児性愛.
pedología 女 ❶ 育児学. ❷ 土壌学.
pedorrear 自 ❶《話》おならをする. ❷ 口でおならの音をまねる.
pedorreo 男 ❶ おならの連発. ❷《ラ米》(ﾒｷｼｺ)《俗》からかい, 冗談；叱責(しっせき).
pedorrero, ra 形 男 女《話》《軽蔑》屁(へ)こき(の). ── 女《俗》おならの連発.
pedorreta 女《話》おならの口まね.
pedorro, rra 形 男 女《話》《軽蔑》(1) 屁(へ)こき(の). (2) うっとうしい(人).
pedrada 女 投石(による打撃). romper el cristal de una ～ 石をぶつけてガラスを割る.
pedrea 女 ❶(宝くじの)小額当選金. ❷《ラ米》(ｱﾙｾﾞﾝﾁﾝ)雹(ひょう).
pedregal 男 岩石で覆われた土地.
pedregoso, sa 形 岩石で覆われた.
pedregullo 男《ラ米》(ｱﾙｾﾞﾝﾁﾝ)(ｳﾙｸﾞｱｲ)(ﾁﾘ)砂利.
pedrera 女 採石場.
pedrería 女《集合的》貴金属.
pedrero, ra 男 女 石工, 石職人.
pedrisca 女 → pedrisco.
pedrisco 男 雹(ひょう), あられ.
Pedro 固名 ❶ San ～ 聖ペドロ：十二使徒の1人. ❷ ～ I el Cruel ペドロ1世(残虐王)(1334-69)：カスティーリャ王. ❸ ペドロ：男子の名.
pedrusco 男《軽蔑》石塊, 原石.
pedunculado, da 形〘植〙花柄を持つ.
pedúnculo 男〘植〙花柄；〘動〙肉茎.
peeling [ピリン]〔英〕男(エステの)ピーリング：古くなった角質を薬品等ではがすこと.
peer(se) 35 自 再《俗》放屁(ほうひ)する.
pega 女 ❶ 難問, 不都合. poner ～*s* a ... …に難癖をつける. ❷《話》難しい試験問題. ❸ 糊(のり), 接着剤. ❹《ラ米》(ﾁﾘ)仕事, 職. ── 活 → pegar. ***de ～*** 偽の.
pegada 過分 → pegar. 女 ❶〘スポ〙(パンチ・蹴(け)り等の)打撃力. ❷《ラ米》(ｱﾙｾﾞﾝﾁﾝ)偶然の成功；的中.
pegadizo, za 形 ❶ 覚えやすい. ❷ べとべとした.
pegado, da 過分 → pegar. 形《話》とても驚いた. ***dejar ～*** 呆然(ぼうぜん)とさせる. ***quedarse ～*** 立ちすくむ, 啞然(あぜん)とする.
pegador, dora 男 女(テニス)ハードヒッター,(ゴルフ)(ロング)ヒッター,(ボクシング)ハードパンチャー.
pegajosidad 女 ❶ 粘着力. ❷《話》(人が)べたべたし過ぎて煩わしいさま.
pegajoso, sa 形 ❶ 粘着性の；べとべとした. ❷《話》(人が)べたべたまとわりつく. ❸〘スポ〙(ディフェンス・マークが)執拗(しつよう)な.
pegamento 男 糊(のり), 接着剤.
pegamoide 男〘化〙防水加工用のセルロース剤.
pegamoscas 女[単複同形]〘植〙ムシトリナデシコ.
pegar [ペガル] 66 他〔英 stick〕❶ くっつける, 貼(は)りつける；〘IT〙ペーストする. ～ un sello en un sobre 切手を封筒に貼る. ❷ 縫いつける. ～ un botón ボタンをつける. ❸ 点火する. ～ fuego a ... …に火をつける. ❹ 殴る. Le *pegué* en la cara. 私は彼の顔をぶった. ～ un tiro 一発撃つ. ❺(声等を)出す；行う. ～ un grito 叫び声をあげる. ～ un susto a ... …を驚かす. ❻(病気を)感染させる. ～ la gripe a ... …にかぜを移す. ❼《ラ米》(ﾒｷｼｺ)留める；(ﾆｶﾗｸﾞｱ)始める. ── 自 ❶ 接する. Mi cama *pega* a la pared. 私のベッドは壁につけてある. ❷ ぶつ, 打つ；(人と)ぶつかる；口論する. ～ duro [fuerte] ひどく打つ. ❸《con》(…と)合う, 調和する. ❹(太陽・光が)当たる. ❺《話》はやる. ～ fuerte 大成功をおさめる. ❻《話》韻を踏む. ── **pegarse** 再 ❶ くっつく；接近する. ～ como una lapa《話》へばりつく. ～ al suelo 伏せる. ❷(食べ物が)焦げつく. ❸(病気等が)感染する. ❹(頭に)こびりつく；印象に残る. ❺《話》暮らす, 過ごす. ❻《contra》(…に)ぶつかる. ❼ 殴り合う. ***pegarla a ...*** (人を)だます；《con》(…と)浮気して(人を)裏切る. ***pegarle fuerte a ...*** …にはまる, 夢中になる. ***pegársela*** 《話》事故に遭う.
Pegaso 固名〘ギ神〙ペガサス；〘天文〙ペガサス座.
pegatina 女 シール, ステッカー.
pegmatita 女〘鉱〙ペグマタイト.
pego 男 ***dar el ～*** いかさまを働く, だます. ── 活 → pegar.
pegón, gona 形 男 女 すぐにたたく

P

(人).
pegote 男 ❶《話》どろどろのもの；粥(かゆ)状の煮物. ❷ 継ぎ当て；他と調和しないもの[文章]. ❸《話》しつこい人. ❹《話》出来損ない. ❺《話》うそ.
pegotear 自 食事時に不意に訪問する.
pegotero, ra 形 男 女 うそつき(の).
pegue(-) / pegué(-) 活 → pegar.
pegujal 男 財産；わずかな土地.
pegujalero, ra 男 女 零細農家[牧畜業者].
pegujón 男 毛玉.
pehuenche 形 男 女 (チリの) ペウエンチェ族の(人).
peinada 過分 → peinar. 女 髪をとかすこと；整髪.
peinado 過分 → peinar. 男 ❶ ヘアスタイル. ❷ 整髪；ヘアセット. ❸ (警察による) 一斉捜索.
peinador, dora 形 整髪の. — 男 女 理髪師. — 男 ❶ (整髪の際) 首から下を覆う布. ❷《ラ米》鏡台.
peinar [ペイナル] 他 〔英 comb〕 ❶ (人の) **髪をとかす**；整髪する. ❷ 毛づくろいする. ❸ 一斉捜索を行う. — **peinarse** 再 (自分の) 髪をとかす.
peinazo 男 (窓・扉の) 横木.
peine 男 ❶ くし. ❷ くし状の器具；梳毛(そもう)機. — 活 → peinar.
peineta 女 (大きめの) 飾りぐし. ～ de teja ベールを留める飾りぐし.
peinilla 女 《ラ米》(1)(コロンビア)(エクアドル)くし. (2)(コロンビア)(エクアドル)(パナマ)(ベネズエラ)山刀.
p. ej. *por ej*emplo たとえば.
peje 男《稀》❶ 魚. ❷《話》ずるい男.
pejerrey 男〖魚〗ペヘレイ.
pejesapo 男〖魚〗アンコウ.
pejiguero, ra 形 男 女 厄介な(人), うるさい(人). — 女《話》面倒[厄介]なこと.
Pekín 固名 ペキン(北京)：中華人民共和国の首都.
pekinés, nesa 形 男 女 → pequinés.
pela 女 ❶《話》ペセタ. ❷《ラ米》(コロンビア)(メキシコ)(ベネズエラ)鞭(むち) [棒] でたたくこと；平手打ち. — 活 → pelar.
pelada 過分 → pelar. 女《ラ米》散髪；(ラプラタ)(チリ)はげ頭.
peladero 男《ラ米》荒地.
peladilla 女 ドラジェ, シュガー・アーモンド.
pelado, da 過分 → pelar. 形 ❶ むき出しの；草木[葉]をむしられた；皮をはがれた. ❷ 端数のない. ❸ (成績・給料が) ぎりぎりの. ❹《話》金がない. — 男 女 ❶《話》金に困っている人. ❷《ラ米》(1)(メキシコ)庶民. (2)(コロンビア)(ベネズエラ)子供；青二才. — 男 ❶ 皮はぎ；皮むき. ❷《話》《ユーモア》散髪.
peladura 女 皮むき；むいた皮.
pelafustán, tana 男 女 → pelagatos.
pelagatos 男 女 [単複同形]《軽蔑》何の取り柄もない人, 役立たず.
pelagianismo 男〖宗〗ペラギウス説.
pelágico, ca 形 ❶ 海洋の；遠洋の. ❷〖地〗〖生〗外洋[漂泳]性の.
pelagoscopio 男 海底探査機.
pelagra 女〖医〗ペラグラ.
pelaire 男 女 梳毛(そもう)職人.
pelaje 男 ❶ (動物の) 毛；毛並み. ❷《話》《軽蔑》身なり；外見；ぼさぼさの髪.
pelambre 男 ❶ (時に女)《話》もじゃもじゃの髪. ❷《ラ米》(チリ)《話》陰口.
pelambrera 女《話》もじゃもじゃの髪[体毛].
pelamen 男《話》《集合的》髪, 毛, 体毛.
pelanas 男 女 [単複同形]《話》《軽蔑》役立たず.
pelandusca 女《話》売春婦.
pelar [ペラル] 他 〔英 peel〕 ❶ **…の皮をむく**. ～ las patatas ジャガイモの皮をむく. ❷ …の髪[毛]を刈る；剃る. ❸ (動物の) 皮をはぐ；毛をむしる. ❹《話》(人から) 金品を巻き上げる. ❺《話》(人を) こき下ろす. ❻《ラ米》(武器を) 手にとる. — **pelarse** 再 ❶ (自分の) 髪を刈る. ❷ (日焼けで) 皮がむける. ❸ 頭髪が抜ける. ***duro de pelar*** 頑として譲らない. ***hacer un frío que pela*** 身を切るような寒さである.
pelargonio 男〖植〗ゼラニウム.
Pelayo 固名 Don ～ ドン・ペラヨ：アストゥリアス王国初代王 (在位718-737).
peldaño 男 (階段等の) 段, ステップ.
pelea [ペれア] 女 〔英 quarrel, fight〕 ❶ **けんか**, 争い；口論. ❷《**por, para**》(…のための) 努力, 苦心. — 活 → pelear.
peleado, da 過分 → pelear. 形《**con**》(…と) 仲が悪い.
pelear [ペれアル] 自 〔英 quarrel, fight〕 ❶《**con**》(…と) けんかする, **争う**, 戦う, 口論する. ❷《**por, para**》(…のため) 努力[苦心]する. — **pelearse** 再《**con**》(…と) 仲たがいする, けんかする, 争う.
pelechar 自 ❶ (動物・鳥が) (羽) 毛が生え(変わ)る. ❷《話》脱毛する.
pelele 男 ❶ (祭りの) わら人形, 布人形. ❷ 傀儡(かいらい)；操り人形. ❸ 乳児用オーバーオール.
peleón, ona 形 争い好きの. — 男 女 争い好きの人. ***vino*** ～ 安物のワイン.
peletería 女 皮革製品店, 毛皮店；皮革[毛皮]製品製造業.
peletero, ra 形 男 女 皮革[毛皮]加工業の(人)；皮革[毛皮]販売業の(人).
pelex 男 女《ラ米》優しい先生 (→ benévolo 地域差).
peliagudo, da 形 込み入った, 厄介な.
pelícano / pelicano 男〖鳥〗ペリカン.
pelicorto, ta 形 ショートヘアの.
película [ペリクら] 女 〔英 film, movie〕 ❶ **映画**, 映画フィルム. ～ de ciencia ficción ＳＦ映画. ～ en blanco y negro モノクロ映画. ❷〖写〗フィルム. ❸ 薄膜. ***¡Allá ～s!*** 《話》(言うことを聞かないと) どうなっても知らないよ. ***de*** ～《話》夢のように豪華な；すばらしく.
peliculero, ra 形 ❶ 映画の, 映画好きの；夢見がちな. ❷《ラ米》(ベル)ほら吹きの. — 男 女 ❶ 映画好き；夢見がちな人. ❷《ラ米》(ベル)ほら吹き.
peliculina 女《ラ米》(ベル)《話》趣味の悪い映画.
peliculón 男《話》名画；退屈な映画.
peligrar 自 危険な状態にある.
peligro [ペりグロ] 男 〔英 danger〕 **危険**, 危機；危険物[人物]. *correr*

P

[*estar*] *el* ～ 危機にさらされている.

peligrosa 形 → peligroso.

peligrosidad 女 危険性.

peligroso, sa [ペリグロソ,サ] 形 〔英 dangerous〕 ❶ 危ない, 危険な. ❷ 凶悪な；危害を加える.

pelillo 男 ***echar ～s a la mar*** 水に流す, 仲直りする.

pelín 男 ***un ～*** ほんのちょっと[少し].

pelirrojo, ja 形 男 女 赤毛の(人).

pelita 女 〖地質〗 泥質岩.

pelitre 男 〖植〗 ジョチュウギク.

pella 女 ❶ 丸い塊. ❷ 〖植〗 カリフラワーの結球. ***hacer ～s*** 《ラ米》(学校を) サボる (→ fumar 地域差).

pelleja 女 ❶ 毛皮, 皮. ❷ 《話》 意地の悪い年配女性. ❸ 売春婦.

pellejería 女 ❶ 皮革製品工場[店]. ❷ 《ラ米》(ペルー)(チリ) 《話》 貧苦.

pellejo, ja 男 ❶ 皮膚；皮革；果物の皮. ❷ ワイン用革袋. ❸ 《話》 意地の悪い人. ❹ 《ラ米》 陥入爪(かんにゅうそう), 指の肉に食い込んだ爪(つめ) (→ uñero 地域差). ── 形 《話》 意地の悪い. ***arriesgar(se)*** [***jugarse***] ***el ～*** 命を賭(か)ける. ***estar en*** su ***～*** …と同じ状況におかれる. ***no caber en el ～*** 有頂天になっている. ***quedarse en el ～*** [***los ～s***] がりがりにやせる. ***quitar el ～*** 批判する. ***salvar el ～*** 一命をとりとめる.

pellejudo, da 形 皮膚がたるんだ.

pellica 女 → pellico

pellico 男 (羊飼いの着る) 毛皮のコート.

pelliza 女 (毛皮付き) 革ジャケット.

pellizcar 26 他 ❶ つねる；挟む. ❷ つまみ食いする. ── **pellizcarse** 再 (自分の体の一部を) つねる；挟む.

pellizco 男 ❶ 指でつねること, 挟むこと. ❷ つねられた[挟まれた] 跡. ❸ ひとつまみ. un ～ de sal 塩をほんの少々. ***un buen ～*** 《話》 大金.

pellón 男 《ラ米》 (鞍(くら)に敷く) なめし革.

pelma 形 男 女 《話》 うっとうしい (人). ***dar la ～*** (同じ話で) あきさせる.

pelmazo, za 形 男 女 ❶ → pelma. ❷ 《話》 ぐずぐずした(人).

pelo [ペろ] 男 〔英 hair〕 ❶ (動物・人間の) 毛, 髪, 髪の毛. cortarse el ～ 散髪する. ～ rizado 《スペイン》 縮れ毛. ～ de rulos 《ラ米》 縮れ毛. (→ 地域差). ❷ (ブラシ等の) 毛, (紙や布の) けば. ❸ ほんの少し. ni un ～ ほんの少しも(ない). ── 活 → pelar. ***a contra ～*** 無理やり. ***al ～*** 毛並みに沿って；ちょうどよく. ***a ～*** 無帽で；鞍なしで；身一つで. ***caérsele el ～ a ...*** …に罰が下る. ***con ～s y señales*** 詳細に. ***de medio ～*** ありきたりの. ***de ～ en pecho*** 勇敢な. ***estar hasta los ～s de ...*** …に飽き飽きしている. ***no tener ～s en la lengua*** 歯に衣(きぬ)を着せない. ***no ver el ～ a ...*** …を見かけない. ***ponérsele los ～s de punta a ...*** …の髪の毛が逆立つ. ***por los ～s / por un ～*** かろうじて, すんでのところで. ***soltarse el ～*** 自分のやりたいようにする. ***tirarse de los ～s*** 地団駄を踏む. ***tomar el ～ a ...*** …をからかう. 地域差 縮れ毛 pelo rizado 《スペイン》；pelo de rulos (パラグアイ, アルゼンチン)；afro 《ラ米》(エルサルバドル)(ベネズエラ)；cascú (パナマ)；chicharrón (ベネズエラ)；chino (メキシコ)；churrusco (パナマ)；colocho (ホンジュラス)；crespo (コスタリカ)(コロンビア)(ペルー, ボリビア)；grifo (プエルトリコ)；malo (ドミニカ共和国)；mota (パラグアイ, ウルグアイ)；motoso (エクアドル)；motudo (チリ)；murruco (ニカラグア)；murusho (グアテマラ)；musuco (ホンジュラス)；pasa (キューバ, ドミニカ共和国)；ruliento (チリ)；zambo (エクアドル, ペルー).

pelón, lona 形 男 女 ❶ はげ頭の(人)；頭髪の少ない(人). ❷ 《話》 髪を短く刈った(人).

pelota [ペろタ] 女 〔英 ball〕 ❶ ボール；球技. jugar a la ～ ボール遊びをする. ～ vasca (バスクの) ペロタ, ハイアライ. ❷ [複] 《俗》 睾丸(こうがん). ── 形 男 女 《話》《軽蔑》 ごますり(の). ***dejar en ～s*** 無一文で放り出す；容赦なく批判する. ***devolver la ～*** 同じことをやり返す. ***en ～s / en ～ picada*** 素っ裸で. ***estar hasta las ～s de ...*** …にほとほと飽きている. ***hacer la ～*** ごまをする. ***pasar(se) la ～*** 責任をたらい回しにする. ***quedarse en ～s*** 素っ裸になる；無一文になる.

pelotari 男 女 ペロタ[ハイアライ]の選手.

pelotazo 男 ❶ ボールによる打撃. ❷ 《話》 (酒の) ひと飲み；《俗》 (麻薬の) 摂取.

pelote 男 (詰め物用の) ヤギの毛.

pelotear 自 ❶ 〖遊〗〖スポ〗 ボール遊びをする；(練習で) 球を転がす. ❷ 《con》 (…を) 放り投げて遊ぶ. ── **pelotearse** 再 (問題が) たらい回しにされる.

peloteo 男 ❶ 〖スポ〗 (練習の) パス回し. ❷ 《話》《軽蔑》 ごますり, おべっか.

pelotero, ra 形 《話》《軽蔑》 ごまをする. ── 男 女 ❶ 《話》《軽蔑》 ごまをする人. ❷ 〖スポ〗 球技の選手. ── 女 《話》 大げんか.

pelotilla 女 ❶ 毛玉. ❷ 《話》 鼻くそ. ***hacer la ～*** ごまをする.

pelotilleo 男 《話》《軽蔑》 ごますり.

pelotillero, ra 形 男 女 《話》《軽蔑》 こびへつらう(人).

pelotón 男 ❶ (雑多な) 群集. ❷ 〖スポ〗 (選手の) 集団；〖軍〗 小隊. ***el ～ de los torpes*** 落ちこぼれ集団.

pelotudo, da 形 男 女 《ラ米》《俗》 愚かな(人).

peltre 男 白鑞(しろめ)：合金の一種.

peluca 女 かつら；ヘアピース.

peluche 〔仏〕 男 プラッシュ, フラシ天；ぬいぐるみ(の動物や人形).

pelucón, cona 形 《ラ米》(ペルー) 《話》 髪の長い[多い].

peludear 自 《ラ米》(アルゼンチン) ぬかるみに入る.

peludo, da 形 ❶ 毛深い；毛むくじゃらの. ❷ 《ラ米》(南米) 難しい；骨の折れる. ── 男 女 毛深い人. ── 男 《ラ米》(ラプラタ)(ボリビア)(アルゼンチン)(ウルグアイ)(パラグアイ) (1) 飲酒による酩酊(めいてい). (2) 〖動〗 アルマジロ.

peluquear(se) 他 再 《ラ米》(コロンビア)(ベネズエラ)(ウルグアイ)(コスタリカ) 《話》 散髪する.

peluquería 女 ❶ 理髪店；美容院. ❷ 理容業[技術].

peluquero, ra 男 女 理容[美容]師.

peluquín 男 ❶ ヘアピース. ❷ 〖史〗 男性用かつら. ***ni hablar del ～*** 論外である.

pelusa 女 ❶ 産毛, 綿毛(わたげ)；(布の) 毛羽；綿ぼこり. ❷ 《話》 (子供同士の) ねたみ.

peluso 男 《隠》 召集兵.

pelviano, na 形 骨盤の.

pelvis 女 [単複同形] 〖解〗 骨盤.

pena [ペナ] 女 〔英 penalty; pain〕 ❶ 罰. una ～ de cinco años de cárcel 5年の禁固刑. ～ de muerte [capital] 死刑. ❷ (精神的) 苦痛. Me da ～ hacerlo. それをするのはつらい. Es una ～ que 〈+接続法〉. …とは残念である. ❸ [主に複]苦労. con muchas ～*s* 苦労して. ahorrarse la ～ de ... …する手間を省く. ❹ 《ラ米》羞恥(しゅうち), 恥. ***a duras ～s*** やっとの思いで. ***sin ～ ni gloria*** 可もなく不可もなく. ***valer [merecer] la ～*** 〈+不定詞〉 …する価値がある.

penacho 男 ❶ とさか, 毛冠. ❷ 羽飾り.

penado, da 男 女 服役囚.

penal 形 刑罰の；刑事上の. ― 男 刑務所. ***acción ～*** 刑事訴訟.

penalidad 女 [主に複] 辛苦.

penalista 男 女 刑法学者；刑事専門の弁護士.

penalización 女 処罰；制裁(措置).

penalizar 57 他 処罰[制裁]する, …に罰則を適用する.

penalti / penalty [ペナるティ] 〔英〕 男 [複 ～s] 《スポ》ペナルティー；ペナルティーキック. casarse de ～ 《話》思わぬ妊娠のために結婚する. ronda de ～ (サッカー) PK戦.

penar 他 処罰[制裁]する, 罰則を適用する. ― 自 ❶ 《con》(…で) 苦しむ. ❷ 《por》(…を) 切望する.

penates 男 複 《ロ神》家庭の守護神.

penca 女 《植》肉質の葉；葉柄, 主脈. ― 形 《ラ米》(チリ) 《話》《軽蔑》不快な.

pencar 26 自 熱心に働く；困難に負けず努力する.

penco 男 ❶ やせ馬. ❷ 《話》怠惰な人.

pendejada 女 《ラ米》ばかげたこと.

pendejear 自 《ラ米》(1)(メキシコ)(コロンビア)(ペルー)(チリ) ばかげたことをする. (2)(メキシコ) 《俗》時間を無駄にする.

pendejo, ja 男 女 ❶ 《話》《軽蔑》だらしない人. ❷ 《ラ米》ばか；臆病(おくびょう)者；(アルゼンチン)若者；青二才；(ペルー) 《俗》卑劣な人. ― 男 ❶ 《卑》陰毛. ❷ 《ラ米》(メキシコ) 《俗》妻に浮気される男.

pendencia 女 けんか；口論.

pendenciero, ra 形 男 女 けんか好きの(人).

pender 自 ❶ 《de》(…から) ぶら下がっている. ❷ 《sobre》(…に) (危機等が) 差し迫っている. ❸ (訴訟が) 係争中である. ***～ de un hilo*** 危うい状況にある.

pendiente 形 ❶ ぶらさがっている. ❷ 未解決[処理]の；《法》係争中の. ❸ 《de》(…を) 気にかける；待ちわびる. ❹ 傾斜のある. una calle ～ 坂道. ― 男 [複] イヤリング. ― 女 傾斜；勾配(こうばい).

péndola 女 ❶ (時計の) 振り子. ❷ 《建》(つり橋の) 垂直ワイヤー.

pendolista 男 女 達筆な人；代書屋.

pendón, dona 形 《話》だらしない. ― 男 女 《話》だらしない人；身持ちの悪い女性. ― 男 軍旗.

pendonear 自 《話》だらしない生活を送る.

pendoneo 男 《話》だらしない生活.

péndulo 男 振り子. ***reloj de ～*** 振り子時計.

pene 男 《解》ペニス.

penene 男 女 非常勤教員 (= *profesor no numerario*).

penetrabilidad 女 貫通[浸透]性.

penetrable 形 ❶ 貫通[浸透]できる. ❷ 理解の容易な.

penetración 女 ❶ 貫通, 浸透. ❷ 洞察, 理解. ❸ 《スポ》ゴール突破.

penetrante 形 ❶ 貫く(ような). ❷ (音が) 耳をつんざく. ❸ 洞察力[機知]に富む.

penetrar [ペネトゥラル] 他 〔英 penetrate〕 ❶ 貫く, 貫通する. ❷ 入り込む；侵入する；(水が) 浸透する, 染み込む. ❸ (音・寒さ・痛みが) 感覚を強く刺激する. El frío me *penetra* hasta los huesos. 寒さに骨まで凍えそうだ. ❹ 洞察する；見抜く. ― 自 《en》(…に) 入り込む, 侵入する；(…に) 浸透する；(…の奥まで) 見抜く.

peneuvista 形 男 女 バスク民族主義党 PNV の(党員, 支持者).

penibético, ca 形 (スペイン南部の) ペニベティコ山系の.

penicilina 女 《薬》ペニシリン.

penillanura 女 《地質》準平原.

península [ペニンスら] 女 ❶ 〔英 peninsula〕 半島. ❷ [P-] イベリア半島.

peninsular 形 男 女 ❶ 半島の(人). ❷ (カナリア諸島等に対し) スペイン本土の(人).

penique 男 ペニー：英国の通貨.

penitencia 女 ❶ 《カト》悔悛(かいしゅん)(の秘蹟(ひせき)). ❷ (自己に課す) 苦行；贖罪(しょくざい). ❸ 《話》つらいこと.

penitencial 形 悔悛(かいしゅん)[贖罪(しょくざい)]の.

penitenciaría 女 刑務所.

penitenciario, ria 形 刑務所の.

penitente 男 女 《カト》悔悛(かいしゅん)の行列に加わる信者；告解[悔悛]者.

penol 男 《海》ヤードアーム.

penoso, sa 形 ❶ 苦しい, 骨の折れる. un trabajo ～ つらい仕事. ❷ 痛ましい；嘆かわしい. un aire ～ 重苦しい雰囲気. ❸ 荒れ果てた. un estado ～ 悲惨な状況.

pensado, da 過分 → pensar. 形 ***bien ～*** よく考えると. ***ser mal ～*** ひねくれている.

pensador, dora 形 ものを考える. ― 男 女 思索家；思想家.

pensamiento [ペンサミエント] 男 〔英 thought〕 ❶ 思考；思考力. ❷ 意見；計画. leer el ～ de ... (他人の) 考えを読み取る. tener el ～ de ... …する心積もりでいる. ❸ 思想. ❹ [主に複] 箴言(しんげん), 格言. ❺ 《植》パンジー. ***como el ～*** 即座に. ***pasársele por el ～*** 思いつく.

pensante 形 思考する. ***cabeza ～*** (組織の) ブレーン的存在.

pensar

[ペンサル] 18 他 〔英 think〕 ❶ 考える, 思う. *Pienso* que no tienen razón. 彼らは正しくないと思います. ¿Qué *piensa* Ud. de ...? …をどう思いますか. *pensándo*lo bien よく考えてみると. ❷ 《+不定詞》…するつもりである. *Pienso* ir al cine esta tarde. 今日の午後, 映画に行くつもりです. ❸ 考案する. ❹ (家畜に) 飼い葉を与える. ― 自 ❶ 考える. *Pienso*, luego existo. 我思う, 故に我あり (デカルト). ❷ 《en》(…のことを) 考え

P

る. Siempre *pienso en* ti. 僕はいつも君のことを考えている. ～ *en* lo peor 最悪の事態を考える. ❸ ((en＋不定詞)) (…しようと) 思いつく. ***cuando menos se* [*lo*] *piensa*** 思いがけないときに. ***dar que pensar*** 考える機会を与える. ***¡Ni pensarlo!*** とんでもない. ***pensar bien* [*mal*] *de* ...** …のことをよく[悪く]思う. ***pensar para* [*entre*] *sí*** ひそかに思う. ***sin pensar(lo)*** 思いがけず；よく考えずに.

pensativo, va 形 ❶ 考え込む；もの思いにふける. ❷ (性格が) 内省的な.

pensil / pénsil 男 名園, 庭園.

pensión [ペンシオン] 女 [複 pensiones] 〔英 pension〕 ❶ 年金, 恩給；助成金. planes de *pensiones* 退職積立預金. ～ de viudedad 寡婦年金. *pensiones* asistenciales 福祉年金. ～ pública 公的年金. ～ de jubilación 退職年金. ～ alimenticia (離婚後の) 扶養手当. ～ vitalicia 終身年金. *pensiones* de vejez 老齢年金. ❷ 民宿, 下宿屋；宿泊料, 下宿代. ❸ ((ラ米)) 苦悩, 嘆き. ***media*** ～ (1) (ホテルで) 1 食付きの宿泊. (2) (学校で) 給食込みの時間割. ～ ***completa*** (ホテルで) 3 食付きの宿泊.

pensionado 男 寄宿舎[学校].

pensionar 他 …に年金[各種手当金]を給付する.

pensionista 男 女 ❶ 年金生活者；各種手当金の受給者. ❷ 下宿人；寄宿生.

pentadáctilo, la 形 男 女 5 指の (動物).

pentadecágono 男 〖数〗 十五角形.

pentaedro 男 〖数〗 五面体.

pentagonal 形 五角形の.

pentágono 男 ❶〖数〗 五角形. ❷ el *P*～ 米国国防総省.

pentagrama / pentágrama 男 〖音〗 五線譜.

pentámero, ra 形 ❶〖植〗 五片花の. ❷〖昆〗 五関節の.

pentámetro 男 〖修辞〗 五歩格.

pentano 男 〖化〗 ペンタン.

pentasílabo, ba 形 男 五音節 (詩行) (の).

Pentateuco 男 〖聖〗 モーセ五書.

pentatlón 男 (陸上の) 五種競技.

Pentecostés 男 〖カト〗 聖霊降臨祭.

pentotal 男 〖商標〗 ペントタール：睡眠剤.

penúltimo, ma 形 男 女 終わりから 2 番目の (人, もの).

penumbra 女 ❶ 薄闇, 薄暗がり. ❷ 〖天文〗 (月食・日食における) 半影.

penuria 女 貧窮；生活必需品の欠乏.

peña 女 ❶ 岩, 岩石；岩山. ❷ 同好会；サークル；((話)) 友達グループ.

peñaranda 女 ***estar en*** ～ 質に入っている.

peñascal 男 岩の多い土地.

peñasco 男 ❶ 大岩. ❷〖解〗 垂体 (側頭骨岩様部).

peñascoso, sa 形 岩だらけの.

peñazo 形 男 女 ((話)) うんざりする[退屈な, 厄介な] (人, 物).

péñola 女 羽ペン.

peñón 男 岩山.

peón 男 ❶ 労務者；作業員. ～ caminero 道路工事作業員. ❷ (チェス) ポーン. ❸ 〖軍〗 工兵. ❹ ((話)) 手駒(ごま)；支配下の人材. ❺ ～ de brega 闘牛士助手.

peonada 女 ❶ 労務者の 1 日の仕事. ❷ ((集合的)) 作業員.

peonaje 男 ((集合的)) 作業員.

peonía 女 〖植〗 シャクヤク.

peonza 女 〖遊〗 (糸巻き) 独楽(こま). ***bailar como una*** ～ 軽快に踊る.

peor [ペオル] 形 [malo の比較級] 〔英 worse; worst〕 ❶ ((que)) (…より) 悪い, 劣った (↔mejor). Ése es ～ *que* éste. それはこれより劣っている. La enferma está cada vez ～. 病人の容態はますます悪化している. ❷ ((定冠詞をつけて最上級)) 最低の, 最悪の (↔mejor). en el ～ de los casos 最悪の場合. ── 副 [mal の比較級] ((que)) (…より) 悪く；((最上級)) 最悪に. Cantas ～ *que* ella. 君は彼女より歌が下手だ. ***lo que es*** ～ さらに悪いことに. ***P～ es nada.*** ((ラ米)) ないよりました. ～ ***que*** ～ / ***tanto*** ～ さらにひどいことになる. ***ponerse en lo*** ～ 最悪の事態を想定する.

pepa 女 ((ラ米))(*))(果物の) 種. ── 形 ((ラ米))(ﾍﾟﾙｰ) ((俗)) (女性が) 魅力的な. ── 固名 [P-] ペパ：Josefa の愛称. ***¡Viva la P～!*** 万歳；((皮肉)) 大したものだ.

pepe 男 未熟なメロン. ── 固名 [P-] ペペ：José の愛称. ***ponerse como un p～*** ((話)) 嫌になるほど食べる.

pepenar 他 ((ラ米))(*)(ﾁﾘ)拾う；あさる.

pepero, ra 形 男 女 Pepe (たとえば, José María Aznar) を支持する (人).

Pepín 固名 ペピン：José の愛称.

pepinazo 男 ((話)) ❶ (大砲・爆弾が) バンと破裂すること. ❷ (サッカー) 弾丸シュート.

pepinillo 男 (ピクルス用) 小形キュウリ.

pepino 男 ❶ キュウリ. ❷ 未熟なメロン. ***no importar un*** ～ たいしたことではない.

pepita 女 ❶ (果物の) 種. ❷ 天然の金[銀]塊. ── 固名 [P-] ペピータ：Josefa の愛称.

pepito 男 ❶ ミートサンド. ❷ クリーム[チョコ]パン. ── 固名 [P-] ペピート：José の愛称.

pepitoria 女 鶏のエッグソース煮込み.

pepla 女 ((話)) 厄介なもの[人]. ***ir* [*venir*] *con* ～*s*** 厄介ごとばかり持ち込む.

peplo 男 〖服〗 ペプロス：古代ギリシャの女性用シャツ.

pepón 男 〖植〗 スイカ.

pepona 女 ❶ ボール紙の人形. ❷ ((話)) 太った赤ら顔の女性.

pepónide / pepónida 女 〖植〗 ウリ科の果実.

pepsina 女 〖生化〗 ペプシン.

peptona 女 〖生化〗 ペプトン.

peque 男 女 ((話)) ちびっこ, 子供.

pequeña 形 女 → pequeño.

pequeñajo, ja 形 ((話)) ちっちゃな. ── 男 女 ((話)) おちびちゃん.

pequeñez 女 ❶ 小ささ. ❷ ささいな[けちくさい]こと；[主に複]つまらない用事.

pequeño, ña [ペケニョ,ニャ] 形 〔英 small, little〕 ❶ 小さな (↔grande), 小型の；小規模の. ❷ 身長の低い. ❸ 年少の. ❹ ささいな, 取るに足りない. ── 男 女 子供, 年少者. ***en*** ～ 小型の；縮小版の. ***la***

P

pequeña pantalla (映画に対して)テレビ.
pequeñoburgués, guesa 形 男 女《軽蔑》プチブル(の), 小市民(的な).
pequinés, nesa 形 男 女 北京の(人). — 男 北京語; ペキニーズ(犬).
per 前 ～ *cápita* 一人当たりの.
pera 女 ❶〖植〗セイヨウナシ, 洋ナシ. ❷ スポイト; 浣腸(かんちょう)器. ❸ 円形スイッチ. ❹ ヤギひげ. — 形 (若者が) 気取った. *del año de la* ～ 大昔の. *hacerse la* ～《ラ米》学校をサボる(→ fumar 地域差). *niño* ～ お坊ちゃん. *pedir* ～*s al olmo* 不可能なことを求める. *pollo* ～ かっこうをつけすぎる若者. *poner a ... las* ～*s a cuarto* きつくしかる. *ser la* ～《皮肉》あきれるほどすごい.
perada 女 洋ナシのシロップ[酒].
peral 男〖植〗洋ナシの木.
peraleda 女 洋ナシ園.
peraltado, da 形 アーチ状の, 湾曲した.
peraltar 他〖建〗(アーチの) 最高部を湾曲させる; (道路に) 勾配(こうばい)をつける.
peralte 男〖建〗(アーチの) 最高部の湾曲; (道路の) 勾配(こうばい).
peralto 男〖幾何〗高さ.
perborato 男〖化〗過ホウ酸塩.
perca 女〖魚〗スズキ科の淡水魚, パーチ.
percal 男 パーケール: 綿布. *conocer el* ～ (相手のことを) 熟知している.
percalina 女 パーケリン: 柔らかい綿布.
percance 男 (小さな) 事故, 災難.
percatarse 再《de》(…に) 気づく.
percebe 男 ❶[複]〖貝〗エボシガイ. ❷《話》《軽蔑》ばか.
percepción 女 ❶知覚, 感知, 認知. ～ extrasensorial 超感覚的知覚 (テレパシー等). ❷ 認識, 把握. ❸ (給料等の) 受け取り.
perceptibilidad 女 知覚性, 認識力.
perceptible 形 ❶ 知覚され得る. ❷ (金が) 受け取り可能な.
perceptivo, va 形 知覚[認識]の.
perceptor, tora 形 (金を) 受け取る. — 男 女 (金の) 受取人.
percha 女 ❶ ハンガー, 洋服掛け. ❷《話》人の体形. tener una buena ～ スタイルがよい. ❸ (鳥の) 止まり木.
perchar 他 起毛する.
perchel 男 魚網掛け.
perchero 男 洋服掛け, コート掛け
percherón, rona 形 男 女〖動〗ペルシュロン(馬)(の).
percibir [ペルしビル] 他 [英 perceive] ❶ **知覚[感知]する**. ❷ 認識[把握]する. ❸ (金を) 受け取る.
perciforme 男〖魚〗スズキの一種.
perclorato 男〖化〗過塩素酸塩.
percudir 他 汚れが染み込む.
percusión 女 ❶〖医〗打診. ❷〖音〗パーカッション. instrumento de ～ 打楽器.
percusionista 男 女 打楽器奏者.
percusor 男 → percutor.
percutir〖医〗打診する.
percutor 男〖機〗撃針, 撃鉄.
perdedor, dora 形 男 女 敗者(の).
perder [ペルデル] 101 他 [英 lose] ❶ **失う**, なくす. ～ dinero 金をなくす. ～ la esperanza 希望を失う. ～ la costumbre 習慣をやめる. ～ a su padre 父親を亡くす. ～ la vista 失明する. ～ ... kilos …キロやせる. ❷ (時間・労力を) 浪費する; (機会等を) 逃す. No hay tiempo que ～. 無駄な時間はないのだ. ❸ 乗り遅れる. ～ el tren 列車に乗り遅れる. ❹ (試合・訴訟等に) 負ける. ❺ だめにする; 評価を下げる. ❻ (道・方向を) 見失う. — 自 ❶ **負ける**. ❷ 損をする. salir *perdiendo* 割を食う. ❸ 評価[価値] が下がる; 減少する. ❹ (容器が) 漏る. —
perderse 再 [英 be lost] ❶ **道に迷う**; 訳が分からなくなる. ～ en el camino 途中で迷子になる. ❷ なくなる. *Se me ha perdido* una lentilla. コンタクトレンズを片方なくした. ❸ 見え[聞こえ]なくなる. ～ de vista 視界から消える. ❹ 破滅[堕落]する. ❺ だめになる; 腐る. ❻《por》(…に) 夢中になる. *perdérselo* 損をする. Si no vienes, tú *te lo pierdes*. 来ないと損するぞ. *¡Piérdete!*《話》出てけ, 消えろ. *saber perder* 潔く負ける. *tener buen [mal] perder* 潔く負ける[往生際が悪い].
perdición 女 ❶ 堕落, 身の破滅. ❷ (飲酒等) 堕落の原因. ❸〖カト〗永遠の罰.
perdida 形 → perdido.
pérdida 女 ❶ 失うこと. ～ del empleo 失業. ❷ 損失. ～ de tiempo 時間の無駄. ❸ (液体等の) 漏れ. ❹ [複]〖医〗子宮内出血. *no tener* ～ (場所が) 簡単に見つかる.
perdidamente 副 ❶ (我を失うほど) 激しく. ❷ 無駄に.
perdido, da [ペルディド, ダ] 過分 → perder. 形 [英 lost] ❶ **紛失した**. ❷ **道に迷った**. ❸《名詞・形容詞＋》《話》どうしようもない, 手に負えない. Eres tonta *perdida*. 君は救いようのないばかだな. ❹《軽蔑》身を持ち崩した. ❺《por》(…に) 夢中になった. ❻《ponerse と共に》とても汚れた. — 男 女《軽蔑》身を持ち崩した人. *(a) ratos* ～*s* 暇を見つけて. *caso* ～ 手の施しようがないもの[人]. *causa perdida* 実現困難なこと. *cosa perdida* どうしようもない人.
perdigar 66 他 ❶ (ヤマウズラを) あぶる. ❷ (鳥肉を) 脂を加えて煮る.
perdigón 男 ❶ ヤマウズラのひな. ❷ 散弾. ❸《話》(興奮して話すと飛ぶ) 唾(つば).
perdigonada 女 散弾の発射; 銃創.
perdiguero, ra 形 (犬が) 鳥猟犬種の. — 男〖動〗鳥猟犬, セッター.
perdis 男 [単複同形]《話》道楽者.
perdiz 女〖鳥〗ヤマウズラ. *marear la* ～ ぐずぐずする.
perdón [ペルドン] 男 [複 perdones] 許し. pedir ～ 許しを請う. — 間 [英 pardon] **すみません**; ごめんなさい;《聞き返し》何ですって. *con* ～《失礼な言葉の前後で》失礼ですが.
perdonable 形 許せる, 許容範囲の.
perdonar [ペルドナル] 他 [英 pardon] ❶ **許す**, 勘弁する. ❷ (借金・罰を) 免じる. ❸《主に否定文で》(機会を) 逸する. no ～ la comida 食事の機会を逃さない. — 自 容赦する; 機会を逃す. Los años no *perdonan*. 無情にも歳月は流れゆく.
perdonavidas 男 女 [単複同形]《話》強がる人.
perdulario, ria 形 ❶ (生活態度が) 無

P

頓着(とんちゃく)な. ❷ 堕落した. ❸ よく物をなくす. ― 男 女 ❶ 無頓着な人. ❷ 放蕩(ほうとう)者；不良. ❸ よく物をなくす人.
perdurabilidad 女 永続性.
perdurable 形 永遠の；持続する.
perduración 女 持続, 継続.
perdurar 自 永続する；長く続く[残る].
perecedero, ra 形 長持ちしない.
perecer 76 自 ❶ (事故で) 死ぬ. ❷ 滅びる. ❸ (ante) (…の前で) 手も足も出ない.
peregrinación 女 ❶ 巡礼. ❷ 長旅；《話》奔走.
peregrinaje 男 → peregrinación.
peregrinar 自 ❶ 巡礼する. ❷ 長旅する. ❸ (por) (…を) 駆けずり回る.
peregrino, na 形 ❶ 〖鳥〗渡りの. ❷ 《軽蔑》支離滅裂な. ❸ 《文》この上もない. ― 男 女 巡礼の旅人.
perejil 男 〖植〗パセリ. ***poner a ... como hoja de ～*** …を痛烈に批判する.
perendengue 男 安物のアクセサリー.
perengano, na 男 女 《話》誰それ. ► 同じ意味の fulano, mengano, zutano, perengano の順に並べて用いる.
perenne 形 ❶ 不滅の；永遠の. ❷ 〖植〗多年生の.
perennidad 女 永続；長続き.
perentoriedad 女 切迫[緊急]性.
perentorio, ria 形 ❶ 切迫した, 緊急の. ❷ (決定等が) 最終の, 絶対的な.
perestroika 〔ロ〕 女 〖政〗ペレストイカ.
Pérez 固名 ペレス Benito ～ Galdós (1843-1920)：スペインの小説家.
pereza 女 ❶ 怠惰；無精. sacudir la ～ やる気を出す. ❷ (動作の) 緩慢さ.
perezoso, sa 形 男 女 ❶ 怠惰な(人), 無精な(人)；朝寝坊(の). ❷ (動作が) 緩慢な(人). ― 男 〖動〗ナマケモノ.
perfección 女 完全性, 完璧(かんぺき)さ；完璧なもの. ***a la ～*** 非の打ち所なく, 完璧に.
P **perfeccionamiento** 男 完成, 仕上げ；ブラッシュアップ.
perfeccionar 他 完璧(かんぺき)なものにする. ― **perfeccionarse** 再 (en) (…に) 磨きをかける. ～ *en* español スペイン語学力をブラッシュアップする.
perfeccionismo 男 完全主義.
perfeccionista 形 男 女 完全主義の[者].
perfecta 形 → perfecto.
perfectamente 副 ❶ 完全[完璧(かんぺき)]に, 申し分なく. ❷ まったく, すっかり. ❸ 《同意》いいとも, もちろん.
perfectibilidad 女 改善の余地.
perfectible 形 改善の余地がある.
perfectivo, va 形 〖文法〗完了相の.
perfecto, ta [ペルフェクト, タ] 形 〔英 perfect〕 ❶ **完全な**, 完璧(かんぺき)な. ❷ (estarと共に) 完璧に調子がよい. ❸ (+名詞) 《強調》まったくの. un ～ idiota 正真正銘の愚か者. ❹ 〖文法〗完了時制の. ***¡P～!*** 《同意》結構だ, 分かった.
perfidia 女 裏切り, 不誠実.
pérfido, da 形 裏切りの, 不誠実な.
perfil [ペルフィる] 男 〔英 profile〕 ❶ **横顔**, 側面. ver de ～ 横から見る. ❷ 輪郭, シルエット. ❸ 人物像；性格. ❹ 断面図. ❺ (金属) 形鋼(かたこう). ***～ aerodinámico*** 流線形. ***～ psicológico*** 〖心理〗性格類型.
perfilado, da 形 ❶ 輪郭の整った. ❷ (顔や鼻が) 長く細い.
perfilar 他 ❶ 輪郭を描く. ❷ 仕上げをする. ― **perfilarse** 再 ❶ 輪郭が見え始める. ❷ 横向きになる.
perforación 女 穴あけ, 穿孔(せんこう)；掘削.
perforador, dora 形 穴をあける. ― 男 女 キーパンチャー. ― 女 掘削機；ドリル.
perforar 他 穴をあける；くり抜く. ― **perforarse** 再 〖医〗(器官に) 孔ができる.
performance [ペルフォルマンス] 〔英〕 女 パフォーマンス.
perfumador 男 香炉；(香水等の) スプレー, アトマイザー.
perfumar 他 …によい香りをつける. ― **perfumarse** 再 香水をつける.
perfume [ペルフメ] 男 ❶ **香水**. ❷ よい香り, 芳香.
perfumería 女 ❶ 香水店. ❷ 香水製造技術[産業].
perfumista 男 女 調香師；香水の販売員.
perfusión 女 ❶ 〖医〗局所灌流(かんりゅう). ❷ 〖医〗軟膏(なんこう)の塗布.
pergamino 男 羊皮紙(の文書).
pergeñar 他 ざっと下準備する.
pergeño 男 外見, 体裁.
pérgola 女 パーゴラ, つる棚.
periantio / perianto 男 〖植〗花被.
pericardio 男 〖解〗心膜.
pericarditis 女 [単複同形] 〖医〗心膜炎.
pericarpio 男 〖植〗果皮.
pericia 女 (動作の) 巧みさ；熟練.
pericial 形 専門家による.
periclitar 自 力を失う；衰退する.
perico 男 ❶ 〖鳥〗インコ. ❷ 室内用の便器. ❸ 《ラ米》(1)(コロンビア)ミルクコーヒー；いり卵(＝huevos ～*s*). (2)(チリ)スパナ. ❹ 《俗》コカイン. ― 固名 [P-] ペリコ：Pedro の愛称. ***P～ de los palotes*** 《話》その辺にいる人.
pericón 男 ❶ 大型扇子. ❷ ペリコン：ラプラタ地方の民族舞踊.
pericote 男 《ラ米》(ペルー) 《話》ネズミ；こそ泥.
pericotear 自 他 《ラ米》(ペルー) 《話》盗む.
pericráneo 男 〖解〗頭蓋(ずがい)骨膜.
peridoto 男 〖鉱〗ペリドット.
perieco, ca 形 男 女 (同緯度で) 地球の反対側の(人).
periferia 女 ❶ 郊外；周辺部. ❷ 〖IT〗周辺機器.
periférico, ca 形 郊外[周辺部]の；周辺的な. ― 男 [複] 〖IT〗周辺機器.
perifollo 男 ❶ 〖植〗チャービル. ❷ [複] 《話》《軽蔑》(服等の) 過剰な装飾.
periforme 形 洋ナシ形の.
perifrasear 自 回りくどい言い方をする.
perífrasis 女 [単複同形] ❶ 〖文法〗迂言(うげん)法. ❷ 〖修辞〗遠まわしの表現.
perifrástico, ca 形 ❶ 〖文法〗迂言(うげん)法の. ❷ 回りくどい.
perigallo 男 あごのたるみ.

perigeo 男〘天文〙近地点.
periglaciar 形 氷河周辺の, 氷による.
perigonio 男〘植〙花被.
perihelio 男〘天文〙近日点.
perilla 女 ❶ ヤギひげ. ❷ 鞍頭(くらがしら). ***de*** ～ タイミングよく.
perillán, llana 形 (子供が) いたずらな. ― 男 女 いたずらっ子.
perímetro 男 ❶ (図形の) 周囲; 周囲の長さ. ❷ (都市等の) 境界線.
perinatal 形 周産期[分娩(ぶんべん)前後]の.
perindola 女 小形の独楽(こま).
perineo / periné 男〘解〙会陰(えいん).
perinola 女 ❶ 《ラ米》けん玉 (→ bola 地域差). ❷→ perindola.
periódica 形 → periódico.
periodicidad 女 周期性; 定期性.
periódico, ca [ペリオディコ, カ] 形 〔英 periodical〕 ❶ **周期的な**, 定期的な; 定期刊行の. ❷〘数〙循環の. ― 男 〔英 newspaper〕 **新聞**. ～ mural 壁新聞. ***sistema*** ～〘化〙元素周期系. ***tabla periódica*** 元素周期表.
periodiquero, ra 男 女 《ラ米》(街頭の) 新聞売り (→ vendedor 地域差).
periodismo 男 ジャーナリズム, 報道, マスコミ. ～ amarillo 《軽蔑》(扇情的) イエロージャーナリズム.
periodista [ペリオディスタ] 男 女 〔英 journalist〕 **ジャーナリスト**, 新聞記者. ～ gráfico フォトジャーナリスト.
periodístico, ca 形 ジャーナリズムの; 《軽蔑》ジャーナリズム特有の.
periodización 女 時代区分.
período / periodo 男 ❶ 期間; 時代. ❷〘医〙月経. ❸〘数〙循環周期;〘物〙〘天文〙周期. ❹〘修辞〙複合文.
periostio 男〘解〙骨膜.
periostitis 男[単複同形] 骨膜炎.
peripatético, ca 形〘哲〙アリストテレス哲学[学派]の. ― 男 女 アリストテレス学派の人.
peripecia 女 ハプニング; 波乱;〘演〙どんでん返し.
periplo 男 ❶ 外国旅行, 海外見聞. ❷ 大航海, 世界周航.
períptero, ra 形〘建〙周柱式の.
peripuesto, ta 形 《話》めかしこんだ.
periquete 男 《話》一瞬. ***en un*** ～ あっという間に.
periquito, ta 形〘スポ〙(スペイン, カタルーニャのスポーツチーム) Real Club Deportivo Español の. ― 男 女 《話》若者, 子供. ― 男 ❶〘鳥〙インコ. ❷ スプリンクラー.
periscio, cia 形 男 女 白夜の地帯に住む (人).
periscópico, ca 形 潜望鏡の.
periscopio 男 潜望鏡.
perisodáctilo 形〘動〙奇蹄(きてい)類の. ― 男[複] 奇蹄類.
perista 男 女 盗品の仲買人.
peristáltico, ca 形〘生〙蠕動(ぜんどう)の.
peristilo 男〘建〙(回廊等の) 列柱.
peritación 女 → peritaje.
peritaje 男 (専門家による) 鑑定 (書).
peritar 他 鑑定する.
perito, ta 形 《en》(…に) 精通している. ― 男 女 専門家; 専門技師; 鑑定人.
peritoneo 男〘解〙腹膜.
peritonitis 女[単複同形] 腹膜炎.
perjudicar 26 他 害を与える; 傷つける. ～ la imagen イメージを悪くする.
perjudicial 形 《para》(…に) 有害な. El tabaco es ～ ***para*** la salud. タバコは健康にとって有害です.
perjuicio 男 害; 損害; 痛手. ***sin*** ～ ***de ... / de que*** 〈＋接続法〉…するとはいえ; …するのは別にして.
perjurar 自 偽証する; 繰り返して誓う.
perjurio 男 ❶ 偽証. ❷ 約束の不履行.
perjuro, ra 形 男 女 偽証をする (人); 約束を破る (人).
perla 形 パールカラーの. gris ～ パールグレー. ― 女 ❶ 真珠. ❷ 貴重な人, 宝, 逸品. ❸〘医〙小丸薬. ***ir*** [***venir***] ***de*** ～***s*** 都合[タイミング]がよい.
perlado, da 形 ❶ パールカラーの. ❷ 真珠で飾った.
perlar 他 《文》水滴でぬらす.
perlé 〔仏〕 男 飾り縫い用の木綿糸.
perlero, ra 形 真珠の.
perlesía 女 (老人性の) 震え, 麻痺(まひ).
perlífero, ra 形 真珠を産する.
perlino, na 形 パールカラーの.
permanecer [ペルマネセル] 76 自 〔英 stay, remain〕 ❶ 《en》(…に) **居続ける**; とどまる. ❷ 《形容詞を伴って》…のままでいる. ～ inmóvil じっとしている.
permanencia 女 《en》(…に) 居続けること; 滞在; 在任, 留任.
permanente [ペルマネンテ] 形 〔英 permanent〕 ❶ **永続的な**; 不変の. ❷ 常駐の. ― 女 (髪の毛の) パーマ. hacerse la ～ パーマをかける. ***estar*** ～ ***como la funeraria*** 《ユーモア》いつも同じ場所に居座っている.
permanezc- 活 → permanecer.
permanganato 男〘化〙過マンガン酸塩.
permeabilidad 女 浸透[透過]性.
permeable 形 ❶ 浸透[透過]性の, 水を通す. ❷ 人に左右されやすい.
pérmico, ca 形 男〘考古〙ペルム紀 (の), 二畳紀 (の).
permisible 形 許容し得る.
permisión 女 許容, 許可; 黙認.
permisividad 女 自由放任, (行き過ぎた) 寛容性. ～ de los profesores con los alumnos 教員による生徒の甘やかし.
permisivo, va 形 ❶ 容認する; 寛容な. ❷ 黙認する.
permiso [ペルミソ] 男 〔英 permission; license〕 ❶ **許可**, 認可; 《para ＋不定詞》(…してもよいという) お許し. ❷ **許可証**; 運転免許証 (→ licencia 地域差). ～ de residencia 在留許可証. ❸〘軍〙休暇. ***con su*** ～ 《辞去・軽い謝罪》失礼します; ちょっと失礼.
permitir [ペルミティル] 他 〔英 permit〕 ❶ **許す, 許可する**; 《＋不定詞 / que＋接続法》…するのを許す. No os ***permito*** fumar aquí. 君たちにここでの喫煙を禁ずる. ¿Me ***permite que*** le haga una pregunta? 1つ質問させていただけないでしょうか. ***Permítame que*** le presente a mi novia. 私の恋人を紹介させてください. ❷ 《＋不定詞》(…するのを) 可能にする. El

P

ordenador nos *permite* hacer varias actividades en casa. コンピュータのおかげで様々な活動を家で行うことができる. ❸ 見過ごす；黙認する. — **permitirse** 再《+不定詞》あえて…する；…させていただく. *Me permito* escribirle. 失礼ながら一筆差し上げます.

permuta 女 交換；(公務員の) 配置換え.

permutabilidad 女 交換され得ること.

permutación 女 交換；〖数〗順列.

permutar 他 ❶《por, con》(…と) 交換する. ❷ 順番を入れ換える.

pernada 女〖海〗索. ***derecho de ～*** 〖史〗領主の初夜権.

pernear 自 足をばたばたさせる.

pernera 女〖服〗ズボンの脚部.

pernicioso, sa 形 有害な.

pernil 男 (豚の) 腿肉(ももにく).

pernio 男 蝶番(ちょうつがい).

perniquebrar ⑱ 他 足の骨を折る. — **perniquebrarse** 再 足を骨折する.

perno 男 ボルト, 雄ねじ.

pernocta 女 (兵士の) 外泊 (許可令). — 男 外泊許可を得た兵士.

pernoctar 自 外泊する.

pero [ペロ] 接 [英 but] ❶《反意》しかし. Es muy buena persona, ～ a mí no me gusta. 彼はいい人だけど僕は好きじゃないよ. Habla español, ～ mal. 彼はスペイン語は話すけどへたくそだ. ❷《強調》Vive muy lejos, ～ que muy lejos. 彼は本当に遠くに住んでいるんだから. ❸《驚き・奇異・不満等》*P*～, ¡tú por aquí! おや, こんなところで何しているの. *P*～, ¿ya has acabado? ええっ, もう終えてしまったの. *P*～, ¡qué guapa es su hija! それにしても彼の娘は美人だなあ. — [ペロ] 男 難点；欠点. poner *～s a* ... …に難癖をつける. Este plan no tiene un solo ～. このプランには1つの欠点もない. ***¡no hay ～ que valga!*** 言い訳はやめろ. ***¡～ bueno!*** 《驚き・反意》そんなばかな, 何てことだ. ***～ que*** 〈+接続法〉ただし…. Deme una cerveza, ～ *que* esté bien fría. ビールをください. ただしぐっと冷えたのをお願いします. ***¡～ que muy*** 〈+形容詞・副詞〉***!*** 《強調》実に, 全く. ¡Esto está ～ *que muy* rico! これは実にうまい. ***～ si ...*** 《奇異・非難》驚いたことに…だ；本当に… (なのに). ¡*P*～ *si* no he dicho nada! いや僕は何も言ってないよ.

perogrullada 女 自明の理.

perogrullesco, ca 形《話》口に出すのもばかばかしい.

Perogrullo 固名 ***ser una verdad de ～*** 火を見るよりも明らかである.

perol 男 両手なべ.

perola 女 小型の両手なべ.

Perón 固名 ペロン Juan Domingo ～ (1895～1974)：アルゼンチンの軍人・政治家・大統領 (1946-55, 73-74).

peroné 男〖解〗腓骨(ひこつ).

peronismo 男〖政〗ペロン主義：アルゼンチン大統領 Perón による思想.

peronista 形 ペロン主義の. — 男 女 ペロン主義者.

peroración 女 ❶ 長々と続く退屈な話. ❷〖修辞〗演説の締め.

perorar 自《軽蔑》長々と話す；演説する.

perorata 女《軽蔑》長く退屈な話.

peróxido 男〖化〗過酸化物.

perpendicular 形 女 垂直[直角]に交わる (線, 図形).

perpendicularidad 女 垂直 [直角] であること.

perpendicularmente 副 垂直に.

perpetración 女 (罪・過失を) 犯すこと.

perpetrar 他 (罪・過失を) 犯す.

perpetua 女〖植〗エーデルワイス.

perpetuación 女 永続化, 保存.

perpetuar ㊽ 他 不滅にする；永続させる. — **perpetuarse** 再 不滅のものとなる.

perpetuidad 女 永続性；不滅であること；終身. ***a ～*** 一生死ぬまで.

perpetuo, tua 形 ❶ 不滅の；永遠の. ❷ 終身の. cadena *perpetua* 終身刑.

perpiaño 形〖建〗arco ～ 横断アーチ. — 男〖建〗つなぎ石.

perplejidad 女 当惑, 困惑.

perplejo, ja 形 当惑[困惑]した.

perra 女 ❶[複]《話》お金. dos [tres, cuatro] *～s* はした金. ❷《話》欲望；物欲しさ. ❸《話》(子供の) 泣きわめき. agarrar [coger] una ～ かんしゃくを起こす. ❹→ perro. ***¡para ti la ～ gorda!*** (話にならない相手に対し) 勝手にしろ.

perrada 女 → perrería.

perrera 女 ❶ 犬舎. ❷ 野犬収容施設.

perrería 女 ❶《話》汚い手. ❷ 犬の群れ.

perrero, ra 男 女 ❶ 野犬捕獲人. ❷ 猟犬の世話係.

perrillo 男 ❶ 小さな犬, 子犬. ❷ 撃鉄.

perrito 男 ～ caliente〖料〗ホットドッグ.

perro, rra [ペロ, ラ] 男 女 [英 dog] ❶ 犬. ～ callejero [sin dueño] 野犬. ～ de San Bernardo セントバーナード犬. ～ de Terranova ニューファンドランド犬. ～ faldero 抱き犬. ～ guía 介助犬, 盲導犬. ～ lazarillo 盲導犬. ～ pastor 牧羊犬. ～ policía 警察犬. ❷《軽蔑》ろくでなし. ❸ 忠実な人. ❹《軽蔑》モーロ人, ユダヤ人. — 形《俗》劣悪な；卑劣な. una vida *perra* 惨めな生活. ***atar los ～s con longaniza*** 《話》裕福[豊か]である. ***dar ～ a ...*** …に待ちぼうけをくわせる. ***de ～s*** たいへん悪い. ***echar*** [***soltar***] ***los ～s a ...*** …を叱責(しっせき)する. ***llevarse*** [***andar***] ***como (el) ～ y (el) gato*** 犬猿の仲である. ***morir como un ～*** のたれ死にする；犬死にする. ***～ viejo*** 老獪(ろうかい)な人, 古だぬき.

perruno, na 形《軽蔑》犬の (ような).

persa 形 ペルシャ (人, 語) の. — 男 女 ペルシャ人. — 男 ペルシャ語.

per se 〔ラ〕それ自体, それ本来.

persecución 女 ❶ 追跡, 追撃. ❷ 迫害. ❸ (目的の) 追求；(真相等の) 追及. ❹〖法〗起訴.

persecutorio, ria 形 ❶ 追跡する. ❷ 迫害の. ❸ 追求[追及]する. ❹〖法〗起訴のための. ***manía persecutoria*** 被害妄想.

perseguible 形 追求[追及]できる, 迫

P

及[追及]すべき.
perseguidor, dora 形 追跡[追求, 迫害]する. ― 男 ❶ 追跡者. ❷ 迫害者. ― 女《ラ米》(ペル)《話》二日酔い.
perseguimiento 男 → persecución.
perseguir 97 他 ❶ 追跡する. ❷ 迫害する. ❸ (目的を) 追求する ; (真相等を) 追究する. ❹ つきまとう ; (女性に) しつこく言い寄る. ❺〖法〗起訴する.
perseverancia 女 辛抱, 根気 ; 固執.
perseverante 形 辛抱強い ; かたくな.
perseverar 自 根気よく続ける ; 固執する. ～ en una empresa 仕事をやり遂げる.
persiana 女 ブラインド, 鎧戸(よろい).
persianero, ra 男 女 ブラインド職人.
pérsico, ca 形 ペルシャの. Golfo ～ ペルシャ湾. ― 男〖植〗モモ (の木・実).
persig- 活 → perseguir.
persignar(se) 他 再 十字を切る.
persistencia 女 根気, 固執 ; 持続.
persistente 形 ❶ 根気のある, しつこい. ❷ 持続性の. ❸〖植〗常緑の.
persistir 自 ❶《en》(…に) 固執する. *Persiste en* ir. 彼は行くと言いはる. ❷ 持続する, 長びく.
persona [ペルソナ] 女〔英 person〕❶ 人, 人間. ～ mayor 大人, 成人. ❷〖法〗人, 人格. ～ civil 民間人. ～ jurídica [social] 法人. tercera ～ 第三者. ～ física 個人. ❸ (特定の) 人物. ～ de categoría 名士, 高官. ～ en cuestión 当人. ～ grata [non grata] 好ましい[好ましからぬ] 人物. ❹〖文法〗人称. primera ～ 1人称. ❺〖神〗位格, ペルソナ. ***de ～ a ～*** 一対一で. ***en la ～ de ...*** …に代わって. ***en ～*** (1) (代理でなく) 本人が[に, を]. Se presentó *en ～*. 彼自らが出頭した. (2) …の化身. enciclopedia *en ～* 生き字引. ***por ～*** 1人につき. ***ser muy ～*** 《話》人格者である.
personación 女 出向 ;〖法〗出頭.
personaje 男 ❶ 重要人物, 名士. ❷ (劇・小説の) 登場人物.
personal [ペルソナる] 形〔英 personal〕❶ 個人の, 個人的な. efectos *～es* 身の回りの品. opinión ～ 個人的意見. ❷〖文法〗人称の. pronombre ～ 人称代名詞. ― 男 ❶《集合的》人員, スタッフ. el ～ dirigente 管理職, 幹部. ❷《話》人々 ;《呼びかけ》皆さん. ❸ (バスケットボール) ファウル.
personalidad [ペルソナりダ(ドゥ)] 女〔英 personality〕❶ 人格, パーソナリティー. ～ doble〖心〗二重人格. ❷ 個性. tener mucha ～ 個性が強い. ❸ (ある分野の) 重要人物. ❹〖法〗法人格.
personalismo 男 個人主義 ; 身びいき ;〖哲〗人格主義.
personalista 形 個人主義の, 身勝手な. ― 男 女 個人主義者.
personalización 女 個人化, カスタマイズ. ～ del interfaz de ordenador コンピュータ・インターフェースのカスタマイズ.
personalizado, da 形 個別的な ; 個人用の.
personalizar 57 他 個別化する, 個人の使用に合わせる. ― 自 個人の名を出す.
personalmente 副 自ら ; 個人的に.
personarse 再 自ら出向く ; 出頭する.
personero, ra 男 女《ラ米》代表者, 代理人.
personificación 女 ❶ 人格化 ; 化身. ❷〖修〗擬人法.
personificar 26 他 ❶ 擬人化する. ❷ 具現する, 象徴する.
personilla 女《話》子供 ; かわいらしい人.
perspectiva [ペルスペクティバ] 女〔英 perspective〕❶ 眺望, 見晴らし. ❷ 展望, 見通し ; [主に複] 前途. tener buenas *～s* 見通しが明るい. ❸ 視野, 観点. ❹ 遠近法, 透視図 (法).
perspectivismo 男〖哲〗遠近法主義 ;〖文学〗複数の視点から語る手法.
perspicacia 女 洞察力.
perspicaz 形 ❶ 洞察力のある. ❷ 遠くまで見通す, 視力がいい.
perspicuo, cua 形 ❶ 明快な, 分かりやすい. ❷ 澄んだ, 透明な.
persuadir 他 ❶《para que＋接続法》(…するように) 説得する. ❷《de que＋直説法》(…であることを) 納得させる ;《de＋名詞》(…を) 納得させる, 分かってもらう. ― **persuadirse** 再《de》(…を) 納得する, 了承する ; 確信する.
persuasión 女 ❶ 説得 (力). ❷ 納得.
persuasivo, va 形 説得力のある ; 口説き上手な.
pertenecer [ペルテネセル] 76 自〔英 belong〕《a》❶ (…の) 所有である, (…の) ものである. ❷ (…に) 所属する, (…の) 一部である. ❸ (…の) 権限[役目]である.
perteneciente 形《a》(…の) 所有の, (…に) 属する.
pertenencia 女 ❶ [複] 所有物, 所持 (品) ; 所有権. ❷ 所属.
pertenezc- 活 → pertenecer.
pértiga 女 竿(さお), ポール. salto con [de] ～〖スポ〗棒高跳び.
pertinacia 女 頑固, 強情 ; 持続.
pertinaz 形 ❶ 頑固な, 強情な. ❷ 持続する, しつこい.
pertinencia 女 適切なこと, 妥当性.
pertinente 形 ❶ 当を得た, 適切な. ❷《a》(…に) かかわる. en lo ～ *a ...* …に関して. ❸〖言〗(意味を) 弁別する.
pertrechar 他 ❶ 調達する. ❷《de, con》〖軍〗(武器・食糧等を) …に補給する.
pertrechos 男 複 ❶ 器具, 用具. ～ de pesca 釣り道具. ❷ 軍需品.
perturbación 女 ❶ 混乱, 変動. *perturbaciones* sociales 社会不安. ～ atmosférica 大気の変動. ❷〖医〗錯乱.
perturbado, da 男 女 精神錯乱者.
perturbador, dora 形 かき乱す, 妨害する. ― 男 女 妨害者 ; 騒乱者. ― 男〖軍〗レーダー攪乱装置.
perturbar 他 ❶ かき乱す, 混乱させる ; 妨害する. ❷ 動転[狼狽(ろうばい), 錯乱] させる. ― **perturbarse** 再 動転[狼狽, 錯乱] する.
Perú [ペル] 固名 el ～ ペルー : 首都リマ Lima.
peruanismo 男 ペルー訛(なま)り ; ペルー独

P

特の言い回し[語彙(ご)].
peruano, na [ペルアノ, ナ] 形 ペルー(人)の. ── 男 女 ペルー人.
perversidad 女 邪悪, 悪意.
perversión 女 非行; 堕落, 退廃.
perverso, sa 形 邪悪な, 悪意に満ちた. ── 男 女 悪人; 変質者.
pervertido, da 形 男 女 性的倒錯者(の), 変質者(の).
pervertidor, dora 形 堕落[退廃]させる, 有害な. ── 男 女 堕落させる人.
pervertir 98 他 ❶ 堕落[退廃]させる; だめにする. ❷ (秩序を) 乱す. ── **pervertirse** 再 堕落する.
pervivencia 女 存続, 残存.
pervivir 自 生き延びる, 存続する.
pesa 女 ❶ 重り, 分銅. ❷ (時計の) 振り子. ❸ [複] 〖スポ〗バーベル, ダンベル. ❹ 《ラ米》(1)(ﾁﾘ)肉屋. (2)(ﾁﾘ) 《話》体重計. ── 活 → pesar.
pesabebés 男 [単複同形] (乳幼児用の) 体重計.
pesacartas 男 [単複同形] 封書秤(ばかり).
pesada 過分 → pesar. 女 1回に計る量; 計量. ── 形 → pesado.
pesadez 女 ❶ のろさ; しつこさ; うんざりさせること[もの]. Es una ～ tener que ir a ese sitio ahora. 今からそこへ行かなければならないなんてうんざりだ. ❷ だるさ, 重苦しさ. sentir ～ de estómago 胃が重い.
pesadilla 女 ❶ 悪夢. ❷ 心配の種.
pesado, da [ペサド, ダ] 過分 → pesar. 形 [英 heavy] ❶ 重い (↔ ligero). camión de carga *pesada* 大型トラック. industria *pesada* 重工業. peso ～ (ボクシング) ヘビー級. ❷ (仕事が) きつい; 集中力を要する. ❸ (体・足・目等が) 疲れている. ❹ (食事が) 油っこい; くどい. ❺ (動作が) 遅い; (器具等が) 潤滑に動かない. Tiene un andar ～. 彼の足取りは重い. ❻ (冗談等が) どぎつい; (装飾等が) けばけばしい. ❼ (眠りが) 深い. dormir con un sueño ～ ぐっすり眠る. ❽ (人・物が) 退屈な, 煩わしい, しつこい; (天気等が) うっとうしい. ── 男 女 煩わしい人, しつこい人.
pesadumbre 女 不快; 苦痛; 悲痛.
pesaje 男 計量.
pésame 男 悔やみ, 哀悼, 弔詞. dar el ～ por la muerte de ... …の死に哀悼の意を表する.
pesar [ペサル] 自 [英 weigh] ❶ …の重量がある. Este paquete *pesa* dos kilos. この小包は2キロの重さだ. ❷ 重い. Me *pesan* los zapatos. 靴が重い. ❸ 《sobre》(…に) 重くのしかかる; 《+不定詞》(…するのは) 重荷である. *Pesa* tanta responsabilidad *sobre* él. 彼は責任重大である. ❹ 残念に思う; 悔やむ. Me *pesa* que no haya preparado nada. 彼が何も用意していないのは残念だ. ❺ 《en》(…に) 影響力がある. ── 他 ❶ …の重さを量る. ❷ 慎重に検討する. ── 男 ❶ 悲しみ, 苦しみ, 痛み. ❷ 後悔. ***a ～ de ...*** …にもかかわらず; …の意志に反して. ***a ～ de los ～es*** あらゆる困難を乗り越えて. ***a ～ de todo*** それでもなお. ***mal que pese a ...*** …が望まなくても. ***pese a ...*** …にもかかわらず. ***pese a quien pese*** 何としても.

pesario 男 〖医〗(避妊用) ペッサリー.
pesaroso, sa 形 悔んでいる, 心を痛めている.
pesca 女 ❶ 漁, 魚釣り. ～ de bajura [de litoral] 近海[沿海]漁業. ～ de altura 遠洋漁業. ～ de arrastre 地引き網漁. ❷ 《集合的》(漁の対象となる) 魚. Aquí hay mucha ～. ここはよく釣れる. ❸ 魚獲高, 水揚げ. ***... y toda la ～*** 《話》…等々.
pescada 過分 → pescar. 女 〖魚〗メルルーサ.
pescadería 女 魚店, 鮮魚コーナー.
pescadero, ra 男 女 魚屋, 魚売り.
pescadilla 女 〖魚〗メルルーサの幼魚.
pescado [ペスカド] 過分 → pescar. 男 [英 fish] (食品としての) 魚, 魚肉. ～ azul 青魚(あおざかな). ～ blanco 白身の魚. ► 「生きて泳いでいる魚」は pez.
pescador, dora 男 女 釣り人, 漁師.
pescante 男 ❶ 御者台. ❷ 〖演〗(舞台の) 迫(せ)り. ❸ (クレーンの) 腕.
pescar [ペスカル] 26 他 [英 fish] ❶ 釣る. ❷ (水中から) 引き揚げる. ❸ 《話》(望んでいたものを) 手に入れる; (異性を) ひっかける. ～ un buen puesto よいポストにありつく. ❹ (不意に) 捕える, 取り押さえる. Me *han pescado* en la carretera conduciendo temerariamente. 私はハイウエーで無謀運転で捕まってしまった. ❺ 理解する, 把握する. ❻ (病気に) かかる; (悪習等に) 染まる. ～ una buena borrachera ひどく酔っ払う. ***no saber por dónde se pesca*** 《話》事情を全く知らない.
pescozón 男 (首筋・頭を) 殴りつけること.
pescuezo 男 (動物の) 首; 《話》(人の) 首筋. ***retorcer* [*torcer*] *el ～ a ...*** …を絞め殺す.
pesebre 男 ❶ まぐさ桶(おけ). ❷ 家畜小屋. ❸ キリスト降誕の人形.
pesero, ra 男 女 《ラ米》(ﾁﾘ)肉屋. ── 男 《ラ米》(ﾒｷｼｺ)乗合タクシー.
peseta [ペセタ] 女 [英 peseta] ペセタ: ユーロ導入以前のスペインの貨幣単位 (略 pta(s).). ***cambiar la ～*** 《話》(酔い等で) 吐く. ***estar sin una ～*** / ***no tener una ～*** 一銭も持っていない. ***mirar la ～*** 節約する.
pesetada 女 《ラ米》(ﾁﾘ)からかい, だまし.
pesetero, ra 形 金もうけのことしか頭にない; けちな. ── 男 女 《話》けち, しみったれ.
pesimismo 男 悲観主義, ペシミズム.
pesimista 形 悲観[厭世(えんせい)]的な. ── 男 女 ペシミスト, 悲観主義者.
pésimo, ma 形 [malo の絶対最上級] 最悪の, 最低の (↔óptimo).
peso [ペソ] 男 [英 weight] ❶ 重さ, 重量. ～ atómico [molecular] 原子[分子]量. ～ bruto [neto] 総[正味]重量. ～ específico 比重. vender a ～ 量り売りする. ❷ ペソ: 通貨単位. ❸ 重荷, 負担. quitar un ～ de encima a ... …の肩の荷を降ろしてやる. ❹ 重み, 影響力. de ～ 重要な. ❺ (ボクシング) …級. ～ mosca フライ級. ── 活 → pesar. ***caer por su (propio) ～*** 自明の理である. ***valer su ～ en oro*** 大変な価値である.
pésol 男 〖植〗エンドウ.
pespunte 男 返し縫い.

P

pespuntear 他 返し縫いする.
pesque(-) / pesqué(-) 活 → pescar.
pesquería 女 漁業, 水産業; 漁場.
pesquero, ra 形 漁業の, 釣りの; 漁師の. industria *pesquera* 漁業. pantalones ～*s* サブリナパンツ. ── 男 漁船.
pesquis 男 [単複同形]《話》洞察力, 賢明さ.
pesquisa 女 [主に複] 捜査; (家宅) 捜索.
pestaña 女 ❶ まつげ. ❷ 縁, へり. ❸〖植〗〖動〗細毛, 繊毛. *quemarse las ～s* 夜遅くまで勉強[仕事]する.
pestañear 自 まばたきする. *sin ～* 集中して; 平然と; 瞬く間に.
pestañeo 男 まばたき.
pestazo 男《話》悪臭, 嫌なにおい.
peste 女 ❶〖医〗ペスト. ～ bubónica 腺(せん)ペスト. ～ negra 黒死病. ❷ 悪疫, 伝染病. ❸《話》悪臭, 臭気. ❹《話》害をなすもの[人], 不快にさせるもの[人]. ¡Estos niños son la ～! この子たちは全く手に負えない. ❺ (害虫等の) 大群, 大量. una ～ de ratas ネズミの異常発生. *echar [hablar, decir] ～s de ...* …の悪口を言う.
pesticida 男 農薬, 駆除剤.
pestífero, ra 形 ❶ 悪臭のする. ❷ 有害な. ❸ 伝染病の.
pestilencia 女 悪臭, 臭気.
pestilente 形 悪臭のする.
pestillo 男 ❶ 掛け金, スライド[差し] 錠. ～ de golpe ばね式の錠前. ❷ (ドアロックの) 舌.
pestiño 男 ❶ 揚げ菓子の一種. ❷ うんざりさせるもの[人].
pestorejo 男 襟首, うなじ.
peta 男《話》大麻[マリファナ]タバコ.
petaca 女 ❶ シガレット・ケース; (携帯用の平たい) 洋酒入れ[ケース]. ❷《ラ米》スーツケース (→ maleta 地域差); (ﾒｷｼｺ)尻(しり); (ﾒｷｼｺ)背中のこぶ; (ﾒｷｼｺ)札束. *hacerla～*《話》(いたずらで) (足を伸ばせないよう) シーツを折っておく.
petacón, cona 男 女《ラ米》《話》太った人, でぶ (→ rechoncho 地域差).
pétalo 男〖植〗花弁, 花びら.
petanca 女〖遊〗ペタンク
petar 自《話》→ gustar.
petardazo 男《話》爆発物 (によるテロ).
petardear 自 爆音がする.
petardo, da 形 つまらない, 退屈な. ── 男 ❶ 爆竹, かんしゃく玉. ❷ つまらない人[もの]; 醜い人[もの]. ❸《隠》麻薬; マリファナ.
petate 男 ❶ (兵士・船乗り等の) 寝具, 身の回り品. ❷《話》(旅行の) 荷物. ❸ (ヤシで作った) ござ. *liar el ～*《話》荷物をまとめる, 立ち去る.
petatearse 再《ラ米》(ﾒｷｼｺ)《話》(1) 死ぬ. (2) マリファナを吸う.
petenera 女 (フラメンコ) ペテネラ. *salir por ～s* とんちんかんなことをする[言う].
petequia 女〖医〗点状出血; 溢血(いっけつ)点.
peteribí 男《ラ米》(ｱﾙｾﾞﾝﾁﾝ)〖植〗カキバチシャノキ.
petición 女 ❶ 要請, 申請; 〖法〗申し立て. hacer una ～ 申請する. ～ de más 法外な請求[要求]. ❷ 申請書, 要望書; 〖法〗申し立て書. *a ～ de ...* …の要求に応じて. *～ de mano* プロポーズ.
peticionario, ria 形 請願する. ── 男 女 請願者, 申請者.
petifoque 男〖海〗フライング・ジブ: 船首の最前方の三角帆.
petigrís 男〖動〗銀リス (の毛皮).
petimetre, tra 男 女《軽蔑》めかし屋, 新し物好き.
petiribí 男 → peteribí.
petirrojo 男〖鳥〗ヨーロッパコマドリ.
petiso, sa 形《ラ米》(南米)小柄な, 背丈の低い. ── 男 女《ラ米》《話》背が低い人 (→ bajo 地域差). ── 男《ラ米》(南米)小馬.
petisú [複 ～(e)s] 男 シュークリーム.
petitorio, ria 形 請願の, 嘆願の. mesa *petitoria* 募金台; 募金活動.
petit(s)-pois [プティポア] [仏] 男 複《ラ米》エンドウ豆 (→ guisante 地域差).
petizo, za 形 男 女, 男 → petiso.
peto 男 ❶ (甲冑(かっちゅう)・フェンシングの胴衣の) 胸当て; (野球) プロテクター. ❷〖服〗胸当て, 胸飾り. ～ de trabajo オーバーオール. ❸〖闘牛〗ペト: ピカドール picadorの馬に付ける防御具. ❹《ラ米》(ｷｭｰﾊﾞ)〖魚〗カマスサワラ. ❺ (カメの) 腹甲.
petrarquismo 男〖文学〗ペトラルカ風.
petrarquista 形〖文学〗ペトラルカ風の. ── 男 女 ペトラルカ調の詩人.
petrel 男〖鳥〗ミズナギドリ科の鳥; ウミツバメ科の鳥.
pétreo, a 形 石の (ような); 石の多い.
petrificación 女 石化 (作用, 物).
petrificar 26 他 ❶ 石化する. ❷ 硬くする, 硬直させる. ❸ 仰天させる, 呆然(ぼうぜん)とさせる. ── **petrificarse** 再 ❶ 石化する; 硬直する. ❷ 仰天する, 呆然となる.
petrodólar 男〖経〗オイルダラー.
petrogénesis 女 [単複同形]〖地質〗岩石生成.
petroglifo 男〖美〗(有史以前の) 岩石に刻まれた図.
petrografía 女 岩石分類学.
petrolear 他〖技〗石油を噴霧する; 石油に浸す. ── 自 (船が) 石油を積み込む.
petróleo [ペトゥロレオ] 男 [英 petroleum] **石油**. ～ crudo [bruto] 原油. pozo de ～ 油井(ゆせい).
petroleoquímico, ca 形 → petroquímico.
petrolero, ra 形 石油の. ── 男 石油タンカー.
petrolífero, ra 形 石油を産出[埋蔵]する. yacimiento ～ 油層.
petrología 女 岩石学.
petroquímico, ca 形 石油化学の. ── 女 石油化学.
petulancia 女 傲慢(ごうまん), 思い上がり.
petulante 形 傲慢(ごうまん)な, 思い上がった.
petunia 女〖植〗ペチュニア.
peúco 男 (赤ん坊用の) 毛の靴下.
peyorativo, va 形 軽蔑(けいべつ)的な.
peyote 男 ❶〖植〗ペヨーテ. ❷ 幻覚剤.
pez [ペス] 男 [複 peces] [英 fish] ❶ **魚**. *pez* de colores 金魚. *pez* espada [emperador] メカジキ. *pez* volador [volante] トビウオ. ► pez は「生きている魚」,「食用魚」は pescado. ❷《話》

P

《形容詞を伴って軽蔑的に》…の人，やつ. *pez gordo* お偉方，大物. ── 女 タール，ピッチ. ***El pez grande se come al chico.*** 《話》弱肉強食. ***estar como pez en el agua*** 《話》水を得た魚のようである. ***estar pez en ...*** …に全く無知である. ***Por la boca muere el pez.*** 《諺》口は災いのもと. ***reírse de los peces de colores*** 《話》平然としている.

pezón 男 ❶〖植〗(葉・実・花の) 柄，軸. ❷乳首，乳頭. ❸出っ張り，突起.

pezonera 女 (授乳用) 乳首キャップ.

pezuña 女 ❶ 蹄(ひづめ). ❷《話》《軽蔑》人の足. ❸《ラ米》(ペルー)足のにおい.

¡pf! 間 ❶《嫌悪》フー. ❷《擬》(ガス漏れ音) シュー.

phi [フィ] 女 ファイ，フィー (Φ，φ)：ギリシャ語アルファベットの第21字 (＝fi).

pi 女 ❶ パイ，ピー (Π，π)：ギリシャ語アルファベットの第16字. ❷〖数〗円周率.

piadoso, sa 形 ❶ 慈悲深い. ❷ 信心深い. ***mentira piadosa*** 罪のないうそ.

piafar 自 (馬が) 地面を前脚でける.

piajeno 男 《ラ米》(ペルー)ロバ.

pial 男 《ラ米》投げ縄.

piamadre / piamáter 女〖解〗軟膜，柔膜.

pian 男〖医〗いちご腫(しゅ). **~, ~** 《話》だんだんと，少しずつ.

pianissimo / pianísimo 〔伊〕 副〖音〗ピアニシモ (で)，できるだけ弱く.

pianista 男 女 ピアニスト.

piano [ピアノ] 男 〔英 piano〕〖音〗**ピアノ**. ~ de cola グランドピアノ. ~ de manubrio 手回しオルガン. ~ recto [vertical] アップライトピアノ. ── 副〖音〗ピアノ(で)，弱く. **~, ~** 《話》だんだんと，少しずつ. ***tocar el ~*** ピアノを弾く；食器を洗う.

pianoforte 男 → piano.

pianola 女〖商標〗ピアノラ：自動ピアノ.

piante 男 女 《話》不平屋.

piar 31 自 ❶ (鳥が) ピヨピヨ鳴く. ❷《話》話す. ***~la(s)*** 《話》不平を言う.

piara 女 (豚の) 群れ.

piastra 女 ピアストル：エジプト等の通貨単位.

PIB [ピ(ブ)] 男 *p*roducto *i*nterior *b*ruto 国内総生産〔英 GDP〕.

pibe, ba 男 女 《ラ米》(アルゼンチン)(ウルグアイ)(パラグアイ)《話》子供.

pica 女 ❶ 槍(やり). ❷〖闘牛〗ピカドール picador の槍. ❸ [複] (トランプ) スペード. ── 活 → picar. ***poner una ~ en Flandes*** 難しいことをやってのける.

picacho 男 尖峰(せんぽう)，山頂.

picadero 男 ❶ 乗馬学校，馬術練習所. ❷《俗》(密会用) 隠れ家.

picadillo 男 ❶ (肉・野菜の) みじん切り. ~ de carne ひき肉，ミンチ. ❷ ひき肉料理の一種. ***estar hecho ~*** 《話》くたくたに疲れる. ***hacer ~*** 《話》こてんぱんにやっつける.

picado, da 過分 → picar. 形 ❶ (虫等に) 刺された；虫刺され [にきび] の跡が残っている. ❷ 虫食いの. diente ~ 虫歯. ❸ 細かく刻んだ，挽(ひ)いた. carne *picada* ひき肉. ❹ (細かい) 穴のあいた. zapato ~ (甲等に) 飾り穴模様のついた短靴. ❺《ラ米》(メキシコ)《話》(1) (酒に) おぼれた. (2) (刃物で) 傷つけられた. ── 男 ❶ 細かく刻むこと. ❷ (装飾用等の) 穴あけ. ❸ ひき肉料理の一種. ❹〖音〗スタッカート. ❺〖映〗カット，ハイアングル. ***en ~*** (1) (飛行機・鳥の) 急降下. (2) (人気等の) 急激な落ち込み.

picador, dora 男 女 馬の調教師，訓練者. ── 男 ❶〖闘牛〗ピカドール. ► 馬上から雄牛の肩を槍(やり)で突き刺す役. ❷ 鉱夫，坑夫. ── 女 フードプロセッサー.

picadura 女 ❶ 虫歯の穴. tener una ~ 虫歯が1本ある. ❷ (衣服・木等の) 虫食いの穴. ❸ (虫等が) 刺すこと，かむこと；刺し傷，かみ傷. ❹ (くちばしで) つつくこと. ❺ 刻みタバコ.

picaflor 男〖鳥〗ハチドリ.

picajón, jona / picajoso, sa 形 《話》怒りっぽい，短気な.

picamaderos 男 [単複同形]〖鳥〗キツツキ.

picana 女 《ラ米》(1)(メキシコ) (牛追いの) 突き棒. (2) (護身用の) ショットガン. (3) 高電圧による拷問.

picanear 他 《ラ米》(1) (牛を) 突き棒で突く. (2) (人を) 高電圧によって拷問にかける. (3)(アルゼンチン)(ウルグアイ)(チリ)わざと怒らせる；かまをかける.

picante 形 ❶ (ぴりっと) 辛い. ❷《話》しんらつな，痛烈な. chiste ~ きつい冗談. ── 男 ❶ (ぴりっとした) 辛味；香辛料. ❷《ラ米》(1)(メキシコ)香辛料のよく利いた料理. (2)(ボリビア)(チリ)(エクアドル)(ペルー)チリソース. (3) トウガラシ (→ chile 地域差).

picantería 女 《ラ米》(チリ)(ペルー)(ボリビア)香辛料を利かせた料理を出す飲食店.

picapedrero 男 石工(いしく).

picapica 女 触れるとちくちく [むずむず] する実. polvillos de ~ 催痒(さいよう)粉末.

picapleitos 男 女 [単複同形]《話》《軽蔑》弁護士.

picaporte 男 ❶ (ドア・窓の) 掛け金；かんぬき. ❷ (ドアの) ノブ. ❸ (ドアの) ノッカー.

picar [ピカル] 26 他 〔英 bite; sting〕❶ (虫等が) **刺す**，かむ；(鳥がくちばしで) つつく. Me *picó* un mosquito. 蚊(か)に刺された. ❷ (食べ物を) つまむ；(鳥がえさを) ついばむ. ❸ 細かく刻む；砕く. ~ una cebolla 玉ねぎをみじん切りにする. ❹ 刺激する；挑発する. ❺ はさみを入れる. ❻ 穴をあける；むしばむ. ❼ スタッカートで演奏する. ❽〖闘牛〗槍(やり)で突く. ❾ (ビリヤード) マッセをする. ❿ (馬に) 拍車をかける. ── 自 ❶ 刺す，突く；つつく. ❷ (辛味で) ひりひりする；ちくちくする. ❸ 食べ物をつまむ；《**en**》(…を) ちょっとだけやってみる. ❹ (飛行機が) 急降下する. ❺《話》(冗談・うそに) ひっかかる. ── **picarse** 再 ❶ 穴が開く. ❷ 虫歯になる. ❸ 腐る；(ワインが) 酸っぱくなる. ❹《**con**》(…に) 憤慨(ふんがい)する. ❺ (海が) 荒れる. ❻《俗》麻薬を打つ. ❼《**con**》(…をしたくて) うずうずする. ❽《**de**》(…を) 鼻にかける. ~ *de* poeta 詩人を気取る. ***picar (muy) alto*** 高望みする.

picardear 他 …に悪さ [いたずら] を教える. ── **picardearse** 再 悪の道に足を踏み入れる.

picardía 女 ❶ ずるさ，悪賢さ. ❷ いやらしさ，品のなさ. ❸ いたずら，腕白ぶり. ❹ [複] 丈の短いネグリジェ.

picaresco, ca 形 ❶ 悪賢い，やくざな. ❷ 悪漢の. ── 女 ❶ ピカレスク [悪漢] 小説.

❷ 卑劣な生き方, 正直でないこと.

pícaro, ra 形 ❶ たちの悪い；ずる賢い. ❷ 悪意のある. palabras *pícaras* とげのある言葉. ❸ いたずら[腕白]な. ── 男 女 ❶ 悪党. ❷ 悪賢い[抜けめない]人. ❸ いたずらっ子.

picarón, rona 形《話》いたずらの, 腕白な. ── 男 女 いたずらっ子, 腕白坊主. ── 男《ラ米》[主に複]（ペルー）揚げ菓子.

Picasso 固名 ピカソ Pablo Ruiz 〜 (1881-1973)：スペインの画家. *Guernica* 『ゲルニカ』.

picatoste 男 揚げパン；トースト.

picazo 男《話》つつく[刺す, かむ]こと.

picazón 女 ❶ むずがゆさ, ちくちく感. ❷《話》後悔.

picea 女〖植〗エゾマツ, トウヒの類.

picha 女《俗》陰茎.

pichanga 女《ラ米》(チリ)草サッカー.

pichel 男 大ジョッキ, ピッチャー.

pichi 男 ❶〖服〗ジャンパースカート. ❷《ラ米》(アルゼンチン)(チリ)〖植〗ナス科の薬用植物.

pichichi 男（スペイン, サッカー）最多得点者.

pichin 男 ➜ pidgin.

pichincha 女《ラ米》(アルゼンチン)掘り出し物.

pichirre 男 女《ラ米》けち（➜ tacaño 地域差）.

pichón, chona 形《ラ米》経験不足の. ── 男 女 ❶《ラ米》(メキシコ)経験不足の人, 新米. ❷《話》《呼びかけ》かわいい子. ── 男 子バト. ── 女 雌バト.

pichula 女《俗》陰茎.

pichulear 自《ラ米》(1)(南米)(アルゼンチン)(ウルグアイ)(パラグアイ)小商いを営む. (2)(アルゼンチン)値切る.

Picio 男 *más feo* [*tonto*] *que* 〜《話》非常に醜い[ばかな].

pick-up [ピカ(プ)]〔英〕男 レコードプレーヤー（ピックアップ）.

picnic 〔英〕男 ピクニック, 遠足.

pícnico, ca 形 男 女 背が低く太りやすい（人）.

pico 男 ❶（鳥の）くちばし；（昆虫の）くちさき. ❷ つるはし, ピッケル. ❸ 山頂, 峰. ❹ くちばし状のもの；（水差し等の）（つぎ）口. ❺ 先端, 出っ張り. sombrero de tres 〜*s* 三角帽子. ❻ 高額, 大金. costar un (buen) 〜 かなりの額の費用がかかる. ❼《話》口；雄弁, 饒舌(じょうぜつ). callar [cerrar] el 〜 口をつぐむ；黙らせる. perderse por el 〜 口が災いする. ser [tener] un 〜 de oro 口達者である. ❽ 端数, 少量. ❾《隠》1回分の麻薬. ❿《ラ米》(グアテマラ)(メキシコ)(コロンビア)キス；(メキシコ)ほら吹き. ⓫〖鳥〗キツツキ. ── 活 ➜ picar. *darle al* 〜《話》ずっと話している. *darse el* 〜《俗》キスをし合う；なれ合う. *de* 〜*s pardos*《話》気晴らしに, どんちゃん騒ぎで. *hincar el* 〜《俗》死ぬ. *salir por un* 〜《話》費用がたくさんかかる. ... *y* 〜 …とあと少し. Son las tres *y* 〜. 3時ちょっと過ぎだ.

picón, cona 形《ラ米》(ペルー)《話》すぐ怒る, 短気な. ── 男 ❶ 木炭. ❷〖魚〗(白斑(はん)のある)エイ. ❸ 冷やかし.

picor 男 むずがゆさ, ちくちく感；（舌が）ひりひりすること.

picoso, sa 形《ラ米》(メキシコ)辛い；しんらつな.

picota 女 ❶（罪人の）さらし台. ❷ 尖塔(せんとう)；尖峰. ❸〖植〗ビガロー種のさくらんぼ. ❹《話》鼻. *poner en la* 〜 ひどく非難する, さらし者にする.

picotazo 男 くちばしでつつくこと；（虫が）刺すこと；虫刺されの跡.

picotear 他 ❶ くちばしでつつく, ついばむ. ❷《話》（食べ物を）つまむ. ── 自《話》つまみ食いをする.

picoteo 男 ❶ くちばしでつつくこと. ❷《話》つまみ食い.

pícrico 形〖化〗ácido 〜 ピクリン酸.

pictografía 女 絵文字（による表記）.

pictograma 男 絵文字.

pictórico, ca 形 絵の, 絵画の. interés 〜 絵に対する関心.

picudo, da 形 ❶ 先のとがった. ❷《ラ米》秀でた, すばらしい；(メキシコ)影響力のある. ── 女《ラ米》(キューバ)(ニカラグア)(プエルトリコ)(ベネズエラ)〖魚〗オニカマス.

pid- 活 現分 ➜ pedir.

pidevías 男［単複同形］《ラ米》〖車〗ウインカー（➜ intermitente 地域差）.

pidgin [ピチン(ピジン)]〔英〕男〖言〗ピジン, 混合言語.

pídola 女〖遊〗馬跳び.

pidón, dona 形 男 女 おねだり屋（の）.

pie [ピエ] 男〔英 foot〕❶（足首より下の）足. a cuatro *pies* 四つんばいで. tener buenos *pies* 足が達者である. ❷（家具等の）脚, 台. ❸ 最下部；ふもと；根元；基盤. al *pie* de la colina 丘のふもとで. ❹ 末尾（の余白）. *pie* de imprenta 奥付. ❺ キャプション. ❻〖詩〗韻脚. *pie* quebrado 4音節または5音節の行とそれ以上の音節の行が交互に組み合わされた詩. ❼《長さの単位》フィート. ❽［パイ］《ラ米》（デコレーション）ケーキ（➜ pastel 地域差）. *a los pies de ...* …に仕えて. *al pie de la letra* 文字通り. *a pie* 歩いて. *al pie de ...* …のそばに. *al pie del cañón* 任務を遂行して. *a pie firme* 踏ん張って. *a pies juntillas* 足をそろえて；何も疑わずに. *atar de pies y manos* 身動きをとれなくする. *buscar tres pies al gato*《話》わざわざ事を難しくする. *cojear del mismo pie*《話》同じ欠点を持つ. *con buen* [*mal*] *pie* 好調[不調]に. *con el pie derecho* [*izquierdo*] 幸運[不運]で. *con los pies* 下手に. *con los pies por delante* 死んで. *con pies de plomo*《話》慎重に. *dar pie* (*a ... para ...*)（…に…する）口実を与える. *de a pie*（兵士が）徒歩の；普通の. *de los pies a la cabeza* 足の先から頭のてっぺんまで；完ぺきに. *de* [*en*] *pie* 立って. *en pie de igualdad* 対等[互角]に. *en pie de guerra* 臨戦態勢の. *hacer pie* 足が届く；着実である. *nacer de pie* 幸運である. *no dar pie con bola* 失敗ばかりする. *no tener ni pies ni cabeza* 要領を得ない, 支離滅裂である. *no tenerse en pie* 立っていられない. *parar los pies a ...* …の行き過ぎを止める. *poner pies en polvorosa*《話》逃げ出す. *por pies* 大急ぎで. *saber de qué pie cojea*《話》欠点をよく分かっている. *sacar los pies del plato* 大胆になる. *volver pie atrás* 後戻りする.

piedad [ピエダ(ドゥ)] 女〔英 pity〕❶ 哀

れみ，同情．dar ～ 哀れを誘う．tener ～ de ... …を哀れむ．❷ 信仰心．❸ 敬愛，信心．❹〖美〗ピエタ：イエスの遺体を抱いて嘆く聖母マリアの絵[像]．

piedra [ピエドゥラ] 女 〔英 stone〕 ❶ 石；石材．～ angular 隅石．～ chispa 火打ち石．～ pómez 軽石．～ filosofal 賢者の石．～ de mechero ライターの石．～ de molino 臼石(うす)．～ de toque 試金石．～ de lavar《ラ米》洗面台 (➜ pila 地域差)．pan tan duro como una ～ 石のように固いパン．corazón de ～ 冷たい心．❷ 宝石用原石 (＝～ preciosa)．❸ ひょう，あられ．❹〖医〗結石 (＝mal de ～)．*ablandar las ～s* 冷たい心を和らげる．*cerrar a ～ y lodo* 固く閉じる．*levantarse (hasta) las ～s contra ...* …が世間の非難を浴びる．*menos da una ～* ないよりましである．*no dejar ～ por mover* あらゆる手段をつくす．*no dejar ～ sobre ～* 破壊しつくす．*poner la primera ～* 礎石を置く．*quedarse (dejarse) de piedra* あっけにとられる．*tirar ～s contra el (propio) tejado*《話》自分の不利になるようにふるまう．

piel [ピエる] 女 〔英 skin〕 ❶ 皮，皮膚，肌．～ de gallina 鳥肌．～ roja《軽蔑》北米先住民．❷ 皮革，革；[主に複] 毛皮．artículos de ～ 革製品．❸ (果物の) 皮．*dejarse la ～ en ...*《話》…を一生懸命やる．*quitar [sacar] la ～ a tiras*《話》痛烈に批判する．*salvar la ～*《話》命が助かる；困難を乗り切る．*ser de la ～ del diablo (de Barrabás)*《話》(子供が) 手に負えない．

piélago 男 ❶《文》海；沖合い．❷ 多量，たくさん．

pielitis 女〖医〗腎盂(じんう)炎．

piens- 活 ➜ pensar.

P **pienso** 男 飼料，飼い葉．～s compuestos 混合飼料．── 活 ➜ pensar.

piercing [ピルシン] [英] 男 (体のいろいろな部分に) ピアスをすること．

pierd- 活 ➜ perder.

pierna [ピエルナ] 女 〔英 leg〕 ❶ (人間の) 足，脚；〖解〗下肢 (► 足首より下の「足」は pie)．¡Qué ～s más largas! なんて長い足だ．media ～ 脛(すね)．❷ (動物の) 脚，脚部；(食用の) 脚肉．❸ (コンパス・机等の) 脚．*a ～ suelta [tendida]* のびのびと，ゆったりと．*estirar las ～s* 足の疲れをほぐす；散歩する．*irse [salir] con el rabo entre las ～s* しっぽを巻いて逃げる．*por ～s* 走って；しっぽを巻いて．

piernas 男 [単複同形]《スペイン》《話》《軽蔑》(巡回の) 警官；何の力もない人．

pierrot [仏] 男 ピエロ，道化役．

pietismo 男〖宗〗敬虔(けいけん)主義．

pieza [ピエさ] 女 〔英 piece〕 ❶ (全体・1組の中の) 1個，1つ；部分，部品．un dos ～s〖服〗ツーピース；ビキニ．un vestido de una sola ～〖服〗ワンピース．una ～ del televisor テレビの部品．❷ 布[紙] の1巻き[1折り]；継ぎ，当て布．～ para las cortinas カーテン用の布．❸ (食事の) 一品，一切れ．tres ～s de pan 3切れのパン．❹ (狩の) 獲物．❺ 芸術作品，楽曲．una ～ de museo 美術品．❻ 部屋．vivienda de cuatro ～s 4部屋からなる住居．❼ (チェス等の) 駒(こま)．❽ 宝石．❾《話》(腕白な) 子供，(若い) 人．¡Es una buena [linda] ～! あいつはなかなかのやつだ．❿ 貨幣，硬貨．*～ de artillería* 大砲．*～ de autos*〖法〗一件書類．*～ de convicción* 証拠品．*quedarse de una ～*《話》唖然(あぜん)とする．

piezoelectricidad 女〖物〗圧電気．

piezoeléctrico, ca 形〖物〗圧電気の．efecto ～ 圧電効果．

piezometría 女 圧縮率測定．

piezómetro 男〖物〗ピエゾメーター：流体の圧縮率を測定する装置．

pífano 男 ❶〖音〗ファイフ：軍楽隊の高音の横型フルート．❷ ファイフ奏者．

pifia 女 ❶ (ビリヤード) 突き損ない．❷《話》失敗，へま．❸《ラ米》(ペル)あざけり，(抗議・あざけりの) 口笛．

pifiar 17 自 ❶ (ビリヤード) 玉を突き損なう．❷《話》しくじる，へまをする．

pigargo 男〖鳥〗オジロワシ．

pigmentación 女 色素沈着；着色．

pigmentar 他 着色する．

pigmento 男 ❶〖生〗色素．❷ 顔料．

pigmeo, a 形 男 女 ❶〖人類〗ピグミー(の)．❷《軽蔑》小人 (の)．

pignoración 女 質入れ．

pignorar 他 質[抵当] に入れる．

pigricia 女 ❶ 怠惰，無精．❷《ラ米》(ペル) ささいなこと；少量．

pijada 女《話》❶ ささいなこと，くだらないこと．❷ 見苦しい装飾品．

pijama 男 パジャマ．地域差 パジャマ pijama《スペイン》《ラ米》(ペル)；payama (プエルトリコ)；piyama (ドミニカ共和国)(パナマ)(チリ)(キューバ)(アルゼンチン)．

pijo, ja 形 男 女《話》《軽蔑》外見ばかり気にする (やつ)．── 男《俗》陰茎．*(y) un ～*《俗》少しも…でない；とんでもない．

pijota 女〖魚〗(1) ホワイティング．(2) メルルーサの稚魚．

pijotada / pijotería 女 ➜ pijada.

pijotero, ra 形《軽蔑》❶《con》(…に) 口うるさい，(…の) あら探しをする．❷ 煩わしい，やっかいな．── 男 女 口うるさい[煩わしい] やつ．

pila 女 ❶ (乾) 電池，バッテリー．～ seca 乾電池．～ atómica 原子炉．❷〖カト〗洗礼盤．nombre de ～ 洗礼名．❸ (水等をためておく) 容器，桶(おけ)；洗面台 (➜ 地域差)．～ de fregar (台所の) 流し．❹ 多量，山積み．una ～ de ... 山積み[たくさん] の….❺〖建〗橋脚，橋台．*cargar las ～s* バッテリー[エネルギー] を補充する．*ponerse como una ～* 興奮する．*ponerse las ～s* 迅速に行動する．地域差 洗面台 pila《スペイン》《ラ米》(グアテマラ，ホンジュラス，コスタリカ)；batea (エクアドル)；lavadero (ほぼラ米全域)；piedra de lavar (エクアドル)；pileta (ニカラグア)(パラグアイ，ウルグアイ，アルゼンチン)．

pilada 女 ひと山，たくさん．

pilar 男 ❶〖建〗柱，支柱；橋脚．❷ (比喩的) 大黒柱，中心人物．❸ 道標，標石．── 固名 [P-] ❶ Nuestra Señora del P～ 聖母ピラール：スペインの女性の守護者．❷ ピラール：女子の名．

pilastra 女〖建〗四角い柱；柱形(はしらがた)．

pilca 女《ラ米》➜ pirca.

pilcha 女 [主に複]《ラ米》(アルゼンチン)(ウルグアイ)(チリ)

衣類；古着.

pilche 男《ラ米》(エクアドル)(コロンビア)(ペルー)(ボリビア)(ヒョウタン・ヤシの実の) 容器.

píldora 女 ❶ 丸薬. ❷ la ～ 経口避妊薬, ピル. ***dorar la*** ～ オブラートに包んで言う. ***tragarse la*** ～《話》うそを信じ込む.

pileta 女 ❶ 大きなシンク. ～ de detergente 洗浄槽. ❷《ラ米》(1) プール (→ piscina 地域差). (2) 流し台；洗面台 (→ pila 地域差). (3) 家畜の水飲み場.

Pili 固名 ピリ：Pilar の愛称.

pilífero, ra 形〖生〗毛のある；多毛の.

pilila 女《話》陰茎.

pillaje 男 (兵士による) 略奪, 強奪.

pillar 他 ❶ 捕らえる；追いつく. ❷ 略奪 [強奪] する；手に入れる, 獲得する. ❸ 轢(ひ)く, はねる. ❹ 挟む. ❺ 出会う, 見つける. Juan me *pilló* en la habitación anoche. フアンは昨夜部屋で私を見つけた. ❻ 不意を襲う. ❼ 理解する. ❽ (病気に) かかる. ── 自 位置する, ある. La estación me *pilla* bastante lejos. 駅は僕の所からかなり遠くにある. ── **pillarse** 再 (挟んで) けがをする.

pillastre 男 女 → pillo.

pillear 自《話》ごまかす, だます；(子供が) いたずらをする.

pillería 女《話》ぺてん；いたずら.

pillo, lla 形 ずる賢い；いたずらな. ── 男 女《話》いたずらっ子；ずる賢いやつ.

pilón 男 ❶ (家畜用の) 水飲み場. ❷ (竿秤(さおばかり)の) 分銅. ❸ (古代エジプトで宮殿の入り口にある) 塔. ❹《ラ米》(メキシコ) おまけ. ***martillo*** ～ (鍛造用の) 落としハンマー. ***un*** ～ ***de ...*** 大量の….

piloncillo 男《ラ米》(メキシコ)(1) 赤砂糖. (2) 親切な人.

pilonga 女 castaña ～ 干し栗(くり).

píloro 男〖解〗幽門.

piloso, sa 形 多毛の, 毛深い. sistema ～ 体毛.

pilot 男《ラ米》レインコート (→ impermeable 地域差).

pilotaje 男 ❶ (船・飛行機の) 操縦；操縦技術. ❷〖建〗《集合的》基礎杭(くい), パイル. ❸〖海〗水先案内 (料).

pilotar 他 ❶ (船・飛行機を) 操縦する；(乗り物を) 運転する. ❷ (船の) 水先案内をする.

pilote 男 基礎杭(くい), パイル.

piloto [ピろト] 男 女 〔英 pilot〕 ❶ **パイロット**；レーサー. ～ de fórmula uno F1レーサー. ～ de pruebas テストパイロット. ❷ 水先案内人；一等 [二等] 航海士. ── 男 ❶〖車〗テールランプ. ❷〖機〗〖車〗パイロットランプ, 表示灯. ～ de gasolina ガソリン残量表示ランプ. ❸ ガスの口火. ❹《ラ米》レインコート (→ impermeable 地域差). ── 形 実験的な, モデルの. piso ～ モデルルーム.

pil pil / pil-pil 男 bacalao al ～ (バスク地方の) タラ料理.

pilsen 女 ピルスナービール.

piltra 女《話》ベッド.

piltrafa 女 ❶ [主に複] 残飯, 残り物. ❷ ぼろぼろになった物, 汚い物. ❸ 廃人, 落ちぶれた人.

pilucho, cha 形《ラ米》(チリ) 裸の.

pimental 男 トウガラシ [ピーマン] 畑.

pimentero 男 ❶〖植〗コショウ (の木). ❷ (卓上の) こしょう入れ.

pimentón 男〖料〗パプリカ；ピーマン.

pimienta [ピミエンタ] 女 〔英 pepper〕 ❶〖料〗**こしょう** (の実). ～ blanca [negra] 白 [黒] こしょう. ～ en grano 粒こしょう. ❷《話》スパイス, 香辛料；薬味.

pimiento [ピミエント] 男 〔英 (green) pepper〕〖植〗**ピーマン** (の実)；トウガラシ (の実). ～ morrón 赤ピーマン. ***importar un*** ～ ***a ...***《話》(人が) 気にかけない, 意に介さない. ***ponerse como con*** ～ (恥ずかしさで) 真っ赤になる. ***¡y un*** ～***!*** とんでもない.

pimpampum 男 人形倒しゲーム.

pimpante 形 ❶ なにくわぬ顔をした, 平然とした. ❷ 満足した；得意気な.

pimpinela 女〖植〗ワレモコウ.

pimplar(se) 他 自 再《話》深酒する, がぶ飲みする.

pimpollar 男 若木の農園.

pimpollo 男 ❶ 新芽；若枝；つぼみ. ❷ 咲きかけのバラ. ❸《話》かわいい子供；美少女, 美少年.

pimpón 男 → ping-pong.

pin 〔英〕 男 [複 ～s] ❶ バッジ, 飾りピン. ❷〖IT〗接続部のピン.

pinabete 男〖植〗モミ (の木).

pinacate 男〖昆〗《ラ米》ゴミムシダマシ.

pináceo, a 形 女 マツ科 (の).

pinacle 男 (カードゲームの) ピナクル.

pinacoteca 女 美術館, 画廊.

pináculo 男 ❶ 建造物の最上部；(ゴシック様式の) 小尖塔(せんとう). ❷ 頂点, 絶頂.

pinada 女 → pinar.

pinar 男 松林.

pinareño, ña 形 男 女 (キューバの) ピナル・デル・リオの (人).

pinaza 女 松葉.

pincel 男 ❶ 筆, 絵筆. ❷ 画法, 筆遣い；作品.

pincelada 女 ❶ (絵筆の) 一筆, 一刷毛(はけ). ❷〖文学〗作風；タッチ. ～ fuerte 力強いタッチ. ***dar la(s) última(s)*** ～***(s)*** 最後の仕上げをする.

pincha 女 ❶《ラ米》〖車〗パンク (→ pinchazo 地域差). ❷ → pinche.

pinchadiscos 男 [単複同形] ディスク・ジョッキー.

pinchar 他 ❶ 突く, 刺す. ❷ 怒らせる, いびる. ❸ そそのかす, 刺激する. ❹ (電話を) 盗聴する. ❺ (レコードを) かける. ❻〖IT〗(ソフトを) インストールする. ❼ 注射をする. ── 自 ❶ (タイヤが) パンクする. ❷ しくじる, 失敗する. ── **pincharse** 再《ラ米》(車が) パンクする (→ reventarse 地域差). ***ni pinchar ni cortar***《話》なんの役にも立たない.

pinchaúvas 男 [単複同形] ❶ 無責任なやつ. ❷〖闘牛〗下手なマタドール matador.

pinchazo 男 ❶ 一突き, 一刺し. ❷ 刺し傷, 突き跡. ❸ 注射. ❹〖車〗パンク.
地域差 〖車〗パンク pinchazo《スペイン》《ラ米》(キューバ)(ホンジュラス, エルサルバドル, コスタリカ)(コロンビア, ベネズエラ)(ボリビア)(チリ)(パラグアイ)；hueco (ペルー)；pincha (ウルグアイ)；ponchada (メキシコ)(ホンジュラス, ニカラグア)；ponchadura (ドミニカ共和国)(メキシコ)(ニカラグア).

pinche 形《ラ米》(中米)《俗》みみっちい, けちな. — 男 女 ❶ 見習いコック, 下働き. ❷ 《ラ米》 けちな人 (→ tacaño 地域差). — 男 《ラ米》[複] ヘアピン (→ horquilla 地域差).

pincho 男 ❶ (植物の) とげ, (動物の) 針; 先のとがったもの. ❷ 〖料〗串(くし)(焼き); 《スペイン》(串に刺した) つまみ. ❸ [複] 《ラ米》ヘアピン (→ horquilla 地域差).

pinchudo, da 形 とげの多い.

pincullo 男 《ラ米》(ペルー) 〖音〗ケーナ quena の一種.

pindárico, ca 形 〖文学〗(古代ギリシャの) ピンダロス(風)の.

pindonga 女 《話》《軽蔑》遊び歩く女.

pindonguear 自 《話》遊び回る; 不規則な生活をする.

pindongueo 男 《話》遊び歩くこと; 不規則な生活.

pineal 形 〖解〗松果体の.

pineda 女 松林.

pinedo 男 《ラ米》(南米)松林

pinga 女 《ラ米》《俗》陰茎.

pingajo 男 《話》ぼろきれ; みすぼらしいもの[人].

pingo 男 ❶ 《話》身持ちの悪い人. ❷ [複] 安物の婦人服. ❸ ぼろきれ. ❹ 《ラ米》(1)(アルゼンチン)駿馬(しゅんめ). (2)(メキシコ)悪魔; いたずら小僧. ***poner como un*** ～ 悪口を言う.

pingonear 自 《話》→ pindonguear.

pingorota 女 頂上, てっぺん.

ping-pong [ピンポン] 〔英〕 男 ピンポン, 卓球.

pingüe 形 豊富な; もうかる.

pingüino 男 〖鳥〗ペンギン.

pinillo 男 〖植〗(1) カズラの一種. (2) シソ科キランソウ属の一種.

pinitos 男 複 《話》❶ (幼児等の) 歩き始め, よちよち歩き. ❷ 第一歩, 初歩. ***hacer*** ～ よちよち歩く; 第一歩を踏み出す.

pinnado, da 形 〖植〗(葉が) 羽状の, 複葉の.

pinnípedo, da 形 男 〖動〗ひれ足類の(動物): アザラシ, セイウチ等.

pino, na [ピノ, ナ] 形 険しい, 急勾配(こうばい)の. — 男 〔英 pine〕 ❶ 〖植〗マツ. ～ silvestre オウシュウアカマツ. ～ piñonero カサマツ. ❷ 松材. ❸ 逆立ち. ***como la copa de un*** ～ 《話》きわめて重要な. ***en [hasta] el quinto*** ～ 《話》へんぴな所に.

pinocha 女 松葉.

pinol / pinole 男 〖料〗《ラ米》ピノレ: 水に溶いたとうもろこし粉.

pinolate 男 《ラ米》(中米)(メキシコ)ピノレ pinol の飲料.

pinoso, sa 形 松の生えた[多い].

pinrel 男 [主に複] 《話》(人間の) 足.

pinsapar 男 スペインモミの林.

pinsapo 男 〖植〗スペインモミ.

pinta 女 ❶ まだら模様; ぶち, 斑点(はんてん). a ～*s* 水玉模様の. ❷ (トランプ) 最初のめくり札. ❸ 印象, 様相; 格好. tener buena ～ おいしそう[良さそう, 健康そう]である. tener mala ～ (情況等が) かんばしくない; 顔色が悪い. ❹ 《ラ米》(1)(メキシコ)(チリ)(政治的な) 落書き. (2)(メキシコ)ずる休み. ❺ パイント (米国の容積単位); 1パイント入りのピッチャー. — 男 女 《話》どうしようもないやつ. — 活 → pintar. ***irse de*** ～ 《ラ米》(学校を) サボる (→ fumar 地域差).

pintada 過分 → pintar. 女 ❶ 〖鳥〗ホロホロチョウ. ❷ 落書き.

pintadera 女 〖料〗(パン・パイ等に) 飾りつけをする器具.

pintado, da 過分 → pintar. 形 描かれた, 彩色された; 色とりどりの. papel ～ 壁紙. Recién ～. 《掲示》ペンキ塗りたて. — 男 《ラ米》ミルク入りコーヒー (→ cortado 地域差). ***el [la] más*** ～ 《話》巧者; あらゆる人. ***que ni*** ～ 《話》ぴったりである, うまく合う. Ese traje te está *que ni* ～. その服は君にとてもよく似合っている.

pintalabios 男 [単複同形] リップスティック (→ lápiz 地域差).

pintamonas 男 女 [単複同形] 《話》へぼ絵かき; くだらないやつ.

pintar [ピンタル] 他 〔英 paint〕 ❶ ペンキを塗る; 色を塗る, 彩色する. ～ de rojo 赤く塗る. ❷ (絵の具で) 描く, 写生する. ～ al óleo [al temple] 油絵[テンペラ画]をかく. ❸ (言葉で) 描写する, 表現する. — 自 ❶ (インクが) 出てくる, (ペンが) 書ける. ❷ 重要である, 意味がある. Él no *pinta* nada aquí. ここでは彼はなんの力もない. ❸ (トランプ) 切り札になる. ❹ (果実が) 色づく, 熟す. ❺ 《ラ米》(メキシコ)死ぬ. — **pintarse** 再 ❶ 化粧する. ～ los ojos アイシャドウを塗る (→地域差). ❷ 《ラ米》(メキシコ)逃げる, 立ち去る. ❸ (果実が) 色づく, 熟す. ***pintar buenas [venado]*** 《ラ米》(学校を) サボる (→ fumar 地域差). ***pintárse(las) solo para ...*** 《話》…をする力がある. *Para* esto *me las pinto solo.* これだったらお手のものだ. **地域差** アイシャドウを塗る pintarse los ojos 《スペイン》《ラ米》(ナ)(エルサ)(キ)(グアテ, アルゼンチン); delinearse los ojos 《ほぼラ米全域》.

pintarrajear 他 《話》塗りたくる, (絵を) 下手にかく. — **pintarrajearse** 再 《話》厚化粧する.

pintarrajo 男 《話》下手くそな絵.

pintarroja 女 〖魚〗トラザメ.

pintiparado, da 形 ❶ (a) (…に) よく似た, そっくりの. ❷ 好都合な, 折よい; 適切な. llegar ～ ちょうどよい時に到着する.

Pinto 固名 ピント: スペインの新興工業地区. ***estar entre*** ～ ***y Valdemoro*** 《話》ほろ酔い機嫌である; どっちつかずの態度を取る.

pinto, ta 形 まだらの, ぶちの. judía *pinta* (トラマメ・ウズラマメ等) ぶちインゲンマメ. — 活 → pintar.

pintón, tona 形 《ラ米》(ペルー) 《隠》見た目がいい.

pintor, tora [ピントル, トラ] 男 女 〔英 painter〕 ❶ 画家, 絵かき. ～ de cuadros 画家. ～ escenógrafo 〖演〗(舞台の) 背景画家. ❷ ペンキ屋, 塗装工.

pintoresco, ca 形 ❶ 絵に描いたような, 個性に富む. traje ～ 派手な服. ❷ 奇抜な.

pintoresquismo 男 ❶ 独創性志向. ❷ 奇抜さ.

pintura [ピントゥラ] 女 〔英 painting〕 ❶ 絵画 (作品). ～ rupestre 洞窟(どうくつ)壁画. ❷ 絵をかくこと; 画法; 塗装. ～ a la acuarela 水彩画(法). ～ al óleo 油絵(画法). ～ con pistola スプレー塗装; エアブラシ画. ❸ 絵の具; 塗料, ペンキ. Cuidado con la ～. 《掲示》ペンキ塗りた

P

て. ～ de labios 《ラ米》リップスティック (→ lápiz 地域差). ❹ 描写, 叙述. Hizo una ～ exacta de la situación. 彼は状況を的確に述べた. ***no poder ver a ... ni en ～*** 《話》…の顔など見たくもない.

pinturero, ra 形 《話》 気取った；〖闘牛〗非常にうまい.

pinza 女 ❶ 挟むもの, クリップ. ～ de la ropa [del pelo] 洗濯挟み[ヘアピン]. ❷ [複] ペンチ；トング；ピンセット. ～*s* depilatorias 毛抜き. ～ sujetapapeles 紙挟み, クリップ. ❸〖動〗(エビ・カニ等の) はさみ. ❹〖服〗ダーツ. ❺ 与野党連立による圧力. ***coger con ～s*** (汚い物・こわれやすい物を) 指先でつまむ, そっと扱う. ***sacar**le **con ～s*** …に口を割らせる.

pinzamiento 男 挟むこと；圧迫.

pinzón 男〖鳥〗ズアオアトリ.

piña 女 ❶ 松かさ, 松ぼっくり. ❷〖植〗パイナップル. ❸ 徒党, 群れ. formar una ～ 徒党を組む. ***ser*** [***estar***] ～ 《ラ米》(ﾁﾘ)《隠》不運である, ついてない.

piñata 女 ピニャータ：菓子等を入れた玉で天井からつるし目隠しして棒で割る.

piño 男[主に複]《話》歯.

piñón 男 ❶ 松の実[種]. ❷ 小歯車, 鎖歯車. ***estar a partir un ～*** 《話》親密である. ***ser de ～ fijo*** 頑固である.

piñonero 形 pino ～ 食用の実のなる松の総称.

piñuela 女 イトスギの実[球果].

Pío 固名 ❶ ピオ：男子の名. ❷ *Pío* nono [Ⅸ] ローマ教皇ピウス 9 世 (在位1846-78).

pío, a 形 ❶ 敬虔(けいけん)な, 信心深い. ❷ 慈悲深い；慈善の. ❸ (馬が白と他の色との) まだらの. ── 男 まだらの馬. ***no decir ni pío*** 《話》一言もしゃべらない.

piocha 女 ❶ つるはし. ❷《ラ米》(ﾒｷｼｺ)あごひげ.

piogenia 女〖医〗化膿(かのう).

piojo 男〖昆〗シラミ；ハジラミ. ***como ～(s) en costura*** 《話》すし詰めになって. ***～ resucitado*** 《話》成り上がり者.

piojoso, sa 形 ❶ シラミがたかった. ❷ 汚らしい；しみったれの. ── 男 女 不潔な人；けち, しみったれ.

piola 女 《ラ米》綱, 縄, ひも.

piolet 男 ピッケル.

piolín 男 《ラ米》(細い) 縄, ひも.

pionero, ra 男 女 開拓者, 先駆者.

piorrea 女〖医〗(歯槽) 膿漏(のうろう).

pipa 女 ❶ パイプ, キセル. ❷ (ワイン・油用の) 大樽(たる)(一杯の量). ❸ (スイカ・ヒマワリ等の) 種. ❹〖音〗リード. ❺《話》ピストル. ❻《ラ米》(ﾒｷｼｺ)ポンプ車. ── 形 《話》すばらしい, かっこいい. ── 副 《話》楽しく, 愉快に.

pipeño 男 《ラ米》チリ産の白ワイン.

pipermín 男 ペパーミント (酒).

pipero, ra 男 女 パイプ売り.

pipeta 女 ピペット, スポイト.

pipi 男 《俗》シラミ.

pipí 男 《話》《幼児語》おしっこ. hacer ～ おしっこをする.

pipiolo, la 男 女 《話》《軽蔑》新米, 未熟者；若者.

pipiricojo ***a ～*** 片足で.

pipirigallo 男〖植〗マメ科オノブリキス属の一種.

pipirijaina 女 《話》移動漫画店.

pipirín 男 《ラ米》(ﾒｷｼｺ)普段の食事.

pipo 男 (スイカ・ヒマワリ等の) 種子.

pipón, pona 形 《ラ米》《話》腹の出た；満腹の. ── 男 女 《ラ米》(ｱﾙｾﾞﾝﾁﾝ)子供.

pipudo, da 形 《話》すばらしい, すごい.

pique 男 ❶ 恨み, 敵意. ❷ 競争心, ライバル意識. ── 活 → picar. ***irse a ～*** (船が) 沈没する；失敗に終わる.

piqué [仏] 男 ピケ, 浮き出し織り. ── 活 → picar.

pique- / piqué(-) 活 → picar.

piquera 女 ❶ (ミツバチの巣箱の) 出入り口. ❷ 樽(たる)の栓の取り付け穴. ❸〖冶〗出銑口, 出湯口. ❹《ラ米》(ﾒｷｼｺ)安酒場.

piqueta 女 つるはし, ピッケル；(テント用の) 小さい杭(くい).

piquete 男 ❶ (ストライキの) ピケット. ❷〖軍〗小隊, 班. ❸《ラ米》(ﾒｷｼｺ)(1) 虫刺され. (2) 刺し傷. (3) (コーヒーにたらす) アルコール.

piquituerto 男〖鳥〗イスカ.

pira 女 ❶ (火葬・火刑の) 火. ❷ 焚(た)き火；かがり火. ***ir de ～*** 《話》授業をサボる.

pirado, da 形 《話》 ❶ 気がふれた, 少しおかしい. ❷《ラ米》(ﾒｷｼｺ)《俗》死んだ.

piragua 女 丸木舟；軽量のカヌー. ～ deportiva 競技用カヌー.

piragüismo 男〖スポ〗カヌー競技.

piragüista 男 女 カヌー競技者.

piramidal 形 ❶ ピラミッド状の. ❷ 巨大な, とてつもない. ❸〖解〗錐体の.

pirámide 女 ❶ ピラミッド；ピラミッド形のもの. ❷〖数〗角錐(かくすい).

piramidón 男〖商標〗ピラミドン：鎮痛剤.

piraña 女〖魚〗ピラニア.

pirarse 再 《話》 ❶ 《話》逃げ出す；サボる. ❷《ラ米》(ﾒｷｼｺ)《俗》死ぬ. ❸ 気がふれる. ***pirárselas*** 退散する.

pirata 形 ❶ 海賊の, 海賊行為を働く. barco ～ 海賊船. ❷ 著作[特許]権侵害の. edición ～ 海賊版. ── 男 女 ❶ 海賊. ～ aéreo ハイジャック犯. ❷ 著作権侵害者. ～ informático〖IT〗ハッカー.

piratear 自 ❶ 海賊行為を働く. ❷ 著作[特許]権を侵害する.

pirateo 男 → piratería.

piratería 女 ❶ 海賊行為. ～ aérea ハイジャック. ❷ 著作[特許]権侵害.

pirca 女 《ラ米》(ﾍﾟﾙｰ)空積みの石壁.

pirenaico, ca 形 ピレネー山脈 [地方] の. ── 男 女 ピレネー地方の人.

pirético, ca 形 発熱した, 発熱 (性) の.

pírex 男 → pyrex.

pirexia 女〖医〗発熱.

piriforme 形 洋ナシの形をした.

pirineo, a 形 ピレネー山脈の.

Pirineos 固名 (la cordillera de) los ～ ピレネー (山脈).

piripi 形 《話》ほろ酔いの.

pirita 女〖鉱〗黄鉄鉱.

piróforo 男〖化〗自燃発火性物質.

pirógeno, na 形〖医〗発熱性の. ── 男 発熱性の物質.

pirograbado 男 焼き絵.

pirograbador, dora 男 焼き絵道具. ── 男 女 焼き絵師.

pirografía 女 焼き絵の技術.

pirólisis 女 [単複同形]〖化〗熱分解.

P

pirología 女 熱処理学.
pirolusita 女〘鉱〙軟マンガン鉱.
piromancia 女 火占い.
piromanía 女 放火癖.
pirómano, na 形 放火癖のある. ― 男 女 放火魔.
pirometría 女〘物〙高温測定法.
pirómetro 男〘物〙高温計, パイロメーター.
piropear 他 (女性に) 褒め言葉を言う.
piropo 男 ❶ (主に女性の外見に対する) 褒め言葉. decir [echar] ～s 褒め言葉を言う. ❷〘鉱〙紅ザクロ石, パイロープ.
pirosis 女 [単複同形]〘医〙胸焼け.
pirotecnia 女 花火製造技術.
pirotécnico, ca 形 花火製造技術の. ― 男 女 花火師 ; 火工術師.
piroxena 女 → piroxeno.
piroxeno 男〘鉱〙輝石.
pirquinero 男《ラ米》(ﾁﾘ)《話》手作業の坑夫.
pirrar 自《話》夢中にさせる ; 大好きである. Me *pirra* el cine. 私は映画が大好きだ. ― **pirrarse** 再《話》《**por**》(…に) 夢中である.
pírrico, ca 形 (勝利が) 犠牲の大きい.
pirueta 女 ❶ 跳躍 ; 旋回. ❷ (ダンスの) ピルエット ; とんぼ返り. ❸〘馬〙後肢回転. ❹ 言い逃れ. hacer ～s うまく立ち回る.
pirula 女《話》❶ 汚いやり口, だまし. ❷ 興奮剤. ***montar una*** ～《話》ひどく怒る.
piruleta 女〘商標〙棒つきキャンディー.
pirulí 男 [複 ～(e)s] 棒付きキャンディー.
pis 男《話》《幼児語》おしっこ.
pisa 女 (ブドウ等を) 踏みつぶすこと. ― 活 → pisar.
pisado, da 形 男 女《ラ米》(ﾍﾟﾙｰ)《話》恐妻家の (夫), 夫に頭が上がらない (妻) ; ろくでなし (の). ― 女 ❶ 踏むこと. ❷ 足音. ❸ 足跡.
P **pisador, dora** 男 女 (ワイン用の) ブドウを踏む人. ― 女 ブドウの圧搾機.
pisano, na 形 男 女 (イタリアの) ピサ生まれの (人).
pisapapeles 男 [単複同形] 文鎮.
pisar [ピサル] 他 〔英 tread〕❶ **踏む**, 踏みつける. ❷ (人を) 不当に扱う ; (法等を) 踏みにじる. ❸《話》先を越す. Me *pisó* el tema. 私は彼にテーマを先に取られた. ❹ 訪れる, 足を踏み入れる. ❺ (弦・鍵盤(ｹﾝﾊﾞﾝ)を) 押さえる. ❻ (鳥が) つがう. ❼ 重なる. ― 自 歩く. ～ ***fuerte*** 確信をもって行動する. ***ir*** [***andar***] ***pisando huevos*** ゆっくり[慎重に]進む. ～ ***los calcañares*** (仕事で) 足を引っ張る.
pisaverde 男《話》めかし屋, 伊達男.
pisca 女 → pizca.
piscatorio, ria 形 漁業[漁師]の, 釣り(人)の.
piscícola 形 (魚介類の) 養殖の.
piscicultor, tora 男 女 養殖業者.
piscicultura 女 (魚介類の) 養殖.
piscifactoría 女 養殖場.
pisciforme 形 魚の形をした.
piscina [ピ(ス)シナ] 女 〔英 (swimming) pool〕❶ **プール** (→ 地域差). ～ cubierta [climatizada] 室内[温水]プール. ❷ 養魚池. 地域差 プール piscina《ほぼスペイン語圏全域》; alberca (ﾒｷｼｺ) ; pileta (ﾊﾟﾗｸﾞｱｲ, ｳﾙｸﾞｱｲ, ｱﾙｾﾞﾝﾁﾝ).
piscis 形 [単複同形] 魚座の. ― 男 女 魚座生まれの人. ― 固名 [P-]〘占星〙双魚宮 ;〘天文〙魚座.
piscívoro, ra 形〘動〙魚食性の. ― 男 女 魚食動物.
pisco 男 ピスコ : ペルー産ブドウの蒸留酒.
piscolabis 男 [単複同形]《話》軽食, 間食.
piscucha 女《ラ米》凧(ﾀｺ) (→ cometa 地域差).
pisiforme 形 hueso ～〘解〙豆状骨. ― 男〘解〙豆状骨.
piso [ピソ] 男 〔英 floor; apartment〕❶ (建物等の) **階**. vivir en un primer ～ 2階に住む. ► スペインでは1階が piso bajo となり, primer piso は2階にあたる. ❷ **マンション** (の一戸). ～ amueblado 家具付きマンション. ❸ 床, 地面. ❹ 層, 段. ❺ 靴底. ❻《ラ米》(ﾍﾟﾙｰ) テーブルセンター. ― 活 → pisar.
pisón 男 (地固め用の) 大槌(ﾂﾁ).
pisotear 他 ❶ 踏みつぶす, 踏みつける. ❷ (人を) 不当に扱う ; (法等を) 踏みにじる.
pisoteo 男 踏みつける[踏みつぶす, 踏みにじる]こと.
pisotón 男 (足等を) 踏みつけること.
pispajo 男《話》小柄で元気な人.
pispar 他《俗》かっぱらう, 盗む. ― 自《ラ米》(ｱﾙｾﾞﾝﾁﾝ) こっそり調べる ; (ﾁﾘ) 疑う ; うかがう. ― **pisparse** 再《話》酔う.
pispás ***en un*** ～《話》一瞬で, さっと.
pista [ピスタ] 女 〔英 track〕❶ **跡**, 足跡. seguir la ～ 跡を追う. ❷ 形跡, 手がかり. ❸ (陸上) **トラック** ; (テニス) コート ; (スキー) ゲレンデ ; (スケート) リンク. ❹ (ダンス) フロアー ; (サーカス) リング. ❺〘航〙滑走路 (＝ ～ de aterrizaje). ❻ 仮設道路. ❼〘音響〙トラック. ❽《ラ米》(道路の) 車線 (→ vía 地域差).
pistache 男 ピスタチオ入りの菓子[アイスクリーム].
pistachero 男〘植〙ピスタチオ.
pistacho 男 ピスタチオ (の実).
pistear 自《ラ米》(ﾒｷｼｺ) 飲酒する ; 昼寝する.
pistilo 男〘植〙雌蕊(ｼｽﾞｲ), めしべ.
pisto 男〘料〙ピスト : 野菜の煮込み, ラタトゥーユ. ***darse*** ～《話》偉ぶる, 自慢する.
pistola 女 ❶ ピストル, 拳銃(ｹﾝｼﾞｭｳ). ❷ (ペンキ等の) スプレーガン. pintar a ～ 吹き付け塗装をする. ❸ バゲット (パン). ***poner una*** ～ ***en el pecho*** やむを得ない状況に立たせる.
pistolerismo 男 ピストル犯罪.
pistolero, ra 男 女 ピストル強盗 ; 殺し屋. ― 女 ホルスター ; ピストルケース.
pistoletazo 男 (スタートの合図の) ピストルの発射. ***dar el*** ～ ***de salida*** 開始を告げる.
pistón 男 ❶〘機〙ピストン. ❷〘音〙(金管楽器の) ピストン. ❸ 雷管.
pistonudo, da 形《話》すごい, すばらしい.
pita 女 ❶〘植〙リュウゼツラン. ❷ (リュウゼツランの葉から採る) アロー繊維. ❸ (非難の) 口笛. ❹ [複] ¡*P*～s, ～s! 鶏を呼ぶ声.
pitada 女 ❶ (非難の) 口笛. ❷ (警笛等の) 笛の音. ❸《ラ米》(ｱﾙｾﾞﾝﾁﾝ)(ﾍﾟﾙｰ)《話》(タバコ

の)一服.

pitagórico, ca 形 ピタゴラス(学派)の. teorema ～ ピタゴラスの定理. tabla *pitagórica* 九九の表. ― 男 女 ピタゴラス学派の人.

pitagorismo 男 ピタゴラスの学説.

pitanza 女 ❶(困窮者への)配給食. ❷《話》(日々の)食事.

pitar 自 ❶ 笛を吹く;ホイッスル[クラクション]を鳴らす;(非難の)口笛を吹く. ❷〖スポ〗審判を務める. ❸《話》うまくいく. ❹《話》牛耳る. ― 他 ❶(非難の)口笛を浴びせる. ❷〖スポ〗(反則に対して)ホイッスルを鳴らす;(試合の)審判を務める. ～ un penalti PK[ペナルティーキック]をとる. ❸《ラ米》(南米)(タバコを)吸う. ***salir* [*irse, marcharse*] *pitando*** 急いで出かける[出て行く].

pitarra 女(自家製の)ワイン.

pitazo 男《ラ米》(メキシコ)《俗》告発, 密告.

pitear 自《ラ米》抗議する.

pitecántropo 男 ピテカントロプス.

pítico, ca 形〖ギ神〗アポロンの. ***juegos ～s*** ピューティア祭.

pitido 男(警笛等の)笛の音.

pitillera 女 シガレットケース.

pitillo 男 ❶《話》紙巻きタバコ;《ラ米》(タバコの)吸い殻(→ colilla 地域差). ❷《ラ米》(コロンビア)(ベネズエラ)ストロー.

pítima 女《話》酔い, 酩酊(めいてい).

pitiminí 男[複 ～(e)s] rosa de ～ 小型のバラ. ***de ～*** 《話》小さな, ささいな.

pitio, tia 形 → pítico.

pitipié 男(地図等の)縮尺, スケール.

pitipuá 男《ラ米》《俗》エンドウ豆(→ guisante 地域差).

pito 男 ❶ 呼笛[ホイッスル](の音). ❷ 甲高い声[音]. ❸ 指をパチンと鳴らす音. ❹《ラ米》〖車〗クラクション(→ bocina 地域差). ❺《話》紙巻きタバコ;《ラ米》(ペルー)マリファナ・タバコ. ❻《俗》ペニス. ***Cuando ～s flautas, cuando flautas ～s.*** 物事は思いどおりに運ばない. ***por ～s o (por) flautas*** 《話》何かと理由をつけて. ***tomar a ... por el ～ del sereno*** 《話》…を相手にしない;…の言うことを聞かない. ***un ～*** 《話》全く[ほとんど](…ない).

pitoche 男《話》***un ～*** ほとんど(…ない).

pitón 男(または女)〖動〗ニシキヘビ. ― 男 ❶(生えかけの)角;〖闘牛〗角(の先). ❷[主に複]《俗》(女性の)乳房.

pitonazo 男 角の一突き;(角による)傷.

pitonisa 女〖ギ神〗巫女(みこ);占い師.

pitoniso 男《話》→ pitonisa.

pitorra 女〖鳥〗ヤマシギ.

pitorrearse 再《話》(**de**)(…を)からかう, ばかにする.

pitorreo 男《話》からかう[ふざける]こと. ***tomar ... a ～*** …を茶化す.

pitorro 男 ❶(土瓶等の)注ぎ口, 飲み口. ❷《話》(本体から)突き出た部分.

pitote 男《話》混乱, 騒動.

pitpit 男〖鳥〗タヒバリ.

pituco, ca 形 男 女《ラ米》(アルゼンチン)(チリ)(ウルグアイ)(ペルー)きざな(人), 気取った(人).

pitufo, fa 男 女《話》❶(愛情を込めて)背の低い子[人], おちびさん. ❷ 警官.

pituita 女〖解〗粘液, 鼻水.

pituitario, ria 形〖解〗粘液(性)の. membrana *pituitaria* 鼻粘膜. glándula *pituitaria* 下垂体.

pituso, sa 男 女《話》かわいい子.

pívot / pivot 男 女[複 ～s / ～(e)s](バスケットボール)ポストプレーヤー.

pivotante 形〖植〗主根の.

pivotar 自 ❶(軸で)回転する. ❷〖スポ〗ピボット(ターン)をする.

pivote 男 ❶〖機〗軸頭, 旋回軸, ピボット. ❷〖スポ〗→ pívot.

píxel 〔英〕男〖IT〗ピクセル, 画素.

piyama 男(または女)《ラ米》パジャマ(→ pijama 地域差).

pizarra 女 ❶ 黒板(→地域差). ❷ スレート, 粘板岩. 地域差 黒板 pizarra《スペイン》《ラ米》(アルゼンチン)(コスタリカ)(ペルー); pizarrón《ほぼラ米全域》; tablero(パナマ)(コロンビア).

pizarral 男 スレート採掘場.

pizarreño, ña 形 スレート(色, 状)の.

pizarrería 女 スレート採掘[加工]場.

pizarrín 男 ❶ 石筆. ❷《俗》ペニス.

Pizarro 固名 ピサロ Francisco ～ (1476-1541):スペインのコンキスタドールでインカ帝国の征服者.

pizarrón 男《ラ米》黒板(→ pizarra 地域差).

pizarroso, sa 形(土が)粘板岩を含む;スレート質の.

pizca 女 ❶《話》少量;ひとつまみ. una ～ de sal 塩ひとつまみ. ❷《ラ米》(メキシコ)収穫. ***ni ～*** 《話》全く(…ない).

pizco 男《話》❶ つねる[つまむ]こと. ❷ 少量;ひとつまみ.

pizpireta 形《話》(女性が)生き生き[はつらつ]とした.

pizza[ピツァ] 女〖料〗ピザ.

pizzería[ピツェリア] 女 ピザ専門店, ピザハウス.

pizzicato[ピツィカト] 男〖音〗ピッチカート:弦を指ではじく奏法.

placa 女 ❶(金属等の)薄板;層, 被膜. ❷(通り等の)標示板;表札. ～ conmemorativa 記念プレート. ❸《ラ米》〖車〗ナンバープレート(→ matrícula 地域差). ❹〖写〗感光板. ❺(警官等の)バッジ. ❻〖地質〗プレート. ❼ 歯垢(しこう), プラーク.

placaje 男(ラグビー)タックル.

placar 26 他(ラグビー)タックルする.

placebo 男〖医〗偽薬, プラシーボ.

pláceme 男[主に複]祝辞.

placenta 女〖解〗胎盤;〖植〗胎座.

placentario, ria 形 胎盤の;胎盤を有する. ― 男〖動〗有胎盤類, 真獣類.

placentero, ra 形 楽しい, 心地よい.

placer[プラセル] 男〔英 pleasure〕❶ 喜び, 満足;快楽;楽しみ. ser un ～〈+不定詞〉…できて嬉しい[光栄である]. ❷ 砂鉱;砂州. ― 78 自(3人称で)喜ばせる. Me *place* poder ayudarle. あなたをお手伝いできてうれしく思います. ***a ～*** ちょうどよく;好きなだけ, 心行くまで.

placera 女《ラ米》(ペルー)露店の売り子;不作法な女性.

plácet 男 アグレマン:接受国政府による外交官の承認.

placidez 女 穏やかさ.

plácido, da 形 穏やかな, 落ち着いた.

plafón 男 天井灯;(装飾用の)覆い.

plaga 女 ❶ 災難, 災厄. ❷(害虫等の)

異常発生. ❸《軽蔑》過多.
plagado, da 形《de》(…で)いっぱいの.
plagar 66 他《de》(害毒で)いっぱいにする. ―**plagarse** 再《de》(…で)あふれ返る.
plagiar 17 他 ❶ 盗作する. ❷《ラ米》誘拐する.
plagio 男 ❶ 盗作. ❷《ラ米》誘拐.
plagioclasa 女〖鉱〗斜長石.
plaguicida 形 殺虫の. ―男 殺虫剤.
plan [プラン] 男 〔英 plan〕 ❶ 計画, プラン;案. ～ de estudios 研究計画, カリキュラム. ～ de pensiones 年金制度. ❷ 予定, 心づもり. ❸《話》情事;その相手. ❹ 食餌(しょくじ)療法. ～ de adelgazamiento ダイエット. ***a todo*** ～《話》豪勢に, 派手に. ***en*** ～ 〈+形容詞〉[***de*** 〈+名詞〉]《話》…のつもりで, …の態度で. ***en*** ～ turístico 観光で. ***no ser*** ～《話》都合がよくない;面白くない.
plana 女 ❶ (本・新聞等の)ページ, 面. en primera ～ 第一面に. a toda ～ 全面の. ❷ 習字. ***corregir*** [***enmendar***] ***la*** ～ (欠点等を)指摘する. ～ ***mayor***〖軍〗幕僚;《話》首脳部.
planaria 女〖動〗プラナリア.
plancha [プランチャ] 女 〔英 iron〕 ❶ アイロン;アイロンがけ;《集合的》アイロンがけした[する]衣類. ❷ 金属板;〖料〗鉄板. a la ～ 鉄板焼きの. ❸《話》へま, 大失敗. ❹〖印〗版. ❺〖スポ〗水平姿勢. en ～ 水平姿勢で. ―活 → planchar.
planchado, da 過分 → planchar. 形 ❶ アイロンがけした. ❷《ラ米》(俗語)殴られた;あ然とした;待ちぼうけを食わされた. ―男 ❶ アイロンがけ. ❷《ラ米》(アルゼンチン)(ペルー)板金.
planchador, dora 男 女 アイロンがけ職人. ―女 (業務用)アイロン.
planchar 他 ❶ …にアイロンをかける. tabla de ～ アイロン台. ❷《話》ぺちゃんこにする;打ちのめす. ❸《ラ米》(俗語)待ちぼうけを食わせる. ～ ***la oreja***《話》眠る.
planchazo 男 ❶《話》へま, 大失敗. ❷《話》(水に飛び込んだ時の)腹打ち.
plancheta 女 (測量で)(作図用)平板.
planchista 男 女 板金工.
plancton 男〖生〗プランクトン.
planeador 男〖空〗グライダー.
planeadora 女 高速モーターボート.
planeamiento 男 企画, 立案;滑空.
planear 他 …の計画を立てる, 計画する. ―自 (飛行機・鳥が)滑空する.
planeo 男 滑空.
planeta [プラネタ] 男 〔英 planet〕〖天文〗惑星. nuestro ～ 地球.
planetario, ria 形 惑星の. sistema ～ 太陽系惑星. ―男 プラネタリウム.
planetarium 男 プラネタリウム.
planetoide 男〖天文〗小惑星.
planicie 女 大平原, 平野.
planificación 女 計画(化).
planificar 26 他 計画(化)する.
planilla 女《ラ米》(1) 従業員名簿;賃金台帳. (2) 給与支給明細書;決算報告書.
planimetría 女 面積測定(法).
planímetro 男 プラニメーター, 面積計.
planisferio 男 平面天球図.
planning [プラニン] 男 計画(表).
plano, na [プラノ,ナ] 形 平らな. espejo ～ 平面鏡. ―男 〔英 plan〕 ❶ 平面図;市街図;見取り図. ❷ 面, 平面. ～ inclinado 斜面. ❸〖TV〗〖映〗〖写〗ショット;景. primer ～ クローズアップ;前景. ❹ 側面, 視点. ***de*** ～ 完全に;全体的に. cantar [confesar] ***de*** ～ あらいざらい話す.
planta [プランタ] 女 〔英 plant〕 ❶ 植物, 草木. ～ de adorno 観葉植物. ❷ 階. ～ baja 1階. ❸ 工場施設, プラント. ❹ 足の裏. ❺ 平面図. ❻ 体格, スタイル. tener buena ～ スタイルがよい. ―活 → plantar. ***de*** (***nueva***) ～ 土台から.
plantación 女 ❶ 大農園, プランテーション. ❷《集合的》作物.
plantado, da 過分 → plantar. 形 ❶ スタイル[体格]のよい. ❷ 植え付けられた. ***dejar a ...*** ～《話》…に待ちぼうけを食わせる;…を見捨てる.
plantador, dora 男 女 栽培者;大農園主. ―男 播種(はしゅ)機, 植え付け具.
plantar [プランタル] 他 〔英 plant〕 ❶ (植物を)植える, (種を)まく. ～ un laurel en el jardín 庭に月桂(げっけい)樹を植える. ～ el jardín de rosas 庭にバラを植える. ❷ 立てる, 設置する. ～ una tienda [una estaca] テントを張る[杭(くい)を打つ]. ❸《話》(キス・殴打等を急に)与える;(意見等を)ぶつける. ❹《話》見捨てる;待ちぼうけを食わせる. ❺《話》《en》(…に)ほうり出す;置きっ放しにする. ―**plantarse** 再 ❶ じっと立つ;立ちはだかる;居座る. ❷《en》(短時間で)(…に)到着する. ～ en Londres en una hora 1時間でロンドンに着く. ❸ 固執する. ❹ (トランプ)札を取らない.
plante 男 抗議行動, 就業拒否. ―活 → plantar.
planteamiento 男 (問題等の)提起;着手.
plantear 他 ❶ (問題等を)提起[提示]する. ❷ 計画する, 企てる. ❸ (問題等を)引き起こす. ―**plantearse** 再 検討する, 考える;(問題等が)起こる.
plantel 男 ❶ 専門家集団. un ～ de abogados 弁護士集団;《ラ米》スタッフ;教育機関. ❷ 苗床.
planteo 男 → planteamiento.
plantificar 26 他《話》❶ (キス・殴打等を急に)与える. ❷《en》(…に)ほうり出す;置く. ―**plantificarse** 再《en》(短時間で)(…に)到着する.
plantígrado, da 形〖動〗蹠行(しょこう)性の. ―男 蹠行動物.
plantilla 女 ❶ (靴の)中敷;靴底. ❷ 型. ～ de papel 型紙. ❸《集合的》職員, 従業員;チーム. ajuste de ～ 人員整理. estar en [ser de] ～ 正社員[職員]である.
plantío 男 (植え付け後の)畑.
plantón 男 ❶《話》(約束を)すっぽかすこと. dar (un) ～ a ... …に待ちぼうけを食わせる. ❷ 苗, 苗木. ***estar*** [***quedarse***] ***de*** ～ 長時間立ち続けている.
plántula 女〖植〗芽生え, 実生(みしょう).
plañidero, ra 形 悲しげな. ―女 (雇われて葬儀で泣く)泣き女.
plañido 男 嘆き, 泣き声.
plañir 71 自 他 声を上げて泣く, 嘆く.

P

plaqué 男 金[銀]めっき.
plaqueta 女〘解〙血小板；化粧タイル.
plasma 男 ❶〘生〙血漿(けっしょう), プラズマ. ❷〘物〙プラズマ.
plasmación 女 具象化.
plasmar 他《en》(…に) 形作る, 造形する. ― **plasmarse** 再《en》(…の) 形をとって現れる.
plasta 女 ❶どろどろしたもの. ❷ぺちゃんこになったもの. ❸《話》(動物の) 糞(ふん). ― 形 男 女 わずらわしい (人), うっとうしい (人). ***dar la ～*** 《話》わずらわせる.
plaste 男 (穴埋め用の) しっくい.
plastecer 76 他 しっくいを詰める；塗る.
plastelina 女 → plastilina.
plástica 女 ❶ 造形美術. ❷ 表現力. ― 形 → plástico.
plasticidad 女 可塑[柔軟] 性；表現性.
plástico, ca [プらスティコ,カ] 形 〔英 plastic〕 ❶ **プラスチック (製) の**. ❷ 可塑性の. ❸ 造形の. artes *plásticas* 造形芸術. ❹ 表現力のある, 生き生きした. ❺〘医〙形成の. cirugía *plástica* 形成外科. ― 男 ❶ **プラスチック**, 合成樹脂. bolsa de ～ ポリ袋. ❷ プラスチック爆弾.
plastificación 女 ラミネート[プラスチック]加工.
plastificar 26 他 ❶ プラスチック[ラミネート]加工する. ❷ 可塑化する.
plastilina 女〘商標〙(合成) 粘土.
plasto 男〘植〙色素体.
plastrón 男〘服〙(1) (シャツの) 胸飾り. (2) (19世紀末に流行した幅広の) ネクタイ.
plata [プらタ] 女 〔英 silver〕 ❶ **銀**；銀製品. ❷〘スポ〙銀メダル. ❸《ラ米》《話》お金. ― 固名 La *P*～ ラプラタ：アルゼンチン, ブエノスアイレス州の州都, 港湾都市. ***bodas de p～*** 銀婚式. ***papel de p～*** アルミホイル. ***hablar en p～*** 《話》単刀直入に話す.
platabanda 女 (細長い) 花壇.
plataforma [プらタフォルマ] 女 〔英 platform〕 ❶ **台, 壇**；基地. ～ petrolífera (石油掘削の) 海上基地. ～ continental 大陸棚. ❷ 無蓋(むがい)貨車. ❸ (電車等の) 乗降口付近, デッキ. ❹ 手段, 足がかり. ❺〘政〙綱領. ～ electoral 選挙綱領. ❻ (政治的な) 集団. ❼《ラ米》(アルゼンチン)(プラット) ホーム.
platal 男《ラ米》《話》大金.
platanal / platanar 男 バナナ農園.
platanero, ra 形 バナナ (栽培) の. ― 男 女 バナナ業者. ― 男〘植〙バナナの木. ― 女 バナナ農園.
plátano [プらタノ] 男 〔英 banana〕 ❶〘植〙**バナナ** (→地域差). ❷〘植〙プラタナス. 地域差 バナナ plátano《スペイン》《ラ米》(キューバ)(メキシコ)(エクアドル, ペルー, ボリビア)(チリ)；banano, banana (グアテマラ, ニカラグア, コスタリカ, パナマ)(コロンビア)(ボリビア)(パラグアイ, ウルグアイ, アルゼンチン)；cambur (ベネズエラ)；guineo (ドミニカ共和国, プエルトリコ)(エルサルバドル, パナマ)；mínimo (ホンジュラス).
platea 女〘演〙平土間[1階ボックス]席.
plateado, da 形 ❶ 銀めっきの. ❷ 銀色の；(髪等が) 白い.
platear 他 銀めっきする；銀色にする.
platelminto 形 男 扁形動物 (の).
platense 形 男 女 ラプラタ川 (流域) の (人)；(アルゼンチンの) ラプラタ市の (人).
plateresco, ca 形 男〘建〙(16世紀スペインの) プラテレスコ様式 (の).
platería 女 銀細工；銀細工工房[店].
platero, ra 男 女 銀細工職人；宝石商.
plática 女 会話, おしゃべり；(短い) 説教.
platicar 26 自 会話[おしゃべり] する；《ラ米》話す.
platija 女〘魚〙ツノガレイの一種.
platillo 男 ❶ 小皿；ソーサー. ❷〘音〙[複] シンバル. ❸《ラ米》(メキシコ) 料理. ～ ***volador*** [***volante***] 空飛ぶ円盤.
platina 女 ❶ (顕微鏡の) 載物台, ステージ. ❷ (工作) 台. ❸ (印刷機の) 圧盤. ❹ カセット・デッキ.
platinado 男 白金[プラチナ]めっき.
platinar 他 白金[プラチナ]めっきする.
platino 男 ❶ 白金, プラチナ. ❷ [複]〘車〙(スパークプラグの) 中心電極. ***rubio ～*** プラチナブロンド.
platirrino, na 形〘動〙広鼻猿類の. ― 男 [複] 広鼻猿類.
plato [プらト] 男 〔英 plate, dish〕 ❶ **皿**. ～ sopero スープ皿. ～ llano 平皿. ❷ **料理**, 一皿の料理. ～ típico 名物料理. primer ～ 前菜, コースの一皿目. segundo ～ メインディッシュ. ～ combinado (一皿に盛った) 定食. ～ fuerte 目玉となるもの[料理]. ❸ 皿状のもの；(プレーヤーの) ターンテーブル；(射撃の) クレー. tiro al ～ クレー射撃. ***comer en un mismo ～*** 《話》非常に仲がよい. ***no haber roto un ～*** 《話》悪いことをしたことがない. ***no ser ～ de gusto*** 《話》好きではない. ***pagar los ～s rotos*** 《話》尻ぬぐいをする. ***ser ～ de segunda mesa*** [***mano***] 《話》軽んじられる.
plató 男〘映〙〘TV〙(スタジオの) セット.
platónico, ca 形 ❶ プラトン (哲学) の. ❷ 精神[観念]的な. amor ～ プラトニックラブ. ― 男 女 プラトン学派[主義]の人.
platonismo 男 ❶ プラトン哲学. ❷ 精神主義的行為.
platudo, da 形《ラ米》《話》裕福な.
plausibilidad 女 もっともらしさ；賞賛できること.
plausible 形 ❶ もっともな；容認できる. ❷ 賞賛できる.
playa [プらヤ(プらジャ)] 女 〔英 beach〕 ❶ **砂浜**, 浜辺；海水浴場. ir a la ～ 海に行く. ❷《ラ米》(1)(アルゼンチン)(パラグアイ)(ウルグアイ) 用地. (2) 駐車場 (＝～ de estacionamiento) (→ aparcamiento 地域差).
play back [プれイバ(ク)] 男〘TV〙〘映〙ロパク；吹き替え.
playboy [プれイボイ(プれイボイ)] 男 〔英〕 [複 ～s] プレーボーイ.
playero, ra 形 海辺の；ビーチ用の. ― 女 ❶ [主に複] キャンバスシューズ. ❷《ラ米》(メキシコ) Tシャツ.
playo, ya 形《ラ米》(アルゼンチン)(ウルグアイ) (底の) 浅い.
playoff [プれイオ(フ)] 〔英〕 男 [複 ～s] 〘スポ〙プレーオフ.
plaza [プらさ] 女 〔英 square; seat〕 ❶ **広場**. ～ mayor 大広場. ❷ **席**, 座席；スペース. ❸ (食料品) 市場. hacer la ～ (食料品を) 買い出しに行く. ❹ 職, ポス

P

ト. sacar ～ 職を得る. ❺〔軍〕要塞(ようさい)(都市). ❻闘牛場(=～ de toros).

plazo [プラそ] 男〔英 term〕❶ **期間**；期限. ❷分割払い(の支払い). a ～s 分割払いで. *a corto* [*largo*] ～ 短[長]期間の[で]. *a* ～ *fijo* (預金等が)定期の.

plazoleta / plazuela 女 小広場.

pleamar 女 満潮(時).

plebe 女 庶民；(古代ローマの)平民.

plebeyo, ya 形 庶民の；(古代ローマの)平民の；卑俗な. ―男女 庶民；平民.

plebiscito 男 国民[住民]投票.

pleca 女〔印〕(一本線の)罫線；〔IT〕バックスラッシュ.

plectro 男 ❶(弦楽器の)つめ, ばち. ❷(詩の)着想, 文体.

plegable 形 折り畳める. paraguas ～ 折り畳み傘.

plegadera 女 ペーパーナイフ.

plegadizo, za 形 → plegable.

plegado 男 折り畳むこと；折り目.

plegadora 女〔印〕折り畳み機.

plegador 男 折り畳み器具.

plegamiento 男 ❶〔地質〕褶曲(しゅうきょく). ❷服従, 屈服.

plegar 72 他 折る, 折り畳む；ひだをつける. ―**plegarse** 再《a》(…に)屈服する, 服従する.

plegaria 女〔宗〕祈り, 誓願.

pleistoceno, na 形 男〔地質〕更新世(の).

pleita 女(アフリカハネガヤ等の)編みひも.

pleiteante 形 訴訟を起こす.

pleitear 自 訴訟を起こす, 訴える.

pleitesía 女 敬意, 尊敬. rendir ～ 敬意を表する.

pleitista 形 男女 訴訟好き(の), けんか好き(の).

pleito 男 ❶〔法〕訴訟. ganar [perder] un ～ 勝訴[敗訴]する. ❷けんか, 争い.

P

plena 形 → pleno.

plenamar 女 → pleamar.

plenamente 副 十分に, 完全に.

plenario, ria 形 ❶完全な, 全体的な. indulgencia *plenaria* 〔カト〕全免償. ❷全員出席の. sesión *plenaria* 全体会議.

plenilunio 男 満月.

plenipotencia 女 全権.

plenipotenciario, ria 形 全権を有する. ministro ～ (特命)全権公使. ―男女 全権使節.

plenitud 女 ❶完全, 十分. ❷絶頂(期), 全盛(期).

pleno, na [プレノ, ナ] 形〔英 middle; full〕❶ **…のただ中の**. en ～ invierno 真冬に. en *plena* calle 通りの真ん中で. ❷ **完全な**, 十分な；《de》(…で)いっぱいの. ～ empleo 完全雇用. ―男 ❶総会. ❷(サッカーくじ等で)全部当てること. *de* ～ 完全に. *en* ～ 全員で, 全体で.

pleonasmo 男〔修〕冗語法；重複語.

pleonástico, ca 形 冗語法の.

plepa 女《話》❶持病の多い人. ❷欠点の多い人[動物, もの].

plesiosauro 男〔古生〕首長竜.

pletina 女 ❶(薄い)金属板. ❷カセットデッキ. doble ～ ダブルデッキ.

plétora 女 ❶〔医〕多血(症). ❷過多.

pletórico, ca 形 ❶《de》(…に)あふれた. ～ *de* felicidad 幸せでいっぱいの. ❷楽観的な.

pleura 女〔解〕胸膜, 肋膜(ろくまく).

pleural 形〔解〕胸膜[肋膜(ろくまく)]の.

pleuresía 女〔医〕胸膜[肋膜(ろくまく)]炎.

pleuritis 女〔単複同形〕〔医〕胸膜[肋膜]炎.

pleuronectiforme 形〔魚〕カレイ目の. ―男〔複〕カレイ目の魚.

plexiglás 男〔単複同形〕〔商標〕プレキシガラス：樹脂ガラスの一種.

plexo 男〔解〕(神経・血管の)叢(そう). ～ solar [sacro] 腹腔[仙骨]神経叢.

pléyade 女《集合的》(傑出した)一団. una ～ de poetas すぐれた詩人たち.

Pléyades 固名〔天文〕プレアデス星団, すばる(星).

plica 女 封緘(ふうかん)書類.

pliego 男 ❶(真ん中で折った)紙；全紙. ❷文書, (封緘(ふうかん))書類. ～ de cargos 告訴箇条. ～ de descargos 答弁書. ～ de condiciones (契約や入札等の)条項記載書. ❸〔印〕折丁.

pliegue 男 ❶折り目；〔服〕ひだ, プリーツ. ❷〔地質〕褶曲(しゅうきょく).

plin 間 ¡A mí ～! 私には関係ないよ.

plinto 男 ❶〔建〕柱礎, 台座. ❷(体操の)跳び箱.

plioceno, na 形 男〔地質〕鮮新世(の).

plisado, da 形(細かい)ひだのついた. ―男 ひだ[プリーツ](をつけること).

plisar 他 ひだ[プリーツ]をつける.

plomada 女 ❶錘重(すいじゅう), 下げ振り. ❷測鉛. ❸(漁網の)おもり.

plomazo 男《話》うんざりさせる人[もの].

plomería 女 ❶鉛工場；鉛板. ❷《ラ米》水道[配管]工事.

plomero 男 鉛職人；《ラ米》配管工.

plomífero, ra 形 ❶〔鉱〕鉛を含む. ❷《話》うっとうしい, 退屈な.

plomizo, za 形 鉛色の；鉛の(ような).

plomo 男 ❶〔化〕鉛. gasolina sin ～ 無鉛ガソリン. ❷(鉛の)おもり；錘重(すいじゅう). ❸弾丸. ❹《話》うんざりさせる人[もの]. ❺〔複〕〔電〕ヒューズ. *andar* [*ir*] *con pies de* ～ 慎重に行動する. *a* ～ 垂直に. *caer a* ～《話》倒れ込む.

plomoso, sa 形 → plomizo.

pluma [プるマ] 女〔英 feather; pen〕❶ **羽**；羽毛. colchón de ～s 羽布団. ❷ **ペン**；羽ペン；万年筆(=～ fuente [estilográfica]) (→ estilográfica 地域差)；《ラ米》ボールペン(=～ atómica) (→ bolígrafo 地域差). ❸作家；作風. ❹〔機〕(クレーンの)腕, ジブ. ❺《話》(男性の)女性っぽさ. ❻《ラ米》〔車〕ワイパー(→ limpiaparabrisas 地域差). ―男〔スポ〕(ボクシング)フェザー級. *a vuela* ～ 思いつくままに. *dejar correr la* ～ 筆に任せて書く.

plumas 男〔単複同形〕《話》ダウンジャケット.

plumado, da 形 羽のある, 羽の生えた. ―女 ひと筆；飾り文字.

plumaje 男《集合的》羽毛；羽飾り.

plumazo 男 ひと筆. *de un* ～ 一気に；有無を言わさず.

plúmbeo, a 形 ❶鉛の；鉛のように重い. ❷《話》退屈な.
plúmbico, ca 形〖化〗鉛の.
plum-cake [プるムケイ]〔英〕男 フルーツケーキ.
plumeado 男〖美〗陰影線.
plumear 他 ❶〖美〗(細線で) 陰影をつける. ❷書く.
plumero 男 ❶ 羽ぼうき. ❷ 羽飾り. ***vérsele el*** ～《話》本心が現れる.
plumier 男 筆箱, ペンケース.
plumífero, ra 形 羽のある. ―男 ダウンジャケット.
plumilla 女 ❶ ペン先. ❷〖植〗幼芽. ❸《ラ米》〖音〗ピック ;〖車〗ワイパー (→ limpiaparabrisas 地域差).
plumín 男 (万年筆の) ペン先.
plumón 男 (鳥の) 綿毛.
plumoso, sa 形 羽毛のついた[多い].
plúmula 女〖植〗幼芽.
plural [プるラる] 形〔英 plural〕❶〖文法〗**複数の** (↔ singular). ❷ 多様な. ―男〖文法〗**複数 (形)**《略 pl.》. en ～ 複数形で.
pluralidad 女 ❶ 多様性, 複数性. ❷ 多数. una ～ de ... 多くの….
pluralismo 男 多元論, 多元性.
pluralista 形 多元論[主義]の. ―男 女 多元論[主義]者.
pluralizar 57 他〖文法〗(通常単数形の語を) 複数形にする. ―自 複数形で話す ; 複数化する.
pluricelular 形〖生〗多細胞の.
pluricultural 形 多重文化の.
pluriempleado, da 形 兼業している. ―男 女 兼業者, 複数の職を持つ人.
pluriempleo 男 兼業, 兼職.
plurilingüe 形 多言語に通じた, 多言語で書かれた.
plurilingüístico, ca 形 多言語の.
plurinacional 形 多民族の.
plurinacionalidad 女 多民族性.
pluripartidismo 男〖政〗多党制.
pluripartidista 形 多党制 (主義) の. ―男 女 多党制主義者.
plurivalencia 女 → polivalencia.
plurivalente 形 用途の広い, 多目的の. jugador ～ オールラウンド・プレーヤー.
plus 男 特別手当. ～ por nocturnidad 夜勤手当.
pluscuamperfecto 形 男〖文法〗過去完了 (形) (の).
plusmarca 女〖スポ〗新記録.
plusmarquista 男 女〖スポ〗記録保持者.
plus ultra さらに向こうへ : 大航海時代の標語.
plusvalía 女 ❶ (不動産等の) 値上がり. ❷ 譲渡益[キャピタルゲイン]課税.
plutocracia 女 ❶ 金権政治 [主義]. ❷ 富豪階級 ; 財閥.
plutócrata 男 女 金権政治家 ; 財閥.
plutocrático, ca 形 金権政治[主義]の ; 財閥の.
Plutón 固名〖天文〗冥王星.
plutónico, ca 形〖地質〗深成の. roca *plutónica* 深成岩.
plutonio 男〖化〗プルトニウム.
plutonismo 男〖地質〗深成論.
pluvial 形 雨の, 雨による. aguas *～es* 雨水. ―男〖鳥〗ナイルチドリ.
pluviometría 女 雨量測定 (法).
pluviómetro 男 雨量計.
pluviosidad 女 降雨量.
pluvioso, sa 形《文》雨の多い.
PM 女 *P*olicía *M*ilitar 憲兵, MP.
PM / p.m. *p*ost *m*eridiem 午後. a las 2:26 *p.m.* 午後 2 時26分に.
PNV 男 *P*artido *N*acionalista *V*asco バスク民族主義党.
P° 男 → Paseo.
P. O. *P*or *o*rden 指示で, 注文で.
poblacho 男《軽蔑》寒村.
población [ポブらしオン] 女 [複 poblaciones]〔英 population; town〕❶《集合的》**住民** ; **人口**. ～ activa 労働人口. ～ flotante 流動人口. ❷ **集落**, 市町村. ❸〖生〗(ある地域の) 個体群 [数] ; (統計の) 母集団. ❹ 入植, 植民. ❺《ラ米》(チ)貧民街, スラム.
poblacional 形 人口の ; 住民の.
poblado, da 形 ❶ (人の) 住んでいる. ❷《de》(…が) 生息している. ❸《de》(…で) いっぱいの. ❹ (ひげ等が) 濃い. ―男 集落, 村落.
poblador, dora 形 住んでいる. ―男 女 ❶ 住民. ❷ 入植者. ❸《ラ米》(チ)スラムの住民.
poblamiento 男 入植 ; 定住.
poblano, na 形 男 女 ❶ (メキシコの) プエブラ州 [市] の (人). ❷《ラ米》いなかの (人).
poblar 32 他 ❶《con》(…に) 住まわせる ;《de》(…を) 生息させる. ～ un monte *de* árboles 山に木を植える. ❷ 住む, 住みつく. ❸ 満たす. ― **poblarse** 再 ❶ (人口等が) 増える. ❷《de》(…で) いっぱいになる.
pobo 男〖植〗ハコヤナギ.
pobre [ポブレ] 形 [絶対最上級 paupérrimo]〔英 poor〕❶《名詞＋》**貧しい**, 貧乏な. gente ～ 貧しい人々. ❷《＋名詞》**かわいそうな**, 哀れな. ～ hombre 哀れな男. ❸ 貧相な, みすぼらしい. ❹《de, en》(…に) 乏しい. ～ *en* materias primas 原料の乏しい. ―男 女 ❶ 貧しい人. ❷ かわいそうな人. ❸ 物ごい. ～ ***de ...*** かわいそうな…. ¡*P*～ *de* mí! つらい[ついてない]なあ. *P*～ *de ti* como llegues tarde. 遅刻したら後悔するぞ.
pobrería 女 → pobretería.
pobrete, ta 形 男 女《話》かわいそうな (人).
pobretería 女 ❶《集合的》貧乏人. ❷ 貧窮, 貧乏. ❸ けち.
pobretón, tona 形《軽蔑》貧乏な. ―男 女 貧乏人.
pobreza 女 ❶ 貧乏, 貧困. ❷《de》(…の) 欠乏, 不足.
poca 形 代名 → poco.
pocero 男 ❶ 井戸掘り人. ❷ (井戸・下水等の) 清掃人.
pocho, cha 形 ❶ 腐った, 腐りかけた. ❷《話》体調のよくない ; 元気のない. ❸《ラ米》(メキシコ)アメリカナイズされた ; 英語まじりのスペイン語を話す. ―男 女《ラ米》(メキシコ)アメリカナイズされたメキシコ人. ―男《ラ米》(メキシコ)英語まじりのスペイン語. ―女 (早生の) 白インゲン.
pocholada《話》女 かわいい人[もの].

P

pocholo, la 形《話》すてきな, かわいい.

pocilga 女 豚小屋;《話》汚い場所.

pocillo 男 ❶《ラ米》(ココア用の) 小さなカップ. ❷(圧搾場等の) かめ.

pócima 女 ❶ 煎(せん)じ薬. ❷《話》まずい飲み物.

poción 女 水薬;煎(せん)じ薬.

poco, ca [ポコ,カ] (↔mucho) 形 [絶対最上級 poquísimo, ma]〔英 few, little〕❶《不定》《否定的意味で》**ほんの少しの**, わずかな. Asistió *poca* gente. あまり出席者はいなかった. Faltan ～*s* días para el congreso. 会議まであまり日にちがない. ► 定冠詞をとることができる. *el* ～ interés que tiene ... 彼が抱くわずかな興味. ❷《unos＋》《肯定的意味で》いくつかの, 少しの. ── 代名 ❶《不定》《否定的意味で》わずかな人, もの. *P*～*s* de los empleados asistieron a la reunión. 社員のうちわずかな人しか会議に出席しなかった. Hay ～*s* que quieren ayudarnos. 私たちを助けてくれそうな人はあまりいない. ❷《un ～ de》《肯定的意味で》少しの. Tráigame *un* ～ *de* agua. お水を少しいただけますか. ── 副 ❶《不定》《否定的意味で》ほんのわずか, ほとんど…ない. Mi hijo estudia muy ～. 息子はほとんど勉強しない. ❷《形容詞を修飾》ほとんど…ない. Este libro es ～ interesante. この本はあまり面白くない. ❸《un＋》《肯定的意味で》少し. Su historia suena *un* ～ extraña. 彼の話は少し変だ. ❹ わずかな時間. Hace ～ que la vi. 私はちょっと前に彼女を見た. Tardé ～ en llegar a casa. 家に帰るのにそれほど時間はかからなかった. ***a*** ～ ***de ...*** …してまもなく. *A* ～ *de* llegar a casa, comenzó a llover. 帰宅してすぐ雨が降り出した. ***de*** ～ ***más o menos*** 大したことはない. ～ ***a*** ～ 少しずつ. Iremos aprendiéndolo ～ *a* ～. 少しずつ覚えていくことにしよう. ～ ***más o menos*** だいたい. ***por*** ～ もうちょっとで…するところだった (► 動詞は現在形). Ayer *por* ～ me atropella un coche. 昨日もうちょっとで車にひかれるところだった. ***tener ... en*** ～ …を過小評価する.

poda 女 剪定(せんてい);剪定期.

podadera 女 鎌;剪定(せんてい)ばさみ.

podagra 女《医》(足部の) 痛風.

podar 他 剪定(せんてい)する.

podenco 男 イビサハウンド(犬).

poder [ポデル] 79 他 [現分 pudiendo]〔英 can〕**1**《助動詞的》《＋不定詞》❶《可能》**…することができる**. Hoy *puedo* volver temprano. 今日は早く帰れる. ► 技能・能力としての「できる」は saber. ❷《許可》**…してよい**. ¿*Puedo* usar el teléfono? 電話をお借りしてもいいですか. ❸《推測》**…かもしれない**;《否定文》**…のはずがない**. El paquete *puede* llegar hoy mismo. 小包は今日来るかもしれない. *Puede* ser. そうかもしれない. *No puede* ser. そんなはずはない. ❹《疑問文で依頼》…してくれますか. ¿*Puede* [*Podría*] usted enseñar la foto? その写真を見せていただけますか. ❺《非難》《線過去・過去未来等》…してもよさそうなのに. Por lo menos *podría* avisarme. せめて私に知らせてくれてもよさそうなのに. **2**《不定詞以外の目的語と共に, または不定詞を省略して》…できる. Iré si *puedo*. 行けたら行きます. El dinero *puede* mucho. お金があればなんでもできる. **3**…に (力が) 勝っている. Ya *puedes* a tus amigos. もう君は友人たちには負けないよ. ── 男〔英 power〕❶ **力**, 能力, 影響力. ～ adquisitivo (de compra) 購買力. ❷ 権力. ～ legislativo [ejecutivo, judicial] 立法 [行政, 司法] 権. estar en el ～ 政権を担当している. obtener un ～ 権力を握る. bajo el poder de ... …の支配[管理]下に. ❸ 所有. llegar a ～ de ... …の手に移る. ***a*** [***hasta***] ***más no*** ～ (1) できる限り. (2) この上なく. ***de*** ～ ***...*** もし…できるなら. ***de*** ～ ***a*** ～ 対等に. ***en*** ～ ***de ...*** …の支配下 [手中] に. ***hacer un*** ～ 努力する. ***no*** ～ ***con ...*** …に我慢ならない. ***no*** ～ ***más*** これ以上できない. ***no*** ～ ***menos que*** [***de***] 〈＋不定詞〉…せざるをえない. ***por*** ～***(es)*** 代理で. ***Puede*** (***ser***) ***que*** 〈＋接続法〉. …かもしれない. *Puede que* vengan mañana. 彼らは明日来るかもしれない. ¿***Se puede?*** (ドアをノックして) 入ってもいいですか.

poderdante 男 女《法》委任 [授権] 者.

poderhabiente 男 女《法》代理人, 受託者.

poderío 男 ❶ 勢力, 権力. ❷ 力, 強さ. ❸ 富, 財産.

poderosa 形 → poderoso.

poderosamente 副 力強く;強力に;強烈に.

poderoso, sa [ポデロソ,サ] 形〔英 powerful〕❶ **力のある**, 勢力のある. ❷ 強力な;効果的な. motivo ～ 確固たる理由. ❸ 財力のある. ── 男 権力者, 有力者.

podiatra 男 女《ラ米》足病医.

podio / pódium 男 ❶ 表彰台;壇. ❷《建》基壇 (列柱の土台).

podología 女《医》足病学.

podólogo, ga 形 男 女《医》足専門の [医 (の)].

podómetro 男 歩数計, 万歩計.

podón 男 大型の鎌;剪定(せんてい)具.

podr- 活 →❶ poder. ❷ pudrir.

podredumbre 女 ❶ 腐ること, 腐敗. ❷ 腐ったもの [部分]. ❸ 堕落, 退廃.

podrido, da 形 ❶ 腐った, 腐敗した. oler a ～ 腐敗臭がする. ❷ 堕落した. ***estar*** ～ ***de ...*** …を腐るほど持っている.

podrir 86 他 → pudrir.

poema [ポエマ] 男〔英 poem〕❶ **詩**. ～ épico [lírico] 叙事[叙情]詩. ～ en prosa 散文詩. ～ sinfónico《音》交響詩. ❷《話》奇妙でこっけいなもの. Fue todo un ～ verlo bailar. 彼が踊るのは全く見物だったよ.

poemario 男 詩集.

poemático, ca 形 詩の, 詩的な.

poesía [ポエシア] 女〔英 poetry〕❶ (文学ジャンルとしての) **詩**. ❷ (個々の) 詩;詩作. ❸ 詩情, 詩趣.

poeta [ポエタ]〔英 poet〕男 女 **詩人**. ► 女 は poetisa も使われる.

poetastro 男《話》《軽蔑》三流詩人.

poético, ca 形 詩の;詩的な, 詩情のあ

P

る. ―― 女〘詩〙詩法；詩学, 詩論.
poetisa 女 女流詩人. → poeta.
poetización 女 詩にすること, 詩作.
poetizar 57 他 詩にする, 詩的にする. ―― 自 詩を作る.
pógrom / pogromo 男 (少数民族に対する組織的) 虐殺；ユダヤ人虐殺.
pointer 男 ポインター(犬).
póker 男 → póquer.
polaco, ca 形 ポーランドの. ―― 男 女 ポーランド人. ―― 男 ❶ ポーランド語. ❷ [複] スペインで政権 (1850-54) に就いたポーランド系の政党.
polaina 女 [主に複] ゲートル.
polar 形 ❶ 極地の. círculo ～ 極圏. estrella ～ 北極星. ❷ 極寒の.
polaridad 女〘物〙極性；両極性.
polarización 女 ❶〘物〙分極；偏光. ❷ 集中.
polarizar 57 他 ❶〘物〙偏光させる；分極する. ❷ (注意等を) 集中させる. ―― **polarizarse** 再 ❶ 偏光する；極性を持つ. ❷《en》(…に) 集中する.
polaroid 女〘商標〙ポラロイドカメラ.
polasta 女《ラ米》(ｱﾙｾﾞﾝﾁﾝ)《話》意気込み, 気合い.
polca 女〘音〙ポルカ；その踊り. ***del año de la ～*** 《話》大昔の, 古い.
pólder 男 [複 ～s] (オランダの) 干拓地.
polea 女 ❶ 滑車. ～ fija [movible] 定[動]滑車. ❷ ベルト車.
poleada 女 [複] → gacha.
polémico, ca 形 ❶ 論争を引き起こす. ❷ 議論好きの. ―― 女 論争, 論戦.
polemista 形 論争する；論争好きの. ―― 男 女 論客；論争好き.
polemizar 57 自《sobre / con》(…について / …と) 論争する.
polen 男〘植〙花粉.
polenta 女 ポレンタ：トウモロコシ粉で作るイタリア料理.
poleo 男〘植〙ハッカ；ミントティー.
poli 男 女《話》警官, おまわり. ―― 女《話》警察.
poliamida 女〘化〙ポリアミド.
poliandria 女 一妻多夫；〘植〙多雄蕊(ずい).
poliarquía 女 多頭政治.
polibán 男 小型の浴槽.
polichinela 男 女 プルチネッラ：ナポリ笑劇の道化役.
policía [ポリしア] 女 [英 police] **警察**. llamar a la ～ 警察を呼ぶ. ～ judicial 司法警察. ―― 男 女 [英 police officer] **警察官**, 警官. ～ militar 憲兵, MP. *perro* ～ 警察犬.
policiaco, ca / policíaco, ca 形 ❶ 警察の. ❷ (小説等が) 探偵 [推理] ものの.
policial 形 警察の.
policlínica 女 (主に私立の) 総合病院.
policlínico 男 総合病院.
policromado, da 形 多色 (彩飾) の.
policromar 他 多色彩飾を施す.
policromía 女 多彩色.
policromo, ma 形 多彩色の.
policultivo 男〘農〙多種同時栽培.
polideportivo, va 形 男 総合スポーツセンター (の).
poliédrico, ca 形 多面体の.
poliedro 男〘数〙多面体.
poliéster 男〘化〙ポリエステル.
poliestireno 男〘化〙ポリスチレン.
polietileno 男〘化〙ポリエチレン.
polifacético, ca 形 多面的な；多才な, 多芸の.
polifagia 女〘医〙多食 (症).
polifásico, ca 形 多相の. corriente *polifásica*〘電〙多相電流.
polifonía 女 多声音楽, ポリフォニー.
polifónico, ca 形 多声音楽の, ポリフォニーの.
poligamia 女 複婚；(特に) 一夫多妻.
polígamo, ma 形 ❶ 複婚の；多妻の. ❷〘植〙雌雄混株の；〘動〙多婚の. ―― 男 女 複婚者；多妻婚者.
poligenismo 男 人類多原発生説.
poliginia 女 一夫多妻.
poliglotismo 男 多言語性；多言語を話すこと.
políglota, ta / poligloto, ta 形 数言語で書かれた[に通じた]. ―― 男 女 数言語に通じた人. ―― 女 数言語対訳聖書.
poligonáceo, a 形〘植〙タデ科の. ―― 女 [複] タデ科植物.
poligonal 形 多角形の.
polígono, na 男 ❶〘数〙多角形. ❷ (用途別) 地区. ～ industrial 工業団地. ～ de tiro〘軍〙射撃訓練場.
poligrafía 女 ❶ (多分野にわたる) 著述. ❷ 暗号作成[解読]法.
polígrafo 男 ❶ (多分野にわたる) 著述家. ❷ 暗号作者[解読者].
polilla 女〘昆〙イガ；ガ；(衣類に付く) 幼虫.
polimerización 女〘化〙重合.
polímero 男〘化〙重合体, ポリマー.
poli-mili 男 女 (ETAの) 政治軍事部員.
polimorfismo 男〘生〙多形性；〘化〙同質異像, 多形.
polimorfo, fa 形 多形の.
Polinesia 固名 ポリネシア.
polinesio, sia 形 男 女 ポリネシアの (人).
polinización 女〘植〙授粉, 受粉.
polinizar 57 他〘植〙授粉する；受粉させる.
polinomio 男〘数〙多項式.
polinosis 女 [単複同形]〘医〙花粉症.
polio 女《話》→ poliomielitis.
poliomielítico, ca 形〘医〙ポリオの. ―― 男 女 ポリオ[小児まひ]患者.
poliomielitis 女 [単複同形]〘医〙ポリオ, 小児まひ.
polipasto 男 → polispasto.
polipero 男〘動〙ポリプ群体.
polipétalo, la 形〘植〙多弁の.
pólipo 男〘医〙ポリープ；〘動〙ポリプ.
polipodio 男〘植〙エゾデンダ.
políptico 男〘美〙ポリプティック.
poliqueto 形 男〘動〙多毛類 (の).
polis 女 [単複同形]〘史〙(古代ギリシャの) 都市国家, ポリス.
polisacárido 男〘化〙多糖類.
polisarcia 女〘医〙肥満 (症).
polisario, ria 形 男 女 ポリサリオ [西サハラ] 民族解放戦線の (メンバー). ―― 男

P

[P-] ポリサリオ民族解放戦線.
polisemia 女〘言〙多義(性).
polisémico, ca 形〘言〙多義の.
polisépalo, la 形〘植〙多萼(がく)片の.
polisílabo, ba 形〘文法〙多音節の. ― 男 多音節語.
polisíndeton 男〘修〙連辞畳用：強調のための接続詞の多用.
polisíntesis 男[単複同形]〘言〙多総合性.
polisintético, ca 形〘言〙多総合的な. lengua *polisintética* 多総合的言語.
polisón 男〘服〙バッスル：スカートのうしろを膨らませる腰あて.
polispasto 男〘機〙複滑車.
polista 形 男 女〘スポ〙ポロの(選手).
polistilo, la 形 ❶〘建〙多柱(式)の. ❷〘植〙花柱の多い.
politburó 男(旧ソ連・東欧諸国の)共産党政治局.
politécnico, ca 形 応用科学教育の. universidad *politécnica* 工科大学.
politeísmo 男 多神教, 多神論.
politeísta 形 多神教[論]の. ― 男 女 多神教信者, 多神論者.
política [ポリティカ] 女〔英 politics〕❶ 政治；政治活動. ～ internacional 国際政治. ❷ 政策；方策. ～ exterior [económica] 外交[経済]政策. ～ de expansión 拡大路線. ― 形 → político. ～ ***del avestruz*** 困難を直視しない姿勢.
politicastro, tra 男 女《話》《軽蔑》政治屋.
político, ca [ポリティコ,カ] 形〔英 political〕❶ 政治の, 政治的な. reforma *política* 政治改革. asilo ～ 政治亡命. ❷ 義理の, 結婚による. hijo ～ 義理の息子. ❸ 駆け引きのうまい, やり手の. ― 男 女〔英 politician〕政治家.
P **politicón, cona** 形 男 女《話》政治好きな(人).
politiquear 自《話》《軽蔑》❶ 政治談義をする. ❷ 政治に手を出す.
politiqueo 男《話》《軽蔑》❶ 政治談義. ❷ 政治に手を出すこと.
politización 女 政治化.
politizar 57 他 政治色を帯びさせる；政治意識を高めさせる. ― ***politizarse*** 再 政治意識を持つ.
politología 女 政治学.
politólogo, ga 男 女 政治学者.
politonalidad 女〘音〙多調性.
politraumatismo 男〘医〙複合性外傷.
poliuretano 男〘化〙ポリウレタン.
poliuria 女〘医〙多尿(症).
polivalencia 女 ❶ 多用途, 多目的性；多才. ❷〘医〙多効性；〘化〙多価性.
polivalente 形 ❶ 多目的[用途]の；多才な. ❷〘医〙多効性の；〘化〙多価の.
polivinilo 男〘化〙ポリビニル.
póliza 女 ❶ 証書, 契約書. ～ de seguros 保険証書. ❷ 収入印紙, 証紙.
polizón 男 密航者.
polizonte 男《話》警官, おまわり.
polla 女 ❶ 若い雌鶏. ～ de agua〘鳥〙バン. ❷《俗》ペニス. ❸《ラ米》(1)(アルゼ)(チリ)(ペル)賭金(かけ)の総額. (2)(チ)(慈善目的の)宝くじ. (3)(メキ)(シコ)〘料〙ポンチ. (4)[複] カンニングペーパー(→ chuleta 地域差). ***ni ～s (en vinagre)***《俗》絶対に…ない.
pollada 女《集合的》(同じ産卵で孵化(ふか)した)ひな.
pollastre 男《話》大人ぶった子供.
pollear 自《話》大人びる, 色気づく.
pollera 女 ❶ 鶏小屋, 鶏舎. ❷《ラ米》(1) スカート(→ falda 地域差). (2) 鶏かご.
pollería 女 鶏肉[鳥肉]店.
pollero, ra 男 女 ❶ 養鶏家；鶏肉屋. ❷《ラ米》(メキ)(シコ)(米国への)密入国請負人.
pollino, na 形 ばかな, まぬけな. ― 男 女 ❶(調教前の若い)ロバ. ❷ ばか, まぬけ.
pollito, ta 男 女 ❶ ひな鳥；ひよこ. ❷《話》若者.
pollo [ポリョ(ポヨ・ポジョ)] 男〔英 chicken〕❶ 若鶏；ひよこ；鶏肉. ～ asado ローストチキン. ❷《話》若者. ～ pera《話》格好を付けた若者. ❸《話》つば, たん. ❹《ラ米》(メキ)(シコ)《話》(米国への)密入国希望者. ***ojo de*** ～ (足の)たこ. ***sudar como un*** ～ びっしょりと汗をかく.
polo [ポろ] 男〔英 pole〕❶(地球の)極；極地. ～ norte [ártico, boreal] 北極. ～ sur [antártico, austral] 南極. ❷〘電〙〘物〙電極；磁極. ～ positivo [negativo] 正[負]極. ❸ 正反対, 対極. ❹(関心等の)的, 焦点. ❺ アイスキャンディー. ❻〘服〙ポロシャツ. ❼〘スポ〙ポロ. ～ acuático 水球. ❽(フラメンコ)ポロ. ― 固名 [P-] ポロ：Leopoldo の愛称.
polola 女《ラ米》(エクア)(ドル)コケティッシュな娘.
pololear 自《ラ米》(チ)《話》(男女が)付き合う, 異性に手を出す.
pololo, la 男 女《ラ米》(チ)《話》恋人, 愛人. ― 男 ❶《ラ米》(チ)《話》片手間仕事. ❷[主に複](子供用・女性下着の)ブルマー.
polonés, nesa 形 ポーランド(人)の. ― 男 女 ポーランド人. ― 女〘音〙ポロネーズ；その踊り.
Polonia 固名 ポーランド：首都ワルシャワ Varsovia.
polonio 男〘化〙ポロニウム.
poltrón, trona 形 怠惰な, 無精な. ― 男 女 怠け者, 無精者. ― 女 ❶ 安楽いす. ❷《話》いいポスト.
poltronería 女 怠惰, 無精.
polución 女 ❶ 汚染, 公害. ～ atmosférica 大気汚染. ❷〘医〙遺精. ～ nocturna 夢精.
poluto, ta 形《文》汚れた.
polvareda 女 土煙, 砂ぼこり；大騒ぎ.
polvera 女(化粧用の)コンパクト.
polvillo 男《ラ米》穀類を枯らす菌.
polvo [ポるボ] 男〔英 dust; powder〕❶ ほこり, ちり. ❷ 粉, 粉末. leche en ～ 粉ミルク. ❸[複](化粧用の)パウダー, おしろい. ❹《卑》セックス. echar un ～ セックスする. ***hacer*** ～《話》ぼろぼろにする；打ちのめす. ***hecho*** ～《話》へとへと[ぼろぼろ]の；打ちのめされた. ***limpio de ～ y paja***《話》正味で. ***morder el*** ～ 負かされる；屈辱を受ける. ***sacudir el*** ～《話》殴る.
pólvora 女 ❶ 火薬. ❷《集合的》花火. ***gastar (la) ～ en salvas*** 無駄骨を折

る. *gastar ～ en chimango* 《ラ米》(ｱﾙｾﾞ)(ｼﾞﾝ) 無駄骨を折る. *no haber inventado la ～* 《話》あまり利口でない.

polvoriento, ta 形 ほこりだらけの.

polvorilla 男 女 《話》落ち着きのない人；衝動的な人.

polvorín 男 ❶ 火薬庫. ❷ 粉火薬. ❸ 《話》一触即発（の状態）.

polvorón 男 〘料〙ポルボロン：口の中ですぐくずれるクリスマスの菓子.

poma 女 (小粒で青い)リンゴ.

pomáceo, a 形 女 ナシ状果の（植物）.

pomada 女 軟膏(なんこう).

pomar 男 果樹園；(特に)リンゴ園.

pomarada 女 リンゴ園.

pomarrosa 女 〘植〙フトモモ（の実）.

pomelo 男 〘植〙グレープフルーツ（の実）.

pómez 女 軽石.

pomo 男 ❶ ドアノブ,（引き出し等の）取っ手；（剣の）柄頭(つかがしら). ❷ 〘植〙ナシ状果.

pompa 女 ❶ 豪華, 壮観. ❷ 泡；(風による服の）膨み. ～ de jabón シャボン玉. ❸ (荘厳な) 行列. ～*s* fúnebres 葬儀；葬儀社. ❹ 《ラ米》(ﾒｷｼｺ) 《話》尻(しり).

pompeyano, na 形 ポンペイの. ── 男 女 ポンペイ人.

pompis 男 [単複同形] 《話》尻(しり).

pompón 男 〘服〙房, ポンポン.

pomposidad 女 豪華, 華麗；大仰.

pomposo, sa 形 ❶ 華やかな, 豪華な. ❷ 目立つ, けばけばしい. ❸ (文体等が) 仰々しい.

pómulo 男 〘解〙頬骨(ほおぼね)；頬.

pon 活 → poner.

ponchado, da 形 《ラ米》(ﾒｷｼｺ)がっちりした. ── 女 《ラ米》(1)(ｱﾙｾﾞ)(ﾊﾟﾗｸﾞｱｲ)(ｳﾙｸﾞｱｲ)ポンチョに入る量；大量. (2) 〘車〙パンク (→ pinchazo 地域差).

ponchadura 女 《ラ米》〘車〙パンク (→ pinchazo 地域差).

ponchar 他 《ラ米》(ﾒｷｼｺ) 〘車〙パンクさせる. ── **poncharse** 再 《ラ米》パンクする (→ reventarse 地域差).

ponche 男 パンチ：ラム酒入り飲料.

ponchera 女 パンチボウル：パンチ用深鉢.

poncho 男 〘服〙ポンチョ. *pisar el ～* 《ラ米》(ｱﾙｾﾞ)怒らせる. *donde el diablo perdió el ～* 《ラ米》(ｱﾙｾﾞ)(ﾁﾘ)人里離れた.

ponderable 形 ❶ 称賛に値する. ❷ 重さを量れる.

ponderación 女 ❶ 慎重さ；控え目. ❷ 熟考, 吟味. ❸ 称賛, 激賞.

ponderado, da 形 慎重な；分別のある.

ponderar 他 ❶ 賞賛する. ❷ 熟考する；慎重に検討する. ❸ …の重さを量る.

ponderativo, va 形 ❶ 賞賛する, 褒めたたえる. ❷ 大げさな, 過度の.

pondr- 活 → poner.

ponedero 男 (鶏の) 産卵場.

ponedor, dora 形 (よく) 卵を産む.

ponencia 女 (研究会・会議等の) 報告, 発表.

ponente 男 女 報告者, 発表者.

poner [ポネル] 80 他 [過分 puesto, ta] [英 put] ❶ **置く**；入れる；着せる. ～ un florero en la mesa 花瓶をテーブルに置く. ～ azúcar en el café コーヒーに砂糖を入れる. ～ la olla al fuego なべを火にかける. ～ un abrigo a un niño 子供にオーバーを着せる. ¿Qué le *pongo*? (店で) 何にしますか. ❷ 備え付ける；付加する；記入する. ～ término a ... …に終止符を打つ. ～ el precio 値段をつける. ～ un nombre a ... …に名前をつける. ～ el nombre en la lista リストに名前を記載する. ❸ (器具等を) つける. ～ la radio ラジオをつける. ～ el despertador 目覚まし時計をセットする. ❹ 《形容詞等を伴って》…にする；《de, por, como》(…と) みなす. ～ bien [mal] a ... …をほめる[悪く言う]. ～ a cien a ... …をいらいら[興奮]させる. ～ de mal humor a ... …を不機嫌にさせる. ❺ 《a＋不定詞》…に…させる. ～ a su hijo *a* trabajar 息子を働かせる. ❻ 生じさせる. ～ una reclamación 文句を言う. ❼ 設立する,（事業を）起こす. ～ una tienda 店を開店する. ❽ 支度する. ～ la mesa 食事の準備をする. ❾ 上演[上映]する. ¿Qué película *ponen* aquí? ここでは何の映画をやっていますか. ❿ (手紙等を) 出す. ～ un fax ファックスを送る. ⓫ 《con》(…に) (電話を) つなぐ. ¿Me puede ～ *con* Marta? マルタにつないでいただけますか. ⓬ 《como, por》(…として) 提示する. ～ *por* testigo a ... …を証人に立てる. ⓭ 仮定する (＝ suponer). *Pongamos* que .... …と仮定しよう. ⓮ (仕事・罰金等を) 課す. ～ una multa 罰金を科す. ⓯ 《a, en》(…に) 注ぐ；(…に) 投資する. ⓰ (卵を) 産む. ── **ponerse** 再 〔英 get; put on〕 ❶ 《形容詞等を伴って》**…になる**；(ある位置に) 身を置く, 姿勢をとる. ～ bueno [malo] 健康[病気]になる. ～ enfermo 病気になる. ～ a dieta ダイエットする. ～ al teléfono 電話に出る. ❷ (服等を) **身に着ける** (↔ quitarse). ～ el abrigo オーバーを着る. ～ la corbata ネクタイを締める. ❸ 《a＋不定詞》…し始める. *Se puso a* llorar. 彼女は泣き出した. ❹ 沈む. ～ el sol 太陽が沈む. ❺ 《de》(…だらけに) なる. ❻ 《con》(…と) 対決する；(…に) 取り組む. ❼ 《話》到着する. ❽ 止まる, 立ち止まる；(鳥が木に) とまる. *poner a ... a caldo* …を侮辱する, 叱責(しっせき)する. *poner en duda* …を疑う. *poner en evidencia* (事柄を) 明白にする；(人に) 恥をかかせる.

poney 〔英〕 男 [複 ～s] ポニー, 小馬.

pong- 活 → poner.

pongo 男 《ラ米》(1)(ｴｸｱﾄﾞﾙ)(ﾍﾟﾙｰ)(ﾎﾞﾘﾋﾞｱ)先住民の使用人[小作人]. (2)(ｴｸｱﾄﾞﾙ)(ﾍﾟﾙｰ)川の難所. ── 活 → poner.

poni 男 → poney.

poniente 男 ❶ 西, 西方. ❷ 西風.

pontazgo / pontaje 男 (橋の) 通行料[税].

Pontevedra 固名 ポンテベドラ：スペインの県；県都.

pontevedrés, dresa 形 男 女 ポンテベドラの（人）.

póntico, ca 形 〘史〙黒海の；(小アジアの古代国家) ポントスの.

pontificado 男 〘カト〙教皇の職[位, 在位期間]；(大) 司教の職[任期].

pontifical 形 教皇の；(大) 司教の. ── 男 定式書；[複] 祭服飾り.

pontificar 26 自 ❶ 尊大な態度を取る.

P

❷〘カト〙大司教の職務を果たす.
pontífice 男〘カト〙教皇;(大)司教. El Sumo *P*～ ローマ教皇.
pontificio, cia 形〘カト〙教皇の;(大)司教の.
ponto 男《文》海.
pontón 男 はしけ(舟);浮き橋;渡し板.
pontonero 男〘軍〙架橋兵.
ponzoña 女 毒;悪影響を与えるもの.
ponzoñoso, sa 形 有毒の,有害な;悪意のある.
pool [プる]〔英〕男〘商〙企業連合;プール(制).
pop〔英〕形 大衆向けの. ── 男 ポップミュージック;ポップアート.
popa 女〘海〙船尾,艫(とも). ***viento en ～*** 順調で,調子よく.
popar 他 甘やかす,ちやほやする.
pope 男 ❶(ギリシャ正教の)司祭. ❷ 実力者.
popelín 男(繊維)ポプリン.
popelina 女 → popelín.
poplíteo, a 形 膝窩(しっか)[ひかがみ]の.
Popocatépetl 固名 ポポカテペトル(山):メキシコの火山. 5452m.
popote 男《ラ米》(ﾒｷｼｺ)わら;ストロー.
populachería 女 俗受け.
populachero, ra 形 通俗的な;大衆に受ける. drama ～ 大衆演劇.
populacho 男《軽蔑》庶民,一般大衆.
popular [ポプらル] 形〔英 popular〕❶ **人気のある**,流行の. un cantante ～ 人気歌手. ❷ 大衆(向け)の;通俗的な. lenguaje ～ 俗語. vivienda ～ 一般向けの住居. ❸ 人民の,民衆の. la educación ～ 国民教育. opinión [voz] ～ 一般世論.
popularidad 女 人気,評判.
popularismo 男 大衆性,通俗性.
P **popularización** 女 普及;大衆化,通俗化.
popularizar 57 他 普及させる;大衆化[通俗化]する. ── **popularizarse** 再 普及する.
popularmente 副 ❶ 一般に,俗に. ❷ 大衆向けに. ❸ 騒々しく.
populismo 男 人民主義;大衆(迎合)主義.
populista 形 人民主義(者)の;大衆迎合的な. ── 男 女 人民主義(支持)者.
populoso, sa 形 人口の多い.
popurrí 男 ❶〘音〙接続曲,メドレー. ❷《話》寄せ集め.
poquedad 女 ❶ 気の弱いこと,臆病(おくびょう). ❷ 少ないこと;欠乏. ❸ ささいなこと.
póquer 男(トランプ)ポーカー;〘遊〙ポーカーダイス.
poquitero, ra 形 男 女(賭(か)け等で)ちまちました;けちな.
poquitín 男《話》少量. ── 副《話》ほんのちょっと.
poquito, ta 形 ごくわずかの,ほんの少しの. ── 副 少し,ちょっと. ── 男 少量.
por [ポル] 前〔英 for, by, through; around〕**1**《原因・理由・動機・根拠》❶《原因・理由》**…のゆえに**. Gracias *por* venir. 来てくれてありがとう. Está en Madrid *por* negocios. 彼は今仕事でマドリードに行っています. *por* exceso de velocidad 制限速度オーバーで. ❷《動機》…しようと思って,…のためを思って. Lo hice *por* usted. あなたのためにそれをしました. Vengo *por* verte. 君に会えればと思ってやって来たよ. ► para は目的を表すのに対し,por は行動を起こす動機やきっかけを表す. ❸《根拠》…ということによって,…の点で. Pedro destaca *por* su capacidad de negociar. 彼は交渉能力で際立っている. **2**《目標・支持》❶《目標》**…を求めて**. preguntar *por* ... …のことを尋ねる. Voy (a) *por* leche. ミルクを取りに行って来る(► 「…を取りに行く」は通常 por の代わりに a por をよく用いる). ❷《支持・賛成》…のために. decidirse *por* ... …に決める. Vota *por* los socialistas. 社会党に投票を. ❸《感情・好みの対象》…への. Cada pueblo siente cariño *por* su tierra. それぞれ国民は自分の国に愛着を感じている. **3**《代理・代替・代価・資格》❶《代理》**…の代わりに**. Firmaré *por* mi mujer. 妻の代わりにサインします. ❷《代替》…と交換に. Te doy mi anillo *por* tu collar. あなたのネックレスと交換に私の指輪をあげる. ❸《代価・数量》…で. Vendió su piso *por* la mitad de precio. 彼は半値でマンションを売った. ❹《資格》…として. Pasa *por* intelectual. 彼はインテリとして通っている. Siempre me toman *por* japonés. いつも私は日本人と間違えられる. ❺《割合》…につき;(掛け算)…掛ける. diez *por* ciento 10パーセント. correr a doscientos kilómetros *por* hora 時速200キロで走る. Dos *por* seis son doce. 2掛ける6は12. **4**《方法・手段》❶《方法・手段》**…で,…によって**. avisar *por* teléfono 電話で知らせる. enviar un paquete *por* barco 船便で小包を送る. ❷《動作主》…によって. El museo fue construido *por* un arquitecto japonés. その美術館は日本人建築家によって建てられた. ❸《媒介》…を通して. Siempre busco información *por* Internet. 私はいつもインターネットで情報を探します. Lo supe *por* mi hermano. 私は弟から聞いてそれを知った. ❹《判断基準》…によると. *por* las señas 見たところ. *Por* lo que dicen .... 皆の話だと…. ❺《部分》…を. agarrar a ... *por* los hombros …の肩をつかむ. **5**《様態》❶ …で. clasificados *por* tamaño 大きさで分類された. *por* orden alfabético アルファベット順で. ❷《同じ名詞を繰り返して》…ずつ. punto *por* punto 1つ1つ. ❸《慣用句で》*por* fuerza 力ずくで. *por* fin ついに. *por* lo general 一般に. **6**《時間》❶《期間・継続》**…の間**. Estuve en Europa *por* dos meses. 私はヨーロッパに2か月いた. ► por を用いると前置詞なしの表現よりも「ずっと」の意味が強調される. Mi padre trabajó *por* treinta años en el banco. 父は30年にわたり銀行に勤務した. ❷《時間帯》…には. Ayer *por* la mañana salí de compras y *por* la tarde estuve en casa. 昨日は朝買い物に出たが午後は家にいた. ►《ラ米》では en を用いる. *en* la mañana. ❸《大まかな時期》…ころに. Volveré *por* Navidad. クリスマスのころには戻ってきます. **7**《場所》

❶《経路》…を通って. Fuimos a Madrid *por* Toledo. 私たちはトレドを通ってマドリードへ行った. Hay que entrar *por* la puerta principal. 正面玄関から入らないといけません. ❷《漠然とした場所》…あたりに, …に沿って, …をずっと. *por* todas partes 至るところに. ¿Hay un mercado *por* aquí? このあたりに市場はありますか. Vaya derecho *por* esta calle. この道をまっすぐ行ってください. ***estar por*** 〈+不定詞〉まだ…していない; …したいと思う. Este asunto *está por* resolver. この一件はまだ解決されていない. *Estoy por* aceptar la propuesta. 私は提案を受け入れる気になっている. ***por favor*** どうか, お願いですから. ***por*** 〈+形容詞 / +副詞 +***que***+接続法〉いくら…しても[であっても]. *Por* mucho *que* coma no engordará. 彼はいくら食べても太らないだろう. ***¿por qué ...?*** なぜ. *¿Por qué* llegaste tarde? どうして遅刻したの. No sé *por qué* me lo dijo. どうして彼が私にそう言ったのか分からない. ► 口語で ¿Por qué? の代わりに ¿Por? を用いることがある. No voy a la fiesta. — *¿Por?* パーティーには行かないよ. —どうして. ***¿por qué no ...?*** 《勧誘》…しませんか. *¿Por qué no* vamos al cine esta noche? 今夜映画に行こうよ. ***por si*** (***acaso***) ひょっとして…かもしれないから. Llévate el paraguas *por si* llueve. 雨が降るといけないから傘を持っていきなさい.

porcelana 女 ❶ 磁器(製品). ❷ 青磁色.

porcentaje 男 ❶ パーセンテージ, 百分率. un gran ～ de estudiantes 学生の大部分. ❷ 率, 歩合.

porcentual 形 百分率の.

porche 男 ❶ 玄関, ポーチ; 車寄せ. ❷ アーケード; 柱廊.

porcicultura 女 養豚.

porcino, na 形 豚の. ganado ～ 豚.

porción 女 ❶ 一部, 部分; 一かけら. una ～ de pastel ケーキ一切れ. ❷ 割り当て, 持ち分. ❸《話》相当の量[数]. Llegó una ～ de gente. かなりの人が来た.

porcuno, na 形 男 女 → porcino.

pordiosear 自 物ごいする; 哀願する.

pordioseo 男 物ごい; 哀願.

pordiosero, ra 形 物ごいの (ような). ― 男 女 物ごいする人.

porfía 女 ❶ 頑固さ, 強情; 粘り強さ. ❷ 激論, 口論.

porfiado, da 形 男 女 頑固[強情]な(人). un viajante ～ しつこいセールスマン.

porfiar 31 自 ❶ (**en**) (…に) 固執する; 粘り強く(言い) 続ける; せがむ. ～ *en* negar 否定し続ける. *Porfía en* que es así. 彼はそうだと言い張っている. ❷ 口論する; (**sobre**) (…を) 言い争う.

pórfido 男 〖鉱〗斑岩(はんがん).

porfolio 男 アルバム.

porífero 形 〖動〗海綿動物の. ― 男 [複] 〖動〗海綿動物.

pormenor 男 [主に複] 詳細, 細部; ささいなこと.

pormenorizar 57 他 自 詳述する.

porno 形 男 [単複同形] ポルノ(の).

pornografía 女 ポルノ(グラフィー); 猥褻(わいせつ)物. ～ infantil 児童ポルノ.

pornográfico, ca 形 ポルノの.

poro 男 ❶ 〖解〗(皮膚等の) 毛穴, 小孔; 〖植〗気孔; 〖昆〗気門. ❷ ニラネギ, リーキ.

porongo 男 《ラ米》(ﾗﾌﾟﾗﾀ)(ﾍﾟﾙｰ) ひょうたん; マテ茶の器.

pororó 男 《ラ米》ポップコーン.

porosidad 女 有孔性, 多孔性.

poroso, sa 形 多孔性の.

poroto 男 《ラ米》(南米) インゲン豆; 豆の煮込み.

porque [ポルケ] 接 〔英 because〕 ❶《理由》(1)《文頭で》なぜならば. ¿Por qué no viniste? — *P*～ no me invitaron. なんで来なかったの. —だって招待されなかったんだもの. ¿Por qué no puedo ir a fiesta? — *P*～ no. どうしてパーティーに行ってはいけないの. —だめといったらだめなの. (2)《主に主節の後で》《+直説法》…なので, …だから. Te he comprado esto, ～ me dijiste que lo querías. 君がこれを欲しいって言ってたから買ってきてあげたよ. (3)《+接続法》…だからといって. *P*～ no te guste la carne, no pienses que a mí tampoco. 自分が肉が嫌いだからといって僕も嫌いだと思わないでくれ. Nadie te va a matar ～ no estés de acuerdo con él. 誰も君が違う意見だからといって君を殺したりしないよ. ❷《目的》《+接続法》…するように (＝ para que).

porqué 男 理由, 原因.

porquería 女 《話》❶ 汚いもの. Su casa es una ～. 彼の家はまるで掃きだめだ. ❷ 価値のない[くだらない]もの. ❸ 卑劣[下品]なこと. ❹ 体に悪い食べ物.

porquerizo, za 男 女 豚の飼育業者. ― 女 豚小屋.

porquero, ra 男 女 → porquerizo.

porra 女 ❶ こん棒; 警棒. guardia de la ～ 交通警官. ❷ 大ハンマー. ❸〖料〗ポーラ: 太くて短いチューロ churro. ❹《話》数当て賭博(とばく). ❺《ラ米》(1)(チームの) ファン. (2) 伸びた髪. ***irse a la ～*** だめになる; 壊れる. ***mandar*** [***enviar***] ***a ... a la ～*** 《話》…を追い払う, …と縁を切る. ***¡P～(s)!*** 《俗》いいかげんにしろよ.

porrada 女 《話》多数, 多量.

porrazo 男 ❶ 殴打, 一撃. ❷ 衝突. darse un ～ contra ... …に激突する.

porreta 女 ***en ～(s)*** 《話》丸裸で.

porrillo 男 ***a ～*** 《話》うんと, たくさん.

porro 男 ❶《俗》マリファナ[ハシッシュ]を混ぜたタバコ. ❷ → puerro.

porrón, rrona 形 《話》ばかな, のろまな. ― 男 ❶ (回し飲み用の) ワイン容器. ❷ (素焼きの) 水壺(つぼ), 水差し.

porta 形 〖解〗vena ～ 門静脈. ― 女 ❶ 門脈. ❷〖海〗舷窓(げんそう); 砲門. ― 活 → portar.

portaaviones 男 [単複同形] 航空母艦, 空母.

portabandera 女 (旗竿(はたざお)を支える腰の) ベルト.

portabebés 男 [単複同形] 携帯用ベビーベッド; だっこ[おんぶ]バンド.

portacontenedores 男 [単複同形] 〖海〗コンテナ船.

portada 過分 → portar. 女 ❶ (建物の) 正面, ファサード; 正面の装飾. ❷ (本の)

P

扉；(雑誌の)表紙，(新聞の)第一面.
portadilla 女 仮扉.
portadocumentos 男［単複同形］ブリーフケース，書類入れ.
portador, dora 形 運ぶ，担う. ── 男 女 ❶ 運ぶ人；ポーター. ❷〘医〙保菌者. ❸ 所有者；(手形等の)持参人. cheque al ～ 持参人払い小切手.
portaequipajes 男［単複同形］❶ (車の)トランク. ❷(車・自転車の)荷台；《ラ米》(車の上に載せる)ラック (➜ baca 地域差). ❸(列車等の)荷物棚.
portaestandarte 男〘軍〙旗手.
portafiltros 男［単複同形］フィルターを載せる台.
portafolios 男［単複同形］書類入れ，書類かばん.
portafusil 男(銃を肩にかける)ベルト.
portahelicópteros 男［単複同形］ヘリ空母.
portal 男 ❶〘建〙玄関，ホール. ❷〘建〙ポーチ，張り出し玄関. ❸ キリスト生誕場面の飾り物. ❹［複］アーケード.
portalada 女(中庭に通じる)表門.
portalámparas 男［単複同形］ソケット. 地域差 ソケット portalámparas《スペイン》《ラ米》(チリ)(パラグアイ, ウルグアイ, アルゼンチン)；boquilla (エクアドル)；roseta (エルサルバドル, パナマ)(コロンビア)；sócket《ほぼラ米全域》；zócalo (ドミニカ共和国)；zoquete (チリ).
portalápiz 男 鉛筆ホルダー.
portalibros 男［単複同形］ブックバンド.
portaligas 男［単複同形］《ラ米》(アルゼンチン)(チリ)(ウルグアイ)ガーター，靴下留め.
portalón 男 表門，大門；〘海〙舷門(げんもん).
portamaletas 男［単複同形］《ラ米》〘車〙トランク(➜ maletero 地域差)；荷台.
portamantas 男［単複同形］(旅行用毛布をくくる)ベルト.
portaminas 男［単複同形］《ラ米》シャープペンシル(➜ lápiz 地域差).
portamonedas 男［単複同形］小銭入れ，財布.
portante 男 (馬の)側対歩，アンブル. *tomar* [*agarrar*, *coger*] *el* ～《話》早々に退散する.
portañuela 女〘服〙フライ：ズボンのファスナー部分を隠す比翼.
portaobjetivo 男〘写〙レンズを連結する部品.
portaobjetos 男［単複同形］(顕微鏡の)スライドガラス.
portaplumas 男［単複同形］ペン軸，ペンホルダー.
portar 他 運ぶ；携帯する. ── **portarse** [ポルタルセ] 再〔英 behave〕❶ **振る舞う**. ～ bien 立派に振る舞う，(子供が)行儀よくする. ❷《話》期待に応える.
portarretratos 男［単複同形］写真立て.
portarrollos 男［単複同形］ペーパーホルダー.
portátil 形 携帯用の. ── 男 携帯電話.
portaviones 男［単複同形］➜ portaaviones.
portavocía 女 スポークスマンの役割.
portavoz 男 女 スポークスマン，代弁者. ── 男 政党の機関紙.
portazgo 男(道路・橋等の)通行税，通行料；料金所.
portazo 男 戸を乱暴に閉めること. dar un ～ 戸をばたんと閉める.
porte 男 ❶ 運送，運搬. ❷［主に複］運賃，送料. ～ debido 運賃着払い. ❸ 風采(ふうさい)，外観. de ～ distinguido 立派な身なりの. ❹ 種類，タイプ. ❺ 大きさ；容積. ── 活 ➜ portar.
porteador, dora 男 女 運搬人，ポーター.
portear 他 (料金を取って)運ぶ.
portento 男 驚くべきこと［もの，人］，驚異. Es un ～ de inteligencia. 彼は驚くほど頭がいい.
portentoso, sa 形 驚嘆すべき.
porteño, ña 形 男 女 ❶ (アルゼンチンの)ブエノスアイレスの(人). ❷(チリの)バルパライソの(人).
portería 女 ❶ 門衛所，守衛室；門番［守衛］の職. ❷(サッカー等の)ゴール.
portero, ra 男 女 ❶ 守衛，門番；管理人. ～ electrónico [automático] オートロック. ❷〘スポ〙ゴールキーパー.
portezuela 女(乗り物の)ドア，昇降口.
portezuelo 男《ラ米》(アルゼンチン)(チリ)山峡，狭間(はざま).
porticado, da 形〘建〙ポルチコ［柱廊，ポーチ］のある.
pórtico 男 ❶〘建〙ポルチコ，柱廊；ポーチ. ❷〘建〙回廊，歩廊.
portilla 女 ❶〘海〙舷窓(げんそう). ❷ (農場等の)出入り口.
portillo 男 ❶ (壁等の)通路，抜け穴. ❷ (大扉わきの)くぐり戸；(城壁の)わき門. ❸(山あいの)細道. ❹ 突破口；きっかけ.
Port of Spain 固名 ポート・オブ・スペイン：トリニダード・トバゴ共和国の首都.
portón 男 表門，大門；玄関扉.
portor 男 (アクロバットの)下で支える人.
portorriqueño, ña 形 男 女 ➜ puertorriqueño.
portuario, ria 形 港の，港湾の.
Portugal 固名 ポルトガル：首都リスボン Lisboa.
portugués, guesa 形 ポルトガル(人，語)の. ── 男 女 ポルトガル人. ── 男 ポルトガル語.
portuguesismo 男 ポルトガル語からの借用語；ポルトガル語特有の表現.
portulano 男〘海〙港湾海図帳.
porvenir [ポルベニル] 男〔英 future〕❶ **将来**，未来. en el [lo] ～ 将来は，今後は. ❷ 将来性，前途. un joven con [sin] ～ 前途のある［見込みのない］若者.
pos *en* ～ *de* ... …の後から；…を追って.
posada 女 ❶ 宿屋，旅館；宿泊. dar ～ (客を)泊める. ❷《ラ米》(メキシコ)〘カト〙ポサーダ：クリスマス前 9 日間に行われる祭り.
posadero, ra 男 女 (下宿屋・旅館等の)主人. ── 女［複］《話》尻(しり).
posar 自 ❶ (写真・絵の)モデルになる，ポーズを取る. ❷ 気取る. ── 他 ❶ そっと置く，のせる. *Posó* su mano sobre mi hombro. 彼は私の肩に手を置いた. ❷ (目を)やる. ～ la mirada [la vista, los ojos] 見る. ❸ (荷を)下ろす. ──
posarse 再 ❶ (鳥等が)とまる；(飛行機

が) 着陸する. ❷ 沈殿する；(ほこりが) たまる.
posavasos 男 [単複同形] コップ敷き.
posbélico, ca 形 戦後の.
posdata 女 《手紙》追伸 (略 PD.).
posdorsal 形 女 → postdorsal.
pose 〔英〕 女 ❶ (モデル等の) ポーズ. ❷ 気取り, もったいぶり.
poseedor, dora 形 所有する. ── 男 女 所有者, 持ち主. ～ de un récord 記録保持者.
poseer [ポセエル] 35 他 [現分 poseyendo; 過分 poseído, da] 〔英 possess〕 ❶ 所有する, 持つ. ～ buenas cualidades 長所を有する. ～ el récord mundial 世界記録を保持する. ～ conocimientos de español スペイン語に精通する. ❷ (異性を) 自分のものにする. ── **poseerse** 再 自制する.
poseí- 活 過分 → poseer.
poseído, da 過分 → poseer. 形 男 女 (霊・感情等に) 取り憑(つ)かれた (人). gritar como un ～ 狂ったようにわめく.
poselectoral 形 選挙後の.
posesión [ポセシオン] 女 [複 posesiones] 〔英 possession〕 ❶ 所有, 所持；保持. estar en ～ de ... …を所有している. tomar ～ de ... …の任[名義]に就く. ❷ 所有物, 資産；所有地. ❸ (霊が) 乗り移ること.
posesionar 他 《de》(…を) 譲り渡す. ── **posesionarse** 再 《de》(…を) 手に入れる；(…を) 横取りする.
posesivo, va 形 ❶ 所有の. ❷ 独占欲の強い. ── 男 〖文法〗所有代名詞, 所有形容詞.
poseso, sa 形 (霊に) 取り憑(つ)かれた, 狂気の. ── 男 女 霊に取り憑かれた人.
posesor 形 男 女 → poseedor.
posesorio, ria 形 〖法〗占有の, 占有から生じる.
posey- 活 現分 → poseer.
posfijo 男 〖文法〗接尾辞.
posgrado 男 → postgrado.
posguerra 女 戦後.
posibilidad [ポシビリダ(ドゥ)] 女 〔英 possibility〕 ❶ 可能性, 見込み. Quizás no tenga la ～ de verle. 彼と会うことは多分もうないだろう. un joven de muchas ～*es* 非常に将来性のある若者. ❷ [主に複] 方策；資力.
posibilismo 男 制度内改革主義.
posibilista 形 現実路線の, 制度内改革主義の. ── 男 女 制度内改革主義者.
posibilitar 他 可能[容易]にする.
posible [ポシブれ] 形 〔英 possible〕 ❶ 可能な, 実現できる. en [dentro de] lo ～ できるだけ. hacer todo lo ～ para ... …に最善を尽くす. ❷ あり得る, 起こり得る. Es ～ que venga. 彼は来るかもしれない. ── 男 [複] 《話》経済力；策, 手段. ***lo más*** 〈+形容詞・副詞〉 ～ できるだけ…で. *lo más* pronto ～ できるだけ早く.
posiblemente [ポシブれメンテ] 副 〔英 possibly〕 おそらく, たぶん.
posición [ポシシオン] 女 [複 posiciones] 〔英 position〕 ❶ 位置, 場所. en ～ 正しい位置に. ❷ (体の) 姿勢, ポーズ. ～ de firmes 気をつけの姿勢. ❸ 地位, 身分；境遇. ocupar una ～ honorable 名誉ある地位を占める. ❹ 態度, 見解. adoptar una ～ neutral 中立の立場を取る. ❺ 状況, 立場. hallarse en una mala ～ まずい立場にいる. ❻ 〖軍〗陣地, 拠点. ❼ 〖スポ〗守備位置；順位.
posicional 形 位置上の, 位取りの. fuera de juego ～ 〖スポ〗オフサイド.
posicionamiento 男 位置取り, 姿勢.
posicionar 他 配置する. ── **posicionarse** 再 身を置く, 立場を取る.
positiva 形 → positivo.
positivado 男 〖写〗焼き付け.
positivismo 男 ❶ 〖哲〗実証主義[哲学]. ❷ 実利主義, 現実主義.
positivista 形 ❶ 〖哲〗実証主義の. ❷ 実利主義の. ── 男 女 ❶ 〖哲〗実証主義者. ❷ 実利主義者.
positivo, va [ポシティボ, バ] 〔英 affirmative; positive〕 ❶ 肯定の, 肯定的な. respuesta *positiva* 了承の返事. ❷ 積極的な, 前向きの. ❸ 確実な, 明らかな. ❹ 実用的な, 役に立つ. ❺ 〖数〗プラスの；〖電〗陽の；〖医〗陽性の；〖写〗陽画[ポジ]の. saldo ～ 黒字. ── 男 〖写〗陽画, ポジ.
pósito 男 ❶ 公営穀物倉庫. ❷ 協同組合.
positrón 男 〖物〗陽電子.
posma 形 《話》のろい；うんざりさせる. ── 男 女 《話》のろま；厄介者.
posmeridiano, na 形 午後の.
posmodernidad 女 ポストモダニズム.
posmoderno, na 形 ポストモダンの. ── 男 女 脱近代主義者.
poso 男 ❶ 沈殿物, おり. formar ～ かすがたまる. ❷ (心の) しこり, 傷跡.
posología 女 〖医〗薬量学；投薬量.
posoperatorio, ria 形 〖医〗術後の. ── 男 術後 (期).
pospalatal 形 女 → postpalatal.
posparto 男 産後 (の時期).
posponer 75 他 ❶ 《a》(…の) 後に置く；(…より) 軽んじる. ～ el interés personal *al* general 私益を公益の次に考える. ❷ 延期する. ❸ 〖文法〗後置する.
posposición 女 ❶ 後回し. ❷ 延期. ❸ 〖文法〗後置 (詞).
pospositivo, va 形 〖文法〗後置の.
pospuesto, ta 形 〖文法〗後置された.
posromántico, ca 形 ポストロマン主義の.
posta 女 ❶ 駅伝. caballo de ～ 駅馬. ❷ 駅, 宿場. ❸ 駅馬車. ❹ (大粒の) 散弾. ***a*** ～ 故意に, わざと.
postal [ポスタる] 形 〔英 postal〕 郵便の. giro ～ 郵便為替. ── 女 〔英 postcard〕 絵はがき, 郵便はがき.
postdata 女 → posdata.
postdiluviano, na 形 ノアの大洪水後の.
postdorsal 形 女 〖音声〗後舌音 (の).
poste 男 ❶ 柱, 支柱. ～ indicador 道標. ❷ 〖スポ〗ゴールポスト. ***ir*** [***caminar, andar***] ***más tieso que un*** ～ 《話》きどって歩く.
postelectoral 形 → poselectoral.
postema 女 〖医〗膿瘍(のうよう).
postemilla 女 《ラ米》歯茎の膿(うみ).

P

póster 〔英〕 男 [複 ～s] ポスター.
postergación 女 遅延；延期；軽視.
postergar 66 他 ❶ 遅らせる, 後回しにする. ❷ 軽視する.
posteridad 女 ❶ 子孫；後世, 後代. Todo lo juzgará la ～. すべては後世の人々が判断してくれるだろう. ❷ 死後の名声.
posterior [ポステリオル] 形 〔英 later; back〕 ❶《a》(時間・順序が)(…より)後の(↔anterior). Su cumpleaños es ～ al mío. 彼の誕生日は僕のより後だ. ❷《a》(位置が)(…より)後ろの, 後部の. ❸〖音声〗後舌の.
posterioridad 女 (時間的に)後であること. con ～ (a ...) (…の)後に.
posteriormente 副 後に；《a》(…の)後で；《a que＋接続法》(…した)後で. ～ *a* esta fecha この日以降.
postfijo 男 → posfijo.
postgrado 男 大学院課程.
postguerra 女 戦後.
postigo 男〖建〗❶ 鎧戸(よろい), 雨戸. ❷ くぐり戸；のぞき窓. ❸ 裏口；裏門.
postilla 女〖医〗かさぶた.
postillón 男 馬車の騎乗御者.
postimpresionista 形 男 女 後期印象派の(画家).
postín 男《話》気取り；虚飾. darse ～ 気取る. *de* ～ 豪華な.
postizo, za 形 ❶ 本物でない, 人工の；偽りの. una sonrisa *postiza* 作り笑い. ❷ 調和しない, 付け足しの. ── 男 入れ毛, ヘアーピース.
postmeridiano, na 形 午後の.
post meridiem 〔ラ〕午後《略 p.m.》.
postmoderno, na 形 男 女 → posmoderno.
postnatal 形 出生後の.
postónico, ca 形〖音声〗強勢のある音節の直後の.
P **postoperatorio, ria** 形 (外科) 手術後の. ── 男 手術後(の期間).
postor, tora 男 女 (競売の) 入札者. el mayor [mejor] ～ 最高入札者.
postpalatal 形〖音声〗後部硬口蓋(こうがい)音の.
postparto 男 産後, 産褥(さんじょく)期.
postración 女 衰弱；憔悴(しょうすい).
postrar 他 衰弱させる；打ちのめす. ── *postrarse* 再 ❶ ひざまずく. ❷ 衰弱[憔悴]する.
postre 男 デザート. de ～ デザートには. *a la* [*al*] ～ 最終的には, 結局. *llegar a los* ～*s*《話》大幅に遅れる.
postrer 形 → postrero.
postrero, ra 形 [男性単数名詞の前で postrerとなる] 最後の, 最終の. el *postrer* suspiro 最期の息. ── 男 女 最後(のもの).
postrimería 女 [主に複] ❶ 晩年, 末期. en las ～*s* del siglo XX 20世紀の終わりに. ❷〖神〗四終：死後の人間の四大事. 死, 審判, 地獄, 天国.
postrimero, ra 形《文》→ postrero.
postromántico, ca 形 → posromántico.
postulación 女 (街頭) 募金.
postulado 男 ❶〖数〗〖論〗公理, 公準；先決要件. ❷ 基本理念.
postulante, ta 男 女 ❶ 募金を集める人. ❷〖カト〗修道志願者.
postular 他 ❶ 擁護する；要請する. ～ la defensa del medio ambiente 環境保護を求める. ❷《ラ米》候補者として立てる. ── 自 寄付を募る.
póstumamente 副 死後に.
póstumo, ma 形 死後の. obra *póstuma* 遺作. hijo ～ 父の死後に生まれた息子.
postura [ポストゥラ] 女 〔英 posture〕 ❶ 姿勢, ポーズ. una ～ incómoda 窮屈な姿勢. ❷ 心構え, 態度. No sé qué ～ tomar. いったい, どんな態度を取ったらいいのだろう. ❸ 入札価格. ❹ 賭金(かけきん). ❺ (鳥の) 産卵；卵.
posventa / postventa 形 販売後の. servicio ～ アフターサービス.
potabilidad 女 飲用可能なこと.
potabilizar 57 他 飲めるようにする.
potable 形 ❶ 飲むのに適した. agua ～ 飲料水. ❷《話》まずまずの.
potaje 男 ❶ 野菜・豆の煮込み[スープ]. ❷《話》ごたまぜ, 寄せ集め.
potasa 女〖化〗水酸化カリウム, 苛性(かせい)カリ.
potásico, ca 形〖化〗カリウムの.
potasio 男〖化〗カリウム.
pote 男 ❶ 壺(つぼ), かめ；植木鉢. ❷ (3本足の) 鉄鍋(てつなべ). ❸ 煮込み料理. *darse* ～《話》粋(いき)がる, 気取る.
potencia 女 ❶ 能力, 力. ～*s* del alma 精神の3機能：理性, 意志, 記憶力. ～ sexual 性的能力. ❷ 強大国, 大国. ～ nuclear 核保有国. ❸〖物〗動力, 出力；仕事率. ❹〖数〗累乗, べき. tres elevado a la tercera ～ 3の3乗. *en* ～ 潜在的な, 起こりうる.
potenciación 女 ❶ 強化, 増強. ❷〖数〗累乗(法).
potencial 形 ❶ 可能性のある, 潜在的な. ～ enemigo 敵になるかもしれない人. ❷〖文法〗可能を表す. modo ～ 直説法過去未来形. ── 男 ❶ 潜在(能)力；可能性. ～ humano 人的資源. ❷〖文法〗直説法過去未来形. ❸〖電〗〖物〗電位；ポテンシャル.
potencialidad 女 潜在(能)力.
potencialmente 副 潜在的に(は)；理論上は.
potenciar 17 他 強化する；可能にする.
potenciómetro 男 ❶〖電〗〖物〗電位差計. ❷ (音量・音質等の) 調整つまみ.
potentado, da 男 女 有力[権力]者.
potente 形 ❶ 力のある, 強力な；権力がある. un país muy ～ 大国. ❷《話》大きい；充分な. una comida ～ たっぷりとした食事. ❸ (男が) 性的能力のある.
poterna 女〖築城〗裏門, 通用門.
potestad 女 ❶ 権力, 権威. ～ paternal / patria ～〖法〗親権. ❷ [複]〖カト〗能天使：九天使のうち第6位.
potestativo, va 形 任意の.
potingue 男 ❶《話》まずそうな[まずい]食べ物[飲み物]. ❷《話》(クリーム状の) 化粧品.
potito 男 (瓶詰めの) ベビーフード.
poto 男 ❶〖植〗ポトス. ❷《ラ米》(チリ)(ペルー)

《話》尻(ʲ).
potosí 男 無尽蔵の富. ser [valer] un ～ 値千金である. ── 固名 [P-] ポトシ：ボリビアの県；県都. ► 銀山で有名.
potra 女《話》幸運, つき.
potrada 女 子馬の群れ.
potranco, ca 男 女（3歳未満の）子馬.
potrero, ra 男 女 子馬の飼育人. ── 男（子馬用の）牧場.
potrillo, lla 男 女（3歳未満の）子馬. ── 男《ラ米》(ﾁﾘ)ジョッキ.
potro, tra 男 女 ❶（歯が生え替わるまでの）子馬. ❷ 腕白な子供；無分別な若者. ── 男〖スポ〗跳馬. ～ con aros 鞍馬(ｱﾝ).
potroso, sa 形《話》運のいい.
poyata 女 食器棚, 棚.
poyato 男 段々畑.
poyete 男 段, 足場；腰かけ.
poyo 男（入り口の壁に付けられた）ベンチ.
poza 女 水たまり；（川の）淵(ﾌﾁ), 深み.
pozal 男 つるべ, バケツ.
pozo [ポソ] 男〔英 well〕❶ 井戸；（鉱山の）立坑. ～ artesiano 掘り抜き井戸. ～ de registro マンホール. ❷（地面の）穴, くぼみ；（川の）深み, 淵(ﾌﾁ). ～ de lobo 落とし穴. ❸《比喩的》深み；無尽蔵. ～ de ciencia [sabiduría] 博識な人. ❹《話》ロ. ～ ***negro*** 汚水[汚物]だめ. ～ ***sin fondo*** 底なし井戸；《話》金食い虫.
pozol 男《ラ米》(ﾒｷ)ポソル：トウモロコシ粉の甘い飲み物.
pozole 男《ラ米》(ﾒｷｼ)ポソレ：トウモロコシ・豚肉・野菜・トウガラシ等の煮込み料理.
pp. 女 複 página の複数形.
PP 男 *P*artido *P*opular（スペイン）国民党.
práctica [プラクティカ] 女〔英 practice〕❶ 実行, 実施. poner una teoría en ～ 理論を実践に移す. ❷ 経験；技量, 熟練. La ～ hace maestro. 経験を積んで一人前となる. ❸ 慣行, 習慣. ❹ 練習；[複]実習, トレーニング. aprender con la ～ 練習で会得する. ── 形 → práctico. ***en la*** ～ 実際には. ***poner en*** [***llevar a la***] ～ 実行に移す.
practicable 形 ❶ 実行[実施]できる. ❷ 通り抜けられる, 通行可能な. ❸（舞台の窓・戸が）開閉できる.
prácticamente 副 ❶ 実際に, 事実上. ❷《話》ほとんど（…も同然である）. *P*～, está muerto. 彼は死んだも同然だ.
practicanta 女 → practicante.
practicante 男 女 ❶ 准医師. ❷ 実践者；〖宗〗おきてを守る人. un católico ～ カトリック信者. ❸ 実習生. ── 形 実践している；（宗教の）おきてを守る.
practicar [プラクティカル] 26 他〔英 practice〕❶（スポーツ等を）する, 行う；（事業を）営む. ～ la medicina 医業を営む. ❷ 実行する, 実施する. ～ la operación 手術をする. ❸ 練習[けいこ]する. ～ un idioma 言葉を練習する. ❹（宗教的教え等を）実践する. ── 自 練習する；実践[実習]する.
práctico, ca [プラクティコ, カ] 形〔英 practical〕❶ 実際的な, 実践の；現実的な. clases *prácticas* 実習, 演習. ❷ 実用的な；便利な, 使いやすい. una casa muy *práctica* たいへん住みやすい家. ❸ 経験を積んだ, 熟練した. abogado muy ～ en problemas civiles 民事に精通した弁護士. ── 男〖海〗水先案内人[船].
practicón, cona 形 男 女（理論でなく）経験で習得した（人）.
practique(-) / practiqué(-) 活 → practicar.
pradera 女 牧場, 牧草地；大草原.
pradería 女《集合的》牧場；草原.
prado 男 ❶ 牧草地；草原. ❷ 遊歩道. ❸《ラ米》芝生（→ césped 地域差）. ── 固名 Museo del *P*～ プラド美術館（＝el *P*～）.
Praga 固名 プラハ：チェコ共和国の首都.
pragmática 女 ❶〖言〗語用論. ❷〖史〗王令, 勅令.
pragmáticamente 副 実用主義的に；語用論的に.
pragmático, ca 形 ❶ プラグマティズムの, 実用主義の. ❷〖言〗語用論の. ── 男 女 実用主義者.
pragmatismo 男 実用主義；〖哲〗プラグマティズム.
pragmatista 形 実用主義（者）の. ── 男 女 プラグマティスト, 実用主義者.
praliné 男 プラリネチョコ.
praseodimio 男〖化〗プラセオジム.
pratense 形 草原に生息する.
praviana 女 スペイン, アストゥリアス地方の民謡.
praxis 女 [単複同形] ❶ 実行, 実施. ❷（マルクス主義で）実践.
preacuerdo 男 予備協定, 事前合意.
preámbulo 男 ❶ 序文, 前文. ❷ 長い前置き, 回りくどい言い方. decir sin ～*s* 単刀直入に言う.
preaviso 男 事前通達, 予告.
prebenda 女 ❶〖カト〗（聖堂参事会員等の）聖職禄(ﾛｸ). ❷《話》実入りのいい仕事. ❸ 臨時収入, 援助金.
preboste 男《話》❶《軽蔑》実力者, 権力者. ❷（団体等の）首長.
precalentamiento 男 ❶〖スポ〗ウォーミングアップ. ❷〖機〗予熱（すること）.
precámbrico, ca 形 男〖地質〗先カンブリア時代（の）.
precampaña 女 事前運動（期間）.
precandidato, ta 男 女 立候補候補者.
precariedad 女 不安定；不確か.
precario, ria 形 ❶ 不安定な；不確かな. de ～ 暫定的な. *precaria* salud 病弱. ❷〖法〗占有の.
precarización 女 不安定化.
precaución [プレカウシオン] 女 [複 precauciones]〔英 precaution〕用心, 警戒；予防（策）. por ～ 念のため. tomar *precauciones* 予防措置をとる.
precautorio, ria 形 用心のための, 予防の.
precaver 他 用心する；未然に防ぐ. ── ***precaverse*** 再《de, contra》（…に対して）用心する；予防策を取る. ～ *contra* la contaminación 汚染に対して予防策を講ずる.
precavido, da 形 用心深い, 慎重な.
precedencia 女 優位, 優先（権）；先

P

行．Tienen ～ los ancianos. お年寄り優先です．

precedente 形 ((a)) (…に) 先行する，先立つ．los años ～*s a* la guerra 戦争に先立つ歳月．── 男 前例，先例．sin ～*s* 前例のない．sentar (un) ～ 先鞭(せん)をつける．

preceder 他 自 ❶ ((a)) (…に) 先行する，先立つ．Nos *precedía* el coche fúnebre. 霊柩(れいきゅう)車が我々の前を進んだ．❷ 優位にある，勝る．

preceptista 形 規律の，教訓的な．── 男 女 規律[戒律]を説く人．

preceptivo, va 形 義務的な．── 女 ((集合的)) 規則，規範．～ ***literaria*** ((集合的)) 文学ジャンルごとの約束事．

precepto 男 規則，決まり；戒律．fiesta de ～ 〘カト〙ミサに出席すべき祝日．

preceptor, tora 男 女 家庭教師．

preceptuar 58 他 規定する，指示する．

preces 女 複 〘カト〙祈り；願い．

precesión 女 〘天〙〘物〙歳差(運動)．

preciado, da 形 貴重な，価値のある．

preciarse 17 再 ((de)) (…を) 自慢する，鼻にかける．*Se precia de* inteligencia. 彼は自分を頭がいいと思っている．

precintado 男 → precinto.

precintar 他 封印する；検印を押す．

precinto 男 封印，封緘(かん)；検印；封印用テープ[シール，紙]．

precio [プレしオ] 男 〔英 price〕 ❶ **値段，価格**；[複] 物価．a ～ de coste 原価で．guerra de ～*s* 価格争い．❷ 代償，犠牲．pagar un ～ muy alto para ... …のために高い代償を払う．❸ 価値．fuera de ～ 貴重な．***a cualquier*** [***todo***] ～ たとえいくらでも；どんな犠牲を払っても．***a*** ～ ***de oro*** ((話)) ものすごい高値で．***al*** ～ ***de ...*** …を犠牲にして，…の代償を払って．***no tener*** ～ 貴重である．

P

preciosa 形 → precioso.

preciosamente 副 美しく，すばらしく．

preciosidad 女 ❶ 高価[貴重]なもの．❷ 美しさ；すばらしいもの；大事な人．¡Qué ～ de niña! なんてかわいい子だろう．

preciosismo 男 ❶ プレシオジテ：言葉遣い等の洗練を重視した17世紀フランス文学の風潮．❷ (文体等の) 凝りすぎ．

preciosista 形 〘文学〙プレシオジテの；(文体等が) 凝った．── 男 女 プレシオジテの作家．

precioso, sa [プレしオソ，サ] 形 〔英 precious; lovely〕 ❶ **貴重な**，高価な．piedra *preciosa* 宝石．❷ **美しい**；すばらしい．un bebé ～ かわいい赤ちゃん．

preciosura 女 ((ラ米)) (ペル) 見事さ；かわいらしさ．

precipicio 男 ❶ 崖(がけ)，絶壁．caer al ～ 淵(ふち)に転落する．❷ 危機．estar al borde del ～ 危機に瀕(ひん)している．

precipitación 女 ❶ 大急ぎ，性急．con ～ 慌てふためいて．❷ [主に複] 〘気象〙(雨・雪等の) 降水(量)．❸ 〘化〙沈殿．

precipitado, da 形 大急ぎの，大慌ての；性急な．── 男 〘化〙沈殿物．

precipitar 他 ❶ 投げ落とす，突き落とす．❷ 陥れる；転落[破滅]させる．❸ 急がせる，促す．La huelga *precipitó* su dimisión. ストライキが彼の辞任を早めた．❹ 〘化〙沈殿させる．── **precipitarse** 再 ❶ 突進する；急ぐ，せきたてられる．～ hacia la salida 出口に殺到する．❷ 飛びかかる，襲いかかる．～ contra el enemigo 敵に飛びかかる．❸ 飛び降りる，落ちる．❹ (出来事が) 急に起こる；次々に発生する．❺ 〘化〙沈殿する．

precisa 形 → preciso.

precisamente [プレしサメンテ] 副 〔英 precisely〕 ❶ **ちょうど**，まさに．❷ 正確に，はっきりと．❸ 本当に，実際に．❹ 特に．❺ ((返事・相づち)) そのとおり．

precisar 他 ❶ 明確にする，はっきりさせる．No te puedo ～ la hora. 何時になるかはっきり言えない．❷ 必要とする．Se *precisa* un contable. ((広告)) 求む経理．── 自 ((de)) (…を) 必要とする．*Preciso de* más tiempo. もっと時間が欲しい．

precisión 女 ❶ 正確，的確；精密．hablar con ～ 的確に話す．❷ 必要(性)，入用．***de*** ～ 精密[正確]な．

preciso, sa [プレしソ，サ] 形 〔英 precise〕 ❶ **正確な**，はっきりした．la balanza *precisa* 正確な秤(はかり)．❷ 必要な，不可欠な．cuando sea ～ 必要なときは．Es ～ que vengas. 君が来ないとどうにもならない．❸ まさにその，当の．en aquel ～ momento ちょうどその矢先に．❹ 明解な，簡明な．

preclaro, ra 形 有名な，傑出した．

precocidad 女 通常よりも早いこと；早熟．

precocinado, da 形 調理済みの．

precognición 女 ((文)) 予知，予見．

precolombino, na 形 コロンブス Colón のアメリカ大陸到着以前の．

preconcebido, da 形 あらかじめ判断された，思い込みの．ideas *preconcebidas* 先入観．

preconcebir 77 他 あらかじめ考える；前もって計画する．

precongresual 形 国会開会直前の．

preconización 女 ❶ 提唱，推進．❷ 〘カト〙(高位聖職者選定に関する) 教皇告示．

preconizar 57 他 提唱[支持]する．

precontrato 男 予備契約．

precordial 形 〘解〙前胸部の．

precordillera 女 山麓(ろく)．

precoz 形 ❶ 早熟な；早生の．❷ 早めの，通常より早い．❸ (病気等が) 早期の．

precursor, sora 形 前触れの；先駆けの．── 男 女 先駆者，先覚者．

predecesor, sora 男 女 ❶ 前任者；先輩．❷ (広義で) 先祖．

predecible 形 予言できる．

predecir 42 他 予言[予報]する．

predestinación 女 ❶ 宿命，運命．❷ 〘神〙救霊予定説．

predestinado, da 形 ❶ ((a)) (…に) 運命づけられた，(…を) 約束された．❷ 〘神〙救霊を約束された．

predestinar 他 ❶ 運命づける．❷ 〘神〙(神が) 救霊を約束する．

predeterminación 女 前もって決まっていること．

predeterminar 他 前もって決める，あらかじめ定める．

prédica 女 (特にプロテスタントの) 説教；[複] ((軽蔑)) お説教，熱弁．

predicable 形 説教の主題となりうる；(属性として) 断定しうる. — 男 〘論〙 (アリストテレスの論理学で) 客位語.

predicación 女 説教；布教.

predicaderas 女 複 《話》 雄弁, 弁が立つこと.

predicado 男 〘文法〙 述語, 述部；〘論〙 賓辞. ～ nominal [verbal] 名詞[動詞]述部.

predicador, dora 男 女 説教家, 説教者.

predicamento 男 ❶ 威信, 権威；影響力. ❷ 〘論〙 範疇(はんちゅう).

predicar 26 他 自 ❶ 説教[伝道]する. ～ en el desierto 馬の耳に念仏である. ❷ 忠告する, 諭す. ～ con el ejemplo 身をもって示す. ❸ 公に[明らかに] する. ❹ 〘文法〙 叙述する；〘論〙 賓述する.

predicativo, va 形 〘文法〙 述語[述部]の；(形容詞が) 叙述的な.

predicción 女 予言, 予報. hacer ～ [*predicciones*] 予言する.

predicho, cha 形 前述の.

predilección 女 ひいき, 偏愛；愛好. sentir una ～ por ... …をひいきにする.

predilecto, ta 形 お気に入りの, 大好きな. ciudad *predilecta* de los pintores 画家好みの町.

predio 男 地所, 不動産；《ラ米》 建設用地 (→ solar 地域差).

predisponer 75 他 ❶ 仕向ける；吹き込む. ❷ 《contra》 (…に) 反感[偏見]を抱かせる. ❸ (病気等に) 感染しやすくする.

predisposición 女 傾向；素質；〘医〙 体質.

predispuesto, ta 形 ❶ 《estarと共に》 《contra》 (…に対して) 先入観を持った. ❷ 《serと共に》 《a》 (…に) かかりやすい. Soy ～ *a* los catarros. 私はかぜをひきやすい.

predominante 形 優勢な, 支配的な.

predominantemente 副 優位に, 支配的に；とりわけ.

predominar 自 《sobre》 (…より) 優勢である, 優位に立つ；支配的である. Los intereses generales deben ～ *sobre* los particulares. 全体の利益が個人の利益に優先せねばならない.

predominio 男 優勢, 優位；支配. un cuadro con ～ de azul 青を主調にした絵.

predorsal 形 ❶ 〘音声〙 前舌音の. ❷ 〘解〙 背部の前にある. — 男 前舌音.

preelectoral 形 選挙前の.

preeminencia 女 優位, 卓抜.

preeminente 形 優位の, 卓抜した. un cargo ～ 幹部職.

preescolar 形 就学前の.

preestablecido, da 形 前もって制定された.

preestreno 男 試写(会).

preexistencia 女 〘哲〙 先在, 以前に存在したこと.

preexistir 自 先在する, 前から存在する.

prefabricado, da 形 プレハブの, 組み立て式の.

prefabricar 26 他 (建物等を) プレハブ方式で作る；部分ごとに作って組み立てる.

prefacio 男 ❶ 序文, 前書き；前置き. ❷ 〘カト〙 (ミサの時の) 序唱.

prefecto, ta 男 ❶ 〘史〙 (古代ローマの) 司令官, 総督. ❷ 〘カト〙 (教皇庁の) 各聖省の長官. — 男 女 ❶ (フランスの各省庁の) 長官. ❷ (学校の) 指導係.

prefectura 女 ❶ prefectoの職務 (権限). ❷ 県, 州；(県)庁.

preferencia 女 ❶ 好み；偏愛, ひいき. tener [mostrar] ～ hacia [por] ... …を特に気に入る. ❷ 優先(権). ～ de paso 優先通行 (権). ❸ 特別 (観覧) 席. ***con* ～ *a* ...** …に優先して, …よりむしろ. ***de* ～** 優先して；好んで.

preferencial 形 優遇[優先] された. recibir un trato ～ 特別待遇を受ける.

preferente 形 ❶ 上位[優位]の. ocupar un lugar ～ 上席につく. ❷ 好ましい, 優先の；特恵の. trato ～ 優遇.

preferible 形 《a》 (…より) よい, 望ましい；都合がいい. Es ～ callar *a* decir tonterías. くだらないおしゃべりをするくらいなら黙っていることだ.

preferiblemente 副 むしろ, どちらかというと；好んで.

preferido, da 過分 → preferir. 形 大好きな, 気に入りの.

preferir [プレフェリル] 98 他 [現分 prefiriendo] [英 prefer] 《a》 (…よりも) **…を好む**, …のほうを選ぶ. *Prefiero* el frío *a*l calor. 私は暑いより寒いほうがよい. *Prefiero* quedarme aquí. 私はここに残るほうがいい. *Prefiero* que me lo digas ahora. 今言ってもらったほうがいい.

prefier- 活 現分 → preferir.

prefiguración 女 予想, 予示.

prefigurar 他 予想する, 前もって示す.

prefijación 女 〘文法〙 接頭辞の付加.

prefijar 他 ❶ あらかじめ決める[定める]. ❷ 〘文法〙 接頭辞を付ける.

prefijo, ja 形 ❶ あらかじめ決められた. ❷ 〘文法〙 接頭辞の. — 男 ❶ (電話の) 市外局番. ❷ 接頭辞.

prefir- 活 現分 → preferir.

prefrontal 形 前頭葉前部の.

pregón 男 ❶ 触れ口上, 告知. ❷ 開会の辞, 祝辞. ❸ (物売りの) 呼び声.

pregonar 他 ❶ 公告する, 告知する. ❷ 触れ回る, 言い触らす. ❸ (物売りが) 呼び売りする. ❹ (公然と) 褒めそやす, 称賛する.

pregonero, ra 形 触れ歩く[回る]；口の軽い. — 男 女 ❶ 触れ歩く[回る]人；触れ口上をする役人；口の軽い人. ❷ 物売り.

pregunta [プレグンタ] 女 [英 question] **質問**, 問い；(試験の) 問題. hacer una ～ 質問する. — 活 → preguntar. ***andar* [*estar, quedar*] *a la cuarta* [*última*] ～** 《話》 一文なしである.

preguntar [プレグンタル] 他 [英 ask, question] **尋ねる；質問する**. Le *pregunté* si tenía tiempo. 私は彼に暇があるかどうか尋ねた. — 自 《por》 (人の) 健康状態を尋ねる；(人を) 尋ねて来る. Me *ha preguntado por* ti. 彼は君のことを心配していたよ. Vino un señor *preguntando por* ti. ある人が君を尋ねて来たよ. — **preguntarse** 再 自問する；…かしらと思う. *Me pregunto* qué hora es. 今何時だろう.

preguntón, tona 形 男 女 《話》 質問[詮索(せんさく)]好き(な).

P

prehelénico, ca 形 前ギリシャ（時代）の.

prehispánico, ca 形 スペイン支配以前のアメリカの（＝precolombino）.

prehistoria 女 ❶ 先史時代；先史学. ❷ 起源；前段階.

prehistórico, ca 形 ❶ 先史時代の, 有史以前の. ❷《話》時代遅れの, 古くさい.

preincaico, ca 形〘考古〙プレ[先]インカ期の.

preinscripción 女（履修等の）仮登録.

preislámico, ca 形 前イスラム（時代）の.

prejubilación 女 早期退職.

prejubilado, da 形 早期退職の. ── 男 女 早期退職者.

prejudicial 形〘法〙先決[予審]すべき.

prejuicio 男 先入観；偏見.

prejuzgar 66 他 予断する, 早まった判断を下す.

prelacía 女〘カト〙高位聖職者の地位.

prelación 女《sobre》（…に対する）優先, 上位. tener ～ *sobre* ... …に優先する.

prelado 男〘カト〙高位聖職者；修道院長.

prelatura 女 → prelacía.

preliminar 形 予備の；前置きの, 序の. ── 男 ❶ 前置き, 序文. ❷ 準備, 予備行為；[主に複]（講和条約の）仮条約.

preludiar 17 他 …の前触れとなる；…を導入する. ── 自〘音〙チューニングする.

preludio 男 ❶ 前触れ, 序幕. ❷〘音〙(1) 前奏曲, プレリュード. (2) チューニング.

premamá 形 妊婦（用）の.

prematrimonial 形 婚前の.

prematuro, ra 形 時期尚早の；早熟な. parto ～ 早産. ── 男 女 未熟児.

P

premeditación 女 前もって考える[計画を練る]こと；〘法〙予謀. ***con*** ～ ***(y alevosía)*** 計画的に, 故意に.

premeditado, da 形 前もって考えた, 計画的な；〘法〙予謀された.

premeditar 他 前もって考える, …の計画を練る；〘法〙（犯罪を）予謀する.

premiar 17 他 称賛する；（コンクール等で）賞を与える. salir *premiado* 賞を獲得する.

premier〔英〕男（英国等の）首相.

premio [プレミオ] 男〔英 prize〕❶ **賞**, 賞品, 賞金. ～ extraordinario 特別[最優秀]賞. ～ gordo（宝くじの）1等賞. primer ～ 1等賞. ❷ 受賞者. ❸ 褒賞, 褒美. como ～ a ... …の褒美として.

premiosidad 女 手際の悪さ, 不器用.

premioso, sa 形 鈍い, のろまな；ぎこちない.

premisa 女 ❶〘論〙前提. ❷[主に複] 前提[必要]条件.

premolar 男 前臼歯(きゅうし), 小臼歯.

premonición 女 ❶ 予感, 虫の知らせ. ❷（病気の）徴候, 前兆.

premonitorio, ria 形 予感の, 虫の知らせの. síntoma ～ 前駆症状.

premura 女 切迫, 緊急；迅速. con ～ 急いで, すぐに.

prenatal 形 出生[出産]前の.

prenda [プレンダ] 女〔英 clothes〕❶ **衣類**, 衣料品；履き物. ～*s* de cama（シーツ等の）寝具. ❷ 担保, 抵当；保証. dar en ～ 抵当に入れる. ❸（友情・愛等の）証(あかし), 証拠. en ～ de ... …のしるしとして. ❹[主に複] 資質；美点. ❺[複] 罰金のある遊び[ゲーム]. ***no doler*le ～*s a ...*** やるべきことをきちんと実行する, いかなる努力[金品]も惜しまない. ***no soltar*** ～《話》口を割らない[滑らさない].

prendar 他 …の気に入りとなる；魅了する. ── **prendarse** 再《de》（…に）魅せられる, 心を奪われる.

prendedor, dora 形 支える, 留める. ── 男 留め金, ピン.

prender 81 他 ❶ 捕らえる, 逮捕する；拘留[収監]する. ❷《en》（…に）留める, 固定する. ～ un clavel *en* la solapa 背広の襟にカーネーションの花をつける. ❸（手等を）つかむ, 握る. ❹（火・明かりを）付ける. ── 自 ❶（植物が）根づく,（接ぎ木が）付く. ❷（火が）付く, 燃えつく, 燃え移る. El fuego no *prende* en la leña. 薪(まき)になかなか火が付かない. ❸ 広がる, 伝播(でんぱ)する. ❹《en》（…に）引っ掛かる, からみつく. ── **prenderse** 再 ❶ 燃えつく[移る]. ❷《en》（…に）引っ掛かる, からみつく.

prendería 女 古道具店, 古着屋.

prendido, da 形 ❶ 引っ掛かった, からみついた. ❷ うっとりした, 心を奪われた. Quedó ～ de su belleza. 彼女の美しさのとりこになった. ── 男 ブローチ状の（髪）飾り.

prendimiento 男 ❶ 逮捕, 取り押さえ. ❷ キリストの捕縛（の絵・彫刻）.

prensa [プレンサ] 女〔英 press〕❶《集合的》**新聞**, **雑誌**；出版物. ～ amarilla（暴露趣味の）低俗な新聞[雑誌]. ❷ **報道機関**；報道陣, マスコミ. rueda de ～ 記者会見. agencia de ～ 通信社. ❸ 印刷機；印刷（術）；印刷所. dar a la ～ 出版[印刷]する. en ～ 印刷中の[で]. ❹〘機〙圧搾機, 圧縮機, プレス. ～ de uva ブドウ搾り機. ❺[複]《ラ米》ヘアピン（→ horquilla 地域差）. ***tener buena [mala]*** ～ 世間で好評を博す[不評を被る].

prensado 男 プレス（加工）, 圧搾.

prensadura 女 プレス[圧搾]（すること）.

prensar 他 プレスする；圧搾する, 搾る.

prensil 形〘動〙（足・尾が）つかむのに適している. cola ～（サルの）巻き尾.

prensor, sora 形〘鳥〙対指足の. ── 男（オウム等）対指足の鳥. ── 女[複] 対指足類.

prenupcial 形 結婚前の, 婚前の.

preñado, da 形 ❶（動物が）はらんだ；妊娠した, 受胎している. ❷《de》（…に）満ちた. palabras *preñadas de* amenazas 脅迫じみた言葉. ── 男 妊娠（期間）；胎児.

preñar 他 ❶ 妊娠させる. ❷《de》（…で）満たす, いっぱいにする.

preñez 女 妊娠（期間）.

preocupación [プレオクパしオン] 女 [複 preocupaciones]〔英 worry〕❶ **心配**, **不安**. ❷[複] 関心. ❸ 先入観.

preocupado, da [プレオクパド, ダ] 過分 → preocupar. 形〔英 worried〕**心配した**, 不安な.

preocupante 形 心配させる，気にかかる.

preocupar [プレオクパル] 他 〔英 worry〕 ❶ 心配させる，気をもませる. Eso me *preocupa*. 私はそれが心配である. ❷ 関心を引く. ── **preocuparse** 再 ❶ 《**con, de, por**》(…を) 心配する. ¡No *se preocupe*! ご心配なく. ❷ 気づかう，(…に) 目を配る.

preolímpico, ca 形 男 オリンピック予選 (の).

prepago 男 形 [単複同形] 前払い (の)，プリペイド (の). tarjetas ～ プリペイドカード.

prepalatal 形 女 〖音声〗 前部硬口蓋 (ぶ)(音) (の).

preparación [プレパラしオン] 女 [複 preparaciones] 〔英 preparation〕 ❶ 準備，用意. estar en ～ 準備中である. ❷ 予習；訓練. ❸ 素養，知識. ❹ 顕微鏡標本，プレパラート.

preparado, da [プレパラド, ダ] 過分 → preparar. 形 〔英 prepared〕 準備の整った；覚悟のできた. Está bien ～ para la vida. 彼はひとりで生きていく覚悟ができている. ── 男 調合薬.

preparador, dora 男 女 ❶ 準備する人；(実験室等の) 助手. ❷ (スポーツの) 指導員，コーチ.

preparar [プレパラル] 他 〔英 prepare〕 ❶ …の準備[用意]をする. ～ la cena 夕食の支度をする. ❷ 予習する. ～ la clase 授業の準備をする. ❸ 訓練[教育]する. ～ a un estudiante para unas oposiciones 学生に選抜試験の準備をさせる. ❹ 《**para**》(…に対する) 覚悟[心の準備]をさせる. ── **prepararse** 再 《**para**》(…の) 準備[用意，覚悟]をする. *Nos estamos preparando para* las vacaciones. 僕たちは休暇で出かける支度をしている.

preparativo 男 [主に複] 準備，用意. hacer ～*s* de viaje 旅行の準備をする.

preparatorio, ria 形 準備の，予備的な. curso ～ (進学) 準備コース. ── 女 《ラ米》(メキシコ)高等学校.

preponderancia 女 優勢，優位.

preponderante 形 優勢な，支配的な. voto ～ キャスティングボート.

preponderar 自 優勢[支配的]である.

preposición 女 〖文法〗 前置詞.

preposicional 形 〖文法〗 前置詞の，前置詞的な. caso ～ 前置詞格.

prepositivo, va 形 〖文法〗 前置詞の.

prepósito 男 〖宗〗 (修道会の) (院) 長.

prepotencia 女 優勢，優位；権力.

prepotente 形 優勢な，有力な；権力のある. ── 男 女 有力者，権力者.

prepucio 男 〖解〗 (陰茎の) 包皮.

prerrafaelismo 男 (19世紀中期英国に起こった) ラファエロ前派の芸術運動.

prerrogativa 女 ❶ 特権，特典. ❷ 大権；国の最高権力.

prerromance 形 男 ロマンス語 [ラテン語] 以前の (言語).

prerrománico, ca 形 男 〖美〗 前ロマネスク様式 (の).

prerromano, na 形 前ローマ (時代) の.

prerromanticismo 男 前期ロマン主義.

prerromántico, ca 形 男 女 前期ロマン主義の[者].

presa 女 ❶ 獲物，餌食(えじき)；戦利品. hacer ～ 餌食にする. ser ～ de ... …の餌食になる. ❷ 捕らえること，捕獲. hacer ～ en ... …を捕らえる. perro de ～ 猟犬. ❸ ダム，水門；用水路. ～ de contención 貯水池. ❹ (猛禽(もうきん)類の) 爪(つめ)；(動物の) 牙(きば). ave de ～ 猛禽.

presagiar 17 他 予知する，前兆となる.

presagio 男 前兆，前触れ；予感.

presbicia 女 〖医〗 老視，老眼.

présbita / présbite 形 男 女 老眼の (人).

presbiterianismo 男 (プロテスタントの) 長老制度，長老教会主義.

presbiteriano, na 形 長老派 (教会) の. ── 男 女 長老派教会員[信徒].

presbiterio 男 聖堂内陣；司祭会議.

presbítero 男 〖カト〗 司祭；〖宗〗 長老.

presciencia 女 予知，予見.

prescindible 形 無視[省略]できる.

prescindir 自 《**de**》 ❶ (…を) 除外する；…なしで済ます. Ya no puedo ～ *de* su ayuda. もう彼の助けなしではやっていけない. ❷ (…を) 無視する；忘れ去る.

prescribir 52 他 ❶ (薬等を) 処方する. ❷ 指示 [規定] する. ❸ 〖法〗 時効にする. ── 自 〖法〗 時効になる.

prescripción 女 ❶ 処方；指示；規定. ～ facultativa (医師による) 処方. ❷ 〖法〗 時効.

prescriptible 形 ❶ 規定 [指示] を受ける. ❷ 〖法〗 時効にかかる.

prescrito, ta 形 規定 [指示] された；〖法〗 時効になった.

presea 女 宝石，宝物.

preselección 女 〖スポ〗 シード；予備選抜.

preseleccionado, da 形 〖スポ〗 予備選抜された，シードされた.

presencia [プレセンしア] 女 〔英 presence〕 ❶ 出席 (↔ausencia)；(ある場所に) 居ること，存在. hacer acto de ～ 列席する. ❷ 面前；立ち会い. a ～ de ... …の目の前で. ❸ 風采(ふうさい)，容貌(ようぼう). de buena ～ 風采の立派な. **～ *de ánimo*** 沈着，冷静.

presencial 形 居合わせる. testigo ～ 目撃者.

presenciar 17 他 ❶ (…を) 目撃する，(…に) 居合わせる. ～ un accidente 事故を目撃する. ❷ 出席する，参列する.

presentable 形 人前に出せる，見苦しくない.

presentación [プレセンタしオン] 女 [複 presentaciones] 〔英 presentation〕 ❶ 紹介；披露. ～ en sociedad 社交界へのデビュー. ❷ 提出；提示. ～ de pasaporte パスポートの提示. ❸ 外見，体裁. ❹ 発表，公開；展示会.

presentado, da 過分 → presentar. 形 提出された；紹介された；応募した.

presentador, dora 男 女 (番組・ショー等の) 司会者，紹介者.

presentar [プレセンタル] 他 〔英 present〕 ❶ 紹介する. Le *presento* a mi madre. あなたに母を紹介いたします. ❷ 提

P

出する, 差し出す；表明する. ～ los respetos 敬意を払う. ～ sus excusas 言い訳を言う. ❸ 呈する, 見せる. La herida *presenta* mal cariz. 傷は思わしくない. ❹ (人を) 推す, 推薦する. ❺ 発表する, 公開する. ― **presentarse** 再〔英 introduce [present] oneself〕❶ 自己紹介する. Permita que *me presente*. 自己紹介させていただきます. ❷ 出席する；現れる. Tengo que *presentarme* ante el jefe. 上司のところへ行かなければならない. ❸ 志願[立候補]する；(試験を) 受ける. ～ a presidente 大統領に立候補する. ～ al examen 受験する. ❹ 起こる, 生じる. un fenómeno que *se presenta* en raras ocasiones めったに起こらない現象. ❺ (ある状態に) 見える. El día *se presenta* muy hermoso. よい天気になりそうだ. ❻ 《**como**》(… の) ふりをする. ～ *como* amigo 友達を装う.

presente [プレセンテ] 形〔英 present〕❶ 出席している；居る, 居合わせる. estar ～ en ... …に出席[参加]している. ¡*P*～! (出席の返事) はい. ❷ 現在の, 当面の；この. la ～ carta 本状. lo ～ 現在, 現今. ❸ 『文法』現在形[時制] の. ― 男 女〔英 attendee〕出席[参列]者. ― 男〔英 present〕❶ 現在. en el ～ 現在は. ❷ 贈り物, プレゼント. ❸『文法』現在時制[形]. participio de ～ 現在分詞. ― 活 → presentar. *al* [*de*] ～ 現状では, 今は. *hacer* ～ 知らせる, 指摘する. *tener* ～ 心に留める. *mejorando lo* ～ 《第三者をほめて》ここにいる方[あなた]はもちろんのこと. *por el* ～ さしあたり, 今のところ.

presentimiento 男 予感, 虫の知らせ.

presentir 98 他 予感する.

preservación 女 防護, 予防；保存.

P **preservar** 他 《**de, contra**》(…から) 防護する, 予防する.

preservativo, va 形 予防用の, 防護[保護]的な. ― 男 避妊具, コンドーム.

presidencia 女 presidente の職[地位, 任期, 官邸].

presidenciable 形 男 女 《ラ米》大統領候補の[者].

presidencial 形 presidente の.

presidencialismo 男 大統領制.

presidencialista 形 大統領制の. ― 男 女 大統領制支持者.

presidente, ta [プレシデンテ, タ] 男 女〔英 president〕❶ 大統領；首相 (= ～ del gobierno). ❷ 議長；社長；会長；総裁. ～ del tribunal 裁判長.

presidiario 男 囚人, 服役囚.

presidio 男 ❶ 刑務所, 牢屋(ろう). ❷ 懲役, 徒刑. diez años de ～ 懲役10年.

presidir 他 ❶ 統轄[指揮]する；…の議長を務める. ～ el duelo 葬儀を司(つかさど)る；喪主を務める. ❷ 支配する, 占める. La tristeza *presidió* la reunión. 会の雰囲気は沈痛なものだった. ❸ (事物が) 最も目立つ[重要な]位置にある. Su foto *preside* el salón. 彼の写真は居間に飾られている. ― 自 統轄[指揮]する；議長を務める.

presidium 男 最高会議幹部会.

presilla 女 ❶ (ボタンを掛けるための) ループ, ベルト通し. ❷ ボタン穴かがり.

presión [プレシオン] 女 [複 presiones]〔英 pressure〕❶ 圧力；押す[圧する]こと；《比喩的》圧力；影響力. a ～ 圧力がかかって. ejercer [hacer] ～ 押す；《比喩的》圧力をかける. ～ arterial 血圧. grupo de ～ 圧力団体. ❷『スポ』マーク；プレッシャー.

presionar 他 自 ❶ 圧力をかける；強制[強要]する. ❷『スポ』マークする；プレッシャーをかける.

preso, sa 形 ❶ 刑務所[牢(ろう)]に入れられた, 捕らわれの. estar ～ en la cárcel 服役中である. ❷ (感情等に) 捕らわれた, 襲われた. estar ～ de una idea ある考えに捕らわれている. ― 男 女 囚人, 捕虜.

presocrático, ca 形 男 ソクラテス前の(哲学者).

pressing [プレシン]〔英〕男『スポ』(相手の攻撃を封じるための) プレッシャー.

prestación 女 ❶ 給付, 手当. *prestaciones* sociales 福利厚生業務[施設]. ❷ 貢献；援助；奉仕. ～ personal 勤労奉仕. ❸ [複] (機械等の) 性能, 機能.

prestado, da 過分 → prestar. 形 貸した, 借りた. dar ～ 貸す. pedir [tomar] ～ 借りる. *de* ～ (1) 借りて, 借り物で. (2) 一時的な, 臨時の.

prestador, dora 男 女 貸し主.

prestamista 男 女 ❶ 金貸し, 高利貸し；質店営業者. ❷ 周旋人, 手配師.

préstamo 男 ❶ 貸すこと, 貸し付け；貸付金. ～*s* para vivienda 住宅ローン. ～ hipotecario 抵当[担保付き]貸し付け. ❷ 借用；借金, 借入金. ❸『言』借用(語).

prestancia 女 気品, 品格；立派さ.

prestar [プレスタル] 他〔英 lend, loan〕❶ 貸す；貸与する. ～ sobre prendas 担保を取って貸し付ける. ❷ (援助・関心等を) 向ける, 与える. ～ atención 注意を払う. ～ oídos 耳を貸す. ― 自 ❶ 貸す. ～ con interés 利息を取って貸し付ける. ❷ (布地・靴等が) 伸びる, 広がる. ❸ 役立つ；適する. ― **prestarse** 再 ❶ 《**a** + 不定詞》(1) (…することに) 同意する. Ella *se presta a* vivir modestamente. 彼女はつつましい生活に満足している. (2) わざわざ…してくれる. Él *se prestó a* llevarme a la estación. 親切にも彼は私を駅まで連れて行ってくれた. ❷ 《**a**》(…の) 原因となる；(…の) 役に立つ. Esta expresión *se presta a* un malentendido. この表現は誤解を招きやすい.

prestatario, ria 形 借りる. ― 男 女 借り手, 借り主.

preste 男『カト』(助祭つきでミサを司る) 司祭. ― 活 → prestar.

presteza 女 迅速, 機敏. con ～ 素早く, 機敏に.

prestidigitación 女 手品, 奇術.

prestidigitador, dora 男 女 手品師, 奇術師.

prestigiar 17 他 …の権威[評判]を高める.

prestigio [プレスティヒオ] 男〔英 fame〕名声, 信望. disfrutar de gran ～ 名声をほしいままにする.

prestigioso, sa 形 権威のある, 名声

のある.

presto, ta 形 ❶《a, para》(…の)用意のできた. estar ～ *a* salir いつでも出かけられる. ❷ 素早い, 即座の. ～ en las respuestas 返事の早い. ── 男〘音〙プレスト(の楽章), 急速調. ── 副 ❶ 素早く, ただちに. ❷〘音〙プレストで. ── 活 → prestar.

presumible 形 推定[仮定]できる；もっともらしい.

presumiblemente 副 おそらく, 多分.

presumido, da 過分 → presumir. 形 男 女 うぬぼれた[生意気な](人).

presumir [プレスミル] 他〔英 presume〕**推測する**, 推定する. Es de ～ que ... . …と推測される. según cabe ～ 推測するに. ── 自〔英 boast〕❶《de》(…を)鼻にかける, **うぬぼれる**. ～ demasiado *de* su fuerza 自分の力を過大評価する. ❷ めかし込む.

presunción 女 ❶ うぬぼれ；気取り. ❷ 推測, 推論；〘法〙推定.

presuntamente 副 ❶〘法〙推定上(は). ❷ おそらく.

presunto, ta 形《+名詞》推定上の. el ～ autor del crimen 犯罪の容疑者.

presuntuosidad 女 うぬぼれ；気取り.

presuntuoso, sa 形 うぬぼれた；気取った. ── 男 女 うぬぼれ屋.

presuponer 75 他 前もって想定する；前提とする.

presuposición 女 予想；前提(条件).

presupuestar 他《en》…の予算を(…と)見積もる. ～ la obra *en* un millón de yenes 工事費用を100万円と見積もる.

presupuestario, ria 形 (国家)予算の.

presupuesto, ta 男 ❶ 予算(案)；見積もり(書). ～ general 一般会計予算. ❷ 想定, 仮定.

presura 女 ❶ 急ぎ, 圧迫. ❷〘史〙(9-10世紀の)土地の先取権.

presurización 女〘航〙与圧.

presurizar 57 他〘航〙与圧する：(機内の)気圧を維持する.

presuroso, sa 形 急いでいる, 急ぎの. con paso ～ 早足で.

prêt-à-porter [プレタポルテ]〔仏〕形 男 プレタポルテの(服), 高級既製服(の).

pretemporada 女〘スポ〙シーズン前(の調整期).

pretenciosidad 女 思い上がり；見えを張ること；派手さ.

pretencioso, sa 形 見えっ張りの, 気取った. un coche ～ 派手な車.

pretender [プレテンデル] 他〔英 try to; pretend〕❶ 手に入れようとする；《+不定詞 / que+接続法》**…しようとする**, 試みる. ～ un puesto 地位をねらう[志望する]. ～ convencerlo 彼を説得しようとする. ～ *que* lo crean 信じてもらおうとする. ❷《+不定詞 / que+直説法》…と言い張る；…のふりをする. ～ haberlo visto 見たと言い張る. ～ *que* lo quiere 彼を愛しているふりをする. ❸ (女性に)求愛する.

pretendidamente 副 想定上では, …ということになっているが.

pretendido, da 過分 → pretender. 形《+名詞》想定上の, 見せかけの. el ～ poeta 自称詩人.

pretendiente, ta 形《a》(…を)めざす. ── 男 女 志願者. ── 男 求婚者；王位継承権主張者.

pretensión 女 望み, 抱負；(権利の)主張；[複] 野望, 自負. ～ sobre el terreno 土地所有権の要求. una novela con pocas *pretensiones* あまり野心的でない小説.

preterición 女 故意に言及しないこと[修辞法]；〘法〙(遺言における)相続人の脱落.

preterir 98 他 無視する, 言及しないでおく；〘法〙相続から外す.

pretérito, ta 形 過去の；〘文法〙過去時制の. ── 男〘文法〙過去時制[形]. ～ imperfecto 線過去形. ～ indefinido 点過去形. ～ perfecto 現在完了形.

preternatural 形 超自然的[奇異]な.

pretextar 他 言い訳にする.

pretexto [プレテスト] 男〔英 pretext〕**口実**, 言い訳. a [con el, so] ～ de ... …の口実で.

pretil 男 欄干, 手すり(の付いた道).

pretina 女 ベルト, ウエストバンド.

pretónico, ca 形 アクセントのある音節の直前の.

pretor 男〘史〙(古代ローマの)法務官.

pretoría 女〘史〙pretorの職.

pretorial 形〘史〙pretorの.

pretorianismo 男 軍部の政治介入.

pretoriano, na 形 ❶ → pretorial. ❷ 近衛兵の. ── 男〘史〙(古代ローマの)近衛兵.

pretorio 男〘史〙pretorの官邸；法廷.

preu 男《話》→ preuniversitario.

preuniversitario, ria 形 男 女 大学進学課程の(生徒). ── 男 大学進学課程：COUの前身.

prevalecer 76 自 ❶ 優位を占める, 勝る. ～ sobre los demás 他のものより優位に立つ. ❷ 根づく；存続する.

prevalente 形《en》(…に)広く見られる, 優勢な.

prevaler 82 自 → prevalecer. ── **prevalerse** 再《de》(…を)利用する.

prevaricación 女 背任(行為), 汚職.

prevaricar 26 自 背任行為を働く, 汚職する.

prevención 女 ❶ 予防(策), 防止. tomar *prevenciones* 予防措置を取る. ❷ 偏見, 警戒感. ❸〘軍〙衛兵(所).

prevenido, da 形 準備のできた；警戒した；用心深い. Hombre ～ vale por dos.《諺》用意周到な人ひとりはふたりに相当する.

prevenir 23 他 ❶ 予防[準備]する. ～ una infección 感染を防止する. ～ la obesidad 肥満を防ぐ. ❷ 警告する；先入観を植え付ける. ～ de un peligro 危険を知らせる. ～ contra el nuevo profesor 新任の教師について悪い印象を吹き込む. ── **prevenirse** 再《contra》(…に対して)警戒する；《para》(…に)備える.

preventivo, va 形 予防の. medici-

P

na *preventiva* 予防医学.
preventorio 男 (結核患者等の) 療養所.
prever 83 他 予見する；前もって備える.
previamente 副 前もって；((a)) (…に) 先んじて.
previo, via 形 前もっての；((a)) (…に) 先立つ；事前に…をしてから. cuestión *previa* 先決問題. una consideración *previa a* la decisión 決定に先立つ考慮.
previsible 形 予見できる. Era ～ que no viniera. 彼が来ないだろうということは予測できた.
previsiblemente 副 予想では, おそらく.
previsión 女 予見, 予測；予防措置, 備え. *～ del tiempo* 天気予報. *en ～ de ...* …に備えて.
previsor, sora 形 男 女 先見の明のある(人), 準備のいい(人).
previsto, ta 形 予想された；当然の；あらかじめ決まっている. como ～ 予想されていたように.
prez 男 (または女) ((文)) 名誉, 名声.
PRI [プリ] 男 *P*artido *R*evolucionario *I*nstitucional (メキシコ) 制度的革命党.
priapismo 男 〖医〗持続勃起(ぼっ)症.
prieto, ta 形 ❶ きつい；引き締まった. ❷ 黒っぽい；((ラ米))((話))浅黒い.
prima 女 ❶ 報奨金, プレミアム；保険料. ❷ (古代ローマの時間区分) 午前6時から9時；〖カト〗(聖務日課の) 一時課；〖軍〗(夜間歩哨(しょう)勤務の) 第一班. ❸ 〖音〗第1弦. ❹→ primo.
primacía 女 優越[先]性, 首位の座；〖カト〗(教皇) 首位権. tener ～ sobre los demás 他のものより優先される.
primado, da 形 〖カト〗首座大司教の；首座を占める. ― 男 〖カト〗首座大司教. ― 女 ((話)) 愚かなこと.
P
prima donna / primadona 〔伊〕 女 プリマドンナ.
prima facie 〔ラ〕 一見して.
primal, mala 形 (羊・ヤギが) 一年子の, 満1歳の. ― 男 女 (羊・ヤギの) 一年子.
primar 自 ((sobre)) (…より) 優位に立つ. ― 他 …に報奨金を交付する.
primaria 女 初等教育 (＝enseñanza [educación] ～)；小学校 (＝escuela ～). ― 形 → primario.
primariamente 副 主に, 第一に.
primario, ria [プリマリオ,リア] 形 〔英 primary〕 ❶ 主要な, 第一の；基本的な. los colores ～*s* 原色. necesidades *primarias* 最低限の必要性. sector ～ 第一次産業. ❷ 初期の, 原始的な；〖地質〗古生代 era primaria の. un sistema ～ 初歩的なシステム. *elecciones primarias* 予備選挙.
primate 男 〖動〗霊長類；重要人物.
primavera [プリマベラ] 女 〔英 spring〕 ❶ 春. ❷ 青春 (期), 盛期. ❸ (若い女性の) 年. dieciocho ～*s* 今が盛りの18歳. ❹ 〖植〗サクラソウ. ― 形 男 女 ((話)) まぬけ (な).
primaveral 形 春の, 春めいた.
primer 形 primero の語尾消失形.
primera 女 ❶ 〖車〗ロー (ギア). ❷ (乗り物の) ファーストクラス. ― 形 → primero.
primeramente 副 最初に；第一に, 初めは.
primerizo, za 形 初心者の；初産の. ― 男 女 初心者. ― 女 初産婦.
primero, ra [プリメロ,ラ] 形 [男性単数名詞の前で primer] 〔英 first〕 ❶ 第一の, 最初の. el (día) ～ de abril 4月1日. el *primer* piso 1階[(スペインで) 2階]. Juan Carlos I (＝primero) フアン・カルロス1世. *primer* plato 前菜；スープ, サラダ. en *primer* lugar まず第一に. *primeras* horas de la mañana 朝早い時間. ❷ (質・重要性が) 一番の；最も基本的な. el *primer* alumno de la clase クラスでもっとも優秀な生徒. artículos de *primera* necesidad 必需品. *primer* ministro 首相. ― 男 女 最初の人[もの], 一番の人[もの]. alumno de ～ 1年生. ― 副 最初に, まず；((que)) (…より) 前に, むしろ. Tú, ～, por favor. どうぞお先に. *a la primera* 1回目で. *a ～s de ...* (期間の) 初めのころに. *de buenas a primeras* ((話)) いきなり. *de primera* ((話)) 最高級の, すばらしい. *venir de primera* ((話)) (好都合なことが) 転がり込む.
primicia 女 初物, 初めて出たもの. ～ informativa スクープ.
primigenio, nia 形 最初の, 当初の.
primípara 形 〖医〗〖動〗初産の. ― 女 初産婦.
primitiva 形 → primitivo.
primitivamente 副 原初は；太古には；粗野に.
primitivismo 男 ❶ 原始的なこと, 未開. ❷ 原始への回帰；〖美〗プリミティビズム.
primitivo, va [プリミティボ,バ] 形 〔英 primitive〕 ❶ 原始の, 原始的な；粗野な. un mecanismo ～ 素朴な仕組み. un comportamiento ～ 行儀の悪い行動. ❷ 原初の, もとの. palabra *primitiva* 〖言〗語根語. ❸ 〖美〗ルネッサンスより前の. ― 男 女 ❶ 原始人. ❷ 〖美〗ルネッサンス以前の芸術家. *(lotería) primitiva* (スペインの) 公営くじ.
primo, ma [プリモ,マ] 男 女 〔英 cousin〕 ❶ いとこ. ～ segundo またいとこ. ❷ ((話)) まぬけ, ばか. ― 形 第一の；〖数〗素数の. materia *prima* 原料. *hacer el ～* (簡単に) だまされる.
primogénito, ta 形 男 女 長子 (の).
primogenitura 女 長子の身分, 長子の権利.
primor 男 ❶ 精巧さ；細心. ❷ 見事なできばえのもの；すばらしい[愛らしい]人. *que es un ～* すばらしく, ものすごく. Canta *que es un* ～. 彼の歌はすばらしい.
primordial 形 基本的な；最重要な.
primoroso, sa 形 巧みな, 見事な, 優美な.
prímula 女 〖植〗サクラソウ.
primuláceo, a 形 〖植〗サクラソウ科の. ― 女 〖植〗サクラソウ科 (の植物).
princesa [プリンセサ] 女 〔英 princess〕 王女；皇太子妃；大公夫人 (↔ príncipe).
principado 男 公国君主[王族]の地位；公国.
principal [プリンシパる] 形 〔英 princi-

pal] ❶ 主要な, 最も重要な. personaje ～ 主人公. puerta ～ 正門. Lo ～ es que .... 肝心なのは…ということだ. ❷ 2階の. ― 男 ❶ 2階;〘演〙2階正面席. ❷〘商〙元金. ― 女〘文法〙主節.

principalmente 副 主に;第一に.

príncipe [プリンしペ] 男 [英 prince] ❶ 王子, 皇太子;王族;(公国の) 君主 (↔princesa). ～ consorte 女王の夫君. ❷ 第一人者. el ～ del arte moderno 現代美術の大御所. *edición ～* 初版. *～ azul* (女性があこがれる) 白馬の王子様. *～ de Gales* 英国皇太子;〘服〙グレンチェック. *～ de la Iglesia* 〘カト〙枢機卿(けい). *～ de las tinieblas* (悪魔の) サタン.

principesco, ca 形 王子[王侯]の(ような).

principiante 形 男 女 初心者(の), 見習い(の).

principiar 17 他 始める. ― 自 始まる;《a＋不定詞》…し始める. ～ *a* hacer frío 寒くなり始める.

principio [プリンしピオ] 男 [英 beginning; principle] ❶ 始まり (の部分), 始め. desde el ～ hasta el fin 始めから終わりまで, ずっと. ❷ 原理, 原則;[複] 信条, 基本理念[知識]. *P*～ de la conservación de la energía 〘物〙エネルギー保存の法則. sin ～*s* 無節操な. ❸ 起源, 原因. ❹ 成分, 要素. *a ～(s) de ...* (期間の) 初めの頃に. *al ～* 最初は[に]. *en ～* 原則として.

pringado, da 形 男 女 こき使われる(人), いじめられている(人). ― 女 脂 pringue をつけたパン.

pringar 66 他 ❶《en, de》(脂等を) つける;べとべとにする. ～ pan *en* la salsa パンをソースに浸す. ❷〘話〙《en》(悪事等に) 巻き込む, 参加させる. ― 自 ❶〘話〙汚れ仕事をする;不当な扱いを受ける. ❷ べとべとになる. ― **pringarse** 再 ❶《de》(…で) べとべとになる, 汚れる. ❷《en》(…に) 首を突っ込む;うまい汁を吸う. *pringarla* 〘話〙しくじる;死ぬ.

pringoso, sa 形 脂で汚れた, べたついた;脂ぎった.

pringue 男 (時に女) (肉から出る) 脂;油汚れ, べとつき.

prior, priora 男 女〘カト〙修道院長;(大修道院の) 副修道院長.

priorato 男 ❶ 修道院長[副院長]の地位[管轄区域]. ❷ (スペイン) タラゴナ県プリオラート産の赤ワイン.

priorazgo 男 → priorato ①.

prioridad 女 優先(権);より重要であること;優先すべきもの. tener ～ de paso (車等が) 先行権を持つ. el problema de mayor ～ 緊急を要する課題.

prioritario, ria 形 優先の, より重要な.

priorizar 97 他 優先させる.

prisa [プリサ] 女 [英 rush] 急ぎ;緊急. tener ～ 急いでいる. *a* [*de*] *～* 急いで. *con mucha* [*a toda*] *～* 大急ぎで. *correr ～* 急を要する. *dar* [*meter*] *～ a ...* …をせかす. *darse ～* 急ぐ. *de ～ y corriendo* 大急ぎで.

priscilianismo 男〘宗〙プリスシリアノ Prisciliano主義:スペイン4-6世紀の宗派.

prisión 女 ❶ 刑務所, 監獄. en ～ 服役中の. ❷〘法〙禁固(刑). ～ mayor 6年から12年の禁固(刑). ～ menor 6か月から6年の禁固(刑). ❸ 自由のない場所[状態];[複] 枷(かせ).

prisionero, ra 男 女 (思想上の理由や戦争による) 囚人;(感情に) とらわれた人. ～ de guerra 捕虜. ～ de amores 恋のとりこ.

prisma 男 ❶〘数〙角柱;〘鉱〙(結晶体の) 柱(ちゅう). ❷〘光〙プリズム;視点.

prismático, ca 形 角柱形[プリズム]の, 分光した. ― 男 [複] プリズム双眼鏡.

prístino, na 形 昔ながらの;汚れのない.

priva 女〘話〙飲酒.

privacidad 女 プライバシー.

privación 女 ❶ 剝奪(はく);喪失. ～ de libertad 自由の剝奪. ❷ [主に複] 不足, 欠乏. pasar *privaciones* 不自由な思いをする.

privada 形 → privado.

privadamente 副 私的に, 非公式に.

privado, da [プリバド, ダ] 形 [英 private] ❶ 私的な;私営の;内々の (↔público). propiedad *privada* 私有財産. sector ～ 民営部門. reunión *privada* 内輪の集まり. ❷《de》(…が) 欠けた. una vida *privada de* libertad 自由を奪われた生活. ― 男 寵臣(ちょうしん). *en ～* 私的に, 内密に.

privanza 女 (君主の) 寵愛(ちょうあい).

privar 他《de》(…を) …から奪う;妨げる. ～ *de* la vista 視力を奪う. ～ *del* premio 入賞を阻む. ― 自 ❶〘話〙とても気に入る. Me *privan* las novelas policiacas. 私は推理小説に目がない. ❷ もてはやされる;《con》(…の) 寵愛(ちょうあい)を得る. ❸〘話〙酒を飲む. ― **privarse** 再 ❶《de》(…を) やめる. ～ *de* fumar タバコを控える. ❷《por》(…を) 熱望する.

privativo, va 形 ❶《de》(…に) 固有の. una facultad *privativa del* rey 王のみが持つ権限. ❷《de》(…を) 奪う;〘文法〙欠如を表す.

privatización 女 民営化.

privatizador, dora 形 民営化の.

privatizar 57 他 民営化する.

privilegiado, da 形 特権を与えられた;特に優れた. ― 男 女 特権を持つ人[団体].

privilegiar 17 他 特権を与える, 優遇する.

privilegio [プリビれヒオ] 男 [英 privilege] 特権, 特典 (許可書);光栄なこと. Es un ～ poder estar aquí. この場に参加できて光栄です.

pro 男 利益, 利点. los *pros* y los contras 損益;賛否. ― 前 …のための. *en pro de ...* …のための[に]. *de pro* (人が) 立派な.

proa 女〘海〙船首;機首. mascarón de ～ 船首像. *poner ～ a ...* …へ向かう. *poner la ～ a ...* …にねらいをつける;…に向かってくる.

probabilidad 女 蓋然(がい)性;見込み;確率. según toda ～ きっと. ～*es* de vida 平均余命.

probabilismo 男〘哲〙蓋然(がい)論;〘神〙蓋然説.

P

probable [プロバブれ] 形 〔英 probable〕 ❶ **ありそうな**；可能性の高い. ❷ 証明可能な. *es ～ que* 〈＋接続法〉 たぶん…だろう. *Es ～ que* venga. おそらく彼は来るだろう.

probablemente 副 《＋直説法 / ＋接続法》たぶん，おそらく.

probadamente 副 立証済みで.

probado, da 過分 → probar. 形 立証済みの，確実な.

probador 男 試着室.

probanza 女 〖法〗立証，証明.

probar [プロバル] 32 他 〔英 prove; try〕 ❶ **証明する**，立証する；示す. ～ su inocencia …の無実を証明する. ❷ **試す**，試験する；試食する. ～ suerte [ventura] 運試しをする. ～ el vino ワインを試飲する. ― 自 ❶ 《a＋不定詞》 ～しようとする；《con》(…を) 試験する. ～ *a* conseguirlo 手に入れようとする. ～ *con* el nuevo detergente 新しい洗剤を試す. ❷ 合う，適している. ― **probarse** 再 試着する.

probatorio, ria 形 証拠になる. ― 女〖法〗証拠提出の猶予期間.

probatura 女《話》試し，試験.

probeta 女 試験管；〖写〗バット；圧力計. bebé [niño] ～ 試験管ベビー.

probidad 女 実直，誠実.

problema [プロブれマ] 男 〔英 problem〕 **問題**，課題；困ったこと. un libro de ～*s* 問題集. traer ～*s* 厄介事を持ち込む. tener ～*s* económicos 経済的事情を抱える.

problemático, ca 形 問題の多い；疑わしい. un niño ～ 問題児. ― 女《集合的》問題，事情.

problematización 女 問題（形式）にすること.

problematizar 57 他 問題にする.

probo, ba 形 実直な，誠実な.

probóscide 女〖動〗(ゾウ等の) 鼻；(昆虫等の) 吻(ふん).

proboscídeo / proboscidio 男 〖動〗(ゾウ等) 長鼻目の動物；[複] 長鼻目.

procacidad 女 無礼な言動；破廉恥.

procaína 女〖化〗プロカイン.

procaz 形 無礼な；破廉恥な.

procedencia 女 ❶ 出所，出身；出発[出航]地. ～ noble 高貴な生まれ. ❷ 正当性；根拠.

procedente 形 ❶ 《de》(…から) 来る；出身の. el tren ～ *de* París パリ発の列車. ❷ 適切な，妥当な.

proceder 自 ❶ 《de》(…から) 来る，生じる. Esta palabra *procede del* latín. この語はラテン語に由来する. ❷ 行動する；《a》(…に) 取りかかる. ～ *a* la votación 採決に移る. ❸ 適切である. No *procede* que lo hagas ahora. 今それをすべきではない. ❹ 〖法〗《contra》(…に対して) 訴訟を起こす. ― 男 行い，態度.

procedimental 形 手続き（上）の.

procedimiento 男 手続き；方法. 〖法〗訴訟手続. ～ ejecutivo 強制執行. ～ en línea 〖IT〗オンライン処理.

proceloso, sa 形《文》嵐(あらし)の（ような）.

prócer 形《文》高貴な；そびえたつ. ― 男 女 名士，偉人.

procesado, da 形 告訴された；処理された. ― 男 女 被告（人）.

procesador 男〖IT〗(演算) 処理装置 [プログラム]；ワープロ.

procesal 形 男〖法〗訴訟（の）. derecho ～ 訴訟法.

procesamiento 男 ❶ 起訴. auto de ～ 起訴状. ❷ 処理. ～ de datos 〖IT〗データ処理. ～ de papeles usados 古紙のリサイクル処理.

procesar 他 ❶ 《por》(…で) 起訴する. ❷ 〖IT〗(データ等を) 処理する；加工する.

procesión 女 (宗教上の) 行列；《話》列，連なり. *andar* [*ir*] *la ～ por dentro* 《話》内心穏やかでない.

procesional 形 行列の，列になった.

procesionaria 女〖昆〗ギョウレツケムシ.

proceso [プロセソ] 男 〔英 process〕 ❶ **過程**；推移，経過. en un ～ de diez años 10年の間に. ❷ 処理. ～ de datos 〖IT〗データ処理. ❸ 〖法〗訴訟，裁判. ～ civil [penal] 民事[刑事]訴訟.

proclama 女 声明；告示.

proclamación 女 ❶ 宣言；公表. ～ de candidatos 候補者の発表. ❷ 就任式.

proclamar [プロクらマル] 他 〔英 proclaim〕 ❶ **宣言する**，公表する. ～ la república 共和国の樹立を宣言する. ❷ 授与する；《＋目的補語》(…に) 任じる. ser *proclamado* presidente 議長に任命される. ❸ はっきりと示す. ～ su honradez …の正直さを物語る. ― **proclamarse** 再《＋目的補語》(…であると) 自ら宣言する.

proclisis 女 [単複同形] 〖文法〗後接：単音節の語が後続語と一体化すること.

proclítico, ca 形〖文法〗後接的な.

proclive 形《a》(…の) 傾向がある.

proclividad 女《a》(…への) 傾向.

procomún 男 公益.

procónsul 男 (古代ローマの) プロコンスル：属州の総督.

procreación 女 生殖.

procreador, dora 形 生殖の，子を産む. ― 男 女 親.

procrear 他 (子を) 産む，(子孫を) 作る.

proctólogo, ga 男 女 肛門科専門医.

procuración 女 代理（権）；委任（状）.

procurador, dora 男 女 ❶ 代理人；〖法〗訴訟代理人. ～ general del Estado 司法[法務]長官. ❷ 管財人.

procuraduría 女 procurador の職 [事務所].

procurar [プロクラル] 他 〔英 try〕 ❶ 《＋不定詞 / que＋接続法》(…するように) **努める**. *Procura* venir pronto. 早く来るようにしなさい. *Procura que* nadie lo sepa. 誰にも知られないようにしなさい. ❷ 与える，都合する. ～ un buen empleo a un amigo 友人によい職を世話する. ― **procurarse** 再 手に入れる.

prodigalidad 女 浪費，気前のよさ；大量.

prodigar 66 他 浪費する；惜しみなく与える. ～ los cumplidos お世辞をふりまく. ― **prodigarse** 再 ❶ 《en》(…に) 骨身

を惜しまない．～ *en* elogios ほめまくる．❷（ある場所に）よく姿を見せる．

prodigio 男 驚異，奇跡；天才．niño ～ del violín バイオリンの天才少年．

prodigioso, sa 形 驚異的［奇跡的］な；すばらしい．un poeta ～ 天才詩人．

pródigo, ga 形 ❶ 浪費する；物惜しみしない．～ en alabanzas 賞賛を惜しまない．❷ 豊富な；多作の．━ 男 女 浪費家．

prodrómico, ca 形 前駆症状の．

pródromo 男〖医〗前駆症状．

producción［プロドゥクシオン］女［複 producciones］〔英 production〕❶ **生産（高）**，製造；制作．～ en serie 大量生産．❷ 生産物，製品；作品．

producir［プロドゥシル］12 他〔英 produce〕❶ **生産［産出］する**；制作する．❷ 引き起こす；もたらす．～ una alegría 喜ばせる．❸〖法〗（証拠等を）提出する．━ **producirse** 再 生じる；生産される．

productividad 女 生産性，生産力．

productivo, va 形 生産的な；利益を生む．unos campos ～*s* 肥えた畑．

producto［プロドゥクト］男〔英 product〕❶ **生産物**；製品；成果．～*s* agrícolas 農産物．el ～ de nuestro esfuerzo 私たちの努力の結果．❷ 利益；売上［生産］高．～ nacional [interior] bruto 国民［国内］総生産．❸〖数〗積．

productor, tora 形 生産［産出，制作］する．━ 男 女 ❶ 生産［製造］者．❷〖映〗〖TV〗プロデューサー．━ 女〖映〗〖TV〗制作会社．

produj- 活 → producir.

produzc- 活 → producir.

proel 形〖海〗船首の．━ 男 バウ：艇首に近い漕(こ)ぎ手．

proemio 男 序文；前置き．

proetarra 形 ETA支持の．━ 男 女 ETA支持者．

proeza 女 手柄，英雄的行為．

profanación 女 冒瀆(ぼうとく)，不敬．

profanador, dora 形 男 女 神聖を汚す（者）．

profanar 他 冒瀆(ぼうとく)する；汚す．～ la memoria de ... …の思い出を汚す．

profano, na 形 ❶ 世俗の；俗的な；冒瀆(ぼうとく)的な．una ceremonia *profana* 無宗教の儀式．❷《en》（…に）疎い，素人の．Soy ～ *en* la materia. 私はその分野に弱い．━ 男 女 門外漢，素人．

profase 女〖生〗（細胞分裂の）前期．

profecía 女 預言，神託；予言．

proferir 98 他 声高に言う．

profesar 他 ❶ 信奉する．❷（感情を）抱く．～ un odio 憎しみを抱く．❸ …を職業とする；教える．～ la medicina 医学に携わる．━ 自〖カト〗《en》（修道会に）誓願を立てて入る．

profesión［プロフェシオン］女［複 profesiones］〔英 profession〕❶ **職業**．～ liberal 自由業．Es abogado de ～. 彼の職業［本業］は弁護士である．❷（信仰等の）告白，宣言；〖カト〗修道立願．***hacer ～ de ...*** …を誇示する．

profesional［プロフェシオナル］形〔英 professional〕❶ **職業の**．formación ～ 職業訓練．❷ **本職の**；熟達した；常習的な．jugador ～ de tenis プロのテニス選手．━ 男 女 ❶ 専門家，プロ．❷ 常習者．

profesionalidad 女 プロ性，職業意識．

profesionalismo 男 職業化志向．

profesionalización 女 プロ化，職業化．

profesionalizar 57 他 職業化する；プロにする．━ **profesionalizarse** 再 プロになる．

profesionalmente 副 職業上，本職として，専門的に．

profesionista 男 女《ラ 米》(ﾒｷｼｺ) → profesional.

profeso, sa 形 男 女〖カト〗誓願を立てた（修道士［女］）．

profesor, sora［プロフェソル，ソラ］男 女〔英 teacher〕❶（中等教育以上の）教員；**教師**；《呼称》先生．～ titular 正教員．～ particular 個人教授．～ de piano ピアノの先生．～ [profesora] madre《ラ米》優しい先生（→ benévolo 地域差）．❷（オーケストラの）団員．

profesorado 男 教職；《集合的》教員．

profesoral 形 教員の；教職の．

profeta, tisa 男 女 預言者；予言者．Nadie es ～ en su tierra.《諺》本拠地では成功しない．

profético, ca 形 預言［予言］（者）の，予言的な．

profetisa → profeta.

profetizar 57 他 自 預言［予言］する．

profiláctico, ca 形（病気を）予防する．━ 男 コンドーム．━ 女 予防医学．

profilaxis 女［単複同形］〖医〗予防法．

prófugo, ga 形 逃亡した．━ 男 徴兵忌避者；逃亡者．

profunda 形 → profundo.

profundamente 副 深く，心から．

profundidad 女 深さ，奥行き；［複］深部．cien metros de ～ 100メートルの深さ．～ de campo〖写〗被写界深度．en la ～ de su alma 心の底で．llegar a las ～*es* del problema 問題の核心に至る．***en ～*** 掘り下げて，詳細に．

profundización 女 深化，掘り下げ．

profundizar 57 他 深くする；（研究等を）深める．～ el tema テーマを掘り下げる．━ 自《en》（…を）掘り下げる，究める．

profundo, da［プロフンド，ダ］形〔英 profound, deep〕❶ **深い**；奥行きのある；深遠な．herida *profunda* 深い傷．amor ～ 深い愛情．en lo más ～ de su alma 心の底から．❷ 激しい，強い．un dolor ～ 激痛．una *profunda* diferencia 明らかな違い．❸（声等が）低くて響く．━ 男 底，深み．

profusión 女 多量，過多．

profuso, sa 形 多量の，多すぎる．

progenie 女 子孫，子供一同；家系．

progenitor, tora 男 女 直系の先祖．━ 男［複］《話》両親．

progenitura 女 血筋，家系．

progesterona 女〖生化〗プロゲステロン．

progestina 女〖生化〗プロゲスチン．

prognatismo 男〖医〗上顎(じょうがく)前突

(症)；〖人類〗突顎(ﾄｯｶﾞｸ).

prognato, ta 形 突顎(ﾄｯｶﾞｸ)の. ― 男 女 あごの突き出ている人.

prognosis 女〔単複同形〕予知, 予測.

programa [プログラマ] 男 〔英 program〕 ❶ **プログラム**, 計画(表). ～ de estudios 学習カリキュラム. ～ político 政策綱領. ～ de vuelo フライト・スケジュール. ❷〖TV〗〖演〗**番組(表)**, 演目. ❸〖IT〗〖機〗プログラム. paquete de ～*s* パッケージプログラム. un ～ corto de lavadora 洗濯機のお急ぎコース.

programable 形 (家電等で) 予約等が設定できる.

programación 女 ❶ プログラム[番組表]の作成[一覧]. ❷〖IT〗プログラミング.

programador, dora 形 プログラム[番組表]を作成する；〖IT〗プログラミングの. ― 男 女 プログラム[番組表]作成者；〖IT〗プログラマー. ― 男 (家電等の) 予約装置.

programar 他 ❶ …の計画を立てる. ～ el viaje 旅行の日程を作成する. ❷〖TV〗…を番組に編成する. ❸〖IT〗…のプログラムを作る. ❹ (機械を) 設定する.

programático, ca 形 プログラムの, 計画の, 綱領の.

progre 形 男 女 《話》 → progresista.

progresar [プログレサル] 自 〔英 progress〕 《**en**》 (…において) **進歩する**；《**hacia**》 (…の方へ) 進む. *Progresas* mucho *en* inglés. 君は英語がとても上達している.

progresía 女 《話》 進歩(的なもの・人).

progresión 女 ❶ 進歩；進行. ❷〖数〗数列. ～ aritmética 等差数列. ～ geométrica. 等比数列.

progresismo 男 進歩[革新]主義.

progresista 形 進歩[革新]主義の. ― 男 女 進歩[革新]主義者.

P

progresivamente 副 段階を追って, 次第に.

progresividad 女 累進性, 進行性.

progresivo, va 形 ❶ 進歩的な. ❷ 徐々に進行する；累進の. ❸〖文法〗進行形[相]の.

progreso [プログレソ] 男 〔英 progress〕 **進歩**, 進行；前進. ～ industrial 産業の発展. hacer ～*s* 進歩[進行]する. ― 活 → progresar.

prohibición 女 禁止, 禁制. levantar la ～ 解禁する.

prohibicionista 形 禁止[禁酒]主義の. ― 男 女 禁止[禁酒]主義者.

prohibido, da 過分 → prohibir. 形 禁止された. dirección *prohibida* 車両進入禁止. ～ el paso 通行禁止.

prohibir [プロイビル] 30 他 〔英 prohibit〕 《＋不定詞 / **que**＋接続法》 (…することを) **禁止する**. Te *prohíbo que* salgas. 君の外出を禁ずる.

prohibitivo, va 形 ❶ 禁止の. ❷ 極めて高額の. un precio ～ 手の出ない値段.

prohibitorio, ria 形 禁止の.

prohijamiento 男 養子縁組.

prohijar 15 他 ❶ 養子にする. ❷ (他人の考え等を) 取り込む.

prohombre 男 傑出した人物, 大家.

proindonesia 形 親インドネシアの.

prójimo, ma 男 女 《話》 あいつ, やつ；(夫婦の片方を指して) うちのやつ[人]. ― 男 他人, 自分の周りの人. amar al ～ 隣人を愛する. ― 女 《俗》 いかがわしい女.

prolapso 男〖医〗(直腸等の) 脱(出症).

prole 女 《集合的》 子孫, 子供；《話》 たくさんの人.

prolegómeno 男〔主に複〕序説；前置き.

prolepsis 女〔単複同形〕〖修〗予弁法.

proletariado 男 プロレタリア, 無産階級.

proletario, ria 形 男 女 プロレタリアの(人), 労働者(の).

proliferación 女〖生〗増殖；増大, 拡散.

proliferar 自 増殖[繁殖, 増大]する.

prolífico, ca 形 繁殖力のある, 多産の；多作の.

prolijidad 女 くどさ, 冗長；詳細さ.

prolijo, ja 形 ❶ くどい, 冗長な. ❷ 入念な；《ラ米》(ｱﾙｾﾞﾝﾁﾝ)きちんとした.

prologar 66 他 …の序文を書く.

prólogo 男 ❶ 序文；序幕. ❷ 幕開け, 前触れ.

prologuista 男 女 序文執筆者.

prolongación 女 延長(部分). ～ del plazo de pago 支払い期限の延期. la ～ de una carretera 国道の延長線.

prolongamiento 男 → prolongación.

prolongar [プロロンガル] 66 他 〔英 prolong〕 **長くする**, 延ばす. ～ una carretera 道路を延長する. ― **prolongarse** 再 延びる, 長くなる. ～ una reunión 会議が長引く.

promediar 17 他 …の平均値を出す；半分に分ける. ― 自 (期間が) 半ばに達する.

promedio [プロメディオ] 男 〔英 average〕 **平均**(値)；中間点. en [como] ～ 平均して. hacer [sacar] el ～ 平均を出す.

promesa [プロメサ] 女 〔英 promise〕 ❶ **約束**, 〖カト〗誓い. cumplir (con) su ～ 約束を果たす. faltar a una ～ 約束を破る. ❷ 期待の星；期待させるもの[人]. una ～ del béisbol 野球界のホープ.

promesante 男 女 《ラ米》(ｱﾙｾﾞﾝﾁﾝ)巡礼者.

promesar 他 《ラ米》(ｱﾙｾﾞﾝﾁﾝ)(ﾁﾘ)(宗教的誓いを) 立てる.

prometedor, dora 形 男 女 有望な(人), 見込みのある(人).

prometeo 男 → prometio.

prometer [プロメテル] 他 〔英 promise〕 ❶ 《＋名詞 / ＋不定詞 / **que**＋直説法》 **約束する**, 誓う. ～ no volver a hacerlo 2度としないと約束する. Le *prometo que* lo haré. 必ずそうします. ～ un cargo 任務の遂行を誓う. ❷ 期待させる, …の見込みがある. La nueva telenovela *promete* ser buena. 今度のドラマは面白そうだ. ― 自 見込みがある, 有望である. ― **prometerse** 再 ❶ 婚約する. ❷ 期待する, 予想する. ***prometérselas muy felices*** 甘い期待を抱く.

prometido, da 過分 → prometer.

形 約束[婚約]した. Tierra *Prometida* 〖聖〗約束の地(カナン). ― 男 女 婚約者.
prometio 男〖化〗プロメチウム.
prominencia 女 突起, 隆起; 卓越.
prominente 形 突出[卓越]した.
promiscuidad 女 雑多; 不特定多数の相手との性関係.
promiscuo, cua 形 ❶ 雑多の. ❷ (性的に)乱れた.
promisión 女 約束. Tierra de *P*〜 〖聖〗約束の地(カナン).
promisorio, ria 形 約束する.
promoción 女 ❶ 進級, 昇格; 〖スポ〗(上位リーグへの)昇格試合. ❷ 奨励, 促進; 〖商〗販売促進(＝〜 de ventas). ❸ 《集合的》同期生.
promocional 形 (販売)促進の.
promocionar 他 ❶ 〖商〗販売促進する, 売り出す. ❷ 昇進[昇格]させる. ― 自 〖スポ〗《con》(…と)昇格試合をする. ― **promocionarse** 再 昇進する.
promontorio 男 ❶ (海に突き出た)高台. ❷ 積み上げた物.
promotor, tora 形 促進する. empresa *promotora* de pisos マンション販売会社. ― 男 女 ❶ 発起人; 促進者. 〜 de una idea 考えの主唱者. ❷ プロモーター, 興行主.
promover [プロモベル] 70 他 〔英 promote〕 ❶ 《a》(…に)**昇級させる**, 昇格させる. 〜 a ... *a* gerente …を支配人に昇進させる. ❷ **促進する**; 奨励する. 〜 turismo 観光事業を振興する. ❸ 引き起こす; 始める. 〜 un escándalo 物議をかもす.
promuev- 活 → promover.
promulgación 女 発布, 公布; 発表.
promulgar 66 他 ❶ (法律を)発布[公布]する. ❷ 発表する.
pronación 女〖解〗(手の)回内(運動).
pronador, dora 形 男〖解〗回内の[筋].
pronaos 男〖建〗プロナオス:(古代神殿の)前室.
prono, na 形 腹ばいの. decúbito 〜 伏臥(ふくが)位.
pronombre 男〖文法〗代名詞. 〜 personal 人称代名詞.
pronominal 形〖文法〗代名詞の; 代名詞を伴う. verbo 〜 再帰動詞.
pronominalmente 副 代名詞的に, 代名詞として.
pronosticar 26 他 予測[予報]する. 〜 buena cosecha 豊作を予想する.
pronóstico 男 ❶ 予測, 予想; (病気等の)見通し. 〜 del tiempo 天気予報. una lesión de 〜 grave 重傷. ❷ 兆候.
pronta 形 → pronto.
prontito 副 《話》すぐに, 早く.
prontitud 女 素早さ, 機敏. con 〜 迅速に.

pronto, ta [プロント,タ] 形 〔英 prompt〕 ❶ **素早い**; てきぱきした; 即座の. Quedo a la espera de su *pronta* respuesta. 折り返し御返事をお待ちしております. ❷ 《a, para》(…の)用意ができた; (…の)心構えのある. ― 副 〔英 soon; early〕 ❶ **まもなく**, じきに. Ellos se casarán 〜. 彼らはもうすぐ結婚する. ❷ **早く**, 早めに (↔ tarde). llegar 〜 a la clase 早めに授業に行く. ❸ 素早く, 速く. ― 男 ❶ 素早い反応. ❷ 《話》衝動, 発作. ***al*** 〜 最初は; 一見すると. ***de*** 〜 出し抜けに, 突然. ***¡Hasta 〜!*** 《挨拶》それではまた. ***más 〜 o más tarde*** 遅かれ早かれ. ***por de*** [***lo***] 〜 今のところ, さしあたって. ***tan 〜 como ...*** …するとすぐに. *Tan* 〜 *como* lleguen ellos, vamos a empezar. 彼らが着いたらすぐに始めよう. *Tan* 〜 *como* terminó la película, se fueron. 映画が終わるとすぐに帰ってしまった.
prontuario 男 要覧, 手引き書.
pronunciable 形 発音しやすい, 口に出しやすい.
pronunciación 女 ❶ 発音. una 〜 clara 明確な発音. ❷ 発表; 〖法〗宣告.
pronunciado, da 過分 → pronunciar. 形 ❶ 発音された; 口に出して言われた. ❷ 人目をひく; 突出した. facciones *pronunciadas* 目立つ顔立ち.
pronunciamiento 男 ❶ 武力蜂起(ほうき), クーデター. ❷ 宣言; 〖法〗宣告.
pronunciar [プロヌンシアル] 17 他 〔英 pronounce〕 ❶ **発音する**. ❷ 口に出す. 〜 un discurso 演説する. ❸ 〖法〗宣告する. ❹ 際立たせる. ― **pronunciarse** 再 ❶ 口に出す; 態度を表明する. 〜 a favor [en contra] 賛成[反対]を表明する. ❷ 反乱を起こす. ❸ 目立つ.
pronuncio 男〖カト〗ローマ教皇使節代理. ― 活 → pronunciar.
propagación 女 普及, 伝播(でんぱ); 増殖.
propagador, dora 形 広める, 伝播(でんぱ)の. ― 男 女 宣伝する人[もの].
propaganda 女 ❶ 宣伝, 広告; 宣伝ビラ. hacer 〜 宣伝する; ほめたたえる. echar 〜 en el buzón ポストにちらしを入れる. ❷ 《ラ米》(テレビの)コマーシャル (→ anuncio 地域差).
propagandista 形 男 女 (思想等を)宣伝する(人).
propagandístico, ca 形 宣伝の, 広告の.
propagar 66 他 広める, 普及[繁殖]させる. ― **propagarse** 再 広まる, 普及[繁殖]する. 〜 el fuego 火が燃え広がる.
propalar 他 (秘密等を)漏らす; 暴く.
propano 男〖化〗プロパン(ガス).
proparoxítono, na 形 終わりから3番目の音節にアクセントのある.
propasar 他 …の枠を越える. 〜 los límites 限度を越える. ― **propasarse** 再 《con》(…に対して)度を越す, 行き過ぎたふるまいをする. 〜 *con* una mujer 女性にしつこく言い寄る.
propedéutico, ca 形 予備知識[訓練]の. ― 女 予備知識[訓練].
propender 自 《a》(…の)傾向がある. *Propende a* comer demasiado. 彼は食べすぎる癖がある.
propensión 女 《a》(…しやすい)傾向. 〜 *a* la gripe かぜをひきやすい傾向.
propenso, sa 形 《a》(…の)傾向がある. ser 〜 *a* la obesidad 太りやすい.
propergol 男 (ロケットの)推進燃料.
propia 形 → propio.

propiamente 副 本来的に；厳密に(言うと). *P*〜 dicho, el País Vasco es una nación. 本来バスクは１つの国である.

propiciar 17 他 ❶ …に有利な状況を作る，もたらす. La inestabilidad social *propició* la revolución. 社会不安が革命を引き起こした. ❷《ラ米》後援する.

propiciatorio, ria 形〖宗〗(神を) なだめる.

propicio, cia 形《**a, para**》(…に) 好都合な；好意的な. el tiempo 〜 *para* salir 出かけるのにちょうどいい天気.

propiedad [プロピエダ(ドゥ)] 女〔英 property〕❶ **所有権**. 〜 horizontal 共同保有権. 〜 literaria 著作権. 〜 intelectual 知的所有[財産]権. 〜 industrial (特許権等の) 工業所有権. un piso de su 〜 自分名義のマンション. ❷ 所有地，所有物，財産. 〜 particular 私有財産. ❸ **特性**. las 〜*es* de una sustancia ある物質の特性. ❹ 適切さ. hablar con 〜 適切な言葉を使って話す. ***en*** 〜 自分のものとして；所有権つきで. tener un cargo *en* 〜 正規の職を持つ.

propietario, ria 形 ❶ 所有者の，持ち主の. ❷ (職等が) 正規の. ── 男 女 ❶ 所有者；家主，地主，事業主. ❷ 正職員.

propileo 男〖建〗(古代) 神殿入り口.

propina 女 ❶ チップ. dejar una 〜 チップを置く. ❷〖音〗アンコール. ***de*** 〜《話》おまけに，ついでに.

propinar 他 (不快なものを) 与える，(パンチ等を) 食らわせる.

propincuidad 女 近さ，近接性.

propincuo, cua 形 近くの，近接した.

propio, pia [プロ ピオ,ピア] 形〔英 own〕❶ **自分 (自身) の**；当人の；《＋名詞》…自身，自体. casa *propia* 持ち家. amor 〜 自尊心. dientes 〜*s* (入れ歯ではない) 自分の歯. El 〜 autor lo dijo. 作者自身がそう言った. Lo hizo con sus *propias* manos. 彼は自らの手でそれをした. ❷《**de**》(…に) **固有の**，本来の. ser 〜 *de* este país この国特有のものである. quedar 〜 en una foto 実物どおりに[きれいに] 写真に写る. nombre 〜〖文法〗固有名詞. ❸ 適切な. un vestido 〜 para la ocasión 時宜に合った服装. ❹ 同じ. Sucedió lo 〜. 同じことが起こった. ***de*** 〜 わざわざ. ***(Es)*** 〜**.**《ラ米》《許可》どうぞ.

propóleos 男［単複同形］蜜蠟(ろう).

propón 活 → proponer.

propondr- 活 → proponer.

proponer [プロポネル] 75 他［過分 propuesto, ta］〔英 propose〕❶ **…を提案する**，提起する；《＋不定詞 / **que**＋接続法》…しようと提案する. *Propongo que* tomemos un descanso. 休憩を取るように提案します. ❷《**para**》(…に) 推薦する. 〜 *para* una beca 奨学生として推薦する. ── **proponerse** 再《＋名詞 / ＋不定詞 / **que**＋接続法》(…しようと) 決める，もくろむ. 〜 volver pronto 早く帰ることに決める.

propong- 活 → proponer.

proporción [プロポルしオン] 女［複 proporciones］〔英 proportion〕❶ **釣り合い**，均整. guardar 〜 con ... …と釣り合っている. ❷ **割合**，比率；〖数〗比例. a 〜 de que ... …するに従って. en 〜 con [a] ... …に比例して. 〜 directa [inversa] 正[反]比例. ❸［複］規模，大きさ. un incendio de grandes *proporciones* 大規模な火事. ❹ 機会，チャンス.

proporcionado, da 形 均整の取れた；《**a**》(…に) 相応な. un sueldo 〜 *al* trabajo 労働に見合った賃金.

proporcional 形 比例の，《**a**》(…に) 比例する. representación 〜 (選挙の) 比例代表制.

proporcionalidad 女 釣り合い，均整.

proporcionalmente 副《**a**》(…に) 比例して，釣り合って.

proporcionar 他 ❶ 与える，提供する；もたらす. 〜 una tristeza 悲しみをもたらす. 〜 trabajo a ... …に仕事を世話する. ❷《**a**》(…に) 釣り合わせる. ── **proporcionarse** 再 調達する，手に入れる.

proposición 女 ❶ 提案；申し出. una 〜 de matrimonio 結婚の申し込み. ❷〖数〗〖論〗命題；〖文法〗文；節. 〜 subordinada 従属節.

propósito [プロポシト] 男〔英 purpose〕**意図**；目的. tener el 〜 de 〈＋不定詞〉…するつもりである. con el 〜 de 〈＋不定詞〉…する目的で. ***a*** 〜 (1) ところで，さて. (2) 適切に[な]，折よく. La invitación me vino muy *a* 〜. 招待状はちょうどよい時に届いた. (3) わざと. ***a*** 〜 ***de*** ... …に関して (言えば). *A* 〜 *del* examen, ¿lo aprobaste? テストと言えば，合格しましたか. ***de*** 〜 わざと；わざわざ. ***fuera de*** 〜 的外れの，場違いの.

propuesto, ta 過分 → proponer. 形 提案された. ── 女 ❶ 提案；申し入れ. ❷ (役職への) 立候補，推薦.

propugnación 女 支持，擁護.

propugnar 他 支持[擁護]する.

propulsar 他 推進する；進展させる.

propulsión 女 推進 (力). 〜 a chorro ジェット推進.

propulsor, sora 形 推進する. ── 男 女 推進者. el 〜 de una campaña 運動の推進役. ── 男〖機〗(船・航空機の) 推進機関.

propus- 活 → proponer.

prorrata 女 (比例配分した) 分け前，割り当て. a 〜 比例 (配分) して.

prorratear 他 比例配分する.

prorrateo 男 比例配分.

prórroga 女 ❶ 延期，延長. ❷〖軍〗徴兵猶予. ❸〖スポ〗延長時間，延長戦.

prorrogable 形 延期[延長]できる.

prorrogación 女 延期，延長.

prorrogar 66 他 延期[延長]する.

prorrumpir 自 ❶《**en**》突然 (…) しだす. 〜 *en* aplausos 一斉に拍手する. ❷ 勢いよく出る.

prosa 女 ❶ 散文 (体). poemas en 〜 散文詩. ❷ つまらなさ；無駄話. la 〜 de la vida 人生の平凡さ.

prosaico, ca 形 ❶ 平凡な，味気ない. ❷ 散文 (体) の.

prosaísmo 男 散文的なこと；平凡さ.

prosapia 女［時に皮肉］(高貴な) 家柄.

proscenio 男〖演〗前舞台；プロセニアム

(アーチ).
proscribir 52 他 ❶ (国外に) 追放する. ❷ (慣習等を) 禁止する.
proscripción 女 (国外) 追放；禁止.
proscrito, ta 形 追放された；禁じられた. ── 男 女 追放者.
prosecución 女 続行, 継続.
proseguir 97 他 続ける, 続行する. ～ la obra 工事を続行する. ── 自 続く；《con, en》(…を) 継続する；《＋現在分詞》…し続ける. ～ *con* [*en*] su tarea 仕事を続ける.
proselitismo 男 (政党・宗教等の) 熱心な勧誘.
proselitista 形 男 女 (政党・宗教等に) 勧誘する (人).
prosélito, ta 男 女 (政党・宗教等の) 新しい支持者.
prosificación 女 散文 (化).
prosificar 26 他 散文にする.
prosig- 活 → proseguir.
prosista 男 女 散文作家.
prosístico, ca 形 散文体の.
prosodia 女 発音規則；〘言〙 音韻論；〘詩〙 韻律学.
prosódico, ca 形 音韻論の；発音に関する；韻律の.
prosopografía 女 〘修〙 (人物・動物の) 外観描写.
prosopopeya 女 ❶ 〘修〙 擬人法. ❷ 《話》もったいぶった話し方.
prospección 女 予備調査；〘鉱〙 (地下資源の) 調査. ～ del petróleo 石油の試掘. ～ de mercado 市場調査.
prospectivo, va 形 未来の, 将来を見込んだ. ── 女 未来学.
prospecto 男 ちらし；使用法説明書.
prosperar 自 繁栄する；成功する；(提案等が) 採用される.
prosperidad 女 繁栄, 繁盛；成功.
próspero, ra 形 繁栄する；順調な. ***P～ Año Nuevo.*** あけましておめでとう；よいお年をお迎え下さい.
próstata 女 〘解〙 前立腺(せん).
prostatitis 女 [単複同形] 〘医〙 前立腺(せん)炎.
prosternarse 再 ひれ伏す；ひざまずく.
prostibulario, ria 形 売春宿の.
prostíbulo 男 売春宿.
próstilo 形 〘建〙 (古代神殿の) 前柱廊式の. ── 男 前柱廊式神殿.
prostitución 女 売春, 身売り；堕落.
prostituir 60 他 ❶ 売春させる. ❷ (能力・名誉を金のために) 売る. ── **prostituirse** 再 売春する；堕落する.
prostituto, ta 男 女 男娼；売春婦.
protactinio 男 〘化〙 プロトアクチニウム.
protagonismo 男 主役を演じること；目立ちたがり.
protagonista [プロタゴニスタ] 男 女 〔英 hero, heroine〕 主人公, 主役；中心人物.
protagonizar 57 他 …の主役を演ずる.
prótasis 女 [単複同形] ❶ 〘演〙 導入部. ❷ 〘文法〙 前提[条件]節.
protección [プロテクしオン] 女 [複 protecciones] 〔英 protection〕 保護, 庇護(ご)；《contra》(…から) 防護するもの. bajo la ～ de los padres 両親に守られて. crema de ～ 日焼け止めクリーム.
proteccionismo 男 保護貿易主義.
proteccionista 形 保護貿易主義の. ── 男 女 保護貿易主義者.
protector, tora 形 保護[庇護(ご)]する. color ～ 保護色. un tono ～ 保護者ぶった口調. ── 男 女 保護[庇護]者. ── 男 ❶ 〘スポ〙 プロテクター；(ボクシング) マウスピース. ❷ 《ラ米》〘車〙 泥よけ, フェンダー (→ guardabarro 地域差).
protectorado 男 保護国[領, 権].
proteger [プロテヘル] 84 他 〔英 protect〕 《de, contra》(…から) 守る, 保護する. ～ la industria (関税をかけて国内の) 産業を保護する. ── **protegerse** 再 《de》(…から) 身を守る.
protegido, da 過分 → proteger. 形 保護[庇護(ご)]された. ── 男 女 お気に入り.
proteico, ca 形 ❶ 《文》 変幻自在の, (姿等を) 次々変える. ❷ たんぱく質の.
proteido 男 〘生化〙 (複合) たんぱく質.
proteína 女 〘生化〙 たんぱく質.
proteínico, ca 形 たんぱく質の.
protej- 活 → proteger.
protervo, va 形 《文》 男 女 邪悪な (人).
protésico, ca 形 〘医〙 (歯科・外科の) 補綴(てつ)術の. ── 男 女 人工器官の技師；歯科技工師.
prótesis 女 [単複同形] ❶ 〘言〙 語頭音添加. ❷ 〘医〙 (義足等の) 人工器官 (装着)；補綴(てつ).
protesta [プロテスタ] 女 〔英 protest〕 抗議 (文, 行動)；異議申し立て. hacer una ～ 抗議する. ── 活 → protestar.
protestante 形 男 女 〘宗〙 プロテスタント (の).
protestantismo 男 〘宗〙 プロテスタンティズム, 新教.
protestar [プロテスタル] 自 〔英 protest〕 《contra, de, por》(…に対して) 抗議する, 異議を申し立てる；不満を言う. ～ *contra* la subida de los impuestos 税金の値上げに抗議する. ── 他 ❶ 〘商〙 (手形の) 支払いを拒絶する. ❷ (信仰等を) 宣言する. ❸ …に抗議する.
protesto 男 〘商〙 (手形等の) 拒絶証書. ～ por falta de aceptación [pago] 引受け[支払い]拒絶証書.
protestón, tona 形 男 女 抗議ばかりする (人).
protético, ca 形 語頭音添加の.
prótido 男 〘生化〙 たんぱく質.
protoactinio 男 → protactinio.
protocolar 形 儀礼的な.
protocolario, ria 形 議定書で決められた, 正式の；儀礼的な. una visita *protocolaria* 表敬[儀礼的]訪問.
protocolizar 57 他 議定書[原本]に組み入れる.
protocolo 男 ❶ 儀礼, 典礼. ❷ 外交議定書；証書の原本. el *P～* de Kioto (1997年, 地球温暖化防止会議の) 京都議定書. ❸ 〘IT〙 プロトコル.
protohistoria 女 原史.
protohistórico, ca 形 原史の.
protomártir 男 最初の殉教者：San

P

Estebanを指す.
protón 男〘物〙陽子, プロトン.
protónico, ca 形 ❶〘物〙陽子の. ❷ → pretónico.
protonotario 男〘カト〙使徒座秘書官;〘史〙主席書記官.
protoplasma 男〘生〙原形質.
protoplasmático, ca 形 原形質の.
protórax 男[単複同形]〘昆〙前胸.
prototípico, ca 形 プロトタイプの, 典型的な.
prototipo 男 ❶ 原型;試作モデル. ～ de coche 試作車. ❷ 典型, 模範.
protóxido 男〘化〙第一酸化物.
protozoo 男〘生〙原生動物.
protráctil 形〘動〙(舌が) 伸長性のある.
protrombina 女〘生化〙プロトロンビン.
protuberancia 女 ❶ 隆起, 突起. ❷〘天文〙[主に複] (太陽の) 紅炎.
protuberante 形 隆起した, 突き出た.
provecho [プロベチョ] 男〔英 benefit〕❶ **利益**;益, 有用性. sacar ～ de una oportunidad 機会を生かす. ❷ 進歩, 向上;成果. trabajar con ～ 働いて結果を出す. ***¡Buen ～!*** ゆっくり召し上がれ. ***de ～*** 有益[有用]な. hombre *de* ～ 役に立つ人. ***en ～ de ...*** …に有利に.
provechosamente 副 有利に, 有益に.
provechoso, sa 形 有益な;利益になる. ～ a [para] la salud 健康に良い.
provecto, ta 形《文》高齢の.
proveedor, dora 形 納入する, 供給の. ── 男 女 供給者;納入業者;〘IT〙プロバイダー.
proveer 85 他 ❶《de》(…を) 供給する, 与える;準備する. ～ *de* ordenadores a las escuelas 学校にコンピュータを備える. ～ lo necesario 必要品を準備する. ❷ (空いたポスト等を) 補充する. ❸ 処理する, (解決策を) 与える. ── 自 必要なもの[解決策]を与える. Dios *proveerá*. 〘聖〙神は与えたもう;《話》何とかなるだろう. ── **pro-veerse** 再《de》(…を) 調達[準備]する.
proveniencia 女 由来, 出発点.
proveniente 形《de》(…から) 来た.
provenir 23 自《de》(…から) 来る, 生ずる.
provenzal 形 男 女 プロバンス (地方) の (人). ── 男 プロバンス語.
provenzalismo 男 プロバンス語特有[起源]の語法.
proverbial 形 ❶ ことわざの, 格言的な. ❷ よく知られた, おなじみの.
proverbialmente 副 ことわざで[のように]. ～ conocido 誰もが知っている.
proverbio 男 ことわざ, 格言;[複]〘聖〙箴言(しんげん).
providencia 女 ❶ 摂理;[P-] 神. la Divina *P*～ 神の摂理. ❷[主に複]対策, 措置. tomar [dictar] ～*s* 対策を講じる. ❸〘法〙裁定.
providencial 形 神の導きによる;運のよい.
providencialismo 男〘哲〙(万象) 摂理説.
providencialista 形 男 女 摂理説の (信奉者).
providencialmente 副 神の導きによって;幸運にも.
providente 形 周到な;先を見越した.
próvido, da 形《文》恵み深い;周到な.
provincia [プロビンしア] 女〔英 province〕❶ **県**, 州. la ～ de Badajoz バダホス県. ❷ (首都に対して) **地方**. la vida en ～*s* いなか暮らし. ❸〘カト〙(修道会) 管区. ❹〘史〙(古代ローマ) 属州.
provincial [プロビンしアる] 形〔英 provincial〕**県の**;地方の. diputación ～ 県議会. ── 男〘カト〙修道会管区長.
provinciala 女 女子修道会の管区長.
provincialismo 男 方言;愛郷心.
provincianismo 男《軽蔑》(閉鎖的な) 地方主義, 地方性.
provinciano, na 形 男 女 地方の (人), いなかくさい (人).
provisión 女 ❶ 供給, 補給;(職等の) 割り当て. ❷[主に複] 備蓄;食料. *provisiones* de mercancía 商品のストック. ～ de fondos〘商〙準備金, 引き当て資金. ❸ 処理;〘法〙裁決.
provisional [プロビシオナる] 形〔英 provisional〕**一時的な**, 仮の, 暫定的な. libertad ～ 保釈.
provisionalmente 副 一時的に, 暫定的に.
provisor 男 女 ❶ 供給者. ❷〘カト〙司教総代理.
provisorio, ria 形《ラ米》→ provisional.
provisto, ta 形《de》(…を) 備えた. un animal ～ *de* cuernos 角のある動物.
provocación 女 挑発, 扇動;誘発.
provocador, dora 形 挑発する (ような). ── 男 女 挑発する人, 扇動者.
provocar 26 他 ❶《a》(…するよう) 挑発する;怒らせる;(異性の) 気をそそる. ～ al pueblo *a* la rebelión 反乱を起こすように民衆を扇動する. ❷ 引き起こす, 誘発する. ～ risa 笑いを誘う. ❸《ラ米》《話》(人に) …したい気持ちを起こさせる. Me *provoca* (tomar) un café. コーヒーが飲みたくなった.
provocativo, va 形 挑発的な, 挑戦的な. una mujer *provocativa* 色っぽい女性.
proxeneta 男 女 売春斡旋(あっせん)人.
proxenetismo 男 売春斡旋(あっせん).
próxima 形 → próximo.
próximamente 副 すぐに, まもなく.
proximidad 女 近いこと;[主に複] 付近. en las ～*es* de ... …の付近で.
próximo, ma [プロクシモ, マ] 形〔英 near, close; next〕❶《a》(…に) **近い**. *P*～ Oriente 近東. estar ～ *al* parque 公園の近くにある. estar ～ *a* terminar もうすぐ終わりそうである. ❷ **次の**. el año [mes] ～ 来年[来月].
proyección 女 ❶ 映写;投影 (図), 投射. ～ de sus sentimientos ocultos〘心〙隠れた感情の投影. ～ ortogonal〘数〙正射影. ❷ 発射, 射出. ❸ 反響, 影響力. noticia de gran ～ 重大ニュース.
proyectar [プロイェクタル(プロジェクタル)] 他〔英 project〕❶ **計画する**, 企てる. ～ hacer un viaje 旅行を企画する. ❷ 映写する;投影する. ～ una película 映画を上映する. ～ su ira en la obra 怒

P

りを作品に表す. ❸ 発射する, 射出する. ❹ 設計する；投影図法で描く.

proyectil 男 (弾丸等の) 発射体；(ミサイル等の) 推進体.

proyectista 男 女 計画者；設計者；製図工.

proyectivo, va 形 計画の, 案の.

proyecto [プロイェクト〈プロジェクト〉] 男 〔英 project〕 ❶ 計画, 企画；設計 (図). estar en ～ 計画中である. ❷ (草) 案. un ～ de ley 法案. ── 活 → proyectar.

proyector 男 ❶ 映写機. ❷ サーチライト, スポットライト.

prudencia 女 慎重, 用心深さ；分別. beber con ～ 節度をもって飲む.

prudencial 形 ほどほどの, 節度ある.

prudente [プルデンテ] 形 〔英 prudent〕 慎重な, 分別のある. Sé ～. 慎重にやりなさい.

prueb- 活 → probar.

prueba [プルエバ] 女 〔英 proof〕 ❶ 証拠；証明. dar ～ de ... …を証明する. en ～ de ... …の証拠として. ❷ 試すこと；検査；《ラ米》試験 (→ examen 地域差). piloto de ～*s* テストパイロット. ～ nuclear 核実験. hacer la ～ de la cuenta 検算をする. ❸ 試練. ～ de fuego 正念場, 試金石. ❹ 《スポ》競技, 種目. ～ eliminatoria 予選. ❺ [主に複] 《印》校正刷り, ゲラ. ❻ 《写》 ～ negativa [positiva] ネガ[ポジ]. ── 活 → probar. ***a ～*** 試験的に. ***a ～ de ...*** …に耐えうる. *a ～ de* agua 防水の. *a ～ de* bomba 《話》頑丈な.

pruna 女 《植》セイヨウスモモ, プラム.

pruno 男 《植》セイヨウスモモ[プラム]の木.

prurigo 男 《医》痒疹(ようしん).

prurito 男 ❶ 抑えがたい欲望, 強い望み. ❷ 《医》掻痒(そうよう)症, かゆみ.

prusiano, na 形 プロシアの. ── 男 女 プロシア人.

prusiato 男 《化》青酸塩；シアン化物.

prúsico, ca 形 《化》シアン化水素の.

PS. 〔ラ〕 *p*ost *s*criptum 追伸 (＝PD.).

pseudónimo 男 → seudónimo.

psi 女 プシー, プサイ (Ψ, ψ)：ギリシャ語アルファベットの第23字.

psicastenia [シカステニア] 女 《医》精神衰弱 (症).

psicoanálisis [シコアナリシス] 男 [単複同形] 精神分析 (学).

psicoanalista [シコアナリスタ] 男 女 精神分析学者, 精神分析医.

psicoanalítico, ca [シコアナリティコ, カ] 形 精神分析の.

psicoanalizar [シコアナリさル] 57 他 精神分析をする.

psicodelia [シコデリア] 女 (60年代音楽等の) 幻覚的傾向, サイケ調.

psicodélico, ca [シコデリコ, カ] 形 幻覚的な, サイケデリックな；サイケ調の.

psicodrama [シコドゥラマ] 男 心理劇.

psicofísica [シコフィシカ] 女 精神物理学.

psicofisiología [シコフィシオろヒア] 女 精神生理学.

psicogénico, ca [シコへニコ, カ] 形 心因性の.

psicolingüística [シコリングイスティカ] 女 言語心理学.

psicología [シコろヒア] 女 〔英 psychology〕 ❶ 心理学. ～ clínica 臨床心理学. ❷ 心理 (状態)；心理把握能力.

psicológicamente [シコろヒカメンテ] 副 心理 (学) 的に.

psicológico, ca [シコろヒコ, カ] 形 ❶ 心理学 (上) の. ❷ 心理的な, 心理に影響を及ぼす. ***momento ～*** もっとも好都合な時；潮時.

psicólogo, ga [シコろゴ, ガ] 男 女 心理学者[カウンセラー]；心理の洞察家.

psicometría [シコメトゥリア] 女 精神測定学.

psicomotricidad [シコモトゥリしダ(ドゥ)] 女 精神運動性.

psiconeurosis [シコネウロシス] 女 [単複同形] 《医》精神神経症.

psicópata [シコパタ] 男 女 精神病 (質) 者.

psicopatía [シコパティア] 女 《医》精神病 (質).

psicopático, ca [シコパティコ, カ] 形 《医》精神病質の.

psicopatología [シコパトろヒア] 女 《医》精神病理学.

psicosis [シコシス] 女 [単複同形] ❶ 《医》精神病. ～ maniaco-depresiva 躁(そう)うつ病. ❷ 強迫観念.

psicosomático, ca [シコソマティコ, カ] 形 心身相関の, 精神身体の.

psicotecnia [シコテクニア] 女 精神工学.

psicotécnico, ca [シコテクニコ, カ] 形 精神工学の.

psicoterapia [シコテラピア] 女 《医》心理[精神]療法.

psicótico, ca [シコティコ, カ] 形 男 女 精神病の (患者).

psicotrópico, ca [シコトゥロピコ, カ] 形 向精神性の. fármaco ～ 向精神薬.

psicrómetro [シクロメトゥロ] 男 乾湿計.

psique [シケ] 女 《心》魂, 心. ── 固名 [P-] 《ギ神》プシュケー.

psiquiatra [シキアトゥラ] 男 女 精神科医.

psiquiatría [シキアトゥリア] 女 《医》精神医学.

psiquiátrico, ca [シキアトゥリコ, カ] 形 精神医学の. ── 男 精神病院.

psíquico, ca [シキコ, カ] 形 精神の, 心的な.

psiquismo [シキスモ] 男 心理現象, 心理作用.

psitacismo [シタしスモ] 男 暗記を基礎にした教授[学習]法.

psitacosis [シタコシス] 女 [単複同形] 《医》オウム病.

PSOE [ペソエ] 男 *P*artido *S*ocialista *O*brero *E*spañol スペイン社会主義労働者党.

psoriasis [ソリアシス] 女 [単複同形] 《医》乾癬(かんせん).

pta. 女 → peseta.

ptas. / pts. 女 複 peseta の複数形.

pteridofito, ta [テリドフィト, タ] 形 《植》シダ植物の. ── 女 [複] シダ植物.

P

pterodáctilo [テロダクティろ] 男 〘古生〙翼竜.
ptialina [ティアりナ] 女 〘生化〙プチアリン.
ptialismo [ティアりスモ] 男 〘医〙唾液(だえき)過多.
ptolemaico, ca [トれマイコ,カ] 形 ❶ (古代エジプトの) プトレマイオス王朝の. ❷ (古代ギリシャの) プトレマイオスの；天動説の.
ptosis [トシス] 女 [単複同形] 〘医〙下垂症；眼瞼(がんけん)下垂症.
púa 女 ❶ 〘動〙〘植〙とげ, 針. ❷ 堅くて先がとがったもの. ❸ (弦楽器用の) 爪(つめ), ピック；レコード針. ❹ 《話》抜け目のない人. ❺ 〘農〙接ぎ穂. ❻ [複] 《俗》ペセタ. ***saber cuántas ～s tiene un peine*** 抜け目がない.
pub [パ(ブ) ブ(ブ)] [英] 男 酒場, パブ.
púber 形 思春[青年]期の. ── 男 女 少年, 少女.
pubertad 女 思春期, 青春期.
pubescente 形 ❶ 思春期の. ❷ 軟毛のある.
pubiano, na 形 〘解〙恥丘の；恥骨の.
pubis 男 [単複同形] 〘解〙恥丘；恥骨.
púbica 形 → público.
publicable 形 出版[発表, 公表]できる.
publicación [プブりカしオン] 女 [複 publicaciones] [英 publication] ❶ **公表**, 発表. ❷ **出版** (物), 刊行 (物).
públicamente 副 公表して, 公然と.
publicano 男 (古代ローマの) 収税吏.
publicar [プブりカル] 26 他 [英 publicize; publish] ❶ **公にする**, 公表する. ❷ **出版する**, 刊行する. ❸ (新聞に) 掲載する, 載せる. ── ***publicarse*** 再 出版[刊行]される.
publicidad [プブりしダ(ドゥ)] 女 [英 publicity] ❶ **広告**, 宣伝. agencia de ～ 広告代理店. ❷ 広報, 周知；公開.
P **publicista** 男 女 ❶ 広告業者. ❷ ジャーナリスト. ❸ 公法学者.
publicitar 他 広告に出す.
publicitario, ria 形 広告の, 宣伝の.
público, ca [プブりコ,カ] 形 [英 public] ❶ **公の**, **公共の** (↔ privado). escuela *pública* 公立学校. ❷ 公然の, 周知の. ❸ 一般公衆 (のため) の, 公開の. ── 男 《集合的》❶ **公衆**, 民衆. el gran ～ 大衆. ❷ 聴衆, 観客, 視聴者, 読者. ***dar al ～*** 出版[上梓(じょうし)]する. ***en ～*** 人前で, 公に. ***mujer pública*** 売春婦. ***sacar al ～*** 公表する.
publique(-) / publiqué(-) 活 → publicar.
pucará 男 《ラ米》(南米) 〘史〙インカ帝国時代の砦(とりで).
pucelano, na 形 男 女 《話》(スペインの) バジャドリッドの (人).
pucha 女 《ラ米》(南米)まさか, そんな, ばかな.
pucherazo 男 ❶ 《話》選挙の不正操作. ❷ 鍋(なべ)での殴打.
pucherear 自 《ラ米》(アルゼンチン)貧しい食事をとる.
puchero 男 ❶ 土鍋(どなべ), 鍋. ❷ (豆等の) 煮込み料理. ❸ 《話》毎日の食事. ❹ 《話》泣き面. hacer ～*s* べそをかく.
puches 男 (または女) 複 穀物がゆ, オートミール.
pucho 男 《ラ米》(1) (タバコの) 吸い殻 (→ colilla 地域差). (2)(南米)余り物, 残りかす. ***a ～s*** 少しばかり, 少しずつ. ***no vale un ～*** 何の役にもたたない. ***sobre el ～*** すぐに.
puchucai 男 女 《ラ米》末っ子 (→ benjamín 地域差).
pud- 活 現分 → poder.
pudding [プディン] [英] 男 プディング.
pudendo, da 形 partes *pudendas* 恥部, 陰部.
pudibundez 女 (性に関して) 上品ぶること.
pudibundo, da 形 (性に関して) 上品ぶった.
púdico, ca 形 慎みのある, 節度のある.
pudiente 形 ❶ 富裕な, 豊かな. ❷ 有力な. ── 男 女 金持ち；有力者.
pudín / pudin 男 ❶ → pudding. ❷ 《ラ米》(デコレーション) ケーキ (→ pastel 地域差).
pudinga 女 〘地質〙礫岩(れきがん).
pudor 男 ❶ (性的) 恥じらい. ❷ 慎み, 節度. ❸ 誠実さ.
pudoroso, sa 形 慎み[恥じらい]のある.
pudrición 女 腐敗；腐敗物.
pudridero 男 ❶ ごみ捨て場, ごみため. ❷ (墓地内の) 仮の遺体安置所.
pudrimiento 男 腐ること, 腐敗 (物).
pudrir 86 他 ❶ 腐らせる, 腐敗させる. ❷ 不愉快にさせる, いらいらさせる. ── ***pudrirse*** 再 ❶ 腐敗する, 腐る. ❷ 不愉快になる, いらいらする. ***¡Así [Ojalá] te pudras!*** 《話》くたばれ.
pudú 男 [複 ～es] 〘動〙(小形の) アカシカ.
Puebla 固名 プエブラ：メキシコの州；州都 (＝ ～ de Zaragoza).
pueblerino, na 形 ❶ 村の, いなかの. ❷ いなか者の, 粗野な. ── 男 女 《軽蔑》村人, いなか者.
pueblero, ra 形 男 女 《ラ米》(南米)町の (人), 都会の[人].
pueblo [プエブろ] 男 [英 village; people] ❶ **町**, **村**. ～ de mala muerte 《話》辺ぴな村. ❷ 《集合的》**民族**；**国民**；人民. ～ japonés 日本国民. ❸ 《集合的》(下層階級の) 民衆, 庶民. ～ *elegido* 選民；ユダヤ民族.
pued- 活 → poder.
puelche 男 女 《ラ米》(チリ)(アルゼンチン)プエルチェ族：アンデスの先住民. ── 男 《ラ米》(1)(チリ)(アルゼンチン)プエルチェ語. (2)(チリ)アンデスから西に吹く寒風.
puente [プエンテ] 男 [英 bridge] ❶ **橋**. ～ colgante つり橋. ～ levadizo 跳ね橋. ❷ (休日と休日をつなぐ) 連休. hacer ～ 連休にする. ❸ 〘海〙(主甲板上の) ブリッジ. ❹ 〘電〙ブリッジ. ❺ (弦楽器の) 駒(こま). ❻ (歯科の) ブリッジ. ❼ 〘スポ〙ブリッジ. ❽ 〘解〙土踏まず. ❾ 仲介者. ❿ (めがねの) ブリッジ. ***hacer [tender] un ～ (de plata) a ...*** …に (あらゆる) 便宜を与える. ～ ***aéreo*** 〘航〙シャトル便.
puenting [プエンティン] 男 バンジージャンプ.
puerco, ca 形 《軽蔑》❶ 汚い, 不潔な；粗野な. ❷ 卑劣[下品]な. ── 男 女 ❶ 《ラ米》豚 (→ cerdo 地域差). ❷ 《軽

蔑》汚らしい[卑劣な]人. ～ *de mar* 〘動〙ネズミイルカ. ～ *espín* 〘動〙ヤマアラシ. ～ *jabalí* [*montés, salvaje*] 〘動〙イノシシ. ～ *marino* 〘動〙イルカ.

puercoespín 男〘動〙ヤマアラシ.

puericia 女 児童期, 少年期.

puericultor, tora 男 女 育児専門家；保育士[師].

puericultura 女 育児学[法].

pueril 形 ❶ 子供の, 子供らしい. ❷ ばかげた, たわいのない.

puerilidad 女 ❶ 子供らしさ；幼稚さ. ❷ たわいないこと.

puérpera 女 出産直後の女性.

puerperal 形〘医〙産褥(さんじょく)の, 産後の. fiebre ～ 産褥熱.

puerperio 男〘医〙産褥(さんじょく)期, 産後.

puerro 男〘植〙西洋ネギ, リーキ, ポロネギ.

puerta [プエルタ] 女 〔英 door〕 ❶ **門, ドア**. entrar por la ～ ドアから入る. llamar a la ～ ドアのところで呼ぶ. (de) ～ a [en] ～ ドアツードアで. ～ de emergencia 非常用ドア. ～ principal 正面玄関. ❷ (中世都市の) 市門. ❸《比喩的》門戸. abrir la ～ a ... …に門戸を開く. ❹ (サッカー) ゴール. *a las* ～*s* さし迫った, 目前の. *a* ～ *cerrada* 非公開で. *coger* [*tomar*] *la* ～ ぷいっと出ていく. *dar con la* ～ *en las narices* 《話》拒絶する. *(de)* ～*s abiertas* 無料公開(の). *de* ～*s adentro* 非公式に；人目がないときには. *de* ～*s afuera* 人前では. *en* ～*s* 目前に. *escuchar detrás de la* ～ 盗み聞きする.

Puerta del Sol 固名 プエルタ・デル・ソル, 太陽の門. (1) マドリードの広場. (2) ボリビアにあるプレ・インカ期(7世紀頃)の巨石門.

puertaventana 女 (窓の) 鎧戸(よろいど).

puerto [プエルト] 男 〔英 port, harbor〕 ❶ **港**；港町. ～ deportivo (ヨット等の) ハーバー. ～ franco [libre] 自由(貿易)港. ❷ 山あいの道, 峠. ❸《比喩的》避難所；心の支え. ❹〘IT〙ポート. *llegar a (buen)* ～ 無事に着く；難局を乗り切る. ～ *de arrebatacapas* 風の吹き荒れる場所；物騒な場所. *tomar* ～ 入港する；安全な場所に逃げ込む.

Puerto Príncipe 固名 ポルトープランス：ハイチの首都.

Puerto Rico [プエルトリコ] 固名 **プエルトリコ**：西インド諸島中部の島, 米国自治領. 首都：サンファン San Juan.

puertorriqueñismo 男 プエルトリコ特有の語[表現].

puertorriqueño, ña [プエルトリケニョ,ニャ] 形 **プエルトリコ(人)の**. ── 男 女 **プエルトリコ人**.

pues [プエス] 接 〔英 since; then〕 ❶《理由》**…なので**. No puedo ir a la fiesta, ～ ya tengo otra cita. パーティーには行けないよ, もう他に約束があるから. *P*～ tanto te quiere, cásate con él. 君のことをそんなに愛しているんだから, 彼と結婚したら. ❷《結果・当然》**それなら**. Tengo hambre. — *P*～ come algo. お腹が空いた. —じゃあ, 何か食べたら. Tú no sabes nada, ～ cállate. 君は何も知らないんだから黙ってて. ❸《対照》でも, だけど. A mí no me gusta ese modelo. — *P*～ a mí me encanta. 私はその型は好きじゃない. —でも私は大好きだけど. ❹《文頭で強調》そりゃ, …だとも. La cena estaba riquísima. — *P*～ la preparé yo. 夕食はとてもおいしかった. —そりゃ私が作ったんだから. ¡*P*～ no faltaba más! とんでもない. ── 間《ためらい・言いよどみ》そうですね, ええと. ¿Has pasado bien el fin de semana? — *P*～, sí. 週末は楽しく過ごしたの. —まあ, そうですね. ¿Quiénes vienen? — *P*～ ... Pedro, Antonio, Isabel .... 誰が来るの. —ええと, ペドロにアントニオ, イサベルに…. ～ *que* 〈+直説法〉《理由》…だから.

puesta 過分 → poner. 女 ❶ (日・月が) 沈むこと. ～ de(l) sol 日没. ❷ (ある状態に) 置くこと. ～ a punto 調整. ～ en escena 映画[舞台]化, 上映. ～ en marcha (機械等の) 始動. ❸ (鳥類の) 産卵；産む卵の数量. ～ *de largo* 社交界へのデビュー.

puestero, ra 男 女《ラ米》(1) 露天商. (2)(アルゼ)(チリ)(ウルグ)(パラグ)(ボ)牧場の管理人.

puesto, ta [プエスト,タ] 過分 → poner. 形 ❶ 置かれた. la mesa *puesta* 用意ができた食卓：食器が並べられた食卓. ❷ 身に着けた. una señora bien *puesta* 身なりのいい婦人. ── 男 〔英 position, post〕 ❶ **場所**；席. volver a su ～ 自分の場所に戻る. ～ de policía 交番. ❷ **職**；地位. conseguir [perder] un ～ de trabajo 職を得る[失う]. ❸ 順位. el tercer ～ del ranking ランキング第3位. ❹ 売店, 露店. ～ de periódicos 新聞スタンド. ❺ (警備等の) 基地. ～ de mando 司令所. ❻〘狩〙待ち伏せ場所. *en el* ～ *de* ... …の立場なら. *estar* [*mantenerse*] *en su* ～ 自分の立場をわきまえる. ～ *que* 《動機・理由》…だから. ¿Por qué no salimos ahora mismo, ～ *que* ya ha dejado de llover? 雨がやんだから, 今出かけないかい.

puf 男 クッション付きの低い丸いす.

¡puf! 間《不快・嫌悪》うわっ；ふうっ.

pufo 男《話》詐欺, ぺてん；ぼったくり.

púgil 男 ❶〘スポ〙ボクサー. ❷ (古代ローマ) 拳闘(けんとう)士.

pugilato 男〘スポ〙ボクシング；殴り合い；激論.

pugilismo 男〘スポ〙ボクシング.

pugilista 男 → púgil.

pugilístico, ca 形 ボクシングの.

pugna 女 闘い, 戦闘；対立, 衝突.

pugnacidad 女 けんか好き, 好戦性.

pugnar 自 ❶ 争う, 闘う. ❷ 《por＋不定詞》懸命に…しようとする.

pugnaz 形 争い好きな, けんかっ早い；攻撃的な.

puja 女 ❶ (競売での) 競り合い；入札(価格). ❷ 闘い, 奮闘. *sacar de la* ～ *a* ... 《話》…をしのぐ；窮地から救う.

pujante 形 勢いのある, 急成長する.

pujanza 女 勢い, 力強さ.

pujar 他 (競売等で) 競る, 競り上げる. ── 自 ❶ 《por》(競売等で) (…に) 値を付ける. ❷ 必死になる；いきむ. ～ por 〈+不定詞〉必死に…しようとする. ❸《話》べそをかく；言葉に詰まる；ためらう.

pujo 男 [主に複] ❶〘医〙しぶり(腹). ❷

P

衝動. ❸《話》念願, 野望.
pulcritud 女 清潔, こぎれいさ；入念.
pulcro, cra 形 ❶ きちんとした, 清潔な. ❷ 念入りの, 注意深い.
pulga 女 ❶〖昆〗ノミ. ❷ 小さな独楽(こま). ❸ 小さくて丸いサンドイッチ. *buscar las ~s*《話》挑発する. *sacudirse las ~s*《話》責任逃れをする. *tener malas ~s*《話》たちが悪い, 気難しい.
pulgada 女 インチ：長さの単位（1フィートの12分の1）.
pulgar 男 親指（= dedo ~）.
pulgón 男〖昆〗アブラムシ, アリマキ.
pulgoso, sa 形 ノミだらけの.
pulguero, ra 形 → pulgoso. — 男 ❶ ノミの巣窟(そう). ❷《ラ米》独房, 留置所.
pulguillas 男 女 [単複同形]《話》短気な人.
pulido, da 形 磨かれた；洗練された；仕上がりの見事な. — 男 研磨, つや出し；光沢.
pulidor, dora 形 磨く, つや出し用の. — 男 (または女) つや出し機, 研磨機.
pulimentado 男 磨き上げること.
pulimentar 他 磨き上げる, 光沢[つや]を与える.
pulimento 男 ❶ 研磨, つや出し. ❷ 光沢, つや. ❸ 磨き粉, 光沢剤.
pulir 他 ❶ 磨く, つや出しする；研ぐ. ~ los zapatos《ラ米》靴を磨く (→ limpiar 地域差). ❷ 磨きをかける, 完璧(かんぺき)にする. ❸ 上品にする, 洗練させる. ❹《話》くすねる. ❺《話》浪費する. — **pulirse** 再 ❶ あか抜ける, 上品になる. ❷《話》浪費する.
pulla 女 皮肉, とげのある言葉.
pullman [プるマン] 男 [英]《ラ米》(アルゼンチン)(メキシコ)(設備の整った) 長距離バス；寝台車.
pull-over [英] 男 → pulóver.
pulmón [プるモン] 男 [複 pulmones] [英 lung] ❶ 肺, 肺臓. ~ artificial [de acero] (人工呼吸用の) 鉄の肺. ❷ (大気を浄化する) 緑地帯. ❸ [複]《話》声量. ❹《話》持久力. ~ del equipo〖スポ〗チーム中でスタミナのある選手.
pulmonado, da 形〖動〗有肺亜綱の. — 男 [複] 有肺亜綱の軟体動物.
pulmonar 形 肺の, 肺に関する.
pulmonaria 女〖植〗(ムラサキ科) プルモナリア；樹幹に寄生する苔(こけ)・地衣類.
pulmonía 女〖医〗肺炎.
pulóver 男《ラ米》セーター (→ jersey 地域差).
pulpa 女 ❶ 果肉；食肉の柔らかい部分. ❷ (製紙用の) パルプ；搾りかす；(野菜等の) ペースト. ❸〖解〗髄, 髄質. ~ dental [dentaria] 歯髄.
pulpejo 男 ❶ (耳たぶ等の) 肉質部. ❷ 馬蹄(ばてい)の柔らかい部分.
pulpería 女《ラ米》食料品店 (→ tienda 地域差).
pulpero, ra 男 女《ラ米》食料雑貨商 (店主).
pulpeta 女〖料〗薄切りの肉.
púlpito 男 (教会の) 説教壇.
pulpo 男 ❶〖動〗タコ. ❷ (荷物を固定する) ゴムひも. ❸《軽蔑》触り魔. *poner como un ~ a ...*《話》…をこっぴどく殴る.
pulposo, sa 形 肉質の；果肉の多い.
pulque 男《ラ米》(メキシコ) プルケ：リュウゼツラン magueyの搾り汁を発酵させて作った酒.
pulquería 女《ラ米》(メキシコ)(プルケ pulque の) 酒場.
pulquérrimo, ma 形 [pulcroの絶対最上級]《文》清楚(せいそ)極まりない.
pulsación 女 ❶ 脈動；脈拍, 鼓動. ❷ (タイプライター・ピアノ等の) タッチ.
pulsador 男 押しボタン, スイッチ.
pulsar 他 ❶ (パソコン等のキーボード・楽器を) 打つ, たたく. ❷ (ボタン等を) 押す. ❸ 探りを入れる. — 自 脈打つ, 鼓動する.
púlsar 男〖天文〗パルサー.
pulsátil 形 脈打つ, ずきずきする.
pulsatila 女〖植〗セイヨウオキナグサ.
pulseada 女《ラ米》(アルゼンチン)(ウルグアイ)(パラグアイ) 腕相撲.
pulsear 自 腕相撲をする.
pulsera 女 腕輪, ブレスレット；(腕時計の) バンド.
pulsímetro 男 脈拍計.
pulsión 女〖心〗欲動.
pulso 男 ❶ 脈, 脈拍. ~ arrítmico 不整脈. ~ sentado 整脈. ❷ (手首の) 脈動部, 脈所. ❸ 手先の器用さ. ❹ 拮抗(きっこう), 対立. ❺ 慎重, 気配り. ❻《ラ米》(キューバ)(コロンビア) ブレスレット. *a ~* (1) 手先で. (2) 自分[腕]の力だけで. *echar un ~* 腕相撲をする. *tomar el ~* 脈をとる；探りを入れる.
pulsómetro 男 脈拍計.
pulsorreactor 男〖空〗パルス・ジェットエンジン.
pulular 自 ❶ 繁殖[増殖]する. ❷ 群がる, びっしり集まる.
pulverizable 形 粉末[霧状]にできる.
pulverización 女 ❶ 粉末化；粉砕. ❷ 霧状にすること.
pulverizador 男 噴霧器；(香水等の) アトマイザー, スプレー.
pulverizar 57 他 ❶ 粉末状[粉々]にする. ❷ 霧状にする；噴霧する. ❸ 撃破する. — **pulverizarse** 再 粉々[霧状]になる.
pulverulento, ta 形 ❶ 粉末状の. ❷ 粉だらけの, ほこりまみれの.
pum 間《擬》《銃声・打撃》パン, パン. — 男《幼》おなら. *ni ~*《話》少しも…ない.
puma 男〖動〗ピューマ, クーガー.
¡pumba! 間《擬》《落下・衝撃音》バーン.
pumita 女 軽石.
puna 女 ❶ プナ：アンデスに広がる寒冷な荒地. ❷《ラ米》(南米)〖医〗高山病.
punch [英] 男 (ボクシング) パンチ(力).
punching ball [プンチンボる] [英] 男 (ボクシング) パンチングボール.
punción 女 ❶〖医〗穿刺(せんし). ❷ 刺すような痛み.
puncionar 他〖医〗穿刺(せんし)する.
pundonor 男 名誉心；自尊心.
pundonoroso, sa 形 誇り高い.
punga 女《ラ米》(チリ) 盗み, 窃盗. — 男 女《ラ米》(チリ) すり；泥棒.
pungir 44 他 刺す；(心を) 傷つける.
punguista 男 女《ラ米》(アルゼンチン)《俗》すり；泥棒.
punible 形 罰すべき, 処罰に値する.
punición 女 罰, 処罰.
púnico, ca 形 ポエニ[古代カルタゴ]の. — 男 女 ポエニ[古代カルタゴ]人. — 男 ポエニ語, 古代カルタゴ語.

punir 他 罰する.

punitivo, va 形 処罰の, 懲罰的な.

punk / punki [パン(ク)〈プン(ク)〉/パンキ〈プンキ〉]〔英〕男 パンク (ロック, ファション). ── 形 男 女 パンクの(愛好者).

Puno 固名 プーノ : ペルーの県 ; 県都.

punta [プンタ] 女〔英 point〕❶ **とがったものの先**, 先端. ～ del pie つま先. ❷ 岬. ❸ 細釘(くぎ). ❹ 少し, 少量. tener una ～ de loco 少し頭がおかしい. ❺ 彫刻針. ❻ (家畜の) 小さな群. ❼ (サッカー) フォワードのポジション. ── 男 女 (サッカー) フォワード選手. ***acabar*** [***terminar***] ***en*** ～ 中途で終わる. ***a*** ～ (***de***) ***pala*** 《話》たくさん, 多量に. ***de*** ～ 垂直に ; つま先立ちで. ***de*** ～ ***a punta*** [***cabo***] 端から端まで. ***de*** ～ ***en blanco*** めかし込んで. ***hora(s)*** ～ ラッシュアワー. ***la*** ～ ***del iceberg*** 氷山の一角. ***sacar*** ～ ***a*** ... …をとがらせる ; 歪曲(わいきょく)する. ***tener*** ... ***en la*** ～ ***de la lengua*** …を思い出せそうで思い出せない. ***velocidad*** ～ 最高速度.

Punta Arenas 固名 プンタ・アレナス : チリの州 ; 州都.

puntabola 女《ラ米》ボールペン (➡ bolígrafo 地域差).

puntada 女 ❶ 編み目, ステッチ. ❷ 皮肉, ほのめかし. tirar una ～《話》皮肉を言う. ❸ 刺すような痛み. ❹《ラ米》(メキシコ) 機知 ; うまい言い回し. ***no dar*** ～ ***sin hilo*** [***dedal, nudo***]《話》抜かりがない.

puntaje 男《ラ米》(テスト等の) 得点.

puntal 男 ❶ 支え, 突っ張り. ❷《比喩的》支え, 担い手. ❸《ラ米》軽食 ; おやつ.

puntapié 男 けること, 足げり. ***a*** ～***s*** 《話》乱暴に, 容赦なく.

Puntarenas 固名 プンタレナス : コスタリカの県 ; 県都.

puntazo 男 ❶ 角(つの) [剣等] での突き (傷). ❷《話》皮肉. ❸《話》すばらしくよいこと.

puntear 他 ❶ 印をつける, チェックする. ❷〘美〙点描[点刻]する. ❸ (弦楽器を) (つま) 弾く. ❹ 縫う, ステッチをかける. ── 自《ラ米》(アルゼンチン)(ニコン)(ピアノ)(ウルグアイ)(チリ) 先頭に立つ.

punteo 男 ❶ (弦楽器の) つま弾き. ❷ (帳簿等の) チェック, 照合.

puntera 女 ❶ (靴下等の) つま先. ❷ つま革, 飾り革. ***de*** ～ (サッカー) トーキックで.

puntería 女 ❶ 照準, ねらい. ❷ 射撃の腕前, 射撃術. ***afinar*** [***corregir***] ***la*** ～ 慎重にねらう ; 細心の注意を払う.

puntero, ra 形 ❶《**en**》(…に) 優れた, 傑出した. ❷ ねらいの正確な. ❸《ラ米》(アルゼンチン)(ウルグアイ) (集団を) 先導する ;〘スポ〙首位の ; フォワードの. ── 男 ❶ 指示棒. ❷ のみ, たがね.

puntiagudo, da 形 とがった, 鋭い.

puntilla 女 ❶ (縁飾り用の) ボーダーレース. ❷〘闘牛〙プンティーリャ : (とどめを刺す) 短剣. ❸ ペン先. ***dar la*** ～ ***a*** ... …にとどめを刺す. ***de*** ～***s*** つま先立ちで.

puntillazo 男 とどめの一撃.

puntillero 男 とどめを刺す役割の闘牛士.

puntillismo 男 点描画法.

puntillista 形 点描画法の. ── 男 女 点描画家.

puntillo 男 ❶ 虚栄心. ❷〘音〙付点.

puntilloso, sa 形《話》怒りっぽい ; 虚栄心のある.

punto [プント] 男〔英 dot; point〕❶ **点**. línea de ～***s*** 点線. ❷ 終止符, ピリオド ;〘IT〙ドット. dos ～***s*** コロン. ～ y coma セミコロン. ～ y aparte [seguido] ピリオドのあと改行[続けて]. ❸ (空間上の) 点, ポイント. ～ de partida 出発点. ❹ 問題点, 要点. ～ clave キーポイント. ～ débil 弱点. ❺ 時点 ; 段階 ; 程度. ❻ (試験・ゲーム・スポーツの) **得点**, ポイント. ❼〘物〙〘化〙点. ～ de congelación 凝固点. ❽ 縫い目 ; 編み目 ; ほつれ. hacer ～ 編み物をする. ～ de cruz クロスステッチ. ❾〘医〙縫い目. ❿ 方位. ～***s*** cardinales 基本方位. ***a*** ～ ちょうどいい時に ; 用意のできた. ***a*** ～ ***fijo*** 正確に. ***en*** ～ ちょうど. Son las ocho ***en*** ～. 8時ちょうどです. ***en*** su ～ 最良の状態に[で]. ***estar a*** ～ ***de*** 〈＋不定詞〉まさに…しようとしている. ***ganar*** [***perder***] ～***s*** 評価を上げる[落とす]. ***hasta cierto*** ～ ある程度まで. ***poner los*** ～***s sobre las íes*** (あいまいなものを) はっきりさせる. ～ ***de vista*** 観点. desde el ～ ***de vista*** económico 経済的見地からみれば. ～ ***por*** ～ 詳細に. ***y*** ～《話》それで話は終わりだ.

puntocom 女 [単複同形] I T関連企業. ► 英語の dot-com より.

puntuable 形 (競技会が) 公認の, (公式) 記録として認定される.

puntuación 女 ❶ 句読法 ; 句読点. ❷〘スポ〙得点 ; (成績の) 評価, 点数.

puntual 形 ❶ 時間どおりの ; きちょうめんな. ❷ 正確な, 精密な ; 的確な. ❸ 点の ; 限定的な.

puntualidad 女 ❶ きちょうめん, 時間厳守. ❷ 正確さ, 厳密さ.

puntualización 女 明確化 ; 詳細な説明.

puntualizar 57 他 ❶ 明確化する. ❷ 細かく説明する. ❸ 完成させる, 仕上げる. ❹ しっかり記憶する.

puntualmente 副 ❶ 正確に, きっちりと ; 時間どおりに. ❷ 詳細にわたって.

puntuar 58 他 ❶ …に句読点を打つ. ❷ 点数を付ける, 評価する. ── 自〘スポ〙得点する ;《**para**》(…に) 記録として認定される.

puntudo 形《ラ米》(チリ) 怒りっぽい.

punzada 女 ❶ 刺すような痛み ; 心のうずき. ❷ 刺すこと ; 刺し傷.

punzante 形 鋭い ; 刺すような ; しんらつな.

punzar 57 他 ❶ 刺す, 突く. ❷ 穴をあける, 穿孔(せんこう)する. ❸ 刺すような痛みを与える ; さいなむ. ── 自 刺す ; 痛む.

punzón 男 ❶ 千枚通し ; たがね. ❷ (硬貨等の) 打印器.

puñada 女《話》げんこつで殴ること.

puñado 男 ❶ 一握り, 一つかみ. ❷ 少量, 少数. ❸《話》たくさん. ***a*** ～***s*** たくさん, 大量に.

puñal 男 ❶ 短剣, 短刀. ❷《ラ米》(メキシコ)《俗》ホモセクシュアル. ***poner un*** ～ ***en el pecho***《話》脅迫する, 無理強いする.

puñalada 女 ❶ (短剣等の) 一突き ; 刺し傷. ❷ 衝撃, 痛手. ***coser a*** ～***s***《話》

P

めった刺しにする. ～ *trapera* 《話》裏切り.

puñeta 女 ❶ (ガウン等の) 飾りの付いた袖口(そで). ❷ 《話》不快[厄介]なもの；無意味な[価値のない]もの. *de la(s)* ～*(s)* ものすごい. *hacer la* ～ 《話》いらつかせる. *irse a hacer* ～*s* 《話》だめになる. *mandar a hacer* ～*s* 《話》追い払う, 拒絶する.

puñetazo 男 げんこつでの殴打.

puñetería 女 不快；厄介；困難.

puñetero, ra 形 《俗》不愉快な；面倒な, 厄介な. ―男 女 《俗》嫌なやつ；うるさい人.

puño [プニョ] 男 [英 fist] ❶ (握り) **こぶし**, げんこつ. ❷ 握り, 取っ手. ❸ 袖口(そで), カフス. ❹ 小さなもの. un ～ de casa ちっぽけな家. ❺ [複] 《話》気力, 体力. *apretar los* ～*s* 最善を尽くす, 努力する. *comerse los* ～*s* 《話》ひもじい思いをする. *como* ～*s* 《話》とても大きい；すごい. *como un* ～ 《話》(1) 小さい, 狭い. (2) とても大きい；すごい. *de* SU ～ *y letra* 自筆の[で]. *meter* [*tener*] *en un* ～ / *tener metido en un* ～ 《話》牛耳る, 押さえつける.

pupa 女 ❶ (特に口元の) 発疹(はっしん), 吹き出物. ❷ かさぶた. ❸ 《幼》怪我(けが). *hacer* ～ 《話》痛い思いをさせる.

pupila 女 ❶ 〖解〗瞳(ひとみ), 瞳孔(どうこう). ❷ 《話》見分ける力. ❸ 《話》娼婦(しょうふ).

pupilaje 男 ❶ 駐車場の契約 (料). ❷ 下宿 (料). ❸ 後見.

pupilar 形 ❶ 被後見人の. ❷ 瞳(ひとみ)の.

pupilo, la 男 女 ❶ 〖法〗後見人のついた孤児. ❷ 教え子. ❸ (コーチから見た) 選手. ❹ 下宿人.

pupitre 男 教室机, 勉強机.

pupo 男 《ラ米》(アルゼンチン)(チリ)(ボリビア)(ペルー)へそ.

puquio 男 《ラ米》(南米)泉；水源.

pura 形 → puro. ―固名 [P-] プラ：Purificaciónの愛称.

puramente 副 純粋に；ただ, 単に.

purasangre 形 男 サラブレッド (の).

puré 男 [複 ～s] 〖料〗ピューレ, 裏ごし. *estar hecho* ～ 《話》くたくたになる.

purera 女 葉巻入れ, シガーケース.

pureza 女 純粋, 純潔；処女性.

purga 女 ❶ 下剤. ❷ 掃除. ❸ 粛清, パージ. *la* ～ *de Benito* 《話》万能薬.

purgación 女 ❶ 下剤をかけること. ❷ [主に複] 《俗》淋病(りんびょう). ❸ 〖宗〗浄罪.

purgante 男 下剤.

purgar 66 他 ❶ 浄化する. ❷ 下剤をかける. ～ el vientre 通じをつける. ❸ 粛正[一掃]する. ❹ (罪を) 償う. ― **purgarse** 再 下剤を飲む.

purgativo, va 形 浄化する；通じをつける.

purgatorio 男 ❶ 〖カト〗煉獄(れんごく). ❷ 試練の場；一時的な苦しみ.

Puri 固名 プリ：Purificación の愛称.

puridad 女 《文》*en* ～ 率直に；実際に.

purificación 女 ❶ 浄化, 純化. ❷ [P-] 〖カト〗聖母マリアの清めの祝日 (2月2日). ―固名 [P-] プリフィカシオン：女子の名.

purificador, dora 形 浄化する, 清める. ―男 女 清める人. ―男 ❶ 〖カト〗聖杯ふきん；清浄巾(きん). ❷ 浄化装置.

purificar 26 他 ❶ 清浄にする；不純物を除去する. ❷ (魂等を) 浄化する. ― **purificarse** 再 《de》(…から) 身を清める.

Purísima 女 〖カト〗(聖母マリアの) 無原罪の御宿り.

purismo 男 (言語・文体の) 純粋主義, 純正論；国語純化論[運動].

purista 形 男 女 (言語・思想の) 純正[純粋]主義の[者].

puritanismo 男 ❶ 清教主義, ピューリタニズム. ❷ (道徳・宗教上の) 厳格主義.

puritano, na 形 ❶ 清教主義の, 清教徒の. ❷ (道徳・宗教的に) 厳格な. ―男 女 清教徒, ピューリタン；厳格主義者.

puro, ra [プロ, ラ] 形 [英 pure] ❶ **純粋な**, 混じり気のない；**澄んだ**. ❷ 純潔な, 清純な. ❸ 端正な, 完璧(かんぺき)な. ❹ 《+名詞》単なる, 純然たる. la *pura* verdad まぎれもない真実. ❺ 《ラ米》(1) 《+名詞》ただ…だけ. (2)(ベネズエラ)よく似た；(メキシコ)同一の. ―男 ❶ 葉巻, シガー. ❷ 罰. *a* ～ *(de)* ... …のおかげで. *de* ～ 極度に…であるために.

púrpura 女 ❶ 赤紫色. ❷ 紫紅色の染料；(王侯等の) 紫衣. ❸ 〖貝〗アクキガイ (の一種). ―形 赤紫色の.

purpurado 男 枢機卿(けい).

purpúreo, a 形 赤紫色の, 紫紅色の.

purpurina 女 ❶ 〖化〗プルプリン. ❷ (金・銀色に使う) 青銅粉末；それを使った絵.

purpurino, na 形 → purpúreo.

purrela 女 安ワイン；《軽蔑》くず, かす.

purrete 男 《ラ米》(アルゼンチン)(ウルグアイ) 《話》子供, 小僧.

purriela 女 《軽蔑》くず, かす.

purrusalda 女 じゃがいも・タラ・ネギを煮込んだバスク地方の料理.

purulencia 女 〖医〗化膿(かのう).

purulento, ta 形 化膿(かのう)した.

pus 男 〖医〗膿(うみ), 膿汁(のうじゅう).

pus- 活 → poner.

pusilánime 形 臆病(おくびょう)な, 意気地のない. ―男 女 臆病者, 意気地なし.

pusilanimidad 女 臆病(おくびょう), 弱気.

pústula 女 〖医〗膿疱(のうほう).

putada 女 《俗》汚い手口, 卑怯(ひきょう)なやり方.

putañear 自 《俗》娼婦(しょうふ)通いをする.

putañero 形 《俗》娼婦(しょうふ)好きの.

putativo, va 形 (推定上) 血縁関係にあるとされる.

puteada 女 《ラ米》罵倒(ばとう).

putear 自 《俗》女を買う；売春する. ―他 ❶ 《俗》うんざりさせる, てこずらせる. ❷ 《ラ米》ののしる, 手ひどく扱う.

puteo 男 ❶ 《話》嫌がらせ, いじめ. ❷ 《俗》売[買]春.

putería 男 《俗》売春；《集合的》売春婦.

putero, ra 形 《俗》娼婦(しょうふ)好きの.

puticlub 男 [複 ～s] 《俗》(売春婦のいる) バー.

puto, ta 形 《俗》❶ 腹黒い；不快な；つらい. ❷ 《+名詞》《ののしり・強調》no tener ni *puta* idea さっぱり分からない. ―男 女 男娼(だんしょう), 売春婦；誰とでも寝る女. *como puta por rastrojo* 苦労して,困って. ***de puta madre*** 最高に, とても良く. ***de puta pena*** 最悪に, とても悪く. ***¡Hijo de puta!*** このばか野郎. ***ir de putas*** (男が) 女を買う. ***me cago en la puta*** ちくしょう. ***pasarlas putas*** つらい思いをする. ***ser más puta que las gallinas*** (女が) 浮気症である.

putón, tona 男 女《俗》ふしだらな女; 売春婦; 男娼(だんしょう).

putrefacción 女 腐敗; 腐敗物.

putrefacto, ta 形 腐った, 腐敗した.

putrescencia 女 腐敗した状態.

putridez 女 腐敗 (状態); 腐りやすさ.

pútrido, da 形 腐った, 腐敗した.

putsch [プ(チ)] 〔英〕 男 反乱; 転覆.

putt [ポ(トゥ)] 〔英〕 男 [複 ～s] (ゴルフ) パット. fallar un ～ パットをはずす.

putter [ポテル] 〔英〕 男 (ゴルフ) パター.

Putumayo 固名 ❶ プトゥマヨ: コロンビアの州. ❷ プトゥマヨ (川): アマゾン川支流.

puya 女 ❶〖闘牛〗槍(やり)の穂先; (家畜を追う) 突き棒の先端. ❷ 皮肉, 当てこすり.

puyazo 男 (puyaによる) 突き, 刺し傷.

puyo 男《ラ米》(アルゼンチン)粗布でできた大きなポンチョ.

puzzle [プスれ] 〔英〕 男 パズル.

PV *P*aís *V*asco バスク地方.

PVP 男 *P*recio de *v*enta al *p*úblico《スペイン》希望小売価格.

pylori 形 Helicobacter ～〖医〗ピロリ菌: 胃潰瘍(かいよう)を起こす桿菌(かんきん).

pyme [ピメ] 女 [主に複] *p*equeña *y* *m*ediana *e*mpresa 中小企業.

Pyong Yang 固名 ピョンヤン (平壌): 朝鮮民主主義人民共和国 (北朝鮮) の首都.

pyrex [ピレ(ク)ス] 〔英〕 男〖商標〗パイレックス: 耐熱ガラス.

Qq

Q, q [ク] 女 スペイン語字母の第17字.

Qatar 固名 → Katar.

q. e. p. d. *q*ue *e*n *p*az *d*escanse 安らかに憩わんことを: 故人の冥福(めいふく)を祈る言葉.

quanto 男〖物〗量子.

quantum 男 [複 quanta]〖物〗量子.

quark [クアル(ク)] 〔英〕 男〖物〗クオーク: 素粒子の1つ.

quásar 〔英〕 男〖天文〗クエーサー, 準星.

que [ケ] 〔英 that; than〕 接 1《名詞節・名詞相当句を導く》❶《+直説法》**…ということ**. Creo *que* lloverá mañana. 明日は雨になると思う. ❷《+接続法》《疑惑・否定・推量・感情・可能》…すると (は); 《指示・要求・願望》…するように. No creo *que* lo hagas tú mismo. 君自身がそれをするとは思わない. Es posible *que* lleguen a tiempo. 彼らは時間どおりに着くかもしれない. Deseo *que* lleguen sin novedad. 彼らが無事に着くよう私は望んでいる. ❸《単独あるいはある種の語を前置して強い否定・断定》¡*Que* no! とんでもない. Claro *que* sí [no]. もちろんそうだ[そうではない]. ❹《文頭で用いられ願望や第三者への命令・驚き》*Que* tenga un bien viaje. いいご旅行を. *Que* no entre nadie. 誰にも入らせないように. ¿*Que* (tú) no lo sabes? 君はそんなことも知らないのか. ► 名詞節・名詞相当句を導く場合 queは義務的であるが, 商業通信文等特定の文体では省略も可. 2《副詞節・副詞相当句を導く》❶《比較構文》…よりも; …と同じ (ほど). Pedro trabaja más *que* tú. ペドロは君よりよく働いているよ. Tengo la misma opinión *que* Marta. 私はマルタと同じ意見だ. ❷《理由》《話》…だから (= porque). Cierra la ventana, *que* tengo frío. 窓を閉めてくれ, 寒いから. ❸《譲歩》《+接続法》…しようと…しまいと. *que* llueva, *que* no llueva 雨が降ろうが降るまいが. ❹《前後に同一の語を繰り返し強調を表す》habla *que* habla 話しに話す. — 代名《関係》〔英 that, who, whom, which〕 1《主語・目的語》《先行詞は人・物・事柄》《限定用法・説明用法》❶《主語》la mujer *que* vino ayer 昨日来た女性. el asunto *que* sorprendió a todos 皆を驚かせた出来事. ❷《目的語》la novela *que* escribió aquella mujer あの女性が書いた小説. el hombre *que* hemos visto esta mañana 私たちが今朝会った男性. ► 人が先行詞でも直接目的語のときは a que とならない. Los chicos, *que* vivían cerca, llegaron a tiempo. その少年たちは近くに住んでいたので時間どおりに来た. 2《前置詞 (**a, de, con, en**) +》la fábrica *en que* trabaja Juan フアンの働いている工場. ► 限定用法のみ. 時を表す場合には前置詞が省略されることがある. el día (*en*) *que* ocurrió el accidente 事故の起こった日. 3《+不定詞》**…すべき**. Tengo una cosa *que* decirte. 君に言っておかなければならないことがある. — **el que, la que, los que, las que, lo que** [先行詞がある場合, 定冠詞はその性数に一致] 1《先行詞を伴わない場合》❶ (…する) 人[物, こと]. *El que* vino ayer es mi primo. 昨日来たのは私のいとこだ. Voy a contarte *lo que* pienso. 私の考えていることを君に話そう. ❷《lo que の前後に接続法の動詞を繰り返し譲歩を表す》diga *lo que* diga 彼がなんと言おうとも. 2《先行詞を伴う場合》《主語・直接目的語・前置詞を伴う場合のいずれも可》el libro d*el que* te hablé ayer 私が君に昨日話した本. Ese equipo ganó el partido, *lo que* me sorprendió mucho. そのチームは試合に勝ったのだが, そのことは私をとても驚かせた. ***a que*** 〈+直説法〉(絶対に) …だ. ***el que ...*** …ということ. ***para que*** 〈+接続法〉…するように. ***que yo sepa*** 私の知るかぎり. ***ya que ...*** …なのだから. ***yo que tú*** もし私が君の立場なら.

qué [ケ] 形《疑問》[性数不変] 〔英 what〕 ❶ **何の, どの**. ¿*Qué* libro quieres? どんな[どの] 本がほしいんだい. ❷《感嘆》なんという; 《名詞+tan[más]+形容詞》なんて…だ. ¡*Qué* tiempo! なんて (いい[悪い]) 天気でしょう. ¡*Qué* niña *tan* alta! なんて背の高い子だ. — 副《疑問》なんと. ¡*Qué* bien! すばらしい. ¡*Qué* triste! ああ悲しい [かわいそう]. ***¿Qué tal (...)?*** (1) どのように. ¿*Qué tal* la clase? 授業はどうでしたか. (2) どう, 元気ですか. — 代名《疑問》[性数不変] ❶ **何**. ¿*Qué* es esto? これは何ですか. ¿De *qué* se trata? 何のことですか. ¿A *qué* [cuántos] estamos (hoy)? 今日は何日ですか. ❷《＋不定詞》何を…したらよいか. No sabía *qué* decir. 何と言ってよいか分からなかった. ***¿por qué?*** なぜ（→ por）. ***¿Qué hay?*** 元気かい. ***¡Qué va!*** とんでもない. ***¿Y qué?*** で，それから.

quebequés, quesa 形 男 女（カナダの）ケベックの（人）.

quebracho 男〘植〙（アカ・シロ）ケブラコ（材）.

quebrada 女 ❶ 山あいの道；渓谷. ❷《ラ米》渓流；(アルゼ)(チン)(ウルグ)(アイ)（タンゴで）腰を振る動き.

quebradero 男《話》～*s* de cabeza 悩み（の種）.

quebradizo, za 形 ❶ 壊れやすい，もろい. ❷ 虚弱な，病弱な；弱い.

quebrado, da 形 ❶ 壊れた，割れた. ❷ 凸凹のある，（線が）折れ曲がった. ❸（顔色が）さえない，（声が）かすれた. ❹ 破産した. ❺〘数〙分数の. número ～ 分数. ❻《ラ米》(ベネズ)(エラ)（科目が）不合格の，難しい. ── 男 女 ❶〘医〙ヘルニア患者. ❷〘法〙破産者. ── 男 ❶〘数〙分数. ❷ 破産.

quebradura 女 ❶ 割れ目，裂け目. ❷ 渓谷，谷間. ❸〘医〙ヘルニア.

quebramiento 男 → quebrantamiento.

quebrantable 形 壊れやすい；きゃしゃな.

quebrantado, da 形 傷めた；ひび割れた；弱った.

quebrantahuesos 男［単複同形］〘鳥〙ヒゲワシ.

quebrantamiento 男 ❶ 砕くこと，破ること. ❷（約束等の）違反，不履行. ❸（健康の）衰え.

quebrantar 他 ❶ 壊す，砕く. ❷ 違反する，破る. ❸ 弱らせる；（健康を）害する. ❹ こじ開ける. ❺ 悩ます，うんざりさせる. ❻ 同情［哀れ］を誘う. ── **quebrantarse** 再 ❶ 壊れる，割れる. ❷（体力・気力が）弱る，衰える.

Q

quebranto 男 ❶ 砕く［砕ける］こと，破壊. ❷（体力・気力の）衰え，落胆. ❸ 損失，損害. ❹ 悲嘆，苦悩.

quebrar ［ケブラル］ 18 他 〔英 break〕 ❶ **壊す**，割る，砕く. ❷ 折る，曲げる. ❸ 中断させる，そらす. ❹（顔色を）悪くする. ❺ 倒産させる. ── 自 ❶ 壊れる，砕ける. ❷ 破産する. ❸ 仲たがいする. ❹《ラ米》(コロン)(ビア)《俗》殺す. ── **quebrarse** 再 ❶ 壊れる，砕ける. ❷ ヘルニアにかかる. ❸（声が）とぎれる，かすれる. ❹（山脈等が）とぎれる.

quebrazón 女《ラ米》(中)(米)(チ)(リ)(コロン)(ビア)（ガラス等が）割れる［砕ける］こと，粉砕.

queche 男 2本マストの縦帆船.

quechemarín 男 2本マストの小型帆船.

quechua 形 ケチュア（族，語）の. ── 男 女 ケチュア族（の人）. ── 男 ケチュア語.

queco 男《ラ米》(アルゼ)(チン)(ウルグ)(アイ)売春宿.

queda 女（夕方・夜間の）外出禁止（令），外出禁止時刻. toque de ～ 外出禁止令. ── 活 → quedar.

quedado, da 過分 → quedar. 形《ラ米》(アルゼ)(チン)(コロン)(ビア)(チ)(リ)(メキ)(シコ)ぐずぐずした；弱気な. ── 女 ❶ 居残り，残留. ❷《ラ米》(中)(米)(ラテ)(ンア)(メキ)(シコ)婚期を逃した女性.

quedar ［ケダル］ 自 〔英 remain, stay〕 ❶ **残る；とどまる**. ¿Todavía *queda* leche? まだ牛乳は残ってるかい. Me *queda* una semana para el examen. 試験まであと1週間だ. ❷ 位置する（＝estar）. El ayuntamiento *queda* lejos. 市役所は遠い. ❸《形容詞等を伴って》（結果として…に）なる，（…の）ままだ. ～ bien きれいに見える；似合う. ～ mal 出来がよくない；似合わない. El asunto *quedó* resuelto. その件は解決された. La sala *queda* sin arreglar. その部屋は整頓されずじまいだ. ❹ 会う約束をする；《**en**》（…に）決める. *Quedamos* mañana a las ocho. 明日8時に会うことにしましょう. *¿En* qué *quedamos*? どうしましょうか. ❺ 終わる，止まる. ──

quedarse 再 ❶ **とどまる**；いる；泊まる. ～ en casa 家にいる. ❷（…の状態の）ままでいる；《＋現在分詞》…し続ける. ～ quieto おとなしくしている. ❸（ある状態に）なる. ～ cojo 足が不自由になる. ～ huérfano 孤児になる. ❹ 死ぬ. ❺（風等が）止まる. ***Por ... que no quede.*** …としては異存ない. *Por* mí *que no quede.* 私は賛成です. ***quedar a deber*** 借りにする. Le *quedo a deber* cien euros. 彼に100ユーロ借してもらっている. ***quedar atrás*** 過ぎ去る. ***quedar por*** 〈＋不定詞〉まだ…していない. El tren *queda por* salir. 列車はこれから出るところだ. *Queda* mucho *por* hacer. することがまだたくさんある. ***quedarse a oscuras*** [***en blanco***] 理解できないままでいる. ***quedarse*** (***con***) ***...*** (1) …を自分のものにする. *Se quedó con* mi bici. 彼は私の自転車をとった. (2)（何かに）決める. *Me quedo con* esta camisa.（店で）このシャツにします. ***quedarse en nada*** 実を結ばない，だめになる. ***quedarse en tierra*** 《話》足止めを食う. ***quedarse sin ...*** …がなくなる；…なしで過ごす. *quedarse sin* trabajo 失業する. *quedarse sin* esperanza 望みがなくなる.

quedo, da 形 静かな，落ち着いた. ── 副 静かに.

quehacer 男［単または複］務め，仕事.

queja 女 ❶ 不平，苦情. ❷ うめき声，嘆き. ❸〘法〙告訴，訴え.

quejarse ［ケハルセ］ 再 〔英 complain〕 ❶《**de**》（…に）嘆く，**不平を言う**. No *se queja del* jefe. 彼は上司に不満はない. ❷ うめく，うなる.

quejica 形 男 女 不平の多い（人），愚痴っぽい（人）.

quejicoso, sa 形 男 女 → quejica.

quejido 男 うめき声，嘆き声.

quejigo 男〘植〙カシワの一種.

quejón, jona 形 男 女 → quejica.

quejoso, sa 形 怒っている，嘆く.

quejumbroso, sa 形 ❶ 不平を言う，愚痴っぽい. ❷（声・調子等が）嘆くような，悲しげな. ── 男 女 泣き言ばかり並べる人，愚痴っぽい人.

quelite 男《ラ米》(メキ)(シコ)野菜，青物類.

quelo 男《話》家.

quelonio 男〘動〙カメ目の動物.

quema 女 ❶ 焼却；火災. ❷ 火刑，火あぶり. ❸〘商〙在庫一掃セール. ❹《ラ米》(アルゼ)(チン)焼却場. ── 活 → quemar. ***huir de***

la ～ 危険[窮地]から逃れる.

quemadẹro 男 焼却場；火刑台.

quemạdo, da 過分 → quemar. 形 ❶燃えた；焼けた, 焦げた. ❷《話》疲れきった, やる気を失った. ❸《話》頭にきた, むかついた. ❹《ラ米》(アルゼンチン)(ウルグアイ)色の黒い. ── 男 焦げた部分；野焼きした跡. ── 男 女 やけどを負った人.

quemadọr, dọra 形 燃やす, 焼く. ── 男 (ボイラー等の) バーナー. ── 男 女 放火犯.

quemadụra 女 ❶やけど (の跡), 〖医〗熱傷. ❷〖農〗黒穂病 (菌)；先枯れ.

quemar [ケマル] 他 〔英 burn〕 ❶ **焼く, 燃やす**. ❷焼き焦がす；やけどさせる；日焼けさせる. ❸(熱さ・辛さ・刺激で) 焼けつくような感じを与える. Me *quema* un trago de tequila. テキーラ一杯でのどが焼けるようだ. ❹だめにする；腐食させる；(植物を) 枯らす. ❺《話》疲労させる, 不快にする, 怒らせる. ❻浪費[乱費]する. ❼《ラ米》(1) 告発[中傷]する. (2) だます. (3) 撃ち殺す. ── 自 ❶燃える, 焼ける；焦げる. ❷焼けるように熱い. ── **quemarse** 再 ❶燃える, 焼ける；焦げる. ❷やけどする；日焼けする. ❸《話》恋い焦がれる. ❹《話》(正解に) あともう一歩である. ¡Que *te quemas*! 近いぞ. ❺《話》腹が立つ, 疲れ果てる. ***a quema ropa*** → quemarropa.

quemarrọpa ***a*** ～ (射撃で) 至近距離で；いきなり, ずけずけと.

quemazọ́n 女 ❶酷暑, 灼熱(しゃくねつ)；ひりひりする感じ；不快な気持ち. ❷《ラ米》大安売り.

quẹna 女 ケーナ：縦笛, 葦(あし)笛.

quẹp- 活 → caber.

quẹpis 男 [単複同形] ケピ：フランス等の筒形の軍帽.

quẹque 男 《ラ米》(デコレーション) ケーキ (→ pastel 地域差).

queratịna 女 〖生化〗ケラチン, 角質.

queratịtis 男 [単複同形] 〖医〗角膜炎.

querẹlla 女 ❶〖法〗訴え, 告訴. ❷争い, けんか.

querellạnte 形 訴える, 告訴する. ── 男 女 〖法〗原告, 告訴人.

querellạrse 再 〖法〗告訴する；嘆く.

querẹncia 女 ❶帰巣本能. ❷愛着のある場所；《話》わが家, 家. ❸闘技場で牛が縄張りだと思い込んだ場所へ行く癖.

querendọ́n, dọna 男 女 《話》愛人, 恋人. ── 形 《ラ米》優しい；かわいい.

querer [ケレル] 87 他 〔英 want; love〕 ❶(…が) **欲しい**. *Quiero* un boli. ボールペンが欲しい. ¿Qué *quieres*? 何が欲しい, どうして欲しい. como *quiera(s)* (お) 好きなように. cuando *quiera(s)* お好きなときに. ❷《＋不定詞》(1) **…したい**. *Quiero* ver el partido. その試合を見たい. (2) …しようとする. Ella no *quiere* ir a la escuela. 彼女は学校に行こうとしない. (3)《疑問文で依頼》…してくれませんか. ¿*Quiere* Ud. cerrar la ventana? 窓を閉めていただけませんか. (4) …しようとしている. Parece que *quiere* llover. 今にも雨が降りそうだ. ❸《**que**＋接続法》…して欲しい. No *quiero que* hagas lo mismo. 君に同じことをして欲しくない. ❹**愛する**. Te *quiero*. 君が好きだ. *Quiere* mucho a su hija. 彼は娘をとても愛している. ❺《事物が主語》必要とする. Esta planta ～ un riego. この植物に水をやらなくては. ── **quererse** 再 愛し合う. ── **querer** 男 愛, 愛情, 恋愛. ***como quien no quiere la cosa*** 何くわぬ顔で. ***como quiera que*** 〈＋接続法〉どんなに…しようとも. ***¡Por lo que más quieras!*** お願いだから. ***¿Qué más quieres?*** ぜいたく言うな. ***querer decir*** 意味する. ¿Qué *quiere decir* esta frase? この文はどういう意味ですか. ***queriendo*** 故意に. ***quiera(s) o no quiera(s)*** 好むと好まざるとに関わらず. ***(un) quiero y no puedo*** 身の程をわきまえないこと. ***sin querer*** うっかり, 思わず.

Querẹ́taro 固名 ケレタロ：メキシコの州；州都.

querido, da [ケリド, ダ] 過分 → querer. 形 〔英 dear〕《手紙》**親愛なる**, 拝啓. mi *querida* amiga 親愛なる友. ── 男 女 ❶《呼びかけ》愛する[いとしい]人. ❷愛人.

querindọngo, ga 男 女 《話》愛人.

quẹrmes 男 〖昆〗ケルメス, エンジムシ.

quermẹ́s 女 (聖人の祝日に伴う) 祭り, 縁日.

querosẹno / querosẹ́n 男 灯油.

querr- 活 → querer.

querụbe 男 → querubín.

querubị́n 男 ❶ケルビム, 智天使. ❷(天使のように) 美しい子供.

quesẹra 女 ❶チーズ工場. ❷(ガラス[陶器]製でふた付きの) チーズケース.

queserị́a 女 ❶チーズ店[工場]. ❷チーズ製造の時期.

quesẹro, ra 形 チーズ (好き) の. ── 男 女 チーズ職人, チーズ屋, チーズ売り.

queso [ケソ] 男 〔英 cheese〕 ❶ **チーズ**. ～ de bola [de Holanda] 円形のチーズ. ～ rallado おろした[粉]チーズ. ～ de Burgos ブルゴス産の羊乳の軟質チーズ. ～ manchego ラ・マンチャ産の羊乳の硬質チーズ. ～ parmesano パルメザンチーズ (超硬質). ❷[複]《俗》足. ***dársela a ... con*** ～ 《話》…をだます. ***medio*** ～ アイロン台, うま. ～ ***de cerdo*** [***de cabeza***] 〖料〗(豚等の) 頭部の肉の寄せもの.

quetzạl 男 ❶〖鳥〗ケツァール, キヌバネドリ. ❷ケツァル：グアテマラの貨幣単位《略 Q》.

Quetzalcọ́atl 固名 ❶〖神話〗ケツァルコアトル：アステカ文明でナワトル族に信仰された農業と文化の神. ❷(古代メキシコの) ケツァルコアトル王.

quevedẹsco, ca 形 ケベード (風) の.

Quevẹdo 固名 ケベード Francisco de ～ y Villegas (1580-1645)：スペインの詩人・小説家.

quevẹdos 男 複 鼻めがね.

¡quịa! / ¡quịá! 間 《話》《強い否定・疑念》まさか, とんでもない.

quiạsma 男 ❶〖解〗交差. ❷〖生〗キアスマ：染色体の交差.

quibẹy 男 〖植〗ロベリア.

quichẹ́ 形 (グアテマラ・メキシコの先住民) キチェ (族, 語) の. ── 男 女 キチェ族 (の人). ── 男 キチェ語：マヤ語族の1つ.

quịchua 形 → quechua.

quiciạl 男 〖建〗(戸・窓の) 側柱, 抱き.

Q

quicio 男〖建〗(1) 側柱，抱き．(2)（窓・扉の）枠．***fuera de*** ～（人が）我を忘れて；（物事が）調子が狂って．***sacar de*** ～ 誇張する；逆上させる．***salir de*** ～ かっとなる，自制心を失う．

quico 男〖料〗ジャイアントコーンを油で煎(い)って塩をまぶしたもの．── 固名［Q-］キコ：Enrique の愛称．***ponerse como el q***～《話》たらふく食べる．

quid 男 要点，本質，主眼．***dar en el*** ～ 要点［核心］をつく．

quídam 男《話》誰かさん，なにがし；取るに足りない人．

quid pro quo〔ラ〕（同等品による）代用；お返し．── 男 思い違い；誤解．

quiebra 女 ❶ 裂け目，亀裂(きれつ)．❷ 崩壊，破綻(はたん)．❸ 破産，倒産；（相場の）暴落，恐慌．～ voluntaria 自己破産．

quiebre 男《ラ米》(チリ)(ニカラグア) → quiebra.

quiebro 男 ❶（上体をひねって）身をかわすこと；〖闘牛〗上半身をひねって牛から身をかわすこと．❷〖スポ〗（サッカー等で）ドリブル．❸〖音〗装飾音；トリル．***dar un*** ～（サッカー等で）ドリブルする；（闘牛士が）上体をひねって牛をかわす．

quien［キエン］代名《関係》［複 ～es］〔英 who, whom〕❶《先行詞は人》［男女同形］…**する人**．(1)《主語》《説明用法》Fui a hablar con el jefe, ～ estaba de mal humor. 私は上司と話しに行ったが，不機嫌だった．(2)《直接目的語・間接目的語》《前置詞と共に》la mujer a ～ hablaba 私が話していた女性．los chicos con ～*es* fui al cine 一緒に映画に行った男の子たち．❷《先行詞を含む場合》…する人；…する人は誰でも．Aquí no hay ～ haga tal cosa. ここにはそんなことをする人はいない．*Q*～ quiera preguntar, que levante la mano. 質問のある方は挙手を願います．❸《＋不定詞》…すべき人．No tengo de ～［quién］fiarme. 私には信用できる人がいない．► 疑問詞 quién の場合もある．***como*** ～ ***...*** まるで…（する人）のように．～ ***más***, ～ ***menos*** 誰もがみんな．***sea*** ～ ***sea*** 誰であっても．

quién［キエン］代名《疑問》［複 ～es］〔英 who, whom〕❶ **誰**．(1)《主語》¿*Q*～ es aquella chica? あの女の子は誰ですか．¿*Q*～ va ahora?（店で）次はどなたですか．(2)《前置詞と共に》¿De ～ es este sombrero? この帽子は誰のですか．❷《感嘆》誰がいったい．❸《＋不定詞》誰に［誰を］…したらよいか．No sé a ～ preguntar. 誰に聞いたらいいのか分からない．***¿Q～ sabe?*** 知るもんか；そうかもしれない．

quienquiera 代名［複 quienesquiera］《不定》《**que**＋接続法》…する人は誰でも．

quier- 活 → querer.

quieta 形 → quieto.

quietismo 男〖宗〗静寂主義；静寂．

quieto, ta［キエト，タ］形〔英 still〕❶ **動かない**，静止した．❷ **静かな**，穏やかな．

quietud 女 ❶ 動きのないこと，不動．❷ 静けさ，平穏．

quijada 女（動物の）あごの骨．

quijotada 女 ドン・キホーテ的行動．

Quijote 固名 Don［el］～ ドン・キホーテ：スペインの作家セルバンテスの小説 *El ingenioso hidalgo Don* ～ *de la Mancha*『才智あふるる郷士ドン・キホーテ・デ・ラ・マンチャ』の主人公．── 男［q-］❶ ドン・キホーテ的な人；極端な理想主義者，正義感の強い人；（理想とする自分の考えを）押し売りする人．❷（鎧(よろい)の）腿(もも)当て．

quijotería 女 ドン・キホーテ的行動．

quijotesco, ca 形 ドン・キホーテ型の，ドン・キホーテ的な．

quijotismo 男 ドン・キホーテ的性格［行動］．

quila 女〖植〗（チリ南部に多い）竹の一種．

quilate 男 ❶ カラット：宝石の重さの単位；金の純度を表す単位．oro de dieciocho ～*s* 18金．❷［主に複］完成度．

quilificar 26 他 乳糜(にゅうび)にする．── **quilificarse** 再 乳糜になる．

quilla 女 ❶〖海〗竜骨，キール．❷〖鳥〗竜骨突起．

quillango 男《ラ米》(アルゼンチン)(チリ)(ウルグアイ)（先住民が用いる）毛皮のマント．

quillay 男《ラ米》(アルゼンチン)(チリ)〖植〗キラヤ，セッケンボク．

Quilmes 固名 キルメス：アルゼンチンの都市．

quilo 男 ❶ → kilo. ❷〖解〗乳糜(にゅうび)．***sudar el*** ～《話》汗水垂らして働く，大変な努力をする．

quilombera 女《ラ米》(アルゼンチン)《話》《軽蔑》売春婦．

quilombo 男《ラ米》(アルゼンチン)(チリ)(ウルグアイ)(ペルー)売春宿．

quilométrico, ca 形 → kilométrico.

quilómetro 男 → kilómetro.

quilovatio 男 → kilovatio.

quiltro 男《ラ米》(チリ)《話》のら犬，雑種犬．

quimera 女 ❶［Q-］〖ギ神〗キマイラ，キメラ．❷ 夢想，幻想．

quimérico, ca 形 空想［夢想，非現実］的な．

quimerista 形 夢想を抱いた，妄想にふける．── 男 女 夢想家，妄想家．

química 女 ❶ 化学．～ orgánica［inorgánica］有機［無機］化学．❷《話》人工添加物の多い食品．

químicamente 副 化学的に．

químico, ca 形 化学の，化学的な．industria *química* 化学工業．fórmula *química* 化学式．── 男 女 化学者．

quimificar 26 他 糜粥(びじゅく)にする．

quimioterapia 女〖医〗化学療法．

quimo 男〖解〗糜粥(びじゅく)，糜汁．

quimono〔日〕男 着物（＝ kimono）；柔道着，空手着．

quina 女 ❶ キナ皮：キナノキの樹皮．❷ キナ皮から作った飲み薬［飲み物］，キニーネ．***más malo que la*** ～《話》ひどく嫌な．***tragar*** ～《話》我慢する．

quinado, da 形（飲み物等が）キニーネの入った．

quinario, ria 形 男 女 5（年）の（もの）．

quincalla 女 ❶ 安物の金物［装飾品］；がらくた．❷《ラ米》(ベネズエラ)小間物店．

quincallería 女（安物の）金物屋［類］．

Q

quincallero, ra 男 女 金物商人［職人］.
quince［キンセ］形《数詞》〔英 fifteen〕15の；15番目の. ― 男 15.
quinceañero, ra 形 ティーンエージャー（向き）の. ― 男 女 ティーンエージャー；15歳（前後）の人.
quinceavo, va 形 男 15分の1（の）.
quincena 女 ❶15日間；2週間；半月. ❷ 半月分の給料.
quincenal 形15日間続く；15日ごとの. publicación ～ 隔週刊行物.
quincenalmente 副 15日［2週間］ごとに，月に2回
quincha 女《ラ米》(1)(南米)(わらの屋根・壁を強化する) イグサの枠組. (2)(南米)泥で覆ったアシの壁.
quincho 男《ラ米》(アルゼ)(チリ)バーベキューをする野外の建物.
quinchoncho 男〖植〗キマメ.
quincuagenario, ria 形 男 女 50（年）の（もの），50歳代の（人）.
quincuagésimo, ma 形《数詞》50番目の；50分の1の. ― 男 50分の1.
quindécimo, ma 形 → quinceavo.
quingentésimo, ma 形 500番目の；500分の1の. ― 男 500分の1.
quiniela 女 ❶ キニエラ（サッカーくじ）；キニエラ用紙；キニエラの払い戻し金. jugar a las ～*s* キニエラをする. ❷《ラ米》(アルゼ)(チリ)(ウルグ)(パラグ)宝くじ等の賭博(とばく).
quinielista 男 女 キニエラをする人.
quinientos, tas［キニエントス,タス］形《数詞》〔英 five hundred〕500の；500番目の. ― 男 500.
quinina 女〖薬〗キニーネ：マラリアの特効薬，解熱薬.
quino 男〖植〗キナノキ；その樹皮.
quinqué 男 石油ランプ.
quinquefolio 男〖植〗バラ科キジムシロ属の植物.
quinquenal 形 5年（間）の；5年ごとの.
quinquenio 男 5年間；勤続5年ごとの昇給.
quinqui 男 女《話》《軽蔑》ごろつき，ちんぴら.
quinta 女 ❶ 別荘. ❷〖軍〗徴兵，召兵. ❸《話》同年齢の人. ❹〖音〗5度音程. ❺《ラ米》(1)(コロン)(ペルー)(ベネズ)(エクア)(庭やテラス付きの) 邸宅. (2)(アルゼ)(チリ)(ウルグ)(パラグ)果樹園のある家. ― 形 → quinto.
quintacolumnista 形〖史〗第五列の. ― 男 女 第五列部隊員.
quintaesencia 女 精髄；真髄.
quintal 男 キンタル：重量の単位. 46キログラム. ～ ***métrico*** 100キログラム.
quintana 女 別荘（＝quinta）.
quintar 他 ❶ 兵役に就くべき者をくじ引きで決める. ❷（くじ引きで）5つのうちから1つを選ぶ.
quintero, ra 男 女 小作農，小作人.
quinteto 男 ❶〖音〗クインテット，五重奏［唱］（曲）. ❷ 五つぞろい，5人組.
quintilla 女〖詩〗五行詩.
quintillizo, za 形 男 女［複］五つ子（の）.
quintín 男 イギリスの高級布地. ― 固名［Q-］キンティン：男子の名.
quinto, ta［キント,タ］形《数詞》〔英 fifth〕5番目の；5分の1の. ― 男 ❶ 5分の1. ❷《話》徴兵による若年兵；召集兵. ❸ 小地所，小区画地. ❹《話》ビールの小瓶.
quintral 男《ラ米》(チリ)〖植〗マツグミ科フリギランサス属の一種.
quíntuple 形 男 5倍（の）.
quintuplicación 女 5倍にする［なる］こと.
quintuplicar ㉖ 他 5倍にする. ― **quintuplicarse** 再 5倍になる.
quíntuplo, pla 形 男 5倍（の）.
quinua / quínoa 女〖植〗キノア.
quinzavo, va 形 男 → quinceavo.
quiñazo 男《ラ米》(チリ)(ペルー)《話》衝突.
quiñón 男（共有耕作地の）割当［分割］地.
quiosco 男 ❶（駅・街角等の）売店，キオスク. ❷（公園等の）あずまや. ❸《ラ米》食料品店（→ tienda 地域差）.
quiosquero, ra 男 女 売店の人［主人］.
quipu 男《ラ米》(ペルー)［主に複］キープ. ► インカ帝国の結縄文字.
quique 男《話》→ quiquiriquí. ― 固名［Q-］キケ：Enriqueの愛称.
quiquiriquí 男《擬》（雄鶏(おんどり)の鳴き声）コケコッコー.
quirguiz 形 キルギス（人，語）の. ― 男 女 キルギス人. ― 男 キルギス語.
quirite 男 古代ローマ市民.
quirófano 男 手術室.
quiromancia / quiromancía 女 手相占い.
quiromántico, ca 形 手相占いの. ― 男 女 手相占い師.
quiropráctico, ca 男 女 脊柱(せきちゅう)指圧療法師. ― 女 カイロプラクティック.
quiróptero, ra 形〖動〗翼手類の. ― 男（コウモリ等の）翼手類の動物；［複］翼手類.
quirquincho 男〖動〗キルキンチョ：アルマジロの一種.
quirúrgicamente 副 外科的に.
quirúrgico, ca 形 外科の.
quis- 活 → querer.
quisco 男《ラ米》(チリ)〖植〗ハシラサボテン属の一種.
quisicosa 女《話》なぞなぞ；不可解なこと.
quisque / quisqui 男《話》人. cada ～ それぞれ，めいめい. todo ～ みんな，全員.
quisquilla 女 小エビ. ― 形 男 女《話》→ quisquilloso.
quisquilloso, sa 形 男 女 気難しい（人）；怒りっぽい（人）.
quiste 男〖医〗嚢胞(のうほう)，嚢腫(のうしゅ).
quisto, ta 形 bien［mal］～ 評判のよい［悪い］.
quita 女（借金の）帳消し. ― 活 → quitar.
quitaesmalte 男（マニキュアの）除光液.
quitaipón 男 de ～ 取り外しのできる.
quitamanchas 男［単複同形］染み抜き剤.
quitamiedos 男［単複同形］（高所に

Q

設けられた) 手すり, ガードレール.
quitanieves 形 除雪する. ― 女 [単複同形]除雪機[車]
quitanza 女 返済受領[領収]証.
quitapiedras 男 [単複同形] (機関車・電車の) 排障器.
quitapón 男 (ラバ等につける) 頭飾り.
quitar [キタル] 他 [英 take off] ❶ **取り除く**. ～ la tapa ふたを取る. ～ el dolor 痛みを止める. ～ la mesa 食卓を片づける. Me han *quitado* el abrigo a la entrada. 入り口でオーバーを脱がされた. ❷ ((a)) (…から) 奪う; 盗む. Me *han quitado* la cartera. 私は財布を盗まれた. ❸ ((話)) 禁じる. ❹ 減じる; (価値を) 下げる. La tarea nos *quita* mucho tiempo. 我々は仕事に多くの時間を割いている. ― **quitarse** 再 ❶ **脱ぐ** (↔ ponerse). ～ la corbata [camisa] ネクタイをはずす [シャツを脱ぐ]. ❷ 取り除く. ～ una muela 抜歯する. ～ la vida 自殺する. ❸ ((de)) (…を) やめる; 立ち退く. ～ *del* tabaco 禁煙する. ❹ とれる, 落ちる, なくなる. La mancha de vino no *se quita*. ワインの染みは落ちない. ***de quita y pon*** 取り外しできる. ***¡Quita!*** ((話)) やめろ. ***quitando ...*** …を除いては. ***quitar de encima*** [***de delante, de en medio***] ***a ...*** (邪魔なものを) …から取り除く. ***quitarse de encima*** 免れる; 取り除く. ***quitarse de en medio*** 立ち去る; 自殺する. ***¡Quítate de ahí!*** そこをどけ. ***sin quitar ni poner*** 言葉どおりに[の].
quitasol 男 日傘, パラソル.
quitasueño 男 ((話)) (眠気を覚ますような) 心配ごと, 気がかり.
quite 男 ❶ 取り除くこと, 除去. ❷ 【闘牛】 (危機にある闘牛士を助けるために他の闘牛士が) 牛の注意をそらす技. ― 活 → quitar. ***estar al ～*** ((話)) 手を貸す用意ができている. ***ir*** [***salir***] ***al ～*** ((話)) 助けに駆けつける.
quiteño, ña 形 男 女 キトの (人). → Quito.
quitina 女 【化】 キチン質.
quitinoso, sa 形 キチン質の.
Quito 固名 キト: エクアドルの首都.
quito, ta 形 …のない, …を免れた. ― 活 → quitar.
quitón 男 【貝】 ヒザラガイ.
quizá/quizás [キサ/キサス] 副 [英 perhaps, maybe] **多分**, おそらく (= tal vez). ¿Vendrán ellos? ―*Q*～. 彼らは来るかな. ―多分ね. ► 動詞は接続法が多い. 直説法の場合はその可能性が高いことを表す. *Q*～ vengan. 彼らはおそらく来るだろう.
quórum 男 [単複同形] (会議・投票・議決の) 定足数.

Rr

R, r [エレ(エレ)] 女 スペイン語字母の第19字.
rabada 女 (食用四足獣の) 尻(しり)肉.
rabadán 男 羊飼い頭.
rabadilla 女 ❶ 【解】 尾骨. ❷ (鳥の) 尾羽の付け根; (牛の) 尻(しり)肉.
rabanal 男 ハツカダイコンの畑.
rabanero, ra 形 男 女 ((話)) ((軽蔑)) がさつな[厚かましい] (人).
rabanillo 男 【植】 ノハラガラシ.
rabaniza 女 ❶ ハツカダイコンの種子. ❷ 【植】 ロボウガラシ.
rábano 男 【植】 ハツカダイコン, ラディッシュ. ～ silvestre ノハラガラシ. ***importar un ～*** ((話)) どうでもよい. ***tomar*** [***coger, agarrar***] ***el ～ por las hojas*** ((話)) 取り違える, 誤解する. ***¡(Y) un ～!*** ((話)) (きっぱり否定・拒絶して) だめだ, いやだ.
rabear 自 (犬等が) 尾を振る.
rabel 男 【音】 レベック, ルバーブ: 中世の三弦の擦弦楽器.
rabí 男 [複 ～(e)s] → rabino.
rabia 女 ❶ 【医】 狂犬病. ❷ ((話)) 激怒; 嫌悪, 反感. ¡Qué ～! くそっ, 畜生. Me da mucha ～ que él sea mentiroso. 彼はうそつきで全く頭にくる. ***coger*** [***tener, tomar***] ***～ a ...*** …に反感を抱く, …を嫌う. ***con ～*** ((話)) ひどく, 非常に.
rabiar 17 自 ❶ ((話)) ((contra)) (…に対して) 激怒[憤慨]する. ❷ ((話)) ((de)) (…に) ひどく苦しむ. ～ *de* dolor ひどく痛む. ❸ ((話)) ((por)) (…が) 欲しくてたまらない; ((por＋不定詞)) 無性に…したい. Pepe *rabiaba por* tener una moto. ペペはバイクが欲しくてたまらなかった. ❹ 狂犬病にかかる. ***a ～*** ((話)) とても, 非常に. ***estar a ～ con ...*** ((話)) …と敵対している, …を怒っている.
rábico, ca 形 狂犬病の.
rabicorto, ta 形 ((話)) 尾の短い.
rábida 女 【史】 砦(とりで)を兼ねたイスラム教徒の僧院.
rabieta 女 ((話)) かんしゃく, (一時的) 怒り.
rabihorcado 男 【鳥】 グンカンドリ.
rabilargo, ga 形 尾の長い. ― 男 【鳥】 オナガ.
rabillo 男 ❶ 細長い尾状のもの. ❷ 【植】 葉柄, 果柄. ***mirar con*** [***por***] ***el ～ del ojo*** ((話)) 横目で盗み見る. ***～ del ojo*** ((話)) 目じり.
rabino 男 ラビ: ユダヤの律法学者.
rabión 男 急流, 早瀬.
rabiosamente 副 かんかんに (怒って); 猛烈に, すごく.
rabioso, sa 形 ❶ ((話)) 激怒した; 怒りっぽい. ❷ 激しい. deseo ～ 熱望. dolor ～ 激痛. ❸ 狂犬病にかかった. ― 男 女 ❶ ((話)) 怒りっぽい人. ❷ 狂犬病の犬.
rabiza 女 ❶ 釣り竿(ざお)の先. ❷ 【海】 短いロープ.
rabo 男 ❶ (動物の) 尾, しっぽ. ❷ ((話)) 尾状のもの, ぶらさがるもの. ❸ 葉柄, 果柄. ❹ ((ラ米)) (コロンビア) (ベネズエラ) ((話)) 尻(しり). ***irse*** [***salir***] ***con el ～ entre las piernas*** ((話)) しっぽを巻いて逃げる.
rabón, bona 形 尾の短い, 尾のない. ― 女 ***hacerse la rabona*** ((ラ米)) (学校を) サボる (→ fumar 地域差).
rabonearse 再 ((ラ米)) (アルゼンチン) (ウルグアイ) ((話)) サボる.
rabudo, da 形 尾の長い[大きい].
rábula 男 へぼ弁護士.
racanear 自 ((話)) ❶ けちる, 出し惜しみする. ❷ 怠ける, サボる.
racanería 女 ((話)) けち; 怠け.

rácano, na 形 男 女 《話》けち(な)；怠け者(の).
RACE 男 *R*eal *A*utomóvil *C*lub de *E*spaña スペイン自動車クラブ.
racha 女 ❶ 突風, 陣風. ❷ 交互に起こること；一続き. tener una buena [mala] ～ 幸運[不運]続きである. ***a ～s*** 変わりやすい.
racial 形 人種の, 民族の. discriminación ～ 人種差別.
racimarse 再 房状になる[実る].
racimo 男 ❶ (果実, 特にブドウの) 房；〘植〙花房. ❷ 房状のもの.
rácing / racing [ラレン] 〔英〕 形 男 レース(仕様)(の).
racinguista 形 男 女 (スペインのサッカーチーム) Racing de Santander の(ファン).
raciocinio 男 推理力, 思考力；推論.
ración 女 ❶ (食べ物の) 1人前；1皿分. una ～ de jamón serrano 生ハム1皿. ❷ 《話》割当量, 配分量. ***a media ～*** わずかな食糧で.
racional 形 ❶ 理性の；理性的な, 理性を備えた. ❷ 合理的な. ── 男 女 理性あるもの, 人間.
racionalidad 女 合理性；理性のあること.
racionalismo 男 合理主義；合理論.
racionalista 形 合理主義の. ── 男 女 合理主義者.
racionalización 女 合理化.
racionalizar 57 他 合理化する；理にかなったものにする.
racionalmente 副 理性[合理]的に.
racionamiento 男 配給 (制度)；(消費の) 制限.
racionar 他 ❶ 配給する, 割り当てる. ❷ (消費を) 制限する.
racismo 男 人種差別；人種主義.
racista 形 人種差別の；人種主義の. ── 男 女 人種差別主義者；人種主義者.
racor / rácor 男 継ぎ手, 接続部品.
rada 女 〘海〙投錨(とうびょう)地；入江.
radar 〔英〕 男 レーダー, 電波探知機.
radarista 男 女 レーダー技師.
radiación 女 ❶ 〘物〙発光, 放射；放射物[線]. ～ solar 日射. ❷ 伝播(でんぱ), 流布.
radiactividad 女 〘物〙放射能.
radiactivo, va 形 〘物〙放射性の, 放射能のある. contaminación *radiactiva* 放射能汚染.
radiado, da 形 ❶ 放射状の, 輻射(ふくしゃ)状の. ❷ 〘動〙〘植〙放射相称の.
radiador 男 ❶ 放熱器, 輻射(ふくしゃ)暖房器. ～ eléctrico 電気ヒーター. ❷ (自動車等の) ラジエーター, 冷却器.
radial 形 ❶ 放射状の. carretera ～ 放射状道路. neumáticos *～es* ラジアルタイヤ. ❷ 半径の. ❸ 《ラ米》(アルゼンチン)(コロンビア)(ウルグアイ) ラジオ放送の.
radián 男 〘数〙ラジアン：角度の単位.
radiante 形 ❶ 光を放っている, 輝いている. ❷ うれしそうな, (喜びで) 輝くばかりの. Ella volvió con una sonrisa ～. 彼女は晴れやかな笑顔で戻ってきた.
radiar 17 他 ❶ ラジオで放送する. ❷ 放射[放出]する；〘医〙照射する. ❸ 《ラ米》(アルゼンチン)(ウルグアイ)(グループから) 除名[抹消]する.
radicación 女 場所の特定, 定着.
radical 形 ❶ 根本[基本]的な. cambio ～ 抜本的改革. ❷ 急進的な, 過激な. ❸ 〘植〙根の, 根生の. ❹ 〘言〙語根の. ── 男 女 急進主義者, 過激派. ── 男 〘言〙語根；〘数〙根号, ルート；〘化〙基.
radicalismo 男 急進主義, 過激論.
radicalización 女 急進化, 過激化.
radicalizar 57 他 急進化させる, 過激にする. ── **radicalizarse** 再 急進的[過激]になる.
radicalmente 副 抜本的に, 徹底的に；急進的に.
radicando 男 〘数〙被開数 (ルート記号の中に書かれる数字).
radicar 26 自 ❶ 《**en**》(…に) 基づく, 由来する；存在する. El problema *radica en* la falta de obreros. 問題は労働者不足である. ❷ 〘植〙根づく. ── **radicarse** 再 根づく；定住する.
radicícola 形 (植物の) 根に寄生する.
radícula 女 〘植〙幼根, 小根.
radiestesia 女 (水脈・鉱脈等の) 放射感知能力.
radio [ラディオ] 女 (《ラ米》では 男 もあり) 〔英 radio〕 **ラジオ** (受信機) (→地域差). ～ macuto 《話》(根拠のない) うわさ. ── 男 ❶ 半径. en un ～ de veinte kilómetros 半径20キロの範囲で. ❷ (車輪の) 輻(や), スポーク. ❸ 〘解〙橈骨(とうこつ). ❹ 〘化〙ラジウム. ── 男 女 無線通信士. ***～ de acción*** 行動半径, 勢力範囲. **地域差** ラジオ la radio 《スペイン》《ラ米》(ペルー, ボリビア)(パラグアイ, ウルグアイ, アルゼンチン)；el radio 《ほぼラ米全域》.
radioactividad 女 〘物〙放射能.
radioactivo, va 形 → radiactivo.
radioaficionado, da 男 女 アマチュア無線家.
radioastronomía 女 電波天文学.
radiobiología 女 放射線生物学.
radiocasete 男 ラジオカセット, ラジカセ.
radiocomunicación 女 無線通信.
radiodiagnóstico 男 〘医〙放射線[X線]診断.
radiodifundir 他 ラジオで放送する.
radiodifusión 女 ラジオ放送.
radioelectricidad 女 無線工学, 電波技術.
radioeléctrico, ca 形 電波の, 無線の.
radioemisora 女 ラジオ放送局.
radioescucha 男 女 ラジオの聴取者.
radiofaro 男 無線標識.
radiofonía 女 無線電話；ラジオ放送.
radiofónico, ca 形 ラジオ放送の；無線電話の.
radiofrecuencia 女 無線周波数.
radiogoniometría 女 電波方向探知, 無線方位測定.
radiografía 女 レントゲン写真(術).
radiografiar 31 他 レントゲン[X線] 撮影をする.
radiograma 男 無線電報.
radiolario, ria 形 〘動〙放散虫の. ── 男 放散虫；[複] 放散虫目.
radiología 女 放射線医学.
radiológico, ca 形 〘医〙放射線医学の, X線の.
radiólogo, ga 男 女 放射線専門医.

radiometría 女〘物〙放射測定.
radiómetro 男〘物〙〘天〙放射計, ラジオメーター.
radionovela 女 ラジオドラマ.
radiopatrulla 女《ラ米》(無線) パトカー.
radiorreceptor 男 ラジオ (受信機).
radioscopia 女 レントゲン[X線]検査.
radioscópico, ca 形 レントゲン[X線]検査の.
radiosonda 女 ラジオゾンデ：高層気象の観測装置.
radiotaxi 男 無線タクシー.
radiotécnico, ca 形 無線工学の. ── 男 女 無線工学技師.
radiotelefonía 女 無線電話.
radiotelefónico, ca 形 無線電話の.
radiotelefonista 男 女 無線電話技師.
radioteléfono 男 無線電話機.
radiotelegrafía 女 無線電信 (術).
radiotelegráfico, ca 形 無線電信の.
radiotelegrafista 男 女 無線通信士, 無線技師.
radiotelegrama 男 無線電報.
radiotelescopio 男 電波望遠鏡.
radiotelevisión 女 ラジオ[テレビ]放送[局].
radioterapia 女〘医〙放射線療法.
radiotransmisor 男 無線送信機.
radioyente 男 女 ラジオの聴取者.
radón 男〘化〙ラドン.
RAE [ラエ] 女 *R*eal *A*cademia *E*spañola スペイン王立アカデミー.
raedera 女 削り[こすり]落とす道具；(左官等の) こて.
raedura 女[主に複]削りかす[くず].
raer 88 他 ❶ 削り[こすり]落とす. ❷ (服を) 擦り切らす. ❸ (表面を) ならす.
Rafa 固名 ラファ：Rafael の愛称.
Rafael 固名 ラファエル：男子の名.
R **ráfaga** 女 ❶ 一陣の風, 突風. ❷ 閃光(せんこう)；(機関銃の) 連射.
rafia 女〘植〙ラフィアヤシ；その繊維.
rafting [ラフティン] 男〔英〕ラフティング：ゴムボートの急流下り.
raglán 男 形〘服〙ラグラン袖(そで)の (コート).
ragú 男[複 ～(e)s] ❶〘料〙ラグー：肉・野菜の煮込み. ❷《ラ米》(ウルグアイ)《話》飢え.
raíces 女 複 → raíz.
raicilla 女〘植〙小根, 幼根.
raid [ライ(ドゥ)]〔英〕男〘軍〙奇襲, 急襲. ～ aéreo 空襲.
raído, da 形 擦り切れた, 着古した.
raigambre 女 ❶〘植〙絡まり合った根. ❷《文》深く根づいていること, 伝統. costumbre de ～ 深く根づいた習慣.
raigón 男 ❶ 太い根. ❷〘解〙歯根.
raíl 男[主に複]レール, 線路 (＝riel).
Raimundo 固名 ライムンド：男子の名.
rais 男 (エジプトの) 大統領.
raíz [ライす] 女[複 raíces]〔英 root〕❶〘植〙根；(歯等の) 根. la ～ del pelo 毛根. ❷ 根源；ルーツ, 出自. ❸〘文法〙語根. ❹〘数〙根. ～ cuadrada 平方根. ～ cúbica 立方根. ***a ～ de ...*** …の直後に；…の結果で. ***de ～*** 根元から, 完全に. ***echar raíces*** 根づく；定住する.
raja 女 ❶ 裂け目, 割れ目. ❷ (くし形の) 一切れ. una ～ de sandía スイカ一切れ.
rajá 男[複 ～(e)s] ラージャ：インドの王. ***vivir como un ～*** 何不自由なく暮らす.
rajado, da 形 ❶ 裂けた, 割れた. ❷《話》臆病(おくびょう)な. ❸《ラ米》(ベネズエラ)《話》本物の. ── 男 女《話》《軽蔑》臆病者.
rajadura 女 割れ目, ひび.
rajar 他 ❶ ひび割れさせる；裂く, 割る. ❷ (くし形に) 切る；切り分ける. ❸《話》刃物で傷つける. ❹《ラ米》《話》(ウルグアイ)解雇する；(コロンビア)(試験等に) 落第する. ── 自 ❶《話》ぺらぺらしゃべる, しゃべりまくる. ❷《話》虚勢を張る. ❸《ラ米》《話》(1)(ウルグアイ)逃げ去る. (2)(キューバ)(メキシコ)裏切る, 約束を破る. (3)(ペルー)悪口を言う. ── **rajarse** 再 ❶ ひびが入る, 裂ける, 割れる. ❷《話》おじけづく, 尻(しり)込みする.
rajatabla ***a ～*** 《話》厳しく, 厳格に.
rajatablas 男[単複同形]《ラ米》(コロンビア)《話》しかりつけ, 叱責(しっせき).
rajón, jona 形《ラ米》(中米)(メキシコ)《話》約束を破る, 裏切る. ── 男 女《ラ米》(中米)(メキシコ)《話》裏切り者.
ralea 女《話》《軽蔑》質(たち)；連中.
ralear 自 薄くなる, まばらになる.
ralentí 男 ❶〘映〙スローモーション. al ～ スローモーションで；ゆっくりと. ❷〘車〙アイドリング；空転.
ralentización 女 スローモーション, 低速化.
ralentizar 57 他 スローモーションにする, 遅くする.
rallador 男 下ろし金[器具].
ralladura 女 (下ろし金等で) 下ろしたもの. ～ de queso 下ろしたチーズ, 粉チーズ.
rallar 他 ❶ (下ろし金で) 下ろす. ❷《話》いらだたせる, うんざりさせる.
rallo 男 →rallador.
rally [ラリ]〔英〕男[複 ～s]ラリー.
ralo, la 形 まばらな, 密でない. barba *rala* 薄いあごひげ.
rama [ラマ] 女〔英 branch〕❶ 枝. ❷ 分派；分家；語派. ❸ 部門, 分野. ***andarse*** [***irse***] ***por las ～s*** 《話》遠回しに言う. ***en ～*** 未加工の, 生の；製本していない.
ramada 女《ラ米》(アルゼンチン)(コロンビア)(ウルグアイ)(エクアドル)(祭りの) 露店；あずまや.
ramadán 男 ラマダーン：イスラム暦の9月.
ramaje 男《集合的》枝.
ramal 男 ❶ 支線, 支道. ❷ (1つの踊り場を挟んだ) 一続きの階段. ❸ より糸；端綱.
ramalazo 男 ❶《話》突然の行動, 感情の激発. en un ～ de ira 怒りが爆発して. ❷《話》鋭い[突然の]痛み. ❸《話》《軽蔑》女性的なこと.
rambla 女 ❶ 並木道, 大通り. Las *R*～*s* (バルセロナの) ランブラス通り. ❷ (大雨等によってできる) 水路, 溝.
rameado, da 形 (布・紙等が) 花柄の.
ramera 女《俗》売春婦.
ramificación 女 ❶ 枝分かれ, 分岐. ❷[主に複]派生的結果. ❸〘解〙(血管等の) 支脈.
ramificarse 26 再 枝分かれする；枝分かれして広がる.

ramilla 女 小枝.
ramillete 男 ❶ 小さな花束, ブーケ. ❷ 選集；えりぬきの集団.
ramio 男 〘植〙ラミー, カラムシ.
ramo 男 ❶ 花束. un～ de rosas バラの花束. ❷ 小枝, 枝. ❸ 部門, 分野.
ramón 男 (剪定(せんてい)して捨てる) 枝葉. ── 固名 [R-] ラモン：男子の名.
ramonear 自 ❶ 枝先を切る, 剪定(せんてい)する. ❷ (動物が) 若葉を食べる.
ramoneo 男 (動物が) 若葉を食べること；剪定(せんてい)時期.
Ramón y Cajal 固名 ラモン・イ・カハル Santiago ～ (1852-1934)：スペインの神経組織学者；ノーベル医学生理学賞 (1906).
ramoso, sa 形 枝の多い.
rampa 女 傾斜路, スロープ；斜面.
rampante 形 〘紋〙(ライオン等が) 後ろ脚で立ち上がった.
ramplón, plona 形 通俗な, ありふれた, 低俗な.
ramplonería 女 低俗, 下品.
rana 女 ❶ 〘動〙カエル. ❷ 〘遊〙コインを金属製のカエルの口に投げ入れるゲーム. ***cuando las ～s críen pelo*** 《話》決してありえない. ***salir ～*** 《話》期待外れに終わる.
ranchera 女 ❶ メキシコの民謡. ❷ 《ラ米》(ﾍﾞﾈｽﾞｴﾗ)ワゴン車, バン.
ranchería 女 《ラ米》(ﾍﾞﾈｽﾞｴﾗ)(いなかの) あばら屋；その集落.
ranchería 男 《ラ米》(ｱﾙｾﾞﾝﾁﾝ) 《話》(いなかの) 集落.
ranchero, ra 形 《ラ米》(1) 牧場の, 農場の. (2)(ﾒｷｼｺ)いなか者の. ── 男 女 ❶ (牧場[農場]の) 監督, 労働者. ❷ 炊事係. ❸ 《ラ米》(ﾒｷｼｺ)いなか者.
rancho 男 ❶ 《話》(兵隊や大勢の人の) 食事. ❷ 集落. ❸ 《ラ米》(ﾒｷｼｺ)牧場, 農場；(ｱﾙｾﾞﾝﾁﾝ)(ﾊﾟﾗｸﾞｱｲ)(ｳﾙｸﾞｱｲ)いなかの家；(ｱﾙｾﾞﾝﾁﾝ)(ﾍﾞﾈｽﾞｴﾗ)[複] (都市の) スラム街. ***hacer [formar] ～ aparte*** 《話》独自に行動する.
ranciarse 17 再 (食品等が) 古くなる, 悪臭を放つ.
ranciedad 女 古さ；悪臭；古めかしさ.
rancio, cia 形 ❶ (食品等が) 古くなった；悪臭を放つ. ❷ 《文》古くからの. ❸ 《軽蔑》時代遅れの；感じの悪い. ── 男 古さ；悪臭.
randa 女 レース飾り. ── 男 女 《話》《軽蔑》すり, こそ泥；悪党.
ranger [ランジェル] [英] 男 [複 ～s] 〘軍〙レンジャー：対ゲリラ特殊部隊[兵].
ranglan [英] 形 男 → raglán.
rango 男 ❶ 階級；地位, 身分. de alto ～ 上流の. ❷ 《ラ米》(ｺﾛﾝﾋﾞｱ)(ﾍﾞﾈｽﾞｴﾗ)やせ馬.
ranilla 女 (馬の) 蹄叉(ていさ).
ránking / ranking [ランキン] [英] 男 [複 ～s] ランキング (= lista).
ránula 女 〘医〙(舌下にできる) がま腫(しゅ).
ranúnculo 男 〘植〙キンポウゲ科の植物.
ranura 女 (金属等に刻んだ) 溝, すき間；(コイン等の) 投入口.
raña 女 ❶ 丘陵地. ❷ タコ捕りの漁具.
raño 男 (カキ等の貝を捕る) 鉤(かぎ).
rap [英] 男 〘音〙ラップ.
rapa 女 オリーブの花.
rapabarbas 男 [単複同形] 《話》《軽蔑》床屋.
rapacería 女 ❶ → rapacidad. ❷ 《話》《軽蔑》盗み.
rapacidad 女 強欲, 貪欲(どんよく)；盗癖.
rapado, da 男 女 スキンヘッド.
rapadura 女 ❶ ひげそり. ❷ 坊主刈り.
rapapolvo 男 《話》叱責(しっせき), 大目玉.
rapar 他 ❶ ひげをそる. ❷ 《話》髪を短く刈る. ── **raparse** 再 ❶ (自分の) ひげをそる. ❷ 《話》坊主刈りにする.
rapaz 形 ❶ 〘鳥〙捕食性の. ave ～ 猛禽(もうきん). ❷ 盗癖のある. ── 女 [複] 〘鳥〙猛禽類.
rapaz, paza 男 女 《話》子供, 少年, 少女.
rape 男 ❶ 〘魚〙アンコウ. ❷ 《話》雑なひげそり. ***al ～*** 丸[坊主]刈りに. cortarse el pelo ***al ～*** 坊主刈りにする.
rapé 男 嗅(か)ぎタバコ.
rapero, ra 形 〘音〙ラップの. ── 男 女 〘音〙ラッパー.
rápida 形 → rápido.
rápidamente 副 速く；はかなく；《話》すぐに.
rapidez 女 速さ. con ～ 素早く, 急いで.
rápido, da [ラピド, ダ] 形 [英 rapid] **速い**；敏速な (↔ lento). con un movimiento ～ 素早い動きで. hacer una lectura ***rápida*** ざっと読む. ── 男 ❶ 特急列車 (= tren ～). ❷ [複] 急流. ── 副 速く, 急いで. correr ～ 速く走る.
rapiña 女 強盗, 窃盗.
rapiñar 他 《話》盗む, くすねる.
raposera 女 キツネの巣穴.
raposería 女 《軽蔑》狡猾(こうかつ), ずるさ.
raposo, sa 男 女 ❶ 〘動〙キツネ (= zorro). ❷ 《話》狡猾(こうかつ)な人.
rapsoda 男 (古代ギリシャの) 吟遊詩人. ── 男 女 詩の朗読者；叙事詩人.
rapsodia 女 〘音〙狂詩曲, ラプソディー.
raptar 他 誘拐する.
rapto 男 ❶ 誘拐. ❷ (感情の) 激発, 衝動；恍惚(こうこつ).
raptor, tora 男 女 誘拐犯.
raque 男 漂流物を拾うこと.
raqueta [ラケタ] 女 [英 racket] ❶ 〘スポ〙**ラケット**. ❷ かんじき. ❸ Uターン用車線.
raquialgia 女 〘医〙脊椎(せきつい)痛.
raquídeo, a 形 〘解〙脊柱(せきちゅう)の.
raquis 男 [単複同形] ❶ 〘解〙脊柱(せきちゅう). ❷ 〘動〙(鳥の) 羽軸.
raquítico, ca 形 ❶ 《話》虚弱な, ひ弱な. ❷ 《話》ほんの少しの, わずかな. ❸ 〘医〙くる病の. ── 男 女 くる病患者.
raquitismo 男 〘医〙くる病.
rara 形 → raro.
raramente 副 ❶ まれに, めったに…しない. ❷ 奇妙に.
rarefacción 女 希薄化.
rareza 女 ❶ 風変わり, 珍しいこと[もの]. ❷ 奇行.
rarificar 26 他 希薄にする. ── **rarificarse** 再 希薄になる.
raro, ra [ラロ, ラ] 形 [英 rare] ❶ **奇妙な**, 風変わりな. Él es un hombre ～. 彼は変わり者だ. Es ～ que 〈+接続法〉. …なのはおかしい, 変だ. ❷ **まれな**, 珍しい；希少な. Son ～***s*** los que quieren hacerlo. それをやりたいと思う人は少ない.

R

ras 男 (…と) 同じ高さにあること. ***a ras de …*** …と同じ高さで. *a ras de* tierra 地面すれすれに. ***al ras*** (かすめるほど) 表面すれすれに. llenar el vaso *al ras* コップの縁まで注ぐ.

rasante 形 地面すれすれの. vuelo ～ 低空飛行. ― 女 (道の) 傾斜, 坂.

rasar 他 ❶ かすめる, かすめて通る. ❷ すり切りにする, 平らにならす.

rasca 形 《ラ米》(ウルグアイ)安物の; (アルゼンチン) 《話》 貧しい; 《話》 平凡な, ありふれた. ― 女 ❶ 《話》 厳寒. ❷ 《ラ米》 《話》 酔い; 泥酔.

rascacielos 男 [単複同形] 摩天楼, 超高層ビル.

rascado, da 形 《ラ米》 (1)(中米)不機嫌な; 向こう見ずな. (2) 《話》 酔った. ― 男 女 《ラ米》 酔っ払い. ― 男 こすり落とすこと.

rascador 男 ひっかくもの, 孫の手.

rascadura 女 ひっかくこと; ひっかき傷.

rascar 26 他 ❶ ひっかく. ❷ こそげる, こすり落とす. ❸ 《話》 (弦楽器を) 下手に弾く. ❹ 《話》 (肌等に) 不快な感触を与える; (酒等が舌を) 刺す. ― 自 《話》 ざらざらする; 舌を刺す. ― **rascarse** 再 ❶ (自分の体を) かく. ❷ 《ラ米》 酔っ払う; (アルゼンチン)(ウルグアイ) 《話》 時間を無駄にする. ***rascarse el bolsillo*** 《話》 大金をはたく.

rascatripas 男 女 [単複同形] 《話》 《軽蔑》 下手な弦楽器奏者.

rascón, cona 形 (味が) 不快な, 渋い, 舌を刺す. ― 男 〖鳥〗 クイナ.

rasera 女 〖料〗 フライ返し.

rasero 男 (穀物を量る) 斗かき.

rasgado, da 形 (目・口等が) 横に長い, 切れ長の.

rasgadura 女 裂くこと; 裂け目; ほころび.

rasgar 66 他 ❶ 裂く, 引き裂く. ❷ (ギター等を) かき鳴らす. ― **rasgarse** 再 裂ける, 破れる.

rasgo 男 ❶ [複] 顔だち, 容貌(ようぼう). ❷ 特徴, 特色. ❸ (文字等の) 線, 筆跡. ～*s* de las letras 筆跡. ❹ 立派な行為[行動]. ***a grandes ～s*** 大まかに. ざっと.

rasgón 男 (衣服等の) 裂け目, ほころび.

rasguear 他 (ギター等を) かき鳴らす. ― 自 走り書きする.

rasgueo 男 (ギター等の) かき鳴らし.

rasguñar 他 ひっかく, 傷をつける.

rasguño 男 ひっかき傷.

raso, sa 形 ❶ 滑らかな, すべすべした; 平らな. meseta *rasa* (さえぎるもののない) 広大な台地. ❷ 雲ひとつない, 晴れ渡った. ❸ すり切り 1 杯の. una cucharada *rasa* de sal スプーンすり切り 1 杯の塩. ❹ 〖軍〗 階級[位] のない, 平(ひら)の. ― 男 (織物の) サテン. ***al ～*** 野外で.

raspa 女 ❶ 〖魚〗 (背) 骨. ❷ 〖植〗 芒(のぎ); (トウモロコシの) 穂軸. ❸ 《ラ米》 《話》 叱責(しっせき). ― 男 女 ❶ 《話》 《軽蔑》 感じの悪い[無愛想な] 人. ❷ 《ラ米》(メキシコ) 《話》 がさつな[下品な] 人. ― 男 《ラ米》 (1)(アルゼンチン)(ウルグアイ)(パラグアイ) 《話》 鍋に焦げついた食物. (2)(アルゼンチン) 《話》 盗人, 泥棒.

raspado 男 ❶ 削り取ること; ひっかき傷. ❷ 〖医〗 掻爬(そうは).

raspadura 女 ❶ 削り落とし (たもの). ❷ ひっかくこと; ひっかき傷.

raspar 他 ❶ 削り取る, こそげる. ❷ ひっかき傷をつける, かすめて通る. ❸ (表面をこすって) 傷つける; 舌を刺す. ❹ 《ラ米》 しかる; (ベネズエラ) 《話》 落第させる. ― 自 ざらざら[ちくちく] する.

raspilla 女 〖植〗 ワスレナグサ, ミオソティス.

raspón 男 ❶ 擦り傷. ❷ 《ラ米》(メキシコ)叱責(しっせき).

rasponazo 男 → raspón①.

rasposo, sa 形 ❶ ざらざら[がさがさ] した. ❷ 《ラ米》(アルゼンチン)(ウルグアイ) 《話》 (服が) ぼろぼろの; (人が) みすぼらしい; けちな. ― 男 女 《ラ米》(アルゼンチン)(ウルグアイ)けちな人.

rasqueta 女 ❶ 削り道具. ❷ 《ラ米》(中米)(キューバ)(プエルトリコ)馬ぐし.

rasquetear 他 《ラ米》(中米)床を磨く, 汚れをこすり落とす.

rastra 女 ❶ (ニンニク等の) 一つなぎ. ❷ 〖農〗 馬鍬(まぐわ), ハロー. ❸ トロール [底引き] 網. ❹ 《ラ米》(アルゼンチン)(ウルグアイ)(ガウチョの) ベルトの飾り留め金. ***a la ～*** 嫌々ながら, 無理やり. ***a ～s*** 引きずって; 嫌々ながら.

rastreador, dora 形 追跡する. ― 男 女 追跡者.

rastrear 他 ❶ 追跡する; 探る. ❷ トロール網で捕る; (水底を) 浚(さら)う. ― 自 ❶ 地上すれすれに飛ぶ. ❷ くま手でかく.

rastreo 男 追跡, 捜索; 掃海.

rastrero, ra 形 ❶ はう; (植物が) はい広がる. ❷ 《話》 あさましい, 卑しい.

rastrillada 女 ❶ くま手[レーキ] 一かきの量. ❷ 《ラ米》 (1)(アルゼンチン)(ウルグアイ)(ボリビア)(動物等の通った) 痕跡(こんせき). (2)(ウルグアイ)一斉検挙.

rastrilladora 女 〖農〗 集草機.

rastrillar 他 ❶ くま手[レーキ] でかき集める; (地面を) ならす. ❷ (麻等を) すく. ❸ 《ラ米》(ウルグアイ)《話》 入念に探す.

rastrillo 男 ❶ くま手, レーキ. ❷ (麻等の) すきぐし. ❸ (城塞(じょうさい)等の) 落とし格子; (水路の) 鉄柵(てっさく). ❹ 《ラ米》 安全かみそり (→ maquinilla 地域差).

rastro [ラストゥロ] 男 [英 track] ❶ 跡, 痕跡(こんせき); 足跡. no hay ni ～ de … …の跡形もない. ❷ 蚤(のみ)の市, フリーマーケット. ❸ くま手, レーキ. ❹ 《ラ米》 (1) 畜殺場. (2)(アルゼンチン)(銃器の) ボルト.

rastrojar 他 刈り残しを集める.

rastrojo 男 ❶ (麦等の) 刈り株 (畑). ❷ [複] 《ラ米》 残り物, くず.

rasurador 男 《ラ米》 安全かみそり (→ maquinilla 地域差). ～ eléctrico 《ラ米》 電気かみそり (→ máquina 地域差).

rasurar 他 ひげをそる (= afeitar). ― **rasurarse** 再 《ラ米》 ひげをそる (→ afeitarse 地域差).

rata [ラタ] 女 [英 rat] ❶ (大形の) ネズミ; 《話》 (雌の) ハツカネズミ. ～ de alcantarilla ドブネズミ. ～ de agua ミズネズミ. → ratón. ❷ 《話》 卑劣な人. ― 男 女 《話》 《軽蔑》 けち. ***hacerse ～*** 《ラ米》 (学校を) サボる (→ fumar 地域差). ***más pobre que las ～s*** 非常に貧しい.

rataplán 男 (太鼓の音) ドンドン.

ratear 他 ❶ 《話》 盗む, する. ❷ 割り当てる, 比例配分する. ― 自 ❶ (地面を) はう. ❷ 《話》 けちけちする. ― **ratearse** 再 《ラ米》(アルゼンチン)(学生が) ずる休みする.

ratería 女 《話》 《軽蔑》 すり, 窃盗; けち, 卑しさ.

ratero, ra 形 男 女 《話》 《軽蔑》 すり

(の), こそ泥(の).

raticida 男 殺鼠(さっ)剤.

ratificación 女 批准；承認.

ratificar 26 他 批准[承認]する. ― **ratificarse** 再 《en》(…を) 承認する.

ratificatorio, ria 形 批准しうる, 承認しうる.

rating [ラティン]〔英〕男 [複 ～s] 視聴率.

ratio 女(または男) 比率. la [el] ～ profesor/alumno(s) 教師と生徒の比率.

rato [ラト] 男〔英 while〕**短時間**, しばらくの間. hace un ～ ちょっと前に. Nos quedaremos aquí un ～ más. 私たちはもう少しここに残っています. pasar un buen [mal] ～ 愉快に過ごす[嫌な思いをする]. ***a cada*** ～ 絶えず, 頻繁に. ***al (poco)*** ～ 少し後で, すぐに. ***a*** ～***s*** / ***de*** ～ ***en*** ～ 時々, たまに. ***a*** [***en los***] ～***s perdidos*** 暇なときに. ***de a*** ～***s*** 《ラ米》(アルゼ)(ウルグ)時々. ***hober*** [***tener***] ***para*** ～ まだしばらく時間がある. ***pasar el*** ～ 時間をつぶす. ***un (buen)*** ～ / ***un*** ～ ***largo*** 《話》とても, たくさん.

ratón, tona [ラトン, トナ] 男 女 [複 ratones, ～s]〔英 mouse〕**ハツカネズミ** (► rata より小さい). ～ almizclero ジャコウネズミ. ～ de campo 野ネズミ. ― 男 ❶〖IT〗マウス. ❷《ラ米》(ベネズ)《話》二日酔い. ***Más vale ser cabeza de*** ～ ***que cola de león.*** 《諺》鶏口となるも牛後となるなかれ.

ratonero, ra 形 ❶ ネズミの, ネズミを捕る. ❷《話》《軽蔑》出来[質]の悪い. ― 女 ❶ ネズミ捕り. ❷ ネズミの穴[巣]. ❸《話》わな. ❹《話》小さな[みすぼらしい]家.

ratonil 形 → ratonero.

raudal 男 ❶ 激流, 急流. ❷ 大量, 多数. un ～ de dinero 大金. ***a*** ～***es*** たっぷりと, たくさん.

raudo, da 形 速い, 素早い.

raulí 男《ラ米》(チリ)〖植〗ラウリ樹.

raya [ラヤ〈ラジャ〉] 女〔英 line〕❶ **線**. trazar una ～ 線を引く. las ～*s* de la mano 手相. ❷ (髪の) 分け目；(ズボンの) 折り目. ❸ 境界；限界. pasar(se) de la ～《話》限度を超える, やりすぎる. ❹ ダッシュ記号 (―). ❺〖魚〗エイ. ❻《ラ米》(メキシコ)《話》賃金. ***a*** ～***s*** 縞(しま)の, ストライプの. ***tener*** [***mantener***] ***a*** ～《話》阻止する；(…を) 近づけない.

rayadillo 男 縞(しま)柄の木綿地.

rayado, da 形 ❶ 縞(しま)模様の；線の入った. papel ～ 罫線(けいせん)紙. ❷《ラ米》(アルゼ)(ウルグ)《話》気がふれた. ― 男 縞；罫, 罫線. ― 男 女《ラ米》(アルゼ)(ウルグ)《話》気がふれた人.

rayador 男《ラ米》(メキシコ)《話》支払い人.

rayano, na 形 ❶《en》(…に) 似た, (…と) 紙一重の. ❷《con》(…と) 境を接する.

rayar 他 ❶ …に線を引く；下線を引く；線で消す. ❷ ひっかき傷をつける. ― 自 ❶《con》(…に) 隣接する. ❷《en》(…に) 近い, 紙一重である. Su pensamiento *raya en* la locura. 彼の考えは狂気じみている. ❸《文》夜が明ける. al ～ el alba 夜明けに. ― **rayarse** 再 ❶ ひびが入る, 傷がつく. ❷《ラ米》《話》(アルゼ)(ウルグ)正気を失う；(アルゼ)激怒する. ***rayarla a …*** 《ラ米》(メキシコ)

《話》…をののしる.

rayista 形 男 女 (マドリードのサッカーチーム) Rayo Vallecano の(ファン).

rayo [ラヨ〈ラジョ〉] 男〔英 ray, beam〕❶ **光線**. ～ de sol 日光. ❷ 稲妻, 雷光. ❸〖物〗放射線. ～*s* X エックス線. ～ láser レーザー光線. ～*s* ultravioletas 紫外線. ❹《話》素早い[活発な]人；頭の回転の早い人；効果の早いもの. Él es un ～ para los negocios. 彼は商売に長(た)けている. ❺ 予期せぬ出来事；突然の不幸. ❻《ラ米》(アルゼ)(チリ)(ウルグ)(車輪の) スポーク. ***a*** ～***s*** 《話》(味・におい等が) ひどい, 不快な. ***echar*** ～***s*** 怒り狂う. ***¡Que te*** [***le***] ***parta un*** ～***!*** ちくしょう, お前[あいつ]なんかくたばっちまえ.

rayón 男 レーヨン.

rayuela 女 コイン投げ[石けり]遊び.

raza [ラさ] 女〔英 race〕❶ **人種**, 民族, 種族. ～ negra [amarilla, blanca] 黒色[黄色, 白色]人種. ❷ (動物の) 品種；類. de ～ 純血種の. ❸ 家系, 血筋.

razón [ラそン] 女 [複 razones]〔英 reason〕❶ **理性**. perder la ～ 分別[理性]を失う. con la ～ 理性的に. ❷ **理由**, 根拠. ～ de ser 存在理由. la ～ por la que ... …する理由. ❸ 道理, 正当性. con (toda la) ～ (まったく) 正当に. con ～ o sin ella 是非はともかく. Usted tiene mucha [toda la] ～. ごもっともです. ❹ 伝言；(広告等で) 問い合わせ. llevar la ～ 伝言を伝える. ❺ 割合；比例. en ～ directa [inversa] a ... …に比例[反比例]して. ***dar la*** ～ ***a ...*** …が正しいことを認める. ***entrar en*** ～ 納得する. ***quitar la*** ～ ***a ...*** …が間違っていると言う. ～ ***social*** 商号, 社名.

razonable [ラそナブれ] 形〔英 reasonable〕❶ **理にかなった**；道理をわきまえた. petición ～ もっともな要求. ❷ 無理のない, 妥当な. precio ～ 手ごろな値段. ❸ かなりの.

razonablemente 副 道理をわきまえて；かなり.

razonado, da 形 道理に基づいた, 根拠のある.

razonador, dora 形 男 女 論理的に考える(人).

razonamiento 男 思考；推理, 推論.

razonar 自 論理的に考える；推理[推論]する. ― 他 論証する.

razzia 〔伊〕女 ❶ 襲撃, 侵略. ❷ 一斉検挙, 手入れ.

re 男〖音〗レ, ニ音, D音.

reabastecer 76 他 食料を新たに供給する；燃料を補給する.

reabierto, ta 過分 → reabrir.

reabrir 9 他 再び開ける；再開する. ― **reabrirse** 再 再び開く；再開する.

reabsorber 他 再び吸収する.

reabsorción 女 再吸収.

reacción [レアクしオン] 女 [複 reacciones]〔英 reaction〕❶ **反応**, 反響. provocar [causar] una ～ en cadena 連鎖反応を引き起こす. ❷ 反発, 反動(派). ❸〖化〗反応；〖物〗反作用；〖医〗(薬の) 副作用. ～ nuclear 核反応. ***avión de*** [***a***] ～ ジェット機.

reaccionar [レアクしオナル] 自〔英

R

react〕❶ 反応する；反発［反抗］する. ～ contra la reforma 改革に反発する. ❷ 再活性化［回復］する. ❸〘化〙反応する.
reaccionario, ria 形 反動的な. ― 男 女 反動主義者.
reacio, cia 形 《a》（…に）反抗的な,（…）したがらない. Soy ～ *a* ese plan. 私はその計画には反対だ.
reactancia 女〘電〙リアクタンス.
reactivación 女 再活性化. ～ de la economía japonesa 日本経済の回復.
reactivar 他 再活性化する, 回復させる.
reactivo, va 形 反動的な, 反応の. ― 男〘化〙試薬.
reactor 男 ジェットエンジン；ジェット機.
reacuñar 他（貨幣を）改鋳する.
readaptación 女 再適応, 再適合. ～ a la sociedad 社会復帰.
readaptar(se) 他 再 《a》（…に）再び適応［適合］させる［する］.
readmisión 女 再許可；再雇用；復学.
readmitir 他 再許可する；再び入れる；再雇用する.
reafirmar 他 再び断言する；再確認する. ― **reafirmarse** 再 《en》（自分の主張・意見を）確証する, 曲げない.
reagravar(se) 他 再 再び［更に］悪化させる［する］.
reagrupación 女 再編成.
reagrupamiento 男 → reagrupación.
reagrupar 他 再び集める, 再編成する. ― **reagruparse** 再 再び集まる.
reajustar 他 再調整する, 再修正する.
reajuste 男 再調整, 改定. ～ ministerial 内閣改造.
real［レアる］ 形〔英 real; royal〕❶ 現実の；実在の；本当の. problema ～ 現実問題. No sé su edad ～. 私は彼の本当の年齢を知らない. ❷ 王の；王室の. casa ［familia］ ～ 王室. palacio ～ 王宮, 宮殿. ― 男 ❶〘史〙レアル：昔のスペインの貨幣. 25センティモ. ❷〘史〙本営；野営地. ❸《ラ米》(ベル) 10センタボ. *por cuatro ～es*《話》わずかな金で. *sentar sus ～es* 陣営を敷く；居を定める. *(ni) un ～*《話》一文［一銭］も（ない）.
R
realce 男 ❶ 浮き彫り, 浮き出し；ハイライト. ❷ 華麗さ；際立つこと. dar ～ a ... …に華を添える.
realengo, ga 形 ❶（土地が）王直属の；国有の. ❷《ラ米》(1)(プエル)(トリコ)(エクア)(ドル) 怠け者の. (2)(プエル)(トリコ)(メキ)(シコ)（動物が）飼い主のいない. (3)(コロン)(ビア) 任務のない, のんびりした.
realeza 女 王威；王家, 王族.
realice(-) / realicé(-) 活→ realizar.
realidad［レアりダ(ドゥ)］ 女〔英 reality〕❶ 現実；実体；実在. ～ virtual 仮想現実, バーチャルリアリティ. ❷ 現実性, 実際. La ～ es que ella tenía novio. 実は彼女には恋人がいた. *en ～* 実は, 本当は.
realismo 男 ❶ 現実主義；写実主義, リアリズム. ～ mágico〘文学〙マジックリアリズム. ❷ 王政主義.
realista 形 ❶ 現実主義の, 現実的な. ❷〘文学〙〘美〙写実主義［派］の. ❸ 王制主義の. ― 男 女 ❶ 現実主義者. ❷〘文学〙〘美〙写実派. ❸ 王政主義者.
realizable 形 実行できる, 実現できる.
realización 女 ❶ 実現, 実行；達成. ❷ 現金化. ❸（映画等の）制作. ❹《ラ米》バーゲンセール（→ liquidación 地域差）.
realizador, dora 男 女〘映〙プロデューサー, 製作者.
realizar［レアりさル］ 57 他〔英 realize〕❶ 実現する；実行する. ～ un sueño 夢を実現する. ❷〘商〙現金化する. ❸（映画等を）制作する. ― **realizarse** 再 ❶ 実現する, 現実となる. Mis planes se *han realizado*. 私の計画は実現された. ❷ 自己を実現する.
realmente 副 本当に；実際には；実は. *R*～ es muy inteligente. 本当に彼は利口だ.
realojar 他 移転［移住］させる, 収容する.
realojo 男 新たな場所に住み始めること.
realquilado, da 形 転貸借の. ― 男 女 転借人.
realquilar 他 また貸し［借り］する.
realzar 57 他 ❶ 際立たせる. ❷ 上げる, 高くする. ❸〘美〙ハイライトを入れる.
reanimación 女 元気づけること；蘇生(そせい).
reanimar 他 ❶ 元気［活気］づける. Sus palabras *reanimaron* al herido. 彼の言葉がけが人を励ました. ❷ 体力を回復させる；生き返らせる. ― **reanimarse** 再 元気を取り戻す；生き返る；活気づく.
reanudación 女 再開.
reanudamiento 男→ reanudación.
reanudar 他 再び始める, 再開する. ― **reanudarse** 再 再び始まる, 再開する.
reaparecer 76 自 再び現れる, カムバックする.
reaparición 女 再登場；カムバック.
reapertura 女 再開.
reargüir 20 他 自 再び論証する；（相手の論拠を使い）反論する.
rearmar 他 再軍備［再武装］させる；軍備を強化させる. ― **rearmarse** 再 再軍備［再武装］する；軍備を強化する.
rearme 男 再軍備, 再武装.
reasegurar 他 再保険を掛ける.
reaseguro 男 再保険.
reasumir 他 ❶（職務・責任等を）再び引き受ける. ❷（下級部門の権限等を上級部門が）引き受ける.
reasunción 女（職務・責任等を）再び引き受けること.
reata 女 ❶（馬を1列につなぐ）綱, ひも；（つながれた）馬等の列. ❷《ラ米》(1)(メキ)(シコ) メキシカンハットのひも. (2)(コロン)(ビア)（細長い）花壇. *de* ［*en*］ ～ 1列になって.
reatar 他 ❶ 結び直す；しっかりと結ぶ. ❷（馬等を）1列につなぐ.
reavivar 他 更に活気づける［かき立てる］. ― **reavivarse** 再 更に活気づく［盛んになる］.
rebaba 女（縁・端等の）ぎざぎざ, 不ぞろい.
rebaja 女 割引きセール, 値引き；［複］バーゲンセール. hacer una ～ 値引きする. estar de ～*s* セール中である.
rebajado, da 形 ❶ 低下［減額］した. ❷（兵役を）免除された. ❸〘建〙扁円(へんえん)アーチの. ― 男〘軍〙兵役を免除された人.

rebajamiento 男 ❶ 低下, 減少. ❷ 屈辱, 不面目. ❸〖建〗(アーチの) 扁円(へんえん)化. ❹〖軍〗兵役免除.

rebajar 他 ❶ 下げる；値下げする. ❷ 弱める, 和らげる, 薄める. ～ el color 色を淡くする. ❸ おとしめる, …に屈辱を与える. ❹ (兵役を) 免除する. ❺〖建〗扁円(へんえん)アーチ形にする. ― **rebajarse** 再 ❶ 下がる. ❷ へりくだる.

rebaje 男 ❶ 下げる［薄くする］こと. ❷〖技〗切り込み, 溝.

rebajo 男 → rebaje ②.

rebalanceo 男 釣合い.

rebalsar 他 せき止める；水をためる. ― **rebalsarse** 再 ❶ せき止められる；水がたまる. ❷《ラ米》(アルゼンチン)(ウルグアイ)あふれる.

rebalse 男 せき止められた水.

rebanada 女 (パンの) 1切れ. una ～ de pan パン1枚.

rebanar 他 薄く切る, スライスする；切り落とす. ― **rebanarse** 再 (体の一部を) 切り落とす.

rebañadura 女［複］(鍋(なべ)・皿等についた) 食べ物の残りかす.

rebañar 他 ❶ きれいに平らげる. ❷《話》そっくり持ち去る.

rebañego, ga 形 群れをなす；付和雷同型の.

rebaño 男 ❶ (羊等の) 群れ. ❷〖宗〗信者, 会衆. ❸《話》《軽蔑》集団.

rebasar 他 ❶ 超える, 上回る. ❷《ラ米》(車が) 追い越す (→ adelantar(se) 地域差).

rebatible 形 ❶ 反駁(はんばく)できる. ❷《ラ米》(アルゼンチン)(ウルグアイ)(座席が) リクライニングの.

rebatiña 女《話》(子供の間での) 争奪, 取り合い. andar a la ～ 取り［奪い］合う.

rebatir 他 反駁(はんばく)する, 論駁する.

rebato 男 警鐘, 警報. tocar a ～ 警報を鳴らす；急を告げる.

rebeca 女 カーディガン. ― 固名 ［R-］ レベカ：女子の名.

rebeco 男〖動〗シャモア.

rebelarse 再 ❶《contra》(…に) 逆らう, 背く, 反抗する. ❷《話》扱いにくい.

rebelde 形 ❶ 反逆の；反抗的な. soldados ～*s* 反乱軍兵士. ❷ 扱いにくい. tos ～ しつこい咳(せき). ― 男 女 反逆者, 反乱者.

rebeldía 女 ❶ 反逆, 反抗. ❷〖法〗出廷拒否.

rebelión 女 ❶ 反逆, 反乱, 謀反. ❷〖法〗反逆罪.

rebenque 男 (ガレー船で使われた) むち；(乗馬の) むち.

rebién 副《話》すばらしく, 申し分なく.

reblandecer 76 他 柔らかくする. ― **reblandecerse** 再 柔らかくなる；《ラ米》(アルゼンチン)(ウルグアイ)《話》年寄りじみる.

reblandecimiento 男 柔らかくなる［する］こと.

rebobinado 男 (フィルム等の) 巻き戻し.

rebobinar 他 (フィルム等を) 巻き戻す.

rebollar / rebolledo 男 トルコガシの林.

rebollo 男〖植〗トルコガシ.

rebonito, ta 形《話》とてもきれいな.

reborde 男 (突き出した) 縁.

rebosadero 男 放水口, 排水口.

rebosante 形《de》(…で) あふれるばかりの, いっぱいの.

rebosar 自 ❶ あふれる. El vaso *rebosa*. コップがあふれている. ❷《de》(…に) 満ちている. ～ *de* satisfacción 大変満足する. ― 他 (…に) あふれる, 満ちている. ～ alegría. 喜びに満ちている.

rebotado, da 形 ❶《話》(特に聖職から) 転向した；場違いの. ❷《話》狂暴な. ― 男 女《話》転向者.

rebotar 自 跳ねる；《en》(…に) 跳ね返る, バウンドする. ― 他 ❶ 跳ね返す；《ラ米》(アルゼンチン)(ウルグアイ)《話》(願い等を) はねつける. ❷《話》怒らせる. ― **rebotarse** 再《話》いらだつ, 怒る.

rebote 男 ❶ 跳ね (返り), バウンド. dar un ～ en ... …に跳ね返る. ❷ (バスケット) リバウンドボール. ❸《話》怒り. *de* ～ 跳ね返って；結果的に.

reboteador, dora 形 男 女 (バスケットボール) リバウンドの (得意な選手).

rebotear 自 (バスケットボール) リバウンドボールを取る.

rebotica 女 (薬局等の) 店の奥の部屋.

rebozar 57 他 ❶〖料〗(揚げ物の) 衣をつける. ❷《話》《de》(…で) 汚す. ― **rebozarse** 再《de》(…で) 汚れる.

rebozo 男 ❶ 顔を覆うもの. ❷ 言い訳. ❸《ラ米》〖服〗ショール, 肩かけ. *sin* ～*(s)* 率直に, 歯に衣(きぬ)を着せずに.

rebrotar 自 再び芽生える；再発する.

rebrote 男 発芽.

rebufar 自 (動物が) 鼻息を荒くする.

rebufo 男 (発砲後の) 衝撃波.

rebujar 他《話》しわくちゃに丸める；くるむ. ― **rebujarse** 再《話》《con》(…に) くるまれる.

rebujo 男 もつれた塊；くちゃくちゃに丸めたもの.

rebullir(*se*) 71 自 再 (もぞもぞ) 動き出す, 動き始める.

rebumbio 男《話》ひどい騒音.

rebusca 女 ❶〖農〗収穫漏れの果実, 摘み残し. ❷ 念入りに探すこと.

rebuscado, da 形 不自然な；妙な；凝りすぎの.

rebuscador, dora 形 男 女《ラ米》(コロンビア)《話》身の処し方がうまい (人).

rebuscamiento 男 わざとらしさ；凝りすぎ.

rebuscar 26 他 ❶ 念入りに探す；あさる. ❷〖農〗収穫漏れを拾う.

rebuznar 自 (ロバが) 鳴く. ― **rebuznarse** 再《ラ米》(アルゼンチン)(ウルグアイ)《話》(利害関係で) 手を結ぶ.

rebuzno 男 ロバの鳴き声.

recabar 他 ❶ (権利として) 要求［主張］する. ❷ (懇願して) 獲得する.

recadero, ra 男 女 メッセンジャー；伝令.

recado ［レカド］ 男 〔英 message〕 ❶ **伝言**, 言づて. ❷［複］よろしくとの伝言. ❸ 小包. ❹ ちょっとした用事. ❺ 用具. ～ de escribir 筆記具一式. ❻《ラ米》馬具.

recaer 28 自 ❶ 病気が再発する. ❷《en, sobre》(…に) 再び陥る；(責任・論点等が) (…に) 及ぶ. ❸〖言〗《en》(…に) (アクセントが) かかる.

recaída 女〖医〗再発.

R

recalada 女〘海〙接岸.
recalar 他 …に徐々に染み込む. ― 自 ❶〘海〙接岸する. ❷《話》姿を現す. ❸《**en**》(…まで)(風・波が)届く. ❹《ラ米》行き着く. ― **recalarse** 再 湿る, 濡れる.
recalcadura 女《ラ米》(ｱﾙｾﾞ)(ﾁﾘ)脱臼(だっきゅう).
recalcar 26 他 言い聞かせる；強調する；力説する. ― **recalcarse** 再《ラ米》(ｱﾙｾﾞ)(ﾁﾘ)(ｳﾙｸﾞｱｲ)脱臼(だっきゅう)する.
recalcificar 26 他〘医〙カルシウムを補給する.
recalcitrante 形 意固地な；頭が固い；進歩がない.
recalcular 他 自 再計算[検算]する.
recalentamiento 男 過熱；オーバーヒート.
recalentar 18 他 ❶ 再加熱する；温め直す. ❷ 過熱させる. ― **recalentarse** 再 ❶ 過熱する. ❷(作物が)暑さで傷む.
recalificación 女(土地等の)再評価.
recalificar 26 他(土地等を)再評価する.
recalmón 男〘海〙突然風[波]が静まること.
recalzar 57 他 ❶〘農〙盛り土をする. ❷〘建〙土台をセメントで固める.
recamado 男(きらびやかな)刺繍(ししゅう).
recamar 他(きらびやかな)刺繍(ししゅう)を施す.
recámara 女 ❶(寝室横の)衣装部屋. ❷《ラ米》(ﾒｷｼｺ)寝室. ❸(銃器の)薬室；(鉱山の)爆薬貯蔵庫. ❹《話》本心；内心；下心. ❺《ラ米》花火.
recamarera 女《ラ米》(ﾒｷｼｺ)客室清掃係.
recambiable 形 交換[補充]可能な.
recambiar 17 他(部品等を)取り替える.
recambio 男 ❶ 取り替え, 交換. ❷ 補充用品；スペア.
recapacitar 他 自 熟考する.
recapitulación 女 要約.
recapitular 他 要約する.
recargable 形 充塡(じゅうてん)[再充電]可能な. *pila* ～ 充電式電池.
R **recargado, da** 形(文体が)飾り過ぎの.
recargar 66 他 ❶ 再び詰める, 充塡(じゅうてん)する. ❷《**de**》(…で)ぎゅうぎゅう詰めにする. ❸(仕事を)たくさん負わせる. ❹ むやみに飾り立てる. ❺ 追徴金を課す. ❻(空気を)よどませる. ― **recargarse** 再 ❶(空気が)よどむ. ❷《ラ米》(ﾒｷｼｺ)もたれる.
recargo 男 追徴金；追加料金[税].
recatado, da 形 慎重な；節度ある.
recatar 他 隠す. ― **recatarse** 再 ❶ 人目を避ける, 隠れる. ❷《**de**》(…を)ためらう, 慎重になる.
recato 男《文》慎重さ；節度.
recauchutado, da 形(タイヤが)再生の. ― 男 タイヤの再生.
recauchutar 他 ❶(古タイヤを)再生する. ❷《ラ米》(ﾁﾘ)(ｳﾙｸﾞｱｲ)《話》(ぽんこつを)修理する.
recaudación 女 徴収(額), 集金；徴税.
recaudador, dora 形 徴収[徴税]する. ― 男 女 徴収[徴税]係；集金人.
recaudar 他 徴収[集金, 徴税]する.
recaudatorio, ria 形 徴収[集金, 徴税]の.
recaudo 男 *estar a buen* ～ 安全な場所にある；厳重に管理されている.
recazo 男(刀剣の)つば；ナイフの背側.
rece(-) / recé(-) 活 → rezar.
recebo 男(道路にまく)敷き砂.
recelar 他 疑う. ― 自《**de**》(…を)疑う, 怪しむ.
recelo 男 疑い, 不信；危惧(きぐ).
receloso, sa 形 ❶《**con**》(…に対し)疑い深い；不安げな. ❷〘闘牛〙(牛が)慎重な.
recensión 女《文》(短い)書評.
recental 形(子牛・子羊が)乳離れしていない. ― 男 離乳前の子牛[子羊].
recentísimo, ma 形 [recienteの絶対最上級]ごく最近の.
recepción [レセプしオン] 女 [複 recepciones]〔英 reception〕❶ **受け取り**, 受領；受け入れ. ❷(会社・ホテルの)**受付**, フロント. ❸ 歓迎会, レセプション. ❹〘放送〙受信.
recepcionar 他 ❶ 受領する. ❷《ラ米》(ｱﾙｾﾞ)(ﾁﾘ)(ｳﾙｸﾞｱｲ)〘放送〙受信する.
recepcionista 男 女 受付係, フロント係.
receptáculo 男《文》容器；花托(かたく).
receptividad 女 感受性；〘医〙罹患(りかん)性.
receptivo, va 形 飲み込みが早い；感受性に富む.
receptor, tora 形 ❶ 受ける. ❷〘言〙受信者の. ― 男 女 ❶ 受け手, 受取人. ❷〘言〙受信者；〘医〙(臓器の)被提供者, レシピエント(↔donante). ― 男〘機〙受信機.
recesión 女 ❶《文》後退, 低下. ❷〘経〙景気の後退.
recesivo, va 形 ❶〘経〙(景気が)後退する, 不況の. ❷〘生〙劣性形質の. herencia *recesiva* 劣性遺伝.
receso 男 ❶(国家間の)断絶. ❷《文》休止, 休憩(時間). ❸《ラ米》(ｱﾙｾﾞ)(ﾁﾘ)(ｳﾙｸﾞｱｲ)一時休業.
receta 女 ❶〘医〙処方箋(せん). ❷〘料〙料理法, レシピ. ❸《**para**》(…するための)こつ, 秘法.
recetar 他〘医〙(薬を)処方する.
recetario 男 ❶〘医〙処方リスト. ❷〘料〙料理ブック, レシピ集.
rechace(-) / rechacé(-) 活 → rechazar.
rechazable 形 拒絶できる；拒絶すべき.
rechazar [レチャさル] 57 他〔英 reject〕❶ **拒絶する**；はねかえす, 撃退する. ❷〘スポ〙(キーパーが球を)止める, はじく.
rechazo 男 ❶ 拒絶, 拒否. ❷〘医〙拒絶反応. ― 活 → rechazar.
rechifla 女《話》野次(の口笛).
rechiflar 他(野次の)口笛を吹く. ― **rechiflarse** 再《**de**》(…を)野次る.
rechinamiento 男 きしむ音；歯ぎしりの音.
rechinar 他 きしませる. ― 自 きしむ.
rechinido 男 きしむ音.
rechistar 自《話》ぶつぶつ[文句を]言う. sin ～ ぶつくさ言わずに.
rechoncho, cha 形《話》小柄で太った. ― 男 女《話》太った人, でぶ. 地域差《話》太った人, でぶ rechoncho《スペイン》《ラ米》(ﾆｶ)(ﾒｷｼｺ)(ﾊﾟﾅﾏ)(ﾁﾘ)；barrilito (ｱﾙｾﾞ)(ﾄﾘﾆ)(ｺﾛ

ﾗｸﾞ, ﾊﾟﾅ); butuco (ﾎﾝｼﾞｭﾗｽ, ﾆｶﾗｸﾞｱ); petacón (ｱﾙｾﾞﾝﾁﾝ); retacón (ﾎﾞﾘﾋﾞｱ)(ｳﾙｸﾞｱｲ); zaporrito (ﾍﾞﾈｽﾞｴﾗ).

rechupete ***de*** ～ 《話》最高の[に]. La sopa está *de* ～. スープがすばらしくうまい.

recibí 男 受領済みのサイン. firmar un ～ 受領済みのサインをする. ― 活 → recibir.

recibidor 男 玄関ホール.

recibimiento 男 歓迎, もてなし.

recibir [レシビル] 他 〔英 receive〕 ❶ **受ける, 受け取る**；もらう. ～ la orden de ... …という命令を受ける. ～ un golpe en la cara 顔に一発くらう. ❷ 迎える, 歓迎する；応対する. ir a ～ a ... a la estación …を駅まで迎えに行く. ❸ 受け入れる, 受諾する. ❹ 〚闘牛〛(牛を) 迎え撃つ. ― 自 接客する；往診する. El profesor sólo *recibe* los lunes. 教授は月曜日しか人と会われません. ― **recibirse** 再 《ラ米》(ｱﾙｾﾞﾝﾁﾝ)(ｳﾙｸﾞｱｲ) 《**de**》(…の) 学位をとる.

recibo [レシボ] 男 〔英 receipt〕 ❶ **領収書**, レシート. ❷ 受領. ― 活 → recibir. ***acusar*** ～ ***de ...*** …の受領を知らせる. ***no ser de*** ～ 受け入れられない.

reciclado, da 形 男 再加工(された), リサイクル(の). papel ～ 再生紙.

reciclaje 男 再生, 再加工, リサイクル.

reciclar 他 ❶ 再加工[リサイクル]する. ❷ 再教育する.

recidiva 女 (病気の) 再発；ぶり返し.

reciedumbre 女 《文》力強さ；たくましさ.

recién [レシエン] 副 〔英 just〕 ❶ 《＋過去分詞》**…したばかりの**. una rosa ～ abierta 咲いたばかりのバラの花. ❷ 《ラ米》《文頭で》(1) たった今；ついさっき, ちょっと前に. *R*～ hemos llegado. 私たちはたった今着いたところだ. (2) 《接続詞的に》…するとすぐ(＝apenas). *R*～ la vio, tuvo que marcharse. 彼は彼女に会ったが, すぐに立ち去らねばならなかった.

reciente [レシエンテ] 形 [絶対最上級 recentísimo, ma] 〔英 recent〕 ❶ **最近の**；最近起きた. ❷ できたての；焼きたての.

recientemente 副 最近, 近ごろ.

recinto 男 囲い地；敷地内；構内.

recio, cia 形 ❶ 力強い；たくましい. ❷ つらい；耐え難い. ― 副 激しく, 猛烈に.

recipiendario, ria 男 女 《文》新入会員.

recipiente 男 容器.

recíprocamente 副 お互いに.

reciprocidad 女 ❶ 相互性；相互関係. ❷ 〚文法〛相互関係.

recíproco, ca 形 ❶ 相互の. amor ～ 通い合う愛情. ❷ 〚文法〛相互用法の. ***a la recíproca*** 逆に；逆もまた同様.

recitación 女 暗誦(あんしょう)；(詩の) 吟唱.

recitado 男 ❶ → recitación. ❷ → recitativo.

recitador, dora 男 女 (詩の) 吟唱者.

recital 男 ❶ 〚音〛リサイタル, 独奏[独唱]会. ❷ (詩の) 吟唱会. ***dar un*** ～ 《話》実力の差を見せつける.

recitar [レシタル] 他 〔英 recite〕 ❶ **暗誦(あんしょう)する**, 朗唱する. ❷ (詩を) 吟唱する.

recitativo, va 形 男 〚音〛レチタティーヴォ(の)：語るように歌う唱法.

reclamación 女 ❶ 請求；要求. ❷ 抗議；クレーム. impreso [hoja, libro] de ～*es* 苦情カード.

reclamante 男 女 請求者.

reclamar [レクラマル] 他 〔英 claim〕 ❶ (権利として) **要求する**, 請求する. ❷ 呼び出す, 〚法〛召喚する. ❸ 必要とする. ～ la atención 注意を要する. ❹ (鳥笛で鳥を) おびき寄せる. ❺ 《ラ米》(ﾁﾘ)…に抗議する. ― 自 〔英 protest〕 《**contra**》(…を不服として) **抗議する**, クレームをつける.

reclames 男 複 《ラ米》(テレビの) コマーシャル (→ anuncio 地域差). ― 活 → reclamar.

reclamo 男 ❶ おとり. ❷ 誘い, 呼びかけ. ❸ 〚鳥〛(同種を誘う) 鳴き声；〚狩〛鳥笛. ❹ 〚印〛送り記号. ❺ 《ラ米》(ﾁﾘ)抗議. ― 活 → reclamar.

reclinar 他 《**sobre, en, contra**》(…に) もたせかける. ― **reclinarse** 再 もたれかかる, 寄りかかる.

reclinatorio 男 祈禱(きとう)台.

recluir 60 他 《**en**》(…に) 閉じ込める. ― **recluirse** 再 《**en**》(…に) 閉じこもる.

reclusión 女 ❶ 幽閉；隠遁(いんとん). ❷ 〚法〛懲役.

recluso, sa 形 収監された. ― 男 女 囚人.

recluta 男 女 〚軍〛召集兵；志願兵；新兵. ― 女 〚軍〛徴兵.

reclutamiento 男 〚軍〛徴兵；《集合的》徴兵された兵士.

reclutar 他 徴兵する；募集する.

recobrar [レコブラル] 他 〔英 recover〕 **取り戻す**. ～ el conocimiento 意識を取り戻す. ～ la salud 健康を回復する. ― **recobrarse** 再 ❶ 健康[意識]が回復する. ❷ 《**de**》(…から) 立ち直る；(…を) 取り戻す.

recocer 29 他 煮[焼き]過ぎる[直す]. ― **recocerse** 再 《話》内心腹を立てる.

recochinearse 再 《話》《**de**》(…を) こばかにする.

recochineo 男 《話》嘲弄(ちょうろう). ***con*** ～ 人をこばかにした態度で.

recodarse 再 肘(ひじ)をつく.

recodo 男 (道・川の) 曲部；カーブ.

recogedor 男 ❶ ちりとり. ❷ 〚農〛(馬挽(ひ)き) 収穫機.

recogepelotas 男 女 [単複同形] (テニス) ボール・ボーイ[ガール].

recoger [レコヘル] 84 他 〔英 pick up; collect〕 ❶ **拾う**. ～ leña 薪(まき)を拾う. ❷ **集める**；収穫する. ～ dinero 集金する. ～ las hojas del examen 試験の答案を回収する. ❸ (人を) 迎えに行く. ❹ 片付ける. ～ los platos 皿をしまう. ❺ 〚法〛(印刷物を) 没収する, 発行停止にする. ❻ (結果として) 得る. ～ el fruto de ... …の成果を得る. ❼ 引き取る；保護する. Me *recogieron* sus abuelos. 私は彼の祖父母に引き取られた. ❽ 折りたたむ. ～ el toldo 天幕を巻き上げる. ❾ (髪形・そで・すそを) 短く[小さく]する. pelo *recogido* 束ねた髪. ― 自 片付ける. ― **recogerse** 再 ❶ (自分の服を) たくし上げる；(髪を) 束ねる. ～ las mangas そでをまくる. ❷ 寝に行く,

R

床に就く. ❸《en》(…に) 引っ込む, 退く.
recogido, da 過分 → recoger. 形 ❶ 引っ込んだ, 退いた. ❷ 小ぢんまりとした；落ち着ける. ── 男 束ねられたもの. ── 女 ❶ 回収；収穫. ❷ (就寝のための) 辞去；退室.
recogimiento 男 ❶ 没頭；集中. con ～ 一心不乱に. ❷ 退くこと, 撤退.
recoj- 活 → recoger.
recolección 女 ❶ 回収；集金；収穫. ❷〘農〙《集合的》収穫物, 収穫期.
recolectar 他 ❶〘農〙収穫する. ❷ 回収する；集金する.
recolector, tora 形〘農〙収穫の. ── 男 女〘農〙収穫要員.
recoleto, ta 形 ❶ 閑静な. ❷〘宗〙隠遁(いんとん)[修道]生活の. ── 男 女 修道者.
recolocación 女 再就職；再配置.
recolocar 26 他 再雇用する.
recombinación 女〘生化〙遺伝子組み換え.
recomendable 形 お勧めの, 推薦できる. No es ～〈＋不定詞 / **que**＋接続法〉. …するのは勧められない[よくない].
recomendación [レコメンダしオン] 女 [複 recomendaciones]〔英 recommendation〕推薦；推奨, 勧め.
recomendado, da 過分 → recomendar. 形《ラ米》(ニカラグア)(ペルー)《話》書留の. ── 男 女 推薦された人；コネのある人.
recomendar [レコメンダル] 18 他〔英 recommend〕❶《＋名詞 / **que**＋接続法》(…を / …することを) 勧める；勧告する. ❷ 推薦する；推挙する. Te *recomendaré* para la beca. 君を奨学生として推薦しよう.
recomendatorio, ria 形 推薦する. carta *recomendatoria* 推薦状.
recomenzar 49 他 自 再開する.
recomer 他《話》いらだたせる. ── **recomerse** 再《話》《**de**》(…に) いらだつ. ～ *de* celos 嫉妬(しっと)に身を焦がす.
R
recompensa 女 報い；褒美, 報酬.
recompensar 他《**con**》(…を与えて) 報いる；褒賞する.
recomponer 75 他 修繕する.
recomposición 女 再編成.
recompra 女 再購入.
reconcentrar 他 ❶《**en**》(…に) 集中させる. ～ el cariño *en* … …に全ての愛情をぶつける. ❷〘化〙濃縮させる. ── **reconcentrarse** 再《**en**》(…に) 専念[没頭]する.
reconciliable 形 和解できる.
reconciliación 女 和解, 仲直り.
reconciliar 106 他 和解させる. ── **reconciliarse** 再《**con**》(…と) 和解する.
reconcomer 他 → recomer.
reconcomio 男《話》いらだち；不快感.
recóndito, ta 形《文》人目につかない, 隠された.
reconducción 女 元の場所に戻すこと.
reconducir 12 他 ❶ 元の場所に戻す. ❷ (議論を) 仕切りなおす.
reconfirmar 他 再確認する；(航空券を) リコンファームする.
reconfortante 形 元気づける. ── 男 元気の源；強壮剤.
reconfortar 他 元気づける, 励ます.
reconocer [レコノセル] 76 他〔英 recognize〕❶ 見分ける；識別する. No la *reconocí* a primera vista. 最初に見たときは私は彼女であると分からなかった. ～ la voz de … …の声を聞き分ける. ❷ 認める, 承認する；〘法〙認知する. ～ la firma サインを確認する. ❸ 診察する；調べる, 偵察する. ❹ (…に) 感謝する. ── **reconocerse** 再 ❶ 自分が…であると認める. ～ autor del crimen 犯人であると認める. ～ indeciso 優柔不断を自認する. ❷《**en**》(…と) 自分がそっくりである.
reconocible 形 見分けられる；識別できる.
reconocidamente 副 明らかに.
reconocido, da 過分 → reconocer. 形 ***estar ～ por …*** …を感謝している.
reconocimiento 男 ❶ 判別, 識別. ❷ 承認, 認知. ❸ 診察；調査. avión de ～ 偵察機. ❹《**por**》(…への) 感謝.
reconozc- 活 → reconocer.
reconquista 女 奪回, 再制圧. la *R*～〘史〙レコンキスタ, スペイン国土回復運動.
reconquistar 他 奪回[再制圧]する.
reconsiderar 他 考え直す, 再考する.
reconstitución 女 ❶ 再建；再構成. ❷ 再現. ❸〘医〙再生.
reconstituir 60 他 ❶ 再建する；再構成する. ❷ 再現する. ❸〘医〙再生させる. ── **reconstituirse** 再 再構成される；〘医〙再生する.
reconstituyente 形〘薬〙回復作用のある. ── 男〘薬〙強壮剤.
reconstrucción 女 再建；再現.
reconstruir 60 他 ❶ 再建する；復元する. ❷ 再現する.
reconstruy- 活 → reconstruir.
recontar 32 他 数え直す.
reconvención 女《文》お説教, 小言.
reconvenir 23 他《文》《**por**》(…のことで) 説教する, 小言を言う.
reconversión 女〘経〙再編；構造改革. ～ industrial 産業の構造改革.
reconvertir 98 他〘経〙再編する；構造改革する.
recopilación 女 ❶ 編纂(へんさん)(資料), 編集；選集. ❷ 法規集. ❸〘IT〙(データ) 収集.
recopilador, dora 男 女 編者；収集する人.
recopilar 他 (資料を) 収集する；編纂(へんさん)する.
recopilatorio, ria 形 収集[編集]の.
record [リコル(レコル)]〔英〕男 録音スイッチ.
récord [レコル] 男 [複 ～s] 記録；記録保持者. batir el ～ 記録を破る. ***en un tiempo ～*** あっという間に.
recordar [レコルダル] 32 他〔英 remember〕❶ 覚えている；記憶にある (＝ acordarse). *Recuerdo* bien el verano pasado. 去年の夏のことはよく覚えている. ❷ 思い出す. Logré ～ su nombre. 彼の名前を思い出すことができた. ❸《**a**》(…に) 思い出させる；…を彷彿(ほうふつ)とさせる. ❹《ラ米》録音する. ── 自 覚えてい

る；思い出す．*si mal no recuerdo* 私の記憶に間違いがなければ．

recordatorio 男 ❶ (洗礼等の思い出を添付した) 記念カード．❷《稀》メモ用紙．

recordman [レコルマン] 男 [複 ～s] 〔英〕《スポ》記録保持者．

recordwoman [レコルウォマン] 女 [複 ～s] 〔英〕女《スポ》記録保持者．

recorrer [レコレル] 他 〔英 walk (a)round〕 ❶ **歩き回る**；旅して回る．～ el mundo 世界各地を回る．❷ (文書に) ざっと目を通す．

recorrida 過分 → recorrer. 女《ラ米》(1)(アルゼ)(ウルグ)(チリ)歩き回ること；散歩．(2)(アルゼ)(チリ)(警察の) パトロール．

recorrido 過分 → recorrer. 男 ❶ 歩き回ること．hacer un ～ por ... …を回る，巡り歩く．❷ 行程；経路．～ turístico 観光ルート．❸ (ゴルフ等) ラウンド．

recortable 男《遊》切り抜き絵．

recortado, da 形 (縁が) ぎざぎざの．

recortadura 女 → recorte.

recortar 他 ❶ (飛び出た部分を) 切る．❷ 切り抜く，切り取る．❸ 切り詰める，削減する．❹《美》輪郭を描く．

recorte 男 ❶ (新聞等の) 切り抜き．❷ 裁断；削減．～*s* presupuestarios 予算削減．

recoser 他 ❶ 縫い直す．❷ (服の破れ等を) 繕う．

recostar 32 他《en, sobre》(…に) もたせかける．── **recostarse** 再《en, sobre》(…に) もたれかかる．

recova 女《ラ米》(アルゼ)アーケード；屋根つきの歩道．

recoveco 男 ❶ 奥まった [隠れた] 場所．todos los ～*s* de la ciudad 町の隅々．❷ (道路・川の) カーブ，曲がり角．❸ [主に複]《話》(言動の) 理解しにくい部分．los ～*s* del alma 心のひだ．una persona con muchos ～*s* 謎の多い人物．

recreación 女 ❶ 再現．❷ 娯楽．

recrear 他 ❶ 再現する．❷ 楽しませる．── **recrearse** 再《en》(…で) 楽しむ．

recreativo, va 形 楽しませる，面白い．

recremento 男《医》再帰液．

recreo [レクレオ] 男 〔英 recreation〕 ❶ **気晴らし**，娯楽；憩い．casa de ～ 別荘．barco de ～ 遊覧船．❷ (学校の) 休み時間．

recría 女 飼育．

recriar 31 他 飼育する．

recriminación 女 非難，叱責(しっせき)．

recriminar 他《por》(…を) 非難する，とがめる．

recriminatorio, ria 形 非難する．

recrudecer 76 他 再び悪化させる．── **recrudecerse** 再 再び悪化する．

recrudecimiento 男 再度の悪化．

recta 女 ❶《数》直線．❷ 直線路．～ final 最後の直線コース；最終段階．── 形 → recto.

rectal 形《解》直腸の．

rectangular 形 ❶ (図形が) 直角のある．❷ 長方形の．

rectángulo, la 形 (図形が) 直角のある．triángulo ～ 直角三角形．── 男 長方形．

rectificación 女 ❶ 修正，訂正．❷《電》整流．❸《化》精留．

rectificador 男《電》整流器．

rectificar 26 他 ❶ 修正 [訂正] する．❷ (意見・態度を) 正す．❸ (曲がったものを) まっすぐにする．❹《機》研削する．❺《電》整流する．❻《化》精留する．❼《数》(曲線の) 弧の長さを求める．── **rectificarse** 再 (自分の意見・態度を) 改める．

rectificativo, va 形 修正する，訂正する．

rectilíneo, a 形 ❶ 直線の；直線的な．❷《比喩的》堅い決意の，真っ正直な．

rectitud 女 まっすぐであること；公正さ；正直さ．

recto, ta [レクト, タ] 形 〔英 straight〕 ❶ **まっすぐな**；直線の．pasillo ～ まっすぐな廊下．❷ 公正な；正直な．❸ 文字どおりの．en sentido ～ 文字どおりの意味で．── 男《解》直腸．***todo*** ～ ずっとまっすぐ．Siga *todo* ～ por esta calle. この通りをこのまままっすぐに行ってください．

rector, tora 形 統轄する，主導的な．principio ～ 指導原理．── 男 女 ❶ (組織の) 指導者．el ～ del hospital (病院) 院長．❷ (大学の) 学長．── 男《カト》教区司祭．

rectorado 男 学長職 [任期，室]．

rectoral 形 ❶ 学長の．❷ 教区司祭の．casa ～ 教区司祭館．

rectoría 女 ❶ 教区司祭館．❷ → rectorado.

rectoscopia 女《医》直腸検査．

rectoscopio 男《医》直腸鏡．

recua 女 ❶ (馬・ロバの) 隊列．❷《話》《軽蔑》押し寄せる人 [もの]．

recuadrar 他 四角 [枠] で囲む．

recuadro 男 四角い枠 [囲み]；囲み欄 [記事]．

recubierto, ta 過分 → recubrir.

recubrimiento 男 被覆；上塗り．

recubrir 36 他《de, con》(…で) 完全に覆う；コーティングする．

recuelo 男 二番煎(せん)じのコーヒー．

recuento 男 数え直し；検算．

recuerd- 活 → recordar.

recuerdo [レクエルド] 男 〔英 memory〕 ❶ **思い出**，追憶．tener un buen [mal] ～ de ... …のいい [悪い] 思い出がある．❷ 記念 (品)；土産；形見の品．❸ [複] よろしくとの伝言．Muchos ～*s* a Carmen. カルメンにどうぞよろしく．── 活 → recordar.

recular 自 ❶《話》後退する；退却する．❷《話》引き下がる，しりごみする．

reculón, lona 形《闘牛》(牛が) 臆病(おくびょう)な．***a reculones*** 後ずさりしながら．

recuperable 形 ❶ 回復 [復帰] 可能な．❷ (後で) 埋め合わせが必要な．

recuperación 女 ❶ 回復；取り戻し；埋め合わせ．❷ 再利用．❸ 追試 (の募集)．***clase de*** ～ 補修クラス．

recuperar [レクペラル] 他 〔英 recover〕 ❶ **回復する**；取り戻す；(…の) 埋め合わせをする．～ su libertad 自由を再び手にする．❷ 再利用する．❸ (追試に) 合格する．── **recuperarse** 再《de》(…から) 回復する．～ *de* su tristeza 悲しみから立ち直る．

recurrencia 女 繰り返し現れること．

R

recurrente 形 ❶ 繰り返し現れる. ❷〘医〙〘解〙回帰性の. fiebre ～ 回帰熱. ❸〘法〙上告する. ― 男 女〘法〙上告人.

recurrir 自 ❶ (a) …に頼る；…の助けを借りる. ～ *al* diccionario 辞書に頼る. ～ *a* la violencia 腕にものを言わせる. ❷ (病気・熱が) ぶり返す. ❸〘法〙上告する.

recursivo, va 形 ❶〘言〙反復的な. ❷《ラ米》(コロン)(ピア) (1) 策士の. (2) (区画が) 商店の多い.

recurso [レクルソ] 男 〔英 resource〕 ❶ **手段**, 方法. como último ～ 最後の手段として. ❷ [複] **資源**；資産. ～*s* naturales 天然資源. ❸〘法〙上告, 上訴. ～ de casación (最高裁への) 上告.

recusación 女 ❶ 拒否, 拒絶. ❷〘法〙忌避 (申し立て).

recusar 他 ❶ 拒否する. ❷〘法〙忌避申し立てを行う.

red [レ(ドゥ)] 女 〔英 net〕 ❶ **網**；**ネット**. *red* de alambre 金網. *red* de pesca 魚網. *red* de tenis テニスのネット. ❷ 網状の組織, ネットワーク. *red* de información 情報網. *red* de supermercados スーパーのチェーン. *red* de transporte 交通網. *red* de ventas 販売網. ❸ わな. caer en la *red* わなにはまる. tender una *red* わなをかける.

redacción 女 ❶ 文章作成, 執筆；作文. ❷ 編集 (部)；《集合的》編集部員.

redactar 他 自 ❶ 文章化する；作文する. ❷ 編集する.

redactor, tora 形 編集する. ― 男 女 編集者. ～ jefe 編集長.

redada 女 ❶ 一斉取締り [検挙]. ❷ 投げ網 (漁).

redaño 男 ❶〘解〙腸間膜. ❷ [複]《話》気力；威勢.

redargüir 20 他 (相手の論を逆手にとって) 反論する.

redecilla 女 ❶ ヘアネット. ❷〘動〙第二胃袋.

redecir 42 他 (同じことを) しつこく言う.

R **rededor** 男《古》*al* [*en*] ～ *de* ... …の周囲に. → alrededor.

redefinir 他 再定義する.

redención 女 ❶ (苦境からの) 解放；救出. ❷〘宗〙贖罪(しょくざい)；救済.

redentor, tora 形 救済 [贖罪(しょくざい)] の. ― 男 女 救済 [贖罪] 者. ― 男 [R-] 救い主 (イエス・キリスト).

redentorista 男 女〘カト〙レデンプトール会修道士 [女]. ― 男 [複] レデンプトール会.

redescuento 男〘商〙再割引.

redicho, cha 形 男 女《軽蔑》もったいぶった言葉遣いの (人).

¡rediez! 間《話》《怒り・不快・驚き》なんと；おやまあ.

redil 男 (家畜の) 囲い場.

redimensionar 他《ラ米》(アルゼ)(ンチン) (組織等を) 改編する.

redimible 形 あがなえる, 挽回(ばんかい)の機会がある.

redimir 他 ❶ (de) (苦境から) 解放 [救出] する. ❷ (金銭と引き換えに) 自由を与える. ❸〘経〙〘法〙請け戻す；買い戻す. ― **redimirse** 再 (de) (苦境から) 立ち直る.

redistribución 女 再分配.

redistribuir 60 他 再分配する.

rédito 男 [主に複]〘商〙利子.

redituar 58 他《ラ米》(アルゼ)(ンチン)(ウルグ)(アイ) 利子をもたらす.

redivivo, va 形 生き返った.

redoblamiento 男 倍増；増強.

redoblante 男〘音〙ドラム.

redoblar 他 ❶ 倍増 [増強] する. ❷ (更に) 折り曲げる. ― 自〘音〙ドラムをたたく. ― **redoblarse** 再 倍増する.

redoble 男 ❶ 増強. ❷〘音〙ドラム [太鼓] の連打.

redoma 女 フラスコ.

redomado, da 形 ひどい, どうしようもない.

redonda 女〘音〙全音符. ― 形 → redondo. *a la* ～ 周囲に.

redondeado, da 形 丸い；丸みのある.

redondear 他 ❶ 丸くする. ❷《話》仕上げる. ❸ 端数を切り捨てる.

redondel 男 ❶《話》円, 丸. ❷ 闘牛場 (の砂場).

redondeo 男 ❶ 丸くすること. ❷ 端数の切り捨て.

redondez 女 丸いこと；丸み.

redondilla 女〘文学〙四行詩.

redondo, da [レドンド, ダ] 形 〔英 round〕 ❶ **丸い**, 円形の. ❷《話》完璧(かんぺき)な；確実にもうかる. ❸《話》疑いの余地がない. ❹ (数字が) 端数のない. ― 男 (牛の) もも肉. *caer* ～ ばたっと倒れる. *girar en* ～ 回れ右をする. *negarse en* ～ きっぱり断る.

redorar 他 金箔(きんぱく)を張り直す.

reducción 女 ❶ 削減, カット；縮小. ❷ 鎮圧. ❸〘数〙換算. ❹〘史〙レドゥクシオン：先住民指定地.

reduccionismo 男〘哲〙還元主義.

reducible 形 → reductible.

reducido, da 過分 → reducir. 形 狭い, 小さい.

reducir [レドゥシル] 12 他 〔英 reduce〕 ❶ **減らす**, カットする；縮小する. ～ el precio 値引きする. ～ la velocidad 減速する. ❷ (a) …の状態にする. El incendio *redujo* el pueblo *a* cenizas. 火事は町を燃やしつくした. ～ ... *a* escombros …を瓦礫(がれき)の山にしてしまう. ～ ... *al* silencio …を黙らせる. ❸ (a) …にまとめる；簡約する. ❹ 鎮圧する. ❺〘数〙換算する. ― 自 (車の) ギアを下げる. ― **reducirse** 再 ❶ 減る. ❷ (a) …の状態になる. ❸ (a) …だけにとどめる.

reductible 形 縮小できる；換算可能な.

reducto 男 砦(とりで)；隠れ家.

reductor, tora 形〘化〙還元する. ― 男〘化〙還元剤.

reduj- 活 → reducir.

redundancia 女〘言〙(言葉の) 不必要な重複；冗長.

redundante 形〘言〙(言葉が) 不必要な重複の；冗長な.

redundar 自 (en) 結果として (…に) なる. ～ *en* beneficio [perjuicio] de ... …の利益 [不利] になる.

reduplicación 女 倍増；強化；〘言〙〘文学〙冗語法.

reduplicar 26 他 倍増する；強化する.

reduzc- 活 → reducir.

reedición 女 再版(本).
reedificación 女 再建.
reedificar 26 他 再建する.
reeditar 他 再版する.
reeducación 女 再教育；リハビリテーション.
reeducar 26 他 再教育する；リハビリテーションを施す.
reelaborar 他 (構想を) 練り[作り] 直す.
reelección 女 再選.
reelecto, ta 形 再当選した (が, まだ就任していない).
reelegible 形 再選可能な.
reelegir 34 他 再選する.
reembarcar 26 他 積み直す[替える]. — **reembarcarse** 再 乗船し直す.
reembolsable 形 払い戻し可能な.
reembolsar 他 払い戻す；返済する.
reembolso 男 払い戻し (金)；返済 (金). pagar ... contra ～ …に対し代金引き換えで払う.
reemplazable 形 交換[交代] 可能な.
reemplazar 57 他 ❶ 《por, con》 (…と) 交換する, 交代させる. ❷ 《a》 …の後任に座る.
reemplazo 男 ❶ 交換；交代. ❷ 〖軍〗 補充兵.
reemprender 他 再開する.
reencarnación 女 〖宗〗 霊魂の再生.
reencarnar(se) 自 再 《en》 (…の姿で) 生まれ変わる.
reencontrar 32 他 再び見つける. — **reencontrarse** 再 《con》 (…と) 再会する.
reencuentro 男 再会.
reenganchar 他 〖軍〗 再入隊させる. — **reengancharse** 再 ❶ 〖軍〗 再入隊する. ❷ 《話》 同じことをする. ❸ 《ラ米》 (ﾍﾞﾈｽﾞｴﾗ) (解雇した者を) 再雇用する.
reenganche 男 ❶ 〖軍〗 再入隊. ❷ 《話》 同じことの繰り返し. ❸ 《ラ米》 (ﾍﾞﾈｽﾞｴﾗ) 《話》 再雇用.
reentrada 女 再突入. ～ en la atmósfera 大気圏再突入.
reentrar 自 再突入する.
reenviar 31 他 返送[転送] する.
reescribir 52 他 書き直す.
reescritura 女 書き直し.
reestrenar 他 再演[再上映] する.
reestreno 男 再演, 再上映.
reestructuración 女 再構築, 再編.
reestructurar 他 再構築[再編] する.
reexpedir 77 他 転送する.
reexportar 他 再輸出する.
refacción 女 ❶ 軽食. ❷ 《ラ米》 (1) 修復. (2)(ﾒｷｼｺ)交換部品.
refaccionar 他 《ラ米》 修復する.
refajo 男 〖服〗 ペチコート.
refectorio 男 (修道院の) 食堂.
referencia 女 ❶ 言及. hacer una ～ a ... …に一言触れる. ❷ 参考；参照；参照[出典] 指示. libro de ～ リファレンスブック. ❸ [主に複] 紹介状；身元保証書. ❹ 情報. *con ～ a ...* …に関連して. *punto de ～* 判断基準.
referencial 形 参照用の；基準となる；〖言〗 指示的用法の.
referenciar 17 他 言及する, 関係づける.
referendum / referéndum 男 [単複同形または複 referendos] 国民投票.
referente 形 《a》 (…に) 関する. — 男 〖言〗 指示対象.
referí / réferi 男 《ラ米》 (サッカー) 審判.
referir [レフェリル] 98 他 ❶ 語る, 言及する. ❷ 《a》 (…に) 結びつける；(…を) 参照させる. — **referirse** 再 [英 refer] 《a》 (…に) **言及する**. *¿A qué te refieres?* 何のことを言っているの. *por lo que se refiere a ...* …に関しては.
refier- 活 → referir.
refilón *de ～* 《話》 斜めに；軽く. ver *de ～* ちらっと見る.
refinado, da 形 ❶ 洗練された, 上品な. ❷ 手の込んだ. ❸ 精製された. — 男 精製.
refinamiento 男 ❶ 洗練, 上品さ. ❷ 入念さ. ❸ 精製.
refinar 他 ❶ 洗練する. ❷ 精製する. ❸ 《ラ米》 (ｱﾙｾﾞﾝﾁﾝ) (家畜を) 品種改良する. — **refinarse** 再 洗練される.
refinería 女 精製所. ～ de azúcar [petróleo] 精糖工場[製油所].
refino 男 精製.
refiri- 活 → referir.
refistolero, ra / refitolero, ra 形 男 女 《ラ米》 (ﾍﾞﾈｽﾞｴﾗ) 《話》 気取った (人).
reflectante 形 反射する.
reflectar 他 自 反射する.
reflector, tora 形 反射する. — 男 ❶ 反射装置. ❷ サーチライト.
reflejar [レフレハル] 他 [英 reflect] ❶ **反射する**. ❷ 反映する. — **reflejarse** 再 《en》 (…に) 現れる, 映る.
reflejo, ja 形 反射された[した]. — 男 ❶ 反射光. ❷ 《en》 (…に) 映った像；反映. ❸ 反射作用；[複] 反射神経. — 活 → reflejar.
reflexión 女 ❶ 熟考；反省. ❷ 忠告. ❸ (熱・光の) 反射；反響.
reflexionar 自 他 よく考える, 吟味する.
reflexivo, va 形 ❶ 慎重な, 思慮深い. ❷ 〖文法〗 再帰の. verbo ～ 再帰動詞.
reflexología 女 反射法：手足のマッサージによる治療法.
reflorecer 76 自 返り咲く.
reflorecimiento 男 返り咲き.
reflotación 女 → reflotamiento.
reflotamiento 男 (経済的) 立て直し, 浮揚.
reflotar 他 (座礁船を) 浮上させる；(破綻した経済を) 立て直す.
refluir 60 自 逆流する, (潮が) 引く.
reflujo 男 ❶ 引き潮. ❷ 後退, 衰退.
refocilar 他 (下品なことで) 楽しませる. — 自 性交する. — **refocilarse** 再 (下品なことで) 楽しむ；《en, con》 (他人の不幸を) 面白がる.
refocilo 男 《ラ米》 (ｱﾙｾﾞﾝﾁﾝ) 稲妻.
reforestación 女 植林.
reforestar 他 植林する.
reforma [レフォルマ] 女 [英 reform] ❶ **改革**, 改良；改装. ❷ la *R～* 〖史〗 宗教改革.
reformado, da 形 男 女 〖宗〗 カルバン派の (信徒).
reformador, dora 形 改革する. —

R

男 女 改革者.

reformar 他 ❶ 改革[改装]する. ❷ 改心させる. ― **reformarse** 再 改心する.

reformatorio, ria 形 改心させる. ― 男 少年院.

reformismo 男 改革運動[主義].

reformista 男 女 形 改革論者(の).

reforzador 男〘写〙補力液.

reforzar 54 他 補強[増強]する.

refracción 女〘物〙屈折. ～ doble 複屈折.

refractar 他〘物〙屈折させる. ― **refractarse** 再 屈折する.

refractario, ria 形 ❶ 耐熱性の. ❷《a》(…を) 受け入れない, (…に) 逆らう.

refractómetro 男 屈折計.

refrán 男 ことわざ, 格言.

refranero 男 ことわざ[格言]集.

refregar 72 他 ❶ こする, ごしごし磨く. ❷ くどくど非難する.

refregón 男《話》こすること, 磨くこと.

refreír 56 他〘料〙揚げ直す；揚げすぎる.

refrenar 他 ❶ 静止[制御]する, 抑える. ❷ (馬を) 御する.

refrendación 女 → refrendo.

refrendar 他 副署する；承認する.

refrendario 男 副署者.

refrendo 男 副署；承認.

refrescante 形 さわやかな；痛快な.

refrescar 26 他 ❶ 涼しくする, 冷やす. ❷ (記憶を) よみがえらせる. ― 自《3人称単数で》涼しくなる. ― **refrescarse** 再 ❶ 涼しくなる, 冷える. ❷ 気分が爽快(そうかい)になる.

refresco 男 冷たい飲み物, 清涼飲料水. ***de*** ～ 新たな, 代わりの.

refresquería 女《ラ米》(中米)(メキシコ)ジュース・スタンド；飲料品店.

refriega 女 もめごと；小競り合い.

refrigeración 女 冷却；冷蔵；冷房.

refrigerador, dora 形 冷却する. ― 男 冷蔵庫 (→ frigorífico 地域差).

refrigerante 形 冷却用の. ― 男 冷却剤；冷却器.

refrigerar 他 冷却[冷蔵, 冷房]する.

refrigerio 男 軽食, 間食.

refringencia 女〘物〙屈折性.

refringir 44 他 → refractar.

refrito, ta 形 揚げ直した；揚げすぎの. ― 男 ❶〘料〙ニンニクとタマネギのソース. ❷ 焼き直し, 改作.

refucilar 自《ラ米》(アルゼンチン)稲妻が走る.

refucilo 男《ラ米》(アルゼンチン)稲妻.

refuerzo 男 ❶ 補強, 増強；補強材. ❷ 補給物資；[複] 増援要員. ❸《ラ米》(アルゼンチン)軽食；(ウルグアイ)サンドイッチ.

refugiado, da 形 亡命[避難]した. ― 男 女 亡命[避難]者.

refugiar 17 他 かくまう. ― **refugiarse** 再 亡命[避難]する.

refugio 男 ❶ 庇護(ひご). dar ～ a ... …をかくまう. ❷ 隠れ場所, 避難所. ❸ より所(となる人・物). ❹《ラ米》(アルゼンチン)(ウルグアイ)バス停留所 (の張出し屋根). ～ ***antiaéreo*** 防空壕(ごう). ～ ***atómico*** [***nuclear***] 核シェルター. ～ ***de montaña*** 登山者用山小屋.

refulgente 形 光り輝いている.

refulgir 44 自 光り輝く.

refundar 他 再建する.

refundición 女 鋳直し；改作.

refundir 他 ❶ 鋳直す. ❷ 改作する. ❸ 合体させる.

refunfuñar 自《話》愚痴をこぼす.

refunfuñón, ñona 形 男 女《話》愚痴の多い (人).

refutación 女 反論, 反証.

refutar 他 反論する, 反証する.

refutatorio, ria 形 反論に役立つ.

regadera 女 ❶ じょうろ；スプリンクラー. ❷《ラ米》シャワー (→ ducha 地域差). ***estar como una*** ～《話》精神病である；少し頭がおかしい.

regadío 男 灌漑(かんがい)地.

regador, dora 男 女 散水係. ― 男《ラ米》(アルゼンチン)(ウルグアイ)《話》じょうろ；スプリンクラー.

regalado, da 過分 → regalar. 形 ❶ 気楽な, 快適な. ❷《話》ただ同然の.

regalar [レガらル] 他 [英 present] ❶ **贈る**, プレゼントする. ❷《con》(…で) 楽しませる；歓待する. ― **regalarse** 再《con》(…を) 楽しむ.

regalía 女 ❶ 社会的特権. ❷〘史〙国王大権. ❸ [複] 特許. ❹《ラ米》(コロンビア)石油採掘権.

regalismo 男〘史〙帝王教権主義.

regalista 形 帝王教権主義の. ― 男 女 帝王教権主義者.

regaliz 男 ❶〘植〙カンゾウ. ❷〘薬〙カンゾウ・エキス.

regalo [レガろ] 男 [英 present] ❶ **贈り物**, プレゼント. ❷ 心地よいもの, 楽しみ. un ～ para la vista 目の保養. ❸ 安楽, 快適. ❹《話》ただ同然の品. ― 活 → regalar.

regalón, lona 形 男 女《ラ米》(アルゼンチン)(チリ)《話》甘やかされて育った (人).

regalonear 他《ラ米》(チリ)(子供を) 甘やかす.

regante 男 女 水利権の所有者.

regañadientes ***a*** ～ いやいや, しぶしぶ.

regañar 他 しかる, なじる. ― 自 ❶ もめる, 口論する. ❷《con》(…と) 仲たがいする. ❸ 不満感を表す；愚痴る.

regañina 女《話》叱責(しっせき). echar una ～ a ... …をしかる.

regaño 男 → regañina.

regañón, ñona 形 男 女 口やかましい (人)；怒りっぽい (人).

regar 72 他 ❶ 水をやる, 散水する. ❷〘解〙《de》(血を) …に送る. ❸《con, de》(…を)…にばらまく. ❹ (川が土地を) 横切る. ― **regarse** 再《ラ米》(コロンビア)《話》怒鳴る.

regata 女 ❶〘スポ〙レガッタ. ❷ 灌漑(かんがい)用水路. ❸〘建〙配線用の壁穴.

regate 男〘スポ〙(フェイントをかけて) 敵をかわすこと.

regateador, dora 形 男 女〘スポ〙フェイントの巧みな (選手).

regatear 他 ❶ 値切る. ❷ 出し惜しむ. no ～ esfuerzos 努力を惜しまない. ❸〘スポ〙(敵を) かわす, フェイントをかける. ― 自〘スポ〙ボート競技に出る.

regateo 男 値引きの交渉.

regatista 男 女〘スポ〙レガッタ選手.

regato 男《文》小川.

regatón, tona 形 男 女 よく値切る（人）. — 男（傘・つえの）石突；〘海〙ボートフックの先端.

regazo 男 ❶（座った人の）ひざの上. ❷《比喩的》安息の場.

regencia 女 摂政政治；経営；統治.

regeneración 女 再生；更生.

regeneracionismo 男〘史〙(19世紀末スペインの) 再興運動.

regeneracionista 男 女〘史〙(19世紀末スペインの) 再興運動家.

regenerador, dora 形 再生する.

regenerar 他 ❶ 再生する，一新する. ❷ 更生させる. — **regenerarse** 再 ❶ 再生する. ❷ 心を入れ替える.

regenerativo, va 形 再生の.

regenta 女 regente の妻.

regentar 他 ❶ 経営する. ❷ 臨時に務める.

regente 男 女 ❶ 摂政. ❷ 経営者；支配人. ❸《ラ米》(ﾒｷｼｺ)メキシコシティーの市長.

reggae [レゲ(イ)]〔英〕男〘音〙レゲエ.

regicida 形 国王殺害の. — 男 女 国王殺害者.

regicidio 男 国王の殺害，王殺し.

regidor, dora 男 女 ❶〘演〙〘映〙〘TV〙助監督. ❷（地方自治体の）評議員.

régimen 男［複 regímenes］❶ 体制；政権. antiguo ～ 旧体制. ❷ 制度；規則. ❸ 様式，類型. ～ de lluvias de esta región この地域の雨の降り方. ❹ 食餌(ｼﾞ)療法，ダイエット. estar a ～ ダイエット中である. ❺〘文法〙被制御.

regimentar ⑱ 他《ラ米》(ｱﾙｾﾞﾝﾁﾝ)〘軍〙隊を組む；編制する.

regimiento 男 ❶ 連隊. ❷《話》大勢の人.

regio, gia 形 ❶ 王の. ❷ 壮麗な；豪華な. ❸《ラ米》(ﾁﾘ)(ｱﾙｾﾞﾝﾁﾝ)《話》すばらしい，とてもよい.

región [レヒオン] 女［複 regiones］〔英 region〕❶ **地域，地方**. ❷〘軍〙管区. ❸〘解〙部位.

regional 形 地域の，地方の.

regionalismo 男 ❶ 地方分権主義. ❷ 地方趣味，郷土愛. ❸〘言〙地方特有の表現.

regionalista 形 ❶ 地方分権主義の. ❷ 地方趣味の. — 男 女 ❶ 地方分権主義者. ❷ 地方趣味の人［作家］.

regionalización 女（組織の）地域への分割.

regionalizar ⑰ 他（組織を）地域へ分割する.

regir ㉞ 他 ❶ 治める，支配する；制御する. ❷〘文法〙(動詞・前置詞が他の語を) 支配する. — 自 ❶（法が）有効である. ❷（機械が）作動する. — **regirse** 再《por》(…に) 従う，支配される. *regir bien*（人が）しゃんとしている.

registrado, da 過分 → registrar. 形 ❶ 登録された. marca *registrada* 登録商標. ❷《ラ米》(ﾒｷｼｺ)書留の.

registrador, dora 形 登録［記録］する. — 男 女 登記係；検査員.

registrar [レヒストゥラル] 他〔英 register〕❶ **登録する**，登記する；記載する. ❷ 調べる，検査する，捜す. ❸ 録音［録画］する. ❹《ラ米》(ﾒｷｼｺ)（郵便を）書留にする. — **registrarse** 再 ❶ 登録［登記］する；届け出る. ❷ 記録される，起こる.

registro [レヒストゥロ] 男〔英 registration〕❶ **登録**；登記；《ラ米》〘車〙ナンバープレート（→ matrícula 地域差）. número de ～ 車体登録番号. ❷ 登録簿；台帳；名簿；《ラ米》運転免許証（→ licencia 地域差）. ～ civil 戸籍簿. ～ de matrimonio 婚姻届. ～ de la propiedad 土地台帳. ～ parroquial〘カト〙教区記録. ❸ 検査，捜査. ～ domiciliario 家宅捜査. ❹〘音〙音域；〘言〙(言葉の) 使用形態，語調. ❺ 検査穴；マンホール. ❻〘IT〙レコード. ❼《ラ米》(ｺﾛﾝﾋﾞｱ)宗教版画. — 活 → registrar. *tocar todos los* ～*s para ...*《話》…のためあらゆる手を尽くす.

regla [レグラ] 女〔英 ruler; rule〕❶ **規則**；〘スポ〙ルール；〘カト〙(修道会) 会則. ❷ 定規，ものさし. ❸《話》月経. ❹ 節度. con ～ ほどほどに. *en (toda)* ～ 正しく，型どおりに. *las cuatro* ～*s*〘数〙加減乗除；学問の基礎；初歩. ***por*** ～ ***general*** 概して；いつも決まって. ～ *de oro*〘聖〙黄金律. ～ *de tres*〘数〙比例式.

reglaje 男〘機〙調整.

reglamentación 女 ❶ 規制. ❷ 規定；法規.

reglamentar 他 規制する.

reglamentariamente 副 規則に従って.

reglamentario, ria 形 ❶ 規制する. ❷ 規定の；正規の.

reglamentista 形 男 女 規則管理に厳しい（人）.

reglamento [レグらメント] 男〔英 rule〕❶ **規則**，ルール. ❷〘法〙法規.

reglar 他 ❶ 規制［規定］する. ❷（…に）定規で線を引く. ❸〘機〙調整する.

regleta 女〘印〙インテル.

reglón 男 大型定規.

regocijar 他《文》喜ばせる，楽しませる. — **regocijarse** 再《文》喜ぶ.

regocijo 男《文》大喜び，楽しいこと.

regodearse 再《話》❶《現在分詞》(…して) 楽しむ；《con, en》(他人の不幸を) 喜ぶ. ❷《ラ米》(ﾁﾘ)気取る.

regodeo 男《話》喜び，楽しみ；(人の不幸で) 笑うこと.

regoldar ㊴ 自 げっぷをする.

regolfar(se) 自 再 ❶（水が）よどむ. ❷（風が）向きを変える.

regolfo 男 ❶ 水のよどみ. ❷（水・風の）流れの変化.

regordete, ta 形《話》小柄で太った.

regresar [レグレサル] 自〔英 return〕《a/de》(…へ / …から) **戻る**，帰る. — 他《ラ米》(ﾒｷｼｺ)《話》返す.

regresión 女 後退；減少；(精神的) 退行.

regresivo, va 形 後退［退行］する.

regreso 男 帰り，帰還，帰途. — 活 → regresar.

regüeldo 男 げっぷ.

reguera 女 灌漑(ｶﾝｶﾞｲ)用水路.

reguero 男 ❶ 液の流れた跡. un ～ de sangre 一筋の血. ❷ 灌漑(ｶﾝｶﾞｲ)用水路. *como un* ～ *de pólvora* 瞬く間に.

regulable 形 規制［制御］できる.

R

regulación 女 調節, 制御. ～ de la temperatura 温度調整. ～ de los precios 価格統制. ～ del volumen 音量調節. ～ de nacimientos 産児制限.
regulador, dora 形 調節[制御, 統制]する. ― 男 《機》 調節器, 調節つまみ, レギュレーター.
regular [レグらル] 形 〔英 regular〕 ❶ 規則的な, 規則正しい ; 定期的な. ❷ 規則にのっとった ; 正規の. ❸ 普通の ; まあまあの, 凡庸な. ❹ 《文法》 (動詞が) 規則活用の. ❺ 《カト》 修道会所属の. ❻ 《スポ》 レギュラーの. ― 副 まあまあ. ¿Cómo estás? ― R～. 元気かい. ―まあまあってとこかな. ― 男 女 《カト》 修道会所属の聖職者. ― 他 ❶ 調節[調整]する. ～ la velocidad スピード調節する. ❷ 制御[規制]する. ～ la circulación 交通整理をする. ❸ 統制[管理]する. ***por lo*** ～ 普段は, 普通は.
regularidad 女 規則正しさ ; 規則性. con ～ 規則正しく.
regularización 女 正常化.
regularizar 57 他 正常化する.
regularmente 副 規則正しく ; 普通は.
regulativo, va 形 規制[統制]する.
régulo 男 ❶ → reyezuelo. ❷ [R-] 《天文》 レグルス. ❸ 《神話》 バシリスク.
regurgitación 女 《動》 吐き戻し.
regurgitar 他 《動》 吐き戻す.
regusto 男 後味 ; (主に不快な) 余韻.
rehabilitación 女 ❶ 《医》 リハビリテーション. ❷ 《建》 改修. ❸ (名誉等の) 回復 ; 復権.
rehabilitar 他 ❶ 《医》 …のリハビリを行う. ❷ 《建》 改修する. ❸ (名誉等を) 回復させる. ― **rehabilitarse** 再 社会復帰する.
rehacer 59 他 ❶ やり直す ; 作り直す. ❷ (健康・元気を) 取り戻す. ― **rehacerse** 再 立ち直る ; 回復する.
rehala 女 ❶ 猟犬の群れ[一団]. ❷ (数人の所有者から預かった) 羊の群れ.
rehén 男 人質 ; 抵当.
rehilamiento 男 《音声》 ある種の子音が調音点で二次的調音としての震えを伴うこと. [s][θ] の有声化等.
rehilante 形 《音声》 rehilamiento を起こした.
rehilar 30 自 ❶ (矢等が) ブンブンと鳴る, うなりをたてる. ❷ 《音声》 rehilamiento を伴って発音する.
rehilete 男 ❶ 投げ矢, ダーツ ; 《闘牛》 バンデリリャ. → banderilla. ❷ (バドミントン) シャトル (コック).
rehizo 活 → rehacer.
rehogar 66 他 《料》 (油・バターで) こんがり焦げめがつくまで焼く.
rehuir 60 他 避ける ; 敬遠する. ～ la responsabilidad 責任を回避する.
rehumedecer 76 他 ずぶぬれにする, びしょびしょにぬらす. ― **rehumedecerse** 再 びしょびしょにぬれる.
rehundir 90 他 深く沈める ; 更に深く掘る.
rehusar 14 他 拒む, 断る.
reí- 活 → reír.
reidor, dora 形 男 女 よく笑う (人), ほがらかな (人).
reilón, lona 形 《ラ米》(ベネズエラ)にこやかな.
reimplantación 女 《医》 再移植 ; (切断部分の) 接合.
reimportar 他 再[逆]輸入する.
reimpresión 女 再版, 重版, 増刷.
reimpreso, sa 形 再版の, 増刷の.
reimprimir 61 他 再版[重版]する, 増刷する, リプリントする.
reina [レイナ] 女 〔英 queen〕 ❶ 女王 ; reyの妻, 王妃 (→ rey). abeja ～ 女王バチ. ❷ (チェス) クイーン. ❸ 《比喩的》 女王. La rosa es la ～ de flores. バラは花の女王である. ～ de la belleza 美人コンテストの優勝者. ❹ 《話》 《女性に対する愛情表現》 お前, かわいい人. ❺ 《植》 ～ claudia 西洋スモモ. ～ de los prados シモツケソウ. ― 活 → reinar. ～ ***de los ángeles*** 《カト》 聖母マリア. ～ ***madre*** 皇太后.
reinado 過分 → reinar. 男 ❶ 統治 (期間), 治世. ❷ 流行の期間.
Reinaldo 固名 レイナルド : 男子の名.
reinante 形 統治する, 君臨する. casa ～ 王家.
reinar [レイナル] 自 〔英 reign〕 ❶ 統治する, 君臨する. ❷ 勢力を振るう, 優勢である.
reincidencia 女 再犯.
reincidente 形 男 女 再犯[常習犯] (の).
reincidir 自 《en》 (誤り・過ちを) 繰り返す ; 再び罪を犯す.
reincorporación 女 再併合, 再編入 ; 復帰.
reincorporar 他 再び合体[合併]させる ; (仕事に) 復帰させる. ― **reincorporarse** 再 《a》 (…と) 再合体[再合併]する ; (仕事に) 復帰する.
reineta 女 香りのいい青リンゴ.
reingresar 自 復帰する, 再加入する. ― 他 (引き出したお金を) 再入金する.
reiniciar 17 他 《IT》 再起動する.
reino [レイノ] 男 〔英 kingdom〕 ❶ 王国. ❷ …界. el ～ animal [mineral, vegetal] 動物[鉱物, 植物]界. ❸ 領域, 分野. el ～ de la ilusión 幻想の世界. ― 活 → reinar.
reinserción 女 (社会) 復帰.
reinsertar 他 社会復帰させる.
reinstalar 他 再設置する. ― **reinstalarse** 再 《en》 (…に) 再定住する.
reintegración 女 ❶ 復帰, 復職. ❷ 払い戻し ; 返済.
reintegrar 他 ❶ 払い戻す ; 返済する. ❷ 収入印紙を張る. ❸ 《a》 (…に) 復帰させる. ― **reintegrarse** 再 《a》 (…に) 復帰[復職]する, 戻る.
reintegro 男 ❶ 復職, 復帰. ❷ 返済. ❸ (宝くじの) 残念賞.
reinversión 女 《経》 再投資.
reinvertir 98 他 《経》 再投資する.
reír [レイル] 89 自 〔英 laugh〕 笑う. ～ entre dientes くすくす笑う. ～ a carcajadas 大声を出して笑う. echarse a ～ 笑い出す. ― 他 …を見て[聞いて] 笑う. ～ sus gracias …の冗談を笑う. ― **reírse** 再 〔英 laugh at〕 ❶ 《de》 (…を) 笑う ; あざ笑う, ばかにする. ❷ 《話》 破れる, ほころび始める. Los zapatos *se me empiezan a reír*. 靴先がほころび始め

R

た. ***dar que reír*** 笑いを誘う，こっけいである. ***Quien ríe el último, ríe mejor.*** 《諺》最後に笑う者が勝つ. ***reír a mandíbula batiente*** 大笑いする.

reiteración 女 反復，繰り返し.

reiteradamente 副 繰り返し，何度も.

reiterado, da 形 繰り返される，たびたびの. *reiteradas* veces 何度も.

reiterar(se) 他 再 繰り返す，反復する.

reiterativo, va 形 ❶ 繰り返す，反復する. ❷〘文法〙反復を表す.

reivindicación 女 ❶（権利の）要求，請求. ❷ 犯行声明. ❸ 回復，復権.

reivindicar 26 他 ❶ 要求する，…の権利を主張する. ❷ 犯行声明を出す；自首する. ❸（名誉等を）回復する，取り戻す.

reivindicativo, va 形 要求の；回復する.

reivindicatorio, ria 形 要求のための.

reja 女 ❶（鉄）格子，鉄柵(さく). entre ～s《話》牢屋(ろう)の中で. ❷〘農〙鋤(すき)の刃. dar una ～ 鋤く，耕す.

rejalgar 男〘鉱〙鶏冠石：花火製造用.

rejego, ga 形《ラ米》(米)(ｸﾞｱ)手に負えない；頑固な.

rejería 女 鉄格子［鉄柵(さく)］造り；《集合的》鉄格子，鉄柵.

rejilla 女 ❶ 組格子；格子（窓）. ～ del radiador〘車〙ラジエーターグリル. ❷（電車・バス等の）網棚. ❸（籐(とう)家具等の）枝編み細工. ❹〘放送〙番組枠.

rejo 男 ❶ とがった鉄の棒. ❷〘生〙（ハチ等の）針. ❸〘植〙幼根. ❹《ラ米》(ｺﾛﾝﾋﾞｱ)(ﾍﾞﾈｽﾞｴﾗ) むち；手綱.

rejón 男 ❶（騎馬闘牛士の使う）短い手槍(やり). ❷ とがった鉄棒；槍.

rejonazo 男〘闘牛〙手槍(やり)での突き［傷］.

rejoneador, dora 男 女 手槍(やり)で突く騎馬闘牛士.

rejonear 他〘闘牛〙（馬上から）手槍(やり)で突く.

rejoneo 男〘闘牛〙手槍(やり)で突くこと.

rejuvenecer 76 他 若返らせる；近代化する. ―― 自 ***rejuvenecerse*** 再 若返る.

rejuvenecimiento 男 若返り；近代化.

relación ［レらしオン］女［複 relaciones］〔英 relation〕❶ **関係**，関連；［主に複］つながり. ～ de parentesco 親戚(しんせき)関係. ～ comercial 通商関係. romper las *relaciones* 関係を断つ. estar en buenas [malas] *relaciones* con ... …と親しく［敵対］している. ❷［主に複］縁故関係，コネ. tener buenas *relaciones* en un ministerio ある官庁にコネがある. ❸［複］恋愛［性的］関係. ❹ 一覧表，リスト，目録. ❺ 報告（書）. hacer ～ a ... …について言及する. ❻ 比，比率. ***con ～ a ...*** …に関連して；…に比例して. ***relaciones públicas*** 広報活動（部員）.

relacionado, da 形《**a, con**》（…に）関する，（…に）ついての；（…と）結び付きのある. estar bien ～ 有力者と縁故がある. todo lo ～ ***a ...*** …にかかわる一切.

relacional 形 関係の，関連を示す.

relacionar 他 ❶《**con**》（…と）関係［関連］づける，結びつける. ❷ 報告する. ❸ 一覧表［リスト］にする. ―― ***relacionarse*** 再《**con**》（…と）付き合う；（…と）コネを持つ.

relajación 女 ❶ 緩み；緩和，軽減. ❷ くつろぎ，リラックス. ❸ 乱れ，堕落.

relajado, da 形 ❶ 緩んだ；くつろいだ；だらけた. ❷〘言〙（音が）弛緩(しかん)した.

relajamiento 男 → relajación.

relajante 形 ❶ リラックスさせる. ❷《ラ米》(ｱﾙｾﾞﾝﾁﾝ)(味が) 甘ったるい.

relajar 他 ❶ 緩める；リラックスさせる. ❷ 軽減［緩和］する. ❸《ラ米》(ｱﾙｾﾞﾝﾁﾝ)(ｳﾙｸﾞｱｲ)（食べ物が）甘すぎてうんざりさせる. ―― ***relajarse*** 再 ❶ 緩む；リラックスする. ❷ だれる；自堕落になる.

relajo 男《話》❶ 堕落，乱れ. ❷ 休息，リラックス. ❸《ラ米》(ｱﾙｾﾞﾝﾁﾝ)(ｳﾙｸﾞｱｲ)(ﾒｷｼｺ)(ｷｭｰﾊﾞ)(ﾌﾟｴﾙﾄﾘｺ) 猥談(わいだん)，きつい冗談；(米)(ﾒｷｼｺ)(ｷｭｰﾊﾞ)(ﾌﾟｴﾙﾄﾘｺ)どんちゃん騒ぎ.

relamer 他 なめ回す. ―― ***relamerse*** 再 ❶ 唇をなめる；舌なめずりする. ❷ うれしがる，悦に入る. *Se relame* pensando en el ascenso cercano. 彼は昇進の近いことを考えて悦に入っている.

relamido, da 形《軽蔑》めかし込んだ；気取った，取り澄ました.

relámpago 男 ❶ 稲妻；閃光(せんこう). ❷ 素早い人［もの］. como un ～ 電光石火のごとく. viaje ～ あっという間の旅行.

relampaguear 自 ❶ 稲妻が光る. ❷ 閃光(せんこう)を発する. Sus ojos *relampagueaban* de ira. 彼の目は怒りに燃えていた.

relampagueo 男 稲妻［稲光］の走ること；閃光(せんこう)，きらめき.

relanzamiento 男 再活性化.

relanzar 57 他 ❶ 更に活発にさせる；再び売り出す. ❷ はねつける，はじき返す.

relapso, sa 形 異端に戻った；再犯の. ―― 男 女 ❶〘宗〙異端に戻った人. ❷ 再犯者. ―― 男 病気の再発.

relatar 他 話す，語る，報告する.

relativa 形 → relativo.

relativamente 副 比較的［相対的］に. Es ～ fácil. それは比較的簡単だ.

relatividad 女 ❶ 関連［相関，相対］性. ❷〘物〙相対性理論.

relativismo 男〘哲〙相対主義.

relativista 形〘哲〙相対主義の. ―― 男 女 相対主義者.

relativizar 57 他 相対化する.

relativo, va ［レらティボ，バ］形〔英 relative〕❶《**a**》（…に）**関する**. en lo ～ *a* ... …に関しては. noticias *relativas al* deporte スポーツ関連のニュース. ❷ **相対的な**（↔absoluto). valor ～ 相対的価値. ❸ ある程度の，ちょっとした. una suma de *relativa* importancia それなりの金額. ❹ 議論の余地がある. ❺〘文法〙関係を表す. pronombre ～ 関係代名詞. ―― 男〘文法〙関係詞.

relato 男 話，物語；報告書.

relator, tora 形 語る，報告する. ―― 男 女 ❶ 語り手，報告者. ❷《ラ米》(ｱﾙｾﾞﾝﾁﾝ)(ｳﾙｸﾞｱｲ)解説者. ～ deportivo スポーツ解説者.

relax ［英］［単複同形］男 リラックス.

relé 男〘電〙継電器，リレー.

relectura 女 再読；再解釈.

releer 35 他 再読する，読み直す.

relegación 女 追放；左遷.
relegar 66 他 追いやる, 退ける.
relente 男 夜露；夜気.
relevancia 女 卓越, 傑出；重要性.
relevante 形 傑出した；重要な.
relevar 他 ❶《de》(…から) 解放する；解任する. Fue *relevado del* mando. 彼は指揮権を剝奪された. ❷ …と交替する. ～ al delantero lesionado 負傷したフォワードの選手と交代する. — **relevarse** 再 交替する, 入れ替わる.
relevo 男 ❶ 交替；交替する人；〖スポ〗リレー走者. tomar el ～ de ... …と交替する. ❷ [複]〖スポ〗リレー. carrera de ～*s* de 400 metros 400メートルリレー.
relicario 男 ❶〖カト〗聖骨箱, 聖遺物箱. ❷ (アクセサリーの) ロケット.
relieve 男 ❶〖美〗浮き彫り, レリーフ. alto [bajo] ～ 高[浅]浮き彫り. letras en ～ 打ち出し文字. ❷ 隆起, 起伏. mapa en ～ 起伏図, 立体地図. ❸ 重要性. un personaje de ～ 要人. ***dar ～ a ...*** …に重要性を持たせる. ***poner de ～*** (論点等を) 強調する.
religión [レリヒオン] 女 [複 religiones] [英 religion] ❶ 宗教；信仰. ❷ 信条, 信念. ❸〖カト〗修道会. entrar en ～ 修道院[会]に入る.
religiosa 形 女 → religioso.
religiosamente 副 ❶ 宗教的に, 宗教上. ❷ きちょうめんに, きちんと.
religiosidad 女 ❶ 宗教心, 信仰心；信心深さ. ❷ きちょうめんさ. con toda ～ 実にきちょうめんに.
religioso, sa [レリヒオソ, サ] 形 [英 religious] ❶ 宗教の, 宗教上の. ❷ 信心深い, 敬虔(けいけん)な. ❸〖カト〗修道会に所属する, 修道の. orden *religiosa* 修道会. ❹ 律儀な, きちょうめんな. — 男 女 修道士[女]. hacerse ～ 修道士になる.
relimpio, pia 形《話》ちりひとつない, とても清潔な.
R **relinchar** 自 (馬が) いななく.
relincho 男 (馬の) いななき.
relinga 女〖海〗(帆の) 縁索(ふちなわ), ボルトロープ；(漁網の) 浮標索.
reliquia 女 ❶〖カト〗聖遺物, 聖骨. ❷ 遺物, 名残り. ❸ 形見, 遺品, 思い出の品. ❹ 後遺症.
rellano 男 ❶ (階段の) 踊り場. ❷ 坂の途中の平らな場所.
rellena 女《ラ米》(コロンビア)(メキシコ) 血入り腸詰め. — 活 → rellenar.
rellenar [レリェナル(レイェナル・レジェナル)] 他 [英 refill; fill] ❶《de》(…で) いっぱいにする, 満たす. ❷《con》(…を) 詰める；(…に) 詰め物をする. ～ un hoyo *con* ... …で穴を埋める. ～ un pavo 七面鳥に詰め物をする. ❸ 記入する, 書き込む. ～ un formulario 用紙に書き込む. ❹ 詰め直す[替える]；補充する.
relleno, na 形 ❶ ぎっしり詰まった, 詰め物をした. ❷《話》丸々とした. cara *rellena* ふっくらした顔. ❸ (書類が) 書き込んである. — 男 ❶ 満たすこと, 詰めること. ❷ 詰め物 (をした料理). ❸《話》余談. — 活 → rellenar. ***de ～*** 付け足しの.
reloj [レロ(フ)] 男 [英 watch] 時計. dar cuerda a un ～ 時計を巻く. El ～ está adelantado [atrasado] diez minutos. 時計は10分進んでいる[遅れている]. ～ de arena 砂時計. ～ de bolsillo 懐中時計. ～ de cuco はと時計. ～ de pared 掛け時計. ～ de péndulo 振り子時計. ～ de sol 日時計. ～ despertador 目覚まし時計. ～ digital デジタル時計. ～ de pulsera 腕時計. ***como un ～***《話》正確に, 規則正しく. marchar [ir] *como un* ～ 正確に稼動する；体調がいい. ***contra ～*** 短時間で, 一気に；(ラスト) スパートをかけて. carrera *contra* ～〖スポ〗タイムレース. ***ser un ～***《話》時間を厳守する.
relojear 他《ラ米》(アルゼンチン)(ウルグアイ) 注意深く見る, うかがう.
relojera 女 懐中時計入れ.
relojería 女 ❶ 時計屋, 時計製造所. ❷ 時計製造技術. ***de ～*** 時計仕掛けの. bomba *de* ～ 時限爆弾.
relojero, ra 男 女 時計職人, 時計屋.
reluciente 形 光り輝く, きらめく.
relucir 67 自 ❶ 輝く, きらめく. ❷《por》(…において) 秀でる, 際立つ. ***sacar a ～***《話》思わぬ事を口にする. ***salir a ～***《話》予期せぬ事が話題にのぼる.
reluctancia 女〖電〗〖物〗磁気抵抗.
reluctante 形 気の進まない, 不本意の.
relumbrar 自 ぴかぴか光る, 光り輝く.
relumbrón 男 ❶ まぶしい光, 閃光(せんこう). ❷《話》見かけ倒し, 虚飾. ***de ～***《話》うわべの, 見かけだけの.
rem 男 レム：放射能の線量当量単位.
remachado 男 リベット留め；(釘(くぎ)等の) 頭をつぶすこと.
remachar 他 ❶ リベットで留める, 鋲(びょう)打ちする. ❷ (釘(くぎ)等の) 頭をつぶす, 深く打ち込む. ❸ 力説する, 念を押す；補強する.
remache 男 ❶ リベット, 鋲(びょう). ❷ リベットで留めること. ❸ (ビリヤード) (台の縁の球を) ねらい打つこと.
remake [リメイ(ク)] [英] 男 [複 ～s]〖映〗〖演〗リメイク, 改作.
remallar 他 (網を) 修繕する, 繕う.
remanente 形 残りの, 残存する；〖商〗余剰の. — 男 残り, 残余；残高.
remangar 66 他 …のそで[すそ]を折り返す. — **remangarse** 再 (自分のそで・すそを) まくり上げる, たくし上げる.
remango 男 ❶ まくり[たくし] 上げること, 腕[すそ]まくり. ❷ (衣服の) まくり[たくし] 上げた部分.
remanguillé 女 ***a la ～***《話》散らかって；でたらめに. aparcar el coche *a la* ～ いいかげんに車を駐車する.
remansarse 再 (流れが) 緩慢になる, よどむ.
remanso 男 よどみ, 流れの緩い所. ～ ***de paz*** 静かな場所, 安息の地.
remar 自 船を漕(こ)ぐ, 櫂(かい)を操る.
remarcar 26 他 ❶ …に再び印をつける. ❷ 強調する.
rematadamente 副《否定的な意味で》完全に. Pepe está ～ loco. ペペは全くどうかしている.
rematado, da 形 ❶ ひどい, どうしようもない. ❷《ラ米》(アルゼンチン)(ウルグアイ) とても疲れている.
rematador, dora 形 ゴールを決める. — 男 女 ❶ (サッカー等の) 得点者. ❷ 競売人.
rematante 男女 (競売の) 落札者.
rematar 他 ❶ 終える, 完了する. ❷ とどめを刺す ; 最悪の状態で終わらせる. ❸ 使いきる, 使い果たす. ❹ 糸止めする. ❺ (競りで) 落札する ; (残り物を) 安売りする. ❻ 〖スポ〗 (ゴール・シュートを) 決める. ― 自 ❶ ((en)) (端・結末が) (…に) なる, (…で) 終わる. El campanario *remata en* punta. 鐘楼のてっぺんはとがっている. ❷ (サッカー等で) ゴールを決める. ～ de cabeza ヘディング・シュートを決める.
remate 男 ❶ 仕上げ, 終わり. ❷ 端, 先端 ; (建物・家具の) 先端飾り. ❸ 最悪の結末, とどめ. ❹ 糸止め. ❺ 〖スポ〗 シュート, ゴール. ～ de cabeza ヘディング・シュート. ❻ たたき売り. ❼ ((ラ米)) 競売, オークション. ***de ～*** ((話)) 全く, 救いようもなく. ***para*** [***como***] ***～*** (悪いことが) その上, さらに.
rembolsable 形 → reembolsable.
rembolsar 他 → reembolsar.
rembolso 男 → reembolso.
remecer 68 他 揺らす, 揺する.
remedar 他 ❶ …のまねをする, 模倣する ; 手本とする. ❷ まねてばかにする.
remediar 17 他 ❶ 対処する, 手を打つ ; 治療する. ❷ 救済 [援助] する. ***no poder ～*** ((話)) 避けられない.
remedio [レメディオ] 男 [英 remedy] ❶ 策, 解決 [救済] 策. ❷ 治療 (法), 薬. ❸ 助け, 援助. ❹ 補正, 修正. ***El ～ es peor que la enfermedad.*** ((諺)) 問題よりその解決策をあみだす方が難しい. ***no haber*** [***tener, quedar***] ***más ～ que*** 〈+不定詞〉 ((話)) …するしかない. ***no tener ～*** ((話)) どうしようもない. ***¡Qué ～!*** ((話)) ((あきらめ)) しようがない. ***～ casero*** 民間療法.
remedo 男 まね ; 下手な模倣.
remembranza 女 ((文)) 思い出, 記憶.
rememoración 女 回想, 追憶.
rememorar 他 思い出す, 想起する.
rememorativo, va 形 思い出させる.
remendado, da 形 継ぎを当てた ; まだらの. ― 男 継ぎ当て.
remendar 18 他 ❶ 継ぎを当てる, 繕う. ❷ 補う.
remendón, dona 形 (靴・衣服を) 修繕する. ― 男女 ((軽蔑)) 靴修理職人 ; 仕立て直し職人.
remero, ra 男女 漕(こ)ぎ手, 漕手(そうしゅ). ― 女 ((ラ米)) ((アルゼ)) ((チリ)) ((ウルグ)) Tシャツ.
remesa 女 発送, 積み荷, 発送品.
remeter 他 押し戻す ; 押し込む.
remezón 男 ((ラ米)) (1) (小さな) 地震 ; 地面が揺れること. (2) (あいさつで) 身体を揺すること.
remiendo 男 ❶ 修繕, 継ぎ当て. ❷ 継ぎ切れ. ❸ ((話)) その場しのぎの改善.
remilgado, da 形 気取った, 上品ぶった.
remilgo 男 気取り, 上品ぶること. hacer ～*s* もったいぶる, 気取る.
rémington 男 レミントン銃.
reminiscencia 女 ❶ おぼろげな記憶. ❷ [主に複] (他の作品を) 連想させるもの, (作品上の) 影響.
remirado, da 形 ((軽蔑)) ❶ とても注意深い. ❷ きざな, 気取った.
remirar 他 よく [何度も] 見る, 見直す.
remise [仏] 男 (または女) ((ラ米)) ((アルゼ)) ((チリ)) ((ウルグ)) ハイヤー.
remisible 形 容赦できる, 許せる.
remisión 女 ❶ 送ること, 発送. ❷ 参照事項, 注. ❸ (病状・痛み等の) 回復, 鎮静. la ～ de la fiebre 解熱. ❹ 赦免, 容赦. ***sin ～*** 必ず, 間違いなく.
remiso, sa 形 ((a)) (…に) 気の進まない. Él se mostró ～ *a* ese plan. 彼はその計画に反対の姿勢を見せた.
remite 男 差出人の住所氏名 ((略 rte.)). ― 活 → remitir.
remitente 形 発送 [送付] する. ― 男女 送り主, 差出人 ((略 rte.)).
remitido 過分 → remitir. 男 (有料で新聞に載せる) 記事, 広告.
remitir [レミティル] 他 [英 remit] ❶ 送る, 発送する. ❷ (仕事や申し出等を) 依託する. ❸ (罪・義務を) 赦免 [免除] する. ❹ ((a)) (…に) 参照させる. El autor nos *remite a* la primera parte. 著者は第1部を参照せよと言っている. ― 自 ❶ 静まる, 鎮静する. ❷ 引用する. ～ a la página diez 10ページを参照する. ― **remitirse** 再 ((a)) (…に) ゆだねる ; (…を) 参照する. *Remítanse a* la primera página. 1ページ参照のこと.
remo 男 ❶ オール, 櫂(かい). ir a ～ 船を漕(こ)ぎ進む. ❷ 〖スポ〗 漕艇(そうてい). ❸ [複] ((話)) (人間の) 手足 ; (動物の) 脚 ; (鳥の) 翼.
remoción 女 ❶ 解任, 免職. ❷ 繰り返し ; (忘れられたテーマを) 再度扱うこと.
remodelación 女 改造 ; 改築.
remodelar 他 改造 [改築] する.
remojar 他 ❶ (水等に) 浸す, つける, ぬらす. ❷ ((話)) 祝杯をあげる. ― **remojarse** 再 (水等に) つかる, ずぶぬれになる.
remojo 男 ❶ (水等に) 浸す [つける] こと. dejar [poner] a [en] ～ 水に浸す [つける]. ❷ ((ラ米)) チップ, 心付け, 祝儀.
remojón 男 ((話)) ぬれること, ずぶぬれ. darse un ～ ひと風呂(ふろ)浴びる, シャワーを浴びる ; 泳ぐ.
remolacha 女 〖植〗 ビート (の食用根), サトウダイコン, テンサイ.
remolachero, ra 形 ビートの. ― 男女 ビート栽培者 [販売者].
remolcador, dora 形 牽引(けんいん) [曳航(えいこう)] する. ― 男 タグボート, 引き船.
remolcar 26 他 ❶ 牽引(けんいん) [曳航(えいこう)] する. ❷ ((話)) 無理やり連れて行く.
remoler 70 他 細かく砕く [碾(ひ)く]. ― 自 ((ラ米)) ((チリ)) ((ペルー)) 騒ぎ回る, 浮かれ騒ぐ.
remolienda 女 ((ラ米)) ((チリ)) ((ペルー)) お祭り [どんちゃん] 騒ぎ.
remolinear 自 ((ラ米)) ((アルゼ)) ((ウルグ)) 熟考する, 細かく検討する.
remolino 男 ❶ 渦巻き, 竜巻, つむじ風. ❷ 巻き毛, ぼさぼさ髪. ❸ 人だかり, 雑踏. ❹ ((話)) 混乱, 大騒ぎ.
remolón, lona 形 無精な, 怠惰な, ものぐさな. ― 男女 無精者, 横着者.
remolonear(se) 自 再 怠ける.
remolque 男 ❶ 牽引(けんいん), 曳航(えいこう). grúa ～ レッカー車. ❷ トレーラー. ***a ～*** 牽引 [曳航] されて [して] ; 引きずられて, 強引に.
remonta 女 軍馬の購入 [飼育, 訓練 (場)] ; 軍事用の馬 [ラバ].

R

remontạda 女 (順位等の) 上昇；登ること.
remontạr 他 ❶ (坂を) 登る；(流れを) さかのぼる. ❷ (困難等に) 打ち勝つ, 克服する. ❸ (空中に・順位を) 上げる. ～ el vuelo (鳥等が) 空高く飛ぶ. ── ***remontarse*** 再 ❶ ⦅a⦆ (過去に) さかのぼる. ❷ (鳥等が) 空高く飛ぶ. ❸ ⦅a⦆ (総計が) (…に) なる.
remọnte 男 ❶ 登ること；克服. ❷ スキーリフト. ❸ 〖スポ〗(ペロタ pelota 競技の 1 つ) レモンテ.
remoquẹte 男 あだ名, ニックネーム.
rẹ́mora 女 ❶ 〖魚〗コバンザメ. ❷ 妨げ, 邪魔.
remordẹr 70 他 苦しめる, 悩ます, さいなむ.
remordimiẹnto 男 良心の呵責(かしゃく), 自責の念, 後悔.
remọta 形 → remoto.
remọtamẹnte 副 ❶ 遠くで；はるか昔. ❷ 漠然と, ぼんやりと.
remotidạd 女 ⦅ラ米⦆(メキ)遠い所, 遠方.
remoto, ta [レモト,タ] 形 〔英 remote〕 ❶ (時間的・空間的に) 遠い；遠い昔の, はるか未来の. la *remota* antigüedad 大昔. peligro ～ 万一の危険. ❷ ありそうにない, 可能性の少ない. ❸ 漠然とした, おぼろげな. un ～ recuerdo de la infancia 幼少のころのかすかな記憶.
remover [レモベル] 70 他 〔英 remove; stir〕 ❶ かき回す, かき混ぜる. ❷ 取り除く, 除去する. ❸ (議論・記憶を) 蒸し返す, 呼び起こす. ❹ 免職 [解任] する. ── 自 ⦅en⦆ …を調べる. ── ***removerse*** 再 体を動かす.
remozamiẹnto 男 新装, 一新.
remozạr 57 他 若返らせる；新しくする.
remplazạble 形 → reemplazable.
remplazạr 57 他 → reemplazar.
remplạzo 男 → reemplazo.
remuev- 活 → remover.
remuneraciọ́n 女 報酬, 代償；謝礼金.
remunerạr 他 報酬 [謝礼] を与える；(利益を) あげる.
remuneratịvo, va 形 利益のある, もうかる.
renacentịsta 形 文芸復興の, ルネッサンス (様式, 研究) の. ── 男 女 ルネッサンス研究[運動]家.
renacẹr 76 自 ❶ 再び生まれる, 生まれ変わる, よみがえる. ❷ 生気を取り戻す.
renaciẹnte 形 再生[復活]しつつある.
renacimiento [レナシミエント] 男 〔英 Renaissance〕 ❶ [R-] 〖史〗ルネッサンス, 文芸復興 (期). ❷ 再生, 復活.
renacuạjo, ja 男 女 ⦅話⦆ (子供を指して) おちびちゃん. ── 男 〖動〗おたまじゃくし.
renạl 形 腎臓(じんぞう)(部) の. insuficiencia ～ 腎不全.
rencịlla 女 [主に複] 口げんか, いさかい.
rẹnco, ca 形 男 女 足の不自由な (人).
rencọr 男 恨み. guardar ～ a .../sentir ～ contra ... …を恨む, 根に持つ.
rencorọso, sa 形 ❶ ⦅serと共に⦆ 恨みがましい. ❷ ⦅estarと共に⦆ ⦅con⦆ (…を) 深く恨んでいる, 恨みを抱いている.
rendạjo 男 → arrendajo.

rendibụ́ 男 丁重なもてなし. hacer el ～ a ... …におもねる, ぺこぺこする.
rendiciọ́n 女 降伏, 屈服, 開城.
rendịdamẹnte 副 屈服して, 従順に.
rendịdo, da 形 ❶ 疲れきった, ぐったりした. ❷ 従順な；崇拝する. su ～ admirador 彼の熱烈なファン.
rendịja 女 すき間, 亀裂(きれつ), 割れ目.
rendimiẹnto 男 ❶ 生産高, 利益. ❷ 効率, 性能. ❸ へつらい, 服従, 従順.
rendịr 77 他 ❶ 打ち負かす, 降伏させる. ❷ 明け渡す. ❸ (利益を) 生む；(作物等を) 産する. ❹ (敬意・弔意を) 表す. ～ culto a ... …を崇拝する. ～ homenaje a ... …に敬意を表する. ❺ ぐったりさせる, 疲れさせる. ── 自 もうかる；効率がいい. Este trabajo no *rinde*. この仕事は割に合わない. ── ***rendirse*** 再 ❶ ⦅a⦆ …に屈する；…を受け入れる. ❷ 疲れ果てる.
renegạdo, da 形 改宗した, 背教の. ── 男 女 改宗者, 背教者.
renegạr 72 他 強く[繰り返し] 否定する. ── 自 ⦅de⦆ ❶ (信仰等を) 捨てる, 改宗する. ～ *de* su fe (自分の) 信仰を捨てる. ❷ (…と) 絶縁[絶交] する. ～ *de* su familia 家族と縁を切る. ❸ ⦅話⦆ (…の) 文句[不平]を言う.
renegọ́n, gọna 形 ⦅話⦆ 気難しい, 不平ばかり言う. ── 男 女 ⦅話⦆ 不平屋.
renegrịdo, da 形 真っ黒な, 真っ黒になった. ── 男 ⦅ラ米⦆ (肌の) 染み, あざ.
RENFE [レンフェ] 女 *R*ed *N*acional de los *F*errocarriles *E*spañoles スペイン国有鉄道, レンフェ.
renglọ́n 男 ❶ (文字の) 行. ❷ (ノートの) 線. cuaderno con los *renglones* marcados 罫線(けいせん)入りノート. ❸ [複] ⦅話⦆ 文章, 短い手紙. poner unos *renglones* a ... …に一筆書き送る. ***a ～ seguido*** すぐさま, 舌の根の乾かぬうちに.
rẹngo, ga 形 → renco.
rengueạr 自 → renquear.
renguẹra 女 ⦅ラ米⦆ → renqueo.
reniẹgo 男 [主に複] 不平, 文句；冒瀆(ぼうとく).
rẹnio 男 〖化〗レニウム.
rẹno 男 〖動〗トナカイ.
renombrạdo, da 形 有名な, 名高い.
renọmbre 男 名声, 評判. de ～ 有名な, 評判の.
renovạble 形 更新[再開, 再利用]できる.
renovaciọ́n 女 更新, 再開；刷新.
renovadọr, dọra 形 男 女 新しくする(人), 刷新[更新]する(人).
renovạr 32 他 ❶ 新たに[更新]する, 回復させる；再開する. ❷ 一新する；改装[新装]する. ── ***renovarse*** 再 新しくなる, 新たに起こる.
renqueạnte 形 足の不自由な；順調でない.
renqueạr 自 ❶ 足を引きずって歩く. ❷ ⦅話⦆ なんとかしのぐ, かろうじて動く. Nuestras relaciones *renquean*. 我々の関係はぎくしゃくしている.
renquẹo 男 足を引きずって歩くこと.
renta [レンタ] 女 〔英 income; rent〕 ❶ 所得, 収入；利益. impuesto sobre la ～ 所得税. ～ bruta 総所得. política

de ～s 所得政策. ❷ 賃借[賃貸]料, 家賃. ❸ 年金；金利, 利息. vivir de sus ～s 年金で生活する. ～ vitalicia 終身年金. ❹ 国債. ～ *per cápita* 国民一人あたりの所得. *vivir de las ～s* 《軽蔑》努力せず過去の遺産で暮らす.
rentabilidad 女 収益性, 利益性.
rentabilización 女 《商》収益化.
rentabilizar 57 他 収益のあるものにする, 元を取る.
rentable 形 利益になる, もうかる.
rentado, da 形 《ラ米》(ｱﾙｾﾞ)(ｳﾙｸﾞｱｲ)賃金を受けて働いている.
rentar 他 ❶ (報酬・利益等を) もたらす. ❷ 《ラ米》(ﾒｷｼｺ)(ﾁﾘ)賃借りする；(ﾁﾘ)賃貸しする. — 自 利益をあげる.
rentero, ra 男 女 小作人, 小作農.
rentista 男 女 不労所得生活者.
rentoy 男 ❶ 《話》あてこすり, 皮肉. ❷ トランプ遊びの一種；その切り札.
rentrée [ラントゥレ] 〔仏〕 女 (夏期休暇後の) 帰国[宅]；再開.
renuencia 女 気が進まないこと, 不本意.
renuente 形 《a》(…に対して) いやいやながらの, 不承不承の.
renuevo 男 《植》芽, 新芽.
renuncia 女 ❶ 放棄, 断念. ❷ 辞表. — 活 → renunciar.
renunciar [レヌンしアル] 17 自 〔英 renounce〕 《a》 ❶ (…を) **断念する**, あきらめる；(権利を) 放棄する. ～ *a* la lucha 争うのをあきらめる. ❷ (職務を) 辞する, やめる. ❸ (嗜好(しこう)品等を) 断つ.
renuncio 男 ❶ 《話》ごまかし, うそ. pillar [coger] a ... en un ～ …のうそを見破る. ❷ (トランプ) 場札と同種の持ち札を出さないこと. — 活 → renunciar.
reñidero 男 闘鶏場.
reñido, da 形 ❶ 仲の悪い, 不和の. ❷ 熾烈(しれつ)な. un partido muy ～ 非常に激しい試合. ❸ 両立しない, 矛盾する.
reñir 103 自 《con》(…と) けんかする, 仲たがいをする. *He reñido con* mi novio. 恋人とけんかした. — 他 ❶ しかる, 小言を言う. ❷ (戦いを) する.
reo, a 形 ❶ 罪を犯した. ❷ 《ラ米》(ｱﾙｾﾞﾝﾁﾝ)(ｳﾙｸﾞｱｲ)むさくるしい, 手入れのされていない. — 男 女 ►女 も reo が一般的. ❶ 容疑者, 被疑者. ❷ 被告(人)；犯人. *reo* demuerte 死刑囚. — 男 《魚》サケ科の淡水魚.
reoca 女 《話》 ser la ～ [repanocha] 普通ではない, すごい.
reojo 男 *mirar de* ～ 横目で見る, ちらりと見る；敵意のある目でにらみつける.
reordenación 女 再整理, 立て直し.
reordenar 他 見直す, 再編成する.
reorganización 女 再編成, 改革.
reorganizar 57 他 ❶ 再編成[再組織, 改編]する. ❷ (内閣等を) 改造する.
reorientación 女 転換.
repanchigarse / **repanchingarse** 66 再 《話》ゆったり腰かける.
repanocha 女 《話》→ reoca.
reparable 形 修理が利く, 修繕可能な.
reparación 女 ❶ 修理, 修繕. ❷ 補償, 賠償. ～ del daño 損害賠償.
reparador, dora 形 ❶ 補償[賠償]の. ❷ 活気づける, 体力を回復させる. ❸ 修理のための. — 男 女 修理工, 修繕屋.
reparar [レパラル] 他 〔英 repair〕 ❶ **修理する**, 修繕する. ❷ 償う, 補償[賠償]する；《ラ米》(ﾒｷｼｺ)(試験で) 成績を挽回(ばんかい)する. ❸ 訂正する. ～ los errores 間違いを正す. ❹ (体力等を) 回復する. — 自 《en》(…に) 気づく, 注意する；(…を) 考慮する. No *reparé en* su presencia. 私は彼がいることに気がつかなかった.
reparo 男 ❶ 遠慮, ためらい, 気後れ. No andes con ～*s*. 躊躇(ちゅうちょ)するな. no tener ～ en 〈＋不定詞〉 ためらわずに[恐れずに] …する. ❷ 異議, 不服. poner ～*s* a ... …にけち[注文]をつける. ❸ 《ラ米》(ｱﾙｾﾞﾝﾁﾝ)(ｳﾙｸﾞｱｲ)防護物；避難所. — 活 → reparar.
repartición 女 ❶ 分配, 配分, 割り当て. ❷ 《ラ米》(行政の) 部局, 部署.
repartidor, dora 男 女 配達人, 配給[配布]者.
repartija 女 《ラ米》(ｱﾙｾﾞﾝﾁﾝ)(ｳﾙｸﾞｱｲ) 《俗》盗品の分配, 山分け, 分け前.
repartimiento 男 ❶ 分配, 配分, 割り当て. ❷ 《史》(1) スペイン人入植者が先住民労働者を徴発した制度. (2) モーロ人への土地の分配.
repartir [レパルティル] 他 〔英 devide〕 ❶ **分配する**, 配る, 配達する. ❷ 割り当てる, 振り分ける. ❸ 全体に塗る, むらなく広げる. ❹ 《話》殴る. — **repartirse** 再 分ける；分け合う.
reparto 男 ❶ 分割, 分配；配達. ❷ 《演》《映》配役. — 活 → repartir.
repasador 男 《ラ米》(ｱﾙｾﾞﾝﾁﾝ)(ｳﾙｸﾞｱｲ)(ﾊﾟﾗｸﾞｱｲ)ふきん.
repasar [レパサル] 他 〔英 review〕 ❶ **見直す**, 調べ直す. ❷ **復習する**, おさらいする. ❸ 行き来[往復]させる. ❹ ざっと読む；ざっと掃除する. ❺ (衣服を) 繕う. ～ los botones ボタンをつけ直す. — 自 行ったり来たりする.
repaso [レパソ] 男 〔英 review〕 ❶ **復習**, 調べ直し, 点検. ❷ (衣服の) 繕い, 縫い直し. — 活 → repasar. *dar un* ～ *a* ... (1) …を復習する, ざっと読む, 読み返す. *Dio un* ～ a la lección diez. 彼は第10課を復習した. (2) 《話》…をしかりつける, 弾圧する.
repatriación 女 本国送還, 帰還.
repatriado, da 男 女 帰還者, 引揚者.
repatriar 106 他 本国に送還させる, 帰国させる. — **repatriarse** 再 本国に送還される；帰国する, 引き揚げる.
repecho 男 急な坂, 急勾配(こうばい).
repeinado, da 形 髪をきれいにとかした.
repeinarse 再 念入りに髪をとかす.
repelar 他 ❶ 丸坊主にする, きれいに刈り込む；摘み取る. ❷ 《ラ米》(ﾒｷｼｺ) 《話》…に文句を言う, けちをつける.
repelente 形 ❶ 嫌悪を感じさせる, 不快な. ❷ 《話》《軽蔑》知ったかぶりの. — 男 女 知ったかぶり. — 男 虫よけ.
repeler 他 ❶ 追い返す[払う]. ❷ 拒絶する；はねつける；はじく. ❸ 不快にする, 嫌悪を感じさせる. — **repelerse** 再 ❶ 退散する. ❷ 拒絶[反発]し合う.
repelo 男 ❶ (木材・爪(つめ)の甘皮の) ささくれ. ❷ 不快, 嫌悪.

R

repelón 男 髪を引っ張ること.
repelús 男《話》身震い, ぞっとすること.
repeluzno 男《話》→ repelús.
repensar 18 他 再考する, 考え直す, 熟考する.
repente 男《話》突然の動き, 衝動. Me dio el ～ que iba a suicidarse. 彼が自殺するのではないかとふとそんな気がした. ***de ～*** 突然に, 急に.
repentino, na 形 突然の, 急な.
repentista 男 女 即興詩人［演奏家］, 初見で演奏する人.
repentizar 57 自 初見で演奏する［歌う］, 即興で作る.
repera 女 ***ser la ～***《話》すごい, けた外れである.
repercusión 女 影響, 反響. tener una gran ～ 大きな反響を呼ぶ.
repercutir 自 ❶《en》(…に) 影響を与える, 反映する. ❷ 鳴り響く, 反響する.
repertorio 男 ❶ レパートリー, 上演目録. ❷ 目録, 一覧表；選集.
repesca 女 再試験；取り戻すこと.
repescar 26 他 再試験する；取り戻す.
repetición［レペティしオン］女［複 repeticiones］［英 repetition］❶ **繰り返し**, 反復. ❷〘修辞〙反復法.
repetidamente 副 繰り返して, 何度も.
repetido, da 過分 → repetir. 形 繰り返された, 重なった.
repetidor, dora 過分 → repetir. 形 留年した. ── 男 女 留年生. ── 男 (電話・テレビ・ラジオ等の) 中継器.
repetir［レペティル］77 他［現分 repitiendo］［英 repeat］❶ **繰り返す**, 反復する；繰り返し言う. ❷《話》再履修する. ～ un curso 留年する. ❸ お代わりする. ── 自 ❶ お代わりする. ❷ (後味・においが) 口に残る. ── ***repetirse*** 再 同じことを繰り返す, 繰り返される.
repetitivo, va 形 繰り返しの.
repicar 26 他 (祭りで鐘等を) 打ち鳴らす. ── 自 (祭りで鐘等が) 繰り返し鳴る.
repintar 他 塗り替える, 塗り直す. ── ***repintarse*** 再 厚化粧をする.
repipi 形《話》大人びた, ませた, 気取った. ── 男 女 大人びた子, ませた子.
repique 男 (鐘等を) 打ち鳴らすこと.
repiquetear 自 (鐘等が) 激しく鳴り響く；激しく音をたてる. ── 他 (鐘等を) 力いっぱい鳴らす.
repiqueteo 男 (鐘・雨等の) 連打音.
repisa 女 棚. ～ de chimenea マントルピース. ～ de ventana 窓の下枠, 窓台.
repit- 活 現分 → repetir.
replantar 他 再び植える, 植え直す, 植え替える.
replanteamiento 男 再立案.
replantear 他 (計画等を) 見直す.
repleción 女 充満；満腹.
replegar 72 他 ❶〘軍〙(兵力を) 後退させる. ❷ 何回も折る, 折りたたむ. ── ***replegarse*** 再 ❶〘軍〙退却［撤退］する. ❷ 自分の殻に閉じこもる.
repleto, ta 形《de》(…で) 満ちた, いっぱいの；飽食した. Estoy ～. 僕はもう満腹だ.
réplica 女 ❶ 反論, 抗弁；〘演〙せりふの言い返し. ❷〘美〙複製品, レプリカ.
replicación 女〘生化〙(DNA等の自己) 複製化.
replicar 26 自 反論［抗弁］する；口答えする. ── 他《que》…だと反論する.
replicón, cona 形 男 女《話》口答えばかりする (人).
repliegue 男 ❶〘軍〙後退, 撤退. ❷ 折り目, 畳み目, しわ；(土地の) 起伏.
repoblación 女 ❶ 再植民, 再入植. ❷ (魚や樹木を) 再生息させること. ～ forestal 再生林. ❸《集合的》植え替えられた樹木.
repoblar 32 他 ❶ 再植民［再入植］する. ❷《de》(…を) 植林する.
repollo 男〘植〙キャベツ.
repolludo, da 形 ❶ 背が低く小太りの. ❷〘植〙結球状［性］の.
repón 活 → reponer.
repondr- 活 → reponer.
reponer［レポネル］75 他［過分 repuesto, ta］［英 replace］❶ (元の所に) **置く**, 戻す；復帰［復職］させる. ❷ 補充する. ❸ 再上演［再上映］する. ❹ 答える；反論する. ► 直説法点過去, または接続法過去で用いる. ── ***reponerse*** 再《de》(…から) 回復する；落ち着く. ～ ***de*** la operación 手術後体力が戻る.
repong- 活 → reponer.
repóquer 男 (ポーカー) ファイブカード.
reportaje 男 ルポルタージュ, 報道, 報告. ～ gráfico 報道写真.
reportar 他 ❶ もたらす, 生み出す. ❷ (感情等を) 静める, 抑える. ❸《ラ米》報告する. ── ***reportarse*** 再 落ち着く；自制する.
reporte 男 ニュース報道［記事］.
reportear 他《ラ米》取材する, 報道写真を撮る.
reporterismo 男 報道業, 取材業.
reportero, ra 男 女 報道記者, レポーター. ～ gráfico 報道カメラマン. ── 形 (報道) 記者の.
reposabrazos 男［単複同形］(いすの) ひじ掛け.
reposacabezas 男［単複同形］(いす等の) 頭もたせ, ヘッドレスト.
reposado, da 形 穏やかな, 平穏な, のんびりした.
reposapiés 男［単複同形］(バイク等の) 足載せ, ステップ.
reposar 自 ❶ 休む, 横になって休む；眠る. ❷ 葬られている. ❸ そのままにしてある, じっとしている. dejar ～ (パン生地等を) ねかせる. ── 他 もたせかける；そのままにしておく. ── ***reposarse*** 再 (液体が) 澄む. ***reposar la comida*** 食休みする.
reposición 女 ❶ 補充, 補給. ❷ 復帰, 復職, (病気の) 回復. ❸ 再上演, 再上映. ❹ 返答, 回答.
repositorio 男 倉庫, 貯蔵所.
reposo 男 ❶ 休息, 休憩, 休養. ❷ 平穏, 安らぎ. ❸ 停止, 静止. ❹ 永眠 (= eterno ～).
repostaje 男 (食料等の) 補給.
repostar 他 自 (燃料等を) 補給する.
repostería 女 ❶ 菓子［ケーキ］屋；菓子製造 (法). ❷《集合的》菓子・ケーキ類.
repostero, ra 男 女 ケーキ［菓子］職

人. ― 男 ❶《ラ米》(1)(ﾁﾘ)(ﾍﾟﾙｰ)食糧貯蔵室. (2)(ﾍﾟﾙｰ)食器棚. ❷紋章入りの掛け布.

reprender 他 とがめる, しかる, 責める.

reprensible 形 叱責(しっせき)に値する.

reprensión 女 叱責(しっせき), 非難.

reprensor, sora 形 男 女 とがめる(人), 叱責(しっせき)する(人).

represa 女 ダム, 堰(せき).

represalia 女 [主に複] 報復(措置), 復讐(ふくしゅう). tomar ～*s* contra ... …に対して報復する.

represar 他 ❶(川を)せき止める. ❷(感情等を)抑制する, こらえる.

representable 形 表現[上演]できる.

representación [レプレセンタシオン] 女 [複 representaciones] 〔英 representation〕 ❶ **表現**, 描写(したもの・絵). ❷象徴, 想起させるもの. ❸公演, 上演(作品). ❹代表(者, 団). en ～ de ... …の代理で, …を代表して. ～ proporcional 比例代表制. ❺社会的地位, 権威. ❻販売代理店.

representante [レプレセンタンテ] 形 代表[代理, 代行]の. ― 男 女 〔英 representative〕 ❶ **代表者**, 代理人. ～ comercial 通商代表. ❷販売代理人.

representar [レプレセンタル] 他 〔英 represent〕 ❶ **表す**, 表現[描写]する, 象徴[意味]する. El color verde *representa* la esperanza. 緑色は希望を表す. ❷ **代表する**, 代行する. ～ al dueño del piso マンションの所有者の代行をする. ❸(役割を)演じる; 上演[公演]する. ❹(様子・年齢等が) …に見える. No *representa* la edad que tiene. 彼はとてもその年齢には見えない. ❺ …に相当[値]する. ― **representarse** 再 想像する, 思い描く.

representatividad 女 代理権; 代表的なこと.

representativo, va 形 ❶代表的な; 《**de**》(…を)表す. ❷代表[代理]の. cargo ～ 代理職. régimen ～ 代議制.

represión 女 鎮圧, 弾圧; 〖心〗抑圧.

represivo, va 形 抑圧[抑制, 弾圧]的な, 制止する.

represor, sora 形 男 女 抑制[弾圧]する(人).

reprimenda 女 叱責(しっせき), とがめだて.

reprimido, da 形 男 女 (感情を)抑圧された(人).

reprimir 他 ❶(衝動等を)抑える, 抑制する. ❷弾圧[制圧]する. ― **reprimirse** 再 自分を抑える. ～ de 〈+不定詞〉 …するのをこらえる.

reprise 〔仏〕 [レプリス] 男 〖車〗加速.

reprivatización 女 再民営化.

reprobable 形 責められるべき.

reprobación 女 非難, とがめだて.

reprobar 32 他 ❶認めない, 否定する. ❷《ラ米》(ﾒｷｼｺ)(ｺﾛﾝﾋﾞｱ)(ｱﾙｾﾞﾝﾁﾝ)(ｳﾙｸﾞｱｲ)不合格[落第]にする, 不可[非]とする.

reprobatorio, ria 形 非難の, 否定のための.

réprobo, ba 形 男 女 〖宗〗神に見捨てられた(人).

reprocesamiento 男 再処理. planta de ～ nuclear 核再処理工場.

reprochable 形 非難されるべき.

reprochar 他 非難する, とがめる. ― **reprocharse** 再 自分を責める.

reproche 男 非難; 自責の念.

reproducción 女 ❶再現, 再生. ❷複製[複写](品), 復刻(版). ❸(病気等の)再発. ❹〖生〗生殖, 増殖.

reproducir [レプロドゥシル] 12 他 〔英 reproduce〕 ❶ **再現する**, 再生する; 同じことを言う. ❷複製[複写, 模写]する. ― **reproducirse** 再 ❶繰り返される, 再発する. ❷〖生〗増殖[繁殖]する.

reproductor, tora 形 ❶複製を作る, 再生する. ❷〖生〗生殖の. aparato ～ 生殖器. ― 男 女 再生者; 種畜. ― 男 再生装置.

reproduj- / reproduzc- 活 → reproducir.

reprografía 女 複写技術.

reps 男 [単複同形] (横)畝織り.

reptar 自 はう, はい回る.

reptil 形 〖動〗爬虫(はちゅう)類の. ― 男 ❶爬虫類の動物. ❷《話》卑劣なやつ.

república [レプブリカ] 女 〔英 republic〕 **共和国**, 共和政体, 共和制. ～ *literaria* [*de las Letras*] 文壇.

republicana 形 → republicano.

republicanismo 男 共和制[主義].

republicano, na [レプブリカノ, ナ] 形 〔英 republican〕 **共和国の**, 共和政体の, 共和制(支持)の. ― 男 女 共和主義者, 共和制支持者; 共和党員.

repudiable 形 道徳的に許されない.

repudiar 17 他 ❶(道徳的に)受けつけない, 拒絶[拒否]する. ❷(妻と合法的に)離縁する.

repudio 男 拒絶, 拒否; (妻との)離縁.

repudrir 86 他 ❶すっかり腐らせる. ❷《話》やつれさせる, まいらせる. ― **repudrirse** 再 ❶すっかり腐る. ❷《話》《**de**》(…で)やつれ果てる.

repuesto, ta 過分 → reponer. 形 (健康を)回復した, 取り戻した. ― 男 ❶備蓄, 蓄え. ❷交換部品. ***de*** ～ 予備の, 代わりの. rueda *de* ～ スペアタイヤ.

repugnancia 女 ❶嫌悪; 吐き気; 嫌気. ❷矛盾, 不一致.

repugnante 形 嫌悪感を起こさせる, 大嫌いな; 不快な.

repugnar 自 嫌悪[不快感]を抱かせる. Me *repugna* este olor. 私はこのにおいが大嫌いだ. ― **repugnarse** 再 矛盾する, 相反する.

repujado 男 打ち出し細工(品).

repujar 他 (金属等に)浮き出し細工をする.

repulgo 男 ❶〖服〗折り返し, へり(縫い). ❷〖料〗(パイ等の)縁飾り. ❸[複]《話》ためらい, 遠慮.

repulir 他 ❶磨きをかける, 完璧(かんぺき)にする. ❷盛装させる. ― **repulirse** 再 めかし込む.

repullo 男《話》はっとすること, びくつき.

repulsa 女 拒絶; 非難, 叱責(しっせき).

repulsión 女 ❶拒絶; 嫌悪, むかつき. ❷〖物〗反発.

repulsivo, va 形 嫌悪を感じさせる, むかつく.

repuntar 自 ❶兆しを見せる, 徴候が出

R

る．❷（潮が）変わる．❸《ラ米》（人が）ひょっこり現れる．— **repuntarse** 再（ワインが）酸っぱくなる．

repunte 男 経済（指数）の上昇［反発］．

repus- 活 → reponer.

reputación［レプタしオン］女［複 reputaciones］〔英 reputation〕❶ **評判**，世評．❷ 名声．

reputado, da 形 評判の，評判のいい．

reputar 他 《**de, como**》（…と）見なす，評価する．

requebrar ⑱ 他（女性を）褒めそやす，（女性に）お世辞を言う．

requemado, da 形 焼け焦げた；日に焼けた．

requemar 他 ❶ 焦がす，焼きすぎる．❷（植物を）枯らす，しなびさせる．❸（口の中を）やけど［ひりひり］させる．❹《話》いらいらさせる．— **requemarse** 再 ❶ 焦げる．❷（植物が）枯れる，しなびる．❸（口の中が）やけど［ひりひり］する．❹《話》ぐっとこらえる；はらはら［じりじり］する．**～ *la sangre a ...*** …をいらいらさせる，怒らせる．

requerimiento 男 ❶ 依頼；要請．a ～ de ... …の求めに応じて．❷〖法〗通告，勧告．

requerir ⑱ 他 ❶ 必要とする．❷ 要望［要請］する；命じる．**～ *de amores*** （女性を）口説く，ものにする．

requesón 男 凝乳；カッテージチーズ．

requeté 男〖史〗カルロス党義勇兵［軍］．

requetebién 副《話》すばらしく，とてもよく（＝muy bien）．

requiebro 男（女性への）お世辞，褒め言葉．

réquiem 男［複 ～s］〖カト〗〖音〗レクイエム，死者のためのミサ（曲）．

requilorio 男［主に複］面倒な手続き，回りくどさ；不必要な飾り．

requinto 男《ラ米》(ﾍﾞﾈｽﾞｴﾗ)〖音〗レキント・ギター：10本の弦をもつ高音部用の小型ギター．

requirente 形〖法〗要求［要請］する．— 男女 要請者．

R

requisa 女 ❶ 没収，押収；徴発．❷《ラ米》(ｱﾙｾﾞﾝﾁﾝ)(ｺﾛﾝﾋﾞｱ)調査，検査，検閲．

requisar 他 ❶ 没収［押収］する；徴発する．❷《ラ米》(ｱﾙｾﾞﾝﾁﾝ)(ｸﾞｱﾃﾏﾗ)検査［調査，総点検］する．

requisito 男 必要条件，要件．

requisitoria 女〖法〗請求；《ラ米》(ﾒｷｼｺ)審問．

res 女 ❶（四つ足の）動物，四足獣．*res* vacuna（家畜の）牛．❷《ラ米》牛．carne de *res* 牛肉．

resabiado, da 形 ❶（人や動物が）悪い癖［悪知恵］のついた．❷〖闘牛〗（牛が）狡猾(ｺｳｶﾂ)な．

resabiar ⑰ 他 悪い習慣をつける，悪いことを教える．— **resabiarse** 再 悪い習慣がつく．

resabido, da 形 男 女 知ったかぶりをした（人）．

resabio 男（嫌な）後味；悪癖，悪習．

resaca 女 ❶〖海〗引き波．❷《話》二日酔い．tener ～ 二日酔いである．❸《ラ米》(ﾒｷｼｺ)焼酎(しょうちゅう)．❹《話》気持ちの高揚，浮かれ気分．

resalado, da 形《話》粋(いき)な；愛嬌(あいきょう)のある，ひょうきんな．

resaltar 自 ❶ 際立つ，傑出する．Las flores rojas *resaltaban* sobre el césped. 赤い花が芝生の中で一際鮮やかだった．❷ 飛び出る，張り出す．

resalte / resalto 男（建物の）出っ張り，張り出し．

resarcible 形 弁償［賠償］できる．

resarcimiento 男 補償，弁償，賠償．

resarcir ⑫ 他 賠償する，償う．～ a ... de una pérdida …に損害の弁償をする．— **resarcirse** 再《**de**》（…の）賠償金を受け取る．Ya *me he resarcido de* los daños causados. 私はもう損害を賠償してもらった．

resbalada 過分 → resbalar(se). 女《ラ米》(ｱﾙｾﾞﾝﾁﾝ)(ｸﾞｱﾃﾏﾗ)(ｺﾛﾝﾋﾞｱ)(ﾁﾘ)滑ること．

resbaladera 女《ラ米》(ﾍﾞﾈｽﾞｴﾗ)レスバラデーラ：米の粉にシナモン・砂糖・オレンジの香料を混ぜた飲み物．

resbaladizo, za 形 ❶ 滑りやすい，つるつる滑る．❷（話題等が）迂闊(うかつ)には扱えない［話せない］，微妙な．

resbaladura 女 滑った跡．

resbalar［レスバらル］自〔英 slide〕❶ **滑る**，滑り落ちる；（車が）スリップする；（滴等が）たれる．❷《間接目的語を伴って》《話》（…にとって）どうでもよい．La pesca me *resbala*. 私は釣りには興味がない．❸《話》へまをする，しくじる．— **resbalarse** 再 滑る．

resbalón 男 ❶ 滑ること．dar un ～ 滑る．❷《話》不適切な［ぶしつけな］言行．

resbaloso, sa 形 ❶《ラ米》(ﾒｷｼｺ)色っぽい仕草の．❷ よく滑る．

rescatar 他 ❶ 救出する；（危険・災難から）救う．❷ 取り［奪い］返す，取り戻す．

rescate 男 ❶ 救出；取り戻し，奪回．❷ 身代金，身請け金．❸〖遊〗捕まった仲間を救出する遊び．

rescindible 形 取り消せる，無効にできる，破棄できる．

rescindir 他（契約等を）取り消す，無効にする，破棄する．

rescisión 女（契約等の）取り消し，解約．

rescoldo 男 残り火；（感情の）なごり．

resecación 女 干上がり，乾燥．

resecar ㉖ 他 ❶ からからに乾かす，（植物を）枯らす．❷〖医〗切除［摘出］する．— **resecarse** 再 からからに乾く．

resección 女〖医〗切除［摘出］（術）．

reseco, ca 形 ❶ からからに乾いた，干からびた．❷ やせこけた．

reseda 女〖植〗レセダ科モクセイソウ．

resembrar ⑱ 他 種をまき直す．

resentido, da 形 恨んでいる，怒っている．— 男 女 恨みを抱いている人，ひがみっぽい人．

resentimiento 男 恨み；憤り．

resentirse ㊸ 再 ❶《**de**》（…の）痛みを感じる．～ *de* una antigua herida 古傷に悩む．❷ 弱くなる，衰える．❸《**por, de**》（…を）恨む，怒る．

reseña 女 ❶ 書評；寸評．❷（特徴等の）記述；概要；簡潔な報告．

reseñar 他 ❶ 書評［寸評］する．❷ 簡潔に報告［記述］する．

reserva［レセルバ］女〔英 reservation〕❶ **予約**；予約券．hacer la ～ de ... …の予約をする．❷ 蓄え，ストック，予備．❸ 遠

慮, 慎み. hablar con ～ 控え目に話す. ❹ 保留 (条件) ; 不信. ❺ [主に複]【経】準備金, 予備金. ❻ 予備軍. ❼ 特別保留地 ; (動植物の) 保護区. ～ nacional 国立公園. ―― 男 熟成期間3年以上のワイン. ―― 男女 補欠選手. ―― 活 → reservar. ***a ～ de ...*** …以外は. ***a ～ de que*** 〈＋接続法〉 …しない限り.

reservado, da 過分 → reservar. 形 ❶ 予約済みの. ❷ 部外秘の, 機密の. ❸ 慎重な ; 控えめの. ―― 男 ❶ 予約席, 貸し切り室, 指定席. ❷ 《ラ米》(アルゼンチン)ラブホテル.

reservar [レセルバル] 他 〔英 reserve〕 ❶ **予約する**. ❷ 取っておく, 残しておく. ❸ 保留[留保]する, 差し控える. ～ su opinión 意見を保留する. ―― **reservarse** 再 (よりよい機会を) 待つ ; (自分のために) 取っておく ; 保留[留保]する.

reservista 形 予備役の. ―― 男【軍】予備兵.

reservón, vona 形 《話》 実に用心深い ; とても口数の少ない, 引っ込み思案な.

resfriado, da 形 かぜをひいた. estar ～ かぜをひいている. ―― 男 かぜ. coger [agarrar] un ～ かぜをひく.

resfriar ㉛ 自 涼しくなる, 寒くなる. ―― **resfriarse** 再 かぜをひく.

resfrío 男 《ラ米》 かぜ, 感冒.

resguardar 他 《de》 (…から) 守る, 保護する. ―― **resguardarse** 再 《de》 (…から) 身を守る.

resguardo 男 ❶ 保護, 防御. ❷ 預かり証, 受領書.

residencia [レシデンシア] 女 〔英 residence〕 ❶ **居住**, 在住 ; 居住地. certificado de ～ 住民票. ❷ 邸宅, 公邸, 官邸. ❸ **寮**, 施設. ～ de ancianos 老人ホーム. ～ de estudiantes 学生寮. ❹ 長期滞在用ホテル. ❺ (入院できる) 病院. ❻ 《ラ米》(コロンビア)ラブホテル.

residencial 形 (地域が) (高級) 住宅用の. zona ～ (高級) 住宅地. ―― 男 《ラ米》 (1)(アルゼンチン)(チリ)下宿屋, 安宿. (2)(南米)高級アパート.

residente 形 ❶ 在住の, 居住する. ❷ 住み込みの. médico ～ 住み込みの研修医. ―― 男女 居住者, 住み込み職[社]員.

residir 自 《en》 ❶ (…に) 居住する. ❷ (原因・責任等が) (…に) ある. El problema *reside en* la falta de dinero. 問題は資金不足だ.

residual 形 残り (かす) の, 残留する.

residuo 男 ❶ 残り ; [複] 残りかす, 残留物. ～*s* radiactivos 放射性廃棄物. ❷ 【数】(引き算の) 差 ; (割り算の) 余り.

resignación 女 あきらめ, 忍従. llevar su desgracia con ～ 自分の不幸を甘受する.

resignar 他 (地位・権力等を) 放棄する, 譲り渡す. ―― **resignarse** 再 《a》 (…を) 甘受する ; 《a＋不定詞》 あきらめて…する. ～ *a* vivir modestamente 質素な暮らしに甘んじる.

resina 女 樹脂 ; 松脂(まつやに). ～ sintética 合成樹脂.

resinar 他 (木から) 樹脂を採る.

resinero, ra 形 樹脂の. ―― 男女 樹脂採集人.

resinoso, sa 形 樹脂質の, 樹脂を分泌する.

resistencia [レシステンシア] 女 〔英 resistance〕 ❶ 《a》 (…に対する) **抵抗**, 反抗. oponer ～ 抵抗[反抗]する. ❷ 抵抗力 ; 耐久性. ～ a la fatiga 持久力. carrera de ～ (車の) 耐久レース. ❸【電】抵抗 (器). ❹ 抵抗運動, レジスタンス.

resistente 形 抵抗する ; 耐久性がある ; 頑丈な. ～ al calor 耐熱性の.

resistible 形 我慢できる, 耐えられる.

resistir [レシスティル] 自 〔英 bear, resist〕 《a》 ❶ (…に) **耐える**, 持ちこたえる. ～ *al* ataque 攻撃を食い止める. Esta mesa resiste mucho. この机は頑丈だ. ❷ (…を) 我慢する. ～ *al* sueño 眠気を我慢する. ―― 他 ❶ (…に) 耐える, 持ちこたえる. ～ el calor 熱に強い. ❷ (…を) 我慢する. ～ el impulso 衝動を抑える. ―― **resistirse** 再 ❶ 《a》 (…に) 抵抗する. ❷ 《a＋不定詞》 …するのを拒む. *Me resisto a* creerlo. 私には信じられない. ❸ 《話》《間接目的語を伴って》 (…を) 手こずらせる. *Se me resiste* el inglés. 私は英語が苦手だ.

resistividad 女【電】固有抵抗.

resma 女 紙の一連 (500枚).

resol 男 太陽の反射光[熱], 照り返し.

resollar ㉜ 自 《話》 荒い息をする ; あえぐ.

resoluble 形 解決できる.

resolución 女 ❶ 解決, 解明. ❷ 決定, 決議. ～ judicial 判決. adoptar una ～ 決議を採択する. ❸ 決心, 決意 ; 決断力. actuar con ～ 断固として行う. hombre de ～ 決断力のある人. tomar una ～ 決心する. ❹【光】解像度. ***en ～*** 要するに.

resolutivo, va 形 解決に役立つ ; 【医】(炎症を) 消散させる. ―― 男 消散剤.

resoluto, ta 形 断固[決然]とした.

resolutorio, ria 形【法】解決する ; 決定する.

resolver [レソるベル] ⑩ 他 [過分 resuelto, ta] 〔英 (re)solve〕 ❶ **解決する**, 解消する. ～ un problema 問題を解決する. ～ la duda 疑いを晴らす. ❷ 《＋不定詞》 (…することを) 決心[決定]する. *Resolvió* marcharse. 彼は出てゆく決心をした. ❸【医】(炎症・腫物(はれもの)等を) 消散させる. ―― 自 決定を下す. ―― **resolverse** 再 ❶ 解決[決着]する. ❷ 《a＋不定詞》 (…する) 決心をする. ～ *a* decir la verdad 真実を語る覚悟を決める. ❸ 《en》 (結局…に) なる, 帰する.

resonador, dora 形 鳴り響く ; 共鳴する. ―― 男 共鳴器.

resonancia 女 ❶ 響き, 反響 (音). ❷【物】共鳴 ; 【電】共振. ～ magnética 【医】磁気共鳴映像法 〔英 MRI〕. ❸ 評判 ; 反響. tener ～ 反響を呼ぶ.

resonante 形 よく響く ; 評判の, 反響を呼ぶ. un éxito ～ 大成功.

resonar ㉜ 自 ❶ 鳴り響く, 反響する. ❷ 《con》 (場所が) (…で) 鳴り響く. El salón *resonó con* los aplausos. ホールは割れんばかりの拍手だった.

resoplar 自 荒い息をする ; あえぐ.

resoplido 男 荒い息づかい, 荒い鼻息.

resorte 男 ❶ ばね, ぜんまい, スプリング.

R

❷ 手段，方策．*tocar todos los* ～*s* あらゆる手段を尽くす．

respaldar 他 援護［支援］する；保証する．— **respaldarse** 再《en》❶（…を）頼る，（…に）庇護(ひご)してもらう．～ *en* su familia 家族に頼る．❷（…に）寄り［もたれ］かかる．— 男（いすの）背．

respaldo 男 ❶（いすの）背，背もたれ．❷ 援助，保護；保証．❸（紙等の）裏面．

respe 男 ❶ 蛇の舌．❷（ハチの）針．

respectar 自《直説法現在３人称単数形で》関係［関与］する．*en* ［*por*］ *lo que respecta a ...* …に関しては．

respectivamente / respective 副 それぞれ，各々．

respectivo, va 形［主に複］《＋名詞》それぞれの，各自の．Fueron en sus ～*s* coches. 彼らは各々の車で行った．

respecto 男 *al* ～ その件に関して．～ *a* ［*de*］ *...* / *con* ～ *a ...* …に関して．

résped / réspede → respe.

respetabilidad 女 尊敬に値すること．

respetable 形 ❶ 尊敬［尊重］すべき；（社会的に）立派な．❷ かなりの，相当な．una suma ～ de dinero かなりの金額．— 男《話》観衆，観客．

respetar ［レスペタル］ 他 〔英 respect〕 ❶ **尊敬する**．❷ 尊重する，遵守する．～ los derechos humanos 人権を尊重する．❸ 保存する，大切に扱う．*hacerse* ～ 自分を認めさせる．

respeto ［レスペト］ 男 〔英 respect〕 ❶ **尊敬**；尊重，遵守．tener ～ por [a] ... …を尊敬する．❷ 恐怖（＝miedo）．Me dan ～ los gatos. 私は猫が怖い．— 活 → respetar. *faltar al* ［*perder el*］ ～ *a ...* …に失礼なことをする．*presentar* sus ～*s a ...* …によろしくと伝える．*Presente mis* ～*s a* sus padres. ご両親によろしくお伝え下さい．

respetuoso, sa 形《con》（…に）敬意を払う，（…を）尊重する；丁重な．～ *con* los mayores 年長者を敬う．lenguaje ～ 礼儀正しい言葉遣い．

réspice 男 ❶ 無愛想な返答．❷（短くきつい）叱責(しっせき)．

respigar 66 他（落ち穂を）拾う．

respingado, da 形（鼻等の）先が上を向いた．

respingar 66 自 ❶（衣服のすその一部が）つり上がる．❷《話》（動物が嫌がって）体を揺する，うなる．❸《話》（反抗して）ぶつくさ言う．— **respingarse** 再（衣服のすそが）つれる．

respingo 男（驚いて）びくっと体を動かすこと．dar un ～ びくっとする．

respingón, gona 形 ❶（すそが）つり上がった．❷（鼻の）先が上を向いた．

respirable 形 呼吸できる．

respiración ［レスピラしオン］ 女［複 respiraciones］〔英 respiration〕 ❶ **呼吸**，息．～ asistida 人工呼吸装置による呼吸．hacer ～ artificial 人工呼吸を行う．tener ～ pulmonar [cutánea] 肺［皮膚］呼吸をする．～ abdominal 腹式呼吸．❷ 換気，通気．*sin* ～ (1)《話》息を飲んで，唖然(あぜん)として．Me quedé *sin* ～. 私は呆気(あっけ)に取られた．(2)《話》疲れ果てて．llegar *sin* ～ くたくたで到着する．

respiradero 男 換気口，通気孔．

respirador, dora 形 呼吸器の．— 男 人工呼吸器（＝～ artificial）．

respirar ［レスピラル］ 自 〔英 breathe〕 ❶ **呼吸する**，息をする．～ con dificultad あえぐ．～ hondo [profundamente] 深呼吸する．❷ ほっと一息つく，安堵(あんど)する；休む．❸ 通気性がある，換気する．❹《話》《否定表現で》話す，口をきく．Él no *respiró* en toda la reunión. 彼は会議中一言も発しなかった．❺《３人称単数で》涼しくなる．— 他 ❶（空気を）吸う．～ aire fresco 新鮮な空気を吸う．❷（雰囲気を）醸し出す，示す．María *respira* felicidad. マリアは幸せそうだ．*no dejar* ～ *a ...*《話》…に気の休まる間を与えない．*no poder* ～《話》多忙極まりない．*sin* ～《話》休む間もなく；固唾(かたず)を飲んで．

respiratorio, ria 形 呼吸の．aparato ～〘解〙呼吸器官．

respiro 男 ❶ 一休み，休息．tomarse un ～ 一息入れる．❷ 安堵(あんど)，一安心．— 活 → respirar.

resplandecer 76 自 ❶ 輝く，光る．❷《de》（…で）（顔が）輝く；（…が）際立つ．Su rostro *resplandecía de* alegría. 彼女の顔は喜びで輝いていた．❸《por》（…の点で）異彩を放つ，目立つ．

resplandeciente 形 きらきら光る；輝くばかりの．

resplandor 男（強い）光，輝き，光彩．

responder ［レスポンデル］ 他 〔英 respond〕（…に）**答える**，（言葉を）返す．Me *respondieron* que sí. 彼らは私にそうだと答えた．— 自 ❶《a》（…に）**答える**；返事をする．～ *a* las preguntas 質問に答える．❷《a》（…に）応える，応答する；応酬する．～ *a* las expectativas 期待に応える．La reforma *responde a* una necesidad inmediata. 改革は必要に迫られた結果である．❸《a》（…に）対応する；相当する．～ *a* la realidad 現実に即している．❹《de》（…の）罪を償う；責任を負う．❺《de, por》（…を）保証する，請け合う．Yo *respondo por* ella. 彼女の人柄は保証するよ．❻《por》（…という名で）呼ばれている．Esta chica *responde por* Mari. この子はマリと呼ばれている．

respondón, dona 形 男 女 口答えばかりする（人），生意気な口をきく（人）．

responsabilidad ［レスポンサビリダ（ドゥ）］ 女 〔英 responsibility〕 **責任**，責務．sentido de ～ 責任感．～ penal [civil] 刑事［民事］責任．tener la ～ de ... …の責任を負う．

responsabilizar 57 他《de》（…の）責任を取らせる．～ a la empresa *del* accidente 会社に事故の責任を負わせる．— **responsabilizarse** 再《de》（…の）責任を負う．

responsable ［レスポンサブレ］ 形 〔英 responsible〕 ❶ **責任感のある**．❷《de》（…の）責任がある；（…の）責めを負う．la persona ～ 責任者．～ *del* fracaso 失敗の責任がある．— 男 女 責任者．*hacerse* ～ *de ...* …の責任を取る．

responso 男 ❶〘宗〙死者のための祈り．❷《話》叱責(しっせき)．

responsorio 男〘宗〙応誦(おうしょう).

respuesta [レスプエスタ] 女 〔英 response〕❶ **答え**, 回答 ; 返事. dar ～ a la pregunta 質問に答える. ❷ 反応, 成果.

resquebrajadizo, za 形 ひびが入りやすい.

resquebrajadura 女 ひび, 亀裂(きれつ).

resquebrajamiento 男 ひびが入ること.

resquebrajar 他 亀裂(きれつ)を生じさせる. — **resquebrajarse** 再 ひびが入る.

resquebrar(se) ⑱ 自 再 ひびが入る.

resquemor 男 憤り, 恨み, 不快感.

resquicio 男 ❶ (ドアの) すき間 ; (小さな) 割れ目. ❷ わずかな可能性. un ～ de esperanza 一縷(いちる)の望み.

resta 女〘数〙引き算 ; (引き算の) 差. hacer ～*s* 引き算する.

restablecer ⑯ 他 復旧[再興] する. ～ el orden [las relaciones diplomáticas] 国交を回復する. — **restablecerse** 再 《de》 (病気等から) 回復する, 立ち直る.

restablecimiento 男 ❶ 復旧, 再建. ❷ (病気等からの) 回復.

restallar 自 (むち等が) パシッと鳴る. — 他 (むち等を) パシッと鳴らす.

restallido 男 (むち等の) パシッと鳴る音.

restante 形 残りの.

restañar 他 ❶〘医〙(体液の) 流出を止める ; 止血する. ❷ 痛み等を和らげる. — **restañar(se)** 自 再 苦しみが軽くなる. ***restañar las heridas*** 心の傷が癒(い)される.

restar 他 ❶〘数〙《de》(…から) 引き算する. ～ dos *de* cinco 5から2を引く. ❷ 《a》(…から) …を減らす, 低下させる. ～ importancia [autoridad] *a* ... …の重要性[権威]を低下させる. ❸ (テニス等で) リターンする. — 自 残る ; 《para》(…までに) まだある. Sólo me *resta* hacer el pago. あとは支払いをするだけだ. *Restan* dos semanas *para* las vacaciones. 休みまで2週間ある.

restauración 女 ❶ 修復, 復元. ❷ 復興, 再興 ; [R-]〘史〙王政復古. ❸ 飲食産業.

restaurador, dora 形 復興[修復] する, 復旧させる. — 男 女 ❶ (美術品等の) 修復技師. ❷ レストラン経営者.

restaurante [レスタウランテ] 男 〔英 restaurant〕**レストラン**, 料理店. coche [vagón] ～ 食堂車.

restaurar 他 ❶ 修復[復元] する. ❷ 復旧する ; 復興する. ～ el orden 秩序を回復する. ～ la monarquía 王政を復活させる. ❸ (元気を) 取り戻す.

restinga 女〘地理〙暗礁, 岩礁.

restitución 女 返却, 返還 ; 回復.

restituir ⑥⓪ 他 ❶ 返却[返還] する. ❷ 復元する ; 回復させる. La vida sana le *ha restituido* la salud. 健全な生活で彼は健康を取り戻した. — **restituirse** 再 体力を回復する.

resto [レスト] 男 〔英 rest〕❶ **残り** ; 残金. el ～ de la vida 余生. mil euros de ～ 残高1000ユーロ. ❷〘数〙(引き算の) 差 ; (割り算の) 余り. El ～ de 7 menos 3 es 4. 7引く3は4. ❸ 賭金(かけきん). ❹ [複] 廃墟(はいきょ), 残骸(ざんがい) ; 遺体 (＝ ～*s* mortales). ～*s* romanos ローマ時代の遺跡. ❺ [複] 食べ残し, 残飯. ❻〘スポ〙リターン. ***echar el*** ～ 全力で勝負する ; 《話》あらゆる手段を尽くす.

restorán 男 レストラン.

restregadura 女 こすること ; こすった跡.

restregamiento 男 → restregadura.

restregar ⑫ 他 ❶ こする. ❷ くどくど非難する. — **restregarse** 再 (自分の体を) こする ; 《**contra**》(…に) (身体を) こすりつける. ～ los ojos 目をこする.

restregón 男 → restregadura.

restricción 女 ❶ 制限, 規制. ❷ [主に複] 供給制限. *restricciones* de agua 給水制限.

restrictivo, va 形 ❶ 制限[規制] する. medida *restrictiva* 規制措置. ❷〘文法〙限定の.

restringir ④④ 他 制限[規制] する ; 減らす. ～ gastos 出費を抑える.

restriñimiento 男 便秘.

restriñir ⑦① 他 → estreñir.

resucitación 女 蘇生(そせい)(法).

resucitar 自 生き返る ;〘宗〙復活する. — 他 ❶ 生き返らせる ; よみがえらせる. ～ una antigua fiesta 昔の祭りを復活させる. ❷ 《話》元気をつける. El vino me *resucitó*. ワインのおかげで元気が出た.

resuello 男 ❶ 荒い息. ❷ 《話》体力, エネルギー. ❸ 《ラ米》(アルゼンチン)(ウルグアイ) 《話》休憩. ***sin*** ～ 息を切らして.

resuelto, ta 過分 → resolver. 形 ❶ 解決された. asunto ～ 解決事項. ❷ 果敢な, 決然とした. actitud *resuelta* 断固とした態度. ❸ 《estar と共に》《a》(…を) 決心[覚悟] した.

resuelv- 活 → resolver.

resulta 女 [複] 結果 ; 欠員. — 活 → resultar. ***de*** [***a***] ～***s de*** ... …の結果として. Se quedó ciego *de* ～*s del* accidente. 彼は事故で失明した.

resultado [レスルタド] 過分 → resultar. 男 〔英 result〕❶ **結果**, 成果 ; (試合の) 成績, 得点. el ～ del examen [la operación] 試験[手術]の結果. dar buen ～ 好結果をもたらす. ❷ (計算の) 答え. ❸ 利益, 利用価値.

resultante 形 ❶ 結果として生じる. ❷〘物〙合力の. — 女〘物〙合力.

resultar [レスルタル] 自 〔英 result〕❶ **…という結果になる**. ～ un éxito 成功をおさめる. ～ bien うまくいく. José *resultó* ileso en el accidente. ホセはその事故で無傷ですんだ. ❷ 《de》(…の) 結果として生じる. Su éxito *resultó de* sus grandes esfuerzos. 彼の成功は努力の賜(たまもの)だ. ❸ 《＋形容詞》…である, …に見える. Esta chaqueta me *resulta* pequeña. この上着は私には小さい. ❹ よい結果が出る. El plan no *resultó*. その計画はうまくいかなかった. ❺ 《話》(人が肉体的に) 魅力的である. ❻ 《3人称単数》《que＋直説法》(期待に反して…という) 結果となる. *Resulta que* no pueden venir. 結局彼らは来られないことになった.

R

resultón, tona 形《話》心地よい；感じがよい，魅力的な.

resumen［レスメン］男［複 resúmenes］〔英 résumé, summary〕要約，概要，レジュメ. ***en*** ～ 要するに，つまり.

resumidero 男《ラ米》(ｱﾙｾﾞﾝﾁﾝ)(ｳﾙｸﾞｱｲ) → sumidero.

resumir［レスミル］他 自〔英 summarize〕要約する. ― **resumirse** 再《**en**》(…に) 要約される；(…という) 結果に終わる. ～ *en* un fracaso 失敗に終わる.

resurgencia 女 (地下水の) 湧出(ゆうしゅつ).

resurgimiento 男 復活，再生；再起，回復.

resurgir 44 自 ❶ 再び現れる，復活する. ❷ 再起する，元気を取り戻す.

resurrección 女 ❶ 復活. ～ de la carne (最後の審判の日の) 死者の復活. ❷［R-］〖カト〗キリストの復活，復活祭 (＝ Pascua de *R*～). ❸《話》再興.

retablo 男 ❶〖建〗(教会の) 祭壇背後の飾り壁. ❷〖美〗(聖書を題材にした) 絵巻，彫刻. ❸ 宗教劇；人形劇.

retacear 他 ❶ → retazar. ❷《ラ米》(ｱﾙｾﾞﾝﾁﾝ)(ｳﾙｸﾞｱｲ)(金・力を) 出し惜しむ.

retacharse 再《ラ米》(ﾒｷｼｺ)戻る，帰る.

retaco, ca 形《話》《軽蔑》背が低く小太りの. ― 男 女《スペイン》《話》背が低い人，ちび (→ bajo 地域差). ― 男 ❶ (銃身の短い) 猟銃. ❷ (ビリヤード) ショートキュー.

retacón, cona 男 女《ラ米》《話》太った人，でぶ (→ rechoncho 地域差).

retador, dora 形 挑戦する；挑戦的な. ― 男 女 挑戦者.

retaguardia 女 ❶〖軍〗後衛 (部隊)；銃後. ❷《話》最後の部分. ***a*** [***en la***] ～ (***de*** …) (…の) 後方に，遅れて. quedarse *a* ～ しんがりを務める.

retahíla 女《話》連続，ひと続き. soltar una ～ de ... 次から次に…を並べ立てる.

retal 男 (布・革・板金等の) 切れ端.

retaliación 女《ラ米》(ﾒｷｼｺ)仕返し，報復.

R **retama** 女〖植〗レダマ，エニシダ.

retamal / retamar 男 レダマ［エニシダ］の林.

retar 他 ❶《**a**》(戦い・競争等を) 挑む，挑戦する. ～ *a* duelo 決闘を申し込む. ❷《ラ米》(ｱﾙｾﾞﾝﾁﾝ)(ｳﾙｸﾞｱｲ)しかる，非難する.

retardado, da 形 ❶〖物〗減速の. ❷《ラ米》(ｱﾙｾﾞﾝﾁﾝ)(ｳﾙｸﾞｱｲ)《軽蔑》(精神) 遅滞の.

retardar 他 遅らせる，延期［遅延］させる. ― **retardarse** 再 延期される，遅れる.

retardo 男 ❶《文》延期，遅延. ❷《ラ米》(精神) 遅滞 (＝～ mental).

retazar 57 他 細かくする；(家畜を) 小さな群れに分ける.

retazo 男 ❶ (大きめの) 端切れ. ❷《文》(話等の) 断片.

retejar 他 屋根瓦(がわら)を修復する.

retemblar 18 自 (繰り返し) 揺れる.

retén 男 ❶ (待機中の) 一団；予備軍. ❷ 予備品. ❸《ラ米》(ﾒｷｼｺ)拘置所.

retención 女 ❶ 保持；引き止めること；拘置. ❷ (給料の) 天引き. ❸［主に複］交通渋滞. ❹〖医〗停留.

retenedor, dora 形 保持［制止］する.

retener 33 他 ❶ 保持する，留める；拘留する. ～ a los invitados 客を引き留める. ～ el tráfico 通行を止める. ❷ 記憶に留める. ❸ (感情等を) 抑える. ～ las lágrimas 涙をこらえる. ❹ (金を) 差し引く，天引きする；差し押さえる. ― **retenerse** 再 (感情や衝動を) 抑制する.

retentivo, va 形 保持力のある. ― 女 記憶力.

reteñir 103 他 染め直す.

reticencia 女 ❶ 暗示；あてこすり. ❷ ためらい.

reticente 形 ❶《**a**》(…に) 躊躇(ちゅうちょ)する. ser ～ *a* comprar esa casa その家を買うことに慎重である. ❷ 暗示的な；皮肉な.

rético, ca 形 (古代ローマの属州) ラエティア (現在のスイス，チロル地方) の. ― 男 レト・ロマン語.

retícula 女 ❶〖光学〗(接眼レンズの) 網線. ❷〖写〗〖美〗網目 (スクリーン).

retículo 男 ❶ (反芻動物の) 第二胃. ❷ 網状物［組織］. ❸ → retícula ①.

retina 女〖解〗網膜.

retiniano, na 形〖解〗網膜の.

retinte 男 ❶ 染め直し. ❷ → retintín.

retintín 男《話》❶ 皮肉な調子，嫌み. decir con ～ 皮肉っぽく言う. ❷ 残響.

retinto, ta 形 ❶ (家畜が) こげ茶色の. ❷《ラ米》(ｱﾙｾﾞﾝﾁﾝ)(ｳﾙｸﾞｱｲ)《話》(髪の色が) 黒い.

retirado, da 過分 → retirar. 形 ❶ 人里離れた. una aldea *retirada* 辺びな村. ❷ 引退した；世を捨てた. ― 男 女 退職者；退役軍人. ― 女 ❶ 撤退，退却. ❷ 引退；退場. ❸ 回収，没収；除去. ***batirse en retirada*** 退却する. ***cortar la retirada*** (敵の) 退路を断つ. ***cubrir(se) la retirada*** 逃げ道の準備をしておく.

retirar［レティラル］他〔英 remove〕❶《**de**》(…から) 取り去る. ～ los platos *de* la mesa 食卓から皿を片づける. ❷ 引き出す，回収する. ～ dinero del banco 銀行から金を下ろす. ❸ 引退させる；退場させる. ～ de la carrera レースからリタイアさせる. ❹ (前言を) 取り消す；中止する. ― **retirarse** 再 ❶《**de**》(…から) 離れる，遠ざかる. ～ *de* la ventana 窓から離れる. ❷ 退出する；帰宅する；寝に行く. ❸ 引退する；引っ込む；〖軍〗退却する. ***No se retire.*** 電話を切らないでください.

retiro 男 ❶ 引退 (生活)；退職. ❷ 年金，恩給. ❸ (資金等の) 撤収；(預金の) 引き出し. ❹ 人里離れた場所. ❺ 休職；〖カト〗静修. ― 活 → retirar.

reto 男 ❶ 挑戦；挑発. lanzar [aceptar] un ～ 挑戦する［を受ける］. ❷ (実現困難な) 高い目標. ❸《ラ米》(ﾁﾘ)(ｱﾙｾﾞﾝﾁﾝ)(ｳﾙｸﾞｱｲ)叱責(しっせき).

retobado, da 形《ラ米》(1) 強情な，わがままな. (2)(ﾁﾘ)閉じ込められた.

retobar 他《ラ米》…に革を張る；(ﾁﾘ)(ﾍﾟﾙｰ)革等で包む. ― **retobarse** 再《ラ米》反抗する.

retobo 男《ラ米》(1) 革張り；(ﾁﾘ)(上張り用) 革，麻布. (2)(ｺﾛﾝﾋﾞｱ)(ﾎﾝｼﾞｭﾗｽ)無駄，役立たず.

retocado 男 最後の仕上げをすること；修正［手直し］すること.

retocar 26 他 ❶ …に仕上げを施す；修正する. ～ un cuadro 絵を仕上げる. ❷ 何度も触る. ― **retocarse** 再 (化粧等を) 直す.

retomar 他 ❶ 再び始める，再開する. ❷ 再獲得する.

retoñar 自 ❶ 芽を吹く. ❷ よみがえる.

retoño 男 ❶ 新芽，若枝. ❷《話》(幼い)息子.

retoque 男 仕上げ；手直し. dar el ～ al trabajo 仕事を仕上げる.

retorcer 29 他 ❶ ねじる；《ラ米》(洗濯物等を)絞る(➔ escurrir 地域差). ～ la ropa 洗濯物を絞る. ❷ 歪曲(わいきょく)[曲解]する. ― **retorcerse** 再 ❶ ねじれる；絡む. ❷ 身をよじる. ～ de dolor 苦痛に身をよじる. ～ de risa 大笑いする.

retorcido, da 形 ❶ よじれた. ❷《話》(言葉遣い等が)難解な. ❸《話》《軽蔑》ひねくれた；陰険な. ― 男 女 ひねくれ者，陰険な人.

retortijón 男 (腹部の)差し込み；(手足の)ひねり.

retorcimiento 男 ❶ ねじれ；身をよじること. ❷ ひねくれ；腹黒さ.

retórico, ca 形 ❶ 修辞学の. ❷ レトリックを駆使した. figura *retórica* 比喩(ひゆ)，文彩. ❸《軽蔑》美辞麗句を弄(ろう)した. ― 男 女 修辞学者. ― 女 ❶ 修辞学；レトリック. ❷《軽蔑》美辞麗句；[複]《話》駄弁.

retornable 形 (容器が)返却できる；返却金のもらえる.

retornar 自 《a》(…に)帰る，戻る. ～ *a* su patria 祖国へ帰る. ― 他 《a》(…に)返す，戻す.

retornelo 男 ➔ ritornelo.

retorno 男 ❶ 帰還. ❷ 返却；(利益の)還元. ～ ***terrestre***〖電〗アース線.

retorromano, na 形 男 ➔ rético.

retorsión 女 ➔ retorcimiento.

retorta 女 蒸留器.

retortero 男 ***al*** ～《話》雑然とした. ***andar*** **[*ir*]** ***al*** ～《話》大忙しである. ***traer*** **[*llevar*]** ***a ... al*** ～《話》…をこき使う；振り回す.

retortijón 男 ねじり上げること；(腹部の)差し込み.

retostado, da 形 焦げ茶色の.

retostar 32 他 焦がす，焼きすぎる.

retozar 57 自《話》❶ (子供等が)はしゃぎ回る. ❷ (男女が)いちゃつく.

retozo 男《話》はしゃぐ[いちゃつく]こと.

retozón, zona 形《話》よくはしゃぐ.

retracción 女 収縮；縮小.

retractación 女 撤回，取り消し.

retractarse 再《de》(…を)取り消す，撤回する.

retráctil 形〖動〗(頭・尾・爪(つめ)等が)引っ込められる.

retracto 男〖法〗買い戻し権.

retraer 104 他 ❶ (体の一部を)引っ込める. ～ las uñas 爪(つめ)を引っ込める. ❷《de》(…するのを)断念させる. ― **retraerse** 再 ❶《de》(…するのを)思いとどまる. ❷ 引っ込む；引きこもる. ～ del trato social 人との付き合いを避ける. ❸〖軍〗撤退する.

retraído, da 形 内気な；引きこもった.

retraimiento 男 引っ込めること；引きこもり；引っ込み思案.

retranca 女 ❶《話》底意，下心. ❷《ラ米》(コロンビア)ブレーキ.

retransmisión 女 中継[再]放送.

retransmisor 男 中継機.

retransmitir 他 中継[再]放送する.

retrasado, da 過分 ➔ retrasar. 形 ❶ 遅れている；発育不良の. estar ～ en matemáticas 数学の勉強が遅れている. ❷《軽蔑》精神遅滞の. ― 男 女《軽蔑》精神遅滞者(＝～ mental).

retrasar [レトゥラサル] 他〔英 delay〕❶ **遅らせる**；遅延させる. ～ el reloj 時計を遅らせる. ❷ 延期する. ― 自 (時計等が)遅れる. ― **retrasarse** 再 遅れる；遅れを取る；延期になる.

retraso [レトゥラソ] 男〔英 delay〕❶ **遅れ**，遅延. llegar con diez minutos de ～ 10分遅刻する. llevar un ～ de dos meses 2か月遅れている. ❷ 延期. ❸ 発育不良. ～ mental 精神遅滞. ― 活 ➔ retrasar.

retratar 他 ❶ …の肖像画を描く；…の肖像写真を撮る. ❷ 詳細に描写する. ― **retratarse** 再 肖像写真を撮ってもらう，肖像画を描いてもらう.

retratista 男 女 肖像画家[写真家].

retrato [レトゥラト] 男〔英 portrait〕❶ **肖像**，肖像画[写真]. hacer un ～ de ... …の肖像画を描く. ～ robot モンタージュ写真；典型像. ❷ (正確な)人物描写. ***ser el vivo*** ～ ***de ...*** …と瓜(うり)二つである.

retrechero, ra 形 ❶《話》愛きょうのある；ずるい. ❷《ラ米》(アデス)(エクアドル)(ベネズエラ)欲張りな；(コロンビア)疑い深い.

retreparse 再 ふんぞり返る.

retreta 女〖軍〗帰営[退却]のらっぱ. ❷《ラ米》(1) 野外演奏；(ペルー)祭り. (2)(ボリビア)(エクアドル)(ペルー)(ニカラグア)(アデス)《話》一連の出来事.

retrete 男 便器；《俗》便所.

retribución 女 報酬；見返り.

retribuir 60 他 …に報酬を与える，報いる. ～ a ... su favor …の好意に報いる.

retributivo, va 形 報酬の(ある).

retro 形《話》昔の，復古調の. ― 男《ラ米》〖車〗バック(後退)(➔ atrás 地域差).

retroacción 女 遡及(そきゅう)；後退.

retroactividad 女〖法〗遡及(そきゅう)性.

retroactivo, va 形 遡及(そきゅう)する，さかのぼる. efectos ～*s*〖法〗遡及効.

retroceder [レトゥロセデル] 自〔英 retreat〕❶ **後退する**，後戻りする. ～ un paso 一歩後退する. ❷《ante》(危険・障害に)尻込みする.

retroceso 男 ❶ 後退，後戻り；《ラ米》〖車〗バック(後退)(➔ atrás 地域差). La economía ha sufrido un ～. 景気は後退した. ❷ (病状の)悪化. ❸ (発砲後の)反動，後座.

retrocohete 男 逆噴射ロケット.

retrógrado, da 形 反動的な，時代遅れの；後退する. ― 男 女 時代遅れの人.

retropropulsión 女〖航〗逆噴射.

retrospección 女 回想，回顧.

retrospectivo, va 形 回顧する，過去をさかのぼる. ― 女 回顧展.

retrotraer 104 他 ❶《a》(過去に)さかのぼらせる. ～ a la infancia 幼少期に連れ戻す. ❷〖法〗(実際より)前の日付にする. ― **retrotraerse** 再《a》(過去に)さかのぼる.

retroventa 女〖法〗購入品の返却.

R

retroversión 女《医》後傾(症).
retrovirus 男[単複同形]レトロウイルス.
retrovisor 男《車》バック[サイド]ミラー.
retrucar 26 自 ❶(ビリヤード)(戻り玉が)キスする. ❷ 反論する；《ラ米》(アルゼンチン)(パラグアイ)(ウルグアイ)(ベネズエラ)《話》強く言い返す. ── 他 反論する.
retruécano 男(語順の入れ換えで作る)言葉遊び.
retruque 男 ❶(相手の論法を逆手にとった)反論. ❷(ビリヤード)(戻り玉の)キス.
retumbante 形 響き渡る；派手な.
retumbar 自 鳴り響く；反響する.
reubicar 他 26《ラ米》再配置[設置]する.
reúma / reuma 男(または女)《話》→ reumatismo.
reumático, ca 形 リューマチ(性)の. ── 男 女 リューマチ患者.
reumatismo 男《医》リューマチ.
reumatología 女 リューマチ学.
reumatólogo, ga 男 女 リューマチ専門医.
reún- 活 → reunir.
reunificar 26 他 再統一させる. ── **reunificarse** 再 再統一する.
reunión [レウニオン] 女[複 reuniones]〔英 meeting〕❶ **集会**, 会議. celebrar una ～ 会を催す. ～ plenaria 総会. ❷ 集結, 収集(物). ～ de los datos データの収集. ❸《集合的》(会合の)参加者.
reunir [レウニル] 90 他〔英 collect〕❶ **集める**, 集合させる；結合する. ～ fondos 資金を集める. ～ sus fuerzas 力を合わせる. ～ a los amigos 友達を呼び集める. ❷(条件等を)兼ね備える. ～ los requisitos 必要条件を満たす. ── **reunirse** 再〔英 meet〕❶ **集まる**. ❷《con》(…と)会う, 一緒になる.
reutilización 女 再利用.
reutilizar 57 他 再利用する.
reválida 女(学業等の)認定(試験).
revalidación 女 認定, 承認；再取得.
revalidar 他 再び有効にする；認定する. ～ el título de ... …のタイトルを防衛する. ── **revalidarse** 再 認定[修了]試験を受ける.
revalorización 女 再評価；価値の引き上げ.
revalorizar 57 他 ❶(…の価値を)引き上げる. ～ la vivienda 住宅評価額を引き上げる. ❷ 再評価する. ── **revalorizarse** 再 評価[価値]が上がる.
revaluación 女 → revalorización.
revaluar 58 他 → revalorizar.
revancha 女 仕返し；リターンマッチ. tomar(se) la ～ 仕返しをする.
revanchismo 男 復讐(ふくしゅう)心, 報復主義.
revanchista 形 報復(主義)の. ── 男 女 報復主義者.
revejido, da 形(年の割に)老けた；《ラ米》(ペルー)大人びた.
revelación 女 ❶ 暴露；(証拠等の)明示. hacer una ～ 発表する. ❷ 注目の新人[作品]. la ～ cinematográfica del año 映画界の今年の新星. ❸(神の)啓示；直観.
revelado 過分 → revelar. 男《写》現像.
revelador, dora 形 暴露[明示]する. ── 男 女 暴露者. ── 男《写》現像液.
revelar [レベラル] 他〔英 reveal〕❶ **暴露する**；打ち明ける. ❷(兆候や証拠等が)示す, 明らかにする. ～ inteligencia 知性を表す. ❸(神が)啓示する. ❹《写》現像する. ── **revelarse** 再《＋形容詞・名詞》(…と)分かる；頭角を現す.
revellón 男 大みそかの晩のパーティー.
revendedor, dora 形 転売する. ── 男 女 転売者；ダフ屋；小売り商.
revender 23 他 転売する.
revenirse 再 ❶(食料品が)しける. ❷(保存食品や酒が)酸っぱくなる. ❸ 水分を放出する.
reventa 女 転売(所). ── 男 女《話》ダフ屋.
reventado, da 形《話》❶ 疲れ果てた. ❷《ラ米》(アルゼンチン)同性愛の. ── 男《ラ米》(アルゼンチン)《軽蔑》同性愛者. ── 女《ラ米》(アルゼンチン)《話》《軽蔑》売春婦.
reventador, dora 男 女《話》野次を飛ばす人.
reventar 18 他 ❶ 破裂させる, めちゃくちゃに壊す. ❷ 酷使する；痛めつける；(野次等で)(舞台を)台無しにする. ❸《話》不愉快にさせる. Me *revienta* perdonarlos. 彼らを許すなんてごめんだ. ── 自 ❶ 破裂する；壊れる；(波が)砕け散る. ❷《話》《por》(…を)したがる. ～ *por* decir la verdad 真実を言いたくてうずうずする. ❸《話》《de》(…で)いっぱいになる；(感情や衝動で)爆発する. ～ *de* ira かんかんになる. ～ *de* risa 腹をかかえて笑う. ❹《話》死ぬ, くたばる. ── **reventarse** 再 ❶ 破裂する；壊れる；(車が)パンクする(→ 地域差). ～ la falda a ...(満腹で)…のスカートがはじける. ❷《話》へとへとになる；へたばる. **地域差**(車が)パンクする reventarse《スペイン》《ラ米》(メキシコ)(コロンビア)(エクアドル, ペルー)(チリ)(ウルグアイ)；desinflarse(コスタリカ)(ペルー)；espicharse(ベネズエラ)；estallarse(エルサルバドル, コスタリカ)；explotar《スペイン》《ラ米》(プエルトリコ)(ベネズエラ)；flatearse(パナマ)；llantarse(パラグアイ)；pincharse(ドミニカ共和国)(グアテマラ)(コロンビア)(ボリビア)(チリ)(ウルグアイ)；poncharse(キューバ, ドミニカ共和国)(メキシコ)(ホンジュラス, エルサルバドル, ニカラグア).
reventón, tona 形 破裂する；はちきれんばかりの. ── 男 ❶ 破裂；パンク. ❷《話》(苦しい時の)頑張り.
reverberación 女 反射；反響, 残響.
reverberar 自 きらめく；反射する；反響する.
reverbero 男 ❶ → reverberación. ❷《ラ米》(コロンビア)(ベネズエラ)卓上こんろ.
reverdecer 76 自(植物が)青々となる；生気[活力]を取り戻す. ── 他 青々とさせる；よみがえらせる.
reverencia 女 ❶ 畏敬(いけい), 尊敬. ❷ お辞儀. hacer una ～ ante ... …に対して頭を下げる. *su* [*vuestra*] ～《聖職者に対する敬称》尊師.
reverencial 形 尊敬に満ちた.
reverenciar 17 他 崇(あが)める, 尊ぶ.
reverendísimo, ma 形《高位聖職者への敬称》…猊下(げいか).
reverendo, da 形 ❶《聖職者への敬称》…師. el ～ padre Luis ルイス神父

様. ❷《+名詞》《ラ米》全くの. un ～ disparate 全くばかげたこと. ── 男 女 神父, 修道院長.

reverente 形 敬虔(けいけん)な, 恭しい.

reversa 女《ラ米》〖車〗バック(後退)(→ atrás 地域差).

reverse [リベルス〈レベルセ・レベルス〉]〔英〕男(カセットの)反転演奏装置[キー].

reversibilidad 女 元に戻せること.

reversible 形 ❶ 元に戻せる. reacción ～〖化〗〖電〗可逆反応. ❷〖服〗リバーシブルの.

reversión 女 元の状態に戻ること;〖法〗財産[権利]の復帰, 返還.

reverso 男(コイン等の)裏側(↔ anverso);裏ページ.

reverter 101 自 あふれる.

revertir 98 自 ❶《en》(結果として…と)なる. ～ *en* beneficio [perjuicio] de ... …に有利[不利]に働く. ❷ 元の状態に戻る;(財産・権利が元の所有者に)戻る.

revés [レベス] 男[複 reveses]〔英 back〕❶ **裏**, 裏面. el ～ de la mano 手の甲. ❷ 手の甲で殴ること. ❸〖スポ〗バックハンド[ストローク]. ❹ 不運, 逆境. ***al*** ～ 逆に, 反対に;裏目に. ponerse el jersey *al* ～ セーターを裏返し[後ろ前]に着る. comprender *al* ～ 逆の意味に取る. ***al*** ～ ***de*** ... …とは反対に. ***del*** ～ 上下[裏表, 前後]逆に.

revestimiento 男 上張り;外装.

revestir 77 他 ❶《de, con》(…で)上張りする, 覆う. ～ *de* yeso la pared 壁にしっくいを塗る. ❷《de, con》(…で飾って)ごまかす. ～ su acto *de* generosidad いかにも寛大に振る舞う. ❸(性格や状況を)呈する. ～ importancia 重要である. ── **revestirse** 再 ❶(聖職者が)正装する. ❷《de》(…を)身に着ける;(…を)見せる. ～ *de* energía 力を奮い起こす.

reviejo, ja 形《話》ひどく年老いた. ── 男 枯れ枝.

revigorizar 57 他 新たな活力を与える.

revirado, da 形 ❶(木材繊維が)よじれた. ❷《ラ米》(アルゼンチン)(ウルグアイ)《話》気がふれた. ── 男 女 狂人.

revirar 他 逆向きにする. ── 自 ❶(船が)旋回する. ❷《ラ米》(コロンビア)(メキシコ)相手の2倍賭(か)ける. ── **revirarse** 再《ラ米》(1)(キューバ)(アルゼンチン)(ウルグアイ)《話》反論する. (2)(アルゼンチン)《話》激怒する.

revirón, rona 形 男《ラ米》(キューバ)《話》反抗(的な).

revisación 女《ラ米》(アルゼンチン)(ウルグアイ)(パラグアイ)→ revisión.

revisar 他 点検[検査]する;再検討[修正]する. ～ una traducción 訳文を校閲する. ～ un plan 計画を見直す. ～ la cuenta 会計監査する.

revisión 女 ❶ 点検;検診(＝～ médica). ❷ 再調査, 見直し;校閲. ～ de cuentas 会計監査.

revisionismo 男 修正主義.

revisionista 形 修正主義(者)の. ── 男 女 修正主義者.

revisor, sora 形 検査[校閲]する. ── 男 女《スペイン》(車内の)検札係(→ 地域差);検査官;校閲者. 地域差 (車内の)検札係 revisor《スペイン》; boletero《ラ米》(ペルー, ボリビア); chequeador (ニカラグア); guarda (ウルグアイ); guardia (ウルグアイ); inspector (メキシコ)(グアテマラ, エルサルバドル, コスタリカ)(チリ)(パラグアイ, ウルグアイ, アルゼンチン); tiquetero (コロンビア).

revista [レビスタ] 女〔英 magazine; review〕❶ **雑誌**, 定期刊行物. ～ del corazón 三面記事中心の雑誌. ～ mensual [semanal] 月刊[週刊]誌. ❷ 評論. ～ de libros 書評. ❸ 検閲;〖軍〗観閲(式). ❹〖演〗レビュー. ❺《ラ米》〖複〗コミック, 漫画(→ cómic 地域差). ***pasar*** ～ ***a*** ... …を閲兵する;点検する. *pasar* ～ *a* su vida 人生を振り返る.

revistar 他〖軍〗閲兵[観閲]する.

revisteril 形《話》〖演〗レビューの.

revistero 男 マガジンラック.

revitalización 女 新たな活力[生気]を与えること. ～ de la piel 肌の活性化.

revitalizar 57 他 …に活力を与える.

revival [リバイバル]〔英〕男 リバイバル, (芸術運動等の)復活.

revivificar 26 他 → vivificar.

revivir 自 生き返る;復活する. ── 他(まざまざと)思い出す.

revocabilidad 女 取り消しうること.

revocable 形 取り消し可能の.

revocación 女 撤廃, 破棄.

revocar 26 他 ❶ 取り消す;〖法〗無効にする. ～ una ley 法律を撤廃する. ❷(外装を)塗り替える. ❸(空気等が)逆流させる.

revocatoria 女《ラ米》(法律の)廃止, 破棄.

revoco 男 → revoque.

revolcar 105 他 ❶(牛が闘牛士を)突き倒す, 転がす. ❷《話》打ち負かす. ❸《話》(試験に)落第する. ── **revolcarse** 再 ❶《en, por》(…を)転がる, 転げ回る. ❷《俗》性的関係を持つ.

revolcón 男 ❶ 転倒;転げ回ること. ❷ 屈辱的敗北. ❸《俗》(安易な)性交. ***dar un*** ～ 転倒させる;《話》打ち負かす.

revolear 自 飛び回る. ── 他《ラ米》(縄等を)くるくる回す.

revolotear 自 ❶(鳥等が)飛び回る;(紙等が)ひらひら舞う. ❷《話》(人が)しつこくつきまとう.

revoloteo 男 ❶ 飛び回ること. ❷《話》しつこくつきまとうこと.

revoltijo / revoltillo 男 ❶《話》山積み. ～ de ropa 衣類の山. ❷《話》大混乱, 騒動. ❸《ラ米》(メキシコ)レボルティージョ:野菜と肉の煮込み料理.

revoltoso, sa 形 ❶ いたずらな, やんちゃな. ❷ 騒ぎを起こす. ── 男 女 ❶ いたずらっ子. ❷ 暴徒, 反乱者.

revolución [レボるしオン] 女[複 revoluciones]〔英 revolution〕❶ **革命**. ～ burguesa [proletaria] ブルジョア[プロレタリア]革命. ～ industrial 産業革命. ❷ 革新. producir una ～ 変革をもたらす. ❸ 動揺, 騒乱. ❹〖機〗回転(数);〖天文〗公転.

revolucionar 他 ❶ 動揺させる. ～ a toda la clase クラス中を動転させる. ❷ …に変革をもたらす. ❸〖機〗回転させる.

revolucionario, ria 形 革命(家)の, 革命的な;革新的な. ── 男 女 革命家, 革命支持者.

revolver 110 他[過分 revuelto] ❶ かき

R

混ぜる，混ぜ合わす；ひっかき回す；回す．～ la ensalada サラダを混ぜ合わす．～ toda la casa 家中を散らかす．❷ 気分を悪くさせる；怒らせる；混乱させる．～ los ánimos やる気をくじく．❸（昔のことを）蒸し返す；考え込む．── 自 ❶ 散らかす．❷ 昔のことを蒸し返す[考える，調べる]．── **revolverse** 再 ❶ 回転する，転げ回る．～ en la cama 寝返りを打つ．❷《**contra**》(…に）向き直る，立ち向かう．❸（天気が）荒れる．***revolver ... en la cabeza*** …をじっくり考える．***revolver la sangre a ...*** …を激怒させる．

revólver 男 リボルバー，弾倉回転式拳銃(けんじゅう)．

revoque 男 壁の塗り直し；しっくい（塗り）．

revuelco 男 転げ回ること，転倒．

revuelo 男 ❶ 混乱，騒動．provocar gran ～ 大きな動揺を生じさせる．❷（鳥が）再び飛び立つこと；飛び回ること．***de*** ～ ついでに．

revuelto, ta 形 ❶ 取り散らかした，雑然とした．pelo ～ ぼさぼさの髪．❷ 混乱[動揺]した．tiempos ～*s* 激動の時代．La gente está *revuelta*. 人々は騒然としている．❸（天候等が）荒れている．El día está muy ～. 今日の天気はとても不安定だ．❹（液体が）濁った．❺（お腹の）調子が悪い．── 男（具入りの）スクランブルエッグ（＝huevos ～*s*）．── 女 ❶ 反乱，暴動．❷ 急カーブ；転回点．

revulsivo, va 形〘医〙誘導[刺激]する．── 男 誘導剤；《比喩的》(よい）刺激．servir de ～ よい薬になる．

rey [レイ] 男〔英 king〕❶ 王，国王（➡ reina）；[複] 国王夫妻．*Rey* de Romanos〘史〙神聖ローマ帝国皇帝．los *Reyes* Católicos〘史〙カトリック両王（アラゴン王フェルナンド2世とカスティーリャ女王イサベル1世）．❷ 王者，最高[最強]の者[もの]．*rey* de los animales 百獣の王（ライオン）．❸（チェス）(トランプ）キング．❹《話》《子供への愛情表現》いい子，かわいい子．❺ [複] (1) los *Reyes*〘聖〙東方の三博士（＝*Reyes* Magos）；公現祭（1月6日）(＝el día de los *Reyes* Magos)．(2) 公現祭のプレゼント．***a cuerpo de rey*** 王様のように．tratar *a cuerpo de rey* 丁重な待遇をする．***A rey muerto, rey puesto.*** 《諺》何事もすぐに代わりが見つかる．***Cada uno es rey en su casa.*** 《諺》人は誰でも家では王様．***del tiempo del rey que rabió*** 非常に古い．***Hablando del rey de Roma, por la puerta asoma.*** 《諺》うわさをすれば影．***Ni quito ni pongo rey.*** 私にはどちらでもいいことだ．***ni rey ni roque*** たとえ誰であろうとも（…しない）．

reyerta 女 けんか，殴り合い．

Reyes 固名 レジェス Alfonso ～（1889-1959）：メキシコの古典学者・批評家．

reyezuelo 男 ❶〘鳥〙キクイタダキ．❷ 小国の王．

rezagarse 66 再 遅れをとる．

rezago 男 遅れ，残り．

rezar [レサル] 57 自〔英 pray〕❶《**a** / **por**》(…に / …のために）祈る；祈願する．～ *a* Dios 神に祈る．～ *por* los difuntos 死者の冥福(めいふく)を祈る．～ *por* la paz 平和を祈る．❷（書物等が）述べる．como *reza* el refrán [el contrato] ことわざ[契約書]にあるように．❸《話》《**con**》(…に）当てはまる；関係がある．Esto no *reza* con*migo*. これは私には関係ない．❹《話》ぶつくさ文句を言う．── 他 ❶（祈りを）唱える，祈る．❷ …と述べる．El escrito *reza* lo siguiente. 書類には次のように書かれている．

rezo 男 祈り（の言葉）．── 活 ➡ rezar.

rezón 男 四つ爪(づめ)の錨(いかり)．

rezongar 66 自《話》ぶつぶつ不平を言う；《ラ米》(ｷｭｰﾊﾞ)無愛想な返事をする．

rezongón, gona 形 男 女《話》よく不平を言う（人）．

rezumar 他 にじみ出させる．La pared *rezuma* humedad. 壁から湿気がしみ出す．── **rezumar(se)** 自 再《**de**》(…から）にじみ出る；漏れる．El vino *rezumaba del* tonel. ワインが樽(たる)から漏れ出していた．

rho 女 ロー（Ρ, ρ）：ギリシャ語アルファベットの第17字．

ria- / riá- / ría(-) 活 ➡ reír.

ría 女 ❶〘地理〙リアス，おぼれ谷．❷〘スポ〙(障害物競技の）水堀．── 活 ➡ reír.

riachuelo 男 小川．

riada 女 洪水；氾濫(はんらん)．

ribazo 男 堤，土手．

ribeiro 男 リベイロ：ガリシア・オレンセ地域産のワイン．

ribera 女 川辺，海辺；川沿いの土地．── 固名 [R-] リベラ：(1) José de ～（1591-1652）スペインの画家．(2) Diego ～（1886-1957）メキシコの画家．

ribereño, ña 形 川辺の，海辺の．los países ～*s* 沿岸諸国．── 男 女 沿岸の住民．

ribero 男（ダムの岸に築かれた）堤防．

ribete 男 ❶〘服〙縁飾りテープ．❷ 仕上げの飾り；《話》(話を面白くする）コメント．❸ [複]《話》徴候，片鱗(へんりん)．tener ～*s* de ... …の才がある．

ribeteado 男 縁飾りをすること．

ribetear 他 …に縁飾りをつける．

ribonucleico, ca 形〘生化〙ácido ～ リボ核酸．

ribosoma 男〘生化〙リボソーム．

rica 形 女 ➡ rico.

ricacho, cha 形 男 女《話》《軽蔑》金持ち（の），成金（の）．

ricamente 副 ❶ 裕福に，ぜいたくに．❷ 居心地よく，気分よく．

Ricardo 固名 リカルド：男子の名．

ricino 男〘植〙ヒマ，トウゴマ．aceite de ～ ひまし油．

rico, ca [リコ，カ] 形 [絶対最上級 riquísimo, ma]〔英 rich; delicious〕❶ 金持ちの，裕福な（↔ pobre）．hacerse ～ 金持ちになる．❷《**en, de**》(…に）富んだ；豊かな．alimento ～ *en* vitaminas ビタミン豊富な食べ物．tierra *rica* 肥沃(ひよく)な土地．❸ おいしい．Esta sopa está muy *rica*. このスープはとても味がいい．❹（＋名詞）豪華な，見事な．～ bordado すばらしい刺繍(ししゅう)．❺《話》愛らしい，感じのいい；すてきな．❻《皮肉》お偉い，ご立派な．── 男 女 金持ち．nuevo ～ 成金．

rictus 男［単複同形］口をゆがめること，顔のひきつり.
ricura 女 ❶ 美しさ，かわいらしさ. ❷ かわいい人［もの］，感じのよい人［もの］.
ridícula 形 → ridículo.
ridiculez 女《軽蔑》ばかげたこと；ささいなこと；こっけいなもの.
ridiculización 女 笑いものにすること，からかう［冷やかす］こと.
ridiculizar 57 他 あざける，物笑いの種にする.
ridículo, la［リディクろ,ら］形〔英 ridiculous〕《軽蔑》❶ おかしな，こっけいな；ばかげた. ❷ わずかな，ささいな. una ganancia *ridícula* ほんの少しのもうけ. ―男《軽蔑》物笑いの種. hacer el ～ 笑い物になるようなことをする. quedar en [caer en el] ～ 笑い物になる. poner a ... en ～ …を笑い物にする.
rie- / rié- / ríe(-) 活 → reír.
riego 男 ❶ 水撒(ま)き；灌漑(かんがい). ❷ 灌漑用水. **～ *sanguíneo*** 血液の循環.
riel 男 ❶(列車・カーテン等の)レール. ❷ 延べ棒.
rielar 自《文》(反射して)きらめく.
rielera 女(レール等を造る)鋳型.
rienda 女 ❶［主に複］《馬》手綱. ❷［複］支配(権)，統制. llevar [tener] las ～s 主導権［実権］を握っている. ***aflojar las ～s*** 手綱［統制］を緩める. ***a ～ suelta*** 《話》勝手気ままに. ***a toda ～*** 全速力で. ***dar ～ suelta a ... / soltar las ～s a ...*** …の思いのままにさせる.
riesgo［リエスゴ］男〔英 risk〕危険(性). ～ de guerra 戦争勃発(ぼっ)の恐れ. seguro a ～ de incendio 火災保険. ***a [con] ～ de*** 〈+名詞 / que+接続法〉…の危険を冒して. *con ～ de* vida 命がけで. ***correr (un [el]) ～ de*** 〈+不定詞〉…の危険を冒す. ***poner a ～ ...*** …を危険にさらす.
riesgoso, sa 形《ラ米》危険な.
rifa 女 くじ［福］引き(所).
rifar 他 ❶ …をくじで与える. ❷《ラ米》(スポ)安売りする. ―**rifarse** 再《話》奪い合う. ～ el puesto ポストを取り合う.
riff〔英〕男《音》リフ，反復楽節.
rifirrafe 男《話》ちょっとした口論［けんか］.
rifle〔英〕男 ライフル銃.
rigidez 女 ❶ 硬さ，硬直. ❷ 厳しさ；頑固.
rígido, da 形 ❶ 硬い(＝duro)；硬直した. un rostro ～ 無表情. ❷《con》(…に)厳しい，厳格な. ～ *con* la cortesía 礼儀に厳しい. ❸ 柔軟性の無い，頑固な. carácter ～ 融通の利かない性格.
rigodón 男《音》リゴドン：2拍子の舞踊.
rigor 男 ❶ 厳格さ，厳しさ. sentenciar con ～ 厳しい判決を下す. aguantar el ～ del verano 酷暑に耐える. ❷ 厳密さ. el ～ de los datos データの正確さ. ***de ～*** 《話》お決まりの，不可欠の. discurso *de* ～ 型通りのスピーチ. ***en ～*** 厳密に言えば；実際のところ. ***ser el ～ de las desdichas*** 《話》不運な星の下に生まれる.
rigorismo 男《軽蔑》厳格主義.
rigorista 形 厳格主義の. ―男 女 厳格主義者.
rigor mortis［リゴルモルティス］〔ラ〕男《医》死後硬直.
rigurosa 形 → riguroso.
rigurosamente 副 ❶ 厳しく，容赦なく. ❷ 厳正に，厳密に.
rigurosidad 女 → rigor.
riguroso, sa［リグロソ,サ］形〔英 rigorous〕❶ 厳格な，容赦のない；過酷な. un ～ invierno 厳しい冬. ❷ 正確な，厳密な. con *rigurosa* puntualidad ぴったりの時間に.
rija 女 ❶《医》涙瘻(ろう). ❷ けんか.
rijosidad 女 好色；けんか好き.
rijoso, sa 形 ❶(動物が)発情した；《軽蔑》好色な. ❷ けんか好きな.
rima 女 ❶《詩》(脚)韻；押韻. octava ～ 8行詩型. tener ～ con ... …と韻を踏む. ❷［複］韻文，叙情詩.
rimador, dora 形《詩》韻の目立つ. ―男 女 韻ばかりが目立つ詩人.
rimar 自《con》(…と)韻を踏む；韻文を作る. ―他《con》(…と)韻を踏ませる.
rimbombante 形《話》人目を引く，大げさな；響き渡る.
rímel 男《商標》(化粧品)マスカラ.
rimero 男《文》山積み. ～ de libros 本の山.
rincón［リンコン］男［複 rincones］〔英 corner〕❶ 隅. un ～ de la habitación 部屋の隅. ❷ 片隅，隠れた場所；辺ぴな所. un ～ de la ciudad 都会の片隅. ❸ 狭い空間；《話》居場所.
rinconada 女(建物・通りに挟まれた)隅.
rinconera 女 コーナー用の家具.
ring〔英〕男(ボクシング等の)リング.
ringla 女 → ringlera.
ringle 男 → ringlera.
ringlera 女 列. en ～ 列をなして.
ringlero 男(習字ノートの)罫(けい)線.
ringorrango 男［主に複］《話》趣味の悪い派手な飾り.
rinitis 女［単複同形］《医》鼻炎.
rinoceronte 男《動》サイ.
rinofaringe 女《解》鼻咽頭(いんとう).
rinofaringitis 女［単複同形］《医》鼻咽頭(いんとう)炎.
rinología 女 鼻科学.
rinólogo, ga 男 女 鼻科専門医.
rinoplastia 女《医》鼻形成［隆鼻］術.
rinoscopia 女《医》鼻鏡検査.
riña 女 ❶ いさかい，口論. ❷ 叱責(しっせき).
riñón 男 ❶《解》腎臓(じんぞう). trasplante de ～ 腎臓移植. ❷［複］腰(部). dolor de *riñones* 腰の痛み. ❸［複］《話》勇気，根性. ❹ 中心，要(かなめ). ***costar [valer] un ～*** 《話》値段が高い. ***pegarse al ～*** 栄養がある. ***tener el ～ bien cubierto / tener bien cubierto el ～*** 《話》大金持ちである.
riñonada 女 ❶《解》腎臓(じんぞう)皮質組織. ❷ 腰部. ❸《料》腎臓の煮込み.
riñonera 女 ❶(腰を守る)コルセット. ❷ ウエストポーチ［バッグ］. ❸《医》膿盆(のうぼん).
río［リオ］男〔英 river〕❶ 川，河. el *Río* Tajo タホ川. *río* abajo [arriba] 川下［川上］へ(向かって). ❷(流れ動く)大量の人［もの］. un *río* de oro 大量の金. ―活 → reír. ***a río revuelto*** 混乱に乗じ

R

て. *A río revuelto, ganancia de pescadores.* 《諺》漁夫の利. ***Cuando el río suena, agua lleva.*** 《諺》火のないところに煙は立たず. ***de perdidos al río*** 《諺》毒を食らわば皿まで. ***pescar en río revuelto*** 混乱に乗じる.

Río de Janẹiro 固名 リオデジャネイロ：大西洋に臨むブラジルの港湾都市.

Río de la Plạta 固名 ラプラタ川（流域）. ***Provincias Unidas del ～*** 〖史〗ラプラタ諸州連合.

Rịoja 固名 La ～ リオハ. (1) スペイン北部の地方, 自治州；県（県都ログローニョ Logroño). (2) アルゼンチン北西部の州；州都. ── 男 [r-] スペイン, リオハ産のワイン.

riojạno, na 形 男 女 リオハの(人).

rioplatẹnse 形 男 女 ラプラタ川（流域）の(人). → Río de la Plata.

riọstra 女〖建〗筋交い.

RIP 〔ラ〕 *Requiescat in pace* 安らかに憩わんことを. → q. e. p. d.

rịpio 男 ❶（押韻用の）冗語. ❷〖土木〗すき間を埋める砕石類. ***no perder ～*** 《話》少しも聞き逃す[見逃す]まいとする.

ripiọso, sa 形（詩文に）冗語の多い.

riqueza [リケさ] 女 〔英 wealth〕 ❶ 富, 財産；[主に複] 資源. ～ imponible 課税標準価額. ～*s* naturales 天然資源. ❷ 豊かさ, 裕福 (↔pobreza)；豪華さ. ～ de vocabulario 語彙(ごい)の豊富さ. ～ del suelo 土地の肥沃(ひよく)さ.

riquísimo, ma 形 [rico の絶対最上級] 非常に富んだ[美味な].

risa [リサ] 女 〔英 laugh〕 ❶ 笑い；笑い声. mearse [mondarse, morirse, partirse, troncharse] de ～ 腹を抱えて笑う. comerse la ～ 笑いをかみ殺す. contener la ～ 笑いをこらえる. ¡Qué ～! ああ, おかしい. soltar la ～ 急に笑い出す. ❷ 笑わせるもの[人]. ser la ～ de todo el mundo 世間の笑い者である. ～ ***de conejo*** 作り笑い. ***de ～*** こっけいな；ばかばかしい. un precio *de* ～ 信じられない値段. ***muerto de ～*** (1) 死ぬほど面白い. (2) 忘れ去られた. vestido *muerto de* ～ ずっと着ていない服. ***tomar*** [***echar***] ***a ～*** 相手にしない, ばかにする.

risco 男 切り立った岩山.

risịble 形 笑わせる, こっけいな.

risiọ́n 女 嘲笑(ちょうしょう)(の的), 笑い者.

risọrio 形 笑いの, 笑いを誘う.

risotạda 女 けたたましい笑い声, 爆笑.

rịstra 女 ❶（タマネギ・ニンニクの）数珠つなぎ. ❷《話》一連のもの. una ～ de mentiras うその連発.

rịstre 男（よろいの胸部の）槍(やり)受け. ***en ～*** 構えて. pluma *en* ～ ペンを手に持って.

risueño, ña 形 ❶ にこにこした, 喜んだ；心楽しませる. cara *risueña* 笑顔. ❷ 有望な, 順調な. porvenir ～ 明るい将来.

Rịta 固名 リタ：女子の名.

ritmạr 他 …にリズムをつける.

rítmico, ca 形 リズミカルな；リズムの.

ritmo [リトゥモ] 男 〔英 rhythm〕 ❶ リズム；拍子. ～ del corazón 心臓の鼓動. seguir el ～ リズムに乗る. ❷ ペース, ピッチ. a buen ～ よいテンポで. guardar el ～ ペースを守る. ❸〖詩〗韻律.

rịto 男 ❶ 典礼, 儀式. celebrar un ～ 儀式を執り行う. ～*s* fúnebres 葬式. ❷ 慣習, 習わし.

ritornẹlo 男〖音〗リトルネッロ：器楽による前奏・後奏.

rituạl 形 ❶ 典礼[儀式]の. libro ～ 典礼書. ❷ 習慣となった. ── 男 典礼(書), 祭礼規則. ***ser de ～*** 慣習である.

ritualidạd 女 儀式的性格, 儀礼重視.

ritualịsmo 男 典礼主義[偏重].

rivạl 形 対抗する. ── 男 女 競争相手, ライバル.

rivalidạd 女 競争, 敵対.

rivalizạr 57 自 ❶《con/en》（…と／…のことで）競う, 張り合う. Pedro *rivaliza con* Luis *en* lograr tantos. ペドロはルイスと得点争いをしている. ❷《por》（…を）取り合う. ～ *por* el liderazgo 主導権争いをする. ❸《en》（…で）互角である. Ellas *rivalizan en* belleza. 彼女らの美しさは甲乙つけがたい.

Rịvas 固名 duque de ～ リバス公爵 (1791-1865)：スペインの詩人・劇作家.

rivẹra 女 小川；河床.

rivẹrsa 女《ラ米》〖車〗バック（後退）(→ atrás 地域差).

riyạl 男 リヤル：サウジアラビア等の通貨単位.

rizạdo, da 形 巻き毛の, 縮れ毛の. ── 男 カール(すること).

rizadọr 男 ヘアアイロン, カーラー；パーマ液.

rizạr 57 他 ❶（髪を）カールする. ～ el pelo a ... …の髪をカールする. ❷（布・紙等を）しわにする. ❸（風が海を）波立たせる. ── **rizarse** 再 ❶（自分の髪を）カールする. ❷（髪が）縮れる；波立つ.

rịzo, za 形 巻き毛の, 縮れ毛の. ── 男 ❶ 巻き毛, 縮れ毛. ❷〖服〗テリー・ベルベット. ❸ 宙返り(飛行). ***rizar el ～*** 《話》事を一層難しくする.

rizófago, ga 形〖動〗根を食べる. ── 男 女 食根性の動物.

rizọma 男〖植〗根茎, 地下茎.

rizópodo 男〖動〗根足虫；[複] 根足虫綱. ── 形 根足虫(綱)の.

rizọso, sa 形 縮れ毛の, カールした.

RNE 女 *Radio Nacional de España* スペイン国営ラジオ.

rọ 間（子供を寝かしつける声）ねんねんよ.

road movie [ロウドゥムビ] 〔英〕 男 (または女) [複 ～s] 〖映〗ロードムービー.

roạno, na 形 男 女 葦毛(あしげ)の(馬).

róbalo 男〖魚〗スズキ.

robar [ロバル] 他 〔英 rob〕 ❶《a》（…から）奪う, 盗む. Me *robaron* la cartera. 私は財布を盗まれた. ～ *a* ... su tiempo …から時間を奪う. ～ el corazón 心をとらえる. En esta tienda te *roban*. この店は高い値段をふっかける. ❷ 削る；浸食する. ～ horas al sueño 睡眠時間を減らす. ❸（トランプ等で札を）取る.

Robẹrto 固名 ロベルト：男子の名.

robịnia 女〖植〗ハリエンジュ, ニセアカシア.

robinsón 男 隠遁(いんとん)生活を送る人.

roblạr 他（釘(くぎ)の）先を曲げる.

rọble 男 ❶〖植〗カシ；オーク材. ❷ 頑健な人, 頑丈なもの. ***más fuerte que un ～*** 非常に頑丈な.

roblẹda 女 → robledal.

robledạl 男 広大なカシの林.

roblẹdo 男 カシの林.

roblọn 男 ❶ 鋲(びょう), リベット. ❷ (屋根瓦(がわら)の) 畝.

rọbo 男 ❶ 窃盗；強盗. cometer un ～ 盗みを働く. ❷ 盗難品. el valor del ～ 盗難被害額. ❸ 《話》利益の取り過ぎ. ── 活 → robar.

robọt 〔英〕 男 [複 ～s] ❶ ロボット. ～ industrial 産業用ロボット. ❷ 人の言いなりになる人. ～ ***de cocina*** フードプロセッサー.

robọ́tica 女 ロボット(工)学.

robotizaciọ́n 女 ロボット化.

robotizạr 57 他 ロボット[自動]化する.

robustecẹr 76 他 頑丈[堅固]にする. ── **robustecerse** 再 頑丈になる.

robustẹz 女 頑健, 頑丈；強固；強度.

robụsto, ta 形 頑健な, 頑丈な, がっしりした.

roca [ロカ] 女 〔英 rock〕 ❶ 岩, 岩石；岩山；岩壁. ～ sedimentaria 堆積(たいせき)岩. ❷ 強固なもの；意志の固い人；冷淡な人. ── 固名 [R-] Cabo de *R*～ (ポルトガルの) ロカ岬. ***cristal de r～*** 水晶.

rocạlla 女 ❶ 石[岩]のかけら. ❷ (装飾用の) 粗く砕いたガラス玉.

rocambolẹsco, ca 形 信じられない, 驚くような, 突飛な.

rọce 男 ❶ こすること；こすった跡, かすり傷. ～ de los zapatos 靴擦れ. ❷ (人との) 接触；付き合い. ❸ 不和. ～*s* en el matrimonio 夫婦間のいさかい.

rochẹla 女 《ラ米》(南米)(プエルトリコ)(ベネズエラ)大騒ぎ.

rociạda 女 ❶ (水等を) まくこと. ❷ 露；滴. ❸ ばらまき；ばらまかれたもの；(小言等の) 連発.

rociadọr 男 霧吹き；噴霧器.

rociạr 31 他 ❶ 《con, de》(水等を) …にまく；(…で) 湿らせる. ～ los campos *con* el abono 畑に肥料をまく. ❷ 《con》(飲み物を) …に合わせる. ～ el plato *con* un buen tinto 料理に上等な赤ワインを合わせる. ── 自 露が降りる.

rociẹro, ra 男 女 (スペイン, ウエルバ県の) ロシオの巡礼祭 romería de la Virgen del Rocío に集まる人.

rocịn, cịna 男 女 無知な人；行儀の悪い人. ── 男 駄馬.

rocinạnte 男 やせた老いぼれ馬. ── 固名 [R-] 〖文〗ロシナンテ：ドン・キホーテの愛馬.

rocío 男 ❶ 露；滴. ❷ 霧雨.

rọck 〔英〕 男 〖音〗ロック.

rockabịlly 〔英〕 男 〖音〗ロカビリー.

rocker [ロケル] 〔英〕 男 女 [複 ～s] 〖音〗ロックのファン[歌手, 演奏者].

rockẹro, ra 形 男 女 → roquero.

rockọ́dromo / rocọ́dromo 男 (特にロックの) 野外コンサート会場.

rococọ́ 形 男 〖美〗ロココ様式[調] (の).

rocọso, sa 形 岩の多い.

rocọte / rocọto 男 《ラ米》〖植〗大形のトウガラシ.

rọda 女 船首(材). ── 活 → rodar.

rodabạllo 男 〖魚〗ダルマガレイ.

rodạdo, da 過分 → rodar. 形 ❶ 車両の. tránsito [tráfico] ～ 車両通行. ❷ 滑らかな；丸くなった. ❸ 〖馬〗まだらの. ── 男 《ラ米》(1)(アルゼンチン)車. (2)(チリ)崖(がけ)崩れ. ── 女 ❶ わだち. ❷ 《ラ米》(アルゼンチン)(ウルグアイ) 〖馬〗転倒. ***venir*** ～ 《話》タイミングよく起こる.

rodadọr, dọra 男 女 〖スポ〗(自転車) 平地走行型選手. ── 男 〖魚〗マンボウ.

rodadụra 女 回転；〖車〗走行(跡).

rodạja 女 ❶ 〖料〗輪切り；円盤型のもの. en ～*s* 輪切りの[で]. ❷ (拍車の) 歯車；〖機〗ローラー.

rodạje 男 ❶ 〖映〗撮影. ❷ (車等の) 慣らし運転[期間]；実践練習.

rodạl 男 丸く色が変わっている部分.

rodamiẹnto 男 〖機〗軸受け, ベアリング.

rodạnte 形 回転[走行]する.

rodapiẹ́ 男 幅木, (家具・ベランダ下部の) 細板.

rodar [ロダル] 32 自 〔英 roll〕 ❶ **転がる**；回転する. ～ escaleras abajo 階段を転がり落ちる. hacer ～ la ruleta ルーレットを回す. ❷ (車等が) 走る, 動く. ❸ 《en, por》(場所を) 転々とする, ぶらつく. ～ *por* el mundo 世界を放浪する. ❹ 発生[流行]する；機能する. ～ bien うまくいく. ── 他 ❶ 転がす. ❷ (車を) 走らせる；慣らし運転をする. ❸ 〖映〗撮影する；(映画に) 出演する. ***echar a*** ～ 《話》台無しにする.

rodear [ロデアル] 他 〔英 surround〕 ❶ 《con》(…で) **囲む**；取り囲む. ～ a ... de cariño …に愛情をふんだんに与える. Le *rodeó* la cintura *con* un brazo. 彼は彼女の腰に手を回した. ❷ 迂回(うかい)する；避ける. ～ el problema 問題をはぐらかす. ❸ 《ラ米》(家畜を) 駆り集める. ── 自 回り道する. ── **rodearse** 再 《de》(…に) 取り囲まれる. ～ *de* lujo 贅沢三昧(ぜいたくざんまい)する.

rodẹla 女 円盾.

rodẹo 男 ❶ 回り道, 迂回(うかい). dar un ～ 遠回りする. ❷ [主に複] まわりくどい言い方[やり方]. hablar sin ～*s* 単刀直入に話す. ❸ 《ラ米》ロデオ；(家畜の) 駆り集め(場所). ── 活 → rodear.

rodẹra 女 わだち, 車輪の跡.

rodẹte 男 ❶ 三つ編みをまとめた髪. ❷ (物を載せて運ぶ) 頭当て. ❸ 〖機〗羽根車.

rodilla [ロディリャ〈ロディヤ・ロディジャ〉] 女 〔英 knee〕 ❶ **膝**(ひざ)；膝頭. ❷ (物を載せて運ぶ) 頭当て；ふきん. ***de*** ～***s*** 両膝をついて. caer *de* ～*s* 膝をつく. ***doblar*** [***hincar***] ***la*** ～ (敬意を表して) 片膝をつく；屈従する.

rodillạzo 男 ❶ 膝(ひざ)げり. ❷ 〖闘牛〗膝をついてのパセ pase.

rodillẹra 女 ❶ 膝(ひざ)当て；膝の継ぎ当て. ❷ (ズボンの) 膝のたるみ.

rodịllo 男 〖機〗ローラー；ころ；〖料〗めん棒.

rọdio 男 〖化〗ロジウム.

Rodọ́ 固名 ロド José Enrique ～ (1871-1917)：ウルグアイの思想家・評論家.

rododẹndro 男 〖植〗シャクナゲ.

Rodrịgo 固名 ❶ ロドリーゴ Don ～ (?-711)：スペインの西ゴート王国最後の王. ❷ ロドリーゴ：男子の名.

rodrigọ́n 男 (草木に添える) 支柱.

roedọr, dọra 形 ❶ 〖動〗齧歯(げっし)目[類]の. ❷ かじる. ── 男 [複] 齧歯目の動物.

roedụra 女 かじること；一かじり；かじり

跡.

roel 男〘紋〙青色の円形.

roentgen［レンゲン］男〘物〙レントゲン.

roer 91 他 ❶ かじる. ❷ 浸食する, むしばむ. ～ los ahorros 貯金を食いつぶす. ❸ 痛めつける. Mi conciencia me *roe.* 私は良心の呵責(かしゃく)に苦しんでいる.

rogar［ロガル］ 92〔英 beg〕他《＋名詞・不定詞 / que＋接続法》(…するように) 頼む, 懇願する；祈願する. Se *ruega* no fumar. 禁煙願います. ── 自 頼む；願う. ***hacerse (de)*** ～ じらす.

rogativo, va 形 懇願する. ── 女［主に複］祈願. hacer *rogativas* para que llueva 雨ごいをする.

rogatoria 女［主に複］《ラ米》嘆願；祈願.

rogue- / rogué(-) 活 → rogar.

roja 形 → rojo.

Rojas 固名 ロハス Fernando de ～ (1475?-1541)：スペインの作家. *La Celestina*『セレスティーナ』の作者とされる.

rojear 自 赤みを帯びる.

rojelio, lia 男 女《話》左翼[左派]の人.

rojez 女 赤さ.

rojiblanco, ca 形 男 女《話》〘スポ〙赤白のユニフォームの (チームの選手).

rojiverde 形 赤と緑の.

rojizo, za 形 赤みを帯びた.

rojo, ja［ロホ, ハ］形〔英 red〕❶ 赤い. Cruz *Roja* 赤十字. poner ～ a ... …を赤面させる. ❷ 赤毛の. ❸《話》共産[社会]主義 (者) の；(スペイン内戦時の) 共和派の. ── 男 女《話》共産[社会]主義者；共和派の人. ── 男 赤 (色). ***al ～ (vivo)*** (鉄等が) 真っ赤に焼けた；(議論等が) 白熱した. ***al ～ blanco*** (金属等が) 白熱した. ***Mar R～*** 紅海. ***～ de labios*** 口紅.

rol 男 ❶ 役目；〘演〙役. ❷ 名簿；船員名簿.

rolar 自 ❶ (船が) 旋回する；(風が) 向きを変える. ❷《ラ米》(1)(チリ)(ペルー)(人と) 付き合う. (2)(メキシコ)歩き回る；出回る.

R

roldana 女 滑車の綱車.

rollizo, za 形 丸々とした, ふくよかな. ── 男 丸太.

rollo［ロリョ〈ロヨ・ロジョ〉］男〔英 roll〕❶ 巻いたもの；円筒状のもの. un ～ de cuerda ロープの一束. un ～ fotográfico〘写〙フィルム1本. ～ pastelero〘料〙めん棒. ❷《話》うんざりさせるもの[人], 退屈なもの[人]；面倒なこと. soltar un ～ sobre ... …について長々と話す. ❸《話》情事. ❹《俗》状況, 雰囲気. ❺［複］《ラ米》(アルゼンチン)(ウルグアイ)《話》ぜい肉. ～ ***patatero*** (我慢できないほど) 退屈なこと. ***tener ～*** だらだらと話す[書く].

rolo 男《ラ米》(コロンビア)(ベネズエラ)印刷機のローラー；警棒.

Roma 固名 ❶ ローマ：イタリアの首都. ❷ ローマ教皇；バチカン. ***Cuando a ～ fueres, haz lo que vieres.***《諺》郷に入っては郷に従え. ***Por todas partes se va a ～.*** / ***Todos los caminos van a ～.***《諺》すべての道はローマに通ず. ***revolver ～ con Santiago*** あらゆる手段を尽くす.

romadizo 男 鼻かぜ.

romaico, ca 形 男 現代ギリシャ語 (の).

romana 女 竿秤(さおばかり). ***a la ～***〘料〙フライにした.

romance 形 ロマンス語の. lenguas ～*s* ロマンス諸語. ── 男 ❶ ロマンス語；(ラテン語に対して) スペイン語. ❷〘詩〙ロマンセ：1行8音節の物語詩. ❸ ロマンス, (つかの間の) 恋愛. ❹［複］言い訳, くだらない話. ***hablar en (buen) ～*** 平明に語る.

romancear 他 ロマンス[スペイン]語に翻訳する. ── 自《ラ米》(チリ)長話する；口説く.

romancero, ra 男 女 ロマンセ romance 作者[歌手]. ── 男 ロマンセ集.

romanche〔仏〕男 ロマンシュ語：スイスの公用語の1つ.

romancillo 男〘詩〙(各行4-7音節の) 短いロマンセ romance.

romancista 形 (ラテン語ではなく) ロマンス語[スペイン語]で書いた. ── 男 女 ロマンス語で書いた作家.

romanesco, ca 形 ❶ ローマ (人) の. ❷ 小説的な.

romaní 男 ロマ語：ロマ[ジプシー]の言語.

románico, ca 形 ❶〘建〙〘美〙ロマネスク様式の. ❷ ロマンス語の. ── 男 ロマネスク様式.

romanismo 男 古代ローマ文明[精神].

romanista 形 ローマ法学の；ロマンス語学[文学]研究の. ── 男 女 ❶ ローマ法学者. ❷ ロマンス語学[文学]研究者.

romanística 女 ローマ法学；ロマンス語学.

romanización 女 ローマ (文明) 化.

romanizar 57 他 ローマ化する. ── **romanizarse** 再 ローマ文明圏に入る.

romano, na 形 ❶ 古代ローマ (帝国) の；(現代の) ローマの. el Imperio *R～* ローマ帝国. ❷ ラテン語の. literatura *romana* ラテン文学. ❸ (ローマ) カトリック教会の. ── 男 女 ローマの人；(古代) ローマ人.

romanticismo 男 ❶〘文学〙〘音〙ロマン主義. ❷ ロマンチックな性向[気分].

romántico, ca 形 ロマン主義の；ロマンチックな. ── 男 女 ❶ ロマン主義者. ❷ ロマンチスト, 情緒的な人.

romanza 女〘音〙ロマンス：叙情的小曲.

rómbico, ca 形 菱(ひし)形をした.

rombo 男 ❶〘数〙菱(ひし)形. ❷ (トランプの) ダイヤ.

romboedro 男 菱(りょう)［斜方六］面体.

romboidal 形 偏菱(へんりょう)形の.

romboide 男〘数〙偏菱(へんりょう)形.

romeo 男《話》恋する男. ── 固名［R-］ロメオ：男子の名.

romería 女 ❶ 巡礼, 聖地参拝. ❷ 村祭り. ❸ 人出；ごった返し.

romero, ra 形 男 女 巡礼者 (の). ── 男〘植〙ローズマリー.

romo, ma 形 (先が) 丸い；だんご鼻の；鈍い.

rompecabezas 男［単複同形］❶ (ジグソー) パズル. ❷《話》難題. ❸ 鉄球を両端に付けた武器.

rompecorazones 男 女［単複同形］《話》異性を魅了する人.

rompehielos 男［単複同形］砕氷船.

rompehuelgas 男 女［単複同形］《話》スト破り.

rompenueces 男［単複同形］クルミ割り (器).

rompeolas 男 [単複同形] 防波堤.

rompepiernas 形 男 [単複同形] (自転車競技で) 上り下りが続く (道).

romper [ロンペル] 93 他 [過分 roto, ta] [英 break] ❶ 壊す, 破る ; 折る. ～ en pedazos [añicos] びりびりに破く [粉々に壊す]. ❷ すり減らす, だめにする. ❸ 突破する. ～ la barrera 障壁を破る. ❹ (関係等を) 絶つ, 終らせる ; (約束等を) 破る. ～ el silencio 沈黙を破る. ❺ 〘軍〙隊列等を崩す. ❻ 《ラ米》(アルゼ)(ウルグ)悩ます, 迷惑をかける. ── 自 ❶ (波が) 激しく打つ, 砕ける. ❷ (一日等が) 始まる. ～ el alba 夜が明ける. ❸ 芽が出る, (花が) 開く. ❹ 《**en** / **a**+不定詞》急に…し始める. ～ *a* reír 急に笑い出す. ～ *en* llanto わっと泣き出す. ❺ 《**con**》(…との) 関係を絶つ ; (…を) 撲滅する. ～ *con* el novio 恋人と別れる. ～ *con* las malas tradiciones 悪弊を断つ. ❻ 《話》大成功を収める. Este libro *rompió* el año pasado. この本は去年大当たりした. ── **romperse** 再 ❶ 壊れる, 故障する, 破れる, 折れる. ❷ 骨折する. ～ la pierna 足を骨折する. ❸ 擦り切れる, だめになる. ❹ (関係等が) 断絶する. ***de rompe y rasga*** (人が) 大胆な. ***romperse la cabeza*** じっくり考える.

rompetechos 男 女 [単複同形] ❶ 《話》背のすごく低い人, ちび. ❷ 《話》目がよく見えない人.

rompible 形 壊せる.

rompiente 形 砕ける. ── 男 岩礁.

rompimiento 男 亀裂(きれつ) ; 絶交 ; 決裂 ; (波等が) 砕け散ること.

rompope / rompopo 男 《ラ米》(中米)(メキシ)エッグノッグ : 卵酒の一種.

ron 男 ラム酒.

roncal 男 〘鳥〙ナイチンゲール.

roncar 26 自 ❶ いびきをかく. ❷ (交尾期の雄ジカが) 鳴く. ❸ (風等が) うなる. ❹ 《ラ米》(ペル) 《俗》威張りちらす.

roncear 他 《ラ米》(アルゼ)(ウルグ)(チリ)(メキシ)押して[てこで]動かす. ── 自 仕事を後回しにする.

roncero, ra 形 ❶ 文句が多い ; なかなか仕事に取りかからない. ❷ おだてのうまい.

Roncesvalles 固名 ロンセスバリェス : ピレネー山中のスペイン領の村.

roncha 女 ❶ (虫さされ等による) 赤い腫(は)れ ; 青あざ. ❷ 薄い輪切り. ***levantar ～s*** 物議をかもす.

ronchar 他 ガリガリと音をたてて食べる. ── 自 ❶ (かんでいる食べ物が) 音を出す. ❷ 赤く腫(は)れる ; 青あざになる.

ronco, ca 形 (声が) しわがれた, かすれた.

ronda 女 ❶ (夜間) パトロール, 巡回. ❷ ロンダ : 恋人の窓辺まで歌い奏でながら練り歩くこと. ❸ 環状道路. ❹ (トランプ・競技) 一巡 ; (ゴルフ) ラウンド ; (自転車) ステージレース ; (交渉の) ラウンド ; 《話》(酒等の) 全員へのひとわたり分. primera ～ 1回戦. ❺ 《ラ米》(アルゼ)(チリ)ロンダ : かごめかごめに似た遊戯. ── 固名 [R-] ロンダ : スペイン, マラガ県の都市.

rondalla 女 《集合的》ロンダの一団. → ronda ②.

rondana 女 《ラ米》座金, ワッシャー.

rondar 自 ❶ (夜間に) 巡回する ; (恋人の窓辺まで) 歌い歩く ; 夜間に出歩く. ❷ まとわりつく ; うろつく ; 入り込む. ～ en [por] la cabeza (考え等が) 頭から離れない. ～le el sueño a ... …が眠くなる. ── 他 ❶ (場所を) 巡回する. ❷ …にまとわりつく ; (女性に) 求愛する. ❸ (場所を) うろうろする ; 《+数を伴う名詞》(量が) …くらいである. *Rondaba* los veinte años. 彼は20歳くらいだった.

rondel 男 〘詩〙ロンデル : 2個の韻を踏む14行からなる詩形.

rondeño, ña 形 男 女 (スペインの) ロンダの (人). ── 女 ロンデーニャ : ロンダの民俗舞踊.

rondín 男 《ラ米》(1)(チリ)(ボリ)夜警担当者. (2) ハーモニカ (→ armónica 地域差).

rondó 男 〘音〙ロンド, 回旋曲.

rondón ***de ～*** 《話》なんの断りもなく ; 突然.

ronquear 自 しわがれ声で話す[である].

ronquera 女 声のかすれ. tener [padecer] ～ 声がしわがれている.

ronquido 男 いびき ; うなる音[声].

ronronear 自 ❶ (猫が) のどを鳴らす. ❷ (エンジンが) 振動音を出す. ❸ (考えが) 頭から離れない.

ronroneo 男 ❶ 猫がのどを鳴らすこと. ❷ エンジンの振動音.

ronzal 男 (牛馬の) 端綱.

ronzar 57 他 (ガリガリ) 音を立てて食べる. ── 自 (固い食べ物が) ガリガリ音を立てる.

roña 女 ❶ 垢(あか), しつこい汚れ. ❷ 錆(さび). ❸ 《話》けちなこと. ❹ 〘獣医〙(羊等の) 疥癬(かいせん). ── 男 女 《話》けちん坊.

roñería 女 けち, しみったれ根性.

roñica 形 男 女 《話》けちな (人).

roñosería 女 → roñería.

roñoso, sa 形 ❶ 垢(あか)だらけの. ❷ さびた. ❸ 《話》けちな. ❹ 疥癬(かいせん)の.

rookie [ルキ] [英] 形 男 女 [複 ～s] 新米 (の), 新入り (の), 新人, ルーキー.

ropa [ロパ] 女 [英 clothes] 衣類 ; 服. ～ blanca (シーツ・タオル等の) リネン類 ; 下着. ～ interior 下着. ～ de baño 《ラ米》(女性用) 水着 (→ bañador 地域差). ***Hay ～ tendida.*** 壁に耳あり. ***La ～ sucia se lava en casa.*** 《諺》身内の恥は外にさらすな. ***nadar y guardar la ～*** 濡(ぬ)れ手で粟(あわ). ***～ vieja*** だしを取った後の肉で作る煮物. ***tentarse la ～*** 熟考する.

ropaje 男 ❶ (華美な) 衣服 ; 礼服. ❷ 厚着. ❸ 言葉遣い. ***traicionar a ... bajo el ～ de la amistad*** 友達のふりをして…を裏切る.

ropavejería 女 古着屋.

ropavejero, ra 男 女 古着商人.

ropería 女 ❶ 衣料品店. ❷ クローク ; 衣装部屋.

ropero, ra 男 ❶ 洋服だんす ; 衣装部屋. ❷ 衣類を分配する慈善団体. ── 男 女 ❶ 洋服屋. ❷ 衣装係.

ropón 男 ガウン ; 外套(がいとう), マント.

roque 男 (チェス) ルーク. ***estar [quedarse] ～*** 《話》眠り込む.

roqueda 女 → roquedal.

roquedal 男 岩地.

roquedo 男 岩, 岩山.

roquefort 男 〘商標〙ロックフォールチーズ.

roqueño, ña 形 岩だらけの ; 岩のように固い.

roquero, ra 形 ❶ 岩の. ❷〖音〗ロックの. ━ 男 女 ロック歌手[ファン].

roquete 男〖カト〗ロシェトゥム：高位聖職者用短白衣.

rorcual 男〖動〗ナガスクジラ.

rorro 男《話》赤ん坊.

ros 男 (円筒形の) 軍帽.

rosa [ロサ] 女 〔英 rose〕 ❶〖植〗バラ (の花). ～ de Jericó フヨウ. ～ de Japón ツバキ. palo de (la) ～ ローズウッド. No hay ～ sin espinas. 《諺》とげのないバラはない. ❷ (皮膚の) 赤い斑点(はんてん). ❸ バラ形のもの；バラ結び. ━ 形 男 ピンク色(の), ばら色 (の). novela ～ 甘い恋愛小説. ━ 固名 [R-] ❶ Santa *R*～ de Lima リマの聖ロサ (1586-1617)：中南米諸国とフィリピンの守護聖人. ❷ ロサ：女子の名. ***como una r～ / como las propias r～s*** 爽快(そうかい)な, 元気な. ***r～ náutica [de los vientos]*** 羅針盤.

rosáceo, a 形 ❶ ばら色がかった. ❷〖植〗バラ科の. ━ 女 [複] バラ科 (の植物).

rosado, da 形 ピンク色[ばら色]の；(ワインが) ロゼの. Casa *Rosada* アルゼンチンの大統領府 (► 建物の色から). ━ 男 ロゼ・ワイン (＝vino ～).

rosal 男 バラの木[茂み]. ～ trepador つるバラ.

rosaleda 女 バラ園.

rosario 男 ❶ ロザリオ；〖カト〗ロザリオの祈り. ❷ 数珠つなぎ (のもの). un ～ de preguntas 立て続けの質問. ❸《話》背骨. ━ 固名 [R-] ロサリオ (1) 女子の名. (2) アルゼンチンの都市. ***acabar como el r～ de la aurora*** まずい結果に終わる.

rosbif 〔英〕 男〖料〗ローストビーフ.

rosca 女 ❶ ねじ山；らせん形のもの. ❷ リング形ケーキ[パン]；ドーナツ. ❸ リング (状のもの)；肉のたるみ；(荷物運搬用) 頭当て. ❹《ラ米》(コロンビア)(チリ)(ウルグアイ)(ベネズエラ)仲間；派閥. ***hacer la ～ a ...*** 《話》…にごまをする. ***hacerse una ～*** 体を丸める. ***no comerse una ～*** 《話》(恋愛等で) 思いどおりにならない. ***pasarse de ～*** ねじが外れる；《話》(言動が) 行き過ぎる；おかしくなる.

R

roscado, da 形 らせん形の；ねじ山がついた.

roscar 26 他 …にねじ山をつける.

rosco 男 ❶ (リング形の) ケーキ[パン]. ❷《話》零点.

roscón 男 リング形の大きなケーキ. ～ de Reyes 主の御公現の祝日の菓子.

rosedal 男《ラ米》(アルゼンチン)(ウルグアイ)バラ園.

roséola 女〖医〗バラ疹(しん).

roseta 女 ❶ バラの花の形をしたもの；バラ結び；(じょうろの) 散水口. ❷ (特に) 頬(ほお)の赤い斑点(はんてん). ❸ [複] ポップコーン. ❹《ラ米》ソケット (➜ portalámparas 地域差).

rosetón 男〖建〗バラ形装飾；(ゴシック様式の) バラ窓.

rosicler 男 朝焼けの色.

rosillo, lla 形 赤みがかった；〖馬〗葦毛(あしげ)の.

rosita 女 ❶ 小さなバラ. ❷ [複] ポップコーン. ***de ～s*** なんなく, 軽々と.

rosoli / rosolí 男 ロソリ：砂糖・シナモン・アニス等で作る酒.

rosquete 男 ❶ (大きめの) ドーナツ. ❷《ラ米》(ペルー)《俗》男性の同性愛者.

rosquilla 女 ドーナツ.

rosquillero, ra 男 女 ドーナツ職人[売り].

rosticería 女《ラ米》(メキシコ)ローストチキン店.

rostro [ロストゥロ] 男 〔英 face〕 ❶ 顔；表情. torcer el ～ 顔をしかめる. ❷ くちばし (状のもの). ❸ 厚顔. ***echar en ～ a ...*** …に恩を着せて非難する. ***hacer ～ a ...*** …に立ち向かう. ***tener mucho ～ / tener un ～ que se lo pisa*** 《話》ひどく厚かましい.

rota 形 ➜ roto. ━ 固名 [R-]〖カト〗ローマ教皇庁控訴院.

rotación 女 ❶ 回転, 旋回. ～ de la Tierra 地球の自転. ❷ 輪番, 循環. por ～ 交替で. ～ de cultivos〖農〗輪作.

rotacismo 男〖音声〗震え音化：母音間の s 等が r 音になること.

rotar 自 回転する；交代する. ━ 他 (農作物を) 輪作する.

rotario, ria 形 男 女 ロータリークラブの (会員).

rotativo, va 形 ❶ 回転する；輪転式の. ❷ 輪番の. lectura *rotativa* 輪読. ━ 女〖印〗輪転機. ━ 男 新聞.

rotatorio, ria 形 回転する, 自転の.

rotíferos 男 複〖動〗ワムシ綱.

rotisería 女《ラ米》(アルゼンチン)(チリ)(ウルグアイ)調製食品店.

roto, ta [ロト, タ] 過分 ➜ romper. 形 〔英 broken〕 ❶ 壊れた, 割れた；故障した. calcetín ～ 穴のあいた靴下. dedo ～ 骨折した指. ❷ 破滅した, 堕落した. llevar una vida *rota* すさんだ生活を送る. ❸ 疲れ果てた. ❹ みすぼらしい格好の. ━ 男 衣服の破れ. ━ 男 女《ラ米》(チリ)下層階級の人；粗野な人；やつ. ***haber un ～ para un descosido*** 《諺》破(や)れ鍋(なべ)に綴(と)じ蓋(ぶた). ***servir [valer] igual para un ～ que para un descosido*** 何にでも使える.

rotograbado 男 輪転グラビア印刷.

rotonda 女 ❶ 円形の建物[広場, 広間]. ❷ ロータリー, 環状交差点.

rotor 男〖航〗回転翼；〖電〗(モーター等の) 回転子；〖機〗(蒸気タービンの) 軸車.

rotoso, sa 形《ラ米》みすぼらしい, 薄汚い.

rottweiler [ロトゥバイレル] 〔独〕 形 男 女 [単複同形] (短い黒毛のどうもうな大型犬) ロットワイラー犬 (の).

rótula 女 ❶〖解〗膝蓋(しつがい)骨；膝(ひざ)頭. ❷〖機〗玉継ぎ手.

rotulación 女 ラベルをつけること；文字等を書き入れること, レタリングすること.

rotulador, dora 形 文字等を書き入れる；レタリングする. ━ 男 女 レタリングをする人. ━ 男 フェルトペン, マーカー.

rotular 他 ❶ …にラベル[標識]をつける. ❷ (見取り図等に) 文字[記号]を書き入れる. ━ 形 膝蓋(しつがい)骨の.

rótulo 男 ❶ 看板, 標識；ラベル. ～ luminoso ネオンサイン. ❷ タイトル, 見出し.

rotundidad 女 ❶ 断固とした様子；言葉の明確さ. ❷ (体つきの) 丸み.

rotundo, da 形 ❶ 断固とした, はっきりした；的確な. un ～ no 明確な否定. ❷ (体つきが) 丸みのある.

rotura 女 ❶ 破壊；断絶；骨折. ～ de

relaciones diplomáticas 国交断絶. ❷ 割れ目, 裂け目.

roturación 女〘農〙開墾.

roturar 他〘農〙開墾する.

rouge [ル(シュ)]〔仏〕男《ラ米》リップスティック (→ lápiz 地域差).

roulot(t)e [ルろ(トゥ)]〔仏〕女 トレーラーハウス.

round [ラウン]〔英〕男 (ボクシング) ラウンド.

routier [ルティエル]〔仏〕男〘スポ〙平地に強い自転車選手.

rover [ロベル]〔英〕男 (惑星・衛星の) 自動探査車.

rọya 女〘植〙銹病(さびょう).

royạlty〔英〕女 特許権使用料.

rọza 女 ❶ (配管用の) 壁の穴, 溝. ❷ 除草済みの農地.

rozadụra 女 ❶ こすった跡；擦り傷. ❷〘植〙樹皮の腐敗病.

rozagạnte 形 得意げな；元気そうな.

rozamiẹnto 男 ❶ こすること；〘物〙摩擦. ❷ あつれき, 不和.

rozạr 57 他 ❶ こする, 接触する. ❷ 削り取る；擦り切れさせる. ❸ 関係する. Ese asunto *roza* la diplomacia del país. その問題は国の外交にかかわる. ❹ …にすれすれである. Su manera de hablar *roza* el insulto. 彼の話し方は侮辱とも言えるものだ. ❺ …から雑草を刈り取る. — 自 ❶《en》(…に) 軽く触れる, かする. ❷《con》(…に) 関係する；ぎりぎりのところにある. — **rozarse** 再 ❶ こする；擦りむく. ❷ 擦り切れる；磨耗する. ❸《con》(…と) 付き合う.

RTVE 女 *R*adio*t*ele*v*isión *E*spañola スペイン国営放送.

rúa 女 街路, 通り.

ruạna 女《ラ米》(コロンビア)(ベネズエラ)(毛織りの) ポンチョ.

Ruạnda 固名 ルワンダ：首都キガリ Kigali.

ruandés, dẹsa 形 ルワンダの. — 男 女 ルワンダ人.

ruạno, na 形 → roano.

rubefacción 女〘医〙(皮膚の) 発赤.

rubeọla / rubéola 女〘医〙風疹(ふうしん).

rubí 男 [複 ~(e)s] ルビー.

rụbia 形 → rubio.

rubiạ́ceo, a 形〘植〙アカネ科の. — 女 [複] アカネ科 (の植物).

rubiạles 形 男 女 [単複同形]《話》金髪の (人).

rubicán, cạna 形 男 女 灰褐色の (馬).

Rubicón / rubicón *cruzar* [*pasar*] *el* ~ 後に引けない決断を下す.

rubicundez 女 血色のよさ；(金髪の) 赤み；〘医〙(皮膚の) 発赤.

rubicụndo, da 形 ❶ 血色のよい. ❷ 赤みを帯びた金髪の.

rubịdio 男〘化〙ルビジウム.

rubiẹra 女《ラ米》いたずら；大騒ぎ.

rubio, bia [ルビオ, ビア] 形〔英 blond〕❶ **金髪の**, ブロンドの. ~ platino プラチナブロンド. ❷ (タバコが) 黄色種の. — 男 ❶ (黄色種の) 軽いタバコ (= tabaco ~). ❷ 黄金色. ❸〘魚〙ホウボウ. — 男 女 金髪の人. 地域差 金髪の人 rubio《スペイン》《ラ米》(キューバ, ドミニカ共和国)(ニカラグア, コスタリカ)(エクアドル)(チリ)(アルゼンチン)；amarillo (ニカラグア)；canche (グアテマラ)；cano (プエルトリコ)；catire (ベネズエラ)；chele (ホンジュラス, エルサルバドル)；choco (ボリビア)；fulo (パナマ)；gringo (ペルー)；güero (メキシコ)；macho (コスタリカ)；mono (コロンビア).

rubiọ́n 男 ルビオン小麦 (= trigo ~).

rụblo 男 ルーブル：ロシアの通貨単位.

rubọr 男 ❶ 真紅. ❷ 紅潮, 赤面；恥ずかしさ. sin el menor ~ 臆面(おくめん)もなく. ❸《ラ米》(アルゼンチン)(ウルグアイ) 頬紅(ほおべに).

ruborizạr 57 他 赤面させる, 恥じ入らせる. — **ruborizarse** 再 赤面する；恥じ入る.

ruborọso, sa 形 赤面した；恥ずかしがり屋の.

rúbrica 女 ❶ 表題, 見出し. ❷ (署名に添える) 飾り書き. ❸ 承認；仕上げ. *de* ~ 型どおりの.

rubricạr 26 他 ❶ 飾り文字 [略署名] を記す. ❷ 追認する. ❸ 仕上げる.

rụbro 男《ラ米》表題, 見出し；部門.

rụca 女《ラ米》(1)(アルゼンチン)(チリ) 小屋, 先住民の住居. (2)(ペルー)《俗》厚かましい女性.

rụcio, cia 形 ❶ (動物が) 灰色の. ❷《ラ米》(チリ)《話》金髪の. — 男 ロバ.

rụda 形 → rudo.

rudẹza 女 ❶ 粗野, がさつさ. ❷ ざらつき.

rudimentạrio, ria / rudimentạl 形 ❶ 初歩の, 基本的な. ❷ 未発達の；〘生〙痕跡(こんせき)の.

rudimẹnto 男 ❶ [複] 基本, 初歩. ❷ (器官の) 未発達段階, 痕跡(こんせき)器官.

rudo, da [ルド, ダ] 形〔英 rough〕❶ **粗野な**, 不作法な. ❷ 厳しい, つらい；乱暴な. un golpe ~ 強い [手厳しい] 一撃. ❸ ざらざらした.

rue [ルエ]〔仏〕女《話》通り, 道, 街路.

ruẹca 女 (昔の) 糸巻き棒.

rued- 活 → rodar.

rueda [ルエダ] 女〔英 wheel〕❶ **車輪**, 車；(家具の) キャスター. ~ delantera [trasera] 前輪 [後輪]. silla de ~*s* 車いす. patines de ~ ローラースケート靴. ~ dentada 歯車. ~ hidráulica 水車. ❷ 人の輪, 車座. ~ de prensa 記者会見. ❸ 輪切り. ~ de piña パイナップルのスライス. ❹ 一巡するもの. hacer una ~ de preguntas 順番に質問する. ❺ 輪転花火；(体操の) 側転；(広げた) クジャクの尾羽. ❻《ラ米》〘車〙(1) ハンドル (→ volante 地域差). (2) タイヤ (→ cubierto 地域差). — 活 → rodar. ***chupar*** ~〘スポ〙(自転車で) 先行者の後につく；《話》他人の力を利用する. ***comulgar con*** [***tragársela s como***] ~***s de molino***《話》信ぴょう性のない話を真に受ける. ***ir sobre*** ~***s***《話》(事が) 円滑に進む. ~ ***de fortuna*** (運命の女神が回す) ルーレット.

ruẹdo 男 ❶〘闘牛〙闘技場. ❷ 円形マット. ❸ 人の輪, 円陣. ❹《ラ米》(ズボンの) 折り返し (→ bordillo 地域差). — 活 → rodar. ***echarse al*** ~ 競技に参加する；思い切る.

rueg- 活 → rogar.

ruẹgo 男 懇願；願い. a ~ de ... …の願い [要請] により. — 活 → rogar. ~***s y preguntas*** 質問及びコメント.

ruegue(-) 活 → rogar.

rufián 男 ぽん引き；悪党.

rụfo, fa 形 ❶ 金髪の；赤毛の；縮れ毛

R

の. ❷ 得意気な；目立つ.

rugby〔英〕男〘スポ〙ラグビー.

rugido 男 ❶ (猛獣の) ほえ声；怒鳴り声. ❷ (風等の) うなり；腹の鳴る音.

rugir 44 自 ❶ (猛獣が) ほえる. ❷ (風・海等が) うなる；(腹が) 鳴る. ❸ 叫ぶ, 怒鳴る.

rugosidad 女 しわ；凸凹があること.

rugoso, sa 形 しわの寄った；凸凹のある.

ruibarbo 男〘植〙レウム, ダイオウ.

ruido [ルイド] 男〔英 noise〕❶ **騒音**；雑音. No hagas ～. 音を立てないでくれ. ～ de fondo (無線等の) 暗騒音. ❷ 反響；大騒ぎ. hacer [meter] ～ 論議を呼ぶ. ***lejos del mundanal ～*** 俗世間と離れて. ***mucho ～ y pocas nueces*** 《話》期待外れ, 空騒ぎ. ***～ de sables*** 不穏な動き.

ruidoso, sa [ルイドソ, サ] 形〔英 noisy〕❶ **騒がしい**. calle *ruidosa* 騒々しい通り. ❷ 世間を騒がせる.

ruin 形 ❶ 卑劣な, 軽蔑すべき. ❷ けちな.

ruina [ルイナ] 女〔英 ruin〕❶ **崩壊**；破滅；破産. ～ de la muralla 防壁の倒壊. ～ de la dictadura 独裁制の崩壊. ❷ 廃人, 破滅した人[もの]. ❸ [複] 遺跡, 廃墟(はいきょ).

ruindad 女 卑劣さ；恥ずべき行為.

ruinoso, sa 形 荒廃した；破滅をもたらす. casas *ruinosas* 廃屋. un negocio ～ 赤字商売.

ruiseñor 男〘鳥〙ナイチンゲール.

Ruiz 固名 Nevado del ～ ルイス山：コロンビアの火山. 標高5400m.

Ruiz de Alarcón 固名 ルイス・デ・アラルコン Juan ～ y Mendoza (1581?-1639)：Nueva España 生まれのスペインの劇作家.

rular 自《話》転がる；機能する.

rulé 男《話》尻(しり).

rulero 男《ラ米》(ﾗﾌﾟﾗﾀ)ヘアカーラー.

ruleta 女 ルーレット. ～ rusa ロシアン・ルーレット.

ruletero, ra 男 女《ラ米》(ﾒｷｼｺ)タクシー運転手.

Rulfo 固名 ルルフォ Juan ～ (1918-86)：メキシコの小説家.

S **ruliento** 男《ラ米》縮れ毛 (→ pelo 地域差).

rulo 男 ❶ (地ならし・粉砕用の) ローラー. ❷ ヘアカーラー；巻き毛. pelo de ～*s*《ラ米》縮れ毛 (→ pelo 地域差).

ruma 女《ラ米》(ﾍﾟﾙｰ)山積み.

rumano, na 形 ルーマニア (人, 語) の. ── 男 女 ルーマニア人. ── 男 ルーマニア語.

rumba 女〘音〙ルンバ.

rumbar 自《ラ米》(1)(ｺﾛﾝﾋﾞｱ)ハチの羽音のような音をたてる. (2)(ﾁﾘ)進む. ── **rumbarse** 再《ラ米》(ｺﾛﾝﾋﾞｱ)立ち去る.

rumbear 自《ラ米》(ﾒｷｼｺ)(1) ルンバを踊る；どんちゃん騒ぎをする. (2) 向かう；進む.

rumbero, ra 形《ラ米》ルンバ (好き) の；お祭り好きの.

rumbo [ルンボ] 男〔英 course〕❶ **方向**；針路. cambiar de ～ 針路[方向]を変える. (con) ～ a ... …(の方)に向けて, …行きの. ❷ 気前のよさ, 贅沢(ぜいたく). con mucho ～ 大盤振舞で, 盛大に.

rumboso, sa 形 気前のいい；豪勢な.

rumiante 形 反芻(はんすう)する. ── 男 [複] 反芻動物.

rumiar 17 他 ❶〘動〙反芻(はんすう)する. ❷《話》熟考する；(文句を) ぶつぶつ言う.

rumor [ルモル] 男〔英 rumor〕❶ **うわさ**, 風評. circular [correr] el ～ de que ... …というううわさが広まる. ❷ ざわめき；(川・風の) 音.

rumorear 自 ざわつく. ── **rumorearse** 再 うわさになる. *Se rumorea* que .... …という話だ.

rumorología 女《話》うわさが広まること；うわさ, 風聞.

rumoroso, sa 形 ざわざわ[さらさら] 音をたてる.

runa 女 ❶ (古代北欧・ゲルマンの) ルーン文字. ❷《ラ米》(ｱﾙｾﾞﾝﾁﾝ)(ﾎﾞﾘﾋﾞｱ)(ﾁﾘ)ジャガイモの一種.

runrún 男《話》うわさ；ざわつき；機械音.

runrunear 自 音をたてる. ── **runrunearse** 再 うわさになる.

rupestre 形 ❶ 岩に描かれた, 岩に彫られた. las pinturas ～*s* de las Cuevas de Altamira アルタミラの洞窟(どう)壁画. ❷〘植〙岩生の.

rupia 女 ルピー：インド・パキスタン等の通貨単位.

ruptor 男〘電〙遮断器.

ruptura 女 断交, 断絶；(契約の) 破棄. ～ de negociaciones 交渉の決裂.

rural 形 いなかの, 農村の. éxodo ～ 農村の過疎化. ── 女《ラ米》(ｱﾙｾﾞﾝﾁﾝ)ワゴン車.

rusa 形 → ruso.

Rusia 固名 ❶ ロシア連邦. ❷ (1917年以前の) ロシア帝国.

rusificar 26 他 ロシア化する.

ruso, sa 形 ロシア (人, 語) の. ── 男 女 ロシア人. ── 男 ロシア語.

rusticidad 女 いなか臭さ, 粗野.

rústico, ca 形 ❶ いなか (風) の, 農村の. ❷ 粗野な. ── 男 女 農民；《軽蔑》いなか者. ***en rústica*** ペーパーバックの.

ruta [ルタ] 女〔英 route〕**ルート**, 道, 順路, 道筋；《比喩的》道. la ～ del viaje 旅程. la ～ 2 国道 2 号線. ～ aérea [marítima] 航路.

rutáceas 女 ⑱〘植〙ミカン科 (の植物).

rutenio 男〘化〙ルテニウム.

rutilante 形 燦然(さんぜん)と輝く.

rutilar 自《文》(燦然(さんぜん)と) 輝く.

rutina [ルティナ] 女〔英 routine〕❶ **習慣的に行う事**, 型どおりの行動. caer en la ～ マンネリ化する. ❷〘IT〙ルーチン.

rutinario, ria 形 型どおりの；同じ手順を繰返す. limpieza *rutinaria* 日常の清掃.

rutinero, ra 形 型にはまった, マンネリの. ── 男 女 凡人, 型にはまった人.

Rwanda 固名 → Ruanda.

Ss

S, s [エセ] 女 スペイン語字母の第20字.

S 男 → sur.

S. → San.

S. A. 女 *Sociedad Anónima*《スペイン》株式会社；*Su Alteza* 殿下；*Sudamérica* 南米.

Saba 固名 シバ：アラビアにあった古代王国.

sábado [サバド] 男 〔英 Saturday〕 **土曜日** (略 sáb.). ～ de Gloria [Santo] 〖カト〗聖土曜日(復活祭前の土曜日). ***hacer*** ～ 週に1度の大掃除をする. ***tener*** ～ ***inglés*** 土曜日が半休[半ドン]である.

sábalo 男 〖魚〗ニシン科の食用魚の総称.

sabana 女 ❶ サバンナ:熱帯・亜熱帯の草原. ❷ サバンナの植物群.

sábana [サバナ] 女 〔英 sheet〕 ❶ **シーツ**. ～ bajera [encimera] 敷布[上掛け]シーツ. ～ gruesa 《ラ米》毛布 (→ manta 地域差). ❷ 〖カト〗祭台布. ***pegársele a ... las ～s*** 《話》…が寝過ごす. ～ ***de agua*** 激しい雨. ***S～ Santa*** 〖カト〗(キリストを埋葬時に包んだ) 聖骸(がい)布.

sabandija 女 (気味の悪い) 小虫, (爬虫(はちゅう)類等の) 小動物;うじ虫みたいなやつ. ── 男 女 《ラ米》(アルゼンチン)(ウルグアイ) やんちゃな子供.

sabanear 自 《ラ米》(南米) 草原を駆け巡る.

sabanero, ra 形 男 女 サバンナの (住民).

sabanilla 女 〖カト〗祭台布;小さな布[シーツ].

sabañón 男 霜焼け.

sabático, ca 形 土曜日の. ***año*** ～ 〖宗〗(古代ユダヤで7年ごとに訪れる) 安息[休耕]の年;サバティカル・イヤー (7年ごとに大学教員に与えられる1年間の研究休暇).

sabatino, na 形 土曜日の. ── 女 〖カト〗土曜日の礼拝[儀式].

Sábato 固名 サバト Ernesto ～ (1911-2011):アルゼンチンの作家. *El túnel*『トンネル』.

sabedor, dora 形 《**de**》(…に) 通じている.

sabela 女 〖動〗ケヤリムシ.

sabelotodo 形 男 女 [単複同形] 《話》知ったかぶりをする (人).

saber [サベル] 94 〔英 know〕 他 ❶ **知る, 知っている**;…の知識[情報]を持つ[得る]. ► saber は単に知識[情報]として知っている, 技能を持っていることを表す (→ conocer). ¿*Sabes* su teléfono? 彼の電話番号知ってるかい. *Sé* que a ella no le gusta viajar. 彼女が旅行が好きでないことは分かっている. ❷ (ある事柄について) 精通している. *Sabe* inglés y español. 彼は英語とスペイン語ができる. ❸ 《+不定詞》(…する) 能力を持つ, **…できる**. ～ nadar 泳げる. ❹ 《ラ米》(アルゼンチン)(エクアドル)(ペルー) 《+不定詞》よく…する (= soler). ── 自 ❶ 《**de**》(…について) 知っている, 知識がある. *Sabe* mucho *del* arte moderno. 彼は現代芸術に精通している. ❷ 《**a**》(…の) 味がする. ～ *a* gloria いい味である;心地よい. Este caramelo *sabe* *a* café. この飴(あめ)はコーヒーの味がする. ❸ 知恵が働く, 抜け目がない. ── **saberse** 再 ❶ 知られる. ❷ 熟知する, 覚え込んでいる. *Se sabía* todo el libro de memoria. 彼は本を丸々暗記していた. ── **saber** 男 知識. ～ popular 庶民の知恵. ***a saber*** つまり (= esto es). ***hacer saber*** 知らせる. ***no saber a qué carta quedarse*** 決心がついていない. ***no saber de la misa la media [mitad]*** 《話》全く知らない. ***no saber dónde meterse*** (恥ずかしくて) 穴があったら入りたい. ***no sé cuantos*** 《話》(名前を覚えていない人を指して) 何とかという (人). ***para que sepas*** (念を押して) 言っておくけど;そういうことなんです. ***qué sé yo / yo qué sé*** そんなこと私が知るもんか;(列挙で) その他あれこれ. ***que yo sepa*** 私の知る限り. ***¡Quién sabe!*** さあどうだか, さっぱり分からない. ***saber a poco*** 物足りない. ***saber hacer*** ノウハウ;《文》機転, 臨機応変の才. ***saber mal*** 不愉快である. Me *supo* muy *mal* que se fueran sin decirme nada. 彼らが私に何も言わずに帰ってしまって心外だった. ***sabérselas todas*** 《話》小ざかしい, 抜け目ない. ***vete [vaya usted] a saber*** 《話》《疑い》さあどうだろうか.

sabia 形 → sabio.

sabicú 男 〖植〗西インド諸島原産のマメ科の高木.

sabidillo, lla 形 男 女 《話》知ったかぶりをする (人), 利口ぶった (人).

sabido, da 過分 → saber. 形 ❶ よく知られた, 周知の. como es ～ よく知られているように. ❷ 頭のきれる, 賢い.

sabiduría [サビドゥリア] 女 〔英 learning〕 ❶ **学識**, 知識. ❷ 賢明, 思慮. la ～ eterna [increada] 神の諭し. Libro de la *S～* 〖聖〗(旧約の) 知恵の書.

sabiendas 副 ***a*** ～ 故意に. ***a ～ de ...*** …を承知の上で.

sabina 女 〖植〗サビナビャクシン.

sabino, na 形 男 女 〖史〗(古代イタリアの) サビニ人 (の). ── 男 サビニ語.

sabio, bia [サビオ, ビア] 形 〔英 learned〕 ❶ **学識豊かな**, 博学の. ❷ 賢明な, 分別のある. una decisión *sabia* 賢明な決断. ❸ 調教された. mono ～ 芸を仕込まれた猿. ── 男 女 ❶ 学識豊かな人, 大学者. ❷ 賢人, 哲人.

sabihondez / sabiondez 女 《話》知識のひけらかし.

sabihondo, da / sabiondo, da 形 男 女 知識をひけらかす (人).

sablazo 男 ❶ サーベルの一撃;サーベルによる傷. ❷ 《話》(金の) 無心;寸借詐欺. dar un ～ a ... …に (金を) せびる.

sable 男 ❶ サーベル;(フェンシング) サーブル. ❷ 〖紋〗黒色. ❸ (金を巻き上げる) 手練手管, 算段. ***ruido de ～s*** クーデター計画のうわさ[兆候].

sablear 他 《話》…に金をたかる[せびる].

sablista 形 男 女 《話》たかり屋 (の).

sabor [サボル] 男 〔英 flavor〕 ❶ 《**a**》(…の) **味**, 風味. con ～ *a* melón メロン味の. sin ～ 味のない. ❷ 味わい, 趣;面白味. ～ local 地方色. ❸ 印象, 思い. Su muerte me ha dejado un ～ amargo. 彼の死によって私はつらい思いをした. ***dejar mal ～ de boca a ...*** …に後味の悪さを残す.

saborear 他 ❶ 味わう, 賞味する. ❷ 満喫する. ～ la música clásica クラシック音楽を鑑賞する. ❸ …に味をつける.

saboreo 男 賞味;満喫;調味.

sabotaje 男 (労働者の意図的) 破壊活動, サボタージュ;(計画等の) 妨害.

saboteador, dora 形 男 女 破壊活動家 (の).

sabotear 他 意図的破壊活動をする, サボタージュする;(計画等を) 妨害する.

saboyano, na 形 男 女 (フランス南東部

の) サボアの (人).

sabr- 活 → saber.

sabroso, sa 形 ❶ おいしい. ❷ 内容の充実した. un sueldo muy ～ 非常に良い給料. ❸ 面白い；しんらつな；皮肉を込めた. ❹ 塩気がやや多めの. ❺《ラ米》(1)(メキシコ)(ドミニカ共和国)(プエルトリコ)(ペルー)話好きな. (2)(メキシコ)うぬぼれた.

sabrosón, sona 形《ラ米》愉快な；(西インド)(ベネズエラ)(ペルー)おしゃべりの.

sabrosura 女《ラ米》(コロンビア)楽しさ.

sabuco 男〖植〗→ saúco.

sabueso, sa 男〖動〗ブラッドハウンド (犬) (＝perro ～). ── 男 女 嗅覚(きゅうかく)の鋭い人；刑事；探偵.

saburra 女〖医〗舌苔(ぜったい)；(胃・口・歯等の) 残渣(ざんさ).

saburroso, sa 形〖医〗舌苔(ぜったい)を生じた；(胃・口・歯等の) 残渣(ざんさ)の.

saca 女 ❶ (丈夫な布製の) 大袋. ❷ 取り出す［引き出す, 持ち出す］こと. ❸ (公正証書等の) 謄本. ── 活 → sacar.

sacabocados / sacabocado 男［単複同形 / 複 sacabocados］穴開け器, 型抜き器.

sacabuche 男〖音〗(中世のトロンボーンの一種) サックバット.

sacaclavos 男［単複同形］釘(くぎ)抜き.

sacacorchos 男［単複同形］(ワイン等の) コルク抜き, 栓抜き.

sacacuartos / sacadineros 男［単複同形］(金額に値しない) ショー, 公演；がらくた. ── 男 女 ぺてん師.

sacador, dora 男 女 (テニス等) サーバー.

sacaleche 男 女《ラ米》末っ子 (→ benjamín 地域差).

sacaleches 男［単複同形］(母乳の) 搾乳器.

sacamanchas 男［単複同形］(衣服の) 染み抜き剤.

sacamantecas 男 女［単複同形］《話》(人を襲う) 切り裂き魔.

sacamuelas 男 女［単複同形］《話》❶《軽蔑》歯医者. ❷ おしゃべりな人.

sacaperras 男［単複同形］→ sacacuartos.

sacapuntas 男［単複同形］鉛筆削り.

sacar ［サカル］26 他 ［英 draw］❶ **取り出す**, 引き出す；持ち出す；連れ出す. ～ una pistola del bolsillo ポケットからピストルを出す. ～ el dinero del banco 銀行からお金を引き出す. *Saca* el perro a pasear. 犬を散歩に連れ出しなさい. ❷ 抜く, 引き抜く；(身体の一部を) 突き出す. ～ la lengua 舌を出す. ❸ 手に入れる；買う. ～ el billete 切符を買う. ～ buenas notas いい成績を取る. ❹ (賞を) 取る；《話》合格する. ～ el primer premio 1等賞を取る. Mi sobrina *ha sacado* todas las asignaturas este año. 私の姪(めい)は今年は全ての科目をパスした. ❺ (**de**) (…から) 採取［抽出］する；救い出す；(結論を) 引き出す. ～ petróleo *del* desierto 砂漠から石油を採掘する. *De* toda esta discusión podemos ～ la conclusión siguiente. この議論から次のような結論になります. ❻ (詩・あだ名等を) 考え出す. ❼ (性格等を) 受け継ぐ, もらう. *Ha sacado* la terquedad de su padre. 彼の頑固さは父親譲りだ. ❽ (新しい製品を) 世に出す；(テレビ・新聞等に) 出す. ～ nuevos productos al mercado 新製品を市場に出す. ❾ (写真・映画・コピー等を) とる. ～ una copia コピーをとる. ～ una foto 写真を撮る. ❿ 取り除く；(衣類を) 脱がす. ～ la mancha 染みを抜く. ⓫ …より上にいる. Él me *saca* más de diez años. 彼は私より10歳以上年上だ. ⓬ (テニス) サーブする；(サッカー) (ボールを) キックする. ～ una falta フリーキックをする. ── 自 (テニス) サーブする；(サッカー) キックする. ──

sacarse 再 ❶ (自分の体［身につけているもの］から) 引き抜く, 取り出す. Tengo que *sacarme* una muela. 私は歯を抜いてもらわなければならない. ❷《ラ米》脱ぐ. ❸ 手に入れる；自分のものにする. Quiero *sacarme* el título de abogado. 私は法学士の学位を取りたい. ❹《ラ米》(メキシコ)行って［帰って］しまう. ¡*Sácate* de aquí! ここから出て行け. ***sacar a bailar*** 踊りに誘い出す；(話題に) 持ち出す. ***sacar adelante*** 育てる；推進する；立て直す. ***sacar a ... con sacacorchos*** 《話》…からどうにかして聞き出す. ***sacar de sí*** 怒らせる. ***sacar en claro*** ［***en limpio***］ はっきりさせる, 明白にする. ***sacar partido*** ［***provecho***］ ***de ...*** …をうまく利用する. ***sacar(se) de encima*** (問題を) 解決する. ***sacarse de la manga*** 《話》でまかせを言う. No *te saques de la manga* una excusa tan ridícula. 君, でまかせでそんな変な言い訳するなよ.

sacarífero, ra 形〖植〗糖を含む.

sacarificar 26 他〖化〗(澱粉(でんぷん)等を) 糖化する.

sacarímetro 男〖化〗検糖計.

sacarino, na 形 糖質の；糖に似た. ── 女〖化〗サッカリン.

sacaroideo, a 形〖地質〗(岩石が) 糖状質の.

sacarosa 女〖化〗スクロース, 蔗糖(しょとう).

sacerdocio 男 ❶〖カト〗司祭職；司祭団. ❷ 聖職；使命.

sacerdotal 形 司祭の.

sacerdote 男 ❶〖宗〗祭司, 聖職者；(キリスト教の) 司祭. ❷ sumo ～〖宗〗エルサレムのユダヤ教の大祭司.

sacerdotisa 女 女性祭司, 聖職者.

saciable 形 満足する；飽き飽きする.

saciar 17 他 (飢え・渇きを) 満足させる；(欲望等を) 満たす. ～ su venganza 復讐(ふくしゅう)を遂げる. ── **saciarse** 再 (**con, de**) (…で) 満たされる, 満足する；(…に) うんざりする. comer hasta ～ 満腹になるまで食べる.

saciedad 女 充足；飽き飽きすること. repetir hasta la ～ うんざりするほど繰り返し言う.

saco ［サコ］男 ［英 sack, bag］❶ **袋**；1袋分. ～ de dormir 寝袋. ～ de arena《スポ》サンドバッグ. ❷〖解〗嚢(のう). ～ lacrimal 涙嚢. ❸ 略奪 (＝saqueo). entrar a ～ 略奪する. el ～ de Roma ローマの略奪. ►1527年教皇幽閉事件. ❹ ゆったりした服. ❺《比喩的》(**de**) (…の) 塊. ～ *de* malicias 悪意の塊. ～ *de* huesos (骨と皮ばかりに) やせた人. ❻《ラ米》上着, ジャケット (→ chaqueta 地域差). ── 活 → sacar. ***echar en*** ～

roto 忘れる，無視する．*meter en el mismo* ～ ひとからげにする．

sacón 男 《ラ米》(ｱﾙｾﾞﾝﾁﾝ)(ｳﾙｸﾞｱｲ)長めのジャケット，ハーフコート．

sacralización 女 神聖化すること．

sacralizar 57 他 神聖化する．

sacramentado, da 形 〖カト〗聖別された；告解［聖体，終油］の秘跡を授けられた．Jesús ～ 聖別されたホスチア［聖餅(せいへい)］．

sacramental 形 〖カト〗秘跡の；(プロテスタント)聖礼典の．── 男 〖カト〗準秘跡．

sacramentar 他 〖カト〗(パンを)聖別する；告解［聖体，終油］の秘跡を授ける．

sacramento 男 〖カト〗秘跡，サクラメント(洗礼，堅信，聖体，告解，終油，叙階，婚姻の７つ)；(プロテスタント)聖礼典．administrar [recibir] el ～ (de ...) (…の)秘跡を授ける［受ける］．el ～ del altar 〖カト〗祭壇の秘跡(聖体のこと)；(プロテスタント)聖餐(せいさん)．el Santísimo *S*～ 〖カト〗聖体．

sacratísimo, ma 形 [sagradoの絶対最上級]きわめて神聖な．

sacrificador, dora 男 女 犠牲［生贄(いけにえ)］をささげる人；畜殺人．

sacrificar 26 他 ❶ 生贄(いけにえ)としてささげる．❷ 《**a, para**》(…のために)犠牲にする；あきらめる．❸ 畜殺する．── **sacrificarse** 再 ❶ 身をささげる．❷ 《**por**》(…のために)犠牲になる．

sacrificio [サクリフィシオ] 男 〔英 sacrifice〕❶ **犠牲**；犠牲的行為．❷ 生贄(いけにえ)．～ humano 人身御供(ごくう)．❸ 〖カト〗ミサ；聖餐(せいさん)式．❹ 畜殺．

sacrilegio 男 冒瀆(ぼうとく)．

sacrílego, ga 形 冒瀆(ぼうとく)的な．── 男 女 冒瀆者．

sacristán, tana 男 (ミサで司祭の助手も務める)聖具保管係．── 女 (女子修道院の)聖具保管係．

sacristía 女 (教会の)聖具保管室．

sacro, cra 形 神聖な；宗教的な．historia *sacra* 聖書に記された歴史．el *S*～ Colegio 〖カト〗枢機卿(けい)会議．el *S*～ Imperio Romano 〖史〗神聖ローマ帝国．── 男 〖解〗仙骨(＝hueso ～)．

sacrosanto, ta 形 きわめて神聖な，至聖の．

sacudido, da 過分 → sacudir．── 女 ❶ 揺れ，震動；揺さぶり．*sacudidas* sísmicas 地震．dar una *sacudida* a ... …を揺する．❷ 《話》電気ショック．❸ 動揺，ショック．

sacudidor 男 (ほこりを払う)はたき．

sacudimiento 男 → sacudida.

sacudir [サクディル] 他 〔英 shake〕❶ **揺さぶる**，振動させる．❷ **はたく**；殴る．❸ 払いのける．～ la tristeza 悲しみを振り払う．❹ 動揺させる，衝撃を与える．── **sacudirse** 再 ❶ (体・服についたものを)払い落とす．❷ 逃れる．～ la responsabilidad 責任を免れる．

sacudón 男 《ラ米》大変動．

sadhú / sadhu 男 [複 ～s] (ヒンズー教の)聖者，(特に)僧侶(そうりょ)．

sádico, ca 形 サディズムの．── 男 女 サディスト．

sadismo 男 サディズム，加虐趣味．

sadomasoquismo 男 サド・マゾヒズム，加虐被虐性愛．

sadomasoquista 形 男 女 サド・マゾの(嗜好(しこう)者)．

saduceo, a 形 〖聖〗〖史〗(ユダヤ教の)サドカイ人［派］の．── 男 女 サドカイ派の人．

saeta 女 ❶ 矢．❷ (時計の)針；羅針．❸ 〖音〗サエタ：聖週間の行列に向かって歌われるフラメンコの歌．

saetero, ra 形 矢の．── 男 女 サエタを歌う人．── 男 (弓の)射手．── 女 (城壁の)狭間(はざま)．

saetín 男 無頭釘(くぎ)；(水車用)導水路．

safari 男 ❶ (特にアフリカの)狩猟［探検］旅行；狩猟隊．❷ サファリ・パーク．

safena 形 女 〖解〗伏在の［静脈］．

sáfico, ca 形 〖詩〗サッフォー風［詩体］の．── 男 サッフォー詩体．

saga 女 ❶ 〖文学〗サガ：中世北欧の英雄伝説．❷ (家族の)系譜小説；一族．

sagacidad 女 明敏；洞察力；(犬等の)嗅覚(きゅうかく)の鋭さ．

sagaz 形 ❶ 明敏な；洞察力のある．❷ (犬等が)嗅覚(きゅうかく)が鋭い．

sagita 女 〖数〗矢．

sagitario 男 (弓の)射手(＝saetero)．── 固名 [S-] 〖占星〗人馬宮；〖天文〗射手(いて)座．── 形 男 女 [性数不変] 射手座の(人)．

sagrado, da [サグラド，ダ] 形 [絶対最上級 sacratísimo, ma] 〔英 sacred〕❶ **神聖な**；聖なる；宗教的な．*S*～ Corazón 〖カト〗聖心；イエスの聖心の祝日(聖霊降臨後第２の主日後の金曜日)．*Sagrada* Escritura 聖書．*Sagrada* Familia 〖カト〗聖家族(イエスと聖母マリアと養父聖ヨセフ)．❷ 尊い，侵しがたい．

sagrario 男 〖カト〗(教会内の)至聖所；聖櫃(せいひつ)；(大聖堂内の)礼拝堂．

sagú 男 ❶ 〖植〗サゴヤシ；クズウコン．❷ サゴでん粉．

saguntino, na 形 男 女 サグントの(人)．

Sagunto 固名 サグント：スペイン，バレンシア県の都市．

Sáhara / Sahara 固名 サハラ(砂漠)．

saharaui 形 男 女 サハラ砂漠の(人)；西サハラの(人)．

sahariano, na 形 男 女 サハラ砂漠の(人)．── 女 〖服〗サファリ・ジャケット．

sahumar 14 他 《文》…に香をたきしめる．

sahumerio 男 香をたきしめること；香(煙)；香木．

S. A. I. *S*u *A*lteza *I*mperial 皇帝陛下，皇后陛下．

saín 男 (動物の)脂肪；油脂．

sainete 男 〖演〗(1) サイネテ：スペインの一幕物の風俗喜劇．(2) 喜劇．

sainetero, ra / sainetista 男 女 サイネテ作者．

saíno 男 〖動〗クビワペッカリー．

sajar 他 (瀉血(しゃけつ)のために)小切開する．

sajón, jona 形 ❶ 〖史〗サクソン族［人］の．❷ (ドイツの)ザクセン(人)の．── 男 女 ❶ サクソン人．❷ ザクセン人．

sake / saki 〔日〕 男 酒，日本酒．

sal [サル] 女 〔英 salt〕❶ **塩**．*sal* común 食塩．*sal* gema 岩塩．*sal* de mesa 食(卓)塩．❷ 味わい；生彩；機

S

知. la *sal* de la vida 人生の妙味. ❸ 話し方の軽妙さ. ❹〘化〙塩(え). ❺[複] 気付け薬. ❻[複]浴用塩(= *sales* de baño). ── 活 → salir. *sal gorda* 粗塩;品のない冗談. *sal y pimienta* しんらつな冗談.

sala [サら] 女 〔英 living room〕 ❶(家の) 広間, **リビングルーム** (= ~ de estar). ❷(ある目的を持った) 部屋;(公共の) ホール, 会場;《ラ米》教室 (→ aula 地域差). ~ de conferencias 会議[講議]場. ~ de espera 待合室. ~ de fiestas ナイトクラブ. ~ de operaciones 手術室. ~ de profesores 職員室. ~ de juegos ゲームセンター. ~ de justicia 法廷. ❸《集合的》(会場の) 観客, 聴衆.

salacidad 女 色欲.

salacot 男 熱帯地方の日よけ帽.

saladamente 副 しゃれっけたっぷりで, 軽妙に.

saladería 女 塩漬け肉製造業.

saladero 男 塩漬け加工[貯蔵]場.

saladillo, lla 形 乾燥させ塩味を付けた. ── 女〘植〙ハマアカザの一種.

salado, da 形 ❶ 塩分を含んだ;塩辛い. ❷ しゃれっけのある;(おしゃべりが) 軽妙な. ❸《ラ米》不運な;(アルゼ)(ウルグ)(チリ)高価な. ── 男《ラ米》(ボリ)(ペル)岩塩坑.

saladura 女 塩漬け.

Salamanca 固名 サラマンカ:(1) スペインの県;県都. ► 大学で有名. (2) メキシコ中部グアナフアト州の都市.

salamandra 女 ❶〘動〙サンショウウオ. ~ acuática イモリ. ❷ 石炭ストーブ.

salamanqués, quesa 形 男 女 サラマンカの (人). ── 女〘動〙ヤモリ.

salame 〔伊〕 男《ラ米》サラミ (ソーセージ).

salami 男 サラミ (ソーセージ).

salar 他 ❶(肉・魚等を) 塩漬けする. ❷ 塩を振りかける;塩辛くする. ❸《ラ米》台無しにする;不幸にする.

salarial 形 賃金の, 給料の.

salario [サらリオ] 男 〔英 salary〕 **賃金, 給料**. ~ base 基本給. ~ mínimo 最低賃金. ~ por hora 時給.

salaz 形 好色な, 淫乱(いん)な.

S **salazón** 女 ❶(肉・魚の) 塩漬け (加工). ❷[主に複]塩漬け肉[魚].

salchicha 女 サルチチャ:細いソーセージ.

salchichería 女 ソーセージ販売店.

salchichero, ra 男 女 ソーセージ製造[販売]業者.

salchichón 男 サルチチョン:サラミ風ソーセージ[腸詰め].

saldar 他 ❶ 清算[完済]する. ❷ 捨て売り[見切り処分]をする. ❸ けりを付ける.

saldista 男 女 ❶ 在庫一掃セールをする商人. ❷ 売れ残り[在庫]品の売買人.

saldo 男 ❶(借金・負債の) 返済, 清算. ❷〘商〙(貸借の) 差引残高. ~ acreedor [deudor] 貸方[借方]残高. ~ positivo [negativo] 貸越[借越]残高, 黒字[赤字]. ❸[主に複] バーゲン品;売れ残り品. venta de ~*s* 在庫一掃セール.

saldr- 活 → salir.

saledizo, za 形 突き出た. ── 男〘建〙張り出し, オーバーハング.

salep 男 サレップ:ラン科植物の生薬.

salero 男 ❶(食卓・台所用) 塩入れ;塩貯蔵所. ❷《話》機知, 愛嬌(あいきょう). un actor cómico con ~ 味のある喜劇俳優.

saleroso, sa 形《話》気が利いた;愛嬌(あいきょう)のある.

salesa 形 女〘カト〙聖母訪問会 (の). *Las S~s* (スペイン, マドリードの) サレサス裁判所.

salesiano, na 形 男 女〘カト〙サレジオ会の (会員).

saleta 女 (儀式会場に通じる) 前室.

salg- 活 → salir.

salicáceas 女 複〘植〙ヤナギ科 (の植物).

salicaria 女〘植〙エゾミソハギ.

salicilato 男〘化〙サリチル酸塩.

salicílico, ca 形〘化〙サリチル酸の.

salicina 女〘化〙サリシン.

sálico, ca 形〘史〙(フランク族の一支族) サリ族の. ley *sálica* サリカ法典.

salida [サりダ] 過分 → salir. 女 〔英 departure; exit〕 ❶ **出発**, 出ること;〘スポ〙スタート;発売. ~ del tren (列車の) 発車. ~ falsa [nula]〘スポ〙フライング. punto de ~ 出発点. dar la ~ 出発[スタート] の合図をする. ❷ **出口**. ~ de emergencia 非常口. a la ~ 出口で. ~*s* de aire 通風孔. ❸ 支出. ~*s* y entradas 収入と支出. ❹ 解決法;言い訳. ~ airosa 見事な解決法[策]. ❺〘IT〙アウトプット. ❻[複] 就職口. ~ ***de tono*** 不用意な言動. ***tener ~ a ...*** …に通じている.

salidero 男《ラ米》(コロン)(ビア)《話》出口 (= salida).

salidizo 男〘建〙→ saledizo.

salido, da 過分 → salir. 形 ❶(体の一部が) 突き出た. dientes ~*s* 出っ歯. ❷ 発情[欲情]した.

salidor, dora 形《ラ米》(アルゼ)(ウルグ)(ベネズ)《話》夜遊び好きの.

saliente 形 ❶ 傑出した. ❷ 出っ張った. ── 男 出っ張り;突出部. ángulo ~ 凸角.

salífero, ra 形 塩分を含んだ.

salificar 26 他〘化〙…を塩化する. ── **salificarse** 再〘化〙塩化する.

salinero, ra 形 ❶ 製塩の, 塩田の. ❷(牛が) 赤茶と白のぶちの. ── 男 女 製塩業者;塩商人.

salinidad 女 塩分, 塩気.

salino, na 形 塩分を含む;塩辛い. ── 女 岩塩坑;[主に複]塩田, 製塩所.

salio, lia 形 男 女〘史〙(フランク王国建国の中心となった) サリ族の (人).

salir [サりル] 95 自 〔英 leave, go out〕 ❶ **出る**, 出発する;外出する;《de+行為を表す名詞》(…しに) 出かける;《con》(…と) 付き合う. ~ a la calle 街に出る. ~ *de* paseo [copas] 散歩[飲み]に出かける. ¿A qué hora *sales* hoy? 今日は仕事は何時に終わるの. ❷《de》(…から) 抜け出す, 脱出する. ~ *de*l coma 昏睡(こんすい)状態から抜け出す. ❸(市場に) 出る;(テレビ・新聞等に) 出る. La noticia va a ~ en el periódico. そのニュースは新聞に出るだろう. ❹ 現れる;生える. cuando *salga* la ocasión チャンスが来たら. Le *ha salido* un diente a la niña. その子には歯が生えてきた. No me *sale* el título de la obra. 作品のタイトルが思い出せな

い. ❺(汚れ等が)落ちる, 取れる, 外れる. ¿Con qué *salen* estas manchas de vino? このワインの染みは何で落ちますか. ❻(値段等が)…になる. ～ barato [caro] 安く[高く]つく. Me *salió* por diez mil yenes. 私は1万円かかった. ❼《＋形容詞・副詞》…になる, …の出来ばえである. ～ bien [mal] いい[まずい]出来である. ¿Cómo te *ha salido* el examen? 君, 試験どうだった. La nueva secretaria *ha salido* muy trabajadora. 今度の秘書はずいぶん働き者だ. Tienes que aceptarlo, *salga* lo que *salga*. 結果がどうなっても君はそれを受け入れなくてはいけないよ. ❽《間接目的語代名詞を伴って》どうにかなる；自然に振る舞う. No *me sale* ser amable con él. 彼に心から親切にしてあげることがどうもできない. ❾抜きん出る, 際立つ. ❿《a》(…に)通じる；(…に)似る. La niña ha *salido a* su abuela. その子は祖母に似た. ⓫《con》(…を)持ち出す, 言い出す；《por》(…を)擁護する. ── **salirse** 再 ❶離れる, 逃げ出す. El león *se salió* de la jaula. ライオンが檻(おり)から逃げ出した. ❷漏れる；噴きこぼれる. La lata está rota y *se sale* el zumo. 缶が壊れていてジュースが漏れている. ❸それる, 脱線する；行き過ぎる. ～ del tema 話題からそれる. ～ de los límites 一線を超える. ***a lo que salga*** 偶然に, 成り行き任せで. ***salir adelante*** どうにかやっていく. ***salir a flote*** 浮上する；(危機等を)乗り越える；明るみに出る. ***salir de cuentas*** (女性が)臨月を迎える. ***salir el tiro por la culata*** 当てが外れる. ***salirse con la*** SUYA 我を通す. ***salirse de madre*** 度を超す. ***salirse los ojos de las órbitas*** (驚きで)目玉が飛び出る.

salitral 男 硝石床[層].

salitre 男 硝酸カリウム, 硝石.

salitrero, ra 形 硝石の. ── 男 女 硝石業者；硝石工. ── 女 硝石床[層].

saliva 女 唾液(だえき), つば. ***gastar*** ～ 《話》話[説得]が無益に終わる. ***tragar*** ～ 《話》(状況を考えて)言葉をのむ.

salivación 女 唾液(だえき)分泌.

salivadera 女《ラ米》痰壺(たんつぼ).

salivajo 男 → salivazo.

salival 形 唾液(だえき)の；唾液を分泌する. glándulas ～*es* 〖解〗唾液腺(せん).

salivar 自 ❶唾液(だえき)を分泌する. ❷つばを吐く.

salivazo 男 (吐き出した)つば.

salivera 女 [複]〖馬〗(轡(くつわ)につける)数珠玉.

salivoso, sa 形 唾液(だえき)(分泌)過多の.

salmantino, na 形 男 女 サラマンカの(人).

salmer 男〖建〗弓形迫持(せりもち)の台石.

salmista 男 女 詩編(中の聖歌)作曲者[詠唱者].

salmo 男〖聖〗[複](旧約のダビデの)詩編；聖歌, 賛美歌.

salmodia 女 ❶聖歌[賛美歌, 詩編歌]詠唱. ❷単調で退屈な歌. ❸《話》執拗(しつよう)な要求.

salmodiar 17 自 聖歌[賛美歌, 詩編]を歌う. ── 他 単調な調子で歌う.

salmón 男 ❶〖魚〗サケ. ～ ahumado スモーク・サーモン. ❷サーモンピンク. ── 形 (色が)サーモンピンクの.

salmonado, da 形 サケに似た；サーモンピンクの.

salmonella 女 サルモネラ菌.

salmonelosis 女 [単複同形]〖医〗サルモネラ菌中毒(症).

salmonete 男〖魚〗ヒメジ.

salmónidos 男 複〖魚〗サケ科.

salmuera 女 塩分の高い[塩気のきつい]水；(塩漬け用の)漬け汁.

salobral 形 男 塩分を含む(土地).

salobre 形 塩気[塩分]のある.

salobreño, ña 形 塩分を含む.

salobridad 女 塩気, 塩分.

saloma 女 (共同作業の際に)全員が一斉に出すかけ声[歌].

Salomón 固名 ❶〖聖〗ソロモン. ❷ソロモン(諸島)：首都ホニアラ Honiara. ── 男 [s-] 賢人；物知り顔の人.

salomónico, ca 形 ソロモンの；非常に賢明な. ***columna salomónica*** 〖建〗らせん状の飾りをつけた柱.

salón [サろン] 男 [複 salones] [英 salon] ❶(公共性のある)**ホール**, 大広間；展示[展覧]会場；《ラ米》教室(→ aula 地域差). ～ de boda 結婚式場. ～ de pintura 画廊. ～ de actos 講堂. ❷(家の)広間, 応接間；(広間の)調度品. ❸(特定のサービスを提供する)施設, 店. ～ de belleza 美容院. ❹(政治家・芸術家等の)集まり, 社交クラブ. ***de*** ～ くだらない, 世俗的な.

saloncillo 男 (劇場等の)休憩室；(レストラン・ホテル等の)小広間.

salonero, ra 男 女《ラ米》(レストランの)ボーイ, ウエートレス(→ camarero 地域差).

saloon [サるン] [英] 男 [複 ～(e)s] 米国西部のバー.

salpicadera 女《ラ米》〖車〗泥よけ(→ guardabarros 地域差).

salpicadero 男 ❶〖車〗計器盤, ダッシュボード. ❷(馬車の)泥よけ.

salpicado, da 形《de》(…を)まき散らした, (…を)ちりばめた. un pueblo ～ *de* chalés 別荘の点在する村.

salpicadura 女 ❶はねかけること. ❷[複]はね；染み. ❸[複]とばっちり.

salpicar 26 他 ❶《de, con》(液体・泥等を)…にはねかける；はねかけて汚す. ❷《de, con》(…を)…にばらまく, 点在させる；交える. *Salpiqué* el guiso *con* perejil. 私はシチューにパセリを散らした. ❸(悪影響等が)…まで達する. ── 自 (液体等が)はね上がる.

salpicón 男 ❶はね, 染み, 斑点(はんてん). ❷〖料〗サルピコン：細かく刻んだ魚介類と玉ねぎ等をあえたサラダ風の前菜. ❸細かくした[砕いた]もの.

salpimentar 18 他 塩とコショウで味つけする；《con》(…で)味わい[趣]を添える.

salpullido 男 → sarpullido.

salsa [サるサ] 女 [英 sauce] ❶〖料〗**ソース**；肉汁；ドレッシング. ～ rosa (マヨネーズにトマトソースを加えた)オーロラソース. trabar una ～ ソースを濃くする. ❷食欲をそそるもの. No hay mejor ～ que el apetito. 《諺》空腹にまずいものなし. ❸《話》味わい[趣]を添えるもの. la ～ de la

S

vida 人生の面白さ. ❹〖音〗サルサ：キューバ系ラテン音楽の一種. ***en su (propia)*** ～ 本領を発揮して, 生き生きと.

salsero, ra 形〖音〗サルサの. ── 女 (舟形の) ソース入れ.

saltado, da 過分 → saltar. 形 出っ張った；離脱した.

saltador, dora 男 女 ジャンプ競技の選手. ── 男 (縄跳び用の) 縄.

saltadura 女 (石等の表面の) 欠け跡.

saltamontes 男 [単複同形]〖昆〗バッタ；イナゴ.

saltaojos 男 [単複同形]〖植〗ボタン；シャクヤク.

saltar [サるタル] 自 〔英 jump〕 ❶ **跳ぶ**, 跳ねる, 跳躍する；《de》(…で) 飛び上がる. ～ *de* alegría 飛び上がって喜ぶ. ❷ 飛び上がる；飛び降りる. ～ de la cama 飛び起きる. ❸《sobre》(…に) 突進する；《a》(乗り物に) 飛び乗る. ❹ (液体が) 噴き出す；爆発する；(物が) 飛び出す；(機械等が) 突然動き出す. ～ la alarma 警報が鳴り出す. ❺ 突然壊れる. ❻ (怒り等で) 爆発する. ❼《con》(会話で) (…を) 突然持ち出す. ❽ 飛び移る；行き来する. ❾〖スポ〗(試合で) コートに上がる. ── 他 …を飛び越える；省略する. ～ un curso 1学年を飛び級する. ── **saltarse** 再 ❶ 噴き出る；(爆発等で) 壊れる；外れる. *Se* le *saltaron* las lágrimas. 彼の目から涙があふれた. *Se* me *saltó* un botón. ボタンがひとつとれてしまった. ❷ 省略する；無視する. ～ unas líneas 何行か飛ばす. ～ el semáforo 信号を無視する. ***estar [andar] a la que salta*** 待ち伏せしている；(チャンス等を) ねらっている. ***hacer saltar a ...*** …を解雇する；怒らせる. ***saltar a la luz pública*** 明るみに出る, 人に知られる. ***saltar a la vista*** 歴然としている. ***saltar por los aires*** (爆発等で) 全壊する；(ことが) だめになる, 流れる. ***saltarse a la torera*** (規律等を) 平気で無視する.

saltarín, rina 形 活発な；落ち着きのない. ── 男 女 動き回る[落ち着きのない]人.

salteador, dora 男 女 追いはぎ.

S **saltear** 他 ❶ 襲う, …に襲いかかる；…の不意を襲う. ❷ 出し抜く, 先手を打つ. ❸ 間隔をあける. *Saltea* siempre sus horas de trabajo con un paseo. 彼はいつも仕事中散歩に出かける. ❹〖料〗ソテーにする.

salterio 男 ❶〖カト〗(1) (旧約聖書中の) 詩編集；(詩編に基づく) 聖歌集. (2) (聖務日課書中の) 詩編の部分. ❷〖音〗プサルテリウム：チターに似た中世の弦楽器.

saltimbanqui 〔伊〕男 女 ❶ 旅回りのサーカス団員；曲芸師. ❷ 落ち着きのない人.

salto [サるト] 男 〔英 jump〕 ❶ **飛ぶこと**, 跳躍 (幅). de un ～ 一飛びで. dar [pegar] un ～ 跳ねる. dar ～*s* de alegría 小躍りして喜ぶ. ❷〖スポ〗**ジャンプ**, **跳躍**；ダイビング. ～ de altura [longitud] 走り高跳び[幅跳び]. ～ mortal とんぼ返り, 宙返り. triple ～ / ～ triple 三段跳び. ❸ 動悸(どうき). Al oírlo me dio un ～ el corazón. それを聞いたとき私はどきどきした. ❹ 大差；間隔. ❺ 躍進, 飛躍；急変. ❻ 落丁；読み[書き]落とし. ❼ 断崖(だんがい). ❽ 滝 (= ～ de agua)；落水. ❾〖IT〗ジャンプ. ── 活 → saltar. ***a ～ de mata*** 行きあたりばったりで；逃亡して. ***a ～s*** 飛び跳ねて；(間を) 飛ばして. ***en un ～*** ただちに. ***～ atrás*** 後戻り. ***～ de cama*** ガウン.

saltón, tona 形 (目・歯等が) 出っ張った.

salubre 形《文》体によい, 健全な.

salubridad 女《文》健康によいこと；衛生 (状態).

salud [サる(ドゥ)] 女 〔英 health〕 ❶ **健康** (状態), 体調. ～ de hierro 頑丈な体質. estar bien [mal] de ～ 体の調子がよい[悪い]. ❷ 繁栄, 福祉 (= bienestar). ❸ (間投詞的) ¡*S*～! 乾杯；《ラ米》(くしゃみをした人に) お大事に. ***curarse en ～*** 用心する；(先回りして) 対策を講じる.

saluda 男 簡単な通知, 簡単な招待状[あいさつ状].

saludable 形 ❶ 健全な；健康によい (= sano). ❷ (道徳的・精神的に) 有益な.

saludar [サるダル] 他 〔英 salute, greet〕 ❶ **…にあいさつする**. ❷ (第三者・手紙等を介して) 敬意を表す. *Salude* de mi parte a su mujer. 奥様によろしくお伝えください. Le *saluda* atentamente. 《手紙》敬具. ❸〖軍〗敬礼する；礼砲を撃つ. ❹ 歓迎[奉迎]する. ── **saludarse** 再 あいさつを交わす.

saludo [サるド] 男 〔英 greeting〕 ❶ **あいさつ** (の言葉・身ぶり)；[複] (敬意を表す) あいさつ, よろしくとの伝言. atentos ～*s* / ～*s* cordiales [respetuosos] 《手紙》敬具. ❷〖軍〗敬礼, 礼砲. ── 活 → saludar.

salutación 女《文》あいさつ (の言葉), 会釈. ***S～ angélica*** 〖カト〗天使祝詞.

salutífero, ra 形《文》健康によい；有益な.

salva 女〖軍〗礼砲；敬礼. ── 形 → salvo. ── 活 → salvar. ***～ de aplausos*** 嵐(あらし)のような喝采(かっさい).

salvabarros 男 [単複同形] (自動車等の) 泥よけ.

salvable 形 救済できる.

salvación 女 ❶ 救出, 救命 (の可能性). ❷〖宗〗救い.

salvada 過分 → salvar. 女《ラ米》→ salvación.

salvado 過分 → salvar. 男 もみ殻, 糠(ぬか).

salvador, dora 形 救いの, 救助する. ── 男 女 ❶ 救済者. ❷ el *S*～ 救世主 (イエス・キリスト).

salvadoreño, ña [サるバドレニョ,ニャ] 形 **エルサルバドルの**. ── 男 女 **エルサルバドル人**.

salvaguarda 女 → salvaguardia.

salvaguardar 他 保護する, 庇護する.

salvaguardia 女 保護；安全通行証.

salvajada 女 野蛮な行為, 乱暴な言動.

salvaje [サるバヘ] 形 〔英 wild; savage〕 ❶ **野生の**；自生の. animales ～*s* 野性動物. ❷ 未開拓の. ❸ 粗野な；凶暴な. ── 男 女 ❶ 未開人, 原始人. ❷ 乱暴[残忍]な人, 野蛮人；教養のない人.

salvajismo 男 未開の状態；野蛮性, 残忍性；粗野.

salvamanteles 男 [単複同形] 鍋(ㇵ)敷き, ランチョン[テーブル]マット.
salvamento 男 救助, 救出.
salvapantallas 男 [単複同形] 《IT》スクリーンセイバー.
salvar [サるバル] 他 〔英 save〕 ❶ 《de》 (…から) **救助[救出]する**; 保護する; 《宗》救済する. ❷ 乗り越える; (困難を) 回避する; 克服する. ❸ (距離を) 走破[踏破]する. ❹ 除外する, 例外とする; (訂正事項に) 但し書きを添える. — **salvarse** 再 ❶《宗》救済される. ❷ 助かる; 切り抜ける.
salvavidas 男 [単複同形] 浮き輪; 救命具. *bote* ～ 救命ボート. *chaleco* ～ 救命胴衣.
salve 間 《文》《挨拶》 これはこれは. — 女 《カト》聖母交唱: 聖母マリアをたたえる祈り. — 活 → salvar.
salvedad 女 《文》 制限; 但し書き; 例外. con la ～ de ... …という条件つきで.
Salve Regina 〔ラ〕 《カト》 サルベ・レジナ: 聖母交唱の一つ.
salvia 女 《植》 サルビア.
salvilla 女 (コップ等を受けるくぼみのある) 盆.
salvo, va [サるボ, バ] 形 無事の, 無傷の. a ～ 無事に. — [サるボ] 前 [主格人称代名詞をとる] (= menos, excepto) 〔英 except〕 《文》 ❶ 《除外》 **…を除いて**. *S*～ tú todos hemos presentado ya el trabajo. 君を除いて僕たちは皆もうレポートを提出したよ. *S*～ imprevistos, saldremos el lunes. 不測の事態がない限り私たちは月曜日に出発する. ❷ 《+不定詞 / +**que** [**cuando, si ...**]》…すること[場合]を除いて, …でなければ. Es una buena chica, ～ *que* gasta mucho dinero. 彼女は浪費することを除いてはいい女性だ. Saldremos de viaje mañana, ～ *que* llueva mucho. 大雨でなければ明日旅行に出かけましょう. Me gusta el café, ～ *si* es demasiado amargo. 苦すぎるのでなければ私はコーヒーが好きです. — [サるボ, バ] 活 → salvar.
salvoconducto 男 ❶ (占領地域の) 通行許可証. ❷ (行動の) 自由.
salzburgués, guesa 形 男 女 (オーストリアの) ザルツブルグの (人).
samán 男 《植》 サマン: 熱帯アメリカ産の堅い巨木.
sámara 女 《植》 翼果, 翅果(ㇱ).
samario 男 《化》 サマリウム.
samaritano, na 形 (古代パレスチナの一地方) サマリアの, サマリア人の. — 男 女 サマリア人.
samba 女 《音》 サンバ: ブラジルのダンス・舞踊曲.
sambenito 男 ❶ 《話》《軽蔑》 恥辱; 不評. ❷ 《史》 (異端審問所で用いられた) 地獄服, 悔罪服.
samnita 形 男 女 (イタリア中南部の古代国家) サムニウムの (人).
Samoa Occidental 固名 西サモア: 首都アピア Apia.
samotana 女 《ラ米》(ㇲ)お祭り騒ぎ.
samovar 〔ロ〕 男 サモワール: ロシアの紅茶用湯沸かし器.
samoyedo, da 形 男 女 (シベリア北西部に住む) サモエード族の (人).
sampablera 女 《ラ米》(ベネズエラ)派手なけんか, 口論.
sampán 男 《海》 サンパン: 中国・東南アジアのはしけ船.
Samuel 固名 サムエル: 男子の名.
samurái / samuray 〔日〕 男 [複 samuráis] 侍, 武士.
san [サン] 形 [santoの語尾消失形] 〔英 saint〕 《男性名に冠して》 **聖…**. *San* Juan 聖ヨハネ. → santo.
sana 形 → sano.
sanamente 副 健全に, 誠実に.
sanar 他 (病気・傷を) 治療する. — 自 回復する.
sanatorio 男 サナトリウム, 療養所.
Sancho 固名 ❶ サンチョ 3 世大王 ～ III, el Mayor: ナバラ王 (在位1000-35). ❷ サンチョ: 男子の名. *Al buen callar llaman* ～. 口は災いの門. ～ *Panza* サンチョ・パンサ (ドン・キホーテの従者).
sanchopancesco, ca 形 《文》 サンチョ・パンサのような, 実利的な.
sanción 女 ❶ 処罰, 制裁. ❷ (公的機関による) 承認; 批准. con la ～ de ... …の承認を受けて.
sancionable 形 処罰[制裁]に値する.
sancionador, dora 形 処罰する.
sancionar 他 ❶ 制裁を加える. Me *sancionaron* con una multa por aparcar en lugar prohibido. 私は駐車違反で罰金をとられた. ❷ 承認[是認]する; 批准[裁可]する.
sanco 男 《ラ米》 (1)(アルゼンチン)(チリ) (トウモロコシ粉・キャッサバ等で作る) 粥(ㇰ). (2)(チリ)粘り気のある泥.
sancochar 他 《ラ米》 下ゆでする.
sancocho 男 ❶ 生煮えの料理. ❷ 《ラ米》 (1) (肉・キャッサバ・バナナ・野菜等で作る) 煮込み. (2) 口論. (3) ごまかし.
sanctasanctórum 男 [単複同形] ❶ (ユダヤ教の礼拝所の) 至聖所. ❷ 《比喩的》 聖域.
sanctus 〔ラ〕 男 [単複同形] 《カト》 三聖唱, サンクトゥス.
sandalia 女 サンダル.
sándalo 男 《植》 ビャクダン.
sandez 女 たわ言; 愚かさ.
sandía 女 《植》 スイカ.
sandial / sandiar 男 スイカ畑.
sandinismo 男 サンディニスモ: ニカラグアの民族解放戦線運動[思想].
sandinista 形 男 女 サンディニスタ (の): ニカラグアの民族解放戦線支持者.
sandio, dia 男 女 形 愚かな (人).
sandunga 女 ❶ 《話》 魅力, 愛きょう; 機転. ❷ 《ラ米》 お祭り騒ぎ. ❸ サンドゥンガ: メキシコの民族舞踊.
sandunguero, ra 形 《話》 魅力的な; 気の利いた.
sándwich [サンウィ(チ)] 〔英〕 男 [複 ～es] サンドイッチ.
saneado, da 形 ❶ (財産に) 税金のかからない. ❷ (財政・地位等が) 安定した.
saneamiento 男 ❶ 衛生的にすること; 衛生設備. ❷ (財政・通貨の) 安定, 健全(化).
sanear 他 ❶ 衛生的にする. ❷ (財政・通貨を) 安定させる.
sanedrín 男 《史》 サンヘドリン: キリストの

S

死刑を宣告したユダヤ人の最高自治機関.

San Felipe 固名 サン・フェリペ：(1) チリ中部バルパライソ州中部の都市. (2) ベネズエラ北西部ヤラクイ州の州都.

Sanfermines / sanfermines 男 複 サンフェルミン祭：スペインのパンプローナで行われる牛追いで有名な祭り(7月7-14日).

sanforizado, da 形 (綿織物等を) サンフォライズした, 防縮加工した.

sanfrancisco 男 ミックスジュース.

sangradera 女 ❶ (外科用) 刃針；(瀉血(しゃけつ)用) 血受け皿. ❷ 排水路；水門.

sangrado 男 〖印〗(文頭の) 字下げ.

sangrador 男 瀉血(しゃけつ)師.

sangradura 女 ❶ 肘(ひじ)の内側. ❷ 〖医〗瀉血(しゃけつ). ❸ 排水(口).

sangrante 形 ❶ 出血している. ❷ (人を) 憤慨させるような；残酷な.

sangrar 他 ❶ 瀉血(しゃけつ)する. ❷ (液体を) 排出させる. ～ los pinos 松脂(やに)を採る. ❸ 苦痛を与える. ❹ 《話》(金を) 搾り取る. ❺ 〖印〗(文頭を) 字下がりにする, インデントする. ── 自 ❶ 出血する. ～ como un cochino [un toro] 《話》どっと出血する. ❷ 痛みを覚える, 傷つく. ***estar sangrando*** まだ新しい, 新鮮である.

sangre [サングレ] 女 [英 blood] ❶ 血, 血液. donar [dar] ～ 献血する. echar ～ 出血する. ～ arterial [roja] 動脈血. ～ venosa [negra] 静脈血. ❷ 血筋. ～ azul 貴族の血筋. pura ～ 純血種. llevar ... en la ～ 生来…の素質を持っている. ❸ 性格, 気質. tener mala ～ 意地悪だ. ❹ 流血. correr ～ 血が流れる, 死傷者を出す. lavar con ～ (報復で) 血祭りにあげる. ❺ 激高. encender [quemar] la ～ a ... …をひどく怒らせる. ***a ～ y fuego*** 容赦なく；屈服せずに. ***chupar la ～ a ...*** …から絞れるだけ絞り取る. ***de ～ caliente [fría]*** 〖動〗温血[冷血]の；常温[変温]の；かっとなる[冷静な]. ***hacerse mala ～*** 苦しむ. ***no llegar la ～ al río*** 《話》大事には至らない. ***no tener ～ en las venas / tener ～ de horchata*** 落ち着いている, 感情を表さない. ***sudar ～*** 苦心さんたんする.

S

sangría 女 ❶ サングリア：赤ワインに果汁・果実・砂糖等を加えた飲み物. ❷ 〖医〗瀉血(しゃけつ). ❸ 排水路；(樹液・樹脂を採るための) 刻み目. ❹ 出血；流出, 消耗. ～ monetaria 通貨流出. ❺ 〖印〗(文頭の) 字下がり, インデント.

sangriento, ta 形 ❶ 出血する. ❷ 血の滴る；流血の；残酷な. batalla *sangrienta* 血みどろの戦い. ❸ しんらつな, 侮辱的な. ❹ 《文》鮮血色の.

sangrón, grona 形 男 女 《ラ米》(キューバ)(メキシコ) 感じの悪い(人).

sanguaraña 女 サングアラーニャ：ペルーの踊りの一種.

sanguijuela 女 ❶ 〖動〗ヒル. ❷ 《話》人を食い物にする人.

sanguina 女 ❶ (赤鉄鉱を原料とする) 赤褐色クレヨン (で描いた絵). ❷ 赤みがかったオレンジ色. ❸ 〖植〗ブラッドオレンジ.

sanguinario, ria 形 残忍な；血[殺生]を好む. ── 女 〖鉱〗血玉髄, ブラッドストーン.

sanguíneo, a 形 ❶ 血を含む. ❷ 血の. vasos ～*s* 血管. ❸ 血の気の多い.

sanguino, na 形 血の；赤みがかったオレンジ色の.

sanguinolencia 女 血まみれであること.

sanguinolento, ta 形 血まみれの；血のように赤い. ojos ～*s* 充血した目.

sanguis 男 〔ラ〕〔単複同形〕〖カト〗キリストの血となったぶどう酒.

sanidad 女 ❶ 保健, 衛生. ～ pública 公衆衛生. certificado [patente] de ～ (食料店等の) 衛生証明[認可]証. ❷ 健康(状態)；健康によいこと.

sanitario, ria 形 衛生の, 保健の. ── 男 女 保健所の職員. ── 男 [複] (浴室・トイレ等の) 衛生設備[器具].

sanjacobo 男 〖料〗チーズ入りカツ[ハムカツ].

San José 固名 サン・ホセ：(1) コスタリカの首都. (2) ウルグアイの県；県都.

San Juan 固名 サン・フアン：(1) 米国領プエルトリコの首都. (2) アルゼンチンの州；州都. (3) ベネズエラ, グアリコ州の州都. (4) フィリピンの都市. (5) キューバの町.

sanjuanada 女 (6月24日の) サン・フアン[聖ヨハネ]祭.

sanmartín 男 サンマルティン祭 (11月11日) のころ：豚を殺す時期.

San Martín 固名 サン・マルティン José Francisco de ～ (1778-1850)：アルゼンチンの軍人. 南米独立運動の指導者.

sanmartiniano, na 形 (アルゼンチンの将軍) サン・マルティンの (ような).

sanmiguelada 女 大天使聖ミカエル San Miguel の祝日 (9月29日) のころ：小作の契約更新期.

sano, na [サノ, ナ] 形 [英 healthy] ❶ 健康な, 元気な. ❷ 健康によい. ❸ 健全な；正統な. Alma [Mente] *sana* en cuerpo ～. 《諺》健全な精神は健全な肉体に宿る. ❹ 損傷のない, 腐っていない. Se me ha caído la huevera y no me queda ni un huevo ～. 私は卵パックを落としてしまって, 割れていない卵は1つも残っていない. ***cortar por lo ～*** 思い切った処置をする. ***～ y salvo*** 無事に.

San Salvador 固名 サン・サルバドル：(1) エルサルバドルの首都. (2) 西インド諸島の島.

sánscrito, ta 形 男 サンスクリット (の), 梵語(ぼんご)(の).

sanseacabó 間 ***y ～*** 《話》(話をした後で) それでおしまい.

San Sebastián 固名 サン・セバスティアン：スペイン, ギプスコア県の県都.

sansón 男 大力の男.

santa 形 → santo.

Santa Ana 固名 サンタ・アナ：エルサルバドルの県；県都.

santabárbara 女 〖海〗(軍艦等の) 弾薬庫.

Santa Cruz 固名 サンタ・クルス：(1) アルゼンチンの州. (2) ボリビアの県：県都 ～ de la Sierra.

Santa Cruz de Tenerife 固名 サンタ・クルス・デ・テネリフェ：スペイン領カナリア諸島の県；県都.

Santa Fe 固名 サンタ・フェ：(1) スペイン, グラナダ県の町. (2) アルゼンチンの州；州都.

Santa Lucía 固名 セントルシア：カリブ海の島国. 首都カストリーズ Castries.

Santander 固名 サンタンデル：(1) スペインの県；県都. (2) コロンビアの州.
santanderino, na 形 男 女 (スペインの) サンタンデルの (人).
santateresa 女〖昆〗カマキリ.
santelmo 男 fuego de *S*～ 聖エルモの火：船のマスト等に現れるコロナ放電現象.
santería 女 ❶《軽蔑》(宗教等を) 固く信じること. ❷《ラ米》祭具 [聖画, 聖像] 販売店.
santero, ra 形 偶像を崇拝する. ── 男 女 (病気等を治す) 祈禱(きとう)師；(人里離れた) 聖堂の番人；(聖像を持ち歩き家々で) 施しを受ける人.
Santiago 固名 ❶〖聖〗聖ヤコブ, サンティアゴ：(1) Jacobo llamado ～ el Mayor 大サンティアゴと呼ばれたヤコブ. (2) Jacobo llamado ～ el Menor 小サンティアゴと呼ばれたヤコブ. ❷ Orden Militar de ～ サンティアゴ騎士団. ❸ サンティアゴ：男子の名. ❹ サンティアゴ：(1) チリの首都. (2) 西インド諸島にあるドミニカの県；県都 (= ～ de los Caballeros). *camino de* ～ (1) サンティアゴ街道：フランス国境からスペインのサンティアゴ・デ・コンポステラに至る巡礼道. (2) [C-]〖天文〗銀河, 天の川.
Santiago de Compostela 固名 サンティアゴ・デ・コンポステラ：(1) スペインの都市. キリスト教徒の三大巡礼地の1つ. (2) その大聖堂.
Santiago de Cuba 固名 サンティアゴ・デ・クーバ：キューバの州；州都.
santiagueño, ña 形 ❶ (果物等が) (7月25日の) サンティアゴ聖人祭のころに熟する. ❷ (アルゼンチンの州・州都) サンティアゴ・デル・エステロの. ── 男 女 サンティアゴ・デル・エステロの人. ── 男〖植〗シシトウガラシ.
santiagués, guesa 形 男 女 サンティアゴ・デ・コンポステラの (人).
santiaguino, na 形 男 女 (チリの) サンティアゴの (人).
santiamén 男 *en un* ～《話》すぐに, あっという間に.
santidad 女 神聖さ, 聖性. *Su S*～ (教皇) 聖下.
santificable 形 神聖化しうる, 列聖に値する.
santificación 女 聖化；列聖.
santificar ㉖ 他〖カト〗神聖なものとする, (魂を) 聖化する；列聖する.
santiguar(*se*) ㊺ 他 再 十字を切る.
santimonia 女 → santidad.
santísimo, ma 形 [santoの絶対最上級] きわめて神聖な. el *S*～ Padre 教皇. el *S*～ Sacramento〖カト〗聖体. la Virgen *Santísima* 聖母マリア. ── 男〖カト〗聖体.
santo, ta [サント, タ] 形 [英 saint, holy] ❶ **聖なる**, 神聖な. guerra *santa* 聖戦. Espíritu *S*～ 聖霊. Semana *Santa* 聖週間. ❷ 聖人の (ような), 敬虔(けいけん)な；《聖人名の前で》聖…. *Santa* Teresa 聖テレサ. ► Tomás, Domingo, Tomé, Toribio 等 To-, Do- で始まる男性名に前置される. それ以外の場合は San を用いる. ❸《軽蔑》《名詞の前で意味を強める》ありがたい. todo el ～ día 日がな一日. hacer SU *santa* voluntad 好き勝手なことをする. ── 男 女 聖人；聖人のような人. ── 男 ❶〖カト〗(自分の名前にちなむ) 守護聖人の祝日. ❷ 聖人の像 [絵]；[複] 挿絵. *¿A* ～ *de qué ...?*《話》一体全体どうして…. *desnudar a un* ～ *para vestir a otro*《話》ある問題を解決しても別の問題とすり替わるだけである. *(día de) Todos los S*～*s* 諸聖人の日 (11月1日). *irse el* ～ *al cielo*《話》うっかり忘れる. *llegar y besar el* ～《話》瞬時に目的を達する. *mano de* ～《話》特効薬. *no ser* ～ *de* SU *devoción*《話》虫が好かない. *por todos los* ～*s*《話》お願いだから. *quedarse para vestir* ～*s*《話》(女性が) 独身でいる. *¡Y Santas Pascuas!*《話》話はそれでおしまい. *¡S*～ *Dios! | ¡Dios S*～*!*《驚き》おやまあ, 何てことでしょう. ～ *y seña* 合言葉.
Santo Domingo 固名 ❶ サント・ドミンゴ：ドミニカ共和国の首都. ❷ 聖ドミニクス ～ de Silos (1170-1221)：スペインの聖職者でドミニコ会の創設者.
santolio 男《話》聖油.
santón 男 ❶ 非キリスト教 (特にイスラム教) の修道僧. ❷ 偽善者, えせ信心家. ❸ 大者.
santónico, ca 形 (非キリスト教) 修道僧の. ── 男〖植〗セメンシナ.
santonina 女〖薬〗サントニン.
santoral 男〖カト〗聖人伝；交誦(こうしょう)聖歌集；聖人の祝日 [祭日] 表.
santuario 男〖カト〗礼拝堂, 聖地；神殿.
santurrón, rrona 形《話》《軽蔑》信心に凝り固まった. ── 男 女 こちこちの [えせ] 信心家.
San Vicente y Granadinas 固名 セントビンセントおよびグレナディーン諸島：カリブ海の島国.
saña 女 残忍さ；激怒.
sañoso, sa / sañudo, da 形 激怒した；残忍な.
São Paulo 固名 サンパウロ：ブラジルの都市.
sapenco 男〖動〗カタツムリ.
sapiencia 女 知恵, 英知；学識.
sapiencial 形 知恵の. libros ～*es*〖聖〗知恵の書.
sapiente 形 知恵のある.
sapientísimo, ma 形《話》[sapiente の絶対最上級] とても博学な.
sapillo 男 (乳児の口にできる) ただれ.
sapindáceas 女 複〖植〗ムクロジ科 (の植物).
sapino 男〖植〗モミの木.
sapo 男 ❶〖動〗ヒキガエル. ❷《話》ずる賢い人. ❸《ラ米》(アルゼンチン)(ウルグアイ)〖遊〗作り物のカエルの口に硬貨を投げ入れる遊び. *echar* [*soltar*] *por la boca* ～*s y culebras*《話》悪態をつく.
saponáceo, a 形〖技〗〖化〗石けん質の.
saponificar ㉖ 他〖化〗鹸化(けんか)させる. ── **saponificarse** 再 鹸化する.
saprófito, ta / saprofito, ta 形〖植〗腐敗物に寄生する.
saque 男〖スポ〗サーブ, キック (オフ)；サービスライン (= línea de ～)；サーバー. hacer [tener] el ～ サーブ [キックオフ] する. ～ de castigo ペナルティーキック. ～ de

S

esquina コーナーキック. ～ de puerta ゴールキック. ～ de banda (サッカー) スローイン；(ラグビー) ラインアウト. ── 活 → sacar. *tener un buen* ～ 《話》大食漢である.

saque(-) / saqué(-) 活 → sacar.

saqueador, dora 形 略奪する. ── 男 女 略奪者.

saquear 他 略奪する；…からごっそり盗み出す.

saqueo 男 略奪.

saquería 女 ❶ 袋製造（業）. ❷《集合的》袋, 袋類.

saquero, ra 男 女 袋製造業者, 袋職人；袋販売者.

saquete 男 小袋；〘軍〙(弾) 薬嚢(ﾉｳ).

saquito 男《ラ米》(ﾆｶﾗｸﾞｱ)乳児用の上着.

SAR [サル] 男 Servicio Aéreo de Rescate (スペインの) 空軍レスキュー隊.

S. A. R. Su Alteza Real 殿下.

sarampión 男〘医〙はしか, 麻疹(ﾏｼﾝ).

sarandí 男《ラ米》(ｱﾙｾﾞﾝﾁﾝ)〘植〙アカネ科セファランサス；トウダイグサ科コミカンソウ.

sarao 男 夜会；《話》騒ぎ.

sarape 男《ラ米》(ﾒｷｼｺ)サラーペ：（頭を通して着る）原色の毛布地.

sarapia 女〘植〙トンカマメノキ.

sarasa 男《俗》ホモセクシャルの人；女っぽい男.

Sarasate 固名 サラサーテ Pablo de ～ (1844-1908)：スペインの作曲家・バイオリニスト.

saraviado, da 形 そばかすだらけの.

sarazo, za 形《ラ米》(トウモロコシ等が) 熟しかけの.

sarcasmo 男《文》皮肉, 嫌み.

sarcástico, ca 形 皮肉っぽい, 嫌みな.

sarcocarpio 男 (桃・梅等の) 果肉.

sarcófago 男 (碑文・彫刻等を施した) 石棺.

sarcoma 男〘医〙肉腫(ﾆｸｼｭ).

sardana 女〘音〙サルダーナ：スペイン, カタルーニャ地方の舞踊[音楽].

sardina 女〘魚〙イワシ, サーディン. *estar como* ～*s en lata* ぎゅうぎゅう詰めである.

sardinel 男〘建〙小端(ｺﾊﾞ)立てれんが積み.

S

sardinero, ra 形 イワシ (漁) の. ── 男 女 イワシ売り.

sardineta 女 ❶ 小イワシ. ❷ しっぺ.

sardo, da 形 ❶ サルデーニャ島の. ❷ (牛が) まだらの. ── 男 女 サルデーニャ島民. ── 男 ❶ サルデーニャ語. ❷《ラ米》兵士.

sardonia 女〘植〙タガラシ.

sardónico, ca 形 嘲笑(ﾁｮｳｼｮｳ)的な. risa *sardónica* せせら笑い.

sarga 女〘服〙サージ；〘植〙キヌヤナギ.

sargazo 男〘植〙ホンダワラ属の海藻.

sargento, ta 男 女 ❶ 軍曹；巡査部長. ❷《話》威張りちらす人.

sargentona 女《話》《軽蔑》男勝りの女；威張りちらす女.

sargo 男〘魚〙タイ科の魚.

sari 男 サリー：インドの女性がまとう衣装.

sarín 男〘化〙サリン (ガス) (= gas ～).

sarmentoso, sa 形 ブドウづるのような.

sarmiento 男 ブドウ等のつる. ── 固名 [S-] サルミエント Domingo Faustino ～ (1811-88)：アルゼンチンの作家・政治家・大統領 (1868-74).

sarna 女〘医〙〘獣医〙疥癬(ｶｲｾﾝ). *más viejo que la* ～《話》古ぼけた. *S*～ *con gusto no pica.*《諺》自ら招いた厄介事は苦にならない.

sarniento, ta 形《ラ米》→ sarnoso ①.

sarnoso, sa 形 ❶ 疥癬(ｶｲｾﾝ)にかかった. ❷《ラ米》(ｱﾙｾﾞﾝﾁﾝ)(ｳﾙｸﾞｱｲ)卑しい, 軽蔑すべき. ── 男 女 疥癬の感染者.

sarpullido 男〘医〙発疹(ﾊｯｼﾝ)；ノミに食われた跡.

sarraceno, na 形 男 女〘史〙サラセン人 (の).

sarracina 女 ❶ 乱闘；大虐殺；大破壊. ❷ 大量の落第.

sarro 男 ❶ (容器・配管内の) 付着物；湯[水]あか. ❷ 歯石. ❸〘医〙舌苔(ｾﾞｯﾀｲ).

SARS 〔英〕男〘医〙サーズ, 重症急性呼吸器症候群.

sarta 女 一つなぎ, 一連.

sartal 男 → sarta.

sartén 女 フライパン. *tener la* ～ *por el mango*《話》牛耳る, 取り仕切る.

sartenada 女 フライパン 1 つ分の量.

sartenazo 男 (フライパンによる) 強打.

sartorio 形 男〘解〙縫工筋 (の).

sasánida 形 男 女〘史〙(ペルシャ) ササン朝 (226-651) の (人).

sastre, tra 男 女 ❶ (紳士服の) 仕立屋. ❷ (劇場の) 衣装製作係. ── 男〘服〙婦人物のスーツ (= traje ～). ── 女《話》仕立屋の妻. *Entre* ～*s no se pagan hechuras.*《諺》武士は相身互い.

sastrería 女 仕立 (業)；仕立屋 (の店).

Satán / Satanás 男 サタン, 魔王.

satánico, ca 形 悪魔の；悪魔のような.

satanismo 男 悪魔崇拝；悪魔的行為[精神].

satanización 女 悪魔化, 極悪化.

satélite [サテりテ] 男〔英 satellite〕❶〘天文〙**衛星**；人工衛星 (= ～ artificial). ～ de comunicaciones 通信衛星. ～ espía スパイ衛星. ～ geoestacionario 静止衛星. ～ meteorológico 気象衛星. vía ～ 衛星中継で[の]. ❷ 衛星国 (= país ～)；衛星都市 (= ciudad ～). ❸ [主に複] 取り巻き. ❹〘機〙遊星歯車.

satelización 女 (人工衛星を) 軌道に乗せること.

satén 男〘服〙サテン.

satín 男《ラ米》→ satén.

satinado, da 形 つや[光沢]のある, 滑らかな. ── 男 光沢；つや出し.

satinar 他 (布・紙等に) 光沢をつける.

sátira 女 風刺；風刺文[詩].

satiriasis 女 [単複同形]〘医〙男子色情狂.

satírico, ca 形 風刺の, 風刺文[詩]を書く. ── 男 女 風刺詩人.

satirio 男〘動〙ミズハタネズミ.

satirión 男〘植〙サティリオン.

satirizar 57 他 風刺する. ── 自 風刺文[詩]を書く.

sátiro 男 ❶〘ギ神〙サテュロス：半人半獣の森の神. ❷ (サテュロスのような) 好色家.

satisfacción [サティスファクしオン] 女 [複 satisfacciones]〔英 satisfaction〕❶ **満足** (感), 充足. a ～ de ... …が満足する形で. ❷《文》償い, 賠償.

satisfacer [サティスファセル] 96 他 [過

分 satisfecho, cha〕〔英 satisfy〕❶ 満足させる，満たす，充足させる．❷ (問題を) 解決する，解き明かす．❸ 償う，賠償する；返済する．— **satisfacerse** 再 ❶ ((con)) (…で) 満足する，満たされる．No *se satisface con* cualquier cosa. 彼女はどんなことにも満足しない．❷ ((de)) (…の) 報復をする．

satisfactorio, ria 形 満足すべき，申し分のない．

satisfaz 活 → satisfacer.

satisfecho, cha 〔サティスフェチョ，チャ〕 過分 → satisfacer. 形〔英 satisfied〕❶ ((con, de)) (…に) 満足した；満腹になった．Estoy ～ *con* el resultado. 私はその結果に満足している．❷ 得意になった，思い上がった．Está ～ consigo [de sí mismo]. 彼は天狗(ɔ̃ʌ)になっている．

sátrapa 男 ❶〖史〗(古代ペルシャ帝国の) 太守．❷ 豪奢(ɔ̃ʌ)な生活をしている人．❸ ((軽蔑)) 暴君，横暴な人．

saturación 女 飽和；充満；過剰．

saturado, da 形 飽和状態の．

saturar 他 ((de, con)) (…で) いっぱいにする；〖化〗飽和させる．— **saturarse** 再 ((de)) (…で) いっぱいになる；飽和する．

saturnal 形 ❶ 土星の．❷〖ロ神〗サトゥルヌスの．— 女 ❶ お祭り騒ぎ，無礼講．❷ [複] サトゥルヌス祭：古代ローマの収穫祭．

saturnino, na 形 ❶ 陰気な，むっつりした．❷〖医〗鉛(中)毒性の；〖化〗鉛の．

saturnismo 男〖医〗鉛(中)毒．

Saturno 固名 ❶〖ロ神〗サトゥルヌス：農耕神．❷〖天文〗土星．

sauce 男〖植〗ヤナギ．～ blanco セイヨウシロヤナギ．～ llorón シダレヤナギ．

sauceda 女 ヤナギの群生地．

saucedal 男 → sauceda.

saúco 男〖植〗セイヨウニワトコ．

saudade 女 ((文)) 郷愁，ノスタルジア．

Saudí 固名 → Arabia Saudita. — 形 [s-] → saudita.

saudita 形 サウジアラビアの．— 男 女 サウジアラビア人．

Saúl 固名 サウル：男子の名．

sauna 女 サウナぶろ．

saurio, ria 形〖動〗トカゲ類の；トカゲに似た．— 男 [複] トカゲ類動物；恐竜．

saurópodo 男 (巨大草食恐竜) 竜脚類．

savia 女 ❶〖植〗樹液．❷ 生気，活力．

savoir faire 〔サブアルフェル〕〔仏〕 男 臨機応変の才，気転．

saxo 男〖音〗サックス (＝saxofón). — 男 女 サックス奏者．

saxofón / saxófono 男〖音〗サキソホン．— 男 女 サキソホン奏者．

saxofonista 男 女 サキソホン [サックス] 奏者．

saya 女 ペチコート；((ラ米)) スカート (→ falda 地域差)．

sayal 男 目の粗い毛織物．

sayo 男 (ボタンのない) 厚手の長い上っ張り，スモック．*cortarle a ... un* ～ ((話)) …を陰でけなす．

sayón 男 ❶ (聖週間に長衣を着て行列する) 信徒．❷ ((話)) 見かけの恐ろしげな人．❸〖史〗(中世の) 執行吏；首切り役人．

sazón 女 ❶ 成熟，円熟．❷ 味 (つけ)．❸ 好機，頃合(ɔ̃ʌ)．*a la* ～ ((文)) 当時，そのころ．

sazonado, da 形 ❶ 味つけした．❷ 気の利いた．

sazonar 他 (食べ物に) 味をつける，調味する．— **sazonarse** 再 熟す；食べごろになる．

scalextric 〔エスカレストゥリ(ク)〕〔英〕 男 [複 ～s] ❶〖商標〗スロット・レーシング：プラスチック製のコースで小型模型車をコントローラーによって走らせるおもちゃ．❷ (道路の) 立体交差．

scanner 〔エスカネル〕〔英〕 男〖医〗〖IT〗スキャナー．

scherzo 〔エスケルツォ〕〔伊〕 男〖音〗スケルツォ．

scooter 〔エスクテル〕〔英〕 男 [単複同形 または ～s] スクーター．

scout 〔エスカウ(トゥ)〕〔英〕 男 ボーイスカウト．

scratch 〔エスクラ(チ)〕〔英〕 男 スクラッチ：レコードを手で回す演奏法．

se 〔セ〕 代名 ((人称)) [3人称，性数不変]〔英 him, her, you, them〕 **1** ((間接目的語)) 彼[彼女，あなた，あなた方，彼ら，彼女たち]に[から]，(→ le, les). No quiero decír*selo* a mis padres. — Dí*selo*. 両親にはそれを言いたくないんだ．—それを彼らに言いなさい．► 直接目的語の代名詞3人称形 (lo, la, los, las) と共に用いられ，常にそれらの前に置かれる．**2** ((再帰)) ► 普通，動詞のすぐ前に置かれるが，不定詞・現在分詞・肯定命令形と共に用いられる場合は，それらの後に付ける．❶ ((直接目的語)) 自分自身を．alabar*se* a sí mismo 自画自賛する．❷ ((間接目的語)) 自分自身に，自分自身から．lavar*se* las manos (自分の) 手を洗う．❸ ((3人称複数を主語として相互の意味を持って)) (お互いに) …し合う．Hace mucho que ellos no *se* saludan. もうずいぶん前から彼らはあいさつを交わさない．► 相互の意味を表す語句 uno(s) a otro(s), mutuamente 等を伴う場合がある．❹(1) ((他動詞の自動詞化)) levantar*se* 起きる，立つ．► 常に再帰代名詞を伴って用いられる動詞がある (→ arrepentir*se*, atrever*se*, quejar*se* 等)．(2) ((ある種の動詞に付いて特別な意味を加える)) Él *se* fue. 彼は帰っちゃった．Juan *se* bebió una botella de vino. フアンはワインを1本飲み干した．❺ ((他動詞に付けられ受身の意味で)) …される．Este libro *se* publicó hace dos años. この本は2年前に出版された．► 無生物名詞が主語となる．❻ ((動詞の3人称単数に付けられ非人称的に)) 人は (…) する．En esta clase *se* lee mucho. このクラスの人たちは読書家です．

SE 男 → sudeste.

sé 活 ❶ → saber. ❷ → ser.

S. E. *S*u *E*xcelencia. 閣下．

sea(-) / seá- 活 → ser.

SEAT 〔セア(トゥ)〕 男 *S*ociedad *E*spañola de *A*utomóviles de *T*urismo スペイン自動車会社，セアット社．

sebáceo, a 形 脂肪質の，皮脂の．

Sebastián 固名 セバスティアン：男子の名．

sebo 男 ❶ 獣脂；脂肪．❷ 肥大，肥満．❸ 脂汚れ．❹〖解〗皮脂．*poner* ～ *a* ...

…を怒らせる.
seborrea 女〘医〙脂漏.
seboso, sa 形 脂肪質の；脂で汚れた.
seca 女 ❶ 乾燥；旱魃(かんばつ)；乾期. ❷〘医〙潰瘍(かいよう)の乾く時期. —形 → seco. —活 → secar.
secadero 男 乾燥場.
secado 過分 → secar. 男 乾燥（させること).
secador 男 ヘアドライヤー（= ～ de pelo).
secadora 女 乾燥機（= máquina ～).
secamente 副 そっけなく.
secamiento 男 乾燥；涸渇(こかつ).
secano 男 灌漑(かんがい)設備のない土地.
secante 形 ❶ 乾燥させる. ❷〘数〙（線・面が）交わる, 分割する. —男 ❶ 吸い取り紙. ❷〘美〙乾性油. —女〘数〙割線；（三角法の）セカント, 正割. —男 女〘スポ〙（相手選手を）マークする人.
secar［セカル］26 他〔英 dry〕❶ **乾かす**, 干す. ❷ ふく, ぬぐう. ❸（植物等を）枯らす. ❹〘スポ〙（相手選手を）マークする. — ***secarse*** 再 ❶ **乾く**. ❷（自分の体を）ふく, ぬぐう. ❸（植物が）枯れる. ❹（川等が）干上がる. ❺（肌が）荒れる. ❻ 衰弱する, やせ衰える.
sección［セクシオン］女〔複 secciones〕〔英 section〕❶ **部門**；**課**；（デパートの）売り場. ❷（新聞等の）欄；（書物等の）節, 項. ❸〘数〙断面（図), 切断；〘医〙切開, 切断. ～ cónica 円錐(えんすい)曲線. ～ longitudinal 縦断面図. ❹〘軍〙小隊.
seccional 女〘ラ米〙(1)(ｳﾙｸﾞｱｲ)出張所, 支店. (2)(ｱﾙｾﾞﾝﾁﾝ)(ｳﾙｸﾞｱｲ)警察署.
seccionar 他 分割する, 切断する.
secesión 女 分離, 離脱.
secesionismo 男 分離主義.
secesionista 形 分離主義の. —男 女 分離主義者.
seco, ca［セコ, カ］形〔英 dry, dried〕❶ **乾いた**, 乾燥した；干上がった. ❷ 干した, 乾燥させた. ❸ 辛口の, ドライの（↔ dulce). ❹（音等が）乾いた. ❺ 冷淡な, 無愛想な. ❻ やせこけた. —活 → secar. ***a secas*** 何も添えないで, それだけで. ***dejar ～ a ...*** …を即死させる；唖然(あぜん)とさせる. ***en ～*** (1) 突然, 急に. (2) ドライの. limpieza ***en*** ～ ドライクリーニング. (3) しっくいを使わないで.
secoya 女〘植〙セコイア.
secreción 女〘生〙分泌（作用). ～ interna [externa] 内[外]分泌.
secreta 女〘カト〙（ミサの）密誦(みっしょう). —男 女〘話〙私服警官.
secretar 他〘生〙分泌する.
secretaria 女 → secretario.
secretaría 女 ❶ 事務局, 書記局, 秘書室[課]；（政府の）省, 局. *S*～ de Estado（バチカン市国・米国等の）国務省. ❷ 秘書[書記]の職[地位, 任務].
secretariado 男 ❶ 秘書学. ❷ 秘書[書記]の職[地位, 任務]；〘集合的〙秘書団, 書記団. ❸ 書記局, 事務局；秘書室.
secretario, ria［セクレタリオ, リア］男 女〔英 secretary〕❶ **秘書**. ❷ 書記（官）；事務員[官]；〘ラ米〙(ﾒｷｼｺ)大臣. ～ general 事務局長[総長]. *S*～ de Estado 国務長官.
secretear 自〘話〙ひそひそ話をする.
secreteo 男〘話〙ひそひそ話, 内緒話.
secreter 男 書き物机.
secretismo 男 秘密主義.
secreto, ta［セクレト, タ］形 秘密の, 機密の；内密の. agente ～ 密偵. votación *secreta* 秘密[無記名]投票. —男〔英 secret〕❶ **秘密**, 機密；内密. ～ de Estado 国家機密. ～ de fabricación 企業秘密. ～ militar 軍事機密. ～ profesional 職業上の秘密. ～ de confesión〘カト〙告解の秘密. guardar un ～ 秘密を守る. ❷ 秘訣(ひけつ), 極意. ***en ～*** こっそりと；陰で. ***～ a voces***〘話〙公然の秘密.
secretor, tora / secretorio, ria 形〘生〙分泌（作用）の.
secta 女 ❶ 分派；宗派；党派. ❷ 異端派, セクト.
sectario, ria 形 分派の；セクト的な, 狭量な. —男 女 ❶ 特定の派に属する人；信徒. ❷ セクト主義者.
sectarismo 男 セクト主義.
sector 男 ❶ 部門, 分野. ～ público [privado] 公共[民間]部門. ～ primario [secundario, terciario] 第一次[第二次, 第三次,] 産業部門. ❷ 地区, 区域. ❸〘数〙扇形（= ～ circular). ～ esférico 球底円錐(えんすい).
sectorial 形 部門の, 分野の；〘数〙扇形の.
secuaz 男 女 信奉者；〘軽蔑〙子分, 取り巻き.
secuela 女 結果, 帰結；後遺症.
secuencia 女 ❶ 一連, 一続き. ❷〘映〙シークエンス；〘カト〙続唱；〘IT〙順序, シーケンス；〘数〙数列.
secuencial 形 一連の, 連続する.
secuenciar 17 他 連続させる, 順序立てる.
secuestrador, dora 形 誘拐する. —男 女 誘拐犯.
secuestrar 他 ❶ 誘拐する. ❷ 乗っ取る, ハイジャックする. ❸〘法〙差し押さえる.
secuestro 男 ❶ 誘拐；ハイジャック. ❷〘法〙差し押さえ；押収.
secular 形 ❶ 世俗の；在俗の. ❷ 世紀ごとの；何百年の；昔からの. —男〘カト〙在俗司祭（= clero ～).
secularización 女 世俗化；還俗(げんぞく).
secularizado, da 形（教会財産を）俗用にした.
secularizar 57 他 世俗化[還俗(げんぞく)]させる. — ***secularizarse*** 再 還俗する.
secularmente 副 何世紀にも渡って.
secundar 他 支持する, 支援する.
secundario, ria 形 ❶ 2番目の. enseñanza *secundaria* 中等教育. ❷ 副次的[二次的]な. ❸〘地質〙中世代の.
secundinas 女 複〘医〙後産.
sed 女 ❶（のどの）渇き. apagar [quitar] la *sed* 渇きを癒(い)やす. tener *sed* のどが渇いている. ❷ 水不足. ❸ 渇望, 切望.
seda［セダ］女〔英 silk〕**絹**（糸, 織物). ～ artificial レーヨン. ～ cruda 生糸. papel de ～ 薄葉紙. la ruta de la ～

S

シルクロード. ***como una [la] ～*** スムーズに；従順に. ***de ～*** すべすべした, 滑らかな.

sedación 女 鎮静；(苦しみ・悲しみを) 和らげること.

sedal 男 釣り糸.

sedán 男〔車〕セダン.

sedante 形 鎮める；(心を) 落ち着かせる. ―男 鎮静剤.

sedar 他 (肉体的・精神的苦痛を) 鎮める, 和らげる.

sedativo, va 形 鎮静させる.

sede 女 ❶ 本庁, 本部. ❷〔カト〕司教(管)区；(高位聖職者の) 地位, 座. Santa *S*～ 教皇庁, バチカン. ❸ (競技・会議の) 開催地.

sedentario, ria 形 座ったままの；ほとんど動かない；定住性の.

sedentarismo 男 定住性.

sedente 形《文》座った姿勢の.

sedería 女 絹物業[店]；絹織物[製品].

sedero, ra 形 絹の. ―男女 絹物商.

sedicente 形 名ばかりの, 自称の.

sedición 女 反乱, 暴動.

sedicioso, sa 形 反乱を引き起こす. ―男女 反乱者；扇動者.

sediento, ta 形 ❶ 乾燥した；のどが渇いた. ❷《de》(…を) 熱望した. ―男女 のどが渇いた人.

sedimentación 女 沈殿, 堆積(たいせき).

sedimentar 他 堆積(たいせき)[沈殿]させる. ― **sedimentarse** 再 沈殿する；落ち着く.

sedimentario, ria 形 沈殿物の, 堆積(たいせき)による.

sedimento 男 ❶ 沈殿物；堆積(たいせき)物. ❷ 心の傷.

sedoso, sa 形 絹のような；すべすべした.

seducción 女 誘惑；魅惑.

seducir 12 他 ❶ 誘惑する, 惑わす；(性的に) 誘惑して自分のものにする. ❷ (考え等が) とりこにする, 夢中にさせる. Esta idea me *seduce*. 私はこの考えが気に入っている.

seductor, tora 形 誘惑する, 魅惑的な. ―男女 誘惑者；魅了するもの[人].

sefardí / sefardita [複 sefardí(e)s /～s] 形男女 イベリア半島から追放されたユダヤ人(の).

segador, dora 形 刈り入れ[収穫]の. ―男女 刈り取り人. ―女 刈り取り機. *segadora* trilladora コンバイン.

segar 72 他 ❶ (穀物・草を) 刈る. ❷ (突出した部分を) 切り落とす. ❸ だめにする.

seglar 形 世俗的な；聖職者でない. ―男女 在俗[世俗]の人.

segmentación 女 分割, 区分；〔生〕卵割；〔言〕分節.

segmentado, da 形〔動〕(体が) 環節から成る.

segmentar 他 分割する. ― **segmentarse** 再 分裂する.

segmento 男 ❶ (分割されている) 部分, 切片；部門, 分野. ❷〔数〕線分；(円・球の) 弓形 (＝～ circular). ❸〔動〕体節, 環節. ❹〔言〕分節 (音)；〔IT〕セグメント.

Segovia 固名 セゴビア：スペインの県；県都.

segoviano, na 形男女 セゴビア (出身) の (人).

segregación 女 ❶ 分離；隔離. ～ racial 人種隔離[差別]. ❷〔生〕分泌；分泌液.

segregacionismo 男 人種分離主義, アパルトヘイト.

segregacionista 形 人種分離主義の. ―男女 人種分離主義者.

segregar 66 他 ❶ 分離する. ❷〔生〕分泌する.

segueta 女 糸のこ.

seguidamente 副 続けて, 引き続いて.

seguidilla 女 ❶〔音〕セギディーリャ：スペイン, アンダルシア地方の 3 拍子の舞踊. ❷〔詩〕セギディーリャ： 7 音節・5音節の詩行を組み合わせた 4 行・7行の詩.

seguidismo 男《軽蔑》追従.

seguido, da 過分 → seguir. 形 ❶ 連続した, 一連の. tres años ～*s* 3 年続けて. ❷ まっすぐな, 直線の. ―副 まっすぐに；すぐに；しょっちゅう. ***de seguida*** 続けて；ただちに. ***en seguida*** → enseguida.

seguidor, dora 形 後に続く. ―男女 弟子, 信奉者；〔スポ〕ファン, サポーター.

seguimiento 男 ついていくこと, 追跡.

seguir [セギル] 97 他 [現分 siguiendo]〔英 follow, continue〕

❶ **…の後を追う**. ～ las huellas [los pasos] de ... …の足跡をたどる. ❷ 従う, 模範とする. ～ las instrucciones 指示に従う. ❸ (行程等を) 続ける. ～ una clase de inglés 英語の授業を受けている. El proyecto *sigue* su curso. その計画は進行中である. ―自 ❶《＋現在分詞 /＋形容詞 /(con)＋名詞》**…し続ける**, …のままである. *Sigue* trabajando en la misma compañía. 彼はまだ同じ会社で働いている. Ella *sigue* soltera. 彼女はまだ独身だ. *Sigue con* gripe. かぜが治っていない. *Seguimos* sin noticias de él. まだ彼の消息は分かっていない. ❷《a》(…に) 続く；(…に) 続いて起こる. lo que *sigue* 後に続くもの. ❸《por》(…を) 進む. ～ *por* este camino この道を進む. ❹ (道等が) 続いている. ― **seguirse** 再《de》(…から) 導かれる, 推論される. *de* esta conclusión *se sigue* ... この結論から…と言える. ***seguir adelante*** 前進する, 実行する. ***seguir en*** sus ***trece*** 我を通す.

seguiriya 女〔音〕→ siguiriya.

según [セグン] 前 [主格人称代名詞をとる]〔英 according to〕

❶《根拠》**…によれば**. *S*～ el profesor, tú tienes que estudiar más. 先生によるとお前はもっと勉強しないといけない. *S*～ tú, yo fumo demasiado. 君の考えだと僕はタバコを吸い過ぎということだね. ❷《基準》**…にしたがって**；…に応じて. Tenemos que trabajar ～ las normas de la empresa. 我々は会社の就業規則にしたがって働かなくてはならない. *S*～ el tiempo que haga saldremos de viaje o nos quedaremos en casa. 天気によって, 旅行に出かけるか家にいるかということになる. Te pagaré ～ lo que trabajes. 君の働きに応じて支払うよ. ―接 ❶《基準》…によると. *S*～ dicen, pronto se casarán. うわさによると彼らはすぐに結婚するようだ. ❷《方法・様態》…のように, …にしたがって. El niño

S

contestó ～ (y como) le dijo su madre. その子は母親に言われたとおりに答えた. Todo queda ～ estaba. 全てが以前のままである. Le cambiaremos las medicinas ～ se encuentre el enfermo. 患者の状態によって薬を変えましょう. ❸《時・同時》…のときに（すぐに）；…につれて. *S*～ volvimos a casa, vimos que ya no había nadie. 私たちが家へ帰るやもう誰もいないことが分かった. Podemos hablar, ～ vayamos andando. 歩きながら話せるよ. ― 副 場合によりけり（= ～ y conforme). ¿Vas a la fiesta? ― *S*～. 君はパーティーに行くの. ―場合によりけりだ. Iremos o nos quedaremos, ～. 場合によって行くか残るかすることになる.

segunda 女 ❶〘車〙セカンドギア. ❷（座席等の）2等. ❸［単または複］《話》下心. hablar con ～*s* 本心を隠して話す. ― 形 → segundo.

segundero 男（時計の）秒針.

segundo, da [セグンド, ダ] 形〔英 second〕❶《数詞》**2番目の**. *segunda* mitad 後半. sobrino ～ またいとこ. ❷ 2級の；二流の. ～ jefe〘軍〙副艦長, 副長. ― 男 女 2番目の人, 次席；補佐役, 助手. ― 男（時間の単位）**秒**；（角度・方向の単位）秒. ***en un*** ～ ただちに, すぐに. ***sin*** ～ 無二の, 比類ない.

segundogénito, ta 形 男 女 第二子（の）.

segundón, dona 男 女《話》《軽蔑》2番手（の人）. ― 男《古》第二子；第二子以下の息子.

segur 女 斧(おの), まさかり.

segura 形 → seguro.

seguramente 副 ❶ 多分, おそらく. ¿Vendrás mañana? ― *S*～. 明日来るかい. ―そのつもりだ. ❷ 確実に, 堅固に.

seguridad [セグリダ(ドゥ)] 女〔英 safety〕❶ **安全（性）**；保障. disco de ～〘IT〙バックアップディスク. lámpara [linterna] de ～ 非常灯. ～ social 社会保障. válvula de ～ 安全弁. ❷ 確かさ, 確実性；信頼（性）. ❸ 安心, 保証；〘法〙保証. ***con*** ～ きっと, 間違いなく.

S

seguro, ra [セグロ, ラ] 形〔英 safe; sure〕❶ **安全な**. lugar [sitio] ～ 安全な場所. ❷ **確実な**, 信頼できる. amigo ～ 信頼できる友人. fuentes ～*s* 確かな筋. dar ... por ～ …を確かなものと思う. ser ～ que ... …は確実である. ❸ 確信している. estar ～ de que ... …だと確かに思う. ― 副 確かに, きっと. ― 男 ❶ 保険. ～ contra incendio 火災保険. ～ de vida 生命保険. póliza de ～ 保険証書. ❷ 安全装置. ❸ 安全；保障. ❹《話》国民［社会］保険. ❺《ラ米》安全ピン（→ imperdible 地域差）. ***a buen*** ～ きっと（…だろう）. ***de*** ～ 確かに. ***sobre*** ～ 安全に, 確実に.

seibó 男《ラ米》(ｸﾞｽﾞ ｴｸﾞ)サイドボード, 食器棚.

seis [セイス] 形《数詞》〔英 six〕**6の**；6番目の. ― 男 **6**.

seisavo, va 形 6分の1の. ― 男 6分の1；六角形.

seiscientos, tas [セイスしエントス, タス] 形《数詞》〔英 six hundred〕**600の**；600番目の. ― 男 **600**.

seise 男 セビーリャ等の祭りで大聖堂での歌・踊りを受け持つ（6人組の）少年の1人.

seisillo 男〘音〙6連符.

seísmo 男 地震.

seláceo, a 形〘魚〙軟骨魚類の. ― 男［複］軟骨魚類.

selección 女 ❶ 選択, 選抜；〘生〙淘汰(とうた). ～ natural [artificial] 自然［人為］淘汰. ❷ 選集；選抜チーム. ～ nacional〘スポ〙ナショナル・チーム.

seleccionado 男〘スポ〙《ラ米》(ｱﾙｾﾞ ﾝﾁﾝ)(ｳﾙｸﾞ ｱｲ)ナショナル・チーム.

seleccionador, dora 形 選ぶ, 選抜する. ― 男 女〘スポ〙選手選考委員；（ナショナル・チームの）監督.

seleccionar 他 選ぶ；選考する；〘スポ〙選抜する.

selectividad 女 ❶ 選抜（基準）；（スペイン）大学入試センター試験. ❷〘ラジ〙〘TV〙選択度.

selectivo, va 形 選考の, 選抜する.

selecto, ta 形 えり抜きの, 精選した.

selector, tora 形 選抜［選別］する. ― 男〘電〙〘IT〙セレクター；選別器.

selenio 男〘化〙セレン.

selenita 男 女（想像上の）月世界人. ― 女〘鉱〙セレナイト, 透明石膏(せっこう).

selenografía 女〘天文〙月理学；月面図.

selenosis 女［単複同形］爪(つめ)にできる白い斑点(はんてん).

self-service [セるフセルビす]〔英〕男 セルフサービス.

sellado, da 形 押印した；封をした；切手を張った. ― 男 押印；封印. ***circuito*** ～〘車〙シールド・サーキット.

sellador, dora 形 切手［印紙］を張る；押印する.

sellar 他 ❶ 印を押す；封印する. ❷ 閉じる, 封をする. ～ los labios 口を閉ざす. ❸（約束等を）確認する；強固にする.

sello [セリョ(セヨ・セジョ)] 男〔英 seal; stamp〕❶ **印**, 印鑑；判. ❷ **切手**（→ 地域差）；印紙, 証紙. ～ fiscal 収入印紙. ❸ 封, 封印（紙）. ❹ 印章付き指輪. ❺（薬の）オブラート. ❻ 特徴；証(あか). ***echar*** [***poner***] ***el*** ～ ***a*** ... …を終える. ***no pegar*** ～《話》ほとんど［全く］働かない.

地域差 切手 sello《スペイン》《ラ米》(ｷｭｰﾊﾞ, ﾄﾞﾐﾆｶ共和)(ｸﾞｱﾃ ﾏﾗ)(ﾆｶﾗ ｸﾞｱ)(ﾊﾟﾗｸﾞ ｱｲ, ｳﾙｸﾞ ｱｲ)；estampilla《ほぼラ米全域》；timbre (ﾒｷｼｺ)(ﾊﾟﾅﾏ).

Seltz [セるす] 固名 agua de ～ セルツァ炭酸水.

selva 女 ❶ 森林, ジャングル. ～ virgen 原生林. ❷ 寄せ集め；混乱；危険地帯.

selvático, ca 形 森林の, ジャングルの；未開の.

selvicultura 女 植林；林学.

semáforo 男（交通）信号機；〘海〙沿岸信号所；（鉄道の）腕木式信号機.

semana [セマナ] 女〔英 week〕**週**；1週間；週給. ¿Qué día (de la ～) es hoy? 今日は何曜日ですか. la ～ pasada 先週. la ～ que viene / la próxima ～ 来週. *S*～ Santa〘カト〙聖週間（復活祭前の1週間.）***entre*** ～ 平日の［に］. ***la*** ～ ***que no tenga viernes***《話》たとえ西から日が昇っても（嫌だ）, ありえない.

semanal [セマナる] 形〔英 weekly〕

週の，週ごとの；1週間の．
semanalmente 副 毎週；週ごとに．
semanario, ria 形 週ごとの．― 男 ❶ 週刊誌．❷ 7個のセット．
semantema 男〘言〙意義素．
semántica 女〘言〙意味論．
semánticamente 副 意味論的には；意味上では．
semántico, ca 形〘言〙意味(論)の．
semasiología 女〘言〙意義論．
semblante 男 ❶ 顔つき；表情．❷ 局面，様相．
semblantear 他《ラ米》《話》(アルゼ)(ウルグアイ)(チリ)(メキシコ)顔色をうかがう．
semblanza 女 略歴，人物像．
sembradío 男 種まき用の土地．
sembrado, da 形 男 種をまいた(畑)．
sembrador, dora 形 男 女 種をまく(人)．― 女〘農〙播種(はしゅ)機．
sembrar 18 他 ❶ …の種をまく；《**de**》(…の) 種を…にまく．❷ ばらまく；《**de, con**》(…を) …にまく，散らす．～ el suelo *de* colillas 床を吸い殻でいっぱいにする．～ el pánico パニック状態に陥らせる．❸ (将来に備えて) 仕込む，基を作る．***Quien siembra vientos recoge tempestades.***〘聖〙悪事をなす者はその報いを受ける．
semejante [セメハンテ] 形 〔英 similar〕❶《**a** / **en**》(…に / …の点で) **似た**，類似の．Es muy ～ *a* su padre *en* su manera de hablar. 彼の話し方は彼のお父さんとそっくりだ．❷ そのような．en ～ caso そんな場合には．❸〘数〙相似の．― 男 [主に複] 隣人；同胞，同類．
semejanza 女 ❶ 類似(点)；〘数〙相似．❷〘修〙直喩(ちょくゆ)．
semejar 他 …に似ている．― **semejarse** 再《**a** / **en**》(…に / …の点で) 類似している．
semen 男〘生〙精液．
semental 形 男 繁殖用の(雄)．
sementera 女 種まき，播種(はしゅ)(期)；種をまいた畑．
semestral 形 半年ごとの，半年間の．
semestralmente 副 半年ごとに，年に2回．
semestre [セメストゥレ] 男〔英 semester〕❶ **半年**，6か月；(年2学期制の大学等の) 学期．primer [segundo] ～ 前[後] 期．❷ 半年分の受給 [支払い]．❸ (新聞・雑誌の) 半年分の号．
semiabierto, ta 形 半開きの．
semiautomático, ca 形 半自動の．
semibreve 女〘音〙全音符．
semicilíndrico, ca 形 半円筒の．
semicilindro 男 半円筒．
semicircular 形 半円の．
semicírculo 男〘数〙半円．～ graduado 分度器．
semicircunferencia 女 半円周．
semiconductor, tora 形 男〘電〙半導体(の)．
semiconserva 女 (要冷蔵の) 保存食．
semiconsonante 形 女〘音声〙半子音(の)．
semicorchea 女〘音〙16分音符．
semicualificado, da 形 専門職に準じる．
semicultismo 男〘言〙半教養語：ギリシャ・ラテン語起源の語で，他の語に比べ，音韻変化の過程を十分経ていない語．
semidesértico, ca 形 ほとんど砂漠のような，砂漠に近い．
semidesnudo, da 形 半裸の．
semidiámetro 男〘数〙半径．
semidiós, diosa 男 女〘神話〙半神；英雄．
semidormido, da 形 うとうとしている．
semieje 男〘数〙半軸．
semienterrado, da 形 半分埋まった．
semiesfera 女 半球．
semiesférico, ca 形 半球の．
semifinal 女 準決勝(戦)．
semifinalista 形 準決勝(進出)の．― 男 女 準決勝出場選手．
semifusa 女〘音〙64分音符．
semilla [セミリャ〈セミヤ・セミジャ〉] 女〔英 seed〕❶〘植〙**種**，種子．❷ 原因．
semillero 男 苗床；《比喩的》種，温床．
semilunar 形 半月状の．
semimedio 男 (ボクシング) ウエルター級．
seminal 形〘生〙精液の；〘植〙種の．líquido ～ 精液．vesícula ～ 精嚢(のう)．
seminario 男 ❶ 神学校．❷ ゼミナール(室)；セミナー．
seminarista 男 神学生．
seminífero, ra 形〘解〙輸精の；〘植〙種子を生じる．
semiología 女 記号学；〘医〙症候学．
semiológico, ca 形 記号学の；〘医〙症候学の．
semiólogo, ga 男 女 記号学者；〘医〙症候学者．
semiótico, ca 形 女 記号論(の)；症候学(の)．
semipesado, da 形 男 (ボクシング) ライトヘビー級の(選手)．
semiprecioso, sa 形 準宝石の．
semiproducto 男 半製品．
semisótano 男 半地下室．
semisuma 女 合計の半分．
semita 形 男 女 セム族(の)；ユダヤ人(の)．
semítico, ca 形 ❶ セム族の；ユダヤ人の．❷ セム語派の．― 男〘言〙セム語派：ヘブライ語，アラビア語，エチオピア語等の総称．
semitismo 男 ❶ セム人気質；ユダヤ人気質．❷ セム[ヘブライ]語的な表現．
semitista 男 女 セム学者．
semitono 男〘音〙半音．
semivocal 形 女〘音声〙半母音(の)．
sémola 女〘料〙セモリナ粉；セモリナ粉で作ったスープ用浮き身．
semoviente 男 家畜．bienes ～*s* (資本としての) 家畜．
sempiterno, na 形 永遠の；相変わらずの．
sen 男〘植〙センナ．
senado 男 ❶ 上院(議事堂)．❷〘史〙(古代ローマの) 元老院会，評議員会．
senador, dora 男 女 上院議員；〘史〙(古代ローマの) 元老院議員．
senaduría 女 上院議員[元老院議員]の職[地位，任期]．
senario, ria 形 6つの要素からなる．
senatorial / senatorio, ria 形 上

S

院（議員）の；〘史〙元老院（議員）の.
sencilla 形 → sencillo.
sencillamente 副 簡素に；簡単に；単に；実に.
sencillez 女 平易, 簡素；素朴さ.
sencillo, lla ［センしリョ〈センしヨ・センしジョ〉］ 形 〔英 simple〕 ❶ 簡単な, 単純な. ❷ 質素な, 簡素な. ❸ 素朴な, 愚直な. ❹ 気取らない, 気さくな. ❺ 単一の. billete ～ 片道切符. ❻ 薄手の. ―― 男 《ラ米》小銭（→ suelto 地域差）.
senda 女 ❶ 小道. ❷《比喩的》方法, 手段. ❸《ラ米》(道路の) 車線（→ vía 地域差）.
senderismo 男 山歩き, ハイキング.
senderista 形 ❶ 山歩きの, ハイキングの. ❷ (ペルーのゲリラ組織) センデロ・ルミノソの. ―― 男 女 ❶ 山歩きする人, ハイカー. ❷ センデロ・ルミノソのメンバー.
sendero 男 → senda. ***S～ Luminoso*** センデロ・ルミノソ, 輝く道：ペルーのゲリラ組織.
sendo, da 形《ラ米》(アルゼンチン)(ウルグアイ)《話》重要な（＝ important）.
sendos, das 形 ⑱《文》それぞれに1つずつの. Les di ～ golpes. 私はやつらに1発ずつ見舞ってやった.
senectud 女《文》老年（期）, 老境.
Senegal 固名 セネガル：首都ダカール Dakar.
senegalés, lesa 形 セネガルの. ―― 男 女 セネガル人.
senequismo 男 セネカ哲学［主義］.
senescal 男（中世王室の）執事, 重臣.
senescencia 女 老化（現象）.
senescente 形 老化した.
senil 形 老人（性）の；ぼけた.
senilidad 女《文》老化（現象）.
sénior 形 ❶（同家族・同名の中で）年上の. J. Pérez ～ 父のJ・ペレス. ❷〘スポ〙シニアクラスの. ―― 男 女〘スポ〙シニアの選手.
seno 男 ❶（女性の）乳房；胸元. ❷ 子宮（＝ matriz, ～ materno）. ❸ くぼみ, 空洞. ❹ 奥まった所, 内部；避難場所. ❺〘解〙洞(どう). ～ frontal 前頭洞. ❻ 入り江. ❼〘数〙サイン, 正弦. ～ segundo コサイン. ❽〘建〙三角小間.
sensación ［センサしオン］ 女［複 sensaciones］〔英 sense; sensation〕 ❶ 感覚, 感じ, 印象. ～ de frío 寒気. dar a ... la ～ de que ...（人が）…という気がする. ❷ 感動, 興奮. causar ～ センセーションを巻き起こす.
sensacional 形 センセーショナルな, 大評判の；心を揺さぶる.
sensacionalismo 男 扇情主義.
sensacionalista 形 扇情主義の. ―― 男 女 扇情主義者.
sensatez 女 良識, 分別.
sensato, ta 形 良識［分別］のある.
sensibilidad ［センシビリダ（ドゥ）］ 女〔英 sensitivity〕 ❶ 感受性, 感性. ❷ 感覚, 知覚. ❸（器械の）感度, 精度；（フィルム等の）感光度.
sensibilización 女 感じやすくすること；〘写〙増感；〘医〙感作.
sensibilizado, da 形 敏感な,（問題等を）意識した.
sensibilizar 57 他 敏感にする；〘写〙増感する；〘医〙感作する.
sensible ［センシブれ］ 形〔英 sensitive〕 ❶ 感覚のある, 知覚を備えた. ❷《a》(…に) 敏感な；感受性の強い. ❸ 高感度の, 精度の優れた. ❹ 優しい, 思いやりのある. ❺ 感覚で捕らえられる, 知覚できる. ❻ 顕著な, 目覚ましい. ❼〘音〙導音の.
sensiblemente 副 著しく, 相当に.
sensiblería 女《軽蔑》涙もろさ, 感傷趣味.
sensiblero, ra 形《軽蔑》ひどく感傷的な, 涙もろい.
sensitivo, va 形 ❶ 感覚の, 感覚を備えた. ❷ 感覚を刺激する. ❸ 感じやすい, 敏感な. ―― 女〘植〙オジギソウ.
sensor 男 センサー.
sensorial 形 感覚の. órganos *～es* 感覚器官.
sensorio, ria 形 感覚の.
sensual 形 官能的な；好色な；快い.
sensualidad 女 官能性, 好色.
sensualismo 男 ❶ 官能主義；好色；官能性. ❷〘哲〙感覚論.
sensualista 形 官能主義の；〘哲〙感覚論の. ―― 男 女 官能主義者；感覚論者.
sensu contrario 〔ラ〕反対に, それに引き換え.
sensu stricto 〔ラ〕副 厳密な意味で.
sentado, da 過分 → sentar. 形 ❶ 座った, 腰掛けた. ❷ 思慮深い. ―― 女 ❶（抗議等のための）座り込み. ❷ 腰掛けている時間. ***dar por ～ ...*** …を当然のこととする. ***de una sentada*** 一気に.
sentador, dora 形《ラ米》(アルゼンチン)(ウルグアイ)(チリ)(衣服が) 似合う；(アルゼンチン)(食べ物が) 口に合う.

sentar
［センタル］ 18 他〔英 sit〕 ❶ 座らせる；据える. ～ a un niño en el asiento 子供を座席に座らせる. ❷（理論等を）築く, 確立する. ～ un precedente 前例を作る. ―― 自 ❶《＋ bien [mal]》(1)（食べ物が）口に合う；(衣服等が) 似合う. Esta corbata no me *sienta bien*. このネクタイは私には似合わない. (2)《話》《＋不定詞 / **que**＋接続法》気に入る；納得する. No le *sienta bien que* le llames tarde. 彼は君が遅くに電話するのが気に入らない. ❷ 安定する, 落ち着く. ―― **sentarse** 再〔英 sit down〕 ❶ 座る, 腰掛ける. ～ a la mesa 食卓につく. *Siéntense* ustedes aquí. こちらにお座りください. ❷（天候等が）安定する；収まる.
sentar como un tiro 《話》全く似合わない［気に入らない］.
sentencia 女 ❶ 決定；〘法〙判決（文）. ❷ 名言, 格言. ❸〘文法〙文, センテンス.
sentenciar 17 他 ❶《a》(…の) 判決を下す. ～ *al* exilio 国外追放を宣告する. ❷（格言を）言う.
sentencioso, sa 形 格言を含む；もったいぶった.
sentidamente 副 心から, 真心を込めて.
sentido, da ［センティド, ダ］ 過分 → sentir. 形 ❶ 心からの. ❷ 感じやすい. ―― 男〔英 meaning; sense〕 ❶ 意味；意義. doble ～ 両義. en este ～ この意

S

味において. no tener ～ 意味がない. ❷ 感覚, 感覚作用；意識. ～ de la vista 視覚. el sexto ～ 第六感. ～ del humor ユーモアのセンス. ❸ 方向. en ～ contrario 反対方向に. de ～ único《ラ米》一方通行の (➜ calle 地域差). de dos ～*s* / de doble ～《ラ米》両面通行の (➜ dirección 地域差). ***con los*** [***sus***] ***cinco ～s***《話》熱心に. ***poner los*** [***sus***] ***cinco ～s en ...***《話》…に細心の注意を払う. ***～ común*** 常識. ***sin ～*** 意味のない；意識を失って.

sentimental 形 ❶ 感傷的な, 感情的な, センチメンタルな. ❷ 愛情による. compañero ～ (婚姻によらない) パートナー. ── 男 女 感傷的な人.

sentimentalismo 男 感傷趣味［主義］；涙もろさ.

sentimentalmente 副 感傷的に, 心情的には.

sentimentaloide 形 男 女《話》感傷的な (人)；涙もろい (人).

sentimiento［センティミエント］男［英 sentiment］❶ 感情, 気持ち；［複］愛情, 恋心. buenos ～*s* 思いやり, 慈しみの心. malos ～*s* 憎しみ. ❷ 悲しみ, 遺憾. Le acompaño en el ～ (por la muerte de su madre). (ご母堂のご逝去を悼み) 心からお悔やみ申し上げます.

sentina 女 ❶〖海〗ビルジ. ❷ 汚水だめ, 不潔な場所；悪の巣窟(そう).

sentir［センティル］98 他［現分 sintiendo］［英 feel; be sorry］❶ 感じる；知覚する；聞こえる. ～ pena por ... …を哀れに思う. ～ cansancio [terror] 疲労［恐怖］を感じる. No lo *sentí* entrar. 彼が入ってくるのが聞こえなかった. ❷《＋不定詞 /**que**＋接続法》…を残念に思う. *Siento* molestarte. 君を煩わせてすまない. *Siento que* no lleguen a tiempo. 彼らが時間どおりに来ないのは遺憾だ. ❸ 察知する；《**que**＋直説法》…という気がする. *Siento que* ellos no vendrán. 彼らは来ないと思う. ── 自 感じる, 感覚［感情］を持つ. ── **sentirse** 再《＋副詞・形容詞》…という気分である. *Nos sentimos* muy emocionados. 私たちはとても感動した. ¿Cómo *te sientes*? 気分はどうですか. ── **sentir** 男 ❶ 判断, 意見. en mi ～ 私の意見では. ❷ 感情. ***dejarse sentir*** 感じられる, 目立ってくる. ***Lo siento.***《遺憾》申し訳ありません. ***ni sentir ni padecer*** 無神経である. ***sin sentir*** 知らぬ間に.

seny［セニ］〔カタルーニャ〕男 常識, 良識.

senyera［セニェラ］〔カタルーニャ〕女 (カタルーニャの) 旗.

seña［セニャ］女［英 sign；address］❶ 合図, 身ぶり. hablar por ～*s* 手ぶり［手話］で話す. hacer ～*s* 合図する. ❷［複］(身体的) 特徴, 人相；印. ❸［複］住所 (＝dirección). ***Las ～s son mortales.*** 疑う余地がない. ***para*** [***por***] ***más ～s*** さらに特徴としては, もっと詳しく言うと.

señal［セニャル］女［英 sign］❶ しるし, マーク. ～ de la cruz (右手で胸等に切る) 十字. ❷ 合図, 信号；標識；〖スポ〗サイン. ～ de tráfico [circulación] 交通標識. ❸ 兆候, 兆し；片鱗(りん). ❹ 痕跡(こんせき)；傷跡. ❺〖通信〗信号 (音, 波). ❻ 保証金, 手付金. ***en ～ de ...*** …のしるしとして. ***ni ～*** 跡形もない.

señaladamente 副 著しく；とりわけ.

señalado, da 過分 ➜ señalar. 形 卓越した；著名な；目立った.

señalamiento 男 指示；指定；取り決め.

señalar［セニャラル］他［英 mark］❶ …に印を付ける, チェックする. ❷ 指す；指摘する. ❸ 示す (＝indicar)；合図する. ～ la llegada de la primavera 春の到来を告げる. ❹ (日時・場所・値段等を) 決める；指定する. ❺ (主に顔に) 傷を残す. ── **señalarse** 再《**como** / **por**》(…として / …の点で) 傑出する, 際立つ.

señalero 男《ラ米》(1)(アルゼンチン)(チリ) 信号手. (2)〖車〗方向指示器, ウインカー (➜ intermitente 地域差).

señalización 女 ❶ (交通) 標識［信号機］の設置. ❷ (交通) 標識の体系；信号法.

señalizar 57 他 (交通) 標識［信号機］を設置する.

señero, ra 形《文》唯一の, 傑出した；孤独の. ── 女 (カタルーニャの) 旗.

señor, ñora［セニョル, ニョラ］男 女［英 gentleman, lady; Mr., Mrs.］❶ 紳士, 御婦人. Ayer vino un ～. 昨日ひとりの紳士がやって来た. ❷《姓・肩書き等に前置して》…氏, …さん《略 Sr., Sra》. el ～ Pérez ペレス氏. el ～ presidente 大統領殿. ► (1) señora は既婚婦人への敬称 (➜ señorita). la *señora* Pérez ペレス夫人. (2) 呼びかけ・手紙の宛名(あて)は無冠詞で. Buenas tardes, ～ Gómez. こんにちは, ゴメスさん. ¡*S*～*es* viajeros! 乗客の皆様. ❸《呼びかけ・丁寧な応答で》Sí, ～. はい, そうです. Muchas gracias, ～. どうもありがとうございます. ❹［複］夫妻. ── 男 ❶ 主人；領主. ❷〖宗〗El [Nuestro] *S*～ 主イエス・キリスト. ── 女 ❶ 妻 (＝esposa). ❷〖宗〗Nuestra *Señora* 聖母マリア. ── 形 ❶《名詞＋》高貴な；威厳のある. ❷《＋名詞》《話》ものすごい, 大きい. ***Muy señora mía.*** / ***Estimado ～.***《手紙》拝啓.

señorear 他 ❶ 支配する. ❷ …にそびえ立つ. La torre *señorea* la ciudad. その塔は街を見下ろすようにそびえ立っている. ❸ (感情を) 抑える. ── **señorearse** 再《**de**》(…を) 牛耳る；我が物顔に振る舞う.

señoría 女 ❶《貴族・判事・議員等への敬称》Su ～ 閣下；奥様, お嬢様. ❷〖史〗(中世イタリア等の) 共和制都市国家 (政府)；(自治政府の) 評議会.

señorial 形 ❶ 領主の. ❷ 威厳のある, 堂々とした. casa ～ 豪邸.

señorío 男 ❶〖史〗(領主の) 支配；領地. ❷ 威厳, 風格, 品格. ❸《集合的》上流階級の人々, 有力者.

señorita［セニョリタ］女［英 young lady, Miss］❶ お嬢様；未婚女性. ➜ señor. ❷《氏名に前置して》《未婚女性の敬称》…さん《略 Srta.》. la ～ Pérez ペレスさん. ►(1) 姓にも名にも付けて用いられる. (2) 呼びかけ・手紙の宛名(あて)は無冠詞で. Buenos días, ～ González. ゴンサレスさん，おはようございます．❸《若い女性・教師・職務中の女性への呼びかけ》お嬢さん；先生．❹（使用人からみた）お嬢様．

señoritingo, ga 男 女《話》《軽蔑》お坊っちゃん，お嬢ちゃん．

señoritismo 男《軽蔑》世間知らず．

señorito 男 ❶ 貴族・領主の息子．❷《話》（使用人から見て）坊っちゃん．❸《話》（温室育ちの）お坊っちゃん．

señorón, rona 形《話》《軽蔑》大金持ちの，大物ぶった．── 男 女《話》《軽蔑》重要人物；富豪．

señuelo 男（鳥を呼び寄せるための）おとり；《比喩的》おとり，わな．

seo 女（スペイン，アラゴン地方の）大聖堂．

sepa(-) / sepá- 活 → saber.

sépalo 男〘植〙萼片(がく)．

separable 形 分離［取り外し］可能な．

separación 女 ❶ 分離，分けること．～ de poderes 三権分立．Guerra de *S*～ de Portugal（スペインからの）ポルトガル独立戦争（1640-68）．～ de bienes〘法〙（夫婦の）財産の分離．❷〘法〙（夫婦の）別居（＝～ matrimonial）；別離．❸ 隔たり，間隔．❹ 罷免，解任．

separadamente 副 別々に，離れて．

separado, da 過分 → separar. 形 男 女 別居中の（夫，妻）．*por* ～ 別々に．enviar *por* ～ 別便で送る．

separador 男 分離装置；〘電〙隔離板；ブックエンド．

separar［セパラル］他〔英 separate〕❶《**de**》（…から）分ける，分離する；取り分ける．～ a los niños *de* las niñas 男の子と女の子を分ける．～ una tajada de melón para ... …にメロンを1切れ切り分ける．❷《**de**》（…から）引き離す；別れさせる．～ las sillas *del* radiador いすを暖房器から離す．Mi trabajo me *separó de* la familia. 私は仕事の都合で家族と離れ離れになった．❸ 区別する，分けて考える．～ el bien del mal 善悪を区別する．❹ 解雇［罷免］する．── **separarse** 再 ❶《**de**》（…と，…から）別れる，離れる；離脱［独立］する．*Se ha separado de* su esposo. 彼女は夫と別居した．El bote *se* iba *separando de* la costa. ボートは岸を離れていった．❷〘法〙（権利等を）放棄する．

separata 女〘印〙抜き刷り．

separatismo 男〘政〙分離主義；分離［独立］運動．

separatista 形 分離［独立］主義の．── 男 女 分離［独立］主義者．

sepelio 男（葬儀を伴う）埋葬．

sepia 形 男 セピア色（の）．── 女 ❶〘美〙セピア．❷〘動〙コウイカ．

sepsis 女［単複同形］〘医〙敗血症．

septembrino, na 形 9月の．

septenario, ria 形 7の，7個からなる．── 男（宗教儀式の続く）7日間．

septenio 男 7年間．

septentrión 男 ❶《文》北；北風（＝viento ～）．❷［S-］〘天文〙大熊(おおぐま)座（＝Osa Mayor）；北斗七星．

septentrional 形 北方の．

septeto 男〘音〙七重奏［唱］．

septicemia 女〘医〙敗血症．

septicémico, ca 形〘医〙敗血症の．

séptico, ca 形〘医〙腐敗性の；敗血症の．

séptima 女〘音〙7度（音程）．～ menor［mayor］短［長］7度．── 形 → séptimo.

septiembre［セプティエンブレ］男〔英 september〕**9月**《略 sept.》．Nació el 6［seis］de ～. 彼は9月6日生まれだ．

septillizo, za 形 男 女 7つ子（の）．

séptimo, ma［セプティモ，マ］形《数詞》〔英 seventh〕❶ **7番目の**．el ～ cielo〘宗〙第七天，最上天；《比喩的》天国．❷ 7分の1の．── 男 7分の1．

septingentésimo, ma 形《数詞》❶700番目の．❷700分の1の．── 男 700分の1．

septuagenario, ria 形 70歳代の．── 男 女 70歳代の人．

septuagésimo, ma 形《数詞》❶ 70番目の．❷70分の1の．── 男 70分の1．── 女〘カト〙七旬節．

septuplicar ㉖ 他 7倍にする．── **septuplicarse** 再 7倍になる．

séptuplo, pla 形 男 7倍（の）．

sepulcral 形 ❶ 墓の．inscripción ～ 墓碑銘．❷ 薄気味悪い，ぞっとする．

sepulcro 男 ❶ 墓，霊廟(れいびょう)．Santo *S*～（キリストの）聖墳墓．❷〘カト〙聖体安置所．*ser un* ～ 秘密を堅く守る．

sepultar 他 ❶ 埋葬する．❷ すっかり覆い隠す．La avalancha de barro y tierra *sepultó* el pueblo. 土石流でその村はすっかり埋まってしまった．❸《比喩的》葬り去る．recuerdos *sepultados* 忘れ去られた思い出．❹ 悲しませる，ふさぎこませる．── **sepultarse** 再《**en**》（…に）埋もれる；閉じこもる．～ *en* la tristeza 悲しみに沈む．

sepultura 女 ❶ 葬ること，埋葬．dar ～ a ... …を埋葬する．❷ 墓，墓穴．cavar su propia ～《比喩的》墓穴を掘る．

sepulturero, ra 男 女 墓掘り人．

seque(-) / sequé(-) 活 → secar.

sequedad 女 ❶ 乾燥（状態），旱魃(かんばつ)．❷ そっけなさ，無愛想．

sequedal 男 乾燥地．

sequía 女 旱魃(かんばつ)，日照り．

séquito 男 ❶《集合的》お供，取り巻き，随行員．❷《文》余波，副産物．

ser［セル］㊾ 自〔英 be〕❶《つなぎの動詞として》(1)《＋名詞》《同一性》**…だ，…である**．¿Quién *es*? — *Soy* yo. 誰だい．―私だよ．Su padre *es* un médico muy famoso. 彼の父は高名な医者だ．*Fui* yo quien dejé las ventanas abiertas. 窓を開けたままにしたのは私です．Yo *era* el policía, y tú *eras* el ladrón.《遊びの役割分担》僕が警察で，君が泥棒だよ．(2)《＋無冠詞名詞》《職業・国籍等》…である．¿Qué hace usted? — *Soy* profesor. お仕事はなんでしょうか．―教師です．*Son* ustedes mexicanos, ¿verdad? あなたたちはメキシコ人ですね．(3)《＋形容詞》《属性》…（な人［物］）である，…（という性質）である．*Soy* optimista. 私は楽観主義者です．¡Que *seáis* felices! お幸せに．► 一時的な状態等を強調したい場合には estar を用いる．(4)《**de**＋名詞》…出身［産］である；…のもの［の所属］である；…でできている．¿*De* dónde *es* usted? どち

S

らのご出身ですか. Este vino *es de* La Rioja. このワインはリオハ産です. Quiero una chaqueta que *sea de* piel. 革製のジャケットが欲しい. ❷《時を表す名詞を伴って》…(時・曜日等)である；《値段》(いくら)である. ¿Qué hora *es*? / 《ラ米》 ¿Qué horas *son*? 何時ですか. *Eran* las ocho cuando llegamos a casa. 家に着いたのは8時だった. *Es* verano. 夏です. *Es* de noche. 夜です. ¿Cuánto *es*? — *Son* veinte euros. いくらですか. —20ユーロです. ❸《**de**＋不定詞》…されるべきである, され得る；《**para**》《用途・目的》…のためである, …用である. *Es de* esperar que ... …が期待される. ❹ **行われる**, 催される. ¿Cuándo *es* la fiesta? — *Es* mañana. パーティーはいつですか. —明日です. ❺ 存在する(＝existir). Dios *es*. 神は存在する. — 助動 《受動態》《＋過去分詞》**…される**. ► 過去分詞は主語に性数一致. La iglesia *fue* construida hace bastantes siglos. その教会は何世紀も前に建てられた.
— 男 ❶ 存在, 実在. Es ella quien le dio su *ser*. 彼女こそ彼に生を与えた人だ. ❷ 生き物, 存在物. *ser* humano 人間, 人. ❸ 本質, 本性. con todo su *ser* 心(の底)から. ***a* [*de*] *no ser por* ...** …がないなら. *A no ser por* tu ayuda, yo todavía no lo habría acabado. 君の援助がなかったらまだ私はそれを終えていなかっただろう. ***a no ser que*** 〈＋接続法〉 …でないなら, …でない場合には. No podremos llegar a tiempo *a no ser que salgamos* ahora mismo. 今すぐ出発しなければ時間どおりには到着できないでしょう. ***a poder ser*** できれば. ***así sea*** (発話内容について)そうなればいいね. ***¿Cómo es que ...?*** (釈明を求めて)…とはどういうことですか. ***érase que se era*** / ***érase una vez*** (昔話の始まり) 昔々. ***es decir*** すなわち, つまり. ***es más*** (列挙が続くことを示して) それだけじゃないんです. ***eso es*** そのとおりです. ***es que ...*** (説明・言い訳等を提示して) …というわけなのです. ***esto es*** つまり, 言い換えれば. ***no sea que*** 〈＋接続法〉 …するといけないから. Llévate el paraguas *no sea que* llueva. 雨が降るといけないからかさを持っていきなさい. ***o sea*** つまり. ***Otra vez será.*** (チャンスを逸して)また今度ね, 次回こそね. ***por si fuera poco*** それだけでなくて, その上. ***¿qué es de*** 〈＋名詞〉***?*** 《話》…はどうなっているの, どうしたの. ***¿Qué va a ser?*** 《話》(バル bar・美容院等で店員が客の希望を聞いて) いかがいたしましょう. ***¡Sea!*** 分かった, オーケー. ***sea lo que sea*** / ***sea como sea*** いかなる場合でも, とにかく. ***siendo así que*** そんなわけで. ***(ya) sea ... (ya) sea ...*** …であれ…であれ. *(ya) sea* Antonia o *(ya) sea* Carmen アントニアであれカルメンであれ.

SER [セル] 女 *S*ociedad *E*spañola de *R*adiodifusión スペインラジオ放送.

sera 女 大きな荷かご.

seráfico, ca 形 ❶ 熾天使(してん)の (ような)；天使のような. ❷〘宗〙アッシジの聖フランシスコの, フランシスコ修道会の. ❸ 温和な, 善良な.

serafín 男 ❶〘宗〙セラフィム, 熾天使(してん)：最高位の天使. ❷ 天使 (のような人[子]).

serba 女〘植〙ナナカマドの実.

serbal 男〘植〙ナナカマド.

serbio, bia 形 セルビアの. — 男 女 セルビア人. — 男 セルビア語.

serbobosnio, nia 形 男 女 ボスニア・ヘルツェゴビナ共和国のセルビア人 (の).

serbocroata 形 男 女 セルビアとクロアチアの (人). — 男 セルボ・クロアチア語.

serena 形 → sereno.

serenar 他 ❶ 静める, 落ち着かせる. ❷《ラ米》(ﾍﾞﾈｽﾞｴﾗ)《話》(衣服等を) 夜気に当てる. — 自 天気がよくなる. — **serenarse** 再 ❶ 静まる, 落ち着く. ❷ 晴れ上がる.

serenata 女〘音〙❶ セレナード, 小夜曲. ❷ しつこい騒音. ***dar la*** **～** 《話》うんざりさせる.

serenidad 女 ❶ 平静, 冷静；(天候の) 穏やかさ. ❷ Su ～ 《王族に対する昔の尊称》殿下.

serenísimo, ma 形 Su Alteza *Serenísima* 《王子・王女に対する昔の尊称》殿下.

sereno, na [セレノ, ナ] 形 [英 serene] ❶《estar と共に》(1) **穏やかな**；晴れ渡った, 雲のない. *Está* ～ el cielo. 空が澄み切っている. La mar *está serena*. 海が穏やかである. (2) しらふの. ❷ 冷静な；穏やかな. Elena *es* muy *serena*, nunca se pone nerviosa. エレナはとても冷静な人で決していらいらすることはない. — 男 ❶ 夜気. al ～ 夜間戸外で, 夜気にふれて. ❷ 夜回り, 夜警.

seria 形 → serio.

serial 形 シリーズの, 連続の. — 男 (テレビ等の) シリーズ物のメロドラマ, 連続ドラマ.

seriamente 副 まじめに；ひどく.

seriar 17 他 続き物にする, 一続きにする.

sericultor, tora / sericicultor, tora 男 女 養蚕家.

sericultura / sericicultura 女 養蚕, 蚕業.

serie [セリエ] 女 [英 series] ❶ **一続き**, 連続；一そろい. una ～ de artículos 一連の記事. número de ～ シリアルナンバー. ❷ (出版物・テレビ番組等の) 連続[連載]物, シリーズ物. ❸《話》(互いに関係し合う物・人の) 多数, たくさん. Tengo una ～ de primos. 私にはいとこが大勢いる. ❹〘数〙級数. ❺〘電〙直列. ❻〘生〙列；〘化〙系, 列. ❼〘スポ〙(ランク分けのための) 予選. ***en*** **～** 大量生産の[で]；連続した. ***fuera de*** **～** 並はずれた, 飛び抜けた.

seriedad 女 ❶ 真剣さ；まじめさ；堅苦しさ. con ～ まじめに；真剣に. ❷ 重大さ. la ～ de la situación 状況の深刻さ.

serigrafía 女〘印〙シルクスクリーン印刷.

serio, ria [セリオ, リア] 形 [英 serious] ❶ **まじめな**, 真剣な；信頼できる. ponerse ～ 真剣になる. ❷ 堅い, 生まじめな. programas ～*s* 堅い番組. ❸ **重大な**, 深刻な. enfermedad *seria* 重病. ❹ 地味な, (色が) 落ちついた. ***en*** **～** 本気で；重大に. ¿*En* ～? 本気ですか. tomar *en* ～ 真に受ける. ir *en* ～ 重大なことになる；本気である.

sermón 男 ❶〘宗〙説教. *S*～ de la Montaña〘聖〙山上の垂訓. ❷《話》説教, 小言. echarle un ～ a ... …に説教する.

S

sermoneador, dora 男 女 説教好きの人；〖宗〗説教者.

sermonear 他《話》…に小言を言う；〖宗〗説教する. ── 自〖宗〗説教する.

sermoneo 男 説教, 小言.

serogrupo 男 血清タイプ.

serología 女 血清学.

serón 男(馬等の背に置く)縦長のかご.

seropositivo, va 形 男 女〖医〗血清診断(特にエイズ検査)で陽性反応の(人).

serosidad 女〖医〗漿液(しょう).

seroso, sa 形〖医〗漿液(しょう)(性)の；血清の.

seroterapia 女〖医〗血清療法.

serotonina 女〖化〗セロトニン.

serpear / serpentear 自(蛇のように)はい進む；(川・道等が)蛇行する.

serpenteo 男 蛇行；はうこと.

serpentín 男(冷却用)蛇管, コイル.

serpentina 女 ❶(パレード等で投げる)紙テープ. ❷〖鉱〗蛇紋岩.

serpentón 男〖音〗(1) セルパン：古い木管楽器. (2) セルペントン：金属性の朝顔のついた木管楽器.

serpiente 女 ❶〖動〗ヘビ. ～ de cascabel ガラガラヘビ. ～ pitón ニシキヘビ. ❷ 悪魔, (悪への)誘惑者. *～ de verano* (ニュースの少ない時期の) 埋め草のための記事. *～ emplumada*〖神話〗羽毛の生えた蛇, ケツァルコアトル. → Quetzalcóatl.

serrado, da 形 ❶ のこぎりで挽(ひ)かれた[切った]. ❷ 鋸歯(きょ)状の, ぎざぎざの.

serrador, dora 男 女 製材工. ── 女 動力のこぎり.

serraduras 女 複 おがくず.

serrallo 男(イスラム教国の)ハレム.

serrana 女〖詩〗serranilla の一種.

serranía 女 山岳地方, 山地.

serranilla 女〖詩〗(騎士と山岳地方の娘の)恋愛詩.

serrano, na 形 ❶ 山岳地方の；山に住む. ❷《文》美しい, みずみずしい. ── 男 女 山国の人, 山育ち.

serrar ⑱ 他(のこぎりで)挽(ひ)く, 切る.

serrato 男〖解〗鋸筋(きょきん).

serrería 女 製材所.

serreta 女 ❶ 小のこぎり. ❷〖動〗アイサ.

serrín 男 のこくず.

serrote 男《ラ米》(メキシコ)のこぎり, 手のこ.

serruchar 他《ラ米》(1) のこぎりで切る. (2)(南米)《話》(仕事等を)横取りする.

serrucho 男 ❶(片手用)のこぎり. ❷《ラ米》(コロンビア)《話》(公務員が) 不正に得た利益.

serventesio 男 ❶〖文学〗シルバント：12-13世紀のプロバンス地方の風刺詩. ❷〖詩〗第1行と第3行, 第2行と第4行が同韻の11音節4行詩.

servible 形 役に立つ.

servicial 形 世話好きな；よく気がつく.

servicio [セルビシオ] 男〔英 service; restroom〕❶ サービス. ～ incluido サービス料込み. ～ permanente 24時間サービス. ～ posventa アフターサービス. ❷ 仕えること, 奉仕. Estoy a su ～. 何なりとお申し付けください. ❸ 勤務, 就業. estar de ～ 勤務中である. ～ militar 兵役. ❹ 公共機関(の業務). ～ postal 郵便業務. ～ público 公共サービス. ❺《婉曲》トイレ. El ～, ¿por favor? トイレはどちらですか. ❻(食器等の)一式. ❼〖スポ〗サーブ. ❽ 世話, 厚意. ❾《集合的》奉公人. *fuera de ～* 故障；(車両の)回送. *～ social* (*sustitutorio*) (兵役の代わりに課される)社会奉仕(活動).

servidor, dora 男 女 ❶ 召使い, 使用人. ～ público《ラ米》公務員. ❷(機械等の)操作者. ❸《謙譲》私. ── 男〖IT〗サーバー；プロバイダー. *S～ de usted.* ご用を承ります. *Su seguro ～.*《手紙》敬具.

servidumbre 女 ❶《集合的》召使い, 使用人. ❷ 拘束, 隷属(状態)；(悪癖等の)虜(とりこ). ❸ 用役[地役]権. ～ de aguas [de luces] 用水[日照]権.

servil 形 ❶ 奴隷の；召使いの. ❷ 卑屈な, 追従的な；卑しい.

servilismo 男 ❶ 奴隷状態；従属. ❷ へつらい；卑屈；追従.

servilleta 女(食卓用)ナプキン.

servilletero 男 ナプキンリング.

servio, via 形 男 女 → serbio.

servir [セルビル] ⑦⑦ 自 [現分 sirviendo]〔英 serve〕❶《a》(…に)仕える. ～ *a* Dios 神に仕える. ¿En qué puedo ～*le*? (店員が)ご用件はなんでしょうか. ❷《para / de》(…のために/…として)役立つ. Este libro te *sirve* mucho. この本はとても役に立つよ. Esta pared *sirve de* pantalla. この壁がスクリーンになる. ❸ 使用人として働く. La chica *sirve* en esta casa desde joven. その娘は若いときからこの家で働いている. ❹ 兵役につく. ── 他 ❶(食べ物・食事を)出す, 取り分ける. ¿A qué hora nos *sirven* el desayuno? 朝食は何時でしょうか. ¿Qué le *sirvo*? 何をお出ししましょうか. ❷ 供給する, 振る舞う；(注文等を) 処理する. ❸(テニス) サーブする；〖遊〗(カードを) 配る, 出す.
── **servirse** 再〔英 help oneself (to)〕❶(食べ物・飲み物を自分で)とる. ¡*Sírvanse* ustedes! どうぞご自由におとりください. ❷《de》(…を) 利用する, 使う. ❸《＋不定詞》〖丁寧〗…の労をとる, …してくださる. *Sírvase abrir* la puerta. ドアを開けていただけませんか. *ir servido* 充分である；《皮肉》見当違いである. *para servirle* (自己紹介等で名前に続けて) よろしくお願いします；(名前を呼ばれて返事の後に続けて) 私ですが.

servocroata 形 男 女 → serbocroata.

servodirección 女〖車〗パワーステアリング.

servofreno 男〖車〗サーボブレーキ.

servomecanismo 男〖機〗サーボ機構.

servomotor 男〖機〗サーボモーター.

sesada 女 ❶(動物の)脳. ❷〖料〗(羊等の)脳の揚げ物.

sésamo 男〖植〗ゴマ(の実)；ゴマ・アーモンド等で作った菓子. ¡Ábrete, ～! 開けごま.

sesear 自 [θ]音の ce, ci, z を s [s]のように発音する.

sesenta [セセンタ] 形《数詞》〔英 sixty〕60の；60番目の. ── 男 60. *los ～* 1960年代；60歳代.

sesentavo, va 形 男 60分の1(の).

sesentón, tona 形 男 女 《話》60歳代の(人).
seseo 男 [θ]音の ce, ci, z を s [s]のように発音すること.
sesera 女 ❶ (動物の) 脳髄；〖料〗脳. ❷《話》(人の) 頭；頭脳, 知能.
sesgado, da 形 ❶《estarと共に》傾いた, 斜めに置かれた[切られた]. ❷ 主観的な, 歪曲(わいきょく)された.
sesgar 66 他 ❶ 斜めに切る[置く], 傾ける. ❷ 歪曲(わいきょく)する.
sesgo 男 ❶ 斜め, 傾き；(布地裁断の) バイアス. ❷ (ある事柄の) 成り行き, 方向. tomar un mal ～ 悪いほうへ向かう. ***al ～*** 斜めに；ゆがんで；バイアスに.
sesión [セシオン] 女 [複 sesiones] 〔英 session〕 ❶ (個々の) 会, 会議；集まり. abrir [levantar] la ～ 開会[閉会]する. ～ plenaria 本会議, 総会. ～ de poesías 詩の朗読会. ❷〖演〗〖映〗(1回分の) 上演, 上映. ～ continua 連続上映, 入れ替えなし. ～ de tarde 午後の部. ❸ (治療等) 1回の時間.
seso 男 ❶ [主に複] 脳, 脳髄. ❷《比喩的》知力, 分別. de mucho [poco] ～ 頭がいい[悪い]. ***calentarse*** [***devanarse***] ***los ～s*** 《話》知恵を絞る. ***perder el ～*** 気が狂う. ***sorber el ～ (a ...)*** / ***tener sorbido el ～ (a ...)*** (…に) 影響力がある；(…を) 夢中にさせる. El fútbol *le tiene sorbido el* ～. 彼はサッカーに夢中だ.
sesquicentenario, ria 形 150の. ── 男 150年祭.
sesquióxido 男〖化〗三二酸化物.
sesteadero 男 (家畜を休ませる) 日陰の場所.
sestear 自 ❶ 昼寝をする；だらだら働く. ❷ (家畜が) 日陰で休む.
sesteo 男 ❶ 午睡, 昼寝. ❷ (家畜が休む) 日陰.
sestercio 男 (古代ローマの) セステルス銀貨.
sesudo, da 形 思慮深い, 分別のある；《話》賢い.
set 〔英〕 男 [複 ～s] ❶〖スポ〗(試合の) セット. ❷ セット, 一そろい. un *set* de herramientas 工具セット. ❸〖映〗セット.
seta 女〖植〗キノコ.
setecientos, tas [セテシエントス, タス] 形《数詞》〔英 seven hundred〕 700の；700番目の. ── 男 700. el año mil ～ 1700年.
setenario 男 → septenario.
setenta [セテンタ] 形《数詞》〔英 seventy〕 70の；70番目の. ── 男 70. ***los ～*** 1970年代；70歳代.
setentavo, va 形 男 70分の1 (の).
setentón, tona 形 男 女 《話》70歳代の(人).
setiembre 男 → septiembre.
sétimo, ma 形 男 女 → séptimo.
seto 男 柵(さく)；生け垣 (＝～ vivo).
setter [セテル] 〔英〕 男 [複 ～s] セッター(犬).
seudohermafrodita 形 性同一障害の；雌雄同花の. ── 男 女 性同一障害の人.
seudónimo 男 ペンネーム；偽名.
seudópodo 男〖動〗(原生動物の) 偽足, 虚足.
Seúl 固名 ソウル：大韓民国の首都.
s. e. u. o. *s*alvo *e*rror *u o*misión 誤記脱漏はこの限りにあらず.
severa 形 → severo.
severidad 女 厳しさ, 厳格さ.
severo, ra [セベロ, ラ] 形 〔英 severe〕 ❶《con》(…に対して) 厳しい, 厳格な. Es ～ *con* los alumnos. 彼は生徒に手厳しい. ❷ (天候等が) 厳しい, 激しい. invierno ～ 厳冬. ❸ (文体・外観等が) 簡素な, 地味な.
sevicia 女《文》残酷, 残忍, 野蛮な行為.
Sevilla 固名 セビーリャ：スペイン, アンダルシア地方の県；県都. ***Quien no ha visto ～ no ha visto maravilla.*** 《諺》セビーリャを見たことのない人はこの世のすばらしさを見ていない. → Granada.
sevillano, na 形 男 女 セビーリャの(人). ── 女 [複] セビリャーナス：セビーリャ民謡[舞曲]の1つ.
sevillista 形 男 女 (スペインのサッカーチーム) Sevilla Fútbol Club の(選手, ファン).
sexagenario, ria 形 男 女 60 (年) の(もの), 60歳代の(人).
sexagesimal 形 60を基準にした, 60進法の.
sexagésimo, ma 形《数詞》❶ 第60番目の. ❷ 60分の1の. ── 男 60分の1.
sexappeal [セクサピる] 〔英〕 男 セックスアピール, 性的魅力.
sexcentésimo, ma 形《数詞》❶ 600番目の. ❷ 600分の1の. ── 男 600分の1.
sexenio 男 6年間.
sexismo 男 性差別(主義).
sexista 形 性差別主義の. ── 男 女 性差別主義者.
sexo [セクソ] 男 〔英 sex〕 ❶ 性, 性別. ～ femenino [débil] / bello ～ 女性. ～ masculino [fuerte] 男性. sin ～ 無性の, 男女の別のない. ❷ 性器, 生殖器. ❸ セックス, 性行為.
sexología 女 性科学.
sexólogo, ga 男 女 性科学者.
sex shop [セクスショ(プ)] 〔英〕 男 ポルノショップ.
sex symbol [セクシンボる] 〔英〕 男 (または女) セックスシンボル.
sexta 女 ❶〖カト〗(聖務日課の) 六時課. ❷ (古代ローマの) 1日の4区分の3番目. ❸〖音〗6度音程. ── 形 → sexto.
sextante 男〖海〗六分儀.
sexteto 男 ❶〖音〗六重唱[奏]団[曲]. ❷〖詩〗(各行が8音節以上の) 6行詩.
sextilla 女〖詩〗(各行が8音節以下の) 6行詩.
sextina 女〖詩〗(各行が11音節の) 6行の詩節6つと3行の結びの詩節1つからなる詩型；その詩形からなる詩編.
sexto, ta [セスト, タ] 形《数詞》〔英 sixth〕 ❶ 6番目の. Alfonso Ⅵ [～] (レオン・カスティーリャ王) アルフォンソ6世. ❷ 6分の1の. ── 男 6分の1.
sextuplicar 26 他 6倍する. ── **sextuplicarse** 再 6倍になる.
séxtuplo, pla 形 男 6倍 (の).
sexuado, da 形〖生〗有性の.

S

sexual 形 性の；性的な. acoso ～ セクハラ. discriminación ～ 性差別, 女性差別. acto ～ 性行為. educación ～ 性教育. delincuente ～ 性犯罪者. órganos ～*es* 性器, 生殖器. los caracteres ～*es* primarios [secundarios] 第一次[第二次]性徴.

sexualidad 女 ❶ 性, 性別. ❷ 性欲.

sexualmente 副 性的に；性別上.

sexy 〔英〕 形 セクシーな.

Seychelles 固名 セイシェル：首都ビクトリア Victoria.

sha / shah / sah 男 シャー：かつてのイラン[ペルシャ]国王, その称号.

shakespeariano, na 〔英〕 形 シェークスピアの.

shantung 〔英〕 男〖服〗シャンタン.

share [シェル] 〔英〕 男 番組の視聴率.

sherif / sheriff [チェリ(フ)〈シェリ(フ)〉] 〔英〕 男 (米国の) 保安官；(英国の) 州長官.

sherpa [セルパ〈シェルパ〉] 形 男 女 (ネパールに住む) シェルパ族 (の).

sherry 〔英〕 男 シェリー (酒) (＝jerez).

shiatsu 〔日〕 男 指圧.

shock 〔英〕 男〖医〗衝撃, ショック.

shogun 〔日〕 男 将軍.

shopping 〔英〕 男《話》買い物, ショッピング.

short 〔英〕 男 [複 ～s] ❶ ショート・パンツ. ～ de baño《ラ米》(ｱﾙｾﾞﾝﾁﾝ)(ｳﾙｸﾞｱｲ)男性用水着. ❷ [単または複]《ラ米》パンティー (女性の下着) (→ braga 地域差).

shot 男《ラ米》(ｱﾙｾﾞﾝﾁﾝ)(ｳﾙｸﾞｱｲ)(サッカー) シュート.

show [ショウ〈チョウ〉] 〔英〕 男 ❶ショー, 興行. ❷ 注目の的, 見もの.

showman [ショウマン〈チョウマン〉] 〔英〕 男 芸人, ショーマン.

si [シ] 接 〔英 if〕 ❶《条件》**もし…ならば**；《帰結なしで》《願望》…であったらなあ. *Si* llueve mañana, no iremos de excursión. 明日雨が降ったら遠足には行きません. ¡*Si* estuvieran ellos! 彼らがいてくれたらなあ. ► 現実に反する条件を示す場合には接続法が用いられる. (1) 現在の事実に反する場合には接続法過去. *Si* estuviéramos en España, iríamos a verte enseguida. 今私たちがスペインにいるならすぐにでも君に会いに行くんだが. (2) 過去の事実に反する場合には接続法過去完了. *Si* hubiera terminado el curso, habría ido de viaje con vosotros. (あの時) 講座が終わっていたら君たちと一緒に旅行に出かけてたのにね. ❷《譲歩》…だけれども. ¿De qué te quejas, *si* lo tienes todo? 全てを持っているというのになんの文句があるんだい. ❸《間接疑問》**…かどうか**；《＋不定詞》…すべきかどうか. Me pregunto *si* merece la pena hacerlo. それをやるだけのことがあるかを思案している. No sé *si* decírtelo o no. 君にそれを言うべきかどうか分からない. ❹《抗議・驚き・強調》でも…なのに；本当に…だ；なんだ…じゃないか. *Si* ya son las once y media. えっ, もう11時半だよ. ¡Pero *si* eres tú! No me di cuenta. なんだ君か. 気づかなかったよ. ¡*Si* será pesado! 本当に嫌なやつなんだ. ── [シ] 男 [複 sis]〖音〗(音階) シ, ロ音. ***como si*** 〈＋接続法過去・過去完了〉まるで…であるか[あったか]のように. Ellos se pusieron a hablar *como si* fueran amigos de siempre. 彼らは生涯の友であるかのように話し始めた. ***si bien ...***《譲歩》たとえ…でも.

sí [シ] 副 〔英 yes〕 ❶《肯定・承諾・同意》**はい**, そうです (↔no). ¿Te gusta el tenis? ― *Sí*. 君はテニスが好きなの. ― ええ. ¿Mañana habrá examen? ― Yo creo que *sí*. 明日試験があるのかい. ―そうだと思うけど. ❷《驚き》えっ. Él ha comprado un coche. ― ¿*Sí*? 彼は自動車を買ったんだよ. ―えっ, 本当. ❸《強調》《否定と対比させて》そうです. Ellos no quieren ir, pero yo *sí*. 彼らは行きたがっていないけど僕は行きたいんだ. Eso *sí* lo puedo admitir. それなら認めてもいいよ. ── 代名《人称》[3人称, 性数不変]《再帰》 〔英 oneself, himself, herself, yourself, yourselves, itself, themselves〕《前置詞＋》**自分自身, それ自体**. presentarse a *sí* mismo 自己紹介する. ►(1) 再帰の意味を強める場合には後ろに mismo を伴う. (2) 前置詞 con と用いる場合は consigo となる. ── 男 [複 síes] ❶ はいと言う答え, 承諾；許し. ❷ [複] 賛成票. 13 *síes* y 12 noes 賛成票13反対票12. ***¿A que sí?*** (相手の承認等を促して) そうだよね. ***de (por) sí / en sí*** それ自体で. ***estar [ponerse] fuera de*** sí (怒り等で) 我を忘れている[忘れる]. ***estar sobre*** sí 注意[用心]している. ***para*** sí 心の中で, 内心で. ***por*** sí ***mismo*** 一人で；独力で. ***por*** sí ***solo*** 一人で；ひとりでに. ***porque sí*** なんとなく. ***pues sí (que ...)***《話》《皮肉》…するんだよね. ***un sí es no es*** 何か；少し. Póngame *un sí es no es* de azúcar. 砂糖を少し入れてください.

sial 男〖地質〗シアル：大陸地殻の上層.

sialismo 男〖医〗流涎(ﾘｭｳｾﾞﾝ)(症), 唾液(ﾀﾞｴｷ)(分泌)過多.

siamés, mesa 形 シャムの. gato ～ シャム猫. ── 男 女 シャム双生児 (のひとり). ── 男 シャム語.

sibarita 形 ❶ (古代ギリシャの都市) シバリス Síbaris の. ❷ ぜいたく好きな, 享楽的な. ── 男 女 シバリス人；快楽主義者.

sibaritismo 男 奢侈(ｼｬｼ), 享楽主義.

siberiano, na 形 男 女 シベリアの (人).

sibil 男 地下食糧貯蔵室；ほら穴.

sibila 女 (古代ギリシャ・ローマの) 巫女(ﾐｺ)；女予言者, 女占い師.

sibilante 形 ❶ シューシューという音をたてる. ❷〖音声〗歯擦音の. ── 女〖音声〗歯擦音 (文字)：[s], [z], [ʃ], [ʒ] 等.

sibilino, na 形 ❶ 巫女(ﾐｺ)の；予言的な. ❷《文》神秘的な, 謎(ﾅｿﾞ)めいた.

sibucao 男〖植〗スオウ；スオウ材.

sic 〔ラ〕 副 原文のまま.

sicalipsis 女 [単複同形] エロチシズム, 猥褻(ﾜｲｾﾂ)；好色文学.

sicalíptico, ca 形 扇情的な, 卑猥(ﾋﾜｲ)な.

sicamor 男〖植〗ハナズオウ.

sicario 男 ❶ 殺し屋, 暗殺者. ❷ 子分, とりまき.

sicastenia 女 精神衰弱 (症).

siciliano, na 形 シチリア (人) の. ── 男 女 シチリア人.

siclo 男 シケル：⑴ 古代バビロニア等の重さの単位．⑵ イスラエルの通貨単位．
sicoanálisis 男 → psicoanálisis.
sicodélico, ca 形 → psicodélico.
sicodrama 男 → psicodrama.
sicofanta / sicofante 男 中傷者．
sicología 女 → psicología.
sicológico, ca 形 → psicológico.
sicólogo, ga 男 女 → psicólogo.
sicómoro / sicomoro 男〘植〙イチジクの一種．
sicono 男〘植〙イチジク果．
sicópata 男 女 → psicópata.
sicopatía 女 → psicopatía.
sicosis 女 → psicosis.
sicoterapia 女 → psicoterapia.
SIDA / sida［シダ］男 *S*índrome de *I*nmuno*d*eficiencia *A*dquirida エイズ，後天性免疫不全症候群．
sidecar〔英〕男〘車〙(バイクの) サイドカー．
sideral / sidéreo, a 形〘天文〙星の．
siderita / siderosa 女〘鉱〙菱(りょう)鉄鉱．
siderurgia 女 製鉄．
siderúrgico, ca 形 製鉄の．
sidoso, sa 形 男 女《話》エイズ SIDA の(患者)．
sidra 女 りんご酒，シードル．
sidrería 女 りんご酒販売店．
siega 女 刈り入れ(時)；刈り取った穂．
siembra 女 種まき(の時期，された畑)．

siempre［シエンプレ］副〔英 always〕❶ **いつも**，常に(↔nunca). como ～ いつものように．Él ～ llega tarde. 彼はいつも遅刻する．❷ どんな場合も，いつでも (= en todo caso). *S*～ puedes preguntar lo que quieras. いつだって好きなことを質問していいよ．❸《que＋直説法》…するときはいつも；《que [y cuando]＋接続法》(未来に言及して) …するような場合にはいつも，…する限り．Voy a la reunión ～ *que* puedo. 私は行けるときにはいつも会合に行っている．Úsalo ～ *que* sea necesario. 必要になったらいつでも使いなさい．***de*** [***desde***] ～ ずっと前から．***¡Hasta ～!***《挨拶》いずれまた．***para*** [***por***] ～ ずっと，永久に．
siempretieso 男 起き上がりこぼし．
siempreviva 女〘植〙ムギワラギク．
sien 女 こめかみ，鬢(びん)．
sienita 女〘鉱〙閃長(せんちょう)岩．
sient- 活 ❶ → sentar. ❷ → sentir.
sierpe 女 ❶〘動〙ヘビ．❷ 怒りっぽい人；凶暴な人．❸ (蛇のように) くねくねと動く物．
sierra［シエラ］女〔英 saw; mountains〕❶ **のこぎり**．～ circular 丸のこ．～ continua ハンドソー．～ de cadena チェーンソー．❷ **山脈**；山地．
Sierra Leona 固名 シエラレオネ：首都フリータウン Freetown.
siervo, va 男 女 ❶ 奴隷；農奴．❷ 召使い；何でも言うことをきく人．❸《謙遜》私め；僕(しもべ)．Mándeme lo que quiera, soy su ～. 私めになんなりとお申しつけ下さい．── 女《ラ米》(アルゼンチン)(チリ)(ウルグアイ)《話》家政婦，メイド．～ ***de Dios*** 敬虔(けいけん)なキリスト教徒．
sieso, sa 男 女《話》嫌なやつ．── 男《俗》直腸の先端部，肛門．
siesta［シエスタ］女〔英 nap, siesta〕❶ (昼食後の) **昼寝**，午睡，シエスタ．dormir [echar(se)] la ～ 昼寝をする．❷ (1日のうちで最も暑い) 真昼，昼下がり．
siete［シエテ］形《数詞》〔英 seven〕**7 の**；7番目の．── 男 ❶ **7**．❷《話》(衣類の) かぎ裂き．hacerse un ～ en la camisa シャツにかぎ裂きを作る．❸《ラ米》《俗》尻(しり)；肛門(こうもん)．***más que*** ～《話》うんと，どっさり．
sietecolores 男［単複同形］《ラ米》(アルゼンチン)(チリ)〘鳥〙ナナイロフウキンチョウ．
sietemesino, na 形 男 女 ❶ 7か月で生まれた(赤ん坊)，未熟児(の)．❷《話》頭の悪い(人)；ひ弱な(人)．
sífilis 女［単複同形］〘医〙梅毒．
sifilítico, ca 形 男 女 梅毒の(患者)．
sifón 男 ❶ サイフォン，吸い上げ管．❷ (排水用の) U字管，トラップ．❸ (炭酸水を入れる) サイフォン瓶；その炭酸水．whisky con hielo y ～ ハイボール．❹〘動〙水管．
sifosis 女［単複同形］〘医〙(脊柱(せきちゅう)) 後湾(症)，(背中の) こぶ．
sig- 活 現分 → seguir.
sigilo 男 ❶ 秘密．con ～ 内密に．❷ 静けさ；沈黙．
sigilografía 女 印章学．
sigiloso, sa 形 ❶ 秘密の；秘められた．❷ 静かな；沈黙した．
sigla 女 (頭文字を連ねた) 略号，略語．⇀ ONU (= *O*rganización de las *Na*ciones *U*nidas) 等．
siglo［シグロ］男〔英 century〕❶ **1世紀**《略 s.》；時代．el ～ tercero antes de Cristo 紀元前3世紀．el ～ XXI [veintiuno] 21世紀．～ de Oro (スペインの) 黄金世紀 (政治的には16世紀，文化面では16世紀後半から17世紀前半まで)．❷ 長い間．Hace ～*s* [un ～] que no le veo. ずいぶん長い間彼に会っていない．❸ 世俗，世間．retirarse del ～ 修道院に入る．***del*** ～ 1世紀に1度というほどの．***por*** [***en***] ***los ～s de los ～s*** 永遠に．
sigma 女 シグマ (Σ, σ, ς)：ギリシャ語アルファベットの第18字．
sigmoideo, a 形 シグマ (Σ) 形の，S字状の．
signal lights［シグナるらイツ］〔英〕男《ラ米》〘車〙ウインカー (→ intermitente 地域差)．
signar 他 ❶ …に捺印(なついん)する；目印をつける．❷《文》…に署名する．❸ …に十字を切る．── **signarse** 再 十字を切る．
signatario, ria 形《文》署名[調印]した．── 男 女 署名[調印]者．
signatura 女 ❶ 署名，サイン．❷ しるし；(書籍等の分類上の) 記号．❸〘印〙折記号．
significación 女 ❶ 意味，語義．❷ 重要性；価値．
significado, da［シグニフィカド, ダ］過分 → significar. 形 有名な；重要な．── 男〔英 significance〕❶ **意味**；語義；〘言〙記号内容，所記．❷ 意義；重要性．
significante 形 重要な，意味のある．── 男〘言〙記号表現，能記．
significar［シグニフィカル］26 他〔英 mean, signify〕❶ **意味する**；示す．¿Qué *significa* esta palabra? この単語

S

はどんな意味ですか. ❷《文》表明する, 述べる. Deseo ～le mi condolencia. あなたにお悔やみの言葉を申し上げたいと思います. ―― 自《para》(…にとって) 重要性を持つ. El viaje *significa* mucho *para* mí. その旅は私にとっては大変重要である. ――

significarse 再 ❶《por》(…で) 有名になる；(…に) 傑出する. *Se significa* en la clase *por* su inteligencia. 彼はクラスでずば抜けて賢い. ❷《como》(自分が…であることを) 表明する；公表する.

significativamente 副 ❶ かなり. ❷ 意味ありげに；重大なことに. ❸ 意味的に.

significativo, va 形 ❶ 意味する. ❷ 暗示的な, 意味ありげな. ❸ 重要な, 意義のある.

signifique(-) / signifiqué(-) 活 → significar.

signo [シグノ] 男 〔英 sign〕 ❶ (音楽・数学・文字等の) 記号, 符号. ～ de puntuación 句読点. ～ positivo [negativo] 正(＋)[負(－)]記号. ～lingüístico 〘言〙言語記号. poner el ～ de interrogación 疑問符をつける. ❷ しるし, 兆候；傾向. Una casa grande es ～ de riqueza. 豪邸は金持ちのしるしだ. ❸〘占星〙…座；運命. el ～ de Aries おひつじ座.

Sigüenza 固名 シグエンサ：スペイン, グアダラハラ県の町.

siguiente [シギエンテ] 形 〔英 following, next〕 次の；次のような. el año ～ 翌年. Dijo lo ～. 彼は次のようなことを言った. ― 男 女 次の人. ¡Que pase el ～! 次の方どうぞ.

siguiriya 女 (フラメンコの一形式) シギリーヤ：「深い歌」の意.

sílaba 女〘言〙音節, シラブル. ～ abierta [libre] (母音で終わる) 開音節. ～ aguda [tónica] アクセントのある音節. ～ átona アクセントのない音節. ～ breve [larga] 短[長]音節. ～ cerrada [trabada] (子音で終わる) 閉音節.

silabario 男 (音節で区切られた, 読みを教えるための) 初級教本.

silabear 他 自 音節に区切って発音する.

silabeo 男 音節に区切って発音すること.

silábico, ca 形 音節の.

silba 女 (野次・抗議の) 口笛. dar una ～ 口笛を吹いて野次る.

silbante 形 ❶ ヒューヒュー[ゼイゼイ]言う；(口) 笛を吹く. ❷〘音声〙歯擦音の.

silbar 他 ❶ (メロディーを) 口笛で吹く；笛を鳴らす. ～ al perro 口笛を吹いて犬を呼ぶ. ❷ …に対して (口笛で) 野次る, 抗議する. ― 自 ❶ 口笛を吹く. ❷ (風・弾丸・矢等が) 音をたてる, うなりをあげる. ❸ (口笛で) 野次る, 非難する.

silbatina 女《ラ米》(アルゼンチン)(ウルグアイ)(チリ)(エクアドル)(ペルー)野次の口笛.

silbato 男 呼び子；汽笛. ～ de alarma 警笛.

silbido 男 ❶ 口笛の音. dar un ～ 口笛を鳴らす. ❷ (風・矢・蛇等の) ヒュー[シュッ, シュー]という音；耳鳴り.

silbo 男《文》→ silbido.

silenciador 男〘車〙〘機〙マフラー；(ピストル等の) 消音装置.

silenciar 17 他 ❶ (事件等を) 伏せておく, 隠しておく. ❷ 黙らせる；音を消す.

silencio [シレンシオ] 男 〔英 silence〕 ❶ 沈黙, 無言；秘密. en ～ 黙って, 何も言わずに. ～ administrativo (政府・役所の要求等に対する) 無回答. guardar ～ 黙っている. imponer ～ 黙らせる. romper el ～ 沈黙を破る. ❷ 静寂, 静けさ. ❸〘音〙休止符. ¡*S*～! 静粛に.

silencioso, sa [シレンシオソ, サ] 形 〔英 silent〕 ❶ 無言の；無口な. ❷ 静かな；音のしない. calle *silenciosa* ひっそりした通り.

silente 形《文》静寂な, しんとした.

silepsis 女 [単複同形] ❶〘文法〙シレプシス：語の性数一致が意味によってなされる. ❷〘修辞〙兼用法, シレプシス：1語を本来の意味と比喩(ひゆ)的意味の二義に使う表現法.

sílex 男 [単複同形] 火打ち石, 燧石(すいせき).

sílfide 女 (北欧神話の女の) 空気の精；ほっそりした美しい女性.

silfo 男 (北欧神話の男の) 空気の精.

silicato 男〘化〙ケイ酸塩.

sílice 女〘化〙シリカ, 二酸化ケイ素.

silíceo, a 形〘化〙シリカ[二酸化ケイ酸]を含む.

silícico, ca 形〘化〙ケイ素の. ácido ～ ケイ酸.

silicio 男〘化〙ケイ素.

silicona 女〘化〙シリコン.

silicosis 女 [単複同形]〘医〙珪肺(けいはい), 珪粉症.

silicua 女〘植〙長角果.

silla [シリャ〈シヤ・シジャ〉] 女 〔英 chair〕 ❶ (背もたれ付きの) いす. sentarse en una ～ いすに座る. ～ de la reina (ふたりが互いの手首をつかんで作る) 手車. ～ de ruedas 車いす. ～ de manos 轎(かご), 輿(こし). ～ de tijera [plegable] 折り畳みいす. ～ eléctrica (処刑用) 電気いす. ～ gestatoria〘カト〙(教皇の儀式用) 輿. ❷ 鞍(くら)(＝～ de montar). ～ jineta (競馬用の) 鞍. ❸〘カト〙玉座. ～ episcopal [obispal] 司教座. ～ arzobispal 大司教座. ***caballo de ～*** 乗用馬. ***juez de ～***〘スポ〙(テニス等の) 審判. ***pegársele a … la ～*** (…が) ずっと座ったままでいる；《話》(訪問先で) 長居する. ***～ de posta*** 駅馬車.

sillar 男 ❶〘建〙切り石. ❷ 馬の背.

sillería 女 ❶《集合的》いす；(劇場等の) 座席. ❷ いす製造業[工場, 販売店]. ❸ 切り石造りの建物.

sillero, ra 男 女 いす[鞍(くら)]職人；いす販売業者.

silleta 女《ラ米》(コロンビア)(ベネズエラ)いす.

silletazo 男 いすでの殴打.

sillín 男 ❶ (自転車の) サドル (→地域差). ❷ (オートバイ) シート. ❸ (軽装の) 鞍(くら).

地域差 (自転車の) サドル sillín《スペイン》《ラ米》(ドミニカ共和国, プエルトリコ)(ホンジュラス, パナマ)(コロンビア)(エクアドル)；asiento《ほぼラ米全域》；sillón (グアテマラ, パナマ).

sillón [シリョン〈ション・シジョン〉] 男 [複 sillones] 〔英 armchair〕 ❶ 肘(ひじ)掛けいす. ～ de orejas そで付き安楽いす. ❷《ラ米》(自転車の) サドル (→ sillín 地域差).

silo 男 ❶〘農〙(穀物・飼料の貯蔵用) サイロ. ❷〘軍〙サイロ：ミサイル地下格納庫.

silogismo 男〘哲〙〘論〙三段論法.
silogístico, ca 形 三段論法の.
silogizar 57 自 三段論法で論じる.
silueta 女 ❶ 輪郭；体の線. ❷ 影(絵)；シルエット.
siluetar / siluetear 他 輪郭［シルエット］を描く.
siluriano, na / silúrico, ca 形 男〘地質〙シルル紀(の).
siluro 男〘魚〙ナマズ.
silva 女 ❶〘詩〙シルバ：7音節と11音節を自由に組み合わせた詩型；その詩歌. ❷ 詩集；雑録.
silvano 男〘ロ神〙森の神.
silvestre 形 ❶ 野生［自生］の. plantas ～*s* 野生植物. ❷ 未開の；素朴な.
silvicultor, tora 男 女 植林従事者.
silvicultura 女 植林；林学, 植林法.
sima 女 深い裂け目［穴］, 深淵(しんえん). ── 男〘地質〙シマ.
simbiosis 女［単複同形］〘生〙共生.
simbiótico, ca 形〘生〙共生の.
simbólico, ca 形 ❶ 象徴的な, 象徴の. ❷ 記号の. ❸ 形ばかりの. cantidad *simbólica* わずかな額.
simbolismo 男 ❶ 象徴性, 象徴的意味. ❷ 記号［象徴］体系. ❸〘美〙〘文学〙象徴主義, シンボリズム.
simbolista 形 ❶〘美〙〘文学〙象徴主義の, 象徴派の. ❷ 記号［象徴］を用いる. ── 男 女 ❶ 象徴主義者. ❷ 記号［象徴］を用いる人.
simbolizar 57 他 象徴する；《**con**》(…で) 表す. ── **simbolizar*se*** 再《**con**》(…で) 表される.
símbolo ［シンボろ］ 男［英 symbol］❶ **象徴**, シンボル. ❷〘化〙(元素) 記号. ～ químico 化学記号.
simbología 女 象徴［表徴］体系；象徴学.
simetría 女 対称；均整.
simétrico, ca 形 対称の；均整の取れた.
simiente 女 (種まき用の) 種, 種子；《比喩的》種, もと.
simiesco, ca 形 類人猿のような；猿に似た.
símil 男 ❶ 類似；比較. hacer un ～ entre dos países 両国を比較する. ❷〘修〙直喩(ちょくゆ).
similar 形《**a**》(…と) 類似した, 同種の.
similitud 女 類似性, 相似.
similor 男 ピンチベック, 模造金. *de* ～ 見かけ倒しの.
simio, mia 男 女 類人猿；猿.
simón 形 男 貸し馬車 (の). ── 副《ラ米》(ﾒｷｼｺ)《話》うん, ええ. ── 固名 ［S-］シモン：男子の名.
simonía 女〘カト〙聖職［聖物］売買；沽聖(こせい).
simoniaco, ca / simoníaco, ca 形 聖職［聖物］売買の；沽聖(こせい)を行う. ── 男 女 聖職売買［沽聖］をする人.
simpa 女《ラ米》(ｱﾙｾﾞﾝﾁﾝ)(ﾍﾟﾙｰ)三つ編み.
simpatía 女 ❶ 好感；共感；魅力；感じのよさ. tener ～ a ... …に好感を持っている. sentir ～ por ... …に好感を持つ. ❷［複］支持. ❸〘医〙交感.
simpático, ca ［シンパティコ, カ］ 形［英 nice］❶ **感じのいい**, 好感のもてる；《**con**》(…に) 親切な (↔ antipático). Ella fue muy *simpática* conmigo. 彼女は私にとても親切にしてくれた. ❷ 面白い, 楽しい. ❸《ラ米》(ﾒｷｼｺ)美男［女］の, かっこいい. ❹〘解〙交感神経の. ❺〘物〙共鳴の. ── 男 交感神経. gran ～ 交感神経系.
simpaticón, cona 形 男 女《話》取っ付きやすい (人)；うわべは感じのいい (人).
simpatizante 形 同調［共鳴］する；同情的な. ── 男 女 同調者, シンパ.
simpatizar 57 自《**con**》❶ (…に) 好意を抱く；(…と) 気が合う. ❷ (思想等と) 共鳴する, シンパとなる.
simple ［シンプれ］ 形［英 simple］❶ **単純な**, 簡単な. trabajo ～ 単純な仕事. ❷ 簡素な, 素朴な；気取らない. una comida ～ 質素な料理. ❸ 単一の. sustancia [cuerpo] ～ 単体. hoja ～ 単葉. oración ～ 単文. ❹《＋名詞》単なる；ただの. por ～ descuido ちょっとした不注意で. Esto es un ～ trámite. これは単なる形式上の手続きにすぎない. ❺ (性格が) 単純な, お人好しの. ❻《ラ米》(ﾒｷｼｺ)味のない. ── 男 女 単純な人；お人好し. ── 男〘スポ〙シングルス.
simplemente 副 ❶ 簡単に；ただ単に. pura y ～ まさしく. ❷ 純粋に；絶対的に.
simpleza 女 単純さ；愚かさ；つまらないこと［もの］.
simplicidad 女 簡単［簡潔, 素朴］さ.
simplificación 女 単純化；簡略化.
simplificar 26 他 単純［簡素, 簡略］にする.
simplismo 男 過度の単純化；単純なものの見方.
simplista 形 短絡的な, あまりに単純化した. ── 男 女 過度に単純な考え方をする人.
simplón, plona 形《話》単純な；人のよい. ── 男 女 愚鈍な人, お人よし.
simposio 男 シンポジウム.
simulación 女 見せかけること；シミュレーション, 模擬実験.
simulacro 男 ❶ 似姿. ❷ 見せかけ, ふり. ❸〘軍〙演習；擬装. un ～ de ataque 擬装攻撃. *hacer el* ～ *de* ... …のふりをする.
simulado, da 形 見せかけの, 偽りの；模擬の.
simulador, dora 形 ふりをする. ── 男 女 ぺてん師. ── 男 シミュレーター, 模擬実験装置. ～devuelo フライトシミュレーター.
simular 他 ❶ …のふりをする；…に似せる. ～ una enfermedad 仮病を使う. ～ el accidente. 事故を装う. ❷ …の模擬実験をする.
simultáneamente 副 同時に.
simultanear 他 同時に行う. ～ la risa con las lágrimas 泣き笑いをする.
simultaneidad 女 同時性.
simultáneo, a 形 同時の. traducción *simultánea* 同時通訳.
simún 男 シムーン：サハラやアラビアの砂漠に吹く砂混じりの熱風.
sin ［シン］ 前 (↔ con)［英 without］❶《欠如》**…なしで**. agua mineral *sin* gas 炭酸なしのミネラルウォーター. *sin* rumbo fijo あてもなく. No

S

puedo leer *sin* gafas. 私はめがねなしでは読めません. Está *sin* trabajo. 彼は仕事がない. ❷《否定の状態》《＋不定詞 /**que**＋接続法》…しないで. El problema está *sin* resolver. その問題は未解決だ. Antonio ha estado una semana *sin* salir. アントニオは１週間外出していない. *No* me voy *sin* decirte adiós. 君にさよならを言わずに帰ることはないよ. Tienes que salir *sin que* te vea nadie. 君は誰にも見られずに出ないといけない. ❸《条件》…がないと. Parecerá más inteligente *sin* abrir la boca. 彼は口を開かなければもうちょっと賢く見えるだろう. ❹《除外》…の他に, …を別として. Me cobraron dos mil euros, *sin* el impuesto. 私は税抜きで2000ユーロ支払った.

sinagoga 女 ❶ シナゴーグ：ユダヤ教の礼拝堂. ❷《集合的》(シナゴーグに集まった) ユダヤ教徒.

sinalefa 女〖音声〗母音融合［合一］：連続する同じ母音が１つの母音として発音されること.

sinántropo 男〖人類〗シナントロプス, ペキン原人.

sinapismo 男 ❶ からし軟膏(なんこう). ❷《話》厄介［面倒］な人［事］.

sinartrosis 女［単複同形］〖解〗不動結合, 関節癒合 (症).

sincera 形 → sincero.

sinceramente 副 誠実に；率直に (言って). *S*～ suyo. 《手紙》敬具.

sincerarse 再《**con**》(…に) 心を開く.

sinceridad 女 誠実；率直. con ～ 正直［率直］に.

sincero, ra [シンセロ, ラ] 形〔英 sincere〕**誠実な**；率直な. agradecimiento ～ 心からの感謝.

sinclinal 形 男〖地質〗向斜 (褶曲(しゅうきょく)) (の).

síncopa 女 ❶〖音〗シンコペーション. ❷〖文法〗語中音消失.

sincopado, da 形〖音〗シンコペーションの.

sincopar 他 ❶〖文法〗語中音を消失させる. ❷〖音〗シンコペートする. ❸ 短縮する.

síncope 男 ❶〖医〗失神；心肺停止. ❷〖文法〗語中音消失.

sincrético, ca 形 (諸説) 混合の；融合の.

sincretismo 男 諸説混合 (主義)；〖言〗融合.

sincronía 女 同時性；〖言〗共時態.

sincrónicamente 副 ❶ 時を同じくして, 同時に. ❷〖言〗共時的に (見て).

sincrónico, ca 形 ❶ 同時発生の；〖物〗同期の. ❷〖言〗共時態の.

sincronismo 男 同時性；同時発生；〖物〗同期性.

sincronización 女 同時化, 同調.

sincronizado, da 形 同時化された；同調した. ***natación sincronizada*** 〖スポ〗シンクロナイズド・スイミング.

sincronizar 57 他《**con**》(テレビ・ラジオのチャンネル・時計の時刻を) (…に) 合わせる；同時性をもたせる；〖機〗〖映〗同調させる.

sincrotrón 男〖物〗シンクロトロン.

sindéresis 女［単複同形］良識, 判断力.

sindicación 女 組合の組織 (化), (労働者の) 組合加入.

sindicado, da 形 労働組合に加盟した. ── 男 女 労働組合員.

sindical 形 労働組合の. movimiento ～ 労働組合運動.

sindicalismo 男 労働組合主義［活動］；サンディカリスム.

sindicalista 形 労働組合の. ── 男 女 労働組合主義者［員］；サンディカリスト.

sindicar 26 他 …を労働組合に組織する. ── ***sindicarse*** 再 労働組合に加入する；組合を作る.

sindicato [シンディカト] 男〔英 syndicate〕❶ **労働組合**. ～ vertical 産業別労働組合. ❷ シンジケート, 企業連合. ～ agrícola 農業者連合会. ～ del crimen 犯罪シンジケート. ***S～ Español Universitario*** スペイン大学生組合《略 SEU》.

sindicatura 女 管財人の職.

síndic de greuges [シンディクデグレウジェス] 男 (カタルーニャ・バレンシアの) オンブズマン.

síndico 男 ❶ 組織［住民］代表. ❷〖法〗管財人.

síndrome 男〖医〗症候群. ～ de abstinencia 禁断症状. ～ de Down ダウン症候群.

sinécdoque 女〖修〗提喩(ていゆ)法, 代喩：一部で全体を, 特殊で一般を表す表現法. ⇀ pan「パン」で alimentos「食料全体」を表す等.

sinecura 女 楽なもうけ仕事.

sine die 〔ラ〕無期限に. aplazarse ～ 無期延期になる.

sine qua non 〔ラ〕不可欠な. condición ～ 必須(ひっす)条件.

sinéresis 女［単複同形］〖音声〗合音：隣接する２母音が二重母音となり１音節を形成すること.

sinergia 女 (２つ以上の器官の) 共力作用；(薬物等の) 相乗効果.

sinestesia 女〖生〗〖心〗〖修〗(色彩・味覚等の) 共感覚, 共感覚を起こす表現.

sinfín 男 無限；無数. un ～ de problemas 山ほどの問題.

sínfisis 女［単複同形］〖解〗(線維軟骨) 結合.

sinfonía 女 ❶〖音〗交響曲, シンフォニー. la novena ～ (ベートーベンの) 交響曲第９番. ❷ 調和, ハーモニー. una ～ de varios colores 様々な色のハーモニー. ❸《ラ米》ハーモニカ (→ armónica 地域差).

sinfónico, ca 形〖音〗交響曲の, シンフォニーの. orquesta *sinfónica* 交響楽団. ── 女 交響楽団.

sinfonista 男 女 交響曲作曲家；交響楽団員.

Singapur 固名 シンガポール：首都シンガポール Singapur.

singladura 女 ❶〖海〗(24時間の) 航行距離；航海日. ❷ 方向, 方針. una nueva ～ del gobierno 政府の新たな方針.

singlar 自〖海〗(ある方向に) 航行する.

single [シングる]〔英〕男 ❶ (レコードの) シングル盤. ❷〖スポ〗シングルス.

singular [シングらル] 形〔英 singular〕❶ **並外れた**, まれに見る；奇妙な. un ejemplar ～ まれな例. una persona ～

S

風変わりな人物. ❷ 1つの；〘文法〙単数の(↔plural). ―男〘文法〙単数(形).
singularidad 女 ❶ 特異(性). ❷ 単一(性)；〘文法〙単数性.
singularizar 57 他 ❶ 目立たせる, 区別する. ❷〘文法〙単数形にする. ― **singularizarse** 再 ((por)) (…で) 目立つ, 傑出する.
singularmente 副 特に, 並外れて.
sinhueso 女 ((話)) 舌.
siniestrado, da 形 被害を受けた, 災難[不幸]に見舞われた. ―男 女 犠牲者, 罹災(りさい)者.
siniestralidad 女 災害[事故]率.
siniestro, tra 形 ❶ 悪意のある. una cara *siniestra* 意地悪そうな顔つき. ❷ 不幸な；不吉な. ❸ 左の. mano *siniestra* 左手. ―男 不幸, 災難；事故. ～ marítimo 海難事故. ―女 左手.
sinnúmero 男 無数, 無限.
sino [シノ] 接 ((反意)) [英 but] ❶ ((no A, ～ B)) **AではなくてBである.** *No* vendrá hoy ～ mañana. 彼は今日ではなくて明日来るはずだ. *No* lo dijiste tú, ～ ella. それを言ったのは君ではなくて彼女だ. *No* te lo pedí, ～ que te lo mandé. お願いしたのではなくて命令したんだ. ❷ ((除外)) ((no ... ～ ...)) …だけ…である, …を除いて…でない. *No* lo sabe nadie ～ su madre. 彼の母親以外そのことは知らない. *No* hace ～ trabajar. 彼は働いてばかりいる. Yo *no* pensaba ～ en ella. 僕は彼女のことだけを考えていた. *No* te pido ～ que me escuches. 私の言うことをとにかく聞いてほしい. ❸ ((no sólo ... ～ (también) ...)) **…だけでなく…も.** *No sólo* es una chica guapa, ～ muy maja. 彼女は美人なうえにとてもすてきな女性だ. ―[シノ] 男 運命, 宿命.
sinodal 形 宗教会議の.
sinódico, ca 形 ❶ 宗教会議の. ❷〘天文〙合(ごう)の, 会合の.
sínodo 男 ❶ 宗教会議；〘カト〙司教区会議. ❷〘天文〙(惑星の) 合(ごう).
sinología 女 中国研究, 中国学.
sinólogo, ga 男 女 中国研究家.
sinonimia 女 同義(性)；類義(性).
sinónimo, ma 形 同義(語)の, 類義(語)の. ―男 同義語, 類義語.
sinopsis 女 [単複同形] ❶ 梗概(こうがい), 概要. ❷ ((ラ米)) (ｸﾙｸﾞｱｲ) (映画の) 次回上映作品の予告.
sinóptico, ca 形 梗概(こうがい)の, まとめの.
sinovia 女〘解〙滑液.
sinovial 形〘解〙滑液の. cápsula ～ 滑液膜.
sinovitis 女 [単複同形]〘医〙滑膜炎.
sinrazón 女 不正, 不法行為. cometer *sinrazones* 不正を働く.
sinsabor 男 [主に複] 不快, 苦しみ.
sinsentido 男 ばかげたこと, 筋の通らないこと (= sin sentido).
sinsonte 男〘鳥〙マネシツグミ.
sinsubstancia / sinsustancia 男 女 ((話)) 頭が空っぽの人.
sint- 活 現分 → sentir.
sintáctico, ca 形〘言〙統語論の, 統語的な.
sintagma 男〘言〙連辞；〘文法〙句. ～ nominal 名詞句.
sintagmático, ca 形〘言〙統合関係の, 連辞の.
sintaxis 女 [単複同形]〘言〙統語論；構文論.
sinterizar 57 他〘冶〙焼結する.
síntesis 女 [単複同形] ❶ 総合, 総括, 要約. en ～ 要約すると. ❷〘化〙合成. ❸〘哲〙総合, ジンテーゼ. ❹〘医〙接骨.
sintéticamente 副 総合的に；総括すると, 手短に言えば.
sintético, ca 形 ❶ 総合的な, 総括的な. lengua *sintética* (ラテン語等の) 総合的言語. juicio ～ 総合的判断. ❷ 合成の, 人工の. fibra *sintética* 合成繊維.
sintetizador, dora 形 統合[総括]する；合成する. ―男〘音〙シンセサイザー.
sintetizar 57 他 ❶ 総合[統合]する；要約する. ❷ 合成する.
sintoísmo 男 神道.
sintoísta 形 男 女 神道の(信者).
síntoma 男 ❶〘医〙(病気等の) 徴候, 症状. ❷ 兆し, 前触れ, 前兆.
sintomáticamente 副 ❶ 象徴的に. ❷ 症状からすると.
sintomático, ca 形 ❶ 徴候となる, 症状を示す. ❷ 前兆の, 前触れの.
sintomatología 女〘医〙(1) 徴候学. (2) 総体的症状.
sintonía 女 ❶〘電〙同調. ❷〘放送〙テーマ音楽. ❸ 調和. estar en ～ con ... …と気が合う.
sintónico, ca 形〘電〙同調の.
sintonización 女 ❶ 同調させること, 波長調整. ❷ 調和.
sintonizador 男〘ラジオ〙チューナー.
sintonizar 57 他〘電〙同調させる；〘ラジオ〙周波数を合わせる. ―自 ((con)) (…と) 同調させる；周波数を合わせる；調和[順応]する. *Sintonicé con* la emisora local. 地元の放送局にチューナーを合わせた.
sinuosidad 女 ❶ 曲折；蛇行；カーブ. ❷ 回りくどさ.
sinuoso, sa 形 ❶ 曲がりくねった, 蛇行した. una carretera *sinuosa* つづら折りの道. ❷ 回りくどい.
sinusitis 女 [単複同形]〘医〙静脈洞(どう)炎；副鼻腔(びくう)炎.
sinusoide 女〘数〙正弦曲線, シヌソイド.
sinvergonzón, zona 形 ((話)) いたずらな；厚かましい. ―男 女 ((話)) いたずら者.
sinvergozonería / sinvergüencería 女 恥知らず；厚かましさ.
sinvergüenza 形 男 女 恥知らず(な)；厚かましい(人)；いたずらな(人).
sinvergüenzada 女 ((ラ米)) (ｱﾙｾﾞﾝﾁﾝ) (ｸﾙｸﾞｱｲ) ((話)) 汚いやり口, 厚かましいこと.
sionismo 男 シオニズム.
sionista 形 シオニズムの. ―男 女 シオニスト.
sioux [シウ(ク)ス] 形 男 女 [単複同形] (北米先住民) スー族(の).
Siqueiros 固名 シケイロス David Alfaro ～ (1896-1974)：メキシコの画家.
siquiatría 女 → psiquiatría.
síquico, ca 形 → psíquico.
siquiera [シキエラ] 副 [英 even] ❶ ((否定で)) **…すら…(ない).** No me saludó ～. 彼はあいさつ

S

さえもしてくれなかった. El chico ni (tan) ～ me pidió disculpas. その少年は私に謝りさえしなかった. ► ni, さらに tanで強調できる. ❷《肯定文で》少なくとも, せめて. *S*～ bebe agua. 水だけでも飲みなさい. ―[シキエラ] 接《文》《＋接続法》たとえ…でも(＝aunque). Quiero ir, ～ sea por pocos días. たとえわずかの日数でも行きたい.

Sir / sir [セル〈シル〉]〔英〕男 サーの敬称[称号].

sirena 女 ❶ サイレン, 警報器. ❷《ギ神》セイレン：半人半鳥の海の精. 美声で船人を魅惑し難破させた. ❸ 泳ぎのうまい少女[女性]. *canto de* ～ (危険な) 誘惑の言葉.

sirenios / sirénidos 男 複 海牛目[類] (の動物).

sirga 女《海》(船等を引く) 綱.

sirgar 66 他《海》(船を) 綱で引く.

Siria 固名 シリア：首都ダマスカス Damasco.

siriaco, ca / siríaco, ca 形 男 女 → sirio.

sirimiri 男 霧雨.

siringa 女 ❶ (牧神 Panが用いた) パンの笛. ❷《ラ米》《植》パラゴムノキ.

siringe 男 (鳥の) 鳴管.

Sirio 固名《天文》シリウス, 天狼(てんろう)星.

sirio, ria 形 シリア (人) の. ― 男 女 シリア人. ― 男 シリア語[方言].

siroco 男 シロッコ：北アフリカからヨーロッパ南部に吹く熱風.

sirope 男 シロップ, 糖蜜(とうみつ).

sirtaki [ギリシャ] 男 シルターキ：ギリシャの民族舞踊の1つ.

sirte 女 海底の砂州.

sirv- 活 現分 → servir.

sirviente, ta 男 女 使用人, 召使い. ― 男 砲手. ― 女《ラ米》家政婦 (→ doncella 地域差).

sisa 女 ❶ (お釣り等を) くすねること. ❷《服》そでぐり (の切り込み), ダーツ.

sisal 男《植》サイザルアサ.

sisar 他 ❶ (お釣り等を) くすねる. ❷ そでぐりをあける；ダーツをつくる.

sisear 他 自《非難・嫌悪・注意》チッ[シー]と言う[野次る].

siseo 男 チッ[シー]という声.

Sísifo 固名《ギ神》シシュフォス. la roca de ～ 徒労.

sísmico, ca 形 地震の.

sismo 男 地震.

sismógrafo 男 地震 (記録) 計.

sismología 女 地震学.

sismólogo, ga 男 女 地震学者.

sismómetro 男 地震計.

sisón, sona 男 女《話》お金をごまかす癖のある人. ― 男《鳥》ノガン.

sistema [システマ] 男〔英 system〕❶ **制度, 組織**；体制. ～ educativo 教育制度. ～ capitalista [socialista, comunista] 資本主義[社会主義, 共産主義]体制. ❷ **系**, 系統, 網；(思想等の) 体系. ～ circulatorio 循環器系. ～ montañoso 山系. ～ de carreteras 道路網. ～ de Copérnico コペルニクス体系. ❸ 方法, 方式. ～ cegesimal CGS法 (センチメートル・グラム・秒単位系). ～ métrico (decimal) メートル法. ❹ 装置, システム. ～ automático 自動装置. ～ experto《IT》エキスパートシステム. ～ operativo《IT》オペレーティングシステム〔英 OS〕. ***por*** ～ 決まって, 判で押したように.

sistemática 女《生》分類[系統]学.

sistemáticamente 副 ❶ 体系的に. ❷ 一貫して, 決まって；判で押したように.

sistemático, ca 形 ❶ 系統立った, 体系[組織]的な. ❷ 秩序を重んじる；融通のきかない.

sistematización 女 体系[組織]化.

sistematizar 57 他 体系[組織]化する.

sistémico, ca 形 組織[体系]全体の；《医》全身の.

sístole 女 ❶《医》心収縮 (期). ❷《詩》音節短縮.

sistro 男 シストラム：古代エジプトの打楽器.

sitiador, dora 形 男 女 包囲する (者).

sitial 男 儀式用のいす[席].

sitiar 17 他 ❶ (町等を) 包囲する. ❷ 追い詰める, 追い込む.

sitio [シティオ] 男〔英 place, site〕❶ **場所**, 所；空間. en todos los ～*s* 至る所で[に]. hacer ～ a ... …に場所をあける. ❷《比喩的》位置；立場. ～ en la sociedad 社会における位置. ❸《軍》包囲. ❹《ラ米》(ﾁﾘ) 建設用地 (→ solar 地域差). ***real*** ～ 王室の別荘地. ～ ***web***《IT》ウェブサイト. ***dejar a ... en el*** ～《話》…を即死させる. ***poner a ... en*** su ～ …に立場をわきまえさせる. ***quedarse en el*** ～《話》即死する.

sito, ta 形《文》位置する. una casa *sita* en el número ocho 8番地にある家.

situación [シトゥアしオン] 女[複 situaciones]〔英 situation〕❶ **状況**, 情勢. ～ límite 極限状況. ❷ 立場；身分. no estar en ～ de ... …する状況にない. ❸ 位置, 場所.

situado, da 形 ❶《bien＋》境遇に恵まれた. ❷ 位置した.

situar 58 他 置く, 配置する；位置づける. ― **situarse** 再 ❶ いい地位につく. ❷ 位置する.

siútico, ca 形《ラ米》(ﾁﾘ)《話》気取った.

ska [エスカ]〔英〕男《音》スカ：ジャマイカ起源の音楽, 初期のレゲエ.

skay [エスカイ]〔英〕男 合成皮革.

sketch [エスケ(チ)]〔英〕男 寸劇, コント.

skin [エスキン]〔英〕男 女 形 → skinhead.

skinhead / skin head [エスキンヘ(ドゥ)] 形 男 女[複 ～s] スキンヘッド (の).

S. L. 女 *Sociedad Limitada*《スペイン》有限会社.

slalom [エスらろ(ム)] 男 (スキー) 回転競技.

slip [エスり(プ)] 男[複 ～s] ブリーフ；海水パンツ (＝～ de baño).

slogan 男[複 ～s] → eslogan.

Slovaquia 固名 スロバキア：首都ブラチスラバ Bratislava.

smash [エスマ(シュ)] 男《スポ》(テニス等の) スマッシュ.

SME 男 *Sistema Monetario Euro-*

peo 欧州通貨制度.

smog [エスモ(グ)] 〔英〕 男 スモッグ, 煙霧.

smoking [エスモキン] 男 〘服〙 タキシード.

s/n. *sin número* (住所で) 番地のない ; 無数の.

snack-bar [エスナクバル] 男 軽食堂, スナックバー.

snif [エスニ(フ)] 間 くすん : べそをかく音.

snob [エスノ(ブ)] 形 男 女 → esnob.

snowboard [エスノウボル(ドゥ)] 〔英〕 男 [単複同形] スノーボード.

so 前 《稀》 …のもとに. ― [ソ] 副 《軽蔑》 《＋形容詞》 ¡*So* tonto! ばかなやつだ! ― 間 (馬等を制する) どうどう. ***dar lo mismo so que arre*** 《話》 無関心である. ***so pretexto* [*capa, color*] *de* ...** …という口実で. ***so pena de* ...** …でなければ.

SO 男 → sudoeste.

soba 女 《話》 殴打, 連打.

sobaco 男 腋(わき)の下, 腋窩(えきか).

sobado, da 形 ❶ (服等が) 着古した, 擦り切れた. ❷ (テーマ等が) ありふれた, 使い古された. ❸ 《話》 眠った. ― 男 〘料〙 ソバド : ラードやオリーブ油を使った小型のカステラ状のパン. ► sobao とも言う.

sobadora 女 《ラ米》 (アルゼンチン)(ウルグアイ)(パン生地の) 攪拌(かくはん)機.

sobajar 他 いじくり回す ; 侮辱する.

sobaquera 女 ❶ 〘服〙 (1) (腋(わき)の下の) 汗とりパッド. (2) アームホール. ❷ 肩掛けホルスター.

sobaquillo 男 ***de*** ～ (1) 〘闘牛〙 (banderillas を牛に打つ時) 斜め後方から. (2) 下手[横手]投げで.

sobaquina 女 わきが.

sobar 他 ❶ こねくり[いじくり]回す ; 触りまくる. ❷ (人を) べたべた触る. ❸ 《話》 殴る ; こてんぱんにやっつける. ❹ 《ラ米》 (1)(ペルー)へつらう. (2)(コロンビア)(ベネズエラ)整骨[接骨]する. (3)(コロンビア)困らせる. ― 自 《話》 眠る.

soberanamente 副 ❶ この上ないほどすばらしく. ❷ 非常に.

soberanía 女 ❶ 主権 ; 統治権 ; 自治. ～ nacional 主権在民. ～ aérea 領空. ❷ 至上, 卓越.

soberano, na 形 ❶ 主権を有する ; 独立した. poder ～ 主権. nación *soberana* 独立国家. ❷ 至上の, この上ない. ❸ 《話》 強烈な, すごい. ― 男 女 君主.

soberbia 女 高慢, 尊大 ; 壮麗さ, 立派さ.

soberbiamente 副 ❶ 尊大に, 傲慢に. ❷ すばらしく, 見事に.

soberbio, bia 形 ❶ 高慢な, 尊大な. ❷ すばらしい, 立派な. ❸ 大きい ; 強い.

sobo 男 《話》 触りまくること.

sobón, bona 形 男 女 べたべた触る(人).

sobornable 形 買収されうる.

sobornar 他 買収する, 賄賂(わいろ)を贈る.

soborno 男 贈賄, 買収 ; わいろ, その下. 地域差 わいろ soborno 《スペイン》 《ラ米》 (キューバ, ドミニカ共和国, プエルトリコ)(メキシコ)(グアテマラ, エルサルバドル, コスタリカ)(ベネズエラ)(ペルー)(アルゼンチン) ; coima (エクアドル, ペルー, ボリビア)(チリ)(パラグアイ, ウルグアイ, アルゼンチン) ; mordida (メキシコ)(グアテマラ, ホンジュラス, エルサルバドル, ニカラグア)(コロンビア).

sobra 女 ❶ 過剰, 余剰. ❷ [複] 余り, 残り ; 食べ残し. ― 活 → sobrar. ***de*** ～ (1) 十二分の, 十二分に. (2) 余計な, 余分な. estar *de* ～ 余計である.

sobradillo 男 〘建〙 (ドア・窓の上の) ひさし.

sobradamente 副 十二分に.

sobrado, da 過分 → sobrar. 形 ❶ 十分な, 十二分の ; 《de》 (…が) たくさんの, あり余るほどの. ❷ 《ラ米》 (チリ)気取った. ― 副 十二分に. ― 男 ❶ 屋根裏部屋. ❷ 《ラ米》 [複] 食べ残し.

sobrante 形 男 残り(の), 余分(な).

sobrar [ソブラル] 自 〔英 remain〕 ❶ **余る**, 残る. ❷ 余計である, 邪魔である. ― 他 《ラ米》 (アルゼンチン)(ウルグアイ)見下す, ばかにする. ― **sobrarse** 再 《話》 度を越す.

sobrasada 女 〘料〙 ソブラサダ : スペイン, マジョルカ特産のソーセージ.

sobre [ソブレ] 前 (↔bajo) 〔英 on; over; above; about〕 ❶ 《上位》 **…の上に**, …の上方に. ¿Ya has colocado los platos ～ la mesa? もう皿をテーブルに置いたの. poner un cuadro ～ la pared 壁に絵を掛ける. Volamos ～ Siberia. 私たちはシベリアの上空を飛んだ. dos mil metros ～ el nivel del mar 海抜2000メートル. El salón de mi casa tiene unas ventanas ～ el mar. わが家の居間には海を見下ろす窓がある. ❷ 《題材》 **…について**. un libro ～ Cervantes セルバンテスに関する本. ¿Qué piensa usted ～ el tema? あなたはそのテーマについてどう思いますか. ❸ 《概数》 大体, およそ, …ころ. Te llamaré ～ las diez esta noche. 今夜10時ごろ電話するよ. Iremos a Madrid ～ el veinte. 私たちは20日ごろマドリードへ行くつもりです. ❹ 《回転の中心》 …の周りを. dar vueltas ～ el pie derecho 右足を軸にして回転する. ❺ 《運動・優位・作用等の対象》 …に向けて, …をめがけて ; …に対して. El león se lanzó ～ el pobre ciervo. ライオンは哀れなシカに襲いかかった. Destaca ～ los demás por su gran estatura. 彼はその高い背丈ゆえに他の者から目立っている. el impuesto ～ el valor añadido 付加価値税. ❻ 《追加》 …に加えて. Tuvimos que pagar un millón más ～ lo acordado. 我々は取り決めた額より100万も余計に払わなくてはならなかった. ❼ 《担保・保証》 …を担保にして. Le prestaron dinero ～ la hipoteca de la casa. 彼は家を担保に金を借りた. ❽ 《割合・程度》 …につき. Sólo aprobó uno ～ veinte aspirantes. 20人に1人の志願者しか合格しなかった. ❾ 《同じ名詞を繰り返して》 繰り返し, 次々と. Sigue diciendo tontería ～ tontería. 彼はばかなことを繰り返し言い続けている. éxito ～ éxito 成功につぐ成功. ― [ソブレ] 男 〔英 envelope〕 ❶ **封筒**. ～ monedero 現金封筒. ～ acolchado クッション封筒. ❷ 小袋. ～ de té ティーバッグ. ❸ 《話》 ベッド. ❹ 《ラ米》 (アルゼンチン)(ウルグアイ)ハンドバッグ. ― 活 → sobrar.

sobreabundancia 女 過多, 過剰.

sobreabundante 形 過多[過剰]の, あり余るほどの.

sobreabundar 自 あり余る, 多すぎる.

sobreagudo, da 形 男 〘音〙 (楽器の) 最高音(の).

sobrealiento 男 喘(あえ)ぎ, 息切れ.

S

sobrealimentación 女 食べ過ぎ；食物[餌(えさ)]の与え過ぎ.
sobrealimentar 他 ❶ 過度の食物[栄養]を与える. ❷〘機〙過給する.
sobreañadir 他 さらに[過剰に]加える.
sobrearco 男〘建〙隠しアーチ：楣(まぐさ)の上にかけ重量を支える.
sobreasada 女 → sobrasada.
sobrecama 女《ラ米》ベッドカバー (→ colcha 地域差).
sobrecarga 女 ❶ 積みすぎ，過積載. ❷ 過負荷. ❸ 負担，心配.
sobrecargar 66 他 ❶《con》(…を) 積みすぎる；(…で) 過度に飾りたてる. ❷ 過重な負担[負荷]をかける. ❸〘服〙伏せ縫いする.
sobrecargo 男女 ❶〘航〙パーサー. ❷〘海〙上乗り.
sobreceja 女 (まゆの上部の) 額.
sobrecogedor, dora 形 驚かす；おびえさせる.
sobrecoger 84 他 驚かす，おびえさせる. — **sobrecoger*se*** 再 驚く；おびえる.
sobrecogimiento 男 驚愕(きょうがく).
sobrecubierta 女 ❶ (本等の) カバー. ❷〘海〙上甲板.
sobrecuello 男 ❶ 付け襟. ❷〘服〙聖職者用カラー，ローマン[クレリカル]カラー.
sobredicho, cha 形 上記の，前述の.
sobredimensionar 他 誇張する，大げさに考える.
sobredorar 他 金めっきする.
sobredosis 女 [単複同形] (薬・麻薬の) 服用過多.
sobreentender 101 他 → sobrentender.
sobreentendido, da 形 男 → sobrentendido.
sobreesdrújulo, la 形 → sobresdrújulo.
sobreexcitación 女 過度の興奮.
sobreexcitar 他 極度に興奮させる. — **sobreexcitar*se*** 再 極度に興奮する.
sobreexplotación 女 (天然資源の) 過度の開発[開拓].
sobreexponer 75 他〘写〙露出過度にする.
sobreexposición 女〘写〙露出過度.
sobrefalda 女〘服〙オーバースカート.
sobrefusión 女〘化〙過融解.
sobregirar 他〘商〙過振りする.
sobregiro 男〘商〙超過振り出し，過振り.
sobrehilado 男 へり[裁ち目]かがり.
sobrehilar 15 他 (…の裁ち目を) かがる.
sobrehumano, na 形 超人的な.
sobreimpresión 女〘写〙〘映〙重ね[二重]焼き付け.
sobrellevar 他 (不幸等に) 耐える.
sobremanera 副 とても，非常に.
sobremesa 女 食後のひととき. ***de*** ～ 卓上の；食後の[に]
sobremodo 副 → sobremanera.
sobrenadar 自 (液体の表面に) 浮く.
sobrenatural 形 超自然の；死後の.
sobrenombre 男 あだ名，通り名.
sobrentender 101 他 暗黙に了解する. — **sobrentender*se*** 再 暗黙に了解される.
sobrentendido, da 形 男 暗黙の了解 (の)，言わなくても分かっている (こと).
sobrepaga 女 特別手当.
sobreparto 男 産褥(さんじょく)期.
sobrepasar 他 ❶ 越える. ❷《en》(…で) 勝る，しのぐ.
sobrepelliz 女〘カト〙司祭等が着る短い白衣.
sobrepeso 男 重量[体重]超過. plus por ～ de equipaje 荷物の重量超過料金.
sobreponer 75 他《a》❶ (…に) 重ねる，(…の) 上に置く. ❷ (…より) 優先させる. — **sobreponer*se*** 再《a》(…に) 打ち勝つ，乗り越える.
sobreprecio 男 割増[追加]料金.
sobreprima 女 特約保険料，追加掛け金.
sobreproducción 女 過剰生産.
sobrepuerta 女 カーテンボックス；(ドアの上につける絵・布等の) 飾り.
sobrepuesto, ta 形 積み重ねた，重ね合わせた.
sobrepujar 他《en》(…で) 勝る，しのぐ.
sobrero, ra 形 男〘闘牛〙予備の (牛).
sobresaliente 形 ❶ 傑出した，秀でた. ❷ 突き[飛び]出た. — 男 (成績の) 優. — 男 女〘演〙代役；〘闘牛〙予備の闘牛士.
sobresalir 95 自 ❶ 突き[飛び]出る. ❷《por》(…で) 傑出する，ぬきんでる.
sobresaltar 他 びっくり[ぎょっと]させる. — **sobresaltar*se*** 再 びっくり[ぎょっと]する.
sobresalto 男 どきっと[ぎょっと]すること.
sobresanar 自 ❶ (傷口が) 表面だけ治る. ❷ うわべを取り繕う.
sobrescrito 男 (封筒等の) 宛名(あて)，上書き.
sobresdrújulo, la 形 男〘文法〙最後から 4 番目の音節にアクセントのある (語).
sobreseer 35 他〘法〙(裁判を) 打ち切る，棄却する.
sobreseimiento 男〘法〙棄却.
sobrestadía 女〘海〙滞船 (料).
sobrestante 男〘建〙現場監督.
sobrestimación 女 過大評価.
sobrestimar 他 過大評価する. — **sobrestimar*se*** 再 自分を過大評価する.
sobresueldo 男 特別手当.
sobretasa 女 課徴金，追加料金.
sobretensión 女〘電〙過電圧.
sobretodo 男〘服〙上っ張り；《ラ米》(紳士用) コート.
sobrevaloración / sobrevaluación 女 過大評価.
sobrevalorado, da 形 過大評価された.
sobrevalorar / sobrevaluar 58 他 過大評価する.
sobrevaluado, da 形 → sobrevalorado.
sobrevenida 女 突然起こること，不意に生じること.
sobrevenir 23 自 突然起こる[生じる].
sobreventa 女 オーバーブッキング.

sobrevidriẹra 女 ❶（二重の）ガラス窓．❷（窓の）金網．
sobreviviẹnte 形 生き残りの，生存する．── 男 女 生き残り，生存者．
sobrevivịr 自 ❶ (a)（逆境等から）生き残る，生きのびる．❷ (a)（…より）長生きする．❸ なんとか生活する．
sobrevolạr 32 他 …の上空を飛ぶ．
sobrexcitaciọ́n 女 → sobreexcitación.
sobrexcitạr 他 → sobreexcitar.
sobriedạd 女 控えめ；節制；簡素．
sobrino, na [ソブリノ，ナ] 男 女〔英 nephew, niece〕甥(おい)，姪(めい)．～ segundo いとこの息子．
sọbrio, bria 形 ❶ 控えめな；節度のある．❷ 簡素な，地味な．❸ しらふの．
sobrịta 男 女 末っ子（→ benjamin 地域差）．
socạire 男（風を遮る）物．*al ～ de ...* …に守られて．
socalịña 女 策略，手練手管．
socạpa 女 言い訳．～ de ... …という口実で．
socapạr 他《ラ米》(エクア)(ボリビア)(メキシコ)（人の失敗を）かばう，隠す．
socarrạr 他（表面を）焼く，焦がす．── **socarrarse** 再（表面が）焦げる．
socarrọ́n, rrọna 形 男 女 陰険［嫌み］な（人）．
socarronerị́a 女 嫌み，陰険さ．
socavaciọ́n 女 土台［基盤］を弱めること．
socavạr 他 ❶ …の下を掘る，うがつ．❷ 弱める，衰えさせる．
socavọ́n 男 陥没；くぼみ．
soccer [ソケル]〔英〕男 サッカー．
sochạntre 男〖宗〗聖歌隊長．
sọcia 女 → socio.
sociabilidạd 女 社交性．
sociabilizạr 57 他 社交的にする，社会生活に順応させる．
sociạble 形 ❶ 社交的な，人付き合いのよい．❷（動物が）人間になつきやすい．
social [ソしアる] 形〔英 social〕❶ **社会の**，社会的な．clase ～ 社会階級．seguridad ～ 社会保険．❷ 会社の，法人の．capital ～ 資本金．❸〖動〗群居する；〖植〗群生する；〖昆〗社会性の．── 女 ❶［複］社会科学（= ciencias *～es*）．❷《ラ米》(アルゼンチン)(ウルグアイ)［複］（新聞の）社交欄．
socialdemocrạcia 女 社会民主主義．
socialdemọ́crata 形 社会民主主義の．── 男 女 社会民主主義者．
socialịsmo 男 社会主義（運動）．
socialịsta 形 社会主義（者）の．── 男 女 社会主義者；社会党員．
socializaciọ́n 女 社会主義化，国有化．
socializạr 57 他 社会主義化する，国有化する．
sociạta 男 女《話》《軽蔑》→ socialista.
sociedad [ソしエダ(ドゥ)] 女〔英 society〕❶ **社会**；世間．～ de consumo 消費社会．❷ 団体，協会．～ protectora de animales 動物愛護協会．❸ 会社，法人．～ anónima 株式会社（略 S.A.）．～ (de responsabilidad) limitada 有限会社．～ cooperativa 協同組合．❹ 社交（界）．alta ～ 上流社会．
societạrio, ria 形（労働）組合の，協会の．
socio, cia [ソしオ，しア] 男 女〔英 member〕❶ **会員**．～ fundador 創立会員［メンバー］．hacerse ～ 会員になる．❷〖商〗共同出資［経営］者．～ capitalista 出資社員．❸《話》仲間，友達．
sociobiologị́a 女 社会生物学．
socioculturạl 形 社会文化的な．
socioeconọ́mico, ca 形 社会経済の，社会経済的な．
sociolaborạl 形 社会労働の．
sociolingüịstica 女 社会言語学．
sociologị́a 女 社会学．
sociolọ́gico, ca 形 社会学の，社会学的な．
sociọ́logo, ga 男 女 社会学者．
sociometrị́a 女 計量社会学．
sociopolị́tico, ca 形 社会政治的な．
sọ́cket [ソケ(トゥ)]〔英〕男《ラ米》ソケット（→ portalámparas 地域差）．
sọco 男《ラ米》(コロンビア)（切断された手足の）根元．
socolọr 男 口実．*～ de ...* …という口実で．
soconụsco 男〖料〗（チョコレート飲料に混ぜるバニラ等の）香料ミックス；（飲み物の）チョコレート．
socorrẹr 他 援助する，救援する．
socorrịdo, da 形 助けになる，手近な．
socorrịsmo 男 応急手当；ライフセービング，水難救助法．
socorrịsta 男 女 救助隊員，水難救助員，ライフセーバー，監視員．
socọrro 男 ❶ 救助；援助．pedir ～ 救援を求める．❷ 救援物質．❸〖軍〗援軍．*¡S～!* 助けて．
socrạ́tico, ca 形 ソクラテス（派）の．── 男 女 ソクラテス学徒．
sọda 女 ソーダ水．
sọ́dico, ca 形〖化〗ナトリウムの．
sọdio 男〖化〗ナトリウム．
sodomị́a 女 ソドミー：男色，獣姦(じゅうかん)等の異常性行為．
sodomịta 形（イスラエル・古代パレスチナの）ソドム（の人）の．── 男 女 ❶ ソドムの人．❷ sodomía を行う（人）．
sodomizạr 57 他 …に sodomía を行う．
soẹz 形 下品な；卑猥(ひわい)な．
sofá [ソファ] 男［複 ～s］〔英 sofa〕**ソファー**．～ cama ソファーベッド．
sọ́fero, ra 形《ラ米》(ペルー)堅固な．
sofiọ́n 男 ❶（返事等の）怒気．contestar con un ～ 怒って答える．❷（気体の）噴出．
sofịsma 男 詭弁(きべん)，こじつけ．
sofịsta 形 詭弁(きべん)を弄(ろう)する．── 男 女 詭弁家．── 男（古代ギリシャ）ソフィスト．
sofisticaciọ́n 女 ❶ 気取り，凝りすぎ；洗練．❷（機器等の）精巧化．
sofisticạdo, da 形 ❶ 凝りすぎた，気取った；洗練された．❷ 精巧な，精密な．
sofisticạr 26 他 ❶ わざとらしくする，不自然にする．❷ 複雑［精巧］にする．❸ こじつける．

sofístico, ca 形 詭弁(きん)(家)の.

sofito 男〖建〗(軒蛇腹等の)下端(はた).

soflama 女 大演説, 熱弁.

soflamar 他 焙(あぶ)る.

sofocación 女 ❶ 窒息, 息苦しさ. ❷ (火事等の)鎮圧, 制圧. ❸ 赤面.

sofocante 形 息苦しい, 息の詰まる. calor ～ 蒸し暑さ.

sofocar 26 他 ❶ 息苦しくさせる, 息を詰まらせる. ❷ (暴動等を) 鎮圧[制圧]する. ❸ 赤面させる. ❹ 困らせる, うんざりさせる. ― **sofocarse** 再 ❶ 息苦しくなる, 息が詰まる. ❷ 赤面する. ❸ いら立つ.

sofoco 男 ❶ 息苦しさ；暑苦しさ. ❷ 怒り, 逆上. ❸ 赤面；のぼせ.

sofocón 男《話》不愉快；怒り.

sofoquina 女《話》(激しい)息苦しさ.

sofreír 56 他 軽く炒(いた)める.

sofrenar 他 ❶ (手綱を引いて馬を) 止める. ❷ (感情を) 抑制する.

sofrito 男〖料〗ソフリト：タマネギ等を炒めて作るベースで, 煮込み等に加える. ～ de tomate トマトソース.

software [ソフウェル] 〔英〕 男〖IT〗ソフトウエア.

soga 女 縄, 綱. ***dar ～ a ...*** …をからかう. ***con la ～ al cuello*** 窮地に陥った.

soguilla 女 三つ編み縄[ひも].

soirée [スアレ] 女 夜会；(演劇等) 夜の部.

sois 活 → ser.

soja 女〖植〗ダイズ. salsa de ～ しょうゆ. leche de ～ 豆乳.

sojuzgar 66 他 征服する.

sol [ソる] 男 〔英 sun〕 ❶ **太陽**. *sol* naciente [poniente] 朝[夕]日. al salir [ponerse] el *sol* 日の出[日暮れ]に. ❷ **日光**, 日差し. al *sol* 日なたで. tomar el *sol* 日光浴をする. dar el *sol* 日が当たる. Hace *sol*. 日が照っている. ❸《話》素晴らしい人. ❹〖闘牛〗日なた席 (↔ sombra). *sol* y sombra 途中で日陰になる席. ❺〖音〗ソ, ト音, G音. ❻〖化〗ゾル, コロイド溶液. ❼ ソル：ペルーの旧通貨単位. ***bajo el sol*** 日なたで；地上に, この世に. ***como el sol que nos alumbra*** 火を見るより明らかな. ***no dejar a ... (ni) a sol ni a sombra*** …と片時も離れない, つきまとう.

sola 形 → solo.

solado 男 床張り；靴底張り.

solador 男 床張り職人.

soladura 女 床張り；床.

solamente [ソらメンテ] 副 〔英 only, solely〕 **…だけ**；単に. ～ una vez 一度だけ. ***no ～ ..., sino (también) ...*** …だけでなく…も. ***～ que ...*** (1)《＋直説法》ただ…である[する]だけである. (2)《＋接続法》…でさえあれば, …しさえすれば.

solana 女 ❶ 日なた, 日だまり. ❷ (日が当たる)ベランダ, テラス；サンルーム.

solanáceo, a 形〖植〗ナス科の. ― 女〔複〕〖植〗ナス科植物.

solanera 女 ❶ 強い日差し. ❷ 日なた. ❸ 日射病；日焼け.

solano 男 ❶ 東風. ❷ 熱風.

solapa 女 ❶〖服〗襟. ❷ (ブックカバーの)そで；(封筒の)ふた.

solapado, da 形 腹黒い, こそこそした.

solapar 他 ❶ (一部を) 重ねる. ❷ (本心等を) 隠す. ― 自 (衣服の打ち合わせが) 重なる. ― **solaparse** 再 (部分的に) 重なる；一致する.

solar 形 太陽の；太陽による；日光対策の. sistema ～ 太陽系. placas ～*es* ソーラーパネル. crema ～ 日焼け止めクリーム. ― 男 ❶ 土地；建設用地 (→地域差). ❷ 名家. ― 他 ❶ …の床を張る. ❷ (靴に)底を張る. 地域差 建設用地 solar《スペイン》《ラ米》(ドミニカ, 共和国, プエルトリコ)；baldío (パラグアイ)(アルゼンチン)；lote (ホンジュラス, コスタリカ)(コロンビア)；predio (アルゼンチン)；sitio (ペルー)；terreno《ほぼラ米全域》.

solariego, ga 形 男 女 名門の (出の人).

solario / solárium 男 (プール等の) サンデッキ, サンルーム.

solaz 男 気晴らし, 楽しみ；慰め.

solazar 57 他 気晴らしをさせる；楽しませる. ― **solazarse** 再《con》(…で) 気晴らしをする.

solazo 男《話》焼けつくような日差し.

soldada 女 (特に兵士の) 給料.

soldadesco, ca 形 兵士[軍隊]の. ― 女《集合的》(規律の乱れた) 軍隊.

soldado [ソるダド] 男 〔英 soldier〕 ❶ **兵士**, 兵；軍人. ～ voluntario 志願兵. ❷ (主義等のために闘う) 闘士.

soldador, dora 男 女 溶接[はんだ]工. ― 男 はんだごて.

soldadura 女 ❶ はんだ付け. ～ autógena 溶接. ❷ 溶接[接合]部. ❸ 溶接棒, はんだ.

soldar 32 他 はんだ付けをする；溶接する. ― **soldarse** 再 融合する；接合する.

soleá 女 〔複 soleares〕 (フラメンコ) ソレアレス：8分の3拍子の歌と踊り.

soleado, da 形 晴れ渡った；日当たりのよい.

soleamiento 男 日に当てること.

solear 他 日に当てる, 日にさらす.

solecismo 男 文法[語法]違反.

soledad [ソれダ(ドゥ)] 女 〔英 solitude〕 ❶ **孤独** (感). ❷ [主に複] 寂しい場所.

solemne 形 ❶ 盛大な；荘厳な. ❷ まじめな, もったいぶった. ❸《軽蔑》まったくの, ひどい.

solemnidad 女 ❶ 盛大さ；荘厳さ. ❷ まじめさ, 重大さ. ❸ 儀式, 式典.

solemnizar 57 他 盛大に祝う；荘厳な印象を与える.

solenoide 男〖電〗ソレノイド, 筒形コイル.

sóleo 男〖解〗平目筋.

soler [ソれル] 70 自 〔英 be in the habit of〕《＋不定詞》**いつも[ふつう]…する[である]**. *Suelo* acostarme tarde. 私はふつう夜寝るのが遅い. ― 固名 [S-] ソレル Antonio ～ (1729-83)：スペインの作曲家・オルガン奏者.

solera 女 ❶ 由緒, 伝統. con ～ 由緒ある. ❷ (ワインの) 古さ. vino de ～ 年代物のワイン (若いワインにブレンドされる). ❸ (ひき臼(うす)の) 下臼. ❹《ラ米》(1)(チリ)板石, 床タイル. (2)(アルゼンチン)(ノースリーブの) ワンピース.

solfa 女 ❶〖音〗ソルフェージュ. ❷《話》殴打. ***poner ... en ～***《話》…をあざける, からかう.

solfatara 女〖地質〗硫気孔.

solfear 他 自 ドレミファ[階名]で歌う.

solfeo 男〖音〗ソルフェージュ.

solicitación 女 ❶ 申請；請求. ❷ 気を引くこと；誘惑.

solicitante 形 申請［応募］する. ── 男 女 申請［応募］者.

solicitar [ソりしタル] 他〔英 apply to; solicit〕❶ **申請する**, 応募［要請］する. ❷(関心等を)引く. ❸ 言い寄る, 求愛する.

solícito, ta 形《con》(…に)親切な, よく気がつく.

solicitud 女 ❶ 申請［要請］(書). ❷ 気遣い, 思いやり. *a* ～ 申請により.

sólida 形 → sólido.

solidaridad 女 団結, 連帯.

solidario, ria 形《de, con》(…と)団結［連帯］した.

solidarizar 57 他 団結［連帯］させる. ── **solidarizarse** 再《con》(…と)連帯する.

solideo 男〖カト〗(聖職者用の)縁なし帽.

solidez 女 堅固さ, 丈夫さ.

solidificación 女 凝固, 固体化.

solidificar 26 他 凝固させる, 固体化する. ── **solidificarse** 再 凝固する.

sólido, da [ソりド, ダ] 形〔英 solid〕❶ **固体の**, 固形の. combustible ～ 固形燃料. ❷ 堅固な, 丈夫な. ❸ 確固とした, 確かな. ── 男 固体；〖数〗立体.

soliloquio 男 独り言；〖演〗独白.

solio 男(天蓋(ﾃﾝｶﾞｲ)つき)玉座. ～ pontificio 教皇の座.

solipsismo 男〖哲〗独我論, 唯我論.

solista 男 女〖音〗ソリスト, 独唱［奏］者.

solitario, ria [ソりタリオ, リア] 形〔英 solitary, lonely〕❶ **孤独な**；孤独を好む. ❷ 人気(ﾋﾄｹ)のない. ── 男 女 孤独な人, 孤独を愛する人. ── 男 ❶(トランプの)1人遊び. ❷(指輪等の)一つはめ宝石. ── 女〖動〗ジョウチュウ, サナダムシ.

solito, ta 形《話》ひとりっきりの.

sólito, ta 形 いつもの, しきたりの.

soliviantar 他 ❶ あおる, 挑発する；そそのかす. ❷ いら立たせる, 怒らせる. ── **soliviantarse** 再 ❶ 反抗する. ❷ いらいらする, 怒る.

soliviar 17 他《ラ米》(ｱﾙｾﾞﾝﾁﾝ)《話》盗む.

solla 女〖魚〗ツノガレイ.

sollado 男〖海〗最下甲板.

sollozante 形 泣きじゃくる.

sollozar 57 自 しくしく泣く, 泣きじゃくる.

sollozo 男 しゃくり上げること.

solo, la [ソろ, ら] 形〔英 alone, only〕❶ **一人きりの, 単独の**；孤独な；《副詞的に》一人きりで, 単独で. vivir ～ 一人暮らしをする. moverse ～ ひとりでに動く. Estamos ～*s*. 私たちのほか誰もいない. ❷ 何も添えていない. café ～ ブラックコーヒー. ❸《名詞の前で》唯一の. una *sola* esperanza 唯一の希望. ❹ 独唱［独奏］の. ── 男 独唱, 独奏；(舞踏の)独演. *a solas* 自分(たち)だけで. *a solas* con su hijo 息子だけを伴って. hablar *a solas* 独り言を言う. *quedarse* ～ 並ぶものがない.

sólo [ソろ] 副〔英 only〕► 形容詞の solo と混同の恐れがない時はしばしばアクセント符号が省かれる. **ただ…だけ**, 単に, ただ. Tengo ～ un hermano. 私は1人しか兄弟がいない. ～ con apretar este botón このボタンを押しさえすれば. ～ con que estudies dos horas más al día 一日にあと2時間余計に勉強しさえすれば. Quiero verte aunque ～ sea para media hora. たとえ30分だけでも君に会いたい. *no* ～ *... sino también ...* …だけでなく…も. ～ *que ...* ただ…だけだ；…という点を除けば. *tan* ～ 単に, ただ.

solomillo 男〖料〗ヒレ肉；サーロイン.

solsticio 男〖天文〗至. ～ de verano [invierno] 夏［冬］至.

soltar [ソるタル] 32 他〔英 let go, loosen〕❶ **放す**；解く；緩める. La niña *soltó* mi mano. 女の子は私の手を放した. ❷ 解放する. ¡*Suélta*me! 私を放してよ. ❸(におい等を)発する, 放つ. ～ un suspiro ため息をつく. ❹(秘密等を)暴露する；(悪態等を)つく；(感情を)あらわにする. ～ unas palabrotas 悪態をつく. ～ cuatro verdades a ...《話》…に不愉快な事実を伝える. ❺(打撃等を)食らわす. ～ un puñetazo げんこつで殴る. ❻(地位・特権等を)手放す, 失う. ❼(難題等を)解決する. ❽《話》お金を与える. ❾(お腹を)ゆるくする. Este alimento ayuda a ～ el vientre. この食品は便秘を改善する. ── 自《a＋不定詞》…し始める. ── **soltarse** 再 ❶(縛っているもの等を)解く；自由になる. ～ los botones ボタンをはずす. ～ el pelo 髪を解く. ❷《a》…し始める；(仲間・雰囲気に)打ち解ける. El niño ya *se ha soltado a* andar. その子はもう歩けるようになった. ❸《con》(…を)切り出す. *Se soltó con* una idea absurda. 彼は急にばかげた話を持ち出した. ❹ 緩む；解ける；ほつれる；外れる.

soltera 形 → soltero.

soltería 女 独身(生活).

soltero, ra [ソるテロ, ラ] 形〔英 single〕**独身の**, 未婚の (↔ casado). madre *soltera* 未婚の母. ── 男 女 独身［未婚］者.

solterón, rona 形 男 女 婚期を逃した独身者(の).

soltura 女 ❶ 機敏さ；流暢(ﾘｭｳﾁｮｳ)さ. hablar ruso con ～ ロシア語を流暢に話す. ❷《ラ米》(ﾒｷｼｺ)《話》下痢.

solubilidad 女 溶解性, 可溶性.

soluble 形 ❶ 溶ける, 可溶性の. ❷ 解決できる.

solución [ソるしオン] 女〔複 soluciones〕〔英 solution〕❶ **解決**(法), **解答**；〖数〗解. ❷ 溶解；〖化〗溶液. *sin* ～ *de continuidad* 連続して.

solucionar 他 解決［解明, 解消］する.

solvencia 女 支払い能力；信頼性. de toda ～ 非常に信頼できる.

solventar 他 ❶ 解決する. ❷(債務を)返済する.

solvente 形 ❶ 支払い能力のある；負債のない. ❷ 有能な；信頼できる. ❸ 溶解する. ── 男〖化〗溶剤, 溶媒.

soma 男〖生〗(体細胞から成る)体.

somalí 形 男 女〔複 ～(es)〕(東アフリカの)ソマリ族の(人). ── 男 ソマリ語.

Somalia 固名 ソマリア：首都モガディシオ Mogadiscio.

somanta 女《話》殴打.

somatén 男〖史〗スペイン, カタルーニャの自警団, 民兵.
somático, ca 形 ❶〘生〙体の. ❷ 身体の, 肉体の.
somatización 女〘心〙身体化障害：精神的変調が体の不調となり現れること.
somatología 女 自然[形質]人類学.
sombra [ソンブラ] 女 〔英 shadow, shade〕 ❶ **陰**, 影. hacer ～ 陰をつくる. ～*s* chinescas 影絵(芝居). ❷[複] 闇(やみ), 暗がり. ❸ 亡霊, 幻影. ❹〘闘牛〙日陰席(↔sol). ❺〘美〙陰影. ❻《話》《比喩的》影のようにつきまとう人. ❼ 無知. ❽ 欠点, 汚点. ❾《話》運. tener buena ～ 運がいい. tener mala ～ 運が悪い；悪意を持つ. ❿ 不安, 不吉な予感. ⓫〘天文〙本影. ⓬ ～ (de ojos) アイシャドウ. ***a la*** **～** 日陰で；獄中で；こっそりと. ***a la ～ de ...*** …の保護の元で. ***hacer ～ a ...*** …を目立たなくする, 影を薄くする. ***ni por ～*** 少しも…ない. ***no ser ni ～ de lo que era*** 見る影もない. ***tener miedo hasta de*** su ～ 自分の影にすらおびえる.
sombrajo 男 (木の枝等で作った) 日よけ.
sombreado 男〘美〙陰影.
sombrear 他 ❶〘美〙陰影をつける；アイシャドーを入れる. ❷ 陰を作る, 陰にする.
sombrerazo 男 帽子を取ってするあいさつ.
sombrerera 女 帽子箱.
sombrerería 女 帽子店；帽子工場.
sombrerero, ra 男 女 帽子屋；帽子職人.
sombrerete 男 ❶〘植〙菌傘, キノコのかさ. ❷ 煙突の笠(かさ).
sombrerillo 男 菌傘, キノコのかさ.
sombrero [ソンブレロ] 男 〔英 hat〕 ❶ (つばのある) **帽子**. ～ tirolés チロル帽. ～ de copa シルクハット. ～ de paja 麦わら帽子. ～ de tres picos 三角帽子. ❷〘植〙菌傘, キノコのかさ. ❸ (説教台の) 天蓋(てんがい). ***quitarse el ～ ante ...*** …に脱帽する, 敬服する.
sombrilla 女 日傘；《ラ米》(コロンビア)傘.
sombrío, a 形 ❶ (場所等が) 暗い, 薄暗い. ❷ (性格等が) 暗い, 陰気な.
S **someramente** 副 表面的に, ざっと.
somero, ra 形 ❶ 表面的な, 手短かな. ❷ (水深が) 浅い.
someter [ソメテル] 他 ❶ 服従させる, 従属させる. ❷《a》(…に) ゆだねる；(…を) 受けさせる. ～ *a* prueba [tratamiento] 検査にかける[治療を受けさせる]. ❸《a》(意見等を) (…に) 従わせる. ―― **someterse** 再 〔英 submit〕《a》❶ (…に) **服従する**；従う. ❷ (…を) 受ける. ～ *a* una operación 手術を受ける.
sometimiento 男 ❶ 服従, 屈服；《a》(…への) 従属. ❷《a》(…を) 受けること；(…に) ゆだねること.
somier 男 (ベッドの) マットレス台.
somnífero, ra 形 催眠性の. ―― 男 睡眠薬.
somnolencia 女 眠気；けだるさ.
somnoliento, ta 形 眠い；眠気を誘う.
somormujo 男〘鳥〙カイツブリ.
somos 活 → ser.
son 男 ❶ (快い) 音. ❷ やり方. ❸〘音〙ソン (キューバの民族音楽・舞踊). ―― 活 → ser. ***¿A qué son ...? / ¿A son de qué ...?*** 《非難・不満》なぜ…. ***en son de ...*** …の態度で. *en son de* paz 友好的に.
sonado, da 過分 → sonar. 形 ❶ 有名な, よく知られた. ❷《estarと共に》《話》頭のおかしい；〘スポ〙(ボクサーが) パンチドランカーになった. ❸《ラ米》(アルゼンチン)(ウルグアイ)故障した；状態の悪い.
sonaja 女 ❶ (がらがら等の) 鈴. ❷[複] 鈴のついたリング状の楽器[おもちゃ].
sonajero 男 (おもちゃの) がらがら.
sonambulismo 男〘医〙夢遊病.
sonámbulo, la 形〘医〙夢遊病の. ―― 男 女 夢遊病者.
sonante 形 音の出る[響く]. ***dinero contante y ～*** 現金.
sonar [ソナル] 32 自 〔英 sound〕 ❶ **鳴る**, 音がする. ～ el teléfono 電話が鳴る. ～ las diez 時計が10時を打つ. ❷《話》《間接目的語代名詞を伴って》(…に) 思い当たる. Me *suena* su nombre. 彼の名前は聞いたことがある. ❸《a》(…のように) 聞こえる. ～ *a* cuento 作り話のように聞こえる. ❹ 言及[うわさ]される. ❺ (文字等が) 発音される. ❻《ラ米》(アルゼンチン)(ウルグアイ)《話》死ぬ；不治の病にかかる. ❼《ラ米》(アルゼンチン)(チリ)(ウルグアイ)失敗する；(アルゼンチン)(チリ)いやな目に遭う. ―― 他 ❶ 鼻をかんでやる. ❷ 鳴らす. ―― **sonarse** 再 鼻をかむ. ―― **sonar** 男〘海〙ソナー (► sónarとも言う). ***así [tal] como suena*** 文字どおり, お聞きのとおり.
sonata 女〘音〙ソナタ, 奏鳴曲.
sonatina 女〘音〙ソナチネ, 小奏鳴曲.
sonda 女 ❶〘医〙ゾンデ, 消息子. ❷ 測鉛；測深. ❸ 探査[観測]機. ～ espacial [astronáutica] 宇宙探査機.
sondar 他 ❶〘医〙(体内をゾンデで) 調べる. ❷ 測深する；(水底を) 調査する.
sondear 他 ❶ 測深する；(水底を) 探査する. ❷ (意図等を) 探る, 調べる.
sondeo 男 ❶ 調査；打診. ～ de opinión 世論調査. ❷ 測深；探査；試掘.
sonetillo 男〘詩〙(8音節以下の) ソネット.
sonetista 男 女 ソネット詩人.
soneto 男 ソネット, 十四行詩.
songa 女《ラ米》冗談；ふざけた態度.
sónico, ca 形 音の；音速の.
sonido [ソニド] 男 〔英 sound〕 ❶ **音**, 音響. ❷〘言〙音(おん).
soniquete 男 → sonsonete.
sonómetro 男〘音〙ソノメーター；〘医〙聴力計.
sonora 女〘音声〙有声音.
sonoridad 女〘音声〙有声性；音の響き, 音響.
sonorización 女 ❶〘映〙音入れ. ❷ 音響機器の設置. ❸〘音声〙有声音化.
sonorizar 57 他 ❶〘映〙音入れをする. ❷ 音響機器を設置する. ❸〘音声〙有声音化する.
sonoro, ra 形 ❶ 音の；音の出る, 音のする. onda *sonora* 音波. banda *sonora*〘映〙サウンドトラック. cine ～〘映〙トーキー. ❷ 響きわたる；反響する. voz *sonora* よく響く声. ❸〘音声〙有声の. ―― 男〘映〙音響システム.
sonreí(-) 活 → sonreír.
sonreír [ソンレイル] 89 自 〔英 smile〕

❶ **ほほえむ**. ❷ 《間接目的語代名詞を伴って》(運等が)(…に) ほほえみかける. ― **sonreírse** 再 ほほえむ.

sonria- / sonría(-) / sonriá- 活 → sonreír.

sonrie- / sonríe(-) / sonrié- 活 → sonreír.

sonriente 形 ほほえんだ, にこにこした.

sonrío 活 → sonreír.

sonrisa [ソンリサ] 女 〔英 smile〕 **ほほえみ**, 微笑.

sonrojante 形 (恥ずかしくて) 赤くなる.

sonrojar 他 赤面させる. ― **sonrojarse** 再 赤面する.

sonrojo 男 赤面.

sonrosado, da 形 ばら色の, 赤みがかった.

sonrosar 他 赤みを帯びさせる.

sonsacar 26 他 (情報を巧みに) 聞き出す; (甘言で) 巻き上げる.

sonsear 自 《ラ米》(アルゼンチン)(ウルグアイ) ばかなことをする[言う].

sonsera 女 《ラ米》(アルゼンチン)(ウルグアイ) ばかなこと.

sonso, sa 形 《ラ米》→ zonzo.

sonsonete 男 ❶ (単調な) 連続音; (不快な) 反復音. ❷ 決まり文句, 繰り言.

soñación 女 夢想, 夢見ること.

soñador, dora 形 夢見がちな. ― 男 女 夢想家.

soñar [ソニャル] 32 〔英 dream〕 自 ❶ 《con》(…の) **夢を見る**. *Soñé contigo anoche.* 昨夜君の夢を見たよ. ❷ 《con, en》(…を) 夢想する, 夢見る; 切望する. ― 他 夢で見る; 夢見る. ～ ***despierto*** 白昼夢を見る. ***¡Ni ～lo! / ¡Ni lo sueñes!*** 《話》とんでもない.

soñarrera / soñera 女 《話》(強い) 眠気, 睡魔.

soñolencia 女 → somnolencia.

soñoliento, ta 形 → somnoliento.

sopa 女 〖料〗 ❶ スープ. tomar ～ スープを飲む. ～ juliana 野菜スープ. ～ boba (修道院等の炊出しの) スープ. ❷ [主に複] (スープ等に浸した) パン. ***a la ～ boba*** 他人の世話になって. ***dar ～s con honda a ...*** 《話》…より勝る. ***hasta en la ～*** 《話》至る所に. ***hecho [como] una ～*** 《話》ずぶぬれの. ***estar ～*** 《話》眠った; 酔った. ***ser un ～s*** 《話》退屈な. ～ ***de letras*** アルファベットの集合から単語を見つけ出すゲーム.

sopapina 女 《話》平手でのめった打ち.

sopapo 男 平手打ち.

sopar / sopear 他 (パンをソース等に) 浸す.

sopera 女 (ふたの付いた) スープ鉢.

sopero, ra 形 スープ用の. ― 男 女 スープの好きな人.

sopesar 他 ❶ (手に持って) 重さを測る. ❷ (利害等を) 熟慮する.

sopetón 男 ***de～*** いきなり, 思いがけず.

sopicaldo 男 具の少ないスープ.

¡sopla! 間 《驚き》おや, まあ.

soplado, da 過分 → soplar. 形 《話》酔っ払った. ― 男 〖技〗 ガラス吹き. ― 副 《ラ米》(コロンビア) 速く.

soplador, dora 男 女 ガラス吹き職人.

soplagaitas 男 女 形 [単複同形] 《話》《軽蔑》ばか (な).

soplamocos 男 [単複同形] 《話》(顔への) 平手打ち.

soplapollas 形 男 女 [単複同形] 《卑》ばか (な), まぬけ (な).

soplar [ソプラル] 自 〔英 blow〕 ❶ (息を) **吹く**. ❷ (風が) 吹く. ❸ 《話》大酒を飲む. ― 他 ❶ …に (息を) 吹く, 吹きかける [込む]. ～ la sopa (冷ますために) スープを吹く. ～ un globo 風船を膨らませる. ❷ 《話》暴露[密告]する. ❸ 《話》そっと教える. ❹ 《話》盗む, する. ❺ (チェッカーで駒(こま)を) 取る. ― **soplarse** 再 ❶ (自分に) 息を吹きかける. ❷ 《話》大酒を飲む. ❸ 《話》《ラ米》(チリ) 耐える.

soplete 男 ❶ (溶接用の) ブローランプ. ❷ 〖音〗 (バグパイプの) チャンター.

soplido 男 一吹き. de un ～ 一吹きで.

soplillo 男 (火をおこすための) うちわ.

soplo 男 ❶ 一吹き. un ～ de viento 一陣の風. ❷ 一瞬. en un ～ すぐに, あっという間に. ❸ 《話》密告. ❹ 〖医〗 雑音. ― 活 → soplar.

soplón, plona 形 《話》密告[告げ口] する. ― 男 女 密告者; 告げ口屋.

soponcio 男 《話》卒倒, 気絶.

sopor 男 眠気, 睡魔; 〖医〗 嗜眠(しみん).

soporífero, ra 形 退屈で眠気を催す.

soportable 形 我慢できる, 耐えられる.

soportal 男 [主に複] アーケード; ポーチ.

soportar [ソポルタル] 他 〔英 bear〕 ❶ **耐える**, 我慢する. ❷ (重荷等を) 支える.

soporte 男 ❶ 支え, 支柱; 《比喩的》支え. ❷ 〖美〗 (その上に絵を描く) 素材. ❸ 〖化〗 〖IT〗 記録 [記憶] 媒体. ― 活 → soportar.

soprano 男 女 〖音〗 ソプラノ歌手. ― 男 ソプラノ.

sor 女 《修道女の名につける敬称》シスター…. *Sor* María シスター・マリア.

sorber 他 ❶ すする, 吸う. ❷ (水分を) 吸い込む. ― 自 すする; 鼻をすする. ― **sorberse** 再 鼻をすする.

sorbete 男 ❶ 〖料〗 シャーベット. ❷ 《ラ米》ストロー.

sorbo 男 一すすり; 一口で飲む量; 少量. de un ～ 一口で. a ～s 少しずつ.

sorche / sorchi 男 《俗》新兵.

sorda 形 → sordo.

sordera 女 耳が聞こえないこと, 難聴.

sordez 女 〖音声〗 無声性.

sordidez 女 ❶ みすぼらしさ, 汚さ. ❷ 不道徳, 下品.

sórdido, da 形 ❶ 汚い, みすぼらしい. ❷ 下品な; 不道徳な.

sordina 女 〖音〗 弱音器, ミュート. ***con ～*** ひそかに.

sordo, da [ソルド, ダ] 形 〔英 deaf〕 ❶ **耳の不自由な**, 耳の聞こえない [遠い]. ❷ 《a, ante》(…に) 耳を貸さない. ❸ (音・痛み等が) 鈍い. ❹ (音が) 小さい, 静かな. ❺ (感情等が) 内にこもった. ❻ 〖音声〗 無声の (↔sonoro). ― 男 女 耳の不自由な人. ***a la sorda*** ひそかに, こっそりと. ***diálogo de ～s*** かみ合わない会話.

sordomudez 女 聾唖(ろうあ).

sordomudo, da 形 聾唖(ろうあ)の. ― 男 女 聾唖者.

sorgo 男 〖植〗 モロコシ.

soriasis 女 [単複同形] 〖医〗 乾癬(かんせん).

S

sorna 女 あざけり, 皮肉. con ～ 皮肉を込めて.
sorocharse 再《ラ米》高山病にかかる.
soroche 男《ラ米》(ﾎﾞﾘﾋﾞｱ)高山病；(ﾁﾘ)赤面.
sorprendente 形 驚くべき, 驚嘆すべき.
sorprendentemente 副 驚いたことに.
sorprender [ソルプレンデル] 他〔英 surprise〕❶ 驚かす. ❷ 不意打ちする；現場で取り押さえる. ❸ (秘密等を) 見つける, 見破る. ── **sorprenderse** 再《con, de》(…に) 驚く.
sorpresa [ソルプレサ] 女〔英 surprise〕❶ 驚き. ¡Qué ～! びっくりしたなあ. dar ～ 驚かせる. ❷ 驚かせること[もの]；思いがけない贈り物. ❸〘軍〙不意打ち, 奇襲. *por* ～ 不意に[の], 思いがけず.
sorpresivo, va 形《ラ米》思いがけない, 不意の.
sortear 他 ❶ くじで決める, 抽選する. ❷ (危険等を) かわす, 回避する. ❸〘闘牛〙(牛を) かわす.
sorteo 男 くじ引き, 抽選. por ～ 抽選[くじ引き]で.
sortija 女 ❶ (装身用の) 指輪. ❷ 巻き毛.
sortilegio 男 占い, 魔術；魔力, 魔法.
SOS / S.O.S 男[単複同形] 遭難信号, エスオーエス. lanzar un ～ エスオーエスを送る；助けを求める. .
sosa 女 ❶〘化〙ソーダ. ～ cáustica 苛性(かせい)ソーダ. ❷〘植〙オカヒジキ.
sosaina 形 男 女《話》つまらない[面白みのない] (人).
sosegado, da 形 落ち着いた, 穏やかな.
sosegar 72 他 落ち着かせる, 静める. ── 自 休息する. ── **sosegarse** 再 ❶ 休息する, ほっとする. ❷ 落ち着く, 静まる.
sosera / sosería 女 つまらなさ, 面白味のなさ；つまらないこと.
sosia 男《文》そっくりな人, 瓜(うり)二つ.
sosiego 男 落ち着き；平穏.
soslayar 他 ❶ (困難等を) かわす, 避ける. ❷ (狭い所を通すために) 傾ける.
S **soslayo** 男 *de* ～ 斜めに；横に；ざっと. mirar *de* ～ 横目で見る.
soso, sa 形 ❶ 味のない；塩の足りない. ❷ つまらない, 面白味のない.
sospecha 女 疑い, 嫌疑. bajo ～ 嫌疑をかけられて. fuera de toda ～ 疑いの余地がない. ── 活 → sospechar.
sospechar [ソスペチャル] 他〔英 suspect〕(…らしいと) 疑う；《que＋直説法》(…ではないかと) 思う. ► ためらいが強いときは接続法を用いる. ── 自《de》(…に) 嫌疑をかける.
sospechosamente 副 ❶ 疑わしいことには. ❷ 怪しげに.
sospechoso, sa [ソスペチョソ, サ] 形〔英 suspicious〕疑わしい, 怪しい. ── 男 女 容疑者.
sostén 男 ❶ (物理的・精神的な) 支え, 支柱. ❷ ブラジャー. ── 活 → sostener.
sostendr- 活 → sostener.
sostener [ソステネル] 33 他〔英 support〕❶ 支える. ❷ (考え・人等を) 支持する；後押しする. ❸ 扶養する, 養う. ❹ 維持する. ～ una conversación 会話をする[続ける]. ── **sostenerse** 再 ❶ 体を支える；立っている. ❷ 生計を立てる. ❸ 持ちこたえる；《en》(…に) とどまる. ***sostener la mirada*** 目をじっと見つめる.
sosteng- 活 → sostener.
sostenible 形 支えられる, 持続可能な.
sostenido, da 過分 → sostener. 形〘音〙半音上がった, 嬰(えい)音の. ── 男〘音〙シャープ, 嬰記号 (♯). doble ～ ダブルシャープ, 重嬰記号.
sostenimiento 男 支えること；扶養；(考え等の) 支持.
sostien- 活 → sostener.
sostuv- 活 → sostener.
sota 女 ❶ (スペイン式トランプ) ジャック (10番目の札). ❷《話》厚顔な女. ── 男 女《ラ米》(ｱﾙｾﾞﾝﾁﾝ)(ｳﾙｸﾞｱｲ)《話》ばかな人.
sotabanco 男 ❶ 屋上階；屋根裏部屋. ❷〘建〙(アーチの) 迫持(せりもち)台.
sotabarba 女 二重あご；あごひげ.
sotana 女〘服〙スータン：聖職者の平服.
sótano 男 地下室, 地階.
sotavento 男〘海〙風下 (側).
sotechado 男 掘っ立て小屋.
soterrado, da 形 埋まった；隠された.
soterramiento 男 埋める[隠す]こと.
soterrar 18 他 ❶ 埋める. ❷ (感情等を) 隠す, しまい込む.
soto 男 (川岸の) 木立；雑木林.
sotobosque 男 森の木の下に生える草, 下生え.
sotto voce [ソトボチェ]〔伊〕小声で；〘音〙声を和らげて優しく.
soufflé [スフレ] 男〘料〙スフレ.
soul〔英〕男 形 ソウルミュージック (の).
soviet 男[複 ～s]〘史〙ソビエト, 労働者会議. el ～ supremo ソ連邦最高会議.
sovietizar 57 他 ソビエト化する.
soy 活 → ser.
soya 女《ラ米》(ｺﾛﾝﾋﾞｱ)→ soja.
s. p. 男 *s*ervicio *p*úblico 公共企業体.
spaguetti [エスパゲティ]〔伊〕男 → espagueti.
spanglish [エスパングリス]〔英〕男〘言〙スペイン語と英語の混ざった言語.
sparring [エスパリン]〔英〕男[複 ～s] (ボクシングの) スパーリングパートナー.
speaker [エスピケル]〔英〕男 ❶ → locutor. ❷《ラ米》(ｳﾙｸﾞｱｲ)ラジオのアナウンサー.
speech [エスピ(チ)]〔英〕男[単複同形]《話》《時に軽蔑》スピーチ.
speed [エスピ(ドゥ)]〔英〕男 (アンフェタミン等の) 覚醒(かくせい)剤, スピード.
spleen [エスプリン]〔英〕男 → esplín.
sponsor [エスポンソル]〔英〕男 女[複 ～s] スポンサー.
sport [エスポル]〔英〕男 形[複 ～s] (*de*) ～〘服〙スポーティーな, ラフな.
spot [エスポ(トゥ)]〔英〕男[複 ～s] ❶〘TV〙スポット広告 (= ～ publicitario). ❷《ラ米》(ｱﾙｾﾞﾝﾁﾝ)(ｳﾙｸﾞｱｲ)スポットライト. ── 形〘商〙スポット (市場) の.
spray [エスプライ]〔英〕男 スプレー.
sprint [エスプリン]〔英〕男〘スポ〙スプリント：短距離走, 全力疾走.
sprinter [エスプリンテル]〔英〕男[複 ～s]〘スポ〙短距離走者, スプリンター.
sputnik [エスプトゥニ(ク)]〔ロ〕男[複 ～s] スプートニク (旧ソ連の人工衛星).

Sr., Sra. 男女 → señor.
Srta. 女 → Señorita.
S.S. *S*u *S*antidad 教皇聖下；*S*eguridad *S*ocial 社会保障；*S*anta *S*ede 教皇庁.
SS. MM. ⑱ *S*us *M*ajestades 陛下ご夫妻.
Stábat Máter (賛美歌)『スタバト・マーテル (悲しめる聖母は立てり)』
staccato [エスタカト] [伊] 男〘音〙スタッカート.
staff [エスタ(フ)] [英] 男《集合的》スタッフ.
stage [エスタ(チ)〈エスタ(シュ)〉] [英] 男 [複 ～s] 実習期間；トレーニング.
stalinista 形男女 → estalinista.
stand [エスタン(ドゥ)] [英] 男 屋台, 売店, スタンド.
standing [エスタンディン] [英] 男 (社会的) 地位.
star [エスタル] [英] 男女 スター, 花形.
starter [エスタルテル] [英] 男〘車〙(エンジンの) スターター.
statu quo [ラ] 現状.
status [エスタトゥス] [英] 男 [単複同形] (社会的) 地位.
stereo [エステレオ] [英] 形《話》→ estéreo.
steward [エストゥワル] [英] 女《ラ米》スチュワーデス, 客室乗務員 (→ azafata 地域差).
stick [エスティ(ク)] [英] 男〘スポ〙(ホッケー) スティック.
Sto., Sta. 男女 → santo.
stock [エスト(ク)] [英] 男 在庫, ストック.
stop [エスト(プ)] [英] 男 ❶ (交通標識で) 停止, 止まれ. ❷ (電報で) ピリオド. ❸ ストップのボタン [スイッチ].
streaker [エストゥリケル] [英] 男女 [複 ～s] ストリーキングをする人.
streaking [エストゥリキン] [英] 男 ストリーキング.
stress [エストゥレス] [英] 男 → estrés.
stricto sensu [ラ] 副 厳密な意味で.
strip-tease / striptease [エストゥリプティス] [英] 男 ストリップショー.
su [ス] 形《所有》[前置形, 単数. 複数形は sus] [英 his, her, your, its, their]《＋名詞》❶ **彼(ら)の, 彼女(ら)の；あなた(方)の**；(もの同士の所属関係等を表して) **それ(ら)の**；自分の. *Su* nombre, por favor. あなたのお名前をお願いします. *Su* origen no se sabe nunca. その起源は決して分からない. *sus* zapatos 彼(ら)[彼女(ら), あなた(方)]の靴. *sus* consecuencias その結果. *su* propia opinión 自分自身の考え. ► 常に名詞の前に置いて用いられ, 冠詞等と一緒に用いることはない. 名詞の後ろに置く場合, ser の補語として用いられる場合, 定冠詞に付けて代名詞として用いる場合は suyo, suya. ❷《推量を表す文の中で》大体.
suasorio, ria 形 説得力のある.
suave [スアベ] 形 [英 soft] ❶ **柔らかい**, なめらかな；手触りのよい. ❷ 穏やかな, 心地よい, 優しい. ❸ (人が) 柔和な, おとなしい. ❹ (動きの) 軽い, 労力のいらない. ── 男女《ラ米》優しい先生 (→ benévolo 地域差).
suavidad 女 ❶ 柔らかさ, なめらかさ. ❷ 穏やかさ, 温和. con ～ 優しく.
suavización 女 柔らかく [穏やかに] すること.
suavizador 男 (かみそりの刃を研ぐ) 革砥(かわ).
suavizante 形 柔らかくする. ── 男 (洗濯用) 柔軟剤.
suavizar 57 他 ❶ 柔らかく [滑らかに] する. ～ la superficie 表面のざらつきをなくす. ❷ 穏やかにする；和らげる. ～ asperezas 物腰 [物言い] を柔らかくする. ── **suavizar*se*** 再 ❶ 柔らかく [滑らかに] なる. ❷ 穏やかに [温和に] なる；和らぐ.
Suazilandia / Swazilandia 固名 スワジランド：首都ムババーネ Mbabane.
suba 女《ラ米》(アルゼンチン)(ウルグアイ)(パラグアイ) 値上がり, 高騰. ── 活 → subir.
subacuático, ca 形 水中の, 水面下の；〘生物〙半水性の.
subafluente 男 (支流に流れ込む) 枝流.
subalimentación 女 栄養失調 [不良].
subalimentar 他 栄養失調 [不良] にする. ── **subalimentar*se*** 再 栄養失調 [不良] になる.
subalterno, na 形 下位の, 従属する；平(ひら)の. ── 男女 ❶ 部下, 下役. ❷〘闘牛〙マタドール matador の補佐.
subálveo, a 形 河床の下の.
subarrendador, dora 男女 また貸し人, 転貸者.
subarrendamiento 男 → subarriendo.
subarrendar 18 他 また借り [貸し] する.
subarrendatario, ria 男女 また借り人, 転借人.
subarriendo 男 また借り；また貸し.
subártico, ca 形 亜北極の, 北極に接する.
subasta 女〘商〙競売；オークション；入札. sacar a pública ～ 公開入札にかける. salir a ～ 競売にかかる.
subastador, dora 男女 競売人.
subastar 他〘商〙競売 [競り] にかける, …の入札を行う.
subcampeón, ona 男女 準優勝者.
subcampeonato 男〘スポ〙準優勝, 第 2 位.
subclase 女 下位区分；〘生〙亜綱.
subclavio, via 形〘解〙鎖骨下の. ── 女 鎖骨下静脈.
subcomandante 男 副指揮 [司令] 官.
subcomisión 女 小委員会, 分科会.
subcomité 男 → subcomisión.
subconsciencia 女 潜在意識；〘心〙下意識, 半ば無意識の状態.
subconsciente 形男 潜在意識 (の)；〘心〙下意識 (の).
subcontinente 男 亜大陸.
subcontrata 女 下請け (契約書).
subcontratación 女 下請け契約.
subcontratista 男女 下請け業者.
subcontrato 男 下請負, 下請け契約.
subcortical 形 大脳皮質下の.
subcultura 女 サブカルチャー.
subcutáneo, a 形 皮下の.
subdelegación 女 ❶ 再委託, 再委

S

任：被委任者が第三者に自分の代理をさせること．❷ subdelegado の職[事務所]．
subdelegado, da 形 再委任[再委託]された．── 男 女 (被委任者の) 代理人．
subdelegar 66 他 (代理者が下位の者へ) 委任する，再委託する．
subdesarrollado, da 形 後進の，開発の遅れている．
subdesarrollo 男 低開発，後進(性)．
subdiácono 男 〘カト〙 副助祭．
subdirección 女 subdirector の職[事務所]．
subdirector, tora 男 女 副校長；副社長；助監督；副支配人．
subdistinguir 46 他 さらに細かく区分[区分け]する．
súbdito, ta 形 服従する，仕える．── 男 女 ❶ 国民；人民．un ～ norteamericano アメリカ人．❷ 家来，臣下；臣民．
subdividir 他 さらに細かく分ける[分割する]．── **subdividirse** 再 さらに (細かく) 分かれる．
subdivisión 女 細分(化)；下位区分．
subdominante 女 〘音〙 下属音：音階の第4音．
subduplo, pla 形 〘数〙 2分の1に等しい．
subempleo 男 不完全雇用[就業]．
suberoso, sa 形 コルク質[状]の．
subespecie 女 〘生〙 亜種．
subestación 女 〘電〙 変電[変圧]所．
subestimar 他 過小評価する，みくびる．
subexponer 75 他 〘写〙 露出[露光]不足にする．
subexposición 女 〘写〙 露出[露光]不足．
subfamilia 女 〘生〙 亜科．
subfebril 形 微熱のある，微熱性の．
subfusil 男 自動小銃．
subgénero 男 下位ジャンル；〘生〙 亜属．
subgobernador, dora 男 女 副総裁；副知事；副長官；副総督．
subgrupo 男 ❶ 下位集団，サブグループ．❷ 〘数〙 部分群．
subido, da 過分 → subir. 形 ❶ (色・におい等が) 強烈な，きつい．verde ～ 鮮やかな緑色．～ de tono 大胆な，きわどい．❷ 思い上がった，増長した．── 女 ❶ 上昇，昇る[登る]こと．❷ (物価・温度等の) 上昇，高騰．❸ 上り坂．
subíndice 男 〘印〙 下つき文字[数字，記号]；〘数〙 副指数．
subinspector, tora 男 女 副検査官，副監督官．
subintendente 男 女 〘軍〙 需品[補給]課長代理．
subir [スビル] 自 〔英 go up; get on〕 ❶ 《**a**》 (…に) 上がる，登る (↔ bajar)．～ *al* monte 山に登る．❷ 《**a, en**》 (…に) 乗る．～ *al* autobús バスに乗る．❸ (温度・ボリューム等が) 上がる；高くなる；値上がりする．❹ 《**de**》 (…の点で) よくなる，(…が) 上がる．～ *de* categoría 階級が上がる．❺ (作品等が) 舞台に上る，上演される．── 他 ❶ …を登る；(階段を) 上がる．～ la cuesta 坂を登る．❷ 持ち上げる，上げる；のせる．～ los brazos 両腕を挙げる．*Sube* la maleta a mi habitación. スーツケースを私の部屋へ上げてください．❸ (値段等を) 高くする；(ボリューム等を) 大きくする．Le *han subido* el sueldo. 彼は給料が上がった．── **subirse** 再 ❶ よじ登る；(乗り物に) 乗り込む，乗車[乗船]する．*subir(se)* a bordo 乗船[搭乗]する．❷ (衣類を) まくり上げる；持ち上げる．～ las mangas 袖(そで)をまくり上げる．❸ 《間接目的語代名詞を伴って》 …に (アルコール・薬が) 効く，回る．El vino *se* me *ha subido* a la cabeza. ワインで酔っ払った．❹ 大きな顔をする；つけあがる．Como seas tan amable con los chicos, *se* te van a *subir* a las barbas. 君が子供たちにあんまり優しくしたら図に乗るよ．***subir de tono*** 語調[調子]を強める．***subir y bajar*** 浮き沈みする．
súbitamente 副 突然，不意に．
súbito, ta 形 ❶ 突然の，不意の．una *súbita* llamada 突然の呼び出し．❷ 衝動的な，直情的な．── 副 突然，不意に．***de ～*** 突然，不意に．
subjefe 男 副主任，課長補佐．
subjetividad 女 主観性．
subjetivismo 男 〘哲〙 主観論[主義]．
subjetivo, va 形 主観の (↔ objetivo)；個人的な．juicios ～*s* 主観的な判断．
subjuntivo, va 形 男 〘文法〙 接続法(の)．
sublevación 女 反乱；暴動．
sublevamiento 男 → sublevación.
sublevar 他 ❶ 反乱[暴動]を起こさせる．❷ 激怒[憤慨]させる．Tanta injusticia me *subleva*. こうした不正に私は怒りを覚える．── **sublevarse** 再 反乱[暴動]を起こす；激怒する．
sublimación 女 (精神的に) 高めること；〘心〙〘化〙 昇華．
sublimado, da 男 〘化〙 昇華物．
sublimar 他 ❶ (精神的に) 高める，浄化する；称揚する．❷ 〘化〙 昇華させる．── **sublimarse** 再 〘化〙 昇華する．
sublime 形 崇高な；すばらしい．
sublimidad 女 崇高(さ)；偉大(さ)．
subliminal 形 〘心〙 閾下(いき)の，意識下の．mensaje ～ サブリミナルメッセージ．
sublimizar 他 → sublimar.
sublingual 形 〘解〙 舌下部分の．
sublunar 形 月下の．el mundo ～ 地球；この世．
submarinismo 男 潜水，ダイビング．practicar el ～ (スキューバ) ダイビングをする．
submarinista 形 潜水の．── 男 女 ダイバー；潜水艦の乗組員．
submarino, na 形 海底の，海中の．recursos ～*s* 海底資源．── 男 ❶ 潜水艦．～ atómico 原子力潜水艦．❷ (他党に潜伏する) 政治運動家．
submaxilar 形 〘解〙 下顎(あご)の，下顎(がく)骨の．
submúltiplo, pla 形 男 〘数〙 約数(の)．
submundo 男 社会から疎外されたグループ，闇(やみ)の社会．～ delincuencial 犯罪世界．
subnormal 形 普通[正常]以下の；精神遅滞の．── 男 女 精神遅滞の人．
suboficial 男 〘軍〙 下士官；軍曹．

subọrden 男〘生〙亜目.
subordinación 女 ❶ 服従, 従属 (関係). ❷〘文法〙従属 (関係).
subordinạdo, da 形 ❶ 服従[従属]した. ❷〘文法〙従属した. oración *subordinada* 従属節. ── 男 女 部下, 配下.
subordinạr 他 《a》(…に) 服従[従属]させる；(…の) 下位に置く. ── **subordinar*se*** 再 《a》(…に) 従う, 従属する.
subprefẹcto 男 副知事, 副長官.
subprodụcto 男 副産物.
subranquiạl 形〘動〙鰓(えら)の下の.
subrayạdo, da 形 アンダーライン[下線]を引いた. ── 男 アンダーライン[下線] (を引くこと)；下線部.
subrayạr 他 ❶ …にアンダーライン[下線]を引く. ❷ 目立たせる, 強調する
subregiọ́n 女 小区域, 小地域.
subrẹino 男〘生〙亜界.
subreptịciamẹnte 副《文》こそこそと；裏で.
subreptịcio, cia 形《文》隠れた, こそこそした.
subrogación 女〘法〙代位 (弁済).
subrogạnte 形 代理の.
subrogạr 66 他〘法〙代位させる.
subrutịna 女〘IT〙サブルーチン.
subsanạble 形 償える, 解決できる.
subsanạr 他 ❶ 償う, 埋め合わせる；許す. ❷ (困難・障害等を) 克服[解決]する.
subscribịr 52 他 → suscribir.
subscripción 女 → suscripción.
subscriptọr, tọra 男 女 → suscriptor.
subscrịto, ta 形 → suscrito.
subsecretarịa 女 秘書補佐[代理]の職務；次官の職務[事務室].
subsecretạrio, ria 男 女 秘書補佐[代理]；(各省の) 次官.
subsecuẹnte 形 すぐ後の, 続いて起こる.
subsecuẹntemẹnte 副 すぐ後に, 続いて.
subseguịr(*se*) 97 自 再 すぐ後に続く, 続いて起こる.
subsidiạr 17 他 補助[助成]金を出す.
subsidiạrio, ria 形 補助の, 補助的な；助成 (金) の.
subsịdio 男 補助 (金), 交付金；援助 (金). ～ de enfermedad 疾病手当, 医療給付 (金).
subsiguiẹnte 形 すぐ後の, 続いて起こる.
subsiguiẹntemẹnte 副《文》すぐ後に, 引き続いて.
subsistẹncia 女 ❶ 生存；生活；存続. ❷[主に複] 日々の糧, 生活必需品.
subsistẹnte 形 存続している, (生き) 残っている.
subsistịr 自 ❶ 生存する；生計を立てる. ❷ 存続する. Aún *subsiste* el edificio. その建物はまだ残っている.
subsónico, ca 形 音速以下の, 亜音速の；低周波の.
substạncia 女 → sustancia.
substanciación 女 → sustanciación.
substanciạl 形 → sustancial.
substanciạlmẹnte 副 → sustancialmente.
substanciạr 17 他 → sustanciar.
substanciọso, sa 形 → sustancioso.
substantivạr 他 → sustantivar.
substantịvo, va 形 男 → sustantivo.
substitución 女 → sustitución.
substituịr 60 他 自 → sustituir.
substitutịvo, va 形 男 → sustitutivo.
substitụto, ta 男 女 → sustituto.
substracción 女 → sustracción.
substraẹndo 男 → sustraendo.
substraẹr 104 他 → sustraer.
substrạto 男 → sustrato.
subsuẹlo 男 ❶〘地質〙心土, 下層土. ❷《ラ米》地下.
sụbte 男《ラ米》(アルゼンチン)(ウルグアイ)《話》地下鉄.
subtendẹr 101 他〘数〙(弧に対して) 弦を引く；(折れ線等の両端を) 線分で結ぶ.
subteniẹnte 男〘軍〙准尉.
subterfụgio 男《文》口実, 言い逃れ.
subterráneo, a [スブテラネオ, ア] 形 〔英 subterranean, underground〕 ❶ **地下の**, 地中の. paso ～ 地下道. ❷ 秘密の, 隠れた. ── 男 ❶ 地下, 地下室[道]. ❷《ラ米》(アルゼンチン)(ウルグアイ)地下鉄.
subtịpo 男 亜類型, サブタイプ.
subtitulạr 他 副題[サブタイトル]をつける；字幕を入れる.
subtítulo 男 ❶ 副題, サブタイトル. ❷[主に複]〘映〙字幕, スーパー (インポーズ)；〘TV〙テロップ.
subtotạl 男 小計.
subtropicạl 形〘気象〙亜熱帯の.
suburbạno, na 形 郊外の, 町外れの；スラム街の. ── 男 郊外電車.
subụrbio 男 都市周辺部；スラム街.
subvalorạr 他 過小評価する, みくびる.
subvención 女 (公的) 補助 (金), 援助 (金). ～ estatal 国の補助.
subvencionạr 他 …に助成金[補助金]を支給する.
subvenịr 23 自 《a》(…の) 費用を負担する, (…を) (財政的に) 援助する.
subversiọ́n 女 ❶ (秩序・価値観等の) 破壊. ❷ (体制の) 転覆；改革.
subversịvo, va 形 破壊的な；反体制の.
subvertịr 98 他 (秩序・価値観等を) 破壊する；(体制を) 転覆させる.
subyacẹnte 形 下にある；隠れた.
subyugación 女 (暴力的) 支配；服従.
subyugạr 66 他 ❶ (暴力で) 服従させる. ❷ 魅了する, 夢中にさせる.
succiọ́n 女 吸うこと, 吸引.
succionạr 他 吸う, 吸引する.
sucedạ́neo, a 形 代用の；にせの. ── 男 代用品, 代替物；まがい物.
suceder [スセデル] 自 〔英 happen; succeed〕 ❶ **起こる**, 生じる. por lo que pueda ～ 用心のために. *suceda* lo que *suceda* 何があろうと. Lo que *sucede* es que ... . 実は…である. ► 3人称のみで用いられる. ❷《a》(…に) 続く, 続いて起こる. La noche *sucede* al día. 昼の後に

S

は夜が来る. **—** 他 **…を引き継ぐ**, 継承する；相続する. Juan *sucede* a Carlos en el puesto. フアンがカルロスの後任だ.

sucedido 過分 → suceder. 男《話》出来事, 事件.

sucesión 女 ❶ 相続, 継承；相続財産(権). Guerra de *S*～ de España スペイン継承戦争. ❷《集合的》継承者, 後継者；直系の子孫. morir sin ～ 跡取りを残さずに死ぬ. ❸ 連続, 一連のもの. una ～ de desgracias 不幸[災難]の連続.

sucesiva 形 → sucesivo.

sucesivamente 副 次々に, 続いて. así ～ 以下同様に.

sucesivo, va [スセシボ, バ] 形〔英 successive〕**連続した**, 相次ぐ；すぐ後の. cinco días ～*s* 連続 5 日間. en días ～*s* 日を追って. ***en lo*** ～ これからは, 以後は.

suceso [スセソ] 男〔英 happening〕**出来事, 事件**；[複]（新聞等の）社会面.

sucesor, sora 形 後を継ぐ；相続する. **—** 男 女 相続人；後継者.

sucesorio, ria 形 相続の, 継承に関する. derecho ～ 相続権.

sucia 形 → sucio.

suciedad 女 ❶ 汚れ, 不潔；汚物. ❷ 卑猥(ひわい), 下品.

sucinto, ta 形 簡潔な, 手短な.

sucio, cia [スシオ, シア] 形〔英 dirty〕❶ **汚い, 不潔な**（↔limpio). tener las manos *sucias* 手が汚れている. ❷ 汚れやすい. El blanco es un color ～. 白は汚れやすい色だ. ❸（色が）くすんだ, 濁った. ❹ ずるい；卑劣な. juego ～ 不正行為；（競技の）反則プレー. ❺ 下品な. tener una lengua *sucia*《話》口が悪い, 口汚い. **—** 副 不正に. jugar ～ 汚い手を使う. ***en*** ～ 下書きで.

sucre 男 スクレ：エクアドルの通貨の単位. **—** 固名 [S-] ❶ スクレ Antonio José de *S*～ (1795-1830)：ベネズエラ生まれの独立運動指導者・ボリビア初代大統領 (1825-28). ❷ スクレ. (1) ボリビアの憲法上の首都. (2) コロンビアの州. (3) ベネズエラの州.

súcubo 男（女の姿で睡眠中の男と交わると言い伝えられる）夢魔.

suculento, ta 形 栄養満点の；おいしい.

sucumbir 自 ❶ ⓐ（…に）負ける, 屈する. ～ *a* la tentación 誘惑に負ける. ❷ 死ぬ；滅びる, 滅亡する.

sucursal 形 女 支店[支社]（の）；出張所（の).

sudaca 形 男 女《話》《軽蔑》南米の（人).

sudación 女 発汗.

sudadera 女 ❶〖服〗スウェットシャツ. ❷《話》大汗をかくこと.

Sudáfrica 固名 南アフリカ（共和国）：首都プレトリア Pretoria.

sudafricano, na 形 男 女 南アフリカ（共和国）の（人).

Sudamérica [スダメリカ] 固名 **南アメリカ**, 南米.

sudamericano, na [スダメリカノ, ナ] 形 男 女 **南アメリカの（人)**, 南米の（人).

Sudán 固名 スーダン：首都ハルツーム Jartum.

sudanés, nesa 形 スーダンの. **—** 男 女 スーダン人.

sudar [スダル] 自〔英 sweat〕❶ **汗をかく**, 汗ばむ. ～ a chorros [a mares]《話》汗だくになる. ❷（物が）汗をかく, 結露する；（樹木等が）液を出す. Las paredes *sudan*. 壁が結露する. ❸《話》一生懸命働く, 額に汗する. **—** 他 ❶ 汗をかかせる；にじみ出させる. Los pinos *sudan* resina. 松から松やにがにじみ出る. ❷ 汗でぬらす. ❸《話》頑張って手に入れる. *He sudado* el premio. 私は頑張って入賞を果たした.

sudario 男（死者の顔にかぶせる[死者を包む]）布. el Santo *S*～〖カト〗（キリストの）聖骸布(せいがいふ).

sudeste 形 男 南東の（風）《略 SE》.

sudista 形 男 女〖史〗（米国の南北戦争で）南部[南軍]側の（人).

sudoeste 形 男 南西の（風）《略 SO》.

sudor [スドル] 男〔英 sweat〕❶ **汗**；発汗. estar bañado en ～ 汗びっしょりである. ～ frío 冷や汗. ❷ 水滴, 結露；樹液. ❸ [複]《話》骨折り, 労苦；苦痛. con muchos ～*es* 苦労に苦労を重ねて. ***con el*** ～ ***de*** su ***frente*** 額に汗して, 一生懸命働いて.

sudoración 女（ひどい）発汗.

sudorífero, ra / sudorífico, ca 形〖薬〗発汗を促進する. **—** 男 発汗剤.

sudoríparo, ra 形〖解〗発汗の. glándula *sudorípara* 汗腺(かんせん).

sudoroso, sa 形 汗をかいた；汗をかきやすい. ser ～ 汗かきである.

sudsudeste 男 南南東（の風）《略 SSE》.

sudsudoeste 男 南南西（の風）《略 SSO》.

Suecia 固名 スウェーデン：首都ストックホルム Estocolmo.

sueco, ca 形 スウェーデン（人）の. **—** 男 女 スウェーデン人. **—** 男 スウェーデン語. ***hacerse el*** ～《話》《軽蔑》分からないふりをする.

suegro, gra 男 女 舅(しゅうと), 姑(しゅうとめ), 義父, 義母.

suel- 活 → soler.

suela 女 ❶ 靴底, 靴の裏；（靴底用の）革. ❷ なめし革. ❸（靴の裏のように薄い）カツレツ. ❹〖魚〗シタビラメ. **—** 活 → soler. ***de siete*** ～***s***《話》すごい. un pícaro *de siete* ～*s* とんでもない悪党. ***medias*** ～***s*** (1)（靴修理用の）半底（革). (2) 応急処置；一時しのぎ. ***no llegar****le* ***a ... a la*** ～ ***del zapato***《話》…の足元にも及ばない.

suelazo 男《ラ米》(闘)転倒, 横倒し.

sueldazo 男 高給.

sueldo [スエるド] 男〔英 wage, salary〕**給料**. cobrar ～ 給料をもらう. ***a*** ～ 雇用されて；金で雇われた. estar *a* ～ de ... …に雇われている.

suelo [スエろ] 男〔英 ground〕❶ **地面**, 地表；**床**, 路面. sentarse en el santo ～ 地面[床]にじかに座る. ❷ **土地**, 用地；土壌. precio del ～ 地価. ❸ 国土, 地域. ～ natal [patrio] 生まれ故郷. ❹（容器等の）底. ～ de olla 鍋(なべ)底. **—** 活 → soler. ***besar el*** ～《話》うつぶせに倒れる. ***dar en el*** ～ ***con ...***（希望

等を)くじく，だめにする. *por los* ～*s* [*el* ～] 最低で；非常に安く.

suelt- 活 → soltar.

suelto, ta [スエるト，タ] 形 〔英 free; loose〕 ❶ **放たれた**；拘束のない. El asesino anda ～ todavía. 殺人犯はまだ逃走中だ. ❷ ばらばらの；不ぞろいの；ばら[量り]売りの. piezas *sueltas* ばらの部品. ❸ 緩んだ，ゆったりした. un vestido ～ ゆったりした服. ❹ 奔放な，気ままな；ふしだらな. tener la lengua *suelta* 口が軽い. ❺ 器用な，達者な. Ya está muy ～ en español. 彼はもうスペイン語はお手のものだ. ❻ (言葉・文体等が) 滑らかな，軽やかな. ❼ 下痢ぎみの. ── 男 〔英 coin〕 ❶ **小銭** (→地域差). ❷ (新聞の) 小記事，寸評. ── 女 放す[自由にする]こと. ── 活 → soltar. 地域差 小銭 suelto 《スペイン》《ラ米》(メキシコ)(ホンジュラス)(コロンビア)(エクアドル)；cambio (メキシコ)(ウルグアイ，アルゼンチン)；feria (メキシコ)；menudo (キューバ，ドミニカ共和国，プエルトリコ)(ホンジュラス，コスタリカ)；molito (チリ)；morralla (メキシコ)；níquel (エルサルバドル)(パラグアイ)；sencillo (グアテマラ，エルサルバドル，パナマ)(コロンビア，ベネズエラ)(ペルー)(チリ).

suen- 活 → sonar.

sueñ- 活 → soñar.

sueño [スエニョ] 男 〔英 sleep; dream〕 ❶ **眠り**，睡眠. ～ pesado [profundo] 深い眠り. ～ ligero 浅い眠り. ～ eterno 永眠. coger el ～ 寝入る. entre ～*s* うとうとして. ❷ 眠気. tener (mucho) ～ (とても)眠い. caerse de ～ 眠くてたまらない. quitar el ～ 眠気を覚ます；眠れなくする；心配させる. ❸ **夢**. tener un ～ terrible 怖い夢を見る. ❹ 望み，あこがれ. ～ hecho realidad 現実となった夢. ～ dorado 大きな夢. dulce ～ 最愛の人. ── 活 → soñar. ***conciliar el*** ～ 寝つく. ***descabezar un*** ～ 《話》うとうとする. ***ni en*** [***por***] ～***s*** とんでもない，絶対に(ない). ***perder el*** ～ ***por ...*** …を心配する.

suero 男 ❶ 〖医〗血清；漿液(しょうえき). ～ fisiológico 生理食塩水. ～ de la verdad ペントタール. ❷ 乳漿，乳清.

sueroterapia 女 〖医〗血清療法.

suerte [スエルテ] 女 〔英 fate, luck〕 ❶ **運命；幸運**. tener buena [mala] ～ 運がいい[悪い]. caer [tocar] en ～ くじに当たる；偶然起こる. ¡Que tenga ～! 幸運をお祈りします. ❷ 境遇，身の上. ❸ 抽選，くじ. por ～ 抽選で. tirar [echar] a ～*s* くじで決める. ❹ 種類；等級. ❺ 《文》やり方. ❻ (手品の) トリック. ❼ 〖闘牛〗技. ***de*** (***tal***) ～ ***que*** 《結果》したがって；《＋接続法》《目的》…するように. ***por*** ～ 運よく. ***probar*** ～ 運を試す. ***S***～ ***que ....*** 幸運にも….

suertudo, da 形 男 女 《話》幸運な(人).

sueste 男 〖海〗防水帽.

suéter 男 《ラ米》セーター (→ jersey 地域差).

suevo, va 形 男 女 スエビ族の(人). ── 男[複]スエビ族：原始ゲルマン人部族.

sufí 形 男 女[複 ～(e)s]スーフィー教の(教徒).

suficiencia 女 ❶ 適性，能力. demostrar su ～ 腕前を見せる. ❷ 自信過剰，うぬぼれ. tener aire de ～ 偉ぶる. ❸ 十分，満足すべき量.

suficiente [スフィしエンテ] 形 〔英 sufficient, enough〕 ❶ **十分な**，足りる；適切な. Tengo lo ～ para vivir. 私は生活に不自由していない. ❷ 思い上がった；人を見下した. ❸ 適性[能力]のある. ── 男 (成績の) 可.

suficientemente 副 十分に.

sufijo, ja 形 男 〖文法〗接尾辞(の).

sufismo 男 〖宗〗スーフィズム，スーフィー教：イスラムの神秘主義.

sufragar 66 他 ❶ (費用等を) 負担する；出資する. ❷ 《ラ米》…に投票する.

sufragio 男 ❶ 選挙(制度). ～ censitario [restringido] 制限選挙. ～ universal 普通選挙. ❷ 投票，票決 (= voto). ❸ 援助，後援. ❹ 〖カト〗代禱(だいとう)：死者の冥福(めいふく)を願う祈り.

sufragismo 男 婦人参政権運動.

sufragista 形 婦人参政権運動の. ── 男 女 婦人参政権論者.

sufrible 形 耐えられる，我慢できる.

sufrido, da 過分 → sufrir. 形 ❶ 忍耐[辛抱]強い. ❷ (布・色等が) 汚れの目立たない. un color poco ～ 汚れやすい色.

sufrimiento 男 苦しみ，苦痛. aliviar el ～ 苦しみを和らげる.

sufrir [スフリル] 自 〔英 suffer〕 ❶ **苦しむ**；悩む. ～ como un condenado 地獄の苦しみを味わう. ❷ 《**de**》(…を) 患う. ～ *del* corazón 心臓が悪い. ── 他 ❶ (害等を) **被る**，受ける；(苦難を) 体験する. ～ vergüenza 恥ずかしい思いをする. ❷ 我慢する；耐える.

sugerencia 女 示唆；助言，勧め.

sugerente 形 示唆に富む，暗示的な.

sugerir [スヘリル] 98 他[現分 sugiriendo] 〔英 suggest〕 ❶ **示唆する**，暗示する；思い起こさせる. ～ una idea 考えをほのめかす. ❷ 《**que**＋接続法》(…するように) (暗に) 勧める，助言[提案]する. Le *sugerí que* fuera al médico. 医者に行くよう彼にそれとなく勧めた.

sugestión 女 暗示，示唆；〖心〗暗示.

sugestionable 形 暗示にかかりやすい，影響を受けやすい.

sugestionar 他 影響を及ぼす，感化する；暗示にかける. ── **sugestionarse** 再 自己暗示にかかる.

sugestivo, va 形 ❶ 示唆に富む，暗示的な. ❷ 心を引きつける，魅惑的な.

sugier- 活 → sugerir.

sugir- 活 現分 → sugerir.

suichera 〔英〕 女 《ラ米》〖車〗スターター (→ arranque 地域差).

suicida 形 自殺の. ataque ～ 自爆テロ. ── 男 女 自殺者.

suicidarse 再 自殺する，自害する.

suicidio 男 自殺，自害；自殺行為.

suidos 男 複 〖動〗イノシシ科(の動物).

sui géneris 〔ラ〕 それ特有の；独特の.

suite [スイ(ト)] 〔仏〕 女 ❶ (ホテル等の) スイートルーム，続き部屋. ❷ 〖音〗組曲.

Suiza 固名 Confederación ～ スイス連邦：首都ベルン Berna.

suizo, za 形 スイス(人)の. ～ alemán スイスで使用されているドイツ語. ── 男 女 スイス人. ── 男 〖料〗スイソ：楕円(だえん)形の菓子パン.

S

sujeción 女 ❶ 服従；束縛. ～ a las leyes 法の遵守. ❷ 支える[留める]もの.
sujetador 男〘服〙ブラジャー.
sujetalibros 男［単複同形］ブックエンド，本立て.
sujetapapeles 男［単複同形］紙挟み，クリップ.
sujetar 他 ❶ 押さえる；固定させる，支える. ～ el pelo con horquillas ピンで髪を留める. ❷ 服従させる，束縛する. Este chico necesita a alguien que le *sujete*. この子は誰か押さえつける人が必要だ. —— **sujetarse** 再 ❶ ⦅a⦆ (…に) 従う，合わせる. Hay que ～ *a* la constitución. 憲法は守らなければならない. ❷ 体を支える；⦅a⦆ (…に) つかまる. Para no caer, *me sujeté a* las ramas. 私は落ちないように枝にしがみついた. ❸ 固定される，留まる.
sujeto, ta 形 ❶ 固定された，押さえられた. La cuerda está bien *sujeta*. ロープはしっかりと結んである. ❷ ⦅a⦆ (…に) 拘束された，(…の) 支配下にある. ❸ ⦅a⦆ (…を) 受ける，必要とする. ～ *a* derechos arancelarios 関税の対象となる. —— 男 ⦅話⦆ ❶ 人，やつ. buen ～ いいやつ. ❷〘文法〙主語，主部. ❸〘哲〙主体，主観.
sulfamida 女〘薬〙スルホンアミド.
sulfatación 女〘化〙硫酸化.
sulfatado 男 → sulfatación.
sulfatar 他 (駆虫消毒用の) 硫酸銅[鉄]溶液を噴霧する，硫酸銅[鉄]溶液に浸す.
sulfato 男〘化〙硫酸塩；硫酸エステル.
sulfhídrico, ca 形〘化〙硫化水素の. ácido ～ 硫化水素.
sulfito 男〘化〙亜硫酸塩.
sulfonal 男〘薬〙スルホンメタン：催眠剤.
sulfurado, da 形 ❶〘化〙硫化物の. ❷ 激怒した，怒り狂った.
sulfurar 他 ❶〘化〙硫化する，硫黄で処理する. ❷ 激怒させる. —— **sulfurarse** 再 激怒する.
sulfúreo, a 形 → sulfuroso.
sulfúrico, ca 形〘化〙硫黄の；6 価の硫黄を含む. ácido ～ 硫酸.
sulfuro 男〘化〙硫化物.
sulfuroso, sa 形〘化〙硫黄の；4 価の硫黄を含む. agua *sulfurosa* 硫黄水.
sultán, tana 男 ❶ スルタン：イスラム教国の君主. ❷〘史〙(オスマン・トルコの) トルコ皇帝. ❸ ぜいたくに暮らす人. —— 女 ❶ スルタンの王妃[側室]. ❷ (昔のトルコの) 軍船.
sultanato 男 スルタンの位[領土，治世].
sultanía 女 スルタンの領土.
suma [スマ] 女 [英 sum] ❶ **合計**；総額；金額. hacer ～*s* 総計する. ❷〘数〙和；足し算. hacer ～*s* 足し算する. ❸ 要約；総和. Ella es la ～ de todas las virtudes. 彼女にはあらゆる美徳が備わっている. ❹ 全書，大全. ***en*** ～ 要するに.
sumaca 女 (南米の浅瀬用の) 平底船.
sumador, dora 形 足し算の；合計する. —— 女 計算器.
sumamente 副 きわめて，この上なく.
sumando 男〘数〙足し算の項.
sumar [スマル] 他 [英 sum (up)] **合計する**；合計で…になる；〘数〙足す. Todos sus ingresos *suman* dos mil euros. 彼の収入は総額2000ユーロになる. —— **sumarse** 再 ⦅a⦆ (…に) 参加[合流]する. ***suma y sigue*** (1)〘商〙(金額を) 次ページへ繰り越し. (2) 繰り返し；延々と続くもの. Mi vida es un *suma y sigue* de fracasos. 私の人生は挫折(ざっ)の繰り返しである.
sumarial 形〘法〙起訴に関する；予審の.
sumariar ⑰ 他〘法〙起訴する；予審に付す.
sumario, ria 形 ❶ 要約した，簡潔な. ❷〘法〙略式の. proceso ～ 簡易裁判. —— 男 ❶ 要約，概要. ❷〘法〙起訴；予審.
sumarísimo, ma 形〘法〙(裁判が) 即決の.
sumergible 形 潜水できる；水中用の；耐水の. —— 男〘海〙潜水艦.
sumergido, da 形 ❶ 非合法の，闇(やみ)の. ❷ ⦅ラ米⦆(アルゼンチン)(ウルグアイ)低賃金の.
sumergimiento 男 潜水；没頭.
sumergir ㊹ 他 水中に沈める，浸す. —**sumergirse** 再 ❶ 沈む；潜水する. ❷ ⦅en⦆ (…に) 没頭[没入]する.
sumerio, ria 形 (古代メソポタミアの) シュメール (人，語) の. —— 男 女 シュメール人. —— 男 シュメール語.
sumersión 女 → sumergimiento.
sumida 女 ⦅ラ米⦆(コロンビア)へこみ，くぼみ.
sumidero 男 (雨水・下水の) 吸い込み口，排水溝.
sumiller 男 ❶ (レストランの) ソムリエ. ❷ (王宮の) 侍従；執事，家令.
suministración 女 → suministro.
suministrador, dora 形 男 女 供給[支給]する (人).
suministrar 他 供給[支給，提供]する.
suministro 男 供給 (品)，支給 (物)，提供；補給. ～ a domicilio 宅配.
sumir 他 ❶ 沈める；埋める. ❷ ⦅en⦆ (…に) 陥れる，追い込む. ～ *en* la miseria 貧困に追いやる. —— **sumirse** 再 ❶ 沈む，水没する. ❷ ⦅en⦆ (…に) 没頭する；陥る. ～ *en* sus pensamientos 考え込む.
sumisión 女 服従，降服；従順さ.
sumiso, sa 形 従順な，素直な.
súmmum 男 ⦅文⦆ 最高，至高；絶頂. el ～ de la sabiduría 英知の極み.
sumo, ma 形 ❶ ⦅＋名詞⦆ 最高の，至高の. la *suma* autoridad 最高権威 (者). ❷ 最大限の，たいへんな. con ～ cuidado 細心の注意を払って. —— [日] 男〘スポ〙相撲. ***a lo*** ～ せいぜい，多くても.
suncho 男 ⦅ラ米⦆(アルゼンチン)〘植〙キク科シオン属 (の総称).
suní 形 男 女 [複 ～es] (イスラム教) スンニ一派の (信徒).
sunna 女 スンナ：イスラム教の口伝律法.
sunní / sunnita 形 男 女 → suní.
suntuario, ria 形 奢侈(しゃ)に関する；ぜいたくな. impuesto ～ 奢侈税.
suntuosidad 女 豪華，ぜいたく. con excesiva ～ ぜいを尽して.
suntuoso, sa 形 高価な；豪華な. una casa *suntuosa* 豪邸.
sup- 活 → saber.
supeditación 女 服従，従属. ～ a la sociedad de consumo 消費社会への

S

隷属.
supeditar 他 ((a)) (…に) 服従させる；(…に) 合わせる. *Supedito* mi viaje *a* la decisión de mis padres. 旅行のことは両親の決定に任せてある. ― **supeditarse** 再 ((a)) (…に) 従う, 合わせる.
súper 形 ((話)) すごい, 最高の. ― 女 ハイオク (タンガソリン). ― 男 スーパー (マーケット). ― 副 とても, すごく.
superable 形 克服しうる, 乗り越えられる. récord difícilmente ～ 容易に書き替えられない記録.
superabundancia 女 過剰, 過多.
superabundante 形 あり余る, 過剰の.
superabundar 自 多すぎる, あり余る.
superación 女 克服；克己. afán de ～ 向上心.
superalimentar 他 餌(え)[栄養]を与えすぎる.
superar [スペラル] 他 〔英 surpass; overcome〕 ❶ ((en)) (…において) **勝る**, しのぐ. *Supera* al rival *en* inteligencia. 彼は知性でライバルをしのいでいる. ❷ **克服する**, 打ち勝つ. ～ la primera selección 第一次選考を突破する. *Hemos superado* lo más difícil. 最大の難関を我々は乗り切った. ― **superarse** 再 向上[進歩]する.
superávit 男 [単複同形または ～s] ❶ 〖商〗黒字；余剰額. ～ comercial 貿易黒字. ❷ ((話)) 超過, 過剰.
supercarburante 男 ハイオクタンガソリン, ハイオク.
supercherı́a 女 ごまかし, まやかし.
superciliar 形 〖解〗まゆの. arco ～ 眉弓(びきゅう), まゆ毛.
superclase 女 〖生〗(分類上の) 上綱；亜門.
superconductividad 女 超伝導.
superconductor, tora 形 超伝導の. ― 男 超伝導体.
superdirecta 女 〖車〗オーバードライブ(ギア).
superdominante 女 〖音〗下中音：音階の第 6 音.
superdotado, da 形 特に秀でた, 天才の. ― 男 女 天才.
superego 男 〖心〗超自我.
superestrato 男 〖言〗上層 (言語)；〖地質〗上層.
superestructura 女 ❶ 〖建〗上部構造；(船舶の) 上甲板部構造. ❷ (経済・社会・制度等の) 上部構造.
superferolı́tico, ca 形 ((話)) 過度に洗練された；上品すぎる.
superficial 形 ❶ 表面の, 表層の；浅い. tensión ～ 表面張力. herida ～ 軽傷. ❷ 表面的な, 薄っぺらな. amistad ～ 見せかけの友情.
superficialidad 女 浅薄；(傷等の) 浅さ.
superficialmente 副 表面的に, 浅薄に；表面上は.
superficie [スペルフィしエ] 女 〔英 surface〕 ❶ **表面**, 表層. ～ terrestre 地表, 地上. transporte de ～ 水上[陸上]輸送. ❷ 面積；面；広がり. ～ esférica 球面. ～ plana 平面. ～ aprovechable 農耕地. ❸ うわべ, 外観. *salir a la* ～ 浮上する；表面化する.
superfino, na 形 非常に上品な；非常に細かい[薄い, 細い]. un rotulador con punta *superfina* 極細サインペン.
superfluamente 副 余分[過剰]に.
superfluidad 女 余分なこと.
superfluo, flua 形 余計な；不必要な.
superfosfato 男 〖化〗過リン酸石灰.
supergigante 男 (スキーの) スーパー大回転.
superhombre 男 超人, スーパーマン.
superı́ndice 男 〖印〗上付き文字.
superintendencia 女 監督権；監督者の職；監察局.
superintendente 男 女 監督者, 管理者；長官.
superior [スペリオル] 形 〔英 superior〕 ((a)) ❶ (…より) **上の** (↔inferior)；高い. un piso ～ 1つ上の階. ❷ (…より) **優れた**, 優秀な. Su inteligencia es ～ *a* la mía. 彼は私より頭がよい. ❸ (…より) **上位の**；上級の. enseñanza ～ 高等教育. ❹ (…より) 大きい, (…を) 上回る. todos los números ～*es a* diez 10以上のすべての数.
superior, riora 男 女 ❶ 上司, 先輩. ❷ 〖カト〗修道院長.
superioridad 女 ❶ ((sobre)) (…に対する) 優越, 優位；優秀 (性). complejo de ～ ((話)) 優越感. ～ numérica 数的優位. ❷ 高慢. con aires de ～ 見下したような態度で. ❸ 政府当局；上層部.
superiormente 副 優れて；上位で.
superlativamente 副 非常に, この上なく.
superlativo, va 形 ❶ 最高の；過度の. en grado ～ 極端に. ❷ 〖文法〗最上級の. ― 男 〖文法〗最上級. ～ absoluto [relativo] 絶対[相対]最上級.
superligero, ra 形 ❶ 非常に軽い. ❷ (ボクシング) スーパーライト級の. ― 男 スーパーライト級.
superloto 女 ジャンボ宝くじ.
supermercado 男 スーパーマーケット.
superministro 男 超大物大臣.
supernova 女 〖天文〗超新星.
supernumerario, ria 形 定員外の, 余分な. ― 男 女 臨時雇い；定員外職員.
superordenador 男 スーパーコンピュータ, スパコン.
superpetrolero 男 超大型タンカー.
superpoblación 女 人口過密；過剰人口.
superpoblado, da 形 人口過密の, 人口過剰の.
superponer 75 他 ❶ ((a, sobre)) (…に) 重ねる, 重ね合わせる. ❷ ((a)) (…より) 重視する. *Superpongo* lo espiritual *a* lo material. 私は物質的なものより精神的なものを重く見る. ― **superponerse** 再 ((a)) (…に) 重なる；(…より) 優先する, 先行する. *Al* miedo *se superpone* el sentido del deber. 怖さよりも義務感が先に立つ.
superposición 女 ❶ 重ねること, 重なり. ❷ 優先, 重視.
superpotencia 女 超大国, 強大国.

S

superproducción 女 ❶ 生産過剰. ❷〖映〗超大作.
superpuesto, ta 過分 → superponer.
superrealismo 男 → surrealismo.
supersecreto, ta 形 極秘の.
supersónico, ca 形 超音速の.
superstición 女 迷信，盲信；縁起かつぎ；(未知への) 恐れ.
supersticioso, sa 形 迷信の，迷信深い；縁起かつぎの. ―― 男 女 迷信家，縁起をかつぐ人.
supérstite 形〖法〗(財産権共有者の中で) 生き残っている.
supervalorar 他 過大評価する，買いかぶる.
superventas 男 [単複同形] ベストセラー，大ヒット.
supervisar 他 監督[管理，監修]する.
supervisión 女 管理，監督；監修.
supervisor, sora 男 女 管理者，監督；監修者.
supervivencia 女 生き残ること；残存，存続. lucha por la ～ 生存競争.
superviviente 形 生き残りの，生存する. ―― 男 女 生存者.
superwoman [スペルウォマン] 〔英〕 女《話》スーパーウーマン，超人的な女性.
superyó 男〖心〗超自我.
supinación 女 ❶ 仰臥(ぎょうが)，あおむけ. ❷ (手の) 回外 (運動).
supinador 男〖解〗回外筋.
supino, na 形《文》❶ あおむけになった. en posición *supina* 仰臥(ぎょうが)して. ❷ 極度の，過度の. ignorancia *supina* 完全な無知. ―― 男〖文法〗(ラテン語の) 動詞状名詞，スピーヌム.
suplantación 女 取って代わること，地位を奪うこと.
suplantar 他 (不当に) 地位を奪う；取って代わる.
suplementario, ria 形 補足の，追加の. tren ～ 臨時増発列車.
suplemento 男 ❶ 補充，追加. ❷ (新聞・雑誌の) 付録，増補. ～ de un diccionario 辞書の補遺. ❸ 追加[割増，乗り越し] 料金. ～ de primera clase 1 等の割増料金. ❹〖数〗補角；補弧；〖文法〗補完補語.
suplencia 女 代理[代行] (期間).
suplente 形 代理の；〖スポ〗補欠の. ―― 男 女 代理[代行]人；〖スポ〗補欠 (選手)；〖演〗代役.
supletorio, ria 形 追加[補足]の. ―― 男 ❶ (電話の) 子機. ❷ 補足品.
súplica 女 ❶ 請願[嘆願] (書). ❷〖法〗上訴申立書. ***a ～ de ...*** …の依頼[要請]により.
suplicante 形 懇願するような；嘆願 (目的) の. con los ojos ～*s* すがるような目で. ―― 男 女 懇願する人；嘆願者.
suplicar 26 他 ❶《que＋接続法》(…するよう) 懇願[嘆願]する. ❷〖法〗上訴する.
suplicatoria 女〖法〗(上級裁判所・判事への) 審理請求書.
suplicatorio 男(議員の)逮捕許諾請求.
suplicio 男 ❶ 拷問，体刑. el ～ eterno 永遠の責め苦. último ～ 死刑. ❷ 耐えがたい苦痛，苦しみ；苦悩.

S

suplir 他 ❶ 補う；埋め合わせる. Yo *supliré* lo demás. 残りは僕が払うよ. ❷ 代理を務める；代用する. Nada puede ～ el amor maternal. 母の愛に代わるものはない.
suponer [スポネル] 75 他 [過分 supuesto, ta]〔英 suppose〕❶ **推測する**，想像する. Estoy muy contento, como puede ～. ご推察のとおり私は満足しています. ❷ **仮定する**，想定する. *Supongamos* que .... …と仮定しよう. ❸《形容詞・名詞と共に》(…と) 見込む. Te *suponía* más informado de este asunto. 君はこの件についてもっと知っていると思っていたよ. Le *supongo* unos cincuenta años. 彼は50歳ぐらいだろう. ❹ 含む；意味する；値する. Su negativa no *supone* nada. 彼の拒否にはなんの意味もない. ―― 自 意味がある，重要である. Su padre *supone* mucho en la compañía. 彼の父親は会社で大きな力を持っている. ―― 男《話》仮定，推定. Es un ～. これはたとえばの話だけれど. ***ser de ～ que ...*** …は考えられる，…の可能性がある. ***suponiendo que***〈＋接続法〉…だとすると.
suposición 女 仮定，推測；想像.
supositorio 男 座薬，座剤.
supporter [スポルテル]〔英〕男 女 [複 ～s] サッカーのサポーター[ファン].
supranacional 形 超国家的な.
suprarrenal 形〖解〗腎臓(じんぞう)の上にある，副腎の. glándula ～ 副腎腺(せん).
suprasensible 形 超感覚的な.
suprema 形 → supremo.
supremacía 女 至高，最高 (位)；優越；覇権.
supremamente 副 最高に，この上なく.
supremo, ma [スプレモ，マ] 形〔英 supreme〕❶ **最高 (位) の**；至上の，この上ない. Ser *S*～ 神. Tribunal *S*～ 最高裁判所. ❷ 最後の；決定的な.
supresión 女 省略，削除；廃止.
suprimir 他 ❶ 廃止する. ～ la libertad de expresión 言論[表現]の自由を奪う. ❷ 排除する，取り除く. ～ los obstáculos 障害を取り除く. ❸ 削除[省略]する. *Suprima* los detalles. 詳細は省いてください.
supríor, priora 男 女〖カト〗副修道院長，院長代行者.
supuestamente 副 おそらく，推定では.
supuesto, ta 過分 → suponer. 形 ❶《＋名詞》仮定の，推測に基づいた；うわさの. su ～ suicidio 自殺だと思われている彼の死. ❷ 偽の；自称の. un ～ pintor 自称画家. ―― 男 仮説，推定. ***dar ... por ～*** …を当然だと思う. ***¡Por ～!*** もちろん，当然. ***por ～ que ...*** …はもちろんである. ***～ que ...*** …だから；…ならば.
supuración 女 化膿(かのう)；膿(うみ).
supurar 自 化膿(かのう)する；膿(うみ)が出る.
supus- 活 → suponer.
sur [スル] 男〔英 south〕❶ **南**；南部《略 S》. Andalucía está en el *sur* de España. アンダルシアはスペインの南部に位置する. ❷ 南風.
sura 女 スーラ：コーランの章，節.

surafricano, na 形 男 女 → sudafricano.
sural 形 〘解〙ふくらはぎの, 腓腹(ひふく)の.
suramericano, na 形 男 女 → sudamericano.
surcar 26 他 ❶ (船等が) 水[波]を切って進む. ❷ (鳥等が) 渡る. ❸ 筋をつける, 溝を刻む. Las arrugas *surcan* la frente. しわが額に刻まれる.
surco 男 ❶ 畝, 溝. abrir ～*s* 畝を作る. ❷ しわ. una frente llena de ～*s* しわだらけの額. ❸ 車の跡 ; 航跡. ❹ (レコード等の) 溝.
surcoreano, na 形 韓国の. ― 男 女 韓国人.
sureño, ña 形 男 女 南(部)の(人).
sureste 形 男 女 → sudeste.
surf 〔英〕 男 サーフィン.
surfing [スルフィン] 〔英〕 男 サーフィン.
surfista 男 女 サーファー.
surgimiento 男 現れる[生じる]こと.
surgir 44 自 ❶ (水等が) 湧(わ)き出る, 噴出する. ❷ (突然) 現れる ; 起こる, 生じる. ❸ そびえる, そびえ立つ. La torre de la catedral *surge* entre las casas. 大聖堂の鐘楼が家並みの上にそびえ立っている.
Surinam 固名 スリナム : 首都パラマリボ Paramaribo.
suripanta 女 《俗》 尻軽(しりがる)女.
surmenage 男 過労, 精神的な疲労.
suroeste 形 男 → sudoeste.
surrealismo 男 シュールレアリスム, 超現実主義.
surrealista 形 シュールレアリスムの, 超現実主義の. ― 男 女 シュールレアリスト.
sursuncorda 男 《話》 お偉方.
sursureste 男 → sudsudeste.
sursuroeste 男 → sudsudoeste.
surtidero 男 ❶ (池・貯水池の) 排水口. ❷ (水の) 噴出.
surtido, da 形 ❶ 種々詰め合わせた. ❷ 《estarと共に》 品ぞろえの豊富な. ― 男 ❶ (菓子等の) 詰め合わせ. ❷ 品ぞろえ ; 在庫.
surtidor 男 ❶ (水の) 噴出 ; 噴水. ❷ (ガソリンスタンドの) 給油機. 地域差 (ガソリンスタンドの) 給油機 surtidor 《スペイン》《ラ米》 (キュ-バ) (ホンジュラス) (コロンビア) (ボリビア) (パラグアイ, ウルグアイ, アルゼンチン) ; bomba (ドミニカ共和国, プエルトリコ)(メキシコ)(グアテマラ, エルサルバドル, ニカラグア, コスタリカ, パナマ)(ベネズエラ)(エクアドル, ボリビア)(チリ)(アイ) ; grifo (ペルー) ; máquina (ペルー).
surtir 他 《de》 (…を) …に供給する, 調達する. Este canal *surte de* agua al pueblo. この水路が町に水を供給している. ― 自 噴出する, 湧(わ)き出る. ― **surtirse** 再 《de》 (…を) 補充する ; 仕入れる. ***surtir efecto*** 効果が上がる.
surto, ta 形 〘海〙 投錨(とうびょう)した, 停泊中の.
sus 形 複 → su.
¡sus! 間 《動物を追い払う声》 しっ.
susceptibilidad 女 ❶ 敏感さ, 感受性. ❷ すぐにいらだつこと.
susceptible 形 ❶ 《de》 (…の) 可能な ; (…) しやすい. ～ *de* mejora 改良の余地のある. ❷ 過敏な ; 激しやすい.
suscitar 他 (感情等を) 呼び起こす ; あおる ; 引き起こす.
suscribir 52 他 ❶ (末尾に) 署名[記名]する. el que *suscribe* 下記[末尾]署名者. ❷ 支持[賛同]する. ❸ (定期購読の) 予約申し込みをする. ❹ (株式の) 買い付けを申し込む. ― **suscribirse** 再 《a》 (…の) 購読契約をする ; (…に) 申し込む.
suscripción 女 ❶ 申し込み ; 定期購読の予約 ; 定期購読料. ❷ 〘商〙 (株式の) 申し込み.
suscriptor, tora 男 女 予約購読者 ; 申込者.
suscrito, ta 形 ❶ 署名した. ❷ 予約した. ― 男 女 署名者.
susodicho, cha 形 〘法〙《+名詞》 前述の, 上記の. ― 男 女 前述[前記]の者.
suspender [ススペンデル] 他 〔英 suspend〕 ❶ つるす, 掛ける. ～ una lámpara en el [del] techo 天井から電灯をつり下げる. ❷ 中断する, 中止する ; 延期する. ～ la sesión 会議を休会にする. ❸ 不合格にする ; (科目を) 落とす (↔aprobar). Le *han suspendido* en tres asignaturas. 彼は 3 科目落とした. *Suspendí* la química. 私は化学が落第点だった. ❹ (職等を) 奪う, 剝奪(はくだつ)する. ～ a ... de empleo y sueldo …を無給停職処分にする. ❺ 驚かす, 仰天させる. ― 自 落第する. ― **suspenderse** 再 《de》 (…に) ぶら下がる.
suspense 〔英〕 男 (映画・小説の) サスペンス.
suspensión 女 ❶ 中止, 中断 ; 延期. ～ de garantías 憲法上の権利停止. ～ de pagos 支払い停止. ❷ 〘車〙 サスペンション. ❸ 〘化〙 懸濁(液). ❹ つるす[ぶら下げる]こと ; 宙ぶらりん. ***en*** ～ 浮遊して.
suspensivo, va 形 停止の, 中止の. ***puntos*** ～***s*** 省略符号 (...).
suspenso, sa 形 ❶ 不合格の, 落第の. ❷ 驚いた, あっけにとられた ; 当惑した. ❸ つるした, 宙ぶらりんの. ～ en el aire 宙づりになった. ― 男 ❶ 不合格, 落第. ❷ 《ラ米》(アルゼンチン)(ウルグアイ) → suspense. ***en*** ～ 未決の, 懸案の. dejar *en* ～ la decisión 決定を棚上げにする.
suspensores 男 複 《ラ米》 ズボンつり, サスペンダー.
suspensorio, ria 形 下げる[つるす]ための. ― 男 ❶ つり包帯, 懸垂帯. ❷ (スポーツ選手の) 男子用サポーター.
suspicacia 女 疑い深さ, 猜疑(さいぎ)心 ; 疑念. producir ～ 不信を抱かせる.
suspicaz 形 疑い深い.
suspirado, da 過分 → suspirar. 形 熱望した, 焦がれた.
suspirar [ススピラル] 自 〔英 sigh〕 ❶ ため息をつく. ～ de pena 悲しみのため息をつく. ❷ 《por》 (…を) 熱望[熱愛]する.
suspiro 男 ❶ ため息, 嘆息. dar un ～ ため息をつく. ❷ 《話》 一瞬. en un ～ あっという間に. ❸ 《話》 やせ細った人. ❹ かすかな物音. ❺ メレンゲ菓子. ― 活 → suspirar. ***exhalar*** [***dar***] ***el último*** ～ 息を引き取る.
sustancia [ススタンシア] 女 〔英 substance〕 ❶ 物質, 物体. ～ sólida [líquida, gaseosa] 固体[液体, 気体]. ❷ 本質, 精髄 ; 〘哲〙 実体. captar la ～ 本質をつかむ. ❸ 内容, 実質 ; 要点, 重要性. argumento sin ～ 内容のない議論.

S

❹ エキス；栄養分. **en ～** 実質的には；要するに. **～ blanca [gris]** 〘解〙(脳髄・脊髄(ｾｷｽﾞｲ)の) 白[灰白]質.

sustanciación 女 〘法〙立証，実証.

sustancial 形 本質の，実体の；重要な；内容のある. Es el punto ～ del discurso. それが演説の要点である.

sustancialmente 副 ❶ 本質的に，根本的に. ❷ 要するに. ❸ かなり.

sustanciar ⑰ 他 ❶ 〘法〙立証[実証]する，審理する. ❷ まとめる，要約する.

sustancioso, sa 形 ❶ 中身の濃い. ❷ 滋養に富む，栄養のある.

sustantivar 他 〘文法〙名詞化する.

sustantividad 女 実存性，実質性.

sustantivo, va 形 ❶ 本質[実質]的な. ❷ 〘文法〙名詞の，名詞的な. ── 男 名詞.

sustentable 形 支持[擁護]できる.

sustentación 女 ❶ 支え；維持；支持. ❷ 生計の支え，扶養.

sustentáculo 男 《文》支柱，支え.

sustentar 他 ❶ 支える. ❷ 扶養する，生計を支える. ～ a la familia 家族を養う. ❸ 支持[擁護]する. ～ una idea ある考えを主張する. ── **sustentarse** 再 ❶ 《**con, de**》(…で) 栄養をとる；生存する. ❷ 《**en**》(…に) 支えられる.

sustento 男 ❶ 食べ物，滋養物；生活の糧. ❷ 支え；支持. ～ principal 大黒柱.

sustitución 女 ❶ 代理，代用；取り替え. ❷ 〘法〙(相続人の) 代襲；〘数〙代入.

sustituible 形 取り替えられる，代理[代用]可能な.

sustituir [スステイトゥイル] ⑥⓪ 他 [現分 sustituyendo] 〔英 substitute〕 ❶ 《**con, por**》(…と) **取り替える**，入れ替える. *Sustituyó* la rueda pinchada *por* la de recambio. 彼はパンクしたタイヤをスペアタイヤと取り替えた. ❷ 取って代わる，…の代理をする. ¿Me puede ～ un par de días? 何日間か私の代わりをしてくれますか.

sustitutivo, va 形 代理の，代用の. ── 男 代用(品).

sustituto, ta 男 女 代理人，後任者；補欠；〘演〙代役.

sustitutorio, ria 形 → sustitutivo.

sustituy- 活 現分 → sustituir.

susto [ススト] 男 〔英 fright〕 **驚き**，どきっとすること；恐れ. caerse del ～ 腰を抜かすほど驚く. darse un ～ 驚く.

sustracción 女 ❶ 〘数〙引き算. ❷ 盗み.

sustraendo 男 〘数〙減数.

sustraer ①⓪④ 他 ❶ 取り去る，抜き取る. ❷ 盗む，くすねる. ❸ 引き算する；差し引く，控除する. ～ tres a diez 10から3を引く. ── **sustraerse** 再 《**a, de**》(…から) 免れる，(…を) 回避する. *Se sustrajo a* las preguntas indiscretas. 彼はぶしつけな質問をはぐらかした.

sustrato 男 ❶ 〘地質〙下層土，心土. ❷ 〘言〙基層 (言語). ❸ 土台；実体，実質. ❹ 〘化〙基質.

susurrante 形 ささやく，つぶやく；(葉等が) かさかさ[さらさら]鳴る.

susurrar [ススラル] 自 〔英 whisper〕 **ささやく**，つぶやく；かすかな音をたてる. ── 他 ささやく.

susurro 男 ❶ ささやき，つぶやき. ❷ そよぎ，せせらぎ. ── 活 → susurrar.

sutil 形 ❶ 薄い，細い. ❷ 微妙な，デリケートな. ❸ 鋭い，才気のある.

sutileza / sutilidad 女 ❶ 薄さ，細さ. ❷ 精緻(ｾｲﾁ)；才知；器用. con ～ 巧みに. ❸ 巧みな言葉.

sutilizar ⑤⑦ 他 ❶ 薄くする，細くする；洗練させる. ❷ 巧妙[微細]に論じる.

sutura 女 〘医〙縫合；〘解〙(頭蓋(ｽﾞｶﾞｲ)骨の) 縫合 (線)，継ぎ目.

suturar 他 〘医〙縫合する，縫い合わせる.

suyo, ya [スヨ〈スジョ〉, ヤ〈ジャ〉] 形 《所有》[後置形，単数. 複数形は suyos，suyas] 〔英 (of) his, hers, yours, its, theirs〕 《名詞を修飾して》 **彼 (ら) の，彼女 (ら) の；あなた (方) の**；(もの同士の所属関係等を表して) **それ (ら) の**；自分の. ► 所有されるものを表す名詞の性数によって語尾変化する. (1) 《名詞＋》 un amigo ～ 彼 (ら) [彼女 (ら)，あなた (方)] の友人の 1 人. varias obras *suyas* 彼のいくつかの作品. ► 名詞の前に置く場合は su. (2) 《ser の補語として》 Esta chaqueta *es suya*. このジャケットは彼 (ら) [彼女 (ら)，あなた (方)] のです. La culpa no *es suya*. 責任はあなたにはない. (3) 《定冠詞と共に用いて所有代名詞になる》 Este libro es mío. ¿Dónde está *el* ～? この本は私のです. あなたのはどこですか. ***Cada cual a lo ～.*** 他人へのお節介は無用. ***de ～*** それ自体，もともと (＝ por sí mismo). ***hacer ～*** (賛同を表して相手の言葉等を) 繰り返す；自分のものにする. ***hacer una de las suyas*** いつものいたずら[へま]をしでかす. ***ir a lo ～ [a la suya]*** 自分のことだけを考えて行動する. ***lo ～*** (彼・彼女・もの等の) 本分；得意とすること. El piano es *lo* ～. ピアノは彼女の特技だ. ***pesar lo ～*** 本当に重い. ***tener lo ～*** (何かが) それだけのこと[価値]はある. ***los ～s*** 自分の家族[仲間]. ***salirse con la suya*** 我を通す，思いどおりにする. ***ser muy ～*** 個性的な；利己的な；超然とした；変な. ***S～ afectísimo.*** 《手紙の結び》 敬具. ► 差出人の性数によって語尾変化する.

svástica 女 まんじ(卍)，逆まんじ(卐)；ハーケンクロイツ (卐) (ナチス・ドイツの国章).

swahili [スアヒリ] 男 スワヒリ語.

swástica 女 → svástica.

swing [スイン] 〔英〕 男 ❶ (ボクシング・ゴルフ等) スイング. ❷ (ジャズ) スイング.

switch [スイ(チ)] 〔英〕 男 《ラ 米》 (1) 〘車〙スターター (→ arranque 地域差). (2) (電気の) スイッチ (→ interruptor 地域差).

T t

T, t [テ] 女 スペイン語字母の第21字.

taba 女 ❶ 〘解〙距骨. ❷ 〘遊〙お手玉に似た遊び.

tabacal 男 タバコ畑[農園].

tabacalero, ra 形 タバコ (産業) の. ── 男 女 タバコ栽培者[生産者，屋]. ── 女 [T-] スペインのタバコ専売公社.

tabaco [タバコ] 男 〔英 tobacco〕 ❶ 〖植〗タバコ. ❷ (喫煙用) **タバコ**. ～ negro 強いタバコ. ～ rubio 軽いタバコ. ❸ タバコ[焦げ茶]色. ❹ 〖植〗黒斑(はん)病. ── 形 タバコ[焦げ茶]色の.

tabalear 他 揺らす；振る. ── 自 (指で) たたく.

tabanco 男 (食料品の) 屋台, 出店.

tábano 男 〖昆〗アブ；《話》はた迷惑な人.

tabanque 男 足で回すろくろ.

tabaquera 女 タバコケース, タバコ入れ.

tabaquería 女 《ラ米》(アルゼンチン)(ウルグアイ)タバコ屋, タバコ店.

tabaquero, ra 形 タバコの. ── 男 女 タバコ職人；タバコ商人.

tabaquismo 男 ニコチン中毒. ～ pasivo 受動喫煙.

tabaquista 男 女 タバコ (品質) 鑑定者.

tabardillo 男 ❶ 《話》日射病. ❷ 《話》厄介な人.

tabardo 男 (農民が着る) 袖(そで)なしマント.

tabarra 女 《話》厄介な[うるさい]こと[人]. dar la ～ 悩ませる, うんざりさせる.

tabarro 男 〖昆〗(1) スズメバチ. (2) アブ.

tabasco 男 〖商標〗タバスコ (ソース). ── 固名 [T-] タバスコ：メキシコの州.

tabasqueño, ña 形 男 女 (メキシコの) タバスコ州の (人).

taberna 女 食堂, 居酒屋. 地域差 居酒屋 taberna 《スペイン》; bar 《ラ米》(パラグアイ); barra (キューバ, ドミニカ共和国, プエルトリコ); cantina 《ほぼラ米全域》; tasca 《スペイン》《ラ米》(ベネズエラ).

tabernáculo 男 ❶ (古代ヘブライ人の) テント. ❷ 〖聖〗幕屋. ❸ 〖カト〗聖櫃(せいひつ).

tabernario, ria 形 ❶ 居酒屋 (風) の. ❷ 下品な. lenguaje ～ 下品な言葉遣い.

tabernero, ra 男 女 居酒屋の主人[女将(おかみ), 給仕].

tabica 女 (階段の) 蹴込(けこみ)板.

tabicar 26 他 壁で仕切る；(入り口・窓を) 塞(ふさ)ぐ. ── ***tabicarse*** 再 塞がる.

tabique 男 ❶ 仕切り (壁), 間仕切り. ～ colgado カーテンウォール. ～ de panderete れんが積みの壁. ❷ 〖解〗隔膜. ～ nasal 鼻中隔.

tabla [タブラ] 女 〔英 board〕 ❶ **板**；金属板, 木板, 石板；パネル. ～ de planchar アイロン台. ❷ **表**, 一覧, リスト；(サッカー場の) 得点掲示板, スコアボード. ～ de materias 索引. ～ de Pitágoras 九九の表. ❸ 〖服〗プリーツ, ひだ. ❹ 板状のもの；平らな部分. ～ del pecho 胸板. ❺ [複] 〖演〗舞台, ステージ. salir a las ～*s* 舞台に上がる. ❻ 〖美〗タブロー. ❼ [複] (チェス等で) 引き分け. hacer [quedar en] ～*s* 引き分けになる. ❽ [複] (闘技場の) 防壁 (区域). ❾ (スキー・サーフィン等の) 板, ボード. ❿ トイレの便座. ***a raja*** ～ 断固として. ***hacer ～ rasa de ...*** 《話》…を一掃する；…を白紙に戻す. ～ ***de salvación*** 頼みの綱. ～***s de la Ley*** 〖聖〗律法の石板. ～ ***rasa*** 〖哲〗白紙の状態. ***tener muchas*** ～***s*** 場数を踏んでいる, ベテランである.

tablada 女 《ラ米》(アルゼンチン)(ウルグアイ)家畜検査場.

tablado 男 板張りの台；舞台, ステージ. salir [subir] al ～ 舞台に出る[上がる].

tablajería 女 《古》肉屋.

tablajero 男 《古》肉屋の主人.

tablao 男 タブラオ：フラメンコのショー (を見せるナイトクラブ[酒場]).

tablazón 女 ❶ 板張り, 板敷き. ❷ 〖海〗(甲板の) 板敷き, 敷き板；(船体の) 外板.

tableado, da 形 〖服〗ひだのある. ── 男 プリーツ.

tablear 他 ❶ 板にする；(金属を) 薄板にする. ❷ 〖服〗プリーツを付ける.

tablero 男 ❶ 板状のもの；《ラ米》黒板 (→ pizarra 地域差)；パネル, ボード；テーブル板. ～ eléctrico 電光掲示板. ❷ (チェス等の) 盤. ❸ 計器盤, 制御盤. ❹ 〖スポ〗(バスケットボール) バックボード.

tableta 女 ❶ 小さな板, 板状のもの. ～ de chocolate 板チョコ. ❷ 錠剤.

tabletear 自 板を打ち合わせた (ような) 音を立てる.

tableteo 男 板を打ち合わせた (ような) 音. ～ del trueno 雷のゴロゴロ鳴る音.

tablilla 女 ❶ 小さな板. ❷ 〖医〗添え木, 当て木.

tabloide 形 タブロイド判の.

tablón 男 ❶ 厚板；大きな板. ❷ 掲示板. ❸ 《話》酔っ払うこと. agarrar [coger] un ～ 酔っ払う.

tabloncillo 男 ❶ 板材. ❷ 〖闘牛〗無蓋(むがい)の二階席の最後部席.

tabor 男 〖史〗(1910年代のモロッコ戦争時の) スペイン正規軍大隊.

tabú [複 ～(e)s] 男 禁忌, タブー.

tabuco 男 小屋；粗末な小部屋.

tabulador 男 〖IT〗タブ.

tabular 他 ❶ 表にする, 作表する. ❷ 〖IT〗タブを操作する. ── 形 ❶ 表になった, 表で示された. ❷ 平らな.

taburete 男 (背もたれのない) 腰掛け；丸いす, スツール.

TAC [タ(ク)] 男 (または女) *Tomografía Axial Computerizada* 〖医〗CTスキャン.

tacada 女 (ビリヤード) 一突き, 突き；一連のキャノン. ***de una*** ～ 一気に.

tacañear 自 《話》けちる, 出し惜しむ.

tacañería 女 貪欲(どんよく), けち.

tacaño, ña 形 けちな, 貪欲(どんよく)な. ── 男 女 けち. 地域差 けち tacaño 《スペイン》《ラ米》(キューバ, ドミニカ共和国, プエルトリコ)(メキシコ)(グアテマラ, ホンジュラス, エルサルバドル, コスタリカ, パナマ)(エクアドル, ペルー)(チリ)(パラグアイ, アルゼンチン); agarrado (キューバ, メキシコ); amarrete (ウルグアイ, アルゼンチン); apretao (チリ); avaro 《スペイン》《ラ米》(メキシコ)(ペルー)(チリ); clavo (コスタリカ); codo (メキシコ)(グアテマラ)(ボリビア); coño (エクアドル); cuña (ホンジュラス); hambriento (ドミニカ共和国); maceta (プエルトリコ); macheta (ウルグアイ); micha (ボリビア); pichirre (ベネズエラ); pinche (コスタリカ); turco (グアテマラ).

tacatá / tacataca 男 (幼児用の) 歩行器.

tacha 女 ❶ 欠点, きず；不評. poner ～*s* a ... …にけちをつける. ❷ 鋲(びょう).

tachadura 女 (線を引いて) 消すこと, 抹消；消し跡.

tachar 他 ❶ (線を引いて) 消す, 抹消する. ❷ 《de》(…に) けちをつける. Le *tachan de* cobarde. 彼は臆病(おくびょう)だと非難されている.

tacho 男 《ラ米》バケツ；ごみバケツ；洗面器. ***irse al*** ～ 《ラ米》(チリ)(アルゼンチン) 《話》失敗

する，しくじる．

tachọ́n 男 ❶ 抹消する線．❷ 飾りひも，リボン；飾り鋲(びょう)．

tachonar 他 ❶ 飾り鋲(びょう)を打つ，鋲で飾る．❷ ちりばめる，点在させる．

tachuẹla 女 平頭ピン，鋲(びょう)．

tácitamẹnte 副 無言のうちに；暗黙のうちに，それとなく．

tácito, ta 形 無言の，物静かな；暗黙の．acuerdo ～ 暗黙の了解．

tacitụrno, na 形 ❶ 口数の少ない，寡黙な．❷ 寂しげな，憂鬱(ゆううつ)な．

tạco 男 ❶ 栓，詰め物；くさび．❷ (紙の) 綴(つづ)り，冊；束．～ de billetes de metro 地下鉄回数券の綴り．calendario de ～ 日めくりカレンダー．❸ (靴裏の) スパイク．❹ (ビリヤード) キュー．❺ (銃の) 槊杖(さくじょう)．❻ [複] 《ラ米》(メキシコ) タコス：チーズ・肉等にチリソースをかけてトルティヤ tortilla で巻いた食べ物．❼ 《話》汚い言葉．soltar ～*s* 乱暴な言葉を吐く．❽ 《話》混乱，当惑．hacerse [armarse] un ～ 混乱する．❾ 角切り，小片．cortar en ～*s* さいの目に切る．❿ 間食，おやつ．

tacọ́grafo 男 タコグラフ，速度記録計．

tacọ́metro 男 タコメーター．

tacọ́n 男 (靴の) かかと，ヒール．zapatos de ～ alto ハイヒール．～ aguja ピンヒール．

taconạzo 男 (靴の) かかとでけること，かかととかかとをつけること[音]．

taconear 自 ❶ 靴音をたてて歩く；奔走する．❷ (フラメンコ) かかとで床を打つ．

taconẹo 男 靴音 (をたてること)．

tạ́ctica 女 ❶ 策略，駆け引き；作戦．obrar con ～ 策を弄(ろう)する．❷ 〖軍〗戦術，戦法．

tạ́cticamẹnte 副 巧妙に；戦術の上では；作戦的に．

tạ́ctico, ca 形 戦術の．arma *táctica* 戦術兵器．── 男 女 戦術家；策略家．

tạ́ctil 形 触覚の．sensación ～ 触感．

tactịsmo 男 〖生〗走性，趨性(すうせい)．

tacto [タクト] 男 [英 touch] ❶ 触覚；感触；触ること．tener un ～ suave 手触りがよい．mecanografía al ～ ブラインドタッチ．❷ 如才なさ，機転．tener [no tener] ～ 機転が利く[利かない]．❸ 〖医〗触診．～ rectal 直腸触診．

tacuạra 女 《ラ米》(アルゼンチン)(ウルグアイ) 〖植〗ホウライチク．

tacurụ́ 男 [複 ～es, tacuruses] 《ラ米》(ラプラタ) 〖昆〗小アリ (の一種)；アリ塚．

taekwondo [タエクォンド] [朝鮮] 男 〖スポ〗テコンドー．

tafetạ́n 男 タフタ，タフタ織り．

tafilẹte 男 モロッコ革．

tagạlo, la 形 (フィリピンの) タガログ (族，語) の．── 男 女 タガログ族の人．── 男 タガログ語．

tagarịno, na 形 男 女 (生活や言葉の面でキリスト教徒と見分けのつかない) モリスコ (の)．➜ morisco.

tagarnịna 女 ❶ 〖植〗キンアザミ．❷ 安葉巻．

tagarọte 男 ❶ 〖鳥〗ハイタカ．❷ 《話》書記，代書人．❸ 《話》のっぽ (の人)．

tạgua 女 《ラ米》(チリ) 〖鳥〗オオバンの一種．

tahalị́ 男 (肩からさげた剣の) つり革，剣帯．

Tahitị́ 固名 タヒチ (島)．

tahitiạno, na 形 タヒチ (島，語) の．── 男 女 タヒチ島の人．── 男 タヒチ語．

tahọna 女 パン屋．

tahụ́r 男 女 賭博(とばく)師；ぺてん師．

tạifa 女 *reino de* ～*(s)* (1) (1031年スペインのコルドバのカリフ王国解体後の) 王国，小国家．(2) 《比喩的》群雄割拠．

tạiga 女 タイガ：亜寒帯針葉樹林帯．

tailandẹ́s, dẹsa 形 タイ (人，語) の．── 男 女 タイ人．── 男 タイ語．

Tailạndia 固名 タイ：首都バンコク Bangkok.

taimạdo, da 形 男 女 ずる賢い (人)，抜けめのない (人)．

taimạrse 再 《ラ米》(アルゼンチン)(チリ) 《話》抜けめなく立ち回る；すねる；強情を張る．

taịno, na 形 男 女 (西インド諸島の絶滅した先住民) タイノ族の (人)．── 男 タイノ語．

tạita 男 《ラ米》(アルゼンチン)(ボリビア)(チリ)(エクアドル)(ペルー)(ベネズエラ) (1) 《幼児語》お父ちゃん．(2) 《敬称》…様．

Taitị́ 固名 ➜ Tahití.

Taiwạn 固名 台湾 (島)．

taiwanẹ́s, nẹsa 形 男 女 台湾の (人)．

tajạda 女 ❶ 薄切り，1切れ．❷ 《話》泥酔．***llevarse la mejor*** ～ 《話》いいところをもらう．***sacar*** ～ 《話》得をする．

tajadẹra 女 ❶ (肉・チーズ用の) 押し切り包丁．❷ 肉切り台，まな板．

tajạdo, da 形 ❶ 《話》酔っ払った，泥酔した．❷ (岩場等が) 切り[そそり]立った．

tajamạr 男 ❶ 〖海〗(船首の) 水切り，触先(へさき)．❷ (橋脚の) 水よけ．❸ 《ラ米》(チリ)(コロンビア)(エクアドル) ダム，堰(せき)．

tajạnte 形 ❶ はっきりした，断定的な．❷ 妥協のない，厳しい．

tajạr 他 切る，切り刻む．── **tajarse** 再 《話》酔っぱらう．

tajeadụra 女 《ラ米》(コロンビア)(エクアドル)(チリ) 大きな切り傷．

tajear 他 《ラ米》《話》切り刻む；切り裂く．

Tajín 固名 El ～ エル・タヒン：メキシコの遺跡．

tạjo 男 ❶ 切ること，切り口，切り傷．❷ 刃．❸ 肉切り台．❹ 《話》仕事；仕事[作業]場．❺ 断崖(だんがい)；渓谷．── 固名 el *T*～ タホ川：イベリア半島最長の川．

Tajumụlco 固名 el ～ タフムルコ山：グアテマラの火山．中米の最高峰．4220m．

tal [タる] 形 《不定》[英 such] ❶ **そのような**．*tal* cosa そんなこと．❷ 《叙述的》以上のような．*Tal* es mi impresión. これが私の印象です．❸ しかじかの．para *tal* cosa これこれしかじかのことのために．un [una] *tal* 〈+人名〉…とかいう人．── 代名 《不定》❶ そのようなもの[こと]．❷ 《不定冠詞と共に》ある人；《定冠詞と共に》彼，彼女．el [la] *tal* 彼[彼女]．un *tal* つまらないやつ．una *tal* 《話》売春婦．── 副 《+ que》…のように…；それほど…なので…．*Tal* hablaba *que* lo había hecho antes. 彼は以前にそれをしたことがあるかのように話していた．*Tal* estaba cansado *que* no podía caminar más. あまりに疲れていたのでそれ以上歩けなかった．***como tal*** 《先行する名詞を受け》そのようなものとして．***con tal de*** 〈+不定詞〉 / ***con tal (de) que*** 〈+接続法〉…(する) という

T

条件で. *el* [*la*] *tal* 例の. *que si tal que si cual* / *tal y cual* [*tal*] これこれの, あれやこれやの. ***¿Qué tal?*** 元気ですか. ***tal como*** (1) たとえば…のような. (2) …の(する)ままに. Lo hizo *tal como* le dije. 彼は私の言ったようにそれをした. (3) 《ser と共に》それはそれとして；そうであっても. Este aparato es muy viejo; pero *tal como es*, funciona bien. この装置はとても古いがそれなりによく動いている. (4) …によれば. *Tal como* me dijeron debían saberlo bien. 言い方からして彼らはそのことをよく知っていたはずだ. ***tal cual*** まずまずの；わずかの. ***tal para cual*** 似たり寄ったりの(人). ***tal ... tal*** [***cual***] ***...*** 《二者の類似・同一》《対句で》…も…も似たり寄ったり(である). *Tal* la madre, *cual* la hija. 母親も母親なら娘も娘.

tala 女 ❶ 伐採, 刈り込み, 剪定(せんてい). ❷〖遊〗棒打ち遊び(両端をとがらせた木片を長い棒で打って遠くへ飛ばす遊び)；その木片. ❸《ラ米》(チリ)(家畜が)草を食べること.

talabarte 男 剣帯, 革帯.

talabartería 女 革帯[革製品]店, 革帯[革製品]工場.

talabartero, ra 男 女 革帯[革製品]商人, 革帯[革製品]職人.

taladradora 女 ドリル.

taladrar 他 ❶ 穴をあける. ❷(耳を)刺す. ～ los oídos 耳をつんざく.

taladro 男 ❶ ドリル；錐(きり). ❷(ドリル等で開けた)穴.

tálamo 男 ❶《文》新床, 初夜の床(＝～ nupcial). ❷〖植〗花床；〖解〗視床.

talán 男《擬》(鐘の音)ゴーンゴーン.

talanquera 女 柵(さく)；バリケード.

talante 男 機嫌, 気分；意志. estar de buen [mal] ～ 機嫌がよい[悪い].

talar 形 (服が)かかとに届くほど長い. ── 他 切り倒す, 伐採する；刈り込む.

talasocracia 女 制海権, 海上権.

talasoterapia 女〖医〗海水療法.

talavera 男 (スペイン, タラベラ産の)陶器.

Talavera de la Reina 固名 タラベラ・デ・ラ・レイナ：スペインの都市.

talayot / talayote 男 (スペイン, バレアレス諸島の先史時代の)巨石建造物.

talco 男 滑石, タルク；タルカムパウダー.

talde [バスク] 男 テロリスト支援グループ.

talega 女 ❶(手提げ)袋；1袋分. ❷《話》[主に複]金, 財産.

talegazo 男 転倒, 横倒；(倒れたときの)衝撃, 打撲.

talego 男 ❶ → talega ①. ❷ 刑務所.

taleguilla 女 闘牛士のズボン.

talento [タれント] 男 [英 talent] ❶ **才能**, 能力, 手腕. ❷ 才能のある人. ❸ タラント：古代ギリシャ・ローマで使われた通貨.

talentoso, sa / talentudo, da 形《話》才能のある, 有能な.

talero 男《ラ米》(アルゼンチン)(ウルグアイ)(チリ)(乗馬の)むち.

TALGO [タるゴ] 男 *Tren Articulado Ligero Goicoechea-Oriol* (スペイン)タルゴ(特急), ディーゼル特急.

talibán 形 男 [複 talibanes または単複同形]タリバーン, イスラム神学生.

talidomida 女〖薬〗〖商標〗サリドマイド.

talio 男〖化〗タリウム.

talión 男 *ley del* ～ 反座[復讐(ふくしゅう)]法.

talismán 男 お守り, 護符, 魔よけ.

talk show [タるクチョウ(タるクショウ)] [英] 男 [複 ～s] トークショー, 有名人との会見番組.

talla 女 ❶ 彫ること；木彫り；彫刻. ❷ 身長, 背丈；身長計. ❸(衣服・靴の)サイズ. ¿Qué ～ gastas? 君のサイズはいくつ. ❹(宝石の)研磨, カット. ❺ 才能, 能力. ❻《ラ米》(1)(チリ)うそ, ごまかし. (2)(チリ)雑談；うわさ話. ***dar la ～ para ...***[***como ...***] …するのに[…として]適格である.

tallado 男 彫ること, 彫刻.

tallar 他 ❶ 彫る, 刻む. ❷(身長を)測る, 測定する.

tallarín 男 [主に複]〖料〗タリエリーニ：スープ用の細めで平たいパスタ.

talle 男 ❶ 腰, ウエスト；腰回り. ❷(採寸で)肩から腰までの長さ. ❸ 体型, スタイル. ❹《ラ米》(アルゼンチン)(ウルグアイ)(服の)サイズ.

taller 男 ❶ 仕事場, 作業場；アトリエ. ❷ 修理工場. ❸ セミナー.

tallista 男 女 (木の)彫刻家, 木彫師.

tallo 男〖植〗茎, 柄；新芽, 若枝.

talludo, da 形 ❶ 茎の長い, 茎の伸びた；根茎の多い. ❷ いい年をした, 若ぶった.

talmud 男 タルムード：ユダヤ教の習慣律の集大成.

talo 男〖植〗葉状体.

talofita 形〖植〗葉状植物の. ── 女 (藻類・菌類・地衣類からなる)葉状植物.

talón 男 ❶ かかと；(靴・靴下の)かかと, ヒール. ❷(馬の)後足の蹄(ひづめ). ❸(リムに密着する)タイヤの耳, ビード. ❹ 引換券, クーポン；小切手；《ラ米》小切手帳(→ talonario 地域差). ❺〖建〗葱花刳形(そうかくりがた). ***apretar los talones*** 走り出す. ***pisar los talones*** すぐ後をつける；競り合う. ***～ de Aquiles***《比喩的》アキレス腱(けん), 弱点.

talonario 男 クーポン帳；小切手帳(＝～ de cheques). 地域差 小切手帳 talonario (de cheques)《スペイン》《ラ米》(キューバ, プエルトリコ)(メキシコ)(グアテマラ, ホンジュラス, コスタリカ, パナマ)(コロンビア, ベネズエラ)(ボリビア)(チリ)(ウルグアイ)；chequera《ほぼラ米全域》；talón (ベネズエラ)(ペルー)(パラグアイ)(ウルグアイ)(アルゼンチン).

talonear 他 ❶《ラ米》(馬に)拍車をかける. ❷(サッカー)ヒールアウトする.

talonera 女 ❶(靴・靴下の)かかと部分. ❷(衣類の)縁取り材料；バイアス布. ❸《ラ米》(コロンビア)(靴の)かかと, ヒール.

talud 男 斜面；勾配(こうばい).

tamal 男《ラ米》(メキシコ)(ペルー)〖料〗タマル：トウモロコシの粉を練り, 肉等の具を入れ, トウモロコシの皮で包み蒸したもの.

tamalero, ra 男 女《ラ米》タマルを作る人；タマル売り.

tamango 男《ラ米》(アルゼンチン)(ウルグアイ)(パラグアイ)(チリ)[複]粗末な靴；すり減った履き物.

tamaña 形 → tamaño.

tamañamente 副 (手で示しながら)これくらい大きく, これほどの大きさで.

tamañito, ta 形《話》おろおろする, 途方に暮れた.

tamaño, ña [タマニョ, ニャ] 形 ❶ そんな[あまり]に大きい；そんな[あまり]に小さい. ❷《como》(…と)同じ大きさの. ── 男 [英 size] ❶ **大きさ, サイズ**. ¿De qué ～ son los zapatos? 靴のサイズはいくつです

T

か. ～ natural 実物大. ❷ 重要性.

tạmara 女【植】カナリーヤシ；カナリーヤシの林；[複]カナリーヤシ(の実)の房.

tamarịndo 男【植】タマリンド(の木・実).

tamarịsco / tamarịz 男【植】ギョリュウ.

tamarụgo 男《ラ米》(アルゼ)(チリ)【植】イナゴマメ(の木).

tambạche 男《ラ米》(メキ)(ショ)衣類の包み，荷物.

tambaleạnte 形 よろける，不安定な.

tambaleạrse 再 ❶ よろめく，ぐらつく. ❷ 不安定である.

tambalẹo 男 ❶ よろめき，ふらつき. ❷ 不安定；動揺.

tambẹro, ra 男 女《ラ米》(農)宿屋の主人，女将(おか み).

también [タンビエン] 副〔英 also, too〕❶ …もまた(…である). María habla muy bien el inglés, y ～ sabe el alemán. マリアは英語が上手だがドイツ語もできる. Tengo frío. — Yo ～. 寒いよ. —僕もだ. ❷ その上，さらに…である. Hace mal tiempo, y ～ hace mucho viento. 悪天候だしそれに風も強い. ❸《強調》《話》《非難・不快・不可解》…だということもある. pero ～ es cierto que ... でも…ということも確かである.

tạmbo 男《ラ米》(1)(エクア)(ナ)(ペル)(ボリ ビア)宿屋. (2)(ペル)小さな店.

tambọr 男 ❶ 太鼓，ドラム. ❷ 太鼓奏者. ❸ 円筒[円枠]状のもの；(製菓用の)砂糖ふるい；刺繍(しゅう)枠；焙煎(ばい)器；(回転式ピストルの)弾倉；(洗濯機の)ドラム. ❹【解】鼓膜. ❺【建】(ドーム下部の)円筒壁体. ❻【機】シリンダー，ドラム. ***a ～ batiente*** 勝ち誇って，意気揚々と.

tambọra 女《ラ米》【音】大太鼓；その演奏.

tamboreạr 自 → tamborilear.

tamborịl 男【音】小太鼓.

tamborileạr 自 ❶ (太鼓を)打つ，鳴らす. ❷ (指等で)繰り返し軽くたたく.

tamborilẹo 男 太鼓を打つこと；(指等で)軽くたたくこと.

tamborilẹro, ra 男 女 太鼓奏者.

Tạ́mesis 固名 el ～ (英国の)テムズ川.

tamịl 形 男 女 タミール人(の).

T **tamịz** 男 篩(ふるい). pasar por el ～ 篩にかける；選別する.

tamizạr 57 他 ❶ 篩(ふるい)にかける，ふるう. ❷ (光を)フィルターにかける. ❸ 選別する.

tạmo 男 毛くず，ほこり，ちり.

tamọjo 男 → matojo.

tạmpax / tạ́mpax 男【商標】[単複同形]生理用タンポン(＝tampón).

tampoco [タンポコ] 副〔英 not either, neither〕❶ …もまた…ない. Yo no lo compré ～. 私もそれを買わなかった. ► 動詞の前に置かれると否定文を作る no は必要ない. Él no vino ～. / T～ vino él. 彼も来なかった. ❷ さらに…でもない；…ということもない. Bueno, ～ es para quejarse. ええ，でも文句をいうほどのことでもない. ***ni ～*** …すら(ない)(＝ni siquiera).

tampọ́n 男 スタンプ台；《話》生理用タンポン.

tạmtan 男【音】タムタム(南米等の胴の長い太鼓)；その音.

tamụjo 男【植】トウダイグサ科コルメイロア属の一種.

tan [タン] 副 [tanto の語尾消失形]〔英 so〕《＋形容詞・副詞》そんな[あんな]に…な[に]. No corras *tan* rápido. そんなに速く走るなよ. ***¡Qué*** 〈＋名詞〉 ***tan*** 〈＋形容詞〉***!*** 《感嘆》なんて…な…だろう. *¡Qué* idea *tan* extraña*!* なんて変な考えなんだ. ***tan es así que ...*** 《前の発話に呼応して》それほどだったので…だ. ***tan*** 〈＋形容詞・副詞〉 ***como ...*** 《同等比較》…と同じくらい…である；…であるだけでなく…でもある；《否定》それほど…な[に]. Él es *tan* joven *como* yo. 彼は私と同じくらいの若さだよ. Es *tan* guapa *como* inteligente. 彼女は才色兼備だ. Yo *no* soy *tan* inteligente *como* él. 私は彼ほど頭はよくない. ***tan siquiera*** せめて，少なくとも. ***tan*** 〈＋形容詞・副詞〉 ***que ...*** とても…なので…である. Estaba *tan* cansada *que* me dormí sin hacer nada. とても疲れていたので何もしないで寝てしまった.

tanạgra 女 古代ギリシャのタナグラ人形.

tanạte 男《ラ米》(1)(ホンジ)(コスタ)(メキ)(ショ)背負いかご. cargar con los ～*s* (中)(米)《話》立ち退く，引っ越す. (2)[複]《俗》睾丸(こう がん).

tanatologịa 女 死亡学.

tanatoprạxia 女 遺体保存技術.

tanatọrio 男 遺体安置所，葬儀場.

tạnda 女 ❶ 集団，一まとまり. ❷ 一連のもの，連続. ❸ 順番，番. ❹《ラ米》(1)(中)(米)(メキ)(ショ)【演】幕. (2)(アルゼ)(チリ)(ウルグ アイ)広告欄.

tạ́ndem 男 ❶ 2人乗り自転車. ❷ 2人組，コンビ.

tandẹo 男《ラ米》(チリ)過度の嘲笑(ちょう しょう).

tạnga 男 超ビキニ(水着).

tangạna / tạ́ngana 女《話》大騒ぎ，もめごと，けんか.

tangenciạl 形 ❶【数】接線の；正接の. ❷ 横道にそれた.

tangẹnte 形 接触している；【数】接した，接線の. — 女【数】接線；タンジェント. ***salirse [irse] por la ～*** 《話》答えをはぐらかす.

Tạ́nger 固名 タンジール：ジブラルタル海峡に臨む港湾都市.

tangerịno, na 形 男 女 タンジールの(人).

tangịble 形 ❶ 触れられる，触知できる. ❷ 明確な.

tango [タンゴ] 男〔英 tango〕【音】タンゴ.

tangueạr 自 ❶ タンゴを踊る[歌う]. ❷《ラ米》(エクア)(ドル)千鳥足で歩く.

tanguẹro, ra 形 男 女 タンゴ好きの(人).

tanguịllo 男 タンゴフラメンコ.

tanguịsta 男 女 タンゴの歌手；(ダンスホール等の)ダンサー.

tạ́nico, ca 形【化】タンニン(性)の.

tanịno 男【化】タンニン.

tạno, na 男 女《ラ米》(アルゼ)(チリ)(ウルグ アイ)《軽蔑》ナポリ人；イタリア人.

tạnque 男 ❶ (水等の)タンク，水槽；《ラ米》ガソリンタンク(→ depósito 地域差). ❷【軍】戦車. ❸ 給水船，タンクローリー. ❹《話》大ジョッキ. ❺《ラ米》車庫.

tanquẹro 男《ラ米》(エクア)(ドル)石油タンカー.

tanqueta 女 小型戦車.
tanta 形 → tanto.
tantalio 男 〖化〗タンタル.
tántalo 男 ❶ → tantalio. ❷〖鳥〗(トキコウ等の) コウノトリ科の渉禽(しょうきん).
tantán 男 ゴング, どら.
tantarán / tantarantán 男 《擬》(太鼓をたたく音) ドンドン.
tanteada 女 《ラ米》(ﾒｷｼｺ) 《話》だますこと.
tanteador 男 〖スポ〗得点表, スコアボード, 電光掲示板.
tantear 他 ❶ 見積もる, 見当をつける. ❷ 試す, 試験する. ❸ 探りを入れる, 打診する. ❹ (競技で) 得点を記録する. ❺ 素描する, 下絵を書く. ― 自 ❶ 手探りで進む. ❷〖スポ〗記録[スコア]をつける.
tanteo 男 ❶ 見積もり, 見当. ❷ 試み, 検査. ❸ 探り, 打診. ❹〖スポ〗得点, 記録. ❺〖美〗デッサン, 素描. ❻〖法〗(落札価格と同額で取得する) 優先権. ***a [por] ~*** 大まかに, 当て推量で.
tantico 男 少量, 少しのもの.
tanto, ta [タント,タ] 形〔英 so many, so much〕❶《名詞＋**como**》(…と同じくらい) **たくさん[多量] の**；それほど[とても] たくさん[多量] の, かなりの. Hay *tanta* gente *como* ayer. 昨日と同じくらいたくさんの人出だ. Si hay *tantas* llamadas, no puedo atenderlas yo sola. そんなに多くの電話があったら私一人では応対できない. ❷ 若干の. Hay treinta y *~s* alumnos en la clase. クラスには30名余りの学生がいる. ― 代名 ❶《不定》**それほどたくさん**[多量] (の物, 人). Hemos preparado veinte regalos. ― No necesitamos *~s*. プレゼントを20個用意しました. ―そんなには必要ないよ. ❷《年号・日付等と共に》ある, 某…. Él nació en el año mil novecientos cincuenta y *~s*. 彼は1950何年かの生まれだ. ― 副 [形容詞・副詞の前に置かれる場合には tan] ❶《動詞を修飾して》《**como** を伴って》(…と同じくらい) …する；**それほど**；大いに. Yo no estudio ~ *como* mi hermana. 私は姉ほどは勉強していない. Antes nos veíamos dos veces al mes, pero ahora no ~. 以前は月に2度会っていたが今はそれほどではない. Estoy muy cansado de ~ hablar. こんなに話をしてへとへとだ. ❷ そんなに, それほど. Él era mayor, pero su mujer no lo era ~. 彼はかなりの歳だったが奥さんはそれほどでもなかった. ― 男 ❶ (一定) 量, 額. ❷ 得点. ***al ~ de ...*** (1) …を知っている, …に精通した. ¿Estás *al* ~ *de* este asunto? 君はこの件について詳しいかい. (2) …の世話をする, …を引き受ける. Yo estaré *al* ~ *de* los niños. 私が子供たちの面倒を見よう. ***apuntarse un ~*** 点を稼ぐ. ***en ~ que ...*** (1)《＋直説法》…である間は；《＋接続法》…する限り. (2)《＋名詞》…として. la iglesia *en* ~ *que* institución 機関としての教会. ***otro(s) ~(s)*** 同じだけの量[数]. ***por (lo) ~*** 従って；であるから. ***~ ... como ...*** …も…も. *T~* aquí *como* en otros lugares, esto es un gran problema. 他のところと同様ここでもこのことは大きな問題です. ***~ (...) cuanto ...*** …(する) 全て (の…). Toma ~ *cuanto* quieras. 好きなだけ取りなさい. ***~ que ...*** 《動詞を修飾して》とても…するので…である. ***~ 〈＋名詞〉 que ...*** とてもたくさんの…なので…である. ***~ ... ~ ...*** …するほど…する. *T~* comes, ~ engordas. 食べれば食べるほど太る. ***un ~*** ちょっと, 少し. La chica está *un* ~ deprimida. その子はちょっとふさいでいる. ***¡y ~!*** もちろんだ.
tantra 男 (ヒンドゥー教の) タントラ聖典.
tantrismo 男 タントラ仏教.
Tanzania 固名 タンザニア：首都ダルエスサラーム Dares-Salam.
tanzano, na 形 男 女 タンザニアの (人).
tañer 100 他 (弦・打楽器を) 演奏する. ― 自 ❶ (鐘が) 鳴る. ❷ 指で軽くたたく.
tao 男 (道教の) 道.
taoísmo 男 道教.
taoísta 形 道教の. ― 男 女 道士, 道家.
tapa 女 ❶ 蓋(ふた), 栓. ❷ [複] (酒の) つまみ. ❸ 表紙, ハードカバー. ❹ (靴の) かかとの革底；(馬の) 蹄(ひづめ). ❺《ラ米》(1)(ｱﾙｾﾞ)(ｳﾙｸﾞｱｲ)牛の外腿(もも)肉. (2)(ﾁﾘ)毛布. (3)《ラ米》〖車〗ボンネット (→ capó 地域差). ― 活 → tapar. ***levantarse [saltarse] la ~ de los sesos*** 頭を撃ち抜いて自殺する.
tapabarro 男《ラ米》〖車〗泥よけ (→ guardabarro 地域差).
tapaboca 男 ❶ (大きな) マフラー. ❷ 口への一撃. ❸ 口ふさぎ, 話を遮ること. ❹ (銃口・砲口の) 砲栓. ❺《ラ米》(ｳﾙｸﾞｱｲ)(医者の) マスク.
tapacubos 男 [単複同形] 〖車〗(タイヤの) ホイールキャップ；ハブキャップ.
tapadera 女 ❶ 蓋(ふた), カバー. ❷ 隠れみの, かばい立てする者.
tapadillo 男 ***de ~*** こっそりと, 内緒で.
tapado, da 形 ❶ 覆われた；包まれた；隠した. ❷《ラ米》(ﾁﾘ)(ﾍﾟﾙｰ)理解力のない；無知な. ― 男 女《ラ米》(ﾒｷｼｺ)有力候補. ― 男《ラ米》(ｱﾙｾﾞ)(ｳﾙｸﾞｱｲ)コート, 衣服.
tapajuntas 男 [単複同形] ❶〖建〗玉縁(たまぶち). ❷ (継ぎ目に入れる) 詰め物.
tapar [タパル] 他〔英 cover〕❶ **覆う**, かぶせる. ❷ …に蓋(ふた)をする, ふさぐ. ❸ (布団等で) すっぽりくるむ, 着せる. ❹ かくまう. ❺《ラ米》(1)(ｱﾙｾﾞ)(ｳﾙｸﾞｱｲ) (歯に) 充塡(じゅうてん)する. (2)(ﾍﾞﾈｽﾞ)種をまく. ― **taparse** 再 ❶ (体の一部を) 覆う, ふさぐ. ❷ (布団等に) くるまる.
taparrabos / taparrabo 男 ❶ 腰布, ふんどし. ❷ 超ビキニパンツ.
tape 男 グアラニ族；《ラ米》(ｱﾙｾﾞ)(ｳﾙｸﾞｱｲ)《軽蔑》見るからに先住民らしい人.
tapera 女《ラ米》(ｱﾙｾﾞ)(ｳﾙｸﾞｱｲ)廃村；あばら家, 廃屋.
tapete 男 ❶ テーブルセンター, テーブル掛け. ❷ 小型のじゅうたん. ❸《ラ米》(ﾒｷｼｺ)じゅうたん. ***estar sobre el ~*** 検討中[審議中]である. ***poner sobre el ~*** 議題にのせる. ***~ verde*** ルーレットクロス.
tapia 女 (日干しれんが等の) 壁, 土壁；土塀. ***estar más sordo como una ~*** 《話》ひどく耳が遠い.
tapial 男 ❶ → tapia. ❷ (土壁を作るための) 板枠.
tapiar 17 他 塀を巡らす, 壁でふさぐ.
tapicería 女 ❶《集合的》つづれ織り, タペストリー. ❷ つづれ織りの技術 [工房, 産

T

業]；タペストリー店.

tapicero, ra 男 女 ❶ つづれ織り職人. ❷ 布張り[タペストリー張り]職人.

tapioca 女 タピオカ：キャッサバの根から採ったでんぷん.

tapir 男〘動〙バク.

tapisca 女《ラ米》(中米)(メキシコ)(トウモロコシの) 収穫, 取り入れ.

tapiz 男 つづれ織り, タペストリー.

tapizado 男《集合的》布張り；タペストリーを張る[掛ける]こと.

tapizar 57 他 タペストリーを張る[掛ける]；布張りする.

tapón 男 ❶ 栓, 蓋(ふた), 詰め物. ❷〘医〙タンポン, 止血栓. ❸ 渋滞；障害. ❹ 耳あか. ❺《話》ずんぐりした人. ❻〘スポ〙(バスケットボール等の) インターセプト. ❼《ラ米》(1)(メキシコ)ヒューズ. (2)(アルゼンチン)(ウルグアイ)スパイクのポイント. (3)(コロンビア)家具用のニス.

taponamiento 男 ❶〘医〙止血栓を詰めること. ❷ ふさぐこと. ❸ 交通渋滞.

taponar 他 ❶ 栓[詰め物]をする. ❷〘医〙止血栓を詰める.

taponazo 男 栓を抜く音；コルクが飛んで当たること.

taponero, ra 形 コルク栓の.

tapujo 男［主に複］偽り, 隠し立て. sin *〜s* あけすけに.

taqué 男〘車〙タペット.

taquear 他《ラ米》(1)(コロンビア)しかる. (2)(コロンビア)(ベネズエラ)詰め込む. — 自《ラ米》(1)(アルゼンチン)(ペルー)(メキシコ)ビリヤードをする. (2)(メキシコ)タコス taco を食べる. — **taquear*se*** 再《ラ米》(ベネズエラ)満腹になる.

taquería 女《ラ米》(メキシコ)タコス店.

taquicardia 女〘医〙頻拍(ひんぱく), 頻脈.

taquigrafía 女 速記(術).

taquigrafiar 31 他 速記する.

taquigráfico, ca 形 速記の.

taquígrafo, fa 男 女 速記者.

taquilla 女 ❶ (鉄道の) 切符売り場 (→ 地域差), 窓口. ❷《ラ米》(映画館の) チケット (→ entrada 地域差). ❸ (切符の) 売上高, 興行収益. ❹ 分類棚, ファイル・ボックス. ❺ (学校等の) ロッカー, 整理棚. ❻《ラ米》(中米)居酒屋, 酒屋. **地域差** (鉄道の) 切符売り場 taquilla《スペイン》《ラ米》(キューバ)(メキシコ)(エルサルバドル, ニカラグア, パナマ)(コロンビア, ベネズエラ)； boletería (ニカラグア, コスタリカ)(エクアドル, ペルー, ボリビア)(チリ)(パラグアイ, ウルグアイ, アルゼンチン)； ventanilla《スペイン》《ラ米》(メキシコ)(ニカラグア, パナマ)(ペルー)(チリ)(パラグアイ, アルゼンチン).

taquillaje 男《集合的》入場券, チケット；その売上げ金.

taquillero, ra 形 興行成績のよい. — 男 女 ❶ 切符売り. ❷《ラ米》(コスタリカ)居酒屋の主人. — 男 ロッカー.

taquimecanógrafo, fa 男 女 速記タイピスト.

taquímetro 男〘測量〙タコメーター, スタジア測量器.

tara 女 ❶ 欠点, 短所. ❷ 風袋(ふうたい)；車体重量. ❸ (天秤(てんびん)の) 重り, 分銅. ❹ (先天的) 身体障害.

tarabilla 女 ❶ まくしたてること. ❷ (窓・扉の戸締まり用の) 桟. ❸ (のこぎりの) 歯を張るための締め木. — 男 女 まくしたてる人.

tarabita 女《ラ米》(コロンビア)(ベネズエラ)(空中ケーブルの) ロープ.

taracea 女 寄せ木細工；象眼.

taracear 他 寄せ木細工をする, 象眼する.

tarado, da 形 ❶ 欠陥[きず]のある. ❷ 身体に障害のある. ❸《話》正気でない.

tarahumara 形 男 女 (メキシコ北部に在住の先住民) タラウマラ族 (の). — 男 タラウマラ族の言語.

tarambana 形 男 女《話》無鉄砲な (人), 頭のおかしな (人).

taranta 女 ❶ (フラメンコ) タランタ. ❷《ラ米》(1)(エクアドル)(コスタリカ)(アルゼンチン)錯乱. (2)(ホンジュラス)気絶.

tarantela 女〘音〙タランテッラ：イタリア南部のテンポの速い踊り[舞曲].

tarántula 女〘動〙タランチュラ：毒グモ.

tarar 他 …の風袋を量る.

tarara 形 男 女《話》気のふれた (人), 理性をなくした (人).

tarará 間 → tararí

tararear 他 鼻歌を歌う, ハミングする.

tarareo 男 鼻歌, ハミング.

tararí 男 トランペットの音. — 形《話》少し変な, 少しおかしい. — 間《話》《軽蔑》《拒絶して》何をばかなことを言っているんだ.

tararira 女 ❶《話》ばか騒ぎ. ❷《ラ米》(アルゼンチン)淡水の食用魚.

tarasca 女 ❶ (聖体行列の) 大蛇の人形. ❷《話》厚かましく醜い女. ❸《ラ米》(コスタリカ)(チリ)大きな口.

tarascada 女 ❶ (激しく) かみつくこと, 殴打, ひっかくこと. ❷《話》つっけんどんな返事. ❸〘闘牛〙牛の角の突き上げ.

tarascón 男《ラ米》(アルゼンチン)(ボリビア)(チリ)(ウルグアイ)かみ傷.

taray 男〘植〙ギョリュウ.

tardanza 女 遅れ, 遅さ, 手間取り.

tardar [タルダル] 自〔英 take〕❶ (時間が) **かかる**. ¿Cuánto se *tarda* de Barcelona a Madrid? バルセロナからマドリードまでどれくらいかかりますか. ❷ (en＋不定詞) (…するのに) 手間取る；(…するのが) 遅れる. ❸ (a＋不定詞) (…するのを) 引き延ばす. ***a más* 〜** 遅くとも. ***sin* 〜** 遅れずに.

tarde [タルデ] 女〔英 afternoon〕**午後**；夕方. por la 〜 / 《ラ米》en la 〜 午後に. a las dos de la 〜 午後2時に. — 副〔英 late〕夜遅くに；**時間に遅れて**, 遅くに. Se me ha hecho 〜. 遅くなっちゃった. — 活 → tardar. ***al caer la* 〜** 暗くなると, 日が暮れると. ***Buenas 〜s.*** 《挨拶》(昼食後から暗くなるまで) こんにちは, こんばんは. ***de* 〜 *en* 〜** 時々. ***hasta más* 〜** 少し時間が経つまで. ***para luego es* 〜** 思い立ったが吉日. ***〜, mal y nunca*** 時機を逸したらやらないほうがまし. ***(más) 〜 o (más) temprano*** 遅かれ早かれ, いつか.

tardío, a 形 ❶ 晩生(おくて)の, 晩熟の. ❷ 遅い, 時期を逸した. ❸ 後期の；晩年の.

tardo, da 形《文》遅い, ゆっくりした；鈍い. — 活 → tardar.

tardobarroco, ca 形 後期バロックの.

tardofranquismo 男 フランコ体制の後期 (1966-75).

tardón, dona 形《話》のろまの；鈍い. — 男 女《話》のろま.

tarea [タレア] 女〔英 job, task〕❶ **仕事**, 作業. ❷ (一定時間内にこなすべき) 仕事；課題.

target [タルゲ(ト)]〔英〕男［複 〜s］目標(額).

tarifa[タリファ] 女〔英 tariff〕料金(表)；定額料金；税率(表). ～ reducida 割引料金(表). ～ plana para Internet インターネットの定額料金.
tarifar 他 料金を定める. ── 自《話》仲たがいする，けんかする.
tarifario, ria 形 料金の，定価の.
tarifeño, ña 形 男 女 (スペイン，カディス県の都市) タリファの(人).
tarima 女 ❶ 壇；教壇. ❷ 台；足台.
tarjeta[タルヘタ] 女〔英 card〕名刺 (＝～ de visita)；カード，はがき. ～ de crédito クレジットカード. ～ de identidad 身分証明書. ～ prepago プリペイドカード. ～ sanitaria 医療カード. ～ telefónica テレフォンカード. ～ de débito デビットカード. ～ amarilla [roja] (サッカー等の) イエロー [レッド] カード. ～ postal 郵便はがき，絵はがき.
tarjetera 女《ラ米》→ tarjetero.
tarjetero 男 名刺[カード]入れ.
tarjetón 男 (招待状用の) 大型はがき.
tarlatana 女〖服〗ターラタン.
tarot 男 タロットカード，タロット占い
tarquín 男 へどろ，泥土.
tarraconense 形 男 女 (スペインの) タラゴナの(人)；〖史〗タラコネンシスの(人).
Tarraconense 固名〖史〗タラコネンシス：現在のタラゴナ付近.
Tarragona 固名 タラゴナ：スペインの県；県都.
Tárrega 固名 タレガ Francisco ～ (1852-1909) ：スペインの作曲家・ギタリスト.
tarro 男 ❶ 広口瓶；壺(つぼ). ❷《話》頭. ❸〖鳥〗ツクシガモ. ❹《ラ米》(アルゼンチン)(コロンビア)(ウルグアイ) 缶. *comer el* ～《話》指図する. *comerse el* ～《話》あれこれ考える.
tarso 男〖解〗足根(骨)，足首；〖鳥〗跗蹠(ふしょ)；〖昆〗跗節.
tarta 女 ❶ ケーキ (→ pastel 地域差). ❷ gráfico de ～ 円グラフ.
tartajear 自《軽蔑》ろれつが回らなくなる，たどたどしく話す.
tartajeo 男《軽蔑》つかえながら話すこと.
tartajoso, sa 形 男 女《軽蔑》ろれつの回らない(人).
tartamudear 自 たどたどしく話す.
tartamudeo 男 たどたどしく話すこと.
tartamudez 女 吃音(きつおん).
tartamudo, da 形 男 女 吃音(きつおん)の(人)，吃音で話す(人).
tartán 男 ❶〖服〗タータンチェックの毛織物. ❷ (陸上競技用の) タータンターフ.
tartana 女 ❶ 2輪馬車. ❷〖海〗1本マストの帆船. ❸《話》ぽんこつ車.
tártaro, ra 形 ❶ タタールの. ❷〖料〗タルタル. salsa *tártara* タルタル・ソース. ── 男 女 タタール人. ── 男 ❶ タタール語. ❷ [複] タタール族. ❸ (ワインをつくる際にできる) 酒石. ❹《文》地獄.
tartazo 男 ケーキを投げつけること.
tartera 女 ❶ (ケーキ・パイを焼く) 平鍋(なべ). ❷ 弁当箱.
tartesio, sia 形 男 女 タルテソスの(人)：紀元前にイベリア半島に栄えた王国.
tartufo 男 偽善者，猫かぶり.
tarugo 男 ❶《話》でくの坊，まぬけ. ❷ (材木等の) 切れ端，半端物；(堅くなったパンの) 切れ端. ❸《ラ米》(コロンビア) 心配.
tarumba 形《話》面くらった.
tas 男 (彫金細工用の) 金床，金敷.
tasa[タサ] 女〔英 valuation; rate〕❶ 査定，評価. ❷ 公定価格. ❸ 率，割合. ～ de cambio 為替レート. ～ de mortalidad [natalidad] 死亡率[出生率]. ❹ 限度，制限. sin ～ 限りなく.
tasación 女 査定(額)，評価(額).
tasador, dora 形 査定する. ── 男 女 鑑定士，鑑定人.
tasajo 男 干し肉，乾燥肉；肉切れ.
tasar 他 ❶ 公定価格を決める. ❷ 査定 [評価] する. ❸ 限度を設ける，制限する.
tasca 女 居酒屋 (→ taberna 地域差).
tascar 26 他 ❶ (亜麻(あま)等を) たたく，打って繊維にする. ❷ (草を) むしゃむしゃ食う. *～ el freno* (1) (馬がいらだって) 轡(くつわ)をせわしくかむ. (2) しぶしぶ従う.
tatami 〔日〕男 [複 ～s] 畳.
tata 女 子守女.
tatarabuelo, la 男 女 高祖父；高祖母. ～*s* 高祖父母.
tataranieto, ta 男 女 玄孫(げんそん).
¡tate! 間 ❶ 危ない，気をつけて. ❷ 分かった，なるほど. ❸《驚き》あれっ，すごい.
tato, ta 男 女《幼児語》お兄ちゃん，お姉ちゃん. ── 男《ラ米》お父ちゃん.
tatú 男《ラ米》(アルゼンチン)(ウルグアイ)〖動〗アルマジロ.
tatuador, dora 男 女 入れ墨師，彫り(物)師.
tatuaje 男 入れ墨，刺青；刺青模様.
tatuar(se) 58 他 再 入れ墨をする.
tau 女 タウ (Τ, τ) ：ギリシャ語アルファベットの第19字.
taula 女 (バレアレス諸島に残る先史時代の) T型巨石.
taumaturgia 女 奇跡を行う力，神通力.
taumatúrgico, ca 形 奇跡を行う力のある，神通力の.
taumaturgo 男 女 奇跡を行う人，神通力のある人.
taurino, na 形 ❶ 雄牛の；闘牛の. ❷《ラ米》(アルゼンチン)(ウルグアイ) 牡牛座の(人).
Tauro 固名〖天文〗牡牛(おうし)座；〖占星〗金牛宮.
taurómaco, ca 形 闘牛の；闘牛通の. ── 男 女 闘牛通.
tauromaquia 女 闘牛術.
tauromáquico, ca 形 闘牛の.
tautología 女〖文法〗同語反復，トートロジー.
tautológico, ca 形〖文法〗同語反復の，トートロジーの.
taxativo, va 形 限定的な；厳密な.
taxi[タクシ] 男〔英 taxi〕タクシー. ir en ～ タクシーで行く. coger [《主にラ米》tomar] un ～ タクシーをつかまえる.
taxidermia 女 剥製(はくせい)(術).
taxidermista 男 女 剥製(はくせい)職人.
taxímetro 男 タクシーメーター.
taxista 男 女 タクシー運転手.
taxonomía 女 分類法；(生物) 分類学；〖言〗タクソノミー.
taxonómico, ca 形 分類法[学]の.
taza[タサ] 女〔英 cup〕❶ カップ，茶わん；カップ1杯(分). dos ～*s* de café コーヒー2杯. ❷ 便器. ❸ (噴水の) 水盤. ❹ (刀剣の) 半球形のつば. ❺《ラ米》(1)(アルゼンチン)

T

(ｳﾙｸﾞｱｲ)ホイールキャップ．(2)(ｺﾛﾝﾋﾞｱ)大茶わん．

tazarse 57 再 (衣類が) 擦り切れる，ほころびる．

tazón 男 深鉢，ボール；大カップ［ボール］1杯(分)．

te ［テ］代名《人称》［2人称単数，男女同形］〔英 you〕► 普通，動詞のすぐ前に置かれるが，不定詞・現在分詞・肯定命令形と共に用いられる場合は，それらの後に付ける．❶《直接目的語》君［お前，あなた］を．*Te* llamaré más tarde. 君にもっと後で電話するよ．❷《間接目的語》君［お前，あなた］に，君［お前，あなた］にとって，君［お前，あなた］から．*Te* deseo mucha suerte. 君の幸運を祈ってるよ．► 直接目的語の代名詞と共に用いられる場合には，その代名詞の前に置かれる．*Te* lo doy. 君にそれをやるよ．❸《再帰代名詞》→ se ②．── ［テ］女 ❶ アルファベットの t の名称．❷ T字，T字形．

té ［テ］男［複 tés］〔英 tea〕❶ 茶，紅茶．～ inglés [negro] 紅茶．～ verde 緑茶．～ con leche ミルクティー．❷ 茶会，ティーパーティー．❸《北米》《俗》マリファナ．*dar el té*《話》うんざりさせる．

tea 女 ❶ たいまつ．❷《話》酔い，泥酔．

teatino, na 形 男 女〖カト〗テアチノ会修道士［修道女］(の)．

teatral 形 ❶ 演劇の．❷ 芝居がかった．

teatralidad 女 演劇性；芝居がかっていること．

teatralización 女 演劇化．

teatralizar 57 他 ❶ 演劇化する．❷ わざとらしく大げさに表現する．

teatralmente 副 ❶ 演劇として．❷ 芝居がかって．

teatrero, ra 形 芝居好きな；芝居がかった；演技派の．

teatro ［テアトゥロ］男〔英 theater; play〕❶ 劇場，芝居小屋．❷ 演劇，芝居；演劇作品；演劇界．❸ 舞台；(事件等の)現場．*tener* ～ 芝居がかる，芝居気たっぷりに振る舞う．

tebano, na 形 男 女 (古代ギリシャ)テーベの(人)．

tebeos 男 複《スペイン》コミック，漫画 (→ comic 地域差)．*de* ～《話》ふまじめな．*estar más visto que el* ～《話》ありふれている，有名である．

T

teca 女 ❶〖植〗チーク；チーク材．❷〖カト〗聖遺物箱．❸〖生〗細胞壁．

techado 男 屋根，天井．bajo ～ 屋内で［に］．

techar 他 屋根をふく．

techo ［テチョ］男〔英 ceiling〕❶ 天井．❷ 屋根；〖車〗ルーフ．❸ 家庭，住まい．❹ 頂点；最高潮；〖航〗絶対上昇限度．

techumbre 女 屋根，覆い．

tecla 女 ❶ (楽器・パソコン等のキーボードの)キー．❷《比喩的》手がかり；方策．tocar ～*s* あらゆる手を打つ．*dar en la* ～《話》(方策等が)うまく当たる．

teclado 男 鍵盤，パソコン等のキーボード．

tecleado 男 → tecleo．

teclear 自 ❶ (キー・鍵盤(けんばん)等を) 指で打つ［たたく］．❷《話》指で軽くたたく．❸《ラ米》(ｱﾙｾﾞﾝﾁﾝ)(ｳﾙｸﾞｱｲ)体の具合が悪い；苦境に立つ．── 他 ❶ …のキーを押す［たたく］．❷ …に働きかける．

tecleo 男 (キー等を) 指でたたくこと［音］．

teclista 男 女 キーオペレーター；キーボード奏者．

tecnecio 男〖化〗テクネチウム．

técnica 女 ❶ 技法，技巧，技能，技．❷ 技術；工学．❸ 方法，手段．── 形 → técnico．

técnicamente 副 技術的に．

tecnicismo 男 専門性［用語］，術語．

técnico, ca ［テクニコ，カ］形〔英 technical〕❶ 専門的な．carrera *técnica* 専門課程．escuela *técnica* 専門学校．❷ 技術上の．── 男 女 ❶ 専門家，技術者．❷〖スポ〗コーチ，監督．

tecnicolor 男〖映〗〖商標〗テクニカラー．

tecnocracia 女 ❶ テクノクラシー，技術者支配．❷ 専門家［テクノクラート］集団．

tecnócrata 形 男 女 専門技術者 (の)，テクノクラート(の)．

tecnocrático, ca 形 テクノクラートによる，テクノクラートの．

tecnología ［テクノろヒア］女〔英 technology〕❶ 科学技術，テクノロジー．las ～*s* de la información 情報技術，IT．～ punta 先端技術．❷ 専門用語．

tecnológico, ca 形 科学技術の．

tecnólogo, ga 男 女 科学技術者．

teco 男《ラ米》(ｱﾙｾﾞﾝﾁﾝ)中佐．

tecolote 男《ラ米》(中米)(ﾒｷｼｺ)(1)〖鳥〗フクロウ．(2)《俗》警官；夜警．── 形《ラ米》(ﾒｷｼｺ)酔っ払った．

tecomate 男《ラ米》(中米)(ﾒｷｼｺ)ヒョウタン (の容器)．

tecorral 男《ラ米》(ﾒｷｼｺ)石垣，石囲い．

tectónico, ca 形〖地質〗地質構造の；地殻変動運動の．── 女 構造地質学．

tedéum 男〖カト〗テ・デウム：神に恵みを感謝する祈り［歌］．

tedio 男 倦怠(けんたい)，退屈，うんざりすること．

tedioso, sa 形 退屈な，うんざりする．

teenager ［ティネイジェル］〔英〕男 女［複 ～s］10代の少年少女．

teflón 男〖商標〗テフロン．

Tegucigalpa 固名 テグシガルパ：ホンジュラスの首都．

tegucigalpense 形 男 女 (ホンジュラスの)テグシガルパの(人)．

tegumentario, ria 形〖植〗外被の．

tegumento 男 ❶〖植〗外被，被包．❷〖動〗外皮，皮．

Teide 固名 el ～ テイデ山 (= macizo [pico] del ～)：カナリア諸島テネリフェ島の火山．スペインの最高峰．3718 m．

teína 女〖化〗テイン，カフェイン．

teísmo 男〖哲〗有神論 (↔ateísmo)．

teísta 形〖哲〗有神論の．── 男 女 有神論者．

teja 女 ❶ (屋根) 瓦(かわら)．❷《話》聖職者の帽子．❸ 瓦型のクッキー．❹ 赤褐色．*a* ～ *vana* 天井のない，屋根だけの．*a toca* ～《話》現金払いで，即金で．*de* ～*s abajo* この世で，現世では．*de* ～*s arriba* あの世で，天国で．

tejadillo 男 小屋根；ひさし，雨よけ．

tejado 男 屋根；瓦屋根．*empezar la casa por el* ～ 本末転倒する．*La pelota está aún en el* ～. まだ解決していない．

tejano, na 形 男 女 (米国) テキサス (州)

の(人). → texano. — 男 ❶ [複] 〖服〗ジーンズ. ❷ 《ラ米》(ﾆｶﾗ)(ｸﾞｱﾃﾏﾗ)(ﾒｷｼｺ)カウボーイ[テンガロン]ハット.

tejar 他 屋根をふく；タイルを敷く. — 男 瓦(ｶﾜﾗ) [れんが, タイル] 工場.

Tejas 固名 テキサス：米国の州.

tejavana 女 天井のない小屋.

tejedor, dora 形 織る；編む. — 男女 織り手；編む人. — 男 ❶ 〖昆〗アメンボ. ❷ 〖鳥〗ハタオリドリ. — 女 織機.

tejedura 男 織る[編む]こと；織地.

tejeduría 女 ❶ 織物技術, 織り方. ❷ 紡績[織物]工場.

tejemaneje 男 ❶ 《話》てんてこ舞い, 大忙し. ❷ 《話》悪計, たくらみ.

tejer 他 ❶ 織る, 織り上げる. ❷ 編む, 編み物をする. ❸ 用意[準備]する. *~ y destejer* ころころ気が変わる.

tejerada 女 テヘロ Tejero 中佐のクーデター未遂行動 (1981年, スペイン).

tejero, ra 男女 瓦(ｶﾜﾗ) [れんが, タイル] 職人.

tejido [テヒド] 男 [英 texture] ❶ 織物；布地, 生地. ❷ 〖生〗組織. ❸ 連続, 連鎖, 有刺鉄線.

tejo 男 ❶ 〖植〗セイヨウイチイ. ❷ 〖遊〗chitoで用いる円い金属・瓦・石等のかけら. ❸ コイン投げ[石けり]遊び. *tirar los ~s* (愛を)告白する.

tejocote 男 《ラ米》(ﾒｷｼｺ) 〖植〗サンザシ (の果実).

tejón 男 〖動〗アナグマ.

tejonera 女 アナグマの巣(穴).

tejuelo 男 (書物の背の)ラベル；書名.

tel. / teléf. 男 *teléf*ono 電話(番号).

tela [テラ] 女 [英 cloth] ❶ 布, 生地, 織物. ❷ カンバス；絵, 絵画作品. ❸ (クモ等の) 巣. ❹ 被膜, 薄膜. ❺ 話題, 課題. ❻ 《話》現金, 金. *poner en ~ de juicio* 問題にする, 疑問視する. *haber ~ que cortar* 仕事が山積している. *tener ~ (marinera)* 重要[困難]である.

telamón 男 〖建〗男性像柱, テラモン.

telar 男 ❶ 織機；[複] 織物工場. ❷ 〖演〗舞台の天井部.

telaraña 女 ❶ クモの巣. ❷ 薄い雲. ❸ 〖IT〗ウェブ. *mirar las ~s* ぼんやりする, 上の空である. *tener ~s en los ojos* 公平な[まともな]判断ができない.

tele 女 《話》テレビ.

teleadicto, ta 形 男女 テレビ好き(な).

telebasura 女 《話》下らないテレビ番組.

telecomedia 女 連続テレビドラマ.

telecompra 女 通信販売による買い物, 電話[インターネット]による購入.

telecomunicación 女 遠隔[遠距離]通信；[複]通信手段.

telediario 男 テレビニュース.

teledifusión 女 テレビ放送.

teledirección 女 遠隔操作, リモートコントロール.

teledirigido, da 形 遠隔操作の, リモートコントロールの.

teledirigir 44 他 遠隔操作[誘導]する.

telefax [単複同形] 男 ファックス (された写真・文書)；ファックス (装置) (= fax).

teleférico 男 ケーブルカー, ロープウエー.

telefilm 男 テレビ(用)映画.

telefonazo 男 《話》短い電話をかけること. dar un ~ 電話をかける.

telefonear 他 自 電話をかける[で話す].

telefonema 男 電話電報.

telefonía 女 電話(法, 通信).

telefónico, ca 形 電話の, 電話による.

telefonillo 男 インターフォン.

telefonista 男女 電話交換手, オペレーター；電話技手.

teléfono [テれフォノ] 男 [英 telephone] 電話 《略 tel., teléf.》；電話機；電話番号. llamar por ~. 電話をかける. ~ móvil [celular, portátil] 携帯電話. ~ público 公衆電話.

telefotografía 女 ❶ 望遠写真(術). ❷ 写真電送(術)；電送写真.

telegenia 女 (人が)テレビ映りのいいこと.

telegénico, ca 形 テレビ映りのいい.

telegestión 女 遠隔管理.

telegrafía 女 電信(技術).

telegrafiar 31 他 自 (…に) 電報を打つ, 電報[電信]で知らせる.

telegráfico, ca 形 ❶ 電報の, 電信による. ❷ 電報文のような, 簡潔な.

telegrafista 男女 無線士；電信技手.

telégrafo 男 電信；信号機；[複] 電信電話局. ~ marino (船舶の) 信号旗.

telegrama 男 電報.

teleimpresor 男 テレタイプ.

telele 男 失神, 気絶；仰天.

telemando 男 遠隔操縦, リモートコントロール.

telemático, ca 女 形 テレマティクス(の)：コンピュータによる遠距離通信情報技術.

telemetría 女 測距儀[遠隔計器]による距離の測定, 遠隔測定法.

telemétrico, ca 形 測距儀[遠隔計器]の.

telémetro 男 測距儀, 測遠儀；遠隔計器, テレメーター；(カメラ等の) 距離計.

telencéfalo 男 〖解〗終脳, 端脳.

telenovela 女 (テレビの) 連続メロドラマ.

teleobjetivo 男 〖写〗望遠レンズ.

teleología 女 〖哲〗目的論.

teleológico, ca 形 〖哲〗目的論の.

teleósteo 形 〖魚〗硬骨魚類の. — 男 [複] 硬骨魚類.

telepatía 女 テレパシー.

telepático, ca 形 テレパシーの.

telepedido 男 電話[インターネット]による注文.

telepizza [テれピッツァ] 男 〖商標〗ピザの宅配サービス(店).

telequinesia 女 念力, テレキネシス.

telera 女 ❶ (建築・器具等の) 横木. ❷ 《ラ米》(ﾒｷｼｺ)楕円(ﾀﾞｴﾝ)形の大きなパン.

telescópico, ca 形 ❶ 望遠鏡の. ❷ (三脚等が) 入れ子式の, 伸縮自在の.

telescopio 男 〖光〗望遠鏡.

teleserie 女 連続テレビドラマ.

telesilla 男 (スキー場の椅子式の) リフト.

telespectador, dora 男女 テレビ視聴者.

telesquí 男 (スキー場の) Tバーリフト.

teletexto 男 (テレビ) 文字放送.

teletienda 女 テレビショッピング.

teletipo 男 テレタイプ.

T

teletrabajo 男 テレワーク：コンピュータネットワークを利用してオフィスを離れて行う仕事，(ネットワークを利用した)在宅勤務.
televenta 女 テレビショッピング.
televidente 男女 テレビの視聴者.
televisar 他 テレビで放送する.
televisión [テレビシオン] 女 [複 televisiones]〔英 television〕❶ テレビ，テレビ放送[番組，画像]. ～ privada 民営テレビ. ❷《話》テレビ(受像機).
televisivo, va 形 テレビ(向き)の.
televisor [テレビソル] 男〔英 television set〕テレビ(受像機).
televisora 女 テレビ局.
televisual 形 テレビの，テレビに関する.
télex 男 [単複同形] テレックス.
telilla 女 薄手の毛織物；(液体の) 皮膜.
tell 男 西アジア一帯の丘状の遺跡.
telón 男 (劇場の) 幕，緞帳(どんちょう). *～ de acero*《比喩的》鉄のカーテン. *～ de fondo* 背景幕；地平線；(状況の) 背景.
telonero, ra 形 男女 前座の(人).
telúrico, ca 形 地球の，地中から生じる.
telurio 男〖化〗テルル.
telurismo 男 風土の影響.
tema [テマ] 男〔英 theme〕❶ 主題，テーマ，題目. ❷〖音〗テーマ，主旋律. ❸ 設問，課題. ❹〖文法〗語幹. ❺ (時に女) 執念，固定観念. *tener ～ para rato* 話すことが山ほどある.
temario 男 ❶ プログラム. ❷《集合的》議題，課題；試験問題(集).
temático, ca 形 ❶ 主題の，テーマの. enciclopedia *temática* テーマ別百科事典. ❷〖文法〗語幹の. ― 女《集合的》(作品・時代・仕事の) テーマ.
tembladera 女《話》体の震え，身震い. entrar una ～ 震えがくる.
tembladeral 男《ラ米》(ｱﾙｾﾞﾝﾁﾝ)(ｳﾙｸﾞｱｲ) 沼地，湿地.
temblar [テンブラル] 18 自〔英 tremble〕❶《de》(…で) 震える，身震いする. ～ *de* frío 寒さに震える. ❷《por》(…を) 怖がる，びくびくする. ❸ 揺れる，震動する. *dejar* [*estar, quedar*] *temblando* ほとんど消費してしまう；驚かせる，心配させる.
tembleque 男 ❶ 激しい震え. ❷《ラ米》(ｱﾙｾﾞﾝﾁﾝ) 病弱[ひ弱]な人.
T **temblequear** 自 (寒さや恐怖に) 身震いする.
temblón, blona 形 すぐに震える.
temblor [テンブロル] 男〔英 tremor〕❶ (体・声の) 震え，身震い. ❷ (地面の) 揺れ，地震(＝～ de tierra). ❸ 恐れ.
tembloroso, sa 形 (体・声が) 震える.
temer [テメル] 他〔英 fear〕❶ 恐れる，怖がる. ❷《＋不定詞 / que＋接続法》…ではないかと心配する，疑う；《稀》《que＋直説法》(否定的な気持ちで) …であると思う. *Temo que* llueva mañana. 明日は雨かもしれない. ― 自《por》(…を) 心配する. ― **temerse** 再《que＋直説法》(否定的な気持ちで) …であると思う，遺憾ながら…である；《que＋接続法》…ではないかと心配する. *ser de temer* 危険である.
temerario, ria 形 無鉄砲な，軽率な.
temeridad 女 無鉄砲，無謀；軽率.
temeroso, sa 形 ❶《de》(…を) 怖がる，(…に) おびえた. ❷ 恐ろしい，怖い.
temible 形 恐るべき，ぞっとする.
temor [テモル] 男〔英 fear〕❶ 恐れ，恐怖；懸念，心配. ❷ 畏敬(いけい)，畏怖. ～ de Dios 神への畏敬の念.
témpano 男 薄氷，氷片. *quedarse como un ～* 体がすっかり冷える.
temperamental 形 ❶ 気性の，気質的な. ❷ 気性の激しい.
temperamento 男 ❶ 気質，気性；体質. ❷ 気性の激しさ；活気，バイタリティー. ❸ (芸術家・作家の) 力強い表現力. ❹《ラ米》気候，陽気.
temperancia 女 → templanza.
temperar 他 ❶ 和らげる. ❷〖医〗鎮静する. ❸〖音〗調律する. ― 自《ラ米》(ｺﾛﾝﾋﾞｱ)(ﾍﾞﾈｽﾞｴﾗ) 転地(療養)する. ― **temperarse** 再 (気候が) 緩む.
temperatura [テンペラトゥラ] 女〔英 temperature〕❶ 体温，熱. tener 37 grados de ～ 熱が37度ある. ❷ 気温，温度. ～ ambiente 室温，常温.
temperie 女 天候，気象.
tempero 男 (種まきの) 最適の状態.
tempestad 女 ❶ 嵐(あらし)，暴風雨；時化(しけ). ～ de nieve 吹雪. ❷ 騒ぎ，混乱. ❸ 感情の高ぶり.
tempestuoso, sa 形 ❶ 荒天の，暴風雨の. ❷《比喩的》大荒れの，騒々しい.
templa 女〖美〗テンペラ(絵の具，画法).
templadamente 副 程よく，節度を持って.
templado, da 過分 → templar. 形 ❶ 節度ある，穏和な；程よい. ❷ 暖かい；温暖な. clima ～ 温暖な気候. zona *templada* 温帯. ❸《話》度胸のある. ❹〖音〗調律[調弦]した. ❺ (金属・ガラス等が) 焼きの入った. ❻《ラ米》(1)(ｺﾛﾝﾋﾞｱ)(ﾍﾞﾈｽﾞｴﾗ) 厳格な. (2)(ﾁﾘ) 恋愛中の.
templador 男 調律用器具.
templanza 女 ❶ 節度. ❷ 温暖，温和. ❸〖美〗(色彩の) 調和.
templar [テンプラル] 他〔英 moderate〕❶ 和らげる；静める；抑制する. ❷ (金属・ガラス等を) 焼き入れする，強化する. ❸ (ねじ等を) 締める，固定する. ❹ (飲み物を) 薄める，割る. ❺ 暖める，適温にする. ❻〖音〗調律[調弦]する；〖美〗(色彩を) 調和させる. ❼〖闘牛〗(牛の動きに合わせムレータ muleta 等を) さばく. ❽《話》酒がまわり始める. ❾《ラ米》(ﾍﾞﾈｽﾞｴﾗ) サトウキビを絞る. ― 自 暖かくなる. ― **templarse** 再 ❶ 自制[節制]する；弱まる. ❷ 暖まる，適温になる.
templario 男〖史〗テンプル騎士団員.
temple 男 ❶ 機嫌；気性. ❷ 度胸，勇気. ❸ (金属・ガラス等の) 焼き入れ；硬度. ❹ 天候，陽気. ❺〖美〗テンペラ画(法). ❻〖音〗調律，調弦.
templete 男 小礼拝堂，祠(ほこら)；祭壇；壁龕(へきがん).
templo [テンプロ] 男〔英 temple〕❶ 神殿，寺院. ❷ 聖堂，礼拝堂. ❸《比喩的》殿堂.
tempo 〔伊〕男〖音〗テンポ.
témpora 女 [主に複]〖カト〗四季の斎日：四季の初めに祈りと断食を行う 3 日間. *confundir el culo con las ～s*《話》間違える.
temporada [テンポラダ] 女〔英 period〕❶ 時期，期間. ～ de lluvias 雨

季. ❷ 季節；時節. ～ alta [baja] 最盛期[シーズンオフ]. en plena ～ シーズンたけなわに. *de* ～ 一定期間だけの, 一時的に.

temporal [テンポラる] 形 〔英 temporary〕 ❶ 一時的な, 臨時の. ❷ 時の, 時間の. ❸ 現世の, 世俗の. ❹ 〘文法〙 時制の, 時を表す. ❺ 〘解〙 側頭の, こめかみの. —— 男 ❶ 嵐(あらし), 暴風(雨). ❷ 雨期. ❸ 〘解〙 側頭骨. *capear el* ～ 嵐を切り抜ける；難局を乗りきる.

temporalidạd 女 ❶ 一時性；世俗性. ❷ [複] (聖職者の) 世俗的財産[収入].

temporạlmẹnte 副 ❶ 一時的に, さしあたり. ❷ 現世的に, 世俗的に.

temporạrio, ria 形 《ラ米》(アルゼンチン)(ウルグアイ) 一時的な, 暫定的な (= temporal).

temporẹro, ra 形 季節労働の, 臨時雇いの. —— 男 女 季節労働者, 臨時雇い.

temporizadọr 男 (家電等の) タイマー.

temporizạr 57 自 ❶ 時勢[大勢]に迎合する. ❷ 時間稼ぎをする.

temprạnamẹnte 副 (時期が) 早く.

tempranẹro, ra 形 ❶ 早起きの；せっかちな. ❷ 〘農〙 (果実が) 早生(わせ)の.

temprano, na [テンプラノ, ナ] 形 ❶ (時間的に) 早い. ❷ (植物等が) 早生の. —— 副 〔英 early〕 早くに, 早期に；朝早くに. levantarse ～ 早起きする.

tẹn 男 *ten con ten* 《話》 慎重, 用心；落ち着き. —— 活 → tener.

tenacidạd 女 頑固さ；頑張り, 粘り強さ.

tenacịllas 女 複 ❶ (ケーキ・氷等を取る) はさみ, トング；タバコばさみ. ❷ ヘアーアイロン, カールごて.

tenạnte 男 〘紋〙 盾を持つ動物[人, 天使].

tenạz 形 ❶ 頑固な, 強情な. ❷ 執拗(しつよう)な. ❸ (痛みが) いつまでも続く；(汚れ等が) 落ちにくい. ❹ 固い.

tenạza 女 [主に複] ❶ やっとこ, プライヤー；火挟み. ❷ (エビ・カニ等の) はさみ, 爪(つめ). ❸ 〘医〙 鉗子(かんし). ❹ 〘軍〙 凹角堡(おうかくほ). ❺ 〘機〙 (万力の) 顎(あご)；(クレーン等の) アームの先の) はさみ. *no poder sacar ni con* ～*s* 《話》 なかなか口を割らない. *no poder coger* [*agarrar*] *ni con* ～*s* 《話》 ひどく汚い.

tẹnca 女 〘魚〙 テンチ：コイ科の淡水魚.

tendạl 男 ❶ 日よけ, 天幕. ❷ (木の下に広げてオリーブの実を採集する) 布, ネット. ❸ 《集合的》 干し物. ❹ 《ラ米》 (1)(アルゼンチン)(ウルグアイ) 地面に散らかった[広げた]物, 地面に点々としている人. (2)(チリ) 屋台.

tendalạda 女 《ラ米》 地面に散らかった物.

tendedẹro 男 物干し場[ロープ].

tendẹl 男 ❶ (れんが等を積むときに) 水平を見るひも. ❷ (目地の) しっくい, モルタル.

tendencia [テンデンシア] 女 〔英 tendency〕 ❶ 傾向, 動向；風潮. tener ～ a 〈+不定詞〉 …する傾向がある, しがちである. ❷ 性向, 性癖.

tendenciọso, sa 形 偏向した, 偏った.

tendẹnte 形 《a》 (…を) 目指した.

tender [テンデル] 101 他 〔英 spread〕 ❶ 広げる, 伸ばす. ❷ (洗濯物等を) つるす, 掛ける. ❸ (ケーブル・ロープ等を) 張る. ❹ 差し出す, 差し伸べる. ❺ 水平に置く, 横たえる. ❻ 《ラ米》 用意する. ～ la cama ベッドメイキングする. —— 自 〔英 tend〕 ❶ 《a》 (…の) 傾向がある；《a + 不定詞》 …しがちである. ❷ 〘数〙 (ある数値に限りなく) 近づく. —— **tenderse** 再 ❶ 横になる, 寝そべる. ❷ あきらめる, 投げ出す. *tender la mano* 手を差し伸べる.

ténder 〔英〕 男 (蒸気機関車の) 炭水車.

tenderẹte 男 ❶ 露店, 屋台. ❷ 《集合的》 散らかったもの. ❸ → tendero.

tendẹro, ra 男 女 (食料品店等の) 店主；店員.

tendịdo, da 過分 → tender. 形 ❶ 広がった, 張られた. ❷ (洗濯物等が) つるされた, ひも[ロープ]に掛けられた. ❸ 横になった. ❹ 《ラ米》(メキシコ) 従順な. —— 男 ❶ 橋梁(きょうりょう), 架橋；(ケーブル等の) 敷設. ❷ 《集合的》 干し物. ❸ 〘闘牛〙 スタンド席. ❹ 《ラ米》 (1)(エクアドル)(コロンビア)(メキシコ) 寝具. (2)(メキシコ) 露店.

tendinịtis 女 [単複同形] 〘医〙 腱炎(けんえん), 腱鞘(けんしょう)炎.

tendinọso, sa 形 腱(けん)(質)の, 腱から成る.

tendón 男 〘解〙 腱(けん). ～ de Aquiles アキレス腱；《比喩的》 弱点.

tendr- 活 → tener.

tenebrạrio 男 〘カト〙 (聖週間用) 15本立て三角燭台(しょくだい).

tenebrịsmo 男 〘美〙 テネブリズム：光と影のコントラストを際立たせる絵画の手法.

tenebrosidạd 女 暗闇, 暗さ.

tenebrọso, sa 形 ❶ 暗い, 暗闇の. ❷ 不吉な. voz *tenebrosa* ぞっとさせる声.

tenedọr, dọra 男 女 〘商〙 (証文・帳簿の) 持ち主. ～ de libros 簿記係. —— 男 ❶ フォーク. ❷ レストランの等級 (フォークの印. 5本が最高).

teneduría 女 簿記；簿記課, 簿記事務所.

tenẹncia 女 ❶ 所有, 保持. ～ ilícita de drogas 麻薬の不法所持. ❷ (市町村) 助役職；助役室.

tener [テネル] 102 他 〔英 have〕 ❶ 持つ, 持っている；保存[保管]している. ～ experiencia 経験がある. ¿Cuánto *tienes* en tu cartera? 君, 財布にいくら持っている. ❷ (特徴等を) 備えている, 持っている. Ella *tiene* los ojos azules. 彼女は目が青い. ❸ (家族の一員として) …がいる, …を持つ. *Tengo* cuatro nietos. 私には4人の孫がいる. Va a ～ un niño. 彼女に子供が生まれる. ❹ (感覚・感情を) 抱く, 抱いている. ～ calor [frío] 暑い[寒い]. ～ miedo a [de] ... …が怖い. ～ sueño 眠い. ～ confianza en ... …を信頼している. ¿Qué *tienes*? どうしたの. ❺ (年齢が) …歳である. ¿Cuántos años *tienes*? 君, 何歳. ❻ 催す, 開催する；(ある行為を) 行う. ～ clase 授業がある. ～ un examen 試験を受ける. ❼ 受け取る, 迎える. Aquí *tienes* tu regalo. これがあなたへのプレゼントです. ❽ (時間を) 過ごす. Hoy *he tenido* un día estupendo. 今日はすばらしい日だった. ❾ (権力・影響力を) 及ぼす. ～ mucho poder en ... …に大きな力を持つ. ❿ 《que + 不定詞》 …すべき…がある. *Tengo* muchas materias *que* repasar.

復習しなくてはならないことがたくさんある. Tú no *tienes* más *que* avisarle la noticia. 君は彼にそのニュースを知らせてくれさえすればいい. ⓫《＋形容詞・副詞》を（…に）保つ, しておく；《en》(…であると) する；《por》(…であると) みなす. *Tengo* a mi hermana como secretaria. 私は姉を秘書にしている. *Tenemos* el proyecto *por* fracasado. 私たちは計画が失敗だったと考えている. ⓬《＋他動詞の過去分詞》《動作の結果を表して》…してある. Ya *tengo preparado* el currículum. もう履歴書は用意してある. ― **tenerse** 再 ❶ じっとしている. no ～ de [en] pie 立っていられない. ❷《en, por》(自分を)（…と）みなす. ～ *por* mucho 自分をすごいと思う. ***esas tenemos***《話》《驚き・怒り》何だって, えっそうかい. ***no tener dónde caerse muerto***《話》ひどく貧しい. ***no tener las todas con***SIGO 確信していない, 落ち着かない. ***tener a ... en [a] menos*** …を軽んじる. ***tenerla tomada con ...*** …に反発する. ***tener para*** sí (意見として) 思う. *Tengo para mí* que ... 私は…であると思う. ***tener que***〈＋不定詞〉…しなければならない；…に違いない. *Tienes que* comer más. もっと食べなくてはいけないよ. ► 否定では文脈によって「…する必要はない」「…してはいけない」になる. ***tener que ver con ...*** …と関係[かかわり] がある. ***tenérselas (tiesas)*** (毅然(きぜん)として) 立ち向かう, 対決する.

tenería 女 皮革加工工場.

Tenerife 固名 テネリフェ (島)：カナリア諸島最大の島.

tenesmo 男《医》しぶり腹.

teng- 活 → tener.

tenguerengue *en* ～ 不安定に；ぐらぐらと.

tenia 女《動》サナダムシ.

tenida 過分 → tener. 女《ラ米》《話》(1) 集会. (2)(チ) 《集合的》服.

tenienta 女 → teniente.

tenientazgo 男 中尉の任務.

teniente, ta 男 女 ❶《軍》中尉. ～ coronel [general] 中佐[中将]. ～ de navío 海軍大尉. ❷ ～ (de) alcalde (市町村) 助役.

tenífugo, ga 形 サナダムシ駆除の. ― 男 サナダムシ駆除剤.

T

tenis [テニス] 男〔英 tennis〕**テニス**；《話》運動靴. ～ ***de mesa*** 卓球.

tenista 男 女 テニス選手.

tenístico, ca 形 テニスの[に関する].

Tenochtitlán 固名 テノチティトラン：アステカ王国の都.

tenor 男 ❶《音》テノール；テノール歌手. ❷ (文書の) 内容. ***a ～ de ...*** …によると.

tenorio 男《文学》色男；女たらし.

tensar 他 張る；(弓を) 引き絞る.

tensión 女 ❶ (物理的) 緊張, 張り. ～ superficial 表面張力. ❷ (精神的) 緊張, 重圧；緊迫, 対立関係. ❸ 電圧. ❹ 血圧 (＝～ arterial). ～ baja 低血圧.

tenso, sa 形 ❶ 張った. ❷ 緊張した；(関係が) 緊迫した.

tensor, sora 形 引っ張る. ― 男 ❶《解》張筋. ❷《機》引き締めねじ.

tentación 女 ❶ 誘惑；《de＋不定詞》…したいという衝動. ❷ 魅惑的な人[もの].

tentacular 形 触手状の.

tentáculo 男《動》触手.

tentadero 男《闘牛》子牛の選定場.

tentador, dora 形 魅惑的な.

tentar 18 他 ❶ 手[もの]で触る, 手探りする. ❷ 誘惑する；そそのかす. ❸《闘牛》(子牛を) 選定する.

tentativo, va 形 手探りの. ― 女 企て.

tentemozo 男 つっかい棒.

tentempié 男 軽食；起き上がりこぼし.

tentenelaire 男 女 テンテネライレ：黒人の血を4分の1受けている親 cuarterón とムラート mulato の混血.

tentetieso 男 起き上がりこぼし.

tenue 形 か細い；薄い；微弱[繊細]な.

tenuidad 女 細さ；薄さ；微弱；繊細.

teñido, da 形《de》(…に) 染められた. ― 男 染色.

teñir 103 他 ❶《de》(…に) 染める. ❷《de》(言葉等に)（…の）傾向をもたせる. ❸《美》色調を落とす. ― **teñirse** 再 (自分の髪を) 染める.

Teo 固名 テオ：Teodoro の愛称.

teocali 男《史》テオカリ：アステカ族のピラミッド上の祭壇.

teocracia 女 神政；神政国家.

teocrático, ca 形 神政の.

teodicea 女《神》《哲》神義[弁神]論.

teodolito 男 経緯儀.

Teodorico 固名 テオドリコ：男子の名.

Teodoro 固名 テオドロ：男子の名.

teofanía 女《宗》神性の顕現.

teogonía 女 神統記.

teologal 形 神学 (上) の.

teología 女 神学.

teológico, ca 形 神学の；神学的な.

teologizar 57 自 神学上の議論をする.

teólogo, ga 男 女 神学者.

teomanía 女《医》神狂症.

teorema 男《数》定理.

teorético, ca 形 論理的な.

teoría [テオリア] 女〔英 theory〕**理論**；学説, 説；理屈. ***en*** ～ 理論上は.

teóricamente 副 理論上, 理論的に.

teórico, ca 形 理論 (上) の；理論的な. ― 男 女 理論家；《軽蔑》理屈屋.

teorizar 57 自《sobre》(…について) 理論を立てる. ― 他 理論づける.

teosofía 女《神》神智学.

teosófico, ca 形《神》神智学の.

teósofo, fa 男 女《神》神智学者.

Teotihuacán 固名 テオティワカン：メキシコの古代遺跡.

tepache 男《ラ米》(メキシコ) テパチェ：パイナップルとサトウキビの発酵ジュース.

tepalcate 男《ラ米》(メキシコ) 土器 (の破片).

tépalo 男《植》花被片.

tepe 男 芝土のブロック.

tequila 男 テキーラ：メキシコの蒸留酒.

tequio 男《ラ米》(メキシコ) (先住民に課されていた) 労役.

TER [テル] 男 [単複同形] *T*ren *E*spañol *R*ápido スペイン高速列車.

terabyte [テラバイ(ト)]〔英〕男 [複 terabytes] テラ[1兆] バイト.

terapeuta 男 女 療法士, セラピスト.

terapéutico, ca 形《医》治療上の；健康維持の. ― 女《医》治療学[法].

terapia 女〖医〗治療；治療学.
teratología 女〖生〗奇形学.
terbio 男〖化〗テルビウム.
tercer 形 → tercero.
tercera 女〖車〗3速. ― 形 → tercero.
tercería 女 ❶ 調停. ❷ 売春斡旋(あっせん).
tercerilla 女〖文学〗三行詩句.
tercermundismo 男 ❶ 第三世界特有の困難さ[困難な状況]. ❷《軽蔑》第三世界のような悲惨な状況.
tercermundista 形 ❶ 第三世界の[に特有の]. ❷《軽蔑》第三世界のような.
tercero, ra [テルセロ,ラ] 形 [男性単数名詞の前で tercer]《数詞》〔英 third〕 ❶ **3番目の**, 第3の. ❷ 3分の1の. ― 男 女 第三者.
tercerola 女 短身の小銃.
terceto 男 ❶〖文学〗11音節3行詩句. ❷〖音〗三重奏[唱].
tercia 女 ❶〖史〗(古代ローマ) 午前中. ❷〖カト〗三時課 (朝の祈禱(きとう)).
terciado, da 形 ❶ 中型の. ❷ 斜めに置いた[掛けた]. ❸ 3分の1に欠けた.
terciana 女[主に複]〖医〗三日熱.
terciar ⑰ 自《en》(…を) 仲裁する；口を挟む. ― 他 斜めに置く[掛ける]. ― **terciarse** 再 ❶ 背負う. ❷ [3人称単数] 起こる. si *se tercia* la ocación 場合によっては.
terciario, ria 形 ❶ 三次的な. sector ～ 第三次産業. ❷〖地質〗第三紀の.
tercio, cia [テルしオ,しア] 男 〔英 one third〕 ❶ **3分の1**. ❷〖軍〗歩兵連隊；志願兵部隊. ❸〖闘牛〗(計3つの) 場. ❹350mlビール瓶. ― 形 3番目の.
terciopelo 男 ビロード.
terco, ca 形 頑固な；強情な.
Tere 固名 テレ：Teresa の愛称.
terebinto 男〖植〗テレビンノキ.
terebrante 形 (痛みが) 刺すような.
Teresa 固名 ❶ Santa ～ de Jesús 聖テレサ・デ・ヘスス (1515-1582)：スペインのアビラの聖女・神秘思想家. ❷ テレサ：女子の名.
teresiano, na 形 ❶ 聖テレサ・デ・ヘススの. ❷ カルメル会の. ― 女 カルメル会修道女.
tergal 男〖商標〗テルガル：耐久性のあるポリエステル性繊維.
tergiversación 女 歪曲(わいきょく).
tergiversar 他 歪曲(わいきょく)する.
termal 形 温泉の. aguas ～*es* 温泉.
termas 女 複 ❶ 温泉. ❷〖史〗(古代ローマ) 公共浴場.
termes 男[単複同形]〖昆〗シロアリ.
termia 女〖物〗サーム：熱量の単位.
térmico, ca 形 熱の.
terminación 女 ❶ 終了, 完了. ❷ 端, 末端. ❸〖文法〗語尾.
terminal [テルミナる] 形 〔英 terminal〕 ❶ **終わりの**. ❷ 端の. ― 男〖IT〗端末. ― 女 終着駅, ターミナル.
terminante 形 断固[きっぱり]とした.
terminar [テルミナル] 他 〔英 finish, terminate〕 ❶ **終える**. ❷ 仕上げる. ― 自 ❶ **終わる**. ❷《con》縁を切る. ❸《por＋不定詞》ついに…する. ❹《＋現在分詞・形容詞》結果として…する, …の状態になってしまう. ❺《de＋不定詞》…し終える. ― **terminarse** 再 ❶ 終わる. ❷ (食べ物が) 尽きる.
término [テルミノ] 男 〔英 end; term〕 ❶ **終わり**；末端；(道の) 突端. ❷ **期限**；期日. ❸ 行政区域. ❹ 用語；言葉遣い. ～*s* médicos 医学用語. ❺ 段階, 局面. ❻ 部分；構成要素. ***en último ～*** どうしようもない場合は. **～ *medio*** 平均.
terminología 女《集合的》専門用語(集).
terminológico, ca 形 専門用語の.
termita 女〖昆〗シロアリ；〖化〗テルミット.
térmite 女〖昆〗シロアリ.
termitero 男 シロアリの巣.
termo 男 魔法瓶, ポット.
termodinámico, ca 形 女 熱力学(の).
termoelectricidad 女〖物〗熱電気.
termoeléctrico, ca 形 熱電気の.
termógeno, na 形〖生〗熱を発する.
termógrafo 男 自記温度計.
termoiónico, ca 形 熱イオンの.
termología 女 熱学.
termometría 女 温度測定(学).
termométrico, ca 形 温度測定(学)の.
termómetro 男 温度計, 体温計.
termonuclear 形〖物〗熱核融合の.
termopar 男〖物〗熱電対.
termopila 女〖物〗サーモパイル.
termoplástico, ca 形 熱可塑性の. ― 女 熱可塑性物質.
termoquímica 女 熱化学.
termorregulación 女 体温[温度]調節機能.
termosifón 女 ❶ 熱サイフォン. ❷ 家庭用給湯器.
termostato 男 サーモスタット.
termotecnia 女 熱工学.
termoterapia 女〖医〗温熱療法.
terna 女 ❶ 3名の候補者(名簿). ❷〖闘牛〗3人組のマタドール matador.
ternario, ria 形 3部構成の. compás ～〖音〗三拍子.
terne 形 ❶ 虚勢を張る. ❷ 頑固な. ❸ たくましい.
ternero, ra 男 女 子牛. ― 女 子牛肉.
terneza 女 ❶[複]《話》甘い言葉. ❷ 優しさ.
ternilla 女〖解〗軟骨.
terno 男〖服〗スリーピース. ～ de baño《ラ米》(女性用) 水着 (→ bañador 地域差).
ternura 女 ❶ 優しさ；いつくしみ. ❷ 優美さ；甘美さ.
tero 男 → teruteru.
terquedad 女 頑固さ.
terracota 女 テラコッタ, 素焼き土器.
terrado 男 屋上, 平屋根.
terraja 女〖機〗ねじ切り盤.
terraje 男 地代.
terral 男 陸風；砂ぼこり.
terramicina 女〖薬〗〖商標〗テラマイシン.
terranova 男 女〖動〗ニューファンドランド犬.
terraplén 男 ❶ 土手. ❷ 盛り土.
terraplenar 他 盛り土する.

T

terráqueo, a 形 水陸の.
terrario 男 テラリウム：爬虫類(はちゅうるい)や両生類等を飼育するための容器.
terrateniente 男女 大地主.
terraza [テラさ] 女 〔英 terrace〕 ❶ テラス. ❷ (飲食店) テラス席. ❸ 屋上. ❹ 段々畑.
terrazgo 男 ❶ 耕地. ❷ 地代.
terrazo 男 〔建〕テラゾー, 人工大理石.
terremoto [テレモト] 男 〔英 earthquake〕 地震.
terrenal 形 地上の；この世の, 現世の.
terreno, na [テレノ,ナ] 形 地上の；この世の. ── 男 〔英 ground〕 ❶ 土地. ❷ 分野；領域. ❸ 現場；舞台. ❹ 〔地質〕 地層. ❺ 《ラ米》 建設用地 (→ solar 地域差). ***allanar*** [***preparar***] ***el*** ～ ***a*** ... …のために根回しする. ***conocer el*** ～ ***que pisa*** 事情に精通している. ***ganar*** ～ 優勢である. ～ ***abonado*** 《比喩的》 温床. ～ ***de juego*** 〔スポ〕 グラウンド.
térreo, a 形 土の；土のような.
terrero, ra 形 ❶ 土の；土を運搬するための. ❷ 地面すれすれの. ── 男 土塊.
terrestre 形 ❶ 地球の. ❷ 陸の；陸生の. ❸ 地上の；この世の.
terrible [テリブれ] 形 〔英 terrible〕 ❶ 恐ろしい. ❷ ひどい；ものすごい.
terriblemente 副 ひどく；ものすごく.
terrícola 形 地球に住む. ── 男女 地球人 (↔extraterrestre).
terrier 男 〔動〕テリア犬.
terrífico, ca 形 → terrorífico.
territorial 形 領土の.
territorialidad 女 ❶ 領土の概念；領域概念. ❷ 領土権.
territorialismo 男 〔動〕 縄張り意識；(マーキング等の) 縄張り行動.
territorialmente 副 領土上.
territorio [テリトリオ] 男 〔英 territory〕 ❶ 領土；支配地域；縄張り. ❷ 領域；分野.
terrizo, za 形 土の；土でできた.
terrón 男 ❶ 土塊. ❷ 塊；小片.
terror [テロル] 男 〔英 terror〕 ❶ 恐怖. ❷ 恐怖の的；脅威.
terrorífico, ca 形 ❶ ぞっとする, 恐ろしい. ❷ ひどい, ものすごい.
terrorismo 男 テロ, テロリズム. ～ cibernético サイバーテロ：コンピュータ網に侵入して混乱を引き起こす行為.
terrorista 形 テロの. ── 男女 テロリスト.
terroso, sa 形 土の, 土のような.
terruño 男 ❶ 《話》 小面積の土地. ❷ 故郷.
terso, sa 形 ❶ 滑らかな. ❷ 澄んだ；透明な；明るい.
tersura 女 ❶ 滑らかさ. ❷ 光沢；透明さ；明るさ.
tertulia 女 (常連の) 集まり；会話の場.
tertuliano, na / tertuliante 形 男女 tertulia に参加する (人), tertulia の (常連).
Teruel 固名 テルエル：スペインの県；県都.
teruteru 男 《ラ米》(南米) 〔鳥〕 ナンベイタゲリ.
tesar 他 〔海〕 (綱・帆を) 張る.
tesela 女 テッセラ：モザイク用大理石片.
tesina 女 (大学学部の) 卒業論文.
tesis 女 [単複同形] ❶ 主張, 見解. ❷ (学位) 論文. ～ doctoral 博士論文.
tesitura 女 ❶ 音域. ❷ 《稀》 状態.
teso, sa 形 《ラ米》(コロンビア) 《話》 厄介な. ── 男 平らな丘.
tesón 男 頑固さ；強情さ.
tesonero, ra 形 強情な.
tesorería 女 経理課, 財務局.
tesorero, ra 男女 経理係, 財務官.
tesoro [テソロ] 男 〔英 treasure〕 ❶ 宝, 富, 大金. ❷ [T-] 国庫 (＝～ público). ❸ 貴重な [大切な] 人 [もの]. ❹ (辞書等の) 宝典, シソーラス.
test 〔英〕 男 試験, テスト；検査.
testa 女 頭. ～ ***coronada*** 君主.
testáceo, a 形 〔動〕 有殻の.
testado, da 形 ❶ 〔法〕 遺言を残して亡くなった. ❷ 検査を受けた.
testador, dora 男女 遺言者.
testaferro 男 〔法〕 名義人.
testamentaría 女 ❶ 遺言執行. ❷ 遺言執行上の書類. ❸ 遺言執行者会議.
testamentario, ria 形 遺言の.
testamento 男 ❶ 遺言, 遺言状. ❷ 辞去の言葉. ❸ 《話》 《軽蔑》 長い文書. ***Antiguo*** [***Viejo***] ***T***～ 旧約聖書. ***Nuevo T***～ 新約聖書.
testar 自 遺言を残す. ── 他 検査 [試験] する.
testarada 女 → testarazo.
testarazo 男 頭をぶつけること；頭突き.
testarudez 女 頑固さ, 頭の固さ.
testarudo, da 形 頑固な, 頭の固い.
testear 他 《ラ米》(アルゼンチン)(ウルグアイ) 検査 [試験] する.
testera 女 ❶ 正面, 前面. ❷ 〔動〕 前頭部. ❸ (馬の) 額の飾り.
testero 男 → testera.
testicular 形 〔解〕 睾丸(こうがん)の.
testículo 男 〔解〕 睾丸(こうがん).
testificación 女 〔法〕 立証.
testifical 形 〔法〕 証人の.
testificar 26 他 〔法〕 立証する；証明する；裏付ける.
testigo 男女 [男女同形] 〔法〕 証人. ～ de cargo 検察側証人. ～ de descargo 弁護側証人. ── 男 ❶ 証拠 (品). ❷ 痕跡(こんせき). ❸ 〔スポ〕 バトン. ～ ***presencial*** [***ocular***] 目撃者.
testimonial 形 証言の；証拠となる.
testimoniar 17 他 ❶ 〔法〕 証言する. ❷ …の証拠となる. ❸ …を証明する.
testimonio 男 ❶ 〔法〕 証言. ❷ 《**de**》 …の証(あかし), 証拠. ❸ 証明書.
testosterona 女 〔生〕 テストステロン.
testuz 女 (または男) 〔動〕 (馬の) 額；(牛の) 首筋.
teta 女 《話》 乳房, 乳首. niño de ～ 乳児. ── 形 《俗》 すばらしい.
tetania 女 〔医〕 テタニー, 強直.
tetánico, ca 形 破傷風の；テタニーの.
tétanos / tétano 男 〔医〕 破傷風.
tetera 女 ティーポット；《ラ米》 おしゃぶり.
tetero 男 《ラ米》 哺乳(ほにゅう)瓶.
tetilla 女 ❶ (雄の) 乳首. ❷ おしゃぶり.
tetina 女 おしゃぶり.
tetón 男 (幹に残った) 枯れ枝.

T

tetona 形 女 《俗》胸の大きな（女性）.
tetracampeón, ona 男 女 4度チャンピオンになった人［チーム］.
tetracordio 男 〖音〗四音音階.
tetraedro 男 〖数〗四面体.
tetragonal 形 四角形の.
tetrágono 男 四角形.
tetragrámaton 男 4文字言葉（イエスの名 INRI 等）.
tetralogía 女 〖文学〗四部作，四部劇.
tetrapléjico, ca 形 男 女 四肢まひの（人）.
tetrápodo, da 形 男 四足獣（の）.
tetrarquía 女 （古代ローマ）四分領統治.
tetrasílabo, ba 形 男 〖文学〗4音節の（詩行）.
tetrástrofo, fa 形 男 〖文学〗4連の（詩）.
tetravalente 形 〖化〗4価の.
tétrico, ca 形 陰鬱(いんうつ)な，もの悲しい.
tetudo, da 形 《俗》《軽蔑》乳房の大きな. ── 女 胸の大きな女性.
teúrgia 女 （神との交信による）古代魔術.
teutón, tona 形 男 女 チュートン人（の）；《話》ドイツ（の）.
teutónico, ca 形 男 チュートン族（の）.
texano, na［テハノ，ナ］ 形 男 女 テキサスの（人）.
textil 形 織り物の；繊維の.
texto［テスト］ 男 〔英 text〕 ❶ **原文**，本文. ❷ 文書. ❸ 教科書（＝libro de ～）. ***comentario de*** ～ 〖文学〗本文注釈. ***procesador de*** ～***s*** ワープロ.
textual 形 ❶ 文字どおりの. ❷ 本文［原文］の.
textualmente 副 文字どおりに；言った［書いた］そのままに.
textura 女 ❶ 織り目. ❷ 肌触り.
tez 女 《文》顔の肌.
tezontle 男 《ラ米》(メキシコ)テソントレ：建材用火山岩.
tfno. 男 → *teléfono*.
theta 女 セータ（Θ，θ）：ギリシャ語アルファベットの第8字.
thrash［トゥラ(シュ)］〔英〕 男 〖音〗スラッシュ：パンクロックにヘビメタを加味したロック.
thriller［スリれル］〔英〕 男［複 ～s］スリラー映画.
ti［ティ］代名 《人称》［2人称単数，男女同形］〔英 you〕《前置詞＋》**君，お前，あなた**. Házlo por *ti* misma. 君1人でそれをやりなさい. ► 前置詞 con と用いる場合は contigo. ***Hoy por ti mañana por mí.*** 《話》明日はわが身（お互い様だ）. ***¿Y a ti qué?*** 《話》（無礼な態度を見せつつ）君に関係ないだろう.
tía 女 → tío.
Tiahuanaco 固名 ティアワナコ：ボリビアの遺跡.
tialina 女 〖生化〗プチアリン.
tialismo 男 〖医〗唾液(だえき)過多.
tiamina 女 〖生化〗チアミン.
tianguis 男 《ラ米》(メキシコ)(祭りの) 小さな市(いち)；露店.
tiara 女 ❶ 〖カト〗(教皇の) 三重冠；教皇権. ❷ 〖史〗(ペルシャ) 冠. ❸ ティアラ.
tiberio 男 《話》大騒ぎ，混乱.
tibetano, na 形 チベットの. ── 男 女 チベット人. ── 男 チベット語.
tibia 女 〖解〗脛骨(けいこつ).
tibiar ⑰ 他 温める. ── **tibiarse** 再 《ラ米》(中米)腹を立てる.
tibieza 女 ぬるさ.
tibio, bia 形 ❶ ぬるい. ❷ 熱の入らない. ── 男［複］《ラ米》半熟卵（→ huevo 地域差）. ***poner ～ a ...*** 《話》…の悪口を言う. ***ponerse ～ de ...*** 《話》…を食べ飽きる.
tiburón 男 ❶ 〖魚〗サメ. ❷ 野心家.
tic 男［複 tics］〖医〗チック症.
ticket［ティケ(トゥ)］〔英〕 男 《ラ米》（バス等の）切符（→ billete 地域差）.
tico, ca 形 《ラ米》(中米)《話》コスタリカの. ── 男 女 《ラ米》(中米)《話》コスタリカ人.
tictac 男 《擬》(時計の) チクタク.
tiemble- 活 → temblar.
tiempo［ティエンポ］ 男 〔英 time; weather〕 ❶ **時間**. corto［largo］ ～ 短［長］時間. ～ de exposición 露出時間. ～ real リアルタイム. ～ medio 〖天文〗平均時. a ～ completo［parcial］ フル［パート］タイム. perder (el) ～ 時間を無駄にする. ❷ 時機，機会. fuera de ～ 季節はずれで；場違いで. fruta del ～ 旬(しゅん)の果物. ❸ ［時に複］時代. en otros ～*s* 昔は. a través de los ～*s* 時代を通じて. ❹ **天気**. Hace buen［mal］ ～. 天気がいい［悪い］. ❺ 〖文法〗時制. ～ simple［compuesto］ 単純［複合］時制. ❻ 〖音〗テンポ. ❼ 〖カト〗(典礼暦上の) 節（＝～ litúrgico）. ❽ 〖スポ〗ハーフタイム. ❾ (エンジンの) サイクル；(運動の) 一動作. ***al mismo ～*** 同時に. ***a su (debido) ～*** ちょうどよいときに. ***a ～*** 間に合って. ***con el ～*** だんだんと，やがて. ***con ～*** 前もって. ***desde hace ～*** 以前から. ***desde*** ［***de***］ ***un ～ a esta parte*** ある時から. ***faltar**le **a ... ～ para ...*** …があわてて［すぐに］…する. ***ganar ～*** 時間稼ぎをする. ***hacer ～*** 《話》(何かを待って) 時間をつぶす. ***～ atrás*** 以前は. ***todo el ～*** いつも，ずっと.
tien- 活 → tener.
tiend- 活 → tender.
tienda［ティエンダ］ 女 〔英 store〕 ❶ **店**，商店. ～ electrónica インターネットショップ. ～ on line オンラインショップ. ❷ 《ラ米》食料品店（＝《スペイン》～ de comestibles［ultramarinos］）（→ 地域差）. ❸ 天幕，テント. ── 活 → tender. 地域差 食料品店 tienda 《ラ米》(キューバ)(グアテマラ，エルサルバドル，パナマ)(コロンビア，ベネズエラ)(エクアドル)；tienda de comestibles［ultramarinos］《スペイン》；almacén 《ラ米》(チリ)；bazar (プエルトリコ)(ボリビア)；bodega (ペルー)；boliche (パラグアイ)；colmado (ドミニカ共和国)；despensa (パラグアイ)；miscelánea (メキシコ)；negocio (アルゼンチン)；pulpería (ドミニカ共和国)(ホンジュラス，ニカラグア)；quiosco (ウルグアイ).
tient- 活 → tentar.
tienta 女 〖闘牛〗牛の選定（試験）. ***a ～s*** 手探り（の状態）で.
tiento 男 ❶ 手探り. ❷ 用心深さ，慎重. ❸ ぶつこと. ❹ 杖(つえ). ❺［複］〖音〗フラメンコの一種. ── 活 → tentar.
tierno, na［ティエルノ，ナ］ 形［絶対最上級 ternísimo, ma］〔英 tender〕 ❶ **柔らかい**. ❷ **優しい**；愛に満ちた. ❸ 若

T

い；幼い．

tierra［ティエラ］ 女〔英 earth〕❶［T-］地球．❷陸．por ～ 陸路で．～ firme 大陸，陸地．tomar ～ 着陸する．～ adentro 内陸で［に］．❸地面．a ras de ～ 地面すれすれで．en la ～ 地べたで．❹土，土壌．～ de cultivo 耕作地．❺生まれ故郷．volver a su ～ 故郷に帰る．❻土地，地域．*T*～ Prometida 約束の地（カナン）．vino de la ～ 地ワイン．❼世の中；現世．❽〚電〛アース．***besar la*** ～ 前に倒れ込む．***besar la*** ～ ***que ... pisa*** …に深く感謝する．***caer por*** ～ 倒れる；夢がついえる．***echar por*** ～ ***...*** …を失敗させる，だめにする．***poner*** ～ ***por medio*** 《話》逃げ出す．***quedarse en*** ～ 《話》乗り損ねる．***¡Trágame*** ～***!*** 《話》穴があったら入りたい．***tragarse la*** ～ ***a ...*** 《話》…が姿を消す．***venirse*** [***irse***] ***a*** ～ 倒れる；だめになる．

tierral 男《ラ米》(ﾁﾘ)砂ぼこり．

tieso, sa 形 ❶固い．❷こわばった．❸（人が）尊大な．❹《話》凍えた．❺《話》即死の．***quedarse*** ～ 死ぬ．

tiesto 男 植木鉢；鉢植え植物．

tiesura 女 固さ；尊大さ．

tífico, ca 形〚医〛チフスの．── 男 女 チフス患者．

tifo 男 → tifus.

tifoideo, a 形〚医〛チフス特有の．── 女 腸チフス．

tifón 男 台風．

tifosi〔伊〕男 複 フーリガン．

tifus 男［単複同形］〚医〛チフス．

tigra 女《ラ米》(ﾁﾘ)〚動〛ジャガー．

tigre［ティグレ］男〔英 tiger〕❶〚動〛トラ．❷残忍な人．***oler a*** ～ 《話》ひどく臭い．***ser un*** ～ 《ラ米》(ｱﾙｾﾞﾝﾁﾝ)(ｳﾙｸﾞｱｲ)ぬきんでている．

tigresa 女 ❶〚動〛雌トラ．❷《話》男たらしの女性．

tigrillo 男〚動〛オセロット．

tigurear 自《ラ米》（学校を）サボる（→ fumar 地域差）．

tija 女 鍵の柄．

tijera 女［主に複］はさみ．***de*** ～（椅子・机が）折り畳み式の．***echar*** [***meter***] ***la*** ～ ***a*** [***en***] ***...*** …を容赦なく批判する［切る］．

T

tijereta 女 ❶〚昆〛ハサミムシ．❷〚スポ〛両脚開閉跳躍；（サッカー）シザーズ・キック．

tijeretazo 男 はさみで切ること．

tijeretear 他 はさみで切り刻む．

tila 女〚植〛シナノキ．

tílburi 男 ティルバリー：二輪馬車．

tildar 他 ❶波線符［アクセント記号］を打つ．❷《de》(…について)とがめる．

tilde 女〚文法〛波線符（˜），アクセント記号（´）．

tiliche 男《ラ米》(ﾒｷｼｺ)(ｸﾞｱﾃﾏﾗ)がらくた．

tilín 男《擬》（鐘の音）チリン．***hacer*** ～ ***a ...*** 《話》…の気に入る（＝gustar）．

tilingo, ga 形《ラ米》(ｱﾙｾﾞﾝﾁﾝ)(ﾒｷｼｺ)(ｳﾙｸﾞｱｲ)(ｸﾞｱﾃﾏﾗ)(ﾍﾟﾙｰ)《話》(人が)軽薄な．

tilo 男 → tila.

timador, dora 男 女 詐欺師．

tímalo 男〚魚〛カワヒメマス．

timar 他 だまし取る；だます．── **timarse** 再《con》(…に)色目を使う．

timba 女《話》賭博(ﾄﾊﾞｸ)；賭博場．

timbal 男 ❶〚音〛ティンパニー．❷〚料〛肉野菜入りパイ．

timbalero, ra 男 女 ティンパニー奏者．

timbó 男《ラ米》(ｱﾙｾﾞﾝﾁﾝ)(ﾊﾟﾗｸﾞｱｲ)マメ科の巨木：カヌーなどの用材となる．

timbrado, da 形 ❶証紙［印紙］を張った．❷(声が)よく通る．

timbrar 他 証紙［印紙］を貼(ﾊ)る．── 自《ラ米》(ｺﾛﾝﾋﾞｱ)ベルを鳴らす．

timbrazo 男 けたたましいベルの音．

timbre 男 ❶ベル，呼び鈴．❷〚音〛音色．❸証紙；印紙；《ラ米》切手（→ sello 地域差）．

timidez 女 内気，臆病(ｵｸﾋﾞｮｳ)．

tímido, da［ティミド，ダ］形〔英 timid〕❶内気な，臆病(ｵｸﾋﾞｮｳ)な．❷（光が）ほのかな．── 男 女 内気な人．

timo 男 ❶詐欺．❷〚解〛胸腺(ｷｮｳｾﾝ)．～ ***de la estampita*** にせ札詐偽．

timón 男 ❶舵(ｶｼﾞ)；方向舵(ﾀﾞ)．❷《比喩的》指揮．llevar el ～ de ... …の陣頭に立つ．❸《ラ米》(1)〚車〛ハンドル（→ volante 地域差）．(2)（自転車の）ハンドル（→ manillar 地域差）．❹柄(ｴ)．

timonear 自 舵(ｶｼﾞ)を取る；指揮する．

timonel 男〚海〛操舵(ｿｳﾀﾞ)手．

timonero, ra 形 柄(ｴ)のついた．── 女（鳥の）尾羽．

Timor 固名 ティモール．～ Oriental [Occidental] 東［西］ティモール．

timorato, ta 形 ❶内気な，臆病(ｵｸﾋﾞｮｳ)な．❷(過度に)道徳的な．

timorense 形 男 女 ティモールの（人）．

timpanitis 女［単複同形］〚医〛鼓腸．

timpanizarse 57 再〚医〛(腸が)ガスで膨張する．

tímpano 男 ❶〚解〛鼓膜；中耳腔(ｸｳ)．❷〚建〛ティンパヌム．❸小太鼓．

tina 女 ❶かめ，たらい．❷浴槽．

tinaco 男（屋上の）給水タンク．

tinaja 女 つぼ；かめ．

tinca 女《ラ米》(ﾒｷｼｺ)(ｸﾞｱﾃﾏﾗ)酒酔い．

tincar 26 自《ラ米》(ﾁﾘ)予感がする．

tinción 女 染色．

tinerfeño, ña 形 男 女（カナリア諸島の）テネリフェ島の（人）．

tingitano, na 形 男 女（モロッコの）タンジールの（人）．

tinglado 男 ❶《話》混乱，騒ぎ；企み，謀略．❷小屋．❸即席の演台．

tinieblas 女 複 ❶闇(ﾔﾐ)，暗がり．❷無知．estar en ～ sobre ... …に関して見当がつかない．❸〚カト〛（聖週間の）闇の祈禱(ｷﾄｳ)．

tino 男 ❶命中（力）．❷分別；思慮．

tinta［ティンタ］女〔英 ink〕❶インク．～ china 墨汁．❷（タコ・イカの）墨．❸［複］色合い．***cargar*** [***recargar***] ***las*** ～***s*** 《話》誇張する．***correr ríos de*** ～ ***sobre ...*** …が大きな話題になる．***medias*** ～***s*** あいまいな言動．***saber de buena*** ～ 《話》信頼筋から知る．***sudar*** ～ 《話》一大努力をする．

tintar 他 染色する．

tinte 男 ❶染料；染色．❷《話》クリーニング店（＝tintorería）．❸印象；見かけ．

tintero 男 インク瓶．***dejar(se) ... en el*** ～ …を忘れ去る．

tintín 男《擬》（鐘・グラスの音）チンチン．

tintinar / tintinear 自（鐘・グラスが）チンチン［リンリン］鳴る.
tintineo 男（鐘・グラスの）チンチン鳴る音.
tinto, ta［ティント, タ］形 ❶ 染まった. ～ en sangre 血染めの. ❷（ワインが）赤の. —男〔英 red wine〕❶ 赤ワイン. ❷《ラ米》(コロンビア)ブラック・コーヒー.
tintóreo, a 形〘植〙染料用の.
tintorería 女 クリーニング店.
tintorero, ra 男 女 クリーニング業者. —女〘魚〙ヨシキリザメ.
tintorro 男《話》安物の赤ワイン.
tintura 女 ❶ 染料；染色. ❷《de》(…に関する）浅い知識. ❸ ～ de yodo ヨードチンキ.
tiñ- 活 → teñir.
tiña 女 ❶〘医〙白癬(はくせん). ❷〘昆〙ハチの巣を荒らす害虫. ❸《話》けち.
tiñoso, sa 形 男 女 ❶ 白癬(はくせん)にかかった（人）. ❷ けちくさい（人）.
tío, a［ティオ, ア］男 女〔英 uncle, aunt〕❶ おじ；おば. ❷《話》《呼称》おじさん；ねえさん，おばさん. ❸《話》男，やつ；女. ***el tío Sam*** アメリカ合衆国政府. ***no hay tu tía*** どうしようもない.
tiovivo 男 メリーゴーラウンド, 回転木馬.
tipa（チリ）女〘植〙マメ科の木.
tiparraco, ca 男 女 → tipejo.
tipear 他 自《ラ米》(ベネズエラ)タイプを打つ.
tipejo, ja 男 女《軽蔑》くだらない人.
tipicidad 女 ❶ 特異性，郷土性. ❷〘法〙犯罪構成要件の該当事項.
típico, ca［ティピコ, カ］形〔英 typical〕❶ 典型的な，代表的な. ❷ 固有の，伝統的な.
tipificación 女 ❶ 標準化. ❷ 標準モデル；代表例.
tipificar 26 他 ❶ 標準化する. ❷ 代表的な例とする.
tipismo 男 伝統色, 郷土色.
tiple 男 女〘音〙ソプラノ歌手. —男〘音〙(1) ソプラノ. (2) 高音ギター.
tipo, pa［ティポ, パ］男 女 男，女，やつ. —男〔英 type〕❶ 型，タイプ；種. ❷ 典型；見本. ❸ 体型，スタイル. ❹〘印〙活字，タイプ. ❺〘生〙種. ❻〘経〙レート. ～ de cambio 為替レート. ～ de interés 利率. ***jugarse el ～***《話》命をかける. ***mantener el ～*** 冷静に行動する.
tipografía 女 活版印刷；印刷所.
tipográfico, ca 形 活版印刷の.
tipógrafo, fa 男 女 印刷[植字]工.
tipología 女 類型学.
tipómetro 男〘印〙活字用ゲージ.
tippex［ティペクス］男〘商標〙修正液.
típula 女〘昆〙カガンボ.
tique / tíquet 男［複 ～s］❶ 切符，入場券，チケット. ❷ レシート.
tiquete 男《ラ米》(映画館の) チケット (→ entrada 地域差).
tiquetero, ra 男 女《ラ米》(車内の) 検札係 (→ revisor 地域差).
tiquismiquis 形 男 女［単複同形］《話》非常に神経質な（人）. —男［複］《話》些事(さじ)へのこだわり.
tira 女 ❶ 細長い布[紙]. ～ [cinta] adhesiva《ラ米》セロハンテープ. ～ emplástica 絆創膏(ばんそうこう). ❷（新聞連載の）漫画. ～*s* cómicas《ラ米》コミック，漫画 (→ cómic 地域差). ❸《話》la ～ de ... 大量の…. ❹《ラ米》(アルゼンチン)(ペルー)(ウルグアイ)(メキシコ)《俗》警察. —男《ラ米》(アルゼンチン)(チリ)(ウルグアイ)《俗》私服刑事. —活 → tirar. ***hacer ～s ...***《話》…をずたずたにする.
tirabuzón 男（長く編んだ）巻き毛.
tirachinas 男［単複同形］（小石や消しゴム等を飛ばす）ぱちんこ.
tirada 過分 → tirar. 女 ❶（長い）距離. ❷（詩等の）一節；（さいころの）一振り. ❸〘印〙印刷；発行部数. ***de [en] una ～*** 一気に.
tiradera 女《ラ米》(コロンビア)(ベネズエラ)ひやかし.
tirado, da 過分 → tirar. 形 ❶ たやすい. ❷ とても安い. ❸ 孤立した. dejar ... ～ …を置き去りにする. ❹《話》《軽蔑》だらしない. —男 女 だらしない人.
tirador, dora 男 女 ❶ 射手. ❷ 板金工. —男 ❶ 取っ手. ❷（鐘の）ひも，綱. ❸（小石等を飛ばす）ぱちんこ. ❹《ラ米》(アルゼンチン)(ウルグアイ)〘服〙ガウチョ gaucho の腰帯；ズボンつり.
tirafondo 男 ピンセット；〘医〙鉗子(かんし).
tiragomas 男 → tirachinas.
tiraje 男 印刷；版；発行部数.
tiralevitas 男 女［単複同形］《話》《軽蔑》ごますり屋.
tiralíneas 男［単複同形］〘技〙烏口(からすぐち).
tiranía 女 圧政；横暴，暴虐. ***estar bajo la ～ de ...*** …のなすがままである.
tiranicida 男 女 暴君殺害者.
tiranicidio 男 暴君殺害.
tiránico, ca 形 ❶（政治が）専制的な. ❷ 横暴な，暴虐な.
tiranización 女 ❶ 圧政の行使. ❷ 横暴な振る舞い.
tiranizar 57 他 ❶ 圧政を行使する. ❷ …に暴虐の限りを尽くす.
tirano, na 形 専制的な；横暴な. —男 女 ❶ 暴君，専制君主. ❷ 横暴な人.
tiranosaurio 男 ティラノザウルス.
tirante 形 ❶ 張った. ❷ 緊迫した. —男 ❶［複］〘服〙ズボンつり，サスペンダー. ❷〘建〙(つり橋の) ワイヤー.
tirantez 女 ❶ 張り（の度合い）. ❷ 緊迫，緊張.
tirar［ティラル］他〔英 throw〕❶ 投げる. ～ las flores por la ventana 窓から花を投げる. ❷ 倒す. ～ abajo el proyecto 計画をだめにする. ❸ 落とす，投下する. ❹ 捨てる，無駄にする. No *tires* el dinero así con estas niñas. この娘たちのためにそうやってお金を無駄遣いするなよ. ❺ 撃つ；(打撃・危害を) 与える. ～ un mordisco かみつく. ～ un pellizco つねる. ❻ プリントする；写真を撮る. ～ muchos ejemplares 部数をたくさん印刷する. ❼《話》落第させる. Me *tiraron* en las matemáticas. 私は数学が不合格だった. ❽ 線を引く. —自〔英 pull〕❶《de》(…を) 引く，引っ張る. ～ de la falda スカートを引っ張る. *T*～/《ラ米》*Tire*（ドアの表示）「引」(►「押」は Empujar, Empuje). ❷《間接目的語代名詞を伴って》惹(ひ)きつける. Me *tira* mucho Barcelona. 私はバルセロナが大好きだ. ❸（洋服が）きつい. Esta falda *tira* por aquí. このスカートはこの辺がきつい. ❹

T

《**de**》(…を) 持ち出す, 使う. ～ *de* navaja ナイフを取り出す. ❺ 撃つ; 〖スポ〗シュートする. ❻ 何とかやりくりする. Puedes ～ con menos dinero. もっと少ないお金でもどうにかやれるね. ❼ (煙突等が) 空気の通りがいい. ❽《話》動く, 作動する; (エンジン等が) 出力を出す. ❾ 行く. ～ a la derecha [izquierda] 右[左]へ行く. ❿ 持ちこたえる. Estos guantes todavía *tiran.* この手袋はまだ使える. ⓫《**a**》(…の) 傾向がある, (…に) 似ている; 《**para**》(…を) 目指す. de color naranja *tirando a* rojo 赤味がかったオレンジ色の. La obra es mediocre *tirando a* mala. 作品は中の下だ. El chico *tira para* actor. その子は俳優を目指している. **—tirarse** 再 ❶ 飛び込む. ～ en la cama ベッドに横になる. ❷《話》(時を) 過ごす. *Me he tirado* toda la tarde hablando con una amiga. 私は友人と午後中おしゃべりして過ごしてしまった. ❸ 吐き出す. ～ un pedo おならをする. ～ un eructo げっぷをする. ❹ 姿を消す. ❺《俗》セックスする. ***a todo tirar*** せいぜい, 多くて, 長くて. ***ir tirando*** どうにかやっていく. ¿Cómo va el negocio? — *Va tirando.* 仕事はどうだい. —まあまあですね. ***tirar a matar*** 悪意を持って行動する. ***un tira y afloja*** 駆け引き.

tirilla 女 ❶〖服〗スタンドカラー. ❷[複] ひ弱な人.

tirio, ria 形 男 女〖史〗(古代フェニキアの) チルスの (人). ***～s y troyanos*** 犬猿の仲.

tirita 女〖医〗絆創膏(ばんそうこう).

tiritar 自 (体が) 震える.

tiritera 女 → tiritona.

tiritón 男 [主に複] 小刻みな震え.

tiritona 女《話》震え; 悪寒.

tiro [ティロ] 男 [英 throw] ❶〖スポ〗(球を) **飛ばすこと**, 放ること, スロー, シュート. ～ libre フリースロー. ❷ 射撃; 発射. ～ al blanco 競技射撃. ～ al plato クレー射撃. ～ de pichón トラップ射撃. ❸ 牽引(けんいん); 《集合的》牽引用牛馬. ❹ (馬具の) 引き綱. **—** 活 → tirar. ***al ～*** 《ラ米》(ﾁﾘ) ただちに. ***a ～*** 手の届くところに. ***a ～ hecho*** 決意して. ***caer [sentar] como un ～*** 《話》衝撃となる (ほどひどい). ***de a ～*** 《ラ米》(ﾒｷｼｺ) 完全に. ***de ～s largos*** 《話》着飾って. ***no van por ahí los ～s*** 《話》的を射ていない. ***ni a ～s*** 《話》決して…ない. ***salir el ～ por la culata*** 《話》当てが外れる.

T

tiroideo, a 形〖解〗甲状腺(せん)の.

tiroides 男 [単複同形] 甲状腺(せん).

tirolés, lesa 形 男 女 チロルの (人).

tirón 男 ❶ 引き. dar un ～ ぐいっと引く. ❷〖スポ〗スパート. ❸ ひったくり. ❹《話》(体等の) ひきつり. ❺ 魅力. ❻〖経〗急な変動. ***de un ～*** 一気に.

tironear 他 引っ張る.

tironero, ra 形 男 女 ひったくり (の).

tiroriro 男《擬》(笛の音) ピーヒャラリ.

tirotear 他 (銃を) 連射する.

tiroteo 男 (銃の) 連射.

tirria 女 憎悪, 嫌悪.

tirso 男 ❶〖植〗蜜錐(みつすい)花序. ❷〖ギ神〗バッカスのつえ.

Tirso de Molina 固名 ティルソ・デ・モリーナ (1571? -1648): スペインの劇作家.

tisana 女 煎(せん)じ薬.

tísico, ca 形〖医〗肺結核の. **—** 男 女 肺結核患者.

tisiología 女〖医〗結核病学.

tisis 女 [単複同形]〖医〗肺結核.

tisú 男 [複数 ～(e)s] 金銀織り込みの薄絹.

titán 男 ❶ 超人. ❷〖ギ神〗タイタン.

titánico, ca 形 超人的な.

titanio 男〖化〗チタン.

titear 自 (ウズラがひなを呼んで) 鳴く.

títere 男 ❶ 操り人形. ❷ [複] 人形劇. ❸《話》他人の言うがままに動く人.

titi 男 女《俗》(主に女性) 若者.

tití 男 [複数 ～s]〖動〗ティティ (モンキー).

Titicaca 固名 el lago ～ ティティカカ湖: ペルーとボリビア国境の湖.

titilar 自 (星が) きらめく; ぴくぴく震える.

titileo 男 (星の) きらめき; 震え.

titiritaina 女《話》笛や太鼓の音; 喧騒(けんそう).

titiritar 自 (寒さ・恐怖に) 震える.

titiritero, ra 男 女 人形遣い; 曲芸師.

tito, ta 男 女《話》おじちゃん, おばちゃん. **—** 男 果物の種.

titubeante 形 躊躇(ちゅうちょ)する.

titubear 自 躊躇(ちゅうちょ)する; 口ごもる.

titubeo 男 躊躇(ちゅうちょ); 口ごもり.

titulación 女 ❶ 学位. ❷ 題をつけること.

titulado, da 形 ❶ 学位のある. ❷ …という題の. **—** 男 女 学位取得者.

titular 形 肩書・称号・資格を持つ. **—** 男 女 ❶ 肩書を持つ人. ❷ 名義人. **—** 男 [主に複] (新聞の) 見出し. **—** 他 題をつける. **—titularse** 再 学位を取る.

titularidad 女 ❶ 名義. ❷ 所有権.

titulillo 男〖印〗欄外見出し.

título [ティトゥロ] 男 [英 title] ❶ **題**, 題名. ❷ **肩書**, (免状による) 資格; 学位; 爵位. ❸ 権利; 根拠; 資格. ❹ 証書, 証券. ***a ～ de...*** …の名目で.

tiza 女 ❶ チョーク, 白墨. ❷ (ビリヤード) (キューにつける) チョーク.

tiznajo 男 (煤(すす)・墨等の) 汚れ; 汚点.

tiznar 他 ❶ (煤(すす)等で) 黒く汚す; 汚す. ❷ (名誉等を) けがす. **—tiznarse** 再《**con, de**》(…で) (体の一部を) 黒くする; 汚す.

tizne 男 (または女) ❶ 煤(すす). ❷ (黒い) 汚れ. ❸ 燃えさし.

tiznón 男 (煤(すす)の) 汚れ.

tizo 男 (くすぶる) 燃えさし.

tizón 男 ❶ 燃えさし. ❷ れんがの小面(こぐち). a ～ 小口積みで. ❸ (麦等の) 黒穂病 (菌).

tizona 女 剣, 武器.

tizonazo 男 ❶ 平手; 打撃. ❷ [主に複] 地獄の火刑.

Tláloc 固名 トラロック: 古代メキシコの雨の神.

tlapalería 女《ラ米》(ﾒｷｼｺ) 金物雑貨店.

TLC 男 *T*ratado de *L*ibre *C*omercio de América del Norte 北米自由貿易協定 [英NAFTA].

toalla [トアリャ (トアヤ・トアジャ)] 女 [英 towel] ❶ **タオル**; タオル地. ～ de baño バスタオル. ❷《ラ米》(ｱﾙｾﾞﾝﾁﾝ)(ｳﾙｸﾞｱｲ)生理用ナプキン(＝～ higiénica). **arrojar [tirar] la ～**(ボクシング)タオルを投げる;《比喩的》投げ出す.

toallero 男 タオル掛け.

toar 他〖海〗曳航(えいこう)する.

toba 女 ❶〖地質〗凝灰岩. ❷ タバコの吸いさし. ❸ 人差し指[薬指]を親指の腹を滑らせながらはじくこと. ❹〖植〗オオヒレアザミ.

tobera 女 通気管, 排気管.

Tobías 男〖聖〗(1) トビト記:旧約中の歴史書. (2) トビト;(トビトの息子)トビアス:信心深いユダヤ人.

tobillero, ra 形 (長さが)くるぶしまで届く. ── 女 くるぶし用のサポーター.

tobillo 男 くるぶし.

tobo 男《ラ米》バケツ(➡ cubo 地域差).

tobogán 男 ❶ トボガン(小型のそり);トボガン競技用のコース. ❷ 滑り台.

toca 女 (16世紀の女性用の)帽子;(修道女の)ずきん. ── 活 ➡ tocar.

tocable 形 触れられる;演奏可能な.

tocadiscos 男[単複同形]レコードプレーヤー.

tocado, da 過分 ➡ tocar. 形 ❶ 頭のおかしい. ❷〖スポ〗(ボクサーがパンチを受けて)頭がふらついた;《de》(選手が…を)傷めた. ❸ (果物が)腐りかけた. ❹《con, de》(…を)かぶった. ❺《de》(…に)冒された, 影響された. ── 男 髪型;髪飾り.

tocador, dora 男 女 演奏者. ── 男 ❶ 化粧台;化粧室. ❷《話》女性用洗面所. ***artículos de ～*** 化粧品.

tocamiento 男 ❶ 触れること. ❷ ひらめき, インスピレーション.

tocante 形 触れる. ***(en lo) ～ a ...*** …に関しては.

tocar [トカル] 26 他 〔英 touch; play〕 ❶ **触れる**, 触る. No *toquen* la vidriera. ガラスに触れないでください. La silla *toca* la pared. いすは壁際にある. Están *tocando* el final del trabajo. 彼らの仕事は終わりに近づいている. ❷ (楽器を)**弾く**, (鐘・音を)鳴らす. ～ el piano [la guitarra, el violín, la flauta] ピアノ[ギター, バイオリン, フルート]を弾く[吹く]. ～ la bocina クラクションを鳴らす. ❸ (話題として)触れる;(作品等に)手を入れる. ❹ …に届く;ぶつかる. Esta pieza nos *tocó* el corazón. この作品は私たちの心に響いた. ❺ …に寄る. ～ puerto 寄港する. ── 自 ❶ 演奏する, (鐘等が)鳴る;《a》(…の)音[鐘]を鳴らす. *Tocan a* la puerta. (玄関で)誰か呼んでるよ. ❷《間接目的語代名詞を伴って》《順番等》…に当たる;(義務が)回ってくる. Ahora nos *toca* limpiar la casa. 今度は私たちが家を掃除する番だ. ❸ (くじ等が)当たる. Me *ha tocado* la lotería. 宝くじが当たった. ❹《a》《話》(家族関係で)(…という)関係である, (…に)あたる. Esta chica *toca a* su prima. この子は彼のいとこにあたる. ❺《en》(…に)接触する;(…に)近い. ～ *en* suerte 運が向く. ❻《en》(…に)寄航[寄港]する. ── **tocarse** 再 ❶ (自分の体を)触る. ～ la barba 自分のあごひげを触る. ❷ ぶつかり合う. ❸《con》(…を)かぶる. ***¡a* 〈＋不定詞〉 *tocan!*** …するときが来た. *¡A* pagar *tocan!* 今こそ償うときだ. ***en [por] lo que toca a ...*** …に関して言うと. ***tocar de cerca*** (事柄が)身につまされる;(人が)親せきである. ***tocar fondo*** どん底である. ***tocárselas***《俗》逃げる, 立ち去る.

tocata 女〖音〗トッカータ:鍵盤(けんばん)楽器のための楽曲. ── 男《話》➡ tocadiscos.

tocateja《話》***a ～*** 即金で.

tocayo, ya 男 女 同名の人, 同名異人.

tocho, cha 形 ❶ 愚鈍な. ❷ (本が)退屈な. ── 男 ❶ 粗製れんが. ❷ インゴット.

tocinería 女 豚肉店.

tocino, na 男 ❶ (塩漬けした)豚のばら肉, ベーコン(＝～ entreverado). ❷ 豚の脂身, ラード. ── 男 女《軽蔑》頭の悪い人, まぬけな人. ***～ de cielo*** 卵黄と糖蜜(とうみつ)で作ったプリンのような菓子.

toco, ca 男 女《ラ米》(ﾁﾘ)➡ tocayo. ── 活 ➡ tocar.

tocología 女〖医〗産科学.

tocólogo, ga 男 女〖医〗産科医.

tocomocho 男《話》宝くじを使った詐欺;詐欺に使われる宝くじ.

tocón, cona 形《話》触り魔の. ── 男 ❶ 切り株. ❷ (切断後に残る手足の)基部. ❸《話》触り魔.

tocuyo 男《ラ米》(ﾍﾟﾙｰ)粗綿布.

todavía [トダビア] 副 〔英 yet, still〕 ❶ **まだ**, いまだに(↔ya). *T*～ está lloviendo. まだ雨が降っている. *T*～ no ha terminado el curso. コースはまだ終わっていない. ❷《más, menos, mejor 等と共に用いて比較を強める》さらに…. Su hermano es ～ *más* inteligente. 彼の弟がさらに頭がいいんだ. ❸ (不十分を表して)それでもなお.

todito, ta 形《話》《強調》すべての, 全くの. *todita* la noche 一晩中ずっと.

todo, da [トド, ダ] 形《不定》〔英 all〕 ❶《冠詞・所有詞・指示詞等限定詞を伴う名詞ではそれらの限定詞に前置する》**すべての**. Se comió *toda* la paella. 彼はパエリャを全部平らげた. ～ el día 一日中. ～*s* los días 毎日. Haré ～ lo que me mandes. 君が命ずることは何でもするよ. No ～*s* los ricos son felices. 金持ちがみんな幸せとは限らない. ❷《無冠詞・単数で》すべての, いかなる…も. *T*～ hombre es mortal. 人は誰でも死ぬものである. ── 代名《不定》❶《性数不変》すべて(のもの, こと). *T*～ parece muy bien. すべてが順調に見える. Lo saben ～. 彼らはすべてを知っている. ► 直接目的語として用いられる場合, 中性代名詞 lo を伴うことが多い. ❷ [複] 全員. *T*～*s* me contestaron en seguida. 全員が私にすぐ返事をくれた. ── 男 (部分に対して)全体. El ～ es mayor que la parte. 全体は部分よりも大きい. ── 副《＋形容詞・副詞》すっかり, すべて. Llegó a casa ～ borracho. 彼はすっかり酔っ払って帰って来た. ***así y ～*** それにもかかわらず. Me ha regañado, pero *así y* ～ la quiero. しかられたけど僕は彼女を愛している. ***con ～ (y con eso)*** にもかかわらず, しかしながら. ***de todas todas*** 確実に. Sé *de todas todas* que no se fía de mí. 私は彼が私のことを信じていないことをちゃんと知っている. ***de ～*** あらゆる種類の. Hay *de* ～. なんでもそろっている. ***del ～*** 全く. Eres tonto *del* ～.

T

君は全くばかだ. No es *del* ～ pesimista. 彼は完全に悲観論者というわけではない. ***ser* ～ *uno*** 同時である. ***sobre* ～** とりわけ. ***y* ～** …等. Vendió su casa *y* ～. 彼は家も何もかも売ってしまった.

todopoderoso, sa 形 全能［万能］の, 絶大な権限を有する. ***El T～*** 神.

todoterreno / todo-terreno 形 男 オフロード仕様の（車）.

tofo 男〖医〗痛風結節.

toga 女 ❶（司法官・教授等の）法服. ❷ トーガ：古代ローマのゆったりとした長衣.

togado, da 形（司法官が）法服をつけた；トーガを着用した. ── 男 司法官.

Togo 固名 トーゴ：首都ロメ Lomé.

togolés, lesa 形 男 女 トーゴの［人］.

toilette［トゥアれ(トゥ)］〔仏〕女 ❶ 身だしなみ. hacerse la ～ 身だしなみを整える. ❷ 洗面所, トイレ. ❸ 化粧台.

toisón 男 ❶ 羊の毛；羊毛皮. ～ de oro〖ギ神〗金の羊毛皮. ❷〖史〗金羊毛騎士団（＝orden del ～ de oro）：1429年創設. 18世紀以降スペイン王が団長を務めた. ❸ 金羊毛騎士団の記章.

tojo 男〖植〗ハリエニシダ.

Tokio / Tokyo 固名 東京.

tokiota 形 男 女 東京の（人）.

tolda 女 ❶《話》→ toldo ①②. ❷《ラ米》(ﾍﾞﾈｽﾞｴﾗ)政党；派閥.

toldería 女《ラ米》(ｱﾙｾﾞﾝﾁﾝ)(ｳﾙｸﾞｱｲ)（先住民の）テント村.

toldilla 女〖海〗船尾楼（甲板）.

toldillo 男《ラ米》(ｺﾛﾝﾋﾞｱ)(ﾍﾞﾈｽﾞｴﾗ)蚊帳.

toldo 男 ❶ 日よけ, 雨覆い. ❷（車の）幌(ほろ). ❸《ラ米》(1)(ﾒｷｼｺ)（車の）ボンネット, フード. (2)(南米)（先住民の住居用）テント；かや.

tole 男 騒ぎたてること；悪いうわさ. ***tomar* [*coger*] *el* ～**《話》そそくさと立ち去る.

toledano, na 形 男 女 トレドの（人）. ***pasar una noche toledana*** 眠れぬ夜を過ごす.

Toledo 固名 トレド：スペインの県；県都.

tolemaico, ca 形 ❶（ギリシャの学者）プトレマイオスの；天動説の. ❷（古代エジプトの）プトレマイオス王朝の.

tolerable 形 我慢できる, 許容できる.

tolerado, da 形（映画やショーが）子供向きの, 暴力シーンがない.

T

tolerancia 女 ❶（思想・宗教等に対する）寛容, 認容. ❷《a》（…に対する）我慢, 忍耐（力）；耐久力. ❸〖技〗許容誤差；（造幣で量目・純分の）公差. ❹〖医〗耐性；〖植〗抵抗性.

tolerante 形 ❶（思想・宗教等に）寛容［寛大］な. ❷（重圧等に）耐えられる.

tolerantismo 男 宗教的寛容主義.

tolerar［トれラル］他〔英 tolerate〕❶ 我慢する；耐える. ❷（行動を）許容する；（異なる思想・意見を）受け入れる. El jefe no *tolera* que se llegue tarde. 上司は遅刻を許さない. ❸（体や消化器官等が）（食べ物や薬を）受け付ける.

tolete 男 ❶〖海〗（オール受け用の）トールピン, オール受け. ❷《ラ米》こん棒；(ﾍﾞﾈｽﾞｴﾗ)野球のバット. ── 形《ラ米》(ｷｭｰﾊﾞ)《話》まぬけな.

toletole 男《ラ米》(ｱﾙｾﾞﾝﾁﾝ)(ﾎﾞﾘﾋﾞｱ)(ﾁﾘ)(ﾊﾟﾗｸﾞｱｲ)(ｳﾙｸﾞｱｲ)→ tole.

tolla 女 ❶ 湿地, 沼地. ❷《ラ米》(ｷｭｰﾊﾞ)（家畜の）水飲み場.

tollina 女《話》ひっぱたくこと, 殴打.

tolmo 男 ごつごつした岩山（の山頂）.

tolondro / tolondrón 男 こぶ；腫物(はれもの).

Tolosa 固名 トロサ：スペイン, ギプスコア県の町.

tolteca 形 トルテカ（族・文化）の. ── 男 女 トルテカ族（の人）：古代メキシコの先住民. ── 男 トルテカ語.

tolueno 男〖化〗トルエン.

tolva 女 ❶ ホッパー：じょうご形の口のついた装置. ❷（教会の寄付金箱の）コイン投入口.

tolvanera 女 砂ぼこり.

toma 女 ❶ 取ること；手に入れる［引き受ける］こと. ～ de control 支配権の掌握. ～ de conciencia 自覚. ～ de sangre 採血. ～ de posesión 就任. ～ de tierra 着陸, 着地；〖電〗アース. ❷（食べ物の）摂取；（薬の）服用. ❸ 奪取；占拠. ❹ 取り入れ口. ～ de corriente コンセント, プラグ. ～ de agua [aire] 蛇口［通風口］. ❺ 用水路［溝］. ❻〖映〗〖写〗撮影. ～ aérea 空撮. ── 活 → tomar.

tomacorriente 男《ラ米》コンセントのプラグ.

tomado, da 過分 → tomar. 形 ❶（かぜ等で声が）かすれた. ❷《ラ米》酔っ払った. ── 女《ラ米》(ｱﾙｾﾞﾝﾁﾝ)(ｳﾙｸﾞｱｲ)《話》取ること.

tomador, dora 男 女 ❶〖商〗手形名宛(なあて)人,（小切手・手形の）受取人. ❷《ラ米》飲んべえ.

tomadura 女 取ること. ***～ de pelo***《話》冗談, 一杯食わすこと.

tomahawk〔英〕男 トマホーク：北米先住民の戦闘用斧(おの).

tomar［トマル］他〔英 take〕❶ **取る**, つかむ. ～ asiento 席につく. *Tomé* al niño de la mano. 私は子供の手を取った. ¡*Toma*!（物を勧めて）どうぞ. ❷ **食べる, 飲む**. ～ cerveza ビールを飲む. Tienes que ～ dos pastillas cada seis horas. 6時間ごとに2錠飲まなくてはいけません. ❸（乗り物に）**乗る**. ❹ 受け入れる, 選択する. ～ ejemplo 例を挙げる. ～ la ruta más corta 最短のルートを選ぶ. ❺（写真・映画を）撮る. ～ una foto de ... …の写真を撮る. ❻（ノートを）取る. ～ apuntes [notas] ノート［メモ］をとる. ❼ 測る. ～ la temperatura de la enferma 病人の熱を測る. ❽ 獲得する, 得る. ～ forma（計画等が）具体化する. ❾（対策等を）講じる. ～ medidas para ... …の対策をたてる. ❿（感情等を）抱く. ～ cariño 愛着を抱く. ～ asco むかつく. ⓫ 楽しむ；（日光・シャワーを）浴びる. ～ el sol 日光浴をする. ～ el aire fresco 風に当たる. ⓬ 占領［攻略］する. ⓭ 理解する. ～ en serio [en broma] 本気にする［冗談と受け止める］. ⓮ 賃貸する；買う；契約を交わす. ── 自 ❶〖植〗（根・挿し木が）つく. ❷ 行く, 進む. *Toma* a la izquierda. 左へ進みなさい. ❸《ラ米》酒を飲む. ──

tomarse 再 ❶ つかむ, 獲得する. ❷ 食べて［飲んで］しまう. ❸（自分の体温・脈拍・サイズ等を）測る. ～ la tensión（自分の）血圧を測る. ❹ 理解する. ❺（輝き等が）曇る, 鈍る. A mí *se* me *tomaba* la voz. 私は声がしゃがれていた. ***ser de armas tomar***

(人が) 勇敢である. ***¡Toma!*** 《驚き》何だって, えっ;《あきれて》なんだ. ***tomarla con ...*** 《話》 (1) …をいじめる, ばかにする;かまう. (2) (物を) 執拗(しつよう)にいじる. ***tomar para la farra*** 《ラ米》(アルゼンチン)(パラグアイ)(ウルグアイ)ばかにする (= tomar el pelo). ***tomar pie de ...*** …をだしに使う;利用する. ***tomar por ...*** …だと思う;…と間違える. *¿Por quién me tomaste?* 僕を誰だと思ったのさ. ***tomar (...) por donde quema*** (…を) 攻撃的に扱う. Está *tomando* las cosas *por donde queman.* 物事を悪く見ている. ***tomar(se) a pecho*** 真剣に取り組む[受け止める];大事に扱う. ***toma y daca*** 協力(関係), 助け合い.

Tomás 固名 トマス:男子の名.

tomatada 女 トマトサラダ;トマト料理.

tomatal 男 トマト畑.

tomatazo 男 トマトを投げつけること.

tomate [トマテ] 男 〔英 tomato〕 ❶ 〖植〗**トマト** (の実・木). ponerse como un ～ (恥ずかしくて) 赤面する. ❷ 《話》 (靴下のかかと等の) 穴, 破れ. ❸ 《話》 困難;もめごと.

tomatero, ra 男 女 トマト売り;トマト栽培者. ── 女 〖植〗トマト (の木).

tomavistas 男 [単複同形] 8ミリカメラ.

tómbola 〔伊〕 女 福引き (会場).

tomento 男 ❶ 麻くず. ❷ 〖植〗 (葉・茎等の) 繊毛, 綿毛.

tomillar 男 タイムの自生地[畑].

tomillo 男 〖植〗タイム.

tomismo 男 〖哲〗 (14世紀以降広まった) トマス説:トマス・アクィナスの神学説.

tomista 形 男 女 トマス派の (神学者, 信奉者).

tomo 男 ❶ (書物の) 巻;(大判の) 本. ❷ かさばる物. ***de ～ y lomo*** 《話》 途方もない, 重要な, 大変な.

tomografía 女 断層写真撮影 (法).

tompeate / tompiate 男 《ラ米》(メキシコ)シュロで編んだかご.

ton 男 ***sin ton ni son*** 《話》 訳もなく.

tonada 女 ❶ 歌詞;曲, メロディー. ❷ 《ラ米》 口調, なまり.

tonadilla 女 ❶ (スペインの) 短い民謡. ❷ トナディーリャ:18世紀半ばから19世紀初頭にかけて, スペインで流行した短い喜歌劇.

tonadillero, ra 男 女 tonadillaの作詞家[作曲家, 歌手].

tonal 形 〖音〗音調の;〖美〗色調の.

tonalidad 女 ❶ 〖音〗 調 (性). ～ mayor [menor] 長[短]調. ❷ 〖美〗色調. ❸ 〖放送〗音質, トーン.

tondero 男 《ラ米》(ペルー)トンデロ:海岸地方の民族舞踊.

tonel 男 ❶ 樽(たる);樽 1 杯分の量. ❷ 非常に太っている人.

tonelada 女 ❶ (重量単位の) トン;メートルトン (1000キログラム) (= ～ métrica). ～ corta 米トン, 小トン (約907.2キログラム). ～ larga 英トン, 積載トン (約1016.1キログラム). ❷ 〖海〗 (船舶の容積・積載能力の単位) トン.

tonelaje 男 容積トン数, 積載量;〖海〗 (船舶積量) トン数. ～ bruto 総トン数.

tonelería 女 ❶ 樽(たる) [桶(おけ)] 製造業;樽[桶]屋. ❷ 《集合的》 樽.

tonelero, ra 形 男 女 樽(たる) [桶(おけ)] の (職人).

tonelete 男 (甲冑(かっちゅう)の) スカート型の腰当て;裾(すそ)丈の短いスカート.

tonga 女 層. ── 固名 [T-] トンガ:首都ヌクアロファ Nukualofa.

tongada 女 → tonga.

tongo 男 ❶ 〖スポ〗 八百長. ❷ 《ラ米》(ボリビア)(ペルー)山高帽子.

Toni 固名 トニ: Antonio, Antonia の愛称.

tónica 女 ❶ 〖音〗 主音. ❷ 風潮, 動向. ❸ (清涼飲料水の) トニック.

tonicidad 女 (筋肉組織の) 緊張性.

tónico, ca 形 ❶ 強勢[アクセント]のある. ❷ 〖音〗 主音の. ❸ 元気づける;〖医〗 (医薬品が) 強壮にする. ── 男 ❶ トニック・ローション. ❷ 〖医〗 強壮剤[薬].

tonificación 女 強壮化;(元気) 回復.

tonificante 形 強壮にする, 元気づける.

tonificar 26 他 強壮[強健]にする;元気を取り戻させる.

tonillo 男 ❶ 一本調子. ❷ なまり;話しぐせ. ❸ 皮肉な[悪意のある] 口ぶり.

tonina 女 〖魚〗マグロ;〖動〗イルカ.

tono [トノ] 男 〔英 tone〕 ❶ **口調**, 調子. hablar en el mismo ～ 抑揚のない話し方をする. cambiar de ～ 口調を変える. ❷ (文章・会話の) 調子. ～ frívolo 軽薄体. ❸ 色調. ～ claro 明るい色調. ～ político 政治的色彩. ❹ 音色, 音調. acento de ～ ピッチ・アクセント. ❺ 〖音〗 調 (性). ～ mayor [menor] 長[短]調. ❻ 活力, 元気. perder el ～ 元気をなくす. ❼ 品格, 気品. ❽ (筋肉の) 緊張 (状態). ***a ～ (con ...)*** (…と) 調和して. ***darse ～*** 威張る, うぬぼれる. ***de buen [mal] ～*** 上品[下品]な. ***fuera de ～*** ふさわしくない, 場違いな. ***subido de ～*** 下品な, きわどい. ***sin venir a ～*** 不用意に;不適切に.

tonsura 女 〖カト〗 (聖職者の頭頂部を丸く剃(そ)る) トンスラ, 剃髪(ていはつ).

tonsurar 他 ❶ 〖カト〗 (聖職者の頭頂部を丸く) 剃髪(ていはつ)する. ❷ (髪を) 短く刈る;(羊の毛等を) 刈り込む.

tonta 形 → tonto.

tontada 女 → tontería.

tontaina 形 男 女 《話》 まぬけ (な).

tontamente 副 ばかなことに.

tontarrón, rrona 形 → tontorrón.

tontear 自 ❶ ふざける, ばかなことを言う. ❷ (異性に) 言い寄る;いちゃつく.

tontera 女 → tontería.

tontería [トンテリア] 女 〔英 foolishness, silliness〕 ❶ **愚かさ**, ばかな言動. ❷ つまらない [取るに足りない] こと. costar una ～ ただ同然の安さだ. ❸ おべっか. ***ser una ～ que*** 〈+接続法〉 …するなんてばかげている.

tontillo, lla 形 男 女 《話》 おばかさん (な).

tonto, ta [トント, タ] 形 〔英 foolish, silly〕 ❶ **ばかな**, まぬけな;無意味な. ❷ お人よしの;感傷的な. ❸ わずらわしい;ただをこねる. ❹ 横柄な. ── 男 女 ばか者. ── 男 道化師. ***a lo ～*** 無意識に. ***a tontas y a locas*** でたらめに. ***hacerse el ～*** 《話》 知らない[聞こえない]ふりをする. ***ser ～ de capirote [del bote, de remate,***

T

del haba]《話》どうしようもないばかである.
tontorrón, rrona 形 男 女《話》大ばか者(の).
tontuna 女 ばからしさ(＝tontería).
toña 女 ❶〖遊〗棒打ち遊び(の棒). ❷《話》殴打. ❸《話》酔い.
Toño 固名 トニョ：Antonio の愛称.
¡top! 間《船を止めるときの合図》止まれ.
topacio 男〖鉱〗トパーズ.
topada 女 頭突き.
topar 他 ❶ …に突き当たる. ❷ …に出くわす. ❸(動物が)…を角で突く. ❹〖海〗(檣頭(しょうとう)を)つなぎ合わせる. ── 自 ❶《**con, contra**》(障害物・困難に)ぶつかる；(…に)出くわす,(…と)偶然に出会う. ❷ 角で突く. ── **toparse** 再 ❶《**con**》(…に)出くわす, 偶然に見つける. ❷ 角で突き合う. ❸ 衝突する.
tope 男 ❶ 衝突, ぶつかり. ❷(何かに当たる)出っぱり. ❸ 緩衝[制動, 固定]の働きをするもの；(機械の)歯止め. ～ del coche (車の)バンパー. ～ del calzado (つま先用の)シューキーパー. ～ de puerta (ドアの)戸当たり. ❹ 先端；限界；最高(値). ～ de paciencia 我慢の限界. precio ～ 最高価格. fecha ～ 締切日. ***a(l)* ～** 最大限に；ぎゅうぎゅう詰めで. trabajar *a* ～ 精一杯働く. La discoteca estaba *a* ～. ディスコは人でいっぱいだった. ***hasta el* ～ [*los* ～*s*]** 限界まで；ぎゅうぎゅう詰めで.
topera 女 モグラの穴[巣].
topetada 女(動物の)角[頭]突き.
topetar 自 角で突く；ぶつかる.
topetazo 男 角の突き合い；衝突.
topetón 男 → topetazo.
topicalización 女〖言〗話題化.
tópico, ca 形 ❶〖医〗局所の. ❷ ありふれた. ── 男 ❶〖医〗外用薬, 局所剤. ❷ 決まり文句. ❸ 主題, テーマ；〖言〗話題.
topito, ta 男 女《ラ米》《話》背が低い人, ちび(→ bajo 地域差).
topless [トプレス]〔英〕男[単複同形] ❶(女性が)トップレスの状態. ❷ トップレスの女性がいるナイトクラブ, バー.
topo 男 ❶〖動〗モグラ. ❷《話》へまな人. ❸《話》目のほとんど見えない人. ❹《ラ米》(アルゼンチン)(ペルー)(マント・ポンチョを留める)大形の留めピン. ── 形 ❶ へまな. ❷《話》目がほとんど見えない.
topografía 女 地形(学, 測量, 図).
topográfico, ca 形 地形学的な；地形上の.
topógrafo, fa 男 女 地形学者, 地形測量士.
topología 女〖数〗位相幾何学；位相.
toponimia 女 ❶ 地名学, 地名研究. ❷《集合的》(ある地域・国の)地名.
toponímico, ca 形 地名(学)の.
topónimo 男 地名.
toque 男 ❶ 触れること；軽く打つこと. dar ～*s* en la puerta ドアをノックする. ❷(合図となる)楽器の音. ～ de diana 起床らっぱ. ～ de difuntos 弔いの鐘. ❸(薬の)塗布；吹き付け. ❹ 趣き, ニュアンス. ❺(絵画等の)仕上げ；手直し. ❻《ラ米》(コロンビア)《話》マリファナの一服. ── 活 → tocar. ***dar un* ～** 注意を与える；伝言する. **～ *de atención*** 警告. **～ *de queda*** (夜間)外出禁止令.
toque(-) / toqué(-) 活 → tocar.
toquetear 他《話》いじくる；(人を)なで回す.
toqueteo 男 いじくる[なで回す]こと.
toquilla 女 ❶(毛糸で編んだ)ショール；御包み(おくるみ)；(三角形の)ネッカチーフ. ❷《ラ米》〖植〗パナマソウ；その繊維.
tora 女 ❶〖宗〗トーラー, 律法：ユダヤ教におけるモーセ五書. ❷ ユダヤ人税.
torácico, ca 形〖解〗胸部の.
torada 女 雄牛の群れ.
toral 形 主要な；頑丈な.
tórax 男[単複同形]〖解〗胸郭；胸腔(きょうこう).
torbellino 男 ❶ 旋風. ❷(物事の)めまぐるしい動き. ❸《話》落ち着きのない人.
torca 女〖地質〗ドリーネ.
torcaz 形 女〖鳥〗モリバト(の).
torcecuello 男〖鳥〗アリスイ.
torcedor, dora 形 よじる, ねじる. ── 女(糸等をよる)撚糸(ねんし)機. ── 男 つむ, 紡錘.
torcedura 女 ❶ ねじり；ねじれ, よじれ. ❷〖医〗捻挫(ねんざ).
torcer [トルセル] 29 他〔英 twist〕❶ **曲げる**, ゆがめる. ～ el gesto 表情をゆがめる. ❷ **ねじる**；絞る. ～ una toalla タオルを絞る. ❸ 向きを変える；斜めにする. ～ los ojos 横目で見る. ～ la cabeza 首をかしげる. ❹ 曲解[歪曲(わいきょく)]する. ❺(他人の意見・意図等を)変えさせる；悪事に引き込む. ❻(ボール等に)回転をつける. ❼(葉巻等を)巻く. ── 自 ❶(道・車等が)曲がる. ～ a la derecha [izquierda] 右折[左折]する. ❷(ボールが)回転する. ── **torcerse** 再 ❶ 身をよじる；捻挫(ねんざ)する. ❷ ねじれる；ゆがむ；傾く. ❸ だめになる. *Se torció* todo el proyecto. 計画は全ておじゃんになった. ❹(ワイン・牛乳等が)変質する. ***dar* SU *brazo a torcer*** 《話》屈服[譲歩]する.
torcido, da 形 ❶ ねじれた, 曲がった；傾いた. ❷ ひねくれた. ❸《ラ米》(中米)不運な. ❹《俗》ドラッグでハイになった. ── 男 太いより絹糸. ── 女 ❶《ラ米》《集合的》サッカーの熱狂的サポーター. ❷ ろうそくの芯(しん).
torcijón 男〖医〗腹痛；〖獣医〗疝痛(せんつう).
torcimiento 男 → torcedura.
tórculo 男 プレス機械；刻印機.
Tordesillas 固名 トルデシリャス：スペイン, バリャドリードの都市.
tordo, da 形(馬が)葦毛(あしげ)の. ── 男 女 葦毛(の馬). ── 男〖鳥〗ツグミ.
toreable 形 闘牛ができる.
toreador, dora 男 女 闘牛士.
torear 他 ❶ 闘牛をする. ❷ かわす, うまくしのぐ. ❸(人を)あしらう；当惑させる. ❹《ラ米》挑発する；けしかける. ── 自 ❶ 闘牛をする. ❷《ラ米》(アルゼンチン)(ウルグアイ)激しくほえる.
toreo 男 闘牛；闘牛術. ── 活 → torear.
torera 女 ❶ → torero. ❷〖服〗ボレロ；闘牛士用の短いジャケット. ── 男 → torero. ***saltarse ... a la* ～** 《話》…を無視する.
torería 女 闘牛士たち；闘牛界.
torero, ra [トレロ, ラ] 形 闘牛士(気質)の；闘牛の. ── 男 女〔英 bullfighter〕

T

闘牛士(主にマタドール matador).
torete 男 小柄な闘牛.
toril 男〖闘牛〗(出場前の)牛の囲い場.
torio 男〖化〗トリウム.
torista 形(牛の所有者・闘牛士より)牛に重きをおいた.
torito 男 小さな雄牛.
tormenta [トルメンタ] 女〔英 storm〕❶ 嵐(あらし), 時化(しけ). ❷ 激情；動揺. ~ de celos 嫉妬(しっと)の嵐. ❸ 不幸, 逆境.
tormento 男 ❶ 拷問. dar ~ 拷問する. ❷ 苦しみ, 苦痛. ❸ 苦悩[苦痛]のもと.
tormentoso, sa 形 ❶ 嵐(あらし)の, 時化(しけ)の. ❷ 激烈な；荒れ模様の.
tormo 男 ❶ (ごつごつした)岩山. ❷ (土等の)塊. ~ de azúcar 角砂糖.
torna 女 ❶ 帰還. ❷ (用水路の)堰(せき). ***volver(se) las ~s*** 形勢が一変する.
tornaboda 女 結婚式の翌日(の祝宴).
tornachile 男《ラ米》(メキシコ)大形のチリトウガラシの一種. → chile.
tornadizo, za 形(天候・考え・信条等が)変わりやすい, 気まぐれな.
tornado 男 トルネード：特にアフリカ西部や米国ミシシッピ川流域の竜巻.
tornaguía 女 受領証.
tornapunta 女〖建〗(1) 支柱, 突っ張り. (2)(補強用)筋かい方杖(ほうづえ).
tornar 他 ❶ 返す, 返却[返還]する. ❷《en》…に変える. ── 自 ❶ 戻る. ❷《a+不定詞》再び…する. ── **tornarse** 再 ❶《en》…に変わる, …になる. ❷ 戻る. ***tornar en sí*** 意識を取り戻す, 我に返る.
tornasol 男 ❶〖植〗ヒマワリ. ❷ 玉虫色の光沢. ❸〖化〗リトマス(色素).
tornasolado, da 形 玉虫色に輝く, (光線によって)色調が変わる.
tornavoz 男 反響板.
torneado, da 形 ❶ 旋盤で加工した. ❷ 柔らかい曲線の. ── 男 旋盤加工.
tornear 他 旋盤で削る. ── 自 ❶ 旋回[回転]する. ❷ 馬上試合に出場する.
torneo 男 ❶〖スポ〗トーナメント. ❷ (中世騎士の)馬上試合(= ~ a caballo).
tornero, ra 男 女 旋盤工.
tornillo 男 ❶ ねじ, ボルト. ~ cruciforme プラスねじくぎ. ❷ 万力(= ~ de banco). ~ micrométrico マイクロメーター. ***apretarle a ... los ~s***《話》…をせっつく. ***faltarle (a ...) un ~ / ... tener flojos los ~s***《話》(…の)頭のねじがゆるんでいる. ***hacer ~***《ラ米》(アルゼンチン)(ウルグアイ)ひどく寒い.
torniquete 男 ❶ (十字形の腕木が回る)回転式出札口. ❷〖医〗止血[圧迫]帯.
torniscón 男《話》❶ 平手打ち. ❷ つねること.
torno 男 ❶ 旋盤. ❷ ろくろ. ❸ 巻き上げ機, ウインチ. ❹ (修道院の)回転式受付台；回転台. ❺ (歯科の)ドリル. ***en ~ a ...*** …の周りに；…に関して.
toro [トロ] 男〔英 bull(fight)〕❶〖動〗(去勢していない)雄牛. ~ de lidia 闘牛用の牛. ❷ [複] 闘牛(= corrida de ~s)；闘牛ごっこ. plaza de ~s 闘牛場. ❸ 頑強な男. ❹〖建〗大玉縁, トルス. ❺〖数〗円環面, トーラス. ── 固名 [T-]〖天文〗牡牛(おうし)座. ***coger [agarrar] el t~ por los cuernos***《話》勇気をもって立ち向かう. ***pillar el t~***《話》せっぱ詰まらせる. ***ver los t~s desde la barrera***《話》高見の見物をする.
toronja 女〖植〗ザボン；グレープフルーツ.
toronjil 男〖植〗セイヨウヤマハッカ, メリッサ.
toronjina 女 → toronjil.
toronjo 男〖植〗ザボン[グレープフルーツ]の木.
torpe [トルペ] 形〔英 clumsy〕❶ (動作・反応が)鈍い, のろい. Soy ~ con las manos. 私は手先が不器用だ. ❷ 愚鈍な. ❸ みだらな. ***~ de oído*** 耳の遠い. ***el pelotón de los ~s*** 落ちこぼれ集団.
torpedear 他 魚雷攻撃をする.
torpedero, ra 形 魚雷搭載の. ── 男 魚雷艇, 水雷艇(= lancha *torpedera*).
torpedo 男 ❶〖魚〗シビレエイ. ❷ 魚雷. ❸ [複]《ラ米》カンニングペーパー(→ chuleta 地域差).
torpeza 女 ❶ のろさ, 緩慢；ぎこちなさ. ❷ 不器用；へま. ❸ 愚鈍. ❹ 下劣.
torpón, pona 形 少し不器用[へま, まぬけ]な.
torpor 男 まひ, 不活発.
torrado 男 炒(い)って塩をまぶしたヒヨコ豆.
torrar 他 炒(い)る；ローストする.
torre [トレ] 女〔英 tower〕❶ 塔, タワー, やぐら. ~ de iglesia 鐘楼. ~ de control (飛行場の)管制塔. ❷ 高層の建物；のっぽの人. ❸ (チェス)ルーク. ❹ (軍艦の)砲塔. ❺ (高圧線用の)鉄塔. ***~ de Babel*** バベルの塔.
torrefacción 女 炒(い)ること.
torrefactar 他 炒(い)る.
torrefacto, ta 形 炒(い)った, 焙(ほう)じた.
torreja 女《ラ米》→ torrija.
torrencial 形 激流の. lluvia ~ 豪雨.
torrencialmente 副 llover ~ どしゃぶりの雨が降る.
torrente 男 ❶ (川の)激流. ❷ 血流. ❸ 殺到. ***~ de voz*** 朗々とした声.
torrentera 女 激流によって生じた水路.
torrentoso, sa 形《ラ米》(*)激流の.
torreón 男 大きな塔[やぐら].
torrero 男 灯台守；望楼番.
torreta 女 ❶〖軍〗(軍艦の)司令塔；砲塔. ❷→ torre ⑤.
torrezno 男 豚の脂身を揚げたもの.
tórrido, da 形 灼熱(しゃくねつ)の；熱帯の.
torrija 女 フレンチトースト.
torsión 女 ねじれ；ひねり；〖技〗トーション.
torso 男 ❶ (人の)胴体. ❷〖美〗トルソ.
torta 女 ❶〖料〗(主に平たい)ケーキ, パイ；《ラ米》(デコレーション)ケーキ(= ~ dulce)(→ pastel 地域差). ~ de Reyes 主の御公現の祝日(1月6日)用のケーキ. ❷ 平たい形状の塊. ❸《話》殴打；平手打ち；衝突. ❹〖印〗フォント, 書体. ❺《ラ米》(*)オムレツ(= ~ de huevos). ***costar la ~ un pan***《話》(品質の割に)高くつく；結果的に損をする. ***ni ~***《話》全然…ない. ***no tener ni media ~***《話》(肉体的に)弱々しい.
tortada 女 (詰め物入りの)小さめのパイ.
tortazo 男《話》平手打ち；衝突.
tortero, ra 男 女 ケーキ職人. ── 女 パ

T

イ皿.

torticero, ra 形 不当な, 不公平な；合法的でない.

tortícolis / torticolis 女（または男）〔単複同形〕首のねじれ［痛み］；《医》斜頸(しゃけい). Me he levantado con ～. 私は首を寝違えた.

tortilla ［トルティリャ（トルティヤ・トルティジャ）］女 ❶〔英 omelet(te)〕オムレツ. ～ de patatas [(a la) española] ジャガイモ入りオムレツ. ～ (a la) francesa プレーンオムレツ. ❷《ラ米》(中米)(メキシコ)トルティヤ：トウモロコシの粉を練って薄くのばして焼いた, タコスを包む皮. ***hacer ～ a ...*** …を砕く；(人を)くたばらせる. ***volverse*** [***cambiarse***] ***la ～*** 《話》状況が逆になる, つきが変わる.

tortillero, ra 男 女《ラ米》(メキシコ)トルティヤ製造人［業者］. ―― 女《俗》レスビアン.

tortita 女 詰め物をしたパイ. ***hacer ～s*** (遊戯で幼児に) 手をたたかせる.

tórtola 女《鳥》キジバト.

tortolito, ta 形 未熟な；おどおどした. ―― 男 女 恋人にべたぼれの人；［複］熱々のカップル.

tórtolo 男（雄の）キジバト.

tortuga 女 ❶《動》カメ. ❷《話》のろまな人；遅い乗り物.

tortuosidad 女 カーブの多いこと.

tortuoso, sa 形 ❶ 曲がりくねった. ❷ 陰険な.

tortura 女 ❶ 拷問. ❷ 苦痛, 苦悩.

torturar 他 ❶ 拷問にかける. ❷ ひどく苦しめる. ―― **torturarse** 再 苦悩する.

toruno 男《ラ米》(アルゼンチン)(チリ)(ウルグアイ)去勢牛.

torva 女 吹雪；暴風雨.

torvisco 男《植》ジンチョウゲ.

torvo, va 形（顔つき・様子が）険しい.

tory 〔英〕形 トーリー党の；保守的な. ―― 男（17-19世紀英国の）トーリー党員.

torz- 活 → torcer.

torzal 男 絹のより糸；《ラ米》(南米)(革の) ひも.

tos 女 咳(せき). tener ～ 咳が出る. ～ ferina《医》百日咳.

toscano, na 形 男 女（イタリアの）トスカーナの（人）. ―― 男 トスカーナ方言.

tosco, ca 形 ❶ 粗雑［粗末］な. tela tosca 地の粗い布. ❷ 粗野な；教養のない.

tosedera 女《ラ米》(コロンビア)咳(せき)込み.

toser 自 咳(せき)をする. ***no haber quien le tosa a ...*** / ***no ～le nadie a ...*** …の右に出る者がない；誰も…に意見できない.

tósigo 男 毒, 毒物；苦悩, 苦しみ.

tosquedad 女 ❶ 粗雑, 粗野；不作法, 無教養. ❷（布目等の）粗さ.

tostada 女 ❶ トースト（→地域差）. ❷ 厄介なもの. ❸ 混乱, 紛糾. ❹《ラ米》(メキシコ)ぱりぱりに揚げたトルティヤ tortilla. ***olerse la ～*** 《話》(危険・策略等に) 気づく. 地域差 トースト tostada《スペイン》《ラ米》；pan tostado《ほぼラ米全域》.

tostadero 男 ❶ 焙煎(ばいせん)器. ❷ 灼熱(しゃくねつ)の地.

tostado, da 形 ❶ トーストした；炒(い)った. ❷ 小麦色の；日に焼けた. ―― 男 ❶ 炒ること, 焙煎(ばいせん). ❷ トーストすること. ❸（肌の）日焼け.

tostador, dora 形 トーストする. ―― 男（または女）トースター.

tostadura 女 トーストすること；炒(い)ること, 焙煎(ばいせん).

tostar 32 他 ❶（きつね色に）焼く, トーストする；炒(い)る. ❷（太陽が）肌を焼く. ―― **tostarse** 再 ❶ 日焼けする. ❷ こんがりと焼き目がつく,（コーヒー豆等が）炒(い)り上がる.

tostón 男 ❶ 炒(い)ったヒヨコ豆. ❷［主に複］（スープ等に入れる）クルトン. ❸《料》子豚の丸焼き. ❹《話》うんざりするもの［人, 話, 作品］.

total ［トタる］形〔英 total〕❶ 全部の, 全体の. venta ～ 総売り上げ. ❷ 完全な. guerra ～ 総力戦. ―― 副 結局, 要するに；実際. ―― 男 ❶ 総額, 総計. ❷ 全体, 全部. ***en ～*** 結局；合計して.

totalidad 女 全体, 全部, 総計, 総数, 総量. ***en su ～*** 全体として, 総体的に.

totalitario, ria 形 ❶ すべての. ❷ 全体主義の.

totalitarismo 男 全体主義.

totalitarista 形 全体主義の. ―― 男 女 全体主義者.

totalizador, dora 形 合計する.

totalizar 57 他 総計する；合計で…に達する.

totalmente 副 全く；全面的に.

totazo 男《ラ米》(コロンビア)(転倒して) 頭をぶつけること.

totear(se) 自 再《ラ米》(コロンビア)炸裂(さくれつ)する；はじける.

tótem 男［複 ～(e)s］トーテム（ポール）.

totémico, ca 形 トーテム（崇拝）の.

totemismo 男 トーテム崇拝, トーテミズム.

totonaco, ca 形 トトナカ（族, 語）の. ―― 男 女 トトナカ族の人：メキシコ東南部ベラクルス州の先住民. ―― 男 トトナカ語.

totoposte 男《ラ米》(中米)ぱりっとしたトルティヤ tortilla.

totora 女 ❶《植》ガマ；トトラ. ❷（南米のティティカカ湖で見られる）葦(あし)舟, トトラ舟.

totovía 女《鳥》モリヒバリ.

totuma 女《ラ米》(ベネズエラ)ヒョウタン（の実, 器）.

totumo 男《ラ米》(ベネズエラ)《植》（クレスセンティア属）ヒョウタン（ノキ）.

tótum revolútum 〔ラ〕男［単数のみ］混乱.

tour ［トゥル］〔仏〕男［複 ～s］❶ 旅行, 遠足. ❷（楽団・劇団等の）ツアー, 遠征. el *T*～ de Francia ツールドフランス（フランス全土を走破する自転車レース）. ～ de force 神わざ. ～ operador ツアー企画会社［係］.

township ［タウンシ(プ)］〔英〕男（南アフリカ共和国等の）有色人種専用居住地区.

toxemia 女《医》毒血症.

toxicidad 女 毒性.

tóxico, ca 形 毒素の, 有毒な；中毒性の. ―― 男 毒物.

toxicología 女 毒物学.

toxicológico, ca 形 毒物学の.

toxicólogo, ga 男 女 毒物学者.

toxicomanía 女 麻薬中毒.

toxicómano, na 形 麻薬中毒になった. ―― 男 女 麻薬中毒患者.

toxina 女 毒素.

tozudez 女 頑固.

tozudo, da 形 男 女 頑固な（人）.

traba 女 ❶ つなぐ［結ぶ, 縛る, 留める］も

T

の. ❷ (馬の) 脚かせ；(囚人の) 足かせ. ❸《比喩的》障害, 束縛. ❹〖法〗差し押さえ. ❺〖複〗《ラ米》ヘアピン (→ horquilla 地域差). **poner ～s a ...** …を妨害[邪魔]する.

trabacuenta 女 ❶ (混乱を招く) 間違った言葉, 言葉の選択ミス. ❷ 論争.

trabado, da 形 ❶ つながれた. ❷ (話等が) まとまりのある. ❸〖言〗(音節が) 閉じた, 閉音節の.

trabadura 女 → trabamiento.

trabajado, da 過分 → trabajar. 形 ❶ 入念に細工[加工]された；磨きをかけた. estilo ～ 磨き抜かれた文体. ❷ 疲弊した.

trabajador, dora [トゥラバハドル, ドラ] 形 〔英 hard-working〕**勤勉な**, 働き者の. ── 男 女 〔英 worker〕**労働者**. ～ estacional 季節労働者.

trabajar [トゥラバハル] 自 〔英 work〕❶ **働く**, 仕事をする. ～ de [como] camarero ウエイターとして働く. ～ a jornada completa フルタイムで働く. ～ a tiempo parcial パートタイムで働く, アルバイトをする. ¿En qué *trabaja* usted? お仕事はなんでしょうか. ❷ (機械等が) 動く, 作動する；(機能を) 担っている. Estas máquinas *trabajan* día y noche. これらの機械は昼夜動いている. ── 他 ❶ 細工する；耕す；(問題等に) 取り組む. Hay que ver cómo se *trabaja* este asunto. この件をどのように取り扱うか注意しなくてはいけません. ❷ 商う. Ellos son los que *trabajan* este tipo de cosas. 彼らがこういったものを取り扱っています. ❸ 研究[勉強]する. Ahora *trabajan* la informática. 今は彼らは情報工学を研究している. ── **trabajarse** 再《話》…にアピールする；…に取り組む. Tienes que *trabajarte* a tu jefe para conseguir el puesto. その地位を得るには上司に働きかけなくてはいけないよ. Tengo que *trabajarme* un poco más el italiano. もう少しイタリア語の勉強に身を入れなくてはいけない. ***trabajar como una máquina*** 仕事をうまくこなす.

trabajo [トゥラバホ] 男 〔英 work, job〕❶ **仕事**, 労働；職；仕事場. estar sin ～ 失業中である. ir al ～ 仕事に行く. ～ corporal [físico] 肉体労働. contrato de ～ 労働契約. horas de ～ 労働時間. mercado de ～ 労働市場. permiso de ～ 労働許可証. ～ por horas パートタイム. ～*s* forzados [forzosos] 強制労働. ❷ 作品 (= obra). ❸ 勉強；研究 (論文), レポート. ～ de campo フィールドワーク. ❹ 努力, 苦労. costar ～ 手間がかかる, 骨が折れる. dar ～ 面倒である. con [sin] ～ 苦労して[たやすく]. ❺《物理》仕事量；〖IT〗ジョブ. ── 活 → trabajar. ***de*** **～** 仕事用の. ***tomarse el ～ de ...*** …の労をとる.

trabajoso, sa 形 骨の折れる；苦心した. ～ de hacer 行うのが難しい.

trabalenguas 男〖単複同形〗早口言葉, 発音の難しい語句.

trabamiento 男 接合.

trabar 他 ❶ つなぐ；接合[結合]する；関係づける. ❷ 固定する；足かせをはめる. ❸ 濃くする. ❹ 開始する. ～ amistad 友情を結ぶ. ❺ 妨げる. ❻ つかむ. ❼〖法〗差し押さえる. ── **trabarse** 再 ❶ (舌等が) もつれる, 絡まる；(機械等が) 動かなくなる. ❷ (液状のものが) 濃くなる；粘る.

trabazón 女 ❶ 接合, 組み合わせ. ❷ (物事の) 関連；一貫性. ❸〖料〗(ソース等の) とろみ；(練りもの等の) つなぎ.

trabe 女〖建〗梁(はり), ビーム.

trabilla 女 ❶ (足の裏にかけてズボン等を留める) 小さなバンド. ❷ (上着・コート等の) 背ベルト. ❸ ベルト通し.

trabucaire 男〖史〗(19世紀初め) らっぱ銃で武装したカタルーニャ人の反徒.

trabucar 26 他 ❶ (順序・秩序等を) 乱す. ❷ 混同する. ❸ (つづり・発音を) 間違う. ── **trabucarse** 再 取り違える.

trabucazo 男 ❶ らっぱ銃の発射 (による負傷). ❷ 思いがけない出来事[知らせ].

trabuco 男 らっぱ銃.

traca 女 爆竹.

trácala 女《ラ米》(ﾒｷｼｺ)(ﾍﾞﾈｽﾞｴﾗ)わな, ぺてん.

tracalada 女《ラ米》群衆；多数.

tracción 女 ❶ 引くこと. ～ animal 動物による牽引(けんいん). ～ delantera [trasera, en las cuatro ruedas]〖車〗前輪[後輪, 四輪]駆動. ❷ 牽引力[推力]実験.

trace(-) / tracé(-) 活 → trazar.

tracería 女〖建〗狭間(はざま)飾り, トレサリー.

tracio, cia 形 トラキア (人, 語) の. ── 男 女 トラキア人. ── 男 トラキア語.

tracoma 男〖医〗トラコーマ.

tracto 男 ❶〖カト〗詠唱. ❷〖解〗(器官の) 管, (神経の) 束路.

tractor, tora 形 牽引(けんいん)する. ── 男 トラクター, 牽引車.

tractorada 女 トラクターによるデモ.

tractorista 男 女 トラクター運転手.

tradición [トゥラディシオン] 女〖複 tradiciones〗〔英 tradition〕❶ **伝統**, 慣習. ～ regional 地方の風習. ❷ 伝承, 口承. ～ popular 民間伝承.

tradicional 形 ❶ 伝統的な；慣例の. ❷ 伝承の[による].

tradicionalismo 男 伝統主義.

tradicionalista 形 伝統主義者の. ── 男 女 ❶ 伝統主義者. ❷ (19世紀のスペインの) カルリスタ carlista.

tradicionalmente 副 伝統的に.

trading [トゥレイディン]〔英〕男 商業, 取引.

traducción [トゥラドゥクシオン] 女〖複 traducciones〗〔英 translation〕❶ **翻訳**, 通訳；訳文, 翻訳書. ～ interlineal 行間翻訳. ～ literal 直訳, 逐語訳. ～ libre 意訳. ～ automática〖IT〗自動翻訳. ～ yuxtalineal 対訳. ❷ 解釈；転換.

traducible 形 翻訳[言い換え]可能な.

traducir [トゥラドゥシル] 12 他 〔英 translate〕❶《**de** ... / **a** ...》(…から / …に) **翻訳する**. ～ *de*l español *al* japonés スペイン語から日本語に訳す. ❷ 表現する. ❸《**en**》(…に) 変化させる. ── **traducirse** 再 ❶ 翻訳される. ❷《**en**》(…に) 変わる.

traductor, tora 形 男 女 翻訳する[者]. ── 女 翻訳機. ── 男〖IT〗翻訳プログラム[ルーチン].

traduj- 活 → traducir.

traduzc- 活 → traducir.

T

traer [トゥラエル] 104 他 〔英 bring〕 ❶ **持ってくる**, 連れてくる；もたらす；運ぶ. ~ conflictos 軋轢(あつれき)をもたらす. ~ a la memoria 思い出す；思い起こさせる. ¿Me *traes* un vaso de agua? 水を一杯持って来てくれるかい. La política económica *trae* consigo un aumento del paro. その経済政策は失業の増加をもたらしている. ❷ 身に付けている；持っている. ¿Qué *traes* en el bolsillo? ポケットに何を入れているんだい. ❸ (新聞・雑誌等が) 載せている. ¿Qué *trae* el periódico de hoy? 今日の新聞にはどんな記事があるかい. ❹ 《+形容詞》…にする. Su actitud me *trae* inquieta. 彼の態度は私をいらいらさせる. — **traerse** 再 ❶ たくらむ, 仕組む；画策する. ¿Qué *te traes* con tanta gente? こんなに人を集めて君は何をたくらんでいるんだい. ❷ 《強調》持ってくる；連れてくる. *Me he traído* un ordenador. 私はパソコンを持ち込んだ. ***como Dios trae*** 裸で. ***traer**le **al fresco** [**sin cuidado**]* …にとって重要[肝要]でない. ***traer a mal*** 悩ませる. ***traérsela floja*** 《俗》…にとって重要でない；関係ない. ***traer de cabeza a ...*** …の頭痛の種である. ***traérselas*** やっかいである；常軌(じょうき)を逸する. Tiene un hijo, que *se las trae*. 彼には息子が1人いるが, これが変なやつなんだ. ***traer y llevar a ...*** …を翻弄(ほんろう)する；…のうわさをする.

trafagar 66 自 忙しく動き回る, 奔走する.

tráfago 男 大忙し, てんてこ舞い.

Trafalgar 固名 Cabo de ~ トラファルガー岬：スペインの大西洋に臨む岬.

traficante 形 密売する. — 男 女 商人, 販売業者；密売人.

traficar 26 自 ❶ 《en, con》(…を) 密売する. ❷ 《con》(…に) 付け込む.

tráfico [トゥラフィコ] 男 〔英 traffic〕 ❶ **交通**；輸送. señal de ~ 交通標識. ~ rodado 車の往来. ~ por ferrocarril 鉄道輸送. ❷ 〖商〗交易, 貿易；密売. ~ de divisas 外国為替取引. ***~ de influencias*** 権力の不法な行使, 収賄(しゅうわい).

traga 女 《ラ米》(コロンビア) 《話》強い恋愛感情.

T

tragabolas 男 [単複同形] 〖遊〗(人形の口にボールを投げ込む) 球投げゲーム.

tragacanto 男 〖植〗トラガカントゴム (ノキ).

tragaderas 女 複 《話》 ❶ のど元；食道. ❷ 信じやすさ；寛大.

tragadero 男 《話》 ❶ のど元；食道. ❷ 吸い込み口[穴].

trágala 男 ❶ [T-] 1820年ごろスペインの自由主義者たちが王制支持者を皮肉って歌った歌. ❷ 無理強い.

tragaldabas 男 女 [単複同形] 《話》 ❶ 大食漢. ❷ お人よし.

tragaleguas 男 女 [単複同形] 《話》健脚家.

tragaluz 男 採光窓；天窓.

tragamillas 男 女 [単複同形] 長距離走者[泳者].

tragamonedas 男 [単複同形] 《ラ米》(アルゼンチン) → tragaperras.

tragantona 女 《話》 ❶ 大宴会. ❷ 無理に飲み込むこと.

tragaperras 女 [単複同形] スロットマシーン (= máquina ~).

tragar 66 自 ❶ 飲み込む. ❷ 中に通す. Este desagüe no *traga*. この排水管は水が流れない. — **tragar(se)** 他 再 ❶ 飲み込む, もりもり食べる. ❷ うのみにする；納得する. duro de ~ 《話》信じがたい. tenerse *tragado* ... 《話》…を承知している. ❸ 我慢する, 甘受する. ❹ 包み隠す. ~ el dolor 痛くない振りをする. ❺ 消費する. ❻ 《話》惚(ほ)れる. ***tragar saliva*** 《話》(怒り・憤り等を) こらえる.

tragasables 男 [単複同形] 剣を飲み込む曲芸師.

tragedia [トゥラヘディア] 女 〔英 tragedy〕 ❶ 〖演〗〖文学〗**悲劇**. ~ griega ギリシャ悲劇. ❷ 悲惨な出来事 [状況]. parar [terminar] en ~ 不幸な結果となる.

trágico, ca [トゥラヒコ, カ] 形 〔英 tragic〕 ❶ (作品が) **悲劇の**. ❷ 悲劇的な. situación *trágica* 悲惨な状況. — 男 女 ❶ 悲劇作家. ❷ 悲劇俳優.

tragicomedia 女 ❶ 悲喜劇. ❷ (人生の) 悲喜劇, 悲喜こもごも.

tragicómico, ca 形 悲喜劇の[的な].

trago 男 ❶ 一口で飲める量 [飲むこと]. de un ~ 一気に. ❷ 酒；飲酒. ❸ 《話》逆境, 不幸. ❹ 〖解〗耳珠(じじゅ). ***a ~s*** ちびりちびりと.

tragón, gona 形 《話》大食らいの. — 男 女 《話》大食漢.

tragonería 女 《話》大食い (の悪習).

traición 女 ❶ 裏切り, 背信 (行為). hacer ~ a ... …を裏切る. ❷ 反逆 (罪). alta ~ (国家等に対する) 反逆罪. ***a ~*** だまし打ちで, 卑劣にも.

traicionar 他 ❶ 裏切る, 反逆する. ❷ 敗因となる. ❸ 露呈させる. ❹ 不倫する.

traicionero, ra 形 ❶ 裏切りの；不実な. ❷ 露呈させる. ❸ 失敗の元となる. — 男 女 裏切り者；反逆者.

traído, da 過分 → traer. 形 ❶ もたらされた. ❷ 使い古した. — 女 持ち込み. *traída* de aguas 送水, 給水. ***~ y llevado*** 使い古された；陳腐な.

traidor, dora 形 ❶ 裏切りの, 反逆の；不誠実な. ❷ (馬等が) 手に負えない. ❸ 予想に反して攻撃的な[強い]. — 男 女 裏切り者, 反逆者；背信者. ***Traductor es ~.*** 《諺》翻訳に誤訳は避けられない.

traidoramente 副 裏切って.

traig- 活 → traer.

tráiler [英] 男 [複 ~s] ❶ トレーラー. ❷ 〖映〗予告編.

traílla 女 ❶ (犬をつなぐ) 革ひも, 引き綱 (でつながれた犬). ❷ 地ならし機.

traillar 15 他 水平にする；地ならしをする.

traína 女 (イワシ等の) 地引き網.

trainera 女 ❶ (主にイワシ漁の) トロール船. ❷ (ボートレース用の) ボート.

traíña 女 (イワシ漁の大規模な) 引き網.

traj- 活 → traer.

traje [トゥラヘ] 男 〔英 dress, suit〕 **服**；スーツ, 背広；ドレス；衣装. ~ de moda 流行の服. ~ cruzado ダブル (スーツ). ~ de baño (女性用) 水着 (→ bañador 地域差). ~ de casa [de diario] ふだん着. ~ de ceremonia [de etiqueta] 礼服, 正装. ～ sastre [de chaqueta] (女性用) スーツ. ～ de luces 闘牛服. ～ de novia ウエディングドレス. ～ de noche イブニングドレス. ～ regional 地方独特の衣装. ―活→ traer.

trajeado, da 形 bien [mal] ～ 身なりのよい[悪い].

trajear 他 (服を) 着せる. ―― **trajearse** 再 (服を) 着る, 盛装する.

trajín 男 ❶ 分割して運搬すること. ❷《話》仕事 ; 雑用. el ～ de la casa 家事.

trajinar 自 ❶ 忙しく動き回る ; あくせく働く. ❷《俗》性交する.

tralla 女 (むちの先の) 革ひも.

trallazo 男 ❶ むち打ち ; むちの音. ❷ 叱責(しっせき). ❸〖スポ〗《話》(サッカー) 強いキック.

trama 女 ❶ (織物の) 横糸. ❷ (小説・劇等の) 筋. ❸ 計画 ; 陰謀. ligar una ～ 策略を巡らす. ❹〖生〗網状組織. ❺ (写真製版用の) 網目.

tramado 男〖写〗網目スクリーン.

tramar 他 ❶ 横糸を通す. ❷ たくらむ, 画策する. ❸ (複雑なものを) 整理する.

trambucar 26 自《ラ米》(ﾍﾞﾈｽﾞｴﾗ)(ｺﾛﾝﾋﾞｱ)難破[難船]する ; 埋没する.

tramitación 女 手続き, 処理.

tramitar 他 手続きをする, 処理する. ～ su entrada 入学手続きをする.

trámite 男 (正規の) 手続き ; 処理 ;〖法〗訴訟手続き.

tramo 男 ❶ 区域 ; (道路・鉄道・運河等の一定の) 区間. ❷ (踊り場と踊り場の間の) 一続きの階段. ❸ 分割したもの, 一区切り.

tramontano, na 形 山の向こうの. ―女 北風.

tramoya 女 ❶〖演〗舞台の仕掛け, からくり. ❷ たくらみ, 隠し事.

tramoyero, ra 形《ラ米》(ｱﾙｾﾞﾝﾁﾝ)(ｸﾞｱﾃﾏﾗ)ぺてんの, ずるい.

tramoyista 男 女 ❶〖演〗裏方. ❷ 詐欺[ぺてん]師. ―形 詐欺[ぺてん]師の.

trampa 女 ❶ (鳥獣を捕らえる) わな. poner una ～ わなを仕掛ける. ❷《比喩的》わな, 策略. caer en la ～ わなにはまる. ❸ (床・天井の) 跳ね上げ戸, (カウンターの) 上げ板. ❹ (賭博(とばく)で) いかさま. hacer ～*s* いかさまをする. ❺ 不正 (行為). ～ fiscal 脱税. ❻ (返済の遅れた) 借金. ***Hecha la ley, hecha la ～.*** 《諺》どんな法律にも必ず抜け道がある.

trampantojo 男《話》錯覚 ; だまし絵.

trampear 自 (借金で生活を) やりくりする. ―他 だまし取る.

trampero, ra 男 女 (わなを) 仕掛ける人. ―男《ラ米》(ｱﾙｾﾞﾝﾁﾝ)(ﾁﾘ)(捕鳥用) わな.

trampilla 女 (床・天井の) 跳ね上げ戸.

trampolín 男 ❶〖スポ〗(水泳の) 飛び板 ; (体操の) 踏み切り板 ; (スキーの) ジャンプ台 ; トランポリン. ❷ (成功のための) ステップ.

tramposo, sa 形 (賭事(かけごと)・ゲームで) いかさまの. ―男 女 いかさま師.

tran 《話》 ***al ～ ～*** (1) 深く考えずに. No haga las cosas *al ～ ～*. むやみに事を運んではいけません. (2) ゆっくりと, 慎重に.

tranca 女 ❶ こん棒 ; (戸・窓の) かんぬき. ❷ 泥酔. coger una ～《話》酔っ払う. ❸《俗》陰茎. ❹《ラ米》《話》(ﾍﾞﾈｽﾞｴﾗ)交通渋滞. ***a ～s y barrancas*** 《話》四苦八苦して, どうにかこうにかして.

trancada 女 大股(また)で歩くこと.

trancar 26 他 ❶ (戸・窓に) かんぬきをかける. ❷《ラ米》(ｱﾙｾﾞﾝﾁﾝ)(ｸﾞｱﾃﾏﾗ)(相手の足を) 引っかける.

trancazo 男 ❶ こん棒での殴打. ❷《話》インフルエンザ (＝gripe).

trance 男 ❶ 危機 ; 窮地. ❷ 臨終 (＝último ～). ❸ (霊媒師の) トランス状態. ***a todo ～*** 何が何でも. ***estar en ～ de*** 〈＋不定詞〉まさに…しようとしている.

tranchete 男 (靴職人の) 革切りナイフ.

tranco 男 ❶ 大股(また). ❷ 敷居. ***a ～s*** 大股で ; あたふたと.

tranquera 女 柵(さく) ;《ラ米》(柵状の) 戸.

tranquero 男 ❶〖建〗楣(まぐさ)石. ❷《ラ米》(ｺﾛﾝﾋﾞｱ)(ﾁﾘ)(ﾍﾞﾈｽﾞｴﾗ) → tranquera.

tranquila 形 → tranquilo.

tranquilidad 女 ❶ 静けさ, 静寂. ❷ 平静. con toda ～ 安心して. para mayor ～ 念のため.

tranquilizador, dora 形 落ち着かせる, 安心させる.

tranquilizante 形 鎮静させる. ―男〖医〗精神安定剤, トランキライザー.

tranquilizar 57 他 (心を) 静める ; 安心させる. ― **tranquilizarse** 再 静まる ; 和む ; (嵐(あらし)が) 和らぐ, (海が) 凪(な)ぐ.

tranquillo 男《話》要領, こつ.

tranquilo, la [トゥランキロ,ら] 形 〔英 calm, quiet〕 ❶ **静かな**, 穏やかな. ❷ (人が) 穏やかな, 落ち着いた ; (心が) 安らかな ; のんきな. Tengo la conciencia muy *tranquila*. 私は心にやましいところが全くない. ¡*T*～! 心配しないで. ― 男 女 おっとりした人, のんきな人.

tranquiza 女《ラ米》(ﾒｷｼｺ)(ｺﾛﾝﾋﾞｱ)殴打.

transacción 女 ❶ 妥協, 譲歩. llegar a una ～ 折り合いがつく. ❷〖商〗取引.

transalpino, na 形 (イタリアから見て) アルプスの向こう側の.

transandino, na 形 アンデスの向こう側の ; アンデス横断の.

transar 自《ラ米》(ｱﾙｾﾞﾝﾁﾝ)(ｸﾞｱﾃﾏﾗ)(ﾍﾞﾈｽﾞｴﾗ)譲歩する, 妥協する.

transatlántico, ca 形 大西洋横断の ; 大西洋の向こう側の. ―男 大型客船.

transbordador, dora 形 乗り換え[積み換え] 用の. ―男 フェリー ; (乗り換え用) シャトルバス ; スペースシャトル (＝～ espacial) ; ケーブルカー (＝～ funicular).

transbordar 他 (貨物・乗客を) 積み換える, 移す. ―自 乗り換える.

transbordo 男 乗り[積み] 換え.

transcendencia 女 → trascendencia.

transcendental 形 → trascendental.

transcendentalismo 男 → trascendentalismo.

transcendido 男 → trascendido.

transcontinental 形 大陸横断の.

transcribir 52 他 ❶ 書き写す ; 文字に起こす ; (**en**) (他の言語表記に) 書き換える. ❷〖音〗(**para**) (別の楽器用に) 編曲する.

transcripción 女 ❶ 筆写, 転写. ～ fonética 音声表記. ❷ 編曲.

T

transcriptor, tora 形 転写［筆写］する；編曲する.

transcrito, ta 過分 → transcribir.

transcurrir 自（時間が）経過する；（事が）進行する. ～ los días 日々が流れる.

transcurso 男 経過；期間. en el ～ del año 年内に.

transeúnte 男 女 通行人；短期滞在者. ―形 通りすがりの；一時的な.

transexual 形 性転換の；性同一性障害の. ―男 女 性転換者；性同一性障害者.

transfer［トゥランスフェル］〔英〕男〘スポ〙選手の移籍.

transferencia 女 ❶ 移動；譲渡. ～ de un jugador〘スポ〙選手の移籍. ❷〘商〙振替；振り込み. ～ bancaria 銀行振替. ❸〘心〙感情転移.

transferir 98 他 移動［移転］させる；譲渡する. ～ el dinero 金を振り込む.

transfiguración 女 変容, 変貌(へんぼう). la *T*～〘聖〙キリストの変容；キリスト御変容の祝日（8月6日）.

transfigurar 他 …の様相を変える. ― **transfigurarse** 再 変貌する.

transfixión 女 突き通すこと. la ～ de la Virgen María〘カト〙（キリスト受難に対する）聖母マリアの苦しみ.

transformable 形 変形できる.

transformación 女 ❶ 変化, 変形；加工. ～ del voltaje 変圧. ❷（ラグビー）コンバート.

transformador, dora 形 変形させる. la industria *transformadora* 加工産業. ―男 女 変革者. ―男〘電〙変圧器.

transformar［トゥランスフォルマル］他〔英 transform〕《en》（状態・形を）（…に）**変える**；加工する. ～ el hierro *en* alambre 鉄をワイヤーに加工する. ―自（ラグビー）コンバートする. ― **transformarse** 再《en》（…に）変化する, 姿を変える.

transformativo, va 形 変形する；変換する.

transformismo 男 ❶〘生〙生物変移説. ❷ 早変わりの芸；（意見等を）次々変えること.

transformista 形〘生〙生物変移説（支持）の. ―男 女 ❶ 生物変移論者. ❷ 早変わりの芸人.

tránsfuga 男 女 逃亡者；転向者.

transfuguismo 男〘政〙党員の移籍, 派閥を変えること.

transfundir 他 ❶（液体を）移し入れる；輸血する. ❷（ニュース等を）広める. ― **transfundirse** 再（ニュース等が）広まる.

transfusión 女 輸血；注入.

transfusor, sora 形 輸血の.

transgredir 8 他（法等に）違反する.

transgresión 女 違反.

transgresivo, va 形 違反に当たる.

transgresor, sora 形 違反する. ―男 女 違反者.

transiberiano, na 形 シベリア横断の. ―男 シベリア鉄道.

transición 女 推移, 変遷（期）. período de ～ 過渡期.

transido, da 形《de》（…に）さいなまれた. ～ *de* frío 体の芯(しん)まで冷えきった.

transigencia 女 妥協, 歩み寄り.

transigente 形 妥協的な, 歩み寄りの.

transigir 44 自 妥協する, 譲る；《con》（…を）我慢して受け入れる. no ～ *con* la injusticia 不正を見過ごせない.

transilvano, na 形 男 女 トランシルバニアの（人）.

transistor 男 トランジスタ（ラジオ）.

transistorizado, da 形 トランジスタを用いた.

transitable 形 通行できる.

transitar 自《por》（…を）通行する. calle *transitada* 往来の激しい通り.

transitivo, va 形〘文法〙他動詞の, 他動詞的な（↔intransitivo）.

tránsito［トゥランシト］男〔英 transit〕❶ **通行**, 往来. cerrado al ～ 通行止め. ～ rodado 車両通行. ❷ 通過, 一時滞在, トランジット. país de ～ 経由国. pasajero en ～ 乗継客. ❸（修道院等の）廊下. ❹ 昇天.

transitoriedad 女 一時的なこと；はかなさ.

transitorio, ria 形 一時的な；はかない. instalación *transitoria* 仮設.

translación 女 → traslación.

transliteración 女 翻字：別の文字体系で書き換えること.

translúcido, da 形 → traslúcido.

transmigración 女 輪廻(りんね), 転生；移住.

transmigrar 自（魂が）転生する；移住する.

transmisible 形 伝達［委譲］できる；伝染性の.

transmisión 女 ❶ 放送, 中継. ❷ 委譲. los impuestos de ～ de bienes 相続税. ❸ 伝達；伝染；伝動（装置）. ～ por contacto 接触感染. ❹［複］〘軍〙通信隊.

transmisor, sora 形 放送する；伝える. ―男 送話器；送信機.

transmitir［トゥランスミティル］他〔英 broadcast; transmit〕❶ **放送する**. ～ en directo［diferido］生［録画］中継する. ❷《a》（…に）**伝達する**；伝導する；伝播(でんぱ)させる. ～ por fax ファックスで伝える. ～ una enfermedad 病気を移す. Les *transmito* mis más sinceros saludos. 心より皆様にごあいさつを申し上げます. ❸ 委譲する. ～ los bienes 財産を譲る. ― **transmitirse** 再 伝わる；広まる.

transmutable 形 変質［変換］しうる.

transmutación 女 変質；〘物〙変換.

transmutar 他 変質させる；〘物〙変換する. ― **transmutarse** 再 変質する.

transnacional 形 多国籍の. ―女 多国籍企業.

transoceánico, ca 形 大洋の向こう側の；大洋横断の.

transpacífico, ca 形 太平洋の向こう側の；太平洋横断の.

transparencia 女 ❶ 透明（度）；明白さ. ～ de la política 政策のわかりやすさ. ❷〘写〙スライド；〘映〙スクリーン・プロセス.

transparentar 他 透かして見せる. ― **transparentarse** 再 透けて見え

る；見てとれる．

transparente ［トゥランスパレンテ］ 形 〔英 transparent〕 ❶ **透明の**；澄んだ．❷ 透けて見える．❸ 明白な；見え透いた．── 男 ❶ ブラインド；シェード；照明広告．❷ 〘建〙(祭壇の後ろの) ステンドグラス．

transpiración 女 〘植〙 蒸散；発汗．

transpirar 自 水分を発散する；発汗する；〘植〙 蒸散する．

transpirenaico, ca 形 ピレネー山脈の向こう側の；ピレネーを横断する．

transplantar 他 → trasplantar.

transpolar 形 (飛行ルート等が) 北極［南極］を通る．

transponer 75 他 ❶ 移動させる．～ el cargo al subordinado 役職を部下に引き渡す．❷ (障害物等を) 越える．── **transponerse** 再 うとうとする．

transportable 形 運送できる．

transportador, dora 形 運送の．cinta *transportadora* ベルトコンベアー．── 男 女 運搬者．── 男 分度器．

transportar ［トゥランスポルタル］ 他 〔英 transport〕 ❶ **運ぶ**，運搬する，輸送する．❷ 〘音〙 移調する．❸ 夢中にする．── **transportarse** 再 我を忘れる，うっとりする．

transporte ［トゥランスポルテ］ 男 〔英 transport〕 ❶ **運送**，運搬．～ aéreo [marítimo, terrestre] 空輸［海上輸送，陸上輸送］．pagar el ～ 交通費［運賃］を支払う．❷ 交通［運輸］機関．～*s* públicos 公共交通機関．❸ 〘地理〙 沖積．❹ 《ラ米》(アルゼンチン)(ウルグアイ) 〘音〙 → cejilla.

transportista 男 女 運送業者．

transposición 女 移動，転移；〘文法〙 転置，転用；〘音〙 移調．

transpositivo, va 形 置き換えの．

transubstanciación 女 〘カト〙 実質変化：パンとぶどう酒がキリストの肉と血になること．

transuránico, ca 形 〘化〙 超ウランの．── 男 超ウラン元素．

transvase 男 → trasvase.

transversal 形 横断する；傍系の．── 女 横断線［面，道路］；〘数〙 交軸．

transverso, sa 形 → transversal.

tranvía 男 路面電車，市電．

tranviario, ria 形 男 女 路面電車の (乗務員)．

trapa 男 (または 女) 足音；騒ぎ声．── 女 〘カト〙 La *T*～ トラピスト会．

trapacear 自 だます；いかさまをする．

trapacería 女 詐欺；いかさま．

trapacero, ra 形 いかさまの；悪賢い．── 男 女 ぺてん師；策略家．

trapajoso, sa 形 ❶ ぼろを着た．❷ 発音がはっきりしない．

trápala 女 ❶ 《話》 大騒ぎ．❷ 《話》 うそ，作り話．❸ ひづめの音．── 男 女 《話》 おしゃべりな人；うそつき．

trapalear 自 ❶ 《話》 無駄口をたたく．❷ 足音［ひづめの音］をたてて往き来する．

trapalón, lona 形 男 女 《話》 うそつき (の)；よくしゃべる (人)．

trapatiesta 女 《話》 騒動，乱闘．

trapaza 女 → trapacería.

trapeador 男 《ラ米》(コロンビア) モップ．

trapear 他 《ラ米》 (1)(コロンビア) …にモップをかける．(2)(アルゼンチン)(ウルグアイ) しかりつける．

trapecio 男 ❶ 〘数〙 台形．❷ 空中ぶらんこ．❸ 〘解〙 大菱形(ほう)骨；僧帽筋．

trapecista 男 女 空中ぶらんこ乗り．

trapense 形 男 女 〘カト〙 トラピスト会の (修道士，修道女)．

trapería 女 古着屋，リサイクルショップ．

trapero, ra 男 女 古着［廃物］商；《ラ米》(アルゼンチン) 衣装持ち．

trapezoedro 男 〘数〙 偏方多面体．

trapezoidal 形 〘数〙 不等辺四辺形の．

trapezoide 男 ❶ 〘数〙 不等辺四辺形．❷ 〘解〙 小菱形(ほう)骨．

trapiche 男 (サトウキビ等の) 圧搾機；《ラ米》(アルゼンチン)(チリ) 粉砕機．

trapichear 自 《話》 小細工をする．

trapicheo 男 《話》 たくらみ；小細工．

trapillo 男 *de* ～ 《話》 ふだん着の［で］．

trapío 男 〘闘牛〙 (牛の) 勇壮さ；《話》 (女性の) 優雅さ．

trapisonda 女 ❶ 《話》 騒ぎ，もめごと．❷ 《話》 ぺてん；たくらみ．── 男 女 → trapisondista.

trapisondear 自 《話》 騒動［もめごと］を起こす．

trapisondista 男 女 《話》 騒ぎ［もめごと］を起こす人．

trapo ［トゥラポ］ 男 〔英 rag〕 ❶ **ぼろ (布)**；ふきん (＝～ de cocina)；ぞうきん．❷ 〘複〙 《話》 (女性の) 服．❸ 〘闘牛〙 カパ capa；ムレータ muleta．❹ 〘海〙 帆．***a todo ～*** 《話》 大急ぎで．***dejar [poner] como un ～*** 《話》 こっぴどくやっつける．***estar (hecho) un ～*** 《話》 くたくた［ぼろぼろ］になる．***sacar a relucir los ～s sucios*** たまった不満を吐き出す．

traque 男 (爆竹の) 炸裂(さく)．

tráquea 女 〘解〙 気管；〘植〙 導管．

traqueal 形 〘解〙 気管の；〘植〙 導管の．

traqueotomía 女 〘医〙 気管切開．

traquetear 自 (ガタゴトと) 揺れながら動く．── 他 音をたてて揺らす；振り回す．

traqueteo 男 (ガタゴトと) 揺れること［音］；炸裂(さく)音．

traquido 男 銃声；(枝等の) 裂ける音．

tras ［トゥラス］ 前 (↔ante) 〔英 after〕 ❶ 《空間》 **…の後ろに** (＝detrás de)；…を追いかけて．Se escondía ～ la cortina. 彼はカーテンの後ろに隠れていた．Se puso el sol ～ las montañas. 太陽が山々の向こうに沈んだ．La policía va ～ el hombre. 警察がその男の後を追う．► detrás de より文語的．❷ 《時間》 …の後に (＝después de)．*T*～ el otoño viene el invierno. 秋の後に冬がやってくる．*T*～ unos días de vacaciones volvió al trabajo. 彼は数日の休暇が終わると職場に戻った．► después de より文語的．❸ 《話》 《追加》 …に加えて．*T*～ llegar tarde, se queja. 彼は遅刻する上に文句を言う．❹ 《名詞を繰り返して》 次々と．día ～ día 毎日毎日．año ～ año 毎年毎年．Vimos una película ～ otra. 僕たちは次々と映画を見た．── 間 《擬》 ～，～ トントン (包丁等の音)．

trasalpino, na 形 → transalpino.

trasaltar 男 祭壇の後陣．

trasandino, na 形 → transandino.

trasatlántico, ca 形 男 → trans-

T

atlántico.
trasbocar 26 他 《ラ米》(ｺﾛﾝﾋﾞｱ)吐き出す（＝vomitar).
trasbordar 他 自 → transbordar.
trasbordo 男 → transbordo.
trascendencia 女 ❶ 重大さ, 重要性；(影響力が) 広がること. ❷〖哲〗超越.
trascendental 形 ❶ きわめて重要な. ❷〖哲〗先験的な；超越論的な.
trascendentalismo 男〖哲〗超越主義；先験主義.
trascendente 形 ❶ きわめて重要な. ❷〖哲〗〖数〗超越的な.
trascender 101 自 ❶ (情報が) 漏れる；《a》(…に) 及ぶ. según *ha trascendido* 漏れ聞くところによると. ❷ (…を) 超越する. ― 他 ❶ 見抜く. ❷ 超越する. ～ los límites 限度を越える.
trascendido 男 《ラ米》(ｱﾙｾﾞﾝﾁﾝ)(ｳﾙｸﾞｱｲ)うわさ.
trascocina 女 (台所の裏の) 小部屋.
trasconejarse 再 《話》紛失する.
trascordarse 32 再 判然としなくなる.
trascoro 男 聖歌隊席の後部仕切り.
trascorral 男 (家畜小屋裏の) 空き地.
trascribir 52 他 → transcribir.
trascripción 女 → transcripción.
trascurrir 自 → transcurrir.
trascurso 男 → transcurso.
trasdós 男〖建〗(アーチ等の) 外輪(ｿﾄﾜ).
trasegar 72 他 ❶ 移す；移し替える. ❷ 《話》(酒を) たくさん飲む.
trasero, ra 形 後ろの, 後部の (↔ delantero). puerta *trasera* 裏門；後部ドア. ― 男 尻(ｼﾘ)；(動物の) 後半身. ― 女 後ろ, 後部.
trasferencia 女 → transferencia.
trasferir 98 他 → transferir.
trasfiguración 女 → transfiguración.
trasfigurar 他 → transfigurar.
trasfixión 女 → transfixión.
trasfondo 男 底意, 背景, 奥に隠れている部分.
trasformación 女 → transformación.
trasformar 他 自 → transformar.
trasformativo, va 形 → transformativo.
T
trásfuga 男 女 → tránsfuga.
trasfundir 他 → transfundir.
trasfusión 女 → transfusión.
trasgo 男 小鬼, 妖精(ﾖｳｾｲ)；いたずらっ子.
trasgredir 8 他 → transgredir.
trasgresión 女 → transgresión.
trasgresor, sora 形 男 女 → transgresor.
trashumancia 女 (家畜の) 季節移動.
trashumante 形 季節移動する.
trashumar 自 (家畜等が) 移動する.
trasiego 男 ❶ 混乱；大勢の人の行き来. ❷ (液体の) 移し替え.
traslación 女 (天体等の) 移動；公転；〖文法〗転用.
trasladar [トゥラスラダル] 他〔英 move〕《a》❶ (…に) **移す**, 移動させる. ～ las mesas 机を運ぶ. ～ a una empleada *a* otra sucursal 社員を別の支所に転任させる. ❷ (…に) 翻訳する；写しとる. ～ una obra *a* varios idiomas 作品を数か国語に翻訳する. ～ la novela *a* la pantalla 小説を映画化する. ― **trasladarse** 再《a》(…へ) **転居する**, 移る. ～ de casa 引っ越す.
traslado 男 ❶ 移動；変更. ❷ 写し.
traslapar 他 重ね合わせる.
traslapo 男 重なり；オーバーラップ.
traslaticio, cia 形 比喩(ﾋﾕ)的な.
traslativo, va 形〖法〗譲渡の.
traslúcido, da / trasluciente 形 半透明の.
traslucir 67 他 うかがわせる. dejar ～ la tristeza 悲しみをかいま見せる. ― **traslucirse** 再 透けて見える；表れる.
trasluz 男 間接光. *al* ～ 光に透かして.
trasmano 男 *a* ～ 手の届かないところに, 離れたところに.
trasmigración 女 → transmigración.
trasmigrar 自 → transmigrar.
trasminar 他 …に地下道を掘る. ― 自 染み通る.
trasmisible 形 → transmisible.
trasmisión 女 → transmisión.
trasmitir 他 → transmitir.
trasmundo 男 夢の世界, 想像の世界；あの世.
trasmutable 形 → transmutable.
trasmutación 女 → transmutación.
trasmutar 他 → transmutar.
trasnochado, da 形 古くなった, 気の抜けた；げっそりした.
trasnochador, dora 形 夜更かしの；徹夜の. ― 男 女 夜更かしをする人.
trasnochar(se) 自 再 徹夜する, 夜更かしする；一夜を明かす.
trasnoche 男 ❶ 《話》徹夜. ❷ 《ラ米》(1)(ｱﾙｾﾞﾝﾁﾝ)明け方の映画上映. (2)(ｳﾙｸﾞｱｲ)〖放送〗深夜放送.
traspalar / traspalear 他 (シャベルで) すくって移す.
traspapelar 他 (書類を) 紛失する. ― **traspapelarse** 再 紛れる, なくなる.
trasparencia 女 → transparencia.
trasparentar 他 → transparentar.
trasparente 形 → transparente.
traspasar 他 ❶ 横切る；超える；貫通する. ～ la frontera 国境を越える. La bala le *traspasó* el corazón. 弾は彼の心臓を貫いた. ❷ …の心 [感覚] に染み入らせる. ❸ (規則等を) 破る. ❹ 移動させる；譲る. ～ a un jugador a otro equipo 他チームへ選手を移籍させる.
traspaso 男 ❶ 移動, 移転；貫通. ❷ 譲渡 (物件, 価格)；トレード.
traspatio 男 《ラ米》(ﾗﾌﾟﾗﾀ)裏庭.
traspié 男 つまずき, 踏み違え；失敗. dar un ～ つまずく；しくじる.
traspiración 女 → transpiración.
traspirar 自 → transpirar.
traspirenaico, ca 形 → transpirenaico.
trasplantar 他 (植物・臓器を) 移植する；(文化等を) 導入する.
trasplante 男 植え替え, 移植. ～ de riñón〖医〗腎臓移植.
trasponer 75 他 → transponer.

trasportador, dora 形 男 女 → transportador.
trasportar 他 → transportar.
trasporte 男 → transporte.
trasportín 男 補助いす.
trasposición 女 → transposición.
traspositivo, va 形 → transpositivo.
traspuesta 女 (視界を遮る) 高台.
traspuesto, ta 過分 → trasponer. 形 まどろんだ, 眠りかけた.
traspunte 男 女 〘演〙 プロンプター.
trasquiladura 女 (羊毛の) 刈り取り ; とら刈り.
trasquilar 他 ❶ (羊等の) 毛を刈り取る. ❷ とら刈りにする.
trasquilón 男 《話》 とら刈り. ***a trasquilones*** 不ぞろいに, いいかげんに.
trastabillante 形 つまずくことの多い.
trastabillar 自 よろめく, つまずく ; ためらう.
trastada 女 《話》 いたずら ; 悪だくみ.
Trastámara 固名 トラスタマラ家 : スペインのカスティーリャ・レオン王国の王家 (1369-1504) およびアラゴン王国の王家 (1412-1516).
trastazo 男 《話》 強打, 激突. darse [pegarse] un ～ どんと倒れる[ぶつかる].
traste 男 ❶ (ギター等の) フレット. ❷ 《ラ米》《話》 (1)(ﾆｶﾗｸﾞｱ)(ﾌﾟｴﾙﾄﾘｺ)家庭用品 ; がらくた. (2)(ｱﾙｾﾞﾝﾁﾝ)(ﾁﾘ)(ﾊﾟﾗｸﾞｱｲ)(ｳﾙｸﾞｱｲ)尻(ｼﾘ). ***dar al ～ con ...*** …を台無しにする. ***irse al ～*** 失敗する.
trastear 他 ❶ (ギター等の) 弦を押さえる ; フレットを取り付ける. ❷ 〘闘牛〙 (牛を) あしらう ; 《話》 (人や状況を) うまく操る. — 自 かき回す ; 《話》 いたずらをする.
trasteo 男 《ラ米》(ﾆｶﾗｸﾞｱ)引っ越し.
trastero, ra 形 物置の. — 男 ❶ 物置. ❷ 《ラ米》(ﾒｷｼｺ)食器棚.
trastienda 女 ❶ 店の奥の部屋. ❷ 《話》 悪知恵 ; 用心深さ.
trasto 男 ❶ 《話》 (場所ふさぎの) 家具 ; がらくた. ❷ [複] 道具, 持ち物. ❸ 《話》 役立たず ; いたずらっ子. ❹ 〘演〙 (舞台袖(ｿﾃﾞ)の) 背景.
trastocar 26 他 混乱させる ; ひっかき回す. — **trastocarse** 再 気がふれる.
trastornar 他 ❶ 混乱させる ; 迷惑をかける. ～ la casa 家の中をひっくり返す. ～ un plan 計画をめちゃくちゃにする. ❷ 錯乱させる ; 動揺させる ; 夢中にさせる. — **trastornarse** 再 頭がおかしくなる.
trastorno 男 混乱, 動揺 ; 変動 ; 迷惑 ; (体の) 不調.
trastrocamiento 男 変更 ; 取り違え.
trastrocar 106 他 変える ; 取り違える.
trasudar 自 汗ばむ.
trasudor 男 汗 ; 冷や汗.
trasunto 男 写し ; 模写 ; 反映.
trasvasar 他 ❶ (液体を) 移し替える. ❷ 〘IT〙 ダウンロードする.
trasvase 男 ❶ (液体の) 移し替え ; 運河開設. ❷ 〘IT〙 ダウンロード.
trasversal 形 女 → transversal.
trasverso, sa 形 → transverso.
trata 女 人身売買. ～ de blancas (売春目的の) 女性売買. — 活 → tratar.
tratable 形 扱いやすい ; 治療できる ; 付き合いやすい.
tratadista 男 女 専門家, 執筆者
tratado [トゥラタド] 過分 → tratar. 男 〔英 treaty〕 ❶ **条約**, 協定. ratificar el ～ de alianza 同盟条約を批准する. *T*～ de Prohibición Total de Pruebas Nucleares 包括的核実験禁止条約 〔英 CTBT〕. *T*～ de Desarme Nuclear 戦略兵器削減条約 〔英 START〕. ❷ 専門書, 論文.
tratamiento [トゥラタミエント] 男 〔英 treatment〕 ❶ **待遇**, 扱い. ❷ 敬称. apear el ～ 敬称を省く. ❸ **治療**, 処置. ～ de choque ショック療法. ❹ 処理, 加工. ～ de textos 〘IT〙 文書処理.
tratante 男 女 (家畜等の) 商人.
tratar [トゥラタル] 他 〔英 treat〕 ❶ **扱う** ; 取り扱う. María *trata* muy bien a sus alumnos. マリアは生徒のことをとても大切にしている. ❷ 《de》 (…と) みなす, (…と) 呼ぶ. ～ *de* vago 怠け者とみなす. ¡No me *trates de* usted! 私を usted で呼ばないで [よそよそしくしないで] くれよ. ❸ 治療する ; 加工を施す. ❹ 論じる. — 自 ❶ 《de》 (…について) 扱う. Vamos a ～ *del* nuevo tema. 新しいテーマについて話をしよう. ❷ 《de＋不定詞》 (…を) 試みる ; (…しようと) する. *Trataré de* recogerte. 君を迎えに行くようにしよう. ❸ 《con》 (…と) 付き合う. *Trata con* todo tipo de gente. 彼はどんな人とでも付き合っている. ❹ 《con, en》 〘商〙 (…を) 扱う. — **tratarse** 再 ❶ 《de》《3人称単数で》 問題は…である. ¿*De* qué *se trata*? どういう話ですか. ❷ 《con》 (…と) 付き合う. No *me trato con* ellos. 彼らとは付き合わない.
trato [トゥラト] 男 〔英 treatment; deal〕 ❶ **待遇**, **扱い** ; 交際. dar un ～ preferente 特別待遇をする. tener ～ con ... …と付き合う. ～ carnal 肉体関係. tener ～ de gentes 人付き合いがうまい. ❷ 契約 ; 交渉. estar en ～*s* 交渉中である. ¡*T*～ hecho! 話は決まった. — 活 → tratar.
trauma 男 〘医〙 外傷 ; 〘心〙 精神的外傷, トラウマ ; 心の痛手.
traumático, ca 形 〘医〙 外傷性の.
traumatismo 男 〘医〙 外傷.
traumatizar 57 他 トラウマを引き起こす. — **traumatizarse** 再 トラウマを受ける.
traumatología 女 〘医〙 外傷学 ; 外科学.
traumatólogo, ga 男 女 トラウマ治療の専門家 ; 外科医.
travelling [トゥラベリン] 〔英〕 男 [複 ～s] 〘映〙〘TV〙 移動撮影 (機材).
través 男 傾き ; 反り. ***a ～ de ...*** …を通して. *a* ～ *de* la ventana 窓越しに. *a* ～ *de* la televisión テレビを通じて. ***dar al ～ con ...*** …をだめにする. ***de* [*al*] ～** 横切って. mirar *de* ～ 横目で見る.
travesaño 男 横木 ; 〘建〙 横桁(ｹﾀ) ; 〘スポ〙 クロスバー.
travesear 自 ふざけ回る ; ぶらぶらする.
travesero, ra 形 横切る, 斜めの.
travesía 女 ❶ 抜け道 ; (国道等の) 市街地部分. ❷ (飛行機・船による) 横断, 行程.
travesti / travestí 男 女 [複 ～s] 服装倒錯者 ; 女装[男装]した人.

T

travestido, da 形 女装［男装］した. ── 男女 → travesti.
travestirse 再 女装［男装］する.
travestismo 男 服装倒錯.
travesura 女 いたずら, 悪ふざけ, 非行.
travieso, sa 形 いたずらな, 腕白な. ── 女 まくら木, 〖建〗横木, 桁(けた).
trayecto 男 道のり, 行程；ルート. un ～ de cinco horas 5時間の旅. final del ～ 終点.
trayectoria 女 軌道；経歴.
traza 女 ❶ 外観, 様子；［複］形跡, 兆候. ❷ 能力, 腕前. ❸ 設計（図）, プラン. ❹〖数〗跡(せき). ── 活 → trazar. ***darse ～s para ...*** うまいこと…する. ***por las ～s*** 一見したところ.
trazado, da 形 描かれた. ── 男 ❶ 設計（図）. ❷ 描線；（道路・水路の）ルート. ***bien*** [***mal***] ～ 見た目のよい［悪い］.
trazador, dora 形 線を描く. bala *trazadora* 曳光(えいこう)弾. ── 男女 立案者；設計者. ── 男〖物〗追跡子；〖IT〗作図装置.
trazar ［トゥラサル］ 57 他 〔英 draw, trace〕 ❶（線・図形を）**描く**. ～ un plano 図面を引く. ❷ 立案［設計］する.
trazo 男 ❶（描）線；一筆. un carácter de cuatro ～*s* 4画の文字. dibujar al ～ 略図を書く. ❷ 容貌(ようぼう), 顔つき；特徴. ── 活 → trazar.
trébedes 女 複 三脚の五徳.
trebejo 男［主に複］用具；（チェス）駒(こま).
trébol 男 ❶〖植〗クローバー, ツメクサ. ❷［主に複］（トランプ）クラブの札. ❸ クローバー型のもの［飾り］；四つ葉のクローバー型インターチェンジ.
trece ［トゥレセ］ 形《数詞》〔英 thirteen〕 **13の**；13番目の. ── 男 **13**. ***mantenerse*** [***estar, seguir***] ***en*** sus ～ 《話》頑として譲らない.
treceavo, va 形 男 13分の1（の).
trecho 男 距離, 間隔；間. ***a ～s / de ～ en ～*** 間隔を置いて.
trefilado 男〖技〗(金属の) 延伸加工.
trefilar 他（金属を）針金状に引き延ばす.
trefilería 女 金属引き延ばし工場.
tregua 女 停戦（協定), 休戦；休止.
treilla 女 → traílla.
treinta ［トゥレインタ］ 形《数詞》〔英 thirty〕 **30の**；30番目の. ── 男 **30**. ***los*** ～ 1930年代；30歳代.
treintañero, ra 形 男女《話》30歳代の（人).
treintavo, va 形 男 30分の1（の).
treintena 女 30のまとまり.
trematodo 男〖動〗吸虫；［複］吸虫類.
tremebundo, da 形 ぞっとするような.
tremedal 男 沼地；泥炭地.
tremendamente 副 恐ろしく, すごく.
tremendismo 男 ❶ 不安をあおる報道（の傾向). ❷〖美〗〖文学〗トレメンディスモ：20世紀スペインに起こった現実のどぎつい部分を誇張する手法. ❸〖闘牛〗（伝統的な技よりも）派手でスリリングな技を求める傾向.
tremendista 形 ❶〖美〗〖文学〗トレメンディスモの［に関する］. ❷（報道等が）不安をあおる傾向にある. ── 男女 トレメンディスモの芸術家［作家］.
tremendo, da ［トゥレメンド, ダ］ 形 〔英 tremendous〕 ❶ **恐ろしい**, ぞっとさせる. ❷ すごい, 途方もない. casa *tremenda* ばかでかい家. niño ～ 手に負えない子供. gol ～ すばらしいゴール. ***tomarse a la tremenda*** 《話》大げさに考える.
trementina 女〖化〗テルペンチン.
tremielga 女〖魚〗シビレエイ.
tremolar 自 はためく. ── 他（旗等を）振る.
tremolina 女 騒ぎ；荒れ狂う風.
trémolo 男〖音〗トレモロ.
trémulo, la 形 震える. luz *trémula* またたく光.
tren ［トゥレン］ 男 〔英 train〕 ❶ **電車**, **列車**. ir en ～ 電車で行く. ～ expreso 急行. ～ rápido 特急. ～ bala 超特急. ❷ 装置,（一連の）機械. ❸ ペース；（ぜいたくさ等の）度合い. llevar un buen ～ de vida 不自由のない暮らしをする. ***a todo ～*** 金に糸目をつけないで；全速力で. ***estar como un ～*** 《話》かっこいい, 魅力的である. ***estar en ～ de ...*** 《ラ米》…の途中［準備中］である. ***para parar un ～*** (アルゼン)(パラグ)(ウルグ) 《話》大量の. ***perder el último ～*** 最後のチャンスを逃す. ***subirse al ～*** 流れ［チャンス］に乗る.
trena 女《俗》刑務所.
trenca 女〖服〗ダッフルコート.
trencilla 女（装飾用）組みひも.
treno 男 哀悼歌.
trenza 女 ❶（髪の）三つ編み；組みひも；［複］《ラ米》靴ひも（→ cordón 地域差). ❷ ねじり菓子. ❸《ラ米》(アルゼン)(ウルグ)《軽蔑》圧力団体.
trenzado 男 ❶（髪の）三つ編み. ❷（バレエ）アントルシャ.
trenzar 57 他（ひも・髪等を）編む, 三つ編みにする. ── 自（バレエ）アントルシャを行う. ── **trenzarse** 再《ラ米》(アルゼン)(ウルグ)争う.
trepa 形《話》野心のある, 出世志向の. ── 男女《話》《軽蔑》野心家. ── 女 ❶ よじ登ること. ❷ 木目. ❸〖服〗縁飾り.
trepado 男 ❶（切り取り用）ミシン目. ❷〖服〗縁飾り.
trepador, dora 形 よじ登る；〖植〗つる性の. ── 男 よじ登れる場所；［複］（柱に登るための）スパイク. ── 女［複］〖鳥〗攀禽(はんきん)類；つる性植物.
trepanación 女〖医〗頭蓋(ずがい)骨穿孔(せんこう).
trepanar 他〖医〗穿頭(せんとう)する.
trépano 男〖医〗〖機〗（開頭・削岩・穿孔用）管状のこ.
trepar 自 はい上がる, よじ登る；《話》出世する. ～ por las paredes（つる植物等が）壁を伝う.
trepatroncos 男［単複同形］〖鳥〗シジュウカラ, アオガラ.
trepidante 形 振動する, 震える；激しい.
trepidar 自 振動する, 震える.
treponema 男〖医〗〖生〗トレポネーマ.
tres ［トゥレス］ 形《数詞》〔英 three〕 **3の**；3番目の. ── 男 ❶ **3**. ❷ トレス：ベネズエラの弦楽器；コロンビアの民族舞踊. ～ en raya〖遊〗三目(もく)並べ. ***como ～ y dos son cinco*** 言うまでもなく, 必ず. ***de ～***

T

al cuarto 《話》質の悪い；三流の. *ni a la de* ～ 《話》絶対に…ない.

tresbolillo 副 *al* ～ (植樹等の際に) さいころの5の目形の配列で.

trescientos, tas [トゥレスしエント ス,タス] 形《数詞》[英 three hundred] 300の；300番目の. ―男 300.

tresillo 男 ❶ 応接3点セット；3人掛けソファ. ❷〔音〕3連音符. ❸(スペイン・トランプ)トレシーリョ. ❹(3つ石の)指輪.

treta 女 策略；(フェンシング) フェイント.

trezavo, va 形男 13分の1 (の).

tría 女 選び出すこと.

triaca 女(昔の)毒消し；薬.

tríada 女 3連のもの, 3人組.

trial 男〔スポ〕モトクロス.

triangular 形 三角形の；三者間の. pirámide ～ 三角錐(すい). ―他 ❶ 三角形に組み立てる；〔スポ〕(ボールを) 三角形に回す. ❷(土地の)三角測量をする.

triángulo [トゥリアングろ] 男 [英 triangle] ❶ 三角形. ～ equilátero 正三角形. ～ isósceles 二等辺三角形. ❷〔音〕トライアングル. ❸《話》三角関係.

triar 31 他 選び出す.

triásico, ca 形男〔地質〕三畳紀 (の).

triatleta 男女 トライアスロンの選手.

triatlón 男〔スポ〕トライアスロン.

tribal 形 部族の.

tribalismo 男 ❶ (血縁者だけで構成する) 原始社会. ❷《話》《軽蔑》排他主義, 内輪を過度にたたえる傾向.

tribu 女 ❶ 部族；《話》一団；大家族. ❷〔生〕(分類上の) 族, 連.

tribulación 女 苦悩；苦難.

tribuna 女 ❶ 演壇；論壇；メディア. ❷ 一段高い席；〔スポ〕特別観覧席. ～ pública 傍聴席.

tribunado 男 (古代ローマ) 護民官の職務[任期].

tribunal 男 ❶ 裁判所, 法廷；《集合的》裁判官. *T*～ Supremo 最高裁判所. llevar a ... a los ～*es* …を告訴する. ❷ 審査会；《集合的》審査員. ～ *de Dios* 神の裁き. ～ *de la conciencia* 良心.

tribunicio, cia 形 (古代ローマの) 護民官の；演説者の.

tribuno 男 ❶(古代ローマの) 護民官；司令官. ❷ 演説者.

tributación 女 納税；敬意等の表明.

tributar 他 ❶ (税金・貢ぎ物を) 納める. ❷(敬意等を) 表明する. ―自 納税する.

tributario, ria 形 ❶ 税金の, 納税の. ❷ 支流の. ―男女 納税者.

tributo 男 ❶ 租税；貢ぎ物. ❷ 感謝[尊敬]のしるし. rendir ～ 敬意[謝意]を表する. ❸ 代償, 代価.

tricampeón, ona 男女 3度チャンピオンになった人[チーム].

tricéfalo, la 形 3つの頭を持つ.

tricenal 形 30年間の；30年ごとの.

tricentenario 男 300周年 (記念).

tricentésimo, ma 形 300番目の；300分の1の. ―男 300分の1.

tríceps 形男 [単複同形]〔解〕三頭筋 (の).

triciclo 男 三輪車.

triclínico, ca 形〔鉱〕三斜晶系の.

triclinio 男 (古代ローマ) (三つの寝いすを置いた) 食卓[食堂].

tricolor 形 三色の.

tricorne 形《文》三本角の.

tricornio 男 三角帽子；《スペイン》《話》治安警備隊員.

tricot 〔仏〕男〔服〕ニットの布[服].

tricotar 他 編む. ―自 編み物をする.

tricotomía 女〔植〕(枝・葉が) 三分すること；〔論〕三分法.

tricotosa 女 編み機.

tricromía 女〔印〕三色版法.

tricúspide 形〔解〕三尖の. ―男〔解〕(心臓の) 三尖弁 (＝válvula ～).

tridáctilo, la 形〔動〕3指の.

tridente 男 三つ叉(また)の道具[武器].

tridimensional 形 三次元の, 立体的な.

triduo 男〔カト〕(大祝日前等の) 三日間の祈り.

triedro, dra 形〔数〕三面 (体) の. ―男 三面体.

trienal 形 3年 (間) の；3年ごとの.

trienio 男 3年間；3年勤続手当.

trifásico, ca 形 (電流が) 三相の.

trifauce 形《文》3つの口喉(こう)を持つ.

trífido, da 形〔植〕(葉が) 3裂の.

trifoliado, da 形〔植〕三小葉の.

trifolio 男〔植〕→ trébol.

triforio 男〔建〕トリフォリウム.

triforme 形《文》3つの形を持つ.

trifulca 女《話》大げんか, 激しい口論.

trifurcarse 26 再 3つに分岐する.

trigal 男 小麦畑.

trigémino, na 形男〔解〕三叉(さ)神経 (の).

trigésimo, ma 形 30番目の；30分の1の. ―男 30分の1.

triglifo 男〔建〕トリグリュフォス.

trigo [トゥリゴ] 男 [英 wheat] ❶〔植〕コムギ(小麦). harina de ～ 小麦粉. ～ candeal パンコムギ. ～ sarraceno ソバ. ❷[主に複] 小麦畑. *ser* ～ *limpio* まっとうで信用できる.

trigonometría 女〔数〕三角法.

trigonométrico, ca 形 三角法の.

trigueño, ña 形 小麦色の, 褐色の.

triguero, ra 形 ❶ 小麦 (栽培) の. ❷ (アスパラガスが) 小麦畑に生える.

trilateral 形 3者間の, 3要素から成る.

trilátero, ra 形 3辺から成る.

trilero, ra 男女 トゥリレ賭博(とばく)師.

triles 男 複 トゥリレ：裏にした3つのカードのうち, あらかじめ見せたカードを当てる路上賭博(とばく).

trilingüe 形 3か国語で書かれた；3か国語を話す.

trilita 女〔化〕→ trinitrotolueno.

trilítero, ra 形 3文字から成る.

trilito 男〔考古〕三石塔.

trilla 女 ❶ 脱穀 (の時期). ❷《ラ米》(ベネズエラ)(踏み固められた) 小道.

trillado, da 形 ありふれた；《話》簡単な.

trillador, dora 形 脱穀する. ―女 脱穀機. ～ segadora コンバイン.

trillar 他 ❶ 脱穀する. ❷ 使い古す.

trillizo, za 形 三つ子の. ―男女 三つ子 (のひとり).

trillo 男 ❶ 脱穀機. ❷《ラ米》(アルゼンチン)(ウルグアイ)

T

(踏み固められた) 小道.
trillón 男 100京(けい)(10^{18}).
trilobites 男 複 三葉虫類.
trilobulado, da 形〘植〙三小葉の；〘建〙三葉飾りの.
trilogía 女〘文学〙〘演〙三部作.
trimembre 形 3部[3者]からなる.
trimestral 形 3か月間の[ごとの].
trimestralmente 副 3か月ごとに.
trimestre 男 ❶ 3か月間；(支払い等の) 3か月分. ❷ (3学期制の) 学期.
trimotor 男〘空〙三発機.
trinar 自 ❶ (鳥が) さえずる. ❷〘音〙トリルを付ける. ***estar que trina*** 《話》かんかんになって怒っている.
trinca 女 ❶ 3つ[3人]組；スリーカード. ❷〘史〙(採用試験の) 3人討論. ❸《話》(数人の) 仲間.
trincar 26 他 ❶《話》捕える. ❷《話》盗む. ❸《話》(酒を) 飲む. ── 自《話》酒を飲む.
trincha 女 (サイズ調節用) ベルト.
trinchar 他 (肉等を) 切り分ける.
trinche 男《ラ米》フォーク.
trinchera 女 ❶〘軍〙塹壕(ざんごう)；切り開いた道. ❷〘服〙トレンチコート.
trinchero 男 (配膳用) サイドテーブル.
trinchete 男 革切り用ナイフ.
trineo 男 そり.
trinidad 女 ❶ [T-]〘神〙三位一体. ❷《軽蔑》3人組.
Trinidad y Tobago 固名 トリニダード・トバゴ：首都ポートオブスペイン Port of Spain.
trinitario, ria 形 ❶〘神〙三位一体(修道会) の. ❷ トリニダードの. ── 男 女 三位一体論者, 三位一体修道会士[女]. ── 女〘植〙パンジー.
trinitrotolueno 男〘化〙トリニトロトルエン.
trino, na 形〘神〙三位一体の. ── 男 (鳥の) さえずり；〘音〙トリル.
trinomio 男〘数〙三項式.
trinque 男《話》酒, 飲酒.
trinquete 男 ❶〘海〙フォアマスト. ❷〘スポ〙ハイアライの屋内コート. ❸〘機〙歯止め. ❹《ラ米》(ぎう)わいろ；詐欺.
trinquis 男 [単複同形]《話》(酒の) 一杯.
trío 男 3人[3つ]組, トリオ；〘音〙三重奏[唱](曲).
triodo 男〘物〙三極(真空) 管.
Triones 男 複〘天文〙北斗七星.
trip [英]《隠》男 → tripi.
tripa 女 ❶ 腸；内臓. las ～*s* de un pollo 鶏の肝. cuerda de ～ (ラケット等の) ガット. ❷ 腹；《話》腹のふくらみ. dolor de ～ 腹痛. echar [tener] ～ 腹が出ている. ❸ (容器等の) ふくらんだ胴部分. ❹ [複] 中身. ～*s* de un reloj 時計の機械部分. ❺《ラ米》〘車〙タイヤチューブ (→ cámara 地域差). ***echar las ～s*** 《話》吐く. ***hacer de ～s corazón*** 《話》力を奮い起こす. ***revolver**le **a ... las ～s*** 《話》…を不愉快にさせる.
tripada 女 満腹. darse una ～ de ... 《話》…を腹一杯食べる.
tripanosoma 男〘動〙トリパノソーマ.
tripartición 女 3分割.
tripartir 他 3分割する.
tripartito, ta 形 3分割した；3者間の.
tripería 女 臓物屋；《集合的》臓物.
tripero, ra 形《話》大食漢の. ── 男 女 ❶《話》大食漢. ❷ 臓物商人. ── 男《ラ米》(ごきさ)《集合的》臓物.
tripi 男 [複 ～s]《隠》男 ❶ 麻薬の一服. tomar ～*s* ヤクをやる. ❷ 麻薬による幻覚状態. ir de ～ ヤクでいく.
tripicallos 男 [単複同形] 胃のシチュー.
triplano 男〘空〙三葉(飛行) 機.
triple 形 3倍の；3部からなる. una cantidad ～ de lo previsto 予想の3倍量. una puerta ～ 三重扉. ── 男 ❶ 3倍；3部. ❷ (野球) 三塁打；(バスケットボール) スリーポイント.
triplemente 副 三重に, 3倍.
tripleta 女〘主にスポ〙トリオ. ～ de ataque オフェンストリオ.
triplicación 女 3倍にすること.
triplicado 男 3つ組. por ～ 3通作成して.
triplicar 26 他 3倍にする. ── **triplicarse** 再 3倍になる.
triplicidad 女 3倍[三重]であること.
triplista 男 女 (バスケットボール) スリーポイントシュートを打つ選手.
triplo, pla 形 男 → triple.
trípode 男 三脚；三脚いす[テーブル].
trípol / trípoli 男 珪藻(けいそう)土.
tripón, pona 形《話》太鼓腹の；食べすぎの. ── 男 女《話》太鼓腹の人. ── 男《話》突き出た腹.
tríptico 男〘美〙トリプティカ；〘文学〙〘音〙三部作.
triptongar 66 他 三重母音化する.
triptongo 男〘音声〙三重母音.
tripudo, da 形 男 女《話》太鼓腹の(人).
tripulación 女《集合的》(船・飛行機の) 乗組員, 乗務員.
tripulante 男 女 (船・飛行機の) 乗組員, 乗務員.
tripular 他 ❶ (飛行機・船に) 乗り組む；操縦する. satélite *tripulado* 有人衛星. ❷《ラ米》(ち)混ぜ合わせる.
trique 男 ❶《擬》(破裂音) パチッ, ピシッ. ❷《ラ米》[主に複] (ぎう)がらくた.
triquina 女〘動〙センモウチュウ.
triquinosis 女 [単複同形]〘医〙旋毛虫症.
triquiñuela 女《話》策略, ごまかし.
triquitraque 男 ガタゴトという音；爆竹.
trirreme 男〘史〙3列櫂(かい)のガレー船.
tris 男 ❶《擬》(ひびが入る音) ピシッ, パリッ. ❷《話》少しの物[間]. ***estar en un ～ de*** 〈+不定詞〉 **/** ***estar en un ～ (de) que*** 〈+接続法〉《話》もう少しのところで…するところだ. ***por un ～*** 《話》もう少しのところで.
trisagio 男〘カト〙三聖頌(しょう).
trisar 自 (鳥が) 鋭く鳴く.
triscar 26 自 跳ね回る, はしゃぎ回る. ── 他 混ぜ合わせる；(のこぎりの) 目立てをする.
trisemanal 形 3週間ごとの；週3度の.
trisílabo, ba 形 男〘言〙3音節の(語).

trismo 男〘医〙開口障害.
Tristán 固名 トリスタン：男子の名.
triste [トゥリステ] 形〔英 sad〕❶ **悲しい**；悲しませる(↔alegre). mirada ～ 悲しげな目つき. suceso ～ 悲惨なできごと. estar ～ 悲しんでいる. Es ～ que no haya venido. 彼が来なかったのは残念だ. ❷ 陰気な, 地味な. carácter ～ 暗い性格. color ～ くすんだ色. ❸ 貧弱な, つまらない；わずかな. ～ sueldo 薄給. Soy un ～ poeta. 私は名もない詩人である. No tengo ni un ～ amigo. 私は1人の友人すらいない. ― 男〘音〙トリステ：アンデス地方の哀愁のある民謡.
tristemente 副 悲しんで；悲しいことに.
tristeza [トゥリステサ] 女〔英 sadness〕❶ **悲しみ**；わびしさ. ❷［複］《話》悲しい出来事；悩みごと.
tristón, tona 形 寂しげな, 悲しそうな.
tristura 女 → tristeza.
tritio 男〘化〙トリチウム.
tritón 男〘動〙イモリ.
trituración 女 粉砕, 砕くこと.
triturador, dora 形 砕く. ― 女 粉砕機.
triturar 他 ❶ 細かく砕く；(肉を) ひく；かみ砕く. ❷ 痛い目に遭わせる.
triunfador, dora 形 勝者［成功者］の. ― 男 女 勝者；成功者.
triunfal 形 勝利の, 凱旋(がいせん)の；勝ち誇った.
triunfalismo 男 自信過剰, 有頂天な様子.
triunfalista 形 男 女 自信過剰な(人).
triunfante 形 勝利［成功］を収めた.
triunfar [トゥリウンファル] 自〔英 triumph〕❶《en》(…で) **優勝［成功］する**；《sobre, de》(…に) 勝利する. ～ *en* el torneo [trabajo] トーナメント［仕事］で優勝［成功］する. ～ *sobre* el enemigo 敵に打ち勝つ. ❷ (トランプ) 切り札になる.
triunfo [トゥリウンフォ] 男〔英 triumph〕❶ **勝利**, 優勝；成功. arco de ～ 凱旋(がいせん)門. ❷ トロフィー. ❸ (トランプ) 切り札. ― 活 → triunfar. ***costar un*** ～ 大変な努力を要する. ***en*** ～ 華々しく, 勝ち誇って. ***tener todos los*** ～***s en la mano*** 圧倒的に有利である.
triunvirato 男 (古代ローマ) 三頭政治；(権力を持つ) 三人組.
triunviro 男 (古代ローマの三頭政治の) 執政官.
trivalente 形〘化〙3価の.
trivial 形 ささいな, つまらない；平凡な.
trivialidad 女 ささいな［つまらない］こと.
trivialización 女 物事の重要性を見落とす［軽んじる］こと.
trivializar 57 他 物事の重要性を見落とす［軽んじる］.
trivio 男 中世の大学の三学科 (文法, 弁証法, 修辞学).
triza 女 小片；かけら. hacer ～*s* 粉々にする, びりびりに破る；打ちのめす.
trocaico, ca 形〘詩〙(古典詩の) 長短［強弱］格の.
trocánter 男〘解〙転子；〘昆〙転節.
trocar 106 他 ❶《por》(…と) 取り替える. ～ huevos *por* ropa 卵を服と交換する. ❷《en》(…に) 変える. ～ el amor *en* odio 愛を憎しみに変える. ― **trocarse** 再《en》(…に) 変わる. ― 男〘医〙套管(とうかん)針.
trocear 他 小さく切る［分ける］.
troceo 男 小さく切る［分ける］こと.
trocha 女 ❶ 抜け道；小道. ❷《ラ米》(アルゼ)(ウルグ)(パラグ)〘鉄道〙(レールの) 軌間.
trochemoche / troche y moche 《話》***a*** ～ 手当たり次第に；考えなしに.
tróclea 女〘解〙滑車.
trocoide 男〘解〙車軸関節.
trofeo 男 トロフィー；戦勝記念品［碑］；(装飾用) 武具. ～ de caza 獲物の頭の剥製(はくせい).
troglodita 形 ❶ 穴居生活の. ❷ 粗野な. ― 男 女 ❶ 穴居人. ❷ 粗野な人；頭の古い人.
troglodítico, ca 形 穴居人の.
troica / troika 女 トロイカ；3人統治体制.
troj 女 穀物倉庫.
troja 女《ラ米》(コロン)(ベネズ)→ troj.
troje 女 → troj.
trola 女《話》うそ, 作り話.
trole 男 トロリーバス (の触輪).
trolebús 男 トロリーバス.
trolero, ra 形 男 女《話》うそつき (の).
trolo 男《ラ米》(アルゼ)(ウルグ)男性同性愛者.
tromba 女 ❶ 竜巻. ❷ (突然の) 豪雨 (＝～ de agua)；《話》大量のもの. ***en*** ～ 激しく, どっと.
trombo 男〘医〙血栓.
trombocito 男〘解〙血小板.
tromboflebitis 女 血栓性静脈炎.
trombón 男〘音〙トロンボーン. ― 男 女 トロンボーン奏者.
trombosis 女［単複同形］〘医〙血栓症.
trompa 女 ❶ (象等の) 鼻；(昆虫の) 吻(ふん). ❷〘音〙ホルン. ❸《話》酔い. coger una ～ 酔っ払う. ❹〘建〙スキンチ：正方形コーナーに設けられたアーチ. ❺ 独楽(こま). ❻ 管状のもの. ～ de Eustaquio〘解〙耳管. ～ de Falopio〘解〙卵管. ― 形《話》酔っ払った. ― 男 女 ホルン奏者.
trompada 女 ぶつけること；殴打.
trompazo 男《話》→ trompada.
trompear 他《ラ米》殴る. ― **trompearse** 再《ラ米》殴り合いのけんかをする.
trompeta 女〘音〙トランペット；らっぱ. ― 男 女 トランペット奏者；らっぱ吹き.
trompetazo 男 ❶ (らっぱ等の) 調子外れな音. ❷ らっぱ等で殴ること.
trompetería 女〘音〙(楽団の) トランペット・セクション；(オルガンの) リード音栓.
trompetero, ra 男 女 トランペット［らっぱ］製造者；トランペット［らっぱ］奏者.
trompetilla 女 ❶ らっぱ形補聴器. ❷《ラ米》(メキシ)《俗》おなら (をまねた音).
trompetista 男 女 トランペット奏者.
trompicar 26 自 よろめく, よろよろ歩く. ― 他 つまずかせる.
trompicón 男 つまずき；(乗物の) 揺れ；《話》殴打. ***a trompicones*** つっかえながら.
trompillón 男〘建〙(スキンチの) かなめ

T

石.

trompiza 女 《ラ米》(ｴｸｱﾄﾞﾙ)(ﾒｷｼｺ)殴り合い, 大げんか.

trompo 男 ❶ 独楽(こま)；〖車〗スピン. ❷〖貝〗セイヨウエビス. *ponerse como un ～* 《話》暴飲[暴食]する.

trompudo, da 形 《ラ米》(中米)唇の厚い.

trona 女 (子供用)高いす.

tronado, da 形 ❶ 《話》頭がおかしい. ❷ 使い古した. ― 女 ❶ 激しい雷雨. ❷ 《俗》(麻薬による)錯乱状態.

tronar 32 自 ❶ 雷が鳴る. ❷ 《**contra**》(…を)糾弾する. ❸ 《ラ米》(ﾒｷｼｺ) 《**con**》(…と)けんか別れする. ― 他 《ラ米》(ﾒｷｼｺ)落第させる；(単位を)落とす.

troncal 形 幹の；重要な.

troncalidad 女〖法〗(継嗣(けいし)遺言のない場合に)遺産が本家のものとなること.

troncha 女 《ラ米》(ｱﾙｾﾞﾝﾁﾝ)(ﾁﾘ)(ﾍﾟﾙｰ)薄切り, 1切れ.

tronchar 他 ❶ (枝等を)へし折る. ❷ 挫折(ざせつ)させる. ～ ilusiones 夢を壊す. ❸ 《話》ぐったりさせる. ― **troncharse** 再 折れる；挫折する；《話》ぐったりする. ***troncharse de risa*** 《話》腹を抱えて笑う.

troncho 男 (野菜等の)しん, 茎.

tronco, ca 男 ❶ (木の)幹；丸太. ❷ (人間・動物の)胴体；〖建〗柱胴；〖数〗錐台(すいだい). ❸ 祖先. ❹ 基幹となるもの. ～ arterial 動脈管. ❺ (馬車を引く)2頭の馬. ― 男 女 《話》仲間, 友人. ***dormir como un ～*** 《話》ぐっすりと眠る.

troncocónico, ca 形 円錐(えんすい)台形の.

tronera 女 ❶ 小窓, 明かり取り. ❷ 銃眼. ❸ (ビリヤード)ポケット. ― 男 女 《話》遊び人.

tronío 男 《話》(金遣いの)派手さ；風格.

trono 男 ❶ 王座；王位. ocupar el ～ 王位に就く. ～ episcopal〖カト〗司教座. ❷〖カト〗聖櫃(せいひつ)；(聖像を祭る)廟(びょう). ❸[複]〖宗〗座天使.

tronzador 男 (2人で引く)大鋸(おが).

tronzar 57 他 ❶ (材木等を)切り分ける. ❷ ぐったりさせる.

tropa 女 ❶[複]軍隊, 部隊. ❷ 《集合的》(下士官より下の)兵隊. ❸ 群衆, 集団；《ラ米》(ｱﾙｾﾞﾝﾁﾝ)(ﾊﾟﾗｸﾞｱｲ)(ｳﾙｸﾞｱｲ)(家畜の)群れ. en ～ 群れをなして.

tropear 自 《ラ米》(ｱﾙｾﾞﾝﾁﾝ)(ﾊﾟﾗｸﾞｱｲ)(ｳﾙｸﾞｱｲ)家畜の群れを導く.

tropece- / tropecé(-) 活 → tropezar.

tropel 男 ひしめき合い；山積みの物. *en ～* ひしめき合って, どっと.

tropelía 女 横暴, 不法行為.

tropero 男 《ラ米》(ｱﾙｾﾞﾝﾁﾝ)(ｳﾙｸﾞｱｲ)牧童；御者.

tropezar [トゥロペサル] 49 自 〔英 stumble〕 《**con**》 ❶ (…に)つまずく；(…と)ぶつかる. ～ *con* una piedra 石につまずく. ～ *con* el padre 父親と意見がぶつかる. ❷ (…と)出くわす. ― **tropezarse** 再 《**con**》(…と)偶然に出会う.

tropezón 男 ❶ つまずき；しくじり；(不幸な)遭遇. ❷[主に複](スープ等の)具, 実. ***a tropezones*** 《話》つっかえながら, どうにか.

tropical 形 熱帯(性)の.

tropicalismo 男 大げさな感情表現.

trópico 男 ❶〖天文〗回帰線. ～ de Cáncer [Capricornio] 北[南]回帰線. ❷〖地理〗熱帯.

tropiece(-) 活 → tropezar.

tropiez- 活 → tropezar.

tropiezo 男 ❶ 障害. ❷ つまずき；過ち. ❸ (意見の)対立. ― 活 → tropezar.

tropilla 女 《ラ米》(ｱﾙｾﾞﾝﾁﾝ)(ｳﾙｸﾞｱｲ)(馬の)一群れ.

tropismo 男〖生〗向性, 屈性.

tropo 男〖修〗転義, 比喩(ひゆ).

tropología 女 比喩(ひゆ)的語法[解釈].

troposfera 女 対流圏.

troquel 男 (メダル等の)打ち[抜き]型.

troquelar 他 刻印する；型抜きする.

troqueo 男〖詩〗(古典詩の)長短格；(スペイン詩の)強弱格.

trotacalles 男 女 [単複同形] 《話》町をぶらぶらするのが好きな人.

trotaconventos 女 [単複同形] 《話》→ alcahueta.

trotador, dora 形〖馬〗速歩(はやあし)の上手な.

trotamundos 男 女 [単複同形] 世界中を旅行する人.

trotar 自 ❶〖馬〗速歩(はやあし)で駆ける. ❷ 《話》駆けずり回る.

trote 男 ❶〖馬〗速歩(はやあし). ❷ 《話》大変な仕事；面倒. ❸ 《話》酷使. dar mucho ～ a los zapatos 靴を履きこむ. ***al ～*** 速歩で；《話》大急ぎで. ***de [para] todo ～*** 《話》普段用の.

trotón, tona 形 男 速歩(はやあし)馬(の).

trotskismo 男 トロツキー主義, トロツキズム.

trotskista 形 (ロシア革命家の)トロツキーを支持する. ― 男 女 トロツキスト.

troupe [トゥル(プ)] 〔仏〕 女 [複 ～s] 劇団, サーカス団, 一座.

trova 女 (吟遊詩人が作った)恋愛歌；(替え歌にした)物語詩.

trovador, dora 男 (中世の)吟遊詩人. ― 男 女 《文》詩人.

trovadoresco, ca 形 吟遊詩人の.

trovar 自 詩作する.

trovero 男 (中世の北仏の)吟遊詩人.

trovo 男 (民衆的な)恋愛詩.

Troya 固名〖史〗トロヤ. caballo de ～ トロヤの木馬. ***Allí [Aquí] fue ～.*** (物語で)それから事が始まった；今は見る影もない. ***Arda ～.*** 《話》あとは野となれ山となれ.

troyano, na 形 男 女 トロヤの(人).

trozo [トゥロソ] 男 〔英 piece〕 ❶ 一片, 部分；〖文学〗〖音〗一章, 一節. un ～ de papel 紙切れ. cortar en ～*s* みじん切りにする. a ～*s* 部分的に. ❷ 《ラ米》(ｺﾛﾝﾋﾞｱ) 《話》いい女.

trucaje 男〖映〗特撮；トリック.

trucar 26 他 …に仕掛けをする.

trucha 女 ❶〖魚〗マス. ～ arco iris ニジマス. ❷ 《ラ米》(1)(中米)露店. (2)(ﾒｷｼｺ)ずる賢い人. (3)(ｱﾙｾﾞﾝﾁﾝ)(ｳﾙｸﾞｱｲ)(俗)顔.

truchero, ra 形 マス(釣り)の. ― 男 女 マスを採る[売る]人.

truchimán, mana 男 女 《話》いかさま師；通訳.

trucho, cha 形 《ラ米》(ｱﾙｾﾞﾝﾁﾝ)(ｳﾙｸﾞｱｲ)不正な, いんちきの.

T

truchuela 女 タラの燻製(くんせい).

truco 男 ❶ トリック；ごまかし；ずるい手. ❷ 秘訣(ひけつ). coger el ～ こつを飲み込む.

truculencia 女 残虐(なもの).

truculento, ta 形 残虐な.

trueno 男 雷, 雷鳴；轟音(ごうおん), 爆音.

trueque 男 ❶ (物々) 交換. a ～ de ... …と交換に. ❷ [複] 《ラ米》(コロンビア)(メキシコ)おつり.

trufa 女 ❶ 〖植〗 トリュフ, セイヨウショウロ. ❷ (チョコレートの) トリュフ；チョコレートクリーム.

trufar 他 ❶ 〖料〗 …にトリュフを詰める[添える]. ❷ (スピーチに作り話・逸話を) 混ぜる.

truhán, hana 形 ❶ 詐欺の, ぺてんの. ❷ ひょうきんな, おどけた. ── 男 女 ❶ 詐欺師, ぺてん師. ❷ ひょうきんな人, おどけ者.

truhanería 女 詐欺, ごまかし；道化, おどけ.

trujal 男 オリーブ[ブドウ]圧搾機.

trujamán, mana 男 女 ❶ 通訳. ❷ (商売等の) 助言者；仲介者.

trullo 男 ❶ (ブドウの) 圧搾場. ❷ 《話》 刑務所. ❸ 〖鳥〗 コガモ.

truncamiento 男 一部[端]を切ること；挫折(ざせつ).

truncar 26 他 ❶ 一部を切り取る；中断する. ❷ 挫折(ざせつ)させる, 妨げる. ── **truncarse** 再 中断する.

truque 男 石けり遊び.

trusa 女 《ラ米》 (1)(メキシコ)(ペルー)パンツ, パンティー. (2) (女性用) 水着 (→ bañador 地域差). (3)(アルゼンチン)(ウルグアイ)ガードル.

trust 〔英〕 男 [単複同形] 〖経〗 企業合同, トラスト.

tse-tsé 女 〖昆〗 ツェツェバエ.

tsunami 〔日〕 男 津波.

tu [トゥ] 形 《所有》 [前置形, 単数. 複数形は tus] 〔英 your〕 《+名詞》 **君[あなた]の**. *tu* conducta 君の行動. *tu* turno あなたの番. a *tu* lado 君のわきに. *tus* hijos 君の子供たち. ► 常に名詞の前に置いて用いられ, 冠詞等と一緒に用いることはない. 名詞の後ろに置く場合, serの補語として用いる場合, 定冠詞に付けて代名詞として用いる場合は tuyo, tuya.

tú [トゥ] 代名 《人称》 [2人称単数, 男女同形] 〔英 you〕 《主語》 **君が[は], お前が[は], あなたが[は]**. *Tú* no quieres ir, ¿verdad? 君は行きたくないんだね. ► (1) 親しい間柄・年少者に対して用いられる. 他と対比させる場合, 主語を強調する場合を除いては省略されることが多い. (2) 特定の相手ではなく, 主に一般的な事柄を表す文で用いられる場合がある. *Tú* tienes que respetar a los mayores. 年長者を敬わなくてはね. ***de tú a tú*** 対等に. ***hablar [tratar] de tú*** (相手に対して) tú で[親しげに]話す[扱う].

tuanis 形 《ラ米》(コスタリカ)(エルサルバドル)(グアテマラ)すばらしい, すごい. ── 男 女 [男女同形] 《ラ米》 優しい先生 (→ benévolo 地域差).

tuareg 形 トゥアレグ (族, 語) の. ── 男 女 トゥアレグ族の人. ── 男 トゥアレグ語.

tuba 女 〖音〗 チューバ.

tuberculina 女 〖医〗 ツベルクリン.

tubérculo 男 ❶ 〖植〗 塊茎, 塊根. ❷ 〖医〗 結節；〖解〗 隆起.

tuberculosis 女 [単複同形] 〖医〗 結核(症). ～ pulmonar 肺結核.

tuberculoso, sa 形 結核(性)の, 結核にかかった. ── 男 女 結核患者.

tubería 女 《集合的》 管, 配管.

tuberosidad 女 ❶ 〖医〗 結節, 腫瘍(しゅよう). ❷ 〖植〗 塊茎.

tuberoso, sa 形 結節[塊茎]のある. ── 女 〖植〗 ゲッカコウ, チュベローズ.

tubo [トゥボ] 男 〔英 pipe, tube〕 ❶ **管**, パイプ. ～ de desagüe 排水管. ～ de escape 排気管. ～ de rayos catódicos ブラウン管. ❷ (円筒形の) 容器, チューブ. ～ de ensayo 試験管. ❸ 〖解〗 管. ～ digestivo 消化管. ～ intestinal 腸管. ❹ 《話》 地下鉄. ❺ 《話》 退屈なこと[人]. ❻ 《ラ米》 (1)(アルゼンチン)(ウルグアイ)受話器. (2) 〖車〗 タイヤチューブ (→ cámara 地域差). ***pasar por el ～*** 《話》 枠にはめられる. ***por un ～*** 《話》 たくさん.

tubular 形 管(状)の, 筒形の.

tucán 男 〖鳥〗 オオハシ.

tuco, ca 形 男 女 《ラ米》(コロンビア)手足(の一部) がない (人). ── 男 《ラ米》(アルゼンチン)(パラグアイ)(ペルー)(ウルグアイ)(パスタの)トマトソース.

tucúquere 男 《ラ米》(チリ) 〖鳥〗 アメリカワシミミズク.

tucura 女 《ラ米》(アルゼンチン)(ボリビア)(ウルグアイ) 〖昆〗 イナゴ；バッタ.

tudesco, ca 形 男 女 《話》 ドイツ[ザクセン]の(人).

tueco 男 切り株；(木材の) 虫食い穴.

tuerca 女 ナット, 留めねじ. apretar las ～*s* a ... …への締めつけを厳しくする.

tuerce(-) 活 → torcer.

tuercebotas 男 [単複同形] 《話》 《軽蔑》 取るに足りない人；鈍感な人；役立たず.

tuerto, ta 形 ❶ 片目の. ❷ よじれた, 曲がった. ── 男 女 片目の人.

tuerz- 活 → torcer.

tueste 男 きつね色に焼く[焦がす]こと.

tuétano 男 〖解〗 (骨) 髄；〖植〗 髄. ***hasta los ～s*** 《話》 骨の髄まで；すっかり.

tufarada 女 強烈な悪臭.

tufillas 男 女 [単複同形] 《話》 怒りっぽい人.

tufillo 男 《話》 (かすかな) におい；雰囲気.

tufo 男 ❶ 嫌なにおい, 悪臭. ❷ 《話》 疑い, 疑念. ❸ [主に複] 《話》 気取り, 見え.

tugurio 男 評判の悪い場所；みすぼらしい家[部屋]；羊飼い小屋.

tul 男 〖服〗 チュール.

Tula 固名 トゥラ：メキシコにある遺跡.

tulio 男 〖化〗 ツリウム.

tulipa 女 (チューリップ形の) ランプのかさ.

tulipán 男 〖植〗 チューリップ.

tullido, da 形 《軽蔑》 不随の, まひした. ── 男 女 《軽蔑》 体の不自由な人.

tullir 71 他 (手足を) 不随にする, まひさせる. ── **tullirse** 再 不随になる, まひする.

tumba [トゥンバ] 女 〔英 tomb〕 ❶ **墓**, 墓所. ❷ 《話》 口の堅い人. ser una ～ 口が堅い. ── 活 → tumbar. ***a ～ abierta*** 全速力で；覚悟を決めて.

tumbaga 女 金と銅の合金；その指輪.

tumbar [トゥンバル] 他 〔英 knock down〕 ❶ **倒す**, 打ち倒す. El boxeador *tumbó* a su contrincante. ボクサーは対戦相手をダウンさせた. ❷ 《話》 《en》 (…の試験で) 落第させる. ❸ 《話》 気を失わせる；

殺す. ❹《ラ米》(ｺﾛﾝﾋﾞｱ)(ﾍﾞﾈｽﾞｴﾗ)伐採する. —— **tumbarse** 再 横になる, 倒れ込む.

tumbo 男 激しい揺れ, 振動. —— 活 → tumbar. ***dar ～s*** 《話》苦労する, つまづく.

tumbón, bona 形 怠惰な, 怠け者の. —— 男 女 怠け者. —— 女 デッキチェア.

tumefacción 女〖医〗腫(は)れ, 腫脹(しゅちょう).

tumefacto, ta 形 腫(は)れ上がった, むくんだ.

tumescencia 女〖医〗腫脹(しゅちょう).

túmido, da 形 ❶ 腫(は)れた；冗長な. ❷〖建〗(アーチ・丸天井の)上部が広い.

tumor 男〖医〗腫瘍(しゅよう). ～ benigno [maligno] 良性[悪性]腫瘍.

tumoral 形 腫瘍(しゅよう)の.

túmulo 男 墳墓, 古墳；棺台.

tumulto 男 騒動, 混乱；暴動.

tumultuario, ria / tumultuoso, sa 形 騒然とした；暴動[騒動]を引き起こす.

tuna 女 ❶ トゥナ：(伝統的な衣装で歌い歩く)学生の音楽隊. ❷〖植〗熱帯アメリカ原産オプンチア[ウチワサボテン](の実).

tunante, ta 形《話》ずる賢い, 抜け目のない. —— 男 女《話》ずる賢い人, 悪党.

tunda 女 ❶《話》ひどくたたくこと, めった打ち. ❷《話》頑張りすぎ, 骨折り仕事.

tundidor, dora 形 男 女 剪毛(せんもう)する(人). —— 女 剪毛機.

tundidura 女 (織布の)剪毛(せんもう).

tundir 他 ❶ (織布の)毛を刈る, 剪毛(せんもう)する. ❷《話》めった打ちにする；疲れさせる.

tundra 女 ツンドラ, 凍土帯.

tunecino, na 形 チュニジアの；チュニスの. —— 男 女 チュニジア人；チュニスの人.

túnel [トゥネる] 男 [英 tunnel] **トンネル**；地下道. pasar por el ～ トンネルを通る.

tuneladora 女 トンネル掘削機.

tungsteno 男〖化〗タングステン.

túnica 女 ❶ チュニカ：古代ギリシャ・ローマの2枚布の着衣. ❷〖服〗チュニック. ❸〖解〗被膜；〖植〗外皮.

tunicado, da 形〖動〗被嚢(ひのう)のある. —— 男〖動〗被嚢動物.

Tunicia 固名 チュニジア：首都チュニス Túnez.

tuno, na 形 男 女 ずる賢い(人), いたずら好きの(人). —— 男 tuna を編成する学生.

tuntún 副 ***al (buen) ～*** 《話》あてずっぽうに, 行きあたりばったりで.

tupaya 女〖動〗ツパイ, リスモドキ.

tupé 男 ❶ 前髪. ❷《話》厚かましさ.

tupí 形 男 女 トゥピ族(の). —— 男 トゥピ語.

tupido, da 形 ❶ 密な, 濃い. tela *tupida* 目の詰んだ布. bosque ～ 鬱蒼(うっそう)とした森. ❷ 鈍い, 鈍感な. ❸《ラ米》(ｳﾙｸﾞｱｲ)《話》便秘の. —— 副《ラ米》(ｱﾙｾﾞﾝﾁﾝ)(ｳﾙｸﾞｱｲ)しばしば；豊富に.

tupí-guaraní 形 男 女 トゥピ・グアラニー族の(人). —— 男 トゥピ・グアラニー語.

tupir 他 ❶ 密にする, 詰める. ❷《ラ米》(ｳﾙｸﾞｱｲ)便秘を起こす. —— **tupirse** 再 ❶ 密になる, 詰まる. ❷《話》いやというほど食べる. ❸《ラ米》(ｺﾛﾝﾋﾞｱ)《話》恥じる, 困惑する.

Tupungato 固名 el ～ トゥプンガト山：チリとアルゼンチンの国境にある火山. 6800m.

turba 女 ❶《軽蔑》群衆, 大衆. ❷ 泥炭, ピート.

turbación 女 ❶ 混乱, 無秩序. ❷ 動揺, 困惑.

turbamulta 女《軽蔑》烏合(うごう)の衆.

turbante 男 ターバン；ターバン風婦人用帽子.

turbar 他 ❶ 混乱させる. La sirena *turbó* el silencio. サイレンが静けさをかき乱した. ❷ 困惑させる, 動揺させる. —— **turbarse** 再 ❶ 乱れる, かき乱される. ❷ 困惑[動揺]する. Al saber la noticia, ella *se turbó*. そのニュースを知り, 彼女はうろたえた.

turbelario 形 渦虫の. —— 男 [複]〖動〗渦虫類.

turbera 女〖地質〗泥炭地.

túrbido, da 形 濁った, 不透明な.

turbiedad 女 ❶ 濁り, 不透明. ❷ 不明瞭(ふめいりょう), 曖昧(あいまい)さ；不審.

turbina 女〖機〗タービン.

turbinto 男〖植〗ウルシ科コショウボク.

turbio, bia 形 ❶ 濁った, 不透明な. ❷ 不鮮明な, 曖昧(あいまい)な. ❸ 怪しげな.

turbión 男 ❶ スコール. ❷《話》同時に[続けて]起こること.

turbo 形 男 ターボの(エンジン, 車).

turboalternador 男〖電〗タービン発電機.

turbobomba 男 (または女)〖機〗ターボポンプ.

turbocompresor 男〖機〗ターボコンプレッサー.

turbogenerador 男〖電〗タービン発電機.

turbohélice 男 → turbopropulsor.

turbomotor 男〖機〗ターボモーター.

turbonada 女 (雷を伴う)スコール.

turbopropulsor 男〖航〗ターボプロップエンジン.

turborreactor 男〖航〗ターボジェットエンジン.

turbulencia 女 ❶〖気象〗乱気流；〖物〗乱流. ❷ 騒乱, 混乱. ❸ 濁り, 不鮮明.

turbulento, ta 形 ❶ 荒れた, 荒れ狂った. ❷ 混乱した, 騒然とした；騒動を起こす. —— 男 女 騒動を起こす人.

turco, ca 形 トルコ(人)の. cama *turca* ヘッドボードのないベッド, 寝いす. —— 男 女 ❶ トルコ人. ❷《ラ米》《軽蔑》(1)(南米)アラブ系の人. (2) けちな人 (→ tacaño 地域差). —— 男 トルコ語. —— 女《話》酔い；酒盛り；どんちゃん騒ぎ. coger [pillar, tener] una *turca* 泥酔する. ***cabeza de ～*** スケープゴート. ***el gran ～*** 〖史〗トルコ皇帝(＝sultán). ***más celoso que un ～*** 《話》嫉妬(しっと)に狂っている.

turcomano, na 形 トルクメニスタン(人)の. —— 男 女 トルクメニスタン人. —— 男 トゥルクメン語.

túrdiga 女 革ひも.

turf [英] 女〖スポ〗競馬場；《ラ米》(ｱﾙｾﾞﾝﾁﾝ)(ｳﾙｸﾞｱｲ)競馬.

turgencia 女 腫(は)れ；張り.

turgente 形 腫(は)れ上がった；張った.

turíbulo 男 吊(つ)り香炉.

turiferario 男 香炉持ち.

turión 男〖植〗(アスパラガス等の)鱗芽(りんが).

のある若い枝.

turismo [トゥリスモ] 男 〔英 tourism〕 ❶ 観光(旅行); 観光事業. hacer ~ 観光旅行をする. oficina de ~ 観光案内所. ❷ 自家用車.

turista [トゥリスタ] 男 女 〔英 tourist〕 観光客, 旅行者. clase ~ ツーリストクラス.

turístico, ca 形 観光の.

Turkmenistán 固名 トルクメニスタン: 首都アシュハバード Achkhabad.

turma 女 睾丸(こうがん).

turmalina 女 〖鉱〗電気石, トルマリン.

túrmix 女 [単複同形] 〖商標〗《話》ミキサー.

turnar(se) 自 再 交替でする. *turnarse* para tomar las vacaciones 交替で休暇を取る.

turno [トゥルノ] 男 〔英 turn〕 番, 順番; 交替(制). Te toca el ~ a ti. 君の番だ. trabajar en el ~ de noche 夜間勤務する. de ~ 当番の. ~ de oficio 〖法〗国選弁護人の輪番.

turolense 形 男 女 (スペインの) テルエルの(人).

turón 男 〖動〗ケナガイタチ.

turquesa 女 トルコ石. — 男 形 ターコイズブルー(の) (= azul ~).

turquí 形 男 藍色(あいいろ)(の).

Turquía 固名 トルコ: 首都アンカラ Ankara.

turra 女 《ラ米》(アルゼンチン) 《話》《軽蔑》売春婦.

turrón 男 トゥロン: アーモンド・クルミ・糖蜜(とうみつ)等で作る (クリスマス用の) 菓子.

turronero, ra 男 女 トゥロンを作る[売る]人. — 形 トゥロンの.

turulato, ta 形 《話》呆然(ぼうぜん) [啞然(あぜん)]とした.

tururú 間 《話》とんでもない, 冗談じゃない.

tus 形 複 → tu.

¡tus! 間 犬を呼ぶときのかけ声. ***no*** [***sin***] ***decir (ni) tus ni mus*** うんともすんとも言わない[言わずに].

tusa 女 《ラ米》(1)(コロンビア)(ベネズエラ)(キューバ)トウモロコシの穂軸. (2)(ベネズエラ) 《話》頭の悪い人.

tusor 女 タッサー: 布地の一種.

tute 男 ❶ トゥテ (トランプゲームの一種); その上がり手. ❷ 《話》きつい仕事. darse un ~ 頑張る, 重労働をする. ❸ 《話》消耗.

tutear 他 tú を使って話す, 親しい口をきく. No *tuteo* a los dependientes. 私は店員には tú で呼びかけない. — ***tutearse*** 再 互いに tú を使って話す.

tutela 女 ❶ 後見(職). ejercer la ~ de ... …の後見人となる. ❷ 保護, 庇護(ひご). ❸ 指導, 監督.

tutelar 形 ❶ 〖法〗後見の. acción ~ 後見. ❷ 保護[庇護(ひご)]する. — 他 〖法〗後見[保護]する.

tuteo 男 tú を使って話すこと. — 活 → tutear.

tutiplén ***a*** ~ 《話》たっぷり, たくさん.

tutor, tora 男 女 ❶ 〖法〗後見人; 保護者. ~ dativo 選任後見人. ❷ 指導教官, チューター; 家庭教師.

tutoría 女 後見職; 指導教師の任務.

tutsi 形 男 女 [複 ~s] (ルワンダ・ブルンジ共和国等の) ツチ族(の).

tutú 男 チュチュ: バレリーナ用のスカート.

tutuma 女 《ラ米》(ベネズエラ)(1) ヒョウタン(の器). (2) 頭.

tuv- 活 → tener.

Tuvalu 固名 ツバル: 首都フナフティ Funafuti.

tuyo, ya [トゥヨ(トゥジョ), ヤ(ジャ)] 形 《所有》[後置形, 単数. 複数形は tuyos, tuyas] 〔英 (of) yours〕 《名詞を修飾して》 君[あなた]の. ► 所有されるものを表す名詞の性数によって語尾変化する. (1) 《名詞+》 un disco ~ 君のレコードの一枚. ► 名詞の前に置く場合は tu. (2) 《ser の補語として》 ¿*Es* ~ este disquete? このフロッピーディスクは君のかい. (3) 《定冠詞と共に用いて所有代名詞になる》 Mi casa es más pequeña que la *tuya*. 僕の家は君のより小さい. — 女 〖植〗コノテガシワ, ニオイヒバ類. ***Es la tuya.*** 《話》さあ, 君[あなた]のチャンスだ. ***lo*** ~ 君[あなた]の本分, 得意技. 《話》El tenis es *lo* ~. テニスは君はお手の物だ. ***los ~s*** 君[あなた]の家族[仲間]. ***(una) de las tuyas*** 君[あなた]らしい (いつもの) ふざけ, いたずら, へま. ***Ya es ~*** [***tuya***]. よくやった, もう君[あなた]のものだ.

TV *t*ele*v*isión テレビ(受像機).

TVE 女 *T*ele*v*isión *E*spañola スペイン国営放送.

tweed [トゥイ(ドゥ)] 〔英〕 男 ツイード.

twist [トゥイス] 〔英〕 男 ツイスト.

U u

U, u [ウ] 女 [複 ~es] スペイン語字母の第22字; u の名称.

u 接 [o の異形] …または…. ► o, ho で始まる語の前で o に代わって使われる. diez *u* once 10か11.

ubérrimo, ma 形 たいへん豊かな, 非常に肥沃(ひよく)な.

ubicación 女 位置, 場所.

ubicar 26 他 《ラ米》配置する, 置く. — **ubicar(se)** 自 再 《en》(…に) 位置する, (…の位置に) ある, いる. ***estar bien ubicado*** 《ラ米》(アルゼンチン)(ウルグアイ)良い職についている.

ubicuidad 女 遍在性.

ubicuo, cua 形 遍在する; どこにでも顔を出す.

ubre 女 (哺乳(ほにゅう)類の) 乳房.

ucase 男 ❶ 専制的な命令, 不当な命令. ❷ (帝政ロシア皇帝の) 勅令.

UCI [ウシ] 女 *U*nidad de *C*uidados *I*ntensivos 集中治療室 〔英 ICU〕.

Ucrania 固名 ウクライナ: 首都キエフ Kiev.

ucraniano, na / ucranio, nia 形 ウクライナ(人・語)の. — 男 女 ウクライナ人. — 男 ウクライナ語.

Ud. [ウステ(ドゥ)] 〔英 you〕 *usted* あなた(が, は).

UDI [ウディ] 女 *U*nión *D*emocrática *I*ndependiente (チリの) 独立民主連合, 民主独立運動.

Uds. [ウステデス] 〔英 you〕 *ustedes* あなた方(が, は).

UE 女 *U*nión *E*uropea 欧州連合 〔英 EU〕.

UEFA [ウエファ] 女 *U*nión *E*uropea de *F*útbol *A*sociación 欧州サッカー連盟.

¡uf! 間《疲れ・不快・嫌悪》ふう, あーあ.

ufanarse 再《con, de》(…を) 自慢する；うぬぼれる.

ufano, na 形 ❶《con, de》(…に) 満足した；(…を) 誇る, 得意気な. ❷ 意気込んだ.

ufo [ウフォ] 男 未確認飛行物体, ユーフォー (= ovni) 〔英 UFO〕.

ufología 女 ユーフォー研究[学].

Uganda 固名 ウガンダ：首都カンパラ Kampala.

ugandés, desa 形 ウガンダの. — 男女 ウガンダ人.

ugetista 形 男 女 UGT (スペイン労働総同盟) の (組合員 (の)).

UGT 女 *U*nión *G*eneral de *T*rabajadores (スペイン) 労働総同盟.

UHF 〔英〕 男 (または女) 極超短波.

ujier 男 ❶ (宮廷・法廷の) 門衛, 門番. ❷ 下級役人.

ukelele / ukulele 男〖音〗ウクレレ.

ulano 男〖史〗(ドイツ・オーストリア・ロシアの) 槍騎兵(そうきへい).

úlcera 女 ❶〖医〗潰瘍(かいよう). ❷〖植〗木質部の腐敗.

ulceración 女〖医〗潰瘍(かいよう)化；潰瘍.

ulcerar 他〖医〗潰瘍(かいよう)を生じさせる. — **ulcerarse** 再 潰瘍化する.

ulcerativo, va 形〖医〗潰瘍(かいよう)性の, 潰瘍を生じさせる.

ulceroso, sa 形〖医〗潰瘍(かいよう)のある.

ulema 男 ウラマー：イスラム教国の学識者.

uliginoso, sa 形 湿地 (性) の.

ulmáceas 女〖植〗〖複〗ニレ科 (の植物).

ulterior 形 ❶ その後の；その向こうの. ❷〖史〗(ローマから見て) 遠くの.

ulteriormente 副 その後.

última 形 → último.

ultimación 女 終了, 完了, 完成

últimamente 副 最近；最後に.

ultimar 他 ❶ 完成させる, 終える. ❷《ラ米》殺す.

ultimátum 男 〔単複同形〕 最後通牒(つうちょう)；最終提案.

último, ma [ウるティモ, マ] 形 〔英 last〕 ❶ **最後の**；もっとも離れた. *última* fila 一番後ろの列. *última* palabra 最終的な決定 (権). el ～ rincón del mundo 地の果て. ❷ 最悪の；究極の. en ～ caso 最悪の場合は. ❸ 最近の, 最新の. *última* moda 最新の流行. estos ～*s* meses ここ数か月. — 男 女 最後[最新, 最悪]のもの[人]. ***ahora*** ～ 《ラ米》(ﾁﾘ)最近. ***a la última*** 最新流行の；最新の情報に通じた. ***a*** ～***s de ...*** (期間の) 終わりごろに. ***estar en las últimas*** 死にそうである. ***por*** ～ 結局, 最後に. ***ser lo*** ～ 最悪である.

ultra 形 男 女《話》極右派の (人)；過激な (論者).

ultracorrección 女〖言〗過剰修正.

ultraderecha 女 極右 (政党).

ultraderechista 形 極右 (政党) の. — 男 女 極右思想の人, 極右政党員.

ultraísmo 男 ウルトライスモ：スペイン・中南米の詩人による文学運動 (1919-23).

ultrajante 形 侮辱的な, 無礼な.

ultrajar 他《con》(…で) ひどく侮辱する.

ultraje 男 侮辱, 辱め.

ultraligero, ra 形 男 超軽量型の (飛行機).

ultramar 男 海外 (の領土).

ultramarino, na 形 海外の. — 男〔複〕 ❶ 海外の製品. ❷ 食料品 (店).

ultramicroscopio 男 限外顕微鏡.

ultramoderno, na 形 超現代的な.

ultramontanismo 男〖神〗教皇権至上主義.

ultramontano, na 形 ❶ 山の向こうの. ❷〖神〗教皇権至上主義の. — 男 女 教皇権至上主義者.

ultranza ***a*** ～ (1) 断固として, 決然として. (2) 徹底した, 全くの.

ultraortodoxo, xa 形 男 女 (ユダヤ教の) 超正統派の (信者). ～ judío ユダヤ教超正統派信者.

ultrarrápido, da 形 超高速の.

ultrarrojo, ja 形〖物〗赤外線の. — 男 (スペクトルの) 赤外部.

ultrasensible 形〖写〗超高感度の.

ultrasónico, ca 形 超音波[音速]の.

ultrasonido 男 超音波.

ultrasur 男 女 (スペインのサッカーチーム) Real Madrid の熱狂的なサポーター.

ultratumba 女 副 あの世[来世] (で).

ultravioleta 形 紫外線の. — 男 紫外線 (= rayos ～*s*).

úlula 女〖鳥〗モリフクロウ.

ulular 自 (獣や風等が) うなる.

umbela 女 ❶〖植〗散形花序. ❷ (バルコニーや窓の) ひさし.

umbelífero, ra 形〖植〗散形花序を生じる. — 女〔複〕〖植〗セリ科 (の植物).

umbilical 形 へその.

umbráculo 男 (植物を守る) 日よけ.

umbral 男 ❶ 敷居；入口. ❷ 始まり.

umbrela 女 (クラゲの) かさ.

umbrío, a 形 日の当たらない, 日陰の.

umbroso, sa 形 日陰の, 日陰を作る.

un, una [ウン, ウナ] 冠《不定冠詞》〔単数形. 複数形は unos, unas〕 〔英 a, an, one〕 ❶《聞き手にとって不定の名詞に付けて》 **1 つ[1 人]の；ある**. *una* persona 1 名；ある人. *una* revista ある[1 冊の] 雑誌. *un* amigo mío 私のある友人. Tengo *una* idea. 私には考えがある. ❷《総称》…というもの. *Un* lingüista debe de saberlo. 言語学者ならそのことは知っているはずだ. ❸《固有名詞等につけて》…のような人. *un* Cervantes セルバンテスにも匹敵する人. ❹〔複〕 (1) いくつかの, 何人かの. *unos* lápices 何本かの鉛筆. *unas* semanas 数週間. (2)《+数詞》約…, およそ…. *unas* ocho horas 約 8 時間. ► アクセントのある (h)a- で始まる女性単数名詞の前では una のかわりに un がよく使われる. *un* [*una*] ala 一翼. — 形 代名 → uno.

UNAM [ウナ(ム)] 女 *U*niversidad *N*acional *A*utónoma de *M*éxico メキシコ国立自治大学.

Unamuno 固名 ウナムーノ Miguel de ～ (1864-1936)：スペインの思想家・詩人・小説家.

unánime 形 同意見の；全員一致の.

unánimemente 副 満場一致で.
unanimidad 女 満場一致. *por* ～ 満場一致で.
uncial 形 女 アンシャル字体 (の).
unciforme 形 男 有鉤(ゆうこう)骨 (の).
unción 女 ❶ 油 [軟膏(なんこう)] を塗ること. ❷ 〖カト〗終油の秘跡. ❸ 熱心；敬虔(けいけん).
uncir 112 他 くびきをかける.
undécimo, ma [ウンデしモ, マ] 形 《数詞》〔英 eleventh〕11番目の；11分の1の. ── 男 11分の1.
undécuplo, pla 形 男 11倍 (の).
underground [アンデルグラウン]〔英〕男 形 [複 ～(s)] アングラ (の). cine ～ アングラ映画.
UNED [ウネ(ドゥ)] 女 *U*niversidad *N*acional de *E*ducación a *D*istancia スペイン国立通信大学.
ungimiento 男 聖油塗布.
ungir 44 他 ❶ 〖宗〗塗油により聖別する. ❷ 《con》(油や軟膏(なんこう)を) …に塗る.
ungüento 男 軟膏(なんこう), 塗り薬. ～ amarillo 《話》《皮肉》万能薬.
unguiculado, da 形 〖動〗爪(つめ)のある. ── 男 女 爪のある動物.
unguis 男 [単複同形] 〖解〗涙骨.
ungulado, da 形 〖動〗有蹄(ゆうてい)の. ── 男 女 有蹄動物. ── 男 [複] 有蹄類.
ungular 形 爪(つめ)の.
uniata 形 男 女 〖宗〗(東方教会の典礼を守るが教皇首位権を認める) 合同教会の (信徒).
única 形 女 → único.
únicamente 副 ただ…だけ；もっぱら.
unicameral 形 (議会が) 一院制の.
unicelular 形 〖生〗単細胞の.
unicidad 女 単一性, 唯一性.
único, ca [ウニコ, カ] 形〔英 unique, only〕❶ 唯一の, ただ1つ [1人] の. hijo ～ ひとり息子. ❷ 特有な；ユニークな. ── 男 女 唯一のもの [人].
unicolor 形 単色の.
unicornio 男 ❶ ユニコーン. ❷ 〖動〗サイ.
unidad [ウニダ(ドゥ)] 女〔英 unity, unit〕❶ 単一 (性), 統一性；まとまり, 団結. ❷ 単位；1個. ❸ 装置 [設備] 一式；(機械の) ユニット. ❹ 部門, 部隊.
unidamente 副 団結して, 仲良く.
unidireccional 形 〖物〗一方向の, 単向の.
unido, da 過分 → unir. 形 ❶ 結合した. ❷ 団結した, 仲の良い.
unifamiliar 形 一家族用の. vivienda ～ 一戸建て住宅.
unificación 女 統一, 統合.
unificador, dora 形 統一 [統合] する. ── 男 女 統一 [統合] 者.
unificar 26 他 1つにする, 統一する. ── **unificarse** 再 1つになる；均一化する.
unifoliado, da 形 〖植〗単葉の.
uniformado 男 《ラ米》(アルゼンチン)(ウルグアイ)(コロンビア) 警官, 刑事.
uniformar 他 ❶ 一様にする, 画一化する. ❷ 制服を着せる. ── **uniformarse** 再 一様 [画一] になる.
uniforme [ウニフォルメ] 形〔英 uniform〕一様な, 同形の, 同質の；一律の, 単調な. color ～ 単色. ── 男 制服, ユニホーム. ～ militar 軍服.
uniformidad 女 画一性, 同質性.
uniformizar 57 他 一様に [画一化] する. ── **uniformizarse** 再 一様になる.
unigénito, ta 形 男 女 ひとりっ子 (の). ── 男 el *U*～ 神の子イエス・キリスト.
unilateral 形 片側だけの；一方的な.
unilateralismo 男 〖政〗2国間の不平等な外交関係.
unilateralmente 副 一方的に.
unión [ウニオン] 女 [複 uniones]〔英 union〕❶ 結合, 合体；結婚. ❷ 団結；一致. ❸ 組合；同盟. *U*～ Europea ヨーロッパ連合. ❹ 連結部.
unionismo 男 〖政〗統一主義.
unionista 形 男 女 〖政〗統一主義の [者].
unípara, ra 形 〖動〗一度に1子 [1卵] だけを産む.
unípede 形 1本足の.
unipersonal 形 ❶ 〖文法〗単人称の：3人称単数形のみで活用する動詞. ❷ 個人の；ひとり用の. ── 男 《ラ米》(アルゼンチン)(ウルグアイ) ワンマンショー.
unipolar 形 〖電〗単極の.
unir [ウニル] 他〔英 unite〕❶ 結びつける, 結合させる；(人々を) 結束させる. ❷ 結婚させる. ❸ 〖医〗(傷口を) 閉じる. ── 自 よく混ざる. ── **unirse** 再 ❶ 《a》(…と) 結びつく；提携する；(…に) 賛同する. ❷ 結婚する.
unisex 形 [単複同形] 男女共用の, ユニセックスの.
unisexual 形 〖植〗〖生〗単性の.
unisonancia 女 ❶ 〖音〗同音, 同度. ❷ (話し方の) 単調さ, 一本調子.
unísono, na 形 同音の. ── 男 〖音〗斉奏, 斉唱. *al* ～ ユニゾンで；一斉に.
unitario, ria 形 ❶ 単位の. ❷ 単一の, 統一された.
unitarismo 男 ❶ 〖宗〗ユニテリアン派の教義. ❷ 中央集権主義.
unitivo, va 形 結合させる (力のある).
univalvo, va 形 〖植〗〖動〗単弁の；単殻の. ── 男 単殻軟体動物.
universal [ウニベルサる] 形〔英 universal〕❶ 全世界的な, 万国の. ❷ 普遍的な, 一般的な, 全般的な. gramática ～ 〖言〗普遍文法. ❸ 宇宙の, 万物の. la gravitación ～ 万有引力. ── 男 [複] 〖哲〗一般概念；普遍性.
universalidad 女 普遍性, 一般性.
universalismo 男 ❶ 普遍性, 全世界的性格. ❷ 〖哲〗普遍主義.
universalista 形 普遍 (国家) 主義の. ── 男 女 普遍 (国家) 主義者.
universalización 女 普遍 [一般] 化.
universalizar 57 他 普遍 [一般] 化する.
universalmente 副 全世界的に, あまねく.
universidad [ウニベルシダ(ドゥ)] 女〔英 university〕❶ (総合) 大学. ❷ 大学施設. ❸ 《集合的》大学関係者.
universitario, ria 形 大学 (生) の. tasas *universitarias* 大学授業料. ── 男 女 大学生；大学卒業者.
universo, sa [ウニベルソ, サ] 形 →

universal. — 男〔英 universe〕❶ 宇宙，万物．❷（特定の）領域，世界．❸〖数〗母集団．

univocidạd 女 一義性．

unịvoco, ca 形 一義の，一義的な．

uno, una［ウノ，ウナ］形《数詞》〔英 one〕❶［男性名詞の前では un］1つの，1人の．*una* hora 1時間．*un* chico 1人の少年．treinta y *un* días 31日．treinta y *una* horas 31時間．❷《序数詞の代わり》第1の．el tomo *uno* 第1巻．el día *uno* de agosto 8月1日．❸ 同一の；一体の．❹《otro と対で》一方の．— 男（数字の）1．— 代名《不定》❶ 1つ，1人．cada *uno* [*una*] 各自．*uno* de los candidatos 候補者のひとり．❷ あるもの，ある人．consultar a *uno* 人[誰か]に相談する．❸（一般的に）人．*Una* es débil. 女は弱いもの．❹《otroと対で》一方．*uno* ... el *otro* ...（二者のうち）一方は…他方は….　*unos* ... *otros* ... …する人もいれば…する人もいる，するものもあれば…するものもある．— 活 → unir. ***a una*** 一斉に；同時に．***de uno en uno*** 1人[1つ]ずつ．***una y otra vez*** 何度も．***uno(s) a otro(s)*** お互いに．***uno a*** [***por***] ***uno*** 1人[1つ]ずつ．***uno con otro*** 全体で．***uno más*** / ***uno de tantos*** ありふれた人[物]．***uno que otro*** 少しの，いくつかの．***unos cuantos*** いくつかの．***uno tras otro*** 代わる代わる．***uno y otro*** 2つ[2人]とも．

ụnos 冠 複 → un. — 形 代名 複 → uno.

untạda 女《ラ米》(コロンビア)(ウルグアイ)(1)（軟膏(なんこう)・油脂等を）塗ること．(2)《話》わいろ．

untadụra 女 ❶（油脂状のものを）塗ること．❷ 潤滑油，グリース；軟膏(なんこう)．❸ 買収，収賄．

untamiẹnto 男 → untadura.

untạr 他 ❶（油脂・クリーム・バター等を）塗る．❷ 買収する．— ***untarse*** 再 ❶《**con**》（油等で）（自分の…を）汚す．❷《話》私腹を肥やす．

ụnto 男 ❶ 油脂；脂身．❷《ラ米》軟膏(なんこう)．❸《話》わいろ．

untuosidạd 女 油っこさ，べとべと[ぬるぬる]していること．

untuọso, sa 形 油っこい，べとべとした；《軽蔑》（人が）親切すぎる．

untụra 女 → untadura.

uña［ウニャ］女〔英 nail〕❶ 爪(つめ)；蹄(ひづめ)．～ encarnada《ラ米》陥入爪(かんにゅうそう)，指の肉に食い込んだ爪(つめ)(→ uñero 地域差)．❷（サソリの）毒針．❸（道具の）ひっかけ部，鉤爪(かぎづめ)状の物；刻み目．***a uña de caballo*** 全速力で．***con uñas y dientes***《話》全力で．***dejarse las uñas***《話》一生懸命になる．***enseñar*** [***mostrar, sacar***] ***las uñas***《話》敵意を見せる，脅す．***estar*** [***ponerse***] ***de uñas***《話》敵意を抱いている．***ser uña y carne***《話》とても気が合う，親しい．

uñạda 女 爪(つめ)跡；ひっかき傷．

uñẹro 男〖医〗瘭疽(ひょうそ)；陥入爪(かんにゅうそう)，指の肉に食い込んだ爪(つめ)．地域差 陥入爪 uñero《スペイン》《ラ米》(キューバ)(メキシコ)(ホンジュラス，エルサルバドル，コスタリカ)(コロンビア)；padrastro (グアテマラ，ニカラグア)(エクアドル，ペルー)；pellejo (グアテマラ)(ベネズエラ)；uña encarnada (チリ)(パラグアイ，ウルグアイ，アルゼンチン)．

uñẹta 女（石工の）たがね；のみ；（ギター等の）ピック．— 男［主に複］《ラ米》(中米)(コロンビア) 泥棒．

¡ụpa! 間《話》（物を持ち上げるとき）よいしょ；《幼児語》だっこして．

upạr 他 → aupar.

uralaltạico, ca / uraloaltạico, ca 形 男 ウラル・アルタイ語族（の）．

uralịta 女〖商標〗石綿セメント，アスベスト．

urạnio, nia 形《文》天の，天体の．— 男〖化〗ウラン．

Urạno 固名〖天文〗天王星．

urạto 男〖化〗尿酸塩．

urbanice(-) / urbanicé(-) 活 → urbanizar.

urbanidạd 女 礼儀，行儀のよさ．

urbanịsmo 男 都市計画，都市工学．

urbanịsta 形 男 女 都市計画[工学]の（専門家）．

urbanịstico, ca 形 都市計画の．

urbanịta 形 男 女《話》都会好き（の），都会人（の）．

urbanizaciọ́n 女 ❶ 都市化，宅地開発．❷ 新興住宅地，ニュータウン．

urbanizạr 57 他 ❶ 都市化する，（宅地を）開発する．❷ 礼儀作法を教える．— ***urbanizarse*** 再 洗練される．

urbạno, na 形 ❶ 都市の，都会の．❷ 洗練された．— 男 女（都市の）交通巡査．

ụrbe 女 大都会，主要都市．

ụrca 女 大型の貨物船．

urchịlla 女〖植〗リトマスゴケ；その染料．

urdidọr, dọra 形 男 女（織機に）縦糸を掛ける（職人）．— 男 整経機．

urdịmbre / urdiẹmbre 女 ❶（織物の）縦糸．❷ 計略，陰謀．

urdịr 他 ❶（織機に）縦糸を掛ける．❷ たくらむ，企てる．

ụrdu / urdụ́ 男 ウルドゥー語．

urẹa 女〖生化〗尿素．

urẹmia 女〖医〗尿毒症．

urẹnte 形 焼けるような，ひりひりする．

urẹ́ter 男〖解〗尿管．

urẹtra 女〖解〗尿道．

uretrịtis 女［単複同形］〖医〗尿道炎．

urgencia［ウルヘンしア］女〔英 urgency〕❶ 緊急（性），切迫；緊急事態．con ～ 至急．❷ 急病；急患．❸［複］救急治療室．

urgente［ウルヘンテ］形〔英 urgent〕❶ 緊急の，切迫した．❷ 速達の．

urgịr 44 自 ❶《**a**》（…にとって）急を要する，差し迫っている．❷（法律等が）義務づける．— 他 せき立てる；催促する．

ụ́rico, ca 形 尿の；尿酸の．

urinạrio, ria 形 尿の，泌尿の．— 男 公衆便所；男性用トイレ．

urinịfero, ra 形〖解〗輸尿の．

ụrna 女 ❶ 投票箱．ir [acudir] a las ～*s* 投票に行く．❷ 壺(つぼ)；ガラスケース．❸ 骨壺（＝～ cineraria）．

ụro 男〖動〗オーロックス，原牛．

urodẹlos 男［複］〖動〗有尾両生類．

urogạllo 男〖鳥〗ヨーロッパオオライチョウ．

urogenitạl 形〖医〗尿生殖（器）の．

urografịa 女 尿路造影（法）．

urologịa 女〖医〗泌尿器科学．

urọ́logo, ga 男 女 泌尿器科医．

uroscopia 女〘医〙尿検査.
urpila 女《ラ米》(アルゼンチン)(ボリビア)〘鳥〙カワラバト(の一種).
urraca 女 ❶〘鳥〙カササギ. ❷《話》がらくたを集める人.
URSS [ウルス] 女 *U*nión de *R*epúblicas *S*ocialistas *S*oviéticas ソビエト社会主義共和国連邦(1922-91).
ursulina 女 ❶〘カト〙ウルスラ会修道女. ❷《話》極端に控えめな女性. ── 形 ウルスラ会の.
urticáceo, a 形 女〘植〙イラクサ(の);[複]イラクサ科(の).
urticante 形 ちくちくする, ひりひりする.
urticaria 女〘医〙蕁麻疹(じんま).
urú 男〘鳥〙ジャネイロウズラ.
urubú 男[複 ~es]《ラ米》(アルゼンチン)(パラグアイ)(ウルグアイ)〘鳥〙クロコンドル.
Uruguay [ウルグアイ] 固名 **ウルグアイ**:首都モンテビデオ Montevideo.
uruguayo, ya [ウルグアヨ〈ジョ〉, ヤ〈ジャ〉] 形 **ウルグアイ(人)の**. ── 男 女 **ウルグアイ人**.
urunday / urundey 男《ラ米》(南米)〘植〙ウルシ科アストロニウム属の高木.
usado, da 過分 → usar. 形 使い古した, すり切れた;中古の.
usanza 女 慣習;様式. a la antigua ~ 昔風に.
usar [ウサル] 他 〔英 use〕 ❶ **使う**, 利用する;消費する. Mi coche *usa* mucha gasolina. 私の車はガソリンを食う. ❷(習慣的に)身に着ける. ❸《+不定詞》…する習慣がある. ── 自《de》(…を)利用する, 行使する. ── **usarse** 再(習慣・流行として)使われる, はやっている.
usía 代名《人称》[vuestra señoría の縮約形]閣下, 貴殿.
usina 女《ラ米》(南米)発電所.
uso [ウソ] 男 〔英 use〕 ❶ **使用**, 利用. estar en buen *uso* まだ使用に耐える. estar fuera de *uso* 使用されていない. ❷ 用途;使用法. instrucciones de *uso* 取り扱い説明書. ❸ 慣習, 習慣. ── 活 → usar. ***al uso*** 慣習にならった. ***en el uso de la palabra*** 発言[答弁]中に. ***uso de razón*** 物心.
USO 女 *U*nión *S*indical *O*brera (スペインの)労働組合連合.
usted [ウステ(ドゥ)] 代名《人称》[3人称単数, 男女同形]《略 Ud., Vd.》〔英 you〕 ❶《主語》**あなたが[は]**. ¿Cómo está ~? お元気ですか. ► 初対面の人, 目上の人やあまり親しくない相手に対して用いられる. 動詞は3人称扱い. ❷《前置詞+》**あなた**. Gracias. ─ A ~. ありがとう. ─こちらこそ. ***hablar*** [***tratar***] ***de usted*** usted を用いて[距離をおいて]話す.
ustedes [ウステデス] 代名《人称》[3人称複数, 男女同形]《略 Uds., Vds.》〔英 you〕 ❶《主語》**あなた方が[は]**. Siéntense ~ aquí, por favor. あなた方こちらにお座りください. ► 初対面の人, 目上の人やあまり親しくない相手に対して用いられる. 動詞は3人称扱い. ❷《ラ米》[vosotros, vosotras の代わりとして]君たちが[は], お前たちが[は];あなたたちが[は]. ❸《前置詞+》**あなた方**;《ラ米》君たち. Estoy de acuerdo con ~. 私はあなた方に賛成です.
usual 形 常用の, 普段の.
usualmente 副 普通, いつもは.
usuario, ria 形《de》(…を)よく利用する. ── 男 女 使用者, ユーザー.
usucapión 女〘法〙(一定期間所有したことによる)所有権取得.
usucapir 他〘法〙時効取得する.
usufructo 男〘法〙用益権.
usufructuar 58 他〘法〙…の用益権を持つ.
usufructuario, ria 形 男 女 用益権を持つ(者).
usura 女 高利貸し(すること);暴利.
usurario, ria 形 高利の.
usurero, ra 男 女 高利貸し(する人);暴利をむさぼる人.
usurpación 女 強奪;権利侵害.
usurpar 他 強奪する, 横領する;(権利等を)侵害する.
usuta 女《ラ米》(アルゼンチン)(ボリビア)(ペルー)サンダル.
utensilio 男(常用の)道具, 器具.
uterino, na 形 子宮の.
útero 男〘解〙子宮.
útil 形 ❶ 役に立つ, 有益な. ❷〘法〙有効な. día ~ 有効日. ── 男[主に複]道具, 器具.
utilería 女 道具, 用具;〘演〙小道具.
utilero, ra 男 女(劇場の)小道具係.
utilice(-) / utilicé(-) 活 → utilizar.
utilidad 女 ❶ 有用性. ❷ 利益, 収益.
utilitario, ria 形 利益優先の, 実用本位の. ── 男 軽自動車.
utilitarismo 男 功利主義.
utilitarista 形 功利主義の. ── 男 女 功利主義者.
utilizable 形 利用できる, 使用できる.
utilización 女 利用, 活用.
utilizar [ウティりサル] 57 他 〔英 utilize〕 **利用する**, 活用する, 役立たせる.
utillaje 男《集合的》道具類.
utopía / utopia 女 ユートピア.
utópico, ca 形 理想郷の;夢想的な. ── 男 女 夢想家.
utopista 形 男 女 夢想家(の), 理想家(の).
utrero, ra 男 女 2歳の子牛.
uva 女 ブドウ(の実). ~ pasa 干しブドウ. ***de uvas a peras*** [***brevas***]《話》時たま. ***estar de mala uva***《話》機嫌が悪い. ***tener mala uva***《話》嫌な性格をしている.
uve 女 アルファベットの v の名称. *uve* doble アルファベットの w の名称.
úvea 形 女〘解〙ブドウ膜(の).
uvero, ra 形 ブドウの. ── 男 女 ブドウ売り.
UVI [ウビ] 女 *U*nidad de *V*igilancia *I*ntensiva 集中治療室〔英 ICU〕.
úvula 女〘解〙口蓋垂(こうがいすい), のどひこ.
uvular 形 ❶ 口蓋垂(こうがいすい)の. ❷〘音声〙口蓋垂音の.
uxoricida 形 男 妻殺しの(夫).
uxoricidio 男〘法〙妻殺し.
¡uy! 間《痛み・驚き・喜び》いたっ;おや, まあ.
uzbeko, ka / uzbeco, ca 形 ウズベキスタンの. ── 男 女 ウズベキスタン人.

U

V, v [ウベ] 女 ❶ スペイン語字母の第23字. ❷ (ローマ数字の) 5.

va(-) 活 → ir.

vaca [バカ] 女 [英 cow] ❶ **雌牛**. mal de las ～s locas 狂牛病 [英 BSE]. ❷ 牛肉 (＝carne de ～). ❸ 牛革. ❹ ((話)) ((軽蔑)) でぶ. ❺ ((ラ米)) ((南米)) 共同経営 [出資]. ***hacer la ～*** ((ラ米)) (学校を) サボる (→ fumar 地域差). ～ ***marina*** 〖動〗マナティー (＝manatí). ～***s flacas*** [***gordas***] 不 [好] 景気.

vacaburra 形 男 女 ((話)) 粗野な (人), 無作法な (人).

vacación [バカしオン] 女 [複 vacaciones] [英 vacation] [主に複] **休暇**, バカンス, 休み. tomar(se) las *vacaciones* 休暇を取る. estar de *vacaciones* 休暇中である.

vacacional 形 休暇の.

vacada 女 牛の群れ.

vacante 形 空いている ; 欠員の. un asiento ～ 空席. ── 女 欠員, あき.

vacar 26 自 欠員になる, 空になる.

vací- 活 → vaciar.

vacía 形 → vacío. ── 活 → vaciar.

vaciado 過分 → vaciar. 男 ❶ 空にすること. ❷ 型に流すこと ; 鋳造 (物). ❸ 文書の一部を書き出すこと.

vaciamiento 男 空にすること.

vaciar [バしアル] 106 他 [英 empty] ❶ **空にする**, 中身を空ける [取り除く] ; くり抜く. ～ el vaso コップを空にする. ❷ 鋳造する. ❸ (書物等から) 一部を抜き出す. ── **vaciarse** 再 ❶ 空になる. ❷ 全力を出しきる ; (秘密等を) ぶちまける.

vaciedad 女 空虚 ; ばかげたこと.

vacilación 女 ❶ ためらい, 躊躇(ちゅうちょ). sin ～ 迷わずに. ❷ ぐらつき, 揺れ.

vacilada 過分 → vacilar. 女 ((話)) 悪ふざけ ; ((ラ米)) ((メキシコ)) ばか騒ぎ ; 冗談.

vacilante 形 ❶ 迷いのある. ❷ 揺らぐ ; 不安定な. paso ～ おぼつかない足取り.

vacilar [バしラル] 自 [英 shake ; hesitate] ❶ **ぐらつく** ; 揺れる. ❷ ((en / entre)) (…を / …の間で) **ためらう**, 迷う. Él vacila *en* sus respuestas. 彼は返事をためらっている. sin ～ きっぱりと. ❸ ((ラ米)) ((メキシコ)) ((俗)) ((a)) (…を) からかう. ❹ 人目を引く, 目立つ. ❺ ((ラ米)) ((メキシコ)) ((グアテマラ)) ((アエルトリコ)) ((話)) 楽しむ.

vacile 男 悪ふざけ, 冗談.

vacilón, lona 形 ((俗)) 目立つ ; 冗談好きな. ── 男 女 ❶ ((俗)) 冗談好きの人. ❷ 自慢屋. ❸ ((ラ米)) ((中米)) ((メキシコ)) ((ニカラグア)) 騒ぎ好き (の人). ── 男 ((ラ米)) ((中米)) ((メキシコ)) お祭り騒ぎ ; からかい.

vacío, a [バしオ, ア] 形 [英 vacant, empty] ❶ ((estar と共に)) **空(から)の** ; すいている (↔lleno). calle *vacía* 人気(ひとけ)のない通り. ❷ 空虚な ; 内容のない. un discurso ～ 空疎な演説. ── 男 ❶ 空(くう) ; 空白 ; 〖物〗真空. al ～ 空中に ; 真空状態で. ❷ すき間 ; 深淵. ❸ 空虚感, むなしさ. ❹ ((ラ米)) ((アルゼンチン)) ((ウルグアイ)) リブロース肉の切り身. ── 活 → vaciar. ***de*** ～ 積み荷なしで ; 成果なく. ***hacer el*** ～ ***a ...*** …を無視する, のけ者にする.

vacuidad 女 空虚, 内容のなさ.

vacuna 女 〖医〗〖IT〗ワクチン.

vacunación 女 〖医〗ワクチン [予防] 接種.

vacunar 他 ❶ 〖医〗((contra)) (…の) 予防接種をする. ❷ (苦境への) 耐性をつける. ── **vacunarse** 再 ❶ ((contra)) (…の) 予防接種を受ける. ❷ (苦境への) 耐性がつく.

vacuno, na 形 男 牛 (の).

vacuo, cua 形 ((文)) 内容のない, 軽薄な.

vacuola 女 〖生〗空胞, 液胞.

vade 男 紙挟み ; デスクマット ; 書き物机.

vadear 他 ❶ (浅瀬を) 歩いて渡る. ❷ (困難を) 乗り越える, 克服する. ── **vadearse** 再 適切にふるまう.

vademécum 男 [単複同形] 手引き書.

vade retro 〔ラ〕去れ, 退け.

vado 男 ❶ 浅瀬. ❷ (歩道上の) 車両出入り口.

vagabundear 自 放浪する ; ぶらつく.

vagabundeo 男 放浪 ; ぶらつくこと.

vagabundo, da 形 放浪する, さまよう. ── 男 女 放浪者.

vagamente 副 漠然と, ぼんやりと.

vagamundear 自 → vagabundear.

vagamundo, da 形 男 女 → vagabundo.

vagancia 女 怠惰, 怠慢.

vagar 66 自 ((por)) (…を) 放浪する ; ぶらぶら歩く. ── 男 ❶ 暇, 余暇. ❷ 悠長. con ～ 落ち着き払って.

vagido 男 (新生児の) 泣き声, 産声.

vagina 女 〖解〗膣(ちつ).

vaginal 形 〖解〗膣(ちつ)の.

vaginitis 女 [単複同形] 〖医〗膣(ちつ)炎.

vago, ga 形 ❶ あいまいな, 漠然とした. ❷ 視力の弱い. ❸ ((軽蔑)) 怠惰な, 怠け者の. ── 男 女 ((軽蔑)) 怠け者.

vagón 男 (鉄道の) 車両. ～ de mercancías 貨車. ～ de primera 1等車. ～restaurante 食堂車.

vagoneta 女 トロッコ.

vagotonía 女 〖医〗迷走神経緊張 (症).

vaguada 女 〖地理〗谷間, 谷底.

vague(-) / vagué(-) 活 → vagar.

vaguear 自 ((話)) ((軽蔑)) 怠ける.

vaguedad 女 あいまい (な言葉), 不明瞭(めいりょう).

vaguería 女 怠け心, 怠慢.

vaharada 女 息を吐くこと ; 匂いの発散.

vahído 男 めまい, 軽い失神. Me dio un ～. 私はめまいがした.

vaho 男 ❶ 息 ; 湯気, 蒸気. ～ de los cristales 窓ガラスの曇り. ❷ [複] 〖医〗吸入 (法).

vaina 女 ❶ (剣等の) 鞘(さや). ❷ 〖植〗莢(さや), 殻. ❸ ((話)) 煩わしいこと, 嫌なこと. ── 男 女 ((話)) 不真面目 [無責任] な人. echar ～s a ... ((ラ米)) ((コロンビア)) ((話)) …をからかう.

vainazas 男 [単複同形] 無精者.

vainica 女 〖服〗ヘムステッチ, 縁かがり.

vainilla 女 〖植〗バニラ.

vaivén 男 ❶ 往復運動. ～ de un

péndulo 振り子の振動. ❷ 変動；浮沈. *vaivenes* de la economía 経済の変動.

vajilla 女《集合的》食器.

val 活 → valer.

Valdepeñas 固名 バルデペーニャス：スペイン中南部の町. ― 男 [v-] バルデペーニャス産のワイン.

valdr- 活 → valer.

vale 男 ❶ 引換券. ❷ 受領証. ❸ 無料入場券. ❹〖法〗約束手形. ❺《ラ米》《話》(ｺﾛﾝﾋﾞｱ)(ﾒｷｼｺ)(ﾄﾞﾐﾆｶ共和国)(ﾍﾞﾈｽﾞｴﾗ)友人, 仲間. ― 間《話》わかった, オーケー. ― 活 → valer.

valedero, ra 形 有効な, 効力のある.

valedor, dora 男 女 保護者, 後援者. ― 男《ラ米》友人, 仲間.

Valencia 固名 バレンシア：スペインの地方；自治州；県；県都. ― 女 [v-]〖化〗原子価.

valenciana 女《ラ米》(ズボンの) 折り返し (→ bordillo 地域差).

valencianismo 男 ❶〖言〗(他言語に見られる) バレンシア語用法. ❷〖政〗バレンシア地方主義.

valenciano, na 形 男 女 バレンシアの (人). ― 男 バレンシア方言.

valentía 女 勇敢さ, 勇気 (ある行為).

valentísimo, ma 形 [valiente の絶対最上級] 非常に勇敢な.

valentón, tona 形 男 女《話》《軽蔑》強がりの (人), 空威張りする (人).

valer [バれル] 100 他 [英 be worth] ❶ …の価値がある, (値段が) …である. ¿Cuánto *vale*? ―*Vale* mil euros. いくらですか. ―1000ユーロです. ❷ …に相当する. ❸ (結果として) …を引き起こす. ❹ (神が) 助ける. ― 自 ❶ 価値がある, 役立つ；有能である. Esta tijera no *vale* para nada. このはさみは何の役にも立たない. ❷《por》(…に) 匹敵する. Ella *vale por* dos. 彼女は2人分の役を果たす. ❸ 有効である；通用する. ❹《話》十分である, 満足である. ¿Te *valen* mil yenes? 君, 1000円で足りるかい. ― **valerse** 再 ❶《de》(…を) 用いる. *Se ha valido de* su puesto para obtener la información. その情報を得るのに彼は自分の地位を利用した. ❷ 自活する, 自立する. ― **valer** 男 価値, 長所. ***hacer valer*** (威力を) 発揮させる. ***hacerse valer*** 尊敬 [考慮] されるようにする. ***más vale*** 〈＋不定詞 / que＋接続法〉…するほうがいい. *Más vale* no decírselo. 彼らにそれを言わないほうがいい. ***no ... que valga*** 《否定を強めて》…もへちまもない. *No* hay perdón *que valga*. すみませんも何もあるか. ***valer gorro*** [***sombrilla***]《ラ米》(ﾒｷｼｺ)《話》どうでもよい. ***¡Válgame (Dios)!*** 《不快・驚き》まあなんということだ.

Valera 固名 バレーラ Juan ～ y Alcalá Galiano (1824-1905)：スペインの小説家. *Pepita Jiménez*『ペピータ・ヒメネス』.

valeriana 女〖植〗カノコソウ.

valerosidad 女 勇ましさ, 勇敢さ.

valeroso, sa 形 勇敢な, 勇気のある.

valet [バれ] [仏] 男 [複 ～s] ❶ (トランプ) ジャック. ❷ 従者, 使用人.

valetudinario, ria 形 男 女 (加齢のため) 病弱な (人).

valg- 活 → valer.

valí 男 [複 ～(e)s] (イスラム教国の) 地方行政長官.

valía 女 価値, 値打ち；能力.

valiato 男 valí の統治 (領).

válida 形 → válido.

validación 女 (法的に) 有効にすること.

válidamente 副 正当に.

validar 他 (法的に) 有効にする.

validez 女 有効性；正当性；能力.

valido 過分 → valer. 男 寵臣(ちょうしん).

válido, da [バりド, ダ] 形 [英 valid] ❶ (法的に) **有効な**, 正当な. ❷ 自立できる.

valiente [バりエンテ] 形 [絶対最上級 valentísimo, ma] [英 brave, valiant] ❶ **勇敢な**. ❷ 強がりの. ❸《＋名詞》《皮肉》見事な；たいした. ― 男 女 ❶ 勇敢な人. ❷ 空威張りする人.

valija 女 ❶ (郵便袋の中の) 郵便物；郵便かばん. ❷《ラ米》スーツケース (→ maleta 地域差)；〖車〗トランク (→ maletero 地域差). ～ ***diplomática*** 外交文書, 外交用郵袋.

valijero, ra 男 女 外交伝書吏. ― 女《ラ米》〖車〗トランク (→ maletero 地域差).

valimiento 男 寵愛(ちょうあい), 擁護.

valioso, sa [バりオソ, サ] 形 [英 valuable] **貴重な**, 高価な；有益な. el jugador más ～〖スポ〗最優秀選手 [英 MVP].

valla 女 ❶ 柵(さく), 囲い, 塀. ❷ 広告板 (＝～ publicitaria). ❸〖スポ〗ハードル；《ラ米》(ｱﾙｾﾞﾝﾁﾝ)(ｸﾞｱﾃﾏﾗ)(サッカー等の) ゴール. ***romper la ～*** / ***saltar las ～s*** 節度を越える.

valladar 男 ❶ 柵(さく), 塀. ❷《文》障害 (物).

vallado 男 ❶ 柵(さく), 塀；防壁.

Valladolid 固名 バリャドリード：スペイン北西部の県；県都.

vallar 他 柵(さく)で囲む, 塀を巡らす.

valle [バリェ (バイェ・バジェ)] 男 [英 valley] ❶ **谷**, 渓谷. ❷ 谷間の集落. ❸ 流域. ❹ (変動の) 谷底. ～ ***de lágrimas*** (つらい) この世, 浮世.

Valle-Inclán 固名 バリェ・インクラン Ramón María del ～ (1866-1936)：スペインの小説家, 劇作家.

Vallejo 固名 バリェホ César ～ (1892-1938)：ペルーの詩人.

vallenato 男 アコーディオンの伴奏に合わせて踊るコロンビアの民俗舞踊.

vallico 男〖植〗ライグラス.

vallisoletano, na 形 男 女 (スペインの) バリャドリードの (人).

valón, lona 形 男 女 (ベルギー南東部の) ワロン人 (の). ― 男 (フランス語の) ワロン方言. ― 女 ❶〖服〗バンダイク襟. ❷《ラ米》(1)(ｴｸｱﾄﾞﾙ)(ｺﾛﾝﾋﾞｱ)(ﾍﾞﾈｽﾞｴﾗ)(馬の) 刈り込まれたてがみ. (2) hacer la *valona* a ... (ﾒｷｼｺ)…を援助する, …の味方をする.

valor [バろル] 男 [英 value] ❶ **価値**. objetos de ～ 貴重品. impuesto sobre el ～ añadido 付加価値税《略 IVA》. ❷ 価格. ～ comercial 市場価格. ❸ 意義, 重要性；効力. tener ～ 有効である. ❹ 勇気. con ～ 勇敢に. armarse de ～ 勇気を出す. ❺ [複] 有価証券；価値

V

観. ❻〘数〙数値. ～ absoluto 絶対値. ❼〘音〙(音符の) 長さ. ❽《話》厚かましさ. ❾有望な人.

valoración 女 ❶見積もり, 査定; 評価. ❷価値の増大.

valorar 他 ❶査定する, 見積もる. ❷評価する, 真価を認める. ❸考慮する. ❹…の価値を高める, 価格を上げる.

valorativo, va 形 評価(額)を決める.

valorización 女 → valoración.

valorizar 57 他 …の価値を高める; 評価する, 値をつける.

Valparaíso 固名 バルパライソ: チリの県; 県都.

valquiria 女〘神話〙ワルキューレ: 北欧神話の乙女たち.

vals 男 ワルツ.

valsar 自 ワルツを踊る.

valuar 58 他 評価する, 見積もる.

valva 女 ❶〘植〙さや. ❷(二枚貝の) 貝殻.

válvula 女 ❶〘機〙弁, バルブ. ～ de escape 排気弁;《比喩的》息抜き. ～ de seguridad 安全弁. ❷〘解〙(血管・心臓の) 弁. ❸〘電〙真空管.

valvular 形 弁の, バルブの.

vampiresa 女《軽蔑》妖婦(ようふ).

vampirismo 男 吸血鬼伝説.

vampirización 女 相手の人格を抑圧し服従させること.

vampirizar 57 他 完全に服従させる, 骨抜きにする.

vampiro 男 ❶吸血鬼; 他人を食いものにする人. ❷吸血コウモリ.

vana 形 → vano.

vanadio 男〘化〙バナジウム.

vanagloria 女 虚栄(心), うぬぼれ.

vanagloriarse 106 再《de》(…を) 自慢する, うぬぼれる.

vanaglorioso, sa 形 男 女 虚栄心[うぬぼれ]の強い(人).

vanamente 副 ❶無駄に, むなしく; 根拠もなく. ❷うぬぼれて, 見えを張って.

vandálico, ca 形 ❶バンダル族[風]の. ❷野蛮な, 破壊的な.

vandalismo 男 蛮行, (公共物・文化財・芸術等の) 汚損, 破壊.

vándalo, la 形 男 女 ❶バンダル族の(人). ❷野蛮な(人), 破壊的な(人).

vanguardia 女 ❶〘軍〙前衛. ❷(芸術・政治運動等の) 前衛, アバンギャルド. estar a [en] la ～ de ... …の先端にいる.

vanguardismo 男 前衛主義[派].

vanguardista 形 男 女 前衛派の(芸術家), アバンギャルド(の).

vanidad 女 ❶見え, 虚栄心. halagar la ～ 虚栄心をくすぐる. ❷[複] 空虚, むなしさ; 浅薄なこと[行為].

vanidoso, sa 形 男 女《軽蔑》見えっ張りの(人).

vano, na [バノ, ナ] 形〔英 vain〕❶**空虚な**, 空疎な, むなしい; 無益な. esfuerzos ～*s* 無駄な努力. ❷虚栄心の強い. ── 男〘建〙(窓等) 壁の開口部. ***en*** ～ むなしく, 無駄に.

vánova 女 (バスク風の) ベッドカバー.

Vanuatu 固名 バヌアツ: 首都ビラ Vila.

vapor [バポル] 男〔英 vapor〕❶**蒸気**, 水蒸気. ❷汽船. ❸[複] (体内から生じる) ガス, げっぷ. ***al*** ～ (1) 蒸して. (2) 全速力で (= a todo ～).

vapora 女 (小型) 汽船.

vaporar 他 蒸発[消散]させる. ── **vaporarse** 再 蒸発する[消散]する.

vaporización 女 ❶蒸発, 気化. ❷(温泉等の) 蒸気療法.

vaporizador 男 ❶噴霧器. ❷(ボイラーの) 蒸気発生装置.

vaporizar 57 他 蒸発[気化]させる; 噴霧[スプレー]する. ── **vaporizarse** 再 蒸発する, 気化する.

vaporoso, sa 形 ❶蒸気を発する. ❷(織物が) ごく薄手の.

vapulear 他 ❶たたく, 殴る. ❷《話》なじる, 叱責(しっせき)する;《話》打ち負かす.

vapuleo 男 ❶(強く) たたく[殴る] こと. ❷《話》叱責(しっせき), 非難.

vaquear 他《ラ米》(学校を) サボる (→ fumar 地域差).

vaquería 女 ❶酪農場; 搾乳所; 牛乳販売店. ❷《ラ米》(1)(アルゼンチン)ジーンズショップ. (2)(コロンビア)牛の群れ. (3)(コロンビア)牧畜業.

vaquerizo, za 形 家畜牛の. ── 男 女 牛飼い. ── 女 (冬期の) 牛舎.

vaquero, ra 形 ❶牛飼いの. ❷ジーンズの, デニムの. ── 男 女 ❶牛飼い, カウボーイ. ❷《ラ米》(ペルー)学校をサボる生徒. ── 男 [主に複] ジーンズ (= pantalones ～s).

vaqueta 女 子牛の皮革, レザー.

vaquilla 女 ❶(特に素人闘牛用の) 子牛. ❷[複] (子牛での) 素人闘牛. ❸《ラ米》(ニカラグア)(チリ)(1歳半から2歳の) 子牛.

vaquillona 女《ラ米》(アルゼンチン)(チリ)(ニカラグア)(2-3歳の) 雌牛.

vara 女 ❶細長い棒, (葉のない) 細長い枝. ❷(職権・権威を示す) つえ; 権威, 権力. ❸(スイセン・ユリ等の) 花茎. ❹(荷車の) 轅(ながえ), 梶(かじ)棒. ❺バラ (長さの単位, 83.59センチ). ❻〘闘牛〙槍(やり)(の突き). ***dar la*** ～ ***a*** ... …をしつこく悩ませる. ***tener*** ～ ***alta*** 権力[影響力]を持つ.

varada 女 → varadura.

varadero 男〘海〙乾ドック.

varado, da 形 ❶〘海〙(1) 座礁した. (2) (船が) 浜に引き上げられた. ❷《ラ米》(1) 職にあぶれた. (2)(アルゼンチン)(コロンビア)(グアテマラ)(車が) 故障した. ── 男 女《ラ米》(チリ)定職も収入もない人.

varadura 女 座礁; (船を) 浜に引き上げること.

varal 男 ❶長く頑丈な棒; (荷車等の) 轅(ながえ), 梶棒. ❷《話》のっぽ.

varano 男〘動〙オオトカゲ.

varapalo 男 ❶長い棒. ❷棒で殴ること. ❸《話》叱責(しっせき), 批判.

varar 他〘海〙(船を) 浜に引き上げる. ── 自 ❶〘海〙座礁する. ❷(物事が) 行き詰まる. ── **vararse** 再 ❶座礁する. ❷《ラ米》(車が) 故障して動かなくなる.

varayoc 男 [複 varayoques]《ラ米》(ペルー)先住民の族長[酋長(しゅうちょう)].

varazo 男 棒で殴ること.

varear 他 ❶棒でたたく[痛めつける]; (果実を) 棒でたたき落とす. ❷《ラ米》(アルゼンチン)(グアテマラ)(競走馬を) 調教する.

varenga 女〘海〙肋板(ろくばん), 船底床板.

vareo 男 (果実を) 棒でたたき落とすこと.

vareta 女 短く細い棒; もち竿(ざお).

varetazo 男〘闘牛〙横から角で突くこと.

Vargas Llosa 固名 バルガス・リョサ Mario ～ (1936-): ペルーの小説家.
vargueño 男 → bargueño.
varí- 活 → variar.
varia 形 → vario.
variabilidad 女 可変性, 変わりやすさ.
variable 形 ❶ 変えられる, 可変性の. ❷ 変わりやすい; 移り気な. ― 女 〖数〗変数.
variación 女 ❶ 変化, 変動; 多様性. ❷[主に複]〖音〗変奏曲.
variado, da 過分 → variar. 形 多様な; 変化に富んだ.
variamente 副 さまざまに, 多種多様に.
variante 形 → variable. ― 女 ❶ 変形; 変種, 異形; 相違. ❷ 異文, 異本. ❸ 坂道, 迂回(ｳｶｲ)路. ❹[複] (サッカーくじで) 引き分けの記号 x または遠征チームの勝ちの 2.
variar [バリアル] 31 他 〔英 vary〕 **変える**; 多彩にする. ― 自 ❶ **変わる**, 変化する; 《de》(…と) 異なる. ❷ 《de》(…を) 変える. ～ *de* ideas 考えが変わる. *por no* ～ 例によって.
varice / várice 女 〖医〗静脈瘤(ﾘｭｳ).
varicela 女 〖医〗水痘(ｽｲﾄｳ).
varicoso, sa 形 静脈瘤(ﾘｭｳ)の.
variedad [バリエダ(ドゥ)] 女 〔英 variety〕 ❶ **多様性**, 変化に富むこと. ❷ 種類, 品種; 変種. ❸[複]バラエティーショー.
varietés 〔仏〕 女 ⑱ バラエティーショー.
varilarguero 男 → picador.
varilla 女 ❶ 細長い鉄棒; (扇・傘の) 骨; (コルセットの) 芯(ｼﾝ). ❷ あごの骨.
varillaje 男 (扇・傘の) 骨組み.
vario, ria [バリオ, リア] 形 〔英 some〕 ❶[複]《+名詞》**いくつかの**. ❷[主に複]《+名詞》種々の, 多様な. ～*s* pueblos さまざまな村. ❸ 不安定な, 変わりやすい. ― 代名 《不定》[複] 数人; いくつかのもの. ― 男 [複] その他 (の項目).
variólico, ca 形 天然痘[痘瘡(ﾄｳｿｳ)]の.
varioloso, sa 形 天然痘の [にかかった]. ― 男 女 天然痘患者.
variopinto, ta 形 さまざまな, 雑多な.
varita 女 短い棒. ～ mágica [encantada] 魔法のつえ.
variz 女 → varice.
varón 男 男子, 男性. santo ～ いい人.
varonil 形 男性 (用) の; 男性的な, 男らしい.
Varsovia 固名 ワルシャワ: ポーランドの首都.
varsoviano, na 形 男 女 ワルシャワの(人).
vas 活 → ir.
vasallaje 男 ❶ (封建時代) 家臣であること. ❷ 服従; 隷属. ❸ 貢ぎ物.
vasallo, lla 形 ❶ 臣下の. ❷ 従属の, 服従の. ― 男 女 家臣, 臣下.
vasar 男 (壁に据え付けられた) 食器棚.
vasco, ca 形 男 女 バスク (地方) の (人). ― 男 バスク語. ***País V***～ バスク地方.
vascófilo, la 形 男 女 バスク (語) 研究者 (の).
vascofrancés, cesa 形 男 女 フランス領バスク地方の (人).
vascohablante 男 女 形 バスク語話者 (の).
vascón 形 男 女 バスコニアの (人).
vascongado, da 形 男 女 バスク (地方) の (人).
Vasconia 固名 《古》バスコニア (地方): 現 (スペイン) バスク地方の旧称.
vascuence 形 男 バスク語 (の).
vascular 形 〖生〗導管の, 脈管 [血管] の.
vascularización 女 〖生〗血管系; 〖植〗導管組織.
vasectomía 女 〖医〗精管切除 (術), パイプカット.
vaselina 女 ❶〖化〗〖商標〗ワセリン. ❷ 《話》節度, 慎重. ❸〖スポ〗《話》ループシュート.
vasija 女 (小型の) 容器; 壺(ﾂﾎﾞ).
vaso [バソ] 男 〔英 glass〕 ❶ **グラス, コップ**; グラス 1 杯 (の量). un ～ de agua コップ 1 杯の水. ❷ 容器; 瓶. ❸〖解〗脈管; 〖植〗導管. ❹ ひづめ. ❺〖建〗瓶飾り. ***ahogarse en un*** ～ ***de agua*** ささいなことでくよくよ悩む. ～***s comunicantes*** 〖物〗連通管.
vasoconstricción 女 〖医〗血管収縮[狭窄(ｷｮｳｻｸ)].
vasoconstrictor, tora 形 血管を収縮させる. ― 男 血管収縮剤.
vasodilatación 女 〖医〗血管拡張.
vasodilatador, dora 形 血管を拡張させる. ― 男 血管拡張剤.
vasomotor, tora 形 〖医〗血管運動 (神経) の.
vasta 形 → vasto.
vástago 男 ❶ 新芽, 若枝. ❷ 子孫, (自分の) 子供. ❸〖機〗連接棒. ❹《ラ米》(ｺｽﾀﾘｶ)(ｺﾛﾝﾋﾞｱ)(ﾍﾞﾈｽﾞｴﾗ)(バナナの) 茎.
vastedad 女 《文》広大さ, 巨大さ.
vasto, ta [バスト, タ] 形 〔英 vast〕 **広大な**, 広範な; 巨大な.
vate 男 ❶ 詩人. ❷ 予言者.
váter 男 (水洗) 便所; 水洗便器.
vaticanista 形 バチカンの; 教皇至上主義者の. ― 男 女 教皇至上主義者.
vaticano, na 形 バチカン (市国) の, ローマ教皇庁 [法王庁] の. ― 男 [V-] バチカン (市国, 宮殿), ローマ教皇庁.
vaticinar 他 自 予言する.
vaticinio 男 予言.
vatímetro 男 〖電〗電力計.
vatio 男 〖電〗ワット: 電力・工率の単位.
vaudeville [ボデビる] 〔仏〕 男 → vodevil

vaya(-) / vayá- 活 → ir.
Vd. [ウステ(ドゥ)] 〔英 you〕 *usted* **あなた (は, が)**.
vda. 女 → viuda.
Vds. [ウステデス] 〔英 you〕 *ustedes* **あなたがた (は, が)**.
ve 女 アルファベット v の文字 [音]. ― 活 ❶ → ir. ❷ → ver.
vea(-) / veá- 活 → ver.
veces 女 ⑱ → vez.
vecina 形 女 → vecino.
vecinal 形 近隣の, 隣人の. camino ～ 市道.
vecindad 女 ❶ 近所, 隣接, 接近; 近所関係. ❷ 《集合的》住民; 隣人. casa de ～ 共同住宅.
vecindario 男 《集合的》住人, 住民;

隣人.

vecino, na［ベシノ, ナ］ 形〔英 neighbor〕❶ 隣の, 近所の. ❷ 類似の, 似た. ― 男 女 ❶ 隣人, 近所の人. ❷（同じ地域・建物の）住人.

vector 男〘数〙〘物〙ベクトル. radio ～〘数〙〘天文〙位置ベクトル.

vectorial 形〘数〙ベクトルの.

ved 活 → ver.

veda 女 禁止；禁猟[禁漁]（期）. ― 男［V-］［複］ベーダ：バラモン教の根本聖典.

vedado 男（立ち入り）禁止区域；禁猟[禁漁]区.

vedar 他（法律で）禁止する；妨げる, 阻む.

vedegambre 男〘植〙バイケイソウ.

vedeja 女 長髪.

vede(t)te［ベデテ(ベデ(トゥ))］〔仏〕女（バラエティーショーの）女性スター.

védico, ca 形〘宗〙ベーダの.

vedija 女 羊毛の束；もつれた髪や毛.

vedismo 男 ベーダの教え[信仰]；原始バラモン教.

veedor 男《史》調査[検査, 管理]官.

vega 女 ❶（河川流域の）沃野(よくや). ❷《ラ米》(1)(キューバ)タバコ栽培地. (2)(チリ)湿地.

vegetación 女 ❶（ある地域や気候の）植物群, 植生. ❷［複］〘医〙扁桃腺(へんとうせん)肥大.

vegetal 形 植物（性）の. ― 男 ❶ 植物. ❷ 植物人間. ❸［複］《ラ米》(キューバ)(メキシコ)野菜.

vegetar 自 ❶（植物が）生長[発芽]する. ❷ 無為に過ごす；閑居する.

vegetarianismo 男 菜食主義.

vegetariano, na 形 男 女 菜食主義の[者].

vegetativo, va 形 ❶ 成長する, 生長力のある. ❷〘生〙植物性の, 意志なしに成長[再生]する；自律神経の. crecimiento ～（人口の）自然増加.

veguer 男 ❶ フランス・スペイン両国からアンドラ公国へ派遣される使節. ❷〘史〙（スペインのアラゴン・カタロニア・マジョルカの）行政官.

veguero, ra 男 女（タバコ農園の）農民. ― 男《話》（１枚だけ葉を巻いた）葉巻.

vehemencia 女 激情, 熱烈, 情熱.

vehemente 形 激烈な, 情熱的な；衝動的な.

vehicular 形（意見を）伝える. lengua ～ 共通語. ― 他（意見・抗議を）伝える.

V **vehículo**［ベイクろ］男〔英 vehicle〕❶ 乗り物, 交通[輸送]手段；自動車. ～ espacial 宇宙船. ❷ 伝達手段；媒体.

veía(-) 活 → ver.

veintavo, va 形《数詞》20分の１の. ― 男 20分の1.

veinte［ベインテ］ 形《数詞》〔英 twenty〕20の, 20個[人]の；20番目の. ― 男 20. *los* ～ 1920年代；20歳代.

veinteañero, ra 形 男 女 20代の（人）.

veinteavo, va 形 男 → veintavo.

veinteno, na 形《数詞》20番目の；20分（の１）の. ― 男 20分の１. ― 女 20のまとまり.

veinticinco［ベインティしンコ］形《数詞》〔英 twenty-five〕25の；25番目の. ― 男 25.

veinticuatro［ベインティクアトゥロ］形《数詞》〔英 twenty-four〕24の；24番目の. ― 男 24.

veintidós［ベインティドス］形《数詞》〔英 twenty-two〕22の；22番目の. ― 男 22.

veintinueve［ベインティヌエベ］形《数詞》〔英 twenty-nine〕29の；29番目の. ― 男 29.

veintiocho［ベインティオチョ］形《数詞》〔英 twenty-eight〕28の；28番目の. ― 男 28.

veintiséis［ベインティセイス］形《数詞》〔英 twenty-six〕26の；26番目の. ― 男 26.

veintisiete［ベインティシエテ］形《数詞》〔英 twenty-seven〕27の；27番目の. ― 男 27.

veintitantos, tas 形 複 20いくつかの, 20あまりの.

veintitrés［ベインティトゥレス］形《数詞》〔英 twenty-three〕23の；23番目の. ― 男 23.

veintiún 形 veintiuno の語尾消失形.

veintiuno, na［ベインティウノ, ナ］形《数詞》〔英 twenty-one〕21の, 21番目の. ― 男 21.

vejación 女 侮辱；いじめ.

vejamen 男 → vejación.

vejar 他 侮辱する, 虐待する.

vejatorio, ria 形 屈辱[侮辱]的な.

vejestorio 男《話》《軽蔑》老いぼれ.

vejete, ta 形 男 女《話》《親愛》年老いた（人）.

vejez 女 ❶ 老い, 老齢. ❷ 老齢期, 晩年. ❸［複］（老化による）症状, 病気.

vejiga 女 ❶〘解〙膀胱(ぼうこう). ❷〘医〙水疱(すいほう), 疱疹(ほうしん). ❸（物の表面にできた）膨れ, 気泡. ～ natatoria（魚の）浮き袋.

vela［べら］女〔英 candle; all-nighter〕❶ ろうそく. encender una ～ ろうそくに火をともす. ❷ 徹夜；徹夜の仕事[看病]；《ラ米》通夜. en ～ 眠らずに. ❸〘カト〙聖体の秘跡を前にした礼拝. ❹〘闘牛〙（牛の）角. ❺［複］《話》鼻水. ❻〘海〙帆；帆船, ヨット. ～ latina 大三角帆. alzar ～*s* 帆を上げる, 出帆する. hacer ～ ヨットに乗る. ❼〘スポ〙セーリング. *a dos ～s* (1) 一文なしで. (2) 何も分からずに. *aguantar* [*sujetar, sostener*] *la ～*（デートに）付き添う. *a toda ～* / *a ～s desplegadas* [*tendidas*]〘海〙総帆を張って；全力で, 大急ぎで. *como una ～*《話》極めてまっすぐな. *encender* [*poner*] *una ～ a Dios* [*San Miguel*] *y otra al diablo*《話》八方美人である, 両方の肩を持つ. *estar entre dos ～s*《俗》酔っ払っている. *no dar ～ a ... en un entierro* …に口を差し挟ませない. *recoger* [*arriar*] *～s* 引きさがる, 前言を撤回する. *ser más derecho que una ～* まっすぐに立っている.

velación 女［主に複］〘カト〙（婚姻のミサで新郎新婦に）ベールをかぶせること.

velada 女 夜の催し, 夜会；夜間興行.

velador 男 ❶（１本脚小型の）丸テーブル. ❷《ラ米》(メキシコ)(1) 不寝番（の人）. (2) ナイトテーブル（→ mesa 地域差）. (3)(アルゼンチン)終夜灯.

veladora 女《ラ米》(ﾒｷｼｺ)(ｸﾞｧﾃﾏﾗ)テーブルランプ.
veladura 女〘美〙(完成した画面に塗る透明の)上塗り.
velamen 男〘海〙《集合的》帆.
velar 自 ❶ 徹夜(の仕事[看病]を)する. ❷《por, sobre》(…に)留意する,(…を)気遣う. ❸〘カト〙(聖体の前で)徹夜の礼拝をする. ── 他 ❶ 徹夜で看病する;通夜をする. ❷《ラ米》物欲しそうに見つめる. ❸ …をベールで覆う;隠す. ❹〘写〙感光させる;(印画に)かぶりを生じさせる. ❺ 凝視する. ── **velarse** 再 ❶ ベールをかぶる;見えなくなる. ❷〘写〙感光する. ── **velar** 形 ❶〘解〙軟口蓋(ﾅﾝｺｳｶﾞｲ)の. ❷〘音声〙軟口蓋音の. ── 女 軟口蓋音.
velarizar 57 他〘音声〙軟口蓋(ﾅﾝｺｳｶﾞｲ)音化する.
velatorio 男 通夜,通夜の場;《話》(通夜のような)沈んだ集まり.
velazqueño, ña 形 ベラスケス(風)の.
Velázquez 固名 ベラスケス Diego Rodríguez de Silva y ～ (1599-1660):スペインの画家;*Las meninas*『ラス・メニナス(女官たち)』.
velcro 男〘商標〙マジックテープ.
veleidad 女《文》気まぐれ,移り気.
veleidoso, sa 形《文》気まぐれな,移り気な.
velero, ra 形 船足の速い. ── 男 ❶〘海〙帆船,セーリングボート(= barco ～). ❷〘航〙グライダー.
veleta 女 ❶ 風見(鶏). ❷(釣りの)浮き. ── 男 女 意見や好みがすぐ変わる人. ── 固名 [V-] el ～ ベレタ山:スペインのネバダ山脈中の高峰. 3392 m. ***cambiar más que una v～*** 移り気である.
veleto, ta 形〘闘牛〙(牛が)とても長い角を持った.
velis nolis〔ラ〕否(ｲﾔ)でも応でも.
veliz 男《ラ米》スーツケース(→ maleta 地域差).
vello 男 うぶ毛,体毛;(果物・布地等の)綿毛.
vellocino 男(刈り取った1頭分の)羊毛,羊の毛皮. **～ *de oro***〘ギ神〙金の羊毛皮.
vellón 男 ❶(刈り取った1頭分の)羊毛,羊の毛皮;羊毛の房. ❷(硬貨に用いた)銅と銀の合金;銅貨.
vellosidad 女 毛深さ.
velloso, sa 形 体毛[綿毛]のある.
velludo, da 形 毛むくじゃらの,毛深い.
velo 男 ❶ ベール,かぶり物. tomar el ～〘カト〙(修道女が)誓願をたてる. ❷ 覆い隠すもの;〘写〙(フィルム等の)かぶり. correr [echar] un (tupido) ～ sobre ...《話》…を闇(ﾔﾐ)に葬る;秘密にする. descorrer el ～ 真相を暴く. ❸〘解〙～ del paladar 軟口蓋(ﾅﾝｺｳｶﾞｲ). ── 活 → velar
velocidad [べろしダ(ドゥ)] 女〔英 velocity, speed〕❶ **速度**,スピード. a toda [máxima] ～ 全速力で. de alta ～ 高速の. ～ de crucero 巡航速度. ～ punta 最高速度. ❷〘機〙〘車〙変速装置,ギア. ❸〘音〙曲の速度,テンポ.
velocímetro 男 速度計.
velocípedo 男(昔の)2[3]輪自転車.
velocista 男 女〘スポ〙短距離走者,スプリンター.
velódromo 男 競輪場.
velomotor 男 原動機付き自転車.
velón, lona 男 石油ランプ,カンテラ. ── 男 女《ラ米》(1)(ﾒｷｼｺ)たかる人,居候. (2)(ｴｸｱﾄﾞﾙ)(ｺﾛﾝﾋﾞｱ)(ﾄﾞﾐﾆｶ)(ﾒｷｼｺ)ねだり屋.
velorio 男 ❶〘カト〙(修道女の)誓願式. ❷(主に農作業後の)夜の慰労パーティー. ❸《ラ米》(ｱﾙｾﾞﾝﾁﾝ)(ｸﾞｧﾃﾏﾗ)通夜.
veloz 形 速い,敏速な.
ven 活 ❶ → venir. ❷ → ver.
vena [べナ] 女〔英 vein〕❶ **静脈**,血管. ～ cava 大静脈. ❷〘植〙葉脈;〘地質〙鉱脈;地下水脈;木目. ❸ 資質,素質. ❹ 気分,調子. ***darle*** [***entrarle***] ***a ... la ～ por*** [***de***]〈+不定詞〉《話》(突然)…が…する気になる. ***estar de*** [***en***] ***～ para***〈+不定詞〉《話》…したいと乗り気である.
venablo 男 投げ槍(ﾔﾘ). ***echar ～s*** 怒ってわめく.
venado, da 形 狂った,頭のおかしい. ── 男〘動〙シカ;〘料〙シカ肉;(クマ等)大型の獲物. ── 女 狂気の発作.
venal 形 ❶ 買収できる,金で動く. ❷ 販売用の. ❸ 静脈の.
venalidad 女 ❶ 販売可能性. ❷ 買収されること.
venático, ca 形 気違いじみた.
venatorio, ria 形 大型狩猟の.
vencedero, ra 形〘商〙期限付きの.
vencedor, dora 形 勝利する[した]. ── 男 女 勝利者.
vencejo 男 ❶〘鳥〙アマツバメ. ❷(穀物を束ねる)縄,ひも.
vencer [べンせル] 68 他〔英 overcome〕❶ **勝つ**,打ち負かす. ❷ **克服する**;征服する;抑える. ～ el sueño 眠気を振り払う. ❸(重みが)壊す,曲げる. ── 自 ❶ 満期になる;期限が切れる. ❷ 勝利する. ── **vencerse** 再 ❶ 自制[抑制]する. ❷(重みで)壊れる,曲がる. ❸《ラ米》(ｱﾙｾﾞﾝﾁﾝ)(ｸﾞｧﾃﾏﾗ)賞味期限が切れる.
vencetósigo 男〘植〙ガガイモ科の植物.
vencible 形 打ち負かしうる;克服できる.
vencido, da 過分 → vencer. 形 ❶ 打ち負かされた,敗れた. ❷ 満期になった;期限の切れた. ── 男 女 敗者. ***A la tercera*** [***A las tres***] ***va la vencida.*** 三度目の正直. ***darse por ～*** 降参する. ***ir de ～*** 最悪の時が過ぎる.
vencimiento 男 ❶ 期限(切れ);満期. ❷ 勝利;克服. ❸(重みによる)倒壊,たわみ.
venda 女 包帯;《比喩的》目隠し. ── 活 → vender. ***caérsele a ... la ～ de los ojos*** …の目から鱗(ｳﾛｺ)が落ちる. ***quitar la ～ de los ojos*** (迷いから)目を覚まさせる. ***tener una ～ en*** [***delante de***] ***los ojos*** 真実を知らない.
vendaje 男 ❶〘医〙(傷口に当てられた)包帯;包帯をすること. ❷《ラ米》(1) 売買手数料. (2) 景品,おまけ.
vendar 他 包帯をする. ***vendar los ojos a ...*** …の判断を鈍らせる. ***tener los ojos vendados*** 真実を知らない[見ない].
vendaval 男(南から吹く季節外れの)強風;《比喩的》嵐(ｱﾗｼ).

V

vendedor, dora [ベンデドル, ドラ] 形 販売(業)の. ― 男 女 〔英 seller, vendor〕販売員, 店員. ～ de periódicos (街頭の)新聞売り. 地域差 (街頭の)新聞売り vendedor de periódicos《スペイン》《ラ米》(キューバ, プエルトリコ)(グアテマラ, エルサルバドル, コスタリカ)(ウルグアイ); buhonero (パナマ)(ベネズエラ); canillita (ドミニカ共和国)(ホンジュラス)(ペルー, ボリビア)(パラグアイ, ウルグアイ); corredor (アルゼンチン); periodiquero (メキシコ)(パナマ)(ペルー); voceador (メキシコ)(ホンジュラス, ニカラグア)(コロンビア)(チリ).

vender [ベンデル] 他 〔英 sell〕❶ 売る, 販売する. ～ las naranjas por diez pesos オレンジを10ペソで売る. ❷ (良心等を) 売り渡す; 裏切る. ― **venderse** 再 ❶ 売れる, 売られる. "*Se vende.*"《広告》「売ります」. ❷ 買収される; 裏切る. ❸ (うっかり)本性をさらけ出す. ***vender caro*** 高く売りつける; 簡単には与えない. ***venderse caro*** お高くとまる. ***venderse como rosquillas*** [***pan caliente***] 飛ぶように売れる.

vendetta [ベンデタ] 〔伊〕女 復讐;〖スポ〗雪辱(せつじょく)戦, リターンマッチ.

vendible 形 売ることができる.

vendimia 女 ❶ ブドウの取り入れ[収穫期]. ❷ ぼろもうけ.

vendimiador, dora 男 女 ブドウ摘み取り人.

vendimiar 17 他 自 ❶ (ブドウを) 取り入れる. ❷ ぼろもうけする.

vendr- 活 → venir.

veneciano, na 形 男 女 ベネチア[ベニス]の(人).

venencia 女 (ワインを樽(たる)からくみ出す) 長柄付きの金属製カップ.

venenciador 男 venencia で樽(たる)からワインをグラスにつぐ人.

veneno 男 ❶ 毒; 有害なもの. ❷ 悪意, ねたみ.

venenoso, sa 形 ❶ 有毒な; 有害な. ❷ 悪意に満ちた.

venera 女 ❶〖貝〗ビエイラガイ: ホタテガイの一種. ❷ (ホタテガイの形の) 騎士団の記章. ❸〖紋〗(聖地サンチャゴ・デ・コンポステラへの巡礼者が身につけた) ホタテガイ.

venerable 形 敬うべき, 尊い. ― 男 女 ❶〖カト〗尊者. ❷ (フリーメーソンの) 支部長.

veneración 女 尊敬, 崇拝.

venerando, da 形 敬うべき.

venerar 他 尊ぶ, 崇拝する.

V

venéreo, a 形 ❶〖医〗性病の. ❷ 性交の; 性的快楽による.

venero 男 ❶《文》泉;《比喩的》源, 宝庫. ❷〖鉱〗鉱脈, 鉱層. ❸ 日時計の示時線.

venezolanismo 男 ベネズエラ特有の表現[言葉].

venezolano, na [ベネそラノ, ナ] 形 ベネズエラ(人)の. ― 男 女 ベネズエラ人.

Venezuela [ベネすエラ] 固名 ベネズエラ: 首都カラカス Caracas.

veng- 活 ❶ → venir. ❷ → vengar.

venga 間 ❶《促して》さあ, 早く. ❷《不信・驚き》まさか, そんなばかな. *¡V～ ya!*《不承認》もういい, もうよせ. ― 活 → venir.

vengador, dora 形 復讐(ふくしゅう)する, 報復の. ― 男 女 復讐者.

venganza 女 復讐(ふくしゅう), 仕返し.

vengar 66 他 …の復讐(ふくしゅう)をする, 仕返しする. ― **vengarse** 再《de, en》(…に) 復讐する.

vengativo, va 形 男 女 復讐(ふくしゅう)心に燃えた(人), 執念深い(人).

venia 女 ❶ (公的な) 許可; 認可. ❷《ラ米》(アルゼンチン)(ウルグアイ)(軍隊の) 敬礼.

venial 形 (罪・過失等が) 許しうる, 軽微な. pecado ～〖カト〗小罪.

venialidad 女 罪が軽いこと.

venida 過分 → venir. 女 ❶ 来ること, 来訪; 到着. idas y ～*s* 行き来. ❷ 帰着. ❸ (川の) 急な増水.

venidero, ra 形 来たるべき, 将来の. las generaciones *venideras* 次世代.

venir [ベニル] 108 自 〔英 come〕❶ 来る, やって来る. *¿Vienes* a la fiesta con nosotros? 君, 私たちと一緒にパーティーに来るかい. *Vinieron* (a) por el niño. 子供を迎えにきた. Enseguida *vengo.* すぐ(戻って)来るよ. ❷《de》由来する, …に帰因する; …産である. las palabras que *vienen del* árabe アラビア語起源の語. ❸《de＋不定詞》…してきたところである. *Vengo de* ver a mi maestro. 先生に会ってきたところだ. ❹ 起こる, 生じる; (感情・考えが) 心に浮かぶ. De repente me *vinieron* muchos problemas. 突然私は多くの問題を抱えた. ❺《en》(出版物に) 載っている. Esa acepción no *viene en* el diccionario. その語義は辞書に出ていない. ❻《＋現在分詞》…し続けてきている. ❼(1)《＋形容詞》…である Este abrigo me *viene* largo. このオーバーは私には長い. (2)《＋過去分詞》…になって[されて]いる. *Él ha venido* hecho polvo. 彼はへとへとになった. (3)《＋**bien** [**mal**]》似合う[合わない], 都合がいい[悪い]. ❽《**con**》(…ばかなことを) 言い出す. No me *venga* usted *con* excusas. 言い訳はおやめください. ❾《a＋不定詞》…になる, …することになる. ～ *a* ser lo mismo 同じことである. ― **venirse** 再 ❶《de》(移り住むために) (…から) やって来る. El chico *se ha venido de* Brasil. その子はブラジルから(はるばる)やって来た. ❷ (ワイン・パン生地等が) 発酵する. ❸ 合意する. ***¿A qué viene ...?*** …が何になる. ***por venir*** これからの, 将来の. ***que viene***《名詞句＋》次[今度]の. el mes [año] *que viene* 来月[来年]. ***sin venir a cuento*** なんとなく, なにげなく. ***venirse abajo*** だめになる. ***venir ancho***《話》手に負えない. ***venir como anillo al dedo***《話》時宜を得ている. ***venir de lejos*** 古い, 昔からの. ***venir rodado*** [***de primera***] タイミングよく起こる.

venosidad 女 浮いて見える細い静脈.

venoso, sa 形 静脈の, 静脈の見える.

venta [ベンタ] 女 〔英 sale〕❶ 販売; 売却. estar en [a la] ～ 発売中である. ～ puerta a puerta 訪問販売. ❷ 売上高. ❸ 宿屋, 旅籠(はたご).

ventaja [ベンタハ] 女 〔英 advantage〕❶ 利点, 強み. ❷ 優位; 有利;〖スポ〗ハンディキャップ; (テニス) アドバンテージ. llevar [sacar] una ～ de .... …の差をつける. ❸ 利益. sacar ～ a ... …から利益を得

る. ❹《ラ米》(アルゼンチン)(ウルグアイ)〘商〙マージン.

ventajeạr 他《ラ米》…より優位に立つ；…を利用する.

ventajẹro, ra 形 男 女《ラ米》→ ventajista.

ventajịsta 形《軽蔑》金もうけ主義の. ── 男 女 金もうけ主義者.

ventajọso, sa 形 ❶ 有利な, 得な. ❷《ラ米》(コロンビア) → ventajista.

ventana [ベンタナ] 女 〔英 window〕 ❶ 窓. ❷ (窓状の) 開口部；〘IT〙ウインドウ. ❸〘解〙鼻孔 (= ～ de la nariz). ***arrojar* [*echar, tirar*] *... por la* ～** …を浪費する, (機会等を) 無駄にする. ***echar* [*tirar*] *la casa por la* ～** 大盤振舞をする.

ventanạje 男《集合的》窓.

ventanạl 男 大きな窓.

ventanạzo 男 窓を乱暴に閉めること[音].

ventaneạr 自《話》頻繁に窓からのぞく.

ventanilla [ベンタニリャ〈ベンタニヤ・ベンタニジャ〉] 女 〔英 window〕 ❶ 切符売り場 (→ taquilla 地域差), 窓口. ❷ (乗り物の) 窓. ❸ (封筒の) 窓.

ventanịllo 男 ❶ 小窓；(ドア等の) のぞき窓. ❷ (地下室への) 入口.

ventarrọ́n 男 強風, 烈風.

venteạr 自 ❶《3人称単数で》風が吹く. ❷ (動物が) においをかぎ回る. ── 他 ❶ (部屋・衣服等を) 風に当てる. ❷ (動物が) においをかぎ回る. ❸《ラ米》(1)(中米)(メキシコ) (家畜に) 焼き印を押す. (2)(アルゼンチン)(パラグアイ) (競技で) (相手を) 抜く, 引き離す. ── **venteαr*se*** 再 ❶ (熱・乾燥等によって) ひびが入る. ❷ (人が) 風 [外気] に当たる. ❸《ラ米》(アルゼンチン)(チリ)(プエルトリコ)(ペルー)外を出歩く；(エクアドル)(コロンビア)(プエルトリコ)(ペルー)思い上がる, うぬぼれる.

ventẹro, ra 男 女 宿屋の主人, 女将(おかみ).

ventilaciọ́n 女 換気 (設備), 換気口, 通風.

ventiladọr 男 扇風機；換気扇；換気口.

ventilạr 他 ❶ 換気[通気]する. ❷ (衣類等を) 外気[風]に当てる. ❸《話》(私事を) 公表する. ❹《話》解決する. ❺《話》殺す；片付ける；がつがつと食べる, がぶ飲みする. ── **ventilar*se*** 再 ❶ 換気する. ❷ 外気を吸う, 匂い[湿気]が飛ぶ. ❸《話》殺す. ❹ 手早く片付ける；一気にむさぼり食う, 一気に飲む. ❺《俗》《a》(…と) セックスする.

ventịsca 女 吹雪；強風.

ventiscạr 26 自《3人称単数で》吹雪く；雪が風で激しく舞い上がる.

ventisqueạr 自 → ventiscar.

ventisquẹro 男 ❶ 雪渓；根雪. ❷ 雪の吹きだまり, 吹きさらしの場所.

ventolẹra 女 ❶ 突風, 一陣の風. ❷《話》《軽蔑》(突然の奇妙な) 思いつき. ***dar**le **a ... la* ～ *de*** 〈+不定詞〉《話》…が急に…したくなる.

ventorrịllo 男 ❶ → ventorro. ❷ (郊外の) 食堂. ❸《ラ米》(コロンビア)露店, 屋台.

ventọrro 男 (小さくみすぼらしい) 宿屋.

ventọsa 女 ❶ 通気孔, 通風口. ❷〘動〙吸盤. ❸〘医〙吸角, 吸い玉.

ventoseạr 自《婉曲》放屁(ほうひ) [おなら]をする.

ventosidạd 女 腸内ガス, 屁(へ).

ventọso, sa 形 風の強い.

ventrạl 形 腹の, 腹部の.

ventriculạr 形〘解〙心室の；脳室の.

ventrịculo 男〘解〙(心臓の) 心室；脳室.

ventrịlocuo, cua 形 腹話術の. ── 男 女 腹話術師.

ventrilọquia 女 腹話術.

ventụra 女 ❶ 幸福；幸運. ❷ 偶然, 運. ***a la* (*buena*) ～** 成り行きまかせに. ***echar* [*decir*] *la buena* ～** 運命を占う. ***por* ～** 幸運にも；もしかして. ***probar* ～** 運試しをする.

venturọso, sa 形 幸運な, 幸せな.

vẹnus 女 ❶〘ロ神〙[V-] ビーナス. ❷ 絶世の美女. ❸〘考古〙ビーナスの彫像. ── 固名 [V-]〘天文〙金星.

venusịano, na 形 金星の.

venusịno, na 形 ビーナスの.

venz- 活 → vencer.

vẹo 活 → ver.

ver [ベル] 109 他 〔英 see〕 ❶ 見る, 見える. *ver* la televisión テレビを見る. (→ mirar). ❷《+現在分詞》…しているのを見る[が見える]；《+不定詞》…するのを見る[が見える]. *Vi* a los chicos jugando al fútbol. 子供たちがサッカーをしているのを見た. Siempre le *veo* estudiar. いつも彼が勉強しているのを見かける. ❸ 会う, 訪ねる. Voy a *ver* a su padre esta noche. 今晩彼女のお父さんに会いに行くんだ. ¡Cuánto tiempo sin *ver*te! 久しぶりだね. ❹《+形容詞》…だと感じる[思う]. Te *veo* muy contenta. 君, 満足しているんだね. ❺ 扱う. En la próxima clase *veremos* la lección cuarta. 次の時間は第4課をやりましょう. ❻ 調べる, 検討する；診察する. ¡A *ver* si ...! …かどうか確かめてみよう. ❼ 理解する；気づく；知る. ¿*Ves* la diferencia entre éste y aquél? これとあれの違いが分かるかい. ❽ 考える, 想像する, 予見する. ── 自 ❶ 見える, (視力が) ある. Estos días no *veo* bien. このごろ私は目がよく見えない. ❷ 理解する, 納得する. Ya *veo*. あっ, 分かった. ❸《**de**》(…を) してみる. *Veamos de* solucionar estos problemas. これらの問題を解決してみよう. ── ***verse*** 再 ❶ (自分自身を) 見る. ～ en el espejo 鏡に映った自分の姿を見る. ❷ 会う, 出会う. Mañana *nos vemos*. また明日. ～ con ... …に出くわす. ❸《+形容詞・副詞》(…の状態で) ある (= estar, encontrarse)；…のように見える. *Se veían* en un apuro. 彼らは困窮していた. *Te ves* muy linda con ese vestido. 君, そのワンピース姿とても素敵だよ. ❹ 見える；分かる. *Se ve* que .... …は明らかだ. ── **ver** 男 ❶ 姿, 体裁. un joven de buen *ver* 身なりのいい若者. ❷ 意見；見解. a mi *ver* 私の考えでは. ***a ver***《興味を示して》さてどうかな. ***a ver si ...*** …してはどうか；…するだろうか. ***¿Cómo lo ves?***《意見を求めて》どうだろうか. ***¡habrá que ver!***《未決定・疑問》さあ, どうなるか. ***hay que ver***《驚き》すごいぞ, ほら；注意して. ***no poder ver*** 我慢ならない. ***no tener nada que ver con ...*** …と無関係である. ***para que veas*** 言っておくけど. ***por ver de ...***

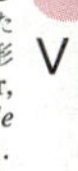

…という意図で. ***que no veas*** 《強調》すごい. ***que no veo*** [***ves, ve …***]（空腹・眠気が）ひどい. Tenía un sueño *que no veía.* 眠くて仕方なかった. ***Si te he visto no me acuerdo.*** 知らんぷりをする. ***Vamos a ver.*** どれどれ, ええと. ***verás*** つまりね；《強調》ということです. ***Ver para creer.*** 《諺》百聞は一見にしかず. ***vérselas con …*** …と対決する. ***Ya lo veo.*** わかっているよ, わかった. ***¡Ya ves!*** ほらね.

vera 女 海辺, 川岸. ***a la ～ de …*** …のそばに.

veracidad 女 正直, 誠実；真実(性).

Veracruz 固名 ベラクルス：(1) メキシコ南東部の港湾都市. (2) メキシコ東部の州.

veranda 女 ベランダ；縁側.

veraneante 男 女 避暑客.

veranear 自 避暑に行く, 夏の休暇を過ごす.

veraneo 男 避暑.

veraniego, ga 形 夏の.

veranillo 男 ❶ 夏のように暑い秋の一時期. ～ de San Juan 《ラ米》(南半球で6月の) 小春日和. ❷ 《ラ米》(雨期中の) 晴天続きの日々.

verano [ベラノ] 男 〔英 summer〕 ❶ **夏**, 夏季. ❷ 乾期.

veras 女 複 真実, 本当. ***de ～*** (1) 本当に；本気で. (2) 非常に. ***ir de ～*** 本当である.

veraz 形 正直な；本当の.

verbal 形 ❶ 口頭の, 言葉による. ❷ 〖文法〗 動詞(派生)の.

verbalismo 男 《軽蔑》(内容より) 言葉にこだわること；言葉の暗記中心の教育.

verbalista 形 言葉偏重の. ── 男 女 言葉にこだわる人.

verbalizar 57 他 (感情等を) 言葉で表す.

verbalmente 副 口頭で, 言葉で.

verbasco 男 〖植〗ビロードモウズイカ.

verbena 女 ❶ (祝祭日の前夜屋外で行われる) 祭り. ❷ 〖植〗クマツヅラ, ビジョザクラ.

verbenero, ra 形 祭りの；祭り好きの；にぎやかな. ── 男 女 祭り好きの人；にぎやかな人.

verbo [ベルボ] 男 〔英 verb〕 ❶ 〖文法〗 **動詞**. ～ transitivo [intransitivo] 他[自]動詞. ❷ 言葉(遣い). ❸ [V-] み言葉：三位一体の第2位であるキリスト.

verborrea 女 おしゃべり, 饒舌(じょうぜつ).

verbosidad 女 無駄口, 多弁.

verboso, sa 形 口数の多い, 多弁な.

verdad [ベルダ(ドゥ)] 女 〔英 truth〕 ❶ **真理**. ～ científica 科学的真理. ❷ **真実**, 事実. ～ como un templo / *～es* como puños 疑いようのない真実. a decir ～ / a la ～ 実を言うと. faltar a la ～ 真実に背く. ***Bien es ～ que*** 〈＋直説法〉. 本当のところは…だが. ***de ～*** 本当に, 実際；本物の. billete *de ～* 本物の紙幣. ***Ser ～ que*** 〈＋直説法〉. …は本当だ. ***La ～ es que ….*** 実は…だ. ***¿～?*** 《付加疑問》…ですね.

verdadera 形 → verdadero.

verdaderamente 副 本当に, 確かに.

verdadero, ra [ベルダデロ, ラ] 形 〔英 true〕 **真実[本当]の**；本物の (↔ falso).

verdal 形 (完熟後も) 果実が緑色の.

verde [ベルデ] 形 〔英 green〕 ❶ **緑(色)の**；(信号が) 青色の. ❷ 青々とした, みずみずしい. ❸ (果物等が) 熟していない, 青い. ❹ 《話》(人が) 新米の, 未熟な；(物事が) 始まったばかりの. ❺ (材木等が) 生乾きの, 生木の. ❻ 《話》下品な, いやらしい. un viejo ～ すけべじじい. chiste ～ 猥談(わいだん). ❼ 自然保護派の. ── 男 ❶ **緑色**. ～ esmeralda エメラルドグリーン. ❷ 若草；芝生；(木・葉の) 茂み. ❸ 《話》1000ペセタ札. ❹ [主に複] 自然保護団体[政党]. ❺ 《ラ米》マテ茶；野菜サラダ. ***dar luz ～ a …*** …にゴーサインを出す. ***estar ～ de envidia*** ひどくうらやんでいる. ***poner ～*** 《話》悪口を言う.

verdear 自 ❶ 緑に見える；緑色になる. ❷ 芽を吹く, 新緑に覆われる. ❸ 《ラ米》(ﾗﾌﾟﾗﾀ)(ｳﾙｸﾞｱｲ)マテ茶を飲む；(動物が) 草をはむ.

verdecer 76 自 → verdear ②.

verdecillo 男 〖鳥〗(カナリア属の) セリン.

verdegal 男 緑に覆われた畑.

verdegay 形 男 淡緑[薄緑]色 (の).

verdemar 形 男 (海の) 青緑色 (の).

verderol / verderón 男 〖鳥〗アオカワラヒワ.

verdiblanco, ca 形 男 女 《話》〖スポ〗ユニフォームが白と緑の (選手, チーム).

verdín 男 ❶ 新緑, 若草 (色). ❷ 青かび；〖植〗(緑色の) 苔(こけ)；青みどろ. ❸ 緑青. ❹ (植物の汁の) 染み.

verdinegro, gra 形 暗緑色の；〖スポ〗緑と黒のユニホームを着たチームの. ── 男 女 緑と黒のユニホームを着た選手.

verdolaga 女 〖植〗スベリヒユ.

verdor 男 (草木の) 緑；生気.

verdoso, sa 形 緑色の, 緑色がかった.

verdugada 女 〖建〗れんがの水平積み.

verdugo 男 ❶ 死刑執行人；《軽蔑》非情[残忍]な人. ❷ 悩みの種, 苦しみ. ❸ 新芽；若枝. ❹ 目出し帽. ❺ 〖建〗れんがの水平積み.

verdugón 男 ❶ むち打ちの跡. ❷ 新芽, 若芽. ❸ 《ラ米》(ﾁﾘ)(衣服の) 破れ, 裂け目.

verduguillo 男 ❶ 〖闘牛〗(とどめ用の) 細身の剣. ❷ 輪形のイヤリング. ❸ (葉にできた) しみ, ふくれ；虫瘿(ちゅうえい).

verdulería 女 ❶ 八百屋. ❷ 《話》下品, 卑猥(ひわい)(な話).

verdulero, ra 男 女 ❶ 八百屋, 青果商. ❷ 《話》下品[粗野]な人.

verdura [ベルドゥラ] 女 〔英 vegetables〕 ❶ [単または複] **野菜**, 青物. *～s* del tiempo 旬(しゅん)の野菜. ❷ 《文》(茂った草木等の) 緑.

verdusco, ca 形 暗緑色の.

verecundia 女 羞恥(しゅうち)心.

verecundo, da 形 羞恥(しゅうち)心のある.

vereda 女 ❶ 小道, 細道. ❷ 《ラ米》(1) 歩道 (→ acera 地域差). (2)(ｺﾛﾝﾋﾞｱ)集落, 地区. ***meter*** [***hacer entrar***] ***a … en*** [***por***] ***～*** …に義務を守らせる；規律ある生活をさせる.

veredicto 男 ❶ 〖法〗(陪審員の) 評決, 答申. ❷ (専門家の) 判断, 意見.

verga 女 ❶ 細い棒. ❷ 《俗》(人間・動物の) ペニス. ❸ 〖海〗帆桁(ほげた).

vergajo 男 (牛の陰茎で作った) むち. — 男 女 《ラ米》(ｺﾛﾝﾋﾞｱ)卑しいやつ.
vergel 男 (種類豊富な) 果樹園, 花畑.
verglás 男 (地表等につく) 氷の膜.
vergonzante 形 恥じた, 恥じ入った.
vergonzosamente 副 恥ずかしそうに；恥ずべきことに.
vergonzoso, sa 形 恥ずべき. partes *vergonzosas* 〖解〗陰部. — 形 男 女 恥ずかしがり屋 (の). — 男 〖動〗アルマジロ.
vergüenza [ベルグエンサ] 女 [英 shame] ❶ **恥ずかしさ**, 羞恥(しゅうち)心；恥らしい, 内気. sin ～ 恥知らずの. dar a ... …に恥ずかしい思いをさせる. ❷ **恥**, 恥辱. ¡Es una ～! なんとみっともない. ❸ [複] 〖解〗恥部, 陰部. ***la cara de ～ caérsele a ...*** …が非常に恥ずかしく思う. ***perder la ～*** 羞恥心を克服する；羞恥心をなくす. ***sacar a la ～ (pública)*** 恥をかかせる. ***～ ajena*** 他人の恥を自分のことのように感じること. ***V～ para quien piense mal.*** 悪(あ)しき思いを抱く者に災いあれ.
vericueto 男 [主に複] 難路, 難所.
verídico, ca 形 真実の, 信憑(しんぴょう)性のある；正直[誠実]な.
verificación 女 ❶ 検証, 確認；実証. ❷ 実行.
verificar 26 他 ❶ 検証[実証]する, 確かめる. ❷ 実行する. — **verificarse** 再 ❶ 実施される. ❷ 実証[検証]される.
verificativo, va 形 証明となる, 立証に役立つ.
verismo 男 真実主義；迫真 (性).
verista 形 真実主義の；迫真の.
verja 女 (扉・窓・柵(さく)の) (鉄) 格子.
verjurado 形 papel ～ 透かし模様入りの紙.
verme 男 〖医〗回虫；蠕虫(ぜんちゅう)類.
vermicida 形 男 駆虫剤 (の).
vermicular 形 虫のような；虫のいる.
vermiforme 形 虫のような形の. apéndice ～ 〖解〗虫垂, 虫様突起.
vermífugo 男 → vermicida.
vermut / vermú 男 [複 ～s] ❶ ベルモット. ❷ 《ラ米》(ｱﾙｾﾞﾝﾁﾝ)(ｳﾙｸﾞｱｲ)(ﾁﾘ) 〖演〗マチネー, 昼間の興行.
vernáculo, la 形 (言葉が) その土地[国]固有の, 土着の.
vernal 形 《文》春の, 春めいた.
vernier 男 〖技〗副尺, バーニヤ.
vernissage [ベルニサ(シュ)] [仏] 男 美術展の一般公開に先立つ開催式典.
veronal 男 〖薬〗〖商標〗ベロナール：催眠・鎮痛薬.
verónica 女 ❶ 〖植〗ベロニカ, クワガタソウ. ❷ 〖闘牛〗カパ capa を広げて牛の突進を待つ型. — 固名 [V-] 〖宗〗聖女ベロニカ.
verosímil 形 本当らしい, ありそうな.
verosimilitud 女 本当[真実]らしさ, 信憑(しんぴょう)性.
verosímilmente 副 本当らしく；たぶん, おそらく.
verraco, ca 男 種豚；(古代の) 豚や牛の彫刻. — 形 《ラ米》(ｺﾛﾝﾋﾞｱ)有能な；優れた.
verraquear 自 《話》 ❶ (怒って) ぶつぶつ言う. ❷ (子供が) 泣きわめく.
verraquera 女 《ラ米》(ｺﾛﾝﾋﾞｱ)(1) 困難な状況, 争い；わめき声. (2) 《話》活力；《俗》性的興奮.
verriondo, da 形 (動物が) 発情 (期) の, さかりのついた.
verruga 女 ❶ 〖医〗いぼ, 疣贅(ゆうぜい). ❷ 〖植〗いぼ状突起.
verrugoso, sa 形 いぼだらけの.
versación 女 《ラ米》(ｱﾙｾﾞﾝﾁﾝ)(ﾁﾘ)(ﾒｷｼｺ)(ｳﾙｸﾞｱｲ) 精通, 学識.
versado, da 形 《en》(…に) 精通した.
versal 形 女 〖印〗大文字 (の).
versalita 形 女 〖印〗スモールキャピタル (の).
versallesco, ca 形 ❶ ベルサイユ (風) の. ❷ 《話》丁重な, 優雅な.
versar 自 《sobre》(本・講演で) (…について) 述べる.
versátil 形 ❶ 移り気な, 気まぐれな. ❷ (鳥の足指が) 反転性の. ❸ 用途の広い.
versatilidad 女 ❶ 気まぐれ, 移り気. ❷ 万能性. ❸ (鳥の足指の) 反転性.
versear 他 《ラ米》(ｱﾙｾﾞﾝﾁﾝ)(ｳﾙｸﾞｱｲ) 《話》だまし取る.
versículo 男 ❶ (聖書・コーラン等の) 節. ❷ 唱和[交唱]の短句.
versificación 女 作詩, 韻文化 (の技能).
versificador, dora 形 男 女 作詩家 (の), 詩[韻文]を作る (人).
versificar 26 自 詩を書く, 作詩する. — 他 詩[韻文]で表現する.
versión 女 ❶ 翻訳. ～ francesa del libro その本のフランス語版. ❷ バージョン, …版, 脚色[編曲]されたもの. ～ original オリジナル版. ❸ 解釈, 説明.
verso [ベルソ] 男 [英 verse] ❶ **詩**, 韻文；韻文[詩]の1行. ～ blanco [suelto] 無韻詩. ❷ 《ラ米》(ｱﾙｾﾞﾝﾁﾝ)(ｳﾙｸﾞｱｲ) 《話》うそ；誇張. ❸ (書物の) 裏ページ. — 形 裏ページの.
versus [ラ] 前 ❶ …対…, …に対する. ❷ 《文》…の方へ.
vértebra 女 〖解〗脊椎(せきつい) (骨).
vertebración 女 (理論等の) 骨組み, 一貫性.
vertebrado, da 形 男 〖動〗脊椎(せきつい)のある動物). — 男 [複] 脊椎動物門.
vertebrador, dora 形 中軸[核]の.
vertebral 形 脊椎(せきつい) (骨) の. columna ～ 脊柱；《比喩的》支柱.
vertebrar 他 (理論等に) 一貫性を持たす, 骨格をなす.
vertedera 女 (鋤(すき)の) 撥土(はつ)板.
vertedero 男 (あふれた水の) 流出 [排水] 口；ごみ捨て場.
vertedor 男 排水口.
verter 101 他 ❶ 注ぐ, つぐ. ～ vino de la botella en la copa ワインをボトルからグラスに注ぐ. ❷ こぼす；(涙・血等を) 流す. ～ lágrimas 涙を流す. ❸ 《a》(…に) 翻訳する. ❹ (意見等を) 述べる. — 自 《a》(…に) 流れ込む, 注ぐ. — **verterse** 再 こぼれる, あふれる.
vertical [ベルティカル] 形 [英 vertical] ❶ **垂直の**；直立した (↔ horizontal). ❷ 縦の. organización ～ 縦組織. — 女 〖数〗垂直, 垂直線 (= línea ～). — 男 〖天文〗鉛直圏.
verticalidad 女 垂直 (性), 直立.

V

vértice 男 ❶〘数〙(角等の) 頂点. ❷〘解〙頭頂.
verticilo 男〘植〙輪生.
vertido 男 (ごみ等を) 捨てること, 投棄; (液体等を) こぼす[撒(ま)き散らす]こと.
vertiente 女 ❶ 斜面; 傾斜. ❷ (物事の) 側面; 視点.
vertiginosidad 女 目まぐるしさ; 俊敏.
vertiginoso, sa 形 ❶ めまいを起こさせる(ような). ❷ 速い, 俊敏な.
vértigo 男 ❶ めまい, くらくらすること. ❷ 意識の混乱. ❸ 目まぐるしさ. ***de*** ～ ものすごい, すさまじい.
vertimiento 男 注ぐこと, こぼすこと; 流出.
ves 活 → ver.
vesania 女 精神錯乱, 狂気; 激怒.
vesánico, ca 形 精神錯乱[狂気]の; 激怒した. ― 男 女〘医〙精神障害者.
vesical 形〘解〙膀胱(ぼうこう)の.
vesicante / vesicatorio, ria 形 水疱(すいほう)を生じさせる; 発疱性の. ― 男〘医〙発疱薬.
vesícula 女 ❶ 小胞, 小嚢(のう). ～ biliar〘解〙胆嚢. ❷ 小水疱(すいほう), 小液疱. ❸〘植〙液胞, 気胞.
vesicular 形 小嚢(のう)[小胞](性)の.
véspero 男 宵の明星; 夕暮れ(時).
vespertino, na 形 夕方の. lucero ～ 宵の明星. ― 男 夕刊 (= diario ～).
vespino 男〘商標〙ミニバイク.
vestal 形 女神ベスタの, ベスタに仕える巫女(みこ)の. ― 女 ベスタに仕える巫女.
vestíbulo 男 ❶ (公共建造物の) 玄関ホール, ロビー. ❷〘解〙前庭. ～ del oído 内耳の迷路前庭.
vestido, da [ベスティド, ダ] 過分 → vestir. 形 衣服を着た. estar bien ～ きちんとした[立派な] 身なりをしている. ― 男 [英 dress, clothes] ❶ **衣服**, 衣類. ❷ ワンピース, ドレス. ～ de noche イブニングドレス. ～ de baño〘ラ米〙(女性用) 水着 (→ bañador 地域差). ❸〘ラ米〙(コロンビア) 背広.
vestidor 男 着替え部屋, 更衣室.
vestidura 女 [主に複] ❶ 衣服, 服. ❷ 礼服; 〘カト〙祭服. ***rasgarse las ～s*** (善人ぶって) 騒ぎ立てる.
vestigio 男 ❶ 形跡, 痕跡; 思い出. ❷ [主に複] 遺跡.
V **vestiglo** 男 怪物, 化け物.
vestimenta 女 → vestidura.
vestir [ベスティル] 77 他 [現分 vistiendo] [英 dress] ❶ **…に衣服を着せる**. ❷ 衣服を支給する; 服を仕立ててやる. ❸ 着る, 着ている. ❹〘de, con〙(…で) 覆う, 飾りつける; (欠点等を) 隠す, ごまかす; 装う. ― 自 ❶ 服を着る. a medio ～ 半裸で. ❷〘de〙(…の) 服を着る; (…で) ドレスアップする. ～ *de* negro 黒い服を着る. *Vistes* bien. 素敵な服だね. ❸〘話〙見栄えがする. de ～ 上品な. ― **vestirse** 再 ❶ **服を着る**. ❷〘de〙(…の) 服を着る. ～ *de* tiros largos 盛装する. ❸ 服を仕立てさせる, 服を買う. ❹ 覆われる; (ある態度を) 装う. ❺ 病床を離れる. ***el mismo que viste y calza*** 正真正銘の本人. ***traje de vestir*** 礼服. ***Vísteme despacio que tengo prisa.***〘諺〙急がば回れ.
vestón 男〘ラ米〙(チリ)〘話〙上着, ジャケット.
vestuario 男 ❶〘集合的〙持ち衣装; 〘演〙〘映〙衣装. ❷ 衣装部屋; 更衣室.
veta 女 ❶ 縞(しま)(目); 石目, 木目. ❷〘鉱〙鉱脈. ❸ 傾向.
vetar 他 拒否する, 拒否権を行使する.
vete 活 → irse.
veteado, da 形 縞(しま)目 (模様) [木目, 石目]のある.
vetear 他 縞(しま)目 (模様) [木目, 石目] をつける.
veteranía 女 ❶ 熟練, 老練. ❷ 古参, 先輩 (であること). la ～ es en un grado 経験が物を言う; (軍隊では) 階級より経験だ.
veterano, na 形 老練な, ベテランの. ― 男 女 ❶ 古参兵, 老兵. ❷ 熟練者, ベテラン.
veterinario, ria 形 女 獣医学 (の). ― 男 女 獣医.
veto 男 拒否権 (= derecho a ～); 禁止.
vetustez 女 古さ; 老齢.
vetusto, ta 形 非常に古い; 古びた.
vez [ベす] 女 [複 veces] [英 time] ❶ **回, 度**. una *vez* al mes 月に1度. muchas *veces* 何度も. repetidas *veces* 何度も, 繰り返して. rara *vez* めったに (…しない). ❷ 機会; 順番. por primera *vez* 初めて. Es la primera *vez* que .... …するのは初めてです. ❸ [複]〘比較表現と共に〙…倍. Este edificio es tres *veces* más alto que aquél. このビルはあれの3倍の高さだ. ***a la vez (que ...)*** (…と) 同時に. ***alguna vez*** 時に, いつか; 〘疑問文で〙これまでに. ***algunas veces*** ときどき. ***a su vez*** …は…なりに. ***a mi vez*** 私は私で. ***a veces*** ときどき. ***cada vez*** 〈＋比較級〉ますます, だんだん. ***cada vez que ...*** …するたびに. ***de una vez*** 一気に; 一度に. ***de vez en cuando*** ときどき. ***en vez de ...*** …の代わりに. ***hacer las veces de ...*** …の代わりをする. ***otra vez*** もう一度. ***por una vez*** 一度だけは. ***tal vez*** たぶん, おそらく (► 疑惑が強い場合は接続法を伴う). ***toda vez que ...***〘文〙…なので. ***una vez*** (1) 一度, かつて. Érase *una vez* ... 昔々あるところに…. (2)〘＋過分〙ひとたび…されたら. ***una vez que ...*** いったん…したら.
v. gr. [ラ] verbi *gratia* たとえば.
vi 活 → ver.
vía [ビア] 女 [英 road, way] ❶ **道路**, (交通) 路, 通り. por *vía* aérea [marítima, terrestre] 空[海, 陸] 路で. *vía* pública 公道. de dos *vías* / doble *vía*〘ラ米〙両面通行の (→ dirección 地域差). Gran *Vía* (固有名詞で) 大通り. *vía* romana ローマ街道. *Vía* Láctea 天の川. ❷ (道路の) 車線 (→ 地域差). ❸ (鉄道の) 軌道; 線路 (= *vía* férrea); 番線. la *vía* dos 2番線. ❹ (伝達等の) 手段, ルート; (法的) 手続き. por *vía* satélite 衛星中継で. por vía oral (薬等を) 口から. recurrir a la *vía* judicial 法的手段に訴える. *vía* ejecutiva 強制手段. ❺〘解〙(器官の) 管. *vías* digestivas 消化器官. ― 副 …経由で. ***dar [dejar] vía libre***

a ... …に道をあける. ***en vía muerta*** 行き詰まった. ***en vías de ...*** …の途中[途上]の. ***por vía de ...*** …の方法で, …によって. 地域差 (道路の) 車線 vía 《スペイン》《ラ米》(ホンジュラス, ニカラグア)(ペルー, ボリビア); carril 《ほぼラ米全域》; huella (パラグアイ); paño (チリ); pista (ペルー)(チリ); senda (ウルグアイ).

viabilidad 女 ❶ 実現可能性. ❷ (胎児等の) 生存[成育]能力.

viable 形 ❶ 実現可能な, 実現性のある. ❷ 生存[成育]能力のある. ❸ 通行可能な.

vía crucis / viacrucis 男 ❶ 《カト》(キリストの受難を再現する) 十字架の道, その行列で唱える祈りの言葉. ❷ 《カト》(受難の道を表す) 14枚の絵. ❸ 苦難, 受難.

viaducto 男 陸橋, 高架橋.

viajante 男 女 外交員, セールスマン.

viajar [ビアハル] 自 〔英 travel〕 ❶ **旅行する**; 行く, 通う. ～ por Perú ペルーを旅行する. ～ en tren 列車で旅行する. ～ en metro 地下鉄で通う. ❷ 運行する; 輸送される. ❸ 《俗》(麻薬で) トリップする.

viaje [ビアヘ] 男 〔英 travel〕 ❶ **旅行**, 旅. hacer un ～ 旅行する. ir(se) de ～ 旅行に出る. estar de ～ 旅行中である. ¡Buen [Feliz] ～! よい旅を. agencia de ～*s* 旅行代理店. cheque de ～ トラベラーズチェック. ～ de negocios 出張. ～ relámpago 短く慌しい旅行. ～ organizado ツアー, パック旅行. ❷ (人・物の) 移動; (一回の) 運搬量. ❸ 《俗》(麻薬による) トリップ. ❹ 《話》(ナイフ等の) 切りつけ; 深い切り傷. ❺ 突然の殴打; 《闘牛》(角での) 突き. ── 活 →viajar. ***agarrar*** (***un***) ～ 《ラ米》(アルゼンチン)(ウルグアイ)(招待等を) 受ける. ***de un*** ～ 《ラ米》一度に, 一気に.

viajero, ra [ビアヘロ, ラ] 形 旅をする. ── 男 女 〔英 traveler〕 **旅行者**; 乗客, 旅客. cheque de ～ トラベラーズチェック.

vial 形 道路の. seguridad ～ 交通安全. ── 男 ❶ 《医》アンプル. ❷ 並木道.

vianda 女 ❶ [主に複] 食べ物, 料理. ❷ 《ラ米》(アルゼンチン)(ウルグアイ)弁当; 弁当箱.

viandante 男 女 歩行者, 通行人.

viaraza 女 《ラ米》(アルゼンチン)(ウルグアイ)かんしゃく; 突然の行動[思いつき].

viario, ria 形 道路の.

VIASA [ビアサ] 女 *V*enezolana *I*nternacional de *A*viación, *S*ociedad *A*nónima ベネズエラ国際航空.

viaticar 26 他 《カト》(臨終者に) 聖体を授ける. ── 自 《ラ米》(ミロン)(ビア) 《話》公費出張する.

viático 男 ❶ 《カト》臨終の聖体拝領. ❷ 公務出張手当.

víbora 女 ❶ 《動》毒ヘビ; クサリヘビ, マムシ. ❷ 《話》《軽蔑》腹黒い[意地の悪い]人. ***lengua de*** ～ 毒舌.

viborear 自 《ラ米》(1)(アルゼンチン)(ウルグアイ)蛇行する. (2)(キューバ)(メキシコ)批判する; 陰口をたたく.

vibración 女 ❶ 振動, 震え. ❷ [複] 印象, 感じ. buenas [malas] *vibraciones* 好感[反感].

vibrador, dora 形 振動する. ── 男 《電》振動器, バイブレーター; 《俗》(性具の) バイブレーター.

vibráfono 男 《音》ビブラフォン.

vibrante 形 ❶ 振動する, 震える; 震わせる. ❷ 感動的な. ❸ 《音声》顫動(せんどう)音の. ── 女 《音声》顫動音, 震え音 (r, rr).

vibrar ❶ 振動する, 震える. ❷ 感動する.

vibrátil 形 振動する; 振動性の.

vibrato 男 《音》ビブラート.

vibratorio, ria 形 振動する[性の].

vibrión 男 《生》ビブリオ.

vibrisa 女 [主に複] 触毛 (猫のひげ等); 剛毛 (鳥のくちばし近くの羽毛).

viburno 男 《植》ガマズミ.

vicaría 女 《カト》 ❶ 代理の職[執務室]. ❷ 《カト》教皇[司教]代理の職[執務室, 管区]. ***pasar por la*** ～ 《話》結婚する.

vicarial 形 《カト》代理の.

vicariato 男 《カト》教皇[司教]代理の職[管区, 任期].

vicario, ria 形 男 女 代理の (人). ── 男 《カト》 ❶ 教皇[司教]代理. ～ general 司教総代理. ～ apostólico 代牧. ❷ 助祭. ～ ***de Jesucristo*** [***Cristo***] キリストの代理者 (ローマ教皇).

vicealmirante 男 《軍》副提督, 海軍中将.

vicecanciller 男 (ドイツ等の) 副首相; 《ラ米》外務次官.

vicecónsul 男 女 副領事.

viceconsulado 男 副領事職[館].

vicedirector, tora 男 女 副社長, 副校長, 副支店長.

vice gobernador 男 女 副知事.

vicepresidencia 女 副大統領[副首相, 副議長, 副会長]の職.

vicepresidente, ta 男 女 副大統領; 副首相; 副議長; 副会長.

vicerrector, tora 男 女 副学長.

vicesecretaría 女 副書記の職[執務室].

vicesecretario, ria 男 女 副書記.

vicetiple 女 《音》コーラスガール.

viceversa 副 逆に, 反対に. ***y*** ～ 逆もまた同じ. Ana quiere a José, *y* ～. アナはホセを愛し, ホセもアナを愛している.

vichy [ビチ] 男 《服》ギンガム.

viciar 17 他 ❶ 悪癖をつける, 堕落させる. ❷ 変形させる. ❸ 歪曲(わいきょく)[曲解]する. ❹ 《法》無効にする. ── **viciarse** 再 ❶ 堕落する, 《con》(…の) 悪習に染まる. ❷ 変形する. ❸ 歪曲される.

vicio [ビしオ] 男 〔英 vice〕 ❶ **悪徳**; 悪癖, 悪習. ❷ ゆがみ, 変形. ❸ 欠点, 欠陥; 《法》(書類等の) 不備. ～ de dicción 言葉の誤り. ❹ (子供の) 甘やかし. ❺ (植物の) 茂りすぎ. ***de*** ～ (1) 《話》とてもよい[よく]. (2) 理由もなく.

vicioso, sa 形 ❶ 悪癖のある; 堕落した. ❷ 欠陥[誤り, 不備]のある. ── 男 女 悪習[悪癖]のある人. ***círculo*** ～ 悪循環.

vicisitud 女 [主に複] 浮き沈み, 盛衰; 逆境.

víctima [ビクティマ] 女 〔英 victim〕 ❶ **犠牲者**; 被害者, 被災者. ❷ いけにえ. ***hacerse la*** ～ 被害者づらをする.

victimar 他 《ラ米》殺害する.

victimario, ria 男 女 《ラ米》殺害者.

victimismo 男 (根拠のない) 被害者[犠牲者]気取り, 自虐(じぎゃく)的な振る舞い.

victoria [ビクトリア] 女 〔英 victory〕 ❶ **勝利**. ～ decisiva 決定的勝利. cantar ～ 勝利を宣言する. ❷ 幌(ほろ)付きの 2人乗り四輪馬車.

V

victoriano, na 形〘史〙(英国) ビクトリア女王 (1837-1901) の；ビクトリア朝の.

victorino 男 (闘牛を育てる有名な牧場) ビクトリオ・マルティン牧場の牛.

victorioso, sa 形 勝利をおさめた；勝利が予想される. equipo ～ 勝利チーム.

vicuña 女〘動〙ビクーニャ (アンデスの高地に生息するラクダ科の動物)；その毛 (織物).

vid 女〘植〙ブドウ (の木).

vida [ビダ] 女 〔英 life〕 ❶ 生命. perder la ～ 命を落とす. quitarse la ～ 自殺する. con ～ 生きて. ❷ 一生, 寿命. durante toda la ～ 生涯を通じて. ❸ 人生. llevar [vivir] una ～ feliz 幸せな人生を送っている[送る]. otra ～ / ～ futura 来世. ❹ 生活, 暮らし；活動. modo de ～ 生活様式. calidad de ～ 生活の質. condiciones de ～ 生活状態[条件]. nivel de ～ 生活水準. ～ cotidiana 日常生活. ～ de soltero 独身生活. ganarse la ～ 生計を立てる. pasarse la ～ 〈＋現在分詞〉いつも…している. ❺ 活気. lleno de ～ 活気にあふれている. ❻ 大切なもの[人], 生きがい. ¡Mi ～! ねえ, お前. hijo de mi ～ いとしい息子よ. ***abrirse a la ～*** 生まれる. ***costar la ～*** (人の) 命を奪う, 命にかかわる. ***dar la ～ a ...*** …に生命を与える. ***dar la ～ por ...*** …に命をささげる. ***dar mala ～ a ...*** …を苦しめる. ***dar ～ a ...*** …を創造する. ***dejarse la ～*** 《話》命を失う；命を賭ける. ***echarse a la ～*** 売春する. ***en la*** [SU] ***～*** 《否定》(かつて) 一度も…ない. No lo he visto *en mi ～*. 私はいまだかつてそれを見たことがない. ***en ～*** 生存中に. ***entre la ～ y la muerte*** 瀕死の状態で. ***hacer la ～ imposible*** 苦しめる. ***ir a ... la ～ en ...*** …の存続が…にかかっている. ***jugarse la ～*** 命を危険にさらす. ***pasar a mejor ～*** 《婉曲》死ぬ；使えなくなる. ***pasar la ～*** どうにか生きていく. ***perdonar la ～ a ...*** 《話》…を軽蔑する. ***¿Qué es de tu*** [SU] ***～?*** (久しぶりに会って) お元気でしたか. ***salir con ～*** 九死に一生を得る. ***quitar la ～ a ...*** …の命を奪う. ***tener siete ～s (como los gatos)*** 強い生命力がある, しぶとい. ***vender cara*** SU ***[la] ～*** 戦い抜く. ***～ y milagros*** 《話》生き様, 人生模様.

vidala / vidalita 女〘音〙ビダリータ：アルゼンチンの哀愁を帯びた民謡.

V

vidarra 女〘植〙クレマチス.

vidente 形 目の見える；予知[透視] 能力のある. ── 男 女 予知[透視]能力者.

video 男 《ラ米》→ vídeo.

vídeo 男 ビデオ (機器, システム)；《話》ビデオテープ. grabar en ～ ビデオに録画する.

videoarte 男 (芸術作品としての) ビデオ撮影技術.

videocámara 女 ビデオカメラ.

videocasete 男 (または女) ビデオテープ.

videocinta 女 ビデオテープ.

videoclip 〔英〕男 [複 ～s] 歌[歌手]のプロモーション用ビデオ.

videoclub 男 [複 ～(e)s] レンタルビデオ店.

videoconferencia 女 テレビ会議.

videoconsola 女 テレビゲーム機.

videodisco 男 ビデオ[レーザー]ディスク.

videófono 男 → videoteléfono.

videofrecuencia 女〘TV〙映像周波数.

videográfico, ca 形 ビデオの, ビデオを使った, ビデオで撮影した.

videojuego 男 テレビゲーム.

videoteca 女 ❶ ビデオコレクション. ❷ ビデオテープの保管室, ビデオラック.

videoteléfono 男 テレビ電話.

vidorra 女 快適な生活.

vidriado 男 上薬 (をかけること).

vidriar 個 他 上薬をかける. ── **vidriarse** 再 ガラス状になる；(目が) 輝きを失う.

vidriera 女 ❶ ガラス窓；(教会等の) ステンドグラス. ❷《ラ米》ショーウインドー (→ escaparate 地域差).

vidriería 女 ガラス工場[店].

vidriero, ra 男 女 ガラス職人；ガラス製造[販売]業者.

vidrio [ビドゥリオ] 男 〔英 glass〕 ❶ (素材としての) ガラス；ガラス製品. fibra de ～ グラスファイバー. ❷《ラ米》(1) 窓ガラス. (2)〘車〙フロントガラス (→ parabrisas 地域差).

vidrioso, sa 形 ❶ (ガラスのように) もろい, 壊れやすい. ❷ (目が) どんよりした, 生気のない. ❸ (問題等が) 微妙な, デリケートな. ❹ 怒りっぽい, 過敏な. ❺ (床が) 滑りやすい.

vieira 女〘貝〙ホタテガイ；その貝殻.

vieja 形 女 → viejo.

viejales 男 女 [単複同形]《話》《軽蔑》(陽気な) 老人.

viejo, ja [ビエホ, ハ] 形 〔英 old〕 ❶ 年老いた, 老けた. hacerse ～ 年を取る. ❷ 古い；使い古した. zapatos ～*s* 古くなった靴. ❸ 古くからの, 昔の. ～ amigo 旧友. ciudad *vieja* 古都. el *V*～ Mundo [Continente] 旧世界[旧大陸]. ── 男 女 〔英 the old〕 ❶ 老人, 年寄り. ～ verde 《話》すけべじじい. ❷《話》友人, 仲間. ❸《ラ米》《話》おやじ, おふくろ；(妻・夫に) お前, あなた. ***caerse de ～*** ひどく年老いる, 老朽化する. ***de ～*** 中古を扱う. librería *de* ～ 古本屋. ***la cuenta de la vieja*** 指を使って数えること. ***ser más ～ que Matusalén*** 非常に年を取っている.

vien- 活 → venir.

viento [ビエント] 男 〔英 wind〕 ❶ 風. fuerza [velocidad] del ～ 風力[風速]. ～ de cola [en popa] 順風, 追い風. ～ en contra [contrario, en proa] 逆風. Hace [Sopla] ～. 風がある[吹いている]. ❷ (比喩的) 形勢. irse con el ～ que corre 時勢に迎合する. correr malos ～*s* 形勢が悪い. ❸ (獲物の) におい. ❹ (テント等の) 張り綱. ❺《集合的》〘音〙管楽器. ***a los cuatro ～s*** あらゆる方向に. ***beber los ～s por ...*** …に首ったけである. ***como el ～*** 素早く, ただちに. ***contra ～ y marea*** 万難を排して. ***echar [despedir, largar, mandar] con ～ fresco*** 《話》(怒りと軽蔑で) 追い払う, さっさと追い出す. ***irse a tomar ～(s)*** (1)《命令形で》とっとと出ていく. (2) 失敗する. ***ir [marchar] ～ en popa*** 順風満帆である. ***llevarse el ～*** (はかなく) 消え去る.

vientre [ビエントゥレ] 男 〔英 belly〕 ❶ 腹, 腹部；腹腔(ふくこう). dolor de ～ 腹痛.

bajo ～ 下腹部；《婉曲》性器. evacuar [exonerar, mover] el ～ 《婉曲》排便する. hacer de ～ 《話》排便する. ❷ 内臓, 臓物. ❸ (容器等の) 膨らんだ部分, 胴.

viernes [ビエルネス] 男 [単複同形] 〔英 Friday〕 **金曜日** 《略 vier.》. *V*～ Santo 〖カト〗 聖金曜日 (聖週間中の金曜). ***cara de*** ～ 憂鬱(ゆううつ)な顔. ***haber aprendido ... en*** ～ …を何回も繰り返し言う.

vierteaguas 男 [単複同形] 〖建〗 水切り, 雨押さえ.

vietnamita 形 ベトナムの. ― 男 女 ベトナム人. ― 男 ベトナム語.

viga 女 ❶ 〖建〗 梁(はり), 桁(けた). ～ maestra 大梁. ❷ (オリーブ油等の) 圧搾機.

vigencia 女 有効性, 効力. tener [estar en] ～ 有効である. entrar en ～ 効力を発する.

vigente 形 有効な, 現行の. ley ～ 現行法.

vigesimal 形 〖数〗 20からなる；20進法の. numeración ～ 20進法.

vigésimo, ma 形 《数詞》 ❶ 20番目の. ❷ 20分の1の. ― 男 20分の1.

vigía 男 女 (高所からの) 見張り, 監視者. ― 女 監視塔, 望楼.

vigilancia 女 ❶ 監視, 見張り；注意. ❷ 《集合的》 監視団；警備システム.

vigilante 形 用心 [警戒] する. ― 男 女 警備員, 監視員. ～ jurado ガードマン. ― 女 《ラ米》(アルゼンチン)ドアチェーン.

vigilar [ビヒらル] 他 〔英 watch〕 **見張る**, 監視する；目を離さずにいる. ― 自 《por》 (…を) 見張る, 見守る.

vigilia 女 ❶ 徹夜；寝ずの番. ❷ 〖カト〗 (宗教的祭日の) 前日, 前夜. ❸ 〖カト〗 肉抜きの食事, 小斎. ― 活 → vigilar.

vigor [ビゴル] 男 〔英 vigor〕 ❶ **活力**；気力. ❷ (表現等の) 力強さ, 迫力. ❸ (法律等の) 効力. ley en ～ 現行法.

vigorizar 57 他 強くする, 元気 [活気] づける. ― ***vigorizarse*** 再 強くなる, 活気づく.

vigoroso, sa 形 力強い, 活力のある.

viguería 女 〖建〗 《集合的》 梁(はり), 桁(けた).

vigueta 女 小梁(はり), 小桁(こげた).

VIH 男 *V*irus de *I*nmuno-deficiencia *H*umana ヒト免疫不全ウイルス, エイズウイルス [英 HIV].

vihuela 女 〖音〗 ビウエラ：ギターに似た古楽器.

vihuelista 男 女 〖音〗 ビウエラ奏者.

vikingo, ga 形 男 女 〖史〗 バイキング (の).

vil 形 ❶ 卑劣な, 軽蔑すべき. ❷ 価値のない, 取るに足りない. ***el vil metal*** お金.

vilano 男 〖植〗 (タンポポの種等の) 冠毛.

vileza 女 卑劣さ；卑劣な言動.

vilipendiar 17 他 けなす, さげすむ.

vilipendio 男 中傷；侮蔑.

villa 女 ❶ 別荘. ❷ (歴史的に重要な) 市, 町. la ～ de Madrid マドリード市. ❸ 集落. ～ olímpica オリンピックの選手村. ～ miseria 《ラ米》(アルゼンチン)(ウルグアイ)貧民街.

Villadiego 固名 ***tomar*** [***coger***] ***las de*** ～ 大慌てで逃げる.

villanaje 男 《集合的》 村民.

villancico 男 ❶ 〖音〗 クリスマスキャロル. ❷ ビリャンシコ：(1) 〖詩〗 反復句を伴う短い民衆詩. (2) 反復句に使われる民謡.

villanería 女 ❶ → villanía. ❷ → villanaje.

villanesco, ca 形 いなかの, 村人の.

villanía 女 ❶ 卑しい [卑劣な] 言動. ❷ 《軽蔑》 下層の身分.

villano, na 形 男 女 ❶ 〖史〗 平民 (の). ❷ 卑劣な (人), 悪党 (の)；粗野な (人). ― 男 〖映〗〖TV〗 悪役.

villorrio 男 《軽蔑》 いなか町, 寒村.

vilo 男 ***en*** ～ (1) 宙ぶらりんに. (2) 気がかりな, 落ち着かない.

vilorta 女 ❶ たが, (鉄の) 輪；(鋤(すき)の刃と柄を固定する) 座金. ❷ 〖植〗 クレマチス.

vilorto 男 たが, (鉄の) 輪；〖植〗 クレマチス.

vin- 活 → venir.

vinagre [ビナグレ] 男 〔英 vinegar〕 ❶ 〖料〗 **酢**, ワインビネガー. boquerones en ～ イワシのマリネ. ❷ 《話》 怒りっぽい性格, 不機嫌. cara de ～ 仏頂面.

vinagrero, ra 男 女 酢造り職人；酢商人. ― 女 ❶ (卓上用の) 酢入れ；[複] (酢・オリーブ油・塩等の) 調味料入れ (一式). ❷ 〖植〗 スイバ, スカンポ.

vinagreta 女 〖料〗 ビネグレットソース.

vinagrillo 男 (弱い) 酢 (を含む混合物).

vinajera 女 〖カト〗 (水・ワインを入れる) ミサ用小瓶；[複] ミサ用小瓶と盆の一式.

vinatería 女 ワイン店；ワインの取引.

vinatero, ra 形 ワインの. industria *vinatera* ワイン産業. ― 男 女 ワイン業者.

vinaza 女 (かすから採った) 質の悪いワイン.

vinazo 男 濃く強いワイン.

vinca / vincapervinca 女 〖植〗 ツルニチニチソウ.

vincha 女 《ラ米》 ヘアバンド；カチューシャ.

vinchuca 女 《ラ米》〖昆〗 サシガメ.

vinculable 形 結びつけることができる.

vinculación 女 結びつき, つながり.

vinculante 形 ❶ 結びつける. ❷ 〖法〗 義務づける, 条件とする.

vincular 他 ❶ 《a》 (…に) 結びつける；(希望等を) (…に) 託す. ❷ 束縛する；義務づける. ❸ 〖法〗 相続人を指定する. ― ***vincularse*** 再 結びつく, つながる.

vínculo 男 ❶ 絆(きずな), 結びつき. ❷ 〖法〗 限嗣相続.

vindicación 女 ❶ (名誉等の) 擁護. ❷ (権利等の) 回復. ❸ 復讐(ふくしゅう).

vindicar 26 他 ❶ (名誉等を) 擁護する. ❷ 〖法〗 (権利等を) 取り戻す. ❸ 復讐(ふくしゅう)する.

vindicativo, va 形 ❶ 擁護する. ❷ 復讐(ふくしゅう)心の強い

vindicatorio, ria 形 ❶ 擁護する. ❷ (権利等を) 取り戻すための. ❸ 復讐(ふくしゅう)のための.

vindicta 女 《文》 復讐(ふくしゅう). ～ pública 公罰.

vinería 女 《ラ米》(アルゼンチン)(ウルグアイ)ワイン店.

vínico, ca 形 ワインの.

vinícola 形 ワイン製造の.

vinicultor, tora 男 女 ワイン製造者.

vinicultura 女 ワイン製造.

vinífero 形 ワインを造り出す.

vinificación 女 ワイン醸造.

vinillo 男 おいしいワイン.

vinilo 男〘化〙ビニール(基)；《俗》レコード.

vino [ビノ] 男〔英 wine〕❶ **ワイン**，ぶどう酒. ～ blanco [tinto, rosado] 白[赤，ロゼ]ワイン. ～ clarete クラレット. ～ espumoso スパークリングワイン. ～ de la casa ハウスワイン. ～ de mesa テーブルワイン. ～ de Jerez シェリー. ～ peleón 安物のワイン. ～ generoso 熟成させた強いワイン. dos ～s ワイン2杯. ❷《一般に》醸造酒. ―形 color ～ ワイン色. zapatos color ～ ワインレッドの靴. ―活 → venir. ***dormir el*** ～ 酔いつぶれて眠る. ***copa de*** ～ ***español*** カクテルパーティー. ***tener buen*** [***mal***] ～ 酒癖がよい[悪い].

vinoso, sa 形 ワインのような.

viña 女〘農〙ブドウ畑[園]. ***De todo hay en la*** ～ ***del Señor.***《話》この世にはよい人も悪い人もいる. ***ser una*** ～ 金のなる木である. ***tener una*** ～ ***con ...*** …で大もうけする.

viñador, dora 男女 ブドウ栽培家.

viñatero, ra 形《ラ米》ブドウの木の. ―男女《ラ米》ブドウ栽培家.

viñedo 男《大規模な》ブドウ園.

viñeta 女 ❶《漫画の》1こま；《新聞等の》1こま漫画. ❷〘印〙《本の余白の》装飾模様，口絵；挿し絵.

vio 活 → ver.

viola 女〘音〙ビオラ. ―男女 ビオラ奏者. ―活 → violar.

violáceo, a 形 すみれ《色》の；スミレ科の. ―女[複]〘植〙スミレ科の植物. ―男 すみれ色.

violación 女 ❶〘法〙強姦(ごうかん)，レイプ. ❷《法等の》違反；《権利等の》侵害.

violado, da 過分 → violar. 形 男 すみれ色《の》.

violador, dora 形 男 女 ❶ 違反[侵害]する《者》. ❷ 強姦(ごうかん)する《者》.

violar [ビオラル] 他〔英 violate〕❶《規則等に》**違反する**. ❷ 侵害する，踏みにじる. ❸ 強姦(ごうかん)する.

violencia [ビオレンシア] 女〔英 violence〕❶ **暴力**. ～ doméstica《主に》夫婦間の暴力，ドメスティックバイオレンス. ❷ 激しさ，荒々しさ. ❸ 気まずさ.

violenta 女《ラ米》ハーモニカ(→ armónica 地域差). ―形 → violento.

violentar 他 ❶ 暴力を加える；無理強いする. ～ una puerta ドアを押し破る. ❷ 気まずい思いをさせる. ❸ 怒らせる；不快にさせる. ❹ 強姦(ごうかん)する. ❺ 曲解[歪曲(わいきょく)]する. ―**violentarse** 再 ❶ 気まずい思いをする. ❷ 怒る. ❸ 自分に無理強いする.

violento, ta [ビオレント，タ] 形〔英 violent〕❶ **激しい**，荒々しい. discusión *violenta* 激しい議論. ❷ **暴力的な**，乱暴な. ❸ 不自然な；気まずい. postura *violenta* 無理な姿勢. ❹ 怒りっぽい.

violero, ra 男女 弦楽器の製作者.

violeta 形 男 すみれ色《の》. ―女〘植〙スミレ.

violetera 女 スミレ売り.

violetero 男 小さな花びん.

violín 男〘音〙バイオリン. tocar el ～ バイオリンを弾く. ―男女 バイオリン奏者. primer ～ 第一バイオリン. ～ ***de Ingres*** 趣味，道楽.

violinista 男女 バイオリニスト.

violón 男〘音〙コントラバス. ―男女 コントラバス奏者. ***tocar el*** ～《話》的はずれなことを言う[する].

violoncelista / violonchelista 男女〘音〙チェロ奏者，チェリスト.

violoncelo / violonchelo 男〘音〙チェロ. ―男女 チェロ奏者.

vip / v.i.p. [ビ(プ)]〔英〕男 女[複 ～s または単複同形] 重要人物，有名人.

vira 女 ❶《靴の底と甲とをつなぐ》ウエルト，細革. ❷《細く鋭い》矢.

virada 女〘海〙針路変更.

virador 男〘写〙調色液.

virago 女 男っぽい女性.

viraje 男 ❶《乗り物の》方向転換，旋回. ❷《行動・考え等の》転換. ❸〘写〙調色.

viral 形 ウイルスの，ウイルスによる.

virar 自 ❶《ラ米》《車等が》曲がる(→ girar 地域差). ❷《行動・考え等が》変わる. ―他 ❶《乗り物を》方向転換[旋回]させる. ❷〘写〙調色する.

virazón 女 ❶《日中の》海風；風向きの突然の変化. ❷《行動・考え等の》急な転換.

virgen [ビルヘン] 形[複 vírgenes]〔英 virgin〕❶ **処女の**；童貞の. ❷ 自然のままの；未使用の；未踏の. aceite ～ バージンオイル. cinta ～ 生テープ. tierra ～ 処女地. ―男 女 童貞，処女. ―女 [V-]〘宗〙聖母マリア；マリア像[図]. ―固名 [V-]〘天文〙乙女座. ***viva la V***～ → vivalavirgen.

virgiliano, na 形 ウエルギリウスの.

virginal 形 ❶ 処女[童貞]の. ❷ 純潔な，無垢(く)な. ❸〘宗〙聖母マリアの.

virginidad 女 処女性，童貞であること.

virgo 形 男 女 乙女座生まれの《人》. ―男《話》処女膜. ―固名 [V-]〘占星〙処女宮；〘天文〙乙女座.

virguería 女 ❶《話》素晴らしいもの[こと]. hacer ～s con ... …で見事な腕前を見せる. ❷ 余計な飾り.

vírgula 女 ❶ 細く短い線. ❷ コレラ菌.

virgulilla 女《正書法上の》小さな記号：コンマ，アクセント記号等.

vírico, ca 形 ウイルスの，ウイルスによる.

viril 形《成年》男性の；男らしい. miembro ～《婉曲》ペニス. ―男 ガラスケース；〘カト〙聖体納器.

virilidad 女 男らしさ；男盛り，壮年期.

virola 女《ナイフの柄等の》金環.

virosis 女[単複同形] ウイルス感染《による病気》.

virote 男 ❶《矢じりのついた》矢. ❷《ラ米》(ﾒｷｼｺ)堅いパン.

virreina 女〘史〙《女性の》副王；副王夫人. → virrey.

virreinal 形〘史〙副王《領》《時代》の.

virreinato 男〘史〙副王の職[任期]；副王領. ～ del Perú ペルー副王領.

virrey 男〘史〙副王：植民地を国王の代理として統治. → virreina.

virtual 形 ❶ 実質上の；潜在的な. ❷〘物〙虚像の；仮想の.

virtualidad 女 潜在[可能，仮想]性.

virtualmente 副 潜在的に；実質上；仮想的に.

virtud [ビルトゥ(ドゥ)] 女〔英 virtue〕❶ **徳**，美徳；長所. ～cardinal [teologal]〘カト〙枢要[対神]徳. ❷[主に複] 能

力；効力. ～*es* curativas 治癒力. *en* [*por*] ～ *de* ... 《文》…(の力)によって.
virtuosismo 男 妙技, 名人芸.
virtuoso, sa 形 (行動が) 徳の高い. ── 形 男 女 高潔な(人)；名手(の), 技巧派(の).
viruela 女 [単または複] ❶ 〖医〗 天然痘, 疱瘡(ほうそう). ～(*s*) loca(s) 水疱瘡. ❷ あばた. picado de ～*s* あばただらけの.
virulé 形 *a la* ～ 《話》 ひどい状態で. con un ojo *a la* ～ 目の回りがあざになって.
virulencia 女 〖医〗 悪性；悪意.
virulento, ta 形 ❶ 〖医〗 ウイルス性の；悪性の；化膿(かのう)した. ❷ 悪意に満ちた, しんらつな.
virus 男 [単複同形] 〖生〗〖医〗 ウイルス；〖IT〗 (コンピュータ) ウイルス (＝～ informático).
viruta 女 (木・金属等の) 削りくず. *echando* ～*s* 《話》 速く, 非常に急いで.
vis 女 *vis* cómica 笑わせる才能.
visa 女 《ラ米》 → visado.
visado 男 ビザ, 査証.
visaje 男 大げさな[おどけた]表情.
visar 他 ❶ (書類を) 承認する；(旅券に) 査証する, ビザを与える. ❷ ねらいを定める.
vis à vis [仏] 面と向かって, 直接；(刑務所での) 面会.
víscera 女 [主に複] 〖解〗 内臓.
visceral 形 ❶ 内臓の. ❷ (感情等が) 根深い；心の底からの. ❸ 感情をあらわにする.
viscosa 女 〖化〗 ビスコース.
viscosidad 女 ねばり[粘性] (のあるもの).
viscoso, sa 形 粘着性のある, ねばねばする.
visera 女 ❶ (帽子の) ひさし, サンバイザー. ❷ (車の) サンバイザー. ❸ 〖建〗 ひさし. ❹ (馬の) 遮眼帯. ❺ (かぶとの) 面頬(めんぽお).
visibilidad 女 ❶ 視界. vuelo sin ～ 〖航〗 無視界飛行. ❷ 可視性.
visible [ビシブれ] 形 [英 visible] ❶ **見える**, 可視の. ❷ 明らかな, 明白な. ❸ 《話》《estar と共に》 (服装等が) 見苦しくない, 人前に出られる.
visiblemente 副 明らかに；目に見えて.
visigodo, da 形 男 女 〖史〗 西ゴート族(の).
visigótico, ca 形 〖史〗 西ゴート族の.
visillo 男 薄手のカーテン.
visión [ビシオン] 女 [複 visiones] [英 vision] ❶ **視力**, 視覚. ❷ 見解, 観点. ❸ 洞察力. ❹ 幻覚, 幻影. ver *visiones* 幻覚を見る. ❺ 光景, 情景. ❻ 奇妙な人[もの].
visionado 男 (専門的に) (映画, テレビの) 映像を見ること, 映像の検証.
visionadora 女 〖映〗 ビューアー.
visionar 他 (批評等のために専門的に) 映像を見る[検証する].
visionario, ria 形 妄想を抱きやすい. ── 男 女 空想[夢想]家.
visir 男 〖史〗 (イスラム教国の) 高官, 大臣.
visirato 男 〖史〗 (イスラム教国の) 高官[大臣] の地位[任期].
visita [ビシタ] 女 [英 visit] ❶ **訪問**, 面会；見学. ～ de cumplido 表敬訪問. ～ pastoral 教会巡察. ❷ 往診 (＝～ domiciliaria). ❸ 訪問客. ── 活 → visitar.
Visitación 女 〖宗〗 聖母マリアの訪問 (祝日は5月31日).
visitador, dora 形 よく訪れる, 訪問好きの. ── 男 女 ❶ 訪問好きな人. ❷ (製薬会社の) セールスマン[レディ], プロパー (＝～ médico). ❸ 視察[巡察]官；〖史〗 巡察吏.
visitante 形 訪問の. el equipo ～ 〖スポ〗 ビジターチーム. ── 男 女 訪問者, 見学者.
visitar [ビシタル] 他 [英 visit] ❶ (人・場所を) **訪ねる**, 訪問する；見学する. ❷ 往診[診察]する；見舞う. ❸ 視察する.
visiteo 男 《軽蔑》 頻繁に訪問する[される]こと.
visivo, va 形 視覚の, 視力の.
vislumbrar 他 ❶ かすかに見える, ぼんやり見える. ❷ 手がかりを見つける.
vislumbre 女 かすかな光；兆し；疑い.
viso 男 ❶ [主に複] 光沢. ❷ [主に複] 様子, 見かけ. ❸ 〖服〗 アンダードレス. *de* ～ (人が) 著名な.
visón 男 〖動〗 ミンク；ミンクの毛皮 (コート).
visor 男 ❶ (銃等の) 照準器. ❷ 〖写〗 (カメラ等の) ファインダー.
víspera 女 ❶ (祝日等の) 前日. ❷ [主に複] (ある出来事の) 前, 直前. en ～*s* de ... …を目前にした. ❸ [複] 〖宗〗 晩課.
vist- 活 現分 → vestir.
vista [ビスタ] 過分 → ver. 女 [英 sight] ❶ **視覚**, 視力. ser corto de ～ 近視である. ❷ 視線. apartar la ～ 視線をそらす. clavar la ～ en ... …を注視する. dirigir la ～ a ... …に視線を向ける. perder ... de ～ …を見失う. ❸ 見ること. a simple [primera] ～ 一見して. ❹ **眺め**, 見晴らし. ～ panorámica 眺望. ❺ 外見. ❻ 考え, 洞察力. punto de ～ 観点. ❼ 風景画[写真]. ❽ 開口部. ❾ 〖法〗 審理, 口頭弁論. ── 男 税関の検査官. *a la* ～ 見たところ；明白に. pagadero *a la* ～ (手形が) 一覧払いで. *a la* ～ *de* ... (1) …を見て；考慮して. (2) …の面前で. *comerse* ... *con la* ～ …をじっと見つめる. *con* ～*s a* ... …に備えて；…に面して. *echar la* ～ *a* ... / *poner la* ～ *en* ... …をちらっと見る；…に目をつける. *en* ～ *de* ... …を考慮して. *hacer la* ～ *gorda* 見て見ぬふりをする. *¡Hasta la* ～*!* 《挨拶》 さようなら, またね. *írsele a* ... *la* ～ …がめまいがする. *no perder de* ～ ... …を見守る. *nublársele la* ～ *a* ... …の目がかすむ[曇る]. *pasar la* ～ *por* ... …にざっと目を通す. *tener* ... *a la* ～ …を心に留める. *tener* (*buena*) ～ 先見の明がある. ～ *de pájaro* 鳥瞰(ちょうかん)図. *volver la* ～ *atrás* (後ろを) 振り返る；(昔を) 回想する.
vistazo 男 一見, 一瞥(いちべつ). echar [dar] un ～ (a ...) (…を) ちらっと[ざっと] 見る.
vistillas 女 複 高台, 見晴らし台.
visto, ta 過分 → ver. 形 ❶ 《muy＋》 ありふれた, 月並みな. ❷ 《bien [mal] ＋》 (世間的に) よく[悪く] 思われる. Está *mal* ～ comer con ruido. 音を立てて食事をす

V

るのはみっともない. ❸〖法〗審理された. ── 活 → vestir. ～ ***bueno*** (書類等に付けられる文句) 承認. dar el ～ *bueno* 承認する. ***está ～ que ...*** 《話》…は明らか[確か]だ. ***nunca*** [***no***] ～ 見たこともない. ***por lo ～*** 見たところ. ～ ***que ...*** …だから. ～ ***y no ～*** 《話》あっという間に[の].

vistosidad 女 華やかさ, 派手さ.

vistoso, sa 形 華やかな, 派手な.

visual 形 視覚の, 視覚による. campo ～ 視野. ── 女 視線.

visualidad 女 華やかさ, 見栄え.

visualización 女 目に見えるようにすること; 視覚化.

visualizar 57 他 ❶ 視覚化[映像化]する. ❷ 心に描く. ❸《ラ米》(人・物を) 遠くに見つける.

visualmente 副 目で見て; 視覚的に.

vital [ビタる] 形 〔英 vital〕 ❶ **生命の**. fuerza ～ 生命力. ❷ きわめて重大な, 不可欠な. ❸ 活力にあふれた, 生き生きした.

vitalicio, cia 形 終身の. miembro ～ 終身会員. ── 男 ❶ 終身年金 (= pensión *vitalicia*). ❷ 生命保険.

vitalidad 女 生命力, 活力; 重要性.

vitalismo 男〖哲〗生気論; 活力 (にあふれた態度).

vitalista 形 ❶〖哲〗生気論 (者) の. ❷ 陽気で活力にあふれた. ── 男 女 陽気で活力にあふれた人.

vitalizar 57 他 活力を与える; 活性化する.

vitamina 女 ビタミン.

vitaminado, da 形 ビタミン添加の.

vitamínico, ca 形 ビタミンの[を含む].

vitando, da 形 避けるべき; 嫌悪すべき, 忌まわしい.

vitela 女 (子牛皮の) 上質皮紙.

vitelino, na 形〖生〗卵黄 (膜) の. ── 女 卵黄膜 (= membrana *vitelina*).

vitelo 男 卵黄.

vitícola 形 ブドウ栽培の. ── 男 女 ブドウ栽培者.

viticultor, tora 男 女 ブドウ栽培者.

viticultura 女 ブドウ栽培 (技術).

vitíligo 男〖医〗白斑(はくはん).

vitivinícola 形 ブドウ栽培・ワイン生産の. ── 男 女 ブドウ栽培・ワイン生産者.

vitivinicultor, tora 男 女 ブドウ栽培・ワイン生産者.

vitivinicultura 女 ブドウ栽培とワイン生産の技術.

vito 男〖音〗ビト: スペイン, アンダルシア地方の民謡・踊り.

vitola 女 ❶ 葉巻きの帯, 葉巻の種類. ❷ 外見, 雰囲気.

vítor 男 [主に複] 喝采(かっさい), 歓呼.

vitorear 他 喝采(かっさい)を送る.

vitoriano 形 男 女 (スペインの) ビトリアの (人).

vitral 男 ステンドグラス.

vítreo, a 形 ガラス (質) の, ガラスのような.

vitrificable 形 ガラス化できる.

vitrificación 女 ガラス化.

vitrificar 26 他 ❶ ガラス化する; ガラス状にする. ❷ ニス等を塗る. ── **vitrificarse** 再 ガラス (状) に変わる.

vitrina 女 ショーケース; 《ラ米》ショーウインドー (→ escaparate 地域差).

vitriolo 男〖化〗硫酸塩. aceite de ～ 硫酸.

vitrola 女 《ラ米》蓄音機, レコードプレーヤー.

vitualla 女 [主に複] (軍隊等の) 糧食.

vituperable 形 非難されるべき.

vituperar 他 《文》非難[罵倒(ばとう)]する.

vituperio 男 《文》非難, 罵倒(ばとう).

viudedad 女 ❶ → viudez. ❷ 寡婦年金.

viudez 女 寡婦であること; やもめ暮らし.

viudita 女 《ラ米》(アルゼ)(チリ)(ウ)〖鳥〗タイランチョウ.

viudo, da 形 ❶ 男やもめ [未亡人] の. ❷ (豆料理等で) 肉の入っていない. ── 男 女 男やもめ, 未亡人. ── 女 *viuda* negra〖動〗クロゴケグモ.

viva 男 万歳 (の声), 歓呼. ¡*V*～ (...)! (…) 万歳. ── 形 → vivo. ── 活 → vivir.

vivac 男 [複 vivaques] 野営, ビバーク.

vivacidad 女 鋭敏さ; 生気, 活発さ.

vivalavirgen 男 女 《話》能天気で無責任な人.

vivales 男 女 [単複同形] 《話》抜けめのない人.

vivaque 男 → vivac.

vivaquear 自 野営する, ビバークする.

vivar 他 《ラ米》喝采(かっさい)を送る. ── 男 (ウサギの) 飼育所; 養魚場.

vivaracho, cha 形 《話》元気のよい, 快活な.

vivaz 形 ❶ 頭の回転の速い; 機敏な. ❷ 生き生きした, 力強い. ❸〖植〗多年生の.

vivencia 女 (人格形成に影響した) 個人的体験[経験].

vivencial 形 個人的体験の.

víveres 男 複 食糧.

vivero 男 ❶ 苗床. ❷ 養魚 [飼育] 場. ❸ 原因, 源.

viveza 女 ❶ 機敏さ; 才気. ❷ (言葉等の) 強さ, 情熱. ❸ (色等の) 鮮やかさ. ❹ (目の) 豊かな表情.

vivido, da 過分 → vivir. 形 体験に即した.

vívido, da 形 生き生きした, 真に迫った.

vividor, dora 形 男 女 《話》《軽蔑》 ❶ 人生を謳歌(おうか)する (人), 快楽的な (人). ❷ 要領のいい (人), 処世術にたけた (人).

vivienda [ビビエンダ] 女 〔英 housing〕 **住まい**, 住居.

viviente 形 男 女 生きている (人). seres ～*s* 生物.

vivificación 女 活気づけること; 生気を与えること.

vivificar 26 他 ❶ 活気 [元気] づける. ❷ 生気を与える.

vivíparo, ra 形〖動〗〖植〗胎生の. ── 男 女〖動〗胎生動物.

vivir [ビビル] 自 〔英 live〕 ❶ **生きる**, 生きている. El bisabuelo *vive* todavía. 曽祖父はまだ元気です. ❷ 生活する, 暮らす; 生計を立てる. ～ al día その日暮らしをする. ❸ **住む**. ¿Dónde *vives*? 君, どこに住んでいるの. ❹ 存続する; 持ちこたえる. Esta planta *vive* poco. この植物はあまり持たない. ── 他 体験する, (時を) 過ごす. ～ una vida estupenda すばらしい日々を送る. ── 男 生活, 暮らし；暮らしぶり. ***A ～ que son dos días.*** 《話》人生楽しまなくてはね. ***no dejar ～ a ...*** …を煩わせる, 面倒をかける. ***no ～*** 生きた心地がしない. ***¡Viva!*** 万歳. ***～ bien*** いい暮らしをしている. ***¡V～ para ver!*** 《驚き》生きてみるもんだね.

vivisección 女〘生〙生体解剖.

vivo, va [ビボ,バ] 形〔英 alive〕❶ 生きている；存続する(↔muerto). un ser ～ 生物. estar ～ 生きている. una diferencia como de lo ～ a lo pintado 月とすっぽんほどの違い. ❷ 生き生きした；活気のある. un niño ～ 活発な子. descripción viva 生き生きした描写. ❸ 激しい, 強い. deseo ～ 強烈な願い. color ～ 鮮やかな色. genio ～ 短気. ❹ 鋭い, 鋭敏な；抜け目ない. ángulo ～ 鋭角. negociante ～ ずる賢い商人. ── 男 女 抜け目ない人. ── 男 ❶[複] 生きている人, 生者. ❷〘服〙縁取りリボン；へり. ── 活 → vivir. ***a fuego ～*** 〘料〙強火で. ***al [a lo]～*** 生き生きと. ***en ～*** 生(放送)で；(本人が)直接. ***lo ～*** 痛いところ, 核心. ***～ [vivito] y coleando*** 《話》無事に.

vizcacha 女〘動〙ビスカチャ：南米産齧歯(げっ)動物.

vizcaitarra 形 男 女 (スペインの)ビスカヤの自治独立を支持する(人).

vizconde, desa 男 女 子爵；〘史〙伯爵代理. ── 女 子爵夫人.

V.M. *V*uestra *M*ajestad 陛下.

V.°B.° *v*isto *b*ueno 承認, OK.

vocablo 男 語, 単語.

vocabulario 男 ❶(集合的) 語彙(ごい)；用語. ❷ 語彙[用語]集.

vocación 女 ❶ 天職；天性. ❷〘宗〙天命；[主に複] 聖職志願者.

vocacional 形 天職の；天性の.

vocacionalmente 副 天職[使命]として；職業上.

vocal 形 声の, 音声の；声による. cuerdas ～es〘解〙声帯. música ～〘音〙声楽. ── 男 女 (発言権を持つ)会員, 理事. ── 女〘音声〙母音.

vocálico, ca 形〘音声〙母音の.

vocalismo 男〘音声〙母音体系[組織].

vocalista 男 女〘音〙歌手, ボーカリスト.

vocalización 女 ❶ (明瞭(めいりょう)な) 発音；〘音〙(母音による) 発声練習. ❷〘音声〙(子音の) 母音化.

vocalizar 57 他 ❶ はっきり発音する. ❷〘文法〙母音を付ける. ── 自 ❶ はっきり発音する. ❷〘音〙(母音で) 発声練習する. ❸〘音声〙(子音を) 母音化する. ── **vocalizarse** 再 (子音が) 母音化する.

vocalmente 副 ❶ 声によって, 口頭で. ❷ 音声面で.

vocativo 男〘文法〙呼格(＝caso ～).

voceador, dora 形 大声を出す. ── 男 女 ❶ 大声を出す人. ❷ (街頭の) 売り子；《ラ米》(街頭の) 新聞売り(→ vendedor 地域差).

vocear 他 ❶ 大声で叫ぶ[呼ぶ]. ❷ 喝采(かっさい)する. ❸《話》言い触らす；明らかにする. ── 自 大声を出す.

vocerío 男 (大勢の) 叫び声, 騒ぎ.

vocero, ra 男 女《主にラ米》スポークスマン.

voces 女 [複] → voz.

vociferar 自《軽蔑》大声でわめく. ── 他 (自慢げに) 触れ回る.

vocinglero, ra 形 男 女 大声で話す(人)；《軽蔑》(無意味に) しゃべりまくる(人).

vodca / vodka 男 (または女) ウオツカ.

vodevil 男〘演〙寄席演芸, ボードビル.

vodú 男 → vudú.

volada 女 ❶ (短距離の・一回の) 飛行. ❷《ラ米》(1)(中米)(メキシコ)(ペルー)《話》うわさ, デマ. (2)(アルゼンチン)好機. (3)(コロンビア)ぺてん.

voladito 形 → volado ②.

voladizo, za 形〘建〙(壁から) 突き出た. ── 男〘建〙突出部.

volado, da 過分 → volar. 形 ❶〘建〙(壁から) 突き出た. ❷〘印〙(文字が) 肩つきの. ❸《話》そわそわした, 急いでいる. ❹《話》頭のおかしい. ❺《話》(麻薬で) 幻覚状態にある. ❻《ラ米》(1)(コロンビア)ぼうっとした. (2)(キューバ)(グアテマラ)(メキシコ)恋をしている. (3)(アルゼンチン)(コロンビア)(メキシコ)怒った(＝～ de genio). ── 男 女《話》頭のおかしい人. ── 男《ラ米》(1)(中米)うわさ, デマ. (2)(アルゼンチン)〘服〙フリル. ***echar un ～*** 《ラ米》(メキシコ)コイントスをする. ***ir de volada*** 《ラ米》(メキシコ)急いで立ち去る.

volador, dora 形 飛ぶ, 飛べる. ── 男 ❶ ロケット花火. ❷〘魚〙トビウオ. ❸〘動〙カナダイレックス (イカの一種). ❹《ラ米》(1)(メキシコ)ボラドール：高い柱を軸に綱で回転しながら降りる遊戯. (2) 凧(たこ)(→ cometa 地域差). ── 女《ラ米》(コロンビア)モーターボート.

voladura 女 爆破.

volandas 女 複 ***a las ～*** あたふたと. ***en ～*** 持ち上げて, 宙吊りで.

volandero, ra 形 ❶ ぶら下がった, (風に) 揺れる. ❷ 漂う, さまよう. ── 女 ❶ (ひき臼(うす)の) 回転石. ❷ 座金, ワッシャー.

volandillas 女 複 ***en ～*** 持ち上げて.

volanta 女《ラ米》四輪馬車.

volantazo 男 急ハンドル(を切ること).

volante [ボらンテ] 形〔英 flying〕❶ 飛ぶ, 飛べる. platillo ～ 空飛ぶ円盤. ❷ 移動する. ── 男〔英 steering wheel〕❶〘車〙ハンドル(→地域差)；《ラ米》(自転車の) ハンドル(→ manillar 地域差). ❷〘スポ〙自動車競技. ❸〘服〙フリル. ❹ (専門医等に) 紹介するメモ. ❺〘機〙はずみ車；(時計の) アンクル. ❻〘スポ〙(バドミントン) シャトル, 羽根. ❼《ラ米》(アルゼンチン)(ウルグアイ)ちらし, ビラ. ***medio ～*** (サッカー) ボランチ, (ラグビー) ハーフバック. 地域差〘車〙ハンドル volante《スペイン》《ラ米》(キューバ)(メキシコ)(グアテマラ, ホンジュラス, ニカラグア)(コロンビア, ベネズエラ) (エクアドル, ペルー, ボリビア) (チリ) (パラグアイ, アルゼンチン)；dirección (メキシコ)(コロンビア)(ウルグアイ)；guía (ドミニカ共和国, プエルトリコ)；manivela (コスタリカ)；manubrio (ニカラグア)(ボリビア)(チリ)(アルゼンチン)；rueda (コスタリカ)；timón (キューバ)(グアテマラ, ホンジュラス, エルサルバドル, ニカラグア, パナマ)(コロンビア)(ペルー).

volantín 男 ❶ (複数の釣針を付けた) 釣糸. ❷《ラ米》凧(たこ)(→ cometa 地域差).

volapié 男〘闘牛〙ボラピエ：止まっている牛にとどめを刺す技. a ～ ボラピエで.

volar [ボらル] 32 自〔英 fly〕❶ (鳥・飛行機等が) 飛ぶ；(飛行機等で) 旅行する；(飛行機等を) 操縦する. ❷ 急いで行く. ❸《話》またたく間になくなる. ❹ (時が) またたく間に過ぎ去る；(うわさ等が) またたく間に広まる. ❺《話》(子供が) 自立する. ── 他 ❶ 爆破する. ❷〘狩〙(鳥を) 飛び立たせる. ❸

V

《ラ米》(1)(ｱﾙｾﾞﾝﾁﾝ)(ｳﾙｸﾞｱｲ)見送る，別れる．(2)(ﾒｷｼｺ)盗む．— **volarse** 再 ❶ (空中に) 舞い上がる，飛ぶ．❷《ラ米》激怒する．***echar a volar*** (うわさ等が) 広まる．***¡Volando!*** 急いで，すぐに．

volate 男《ラ米》(ｺﾛﾝﾋﾞｱ)混乱，騒ぎ．

volatería 女 ❶ タカ狩り．❷《集合的》(食用の) 鳥類．

volátil 形 ❶〖化〗揮発性の．❷ 飛ぶ，飛べる．❸ 変わりやすい．— 男 女 飛ぶ[飛べる]もの[動物]．

volatilidad 女 ❶〖化〗揮発性．❷ 不安定さ，変動(性)．

volatilizar 57 他〖化〗揮発させる．— **volatilizarse** 再 ❶〖化〗揮発する．❷《話》急に[不意に]なくなる[いなくなる]．

volatín 男 軽業[曲芸] (師)．

volatinero, ra 男 女 軽業[曲芸]師．

volcán [ボルカン] 男〔複 volcanes〕〔英 volcano〕❶ **火山**．～ activo [inactivo, apagado] 活[休，死]火山．❷ 激情．❸《ラ米》(ｺﾛﾝﾋﾞｱ)がけ崩れ；(ﾎﾝｼﾞｭﾗｽ)(ｸﾞｱﾃﾏﾗ)(ｴﾙｻﾙﾊﾞﾄﾞﾙ)大量．***estar sobre un ～*** 窮地に立っている．

volcánico, ca 形 ❶ 火山の．❷《話》熱烈な，激しい．

volcar 106 他 ❶ ひっくり返す，倒す．❷ (中身を) ぶちまける．❸《話》盗む．— 自 ひっくり返る，倒れる．— **volcarse** 再 ❶ ひっくり返る，倒れる．❷ (中身が) こぼれる．❸《con》(…人を喜ばすために) 奔走する．❹《en》(…に) 没頭する．

volea 女〖スポ〗(球技の) ボレー．

volear 他 ❶〖スポ〗(球技で) ボレーをする．❷〖農〗種子をまく．

voleibol 男〖スポ〗バレーボール．

voleo 男 ❶ → volea. ❷《話》平手打ち．❸《ラ米》(ｺﾛﾝﾋﾞｱ)仕事．***a ～*** (1) 適当に，ばらばらに．(2)〖農〗撒播(ｻﾝﾊﾟ)で．

volframio 男〖化〗タングステン．

volframita 女〖鉱〗鉄マンガン重石．

volición 女《文》意志，〖哲〗意志作用．

volitivo, va 形 意志の，意志に関する．

volován 男〖料〗ボローバン：肉・魚・キノコ等のクリーム煮を詰めたパイ．

volquete 男〖車〗ダンプカー．

voltaico, ca 形〖電〗ボルタの，動電気の．pila *voltaica* ボルタ電池．

voltaje 男〖電〗電圧．

voltámetro 男〖電〗電量計，ボルタメーター．

V

voltamperio 男〖電〗ボルトアンペア．

voltario, ria 形《ラ米》(ﾁﾘ)気まぐれな，わがままな．

volteada 女《ラ米》(ｱﾙｾﾞﾝﾁﾝ)(ｳﾙｸﾞｱｲ)家畜の駆り集め．***caer en la ～*** 《ラ米》(警察の) 手入れで捕まる．

volteado 男《ラ米》(ｺﾛﾝﾋﾞｱ)《軽蔑》男性同性愛者．

voltear 他 ❶ ひっくり返す；回転させる．❷ (状況等を) 変える．❸ (鐘を) 打ち鳴らす．❹《ラ米》(1) (容器を) ひっくり返す．(2)(ﾁﾘ)(体の) 向きを変える．— 自《ラ米》方向を変える；曲がる．— **voltearse** 再《ラ米》(1) 戻る；振り向く；背を向ける．(2) ひっくり返る．(3) (政治的考えを) 変える．(4)(ｱﾙｾﾞﾝﾁﾝ)《俗》性的関係を持つ．

voltereta 女 とんぼ返り，宙返り．

volterianismo 男〖哲〗ボルテール主義．

volteriano, na 形〖哲〗ボルテールの，ボルテール主義の．— 男 女 ボルテール主義者．

voltímetro 男〖電〗電圧計．

voltio 男 ❶〖電〗ボルト．❷《話》散歩．

volubilidad 女 変わりやすさ，気まぐれ．

voluble 形 ❶ 変わりやすい，気まぐれな．❷〖植〗(つるが) 巻きつく．

volumen [ボるメン] 男〔複 volúmenes〕〔英 volume〕❶ **容量**，かさ，体積．❷ (書物の) 巻，冊．❸ 音量，ボリューム．❹ 重要性．

volumetría 女〖化〗〖物〗容量の測定．

volumétrico, ca 形 容積測定の．

volúmetro 男 体積計．

voluminoso, sa 形 大きい，かさばる．

voluntad [ボるンタ(ドゥ)] 女〔英 will〕❶ **意志**；意欲．tener mucha [poca] ～ やる気がある[ない]．por su propia ～ 自らの意志で．contra su ～ 意に反して．❷ 意向，意図；決意．❸ 好意；同意．***buena ～*** 好意，善意．***mala ～*** 悪意．***a ～ (de ...)*** (…の) 好きなように[だけ]．***hacer su santa ～*** 好きなように振る舞う．

voluntaria 形 女 → voluntario.

voluntariado 男《集合的》ボランティア(団体)；志願兵．

voluntariedad 女 ❶ 自発性；〖法〗任意．❷ 気まぐれ．

voluntario, ria [ボるンタリオ，リア] 形〔英 voluntary〕**自発的な**，任意[随意]の．— 男 女〔英 volunteer〕❶ **ボランティア**，有志．❷〖軍〗志願兵．

voluntarioso, sa 形 意志の強い，ひたむきな．

voluntarismo 男 ❶〖哲〗〖心〗(意志が知性その他に勝るとする) 主意主義．❷ 強い意志力を示す態度[行動]．

voluntarista 形 男 女 何事も意思の力(のみ)で達成しようとする(人)．

voluptuosidad 女《文》(官能的) 満足，快楽．

voluptuoso, sa 形《文》官能的な；好色な．— 男 女 好色漢；快楽主義者．

voluta 女〖建〗渦巻き装飾；渦巻き形のもの．

volver [ボるベル] 110 自〔過分 vuelto, ta〕〔英 return〕❶ **帰る，戻る**．～ a casa 家に帰る．～ a clase 教室へ戻る．❷《a＋不定詞》再び…する．～ *a* leer 読み返す．❸《a》(…に) 向きを変える；《ラ米》(車等が) 曲がる (→ girar 地域差)．～ *a* la derecha [izquierda] 右[左]へ行く．— 他 ❶ …の向きを変える，ひっくりかえす．～ la espalda 背中を向ける．～ el jersey セーターを裏返す．～ la esquina 角を曲がる．❷ (…の方向に) 向ける．～ la vista atrás 振り向く．～ el arma contra sí mismo 自分の方に武器を向ける．～ la proa al viento 船首を風に向ける．❸ 戻す，返す；《a》(…に) 翻意させる．❹《＋形容詞・副詞》…に変える．— **volverse** 再 ❶ 振り向く；振り返る．❷ ひっくり返る．❸ 帰る，引き返す．❹《＋形容詞・副詞》…になる．～ loco 気が変になる．*Se ha vuelto* muy amable conmigo. 彼は私に対してとても親切になった．***volver a nacer*** 《話》九

死に一生を得る. ***volverse atrás*** 約束を破る；引き返す. ***volver en*** sí 我に返る；意識を取り戻す. ***volverse (en) contra (de) ...*** …と敵対する. ***volvérsele todo***〈+不定詞〉…が…ばかりする. *Todo se le volvía* criticar a su amiga. 彼はただガールフレンドを批判するばかりだった. ***volver sobre*** sí 自省する.

vólvulo 男〘医〙腸捻転(ちょうねん).

vómer 男〘解〙(鼻の)鋤骨(じょこつ).

vomitar 他 ❶ 吐く, 戻す. ❷ (吐いたもので) 汚す. ❸ (中のものを) 吐き出す, 噴出する；《話》白状する. ❹ (悪口を) 浴びせる. ― 自 吐く, 戻す.

vomitivo, va 形〘医〙吐き気を催させる；不快な. ― 男〘医〙吐剤.

vómito 男 嘔吐(おうと), 吐くこと；嘔吐(おうと)物. ***provocar un*** ～ 嫌悪感を催す.

vomitona 女《話》ひどい嘔吐(おうと).

vomitorio, ria 形 吐き気を催させる. ― 男 ❶ 吐き気を催させる物. ❷ (スタジアム等の) 出入り口.

voracidad 女 大食, 貪食(どんしょく)；貪欲.

vorágine 女 ❶《文》渦巻き. ❷《文》混乱 (した感情)；喧騒(けんそう).

voraginoso, sa 形 渦巻く；混乱した；慌ただしい.

voraz 形 ❶ 大食の, がつがつした. ❷ 貪欲(どんよく)な；猛烈な.

vórtice 男 渦巻き, 旋風；台風の目.

vorticela 女〘動〙ツリガネムシ.

vos [ボス] 代名《人称》[2人称単数]〔英 you〕[主格・前置詞格] ❶《ラ米》**君, お前**, あなた. ❷《古》あなた様, 汝(なんじ).

vosear 他 vos で話しかける.

voseo 男 (tú の代わりの) vos の使用.

vosotros, tras [ボソトゥロス, トゥラス] 代名《人称》[2人称複数]〔英 you〕❶《主語》**君[お前, あなた]たちが[は]**. Lo queréis ～, ¿verdad? 君たちはそれが欲しいのでしょう. ► 他と対比させる場合や主語を強調する場合を除いては省略されることが多い. 《ラ米》では vosotros の代わりに ustedes を用いる. ❷《前置詞と共に用いて》**君[お前, あなた]たち**. Sí, me acuerdo muy bien de ～. ええ, 君たちのことはよく覚えているよ.

votación 女 投票, 票決；投票数.

votante 形 投票する. ― 男 女 有権者.

votar [ボタル] 他〔英 vote〕❶ **…に投票する**. ❷ 票決[可決]する. ― 自《a, por》(…に) 投票する. *¡Voto a ...!*《脅し・怒り・驚き》くそ. *¡Voto a* bríos! ちくしょう.

votivo, va 形 奉納の, 誓願の.

voto [ボト] 男〔英 vote〕❶ **投票**, 票決；投票数, 投票用紙. ～ de calidad キャスチングボート. ～ de censura 不信任投票. ～ de confianza 信任投票；自由裁量権. ～ nominal [secreto] 記名[無記名]投票. dar su ～ a ... …に投票する. ❷ 投票権, 議決権. ❸ [主に複]〘カト〙誓い, 誓願；奉納物. ～ simple [solemne]〘カト〙単式[盛式]誓願. ❹ [主に複] 願い. hacer ～*s* por ...《文》…を願う. ❺ ののしり, 悪態. ― 活 → votar.

voy 活 → ir.

voyeur [ブアジェル]〔仏〕男 女 [複 ～s] のぞき魔.

voyeurismo [ブアジェリスモ]〔仏〕男 のぞき.

voz [ボす] 女 [複 voces]〔英 voice〕❶ **声**；声質. *voz* aguda [apagada] 甲高い[弱々しい] 声. *voz* natural 肉声. aclararse la *voz* 咳(せき)払いする. ❷ 叫び声. dar *voces* [una *voz*] 叫ぶ. la *voz* del mar 海鳴り. ❸ 意見. *voz* pública 世論. ❹ うわさ. correr la *voz* de ... …のうわさが流れる. ❺ 発言 (権). ❻〘文法〙語；態. *voz* activa [pasiva] 能動[受動] 態. ❼〘音〙声部；歌手；音色. ***a media voz*** 小声で. ***a una voz*** 異口同音に. ***a voces*** 大声で. ***a voz en cuello [grito]***《話》叫び声で. ***dar voces al viento [en el desierto]*** 無駄な努力をする. ***de viva voz*** 口頭で. ***en voz alta [baja]*** 大きな[小さな] 声で. ***levantar [alzar] la voz*** 声を荒げる. ***llevar la voz cantante*** 取り仕切る.

vozarrón 男 太く大きな声.

vudú / vuduismo 男 ブードゥー教 (ハイチ等で信仰される民間宗教)；その神.

vuecencia 男 女 閣下.

vuel- 活 → volar.

vuelapluma ***a*** ～ 走り書きで.

vuelco 男 ❶ 転倒, 転覆；急激な変化. ❷〘IT〙ダンプ. ***darle a ... un ～ el corazón*** (驚き等で)…の胸がどきんとする.

vuelillo 男 (そで口の) レース等のフリル.

vuelo [ブエロ] 男〔英 flight〕❶ **飛行**, 飛翔(ひしょう). ～ sin motor 滑空飛行. ❷ (飛行機の) **便**, フライト；空の旅；航空路. ❸ [主に複] (鳥の) 翼. ❹ (スカート・そで等の) 膨らみ, 広がり. ❺〘建〙張り出し, 突出部. ― 活 → volar. ***a(l)*** ～ 飛んでいる；素速く；偶然に. ***alzar [emprender, levantar] el*** ～ 飛び立つ；巣立つ. ***cortar los ～s a ...***《話》…の好き勝手にさせない. ***de altos [muchos] ～s***《話》重要な. ***de [en] un*** ～ すぐに. ***tomar*** ～ 増加[発展]する.

vuelto, ta [ブエルト, タ] 過分 → volver. ― 形 ❶ (ある方向に) 向いた；曲がった. ❷ ひっくり返した, 裏返しの. ― 男《ラ米》お釣り (→地域差). ― 女〔英 turn〕❶ **回転**. dar una *vuelta* 一回転する. *vuelta* de campana 宙返り. ❷ 巡回, **一周**. dar una *vuelta* por ... …を一回りする. ❸ **戻ること**. ida y *vuelta* 往復. *vuelta* atrás 後退. 方向転換；❹ 方向転換；曲がること；曲がり角, カーブ. dar media *vuelta* 振り向く, Uターンする. dar *vuelta*《ラ米》(車等が) 曲がる (→ girar 地域差). las *vueltas* de la vida 人生の浮き沈み. ❺ 返却. ❻ 裏面, 裏側. ❼ お釣り (→地域差). Tenga la *vuelta*. お釣りはとっておいてください. ❽ (順番等の) 一巡；(試合・ゲームの) …回戦. la primera *vuelta* 一回戦. ❾ (編み目の) 列, 段. ❿〘音〙〘詩〙リフレイン. ⓫ (ズボン等の) 折り返し (→ bordillo 地域差). ***a la vuelta de ...*** …の帰りに；…経過後に；…から戻って. ***a la vuelta de la esquina*** 間近に. ***andar a vueltas*** けんかする. ***buscar las vueltas a ...*** …のあら探しをする. ***dar (cien [mil, muchas]) vueltas a ...***《話》…をあれこれ考える；…よりまさる. ***dar***

V

vueltas 回転する；(何かを探して) 歩き回る. ***dar la vuelta a ...*** …をひっくり返す；一周する；意見を変える. ***darle vueltas la cabeza a ...*** …が気分が悪くなる，くらくらする. ***estar de vuelta*** 戻っている. ***estar de vuelta de...*** …を熟知している. ***¡Hasta la vuelta!*** 《挨拶》行ってらっしゃい. ***no tener vuelta de hoja*** 《話》明らかである. ***poner a ... de vuelta y media*** …のことを悪く言う，ののしる. 地域差 お釣り vuelta《スペイン》《ラ米》(コロンビア)；vuelto《ほぼラ米全域》；cambio (キューバ)(メキシコ)(グアテマラ, ホンジュラス, コスタリカ)(ボリビア)(チリ).

vuelụdo, da 形 (衣服が) ゆったりとした.

vuelv- 活 → volver.

vuesamercẹd 代名《人称》《古》貴方[貴女] (あなた)，貴殿.

vuestro, tra [(1)ブエストゥロ，トゥラ/(2)(3)(4)ブエストゥロ，トゥラ] 形《所有》[前置・後置形，単数．複数形は vuestros, vuestras]〔英 your; (of) yours〕**君[あなた]たちの.** (1)《＋名詞》*vuestra* casa 君たちの家. (2)《名詞＋》un pariente ～ 君たちの親類の一人. (3)《serの補語として》Esa maleta es *vuestra.* そのスーツケースは君たちのだ. (4)《定冠詞と共に用いて所有代名詞になる》Éste es nuestro coche. ¿Cuál es el ～? これが僕たちの車だよ．君たちのはどれなの. ►(1) 所有されるものを表す名詞の性数によって語尾変化する. (2) 名詞の前に置かれる場合には冠詞等と一緒に用いられることはない. ***Es la vuestra.*** 《話》さあ，君[あなた]たちのチャンスだ. ***lo ～*** 君[あなた]たちらしさ，得意技；君[あなた]たちのもの. ***los ～s*** 君[あなた]たちの家族[仲間]. ***una de las vuestras*** 君[あなた]たちのいつもの悪ふざけ，いたずら. ***Ya es ～ [vuestra].*** よくやった，もう君ら[あなたたち]のものだ.

vulcanịsmo 男《地質》火山活動.

vulcanịta 女 硬質ゴム，エボナイト；《地質》火山岩.

vulcanizaciọ́n 女 (ゴムの) 加硫.

vulcanizạr 57 他 (ゴムを) 加硫する.

vulcanologı́a 女 火山学.

vulgar [ブるガル] 形〔英 vulgar〕❶ **俗悪な，**下品な. ❷ **並みの，**ありふれた. ―男女 俗人，凡人.

vulgaridạd 女 俗悪なこと，下品 (な言葉[行動，もの])；平凡.

vulgarịsmo 男 俗語，卑俗な言葉.

vulgarizaciọ́n 女 大衆化，俗化；普及.

vulgarizạr 57 他 大衆化させる. ― ***vulgarizarse*** 再 大衆化する.

vulgạrmẹnte 副 下品に；俗に，通俗的に.

Vulgạta 固名 ウルガタ聖書：ローマカトリック教会の公認聖書.

vụlgo 男《軽蔑》民衆，一般大衆.

vulnerabilidạd 女 傷つきやすさ.

vulnerạble 形 傷つきやすい，もろい.

vulneraciọ́n 女 傷つけること；違反.

vulnerạr 他 ❶ 傷つける. ❷ 違反する.

vulnerạrio, ria 形《医》傷に効く. ―男 傷薬. ―女《植》アンチリス.

vulpécula / vulpẹja 女 雌ギツネ.

vulpịno, na 形 キツネの (ような)；狡猾(こうかつ)な.

vụlva 女《解》外陰部，陰門.

vulvịtis 女［単複同形］《医》外陰炎.

Ww

W, w [ウベドブれ] 女 スペイン語字母の第24字.

wagneriano, na [バグネリアノ，ナ] 形 ワグナー (1813-83) (の作品) の，ワグナーの曲を得意とする. ―男女 ワグナー崇拝者.

wahabita [ワハビタ] 形 男 女 (イスラム教) ワッハーブ派の[信者].

walkie-talkie [ウァるキタるキ]〔英〕男 ウォーキートーキー，トランシーバー.

walkịria 女 → valquiria.

walkman [ウォるマン] 男 [単複同形または複 ～s]《商標》ウォークマン.

wapitı́ [ウァピティ] 男《動》ワピチ.

warrant [ウァラン(トゥ)]〔英〕男《商》倉荷証券.

washingtoniano, na [ウァシントニアノ，ナ] 形 男 女 ワシントンD.C.の (人).

water / watercloset [バテル/バテルクろセ(トゥ)]〔英〕男《話》トイレ，便所.

waterpolista [バテルポりスタ(ウァテルポりスタ)] 男 女《スポ》水球選手.

waterpolo [バテルポろ(ウァテルポろ)]〔英〕男《スポ》水球.

watt [バ(トゥ)]〔英〕男《電》ワット：電力・工率の単位.

web / Web [ウェ(ブ)]〔英〕女 [複 ～s] ホームページ (＝la página ～). ―男 ウェブサイト (＝el sitio ～).

weber / weberio [べベル/べベリオ] 男《電》ウェーバー：磁束の単位.

week-end [ウィケン(ドゥ)]〔英〕男 [複 ～s] 週末.

welter [べるテル(ウェるテル)]〔英〕男 (ボクシング) ウエルター級 (選手).

western [ウェステルン]〔英〕[複 ～s] 男 西部劇.

whiskerı́a [(グ)ウィスケリア] 女 (時に売春を伴う) バー.

whisky [(グ)ウィスキ]〔英〕男 [複 ～s] ウイスキー (＝güisqui).

wịnchester〔英〕男 [複 ～s] ウィンチェスター銃.

windshild [ウィンチる(ドゥ)]〔英〕男《ラ米》《車》フロントガラス (→ parabrisas 地域差).

windsurf / windsurfing [ウィンドゥスルフ/ウィンドゥスルフィン] 男 ウインドサーフィン.

wiper [ウァイパ]〔英〕男《ラ米》《車》ワイパー (→ limpiaparabrisas 地域差).

wolfram / wolframio [ボるフラ(ム)/ボるフラミオ] 男《化》タングステン.

www / WWW [(ウベドブれウベドブれウベドブれ)] World Wide Web → web.

X, x [エキス] 女 ❶ スペイン語字母の第25字. ❷《数》未知数；[X] 未知のもの. ❸ (ローマ数字の) 10. ***rayos X*** 《物》X線.

xantofila [サントフィら] 女《化》キサントフィル.

xantoma [サントマ] 男〘医〙黄色腫(しゅ).

xenófilo, la [セノフィろ,ら] 形 男 女 外国(人)好きの(人).

xenofobia [セノフォビア] 女 外国(人)嫌い.

xenófobo, ba [セノフォボ,バ] 形 男 女 外国(人)嫌いの(人).

xenón [セノン] 男〘化〙キセノン.

xerocopia [セロコピア] 女 コピー.

xerocopiar [セロコピアル] 17 他 コピーを取る.

xerófilo, la [セロフィろ,ら] 形〘植〙乾性の.

xeroftalmía [セロフタるミア] 女〘医〙眼球乾燥症；ドライアイ.

xerografía [セログラフィア] 女 ゼログラフィー.

xi [(ク)シ] 女 クシー(Ξ, ξ)：ギリシャ語アルファベットの第14字.

xifoides [シフォイデス] 形 男〘解〙剣状の[突起].

xileno [シれノ] 男〘化〙キシレン.

xilófago, ga [シろファゴ,ガ] 形 (昆虫が)木を食う. ── 男[複]〘昆〙キクイムシ.

xilofón / xilófono [シろフォン/シろフォノ] 男〘音〙木琴, シロフォン.

xilofonista [シろフォニスタ] 男 女〘音〙木琴奏者.

xilografía [シろグラフィア] 女 木版術[印刷, 画].

xilográfico, ca [シろグラフィコ,カ] 形 木版術[印刷, 画]の.

Y y

Y, y [イグリエガ] 女 スペイン語字母の第26字.

y [イ] 接《等位》〔英 and〕► i-, hi- の前では e となる. Juan *e* Ignacio フアンとイグナシオ, padre *e* hijo 父と子. ただし, 疑問文・感嘆文の文頭および hie- の前では y のまま. ¿*Y* Ignacio? ところでイグナシオは. agua *y* hielo 水と氷. ❶《並置・追加》…と, そして. Pedro *y* yo fuimos al cine ayer. 私とペドロは昨日映画に行った. Compré cebollas, pepinos *y* zanahorias. 私はタマネギ, キュウリ, ニンジンを買った. ❷《背反》…だけど. ¿Dices que no quieres helado *y* lo comes entero? 君はアイスクリームは欲しくないと言いながら全部食べるのかい. ❸《加算》たす；《時刻》…分. Son las dos *y* veinte. 2時20分です. Cinco *y* cinco son diez. 5たす5は10. ❹《発言の導入》ところで, さて. ¿*Y* qué tal el viaje? それで旅行はどうだったの. ¿*Y* qué? それが一体どうしたの. ❺《発言の強調》…なのだ. ¡*Y* no me avisaste! 君は僕に知らせてくれなかったじゃないか. ❻《命令 +y》…そうすれば. Corre, *y* llegarás a tiempo. 急ぎなさい, そうすれば間に合うから. ❼《反復》Pasaron días *y* días sin hacer nada. 彼らは何もしないまま何日も過ごした.

ya [ヤ〈ジャ〉] 副〔英 already〕❶ すでに, もう (↔todavía). *Ya* se acabó. もう終わったんだ. ❷《現在形の動詞と共に》(1)(予期される行為に対して) もう. *Ya* es la hora. さあ, 時間です. (2)《驚き》もう. ¿*Ya* os vais? もう行くの. (3) 今；今度は. ¡Cállate *ya*! さあ, もう黙りなさい. ❸《未来形と共に》今に, そのうち. *Ya* verás cómo se encuentran ellos. 彼らがどんな具合なのかはそのうち分かるさ. ❹《納得》やっと, そう, 分かった. *Ya* veo. あっ, 分かったよ. ¿*Ya* ves? ほらね. *Ya*, pero .... 分かったけど…. ❺《強調》ほんとに. *Ya* lo creo que .... …と思うんだよ. ❻《繰り返し》…であれ…であれ. *ya* por una razón, *ya* por otra どんな理由であれ. ***desde ya***《話》今すぐ. ***no ya ... sino ...*** …だけでなく…も. *no ya* ahí *sino* en todas partes そこだけでなく至るところで. ***ya que ...***《理由》…であるから(には). *Ya que* hace mal tiempo, vamos a quedarnos en casa. 天気が悪いんだから, 家にいることにしよう.

yaacabó 男〘鳥〙モモアカハイタカ.

yaba 女《ラ米》(キューバ)(ニカラグア)(メキシコ)(コロンビア)〘植〙ニオイシュロラン.

yac 男[複 ～s]〘動〙ヤク.

yacaré 男《ラ米》〘動〙カイマン.

yacente 形 横になっている.

yacer 111 自《文》❶ 横になっている. ❷ 埋葬されている. ❸ (ある場所に) ある. ❹ セックスする.

yachting [ヤティン〈ジャティン〉]〔英〕男 ヨット操縦.

yacija 女 ❶ 粗末な寝床, わらの山. ❷ 墓穴. ***ser de mala ～*** 寝付きが悪い；落ち着きのない；くせの悪い.

yacimiento 男 ❶〘地質〙鉱床, 鉱脈. ❷〘考古〙遺跡.

yacio 男〘植〙パラゴムノキ.

yaco 男《ラ米》(ペルー)〘動〙カワウソの一種.

yagua 女《ラ米》〘植〙ダイオウヤシ.

yagual 男《ラ米》(中米)(メキシコ)(物を載せて運ぶときの) 頭当て.

yaguar 男〘動〙→ jaguar.

yaguareté 男《ラ米》(アルゼンチン)(ウルグアイ)(パラグアイ)(ボリビア)〘動〙→ jaguar.

yaguré 男《ラ米》(中米)〘動〙スカンク.

Yahoo [ヤフ〈ジャフ〉] 男 ヤフー：インターネットの情報検索会社；そのサイト. ► ふつう無冠詞.

yak 男[複 ～s]〘動〙→ yac.

yámbico, ca 形〘詩〙(ギリシャ・ラテン語の) 短長格の；弱強格の.

yambo 男 ❶〘植〙フトモモ科の植物. ❷ 短長[弱強]格, 短長詩脚.

yanacón 男《ラ米》(ペルー)〘史〙ヤナコーナ：(1) インカ (皇族), 共同体首長 curaca 等に仕えた男性の先住民. (2) 植民地時代にコンキスタドール conquistador に仕えた先住民.

yankee / yánki / yanqui [ヤンキ〈ジャンキ〉] 形 ❶《話》《軽蔑》アメリカの. ❷ (南北戦争の) 北軍支持の. ── 男 女 ❶ アメリカ人. ❷ 北軍支持者.

yantar 他 (昼食を) 食べる. ── 男《稀》食べ物；料理.

yapa 女《ラ米》(南米)景品, おまけ. ***de ～*** おまけの；その上.

yarará 女 (または男)《ラ米》(アルゼンチン)(ウルグアイ)(パラグアイ)(ボリビア)〘動〙アメリカハブ類.

yaraví 男〘音〙ヤラビ：アンデス一帯の先住民の哀愁を帯びた民謡.

yarda 女 ヤード：長さの単位.

yarey 男《ラ米》(キューバ)〘植〙オオギバヤシ.

Y

yatagán 男 ヤタガン：オスマントルコの緩やかなS字形の剣.
yatay 男[複 yatáis]〖植〗ヤタイヤシ.
yate 男(大型の)ヨット，クルーザー.
yayo, ya 男 女《話》祖父；祖母.
yaz 男〖音〗ジャズ.
ye 女 アルファベットの y の文字[音].
yedra 女〖植〗➜ hiedra.
yegua 女 ❶ 雌馬. ❷《ラ米》《軽蔑》(ﾁﾘ)(ﾆｶﾗ)女；あばずれ. ── 形《ラ米》(ｷｭｰﾊﾞ)(ﾌﾟｴﾙﾄﾘｺ)ばかな.
yeguada 女 馬の群れ.
yeguar 形 雌馬の.
yeguarizo, za 形 馬の. ── 男《ラ米》(ｱﾙｾﾞﾝﾁﾝ)(ｳﾙｸﾞｱｲ)《集合的》馬.
yegüerizo, za / yegüero, ra 男 女 馬番.
yeísmo 男 ll [ʎ]を y [ʝ]のように発音する現象.
yelmo 男 面頬(ﾒﾝﾎｵ)付きかぶと.
yema 女 ❶ 卵黄. ❷ 指のはら(＝～ del dedo). ❸ 新芽. ❹〖料〗ジェマ：卵黄と砂糖で作った菓子.
yemení 形[複 ～(e)s]イエメンの. ── 男 女 イエメン人.
yen 男 円：日本の通貨単位.
yendo 現分 ➜ ir.
yerba 女 ❶ 草(＝hierba). ❷《ラ米》(ｱﾙｾﾞﾝﾁﾝ)(ｳﾙｸﾞｱｲ)マテ茶(＝～(de) mate)；(ﾒｷｼｺ)(ﾍﾞﾈｽﾞｴﾗ)マリファナ.
yerbal 男《ラ米》(ｱﾙｾﾞﾝﾁﾝ)(ｳﾙｸﾞｱｲ)(ﾊﾟﾗｸﾞｱｲ)マテ茶農園.
yerbatero, ra 形 男 女《ラ米》(ｱﾙｾﾞﾝﾁﾝ)(ﾊﾟﾗｸﾞｱｲ)マテ茶の(栽培者，業者，商人). ── 男《ラ米》薬草商人；いんちき医者.
yerbear 自《ラ米》(ｱﾙｾﾞﾝﾁﾝ)(ﾊﾟﾗｸﾞｱｲ)マテ茶を飲む.
yerbera 女《ラ米》(ｱﾙｾﾞﾝﾁﾝ)(ｳﾙｸﾞｱｲ)(ﾊﾟﾗｸﾞｱｲ)マテ茶入れ.
yermar 他(畑・土地等を)荒廃させる.
yermo, ma 形 人の住んでいない；未開墾の. ── 男 荒れ地；未開墾の土地.
yerno, na 男 娘婿. ── 女《ラ米》(ｺﾛﾝﾋﾞｱ)(ﾌﾟｴﾙﾄﾘｺ)(ﾄﾞﾐﾆｶ共和国)(ﾍﾞﾈｽﾞｴﾗ)息子の妻，嫁.
yero 男〖植〗マメ科エルブム.
yerro, rra 男 誤り，間違い. ── 女《ラ米》(南米)(家畜の)焼き印.
yerto, ta 形 硬直した，こわばった.
yesal / yesar 男 石膏(ｾｯｺｳ)の採掘場.
yesca 女 ❶ 火口(ﾎｸﾁ)；[複] 火口箱. ❷ 感情をかき立てるもの.
yesera 女 石膏採掘場[工場].
yesería 女 石膏(ｾｯｺｳ)工場[細工(品)].
yesero, ra 形 石膏(ｾｯｺｳ)の. ── 男 女 左官；石膏業者.
yeso 男 ❶ 石膏(ｾｯｺｳ)；しっくい. ❷ 石膏像；ギプス.
yesón 男 石膏(ｾｯｺｳ)のかけら.
yesoso, sa 形 石膏(ｾｯｺｳ)の，石膏質の，石膏のような.
yesquero, ra 形 hongo ～〖植〗ホクチダケ. ── 男(火口(ﾎｸﾁ)を使う)点火器；《ラ米》ライター(➜ encendedor 地域差).
yeta 女《ラ米》(ｱﾙｾﾞﾝﾁﾝ)(ﾊﾟﾗｸﾞｱｲ)(ｳﾙｸﾞｱｲ)(ﾒｷｼｺ)不運，不幸.
yeti 男(ヒマラヤに住むとされる)雪男.
yeyuno 男〖解〗空腸.
Yihad / yihad [ジハ(ドゥ)] 女(イスラム教の)聖戦.

yo [ヨ(ジョ)] 代名《人称》[1人称単数，男女同形]〔英 I〕《主語》**私が[は]**. Soy *yo.* (誰と聞かれて)私よ. ► 他と対比させる場合，主語を強調する場合を除いては省略されることが多い. Ellos van a Barcelona, pero *yo* no voy. 彼らはバルセロナに行くけれども私は行かない. ── 男 自我，エゴ. ***yo de ti* [*usted, él* ...] / *yo que tú* [*usted, él* ...]**《話》私が君[あなた，彼…]なら.
yod 女 ❶ ヨッド：ヘブライ語字母の第10字(の音). ❷〖音声〗半母音・半子音の i.
yodado, da 形 ヨウ素を含んだ.
yodo 男〖化〗ヨウ素，ヨード. tintura de ～ ヨードチンキ.
yodoformo 男〖医〗ヨードホルム.
yoga 男〖宗〗ヨガ(の行). ── 女《ラ米》(ﾒｷｼｺ)短剣，短刀.
yogui / yoghi / yogi 男 女 ヨガの行者.
yogur / yogurt 男 ヨーグルト.
yola 女〖海〗ジョリー船，雑用船.
yoquey / yóquey 男 騎手，ジョッキー.
yoyo / yoyó 男〖商標〗ヨーヨー.
yterbio 男〖化〗イッテルビウム.
ytrio 男〖化〗イットリウム.
yuca 女〖植〗ユッカ；《ラ米》キャッサバ.
yucal 男 ユッカ農園；《ラ米》キャッサバ園.
Yucatán 固名 Península de ～ ユカタン半島：メキシコの半島.
yucateco, ca 形 男 女 ユカタン半島[州]の(人). ── 男 マヤ語を中心とした先住民の言葉.
yudo [日] 男 柔道.
yugada 女 ❶(2頭立ての家畜による)1日の可耕面積(約32ヘクタール). ❷ 2頭立ての家畜.
yugo 男 ❶(牛馬の)くびき. ❷(鐘をつるす)横木. ❸(婚姻のミサで花婿・花嫁のかぶる)ベール. ❹ 束縛，重圧. sacudirse el ～ 束縛から脱する. ❺[複]《ラ米》カフスボタン(➜ gemelo 地域差).
Yugoslavia 固名 ユーゴスラビア：セルビア・モンテネグロの旧称.
yugular 他 阻む，断つ. ── 形〖解〗頸(ｹｲ)(部)の. ── 女 頸部.
yunga 男[複]ユンガス：エクアドル・ペルー・ボリビアのアンデス山系にある谷間.
yunque 男 ❶ 金敷，金床. ❷〖解〗(耳の)砧(ｷﾇﾀ)骨. ❸ 根気[忍耐]強い人.
yunta 女 ❶➜ yugada ②. ❷[複]《ラ米》カフスボタン(➜ gemelo 地域差).
yuntería 女《集合的》農作業用家畜；その囲い場.
yuntero, ra 男 女 2頭立ての家畜を使う農民.
yuppie 形 男 女 ヤッピー(の).
yuquerí 男《ラ米》(ｱﾙｾﾞﾝﾁﾝ)〖植〗アカシア(の一種).
yurta 女(モンゴル遊牧民の)テント，パオ.
yuta 女《ラ米》(ｱﾙｾﾞﾝﾁﾝ)《話》警察(隊).
yute 男 ジュート[黄麻](で織った布).
yuxtaponer 75 他 並置[並列]する.
yuxtaposición 女 並置，並列；〖文法〗並置，並列.
yuxtapuesto, ta 形 並置された，並列された.
yuyal 男《ラ米》(ｱﾙｾﾞﾝﾁﾝ)(ﾊﾟﾗｸﾞｱｲ)(ｳﾙｸﾞｱｲ)(ﾁﾘ)雑草地

(帯).

yuyẹro, ra 男 女 《ラ米》(アルゼンチン)薬草売り.

yụyo 男 《ラ米》 (1)(中米)雑草, 野草. (2)(アルゼンチン)(パラグアイ)(ウルグアイ)(チリ)薬草, ハーブ.

Zz

Z, z [せタ] 女 スペイン語字母の第27字.

zabordạr 自 〖海〗座礁する.

zacatạl 男 《ラ米》(中米)(メキシコ)牧草地.

zacạte 男 《ラ米》 (1) 牧草；まぐさ；芝生 (→ césped 地域差). (2)(メキシコ)スポンジ；たわし.

zacatẹca 形 男 女 サカテカ族の(人).

zafạdo, da 形 ❶《話》頭のおかしい. ❷《ラ米》(中米)横柄な, 厚かましい. ── 女 《話》厚かましい[破廉恥な]行為.

zafadụra 女 《ラ米》(アルゼンチン)脱臼(だっきゅう).

zafadurịa 女 《ラ米》(アルゼンチン)(ウルグアイ)(パラグアイ)《話》横柄な言動, ずうずうしさ.

zafạr 自 合格する. ── **zafar*se*** 再 ❶《**de**》(…から) 免れる, 逃れる. ❷ (縄等が) 外れる. ❸《ラ米》(アルゼンチン)(ベネズエラ)(1) 脱臼(だっきゅう)する. (2)《話》無礼な態度を取る.

zafarrạncho 男 ❶〖海〗船上の片づけ. ～ de combate 戦闘準備. ❷《話》清掃, 掃除. ❸《話》騒ぎ, 混乱.

zafiedạd 女 粗野, 不作法.

zạfio, fia 形 男 女 粗野な(人).

zafịro 男 サファイア；サファイアブルー.

zạfra 女 ❶ 鉱滓(こうし), スラグ. ❷ 油を入れる缶. ❸ サトウキビの収穫(時期)；製糖.

zạga 女 後ろ, 後部；〖スポ〗後衛；(サッカー)ディフェンス. ***a la ～ / en ～*** 後ろに. ***no ir*le *a ... a la ～ / quedarse a la ～ de ...*** …に引けを取らない.

zagạl, gạla 男 女 ❶ 若者；娘. ❷ 若い羊飼い.

zaguạl 男 幅広の短い櫂(かい), パドル.

zaguán 男 玄関；(ビルの) 入り口ホール.

zaguẹro, ra 男 女 〖スポ〗後衛；ディフェンス, バックス.

zahareño, ña 形 ❶〖狩〗(鳥が) 飼いならしにくい. ❷ とっつきにくい.

zaherịr 98 他 非難する；嘲笑(ちょうしょう)する, 中傷する.

zahịna 女 〖植〗モロコシ(属).

zahón 男 [主に複] (農夫等がズボンの上から履く)オーバーズボン.

zahonạdo, da 形 (家畜の) 足の前面と後面の色が異なる.

zahorị 男 女 [複 ～(e)s] ❶ 透視力のある人；水脈占い師. ❷ 洞察力の強い人, 千里眼.

zahúrda 女 豚小屋；あばら屋.

zạida 女 〖鳥〗アネハヅル.

zạino, na / zaíno, na 形 ❶ (牛が) 黒一色の；(馬が) 濃いくり毛の. ❷ 腹黒い, 裏切り者の.

zalagạrda 女 ❶ 騒ぎ, 騒動；(見せかけの)けんか. ❷ 待ち伏せ, 不意打ち.

zalamerịa 女 お世辞, おだて.

zalamẹro, ra 形 男 女 お世辞のうまい(人), 言葉の巧みな(人).

zalẹa 女 羊の毛皮.

zalẹma 女 《話》❶ → zalamería. ❷ [複]うやうやしいおじぎ.

zamacụco, ca 男 女 《話》❶ ばか, うすのろ. ❷ 陰険な人. ── 男 《話》酔い.

zamacuẹca 女 〖音〗サマクエカ：チリの民族舞踊(曲).

zamạrra 女 ❶ 毛皮のジャケット[ベスト]. ❷ 羊の毛皮.

zamarreạr 他 ❶ (獲物を) くわえて振り回す. ❷ (人を) 小突き回す. ❸ (議論等で) やり込める.

zamarrịlla 女 〖植〗シソ科ヤマニガクサ.

zamạrro 男 ❶ → zamarra. ❷ [複]《ラ米》(コロンビア)(エクアドル)(ベネズエラ)→ zahón.

zạmba 女 〖音〗サンバ：ハンカチを振って踊るアルゼンチンの民俗舞曲.

zambạrdo 男 《ラ米》(アルゼンチン)(賭(か)け事の)つき；へま, ぶち壊し.

Zạmbia 固名 ザンビア：首都ルサカ Lusaka.

zạmbo, ba 形 男 女 ❶〖医〗X脚[外反膝(しつ)]の(人, 動物). ❷《ラ米》(1)(中米)黒人と先住民との混血の(人). (2) 縮れ毛の(人)(→ pelo 地域差).

zambọmba 女 〖音〗サンボンバ：張った革に刺した棒で音を出す楽器. ── 間 《驚き・感嘆》えっ.

zambombạzo 男 《話》殴打, パンチ；バーン[ドーン]という音.

zạmbra 女 ❶〖音〗サンブラ：スペイン, アンダルシア地方のロマ[ジプシー]の歌と踊り(の祭り). ❷《話》大騒ぎ, どんちゃん騒ぎ.

zambucạr 26 他 (物の間に) 素早く隠す.

zambullịda 女 ❶ (水中への) 飛び込み. ❷《ラ米》(アルゼンチン)(ウルグアイ)(サッカーのゴールキーパーが) 腕を伸ばしてボールをキャッチ[クリアー]すること.

zambullimiẹnto 男 → zambullida.

zambullịr 71 他 (水中に) 投げ込む；浸す. ── **zambullir*se*** 再 《**en**》❶ (水に) 飛び込む. ❷ (…に) 没頭する.

zamọra 男 〖スポ〗(シーズンの) 最少失点ゴールキーパー.

zamorạno, na 形 男 女 (スペインの) サモラの(人).

zampạr 他 ❶ がつがつと食べる. ❷ 投げつける. ❸ 素早く隠す. ❹ 浸す, つける. ── **zampar*se*** 再 ❶ がつがつと食べる. ❷《**en**》(…に) 許可なしに入る；紛れ込む.

zampatọrtas 男 女 [単複同形]《話》大食漢；大食らい.

zampón, pọna 形 男 女 大食らい(の), 大食漢(の).

zampọña 女 〖音〗サンポーニャ, パンフルート, 連管笛.

zamụro 男 《ラ米》(コロンビア)(ベネズエラ)〖鳥〗クロコンドル.

zanahọria 女 〖植〗ニンジン.

zạnca 女 ❶ (鳥の) 長い脚. ❷《話》長くて細い脚.

zancạda 女 大股(おおまた)の1歩. ***en dos ～s*** 《話》あっと言う間に.

zancadịlla 女 ❶ 足ばらい, 足がらみ. ❷ わな, 策略.

zancadilleạr 他 ❶ 足をはらう, 足を掛ける. ❷ わなにかける.

zancạjo 男 ❶ かかと(の骨). ❷ (靴下・靴の) かかと.

zancarrón 男 《話》❶ (肉をそいだ) 脚の骨. ❷ やせて見すぼらしい老人. ❸ 無知な教師.

zạnco 男 [主に複]竹馬, 高足.

Z

zancón, cona 形 ❶《話》脚の長い. ❷《ラ米》(ベネズエラ)(衣服の丈が)短い.

zancudo, da 形 ❶《話》脚の長い. ❷〖鳥〗渉禽(しょうきん)類の. ― 男《ラ米》〖昆〗カ. ― 女[複]〖鳥〗渉禽類.

zanfona / zanfonía / zanfoña 女〖音〗ハーディガーディ：鍵盤(けんばん)とハンドルの付いた弦楽器.

zanganada 女《話》不適切な[場違いな]言動.

zanganear 自《話》怠ける, のらくら遊び暮らす.

zángano, na 男 ❶ ミツバチの雄. ❷《話》怠け者；まぬけ, ぐず. ― 形 男 女《話》怠け者(の)；まぬけ(の), ぐず(の).

zangolotear 他 揺さぶる, 揺する. ― 自《話》そわそわする, うろうろする. ― **zangolotearse** 再《話》動き回る.

zangolotino, na 形《話》甘ったれの, 幼い.

zanguango, ga 形 男 女《ラ米》(アルゼンチン)(ウルグアイ)《話》怠惰な(人), 無気力な(人).

zanja 女 溝.

zanjar 他 ❶ …に溝を掘る. ❷ 解決する, けりをつける.

zanquear 自 ❶ 大股(おおまた)で歩く. ❷ ぎこちない歩き方をする.

zanquilargo, ga 形《話》《軽蔑》脚の長い.

zapa 女 ❶ 鋤(すき). ❷〖軍〗塹壕(ざんごう), 坑道. ❸ サメ皮；サメ皮状のもの. ***labor* [*trabajo*] *de* ～** 地下工作.

zapador 男〖軍〗工兵.

zapallada 女《ラ米》《話》(1)(アルゼンチン)まぐれ当たり, つき. (2)(ウルグアイ)ばかげたこと.

zapallo 男《ラ米》(南米)〖植〗ヒョウタン, カボチャ.

zapapico 男 つるはし.

zapar 自 他 鋤(すき)で掘る；〖軍〗塹壕(ざんごう)を掘る.

zapata 女 ❶〖機〗ブレーキシュー. ❷〖建〗受け木；楣(まぐさ). ❸ (家具の脚等の下に当てがう)パッド. ― 固名 [Z-] サパタ Emiliano Z～ (1879-1919)：メキシコの革命家・農民運動指導者.

zapatazo 男《話》靴で殴ること[音]；(靴が)強くぶつかること[音].

zapateado 男〖音〗サパテアード：フラメンコの足の踏み鳴らし.

zapatear 他 足で踏み鳴らす. ― 自 ❶ 足を踏み鳴らす；(フラメンコで)サパテアード zapateadoを踊る；タップダンスを踊る. ❷ (馬が)脚踏みをする；(ウサギが)前脚で地面をたたく.

Z **zapateo** 男 (フラメンコの)サパテアード zapateado；タップダンス.

zapatería 女 靴屋；製靴工場[業].

zapatero, ra 形 ❶ 靴(屋)の. ❷《話》(食べ物が)なかなかかみ切れない. ― 男 女 靴屋；靴職人. ― 男 ❶ 下駄箱. ❷〖昆〗アメンボ. ¡***Z～ a tus zapatos!*** 自分の持ち場をわきまえろ.

zapateta 女 飛びあがって靴を打つ[打ち合わせる]動作；(バレエの)カブリオール.

zapatiesta 女《話》大騒ぎ, 騒動.

zapatilla 女 ❶ スリッパ, 室内履き. ❷ (闘牛士の)靴；バレエシューズ；スニーカー. ❸ (ビリヤードのキューやフェンシングの剣の先につける)先革.

zapatista 形 サパタ主義(サパタ Zapata が指導したメキシコ農民運動)の, サパタ主義者の. ― 男 女 サパタ主義者.

zapato [さパト] 男 [英 shoe] **靴**, 短靴. un par de ～s 靴1足. ～ de tacón (alto) ハイヒール. ***no llegar*le *a … a la suela del* ～**《話》…の足元にも及ばない. ***saber dónde*** le ***aprieta el* ～** 自分の立場をよくわきまえている.

zape 間 ❶ (猫を追う声)シッ. ❷《驚き・不審》おやおや.

zapear 自 (テレビのリモコンで)ザッピングする. ― 他 (猫や人を)追い払う.

zaporrito, ta 男 女《ラ米》《話》太った人, でぶ(→ rechoncho 地域差).

zapote 男〖植〗サポジラ(の実), チューインガムノキ.

zapoteca / zapoteco 形 男 女 サポテカ(族)の(人). ― 男 サポテカ語.

zapping [さピン] [英] 男 ザッピング：(リモコンで)チャンネルを次々に替えること.

zaque 男 小さな革袋.

zaquizamí 男 [複 ～es] 屋根裏部屋；狭苦しい部屋.

zar 男〖史〗ツァー：ロシア皇帝等の称号. → zarina.

zara 女〖植〗トウモロコシ.

zarabanda 女 ❶〖音〗サラバンダ：16-17世紀にスペインで流行した舞曲. ❷《話》騒動, 大騒ぎ.

zaragata 女《話》騒動, けんか.

zaragatero, ra 形 男 女《話》乱暴な(人), けんかっ早い(人)；おべっかを使う(人).

zaragatona 女〖植〗オオバコ科の一年草.

Zaragoza 固名 サラゴサ：スペインの県；県都.

zaragozano, na 形 男 女 (スペインの)サラゴサの(人).

zaragüelles 男 複 ❶ (スペインのバレンシア・ムルシア地方の)幅広のズボン. ❷ (アラゴン地方の民族衣装で半ズボンの下に出す)白いズボン下.

zaranda 女 ふるい；濾(こ)し器.

zarandajas 女 複《話》つまらないこと, ささいなこと.

zarandear 他 ❶ ふるいにかける. ❷ 揺さぶる；もみくちゃにする.

zarandeo 男 ふるい分け；濾(こ)すこと；揺すること.

zarandillo 男 ❶ 小形のふるい[濾(こ)し器]. ❷ こまめに動き回る人；落ち着きのない人. ***llevar* [*traer*] *como un* ～** あちこち引っぱり回す.

zarapito 男〖鳥〗ダイシャクシギ.

zarazo, za 形《ラ米》(果物が)熟れかけの；ほろ酔い加減の. ― 女《ラ米》(ベネズエラ)綿布, 厚手の布.

zarceño, ña 形 イバラの(ような).

zarcillo 男 ❶ [複] イヤリング(→地域差). ❷〖植〗巻きひげ. 地域差 イヤリング zarcillos《スペイン》《ラ米》(ニカラグア)(ベネズエラ)(パラグアイ)；aretes (キューバ, ドミニカ共和国)(メキシコ)(グアテマラ, ニカラグア, コスタリカ, パナマ)(コロンビア)(エクアドル, ペルー, ボリビア)；argollas (キューバ)(ニカラグア, コスタリカ, パナマ)；aritos (ドミニカ共和国)(ホンジュラス, エルサルバドル)(コロンビア)；aros (キューバ)(チリ)(パラグアイ, アルゼンチン)；caravanas (ウルグアイ)；chapas (ニカラグア)；pantallas (プエルトリコ)；zares (コロンビア).

zarco, ca 形 (目等が) 明るい青色の.
zares 男 複 《ラ米》 イヤリング (➜ zarcillo 地域差).
zarigüeya 女 〖動〗 オポッサム；フクロネズミ.
zarina 女 〖史〗 帝政ロシアの皇后 [女帝]. ➜ zar.
zarismo 男 ロシア帝政の専制政治, ツァーリズム.
zarista 形 男 女 ロシア帝政の (支持者).
zarpa 女 ❶ 〖動〗 爪(つめ)のある脚；《話》 (人の) 手. ❷ 〖海〗 出航. ❸ 〖建〗 (城壁等の) 基礎. ***echar la ～ a ...*** …に爪をかける；…を手に入れる.
zarpar 自 錨(いかり)を揚げる；出航する.
zarpazo 男 ❶ 動物の鉤爪での一撃. ❷ (突然の) 悲劇, 災難.
zarpear 他 《ラ米》 (中米)(メキシコ)泥を跳ねかける [跳ね上げる].
zarria 女 ぼろ, ぼろ切れ.
zarza 女 〖植〗 キイチゴ；イバラ.
zarzal 男 キイチゴの茂み.
zarzamora 女 キイチゴの実, ブラックベリー.
zarzaparrilla 女 〖植〗 (1) スマイラックス, サルトリイバラ. (2) (強壮薬用の) サルトリイバラの根 (で作った飲み物).
zarzuela 女 サルスエラ：(1) 〖音〗 スペイン独特のオペレッタ. (2) 〖料〗 魚介類のトマト煮.
zarzuelero, ra 形 (歌劇) サルスエラ zarzuelaの (ような).
zarzuelista 男 女 サルスエラ zarzuela 作家 [作曲家].
¡zas! 《擬》 パッ, プツン；パン, ピシャッ.
zascandil 男 女 《話》 軽薄な人間, ちゃらんぽらんな人.
zascandilear 自 《話》 くだらないことをする.
zeda 女 ➜ zeta.
zedilla 女 ➜ cedilla.
zéjel 男 〖詩〗 セヘル：中世スペインのアラビア人たちが用いた詩型.
zen 〔日〕 形 禅 (宗) の. ── 男 禅, 座禅.
zenit 男 ➜ cenit.
zeolita 女 〖鉱〗 沸石, ゼオライト.
zepelín 男 ツェッペリン飛行船.
zeta 女 ❶ アルファベット z の名称. ❷ ゼータ (Ζ, ζ)：ギリシャ語アルファベットの第 6 字.
zeugma 男 〖文法〗〖修〗 くびき語法：同じ語を繰り返さずに省略する語法.
zigoto 男 〖生〗 接合子, 接合体.
zigzag 男 [複 ～(ue)s] ジグザグ.
zigzaguear 自 ジグザグに進む [動く].
zigzagueo 男 ジグザグな動き.
Zimbabue / Zimbabwe 固名 ジンバブエ：首都ハラレ Harare.
zinc 男 [複 zines] 〖化〗 亜鉛.
zíngaro, ra 形 男 女 ➜ cíngaro.
zipizape 男 《話》 けんか；口論.
zípper 〔ジペル〕 〔英〕 《ラ米》 ジッパー (➜ cremallera 地域差).
zircón 男 ➜ circón.
¡zis, zas! 《擬》 (物を連打するときの) バンバン, ガンガン；ゴツンゴツン.
zloty 男 ズロチ：ポーランドの通貨単位.
zoantropía 女 〖医〗 獣化妄想.
zócalo 男 ❶ 〖建〗 (1) (建物・像・柱の) 台座, 礎石. (2) (壁最下部の) 幅木. ❷ 〖地質〗 島棚. ❸ 《ラ米》 (1)(メキシコ)中央広場. (2) ソケット (➜ portalámparas 地域差).
zoco, ca 形 男 女 左利きの (人)；《ラ米》 片腕の (人). ── 男 (アラブ諸国の) 市場, スーク.
zodiacal 形 〖天文〗 黄道帯の, 獣帯の.
zodiaco / zodíaco 男 〖天文〗 黄道帯, 獣帯. los signos del ～ 黄道十二宮.
zona 〔ソナ〕 女 〔英 zone〕 ❶ **地帯**, 地区；圏, ゾーン. ～ azul ブルーゾーン (スペインの都市の駐車制限区域). ～ verde 緑地帯. ～ vinícola ブドウ生産地域. ❷ 〖地理〗 帯. ～ glacial [templada, tórrida] 寒帯 [温帯, 熱帯]. ～ subtropical 亜熱帯. ❸ 領域, 範囲. ❹ (バスケ) フリースローレーン.
zonal 形 帯の；ゾーンの.
zoncear 自 《ラ米》 (アルゼンチン)(ウルグアイ)(パラグアイ) 《話》 ばかなことをする, へまをやる.
zoncera 女 《ラ米》 (アルゼンチン)(ウルグアイ)(パラグアイ) 《話》 ばかげた [くだらない] こと.
zonda 男 ソンダ：アンデスからアルゼンチンの大草原に吹く熱風.
zonsear 自 《ラ米》 ➜ zoncear.
zonsera 女 《ラ米》 ➜ zoncera.
zonzo, za 形 男 女 まぬけな (人)；面白くない (人).
zoo 男 ➜ zoológico.
zoófago, ga 形 肉食 (動物) の. ── 男 女 肉食動物.
zoófito 男 植虫；[複] 植虫類.
zoogeografía 女 動物地理学.
zoólatra 形 動物崇拝の. ── 男 女 動物崇拝者.
zoolatría 女 動物崇拝.
zoología 女 動物学.
zoológico, ca 形 動物学 (上) の；動物の. ── 男 動物園.
zoólogo, ga 男 女 動物学者.
zoom 〔ス(ム)〕 〔英〕 男 〖写〗 ズーム (レンズ).
zoospermo 男 〖生〗 精虫, 精子.
zoospora 女 〖植〗 精胞子, 遊走子.
zootecnia 女 畜産学.
zopenco, ca 形 男 女 《話》 うすのろ (の), まぬけ (な).
zopilote 男 〖鳥〗 クロコンドル.
zoquete 男 ❶ 木片；木れんが. ❷ 《ラ米》 ソケット (➜ portalámparas 地域差). ── 形 男 女 《話》 まぬけ (の), とんま (な).
zorcico 男 ソルツィーコ：スペイン, バスク地方の歌と踊り.
zorongo 男 ❶ (スペイン, アラゴン・ナバラ地方の) 鉢巻き, バンダナ. ❷ 丸まげ, シニヨン. ❸ (フラメンコ) ソロンゴ.
zorrear 自 《話》 売春 [買春] する.
zorrera 女 ❶ キツネの穴. ❷ 煙の立ちこめた部屋.
zorrería 女 《話》 ずる賢さ, 抜けめなさ；卑怯(ひきょう)な行為.
zorrillo 男 ❶ 《ラ米》 〖動〗 スカンク (＝ mofeta). ❷ 子ギツネ.
zorro, rra 形 《話》 ずる賢い, 抜けめのない. ── 男 女 ❶ 〖動〗 キツネ. ❷ 《話》 ずる賢い人, 抜けめのない人. ── 男 ❶ キツネの毛皮 (のコート). ❷ [複] はたき. ── 女 《俗》 《軽蔑》 売春婦；尻軽女. ***estar hecho unos ～s*** 《話》 疲れきっている；使いものにならない. ***no tener ni zorra (idea)*** 《話》 全

Z

然知らない.
zorruno, na 形 キツネの(ような).
zorzal 男 ❶〘鳥〙ツグミ類, ヤドリギツグミ. ❷ずるい人, 抜けめのない人.
zote 形男女《話》物覚えの悪い(人), 鈍い(人).
zozobra 女 ❶〘海〙難破; 沈没. ❷不安, 心配. ❸失敗; 挫折(ざっ).
zozobrar 自 ❶〘海〙難破[沈没]する. ❷(計画等が)挫折(ざっ)する. ❸心配する.
zuavo 男〘史〙ズアーブ兵.
zueco 男 木靴; 木底[コルク]靴.
zulaque 男〘技〙封塗料, 封泥.
zulú 形男女[複 ~es]ズールー族の(人). ― 男〘言〙ズールー語.
zumaque 男〘植〙ウルシ.
zumba 女 ❶冷やかし, からかい. ❷(先導牛馬の首に付ける)大鈴. ❸《ラ米》殴打.
zumbador, dora 形 うなりをあげる, ぶんぶんいう. ― 男 ブザー.
zumbar 他《話》殴る. ― 自 うなりをあげる, ぶんぶんいう. ― **zumbarse** 再 ❶《話》殴り合う. ❷《話》《**de**》(…を)笑う, からかう. ***ir* [*salir*] *zumbando*** 《話》すっ飛んで行く.
zumbido 男 ぶんぶんいう音; 耳障りな音.
zumbón, bona 形男女《話》からかうのが好きな(人), おどけた(人).
zumo 男 ❶《スペイン》ジュース, 果汁(→地域差). ~ de naranja オレンジジュース. ❷もうけ, うまい汁. 地域差 ジュース zumo《スペイン》; jugo《ほぼラ米全域》.
zunchar 他 留め金[たが]で締める.
zuncho 男(補強用の)留め金, たが.
zurcido 男 繕い, かがり(目). ***un ~ de mentiras*** うその上塗り.
zurcir 112 他 ❶繕う, かがる. ❷取り繕う; うその上塗りをする. ***¡Que te zurzan!*** 《話》勝手にしろ, ご勝手に.
zurda 女 左手, 左足. ***a ~s*** 左手[左足]で.
zurdazo 男〘スポ〙左足のキック; 左パンチ.
zurdear 自(右手の代わりに)左手を使う.
zurdo, da 形 ❶左利きの. ❷左の. ― 男女 左利きの人. ***no ser ~*** 《話》ばかではない.
zurear 自(ハトが)クウクウ鳴く.
zureo 男(ハトの)鳴き声.
zurito, ta 形(ハトが)野生の. paloma *zurita* ヒメモリバト. ― 男 小型ワイングラス.
zuro, ra 形(ハトが)野生の.
zurra 女 ❶皮なめし. ❷《話》殴ること, 殴打. ***darse una ~*** 苦労する, 骨を折る; 重労働をする.
zurrapa 女 ❶おり, 沈殿物. ❷《話》《比喩的》くず, かす. ❸《話》下着についた大便の汚れ.
zurrar 他 ❶《話》殴る; (特に人前で)ひどくののしる. ❷(皮を)なめす. ❸《話》(議論で)やり込める. ― **zurrarse** 再《話》大便を漏らす. ***zurrar la badana*** 《話》殴りつける; 罵倒(ばっ)する.
zurriagar 66 他 むちで打つ.
zurriagazo 男 むち等で打つこと.
zurriago 男 ❶むち. ❷(独楽(こま)回しの)ひも.
zurriburri 男《話》騒ぎ; 混乱.
zurrón 男 ❶(羊飼い・猟師が食料や獲物を入れる)革袋. ❷(穀類の)殻, (果実の)外皮. ❸〘解〙羊膜.
zurullo 男 ❶塊, 粒. ❷《俗》糞(ふん).
zutano, na 男女《話》なにがし. fulano, mengano y ~ なんのだれそれ.
¡zuzo! 間《犬を追い払う声》しっ.

表現集

基本会話表現

■あいさつ■

おはようございます	Buenos días.
こんにちは	Buenas tardes.
こんばんは／おやすみなさい	Buenas noches.
やあ（時間帯に関係なく使える）	Hola.
お元気ですか	¿Cómo está usted?
元気かい	¿Cómo estás?
元気ですか	¿Qué tal?
とても元気です．あなたは	Muy bien. ¿Y usted?
はじめまして	Mucho gusto.
（男性［女性］が言う場合）	Encantado[da].
さようなら	Adiós.
また明日	Hasta mañana.
またあとで	Hasta luego.
また今度	Hasta la próxima.
楽しんでらっしゃい	Que lo pase(s) bien.
よい週末を	Que tenga(s) un buen fin de semana.
どうぞ，楽しい旅を	Que tenga(s) buen viaje.
ありがとう．あなたもね	Gracias. Usted también.

■電話でアポをとる■

もしもし（かける方）	Oiga.
はい（受ける方）	Dígame.
ゴメスさんをお願いします	¿Me puede poner con el Sr. Gómez?
そのままお待ちください	Espere un momento.; No cuelgue.
私のオフィスでお会いしましょう	Nos vemos en mi oficina.
何曜日がいいですか	¿Qué día le va bien?
火曜日はいかがですか	¿Qué tal el martes?
いつお会いしましょうか	¿Cuándo quedamos?
日時を決めませんか	¿Por qué no fijamos la fecha y la hora?

■依頼する■

手を貸してください	¿Puede echarme una mano?

一緒に来ていただけますか	¿Podría acompañarme?
この書類を日本語に翻訳してください	¿Podría traducir este documento al japonés?
予定をファックスしてください	¿Me podría enviar por fax el programa?
電話をいただけますか	¿Me podría llamar por teléfono?
召し上がってください	Sírvase, por favor.

■希望を言う■

今日はパエーリャが食べたいな	Hoy me apetece paella.
明日はサッカーの試合が見たいです	Mañana me gustaría ver un partido de fútbol.

■許可を求める■

ここは駐車していいですか	¿Se puede aparcar aquí?
タバコを吸ってもいいですか	¿Puedo fumar?

■拒否する■

私はとても多忙なんです	Estoy muy ocupado[da].
火曜日はだめです	El martes no puedo.
先約があります	Tengo un compromiso previo.
時間がありません	No tengo tiempo.

■苦情を言う■

部屋が通りに面していてとてもうるさいです	La habitación da a la calle y hay mucho ruido.
おつりが足りません	Oiga, me falta dinero de la vuelta.
スープがしょっぱすぎます	La sopa está demasiado salada.

■誘う■

夕食をごちそうします	Le [Te] invito a cenar.
今度食事でもどうですか	¿Qué le [te] parece si comemos juntos un día?
中華料理なんてどうですか	¿Que tal la comida china?
映画を見に行きますか	¿Quiere(s) ir al cine?
食事のあとは散歩しましょう	Vamos a dar un paseo después de comer.

■質問する■

ちょっと質問してもいいですか	¿Puedo hacerle una pregunta?
お名前はなんとおっしゃいますか	¿Cómo se llama usted?
どちらからいらっしゃいましたか	¿De dónde es usted?
あなたの電話番号を教えていただけますか	¿Me podría decir su número de teléfono?
この席はふさがっていますか	¿Está ocupado este asiento?
今，何時ですか	¿Qué hora es?
よいレストランを教えていただけますか	¿Me podría recomendar un buen restaurante?
このセーターはいくらですか	¿Cuánto cuesta este jersey?
ちょっと通してもらえますか	Déjeme pasar, por favor.
スーツケースを預かってもらえますか	¿Me podrían guardar la maleta?
コインロッカーはどこですか	¿Dónde está la consigna automática?
トイレはどこですか	¿Dónde está el baño?

■謝罪する■

ごめんなさい	Le [Te] pido perdón.
遅くなってすみません	Le [Te] pido disculpas por haber llegado tarde.

■祝福する■

おめでとうございます	Felicidades.; Enhorabuena.
誕生日おめでとう	Feliz cumpleaños.
結婚記念日おめでとう	Felicidades por el aniversario de su [tu] boda.
新年おめでとうございます	Feliz Año Nuevo.
乾杯	¡Salud!

■職業を言う■

私は会社員です	Soy empleado[da] de una empresa.
私は自営業です	Tengo un negocio.
私は自由業です	Trabajo por mi cuenta.
私はパートです	Trabajo por horas.

■好みを言う■

この色が気に入りました	Me gusta este color.
ブルーは好みの色です	El azul es mi color preferido.
コーヒーはブラックで飲みます	El café lo tomo solo.
紅茶にはお砂糖を入れません	Tomo té sin azúcar.

■注文する■

ビールを１杯お願いします	Una cerveza, por favor.
赤ワインを１本お願いします	Nos trae una botella de vino tinto, por favor.

■訂正する■

私が勘違いをしていました	Yo estaba equivocado[da].
出口はＢ２ではなくＢ７です	La salida no es la B2, sino la B7.

■伝える■

明日電話をくださいとのことです	Ha dicho que usted le llame mañana.
彼は先に行くとのことでした	Dijo que se iba antes.

■問い返す■

なに	¿Perdón?
いまなんて言われましたか	¿Cómo [Qué] dice(s)?
もう一度お願いします	¿Podría(s) decirlo de nuevo?
よく聞こえませんでした	No le [te] he oído bien.

■同意する■

はい、了解しました	Entendido.; Vale, vale.
喜んで	Con mucho gusto.
オーケーです	De acuerdo.
そのとおりです	Así es.

■ほめる■

歌が上手ですね	¡Qué bien canta usted!
料理がとても上手ですね	Usted cocina muy bien.
ネクタイがお似合いです	Le [Te] va muy bien la corbata.

■予定を言う■

水曜日はいつも泳ぎに行きます	Suelo nadar los miércoles.
土曜日の午後に伺います	Le voy a visitar el sábado por la tarde.
きょうの夜はオペラを見に行きます	Esta noche voy a ver una ópera.

■予約する■

鈴木という名前で席を予約したいのですが	Quisiera reservar un asiento a nombre de Suzuki.
バルセロナ行きを予約したいのですが	Quiero reservar un billete para Barcelona.
コンサートの券を 2 枚予約してください	¿Puede reservarme dos entradas del concierto?

■礼を言う■

どうもありがとう	Muchas gracias.
いろいろとお世話になりました	Muchas gracias por todo.
こちらこそ	A usted. ; A ti.
ご招待ありがとうございました	Muchas gracias por la invitación.
プレゼントありがとう	Muchas gracias por el regalo.
どういたしまして	No hay de qué.
（くだけた言い方）	De nada.
ご清聴ありがとうございました	Muchas gracias por su atención.

場面別会話表現

空港／駅／観光案内所／銀行／ホテル／
レストラン／郵便局／電話局／乗り物／観光／
買い物／娯楽／遺失物／病気／緊急事態

■空港■

入国

◇パスポートを見せてください	Enséñeme su pasaporte, por favor.
◇どちらからいらしたのですか	¿De dónde viene?
私は東京から来ました	Vengo de Tokio.
◇訪問の目的はなんですか	¿Cuál es el motivo de su

	viaje?
観光です／商用です	Para hacer turismo.／Por trabajo.
◇どれくらい滞在の予定ですか	¿Cuánto tiempo va a estar?
2日間です／1週間です	Dos días.／Una semana.
乗り継ぎするだけです	Soy pasajero[ra] de tránsito.
◇マドリードでの滞在先はどちらですか	¿Dónde se va a alojar en Madrid?
ソル・ホテルに滞在します	Voy a alojarme en el Hotel Sol.
税関	
◇何か申告するものがありますか	¿Tiene algo que declarar?
個人的なものばかりです	Sólo tengo objetos de uso personal.
道順	
荷物はどこで受け取れますか	¿Dónde se puede recoger la maleta?
観光案内所はどこですか	¿Dónde está la oficina de turismo?
スーツケースが来ていないんです	No ha llegado mi maleta.
町の中心へはどうやったら行けますか	¿Cómo se puede ir al centro de la ciudad?
◇タクシーかバスで行けますよ	Puede ir en taxi o en autobús.
駅［タクシー乗り場］はどこですか	¿Dónde está la estación [la parada de taxis]?
レンタカーの受付はどこですか	¿Dónde se puede alquilar un coche?
町の中心まで大体どのくらいの料金ですか	¿Cuánto cuesta más o menos hasta el centro?
ソル・ホテルまでお願いします	Al Hotel Sol, por favor.
空港でのチェックイン	
予約の確認をお願いします	Quiero confirmar la reserva de mi vuelo.
禁煙席をお願いします	Un asiento para no fumadores, por favor.
通路側［窓側］の席にしてください	Quiero un asiento que esté al lado del pasillo [de la ventana].

■駅■

切符

切符はどこで買えますか	¿Dónde se puede sacar billete?
◇正面の窓口です	En la ventanilla que está enfrente.
マドリードまで2等を2枚お願いします．10時発の列車です	Dos billetes de segunda para Madrid, por favor. El que sale a las diez.
サラマンカまで往復2枚お願いします	Dos billetes de ida y vuelta para Salamanca, por favor.
◇喫煙席ですか，禁煙席ですか	¿Asientos de fumadores o no fumadores?
禁煙席をお願いします	De no fumadores, por favor.
座席指定をお願いします	Quiero reservar el asiento también.

乗り換え

乗り換えなければなりませんか	¿Hace falta hacer transbordo?
この列車はマドリードでセビーリャ行きと接続しますか	¿Este tren empalma en Madrid con el que va a Sevilla?

時刻

何時にマドリード行きの列車がありますか	¿A qué hora hay trenes para Madrid?
◇15時10分にタルゴがあります	Hay un Talgo a las 15.10.
午後にバリャドリード行きの列車はありますか	¿Hay algún tren para Valladolid por la tarde?

ホーム

何番ホームから列車は出ますか	¿De qué andén sale el tren?

到着

グラナダには何時に着きますか	¿A qué hora tiene prevista la llegada a Granada?

■観光案内所■

依頼

お尋ねしたいことがあるのですが	Quisiera preguntar una cosa.
町の地図をください	¿Me puede dar el plano de la ciudad?

予約

ここでホテルの予約はできますか	¿Se puede reservar aquí el hotel?
よいホテルを推薦してもらえますか	¿Me podría recomendar algún hotel bueno?
ダブルを 2 部屋予約したいのですが	Quiero reservar dos habitaciones dobles.
ホテルまでどのくらい時間がかかりますか	¿Cuánto tiempo se tarda hasta el hotel?
市内観光ツアーに参加したいのですが	Quiero participar en la visita turística de la ciudad.
グラナダ行きの便を予約したいのですが	Quiero reservar un vuelo para Granada.

情報

催し物のパンフレットはありますか	¿Hay folletos de eventos?

■銀行■

両替

100ドルをユーロに両替してください	Quiero cambiar cien dólares en euros.
100ユーロを10ユーロ紙幣に両替してくれますか	¿Me puede cambiar cien euros en billetes de diez?
小銭も入れてください	¿Me podría dar monedas también?
10ユーロを貨幣に両替してくれますか	¿Me puede cambiar diez euros en monedas?

為替

今日のレートはどうなっていますか	¿A cómo está el tipo de cambio hoy?
10万円は何ユーロになりますか	¿Cuántos euros se puede comprar con cien mil yenes?

手数料

手数料はかかりますか	¿Cobran la comisión?
◇ええ，1 パーセントかかります	Sí, le cobramos el 1%.

トラベラーズチェック

トラベラーズチェックをユーロに換えたいのですが	Quiero cambiar cheques de viajero en euros.

■ホテル■

空室

今晩部屋はありますか	¿Tienen habitaciones para esta noche?

タイプ

バス付きの部屋を探しています	Necesito una habitación con baño.
100ユーロ以下のバス付きのシングルをお願いします	Una habitación individual con baño que cueste menos de cien euros, por favor.
ツインをお願いします	Una habitación con dos camas, por favor.
海に面した部屋をお願いします	¿Me podría dar una habitación que dé al mar?
エキストラベッドをお願いできますか	¿Podrían poner una cama extra?

値段

朝食は付いていますか	¿Con desayuno?; ¿Está incluido el desayuno?
税金とサービス料は込みですか	¿Están incluidos el impuesto y el servicio?
1泊いくらですか	¿Cuánto cuesta una noche?
もう少し安い［広い］部屋はありますか	¿Hay habitaciones más baratas [grandes]?

チェックイン

チェックインをお願いします	Quisiera registrarme.
伊藤の名前で今日の予約をしてあるのですが	Tengo una reserva para hoy a nombre de Ito.
旅行代理店を通じて予約しました	Hice la reserva a través de una agencia de viajes.
ファックスで［Eメールで］予約しました	Hice la reserva por fax [por correo electrónico].
朝食はどこでとれますか	¿Dónde se puede desayunar?
朝食は何時からですか	¿Desde qué hora se puede desayunar?
チェックアウトは何時ですか	¿A qué hora tengo que desocupar la habitación?
荷物を部屋まで運んでください	¿Podría llevar mis maletas hasta la habitación?

フロント

102号室の鍵(かぎ)をお願いします	La llave de la habitación ciento dos, por favor.
セイフティボックスはありますか	¿Hay cajas de seguridad?
切手はありますか	¿Hay sellos?
私宛てのメッセージはありますか	¿Hay algún mensaje para mí?
明朝８時に起こしてください	¿Me podría despertar mañana a las ocho de la mañana?
このツアーを予約してもらえますか	¿Me puede hacer una reserva para esta excursión?
ホテルの電話番号を教えてくださいますか	¿Me podría decir el número de teléfono del hotel?

ルームサービス

ルームサービスをお願いします	Servicio a habitación, por favor.
部屋の番号は508です	Mi habitación es quinientos ocho.
朝食を部屋に持ってきてくださいますか	¿Me podría traer el desayuno a mi habitación?
明朝７時に（朝食を）持ってきてください	Tráigamelo mañana a las siete.
このスーツをプレスしてください	¿Podría planchar este traje?
明日の朝までにお願いします	Antes de mañana por la mañana, por favor.
できるだけ早くお願いします	Lo más pronto posible, por favor.
洗濯物をお願いしたいのですが	Quisiera mandar ropas a la lavandería.

トラブル

部屋を換えていただけますか	¿Me podrían cambiar la habitación?
トイレの水が流れません	Está atascado el retrete.
トイレットペーパーがありません	No hay papel higiénico.
お湯が出ません	No sale agua caliente.
暖房が故障しています	No funciona la calefacción.
鍵(かぎ)を部屋に置いたまま閉めてしまいました	Dejé la llave en la habitación.

鍵をなくしてしまいました	He perdido la llave.
チェックアウト	
チェックアウトをお願いします	Quisiera irme del hotel.
クレジットカードは使えますか	¿Se puede pagar con tarjeta de crédito?
セイフティボックスを解約したいのですが	Quiero cancelar la caja de seguridad.
荷物を取りに来てもらえますか	¿Podría mandar a un botones para bajar el equipaje?
荷物を夕方まで預かってもらえますか	¿Puede guardar mi equipaje hasta la tarde?
タクシーを呼んでください	¿Podría llamar a un taxi?

■レストラン■

席	
9時に予約した鈴木です	Tengo una reserva a las nueve a nombre de Suzuki.
2人分の席はありますか	¿Hay una mesa para dos?
中庭に面した窓側の席をお願いします	Una mesa al lado de la ventana que da al patio, por favor.
ここは空いていますか	¿Está libre esta mesa?
注文	
お願いします	Por favor.
メニューをお願いします	Tráiganos la carta, por favor.
飲み物のリストをお願いします	Tráiganos la carta de bebidas, por favor.
お勧めの料理はなんですか	¿Qué platos nos recomienda?
どのワインがお勧めですか	¿Qué vino nos recomienda?
本日の定食はありますか	¿Hay menú del día?
この店の自慢料理はどれですか	¿Cuál es la especialidad de la casa?
これをください	Voy a tomar este plato.
炭酸なしのミネラルウォーターを1本ください	Una botella de agua mineral sin gas, por favor.
私は1皿目はアスパラガス，2皿	Yo voy a tomar espárragos

目はタイにします	de primero, y besugo de segundo.
赤ワインをもう1本持ってきてくれますか	Tráiganos otra botella de vino tinto, por favor.

苦情

注文した料理がまだこないのですが	Todavía no me han traído el plato que pedí.
これは注文していません	No he pedido este plato.

支払い

お勘定をお願いします	La cuenta, por favor.
とてもおいしかったです	Estaba muy rica la comida.
おつりは要りません	Quédese con el cambio.
別々にお勘定をお願いします	¿Nos puede cobrar por separado?
計算が違っています	Me parece que hay un error en la cuenta.
テークアウトします	Para llevar, por favor.

■郵便局■

すみません，小包を日本に送るにはどうすればいいのですか	Perdone, ¿para enviar un paquete a Japón?
◇4番の窓口に行ってください	Vaya a la ventanilla cuatro.
このはがきを航空便で日本へ送りたいのですが	Quiero enviar por avión esta tarjeta a Japón.
速達でお願いします	Una carta urgente, por favor.
記念切手はありますか	¿Hay sellos bonitos?
この小包を日本へ送りたいのですが	Quiero enviar este paquete a Japón.
中身は書籍［贈答品］です	Es un libro [un regalo].

■電話局■

日本まで国際電話をかけたいのですが	Quisiera hacer una llamada internacional a Japón.
◇テレフォンカードでおかけになれます．テレフォンカードはお持ちですか	Con la tarjeta usted puede llamar. ¿Tiene tarjeta telefónica?
日本にかけるにはどうすればいいのですか	¿Para llamar a Japón?
◇最初に00を回して，それから81を回してください	Marque primero el 00 [cero cero] y luego el 81.

■乗り物■

行き先

トレド行きのバスはどこから出ますか	¿De dónde sale el autobús para Toledo?
この電車は中央駅へ行きますか	¿Este tren va a la estación central?
このバスはスペイン広場を通りますか	¿Este autobús pasa por la Plaza de España?
何番のバスですか	¿Qué número de autobús?
どこで降りたらいいですか	¿Dónde me tengo que bajar?
乗り換えが必要ですか	¿Hay que hacer transbordo?
どこで乗り換えたらいいですか	¿Dónde hay que cambiar de tren?

タクシー

ソル・ホテルまでお願いします	Al Hotel Sol, por favor.
ここで降ろしてください	¿Me puede dejar aquí?

列車

この列車はグラナダへ行きますか	¿Va a Granada este tren?
この列車はアランフェスに停車しますか	¿Este tren para en Aranjuez?
この席はふさがっていますか	¿Está ocupado este asiento?
この列車には食堂車がついていますか	¿Lleva vagón restaurante este tren?
私のは指定券です	Tengo un asiento reservado.
トレドまで時間はどのくらいかかりますか	¿Cuánto tiempo se tarda hasta Toledo?

地下鉄

切符はいくらですか	¿Cuánto vale el billete?
◇片道切符は１ユーロです	Un billete sencillo vale un euro.
地下鉄の地図を１部いただけますか	¿Me da un plano del metro?
電車とバスではどちらが安いですか	¿Cuál es más económico, el autobús o el tren?
◇バスの方が安いでしょう	El autobús será más económico que el tren.

■観光■

案内

日本語のガイド付きツアーはありますか	¿Hay una excursión con un guía que hable japonés?
見学の時間はどのくらいかかりますか	¿Cuánto tiempo dura la visita?

入り口

入り口はどちらですか	¿Dónde está la entrada?
入場券はいくらですか	¿Cuánto vale la entrada?
大人２枚と子供１枚ください	Dos adultos y un niño, por favor.
学割はありますか	¿Hay descuento para estudiantes?

開館時間

今日は何時まで開いていますか	¿Hasta qué hora está abierto hoy?

撮影

ここでは写真撮影をしてもいいですか	¿Se puede hacer unas fotos aquí?
フラッシュをたいてもいいですか	¿Se puede usar el flash?
写真を撮っていただけませんか	¿Podría sacarme una foto?
ここを押してください	Apriete este botón.
あなたの写真を撮っていいですか	¿Me permite sacarle una foto?

道案内

あの，すみません．ここはどこですか	Oiga, por favor. Dígame dónde me encuentro.
あの，すみませんが，アルハンブラ宮殿は遠いですか	Oiga, por favor, ¿está lejos la Alhambra?
アルハンブラ宮殿はどこですか	¿Dónde está la Alhambra?
大聖堂へはどういうふうに行けばいいのですか	¿Por dónde se va a la catedral?
この近くに薬局はありますか	¿Aquí cerca hay farmacias?
歩いて行けますか	¿Se puede ir a pie?

■買い物■

売り場

すみませんが，靴は何階で売っていますか	Por favor, ¿en qué planta venden zapatos?
サフランはどこに売っていますか	Oiga, ¿dónde venden azafrán?

選ぶ

ちょっと見て回っていいですか	¿Puedo mirar?
これを見せてくださいますか	Enséñeme esto, por favor.
ウインドーに飾ってあるハンドバッグを見せてください	Déjeme ver el bolso que está en el escaparate.
ほかのも見せてもらえますか	Enséñeme otros, por favor.

色

これと同じもので赤はありますか	¿Lo tiene [hay] de color rojo del mismo modelo?
色違いのものはありますか	¿Hay de otros colores?

サイズ

自分のサイズが分かりません (服)	No sé mi talla.
(靴)	No sé mi número.
ひとつ大きいサイズはありますか	¿Hay de una talla más grande?
このブルゾンを試着してもいいですか	¿Me puedo probar esta cazadora?

市場で

オレンジはおいしいですか	¿Están buenas las naranjas?
オレンジを 1 キロください	Póngame un kilo de naranjas.

支払い

いくらですか	¿Cuánto vale [cuesta]?
これはいくらですか	¿Cuánto es esto?
このバッグにします	Me quedo con este bolso.
100ユーロでおつりはありますか	¿Tiene cambio de cien euros?
クレジットカードで支払いはできますか	¿Se puede pagar con tarjeta?

■娯楽■

プレイガイド

今週のレジャーガイドはありますか	¿Tiene la guía del ocio para esta semana?
タンゴショーを見たいのですが	Quisiera ver un espectáculo del tango.
ナイトツアーに参加したいのですが	Quisiera participar en la visita nocturna.

チケット

今夜のチケットはまだありますか	¿Quedan todavía entradas para esta noche?
チケットはどこで買うのですか	¿Dónde se pueden sacar las entradas?

服装

正装しなければなりませんか	¿Se tiene que ir en traje de gala?

美容院

美容院に行きたいのですが	Quisiera ir a la peluquería.
カットをお願いします	¿Puede cortarme el pelo?
この髪型にしてください	Quiero que me hagan este peinado.
パーマをかけてください	¿Puede hacerme la permanente?

■遺失物■

紛失

パスポート［クレジットカード］をなくしました	He perdido el pasaporte [la tarjeta de crédito].

盗難

トラベラーズチェック［財布］を盗まれました	Me robaron los cheques de viajero [la cartera].

忘れ物

ハンドバッグをタクシーに忘れました	Me dejé el bolso en el taxi.
かさを地下鉄に忘れてしまいました	Me olvidé el paraguas en el metro.

対処

カードを無効にしてください	¿Podría cancelar mi tarjeta?
カードを再発行してください	¿Pueden expedir de nuevo la tarjeta?
盗難証明書を発行してください	¿Me podría dar una copia de la denuncia?
遺失物係はどこですか	¿Dónde está la oficina de objetos perdidos?
警察署はどこですか	¿Dónde está la comisaría de policía?
日本大使館に連絡してください	¿Podría avisar a la Embajada de Japón?

■病気■

病院

医者に診てもらいたいのですが　Quisiera consultar a un médico.

医者を呼んでもらえますか　¿Me podría llamar a un médico?

この近所に病院はありますか　¿Hay algún hospital aquí cerca?

病院に連れて行ってください　Lléveme al hospital.

症状

気分が悪いのですが　Me siento mal.

かぜをひきました　He cogido un resfriado.

頭痛がします　Me duele la cabeza.; Tengo dolor de cabeza.

胃が痛みます　Me duele el estómago.

奥歯が痛いのです　Me duelen las muelas.

熱があります　Tengo fiebre.

下痢をしています　Estoy con diarrea.

けがをしました　Tengo una herida.

右手をやけどしました　Me he quemado la mano derecha.

足首をねんざしました　Me he torcido el tobillo.

歯痛用の鎮痛剤はありますか　¿Tiene calmante para el dolor de muelas?

何錠飲むのですか　¿Cuántas pastillas tengo que tomar?

■緊急事態■

救急車を呼んでください　Llame a la ambulancia.

警察を呼んでください　Llame a la policía

火事だ　¡Fuego!

助けて　¡Socorro!; ¡Auxilio!

危ない　¡Ojo!; ¡Cuidado!

あっちへ行って　¡Váyase de aquí!; ¡Fuera!

時刻表現と数の数え方

■時刻の言い方■

いま何時ですか	¿Qué hora es?
1時です	Es la una.
1時15分です	Es la una y cuarto.
2時半です	Son las dos y media.
5時10分です	Son las cinco y diez.
5時5分前です	Son las cinco menos cinco.
2時20分前です	Son las dos menos veinte.

■数の数え方■

0	cero	21	veintiuno	200	doscientos[tas]
1	uno	22	veintidós	300	trescientos[tas]
2	dos	23	veintitrés	400	cuatrocientos[tas]
3	tres	24	veinticuatro	500	quinientos[tas]
4	cuatro	25	veinticinco	600	seiscientos[tas]
5	cinco	26	veintiséis	700	setecientos[tas]
6	seis	27	veintisiete	800	ochocientos[tas]
7	siete	28	veintiocho	900	novecientos[tas]
8	ocho	29	veintinueve	1.000	mil
9	nueve	30	treinta	2.000	dos mil
10	diez	31	treinta y uno	3.000	tres mil
11	once	32	treinta y dos	4.000	cuatro mil
12	doce	33	treinta y tres	5.000	cinco mil
13	trece	40	cuarenta	10.000	diez mil
14	catorce	50	cincuenta	100.000	cien mil
15	quince	60	sesenta	1.000.000	un millón
16	dieciséis	70	setenta	10.000.000	diez millones
17	diecisiete	80	ochenta	100.000.000	cien millones
18	dieciocho	90	noventa		
19	diecinueve	99	noventa y nueve		
20	veinte	100	cien, ciento		

① cien〈+名詞〉：cien años（100年）

②101-199は ciento を使う：ciento ocho（108），ciento treinta（130）

③200-900は女性形がある

④ mil は基数として使われる場合は単数形：ocho mil（8.000）

⑤ un millón **de** yenes（100万円）

ホテル予約のEメール・ファックス

Rte. Taro SUZUKI
1-2-3, . . .
Tama – shi, Tokio, Japón, CP: 206 – 08XX
TEL INT. 81-3-5331-1234
FAX INT. 81-3-5331-1235
E-mail: trszk@hotmail.com

Asunto: Reserva de una habitación individual

Tokio, 1 de octubre de 2004

Hotel Sol
Tel: 91 548 19xx
Fax: 91 541 39xx
C/Sol, 4
Madrid: 280xx

Estimados señores:

A través de Internet he encontrado su hotel. El próximo mes de noviembre tengo previsto ir a Madrid, por lo que quisiera hacer una reserva con los siguientes datos.

Nombre y Apellido: Taro SUZUKI
Fecha de llegada: 14 de noviembre de 2004
Fecha de salida: 20 de noviembre de 2004 (6 noches)
Una habitación individual
Número de tarjeta de crédito: 49XX 1234 5678 90XX (VISA)
Fecha de caducidad: Febrero de 2006

Llegaré a Madrid en la mañana del 14 de noviembre en el vuelo IB12xx. Estaría agradecido si me hiciesen saber si tienen una habitación disponible por dichas fechas, así como las tarifas (impuestos incluidos).

Sin otro particular, les saluda atentamente.

Taro SUZUKI (署名)

発信者：鈴木太郎

〒206-00xx

東京都多摩市…1-2-3

TEL INT. 81-3-5331-1234

FAX INT. 81-3-5331-1235

E-mail: trszk@hotmail.com

件名：シングルルームの予約

2004年10月1日　東京

ソルホテル御中

Tel: 91 548 19xx

Fax: 91 541 39xx

ソル通り4番地

マドリード　280xx

インターネットで貴ホテルを知りました．来たる11月にマドリードへ行く予定です。以下の内容で予約をお願いしたいのでよろしくお願い致します．

氏名：鈴木太郎

到着日：2004年11月14日

出発日：2004年11月20日（6泊）

シングルを1部屋

クレジットカード番号： 49XX 1234 5678 90XX (VISA)

期限：2006年2月

マドリードには11月14日の朝に IB12xx 便で到着の予定です．上記の日に空室があるどうか，それと料金（税込み）をお知らせいただければ幸いです．

以上，用件のみにて失礼致します．

鈴木太郎（署名）

組織・制度等略語

AA　*A*erolíneas *A*rgentinas アルゼンチン航空

ACNUR　*A*lto *C*omisariado de las *N*aciones *U*nidas para los *R*efugiados（英：UNHCR）国連難民高等弁務官事務所

ADN　*á*cido *d*esoxirribo*n*ucleico（英：DNA）デオキシリボ核酸

AEB　*A*sociación *E*spañola de *B*anca privada スペイン民間銀行組合

AECI　*A*gencia *E*spañola de *C*ooperación *I*nternacional スペイン国際協力庁

AEE　*A*gencia *E*spañola del *E*spacio スペイン宇宙庁

AELC　*A*sociación *E*uropea de *L*ibre *C*omercio（英：EFTA）欧州自由貿易連合

AFE　*A*sociación de *F*utbolistas *E*spañoles スペインサッカー選手組合

AGAAC　*A*cuerdo *G*eneral sobre *A*ranceles *A*duaneros y *C*omercio（英：GATT）関税及び貿易に関する一般協定

AI　*A*mnistía *I*nternacional アムネスティ・インターナショナル

ALFAL　*A*sociación de *L*ingüística y *F*ilología de *A*mérica *L*atina ラテンアメリカ言語学・文献学学会

APA　*A*sociación de *P*adres de *A*lumnos 父兄連盟［スペイン］

AVE　*A*lta *V*elocidad *E*spañola スペイン高速鉄道

AVIACO　*Avia*ción y *Co*mercio アビアコ航空［スペインの航空会社］

AVIANCA　*A*ero*vía*s *N*acionales de *C*olombi*a*, S.A. アビアンカ航空

Banesto　*Ban*co *Es*pañol de Crédi*to* スペイン債券銀行

BCE　*B*anco *C*entral *E*uropeo 欧州中央銀行［欧州連合］

BEI　*B*anco *E*uropeo de *I*nversiones 欧州投資銀行［欧州連合］

BID　*B*anco *I*nteramericano de *D*esarrollo アメリカ開発銀行

BOE　*B*oletín *O*ficial del *E*stado 官報［スペイン］

BUP　*B*achillerato *U*nificado *P*olivalente スペインの中等教育課程

CAP　*C*ertificado de *A*ptitud *P*edagógica 教員適性証明書［スペイン］

CARICOM〔英〕Comunidad y Mercado del Caribe カリブ共同体

CCOO　*C*omisiones *O*breras 労働者委員会［スペイン］

CEE　*C*omisión *E*conómica para *E*uropa（英：ECE）欧州経済委員会［国連］

CEOE　*C*onfederación *E*spañola de *O*rganizaciones *E*mpresariales スペイン企業連盟

CEPAL　*C*omisión *E*conómica *p*ara *A*mérica *L*atina y el Caribe ラテンアメリカ・カリブ経済委員会［国連］

CEPSA　*C*ompañía *E*spañola de *P*etróleos, *S.A.* スペイン石油株式会社

CEPYME　*C*onfederación *E*spañola de la *P*equeña *y* *M*ediana *E*mpresa スペイン中小企業連盟

CESE　*C*omité *E*conómico y *S*ocial *E*uropeo（英：ECSC）欧州経済社会評議会［欧州連合］

CIF　*C*ódigo de *I*dentificación *F*iscal 納税者コード［スペイン］

CIU　*C*onvergència *i* *U*nió カタルーニャ同盟（集中と統一）：スペインの政党］

CNT　① *C*onfederación *N*acional del *T*rabajo 国家労働連盟［スペイン］② *C*onfederación *N*acional de *T*rabajadores 国家労働者連盟［コロンビア］

COE　*C*omité *O*límpico *E*spañol スペインオリンピック委員会

COI　*C*omité *O*límpico *I*nternacional（英：IOC）国際オリンピック委員会

COPE　*C*adena de *O*ndas *P*opulares *E*spañolas スペイン民間放送網［ラジオ放送局］

COU　*C*urso de *O*rientación *U*niversitaria 大学予備課程［スペイン］

CP　*C*ódigo *P*ostal 郵便番号［スペイン］

CSIC　*C*onsejo *S*uperior de *I*nvestigaciones *C*ientíficas 科学研究高等会議［スペイン］

CSIF　*C*onfederación de *S*indicatos *I*ndependientes de *F*uncionarios 公務員独立労働組合［スペイン］

CTNE	Compañía Telefónica Nacional de España スペイン国営電話会社
DELE	Diploma de Español como Lengua Extranjera 外国語としてのスペイン語証書
DF	Distrito Federal 連邦区［メキシコ］
DGT	Dirección General de Tráfico 総合交通局［スペイン］
DNI	Documento Nacional de Identidad 身分証明書［スペイン］
DRAE	Diccionario de la Real Academia Española スペイン王立アカデミー辞書
DVD	Disco de Vídeo Digital デジタルビデオディスク
DYA	'Detente y Ayuda' una asociación para la ayuda en carretera 「止まれ，助けよ」道路救助連盟［スペイン］
ESCAP〔英〕	Comisión Económica y Social para Asia y el Pacífico アジア太平洋経済社会委員会［国連］
ECU〔英〕	Unidad de Cuenta Europea 欧州通貨単位
EE. UU.	Estados Unidos de América アメリカ合衆国
EGB	Educación General Básica 一般基礎教育［スペイン］
ELE	Español Lengua Extranjera 外国語としてのスペイン語
EMT	Empresa Municipal de Transportes 市営交通会社［スペイン］
Enagas	Empresa Nacional de Gas 国営ガス会社［スペイン］
ENDESA	Empresa Nacional de Electricidad, S.A. 国営電力株式会社［スペイン］
ENSIDESA	Empresa Nacional de Siderurgia, S.A. 国営製鉄株式会社［スペイン］
EPA	Educación Permanente de Adultos 成人生涯教育［スペイン］
ESO	Enseñanza Secundaria Obligatoria 中等義務教育［スペイン］
ETA	Euskadi ta Askatasuna (País Vasco y Libertad) バスク祖国と自由［バスク地方の独立を求める非合法組織］
FAO〔英〕	Organización de las Naciones Unidas para la Agricultura y la Alimentación 食糧農業機関［国連］
FARC	Fuerzas Armadas Revolucionarias Colombianas コロンビア革命武装軍
FECOM	Fondo Europeo de Cooperación Monetaria（英：EMCF）欧州通貨協力基金
FED	Fondo Europeo de Desarrollo（英：EDF）欧州開発基金
FEDER	Fondo Europeo de Desarrollo Regional（英：ERDF）欧州地域開発基金
FETE	Federación Española de Trabajadores de la Educación スペイン教育労働者連盟
FEVE	Ferrocarriles de Vía Estrecha 狭軌鉄道［スペイン］
FIDA	Fondo Internacional de Desarrollo Agrícola（英：IFAD）国際農業開発基金
FIFA	Federación Internacional de Fútbol Asociación 国際サッカー連盟
FITUR	Feria Internacional del Turismo 国際観光見本市［スペイン］
FM	Frecuencia Modulada ＦＭ放送
FMI	Fondo Monetario Internacional（英：IMF）国際通貨基金
FP	Formación Profesional 職業教育［スペイン］
FSLN	Frente Sandinista de Liberación Nacional サンディニスタ民族解放戦線［ニカラグア］
GAL	Grupo Antiterrorista de Liberación 反テロ解放グループ［スペイン］
GATT〔英〕	➡ AGAAC
GEO	Grupo Especial de Operaciones 警察の特殊部隊［スペイン］
GRAPO	Grupos de Resistencia Antifascista Primero de Octubre 10月1日反ファシスト抵抗グループ［スペイン］
HB	Herri Batasuna バスク人民連合［スペインの政党］
IATA〔英〕	Asociación Internacional del Transporte Aéreo 国際航空輸送連盟
IB	Iberia, Líneas Aéreas de España, S.A. イベリアスペイン航空株式会社
ICEX	Instituto Español de Comercio Exterior スペイン貿易協会

ICI	Instituto de Cooperación Iberoamericana イベロアメリカ協力協会［スペイン］
ICONA	Instituto Nacional para la Conservación de la Naturaleza 国立自然保護協会［スペイン］
INE	Instituto Nacional de Estadística 国立統計協会［スペイン］
INEM	Instituto Nacional de Empleo 国立雇用協会［スペイン］
INSALUD	Instituto Nacional de la Salud 国立保健協会［スペイン］
INSERSO	Instituto Nacional de Servicios Sociales 国立社会奉仕協会［スペイン］
Interpol〔英〕	Organización Internacional de Policía Criminal インターポール（国際刑事警察機構）
IPC	Índice de Precios al Consumo 消費者物価指数［スペイン］
IRPF	Impuesto sobre la Renta de las Personas Físicas 個人所得税［スペイン］
IRYDA	Instituto Nacional para la Reforma y Desarrollo Agrario 国立農業改革・開発協会［スペイン］
ITV	Inspección Técnica de Vehículos 自動車技術検査（車検）［スペイン］
IU	Izquierda Unida 統一左翼［スペイン］
IVA	Impuesto sobre el Valor Añadido 付加価値税［スペイン］
JJ. OO.	Juegos Olímpicos オリンピック［スペイン］
LODE	Ley Orgánica Reguladora del Derecho a la Educación 教育権利調整基本法
LPA	Ley del Proceso Autonómico 自治プロセス法［スペイン］
LRU	Ley para la Reforma Universitaria 大学改革法［スペイン］
MERCOSUR	Mercado Común del Sur 南米南部共同市場
MIR	Médico Interno Residente 寄宿インターン医師［スペイン］
NAFTA〔英〕	➡ TLCAN
NIF	Número de Identificación Fiscal 納税者番号［スペイン］
OCDE	Organización para la Cooperación y el Desarrollo Económico（英：OECD）経済協力開発機構
OCU	Organización de Consumidores y Usuarios 消費者ユーザー機構［スペイン］
OEA	Organización de Estados Americanos 米州機構
OIEA	Organismo Internacional de Energía Atómica（英：IAEA）国際原子力機関［国連］
OIT	Organización Internacional del Trabajo（英：ILO）国際労働機関［国連］
OLP	Organización para la Liberación de Palestina（英：PLO）パレスチナ解放機構
OMC	Organización Mundial del Comercio（英：WTO）世界貿易機関［国連］
OMI	Organización Marítima Internacional（英：IMO）国際海事機関［国連］
OMM	Organización Meteorológica Mundial（英：WMO）世界気象機関［国連］
OMPI	Organización Mundial de la Propiedad Intelectual（英：WIPO）世界知的所有権機関［国連］
OMS	Organización Mundial de la Salud（英：WHO）世界保健機構［国連］
ONCE	Organización Nacional de Ciegos Españoles スペイン国立盲人機構
ONU	Organización las Naciones Unidas（英：UN）国際連合
OPEP	Organización de Países Exportadores de Petróleo（英：OPEC）石油輸出国機構
OSCE	Organización para la Seguridad y Cooperación en Europa 欧州安全保障協力機構
OTAN	Organización del Tratado del Atlántico Norte（英：NATO）北大西洋条約機構
OTI	Organización de Televisiones Iberoamericanas イベロアメリカテレ

ビ機構

OTPEN　Organización del Tratado de prohibición completa de los ensayos nucleares（英： CTBTO）包括的核実験禁止条約機関

OUA　Organización para la Unidad Africana（英： OAU）アフリカ統一機構

PCE　① Partido Comunista de España スペイン共産党 ② Partido Conservador de Ecuador エクアドル保守党

PEN　Plan Energético Nacional 国家エネルギー計画［スペイン］

PIB　Producto Interior Bruto（英： GDP）国内総生産

PM　Policía Militar (MP) 軍事警察

PMA　Programa Mundial de Alimentos（英： WFP）ＦＡＯ世界食糧計画［国連］

PNB　Producto Nacional Bruto（英： GNP）国民総生産

PNV　Partido Nacionalista Vasco バスク国民党

PP　Partido Popular 国民党［スペイン］

PSOE　Partido Socialista Obrero Español スペイン社会労働党

PVP　Precio de Venta al Público 市販価格

PYME　Pequeña y Mediana Empresa 中小企業

QH　Quiniela Hípica 馬券

RACE　Real Automóvil Club de España スペイン王立自動車クラブ

RAE　Real Academia Española スペイン王立アカデミー

RENFE　Red Nacional de Ferrocarriles Españoles スペイン国営鉄道

RNE　Radio Nacional de España スペイン国営ラジオ

RTVE／TVE　(Radio) Televisión Española S. A. スペイン国営（ラジオ）テレビ株式会社

SEAT　Sociedad Española de Automóviles de Turismo スペイン乗用車会社

SEPLA　Sindicato Español de Pilotos de Líneas Aéreas スペイン航空路線パイロット組合

SER　Sociedad Española de Radiodifusión スペインラジオ放送会社

SIDA　Síndrome de Inmunodeficiencia Adquirida（英： AIDS）後天性免疫不全症候群，エイズ

SME　Sistema Monetario Europeo（英： EMS）欧州通貨システム

SMI　① Sistema Monetario Internacional 国際通貨システム ② Salario Mínimo Interprofesional 職業間最低賃金［スペイン］

TAC　Tomografía Axial Computerizada ＣＴスキャン

TALGO　Tren Articulado Ligero Goicoechea-Oriol タルゴ車［スペインの特急列車］

TCE　Tribunal de Cuentas Europeo 欧州会計監査院［欧州連合］

TLCAN　Tratado de Libre Comercio de América del Norte（英： NAFTA）北米自由貿易協定

TVE　➡ RTVE

UCI　Unidad de Cuidados Intensivos（英： ICU）集中治療室

UE　Unión Europea 欧州連合

UEFA　Unión Europea de Fútbol Asociación 欧州サッカー連盟

UGT　Unión General de Trabajadores 労働者総同盟［スペイン］

UNAIDS〔英〕　Programa conjunto de las Naciones Unidas sobre el VHI / SIDA 国連合同エイズ計画

UNDCP〔英〕　Programa de las Naciones Unidas para la Fiscalización Internacional de Drogas 国連薬物統制計画

UNED　Universidad Nacional de Educación a Distancia スペイン国立通信教育大学

UNEP〔英〕　Programa de las Naciones Unidas para el Medio Ambiente 国連環境計画

UNESCO〔英〕　Organización de las Naciones Unidas para la Educación, la Ciencia y la Cultura 国連教育科学文化機関，ユネスコ

UNICEF〔英〕　Fondo Internacional de las Naciones Unidas para la Ayuda a la Infancia 国連児童基金，ユニセフ

UNU　Universidad de las Naciones Unidas 国連大学

UNV〔英〕	Voluntarios de las Naciones Unidas 国連ボランティア計画
UPU	*U*nión *P*ostal *U*niversal 万国郵便連合
VIH	*V*irus de la *I*nmunodeficiencia *H*umana ＨＩＶウイルス
VIP〔英〕	*V*ery *i*mportant *p*erson 最重要人物

スペイン語圏の国名・首都・行政区

スペイン España（正式名称：スペイン国 Estado Español），首都（地名形容詞）：Madrid (madrileño[ña])；スペインの17の自治州（州都：地名形容詞）：Andalucía (Sevilla: sevillano[na]), Aragón (Zaragoza: zaragozano[na]), Canarias (Las Palmas de Gran Canaria: palmense), Cantabria (Santander: santanderino[na]), Castilla-La Mancha (Toledo: toledano[na]), Castilla y León (Valladolid: vallisoletano[na]), Cataluña (Barcelona: barcelonés[nesa]), Extremadura (Mérida: merideño[ña]), Galicia (Santiago de Compostela: compostelano[na]), Islas Baleares (Palma de Mallorca: palmesano[na]), La Rioja (Logroño: logroñés[ñesa]), Comunidad de Madrid (Madrid: madrileño[ña]), País Vasco (Vitoria: vitoriano[na]), Comunidad Foral de Navarra (Pamplona: pamplonés[nesa]), Comunidad Valenciana (Valencia: valenciano[na]), Principado de Asturias (Oviedo: ovetense), Región de Murcia (Murcia: murciano[na])；主な都市：Barcelona, Valencia, Sevilla, Zaragoza

中米・カリブ地域

エルサルバドル El Salvador（正式名称：エルサルバドル共和国 República de El Salvador），首都（地名形容詞）：San Salvador (sansalvadoreño[ña])，行政区は14県 (departamentos)：San Salvador, La Libertad, Santa Ana, San Miguel, Sonsonate, Usulatán, La Paz, Ahuachapán, La Unión, Cuscatlán, Chalatenango, San Vicente, Morazán, Cabañas；主な都市：Santa Ana, San Miguel, Soyapango, Mexicanos

キューバ Cuba（正式名称：キューバ共和国 República de Cuba），首都（地名形容詞）：La Habana (habanero[ra])，行政区は14県 (provincias)：La Habana, Matanzas, Sancti Spíritus, Cienfuegos, Villa Clara, Camagüey, Ciego de Ávila, Guantánamo, Las Tunas, Granma, Santiago de Cuba, Holguín, Pinar del Río, Isla de la Juventud；主な都市：Santiago de Cuba, Camagüey, Guantánamo, Pinar del Río

グアテマラ Guatemala（正式名称：グアテマラ共和国 República de Guatemala），首都：Ciudad de Guatemala，行政区は22県 (departamentos)：Alta Verapaz, Baja Verapaz, Chimaltenango, Chiquimula, El Progreso, Escuintla, Guatemala, Huehuetenango, Izabal, Jalapa, Jutiapa, Petén, Quetzaltenango, Quiché, Retalhuleu, Sacatepéquez, San Marcos, Santa Rosa, Sololá, Suchitepéquez, Totonicapán, Zacapa；主な都市：Quezaltenango, Escuintla, Puerto Barrios

コスタリカ Costa Rica（正式名称：コスタリカ共和国 República de Costa Rica），首都（地名形容詞）：San José (josefino[na])，行政区は7県 (provincias)：San José, Alajuela, Cartago, Guanacaste, Heredia, Puntarenas, Limón；主な都市：Alajuela, Cartago, Puntarenas, Limón

ドミニカ共和国 República Dominicana（正式名称も同じ），首都：Santo Domingo，行政区は29県 (provincias) と1国家区 (distrito nacional)：Azua, Baoruco, Barahona, Dajabón, Duarte, Elías Piña, El Seibo, Espaillat, Hato Mayor, Independencia, La Altagracia, La Romana, La Vega, María Trinidad Sánchez, Monseñor Nouel, Monte Cristi, Monte Plata, Pedernales, Peravia, Puerto Plata, Salcedo, Samaná, Sánchez Ramírez, San Cristóbal, San Juan, San Pedro de Macorís, Santiago, Santiago Rodríguez, Valverde, Distrito Nacional；主な都市：Santiago de Los Caballeros, La Vega, San Pedro de Macorís

ニカラグア Nicaragua（正式名称：ニカラグア共和国 República de Nicaragua），首都（地名形容詞）：Managua (managüense)，行政区は15県 (departamentos) と2自治区 (regiones autónomas)：Boaco, Carazo, Chinandega, Chontales, Estelí, Granada, Jinotega, León, Madriz, Managua, Masaya, Matagalpa, Nueva Segovia, Río San Juan, Rivas, las regiones autónomas del Atlántico sur y norte (RAAS y RAAN) ；主な都市： León, Masaya, Chinandega, Matagalpa, Granada

パナマ Panamá（正式名称：パナマ共和国 República de Panamá），首都： Panamá, 行政区は 9 県 (provincias) と 2 先住民区 (comarcas indígenas): Bocas del Toro, Chiriquí, Veraguas, Coclé, Colón, Darién, Herrera, Los Santos, Ciudad de Panamá, Comarca de San Blás, Comarca de Embera ；主な都市： Colón, David

プエルト・リコ Puerto Rico（正式名称：プエルト・リコ自由連合州 Estado Libre Asociado de Puerto Rico），首都（地名形容詞）： San Juan (sanjuanero[ra]), 7 司法区 (distritos judiciales) に分割されている： San Juan（2 司法区に細分化），Aguadilla, Arecibo, Guayama, Humacao, Mayagüez, Ponce ；主な都市： Ponce, Bayamón, Caguas

ホンジュラス Honduras（正式名称：ホンジュラス共和国 República de Honduras），首都（地名形容詞）： Tegucigalpa (tegucigalpense), 行政区は 18 県 (departamentos) ： Atlántida, Colón, Comayagua, Copán, Cortés, Choluteca, El Paraíso, Francisco Morazán, Gracias a Dios, Intibucá, La Paz, Islas de la Bahía, Lempira, Ocotepeque, Olancho, Santa Bárbara, Valle, Yoro ；主な都市： San Pedro Sula, La Ceiba, El Progreso, Choluteca

メキシコ México（正式名称：メキシコ合衆国 Estados Unidos Mexicanos），首都（地名形容詞）： Ciudad de México (defeño[ña]), 行政区は31州 (estados) と 1 連邦区 (distrito federal) ： Aguascalientes, Baja California, Baja California Sur, Campeche, Chiapas, Chihuahua, Coahuila, Colima, Durango, Guanajuato, Guerrero, Hidalgo, Jalisco, Estado de México, Michoacán, Morelos, Nayarit, Nuevo León, Oaxaca, Puebla, Querétaro, Quintana Roo, San Luis Potosí, Sinaloa, Sonora, Tabasco, Tamaulipas, Tlaxcala, Veracruz, Yucatán, Zacatecas, Distrito Federal ；主な都市： Guadalajara, Monterrey, Puebla, Ciudad Juárez, oaxaca

南米

アルゼンチン Argentina（正式名称：アルゼンチン共和国 República Argentina），首都（地名形容詞）： Buenos Aires (bonaerense), 行政区は22州 (provincias) とブエノスアイレス連邦区 (distrito federal) とフエゴ島領土： Buenos Aires, Catamarca, Córdoba, Corrientes, Chaco, Chubut, Entre Ríos, Formosa, Jujuy, La Pampa, La Rioja, Mendoza, Misiones, Neuquén, Río Negro, Salta, San Juan, San Luis, Santa Cruz, Santa Fé, Santiago del Estero, Tucumán, Distrito Federal de Buenos Aires, Tierra del Fuego, Antártida e islas del Atlántico Sur ；主な都市： Córdoba, Rosario, Mendoza, La Plata

ウルグアイ Uruguay（正式名称：ウルグアイ東方共和国 República Oriental del Uruguay），首都（地名形容詞）： Montevideo (montevideano[na]), 行政区は19県 (departamentos): Artigas, Canelones, Cerro Largo, Colonia, Durazno, Flores, Florida, Lavalleja, Maldonado, Montevideo, Paysandú, Río Negro, Rivera, Rocha, Salto, San José, Soriano, Tacuarembó, Treinta y Tres ；主な都市： Salto, Paysandú, Las Piedras, Rivera, Maldonado

エクアドル Ecuador（正式名称：エクアドル共和国 República del Ecuador），首都（地名形容詞）： Quito (quiteño[ña]), 行政区は22県 (provincias): Azuay, Bolívar, Cañar, Carchi, Chimborazo, Cotopaxi, El Oro, Esmeraldas, Galápagos, Guayas, Imbabura, Loja, Los Ríos, Manabí, Morona Santiago, Napo, Orellana, Pastaza, Pichincha, Sucumbíos, Tungurahua, Zamora Chinchipe ；主な都市： Guayaquil, Cuenca

コロンビア Colombia（正式名称：コロンビア共和国 República de Colombia），首都（地名形容詞）： Santa Fe de Bogotá (bogoteño[ña]), 行政区は 32 県 (departamentos) と 1 首都区 (distrito capital): Amazonas, Antioquia, Arauca, Atlántico, Bolívar, Boyaca, Caldas, Caquetá, Casanare, Cauca, Cesar, Chocó, Córdoba, Cundinamarca, Guainía, Guaviare, La Guajira, Huila, Magdalena, Meta, Nariño, Norte de Santander, Putumayo, Quindio, Risaralda, San Andrés, Santander, Sucre, Tolima, Valle del Cauca, Vaupés, Vichada, Santa Fe de Bogotá ；主な都市： Medellín, Cali, Barranquilla, Cartagena

チリ Chile（正式名称：チリ共和国 República de Chile），首都（地名形容詞）： Santiago de Chile (santiaguino[na]), 行政区は12の地方 (regiones) とサンチアゴ首都圏 (Región Metropolitana): Tarapacá, Antofagasta, Atacama, Coquimbo, Valparaíso, Libertador General Bernardo O'Higgins, Maule,

Biobío, Araucanía, Los Lagos, Aysén del General Carlos Ibáñez del Campo, Magallanes (Antártica Chilena), Región Metropolitana de Santiago ；主な都市： Viña del Mar, Concepción, Valparaíso, Temuco

パラグアイ Paraguay（正式名称：パラグアイ共和国 República del Paraguay)，首都（地名形容詞）： Asunción (asunceño[ña])，行政区は17県 (departamentos): Presidente Hayes, Alto Paraguay, Boquerón, Concepción, San Pedro, Cordillera, Guairá, Caaguazú, Caazapá, Itapua, Misiones, Paraguarí, Alto Paraná, Central, Ñeembucú, Amambay, Canindeyú ；主な都市： Ciudad del Este, Encarnación, Juan Pedro Caballero, Concepción

ベネズエラ Venezuela（正式名称：ベネズエラ共和国 República de Venezuela)，首都（地名形容詞）： Caracas (caraqueño[ña])，行政区は 9 地方 (regiones) でそれが22州 (estados) / 1 連邦区 (distrito federal) ・連邦領土 (dependencias federales) に細分化： Región Capital (Distrito Federal, Miranda), Región Central (Aragua, Carabobo, Cojedes), Región Insular (Nueva Esparta, Dependencias Federales), Región Nororiental (Anzoátegui, Monagas, Sucre), Región Guayana (Bolívar, Amazonas, Delta Amacuro), Región Centro Occidental (Falcón, Lara, Portuguesa, Yaracuy), Región Zuliana (Zulia), Región de Los Andes (Barinas, Mérida, Táchira, Trujillo), Región de Los Llanos (Guárico, Apure) ；主な都市： Maracaibo, Valencia

ペルー Perú（正式名称：ペルー共和国 República del Perú)，首都（地名形容詞）： Lima (limeño[ña])，行政区は25県 (departamentos capitales): Amazonas, Ancash, Apurímac, Arequipa, Ayacucho, Cajamarca, Callao, Cuzco, Huancavelica, Huánuco, Ica, Junín, La Libertad, Lambayeque, Lima, Loreto, Madre de Dios, Moquegua, Pasco, Piura, Puno, San Martín, Tacna, Tumbes, Ucayali ；主な都市： Arequipa, El Callao, Trujillo, Chiclallo

ボリビア Bolivia（正式名称：ボリビア共和国 República de Bolivia)，首都（地名形容詞）： La Paz (paceño[ña])，憲法上の首都は Sucre，行政区は 9 県 (departamentos): La Paz, Beni, Cochabamba, Oruro, Pando, Potosí, Santa Cruz, Tarija, Chuquisaca ；主な都市： Santa Cruz, Cochabamba, Sucre

アフリカ

赤道ギニア Guinea Ecuatorial（正式名称：赤道ギニア共和国 República de Guinea Ecuatorial)，首都： Bata（2000年から），行政区は 7 県 (provincias): Annobón, Bioko Norte, Bioko Sur, Centro Sur, Kie-Ntem, Litoral, Wele-Nzas

世界の国々

国名（地名形容詞）； 首都（地名形容詞）

アイスランド Islandia (islandés[desa]); Reikiavik (reikiavikense)

アイルランド Irlanda (irlandés[desa]); Dublín (dublinés[nesa])

アゼルバイジャン Azerbaiyán (azervaiyano[na]); Bakú

アフガニスタン Afganistán (afgano[na]); Kabul (kabulí)

アメリカ合衆国 Estados Unidos de América (estadounidense); Washington (washingtoniano[na])

アラブ首長国連邦 Emiratos Árabes Unidos (emiratí); Abu Dhabi

アルジェリア Argelia (argelino[na]); Argel

アルゼンチン Argentina (argentino[na]); Buenos Aires (bonaerense)

アルバニア Albania (albanés[nesa]); Tirana

アルメニア Armenia (armenio[nia]); Ereván

アンドラ Andorra (andorrano[na]); Andorra la Vella

アンゴラ Angola (angoleño[ña]); Luanda (luandés[desa])

アンティグア・バーブーダ Antigua y Barbuda (antiguano[na], barbadiense); Saint Johns

イエメン Yemen (yemení / yemenita); Saná

イギリス Inglaterra / Reino Unido (británico[ca] / inglés[lesa]); Londres (londinense)

イスラエル Israel (israelí); Jerusalén (hierosolimitano[na])

イタリア Italia (italiano[na]); Roma (romano[na])

イラク Irak (iraquí); Bagdad (bagdadí)

イラン Irán (iraní); Teherán (teheraní)

インド India (indio[dia] / hindú); Nueva Delhi (delhí)
インドネシア Indonesia (indonesio[sia]); Yakarta
ウガンダ Uganda (ugandés[desa]); Kampala
ウクライナ Ucrania (ucraniano[na]); Kiev (kievense)
ウズベキスタン Uzbekistán (uzbeko[ka]); Tashkent
ウルグアイ Uruguay (uruguayo[ya]); Montevideo (montevideano[na])
エクアドル Ecuador (ecuatoriano[na]); Quito (quiteño[ña])
エストニア Estonia (estonio[nia]); Tallin
エジプト Egipto (egipcio[cia]); El Cairo (cairota)
エチオピア Etiopía (etíope); Addis Abeba
エリトリア Eritrea (eritreo[a]); Asmara
エルサルバドル El Salvador (salvadoreño[ña]); San Salvador (sansalvadoreño[ña])
オマーン Omán (omaní); Mascate
オランダ Holanda / Países Bajos (holandés[desa] / neerlandés[desa]); Amsterdam (amsterdamés[mesa])
オーストラリア Australia (australiano[na]); Canberra (camberrano[na])
オーストリア Austria (austriaco[ca]); Viena (vienés[nesa])
ガーナ Ghana (ghanés[nesa]); Accra
ガイアナ Guyana (guyano[na] / guyanés[nesa]); Georgetown
カザフスタン Kazajstán (kazajo[ja] / kazako[ka]); Alma Ata
カタール Qatar (qatarí / catarí); Doha
カナダ Canadá (canadiense); Ottawa (otawés[wesa])
カボベルデ Cabo Verde (caboverdiano[na]); Praia
ガボン Gabón (gabonés[nesa]); Libreville
カメルーン Camerún (camerunés[nesa]); Yaundé
韓国 Corea del Sur →大韓民国
ガンビア Gambia (gambiano[na]); Banjul
カンボジア Camboya (camboyano[na]); Phnom Penh
北朝鮮 Corea del Norte →朝鮮民主主義人民共和国
ギニア Guinea (guineano[na]); Conakry
ギニア・ビサウ Guinea-Bissau (guineano[na]); Bissau
キプロス Chipre (chipriota); Nicosia
キューバ Cuba (cubano[na]); La Habana (habanero[ra])
ギリシャ Grecia (griego[ga]); Atenas (ateniense)
キリバス Kiribati (kiribat(i)ense / kiribatiano[na]); Tarawa
キルギス Kirguistán (kirguizo[za]); Bishkek
グアテマラ Guatemala (guatemalteco[ca]); Ciudad de Guatemala
クウェート Kuwait (kuwaití); Kuwait
グルジア Georgia (georgiano[na]); Tbilisi
グレナダ Granada (granadés[desa]); Saint George's
クロアチア Croacia (croata); Zagreb (zagrebino[na])
ケニア Kenia (keniano[na], keniata); Nairobi
コートジボアール Costa de Marfil (marfileño[ña]); Abidján
コスタリカ Costa Rica (costarricense / costarriqueño[ña]); San José (josefino[na])
コモロ Comores (comorano[na] / comorense); Moroni
コロンビア Colombia (colombiano[na]); Santa Fe de Bogotá (bogoteño[ña])
コンゴ共和国 Congo (congoleño[ña], congolés[lesa]); Brazzaville
コンゴ民主共和国 República Democrática del Congo (congoleño[ña], congolés[lesa]); Kinshasa
サウジアラビア Arabia Saudí; Riyad
サモア Samoa (samoano[na]); Apia
サントメ・プリンシペ Santo Tomé y Príncipe (santotomense); Santo Tomé
ザンビア Zambia (zambiano[na]); Lusaka
サンマリノ San Marino (sanmarinense); San Marino
シエラレオネ Sierra Leona (sierraleonés[nesa]); Freetown
ジャマイカ Jamaica (jamaicano[na] / jamaiquino[na]); Kingston
シリア Siria (sirio[ria]); Damasco (damasceno[na])
シンガポール Singapur (singapurense); Singapur
ジンバブエ Zimbabwe (zimbabuense / zimbabuo[bua]); Harare

スイス Suiza (suizo[za]); Berna (bernés[nesa])
スーダン Sudán (sudanés[nesa]); Jartum
スウェーデン Suecia (sueco[ca]); Estocolmo (estocolmés[mesa])
スペイン España (español[ñola]); Madrid (madrileño[ña])
スリナム Surinam (surinamense); Paramaribo
スリランカ Sri Lanka (ceilandés[desa] / ceilanés[nesa]); Colombo
スロバキア Eslovaquia (eslovaco[ca]); Bratislava (bratislavense)
スロベニア Eslovenia (esloveno[na]); Liubliana (liubianés[nesa])
スワジランド Suazilandia (suazilandés[desa] / suazi); Mbabane
セーシェル Seychelles (seychellense); Victoria
赤道ギニア Guinea Ecuatorial (ecuatoguineano[na]); Bata
セネガル Senegal (senegalés[lesa]); Dakar
セルビア・モンテネグロ Serbia y Montenegro (serbo-montenegrino[na]); Belgrado
セントクリストファー・ネビス San Cristóbal y Nieves (sancristobalense); Basseterre
セントビンセントおよびグレナディン諸島 San Vicente y las Granadinas (sanvicentino[na]); Kingstown
セントルシア Santa Lucía (santalucense); Castries
ソマリア Somalia (somalí); Mogadiscio
ソロモン諸島 Islas Salomón (salomónico[ca]); Honiara
タイ Tailandia (tailandés[desa]); Bangkok
大韓民国 República de Corea (surcoreano[na]); Seúl
台湾 Taiwán (taiwanés[nesa]); Taipei
タジキスタン Tayikistán (tayiko[ka]); Dushambe
タンザニア Tanzania (tanzano[na]); Dar es Salaam
チャド Chad (chadiano[na]); Yamena
朝鮮民主主義人民共和国 República Democrática Popular de Corea (norcoreano[na]); Pyongyang
中央アフリカ共和国 República Centroafricana (centroafricano[na]); Bangui
中華人民共和国 China (chino[na]); Pekín / Beijing (pekinés[nesa])
チュニジア Túnez (tunecino[na]); Túnez
チェコ共和国 República Checa (checo[ca]); Praga (praguense)
チリ Chile (chileno[na]); Santiago (santiaguino[na])
ツバル Tuvalu (tuvaluano[na]); Funafuti
デンマーク Dinamarca (danés[nesa]); Copenhague (condano[na] / hafnio[nia])
ドイツ Alemania (alemán[mana]); Berlín (berlinés[nesa])
トーゴ Togo (togolés[lesa]); Lomé
ドミニカ連邦 Dominica (dominicano[na]); Roseau
ドミニカ共和国 República Dominicana (dominicano[na]); Santo domingo
トリニダード・トバゴ Trinidad y Tobago (trinitario[ria] / trinitense); Puerto España
トルクメニスタン Turkmenistán (turcomano[na] / turkmeno[na]); Ashjabad
トルコ Turquía (turco[ca]); Ankara (angorense)
トンガ Tonga (tongalés[lesa] / tongano[na]); Nukualofa
ナイジェリア Nigeria (nigeriano[na]); Abuja
ナウル Nauru (nauruano[na]); Yaren
ナミビア Namibia (namibio[bia]); Windhoek
ニカラグア Nicaragua (nicaragüense); Managua (managüense)
ニジェール Níger (nigerino[na]); Niamey
日本 Japón (japonés[nesa] / nipón[pona]); Tokio (tokiota)
ニュージーランド Nueva Zelanda (neocelandés[desa]); Wellington (wellingtoniano[na])
ネパール Nepal (nepalés[lesa]); Katmandú
ノルウェー Noruega (noruego[ga]); Oslo (osleño[ña])
バーレーン Bahréin (bahreiní); Manama
ハイチ Haití (haitiano[na]); Puerto Príncipe (principeño[ña])
パキスタン Pakistán (paquistaní / pakistaní); Islamabad
バチカン Vaticano (vaticano[na]); Ciudad del Vaticano
パナマ Panamá (panameño[ña]); Panamá
バヌアツ Vanuatu (vanuatuense); Port Vila
バハマ Bahamas (bahamés[mesa] / bahameño[na]); Nassau
パプア・ニューギニア Papúa Nueva Guinea (papú); Port Moresby

パラオ Palaos (palauano[na]); Koror
パラグアイ Paraguay (paraguayo[ya]); Asunción (asunceño[ña])
バルバドス Barbados (barbadense); Bridgetown
パレスチナ Palestina (palestino[na]); Jerusalén
ハンガリー Hungría (húngaro[ra]); Budapest (budapestino[na])
バングラデシュ Bangladesh (bangladesí); Dhaka
東ティモール Timor Oriental (timorense); Dili
フィジー Fiji (fiyiano[na] / fijiano[na]); Suva
フィリピン Filipinas (filipino[na]); Manila (manilense)
フィンランド Finlandia (finlandés[desa] / finés[nesa]); Helsinki (helsinguino[na])
プエルトリコ Puerto Rico (puertorriqueño[ña]); San Juan
ブータン Bután (butanés[nesa]); Thimbu
フランス Francia (francés[cesa]); París (parisiense)
ブラジル Brasil (brasileño[ña] / brasilero[ra]); Brasilia (brasiliense)
ブルガリア Bulgaria (búlgaro[ra]); Sofía (sofiota)
ブルキナ・ファソ Burkina Faso (burkinés[nesa]); Ouagadougou
ブルネイ・ダルサラーム Brunei Darussalam (bruneano[na]); Bandar Seri Begawan
ブルンジ Burundi (burundiano[na]); Bujumbura
ベトナム Vietnam (vietnamita); Hanoi
ベナン Benin (beninés[nesa]); Porto Novo
ベネズエラ Venezuela (venezolano[na]); Caracas (caraqueño[ña])
ベラルーシ Belarús / Bielorrusia (belaruso[sa] / bielorruso[sa]); Minsk
ペルー Perú (peruano[na]); Lima (limeño[ña])
ベルギー Bélgica (belga); Bruselas (bruselense)
ベリーズ Belice (beliceño[ña]); Belmopan
ポーランド Polonia (polaco[ca]); Varsovia (varsoviano[na])
ボスニア・ヘルツェゴビナ Bosnia y Herzegovina (bosnio, herzegovino[na]); Sarajevo
ボツワナ Botswana (botswanés[nesa], botsuano[na]); Gaborone
ポルトガル Portugal (portugués[guesa]); Lisboa (lisboeta)
ボリビア Bolivia (boliviano[na]); La Paz (paceño[ña])
ホンジュラス Honduras (hondureño[ña]); Tegucigalpa (tegucigalpense)
マーシャル諸島 Islas Marshall (marshalés[lesa]); Majuro
マケドニア Macedonia (macedonio[nia]); Skopia
マダガスカル Madagascar (malgache); Antananarivo
マラウイ Malawi (malauiano[na]); Lilongwe
マリ Malí (maliense / malí); Bamako
マルタ Malta (maltés[tesa]); La Valletta
マレーシア Malasia (malayo[ya]); Kuala Lumpur
ミクロネシア連邦 Estados Federados de Micronesia (micronesio[sia]); Palikir
南アフリカ共和国 República Sudafricana (sudafricano[na]); Pretoria
ミャンマー Myanmar (birmano[na]); Rangún
メキシコ México (mexicano[na]); Ciudad de México (defeño[ña])
モーリシャス Mauricio (mauriciano[na]); Port Louis
モーリタニア Mauritania (mauritano[na]); Nuakchot
モナコ Mónaco (monegasco[ca]); Mónaco
モザンビーク Mozambique (mozambiqueño[ña]); Maputo (maputense)
モルドバ Moldavia / Moldova (moldavo[va]); Kishinev / Chisinau
モルジブ Maldivas (maldivo[va]); Malé
モロッコ Marruecos (marroquí); Rabat
モンゴル Mongolia (mongol[gola]); Ulan Bator
ヨルダン Jordania (jordano[na]); Amman (amanita)
ラオス Laos (laosiano[na]); Vientiane
ラトビア Letonia (letón[tona]); Riga (riguense)
リトアニア Lituania (lituano[na]); Vilna
リビア Libia (libio[bia]); Trípoli (tripolitano[na])
リヒテンシュタイン Liechtenstein (liechtensteiniano[na]); Vaduz (vaducense)
リベリア Liberia (liberiano[na]); Monrovia
ルーマニア Rumania (rumano[na]); Bucarest (bucarestino[na])
ルクセンブルク Luxemburgo (luxemburgués[guesa]); Luxemburgo

ルワンダ Ruanda (ruandés[desa]); Kigali
レソト Lesotho (basuto[ta] / lesotense); Maseru
レバノン Libano (libanés[nesa]); Beirut (beirutí)
ロシア Rusia (ruso[sa]); Moscú (moscovita)

日本の省庁

内閣府 Oficina del Gabinete
宮内庁 Agencia de la Casa Imperial
国家公安委員会 Comisión Nacional de Seguridad Pública
警察庁 Agencia Nacional de Policía
防衛庁 Agencia de Defensa
金融庁 Agencia de Servicios Financieros
総務省 Ministerio de Administraciones Públicas, Asuntos Interiores, Correos y Telecomunicaciones
消防庁 Agencia de Defensa contra el Fuego
郵政事業庁 Agencia de Servicios Postales
法務省 Ministerio de Justicia
外務省 Ministerio de Asuntos Exteriores, Ministerio de Relaciones Exteriores
財務省 Ministerio de Finanzas
国税庁 Agencia Nacional de Administración de Impuestos
文部科学省 Ministerio de Educación, Cultura, Deporte, Ciencia y Tecnología
文化庁 Agencia para los Asuntos Culturales
厚生労働省 Ministerio de Sanidad, Trabajo y Bienestar
社会保険庁 Agencia de Seguridad Social
農林水産省 Ministerio de Agricultura, Silvicultura y Pesca
食糧庁 Agencia de Alimentación
林野庁 Agencia de Gestión Forestal
水産庁 Agencia de Pesca
経済産業省 Ministerio de Economía, Comercio e Industria
資源エネルギー庁 Agencia de Recursos Naturales y Energía
特許庁 Oficina de Patentes
中小企業庁 Agencia para las Pequeñas y Medianas Empresas
国土交通省 Ministerio de Territorio, Infraestructuras y Transportes
海上保安庁 Agencia de Seguridad Marítima
海難審判庁 Agencia de Investigación de Accidentes Marítimos
気象庁 Agencia de Meteorología
環境省 Ministerio de Medio Ambiente

和西辞典

アーカイブ〖IT〗archivo *m*
アーケード（商店街）calle *f* comercial cubierta,〖建〗arcada *f*
アーチ〖建〗arco *m*
アームチェア sillón *m*, butaca *f*
アーモンド〖植〗almendra *f*
あい 愛 amor *m* | ～を込めて con cariño | ～する querer, amar | ～しているよ Te quiero.
あいかぎ **合鍵** duplicado *m* de una llave,（マスターキー）llave *f* maestra | ～を作る duplicar una llave
あいかわらず **相変わらず** como siempre [antes]
あいきょう **愛嬌**のある gracioso[sa], simpático[ca]
あいこく **愛国者** patriota *m/f* | ～心 patriotismo *m* | ～心を持つ amar a la patria
アイコン〖IT〗icono *m*
あいさつ 挨拶 saludo *m* | ～する saludar | ～を交わす saludarse | 社長が客人に歓迎の～をした El presidente les dio palabras de bienvenida a los invitados. | ～状 carta *f* de cortesía [saludo]
アイシャドー sombra *f* de ojos
あいじょう **愛情** amor *m*, cariño *m*, afecto *m*
アイス ～クリーム helado *m* | ～キャンディー polo *m*
あいじん **愛人** amante *m/f*, querido[da] *mf*
あいず 合図 señal *f*, seña *f* | ～する hacer señas [señales]
あいそ **愛想**のよい simpático[ca] | ～がない serio[ria], antipático[ca]
あいだ 間 東京と大阪の～に entre Tokio y Osaka | 3時と4時の～ entre las tres y las cuatro | 学生たちの～で entre los estudiantes | 休暇の～に durante las vacaciones | 私が買い物をしている～に mientras hago la compra | その～に mientras tanto | 私の生きている～は mientras yo viva | ～柄 relación *f*
あいちゃく **愛着** apego *m*, cariño *m*
あいついで **相次いで** sucesivamente, uno [una] tras otro[tra]
あいて 相手（相棒）compañero[ra] *mf*, pareja *f*,（敵）enemigo[ga] *mf*,（対抗者）oponente *m/f*,（競争相手）rival *m/f* | 子供たちの～をする entretener a los niños | 私ではとても彼の～にならない No valgo para competir con él. | 会社を～取って訴訟を起こす proceder contra la empresa
アイデア idea *f* | いい～が浮かんだ Se me ha ocurrido una idea. | 彼[彼女]は～が豊富だ. Es una persona con muchas ideas.
アイティー IT tecnología *f* de la información
アイディー ID（身分証明書）carné *m* de identidad ► スペインの身分証明書は DNI *m*
あいどくしょ **愛読書** libro *m* favorito
アイドル ídolo *m*
あいにく **生憎**（運悪く）por desgracia | ～雨だった Tuvimos la mala suerte de que llovió. | ～今おりません Lo siento, pero ahora mismo no está.
あいべや **相部屋**になる compartir la habitación
あいま **合間** 仕事の～にスポーツをする aprovechar sus ratos libres para hacer deportes
あいまい **曖昧**な ambiguo[gua], equívo-

■和西辞典　凡例■
m　男性名詞・男性形
f　女性名詞・女性形
n　中性形
mf　男性名詞・女性名詞　例：**愛人** querido[da] *mf* は querido が男性形で，querida が女性形
m(f) 男性名詞または女性名詞
f(m) 女性名詞または男性名詞
m.pl　男性名詞複数形
f.pl　女性名詞複数形
m/f　男女同形
[*pl* ~] 単複同形
adj　形容詞
adv　副詞
[ ]（1）スペースのある場合 [ ] は前の語と入れ替え可能．例：**挨拶状** carta *f* de cortesía [saludo] は carta *f* de cortesía または carta *f* de saludo
（2）スペースのない場合 [ ] は女性形を示す．例：ambiguo[gua] は男性形は ambiguo，女性形は ambigua
( ) スペイン語の語句についている場合：
（1）( ) 内の語句が省略可能．例：**遅れる** retrasar(se) は retrasar または retrasarse
（2）( ) 内の語句が日本語の ( ) 内の語句と対応することを示す．例：**温室効果(ガス)** (gases *m.pl* de) efecto *m* invernadero 温室効果ガス gases *m.pl* de efecto invernadero または温室効果 efecto *m* invernadero
SU / SUYO / SÍ / CONSIGO
主語に応じて変化することを示す．例：**辺りを見回す** mirar a SU alrededor は主語が yo の場合は Miro a mi alrededor. となる
[主語] 前の語が主語であることを示す．例：caer lluvia [主語] は lluvia が caer の主語

あ

co[ca] | ～な態度 actitud *f* ambigua | 態度を～にしておく no decir ni sí ni no

アイロン plancha *f* | ～をかける planchar, pasar la plancha

あう ❶ **会う** ver, (偶然出会う) encontrarse con ALGUIEN | 3時に駅で会いましょう Quedamos en la estación a las tres. ❷ **合う** (適合) adaptarse a, ajustarse a, (計算が) cuadrar, (一致) coincidir con | このブラウスはスカートに合わない Esta blusa no va bien con la falda. | ここの気候は私に合わない El clima de aquí no me viene bien. ❸ **遭う** 事故に～ tener un accidente | つらい目に～ sufrir una experiencia amarga

アウェイ ～で en campo contrario

アウトサイダー persona *f* de fuera, (部外者) intruso[sa] *mf*, (疎外された人) marginado[da] *mf*

アウトプット 〖IT〗 output *m*

アウトライン (概要) resumen *m*, esquema *m*, (輪郭) contorno *m*, perfil *m*

アウトレット complejo *m* comercial

あえぐ **喘ぐ** jadear, (苦しむ) sufrir

あえて **敢えて**…する atreverse a 〈+不定詞〉, osar 〈+不定詞〉 | ～言わせてもらえば…だ Me atrevo a decir que ....

あお **青** azul *m* | ～い azul | 信号が～になるまで待ちなさい Espera a que se ponga verde el semáforo. | 顔が～いよ Estás pálido[da].

あおぐ **扇ぐ** abanicar

あおざめる **青ざめる** palidecer, ponerse pálido[da] | 青ざめた pálido[da]

あおむけ **仰向けに** boca arriba | ～になる tumbarse [acostarse] boca arriba

あか ❶ **赤** rojo *m* | ～い rojo[ja] | 信号が～ですよ Está rojo el semáforo. | 顔が～くなる ponerse colorado[da] | ～の他人 persona *f* totalmente ajena a mí ❷ **垢** roña *f*, mugre *f* | 耳～ cera *f* (de los oídos)

あかじ **赤字** 〖商〗 déficit *m* | ～である estar en déficit | ～国債 deuda *f* pública para cubrir el déficit

アカシア 〖植〗 acacia *f*

あかちゃん **赤ちゃん** bebé *m* | (乳児) niño[ña] *mf* de pecho | ～ができる tener un bebé

あかみ **赤身**の肉 carne *f* magra

あがめる **崇める** 神を～ adorar a Dios

あかり **明かり** luz *f*, (照明) iluminación *f* | ～をつける[消す] encender [apagar] la luz | 部屋に～がともっていた Había luz en la habitación.

あがる **上がる** (上昇) subir, elevarse, ascender, (緊張) ponerse nervioso[sa]

あかるい **明るい** claro[ra], luminoso[sa], (快活な) alegre | この部屋はとても～ Hay mucha luz en esta habitación. | 彼は法律に～ Entiende mucho de Derecho. | 空が明るくなる aclarar | 明るさ luminosidad *f*

あき ❶ **秋** otoño *m* | ～に en otoño | ～の otoñal | ～風 viento *m* otoñal ❷ **空き** (欠員) vacante *f* | 病院にベッドの～がある Hay camas vacantes en el hospital. | ～スペース espacio *m* | ～瓶 botella *f* vacía | ～家 casa *f* deshabitada | ～容量 〖IT〗 memoria *f* disponible

あきす **空巣** robo *m* a domicilios

あきなう **商う** 骨董(こっとう)品を～ comerciar con antigüedades

あきらか **明らかな** claro[ra], evidente, obvio[via] | ～にする aclarar, esclarecer | ～になる descubrirse | …であることは明らかだ Es evidente que 〈+直説法〉.

あきらめる **諦める** renunciar a ALGO | …するのを～ desistir de 〈+不定詞〉 | あきらめて…する resignarse a 〈+不定詞〉 | 彼は立候補をあきらめた Él renunció a presentarse a las elecciones. | 旅行を～ renunciar al viaje

あきる **飽きる** cansarse de, aburrirse de | 飽き飽きした estar harto[ta] | 飽きっぽい ser poco constante | 読書に飽きた Me he cansado de leer.

アキレス ～腱(けん) tendón *m* de Aquiles, (弱点) punto *m* débil

あきれる **呆れる** quedarse boquiabierto[ta] | あきれたものだ ¡Hay que ver!

あく ❶ **開く** abrirse | 開いて abierto[ta] | ドアが開いている La puerta está abierta. | お店は何時に開きますか ¿A qué hora se abre la tienda? ❷ **空く** (瓶) quedarse vacío[a], (席が) quedarse libre | この席は空いている Este asiento no está ocupado. | 今日は一日空いている Hoy estoy libre todo el día. | 課長のポストが空いた Ha quedado vacante el puesto de jefe de sección. ❸ **悪** mal *m*, maldad *f*

アクアマリン aguamarina *f*

あくい **悪意** malicia *f*, malevolencia *f* | ～のある malicioso[sa], (邪悪な) malévolo[la] | ～のない sin malicia

あくじ **悪事** mala acción *f*, maldad *f* | ～を働く cometer una mala acción, hacer maldades

あくしゅ **握手** apretón *m* de manos | ～する estrechar [darse] la mano

あくしゅう ❶ **悪習** vicio *m*, malos hábitos *m.pl* ❷ **悪臭** mal olor *m*, peste *f*, hedor *m* | ～を放つ apestar

あくじゅんかん **悪循環** círculo *m* vicioso

アクション acción *f*

あくせい **悪性の** 〖医〗 maligno[na] | ～腫瘍(しゅよう) tumor *m* maligno

アクセサリー accesorios *m.pl*

アクセス 〖IT〗 acceso *m* | ～する acceder a

アクセル acelerador *m* | ～を踏む acelerar, pisar el acelerador

アクセント acento *m* | ～を置く acentuar, poner acento en

あくび bostezo *m* | ～をする bostezar

あくま **悪魔** diablo *m*, demonio *m*

あくむ **悪夢** pesadilla *f*

あくめい **悪名** mala fama *f* [reputación *f*]

あくよう **悪用** abuso *m* | ～する abusar de ALGO, hacer uso indebido de ALGO

あくりょく **握力がある** tener fuerza en las manos | ～計 dinamómetro *m*

アクロバット acrobacia *f*

あけがた **明け方に** al amanecer

あけまして **明けましておめでとう** ¡Feliz Año Nuevo!

あける ❶ 開ける abrir, (ふたを) destapar | 鍵(かぎ)を～ abrir la cerradura | 戸を開けておく dejar abierta la puerta ❷ 空ける (中味を) vaciar, (間隔を) dejar espacio | 家を空けている estar ausente de su domicilio ❸ 明ける 夜が～ amanecer | 梅雨が明けた Ha terminado la temporada de lluvias. | 年が明けた Ha cambiado el año.

あげる ❶ (与える) dar, (贈る) regalar ❷ 上げる (物・価格・地位を) subir, (給料・速度を) aumentar | 声を～ levantar la voz | 利率を～ elevar el tipo de interés ❸ 挙げる 手を～ levantar la mano | 例を～ poner un ejemplo | 結婚式を～ celebrar una boda ❹ 揚げる 〘料〙 (油で) freír | 旗を～ izar la bandera

あご (下あご) barbilla *f*, (上あご) mandíbula *f* | ～ひげ barba *f*

アコースティックギター 〘音〙 guitarra *f* acústica

アコーディオン 〘音〙 acordeón *m*

あこがれ 憧れ sueño *m*, ensueño *m* | あこがれる (夢見る) soñar, (切望する) anhelar | 子供たちのあこがれの的 objeto *m* de admiración de los niños

あさ ❶ 朝 mañana *f* | ～に por la mañana | ～早く muy de mañana | 明日 [昨日] の～ mañana [ayer] por la mañana | 彼は～型人間だ Él es fuerte para levantarse por las mañanas. ❷ アサ 〘植〙 cáñamo *m*, (亜麻) lino *m* | 麻布 lienzo *m* de lino

あざ mancha *f*, (打撲) moratón *m*, moretón *m*, cardenal *m*

あさい 浅い poco profundo[da] | この鍋は浅過ぎる Esta olla no es suficientemente honda. | 彼とは知り合ってまだ日が～ Hace pocos días que lo conocí.

アサガオ 〘植〙 dondiego *m* de día

あざける 嘲る burlarse de | 嘲り burla *f*

あさせ 浅瀬 banco *m*, (川) vado *m*

あさって 明後日 pasado mañana

あさねぼう 朝寝坊 (人) dormilón[lona] *mf* | ～する levantarse tarde

あさひ 朝日 sol *m* de la mañana

あざむく 欺く engañar

あざやか 鮮やかな (明るい) claro[ra], (見事な) brillante, maravilloso[sa], (色が) vivo[va]

アザラシ 〘動〙 foca *f*

アサリ 〘貝〙 almeja *f*

アザレア 〘植〙 azalea *f*

あざわらう 嘲笑う burlarse [mofarse] de

あし ❶ 足 pie *m*, (脚) pierna *f*, (動物の) pata *f* | ～の裏 planta *f* del pie | ～の甲 dorso *m* del pie | ～をひきずる arrastrar los pies | ～を踏み入れる pisar, poner los pies en | ～の便がいい estar bien comunicado[da] | ～が地についた ser realista | ～が出る pasar del presupuesto ❷ アシ 〘植〙 caña *f*

あじ ❶ 味 sabor *m*, gusto *m* | イチゴの～がする saber a fresa | ～のよい sabroso[sa], rico[ca] | ～をつける sazonar, aderezar, aliñar, (塩味) salar | ～をみる probar ❷ アジ 〘魚〙 chicharro *m*, jurel *m*

アジア Asia *f* | ～の asiático[ca]

あしあと 足跡 pisada *f*, huella *f*

あしおと 足音 pisadas *f.pl*, pasos *m.pl*

アシカ 〘動〙 lobo *m* marino

あしくび 足首 tobillo *m*

あじけない 味気ない insípido[da], soso[sa]

アジサイ 〘植〙 hortensia *f*

アシスタント ayudante *m/f*

あした 明日 mañana | じゃあまた～ Hasta mañana. ➜あす

あじみ 味見する probar, degustar, catar

あしもと 足元に注意 ¡Cuidado con los pasos!

あじわい 味わい sabor *m*

あじわう 味わう saborear, (楽しむ) apreciar, (経験する) experimentar | 勝利を～ saborear la victoria

あす 明日 mañana | ～の 朝 [午 後, 晩] mañana por la mañana [tarde, noche]

あずかる 預かる guardar | 会計を～ encargarse de llevar la contabilidad

アズキ 〘植〙 judía *f* roja

あずける 預ける 荷物を預かり所に～ dejar el equipaje en la consigna | 銀行にお金を～ depositar dinero en un banco

アスパラガス 〘植〙 espárrago *m*

アスピリン 〘薬〙 aspirina *f*

アスファルト asfalto *m*

あせ 汗 sudor *m* | ～をかく sudar, transpirar | ～と涙の結晶 fruto *m* de un gran esfuerzo y sacrificio | 手に～するような試合 partido *m* muy emocionante

あせる ❶ 焦る ponerse impaciente, impacientarse ❷ 褪せる 色が～ perder el color | 色のあせた descolorido[da]

あぜん 唖然とする quedarse boquiabierto[ta], quedarse atónito[ta], quedarse pasmado[da]

あそこ allí

あそび 遊び juego *m*, (気晴らし・楽しみ) diversión *f*, entretenimiento *m*, (余地) 〘機〙 juego *m* | ～にいらっしゃい Ven a mi casa para pasar un rato. | ～道具 juguete *m* | ～時間 hora *f* de recreo | ～半分に no muy seriamente, medio en broma

あそぶ 遊ぶ jugar, (楽しむ) divertirse, entretenerse, (働かない) no trabajar

あたい 値 valor *m*, (値段) precio *m* | 賞賛に～する merecer elogios, ser digno[na] de elogios | この本は読むに～しない Este libro no vale la pena leerlo.

あたえる 与える dar, (権利・恩典を) conceder, (賞を) otorgar | 台風は大きな害を与えた El tifón causó mucho daño. | 彼の意見は人々に大きな影響を～ Su opinión ejerce una gran influencia en el público.

あたかも ～…のように como si 〈＋接続法過去時制〉 | 彼は～すべて知っているかのように話す Habla como si lo supiera todo.

あたたかい 暖かい・温かい templado[da] | ～もてなし cálido recibimiento *m* | 日増しに暖かくなる Cada día hace menos frío. | 暖かさ・温かさ calor *m*

あたたまる 暖まる・温まる calentarse | 体が～ entrar en calor

あたためる 暖める・温める calentar

アタック ataque *m* | ～する atacar

あ

アタッシェケース maletín *m*
あだな 綽名・渾名 apodo *m*, mote *m*
アダプター 〘機〙〘電〙 adaptador *m*
あたま 頭 cabeza *f* | ～がいい inteligente, listo[ta] | ～が切れる sagaz, perspicaz | ～が悪い poco inteligente, tonto[ta] | ～に入れる acordarse de, recordar | ～を下げる bajar la cabeza | ～を冷やす tranquilizarse | 彼は息子の成績に～を抱えている Las notas de su hijo le traen de cabeza. | ～数 número *m* de personas | ～金 entrada *f*
あたらしい 新しい nuevo[va], (新鮮な) fresco[ca] | ～車 (新車) coche *m* nuevo, (今度の車) nuevo coche *m*
あたり ❶ 当たり番号 número *m* premiado ❷ 辺り この～に por aquí | ～を見回す mirar a SU alrededor | ～一面に por todas partes ❸ …当たり 1個～ por unidad | 一人～ por persona | 1キロ～3ユーロで売る vender a tres euros el kilo
あたりまえ 当たり前の natural, lógico[ca] | …するのは～です Es lógico que 〈+接続法〉.
あたる 当たる (ぶつかる) chocar con, tropezar con, (的中する) acertar, (相応する) equivaler a, corresponder a | 〈人〉につらく～ ser duro[ra] con ALGUIEN | 宝くじに当たった Me ha tocado la lotería.
あちこち por todas partes, aquí y allá
あちら allá, allí | 通りの～側に al otro lado de la calle
あつい ❶ 厚い grueso[sa], gordo[da] | ～雲 nube *f* densa ❷ 熱い caliente ❸ 暑い caluroso[sa], cálido[da] | 今日は～ Hace calor hoy. | このコートを着ていると暑いよ Tengo calor con este abrigo.
あっか 悪化する empeorarse, deteriorarse | ～させる empeorar, deteriorar | 彼の病状が～した Su enfermedad se agravó.
あつかう 扱う tratar, (操作する) manejar, manipular, (担当する) encargarse de, hacerse cargo de
あつくるしい 暑苦しい bochornoso[sa], sofocante
あつさ ❶ 厚さ grosor *m*, espesor *m* | この本は～が3センチだ Este libro tiene tres centímetros de grosor [de grueso]. ❷ 暑さ calor *m* (*f*)
あっさり (単純な) simple, sencillo[lla], (容易な) fácil | ～した食べ物 comida *f* no grasienta
あっしゅく 圧縮する comprimir | ～ファイル 〘IT〙 fichero *m* comprimido
あっしょう 圧勝する lograr [ganar con] una victoria aplastante
あっせん 斡旋する interponer SUS buenos oficios, actuar de mediador[dora], servir de intermediario[ria]
アットマーク 〘IT〙 arroba *f*
あっとう 圧倒する abrumar, aplastar | ～的な abrumador[dora], aplastante
あっぱく 圧迫 presión *f* | ～する presionar
アップトゥデート ～な actual, actualizado[da] | きわめて～な話題 tema *m* de candente actualidad
アップルパイ 〘料〙 tarta *f* de manzana
あつまり 集まり reunión *f*
あつまる 集まる juntarse, reunirse
あつめる 集める juntar, reunir, (収集) coleccionar, (まとめる) agrupar | 情報を～ recoger información
あつらえる 誂える pedir, encargar | 私はドレスをあつらえた Me hice un vestido a mi medida.
あつりょく 圧力 presión *f* | 〈人〉に～を加える presionar a ALGUIEN, ejercer presión sobre ALGUIEN | ～釜(がま) olla *f* exprés [a presión] | ～団体 grupo *m* de presión
あて ❶ 当て (目当て) objeto *m*, (見込み) esperanza *f* | …を～にする contar con ... | ～にならない poco fiable | ～が外れる verse defraudado[da] en SUS expectativas | ～もなく sin objeto ❷ 宛 …～の手紙 carta *f* dirigida a ...
あてさき 宛先 destino *m*
あてはまる 当てはまる corresponder a, coincidir con | 条件に～ reunir [cumplir] los requisitos
あてはめる 当てはめる 理論を実践に～ aplicar la teoría a la práctica
あてる 当てる (ぶつける) hacer chocar, (的中させる) acertar, adivinar, (あてがう) asignar, destinar, dedicar
あと ❶ 後で (時間) después, luego, más tarde | ～に (位置) atrás, detrás | …の～に (位置) detrás de ... | ～の (順番) siguiente | 食事の～で después de comer | 払った～で después de haber pagado | ～から来る venir más tarde | 数日～で unos días después | じゃまた～でね Hasta ahora. | …の～を追う seguir detrás de ... | 彼は一番～に着く Es el último en llegar. ❷ 跡 huella *f*, marca *f*, rastro *m*, señal *f* | ～を残す dejar huellas | …の～をたどる seguir la pista de ...
あとがき 後書き epílogo *m*
あとかたづけ 後片付け 食事の～をする quitar la mesa y lavar los platos
あとつぎ 跡継ぎ sucesor[sora] *mf*, heredero[ra] *mf*
アドバイス consejo *m* | ～する aconsejar
あとばらい 後払い pago *m* aplazado | ～で[つけで] al fiado, (代金引換え払い) contra reembolso | ～する pagar después | ～で買う comprar al fiado
アトピー atopia *f* | ～性の atópico[ca]
アトラクション atracciones *f.pl*
アトリエ estudio *m*, taller *m*
アドリブ improvisación *f*, 〘演〙 morcilla *f* | ～で improvisadamente | ～を入れる improvisar, meter morcillas
アドレス dirección *f*
あな 穴 agujero *m*, (空いた所) hueco *m*, (洞窟(どうくつ)) cueva *f*, (地面の) hoyo *m* | ～をあける hacer un agujero, agujerear, perforar | ～を掘る cavar un hoyo
あなうめ 穴埋め 赤字の～をする cubrir el déficit
アナウンサー locutor[tora] *mf*
アナウンス ～する anunciar por el altavoz
あなた ～は[が] usted ►「あなたがたは[が]」は ustedes | ～(がた) の su | ～(がた) に le (les) | ～(がた) のもの suyo[ya] | ～自身 usted mismo[ma] | ～がた自身 uste-

des mismos[mas]
アナログ ～の analógico[ca]
あに 兄 hermano *m* (mayor)
アニメ dibujos *m.pl* animados | ～映画 película *f* de dibujos animados
あね 姉 hermana *f* (mayor)
あの aquel[lla] | ～男 aquel hombre *m* | ～世 el otro mundo, el más allá | ～ころ en aquellos días, en aquel entonces
あのね (túに) Oye., Mira., (ustedに) Oiga., Mire.
アパート apartamento *m*, piso *m*, (ワンルーム) estudio *m* ➜マンション
あばく 暴く descubrir, (秘密を) revelar
あばれる 暴れる (騒ぐ) alborotar, armar alboroto [jaleo] | (馬が) desbocarse
アピール (呼びかけ) llamamiento *m*, apelación *f* | 平和への～をする hacer un llamamiento en favor de la paz
アヒル 〖鳥〗 pato *m*, ánade *m/f*
あびる 浴びる シャワーを～ ducharse, darse una ducha | 太陽を～ tomar el sol | 非難を～ recibir reproches
アブ 〖昆〗 tábano *m*
アフター ～ケア cuidados *m.pl* posoperatorios | ～サービス servicio *m* posventa
あぶない 危ない peligroso[sa], (不確実な) inseguro[ra] | 民主主義が～ La democracia está en peligro.
あぶら 油 aceite *m*, (脂) grasa *f* | ～で揚げる freír | ～を絞る(しかる) reñir, reprender | 火に～を注ぐ echar leña al fuego
あぶらえ 油絵 pintura *f* al óleo | ～をかく pintar al óleo
あぶらっこい 脂っこい grasiento[ta], aceitoso[sa]
あぶらみ 脂身 grasa *f*, (豚) manteca *f*
アブラムシ 〖昆〗 pulgón *m*
アフリカ África *f* | ～の africano[na] | ～大陸 continente *m* africano
アプリケーション 〖IT〗 programa *m*
あぶる 炙る pasar ALGO por el fuego, asar ALGO ligeramente
あふれる 溢れる rebosar de, (氾濫(はんらん)) desbordarse | 浴槽から水があふれた La bañera rebosó de agua.
アプローチ ～する aproximarse
あべこべ ～の inverso[sa], invertido[da], contrario[ria] | 順序が～だ El orden está invertido.
あへん 阿片 opio *m*
アボカド 〖植〗 aguacate *m*, palta *f*(南米)
あま ❶ 尼 monja *f* ❷ 亜麻 lino *m* | ～布 lienzo *m* ❸ 海女 buceadora *f*
あまい 甘い dulce | ～もの dulces *m.pl* | ～言葉 palabras *f.pl* dulces | 甘くする endulzar | 彼は子供に～ Él es indulgente [poco severo, permisivo] con los niños. | 彼女は考えが甘すぎる Ella es demasiado optimista.
あまえる 甘える ponerse mimoso[sa] | 好意に甘える abusar de la amabilidad de ALGUIEN
あまくだり 天下り retiro *m* de determinados altos funcionarios a puestos lucrativos en empresas privadas
あます 余す dejar
あまだれ 雨だれ gotas *f.pl* de lluvia
あまど 雨戸 puerta *f* exterior
アマチュア aficionado[da] *mf*
あまのがわ 天の川 Vía *f* Láctea, Camino *m* de Santiago
あまみず 雨水 agua *f* de lluvia
あまもり 雨漏りがする tener goteras
あまやかす 甘やかす mimar, malcriar
あまやどり 雨宿りする refugiarse [guarecerse] de la lluvia
あまり 余り (残り) resto *m*, (余剰) sobras *f.pl* | ～にも demasiado, excesivamente | 彼は～有名ではない No es muy famoso. | 空腹の～昨日の残りものまで食べた Tenía tanta hambre que comió las sobras de ayer.
アマリリス 〖植〗 amarilis *f* [*pl* ~]
あまる 余る quedar, sobrar | 私の手に～使命だ Es una misión que excede mi capacidad. | 目に～振る舞い comportamiento *m* intolerable
あみ 網 red *f*, (焼き網) parrilla *f*
アミノさん アミノ酸 aminoácido *m*
あみだな 網棚 rejilla *f*
あみど 網戸 (蚊(か)よけ) mosquitero *m*
あみめ 網目・編み目 punto *m*
あみもの 編み物 labores *f.pl* de punto
あむ 編む tejer, hacer punto, (かぎ針で) hacer ganchillo
あめ ❶ 雨 lluvia *f*, (霧雨) llovizna *f*, (豪雨) lluvia *f* torrencial | ～が降る llover, caer lluvia [主語] | ～がやんだ Ha dejado de llover. ❷ 飴 caramelo *m*
アメーバ 〖動〗 ameba *f*
アメジスト 〖鉱〗 amatista *f*
アメリカ América *f* | ～の americano[na] | 北～ América *f* del Norte, Norteamérica *f* | 南～ América *f* del Sur, Sudamérica *f*
アメリカンフットボール fútbol *m* americano
あやうく 危うく por poco | ～轢(ひ)かれるところだった Casi [Por poco] me han atropellado.
あやしい 怪しい sospechoso[sa]
あやつりにんぎょう 操り人形 marioneta *f*, títere *m*
あやまち 過ち (過失) error *m*, falta *f*, (罪) pecado *m* | ～を犯す cometer un error [una falta, un pecado]
あやまり 誤り equivocación *f*, error *m*, falta *f* | ～を犯す equivocarse | スペリングの～ falta *f* de ortografía
あやまる ❶ 謝る pedir perdón [disculpas], disculparse | 遅れたことを～ pedir perdón por haber llegado tarde ❷ 誤る equivocarse, cometer un error | 誤った equivocado[da], erróneo[a] | 誤って por error, (うっかりして) por un descuido | 身を～ perderse, descarriarse
アヤメ 〖植〗 lirio *m*
あゆみ 歩み paso *m*, marcha *f*
あらあらしい 荒々しい violento[ta], impetuoso[sa]
あらい ❶ 粗い (洗練されていない) poco fino[na], tosco[ca], (ざらざらした) áspero[ra], (すき間のある) ralo[la] ❷ 荒い violento[ta], rudo[da] | 波が～ El mar está agitado. | 人使いが～ hacer trabajar mucho a ALGUIEN | 金遣いが～ derrochar el dinero

あ

あらう 洗う lavar, limpiar, (すすぐ) aclarar | 食器を～ fregar los platos | 手を～ lavarse las manos | 体を～ lavarse
あらかじめ de antemano, previamente
あらさがし あら探しをする buscar defectos [las vueltas] a ALGUIEN
あらし 嵐 tormenta *f*, tempestad *f* | ～のような tormentoso[sa]
あらす 荒らす (破壊する) devastar, (害する) dañar, (侵入する) invadir | 泥棒が家を荒らした El ladrón desvalijó la casa.
あらすじ あら筋 resumen *m*, (小説等の) argumento *m*
あらそい 争い (けんか) pelea *f*, riña *f*, (口論) disputa *f*, (紛争) conflicto *m*, (戦い) lucha *f*, (競争) competencia *f*
あらそう 争う (けんか) pelear, (口論) discutir, disputar, (戦う) luchar, (競う) competir | 兄弟で父親の遺産を～ Los hermanos se disputan la herencia de su padre.
あらた 新たな nuevo[va] | ～に nuevamente, de nuevo
あらたまる 改まる (改善) mejorarse, (更新) renovarse | 改まった口調で en tono serio [formal]
あらためて 改めて nuevamente, (特に) especialmente | ～ご返事いたします Le contestaré más tarde. | ～お伺いいたします Volveré de nuevo.
あらためる 改める (更新) renovar, (変更) cambiar, modificar, (改善) mejorar, corregir
アラビア Arabia *f* | ～数字 número *m* arábigo
アラブ ～の árabe | ～人 árabe *m/f*
あらゆる ～種類の… toda clase de ... | ～点で en todos los aspectos | ～手段を尽くす agotar todos los resortes
あられ 霰〘気象〙granizo *m* | ～が降る granizar, caer granizo [主語]
あらわす ❶ 表す・現す (表現する) expresar, (示す) indicar, (見せる) mostrar, (意味する) significar | 頭角を～ sobresalir | 姿を～ aparecer ❷ 著す (書く) escribir, (出版する) publicar
あらわれる 現れる aparecer, asomar, surgir | 舞台に～ salir al escenario | 効果が～ Se nota el efecto.
アリ〘昆〙hormiga *f*
アリア〘音〙aria *f*
ありあまる あり余る sobrar | ～ほどお金がある tener dinero de sobra
ありうる 有り得る …は～[有り得ない] Es posible [imposible] que 〈＋接続法〉. | ～ね Puede ser.
アリオリ〘料〙alioli *m*
ありがたい ～ことに gracias a Dios, por suerte, afortunadamente | 彼の助けは～ Su ayuda es de agradecer. | あなたの親切を～と思う Le agradezco su amabilidad. | とてもありがたく思う estar muy agradecido[da] | 今一杯のビールは～ Una cerveza ahora se agradece. | ありがたくない客 visita *f* indeseable
ありがとう Gracias.;Muchas gracias.
ありさま (状態) estado *m*, situación *f*, circunstancia *f*
ありそう ～な probable, posible
ありのまま ～の現実を受け入れる aceptar la realidad tal como es
アリバイ ～がある tener coartada
ありふれた común y corriente, ordinario[ria], (並の) mediocre
ある ❶ (存在する) haber, existir, (位置する) estar, encontrarse, (所有する) tener, (行われる) tener lugar, (起こる) ocurrir ❷ 或 un [una], cierto[ta], algún[guna] | ～時 una vez | ～日 un día | ～こと una cosa
あるいは 或いは o, o bien, (ひょっとしたら) acaso →それとも
あるく 歩く caminar, andar | 歩いて行く ir andando, ir a pie | 急いで～ caminar rápido | 歩いて10分です Se tarda diez minutos a pie.
アルコール alcohol *m* | ～の alcohólico [ca] | ～飲料 bebida *f* alcohólica | ～中毒者 alcohólico[ca] *mf*
アルツハイマー〘医〙enfermedad *m* de Alzheimer
アルト〘音〙(歌手) contralto *m/f*
アルバイト (臨時の) trabajo *m* temporal, (副業) trabajo *m* secundario | ～する trabajar por horas
アルバム álbum *m*
アルファベット alfabeto *m*, abecedario *m* | ～順に por orden alfabético
アルプス los Alpes *m.pl*
アルミニウム〘化〙aluminio *m*
アルミホイル papel *m* de aluminio
あれ aquél[lla] *mf*, aquello *n*
あれから desde entonces, desde aquel momento
あれほど ～いやな思いをしたことはない Nunca lo he pasado tan mal como en aquella ocasión. | そこには行かないように～言っておいたのに A pesar de que le había dicho mil veces que no fuera allí.
あれる 荒れる (土地) asolarse, (海) agitarse, alborotarse, (皮膚) secarse, volverse áspero[ra] | 荒れた (土地) asolado[da], (海) agitado[da], alborotado[da], (皮膚) seco[ca], áspero [ra] | 荒れ模様の天気 tiempo *m* tormentoso
アレルギー alergia *f* | ～性の alérgico [ca] | 卵～の alérgico[ca] a los huevos | …に～反応を起こす tener alergia a ...
アレンジ arreglo *m* | ～する arreglar
あわ 泡 burbuja *f*, (石けん等の) espuma *f*, (気泡) pompa *f*, (清涼飲料水の) gas *m* | ～立てる〘料〙batir
あわせる 合わせる (一緒にする) unir, juntar, (合計する) sumar, (混ぜる) mezclar, (楽器の調子を) entonar, (時計を) ajustar | 力を～ unir las fuerzas, solidarizarse | 手を～ juntar las manos | 合わせて3万円です Son 30.000 (treinta mil) yenes en total. | 音楽に合わせて踊る bailar al compás de la música
あわただしい 慌ただしい precipitado [da], apresurado[da] | ～生活を送る llevar una vida ajetreada
あわてる 慌てる (急ぐ) precipitarse, (うろたえる) atolondrarse, (落ち着きを失う) perder la calma | 慌てて precipitadamente | そんなに～な No te pongas tan

nervioso[sa].
アワビ 〖動〗 oreja *f* marina
あわれ 哀れな pobre〈＋名詞〉,（惨めな） miserable
あわれむ 哀れむ compadecer, sentir piedad por, tener compasión de
あん 案（考え） idea *f*,（意見） opinión *f*,（プラン） plan *m*,（提案） propuesta *f*,（草案） borrador *m*
あんい 安易な fácil,（浅薄な） superficial
アンカー（陸上） último[ma] corredor[dora] *mf*,（水泳） último[ma] nadador[dora] *mf*
あんがい 案外 para mi [tu, su ...] sorpresa｜～まじめな人だよ Es una persona más seria de lo que parece.
あんき 暗記する aprender ALGO de memoria, memorizar
アングル ángulo *m*
アンケート ～を取る hacer una encuesta
あんごう 暗号 cifra *f*, clave *f*｜～を解く descifrar la clave
アンコール（掛け声） ¡Otra! ¡Otra!
あんこく 暗黒 oscuridad *f*, tinieblas *f.pl*｜～街 bajos fondos *m.pl*, hampa *f*
あんさつ 暗殺する asesinar
あんじ 暗示する insinuar, aludir a
あんしつ 暗室 〖写〗 cámara *f* oscura
あんしょう ❶ 暗証番号 número *m* secreto [clave] ❷ 暗唱 recitación *f*｜～する recitar ❸ 暗礁 escollo *m*｜交渉が～に乗り上げた Las negociaciones han encallado [se han estancado].
あんじる 案じる preocuparse por, inquietarse por
あんしん 安心する quedarse tranquilo[la]｜彼なら～して任せられる Podemos confiar en él con toda tranquilidad.
アンズ 〖植〗 albaricoque *m*
あんせい 安静 reposo *m*｜絶対～にする guardar reposo absoluto
あんぜん 安全 seguridad *f*｜～に sin riesgo *m*｜～な seguro[ra]｜～をはかる tomar precauciones, asegurarse｜～かみそり maquinilla *f* (de afeitar)｜～装置 seguro *m*｜～地帯 zona *f* de seguridad,（道路の） refugio *m*｜～ピン imperdible *m*｜～保障 seguridad *f*
アンダーライン ～を引く subrayar
アンチョビ 〖魚〗 anchoa *f*
あんてい 安定 estabilidad *f*｜～した estable｜～させる estabilizar｜～する estabilizarse｜～化 estabilización *f*｜～株主 accionista *m/f* estable｜～成長 crecimiento *m* estable
アンテナ antena *f*
あんな tal, semejante｜～人は信用できない Una persona así no es de fiar.
あんない 案内 guía *f*｜～する enseñar, guiar,（同行する） acompañar,（知らせる） avisar, informar｜～所 información *f*｜～書 guía *f*
アンパイア árbitro[tra] *mf*
アンプ 〖電〗 amplificador *m*
アンペア 〖電〗 amperio *m*
あんもく 暗黙の tácito[ta], implícito[ta]｜～の了解 consentimiento *m* tácito
アンモニア amoniaco *m*, amoníaco *m*

あんらく 安楽死 eutanasia *f*

い ❶ 胃 estómago *m*｜～の gástrico[ca], estomacal｜～が痛い［重い］ tener dolor [pesadez] de estómago｜～がん cáncer *m* de estómago ❷ …位 1［2］～ primer [segundo] lugar *m*
いい bueno[na]｜いい人 buena persona *f*｜もう行っても～よ Puedes irte ya.｜君は来なくても～ Tú no tienes que venir.; No hace falta que vengas tú.｜私はカフェテリアよりレストランのほうが～のですが Prefiero un restaurante a una cafetería.｜どうしたら～のか分からない No sé qué hacer.｜～ですか ¿Está bien?｜もう～ですよ ¡Basta ya! ;Ya vale.; Ya está bien.
いいえ no,《否定文に対して》 sí｜食べないの. —～, 食べます ¿No comes tú? — Sí, como.
いいかえす 言い返す replicar
いいかえる 言い換える decir ALGO en otras palabras｜～と dicho en otras palabras
いいかげん ～な（無責任な） irresponsable,（不正確な） inexacto[ta],（不完全な） incompleto[ta],（信用できない） poco fiable｜～な仕事 trabajo *m* chapucero｜～に答えておいた Se lo he contestado como sea.｜～にしなさい ¡Basta ya!
いいかた 言い方 manera *f* de decir [hablar]
いいき いい気になる hincharse como un pavo｜～なもんだ ¿Qué se ha creído?
いいすぎる 言い過ぎる pasarse｜ちょっと言い過ぎた Me he pasado un poco.
イースター（復活祭） Pascua *f*,（復活祭前の1週間） Semana *f* Santa
いいつける 言いつける（命じる） mandar, ordenar,（告げ口する）《話》 chivarse
いいのがれ 言い逃れ escapatoria *f*, pretexto *m*, excusa *f*｜言い逃れる buscar una escapatoria, poner un pretexto
いいはる 言い張る insistir en
いいぶん 言い分がある tener sus razones｜それぞれの～を聞こう Vamos a escuchar lo que tiene que decir cada uno.
イーメール Eメール correo *m* electrónico｜～アドレス dirección *f* de correo electrónico｜～を送る enviar un correo electrónico
イーユー EU Unión *f* Europea
いいわけ 言い訳 excusa *f*, explicaciones *f.pl*｜～する dar una excusa [explicaciones]
いいん ❶ 委員 miembro *m* de un comité [de una comisión]｜～会 comité *m*, comisión *f*｜～長 presidente[ta] *mf* de un comité ❷ 医院 clínica *f*, consulta *f*, consultorio *m*
いう 言う decir, hablar｜…は～までもない Ni que decir tiene que [Por supuesto que]〈＋直説法〉.｜～に言われぬ inefable, indescriptible, indecible｜言いたい放題～ decir todo lo que quiere
いえ 家（住居） casa *f*,（家族） familia *f*,（家庭） hogar *m*｜～にいる estar en ca-

い

sa｜～を継ぐ（相続する） heredar la casa｜～柄がよい de buena familia, de familia bien

いえき 胃液 jugo *m* gástrico

イエス・キリスト Jesucristo *m*

いえで 家出する fugarse [irse] de casa｜～中の息子 hijo *m* en fuga

いえる 癒える curarse, sanarse

いおう 硫黄 azufre *m*

いか ❶ 以下 5人～ cinco o menos personas｜10歳～の子供 niños *m.pl* de diez o menos años｜半分～ menos de la mitad｜平均～の年収 renta *f* anual inferior a la media｜～のように como sigue｜～同様 y así sucesivamente ❷ イカ〖動〗 calamar *m*, sepia *f*, (ホタルイカ) chipirón *m*｜～墨 tinta *f* del calamar

いがい ❶ 意外な inesperado[da], imprevisto[ta], sorprendente｜事態は～に深刻だ La situación es más grave de lo que se pensaba. ❷ 以外に［は］ menos, excepto, salvo, aparte de｜金曜～は時間があります Tengo tiempo excepto [menos] los viernes.｜…する～に手はない No hay más remedio que〈＋不定詞〉.

いかが cómo, qué tal｜ご気分は～ですか ¿Cómo está? ; ¿Cómo se encuentra?｜コーヒーを～ですか ¿Le apetece un café?｜この帽子は～ですか ¿Qué le parece este sombrero?

いかがわしい (疑わしい) sospechoso [sa], (俗悪な) indecente

いかく 威嚇する amenazar, intimidar

いがく 医学 medicina *f*

いかす 生かす (生かしておく) dejar vivir a ALGUIEN, (活用する) aprovechar, valerse de｜知識を～ aprovechar SUS conocimientos

いかだ 筏 balsa *f*

いかに cómo｜この問題が～難しいか君には分からない No te puedes imaginar lo difícil que es este problema.

いかめしい 厳めしい solemne, majestuoso[sa]

いかり ❶ 怒り enfado *m*, enojo *m*, cólera *f*, ira *f*, indignación *f*, rabia *f*｜～を抑える contener SU ira [indignación, rabia]｜とても～を感じる（腹が立つ） Me da mucha rabia. ❷ 錨 ancla *f*, áncora *f*

いかん 遺憾な lamentable

いき ❶ 息（呼吸） respiración *f*, (呼気) aliento *m*, espiración *f*｜～が切れる Se me corta la respiración.｜～が詰まる sofocarse, ahogarse｜～をする respirar｜～を吸う inspirar, aspirar｜～を吐く espirar｜～を引き取る fallecer｜～を吹き返す recuperar [recobrar] el conocimiento｜～を殺す contener el aliento｜～をつく tomarse un respiro, descansar｜その美しさに～をのんだ Su belleza me dejó sin aliento.｜人と～が合う formar una buena pareja ❷ 意気消沈した estar deprimido[da], tener la moral por los suelos｜～揚々と con aire triunfante, con la moral alta ❸ 粋な chic, elegante, distinguido[da] ❹ 生きのよい（新鮮な） fresco[ca] ❺ 行き バルセロナ～の列車 tren *m* con destino a Barcelona

いぎ ❶ 意義 sentido *m*, significado *m*, valor *m*｜～のある［深い］ ser significativo[va], tener mucho sentido ❷ 異議 objeción *f*｜～あり Protesto.｜～を唱える oponerse, poner una objeción

いきいき 生き生きした表情 expresión *f* vivaracha｜～した目 ojos *m.pl* vivos

いきうめ 生き埋めになる enterrarse vivo [va]

いきおい 勢い fuerza *f*, energía *f*｜～よく con mucha fuerza, impetuosamente｜酔った～で por efecto del alcohol

いきがい 生きがい placer *m* de vivir, razón *f* de vivir｜～のある生活 una vida con sentido

いきかえる 生き返る resucitar, renacer, 《比喩的》 reanimarse

いきさき 行き先 destino *m*

いきちがい 行き違いになる cruzarse

いきどまり 行き止まり この道は～になっている Esta calle no tiene salida.

いきなり de repente, bruscamente

いきぬき 息抜き diversión *f*, (休養) descanso *m*, respiro *m*

いきのこる 生き残る sobrevivir

いきもの 生き物 ser *m* vivo [viviente]

いきょう 異教 heterodoxia *f*, herejía *f*, (キリスト教にとって) paganismo *m*｜～徒 hereje *m/f*, heterodoxo[xa] *mf*, pagano[na] *mf*

いきる 生きる vivir｜生きた vivo[va]

いく 行く ir｜飛行機［タクシー］で～ ir en avión [taxi]｜オーストラリアへ行ったことがありますか ¿Ha estado alguna vez en Australia?｜行ってきます Me voy, adiós.｜行ってらっしゃい（外出する人に） Adiós., (旅に出る人に) Buen viaje.

いくじ ❶ 育児 cuidado *m* de niños [de hijos]｜～休暇 baja *f* [excedencia *f*] por maternidad｜～手当て subsidio *m* por maternidad ❷ 意気地のない cobarde, gallina, pusilánime

いくつ ～(の)（数を聞く） cuántos[tas]｜～かの… algunos[nas]〈＋可算名詞複数形〉, unos [unas] (cuantos[tas])〈＋可算名詞複数形〉｜～もの… muchos [chas]〈＋可算名詞複数形〉, un montón de ...｜～いるの ¿Cuántos necesitas?｜彼は～ですか ¿Cuántos años tiene él?｜～かのもの unas cuantas cosas

いくら 幾ら cuánto[tos, ta, tas]｜～ですか ¿Cuánto es?｜お金は～でもやる Te doy todo el dinero que quieras.

いくらか 幾らか (数) algunos[nas]〈＋可算名詞複数形〉, (量) algún[guna]〈＋不可算名詞単数形〉, (少し) un poco, algo

いけ 池 estanque *m*

いけがき 生け垣 seto *m* (vivo)

いけない 盗んでは～ No debes robar.｜私のどこが～のですか ¿Qué es lo que no hago bien?｜お金が足りないと～のでカードを持って行きなさい Llévate la tarjeta por si te falta dinero.

いけばな 生け花 arreglo *m* [arte *m*] floral

いける 生ける 花を花瓶に～ arreglar [acomodar] flores en un florero

いけん ❶ 意見 opinión *f*, parecer *m*, (忠告) consejo *m*｜…という～である opinar que〈＋直説法〉｜～を言う dar [emitir] SU opinión | ～する aconsejar, dar un consejo | 何かご～はありませんか ¿Tienen alguna opinión? | 〈人〉と同～である opinar lo mismo que ALGUIEN, estar de acuerdo con ALGUIEN ❷ 違憲の inconstitucional, anticonstitucional

いげん 威厳のある majestuoso[sa], imponente

いご 以後 de aquí en adelante | 5時～ después de las cinco, desde las cinco en adelante | ～気をつけます Tendré cuidado de ahora en adelante.

いこう ❶ 移行 traslado *m*, transición *f* | ～する trasladarse | ～期間 período *m* de transición | ～措置 medidas *f.pl* transitorias ❷ 意向 intención *f*, propósito *m* ❸ 遺稿 manuscrito *m* póstumo ❹ 以降 →以後

イコール 4たす3～7 Cuatro más tres igual a siete.; Cuatro y tres son siete.

いこく 異国 país *m* extranjero | ～情緒 exotismo *m* | ～情緒のある exótico[ca]

いごこち 居心地がよい cómodo[da], acogedor[dora]

いざかや 居酒屋 taberna *f*, mesón *m*

いざこざ discordia *f*, disputa *f*

いさましい 勇ましい valiente, bravo[va]

いさん ❶ 遺産 herencia *f*, legado *m* | ～を相続する heredar la fortuna ❷ 胃酸 acidez *f* de estómago [gástrica]

いし ❶ 石 piedra *f*, (小石) guija *f*, guijarro *m*, (砂利) grava *f* ❷ 意志 voluntad *f* | ～薄弱な de voluntad débil | ～の強い[弱い] tener mucha [poca] fuerza de voluntad ❸ 意思 intención *f*, propósito *m* | …と～を疎通する comunicarse [entenderse] con ... | ～の疎通の欠如 falta *f* de comunicación | …の～を尊重する respetar la voluntad de ... ❹ 医師 médico[ca] *mf* | ～会 colegio *m* de médicos

いじ ❶ 維持する mantener, conservar | ～費 gastos *m.pl* de mantenimiento ❷ 意地の悪い malicioso[sa], malvado[da], perverso[sa] | ～になって obstinadamente | ～を張る obstinarse, seguir en SUS trece | ～を通す no ceder | ～汚い avaro[ra] | ～っ張りである tener la cabeza dura ❸ 遺児 hijo[ja] *mf* del difunto [de la difunta]

いしき 意識 conciencia *f*, conocimiento *m* | ～を失う perder el conocimiento | ～を回復する recobrar [recuperar] el conocimiento | ～がある estar consciente | …を～する tener conciencia de ... | ～的に conscientemente | ～不明の inconsciente, sin conocimiento | ～せずに inconscientemente

いしつ 異質 heterogeneidad *f* | ～の heterogéneo[a]

いしつぶつ 遺失物取扱所 oficina *f* de objetos perdidos

いじめ maltrato *m*, acoso *m* | ～っ子 niño[na] *mf* maltratante

いじめる hostigar, maltratar, acosar

いしゃ 医者 médico[ca] *mf* | ～にかかっている estar en [bajo] tratamiento médico | ～を呼ぶ llamar al médico

いしゃりょう 慰謝料 indemnización *f* (por daños morales)

いじゅう 移住 migración *f* | ～する (外国へ) emigrar, (外国から) inmigrar

いしょ 遺書 testamento *m*

いしょう 衣装 vestido *m*, vestimenta *f*

いじょう ❶ 異状 anomalía *f* | ～なし sin novedad ❷ 異常 anormalidad *f* | ～な anormal, anómalo[la] | ～気象 tiempo *m* anormal ❸ 以上 10人～ diez o más personas | 6歳～の子供 niños *m.pl* de seis o más años | 半分～ más de la mitad | 平均～の年収 renta *f* anual superior a la media | 予想～に más de lo esperado [previsto] | これ～知らない No sé nada más. | ～です Nada más.; (講演等) He dicho.

いしょく ❶ 移植 trasplante *m* | ～する trasplantar | 心臓[腎臓]～ trasplante *m* de corazón [riñón] ❷ 異色の único[ca], singular ❸ 委嘱 encargo *m* | ～する encomendar, encargar

いしょくじゅう 衣食住 el alimento, el vestido y la vivienda

いじわる 意地悪な malicioso[sa] | 〈人〉に～をする meterse con ALGUIEN, tratar mal a ALGUIEN

いす 椅子 silla *f*, (長いす) sofá *m*, (ひじ掛けいす) sillón *m*, butaca *f*

いずみ 泉 manantial *m*, fuente *f*

イスラム ～教 islam *m*, religión *f* musulmana [islámica] | ～教の musulmán[mana], islámico[ca] | ～教徒 musulmán[mana] *mf* | ～原理主義者 integrista *m/f* islámico[ca] | ～寺院 mezquita *f*

いずれ (そのうちに) un día de éstos, (遅かれ早かれ) tarde o temprano | AかBか～かを選ぶ escoger entre A o B | ～にせよ de todos modos, de cualquier forma

いせい ❶ 異性 sexo *m* opuesto, otro sexo *m* ❷ 威勢がいい vigoroso[sa], enérgico[ca]

いせき 遺跡 (廃墟(はいきょ)) ruinas *f.pl*

いぜん ❶ 以前 antes | …より～の antes de ..., anterior a ... | ～の de antes, antiguo[gua] | ～は antes, antiguamente | 1990年～から desde antes del año 1990 ❷ 依然として todavía, aún | 事故の原因は～として不明だ Sigue sin saberse la causa del accidente.

いそ 磯 playa *f* [costa *f*] rocosa

いそうろう 居候 gorrón[rrona] *mf* | ～する vivir de gorra[de la sopa boba]

いそがしい 忙しい estar ocupado[da]

いそぎ 急ぎの urgente, apremiante

いそぐ 急ぐ darse prisa, apresurarse, apurarse | 急いでいる tener prisa | 急いで deprisa, aprisa, con prisa | 急げ ¡Rápido! | 急がば回れ Vísteme despacio, que tengo prisa. 《諺》

イソギンチャク 〘動〙 actinia *f*, anémona *f* de mar

いぞん ❶ 依存 dependencia *f* | …に～する depender de ... | ～した dependiente ❷ 異存 disentimiento *m*, objeción *f* | 全く～はありません No tengo ninguna objeción.

いた 板 tabla *f*, (金属の) plancha *f*, lámina *f*

いたい ❶ 痛い 私は頭が～ Me duele la cabeza.; Tengo dolor de cabeza. | 私は奥歯が～ Me duelen las muelas.; Tengo dolor de muelas. | どこが～の ¿Qué te duele? ❷ 遺体 restos *m.pl* mortales, (死体) cadáver *m*

いたいたしい 痛々しい doloroso[sa]

いだい 偉大な grande | ～な人物 gran personaje *m*

いたく 委託 encargo *m* | ～する encargar

いだく 抱く (腕に) abrazar, (思想・感情を) abrigar | 希望を～ tener [abrigar] esperanzas

いたずら travesura *f*, (悪ふざけ) broma *f* | ～な travieso[sa] | ～する hacer travesuras

いただき 頂 cumbre *f*, cima *f*

いただく 頂く (もらう) recibir, (飲食する) comer, beber, tomar | 雪を～山 montaña *f* cubierta [coronada] de nieve | …していただけませんか ¿Podría 〈+不定詞〉?; ¿Me hace el favor de 〈+不定詞〉?; ¿Le importaría 〈+不定詞〉?

イタチ 〖動〗 comadreja *f*

いたで 痛手 golpe *m*, daño *m* | ～を被る sufrir daño

いたばさみ 板挟み (ジレンマ) dilema *m*

いたましい 痛ましい doloroso[sa], lamentable

いたみ 痛み dolor *m* | 鋭い～を感じる sentir un dolor agudo

いたむ ❶ 痛む tener dolor de | 傷が～ Me duele la herida. ❷ 傷む estropearse, deteriorarse ❸ 悼む condolerse de | 親友の死を～ sentir tristeza por la muerte de un amigo íntimo

いためる ❶ 炒める saltear, sofreír, freír (con poco aceite) ❷ 傷める dañar, estropear

イタリア ～料理 cocina *f* italiana

イタリック ～体 letra *f* cursiva, bastardilla *f* | ～体で en cursiva

いたる 至る (場所に) llegar a, (事態に) resultar | 大事に～ pasar [ir] a mayores | 至る所に en [por] todas partes

いたわる 労る tratar con consideración *f*, (慰める) consolar | 体を～ cuidarse

いたんしゃ 異端者 heterodoxo[xa] *mf*, hereje *m/f*

いち ❶ 一 uno *m* | ～から十まで de uno a diez, (すべて) completamente todo | ～番目の primero[ra] | ～か八(ばち)かやってみる jugárselo todo a una carta, apostar por el todo o nada ❷ 市 mercado *m*, plaza *f* | 蚤(のみ)の～ rastro *m* ❸ 位置 posición *f*, lugar *m*, sitio *m* | ～する situarse, ubicarse, estar situado[da]

いちいち 一々 uno[na] por uno[na] | ～説明してくれなくてもいいよ No hace falta que me lo expliques todo.

いちいん 一員 miembro *m*, socio[cia] *mf*

いちおう 一応 (一度) una vez, (ひとまず) por el momento, (仮に) provisionalmente | ～そうしておこう Dejémoslo así por el momento. | ～彼に聞いてみたらどうですか ¿Por qué no se lo preguntas por si acaso?

いちがつ 一月 enero *m* | ～に en enero

イチゴ 〖植〗 fresa *f*, frutilla *f*(南米)

いちじ ❶ 一時 (短時間) por un momento | ～的な (臨時の) temporal, provisional, (その場限りの) pasajero[ra], momentáneo[a] | ～金 paga *f* extra(ordinaria) ❷ 一次の primario[ria], primero[ra] | ～産業 sector *m* primario

いちじかん 一時間 una hora

イチジク 〖植〗 higo *m*, breva *f*, (木) higuera *f*

いちじるしい 著しい notable | 著しく notablemente, sensiblemente

いちど 一度 una vez | ～に (同時に) a la vez, (一気に) de una vez | ～も…ない nunca | もう～ otra vez | もう～考えさせてくれ Déjame que lo vuelva a pensar.

いちにち 一日 un día | ～～(と) día a [por] día, de día en día | ～中 todo el día | ～おきに cada dos días

いちにん 一任する confiar, encargar

いちにんまえ 一人前 この料理は～ですか ¿Este plato es para una persona? | パエーリャ～ una ración de paella | ～の男 hombre *m* hecho y derecho

いちねん 一年 un año | ～に一度 una vez al [por] año | ～中 durante todo el año | ～生 estudiante *m/f* de primero [del primer grado]

いちば 市場 mercado *m*, plaza *f*

いちばん 一番 (番号) el número uno | ～目の primero[ra] | ～年上の人 el [la] mayor | クラスで～背が高い Es el más alto de la clase. | 母が～早く起きる Mi madre es la que se levanta más temprano que nadie.

いちぶ 一部 una parte

いちまい 一枚 una hoja

いちめん 一面に por todas partes | ～的な見方 punto *m* de vista unilateral | 新聞の～ portada *f*

いちもく 一目 〈人〉に～置く reconocer la superioridad de ALGUIEN | …は～瞭然(りょうぜん)だ Salta a la vista que 〈+直説法〉.

いちやく 一躍有名になる hacerse famoso[sa] rápidamente [de la noche a la mañana]

いちょう ❶ 胃腸 el estómago y los intestinos | ～の gastrointestinal | ～薬 digestivo *m* ❷ イチョウ 〖植〗 ginkgo *m*

いちりゅう 一流の de primera clase [categoría]

いつ 何時 cuándo | ～から desde cuándo | ～まで hasta cuándo | ～までに para cuándo | ～までも para siempre | 工事は～の間にか終わっていた Se había terminado la obra sin que me diera cuenta.

いつか algun día, (近日中) un día de éstos, (過去) antes

いっか 一家 (一家族) una familia | ～の主 cabeza *m* de familia | ～を支える mantener a la familia

いっかい ❶ 一回 una vez ❷ 一階 bajo *m*, planta *f* baja

いっかん 一貫した coherente, consistente | ～性のない incoherente, inconsistente

いっき 一気に de un tirón, de una vez

いっけん 一見して a primera [simple] vista | ～の価値がある Merece la pena verlo una vez.

いっこく 一刻の猶予も許されない No se pue-

de perder ni un segundo. | ～も早く con la mayor urgencia posible
いっさい 一切知りません No sé nada de nada.; No sé absolutamente nada. | ～の責任を負う asumir toda la responsabilidad
いっさくじつ 一昨日 anteayer, antes de ayer
いっさくねん 一昨年（2年前）hace dos años
いっしき 一式 equipo *m*, juego *m* | 台所用品～ batería *f* de cocina
いっしゅう 一周 una vuelta | …を～する dar una vuelta completa a ... | 世界～する dar la vuelta al mundo
いっしゅうかん 一週間 una semana | ～ずっと durante toda la semana
いっしゅん 一瞬 un segundo,《副詞的》por un instante | ～のうちに en cuestión de segundos
いっしょ 一緒に（共に）juntos[tas],（同時に）al mismo tiempo | …と～に行く ir con ..., acompañar a ... | …と～に来る venir con ..., venir acompañado[da] de ... | ～にする（まとめる）juntar, unir,（混同する）confundir
いっしょう 一生 vida *f* | ～の間（ずっと）durante toda la vida | …に～を捧げる consagrar SU vida a ... | 九死に～を得る salvarse milagrosamente
いっしょうけんめい 一生懸命に con toda SU fuerza
いっする 逸する 好機を～ perder [dejar pasar] una (buena) oportunidad
いっせきにちょう 一石二鳥 matar dos pájaros de un tiro
いっそく 一足の靴 un par de zapatos | ～飛びに dando un gran salto
いったい 一体全体どこへ行ったっていうんだ ¿Dónde demonios se ha ido? | ～何をやっているんだ ¿Qué diablos están haciendo?
いつだつ 逸脱する desviarse, salir
いっち 一致 coincidencia *f* | …と～する coincidir [concordar] con ... | 意見の～をみる llegar a un acuerdo
いっちょくせん 一直線の recto[ta] | ～に進む avanzar en línea recta
いっつい 一対 un par
いってい 一定の（決まった）fijo[ja], determinado[da],（変わらない）regular, constante | 利率を～に保つ mantener estable el tipo de interés
いってき 一滴 una gota
いつでも 何時でも a cualquier hora | ～来ていいよ Puedes venir cuando quieras.
いっとう 一等 primera clase *f* | ～に乗る viajar en primera | ～賞をとる ganar [lograr] el primer premio
いっぱい 一杯 コップ～の… un vaso de ... | スプーン～の塩 una cucharada de sal | ジョッキ～のビール una jarra de cerveza | …で～の（満ちた）lleno[na] de ... | 今晩～やりませんか ¿Por qué no tomamos una copa esta noche?
いっぱく 一泊する alojarse una noche | ～100ユーロの部屋 habitación *f* de cien euros por noche
いっぱん 一般の general, ordinario[ria] | ～(的)に en general | ～的に言って hablando en términos generales
いっぷく 一服（薬）una dosis | ～する（休息）descansar,（タバコ）fumar un cigarrillo
いっぽ 一歩 un paso
いっぽう 一方 un lado | ～で（は）mientras tanto | ～で por otro lado, por otra parte | ～的な決定 decisión *f* unilateral | ～通行（路）(calle *f* de) dirección *f* única
いつも siempre | ～の de siempre | ～のように como siempre [de costumbre] | ～なら着いているのに Normalmente ya estaría aquí.
いつわり 偽り falsedad *f* | ～の falso[sa]
いつわる 偽る falsear, mentir,（だます）engañar | 事実を～ falsear la realidad
イデオロギー ideología *f*
いてざ 射手座〘天〙Sagitario *m*
いてん 移転 traslado *m* | ～する trasladar
いでん 遺伝 herencia *f* | ～する heredarse | ～病 enfermedad *f* hereditaria
いでんし 遺伝子 gen(e) *m* | ～組み替え食品 alimento *m* transgénico | ～組み替え技術 tecnología *f* transgénica | ～工学 ingeniería *f* genética | ～治療 tratamiento *m* genético | ～情報 información *f* genética | ～地図 mapa *m* genético
いと ❶ 糸 hilo *m* | 針に～を通す enhebrar la aguja ❷ 意図 intención *f* | ～する tener intención de〈＋不定詞〉, pretender〈＋不定詞〉| ～的に con intención, a propósito
いど ❶ 井戸 pozo *m* ❷ 緯度 latitud *f*
いどう ❶ 移動 traslado *m*, mudanza *f* | ～する trasladarse, mudarse | ～図書館 biblioteca *f* ambulante ❷ 異動 人事～ cambio *m* de personal
いとぐち 糸口（手掛かり）indicio *m*, pista *f*, clave *f*
いとこ 従兄弟・従姉妹 primo[ma] *mf*
いどころ 居所（行方）paradero *m* | ～を突き止める localizar el paradero de ALGUIEN
いとしい 愛しい querido[da]
いとなむ 営む （店を）llevar,（業務を）ejercer, practicar,（生活を）vivir
いどむ 挑む desafiar
いない 以内 3日～に en menos de tres días
いなか 田舎 campo *m*,（郷里）pueblo *m*, tierra *f* natal | ～の campesino[na], rústico[ca], aldeano[na] | ～くさい pueblerino[na] | ～者 paleto[ta] *mf*, cateto[ta] *mf*
イナゴ〘昆〙langosta *f*
いなびかり 稲光 relámpago *m*, rayo *m* | ～がする relampaguear
いなや 受話器を置くや～彼は家を飛び出した Tan pronto como [En cuanto, Apenas] colgó el teléfono, salió corriendo de la casa.
イニシアチブ ～をとる tomar la iniciativa
イニシャル inicial *f*
いにん 委任する encomendar | …に権限を～する delegar SU competencia en ... | ～状 procuración *f*

い

イヌ〖動〗perro[rra] *mf*, can *m*｜～の canino[na]｜～小屋 perrera *f*
イネ〖植〗arroz *m*
いねむり 居眠りする dar cabezadas, dormitar
イノシシ〖動〗jabalí *m*
いのち 命 vida *f*｜～が助かる salvarse｜～知らず temerario[ria]｜～取りの mortal, fatal｜～拾いする salvarse de milagro [por los pelos]｜～を落とす perder la vida｜～をかける arriesgar la vida｜〈人〉の～を救う salvar la vida de ALGUIEN｜～を絶つ matarse
いのり 祈り oración *f*, rezo *m*
いのる 祈る rezar, orar｜ご成功を祈ります Le deseamos éxito.
いばる 威張る darse importancia, mostrarse arrogante｜～人 mandón[dona] *mf*
いはん 違反 violación *f*, infracción *f*｜～する violar, infringir｜～を犯す cometer una infracción｜…に～して por violación [infracción] de ...
いびき ronquido *m*｜～をかく roncar
いびつ 歪な deforme
いふく 衣服 ropa *f*, vestido *m*
いぶす 燻す ahumar
いぶつ 異物 cuerpo *m* extraño
イブニングドレス traje *m* [vestido *m*] de noche
いぶんか 異文化教育 educación *f* intercultural
イベント evento *m*
いぼ verruga *f*
いほう 違法の ilegal, ilícito[ta]
いま ❶ 今 ahora, actualmente, en este momento｜～の actual, de ahora｜～のところ por ahora, por el momento｜～から desde ahora, de ahora en adelante｜～ごろ a estas horas｜～し方 hace un momento｜～すぐ ahora mismo｜～でも todavía｜～に pronto, tarde o temprano｜～まで hasta ahora｜～行きます Ya voy.｜～からでも遅くない Todavía no es tarde.｜～に始まったことではない No es cosa de ahora. ❷ 居間 sala *f* de estar, living *m*, salón *m*
いまいましい maldito[ta], exasperante, irritante
いましめる 戒める amonestar, reprender, regañar
いみ 意味 significado *m*, sentido *m*｜～する querer decir, significar｜～のある tener sentido｜ある～で en un sentido｜～深長な significativo[va]｜それはどういう～ですか ¿Qué quiere decir eso?; ¿Qué significa eso?
イミテーション imitación *f*
いみん 移民 (外国からの) inmigración *f*, (人) inmigrante *m/f*, (外国への) emigración *f*, (人) emigrante *m/f*
イメージ imagen *f*｜～アップ[ダウン]させる mejorar [dañar] la imagen
いもうと 妹 hermana *f* (menor)
いもの 鋳物 pieza *f* de fundición
いや 嫌な desagradable, molesto[ta], abominable, detestable｜…が～になる estar harto[ta] de ...｜～な顔をする fruncir el ceño｜～な予感がする tener un mal presentimiento
いやがらせ 嫌がらせをする acosar, molestar, meterse con
いやがる 嫌がる …するのを～ no querer 〈+不定詞〉
いやくひん 医薬品 medicina *f*, medicamento *m*, fármaco *m*
いやしい 卑しい humilde, (下品) vulgar, vil, grosero[ra]
いやす 癒す curar, (痛みを) aliviar｜いやし系の音楽 música *f* relajante
イヤホーン auricular *m*
いやみ 嫌味な sarcástico[ca]｜～たっぷりに言う decir con mucho retintín
いやらしい obsceno[na], indecente, lascivo[va]｜～目つき mirada *f* lasciva
イヤリング pendiente *m*, (輪状) arete *m*
いよいよ (ついに) por fin, al fin, (ますます) cada vez más
いよう 異様な raro[ra], extraño[ña], singular
いよく 意欲 gana *f*｜～的に con entusiasmo｜～を失う perder el ánimo, desanimarse
いらい ❶ 依頼 petición *f*, ruego *m*, (仕事の) encargo *m*｜～する pedir, (仕事を) encargar, (委任) confiar｜～人 cliente[ta] *mf* ❷ 以来 desde｜…して～ desde que 〈+直説法〉｜彼にはそれ～会っていない No lo he visto desde entonces.
いらいらした impaciente, nervioso[sa]
イラスト ilustración *f*｜～レーター ilustrador[dora] *mf*
いらっしゃいませ ¡Bienvenido[da]!；(店員が) Hola, buenos días. ¿Qué desea?
いりえ 入り江 ensenada *f*, cala *f*, (湾) bahía *f*
いりぐち 入り口 entrada *f*
いりくむ 入り組む complicarse｜入り組んだ complicado[da]
いりょう ❶ 衣料 vestidos *m.pl*, ropa *f* ❷ 医療 tratamiento *m* médico, asistencia *f* médica｜～器具 instrumental *m* médico｜～ミス error *m* médico
いりょく 威力 potencia *f*, fuerza *f*, poder *m*｜金の～を使う utilizar el poder del dinero
いる ❶ 居る estar, hallarse, encontrarse, haber ❷ 要る necesitar, precisar, requerir｜私はお金は要りません No me hace falta dinero. ❸ 射る 矢を～ disparar [tirar, lanzar] una flecha
いるい 衣類 →衣料
イルカ〖動〗delfín *m*
いれい 異例の excepcional, sin precedente(s)
いれかえる 入れ換える cambiar, reemplazar｜冬物と夏物を～ cambiar la ropa de invierno por la de verano｜(映画館の) 入れ換え制 sesión *f* numerada
いれずみ 入れ墨 tatuaje *m*
いれば 入れ歯 diente *m* postizo, dentadura *f* postiza
いれもの 入れ物 recipiente *m*, envase *m*
いれる 入れる meter, (差し込む) introducir, (挿入する) insertar, (加える) añadir｜ポストに手紙を～ echar una carta en el buzón
いろ 色 color *m*｜～を塗る color(e)ar,

pintar | ～合い tono *m*, matiz *m* | ～あせた descolorido[da] | ～鉛筆 lápiz *m* de color | ～づく colorear(se)

いろいろ 色々な varios[rias], diversos [sas], diferentes | ～なタイプの… diversos tipos de ... | ～お世話になりました Gracias por todo.

いろけ 色気のある atractivo[va], sensual, sexy

いろめがね 色眼鏡で見る juzgar con prejuicios [con ideas preconcebidas]

いろん 異論 opinión *f* diferente, objeción *f* | ～を唱える oponerse, poner [hacer] una objeción

いわ 岩 roca *f*, peña *f*

いわい 祝い celebración *f*, (祝典) fiesta *f* | ～の言葉 palabras *f.pl* de felicitación

いわう 祝う celebrar, festejar, (祝福) felicitar

イワシ 〖魚〗 sardina *f*

いわば 言わば por decirlo así

いわゆる llamado[da] | ～狂牛病 la llamada enfermedad de las vacas locas

いん ❶ 印 (スタンプ) sello *m*, estampilla *f* | ～を押す sellar ❷ 韻 〖詩〗 rima *f* | ～を踏む rimar

いんうつ 陰鬱な fúnebre, lúgubre, melancólico[ca]

いんき 陰気な sombrío[a], triste

インク tinta *f*

いんけん 陰険な malintencionado[da], insidioso[sa]

インゲンマメ 〖植〗 judía *f*, frijol *m* 《ラ米》

インコ 〖鳥〗 perico *m*, periquito *m*

いんさつ 印刷 impresión *f*, imprenta *f* | ～機 impresora *f* | ～する imprimir | ～所 imprenta *f* | ～物 impreso *m*

いんしょう 印象 impresión *f* | 彼は私にいい印象を与えた Me dio una buena impresión. | ～的な impresionante | ～派 〖美〗 impresionismo *m*

いんしょく 飲食する comer y beber | ～業 hostelería *f* | ～税 impuestos *m.pl* sobre consumo de comidas y bebidas | ～店 bares *m.pl* y restaurantes *m.pl*

インスタント ～の instantáneo[a] | ～コーヒー café *m* instantáneo | ～食品 alimento *m* instantáneo

インストール ～する 〖IT〗 instalar

インストラクター instructor[tora] *mf*, monitor[tora] *mf*

インスピレーション inspiración *f*

インスリン 〖医〗 insulina *f*

いんせい 陰性の negativo[va]

いんぜい 印税 derechos *m.pl* de autor

いんせき 姻戚 pariente[ta] *mf* | ～関係 parentesco *m*

インターチェンジ empalme *m*

インターネット 〖IT〗 internet *m*(*f*)

インターバル intervalo *m*

インターフェイス 〖IT〗 interface *m*(*f*), interfaz *m*(*f*)

インターホン interfono *m*, telefonillo *m*

インターン 〖医〗 interno[na] *mf*

いんたい 引退する retirarse

インタビュー entrevista *f* | ～する entrevistar | インタビュアー entrevistador[dora] *mf*

インチ pulgada *f*

インデックス índice *m*

インテリ intelectual *m*/*f*, intelectualidad *f*

インテリア decoración *f* de interiores

いんとく 隠匿する encubrir, ocultar

いんないかんせん 院内感染 infección *f* hospitalaria

インフォームドコンセント consentimiento *m* informado

インプット 〖IT〗 entrada *f* | ～する ingresar, teclear

インフラ infraestructura *f*

インフルエンザ gripe *f*, influenza *f*

インフレ inflación *f*

いんぼう 陰謀 intriga *f*, conspiración *f*, conjuración *f*

いんゆ 隠喩 〖修〗 metáfora *f*

いんよう 引用 cita *f* | ～する citar

いんりょうすい 飲料水 agua *f* potable

いんりょく 引力 〖物〗 (重力) gravedad *f*, gravitación *f* | 万有～の法則 ley *f* de la gravitación universal

う

ウイークエンド fin *m* de semana

ウイークデー días *m.pl* laborables [entre semana] | ～に durante la semana

ウイークポイント punto *m* débil

ウイスキー güisqui *m*, whisky *m*

ウイット ～に富んだ lleno[na] de ingenio, tener mucha agudeza

ウイルス virus *m* [*pl* ～]

ウインカー intermitente *m*

ウインク guiño *m* | ～する guiñar

ウインド ～サーフィン windsurf *m*

ウール lana *f*

うえ ❶ 上 (上部) parte *f* superior | ～に arriba, encima | テーブルの～に encima de [sobre, en] la mesa | ～を見る mirar hacia arriba | ～に述べた arriba mencionado[da] | ～から下まで de arriba abajo | 10ユーロから上 de diez euros para arriba | その～ además, encima ❷ 飢え hambre *f*

ウエーター camarero *m*, ウエートレス camarera *f*

ウエート peso *m* | …に～を置く dar importancia a ...

うえき 植木 árbol *m*, planta *f* | ～鉢 maceta *f*, tiesto *m* | ～屋 (人) jardinero[ra] *mf*

ウエスト cintura *f*, talle *m*

ウエディング boda *f* | ～ケーキ pastel *m* de boda | ～ドレス vestido *m* [traje *m*] de novia | ～マーチ marcha *f* nupcial

うえる ❶ 植える plantar, poblar | 山に木を～ plantar [poblar] el monte de árboles, plantar árboles en el monte ❷ 飢える pasar hambre | 飢えた hambriento[ta]

うおのめ 魚の目 callo *m*

うかい 迂回 desvío *m*, rodeo *m* | ～する rodear, dar un rodeo | ～路 desvío *m*, rodeo *m*

うがい ～をする hacer gárgaras [garga-

う

rismos] | ～薬（液体の）gargarismo *m*

うかぶ 浮かぶ（水面・空中に）flotar | 浮かび上がる emerger,（現れる）surgir | 浮かべる（水面・空中に）hacer flotar,（心に）recordar, acordarse de

うかる 受かる 試験に～ aprobar el examen

うき ❶ 浮き（釣り）flotador *m* ❷ 雨季 estación *f* [época *f*, temporada *f*] de lluvias

うきうき 浮き浮きしている estar alegre

うきぶくろ 浮き袋 flotador *m*, salvavidas *m* [*pl* ～]

うきぼり 浮き彫り relieve *m*

うく 浮く flotar

ウグイス 〖鳥〗ruiseñor *m* (de Japón)

うけあう 請け合う encargarse de,（保障する）garantizar

うけいれる 受け入れる recibir,（迎え入れる）acoger,（聞き入れる）aceptar, admitir | 難民を～ acoger a los refugiados

うけつぐ 受け継ぐ heredar, suceder | 父親から事業を～ suceder a su padre en el negocio

うけつけ 受付 recepción *f* | ～係 recepcionista *m/f*

うけとり 受取（領収書）recibo *m* | ～人（郵便）destinatario[ria] *mf*

うけとる 受け取る recibir,（解釈する）interpretar, comprender | 代金を～ cobrar el importe

うけみ 受け身〖文法〗voz *f* pasiva

うけもつ 受け持つ encargarse de | 10人の生徒を～ Tengo a mi cargo diez alumnos.

うける 受ける（もらう）recibir,（被る）sufrir,（享受）gozar de | 授業を～ asistir a la clase, recibir lecciones | 試験を～ presentarse al examen, rendir el examen (㊥) | 電話を～ atender el teléfono

うごかす 動かす　mover,（移動）trasladar,（操作）manejar | 人の心を～ conmover

うごき 動き movimiento *m*,（変動）cambio *m*

うごく 動く moverse,（機械が）funcionar | ここを動かないように No te muevas de aquí. | この機械はよく動かない Esta máquina no anda [funciona] bien. | ～な ¡Alto! | 動かぬ証拠 prueba *f* indiscutible | ～歩道 pasillo *m* rodante

ウサギ 〖動〗conejo *m* | 野～ liebre *f*

ウシ 〖動〗(雌牛) vaca *f*,（雄牛）toro *m*,（去勢牛）buey *m*,（若牛）novillo[lla] *mf*,（子牛）ternero[ra] *mf*

ウジ 〖昆〗gusano *m*

うしなう 失う perder

うしろ 後ろ　（後部）parte *f* posterior, fondo *m* | ～の trasero[ra], posterior | …の～に［へ］detrás de ... | ～に［へ］atrás, detrás | ～へ下がる　retroceder, dar marcha atrás | ～足 patas *f.pl* traseras

うす 臼 mortero *m*

うず 渦 remolino *m*, vorágine *f* | 人の～ remolino *m* de gente

うすあかり 薄明かり media luz *f*, luz *f* tenue,（朝夕の）crepúsculo *m*

うすい 薄い（厚み）fino[na], delgado[da],（色）claro[ra] | ～唇 labios *m.pl* finos | ～コーヒー café *m* ligero | 味が～ soso[sa] | 関心が～ tener poco interés

うすぐらい 薄暗い o(b)scuro[ra], sombrío[a]

うずまき 渦巻き（渦）remolino *m*,（渦の形）espiral *f*

うずめる 埋める（地中に）enterrar | 競技場を～ llenar el estadio

ウズラ 〖鳥〗codorniz *f*

うすれる 薄れる reducirse, debilitarse,（色）decolorarse

うせつ 右折する doblar [girar] a la derecha

うそ 嘘 mentira *f*, embuste *m* | ～でしょ ¡No me digas! | ～をつく mentir, decir mentiras | ～をつくな ¡No me mientas! | ～の falso[sa], de mentira | 真っ赤な～ pura mentira *f* | 見え透いた～ mentira *f* manifiesta [evidente] | ～のようだ Parece mentira. | 嘘つき mentiroso[sa] *m f*, embustero[ra] *mf*

うた 歌 canción *f*, canto *m*,（詩歌）poesía *f*, poema *m*

うたう 歌う cantar

うたがい 疑い duda *f*, sospecha *f*,（不信）desconfianza *f* | ～深い desconfiado[da] | ～なく indudablemente, sin duda | ～の余地がない No hay lugar a dudas.;No cabe la menor duda.

うたがう 疑う dudar de, sospechar, desconfiar de | 証言の真実性を～ poner en duda la veracidad del testimonio

うたがわしい 疑わしい dudoso[sa],（怪しい）sospechoso[sa]

うち 内 interior *m*,（家）casa *f* | そうこうする～に mientras tanto | 今日の～に終えなければならない Tengo que terminarlo hoy. | …しない～に antes de〈＋不定詞〉, antes de que〈＋接続法〉

うちあげ 打ち上げ（空中への）lanzamiento *m*,（公演等の）fin *m*, final *m* | ロケットを～る lanzar un cohete | プロジェクトを～る terminar [llevar a término] un proyecto

うちあける 打ち明ける confesar, confiar, revelar

うちあわせる 打ち合わせる（日時等を）arreglar, fijar, concertar | 結婚式の日取りを～ fijar la fecha de la boda | 前もって打ち合わせておかなければならない Tenemos que ponernos de acuerdo de antemano.

うちかつ 打ち勝つ　derrotar,（克服する）vencer, superar | 敵に～ derrotar al enemigo

うちがわ 内側 (parte *f*) interior *m* | ～の interior | ～へ adentro, al interior | …の～に dentro [en el interior] de ...

うちき 内気 timidez *f* | ～な tímido[da]

うちけす 打ち消す negar | うわさを～ desmentir los rumores

うちこむ 打ち込む clavar,（専念）dedicarse a, entregarse a,（熱中）entusiasmarse | 杭(くい)を～ clavar una estaca | 研究に～ dedicarse exclusivamente a la investigación

うちとけた 打ち解けた abierto[ta], franco[ca] | ～雰囲気で en un ambiente familiar [acogedor]

うちのめされた abatido[da]
うちやぶる 打ち破る derrotar, vencer
うちゅう 宇宙 universo *m*, espacio *m*, cosmos *m* [*pl* ~]|~の espacial|~空間 espacio *m*|~ステーション estación *f* espacial|~船 nave *m* espacial|~線〘天〙rayos *m.pl* cósmicos|~飛行士 astronauta *m*/*f*|~服 traje *m* espacial
うちわ paipay *m*
うつ ❶ 打つ(たたく) golpear, dar un golpe, (殴る) pegar, (心を) conmover|~べき手がない No hay ninguna medida que se pueda tomar. ❷ 撃つ(銃で) disparar, dar [pegar] un tiro ❸ 討つ(敵を) vencer, derrotar, (殺す) matar
うっかりして descuidadamente, por descuido, sin querer
うつくしい 美しい bello[lla], hermoso[sa], (人が) guapo[pa]
うつくしさ 美しさ belleza *f*, hermosura *f*, (女性の) beldad *f*
うつし 写し copia *f*
うつす ❶ 移す trasladar, mover, (伝染させる) contagiar|君からかぜを移された Me has contagiado la gripe. ❷ 写す(書き写す) copiar, tra(n)scribir, (描写する) describir|写真を~ fotografiar, sacar una foto ❸ 映す reflejar, (映写する) proyectar
うったえ 訴え (訴訟) pleito *m*, (上告) apelación *f*, (告訴) acusación *f*, denuncia *f*
うったえる 訴える〘法〙poner pleito, (上告) apelar, (告訴) acusar, denunciar, (手段に) recurrir a, (痛み等を) quejarse de, (感覚・心に) apelar a|不満を~ expresar [mostrar] SU descontento
うっとり ~している estar embelesado[da]|~させる embelesar, arrobar, embriagar
うつびょう 鬱病 depresión *f*
うつぶせ ~に boca abajo, de bruces
うつむく bajar [agachar] la cabeza|うつむいた cabizbajo[ja]
うつりかわり 移り変わり (変化) cambio *m*, (推移) evolución *f*|移り変わる(変化) cambiar, (推移) evolucionar
うつる ❶ 移る(移転) trasladarse, moverse, (伝染) contagiarse, (変化) cambiar ❷ 写る 彼は写真に~のがきらいだ A él no le gusta que le saquen fotos. ❸ 映る(反射) reflejarse en, (投影) proyectarse|鏡に映った景色 paisaje *m* que se ve en el espejo|テレビに~ salir en la tele(visión)
うつろ 虚ろな vacío[a]|~なまなざし mirada *f* vaga [vacía]
うで 腕 (上腕) brazo *m*, (前腕) antebrazo *m*|~を組んで con los brazos cruzados|~立て伏せをする hacer flexiones|~を組む cruzarse de brazos|~の立つ弁護士 abogado[da] *mf* hábil|~が鳴る querer demostrar SU habilidad [SU arte]|~が鈍る perder SU habilidad|~によりをかける poner especial empeño|~を磨く mejorar SU técnica [SU habilidad]|~を振るう hacer uso de SU habilidad|~時計 reloj *m* de pulsera|~前 habilidad *f*, arte *m*(*f*), técnica *f*
うてん 雨天 (tiempo *m* de) lluvia *f*
うながす 促す(急がす) apremiar, (促進する) fomentar, (刺激する) estimular|〈人〉に注意を~ llamar la atención a ALGUIEN|〈人〉に参加を~ animar [invitar] a ALGUIEN a participar
ウナギ〘魚〙anguila *f*, (稚魚) angula *f*
うなじ (首筋) nuca *f*, 《話》 cogote *m*
うなずく asentir con la cabeza, mover la cabeza afirmativamente
うなる 唸る gemir, (犬が) gruñir, (ライオンが) rugir, (機械が) zumbar
ウニ〘動〙erizo *m* de mar
うぬぼれ presunción *f*, jactancia *f*, vanidad *f*, vanagloria *f*
うぬぼれる presumir de|うぬぼれた creído[da], presumido[da], vanidoso[sa]
うねる (道が) serpentear|風で波が~ El viento levanta olas.
うは 右派〘政〙derecha *f*, (人) derechista *m*/*f*
うばう 奪う robar, quitar, (ひったくる) dar un tirón, (剝奪(はくだつ)する) privar a ALGUIEN de ALGO
うばぐるま 乳母車 cochecito *m*
うぶ 初な inocente, cándido[da]
ウマ〘動〙caballo *m*, (雌) yegua *f*, (子馬) potro[tra] *mf*|~に乗る montar a caballo|…と馬が合う llevarse bien con ...
うまい ❶(おいしい) bueno[na], rico[ca], sabroso[sa], delicioso[sa]|話がうますぎる Es demasiado bueno [bonito] para ser verdad. ❷ 上手い(巧み) hábil, diestro[tra], (適切) adecuado[da]|彼はピアノが~ Toca muy bien el piano.
うまく ~いく salir bien
うまみ (味) sabor *m*, (利益) beneficio *m*, provecho *m*
うまる 埋まる (地中に) enterrarse, (覆われる) cubrirse, (一杯になる) llenarse
うまれ 生まれ nacimiento *m*|~も育ちも東京です Nací y me crié en Tokio.; Soy tokiota de pura cepa.|生まれつきの innato[ta], de nacimiento
うまれる 生まれる nacer, ver la luz|私は1988年に生まれた Nací en 1988 (mil novecientos ochenta y ocho).
うみ ❶ 海 mar *m*(*f*), (大洋) océano *m*|~の marino[na], marítimo[ma] ❷ 膿 pus *m*|傷がうんだ Se me ha infectado la herida.
うみべ 海辺 orilla *f* del mar, (海岸) costa *f*, (ビーチ) playa *f*
うむ 生む・産む (子を) dar a luz, (動物が子を) parir, (卵を) poner huevos, aovar, (生じる) producir|誤解を~ producir [provocar] un malentendido
ウメ〘植〙(木) ciruelo *m*, (実) ciruela *f*
うめあわせる 埋め合わせる compensar|赤字を~ compensar el déficit
うめく 呻く gemir
うめる 埋める (地中に) enterrar, (覆う) cubrir, (空きを) llenar
うもう 羽毛 pluma *f*, plumaje *m*
うやまう 敬う respetar, venerar
うら 裏 (裏面) reverso *m*, dorso *m*, revés *m*|~側に al dorso|警察の監視の~をかく burlar el control policial

うらがえす 裏返す poner [volver] ALGO al revés | 雑誌を～ darle la vuelta a la revista

うらぎる 裏切る traicionar,（期待を）defraudar, decepcionar | 裏切り traición *f* | ～者 traidor[dora] *mf*

うらぐち 裏口 puerta *f* trasera | 大学に～入学する ingresar en la universidad con sobornos

うらこうざ 裏口座 cuenta *f* secreta

うらじ 裏地〘服〙forro *m* | ～をつける forrar

うらどおり 裏通り callejuela *f*, calle *f* secundaria

うらない 占い adivinación *f*,（星占い）astrología *f*, horóscopo *m*,（手相）quiromancia *f*,（カード）cartomancia *f* | 占う adivinar el futuro

うらむ 恨む guardar rencor a ALGUIEN, sentir resentimiento contra ALGUIEN | 恨み rencor *m*, resentimiento *m*

うらやましい envidiable | ～なあ ¡Qué envidia! | 彼の財産が～ Le envidio por la fortuna que tiene.; Su fortuna me da envidia.

ウラン〘化〙uranio *m* | 濃縮[劣化]～ uranio *m* enriquecido [empobrecido]

ウリ〘植〙melón *m*

うりあげ 売り上げ venta *f*

うりきれる 売り切れる agotarse | 売り切れの[た] agotado[da]

うりだし 売り出し puesta *f* en venta,（バーゲン）rebajas *f.pl*, oferta *f*

うりね 売り値 precio *m* de venta

うる 売る vender, poner ALGO en [a la] venta

うるうどし 閏年 año *m* bisiesto

うるさい （騒がしい）ruidoso[sa],（煩わしい）molesto[ta],（しつこい）pesado[da],（要求の多い）exigente,（口うるさい）regañón[ñona] | ～, 黙りなさい ¡Cállate ya!

うれしい 嬉しい（喜ぶ）alegrarse de,（満足である）estar contento[ta] | ～なあ ¡Qué contento[ta] estoy!; ¡Qué alegría! | お目にかかれて～ Me alegro mucho de verle.（初対面）Encantado[da] de conocerle. | 嬉し涙を流す llorar de alegría | ～ニュースがあるよ Tengo una buena noticia.

うれゆき 売れ行き venta *f*, demanda *f* | ～がよい Se vende mucho [bien].

うれる 売れる venderse bien

うろこ 鱗〘魚〙escama *f*

うわき 浮気 infidelidad *f* | ～な夫 marido *m* infiel | ～している tener amante | 彼の妻は別の男と～している Su esposa lo engaña con otro hombre.

うわぎ 上着（ジャケット）chaqueta *f*,（男性用）americana *f*, saco *m*〘ラ米〙

うわごと delirio *m* | ～を言う delirar

うわさ 噂 rumor *m*,（陰口）chisme *m* | ～話をする hablar de,（陰口をたたく）chismorrear, murmurar | …という～だ Se rumorea [Dicen por ahí] que 〈＋直説法〉. | …という～が流れる Circula [Corre] el rumor de que 〈＋直説法〉.; Corre la voz de que 〈＋直説法〉. | すぐに～が広まった Cundió [Se extendió, Se esparció] enseguida el rumor. | お～はかねがねうかがっています He oído hablar mucho de usted.

うわのそら 上の空である estar en las nubes

うわべ 上辺 apariencia *f* | ～の aparente | ～は aparentemente | ～をつくろう guardar [cubrir] las apariencias

うわまわる 上回る superar a, exceder a, sobrepasar | 赤字は予想を上回った El déficit superó a las previsiones.

うわやく 上役 jefe[fa] *mf*, superior[riora] *mf*

うん 運 suerte *f*, fortuna *f*,（運命）destino *m* | ～のいい tener suerte | ～の悪い tener mala suerte | ～悪く desafortunadamente, por desgracia | ～よく afortunadamente, por suerte | ～がいいね ¡Qué suerte! | それが～のつきだった Se acabó la suerte. | ～を試す probar suerte | ～を天に任せる dejar que Dios decida

うんえい 運営 administración *f* | ～する administrar | 自分のホームページを～する mantener SU página web

うんが 運河 canal *m*

うんこう 運行・運航（電車等）servicio *m*,（飛行機）vuelo *m*

うんざり …に～する estar harto[ta] de ...,〘話〙estar hasta las narices de ...

うんそう 運送 transporte *m* | ～会社 empresa *f* de transportes | ～費 gastos *m.pl* de transporte,（船）flete *m*

うんちん 運賃（電車・バス）tarifa *f*,（飛行機・船）pasaje *m*,（送料）gastos *m.pl* de envío

うんてん 運転（車等）conducción *f*,（機械）manejo *m*, operación *f* | ～する conducir,（機械）manejar | ～手（車）conductor[tora] *mf*, chófer *m*,（機械）operador[dora] *mf* | ～士（列車）maquinista *m/f* | ～免許証 permiso *m* de conducción, carné *m* [licencia *f*] de conducir

うんどう 運動（スポーツ）ejercicio *m*,（物体の）movimiento *m*,（政治的・社会的）campaña *f*, movimiento *m* | ～する hacer ejercicio [deporte] | ～会 fiesta *f* deportiva | ～場 campo *m* deportivo | 選挙～ campaña *f* electoral

うんぱん 運搬 transporte *m* | ～する transportar, llevar

うんめい 運命 suerte *f*, destino *m*, sino *m*

うんよう 運用する emplear, utilizar,（適用）aplicar

え

え ❶ 絵 pintura *f*,（線画）dibujo *m*,（絵画）cuadro *m*,（挿絵）ilustración *f* | ～をかく pintar,（線画）dibujar ❷ 柄 mango *m*,（カップ等）asa *f*

エアコン aire *m* acondicionado, acondicionador *m* de aire | ～が効いている Está climatizado.;〘話〙Está puesto el aire acondicionado.

エアバス〘航〙Airbus *m*, aerobús *m*

エアリアル〘スポ〙esquí *m* acrobático

エアロビクス aeróbic *m*

えいえん 永遠 eternidad *f*, perpetuidad *f*|～の eterno[na], perpetuo[tua]|～に eternamente, para siempre

えいが 映画 (作品) película *f*, film *m*, (ジャンル) cine *m*|～に行く ir al cine|小説を～化する adaptar una novela al cine|～館 cine *m*|～俳優 actor[triz] *mf* de cine, artista *m/f* de cine|記録～ documental *m*|短編～ cortometraje *m*|長編～ largometraje *m*|吹き替え～ película *f* doblada

えいきょう 影響 (力) influencia *f*|…に～する[を及ぼす] influir en ..., ejercer influencia en [sobre] ...|～力の大きい tener gran influencia

えいぎょう 営業 comercio *m*, actividad *f* comercial, negocios *m.pl*|～する hacer negocios|～中である estar abierto[ta]|～経費 gastos *m.pl* de operaciones|～時間 horario *m* comercial, horas *f.pl* de oficina|～所 oficina *f* comercial|～担当者 agente *m/f* comercial

えいご 英語 inglés *m*, lengua *f* inglesa

えいこう 栄光 gloria *f*|～の glorioso[sa]

えいじゅう 永住 residencia *f* permanente|～する residir permanentemente

エイズ SIDA *m* ► síndrome *m* de inmunodeficiencia adquirida の略|～ウイルス VIH *m* ►virus *m* [*pl* ~] de la inmunodeficiencia humana の略|～抗体陽性の〖医〗seropositivo[va]

えいせい ❶衛星 satélite *m*|～中継 transmisión *f* vía satélite|～テレビ televisión *f* por satélite|～都市 ciudad *f* satélite|～放送 emisión *f* vía satélite|人工～ satélite *m* artificial ❷ 衛生 higiene *f*, sanidad *f*|～的な higiénico[ca]|公衆～ sanidad *f* pública

えいぞう 映像 imagen *f*

えいぞくてき 永続的な duradero[ra], permanente, perdurable

えいゆう 英雄 héroe *m*, heroína *f*|～的な heroico[ca]

えいよ 栄誉 honor *m*

えいよう 栄養 nutrición *f*|～のある nutritivo[va], alimenticio[cia]|牛乳はとても～がある La leche tiene mucho alimento.|～価 valor *m* nutritivo|～学 dietética *f*|～士 nutricionista *m/f*

えいり ❶ 鋭利な afilado[da]|～なナイフ cuchillo *m* afilado ❷ 絵入りの ilustrado[da] ❸ 営利企業 empresa *f* lucrativa|非～団体 organismo *m* no lucrativo [sin fines de lucro]

エージェント agencia *f*, (人) agente *m/f*

エース (トランプ) as *m*|野球の～ as *m* del béisbol

ええと a ver, bueno, vamos a ver, pues

エープリルフール Día *m* de los Inocentes ► スペインでは12月28日

えがお 笑顔 cara *f* sonriente, sonrisa *f*

えかき 絵かき pintor[tora] *mf*

えがく 描く (色で) pintar, (線で) dibujar, (描写する) describir

えき 駅 estación *f*|～員 empleado[da] *mf* de estación|～長 jefe[fa] *mf* de estación

エキサイト ～する emocionarse, excitarse

エキジビション〖スポ〗exhibición *f*

えきしょう 液晶 (画面) (pantalla *f* de) cristal *m* líquido

えきじょうか 液状化 licuefacción *f*

エキストラ〖映〗extra *m/f*

エキスポ EXPO *f*

エキゾチック ～な exótico[ca]

えきたい 液体 líquido *m*|～の líquido[da]

えくぼ hoyuelo *m*|～がある tener hoyuelos en las mejillas

エゴイズム egoísmo *m*

エコシステム ecosistema *m*

エコノミークラス clase *f* turista

えこひいき predilección *f*, favoritismo *m*|～する tener predilección

エコロジー ecología *f*

えさ 餌 (飼料) cebo *m*, pienso *m*|～をやる cebar, dar de comer

えしゃく 会釈 軽く～する esbozar un ligero saludo con la cabeza

エスエフ SF ciencia ficción *f*

エスカレーター escalera *f* mecánica

エスカレート 議論が～する Se acalora la discusión.

エステティック ～サロン salón *m* de belleza

エスニック ～料理 comida *f* étnica

エスプレッソ café *m* exprés

えだ 枝 rama *f*, ramaje *m*

えたい 得体の知れない misterioso[sa], extraño[ña], enigmático[ca]

エチケット (礼儀) urbanidad *f*, buenos modales *m.pl*, (儀礼) etiqueta *f*

エチュード〖音〗estudio *m*

エックスせん エックス線 rayos *m.pl* X

えっけん ❶ 謁見 audiencia *f*|私たちは女王に～した La reina nos recibió en audiencia.|～を許す conceder audiencia ❷ 越権行為を行う desbordar [sobrepasar] su competencia

エッセイスト ensayista *m/f*

エッセー ensayo *m*

エッチ ～な obsceno[na], verde

えつらん 閲覧する consultar, leer|～室 sala *f* de lectura

エヌジーオー NGO organización *f* no gubernamental《略 ONG》

エネルギー energía *f*|太陽～ energía *f* solar|エネルギッシュな enérgico[ca], lleno[na] de energía

えのぐ 絵の具 pintura *f*, colores *m.pl*, (油性) óleo *m*

えはがき 絵葉書 tarjeta *f* postal

エビ〖動〗(小) gamba *f*, camarón *m* (中) langostino *m*, (大) langosta *f*

エピソード (挿話) episodio *m*, (逸話) anécdota *f*

エフエム FM FM *f*, frecuencia *f* modulada

エプロン delantal *m*|～ステージ〖演〗proscenio *m*

エポック época *f*

えほん 絵本 libro *m* ilustrado

エメラルド〖鉱〗esmeralda *f*|～グリーン verde *m* esmeralda

えもの 獲物 (猟) caza *f*, (漁) pesca *f*, (戦利品) botín *m*

お

エラー error *m*, fallo *m*
えらい 偉い grande, importante | 偉そうにする darse importancia
えらぶ 選ぶ elegir, escoger
えり 襟 cuello *m*, (折り返し部分) solapa *f* | ～首 cogote *m*, nuca *f*
エリート élite *f* | ～の de élite | ～意識 elitismo *m* | ～主義の elitista
える 得る obtener, conseguir, ganar, (習得) adquirir | 許可を～ obtener permiso
エレガント ～な elegante | ～に装う vestirse con elegancia
エレキギター 〘音〙 guitarra *f* eléctrica
エレクトロニクス electrónica *f*
エレベーター ascensor *m*, elevador *m* 《ラ米》
えん ❶ 円 (形) círculo *m*, redondel *m*, circunferencia *f*, (通貨) yen *m* | ～高[安] apreciación *f* [depreciación *f*] del yen | ～建て債券 bonos *m.pl* emitidos en yenes ❷ 縁 (関係) relación *f*, (つながり) conexión *f*, lazo *m*, (巡り合わせ) destino *m* | 私には～のない話だ Es algo que no tiene nada que ver conmigo.
えんえき 演繹 〘数〙 deducción *f*
えんかい 宴会 banquete *m*, ágape *m*, (夕食) cena *f*
えんかく 沿革 historia *f*
えんがん 沿岸 litoral *m*, costa *f* | ～漁業 pesca *f* de bajura | ～警備隊 servicio *m* de guardacostas
えんき 延期 aplazamiento *m*, prórroga *f* | ～する posponer, aplazar, prorrogar
えんぎ ❶ 演技 actuación *f*, interpretación *f* | ～する actuar, interpretar, representar | ～が上手い actuar muy bien ❷ 縁起のいい[悪い] de buen [mal] agüero | ～を担ぐ人 supersticioso[sa] *mf*
えんきょく 婉曲な indirecto[ta], perifrástico[ca]
えんけい 円形の redondo[da]
えんげい ❶ 園芸 jardinería *f*, horticultura *f* | ～家 jardinero[ra] *mf*, horticultor[tora] *mf* ❷ 演芸 espectáculo *m* de variedades populares | ～場 sala *f* de espectáculos
えんげき 演劇 teatro *m* | ～の teatral
えんこ 縁故 relación *f* personal, conexión *f*
えんし 遠視 hipermetropía *f* | ～の hipermétrope | ～の人 hipermétrope *m/f*
エンジニア ingeniero[ra] *mf*
えんしゅう 演習 práctica *f*, ejercicio *m*, (軍の) maniobras *f.pl*
えんじゅく 円熟 madurez *f* | ～した maduro[ra]
えんしゅつ 演出 〘演〙 puesta *f* en escena, dirección *f* de escena | 作品を～する poner una obra en escena | ～家 director[tora] *mf* de escena
えんじょ 援助 ayuda *f*, asistencia *f* | ～する ayudar, asistir | ～国 país *m* donante | 被～国 país *m* receptor [beneficiario] | ～交際 (若年売春) prostitución *f* juvenil
えんしょう 炎症 inflamación *f*
えんじる 演じる interpretar, representar
エンジン 〘機〙 motor *m* | ～をかける poner el motor en marcha | 車の～をかける arrancar el coche
えんしんりょく 遠心力 〘物〙 fuerza *f* centrífuga
えんすい 円錐 cono *m*
えんせい 遠征 expedición *f*
えんぜつ 演説 discurso *m* | ～する pronunciar [dar] un discurso | ～者 orador[dora] *mf*
えんせん 沿線 鉄道の～に a lo largo de la línea de ferrocarril
えんそう 演奏 interpretación *f* | ～する interpretar, (楽器を) tocar | ～会 concierto *m*
えんそく 遠足に行く ir de excursión
えんだん 演壇 tribuna *f*, estrado *m*
えんちゅう 円柱 〘建〙 columna *f*, 〘数〙 cilindro *m*
えんちょう 延長 prórroga *f*, prolongación *f* | ～する prorrogar, prolongar, extender | ～戦 prórroga *f*
えんとう 円筒 cilindro *m*
エンドウ 〘植〙 guisante *m*, arveja *f* 《ラ米》
えんとつ 煙突 chimenea *f*
えんにち 縁日 feria *f*
えんばん 円盤 disco *m* | ～投げ 〘スポ〙 lanzamiento *m* de disco | 空飛ぶ～ platillo *m* volante [volador], OVNI *m*
えんぴつ 鉛筆 lápiz *m* | ～を削る sacar punta al lápiz | ～削り sacapuntas *m* [*pl* ~] | ～のしん mina *f*
えんぶん 塩分 sal *f*, salinidad *f*
えんぽう 遠方 lugar *m* lejano | ～の lejano[na] | ～から desde lejos
えんまん 円満解決 solución *f* pacífica [amistosa] | ～な家庭 familia *f* feliz | ～な性格 carácter *m* apacible | ～に暮らす vivir en armonía
えんりょ 遠慮 reserva *f*, modestia *f*, reparo *m* | ～する (控える) abstenerse de 〈+不定詞〉 | ～なく sin reservas, con toda la libertad | ～深い人 persona *f* reservada [modesta] | ～のない人 persona *f* indiscreta | ～ない話だが francamente hablando | ～して彼にそのことを聞けない Me da reparo preguntárselo.

お 尾 cola *f*, rabo *m*
オアシス oasis *m* [*pl* ~]
おい ❶ 甥 sobrino *m* ❷ 《呼びかけ》 ¡Oye!; ¡Eh!
おいかける 追いかける perseguir, seguir
おいこす 追い越す adelantar, pasar | 追い越し禁止 Prohibido adelantar.
おいしい delicioso[sa], sabroso[sa], rico[ca], bueno[na]
おいしげる 生い茂る crecer abundantemente | 生い茂った植物 vegetación *f* lujuriante [exuberante]
おいだす 追い出す echar, expulsar
おいつく 追いつく alcanzar
おいはらう 追い払う ahuyentar, (脅して) espantar
オイル aceite *m*, (石油) petróleo *m*

おう ❶ 追う（後続する）seguir,（追い払う）ahuyentar,（追いかける）perseguir,（探す）buscar | 流行を～ seguir la moda | 日を追って de día en día ❷ 負う（荷を）cargar, llevar ALGO a la espalda | 傷を～ sufrir una herida | 責任を～ asumir la responsabilidad ❸ 王 rey *m*

おうえん 応援する（手伝う）ayudar,（支持）apoyar,（スポーツ）animar | …の～演説をする pronunciar un discurso a favor de ... | ～団 grupo *m* de hinchas

おうかん 王冠 corona *f*,（口金）cápsula *f*, chapa *f*

おうぎ 扇 abanico *m*

おうきゅう 応急 urgencia *f*, emergencia *f* | ～の de emergencia, urgente | ～処置 primeros auxilios *m.pl*

おうこく 王国 reino *m*, monarquía *f*

おうごん 黄金 oro *m* | ～の dorado[da], de oro | ～郷 El Dorado

おうじ 王子 príncipe *m*, infante *m*

おうしつ 王室 familia *f* real

おうしゅう 欧州 Europa *f* | ～連合 Unión *f* Europea《略 UE》

おうじょ 王女 princesa *f*, infanta *f*

おうじる 応じる（答える）contestar,（承諾）aceptar,（満足させる）satisfacer | 募集に～ acudir a la convocatoria | …に応じて［従って］de acuerdo con ...,（比例して）en proporción a ... | 必要に応じて según la necesidad | 得票数に応じて en proporción a los votos obtenidos

おうせつま 応接間 sala *f* de visitas

おうたい 応対 atención *f* | ～する atender

おうだん 横断 cruce *m* | ～する cruzar, atravesar | ～禁止 Prohibido cruzar. | ～歩道 paso *m* de cebra

おうてん 横転する caer de lado | 車が横転した El coche volcó [dio un vuelco].

おうとう 応答 contestación *f*, respuesta *f* | ～する contestar, responder

おうひ 王妃 reina *f*

おうふく 往復 ida *f* y vuelta *f* | ～する ir y volver | ～切符［乗車券］billete *m* de ida y vuelta, boleto *m* de ida y vuelta《ラ米》| ～はがき tarjeta *f* postal con respuesta pagada

おうぼ 応募（参加）participación *f*,（申し込み）solicitud *f* | コンクールに～する participar en un concurso | ～者 participante *m/f*, solicitante *m/f*

オウム〖鳥〗papagayo *m*, loro *m*

おうよう 応用 aplicación *f* | ～する aplicar | ～が利く aplicable | ～技術 tecnología *f* aplicada

おうらい 往来 tránsito *m*, circulación *f* | 車の～の激しい道 calle *f* de mucho tráfico [tránsito] vehicular

おうりょう 横領 desfalco *m*, apropiación *f* ilegal, usurpación *f* | ～する desfalcar, apropiarse ilegalmente | 公金～ malversación *f* de fondos públicos

おうレンズ 凹レンズ lente *f* cóncava

おえる 終える terminar, acabar, finalizar, concluir

おおい ❶ 多い mucho[cha], numeroso[sa] | 多ければ～ほどよい Cuanto más, mejor. | ミスの～答案 un examen lleno de errores | 多かれ少なかれ en mayor o menor grado ❷ 覆い cobertura *f*, cubierta *f*,（家具等の）funda *f* | ～を取る descubrir, destapar, quitar la funda | ～隠す encubrir

おおいそぎ 大急ぎ apresurado[da],（緊急）urgente | ～で apresuradamente, a toda prisa, muy deprisa | ～で行こう《話》Vamos volando.

おおいに 大いに mucho | ～楽しむ pasarlo muy bien [estupendamente]

おおう 覆う cubrir, tapar

おおうりだし 大売り出し liquidación *f*, rebajas *f.pl*

おおがかり 大掛かりな de gran escala

おおがた 大型の de modelo grande, de gran tamaño, de grandes dimensiones | ～スーパー hipermercado *m*

オオカミ〖動〗lobo[ba] *mf*

おおきい 大きい grande,（音が）alto[ta],（年長の）mayor | 態度が～ actitud *f* insolente | 大きなお世話だ ¡No es asunto tuyo! | 大きくする agrandar,（拡張）ampliar, extender | 大きくなる agrandarse, ampliarse, extenderse,（成長）crecer

おおきさ 大きさ tamaño *m*, dimensiones *f.pl*,（服のサイズ）talla *f*

おおく 多くの mucho[cha], numeroso[sa],（大部分の）la mayor parte de | ～の観客 numerosos espectadores *m.pl*

オーク〖植〗roble *m*

オーケー OK De acuerdo.; Está bien.; Vale.

おおげさ 大げさな exagerado[da] | ～だよ Exageras.

オーケストラ〖音〗orquesta *f*

おおごえ 大声で en voz alta,（叫んで）a gritos, a voces

おおぜい 大勢の人 mucha gente *f*,（群集）muchedumbre *f*

オーダー（注文）pedido *m*, encargo *m*,（順序）orden *m* | ～する pedir, encargar | ～メードの hecho[cha] a la medida

オーディオ ～ビジュアルの audiovisual

オーディション〖音〗audición *f*,〖演〗casting *m* | ～を受ける presentarse a una audición [a un casting]

オーデコロン (agua *f* de) colonia *f*

おおどおり 大通り avenida *f*, calle *f* principal

オートバイ moto(cicleta) *f*

オードブル〖料〗entremeses *m.pl*

オートマチック ～の automático[ca] | ～車 coche *m* (con cambio) automático

オートメーション automatización *f*

オーナー dueño[ña] *mf*, propietario[ria] *mf*

オーバー（コート）abrigo *m*, gabardina *f*, sobretodo *m* | ～な exagerado[da]

オープニング apertura *f*, inauguración *f*

オーブン〖料〗horno *m*

オープン apertura *f*, inauguración *f* | ～する abrir, inaugurar | ～な abierto[ta]

オーボエ〖音〗oboe *m*

おおみそか 大晦日 último día *m* del año | ～の夜 Noche *f* Vieja

おおみだし 大見出し（新聞）grandes titulares *m.pl*

お

おおめ 大目に見る hacer la vista gorda, disimular
おおもじ 大文字 (letra *f*) mayúscula *f*
おおやけ 公の público[ca] | …を～にする hacer público[ca] ...
オーラ aura *f*
オール aura *m*
オール (ボートの) remo *m*
オールナイト toda la noche
オールラウンド (能力) versatilidad *f* | ～プレーヤー jugador[dora] *mf* versátil
オーロラ aurora *f* polar
おか 丘 colina *f*, cerro *m*
おかあさん お母さん madre *f*, 《呼びかけ》 mamá *f*, mami *f*
おかえし お返し (仕返し) revancha *f* | ～をする (返礼) devolver el favor, (仕返し) tomarse la revancha
おかげ お陰 …の～で gracias a ..., (せいで) por culpa de ... | ～様で gracias a Dios
おかしい (怪しい) sospechoso[sa], (変な) extraño[ña], (愉快な) divertido[da], gracioso[sa], cómico[ca]
おかす 犯す ❶ (罪・不正を) cometer, (人・法を) violar, (法を) infringir ❷ 冒す (危険を) arriesgar | がんに冒される sufrir cáncer ❸ 侵す invadir
おがむ 拝む (祈る) rezar, (崇拝) adorar
オカリナ 〖音〗 ocarina *f*
おがわ 小川 arroyo *m*
おかわり お代わり ごはんを～する repetir otro tazón de arroz
…おき 1日～に cada dos días | 6時間～に cada seis horas, a intervalos de seis horas
おきあがる 起き上がる levantarse, (上体を起こす) incorporarse
おきざり 置き去り …を～にする dejar abandonado[da] a ...
おきて 掟 ley *f*, reglamento *m*, regla *f*, (戒律) mandamiento *m*
おきどけい 置き時計 reloj *m* de mesa
おぎなう 補う complementar, (埋め合わせる) cubrir, compensar, indemnizar | 損失を～ cubrir las pérdidas
おきにいり お気に入りの favorito[ta]
おきる 起きる levantarse, (覚める) despertarse
おく ❶ 置く poner, colocar, (残しておく) dejar | …を横にして[立てて]～ poner ... tumbado[da] [de pie] ❷ 奥 fondo *m* | ～の部屋 habitación *f* del fondo ❸ 億 cien millones *m.pl* | 10[100]～ mil [diez] mil millones
おくがい 屋外の exterior | ～で[へ] al aire libre, fuera de casa
おくさん 奥さん señora *f*
おくじょう 屋上 azotea *f*, terrado *m*
おくそく 憶測 imaginación *f*, suposición *f*, conjetura *f*
おくない 屋内の interior | ～で[へ] dentro, en casa | ～競技 juego *m* bajo techo | ～プール piscina *f* cubierta
おくびょう 臆病な cobarde, pusilánime | ～者 cobarde *m/f*
おくゆき 奥行き profundidad *f*
おくりかえす 送り返す 小包を差出人に～ devolver un paquete a su expedidor
おくりぬし 送り主 expedidor[dora] *mf*
おくりもの 贈り物 regalo *m*, obsequio *m* | ささやかな～ pequeño regalo *m*
おくる ❶ 送る (発送) enviar, despachar | 家まで送ろう Te acompaño a casa. | 彼が車で送ってくれた Él me llevó en coche. | 幸せな日々を送っていた Pasaba los días felices. ❷ 贈る regalar, (授与) otorgar
おくれ 遅れ retraso *m*, demora *f* | ～取り戻す recuperar el retraso
おくれる 遅れる (遅刻) llegar tarde [con retraso], (進度が) retrasar(se), atrasar(se) | 流行に～ estar pasado[da] de moda | 電車に乗り～ perder el tren | この時計は10分遅れている Este reloj va atrasado diez minutos. | 返事が遅れてごめんなさい Te pido perdón por no haberte contestado antes.
おけ 桶 cubo *m*
おこす 起こす levantar, (目覚めさせる) despertar
おこたる 怠る descuidar, desatender | 注意を～ no prestar la debida atención, descuidarse
おこない 行い acción *f*, acto *m*, (品行) comportamiento *m* | よい～ buena conducta *f* | ～のいい子だ Ese niño se comporta bien.
おこなう 行う hacer, (実行) llevar a cabo ALGO, (催す) celebrar | 行われる tener lugar, (開催) celebrarse | 5月5日に行われたセミナー el seminario celebrado el cinco de mayo
おこる ❶ 起こる ocurrir, pasar, suceder, producirse, (戦争) estallar ❷ 怒る enfadarse, enojarse, (しかる) reñir, regañar, reprender | 怒った enfadado[da], enojado[da] | 怒らせる hacer enfadar | 怒りっぽい enfadadizo[za], irascible
おごる 奢る (招待) invitar, convidar | 僕がおごろう Te invito.
おさえる ❶ 押さえる sujetar, oprimir ❷ 抑える (こらえる) aguantar, resistir, (抑制) frenar, contener, (鎮圧) reprimir
おさき お先にどうぞ Pase usted. | ～に失礼します Con su permiso, me voy a retirar.
おさない 幼い pequeño[ña], infantil, pueril | ～ころに de niño[ña], en SU niñez [infancia]
おさまる 収まる 箱に～ caber en una caja
おさめる ❶ 収める 事態を～ arreglar la situación ❷ 治める gobernar, (王が) reinar ❸ 納める (支払う) pagar, (しまう) guardar | 授業料を～ abonar las tasas académicas ❹ 修める estudiar | 医学を～ terminar la carrera de Medicina
おじ 伯父・叔父 tío *m*, (おじちゃん) tito *m*
おしい 惜しい (貴重な) valioso[sa], (残念な) lamentable | (我々は)～人をなくした Su muerte es una pérdida irreparable para nosotros.
おじいさん お爺さん (祖父) abuelo *m*, (おじいちゃん) abuelito *m*, (年寄り) anciano *m*
おしいれ 押し入れ armario *m*
おしえ 教え enseñanza *f*, (教義) doctrina *f* | ～子 alumno[na] *mf*, discípulo[la] *mf*
おしえる 教える enseñar, (授業) dar cla-

se, (教育) educar | 人に道を～ indicar [enseñar] el camino | 郵便局へはどう行ったらいいか教えてくれませんか ¿Podría decirme cómo se va a la oficina de correos?

おじぎ reverencia *f* | ～する hacer una reverencia

おしつける 押しつける apretar, presionar, (強制) forzar, obligar | …に責任を～ atribuir la responsabilidad a ... | 押しつけがましく imperativamente

おしつぶす 押しつぶす aplastar

おしボタン 押しボタン botón *m*

おしむ 惜しむ (残念に思う) sentir, lamentar, (出さない・使わない) escatimar | 努力を惜しまずに sin escatimar esfuerzos

おしゃべり charla *f*, (会合) tertulia *f* | ～する charlar, conversar | ～な charlatán[tana], parlanchín[china]

おしゃれ ～な elegante, (人が) coqueto[ta] | ～する ponerse guapo[pa]

おしょく 汚職 corrupción *f* | ～した corrupto[ta]

おしろい 白粉 polvos *m.pl* | 顔に～をつける empolvarse

おす ❶ **押す** empujar, apretar ❷ **雄** macho *m* | ～の macho

おせじ お世辞 cumplido *m*, (女性に対する) piropo *m* | ～を言う decir cumplidos, 《話》 hacer la pelota

おせん 汚染 contaminación *f*, polución *f* | ～する contaminar | ～物質 contaminante *m* | 大気～ contaminación *f* atmosférica

おそい 遅い (速度・動作が) lento[ta], tardo[da], (遅れた) tardío[a] | 遅く tarde, (ゆっくりと) despacio | 夜遅くまで hasta altas horas de la noche, hasta las tantas | 今となっては遅すぎる Ya es demasiado tarde. | 遅くならないで No tardes. | ～春 primavera *f* tardía | 動作の～人 tardón[dona] *mf* | **遅くとも** a más tardar | **遅かれ早かれ** tarde o temprano

おそう 襲う atacar, (襲撃) asaltar, (不幸・災害が) azotar

おそらく 恐らく probablemente, posiblemente, tal vez, quizá(s)

おそれ 恐れ miedo *m*, (危惧(きぐ)) temor *m*, (恐怖) terror *m*, horror *m*, (危険) peligro *m*, (可能性) posibilidad *f* | ～入りますが席を替わっていただけますか ¿Me podría hacer el favor de cambiar de asiento?

おそれる 恐れる tener miedo a, temer

おそろしい 恐ろしい horrible, terrible, horroroso[sa], temible | 恐ろしさのあまり目が開けられなかった Tenía tanto miedo que no podía abrir los ojos.

おそわる 教わる 小さいころ泳ぎを教わった De pequeño[ña] me enseñaron a nadar.

オゾン ozono *m* | ～層 capa *f* de ozono | ～層を破壊する destruir la capa de ozono | ～ホール agujero *m* de ozono

おたがい お互いに mutuamente, recíprocamente

おたまじゃくし 〖動〗 renacuajo *m*

おだやか 穏やかな apacible, tranquilo [la], sereno[na]

おち 落ち (話の) gracia *f*

おちいる 陥る caer en | わなに～ caer en una trampa

おちつく 落ち着く tranquilizarse, calmarse | 落ち着いた tranquilo[la], calmado[da] | **落ち着き** calma *f*, tranquilidad *f* | 落ち着きのない inquieto[ta], nervioso[sa]

おちば 落ち葉 hoja *f* caída, (枯葉) hoja *f* seca

おちる 落ちる caer(se), (低下) bajarse | しみが落ちない No se quita la mancha.

おっと 夫 marido *m*, esposo *m*

オットセイ 〖動〗 oso *m* marino

おつり お釣 vuelta *f*, cambio *m*

おと 音 sonido *m*, (騒音) ruido *m*, (響き) son *m* | ～を立てる hacer ruido

おとうさん お父さん padre *m*, (パパ) papá *m*, papi *m*

おとうと 弟 hermano *m* menor

おどかす 脅かす amenazar, intimidar, (びっくりさせる) sorprender, asustar

おとぎばなし お伽話 cuento *m* de hadas

おどける hacer payasadas, hacerse el [la] gracioso[sa] | **おどけた** gracioso[sa]

おとこ 男 hombre *m*, varón *m* | ～の masculino[na] | ～の子 niño *m*, chico *m*, muchacho *m*, 《話》 chaval *m* | ～やもめ viudo *m* | ～らしい varonil, viril | ～らしい人 machote *m*

おどし 脅し amenaza *f*, intimidación *f*

おとしだま お年玉 aguinaldo *m* de Año Nuevo

おとす 落とす dejar caer, (失う) perder | 品質を～ bajar la calidad | 英語を落とした Me han suspendido en inglés. | 評判を～ perder la reputación | コップを落としてしまった Se me ha caído el vaso.

おどす 脅す →脅かす

おとずれる 訪れる visitar, hacer una visita a | **春の訪れ** llegada *f* de la primavera

おととい 一昨日 anteayer, antes de ayer | ～の朝 anteayer por la mañana

おととし 一昨年 (２年前) hace dos años

おとな 大人 adulto[ta] *mf*, persona *f* mayor | ～になる hacerse hombre [mujer], (成人) llegar a la mayoría de edad | ～気ない infantil, pueril | ～びた子供 niño[ña] *mf* precoz

おとなしい 大人しい tranquilo[la], (目立たない) discreto[ta]

おどり 踊り baile *m*, danza *f*

おとる 劣る …より～ ser inferior a ...

おどる 踊る bailar, danzar

おとろえる 衰える decaer, debilitarse, declinar

おどろかす 驚かす sorprender, asombrar, (怖がらせる) asustar, espantar

おどろき 驚き sorpresa *f*, asombro *m*, (恐怖を含む) susto *m*

おどろく 驚く sorprenderse, asombrarse, (怖がる) asustarse | ～べき sorprendente, asombroso[sa], (驚嘆すべき) maravilloso[sa] | 驚いたことには para su sorpresa

おなか お腹 barriga *f*, vientre *m*, (胃) estómago *m*, (腸) tripa *f* | ～がすく tener hambre, estar hambriento[ta] | ～

お

が痛い Tengo dolor de barriga.; Me duele la barriga. | ～がすいて死にそうだ Me muero de hambre.

おなじ 同じ（等しい）igual,（同一の）mismo[ma], idéntico[ca] a | …と～ような parecido[da] a ..., semejante [similar] a ... | ～ように igualmente, del mismo modo | この箱はそれと～ぐらい大きい Esta caja es tan grande como aquélla. | 君は僕と～だけ食べた Comiste tanto como yo.

おなら pedo *m* | ～をする tirarse un pedo

おに 鬼 diablo *m*, demonio *m*,（食人鬼）ogro *m*,（鬼ごっこの）atrapador [dora] *mf* | ～のような（冷酷な）desalmado[da] | ～ごっこをする jugar al corre que te pillo,（目隠しの）jugar a la gallina ciega

おね 尾根 cresta *f*, arista *f*

おの 斧 hacha *f*

おのおの 各々 cada uno[na] | ～の respectivo[va]

おば 伯母・叔母 tía *f*,（おばちゃん）tita *f*

おばあさん（祖母）abuela *f*,（おばあちゃん）abuelita *f*,（年寄り）anciana *f*

オパール〖鉱〗ópalo *m*

おばけ お化け（怪物）monstruo *m*,（幽霊）fantasma *m* | ～屋敷 casa *f* embrujada,（遊園地の）pasaje *m* del terror

おはよう(ございます) Buenos días.

おび 帯 faja *f*, cinturón *m*

おびえる 脅える asustarse

おびやかす 脅かす amenazar,（危険にさらす）poner ALGO en peligro

オフィス oficina *f*

オプション opción *f* | ～の optativo[va], opcional, facultativo[va]

おぶつ 汚物（排泄(はいせつ)物）excrementos *m.pl*, heces *f.pl*

オフロード ～車 coche *m* todo terreno

オペラ〖音〗ópera *f*

オペレーティングシステム〖IT〗sistema *m* operativo

オペレッタ〖音〗opereta *f*

おぼえ 覚え memoria *f*,（経験）experiencia *f* | そんなことを言った～はありません No recuerdo haber dicho tal cosa.

おぼえる 覚える recordar, acordarse de,（暗記）aprender ALGO de memoria, memorizar,（感じる）sentir | そのことはよく覚えている Me acuerdo bien de eso.

おぼれる 溺れる（おぼれ死ぬ）ahogarse | 酒に～ entregarse al alcohol

おまもり お守り talismán *m*, amuleto *m*

おまわりさん お巡りさん guardia *m/f*, policía *m/f*

おむつ pañal *m*

オムレツ スペイン風～ tortilla *f* española | プレーン～ tortilla *f* (a la) francesa

おめでとう ¡Felicidades!,（成功に対して）¡Enhorabuena! | 誕生日～. ¡Feliz cumpleaños! | クリスマス～. ¡Feliz Navidad! | 新年～ ¡Feliz Año Nuevo! | ご昇格～ Felicidades por su ascenso.

おもい ❶ 重い pesado[da],（病気が）grave | 何て～んだ ¡Cómo pesa!; Pesa muchísimo. | ～物は持てません No puedo cargar pesos. ❷ 思い（考え）pensamiento *m*,（感情）sentimiento *m* | ～にふける estar absorto[ta] en SUS pensamientos | ～を伝える confesar SU amor | ～を馳(は)せる dar rienda suelta a SU imaginación | 楽しい～をする tener una experiencia agradable | 思いがけない inesperado[da], inopinado[da] | 思いがけなく inesperadamente | 思い切って…する atreverse a〈＋不定詞〉| 思い切り殴る pegar con toda la fuerza | 思い切りがいい decidido[da], resuelto[ta] | 思い切りが悪い indeciso[sa] | 思い込む creerse | 思い出す recordar, acordarse de | 思い出させる (hacer) recordar | この時計は幼少時代を思い出させる Este reloj me trae a la memoria mi infancia. | 思い違い equivocación *f* | 思い違いをする equivocarse | 私の思い違いでなければ Si mal no recuerdo, ... | 思いつき idea *f*, ocurrencia *f* | いいことを思いついた Se me ha ocurrido una buena idea. | 思い出 recuerdo *m*, memoria *f* | 思いどおりの satisfactorio[ria] | 全て思いどおりにいった Todo salió bien tal como se esperaba. | 思いやり consideración *f*,（同情）compasión *f* | 思いやりのある compasivo [va], de buen corazón | 思いやりのない frío[a], egoísta

おもう 思う pensar, creer | …だと～ pensar [creer] que〈＋直説法〉| …だと思わない no creer que〈＋接続法〉| 彼の母親が知っていると～ Creo que lo sabe su madre. | この映画は面白いと～ Me parece interesante esta película. | このダムの建設が必要だと～ Considero necesario construir este embalse. | 彼は自分を賢いと思っている Se cree listo. | いつも～ようにいくわけではない No siempre consigues lo que quieres. | スペインに行きたいと～ Quiero ir a España. | 思われる 君は協力する気がないと～よ Van a pensar que no quieres colaborar.

おもくるしい 重苦しい pesado[da], sofocante

おもさ 重さ peso *m* | ～を計る pesar | それは～が２キロある Pesa dos kilos.

おもしろい 面白い（興味深い）interesante,（愉快な）divertido[da],（笑いを誘う）gracioso[sa] | 彼のピエロの仮装は面白かった Su disfraz de payaso me hizo mucha gracia. | 君のジョークは面白くない No le veo la gracia a tu chiste. | 面白がらせる divertir, hacer gracia a ALGUIEN

おもちゃ 玩具 juguete *m* | ～屋 juguetería *f*

おもて 表（コインの）cara *f*, anverso *m*,（表面）superficie *f*, faz *f* | ～ざたになる hacerse público[ca] | ～を繕う guardar las apariencias | ～に出る salir a la calle

おもな 主な principal | 主に mayormente, principalmente

おもに 重荷 carga *f*, peso *m*

おもり 重り peso *m*

おや 親（両親）padres *m.pl*,（父親）padre *m*,（母親）madre *f* | ～がかりで a costa de los padres

おやかた 親方 maestro *m*, patrón *m*, jefe *m*

おやすみ お休みなさい Buenas noches.

おやゆび 親指 pulgar *m*, dedo *m* gor-

do
およぐ 泳ぐ nadar
およそ 凡そ más o menos, aproximadamente|～20人位 unas veinte personas
および 及び y, así como
およぶ 及ぶ (達する) llegar a, alcanzar a|説明には及ばない No es necesario que me lo expliquen.|歌にかけては僕は君の足元にも及ばない Cantando no te llego ni a la suela del zapato.
おり 檻 jaula *f*|～に入れる enjaular
オリーブ 〖植〗 olivo *m*, (実) aceituna *f*|～畑 olivar *m*|～油 aceite *m* de oliva
オリエンテーリング orientación *f*
おりかえす 折り返す (引き返す) volver|そでを～ (ar)remangar
おりがみ 折り紙 papiroflexia *f*
オリジナル original *m*|～の original
おりたたみ 折り畳みの plegable
おりたたむ 折り畳む plegar, doblar
おりまげる 折り曲げる doblar
おりめ 折り目 pliegue *m*, doblez *m*, (ズボンの) raya *f*
おりもの 織物 tejido *m*, tela *f*
おりる ❶ 下りる bajar, descender ❷ 降りる bajar(se)|霜が～ escarchar|次で降ります Me bajo en la próxima.
オリンピック Juegos *m.pl* Olímpicos, Olimpiada *f*
おる ❶ 折る romper, (畳む) plegar, (曲げる) doblar|足の骨を～ fracturarse una pierna ❷ 織る tejer
オルガン (リード) armonio *m*, (パイプ) órgano *m*, (手回し) organillo *m*
オルゴール caja *f* de música
おれる 折れる romperse, (譲歩) ceder, transigir
オレンジ 〖植〗 naranja *f*, (木) naranjo *m*|～色 (color *m*) naranja *m*
おろか 愚かな tonto[ta], estúpido[da], bobo[ba]|～なこと tontería *f*, estupidez *f*, bobada *f*
おろし 卸で al por mayor|～売 venta *f* al por mayor|～売業者 mayorista *m/f*
おろす 下ろす・降ろす bajar, poner ALGO abajo, (積み荷を) descargar, (預金を) retirar, sacar
おわり 終わり fin *m*, final *m*
おわる 終わる terminar, acabar, concluir, finalizar
おんかい 音階 escala *f* musical
おんがく 音楽 música *f*|～の musical|～家 músico[ca] *mf*|～会 concierto *m*|～監督 director[tora] *mf* musical|～祭 festival *m* de música|～学校 conservatorio *m*
おんきょう 音響 sonido *m*|～学 acústica *f*|この劇場は～効果がよい Este teatro tiene una buena acústica.
おんけい 恩恵 favor *m*, beneficio *m*|～をこうむる beneficiarse
おんけん 穏健な moderado[da]
おんこう 温厚な plácido[da], afable, apacible
おんしつ 温室 invernadero *m*|～効果 (ガス) (gases *m.pl* de) efecto *m* invernadero
おんしらず 恩知らずの ingrato[ta], descastado[da]
おんせい 音声 voz *f*, sonido *m*|～学 fonética *f*
おんせつ 音節 〖音声〗 sílaba *f*
おんせん 温泉 aguas *f.pl* [baños *m.pl*] termales|～場 balneario *m*|～療法 balneoterapia *f*
おんだん 温暖な templado[da]
オンデマンド a pedido
おんど 温度 temperatura *f*|～を測る medir la temperatura|～計 termómetro *m*
おんどり 雄鶏 gallo *m*
おんな 女 mujer *f*|～の[らしい] femenino[na]|～の子 niña *f*, chica *f*, muchacha *f*, 《話》 chavala *f*|～らしさ femin(e)idad *f*
おんぱ 音波 onda *f* sonora
おんぶ 赤ん坊を～する llevar a un bebé a cuestas [a la espalda]
おんぷ 音符 nota *f* musical, figura *f*
オンライン ～の on-line, on line
おんわ 穏和な plácido[da], afable, apacible|～な気候 clima *m* templado

か ❶ 可 (成績評価) aprobado *m* ❷ 科 (病院等) departamento *m*, (動植物) familia *f* ❸ 課 (会社等) sección *f*, departamento *m*, (教材) lección *f* ❹ …か (あるいは) o ❺ カ 〖昆〗 mosquito *m*
が ❶ 我の強い obstinado[da], egoísta ❷ ガ 〖昆〗 polilla *f*, mariposa *f* nocturna
カーキ ～色 (color *m*) caqui *m*
カーソル cursor *m*
ガーゼ gasa *f* (estéril, esterilizada)
カーディガン chaqueta *f* de punto, cárdigan *m* 《ラ米》
カーテン cortina *f*, (レースの) visillo *m*|～コールをする llamar a escena|～を開ける[閉める] descorrer [correr] las cortinas
カード tarjeta *f*, (分類用) ficha *f*|イエロー～ 〖スポ〗 tarjeta *f* [cartulina *f*] amarilla
ガード (陸橋) viaducto *m*, (ボクシング) guardia *f*|～マン guardia *m/f*, (警備会社の) vigilante *m/f* jurado[da]|ボディー～ guardaespaldas *m/f* [*pl* ~]|～レール valla *f*
カートリッジ cartucho *m*
カーナビ sistema *m* de navegación
カーニバル carnaval *m*
カーネーション 〖植〗 clavel *m*
カーブ curva *f*|～する hacer una curva|～を切る tomar una curva|急～ curva *f* cerrada
カーペット alfombra *f*, moqueta *f*
カール (巻き毛) rizo *m*, bucle *m*|髪を～する rizar el pelo
ガールスカウト (人) exploradora *f*, girl scout *f*
ガールフレンド amiga *f*, (恋人) novia *f*
かい ❶ 会 reunión *f*, (パーティー) fiesta *f*, (グループ) asociación *f*|～を開く celebrar una reunión ❷ 階 piso *m*, planta *f*|5～建てのビル un edificio de cinco

pisos [plantas] ❸ 貝 (二枚貝) almeja *f*, (魚介類) marisco *m* ❹ 回 vez *f*, (上演) sesión *f* | 5～ cinco veces

がい 害 daño *m* | …に～のある perjudicial para ..., dañino[na] para ... | ～を及ぼす perjudicar, hacer daño a | ～のない inocuo[cua]

か

かいあく 改悪 cambio *m* para mal, empeoramiento *m* | ～する cambiar ALGO para mal, empeorar

かいいん 会員 miembro *m*, socio[cia] *mf* | ～証 carné *m* de socio | ～名簿 lista *f* de miembros [socios]

かいうん 海運 transporte *m* marítimo

かいえん 開演する 〖演〗 subir el telón, comenzar la función [主語]

かいおうせい 海王星 〖天〗 Neptuno *m*

かいか 開花 florecimiento *m* | ～する florecer

かいが 絵画 pintura *f*, cuadro *m*

がいか 外貨 divisas *f.pl*, moneda *f* extranjera | ～準備高 reservas *f.pl* de divisas | ～預金 ahorro *m* en [de] divisas

かいかい 開会 apertura *f*, inauguración *f* | ～する inaugurar | ～式 inauguración *f*, ceremonia *f* inaugural

かいがい 海外 extranjero *m* | ～の extranjero[ra] | ～に行く ir al extranjero | ～市場 mercado *m* internacional | ～貿易 comercio *m* exterior | ～放送 emisión *f* exterior | ～旅行 viaje *m* al extranjero

かいかく 改革 reforma *f* | ～する reformar

かいかつ 快活な alegre, jovial

かいがら 貝殻 concha *f*

かいかん ❶ 快感 placer *m*, sensación *f* agradable ❷ 会館 casa *f*, centro *m* | 文化～ centro *m* cultural ❸ 開館する abrir, (新設) inaugurar

かいがん 海岸 costa *f*, (浜辺) playa *f* | ～線 línea *f* costera

がいかん 外観 aspecto *m* exterior, apariencia *f*

かいき ❶ 回帰 vuelta *f* ❷ 会期 período *m*, duración *f*, sesión *f*

かいぎ 会議 reunión *f*, (講演会) conferencia *f*, (専門家の大会) congreso *m* | ～を開く celebrar una reunión | ～に出席する asistir a una reunión | ～室 sala *f* de reuniones | ～録 acta *f*

かいきゅう 階級 clase *f*, (地位) rango *m*, categoría *f*, (序列) jerarquía *f* | ～意識 conciencia *f* de clase | ～社会 sociedad *f* jerárquica | ～闘争 lucha *f* de clases | 労働者～ clase *f* obrera [trabajadora]

かいきょう 海峡 estrecho *m*, canal *m*

かいぎょう 開業する abrir [poner] un negocio, (弁護士) abrir un bufete, (医者) abrir una consulta | ～医 médico[ca] *mf* que tiene su propia clínica

かいきん ❶ 解禁する levantar la veda ❷ 開襟シャツ camisa *f* de cuello abierto

かいぐん 海軍 marina *f*, fuerzas *f.pl* navales | ～の marino[na], naval

かいけい 会計 contabilidad *f*, cuenta *f* | ～をお願いします La cuenta, por favor. | ～窓口 (レジ) caja *f* | ～係 contable *m*/*f*, (レジの) cajero[ra] *mf* | ～監査 revisión *f* de cuentas, auditoría *f* | 公認～士 auditor[tora] *mf* de cuentas, censor[sora] *mf* jurado[da] de cuentas | ～年度 año *m* fiscal

かいけつ 解決 solución *f* | ～する solucionar, resolver, arreglar | ～策がない no tener solución [arreglo]

かいけん 会見 entrevista *f* | …と～する entrevistarse con ... | 記者～ rueda *f* [conferencia *f*] de prensa

がいけん 外見 apariencia *f*, aspecto *m* | ～上は por fuera | ～からすると a juzgar por las apariencias | ～だけで中身のない de mucha apariencia y de poco contenido

かいげんれい 戒厳令 ley *f* marcial

かいこ ❶ 解雇 despido *m* | ～する despedir ❷ 回顧 retrospección *f* | ～する recordar ❸ 〖動〗 カイコ gusano *m* de seda

かいご 介護 cuidado *m* | ～する cuidar, atender | ～保険制度 sistema *m* del seguro público para el cuidado y tratamiento de las personas de edad

かいごう 会合 reunión *f* | ～を開く celebrar una reunión

がいこう 外交 diplomacia *f*, (政策) política *f* exterior [diplomática] | ～(上) の diplomático[ca] | ～官 diplomático[ca] *mf* | ～関係 relaciones *f.pl* diplomáticas | ～辞令 cortesía *f* | 保険～員 vendedor[dora] *mf* de seguros

がいこうてき 外向的な extrovertido[da], extravertido[da], abierto[ta]

がいこく 外国 extranjero *m*, país *m* extranjero | ～の extranjero[ra] | ～へ行く ir al extranjero | ～語学部 facultad *f* de lenguas extranjeras | ～為替 cambio *m* de divisas | ～人 extranjero[ra] *mf*

がいこつ 骸骨 esqueleto *m*

かいこん 開墾 roturación *f*

かいさい 開催 celebración *f* | ～する celebrar | ～される celebrarse, tener lugar

かいさつ 改札 自動～機 máquina *f* automática a la entrada y salida de estación

かいさん 解散 disolución *f* | ～する disolver | ～になる disolverse

がいさん 概算 cálculo *m* aproximado

かいさんぶつ 海産物 productos *m.pl* marinos

かいし 開始 comienzo *m* | ～する comenzar, iniciar, dar inicio a

かいじ 開示 情報を～する hacer pública una información

がいし 外資 capital *m* extranjero | ～系企業 empresa *f* de capital extranjero

かいしめ 買い占め acaparamiento *m* | 買い占める acaparar

かいしゃ 会社 empresa *f*, compañía *f*, firma *f*, (職場) oficina *f* | ～を作る crear [fundar] una compañía | ～員 empleado[da] *mf*

かいしゃく 解釈 interpretación *f* | ～する interpretar, (理解する) entender | 善意に～する tomar ALGO a bien

かいしゅう ❶ 回収 recogida *f*, (お金の) cobro *m*, (欠陥品の) retirada *f* | ～する recoger, cobrar, retirar | ゴミの～ recogida *f* de basuras ❷ 改修 reparación *f*, (芸術作品等) restauración *f* | ～する reparar, restaurar ❸ 改宗 conversión *f* | ～する convertirse a

かいじゅう 怪獣 monstruo *m*

かいしゅつ 外出する salir | 一日中～している estar fuera todo el día | 夜間～禁止令 toque *m* de queda | ～着 vestido *m* [traje *m*] de calle

かいじょ 解除する (制限を) levantar, (契約等を) anular, rescindir, cancelar | 武装～する desarmar

かいしょう 解消する anular, cancelar, (婚約を) romper, (解散) disolver

かいじょう ❶ 会場 local *m*, lugar *m*, (構内) recinto *m* ❷ 開場 apertura *f* | ～する abrir ❸ 海上の marítimo[ma]

かいすい 海水 agua *f* de mar, agua *f* salada | ～浴 bañarse en el mar

かいすう 回数 número *m* de veces, frecuencia *f* | ～券 bono *m*, (バス) bonobús *m*, (地下鉄) bonometro *m*

がいする 害する dañar, perjudicar | 感情を～する herir los sentimientos

かいせい ❶ 快晴 cielo *m* despejado | 今日は～だ Está despejado hoy. ❷ 改正する reformar, revisar, (修正) enmendar ❸ 改姓する cambiar su apellido

かいせき 解析 〖数〗 análisis *m*

かいせつ 解説 comentario *m*, (説明) explicación *f* | ～する comentar, explicar | ～者 comentarista *m/f*

かいせん 回線 línea *f*, (回路) circuito *m*

かいぜん 改善 mejora *f*, mejoramiento *m* | ～する mejorar

かいそう ❶ 回想 retrospección *f* | 過去を～する recordar el tiempo pasado ❷ 改装 reforma *f* | ～する reformar ❸ 階層 (階級) clase *f*, (社会の) estrato *m*, capa *f* ❹ 海藻 〖植〗 alga *f* (marina)

かいぞう ❶ 改造する remodelar, reconstruir | 内閣～ remodelación *f* [reorganización *f*] del gabinete ❷ 解像度 〖TV〗 definición *f* de imagen

かいそく ❶ 快速の rápido[da] ❷ 会則 reglamento *m*, estatuto *m*

かいぞく 海賊 pirata *m/f* | ～版 edición *f* pirata

かいたい 解体 desguace *m*, (建物) demolición *f*, (組織) disolución *f* | ～する desguazar, (建物) demoler, (組織) disolver | ～業者 empresa *f* de desguace

かいたく 開拓 explotación *f* | ～する (資源) explotar, (土地) roturar, cultivar | 新しい市場を～ buscar nuevos mercados | ～者 (先駆者) pionero[ra] *mf*

かいだん ❶ 会談 conversación *f*, diálogo *m*, (会議) reunión *f* | ～する sostener un diálogo, conversar ❷ 階段 escalera *f*, (段) escalón *m* | ～から落ちる caerse por las escaleras | ～を上る [下りる] subir [bajar] (por) las escaleras ❸ 怪談 cuento *m* de fantasmas

ガイダンス orientación *f*

かいちく 改築する reconstruir, remodelar

がいちゅう 害虫 insecto *m* dañino [nocivo] | ～を駆除する eliminar insectos dañinos

かいちゅうでんとう 懐中電灯 linterna *f*

かいちょう 会長 presidente[ta] *mf*

かいつう 開通 apertura *f* (al tráfico) | ～する abrirse (al tráfico), (落成) inaugurarse

かいて 買い手 comprador[dora] *mf* | ～市場 mercado *m* de compradores

かいてい ❶ 海底 fondo *m* del mar | ～の submarino[na] | ～ケーブル cable *m* submarino | ～トンネル túnel *m* submarino ❷ 改訂 revisión *f* | ～する revisar | ～版 edición *f* revisada

かいてき 快適な cómodo[da] | ～さ comodidad *f*

かいてん ❶ 回転 giro *m*, vuelta *f*, rotación *f* | ～する rodar, girar, dar vueltas | 客の～がいい tener un buen flujo de clientes | ～競技 (スキー) eslalon *m*, slalom *m* | ～ドア puerta *f* giratoria ❷ 開店する (新規) inaugurar, (毎日) abrir

ガイド (人) guía *m/f*, (案内書) guía *f* | ～する guiar

かいとう ❶ 回答 contestación *f*, respuesta *f* | ～する contestar, responder ❷ 解凍 descongelación *f* | ～する descongelar | 圧縮ファイルを～する 〖IT〗 abrir un fichero comprimido ❸ 解答 solución *f*, respuesta *f*

かいどう 街道 carretera *f*

がいとう ❶ 該当する corresponder a | ～の correspondiente ❷ 街灯 farola *f*, farol *m*

かいどく 解読する descifrar, de(s)codificar

がいどく 害毒 mal *m*, daño *m*, veneno *m*

ガイドブック (旅行) guía *f* turística, (手引書) manual *m*

ガイドライン directrices *f.pl* | ～に従う seguir las directrices

かいならす 飼い馴らす domesticar, domar | 飼いならされた domesticado[da], domado[da]

かいにゅう 介入 intervención *f* | ～する intervenir en

かいぬし 飼い主 amo[ma] *mf*, dueño [ña] *mf*

がいねん 概念 concepto *m*, noción *f*

かいはつ 開発 desarrollo *m*, (資源) explotación *f* | 新製品を～する desarrollar un nuevo producto | 能力を～する desarrollar la capacidad

かいばつ 海抜3000メートルに a tres mil metros sobre el nivel del mar

かいひ ❶ 会費 cuota *f* ❷ 回避する evitar, eludir, evadir

がいひ 外皮 (動植物) epidermis *f*, (果実) piel *f*, (堅い) corteza *f*

がいぶ 外部 exterior *m* | ～の exterior, de fuera | …の～に en el exterior de ..., fuera de ...

かいふく 回復 recuperación *f* | ～する recuperarse, mejorar(se), curarse | 健康を～する recobrar la salud, restablecerse | (病気の)～期 convalecencia *f* | 天候の～ mejoría *f* del tiempo

かいぶつ 怪物 monstruo *m*

がいぶん 外聞 reputación *f*, fama *f* | ～が悪い deshonroso[sa], escandaloso [sa] | ～をはばかる temer por su reputación

かいへん 改変する cambiar, modificar

かいほう ❶ 介抱する cuidar de, atender ❷ 解放 liberación *f*, emancipación *f* | 女性の〜 liberación *f* femenina | 〜する liberar, emancipar | 人質を〜する poner en libertad a un rehén | 仕事から〜される librarse del trabajo ❸ 開放する abrir, dejar abierto[ta] ... | 〜的な abierto[ta] | 一般に〜されている estar abierto[ta] al público

か

かいぼう 解剖 anatomía *f*, (死体) autopsia *f* | 〜する disecar | 生体〜 vivisección *f* | 〜学 anatomía *f*

かいまく 開幕する 〖演〗 levantar [subir] el telón, 〖スポ〗 inaugurarse, comenzar | 〜試合 partido *m* inaugural

がいむ 外務省 Ministerio *m* de Asuntos [Relaciones] Exteriores

かいめい 解明 aclaración *f*, dilucidación *f* | 〜する aclarar, dilucidar

かいめん 海綿 esponja *f*

がいめん 外面 aspecto *m* exterior, apariencia *f* | 〜的な superficial, aparente

かいもの 買い物 compra *f* | 〜をする hacer compras | 〜に行く ir de compras

がいや 外野 (野球) campo *m* exterior, jardines *m.pl* 《ラ米》 | 〜手 jardinero [ra] *mf*

かいやく 解約 anulación *f*, rescisión *f*, cancelación *f* | 〜する anular, rescindir, cancelar

かいよう 海洋 océano *m*, mar *m(f)*

がいらい 外来 consulta *f* externa | 〜患者 paciente *m/f* externo[na] | 〜の extranjero[ra] | 〜語 extranjerismo *m*

かいらく 快楽 placer *m* | 〜主義 epicureísmo *m*, hedonismo *m*

かいりつ 戒律 mandamiento *m*, precepto *m*

がいりゃく 概略 resumen *m*, sumario *m*, sinopsis *f* [*pl* 〜], (枠組み) esquema *m*

かいりゅう 海流 corriente *f* marina

かいりょう 改良 mejora *f*, mejoramiento *m* | 〜する mejorar

かいろ 回路 〖電〗 circuito *m*

がいろ 街路 avenida *f* | 〜樹 árboles *m. pl* de la calle

カイロプラクティック quiropráctica *f*

かいわ 会話 conversación *f*, diálogo *m* | 〜する conversar, charlar | 〜体 estilo *m* coloquial

かいん 下院 Cámara *f* Baja, (スペインの) Congreso *m* de los Diputados | 〜議員 diputado[da] *mf*

かう ❶ 買う comprar, adquirir | 彼女を高く買っている Le tengo un gran aprecio a ella. ❷ 飼う tener, (飼育する) criar

カウボーイ vaquero *m*

ガウン bata *f*, (儀式用の) toga *f*

カウンセラー (p)sicólogo[ga] *mf*

カウンセリング orientación *f* (p)sicológica, (心理治療) terapia *f* (p)sicológica, (p)sicoterapia *f*

カウンター (酒場) barra *f*, (レジ) caja *f*, (受付) mostrador *m*, (計数器) contador *m*

カウント cuenta *f* | 〜する contar | 〜ダウン cuenta *f* atrás

かえ 代え・替え repuesto *m*, recambio *m*

かえす ❶ 返す devolver | 〜言葉もない no saber cómo contestar ❷ 孵す 卵を〜 incubar huevos

かえって 彼が来たら〜手間がかかる Si viene él, me dará todavía más trabajo. | 〜行かないほうがいい Es incluso mejor que no vayas.

カエデ 〖植〗 arce *m*

かえり 帰り vuelta *f*, regreso *m* | 〜に a la vuelta, de regreso | 〜が遅い volver tarde | 〜を急ぐ apresurarse en volver | 〜道 camino *m* de vuelta

かえりみる 顧みる reflexionar, mirar hacia atrás, (気を配る) atender, ocuparse de, (振り向く) volver la vista atrás

かえる ❶ 帰る regresar a, volver a, (立ち去る) irse | 家に〜 volver [regresar] a casa ❷ 変える cambiar, (形を) transformar, (場所を) mudar | 予定を〜 cambiar de plan | 髪形を〜 cambiar de peinado | 気分を〜 distraerse ❸ 代える・替える・換える cambiar | AをBに〜 (取り替える) sustituir A por B, (交代させる) reemplazar A por B, (変換する) convertir A en B | ドルをユーロに〜 cambiar dólares a [en] euros ❹ 返る volver | 正気[我]に〜 volver en sí, recobrarse | 童心に〜 volver a sentirse niño[ña] ❺

カエル 〖動〗 rana *f*, (ヒキガエル) sapo *m*

かお 顔 cara *f*, rostro *m* | 大きな〜をする darse importancia | 彼の〜も見たくない No lo puedo ver ni en pintura. | 〜がつぶれる perder la honra [la cara] | 〜付き semblante *m*, expresión *f* facial | 顔色 aspecto *m* | 顔色がいい tener buen aspecto | 顔色が悪い estar pálido[da] | 顔色を変える cambiar [mudar] de semblante

かおり 香り aroma *m*, (芳香) fragancia *f* | …の〜がする oler a ...

がか 画家 pintor[tora] *mf*

かがいしゃ 加害者 agresor[sora] *mf*

かかえる 抱える (腕に) llevar ALGO [a ALGUIEN] en brazos, (小わきに) llevar ALGO bajo el brazo, (持つ) tener, (雇う) emplear | 病気の父を〜 tener a SU padre enfermo

かかく 価格 precio *m* | 〜協定 acuerdo *m* sobre los precios | 〜戦争 guerra *f* de precios | 〜凍結 congelación *f* de los precios | 〜破壊 drástica reducción *f* de los precios | 〜表 lista *f* de precios

かがく ❶ 科学 ciencia *f* | 〜の[的な] científico[ca] | 〜技術 tecnología *f* | 〜者 científico[ca] *mf* ❷ 化学 química *f* | 〜の[的な] químico[ca] | 〜者 químico[ca] *mf* | 〜反応 reacción *f* química

かかげる 掲げる (掲示) poner, colocar, (旗) izar | …というスローガンを〜 tener como lema ...

かかし 案山子 espantapájaros *m* [*pl* 〜], espantajo *m*

かかす 欠かす 今週は授業を欠かせない Esta semana no puedo faltar a clases. | 欠かさずに sin falta

かかと 踵 talón *m*, (靴の) tacón *m* | 〜

の高い靴 zapatos *m.pl* de tacones altos

かがみ ❶ **鏡** espejo *m*, (大きな) luna *f* | ～を見る (自分を) mirarse en el [al] espejo ❷ **鑑** (手本) ejemplo *m*, modelo *m* | 彼は学生の～だ Es un estudiante ejemplar.

かがむ **屈む** agacharse

かがやかしい **輝かしい** brillante, magnífico[ca] | ～成功 éxito *m* fulgurante

かがやく **輝く** brillar, resplandecer | **輝き** brillo *m*, resplandor *m*, fulgor *m*

かかり **係** (担当者) encargado[da] *mf*

かかりつけ ～の医者 médico[ca] *mf* de cabecera

かかる ❶ **掛かる** (金) costar, (時間) tardar, (水) salpicar | 仕事に～ ponerse a trabajar | 医者に～ consultar a un médico | その絵は壁に掛かっている El cuadro está colgado en la pared. | 列車の到着まで2時間くらい～でしょう El tren tardará unas dos horas en llegar. ❷ **罹る** 病気に～ contraer una enfermedad

かかわらず a pesar de [pese a] 〈+名詞句・不定詞〉, a pesar de [pese a] que 〈+直説法〉, aunque 〈+直説法〉 | それにも～ a pesar de ello

かかわりあう **関わり合う** その商売には関わり合わないほうがいいよ Es mejor que no te metas en ese negocio.

かかわる **関わる** (関係する) relacionarse con, tener relación con, (影響する) afectar a | 人命に～ afectar a la vida humana | 生死に～問題だ Es una cuestión de vida o muerte. | 他人の事に～な No te metas en asuntos ajenos.

かき ❶ **下記**の como sigue, abajo indicado[da] | ～のような結果が得られた Se han obtenido los resultados siguientes. ❷ **夏期・夏季** verano *m*, temporada *f* [época *f*] estival ❸ **カキ** (柿) 〘植〙 caqui *m* ❹ **カキ** (牡蛎) 〘貝〙 ostra *f*

かぎ ❶ **鍵** llave *f*, (錠) cerradura *f*, (南京錠) candado *m* | ～を開ける abrir la cerradura | ドアに～をかける cerrar la puerta con llave | ～穴 ojo *m* de la cerradura | ～束 manojo *m* de llaves | グスマン事件の～ clave *f* del caso Guzmán ❷ **鉤** gancho *m*

かきうつす **書き写す** copiar, transcribir

かきかえる **書き換える** (更新する) renovar

かきかた **書き方** (習字) caligrafía *f*, (文章の) manera *f* [arte *m*] de escribir | 手紙の～を教えて下さい Enséñame cómo escribir una carta.

かききず **掻き傷** arañazo *m*

かきこみ **書込み** nota *f*, apunte *m* | データの～ 〘IT〙 grabación *f*

かきこむ **書き込む** escribir, apuntar, anotar, (用紙に) rellenar

かきそえる **書き添える** añadir

かきつけ **書き付け** nota *f*, apunte *m*, escrito *m*, (勘定) cuenta *f*, factura *f*

かきとめ **書留**で por correo certificado | ～にする certificar

かきとり **書き取り** dictado *m*

かぎばり **鉤針** ganchillo *m*

かきまぜる **かき混ぜる** remover, batir

かきまわす **かき回す** remover, revolver, (混乱させる) perturbar | 引き出しを～ revolver el cajón

かきゅう **下級**の inferior, de rango inferior | ～裁判所 tribunal *m* inferior | ～生 estudiante *m/f* de cursos inferiores

かぎょう **家業** negocio *m* familiar | ～を継ぐ heredar el negocio familiar

かきょく **歌曲** canción *f*

かぎり **限り** límite *m* | ～のない ilimitado[da], sin límite, infinito[ta] | できる～のことはしましょう Haré todo lo que pueda. | 私の知る～…だ Que yo sepa, ...

かぎる **限る** limitar | 限られた limitado[da] | 高いものがいいとは限らない Lo caro no siempre es bueno. | 暑い時はよく冷えたビールに～ Cuando hace calor, no hay nada mejor que una cerveza bien fría.

かく ❶ **書く** escribir, (書き留める) apuntar, anotar, (記事を) redactar, (詩を) componer ❷ **描く** (線画を) dibujar, (絵を) pintar, (描写) describir ❷ **欠く** faltar | ～ことのできない imprescindible | お金にこと～ andar escaso[sa] de dinero ❸ **掻く** rascar ❹ **核** 〘物〙〘生〙 núcleo *m* | ～エネルギー energía *f* nuclear | ～軍縮 desarme *m* nuclear | ～査察 inspección *f* nuclear | ～実験 experimento *m* [ensayo *m*] nuclear | ～戦争 guerra *f* nuclear | ～廃棄物 residuos *m.pl* nucleares | ～爆発 explosión *f* nuclear | ～兵器 arma *f* nuclear | ～融合 [分裂] fusión *f* [fisión *f*] nuclear | ～抑止力 fuerza *f* disuasoria nuclear | ～弾頭 ojiva *f* nuclear | ～拡散防止条約 Tratado *m* de No Proliferación Nuclear | ～家族 famila *f* nuclear ❺ **格** 〘文法〙 caso *m*, (地位) rango *m*, categoría *f*

かぐ ❶ **嗅ぐ** oler, olfatear ❷ **家具** mueble *m* | ～付きの amueblado[da] | ～職人 artesano[na] *mf* de muebles

がく **額** (金額) suma *f*, valor *m* | 彼の負債～は300万円になる Su deuda asciende a tres millones de yenes.

がくめん **額面** valor *m* nominal

がくい **学位** grado *m* académico | ～を与える otorgar un grado académico

かくいつてき **画一的**な uniforme

かくう **架空**の imaginario[ria], fantástico[ca]

かくえき **各駅停車** tren *m* que para en todas las estaciones

がくえん **学園** escuela *f*, centro *m* educativo

がくげい **学芸員** (博物館等) conservador[dora] *mf*, curador[dora] *mf*

がくげき **楽劇** drama *m* musical, ópera *f*

かくげつ **隔月**に cada dos meses | ～刊の雑誌 revista *f* bimestral

かくげん **格言** aforismo *m*, proverbio *m*, máxima *f*

かくご **覚悟**する hacerse a la idea de, (決心する) decidirse a 〈+不定詞〉, (あきらめる) resignarse a 〈+不定詞〉 | 最悪の事態を～する prepararse a esperar lo peor | どんなことにも～はできている estar dispuesto[ta] a cualquier cosa

かくさ **格差** diferencia *f* | 賃金～を是正す

る corregir las diferencias salariales | ～をつける hacer diferencias
かくざとう 角砂糖 terrón *m* de azúcar, cortadillo *m*
かくじ 各自 cada uno[na], cada cual
がくしき 学識 erudición *f*|～のある erudito[ta], docto[ta]

か

かくじつ 確実な seguro[ra], cierto[ta] | ～な情報 información *f* cierta | ～に con seguridad, con certeza, sin falta
がくしゃ 学者 estudioso[sa] *mf*, científico[ca] *mf*, investigador[dora] *mf*
かくしゅう 隔週に cada dos semanas | ～出版 publicación *f* quincenal
がくしゅう 学習 aprendizaje *m*, estudio *m* | ～する aprender | ～指導 orientación *f* pedagógica
がくじゅつ 学術 estudios *m.pl*, (学芸) ciencias *f.pl* y artes *f.pl* | ～的な académico[ca]
がくしょう 楽章 movimiento *m*
かくしん ❶ 確信 convicción *f*, firme creencia *f*| ～する convencerse de | …と～する creer firmemente que 〈＋直説法〉| …と～している estar convencido [da] de que 〈＋直説法〉 ❷ 革新 innovación *f*, reforma *f* | ～的な innovador[dora] ❸ 核心 meollo *m*, médula *f* | 問題の～を突く llegar al meollo de la cuestión
かくす 隠す ocultar, esconder, (真実を) encubrir | 隠された oculto[ta], encubierto[ta] |顔を～(自分の) taparse [cubrirse] la cara | 素性を～ ocultar SU procedencia | 隠し場所 escondrijo *m*, escondite *m*
がくせい ❶ 学生 estudiante *m/f* | ～運動 movimiento *m* estudiantil | ～時代 época *f* de estudiante | ～証 carné *m* de estudiante | ～食堂 (大学の) comedor *m* universitario ❷ 学制 sistema *m* educativo
かくせいざい 覚醒剤 (droga *f*) estimulante *m*
がくせつ 学説 teoría *f*, doctrina *f*
かくだい 拡大する ampliar, agrandar, (広げる) extender | ～鏡 lupa *f*
がくだん 楽団 conjunto *m* musical | 管弦～ orquesta *f* | 交響～ orquesta *f* sinfónica | 吹奏～ charanga *f*
かくちょう 拡張する extender, expandir | ～子 〖IT〗 extensión *f* | ～スロット 〖IT〗 ranura *f* de expansión
がくちょう 学長 rector[tora] *mf*
かくづけ 格付けする clasificar
かくてい 確定する determinar, decidir | ～申告 declaración *f* de la renta
カクテル cóctel *m*
かくど 角度 ángulo *m* | いろいろな～から検討する examinar ALGO desde diferentes ángulos
かくとう 格闘する luchar | ～技 artes *f.pl* marciales
かくとく 獲得する obtener, (金銭で) adquirir, (努力して) conseguir, lograr
かくにん 確認 confirmación *f* | ～する confirmar, comprobar|未～情報 información *f* no confirmada
がくねん 学年 año *m* escolar, curso *m* académico
かくばった 角張った顔 cara *f* cuadrada
かくはん 攪拌する batir | ～器 batidora *f*
がくひ 学費 tasas *f.pl* académicas, gastos *m.pl* escolares | ～を払う pagar la matrícula, abonar las tasas académicas
がくふ 楽譜 partitura *f* | ～を読む leer una partitura [un texto musical]
がくぶ 学部 facultad *f*, escuela *f* | ～長 decano[na] *mf*
がくぶち 額縁 marco *m* | ～に入れる enmarcar
かくべつ 格別の especial, particular, excepcional
かくほ 確保する asegurar | 入場券を２枚～する reservar dos entradas
かくまく 角膜 córnea *f*
かくめい 革命 revolución *f* | ～の [的な] revolucionario[ria] | ～軍 ejército *m* revolucionario
がくもん 学問 estudio *m*, ciencia *f* | ～的な científico[ca]
かくやく 確約する prometer, asegurar
かくやす 格安の con descuento, con precio reducido | ～航空券 billete *m* de avión con tarifa reducida
がくようひん 学用品 útiles *m.pl* escolares, material *m* escolar
かくり 隔離 aislamiento *m* | ～する aislar
かくりつ ❶ 確立する establecer | 名声を～する ganarse una reputación | …の基礎を～する sentar las bases de ... ❷ 確率 probabilidad *f*
がくりょく 学力 nivel *m* escolar | ～を上げる aumentar el nivel escolar
がくれき 学歴 carrera *f* académica, historial *m* académico | ～が必要とされる Se requieren estudios.
かくれる 隠れる ocultarse, esconderse | 隠れ家 refugio *m*, escondrijo *m*
かくれんぼう 〖遊〗 escondite *m* | ～をする jugar al escondite
がくわり 学割 descuento *m* para estudiantes
かけ 賭け apuesta *f* | ～をする apostar
かげ 影・陰 sombra *f* | ～で糸を引く manejar entre bastidores [desde la sombra] | ～の内閣 gabinete *m* fantasma | 影絵 silueta *f*
がけ 崖 precipicio *m*, barranco *m*
かけあし 駆け足で corriendo
かけい ❶ 家系 linaje *m* | ～図 árbol *m* genealógico ❷ 家計 economía *f* familiar
かげき ❶ 過激な extremo[ma], (急進的な) radical, (過度の) excesivo[va] | ～派 extremista *m/f* ❷ 歌劇 ópera *f*
かけごえ 掛け声 grito *m* de ánimo
かけざん 掛け算 multiplicación *f*
かけじく 掛け軸 cuadro *m* colgante enrollable
かけつ 可決 aprobación *f* | ～する aprobar
かけっこ 駆けっこ carrera *f*
かけて …から…に～ desde ... hasta ... | 料理に～は誰も彼にかなわない En cuanto a la cocina, no hay quien le gane.
かけひき 駆け引き táctica *f*, 《話》 tira y afloja *m*

かけぶとん 掛け布団 edredón *m*
かげぼうし 影法師 silueta *f*
かけよる 駆け寄る acercarse [venir] corriendo
かけら 欠片 pedazo *m*, trozo *m*, fragmento *m*
かける ❶ **掛ける** (つるす) colgar, (水等を) echar, (数を) multiplicar | 毛布を～ taparse con mantas ❷ **欠ける** (不足) faltar, carecer de, (破損) romperse, (月が) decrecer ❸ 駆ける correr, (馬が) galopar ❹ 賭ける apostar
かげる 陰る ensombrecerse
かげん 加減 体の～が悪い No me encuentro bien. | ちょうどいい～だ (料理等) estar en su punto | 温度を～する regular la temperatura | 味～をみる probar
かこ 過去 pasado *m*, 〖文法〗 pretérito *m* | ～の pasado[da] | ～に en el pasado
かご 籠 cesta *f*, (鳥かご) jaula *f*
かこい 囲い cerca *f*, valla *f*
かこう ❶ 下降 descenso *m*, bajada *f* | ～する descender, bajar ❷ 火口 cráter *m* ❸ 河口 bocas *f.pl* de un río, desembocadura *f* ❹ 加工 elaboración *f* | ～する elaborar, procesar | ～食品 alimento *m* procesado [elaborado]
かごう 化合 combinación *f* química | ～させる combinar | ～物 compuesto *m* químico
かこむ 囲む rodear | 先生を囲んで座る sentarse alrededor del profesor | 庭を柵(さく)で～ cercar el jardín
かさ ❶ **傘** paraguas *m* [*pl* ~] | ～を広げる [すぼめる] abrir [cerrar] el paraguas | ～立て paragüero *m* ❷ 嵩 volumen *m*
かさい 火災 incendio *m*, fuego *m* | ～報知機 alarma *f* contra incendios
かざい 家財 enseres *m.pl* domésticos
かさかさ ～の肌 piel *f* seca
がさがさ ～の áspero[ra] | ～した手 manos *f.pl* ásperas
かざぐるま 風車 molinillo *m*
がさつ ～な rudo[da], descortés
かさなる 重なる amontonarse, apilarse, (上に置かれる) sobreponerse | 祝日と日曜日が～ La fiesta cae en domingo. | 講演会が会合と同じ日に～ La conferencia coincide en la fecha con la reunión.
かさねる 重ねる amontonar, apilar, (上に置く) sobreponer, poner ALGO encima de, (繰り返す) repetir | 重ねて de nuevo, otra vez, una vez más, (幾度も) repetidas veces
かさばる abultar, voluminoso[sa] *adj*
かざみどり 風見鶏 veleta *f* en forma de gallo
かさむ 出費が～ Aumentan los gastos.
かざむき 風向きが変わった Ha cambiado la dirección del viento.
かざり 飾り adorno *m*, ornamento *m*, (飾り付け) decoración *f*
かざる 飾る adornar, decorar, (陳列) exhibir, exponer | 第一面を～ salir en primera plana | 言葉を～ utilizar un lenguaje barroco | 宝石で身を～ adornarse[ataviarse] con joyas
かざん 火山 volcán *m* | ～の volcánico[ca] | 活[休, 死] ～ volcán *m* activo [inactivo, extinguido]
かし ❶ **菓子** (甘いもの) dulce *m*, golosina *f*, (ケーキ) pastel *m*, (駄菓子) chuchería *f* | ～屋 confitería *f*, pastelería *f* ❷ **歌詞** letra *f* ❸ **貸し** 彼には～がある Me debe un favor. | 彼には100ユーロの～がある Le tengo prestados cien euros. | ～主 acreedor[dora] *mf* | ～家 casa *f* de alquiler ❹ 仮死 muerte *f* aparente, 〖医〗 síncope *m* ❺ 華氏60度 sesenta grados Fahrenheit ❻ カシ 〖植〗 roble *m*, (実) bellota *f*
かじ ❶ **火事** incendio *m*, fuego *m* | ～が発生した Se declaró un incendio. | ～になる incendiarse ❷ **家事** trabajo *m* doméstico, quehaceres *m.pl* domésticos ❸ 舵 timón *m*, gobernalle *m* | ～を取る manejar el timón
がし 餓死 muerte *f* por hambre | ～する morir de hambre
かしきり 貸し切りの fletado[da]
かしこい 賢い listo[ta], inteligente
かしこまりました De acuerdo.; (喜んで) Con mucho gusto.
かしつ 過失 error *m*, fallo *m*, falta *f*, equivocación *f*
かじつ 果実 fruto *m*, (果物) fruta *f* | ～酒 licor *m* de frutas
カシミア casimir *m*, cachemir *m*
かしゃ 貨車 vagón *m* de carga
かしゅ 歌手 cantante *m/f*, (民謡) cantador[dora] *mf*, (フラメンコ) cantaor [ora] *mf*
かじゅ 果樹 (árbol *m*) frutal *m* | ～園 huerta *f*
カジュアル ～な informal | ～ウエア ropa *f* informal
かしゅう 歌集 (歌曲) cancionero *m*, colección *f* de canciones, (詩) libro *m* de poemas
かじゅう ❶ 果汁 zumo *m*, jugo *m* ❷ 荷重 peso *m*, carga *f*
かしょ 箇所 punto *m*, parte *f*
かじょう 過剰 exceso *m*, sobra *f* | ～な excesivo[va] | 人口～ superpoblación *f*
かじょうがき 箇条書きにする enumerar ALGO por escrito
かしょく 過食症 bulimia *f*
かしら ❶ 頭 (頭部) cabeza *f*, (首領) jefe[fa] *mf*, caudillo *m* | ～文字 (letra *f*) inicial *f* ❷ …かしら 彼は来てくれる～ ¿Vendrá él? | 誰～ ¿Quién será?
かじる morder, dar un mordisco, roer, (少し学ぶ) aprender un poco
かす ❶ **貸す** prestar, dejar, (賃貸) alquilar, arrendar ❷ 滓 residuos *m.pl*, restos *m.pl*
かず 数 número *m* | ～多い numeroso [sa] | ～に入れる contar | ～知れない innumerable | ～で勝る superar en número
ガス gas *m* | ～をつける abrir la llave del gas para encender | ～漏れ escape *m* de gas | ～欠になる quedarse sin gasolina | ～ストーブ estufa *f* de gas | ～レンジ cocina *f* de gas | 天然～ gas *m* natural
かすかな débil, tenue, leve | ～色 color *m* tenue
カスタネット 〖音〗 castañuelas *f.pl*
カステラ bizcocho *m*

ガスパチョ 〖料〗gazpacho *m*

かすみ 霞 bruma *f* | ～のかかった brumoso[sa]

かすむ cubrirse de bruma [de neblina] | 目がかすんだ Se me nubló la vista.

かすりきず かすり傷 arañazo *m*, rozadura *f*, (擦過傷) excoriación *f*

かする ❶ 課する imponer | 刑を～ imponer castigos | 課題を～ poner deberes ❷ 掠る rozar, rasar

かすれる hacerse borroso[sa] | かすれた声で話す hablar con voz ronca | かすれた文字で con letras borrosas

かぜ ❶ 風 viento *m*, (すきま風) aire *m* | ～の強い日 día *m* ventoso | ～がある[吹く] Hay [Hace] viento. | 強い～が吹く Sopla un viento fuerte. | ～が止んだ Ha parado el viento. | ～を通す ventilar, airear | ～通しのよい estar bien ventilado[da], tener buena ventilación | …だと～の便りに聞いた Llegó a mis oídos que 〈＋直説法〉. ❷ 風邪 resfriado *m*, (流感) gripe *f*, (鼻かぜ) catarro *m* | ～をひいている estar resfriado[da], (流感) estar con gripe, estar griposo[sa] | ～をひく resfriarse, coger un resfriado [un catarro] | ～気味である estar medio resfriado[da] | ～薬 antigripal *m*

かせい ❶ 火星 Marte *m* | ～の marciano[na] ❷ 家政学科 departamento *m* de economía doméstica | ～婦 asistenta *f*, empleada *f* doméstica

かぜい 課税 imposición *f* | ～する gravar ALGO (con impuestos) | 輸入品に30パーセント～する gravar las importaciones con el treinta por ciento

かせき 化石 fósil *m*

かせぐ 稼ぐ ganar | 時間を～ ganar tiempo

かせつ 仮説 hipótesis *f* | ～の hipotético[ca]

カセット casete *m* (*f*)

かせん ❶ 下線部 subrayado *m* | ～を引く subrayar ❷ 化繊 fibra *f* sintética ❸ 架線 cable *m* eléctrico, tendido *m*

がそ 画素 〖IT〗pixel *m*, píxel *m*

かそう 仮装 disfraz *m* | ～する disfrazarse | ～行列 desfile *m* de disfraces

がぞう 画像 imagen *f*

かぞえる 数える contar | 100まで～ contar hasta cien

かそく 加速 aceleración *f* | ～する acelerar

かぞく 家族 familia *f* | ～の一員 miembro *m* de la familia | 大～ familia *f* numerosa | うちは６人～です Somos seis de familia. | ～手当 subsidio *m* familiar

ガソリン gasolina *f* | ～を入れる echar [repostar] gasolina | ～スタンド gasolinera *f*

かた ❶ 肩 hombro *m* | ～で息をする jadear | ～をすくめる encogerse de hombros ❷ 型 forma *f*, (モデル) modelo *m*, (成型用) molde *m*, (フォーマット) formato *m* | ～にはまった estereotipado[da], convencional | ～を破る romper las convenciones ❸ 過多の excesivo[va], demasiado[da] ❹ 方 …様～ a/c ► al cuidado de の略 | 泳ぎ～ forma *f* de nadar

かたい 固い・堅い・硬い duro[ra], sólido[da] | 固くなる endurecerse, ponerse duro[ra] | ～ことは抜きにしよう Dejemos las formalidades. | 固くならないで No te pongas nervioso[sa]. | ～決心 decisión *f* firme | 固く考えないでください No lo tome tan en serio.

かだい ❶ 課題 tema *m*, (宿題) deberes *m.pl*, (問題) problema *m* ❷ 過大な excesivo[va] | ～評価する sobr(e)estimar

かたおもい 片思い amor *m* no correspondido

かたがき 肩書き título *m*

がたがた ～の desvencijado[da]

かたがみ 型紙 〖服〗patrón *m*

かたがわり 肩代わり 〈人〉の借金の～をする asumir la deuda de ALGUIEN

かたき 敵 enemigo[ga] *mf* | ～を討つ vengarse

かたくな 頑なな obstinado[da], terco[ca]

かたくるしい 堅苦しい formal, ceremonioso[sa] | ～ことは抜きに sin ceremonias [formalidades]

かたこと 片言で話す (幼児が) balbucear, (外国語を) chapurr(e)ar | ～のスペイン語で en un español macarrónico

かたさ 固さ dureza *f*, solidez *f*, (決意の) firmeza *f*

かたち 形 forma *f*, (姿) figura *f* | …の～をした en forma de ... | 形造る formar, dar formas

かたづける 片付ける (整頓(せいとん)する) poner ALGO en orden, arreglar, (おもちゃ) recoger, (仕事) terminar, acabar, (問題) resolver, solucionar

カタツムリ 〖動〗caracol *m*

かたな 刀 espada *f* | ～を抜く desenvainar [sacar] la espada

かたはば 肩幅 anchura *f* de los hombros | ～の広い ancho[cha] de hombros

かたほう 片方 el uno, la una, (他方) el otro, la otra | この手袋の～がない Este guante no tiene pareja.

かたまり 塊 masa *f*, (大きい) mole *f*

かたまる 固まる endurecerse, ponerse sólido[da], solidificarse, (牛乳) cuajarse, (血) coagularse, (まとまる) agruparse

かたみ 形見 recuerdo *m*

かたみち 片道 ida *f* | ～切符 billete *m* de ida

かたむく 傾く inclinarse, ladearse | 傾いた inclinado[da] | 日が西に～ El sol declina hacia el oeste.

かたむける 傾ける inclinar, ladear | …に耳を～ prestar atención a ...

かためる 固める endurecer, solidificar, (強固にする) consolidar | 国境を～ fortalecer la frontera | 考えを～ concretar sus ideas

かためん 片面 un lado, una cara

かたよる 偏る desequilibrarse, (針路) desviarse | 偏った栄養 alimentación *f* desequilibrada | 偏った考え prejuicio *m*

かたる 語る decir, hablar, contar, narrar

カタログ catálogo *m* | ～販売 venta *f*

por catálogo
かたわら 傍ら …の～に al lado de ...
かだん 花壇 arriate *m*, macizo *m*
かち ❶ 価値 valor *m*, mérito *m*｜～がある valioso[sa]｜～のない sin valor｜この絵は500ユーロくらいの～がある Este cuadro vale unos quinientos euros.｜…する～がある Vale [Merece] la pena〈+不定詞〉.｜～判断 juicio *m* de valor ❷ 勝ち victoria *f*, triunfo *m*
…(し)がち ～である tender a〈+不定詞〉｜沈み～である deprimirse con frecuencia [facilidad]
かちあう かち合う (ぶつかる) chocar, (重なる) coincidir
かちかち 時計が～いう El reloj hace tic-tac.
かちき 勝ち気な tener un espíritu de emulación
かちく 家畜 animal *m* doméstico, ganado *m*｜～小屋 establo *m*, cuadra *f*
かちほこった 勝ち誇った victorioso[sa], triunfante
かちめ 勝ち目 posibilidad *f* de ganar
カチューシャ ➔ヘア：～バンド
かちょう ❶ 課長 jefe[fa] *mf* de sección ❷ 家長 cabeza *m/f* de familia
ガチョウ 〘鳥〙 ganso[sa] *mf*, oca *f*, ánsar *m*
かつ ❶ 勝つ ganar, triunfar, (負かす) vencer｜3対2で勝つ ganar por tres a dos ❷ 且つ y, y también, y además
カツオ 〘魚〙 bonito *m*
がっか 学科 departamento *m*, (科目) asignatura *f*, (課程) curso *m*
がっかい 学会 (組織) asociación *f*, sociedad *f*, (会議) congreso *m*
がつがつ ～食べる devorar, comer con voracidad
がっかり ～する desilusionarse, decepcionarse｜～した desilusionado[da]
かっき 活気 animación *f*, vigor *m*｜～づく animarse｜～のある animado[da], vivo[va], (人が) enérgico[ca]
がっき ❶ 楽器 instrumento *m* musical ❷ 学期 semestre *m*, (3学期制) trimestre *m*, (4学期制) cuatrimestre *m*
かっきてき 画期的な que hace época, tra(n)scendental
がっきゅう 学級 clase *f*
がっきょく 楽曲 pieza *f* musical
かっきり justamente, justo *adv*｜12時～に a las doce en punto｜1時間～かかる tardar justo una hora
かつぐ 担ぐ cargar ALGO sobre los hombros, llevar ALGO a hombros, (だます) engañar
がっくり ～する quedarse sin fuerzas
かっこ ❶ 確固とした firme, decidido[da] ❷ 括弧 paréntesis *m* [*pl* ～]｜～で囲む poner ALGO entre paréntesis｜～を開く[閉じる] abrir [cerrar] el paréntesis
かっこいい (人) guapo[pa], (物)《話》guay, chulo[la]
かっこう ❶ 格好 forma *f*, aspecto *m*, apariencia *f*｜～の (ふさわしい) adecuado[da], conveniente ❷ 滑降 (スキー) descenso *m* ❸ カッコウ 〘鳥〙 cuco *m*
がっこう 学校 escuela *f*, colegio *m*, (公立高校) instituto *m*, (各種学校) academia *f*｜～に通う ir al colegio [a la escuela]｜～に入る entrar en el colegio｜今週は～がない Esta semana no hay clases.｜～給食 almuerzo *m* escolar
かっさい 喝采 aplauso *m*, aclamación *f*｜拍手～する aplaudir, aclamar, ovacionar
かつじ 活字 letra *f* de imprenta [de molde], 〘印〙 tipo *m*
かっしゃ 滑車 〘機〙 polea *f*, garrucha *f*
がっしゅく 合宿 〘スポ〙 concentración *f*｜～する concentrarse
がっしょう 合唱 coro *m*｜～する cantar a [en] coro｜～隊 coro *m*, coral *f*, orfeón *m*
かっしょく 褐色 color *m* pardo｜～の pardo[da]
がっしり ～した (構造が) sólido[da]
かっせい 活性の activo[va], activado[da]｜～化する activar｜～炭 carbón *m* activado
かっそう 滑走路 (離陸) pista *f* de despegue, (着陸) pista *f* de aterrizaje
がっそう 合奏 concierto *m*｜～する tocar en un concierto
がっちり ～した (体格) robusto[ta], (構造) sólido[da], (けちな) avaro[ra], tacaño[ña]
カッター (裁断具) cortadora *f*, (ナイフ) cutter *m*, (小型帆船) cúter *m*
がっち 合致 coincidencia *f*｜～する coincidir con
かっちゅう 甲冑 armadura *f*
ガッツ ～がある tener agallas [coraje]
かつて antes, antiguamente
かって 勝手な egoísta, (気まぐれな) caprichoso[sa]｜～に libremente, por SU propia voluntad, (無許可で) sin permiso｜～にしろ ¡Haz lo que quieras!; ¡Allá tú!
カッテージチーズ requesón *m*
かっと ～なる montar en cólera
カット (挿絵) dibujo *m*, grabado *m*｜～する (切断) cortar, (削除) suprimir｜賃金～ recorte *m* salarial｜～アンドペースト 〘IT〙 cortar y pegar
かつどう 活動 actividad *f*｜～する trabajar｜文化～をする realizar actividades culturales｜～的な activo[va]｜～家 activista *m/f*
かっぱつ 活発な activo[va], enérgico[ca], vivo[va], animado[da]
カップ taza *f*, (優勝杯) copa *f*｜ワールド～ Copa *f* Mundial
かっぷく 恰幅のよい tener buena presencia física
がっぺい 合併 fusión *f*｜～する fusionarse｜～症 〘医〙 complicaciones *f.pl*
カップル pareja *f*
かつやく 活躍する tener una participación activa, desempeñar un papel importante
かつよう 活用する utilizar, aprovechar, (動詞が) conjugarse｜最大限に～する aprovechar ALGO al máximo
かつら peluca *f*, (部分的) peluquín *m*｜～をつける ponerse una [llevar] peluca
カツレツ 〘料〙 filete *m* rebozado

か

かてい ❶ 家庭 familia *f*, hogar *m* | ～を築く formar una familia | ～的な hogareño[ña] | ～教師 profesor[sora] *mf* particular | ～生活 vida *f* familiar | ～内暴力 violencia *f* doméstica [intrafamiliar] ❷ 過程 proceso *m* ❸ 課程 curso *m* | 博士～ doctorado *m* ❹ 仮定 suposición *f*, supuesto *m*, (仮説) hipótesis *f* | ～する suponer

カテゴリー categoría *f*

かど ❶ 角 esquina *f*, (隅) rincón *m* | …の～に en la esquina de ... | ～を曲がる doblar la esquina | ～部屋 habitación *f* esquinada ❷ 過度の excesivo[va], demasiado[da]

かとう 下等な inferior, bajo[ja]

かどう 華道 arreglo *m* [arte *m*] floral

…かどうか 彼が知っている～分からない No sé si él lo sabe o no.

かとき 過渡期 período *m* de transición

かとりせんこう 蚊取り線香 repelente *m* contra [para] los mosquitos

カトリック religión *f* católica, catolicismo *m* | ～の católico[ca] | ～教徒 católico[ca] *mf*

かなあみ 金網 red *f* de alambre, tela *f* metálica

かなう (実現) cumplirse, (適合) ser conforme a, (匹敵) igualar a | 夢をかなえる realizar [cumplir] SU sueño | 願いをかなえる satisfacer SU deseo

かなきりごえ 金切り声をあげる chillar, dar chillidos

かなぐ 金具 herraje *m*, (留金) broche *m*

かなしい 悲しい triste | ～ことに lamentablemente

かなしみ 悲しみ tristeza *f*, pena *f*, dolor *m*, aflicción *f* | 深い～を感じる sentir una profunda tristeza | 悲しむ sentir tristeza, entristecerse

かなづち 金槌 martillo *m*

かなめ 要 (要点) punto *m* esencial, (扇の) clavillo *m*

かなもの 金物 utensilio *m* metálico, ferretería *f* | ～屋 ferretería *f*

かならず 必ず sin falta, sin duda, (常に) siempre | ～しも…(で)ない no siempre 〈＋直説法〉 | 輝くもの～しも金ならず No es oro todo lo que reluce. 《諺》

かなり ～の bastante, considerable

カナリア 〖鳥〗 canario *m*

カニ 〖動〗 cangrejo *m* | ～座 Cáncer *m*

かにゅう 加入 inscripción *f* | ～する inscribirse en, afiliarse a

カヌー canoa *f*

かね ❶ 金 (金属) metal *m*, (金銭) dinero *m* | ～を稼ぐ[もうける] ganar [hacer] dinero | ～が物を言う Con el dinero se consigue todo.; El dinero habla. | ～づる patrocinador[dora] *mf*, (収入源) fuente *f* de ingresos | 教育に～をかける invertir en educación | ～持ち rico[ca] *mf*, adinerado[da] *mf* ❷ 鐘 campana *f* | ～を鳴らす tocar [repicar] la campana

かねつ ❶ 加熱 calentamiento *m* | ～する calentar ❷ 過熱する recalentar

かねる 兼ねる compaginar, simultanear | 私の仕事は趣味と実益を兼ねている Mi trabajo me permite divertirme y a la vez ganar dinero. | 書斎を兼ねた居間 salón *m* que sirve también de despacho | 私には同意し～ No me atrevo a consentir.

かのう ❶ 可能な posible, (あり得る) probable | ～ならば si es posible, si puede ser | ～性 posibilidad *f* | 実現～な計画 proyecto *m* viable ❷ 化膿 supuración *f* | ～する supurar, infectarse

かのじょ 彼女 (恋人) novia *f* | ～は[が] ella | ～の su 〈＋名詞〉, 〈名詞＋〉 suyo[ya] | ～に le | ～を la

カバ 〖動〗 hipopótamo *m*

カバー (本の) cubierta *f*, (覆い) forro *m*, (ほこりよけ) guardapolvo *m* | ～する cubrir | まくら～ funda *f* de almohada | ～バージョン cover *m*

かばう proteger, amparar, (弁護する) defender

かはん 河畔 orilla *f* del río, ribera *f*

かばん cartera *f*, (ハンドバッグ) bolso *m*, (アタッシェケース) maletín *m*

かはんしん 下半身 parte *f* inferior del cuerpo, parte *f* de cintura para abajo | ～不随 〖医〗 paraplejía *f*

かはんすう 過半数 mayoría *f* | ～を得る obtener la mayoría

かび ❶ moho *m* | ～くさい Huele a moho. | ～が生える enmohecer(se) | ～の生えた mohoso[sa] ❷ 華美な suntuoso[sa], pomposo[sa]

がびょう 画鋲 chincheta *f*

かびん ❶ 花瓶 florero *m*, jarrón *m* ❷ 過敏な hipersensible | ～症 hipersensibilidad *f*

かぶ ❶ 株 (切り株) tocón *m*, (根) raíz *f*, (株式) acción *f* | ～が上がる[下がる] subir [bajar] la bolsa [主語] | ～を上げる mejorar SU imagen pública | ～でもうける ganar dinero en una especulación bursátil | ～をやる jugar a la bolsa →株式, 株主 ❷ 下部 parte *f* inferior ❸ カブ 〖植〗 rábano *m*

カフェテリア cafetería *f*

がぶがぶ ～飲む beber a grandes tragos

かぶき 歌舞伎 〖演〗 kabuki *m*

かぶしき 株式 acción *f* | ～会社 sociedad *f* anónima | ～市場 mercado *m* bursátil [de valores] | 一～当たり 2 円の配当金 dividendo *m* de dos yenes por acción

カフス puño *m* | ～ボタン gemelos *m.pl*

かぶせる 被せる cubrir, tapar | 罪を～ echar la culpa a ALGUIEN

カプセル cápsula *f* | タイム～ cápsula *f* del tiempo

かぶと casco *m* de guerrero, yelmo *m*

カブトムシ 〖昆〗 escarabajo *m*

かぶぬし 株主 accionista *m/f* | ～総会 junta *f* general de accionistas

かぶる 被る (帽子を) ponerse | 他人の罪を～ pagar culpas ajenas | 水を～ echarse agua

かぶれる (皮膚が) irritarse, (感化される) imbuirse de | かぶれ irritación *f* de la piel [cutánea]

かふん 花粉 polen *m* | ～アレルギー alergia *f* al polen | ～症 polinosis *f*

かべ 壁 pared *f*,（囲壁）muro *m*,（障害）barrera *f*｜～掛け colgadura *f*｜～紙 papel *m* pintado｜～紙を張る empapelar la pared｜～に突き当たる tropezar con un obstáculo
かへい 貨幣 moneda *f*｜～価値 valor *m* monetario
かほう 下方へ abajo, para [hacia] abajo
かぼそい か細い声で con voz débil
カボチャ〘植〙calabaza *f*, zapallo *m*(南米)
かま ❶ 竈（かまど）horno *m*,（鍋）olla *f*,（ボイラー）caldera *f* ❷ 鎌 hoz *f*
かまう 構う（気にかける）preocuparse por,（世話をする）cuidar de｜どうぞお構いなく No se moleste.｜私のことは構わないでください No se preocupe por mí.｜来たければ来ても構わない Si quieres, puedes venir.｜どちらでも構わない Me da igual.
カマキリ〘昆〙mantis *f* [*pl* ~] (religiosa)
がまん 我慢 paciencia *f*｜～する aguantar, soportar｜～強い paciente, sufrido[da]｜～できない inaguantable, insoportable｜もう～できない Ya no aguanto más.｜あああいう話し方は～ならない No tolero esa manera de hablar.｜笑いを～する contener la risa｜…で～する conformarse con ...
かみ ❶ 紙 papel *m*｜～1枚 un papel, una hoja (de papel)｜～おむつ pañal *m* desechable｜～ナプキン servilleta *f* de papel｜～挟み carpeta *f*｜～一重の差 mínima diferencia *f* ❷ 髪 pelo *m*, cabello *m*｜～をとかす peinarse｜～の毛 pelo *m*｜～型 peinado *m* ❸ 神 dios *m*,（女神）diosa *f*,（キリスト教の）Dios *m*, Señor *m*｜～の divino[na]｜～に祈る rezar a Dios
がみがみ ～言う regañar, reñir
かみきず かみ傷 mordedura *f*
かみそり navaja *f* [hoja *f*] de afeitar｜電気～ maquinilla *f* eléctrica
かみつ 過密なスケジュール agenda *f* apretada｜～都市 ciudad *f* superpoblada
かみつく morder, dar un bocado
かみなり 雷（音）trueno *m*｜～が鳴る tronar｜～が落ちた Cayó un rayo.
かみん 仮眠する dormir un rato, echarse [descabezar] un sueño
かむ ❶ 噛む・咬む morder,（かみ砕く）masticar ❷ かむ 鼻を～ sonarse, sonar la nariz
ガム chicle *m*｜～をかむ masticar chicle｜ガムテープ cinta *f* adhesiva
がむしゃら ～に como un loco [una loca]
カムフラージュ camuflaje *m*
かめ ❶ 瓶 tinaja *f*, cántaro *m* ❷ カメ〘動〙tortuga *f*,（大ガメ）galápago *m*
かめい ❶ 加盟 adhesión *f*, afiliación *f*｜～する adherirse a, afiliarse a ❷ 仮名 nombre *m* supuesto [falso, ficticio]
カメラ cámara *f* (fotográfica)｜～マン fotógrafo[fa] *mf*
カメレオン〘動〙camaleón *m*
かめん 仮面 máscara *f*, careta *f*
がめん 画面（映像）imagen *f*,（スクリーン）pantalla *f*
カモ〘鳥〙pato *m* silvestre, ánade *m/f*
かもく ❶ 科目 asignatura *f*, materia *f* ❷ 寡黙な taciturno[na], callado[da]
カモシカ〘動〙antílope *m*
…かもしれない Es posible [Puede] que〈+接続法〉.｜あすは雨～ Puede que llueva mañana.
かもつ 貨物 carga *f*, mercancía *f*｜～船 barco *m* de carga｜～列車 tren *m* de mercancías [de carga]
カモミール ～茶 (infusión *f* de) manzanilla *f* [camomila *f*]
カモメ〘鳥〙gaviota *f*
がやがや ～した ruidoso[sa]
かやく 火薬 pólvora *f*｜～庫 polvorín *m*
カヤック〘スポ〙kayak *m*
かゆ 粥〘料〙gachas *f.pl* de arroz
かゆい 痒い 背中が～ Me pica la espalda.｜痒み picor *m*, picazón *f*
かよう 通う ir a, acudir a,（しばしば行く）frecuentar｜学校へ～ ir a la escuela
かようきょく 歌謡曲 pop *m*, canción *f* popular
がようし 画用紙 cartulina *f*
かようび 火曜日 martes *m* [*pl* ~]｜～に el martes
から ❶ 空の vacío[a]｜～にする vaciar ❷ 殻 cáscara *f* ❸ …から（場所）desde, de,（時）desde, de, a partir de｜明日～新学期が始まる El nuevo año escolar comienza a partir de mañana.｜このワインは黒ブドウ～作る Este vino se hace con uvas negras.
がら 柄 dibujo *m*
カラー（色）color *m*,（襟）cuello *m*｜～コピー機 fotocopiadora *f* en color｜～プリンター〘IT〙impresora *f* de color
からい 辛い picante,（塩辛い）salado [da]
カラオケ karaoke *m*
からかう〈人〉を～ tomar el pelo a ALGUIEN, gastar bromas a ALGUIEN
がらがら（おもちゃ）sonajero *m*｜～の（空き）vacío[a]｜映画館は～だった Sólo había cuatro gatos en el cine.
がらくた trasto *m*｜～市 rastro *m*, mercadillo *m*
からくち 辛口の（料理）salado[da],（酒）seco[ca],（批評）severo[ra], duro [ra], acerbo[ba]
からし 辛子 mostaza *f*
カラス〘鳥〙cuervo *m*, grajo *m*｜～の足跡 patas *f.pl* de gallo
ガラス cristal *m*, vidrio *m*
からだ 体 cuerpo *m*,（健康）salud *f*｜～の（肉体の）corporal, físico[ca]｜～が弱い delicado[da] de salud｜～によい bueno[na] para la salud｜～を大事にする cuidarse｜～を壊す dañar [perder] la salud｜～を張る arriesgar la vida
からて 空手 kárate *m*, karate *m*
カラフル ～な de muchos colorines, de colores vivos
からまる 絡まる（もつれる）enredarse
がらん ～とした vacío[a], desierto[ta]
かり ❶ 借り deuda *f*, préstamo *m*｜君には～がある Te debo un favor.｜彼には1000ユーロの～がある Le debo mil euros. ❷ 狩り caza *f*｜～をする cazar ❸ 仮の（一時的な）temporal,（暫定の）provisional,（仮定の）hipotético[ca], supuesto[ta],

か

（条件付きの） condicional | ～釈放 libertad *f* condicional | ～にお金があったとしても… Aunque tenga dinero ... ❹ カリ 〖鳥〗 ganso *m* salvaje, ánsar *m*
かりいれ ❶ 刈り入れ cosecha *f*, recolección *f* ❷ 借り入れる pedir prestado[da]
か
カリウム 〖化〗 potasio *m*
かりかた 借方 debe *m*, débito *m*
カリカチュア caricatura *f*
がりがり ～かじる roer | ～にやせている estar hecho un esqueleto
カリキュラム currículo *m*, plan *m* de estudios
カリスマ carisma *m*
かりたてる 駆り立てる 〈人〉を…に～ incitar [impulsar] a ALGUIEN a ...
かりちん 借り賃 alquiler *m*, renta *f*
カリフラワー 〖植〗 coliflor *f*
がりべん がり勉 （人） empollón[llona] *mf* | ～する empollar
かりゅう ❶ 下流 (川の) curso *m* bajo | ～に río abajo | エブロ川～に en el bajo Ebro ❷ 顆粒 gránulo *m*
かりゅうど 狩人 cazador[dora] *mf*
かりる 借りる pedir prestado[da], (賃借) alquilar, arrendar | 本を図書館から～ pedir prestado un libro a la biblioteca | 金を銀行から～ pedir un préstamo [crédito] bancario
かる 刈る （髪） cortar, （羊の毛） esquilar, （穀物） segar
かるい 軽い ligero[ra], leve | ～足取りで a paso ligero | ～気持ちで sin pensarlo mucho [bien] | 軽くする aligerar | 痛みを軽くする aliviar el dolor | 私は心が軽くなった Se me ha quitado un peso de encima. | …を軽くみる tener ... en poco, dar poca importancia a ...
カルキ 〖化〗 cloruro *m* de cal
カルシウム calcio *m*
カルタ 〖遊〗 naipe *m* japonés
カルチャー cultura *f* | ～ショック choque *m* cultural | ～センター centro *m* cultural
カルテ historia *f* clínica
カルデラ ～湖 lago *m* de caldera
カルト ～集団 grupo *m* de fanáticos religiosos | ～ムービー película *f* de culto
かるはずみ 軽はずみな imprudente
かるわざ 軽業 acrobacia *f*, acrobatismo *m* | ～師 acróbata *m/f*
かれ 彼 （恋人） novio *m* | ～は[が] él | ～の su 〈＋名詞〉, 〈名詞＋〉 suyo[ya] | ～に le | ～を lo, le
かれい ❶ 華麗な espléndido[da], pomposo[sa] ❷ カレイ 〖魚〗 rodaballo *m*
カレー 〖料〗 curry *m* | ～ライス arroz *m* al [con] curry
ガレージ garaje *m*
かれら 彼らは[が] ellos | ～の su 〈＋名詞〉, 〈名詞＋〉 suyo[ya] | ～に les | ～を los
かれる ❶ 枯れる secarse, marchitarse, morirse | 枯れた (しなびた) seco[ca], (しおれた) marchito[ta] ❷ 嗄れる （声が） quedarse ronco[ca]
カレンダー calendario *m*
かろう 過労死 muerte *f* provocada por exceso de trabajo [por fatiga laboral]
がろう 画廊 galería *f* de arte
かろうじて 辛うじて （ぎりぎりで） por los pelos, （やっと） a duras penas
かろんじる 軽んじる hacer poco caso de, dar poca importancia a, （軽蔑する） menospreciar
カロリー caloría *f*
かわ ❶ 川 río *m* | ～をさかのぼる subir río arriba, ir (a) contracorriente ❷ 皮 （獣皮） cuero *m*, （皮膚） piel *f*, （樹皮） corteza *f*, （リンゴ） piel *f*, （オレンジ） cáscara *f*, （ブドウ） pellejo *m* | ～をむく pelar | ～をはぐ despellejar, desollar | 面の～が厚い tener la cara dura ❸ 革 cuero *m* | ～製の de cuero
がわ 側 lado *m* | 道の向こう～に al otro lado de la calle
かわいい 可愛い bonito[ta], mono[na], lindo[da]
かわいがる 可愛がる querer mucho, （甘やかす） mimar
かわいそう 可哀想な pobre 〈＋名詞〉, （哀れな） lastimoso[sa] | ～な話 historia *f* triste | 子供が働いているのを見て～に思う Me da pena ver a los niños trabajando.
かわいた 乾いた seco[ca], （からからに） reseco[ca]
カワウソ 〖動〗 nutria *f*
かわかす 乾かす secar
かわかみ 川上に río arriba ➜上流
かわき 渇き （のどの） sed *f*
かわぎし 川岸 ribera *f*, orilla *f* del río
かわく ❶ 渇く のどが～ tener sed ❷ 乾く secarse
かわしも 川下 ➜下流
かわせ 為替 cambio *m* | ～市場 mercado *m* cambiario | 変動～相場 tipo *m* de cambio flotante | 外国～ cambio *m* de divisas | 郵便～ giro *m* postal
かわひも 革ひも correa *f*
かわら ❶ 瓦 teja *f* ❷ 河原・川原 cauce *m* seco del río
かわり ❶ 代わり （代用品） sustitutivo *m*, （代行） sustituto[ta] *mf*, suplente *m/f* | …の～に en lugar de ..., en vez de ... | その～として a cambio de ... ❷ 変わり お～ありませんか ¿Sigue usted bien de salud? | 季節の～目 cambio *m* estacional | ～者 extravagante *m/f*, persona *f* rara
かわりやすい 変わりやすい variable, inconstante, （気が） versátil, caprichoso[sa]
かわる ❶ 代わる （交代） sustituir, reemplazar, suplir, （代理） representar | ～がわる uno[na] tras otro[tra], alternativamente ❷ 変わる cambiar, variar, mudar, alterarse, （他のものに） transformarse en | 変わらない invariable, inmutable, （不変） constante, （一定） estable | ちっとも変わっていないね No has cambiado nada. | 変わった extraño[ña], raro[ra]
かん ❶ 缶 lata *f*, bote *m* | ～ビール lata *f* de cerveza | ～切り abrelatas *m* [*pl* ～] ❷ 勘 intuición *f* | ～が鋭い sagaz, intuitivo[va] | ～がいい tener buen olfato ❸ 感 sentido *m* | 第六～ el sexto sentido ❹ 巻 volumen *m*, tomo *m* ❺ 管 tubo

m, tubería *f*, cañería *f* ❻ ‐間 4日～ durante cuatro días | 日西～ hispano-japonés[nesa], entre Japón y España

がん ❶ 癌 cáncer *m* | ～の canceroso[sa] | 発～性の cancerígeno[na] | ～にかかっている tener [padecer] cáncer | ～で死ぬ morir de cáncer | 胃[肝臓, 乳] ～ cáncer *m* de estómago [hígado, mama] ❷ ガン〖鳥〗ganso *m* salvaje, ánsar *m*

かんえん 肝炎 C型～ hepatitis *f* C

かんおけ 棺桶 ataúd *m*, féretro *m*

かんか 感化する influir en

がんかい 眼科医 oculista *m/f*, oftalmólogo[ga] *mf*

かんがい 灌漑 riego *m*, irrigación *f*

かんがえ 考え (思考) pensamiento *m*, (意見) opinión *f*, (意図) intención *f*, (案) idea *f* | いい～が浮かんだ Se me ocurrió una buena idea. | それはいい～だ Es una buena idea. | 私の～では en mi opinión | 物は～ようだ Todo depende de cómo se mire. | ～方 modo *m* de pensar | ～事をしている estar pensativo[va]

かんがえる 考える pensar, creer, considerar, discurrir | …のことを～ pensar en ... | …しようと～ pensar 〈+不定詞〉| よく～ pensar bien, reflexionar | 考え出す idear, inventar | 考えつく ocurrirse | 考え直す reconsiderar, reflexionar, (変更する) cambiar de idea | 考えられる concebible, imaginable | 考えられない inconcebible, impensable, inimaginable

かんかく ❶ 感覚 sentido *m*, sensación *f* | 色彩～ sentido *m* del color ❷ 間隔 intervalo *m*, espacio *m*, (距離) distancia *f* | ～をとる dejar un espacio | 5分～で a intervalos de cinco minutos

かんかつ 管轄 jurisdicción *f*, control *m* | ～区域 jurisdicción *f* | ～官庁 autoridades *f.pl* competentes del gobierno

がんがっき 管楽器 instrumento *m* de viento

カンガルー 〖動〗canguro *m*

かんかん 鐘が～鳴る Las campanas repican. | ～になって怒る ponerse hecho [cha] una fiera | ～照りだ Hace un sol de justicia.

がんがん 頭が～する Me duele horrores la cabeza.

かんき ❶ 換気 ventilación *f*, aireación *f* | ～する ventilar, airear | ～扇 extractor *m* de humos, ventilador *m* ❷ 寒気団 masa *f* de aire frío

かんきゃく 観客 espectador[dora] *mf* | ～席 asiento *m*, (階段状の) grada *f*

かんきょう 環境 medio *m* ambiente | ～の medioambiental | ～アセスメント evaluación *f* del impacto ambiental | ～汚染[破壊] contaminación *f* [destrucción *f*] (medio)ambiental | ～保護 protección *f* del medio ambiente | ～保護運動 movimiento *m* ecologista | 家庭～ ambiente *m* familiar

かんきん 監禁する recluir, encarcelar

かんけい 関係 relación *f*, conexión *f* | …と～がある relacionarse con ... | …と密接な～がある guardar una estrecha relación con ... | ～者以外立入禁止 Prohibido el paso a toda persona ajena.

かんげい 歓迎 bienvenida *f* | …を～する dar la bienvenida a ... | ～会 fiesta *f* de bienvenida

かんげき 感激する emocionarse, conmoverse

かんけつ ❶ 完結する terminar, concluir, finalizar ❷ 簡潔な conciso[sa], breve

かんげんがく 管弦楽 música *f* orquestal | ～団 orquesta *f*

かんご 看護 cuidado *m*, asistencia *f* | ～する cuidar, atender | ～師 enfermero[ra] *mf* | ～学校 escuela *f* de enfermería

がんこ 頑固な obstinado[da], terco[ca], tozudo[da] | ～者 cabezón[zona] *mf*, cabezota *m/f*

かんこう ❶ 観光 turismo *m* | ～案内所 oficina *f* de turismo | ～客 turista *m/f* | ～収入 ingresos *m.pl* por turismo | ～旅行をする hacer un viaje turístico | 市内～ visita *f* a la ciudad ❷ 刊行する publicar | 定期～物 publicación *f* periódica

かんこうちょう 官公庁 oficinas *f.pl* públicas, (政府) organismos *m.pl* gubernamentales

かんこく 勧告 consejo *m*, exhortación *f* | ～する aconsejar, exhortar

かんごく 監獄 cárcel *f*, prisión *f*

かんさ 監査 inspección *f*, auditoría *f* | ～役 auditor[tora] *mf*

かんさつ 観察 observación *f* | ～する observar

かんさん 換算 円をドルに～する cambiar [convertir] yenes en dólares

かんし ❶ 監視 vigilancia *f* | ～する vigilar, custodiar ❷ 冠詞 artículo *m*

かんじ ❶ 感じ sensación *f*, (印象) impresión *f* | ～のよい (人) simpático[ca], (場所) agradable | ～やすい sensible | 触った～はどうですか ¿Qué le parece el tacto? | 何かが起きそうな～がする Tengo la sensación de que va a ocurrir algo. ❷ 漢字 carácter *m* chino, (表意文字) ideograma *m*

かんしき 鑑識 identificación *f* | ～課 sección *f* de identificación | ～眼がある tener buen ojo para

がんじつ 元日 día *m* de Año Nuevo

かんしゃ 感謝する agradecer, dar las gracias a | ～の言葉を述べる pronunciar unas palabras de agradecimiento | ～の印に en señal de agradecimiento | 大変～します ¡Cuánto le agradezco!

かんじゃ 患者 paciente *m/f*, enfermo[ma] *mf*

かんしゅう ❶ 慣習 costumbre *f*, convención *f*, (伝統) tradición *f* | ～的な convencional, tradicional ❷ 観衆 espectador[dora] *mf*

かんじゅせい 感受性 sensibilidad *f*, emotividad *f*

がんしょ 願書 (impreso *m* de) solicitud *f* | ～を出す presentar la solicitud

かんしょう ❶ 干渉 intervención *f* | ～する intervenir en ❷ 感傷 sentimentalismo m | ～的な sentimental ❸ 鑑賞 apreciación *f* | ～する apreciar

かんじょう ❶ 感情 sentimiento *m*, (愛情) afecto *m*, (理性に対して) emoción *f*, (熱情) pasión *f* | ～が高まる entusiasmarse | …の～を傷つける herir los sentimientos de ... | ～を込めて歌う cantar con sentimiento | ～的な emocional, impulsivo[sa] | 国民～ sentimiento *m* del pueblo | ～移入 empatía *f* ❷ 勘定 cuenta *f*, (代金) importe *m* | お～をお願いします La cuenta, por favor. | ～する contar, calcular | ～に入れる tener en cuenta, contar | ～を払う pagar la cuenta | ～高い interesado[da], calculador[dora] | ～書き nota *f*, cuenta *f*

がんしょう 岩礁 arrecife *m*

がんじょう 頑丈な fuerte, robusto[ta], sólido[da]

かんしょく ❶ 間食(おやつ) merienda *f* | ～する comer ALGO entre comidas ❷ 官職につく estar al servicio del gobierno

かんじる 感じる sentir, (察知) darse cuenta de

かんしん ❶ 関心 interés *m* | …に～がある tener interés en [por] ... | …に～を示す mostrar interés por ... ❷ 感心する admirar, admirarse de | ～な admirable

かんじん 肝心な esencial, principal, primordial

かんすう 関数 〖数〗 función *f* | 2次～ función *f* de segundo grado

かんする 関する …に～情報 información *f* referente a ... | 私に～限り en lo que a mí se refiere | …に～ en cuanto a ..., acerca de ..., sobre ..., de ...

かんせい ❶ 完成 terminación *f*, (仕上り) acabado *m* | (…を)～する terminar, acabar, perfeccionar | ～品 producto *m* acabado ❷ 歓声を上げる lanzar [soltar] un grito de alegría ❸ 感性 sensibilidad *f* | ～を磨く educar la sensibilidad

かんぜい 関税 arancel *m*, derechos *m.pl* arancelarios | ～を払う[かける] pagar [imponer] aranceles | ～協定 acuerdo *m* arancelario

がんせい 眼精疲労 〖医〗 astenopía *f*

がんせき 岩石 roca *f*, peña *f*

かんせつ ❶ 関節 articulación *f*, coyuntura *f* | ～炎 artritis *f* ❷ 間接の[的な] indirecto[ta]

かんせん ❶ 感染 infección *f*, contagio *m* | ～する contagiarse ❷ 幹線 línea *f* principal | ～道路 carretera *f* principal [troncal]

かんぜん 完全 perfección *f* | ～な perfecto[ta]

かんそ 簡素な sencillo[lla], simple, modesto[ta]

かんそう ❶ 感想 impresión *f* ❷ 乾燥した seco[ca] | ～する secarse

かんぞう 肝臓 hígado *m*

かんそく 観測 observación *f* | ～する observar | ～所 observatorio *m*

かんたい ❶ 歓待する agasajar ❷ 寒帯 zona *f* glacial ❸ 艦隊 flota *f*, armada *f*

かんだい 寛大 generosidad *f* | ～な generoso[sa], indulgente, magnífico

かんだかい 甲高い声 voz *f* atiplada, chillido *m*

かんたん ❶ 簡単な sencillo[lla], (容易) fácil, (簡潔) breve | ～にする simplificar | ～に言えば en dos [cuatro] palabras, en resumen ❷ 感嘆する admirarse de | ～符 signo *m* de exclamación

がんたん 元旦 ➔元日

かんちがい 勘違い equivocación *f* | ～する equivocarse, confundirse | AをBだと～する confundir A con B

かんちょう ❶ 干潮 marea *f* baja, bajamar *f* | ～時に durante la marea baja ❷ 官庁 oficina *f* gubernamental, autoridades *f.pl* gubernamentales ❸ 浣腸 lavativa *f*, enema *m*

かんづめ 缶詰 conserva *f*, (缶) lata *f* | 果物の～ conserva *f* de frutas | ～の魚 pescado *m* en conserva | ～にする enlatar, (人を) encerrar

かんてい ❶ 鑑定 (評価) valoración *f*, (専門家による) peritaje *m* | ～する valorar ❷ 官邸 residencia *f* oficial

かんてつ 貫徹 logro *m* | ～する lograr

かんてん 観点 punto *m* de vista, perspectiva *f* | 経済的～から見ると desde el punto de vista económico

かんでん 感電する recibir una descarga eléctrica

かんでんち 乾電池 pila *f*

かんどう 感動 emoción *f* | ～する conmoverse, emocionarse | ～的な conmovedor[dora], emocionante | ～させる conmover, emocionar, impresionar

かんとうし 間投詞 interjección *f*

かんとく 監督 (指導) dirección *f*, (監視) supervisión *f*, (指導者) director [tora] *mf*, (監視人) supervisor[sora] *mf*, 〖スポ〗 entrenador[dora] *mf* | ～する dirigir, (監視) supervisar, vigilar | 映画～ director[tora] *mf* de cine | ～官庁 autoridades *f.pl* competentes

かんな cepillo *m*, (大型の) garlopa *f*

カンニング ～する copiar | ～ペーパー 《話》 chuleta *f*

かんぬき cerrojo *m*, tranca *f*

かんねん 観念 idea *f*, concepto *m*, noción *f* | ～する resignarse

かんのう 官能 sensualidad *f* | ～的な sensual, voluptuoso[sa]

かんぱ ❶ 寒波 ola *f* de frío ❷ カンパを募る hacer una colecta

かんぱい 乾杯 brindis *m* [*pl* ~] | ～ ¡Salud! | ～する brindar, hacer un brindis

カンバス 〖美〗 lienzo *m*

かんばつ 干ばつ sequía *f*

がんばる 頑張る (努力) esforzarse, (主張) insistir en, (抵抗) resistir, no ceder | がんばれ ¡Ánimo!

かんばん 看板 letrero *m*, (映画等の) cartelera *f*

かんぱん 甲板 cubierta *f*

かんび ❶ 完備 …を～した equipado [da] con ... ❷ 甘美な dulce

かんびょう 看病 病人を～する atender [asistir, cuidar] a un [una] enfermo [ma]

かんぶ 幹部 directivo[va] *mf*

かんぺき 完璧な perfecto[ta], impeca-

ble｜〜に perfectamente
がんぺき 岸壁 acantilado *m*, (港) muelle *m*, embarcadero *m*
かんべつ 鑑別する discernir, distinguir｜〜所 correccional *m* preventivo
がんぼう 願望 deseo *m*, ansia *f*
かんぼく 灌木 arbusto *m*, mata *f*
かんぼつ 陥没 hundimiento *m*
カンマ coma *f*
かんみりょう 甘味料 edulcorante *m*
かんむり 冠 corona *f*
がんやく 丸薬 píldora *f*
かんゆう 勧誘する invitar｜保険の〜員 vendedor[dora] *mf* de seguros
がんゆう 含有する contener｜〜量 contenido *m*
かんよ 関与 participación *f*
かんよう ❶ 寛容 tolerancia *f*, generosidad *f*｜〜な tolerante, generoso[sa] ❷ 慣用句 locución *f*, modismo *m*
がんらい 元来 originariamente, originalmente, desde el principio, (本質的に) por naturaleza
かんらく ❶ 歓楽街 barrio *m* de diversiones ❷ 陥落する caer, rendirse
かんり 管理 administración *f*｜〜する administrar, gobernar, (統制) controlar｜〜の administrativo[va]｜〜人 administrador[dora] *mf*｜上級〜職 cargo *m* directivo de rango superior
かんりゅう 寒流 corriente *f* fría
かんりょう ❶ 完了する terminar, acabar, concluir ❷ 官僚 burócrata *m/f*, alto[ta] funcionario[ria] *mf*｜〜的な burocrático[ca]｜〜制 burocracia *f*
かんれい 慣例 costumbre *f*, (先例) precedente *m*
かんれん 関連 relación *f*, conexión *f*｜…と〜する estar relacionado[da] con ...｜…と〜して en relación con ...｜〜づける relacionar｜〜会社 empresa *f* filial
かんろく 貫禄 dignidad *f*｜〜がある tener dignidad
かんわ 緩和する moderar

き ❶ 木 árbol *m*, (材木) madera *f* ❷ 気 (心) corazón *m*, (気持ち) sentimiento *m*, (性格) carácter *m*, (関心) interés *m*, (意識) conocimiento *m*｜…する気がある tener intención de 〈+不定詞〉｜〜が大きい generoso[sa], (大胆な) audaz｜…のような〜がする Me parece que 〈+直説法〉. ; Me da la impresión de que 〈+直説法〉.｜〜が重い sentirse deprimido[da]｜〜がつく darse cuenta de, (意識が戻る) volver en sí｜〜が強い tener mucho carácter｜〜が長い tener paciencia｜気にする estar preocupado[da]｜私はこの絵が〜に入っている Me gusta este cuadro.｜…を〜に掛ける preocuparse por ...｜気のきく inteligente, ingenioso[sa], (趣味のよい) de buen gusto｜〜の小さい tímido[da]｜〜のつく atento[ta], solícito[ta]｜〜の短い tener poca paciencia｜〜の弱い débil, tener poco carácter｜気は確かか ¿Estás loco[ca]?｜〜を失う perder el conocimiento｜〜をつけ〖軍〗¡Firmes!
ギア〖車〗caja *f* de cambios｜〜チェンジをする cambiar la marcha
きあつ 気圧 presión *f* atmosférica｜〜計 barómetro *m*
ぎあん 議案 proyecto *m* de ley
キー (鍵(かぎ)) llave *f*, (鍵盤(けんばん)) tecla *f*
キーパー〖スポ〗portero[ra] *mf*, guardameta *m/f*
キーボード teclado *m*
キーホルダー llavero *m*
きいろ 黄色 amarillo *m*｜〜い[の] amarillo[lla]
ぎいん 議員 (国会) parlamentario[ria] *mf*, congresista *m/f*, (上院) senador[dora] *mf*, (市議会) concejal[jala] *mf*
キウイ〖鳥〗〖植〗kiwi *m*
きえい 気鋭の brioso[sa], enérgico[ca]
きえる 消える desaparecer, (火) apagarse, extinguirse, (雪) derretirse, (音) dejar de oírse, (字) borrarse
ぎえんきん 義捐金 donación *f*, contribución *f*
きおく 記憶 memoria *f*, (思い出) recuerdo *m*｜〜している recordar, acordarse de｜〜する memorizar, (暗記) aprender ALGO de memoria, (覚えている) guardar ALGO en la memoria｜私の〜が確かならば… Si mal no recuerdo ...｜〜喪失 amnesia *f*｜〜装置〖IT〗memoria *f*｜〜力 capacidad *f* retentiva｜〜力がいい Tiene buena [mucha] memoria.
きおくれ 気後れする cohibirse, sentirse cohibido[da]
キオスク quiosco *m*
きおん 気温 temperatura *f*｜最高[最低]〜 temperatura *f* máxima [mínima]
きか ❶ 気化 vaporización *f*｜〜する vaporizarse, evaporarse, gasificarse ❷ 幾何学 geometría *f*｜〜学の geométrico[ca]
きが 飢餓 hambre *f*
ぎが 戯画 caricatura *f*
きかい ❶ 機会 ocasión *f*, oportunidad *f*｜この〜に…する aprovechar esta ocasión para 〈+不定詞〉｜〜のあり次第 en cuanto se presente la oportunidad｜〜を逃す dejar pasar la oportunidad｜雇用〜の男女均等 igualdad *f* de oportunidades entre mujeres y varones en el acceso al empleo ❷ 機械 máquina *f*, maquinaria *f*｜〜を動かす poner en funcionamiento la máquina｜〜的な mecánico[ca], maquinal｜〜工 mecánico[ca] *mf* ❸ 器械 aparato *m*
きがい 危害 daño *m*｜〜を加える hacer daño, dañar
ぎかい 議会 asamblea *f*, (国会) congreso *m*, parlamento *m*｜〜を召集[解散]する convocar [disolver] la asamblea
きがえ 着替え (替え着) ropa *f* de repuesto, (下着の) muda *f*｜着替える cambiarse de vestido, cambiarse la ropa
きがかり 気掛かりな preocupante
きかく ❶ 企画 proyecto *m*, plan *m*｜〜を立てる elaborar un proyecto, planear ❷ 規格 norma *f*, modelo *m*

きがく 器楽 música *f* instrumental
きかざる 着飾る acicalarse, ponerse elegante
きかせる 聞かせる 〈人〉に本を読んで～ leer un libro para ALGUIEN
きがね 気兼ね ➜遠慮
きがる 気軽に話す hablar francamente
きかん ❶ 期間 período *m*, plazo *m* ❷ 機関 (機構) órgano *m*, organismo *m*, organización *f*, (エンジン) motor *m*, | ～車 locomotora *f* | ～銃 ametralladora *f*, metralleta *f* | ～投資家 inversor[sora] *mf* institucional ❸ 器官 órgano *m*, organismo *m* ❹ 帰還 vuelta *f*, regreso *m* | ～する volver [regresar] a ❺ 季刊の trimestral
きかんし 気管支 bronquio *m* | ～炎 〖医〗 bronquitis *f*
きき 危機 crisis *f* [*pl* ～] | ～的な crítico[ca] | ～一髪で por un pelo | 破産の～に瀕(ひん)している estar al borde de la quiebra | ～管理 gestión *f* de la crisis
ききいれる 聞き入れる (要求等を) acceder a | …の忠告を～ seguir el consejo de ...
ききざけ 利き酒 degustación *f* | ～をする degustar, catar
ききて 聞き手 oyente *m/f*, (質問者) interrogador[dora] *mf*, (インタビュアー) entrevistador[dora] *mf*
ききとり 聞き取り試験 examen *m* de comprensión auditiva
ききみみ 聞き耳をたてる aguzar el oído
ききめ 効き目・利き目 efecto *m*, eficacia *f* | ～のある eficaz
ききゃく 棄却する rechazar
ききゅう 気球 globo *m*, aeróstato *m*
きぎょう ❶ 企業 empresa *f* | ～家 empresario[ria] *mf* | ～収益 beneficio *m* empresarial | 大[中, 小] ～ gran [mediana, pequeña] empresa *f* ❷ 起業する montar un negocio [una empresa]
ぎきょく 戯曲 obra *f* teatral, drama *m*
ききん ❶ 基金 fondo *m*, fundación *f* ❷ 飢饉 hambre *f*, penuria *f* alimentaria provocada por la mala cosecha
ききんぞく 貴金属 metal *m* precioso
きく ❶ 聞く oír, (聴く) escuchar, (聞き知る) saber, (尋ねる) preguntar, (従う) obedecer a | 聞いてるの ¿Me escuchas? | ～ところによると… Dicen [He oído decir] que 〈+直説法〉. | 私の話をちっとも聞いてくれないじゃない Es que no me haces ni caso. | 聞いてもいいですか ¿Puedo hacer una pregunta? | 親の言うことを～ obedecer a los padres | 音楽を～ escuchar música | ～耳を持たない no querer prestar oídos a, (頑固な) ser obstinado[da] ❷ 効く・利く (効果がある) tener [surtir] efecto, tener eficacia | ブレーキが利かない No funciona el freno. ❸ キク 〖植〗 crisantemo *m*
きぐ ❶ 器具 utensilio *m*, instrumento *m* ❷ 危惧 preocupación *f* | ～する preocuparse por | 私は息子の将来に～の念を抱く Me preocupa el futuro de mi hijo.
きくばり 気配り atención *f* | ～のある atento[ta], solícito[ta]
ぎけい 義兄 cuñado *m*
きげき 喜劇 comedia *f* | ～の cómico [ca]
きけん ❶ 危険 peligro *m*, riesgo *m* | ～な peligroso[sa] | ～を冒す arriesgarse | …する～を冒す correr el peligro de 〈+不定詞〉 | ～に身をさらす exponerse a un peligro | ～信号 señal *f* de peligro | ～人物 persona *f* peligrosa | ～手当 plus *m* de peligrosidad | …する～がある Hay peligro de que 〈+接続法〉. ❷ 棄権 (投票) abstención *f*, (権利) renuncia *f* | ～する (権利) renunciar a, (投票) abstenerse, (競技) abandonar
きげん ❶ 期限 plazo *m*, término *m* | ～が切れる caducar, expirar, vencer | ～の切れたパスポート pasaporte *m* caducado ❷ 機嫌がいい[悪い] estar de buen [mal] humor | ～を損ねる hacer enfadar a ALGUIEN | ～をとる halagar ❸ 起源 origen *m*, procedencia *f* ❹ 紀元 era *f* cristiana | ～前500年に en el año 500 (quinientos) antes de Cristo 《略 a.C.》
きこう ❶ 気候 clima *m*, (天候) tiempo *m* ❷ 機構 estructura *f*, (組織) organización *f*, (機械) mecanismo *m* ❸ 寄稿 | …に～する colaborar [escribir] en ... ❹ 寄港 escala *f* | …に～する hacer escala en ... ❺ 気功 Qi Gong *m*
きこう 起工する colocar [poner] la primera piedra
きごう 記号 signo *m*, símbolo *m* | ～論 semiótica *f*
ぎこう 技巧 arte *m*(*f*), técnica *f*
きこうぶん 紀行文 relato *m* de un viaje
きこえる 聞こえる oírse | 聞こえますか ¿Me oye?
きこく 帰国する regresar a SU país
きごころ 気心 私たちは～の知れた仲だ Nos conocemos muy bien.
ぎこちない torpe, poco natural
きこなし 着こなしがうまい saber vestirse bien
きこん 既婚の casado[da]
きざ ～な cursi, chulo[la]
きさい 記載する escribir, mencionar
ぎざぎざ ～の dentado[da] | ～のある葉 hoja *f* de borde dentado
きさく 気さくな franco[ca], abierto[ta], sociable
きざし 兆し síntoma *m*, presagio *m*
きざむ 刻む picar, (彫る) esculpir, tallar
きし ❶ 岸 orilla *f*, ribera *f*, (海岸) costa *f* ❷ 騎士 caballero *m*
きじ ❶ 記事 artículo *m* ❷ 生地 (布) tela *f*, (パンの) masa *f* ❸ キジ 〖鳥〗 faisán *m*
ぎし ❶ 技師 ingeniero[ra] *mf* ❷ 義姉 cuñada *f*
ぎしき 儀式 ceremonia *f*, rito *m*
きしつ 気質 temperamento *m*
きじつ 期日 día *m* fijado, fecha *f* fijada, (期限) plazo *m*
ぎじどう 議事堂 国会～ (スペイン) Palacio *m* de las Cortes, (日本) Palacio *m* de la Dieta
きしむ 軋む crujir, chirriar, rechinar
きしゃ ❶ 汽車 (電車) tren *m* ❷ 記者 periodista *m/f*, (特派員) corresponsal *m/f* | ～会見 rueda *f* [conferencia *f*] de prensa | ～団 grupo *m* de periodistas, prensa *f*

きしゅ ❶騎手 jinete[ta] *mf* ❷機首 proa *f*
きしゅく 寄宿学校 internado *m*｜～舎 residencia *f*, colegio *m* mayor《スペイン》
きじゅつ ❶記述 descripción *f*｜～する describir ❷奇術 prestidigitación *f*, juego *m* de manos
ぎじゅつ 技術 técnica *f*,（科学技術）tecnología *f*,（器用さ）habilidad *f*｜～の técnico[ca],（科学技術の）tecnológico[ca]｜～革新 innovación *f* tecnológica｜～者 técnico[ca] *mf*,（技師）ingeniero[ra] *mf*
きじゅん 基準 norma *f*, criterio *m*, modelo *m*｜～となる de referencia,（標準的な）estándar
きしょう ❶気象 fenómeno *m* atmosférico｜～衛星 satélite *m* meteorológico｜～学 meteorología *f*｜～台 estación *f* meteorológica｜～情報 información *f* meteorológica ❷起床する levantarse ❸記章 emblema *m*, insignia *f* ❹気性 temperamento *m*｜～が激しい tener un temperamento explosivo
ぎしょう 偽証する levantar [prestar] falso testimonio
キス beso *m*｜～をする besar, dar un beso
きず 傷 herida *f*,（切り傷）corte *m*,（ひっかき傷）arañazo *m*,（欠陥）defecto *m*｜～をつける herir,（表面に）rayar｜～跡 cicatriz *f*
きすう 奇数 número *m* impar, non *m*
きずく 築く edificar, construir｜土台を～ poner fundamento｜富を～ amasar una fortuna, acumular riquezas
きずつく 傷つく herirse｜彼の言葉に彼女は深く傷ついた Sus palabras la hirieron profundamente.
きずつける 傷つける herir, dañar,（表面を）rayar,（名誉を）deshonrar
きずな 絆 vínculo *m*, lazo *m*｜友情の～ lazos *m.pl* de amistad
きせい ❶規制 reglamentación *f*｜～する regular, reglamentar, controlar｜～緩和 desregulación *f*｜交通～ restricciones *f.pl* de tráfico ❷既成概念 idea *f* preconcebida, estereotipo *m*｜～事実 hecho *m* consumado｜～グループ grupo *m* existente ❸既製服 ropa *f* confeccionada ❹帰省する volver al pueblo
ぎせい 犠牲 sacrificio *m*｜～者 víctima *f*｜～にする sacrificar｜…の～になる ser víctima de ...｜健康を～にして sacrificando la salud｜～を払う hacer sacrificios｜どんな～を払ってでも a toda costa｜～的な sacrificado[da]｜自己～ abnegación *f*
きせいちゅう 寄生虫 parásito[ta] *mf*
きせき 奇跡 milagro *m*｜～を起こす hacer un milagro｜～的に milagrosamente
ぎせき 議席 escaño *m*
きせつ 季節 estación *f*,（時期）temporada *f*｜～外れの fuera de estación｜～風 monzón *m*｜～変動 variación *f* estacional｜～労働者 temporero[ra] *mf*
きぜつ 気絶 desmayo *m*｜～する desmayarse
きせる 着せる vestir, poner,（罪）echar
きせん 汽船 (barco *m* de) vapor *m*
ぎぜん 偽善 hipocresía *f*｜～的な hipócrita｜～者 hipócrita *m/f*
きそ ❶基礎 base *f*, fundamento *m*｜…に～を置く basarse en ...｜～的な básico[ca], elemental, fundamental｜～工事 cimentación *f*｜～控除 deducciones *f.pl* básicas｜～知識 conocimiento *m* básico ❷起訴 procesamiento *m*, acusación *f*｜～する procesar, acusar, abrir un proceso contra｜～状 acta *f* de acusación
きそう 競う〈人〉と…を～ competir [rivalizar] con ALGUIEN en ...
きぞう 寄贈する donar, hacer donación de ALGO
ぎそう 偽装する camuflar, disfrazar
ぎぞう 偽造 falsificación *f*｜～する falsificar
きそく 規則 regla *f*, reglamento *m*｜～的な regular｜～正しい生活を送る llevar una vida ordenada｜～違反をする violar [no respetar, faltar a] la regla
きぞく 貴族 aristócrata *m/f*, noble *m/f*｜～階級 aristocracia *f*, nobleza *f*
きた 北 norte *m*｜～の del norte, boreal, norteño[ña], septentrional
ギター guitarra *f*
きたい ❶期待 expectación *f*, expectativa *f*｜～する esperar, tener expectativas｜彼の援助を～する contar con su ayuda｜…の～に添う satisfacer las expectativas de ...｜～に反して en contra de lo que se esperaba｜…に～をかける poner [depositar] expectativas en ...｜私の～は裏切られた Mis expectativas se han visto defraudadas. ❷気体 gas *m*
ぎだい 議題 tema *m* de discusión, agenda *f*
きたえる 鍛える（鉄）forjar,（体）entrenarse｜筋肉を～ ejercitar los músculos
きたく 帰宅する volver a casa
きだて 気立てのよい tener buen carácter｜～の優しい tener un corazón de oro
きたない 汚い sucio[cia],（卑劣な）vil, feo[a]｜～手を使う jugar sucio｜金に～ tacaño[ña], avaro[ra]
きち ❶基地 base *f* ❷既知の ya conocido[da], consabido[da] ❸機知に富んだ ingenioso[sa], gracioso[sa]
きちょう ❶貴重な precioso[sa], valioso[sa]｜～品 objetos *m.pl* de valor ❷機長 capitán[tana] *mf* [comandante *m*] del avión
ぎちょう 議長 presidente[ta] *mf*
きちょうめん 几帳面な concienzudo[da], escrupuloso[sa]
きちんと（整然と）ordenadamente,（正確に）exactamente, correctamente,（時間どおりに）puntualmente,（規則正しく）regularmente｜～した arreglado[da], ordenado[da]
きつい apretado[da], estrecho[cha],（厳しい）severo[ra], duro[ra],（性格が）fuerte｜ベルトが～ Me aprieta el cinturón.｜きつく縛る atar bien｜きつくしかる reprochar duramente a ALGUIEN
きつえん 喫煙する fumar｜～者 fumador[dora] *mf*｜間接～者 fumador[dora] *mf* pasivo[va]｜～席 asiento *m* para fumadores

き

きづかう 気遣う preocuparse por [de]
きっかけ (動機) motivo *m*, (機会) oportunidad *f*, ocasión *f*|…するいい〜になる ser [constituir] una buena oportunidad para 〈+不定詞〉
きっかり 10時〜に a las diez en punto
きづく 気付く darse cuenta de, notar, (正気に返る) volver en sí
キック 〜オフ saque *m* inicial|〜ボード patinete *m*|〜バック (賄賂(ﾜｲﾛ)) soborno *m*
ぎっくり 〜腰 lumbago *m*, lumbalgia *f*
きっさてん 喫茶店 cafetería *f*
ぎっしり 箱に本を〜詰め込む atestar la caja de libros
きっすい 生粋の puro[ra], castizo[za], verdadero[ra], (人が) de pura cepa
キッチン cocina *f*
キツツキ 〖鳥〗 pájaro *m* carpintero
きって 切手 sello *m*, estampilla *f* 《ラ米》
きっと sin falta, seguramente|彼は〜戻ってくる Seguro que vuelve.
キツネ 〖動〗 zorro[ra] *mf*
きっぱりと claramente, rotundamente|〜と断る rechazar categóricamente
きっぷ 切符 (乗車券) billete *m*, boleto *m* 《ラ米》, (入場券) entrada *f*, (クーポン) cupón *m*|〜売場 taquilla *f*
きてい ❶ 規定 reglamento *m*|〜する reglamentar, determinar, (法が) establecer ❷ 既定の previamente determinado[da], previamente fijado[da]
ぎてい 義弟 cuñado *m*
きてき 汽笛 pito *m*, (汽船) sirena *f*
きてん 機転 ingenio *m*|〜のきく ingenioso[sa], inteligente, sagaz
きとう 祈祷 oración *f*, rezo *m*
きどう 軌道 (天体・衛星) órbita *f*, (線路) vía *f*|人口衛星を〜に乗せる poner en órbita un satélite artificial
きとく 危篤である estar en agonía [en estado crítico]
きどる 気取る afectar, presumir de|気取った afectado[da], (うぬぼれた) presumido[da]
きなが 気長に pacientemente, sin prisa(s), lentamente
きにゅう 記入する (re)llenar, escribir
きぬ 絹 seda *f*|〜のような sedoso[sa]
きねん 記念する conmemorar|〜の conmemorativo[va]|〜すべき conmemorable|…の〜に en conmemoración de ...|〜写真 foto(grafía) *f* conmemorativa|〜碑 monumento *m*|〜日 aniversario *m*|〜品 recuerdo *m*
きのう ❶ 昨日 ayer|〜の朝 [午後, 夜] ayer por la mañana [tarde, noche] ❷ 機能 función *f*|〜する funcionar
ぎのう 技能 técnica *f*, habilidad *f*
キノコ seta *f*, hongo *m*
きのどく 気の毒な pobre|〜がる [に思う] compadecer, compadecerse de
きのみ 木の実 fruto *m*
きば 牙 (象の) colmillo *m*, (犬歯) diente *m* canino
きはつ 揮発 volatilización *f*|〜する volatilizarse|〜性の volátil
きばつ 奇抜な original, singular, genial
きばらし 気晴らし recreo *m*, diversión *f*, distracción *f*|〜をする divertirse, distraerse, (息抜きをする) desahogarse
きはん 規範 modelo *m*, (規則) norma *f*
きばん 基盤 base *f*, fundamento *m*
きひ 忌避 (徴兵) evasión *f*|〜する (徴兵を) evadir, (裁判官を) recusar
きびきびした vigoroso[sa], enérgico[ca], vivo[va]
きびしい 厳しい severo[ra], estricto[ta], riguroso[sa], duro[ra]
きひん 気品 elegancia *f*|〜のある elegante, distinguido[da]
きびん 機敏 agilidad *f*|〜な ágil
きふ 寄付 donación *f*, contribución *f*|〜する donar, contribuir
ぎふ 義父 suegro *m*, (継父) padrastro *m*
きふじん 貴婦人 dama *f*
ギプス escayola *f*|〜をはめる escayolar
ギフト regalo *m*
きぶん 気分 estado *m* de ánimo, humor *m*|…したい〜だ Me apetece 〈+不定詞〉.|〜がよい [悪い] sentirse bien [mal]|〜転換に para distraerse
きぼ 規模 escala *f*, dimensiones *f.pl*|大〜な de gran envergadura
ぎぼ 義母 suegra *f*, (継母) madrastra *f*
きぼう 希望 esperanza *f*, (願望) deseo *m*|〜する desear|〜を持つ tener [abrigar] esperanza|〜を失う perder la esperanza|〜に胸をふくらませている estar lleno[na] de esperanza
きぼり 木彫り talla *f*
きほん 基本 base *f*, fundamento *m*|〜的な básico[ca], fundamental, elemental, esencial|〜給 sueldo *m* base|〜的人権 derechos *m.pl* humanos fundamentales|〜料金 cuota *f* básica
ぎまい 義妹 cuñada *f*
きまえ 気前のよい generoso[sa], dadivoso[sa]
きまぐれ 気紛れ capricho *m*|〜な caprichoso[sa]
きまずい 気まずい incómodo[da]
きまつ 期末 fin *m* del semestre, (会計年度の) cierre *m* del ejercicio|〜試験 (2学期制の) examen *m* semestral
きまま 気ままな a SU gusto [antojo]|〜に暮らす vivir a SU antojo
きまり 決まり (規則) regla *f*, (習慣) costumbre *f*|〜文句 frase *f* hecha, cliché *m*
きまる 決まる decidirse, fijarse, determinarse, (話が決まる) llegar a un acuerdo
きみ ❶ 君は [が] tú|〜の tu 〈+名詞〉, 〈名詞 +〉 tuyo[ya]|〜に [を] te|〜たちは [が] vosotros[tras]|〜たちの vuestro[tra] 〈+名詞〉, 〈名詞+〉 vuestro[tra]|〜達に [を] os ❷ 気味の悪い siniestro[tra], lúgubre ❸ 黄身 yema *f*
-ぎみ -気味 かぜ〜だ Estoy un poco resfriado[da].
きみじか 気短な irascible, impaciente, poco paciente
きみつ ❶ 気密の hermético[ca] ❷ 機密の confidencial, secreto[ta]|〜費 fondos *m.pl* secretos
きみどり 黄緑の verde amarillento[ta]
きみょう 奇妙な extraño[ña], raro[ra]
ぎむ 義務 deber *m*, obligación *f*|〈人〉に…することを〜づける obligar a ALGUIEN

a〈+不定詞〉| …する〜がある tener la obligación de〈+不定詞〉| 〜を果たす cumplir con el deber [con la obligación] | 〜的な obligatorio[ria] | 〜教育 enseñanza *f* obligatoria
きむずかしい 気難しい difícil, de mal genio, esquinado[da], (要求の多い) exigente
きめ 木目の粗い (肌等) áspero[ra], rudo[da] | 〜の細かい (肌等) liso[sa], fino[na], (対策等) cuidadoso[sa]
ぎめい 偽名 nombre *m* falso [ficticio]
きめる 決める decidir, determinar, fijar | このデジカメに決めた Me quedo con esta cámara digital.
きもち 気持ち sensación *f*, sentimiento *m* | 〜のよい (物) cómodo[da], (人) agradable | 〜が悪い sentirse mal, estar mareado[da], (吐き気) tener náuseas | 〜悪い ¡Qué asco! | 〜を引き締める prepararse mentalmente | 〜だけのお礼 una pequeña muestra de agradecimiento
きもの 着物 (和服) quimono *m*, (衣服) traje *m*, vestidos *m.pl*
ぎもん 疑問 interrogante *m*(*f*), (質問) pregunta *f*, (疑い) duda *f*, sospecha *f* | …ということは全く〜の余地がない No cabe la menor duda de que〈+直説法〉. | 〜符 signo *m* de interrogación | 〜文 oración *f* interrogativa
きやく 規約 estatuto *m*
きゃく 客 (訪問者) visitante *m/f*, (顧客) cliente[ta] *mf*, (乗客) pasajero[ra] *mf*, (宿泊客) huésped[peda] *mf* | 〜がある Tengo una visita. | 客室 habitación *f*, (船) camarote *m*, (飛行機) cabina *f*, (電車) compartimiento *m* | 客室乗務員 azafata *f*, (パーサー) sobrecargo *m/f* | 客車 vagón *m* de pasajeros
ぎゃく 逆 lo contrario | 〜の contrario[ria], inverso[sa] | 〜に al revés | …とは〜に al contrario de ... | 〜にする invertir, (表裏を) poner ALGO al revés | 全く〜 todo lo contrario
ギャグ chiste *m*
きゃくしょく 脚色する adaptar, dramatizar
きゃくせき 客席 sala *f*, (1階席) patio *m* de butacas
ぎゃくたい 虐待 maltrato *m* | 〜する maltratar | 幼児〜 maltrato *m* infantil
きゃくちゅう 脚注 nota *f* al pie de página
ぎゃくてん 逆転する invertir | 〜勝ちする remontar y ganar el partido
きゃくほん 脚本 guión *m* | 〜家 guionista *m/f*, dramaturgo[ga] *mf*
ギャザー 〖服〗 frunce *m*
きゃしゃ 華奢な delicado[da], fino[na], esbelto[ta]
キャスター (ワゴン) ruedecilla *f*, (テレビ) moderador[dora] *mf*
キャスト 〖演〗 reparto *m*, elenco *m*
キャタピラ 〖車〗 oruga *f*
きゃっか 却下する rechazar
きゃっかん 客観的な objetivo[va] | 〜性 objetividad *f*
キャッシュ 〜で支払う pagar en efectivo [al contado] | 〜カード tarjeta *f*
キャッチ 〜する (電波) captar, recibir, (情報) obtener
キャッチフレーズ lema *m*
キャップ (帽子) gorro *m*, (ペン等) capucha *f*, capuchón *m*
ギャップ discrepancia *f*, hueco *m* | 〜を埋める llenar un hueco | ジェネレーション〜 abismo *m* generacional
キャビア 〖料〗 caviar *m*
キャビン (船) camarote *m*, (飛行機) cabina *f*
キャプテン capitán[tana] *mf*
キャベツ 〖植〗 repollo *m*, col *f* | 芽〜 coles *f.pl* de Bruselas
ギャラ (出演料) caché *m*, (報酬) remuneración *f*
キャラクター (性質) carácter *m*, (コミック等) personaje *m*
キャラバン caravana *f*
キャラメル caramelo *m*
ギャラリー galería *f*, (ゴルフ) galería *f*
キャリア (経歴) carrera *f*, (保菌者) portador[dora] *mf*
ギャング gángster *m*
キャンセル 〜する cancelar, anular | 〜待ちする estar en la lista de espera
キャンデー caramelo *m*
キャンバス 〖美〗(画布) lienzo *m*
キャンパス campus *m* [*pl* 〜]
キャンピングカー autocaravana *f*
キャンプ camping *m*, campamento *m* | 〜をする hacer camping, acampar | 〜ファイア fogata *f*, hoguera *f*
ギャンブル apuesta *f*, juego *m*
キャンペーン campaña *f*
きゅう ❶ 九 nueve *m* | 〜番目の noveno[na] | 〜分の1 un noveno ❷ 急な (緊急の) urgente, (突然の) repentino[na], (流れが) rápido[da], (坂が) empinado[da], (カーブが) cerrado[da] | 〜な用事 asunto *m* urgente | 〜に備える prepararse [prevenirse] para una emergencia ❸ 級 grado *m*, clase *f*, nivel *m* ❹ 球 esfera *f*, globo *m*
きゅうえん 救援 socorro *m*, rescate *m* | 〜活動 operación *f* de rescate | 〜隊 equipo *m* de rescate [salvamento]
きゅうか 休暇 vacaciones *f.pl*, descanso *m* | 数日の〜をとる tomarse unos días de vacaciones | 〜中である estar de vacaciones
きゅうかく 嗅覚 olfato *m* | 〜が鋭い tener buen olfato
きゅうがく 休学 半年間〜する interrumpir los estudios durante medio año
きゅうかん 急患 caso *m* urgente, (患者) urgencia *f*
きゅうかんちょう 九官鳥 〖鳥〗 mainato *m*
きゅうぎ 球技 juego *m* de pelota
きゅうきゅう 救急の urgente | 〜車 ambulancia *f* | 〜箱 botiquín *m* de primeros auxilios | 〜病院 hospital *m* de urgencias
ぎゅうぎゅう 〜詰めの atestado[da], abarrotado[da], atiborrado[da]
きゅうぎょう 休業する cerrar | 〜中の cerrado[da]
きゅうきょく 究極の último[ma], final, máximo[ma]
きゅうくつ 窮屈な estrecho[cha], apre-

tado[da], (堅苦しい) demasiado formal | この靴は少しーだ Estos zapatos me aprietan un poco.
きゅうけい 休憩 descanso *m*, (学校の) recreo *m* | ～する descansar | ～時間 horas *f.pl* de descanso [recreo]
き
きゅうげき 急激な rápido[da], repentino[na] | ～な変化 cambio *m* brusco
きゅうこう ❶ 急行列車 (tren *m*) rápido *m* | ～料金 suplemento *m* del rápido ❷ 休校 台風のため今日は～だ La escuela cierra hoy por el tifón. ❸ 休講する suspender una clase | 数学の授業は今日～だ Hoy no hay clase de Matemáticas.
きゅうこん ❶ 球根 bulbo *m* ❷ 求婚する pedir en matrimonio a ALGUIEN
きゅうさい 救済 socorro *m*, auxilio *m*, (宗教) salvación *f*
きゅうし ❶ 急死 muerte *f* repentina | ～する morir repentinamente ❷ 休止 pausa *f* | ～する hacer una pausa, suspender, parar
きゅうじ 給仕する servir
きゅうしき 旧式の anticuado[da], (時代遅れの) pasado[da] de moda
きゅうじつ 休日 día *m* de descanso, (祝日) día *m* festivo
きゅうしゅう 吸収する absorber
きゅうじゅう 九十 noventa *m* | ～番目の nonagésimo[ma] | ～分の1 un noventavo
きゅうしゅつ 救出する rescatar
きゅうしょ 急所 punto *m* vital, (要点) punto *m* clave [esencial], (弱点) punto *m* débil | ～を突く poner el dedo en la llaga
きゅうじょ 救助 rescate *m*, socorro *m* | ～する rescatar, socorrer, salvar
きゅうじょう 球場 estadio *m* de béisbol
きゅうしょく 給食 servicio *m* de comida | 学校～ almuerzo *m* escolar
きゅうしん 急進的な radical
きゅうじん 求人 oferta *f* de trabajo
きゅうしんりょく 求心力 fuerza *f* centrípeta
きゅうすい 給水 suministro *m* [abastecimiento *m*] de agua
きゅうせい ❶ 旧姓 apellido *m* de soltero[ra] ❷ 急性の agudo[da] | ～肝炎 hepatitis *f* aguda
きゅうせん 休戦 tregua *f*, armisticio *m*
きゅうそく ❶ 休息 descanso *m* | ～する descansar, reposar ❷ 急速な rápido[da] | ～冷凍 congelación *f* rápida
きゅうだい 及第する aprobar
きゅうだん 糾弾する acusar, censurar
きゅうち 窮地 situación *f* difícil | ～に陥る verse en un apuro
きゅうてい 宮廷 corte *f* | ～画家 pintor[tora] *mf* de cámara
きゅうでん 宮殿 Palacio *m* Real
きゅうとう 急騰 コーヒー価格の～ brusca subida *f* de los precios del café | ～する dispararse, subir de repente
ぎゅうにく 牛肉 carne *f* bovina [de vaca], (子牛) carne *f* de ternera
きゅうにゅう 吸入 inhalación *f* | ～する inhalar
ぎゅうにゅう 牛乳 leche *f* (de vaca)
きゅうば 急場をしのぐ hacer frente a una emergencia, tomar medidas de emergencia
キュービズム 〖美〗 cubismo *m*
きゅうびょう 急病 repentina enfermedad *f*
きゅうふ 給付金 subsidio *m*
きゅうめい ❶ 究明 averiguación *f* | …の原因を～する investigar [averiguar, indagar] las causas de ... ❷ 救命ボート [胴衣] bote *m* [chaleco *m*] salvavidas
きゅうやく 旧約聖書 Antiguo Testamento *m*
きゅうゆ 給油する (燃料) repostar
きゅうゆう 旧友 viejo[ja] amigo[ga] *m f*, antiguo[gua] amigo[ga] *mf*
きゅうよ 給与 sueldo *m*, salario *m* | ～体系 sistema *m* salarial
きゅうよう ❶ 休養 descanso *m* | ～する descansar, reposar ❷ 急用 asunto *m* urgente
キュウリ 〖植〗 pepino *m*
きゅうりょう ❶ 給料 sueldo *m*, salario *m* | ～がいい [悪い] 仕事 empleo *m* bien [mal] pagado | ～日 día *m* de paga ❷ 丘陵 colina *f*, loma *f*
ぎゅっと ～つかむ agarrar fuerte | ひもを～締める atar bien la cuerda | ～抱きしめる abrazar fuerte, dar un fuerte abrazo
きよう ❶ 器用な mañoso[sa], habilidoso[sa] ❷ 起用する nombrar, designar
きょう 今日 hoy | ～の朝 [午後, 夜] esta mañana [tarde, noche] | ～のところはこれで十分だ Por hoy ya basta.
ぎょう 行 renglón *m*, línea *f*, (詩の) verso *m* | ～間を読む leer entre líneas
きょうあく 凶悪な cruel, atroz | ～犯罪 crimen *m* atroz
きょうい ❶ 胸囲 perímetro *m* torácico ❷ 脅威 amenaza *f* | ～を与える amenazar ❸ 驚異 maravilla *f* | 自然の～ maravillas *f.pl* de la naturaleza
きょういく 教育 educación *f*, enseñanza *f* | ～する educar, enseñar, instruir | いい～を施す[受ける] dar [recibir] una buena educación | ～的な educativo[va] | ～学 pedagogía *f* | ～機関 centro *m* docente | ～番組 programa *m* educativo | 職業～ educación *f* profesional | 性～ educación *f* sexual | 成人～ educación *f* para adultos
きょういん 教員 profesor[sora] *mf*, profesorado *m*
きょうか ❶ 教科 asignatura *f*, curso *m* ❷ 強化する fortalecer, reforzar
きょうかい ❶ 教会 (キリスト教) iglesia *f*, (イスラム教) mezquita *f*, (ユダヤ教) sinagoga *f* ❷ 協会 asociación *f*, sociedad *f* ❸ 境界 límite *m*, frontera *f*
ぎょうかい 業界 繊維～ sector *m* textil
きょうがく 共学 coeducación *f* | ～の mixto[ta] | ～校 escuela *f* mixta
きょうかしょ 教科書 libro *m* de texto
きょうかつ 恐喝 chantaje *m*
きょうかん 共感 simpatía *f* | …に～する sentir simpatía por ...
きょうき ❶ 凶器 arma *f* (mortífera) ❷ 狂気 locura *f* | ～の loco[ca]
きょうぎ ❶ 協議 discusión *f* | ～する discu-

tir | …と～する consultar con ... | 事前～ reunión *f* previa ❷ 競技 competición *f*, juego *m*|～会 competición *f* deportiva | ～に参加する participar en una competición | ～者 competidor[dora] *mf*|～場 estadio *m*
ぎょうぎ 行儀のよい tener buenos modales|～よくする portarse bien
きょうきゅう 供給 abastecimiento *m* | ～する abastecer, suministrar
きょうぎゅうびょう 狂牛病 mal *m* [enfermedad *f*] de las vacas locas, (牛海綿状脳症) encefalopatía *f* espongiforme bovina 《略 EEB》
きょうく 教区 〖宗〗 parroquia *f*
きょうぐう 境遇 circunstancia *f*, situación *f*
きょうくん 教訓 lección *f*, (物語の) moraleja *f*
きょうげん 狂言 farsa *f* tradicional japonesa|～自殺 suicidio *m* simulado
きょうけんびょう 狂犬病 hidrofobia *f*
きょうこう ❶ 恐慌 pánico *m*|金融～ pánico *m* financiero ❷ 強硬な inflexible, firme
きょうごう 競合する competir con
きょうこく ❶ 峡谷 cañón *m*, garganta *f* ❷ 強国 potencia *f*
きょうざい 教材 material *m* didáctico [educativo]
きょうさく 凶作 mala cosecha *f*
きょうさん 共産主義 comunismo *m* | ～主義の comunista | ～主義者 comunista *m/f*|共産党 partido *m* comunista
きょうし 教師 profesor[sora] *mf*, (小学校) maestro[tra] *mf*
ぎょうし 凝視する mirar fijamente, fijar la mirada en
ぎょうじ 行事 acto *m*, evento *m*
きょうしつ 教室 clase *f*, (講義室) aula *f*
ぎょうしゃ 業者 comerciante *m/f*
きょうじゅ ❶ 教授 catedrático[ca] *mf*, (教習) enseñanza *f*, docencia *f*|客員～ profesor[sora] *mf* invitado[da] ❷ 享受する gozar de, disfrutar de
きょうしゅう 郷愁 nostalgia *f*, morriña *f* | ～を覚える sentir nostalgia [morriña]
きょうしゅく 恐縮する (感謝する) agradecer, (すまないと思う) sentir
ぎょうしゅく 凝縮 condensación *f*
きょうじゅつ 供述 declaración *f* | ～する presentar declaración
ぎょうしょう 行商 comercio *m* ambulante | ～する vender ALGO de puerta en [a] puerta | ～人 vendedor[dora] *mf* ambulante
きょうしん 狂信的な fanático[ca]
きょうしんしょう 狭心症 estenocardia *f*
きょうせい ❶ 強制 coacción *f*|～する obligar, forzar, coaccionar|～収容所 campo *m* de concentración | 〈人〉を～連行する llevarse a ALGUIEN a la fuerza | ～労働 trabajo *m* forzado ❷ 共生 〖生〗 simbiosis *f* [*pl* ~]
ぎょうせい 行政 administración *f* | ～権 poder *m* ejecutivo
ぎょうせき 業績 trabajos *m.pl* realizados, (成果) resultados *m.pl* obtenidos
きょうそう ❶ 競争 competencia *f* | ～する competir con|～相手 competidor[dora] *mf*, rival *m/f* ❷ 競走 carrera *f*
きょうぞう 胸像 busto *m*
きょうそうきょく 協奏曲 concierto *m*
きょうぞん 共存 coexistencia *f*|～する coexistir
きょうだい ❶ 兄弟 hermano *m*, (姉妹) hermana *f* | ～はいますか ¿Tiene usted hermanos? ❷ 強大な potente, poderoso[sa] ❸ 鏡台 tocador *m*
きょうだん 教壇 estrado *m*, tarima *f*
きょうちょう ❶ 強調する enfatizar, poner énfasis en ❷ 協調 …と～して en cooperación con ... |～的な cooperativo[va]
きょうつう 共通の común | 利害が～する Coinciden los intereses. | …に～している ser común a ... |～する点が多い Hay muchos puntos en común.
きょうてい 協定 convenio *m*, pacto *m*
きょうど 郷土 tierra *f* natal
きょうとう 教頭 subdirector[tora] *mf*
きょうどう ❶ 共同 colaboración *f* | …と～して en colaboración con ... |～作業 trabajo *m* conjunto | ～声明 comunicado *m* conjunto | ～体 comunidad *f* | ～募金 colecta *f* ❷ 協同組合 cooperativa *f*
きょうは 教派 〖宗〗 secta *f* (religiosa)
きょうはく 脅迫 amenaza *f* | ～する amenazar, intimidar
きょうはん 共犯 complicidad *f* |～者 cómplice *m/f*
きょうふ 恐怖 terror *m*, horror *m*, miedo *m*|～を感じる sentir terror, aterrorizarse|～政治 terrorismo *m*
きょうぶ 胸部 tórax *m* [*pl* ~]
きょうぼう ❶ 共謀 conspiración *f* | ～する conspirar ❷ 凶暴, 狂暴 ferocidad *f*|～な feroz, violento[ta], brutal
きょうみ 興味 interés *m*|～がある tener interés en [por] | ～深い muy interesante, de mucho interés|～を起こさせる despertar interés | ～を失う perder el interés por|～深いことには Lo interesante es que 〈+直説法〉. |～本位で por curiosidad
きょうゆう 共有の de propiedad común
きょうよう ❶ 教養 cultura *f*, educación *f*|～ある culto[ta]|～のない inculto[ta] ❷ 強要する coaccionar, obligar
きょうらく 享楽にふける entregarse a los placeres|～主義 epicureísmo *m*
きょうりゅう 恐竜 dinosaurio *m*
きょうりょう 狭量な intolerante, de mente estrecha
きょうりょく ❶ 協力 cooperación *f*, colaboración *f* | ～する cooperar [colaborar] con | …と～して en colaboración con ... | ～的な cooperativo[va] | ～者 colaborador[dora] *mf* | ～体制 sistema *m* cooperativo [de cooperación] | ～関係 lazos *m.pl* [relaciones *f.pl*] de cooperación ❷ 強力な fuerte, poderoso[sa], potente
きょうれつ 強烈な fuerte, intenso[sa] | ～な印象 fuerte impresión *f*
ぎょうれつ 行列 desfile *m*, (宗教) procesión *f*, (並んで待つ) cola *f*|～する desfilar|～を作る hacer cola

き

きょうわ 共和国 república *f* | ～党 partido *m* republicano
きょえい 虚栄 vanidad *f*, presunción *f* | ～心の強い vanidoso[sa]
ギョーザ 〘料〙 empanadilla *f* china
きょか 許可 permiso *m*, (公式の) autorización *f*, (入学の) admisión *f* | ～する permitir, autorizar, admitir | ～を求める pedir [solicitar] permiso | ～証 licencia *f*, (通行の) pase *m*
ぎょかい 魚介類 pescados *m.pl* y mariscos *m.pl* | ～スープ sopa *f* de mariscos
ぎょがん 魚眼レンズ ojo *m* de pez
きょぎ 虚偽 falsedad *f* | ～の falso[sa]
ぎょぎょう 漁業 industria *f* pesquera
きょく ❶ 曲 pieza *f* musical, melodía *f*, música *f* ❷ 局 departamento *m*, (官庁の) dirección *f* general ❸ 極 polo *m* | ～性 polaridad *f*
きょくげい 曲芸 (アクロバット) acrobacia *f*, (お手玉式の) malabarismo *m*
きょくげん 極限 límite *m* extremo | ～状態 situación *f* límite
きょくしょう 極小の mínimo[ma]
きょくせつ 曲折 人生の紆余(うよ)～ vicisitudes *f.pl* de la vida
きょくせん 曲線 curva *f* | ～を描く dibujar [trazar] una curva
きょくだい 極大の máximo[ma]
きょくたん 極端な extremo[ma] | ～から～へ走る ir [pasar] de un extremo a otro
きょくちょう 局長 director[tora] *mf* general
きょくど 極度の extremo[ma] | ～に extremadamente
きょくとう 極東 Extremo Oriente *m*
きょくどめ 局留め 手紙を～にする enviar una carta a la lista de correos [a la poste restante]
きょくめん 局面 fase *f*, (状況) situación *f*
きょくぶ 局部 parte *f* | ～的な local, parcial | ～麻酔 anestesia *f* local
きょこう 挙行する celebrar
ぎょこう 漁港 puerto *m* pesquero
きょじゃく 虚弱な débil, delicado[da]
きょじゅうしゃ 居住者 residente *m/f*
きょしょく 拒食症 anorexia *f*
きょじん 巨人 gigante *m*, coloso *m*
きょぜつ 拒絶する rechazar, denegar | ～反応 〘医〙 reacción *f* de rechazo
ぎょせん 漁船 (barco *m*) pesquero *m*
ぎょそん 漁村 pueblo *m* pesquero
きょだい 巨大な gigante, colosal, enorme
きょっかい 曲解する interpretar mal, (歪曲(わいきょく)) tergiversar
きょてん 拠点 base *f*, baluarte *m*
きょねん 去年 el año pasado
きょひ 拒否 rechazo *m*, denegación *f* | ～する rechazar, denegar | ～権を行使する vetar, ejercer el derecho a [de] veto
ぎょみん 漁民 pescador[dora] *mf*
きよめる 清める purificar, depurar
きょよう 許容 tolerancia *f* | ～する tolerar, admitir | ～できる tolerable, admisible | ～範囲 margen *m* de tolerancia
きょり 距離 distancia *f* | 〈人〉と～を置く mantener las distancias con ALGUIEN
きょろきょろ ～する mirar aquí y allá, mirar a un lado y a otro
きらい 嫌い …が～である tener aversión a ... | …が～になる coger manía a ... | 肉が～である No me gusta la carne.
きらう 嫌う detestar, aborrecer, abominar
きらきら ～光る brillar, relucir
きらく 気楽な despreocupado[da]
きらめく resplandecer, relucir, brillar
きり ❶ 霧 niebla *f*, neblina *f*, bruma *f* | ～のかかった nebuloso[sa], brumoso[sa] | 深い～ niebla *f* densa [espesa] | ～が晴れた La niebla se ha disipado. | 植物に～を吹く pulverizar agua sobre las plantas ❷ 錐 barrena *f* ❸ 切り のない話 cuento *m* de nunca acabar
ぎり 義理 deuda *f*, deber *m*, obligación *f* | …に～がある estar en deuda con ..., tener una deuda con ... | ～堅い tener un sentido fuerte de obligaciones morales | ～を欠く faltar a SUS obligaciones morales | ～を果たす cumplir con SUS obligaciones morales | ～で por obligación | ～の político[ca]
きりかぶ 切り株 tocón *m*
きりきず 切り傷 corte *m*, cortadura *f*
ぎりぎり ～で間に合う llegar a tiempo por los pelos
キリギリス 〘昆〙 saltamontes *m* [*pl* ~]
きりくち 切り口 corte *m*, (切断部) sección *f*
きりこみ 切り込み corte *m*
きりさめ 霧雨が降る lloviznar
キリスト Jesucristo *m*, (Jesús) Cristo *m* | ～教 religión *f* cristiana, cristianismo *m* | ～教の cristiano[na] | ～教徒 cristiano[na] *mf*
きりたおす 切り倒す (木を) talar
きりつ ❶ 規律 disciplina *f*, (規則) regla *f* ❷ 起立する levantarse, ponerse en [de] pie
きりつめる 切り詰める economizar, (経費) recortar, reducir
きりとる 切り取る cortar, recortar
きりぬき 切り抜き recorte *m*
きりぬける 切り抜ける salir de, (困難) vencer, superar
きりはなす 切り離す cortar, (分離) separar, (隔離) apartar
きりひらく 切り開く (開墾) roturar | 道を～ abrirse camino
きりふき 霧吹き pulverizador *m*
きりふだ 切り札 (トランプ) triunfo *m* | ～を使う jugar la última carta
きりみ 切り身 〘料〙 filete *m*
きりゅう 気流 corriente *f* atmosférica
ぎりょう 技量 destreza *f*, habilidad *f*
きりょく 気力 ánimo *m*, moral *f*
キリン 〘動〙 jirafa *f*
きる ❶ 切る cortar, (接続) desconectar, (テレビ) apagar, (電話) colgar, (切り抜く) recortar, (水分) escurrir, (関係) romper | 携帯電話のスイッチを～ desconectar el móvil ❷ 着る ponerse, (装う) vestirse | シャツを～ ponerse una camisa | 彼は白の上着を着ている Él lleva (puesta) una chaqueta blanca.
キルティング 〘服〙 acolchado *m*

きれ ❶ 布 tela *f* ❷ -切れ trozo *m*, pieza *f*, (輪切り) rodaja *f*, (薄切り) tajada *f*|一~のパン un trozo de pan
きれい ~な bonito[ta], (容姿の整った) guapo[pa], (美しい) bello[lla], hermoso[sa], (清潔な) limpio[pia]|~にする(掃除) limpiar|~好きな escrupuloso[sa]
きれつ 亀裂 grieta *f*
きれる 切れる (切断) cortarse, (期限) vencer, expirar, (怒り出す) perder los estribos | 電球が切れた Se fundió la bombilla.
きろ 帰路 camino *m* de vuelta
きろく 記録 registro *m*, (文書) documento *m*, (スポーツ) récord *m*, marca *f*|~する registrar, (書き留める) apuntar |~を作る[破る, 更新する] establecer [batir, renovar] un récord|世界新~を出す establecer un nuevo récord mundial|~的な干ばつ sequía *f* sin precedentes
キログラム kilo(gramo) *m*
キロメートル kilómetro *m*
ぎろん 議論 discusión *f*, debate *m*, (口論) disputa *f*|~する debatir, discutir, disputar|激しい~ discusión *f* acalorada|~好きな discutidor[dora]|~の余地のない indiscutible
ぎわく 疑惑 duda *f*, sospecha *f*
きわだつ 際立つ destacarse, distinguirse, sobresalir
きわどい (危険な) peligroso[sa], (みだらな) obsceno[na], lascivo[va]|~勝利 victoria *f* apretada
きわめて 極めて sumamente
きん 金 oro *m*|~色の dorado[da]
ぎん 銀 plata *f*|~色の plateado[da]
きんいつ 均一の uniforme|100円~で売る vender todo a cien yenes
きんえん 禁煙する dejar de fumar|~車 vagón *m* para no fumadores
きんか 金貨 moneda *f* de oro
ぎんが 銀河 Vía *f* Láctea, Camino *m* de Santiago|~系 Galaxias *f.pl*
きんがく 金額 suma *f*, (代金) importe *m*
きんかん 近刊書 libro *m* de próxima aparición
きんがん 近眼 miopía *f*, vista *f* corta |~の miope, corto[ta] de vista
きんかん 金管楽器 cobres *m.pl*
きんかんしょく 金環食 〘天〙eclipse *m* anular
きんきゅう 緊急の urgente|~事態 estado *m* de emergencia, urgencia *f*|~時には en caso de emergencia
きんぎょ 金魚 pez *m* de colores|~鉢 pecera *f*
キング rey *m* ➡王
きんけん 金権政治 plutocracia *f*|~政治家 plutócrata *m/f*
きんこ 金庫 caja *f* fuerte|手提げ~ caja *f* fuerte portátil|~破り(行為) asalto *m* a la caja fuerte
きんこう ❶近郊 cercanías *f.pl*, alrededores *m.pl*|東京近郊に~ en las afueras de Tokio ❷ 均衡 equilibrio *m*|勢力の~ equilibrio *m* de fuerzas|~を保つ[失う] mantener [perder] el equilibrio
ぎんこう 銀行 banco *m*, caja *f*, banca *f*|~員 empleado[da] *mf* de banco|~家 banquero[ra] *mf*|~強盗 atraco *m* al banco, (人) atracador[dora] *mf* de bancos|~振り込み transferencia *f* bancaria|~預金口座 cuenta *f* bancaria|~ローン crédito *m* [préstamo *m*] bancario|中央~ banco *m* central
きんこつ 筋骨隆々たる musculoso[sa]
きんし 禁止 prohibición *f*|~する prohibir|~された prohibido[da]
きんしかんざい 筋弛緩剤 relajante *m* muscular
きんしつ 均質 homogeneidad *f*|~の homogéneo[a]
きんじつ 近日中に próximamente, dentro de poco
きんしゅ 禁酒 abstinencia *f* de alcohol |~する dejar de beber
きんしゅく 緊縮 restricción *f*|~予算 presupuesto *m* restrictivo
きんじょ 近所 vecindad *f*|~の人 vecino[na] *mf*, vecindario *m*
きんじる 禁じる ➡禁止
きんせい ❶ 近世 época *f* [edad *f*] moderna ❷ 均整 proporción *f*|~のとれた bien proporcionado[da] ❸ 金星 Venus *m*
きんせん 金銭 dinero *m*|~の dinerario[ria], pecuniario[ria]|~上の問題 problema *m* de dinero
きんぞく 金属 metal *m*|~の metálico [ca]|~加工 elaboración *f* de metales |~工業 metalurgia *f*|~製品 producto *m* metálico|~探知器 detector *m* de metales|~疲労 fatiga *f* del metal
きんだい 近代 época *f* [edad *f*] moderna|~の[的な] moderno[na]|~化 modernización *f*
きんちょう 緊張 tensión *f*, nerviosismo *m*|~した(人が) nervioso[sa], (状況が) tenso[sa]|~する ponerse nervioso [sa]|~緩和 distensión *f*
きんとう 近東 Oriente *m* Próximo, Cercano Oriente *m*
ぎんなん 銀杏 semilla *f* de gingko
きんにく 筋肉 músculo *m*|~痛 dolores *m.pl* musculares
きんねん 近年は en los [estos] últimos años
きんぱく 緊迫した状況 situación *f* tensa
きんぱつ 金髪の rubio[bia]|~の人 rubio[bia] *mf*
きんべん 勤勉な diligente, aplicado[da]
ぎんみ 吟味する examinar a fondo, (熟考) reflexionar, (選択) seleccionar
きんむ 勤務 trabajo *m*, servicio *m*|~上の de trabajo|~する trabajar|~時間 horario *m* de trabajo
きんゆ 禁輸 embargo *m*|~措置をとる[解除する] imponer [levantar] el embargo comercial|~品目 lista *f* de productos prohibidos
きんゆう 金融 finanzas *f.pl*|~の financiero[ra]|~引き締め restricción *f* financiera|~機関 entidad *f* financiera |~恐慌 pánico *m* financiero|~市場 mercado *m* financiero|~自由化 liberalización *f* financiera|~政策 políti-

ca *f* financiera
きんようび 金曜日 viernes *m* [*pl* ~] | ～に el viernes
きんよく 禁欲 ascetismo *m*, abstinencia *f* | ～的な ascético[ca]
きんり 金利 interés *m*, (利率) tipo *m* de interés
きんりん 近隣 vecindad *f* | ～諸国 países *m.pl* vecinos

く

く ❶ 九 nueve *m* ❷ 区 barrio *m*, distrito *m* ❸ 句 frase *f*, (詩句) verso *m*
ぐあい 具合がいい (都合) venir bien a ALGUIEN, (体調) encontrarse bien, (機械) funcionar bien
くい ❶ 杭 estaca *f* ❷ 悔い arrepentimiento *m* | ～る arrepentirse de
クイーン reina *f* ➜女王
くいき 区域 área *f*, zona *f*
くいしんぼう 食いしん坊 comilón[lona] *mf*, glotón[tona] *mf*
クイズ adivinanza *f* | ～番組 〖TV〗 concurso *m* televisivo
くいちがい 食い違い discrepancia *f*, desacuerdo *m* | 意見の～がある Hay una discrepancia de opiniones.
くいとめる 食い止める detener, (被害を) prevenir
くう 食う comer, (がつがつと) zampar, (虫が) picar | ガソリンを～ gastar [consumir] mucha gasolina | ～か食われるかの戦い lucha *f* a muerte
くうかん 空間 espacio *m*
くうき 空気 aire *m*, atmósfera *f*, (雰囲気) ambiente *m* | 新鮮な～ aire *m* fresco | 部屋の～を入れ替える airear la habitación | ～銃 escopeta *f* de aire comprimido
くうきょ 空虚 vacío *m*, vanidad *f* | ～な vacío[a], vano[na]
グーグー ～寝る dormir como un tronco | ～いびきをかく roncar como un bendito | 私のお腹が～なる Me suena la barriga.
くうぐん 空軍 fuerzas *f.pl* aéreas, ejército *m* del aire
くうこう 空港 aeropuerto *m* | ～税 tasa *f* de aeropuerto
くうしつ 空室 habitación *f* libre [vacía]
くうしゃ 空車 taxi *m* libre
ぐうすう 偶数 número *m* par
くうせき 空席 asiento *m* libre, (欠員) vacante *f* | ～の libre
くうぜん 空前の sin precedentes
ぐうぜん 偶然 casualidad *f* | ～の casual, eventual | ～に por casualidad | ～の一致 coincidencia *f* casual
くうそう 空想 imaginación *f*, fantasía *f* | ～する imaginar, fantasear | ～的な imaginario[ria], fantástico[ca] | ～家 fantasioso[sa] *mf*
ぐうぞう 偶像 ídolo *m* | ～崇拝 idolatría *f*
ぐうたら ～な perezoso[sa], holgazán [zana]
くうちゅう 空中の aéreo[a] | ～に en el aire
クーデター ～を起こす dar un golpe de Estado
くうどう 空洞 hueco *m*, cavidad *f* | ～のある ahuecado[da]
くうはく 空白 blanco *m*, vacío *m* | ～のままにする dejar ALGO en blanco
くうばく 空爆 bombardeo *m* aéreo
くうふく 空腹 hambre *f* | ～である tener hambre, estar hambriento[ta]
クーポン cupón *m*, vale *m*
くうゆ 空輸 transporte *m* aéreo
クーラー (空調) aire *m* acondicionado, (冷却器) refrigerador *m* | ～が入っている Está puesto el aire acondicionado.
くうろ 空路で por vía aérea, por avión
ぐうわ 寓話 fábula *f*, alegoría *f*
クエスチョンマーク ➜疑問符
クォーツ ～時計 reloj *m* de cuarzo
クォーテーションマーク comillas *f.pl*
くかく 区画 división *f*, (土地) parcela *f* | ～整理(農地) concentración *f* parcelaria
くがつ 九月 septiembre *m* | ～に en septiembre
くかん 区間 tramo *m*, (バス・鉄道の) trayecto *m*, recorrido *m*
くき 茎 〖植〗 tallo *m*
くぎ 釘 clavo *m* | ～を打ち込む clavar un clavo | ～を抜く sacar [arrancar] un clavo, desclavar | ～を刺す(注意する) advertir, llamar a ALGUIEN al orden | ～抜き sacaclavos *m* [*pl* ~]
くきょう 苦境 apuro *m*, situación *f* difícil | ～に陥る verse en un apuro
くぎり 区切り (分け目) división *f*, (段落) párrafo *m* | ～をつける terminar
くぎる 区切る dividir, separar
くぐる 潜る pasar por debajo
くさ 草 hierba *f*
くさい 臭い maloliente, apestoso[sa], (におう) oler mal, (悪臭がする) apestar | ああ～ ¡Qué peste! | それはいんちき～ Eso suena a falso. | 君は息が～ Te huele mal el aliento. | 焦げ～ Huele a quemado.
くさかり 草刈りをする segar | ～機 segadora *f*
くさき 草木 plantas *f.pl*, vegetación *f*
くさばな 草花 plantas *f.pl* de flor
くさび 楔 cuña *f*
くさり 鎖 cadena *f*
くさる 腐る pudrirse, echarse a perder | 腐った podrido[da], descompuesto[ta]
くし ❶ 串 (焼き串) broqueta *f*, brocheta *f*, pincho *m* ❷ 櫛 peine *m* | ～でとかす peinarse
くじ 籤 sorteo *m*, rifa *f*, (宝くじ) lotería *f*, (サッカーくじ) quiniela *f* | ～で por sorteo | ～引きで決める sortear, echar ALGO a suerte(s)
くじく 挫く dislocarse, torcerse | 足をくじいた Me he torcido el pie.
くじける desanimarse, perder el ánimo
クジャク 〖鳥〗 pavo *m* real
くしゃみ estornudo *m* | ～をする estornudar
くじょ 駆除 exterminación *f* | 害虫を～する exterminar insectos dañinos

くじょう 苦情 queja *f*, (クレーム) reclamación *f* | ～を言う quejarse, presentar una reclamación
クジラ 〘動〙 ballena *f* | マッコウ～ 〘動〙 cachalote *m*
くしん 苦心して…する trabajar duro para 〈+不定詞〉 | それを入手するのに～した Me costó mucho trabajo conseguirlo.
くず 屑 basura *f*, (残り) residuos *m.pl*, restos *m.pl* | ～かご papelera *f*
くすくす ～笑う dejar escapar una risilla
ぐずぐず ～する hacer ALGO con lentitud, tardar mucho en 〈+不定詞〉 | ～している暇はない No hay tiempo que perder.
くすぐったい tener [sentir] cosquillas
くすぐる hacer cosquillas
くずす 崩す 壁を～ derrumbar la pared | 100円玉を10円玉に～ cambiar una moneda de cien yenes en otras de diez
くすり 薬 medicina *f*, medicamento *m*, (丸薬) píldora *f*, (錠剤) pastilla *f*, (塗り薬) pomada *f*, (教訓) lección *f* | ～を飲む tomar un medicamento
くすりゆび 薬指 dedo *m* anular
くずれる 崩れる derrumbarse, destruirse, (形が) deformarse
くすんだ ～色 color *m* mate
くせ 癖 costumbre *f*, hábito *m*, (奇妙な) manía *f*, (悪癖) vicio *m* | …する～がある tener la costumbre [el hábito] de 〈+不定詞〉
くそ 糞 excrementos *m.pl*, (家畜の) estiércol *m* | ～っ ¡Mierda!
ぐたい 具体的な concreto[ta] | ～化する concretar, materializar
くだく 砕く quebrantar, machacar
くたくた ～である estar agotado[da], 《話》 estar hecho[cha] polvo
くだける 砕ける quebrantarse, hacerse pedazos
ください …して～ (依頼) ¿Podría(s) 〈+不定詞〉?; Haga [Haz] el favor de 〈+不定詞〉. | 水を一杯～ Déme un vaso de agua, por favor.
くだす 下す (判決) dictar, (命令) dar
くたびれる cansarse | くたびれた cansado[da], agotado[da], (服が) raído[da]
くだもの 果物 fruta *f* | ～屋 frutería *f*
くだらない ～こと insignificancia *f*, nimiedad *f* | ～ことを言う decir tonterías | くだらん ¡Qué tontería!
くだり 下り bajada *f*, descenso *m* | ～坂 cuesta *f* abajo
くだる 下る bajar, descender | 3万を下らない大観衆だった Había no menos de treinta mil espectadores.
くち 口 boca *f* | ～に出す decir | ～のきけない mudo[da] | ～をきく hablar, (斡旋(あっせん)する) mediar | ～が達者である tener mucha labia | ～をはさむ interrumpir
ぐち 愚痴 queja *f* | ～を言う quejarse | ～っぽい人 quejica *m/f*
くちえ 口絵 frontispicio *m*
くちかず 口数の多い hablador[dora], locuaz | ～の少ない callado[da]
くちがね 口金 (ハンドバッグ) cierre *m*, (瓶) cápsula *f*
くちげんか 口喧嘩する disputar, altercar
くちごたえ 口答えする replicar, contestar
くちずさむ 口ずさむ canturrear
くちだし 口出し intervención *f* | ～する intervenir en, meterse en | 余計な～するな No te metas donde no te llaman.
くちどめ 口止めする tapar la boca a ALGUIEN, comprar el silencio de ALGUIEN
くちばし (鳥) pico *m*
くちび 口火 (導火線) cebo *m*, (ガス器具の) piloto *m*
くちひげ 口ひげ bigote *m*
くちびる 唇 labio *m* | ～をかむ morderse los labios | 上 [下] ～ labio *m* superior [inferior]
くちぶえ 口笛 silbido *m* | ～を吹く silbar
くちぶり 口振り (口調) tono *m*, (話し方) modo *m* de hablar
くちべに 口紅 barra *f* de labios, pintalabios *m* [*pl* ~] | ～をつける pintarse los labios
くちやくそく 口約束 promesa *f* verbal
くちょう 口調 tono *m*
くちる 朽ちる descomponerse, caer
くつ 靴 zapatos *m.pl*, (長靴) botas *f.pl* | ～をはく [脱ぐ] ponerse [quitarse] los zapatos | ～墨 betún *m* | ～底 suela *f* | ～ひも cordón *m* | ～べら calzador *m* | ～磨き(人) limpiabotas *m/f* [*pl* ~] | ～屋 zapatería *f*, (人) zapatero[ra] *mf*
くつう 苦痛 dolor *m*, angustia *f*
くつがえす 覆す volcar, echar abajo ALGO, (政権を) derrocar
クッキー pasta *f*, (ビスケット) galleta *f*
くっきり ～した nítido[da], claro[ra]
くつした 靴下 calcetines *m.pl*
くつじょく 屈辱 humillación *f*
クッション cojín *m*
くっせつ 屈折 〘物〙 refracción *f*, 〘言〙 inflexión *f* | ～する 〘物〙 refractarse | ～した心 mente *f* retorcida
ぐったり ～した agotado[da], sin fuerzas
くっつける juntar, (接着) pegar, adherir
くつろぐ sentirse a sus anchas | どうぞおくつろぎください Póngase cómodo[da].
くどい pesado[da], (しつこい) insistente
くどう 駆動 4輪～車 coche *m* con tracción a las cuatro ruedas
くとうてん 句読点 signos *m.pl* de puntuación
くどく 口説く persuadir, (女性を) cortejar
くに 国 país *m*, (国家) nación *f*, (祖国) patria *f* | ～の estatal, nacional | ～番号 (電話) prefijo *m* telefónico internacional
くばる 配る repartir, (配達) distribuir
くび 首 cuello *m*, (うなじ) nuca *f* | ～を縦に振る mover la cabeza afirmativamente, asentir | ～を横に振る mover la cabeza negativamente, negar | ～を長くして待つ esperar impacientemente | ～にする despedir, 《話》 echar a ALGUIEN a la calle | 借金で～が回らない estar endeudado[da] hasta las orejas
くびすじ 首筋 nuca *f*, cerviz *f*
くびわ 首輪 collar *m*
くふう 工夫する ingeniar, inventar
くぶん 区分 división *f* | ～する dividir
くべつ 区別する distinguir, diferenciar,

separar | 公私の～ distinción *f* entre lo público y lo privado | 国籍の～なく sin distinción de nacionalidad

くぼみ 窪み hueco *m*, concavidad *f*

くぼんだ 窪んだ hundido[da]

クマ 〘動〙 oso[sa] *mf*

くまで 熊手 rastrillo *m*

くまなく ～探す buscar por todos los rincones

くみ 組 (クラス) clase *f*, (セット) juego *m*, (対) pareja *f*

くみあい 組合 corporación *f* | 労働～ sindicato *m* | 協同～ cooperativa *f*

くみあわせる 組み合わせる AとBを～ combinar A con B | 組み合わせ combinación *f*

くみいれる 組み入れる incorporar, incluir, integrar

くみきょく 組曲 〘音〙 suite *f*

くみたてる 組み立てる montar, armar, (理論を) construir | 組み立て (機械の) montaje *m*, (仕組み) estructura *f*

くむ ❶ 組む 脚を～ cruzar las piernas | …と～ (協力する) asociarse con ... ❷ 汲む 水を～ coger agua

くめん 工面 金を～する arreglárselas para reunir dinero

くも ❶ 雲 nube *f* | ～が出てきた Se está nublando. | ～の多い nuboso[sa] ❷ クモ 〘昆〙 araña *f* | ～の巣 telaraña *f*

くもゆき 雲行き tiempo *m*, (状況) situación *f* | ～が怪しい Amenaza lluvia.

くもり 曇りの nublado[da] | ～ガラス cristal *m* esmerilado [opaco]

くもらす 曇らす nublar, empañar

くもる 曇る nublarse, (ガラスが) empañarse | 曇った nublado[da]

くもん 苦悶 angustia *f*, agonía *f*

くやくしょ 区役所 ayuntamiento *m*, municipalidad *f*

くやしい 悔しい 私は～ Me da rabia. | ああ～ ¡Qué rabia! | 悔しさで por despecho

くやみ 悔やみ condolencia *f*, pésame *m* | …にお～を言う dar el pésame a ... | お～申し上げます Le expreso mi más sentido pésame. | 悔やむ arrepentirse de

くよくよ ～する desanimarse, inquietarse

くら ❶ 蔵 almacén *m*, (穀物) granero *m*, (酒) bodega *f* ❷ 鞍 montura *f*, silla *f* de montar

くらい ❶ 暗い oscuro[ra], (陰気な) sombrío[a], triste, (希望の持てない) pesimista | 性格が～ sombrío[a] | ～気持ちになる sentirse deprimido[da] | ～過去 pasado *m* oscuro | ～未来 futuro *m* negro | 暗くなる oscurecerse ❷ 位 (階級) clase *f*, rango *m*, grado *m* | 1 [10, 100]の～の数 cifra *f* de las unidades [decenas, centenas] ❸ …くらい aproximadamente, más o menos

グライダー 〘空〙 planeador *m*

クライマックス clímax *m* [*pl* ~], momento *m* culminante

グラウンド campo *m*

くらがり 暗がり oscuridad *f*

クラクション bocina *f*, claxon *m*

ぐらぐら ～する bambolearse, moverse a un lado y a otro | ～の inestable

クラゲ 〘動〙 medusa *f*, aguamala *f*

くらさ 暗さ oscuridad *f*

くらし 暮らし vida *f* | ～向きがいい vivir con holgura | ～に困る vivir con estrecheces, no tener lo suficiente para vivir | その日～をする vivir al día

クラシック ～音楽 música *f* clásica

くらす ❶ 暮らす vivir | いっしょに～ convivir, vivir juntos[tas] ❷ クラス (学級) clase *f*, (等級) categoría *f*, rango *m* | ～会 (同窓生の) reunión *f* de antiguos alumnos | ～担任 maestro[tra] *m f* encargado[da] de clase | ～メート compañero[ra] *mf* de clase

グラス copa *f*, (コップ) vaso *m*

グラタン 〘料〙 gratén *m*, gratín *m* | シーフード～ gratinado *m* de mariscos | マカロニ～ macarrones *m.pl* al gratén

クラッカー galleta *m* salada, (爆竹) petardo *m*

クラッシュ 〘IT〙 bloqueo *m* del sistema | ～する (車・飛行機が) estrellarse, (コンピュータが) fallar, colgarse

ぐらつく ➜ぐらぐら

クラッチ 〘車〙 embrague *m*

クラブ club *m*, (トランプ) trébol *m*, (ゴルフ) palo *m* de golf

グラフ gráfico *m*, gráfica *f* | ～にする hacer un gráfico [una gráfica] | 棒～ gráfico *m* de barras

グラフィックデザイナー diseñador[dora] *mf* gráfico[ca], grafista *m/f*

くらべる 比べる AとBを～ comparar A con B | …と比べれば en comparación con ...

くらむ (目が) deslumbrarse, (めまい) marearse, tener [sentir] vértigo

グラム gramo *m*

くらやみ 暗やみ oscuridad *f*, tinieblas *f.pl*

クラリネット clarinete *m*

グランドピアノ piano *m* de cola

グランプリ gran premio *m*

クリ 〘植〙 castaña *f*, (木) castaño *m*

くりあげる 繰り上げる adelantar, anticipar | 繰り上げ選挙 elecciones *f.pl* anticipadas

クリーナー (掃除機) aspiradora *f*

クリーニング ～店 tintorería *f* | ドライ～ lavado *m* [limpieza *f*] en seco

クリーム crema *f* | 生～ nata *f*

グリーン (色) verde *m* | ～車 vagón *m* de primera clase | ～ピース 〘植〙 guisante *m*, arveja *f* (ラ米)

くりかえす 繰り返す repetir, reiterar | 繰り返し repetición *f*, reiteración *f*

クリケット 〘スポ〙 críquet *m*

くりこし 繰越し金 saldo *m* del ejercicio anterior | ～残高 remanente *m* a cuenta nueva | 繰越す pasar a cuenta nueva

クリスマス Navidad *f*, Navidades *f.pl* | ～の navideño[ña] | ～イブ Noche *f* Buena, Nochebuena *f* | ～おめでとう ¡Feliz Navidad! | ～カード tarjeta *f* de Navidad | ～キャロル villancico *m* | ～ツリー árbol *m* [arbolito *m*] de Navidad

クリック ～する 〘IT〙 hacer clic

クリップ clip *m*

グリップ asidero *m*, puño *m*, (ラケット) mango *m*

クリニック〖医〗clínica *f*
グリニッジ ～標準時 hora *f* del meridiano de Greenwich
グリル parrilla *f*
くる 来る venir,（着く）llegar,（帰って来る）volver | ～日も～日も día tras día
くるう 狂う（機械が）funcionar mal,（計画が） alterarse | 気が～ enloquecer(se), volverse loco[ca], perder el juicio | 調子が～ perder (el) ritmo
グループ grupo *m* | ～で en grupo
グルメ gastrónomo[ma] *mf*, gourmet *m/f*
くるしい 苦しい doloroso[sa],（精神的に）penoso[sa] | 胸が～ tener dolor de pecho | ～立場にある encontrarse en una difícil situación [en un apuro] | ～目に遭う pasar momentos difíciles | ～言い訳 pobre [mala] excusa *f*
くるしむ 苦しむ sufrir, padecer | 苦しめる hacer sufrir a ALGUIEN, atormentar | 苦しみ sufrimiento *m*, dolor *m*, pena *f*
くるぶし tobillo *m*
くるま 車 coche *m*, auto(móvil) *m*, vehículo *m* automóvil,（車輪）rueda *f* | ～に乗る subirse en el coche | ～から降りる bajarse del coche | ～いす silla *f* de ruedas | ～寄せ porche *m*
クルミ〖植〗nuez *f*,（木）nogal *m*
くるむ envolver | くるまる envolverse
ぐるり ～と回る dar una vuelta
くれ 暮れ（年末）fin *m* de año,（夕方）atardecer *m*, anochecer *m*
グレー gris *m* | ～の gris
クレーター（月・火星等）cráter *m*
クレープ〖料〗crepe *f*,〖服〗crepé *m*
グレープフルーツ〖植〗pomelo *m*, toronja *f*《ラ米》
クレーム ～をつける reclamar
クレーン grúa *f*
クレジット ～カード tarjeta *f* de crédito
クレヨン pastel *m*
くれる ❶ 暮れる（日が）atardecer, anochecer ❷ くれる（与える）dar | …して～ tener la amabilidad de〈＋不定詞〉
くろ 黒 negro *m* | ～い negro[gra] | 日に焼けて～くなる ponerse moreno[na]
くろう 苦労 trabajo *m*,（困難）dificultades *f.pl*,（辛苦）sufrimiento *m*,（心配）preocupación *f* | ～する（働く）trabajar duro,（苦しむ）pasar sufrimientos | ご苦労さま Muchas gracias. | ご～をおかけしてすみません Siento haberle causado tanta molestia.
クローク guardarropa *m*
クローズアップ ～の写真 foto(grafía) *f* en primer plano | ～する poner ALGO en primer plano
クローバー〖植〗trébol *m*
グローバリゼーション globalización *f* | 反～ antiglobalización *f*
クローブ（スパイス）clavo *m*
クロール crol *m* | ～で泳ぐ nadar a crol
グローブ（野球）guante *m*,（ボクシング）guantes *m.pl*
クローン〖生〗clon *m*
くろじ 黒字〖経〗superávit *m* | ～を出す tener [obtener] un superávit
クロスワードパズル crucigrama *m*
クロッカス〖植〗croco *m*, azafrán *m*
くろっぽい 黒っぽい negruzco[ca]
くろまく 黒幕 政権の～ eminencia *f* gris del régimen
くわ ❶ 鍬 azada *f* ❷ クワ〖植〗mora *f*,（木）morera *f*
くわえる ❶ 加える añadir, agregar,（仲間に入れる）incluir | 危害を～ hacer daño | …に加えて además de ... ❷ 銜える 口に～ llevar ALGO en la boca
クワガタ〖昆〗ciervo *m* volante
くわしい 詳しい detallado[da], minucioso[sa] | …に～ conocedor[dora] de ... | 詳しく detalladamente | ～ことは省略して sin entrar en detalles
くわだてる 企てる planear,（陰謀を）conspirar, intrigar | 企て plan *m*, proyecto *m*,（陰謀）conspiración *f*, intriga *f*
くわわる 加わる añadirse a,（合流する）sumarse a,（参加する）participar en, tomar parte en
－くん －君 江川～ Sr. [señor] Egawa
ぐん ❶ 郡 comarca *f*, distrito *m* ❷ 軍 ejército *m* ➜軍隊
ぐんかん 軍艦 barco *m* de guerra
ぐんこくしゅぎ 軍国主義 militarismo *m*
くんじ 訓示 alocución *f* | …に～を与える dirigir una alocución a ...
ぐんじ 軍事 asuntos *m.pl* militares | ～的な militar | ～介入 intervención *f* militar | ～施設 instalaciones *f.pl* militares | ～費 gastos *m.pl* militares
くんしゅ 君主 monarca *m/f* | ～制 monarquía *f*
ぐんじゅ 軍需産業 industria *f* bélica [militar]
ぐんしゅう 群衆 muchedumbre *f*
ぐんしゅく 軍縮 desarme *m* | ～会議 conferencia *f* sobre el desarme
くんしょう 勲章 condecoración *f*
ぐんじん 軍人 militar *m/f*,（士官）oficial *m/f*
くんせい 薫製〖料〗ahumado *m* | ～にする ahumar
ぐんたい 軍隊 ejército *m*, fuerzas *f.pl* armadas | ～の militar
ぐんとう 群島 archipiélago *m* | フィリピン～ Islas *f.pl* Filipinas
ぐんび 軍備 armamento *m*
ぐんぶ 軍部 autoridades *f.pl* militares
くんりん 君臨する reinar
くんれん 訓練 entrenamiento *m* | ～する entrenar

け ❶ 毛 pelo *m*,（頭髪）cabello *m*,（羊毛）lana *f*,（羽毛）pluma *f*,（うぶ毛）vello *m* | ～の多い peludo[da] | ～を抜く depilar ❷ －家 中井～ los Nakai, la familia Nakai
けあな 毛穴 poro *m*
けい 刑 condena *f*, pena *f*,（罰）castigo *m* | 終身～ cadena *f* perpetua
げい 芸 arte *m(f)*,（演技）actuación *f*,（技能）habilidad *f*, destreza *f*
けいい 敬意 respeto *m* | …に～を表する demostrar SU respeto a ...

け

けいえい 経営 administración *f*, dirección *f* | ～する administrar, dirigir | ～者 empresario[ria] *mf*, patrón[trona] *mf*, patronal *f* | ～戦略 estrategia *f* empresarial

けいえん 敬遠する rehuir, (よそよそしい) mostrarse distante

けいおんがく 軽音楽 música *f* ligera

けいか 経過 (時間) transcurso *m*, (進展) desarrollo *m*, evolución *f* | ～する (時間が) pasar, transcurrir | ～措置 medidas *f.pl* transitorias

けいかい 軽快な ligero[ra]

けいかい 警戒 precaución *f* | ～する vigilar, tomar precauciones | ～を徹底する extremar las precauciones

けいかく 計画 plan *m*, proyecto *m* | ～する planear, planificar | ～的な planeado[da], (意図的な) intencional, (犯罪が) premeditado[da] | ～経済 economía *f* planificada

けいかん ❶ 警官 ➜警察官 ❷ 景観 paisaje *m*

けいき ❶ 景気 situación *f* económica | ～がよい La economía va bien. | ～の停滞 estancamiento *m* económico | ～の動向を探る analizar las tendencias económicas | ～回復 recuperación *f* económica | ～刺激策 medidas *f.pl* para estimular la economía ❷ 契機 motivo *m*, (機会) ocasión *f* ❸ 計器 instrumento *m* de medición, medidor *m* | ～盤 tablero *m*

けいきんぞく 軽金属 metal *m* ligero

けいぐ 敬具 (手紙の結び) Atentamente, Cordialmente, Con un saludo cordial

けいけん ❶ 経験 experiencia *f*, práctica *f* | ～がある tener experiencia | ～から por experiencia | ～豊富な con mucha experiencia | ～のない inexperto[ta] ❷ 敬虔な devoto[ta], beato[ta]

けいげん 軽減する mitigar, reducir

けいこ 稽古 práctica *f*, entrenamiento *m*, (芝居) ensayo *m* | ～する practicar, entrenarse, (芝居) ensayar

けいご ❶ 敬語 fórmulas *f.pl* de cortesía ❷ 警護 escolta *f* | ～する escoltar

けいこう ❶ 傾向 tendencia *f*, (性向) inclinación *f* | …する～がある tender a 〈+不定詞〉 ❷ 携行する llevarse ALGO CONSIGO ❸ 蛍光灯 lámpara *f* fluorescente | ～管 tubo *m* fluorescente | ～ペン rotulador *m* ❹ 経口避妊薬 píldora *f* anticonceptiva

けいこうぎょう 軽工業 industria *f* ligera

けいこく ❶ 渓谷 valle *m*, cañón *m* ❷ 警告する advertir, avisar, amonestar

けいさい 掲載する publicar

けいざい 経済 economía *f* | ～(上)の económico[ca] | ～的な económico[ca] | ～援助 ayuda *f* económica | ～学 ciencias *f.pl* económicas | ～学者 economista *m/f* | ～危機 crisis *f* económica | ～状態 situación *f* económica | ～制裁 sanción *f* económica | ～成長 crecimiento *m* económico | ～大国 potencia *f* económica | ～封鎖 bloqueo *m* económico

けいさつ 警察 policía *f* | ～の policial, policiaco[ca] | ～に届け出る avisar a la policía | ～に出頭する presentarse a la policía | ～ざたにしたくない No quiero que la policía intervenga en este asunto. | ～官 agente *m/f* de policía, policía *m/f*, guardia *m/f* | ～犬 perro *m* policía | ～署 comisaría *f* de policía

けいさん 計算 cálculo *m* | ～する calcular, (数える) contar | ～に入れる (考慮する) tener ALGO en cuenta | ～を間違う calcular mal | ～機 calculadora *f* | ～高い人 calculador[dora] *mf*

けいじ ❶ 刑事 detective *m/f*, inspector[tora] *mf* de policía | ～上の criminal, penal | ～責任 responsabilidad *f* penal ❷ 掲示 anuncio *m*, letrero *m* | ～する anunciar, poner un anuncio | ～板 tablón *m* de anuncios ❸ 形而上の metafísico[ca] | ～上学 metafísica *f*

けいしき 形式 forma *f*, (形式上の事柄) formalidad *f* | ～上の[的な] formal

けいしゃ 傾斜 inclinación *f*, declive *m*

げいじゅつ 芸術 arte *m*(*f*) | ～の artístico[ca] | ～家 artista *m/f* | ～作品 obra *f* de arte | ～大学 escuela *f* superior de artes

けいしょう ❶ 警鐘を鳴らす《比喩的》dar la voz de alarma ❷ 継承する suceder, heredar ❸ 敬称 título *m* honorífico, tratamiento *m*

けいじょう ❶ 経常収支 balanza *f* por cuenta corriente | ～赤字 déficit *m* por cuenta corriente ❷ 計上 予算を～する destinar

けいしょく 軽食 comida *f* ligera, colación *f*

けいすいろ 軽水炉 reactor *m* de agua ligera

けいせい ❶ 形成する formar ❷ 形勢 situación *f*, circunstancias *f.pl*

けいせき 形跡 rastro *m*, huella *f*

けいぞく 継続 continuación *f* | ～する continuar, seguir

けいそつ 軽率な imprudente

けいたい ❶ 携帯する llevarse ALGO CONSIGO | ～電話 (teléfono *m*) móvil *m*, celular *m* 《ラ米》| ～品一時預り所 consigna *f* | ～用の portátil ❷ 形態 forma *f* | ～学[論]〖生〗〖言〗morfología *f*

けいてき 警笛 silbato *m*, (車の) bocina *f* | ～を鳴らす tocar el silbato [la bocina]

けいと 毛糸 hilo *m* de lana

けいど 経度 longitud *f*

けいとう ❶ 傾倒 …に～する mostrar SU [sentir] inclinación por ... ❷ 系統 sistema *m*, (血統) linaje *m*

げいとう 芸当 habilidad *f*, (曲芸) acrobacia *f*

げいにん 芸人 artista *m/f*, (漫才等) humorista *m/f*

げいのうじん 芸能人 artista *m/f*

けいば 競馬 carrera *f* de caballos, (賭け) quiniela *f* hípica | ～場 hipódromo *m*

けいはく 軽薄な frívolo[la], superficial

けいばつ 刑罰 castigo *m*, pena *f*

けいひ 経費 gastos *m.pl*, (出費) expensas *f.pl* | ～のかかる costoso[sa]

けいび 警備する vigilar | ～員 vigilante

m/f, guardia m/f
けいひん 景品 premio m, regalo m
けいふ 継父 padrastro m
けいぶ 警部 inspector[tora] mf de policía |〜補 subinspector[tora] mf de policía
けいべつ 軽蔑する despreciar, menospreciar, desdeñar |〜すべき despreciable
けいぼ 継母 madrastra f
けいほう ❶ 警報 防犯〜 alarma f antirrobo ❷ 刑法 código m penal
けいむしょ 刑務所 prisión f, cárcel f, institución f penitenciaria [penal]
けいもう 啓蒙する iluminar, ilustrar, educar
けいやく 契約 contrato m |〜する contratar, hacer un contrato |〜違反 violación f del contrato |〜書に署名する firmar el contrato |〜を更改する[取り消す] renovar [rescindir] el contrato
けいゆ ❶ 軽油 gasoil m, gasóleo m ❷ 経由 パリ〜でマドリードへ行く ir a Madrid vía París |…を〜して pasando por ... |…を〜する hacer escala en ...
けいようし 形容詞 〘文法〙 adjetivo m
けいらん 鶏卵 huevo m (de gallina)
けいり 経理 administración f financiera, (会計) contabilidad f
けいりゃく 計略 estratagema f, artificio m, ardid m
けいりゅう 渓流 torrente m
けいりょう 計量する medir, (重さ) pesar
けいりん 競輪 ciclismo m, carrera f ciclista
けいれい 敬礼する (軍隊式) hacer un saludo militar
けいれき 経歴 carrera f, (履歴) currículum m vitae, historial m, (前歴) antecedentes m.pl
けいれん 痙攣 convulsión f, calambre m |〜した convulso[sa]
けいろう 敬老の日 día m de los ancianos
ケーオー KO ➜ノックアウト
ケーキ pastel m, torta f, (大きい円形) tarta f
ケース estuche m, (容器) recipiente m, (箱) caja f, (布や革製) funda f, (場合) caso m |〜バイ〜で caso por [a] caso
ゲート (空港) puerta f de embarque
ケーブル cable m |〜カー funicular m, (ロープウェイ) teleférico m |〜テレビ televisión f por cable
ゲーム juego m, (試合) partido m
けが 怪我 lesión f, (傷) herida f |〜をさせる herir, lesionar |〜をする herirse, lesionarse, lastimarse |〜人 herido[da] mf
げか 外科 cirugía f |〜医 cirujano[na] mf |〜手術 operación f [intervención f] quirúrgica
けがわ 毛皮 piel f |〜のコート abrigo m de piel
けがす 汚す ensuciar, manchar |名誉を〜 mancillar el honor
けがらわしい 汚らわしい sucio[cia], asqueroso[sa], (わいせつな) obsceno[na]
けがれ 汚れ impureza f, (汚点) mancha f, mancilla f |〜のない inmaculado[da], inocente, puro[ra]
げき 劇 teatro m, drama m |〜的な dramático[ca], (徹底的な) drástico[ca] |〜作家 dramaturgo[ga] mf
げきじょう ❶ 劇場 teatro m ❷ 激情 pasión f
げきたい 撃退する repulsar, rechazar
げきだん 劇団 compañía f de teatro
げきど 激怒する ponerse furioso[sa], enfurecerse |〜させる enfurecer
げきれい 激励 estímulo m |〜する animar, alentar |〜の言葉 palabras f.pl de ánimo
げこう 下校する salir de la escuela
けさ 今朝 esta mañana
げざい 下剤 purgante m, laxante m
ケシ 〘植〙 adormidera f
げし 夏至 solsticio m de verano
けしいん 消印 matasellos m [pl ~]
けしかける incitar, (犬や人を) azuzar
けしき 景色 paisaje m, (眺め) vista f |〜のよい tener buena vista
けしゴム 消しゴム goma f de borrar
げしゃ 下車する bajar(se) del tren |途中〜する bajarse a mitad del trayecto
げしゅく 下宿 pensión f |〜する vivir en una pensión
げじゅん 下旬 5月の〜に a finales de mayo, en los últimos días de mayo
けしょう 化粧 maquillaje m |〜する maquillarse, pintarse |〜台 tocador m |〜品 cosmético m
けす 消す borrar, (明かりを) apagar, (火を) extinguir, (においを) quitar
げすい 下水 aguas f.pl residuales |〜管 conducto m [tubo m] de desagüe |〜施設 alcantarillado m |〜道 alcantarilla f, canal m de desagüe
ゲスト invitado[da] mf
けずる 削る (鉛筆を) sacar punta, afilar, (かんなで) cepillar, (語句を) quitar, (削減する) reducir |睡眠時間を〜 robar horas al sueño
けた 桁 〘数〙 dígito m, 〘建〙 viga f |4〜の番号 número m de cuatro dígitos
げた 下駄 chanclos m.pl, zuecos m.pl
けだかい 気高い noble
けたたましい estrepitoso[sa], estruendoso[sa]
けだもの 獣 bestia f, fiera f
けちな tacaño[ña], avaro[ra] |〜けちする escatimar |〜をつける poner pegas
ケチャップ catsup m, ke(t)chup m
けつあつ 血圧 presión f sanguínea, tensión f arterial
けつい 決意 ➜決心
けついん 欠員を埋める cubrir la vacante
けつえき 血液 sangre f |〜の sanguíneo[a] |〜型 grupo m sanguíneo |〜銀行 banco m de sangre |〜検査 análisis m de sangre |〜製剤 hemoderivados m.pl
けつえん 血縁関係 lazos m.pl de sangre, consanguinidad f
けっか 結果 consecuencia f, resultado m, efecto m, (成果) fruto m, balance m |原因と〜 la causa y el efecto |…の〜として como resultado [consecuencia]

de ...|よい〜をもたらす dar buenos resultados
けっかい 決壊する romperse, destruirse
けっかく 結核 tuberculosis *f* [*pl* ~]
けっかん ❶ 欠陥 defecto *m*, deficiencia *f*, fallo *m* | 〜車 coche *m* defectuoso ❷ 血管 vaso *m* sanguíneo
げっかん 月刊誌 revista *f* mensual
けっき 血気盛んな enérgico[ca] | 〜盛んである tener mucha vitalidad
けつぎ 決議 resolución *f*, decisión *f*
げっきゅう 月給 sueldo *m* [salario *m*] mensual
けっきょく 結局 en fin, al fin (y al cabo), finalmente
けっきん 欠勤 absentismo *m* laboral | 〜する faltar al trabajo
ゲッケイジュ〘植〙laurel *m*
けっこう ❶ 決行する atreverse a〈+不定詞〉❷ 血行 circulación *f* de la sangre ❸ 結構な muy bueno[na], magnífico[ca], excelente | いえ, 〜です No, gracias.|もう〜です Ya no quiero más. Gracias. ❹ 欠航…を〜する suspender el servicio de ...
けつごう 結合 unión *f*, combinación *f* | 〜する combinarse con, unirse a
げっこう 月光 luz *f* de la luna
けっこん 結婚 casamiento *m*, matrimonio *m* | 〜する casarse con, contraer matrimonio con | 〜している estar casado[da]|〜を申し込む pedir en matrimonio a ALGUIEN, (女性の親に) pedir la mano de una mujer | 〜式 boda *f* | 〜式を挙げる celebrar la boda | 〜生活 vida *f* matrimonial | 恋愛〜する casarse por amor
けっさい 決済 liquidación *f*, pago *m*
けっさく 傑作 obra *f* maestra
けっさん 決算 balance *m*
けっして 決して…ない nunca, jamás
けっしゃ 結社 sociedad *f*, asociación *f*
げっしゃ 月謝 honorarios *m.pl* mensuales
げっしゅう 月収 ingresos *m.pl* mensuales
けっしゅつ 傑出する sobresalir, distinguirse|〜した sobresaliente
けっしょう ❶ 結晶〘物〙cristal *m*|雪の〜 cristal *m* de nieve ❷ 決勝戦 final *f*|〜に進出する clasificarse para la final
げっしょく 月食 eclipce *m* lunar
けっしん 決心した decidido[da] | 〜する decidirse, resolverse, determinarse|私は彼女と結婚しようと〜した Me decidí a casarme con ella.
けっせい 結成 党を〜するformar un partido
けっせき 欠席 ausencia *f*|〜している estar ausente|授業を〜する faltar a clase
けっせん ❶ 決選投票 votación *f* final ❷ 血栓〘医〙trombo *m*
けっそく 結束する unirse, solidarizarse
けつだん 決断する tomar una decisión
けっちゃく 決着がつく llegar a una conclusión | 問題に〜をつける zanjar la cuestión [el problema]
けってい 決定 decisión *f* | 〜する decidir, determinar | 〜的な decisivo[va], (最終的な) definitivo[va] | 〜的瞬間 momento *m* decisivo|〜権 poder *m* decisorio
けってん 欠点 defecto *m*, deficiencia *f*, falta *f* | 〜だらけの lleno[na] de defectos|〜のある defectuoso[sa], deficiente |〜のない sin defecto, impecable
けっとう ❶ 血統 linaje *m*, sangre *f* | (動物の)〜書 pedigrí *m* ❷ 血糖値 nivel *m* de glucemia
ケッパー〘植〙alcaparra *f*
けっぱく 潔白 inocencia *f*|〜な inocente
げっぷ eructo *m*|〜をする eructar
けっぺき 潔癖な limpio[pia], (清潔好き) escrupuloso[sa]
けつぼう 欠乏 carencia *f*, escasez *f*, falta *f*
けつまつ 結末 desenlace *m*, final *m*
げつまつ 月末に a fines de mes
げつようび 月曜日 lunes *m* [*pl* ~] | 〜に el lunes
けつれつ 決裂 ruptura *f*|〜する romperse, (交渉) fracasar
けつろん 結論 conclusión *f* | …という〜に達する llegar a la conclusión de ... | 〜を引き出す sacar una conclusión
げどくざい 解毒剤 antídoto *m*, contraveneno *m*
けとばす 蹴飛ばす ➜蹴る
けなす criticar, hablar mal de
ゲノム〘生化〙ヒト〜 genoma *m* humano
けはい 気配 señal *f* | 春の〜が感じられる Se nota la llegada de la primavera.
けばけばしい (色が) chillón[llona], estridente
けびょう 仮病 enfermedad *f* fingida
げひん 下品な grosero[ra], de mal gusto, soez, vulgar
けぶかい 毛深い peludo[da], velludo[da]
けむい 煙い humoso[sa], lleno[na] de humo
けむし 毛虫 oruga *f*
けむり 煙 humo *m* | 〜を出す humear, echar humo
けむる 煙る (くすぶる) humear
けもの 獣 bestia *f*
げらげら 〜笑う reírse a carcajadas
げり 下痢をする tener diarrea
ゲリラ (兵) guerrillero[ra] *mf*, (部隊) guerrilla *f*
ける 蹴る dar una patada, patear, (却下) rechazar
けれども pero, sin embargo, no obstante, aunque〈+直説法〉
ゲレンデ (スキー) pista *f*
けわしい 険しい (道) escarpado[da], empinado[da], (表情) severo[ra]
けん ❶ 件 asunto *m*, caso *m* ❷ 券 ticket *m*, (切符) billete *m*, (入場券) entrada *f*, localidad *f* ❸ 県 prefectura *f*, provincia *f* ❹ 剣 espada *f*, (短剣) puñal *m* ❺ 腱〘解〙tendón *m* ❻ 圏 ámbito *m*, esfera *f*, zona *f*
げん 弦〘音〙〘数〙cuerda *f*|〜楽器 instrumento *m* de cuerda
げんあん 原案 propuesta *f* original
けんい 権威 autoridad *f*|〜主義的な autoritario[ria]|〜のある prestigioso[sa]
けんいん 牽引する remolcar|〜車 tractor

m, (レッカー車) grúa *f*
げんいん 原因 causa *f*, origen *m* | ～となる causar, originar | ～不明の de causa desconocida | 事故の～を突き止める determinar las causas del accidente
けんえき 検疫 cuarentena *f*, control *m* sanitario
げんえき 現役のボクサー boxeador *m* en activo
けんえつ 検閲 censura *f* | ～する censurar
けんお 嫌悪 odio *m*, repugnancia *f*, asco *m* | ～すべき abominable, detestable
けんか riña *f*, pelea *f* | ～する reñir, pelear | ～早い pendenciero[ra] | ～別れする separarse peleados[das]
げんか 原価 precio *m* de coste | ～で譲る ceder ALGO a precio de coste
けんかい 見解 opinión *f*, (観点) punto *m* de vista | 私の～では a mi parecer
げんかい 限界 límite *m* | ～を知る conocer el límite | ～を越える pasar [rebasar] el límite | もう～だ Ya no puedo más.
けんがく 見学 visita *f* | ～する visitar
げんかく ❶ 幻覚 visión *f*, alucinación *f* ❷ 厳格な severo[ra], estricto[ta], riguroso[sa]
げんがく 減額する reducir, recortar
げんか 減価償却 amortización *f*, depreciación *f*
げんかん 玄関 entrada *f*, vestíbulo *m*, zaguán *m*
げんき 元気 vigor *m*, energía *f*, vitalidad *f*, ánimo *m* | ～な alegre, animado[da], (健康な) sano[na] | ～になる recobrar el ánimo | ～のない deprimido [da], desanimado[da] | ～を出す animarse | ～づける animar
けんきゅう 研究 investigación *f*, estudio *m* | ～する investigar, estudiar | ～室 (個人の) despacho *m*, (実験用) laboratorio *m* | ～者 investigador[dora] *mf* | ～所 instituto *m* de investigación
けんきょ 謙虚 modestia *f* | ～な humilde, modesto[ta]
けんぎょう 兼業 pluriempleo *m*
けんきん 献金 donación *f*
げんきん 現金 efectivo *m*, dinero *m* contante (y sonante) | ～で支払う pagar en efectivo [al contado] | ～自動支払機 cajero *m* automático
げんけい 原型 prototipo *m*, modelo *m*
けんげん 権限 poder *m*, autoridad *f*, competencia *f*
げんご 言語 lengua *f*, idioma *m*, lenguaje *m*, habla *f* | ～学 lingüística *f* | ～学者 lingüista *m/f* | ～障害 trastorno *m* del habla, (失語症) afasia *f*
けんこう 健康 salud *f* | ～な [によい] sano[na], saludable | ～を害する dañar la salud | ～を回復する recuperar la salud | ～食品 alimentos *m.pl* dietéticos | ～診断 reconocimiento *m* [chequeo *m*] médico | ～保険 seguro *m* médico
げんこう ❶ 原稿 manuscrito *m*, (印刷) original *m* ❷ 言行 las palabras y los hechos ❸ 現行の actual, corriente, existente, (法律) vigente, en vigor
げんこうはん 現行犯 delito *m* flagrante | ～で逮捕する detener a ALGUIEN in fraganti
けんこく 建国記念日 día *m* conmemorativo de la fundación del país
げんこつ 拳骨 puño *m* | ～で殴る dar un puñetazo
けんさ 検査 inspección *f*, revisión *f*, (医学的) análisis *m* [*pl* ~] | ～する inspeccionar, revisar, analizar, comprobar, verificar | ～官 inspector[tora] *mf*
けんざい 健在である estar bien de salud
げんざい 現在 presente *m*, actualidad *f* | ～は ahora, actualmente | ～の actual, de ahora, presente
けんさく 検索 búsqueda *f* | ～する buscar | ～エンジン 〖IT〗 buscador *m*
げんさく 原作 original *m*, obra *f* original
けんさつ 検札する revisar los billetes | ～係 revisor[sora] *mf*
げんさん 原産 …～の originario[ria] de ..., oriundo[da] de ... | ～地 lugar *m* de origen
げんし ❶ 原子 átomo *m* | ～の atómico[ca] | ～核の nuclear | ～核 núcleo *m* atómico | ～物理学 física *f* atómica [nuclear] | ～力 energía *f* nuclear | ～力潜水艦 submarino *m* nuclear | ～力発電所 central *f* nuclear | ～炉 reactor *m* nuclear ❷ 原始時代 época *f* primitiva, tiempos *m.pl* primitivos | ～的な primitivo[va] | ～林 selva *f* virgen
けんじ ❶ 検事 fiscal *m/f* ❷ 堅持する perseverar, mantener
けんじつ 堅実な seguro[ra], estable
げんじつ 現実 realidad *f* | ～の real, actual | ～に en realidad | ～的な realista | 非～的な irreal
けんじゃ 賢者 sabio[bia] *mf*
げんしゅ 元首 jefe[fa] *mf* del Estado
けんしゅう 研修 cursillo *m* de formación [de aprendizaje]
けんじゅう 拳銃 pistola *f*, revólver *m*
げんじゅう 厳重な estricto[ta], severo [ra] | ～な警戒 estrecha vigilancia *f*
げんじゅうしょ 現住所 domicilio *m* actual
げんしゅく 厳粛 solemnidad *f* | ～な solemne
けんしゅつ 検出する detectar
けんしょう 懸賞 (賞品・賞金) premio *m*, (募集) concurso *m*
げんしょう ❶ 減少する reducirse, disminuir ❷ 現象 fenómeno *m*
げんじょう 現状 estado *m* [situación *f*] actual, status *m* quo | ～に甘んじる conformarse con la situación actual | ～を維持する mantener el status quo
けんしん 検診 →健康診断
けんしんてき 献身的な devoto[ta], abnegado[da]
けんすい 懸垂 (体操の) suspensión *f*
げんぜい 減税 reducción *f* de impuestos, desgravación *f*
けんせつ 建設 construcción *f* | ～する construir, edificar | ～的な constructivo[va] | ～中の建物 edificio *m* en cons-

け

trucción | ～工事 obras *f.pl* de construcción
けんぜん 健全な sano[na]
げんせん 源泉 fuente *f*, manantial *m*
げんぜん 厳然たる（態度が）firme, solemne,（事実が）evidente, innegable
げんそ 元素 elemento *m* (químico)
けんぞう 建造物 edificación *f*
げんそう 幻想 fantasía *f*, ilusión *f*
げんぞう 現像 revelado *m*｜～する revelar
げんそく ❶ 原則 principio *m*, norma *f* |～として en principio ❷ 減速 desaceleración *f*｜～する disminuir la velocidad, desacelerar
けんそん 謙遜 modestia *f*
げんそん 現存の existente
けんたい 倦怠期 fase *f* de aburrimiento |～感 sensación *f* de aburrimiento
げんだい 現代 tiempos *m.pl* actuales, edad *f* contemporánea｜～的な moderno[na]｜～の actual
げんち 現地 lugar *m*, sitio *m*｜～時間 hora *f* local｜～人 nativo[va] *mf*｜～調査 estudio *m* sobre el terreno
けんちく 建築 arquitectura *f*,（行為）construcción *f*,（建築物）edificio *m*, edificación *f*｜～家 arquitecto[ta] *mf* | ～基準法 ley *f* básica de la construcción
けんちょ 顕著な obvio[via], notable, marcado[da]
けんてい ❶ 検定 examen *m*,（許可）aprobación *f* oficial ❷ 献呈する ofrecer, regalar
げんてい 限定する limitar
げんてん 減点する quitar puntos
げんど 限度 límite *m*｜一定の～内で dentro de los límites establecidos
けんとう ❶ 見当をつける calcular, estimar |全く～がつかない No tengo la menor idea. ❷ 検討する examinar, estudiar ❸ 健闘する〖スポ〗jugar bien｜ご～を祈ります Que tenga mucha suerte.
げんどうりょく 原動力 fuerza *f* motriz,（動機）móvil *m*
げんば 現場 工事～ lugar *m* de la obra |犯行～ lugar *m* [escena *f*] del delito
げんばく 原爆 bomba *f* atómica
けんばん 鍵盤 teclado *m*
けんびきょう 顕微鏡 microscopio *m*
けんぶつ 見物 （訪問）visita *f*｜～する ver, observar,（訪問）visitar
げんぶん 原文 [texto *m*] original *m*
けんぽう 憲法 Constitución *f*｜～上の constitucional｜～を改正する modificar [reformar] la Constitución
けんぼうしょう 健忘症 amnesia *f*
げんみつ 厳密な estricto[ta], riguroso[sa], exacto[ta]
けんめい ❶ 賢明な listo[ta], inteligente, sensato[ta] ❷ 懸命に con ahínco, con todas sus fuerzas
げんめい 言明する afirmar, declarar
げんめつ 幻滅 desilusión *f*, desengaño *m*｜～する desilusionarse
けんもん 検問 control *m*｜～所 puesto *m* de control｜～する controlar, inspeccionar
げんや 原野 tierra *f* salvaje, erial *m*
けんやく 倹約する ahorrar, economizar | ～家 ahorrador[dora] *mf*
げんゆ 原油 (petróleo *m*) crudo *m*
けんり 権利 derecho *m*｜…の～がある tener derecho a ...｜…する～がある tener el derecho a [de]〈＋不定詞〉｜～を主張する reclamar [reivindicar] el derecho｜～を放棄する renunciar a su derecho｜～を行使する ejercer el derecho
げんり 原理 principio *m*｜～主義 fundamentalismo *m*
げんりょう ❶ 原料 materia *f* prima ❷ 減量する perder [reducir] peso,（ダイエット）estar a régimen
けんりょく 権力 poder *m*,（権威）autoridad *f*｜～を与える dar [otorgar] el poder｜～を握る tener el poder en su mano｜～者 poderoso[sa] *mf*
げんろん 言論 palabra *f*, expresión *f*｜～の自由 libertad *f* de expresión [de opinión, de palabra]｜～界 prensa *f*

こ

こ ❶ 子 niño[ña] *mf*, chico[ca] *mf*,（息子[娘]）hijo[ja] *mf*,（動物の）cría *f* ❷ 弧〖数〗arco *m* ❸ 個 unidad *f*｜リンゴ5～ cinco manzanas
ご ❶ 五 cinco *m*｜～番目の quinto[ta]｜～分の1 un quinto ❷ 語 palabra *f*,（言語）lengua *f* ❸ 碁 go *m* ❹ ‐後 3年～ tres años después｜4時間～に dentro de cuatro horas
コアラ〖動〗koala *m*
こい ❶ 恋 amor *m*｜…に～をする enamorarse de ...｜…に～をした enamorado[da] de ...｜～に破れる perder su amor｜～敵 rival *m/f* en el amor ❷ 故意の intencionado[da]｜～に adrede, a propósito, intencionadamente ❸ 濃い denso[sa],（色が）oscuro[ra],（液が）espeso[sa],（茶が）fuerte ❹ コイ〖魚〗carpa *f*
ごい 語彙 vocabulario *m*
こいし 小石 piedrecita *f*, china *f*,（玉石）guijarro *m*,（砂利）grava *f*
こいぬ 子犬 cachorro[rra] *mf*
こいのぼり 鯉のぼり gallardete *m* de carpas, carpas *f.pl* de tela que izan en el Día de los Niños
こいびと 恋人 novio[via] *mf*, enamorado[da] *mf*
コイル〖電〗bobina *f*, carrete *m*
コイン moneda *f*｜～ランドリー lavandería *f* en (régimen de) autoservicio｜～ロッカー consigna *f* automática
こう ❶ 功を奏する salir bien, surtir efecto ❷ 香 incienso *m*
ごう 号 10号室 habitación *f* número diez
こうあん 考案する inventar, idear
こうい ❶ 行為 acto *m*, acción *f*,（ふるまい）conducta *f* ❷ 好意 favor *m*, buena voluntad *f*,（好感）simpatía *f*,（愛情）afecto *m*｜…に～を示す mostrar simpatía por ...｜～的な favorable,（友好的）amistoso[sa],（親切）amable

ごうい 合意する　acordar, llegar a un acuerdo
こういしつ 更衣室 vestuario *m*
こういしょう 後遺症 secuela *f*
ごういん 強引に　(力づくで) por [a] la fuerza | ～に…させる forzar a ALGUIEN a 〈＋不定詞〉
ごうう 豪雨 lluvia *f* torrencial, temporal *m* de lluvia(s)
こううん 幸運　suerte *f*|～である tener suerte | ～な feliz | ～にも afortunadamente, felizmente | ～を祈ります ¡Buena suerte!
こうえい 光栄 honor *m* | …するのは～です Es un honor para mí 〈＋不定詞〉.
こうえき 公益 interés *m* público
こうえつ 校閲 revisión *f*
こうえん ❶ **公園** parque *m* ❷ 公演 〘演〙 función *f*, representación *f* ❸ 講演 conferencia *f*, disertación *f* | ～をする dar una conferencia ❹ 後援する patrocinar, auspiciar|…の～で bajo el patrocinio [los auspicios] de ...
こうおん 高音 sonido *m* agudo
こうか ❶ **効果** efecto *m*, eficacia *f*|～がある efectivo[va], eficaz|～がない ineficaz, sin efecto | この薬は～てきめんだ Esta medicina tiene un efecto inmediato. ❷ **硬貨** moneda *f* ❸ **高価**な caro[ra], costoso[sa], valioso[sa]
ごうか 豪華な　lujoso[sa], de lujo | ～船 barco *m* de lujo
こうかい ❶ **公開**の abierto[ta] al público | ～する publicar | ～の席で en público | ～講座 curso *m* abierto al público ❷ 後悔する arrepentirse de | ～先に立たず A lo hecho, pecho. 〘諺〙 ❸ 航海 navegación *f*, travesía *f*|～する navegar | ～術 náutica *f*
こうがい ❶ 公害 contaminación *f* ambiental | ～訴訟 pleito *m* sobre la contaminación ❷ 郊外 periferia *f*, extrarradio *m*|…の～に en las afueras de ...
ごうがい 号外 edición *f* extraordinaria
こうかいどう 公会堂 auditorio *m* público
こうかがく 光化学スモッグ smog *m* fotoquímico
こうがく ❶ 工学　ingeniería *f* ❷ 光学 óptica *f*
ごうかく 合格する aprobar | ～者 aprobado[da] *mf*
こうがくしん 向学心がある　tener ganas de estudiar
こうかん ❶ **交換** cambio *m* | AをBと～する cambiar A por B | …と～に a cambio de ...|意見を～する intercambiar opiniones ❷ 好感の持てる simpático[ca] | ～を持つ sentir simpatía por
こうき ❶ 高貴な noble ❷ 好機 oportunidad *f* ❸ 後期 (大学の) segundo semestre *m* ❹ 後記 posdata *f*
こうぎ ❶ **講義** clase *f*, curso *m* | ～する dar [impartir] clase | ～室 clase *f*, aula *f* ❷ 抗議 protesta *f*|～する protestar | …に～して en protesta por .... | …に対する～を申し入れる　formular una protesta contra ...
ごうぎ 合議 consulta *f*, deliberación *f*, conferencia *f*
こうきあつ 高気圧 anticiclón *m*, altas presiones *f.pl*
こうきしん 好奇心 curiosidad *f* | ～の強い curioso[sa] | …の～をそそる despertar la curiosidad de ... | ～を満たす satisfacer la curiosidad
こうきゅう ❶ 高級な de primera clase, de calidad superior, de lujo | ～官僚 alto[ta] funcionario[ria] *mf* ❷ 恒久平和 paz *f* permanente
こうきょ 皇居 Palacio *m* Imperial
こうきょう ❶ **公共**の público[ca] | ～施設 instalaciones *f.pl* públicas ❷ 好況 prosperidad *f*, boom *m* económico
こうぎょう ❶ **工業** industria *f*|～の industrial | ～都市 ciudad *f* industrial | ～化 industrialización *f* ❷ 鉱業 minería *f*
こうきょうきょく 交響曲 sinfonía *f*
こうきん 拘禁する detener, encarcelar, recluir
ごうきん 合金 aleación *f*
こうくう 航空 aviación *f* | ～会社 aerolínea *f*, compañía *f* aérea | ～機 avión *m*|～券 billete *m* de avión | ～交通管制 control *m* del tráfico aéreo | ～便 correo *m* aéreo | ～便で por avión
こうけい 光景 escena *f*, espectáculo *m*
こうげい 工芸 artesanía *f*
ごうけい 合計 total *m*, suma *f*|～する sumar | ～して en total
こうけいき 好景気 bonanza *f* económica
こうけいしゃ 後継者 sucesor[sora] *mf*, heredero[ra] *mf*
こうげき 攻撃 ataque *m*|～する atacar
こうけつあつ 高血圧 hipertensión *f*
こうけん ❶ 貢献 contribución *f* | ～する contribuir a ❷ 後見 (任務) tutoría *f*, 〘法〙 tutela *f*|～人 tutor[tora] *mf*
こうげん 高原 altiplanicie *f*, altiplano *m*, meseta *f*
こうご ❶ 口語 lenguaje *m* coloquial ❷ 交互に alternativamente
ごうご 豪語する　fanfarronear, decir una fanfarronada
こうこう ❶ 高校 instituto *m* de bachillerato | ～生 estudiante *m/f* de bachillerato ❷ 孝行 piedad *f* [deber *m*] filial | 親～な simpático[ca] con sus padres ❸ 口腔 cavidad *f* bucal ❹ 煌々と輝く brillar como brasas
こうごう 皇后 emperatriz *f*
こうごうしい 神々しい divino[na], (崇高な) sublime
こうこがく 考古学 arqueología *f* | ～者 arqueólogo[ga] *m/f*
こうこく 広告 anuncio *m*, publicidad *f* | 宣伝～ propaganda *f* | ～する anunciar, hacer publicidad de | 新聞に～を出す poner un anuncio en el periódico
こうこつ 恍惚 éxtasis *m* [*pl* ～], (老齢による) chochera *f*
こうさ 交差する cruzarse | ～させる cruzar | ～点 cruce *m*
こうざ ❶ 口座 cuenta *f* (bancaria) | 預[貯]金～ (普通) cuenta *f* de ahorros, (当座) cuenta *f* corriente | ～番号 número *m* de cuenta ❷ 講座 curso

m, (短期の) cursillo *m*

こうさい 交際 trato *m*, (友人関係) amistad *f* | …と～する tener trato con ..., tener amistad con ..., (男女の) salir con ... | ～費 gastos *m.pl* de representación

こうさく ❶ 工作 (手工) artesanía *f*, (計略) maniobra *f* | ～員 agente *m/f* secreto[ta] ❷ 耕作 cultivo *m*, labranza *f* | ～する cultivar, labrar | ～地 tierra *f* de cultivo | ～に適した cultivable

こうさつ 考察する analizar, estudiar

こうさん ❶ 公算が強い tener una gran probabilidad ❷ 降参 rendición *f* | ～する rendirse

こうざん ❶ 高山 montaña *f* alta | ～植物 flora *f* alpina | ～病 mal *m* de las alturas ❷ 鉱山 mina *f*

こうし ❶ 子牛 ternero[ra] *mf* | ～の肉 〖料〗 ternera *f* ❷ 公私を区別する distinguir lo público de lo privado | ～を混同する confundir lo público con lo privado ❸ 講師 (教師) profesor[sora] *mf*, (講演者) conferenciante *m/f* ❹ 公使 ministro[tra] *mf* ❺ 格子 reja *f*, rejilla *f*

こうじ ❶ 工事 obra *f* | ～中である estar en obras [en construcción] ❷ 公示 anuncio *m* público | ～する anunciar ALGO públicamente ❸ 麹 levadura *f*

こうしき 公式 〖数〗 fórmula *f* | ～の formal, oficial | ～訪問 visita *f* oficial

こうしつ 皇室 familia *f* [casa *f*] imperial

こうじつ 口実 excusa *f*, pretexto *m*, (言い逃れ) evasivas *f.pl* | …を～にする pretextar ..., poner el pretexto de ... | …という～で bajo [con] pretexto de ...

こうして así

こうしゃ ❶ 後者 éste[ta] *mf* ❷ 校舎 edificio *m* de la escuela [escolar]

こうしゅう ❶ 口臭 mal aliento *m* ❷ 公衆 público *m* | ～の público[ca] ❸ 講習会 curso *m*, (短期の) cursillo *m*

こうじゅつ 口述する narrar, dictar | ～筆記 dictado *m*

こうしょ 高所 (山等の) altitud *f*, altura *f* | ～恐怖症 〖医〗 acrofobia *f*

こうじょ 控除 deducción *f* | ～する deducir | 基礎～ base *f* de la deducción

こうしょう ❶ 交渉 negociación *f* | ～する negociar | …と～中である estar en negociación con ... | ～の席につく sentarse en una mesa de negociación ❷ 高尚な noble, refinado[da]

こうじょう ❶ 工場 fábrica *f* | ～を閉鎖する cerrar la fábrica | ～長 director[tora] *mf* de la fábrica | ～廃水 aguas *f.pl* residuales procedentes de una fábrica | ～渡し価格 precio *m* a la salida de fábrica ❷ 向上する mejorar, avanzar, adelantar, progresar

ごうじょう 強情な terco[ca], obstinado[da]

こうじょうせん 甲状腺 tiroides *m* [*pl* ~]

こうじょうてき 恒常的な permanente, constante

こうしょうにん 公証人 notario[ria] *mf*

こうしん ❶ 行進 marcha *f*, desfile *m* | ～する marchar, desfilar | ～曲 marcha *f* ❷ 更新する renovar, 〖IT〗 modificar ❸ 後進 (後退) retroceso *m*, (後継者) sucesor[sora] *mf*, (新世代) nueva generación *f*, (若者たち) los jóvenes *m.pl*

こうしんりょう 香辛料 especia *f*

こうすい ❶ 香水 perfume *m* ❷ 降水量 precipitaciones *f.pl*

こうずい 洪水 inundación *f*, diluvio *m*

こうせい ❶ 公正な imparcial, justo[ta] ❷ 攻勢 ofensiva *f* | ～に出る tomar [pasar a] la ofensiva ❸ 構成 composición *f*, estructura *f* | ～する componer, constituir ❹ 厚生 bienestar *m* social ❺ 後世 generaciones *f.pl* futuras, posteridad *f* ❻ 恒星 estrella *f* fija ❼ 校正する corregir las pruebas

ごうせい 合成 composición *f*, 〖化〗 síntesis *f* [*pl* ~] | ～する componer, sintetizar | ～の compuesto[ta], sintético[ca] | ～樹脂 resina *f* sintética

こうせいのう 高性能の de alto rendimiento

こうせいぶっしつ 抗生物質 antibiótico *m*

こうせき ❶ 功績 mérito *m*, contribución *f* ❷ 鉱石 mineral *m*

こうせつ 降雪 nevada *f* | ～量 precipitaciones *f.pl* de nieve

こうせん ❶ 光線 rayo *m*, (光) luz *f* ❷ 鉱泉 fuente *f* mineral

こうぜん 公然と abiertamente, en público

こうせんてき 好戦的な belicoso[sa], guerrero[ra]

こうそ ❶ 控訴 〖法〗 apelación *f* | ～する presentar una apelación, apelar ❷ 公訴 acusación *f* pública, proceso *m* | ～する acusar, procesar ❸ 酵素 enzima *f*, levadura *f*

こうそう ❶ 高層ビル rascacielos *m* [*pl* ~] | ～気流 corriente *f* de aire en altitud ❷ 構想 (計画) proyecto *m*, plan *m*, (発想) idea *f*

こうぞう 構造 estructura *f* | ～改革 reforma *f* estructural

こうそく ❶ 高速 alta velocidad *f* | ～道路 autopista *f* | ～度撮影 〖映〗 acelerado *m* ❷ 校則 reglamento *m* de la escuela ❸ 拘束する atar, restringir, (身柄を) detener

こうたい ❶ 交代・交替 relevo *m*, turno *m* | 〈人〉と～する relevar [sustituir] a ALGUIEN | ～制 sistema *m* de rotación ❷ 後退 retroceso *m*, (景気の) recesión *f* | ～する retroceder ❸ 抗体 anticuerpo *m*

こうだい 広大な inmenso[sa]

こうたいし 皇太子 príncipe *m*

こうたく 光沢 brillo *m* | ～のある brillante | ～のない mate

こうだん 公団 corporación *f* pública

こうちゃ 紅茶 té *m*

こうちょう ❶ 好調である funcionar bien, (人が) estar en buena forma ❷ 校長 director[tora] *mf* de la escuela

こうつう 交通 tráfico *m*, tránsito *m* | ～の便がいい estar bien comunicado[da] | この通りは～量が多い Hay mucho tráfico en esta calle.｜〜違反をする violar las normas de circulación｜〜違反者 infractor[tora] *mf* de las normas de circulación｜〜機関 medios *m.pl* de transporte｜〜事故 accidente *m* de tráfico｜〜渋滞 atasco *m*, embotellamiento *m*,（幹線道路の）caravana *f*｜〜巡査 policía *m/f* [guardia *m/f*] de tráfico｜〜整理をする regular el tráfico｜〜標識 señal *f* de tráfico

こうつごう 好都合の conveniente

こうてい ❶ 行程 itinerario *m*,（距離）distancia *f* ❷ 肯定 afirmación *f*｜〜する afirmar｜〜的な afirmativo[va], positivo[va] ❸ 皇帝 emperador *m* ❹ 校庭 patio *m* de recreo

こうていえき 口蹄疫 fiebre *f* aftosa

こうていぶあい 公定歩合 tipo *m* oficial de descuento

こうてき 公的な público[ca], oficial｜〜資金 fondos *m.pl* públicos

こうてつ ❶ 更迭 reemplazo *m*｜〜する reemplazar ❷ 鋼鉄 acero *m*

こうてん 好転する mejorar

こうど 高度 altitud *f*｜〜の avanzado[da], de alto nivel｜〜経済成長 alto crecimiento *m* económico

こうとう ❶ 高等な[の] superior, alto[ta]｜〜教育 educación *f* [enseñanza *f*] superior ❷ 口頭試験 examen *m* [prueba *f*] oral｜〜で oralmente, verbalmente ❸ 喉頭 laringe *f*

こうどう ❶ 行動 acción *f*｜〜する actuar, obrar,（振る舞う）comportarse｜〜的な activo[va] ❷ 講堂 auditorio *m*, salón *m* de actos

ごうとう 強盗 atraco *m* [asalto *m*, robo *m*] a mano armada,（人）atracador[dora] *mf*

ごうどう 合同の conjunto[ta], combinado[da]｜〜チーム equipo *m* mixto

こうとうむけい 荒唐無稽な disparatado[da], absurdo[da]

こうどく 購読 suscripción *f*｜雑誌を〜する suscribirse a una revista

こうない 校内で en [dentro de] la escuela｜〜暴力 violencia *f* escolar

こうにゅう 購入 compra *f*｜〜する comprar, adquirir

こうにん ❶ 公認の oficial, autorizado[da]｜〜記録〘スポ〙récord *m* homologado ❷ 後任 sucesor[sora] *mf*

こうねんき 更年期 climaterio *m*,（女性の）menopausia *f*,（男性の）andropausia *f*｜〜障害 síntomas *m.pl* climatéricos [menopáusicos]

コウノトリ〘鳥〙cigüeña *f*

こうば 工場 taller *m*, fábrica *f*

こうはい ❶ 交配〘生〙cruce *m*, hibridación *f*｜〜させる cruzar ❷ 荒廃した devastado[da], arruinado[da] ❸ 後輩（学校の）estudiante *m/f* de cursos inferiores

こうばい ❶ 勾配 inclinación *f*, pendiente *f* ❷ 購買力 poder *m* adquisitivo

こうばしい 香ばしい fragante, aromático[ca]

こうはん ❶ 後半 segunda mitad *f*,（試合）segundo tiempo *m* ❷ 公判 audiencia *f* pública ❸ 広汎な amplio[lia], extenso[sa]

こうばん 交番 puesto *m* de policía

こうはんい 広範囲の de grandes extensiones

こうび 交尾する copular, acoplarse

こうひょう ❶ 公表する publicar, hacer público[ca], anunciar oficialmente ❷ 好評な popular｜〜を博する tener [obtener] una buena aceptación

こうふ ❶ 公布する promulgar ❷ 交付 expedición *f*｜〜する extender, expedir

こうふう 校風 tradición *f* de la escuela

こうふく ❶ 幸福 felicidad *f*｜〜な feliz ❷ 降伏する rendirse

こうぶつ ❶ 好物 plato *m* favorito ❷ 鉱物 mineral *m*｜〜資源 recursos *m.pl* minerales

こうふん 興奮 excitación *f*,（高揚）exaltación *f*,（感動）emoción *f*｜〜する excitarse, exaltarse, emocionarse｜〜した excitado[da]｜〜しやすい excitable｜〜剤 excitante *m*, estimulante *m*

こうぶんしょ 公文書 documento *m* oficial

こうへい 公平な imparcial, justo[ta]

こうべん 合弁会社 empresa *f* mixta

こうほ 候補(者) candidato[ta] *mf*｜〜に名乗りをあげる presentar su candidatura｜〜地 lugar *m* propuesto

こうぼ 酵母 levadura *f*

こうほう ❶ 広報 información *f* pública｜〜課 departamento *m* de relaciones públicas ❷ 後方へ hacia atrás｜〜支援 apoyo *m* logístico

ごうほうてき 合法的な legal, legítimo[ma]

こうま ❶ 小馬 jaca *f* ❷ 子馬 potro[tra] *mf*

ごうまん 傲慢な arrogante, altivo[va]

こうみょう 巧妙な hábil, ingenioso[sa]

こうみん 公民 ciudadano[na] *mf*｜〜権 ciudadanía *f*, derechos *m.pl* civiles｜〜館 auditorio *m* municipal

こうむ 公務 tareas *f.pl* públicas｜〜上の oficial｜〜員 funcionario[ria] *mf* público[ca]

こうむる 被る recibir,（影響・害を）sufrir

こうめいせいだい 公明正大な equitativo[va], justo[ta] e imparcial

こうもく 項目 ítem *m*, artículo *m*

コウモリ〘動〙murciélago *m*

こうもん ❶ 肛門 ano *m* ❷ 校門 puerta *f* de la escuela

ごうもん 拷問 tortura *f*｜〜にかける torturar

こうよう ❶ 公用 asunto *m* oficial｜〜語 lengua *f* oficial ❷ 効用 efecto *m*,（用途）uso *m* ❸ 紅葉 hojas *f.pl* coloradas

こうようじゅ 広葉樹 árbol *m* de hojas anchas

こうらく 行楽 excursión *f*, paseo *m*｜〜地 lugar *m* de recreo

こうり ❶ 小売り venta *f* al por menor｜〜商 detallista *m/f*, minorista *m/f*｜〜店 comercio *m* al por menor ❷ 高利 interés *m* alto｜〜貸 usurero[ra] *mf*

ごうり 合理的な racional,（妥当な）razonable｜〜化する racionalizar

こうりつ ❶ 効率（機械の）rendimiento *m*,（能率）eficacia *f*, eficiencia *f*｜〜を高める mejorar [aumentar] el rendimiento ❷ 公立の público[ca]
こうりゅう 交流 intercambio *m*,（電流）corriente *f* alterna｜文化〜 intercambio *m* cultural
ごうりゅう 合流する（川・道）confluir,（人）reunirse, juntarse
こうりょ 考慮する considerar｜〜に入れる tener ALGO en cuenta
こうりょう ❶ 綱領 resumen *m*,（政策の）principios *m.pl* generales, plataforma *f* ❷ 荒涼たる desolado[da], desierto[ta] ❸ 香料 especia *f*, aromatizante *m*,（化粧品）perfume *m*
こうりょく 効力 efecto *m*, eficacia *f*,（法の）validez *f*, vigencia *f*｜〜のある efectivo[va], eficaz, válido[da], vigente
こうれい 高齢の de edad avanzada｜〜化 envejecimiento *m* demográfico
ごうれい 号令 voz *f* de mando, orden *f*｜〜をかける dar la voz de mando
こうろ 航路 ruta *f* (de navegación)
こうろう 功労 contribución *f*, mérito *m*
こうろん 口論 disputa *f*｜〜する disputar
こうわ 講和条約 tratado *m* de paz
こえ 声 voz *f*｜叫び〜 grito *m*｜〜がよい tener buena voz｜〜をそろえて a coro｜〜変わり cambio *m* de voz
ごえい 護衛 escolta *f*,（人）guardaespaldas *m/f* [*pl* 〜]｜〜する escoltar
こえだ 小枝 ramita *f*, rama *f* delgada
こえる ❶ 越える・超える（超過する）exceder, pasar,（しのぐ）superar,（横断する）atravesar, cruzar｜海を越えて atravesando el mar ❷ 肥える ➜太る｜肥えた（土地が）fértil
ゴーグル（水泳の）gafas *f.pl* de buceo
コース（道筋）itinerario *m*, ruta *f*,（方角）dirección *f*,（経路）recorrido *m*,（課程）curso *m*,（陸上競技）calle *f*
コーチ（人）monitor[tora] *mf*, técnico[ca] *mf*, entrenador[dora] *mf*｜〜をする entrenar
コート〘服〙gabardina *f*, abrigo *m*,〘スポ〙cancha *f*, pista *f*
コード（電気）cable *m*,（符号）código *m*
コーナー（隅）rincón *m*,（曲り角）esquina *f*,（売り場）sección *f*｜〜キック（サッカー）córner *m*, saque *m* de esquina
コーヒー café *m*｜〜をいれる hacer café
コーラ cola *f*
コーラス coro *m*
こおり 氷 hielo *m*｜〜のように冷たい helado[da], frío[a] como el hielo｜〜の張った湖 lago *m* helado
こおる 凍る helarse, congelarse｜凍らせる helar,（冷凍する）congelar
ゴール meta *f*,（球技）gol *m*｜〜インする llegar a la meta｜〜を決める marcar [meter] un gol
コールタール alquitrán *m* de hulla
ゴールデン 〜アワー horas *f.pl* [horario *m*] de máxima audiencia｜〜ウイーク semana *f* de oro
コオロギ〘昆〙grillo *m*
こがい 戸外で al aire libre
ごかい 誤解 malentendido *m*｜〜が生じた Ha surgido un malentendido.｜〜を招く provocar un malentendido｜〜する malentender, malinterpretar
こがいしゃ 子会社 empresa *f* filial [subsidiaria]
ごかく 互角 …と〜である estar al mismo nivel que ...｜〜に試合をする jugar de igual a igual
ごがく 語学 estudio *m* de las lenguas,（言語学）lingüística *f*
こかげ 木陰で a la sombra de un árbol
こがす 焦がす quemar,（表面を）chamuscar
こがた 小型・小形の pequeño[ña], de pequeño formato
ごがつ 五月 mayo *m*｜〜に en mayo
こがらし 木枯らし viento *m* invernal
ごきげんよう Adiós.; Que le vaya bien.
こぎって 小切手 cheque *m* (bancario), talón *m*｜〜帳 talonario *m* de cheques
ゴキブリ〘昆〙cucaracha *f*
こきゃく 顧客 cliente[ta] *mf*, clientela *f*
こきゅう 呼吸 respiración *f*｜〜する respirar
こきょう 故郷 tierra *f* natal, patria *f* chica｜〜に帰る volver a SU pueblo
こく cuerpo *m*｜このワインはこくがある Este vino es de mucho cuerpo.
こぐ 漕ぐ remar
ごく 語句 frase *f*
こくえい 国営の estatal
こくおう 国王 rey *m*
こくがい 国外の extranjero[ra]
こくぎ 国技 deporte *m* nacional
こくご 国語（公用語）lengua *f* oficial,（日本語）lengua *f* japonesa
こくさい ❶ 国際的な internacional｜〜運転免許証 licencia *f* internacional para conducir｜〜化 internacionalización *f*｜〜感覚を身に付ける adquirir una visión [perspectiva] universal｜〜関係 relaciones *f.pl* internacionales｜〜空港 aeropuerto *m* internacional｜〜司法裁判所 Tribunal *m* Internacional de Justicia｜〜線（便）vuelo *m* internacional,（路線）línea *f* internacional｜〜電話 llamada *f* internacional｜〜法 derecho *m* internacional ❷ 国債 bonos *m.pl* del Estado
こくさん 国産の (de fabricación) nacional
こくじん 黒人 negro[gra] *mf*
こくせい 国政 política *f* nacional
こくせいちょうさ 国勢調査 censo *m* nacional de población
こくせき 国籍 nacionalidad *f*｜日本〜の de nacionalidad japonesa
こくそ 告訴 denuncia *f*｜〜する presentar una denuncia, denunciar, acusar
こくそう 穀倉 granero *m*
こくち 告知 notificación *f*, aviso *m*
こくど 国土 territorio *m* nacional
こくどう 国道 carretera *f* nacional
こくない 国内の nacional, interior, doméstico[ca]｜日本〜で en [dentro de] Japón｜〜線（便）vuelo *m* nacional,

(路線) línea *f* nacional | ～政策 política *f* interior | ～総生産 producto *m* interior bruto 《略 PIB》
こくはく 告白する confesar
こくはつ 告発 acusación *f*, denuncia *f*
こくばん 黒板 pizarra *f* | ～ふき borrador *m*
こくふく 克服する superar, vencer
こくべつ 告別式 funeral *m*, ceremonia *f* fúnebre
こくほう 国宝 tesoro *m* nacional
こくみん 国民 pueblo *m*, nación *f* | ～の nacional | ～総生産 producto *m* nacional bruto 《略 PNB》
こくむだいじん 国務大臣 ministro[tra] *mf* de Estado
こくめい 克明な detallado[da], minucioso[sa]
こくもつ 穀物 grano *m*, cereales *m.pl*
こくゆうか 国有化 nacionalización *f*
ごくらく 極楽 paraíso *m*
こくりつ 国立の estatal, nacional | ～オペラ劇場 teatro *m* nacional de ópera
こくるい 穀類 grano *m*, cereales *m.pl*
こくれん 国連 Organización *f* de las Naciones Unidas 《略 ONU》 ➡付録：組織・制度等略語 | ～総会 Asamblea *f* General de la ONU | ～安全保障理事会 Consejo *m* de Seguridad de la ONU | ～軍 fuerzas *f.pl* de Naciones Unidas [de la ONU]
ごくろう ご苦労さま Muchas gracias. | ～をおかけしてすみません Siento haberle causado tanta molestia.
こけ 苔 〖植〗 musgo *m*
コケコッコー (雄鶏の鳴き声) quiquiriquí *m*
こげる 焦げる quemarse
ここ ❶ 此処 aquí *adv* | ～に[へ] aquí | ～まで hasta aquí | これは～だけの話だよ Esto ha de quedar entre nosotros. ❷ 個々の cada 〈+名詞〉, individual | ～に検討する estudiar ALGO separadamente
ごご 午後 tarde *f* | ～に por la tarde | ～中ずっと toda la tarde
ココア chocolate *m*
ここえ 小声で en voz baja
こごえる 凍える helarse
ここく 故国 país *m* natal
ここちよい 心地よい agradable
こごと 小言を言う echar un sermón
ここのか 九日 (期間) nueve días *m.pl*, (日付) el día nueve
こころ 心 corazón *m*, (魂) alma *f*, (精神) espíritu *m*, (感情) sentimiento *m* | ～から sinceramente, cordialmente | ～からの sincero[ra], de todo corazón | ～に留める tener ALGO en cuenta | 〈人〉に～を許す confiarse a ALGUIEN | ～を引き付ける atraer | 心当たり 私はこの顔には～がある Me suena esta cara. | 心当たりがある tener una idea | 心構え …の～ができている estar preparado[da] para ... | 心変わり cambio *m* de opinión, (裏切り) traición *f* | 心苦しい 彼にこんなに頼みごとをするのは～ Me da mucha pena pedirle tantos favores. | 心づくしの手料理 comida *f* preparada con cariño | 心細い 君がいなくて～ Te echo de menos. | 心細く思う sentirse solo[la], (自信がない) sentirse poco seguro[ra] | 心もとない inseguro[ra], poco seguro[ra] | 心もとなく思う estar inquieto[ta]
こころえる 心得る (理解する) comprender, entender, (知る) saber
こころがける 心がける (覚えておく) tener ALGO en cuenta | …するよう～ procurar 〈+不定詞〉
こころざし 志 (目的) objetivo *m*, meta *f*, (意図) intención *f*, (意志) voluntad *f*, (願い) deseo *m*
こころみる 試みる intentar, probar | 試み prueba *f*, intento *m*
こころよい 快い agradable | 快く con mucho gusto
ござ 茣蓙 estera *f* (de junco)
こさめ 小雨 llovizna *f*
ごさん 誤算 error *m* de cálculo, equivocación *f*
こし 腰 (腰部) caderas *f.pl*, riñones *m.pl*, (ウエスト) cintura *f* | ～が痛い Me duelen los riñones.
こじ 孤児 huérfano[na] *mf* | ～院 orfanato *m*
こじあける こじ開ける 戸を～ forzar la puerta
こしかけ 腰掛け banco *m*, silla *f*
こしかける 腰掛ける sentarse
こしつ 固執する empeñarse en
ゴシック 〖建〗〖美〗(様式) gótico *m* | ～の gótico[ca]
こじつけ sofisma *m*, argucia *f* | ～る emplear una argucia
ゴシップ chisme *m*, cotilleo *m* | ～雑誌 revista *f* del corazón
ごじゅう 五十 cincuenta *m* | ～番目の quincuagésimo[ma] | ～分の 1 un cincuentavo
ごしゅうしょうさま ご愁傷さま Le acompaño en el sentimiento.
ごじゅん 語順 orden *m* de las palabras
こしょう 故障 avería *f* | ～する averiarse, estropearse | ～した averiado[da] | ～中 Fuera de servicio.; No funciona.
コショウ 〖植〗〖料〗(実) pimienta *f*
ごしょく 誤植 errata *f*
こじれる (話) complicarse, (病気) empeorarse, agravarse
こじん 個人 individuo *m* | ～的な personal | ～の individual, particular | ～企業 empresa *f* privada | ～消費 consumo *m* personal
こす ❶ 越す pasar, (引っ越す) mudarse, (超過する) exceder, sobrepasar | 冬を～ pasar el invierno ❷ 漉す colar, filtrar
こずえ 梢 copa *f* de árbol
コスチューム traje *m*, vestido *m*
コスト coste *m*, costo *m*
コスモス 〖植〗 cosmos *m* [*pl* ~]
こする 擦る frotar, fregar, rozar, (こすり取る) raspar
こせい 個性 personalidad *f*, individualidad *f*, (独自性) originalidad *f*
こせき 戸籍 estado *m* civil | ～簿 registro *m* civil
こぜに 小銭 suelto *m* | ～入れ monedero *m*
ごぜん 午前 mañana *f* | ～(中)に por la

mañana
こそこそ ～(と) a escondidas, con disimulo, (内密に) en secreto | ～話をする murmurar, cuchichear
ごぞんじ ご存知のとおり como sabe usted
こたい 固体 sólido *m*|～の sólido[da]
こだい 古代 antigüedad *f*, Edad *f* Antigua|～の antiguo[gua]
こだい 誇大な exagerado[da]|～妄想 delirio *m* de grandeza, 〖医〗 megalomanía *f*
こたえ 答え respuesta *f*, solución *f*
こたえる ❶ 答える contestar, responder ❷ 応える 期待に～ responder a las expectativas | この暑さは～ Este calor me afecta.
ごたごた (もめごと) problema *m*, conflicto *m*|～した (乱雑な) desordenado[da]
こだち 木立ち arboleda *f*
こだま eco *m*
こだわる obstinarse en, apegarse a
ごちそう buena comida *f*, (豪勢な) banquete *m* | 君にお昼を～するよ Te invito a comer.
ごちゃごちゃ ～な desordenado[da] | ～にする poner ALGO en desorden [patas arriba]
こちょう 誇張 exageración *f*|～する exagerar
こちら aquí | ～へどうぞ Pase por aquí. | ～はガルシアさんです Éste es el Sr. García.
こぢんまり ～した家 casa *f* pequeña pero confortable
こつ truco *m*, tranquillo *m* | ～をつかむ coger el tranquillo
こっか ❶ 国家 nación *f*, estado *m*|～の nacional, estatal | ～間の internacional, entre naciones | 2国間の bilateral | ～公務員 funcionario[ria] *mf* del Estado | ～公務員試験 oposición *f* para funcionarios del Estado ❷ 国歌 himno *m* nacional
こっかい 国会 Parlamento *m*, (スペイン) Cortes *f.pl*, (日本) Dieta *f*|～を召集する convocar el Parlamento | ～議員 parlamentario[ria] *mf*, (下院) diputado[da] *mf*, (上院) senador[dora] *mf*
こづかい 小遣い dinero *m* de bolsillo
こっかく 骨格 esqueleto *m*, (体格) constitución *f*
こっき 国旗 bandera *f* nacional
こっきょう 国境 frontera *f*
コック (料理人) cocinero[ra] *mf*, (栓) grifo *m*|～長 jefe[fa] *mf* de cocina
こっけい ～な gracioso[sa], cómico [ca]
こっこ 国庫 fisco *m*, tesoro *m* público
こつこつ (勤勉に) con asiduidad | ～働く trabajar con constancia | ～たたく dar golpecitos
ごつごつ ～した áspero[ra], desigual | ～した手 mano *f* huesuda
こつずい 骨髄移植 trasplante *m* de médula ósea
こっせつ 骨折 fractura *f* | ～する fracturarse
こつそしょうしょう 骨粗鬆症 osteoporosis *f* [*pl* ~]
こっそり a escondidas, con disimulo, (秘密に) en secreto
こづつみ 小包 paquete *m*
こっとうひん 骨董品 antigüedades *f.pl*
こつばん 骨盤 pelvis *f* [*pl* ~]
コップ vaso *m*|紙～ vaso *m* de papel
こて 鏝 (左官用) paleta *f*, (ハンダ) soldador *m*
こてい 固定する fijar, sujetar, asegurar | ～した fijo[ja] | ～観念 estereotipo *m*, idea *f* fija
こてん ❶ 古典 clásico *m* | ～の clásico[ca] ❷ 個展 exposición *f* personal
こと ❶ 事 cosa *f*, objeto *m*, asunto *m*| …する～にしている tener la costumbre de 〈+不定詞〉 | ～を起こす causar problemas | ～あるごとに cada vez que ocurre algo ❷ 琴 arpa *f* japonesa ❸ 古都 ciudad *f* antigua, antigua capital *f*
-ごと 5か月～に cada cinco meses | ハンドバッグ～財布を盗まれた Me robaron el bolso con la cartera.
こどう 鼓動 latido *m*|～する latir, palpitar
こどうぐ 小道具 〖演〗 accesorios *m.pl*
ことがら 事柄 asunto *m*
こどく 孤独な solitario[ria]
ことし 今年 este año|～の秋 este otoño
ことづけ …に～を伝える dar un mensaje [recado] a ...
ことなる 異なる …と～ diferir de ... | 異なった distinto[ta], diferente | …と異なって a diferencia de ...
ことば 言葉 (言語) lengua *f*, (語) palabra *f*|話し[書き]～ lenguaje *m* hablado [escrito] | お～に甘えさせていただきます Voy a aceptar su amable invitación [ofrecimiento]. | ～巧みに con buenas palabras | ～どおりに literalmente, al pie de la letra | ～遣い lenguaje *m*, (話し方) manera *f* de hablar | ～を選んで話す medir SUS palabras
こども 子供 niño[ña] *mf*, chico[ca] *mf*, (息子[娘]) hijo[ja] *mf*, (乳児) bebé *m* | ～っぽい infantil, pueril | ～らしい niño[ña], (無垢(むく)な) inocente | ファンはいつも僕を～扱いする Juan siempre me trata como un niño. | ～だまし niñería *f* | ～時代 infancia *f*, niñez *f*|～服 ropa *f* para niños
ことり 小鳥 pájaro *m*, pajarito *m*
ことわざ 諺 refrán *m*, paremia *f*
ことわる 断る rechazar, rehusar | にべもなく～ rechazar rotundamente
こな 粉 polvo *m*, (穀物の) harina *f*|～にする moler | ～石けん [ミルク, 雪] jabón *m* [leche *f*, nieve *f*] en polvo
こなごな 粉々にする romper ALGO en pedazos, (つぶす) machacar, (機械で砕く) triturar|～になる hacerse pedazos
こにもつ 小荷物 paquete *m*
コネ enchufe *m*|～がある tener enchufe
こねこ 小猫 gatito[ta] *mf*
こねる 捏ねる amasar | 小麦粉を～ amasar la harina
ごねる quejarse, reclamar
この este[ta] 〈+名詞〉
このあいだ この間 (先日) el otro día, (最近) hace poco, recientemente | ～から desde hace poco

このあたり この辺りに por aquí
このくらい así | ～の厚さの本 un libro así de gordo
このごろ この頃 últimamente
このさき この先 (今後) en el futuro, de aquí en adelante, (場所) más allá
このつぎ この次 la próxima vez
このとおり como se ve, como ve usted
このまえ この前 el otro día
このましい 好ましい favorable, deseable
このまま ～にしておく dejar ALGO así [como tal]
このみ 好み gusto *m*, afición *f* | この柄は私の～ではない Este dibujo no es de mi gusto.
このむ 好む querer, preferir | (あなたが)～と好まざるとにかかわらず Le guste o no le guste ... | この仕事を好んでやっているわけではない No hago este trabajo porque quiera.
このよ この世 este mundo | ～の terrenal, de este mundo
このような así | このように así
こはく 琥珀 ámbar *m*
ごばく 誤爆 bombardeo *m* equivocado
こばな 小鼻 alas *f.pl*
こばなし 小話 historieta *f*, chiste *m*
こばむ 拒む rechazar, rehusar
こはるびより 小春日和 veranillo *m* de San Martín [Miguel]
こはん 湖畔で a [en] la orilla del lago
ごはん 御飯 (米) arroz *m*, (食事) comida *f* | ～を炊く cocer arroz
コピー copia *f*, fotocopia *f* | ～する copiar, sacar una copia | ～アンドペーストする 〖IT〗 copiar y pegar
こひつじ 子羊 cordero[ra] *mf*
こびる 媚びる halagar, lisonjear
こぶ ❶ 鼓舞する animar, alentar ❷ 瘤 (腫(は)れ) chichón *m*, hinchazón *f*, (ラクダの) giba *f* | 額に～をつくる hacerse un chichón en la frente
こふう 古風な arcaico[ca], (古臭い) anticuado[da]
ごぶさた ご無沙汰して申し訳ありません (手紙で) Perdone que no le haya escrito durante tanto tiempo.
こぶし 拳 puño *m*
こぶね 小舟 barca *f*
コブラ 〖動〗 cobra *f*
こふん 古墳 tumba *f* antigua, túmulo *m*
こべつ 個別の individual, particular
ゴボウ 〖植〗 bardana *f*, lampazo *m*
こぼす derramar, verter, (愚痴) quejarse
こぼれる derramarse, rebosar
こま 独楽 peonza *f*, trompo *m*
ゴマ 〖植〗 sésamo *m*, ajonjolí *m* | ～油 aceite *m* de sésamo
コマーシャル publicidad *f*, anuncio *m*
こまかい 細かい diminuto[ta], menudo[da], fino[na], (詳しい) detallado[da], minucioso[sa], meticuloso[sa], (微妙な) sutil
ごまかす engañar, (うそ) mentir, (不正) hacer un fraude | ごまかし engaño *m*, (うそ) mentira *f*, (不正) fraude *m*
こまく 鼓膜 tímpano *m* (del oído)
こまやか 細やかな solícito[ta], atento[ta]
こまる 困る tener problemas | 金に～ tener [verse en] apuros económicos | 困らせる molestar, (心配させる) preocupar
…こみ 込み サービス料～ Servicio incluido.
ごみ 芥 basura *f*, desperdicios *m.pl* | ～収集車 camión *m* de la basura | ～焼却場 incineradora *f* de basuras | ～処理施設 planta *f* de tratamiento de basuras | ～捨て場 vertedero *m* de basuras | ～箱 basurero *m*, (紙くず用) papelera *f* | ～袋 bolsa *f* de basura | 家庭～ basura *f* domiciliaria [doméstica] | 生～ basura *f* biodegradable | 有害～ basura *f* tóxica | 粗大～ basura *f* grande
こみあった 込み合った車両 vagón *m* lleno [atestado, repleto] de pasajeros
こみいった 込み入った complicado[da]
こみち 小道 senda *f*, callejón *m*
コミック ➔漫画
コミュニケーション comunicación *f*
こむ 込む (混雑する) congestionarse | …で込んでいる estar atestado[da] de ...
ゴム goma *f*, caucho *m*
コムギ 〖植〗 trigo *m* | ～粉 harina *f* de trigo
こめ 米 arroz *m*
こめかみ sien *f*
コメディアン humorista *m/f*, cómico[ca] *mf*
コメディー 〖演〗 comedia *f*
こめる 込める ピストルに弾丸を～ cargar la pistola | 愛を込めて con cariño
ごめん ～なさい Perdón.; (中座する時等) Con permiso.
コメント comentario *m* | ～する hacer un comentario
こもじ 小文字 (letra *f*) minúscula *f*
こもり 子守 niñero[ra] *mf*, (ベビーシッター) canguro *m/f* | ～をする cuidar a un [una] niño[ña] | ～歌 canción *f* de cuna, nana *f*
こもる (引きこもる) encerrarse, (隠れる) esconderse, (充満する) cargarse de
こもん 顧問 asesor[sora] *mf*, consejero[ra] *mf*
こや 小屋 cabaña *f*, barraca *f*, (家畜の) establo *m*
ごやく 誤訳 mala traducción *f*, traducción *f* errónea | ～する traducir mal
こやし 肥やし abono *m*, fertilizante *m*, estiércol *m*
こゆう 固有の (独自の) propio[pia], (特有の) particular, (特徴的な) característico[ca], (生得的な) inherente
こゆび 小指 (dedo *m*) meñique *m*
こよう 雇用する emplear | ～契約 contrato *m* de trabajo | ～主 empresario[ria] *m f*, empleador[dora] *mf* | ～条件 condiciones *f.pl* de empleo | ～促進法 ley *f* de fomento de empleo | ～保険 seguro *m* de desempleo
こよみ 暦 calendario *m*
こら ¡Eh!
こらえる 堪える aguantar, (抑える) contener
ごらく 娯楽 diversión *f*, entretenimien-

to *m*｜〜映画 película *f* de evasión
こらしめる 懲らしめる castigar
コラム (記事) artículo *m*, (欄) columna *f*, sección *f*｜コラムニスト columnista *m/f*, articulista *m/f*
ごらん 〜ください Mire usted.; Vea usted.
こりしょう 凝り性の人 perfeccionista *m/f*
こりつ 孤立 aislamiento *m*｜〜した aislado[da]｜〜する aislarse
ゴリラ 〘動〙 gorila *m*
こりる 懲りる escarmentar
こる 凝る (熱中する) entusiasmarse en, estar absorto[ta] en｜肩が〜 tener los hombros entumecidos
コルク corcho *m*
ゴルフ golf *m*｜〜をする jugar al golf｜〜場 campo *m* de golf｜ゴルファー golfista *m/f*, jugador[dora] *mf* de golf
これ éste[ta] *mf*, esto *n*｜〜から (今から) a partir de ahora, (今後) de aquí [de ahora] en adelante｜〜まで hasta ahora
コレクション colección *f*
コレクトコール 〜をかける llamar a cobro revertido
コレステロール colesterol *m*｜善玉 [悪玉] 〜 colesterol *m* bueno [malo]
コレラ 〘医〙 cólera *m*
ころ 頃 あの〜 en aquel entonces｜彼が若い〜に cuando era joven, en su juventud
ころがす 転がす hacer rodar, (倒す) tumbar, hacer caer
ころがる 転がる rodar, (ひっくり返す) volcarse, (横になる) tumbarse
ごろごろ 私のお腹が〜鳴る Me suena la barriga.｜雷が〜鳴る Truena.
ころし 殺し (殺人) homicidio *m*, (暗殺) asesinato *m*｜〜文句 (男女間の) palabras *f.pl* galantes｜〜屋 asesino[na] *mf* a sueldo, sicario *m*
ころす 殺す matar, (暗殺) asesinar
コロッケ 〘料〙 croqueta *f*
ころぶ 転ぶ caerse｜いずれにせよ, どっちに転んでも損はない En todo caso, por intentarlo no se pierde nada.
コロン dos puntos *m.pl*
こわい 怖い horrible, terrible
こわがる 怖がる espantarse, tener miedo a｜怖がらせる espantar, dar miedo
こわごわ temerosamente, tímidamente
こわす 壊す romper, estropear, (破壊する) destruir
こわばった endurecido[da], rígido[da], tieso[sa]
こわれる 壊れる romperse, estropearse, (故障) averiarse｜壊れた roto[ta], estropeado[da], (故障) averiado[da]｜壊れやすい frágil｜壊れ物, 取り扱い注意 ¡Frágil!
こん 紺の azul marino
こんい 懇意な íntimo[ma]｜…と〜な間柄である mantener una íntima amistad con ...
こんかい 今回は esta vez
こんがらかる complicarse, enredarse
こんがり 〜焼けた (肉・野菜が) dorado[da], (パンが) bien tostado[da], (日焼けで) bronceado[da]
こんがん 懇願する rogar, suplicar
こんき 根気 perseverancia *f*｜〜のある perseverante, tenaz, paciente
こんきょ 根拠 fundamento *m*, base *f*, (理由) razón *f*｜〜のある[ない] con [sin] fundamento
コンクール concurso *m*
コンクリート hormigón *m*, concreto *m*
こんけつ 混血 mestizaje *m*｜〜の mixto[ta], mestizo[za]｜〜児 mestizo[za] *mf*, (白人と黒人) mulato[ta] *mf*
こんげつ 今月 este mes
こんご 今後 de(sde) ahora en adelante
こんごう 混合 mezcla *f*｜〜する mezclar
コンサート concierto *m*
こんざつ 混雑 congestión *f*, (雑踏) hormiguero *m* (humano), (車の) atasco *m*｜〜した広場 plaza *f* repleta de gente
コンサルタント asesor[sora] *mf*, consejero[ra] *mf*
こんしゅう 今週 esta semana
こんじょう 根性がある tener agallas [coraje]
こんすい 昏睡 coma *m*｜〜状態にある estar [encontrarse] en (estado de) coma
こんせい 混声の mixto[ta]｜〜合唱団 coro *m* mixto
こんせき 痕跡 huella *f*, rastro *m*
こんぜつ 根絶する exterminar
こんせん 混線する cruce *m* de líneas｜電話が〜している Hay un cruce de líneas de teléfono.
コンセント toma *f* de corriente, enchufe *m*
コンソメ 〘料〙 consomé *m*
コンタクトレンズ lentillas *f.pl*, lentes *f.pl* de contacto｜ハード[ソフト] 〜 lentillas *f.pl* blandas [duras]
こんだて 献立 menú *m*, (表) carta *f*
コンチェルト 〘音〙 concierto *m*
こんちゅう 昆虫 insecto *m*
コンディション 〜がいい (体調) estar bien, estar en forma, estar en buenas condiciones físicas [de salud]
コンテスト concurso *m*
コンテナ contenedor *m*
こんど 今度 esta vez, ahora, (この次) la próxima vez｜〜だけは sólo esta vez｜〜は君の番だ Ahora te toca el turno.
こんどう 混同 AとBを〜する confundir A con B
コンドーム condón *m*, preservativo *m*
ゴンドラ góndola *f*
コントラスト contraste *m*
コントラバス 〘音〙 contrabajo *m*
コンドル 〘鳥〙 cóndor *m*
コントロール control *m*｜〜する controlar, dominar
こんとん 混沌 caos *m* [*pl* 〜]
こんな 〈名詞＋〉 como éste[ta]｜〜ことだろうと思っていた Ya me lo imaginaba.
こんなん 困難 dificultad *f*｜〜な difícil
こんにち 今日 hoy en día
こんにちは Buenas tardes.
コンパ fiesta *f*｜歓迎〜 ➜歓迎会
コンパートメント compartim(i)ento *m*
コンパクト (化粧用) polvera *f*｜〜な compacto[ta], (小さい) pequeño[ña]
コンパクトディスク (disco *m*) compacto

m, CD *m*
コンパス compás *m*
こんばん 今晩 esta noche
こんばんは Buenas noches.
コンビ pareja *f* | 彼らはいい～だ Los dos hacen buena pareja.
コンビーフ 〖料〗 fiambre *m* de carne de vaca prensado y enlatado
コンビニエンスストア supermercado *m* abierto 24 (veinticuatro) horas
コンピュータ ordenador *m*, computadora *f* | ～ウイルス virus *m* (informático) | ～化する informatizar | ～グラフィックス diseño *m* gráfico computarizado | ～ゲーム videojuego *m* | ～犯罪 delito *m* informático
こんぶ 昆布 alga *f* (marina)
コンプレックス complejo *m*
コンプレッサー 〖機〗 compresor *m*
こんぼう 棍棒 garrote *m*, porra *f*
こんぽう 梱包 empaque *m*, embalaje *m*
こんぽん 根本的な básico[ca], fundamental
コンマ coma *f*
こんや 今夜 esta noche
こんやく 婚約 compromiso *m* matrimonial, esponsales *m.pl* | …と～する prometerse con ... | ～を解消する romper el noviazgo | ～期間 noviazgo *m* | ～者 novio[via] *mf* | ～指輪 anillo *m* de compromiso
こんらん 混乱 confusión *f*, desorden *m* | ～させる producir confusión, poner ALGO en desorden
こんろ 焜炉 horno *m*

さ 差 (違い) diferencia *f*, (距離) distancia *f* | ～がある haber diferencia, diferir | ～をつける (有利になる) aumentar la ventaja, (区別する) diferenciar | ～を広げる[縮める] aumentar [reducir] la diferencia
ざ 座につく tomar asiento | ～をはずす retirarse | ～を白けるさせる人 aguafiestas *m/f* [*pl* ~] | ～を取り持つ mantener animada la reunión
さあ ¡Venga!
サーカス circo *m*
サーキット (自動車レースの) circuito *m*
サークル círculo *m*, peña *f*
サーズ SARS (重症急性呼吸器症候群) síndrome *m* respiratorio agudo y grave
サーチエンジン 〖IT〗 motor *m* de búsqueda, buscador *m*
サーチライト reflector *m*
サーバー 〖スポ〗 sacador[dora] *mf*, 〖IT〗 servidor *m*
サービス servicio *m* | ～する servir, prestar un servicio | このレストランは～がいい En este restaurante te atienden bien. | これは当店の～です Es la invitación de la casa. | 家庭～をする atender a la familia | ～エース 〖スポ〗 ace *m* | ～エリア área *f* de servicio | ～業 industria *f* de servicio | ～料 servicio *m* | ～料込み Servicio incluido.
サーブ 〖スポ〗 servicio *m*, saque *m* | ～する servir, hacer el saque
サーフィン surf *m*, surfing *m* | ～をする hacer [practicar] surf | サーファー surfista *m/f* | サーフボード tabla *f* de surfing
サーモン 〖魚〗 salmón *m*
さい ❶ 際 …の～に en el momento de ... | 緊急の～ en caso de emergencia ❷ -歳 彼女は30～だ Ella tiene treinta años. ❸ サイ 〖動〗 rinoceronte *m*
さいあい 最愛の SU más querido[da]
さいあく 最悪の el [la] peor 〈+名詞〉 | ～の場合 en el peor de los casos
ざいあく 罪悪 pecado *m*, culpa *f*
さいえん 菜園 huerta *f*, huerto *m*
さいかい ❶ 再会 reencuentro *m* | ～する encontrarse de nuevo | 〈人〉と～する volver a ver a ALGUIEN ❷ 再開する reanudar, empezar de nuevo
さいがい 災害 desastre *m*, catástrofe *f*, (事故) accidente *m*
ざいかい 財界 mundo *m* financiero, círculos *m.pl* financieros
ざいがく 在学 大学に～している estar matriculado[da] en una universidad
さいき 才気あふれた lleno[na] de talento
さいぎしん 猜疑心の強い receloso[sa], escéptico[ca]
さいきん ❶ 最近 recientemente, últimamente | ～の reciente, último[ma] | ～の子供たち los niños de hoy ❷ 細菌 bacteria *f*, (微生物) microbio *m*
さいく 細工 trabajo *m*, obra *f*, (策略) maniobra *f*
さいくつ 採掘する explotar
サイクリング ciclismo *m*
サイクル ciclo *m*
さいけつ 採決する decidir ALGO por votación
さいげつ 歳月 tiempo *m* | ～を経るとともに con el (paso del) tiempo
さいけん ❶ 再建 reconstrucción *f* | ～する reconstruir ❷ 債権 crédito *m* | ～者 acreedor[dora] *mf* ❸ 債券 bono *m*, obligaciones *f.pl*
さいげん 際限のない sin límite, ilimitado[da]
ざいげん 財源 recursos *m.pl* financieros, fondos *m.pl*
サイコ ～セラピー psicoterapia *f*
さいご 最後の último[ma] | ～に por último | ～通牒(つうちょう) ultimátum *m*
ざいこ 在庫 existencias *f.pl*, stock *m*
さいこう ❶ 最高の supremo[ma], máximo[ma] | ～記録を出す establecer la mejor marca | ～権威 máxima autoridad *f* | ～検察庁 Fiscalía *f* Suprema | ～速度 velocidad *f* máxima | ～点 máxima puntuación *f* | ～峰 la cima más alta ❷ 採光 alumbrado *m*
さいころ dado *m*
さいさき 幸先のよい ser de buen augurio
さいさん 採算がとれる rentable, provechoso[sa] | 独立～性 sistema *m* de autofinanciación
ざいさん 財産 fortuna *f*, propiedad *f* | ～を築く hacer [amasar] una fortuna | ～権 derecho *m* a la propiedad | ～分

与 distribución *f* de propiedad | ～目録 inventario *m* de bienes

さいじつ 祭日 día *m* festivo [feriado]

さいして 際して 首相のスペインへの公式訪問に～ con ocasión de la visita oficial del primer ministro a España

さいしゅう ❶ 最終の último[ma] | ～的な definitivo[va] ❷ **採集**する coleccionar

さいしゅつ 歳出 gastos *m.pl* anuales

さ

さいしょ 最初の primero[ra] | ～に en primer lugar | ～から desde el principio | ～は al principio

さいしょう 最小の mínimo[ma], el [la]〈+名詞〉más pequeño[ña] | ～公倍数 mínimo común múltiplo *m*

さいじょう 最上の superior, el [la] mejor〈+名詞〉| ～のひれ肉 filete *m* de óptima calidad | ～階 el piso más alto

さいしん 最新の el [la] último[ma]〈+名詞〉, el [la] más nuevo[va]〈+名詞〉| ～型の de último modelo

サイズ tamaño *m*, (服) talla *f*, (靴) número *m* | ～を計る medir la talla | このシャツは私の～ではない Esta camisa no es de mi talla. | ～はいくつですか ¿Cuál es su talla?; ¿Qué talla tiene usted?

さいせい 再生する (ビデオを) reproducir, (リサイクルする) reciclar | **再生紙** papel *m* reciclado

ざいせい 財政 finanzas *f.pl*

さいせいき 最盛期 auge *m*, apogeo *m*

さいせん ❶ 再選される ser [salir] reelegido[da] ❷ **賽銭** limosna *f*, óbolo *m*

さいぜん 最善の策 las mejores medidas | ～を尽くす hacer todo lo posible

さいぜんせん 最前線 frente *m*

さいそく 催促する apremiar, acuciar

サイダー gaseosa *f*

さいだい 最大の máximo[ma] | ～公約数 máximo común divisor *m* | ～風速 máxima velocidad *f* de viento | ～多数の～幸福 la mayor felicidad para el mayor número de personas | **最大限** 能力を最大限に発揮する mostrar SU capacidad al máximo | …を最大限に利用する aprovechar ALGO al máximo

さいたく 採択する adoptar

ざいたく 在宅する estar en casa | ～勤務 trabajo *m* en casa

さいだん ❶ 祭壇 altar *m* ❷ **裁断** corte *m*, (決定) decisión *f* | ～する cortar | ～を下す decidir, juzgar

ざいだん 財団 fundación *f*, consorcio *m*

さいちゅう 最中 食事の～に en mitad de la comida, durante la comida

さいてい 最低の mínimo[ma] | ～5万円かかる Cuesta cincuenta mil yenes como mínimo. | ～賃金 salario *m* mínimo

さいてき 最適 …に～な el [la]〈+名詞〉más adecuado[da] para ..., idóneo[a] para ... | ～化する optimizar

さいてん 採点する puntuar, calificar, (答案を) corregir

サイト 〖IT〗 espacio *m* [página *f*, sitio *m*] web

さいど ❶ 再度 otra vez , de nuevo ❷ **サイド** lado *m* | ～ブレーキ freno *m* de mano | ～ボード aparador *m*

さいなん 災難 desastre *m*, calamidad *f*, (事故) accidente *m*

さいのう 才能 talento *m*, genio *m* | ～のある dotado[da], talentoso[sa] | ～を発揮する demostrar SU capacidad

さいはい 采配を振る dirigir

さいばい 栽培 cultivo *m* | ～する cultivar

さいばん 裁判 juicio *m*, justicia *f* | ～にかける llevar a juicio, poner un pleito | ～を行う celebrar el juicio | ～に勝つ [負ける] ganar [perder] un pleito | ～に訴える acudir a los tribunales, recurrir a la justicia | ～官 juez *m/f*

さいばんしょ 裁判所 tribunal *m*, corte *f*, juzgado *m*, (建物) palacio *m* de justicia | ～に出頭する presentarse ante el tribunal | 家庭～ juzgado *m* de familia | 簡易～ tribunal *m* de primera instancia , tribunal *m* sumario | 高等～ tribunal *m* superior | 最高～ Tribunal *m* Supremo, Corte *f* Suprema | 弾劾～ Tribunal *m* Supremo de la acusación de prevaricación | 地方～ tribunal *m* de distrito

さいふ 財布 (札入れ) cartera *f*, billetera *f*, (小銭入れ) monedero *m* | ～のひもを緩める gastar dinero, aflojar la bolsa

さいぶ 細部 detalle *m* | ～にわたって detalladamente, minuciosamente

さいへん 再編 reorganización *f* | ～する reorganizar, reestructurar

さいほう 裁縫 costura *f* | ～する coser | ～道具 útiles *m.pl* de costura

さいぼう 細胞 célula *f* | ～学 citología *f*

ざいほう 財宝 tesoro *m*, riquezas *f.pl*

さいほうそう 再放送 reposición *f* | ～する reponer

さいまつ 歳末 fin *m* de año

さいむ 債務 deuda *f*, débito *m*, pasivo *m*

ざいむ 財務 finanzas *f.pl*

さいもく 細目 detalles *m.pl*

ざいもく 材木 madera *f*

さいよう 採用するadoptar, (人を) emplear

ざいりゅう 在留邦人 residentes *m/f.pl* japoneses en el extranjero

さいりよう 再利用する reciclar

さいりょう ❶ 最良の el [la] mejor〈+名詞〉| ～の方法 el mejor método ❷ **裁量** albedrío *m*, arbitrio *m* | 彼の～に任せる dejar ALGO a SU arbitrio | ～労働制 sistema *m* de trabajo flexible

ざいりょう 材料 material *m*, materia *f*, (料理の) ingrediente *m* | 円高の～ factores *m.pl* que favorecen la apreciación del yen

ざいりょく 財力 poder *m* financiero

ザイル cuerda *f* de escalada

さいるい 催涙ガス gas *m* lacrimógeno

サイレン sirena *f*

サイレント ～映画 cine *m* mudo, (フィルム) película *f* muda

サイロ 〖畜〗 silo *m*

さいわい 幸いにも afortunadamente | 雨が我がチームに～した La lluvia favoreció a nuestro equipo. | これ～と aprovechando la ocasión

サイン (合図) seña *f*, señal *f*, (署名) firma *f*, (有名人の) autógrafo *m* | ～す

る（署名する）firmar,（有名人が）dar [firmar] un autógrafo
サインペン rotulador *m*, marcador *m*
サウスポー（左利き）zurdo[da] *mf*,（ピッチャー）lanzador[dora] *mf* zurdo[da]
サウナ sauna *f*, baño *m* de vapor
サウンド sonido *m* | ～トラック〘映〙banda *f* sonora
さえ ❶ **冴え** 彼は試合で腕の～を見せた Él demostró su destreza en el partido. ❷ …さえ（…すら）incluso, hasta | …～ない ni siquiera〈＋動詞〉| 私に時間～あれば … Si sólo tuviera tiempo ....
さえぎる **遮る**（話を）interrumpir,（進路を）interceptar,（妨げる）impedir
さえずる cantar
さえる **冴える** 冴えた音色 tono *m* claro | 冴えない（顔色が）tener mala cara,（気分が）estar desanimado[da] | 頭が冴えている tener la mente despejada | 目が冴えて眠れない Estoy tan despierto[ta] que no puedo conciliar el sueño.
さお **竿** pértiga *f*
さか **坂** cuesta *f*, pendiente *f* | 上り～ subida *f* | 下り～ bajada *m* | ～道 camino *m* en cuesta | ～を上る[下る] ir cuesta arriba [abajo], subir [bajar] una cuesta
さかい **境** límite *m*,（国境）frontera *f* | ペルーと～を接する lindar con Perú
さかえる **栄える** prosperar, florecer
さがく **差額** diferencia *f*
さかさ **逆さ**(ま)の[に] inverso[sa], al revés | 順序を～にする invertir el orden
さがしだす **捜し出す** encontrar, hallar, localizar,（未知のものを）descubrir
さがす **捜す・探す** buscar | 家中を～ buscar ALGO por toda la casa | 職を～ buscar empleo [trabajo] | …の行方を～ localizar el paradero de ... | **捜し回る** buscar ALGO por todas partes
さかずき **杯** copa *f*
さかだち **逆立ち**する hacer el pino
さかだつ **逆立つ** 猫の毛が～ Se le eriza el pelo al gato.
さかな **魚** pez *m*,〘料〙pescado *m* | ～を焼く asar un pescado | ～釣りに行く ir a pescar | ～屋 pescadería *f*
さかのぼる **遡る** retroceder | 川を～ remontar el río | 前世紀に～ remontarse al siglo pasado
さかば **酒場** taberna *f*, pub *m*
さかみち **坂道** ➜坂
さからう **逆らう** oponer, oponerse a, resistirse a | 両親に～ desobedecer a SUS padres | …に逆らって en contra de ... | 流れに逆らって contra la corriente
さかり **盛り**である estar en el punto culminante, estar en auge
さがる **下がる** bajar | ぶら～ pender de
さかん **左官** albañil *m*
さかん **盛ん**な próspero[ra],（活動的な）activo[va],（人気のある）popular,（熱中した）entusiasta
さき **先**（先端）punta *f*,（先頭）cabeza *f*,（将来）futuro *m* | もっと～に más adelante,（向こうに）más allá | 10年～に dentro de diez años | …より～に到着する llegar antes que ... | そう～のことではない No se trata de un futuro lejano. | ～のことを考える pensar en el futuro | 誰もが～を争う Todos quieren adelantarse a los demás.
さぎ ❶ **詐欺** estafa *f*, timo *m* | ～師 estafador[dora] *mf* ❷ **サギ**〘鳥〙garza *f*
さきおくり **先送り** 問題を～にする dejar el asunto para más tarde
さきおととい **一昨昨日** hace tres días
さきがけ **先駆け** vanguardia *f*,（先駆者）precursor[sora] *mf*, pionero[ra] *mf*
さきごろ **先頃** recientemente, hace poco
サキソホン saxofón *m*, saxófono *m*
さきどり **先取り** 時代を～する adelantarse [anticiparse] a SU época
さきばらい **先払い** 代金を～する pagar el importe por adelantado
さきほど **先ほど** hace un momento | ～のニュース noticia *f* recién transmitida | ～から desde hace un rato
さきまわり **先回り**する adelantarse, anticiparse
さきもの **先物** futuros *m.pl* | ～市場 mercado *m* de futuros | ～取引 operaciones *f.pl* de futuros
さきゅう **砂丘** dunas *f.pl*, médano *m*
さきゆき **先行き** futuro *m*, porvenir *m* | ～が怪しい tener un futuro incierto
さぎょう **作業** trabajo *m*, obra *f*, operación *f* | ～服 bata *f*, mono *m*
さく ❶ **策** medidas *f.pl*, medio *m*,（計画）plan *m* | ～を講じる tomar medidas | ～を弄(ろう)する usar astucias ❷ **柵** valla *f*, barrera *f* ❸ **咲く** florecer, dar flores ❹ **裂く・割く**（引き裂く）desgarrar, rasgar,（切り裂く）rajar,（破る）romper,（時間を）dedicar
さくいん **索引** índice *m*
さくげん **削減**する reducir, recortar | 人員～ reducción *f* de personal
さくし **作詞**する escribir la letra
さくじつ **昨日**(は) ayer
さくしゃ **作者** autor[tora] *mf*
さくしゅ **搾取**する explotar
さくじょ **削除**する suprimir, borrar,（線等で消す）tachar
さくせい **作成**する（計画を）elaborar,（文書を）redactar
さくせん **作戦** estrategia *f*,（軍事的な）operación *f* | ～を立てる elaborar una estrategia
さくねん **昨年** el año pasado
さくばん **昨晩** anoche *adv*
さくひん **作品** obra *f*
さくぶん **作文** composición *f*, redacción *f*
さくもつ **作物** producto *m* agrícola
さくや **昨夜** anoche *adv*
サクラ〘植〙cerezo *m*,（花）flor *f* de cerezo | ～前線 frente *m* del florecimiento de cerezos | さくらんぼ cereza *f*
サクラソウ〘植〙primavera *f*, prímula *f*
さくらん **錯乱** trastorno *m* mental, delirio *m*
さくりゃく **策略** estratagema *f*, ardid *m* | ～を巡らす urdir una estratagema
さぐる **探る** tantear, sondear, investigar | 探りを入れる tantear el terreno
ザクロ〘植〙granado *m*,（実）granada

f

さけ ❶ 酒 sake *m*, (ワイン) vino *m*, (アルコール飲料) bebida *f* alcohólica, (リキュール) licor *m* | ～を飲む beber | ～に強い aguantar bien el alcohol | ～に酔う emborracharse | ～癖が悪い tener mal vino | ～くさい oler a vino | ～飲み bebedor[dora] *mf* ❷ サケ 〖魚〗 salmón *m*

さけぶ 叫ぶ gritar, dar un grito | 叫び声 grito *m*

さけめ 裂け目 grieta *f*, rendija *f*, fisura *f*

さける ❶ 避ける evitar, eludir | 避けられない inevitable ❷ 裂ける desgarrarse, rasgarse, rajarse, (割れる) partirse

さげる 下げる bajar, (つるす) colgar | 音量を～ bajar el volumen | 食器を～ retirar los platos | 値段を～ bajar el precio

さこく 鎖国 aislamiento *m* nacional

さこつ 鎖骨 clavícula *f*

ササ 〖植〗 bambú *m* enano

ささい 些細な trivial, insignificante, de poca importancia

サザエ 〖貝〗 trompo *m*

ささえる 支える apoyar, soportar | 支え apoyo *m*, soporte *m*

ささげる 捧げる dedicar, (生涯を) consagrar, (贈る) ofrendar

ささつ 査察 inspección *f*

さざなみ さざ波 escarceo *m*

ささやく 囁く susurrar, cuchichear | 囁き susurro *m*, cuchicheo *m*

さじ 匙 cuchara *f*, (小さな) cucharilla *f* | 大～3杯の砂糖 tres cucharadas de azúcar | ～を投げる abandonar

さしあげる 差し上げる (与える) dar, regalar, (持ち上げる) levantar, alzar

さしえ 挿絵 ilustración *f*, grabado *m*

さしおさえる 差し押さえる 〖法〗 incautarse de, embargar, (財産を) confiscar

さしかえる 差し替える reemplazar, cambiar

さしき 挿し木 esqueje *m*

さしこむ 差し込む insertar | 陽が窓から～ El sol entra por la ventana.

さしず 指図する ordenar, mandar, dar instrucciones

さしせまる 差し迫る acercarse, aproximarse | 差し迫った urgente, apremiante | 時間が差し迫っている El tiempo apremia.

さしだしにん 差出人 remitente *m/f*

さしだす 差し出す (提出する) presentar

さしひく 差し引く deducir | 差し引き deducción *f*, (勘定) balance *m*

さしみ 刺身 sashimi *m*, pescado *m* crudo en lonchas

ざしょう ❶ 挫傷 〖医〗 contusión *f* ❷ 座礁する encallar

さじん 砂塵 polvareda *f*

さす ❶ 刺す pinchar, punzar, (虫が) picar, (刃物で) dar una puñalada | ～ような目で con la mirada penetrante | ～ような痛み dolor *m* punzante ❷ 指す indicar, señalar ❸ 差す 傘を～ abrir el paraguas ❹ 射す entrar, penetrar | 日が～ Entra [Penetra] el sol. ❺ 注す echar, poner | 歯車に油を～ aplicar aceite al engranaje ❻ 挿す poner, insertar ❼ 砂州 banco *m* de arena

さすが ～に彼は冷静だった Él, como siempre, mantuvo la serenidad. | ～の彼でもその問題は解けなかった Incluso él no pudo resolver ese problema.

さずかる 授かる recibir | その夫婦は3人の子供を授かった Ese matrimonio fue bendecido con tres hijos. | 授ける otorgar, conceder, dar

サスペンス ～小説 novela *f* de suspense

さすらう vagar, vagabundear | さすらいの vagabundo[da], errante, nómada | さすらいの生活 vida *f* nómada

さする 擦る frotar suavemente

ざせき 座席 asiento *m*, plaza *f* | ～に着く ocupar el asiento | ～指定券 billete *m* con asiento reservado

させつ 左折する girar [doblar] a la izquierda

ざせつ 挫折する fracasar, malograrse, (計画が) abortar

…させる (強制的に) hacer 〈+不定詞〉 a ALGUIEN, obligar a ALGUIEN a 〈+不定詞〉, (放任) dejar 〈+不定詞〉 a ALGUIEN

させん 左遷 relegación *f* | ～する relegar

ざぜん 座禅 zazen *m*, meditación *f* en postura de zen

さそう 誘う invitar, (誘惑する) tentar | 眠気を～ causar [dar] sueño | 涙を～ provocar lágrimas | 誘い invitación *f*, (誘惑) tentación *f* | ～に乗る aceptar la invitación, ceder a la tentación

サソリ 〖動〗 escorpión *m* | さそり座 〖天〗 Escorpión *m*

さだまった 定まった fijo[ja], determinado[da], (安定した) estable

さだめる 定める fijar, determinar, establecer

ざだんかい 座談会 coloquio *m*, mesa *f* redonda

ざちょう 座長 (演劇等) líder *m/f*, (会議等) presidente[ta] *mf*

さつ ❶ 札 billete *m* | 千円～ billete *m* de mil yenes | ～入れ billetero *m*, billetera *f* | ～束 fajo *m* de billetes ❷ －冊 ejemplar *m*

ざつ 雑な chapucero[ra]

さつえい 撮影 fotografía *f*, 〖映〗 filmación *f*, rodaje *m* | ～する fotografiar, 〖映〗 filmar, rodar | ～禁止 Prohibido fotografiar.

ざつおん 雑音 ruido *m*

さっか 作家 escritor[tora] *mf*

サッカー fútbol *m* | ～選手 futbolista *m/f*, jugador[dora] *mf* de fútbol | ～チーム equipo *m* de fútbol

さつがい 殺害する asesinar, matar

さっかく 錯覚 ilusión *f* | 目の～ ilusión *f* óptica

ざっか 雑貨 artículos *m.pl* diversos | ～屋 droguería *f*

さっき hace un momento, hace poco

ざっきょ 雑居する vivir juntos[tas]

さっきょく 作曲 composición *f* | ～する componer | ～家 compositor[tora] *mf*

さっきん 殺菌 esterilización *f* | ～する esterilizar, desinfectar

ざっくばらんな abierto[ta], franco[ca]

さっさと rápidamente, enseguida
さっし 察しがいい ser perspicaz, coger ALGO al vuelo | お〜のとおりです como usted se imagina
ざっし 雑誌 revista *f*
ざつじ 雑事 quehaceres *m.pl*
ざっしゅ 雑種 híbrido *m* | 〜の híbrido[da]
さつじん 殺人 homicidio *m*, (暗殺) asesinato *m* | 〜を犯す cometer un homicidio | 〜罪[事件] delito *m* [caso *m*] de homicidio | 〜犯 homicida *m/f* | 〜未遂 intento *m* [tentativa *f*] de homicidio
さっする 察する adivinar, suponer, imaginar, (理解する) comprender | 危険を〜 darse cuenta de un peligro
ざつぜん 雑然とした desordenado[da]
ざっそう 雑草 malas hierbas *f.pl*
さっそく enseguida, ahora mismo
ざつだん 雑談 charla *f* | 〜する charlar
さっちゅうざい 殺虫剤 insecticida *m*
ざっと (およそ) más o menos, aproximadamente, (大ざっぱに) someramente, (手短に) brevemente | 〜50人 más o menos cincuenta personas | 新聞に〜目を通す hojear el periódico
さっとう 殺到する afluir, agolparse | 広場に人が殺到した Hubo una gran afluencia de público en la plaza.
ざっとう 雑踏 gentío *m*, barullo *m*
さっぱり 私には〜分からない No entiendo nada de nada. | きれい〜忘れる olvidarse de todo | 〜した気分になる sentir una refrescante sensación, sentirse nuevo[va] | 〜した味である sabor *m* natural
ざっぴ 雑費 gastos *m.pl* varios
さっぷうけい 殺風景な insípido[da], prosaico[ca]
サツマイモ 〖植〗 batata *f*, boniato *m*, camote *m* 《ラ米》
さて ahora bien, pues
さてい 査定 valoración *f*, evaluación *f* | 〜する valorar, evaluar
さておき 冗談は〜, 僕は文無しだ Bromas aparte, no tengo ni un céntimo.
さとう 砂糖 azúcar *m* (*f*) | 〜不使用[無糖]の sin azúcar | 〜入れ azucarero *m* | サトウキビ 〖植〗 caña *f* de azúcar | サトウダイコン 〖植〗 remolacha *f*
さどう 茶道 ceremonia *f* del té
さとおや 里親 familia *f* de acogida
さとご 里子 niño[ña] *mf* acogido[da]
さとす 諭す amonestar
さとり 悟り comprensión *f*, (啓示) iluminación *f*, (仏教の) nirvana *m*
さとる 悟る comprender, (認識する) reconocer, (気づく) darse cuenta de
サドル (自転車の) sillín *m*
さなか 最中 en medio de | 夏の〜に en pleno verano
さなぎ 〖昆〗 crisálida *f*
さは 左派 〖政〗 izquierda *f*, (人) izquierdista *m/f*
サバ 〖魚〗 caballa *f*
サバイバル supervivencia *f*
さばく ❶ 砂漠 desierto *m* | 〜化 desertización *f* ❷ 裁く juzgar, (判決を下す) sentenciar | 裁き juicio *m*, sentencia *f*
さび 錆 orín *m*, herrumbre *f* | 〜を落とす desherrumbrar, desoxidar | 〜止め antioxidante *m* | 〜止めした inoxidable
さびしい 寂しい solitario[ria], solo[la], aislado[da], (悲しい) triste | 君がいなくて〜 Te echo de menos.; Te extraño. | 寂しく暮らす vivir en soledad | 寂しく思う sentir soledad, sentirse solo[la] | 寂びしがり屋 tristón[tona] *mf* | 寂しさ soledad *f* | 酒で寂しさを紛らす consolarse con la bebida
ざひょう 座標 coordenadas *f.pl* | 〜軸 eje *m* de coordenadas
さびる 錆びる herrumbrarse, oxidarse
サファイア zafiro *m*
サファリ safari *m* | 〜パーク safari *m*
サブタイトル subtítulo *m*
ざぶとん 座布団 cojín *m*
サプリメント suplemento *m* (dietético)
サフラン 〖植〗 azafrán *m*
さべつ 差別 discriminación *f* | 〜する discriminar | 〜的な discriminatorio[ria]
さほう 作法 modales *m.pl*, etiqueta *f*, (儀式等の) ceremonial *m*
サポーター (関節等の) suspensorio *m*, venda *f* elástica, (ファン) hincha *m/f*
サボテン 〖植〗 cactus *m*, cacto *m*
サボる holgazanear | 授業を〜 faltar a clase
さま ❶ 様 彼女の着物姿は〜になる Ella está elegante con el quimono. | 〜変わりする cambiar de aspecto ❷ ‐様 (男性) señor, (女性) señora, (未婚の女性) señorita
さまざま 様々な varios[rias], diversos[sas], variados[das]
さます ❶ **覚ます** 目を〜 despertarse | 酔いを〜 quitar la borrachera ❷ 冷ます enfriar | スープを〜 enfriar la sopa | 熱を〜 bajar la fiebre
さまたげる 妨げる impedir, estorbar | 妨げ impedimento *m*, estorbo *m*
さまよう vagar, errar, vagabundear
サミット (主要先進国首脳会議, 通称G 8) Cumbre *f* del G-8[de los ocho grandes] | 地球〜 Cumbre *f* de la Tierra
さむい 寒い (天候) hacer frío, (体) tener frío | 日増しに寒くなってきました Cada día hace más frío. | 今日は〜 Hoy hace frío. | 寒がり friolero[ra] *mf*, friolento[ta] *mf* (ラ米) | 寒気 frío *m*, (悪寒) escalofríos *m.pl* | 寒さ frío *m* | 寒さに震える temblar de frío | 寒さをしのぐ protegerse del frío
サメ 〖魚〗 tiburón *m*
さめる ❶ **覚める** despertarse | 迷いから〜 desengañarse | 私は酔いが覚めた Se me ha pasado la borrachera. ❷ 冷める enfriarse | 冷めた enfriado[da], frío[a] | 冷めたコーヒー café *m* frío ❸ 褪める (色が) descolorarse
さも 〜…のように como si 〈+接続法過去〉 | 〜ありなん No me extrañaría.
さもないと o, si no | 急ぎなさい, 〜遅刻しますよ Date prisa, o llegarás tarde.
さや ❶ 莢 〖植〗 vaina *f* ❷ 鞘 (刀の) vaina *f* | 利〜 margen *m* de beneficio
サヤインゲン 〖植〗 judía *f* verde
さゆう 左右 la derecha y la izquierda | 〜する influir | 〜される dejarse influir,

depender de
さよう 作用 acción *f*, (効果) efecto *m* | ～する actuar
さようなら Adiós.; Hasta la vista.
さよく 左翼 (飛行機) ala *f* izquierda, (思想) izquierda *f*, (人) izquierdista *m/f*
さら 皿 plato *m* | 目を～のようにする ser todo ojos | ～洗いする fregar [lavar] los platos

さ

さらいげつ 再来月(に) dentro de dos meses
さらけだす 曝け出す revelar, poner ALGO al descubierto
ざらざら ～した[の] áspero[ra], rasposo[sa] | ～の肌 piel *f* áspera
さらす 曝す revelar, exponer | 危険に身を～ exponerse a un peligro
サラダ 〖料〗 ensalada *f*
さらに más, (その上) además, encima
サラブレッド caballo *m* de pura sangre [raza], purasangre *m*
サラミ 〖料〗 salami *m*
サラリー salario *m* | ～マン asalariado [da] *mf*
ザリガニ 〖動〗 cangrejo *m* de río, ástaco *m*
サリン 〖化〗 sarín *m* | ～ガス gas *m* sarín
さる ❶ 去る irse, marcharse ❷ サル 〖動〗 mono *m* | 猿ぐつわ mordaza *f* | 猿芝居 farsa *f* | 猿真似 imitación *f* superficial
ざる 笊 cesta *f* de bambú, colador *m* grande
さわ 沢 valle *m*
さわがしい 騒がしい ruidoso[sa], tumultuoso[sa], bullicioso[sa]
さわぎ 騒ぎ alboroto *m*, jaleo *m*, (騒動) disturbio *m*, escándalo *m* | ～を起こす armar jaleo, causar un escándalo
さわぐ 騒ぐ alborotar, (騒音を出す) hacer ruido | 心が～ no estar tranquilo[la] | 騒ぎ立てる escandalizar
ざわつく agitarse
さわやか ～な fresco[ca], refrescante
さわる ❶ 触る tocar | ～べからず No tocar. ❷ 障る 身体に～ perjudicar la salud | 気に～ molestar, disgustar | しゃくに～ sentir irritación | その音楽は神経に～ Me pone nervioso[sa] esa música.
さん ❶ 三 tres *m* | ～番目の tercero[ra] | ～分の1 un tercio ❷ 酸 ácido *m* ❸ -さん →様
さんか ❶ 参加 participación *f* | ～する participar en | ～国 país *m* participante | ～者 participante *m/f* | ～賞 recuerdo *m* de participación ❷ 産科 tocología *f*, obstetricia *f* | ～医 tocólogo[ga] *mf* ❸ 酸化 oxidación *f* ❹ 賛歌 himno *m*
ざんがい 残骸 restos *m.pl*, (建物の) escombros *m.pl*
さんかく 三角の triangular | ～関数 〖数〗 función *f* trigonométrica | ～形 triángulo *m*
さんがく 山岳 cordillera *f*, sierra *f* | ～地帯 zona *f* montañosa
ざんがく 残額 saldo *m*
さんがつ 三月 marzo *m* | ～に en marzo
さんぎいん 参議院 Cámara *f* Alta [de Senadores]
さんきゃく 三脚 trípode *m*
さんぎょう 産業 industria *f*
ざんぎょう 残業 horas *f.pl* extras | 2時間～する hacer dos horas extras
ざんきん 残金 resto *m*
サングラス gafas *f.pl* de sol
サンゴ 〖動〗 coral *m* | ～礁 arrecife *m* de coral
さんこう 参考 consulta *f*, referencia *f* | 本を～にする consultar un libro | ～になる servir de referencia | ご～のため para su información | ～書 libro *m* de consulta | ～資料 datos *m.pl* de referencia | ～文献 bibliografía *f*
ざんこく 残酷な cruel, brutal, desalmado[da], (非人間的な) inhumano[na]
さんざん 散々な目に遭う pasar un mal rato
さんじ ❶ 参事 consejero[ra] *mf* ❷ 惨事 desastre *m*, catástrofe *f*
さんじゅう ❶ 三十 treinta *m* | ～番目の trigésimo[ma] | ～分 media hora, treinta minutos | ～分の1 un treintavo ❷ 三重の triple
さんしゅつ ❶ 算出する calcular ❷ 産出 producción *f* | ～する producir
さんしょう 参照する consultar
ざんしん 斬新な innovador[dora], original
さんすい 散水する regar | ～器 aspersor *m*
さんすう 算数 aritmética *f*
さんせい ❶ 賛成 aprobación *f*, consentimiento *m* | ～する aprobar, asentir, (同意) consentir | …に～である estar de acuerdo con ... | …の～を得る conseguir la aprobación de ... | ～の方は挙手願います Que levanten la mano quienes estén a favor. | ～多数により可決される ser aprobado[da] por una mayoría | ～投票 voto *m* a favor ❷ 酸性の ácido [da] | ～雨 lluvia *f* ácida
さんせいけん 参政権 derechos *m.pl* políticos, (投票権) derecho *m* a(l) voto
さんそ 酸素 oxígeno *m*
さんそう 山荘 chalé *m*, casa *f* de campo
ざんぞう 残像 imagen *f* persistente
ざんだか 残高 saldo *m*, balance *m*
サンタクロース Papá *m* Noel
サンダル sandalias *f.pl*,
さんだんとび 三段跳び triple salto *m*
さんち 産地 lugar *m* de origen
さんちょう 山頂 cumbre *f*, cima *f*
さんてい 算定 cálculo *m* | ～する calcular, (見積る) estimar
ざんていてき 暫定的な provisional, transitorio[ria], (試験的な) tentativo[va]
サンドイッチ sándwich *m*, bocadillo *m*
さんどう 賛同 →賛成
ざんにん 残忍な desalmado[da], cruel
ざんねん 残念な lamentable | ～だ ¡Qué lástima! | ～ながら Lo siento, pero ...; Desgraciadamente, ... | …を～に思う lamentar [sentir] que 〈＋接続法〉 | ～賞 premio *m* de consolación
さんねんせい 三年生 estudiante *m/f* de tercer curso [de tercero]
サンバ 〖音〗 samba *f*

さんばい 三倍の triple | ～にする triplicar, multiplicar ALGO por tres
さんぱい 参拝する ir al templo a rezar
さんばし 桟橋 embarcadero *m*, muelle *m*
さんぱつ 散髪する cortarse el pelo
ざんぱん 残飯 sobras *f.pl* de comida
さんび 賛美 alabanza *f* | ～する alabar, elogiar | ～歌 himno *m*
さんぴ 賛否 sí o no, el pro y el contra | ～を問う someter ALGO a votación
さんぷ 散布する esparcir
さんぷく 山腹 ladera *f*
さんふじんか 産婦人科 tocoginecología *f* | ～医 tocoginecólogo[ga] *mf*
さんぶつ 産物 producto *m*, fruto *m*
サンプル muestra *f*, espécimen *m*
さんぶん 散文 prosa *f* | ～の［的な］prosaico[ca]
さんぽ 散歩 paseo *m* | ～する dar un paseo, pasear | ～に出る salir de paseo | ～道 paseo *m*
さんぼう 参謀 oficial *m* del estado mayor | ～本部 estado *m* mayor
さんまん 散漫 注意力～な人 distraído[da], despistado[da]
さんみ 酸味 acidez *f*, agrura *f* | ～のある ácido[da], agrio[gria]
さんみゃく 山脈 cordillera *f*, sierra *f*, cadena *f* de montañas
さんゆこく 産油国 país *m* productor de petróleo
さんれつ 参列する asistir a | ～者 asistente *m/f*
さんろく 山麓に en la falda de la montaña

し

し ❶ 四 cuatro *m* ❷ 市 ciudad *f* | ～の中心 centro *m* de la ciudad ❸ 死 muerte *f* | ～の商人 comerciante *m/f* de la muerte | ～の灰 polvo *m* radiactivo ❹ 詩 poema *m*, verso *m*, poesía *f* ❺ 師 maestro[tra] *mf* ❻ －氏 señor *m*, （氏族） familia *f* | 御出席の 3 ～ tres personas aquí presentes
じ ❶ 字 letra *f*, carácter *m*, （筆跡） escritura *f* | ～が下手である tener mala letra ❷ 地 tierra *f*, suelo *m*, （性格） carácter *m* natural | 白～に青いストライプの生地 tela *f* blanca con rayas azules ❸ 痔 hemorroides *f.pl*, almorranas *f.pl* ❹ －時 hora *f* | 1 ～です Es la una. | 3 ～半です Son las tres y media. | 5 ～15分に a las cinco y cuarto
しあい 試合 partido *m* | ～をする jugar un partido | ～に勝つ［負ける］ ganar [perder] el partido
しあがる 仕上がる quedarse acabado [da] | 仕上げる acabar, terminar | 仕上げ acabado *m*
しあさって 明々後日 dentro de tres días
しあつ 指圧 digitopuntura *f*
しあわせ 幸せ felicidad *f*, dicha *f* | ～な feliz | ～に暮らす vivir feliz | どうかお～に Le deseo muchas felicidades.
しあん 試案 plan *m* piloto
シーアは シーア派（イスラム教） secta *f* shiita
シーエム CM anuncio *m* publicitario
しい 恣意的な arbitrario[ria]
しいく 飼育 crianza *f*, cría *f* | ～する criar
シーズン temporada *f* | ～オフ temporada *f* baja
シーソー balancín *m*, subibaja *m*
シーティー CTスキャン tomografía *f* computarizada
シーツ sábana *f* (bajera)
シーッ （静かに） ¡Chis(t)!; ¡Silencio!; ¡Punto en boca!, （追い払う） ¡Fuera!
シーディー CD ➜コンパクトディスク
シート （座席） asiento *m*, （紙） hoja *f*, （薄板） lámina *f*, （カバー） cubierta *f*
シード preselección *f* | ～する preseleccionar
シートベルト ～を締める abrocharse el cinturón de seguridad
ジーパン tejanos *m.pl*, (pantalón *m*) vaquero *m*
シーピーユー CPU 〖IT〗 unidad *f* central de proceso
ジープ 〖車〗 jeep *m*, todoterreno *m*
シーフード pescados *m.pl* y mariscos *m.pl*
しいる 強いる …するように誰かを～ forzar [obligar] a ALGUIEN a 〈＋不定詞〉
シール pegatina *f*, （封印紙） sello *m*
しいれる 仕入れる （商品） comprar, （情報） recoger, （知識） adquirir
シーン escena *f*
しいん ❶ 子音 〖音声〗 consonante *f* ❷ 死因 causa *f* de la muerte
じいん 寺院 templo *m*
ジーンズ ➜ジーパン
しうんてん 試運転 prueba *f*
しえい 市営の municipal
じえい 自衛 autodefensa *f* | ～する defenderse | ～権を行使する ejercer el derecho a defenderse | ～手段 medidas *f.pl* de autodefensa | ～隊 Fuerzas *f.pl* de Autodefensa | ～官 miembro *m* de las Fuerzas de Autodefensa | 陸上［海上, 航空］～隊 Fuerzas *f.pl* Terrestres [Navales, Aéreas] de Autodefensa | ～力 capacidad *f* de autodefensa
ジェイビック JBIC Banco *m* Japonés para la Cooperación Internacional
ジェスチャー gesto *m*, ademán *m*, gesticulación *f*
ジェトロ JETRO Organización *f* Japonesa para el Comercio Exterior
ジェット ～エンジン reactor *m*, motor *m* a reacción | ～機 avión *m* a reacción, jet *m* | ～気流 corriente *f* de chorro | ～コースター montaña *f* rusa | ～戦闘機 caza *m* a reacción
シェパード 〖動〗 pastor *m* alemán
シェフ chef *m/f*, jefe[fa] *mf* de cocina
シェリー酒 jerez *m*
シェルター 核～ refugio *m* antiatómico
しえん 支援 apoyo *m* | ～する apoyar
しお ❶ 塩 sal *f* | 一つまみの～ una pizca de sal | ～味をつける salar, condimentar ALGO con sal | ～辛い salado[da] | ～気を抜く desalar | ～入れ salero *m* | ～鮭(ざ)

salmón *m* salado | ～水 salmuera *f*, agua *f* salada ❷ 潮 marea *f* | ～が満ちる［引く］subir [bajar] la marea［主語］

しおかぜ 潮風 brisa *f* del mar

しおづけ 塩漬け salazón *f* | ～にする salar

しおひがり 潮干狩に行く ir a la playa a recoger mariscos durante la marea baja

しおり 栞 registro *m*, marcador *m*

しおれる marchitarse | しおれている estar marchito[ta]

し

しか ❶ 歯科 odontología *f* | ～医 odontólogo[ga] *mf*, dentista *m/f* ❷ 市価 precio *m* de mercado ❸ -しか sólo, solamente | クレジットカード～ない No tengo más que la tarjeta de crédito. ❹ シカ〘動〙ciervo *m*

じか ❶ 直に directamente,（本人が）en persona ❷ 時価 precio *m* corriente

じが 自我 ego *m*, yo *m*

しかい ❶ 司会をする（会議）presidir,（番組）presentar | ～者（会議）presidente[ta] *mf*,（番組）presentador[dora] *mf*,（討論）moderador[dora] *mf* ❷ 視界 vista *f*, visibilidad *f* | ～良好［不良］buena [mala] visibilidad *f*

しがい ❶ 市街 ciudad *f*, calle *f* | リマの～地図 plano *m* de Lima | ～戦 lucha *f* callejera ❷ 市外局番 prefijo *m* | ～通話 llamada *f* interurbana | ～に en las afueras de la ciudad

じかい 次回 la próxima vez

しがいせん 紫外線 rayos *m.pl* ultravioleta(s)

しかえし 仕返し venganza *f* | ～する vengar, vengarse de, tomar represalias

…しかかっている estar por〈+不定詞〉, estar a punto de〈+不定詞〉

しかく ❶ 資格 calificación *f*, título *m*,（権利）derecho *m*,（必要条件）requisito *m*,（能力）competencia *f* | ～のある calificado[da], titulado[da] | …の～を取る obtener el título de ... | …する～がある tener derecho a〈+不定詞〉, estar habilitado[da] para〈+不定詞〉| …の～で en calidad de ... | 有～者 personal *m* cualificado ❷ 四角（正方形）cuadrado *m* | ～の cuadrado[da] ❸ 視覚 vista *f*, visión *f*

しがく ❶ 史学 historia *f* ❷ 私学 escuela *f* privada,（私立大学）universidad *f* privada ❸ 詩学 poética *f*

じかく 自覚 conciencia *f* | …を～している ser consciente de ...

しかけ 仕掛け dispositivo *m*, artefacto *m*,（ごまかし）truco *m*

しかし pero | ～ながら sin embargo, no obstante

じがじさん 自画自賛 autobombo *m*, autoelogio *m* | ～する alabarse a sí mismo[ma]

じかせい 自家製の casero[ra]

じがぞう 自画像 autorretrato *m*

しかた 仕方 método *m* | …の～ modo *m* [manera *f*] de〈+不定詞〉| 料理の～も知らない No sabe ni siquiera cocinar. | ～がない ¡Qué remedio! | 今更文句を言っても～ないよ ¿Para qué sirve quejarse ahora? | ～なしに［なく］sin ganas, contra su voluntad

…しがちである tender a〈+不定詞〉, ser propenso[sa] a〈+不定詞〉

しかつ 死活問題 cuestión *f* de vida o muerte [de vital importancia]

しがつ 四月 abril *m* | ～に en abril

じかつ 自活する mantenerse, ganarse la vida

しがみつく agarrarse a, abrazarse a

しかめる 顔を～ hacer muecas, torcer el gesto

しかも además | ～そのうえ悪いことには para colmo

じかようしゃ 自家用車 coche *m* particular

しかる 叱る regañar, reprender, reñir

しかん 士官 oficial *m/f* | 下～ suboficial *m/f*

しがん 志願する solicitar,（申し出る）ofrecerse a〈+不定詞〉| ～者 candidato [ta] *mf*, solicitante *m/f*, aspirante *m/f* | ～兵 voluntario[ria] *mf*

じかん 時間 tiempo *m*,（単位）hora *f* | 2～以内に en dos horas | ～がかかる tomar [llevar] tiempo | …するのに～がかかる tardar en〈+不定詞〉| ～どおりに着く llegar a tiempo | ～を稼ぐ ganar tiempo | ～を割く dedicar tiempo | ～をつぶす matar el tiempo, hacer tiempo | ～を無駄にする gastar [perder] el tiempo | ～を守る ser puntual | ～割 horario *m* | 現地～ hora *f* local

しき ❶ 式（式典）ceremonia *f*, acto *m*,（数学）fórmula *f*,（方程式）ecuación *f*,（方式）método *m*,（型）estilo *m* | ～を挙げる hacer una ceremonia | ～次第 programa *m* de la ceremonia | ～を解く resolver la ecuación | スペイン～の［に］al estilo español, a la española ❷ 四季 cuatro estaciones *f.pl* ❸ 指揮する mandar, dirigir | ～官〘軍〙comandante *m*, dirigente *m/f* | ～者〘音〙director [tora] *mf* (de orquesta) | ～棒 batuta *f* | ～台 podio *m*, estrado *m*

じき ❶ 直に pronto, dentro de poco ❷ 時期 temporada *f*, época *f* | ～が来れば分かる El tiempo dirá. | …するのは～尚早である Es todavía prematuro〈+不定詞〉. | ～外れの寒さ frío *m* extemporáneo ❸ 次期の próximo[ma], siguiente ❹ 時機 oportunidad *f*, ocasión *f* | ～をうかがう esperar el momento oportuno ❺ 磁気 magnetismo *m* | ～のある magnético[ca] ❻ 磁器 porcelana *f*

しきい 敷居 umbral *m*

しきいし 敷石 adoquín *m*

しききん 敷金 depósito *m*, fianza *f*

しきさい 色彩 color *m* | ～豊かな lleno [na] de colorido | ～感覚 sentido *m* del color

しきじ 式辞を述べる pronunciar un discurso [unas palabras]

しきじりつ 識字率 tasa *f* de alfabetización

しきしゃ 識者 sabio[bia] *mf*, conocedor[dora] *mf*

しきじょう 式場 salón *m* de actos

しきそ 色素〘生〙pigmento *m*

しきち 敷地 terreno *m* | 大学の～内に en el recinto de la universidad

しきちょう 色調 tono *m*, matiz *m*
しきてん 式典 ceremonia *f*
しきふく 式服 traje *m* de gala [de etiqueta]
しきべつ 識別する | AとBを～ discernir [distinguir] A de B
しきもう 色盲 daltonismo *m* | ～の daltónico[ca]
しきもの 敷物 alfombra *f*, alfombrilla *f*, estera *f*
じぎゃく 自虐 masoquismo *m*
しきゅう ❶ 支給する (賃金) pagar, (品物) suministrar ❷ 子宮 útero *m*, matriz *f* ❸ 至急の urgente | 大～ con la mayor urgencia
じきゅう 時給 pago *m* por hora | ～1000円稼ぐ cobrar mil yenes por hora
じきゅうじそく 自給自足 autosuficiencia *f* | 食糧の～ autosuficiencia *f* alimentaria | ～経済 autarquía *f* económica
じきゅうりょく 持久力 resistencia *f*, aguante *m*
しきょう 市況 condiciones *f.pl* del mercado
じぎょう 事業 empresa *f*, negocio *m* | ～を始める montar un negocio | ～を営む tener una empresa, llevar el negocio | ～に失敗する fracasar en el negocio
しきょく 支局 sucursal *f*, delegación *f*
じきょく 時局 situación *f* actual, coyuntura *f*
しきり 仕切り división *f*, tabique *m*
しきん 資金 fondos *m.pl*, capital *m*
しきんせき 試金石 piedra *f* de toque
しく 敷く poner, extender | 道に砂利を～ cubrir el camino con grava | 布団を～ preparar la cama con futón
じく 軸 eje *m*
しぐさ 仕種・仕草 ademán *m*, gesto *m*
ジグザグ ～に en [de] zigzag
しくしく ～泣く lloriquear | お腹が～する tener dolor sordo y continuo en la barriga
しくじる fallar, fracasar
ジグソーパズル rompecabezas *m*[*pl* ~]
シグナル señal *f*, (信号機) semáforo *m*
しくみ 仕組み mecanismo *m*, estructura *f*
シクラメン 〖植〗 ciclamen *m*
しけい 死刑 pena *f* de muerte, pena *f* capital | 被告に～を宣告する condenar al acusado a muerte
しげき 刺激 estímulo *m* | ～する estimular, (神経を) excitar, (挑発する) provocar | ～的な estimulante, excitante | ～物 estimulante *m*, excitante *m*
しげみ 茂み (木の) espesura *f*, (葉の) frondosidad *f*, follaje *m*
しける ❶ 湿気る humedecerse, ponerse húmedo[da] ❷ 時化る (海が) agitarse | 時化た海 mar *m* agitado
しげる 茂る crecer con exuberancia
しけん 試験 examen *m*, prueba *f* | ～をする examinar a ALGUIEN, poner ALGO a prueba | ～を受ける presentarse a un examen, rendir un examen (南米) | ～に受かる[落ちる] aprobar [suspender] el examen | ～的に使用する usar [utilizar] ALGO experimentalmente | ～管 tubo *m* de ensayo | ～飛行 vuelo *m* de prueba [experimental]
しげん 資源 recursos *m.pl* | 天然～を保護[開発]する conservar [explotar] los recursos naturales
じけん 事件 caso *m*, (事柄) asunto *m*, (出来事) acontecimiento *m*, incidente *m* | ～を捜査する investigar un caso | ～をもみ消す echar tierra al asunto
じげん ❶ 次元 〖物〗〖数〗 dimensión *f* | 三～の de tres dimensiones ❷ 時限爆弾 bomba *f* de relojería
じこ ❶ 事故 accidente *m*, incidente *m* | 交通～を起こす ocasionar un accidente de tráfico | 不慮の～に遭う sufrir un accidente inesperado | ～現場 lugar *m* del accidente | ～死する morir [fallecer] en un accidente | ～防止 prevención *f* de accidentes ❷ 自己紹介をする presentarse | ～紹介をさせてください Permítame que me presente. | ～中心的な egocéntrico[ca] | ～満足 autosatisfacción *f*
しこう ❶ 思考 pensamiento *m* | ～力 capacidad *f* [facultad *f*] de pensar ❷ 志向 aspiración *f*, orientación *f* | ～する aspirar a, orientarse a [hacia] ❸ 施行する realizar | 法律を～する poner una ley en vigor | (法律が)～される entrar en vigor ❹ 嗜好 gusto *m*
じこう 時効 〖法〗 prescripción *f* | ～になる prescribir, extinguirse por prescripción | ～期間 plazo *m* de prescripción
じこく 時刻 (単位) hora *f* | ～表 horario *m* | 出発～ hora *f* de salida
じごく 地獄 infierno *m* | ～のような infernal | ～に落ちる ir al infierno
しごと 仕事 trabajo *m*, tarea *f*, (職) empleo *m*, (職業) profesión *f*, (労働) labor *f*, (作品) obra *f* | ～で de trabajo | ～がない estar sin trabajo | ～する trabajar | お～は何ですか ¿A qué se dedica usted? | ～にかかる ponerse a trabajar | 今日は～がはかどらない Hoy no avanza el trabajo. | ～ができる ser eficiente en el trabajo | ～中毒の adicto[ta] al trabajo | ～量 〖物〗 trabajo *m*
しさ 示唆する sugerir | ～に富む sugestivo[va]
じさ 時差 diferencia *f* horaria | ～ぼけ desfase *m* horario
しさい 司祭 sacerdote *m*, cura *m*
しさく 詩作する componer poemas
じざけ 地酒 vino *m* del país
しさつ 視察 inspección *f* | ～旅行をする hacer una visita de inspección
じさつ 自殺 suicidio *m* | ～する suicidarse, matarse, quitarse la vida
しさん 資産 propiedad *f*, fortuna *f*, bienes *m.pl*
じさん 持参する traer [llevar] ALGO CONSIGO | ～金 dote *m*(*f*)
しじ ❶ 指示 instrucciones *f.pl* | ～する indicar, dar instrucciones | ～代名詞 pronombre *m* demostrativo | 医者は彼に1週間の安静を～した El médico le ordenó guardar reposo por una semana. ❷ 支持 apoyo *m*, respaldo *m* | ～する apoyar, respaldar | ～を得る[失う] obtener

し

[perder] el apoyo de ALGUIEN | ～者 partidario[ria] *mf* | ～率 índice *m* de popularidad

じじ 時事の actual | ～問題 tema *m* de actualidad

じじつ 事実 hecho *m*, (真実) verdad *f* | ～の real, verdadero[ra] | この小説は～に基づいている Esta novela se basa en un hecho real. | ～上 de hecho | ～無根の infundado[da], falso[sa]

しじゃ ❶ 支社 sucursal *f* ❷ 死者 muerto[ta] *mf* ❸ 使者 mensajero[ra] *mf*, enviado[da] *mf*

ししゃかい 試写会 preestreno *m*

じしゃく 磁石 imán *m*, (羅針盤) compás *m*, brújula *f*

ししゃごにゅう 四捨五入する redondear

じしゅ 自首する entregarse a la policía por las buenas [voluntariamente]

ししゅう ❶ 刺繍 bordado *m* | ～をする bordar ❷ 詩集 libro *m* de poemas

しじゅう ❶ 四十 cuarenta *m* ❷ 始終 一部～を語る contarlo todo desde el principio hasta el fin

じしゅう 自習する estudiar a solas

じしゅうそう 四重奏 cuarteto *m*

ししゅうびょう 歯周病 periodontitis *f* [*pl* ～]

じしゅきせい 自主規制 restricción *f* voluntaria, control *m* voluntario

ししゅつ 支出 gasto *m*, desembolso *m* | ～する gastar, desembolsar

じしゅてき 自主的な voluntario[ria]

ししゅんき 思春期 pubertad *f*, adolescencia *f*

ししょ 司書 bibliotecario[ria] *mf*

じしょ ❶ 辞書 diccionario *m* ❷ 地所 tierra *f*, terreno *m*, solar *m*

じじょ 次女 segunda hija *f*

ししょう 支障 estorbo *m*, impedimento *m*, barrera *f*

しじょう 市場 mercado *m* | ～に出す poner ALGO en el mercado, lanzar ALGO al mercado | ～を開拓[拡大]する abrir [ampliar] el mercado | ～経済 economía *f* de mercado | ～占有率 cuota *f* de mercado | ～調査 estudio *m* de mercado

じしょう 自称作家 presunto[ta] escritor[tora] *mf* | 警察と～する男 un hombre que se hace pasar por policía

じじょう ❶ 事情 circunstancia *f*, condición *f*, (理由) razón *f* | やむを得ぬ～で por causas [razones] de fuerza mayor | 経済的～で por razones económicas | ～が許せば si las circunstancias lo permiten | 住宅～ situación *f* de la vivienda ❷ 自乗 〖数〗 cuadrado *m* | ～する cuadrar

ししょうしゃ 死傷者 muertos *m.pl* y heridos *m.pl*, (犠牲者) víctimas *f.pl*

ししょく 試食する probar, degustar

じしょく 辞職 dimisión *f* | ～する dimitir, renunciar, presentar la dimisión

じじょでん 自叙伝 autobiografía *f*

ししょばこ 私書箱 apartado *m* de correos, casilla *f* 《ラ米》

ししん 指針 directrices *f.pl*, (手引き) guía *f*, faro *m*, (磁石の) aguja *f* | ～となる servir de guía

しじん 詩人 poeta *m*, poetisa *f*

じしん ❶ 自信がある tener confianza en sí mismo[ma] ► 「自信がない」は tener の前に no をつける | 私は試験に受かる～がある Estoy seguro[ra] de aprobar el examen. | ～をなくす perder la confianza en sí mismo[ma] | ～を持つ confiarse | ～過剰である estar demasiado seguro[ra] de sí mismo[ma] ❷ 地震 temblor *m* de tierra, terremoto *m*, sismo *m* | ～を感じる sentir el temblor ❸ 自身で por sí mismo[ma]

ジス JIS (日本工業規格) Normas *f.pl* Industriales de Japón

じすい 自炊する hacerse [prepararse] la comida

しすう 指数 índice *m*

しずか 静かな tranquilo[la], silencioso[sa] | ～にしなさい ¡Silencio!

しずく 滴・雫 gota *f*

しずけさ 静けさ tranquilidad *f*, silencio *m*

システム sistema *m* | ～エンジニア ingeniero[ra] *mf* de sistemas

じすべり 地滑り corrimiento *m* [deslizamiento *m*] de tierras

しずまる 静まる tranquilizarse, (痛み・風が) calmarse, apaciguarse

しずむ 沈む hundirse, sumergirse, (船) irse a pique, (太陽) ponerse, (気分) deprimirse

しずめる ❶ 静める・鎮める tranquilizar, calmar, apaciguar ❷ 沈める hundir, sumergir | 浴槽に身を～ meterse en la bañera

しせい ❶ 姿勢 postura *f*, (態度) actitud *f* | ～がいい tener la espalda recta | ～を正す enderezarse ❷ 施政方針 orientaciones *f.pl* gubernamentales

じせい ❶ 自制 autocontrol *m* | ～する controlarse ❷ 時勢 corrientes *f.pl* de la época ❸ 時制 〖文法〗 tiempo *m*

しせいかつ 私生活 vida *f* privada

しせき 史跡 monumento *m* [lugar *m*] histórico

しせつ ❶ 施設 establecimiento *m*, instalación *f* | スポーツ～ instalación *f* deportiva ❷ 使節 delegado[da] *mf* | ～団 misión *f*, delegación *f*

しせん ❶ 視線 mirada *f*, vista *f* ❷ 支線 ramal *m*

しぜん 自然 naturaleza *f* | ～な natural, (自発的な) espontáneo[a] | ～の営み trabajo *m* de la naturaleza | ～に振る舞う actuar con naturalidad | ～科学 ciencias *f.pl* naturales | ～現象 fenómeno *m* natural | ～淘汰(とうた) 〖生〗 selección *f* natural | ～保護 conservación *f* de la naturaleza

じぜん ❶ 事前に de antemano, previamente ❷ 慈善 caridad *f*

しそう 思想 pensamiento *m*, ideología *f*, ideas *f.pl* | ～弾圧 represión *f* de la libertad ideológica | ～家 pensador[dora] *mf* | ～犯 delincuente *m/f* ideológico[ca]

しそうのうろう 歯槽膿漏 piorrea *f*

じそく 時速 velocidad *f* por hora

じぞく 持続 duración *f* | ～する durar | ～

的な duradero[ra] | ～可能な開発 desarrollo *m* sostenible
しそん 子孫 descendiente *m/f*, descendencia *f*
じそんしん 自尊心 orgullo *m*, dignidad *f*, amor *m* propio
した ❶ 下 parte *f* inferior | …の～に debajo de ... | ～で[に] abajo | ～へ行く ir abajo, bajar | …より年が～である ser más joven [menor] que ... | 私の地位は彼より～だ Mi rango es inferior al suyo. ❷ 舌 lengua *f* | 私は～がもつれた Se me trabó la lengua. | ～を出す sacar la lengua | ～を巻く quedarse admirado[da]
シダ 〘植〙 helecho *m*
したい ❶ 死体 cadáver *m*, cuerpo *m* ❷ 肢体不自由児 niño[ña] *mf* discapacitado[da] físicamente ❸ …したい querer 〈+不定詞〉, tener ganas de 〈+不定詞〉
しだい 次第 終わり～ nada más terminar | 手当たり～に投げる tirar todo lo que está al alcance de SUS manos | すべては君～だ Todo depende de ti.
じたい ❶ 辞退する rehusar, declinar ❷ 事態 situación *f*, circunstancias *f.pl*
じだい 時代 tiempo *m*, época *f*, edad *f* | 古きよき～ viejos buenos tiempos *m.pl* | ～遅れの anticuado[da], obsoleto[ta] | ～錯誤 anacronismo *m* | ～に先んじる adelantarse a SU tiempo | ～を反映する reflejar la época | 青銅器～ Edad *f* de Bronce | 平安～ era *f* de Heian
したう 慕う respetar, (敬慕) adorar
したうけ 下請け subcontrato *m* | ～に出す subcontratar | ～業者 subcontratista *m/f*
したがう 従う seguir, (法律に) obedecer
したがき 下書き borrador *m*
したがって 従って por consiguiente, por lo tanto | …に～ de acuerdo con ..., según ...
したぎ 下着 ropa *f* interior
したく 支度 preparativos *m.pl* | ～する preparar
じたく 自宅 casa *f*
したごころ 下心がある tener una segunda intención
したごしらえ 下ごしらえをする preparar ALGO previamente, hacer una preparación previa
したじ 下地 (基礎) fundamento *m*, base *f*, (素質) aptitud *f*
したしい 親しい familiar, íntimo[ma] | …と親しくなる hacerse amigo[ga] de ..., hacer amistad con ... | 親しく con familiaridad, con confianza
したじき 下敷きになる quedar aplastado[da]
したしみ 親しみ familiaridad *f*
したしらべ 下調べする hacer [realizar] un estudio previo
したたか ～な astuto[ta]
したたる 滴る gotear
したづみ 下積み生活を送る vivir en la oscuridad
したて 下手に出る adoptar una actitud modesta
…したところだ acabar de 〈+不定詞〉
…したとたん …した途端 nada más 〈+不定詞〉, al 〈+不定詞〉
したどり 下取り canje *m* parcial | Aを～に出してBを買う entregar A como parte del pago de B | ～品 artículo *m* de segunda mano que se entrega como parte del pago
したはら 下腹 bajo vientre *m*, abdomen *m* inferior
したび 下火になる decaer, (流行が) pasar de moda
シタビラメ 〘魚〙 lenguado *m*
…したほうがよい Es mejor 〈+不定詞〉. ; Es mejor que 〈+接続法〉.
したまち 下町 barrio *m* popular
したまわる 下回る 収入が支出を～ Los ingresos son inferiores a los gastos.
したみ 下見する inspeccionar previamente
したむき 下向きになる (うつ伏せに) ponerse boca abajo, (市場が) decaer, declinar
じだん 示談 arreglo *m* extrajudicial | ～にする arreglar sin acudir a los tribunales
じだんだ 地団太を踏む patear
しち ❶ 七 siete *m* | ～番目の séptimo[ma] | ～分の1 un séptimo ❷ 質 empeño *m* | ～入れする empeñar | ～屋 casa *f* de empeño, monte *m* de piedad
じち 自治(権) autonomía *f* | ～体 autonomía *f*, municipalidad *f*
しちがつ 七月 julio *m* | ～に en julio
しちじゅう 七十 setenta *m*
シチメンチョウ 〘鳥〙 pavo[va] *mf*
しちゃく 試着する probar(se)
しちゅう 支柱 puntal *m*, soporte *m*
シチュー 〘料〙 guisado *m*, estofado *m*
しちょう 市長 alcalde *m*, alcaldesa *f*
しちょうかく 視聴覚の audiovisual
しちょうしゃ 視聴者 audiencia *f*, telespectador[dora] *mf*, televidente *m/f*
しちょうそん 市町村 municipalidades *f.pl*
しちょうりつ 視聴率 índice *m* de audiencia
しつ 質 calidad *f* | ～のいい[悪い] de buena [mala] calidad | 量より～ La calidad vale más que la cantidad. | ～的な cualitativo[va]
じつ 実に realmente, verdaderamente | ～は[を言えば] a decir verdad, la verdad es que 〈+直説法〉 | ～の real, de verdad | ～の母 verdadera madre *f*, madre *f* real [biológica]
しつう 歯痛 dolor *m* de muelas
じつえき 実益 beneficio *m*, provecho *m* | 趣味と～を兼ねる tener una afición lucrativa
じつえん 実演をする hacer una demostración
じっか 実家 casa *f* de los padres
しっかく 失格 descalificación *f* | ～する ser [quedar] descalificado[da]
しっかり ～した firme, sólido[da], fuerte | ～した人物 persona *f* fiable | ～した足取りで con pasos firmes | ～しろ ¡Anímate!
じっかん 実感する sentir, experimentar
しっき 漆器 laca *f*

しっきゃく 失脚 caída *f* | ～する perder SU posición [cargo]

しつぎょう 失業 desempleo *m*, paro *m* | ～する perder el trabajo | ～中である estar en el paro | ～者 desempleado[da] *mf* | ～対策 medidas *f.pl* contra el desempleo | ～手当[保険] subsidio *m* [seguro *m*] de desempleo | ～率 tasa *f* [índice *m*] de desempleo

し

じつぎょう 実業 negocio *m*, industria *f* | ～に就く entrar en el negocio | ～家 hombre *m* [mujer *f*] de negocios | ～界 mundo *m* de los negocios

じっきょう 実況放送 transmisión *f* en directo | ～をする transmitir ALGO en directo

シックな elegante

シックハウス ～症候群 síndrome *m* del edificio enfermo

しっくい 漆喰 yeso *m*

じっくり ～考える pensar detenidamente

しつけ 躾 educación *f*, disciplina *f* | ～のよい[悪い] bien [mal] educado[da]

しっけ 湿気 humedad *f* | ～のある húmedo[da]

じっけい 実刑判決 pena *f* de prisión, pena *f* privativa de libertad | 懲役10年の～を受ける ser condenado[da] a diez años de prisión

しつける educar

しつげん 失言 desliz *m*, lapsus *m* linguae | ～する irse de la lengua | 彼は～した Se le fue la lengua.

じっけん 実験 experimento *m*, experimentación *f* | ～的な experimental | ～する experimentar | 動物～をする hacer un experimento con animales | …を～台にする utilizar ... como conejillos de Indias | ～段階にある estar en fase experimental | ～室 laboratorio *m* | ～装置 equipo *m* de laboratorio

じつげん 実現 realización *f*, materialización *f* | ～する realizar, materializar | ～可能な factible, viable

しつこい insistente, importuno[na], (食べ物が) pesado[da]

しっこう 執行 ejecución *f* | ～する ejecutar | ～委員会 comité *m* ejecutivo | ～猶予 suspensión *f* de la ejecución de la condena

じっこう 実行する realizar | ～に移す llevar ALGO a la práctica, poner ALGO en práctica | ～力がある人 persona *f* de acción | ～委員会 comité *m* organizador

じっさい 実際的な práctico[ca], real | ～に試す probar | ～のところ de hecho, en la práctica | ～問題 problema *m* práctico

じつざい 実在 existencia *f* | ～する existir | ～の人物 personaje *m* real

しっさく 失策 error *m*, fallo *m*, equivocación *f*

じっし 実施する realizar, llevar ALGO a cabo

じっしつ 実質 sustancia *f*, esencia *f* | ～的な sustancial, esencial | ～金利 tasa *f* de interés real | ～経済成長 crecimiento *m* económico real

じっしゅう 実習 práctica *f* | ～する practicar, hacer prácticas | ～生 persona *f* en prácticas

じっしょう 実証する demostrar, probar | ～主義 『哲』 positivismo *m*

じつじょう 実情を訴える hacer saber la situación real

しっしん 失神する perder el conocimiento, desmayarse

じっしんほう 十進法 numeración *f* decimal

じっせき 実績 resultados *m.pl* obtenidos, (学術的な) trabajos *m.pl* realizados | ～をあげる obtener resultados concretos | ～がある tener experiencias

じっせん 実践的な práctico[ca] | ～する practicar

しっそ 質素な simple, sencillo[lla], modesto[ta]

しっそう 失踪する desaparecer

しっそく 失速する perder velocidad, (飛行機が) entrar en pérdida (de velocidad)

じつぞん 実存 existencia *f* | ～する existir | ～主義 『哲』 existencialismo *m*

じったい ❶ 実体 sustancia *f*, esencia *f* | ～のない (中身のない) insustancial | その組織の～がよく分からない No se sabe bien lo que es realmente esa organización. ❷ 実態 …の～を調査する investigar la situación real de ...

しったかぶり 知ったかぶりする pretender saberlo todo

じっち 実地検証 investigación *f* en el lugar | ～試験 examen *m* práctico | ～調査 exploración *f*, estudio *m* sobre el terreno

じっちょく 実直な honrado[da], honesto[ta]

しっと 嫉妬 celos *m.pl*, envidia *f* | ～する tener [sentir] celos, envidiar | ～深い celoso[sa], envidioso[sa]

しつど 湿度 humedad *f* | ～計 higrómetro *m*

じっと ～している quedarse inmóvil

しっとり ～した humedecido[da]

しつない 室内の interior | ～競技 atletismo *m* en pista cubierta

ジッパー cremallera *f* | ～を上げる[下げる] cerrar [abrir] la cremallera

しっぱい 失敗 fracaso *m*, fallo *m* | ～する fracasar, fallar | (物事が) ～に終わる acabar [terminar] en fracaso

しっぴつ 執筆する escribir, redactar

しっぷ 湿布する aplicar una compresa fría

じつぶつ 実物 objeto *m* real, original *m* | ～どおりの idéntico[ca] al original | ～大の de [a] tamaño natural [real]

しっぽ 尻尾 cola *f*, rabo *m* | ～を振る mover la cola | ～を出す enseñar la oreja

しつぼう 失望 desilusión *f*, decepción *f* | ～する desilusionarse, llevarse un chasco | ～した decepcionado[da]

じつむ 実務 …の～経験がある tener experiencia práctica en ...

しつめい 失明する perder la vista, quedarse ciego[ga]

しつもん 質問 pregunta *f*, (尋問) interrogación *f* | ～する preguntar, hacer [formular] una pregunta | 何か～はあり

ませんか ¿No hay alguna pregunta? | 〈人〉を～攻めにする acribillar a ALGUIEN a preguntas | ～者 interrogante *m/f* | ～表 cuestionario *m* | (国会で) 大臣に～する hacer [formular] una interpelación al ministro

しつよう 執拗な persistente, obstinado [da]

じつよう 実用 uso *m* práctico | ～的な práctico[ca], útil | ～品 objetos *m.pl* útiles

しつりょう 質量 〘物〙 masa *f*

じつりょく 実力 capacidad *f*, competencia *f* | ～のある competente, eficiente | ～のない incompetente, inepto[ta] | ～を発揮する demostrar SU capacidad | ～行使をする recurrir a la fuerza | ～者 persona *f* influyente, 《話》 pez *m* gordo | ～主義 meritocracia *f*

しつれい 失礼な maleducado[da], descortés | ～ですが… Perdone, pero .... | ～しました Perdón. | それは～にあたります Eso me parece una falta de respeto.

じつれい 実例 ejemplo *m* | ～を挙げる poner un ejemplo

しつれん 失恋する perder el amor, sufrir [tener] un desengaño amoroso

してい 指定する designar, indicar | ～席 asiento *m* reservado

してき ❶ 指摘する señalar, apuntar, indicar **❷ 詩的な** poético[ca] **❸ 私的な** personal, privado[da]

してつ 私鉄 ferrocarril *m* privado

…してはいけない no deber 〈+不定詞〉 | 廊下を走ってはいけません No debes correr por el pasillo.

…してもよい poder 〈+不定詞〉

してん ❶ 支店 sucursal *f* **❷ 支点** fulcro *m*, punto *m* de apoyo **❸ 視点** punto *m* de vista, perspectiva *f*, prisma *m*

しでん 市電 tranvía *m*

じてん ❶ 辞典 diccionario *m* | ～を引く consultar el diccionario **❷ 事典** enciclopedia *f* **❸ 時点** 今の～では en el momento actual **❹ 自転** 地球の～ rotación *f* de la Tierra

じてんしゃ 自転車 bicicleta *f* | ～に乗る montar en bicicleta | ～で行く ir en bicicleta | ～置き場 aparcamiento *m* para bicicletas

しと 使徒 apóstol *m*

しどう ❶ 指導 instrucción *f*, orientación *f* | ～する orientar, instruir | …の～を受ける ser orientado[da] por ..., recibir orientación de ... | ～的役割を果たす desempeñar el papel de líder | ～教官 tutor[tora] *mf* | ～者 líder *m/f*, dirigente *m/f* | ～要領 directrices *f.pl* educativas | ～力 liderazgo *m* **❷ 始動**する arrancar, ponerse en marcha

じどう ❶ 自動の automático[ca] | ～的に automáticamente | ～化する automatizar | ～引き落としにする domiciliar el pago | ～制御 control *m* automático | ～操縦装置 piloto *m* automático | ～ドア puerta *f* automática | 切符の～販売機 máquina *f* expendedora de billetes **❷ 児童** niño[ña] *mf* | ～虐待 abuso *m* de menores | ～心理学 psicología *f* infantil | ～相談所 centro *m* de apoyo a menores | ～福祉法 ley *f* de bienestar infantil | ～文学 literatura *f* infantil

じどうし 自動詞 〘文法〙 verbo *m* intransitivo

じどうしゃ 自動車 automóvil *m*, coche *m* | ～の automovilístico[ca] | ～教習所 autoescuela *f* | ～工場 fábrica *f* de coches | ～産業 industria *f* automovilística [de automoción] | ～修理工場 taller *m*, garaje *m* | ～整備工 mecánico[ca] *mf* | ～税 impuesto *m* de circulación | ～専用道路 autopista *f* | ～メーカー fabricante *m* de automóviles

しとやか ～な recatado[da], pudoroso [sa]

しどろもどろ ～の inconsistente, incoherente

しな 品 objeto *m*, artículo *m*, cosa *f* | ～が豊富である tener una gran variedad de artículos

しない ❶ 市内に en la ciudad | ～通話 llamada *f* local **❷ 竹刀** espada *f* de bambú **❸ …しない** シートベルトを～で運転する conducir sin abrocharse el cinturón de seguridad

…しなくてもよい no tener que 〈+不定詞〉

しなう 撓う encorvarse | この材料はよく～ Este material es muy flexible.

しなぎれ 品切れである estar agotado [da], quedarse sin existencias

…しなければならない tener que 〈+不定詞〉, haber que 〈+不定詞〉

しなびる marchitarse, perder su frescura

しなもの 品物 artículo *m*

シナモン 〘植〙 canela *f*, (木) canelo *m*

しなやか ～な flexible, elástico[ca], (優雅な) elegante

シナリオ 〘演〙 guión *m*

じなん 次男 segundo hijo *m*

…しにくい no es fácil de 〈+不定詞〉, es difícil de 〈+不定詞〉

しにものぐるい 死に物狂いで con desesperación, desesperadamente

しにん 死人 muerto[ta] *mf*, (故人) difunto[ta] *mf*

しぬ 死ぬ morir(se), fallecer, perder la vida | がんで～ morir de cáncer | 心臓発作で～ morir de un ataque al corazón | 死にかかっている agonizar, estar a punto de morir | 若くして～ morir joven | 死んだ muerto[ta], fallecido[da], difunto[ta] | 死んだも同然だ estar como muerto[ta] | 私の死んだ祖母 mi difunta abuela | 死んだように眠る dormir como un tronco | 死んだふりをする hacerse el [la] muerto[ta]

じぬし 地主 propietario[ria] *mf* del terreno, (大規模) terrateniente *m/f*

しのぐ 凌ぐ (耐える) soportar, aguantar, (上回る) superar, (防ぐ) impedir | 急場を～ superar la crisis | しのぎやすい気候 clima *m* agradable

しのぶ 忍ぶ aguantar, soportar | 人目を忍んで会う encontrarse a escondidas

しば 芝 césped *m* | ～を刈る cortar césped | **芝刈り機** cortacésped *m*

し

しはい 支配 dominación *f*｜～する dominar, gobernar｜～者 gobernante *m/f*｜～階級 clase *f* dominante
しばい 芝居 teatro *m*, obra *f* teatral [de teatro]｜～の teatral｜～をする actuar en una obra de teatro, (だます) engañar｜～見物に行く ir al teatro
しはいにん 支配人 director[tora] *mf*
じはく 自白 confesión *f*｜～する hacer una confesión, confesar｜自分が誘拐犯人であると～する confesarse autor[tora] del secuestro
自爆テロ atentado *m* suicida
しばしば con frecuencia, a menudo
しはつ 始発列車 primer tren *m*｜～駅 estación *f* de origen
じはつてき 自発的な voluntario[ria], espontáneo[ta]
しばふ 芝生 césped *m*
しはらい 支払い pago *m*｜～をする efectuar [hacer] el pago｜～期日 día *m* de pago, vencimiento *m*｜～能力 solvencia *f*｜～を停止する suspender el pago
しはらう 支払う pagar｜勘定を～ pagar la cuenta｜借金を～ pagar [saldar] una deuda
しばらく ～の間 durante un rato [cierto tiempo]｜～して al cabo de un rato
しばりくび 縛り首にする colgar a ALGUIEN
しばる 縛る atar, amarrar
しはん 市販の en venta
じばん 地盤 (土地) suelo *m*, terreno *m*, (基礎) base *f*｜固い～ (suelo *m*) firme *m*｜(選挙の) ～ zona *f* de influencia｜～を固める consolidar las bases, (建物の) reforzar los cimientos
しはんき 四半期 trimestre *m*
じひ ❶ 慈悲 piedad *f*｜～深い piadoso[sa], compasivo[va], benévolo[la] ❷ 自費 滞在費を～でまかなう costearse la estancia, pagar la estancia por sí mismo[ma]
しひょう 指標 índice *m*, indicador *m*
じひょう 辞表を出す presentar la dimisión
じびょう 持病 enfermedad *f* crónica, (軽い) achaque *m*
しびれる dormirse, entumecerse
しぶ 支部 sucursal *f*
じふ 自負 confianza *f* en sí mismo [ma], orgullo *m*
しぶい 渋い áspero[ra], amargo[ga], (地味な) sobrio[ria]｜～顔をする poner cara larga
しぶがき 渋柿 caqui *m* de sabor áspero
しぶき 飛沫 rocío *m*, polvo *m* de agua, agua *f* pulverizada
しふく ❶ 至福 beatitud *f*｜～の beatífico[ca] ❷ 私服で (vestido[da]) de paisano
ジプシー gitano[na] *mf*, bohemio [mia] *mf*
しぶしぶ con desgana, de mala gana
しぶとい tenaz, perseverante, persistente
しぶみ 渋みがある tener un sabor áspero
しぶる 渋る 返事を～ no estar dispuesto[ta] a dar una respuesta
じぶん 自分 (私自身) yo mismo[ma]｜～(自身) の問題 (私自身) mi propio problema｜～勝手な egoísta
しへい 紙幣 billete *m*
じへいしょう 自閉症 autismo *m*｜～の患者 autista *m/f*
シベリア Siberia *f*
しへん 紙片 trozo *m* de papel
じへん 事変 incidente *m*
しほう ❶ 司法 justicia *f*｜～の judicial｜～解剖 autopsia *f* judicial｜～官 funcionario[ria] *mf* judicial｜～権 poder *m* judicial｜～試験 oposiciones *f.pl* para acceder a los servicios judiciales｜～書士 notario[ria] *mf*｜～制度 sistema *m* judicial｜～当局 autoridad *f* judicial｜～取引 negociación *f* extrajudicial entre el abogado y el fiscal ❷ 四方を取り囲まれる estar rodeado[da] por los cuatro costados｜～を見渡す mirar hacia todas las direcciones
しぼう ❶ 死亡 muerte *f*, fallecimiento *m*, defunción *f*｜～する morir, fallecer｜～記事 necrológica *f*｜～者 muerto[ta] *mf*, fallecido[da] *mf*, difunto[ta] *mf*｜～証明書 acta *f* [certificado *m*] de defunción｜～通知 esquela *f*｜～率 mortalidad *f* ❷ 脂肪 grasa *f*, (動物の) sebo *m*｜～が多い[少ない] tener mucha [poca] grasa ❸ 志望 歌手を～する aspirar a [querer] ser cantante
じほう 時報 señal *f* horaria
しぼむ marchitarse
しぼる 絞る・搾る exprimir, estrujar, (タオル) escurrir, (的) enfocar｜牛の乳を～ ordeñar una vaca｜レンズを～ cerrar el diafragma｜私は上司に絞られた El jefe me echó una bronca [un rapapolvo].
しほん 資本 capital *m*, fondos *m.pl*｜～の蓄積 acumulación *f* de capital｜～の自由化 liberalización *f* de capitales｜～を投じる hacer una inversión de capital｜～を回収する recuperar el capital invertido｜～家 capitalista *m/f*｜～財 bienes *m.pl* de equipo｜～金 capital *m* social｜～主義 capitalismo *m*｜～配分 asignación *f* de fondos
しま ❶ 島 isla *f*, (小さな) islote *m*｜～の住民 isleño[ña] *mf*, insular *m/f*｜～国根性 insularidad *f* ❷ 縞 raya *f*｜～のシャツ camisa *f* a rayas｜～模様 dibujo *m* de rayas
しまい 姉妹 hermanas *f.pl*
しまう (片付ける) arreglar, poner ALGO en su lugar, (保管する) guardar｜思い出を胸に～ guardar un recuerdo en su corazón｜…をしまっておく tener guardado[da] ...
シマウマ 〖動〗 cebra *f*
じまく 字幕 〖映〗 subtítulos *m.pl*｜日本語の～のついた con subtítulos en japonés
…しましょう Vamos a 〈+不定詞〉.｜食べましょう Vamos a comer.｜離婚～ ¿Por qué no nos divorciamos?
しまつ 始末する despachar, arreglar｜～に負えない性格 carácter *m* intratable｜～に負えない no tener solución
しまった ¡Dios mío!; ¡Maldita sea!
しまり 締まりのない flojo[ja], fofo[fa]｜～のないお腹 vientre *m* fofo｜～屋 aho-

rrador[dora] *mf*
しまる ❶ 閉まる cerrar(se)｜店が閉まっている La tienda está cerrada. ❷ 締まる endurecerse｜身体が～（筋肉がつく）ponerse musculoso[sa]
じまん 自慢する enorgullecerse de, presumir de, alabarse｜～げに orgullosamente｜～じゃないが… No lo digo por vanidad, pero ....｜～話 historia *f* de hazañas, fanfarronada *f*
しみ 染み mancha *f*｜～をつける echarse una mancha｜しょう油の～をつける manchar ALGO de salsa de soja｜～抜き quitamanchas *m* [*pl* ~]｜～抜きをする quitar una mancha
じみ 地味な sobrio[bria], austero[ra], modesto[ta]
シミュレーション simulación *f*, simulacro *m*
しみる 染みる penetrar en, infiltrarse en｜私は目が～ Se me irritan los ojos.｜寒さが骨までしみた El frío me penetraba hasta los huesos.｜染み込む infiltrarse en｜染み出る rezumar(se)
しみん 市民 ciudadano[na] *mf*｜～の civil, cívico[ca]｜～運動 movimiento *m* civil｜～権 ciudadanía *f*
じむ 事務 trabajo *m* de oficina, trabajo *m* administrativo｜～的に formalmente｜～員 administrativo[va] *mf*, oficinista *m/f*｜～官 funcionario[ria] *mf* administrativo[va]｜～機器 equipos *m.pl* de oficina｜～次官 viceministro[tra] *mf* administrativo[va]｜～所［室］oficina *f*, despacho *m*｜～用品 útiles *m.pl* de escritorio
ジム gimnasio *m*
しめい ❶ 指名する nombrar, designar ❷ 氏名 nombre *m* y apellido(s) *m* (*pl*) ❸ 使命 misión *f*
しめきり 締め切りはいつですか ¿Cuándo vence el plazo?｜～日 fecha *f* límite [tope]
じめじめ ～した húmedo[da],（陰気な）sombrío[a]
しめす 示す mostrar, enseñar｜誠意ある態度を～ mostrar una actitud sincera
しめだす 締め出す expulsar, echar, excluir
じめつ 自滅する destruirse a sí mismo[ma], cavar SU propia tumba
しめる ❶ 閉める cerrar｜蛇口を～ cerrar el grifo ❷ 締める（ひもを）atar,（ベルトを）abrocharse,（ネジを）apretar｜規律を～ estrechar la disciplina ❸ 占める ocupar｜権力の座を～ ocupar un puesto de poder ❹ 湿る humedecerse, ponerse húmedo[da]｜湿らす humedecer｜湿った húmedo[da], mojado[da]｜湿っぽい húmedo[da]｜湿っぽい話 historia *f* deprimente
じめん 地面 suelo *m*, tierra *f*
しも 霜 escarcha *f*｜～が降りる escarchar｜～取り装置 descongelador *m*
じもと 地元の local
しもやけ 霜焼けになる tener sabañones
しもん 指紋 huella *f* digital [dactilar]｜～鑑識センター centro *m* de identificación digital

しや 視野 visión *f*, vista *f*,（視覚の）campo *m* visual｜～が広い tener una visión amplia
ジャー termo *m*
じゃあく 邪悪な malvado[da], perverso[sa]
ジャージ〖服〗chándal *m*
ジャーナリスト periodista *m/f*
ジャーナリズム periodismo *m*
シャープ〖音〗sostenido *m*
シャープペンシル lapicero *m*, portaminas *m* [*pl* ~]｜～の芯(しん) mina *f*
シャーベット sorbete *m*
ジャイカ JICA Agencia *f* Japonesa de Cooperación Internacional
しゃいん 社員 empleado[da] *mf*
しゃか 釈迦 Sakyamuni *m*, Buda *m*
しゃかい 社会 sociedad *f*｜～の social｜～学 sociología *f*｜～学者 sociólogo[ga] *mf*｜～主義 socialismo *m*｜～主義者 socialista *m/f*｜～党 partido *m* socialista｜～保険 seguro *m* social
ジャガイモ〖植〗patata *f*, papa *f*《ラ米》
しゃく 彼の態度はとても～にさわる Su actitud me irrita mucho.｜～にさわる口調 tono *m* de voz irritante
じゃくし 弱視 ambliopía *f*
しやくしょ 市役所 ayuntamiento *m*, municipalidad *f*(南米)
じゃぐち 蛇口 grifo *m*
じゃくてん 弱点 punto *m* débil, debilidad *f*, flaco *m*
しゃくど 尺度 escala *f*,（基準）criterio *m*
しゃくにゅう 借入金 préstamo *m*
しゃくねつ 灼熱の太陽 sol *m* ardiente
しゃくほう 釈放 liberación *f*｜〈人〉を～する poner a ALGUIEN en libertad
しゃくめい 釈明 justificación *f*｜～する justificarse, explicar｜自分の態度を～する justificar SU actitud
しゃくや 借家 casa *f* de alquiler｜～人 arrendatario[ria] *mf*
しゃくよう 借用する alquilar, arrendar
しゃげき 射撃 tiro *m*, disparo *m*｜～する disparar
ジャケット〖服〗chaqueta *f* →上着,（CD等の）funda *f*
しゃこう 遮光する impedir el paso de la luz
しゃこうてき 社交的な sociable
しゃざい 謝罪する disculparse, pedir disculpas
しゃし 斜視 estrabismo *m*｜～の bizco[ca], estrábico[ca]
しゃしょう 車掌 revisor[sora] *mf*
しゃしん 写真 foto(grafía) *f*｜～を撮る sacar [hacer] una foto｜～を現像する revelar el carrete de fotos｜～を引き伸ばす ampliar una foto｜～を焼き増しする hacer copias de una foto｜～写りがよい fotogénico[ca]｜この～はよく撮れている Salió bien esta foto.｜～家 fotógrafo[fa] *mf*
ジャズ〖音〗jazz *m*
しゃせい 写生する esbozar, bosquejar
しゃせつ 社説 editorial *m*
しゃせん 車線 carril *m*, calle *f*
しゃたく 社宅 vivienda *f* de una empresa para su personal

しゃだん 遮断する cortar | 交通を～する cortar [interrumpir] el tráfico | ～器 interruptor *m*, cortacircuitos *m* [*pl* ～] | 踏切の～機 barrera *f* del paso a nivel
しゃちょう 社長 presidente[ta] *mf*, director[tora] *mf* general
シャツ camisa *f*, (下着の) camiseta *f*
しゃっかん 借款 crédito *m*, empréstito *m*, préstamo *m*
じゃっかん 若干の unos[nas] 〈＋複数名詞〉, un poco de 〈＋名詞〉
しゃっきん 借金 deuda *f*, préstamo *m* | ～がある tener una deuda con ALGUIEN, deber a ALGUIEN | ～する contraer deudas, endeudarse | ～を返す pagar [saldar] la deuda | ～で首が回らない estar endeudado[da] hasta las orejas
ジャック (スペインのトランプ) sota *f* | ～ナイフ navaja *f*
しゃっくり hipo *m* | ～する tener hipo
ジャッジ juez *m*, árbitro[tra] *mf*
シャッター 〖建〗 contrapuerta *f*, 〖写〗 obturador *m*, (シャッターボタン) disparador *m* | ～をきる disparar
シャットアウト ～する excluir, dejar fuera
しゃてい 射程 tiro *m*, alcance *m*
しゃどう 車道 calzada *f*
しゃにくさい 謝肉祭 carnaval *m*
しゃふつ 煮沸する hervir
しゃぶる chupar
しゃべる ❶ 喋る hablar ❷ シャベル pala *f*
シャボンだま シャボン玉 pompa *f* de jabón
じゃま 邪魔をする molestar, estorbar | 計画の実現の～をする poner obstáculos a la realización del proyecto | ～者扱いする tratar a ALGUIEN como un estorbo | ～物 estorbo *m*
ジャム mermelada *f*, confitura *f*
しゃめん 斜面 cuesta *f*, declive *m*, plano *m* inclinado
じゃり 砂利 grava *f*, (細かい) gravilla *f*
しゃりょう 車両 vehículo *m*, (列車の) vagón *m* | ～通行 tráfico *m* rodado
しゃりん 車輪 rueda *f*
しゃれ 洒落 juego *m* de palabras, (笑い話) chiste *m* | ～を言う hacer un juego de palabras, decir una gracia
しゃれい 謝礼 recompensa *f*, remuneración *f*, (医者への) honorarios *m.pl*
しゃれた 洒落た格好をする vestirse con elegancia | ～ことを言う hacer un comentario ingenioso
じゃれる jugar
シャワー ducha *f* | ～を浴びる tomar una ducha, ducharse
ジャングル selva *f*
じゃんけん juego *m* de piedra, papel y tijeras
シャンソン 〖音〗 canción *f* francesa
シャンデリア araña *f*
ジャンパー 〖服〗 cazadora *f*
シャンパン champán *m*
ジャンプ salto *m* | ～する saltar, dar un salto
シャンプー champú *m* | ～する lavarse el pelo con champú
シャンペン →シャンパン
ジャンボジェット 〖空〗 jumbo *m*
しゅ 種 género *m*, clase *f*, 〖生〗 especie *f*
しゅい 首位 primer puesto *m* | ～を占める ocupar el primer puesto
しゆう 私有の privado[da], particular
しゅう ❶ 週 semana *f* | 今～ esta semana | 先～ la semana pasada | 来～ la próxima semana | ～40時間制労働 jornada *f* laboral de cuarenta horas semanales ❷ 州 estado *m*, provincia *f*, (大陸) continente *m*
じゆう 自由 libertad *f* | ～な libre, liberal | ～にする liberar, poner a ALGUIEN en libertad | ～化する liberalizar | フランス語を～自在に操る dominar perfectamente el francés | 100メートル～形 100 (cien) metros libre | ～主義 liberalismo *m* | ～席 asiento *m* libre | 信教の自由 libertad *f* religiosa
じゅう ❶ 十 diez *m* | ～番目の décimo[ma] | ～分の1 un décimo ❷ 銃 fusil *m*, arma *f* de fuego ❸ －中 一日～ todo el día | 日本～ todo Japón
しゅうい 周囲 alrededor *m*, contorno *m* | …の～に alrededor de ... | ～の状況 circunstancias *f.pl* | ～を見回す mirar a SU alrededor
じゅうい 獣医 veterinario[ria] *mf* | ～学 veterinaria *f*
じゅういち 十一 once *m* | ～番目の undécimo[ma] | ～分の1 un onzavo
じゅういちがつ 十一月 noviembre *m* | ～に en noviembre
しゅうえき 収益 beneficio *m*, ganancia *f* | ～を生む producir beneficios
しゅうかじょ 集荷所 centro *m* de acopio
しゅうかい 集会 reunión *f*, mitin *m*
しゅうかく 収穫 cosecha *f*, (成果) fruto *m* | ～する cosechar, recoger la cosecha | ～が多い[少ない] tener buena [mala] cosecha | ～期 época *f* de cosecha | ～高 cosecha *f*
しゅうがくりょこう 修学旅行 viaje *m* de fin de curso
じゅうがつ 十月 octubre *m* | ～に en octubre
しゅうかん ❶ 週間 交通安全～ semana *f* de la seguridad de tráfico ❷ 週刊の semanal | ～誌 revista *f* semanal ❸ 習慣 costumbre *f*, hábito *m*, (日常的な) rutina *f* | ～的な habitual, acostumbrado[da] | ～をやめる dejar el hábito | ～で de costumbre | …する～がつく acostumbrarse a 〈＋不定詞〉 | …する～がある tener la costumbre de 〈＋不定詞〉, soler 〈＋不定詞〉
しゅうき ❶ 周期 período *m*, ciclo *m* | ～的な periódico[ca] ❷ 臭気 mal olor *m*, pestilencia *f*, peste *f*
しゅうぎいん 衆議院 Cámara *f* Baja [de Representantes]
しゅうきゅう ❶ 週休2日制 jornada *f* laboral de cinco días semanales ❷ 週給 salario *m* semanal
じゅうきょ 住居 vivienda *f*
しゅうきょう 宗教 religión *f* | ～の religioso[sa] | ～家 religioso[sa] *mf* | ～裁判所 〖史〗 Inquisición *f* | ～団体 organización *f* religiosa | ～法人 asociación

f religiosa con personalidad jurídica |～問題 problema *m* religioso
しゅうぎょう ❶ 就業する trabajar | ～時間 jornada *f* laboral ❷ 修業証書 diploma *m* ❸ 終業 fin *m* de la jornada laboral, (学校の) clausura *f* del curso |～式 acto *m* de clausura
じゅうぎょういん 従業員 empleado[da] *mf*, (総称) personal *m*
しゅうきん 集金する cobrar, recaudar
じゅうく 十九 diecinueve *m*|～番目の decimonoveno[na] | ～分の1 un diecinueveavo
しゅうけい 集計する sumar, (選挙) escrutar
しゅうげき 襲撃 asalto *m*|～する asaltar
じゅうけつ 充血 congestión *f*
じゅうご 十五 quince *m* | ～番目の decimoquinto[ta] | ～分の1 un quinzavo |～分 (間) cuarto *m* de hora
しゅうごう 集合する reunirse, juntarse | ～時間 hora *f* de encuentro | ～場所 lugar *m* de encuentro | ～住宅 edificio *m* de viviendas, casa *f* de vecindad
じゅうこうぎょう 重工業 industria *f* pesada
じゅうごや 十五夜 noche *f* de luna llena
ジューサー licuadora *f*
しゅうさい 秀才 persona *f* brillante
しゆうざいさん 私有財産 propiedad *f* privada, bienes *m.pl* particulares
じゅうさん 十三 trece *m* | ～番目の decimotercero[ra] |～分の1 un trezavo
しゅうし ❶ 収支 ingresos *m.pl* y gastos *m.pl*, balance *m* ❷ 終始 desde el principio hasta el fin ❸ 修士 (学位・課程) máster *m*
しゅうじ 習字 caligrafía *f*
じゅうし ❶ 十四 catorce *m*|～番目の decimocuarto[ta] | ～分の1 un catorzavo ❷ 重視する dar importancia a ALGO
じゅうじ ❶ 十字 cruz *f*|～架 cruz *f*|～路 cruce *m*|～軍 Cruzada *f*|赤～ Cruz *f* Roja ❷ 従事 …に～する dedicarse a ...
しゅうじがく 修辞学 retórica *f*
じゅうしち 十七 diecisiete *m*|～番目の decimoséptimo[ma] | ～分の1 un diecisieteavo
しゅうじつ ❶ 週日 día(s) *m* (*pl*) entre semana ❷ 終日 todo el día
じゅうじつ 充実した一日 día *m* bien aprovechado | 彼の人生で最も～した時期 la etapa más fructífera de su vida
しゅうしふ 終止符 punto *m* final | …に～を打つ poner punto final a ...
しゅうしゅう ❶ 収集 colección *f* | ～する coleccionar | ～家 coleccionista *m*/*f* ❷ 収拾する controlar, dominar | 事態を～する controlar la situación | ～がつかなくなる quedar fuera del control
しゅうしゅく 収縮する encoger(se), contraerse
じゅうじゅん 従順な obediente
じゅうしょ 住所 domicilio *m*, dirección *f*, señas *f.pl* | ～はどちらですか ¿Cuál es su dirección? | ～不定の男 hombre *m* sin domicilio fijo | ～不明 dirección *f* desconocida | ～変更 cambio *m* de domicilio |～録 directorio *m*
じゅうしょう 重傷 herida *f* grave | ～を負う sufrir una herida grave, resultar herido[da] de gravedad
しゅうしょく 就職する colocarse, conseguir un trabajo | ～活動をする buscar trabajo | ～口 puesto *m* de trabajo | ～試験 examen *m* para un puesto de trabajo, (選抜試験) oposiciones *f.pl* | ～難 escasez *f* de trabajo | ～率 tasa *f* de acceso al empleo
しゅうしん 終身の vitalicio[cia] | ～雇用 empleo *m* vitalicio [de por vida]
しゅうじん 囚人 preso[sa] *mf*, prisionero[ra] *mf*, recluso[sa] *mf*
じゅうしん 重心 centro *m* de gravedad
ジュース jugo *m*, zumo *m* | オレンジ～ jugo *m* [zumo *m*] de naranja
しゅうせい ❶ 修正 corrección *f*, (変更) modificación *f*|～する corregir, modificar | ～案 versión *f* modificada | ～予算案 proyecto *m* de presupuesto modificado ❷ 習性〘生〙 hábito *m* ❸ 終生の vitalicio[cia], de toda la vida
しゅうせき 集積する acumular | ～回路〘電〙 circuito *m* integrado
しゅうぜん 修繕 reparación *f* | ～する reparar, hacer una reparación
じゅうそう 重曹 bicarbonato *m* sódico
じゅうそく 充足させる satisfacer
じゅうぞく 従属 …に～する subordinarse a ..., (依存) depender de ... | 米国の～国 país *m* satélite de Estados Unidos
じゅうたい ❶ 渋滞 atasco *m*, embotellamiento *m*, (幹線道路の) caravana *f* | ～する haber un atasco ❷ 重体・重態である encontrarse en estado grave
じゅうだい ❶ 重大な importante, (深刻な) grave, serio[ria] | ～さ importancia *f*, (深刻さ) gravedad *f* | 事の～さ gravedad *f* del caso ❷ 十代の人 persona *f* de entre diez y diecinueve años de edad, (15歳前後の人) quinceañero[ra] *mf*
じゅうたく 住宅 vivienda *f* | ～金融公庫 Corporación *f* de Crédito para Vivienda | ～手当 subsidio *m* de vivienda | ～難 falta *f* de viviendas | ～問題 problema *m* de la vivienda | ～ローン crédito *m* para vivienda
しゅうだん 集団 grupo *m*, masa *f* | ～で en grupo, colectivamente | ～を作る formar un grupo, agruparse | ～行動をする actuar en grupo | ～安全保障 seguridad *f* colectiva | ～心理 psicología *f* colectiva
じゅうたん 絨毯 alfombra *f*
しゅうち 周知のごとく como todo el mundo sabe, como es bien sabido
しゅうちしん 羞恥心 pudor *m*, vergüenza *f*
しゅうちゃく 執着する apegarse [tener apego] a ALGO
しゅうちゅう 集中 concentración *f*|～する concentrarse en | ～的な intensivo[va] | 視線が彼に～した Todas las miradas se fijaron [se centraron] en él. | 私は～力に欠ける Me falta concentración. | ～豪雨 tromba *f* de agua | ～講義

curso *m* intensivo | ～治療室 unidad *f* de cuidados intensivos 《略 UCI》 | ～冷暖房 aire *m* acondicionado central
しゅうてん 終点 terminal *f*
しゅうでん 終電 último tren *m*
じゅうてん 重点 punto *m* importante | ～を置く dar prioridad a ALGO
じゅうでん 充電する cargar | ～式電池 pila *f* recargable
しゅうと 舅 suegro *m*
シュート 〖スポ〗 tiro *m*, chut *m*
しゅうとう 周到な perfecto[ta], minucioso[sa] | ～な計画 plan *m* minuciosamente estudiado [preparado]
しゅうどういん 修道院 convento *m*, monasterio *m* | 修道会 orden *f* religiosa | 修道士 monje *m*, hermano *m*, fraile *m* | 修道女 monja *f*, hermana *f*
じゅうどう 柔道 judo *m*
しゅうとく 習得 adquisición *f* | ～する aprender, dominar
しゅうとめ 姑 suegra *f*
じゅうなん 柔軟な flexible, elástico[ca]
じゅうに 十二 doce *m* | ～番目の duodécimo[ma] | ～分の 1 un dozavo
じゅうにがつ 十二月 diciembre *m* | ～に en diciembre
じゅうにしちょう 十二指腸 duodeno *m* | ～潰瘍(かいよう) úlcera *f* duodenal
しゅうにゅう 収入 ingresos *m.pl*, renta *f* | ～が少ない tener pocos ingresos | ～印紙 póliza *f*, timbre *m* | ～源 fuente *f* de ingresos | ～役 tesorero[ra] *mf*
しゅうにん 就任 大統領に～する tomar posesión de la presidencia
しゅうねん ❶ 執念 persistencia *f* | ～深い rencoroso[sa] ❷ －周年 創立十～記念式典 acto *m* conmemorativo del décimo aniversario de la fundación
しゅうは 宗派 secta *f*
しゅうはすう 周波数 frecuencia *f*
じゅうはち 十八 dieciocho *m* | ～番目の decimoctavo[va] | ～分の 1 un dieciochavo
じゅうびょう 重病にかかる padecer una enfermedad grave
しゅうふく 修復 restauración *f* | ～する restaurar
しゅうぶん 秋分 equinoccio *m* de otoño
じゅうぶん 十分な suficiente | ～に suficientemente | ～に眠る dormir lo suficiente | これで～だ Con esto basta. | ～条件 condición *f* suficiente
しゅうへん 周辺 alrededores *m.pl*, periferia *f* | …の～に en los alrededores de ...
しゅうまつ 週末 fin *m* de semana
じゅうみん 住民 habitante *m/f*, vecino[na] *mf*, residente *m/f* | ～運動 movimiento *m* popular | ～税 impuesto *m* municipal | ～登録 empadronamiento *m* | ～票 certificado *f* de empadronamiento | ～投票 plebiscito *m*
しゅうや 終夜 電車の～運転 servicio *m* nocturno de trenes
じゅうやく 重役 ejecutivo[va] *mf* | ～会 consejo *m* de administración
じゅうゆ 重油 petróleo *m* pesado
しゅうゆう 周遊する hacer un recorrido por | ～券 billete *m* Inter Rail
しゅうよう 収容する acoger | このスタジアムは 5 万人～できる Este estadio da cabida a cincuenta mil personas. | ～力 capacidad *f*, (劇場の) aforo *m*
じゅうよう 重要な importante, esencial | きわめて～な de vital importancia | ～な役割を果たす desempeñar un papel importante | ～参考人 testigo *m/f* clave | ～書類 documento *m* importante | ～人物 vip *m/f* | ～性 importancia *f* | 日本の～文化財 patrimonio *m* cultural japonés
じゅうらい 従来の tradicional, convencional
しゅうり 修理 reparación *f* | ～する reparar, hacer una reparación | 車を～に出す llevar el coche al taller para su reparación | ～工 mecánico[ca] *mf* | ～工場 taller *m*
しゅうりょう 終了・修了する terminar, completar | 学業を～する completar los estudios
じゅうりょう 重量 peso *m* | ～挙げ levantamiento *m* de pesos | ～級 〖スポ〗 categoría *f* de peso pesado
じゅうりょく 重力 gravedad *f*
しゅうろく 収録 grabación *f*, (記事を) publicar | ～する grabar
じゅうろく 十六 dieciséis *m* | ～番目の decimosexto[ta] | ～分の 1 un dieciseisavo
しゅうわい 収賄する aceptar sobornos
しゅえい 守衛 guarda *m/f*, guardia *m/f*
しゅえん 主演する protagonizar, jugar [interpretar] el papel de protagonista
しゅかん 主観的な subjetivo[va]
しゅき 手記 memorias *f.pl*
しゅぎ 主義 principios *m.pl*, doctrina *f* | ～を通す mantenerse fiel a sus principios | ～を曲げる renunciar a sus principios | ～に反して en contra de sus principios | ～主張 ideología *f*
しゅぎょう 修行する entrenarse, 〖宗〗 practicar el ascetismo
じゅぎょう 授業 clase *f*, curso *m* | 数学～をする dar clases de matemáticas | …の～を受ける recibir clases de ... | ～に出る asistir a una clase | 今日は～がない Hoy no hay clases. | ～時間 hora *f* de clase | ～料 tasas *f.pl* académicas 《スペイン》, gastos *m.pl* escolares
じゅく 塾 academia *f* privada para preparar los exámenes de ingreso
しゅくが 祝賀会 celebración *f*, festejo *m*
じゅくご 熟語 modismo *m*, locución *f*
しゅくさい 祝祭日 →祝日
しゅくじ 祝辞 felicitación *f* | ～を述べる felicitar
じゅくした 熟した maduro[ra]
しゅくじつ 祝日 día *m* festivo [feriado]
しゅくしゃ 宿舎 alojamiento *m*
しゅくしゃく 縮尺 escala *f*
しゅくじょ 淑女 dama *f*
しゅくしょう 縮小 reducción *f* | ～する reducir | 50%～コピー fotocopia *f* reducida al cincuenta por ciento
じゅくす 熟す madurar | 機が熟した Ha llegado el momento oportuno.
しゅくだい 宿題 deberes *m.pl*, tarea *f*,

（懸案）asunto *m* pendiente | ～を出す mandar los deberes
しゅくてん 祝典 celebración *f*
しゅくでん 祝電 telegrama *m* de felicitación
しゅくはく 宿泊 alojamiento *m*|～する alojarse, hospedarse | ～施設 establecimiento *m* hostelero [de hospedaje], (宿屋) alojamiento *m* | ～者 huésped *m*, huéspeda *f* | ～名簿 lista *f* [registro *m*] de huéspedes | ～料金 hospedaje *m*
しゅくふく 祝福 bendición *f* | ～する bendecir, felicitar
しゅくめい 宿命 destino *m*, fatalidad *f*
じゅくりょ 熟慮する considerar
じゅくれん 熟練した experto[ta], experimentado[da] | ～工 obrero[ra] *mf* cualificado[da] | ～者 experto[ta] *mf*
しゅげい 手芸 labores *f.pl*
しゅけん 主権 soberanía *f* | ～を握っている tener el poder soberano | ～在民 soberanía *f* nacional
じゅけん 受験する presentarse a un examen | ～者 examinando[da] *mf*
しゅご 主語〘文法〙sujeto *m*
じゅこう 受講する asistir a un curso
しゅこうぎょう 手工業 industria *f* artesanal
しゅさい 主催する organizar | ～者 organizador[dora] *mf*
しゅし ❶ 種子 semilla *f*, simiente *f* ❷ 趣旨 objetivo *m*, propósito *m*
じゅし 樹脂 resina *f*
しゅじい 主治医 médico[ca] *mf* de cabecera
しゅじゅつ 手術 operación *f*, intervención *f* quirúrgica | ～する operar, intervenir | ～を受ける someterse a una operación | 私は盲腸炎の～を受けた Me operaron de apendicitis. | ～衣 bata *f* quirúrgica | ～室 quirófano *m*, sala *f* de operación | ～台 mesa *f* de operación
しゅしょう ❶ 首相 primer[mera] ministro [tra] *mf* ❷ 主将 capitán[tana] *mf* ❸ 殊勝な admirable, plausible
じゅしょう 受賞 ノーベル文学賞を～する ganar el premio Nobel de Literatura | ～者 galardonado[da] *mf*
しゅしょく 主食 alimento *m* básico
しゅじん 主人 dueño[ña] *mf*, (ホスト) anfitrión[triona] *mf*, (夫) marido *m*, esposo *m* | ～公 protagonista *m/f*
じゅしん 受信 放送を～する captar una emisora | ～機 receptor *m* | ～料 cuota *f* de suscripción
じゅせい 受精 fecundación *f* | ～させる fecundar | 人工～ inseminación *f* [fecundación *f*] artificial
しゅせき 首席 (人) primero[ra] *mf* | ～を占める ocupar el primer puesto | 国家～ presidente[ta] *mf*
しゅぞく 種族 raza *f*, familia *f*
しゅたい 主体 sujeto *m* | ～性がない no tener iniciativa
しゅだい 主題 tema *m*
じゅたい 受胎 concepción *f*
しゅだん 手段 medio *m*, recurso *m* | ～を選ばない valerse de cualquier medio | あらゆる～を尽くす tocar todos los resortes | ～を誤る equivocarse de medio | 最後の～として como último recurso
しゅちょう 主張 (意見) opinión *f* | ～する insistir en, argumentar
しゅつえん 出演する actuar [salir] (en un programa)
しゅっか ❶ 出火 寝室から～した El incendio se declaró en el dormitorio. ❷ 出荷する enviar mercancías
しゅつがん 出願する presentar la solicitud
しゅっきん 出勤する ir al trabajo
しゅっけつ ❶ 出血 hemorragia *f* | ～する sangrar | 内～ hemorragia *f* interna ❷ 出欠をとる pasar lista
しゅつげん 出現する aparecer, hacer su aparición, surgir
じゅつご ❶ 術語 término *m* técnico, terminología *f* ❷ 述語 predicado *m*
しゅっこく 出国する salir del país
しゅっさん 出産 alumbramiento *m*, parto *m* | ～する dar a luz, (動物) parir
しゅっし 出資 financiación *f*, inversión *f*
しゅっしょ 出所 procedencia *f*, (出典) fuente *f* | ～する salir de la prisión
しゅっしょう 出生 nacimiento *m* | ～証明書 partida *f* de nacimiento | ～地 lugar *m* de nacimiento | ～率 tasa *f* de natalidad
しゅつじょう 出場する participar en | ～者 participante *m/f*
しゅっしん 出身 …～の natural de ..., originario[ria] de ... | チリの～である ser de Chile | ～国 país *m* natal
しゅっせ 出世 éxito *m* social, (会社での) promoción *f*, ascenso *m* | ～する tener éxito social, (会社で) promocionarse
しゅっせい ❶ 出生 ➜出生(しゅっしょう) ❷ 出征する ir al frente
しゅっせき 出席 asistencia *f* | ～する asistir a | ～している estar presente | ～証明書 certificado *m* de asistencia
しゅっちょう 出張 viaje *m* de trabajo | ～で札幌へ行く ir a Sapporo en viaje de trabajo | ～所 sucursal *f*, agencia *f* | ～費 gastos *m.pl* del viaje de trabajo
しゅっとう 出頭する presentarse | 公判に～する comparecer en el juicio
しゅっぱつ 出発 partida *f*, salida *f* | ～する partir, salir | ～を見合わせる aplazar la salida | ～点 punto *m* de partida | ～ロビー sala *f* de embarque
しゅっぱん ❶ 出版 publicación *f*, edición *f* | ～する publicar, editar | ～された publicado[da] | ～業 negocio *m* editorial | ～業者 editor[tora] *mf* | ～権 derecho *m* de publicación | ～社 casa *f* editora, editorial *f* ❷ 出帆する zarpar
しゅっぴ 出費 gasto *m*, expensas *f.pl*, desembolsos *m.pl*
しゅっぴん 出品する exhibir, exponer | ～物 objeto *m* expuesto
しゅつりょく 出力 potencia *f*
しゅと 首都 capital *f*
しゅとう 種痘〘医〙vacunación *f*
しゅどう 手動の manual

じゅどう 受動態〘文法〙(voz *f*) pasiva *f* |受動的な pasivo[va]
しゅどうけん 主導権 iniciativa *f*|～を取る tomar la iniciativa
しゅとく 取得する obtener, adquirir
しゅとして 主として principalmente
ジュニア júnior *m/f*, joven *m/f*
じゅにゅう 授乳する dar de mamar, amamantar

し

しゅにん 主任 jefe[fa] *mf*
しゅび ❶ 守備 defensa *f* ❷ 首尾一貫した coherente, consecuente|～一貫した態度 actitud *f* consecuente|首尾よく satisfactoriamente, con éxito
じゅひ 樹皮〘植〙corteza *f*
しゅひん 主賓 invitado[da] *mf* de honor
しゅふ 主婦 ama *f* de casa
しゅぼうしゃ 首謀者 cabecilla *m/f*
しゅみ 趣味 afición *f*, hobby *m*, (好み) gusto *m*|～のよい[悪い] de buen [mal] gusto|～で por afición|私の～に合わない No es de mi gusto.|多～である tener muchas aficiones|～は何ですか ¿Cuál es su hobby?
じゅみょう 寿命 vida *f*, duración *f*|～が長い[短い] tener larga [corta] vida|～を縮める acortar la vida|この電池はもう～だ La pila está agotada.|平均～ promedio *m* de vida
しゅもく 種目 categoría *f*, prueba *f*
じゅもく 樹木〘植〙árbol *m*
じゅもん 呪文 conjuro *m*, palabra *f* mágica|～を唱える decir [pronunciar] un conjuro
しゅやく 主役 protagonista *m/f*, (役) papel *m* principal
じゅよ 授与する otorgar, conceder
しゅよう ❶ 主要な principal, importante |～な点 punto *m* principal [importante]|国の～産業 la principal industria del país|～人物 personaje *m*, figura *f* ❷ 腫瘍 tumor *m*|良性[悪性]～ tumor *m* benigno [maligno]
じゅよう 需要 demanda *f*|～を満たす satisfacer la demanda|～が多い[少ない] tener mucha [poca] demanda|～と供給の法則〘経〙ley *f* de la oferta y la demanda
じゅり 受理する aceptar, recibir
じゅりつ 樹立する establecer, fundar|記録を～する establecer un récord
しゅりょう 狩猟 caza *f*
しゅりょく 主力の principal|わが社の～商品 los principales productos comercializados de nuestra empresa
しゅるい 種類 clase *f*, especie *f*, género *m*, tipo *m*, variedad *f*|あらゆる～の… toda clase de ...
シュロ〘植〙palma *f*
しゅわ 手話 dactilología *f*
じゅわき 受話器 auricular *m*
しゅわん 手腕 capacidad *f*, talento *m*, habilidad *f*
じゅん ❶ 順に por orden|～を追って paso a paso, uno por uno |～不同に sin orden|アルファベット[時間]～に por orden alfabético [cronológico]|年齢～に por orden de edad ❷ 純な puro[ra], ingenuo[nua], inocente ❸ 準看護師 enfermero[ra] *mf* auxiliar
じゅんい 順位 orden *m*, puesto *m*|～を争う competir por ocupar un mejor puesto
じゅんかい 巡回する patrullar
しゅんかん 瞬間 momento *m*, instante *m*
じゅんかん 循環 circulación *f*|～する circular|～器〘解〙aparato *m* circulatorio
じゅんきょ 準拠する basarse en, estar conforme a
じゅんけつ 純潔な puro[ra], casto[ta]
じゅんけっしょう 準決勝 semifinal *f*
じゅんさ 巡査 agente *m/f* de policía
じゅんじゅんけっしょう 準々決勝 cuartos *m.pl* de final
じゅんじょ 順序 orden *m*, (手順) procedimiento *m*|～立った ordenado[da], sistemático[ca], metódico[ca]|～を踏む seguir el orden establecido
じゅんしん 純真な ingenuo[nua], inocente
じゅんすい 純粋な puro[ra]|～な気持ちで desinteresadamente
じゅんちょう 順調な favorable, satisfactorio[ria]|～にいく ir sobre ruedas|～にいかない no marchar bien|～な滑り出しをする empezar con buen pie
じゅんとう 順当な normal, razonable|～に como se esperaba|～にいけば si todo funciona con normalidad
じゅんのう 順応する adaptarse [acomodarse] a|～性のある capaz de adaptarse, flexible
じゅんぱく 純白の inmaculadamente blanco[ca]
じゅんばん 順番 turno *m*|～に por turno |～を待つ esperar su turno
じゅんび 準備 preparación *f*, preparativos *m.pl* |～する preparar, hacer los preparativos|～ができている estar listo[ta]|～完了 Todo listo.|～委員会 comité *m* preparatorio|～運動 (pre) calentamiento *m*|～金 reservas *f.pl*
じゅんぷう 順風 事業は～満帆である El negocio va [marcha] viento en popa.
しゅんぶん 春分 equinoccio *m* de primavera
じゅんれい 巡礼 peregrinación *f*, peregrinaje *m*
しよう ❶ 使用 uso *m*, empleo *m*|～する usar, emplear|～に耐える resistente|～者 usuario[ria] *mf*|～済み核燃料 combustible *m* nuclear gastado|～されている[いない] estar en uso [en desuso, fuera de uso]|～法 modo *m* de empleo, instrucciones *f.pl* de uso|～料 renta *f*, alquiler *m* ❷ 仕様書 especificaciones *f.pl*|～を変更する modificar las especificaciones ❸ 私用 asunto *m* privado [particular, personal]
しょう ❶ 賞 premio *m*, galardón *m* ❷ 省 ministerio *m* ❸ 章 capítulo *m*
じよう 滋養に富んだ nutritivo[va]
じょう ❶ 情 afecto *m*, cariño *m*, amor *m*|～の深い afectuoso[sa], cariñoso[sa]|～の薄い frío[a]|～にもろい senti-

mental | …に～が移る empezar a querer a ..., tomar cariño a ... ❷ 錠 cerradura *f* ❸ －条 | 憲法第9～ artículo *m* noveno [nueve] de la Constitución ❹ －乗〖数〗potencia *f* | 3の2～ segunda potencia de tres ❺ －嬢 señorita *f*
じょういん ❶ 乗員 tripulante *m/f*, tripulación *f* ❷ 上院 Cámara *f* Alta, Senado *m* | ～議員 senador[dora] *mf*
しょううちゅう 小宇宙 microcosmo(s) *m*
じょうえい 上映する proyectar, poner
じょうえん 上演する representar, poner ALGO en escena
しょうか ❶ 消化 digestión *f* | ～する digerir | ～のよい digestivo[va] | ～の悪い indigesto[ta] | ～不良を起こす indigestarse, tener indigestión | ～液 jugo *m* digestivo | ～器官 aparato *m* digestivo, órganos *m.pl* digestivos | ～剤 digestivo *m* ❷ 消火する apagar [sofocar] un incendio, extinguir el fuego | ～器 extintor *m* | ～栓 boca *f* de incendios ❸ 昇華〖化〗sublimación *f*
ショウガ〖植〗jengibre *m*
じょうか 浄化する depurar
しょうかい ❶ 紹介 presentación *f*, (推薦) recomendación *f* | ～する presentar, (推薦) recomendar | …の～で por la recomendación de ... | ～状 carta *f* de presentación, (推薦状) carta *f* de recomendación ❷ 照会 referencia *f* | ～する pedir información, preguntar | ～先 referencia *f* ❸ 商会 firma *f*, empresa *f*
しょうがい ❶ 生涯 vida *f* | ～の de toda la vida, vitalicio[cia] | ～を終える terminar SU vida | …に～を捧げる dedicar SU vida a ... | ～教育 educación *f* permanente ❷ 傷害 lesión *f*, herida *f* | ～罪 (delito *m* de) agresión *f* | ～保険 seguro *m* de accidentes ❸ 障害 obstáculo *m*, impedimento *m*, (心身の) discapacidad *f* | ～を乗り越える superar los obstáculos | ～者 discapacitado[da] *mf* ➡身体障害者 | 精神～の con discapacidad psíquica [mental] | ～物競走 carrera *f* de obstáculos | 胃腸～ trastorno *m* gastrointestinal
しょうがく 小学生 escolar *m/f* de escuela primaria | ～校 escuela *f* primaria
しょうがくきん 奨学金 beca *f* | 奨学生 becario[ria] *mf*
しょうがつ 正月 (新年) Año *m* Nuevo, (一月) enero *m*
しょうかん 召喚〖法〗citación *f* | ～する citar, emplazar
しょうき 正気である estar en SU juicio | ～でない estar fuera de SU fuicio | ～を失う [取り戻す] perder [recuperar] el juicio
しょうぎ 将棋 ajedrez *m* japonés | ～を指す jugar al ajedrez japonés
じょうき ❶ 蒸気 vapor *m* | ～機関車 locomotora *f* de vapor ❷ 常軌を逸した excéntrico[ca], anormal
じょうぎ 定規 regla *f*, pauta *f*
しょうきぼ 小規模に en [a] pequeña escala
しょうきゃく ❶ 焼却する incinerar | ごみの～炉 incineradora *f* de basuras ❷ 償却 amortización *f*
じょうきゃく 乗客 pasajero[ra] *mf*, viajero[ra] *mf*
しょうきゅう ❶ 昇給 aumento *m* salarial ❷ 昇級 promoción *f* | ～する promocionarse
じょうきゅう 上級の superior, de rango superior | ～生 estudiante *m/f* de cursos superiores | ～コース curso *m* avanzado
しょうぎょう 商業 comercio *m* | ～化する comercializar
じょうきょう ❶ 状況 situación *f*, circunstancias *f.pl* | 目下の～ situación *f* actual ❷ 上京する venir(se) a Tokio
しょうきょく 消極的な pasivo[va], (否定的な) negativo[va] | ～的安楽死 eutanasia *f* pasiva
しょうきん 賞金 premio *m* en metálico
しょうぐん 将軍 general *m*, (幕府の) shogun *m*
じょうげ 上下に de arriba abajo, verticalmente
じょうけい 情景 escena *f*
しょうげき 衝撃 impacto *m*, choque *m* | ～的な impactante | ～を与える impactar, conmocionar | ～を受ける recibir un impacto | ～波 ondas *f.pl* de choque
しょうけん 証券 valores *m.pl*, bono *m*, título *m* | ～アナリスト analista *m/f* de valores | ～会社 sociedad *f* de valores | ～市場 mercado *m* de valores | ～取引所 bolsa *f* de valores
しょうげん 証言 testimonio *m* | ～する testificar, testimoniar | …に不利 [有利] な～をする testificar contra [en favor de]... | ～者 testigo *m/f*
じょうけん 条件 condición *f* | …という～で a [con la] condición de 〈＋不定詞〉, a [con la] condición de que 〈＋接続法〉 | ～付きの condicional | ～を受け入れる aceptar las condiciones | ～を付ける imponer condiciones | ～に合う satisfacer las condiciones | ～反射 reflejo *m* condicionado | 必要～ requisito *m*
しょうこ 証拠 prueba *f*, testimonio *m*, evidencia *f* | ～として como prueba | ～を握る tener pruebas | ～固めをする buscar pruebas sólidas | ～隠滅 destrucción *f* de pruebas | ～書類 prueba *f* documental | ～不十分 por falta de pruebas
しょうご 正午 mediodía *m* | ～に a(l) mediodía
じょうご 漏斗 embudo *m*
しょうこう ❶ 将校 oficial *m/f* ❷ 商工会議所 cámara *f* de comercio e industria
しょうごう ❶ 照合 cotejo *m* | AをBと～する cotejar A con B ❷ 称号 título *m*
じょうこう 条項 artículo *m*, cláusula *f*
じょうこく 上告 apelación *f* | ～する apelar
しょうさい 詳細 detalles *m.pl*, pormenores *m.pl* | ～な detallado[da], pormenorizado[da]
じょうざい 錠剤 pastilla *f*
しょうさっし 小冊子 folleto *m*
しょうさん 称賛・賞賛 elogio *m* | ～する elogiar, alabar | ～すべき elogiable, admirable | ～のまなざしで con ojos de admiración | ～に値する merecer elogios | ～を惜

しまない no escatimar elogios
じょうし 上司 jefe[fa] *mf*, superior [riora] *mf*
じょうじ 情事 asunto *m* amoroso
しょうじき 正直な honesto[ta], honrado[da] | ～に honestamente | ～なところ a decir verdad | ～者 persona *f* honesta
じょうしき 常識 sentido *m* común | ～のある tener sentido común | ～的な normal, razonable | …するのは～外れだ Es una falta de sentido común 〈＋不定詞〉. | そんなことは～だ Eso lo sabe todo el mundo.
しょうしか 少子化 descenso *m* de la natalidad
しょうしつ 焼失する incendiarse
じょうしつ 上質の de calidad superior
しょうしゃ ❶ 商社 casa *f* comercial ❷ 勝者 ganador[dora] *mf*, vencedor[dora] *mf*
じょうしゃ 乗車する subir a | ～券 billete *m*, boleto *m* 《ラ米》| ～料金 tarifa *f*
しょうしゅう 招集・召集する convocar | ～令状 llamamiento *m* a filas
じょうじゅん 上旬 los primeros diez días de mes | 1月～に a comienzos de enero
しょうしょ 証書 certificado *m*, 〖法〗 escritura *f*
しょうじょ 少女 chica *f*, muchacha *f* | ～趣味 gusto *m* común entre las niñas
しょうじょう ❶ 症状 〖医〗 síntoma *m* ❷ 賞状 diploma *m*
じょうしょう 上昇 ascenso *m* | ～する ascender, subir
しょうじる 生じる ocurrir, producirse | 問題が生じた Surgió un problema.
しょうしん 昇進する promocionarse, ascender
しょうしんしょうめい 正真正銘の genuino [na], auténtico[ca]
じょうず 上手な hábil, bueno[na] | 商売～である saber llevar el negocio
しょうすう ❶ 小数 decimal *m* | ～点 coma *f* ❷ 少数 minoría *f* | ～意見 opinión *f* minoritaria | ～精鋭主義 elitismo *m* | ～派 minoría *f* | ～派の minoritario[ria] | ～民族 minoría *f* étnica
しょうする 称する llamarse, denominarse
じょうせい 情勢 circunstancias *f.pl*, situación *f* | ～を見守る observar la situación | 世界～ situación *f* mundial
しょうせつ 小説 novela *f* | ～家 novelista *m/f*, escritor[tora] *mf*
じょうせつ 常設の permanente
じょうぜつ 冗舌な locuaz, hablador [dora]
じょうせん 乗船する embarcarse, subir a bordo
しょうそう 焦燥 impaciencia *f*, inquietud *f*
しょうぞう 肖像(画) retrato *m*
じょうぞう 醸造する fabricar | ～所 (蒸留酒) destilería *f*, (醸造酒) bodega *f*
しょうそく 消息 noticia *f*
しょうたい ❶ 招待 invitación *f* | ～する invitar, convidar | ～を受ける[断る] aceptar [rechazar] la invitación | ～客 invitado[da] *mf* | ～状 invitación *f* | ～席 asientos *m.pl* para invitados ❷ 正体を現す quitarse la máscara, revelarse | ～を暴く arrancar [quitar] la máscara a ALGUIEN
じょうたい 状態 estado *m*, situación *f* | 危険な～である encontrarse en una situación peligrosa
しょうだく 承諾する consentir, asentir a, aceptar | …の～を得る obtener el consentimiento de ... | …の～を得て[得ずに] con [sin] el consentimiento de ... | ～書 carta *f* de aceptación
じょうたつ 上達する progresar, adelantar | ～が早い aprender ALGO rápido
しょうだん 商談 negociación *f*
じょうだん 冗談 broma *f* | ～を言う gastar bromas, bromear | ～で de [en] broma | ～半分に entre bromas y veras | ～じゃない (拒絶) Ni hablar. | ～はやめろ ¡Basta de bromas! | ～が通じない no entender las bromas
しょうち 承知する saber, enterarse de, (同意) consentir | ご～のとおり como usted sabe | …を～の上で a sabiendas de que 〈＋直説法〉 | お互い～の上で por mutuo acuerdo [consentimiento] | ～している estar enterado[da] de | ～した De acuerdo.; Entendido. | ～しないぞ ¡No te perdonaré!
じょうちょ 情緒不安定 inestabilidad *f* emocional | ～障害 trastorno *m* emocional
しょうちょう ❶ 象徴 símbolo *m* | ～的な simbólico[ca] | ～主義 simbolismo *m* ❷ 小腸 intestino *m* delgado
しょうてん ❶ 焦点 enfoque *m*, foco *m* | ～を合わせる enfocar | ～が合っていない desenfocado[da] | ～距離 〖写〗 distancia *f* focal ❷ 商店 tienda *f*, comercio *m*
じょうと 譲渡する traspasar, enajenar, ceder
しょうどう 衝動 impulso *m* | ～的な impulsivo[va]
じょうとう 上等な de calidad superior, de buena calidad
しょうどく 消毒する desinfectar, esterilizar
しょうとつ 衝突 choque *m*, colisión *f*, | ～する chocar [colisionar] con [contra] | 利害の～ conflicto *m* de intereses
しょうにか 小児科学 pediatría *f* | ～医 pediatra *m/f*
しょうにん ❶ 承認する aprobar, ratificar | …の～を得る obtener la aprobación de ... | …の～を得て[得ないで] con [sin] la aprobación de ... ❷ 証人 testigo *m/f* | ～になる testificar | …を～に立てる poner por testigo a ... | 弁護側[検察側]～ testigo *m/f* de descargo [de cargo] | ～喚問 citación *f* de los testigos | ～尋問する interrogar al [a la] testigo ❸ 商人 comerciante *m/f*
じょうねつ 情熱 pasión *f* | ～的な apasionado[da]
しょうねん 少年 chico *m*, muchacho *m* | ～院 correccional *m*, reformatorio *m* | ～鑑別所 correccional *m* preventivo | ～非行 delincuencia *f* juvenil | ～法 ley *f* del menor

じょうば 乗馬 equitación *m*
しょうはい 勝敗 victoria *f* o derrota *f*
しょうばい 商売 negocio *m*, comercio *m* | ～する llevar el negocio | ～を始める montar [poner] un negocio | ～をたたむ dejar el negocio | ～が繁盛している Va muy bien el negocio. | ～敵 competidor[dora] *mf* comercial [en el negocio] | ～柄 naturaleza *f* del trabajo
じょうはつ 蒸発 evaporación *f* | ～する evaporarse
じょうはんしん 上半身 parte *f* superior del cuerpo | ～の de medio cuerpo, de cintura para arriba
しょうひ 消費 consumo *m* | ～する consumir | ～者 consumidor[dora] *mf* | ～者物価指数 índice *m* de precios al consumo | ～税 impuesto *m* sobre el consumo | 個人～ consumo *m* personal
しょうひょう 商標 marca *f* | 登録～ marca *f* registrada
しょうひん ❶ 商品 artículo *f*, mercancía *f* | ～化する comercializar | ～券 vale *m* de compra ❷ 賞品 premio *m*
じょうひん 上品な refinado[da], elegante
しょうぶ 勝負 victoria *f* o derrota *f*, (試合) partido *m* | ～をする competir, luchar, (ゲーム) jugar una partida | ～に勝つ[負ける] ganar [perder] el juego | ～所を逃がす desaprovechar la oportunidad para ganar | ～事 juego *m*, apuesta *f* | ～師 jugador[dora] *mf*
じょうぶ ❶ 丈夫な fuerte, resistente, (健康な) sano[na] | 体を～にする fortalecerse, mejorar la resistencia física ❷ 上部 parte *f* superior
しょうふだ 正札 etiqueta *f*
しょうぶん 性分 carácter *m*, temperamento *m*
しょうへい 招聘する invitar
しょうべん 小便 orina *f*, 《話》 pis *m* | ～をする orinar
じょうほ 譲歩 concesión *f* | ～する ceder, transigir
しょうぼう 消防士 bombero[ra] *mf* | ～車 coche *m* de bomberos | ～署 parque *m* de bomberos | ～庁 ➜表現集：日本の省庁
じょうほう 情報 información *f* | ～を与える facilitar [ofrecer] información | ～を集める recoger información | ～を得る obtener información | ～を漏らす filtrar información | ～(科) 学 informática *f* | ～検索 búsqueda *f* de información | ～公開法 ley *f* de libertad de acceso a información
じょうまえ 錠前 cerradura *f*
しようまっせつ 枝葉末節 detalles *m.pl* menores [sin importancia]
しょうみ ❶ 正味の neto[ta] | ～重量 peso *m* neto ❷ 賞味する saborear | ～期限 fecha *f* de caducidad | ～期限は…まで Consumir preferentemente antes de ....
じょうみゃく 静脈 vena *f* | ～注射 inyección *f* intravenosa
じょうむいん 乗務員 ➜乗員
しょうめい ❶ 証明 demostración *f*, certificación *f* | ～する (仮説を) demostrar, (無罪を) probar, (死亡を) certificar, (身分を) acreditar | ～書 certificado *m* ❷ 照明 iluminación *f* | ～する iluminar
しょうめつ 消滅する extinguirse, desaparecer
しょうめん 正面 …の～に enfrente de ...
しょうもう 消耗する desgastar, (消費する) consumir, (疲れ果てる) agotarse | ～品 artículo *m* de consumo
じょうやく 条約 tratado *m*, pacto *m*
しょうゆ 醤油 salsa *f* de soja
しょうよ 賞与 gratificación *f*, paga *f* extra(ordinaria)
じょうようしゃ 乗用車 (automóvil *m* de) turismo *m*
しょうらい 将来 porvenir *m*, futuro *m* | ～の futuro[ra], venidero[ra] | ～性のある[ない] con [sin] porvenir
しょうり 勝利 victoria *f*, triunfo *m* | ～する ganar, lograr [conseguir] una victoria | 大～を収める lograr una gran victoria | チームを～に導く llevar a un equipo a la victoria | ～者 ganador [dora] *mf*
じょうりく 上陸する desembarcar en
しょうりゃく 省略 omisión *f* | ～する omitir, (簡略化) abreviar | ～形 abreviatura *f*
じょうりゅう ❶ 上流階級 clase *f* alta | (川の)～ curso *m* alto | ～に río arriba ❷ 蒸留 destilación *f* | ～する destilar | ～酒 licor *m*
しょうりょう 少量の… un poco de ...
じょうりょく 常緑樹 árbol *m* de hoja perenne
しょうれい 奨励 fomento *m* | ～する fomentar, promover
じょうれい 条令 reglamento *m*, ordenanzas *f.pl*
じょうれん 常連 asiduo[dua] *mf* | ～客 cliente[ta] *mf* habitual
じょうろ 如雨露 regadera *f*
ショー espectáculo *m* | ～ウインドー escaparate *m* | ～ルーム sala *f* de exposición
しょえん 初演 estreno *m*
じょおう 女王 reina *f* | ～バチ 〖昆〗 reina *f* (de las abejas)
ジョーカー comodín *m*
ジョーク broma *f*
ショーツ 〖服〗 bragas *f.pl*
ショート 〖電〗 cortocircuito *m* | ～する producirse un cortocircuito [主語] | ショートカット (髪) pelo *m* corto | ショートパンツ pantalón *m* corto
ショール 〖服〗 chal *m*
しょか 初夏に al inicio [a comienzos] de verano
じょがい 除外する excluir, exceptuar
しょかつ 所轄 jurisdicción *f* | ～官庁 autoridades *f.pl* competentes
しょかん 書簡 carta *f*, epístola *f* | ～体小説 novela *f* epistolar
しょき ❶ 初期 primera etapa *f*, fase *f* inicial ❷ 書記 secretario[ria] *mf*
しょきか 初期化する 〖IT〗 inicializar
しょきゅう 初級 curso *m* elemental
じょきょ 除去する eliminar
じょきょうじゅ 助教授 profesor[sora] *mf*

adjunto[ta]
ジョギング ～する hacer footing
しよく 私欲 interés *m* personal
しょく ❶ 職 ocupación *f*, trabajo *m*, empleo *m* | ～を得る conseguir un trabajo | ～を失う perder el [quedarse sin] trabajo | ～を変える cambiar de trabajo | ～を捜す buscar trabajo | ～のない estar sin trabajo | 手に～をつける aprender un oficio ❷ 食が進む[進まない] tener buen [poco] apetito | ～が細い ser de poco comer
しょくいん 職員 empleado[da] *mf*, plantilla *f*, personal *m* | 教～ personal *m* docente y administrativo | ～室 sala *f* de profesores
しょくえん 食塩 sal *f* | ～水 solución *f* de sal
しょくぎょう 職業 profesión *f*, ocupación *f* | ご～は何ですか ¿Cuál es su profesión? | …を～にする tener como profesión ... | …を～に選ぶ elegir ... como profesión | ～安定所 Oficina *f* Pública de Estabilidad Laboral | ～訓練校 escuela *f* de formación profesional
しょくご 食後に después de comer
しょくざい ❶ 食材 ingrediente *m* ❷ 贖罪 expiación *f*
しょくじ 食事 comida *f* | ～をする comer | 外で～をする comer fuera | ～を制限する estar a régimen [a dieta], hacer régimen | ～の用意をする preparar la comida | ～を出す servir la comida | ～時間 hora *f* de comer
しょくせき 職責を果たす cumplir con la responsabilidad profesional
しょくぜん 食前に antes de comer | ～酒 aperitivo *m*
しょくだい 燭台 candelero *m*
しょくたく ❶ 食卓 mesa *f* | ～につく sentarse a la mesa | ～の用意をする poner la mesa | ～を片付ける quitar la mesa | ～を囲む sentarse alrededor de la mesa ❷ 嘱託 empleado[da] *mf* no numerario[ria], empleado[da] *mf* sin contrato fijo
しょくちゅうどく 食中毒 intoxicación *f* alimentaria
しょくどう ❶ 食堂 restaurante *m*, comedor *m* | ～車 vagón *m* restaurante ❷ 食道 esófago *m* | ～がん cáncer *m* de esófago
しょくにく 食肉 carne *f* | ～業 industria *f* cárnica
しょくにん 職人 artesano[na] *mf*, artesanado *m* | ～気質 espíritu *m* de artesano | ～芸 técnica *f* artesanal, maestría *f*
しょくのうきゅう 職能給 sueldo *m* basado en el rendimiento laboral
しょくば 職場 lugar *m* de trabajo | ～に復帰する reincorporarse al trabajo | ～ストレス estrés *m* laboral
しょくばい 触媒 〖化〗 catalizador *m*
しょくパン 食パン pan *m* de molde | ～一枚 una rebanada de pan
しょくひ 食費 gastos *m.pl* de alimentación [alimentarios]
しょくひん 食品 comestibles *m.pl*, (製品) productos *m* alimentarios | ～衛生法 ley *f* de la higiene alimentaria | ～加工業 industria *f* alimentaria | ～添加物 aditivo *m* alimenticio
しょくぶつ 植物 planta *f*, vegetal *m* | ～性の vegetal | ～に水をやる regar las plantas | ～園 jardín *m* botánico | ～学 botánica *f*
しょくみん 植民 colonización *f* | ～地化する colonizar | ～地 colonia *f* | ～地主義 colonialismo *m*
しょくむ 職務 deber *m* [obligación *f*] profesional, cargo *m* | ～上の profesional, del oficio | ～を遂行する cumplir con su deber profesional | ～規定 reglamento *m* de trabajo | ～権限 competencia *f* profesional | (警察官の)～質問 pregunta *f* para verificar la identidad
しょくもつ 食物 alimento *m*, comida *f* | ～繊維 fibra *f* dietética | ～連鎖 cadena *f* alimenticia
しょくよう 食用の comestible | ～油 aceite *m* comestible
しょくよく 食欲 apetito *m* | ～がある tener apetito | ～がなくなる perder el apetito | ～をそそる料理 plato *m* apetitoso | ～旺盛(おうせい)である tener buen apetito [saque]
しょくりょう ❶ 食料 alimento *m*, alimentación *f* | ～品 comestibles *m.pl* | ～品店 tienda *f* de comestibles [ultramarinos] ❷ 食糧 alimento *m*, provisiones *f.pl* | ～がなくなる quedarse sin alimentos | ～自給率 tasa *f* de autosuficiencia alimentaria
しょくれき 職歴 historial *m* profesional, (経歴) carrera *f* profesional
じょくん 叙勲 condecoración *f*
しょけい 処刑 ejecución *f* | ～する ejecutar
しょけん 所見 observación *f*, opinión *f*
じょげん 助言 consejo *m*, sugerencia *f* | ～する aconsejar, dar un consejo | …に～を求める pedir un consejo a ... | ～に従う seguir el consejo
じょこう 徐行する ir [conducir] despacio
しょさい 書斎 despacho *m*, estudio *m*
しょざい 所在 責任の～を明らかにする averiguar quién tiene la responsabilidad | ～をつきとめる localizar | ～地 domicilio *m*
じょさいない 如才ない sociable, abierto [ta]
じょし 女子 chica *f*, muchacha *f* | ～校 escuela *f* de niñas | ～生徒 alumna *f* | ～大学 universidad *f* femenina
しょしき 書式 fórmula *f*
じょじし 叙事詩 poema *m* épico, (ジャンル) poesía *f* épica
じょしゅ 助手 ayudante *m/f*, asistente *m/f*
しょしゅう 初秋に al inicio [a comienzos] de otoño
じょじゅつ 叙述する describir, narrar
しょしゅん 初春に al inicio [a comienzos] de primavera
しょじょ 処女 virgen *f*
じょじょ 徐々に poco a poco, gradualmente

じょじょうし 叙情詩 poema *m* lírico,（ジャンル）poesía *f* lírica
しょしんしゃ 初心者 principiante *m/f*
じょせい 女性 mujer *f*｜～の femenino [na]｜～解放運動 movimiento *m* feminista｜～解放 emancipación *f* femenina｜～観 opinión *f* sobre las mujeres｜～誌 revista *f* femenina｜～上位 predominio *m* femenino｜～ホルモン hormona *f* femenina
じょせい 助成（金）subvención *f*｜～する subvencionar
しょせいじゅつ 処世術 gramática *f* parda
しょせき 書籍 libro *m*, publicación *f*
じょそう ❶ 助走する tomar carrerilla ❷ 除草剤 herbicida *m*
しょぞく 所属する pertenecer a, depender de
しょたい ❶ 所帯 familia *f*｜～を持つ formar [crear] un hogar, casarse ❷ 書体 escritura *f*
しょたいめん 初対面 primer encuentro *m*｜私たちは～である Es la primera vez que nos vemos.
しょだな 書棚 estantería *f*, librería *f*, biblioteca *f*
しょち 処置 medidas *f.pl*, remedio *m*,（治療）tratamiento *m*｜～する tomar medidas, dar un tratamiento｜～を誤る tomar medidas equivocadas｜～なしである no tener remedio
しょっかく ❶ 触覚 tacto *m*｜～の táctil ❷ 触角〖昆〗antena *f*
しょっき 食器 vajilla *f*｜～洗い機 lavavajillas *m* [*pl* ~], lavaplatos *m* [*pl* ~]｜～棚 aparador *m*, armario *m* de la cocina
ジョッキ jarra *f*
ショック golpe *m*,（精神的）shock *m*, choque *m*｜～を与える dar un choque｜～を受ける sufrir un choque｜～アブソーバー amortiguador *m*｜～療法 tratamiento *m* de choque [de shock]
しょっけん 職権 autoridad *f*｜～濫用 abuso *m* de autoridad
しょっこう 職工 obrero[ra] *mf*
ショッピング ～をする ir de compras｜～センター centro *m* comercial
じょてい 女帝 emperatriz *f*
しょてん 書店 librería *f*
しょとう ❶ 初冬に al inicio [a comienzos] de invierno ❷ 初等の primario[ria], elemental｜～教育 enseñanza *f* primaria ❸ 諸島 islas *f.pl*
しょどう 書道 caligrafía *f*
じょどうし 助動詞 verbo *m* auxiliar
しょとく 所得 renta *f*, ingresos *m.pl*｜～税 impuesto *m* sobre la renta｜国民～ renta *f* nacional
しょにんきゅう 初任給 sueldo *m* inicial
しょばつ 処罰 castigo *m*, sanción *f*, penalización *f*｜～する sancionar, penalizar
しょひょう 書評 reseña *f*, recensión *f* de libros
しょぶん 処分する（売却する）vender,（捨てる）echar, tirar,（処罰する）sancionar
じょぶん 序文 prefacio *m*, prólogo *m*
しょほ 初歩の básico[ca], elemental
しょほう 処方する recetar｜～箋(せん) receta *f*
じょまく ❶ 序幕 primer acto *m*, acto *m* primero ❷ 除幕 銅像の～式 acto *m* de descubrimiento de una estatua
しょみん 庶民 pueblo *m*｜～の popular
しょめい 署名 firma *f*｜～する firmar｜～捺印(なついん)する firmar y sellar, rubricar｜～を集める recoger firmas｜～入りの con firma｜～運動 campaña *f* para reunir firmas｜～者 firmante *m/f*, signatario[ria] *mf*
じょめい 除名 expulsión *f*｜～する expulsar
しょもつ 書物 libro *m*
じょや 除夜の鐘 campanadas *f.pl* de Noche Vieja
しょゆう 所有 posesión *f*, propiedad *f*｜～する poseer｜～権 derecho *f* de propiedad｜～者 propietario[ria] *mf*｜～物 propiedad *f*, posesión *f*
じょゆう 女優 actriz *f*
しょり 処理する despachar,（問題を）arreglar,（化学的に）tratar,〖IT〗procesar
じょりゅう 女流の femenino[na],（将棋の）de categoría femenina
じょりょく 助力 ayuda *f*, apoyo *m*
しょるい 書類 documento *m*, papeles *m. pl*, documentación *f*｜～を作成する elaborar un documento｜～送検する enviar el caso a la fiscalía sin detener al presunto autor
ショルダーバッグ bandolera *f*
じょれつ 序列 orden *m*, rango *m*
じょろん 序論 introducción *f*
しょんぼり ～(と) desanimado[da], alicaído[da]
じらい 地雷 mina *f*｜対人～ mina *f* antipersonal
しらが 白髪 cana *f*｜～の canoso[sa]
シラカバ〖植〗abedul *m*
しらける 白ける 座が白けた Se aguó la fiesta.｜座を白けさせる aguar la fiesta
しらじらしい 白々しいうそ mentira *f* manifiesta
じらす 焦らす impacientar, irritar
しらせ 知らせ aviso *m*, noticia *f*, información *f*
しらせる 知らせる avisar, informar
しらない 知らない no saber, desconocer, ignorar
しらふ ～である estar sobrio[bria]
しらべ 調べ investigación *f*,（尋問）interrogación *f*,（旋律）melodía *f*｜～物をする hacer averiguaciones
しらべる 調べる examinar, investigar, averiguar,（辞書を）consultar｜警察に調べられる ser interrogado[da] por la policía
シラミ〖動〗piojo *m*
しらんかお 知らん顔をする hacerse el [la] sueco[ca], no darse por enterado [da]
しり 尻 nalgas *f.pl*, trasero *m*,《話》culo *m*｜～が重い（怠け者）perezoso[sa]｜～が軽い rápido[da],（軽率な）imprudente｜夫を～に敷く llevar los pantalones｜～をたたく animar
しりあい 知り合い conocido[da] *mf*｜私た

ちは〜です Nos conocemos. | 彼は私の古い〜です Él es un viejo conocido mío. | 知り合う(互いに) conocerse

シリーズ serie *f*

じりき 自力で sin ayuda de nadie

しりきれとんぼ 尻切れとんぼに終わる quedar inacabado[da]

しりごみ 尻込みする vacilar, titubear

しりぞく 退く retirarse, (後退する) retroceder | 退ける rechazar, (敵を) vencer

しりつ ❶ 市立の municipal ❷ 私立の privado[da]

じりつ ❶ 自立 independencia *f* | 〜する independizarse | 〜した independiente ❷ 自律神経 nervios *m.pl* del sistema nervioso autónomo

しりとり 尻取りをする jugar a palabras encadenadas

しりぬぐい 尻拭いをする pagar culpas ajenas, pagar los platos rotos

しりめつれつ 支離滅裂な incoherente

しりゅう 支流 afluente *m*

しりょ 思慮深い prudente, reflexivo[va] | 〜に欠ける imprudente, irreflexivo[va]

しりょう ❶ 資料 dato *m*, información *f* | 〜を収集する recoger datos ❷ 飼料 cebo *m*, pienso *m* | 人工[動物性]〜 piensos *m.pl* artificiales [animales]

しりょく 視力 vista *f*, visión *f*

しる ❶ 知る saber, enterarse de, (経験として) conocer | 知っている estar al corriente de, saber | スペイン語を知っている saber español | 星さんを知ってますか. —ええ, よく知ってます ¿Conoce usted al señor Hoshi? — Sí, lo conozco muy bien. | 知らぬ間に sin que yo lo sepa | 私の〜限り … Que yo sepa .... | 私の知ったことではない No es asunto mío. | …かどうか〜よしもない No hay ningún modo de saber si 〈＋直説法〉. ❷ 汁 sopa *f*, (果汁) jugo *m*

シルエット silueta *f*

シルク seda *f* | 〜ロード Ruta *f* de la Seda

しるし 印 marca *f*, señal *f* | 〜を付ける marcar, señalar

しるす 記す escribir, anotar

シルバー (銀) plata *f* | 〜シート asientos *m.pl* reservados para ancianos y discapacitados

しれい 司令官 comandante *m* | 〜部 comandancia *f*, cuartel *m* general

じれい 辞令 nombramiento *m*

じれったい irritante

しれわたる 知れ渡る difundirse

しれん 試練 prueba *f*, (受難) calvario *m*, (逆境) adversidad *f*

ジレンマ dilema *m* | 〜に陥る encontrarse en un dilema

しろ ❶ 城 castillo *m* | 〜跡 ruinas *f.pl* de un castillo ❷ 白 blanco *m* | 彼女は〜(無実)だ Ella es inocente.

しろい 白い blanco[ca] | 〜目で見る mirar a ALGUIEN con frialdad | 白っぽい blanquecino[na] | 壁を白く塗る pintar la pared de blanco | 白くなる blanquear(se)

しろうと 素人 aficionado[da] *mf*, amateur *m/f*, profano[na] *mf*

しろくま 白熊 oso *m* polar [blanco]

しろくろ 白黒の en blanco y negro

じろじろ 〜見る mirar con indiscreción

シロップ jarabe *m*

しろばい 白バイの警官 policía *m/f* en moto blanca

しろみ 白身 (肉・魚の) carne *f* blanca, (卵の) clara *f*

しろめ 白目 blanco *m* del ojo

じろり 〜と見る echar una mirada indiscreta

しわ arruga *f* | 〜だらけの lleno[na] de arrugas | 〜になる arrugarse | 〜にならない inarrugable | 額に〜を寄せる arrugar la frente | 眉間(みけん)に〜を寄せる fruncir el ceño | アイロンでシャツの〜を伸ばす desarrugar la camisa planchándola

しわける 仕分ける dividir, clasificar

しわす 師走 diciembre *m*, fin *m* de año

しん ❶ 心・芯 (果物) corazón *m*, (ろうそく) mecha *f*, (鉛筆) mina *f* ❷ 真の verdadero[ra], real ❸ 新- nuevo[va], neo- | 〜内閣 nuevo gobierno *m* | 〜植民地主義 neocolonialismo *m*

しんあい 親愛な estimado[da], querido[da]

しんい 真意 verdadera intención *f*, (言葉の) significado *m* real

じんい 人為的な artificial

じんいん 人員 personal *m* | 〜削減 reducción *f* de personal [de plantilla]

じんえい 陣営 保守〜 campo *m* conservador

しんえん 深淵 abismo *m*

しんか ❶ 進化 evolución *f* | 〜する evolucionar | 〜論 〘生〙 evolucionismo *m*, teoría *f* de la evolución ❷ 真価 verdadero valor *m* | …の〜を試す poner a prueba el valor de ...

しんかい 深海 abismo *m* marino | 〜魚 pez *m* pelágico

しんがい 侵害 violación *f* | 人権を〜する violar los derechos humanos

しんかく 神格化する divinizar

しんがく ❶ 進学 大学へ〜する acceder [ir] a la universidad | 大学〜率 tasa *f* de acceso a la universidad ❷ 神学 teología *f*

じんかく 人格 carácter *m*, personalidad *f*

しんがた 新型 nuevo modelo *m*

しんかん 新刊 libro *m* recién publicado

しんかんせん 新幹線 tren *m* bala [de alta velocidad], (スペインの) AVE *m*

しんぎ 審議する discutir, poner ALGO en discusión, deliberar | 〜中である estar en discusión | 〜を打ち切る dar por terminada la discusión | 〜を再開する reanudar la discusión | 〜会 consejo *m*

しんきゅう 進級する aprobar el curso para pasar al siguiente

しんきろう 蜃気楼 espejismo *m*

しんきろく 新記録 nuevo récord *m*, 〘スポ〙 plusmarca *f*

しんきんかん 親近感を抱く sentir simpatía *f* por ALGUIEN

しんきんこうそく 心筋梗塞 infarto *m* de

miocardio
しんぐ 寝具 ropa *f* de cama
しんくう 真空の vacío[a] | ~管 tubo *m* de vacío, válvula *f*
ジンクス mala suerte *f*, mal presagio *m*
シンクタンク equipo *m* de cerebros
シングル ~ベッド cama *f* individual | ~マザー madre *f* soltera | ~ルーム habitación *f* individual
シングルス 〘スポ〙 individual *m*
シンクロナイズドスイミング natación *f* sincronizada
しんけい 神経 nervio *m* | ~の nervioso[sa] | ~質な nervioso[sa] | ~が図太い ser audaz, tener audacia | ~が細い［鈍い］ser sensible [insensible] | ~が高ぶっている tener [estar con] los nervios de punta | ~科 neurología *f* | ~衰弱 〘医〙 neurastenia *f* | ~痛 neuralgia *f*
しんげつ 新月 luna *f* nueva
しんけん 真剣な serio[ria] | ~に en serio | ~になる ponerse serio[ria]
じんけん 人権 derechos *m.pl* humanos | ~蹂躙(じゅうりん) violación *f* de (los) derechos humanos | 基本的~ derechos *m.pl* humanos fundamentales
しんげんち 震源地 epicentro *m*
じんけんひ 人件費 gastos *m.pl* personales
しんご 新語 palabra *f* nueva, neologismo *m*
しんこう ❶ 進行 marcha *f* | ~する marchar, avanzar, progresar, (病気が) agravarse | ~中の en marcha | ~方向 dirección *f* de marcha ❷ 信仰 creencia *f*, fe *f*, religión *f* | ~する creer en | ~心の厚い devoto[ta], religioso[sa] | ~を捨てる abjurar [renegar] de su fe | ~を持つ tener creencias religiosas | ~生活 vida *f* religiosa ❸ 振興する fomentar, promover, impulsar
しんごう 信号 señal *f* | ~を出す hacer señales | ~を送る enviar señales | 赤~を守る respetar el semáforo rojo | 赤~を無視する saltarse [pasar] un semáforo en rojo | ~機 semáforo *m*
じんこう ❶ 人口 población *f* | ~の demográfico[ca] | ~が多い tener una gran población | ~の増加[減少] aumento *m* [descenso *m*] de la población | ~調査をする levantar el censo de población | ~統計学 demografía *f* | ~密集 concentración *f* demográfica | ~密度 densidad *f* demográfica | ~流出 salida *f* de la población ❷ 人工の artificial | ~衛星 satélite *m* (artificial) | ~呼吸 respiración *f* artificial [boca a boca] | ~芝 césped *m* artificial | ~授精 inseminación *f* artificial | ~知能 inteligencia *f* artificial
しんこきゅう 深呼吸をする respirar hondo
しんこく ❶ 深刻な serio[ria], grave, crítico[ca] ❷ 申告 declaración *f* | 所得の~をする declarar la renta | ~者 declarante *m/f* | ~用紙 impreso *m* de declaración | 所得の~漏れ renta *f* no declarada
しんこん 新婚 recién casados *m.pl* | ~旅行 (viaje *m* de) luna *f* de miel
しんさ 審査する examinar, juzgar
じんざい 人材 recursos *m.pl* humanos
しんさつ 診察する pasar consulta | ~を受ける consultar a un médico | ~時間 horas *f.pl* de consulta | ~室 (sala *f* de) consulta *f* | ~料 honorarios *m.pl*
しんし 紳士 caballero *m* | ~的な caballeroso[sa] | ~協定 pacto *m* de caballeros | ~服 ropa *f* de caballero
しんしつ 寝室 dormitorio *m*, alcoba *f*
しんじつ 真実 verdad *f*, realidad *f* | ~の verdadero[ra], real
しんじゃ 信者 creyente *m/f*, fiel *m/f*
じんじゃ 神社 santuario *m* sintoísta | 靖国~ Santuario *m* de Yasukuni
ジンジャーエール ginger-ale *m*
しんじゅ 真珠 perla *f* | 養殖~ perla cultivada | 天然~ perla fina
じんしゅ 人種 raza *f* | ~差別 discriminación *f* racial
しんしゅくじざい 伸縮自在の elástico[ca]
しんしゅつ 進出 海外市場に~する penetrar en el mercado extranjero
しんしょ 新書 libro *m* de bolsillo
しんしょう 心証 impresión *f* | ~を害する causar mala impresión
しんじょう ❶ 心情 sentimiento *m* ❷ 信条 principios *m.pl*, credo *m*
しんしょうしゃ 身障者 →身体：~障害者
しんじる 信じる creer en, (信頼する) confiar en | …を堅く~ creer firmemente que 〈+直説法〉 | 神(の存在)を~ creer en Dios | 僕を信じてくれ ¡Créeme! | 私は彼を信じています Confío en él. | 私はその試合に勝つものと信じていた Confiaba en ganar el partido. | 信じがたい increíble | 君が信じようと信じまいと… Lo creas o no ....
しんしん 心身ともに tanto física como mentalmente
しんじん ❶ 新人 novato[ta] *mf* ❷ 信心深い devoto[ta]
しんすい ❶ 心酔する admirar, adorar ❷ 浸水 inundación *f* | ~する inundarse ❸ 進水(式) botadura *f* | ~させる botar
しんずい 神髄 (quinta)esencia *f*
しんせい ❶ 申請 solicitud *f* | ~する solicitar, presentar una solicitud ❷ 神聖な sagrado[da]
じんせい 人生 vida *f* | 幸福な~を送る llevar una vida feliz | ~の浮き沈み vicisitudes *f.pl* [avatares *m.pl*] de la vida | ~経験が豊富である saber mucho de la vida | ~観 concepto *m* de la vida
しんせき 親戚 pariente[ta] *mf*, familiar *m* | ~関係 parentesco *m*
シンセサイザー 〘音〙 sintetizador *m*
しんせつ ❶ 親切な amable, simpático[ca] | 〈人〉に~にする tratar a ALGUIEN con amabilidad | ~心から por simpatía ❷ 新設する fundar, crear, establecer
しんせん 新鮮な fresco[ca] | ~味を保つ mantener la frescura
しんぜん 親善 amistad *f* | ~試合 〘スポ〙 partido *m* amistoso
しんそう 真相を明らかにする revelar [sacar a la luz] la verdad
しんぞう 心臓 corazón *m* | ~の cardiaco[ca], cardíaco[ca] | ~が強い tener

mucha cara | ～が弱い ser tímido[da] | ～が悪い padecer del corazón | ～がどきどきする Me late el corazón. | ～移植 trasplante *m* de corazón | ～外科 cirugía *f* cardiaca | ～ペースメーカー marcapasos *m* [*pl* ~] | ～発作 ataque *m* cardiaco [al corazón] | ～マッサージ masaje *m* cardiaco | ～まひ fallo *m* cardiaco

し

じんぞう ❶ **腎臓** riñón *m* | ～結石 cálculo *m* renal ❷ **人造の** artificial, sintético[ca]

じんそく **迅速な** rápido[da], pronto[ta]

しんたい **身体** cuerpo *m* | ～検査 reconocimiento *m* médico, revisión *f* médica | ～障害者 persona *f* con discapacidad, discapacitado[da] *mf*, minusválido[da] *mf*, inválido[da] *mf*

しんだい **寝台車** coche *m* cama

じんたい **人体** cuerpo *m* humano

しんたいそう **新体操** gimnasia *f* rítmica

しんたくがいしゃ **信託会社** sociedad *f* fiduciaria

しんだん **診断** diagnóstico *m*, diagnosis *f* [*pl* ~] | ～する diagnosticar | ～を受ける recibir el diagnóstico | ～書 certificado *m* médico

じんち **陣地** 〘軍〙 posición *f*, campo *m*

しんちゅう **真鍮** latón *m*

しんちょう ❶ **身長** estatura *f*, altura *f* | 君の～はどのくらいですか ¿Cuánto mides? | 私は～180センチです Mido uno ochenta. | ～が高い ser alto[ta] | ～が低い ser bajo[ja] | ～を測る medir la estatura | ～順に por orden de estatura ❷ **慎重な** prudente | ～さを欠く ser imprudente | 言葉遣いに～である medir las palabras

しんちんたいしゃ **新陳代謝** metabolismo *m*

しんつう **心痛** angustia *f*, dolor *m*

じんつう **陣痛** dolores *m.pl* del parto, 〘医〙 contracciones *f.pl* (uterinas)

シンデレラ La Cenicienta

しんてん ❶ **進展する** desarrollarse, progresar ❷ **親展の** confidencial

しんでん **神殿** templo *m*, santuario *m*

しんど **震度3の地震** terremoto *m* de tres grados en la escala japonesa

しんどう ❶ **震動** temblor *m* ❷ **振動** vibración *f* | ～する vibrar

じんどう **人道的な** humanitario[ria] | ～主義 humanitarismo *m* | ～的支援 ayuda *f* humanitaria

シンナー disolvente *m*

しんにゅう ❶ **進入禁止**（表示） No entrar. ❷ **侵入する** invadir, infiltrarse en, penetrar en | ～者 intruso[sa] *mf*

しんにゅうせい **新入生** nuevo[va] estudiante *m/f*, estudiante *m/f* novato [ta]

しんにん ❶ **信任** confianza *f* | ～投票 〘政〙 voto *m* de confianza ❷ **新任の** nuevo [va], recién nombrado[da]

しんねん ❶ **信念** creencia *f*, fe *f*, convicciones *f.pl* ❷ **新年** año *m* nuevo | ～おめでとう ¡Feliz Año Nuevo!

しんぱい **心配** preocupación *f*, （不安） inquietud *f*, （危惧） temor *m* | ～する preocuparse de [por] | 何を～しているのですか ¿De qué se preocupa usted? | 何も～することはありません No hay nada de qué preocuparse. | ～するな ¡No te preocupes! | ～をかける preocupar | …を～している estar preocupado[da] por [de, con] ... | 洪水が～される Se teme una inundación. | ～事がある tener una preocupación

シンバル 〘音〙 platillos *m.pl*

しんぱん **審判** arbitraje *m*, juicio *m* | ～員 árbitro[tra] *mf*

しんぴ **神秘** misterio *m* | ～的な misterioso[sa]

しんぷ ❶ **神父** padre *m* ❷ **新婦** novia *f*

シンフォニー 〘音〙 sinfonía *f*

じんぶつ **人物** persona *f*, （登場人物） personaje *m*

シンプル ～な sencillo[lla], simple

しんぶん **新聞** periódico *m*, diario *m* | ～に出る salir en el periódico | ～によると según los periódicos | 私はそれを～で読んだ Lo leí en el periódico. | ～を取る abonarse [suscribirse] a un periódico | ～を配達する repartir el periódico | ～記者 periodista *m/f*

じんぶん **人文科学** letras *f.pl*, humanidades *f.pl*

しんぽ **進歩** progreso *m*, avance *m*, adelanto *m* | ～する progresar, hacer progresos, adelantar | ～的な progresista | ～が速い progresar rápidamente | ～派（人） progresista *m/f*

しんぼう **辛抱する** aguantar | ～強い ser paciente, tener paciencia

じんぼう **人望を得る** ganar popularidad | ～を集める gozar de popularidad

しんぽうしゃ **信奉者** devoto[ta] *mf*, seguidor[dora] *mf*

しんぼく **親睦をはかる** fomentar la amistad | ～会 reunión *f* amistosa

シンポジウム simposio *m*

シンボル símbolo *m*

しんまい **新米**（米） arroz *m* nuevo, （人） novato[ta] *mf*, bisoño[ña] *mf*

しんみつ **親密な** íntimo[ma], cercano [na] | ～な関係 íntima relación *f*

じんみゃく **人脈** amistades *f.pl*, relaciones *f.pl*

じんみん **人民** pueblo *m*

しんめ **新芽** 〘植〙 brote *m*

じんめい **人命** vida *f* humana | ～を救助する salvar la vida | ～救助 salvamento *m* de vidas

じんもん **尋問** interrogación *f* | ～する interrogar

しんや **深夜に** a altas horas de la noche | ラジオの～放送(番組) programa *m* nocturno de radio

しんやく **新約聖書** Nuevo Testamento *m*

しんゆう **親友** amigo[ga] *mf* íntimo [ma]

しんよう **信用** crédito *m*, confianza *f* | ～を得る ganar(se) la confianza de ALGUIEN | ～する confiar en | ～できる confiable, de crédito | ～を傷つける dañar la reputación | 店の～が落ちた La tienda perdió su reputación. | ～貸し[状] crédito *m*

しんようじゅ **針葉樹** 〘植〙 coníferas *f.pl*

しんらい **信頼** confianza *f* | ～する con-

fiar en | ～できる confiable *adj*, merecer confianza, ser de fiar | ～関係を築く entablar una relación de confianza | ～を裏切る traicionar la confianza
しんらつ 辛辣な mordaz, agrio[gria]
しんり ❶ 心理的な psicológico[ca] | ～的に psicológicamente | ～学 psicología *f* ❷ 真理 verdad *f* ❸ 審理する juzgar
しんりゃく 侵略 invasión *f*, agresión *f* | ～する invadir | ～的な agresivo[va] | ～軍 tropas *f.pl* invasoras | ～行為 agresión *f* | ～国 país *m* agresor [invasor] | ～者 invasor[sora] *mf*, agresor[sora] *mf* | ～戦争 guerra *f* de agresión
しんりょう 診療所 clínica *f*, consultorio *m*
しんりょく 新緑 verdor *m*
じんりょく 尽力する hacer esfuerzos
しんりん 森林 bosque *m*, (密林) selva *f*
しんるい 親類 pariente[ta] *mf*, familiar *m* | 彼は遠い[近い]～です Él es mi pariente lejano [cercano]. | ～縁者 parentela *f*
じんるい 人類 humanidad *f*, 〘生〙 especie *f* humana | ～の humano[na] | ～愛 amor *m* a la humanidad
しんろ 進路・針路 rumbo *m*, curso *m* | 台風の～ rumbo *m* del tifón | ～を誤る tomar un rumbo equivocado
しんろう ❶ 新郎 novio *m* ❷ 心労 angustia *f*, preocupación *f*
しんわ 神話 mito *m*, mitología *f*

す ❶ 巣 (鳥) nido *m*, (ハチ) colmena *f*, (クモ) telaraña *f* | ～を作る anidar ❷ 酢 〘料〙 vinagre *m*
ず 図 figura *f*, esquema *m*, (図表) gráfica *f*, (さし絵) ilustración *f* | ～に乗る engreírse
すあし 素足で歩く andar descalzo[za]
ずあん 図案 diseño *m*, dibujo *m*
すいあつ 水圧 presión *f* de agua
すいい ❶ 推移 evolución *f*, (展開) desarrollo *m* ❷ 水位 nivel *m* de agua
ずいいん 随員 acompañante *m/f*, séquito *m*
スイートピー 〘植〙 guisante *m* de olor
スイートルーム suite *f*
すいえい 水泳 natación *f*
スイカ 〘植〙 sandía *f*
すいがい 水害 daños *m.pl* (causados) por la inundación | ～地 zona *f* afectada por la inundación
すいがら 吸い殻 colilla *f*
すいきゅう 水球 〘スポ〙 waterpolo *m*, polo *m* acuático
すいぎゅう 水牛 〘動〙 búfalo[la] *mf*
すいぎん 水銀 〘化〙 mercurio *m*
すいげん 水源 fuente *f* de agua
すいこう ❶ 推敲する elaborar ❷ 遂行する | 任務を～ cumplir (con) la misión
すいこむ 吸い込む aspirar, (液体を) absorber
すいさいが 水彩画 acuarela *f*
すいさつ 推察する conjeturar, suponer
すいさん 水産業 industria *f* pesquera | ～物 productos *m.pl* marinos
すいし 水死する ahogarse, morir ahogado[da]
すいじ 炊事する cocinar
すいしゃ 水車 molino *m* de agua
すいじゃく 衰弱する debilitarse
すいじゅん 水準 nivel *m*
すいしょう 水晶 〘鉱〙 cuarzo *m*, cristal *m* de roca
すいじょう 水上で en la superficie del agua | ～スキー esquí *m* acuático
すいじょうき 水蒸気 vapor *m* de agua
すいせい ❶ 彗星 cometa *m* ❷ 水星 Mercurio *m*
すいせん ❶ 推薦 recomendación *f* | ～する recomendar | ～状 carta *f* de recomendación | ～図書 libro *m* recomendado | ～入学 admisión *f* por recomendación | …の～で por recomendación de ... ❷ 水洗トイレ retrete *m*, wáter *m* ❸ スイセン 〘植〙 narciso *m*
すいそ 水素 〘化〙 hidrógeno *m*
すいそう ❶ 水槽 cisterna *f*, depósito *m* de agua ❷ 吹奏楽 música *f* de banda
すいぞう 膵臓 páncreas *m* [*pl* ~]
すいそく 推測 deducción *f* | ～する deducir | ～が当たる acertar
すいぞくかん 水族館 acuario *m*
すいたい 衰退 decadencia *f*, ocaso *m* | ～する decaer, declinar
すいちゅう 水中の submarino[na] | ～カメラ cámara *f* submarina [acuática]
すいちょく 垂直な vertical
スイッチ 〘電〙 interruptor *m* | ～を入れる poner, encender | ～を切る desconectar, apagar
すいてい 推定する deducir, presumir | ～価格 precio *m* estimado
すいでん 水田 arrozal *m*, campo *m* de arroz
すいとう 水筒 cantimplora *f*
すいどう 水道 agua *f* corriente | ～(水)を出す[止める] abrir [cerrar] el grifo | ～を引く instalar el agua corriente | ～管 tubería *f* de agua | ～水 agua *f* del grifo | ～栓 grifo *m* | ～料 gasto *m* de agua | ～屋 fontanero[ra] *mf*
すいとる 吸い取る (機械で) aspirar, (布で) absorber
すいばく 水爆 bomba *f* de hidrógeno
すいはんき 炊飯器 olla *f* arrocera
ずいひつ 随筆 ensayo *m*
すいぶん 水分 agua *f*, (湿気) humedad *f* | ～が多い果物 fruta *f* jugosa
ずいぶん 随分 bastante
すいへい ❶ 水平な horizontal | ～線 horizonte *m* ❷ 水兵 marino *m*, marinero *m*
すいみん 睡眠 sueño *m* | 7時間の～を取る dormir siete horas | ～を妨げる impedir el sueño a ALGUIEN | ～時間 horas *f.pl* de dormir | ～不足 falta *f* de sueño | ～薬 somnífero *m*, soporífero *m*
すいめん 水面 superficie *f* del agua
すいようせい 水溶性の hidrosoluble
すいようび 水曜日 miércoles *m* [*pl* ~] | ～に el miércoles
すいり 推理 deducción *f* | ～する deducir | ～小説 novela *f* policiaca

す

すいりょく 水力 fuerza *f* hidráulica | ～タービン〘機〙turbina *f* hidráulica | ～発電所 central *f* hidroeléctrica

スイレン〘植〙nenúfar *m*

すいろ 水路 canal *m*

すう 吸う（気体を）aspirar,（液体を）chupar,（タバコを）fumar

すうかい 数回 unas [algunas] veces

すうがく 数学 matemáticas *f.pl*

すうじ 数字 número *m*

すうしき 数式（公式）fórmula *f*

ずうずうしい 図々しい descarado[da], fresco[ca]

スーツ〘服〙traje *m* | ～ケース maleta *f*

スーパー ～(マーケット) supermercado *m* | 大型～ hipermercado *m* | ～スター superestrella *m/f*

スーパーマン supermán *m*,（超人）superhombre *m*

すうはい 崇拝する adorar

スープ〘料〙sopa *f*, caldo *m*

すうりょう 数量 cantidad *f*

すえ 末 今月の～に a finales de este mes

すえつける 据え付ける instalar

すえっこ 末っ子 el [la] hijo[ja] *mf* menor, benjamín[mina] *mf*

スエットスーツ chándal *m*, sudadera *f*

すえる 据える poner, colocar, instalar

ずが 図画 dibujo *m*,（絵）pintura *f*

スカート falda *f* | ミニ～ minifalda *f*

スカーフ pañuelo *m*, fular *m*

ずかい 図解 ilustración *f* | ～する ilustrar | ～入りの ilustrado[da]

ずがいこつ 頭蓋骨 cráneo *m*

スカイダイビング paracaidismo *m*

スカウト（人）cazatalentos *m/f* [*pl* ～] | ～する buscar y contratar a ALGUIEN

すがお 素顔の sin maquillaje

すかす 透かす ver a través de ALGO,（間をあける）dejar espacio libre

すがすがしい 清々しい refrescante, fresco[ca]

すがた 姿 figura *f*,（身なり）apariencia *f* | ～を現す aparecer | ～を消す desaparecer

すがる agarrarse a,（頼る）recurrir a

ずかん 図鑑 enciclopedia *f* ilustrada

スカンク〘動〙mofeta *f*

すき ❶ **好き** 私は中華料理が～だ Me gusta la comida china. | 彼は料理が～だ A él le gusta cocinar. | ～な favorito[ta], preferido[da] | ～になる(恋する) enamorarse de | ～なだけ食べなさい Come cuanto quieras. | ～なようにやりなさい Haz como quieras. | **好き勝手に** a SU antojo, a SUS anchas, como LE dé la gana | **好き嫌い** 食べ物の好き嫌いが激しい ser selectivo[va] con las comidas | **好き好き** それは好き好きだ Es cuestión de gusto(s). ❷ 隙のない cauteloso[sa] | …の～に乗じる aprovechar un momento de descuido de ... | ～を見せない estar en alerta ❸ 鋤 laya *f*, arado *m*

すぎ ❶ **-過ぎ** 彼はもう30～だ Ya tiene más de treinta años. | 午後6時～に pasadas las seis de la tarde ❷ **スギ**〘植〙cedro *m* | イトスギ〘植〙ciprés *m*

スキー esquí *m* | ～をする esquiar, practicar esquí | ～ウェア〔靴〕prenda *f* [botas *f.pl*] de esquí | ～場 estación *f* de esquí,（ゲレンデ）pista *f* de esquí

スキーヤー esquiador[dora] *mf*

すぎさる 過ぎ去る pasar

ずきずき ～する痛み dolor *m* pulsátil

スキップ ～する caminar a saltitos,（飛ばす）saltar

すきとおった 透き通った transparente, cristalino[na] | ～水 agua *f* cristalina

すきま 隙間 abertura *f*,（壁の）brecha *f*,（割れ目）resquicio *m* | ～風が入る Hay corriente de aire.

スキャナー〘IT〙escáner *m*

スキャン ～する〘IT〙escanear

スキャンダル escándalo *m*

スキューバダイビング〘スポ〙submarinismo *m* con botellas de oxígeno

すぎる 過ぎる（通る）pasar,（時間が）transcurrir, pasar | 30を過ぎている tener más de treinta años | …の前を通り～ pasar delante de ... | 事故から10年が過ぎた Han transcurrido diez años desde el accidente. | 短か～ demasiado corto[ta] | 働き～ trabajar demasiado

スキン（避妊具）preservativo *m* | ～ダイビング buceo *m*, submarinismo *m* | ～ケア cuidado *m* de la piel

ずきん 頭巾 capucha *f*

すく ❶ **梳く** peinar,（自分の髪を）peinarse ❷ **鋤く** arar

すぐ 直ぐ inmediatamente, enseguida | 今～ ahora mismo | ～そこに allí mismo | …の～隣に justo al lado de ... | ～泣く llorar fácilmente | …の～あとに inmediatamente después de ...

すくう ❶ **救う** salvar,（救出）rescatar | 救い ayuda *f*,（救済）salvación *f*,（慰め）consuelo *m* ❷ **掬う** coger, tomar, recoger | スプーンで砂糖を～ sacar azúcar con una cuchara

スクーター escúter *m*, scooter *m*

スクープ exclusiva *f*, primicia *f*

スクール escuela *f* | ～バス autobús *m* escolar

すくない 少ない（数）pocos[cas],（量）poco[ca] | 今年は雨が少なかった Este año ha llovido poco. | 100歳を越す人も少なくない No son pocos los que tienen más de cien años de edad. | **少なくする** reducir | **少なくなる** disminuir(se) | **少なからぬ** no pocos[cas]〈＋複数名詞〉, no poco[ca]〈＋単数名詞〉| **少なくとも** al [por lo] menos, como mínimo | 少なくとも2時間かかる Se tarda al menos dos horas. | 少なめに見積もる calcular [echar] ALGO por bajo

すくめる 身を～ encogerse

スクラップ（切り抜き）recorte *m*,（くず鉄）chatarra *f*

スクラム〘スポ〙melé *f* | ～を組む（ラグビー）formar una melé,（デモ）formar una cadena humana

スクランブル（緊急発進）salida *f* en scramble | ～エッグ〘料〙huevos *m.pl* revueltos |（番組を）～化する codificar

スクリーン pantalla *f* | ～セイバー〘IT〙protector *m* de pantalla

スクリュー hélice *f*

スクロール ～する〘IT〙enrollar, despla-

zar el cursor
すぐれる 優れる exceder, aventajar | 気分が優れない sentirse mal | 健康が優れない encontrarse mal de salud | 顔色が優れない tener la cara pálida | **優れた** superior, excelente, (上質の) de buena calidad
ずけい 図形 figura *f*
スケート patinaje *m* | ～をする patinar | ～靴 patines *m.pl* | アイス～ patinaje *m* sobre hielo | ～ボード monopatín *m* | ～リンク pista *f* de patinaje
スケール escala *f* | ～の大きな工事 obra *f* de gran envergadura
スケジュール plan *m*, programa *m*
スケッチ boceto *m*, bosquejo *m* | ～する bosquejar, esbozar | ～ブック cuaderno *m* de dibujo
ずけずけ sin reparo | ～言う hablar [decir] sin pelos en la lengua
スケボー ➜スケートボード
スコア 〘スポ〙 tanteo *m* | ～ボード marcador *m*, tanteador *m*
すごい (素晴らしい) formidable, fenomenal, (非常な) extraordinario[ria], (恐ろしい) horrible
スコール 〘気象〙 turbión *m*
すこし 少し un poco, algo | ～のお金 un poco de dinero | 水は～しか残っていない Sólo queda poca agua. | ～したら dentro de poco | ～ずつ poco a poco | ～でも aunque sea poco | ～前に hace poco | もう～で飛行機に乗り遅れるところだった Por poco pierdo el avión. | もう～で彼は泣き出すところだった Le faltó poco para echarse a llorar. | 少しも…でない ningún[guna] 〈＋単数名詞〉, nada de ... | …は少しも恐くない no tener ningún miedo a ...
すごす 過ごす pasar | 楽しい時を～ pasarlo bien | 時間を無駄に～ malgastar el tiempo
スコップ pala *f*
すこやか 健やかな sano[na]
すさまじい horrible, terrible, tremendo[da], espantoso[sa]
すし 鮨 〘料〙 sushi *m*, bolita *f* de arroz con pescado | すし詰めの atestado[da], estar como sardinas en lata
すじ 筋 (筋肉) músculo *m*, (腱(けん)) tendón *m*, (繊維) fibra *f*, (話の) argumento *m* | ～がいい tener talento | 首の～を違えた Sufrí [Me entró] una tortícolis. | 確かな～によると según fuentes fidedignas
すじがき 筋書き (話の) argumento *m*, (計画) plan *m* | ～どおりに como estaba planeado[da]
すじみち 筋道の通った consecuente, coherente | ～を立てて説明する razonar la explicación
すじむかい 筋向かいの家 casa *f* situada diagonalmente enfrente
すじめ 筋目 pliegue *m*, doblez *m*
すす 煤 hollín *m*, tizne *m*(*f*)
すず ❶ 鈴 cascabel *m* ❷ 錫 estaño *m*
すすぐ 濯ぐ enjuagar, aclarar
すずしい 涼しい fresco[ca] | 涼しげな顔をしている mostrarse indiferente
すすむ 進む avanzar, adelantar, progresar | 進んで de buena gana, voluntariamente | 決勝に～ pasar a la final | 進んだ考え ideas *f.pl* avanzadas
すずむ 涼む tomar el fresco
すすめ 勧め …の～で por recomendación de ...
スズメ 〘鳥〙 gorrión *m*
スズメバチ 〘昆〙 avispa *f*
すすめる ❶ 進める adelantar | 計画を～ llevar adelante el plan | 時計を～ adelantar el reloj | 民主化を～ promover la democratización ❷ 勧める recomendar | コーヒーを～ ofrecer [invitar a] un café | この本は勧められない Este libro no es recomendable.
スズラン 〘植〙 muguete *m*
すすりなく すすり泣く sollozar
すそ 裾 bajo *m*, (ズボン) dobladillo *m*, (スカート) ruedo *m*, (山) falda *f*
スター 映画～ estrella *f* de cine
スタート partida *f*, salida *f* | ～する partir, salir | ～ライン línea *f* de salida
スタイル figura *f*, (様式) estilo *m*
スタジアム estadio *f*
スタジオ estudio *m* | 映画の～ estudio *m* cinematográfico
スタッフ personal *m*, plantilla *f*
スタミナ resistencia *f*, aguante *m*
すたれる 廃れる (使われなくなる) caer en desuso, (流行遅れになる) pasar de moda | この町は廃れた Esta ciudad ha perdido su prosperidad.
スタントマン 〘映〙 especialista *m/f*
スタンド (観客席) tribuna *f*, gradería *f*, (電気) lámpara *f* | ～プレーをする hacer concesiones a la galería
スタンバイ ～する estar preparado[da], estar en espera
スタンプ sello *m* | ～台 tampón *m*
スチーム vapor *m*
スチール acero *m* | ～写真 foto-fija *f*
スチュワーデス azafata *f*, auxiliar *f* de vuelo
スチュワード auxiliar *m* de vuelo
-ずつ 一人[一つ]～ uno a uno, uno por uno | 二人[二つ]～ de dos en dos
ずつう 頭痛 dolor *m* de cabeza, 〘医〙 jaqueca *f* | ～がする Me duele la cabeza.; Tengo dolor de cabeza. | ～の種 quebradero *m* de cabeza | ～薬 analgésico *m* para el dolor de cabeza
ズッキーニ 〘植〙 calabacín *m*
スツール taburete *m*, escabel *m*
すっかり por completo, perfectamente | ～年を取る envejecer(se) mucho
すっきり ～する (気分が) refrescarse, (安心する) sentirse aliviado[da] | 頭が～している tener la cabeza despejada
ずっと (程度) mucho más, (時間) todo el tiempo, (絶え間なく) sin interrupción, (通して) sin descanso | ～前に hace mucho tiempo | 一日中～ todo el día | ～面白い mucho más interesante
すっぱい 酸っぱい ácido[da], agrio[ria] | ～味 sabor *m* ácido | 酸っぱくなる agriarse, avinagrarse | 口を酸っぱくして言う repetir ALGO hasta la saciedad
すっぱぬく すっぱ抜く revelar
ステーキ 〘料〙 bistec *m*

ステージ 〖演〗 escena *f*, escenario *m*
ステーションワゴン 〖車〗 ranchera *f*
すてき precioso[sa], bonito[ta]
ステッカー pegatina *f*
ステッキ bastón *m*
ステッチ 〖服〗 puntada *f*, punto *m*
ステップ paso *m*, (踏み段) estribo *m*, (階段の) peldaño *m*, escalón *m*
すでに 既に ya | ~述べたように como se ha dicho ya [antes, anteriormente]
すてる 捨てる abandonar | 希望を~ desesperarse | 家族を~ abandonar [dejar] a SU familia | 捨てられた abandonado[da]
ステレオ estereofonía *f*, (装置) estéreo *m*, equipo *m* de música
ステロイド esteroide *m*
ステンドグラス vidriera *f*
ステンレス acero *m* inoxidable
スト huelga *f* | ~をする hacer huelga | ~に入る ir a la huelga | ~中である estar en huelga | ~を中止する desconvocar la huelga
ストーカー acosador[dora] *mf*, persona *f* que vigila obsesivamente a otra
ストーブ estufa *f*
ストーリー historia *f*, argumento *m*
ストッキング medias *f.pl*
ストック existencias *f.pl*, stock *m*, (スキーの) bastón *m* de esquí, ~オプション (株式) opciones *f.pl* sobre acciones
ストップ parada *f* | ~する parar(se), detenerse | ~ウォッチ cronómetro *m*
ストライキ ➜スト
ストライプ ~のネクタイ corbata *f* a rayas
ストレート ~の recto[ta], (直接の) directo[ta] | ウイスキーを~で飲む tomar un whisky solo
ストレス estrés *m* | ~がたまる estresarse
ストレッチ ~体操 ejercicio *m* de estiramiento, stretching *m*
ストロー paja *f*, pajita *f*
ストロボ 〖写〗 flash *m*
すな 砂 arena *f* | ~をまく echar arena | ~をかむような soso[sa] | ~煙を上げる levantar una polvareda | ~あらし tormenta *f* de arena | ~地 arenal *m* | ~時計 reloj *m* de arena
すなお 素直な dócil, obediente
スナック (軽食) tentempié *m*, merienda *f* | ~バー snack-bar *m*
スナップ (写真) foto(grafía) *f*
すなわち 即ち es decir, a saber, o sea
スニーカー zapatillas *f.pl* (deportivas)
すね 脛 espinilla *f*
すねる (不機嫌になる) ponerse de mal humor, (ひねくれた) estar cínico[ca]
ずのう 頭脳 cerebro *m*, cabeza *f* | ~明晰(めいせき)である ser inteligente, ser listo[ta] | ~集団 grupo *m* de expertos | ~流出 fuga *f* de cerebros | ~労働 trabajo *m* mental [intelectual]
スノーボード 〖スポ〗 snowboard *m*
スパート tirón *m* | ~する dar un tirón
スパイ espía *m/f* | ~行為 espionaje *m*
スパイク (靴) zapatillas *f.pl* [botas *f.pl*] de clavos
スパイス 〖料〗 especia *f*
スパゲッティ 〖料〗 espaguetis *m.pl*
すばこ 巣箱 nido *m* de pájaros, (ハチの) colmena *f*
すばしっこい ágil
スパナ llave *f* de tuercas
ずばぬけた ずば抜けた sobresaliente, excepcional
すばらしい 素晴らしい estupendo[da], magnífico[ca]
ずはん 図版 ilustración *f*, dibujo *m*, lámina *f*
スピーカー altavoz *m*, altoparlante *m* 《ラ米》
スピーチ ~をする pronunciar un discurso
スピード velocidad *f* | ~を出す correr mucho | ~を上げる[落とす] aumentar [disminuir] la velocidad | ~出世する conseguir un rápido ascenso | ~アップ aceleración *f* | ~違反 exceso *m* de velocidad | ~写真 (ボックス) fotomatón *m* | ~スケート patinaje *m* de velocidad | ~制限 límite *m* de velocidad
スピーディー ~な rápido[da], veloz
ずひょう 図表 tabla *f*
スフィンクス esfinge *f*
スプーン cuchara *f*, (小) cucharilla *f*
ずぶとい 図太い audaz, atrevido[da]
ずぶぬれ ずぶ濡れになる empaparse [calarse] hasta los huesos
スプリング (ばね) muelle *m*, resorte *m*
スプリンクラー aspersor *m*, (火災用) extintor *m* fijo automático
スプレー pulverizador *m*
スペア recambio *m* | ~タイヤ rueda *f* de recambio [de repuesto] | ~リブ costilla *f*
スペース espacio *m* | ~シャトル transbordador *m* espacial
スペード (トランプ) espada *f*
…すべきである deber 〈+不定詞〉 | 君はそれを忘れるべきである Debes olvidarlo.
スペシャリスト especialista *m/f*
すべすべした liso[sa], suave
すべて 全て todo *m* | ~の todo[da]
すべりだい 滑り台 tobogán *m*
すべる 滑る resbalarse | 滑らす 足を滑らす resbalarse | 彼はうっかり口を滑らせた Se le fue la lengua. | 滑りやすい resbaladizo[za]
スペル ortografía *f* | ~を言う deletrear
スポイト cuentagotas *m* [*pl* ~]
スポーク (自転車の) radio *m*
スポークスマン portavoz *m/f*, vocero[ra] *mf* 《ラ米》
スポーツ deporte *m* | ~の deportivo[va] | ~をする hacer deporte | ~ウエア (ジャージ) chándal *m* | ~カー coche *m* deportivo | ~マン deportista *m/f* | ~マン精神 deportividad *f*
スポーティー ~な deportivo[va]
スポットライト foco *m*, reflector *m*
ズボン pantalón *m* | ~をはく ponerse los pantalones | ~下 calzoncillos *m.pl* largos | ~つり tirantes *m.pl*
スポンサー patrocinador[dora] *mf*
スポンジ esponja *f*
スマート ~な esbelto[ta]
すまい 住まい casa *f*, vivienda *f*
すます ❶ 済ます (終える) terminar | …なし

で～ pasarse sin ... | 勘定を～ pagar la cuenta | 用事を電話で～ arreglar el asunto por teléfono | 笑って～ tomar ALGO a risa ❷ 澄ます（水を）clarificar,（気取る）presumir,（平気を装う）guardar las apariencias | 耳を～ aguzar el oído

スマッシュ〘スポ〙smash *m*, mate *m*

すまない 済まない（お礼）Gracias.,（謝罪）Lo siento.; Perdón.

すみ ❶ **隅** rincón *m* | ～から～まで探す buscar ALGO por todas partes | 本を～から～まで読む leer un libro de cabo a rabo | ～々に en todos los rincones |（人が）～に置けない (d)espabilado[da], astuto[ta] ❷ **炭** carbón *m* vegetal ❸ **墨** tinta *f* china

すみません どうも～ Lo siento.; Perdón. | あの～が Oiga, por favor.

すみやか 速やかに（直ちに）inmediatamente,（素早く）rápidamente

スミレ〘植〙violeta *f*

すむ ❶ **住む** vivir en, residir en, habitar (en) | この町は住みにくい Es difícil vivir en esta ciudad. ❷ **済む**（終わる）acabar(se), terminar | 君の気の～まで hasta que te des por satisfecho[cha] | 金で～問題だ Es un asunto que se puede arreglar con dinero. | 済んだことは仕方がない A lo hecho, pecho.《諺》❸ **澄む** clarificarse, aclararse | 澄んだ claro[ra], puro[ra], transparente, diáfano[na],（空が）despejado[da]

スムーズ ～に sin problemas [dificultad, contratiempos]

すもう 相撲 sumo *m* | ～取り luchador *m* de sumo

スモッグ smog *m*

スモモ〘植〙ciruela *f*,（木）ciruelo *m*

すやすや ～眠る dormir tranquilamente

…すら hasta, incluso ➜…さえ

スライス（ハムの）loncha *f*,（パンの）rebanada *f*

スライド〘写〙diapositiva *f*

ずらす desplazar, mover

すらすら ～(と) con fluidez

スラックス ➜ズボン

スラム barrio *m* bajo

すらり ～とした esbelto[ta]

スランプ ～である estar en baja (forma), pasar por una mala racha

すり 掏摸 ratero[ra] *mf*, carterista *m/f*

すりガラス cristal *m* esmerilado [opaco]

すりきれる 擦り切れる (des)gastarse

すりこみ〘心〙impronta *f*

すりこむ 擦り込む frotar | 肌にクリームを～ frotar la piel con crema

スリッパ zapatillas *f.pl*, pantuflas *f.pl*

スリップ〘服〙combinación *f* | ～する patinar, resbalarse

すりつぶす machacar, majar, moler

すりばち すり鉢 mortero *m*

すりむく excoriarse, rasparse

スリラー ～映画 película *f* de terror [de suspense]

スリル emoción *f* palpitante | ～のある emocionante

する ❶（行う）hacer | してみる probar | 実行～ realizar, poner ALGO en práctica | ～ことがない No tengo nada que hacer. ❷ **刷る** imprimir ❸ **擦る** frotar,（おろす）rallar

ずるい 狡い astuto[ta], sagaz | **ずる賢い** ventajista

すると entonces

するどい 鋭い agudo[da] | ～目つき mirada *f* aguda [penetrante] | ～質問 pregunta *f* aguda | 鋭さ agudeza *f*

ずるやすみ ずる休み（学校を）～する faltar a clase, hacer novillos

すれちがう すれ違う cruzarse

ずれる（それる）desviarse,（動く）deslizarse

スローガン eslogan *m*

スロープ pendiente *f*, cuesta *f*,（下り）bajada *f*

スローフーズ comida *f* lenta

スローモーション ～の（映像）a cámara lenta

すわる 座る sentarse | 机に向かって～ sentarse a [en] la mesa | **座っている** sentado[da]

ずんぐり ～した rechoncho[cha], achaparrado[da]

すんぜん 寸前 …の～に justo antes de ...

すんなり sin problemas [dificultad]

スンニーは スンニー派（イスラム教）secta *f* sunnita

すんぽう 寸法 medida *f*, dimensión *f*,（大きさ）tamaño *m*

せ

せ 背（背中）espalda *f*,（身長）estatura *f*, talla *f* | ～の高い alto[ta] | ～の低い bajo[ja] | いすの～ respaldo *m* | ～を伸ばす enderezarse | …に～を向けて座る sentarse dando la espalda a ... | 彼らは大体同じ～格好だ Ellos son más o menos de la misma talla.

せい ❶ **背**の順に並ぶ alinearse por orden de estatura | 彼らは～比べをする Ellos compiten en estatura ❷ **性**〘生〙sexo *m*,〘文法〙género *m* | ～の sexual | ～差別 discriminación *f* sexual ❸ **精** espíritu *m* | ～を出して働く trabajar con diligencia [con ahínco] ❹ **姓** apellido *m* ❺ …のせいで por culpa de ...,（原因）debido a ..., a causa de ... | …の～にする echar la culpa a ... | それは私の～ではない Eso no es culpa mía. | 気の～だ Será tu imaginación. ❻ **－製** スペイン～の hecho[cha] en España, de fabricación española | この机は木～だ. Esta mesa es de madera.

ぜい 税 impuesto *m* | ～の tributario[ria] | ～込みで con impuestos incluidos | 年収は～込みで400万円です El sueldo bruto anual es de cuatro millones de yenes. | ～引所得 renta *f* neta | ～法 ley *f* tributaria ➜税金

せいい 誠意 sinceridad *f*, cordialidad *f* | ～のある sincero[ra], cordial

せいいん 成員 miembro *m*

せいえき 精液 semen *m*, esperma *m(f)*

せいえん 声援（拍手喝采(かっさい)）aplauso

m｜～を送る animar
せいおう 西欧 Europa *f* del Oeste
せいか ❶ 成果 resultado *m*, fruto *m* ❷ 生家 casa *f* natal ❸ 聖火 fuego *m* sagrado, (五輪の) llama *f* [antorcha *f*] olímpica ❹ 聖歌 himno *m*｜～隊 coro *m*
せいかい ❶ 正解 respuesta *f* correcta｜～です ¡Correcto! ❷ 政界 mundo *m* político, círculos *m.pl* políticos

せ

せいかく ❶ **性格** carácter *m*｜～的な欠陥 defecto *m* de carácter｜～の不一致による離婚 divorcio *m* por incompatibilidad de caracteres｜～俳優 actor[triz] *mf* de carácter ❷ **正確**な exacto[ta], correcto[ta], (精確) preciso[sa]｜～に言うと dicho con exactitud
せいがく 声楽 música *f* vocal
せいかつ 生活 vida *f*｜～する vivir｜健康的な～を送る llevar una vida sana｜～が苦しい vivir con estrecheces｜～水準 nivel *m* de vida｜～習慣病 enfermedades *f.pl* causadas por costumbres cotidianas｜～力のある人 buscavidas *m/f* [*pl* ~]
せいかん ❶ 静観する observar ALGO con calma ❷ 精悍な viril, enérgico[ca]
せいがん 請願 petición *f*, súplica *f*
ぜいかん 税関 aduana *f*｜～を通る pasar (por) la aduana｜～係員 aduanero[ra] *mf*｜～検査 control *m* aduanero｜～で申告する declarar ALGO en la aduana｜～手続き trámites *m.pl* aduaneros
せいき ❶ **世紀** siglo *m*｜21～ siglo *m* veintiuno ❷ 生気 ánimo *m*, vitalidad *f*｜～のある activo[va], enérgico[ca]｜～のない apagado[da], sin vitalidad ❸ 正規の legal, oficial, (公認の) autorizado[da]
せいぎ 正義 justicia *f*｜～のために戦う luchar por la justicia
せいきゅう ❶ **請求**する reclamar, demandar, pedir｜～に応じる aceptar la reclamación｜～額 cantidad *f* exigida [requerida]｜～権 derecho *m* a reclamar｜～者 reclamante *m/f*｜～書 factura *f*, cuenta *f*｜～書を支払う pagar la factura ❷ 性急な precipitado[da]
せいぎょ 制御 control *m*｜～する controlar｜数値～ control *m* numérico
ぜいきん 税金 impuesto *m*, contribución *f*, derechos *m.pl*｜～を納める pagar impuestos｜～をかける[課す] gravar [cargar] ALGO con un impuesto｜～を滞納する no pagar impuestos en el plazo fijado｜～を徴収する recaudar impuestos｜～のかからない libre de impuestos｜～の還付 devolución *f* de impuestos
せいくう 制空権を握る controlar [dominar] el espacio aéreo
せいけい ❶ 生計 vida *f*｜～を立てる ganarse la vida ❷ 整形外科 ortopedia *f*｜～外科医 ortopédico[ca] *mf* ❸ 西経 longitud *f* oeste｜～40度 cuarenta grados (de) longitud oeste
せいけつ 清潔な limpio[pia]｜…を～に保つ mantener limpio[pia] ...
せいけん ❶ 政権 poder *m* político, (政府) gobierno *m*｜～の座につく tomar [conquistar] el poder político｜～を握る[失う] conseguir [perder] el poder político｜新～を樹立する formar un nuevo gobierno｜～争い lucha *f* por el poder político｜～交替 cambio *m* de gobierno｜～政党 partido *m* en el poder｜～復帰 vuelta *f* al poder político ❷ 生検 〖医〗 biopsia *f*
せいげん 制限 límite *m*, limitación *f*, restricción *f*｜～する limitar, restringir｜無～に sin límite(s)｜～時間 tiempo *m* limitado, límite *m* de tiempo｜～速度 velocidad *f* máxima permitida [autorizada]
ぜいげん 税源 fuente *f* de ingresos por impuestos
せいこう ❶ **成功** éxito *m*｜～する tener éxito, salir bien｜～をお祈りします Que tenga éxito.｜～者 triunfador[dora] *mf*｜～談 historia *f* de éxito｜～報酬 remuneración *f* por el trabajo realizado｜大～ gran éxito *m* ❷ 精巧な de gran precisión, minucioso[sa]
せいさ 性差の diferencia *f* sexual
せいざ 星座 constelación *f*
せいさい 制裁 sanción *f*｜～する sancionar, imponer sanciones
せいさく ❶ **政策** política *f*｜経済～を立てる elaborar una política económica｜～を実行する realizar una política｜～協定を結ぶ firmar el acuerdo sobre la política｜～協調 coordinación *f* política｜～決定機関 centro *m* de decisión política｜～綱領 plataforma *f* ❷ **製作・制作** producción *f*, fabricación *f*, (映画等) realización *f*｜～する producir, fabricar, realizar
せいさん ❶ **生産** producción *f*｜～する producir, fabricar｜～的な productivo[va]｜～性を向上する aumentar [mejorar] la productividad｜～品[物] producto *m*｜～高[量] producción *f* ❷ 清算 liquidación *f*｜～する liquidar, saldar ❸ 精算 勘定を～する saldar la cuenta｜～所 ventanilla *f* de los billetes
せいし ❶ 精子 〖生〗 espermatozoide *m*, espermatozoo *m* ❷ 生死の境をさまよう debatirse entre la vida y la muerte ❸ 制止する parar, detener, frenar ❹ 静止する pararse, inmovilizarse
せいじ 政治 política *f*｜～(上) の político[ca]｜～的決着がつく resolverse políticamente｜～家 político[ca] *mf*, estadista *m/f*｜～学 ciencias *f.pl* políticas｜～献金 donación *f* política｜～団体 organización *f* política｜～的手腕 habilidad *f* política
せいしき 正式の formal, oficial｜～に formalmente, oficialmente｜～な手続きを踏む cumplir las formalidades｜～に訪問する realizar una visita oficial
せいしつ 性質 naturaleza *f*, (性格) carácter *m*｜問題の～上 por la naturaleza del problema
せいじつ 誠実さ sinceridad *f*｜～な sincero[ra], honrado[da]
せいじゃ 聖者 santo[ta] *mf*
せいじゃく 静寂 silencio *m*
ぜいしゅう 税収 ingresos *m.pl* por im-

puestos
せいじゅく 成熟 madurez *f*|～した maduro[ra]
せいしゅん 青春(期) juventud *f*
せいしょ ❶ 清書する pasar [poner] ALGO en limpio ❷ 聖書 Biblia *f*, Sagrada(s) Escritura(s) *f(pl)*
せいしょう 斉唱する cantar al unísono
せいじょう 正常な normal | ～に con normalidad
せいしょうねん 青少年 jóvenes *m.pl*, juventud *f*|～犯罪 delincuencia *f* juvenil
せいしょく 生殖 reproducción *f*, (動物の) procreación *f*
せいしょくしゃ 聖職者 clérigo *m*, eclesiástico[ca] *mf*, clero *m*
せいしん 精神 espíritu *m*, mente *f*|～の[的な] espiritual, mental | ～障害 trastorno *m* mental|～を集中する concentrarse | ～安定剤 tranquilizante *m* | ～科学 ciencias *f.pl* de la mente | ～分析 psicoanálisis *m*
せいじん ❶ 成人 adulto[ta] *mf*, mayor *m/f* de edad|～する llegar a [alcanzar] la mayoría de edad | ～映画 película *f* para mayores|～式 ceremonia *f* de la mayoría de edad | ～病 enfermedad *f* de los adultos ❷ 聖人 santo[ta] *mf*
せいず 製図 diseño *m* | ～する diseñar, delinear planos
せいする 制する controlar, dominar
せいぜい a lo más, como mucho, como máximo
ぜいせい 税制 sistema *m* tributario
せいせいどうどう 正々堂々と limpiamente|～とプレーする jugar limpio
せいせき 成績 (点数) nota *f*, (評価) calificación *f*, (結果) resultado *m* | よい[悪い] ～を取る sacar buenas [malas] notas | ～証明書 certificado *m* académico|～表 boletín *m* de notas
せいせん ❶ 精選した selecto[ta] | ～する seleccionar ❷ 生鮮食品 alimentos *m.pl* perecederos
せいそ 清楚な sencillo[lla], limpio[pia], pulcro[cra]
せいそう ❶ 正装する vestirse de etiqueta [de gala] ❷ 清掃する limpiar, hacer una limpieza | ～車 camión *m* de la basura
せいぞう 製造 producción *f*|～する producir, fabricar | ～業者 fabricante *m/f* |～年月日 fecha *f* de fabricación
せいぞん 生存 existencia *f* | ～する existir, (生き残る) sobrevivir|～競争 lucha *f* por la vida | ～権 derecho *m* a la vida|～者 superviviente *m/f*| 5年～率 tasa *f* de supervivencia a los cinco años
せいたい ❶ 生体 cuerpo *m* vivo ❷ 生態学 ecología *f*|～系 ecosistema *m*
せいだい 盛大な espléndido[da], pomposo[sa], lujoso[sa]
ぜいたく 贅沢な lujoso[sa]|～に暮らす vivir como un rey | ～をする permitirse [darse] el lujo | ～品 artículo *m* de lujo
せいち 精緻な minucioso[sa], meticuloso[sa]
せいちょう 成長 crecimiento *m*|～する crecer, (進歩) progresar | ～率 tasa *f* de crecimiento
せいつう 精通している conocer ALGO a fondo, ser buen [buena] conocedor[dora] de ALGO
せいてい 制定する (法律を) establecer
せいてき 性的な sexual
せいてつ 製鉄所 planta *f* siderúrgica
せいてん 晴天 cielo *m* despejado
せいでんき 静電気 electricidad *f* estática
せいと 生徒 alumno[na] *mf*
せいど 制度 institución *f*, sistema *m* | ～を設ける establecer un sistema | ～化する institucionalizar
せいとう ❶ 正当な justo[ta], razonable, (合法の) legítimo[ma], legal | ～化する justificar|～な手段 medidas *f.pl* legales | ～な理由もなく sin razón justificada |～防衛 legítima defensa *f* ❷ 政党 partido *m* político|～助成金 subsidio *m* para partidos políticos ❸ 正統な[の] ortodoxo[xa], legítimo[ma]
せいどう 青銅 bronce *m*
せいなる 聖なる santo[ta]
せいねん ❶ 青年 joven *m/f*, mozo[za] *mf*, juventud *f* ❷ 成年の mayor de edad
せいねんがっぴ 生年月日 fecha *f* de nacimiento
せいのう 性能 rendimiento *m*, (品質) calidad *f* | ～のよい de alto rendimiento, (品質) de alta [buena] calidad
せいはんたい 正反対の diametralmente opuesto[ta], totalmente inverso[sa]
せいび 整備 mantenimiento *m*, (修理) arreglo *m*|～する cuidar, mantener|車を～する cuidar un coche|～員 mecánico[ca] *mf*|～工場 taller *m*
せいひれい 正比例 …と～する estar en proporción directa con ...
せいひん 製品 producto *m*|～化する comercializar | ～開発 desarrollo *m* de productos|新～ nuevo producto *m*, novedades *f.pl*
せいふ 政府 gobierno *m*|～を樹立する establecer un gobierno | ～開発援助 (ODA) Ayuda *f* Oficial para el Desarrollo
せいふく ❶ 征服 conquista *f*|～する conquistar ❷ 制服 uniforme *m*
せいぶつ ❶ 生物 ser *m* viviente [vivo] | ～学 biología *f* | ～学者 biólogo[ga] *mf*|～化学 bioquímica *f*|～化学的酸素要求量(BOD) demanda *f* bioquímica de oxígeno 《略 DBO》| ～工学 biotecnología *f* ❷ 静物画 naturaleza *f* muerta, bodegón *m*
セイフティーネット red *f* de seguridad
せいぶん 成分 ingrediente *m*, elemento *m*|～表示 lista *f* de ingredientes
せいべつ 性別 sexo *m*
せいぼ 聖母 Nuestra Señora *f*
せいぼ 歳暮 regalo *m* de fin de año
せいぼう 制帽 gorra *f* del uniforme
せいほうけい 正方形 cuadrado *m*
せいみつ 精密な detallado[da], minu-

cioso[sa] | ～機械 aparatos *m.pl* de precisión | ～検査 examen *m* cuidadoso [detallado]

ぜいむしょ 税務署 oficina *f* de impuestos

せいめい ❶ 生命 vida *f* | ～にかかわる問題 cuestión *f* vital | ～維持装置 equipo *m* para la respiración asistida | ～保険 seguro *m* de vida | ～力 vitalidad *f* | ～倫理 bioética *f* | ～線 línea *f* de la vida ❷ 姓名 nombre *m* y apellido(s) *m(pl)* ❸ 声明 comunicado *m* | ～する declarar, hacer una declaración

せいもん 正門 entrada *f* principal

せいやく 制約 restricción *f* | ～する limitar, restringir

せいやく 誓約 juramento *m* | ～する jurar

せいゆう 声優 〖映〗 doblador[dora] *mf*

せいよう ❶ 西洋 Occidente *m* | ～の occidental ❷ 静養 reposo *m* | ～する reposar, descansar

せいらい 生来の por naturaleza, de nacimiento

せいり ❶ 整理する arreglar, ordenar, (清算) liquidar | 交通～をする regular el tráfico | 書類を～する ordenar los papeles | 人員を～する reducir el personal [la plantilla] | ～番号 número *m* de referencia ❷ 生理 (月経) menstruación *f* | ～痛 dolor *m* menstrual | ～学 fisiología *f*

ぜいりし 税理士 asesor[sora] *mf* fiscal

せいりつ 成立 取引きが～した Se cerró el trato. | 新内閣が～した Se formó un nuevo gabinete. | 法案を～させる aprobar un proyecto de ley

ぜいりつ 税率 tipo *m* impositivo

せいりょういんりょう 清涼飲料 refresco *m*

せいりょく ❶ 勢力 influencia *f*, poder *m*, potencia *f* | ～のある influyente, poderoso[sa], potente | ～を振るう [伸ばす] ejercer [extender] SU influencia | ～争い lucha *f* por el poder | ～均衡 equilibrio *m* de poderes | ～範囲 esfera *f* de influencia ❷ 精力 energía *f*, vigor *m* | ～的な enérgico[ca]

せいれい 聖霊 〖宗〗 Espíritu *m* Santo | ～降臨祭 Pentecostés *m*

せいれき 西暦 era *f* cristiana

セージ 〖植〗 salvia *f*

セーター jersey *m*, suéter *m*

セーフガード ～を発動する imponer las restricciones comerciales

セーブ ～する 〖IT〗 guardar, archivar

セール rebajas *f.pl*, liquidación *f*

セールス ～ポイント ventaja *f* | ～マン viajante *m/f*, vendedor[dora] *mf*

せおう 背負う llevar ALGO [a ALGUIEN] a hombros [a cuestas]

せおよぎ 背泳ぎ espalda *f*

せかい 世界 mundo *m* | ～的な mundial | ～的に有名な mundialmente famoso[sa] | ～中に en el mundo entero | 自分の～に閉じこもる encerrarse en sí mismo[ma] | ～遺産 Patrimonio *m* de la Humanidad | ～銀行 Banco *m* Mundial

せき ❶ 席 asiento *m* | ～につく tomar asiento, sentarse | ～を譲る ceder el asiento | ～を外す (退席する) retirarse | ～順 (式場で) precedencia *f* en la mesa ❷ 咳 tos *f* | ～をする toser ❸ 堰 dique *m*, esclusa *f*

せきえい 石英 〖鉱〗 cuarzo *m*

せきがいせん 赤外線 rayos *m.pl* infrarrojos

せきざい 石材 piedra *f*

せきじゅうじ 赤十字 Cruz *f* Roja

せきずい 脊髄 médula *f* espinal

せきぞう 石造の de piedra

せきたん 石炭 carbón *m* (mineral)

せきちゅう 脊柱 columna *f* vertebral

せきつい 脊椎 vértebra *f*

せきどう 赤道 ecuador *m*

せきにん 責任 responsabilidad *f* | ～がある ser responsable de ALGO | ～のある地位 cargo *m* de responsabilidad | ～を負う hacerse responsable de ALGO | ～を負わせる responsabilizar a ALGUIEN | ～を回避する eludir la responsabilidad | ～を転嫁する echar la culpa a ALGUIEN | ～を取る asumir la responsabilidad | 私の～において bajo mi responsabilidad | ～感 sentido *m* de responsabilidad | ～者 responsable *m/f*

せきばらい 咳払い carraspeo *m* | ～をする carraspear

せきひ 石碑 (墓石) lápida *f* sepulcral

せきぶん 積分 〖数〗 integral *f* | ～学 cálculo *m* integral

せきめん 赤面する ponerse rojo[ja], ruborizarse

せきゆ 石油 petróleo *m*, (灯油) queroseno *m*

せきり 赤痢 〖医〗 disentería *f*

セクシー ～な sexy

セクハラ acoso *m* sexual

せけん 世間 mundo *m*, sociedad *f* | ～は狭い El mundo es un pañuelo. | 彼は～の目を気にしない A él no le importa el qué dirán. | 彼女は～知らずだ Ella no conoce el mundo. | ～並の ordinario[ria], común | ～離れした inusual

セコイア 〖植〗 sec(u)oya *f*

…せざるをえない no tener [haber] más remedio que 〈+不定詞〉 | 大統領は辞任～ El presidente no tiene más remedio que dimitir.

せじ 世辞 →お世辞

ぜせい 是正する corregir, rectificar

せぞく 世俗の laico[ca], profano[na]

せだい 世代 generación *f* | ～の断絶 abismo *m* generacional | ～交代 cambio *m* [relevo *m*] generacional

せたいぬし 世帯主 cabeza *m/f* de familia

せつ 説 opinión *f*, (学説) teoría *f*

せっかく ～の私の苦労が水の泡になった Todos mis esfuerzos se quedaron en aguas de borrajas. | ～ですが… Se lo agradezco, pero ....

ぜつえんたい 絶縁体 〖電〗 aislador *m*, aislante *m*

せっかい ❶ 石灰 cal *f* | ～岩 caliza *f* ❷ 切開 incisión *f* | ～する incidir

せっかちな impaciente

せつがん 接岸する atracar en

せっきじだい 石器時代 Edad *f* de Piedra

せっきょう 説教 sermón *m*｜～する sermonear, predicar
せっきょく 積極的な activo[va], emprendedor[dora]｜～的な外交 diplomacia *f* activa｜～的な態度 actitud *f* positiva [activa]｜～的安楽死 eutanasia *f* activa｜～策 política *f* activa
せっきん 接近する acercarse a
セックス sexo *m*｜～アピール sex appeal *m*, atractivo *m* sexual
せっけい 設計 diseño *m*, proyecto *m*｜～する diseñar｜～図 plano *m*
せっけっきゅう 赤血球 glóbulo *m* rojo
せっけん 石鹸 jabón *m*｜～入れ jabonera *f*｜～水 agua *f* jabonosa
ゼッケン 〘スポ〙 dorsal *m*
せっこう 石膏 yeso *m*
ぜっこう ❶ 絶交 …と～する romper con ... ❷ 絶好の excelente, ideal｜～のチャンス la mejor oportunidad
ぜっさん 絶賛する ensalzar, llenar a ALGUIEN de elogios [alabanzas]
せっしゅ 接種 〘医〙 inoculación *f*
せっし 摂氏10度 diez grados centígrados
せっしょく 接触 contacto *m*｜〈人〉と～する establecer contacto con ALGUIEN｜～を断つ perder el contacto｜～感染 〘医〙 infección *f* por contacto
せっする 接する (隣接) lindar con, (応対) atender a ALGUIEN
せっせい 節制 sobriedad *f*｜～する moderarse, controlarse
せつぞく 接続 conexión *f*｜～する conectar, enlazar, empalmar
せつぞくし 接続詞 〘文法〙 conjunción *f*
せったい 接待 recepción *f*, agasajo *m*｜～する atender, (歓待) agasajar
ぜったい ❶ 絶対の absoluto[ta]｜～に…ない nunca, jamás, nunca jamás｜～多数 mayoría *f* absoluta｜それは～に不可能だ Eso es absolutamente imposible.｜その計画には～反対である Estoy en total desacuerdo con ese proyecto. ❷ 絶体絶命である encontrarse entre la espada y la pared
せつだん 切断する cortar, seccionar, 〘医〙 amputar
せっちゃくざい 接着剤 pegamento *m*, adhesivo *m*
せっちゅう 折衷的 ecléctico[ca]｜～案 solución *f* intermedia [ecléctica]
ぜっちょう 絶頂 cumbre *f*, cima *f*, apogeo *m*
せってい 設定する (規則を) establecer, (日取りを) fijar
せつど 節度を持って con moderación
せっとう 窃盗 hurto *m*, robo *m*, latrocinio *m*｜～犯 autor[tora] *mf* del robo
せっとく 説得 persuasión *f*｜～する persuadir, convencer｜～力のある persuasivo[va], convincente
せつに 切に …を～願う desear fervientemente 〈+不定詞 /que+接続法〉
せっぱく 切迫した inminente, apremiante, urgente
ぜっぱん 絶版の agotado[da]
せつび 設備 instalación *f*｜～投資 inversión *f* en instalaciones
せつぶん 節分 víspera *f* del primer día de la primavera
ぜっぺき 絶壁 precipicio *m*, acantilado *m*
ぜつぼう 絶望 desesperación *f*｜～する desesperar(se)｜～的な desesperado[da]
せつめい 説明 explicación *f*｜～する explicar｜～できない inexplicable｜詳しい～ explicación *f* detallada｜～書 folleto *m* explicativo, (薬の) prospecto *m*
ぜつめつ 絶滅 extinción *f*｜～の危機に瀕(ひん)する estar en peligro de extinción｜～する extinguirse｜～した extinto[ta]
せつやく 節約 ahorro *m*｜～する ahorrar, economizar｜時間を～する ahorrar tiempo｜経費を～する reducir los gastos
せつりつ 設立する establecer, fundar
せなか 背中 espalda *f*｜～合わせに座る sentarse espalda con espalda｜～を向ける volver [dar] la espalda｜～を丸める encorvarse
せのび 背伸びする ponerse de puntillas
せばんごう 背番号 〘スポ〙 dorsal *m*
ぜひ 是非(とも) sin falta｜～京都に行きなさい No deje de ir a Kioto.
セピア ～色の (de) color sepia
せびろ 背広 traje *m*
せぼね 背骨 espina *f* dorsal
せまい 狭い estrecho[cha], angosto [ta]
せまる 迫る (要求) exigir, (近づく) acercarse｜台風が迫っている Se avecina un tifón.
セミ 〘昆〙 cigarra *f*
セミコロン ～を打つ poner un punto y coma
ゼミナール seminario *m*
セミプロの semiprofesional
せめいる 攻め入る invadir
せめて como mínimo｜～もの慰め único consuelo *m*
せめる ❶ 責める reprochar, presionar ❷ 攻める atacar
セメント cemento *m*
ゼラニウム 〘植〙 geranio *m*
セラミック cerámica *f*
せり 競り subasta *f*, licitación *f*｜～に出す sacar ALGO a subasta
せりあう 競り合う competir, rivalizar
ゼリー gelatina *f*｜ローヤル～ jalea *f* real
せりふ 台詞 diálogo *m*｜～を覚える aprender el texto
セルフサービス autoservicio *m*
セルフタイマー temporizador *m* automático
セレナーデ 〘音〙 serenata *f*
ゼロ cero *m*｜～からスペイン語を始める empezar a aprender español desde cero
セロハン celofán *m*｜～テープ celo *m*, cinta *f* adhesiva transparente
セロリ 〘植〙 apio *m*
せろん 世論 opinión *f* pública
せわ 世話 cuidado *m*｜～をする cuidar, atender｜～の焼ける子 niño[ña] problemático[ca]｜～好きな servicial｜…の就職を～する encontrar un trabajo para ...｜彼女は叔父の～になっている Ella vive bajo la protección de su tío.｜余計なお～だ ¡No es asunto tuyo!｜色々とお～になりました Muchas gracias por todo.

せ

せん ❶ 千 mil *m* ❷ 線 línea *f*, raya *f* | ～の入った rayado[da] | ～の細い（人）débil, delicado[da] | ～を引く trazar una línea |（駅で）2番～ la vía dos ❸ 栓 tapa *f*, tapón *m* | ～抜き abridor *m*,（コルクの）sacacorchos *m* [*pl* ～] ❹ 腺〘解〙glándula *f*

ぜん ❶ 善 bien *m* ❷ 全- todo[da], entero[ra] | ～住民 todos los vecinos | ～世界 el mundo entero ❸ 前- ex | ～大統領 el [la] ex presidente[ta]

せんい 繊維 fibra *f* | ～製品 productos *m.pl* textiles

ぜんい 善意 buena voluntad *f*, bondad *f*

せんいん 船員 marinero *m*, marino *m*

ぜんいん 全員 todos[das] *mf.pl* | ～一致で por unanimidad

せんえい 先鋭・尖鋭な agudo[da],（急進的な）radical

ぜんえい 前衛〘軍〙vanguardia *f*

せんえつ 僭越ですが Perdone mi atrevimiento, pero ....

せんが 線画 dibujo *m* lineal

ぜんか 前科のある［ない］con [sin] antecedentes penales

せんかい 旋回する girar,（飛行機が）volar en círculo

ぜんかい ❶ 前回 la vez anterior ❷ 全快する restablecerse completamente

せんかん 戦艦 buque *m* de guerra, acorazado *m*

ぜんき 前期 primera mitad *f*,（大学の）primer semestre *m*

せんきょ ❶ 選挙 elecciones *f.pl*, sufragio *m* | ～の electoral | ～する elegir,（投票）votar | ～に出る presentarse a las elecciones | ～に勝つ［負ける］ganar [perder] las elecciones | ～を行う celebrar las elecciones | ～違反をする violar la ley electoral | ～運動 campaña *f* electoral | ～権 derecho *m* a voto | 被～権 elegibilidad *f* | ～演説 discurso *m* electoral | ～区 circunscripción *f* [distrito *m*] electoral | ～人 elector[tora] *mf* ❷ 占拠する ocupar

せんきょうし 宣教師 misionero[ra] *mf*

せんくしゃ 先駆者 pionero[ra] *mf*, precursor[sora] *mf*

せんげつ 先月 el mes pasado

せんけん 先見の明がある ser previsor[sora]

せんげん 宣言 declaración *f* | ～する declarar

ぜんけん 全権を委任する otorgar plenos poderes a ALGUIEN | ～大使 embajador[dora] *mf* plenipotenciario[ria]

せんご 戦後 posguerra *f*

ぜんご 前後 荷物が2つ～して届いた Llegaron dos paquetes casi simultáneamente. | 6時～に a eso de las seis | ～左右を見回す mirar a SU alrededor | ～の見境もなく a ciegas | 50歳～である rondar los cincuenta años | ～関係 contexto *m*

せんこう ❶ 選考 selección *f* | ～する elegir, seleccionar | ～委員会 comité *m* de selección | ～基準 criterio *m* de selección ❷ 専攻 especialización *f* | …を～する especializarse en ... ❸ 先行する preceder a, adelantarse a | ～投資 inversión *f* previa ❹ 閃光 destello *m*,（稲光）relámpago *m* ❺ 線香 varita *f* de incienso

せんこく 宣告する declarar, dictar, sentenciar | 死刑を～する condenar [sentenciar] a ALGUIEN a la pena de muerte | 無罪を～する declarar inocente a ALGUIEN

ぜんこく 全国 todo el país, todo el territorio nacional | ～的な nacional | ～中継 retransmisión *f* para todo el país

センサー sensor *m*

せんさい ❶ 戦災 daños *m.pl* causados por la guerra ❷ 繊細な delicado[da], fino[na]

せんざい 洗剤 detergente *m*

せんざい 潜在的な latente, potencial | ～意識 subconsciencia *f* | ～失業 desempleo *m* oculto | ～需要 demanda *f* potencial | ～能力 capacidad *f* potencial

ぜんさい 前菜〘料〙entremeses *m.pl*

せんし ❶ 戦死する morir en una guerra ❷ 先史 prehistoria *f*

せんしつ 船室 cabina *f*

せんじつ 先日 el otro día

ぜんじつ 前日 el día anterior

せんしゃ 戦車 tanque *m*, carro *m* de combate

ぜんしゃ 前者 aquél *m*, aquélla *f*, el [la] primero[ra]

せんしゅ 選手 jugador[dora] *mf* | ～権 campeonato *m* | ～団 equipo *m* | ～村（五輪の）villa *f* olímpica

せんしゅう 先週 la semana pasada | 先々週 hace dos semanas

ぜんしゅう 全集 colección *f*

せんじゅうみん 先住民 indígena *m/f*

せんじゅつ 戦術 táctica *f* | ～上の táctico[ca] | ～家 táctico *m*, estratega *m/f*

せんじょう ❶ 洗浄 lavado *m* | ～する lavar, limpiar,（傷口を）irrigar | 資金～ lavado *m* de dinero ❷ 戦場 campo *m* de batalla ❸ 扇情的な provocativo[va], excitante

ぜんしょう ❶ 全勝する ganar todos los partidos ❷ 全焼する quedar totalmente destruido[da] por un incendio

せんしょく 染色 teñido *m* | ～した teñido[da] | ～体〘生化〙cromosoma *m*

せんしん 先進国 país *m* desarrollado

ぜんしん ❶ 前進 avance *m* | ～する avanzar ❷ 全身 todo el cuerpo, el cuerpo entero

せんす ❶ 扇子 abanico *m* ❷ センス ユーモアの～ sentido *m* del humor

せんすい 潜水 sumersión *f*, buceo *m* | ～する sumergirse | ～艦 submarino *m*, sumergible *m* | ～士 buzo *m*, submarinista *m/f* | ～服 escafandra *f*

せんせい ❶ 先生 profesor[sora] *mf*, maestro[tra] *mf* ❷ 宣誓 juramento *m* | ～する jurar, prestar juramento | ～式 jura *f* | ～書 declaración *f* jurada | 選手～（五輪の）juramento *m* olímpico

ぜんせい 全盛を極める alcanzar la plenitud | ～期にある estar en SU apogeo

せんせいじゅつ 占星術 astrología *f*, horóscopo *m*

センセーション ～を巻き起こす causar sensación | センセーショナルな sensacional
ぜんせかい 全世界 el mundo entero, todo el mundo
せんぜん 戦前に antes de la guerra
ぜんぜん 全然 nada, en absoluto | ～食べない no comer nada
せんぞ 先祖 antepasados *m.pl*, ascendiente *m/f* | ～代々の ancestral | ～返り atavismo *m*
せんそう 戦争 guerra *f* | ～をする hacer la guerra | ～中である estar en guerra | ～に行く ir a la guerra | ～に勝つ[負ける] ganar [perder] la guerra | ～を放棄する renunciar a la guerra
ぜんそうきょく 前奏曲 preludio *m*
ぜんそく 喘息 asma *f* | ～患者 asmático[ca] *mf*
ぜんそくりょく 全速力で a toda velocidad
センター centro *m*
ぜんたい 全体 totalidad *f* | ～の total | ～として en general, en conjunto | ～主義 totalitarismo *m*
ぜんだいみもん 前代未聞の inaudito[ta], nunca oído[da]
せんたく ❶ 選択 selección *f* | ～する elegir, seleccionar | ～の余地がない no tener [haber] elección [opción], no tener alternativa | ～を誤る equivocarse en la selección | ～科目 asignatura *f* opcional | ～肢 opción *f* | ～問題 pregunta *f* [prueba *f*] tipo test ❷ 洗濯 lavado *m* (de ropa) | ～する lavar la ropa, hacer la colada 《スペイン》 | ～機 lavadora *f* | ～物を干す tender la ropa
せんたん 先端 punta *f* | ～技術 tecnología *f* de punta | …の～を行く estar a la vanguardia de ...
センチ ～(メートル) centímetro *m*
ぜんち 全治する curarse completamente | ～1週間のけが lesión *f* que requiere una semana para su curación completa
ぜんちし 前置詞 〖文法〗 preposición *f*
センチメンタル ～な sentimental
せんちょう 船長 capitán[tana] *mf*
ぜんちょう ❶ 全長 longitud *f* total ❷ 前兆 presagio *m*, augurio *m*
ぜんてい 前提 presuposición *f*, 〖論〗 premisa *f* | ～とする presuponer | 結婚を～に con miras a casarse | ～条件 condición *f* previa
せんでん 宣伝 propaganda *f*, publicidad *f* | ～する hacer publicidad [propaganda] de | ～活動 actividad *f* publicitaria | ～効果 efecto *m* de la publicidad | ～費 gastos *m.pl* de publicidad | ～文句 textos *m.pl* publicitarios
せんてんてき 先天的な innato[ta], de nacimiento, congénito[ta], (遺伝の) hereditario[ria]
セント céntimo *m*, centavo *m*
せんど 鮮度 frescura *f*
ぜんと 前途 futuro *m*, porvenir *m* | ～有望である tener un futuro prometedor
せんとう ❶ 先頭 cabeza *f* | …の～にいる estar a la cabeza de ... | ～に立つ encabezar, ir en cabeza ❷ 戦闘 batalla *f*, combate *m*, lucha *f* | ～的な bélico[ca] | ～を開始する librar una batalla | ～員 combatiente *m/f* | ～機 caza(bombardero) *m* | ～部隊 unidad *f* de combate | ～力 capacidad *f* de combate ❸ 銭湯 baño *m* público, casa *f* de baños
せんどう ❶ 先導する guiar, ir en cabeza ❷ 扇動する agitar, instigar
セントラルヒーティング calefacción *f* central
せんない 船内に a bordo
せんにゅうかん 先入観 prejuicio *m*, idea *f* preconcebida
せんにん 選任する nombrar
ぜんにん 善人 buena persona *f*
ぜんにんしゃ 前任者 predecesor[sora] *mf*, antecesor[sora] *mf*
せんねん 専念 …に～する dedicarse a ...
ぜんねん 前年 el año anterior
せんのう 洗脳 lavado *m* de cerebro
ぜんのう 全能の omnipotente
せんばい 専売 monopolio *m*
せんぱい 先輩 estudiante *m/f* de cursos superiores, (職場の) persona *f* con más antigüedad
せんばつ 選抜する seleccionar
せんぱつ 先発する salir primero | ～隊 avanzadilla *f*
せんばん 旋盤 〖機〗 torno *m*
せんぱん 戦犯 criminal *m/f* de guerra
ぜんはん 前半 primera mitad *f*, primera parte *f*, 〖スポ〗 primer tiempo *m*
ぜんぱん 全般の general
ぜんぶ ❶ 全部 todo *m*, totalidad *f* ❷ 前部 parte *f* delantera
せんぷうき 扇風機 ventilador *m*
せんぷく 潜伏期間 período *m* de incubación
せんべい 煎餅 galleta *f* salada de arroz
せんべつ 餞別 regalo *m* de despedida
せんぼう 羨望 envidia *f* | 彼(女)は皆の～の的である Es la envidia de todos.
ぜんぽう 前方 …の～に delante de ..., al frente de ... | ～へ hacia adelante
ぜんまい 発条 muelle *m*, resorte *m*
せんめい 鮮明な (画像) nítido[da], (印象) vívido[da], (色) vivo[va]
ぜんめつ 全滅 aniquilamiento *m*, destrucción *f* total | ～させる aniquilar
せんめん 洗面する lavarse la cara | ～所 lavabo *m*, cuarto *m* de baño
ぜんめん ❶ 全面 …に～的に賛成である estar totalmente de acuerdo con ... | ～広告 anuncio *m* de una página entera | ～戦争 guerra *f* total ❷ 前面 frente *m*, (建物の) fachada *f*
せんもん 専門 especialidad *f* | ～的な profesional, técnico[ca] | 科学問題～の記者 periodista *m/f* especializado[da] en temas científicos | …を～にする especializarse en ... | 化学は私の～外である La química no es mi especialidad. | ～医 médico[ca] *mf* especialista | ～家 especialista *m/f* | ～学校 academia *f* | ～用語 terminología *f*
ぜんや 前夜 la noche anterior, (祭りの) noche *f* de la víspera
せんやく 先約がある tener un compromiso previo

そ

せんゆう 占有する poseer, ocupar
せんよう 専用の　reservado[da], privado[da], exclusivo[va] | バス～車線 carril *m* para uso exclusivo del autobús | 女性～ sólo para mujeres [señoras] | 自分～の車 coche *m* privado | ～回線(電話の) línea *f* exclusiva [privada] | ～機 avión *m* privado
せんりつ 旋律 melodía *f*
ぜんりつせん 前立腺 próstata *f*
せんりゃく 戦略 estrategia *f*, estratagema *f*
せんりょう ❶ 占領 ocupación *f* | ～する ocupar | …の～下の bajo el dominio de ... | ～軍 tropas *f.pl* de ocupación | ～地 territorio *m* ocupado ❷ 染料 tintura *f*, colorante *m*
ぜんりょう 善良な　bueno[na], honesto[ta]
ぜんりょく 全力を尽くす　hacer todo lo posible
せんれい ❶ 先例 precedente *m* | ～を作る sentar un precedente ❷ 洗礼 bautizo *m* | ～する bautizar
ぜんれつ 前列 primera fila *f*
せんれん 洗練された　refinado[da], elegante
せんろ 線路 raíl *m* 《スペイン》, riel *m* 《ラ米》, carril *m*

そ

そあく 粗悪な de mala calidad
そう ❶ そう ええ, ～です Sí, así [lo] es. | いいえ, ～ではありません No, no es así. | ～, 今日は行けません No, no puedo ir hoy. | 私も～です (肯定) Yo también. (否定) Yo tampoco. | ～思います Creo que sí. | ～ですか (あいづち) ¿Ah, sí? | ～すると彼が犯人ですね Entonces, él será el autor. | (君が)～しないと… si no lo haces, ... | ～しているうちに entre una cosa y otra | ～いう訳で君に電話しました Es por eso (por lo) que te llamé. | ～言えば彼も同じことを言っていた Ahora me acuerdo de que él decía lo mismo. ❷ 層 capa *f*, estrato *m*, (階級) clase *f* ❸ 沿う 川に沿って a lo largo del río ❹ 添う …の期待に～ responder a [satisfacer] las expectativas de ... ❺ 僧 sacerdote *m*, cura *m*, (仏教の) bonzo *m* ❻ 相 aspecto *m*, (人相) fisonomía *f*, 〖天文〗〖物〗 fase *f*, 〖文法〗 aspecto *m*
ぞう ❶ 像 imagen *f*, figura *f*, (彫刻) estatua *f*, (胸像) busto *m* ❷ ゾウ 〖動〗 elefante[ta] *mf*
そうい ❶ 相違 diferencia *f*, discrepancia *f* | …と～する diferir de ..., ser diferente de ..., ser distinto[ta] de ... | 案に～して en contra de lo previsto ❷ 創意 originalidad *f*, creatividad *f* | ～工夫する reunir la creatividad y originalidad
そううつびょう 躁鬱病 psicosis *f* maniacodepresiva
ぞうえいざい 造影剤 contraste *m*
ぞうお 憎悪 odio *m*
そうおう 相応 …に～する corresponder a ... | …に～の correspondiente [conforme] a ... | 年～に振る舞う comportarse según SU edad
そうおん 騒音 ruido *m* | ～公害 problemas *m.pl* [molestias *f.pl*] de ruido
ぞうか ❶ 増加 aumento *m*, crecimiento *m* | ～する aumentar, crecer, incrementarse | ～率 tasa *f* de crecimiento ❷ 造花 flor *f* artificial
そうかい ❶ 総会 asamblea *f* general, reunión *f* plenaria | ～屋 extorsionista *m/f* ❷ 爽快な refrescante, agradable
そうがく 総額 suma *f* total, monto *m*
そうかつ 総括する　resumir, sintetizar, hacer una síntesis de ALGO
そうかん 創刊 雑誌を～する　fundar una revista | ～号 primer número *m*
そうがんきょう 双眼鏡 gemelos *m.pl*, prismáticos *m.pl*
そうき 早期の precoz | ～発見[診断] detección *f* [diagnóstico *m*] precoz | ～栽培 cultivo *m* precoz
そうぎ 葬儀 funeral *m* | ～に参列する asistir a un funeral
ぞうき 臓器 víscera *f*, órgano *m* | ～移植 trasplante *m* de órganos | ～提供 donación *f* de órganos | ～提供者 donante *m/f* (de órganos)
そうぎょう 操業 operación *f* | ～する operar, (漁船) faenar
そうきょくせん 双曲線 〖数〗 hipérbola *f*
そうきん 送金 remesa *f* | ～する　enviar [remitir] dinero
ぞうきん 雑巾 trapo *m*, paño *m* | ～がけをする fregar el suelo
そうぐう 遭遇する encontrarse con
ぞうげ 象牙 marfil *m*
そうけい 総計 total *m*
ぞうけい 造形的な　plástico[ca] | ～美術 artes *f.pl* plásticas, plástica *f*
そうけん 送検する　enviar [trasladar] un caso a la fiscalía
そうげん 草原 prado *m*, pradera *f*
そうこ 倉庫 almacén *m*, depósito *m*
そうご 相互の　mutuo[tua], recíproco[ca] | ～理解 entendimiento *m* mutuo | ～依存 dependencia *f* mutua
そうこう 走行する recorrer | ～距離 recorrido *m*
そうごう 総合する sintetizar | ～的な sintético[ca], integral | ～学習 educación *f* integral | ～大学 universidad *f*
そうさ ❶ 捜査 investigación *f*, pesquisas *f.pl* | ～する investigar, realizar pesquisas | おとり～ investigación *f* con un agente encubierto ❷ 操作 operación *f*, manejo *m* | ～する manejar
そうさい ❶ 総裁 presidente[ta] *mf* ❷ 相殺 compensación *f* | ～する compensar
そうさく ❶ 捜索 búsqueda *f* | ～する buscar | ～願いを出す presentar la solicitud de búsqueda ❷ 創作する crear, inventar, (小説を) escribir
そうじ ❶ 掃除 limpieza *f* | ～する limpiar, hacer la limpieza | ～機をかける pasar la aspiradora ❷ 送辞 palabras *f.pl* de despedida
そうしき 葬式 funeral *m* →葬儀

そうしつ 喪失 pérdida *f*｜～する perder
そうしゃ 走者 corredor[dora] *mf*
そうじゅう 操縦 manejo *m*, pilotaje *m*｜飛行機[船]を～する pilotar un avión [barco]｜～士 piloto *m/f*｜～室 cabina *f*｜～席 asiento *m* de conductor
そうじゅく 早熟な precoz
そうしゅん 早春に al inicio [a comienzos] de primavera
そうしょ 叢書 colección *f*
ぞうしょ 蔵書 colección *f* de libros, biblioteca *f*
そうしょく 装飾 decoración *f*｜～する decorar, adornar｜～品 adorno *m*, ornamento *m*
そうしん 送信 transmisión *f*｜画像を～する transmitir [emitir] imágenes｜～機 transmisor *m*
ぞうしん 増進する aumentar｜体力を～する mejorar la resistencia física
そうすう 総数 número *m* total
ぞうぜい 増税 subida *f* de impuestos｜～する subir los impuestos
そうせいじ 双生児 gemelos[las] *mf.pl*, mellizos[zas] *mf.pl*
そうせつ 創設する fundar, establecer, crear
ぞうせん 造船 construcción *f* naval｜～所 astillero *m*
そうせんきょ 総選挙 elecciones *f.pl* generales
そうぞう ❶ 想像 imaginación *f*｜～する imaginar(se)｜～上の imaginario[ria], imaginativo[va]｜～を絶する inimaginable｜何が起こるか～もつかない No se puede imaginar lo que vaya a suceder.｜～妊娠 embarazo *m* psicológico｜～力 imaginación *f*, capacidad *f* imaginativa ❷ 創造 creación *f*｜～する crear｜～的な creativo[va]｜～者 creador[dora] *mf*｜～性 creatividad *f*｜～物 creación *f*, criatura *f*｜～力 capacidad *f* creativa
そうぞうしい 騒々しい ruidoso[sa], bullicioso[sa]
そうぞく 相続する heredar｜～財産 herencia *f*｜～人 heredero[ra] *mf*｜～税 derechos *m.pl* sucesorios
そうだ …だ～ Dicen que 〈+直説法〉.｜彼は病気だ～ Dicen que él está enfermo.
そうたい 早退する marcharse antes de la hora establecida [de salida]
そうだい ❶ 総代 representante *m/f* ❷ 壮大な grandioso[sa]
そうたいせいりろん 相対性理論〘物〙teoría *f* de la relatividad
そうたいてき 相対的な relativo[va]｜～に relativamente
そうだん 相談 consulta *f*｜～する pedir consejo｜医者に～する consultar a un médico｜～がまとまる llegar a un acuerdo｜～に乗る aconsejar a ALGUIEN｜…と～の上で después de consultar a ...｜～役 asesor[sora] *mf*, consejero[ra] *mf*
そうち 装置 aparato *m*, mecanismo *m*｜安全～ dispositivo *m* de seguridad｜延命～ equipo *m* para prolongar la vida artificialmente
ぞうちく 増築 ampliación *f*｜家を～する ampliar [agrandar] una casa
そうちょう ❶ 早朝に a primeras horas de la mañana, en la madrugada ❷ 総長 rector[tora] *mf*｜(国連の)事務～ secretario[ria] *mf* general (de la ONU)
そうてい 想定 suposición *f*｜～する suponer
ぞうてい 贈呈する regalar, obsequiar a ALGUIEN con ALGO
そうとう 相当 …に～する equivaler a ..., ser equivalente a ...｜～な金 una suma importante de dinero｜それ～の措置をとる tomar las medidas adecuadas
そうどう 騒動 alboroto *m*, jaleo *m*
そうなん 遭難 (海) naufragio *m*, (山) accidente *m* de montaña｜～する(船が) naufragar｜山で～する accidentarse en la montaña
そうにゅう 挿入する insertar ALGO en
そうば 相場 cotización *f*, bolsa *f*｜～が上がる[下がる] subir [bajar] la cotización [主語]｜～に手を出す jugar a la bolsa｜安定した～ cotización *f* estable
そうび 装備 equipo *m*｜…を～する equiparse de [con] ...
そうふ 送付 envío *m*｜～する enviar, remitir
ぞうふくき 増幅器〘電〙amplificador *m*
そうべつ 送別会 fiesta *f* de despedida
そうめい 聡明な avispado[da], inteligente
そうほう 双方 ambas partes *f.pl*
そうらん 騒乱 disturbios *m.pl*, tumulto *m*
ぞうり 草履 sandalias *f.pl*, chancletas *f.pl*
そうりだいじん 総理大臣 primer[mera] ministro[tra] *mf*
そうりつ 創立 fundación *f*｜～する fundar｜～者 fundador[dora] *mf*
そうりょ 僧侶 ➜僧
そうりょう 送料 flete *m*, gastos *m.pl* de envío｜～込みで incluidos gastos de envío
ぞうわい 贈賄 soborno *m*
そえがき 添え書き apostilla *f*, posdata *f*
そえる 添える acompañar, añadir
ソース〘料〙salsa *f*
ソーセージ salchicha *f*, embutido *m*
ソーダ soda *f*｜～水 gaseosa *f*, soda *f*
そがい 疎外する marginar, discriminar｜～感を持つ sentirse marginado[da]
-そく -足 一～の靴 un par de zapatos
ぞくあく 俗悪な grosero[ra], vulgar, soez
そくい 即位 entronización *f*, coronación *f*｜～する subir al trono
ぞくご 俗語 lenguaje *m* vulgar
そくざ 即座に inmediatamente
そくし 即死する morir en el acto
そくじ 即時の inmediato[ta], urgente
そくしん 促進する acelerar, fomentar｜販売を～する promover la venta
ぞくする 属する pertenecer a, depender de
ぞくせい 属性 atributo *m*
そくせき 即席の instantáneo[a]｜～のスピーチ discurso *m* improvisado
ぞくぞく ❶ ぞくぞくする sentir escalofríos ❷ 続々と sucesivamente, uno [una]

detrás de otro[tra]
そくたつ 速達 correo *m* urgente | ～の urgente | ～で手紙を出す mandar una carta urgente | ～料金 tarifa *f* de correo urgente
そくてい 測定する medir
そくど 速度 velocidad *f* | 毎分5メートルの～で a una velocidad de cinco metros por minuto | ～計 velocímetro *m* | ～を増す[落とす] aumentar [reducir] la velocidad
そくばく 束縛 …の自由を～する coartar [limitar] la libertad de ... | …の～を受ける estar sujeto[ta] a ... | ～のない sin limitación [restricción] alguna
ぞくはつ 続発する suceder uno[na] tras otro[tra], ocurrir sucesivamente
ぞくぶつ 俗物 persona *f* vulgar
ぞくぶつてき 即物的な materialista
そくほう 速報 noticia *f* de última hora
そくめん 側面 lado *m*, costado *m*
そくりょう 測量 medición *f* | ～する medir
そくりょく 速力 ➜速度
ソケット 〖電〗 portalámparas *m* [*pl* ~]
そこ ❶ **そこ** ahí, (あそこ) allí | ～をもう一度読みなさい Lea de nuevo esa parte. | ～が一番大事だ Eso es lo más importante. ❷ **底** fondo *m* | ～が浅い no ser profundo[da] | 在庫が～をついた Se agotaron las existencias.
そこいれ 底入れ 株価が～した Los precios en la bolsa llegaron al extremo límite [al nivel más bajo].
そこう 素行 comportamiento *m*
そこく 祖国 patria *f*, país *m* natal
そこそこ 彼は食事も～にテレビをつけた Apenas terminó de comer, encendió la televisión. | 2時間～で en poco menos de dos horas
そこなう 損なう dañar, perjudicar | 健康を～ dañar la salud | 電車に乗り～ perder el tren
そこね 底値 cotización *f* mínima
そこびきあみ 底引き網 red *f* de arrastre | ～漁業 pesca *f* con red de arrastre | ～漁船 barco *m* arrastrero
そざい 素材 materia *f*, material *m*
そし 阻止する impedir, detener
そしき 組織 organización *f*, (体系) sistema *m*, 〖解〗〖生〗 tejido *m* | ～する organizar | ～的な organizado[da], sistemático[ca] | ～化 organización *f*, (体系化) sistematización *f* | ～工学 ingeniería *f* de sistemas | ～培養 〖生〗 cultivo *m* de tejidos | ～犯罪 delito *m* organizado | ～票 votos *m.pl* asegurados | ～力 capacidad *f* organizativa [de organización] | ～労働者 trabajadores *m.pl* organizados
そしつ 素質 aptitud *f*, talento *m* | 音楽の～がある tener el don de la música
そして y, e(► i, hi で始まる語の前で)
そしゃく 咀嚼する masticar
そしょう 訴訟 pleito *m*, proceso *m*, demanda *f* | ～に勝つ ganar el pleito | ～を起こす poner un pleito | …に対して損害賠償の～を起こす presentar una demanda contra ... por la indemnización | ～を取り下げる retirar la demanda | ～依頼人 demandante *m/f* | ～手続き trámite *m* judicial | ～費用 gastos *m.pl* judiciales
そそぐ 注ぐ verter, echar, (川が) desembocar
そそっかしい despistado[da], descuidado[da]
そそのかす instigar, inducir, tentar
そだち 育ちがよい[悪い] estar bien [mal] educado[da] | ～盛りの男の子 niño *m* en crecimiento
そだつ 育つ crecer, criarse | 寝る子は～ Los niños que duermen mucho crecen rápido.
そだてる 育てる criar, (教育) educar, (栽培) cultivar | **育ての親** (母親) madre *f* de crianza
そち 措置 medidas *f.pl* | 必要な～を取る tomar las medidas necesarias ➜処置
そつ ～がない perfecto[ta], impecable
そっきょう 即興 improvisación *f* | ～の improvisado[da] | ～で作る[演奏する] improvisar
そつぎょう 卒業 graduación *f* | 医学部[大学]を～する graduarse en Medicina [en la universidad] | ～式 acto *m* [ceremonia *f*] de graduación | ～証書 diploma *m* | ～生 graduado[da] *mf*, egresado[da] *mf* 《ラ米》 | ～論文 tesina *f*
ソックス calcetines *m.pl*
そっくり …と～である parecerse mucho [como dos gotas de agua] a ... | 財産を～失う perder toda SU fortuna | すべては10年前と～そのままである Todo sigue exactamente igual que hace diez años.
そっけない seco[ca], frío[a]
ぞっこう 続行する continuar, seguir
そっこうじょ 測候所 estación *f* meteorológica
そっせん 率先する tomar la iniciativa
そっちょく 率直な franco[ca] | ～に言って francamente (hablando)
そっと ～触る tocar con cuidado | ～しておく dejar a ALGUIEN en paz
ぞっと ～する sentir horror | ～するような escalofriante, aterrador[dora]
そっとう 卒倒する desmayarse, desfallecer
そで 袖 manga *f* | ～を引っ張る tirar a ALGUIEN de la manga | ～をまくる (ar)remangar, subirse la(s) manga(s) | ～口 bocamanga *f* | ～の下 soborno *m*
そと 外 exterior *m* | ～の de fuera, externo[na], exterior | ～で[に] fuera, afuera, (屋外で) al aire libre | ～から de [desde] fuera | …の～に fuera de ... | ～で食事をする comer fuera | ～に出る salir fuera | ～の世界 mundo *m* exterior | ～見には幸せそうな夫婦だ Es un matrimonio aparentemente feliz. | ～海 alta mar *f* | ～堀 foso *m* exterior
そとがわ 外側 exterior *m* | ～の exterior, externo[na]
そなえもの 供え物 ofrenda *f*
そなえる 備える (準備する) prepararse, (持つ) tener, (備え付ける) equipar | 老後に～ prepararse para la vejez | 素晴らしい才能を備えた dotado[da] de un talento excepcional | ホテル備え付けの新

聞 periódicos *m.pl* disponibles para huéspedes del hotel | 備え preparación *f*, (食糧) provisiones *f.pl*
ソナタ 〖音〗 sonata *f*
その ese[sa] | ～間に mientras tanto, entre tanto | ～上 además, encima | ～うち pronto | ～ような場合 en tal caso | ～ように así
そのかわり **その代わり** en cambio
そのくせ sin embargo, a pesar de eso
そのご **その後** después, más tarde
そのころ por [en] aquel entonces
そのた **その他の** (los [las]) otros[tras] 〈＋複数名詞〉, los [las] demás 〈＋複数名詞〉 | 日本と～アジア諸国 Japón y otros países asiáticos | ～大勢の１人である ser uno[na] del montón
そのため ～に por (lo) tanto, por eso, (目的) para eso
そのとおり ～だ Así es.; Exactamente.
そのとき entonces, en ese momento | ～から desde entonces
そのば **その場で** en el mismo lugar, allí mismo | ～しのぎの解決法 solución *f* provisional
そのひ **その日に** ese día | ～のうちに en el mismo día | ～暮らしをする vivir al día
そのへん **その辺** どこか～に por ahí | ～の事情をもっと詳しく教えてください ¿Podría explicármelo con más detalle?
そのほか ～に aparte de eso ➜その他
そのまま ～お待ちください(電話で) ¡No cuelgue, por favor! | ～続ける continuar, seguir | ～にしておく dejar las cosas tal como están
そのもの 彼は誠実～だ Él es la honestidad en persona. | 素材～はよい El material mismo [en sí] es de calidad.
そば ❶ **側** lado *m* | …の～に al lado de ..., (近くに) cerca de ... | …の～に座る sentarse junto a ... | ～の建物 edificio *m* de al lado ❷ ソバ 〖植〗 alforfón *m*
そばかす peca *f* | ～のある pecoso[sa]
そびえる **聳える** erguirse
そふ **祖父** abuelo *m*
ソファー sofá *m*
ソフト ～な味 sabor *m* suave | ～ウエア 〖IT〗 programa *m*, software *m* | ～クリーム helado *m* cremoso | ～ボール 〖スポ〗 sóftbol *m*, softbol *m*
そふぼ **祖父母** abuelos *m.pl*
ソプラノ soprano *m*, (人) soprano *m/f*
そぶり **素振り** …する～を見せる hacer ademán de 〈＋不定詞〉
そぼ **祖母** abuela *f*
そぼく **素朴な** sencillo[lla], simple, (人) ingenuo[nua] | ～な疑問 duda *f* razonable
そまつ **粗末な** pobre, humilde | ～な食事 comida *f* pobre | ～な身なりをした pobremente vestido[da] | 老人を～にする tratar mal a los ancianos
そむく **背く** desobedecer, traicionar, (法律に) infringir
そむける **背ける** 目を～ apartar los ojos
ソムリエ sumiller *m*
そめる **染める** teñir, colorear | 髪を赤く～ teñirse el cabello de rojo
そや **粗野な** bruto[ta], rudo[da], grosero[ra]
そよう **素養** conocimientos *m.pl*, formación *f* | 音楽の～がある tener conocimientos de música
そよかぜ **そよ風** brisa *f*, viento *m* suave
そよぐ (木の葉が) moverse | 木の葉が～ Tiemblan las hojas en el árbol.
そよそよ 風が～と吹く Sopla [Corre] una brisa suave.
そら **空** cielo *m* | 晴れた[曇った] ～ cielo *m* despejado [nublado] | ～飛ぶ円盤 platillo *m* volante | ～を見上げる levantar la vista al cielo | ～で言う hablar de memoria | ～で覚える aprender ALGO de memoria | ～涙を流す verter lágrimas de cocodrilo | **空色** azul *m* celeste | 空色の celeste | **空模様** tiempo *m* | 空模様が怪しい El tiempo amenaza lluvia.
そらす **逸らす** desviar | 話を～ desviar la conversación
そらぞらしい ～言葉 palabras *f.pl* vanas
ソラマメ 〖植〗 haba *f*
そらみみ **空耳** 私の～だった Creí haber oído algo.
そり **橇** trineo *m*
そる ❶ **反る** combarse, curvarse ❷ **剃る** afeitar, rasurar | ひげを～ afeitarse
それ ése[sa] *mf*, eso *n* | ～がどうした ¿Y qué? | どんな物でも～なりに役に立つ Cada cosa tiene su utilidad. | ～以来 desde [a partir de] entonces
それくらい ～のことで怒るなよ No te enfades por tan poca cosa.
それぞれ cada uno[na] | ～の respectivo[va] | ～自分の意見を述べた Cada uno expuso su opinión.
それだから por eso, por (lo) tanto
それだけ ～はごめんだ Haré cualquier cosa, menos eso. | 今のところは～だ Eso es todo por el momento.
それでは entonces, pues | ～仕事を始めよう Entonces, ¡manos a la obra!
それでも a pesar de ello, sin embargo
それどころか (その上) encima, (逆に) al contrario
それとなく indirectamente | ～言う insinuar ALGO discretamente
それとも o, u (► o, ho で始まる語の前で) | コーヒー，～紅茶にしますか ¿Café o té?
それなのに sin embargo, a pesar de ello
それに y, además | ～頭まで痛くなってきた Además empezó a dolerme la cabeza. | ～もかかわらず a pesar de ello
それほど 今日は～寒くない Hoy no hace tanto frío. | 忙しいの．―～でもないよ ¿Estás ocupado? — No mucho.
それまで hasta ese momento, hasta entonces
それる **逸れる** desviarse, apartarse
ソロ 〖音〗 solo *m*
そろい **揃い** ひと～のグラス un juego de vasos | お～を着る llevar un vestido igual
そろう **揃う** 証拠がそろった Ya se han reunido las pruebas. これで全員そろった Ya están todos. | 生物関係の本がそろっている tener una buena colección de libros sobre la biología | 長さがそろっている tener la misma longitud
そろえる **揃える** (集める) reunir, coleccio-

そ

nar, (一様にする) igualar, (整える) ordenar
そろそろ poco a poco, (まもなく) pronto
そろばん ábaco *m*
そわそわ 〜する estar impaciente, ponerse nervioso[sa]
そん 損 pérdida *f*, (損害) daño *m* | 〜な (不利な) desventajoso[sa], desfavorable | 〜をする perder, sufrir pérdidas | 〜益計算書 cuenta *f* de pérdidas y ganancias
そんがい 損害 daño *m*, perjuicio *m* | 〜を与える causar daños, dañar, perjudicar | 〜を受ける sufrir daños | 〜賠償 indemnización *f*, compensación *f* | 〜賠償を請求する reclamar una indemnización | 〜保険 seguro *m* contra daños
そんきん 損金 pérdida *f* financiera
そんけい 尊敬 respeto *m* | 〜する respetar, estimar | 彼は〜すべき人だ Es una persona respetable. | 〜に値する merecer respeto, ser digno[na] de respeto
そんげん 尊厳 dignidad *f* | 人間の〜 dignidad *f* humana | 〜死する morir con dignidad
そんざい 存在 existencia *f*, ser *m* | 〜する existir | 〜感のある人 persona *f* que hace notar su presencia | 〜理由 razón *f* de ser | 〜論〔哲〕ontología *f*
ぞんざい 〜な desatento[ta], descuidado[da]
そんしつ 損失 pérdida *f* | 〜補塡(ほてん) compensación *f* por la pérdida
そんしょう 損傷 daño *m* | 〜を与える dañar
そんぞく 存続する persistir, subsistir
そんちょう ❶ 尊重する respetar, estimar | 人命を〜する respetar la vida humana ❷ 村長 alcalde *m*, alcaldesa *f*
そんとく 損得 pérdidas *f.pl* y ganancias *f.pl* | 〜抜きで行動する obrar con desinterés | 〜ずくで結婚する casarse por interés
そんな 〜ことだと思った Me lo imaginaba. | 〜つもりじゃなかった No ha sido mi intención. | 〜に tan 〈+形容詞・副詞〉; 〈動詞 +〉 tanto | 〜に遠いのですか ¿Está tan lejos? | 〜にわめくなよ ¡No grites tanto! | 〜はずはない Eso no puede ser.
ぞんぶん 存分に食べる comer hasta la saciedad | 〜に休暇を楽しむ disfrutar al máximo de las vacaciones
そんみん 村民 aldeano[na] *mf*
そんりつ 存立 existencia *f* | 〜する existir

た ❶ 田 arrozal *m*, campo *m* de arroz ❷ 他の otro[tra] →ほか
ダース docena *f* | 1〜の卵 una docena de huevos
ダーツ 〔服〕pinza *f*, 〔スポ〕dardo *m*
タートルネック cuello *m* de cisne [vuelto]
ターミナル terminal *f* | 〜ケア〔医〕cuidados *m.pl* paliativos, asistencia *f* integral a pacientes en situación clínica irreversible
ターン 〜する (水泳) dar un viraje
たい ❶ 隊 grupo *m*, unidad *f*, 〔軍〕tropa *f* ❷ 対ドイツ戦 (試合) partido *m* contra Alemania | スペイン〜フランス戦 partido *m* entre España y Francia | 2〜5の割合で a razón de dos a cinco, en una proporción de dos a cinco | 3〜1で勝つ ganar por tres a uno ❸ タイ〔魚〕besugo *m*
だい ❶ 代 (時期) época *f*, (世代) generación *f* | 宿泊〜 gastos *m.pl* de alojamiento | (19)90年〜に en la década de los años noventa ❷ 台 mesa *f*, (土台) base *f* | 千円〜の商品 artículo *m* de entre mil y dos mil yenes ❸ 題 tema *m*, (表題) título *m* ❹ 大 こぶし〜の del tamaño de un puño | 実物〜 tamaño *m* real | 〜の男 hombre *m* hecho y derecho | 〜なり小なり en mayor o menor grado, en cierta medida ❺ 第9回万国博覧会 la novena edición de la Exposición Universal
たいあたり 体当たりする dar un empellón
たいあん 対案 contrapropuesta *f* | 〜を出す presentar una contrapropuesta
たいい 大意 resumen *m*
たいいく 体育 educación *f* física, gimnasia *f* | 〜館 gimnasio *m*
だいいち 第一に en primer lugar, primero, ante todo | 〜の primero[ra], principal, primordial | …の〜印象はいかがですか ¿Cuál es su primera impresión de ...? | 彼は数学の〜人者だ Él es una eminencia en Matemáticas.
たいいん 退院する abandonar el [salir del] hospital
ダイエット dieta *f*, régimen *m* | 〜中である estar a dieta [a régimen]
たいおう 対応する corresponder a, equivaler a, (対処する) hacer frente a
ダイオキシン dioxina *f*
たいおん 体温 temperatura *f* | 〜計 termómetro *m*
たいか ❶ 退化 degeneración *f* ❷ 大家 autoridad *f*, gran maestro[tra] *mf* ❸ 耐火の refractario[ria]
たいかい 大会 asamblea *f*, congreso *m*
たいがい 対外債務 deuda *f* exterior
たいかく 体格 complexión *f*, constitución *f* | 〜のいい de constitución robusta
たいがく 退学する dejar de ir a la escuela
だいがく 大学 universidad *f* | 〜の universitario[ria] | 〜院 curso *m* de pos(t)grado | 〜院生 estudiante *m/f* de pos(t)grado | 〜講師 profesor[sora] *m f* universitario[ria] | 〜進学率 tasa *f* de acceso a la universidad | 〜生 (estudiante *m/f*) universitario[ria] *mf* | 〜病院 hospital *m* universitario
たいかん 体感温度 sensación *f* térmica
たいき 大気 aire *m*, atmósfera *f* | 〜汚染 contaminación *f* atmosférica
だいぎし 代議士 diputado[da] *mf*, parlamentario[ria] *mf*
たいきゃく 退却 retirada *f* | 〜する retirarse
たいきょ 退去する desalojar, abandonar, evacuar
たいきゅう 耐久 resistencia *f* | 〜性の resistente | 〜力 resistencia *f* | 〜試験

prueba *f* de resistencia
たいきん 大金 dineral *m*, gran cantidad *f* de dinero
だいきん 代金 importe *m*|～を払う pagar el importe|～を請求する pasar la factura|～引き替えで払う pagar ALGO contra reembolso
だいく 大工 carpintero[ra] *mf*
たいぐう 待遇 trato *m*, servicio *m*|〈人〉にいい[悪い]～をする tratar bien [mal] a ALGUIEN|顧客への～改善 mejora *f* del servicio a los clientes
たいくつ 退屈な aburrido[da]|～する aburrirse|～しのぎに para matar el tiempo
たいぐん 大群 オオカミの～ gran manada de lobos|ミツバチの～ gran enjambre de abejas
たいけい 体系 sistema *m*|～的な sistemático[ca]|～化する sistematizar
たいけつ 対決 enfrentamiento *m*|～する enfrentarse con
たいけん 体験 experiencia *f*|～する experimentar|～談を語る hablar sobre SU experiencia
たいげん ❶ **体現**する encarnar ❷ **大言壮語** fanfarronería *f*
たいこ 太鼓を打つ tocar el tambor
たいこう 対抗する rivalizar, oponerse a|～意識 espíritu *m* de emulación, rivalidad *f*|～策 contramedidas *f.pl*
だいこう 代行 学長～ rector[tora] *mf* en funciones|～をする suplir
たいこく 大国 gran país *m* [nación *f*]|経済～ gran potencia *f* económica
ダイコン 〖植〗 rábano *m* japonés
たいざい 滞在 estancia *f*, estadía *f*|～する permanecer, estar|～期間 período *m* de estancia|～許可(書) permiso *m* de residencia|～地 lugar *m* de estancia
だいざい 題材 tema *m*, materia *f*
だいさいがい 大災害 catástrofe *f*, desastre *m*
たいさく 対策 medidas *f.pl*|～を講じる tomar [adoptar] medidas
だいさんしゃ 第三者 tercero[ra] *mf*, tercera persona *f*
たいし 大使 embajador[dora] *mf*|～館 embajada *f*|駐メキシコ日本～館 Embajada *f* de Japón en México
たいじ ❶ **胎児** feto *m*, embrión *m* ❷ **退治**する exterminar, acabar con
だいじ 大事な importante, (貴重な) valioso[sa]|〈人〉を～にする apreciar a ALGUIEN, tratar bien a ALGUIEN|～に扱う tratar ALGO con cuidado|～を取る tomar precauciones, curarse en salud|～に至らなかった La cosa no pasó a mayores.|お～に ¡Cuídese!
ダイジェスト resumen *m*
たいした 大した importante, grande, (重大な) grave, (数量が) mucho[cha]|君は～人だよ Eres una gran persona.|～病気ではない No es una enfermedad grave.|～事故ではなかった Fue un accidente sin importancia.
たいしつ 体質 constitución *f*, complexión *f*|保守的～の組織 organización *f* de carácter conservador|病弱な～の de complexión enfermiza
たいして ❶ **対して** 隣国に～戦線布告する declarar la guerra contra el país vecino|彼に～礼を欠く faltarle al respeto a él ❷ **大して**寒くないよ No hace tanto frío.
たいしゃ 代謝 〖生〗 metabolismo *m*
たいしゅう 大衆 gran público *m*, las masas *f.pl*|～的な popular|～向きの para el gusto polular|～路線をとる tomar una política populista
たいじゅう 体重 peso *m*|～を計る pesar|私は～が60キロある Peso sesenta kilos.|～が増える[減る] aumentar [disminuir] de peso|～計 báscula *f*, peso *m*
たいしょ 対処する hacer frente a
たいしょう ❶ **対称** simetría *f*|～的な simétrico[ca] ❷ **対照** contraste *m*, (照合) cotejo *m*|～的な contrastivo[va]|～的な意見 opinión *f* opuesta|AとBを～する comparar [cotejar] A con B ❸ **対象** objeto *m* ❹ **対症療法** tratamiento *m* sintomático ❺ **大将** capitán *m* general, (海軍) almirante *m*
たいじょう 退場する salir de, abandonar, 〖演〗(役者が) hacer mutis|～させる 〖スポ〗 expulsar
だいしょう 代償 compensación *f*, recompensa *f*
だいじょうぶ 大丈夫かい ¿Estás bien?|心配しないで、～だよ ¡No te preocupes! No pasa nada.
たいしょく 退職 retiro *m*, jubilación *f*|～する retirarse, jubilarse
たいしん 耐震構造のビル edificio *m* antisísmico
だいじん 大臣 ministro[tra] *mf*
ダイズ 〖植〗 soja *f*
たいすい 耐水の impermeable, resistente al agua
だいすう 代数 álgebra *f*
だいすき 大好き 私は旅行が～だ Me encanta [Me gusta mucho] viajar.
たいする 対する テロに～戦い lucha *f* antiterrorista [contra el terrorismo]
たいせい ❶ **体制** régimen *m*, sistema *m*|～側につく ponerse al lado del poder|政治～ régimen *m* político ❷ **大勢** situación *f* general|～に従う[逆らう] dejarse llevar por [ir contra] la corriente ❸ **態勢・体勢** postura *f*|～を整える prepararse
だいせいどう 大聖堂 catedral *f*
たいせいよう 大西洋 Océano *m* Atlántico
たいせき ❶ **体積** volumen *m* ❷ **退席**する retirarse, levantarse de SU asiento ❸ **堆積** sedimentación *f*|～岩 roca *f* sedimentaria
たいせつ →だいじ
たいそう ❶ **体操** gimnasia *f*, ejercicio *m* físico|～をする hacer gimnasia [ejercicio físico] ❷ **大層** →大変
たいだ 怠惰な perezoso[sa], flojo[ja]
だいたい ❶ **大体** más o menos, aproximadamente ❷ **代替**の alternativo[va]|～エネルギー energía *f* alternativa
だいたすう 大多数の市民 la mayoría de

los ciudadanos
たいだん 対談 coloquio *m*, conversación *f* | …について～する tener [mantener] un coloquio sobre ...
だいたん 大胆な audaz, atrevido[da]
だいち ❶ 大地 tierra *f* ❷ 台地 meseta *f*
たいちょう ❶ 体調 estado *m* de salud, condición *f* física | ～がいい estar en forma | ～を崩す ponerse enfermo[ma] ❷ 隊長 capitán[tana] *mf* ❸ 体長 longitud *f* | ～5メートルの蛇 serpiente *f* de cinco metros de largo
た
だいちょう 大腸 intestino *m* grueso | ～炎 colitis *f* [*pl* ~] | ～菌 colibacilo *m*
タイツ leotardos *m.pl*, mallas *f.pl*
たいてい 大抵(は) generalmente | ～の場合 en la mayoría de los casos
たいど 態度 actitud *f*, comportamiento *m* | ～が悪い comportarse mal | 大きい～を取る tomar una actitud arrogante
たいとう ❶ 台頭する cobrar fuerza, crecer ❷ 対等な igual | ～に de igual a igual, por igual | ～な関係 relación *f* de igual a igual | 部下を～に扱う tratar a sus inferiores por igual
だいとうりょう 大統領 presidente[ta] *mf* | ～官邸 residencia *f* presidencial | ～候補 candidato[ta] *mf* presidencial | ～選挙 elecciones *f.pl* presidenciales
だいどころ 台所 cocina *f* | ～用品 utensilios *m.pl* de cocina | ～を預かる administrar la casa
だいとし 大都市 gran ciudad *f*, gran urbe *f*, metrópoli *f*
タイトル título *m* | 世界～を獲得する 〖スポ〗 conseguir el título mundial
たいない ❶ 胎内感染 infección *f* prenatal ❷ 体内時計 reloj *m* biológico
だいなし 台無し チャンスを～にする malograr una oportunidad | 計画が～になった Se me estropeó el plan.
ダイナマイト dinamita *f*
ダイナミック ～な dinámico[ca]
だいに 第二の segundo[da]
たいにん 退任する retirarse, (辞任) dimitir, renunciar a
ダイニング ～キッチン cocina *f* comedor | ～ルーム comedor *m*
たいねつ 耐熱の refractario[ria], resistente al calor
ダイバー buzo *m*, buceador[dora] *mf*
たいはい 退廃 decadencia *f* | ～的な decadente | 道徳の～ decadencia *f* moral
たいばつ 体罰 castigo *m* físico [corporal]
たいはん 大半 参加者の～ más de la mitad [la mayoría] de los participantes
たいひ 堆肥 estiércol *m*
だいひょう 代表 representación *f*, (人) representante *m/f*, delegado[da] *mf* | ～する representar | 友人一同を～してあいさつする saludar en representación de los amigos | ～的な representativo [va] | ～団 delegación *f*
ダイビング salto *m*, (潜り) buceo *m*
タイプ tipo *m*, clase *f* | ～する escribir a máquina
だいぶ 大分暑い Hace bastante calor.
たいふう 台風 tifón *m* | ～の目 ojo *m* del tifón
だいぶつ 大仏 gran Buda *m*
だいぶぶん 大部分の la mayoría de, la mayor parte de
たいへいよう 太平洋 Océano *m* Pacífico
たいへん 大変な (非常な) terrible, (深刻な) grave, (難しい) difícil | ～な暑さ calor *m*(*f*) terrible
だいべん 大便 excremento *m*, heces *f.pl* (fecales)
たいほ 逮捕 detención *f*, arresto *m* | ～する detener, arrestar | ～令状 orden *f* de arresto
たいほう 大砲 cañón *m*
たいぼう 待望の tan deseado[da], tan esperado[da]
だいほん 台本 〖演〗 guión *m*
タイマー temporizador *m*
たいまん 怠慢 negligencia *f* | ～な行為 conducta *f* negligente
タイミング ～よく oportunamente
タイム 〖スポ〗 tiempo *m* | ～を計る cronometrar | ～を要求する pedir tiempo muerto
タイムリー ～な oportuno[na]
だいめい 題名 título *m*
だいめいし 代名詞 pronombre *m*
たいめん 体面を保つ mantener el honor
タイヤ neumático *m*, (車輪) rueda *f*
ダイヤ (列車) horario *m*, (トランプ) diamante *m*, (ダイヤモンド) diamante *m*
ダイヤル disco *m* | ～する marcar el número
たいよ 貸与する prestar
たいよう ❶ 太陽 Sol *m* | ～が昇る[沈む] Sale [Se pone] el sol. | ～エネルギー energía *f* solar | ～系 sistema *m* solar | ～光線 rayos *m.pl* solares | ～電池 batería *f* solar | ～熱 calor *m* solar | ～暦 calendario *m* solar ❷ 大洋 océano *m*
だいよう 代用 sustitución *f* | ～がきく sucedáneo[a], sustitutivo[va] | ～品 (物) sucedáneo *m*, sustitutivo *m*
たいら 平らな[に] plano[na], llano[na] | ～にする allanar, aplanar
たいらげる 平らげる ステーキを～ dar cuenta de [comerse] un filete
だいり 代理の sustitutivo[va], suplente, en funciones | ～を務める suplir, hacer las veces de ALGUIEN | 部長～ subdirector[tora] *mf*, (代行) director [tora] *mf* en funciones | ～人 (代表者) representante *m/f* | ～母 madre *f* de alquiler | 旅行～店 agencia *f* de viajes | ～業者 agente *m/f*
たいりく 大陸 continente *m* | ～横断鉄道 ferrocarril *m* transcontinental | ～間弾道ミサイル misil *m* balístico intercontinental | ～性気候 clima *m* continental | ～棚 plataforma *f* continental | 新～ Nuevo Continente *m*
だいりせき 大理石 mármol *m*
たいりつ 対立 oposición *f*, enfrentamiento *m*, antagonismo *m* | ～する oponerse
たいりょう ❶ 大量の gran cantidad de | ～に en gran cantidad | ～解雇 despido *m* masivo | ～虐殺 masacre *f* | ～生産 pro-

ducción *f* masiva [en serie] | ～破壊兵器 armas *f.pl* de destrucción masiva ❷ 大漁 buena captura *f*, pesca *f* abundante
たいりょく 体力 fuerza *f* [resistencia *f*] física | ～がある ser fuerte [resistente] | ～をつける mejorar la resistencia física
タイル azulejo *m*
ダイレクトメール publicidad *f* por correo
たいわ 対話 diálogo *m* | ～する dialogar
ダウ ～式平均株価 índice *m* Dow Jones
たうえ 田植えをする plantar el arroz
ダウン ～する〘スポ〙caer | ～症 síndrome *m* de Down
ダウンロード ～する descargar, bajar
だえき 唾液 saliva *f*
たえまない 絶え間ない ininterrumpido [da], incesante, continuo[nua] | 絶え間なく sin cesar, ininterrumpidamente
たえる ❶ 耐える・堪える aguantar, soportar, resistir | 耐えられる aguantable, soportable | 堪え難い inaguantable, insoportable ❷ 絶える acabarse, extinguirse, (途切れる) interrumpirse | 息が～ morir, dar el último suspiro | …の消息が～ no volver a tener noticias de ...
だえん 楕円 óvalo *m*, elipse *f*
たおす 倒す derribar, tumbar, hacer caer | 政府を～ derrocar el gobierno
タオル toalla *f* | ～掛け toallero *m*
たおれる 倒れる caer(se), derribarse, derrumbarse
たか ❶ 高をくくる menospreciar, tener a ALGUIEN en poco ❷ タカ〘鳥〙halcón *m*
たかい 高い (高さ) alto[ta], (値段) caro[ra], elevado[da] | 高くする elevar, subir | 高く評価する tener [estimar] ALGO [a ALGUIEN] en mucho | 高くつく costar caro[ra], resultar costoso[sa]
たがい 互いの mutuo[tua], recíproco [ca] | ～に mutuamente, recíprocamente
たがいちがい 互い違いに ➜交互に
たがく 多額の損失 grandes [importantes] pérdidas *f.pl*
たかさ 高さ altura *f*, (高度) altitud *f*, (音の) tono *m* | ～さ 2 千メートルの山 montaña *f* de dos mil metros de altura
だがっき 打楽器 instrumento *m* de percusión, 《集合的》batería *f*
たかとび ❶ 高跳び 走り～ salto *m* de altura | 棒～ salto *m* con pértiga ❷ 高飛び 国外へ～する huir al extranjero
たかとびこみ 高飛び込み salto *m* de palanca
たかなみ 高波 grandes [altas] olas *f.pl*
たかね 高値 precio *m* elevado [alto]
たかぶる 高ぶる 気分が～ ponerse nervioso[sa], excitarse
たかまる 高まる subir, intensificarse, aumentar | 生命倫理への関心が高まっている Crece el interés por la bioética.
たかめる 高める elevar, mejorar, aumentar | 士気を～ levantar la moral de
たがやす 耕す cultivar, labrar, trabajar
たから 宝 tesoro *m* | ～捜し búsqueda *f* de tesoros
だから por (lo) tanto, por eso
たからくじ 宝くじ lotería *f* | ～を買う comprar [jugar a la] lotería | 彼は～が当たった Le tocó la lotería.
たかる (群がる) amontonarse, pulular, (せびる) gorronear, sablear, (ゆする) chantajear, hacer chantaje
たかん 多感な sensible, emotivo[va]
たき 滝 cascada *f*
だきあげる 抱き上げる 赤ん坊を～ tomar a un bebé en SUS brazos
たきぎ 薪 leña *f*
タキシード esmoquin *m*
たぎてき 多義的な〘言〙polisémico[ca]
たきび 焚き火 fogata *f*, hoguera *f* | ～をする hacer [encender] una fogata
だきょう 妥協 contemporización *f* | ～する contemporizar, transigir | ～的態度 actitud *f* contemporizadora
たきょくか 多極化した世界 mundo *m* multipolar
たく 炊く cocer
だく 抱く abrazar
たくえつ 卓越した sobresaliente, destacado[da] | ～する sobresalir, destacarse
たくさん ～(の) mucho[cha] | もう～だ ¡Estoy harto[ta]! ; ¡Ya está bien!
タクシー taxi *m* | ～で行く ir en taxi | ～を拾う tomar un taxi | ～乗り場 parada *f* de taxis | ～メーター taxímetro *m*
タクト〘音〙(指揮棒) batuta *f*, (拍子) compás *m*
たくはい 宅配 mensajería *f* | ～サービス servicio *m* de mensajería | ～便で送る enviar ALGO por una empresa de mensajería
たくましい fuerte, robusto[ta]
たくみ 巧みな hábil, diestro[tra]
たくらむ 企む conspirar, intrigar | 陰謀を～ tramar una conspiración contra | 企み complot *m*, conspiración *f*
たくわえる 蓄える ahorrar, acumular, reservar | お金を～ ahorrar dinero | ひげを～ dejarse barba | 蓄え reserva *f*, (食糧) provisiones *f.pl*, (金銭) ahorro *m*
たけ ❶ タケ〘植〙bambú *m* ❷ 丈 longitud *f*, (背の高さ) estatura *f* | スカートの～を詰める acortar una falda
…だけ sólo, solamente | それ～だ Eso es todo.
たけうま 竹馬で歩く andar en zancos
だげき 打撃 golpe *m*, choque *m* | ～を受ける recibir un golpe [choque]
たけのこ brotes *m.pl* de bambú
たこ ❶ 凧 cometa *f*, volantín *m*(南米) | ～揚げをする lanzar [hacer volar] una cometa ❷ 胼胝 callo *m*, callosidad *f* ❸ タコ〘動〙pulpo *m*
だこう 蛇行する serpentear
たこくせき 多国籍の multinacional | ～企業 (empresa *f*) multinacional *f*
たさい 多彩な multicolor, variado[da] | ～な活動 actividades *f.pl* variadas
ださい hortera, poco elegante | ～人 hortera *m/f*, cateto[ta] *mf* | ～服 vestido *m* cateto [poco elegante, cutre]
たさん 多産の fecundo[da], prolífico [ca]
ださん 打算的な calculador[dora], inte-

た

resado[da]｜〜で por interés
だし 山車 carroza *f*
たしか 確かな〈名詞 ＋〉cierto[ta],〈名詞 ＋〉seguro[ra],（明らかな）evidente｜それは〜ですか ¿Es cierto eso?｜〜な人物 persona *f* de confianza｜〜な証拠 prueba *f* fehaciente｜〜な筋の情報 información *f* de fuentes fidedignas｜確かに ciertamente,（明らかに）evidentemente｜〜に…だが si bien es cierto que〈＋直説法〉
たしかめる 確かめる asegurarse de, averiguar, confirmar｜自分の目で〜 comprobar ALGO con SUS propios ojos
たしざん 足し算 adición *f*, suma *f*｜〜をする sumar
だしゃ 打者〖スポ〗bateador[dora] *mf*
だじゃれ juego *m* de palabras
たしゅたよう 多種多様の una [la] gran variedad de, una [la] amplia gama de
たしょう 多少の un poco de｜〜にかかわらず independientemente de la cantidad｜〜の違いはあるものの a pesar de haber una pequeña diferencia
たしょく 多色の multicolor
たじろぐ acobardarse, retroceder
だしん 打診する（医者が）percutir｜…の意向を〜 pulsar la opinión de ...
たしんきょう 多神教 politeísmo *m*
たす 足す añadir, sumar｜4たす5は9 Cuatro más [y] cinco son nueve.
だす ❶ 出す 資金を〜 aportar fondos, invertir｜レポートを〜 presentar un informe｜財布をハンドバッグから取り〜 sacar la cartera del bolso｜手紙を〜 enviar una carta｜スピードを〜 aumentar la velocidad｜本を〜 publicar un libro｜お茶を〜 servir el té｜熱を〜（発する）emitir calor,（かぜで）tener fiebre｜店を〜 poner una tienda ❷ …だす …(し)だす empezar a〈＋不定詞〉, ponerse a〈＋不定詞〉｜雨が降りだした Empezó a llover.
たすう 多数の mucho[cha], numeroso[sa]｜〜決で決める decidir ALGO por mayoría｜絶対〜 mayoría *f* absoluta｜〜派 grupo *m* mayoritario
たすかる 助かる salvarse｜この辞書で私は大いに助かっている Este diccionario me ayuda mucho.
たすける 助ける salvar,（手伝う）ayudar｜助けてくれ ¡Socorro! ; ¡Auxilio!｜助け ayuda *f*, auxilio *m*,（救助）socorro *m*
たずねびと 尋ね人 desaparecido[da] *mf*｜〜（広告）Se busca.
たずねる ❶ 尋ねる preguntar｜道を〜 preguntar el camino ❷ 訪ねる visitar, hacer una visita｜今朝彼が訪ねてきた Él ha venido a verme esta mañana.
だせい 惰性 inercia *f*｜〜で続ける continuar por inercia [costumbre]
たそがれ 黄昏時に durante el crepúsculo vespertino
ただ 〜の（無料の）gratuito[ta], gratis｜映画館に〜で入る entrar en el cine gratis｜〜のかぜです Es un simple resfriado.｜こんなことして〜では済まされないぞ Esto te va a costar caro.｜〜ならぬ inusual, poco común
ただをこねる importunar
ただいま en este momento,（直ちに）ahora mismo, enseguida,（あいさつ）¡Hola!
たたえる 称える admirar, elogiar
たたかい 戦い lucha *f*,（戦闘）combate *m*, batalla *f*,（試合）partido *m*｜時間との〜 lucha *f* contra el tiempo
たたかう 戦う luchar contra [con]
たたく 叩く pegar, golpear
ただごと ただ事ではない No es [No se trata] de ninguna broma.
ただし 但し pero, sin embargo
ただしい 正しい correcto[ta], justo[ta], exacto[ta], bueno[na]
ただちに 直ちに inmediatamente, enseguida
ただのり ただ乗りする viajar gratis [sin billete]
ただばたらき ただ働きする trabajar sin cobrar
たたむ 畳む plegar, doblar,（傘を）cerrar
ただもの ただ者 彼は〜ではない Él no es del montón.
ただよう 漂う flotar, sobrenadar,（雰囲気が）reinar
ただれる 爛れる ulcerarse, inflamarse
たち 質（性質）carácter *m*｜〜の悪い（悪性の）maligno[na],（悪意のある）malintencionado[da]｜〜の悪いかぜ resfriado *m* pertinaz
たちあがる 立ち上がる levantarse, ponerse en pie
たちあげる 立ち上げる コンピュータを〜 poner en marcha [arrancar] un ordenador｜企業を〜 crear una empresa
たちいりきんし 立入禁止（表示）Prohibido pasar [entrar].
たちおうじょう 立往生する quedar paralizado[da], paralizarse
たちどまる 立ち止まる detenerse, pararse
たちなおる 立ち直る recuperarse, recobrarse,（病気から）restablecerse
たちのく 立ち退く desalojar, desocupar, evacuar
たちば 立場 posición *f*, postura *f*, situación *f*｜私の〜にもなってみてください Póngase en mi lugar.｜私は…する〜にない Mi posición no me permite〈＋不定詞〉.｜〜を明確にする definir la postura
たちまち en un abrir y cerrar de ojos
たちみせき 立ち見席 localidad *f* de pie
たちむかう 立ち向かう enfrentarse con, afrontar, dar la cara
ダチョウ〖鳥〗avestruz *m*
たちよる 立ち寄る pasar por
たつ ❶ 立つ levantarse｜（人が）立っている estar [permanecer] de pie｜…の側に〜（味方する）estar del lado de ... ❷ 建つ construirse, levantarse, edificarse ❸ 経つ pasar, tanscurrir｜1年も経たないうちに antes de transcurrir un año｜時が〜につれて con el paso del tiempo ❹ 発つ salir, partir ❺ 断つ（やめる）dejar,（切る）cortar｜関係を〜 romper relaciones con ALGUIEN｜タバコを〜 dejar de fumar ❻ 裁つ cortar ❼ 竜 dragón *m*
たっきゅう 卓球 ping-pong *m*, tenis *m* de mesa

だっきゅう 脱臼 dislocación *f*, luxación *f*, desarticulación *f* | 私は手首を～した Se me ha dislocado la muñeca.
たっきゅうびん 宅急便 〖商標〗➜宅配
タックル 〖スポ〗 placaje *m* | ～する placar, hacer un placaje
たっしゃ 達者 口が～である tener labia | スペイン語を～に話す hablar muy bien español | ～でいる estar bien de salud
ダッシュ (記号) raya *f* (一の記号), 〖スポ〗 sprint *m* | B～ (B′) B prima | ～する 〖スポ〗 esprintar, correr a toda velocidad
だっしゅうざい 脱臭剤 desodorante *m*
だっしゅつ 脱出する escaparse, huir
だっしょく 脱色する de(s)colorar
たつじん 達人 maestro[tra] *mf*, experto[ta] *mf* | 語学の～ experto[ta] *mf* en la lengua
たっする 達する 山頂に～ llegar a [alcanzar] la cima
たっせい 達成する lograr, conseguir | 目標を～ conseguir el objetivo
だつぜい 脱税 evasión *f* de impuestos, fraude *m* fiscal
だっせん 脱線する descarrilar, (話が) desviarse | ～事故 descarrilamiento *m*
だっそう 脱走する fugarse, huir
たった sólo, solamente | ～千円で con sólo mil yenes | ～1人で a solas
だったい 脱退する darse de baja, separarse de
タッチ toque *m* | ～する tocar | ～ライン 〖スポ〗 línea *f* de banda
だって pero es que
たづな 手綱 riendas *f.pl*
たっぷり abundantemente | 時間は～ある tener tiempo de sobra
たつまき 竜巻 remolino *m*
たて ❶ 縦 longitud *f*, largo *m*, (高さ) altura *f* | ～の vertical | ～に verticalmente | ～30センチ treinta centímetros de largo | ～に並べる alinear ALGO verticalmente | ～の線 línea *f* vertical ❷ 盾 escudo *m* ❸ …たて 焼き～のパン pan *m* reciente | もぎ～のりんご manzana *f* recién cosechada
たていと 縦糸 urdimbre *f*
たてうり 建て売りする vender casas hechas [construidas]
たてがき 縦書きする escribir de arriba abajo [verticalmente]
たてがみ (馬) crines *f.pl*, (ライオン) melena *f*
たてじま 縦縞のシャツ camisa *f* a rayas verticales
たてふだ 立て札 cartel *m*, letrero *m*, rótulo *m*
たてもの 建物 construcción *f*, edificio *m*
たてゆれ 縦揺れ temblor *m* vertical, (船の) cabeceo *m*
たてよこ 縦横 longitud *f* y anchura *f*
たてる ❶ 立てる levantar | 誓いを～ jurar, hacer un juramento | 物音を～ hacer ruido ❷ 建てる construir, edificar, erigir | 建て直す reconstruir
たてわり 縦割り行政 administración *f* vertical

だとう ❶ 打倒する derrotar, derribar, vencer ❷ 妥当な razonable, apropiado[da]
たどうし 他動詞 verbo *m* transitivo
たとえ aunque 〈+接続法〉| ～何が起こっても pase lo que pase
たとえば 例えば por ejemplo
たとえる AをBに～ comparar A con B
たどる 辿る seguir | …の跡を～ seguir [rastrear] las huellas de ...
たな 棚 estante *m*, estantería *f*
たなばた 七夕 Fiesta *f* de las Estrellas
たなおろし 棚卸し inventario *m*
たに 谷 valle *m*
ダニ 〖昆〗 garrapata *f*
たにん 他人 otro[tra] *mf* | ～の ajeno[na] | ～行儀な態度 actitud *f* distante | ～事ではない No es un asunto ajeno a nosotros. | ～資本 〖経〗 recursos *m.pl* ajenos
タヌキ 〖動〗 tejón *m*
たね 種 semilla *f*, (スイカの) pepita *f*, pipa *f*, (オリーブの) hueso *m* | ～なしスイカ sandía *f* sin pepitas | ～をまく sembrar | ～も仕掛けもない No hay ningún truco. | ～明かしをする explicar el truco
たねうし 種牛 toro *m* semental
たねうま 種馬 caballo *m* semental
たねまき 種まき siembra *f* | ～機 sembradora *f*
たのしい 楽しい alegre, entretenido[da], distraído[da], divertido[da], agradable | パーティーは楽しかった Lo pasamos muy bien en la fiesta. | 楽しみ placer *m*, diversión *f* | 楽しみにして待つ esperar ALGO con impaciencia
たのしむ 楽しむ disfrutar, divertirse | 楽しませる entretener, divertir, distraer
たのみ 頼み petición *f* | ～があるんだけど Quiero pedirte un favor. | ～の綱が切れる perder su última esperanza
たのむ 頼む pedir, rogar, solicitar | …してくれと～ pedir a ALGUIEN que 〈+接続法〉| ～から1人にしてくれ ¡Por favor, déjame solo[la]! | この件は君の弁護士に頼もう Vamos a dejar [poner] este asunto en manos de tu abogado.
たのもしい 頼もしい digno[na] de confianza, (有望な) prometedor[dora]
たば 束 manojo *m*, haz *m*, (紙等) fajo *m* | 花～ ramo *m* de flores
タバコ tabaco *m*, (紙巻き) cigarrillo *m*, pitillo *m*, (葉巻) (cigarro *m*) puro *m* | ～を吸う fumar | お～はご遠慮ください Se ruega no fumar. | ～屋 tabaquería *f*
たばねる 束ねる atar, liar
たび ❶ 旅 viaje *m* | ～をする viajar | ～に出る ir de viaje | ～芸人 artista *m/f* ambulante ❷ 度 来る～に cada vez que vengo | この～ esta vez ❸ 足袋 calcetines *m.pl* japoneses
たびかさなる 度重なる repetidos[das], sucesivos[vas] | ～不正 irregularidades *f.pl* cometidas repetidamente
たびさき 旅先で en [durante] el viaje
たびじたく 旅支度をする hacer la maleta
たびだつ 旅立つ salir de viaje
たびびと 旅人 viajero[ra] *mf*
ダビング ～する copiar

タフ ～な resistente, fuerte
タブー tabú *m*
だぶだぶ ～の ancho[cha], holgado [da]
ダフや ダフ屋 revendedor[dora] *mf*
だぶる ❶ ダブる（重複）repetirse,（落第）repetir el curso｜画像が～ Se superponen las imágenes. ❷ ダブルの doble｜～のジャケット〖服〗chaqueta *f* cruzada｜～の部屋（ホテル）habitación *f* doble｜～ブッキングする reservar por partida doble｜～ベッド cama *f* de matrimonio
ダブルス〖スポ〗dobles *m.pl*｜混合～ dobles *m.pl* mixtos
たぶん 多分 quizá(s), probablemente, tal vez｜戦争が勃発する恐れが～にある Existe una gran posibilidad de estallar una guerra.
たべもの 食べ物 alimento *m*,（料理）comida *f*,（食料品）comestibles *m.pl*
たべる 食べる comer, tomar,（摂取する）ingerir｜息子たちに食べさせる dar de comer a sus hijos｜このキノコは食べられる Esta seta es comestible.｜僕は妻に食べさせてもらっている Me mantiene mi esposa.｜食べ頃 この桃は食べ頃だ Este melocotón está en su punto.｜食べ盛りの子供たち niños *m.pl* en crecimiento que comen con gran apetito｜食べ残す dejar la comida｜食べ残し restos *m.pl* de comida｜食べ放題のレストラン restaurante *m* con bufé (libre)
たほう 他方 por otro lado, por otra parte
たぼう 多忙な ocupado[da], atareado [da]｜～である estar ocupado[da]
だぼくしょう 打撲傷 contusión *f*
たま ❶ 玉 bola *f*｜100円～ moneda *f* de cien yenes｜ビリヤードの～ bola *f* de billar ❷ 球 pelota *f*, balón *m*,（球体）globo *m* ❸ 弾 bala *f*, proyectil *m*
たまご 卵 huevo *m*,（魚卵）huevas *f.pl*｜～を産む poner huevos｜～を抱く incubar huevos｜～をかき混ぜる［割る］batir [cascar] el huevo｜～の黄身［白身］yema *f* [clara *f*] de huevo｜～の殻 cáscara *f* de huevo｜小説家の～ futuro[ra] escritor[tora] *mf*｜ゆで［半熟］～ huevo *m* duro [pasado por agua]｜いり～ huevos *m.pl* revueltos｜～焼き tortilla *f* francesa
たましい 魂 alma *f*, espíritu *m*｜～の抜けた sin alma, sin espíritu
だます 騙す engañar｜私はまんまとだまされた Me engañaron como a un tonto.｜だましやすい fácil de engañar, crédulo[la]
たまたま por casualidad, casualmente
たまつき 玉突き billar *m*｜～台 mesa *f* de billar｜～をする jugar al billar｜～衝突 choque *m* en cadena
だまって 黙っているestar callado[da], permanecer en silencio
たまに raramente, rara vez
タマネギ〖植〗cebolla *f*
たまのこし 玉の輿に乗る casarse con un hombre rico
たまらない 堪らない inaguantable, insoportable
たまる ❶ 溜まる acumularse, amontonarse｜机の上にほこりがたまっている La mesa está cubierta de polvo.｜私は仕事がたまっている Me queda mucho trabajo por hacer.｜たまった借金を払う pagar las deudas atrasadas ❷ 堪る 彼に負けて～か Nunca le dejaré ganar.
だまる 黙る callarse｜黙っている permanecer en silencio｜黙って出て行く irse [marcharse] sin decir nada｜黙れ ¡Cierra la boca!; ¡Cállate!
ダム presa *f*, embalse *m*
ため 為に（目的）para,（利益）por,（原因・理由）a causa de, debido a｜笑うことは健康の～になる El reír es bueno para la salud.｜早起きする～に para madrugar｜君は何の～にそうするの ¿Para qué lo haces?｜彼はかぜの～学校を休んだ No fue a la escuela porque estaba resfriado.｜濃霧の～その便は欠航した Se suspendió el vuelo a causa de una densa niebla.
だめ …しても～である Es inútil〈＋不定詞〉[que〈＋接続法〉].｜君は…しては～だ Te prohíbo〈＋不定詞〉.｜…しなければ～だ tener que〈＋不定詞〉｜テレビを～にする estropear el televisor｜もう～だ No hay manera.; No hay salida.｜～でもともとだ No se pierde nada por intentarlo.｜～を押す confirmar ALGO de nuevo,〖スポ〗asegurar la victoria｜～押しの1点を入れる marcar un gol de sobra
ためいき 溜息をつく dar un suspiro
ためす 試す probar, ensayar, intentar｜試し prueba *f*, ensayo *m*
ためらう dudar, vacilar, titubear｜ためらいがちに言う decir con voz vacilante｜ためらわずに sin pensarlo dos veces
ためる 溜める（蓄積する）acumular,（節約する）ahorrar,（貯える）almacenar
ためん 多面的な polifacético[ca]
たもつ 保つ mantener, conservar, guardar｜平静を～ mantener la calma｜面目を～ mantener [salvar] el honor
たやすい fácil, sencillo[lla], simple
たよう 多様な variado[da], diverso[sa]｜～性 variedad *f*, diversidad *f*｜～化する diversificar
たより ❶ 便り noticia *f*, correspondencia *f*｜…から～がある recibir noticias de ... ❷ 頼りにする ➜頼る｜～になる confiable, digno[na] de confianza｜～ない poco fiable, inseguro[ra]
たよる 頼る contar con,（依存）depender de｜現代社会はコンピュータに頼りすぎる La sociedad actual tiene una excesiva dependencia de los ordenadores.
たら ❶ …たら si ...｜雪が降っ～，山にスキーに行きます Si nieva, voy a la montaña a esquiar. ❷ タラ〖魚〗bacalao *m*
たらい 盥 barreño *m*, tina *f*
だらく 堕落 depravación *f*｜～する depravarse, corromperse
…だらけ 誤植～の記事 artículo *m* lleno de erratas
だらける aflojar(se)｜だらけた flojo[ja], perezoso[sa],（無気力な）apático[ca]
だらしない descuidado[da], dejado [da]｜～態度 actitud *f* indolente
たらす 垂らす dejar caer,（こぼす）derramar,（つるす）colgar, suspender｜水滴を

～ dejar caer gotas de agua
たらず …足らず｜1時間～で en menos de una hora
だらだら ～した会話 conversación *f* tediosa｜～長引く dilatarse inútilmente
タラップ escalerilla *f*
…たり 彼は来～来なかっ～だ A veces viene, y a veces no.
ダリア 〘植〙 dalia *f*
たりない **足りない** faltar, carecer de｜彼には経験が～ Le falta experiencia.
たりょう **多量の** mucho[cha], gran cantidad de, abundante
たりる **足りる** ser suficiente, bastar, alcanzar｜これで僕は用が～よ Con esto me basta.
たる **樽** barril *m*, (大だる) tonel *m*
だるい 体が～ sentirse cansado[da], tener pereza
たるむ **弛む** aflojarse, relajarse
だれ **誰が** quién｜これは～のですか ¿De quién es esto?｜～を[に] a quién｜～に会いたいのですか ¿A quién quiere usted ver?｜～もそれを避けることはできない Nadie puede evitarlo.｜～か alguien｜～でも todos, todo el mundo, cualquier persona, cualquiera｜～彼の区別なく扱う tratar por igual a todo el mundo｜～某(ぼう) fulano[na] *mf*｜～一人として知らない者はいなかった No había nadie que no lo supiera.
たれる **垂れる** caer, (ぶら下がる) colgar｜教訓を～ dar una lección
タレント artista *m/f*
…だろう Supongo que 〈+直説法〉.｜明日は雪～ Supongo que nevará mañana.
タワー torre *f*
たわむ curvarse, combarse
たん **痰** esputo *m*, flema *f*｜～を吐く esputar
だん ❶ **団** grupo *m*, equipo *m*｜記者～ prensa *f* ❷ **段** (階段) escalón *m*, peldaño *m* ❸ **壇** estrado *m*, tarima *f*
だんあつ **弾圧する** reprimir, oprimir｜政治的～ represión *f* política
たんい **単位** unidad *f*｜4～の科目 asignatura *f* de cuatro créditos
たんいつ **単一の** solo[la], único[ca], unitario[ria]
たんか ❶ **単価** precio *m* unitario ❷ **担架** camilla *f* ❸ **啖呵を切る** decir ALGO sin tapujos [tajantemente]
タンカー 〘海〙 buque *m* cisterna, petrolero *m*
だんかい ❶ **段階** etapa *f*, grado *m*｜～的に por etapas, gradualmente ❷ **団塊の世代** generación *f* de la explosión demográfica
たんかだいがく **単科大学** colegio *m* universitario
たんがん **嘆願書** súplica *f*
だんがん **弾丸** bala *f*, proyectil *m*｜銃に～を込める cargar una pistola
たんき ❶ **短気な** irascible｜～である tener poca paciencia ❷ **短期の国債** bonos *m.pl* del Estado a corto plazo｜～大学 universidad *f* de dos años de carrera
たんきゅう **探究する** investigar, estudiar, indagar
たんきょり **短距離** distancia *f* corta｜～競走 〘スポ〙 carrera *f* [prueba *f*] de velocidad｜～ランナー 〘スポ〙 velocista *m/f*, esprínter *m/f*
タンク (槽) depósito *m*, cisterna *f*, tanque *m*, (戦車) tanque *m*｜～ローリー camión *m* cisterna
だんけつ **団結** solidaridad *f*｜～する solidarizarse con
たんけん ❶ **探検** exploración *f*, expedición *f*｜～する explorar ❷ **短剣** puñal *m*, daga *f*
だんげん **断言する** aseverar｜…であると～する afirmar tajantemente que 〈+直説法〉
たんご ❶ **単語** palabra *f*, voz *f*, vocablo *m* ❷ **タンゴ** 〘音〙 tango *m* ❸ **端午の節句** Fiesta *f* de los Niños
だんこ **断固とした** firme, decidido[da]｜～として firmemente, decididamente
たんこう **炭坑** mina *f* de carbón
ダンサー bailarín[rina] *mf*
だんざい **断罪する** condenar
たんさき **探査機** sonda *f*｜宇宙～ sonda *f* espacial
たんさん **炭酸** 〘化〙 ácido *m* carbónico｜～水 gaseosa *f*｜～飲料 bebida *f* gaseosa
だんし **男子** varón *m*, hombre *m*｜～生徒 alumno *m*
だんじき **断食する** ayunar, hacer ayuno
たんしゅく **短縮する** abreviar, acortar, reducir
たんじゅん **単純な** simple, sencillo[lla]｜～化 simplificación *f*｜～化する simplificar｜～労働 trabajo *m* fácil
たんしょ **短所** defecto *m*, deficiencia *f*｜長所と～ virtudes *f.pl* y defectos *m.pl*, ventajas *f.pl* y desventajas *f.pl*
だんじょ **男女** hombre *m* y mujer *f*｜～の de ambos sexos｜～平等 igualdad *f* entre hombres y mujeres
たんじょう **誕生** nacimiento *m*｜～する nacer｜～パーティー fiesta *f* de cumpleaños｜～日 cumpleaños *m* [*pl* ～]｜～日おめでとう ¡Feliz cumpleaños!
たんしん ❶ **単身で** solo[sola], a solas｜…へ～赴任する irse a ... para SU nuevo puesto de trabajo sin SU familia ❷ **短針** manecilla *f* horaria, horario *m*
たんす **箪笥** armario *m*, cómoda *f*
ダンス baile *m*, danza *f*
たんすい **淡水** agua *f* dulce
たんすう **単数** 〘文法〙 singular *m*
だんせい **男性** hombre *m*, varón *m*, (性) sexo *m* masculino, 〘文法〙 género *m* masculino｜～の masculino[na]｜～的な varonil, viril
だんぜん **断然** definitivamente｜～拒否する rechazar ALGO categóricamente
たんそ **炭素** carbono *m*｜～菌 ántrax *m* [*pl* ～]
だんぞくてき **断続的に** intermitentemente, con intermitencia
だんたい **団体** grupo *m*, organización *f*, cuerpo *m*｜～で en grupo｜～旅行 viaje *m* organizado｜～交渉 negociación *f* colectiva｜消費者～ asociación *f* de

consumidores
たんたん 淡々とした態度 actitud *f* serena |～と語る narrar [hablar] sin pasión
だんだん ～(と) gradualmente, poco a poco | 携帯電話は～安くなっている Los móviles son cada vez más baratos.
だんち 団地 (住宅)～ complejo *m* [colonia *f*]de viviendas | 工業～ polígono *m* industrial
たんちょう ❶ 単調な monótono[na] ❷ 短調 〖音〗 tono *m* menor
だんちょう 団長 jefe[fa] *mf* del grupo
ち
たんてい 探偵 detective *m/f*
たんとう ❶ 担当 …を～する encargarse de ..., tener a SU cargo ... | …の～である correr a cargo de ... ❷ 短刀 →短剣
たんどく 単独の solo[la], individual | ～でトップに立つ situarse en cabeza en solitario | ～行動 acción *f* independiente | ～内閣 gabinete *m* unipartidista | ～犯 delito *m* cometido en solitario
だんどり 段取りを決める determinar los pasos [los procedimientos] a seguir
たんなる 単なる simple 〈＋名詞〉, mero[ra] 〈＋名詞〉
たんに 単に solamente, simplemente | ～AばかりでなくBも no sólo A, sino (también) B
たんにん 担任 学級を～する encargarse de una clase
たんねん 丹念な cuidadoso[sa] | ～に con esmero, cuidadosamente
だんねん 断念する abandonar, renunciar a | 〈人〉が…するのを～させる disuadir a ALGUIEN de 〈＋不定詞〉
たんのう ❶ 堪能な diestro[tra], bueno[na] | 彼はスペイン語が～だ Él habla muy bien español. | おいしいワインを～する saborear un buen vino ❷ 胆嚢 vesícula *f* biliar
たんぱ 短波 onda *f* corta
たんぱく ❶ 淡白な味 sabor *m* natural | ～な性格 carácter *m* franco | 彼は金銭に～だ No le interesa el dinero. ❷ 蛋白 albúmina *f* | ～質 proteína *f* | 動物[植物]性～質 proteína *f* animal [vegetal]
タンバリン 〖音〗 pandereta *f*
ダンプカー 〖車〗 volquete *m*
ダンベル mancuerna *f*
たんぺん 短編小説 novela *f* corta
だんぺん 断片 trozo *m*, fragmento *m*
たんぼ 田んぼ →田
たんぽ 担保 hipoteca *f*, prenda *f* | ～の hipotecario[ria] | ～に入れる hipotecar, dejar ALGO en prenda | ～を外す levantar la hipoteca | 家を～にして金を借りる hipotecar la casa para pedir un préstamo | 無～で sin garantía | ～付き貸付 préstamo *m* hipotecario
だんぼう 暖房 calefacción *f* | ～する calentar | ～器具 aparatos *m.pl* de calefacción
タンポポ 〖植〗 diente *m* de león
だんボール 段ボール cartón *m* | ～箱 caja *f* de cartón
だんめん 断面 corte *m*, sección *f*
だんやく 弾薬 municiones *f.pl* | ～庫 polvorín *m*
だんらく 段落 párrafo *m*
だんりゅう 暖流 corriente *f* cálida
だんりょく 弾力 elasticidad *f*, flexibilidad *f* | ～的な elástico[ca], flexible
たんれん 鍛練する (鉄を) forjar, (体を) entrenarse
だんろ 暖炉 chimenea *f*
だんわ 談話 conversación *f*, charla *f*

ち

ち ❶ 血 sangre *f* | ～のついた con una mancha de sangre | 傷口から～が出ている La herida está sangrando. ❷ 地 tierra *f*, suelo *m*, (場所) lugar *m*
ちあん 治安 seguridad *f* ciudadana, orden *m* público | ～がよい tener una buena seguridad ciudadana | ～を維持する[乱す] mantener [alterar] el orden público
ちい 地位 rango *m*, posición *f*, (e)status *m* [*pl* ~] | 社会的な～が高い gozar de una alta [buena] posición social | 社会的な～が低い ser de bajo rango social | 大使の～に就く ocupar el cargo de embajador
ちいき 地域 región *f*, zona *f*, área *f* | ～の regional, local | ～別分布 distribución *f* por regiones | ～開発 desarrollo *m* regional | ～経済 economía *f* regional [local] | ～差 diferencias *f.pl* regionales | ～社会 comunidad *f* local | ～住民 habitantes *m.pl* de la zona | ～主義 〖政〗 regionalismo *m*
ちいさい 小さい pequeño[ña], menudo[da], chico[ca] | ～声で en voz baja | ～時に cuando era pequeño[ña] | ～利益 pequeñas ganancias *f.pl* | 音を小さくする disminuir [bajar] el volumen | 小さくなる hacerse pequeño[ña], empequeñecerse
チーズ 〖料〗 queso *m*
チーター 〖動〗 guepardo *m*
チーフ jefe[fa] *mf*
チーム equipo *m*, grupo *m* | ～ワーク trabajo *m* en grupo [de equipo]
ちえ 知恵 sabiduría *f*, inteligencia *f* | ～のある inteligente, sabio[bia] | ～を貸す dar consejo a ALGUIEN, hacer una sugerencia a ALGUIEN | ～を絞る devanarse los sesos | ～をつける meter una idea [ideas] en la cabeza a ALGUIEN, (そそのかす) instigar | ～の輪 anillos *m.pl* mágicos
チェーン cadena *f* | レストラン～ cadena *f* de restaurantes
チェス ajedrez *m* | ～をする jugar al ajedrez
チェック (小切手) cheque *m*, (柄) cuadro *m* | ～する chequear, comprobar | ～アウトする desocupar la habitación | ～インする(ホテルで) registrarse, (空港で) facturar | ～ポイント 〖スポ〗 control *m* | トラベラーズ～ cheque *m* de viaje(ro) | ～のシャツ camisa *f* a cuadros
チェロ 〖音〗 violonc(h)elo *m*
ちか ❶ 地下 subterráneo *m* | ～の subterráneo[a] | ～室 sótano *m* | ～に潜る pa-

sar a la clandestinidad | ～街 centro *m* comercial subterráneo | ～資源 recursos *m.pl* subterráneos | ～駐車場 aparcamiento *m* subterráneo ❷ 地価 precio *m* del terreno
ちかい ❶ 近い cercano[na], próximo [ma] | ～将来に en un futuro próximo | 駅はここから～ La estación está cerca de aquí. | もう12時に～ Falta poco para las doce. | ～うちに un día de éstos | それは不可能に～ Es casi imposible. ❷ 誓い juramento *m*, jura *f*
ちがい 違い diferencia *f*, discrepancia *f*, divergencia *f* | 意見の～ diferencia *f* de opiniones
ちがいない 違いない …に～ deber de 〈+不定詞〉 | それは本当に～ Eso debe de ser verdad.
ちがいほうけん 治外法権 extraterritorialidad *f*
ちかう 誓う jurar, prometer
ちがう 違う …と～ diferir [diferenciarse] de ... | …と違った diferente de [a]..., distinto[ta] de ... | 君の意見は私のと～ Tu opinión es diferente a la mía. | ～方向に進む tomar direcciones distintas
ちかく ❶ 近くの cercano[ca], próximo [ma] | ～の本屋 librería *f* cercana | …の～に cerca de ... | ～から見る ver de cerca | 100人～の人々 cerca de cien personas ❷ 知覚 percepción *f* | ～する percibir
ちがく 地学 (地質学) geología *f*, (地球科学) ciencia *f* de la tierra
ちかごろ 近頃 →最近
ちかさ 近さ cercanía *f*, proximidad *f*
ちかすい 地下水 agua *f* subterránea
ちかづく 近づく acercarse, aproximarse, | パーティーも終わりに近づいた Está terminando la fiesta. | 試験が近づいた Se avecinan los exámenes. | 見知らぬ人が私に近づいてきた Se me acercó un desconocido. | 近づきにくい[やすい] inaccesible [accesible] | 近づける acercar, aproximar
ちかてつ 地下鉄 metro *m* | ～で行く ir en metro
ちかどう 地下道 paso *m* subterráneo
ちかみち 近道 atajo *m* | ～をする tomar un atajo, atajar
ちから 力 fuerza *f*, potencia *f*, energía *f*, (能力) capacidad *f*, (権力) poder *m* | ～が尽きる agotarse | ～ずくで por la fuerza | ～づける animar | ～強い enérgico[ca], vigoroso[sa] | ～仕事 trabajo *m* físico | ～のある fuerte, (能力) capaz | ～のない débil, (能力) incapaz | …の～添えで con [gracias a] la ayuda de ... | ～を合わせる cooperar | ～を入れる hacer un esfuerzo, esforzarse | ～を落とす desanimarse | ～を貸す prestar ayuda | ～を出し切る sacar fuerzas de flaqueza | ～を尽くす hacer todo lo posible | ～を発揮する demostrar SU capacidad
ちかん 痴漢 tocón[cona] *mf*, pervertido[da] *mf* (sexual)
ちきゅう 地球 Tierra *f*, globo *m* terrestre | ～温暖化 calentamiento *m* global de la Tierra, efecto *m* invernadero de la Tierra | ～儀 globo *m* terráqueo
チキン pollo *m* | ロースト～ pollo *m* asado
ちく 地区 barrio *m*, distrito *m*, zona *f*
ちくさん 畜産 ganadería *f* | ～の ganadero[ra]
ちくしょう 畜生 bestia *f*, animal *m*, (ののしり) ¡Maldita sea!
ちくちく ～する picar | 私はひざが～する Me pica la rodilla.
ちくでんち 蓄電池 pila *f*, batería *f*
ちぐはぐ ～な incoherente, inconsistente, discordante | ～な服装 vestido *m* mal combinado
ちけい 地形 topografía *f*, relieve *m* terrestre
チケット ticket *m*, billete *m*, entrada *f*, boleto *m* 《ラ米》
ちこく 遅刻 retraso *m* | ～する llegar tarde [con retraso]
ちじ 知事 gobernador[dora] *mf* | 県～ gobernador[dora] *mf* prefectural
ちしき 知識 conocimiento *m* | ～が豊富である tener un gran conocimiento de | ～を得る adquirir conocimientos | ～欲 sed *f* de conocimiento(s) | ～階級 intelectualidad *f* | ～人 intelectual *m/f*
ちじょう 地上 tierra *f* | ～の terrestre, (この世の) terrenal | ～で sobre la tierra | ～8階地下2階建てのビル edificio *m* de ocho plantas y dos sótanos | ～の楽園 paraíso *m* terrenal
ちじん 知人 conocido[da] *mf*
ちず 地図 mapa *m*, (市街図) plano *m* | ～で探す buscar ALGO en el mapa | ～帳 atlas *m* [*pl* ~]
ちすじ 血筋 linaje *m*, estirpe *f*, sangre *f*
ちせい 知性 inteligencia *f*
ちせつ 稚拙な infantil, pueril, pobre
ちそう 地層 estrato *m*, capa *f* de tierra
ちたい 地帯 zona *f*, área *f*
ちち ❶ 父(親) padre *m* | ～(方)の paterno[na] | ～らしい paternal | ～方の祖母 abuela *f* paterna | 遺伝学の～ padre *m* de la genética ❷ 乳 leche *f* | ～を絞る ordeñar
ちぢむ 縮む (布が) encoger(se) | 私は身の～思いをした Se me encogió el corazón.
ちぢめる 縮める reducir, acortar, abreviar | 記録を～ mejorar el récord
ちちゅうかい 地中海 Mediterráneo *m*
ちぢれる 縮れる (髪が) rizarse | 縮れ毛 pelo *m* rizado
ちつじょ 秩序 orden *m* | ～を保つ[乱す] mantener [alterar] el orden
ちっそ 窒素 nitrógeno *m*
ちっそく 窒息 asfixia *f*, ahogo *m* | ～する asfixiarse, ahogarse
チップ propina *f*, 〖IT〗 chip *m*, pastilla *f* | ～を渡す dar la propina
ちてき 知的な intelectual | ～労働 trabajo *m* intelectual | ～所有権 propiedad *f* intelectual
ちてん 地点 punto *m*, sitio *m* | 10キロメートル～に en el kilómetro 10 (diez)
ちなまぐさい 血腥い sangriento[ta]
ちねつ 地熱 geotermia *f* | ～発電所 central *f* geotérmica

ちのう **知能** inteligencia *f* | ～が高い tener un alto nivel de inteligencia | ～検査 test *m* de inteligencia | ～指数 co(efi)ciente *m* intelectual | ～指数が130ある tener un cociente intelectual de ciento treinta | ～犯 delincuente *m/f* de cuello blanco
ちび bajo[ja], pequeño[na], 《軽蔑》enano[na]
ちぶさ **乳房** teta *f*, pecho *m*
チフス tifus *m* | 腸～ fiebre *f* tifoidea
ちへいせん **地平線** horizonte *m*

ち

ちほう ❶ **地方** provincia *f*, región *f*, comarca *f* | ～の local, regional | ～自治 autonomía *f* local [regional] | ～自治体 municipalidad *f*, comunidad *f* autónoma | ～分権 descentralización *f* ❷ **痴呆** 老人性～ demencia *f* senil
ちみつ **緻密**な minucioso[sa], detallado[da]
ちめい **地名** topónimo *m*, nombre *m* de lugar
ちめいてき **致命的**な fatal, mortal
ちゃ **茶** té *m* | ～を入れる preparar un té | ～を出す servir el té | ～を飲む tomar el té | 濃い[薄い]～ té *m* fuerte [flojo] | ～会 ceremonia *f* del té | ～漉(こ)し colador *m* de té | 緑～ té *m* verde
チャーター ～する fletar, alquilar
チャーミング ～な atractivo[va]
チャイム timbre *m*
ちゃいろ **茶色** marrón *m* | ～の marrón
ちゃかす **茶化す** tomar el pelo a ALGUIEN, tomarse ALGO a broma
ちゃかっしょく **茶褐色** marrón *m* pardusco, color *m* pardo
ちゃく **着** 6時京都～の列車 tren *m* con llegada a Kioto a las seis | 1～で着く llegar primero | 2～に終わる terminar segundo [en segundo lugar]
ちゃくし **嫡子** (跡継ぎ) heredero[ra] *mf*, (嫡出子) hijo[ja] *mf* legítimo[ma]
ちゃくじつ **着実**な seguro[ra], firme | ～な歩みで con paso firme | ～な進歩を遂げる lograr progresos constantes
ちゃくしゅ **着手**する emprender, empezar
ちゃくしょく **着色**する color(e)ar | 合成[人工]～料 colorante *m* sintético [artificial]
ちゃくすい **着水**する amerizar, amarar
ちゃくせき **着席**する tomar asiento, sentarse
ちゃくそう **着想** idea *f*, ocurrencia *f*, inspiración *f*
ちゃくち **着地** aterrizaje *m*, 《スポ》caída *f* | ～する aterrizar | ～を見事に決める realizar una perfecta caída
ちゃくちゃく **着々**と constantemente
ちゃくにん **着任** 新しい仕事に～する incorporarse a SU nuevo puesto
ちゃくばらい **着払い**で contra reembolso
ちゃくふく **着服**する apropiarse de ALGO ilícitamente
ちゃくメロ **着メロ** melodía *f*
ちゃくもく **着目**する prestar atención a
ちゃくよう **着用**する ponerse | ヘルメットを～する llevar puesto el casco
ちゃくりく **着陸** aterrizaje *m* | ～する aterrizar, tomar tierra en
ちゃっかり ～した listo[ta], astuto[ta]
チャック 《服》cremallera *f*
チャット ～する 《IT》chatear
ちやほや ～する mimar, cortejar
チャリティー caridad *f*
チャレンジ ～する desafiar ➜挑戦
ちゃわん **茶碗** tazón *m*, (どんぶり) cuenco *m*, (コーヒーの) taza *f*
チャンス oportunidad *f*, ocasión *f*
ちゃんと ～した (整然とした) regular, ordenado[da], (正しい) correcto[ta], (正式な) formal | ～した仕事 trabajo *m* digno | ～した人 persona *f* honrada [honesta] | ～した服装をする ir correctamente vestido[da] | 家賃を～払う pagar el alquiler con puntualidad
チャンネル canal *m*, cadena *f* | ～を変える cambiar de canal
チャンピオン campeón[ona] *mf*
ちゆ **治癒** curación *f*, recuperación *f*
ちゅう ❶ **注** nota *f*, comentario *m* ❷ **-中** 食事～に durante la comida | 今週～に durante [en] esta semana | 数日～に en un par de días
ちゅうい **注意** atención *f*, cuidado *m* | ～する prestar atención a, (用心) tener cuidado con, (忠告) advertir | ～を引く llamar la atención | 車に～しなさい ¡Cuidado con los coches! | ～深い cuidadoso[sa], atento[ta]
チューインガム chicle *m*
ちゅうおう **中央** centro *m*, medio *m* | ～の central | …の～に en el centro de ... | ～集権 centralización *f*
ちゅうかい **仲介**する (inter)mediar en | ～業者 intermediario[ria] *mf*
ちゅうがえり **宙返り**する dar una voltereta
ちゅうがく **中学**(校) escuela *f* secundaria | ～生 alumno[na] *mf* de la escuela secundaria
ちゅうかりょうり **中華料理** comida *f* china
ちゅうかん **中間** medio *m*, mitad *f* | ～の medio[dia], intermedio[dia] | AとBの～に a medio camino entre A y B | ～試験 examen *m* trimestral
ちゅうきゅう **中級**の intermedio[dia] | ～レベル nivel *m* intermedio
ちゅうきんとう **中近東** Próximo y Medio Oriente *m*
ちゅうくらい **中位**の mediano[na], medio[dia] | ～の大きさの de tamaño mediano
ちゅうけい **中継** (re)transmisión *f* | ～放送する (re)transmitir | 生～ (re)transmisión *f* en directo
ちゅうげん **中元** regalo *m* de verano
ちゅうこ **中古**の usado[da], de segunda mano, de ocasión | ～車 coche *m* usado [de segunda mano]
ちゅうこく **忠告** consejo *m* | ～する aconsejar, advertir | ～に従う seguir el consejo
ちゅうさい **仲裁**する mediar en, intervenir en, arbitrar
ちゅうさんかいきゅう **中産階級** clase *f* media
ちゅうし **中止** suspensión *f* | 試合を～する suspender el partido
ちゅうじつ **忠実**な fiel, leal
ちゅうしゃ ❶ **注射** inyección *f* | ～する inyectar, poner una inyección | ～器 je-

ringa *f*, (小型の) jeringuilla *f* ❷ 駐車する aparcar, estacionar 《ラ米》| ～禁止 Prohibido aparcar [estacionar]. | ～場 aparcamiento *m*, estacionamiento *m* 《ラ米》

ちゅうしゃく 注釈 comentario *m*, nota *f*

ちゅうしゅつ 抽出する extraer, sacar

ちゅうじゅん 中旬 2月～に a mediados de febrero

ちゅうしょう ❶ 中傷 calumnia *f* | ～する calumniar ❷ 抽象 abstracción *f* | ～的な abstracto[ta]

ちゅうしょうきぎょう 中小企業 pequeñas y medianas empresas *f.pl* 《略 pymes》

ちゅうしょく 昼食 comida *f*, almuerzo *m* | ～をとる tomar el almuerzo, comer

ちゅうしん 中心 centro *m*, (中核) núcleo *m* | ～の céntrico[ca], central, (主な) principal | …の～に en el centro de ... | 運動の～となる protagonizar un movimiento | 話題の～ principal tema *m* de conversación | ～人物 protagonista *m/f* | ～地 centro *m*

ちゅうすいえん 虫垂炎 apendicitis *f*[*pl* ~]

ちゅうせい ❶ 中世 Edad *f* Media | ～の medieval ❷ 中性 〖文法〗 (género *m*) neutro *m*, 〖化〗 neutralidad *f* | ～の neutro[tra] | ～子爆弾 bomba *f* de neutrones | ～洗剤 detergente *m* neutro ❸ 忠誠 fidelidad *f*, lealtad *f*

ちゅうせん 抽選 sorteo *m*

ちゅうぞう 鋳造する fundir, acuñar

ちゅうたい 中退する abandonar [dejar] los estudios | 大学を～する abandonar la carrera universitaria

ちゅうだん 中断する interrumpir

ちゅうちょ 躊躇する vacilar, titubear | ～せずに sin vacilación, sin titubeos

ちゅうと 中途の[で] ➔途中

ちゅうとう 中東 Oriente *m* Medio

ちゅうどく 中毒 intoxicación *f* | 食～ intoxicación *f* alimentaria

チューナー 〖電〗 sintonizador *m*

ちゅうにかい 中二階 entresuelo *m*

ちゅうねん 中年の de mediana edad, de edad madura

ちゅうばん 中盤 etapa *f* intermedia

ちゅうぶ 中部 zona *f* central

チューブ tubo *m*

ちゅうふく 中腹に en la ladera de una montaña

ちゅうべい 中米 América *f* Central, Centroamérica *f*

ちゅうもく 注目 atención *f* | ～する prestar atención a, centrar la atención en | ～すべき digno[na] de atención, merecer (la) atención | …は～に値する Es de notar que 〈＋直説法〉. | ～を集める acaparar la atención de | ～の的になる convertirse en foco de atención

ちゅうもん 注文 pedido *m*, encargo *m* | ～する pedir, hacer un pedido | ～を受ける recibir un pedido | ～に応じる aceptar el pedido | ～をつける imponer condiciones | 無理な～をつける pedir lo imposible | ～書 hoja *f* de pedido

ちゅうゆ 注油する lubricar, engrasar

ちゅうよう 中庸 moderación *f*

ちゅうりつ 中立 neutralidad *f* | ～の neutral | ～主義 neutralismo *m*

チューリップ 〖植〗 tulipán *m*

ちゅうりゅう 中流 (川の) curso *m* medio | ～階級 clase *f* media

ちゅうわ 中和する 〖化〗 neutralizar | ～剤 〖化〗 neutralizante *m*

ちょう ❶ 兆 billón *m* | 1～円 un billón de yenes ❷ 長 jefe[fa] *mf*, director[tora] *mf* ❸ 腸 intestino *m* ❹ チョウ 〖昆〗 mariposa *f*

ちょうあい 寵愛を受ける gozar del favor de ALGUIEN

ちょういん 調印 平和条約に～する firmar el tratado de paz

ちょうおんそく 超音速 velocidad *f* supersónica

ちょうおんぱ 超音波 〖物〗 ultrasonido *m*

ちょうか 超過 exceso *m* | ～する exceder, sobrepasar | ～勤務をする hacer horas extras

ちょうかい 懲戒 sanción *f* disciplinaria | ～免職 destitución *f* disciplinaria | ～処分 medida *f* disciplinaria

ちょうかく 聴覚 oído *m*

ちょうかん ❶ 朝刊 periódico *m* de la mañana, diario *m* matutino ❷ 長官 director[tora] *mf* general, secretario[ria] *mf* general

ちょうき 長期計画 plan *m* a largo plazo

ちょうきょう 調教 doma *f* | ～する domar

ちょうきょり 長距離 larga distancia *f* | ～競走 carrera *f* de fondo | ～電話 llamada *f* de larga distancia

ちょうこう 徴候 indicio *m*, presagio *m*, (病気の) síntoma *m*

ちょうごう 調合する preparar, mezclar

ちょうこうそう 超高層ビル rascacielos *m* [*pl* ~]

ちょうこく 彫刻 escultura *f* | ～する esculpir | ～家 escultor[tora] *mf*

ちょうさ 調査 investigación *f* | ～する investigar, estudiar | 世論～ sondeo *m* de la opinión pública

ちょうし 調子 (音調) tono *m* | ～がいい estar en (buena) forma, (機械) funcionar bien | ～が悪い no estar en forma, (機械) funcionar mal | 工事が～よくはかどる Las obras van a buen ritmo. | ～に乗るなよ ¡No te pases! | ～外れに歌う desentonar | ～を合わせる adaptarse a la disposición de ánimo de ALGUIEN

ちょうじ 寵児 favorito[ta] *mf*, preferido[da] *mf*

ちょうしぜんてき 超自然的な現象 fenómeno *m* sobrenatural

ちょうしゅ 聴取 事情を～する tomar declaración a ALGUIEN | ラジオの～者 radioyente *m/f* | ～率 índice *m* de audiencia

ちょうしゅう ❶ 徴収する recaudar ❷ 聴衆 auditorio *m*, audiencia *f*

ちょうしょ ❶ 長所 virtud *f*, cualidad *f*, mérito *m*, (利点) ventaja *f* | ～を生かす aprovechar SUS cualidades ❷ 調書 〖法〗 | ～を作る levantar el atestado

ちょうじょ 長女 primogénita *f*, hija *f* mayor

ちょうしょう 嘲笑 burla *f* | …を～する burlarse de ... | ～的な burlón[lona], des-

deñoso[sa]
ちょうじょう 頂上 cima *f*, cumbre *f*, cúspide *f*
ちょうしょく 朝食 desayuno *m*|〜を取る tomar el desayuno|〜にトーストを食べる desayunarse con pan tostado
ちょうしん 長針 minutero *m*
ちょうせい 調整する ajustar, arreglar, coordinar
ちょうせつ 調節する regular, ajustar, controlar
ちょうせん 挑戦 desafío *m*, reto *m*|〜する desafiar, retar|〜的な desafiante|〜に応じる aceptar el desafío|〜者 desafiador[dora] *mf*|〜状 carta *f* de desafío
ちょうだい 頂戴 お手紙を〜いたしました Acuso recibo de su atenta carta.|飴(あめ)を〜 ¡Dame caramelos!
ちょうたいこく 超大国 superpotencia *f*
ちょうたつ 調達 suministro *m*|〜する proveer, suministrar|資金を〜する reunir fondos
ちょうたんぱ 超短波 onda *f* ultracorta
ちょうちょう ❶ 町長 alcalde *m*, alcaldesa *f* ❷ 長調 tono *m* mayor|ハ〜の en do mayor
ちょうちん 提灯 farolillo *m*, linterna *f*|〜行列 desfile *m* de farolillos
ちょうつがい 蝶番 bisagra *f*
ちょうてい 調停する arbitrar, intervenir en, mediar en
ちょうてん 頂点 cima *f*, pico *m*, (絶頂) apogeo *m*
ちょうど 丁度 exactamente, justamente|〜3時だ Son las tres en punto.|〜いいときに到着する llegar oportunamente
ちょうとっきゅう 超特急 tren *m* bala [de alta velocidad]
ちょうなん 長男 primogénito *m*, hijo *m* mayor
ちょうのうりょく 超能力 poder *m* sobrenatural
ちょうは 長波 onda *f* larga
ちょうはつ ❶ 挑発 provocación *f*|〜する provocar|〜的な provocador[dora] ❷ 長髪の de pelo largo|〜にしている llevar [tener] el pelo largo
ちょうばつ 懲罰 castigo *m*|〜委員会 comisión *f* disciplinaria
ちょうふく 重複した repetido[da], redundante
ちょうへん 長編小説 novela *f* larga
ちょうぼ 帳簿 libros *m.pl* (de contabilidad), registro *m*|〜を付ける llevar los libros
ちょうほう 重宝な práctico[ca], conveniente, útil
ちょうぼう 眺望 vista *f*, panorama *m*|〜がすばらしい tener una magnífica vista
ちょうほうけい 長方形 rectángulo *m*|〜の rectangular
ちょうみりょう 調味料 condimento *m*
ちょうみん 町民 habitantes *m.pl* de la ciudad, ciudadano[na] *mf*
ちょうむすび 蝶結び lazada *f*, lazo *m*
ちょうもんかい 聴聞会 audiencia *f*
ちょうやく 跳躍 salto *m*
ちょうり 調理 cocina *f*|〜する cocinar|〜法 receta *f*
ちょうりつ 調律する 〖音〗 afinar
ちょうりゅう 潮流 corriente *f* marina, marea *f*, (時代の) tendencia *f*
ちょうりょく ❶ 張力 〖物〗 tensión *f* ❷ 聴力 capacidad *f* auditiva, oído *m*|〜計 audímetro *m*, audiómetro *m*
ちょうわ 調和 armonía *f*|…と〜する armonizar con ..., ir bien con ...|…と〜して en armonía con ...|〜のとれた armonioso[sa], equilibrado[da]
チョーク tiza *f*
ちょきん 貯金 ahorro *m*|〜する ahorrar|〜を下ろす retirar [sacar] dinero de la cuenta|〜通帳 libreta *f* de ahorros|〜箱 hucha *f*
ちょくげき 直撃する dar un golpe directo, (台風が) azotar
ちょくしん 直進する ir todo derecho, seguir todo recto
ちょくせつ 直接の[に] directo[ta], inmediato[ta]|〜の原因 causa *f* directa|〜税 impuesto *m* directo
ちょくせん 直線 línea *f* recta
ちょくつう 直通の[に] directo[ta]
ちょくばい 直売 venta *f* directa
ちょくやく 直訳 traducción *f* literal
ちょくめん 直面する afrontar, enfrentarse con [a]
ちょくりつ 直立する levantarse, enderezarse|〜不動の姿勢をとる ponerse firme
ちょくりゅう 直流 corriente *f* continua
チョコレート chocolate *m*
ちょさく 著作 obra *f*|〜権 derechos *m.pl* de autor, copyright *m*
ちょしゃ 著者 autor[tora] *mf*
ちょすいち 貯水池 estanque *m*, embalse *m*
ちょぞう 貯蔵 almacenamiento *m*|〜する almacenar, conservar|〜品 productos *m.pl* almacenados, reserva *f*
ちょちく 貯蓄 →貯金
ちょっかく 直角 ángulo *m* recto|〜の rectángulo[la]|〜三角形 triángulo *m* rectángulo
ちょっかん 直観 intuición *f*
チョッキ 〖服〗 chaleco *m*
ちょっけい 直径 diámetro *m*
ちょっこう 直行する ir directamente|〜便 vuelo *m* directo
ちょっと (少し) un poco|〜待ってください Espere un momento.|〜お聞きしたいのですが Yo quería hacerle una pregunta.|彼は〜やそっとの事では驚かない Él no se deja sorprender fácilmente.
チョリソ 〖料〗 chorizo *m*
ちょろちょろ 水が〜流れる Corre un hilo de agua.
ちらかす 散らかす 部屋を〜 poner la habitación patas arriba|散らかった desordenado[da], en desorden
ちらし 散らし folleto *m*, prospecto *m*
ちらちらする (光りが) parpadear
ちらっと 〜見る echar un vistazo
ちらばる 散らばる esparcirse, dispersarse
ちり ❶ 塵 polvo *m*|〜一つない No hay ni una mota de polvo.|〜を払う quitar el polvo|〜取り recogedor *m* ❷ 地理 geografía *f*
ちりぢり 散り散りになる dispersarse

ちりょう 治療 tratamiento *m*, cura *f*|〜する tratar | 〜を受ける recibir [seguir] tratamiento médico | 〜費 gastos *m.pl* médicos|〜法 terapia *f*
チリンドロン 〘料〙 chilindrón *m*
ちる 散る （花が） caer, （分散する） dispersarse | 通りの騒音で気が〜 No me puedo concentrar con los ruidos de la calle.
ちんあげ 賃上げ aumento *m* salarial
ちんか 沈下する hundirse
ちんぎん 賃金 salario *m*, sueldo *m* | 〜交渉 negociación *f* salarial
ちんしゃく 賃借契約 contrato *m* de arrendamiento [de alquiler] | 賃借人 arrendatario[ria] *mf*
ちんじゅつ 陳述 declaración *f*, alegato *m*
ちんじょう 陳情 petición *f*, súplica *f*
ちんせいざい 鎮静剤 calmante *m*, sedante *m*
ちんたい ❶ 賃貸する alquilar, arrendar | 〜マンション piso *m* de alquiler ❷ 沈滞した estancado[da], inactivo[va]
ちんつうやく 鎮痛薬 analgésico *m*
ちんでん 沈殿 sedimentación *f*, 〘化〙 precipitación *f* | 〜する posarse, sedimentarse|〜物 poso *m*, sedimento *m*
チンパンジー 〘動〙 chimpancé *m*
ちんぷ 陳腐な banal, manido[da], trillado[da]
ちんぷんかんぷん 〜である No entiendo ni jota.
ちんぼつ 沈没する hundirse | 〜船 barco *m* hundido
ちんもく 沈黙する[させる] guardar [imponer] silencio | 〜を破る romper el silencio
ちんれつ 陳列する exponer, exhibir

つ

ツアー viaje *m* organizado, excursión *f*, tour *m*
つい ❶ つい（思わず） sin querer, （うっかり） por descuido|〜さっき ahora mismo, hace un momento ❷ 対 par *m*, pareja *f* | 1 〜の… un par de ...
ついか 追加 adición *f*|〜の suplementario[ria], adicional | 〜する añadir | 〜料金 suplemento *m*
ついき 追記 posdata *f*
ついきゅう ❶ 追及 責任を〜する exigir las responsabilidades ❷ 追求 búsqueda *f*, persecución *f*| 〜する buscar, perseguir ❸ 追究 investigación *f*| 〜する investigar, buscar
ついしけん 追試験 recuperación *f*, 《話》 repesca *f* | 〜を受ける presentarse a la recuperación
ついしょう 追従する halagar, alabar, adular
ついしん 追伸 posdata *f*
ついせき 追跡 persecución *f*|〜する perseguir, seguir la pista
ついたち 一日 el primer día, el primero | 5月〜 el uno [el primero] de mayo
ついたて 衝立 mampara *f*, biombo *m*
ついて …に〜 sobre ..., acerca de ...
ついで 〜の時に cuando se presente la ocasión | スペインへ行く〜にパリへ寄った Aproveché mi viaje a España para visitar París.
ついていく 付いて行く seguir, acompañar |新しい時代に〜 adaptarse a los nuevos tiempos
ついている （幸運） tener suerte | 〜日 día *m* afortunado
ついとう 追悼する lamentar la muerte de ALGUIEN | 〜の辞を述べる pronunciar una oración fúnebre
ついとつ 追突 colisión *f* trasera | 〜する chocar con el coche de delante
ついに 遂に por fin, al fin
ついばむ 啄ばむ picotear
ついほう 追放 expulsión *f*|〜する expulsar, desterrar, exiliar
ついやす 費やす gastar, （捧げる） dedicar |無駄に時間を〜 malgastar el tiempo
ついらく 墜落 caída *f* | 〜する caerse, （飛行機が） estrellarse
ツイン 〜ベッド camas *f.pl* gemelas | 〜ルーム（ホテル） habitación *f* con dos camas |〜タワー torres *f.pl* gemelas
つうか ❶ 通貨 moneda *f*|〜の安定 estabilidad *f* monetaria | 〜危機 crisis *f* [*pl* 〜] monetaria | 〜供給量 oferta *f* monetaria|〜準備 reservas *f.pl* monetarias | 〜単位 unidad *f* monetaria ❷ 通過 paso *m* | 〜する pasar | 四国の上空を〜中である Estamos volando sobre la Isla de Shikoku. | その法案は国会を〜した El proyecto de ley fue aprobado por la Dieta. |〜儀礼 rito *m* de iniciación
つうがく 通学する ir a la escuela
つうかん 通関する pasar la aduana
つうきん 通勤する ir al trabajo
つうこう 通行 paso *m*, tránsito *m*, （車の） circulación *f*| 〜する pasar, transitar, （車が） circular | 車両の〜を禁止する prohibir el paso de vehículos | 〜人 transeúnte *m/f*, peatón[tona] *mf* | 〜料金 peaje *m*
つうこく 通告 ➜通知
つうじて 通じて …を〜 （仲介） a través de ..., por mediación de ..., （期間） durante ..., a lo largo de ... | 四季を〜 durante todas las estaciones del año
つうしょう 通商 comercio *m* | 〜条約 tratado *m* comercial
つうじょう 通常の general, normal | 〜は generalmente, normalmente | 〜国会 sesión *f* ordinaria de la Dieta
ツーショット （写真） foto *f* de dos personas
つうじる 通じる （道が） conducir a, llegar a, （つながる） comunicar con, conectarse con, （意味が） entenderse | 地下鉄が郊外まで通じている La red de metro llega hasta la periferia. | 電話が通じない （通話中） Está comunicando. | …に通じている （詳しい） ser conocedor[dora] de ..., estar muy enterado[da] de ...
つうしん 通信 comunicación *f*, correspondencia *f*| 〜する comunicar con | 〜が途絶えた Se cortó la comunicación. | 〜販売 venta *f* por correo|〜教育 educación *f* a distancia | 〜社 agencia *f*

de noticias | ～簿 boletín *m* de notas | ～傍受法 ley *f* de intervención telefónica
つうせつ 痛切に profundamente, intensamente
つうぞく 通俗な vulgar, popular | ～文学 literatura *f* popular
つうち 通知 aviso *m*, notificación *f* | ～する avisar, notificar
つうどく 通読 本を～する leer todo el libro, (ざっと) hojear el libro
つうふう 痛風 〖医〗 gota *f*
つうほう 通報する avisar, informar
つうやく 通訳 traducción *f*, (人) intérprete *m/f*, traductor[tora] *mf* | ～する traducir, interpretar
つうよう 通用する ser válido[da], tener validez, (使われる) usarse | フランスでは英語は～しない En Francia no hablan inglés.
つうれい 通例(は) normalmente, generalmente
つうろ 通路 pasillo *m*, paso *m* | ～側の席 asiento *m* de pasillo
つうわ 通話 llamada *f*, conferencia *f*
つえ 杖 bastón *m*
つか 柄 empuñadura *f*, puño *m*
つかい 使い・遣い (人) mensajero[ra] *mf* | ～に行く hacer recados | ～を出す enviar un [una] mensajero[ra]
つがい 番 pareja *f*, par *m*
つかいかた 使い方 modo *m* de empleo, (説明書) instrucciones *f.pl* de uso | ～を知っている saber manejar
つかいこなす 使いこなす manejar bien | 英語をうまく～ dominar el inglés
つかいこむ 使い込む (横領) malversar, apropiarse de | **使い込み** malversación *f*, apropiación *f*
つかいすぎる 使い過ぎる gastar demasiado | お金を～ despilfarrar el dinero
つかいすて 使い捨ての desechable | ～注射器 jeringuilla *f* desechable | ～コンタクトレンズ lentillas *f.pl* desechables
つかいて 使い手 usuario[ria] *mf*, (名手) experto[ta] *mf*
つかいなれる 使い慣れる familiarizarse con, acostumbrarse a usar
つかいはたす 使い果たす gastar todo, agotar | 金を～ gastar todo el dinero
つかいふるす 使い古す desgastar
つかいみち 使い道 utilidad *f* | ～のある tener utilidad, ser útil | ～のない no tener utilidad, no servir, inservible *adj* | ～の多い de uso múltiple | ～がたくさんある tener muchos usos
つかいもの 使い物 あの子は～にならない Ese chico no sirve para nada.
つかいやすい 使い易い fácil de usar, de fácil manejo
つかいわける 使い分ける 状況に応じて言葉を～ cambiar SU modo de hablar según las circunstancias
つかう 使う usar, utilizar, (操作) manejar, (消費) gastar, consumir, (雇用) emplear | …をうまく～ hacer buen uso de ... | **使える** servible, aprovechable, utilizable | このいすはまだ使える Esta silla sirve aún.
つかえる ❶ **仕える** servir, trabajar para ❷ **支える** (詰まる) atascarse
つかまえる 捕まえる atrapar, capturar, detener
つかまる ❶ **捕まる** quedar detenido[da], ser capturado[da] ❷ **摑まる** agarrarse a, sujetarse a
つかみあい 摑み合いのけんかをする pelear cuerpo a cuerpo
つかむ 摑む agarrar, coger | チャンスを～ no dejar pasar una oportunidad
つかれ 疲れ fatiga *f*, cansancio *m* | 目の～ cansancio *m* de la vista | ～を知らない incansable, infatigable | ～をとる quitar el cansancio, descansar | たまった～をとる restablecerse del cansancio acumulado | ～を見せる acusar el cansancio
つかれる 疲れる cansarse, fatigarse | 疲れた cansado[da], fatigado[da] | 疲れた様子で con aire [aspecto] cansado | 疲れ切った exhausto[ta], agotado[da]
つき ❶ **月** luna *f*, (暦) mes *m* | ～が出る[沈む] salir [ponerse] la luna [主語] | ～のない夜 noche *f* sin luna | ～の光 luz *f* de la luna | ～ごとに mensualmente, (毎月) cada mes | ～着陸船 módulo *m* lunar | ～ロケット cohete *m* lunar ❷ つき (運) suerte *f*, fortuna *f* | 私は～に恵まれた Me favoreció la suerte. ❸ **突き** empujón *m*, (刃物) puñalada *f*, (剣) estocada *f* ❹ **付き** エアコン～の部屋 habitación *f* con aire acondicionado | この薪(まき)は火の～がいい Esta leña se prende fácilmente.
つぎ ❶ **次**の siguiente, próximo[ma] | ～に (続いて) a continuación | …の～に después de ... | ～から～へ uno[na] tras otro[tra] | この～ la próxima vez | ～の停留所で降りなさい Bájate en la próxima parada. | また～の機会にね Hasta la próxima. ❷ **継ぎ** remiendo *m* | ～を当てる echar un remiendo | ～をする remendar
つきあい 付き合いが広い tener muchos círculos de amistades | ～が狭い tener pocas amistades | ～がいい sociable | ～が悪い insociable, huraño[ña] | ～が長い tener una larga amistad con ALGUIEN | ～をやめる dejar de tratar con ALGUIEN, romper con ALGUIEN
つきあう 付き合う (交際) tratar con, (特定の人と) andar con, (同伴) acompañar | 彼とはとても付き合いきれない No puedo con él.
つきあげる 突き上げる levantar, empujar ALGO hacia arriba, (圧力をかける) presionar
つきあたり 突き当たり fondo *m* | 路地の～に al final del callejón | ～の部屋 habitación *f* del fondo
つきあたる 突き当たる (ぶつかる) chocarse con [contra] | 問題に～ encontrarse con un problema
つきおとす 突き落とす empujar a ALGUIEN hacia abajo | 絶望の底に～ sumir a ALGUIEN en la desesperación
つきかえす 突き返す devolver, (拒絶) rechazar
つぎき 接ぎ木 injerto *m* | ～する injertar
つきさす 突き刺す pinchar, clavar | ～よう

な penetrante | ナイフを～ clavar una navaja | ピンが私の指に突き刺さった El alfiler me pinchó un dedo.
つきそい 付き添い (人) acompañante *m/f* |～看護師enfermero[ra] *mf* particular
つきそう 付き添う acompañar, escoltar
つきづき 月々 cada mes, todos los meses |～の mensual
つぎつぎ 次々に uno [una] tras otro [tra], sucesivamente
つきつける 突き付ける 要求を～ imponer las exigencias | 銃を背中に～ poner la pistola en la espalda | 証拠を～ mostrar la prueba ante los ojos
つきとばす 突き飛ばす 彼は突き飛ばされた Le dieron un empujón.
つきとめる 突き止める 真相を～ descubrir la verdad | 原因を～ determinar las causas | 居所を～ localizar el paradero
つきなみ 月並みの banal, común, corriente, tópico[ca] | ～なことを言う comentar banalidades
つきぬける 突き抜ける atravesar, traspasar
つきはなす 突き放す rechazar, repeler, (見捨てる) abandonar | 物事を突き放した目で見る ver las cosas con objetividad
つきひ 月日 tiempo *m* | ～が経つのは早いものだ El tiempo pasa volando.
つきまとう 付きまとう perseguir, (観念が) obsesionar
つきみ 月見をする contemplar la luna apreciando su belleza
つぎめ 継ぎ目 juntura *f*
つきゆび 突き指をする sufrir un esguince en el dedo
つきよ 月夜 noche *f* de luna
つきる 尽きる agotarse, terminarse, acabarse
つく ❶ 付く (くっつく) adherirse a, pegarse a, (接触) tocar, (根が) arraigar(se), (護衛が) ser escoltado[da] | 汚れが～ mancharse, ensuciarse | …の側に～ ponerse del lado de ... | 決心が～ decidirse | 話が～ ponerse de acuerdo **❷ 着く** llegar a | 席に～ tomar asiento | 食卓に～ sentarse a la mesa **❸ 突く** pinchar, picar, (押す) empujar **❹ 就く** 職に～ colocarse, conseguir un puesto de trabajo | いい地位に～ ocupar un cargo importante **❺ 吐く** ため息を～ dar un suspiro | 一息～ tomarse un descanso | うそを～ mentir **❻ 点く** (明かり) encenderse
つぐ ❶ 継ぐ suceder, (相続) heredar | 王位を～ suceder a ALGUIEN en el trono | 彼は父から家業を継いだ Él sucedió a su padre en el negocio familiar. **❷ 注ぐ** verter, echar
つくえ 机 mesa *f*, escritorio *m*
つくす 尽くす agotar, (献身的に) servir | あらゆる手段を～ agotar todos los medios
つぐなう 償う (損失を) compensar, (賠償する) indemnizar, (罪を) expiar, purgar | **償い** compensación *f*, (賠償) indemnización *f*, (罪) expiación *f*
ツグミ 〖鳥〗 zorzal *m*, tordo *m*
つくりばなし 作り話 cuento *m*, ficción *f*
つくる 作る hacer, elaborar, (製造) fabricar, (産出) producir, (栽培) cultivar, (創造) crear, (建設) construir | 会社を～ fundar una empresa | 時間を～ encontrar el tiempo | ドレスを～ coser un vestido | チーズはミルクから作られる El queso se elabora a base de leche.
つくろう 繕う remendar, zurcir, (修理) reparar
つけ 付けで買う[売る] comprar [vender] ALGO al fiado | ～を払う pagar la factura | 勘定を～にする pasar la cuenta a SU factura | ～が回ってくるよ Tendrás que atenerte a las consecuencias. | ここは彼の行き～の飲み屋です Este bar es el que frecuenta él.
ツゲ 〖植〗 boj *m*
つけあわせ 付け合わせ acompañamiento *m*, guarnición *f* | ニンジンが～のステーキ bistec *m* acompañado con zanahoria
つげぐち 告げ口 ➜密告
つけくわえる 付け加える añadir, agregar | 一言付け加えたい Me gustaría agregar unas palabras.
つけこむ 付け込む aprovecharse de, abusar de | (人) の弱みに～ aprovecharse de la debilidad de ALGUIEN
つけたす 付け足す añadir, adicionar, agregar | **付け足しの** adicional
つけもの 漬物 verduras *f.pl* en conserva
つける ❶ 付ける poner, (設置) instalar, (くっつける) pegar, (添付) adjuntar, (塗る) aplicar, (火を) encender, prender, (人の後を) perseguir | 軟膏(なんこう)を～ aplicar una pomada | ボタンを～ coser un botón | 肉に塩味を～ salar la carne | 車を門の前に～ aparcar el coche delante de la puerta | 値を～ fijar el precio | 名前を～ poner un nombre | 人を味方に～ tener a ALGUIEN a SU favor | 護衛を～ escoltar **❷ 着ける** ponerse, llevar | ブローチを～ ponerse un broche | 香水を～ ponerse perfume, perfumarse | イヤリングを着けている llevar pendientes **❸ 点ける** encender | 電灯を～ encender la luz **❹ 漬ける** bañar, mojar, (浸す) remojar | パンを牛乳に～ mojar el pan en la leche | あずきを水に～ poner las judías rojas en remojo
つげる 告げる anunciar, avisar
つごう 都合のよい conveniente, favorable | あなたの～がよければ si le conviene, si le va bien | ～が悪い inconveniente, desfavorable | 金を (人) に～する prestar dinero a ALGUIEN | 仕事の～で por exigencias del trabajo | 一身上の～により por razones personales
つじつま 辻褄の合う coherente, consecuente | ～の合わない incoherente, inconsecuente
ツタ 〖植〗 hiedra *f*, yedra *f*
つたえる 伝える (伝達) comunicar, (伝達・伝導) transmitir, (伝授) enseñar, (外国から) introducir, (後世に) legar | 特派員が～ところによると según informa el enviado especial | **伝え聞く** saber ALGO de oídas
つたわる 伝わる transmitirse, (外国から) ser introducido[da] | …といううわさが～

Corre el rumor de que 〈＋直説法〉. | 親から子へ～ transmitirse de padres a hijos

つち 土 tierra *f*, suelo *m* | 母国の～を踏む pisar SU tierra natal | 日本の～を踏む pisar tierra japonesa [suelo japonés]

つちふまず 土踏まず 〖解〗 puente *m*, arco *m* plantar

つつ 筒 cilindro *m*, tubo *m*

つづいて 続いて a continuación

つづき 続き continuación *f*, serie *f* | ～柄 relación *f* de parentesco | ～番号 números *m.pl* seguidos | ～物 serial *m*, serie *f*

つつく picar, picotear

つづく 続く continuar, seguir | 会議が 4 時間も続いた La reunión se prolongó durante cuatro horas. | 不運が～ tener una racha de mala suerte | 次回へ～ Continuará. | この道路は隣町へ続いている Esta carretera conduce hasta la ciudad vecina. | 続け様にヒット曲を出す continuar SU racha de éxitos musicales | 続けて sucesivamente | 3 回続けて勝つ conseguir tres victorias consecutivas | 3 年続けて tres años seguidos | 続ける continuar, seguir | 話し続ける seguir hablando | 勉強を続ける continuar los estudios

つっこむ 突っ込む （突入） lanzarse a [contra, sobre], （入れる） meter | 敵陣に～ atacar las posiciones enemigas | 首を～ meter las narices en | ポケットに両手を～ meter las manos en los bolsillos

ツツジ 〖植〗 azalea *f*

つつしむ 慎む abstenerse de | 酒を～ abstenerse de beber alcohol | 慎み prudencia *f*, discreción *f* | 慎み深い prudente, discreto[ta], sensato[ta]

つつしんで 謹んで ～おわび申し上げます Le pido disculpas con toda humildad. | ～お悔やみ申し上げます Le expreso mi más sentido pésame.

つつみ 包み paquete *m* | ～紙 envoltorio *m*, envoltura *f*

つつむ 包む envolver, enrollar | 贈り物を紙で～ envolver el regalo con papel | 炎に包まれる estar rodeado[da] de fuego | 頂上は霧に包まれていた La niebla envolvía la cima. | 競技場は熱気に包まれていた El entusiasmo inundaba el estadio. | 包み隠さず 真相を包み隠さず語る decir la verdad sin ocultar nada

つづり 綴り ortografía *f* →スペル

つづる 綴る escribir

つとめ ❶ 務め deber *m*, obligación *f* ❷ 勤め trabajo *m*, oficio *m*, empleo *m* | ～に出る ir al trabajo | ～から帰る volver del trabajo | ～に就く colocarse | ～を辞める dejar el trabajo | ～口 puesto *m* de trabajo | ～先 lugar *m* de trabajo | ～人 empleado[da] *mf*

つとめる ❶ 務める 委員を～ trabajar como miembro del comité | 会議で議長を～ presidir la reunión | 主役を～ jugar el papel principal | 案内役を～ hacer de guía ❷ 勤める trabajar ❸ 努める …するよう～ intentar [procurar] 〈＋不定詞〉; procurar que 〈＋接続法〉; esforzarse para [por] 〈＋不定詞〉

つな 綱 cuerda *f*, soga *f*, cable *m*

つながる 繋がる conectarse con, enlazarse con, comunicar(se) con | …と電話が～ comunicarse por teléfono con ... | 繋がり conexión *f*, relación *f*, vínculo *m*, enlace *m*

つなぐ 繋ぐ （結ぶ） atar, （船を） amarrar, （接続） conectar, enlazar, unir, juntar

つなひき 綱引き juego *m* en el que dos grupos tiran de una soga, tirón *m* de la soga

つなみ 津波 maremoto *m*, tsunami *m* | ～警報 alarma *f* contra maremoto

つね 常に siempre | …するのを～とする soler 〈＋不定詞〉

つねる pellizcar, dar un pellizco

つの 角 cuerno *m*

つば 唾 saliva *f* | ～を吐く escupir

ツバキ 〖植〗 camelia *f*

つばさ 翼 ala *f*

ツバメ 〖鳥〗 golondrina *f*

つぶ 粒 grano *m* | ひと～の米 un grano de arroz

つぶす 潰す aplastar, machacar

つぶやく 呟く murmurar, susurrar, musitar

つぶより 粒選りの selecto[ta]

つぶる 瞑る 目を～ cerrar los ojos | …に対して目を～ cerrar los ojos a ...

つぶれる 潰れる aplastarse, （建物） derrumbarse, （会社） quebrar | 声が～ perder la voz, quedarse afónico[ca] | 顔が～ perder la honra | 私は仕事で 1 日の大半が～れた El trabajo me quitó casi un día.

ツベルクリン ～反応 reacción *f* de tuberculina

つぼ 壺 jarra *f*, pote *m*

つぼみ 蕾 brote *m*, capullo *m*

つぼめる 傘を～ cerrar el paraguas

つま 妻 esposa *f*, mujer *f*, señora *f* | 刺身の～ acompañamiento *m* para sashimi

つまさき つま先 punta *f* del pie

つまずく 躓く tropezar

つまみ （取っ手） tirador *m*, （ドア） pomo *m*, （酒） tapa *f*, （分量） pizca *f* | ひと～の砂糖 una pizca de azúcar

つまみぐい つまみ食いをする comisquear, pellizcar, picar | ケーキを～する tomar un pellizco de tarta

つまむ 摘む （食べ物を） pellizcar, picar, （鼻を） taparse la nariz

つまようじ 爪楊枝 palillo *m* de dientes, mondadientes *m*[*pl* ~]

つまらない （ささいな） trivial, insignificante, （退屈な） aburrido[da] | ～もの[こと] bagatela *f*

つまり o sea, es decir, a saber

つまる 詰まる atascarse, （充満） llenarse | 予定がぎっしり詰まっている tener una agenda apretada

つみ 罪 pecado *m*, （犯罪） crimen *m*, delito *m* | ～のある culpable | ～のない inocente, inculpable | ～深い pecador[dora] | ～を犯す cometer un delito, （道徳上の） pecar | ～に問われる ser acusado[da], ser inculpado[da] | ～を着せる echar la culpa a ALGUIEN

つみかさねる 積み重ねる amontonar, apilar, hacinar
つみき 積み木 cubos *m.pl* de madera
つみこむ 積み込む cargar
つみたて 積み立て金 reservas *f.pl*
つみたてる 積み立てる reservar, ahorrar
つみに 積み荷 carga *f*, cargamento *m*, flete *m*
つみほろぼし 罪滅ぼし expiación *f* | ～をする expiar, purgar
つむ ❶ 積む apilar, amontonar, (荷物を) cargar | 練習を～ realizar entrenamientos constantes | 経験を～ atesorar [acumular] experiencias ❷ 摘む recoger, coger
つむぐ 紡ぐ hilar
つめ 爪 uña *f*, (鳥獣) garra *f* | ～を立てる arañar | ～を噛(か)む comerse las uñas | ～を切る cortarse las uñas | ～あか negro *m* de la uña
-づめ -詰め 箱～の embalado[da] en caja | 警視庁～の記者 periodista *m/f* encargado[da] de la Policía Metropolitana de Tokio
つめあと 爪痕 arañazo *m* | 台風の～ daños *m.pl* causados por el tifón
つめあわせ 詰め合わせ ビスケットの～ surtido *m* de galletas
つめきり 爪切り cortaúñas *m* [*pl* ~]
つめこむ 詰め込む rellenar, abarrotar | 知識を～ cargar a ALGUIEN de conocimientos
つめたい 冷たい frío[a], helado[da] | 氷のように～ frío[a] como el hielo | 心の～人 persona *f* fría | 冷たくなる enfriar(se) | 冷たく当たる maltratar
つめたさ 冷たさ frialdad *f*
つめる 詰める llenar, rellenar, (肉等を) embutir, (瓶に) embotellar, (容器に) envasar | 息を～ contener el aliento | 経費を～ reducir los gastos | 席を～ correrse | スカートの丈を～ acortar la falda
つもり …する～である tener intención de (+不定詞) | …する～で con la intención de ... | 彼は歌手の～でいる Se cree un cantante. | 君を怒らせる～ではなかった No ha sido mi intención ofenderte.
つもる 積もる acumularse, apilarse, (雪が) cuajar | ほこりが～ cubrirse de polvo | ～話がある tener mucho que hablar
つや ❶ 艶 brillo *m*, lustre *m* | ～を出す sacar brillo a, lustrar | ～のある brillante, lustroso[sa] ❷ 通夜 velatorio *m*
つゆ ❶ 露 rocío *m* | ～が降りる rociar ❷ 梅雨 época *f* de lluvias | ～に入った[が明けた] empezar [terminar] la época de lluvias [主語] | ～入り[明け] inicio *m* [fin *m*] de la época de lluvias
つよい 強い fuerte, resistente, (確固たる) firme, (程度が) intenso[sa] | ～態度をとる tomar una actitud firme | 芯(しん)が～人 persona *f* de carácter firme | 酒に～ aguantar bien el alcohol | 寒さに～ resistente al frío | プログラミングに～ fuerte en materia de programación
つよがり 強がり fanfarronada *f*, bravata *f* | ～を言う fanfarronear, 《話》 farolear | ～を言う人 bravucón[cona] *mf*
つよき 強気の firme, atrevido[da], agresivo[va], (市場が) alcista | ～に出る mostrarse decidido[da] | ～相場 mercado *m* alcista
つよく 強く fuerte, firmemente | ～思う creer firmemente | ～望む desear ardientemente | 手を～握る estrechar la mano a ALGUIEN con fuerza | ～する fortalecer, reforzar, intensificar | 冷房を～する subir el aire acondicionado
つよさ 強さ fuerza *f*, fortaleza *f*, (程度) intensidad *f*
つよび 強火で煮る cocer a fuego vivo
つよまる 強まる intensificarse | 日本に対する圧力がだんだん～ La presión contra Japón se hace cada vez más intensa. | 強める reforzar, (程度を) intensificar | 監視を強める reforzar [intensificar] la vigilancia | 火を強める subir el fuego | 強み fuerte *m*, punto *m* fuerte, ventaja *f*
つらい 辛い duro[ra], penoso[sa], difícil, doloroso[sa] | ～目に遭う sufrir una dura experiencia [un revés] | 辛く当たる tratar a ALGUIEN con dureza
つらぬく 貫く (貫通) traspasar, atravesar | 初志を～ cumplir SU primer propósito
つらら 氷柱 carámbano *m*, canelón *m*
つり 釣り pesca *f*, (釣り銭) cambio *m*, vuelta *f* | ～に行く ir a pescar | お～を出す dar la vuelta [el cambio] | お～は結構です Quédese con el cambio.
つりあい 釣り合い equilibrio *m*, (均斉) proporción *f* | ～の取れた bien equilibrado[da], (均斉) bien proporcionado[da] | ～を保つ mantener el equilibrio
つりあう 釣り合う equilibrarse, mantenerse en equilibrio, armonizar con
つりがね 釣り鐘 campana *f*
つりかわ 吊革 asa *f* | ～につかまる agarrarse al asa
つりざお 釣竿 caña *f* de pescar
つりばし 吊り橋 puente *m* colgante
つる ❶ 蔓 〖植〗 sarmiento *m* ❷ 弦 (弓の) cuerda *f* ❸ 釣る pescar, (関心を引く) atraer | 人を甘い言葉で～ atraer a ALGUIEN con bonitas palabras ❹ 吊る colgar, suspender ❺ 痙る 私はふくらはぎがつった Me dio un calambre en la pantorrilla. ❻ ツル 〖鳥〗 grulla *f*
つるつる ～した resbaladizo[za], (肌が) liso[sa], terso[sa] | ～した肌 piel *f* tersa
つるはし pico *m*, piqueta *f*
つれ 連れ acompañante *m/f*, | 二人～で来た Vinieron los dos juntos.
つれあい 連れ合い esposo[sa] *mf*, compañero[ra] *mf*
つれそう 連れ添う 連れ添って30年になる llevar treinta años casados
つれだす 連れ出す sacar, (誘拐) secuestrar
つれだって 連れ立って行く ir juntos[tas]
つれて 連れて 時がたつに～ con el paso del tiempo | 娘を～出掛けた Salió con su hija.
つれていく 連れて行く llevar | コンサートに～ llevar a ALGUIEN al concierto
つれてくる 連れて来る traer

つわり ～がひどい tener fuertes náuseas del embarazo
つんとした presumido[da], creído[da], estirado[da]
ツンドラ tundra *f*

て

て 手 mano *f*, (腕) brazo *m*, (動物の) pata *f*｜～の甲[平] dorso *m* [palma *f*] de la mano｜手が空く tener tiempo libre｜～がかかる dar mucho trabajo a ALGUIEN｜～が付けられない estar fuera de control, ser incontrolable｜値段が高くて～が出ない El precio está fuera de nuestro alcance económico.｜～が足りない Falta mano de obra.｜子供から～が離れる Ya los niños no nos dan mucho trabajo.｜～が早い (暴力をふるう) tender a emplear la violencia｜彼は女性に～が早い Es muy rápido en conquistar a las mujeres.｜～が塞がっている tener las manos ocupadas｜細かいところまで～が回らない no poder ocuparse hasta de los menores detalles｜手に入れる obtener｜この子供たちは私の～に負えない No puedo con estos niños.｜仕事が～に付かない no poder concentrarse en el trabajo｜～にゆだねる dejar ALGO en manos de ALGUIEN｜手の打ちようがない No hay manera.｜～の内を見せる mostrar las verdaderas intenciones｜～の内を見破る descubrir el juego｜～の切れるような札束 fajo *m* de billetes flamantes｜～の込んだ complicado[da]｜子供達の～の届かない所に置く dejar ALGO fuera del alcance de los niños｜手も足も出ない no poder hacer absolutamente nada｜手を挙げる levantar la mano｜～を挙げろ ¡Arriba las manos!｜～を洗う lavarse las manos｜～を合わせる juntar las manos｜～を入れる (直す) corregir, retocar｜～を打つ tomar medidas｜～を替え品を替える emplear todos los recursos disponibles｜～を貸す echar una mano a ALGUIEN｜～を借りる recibir la ayuda de ALGUIEN｜～を切る romper con ALGUIEN｜～を組む colaborar｜汚い商売に～を染める meterse en un negocio sucio｜～を出す (関与) participar en, (殴る) poner la mano encima a ALGUIEN, (女に) ligar｜～をたたく aplaudir｜～を尽くす hacer todo lo posible, hacer lo que esté en SU mano｜～をつないで歩く caminar cogidos[das] de la mano｜～を取る coger a ALGUIEN por la mano｜～を抜く chapucear｜〈人〉の～を引く llevar a ALGUIEN de la mano, (関係を断つ) lavarse las manos｜商売の～を広げる ampliar el negocio｜～を振る agitar la mano｜～を触れるべからず No tocar.｜裏から～を回す extender SUS tentáculos [SU influencia] encubiertamente
であい 出会い encuentro *m*｜運命的な～ encuentro *m* predestinado｜～系サイト página *f* web del encuentro
であう 出会う encontrarse con
てあし 手足 (四肢) extremidades *f.pl*, cuatro miembros *m.pl*｜～を伸ばす estirarse, desperezarse
てあつい 手厚い atento[ta], cuidadoso[sa]
てあて 手当て (治療) tratamiento *m*, (報酬) remuneración *f*｜家族[失業]～ subsidio *m* familiar [de desempleo]
てあたりしだい 手当たり次第に al azar, a la buena de Dios
てあらい 手洗い ➜トイレ
ていあん 提案 propuesta *f*, proposición *f*｜～する hacer una propuesta
ティー (お茶) té *m*, (ゴルフ) tee *m*｜～カップ taza *f* de té｜～バッグ bolsita *f* de té
ティーシャツ camiseta *f*
ディーゼル ～エンジン motor *m* diesel
ディーエヌエー DNA ácido *m* desoxirribonucleico《略 ADN》
ディーブイディー DVD disco *m* de vídeo digital《略 DVD》
ディレクトリー〖IT〗directorio *m*
ていいん 定員 número *m* de plazas, (収容力) capacidad *f*, aforo *m*
ティーンエージャー adolescente *m/f*
ていえん 庭園 jardín *m*
ていおう 帝王 emperador *m*, monarca *m*｜～切開 (operación *f*) cesárea *f*
ていか ❶ **定価** precio *m* fijo ❷ **低下する** bajar, caer, (悪くなる) empeorar(se), deteriorarse, (減る) disminuir
ていかんし 定冠詞〖文法〗artículo *m* definido [determinado]
ていき 定期の periódico[ca], regular｜～的に periódicamente｜～刊行物 publicación *f* periódica｜～券 abono *m*, pase *m*｜～預金 depósito *m* a plazo fijo
ていぎ 定義 definición *f*｜～する definir
ていきあつ 低気圧 bajas presiones *f.pl*
ていきゅう 低級な inferior, vulgar, de baja calidad
ていきゅうび 定休日 día *m* de descanso
ていきょう 提供 oferta *f*｜～する ofrecer, proporcionar, (情報) facilitar, (臓器) donar｜…の～による番組 programa *m* patrocinado por ...
ディクテーション dictado *m*
ていけい 提携 cooperación *f*｜～会社 empresa *f* afiliada｜技術～ cooperación *f* técnica [tecnológica]
ていけつ 締結する firmar, concluir
ていけつあつ 低血圧 hipotensión *f*｜～の hipotenso[sa]
ていこう 抵抗 resistencia *f*｜～する resistir, oponer resistencia a｜…に～を感じる tener reparo en ...｜～力のある resistente｜～器〖電〗resistencia *f*
ていこく ❶ **帝国** imperio *m*｜～主義 imperialismo *m*｜～主義者 imperialista *m/f* ❷ **定刻に** a la hora prevista
ていさい 体裁 apariencia *f*｜～を繕う guardar las apariencias
ていさつ 偵察 reconocimiento *m*, exploración *f*｜～機 avión *m* espía [de reconocimiento]｜～飛行 vuelo *m* de reconocimiento
ていし 停止 parada *f*｜～する parar, detenerse
ていじ ❶ **定時に** a la hora establecida｜～制学校 escuela *f* nocturna ❷ **提示す**

る mostrar, enseñar, presentar
ていしゃ 停車する parar | ～中の車 coche *m* parado
ていじゅう 定住する asentarse en
ていしゅつ 提出する presentar
ていしょうしゃ 低床車 coche *m* de piso bajo
ていしょく 定食 cubierto *m* | 本日の～ menú *m* del día
でいすい 泥酔する pegarse [pescar] una buena borrachera, estar borracho [cha] como una cuba
ディスカウント descuento *m* | ～ショップ tienda *f* de descuento
ディスカッション ➜討論
ディスク disco *m* | ～ジョッキー pinchadiscos *m* [*pl* ~]
ディスコ discoteca *f*
ていせい 訂正 corrección *f*, enmienda *f* | ～する corregir, enmendar, rectificar
ていせん 停戦 alto *m* el fuego, armisticio *m* | ～する lograr [conseguir] un alto el fuego, cesar el fuego
ていたい 停滞 estancamiento *m* | ～する estancarse
ていたく 邸宅 mansión *f*
ていちょう 丁重な cortés, cordial, respetuoso[sa]
ティッシュペーパー pañuelo *m* de papel, kleenex *m* [*pl* ~]〖商標〗
ていでん 停電 apagón *m*, corte *m* de suministro eléctrico
ていど 程度 grado *m*, nivel *m* | それはある～本当だ Es verdad hasta cierto punto. | ～の差はあるものの en mayor o menor grado
ていとう 抵当 hipoteca *f*, prenda *f* | ～権 hipoteca *f* | ～に入れる hipotecar, dejar ALGO en prenda
ていねい 丁寧な cortés, educado[da], escrupuloso[sa] | ～語 fórmula *f* de cortesía
ていねん 定年 edad *f* de jubilación | ～で辞める jubilarse, retirarse
ていはく 停泊する echar anclas, anclar
ていひょう 定評のある de una buena reputación, de reconocida fama
ディフェンス〖スポ〗defensa *f*,（選手）defensa *m/f*
ていへん 底辺〖数学〗base *f* | 社会の～ el sector más pobre de la sociedad
ていぼう 堤防 dique *m*, espolón *m*
ていぼく 低木〖植〗arbusto *m*, mata *f*
ていり 定理〖数〗teorema *m*
でいり 出入りする frecuentar | ～が多い tener muchos visitantes | ～口 entrada *f*
ていりゅうじょ 停留所 parada *f*
ていれ 手入れする cuidar, arreglar
ディレクター director[tora] *mf*
テークアウト ➜持ち帰り
データ dato *m* | ～処理〖IT〗procesamiento *m* de datos | ～ベース[バンク] base *f* [banco *m*] de datos
デート cita *f* | ～する salir con ALGUIEN
テープ cinta *f* | ～デッキ platina *f* | ～レコーダー magnetófono *m*
テーブル mesa *f* | ～掛け mantel *m* | ～マナー modales *m.pl* en la mesa
テーマ tema *m* | ～パーク parque *m* temático de atracciones
テールランプ faro *m* trasero, luz *f* trasera
デオキシリボ ～核酸 ➜ディーエヌエー
ておくれ 手遅れにならないうちに antes de que sea demasiado tarde
てがかり 手掛かり pista *f*, clave *f*
でかける 出掛ける salir, irse | 買い物に～ ir a la compra [de compras]
てがた 手形 letra *f* | ～を振り出す girar una letra | ～を裏書きする endosar una letra | 為替～ letra *f* de cambio | 約束～ pagaré *m*
てかてか ～した reluciente, lustroso[sa]
でかでか 新聞に～と書きたてる publicar ALGO en grandes titulares del periódico
てがみ 手紙 carta *f* | ～を書く escribir una carta | ～のやり取りをする cartearse
てがら 手柄 hazaña *f*, proeza *f*, mérito *m* | ～を立てる lograr una hazaña
てがる 手軽な fácil, simple
てき 敵 enemigo[ga] *mf*,（相手）adversario[ria] *mf*, contrario[ria] *mf*
でき 出来（結果）resultado *m*,（品質）calidad *f*,（収穫）cosecha *f* | ～のいい[悪い] bien [mal] hecho[cha] | 米の～がいい Tenemos una buena cosecha de arroz. | 彼の作品には～不～がある Sus obras son de calidad desigual.
できあい 出来合いの料理 plato *m* preparado [precocinado]
できあがる 出来上がる acabarse | 出来上がった acabado[da]
てきい 敵意のある hostil | ～を示す mostrar hostilidad
てきおう 適応する adaptarse a ALGO
てきごう 適合させる conformar, adecuar, adaptar, ajustar
てきこく 敵国 país *m* enemigo
できごと 出来事 acontecimiento *m*, suceso *m* | 一瞬の～だった Todo sucedió en un abrir y cerrar de ojos.
てきざいてきしょ 適材適所に置く poner a una persona competente en el cargo que le corresponde
できし 溺死する ahogarse, morir ahogado[da]
てきしゅつ 摘出する extraer, extirpar, sacar
できすぎ 出来過ぎ その話は～だ Esa historia es demasiado bonita para ser verdad.
テキスト texto *m*,（教科書）libro *m* de texto
てきする 適する convenir | 適した adecuado[da], apropiado[da], idóneo[a], indicado[da] | この任務に適した人物 persona *f* indicada para esta misión
てきせい 適性 aptitud *f* | ～検査 pruebas *f.pl* de aptitud
てきせつ 適切な adecuado[da], apropiado[da], conveniente
できそこない 出来損ないの mal hecho [cha], defectuoso[sa]
てきたい 敵対する enemistarse con, oponerse | ～行為を取る tomar una acción hostil
できだか 出来高（生産）producción *f*,

（収穫）cosecha *f*,（株式）volumen *m* de transacciones｜～払いで働く trabajar a destajo
できたて 出来立ての recién hecho[cha]｜～のパン pan *m* recién horneado
できちゃったこん 出来ちゃった婚をする casarse de penalty
てきちゅう 的中する dar en el blanco｜予想が～する acertar en el pronóstico
てきど 適度な moderado[da]｜～な運動をする hacer ejercicio moderado
てきとう 適当な adecuado[da], apropiado[da], conveniente｜～にやってくれ Hazlo como te parezca mejor.
てきぱき ～と expeditivamente, con rapidez y eficiencia｜～した人 persona *f* expeditiva
てきびしい 手厳しい severo[ra], duro[ra], implacable｜～批判 crítica *f* acerba
できもの 出来物（はれ物）bulto *m*, tumor *m*,（にきび）espinilla *f*, grano *m*,（うみの出る）forúnculo *m*
てきよう ❶ 適用 aplicación *f*｜～する aplicar, poner ALGO en práctica ❷ 摘要 sumario *m*, resumen *m*, extracto *m*
できる（可能）poder〈＋不定詞〉, ser posible,（能力）ser capaz de〈＋不定詞〉, saber〈＋不定詞〉,（発生）nacer, producirse,（仕上がる）acabarse｜…でできている estar hecho[cha] de ...｜この机は木でできている Esta mesa es de madera.｜できれば si es posible, a poder ser｜あの二人はできているらしい Parece que ellos ya tienen relaciones.｜～だけ早く lo más pronto posible, lo antes posible｜～だけのことはしなさい Haz todo lo que puedas.｜数学がよく～ estar muy fuerte en Matemáticas
てぎわ 手際のよい eficiente, expeditivo[va]｜～よく eficientemente
てぐち 手口 modo *m*,（犯罪の）modus *m* operandi
でぐち 出口 salida *f*｜～調査 sondeos *m.pl* a pie de urna
テクニック técnica *f*, maña *f*
てくび 手首 muñeca *f*
てこ 梃子 palanca *f*
てこずる 手こずる …するのに手こずった Me costó trabajo〈＋不定詞〉.
てごたえ 手応えがある reaccionar, responder,（効果がある）surtir efecto
でこぼこ 凸凹の desigual, escabroso[sa]｜～の道 camino *m* lleno de baches
デコレーション decoración *f*, adorno *m*｜～ケーキ tarta *f* adornada
てごろ 手頃な値段 precio *m* razonable
てごわい 手強い temible, fuerte
デザート postre *m*
デザイナー〖服〗diseñador[dora] *mf*, modisto[ta] *mf*
デザイン diseño *m*, dibujo *m*｜～する diseñar
てさぐり 手探りする tentar｜～で a tientas
てさげ 手提げ bolsa *f*
てざわり 手触り textura *f*, tacto *m*｜柔らかい～である tener una textura suave
でし 弟子 discípulo[la] *mf*
デジタル ～の digital｜～カメラ cámara *f* digital｜～時計 reloj *m* digital
てじな 手品 juego *m* de manos, prestidigitación *f*
でしゃばり 出しゃばりの entrometido[da], entremetido[da]｜出しゃばる entrometerse [entremeterse] en
てじゅん 手順 ➜段取り
てじょう 手錠 esposas *f.pl*｜～をかける[外す] poner [quitar] las esposas a ALGUIEN
てすう 手数のかかる仕事 trabajo *m* complicado｜～をおかけします Siento causarle molestias.｜～料 comisión *f*
デスクトップコンピュータ ordenador *m* de sobremesa
テスト prueba *f*, examen *m*, test *m*｜～(を)する probar, examinar｜心理～ test *m* psicológico
てすり 手摺り pasamanos *m* [*pl* ~], barandilla *f*
てせい 手製➜手作り
てそう 手相 quiromancia *f*｜～を見る leer la mano｜～見 quiromántico[ca] *mf*
てだすけ 手助けする ayudar, echar una mano a ALGUIEN
でたらめ disparate *m*｜～な disparatado[da]｜～に al azar
てぢか 手近の cercano[na]｜～にある estar cerca [a mano]｜～な例 ejemplo *m* cercano
てちがい 手違い error *m*, equivocación *f*｜こちらの～で por nuestra culpa
てちょう 手帳 agenda *f*, libreta *f*
てつ 鉄 hierro *m*｜～の férreo[a]
てっかい 撤回 retractación *f*｜～する retractarse de, desdecirse de
てつがく 哲学 filosofía *f*｜～の filosófico[ca]｜～者 filósofo[fa] *mf*
てつき 手つきが器用である tener mucha habilidad manual｜器用な～で con manos hábiles｜不器用な～で con manos torpes
てっき 鉄器 objeto *m* de hierro｜～時代 Edad *f* del Hierro
デッキ cubierta *f*,（列車）plataforma *f*｜～チェア tumbona *f*｜カセット～ platina *f*
てっきょ 撤去する retirar, desalojar, desmantelar,（建物を）demoler
てっきょう 鉄橋 puente *m* de hierro
てっきん 鉄筋コンクリート hormigón *m* armado
てつくず 鉄屑 chatarra *f*
でつくす 出尽くす 意見が出尽くした Se expusieron todas las opiniones.
てづくり 手作りの hecho[cha] a mano, casero[ra]
てっこう 鉄鋼業 industria *f* siderúrgica
デッサン dibujo *m*, bosquejo *m*
てつせい 鉄製の férreo[a], de hierro
てったい 撤退 retirada *f*｜～する retirarse, evacuar
てつだい 手伝い ayuda *f*,（人）ayudante *m/f*
てつだう 手伝う ayudar
でっちあげる でっち上げる inventar, forjar
てつづき 手続き procedimiento *m*｜～を踏む cumplir las formalidades
てってい 徹底 彼の仕事は～している Él cui-

da hasta el más mínimo detalle en su trabajo.; Es un perfeccionista en el trabajo. | ～した平和主義者 pacifista *m/f* hasta la médula | 命令を～させる obligar a ALGUIEN a cumplir las órdenes a rajatabla | ～的な completo[ta], exhaustivo[va] | ～的に por completo, a fondo, exhaustivamente

てつどう 鉄道 ferrocarril *m*, vía *f* férrea

デッドヒート 〖スポ〗 reñida competencia *f*

てつぼう 鉄棒 barra *f* de hierro, (体操の) barra *f* fija

てっぽう 鉄砲 fusil *m*, escopeta *f*

てつや 徹夜する trasnochar, velar, pasar la noche sin dormir

でていく 出て行く salir, (去る) irse, marcharse

テナー 〖音〗 tenor *m* | ～サックス saxo tenor *m*

てにいれる 手に入れる obtener, adquirir

テニス tenis *m* [*pl* ~] | ～をする jugar al tenis

デニム tela *f* vaquera | ～のズボン (pantalón *m*) vaquero *m*

てにもつ 手荷物 equipaje *m* de mano | ～預かり所 consigna *f* | ～預かり証 resguardo *m*

てぬき 手抜きする chapucear | ～工事 obra *f* chapucera

テノール ➜テナー

てのひら 手の平 palma *f* | ～を返す cambiar de actitud de repente

デパート grandes almacenes *m.pl*

てはい 手配 (準備) arreglo *m*, preparación *f*, (警察の) búsqueda *f* | ～する arreglar, preparar | 全国に指名～する ordenar la búsqueda de ALGUIEN en todo el territorio nacional

てはじめ 手始めに para empezar

てはず 手筈を整える arreglar, programar

てばなす 手放す abandonar, desprenderse de, (売る) vender

てびき 手引き guía *f*, manual *m*

デビットカード tarjeta *f* de débito

デビュー debut *m* | ～する hacer SU debut, debutar

てぶくろ 手袋 guantes *m.pl* | ～をはめる ponerse los guantes

てぶら 手ぶらで con las manos vacías

デフレ deflación *f* | ～スパイラル espiral *f* deflacionaria

てほん 手本 ejemplo *m*, modelo *m* | ～になる servir de ejemplo

てま 手間がかかる requerir trabajo, costar trabajo

デマ bulo *m*, infundio *m*

てまえ 手前 (こちら側) este lado | 少し～に寄ってください ¡Acérquese un poco a este lado! | 京都の1つ～の駅で降りる bajarse en una estación antes de Kioto | 子供の～ delante de los niños

でまかせ 出任せを言う decir barbaridades [disparates]

でまど 出窓 ventana *f* saliente

てまね 手真似で話す hablar con gestos

てまねき 手招きする llamar a ALGUIEN con la mano

でみせ 出店 puesto *m*, (展示場の) caseta *f*, stand *m*

でむかえる 出迎える recibir | 駅に～ ir a buscar a ALGUIEN a la estación

デモ manifestación *f* | ～をする realizar una manifestación | ～参加者 manifestante *m/f* | ～テープ demo *f*(*m*)

…でも (それでも) sin embargo, no obstante, (でさえ) incluso, hasta

デモクラシー democracia *f*

てもと 手元に a mano, al alcance de la mano

デモンストレーション (実演・証明) demostración *f*, (デモ) manifestación *f*

デュエット dúo *m* | ～で歌う cantar a dúo

てら 寺 templo *m*

てらす ❶ 照らす iluminar, alumbrar ❷ テラス terraza *f*, (バルコニー) balcón *m*

デラックス ～な lujoso[sa], de lujo

デリケート ～な delicado[da], sensible

てる 照る brillar

でる 出る (外へ) salir, (出発する) partir, (現れる) aparecer, (出席する) asistir a | テレビに～ salir en la tele | 電話に～ ponerse al teléfono, (受話器をとる) coger el teléfono | この雑誌は毎週月曜に～ Esta revista sale a la venta los lunes.

てるてるぼうず 照る照る坊主 muñeco *m* talismán para desear un buen tiempo

てれくさい 照れ臭い tener vergüenza | 照れ臭そうに tímidamente, con timidez

テレックス télex *m*

テレパシー telepatía *f*

テレビ tele(visión) *f*, (受像機) televisor *m* | ～を見る ver la tele | ～で見る ver ALGO en la tele | ～をつける poner [encender] la tele | ～を消す apagar la tele | ～映りがよい telegénico[ca] *mf* | ～ゲーム videojuego *m* | ～ドラマ telenovela *f* | ～番組 programa *m* de televisión

テレホンカード tarjeta *f* telefónica

てれる 照れる tener vergüenza, sentirse tímido[da] | 照れ屋 tímido[da] *mf*, vergonzoso[sa] *mf*

テロ terrorismo *m* | ～行為 atentado *m* terrorista | 自爆～ atentado *m* suicida | 生物～ atentado *m* bioquímico

テロリスト terrorista *m/f*

てわたす 手渡す entregar | 直接～ entregar ALGO en propia mano [personalmente, directamente]

てん ❶ 点 punto *m*, (成績) nota *f* | いい～を取る sacar buenas notas | ～が甘い ser generoso[sa] en la calificación | その～では私も同意見です Estoy de acuerdo con usted sobre este punto. ❷ 天 cielo *m* | ～を仰ぐ levantar la vista al cielo | ～の助け ayuda *f* de Dios | ～にも昇る心地がする estar en el séptimo cielo ❸ テン 〖動〗 marta *f*

でんあつ 電圧 voltaje *m*, tensión *f* eléctrica

てんいん 店員 dependiente[ta] *mf*, vendedor[dora] *mf*

でんえん 田園 campo *m* | ～生活 vida *f* rural | ～都市 ciudad *f* jardín

てんか ❶ 添加 adición *f* | ～する añadir, agregar | ～物 aditivo *m* ❷ 点火する encender el fuego ❸ 転嫁 責任を～する atribuir [imputar] la responsabilidad a ALGUIEN

でんか 電化する electrificar | 家庭～製品 electrodoméstico *m*

てんかい 展開する desarrollar, desplegar, extender

でんか 殿下 Su Alteza Real, (呼びかけ) Vuestra Alteza

てんかん ❶ 転換 conversión *f* | ～する convertir, cambiar de ❷ 癲癇 epilepsia *f* | ～の患者 epiléptico[ca] *mf*

てんき 天気 tiempo *m* | 今日はいい[悪い]～だ Hoy hace buen [mal] tiempo. | お～屋 caprichoso[sa] *mf* | ～図 mapa *m* del tiempo | ～予報 pronóstico *m* [previsión *f*] del tiempo

でんき ❶ 電気 electricidad *f* | ～の eléctrico[ca] | ～をつける[消す] encender [apagar] la luz | この村には～がきている Hay electricidad en este pueblo. | ～分解 electrólisis *f* ❷ 伝記 biografía *f* | ～作者 biógrafo[fa] *mf*

でんきゅう 電球 bombilla *f*

てんきょ 転居 (引越し) mudanza *f*, (住所変更) cambio *m* de domicilio | ～する mudarse, cambiar de domicilio

てんきん 転勤させる trasladar | 東京支店に～になる trasladarse a la sucursal de Tokio

てんけいてき 典型的な típico[ca]

てんけん 点検する revisar, chequear, examinar

でんげん 電源 fuente *f* de alimentación, (コンセント) enchufe *m*, toma *f* de corriente eléctrica

てんこう ❶ 天候 →てんき ❷ 転校する cambiar de escuela

でんこう 電光掲示板 marcador *m* electrónico

てんごく 天国 paraíso *m*, cielo *m*

でんごん 伝言 recado *m* | ～する dejar un recado | ～を伝える pasar el recado

てんさい 天才 genio *m* | ～的な genial

てんさい 天災 desastre *m* [catástrofe *f*] natural

てんさく 添削する corregir

てんし 天使 ángel *m*

てんじ 点字 braille *m*

てんじ 展示 exhibición *f*, exposición *f* | ～する exhibir, exponer

でんし 電子 electrón *m* | ～の electrónico[ca] | ～計算機 〖IT〗 ordenador *m*, computadora *f* | ～工学 electrónica *f* | ～出版物 publicación *f* electrónica | ～商取引市場 mercado *m* electrónico | ～ブック libro *m* electrónico [digitalizado] | ～マネー dinero *m* electrónico | ～メール correo *m* electrónico | ～レンジ (horno *m*) microondas *m* [*pl* ~]

でんじは 電磁派 onda *f* electromagnética

てんしゃ 転写 copia *f*, transcripción *f* | ～する copiar, transcribir

でんしゃ 電車 tren *m* | ～に乗る subir al tren | ～を降りる bajar(se) del tren | ～賃 tarifa *f* | 路面～ tranvía *m*

てんしゅつ 転出する mudarse a | 市役所に～届を出す comunicar el cambio de domicilio al ayuntamiento

てんじょう 天井 techo *m*

でんしょう 伝承 tradición *f* | 民間～ folclore *m* | ～する transmitir

てんしょく 天職 vocación *f*

でんしょばと 伝書鳩 paloma *f* mensajera

でんしん 電信 telegrafía *f* | ～の telegráfico[ca]

てんしんらんまん 天真爛漫な inocente, cándido[da], espontáneo[a]

てんすう 点数 punto *m*, puntuación *f*

てんせい 天性 naturaleza *f* | ～の natural, de nacimiento

でんせつ 伝説 leyenda *f*

てんせん 点線 línea *f* de puntos

でんせん ❶ 伝染 contagio *m*, infección *f* | ～する contagiarse ❷ 電線 cable *m* eléctrico ❸ 伝線 ストッキングが～した Se ha hecho una carrera en las medias.

てんそう 転送する reexpedir, reenviar

てんたい 天体 cuerpo *m* celeste, astro *m* | ～望遠鏡 telescopio *m* astronómico

でんたく 電卓 calculadora *f* electrónica

でんたつ 伝達する comunicar, transmitir

でんち 電池 pila *f*, batería *f*

でんちゅう 電柱 poste *m* (de tendido) eléctrico

てんてき 点滴 gota a gota *m*, instilación *f* | 〈人〉に～をする poner el gota a gota a ALGUIEN | ～を受ける tener puesto el gota a gota

テント tienda *f* de campaña | ～を張る montar una tienda de campaña

てんとう 転倒する caerse, volcarse, (順序が) invertirse, (気が) trastornarse

でんとう ❶ 伝統 tradición *f* | ～的な tradicional | ～に従う seguir la tradición | ～を守る mantener la tradición | ～工芸 arte *m* tradicional | ～主義 tradicionalismo *m* ❷ 電灯 luz *f* eléctrica

でんどう ❶ 伝導 〖電〗 conducción *f*, 〖機〗 transmisión *f* ❷ 伝道 (キリスト教の) misiones *f.pl*, evangelización *f*

テントウムシ 〖昆〗 mariquita *f*

てんにん 転任 traslado *m* a un nuevo puesto

でんねつき 電熱器 calentador *m* eléctrico

てんねん 天然 naturaleza *f* | ～の natural | ～ガス gas *m* natural

てんのう 天皇 emperador *m* | ～制 sistema *m* imperial

てんのうせい 天王星 〖天〗 Urano *m*

でんぱ 電波 onda *f* eléctrica | ～妨害 interferencia *f*

てんびん 天秤 (はかり) balanza *f* | ～座 〖天〗 Libra *f*

てんぷ 添付 adjuntar | ～ファイル 〖IT〗 archivo *m* adjunto | ～書類 documento *m* adjunto

てんぷく 転覆する volcarse, dar un vuelco | ～させる (政府を) derrocar

てんぷら tempura *f* (*m*), fritura *f* de pescados, mariscos y verduras

てんぶん 天分 talento *m*, don *m*, dotes *f.pl*

でんぷん 澱粉 fécula *f*, almidón *m*

テンポ〘音〙tempo *m*, ritmo *m*
てんぼう 展望 panorama *m*, vista *f*, (見通し) perspectiva *f*|～台 mirador *m*
でんぽう 電報 telegrama *m*
てんめつ 点滅する parpadear
てんもん 天文学 astronomía *f*|～学の astronómico[ca]|～台 observatorio *m* astronómico
てんよう 転用する utilizar ALGO para otro uso
てんらく 転落する caerse, (落ちぶれる) venir a menos
てんらんかい 展覧会 exposición *f*
でんりゅう 電流 corriente *f* eléctrica
でんりょく 電力 energía *f* [potencia *f*] eléctrica|～計 vatímetro *m*
でんわ 電話 teléfono *m*, (通話) llamada *f*|～する[をかける] telefonear, llamar a ALGUIEN por teléfono|～で por teléfono|～を切る colgar el teléfono|～を引く instalar el teléfono|～機 teléfono *m*|～局 central *f* telefónica|～帳 guía *f* telefónica, listín *m* telefónico|～番号 número *m* de teléfono|～ボックス cabina *f* telefónica|携帯～ móvil *m*, celular *m*《ラ米》|留守番～ contestador *m* automático

と

と ❶ 戸 puerta *f*|～を開ける[閉める] abrir [cerrar] la puerta|～をたたく llamar a la puerta|～を開けたままにする dejar la puerta abierta|引き～ puerta *f* corredera ❷ 都 東京～ prefectura *f* de Tokio|～議会 Parlamento *m* prefectural de Tokio|～知事 gobernador[dora] *mf* de Tokio|～庁 Gobierno *m* prefectural de Tokio ❸ …と (列挙) y, e (► i, hi で始まる語の前で), (共に) con ..., junto con ...
-ど -度 grado *m*, (回数) vez *f*|気温が30～ある Estamos a [Tenemos] treinta grados de temperatura.|角度45～ ángulo *m* de cuarenta y cinco grados|～を越す pasarse|彼の冗談は～が過ぎる Él gasta bromas muy pesadas.|スペインに行くのは2～目です Es la segunda vez que voy a España.|もう一～ otra vez
ドア 半～だよ Tienes la puerta mal cerrada. ➜戸
とい ❶ 問い pregunta *f*|～に答える responder a la pregunta ❷ 樋 canalón *m*
といあわせる 問い合わせる preguntar, pedir información, informarse de [sobre]|詳細は…にお問い合わせください Para más información, diríjanse a ....|問い合わせ先 (身元) referencia *f*
というのは porque
といただす 問いただす inquirir, pedir aclaración a ALGUIEN
といつめる 問い詰める obligar a ALGUIEN a contestar a la pregunta
トイレ baño *f*, aseo *m*, lavabo *m*, servicio *m*《スペイン》
トイレットペーパー papel *m* higiénico
とう ❶ 党 partido *m* ❷ 塔 torre *f* ❸ 問う preguntar, interrogar|指導力を～ poner a prueba el liderazgo de ALGUIEN|性別・年齢を問わず sin distinción de sexo ni de edades|経験問わず No es necesario tener experiencia. ❹ 等 (等級) clase *f*, (順位) puesto *m*, lugar *m*, (など) etcétera《略 etc.》|一～で旅行する viajar en primera clase|三～になる conseguir el tercer puesto ❺ -頭 cabeza *f*|牛5～ cinco cabezas de ganado vacuno
どう ❶ どうしたのですか ¿Qúe le pasa?|…を～思いますか ¿Qué opina usted de ...?|昨日のコンサートは～でしたか ¿Qué tal el concierto de ayer?|～見ても desde cualquier [todo] punto de vista|～ってことない No es nada.|私は～すればよいか分からない No sé qué hago.|～すれば奨学金を申請できますか ¿Cómo puedo solicitar la beca? ❷ 胴 tronco *m*, cuerpo *m* ❸ 銅 cobre *m*|～製の de cobre
とうあつせん 等圧線〘気象〙isobara *f*
どうい 同意 acuerdo *m*, consentimiento *m*, asentimiento *m*|～する acceder [asentir] a, dar el consentimiento a
どういう ～本を読まれますか ¿Qué tipo de libros lee usted?|～事情であろうと sean cuales que sean las circunstancias|このお金は～ふうに使いますか ¿Comó va a gastar este dinero?|～わけで ¿Por qué razón?
どういたしまして De nada.; No hay de qué.
とういつ 統一 unificación *f*, unión *f*|～する unificar, (均一に) uniformar|～性 unidad *f*, uniformidad *f*
どういつ 同一の idéntico[ca], mismo[ma]
とういん 党員 miembro *m* del partido
どういん 動員 movilización *f*|～する movilizar
とうえい 投影 proyección *f*, sombra *f*|～する proyectar
とうおう 東欧 Europa *f* del Este
どうか ❶ どうか 私は正しいか～分からない No sé si es correcto o no.|～…できますように Ojalá (que)〈+接続法〉.|それは～と思う Tengo mis dudas sobre eso.|～している estar raro[ra] ❷ 同化 asimilación *f*|～する asimilar ❸ 銅貨 moneda *f* de cobre
とうかい 倒壊 derrumbamiento *m*|～する derrumbarse
とうがい 当該の〈名詞+〉en cuestión|～官庁 autoridades *f.pl* competentes
どうかせん 導火線 mecha *f*
トウガラシ pimiento *m*, chile *m*, ají *m*
とうかん 投函 手紙を～する echar una carta al buzón
どうかん ❶ 同感 あなたと～です Comparto su opinión. ❷ 導管 conducto *m*
とうき ❶ 冬期・冬季 época *f* invernal ❷ 投機 especulación *f*|～家 especulador[dora] *mf* ❸ 陶器 cerámica *f*, loza *f* ❹ 騰貴 物価～ alza *f* [subida *f*] de los precios
とうぎ 討議 discusión *f*, debate *m*|～する discutir, debatir, hacer un debate
どうき ❶ 動機 motivo *m*|～付け motiva-

ción *f* ❷ 動悸 palpitaciones *f.pl*
どうぎ ❶ 動議を提出する presentar una moción ❷ 道義 moral *f*｜～的な moral
どうぎご 同義語 sinónimo *m*
とうきゅう ❶ 等級 clase *f*, rango *m*, grado *m* ❷ 投球する lanzar una pelota
とうぎゅう 闘牛 corrida *f* de toros, lidia *f*｜～術 tauromaquia *f*
どうきゅう 同級生 compañero[ra] *mf* de clase
どうきょ 同居する convivir con ALGUIEN
とうきょく 当局 autoridades *f.pl*
どうぐ 道具 herramienta *f*, instrumento *m*, útiles *m.pl*, aperos *m.pl*｜～に使う utilizar ALGO como herramienta｜～方〘演〙 tramoyista *m/f*｜～箱 caja *f* de herramientas｜商売～ herramientas *f.pl* de trabajo｜大工～ herramientas *f.pl* de carpintero
どうくつ 洞窟 cueva *f*, caverna *f*
とうげ 峠 paso *m*, puerto *m* de montaña｜雨が～を越した Amainó la lluvia.
どうけ 道化 payasada *f*｜～師 payaso *m*, clown *m*｜～役をする hacer el payaso
とうけい ❶ 統計 estadística *f*｜～上の estadístico[ca] ❷ 東経 longitud *f* este
とうげい 陶芸 cerámica *f*｜～家 ceramista *m/f*
とうけつ 凍結する congelarse, helarse｜賃金を～する congelar los salarios
どうけん 同権 男女～ igualdad *f* de derechos entre hombres y mujeres
とうこう ❶ 登校する ir al colegio｜～拒否をする negarse a ir a la escuela ❷ 投降する entregarse, rendirse
とうごう 統合 integración *f*, unificación *f*｜～する integrar, unificar｜～失調症〘医〙 esquizofrenia *f*
どうこう ❶ 瞳孔 pupila *f* ❷ 動向 tendencia *f*, movimiento *m*
どうこうかい 同好会 círculo *m*, peña *f*
とうこうせん 等高線 curva *f* de nivel
とうざ 当座の temporal, provisional｜～預金 cuenta *f* corriente
どうさ 動作 movimiento *m*, acción *f*
とうざい 東西 (el) este y (el) oeste
どうさつりょく 洞察力 perspicacia *f*, penetración *f*｜～のある perspicaz, penetrante
とうさん 倒産 bancarrota *f*, quiebra *f*｜～する quebrar
とうし ❶ 投資 inversión *f*｜～する invertir en｜～家 inversor[sora] *mf*｜公共[民間]～ inversión *f* pública [privada] ❷ 闘志 espíritu *m* de lucha ❸ 凍死する morir de frío
とうじ ❶ 当時 en aquel entonces｜～の大統領 el [la] entonces presidente[ta] *mf* ❷ 冬至 solsticio *m* de invierno
どうし ❶ 動詞 verbo *m* ❷ 同士・同志 camarada *m/f*, compañero[ra] *mf*｜女～で entre mujeres
どうじ 同時に simultáneamente, al mismo tiempo｜彼女は女優であると～に経営者でもある Ella es actriz y empresaria a la vez.｜海は美しいと～に危険である El mar es tan bello como peligroso.｜～の simultáneo[a]｜～通訳 traducción *f* simultánea

どうじだい 同時代の contemporáneo[a]｜～人 contemporáneo[a] *mf*
とうじつ 当日(は，に) ese mismo día｜～券 (演劇等の) entrada *f* que se vende en el día de la función
どうして cómo, (なぜ) por qué
どうしても (なんとしても) a toda costa, cueste lo que cueste｜私は～それを思い出せない Por más que intento, no consigo recordarlo.
とうしゅ 党首 jefe[fa] *mf* del partido
とうしょ ❶ 投書 carta *f* al director ❷ 当初(は) al principio
とうじょう ❶ 登場する aparecer, salir｜～人物 personaje *m* ❷ 搭乗する embarcar(se) en, subir a｜～口［券］ puerta *f* [tarjeta *f*] de embarque
どうじょう 同情 compasión *f*, piedad *f*｜～する compadecer, compadecerse de, sentir compasión por｜～して por compasión｜～心をかき立てる mover a ALGUIEN a compasión｜～的な compasivo[va]｜～票 voto *m* de simpatía｜～心 sentimiento *m* de compasión
どうしよう ¿Qué hago?
どうしようもない No hay manera.
とうしん 答申 …について～する presentar un informe sobre ...
とうしんだい 等身大の de tamaño natural [real]
とうすい 陶酔する embriagarse con, quedarse embelesado[da]
どうせ de todas formas, de cualquier manera, en cualquier caso｜～見るならいい映画を見たい Si vamos a ver alguna película, quiero ver una buena.｜彼にどんな忠告をしても～無駄だ Cualquier consejo que se le dé caerá en saco roto.
とうせい 統制する controlar, regular
どうせい 同棲する vivir juntos [en pareja, en concubinato]
どうせいあいしゃ 同性愛者 homosexual *m/f*, (女性の) lesbiana *f*
とうせん 当選する (選挙で) salir elegido[da], (懸賞で) ganar un premio
とうぜん 当然 naturalmente｜～の natural, lógico[ca], justo[ta]｜～の報いを受ける recibir SU merecido｜…するのは～だ Es natural [lógico] que 〈＋接続法〉.
どうぞ por favor｜～おかけください Tome asiento, por favor.｜～お入り下さい Pase, por favor.｜～お幸せに Le deseo muchas felicidades.｜お先に～ Adelante, por favor.
とうそう ❶ 逃走 →逃亡 ❷ 闘争 lucha *f*, combate *m*
どうそう 同窓生 compañero[ra] *mf* de colegio [de escuela]｜～会 (組織［会合］) asociación *f* [reunión *f*] de antiguos alumnos
どうぞう 銅像 estatua *f* de bronce
どうぞく 同族会社 empresa *f* familiar
とうた 淘汰 selección *f*｜～する eliminar, (生物の) seleccionar｜自然～ selección *f* natural
とうだい 灯台 faro *m*
どうたい 胴体 →胴
とうたつ 到達 同じ結論に～する llegar a la misma conclusión

とうち 統治 gobernación *f*, gobierno *m*|～する gobernar
とうちゃく 到着 llegada *f*|～する llegar a|9時に～の予定です Tenemos previsto llegar a las nueve.|～予定時刻 hora *f* prevista de llegada
とうちょう 盗聴 escucha *f* telefónica|～する interceptar una comunicación telefónica, pinchar el teléfono|～法 ➡通信傍受法
とうてい 到底 en absoluto|真実を知ることは～できない Resulta absolutamente imposible saber la verdad.
どうてい 童貞の virgen
どうでもよい Da igual.
どうてん 同点になる empatar|試合は1対1の～だった El partido terminó con empate a uno.
とうとい 尊い·貴い noble, (貴重な) valioso[sa], (尊敬すべき) respetable
とうとう 等々 etcétera《略 etc.》
どうどう 堂々たる imponente, majestuoso[sa], lleno[na] de dignidad|～とした態度をとる comportarse dignamente|～と悪事を働く cometer delitos sin sentido de culpa|～巡りをする volver sobre lo mismo
どうとく 道徳 moral *f*|～的な moral, (倫理的な) ético[ca]|～家 moralista *m/f*|～教育 educación *f* moral|～心の不足 falta *f* de sentido moral
とうなん 盗難 robo *m*
どうにか ～間に合った A duras penas conseguimos llegar a tiempo.|～暮らす vivir mal que bien ➡何とか
どうにも ～手の施しようがない no poder hacer absolutamente nada
とうにゅう 投入する (資金を) invertir
どうにゅう 導入する introducir
とうにょうびょう 糖尿病 diabetes *f*[*pl* ~]|～患者 diabético[ca] *mf*
とうは 党派 partido *m*, facción *f*
とうばん 当番 turno *m*|～である estar de turno
どうはん 同伴する acompañar|夫人～で来る venir acompañado de SU esposa
とうひ 逃避 現実から～する huir de la realidad|～主義 escapismo *m*
とうひょう 投票 votación *f*|～する votar, dar un voto|～で決める decidir ALGO por votación|～に行く ir [acudir] a las urnas|～率 índice *m* de participación|～箱 urna *f*, ánfora *f*《ラ米》
とうふ 豆腐 tofu *m*, cuajada *f* de soja
とうぶ 東部 este *m*, zona *f* oriental
どうふう 同封する adjuntar|～の写真 foto *f* adjunta
どうぶつ 動物 animal *m*|～園 parque *m* [jardín *m*] zoológico|～学 zoología *f*
とうぶん ❶ 当分 por el momento, por ahora ❷ 等分する dividir ALGO en partes iguales
とうほう 東方の oriental
とうぼう 逃亡 fuga *f*, huida *f*|～する fugarse, darse a la fuga, huir|～者 fugitivo[va] *mf*
どうほう 同胞 paisano[na] *mf*, compatriota *m/f*
とうほく 東北 nor(d)este *m*
どうみゃく 動脈 arteria *f*
とうみん 冬眠 hibernación *f*|～する hibernar
とうめい 透明な transparente, diáfano[na]
どうめい 同盟 alianza *f*|～諸国 países *m.pl* aliados
とうめん 当面 por el momento|～の actual, inmediato[ta]
どうも ～ありがとう Muchas [Muchísimas] gracias.|～すみません Perdone.|私は～信じられない No me lo acabo de creer.
トウモロコシ 〖植〗 maíz *m*, choclo *m*(南米)
どうやって cómo, de qué manera
とうよう 東洋 Oriente *m*|～の oriental
どうよう ❶ 動揺 conmoción *f*|～させる conmover, perturbar|～する perturbarse, perder la calma ❷ 同様に igualmente, asimismo|…と～の similar a ..., parecido[da] a ...|この車は新品～である Este coche está prácticamente nuevo. ❸ 童謡 canción *f* infantil
どうらく 道楽 (趣味) pasatiempo *m*, (放蕩(ほうとう)) disipación *f*, libertinaje *m*
どうらん 動乱 disturbios *m.pl*, revuelta *f*
とうり 党利 interés *m* de partido
どうり 道理 razón *f*|～にかなった razonable|～に反した irrazonable
どうりょう 同僚 colega *m/f*, compañero[ra] *mf* de oficina
どうりょく 動力 fuerza *f* motriz
どうろ 道路 carretera *f*, camino *m*, calle *f*|～がとても混んでいる Hay un gran atasco en la carretera.|～沿いの que da a la calle|～工事 obras *f.pl* en la carretera|～交通取締法 ley *f* de control de circulación vial|～地図 mapa *m* de carreteras|～標識 señal *f* de tráfico
とうろく 登録 registro *m*, matrícula *f*, inscripción *f*|～する registrar, matricular, inscribir|～番号 número *m* de matrícula|～簿 registro *m*, matrícula *f*|～料 derechos *m.pl* de matrícula|外国人～ registro *m* de extranjeros
とうろん 討論 debate *m*|～する debatir, discutir, someter ALGO a debate|～会 debate *m*|公開～会 foro *m*|テレビ～会 debate *m* televisivo
どうわ 童話 cuento *m* infantil
とうわく 当惑した desconcertado[da]
とおい 遠い lejano[na], distante, remoto[ta]|駅まではここから～ですか ¿La estación está lejos de aquí?|電話が～ Se oye mal.|～親戚(しんせき) pariente[ta] *mf* lejano[na]|遠くから desde lejos|遠くに見える ver ALGO a lo lejos|遠ざかる alejarse, quedar lejos|遠ざける alejar
…どおし …通し 夜～ durante toda la noche|働き～である trabajar sin descanso
とおし 通し番号 número *m* de serie
とおす 通す pasar, (法案を) aprobar|すみません, 通してください Déjeme pasar, por favor.|応接室に通された Me pasaron al salón.|…を通して a través de ...|独身を～ permanecer soltero[ra]|目を～

leer,（ざっと）hojear｜要求を～ mantenerse firme en SU exigencia

トースター tostadora *f*, tostador *m*

トースト pan *m* tostado, tostada *f*

トーテムポール tótem *m*

とおで **遠出する** ir lejos,（遠足）salir de excursión

ドーナツ donut *m*, rosquilla *f*

トーナメント〘スポ〙torneo *m*

とおのく **遠のく** 足が～ ir con menos frecuencia｜視界から～ desaparecer poco a poco de la vista

ドーピング doping *m*, dopaje *m*

とおまわし **遠回しに言う** decir indirectamente, andarse con rodeos｜**遠回りする** dar un rodeo

ドーム cúpula *f*, domo *m*｜～球場 estadio *m* de béisbol cubierto

とおり ❶ **通り** calle *f*, vía *f*,（往来）tráfico *m*, tránsito *m*｜車の～が激しい Hay mucho tráfico de coches.｜風の～をふさぐ bloquear el paso de aire｜～のいい声 voz *f* clara｜～一遍の formal, superficial｜～雨 chubasco *m*, aguacero *m*｜～魔 asaltante *m/f* de caminos ❷ …**とおり** 私はあなたの言う～にします Haré como usted me diga.｜私が思った～ como me imaginaba

とおりかかる **通り掛かる** pasar por｜運よく警官が通りかかった Afortunadamente acertó a pasar por allí un guardia.｜**通りがかりの人** transeúnte *m/f*

とおりこす **通り越す** pasar,（限度を）exceder [pasar] de｜列車は名古屋を～した El tren no se detuvo en Nagoya.

とおりすぎる **通り過ぎる** pasar de largo

とおりぬけ **通り抜け**禁止（標識）Prohibido el paso.｜～られません Sin salida.

とおる **通る** pasar,（しみ通る）penetrar,（合格する）aprobar｜10分おきにバスが通っている Pasa un autobús cada diez minutos.｜商店街を～ pasar por la calle comercial｜その先生の声はよく～ La voz del profesor se oye bien.｜この文章は意味が通っていない Esta frase está mal escrita semánticamente.｜そんな言い訳は通らない No se admite una excusa así.

トーン tono *m*

とかい **都会** ciudad *f*｜～の[的な] urbano[na]｜～育ちである criarse en la ciudad｜～人 habitante *m/f* de la ciudad｜～生活 vida *f* urbana｜大～ gran ciudad *f*, metrópoli *f*, urbe *f*

トカゲ〘動〙lagarto[ta] *mf*,（小さな）lagartija *f*

とかす ❶ **溶かす** disolver, derretir,（金属を）fundir ❷ **梳かす** 髪を～ peinarse

とがった **尖った** agudo[da], afilado[da],（先が）puntiagudo[da]

とがらす **尖らす** afilar, aguzar

ドカン ～と大きな音がした Se oyó un estruendo.

とき ❶ **時** tiempo *m*｜～が経つ pasar, transcurrir｜…する～に《過去・習慣》cuando〈+直説法〉,《未来》cuando〈+接続法〉｜君が大人になった～（子供に対して）cuando seas mayor｜～ならぬ大雪 gran nevada *f* extemporánea｜～の大統領 el [la] entonces presidente[ta]｜～の人 personaje *m* de actualidad｜～を得た oportuno[na]｜～を稼ぐ ganar el tiempo｜～を刻む marcar el tiempo｜～を過ごす pasar el tiempo｜～は金なり El tiempo es oro. ❷ **トキ**〘鳥〙ibis *f* [*pl* ~]

どき **土器** vasija *f* de barro

どぎつい chillón[llona], aparatoso[sa]｜～色 color *m* chillón

どきっとする sorprenderse, asustarse

ときどき **時々** de vez en cuando, a veces｜晴れ～曇り cielo *m* despejado con algunas nubes

どきどき ～する（心臓が）palpitar, latir｜胸を～させて con el corazón palpitante

ときふせる **説き伏せる** ➜説得：～する

ときめく **時めく** 私は胸が～ Me palpita el corazón.｜彼は今を～小説家だ Es el escritor que más éxitos está cosechando actualmente.

ドキュメンタリー ～映画 documental *m*

どきょう **度胸** valentía *f*｜～のある tener valentía [coraje], ser valiente

とぎれる **途切れる** interrumpirse, cortarse｜話が途切れた Se produjo una pausa en la conversación.｜途切れ途切れの声で con voz entrecortada

とく ❶ **得**（もうけ）provecho *m*,（有利）ventaja *f*｜～な beneficioso[sa], provechoso[sa], ventajoso[sa]｜～をする ganar, beneficiarse｜買うより借りた方が～だ Es más económico alquilar que comprar. ❷ **徳** virtud *f* ❸ **解く**（ほどく）desatar, desanudar,（職務を）destituir,（問題を）resolver, solucionar｜誤解を～ aclarar el malentendido｜結び目を～ deshacer un nudo ❹ **説く** explicar,（説教）predicar

とぐ **研ぐ** afilar｜米を～ lavar el arroz

どく ❶ **どく**（わきへ）echarse [hacerse] a un lado｜そこをどいてくれ Quítate de ahí. ❷ **毒** veneno *m*, ponzoña *f*｜～のある venenoso[sa]｜～を入れる envenenar, poner [echar] veneno｜～を消す contrarrestar los efectos del veneno, quitar [eliminar] el veneno｜～を飲む envenenarse, ingerir veneno｜体に～である ser nocivo[va] para la salud｜～ガス gas *m* tóxico｜～キノコ seta *f* venenosa｜～性 toxicidad *f*｜～性のある tóxico[ca]｜～素 toxina *f*｜～物 sustancia *f* tóxica [venenosa]

とくい ❶ **得意**の絶頂である estar en el apogeo de SU gloria｜～がる presumir de, estar orgulloso[sa] de｜～になって orgullosamente,（これ見よがしに）con ostentación,（満足げに）con complacencia｜彼は習字が～である La caligrafía es su fuerte.｜～先 cliente[ta] *mf*,《集合的》clientela *f* ❷ **特異**な singular, peculiar｜～性 singularidad *f*｜～体質 constitución *f* alérgica

どくがく **独学**の autodidacta｜独学する aprender ALGO por sí mismo[ma]

とくぎ **特技** especialidad *f*

どくさい **独裁**政治（政権）dictadura *f*, despotismo *m*｜～的な dictatorial, despótico[ca]｜～者 dictador[dora] *mf*

どくさつ **毒殺** envenenamiento *m*｜～する

envenenar, matar a ALGUIEN con veneno
とくさん 特産 producto *m* típico [especial], especialidad *f*
どくじ 独自の original, propio[pia]
とくしつ 特質 característica *f*, propiedad *f*
どくしゃ 読者 lector[tora] *mf*
とくしゅ 特殊な especial, peculiar | ～教育 educación *f* especial | ～鋼 acero *m* especial | ～効果 efectos *m.pl* especiales | ～事情 circunstancia *f* especial | ～性 peculiaridad *f* | ～法人 corporación *f* pública dependiente del gobierno
とくしゅう 特集 …の～番組 programa *m* especial dedicado a ...
どくしょ 読書 lectura *f* | ～する leer | ～に耽(ふけ)る enfrascarse en la lectura | ～家 lector[tora] *mf*
どくしょう 独唱 solo *m* | ～者 solista *m/f*
とくしょく 特色 característica *f*, peculiaridad *f* | ～のある característico[ca]
どくしん 独身の soltero[ra], célibe
どくする 毒する 青少年を～ corromper [envenenar] a los adolescentes
どくぜつ 毒舌を振るう hablar con mordacidad | ～家である tener una lengua viperina [mordaz]
どくせん 独占 monopolio *m* | ～する monopolizar | ～禁止法 ley *f* antimonopolio [contra los monopolios]
どくぜん 独善的な egocéntrico[ca], arbitrario[ria]
どくそう 独奏(曲) solo *m* | ～者 solista *m/f*
どくそう 独創性 originalidad *f* | ～的な original
とくそく 督促 請求書の支払を～する apremiar a ALGUIEN para pagar la factura | ～状 recordatorio *m*
ドクター doctor[tora] *mf*, (学位) doctorado *m*
とくだね 特種 primicia *f*, exclusiva *f*
どくだん 独断 decisión *f* arbitraria | ～的な dogmático[ca], arbitrario[ria] | ～で行動する actuar arbitrariamente
とぐち 戸口 puerta *f*, entrada *f*
とくちょう ❶ 特徴 característica *f*, peculiaridad *f* | ～づける caracterizar, distinguir | …が～である caracterizarse por ... | ～的な característico[ca], peculiar | ～のない sin carácter ❷ 特長 mérito *m*, ventaja *f*
とくてい 特定の determinado[da], específico[ca] | ～する determinar, especificar
とくてん ❶ 得点 punto *m*, (試験) nota *f*, 〖スポ〗 tanteo *m* | ～を記入する tantear | ～掲示板 〖スポ〗 marcador *m*, tanteador *m* | 最高～をとる obtener la máxima puntuación ❷ 特典 privilegio *m*
どくとく 独特の especial, peculiar, único[ca], propio[pia], típico[ca] | 彼～の考え方 su propia manera de pensar
とくに 特に especialmente, en especial
とくばい 特売 rebajas *f.pl*, saldo *m* | ～品 oferta *f*
とくはいん 特派員 enviado[da] *mf* especial
とくひつ 特筆 この作品は～に値する Esta obra merece una mención especial.
とくべつ 特別な[の] especial, particular, (例外的に) excepcional | ～に especialmente | ～扱いする[される] dar [recibir] un trato especial
どくぼう 独房 celda *f* individual
どくほん 読本 libro *m* de lectura
どくみ 毒見・毒味する probar la comida antes de servir (para prevenir un envenenamiento)
とくめい 匿名の anónimo[ma]
どくやく 毒薬 veneno *m*
とくゆう 特有 →独特
どくりつ 独立 independencia *f* | ～の[した] independiente | ～して independientemente | ～する independizarse | ～国 país *m* independiente | ～宣言 declaración *f* de independencia | ～採算 autonomía *f* financiera, autofinanciación *f*
どくりょく 独力で por sí solo[la], por [con] sus propios medios
とげ 棘 púa *f*, espina *f*
とけい 時計 reloj *m* | ～の針 aguja *f*, manecilla *f* | ～のバンド pulsera *f*, correa *f* | ～の文字盤 esfera *f* | ～回りに en el sentido de las agujas del reloj | ～と逆回りに en sentido contrario a las agujas del reloj | ～を合わせる poner en hora el reloj | ～を進める[遅らせる] adelantar [atrasar] el reloj | ～仕掛け mecanismo *m* de relojería | ～店 relojería *f*
とけこむ 溶け込む 環境に～ adaptarse a las circunstancias
とける ❶ 解ける (ほどける) desatarse, (問題が) solucionarse, resolverse ❷ 溶ける derretirse, disolverse, fundirse | このペンキは水に～ Esta pintura se disuelve con agua. | 水に溶ける[溶けない] soluble [insoluble] en agua
とげる 遂げる lograr, conseguir, llevar ALGO a cabo | 望みを～ hacer realidad SU deseo
どける 退ける apartar, quitar, remover
とこ 床 cama *f* | ～に就く ir(se) a la cama
どこ ～に[で] dónde | ここは～ですか ¿Dónde estoy? | どこかに[で] en algún lugar | ～か別の場所で en algún otro lugar | 彼は～か冷淡なところがある Él es una persona algo fría. | どこから電話しているのですか ¿De dónde me llama usted? | ～からともなくやって来る venir Dios sabe de dónde | どこにでも en cualquier lugar | ～にもない en ningún lugar | どこの大学を出たのですか ¿En qué universidad se graduó usted? | ～の出身ですか ¿De dónde es usted? | どこへ行きたいの ¿A dónde quieres ir? | ～へ行ってたの ¿Dónde has estado? | 映画館はどこもがら空きだった Había muy poca gente en todos los cines. | 君の車は～も悪いところはない Tu coche no tiene ninguna avería.
どことなく 彼女は～彼に似ている Ella se parece en algo a él.
どこまで 君は～行くつもりなの ¿Hasta dónde piensas ir? | あなたは～しらを切るつもりですか ¿Hasta cuándo intenta usted

と

fingir ignorancia? | ～も君について行きます Iré contigo dondequiera que tú vayas. | ～も麦畑が続いていた Se extendían interminablemente los campos de trigo.

ところ 所 lugar *m*, sitio *m* | 今の～ de [por el] momento, por ahora | 電車は出発する～だ El tren está por salir. | 私は家に戻った～だ Acabo de llegar a casa. | 元の～へ戻しなさい Devuélvelo donde estaba. | お～とお名前をお願いします Su nombre y dirección, por favor. | 今日は～により雨でしょう Hoy se esperan lluvias en algunas zonas. | 部屋には家具が～狭しと置いてある Los muebles inundan la habitación.

ところが sin embargo, no obstante

…どころか 彼は怒る～とても喜んだ Lejos de enfadarse, se puso muy contento.

ところで a propósito

ところどころ 所々 aquí y allá

とざん 登山 alpinismo *m*, montañismo *m* | ～家 alpinista *m/f*, montañero[ra] *mf* | ～隊 grupo *m* [expedición *f*] de alpinistas

とし ❶ 年 año *m*, (年齢) edad *f* | ～が明けた Ha cambiado el año. | ～の瀬に a finales de año | ～の初めに a principios de año | ～相応に見える aparentar la edad que tiene | ～に似合わず a pesar de la edad que tiene | ～の割に para la edad que tiene | ～には勝てない Nadie puede resistir al paso del tiempo. | ～をごまかす(若く) quitarse años | ～を取る envejecer(se), cumplir años | ～を取った viejo[ja], mayor, entrado[da] en años ❷ 都市 ciudad *f* | ～ガス gas *m* ciudad

とじ ～を踏む hacer [cometer] una pifia, meter la pata

としうえ 年上の mayor

としこし 年越しする pasar la Noche Vieja (para recibir el Año Nuevo)

とじこめる 閉じ込める encerrar | 閉じ込められる quedar encerrado[da] en

とじこもる 閉じ籠る 自分の殻に～ encerrarse en sí mismo[ma]

としごろ 年頃の casadero[ra], (女性が) núbil | ～である estar en edad de merecer

とししした 年下の menor

としつき 年月 años *m.pl*, tiempo *m*

…として como, en calidad de | 報酬～受け取る recibir ALGO como recompensa | (仮に) 彼が知っている～も aunque [suponiendo que] él lo sepa

とじまり 戸締まりをする cerrar las puertas y ventanas

どしゃ 土砂降りだ Llueve a cántaros. | ～崩れ corrimiento *m* de tierras

としょ 図書 libro *m*

どじょう 土壌 suelo *m* | ～汚染 contaminación *f* del suelo | ～保全 preservación *f* del suelo

としょかん 図書館 biblioteca *f*

としより 年寄り anciano[na] *mf*, viejo[ja] *mf*

とじる ❶ 閉じる cerrar | 閉じた cerrado[da] ❷ 綴じる (製本) encuadernar, (とじ込む) archivar, (ホッチキスで) grapar

としん 都心 centro *m* de la ciudad

トス 〘スポ〙 lanzamiento *m* | ～する lanzar la pelota

どせい ❶ 土星 Saturno *m* ❷ 土製の de barro

とそう 塗装 pintura *f* | ～する pintar

どそう 土葬する enterrar, sepultar

どだい 土台 base *f*, fundamento *m*, cimientos *m.pl*

とだえる 途絶える interrumpirse, cesar

ドタキャン ～する cancelar en el último momento

とだな 戸棚 armario *m*, (食器棚) aparador *m*

とたん ❶ とたん …した～に nada más 〈+不定詞〉, al 〈+不定詞〉 | 私が帰宅した～に en cuanto llegué a casa ❷ トタン板 chapa *f* de cinc [galvanizada]

どたんば 土壇場で en el último momento

とち 土地 terreno *m*, tierra *f*, suelo *m* | ～を買う comprar un terreno | ～を耕す cultivar [trabajar] la tierra | ～の人 nativo[va] *mf*, indígena *m/f* | ～の名産 producto *m* local | ～勘がある conocer bien el lugar

どちゃく 土着の autóctono[na], indígena, aborigen, nativo[va]

とちゅう 途中で en el camino, a mitad de camino, a medio camino | 大阪に向かう～で a medio camino de Osaka | ～下車する bajarse a medio camino | 会議の～で a mitad de la reunión | ～から映画を観る ver la película después de empezar | お話の～すみませんが… Perdóneme que le interrumpa, pero ....

どちら (どれ) cuál, (どの) qué 〈+名詞〉, (どこ) dónde | ～があなたの車ですか ¿Cuál es su coche? | ～へ行かれるのですか ¿A dónde va usted? | ～様ですか Su nombre, por favor. ; (電話で) ¿Con quién hablo? ; ¿De parte de quién? | ～でもいいよ Me da igual. | 私は～の映画も好きでない No me gusta ninguna de las dos películas.

どちらかと ～言えば más bien, mejor dicho

どちらにしても de todas maneras, de todos modos, en cualquier caso

とっか 特価 precio *m* de saldo, precio *m* especial | ～品 oferta *f*

どっかいりょく 読解力 comprensión *f* de textos [de lectura]

とっきゅう 特急 tren *m* expreso | ～料金 suplemento *m* del expreso

とっきょ 特許(権) patente *f* | ～庁 Oficina *f* de Patentes ➜表現集：日本の省庁

ドッキング acoplamiento *m* | ～する acoplarse

ドック 〘海〙 dique *m*

とっくみあう 取っ組み合う pelear cuerpo a cuerpo

とっくん 特訓 entrenamiento *m* intensivo [especial]

とつげき 突撃 〘軍〙 carga *f*, ataque *m* | ～する cargar contra [sobre], atacar

とっけん 特権 privilegio *m*, inmunidad *f*|外交官〜 inmunidad *f* diplomática
どっしり 〜した macizo[za], (貫禄のある) imponente
とっしん 突進する lanzarse a [contra, sobre]
とつぜん 突然 de repente | 〜の repentino[na], brusco[ca], súbito[ta] | 〜死 muerte *f* repentina|〜変異 〖生〗 mutación *f*
どっち 〜つかずの indeciso[sa], ambiguo[gua] ➡どちら
とって ❶ とって 彼に〜 para él ❷ 取っ手 asa *f*, tirador *m*, (ドアの) pomo *m*, manilla *f*
とっておく 取っておく guardar, conservar, reservar
とってかわる 取って代わる reemplazar, sustituir
とってくる 取って来る ir a buscar, traer
ドット 〖IT〗 punto *m*
とつにゅう 突入する (押し入る) irrumpir en, (突進) lanzarse a [contra, sobre]
とっぱ 突破する (敵陣を) romper, derrotar, (障害を) superar, vencer
とっぱつ 突発する estallar, ocurrir de repente|〜事件 suceso *m* inesperado
とっぴな extravagante, excéntrico[ca]
トップ (首位) primer puesto *m*, primera posición *f* | 〜にいる ir a la cabeza [en cabeza], encabezar
とつめん 凸面の convexo[xa]
とつレンズ 凸レンズ lente *f* convexa
どて 土手 terraplén *m*
とてい 徒弟 aprendiz[diza] *mf*
とても 〜面白い映画 película *f* muy interesante | 頭が〜痛い Me duele mucho la cabeza. | 彼は〜作曲家には見えない Él no tiene ninguna pinta de compositor.
とどうふけん 都道府県 divisiones *f.pl* administrativas de Japón
とどく 届く alcanzar, llegar a | 私の善意が彼女に届いた Ella entendió mi buena voluntad.
とどけ 届け(出) aviso *m*, notificación *f* | 無〜で sin previo aviso, (無許可で) sin autorización
とどけでる 届け出る avisar, declarar, denunciar | 警察に盗難被害を〜 denunciar el robo a la policía
とどける 届ける (送る) enviar, mandar, (配達) distribuir, repartir, (持参) llevar, (届け出る) declarar
とどこおる 滞る atrasarse, demorarse | 滞りなく sin problemas [contratiempos]
ととのう 整う estar listo[ta], estar preparado[da] | 旅行の準備が〜 tener todo listo para el viaje
ととのえる 整える arreglar, preparar, poner ALGO en orden
とどまる 留まる permanecer, quedarse
とどめる 止める detener, parar, cesar, (記憶に) recordar | 被害を最小限に〜 minimizar los daños
とどろく 轟く retumbar, tronar | 彼の名は世界中にとどろいている Su nombre es mundialmente conocido.
トナー (プリンターの) tóner *m*
ドナー donante *m/f*
となえる 唱える 必要性を〜 insistir en la necesidad de | 異議を〜 poner [hacer] una objeción | 万歳を〜 dar un viva
トナカイ 〖動〗 reno *m*
どなた quién | 〜ですか ¿Quién es usted?
となり 隣の vecino[na] | …の〜に座る sentarse al lado de ... | 〜の人 vecino[na] *mf*| 〜町 ciudad *f* vecina | 〜近所 vecindad *f*
どなる 怒鳴る gritar, chillar, vociferar
とにかく de todas formas, de todos modos
どの (どれ) cuál, (どの) qué 〈+名詞〉| 〜雑誌を読みたいの ¿Qué revista quieres leer? | 〜電車も混んでいた Todos los trenes iban repletos.
どのくらい どの位 (量) qué cantidad, cuánto, (時間) cuánto tiempo, (距離) qué distancia, cuánto, (回数) cuántas veces, (大きさ) qué tamaño
とのさま 殿様 señor *m*
どのへん どの辺 グラナダの〜ですか ¿En qué parte de Granada?
どのように cómo
とばく 賭博 juego *m* (de azar)
とばす 飛ばす hacer volar, (急ぐ) correr, (抜かす) saltar, omitir, (左遷する) relegar | デマを〜 contar un bulo
トビ 〖鳥〗 milano *m*
とびあがる 跳び上がる saltar, dar un salto
とびおりる 飛び下りる arrojarse, tirarse | ビルの屋上から〜 arrojarse al vacío desde la azotea del edificio
とびかかる 飛びかかる lanzarse sobre
とびこえる 跳び越える saltar, pasar por encima
とびこみ 飛び込み salto *m*, zambullida *f* | 高〜 〖スポ〗 salto *m* de palanca
とびこむ 飛び込む arrojarse a [en], echarse en, (水中に) zambullirse, darse una zambullida, chapuzarse
とびだす 飛び出す salir precipitadamente, dispararse, lanzarse
とびちる 飛び散る esparcirse, desparramarse
トピック tema *m*, tópico *m*
とびばこ 跳び箱 plinto *m*
とびはねる 飛び跳ねる saltar, brincar
とびら 扉 puerta *f*
とふ 塗布する aplicar
とぶ ❶ 飛ぶ volar | 国外へ〜 volar al extranjero | 話が飛びますが cambiando de tema | ヒューズが飛んだ Se fundió el fusible. | 〜ように売れる venderse como churros ❷ 跳ぶ saltar, dar un salto
とほ 徒歩で a pie, andando
どぼく 土木 (工学) ingeniería *f* civil | 〜技師 ingeniero[ra] *mf* civil
とぼしい 乏しい pobre, escaso[sa]
トマト tomate *m*
とまる ❶ 止まる・停まる pararse, detenerse, (中断) interrumpirse, cortarse, (鳥が) posarse | 電気が止まった Se cortó el suministro de electricidad. | 止まれ ¡Alto! ❷ 泊まる alojarse, hospedarse, albergarse | ホテルに〜 alojarse en el hotel | 一晩〜 pasar una noche

と

とみ 富 riqueza *f*, (財産) fortuna *f*
とむ 富む enriquecerse, hacerse rico[ca] | 鉱物資源に富んだ rico[ca] en recursos minerales
とむらう 弔う celebrar el funeral, (弔意を表する) expresar SU condolencia
ドメイン 〖IT〗 dominio *m*
とめがね 留め金 broche *m* | ～を掛ける abrochar | ～を外す desabrochar
ドメスティック ～バイオレンス ➜家庭：～内暴力
とめる ❶ 止める・停める parar, detener, (駐車) aparcar, estacionar, (中断) interrumpir, cortar, (禁止) prohibir | 息を～ contener la respiración | 痛みを～ controlar [calmar] el dolor | 水を～ cortar el agua | けんかを～ detener la pelea ❷ 泊める alojar, hospedar, albergar ❸ 留める fijar, sujetar | ボタンを～ abotonar | ピンで～ prender ALGO con un alfiler
ともかせぎ 共稼ぎ ➜共働き
ともだち 友達 amigo[ga] *mf* | ～になる hacerse amigo[ga] de ALGUIEN | ～付き合いをする mantener la amistad | ～付き合いをやめる romper con ALGUIEN | ～が多い tener muchos amigos | 彼は～甲斐(がい)のないやつだ Él no es un amigo fiel. | 遊び～ amigote[ta] *mf* | 飲み～ amigo[ga] *mf* de tomar copas
ともなう 伴う acompañar, traer [llevar] consigo, entrañar | …を伴って出かける salir acompañado[da] de ... | 危険を～ entrañar riesgo | 急速な工業化に伴って con la industrialización acelerada
ともに 共に con, juntos[tas] | 彼と行動を～にする actuar con él | 食事[寝食]を～にする comer [vivir] juntos | 運命を～にする compartir la suerte | 男女～に tanto hombres como mujeres
ともばたらき 共働き 今日では多くの家庭は～である Hoy en día trabajan tanto el marido como la mujer en muchos hogares. | ～の夫婦 matrimonio *m* que cobra dos sueldos
どようび 土曜日 sábado *m* | ～に el sábado
トラ 〖動〗 tigre *m*, tigresa *f*
トライ intento *m*, (ラグビー) try *m* | ～する intentar, (ラグビー) marcar un try
ドライ ～な seco[ca] | ～アイ ojos *m.pl* secos | ～アイス hielo *m* seco
トライアスロン 〖スポ〗 triatlón *m*
ドライクリーニング lavado *m* en seco
ドライバー conductor[tora] *mf*, (工具) destornillador *m*
ドライブ 〖IT〗 unidad *f* de disco | ～する (車) dar una vuelta [un paseo] en coche | ～イン restaurante *m* de carretera
ドライヤー ヘアー～ secador *m* de pelo
トラウマ 〖医〗 trauma *m*
とらえる 捕える coger, atrapar, (捕獲) capturar, apresar, (意味を) captar | 機会を～ no dejar pasar la oportunidad | 心を～ robar el corazón | 特徴を～ captar las características | 捕らえどころのない ambiguo[gua], vago[ga]
トラクター tractor *m*
トラック camión *m*, 〖スポ〗 pista *f*
ドラッグ droga *f* | ～ストア droguería *f* | ～(アンドドロップ)する 〖IT〗 arrastrar (y soltar)
トラブル problema *m*, (故障) avería *f*
トラベラーズチェック cheque *m* de viaje(ro)
ドラマ drama *m*
ドラマチック ～な dramático[ca]
ドラム 〖音〗 tambor *m* | ～缶 bidón *m*
とらわれる 捕われる estar preso[sa] | 先入観に～ tener prejuicios
トランク baúl *m*, (車の) maletero *m* | ～ルーム almacén *m* de alquiler
トランジット ～で(の) de tránsito
トランシーバー emisor-receptor *m*
トランプ baraja *f* | ～のカード carta *f*, naipe *m* | ～をする jugar a las cartas
トランペット trompeta *f*
トランポリン cama *f* elástica
とり 鳥 ave *f*, (小鳥) pájaro *m* | ～かご jaula *f*
とりあえず de momento, por ahora
とりあげる 取り上げる coger, recoger, (奪う) quitar, (没収) confiscar, (採用) adoptar, (扱う) tratar
とりあつかい 取り扱い manejo *m*, (待遇) trato *m* | 壊れ物, ～注意 Frágil, manéjese con cuidado. | ～説明書 manual *m* de instrucciones
とりあつかう 取り扱う tratar, manejar
とりいれる 取り入れる (収穫) cosechar, recolectar, (洗濯物を) recoger, (採用) adoptar
とりえ 取り柄 mérito *m*, virtud *f*, cualidad *f*
トリオ trío *m*
とりかえす 取り返す recuperar, recobrar | 取り返しのつかない irremediable, irreparable
とりかえる 取り替える cambiar, sustituir, reemplazar
とりかかる 取り掛かる empezar, emprender, proceder a | 仕事に～ poner manos a la obra, ponerse a trabajar
とりかこむ 取り囲む rodear, asediar, cercar
とりかわす 取り交わす intercambiar
とりきめ 取り決め acuerdo *m*, convenio *m* | 取り決める acordar, decidir
とりくむ 取り組む abordar, afrontar
とりけす 取り消す anular, cancelar, (撤回) retractarse [desdecirse] de
とりこ 虜 cautivo[va] *mf*, preso[sa] *m f*, prisionero[ra] *mf*
とりこむ 取り込む (洗濯物を) recoger, (忙しい) estar ocupado[da], 〖IT〗 bajar | 画像を～ bajar las imágenes
とりこわす 取り壊す demoler, derribar
とりしまり 取り締まり control *m* | 取締役 director[tora] *mf*, gerente *m/f* | 専務取締役 director[tora] *mf* ejecutivo[va] | 取り締まる controlar, (監視) vigilar
とりしらべ 取り調べ investigación *f*, (尋問) interrogación *f* | 取り調べる investigar, (尋問) interrogar
とりそろえる 取り揃える 製品を～ disponer de una amplia gama de productos
とりだす 取り出す sacar, extraer
とりたてる 取り立てる cobrar, recaudar

とりちがえる 取り違える AをBと～ equivocar A con B, tomar A por B
とりつ 都立病院 hospital *m* prefectural de Tokio
トリック truco *m*
とりつける 取り付ける（設置）instalar
とりつぐ 取次ぐ（伝言を）transmitir,（仲介）mediar | 電話を～ pasar la llamada (telefónica) a ALGUIEN
とりで 砦 fortaleza *f*, fuerte *m*, baluarte *m*, bastión *m*
とりにく 鶏肉 pollo *m*
とりのぞく 取り除く eliminar, quitar
とりはだ 鳥肌 私は～が立った Se me puso la carne [piel] de gallina.
とりひき 取引 negocio *m*, comercio *m*, transacción *f*,（妥協）trato *m* | ～をする negociar, tratar | ～を始める establecer relaciones comerciales | ～銀行はどこですか ¿Cuál es su banco? | ～先 clientela *f* | ～高 volumen *m* de transacciones | 現金～ transacciones *f.pl* en efectivo | 信用～ operaciones *f.pl* de crédito
トリプル triple *m*
ドリブル〖スポ〗dribling *m*, regate *m* | ～する driblar, regatear
とりぶん 取り分 parte *f*, reparto *m*
とりまく 取り巻く rodear, cercar
とりみだす 取り乱す perturbarse, perder la calma
とりもどす 取り戻す recuperar,（健康を）recobrar
とりょう 塗料 pintura *f*
どりょく 努力 esfuerzo *m* | ～する esforzarse, hacer un esfuerzo | ～家 gran trabajador[dora] *mf*
とりよせる 取り寄せる（注文）pedir
ドリル taladro *m*, taladradora *f* | ～ブック（学習用の）libro *m* de ejercicios
とる 取る tomar, coger,（場所を）ocupar,（除去）quitar, eliminar,（食事を）tomar | 1等賞を～ ganar el primer premio | 新聞を～ abonarse [suscribirse] a un periódico | 骨を～ deshuesar, quitar los huesos | 悪く～ tomar(se) ALGO a mal | 大豆から油を～ extraer el aceite de la soja
ドル dólar *m* | ～化 dolarización *f*
トルティーリャ〖料〗tortilla *f*
とるにたりない 取るに足りない insignificante, sin importancia
どれ cuál, qué | ～か好きなのを一つ選びなさい Elije uno que te guste. | ～が～か分からない No sé cuál es cuál.
どれい 奴隷 esclavo[va] *mf*
トレード〖スポ〗traspaso *m* | ～する traspasar | ～マーク marca *f* registrada
トレーナー entrenador[dora] *mf*,〖服〗sudadera *f*
トレーニング entrenamiento *m* | ～する entrenarse | ～ウエア chándal *m*
トレーラー remolque *m*
どれくらい どれ位 ➜どの位
ドレス vestido *m*, traje *m*
トレッキング senderismo *m*, trekking *m*
ドレッシー ～な elegante
ドレッシング〖料〗aliño *m*
どれでも cualquiera, cualquier〈＋単数名詞〉| ～好きな本を選んでいいよ Puedes elegir cualquier libro que te guste.
どれほど この仕事が～つらいか君には分からない No te puedes imaginar lo duro que es este trabajo. ➜どんなに
ドレミファソラシド〖音〗do, re, mi, fa, sol, la, si, do（いずれも*m*）
どれも この島の浜辺は～美しい Las playas de esta isla, todas son hermosas. | 彼の作品は～気に食わない No me gusta ninguna de sus obras.
とれる 取れる ボタンが取れた Se me cayó un botón. | 私は痛みが取れた Se me quitó el dolor.
トレンチコート〖服〗trinchera *f*
どろ 泥 barro *m*, lodo *m* | ～だらけになる ensuciarse de barro, enlodarse | ～まみれの靴 zapatos *m.pl* llenos de barro | ～を被る pagar los platos rotos | 親の顔に～を塗る deshonrar a SUS padres
トロール ～漁業 pesca *f* de arrastre | ～船 barco *m* arrastrero
どろじあい 泥仕合い 討論は～になった El debate degeneró en un intercambio de insultos [calumnias].
ドロップ caramelo *m*
どろどろ ～の（泥んこの）fangoso[sa], cenagoso[sa],（濃い）espeso[sa]
どろぬま 泥沼 pantano *m* | ～にはまる meterse en un atolladero
トロフィー trofeo *m*
どろぼう 泥棒 ladrón[drona] *mf*,（行為）robo *m*, hurto *m* | 私は～に入られた Me entraron ladrones en casa.
どろよけ 泥除け guardabarros *m* [*pl* ~]
トロリーバス trolebús *m*
トロンボーン〖音〗trombón *m*
どわすれ 度忘れする olvidarse momentáneamente
トン tonelada *f*
とんかつ lomo *m* de cerdo rebozado
どんかん 鈍感な insensible, poco sensible
どんき 鈍器 arma *f* contundente
ドン・キホーテ Don Quijote,（作品）*El Quijote*
どんぐり〖植〗bellota *f*
どんこう 鈍行列車 tren *m* que para en todas las estaciones
どんちゃんさわぎ どんちゃん騒ぎをする armar jaleo, irse de parranda
とんちんかん ～な答え respuesta *f* que no viene al caso
とんでもない ～誤解 malentendido *m* garrafal | ～よ ¡Ni hablar! ; ¡De ninguna manera! ; Ni mucho menos.
どんつう 鈍痛 dolor *m* sordo
どんどん ～(と)（次々に）uno [una] tras otro[tra], sin cesar,（順調に）a buen ritmo | ～金を使う dilapidar el dinero | ～悪くなる ir de mal en peor
どんな cómo, qué | あなたのは～車ですか ¿Cómo es su coche? | ～ご用件ですか ¿Qué desea? | ～人でもできます Cualquiera puede hacerlo.
どんなに ～急いでも間に合わないよ Por mucha prisa que te des, no llegarás a tiempo. | 彼女は～苦しかったことだろう ¡Cuánto habrá sufrido ella!
トンネル túnel *m*

と

トンボ〘昆〙libélula *f*, caballito *m* del diablo | とんぼ返りをする dar una voltereta, (すぐ戻る) hacer un viaje relámpago

とんや 問屋 comercio *m* al por mayor, (人) mayorista *m/f*

どんよく 貪欲な ávido[da], codicioso[sa]

どんよりした (目が) turbio[bia], (空が) oscuro[ra]

な

な 名 nombre *m*, (姓) apellido *m*, (名声) fama *f* | …という～である llamarse ... | ～のある conocido[da], prestigioso[sa] | ～もない desconocido[da] | ～をあげる hacerse famoso[sa], conquistar la fama

ない 無い お金が～ no tener dinero | 私の本が～ No encuentro mi libro. | 根拠が～ carecer de fundamento | この時間は電車が～ A esta hora no hay tren. | 我々は資金が～ Nos faltan fondos. | 私はもう言うことは～ No tengo nada que añadir. | 何も～よりはましだ Más vale algo que nada. | なかったことにする (帳消しにする) hacer borrón y cuenta nueva | 何事もなかったように como si no hubiera pasado nada | ～物ねだりする pedir la luna [lo imposible] | チャンスはなきにしもあらずだ No es que no tengamos ninguna oportunidad. | なくてはならない indispensable | 例外の～規則は～ No hay regla sin excepción.

ないえん 内縁の妻 concubina *f* | ～の夫婦 matrimonio *m* de hecho

ないか 内科 medicina *f* interna | ～医 internista *m/f*

ないがい 内外で en el interior y exterior | …の～で dentro y fuera de ...

ないかく 内閣 gabinete *m* | ～総理大臣 primer[mera] ministro[tra] *mf* | ～官房長官 primer[mera] secretario[ria] *mf* del gabinete

ないがしろにする desatender, descuidar

ないけい 内径 diámetro *m* interior, (銃の) calibre *m*

ないこうてき 内向的な introvertido[da]

ないし o, u (☛ o-, ho- で始まる語の前で)

ないしきょう 内視鏡〘医〙endoscopio *m*

ないしゅっけつ 内出血 hemorragia *f* interna

ないじゅ 内需 demanda *f* interna

ないしょ 内緒の secreto[ta], confidencial

ないしん 内心では en SU fuero interno

ないしんしょ 内申書 informe *m* confidencial

ないせい 内政 política *f* interna [interior] | ～干渉 intervención *f* en los asuntos internos

ないせん ❶ 内戦 guerra *f* civil ❷ 内線 (電話) extensión *f*

ないぞう ❶ 内臓 vísceras *f.pl*, entrañas *f.pl* ❷ 内蔵のマイク micrófono *m* incorporado

ナイター partido *m* nocturno

ないてき 内的な interno[na], (精神的な) mental

ナイト (騎士) caballero *m* | ～テーブル mesilla *f* de noche

ナイフ cuchillo *m*, navaja *f*

ないぶ 内部 interior *m* | …の～に en el interior [seno] de ..., dentro de ... | ～の interno[na], interior

ないめん 内面 interior *m*

ないよう 内容 contenido *m*, sustancia *f* | ～のある[乏しい] tener [poco] contenido | 本の～ contenido *m* del libro

ないらん 内乱 guerra *f* civil, rebelión *f*

ないりく 内陸 interior *m*

ナイロン nailon *m*, nilón *m*

なえ 苗 planta *f* de semilla | ～木 plantón *m* | ～床 semillero *m*, almáciga *f*

なお aún, todavía | ～悪いことには para colmo | なおかつ además | なおさらいい tanto mejor, mejor que mejor

なおす ❶ 直す (訂正・修正) corregir, rectificar, (修理) reparar, arreglar | ネクタイを～ arreglarse la corbata | 化粧を～ retocar el maquillaje ❷ 治す curar, sanar | かぜを～ curar el resfriado

なおる ❶ 直る corregirse, arreglarse | 機嫌が～ recuperar el buen humor ❷ 治る curarse, sanarse, recuperarse

なか ❶ 中 interior *m* | …の～に en ..., dentro de ..., en el interior de ... | 10人の～から選ばれる ser elegido[da] entre diez personas | ～から外へ del interior al exterior ❷ 仲 …と～がよい llevarse bien con ..., tener buenas relaciones con ... | ～を裂く separar, desunir

ながい 長い largo[ga] | ～間 durante mucho tiempo | ～目で見る ver ALGO a largo plazo | 先は～よ Todavía queda un largo camino por recorrer. | 長くする alargar | 長くなる alargarse | 長々と largamente, prolongadamente

ながいき 長生きする vivir muchos años | ～の longevo[va]

なかがい 仲買い corretaje *m* | ～人 corredor[dora] *mf*, intermediario[ria] *mf*

ながぐつ 長靴 botas *f.pl* de agua [de goma]

なかごろ 中頃 90年代～に a mediados de la década de los noventa

ながさ 長さ longitud *f*, largo *m*, (時間) duración *f* | ～1メートルの板 tabla *f* de un metro de largo | 橋の～は60メートルだ El puente tiene una longitud de sesenta metros.

ながし 流し (台所の) fregadero *m*

なかす 中洲 mejana *f*

ながす 流す echar, verter, derramar, (排水) desaguar, (うわさを) hacer correr

ながそで 長袖 manga *f* larga

なかたがい 仲違いする pelearse, desavenirse

ながつづき 長続きする durar mucho

なかなおり 仲直りする reconciliarse, hacer las paces

なかなか bastante | ～よい bastante bien | 私は～分からない Me cuesta entenderlo. | 彼は～承知しないだろう Él no va a dar

su consentimiento con facilidad.
なかにわ 中庭 patio *m*
ながねん 長年 muchos años
なかば 半ば mitad *f*, medio *m* | 父は月の〜は出張している Mi padre está de viaje de negocios la mitad del mes.
ながびく 長引く prolongarse, alargarse, dilatarse
なかほど 中程に a [en] mitad de
なかま 仲間 compañero[ra] *mf*, camarada *m/f*, colega *m/f*, socio[cia] *mf* | 〜入りする unirse a un grupo, hacerse socio[cia] de, (加入) afiliarse a, (参加) tomar parte en | 〜内で entre amigos | 〜外れにする echar a ALGUIEN del grupo | 〜割れする desunirse, desavenirse | 〜意識 compañerismo *m*
なかみ 中身 contenido *m*
ながめ 眺め vista *f*, perspectiva *f* | 〜のいい部屋 habitación *f* con buena vista
ながめる 眺める contemplar, mirar, ver
ながもち 長持ちする durar, resistir
なかやすみ 中休み descanso *m*, intermedio *m*
なかゆび 中指 (dedo *m*) corazón *m*, (dedo *m*) medio *m*
なかよく 仲よく →仲
なかよし 仲よし 私たちは〜である Somos íntimos [muy] amigos.
ながらく 長らくお待たせしました Perdone que le haya hecho esperar tanto.
ながれ 流れ corriente *f*, flujo *m*, curso *m*, (時の) paso *m*
ながれだす 流れ出す desbordarse, verterse, derramarse
ながれぼし 流れ星〘天〙estrella *f* fugaz, exhalación *f*
ながれる 流れる correr, fluir, circular, verter, (時が) pasar, transcurrir
なきがお 泣き顔 rostro *m* [cara *f*] lloroso[sa]
なきごえ ❶ 泣き声で con voz llorosa | 赤ちゃんの〜が聞こえる Se oye el llanto de un bebé. ❷ 鳴き声 (鳥) canto *m*, (虫) chirrido *m*, (犬) ladrido *m*, (猫) maullido *m*, (牛) mugido *m*
なく ❶ **泣く** llorar, (すすり泣く) sollozar | 泣きたくなる tener ganas de llorar | 泣きじゃくる llorar a lágrima viva [a moco tendido] | 泣き出す echarse a llorar | わっと泣き出す romper a llorar, romper [estallar] en llanto | 泣き寝入りする (あきらめる) resignarse a no protestar | 泣き伏す echarse a llorar de bruces | 泣きべそをかく estar al borde del llanto | 泣きまねをする fingir que llora | 泣き虫 llorón[rona] *mf* | 泣く泣く llorando, (渋々) muy en contra de SU voluntad, muy a pesar SUYO ❷ **鳴く** (鳥) cantar, (虫) chirriar, (犬) ladrar, (猫) maullar, (牛) mugir
なぐ 凪ぐ calmarse, apaciguarse | なぎの海 mar *m* en calma
なぐさめ 慰め consuelo *m* | 〜を求める buscar consuelo
なぐさめる 慰める consolar, confortar
なくす 無くす perder, extraviar, (廃止) suprimir, (取り除く) eliminar
なくなる ❶ 無くなる perderse, acabarse, agotarse, desaparecer ❷ 亡くなる fallecer, morir | 亡くなった difunto[ta]
なぐる 殴る golpear, dar un puñetazo | 殴り合う pelearse a puñetazos | 殴り返す devolver los golpes | 殴りかかる emprenderla a puñetazos con ALGUIEN | 殴り倒す derribar a ALGUIEN a puñetazos
なげかわしい 嘆かわしい lamentable, deplorable
なげき 嘆き lamento *m*, queja *f*
なげく 嘆く lamentar, quejarse
なげやり 〜な dejado[da], negligente
なげる 投げる lanzar, arrojar, tirar
なこうど 仲人 mediador[dora] *mf*, intermediario[ria] *mf* | 〜好きな人 casamentero[ra] *mf*
なごやか 和やかな cordial, apacible
なごり 名残 huella *f*, vestigio *m*, reliquia *f*
なさけ 情け piedad *f*, (慈悲) caridad *f*, (同情) compasión *f* | 〜深い caritativo[va], compasivo[va] | 〜を掛ける tener piedad [compasión] de ALGUIEN | お〜で por piedad, por compasión | 〜知らずの despiadado[da] | 〜容赦なく sin piedad, despiadadamente
なさけない 情けない deplorable, lamentable, (恥ずかしい) vergonzoso[sa], (惨めな) miserable | …するとは〜ことだ Es una vergüenza que 〈+接続法〉.
なし ❶ **無し** …〜で sin ... | …すること〜で sin que 〈+接続法〉 | 〜で済ます prescindir de ALGO, pasarse sin ALGO ❷ **ナシ**〘植〙pera *f*, (木) peral *m*
なしとげる 成し遂げる cumplir, realizar
なじみ 馴染みの familiar, (いつもの) habitual, acostumbrado[da], (常連の) asiduo[dua]
ナショナリズム nacionalismo *m*
なじる reprochar, censurar
ナス〘植〙berenjena *f*
ナスダック 〜指標 índice *m* Nasdaq
なぜ (理由) por qué, (目的) para qué | 〜か分からないが, 彼女は黙っている No sé por qué razón, pero ella permanece callada.
なぜなら porque, pues
なぞ 謎 enigma *m*, misterio *m* | 〜をかける plantear un enigma | 〜を解く resolver un enigma | 〜めいた enigmático[ca], misterioso[sa] | 謎々 acertijo *m*, adivinanza *f* | 謎々をする jugar al acertijo
なた 鉈 hacha *f*, destral *m*
なだかい 名高い famoso[sa], conocido[da]
なたね 菜種 colza *f*
なだめる calmar, tranquilizar
なだらか 〜な suave
なだれ 雪崩 alud *m* (de nieve)
なつ 夏 verano *m* | 〜の veraniego[ga] | 〜に en verano | 〜の盛りに en pleno verano | 〜やせする adelgazar por el calor del verano | 〜時間 horario *m* de verano | 〜服 ropa *f* de verano | 〜場所〘スポ〙torneo *m* de verano | 〜ばてindisposición *f* del verano | 〜物処分 liquidación *f* de ropas de verano | 〜休み vacaciones *f.pl* de verano
なついん 捺印する sellar

なつかしい 懐かしい nostálgico[ca] | ～思い出 recuerdo *m* nostálgico | 故郷が～ tener [sentir] añoranza de su tierra natal | 懐かしがる añorar, extrañar | 懐かしさ añoranza *f*, nostalgia *f*
なづける 名付ける denominar, llamar, bautizar
ナッツ frutos *m.pl* secos
ナット tuerca *f*
なっとう 納豆 sojas *f.pl* fermentadas
なっとく 納得する convencerse de | ～させる convencer, persuadir
ナツメヤシ 〘植〙 dátil *m*, (木) datilera *f*
ナデシコ 〘植〙 clavellina *f*
なでおろす 胸を～ sentir alivio
なで がた なで肩である tener los hombros caídos
な
なでる 撫でる acariciar, hacer caricias
…など etcétera 《略 etc.》
ナトリウム 〘化〙 sodio *m*
なな 七 siete *m* | ～番目の séptimo[ma] | ～分の1 un séptimo
ななじゅう 七十 setenta *m* | ～番目の septuagésimo[ma] | ～分の1 un setentavo | ～代の人 septuagenario[ria] *mf*
ななめ 斜めの oblicuo[cua], diagonal, inclinado[da]
なに 何 qué, cuál | ～が食べたいの ¿Qué quieres comer? | 彼は～をしている人ですか ¿A qué se dedica él? | ～から～まで知っている saber de todo | ～がなんだかさっぱりわからない No entiendo nada de nada. | ～がなんでも a toda costa, cueste lo que cueste | ～かしら悪い予感がする Tengo como un mal presagio. | ～かにつけ彼はけちを付ける Él se queja de todo. | ～から始めていいやら分からない No sé por dónde empezar. | ～はさておき食事にしよう ¿Por qué no comemos primero? | 君が～を言っても digas lo que digas
なにか 何か algo, algún[guna] 〈＋単数名詞〉 | 食べる物，～あるかな ¿Hay algo de comer? | ～飲み物が欲しい Quiero beber algo. | ～ご用ですか ¿Qué desea usted? | ～面白い映画 alguna película interesante
なにげ 何気ない involuntario[ria], inconsciente | ～ない一言 comentario *m* casual | ～なく involuntariamente
なにごと 何事にも全力を尽くす hacer todo lo posible en cualquier cosa | これは一体～だ ¿Qúe demonio es esto? | ～もなく sin novedad, (無事に) sano[na] y salvo[va]
なにしろ 何しろ en todo caso, de todos modos | ～最近は不景気なんでね Es que últimamente el negocio va muy mal.
なにひとつ 何一つやましいことはしていない No hice nada de qué avergonzarme.
なにぶん 何分 この件は～よろしくお願いします Le ruego que no me olvide al considerar este asunto.
なにも 何もすることがない No tengo nada que hacer. | 水も～ない No hay ni agua ni nada. | 驚きで～言えなかった Tuve un susto tan grande que me quedé sin habla. | パスポートもバッグも～かも盗まれた Me robaron el pasaporte, la bolsa y todo.
なにもの ❶ 何者かがそれを持ち去った Se lo llevó alguien. | 彼は～だ ¿Quién es él? ❷ 何物にも代えがたい insustituible
なにより 何より primero, antes de [que] nada | ～まず病気を治すことだ Antes que nada tienes que curarte. | ～も健康が大事だ La salud es lo más importante. | お元気で～です Me alegra que usted se encuentre bien.
…なので como 〈＋直説法〉(文頭で用いる) | のどが渇いていたので… Como tenía sed ....
…なのに aunque 〈＋直説法〉, a pesar de que 〈＋直説法〉
なのる 名乗る …と～紳士 un caballero que dice llamarse ...
なびく 靡く ondear, flamear, (人が) someterse a | 風に～ flotar al viento
なふだ 名札 tarjeta *f* de identificación
ナプキン servilleta *f*, (生理用) compresa *f*
ナフタリン naftalina *f*
なべ 鍋 olla *f*, cacerola *f*, (土鍋) cazuela *f*, puchero *m* | ～もの guisado *m* de carne o pescado con verduras y legumbres, preparado en una olla
なま 生の crudo[da], (新鮮な) fresco[ca] | ～の声 opinión *f* franca | ～演奏 actuación *f* en vivo | ～放送 transmisión *f* en directo
なまあたたかい 生暖かい tibio[bia]
なまいき 生意気な impertinente, insolente | ～なことを言う decir [soltar] una impertinencia
なまえ 名前 nombre *m*, (姓) apellido *m*, (名称) denominación *f* | ～を挙げる citar el nombre | ～を伏せる no revelar el nombre | ～を変える cambiar de nombre | …という～で a nombre de ...
なまがし 生菓子 pastel *m*
なまぐさい 生臭い oler a pescado, (血のにおい) oler a sangre
なまクリーム 生クリーム nata *f*
なまける 怠ける holgazanear, vaguear | 仕事を～ faltar al trabajo | 怠け癖がつく adquirir el hábito de holgazanear | 怠けた perezoso[sa], holgazán[zana] | 怠け者 perezoso[sa] *mf*
ナマコ 〘動〙 cohombro *m* de mar
なまごみ 生ごみ basura *f* biodegradable [orgánica]
ナマズ 〘魚〙 siluro *m*
なまなましい 生々しい reciente, fresco [ca], (表現が) crudo[da], vívido[da]
なまぬるい 生ぬるい tibio[bia], (手ぬるい) blando[da], poco severo[ra], (あいまいな) indeciso[sa]
なまハム 生ハム jamón *m* serrano
なまビール 生ビール cerveza *f* de barril
なまみず 生水 agua *f* no hervida
なまめかしい sensual, provocativo[va], seductor[tora]
なまもの 生物 alimento *m* crudo, producto *m* perecedero
なまやさい 生野菜 verdura *f* fresca
なまやさしい 生易しい …するのは～ことではない No es nada fácil 〈＋不定詞〉.
なまり ❶ 鉛 plomo *m* ❷ 訛り acento *m*, deje *m*, dejo *m* | なまっている hablar con acento

なみ ❶ **波** ola *f*, onda *f* | 今日は～が高い El mar está encrespado [agitado] hoy. | ～が静まる Se calman las olas. | ～が砕ける[立つ] Rompen [Se levantan] las olas. | その少年は～にさらわれた Ese niño fue arrebatado por las olas del mar. | 時代の～ corrientes *f.pl* de la época | 大～ oleada *f* | **波打ち際** orilla *f*, playa *f* | **波打つ** (うねる) ondear | **波頭** cresta *f* | **波風を立てる** causar problemas ❷ **並の** corriente, ordinario[ria], mediano[na] | 十人～の男 hombre *m* del montón [común y corriente] | 例年～の igual que en los años anteriores

なみき **並木** hilera *f* de árboles | ～道 alameda *f*

なみだ **涙** lágrima *f* | 彼女の目に～があふれた Se le llenaron los ojos de lágrimas. | 私は～が出る Se me caen las lágrimas. | ～を浮かべて con lágrimas en los ojos | ～を流す derramar lágrimas | ～をふく secarse [enjugarse] las lágrimas | お～ちょうだいの話 historia *f* lacrimosa | **涙声で** con voz llorosa | **涙もろい** lacrimoso[sa]

なみだぐむ **涙ぐむ** 彼は涙ぐんだ Se le saltaron las lágrimas. | **涙ぐましい** conmovedor[dora], patético[ca]

なみなみと グラスに～つぐ llenar la copa hasta el borde

なみのり **波乗り** surf *m*, surfing *m*

なみはずれた **並外れた** extraordinario[ria] | ～記憶力がある tener una memoria de elefante [descomunal]

ナメクジ 〘動〙 limaza *f*, babosa *f*

なめしがわ **なめし革** piel *f* curtida, curtidos *m.pl*

なめす curtir, curar, zurrar

なめらか **滑らかな** liso[sa], terso[sa], suave, (口調) fluido[da] | ～な口調 lenguaje *m* fluido | ～な肌 piel *f* tersa

なめる **舐める・嘗める** lamer, (経験する) experimentar, (侮る) menospreciar

なや **納屋** granero *m*, troj(e) *f*

なやむ **悩む** sufrir, padecer, preocuparse | 神経痛に～ padecer neuralgia | **悩ます** acosar, importunar, molestar, atormentar | 頭を悩ます devanarse los sesos | 悩ましい (誘惑的な) provocativo[va], (憂うつな) deprimente | **悩み** preocupación *f*, inquietud *f* | 悩みを打ち明ける confiar sus problemas | 悩みの種 quebradero *m* de cabeza

なよなよした delicado[da], (女のような) afeminado[da]

…なら (条件) si, (…に関しては) en cuanto a ... | 君が急いでいる～ si tienes prisa | 可能～ si es posible | 日本～ではの料理 plato *m* típico de Japón

ならう ❶ **習う** aprender, estudiar ❷ **倣う** imitar, (従う) seguir

ならす ❶ **馴らす** domar, domesticar ❷ **慣らす** acostumbrar, (順応させる) aclimatar ❸ **鳴らす** hacer sonar, tocar ❹ **均す** nivelar, allanar, igualar

ならずもの **ならず者** bellaco[ca] *mf*, rufián *m*

ならない …しなければ～ tener que 〈+不定詞〉, haber que 〈+不定詞〉 (►3人称単数形で用いる), (義務) deber 〈+不定詞〉 | …しては～ no deber 〈+不定詞〉

ならびに **並びに** y, e (► i, hi で始まる語の前で), así como

ならぶ **並ぶ** alinearse, ponerse en fila, (列を作る) hacer cola | 2列に～ ponerse en dos filas | 子供達を並ばせる alinear a los niños | …と並んで座る sentarse junto con ...

ならべる **並べる** alinear, poner ALGO en fila, colocar | いすを2列に～ poner las sillas en dos filas | 料理を食卓に～ poner la comida sobre la mesa | 商品がショーケースに並べてある Los artículos están expuestos en el escaparate. | **並べ立てる** enumerar | **並んで** (横に) uno [una] al lado de otro[tra], (1列に) en fila india

ならわし **習わし** costumbre *f*, usanza *f*, tradición *f*

なりあがる **成り上がる** hacerse rico[ca], alcanzar éxito social | 成り上がり(者) advenedizo[za] *mf*

なりきん **成金** advenedizo[za] *mf*

なりすます **成り済ます** hacerse pasar por ALGUIEN

なりたち **成り立ち** historia *f*, (仕組み) estructura *f*, (過程) proceso *m*

なりたつ **成り立つ** consistir en, formarse, constar de

なりゆき **成り行き** curso *m*, desarrollo *m* | ～に任せて a la ventura | ～次第で sobre la marcha

なる ❶ (…に) **なる** hacerse, ponerse, volverse, quedarse, llegar a ser, convertirse en | 医者に～ hacerse médico[ca] | 病気に～ ponerse [caer] enfermo[ma] | 頭がおかしく～ volverse loco[ca] | 大統領に～ llegar a ser presidente[ta] | うそが本当になった Una mentira se convirtió en verdad. | 彼はどう～の ¿Qué va a ser de él? | 祖父が死んで2年に～ Hace dos años que murió mi abuelo. ❷ (…から) **成る** consistir en, constar de | その本は4章から～ El libro consta de cuatro capítulos. ❸ **生る** 実が～ dar [producir] frutos ❹ **鳴る** sonar

ナルシスト narcisista *m/f*

なるべく ～早く lo antes posible, lo más pronto posible | ～話さない hablar lo menos posible | ～なら今日君に来て欲しい Si es posible, quiero que vengas hoy.

なるほど efectivamente, en efecto | ～…だが si bien es cierto que 〈+直説法〉

ナレーション narración *f*

ナレーター narrador[dora] *mf*

なれた **慣れた** acostumbrado[da] | ～手つきで con manos hábiles | 私が使い～ペン mi pluma *f* de siempre

なれなれしい **馴れ馴れしい** なれなれしくする tomarse muchas [demasiadas] confianzas con ALGUIEN

なれる **慣れる** acostumbrarse a, familiarizarse con

なわ **縄** cuerda *f*, soga *f* | ～で縛る atar ALGO con una cuerda | **縄跳び** comba *f* | 縄跳びをする jugar [saltar] a la comba | **縄ばしご** escalera *f* de cuerda

な

なわばり 縄張り zona *f* de influencia, (動物の) territorio *m* | ～争い lucha *f* por la zona de influencia
なん 何ですか(聞き返す時) ¿Cómo?; ¿Perdón? | こう言っちゃ～だけど Quizá sea mejor no decirlo, pero ....
なんい 南緯 latitud *f* sur
なんおう 南欧 Europa *f* meridional
なんか 軟化する ablandarse, reblandecerse, (譲歩) ceder
なんかい 何回 cuántas veces | ～か unas [algunas] veces | ～も repetidas veces
なんがつ 何月生まれですか ¿En qué mes nació usted?
なんきょく 南極 polo *m* sur | ～大陸 Antártida *f*
なんこう 軟膏 pomada *f*, ungüento *m*
なんこつ 軟骨 cartílago *m*
なんさい 何歳ですか ¿Cuántos años [¿Qué edad] tiene usted?
なんざん 難産 彼女は～だった Ella tuvo un parto difícil.
なんじ 何時ですか ¿Qué hora es? | ～に ¿A qué hora? | ～まで ¿Hasta qué hora?
なんじかん 何時間 そこまで～かかりますか ¿Cuántas horas se tarda hasta allí?
なんすい 軟水 agua *f* blanda
なんせい 南西 suroeste *m*, sudoeste *m*
ナンセンス tontería *f*, disparate *m*
なんだ 何だ ¿Qué? | それが～ ¿Y qué? | ～かんだと忙しい estar ocupado[da] entre una cosa y otra
なんたいどうぶつ 軟体動物 moluscos *m.pl*
なんちょう 難聴 dificultad *f* para oír | ～の duro[ra] de oído
なんて 何てきれいな景色なんでしょう ¡Qué paisaje más hermoso! | ～暑いんだ ¡Qué calor hace! | 君は～こと言うの ¿Qué cosas dices?
なんで 何で(理由) por qué, (目的) para qué
なんでも 何でも cualquier cosa, todo | ～好きなものをどうぞ Elija cualquier cosa que le guste. | ～お申しつけください Aquí me tiene usted a su entera disposición. | 彼は～かんでもやりたがる Él quiere hacerlo todo. | ～ないよ No pasa nada. | 10万円は彼にとっては～ない Cien mil yenes no significan nada para él. | ～屋 factótum *m/f*
なんてん 難点 dificultad *f*, (欠点) defecto *m*, desventaja *f*
なんと 何と cómo | ～言ったらいいでしょう ¿Cómo diría yo? | あなたに～お礼を言ったらいいか分かりません No sé cómo agradecérselo. | 彼が～言おうと diga lo que diga él | ～おっしゃいましたか ¿Perdón?; ¿Cómo dice usted?
なんど 何度 →何回
なんとう 南東 sureste *m*, sudeste *m*
なんとか 何とか間に合う llegar a tiempo a duras penas | ～やっていく arreglárselas, ir tirando | ～できませんか ¿No se puede tomar alguna medida? | ～して de una manera u otra | ～なるだろう Todo saldrá bien.
なんとしても 何としても a toda costa, pase lo que pase
なんとなく 何となく 彼が好きになれない No sé por qué, pero él no me cae bien. | ～覚えている recordar ALGO vagamente
なんとも 何とも言えない indescriptible, indecible | 痛くも～ないよ No te va a doler nada de nada. | 今のところそれについては～言えない Todavía no podemos decir nada concreto sobre este tema.
なんにち 何日 今日は～ですか ¿Qué día del mes es hoy?
なんにん 何人 cuántas personas | ～ですか ¿Cuántos son? | ご兄弟は～ですか ¿Cuántos hermanos tiene usted?
なんねん 何年も durante muchos años | 今年は～ですか ¿En qué año estamos?
なんの 何の qué | ～話をしているのですか ¿De qué hablan ustedes? | ～ために ¿Para qué? | こいつは～役にも立たない Esto no sirve para nada. | 私はそれとは～関係もない No tengo nada que ver con eso. | ～苦もなく sin ninguna dificultad | 彼は～かのと言って金を返さない Él nunca me devuelve el dinero inventando toda clase de excusas.
ナンバー número *m* | ～プレート (placa *f* de) matrícula *f*
なんぱ ❶ 軟派する ligar con ❷ 難破 naufragio *m* | ～する naufragar
なんばい 何倍 ブラジルは日本の～の大きさですか ¿Cuántas veces es Brasil más grande que Japón?
なんばん 何番 君のチームは～ですか ¿Qué puesto ocupa tu equipo?
なんぶ 南部 sur *m*, zona *f* meridional
なんべい 南米 América *f* del Sur
なんぼく 南北 (el) norte y (el) sur | (米国)～戦争 〘史〙 Guerra *f* de Secesión
なんみん 難民 refugiado[da] *mf* | ～キャンプ campo *m* de refugiados | ～収容所 centro *m* de acogida de refugiados | 政治～ refugiado[da] *mf* político[ca]
なんもん 難問 problema *m* difícil
なんらか 何らかの理由で por alguna razón

に

に ❶ 二 dos *m* | ～番目の segundo[da] | ～分の 1 un medio | ～分の 1 の… la mitad de ... ❷ 荷 carga *f*, cargamento *m*, (商品) mercancía *f*
にあい 似合い 彼らは～のカップルだ Ellos hacen buena pareja.
にあう 似合う ir [venir, quedar, sentar] bien a ALGUIEN, favorecer a ALGUIEN | このシャツは私に～かな ¿Me va bien esta camisa? | ひげは君にぜんぜん似合わない La barba no te favorece nada.
にあげ 荷揚げ descarga *f* | ～する descargar
にいんせい 二院制 bicameralismo *m*, sistema *m* bicameral
にえる 煮える cocerse, hervir | 煮えた cocido[da], hervido[da]
におい 臭い・匂い olor *m*, (香り) aroma *m*, perfume *m*, fragancia *f* | …の～がする oler a ... | いい～がする Huele bien.
におう 臭う・匂う oler
にかい ❶ 二回 dos veces | メキシコに行くのは

〜目です Es la segunda vez que voy a México.｜〜目に a la segunda vez ❷ 二階 segundo piso *m*, primer piso *m*《スペイン》｜〜建ての家 casa *f* de dos pisos [dos plantas]
にがい 苦い amargo[ga]｜〜顔をする poner cara de pocos amigos, poner mala cara｜〜経験をする tener una amarga experiencia
にがおえ 似顔絵 retrato *m*
にがす 逃がす dejar escapar, soltar, liberar｜チャンスを〜 dejar pasar [dejar escapar] una oportunidad
にがつ 二月 febrero *m*｜〜に en febrero
にがて 苦手 punto *m* débil, flaco *m*｜私は数学が〜だ Las Matemáticas se me dan mal.｜彼は女性が〜だ Él lo pasa muy mal con las chicas.
にがにがしい 苦々しい desagradable, disgustado[da]
にがわらい 苦笑いする esbozar una sonrisa amarga, sonreír amargamente
にきび grano *m*, espinilla *f*
にぎやか 賑やか animado[da], alegre, (人出が多い) concurrido[da]
にぎり 握り mango *m*, (取っ手) asa *f*, (ドアの) pomo *m*, tirador *m*｜〜拳(こぶし) puño *m*｜ひと〜の砂 un puñado de arena
にぎる 握る agarrar, asir｜ハンドルを〜 tomar el volante, estar al volante｜手を〜 estrechar la mano｜権力を〜 tener poder, estar en el poder｜…の秘密を〜 enterarse del secreto de ...｜金を握らせる sobornar｜握り締める empuñar, agarrar fuerte｜握りつぶす aplastar ALGO en el puño, (法案を) dar carpetazo a
にぎわい 賑わい animación *f*｜にぎわう animarse｜にぎわっている estar animado[da]
にく 肉 carne *f*｜この〜は堅い[柔らかい] Esta carne está dura [tierna].｜〜屋 carnicería *f*, (人) carnicero[ra] *mf*｜〜料理 plato *m* de carne｜〜骨粉 harina *f* de huesos
にくい 憎い odioso[sa], detestable, abominable
にくがん 肉眼で a simple vista
にくしみ 憎しみ odio *m*, aversión *f*｜〜を抱く sentir odio hacia [por]｜〜を買う provocar [incurrir en] el odio de ALGUIEN
にくしょく 肉食の carnívoro[ra]｜〜動物 animal *m* carnívoro, carnívoros *m.pl*
にくしん 肉親 consanguíneo[a] *mf*, pariente[ta] *mf* próximo[ma]
にくせい 肉声 voz *f* natural
にくたい 肉体 cuerpo *m*, carne *f*｜〜の[的な] corporal, físico[ca], carnal｜〜関係がある mantener [tener] relaciones sexuales｜〜美 belleza *f* corporal [física]｜〜労働 trabajo *m* físico
にくだんご 肉団子〖料〗albóndiga *f*
にくまれやく 憎まれ役 odioso papel *m*, ingrata tarea *f*, (芝居の) ingrato papel *m*｜〜を買って出る ofrecerse a asumir el odioso papel
にくむ 憎む odiar, aborrecer, abominar
にくよく 肉欲 deseo *m* [apetito *m*] carnal
にくらしい 憎らしい odioso[sa], detestable, abominable
にぐるま 荷車 carreta *f*, carro *m*
にぐん 二軍 equipo *m* de reservas
にげみち 逃げ道 escapatoria *f*
にげる 逃げる huir, escapar(se), fugarse｜こっそり〜 escapar a escondidas｜彼は妻に逃げられた Su mujer le abandonó.
ニコチン nicotina *f*｜〜中毒 nicotinismo *m*
にこにこ 〜する(笑う) sonreír
にごる 濁る enturbiarse｜濁った turbio[bia], impuro[ra]
にさん 二三の unos[nas], varios[rias], un par de
にさんか 二酸化物〖化〗dióxido *m*｜〜炭素 dióxido *m* de carbono
にし 西 oeste *m*, poniente *m*｜〜の del oeste, occidental｜…の〜に en el [al] oeste de ...
にじ ❶ 虹 arco *m* iris ❷ 二次的な secundario[ria]｜〜感染 infección *f* secundaria｜第〜世界大戦〖史〗Segunda Guerra *f* Mundial
ニジマス〖魚〗trucha *f* arco iris
にじむ 滲む correrse, (にじみ出る) rezumar(se)｜インクが〜 Se corre la tinta.
にしゃたくいつ 二者択一 disyuntiva *f*
にじゅう ❶ 二十 veinte *m*｜〜番目の vigésimo[ma]｜〜分の1 un veint(e)avo ❷ 二重の doble｜〜にする duplicar, doblar｜〜国籍 doble nacionalidad *f*｜〜人格 doble personalidad *f*｜〜唱[奏]〖音〗dúo *m*｜〜底 doble fondo *m*
ニシン〖魚〗arenque *m*
ニス barniz *m*
にせ 偽の falso[sa]｜〜物 falsificación *f*, (模造品) imitación *f*｜〜のパスポート pasaporte *m* falsificado
にせい 二世 segundo[da] *mf*, segunda generación *f*｜フェリペ〜 Felipe II (segundo)
にせる 似せる imitar
にそう 尼僧 monja *f*, religiosa *f*
にだい 荷台 portaequipajes *m* [*pl* 〜], (トラックの) plataforma *f* de carga
にたつ 煮立つ hervir, bullir
にたにた 〜笑う sonreír burlonamente
にちじ 日時を定める fijar la fecha y la hora
にちじょう 日常の cotidiano[na], diario[ria]｜〜の仕事 trabajo *m* diario｜それは〜茶飯事だ Es el pan nuestro de cada día.｜〜生活 vida *f* cotidiana
にちぼく 日墨 Japón y México
にちぼつ 日没 puesta *f* de(l) sol, caída *f* del sol
にちや 日夜働く trabajar día y noche
にちようだいく 日曜大工 bricolaje *m*
にちようび 日曜日 domingo *m*｜〜に el domingo
にちようひん 日用品 artículos *m.pl* de uso cotidiano
…について sobre..., acerca de...
にっか 日課 trabajo *m* [tarea *f*] diario[ria]
にっかん 日刊の diario[ria]｜〜紙(新聞) diario *m*, periódico *m*

に

にっき 日記 diario *m* | ～をつける escribir [llevar] un diario | ～帳 diario *m*
にっきゅう 日給 jornal *m*, salario *m* diario
ニックネーム apodo *m*, mote *m*
にづくり 荷造りをする (梱包(こんぽう)) empaquetar, (旅の) hacer la maleta
にっけいへいきん 日経平均 〖経〗 índice *m* Nikkei
にっけいれん 日経連 (日本経済団体連合会) Federación *f* Japonesa de Asociaciones Económicas
ニッケル 〖化〗 níquel *m*
にっこう 日光 sol *m*, rayos *m.pl* de(l) sol, luz *f* | ～浴をする tomar el sol
にっこり ～する (笑う) sonreír
にっし 日誌 diario *m*
にっしゃびょう 日射病 insolación *f*
にっしょく 日食 eclipse *m* solar
にっすう 日数 número *m* de días
にっちゅう 日中に de día, durante el día
にってい 日程 programa *m*, (旅行) itinerario *m*, (会議) orden *m* del día
ニット 〖服〗 punto *m* | ～ウエア prenda *f* de punto
につめる 煮詰める cocer bien, guisar, (議論) discutir ALGO a fondo
…につれて …に連れて 時間がたつ～ con el paso del tiempo
にている 似ている parecerse a | 彼女は母親に～ Ella se parece a su madre.
にど 二度 dos veces ➜二回
にとう 二等車 vagón *m* de segunda clase | ～賞をとる ganar [obtener, llevarse] el segundo premio
にとうぶん 二等分する dividir ALGO en dos
…にとって para ...
になう 担う encargarse de ALGO
にねんせい 二年生 estudiante *m*/*f* de segundo [del segundo grado]
にばい 二倍の doble | …より～大きい dos veces más grande que ... | ～になる duplicarse, multiplicarse por dos
にばん 二番 (番号) número *m* dos, (順位) segundo puesto *m* | ～目の segundo[da]
にぶ 二部リーグ 〖スポ〗 segunda división *f*
にぶい 鈍い (動きが) lento[ta], patoso[sa], (頭が) torpe, lerdo[da], (音・痛みが) sordo[da] | ～光 luz *f* opaca | ～痛み dolor *m* sordo | 勘が～ ser torpe | 反射神経が～ no tener reflejos
にぶる 鈍る embotarse, (弱まる) debilitarse
にふだ 荷札 etiqueta *f*, marbete *m*
にほん 日本 Japón *m* | ～の japonés[nesa] | ～人 japonés[nesa] *mf* | ～語 japonés *m*, lengua *f* japonesa | ～語を話す hablar japonés | ～車 coche *m* japonés
にまいじた 二枚舌を使う actuar con doblez
…にもかかわらず a pesar de 〈+名詞句・不定詞〉, a pesar de que 〈+直説法〉
にもつ 荷物 equipaje *m*
ニュアンス matiz *m*
にゅういん 入院 hospitalización *f* | ～させる hospitalizar | ～する hospitalizarse
にゅうえき 乳液 leche *f*
にゅうか 入荷 llegada *f* de mercancías
にゅうかい 入会 ingreso *m* | ～する ingresar [entrar] en, hacerse socio[cia] de
にゅうがく 入学 ingreso *m*, entrada *f* | 大学に～する ingresar en una universidad | ～試験 examen *m* de ingreso
にゅうがん 乳癌 cáncer *m* de mama
にゅうぎゅう 乳牛 vaca *f* lechera
にゅうこく 入国する entrar en | ～管理事務所 oficina *f* de inmigración | ～手続き trámites *m.pl* de entrada
にゅうさつ 入札 licitación *f*, concurso *m*, subasta *f* | ～にかける sacar ALGO a licitación | ～価格 precio *m* de licitación
にゅうさん 乳酸 ácido *m* láctico | ～菌 Lactobacillus *m*
にゅうし ❶ 乳歯 diente *m* de leche ❷ 入試 ➜入学：～試験
にゅうじ 乳児 lactante *m*/*f*, bebé *m*
にゅうしゃ 入社する entrar a trabajar en una empresa
にゅうしょう 入賞する ganar un premio
にゅうじょう 入場 entrada *f* | ～する entrar en | ～券 entrada *f*, (駅の) billete *m* de andén | ～無料 Entrada libre.
にゅうしょく 入植する inmigrar en
ニュース noticia *f*, novedad *f*, nueva *f*, (テレビの) noticiario *m*, noticias *f.pl* | ～が入る Llegan las noticias. | 最新の～によると según las últimas noticias | ～キャスター locutor[tora] *mf* del informativo | ～速報 noticias *f.pl* de última hora | 海外[スポーツ]～ noticias *f.pl* internacionales [deportivas]
にゅうせいひん 乳製品 productos *m.pl* lácteos
にゅうせん 入選する ser seleccionado[da], ser premiado[da]
ニュートラル ～な neutral, neutro[tra], (車のギア) punto *m* muerto
にゅうねん 入念な esmerado[da], primoroso[sa], cuidadoso[sa]
にゅうもん 入門する comenzar como discípulo[la] de ALGUIEN | ～書 libro *m* de introducción
にゅうよく 入浴する bañarse, tomar un baño | ～剤 sales *f.pl* de baño
にゅうりょく 入力 input *m*, entrada *f* | ～する introducir datos
にゅうわ 柔和な apacible, tranquilo[la]
にょう 尿 orina *f* | ～検査 análisis *m* [*pl* ～] de orina | ～失禁 incontinencia *f* urinaria
にょうさん 尿酸 ácido *m* úrico
にょろにょろ ～動く serpentear
にらむ 睨む mirar fijamente, (怪しむ) sospechar | 睨みつける mirar a ALGUIEN con furia
にりつはいはん 二律背反 antinomia *f*
にりゅう 二流の de segunda categoría
にりんしゃ 二輪車 vehículo *m* de dos ruedas
にる ❶ 煮る cocer, guisar | とろ火でぐつぐつ～ cocer ALGO a fuego lento ❷ 似る …と似た similar a ..., parecido[da] a ... | 彼は頭のいいところが父親に似た Él ha salido a su padre en lo inteligente. | どこか

似たところがある tener algún parecido
ニレ 〘植〙 olmo *m*
にわ 庭 jardín *m*｜～付きの家 casa *f* con jardín｜～の手入れをする cuidar el jardín｜～師 jardinero[ra] *mf*｜～仕事 jardinería *f*
にわかあめ 俄か雨 chubasco *m*, aguacero *m*｜私は～に遭った Me pilló un chubasco.
ニワトリ (雌) gallina *f*, (雄) gallo *m*｜～を飼う criar gallinas｜～小屋 gallinero *m*
にんい 任意の opcional, facultativo[va], voluntario[ria]
にんか 認可 autorización *f*｜～する autorizar, (承認) aprobar｜～を受ける obtener (la) autorización｜無～の no autorizado[da]｜～証 autorización *f*, licencia *f*
にんき 人気 popularidad *f*, éxito *m*｜～のある popular｜～のない impopular｜～が出る ganar [obtener, alcanzar] popularidad｜～が増す aumentar SU popularidad｜～が落ちる caer la popularidad [主語]｜～を失う[取り戻す] perder [recuperar] la popularidad｜～上昇中のスター estrella *f* en alza｜～絶頂である estar en la cima de la popularidad｜～者 personaje *m* popular｜～番組 programa *m* popular [de mucho éxito]
にんき 任期 mandato *m*
にんぎょ 人魚 sirena *f*
にんぎょう 人形 (男の) muñeco *m*, (女の) muñeca *f*｜操り～ títere *m*
にんげん 人間 hombre *m*, ser *m* humano｜～の[的な] humano[na]｜～性 humanidad *f*｜～らしく humanamente｜～業とは思えない努力 esfuerzo *m* sobrehumano｜～国宝 tesoro *m* humano｜～嫌い misantropía *f*, (人) misántropo[pa] *mf*｜～ドックに入る someterse a un chequeo médico
にんしき 認識 reconocimiento *m*｜～する comprender, conocer, reconocer｜～不足 falta *f* de conocimiento, ignorancia *f*
にんじゃ 忍者 ninja *m/f*
にんじゅう 忍従 resignación *f*｜～する resignarse con ALGO
にんしょう ❶ 人称 〘文法〙 persona *f*｜3～ tercera persona *f* ❷ 認証 certificación *f*, ratificación *f*
にんじょう 人情 sentimientos *m.pl* humanos｜～のある humano[na]
にんしん 妊娠 embarazo *m*, concepción *f*｜～した embarazada, encinta｜彼女は妊娠5か月である Está embarazada de cinco meses.｜～中絶 interrupción *f* del embarazo, (人工) aborto *m* provocado
ニンジン 〘植〙 zanahoria *f*
にんずう 人数 número *m* de personas
にんそう 人相 fisonomía *f*, rasgos *m.pl* faciales
にんたい 忍耐 paciencia *f*｜～強い paciente
にんてい 認定 certificación *f*｜～する certificar
ニンニク 〘植〙 ajo *m*
にんむ 任務 misión *f*, cargo *m*｜～を果たす cumplir la misión
にんめい 任命 nombramiento *m*｜～する nombrar, designar

ぬいぐるみ 縫いぐるみ peluche *m*｜クマの～ oso *m* de peluche
ぬいめ 縫い目 costura *f*｜～のない sin costura
ぬいもの 縫い物 costura *f*
ぬう 縫う coser, (傷口を) suturar｜ミシンで～ coser ALGO a máquina｜額の傷口を6針～ dar [aplicar] seis puntos de sutura a ALGUIEN en la frente
ヌード desnudo *m*
ヌードル 〘料〙 fideos *m.pl*, tallarines *m.pl*
ぬかす 抜かす (飛ばす) saltarse, (省略する) omitir, (追い越す) adelantar
ぬかるみ lodo *m*, fango *m*｜～の fangoso[sa]｜～にはまる meterse en el lodo
ぬきずり 抜き刷り separata *f*
ぬきだす 抜き出す extraer, (選ぶ) escoger
ぬきとり 抜き取り検査 inspección *f* por muestreo
ぬきんでる 抜きん出る sobresalir, destacar(se)｜抜きん出た sobresaliente, destacado[da]
ぬく 抜く sacar, quitar, extraer, (瓶の栓を) descorchar, (選び出す) escoger, (追い越す) adelantar, (省略する) omitir
ぬぐ 脱ぐ quitarse｜服を～ desnudarse
ぬぐう 拭う secar, enjugar, limpiar, quitar｜汗を～ (自分の) enjugarse el sudor
ぬけあな 抜け穴 paso *m* subterráneo, (法律の) laguna *f* legal
ぬけめ 抜け目のない astuto[ta], sagaz
ぬける 抜ける (脱落) caerse, (不足) faltar, (通過) pasar por, (離脱) separarse de｜髪の毛が～ Se me cae el pelo.｜トンネルを～ pasar por un túnel｜彼の名前が抜けている Falta su nombre.｜会議の途中で～ irse a mitad de la reunión
ぬげる 脱げる 片方の靴が脱げてしまった Se me salió un zapato.
ぬし 主 dueño[ña] *mf*
ぬすみ 盗み robo *m*, hurto *m*｜～を働く cometer un robo [un hurto]
ぬすみぎき 盗み聞きする escuchar disimuladamente ➔盗聴
ぬすみみる 盗み見る mirar furtivamente
ぬすむ 盗む robar, (強奪) desvalijar｜私はアタッシェケースを盗まれた Me robaron el maletín.
ぬの 布 tela *f*, tejido *m*, paño *m*
ぬま 沼 pantano *m*｜～地 terreno *m* pantanoso, ciénaga *f*
ぬらす 濡らす mojar, (湿らせる) humedecer
ぬりぐすり 塗り薬 ungüento *m*, pomada *f*｜～をつける aplicar un ungüento
ぬりもの 塗り物 laca *f*
ぬる 塗る untar, (色を) pintar, (薬を) aplicar
ぬるい tibio[bia], templado[da]
ぬるぬる ～した escurridizo[za], (粘着

状）viscoso[sa],

ぬれぎぬ 濡れ衣を着せられる pagar culpas ajenas

ぬれる 濡れる mojarse,（湿る）humedecerse ｜ 濡れた mojado[da], húmedo [da]｜濡れ鼠(ねずみ)になる empaparse, calarse hasta los huesos

ね

ね ❶ 根 raíz *f*,（原因）origen *m*｜〜が付く arraigar(se), echar raíz｜暴力の〜を断つ erradicar la violencia｜〜に持つ guardar rencor｜彼は〜は優しい En el fondo es un chico simpático. ❷ 値 precio *m*, valor *m*｜〜をつける fijar el precio, poner precio,〖経〗cotizar｜〜が上がる［下がる］subir [bajar] el precio［主語］｜〜の張る costoso[sa] ❸ 音 sonido *m*｜〜をあげる darse por vencido[da], rendirse ❹ …ね《付加疑問を作る》¿verdad?; ¿no?

ねあがり 値上がり 原油の〜 subida *f* del precio del crudo｜〜する encarecer(se)｜ガソリンが５円〜した El precio de la gasolina subió en cinco yenes.

ねあげ 値上げする subir [incrementar] el precio｜公共料金の〜 subida *f* de las tarifas de servicios públicos

ねあせ 寝汗 sudor *m* nocturno

ねいる ❶ 寝入る dormirse ❷ ネイルケア cuidado *m* de las uñas

ねいろ 音色 timbre *m*, tono *m*

ねうち 値打ち valor *m*｜〜がある valer, ser valioso[sa], tener valor｜〜のある絵 cuadro *m* valioso｜〜が上がる aumentar el valor［主語］

ねえ（tú に対して）¡Oye!; ¡Mira!,（usted に対して）¡Oiga!; ¡Mire!

ねおき 寝起きがいい［悪い］tener un buen [mal] despertar

ネオン neón *m*｜〜サイン letrero *m* luminoso de neón

ネガ〖写〗negativo *m*

ねがい 願い deseo *m*,（依頼）petición *f*,（懇願）súplica *f*｜お〜があるのですが Querría pedirle un favor.｜私の〜がかなった Mi deseo se cumplió [se vio cumplido, se hizo realidad].

ねがう 願う desear,（欲する）querer,（期待）esperar,（頼む）pedir,（懇願）rogar, suplicar｜願ったりかなったりだ Esto me viene como anillo al dedo.

ねかす 寝かす dormir, acostar

ネギ〖植〗puerro *m*

ねぎらう 労う 労を〜 espresar [manifestar] SU agradecimiento a ALGUIEN por el trabajo realizado

ねぎる 値切る regatear

ねくずれ 値崩れ caída *f* [bajada *f*] del precio

ネクタイ corbata *f*｜ちょう〜 pajarita *f*｜〜をする［外す］ponerse [quitarse] la corbata｜〜ピン alfiler *m* de corbata

ねくら 根暗の melancólico[ca], apagado[da]

ネグリジェ camisón *m*

ネコ〖動〗gato *m*,（雌）gata *f*｜猫かぶり mosquita *f* muerta, hipócrita *m*/*f*, mojigato[ta] *mf*｜猫可愛がりする mimar excesivamente｜猫舌である no poder comer comida muy caliente｜猫背の cargado[da] de espaldas｜猫なで声で con voz dulzona｜猫ばばする apropiarse de ALGO con disimulo

ねこそぎ 根こそぎ completamente, de raíz｜〜にする（木を）arrancar de raíz,（根絶する）erradicar

ねごと 寝言を言う hablar en sueños,（たわごと）decir tonterías

ねこむ 寝込む dormirse, quedarse dormido[da],（病気で）caer enfermo [ma], guardar cama

ねさがり 値下がり caída *f* [bajada *f*] del precio｜〜する caer el precio［主語］

ねさげ 値下げする bajar [reducir] el precio

ねざす 根差す arrancar de｜問題は宗教上の争いに根差している El problema tiene su origen en la lucha religiosa.

ねじ tornillo *m*｜〜回し destornillador *m*

ねじまげる ねじ曲げる torcer,（歪曲(わいきょく)）distorsionar, tergiversar

ねじる 捻る torcer, retorcer

ねすごす 寝過ごす quedarse dormido [da]

ネズミ〖動〗rata *f*, ratón *m*｜ねずみ色の gris｜ねずみ取り ratonera *f*

ねそべる 寝そべる tumbarse, echarse

ねたむ 妬む tener [sentir] envidia, tener [sentir] celos｜妬ましい envidiable｜妬み envidia *f*, celos *m.pl*

ねだる pedir insistentemente ALGO a ALGUIEN

ねだん 値段 precio *m*, valor *m*｜手ごろな〜 precio *m* razonable｜〜表 lista *f* de precios, tarifa *f*

ねつ 熱 calor *m*,（病気の）fiebre *f*, calentura *f*,（体温）temperatura *f*｜〜がある tener fiebre｜〜が高い tener fiebre alta｜彼は〜が上がった［下がった］Le subió [bajó] la fiebre.｜熱っぽい febril｜〜を計る tomar la temperatura｜38度の熱がある tener treinta y ocho grados de fiebre｜〜を上げる estar loco[ca] por, entusiasmarse con｜〜が冷める tranquilizarse, calmarse｜〜効率 rendimiento *m* térmico｜〜伝導 conducción *f* térmica

ねつい 熱意 fervor *m*, entusiasmo *m*, afán *m*

ねっきょう 熱狂 entusiasmo *m*｜〜的な entusiasta, frenético[ca]｜〜する entusiasmarse con

ねつく 寝付く conciliar el sueño, dormirse,（病気で）guardar cama

ねづく 根付く arraigar(se), echar raíz

ネックレス collar *m*

ねつじょう 熱情 pasión *f*, ardor *m*

ねっしん 熱心な ferviente, entusiasta, aplicado[da], diligente

ねっする 熱する calentar｜熱しやすい（人が）excitable

ねつぞう 捏造 invención *f*｜〜する inventar

ねったい 熱帯 zona *f* tropical [tórri-

da]｜～の tropical, tórrido[da]｜～雨林 selva *f* tropical｜亜～性気候 clima *m* subtropical
ねっちゅう 熱中している estar loco[ca] por｜～する entusiasmarse con｜～症 golpe *m* de calor
ネット red *f*｜～ワーク red *f*｜～サーフィン〘IT〙navegación *f* por la red
ねっとう 熱湯 agua *f* hirviendo [hirviente]
ねっぱ 熱波 〘気象〙ola *f* de calor, onda *f* cálida
ねつびょう 熱病 fiebre *f*
ねっぷう 熱風 viento *m* cálido [caliente]
ねつぼう 熱望する ansiar, anhelar
ねづよい 根強い arraigado[da]｜～人気がある tener una popularidad permanente｜～反対 oposición *f* tenaz
ねつりょう 熱量 capacidad *f* calorífica,（単位）caloría *f*
ねつれつ 熱烈な ardiente, apasionado[da], caluroso[sa], efusivo[va]｜～な歓迎を受ける recibir una calurosa acogida｜～な恋愛 amor *m* apasionado
ねどこ 寝床 cama *f*, lecho *m*
…ねばならない tener que〈＋不定詞〉, haber que〈＋不定詞〉 ► 3人称単数形・無主語で用いる
ねばねば ～した pegajoso[sa], viscoso[sa], pastoso[sa]
ねばり 粘り viscosidad *f*,（根気）tenacidad *f*, perseverancia *f*, constancia *f*
ねばりづよい 粘り強い tenaz, perseverante, constante, incansable
ねばる 粘る（根気）perseverar, persistir,（とどまる）permanecer largo tiempo
ねびき 値引き descuento *m*｜～する descontar, hacer un descuento
ねぶかい 根深い arraigado[da]｜～習慣 costumbre *f* inveterada｜～偏見 prejuicios *m.pl* tenaces [arraigados]
ねぶくろ 寝袋 saco *m* de dormir
ねぶそく 寝不足 falta *f* de sueño
ねふだ 値札 etiqueta *f* del precio
ねぶみ 値踏みする valorar, estimar, tasar
ねぼう 寝坊（人）dormilón[lona] *mf*｜～する quedarse dormido[da], levantarse tarde
ねぼける 寝ぼける estar medio dormido[da]｜～けて entre sueños
ねほりはほり 根掘り葉掘り聞く acosar a ALGUIEN con preguntas
ねまわし 根回しをする preparar [trabajar] el terreno
ねむい 眠い tener sueño
ねむけ 眠気 sueño *m*｜～を覚ます quitar el sueño a ALGUIEN
ねむり 眠り sueño *m*｜浅い[深い]眠り sueño *m* ligero [profundo]｜～に落ちる entregarse al sueño｜永遠の～につく dormir el sueño eterno｜～薬 somnífero *m*, soporífero *m*
ねむる 眠る dormir｜よく～ dormir bien｜たっぷり～ dormir mucho｜ぐっすり～ dormir como un tronco [a pierna suelta]｜眠っている estar dormido[da]｜眠らずにいる permanecer despierto[ta]｜海底に～資源 recursos *m.pl* ocultos en el fondo del mar｜眠り込む dormirse
ねもと 根元 raíz *f*｜雑草を～から抜く arrancar las malas hierbas
ねらい 狙い puntería *f*,（目標）objetivo *m*,（意図）intención *f*｜～をつける apuntar a, afinar la puntería｜～が外れる errar [fallar en] el tiro｜～が当たる dar en el blanco
ねらいうち 狙い撃ちする disparar apuntando a ALGO [a ALGUIEN]
ねらう 狙う apuntar a,（手に入れようと）pretender, aspirar a
ねる ❶ 寝る dormir, acostarse, irse a la cama ❷ 練る（パン粉を）amasar,（計画を）elaborar
ねん ❶ 念のため por si acaso｜～を入れて con cuidado [esmero] ❷ 年 año *m*
ねんいり 念入りな ➜入念な
ねんえき 粘液 mucosidad *f*,（植物の）mucílago *m*
ねんが 年賀 saludo *m* para celebrar el Año Nuevo｜～状 tarjeta *f* de Año Nuevo
ねんがっぴ 年月日 fecha *f*
ねんかん 年鑑 anuario *m*
ねんきん 年金 pensión *f*｜～生活者 pensionista *m/f*
ねんげつ 年月 años *m.pl*, tiempo *m*
ねんごう 年号 nombre *m* de una era
ねんこうじょれつ 年功序列で por orden de antigüedad｜～による昇給 incremento *m* salarial por antigüedad
ねんざ 捻挫 esguince *m*, torcedura *f*｜～する sufrir un esguince [una torcedura]
ねんしゅう 年収 ingresos *m.pl* anuales, renta *f* anual
ねんじゅう 年中 todo el año｜～無休 Abierto todo el año.
ねんしょう ❶ 燃焼 combustión *f*, quema *f*,〘物〙ignición *f*｜～する quemarse ❷ 年商 venta *f* [facturación *f*] anual ❸ 年少の menor, joven,（未成年の）menor de edad
ねんだい 年代 época *f*, período *m*, era *f*,（世代）generación *f*｜～記 crónica *f*
ねんちゅうぎょうじ 年中行事 acto *m* anual
ねんちょう 年長の mayor, más viejo[ja]
ねんど ❶ 粘土 arcilla *f*｜～製の de arcilla ❷ 年度 会計～ año *m* [ejercicio *m*] fiscal
ねんねん 年々 cada año, año tras año
ねんぱい 年輩の男性 hombre *m* mayor｜同～の de la misma edad
ねんぴょう 年表 tabla *f* cronológica
ねんぽう 年俸 sueldo *m* [salario *m*] anual
ねんまく 粘膜 membrana *f* mucosa
ねんまつ 年末 fin *m* de año｜～に a finales de año, al final del año
ねんりょう 燃料 combustible *m*｜～を補給する repostar combustible｜～タンク tanque *m* de combustible｜～費 gastos *m.pl* de combustible｜気体[液体]～ combustible *m* gaseoso [líquido]
ねんりん 年輪〘植〙anillo *m*
ねんれい 年齢 edad *f*｜同～である tener

[ser de] la misma edad | ～給 régimen *m* salarial basado en la edad | ～制限を設ける［撤廃する］ poner [eliminar] el límite de edad | ～層 grupo *m* de edad

の ❶ **野** campo *m*, prado *m* ❷ …の de ... | ペドロ～車 coche *m* de Pedro

ノイローゼ neurosis *f* | ～患者 neurótico[ca] *mf*

のう ❶ **能** habilidad *f*, talento *m*, (能楽) (teatro *m*) no(h) *m* ❷ **脳** cerebro *m*, sesos *m.pl* | ～梗塞(こうそく) infarto *m* cerebral | ～外科 neurocirugía *f*

のうか **農家** familia *f* de agricultores, (家屋) casa *f* de campesinos

のうがく **農学** agronomía *f*, agricultura *f*

のうき **納期** (商品) fecha *f* de entrega, (金銭) fecha *f* de pago

のうぎょう **農業** agricultura *f* | ～の agrícola | ～国 país *m* agrícola

のうぐ **農具** aperos *m.pl*, herramientas *f.pl* agrícolas

のうこう ❶ **農耕** agricultura *f*, labranza *f* | ～民族 pueblo *m* agrícola ❷ **濃厚**な denso[sa], espeso[sa], fuerte, (色が) oscuro[ra] | ～な味 sabor *m* fuerte

のうこつどう **納骨堂** osario *m*

のうさんぶつ **農産物** productos *m.pl* agrícolas

のうしゅく **濃縮**する concentrar, condensar | ～牛乳 leche *f* condensada

のうしゅっけつ **脳出血** derrame *m* [hemorragia *f*] cerebral

のうじょう **農場** granja *f*, finca *f*, hacienda *f*, rancho *m* 《ラ米》, (大規模の) plantación *f*

のうそっちゅう **脳卒中** apoplejía *f* cerebral

のうそん **農村** pueblo *m* agrícola, campo *m* | ～の rural

のうたん **濃淡** matiz *m*, (明暗) luz *f* y sombra *f*, claroscuro *m* | ～をつける sombrear

のうち **農地** terreno *m* agrícola | ～改革 reforma *f* agraria

のうどう **能動的**な activo[va] | ～態 voz *f* activa

のうにゅう **納入**する proveer, entregar | ～業者 proveedor[dora] *mf*

ノウハウ know-how *m*, conocimientos *m.pl* prácticos

のうふ **農夫** campesino[na] *mf*, labrador[dora] *mf*

のうべん **能弁**な elocuente

のうみん **農民** agricultor[tora] *mf*, labrador[dora] *mf*, campesino[na] *mf*

のうむ **濃霧** niebla *f* espesa [densa]

のうやく **農薬** agroquímico *m*, pesticida *m*

のうりつ **能率** eficacia *f*, eficiencia *f* | ～的な eficaz, eficiente

のうりょく **能力** capacidad *f*, facultad *f*, aptitud *f* | ～がある tener capacidad | ～のある competente, capaz | ～を生かす aprovechar la capacidad | ～開発 desarrollo *m* de la capacidad | ～給 régimen *m* salarial basado en la capacidad | ～主義社会 meritocracia *f*

ノーコメント Sin comentarios.

ノースリーブ ～の 〖服〗 sin mangas

ノート cuaderno *m*, apuntes *m.pl* | ノートをとる tomar notas [apuntes], apuntar | ～パソコン ordenador *m* portátil

ノーベルしょう **ノーベル賞** premio *m* Nobel | ～受賞者 ganador[dora] *mf* del premio Nobel, premio *m* Nobel

ノーマル ～な normal | ～ヒル 〖スポ〗 salto *m* en trampolín de noventa metros

のがす **逃す** (機会を) dejar escapar [pasar], (放す) soltar, liberar

のがれる **逃れる** huir, escapar(se), fugarse | 責任を～ eludir la responsabilidad

のき **軒** alero *m*

のけぞる **のけ反る** inclinarse hacia atrás

のけもの **除け者**にする marginar

のこぎり **鋸** sierra *f* | ～でひく serrar

のこす **残す** dejar, (保存) guardar, reservar | 遺産を～ dejar una herencia | 残された家族 familia *f* del difunto [de la difunta] | 体力を～ reservar fuerzas

のこらず **残らず** totalmente, completamente, por entero, sin dejar nada

のこり **残り** resto *m*, sobra *f* | ～の restante | ～物 sobras *f.pl*, restos *m.pl*, residuos *m.pl* | 借金の～ saldo *m* de la deuda | ～少なくなる escasear

のこる **残る** quedar(se), (余る) sobrar, (残存する) subsistir | お金はいくら残っていますか ¿Cuánto dinero nos queda? | 仕事がたくさん残っている Nos queda mucho trabajo por hacer.

のさばる obrar a su antojo, campar por sus respetos, señorearse

のじゅく **野宿**する dormir a la intemperie [al aire libre]

ノスタルジア nostalgia *f*

ノズル boquilla *f*

のせる ❶ **乗せる** subir, montar, poner | 赤ちゃんを乳母車に～ sentar a un bebé en el cochecito | 駅まで乗せてくれるかい ¿Puedes llevarme en coche hasta la estación? ❷ **載せる** (上に) poner, colocar, (積む) cargar, (掲載) publicar

のぞき **覗き趣味** voyeurismo *m*, (人) voyeur *m*, mirón[rona] *mf* | ～穴 mirilla *f*

のぞく ❶ **覗く** atisbar, (顔を出す) asomarse | 部屋を～ echar un vistazo a la habitación | 鍵穴から～ mirar [atisbar] por el ojo de la cerradura | 窓から～ asomarse a la ventana | 雲間から太陽がのぞいた El sol asomó entre las nubes. ❷ **除く** (除去) eliminar, quitar, (除外) excluir, exceptuar | …を除いて excepto [salvo, menos]..., a [con] excepción de ...

のぞましい **望ましい** …することが～ Es deseable que 〈＋接続法〉.

のぞみ **望み** deseo *m*, anhelo *m*, (期待) esperanza *f* | ～どおりに como yo deseaba | 彼女は息子に～をかけている Ella espera mucho de su hijo. | それは～薄だ Esto tiene poca esperanza.

のぞむ **望む** querer, desear, anhelar,

(期待) esperar | 諸君が全力を尽くすことを望みます Espero que ustedes hagan todo lo que puedan. | それこそ私の〜ところだ Esto es exactamente lo que quiero.

のち 後に después, más tarde, luego | 〜の posterior, (未来の) futuro[ra], venidero[ra] | 20年〜に veinte años después [más tarde] | 事故から5か月〜に a los cinco meses del accidente | 〜の世 mundo *m* futuro | 晴れ〜曇り Cielo despejado y cielo nuboso posteriormente. | 後ほど では〜 Hasta luego.

ノック 〜する (ドアを) llamar a la puerta

ノックアウト 〖スポ〗 knock-out *m*, K.O. *m* | 〜する dejar K.O. a ALGUIEN

ノット 〖海〗 nudo *m*

のっとる ❶ 乗っ取る apoderarse de, (飛行機を) secuestrar ❷ 則る seguir | 法律にのっとって conforme a la ley

のっぽの alto[ta], 《軽蔑》 larguirucho[cha]

のど 喉 garganta *f* | 私は〜が痛い Me duele la garganta. | 〜が渇いている tener sed, estar sediento[ta] | 〜から手が出るほど欲しい desear ALGO intensamente | 言葉が〜まで出かかる estar a punto de decir | いい〜をしている tener buena voz

のどか 〜な tranquilo[la], apacible, plácido[da] | 〜な景色 paisaje *m* ameno

…のに aunque (＋直説法) ➜…にもかかわらず

ののしる 罵る insultar, echar una maldición, soltar sapos y culebras

のばす ❶ 伸ばす alargar, extender, (まっすぐにする) enderezar, (才能を) desarrollar | 髪を〜 dejarse crecer el pelo | ひげを〜 dejarse barba | 生地をめん棒で〜 estirar la masa con el rodillo ❷ 延ばす prolongar, (延期) aplazar, posponer | 高速道路を〜 prolongar la autopista | 出発を2日〜 aplazar la salida dos días

のばなし 野放しにする dejar libre, (放牧) pastorear

のはら 野原 campo *m*

ノバラ 〖植〗 rosa *f* silvestre

のび 伸び (成長) crecimiento *m* | 〜をする estirarse, desperezarse | 〜率 tasa *f* de crecimiento

のびちじみ 伸び縮みする elástico[ca]

のびなやむ 伸び悩む hacer pocos progresos, (停滞) estancarse | 賃金が〜 Los salarios permanecen estancados.

のびる ❶ 伸びる alargarse, extenderse, (成長) crecer | 背が〜 crecer de estatura | 新築住宅の売り上げが伸びた Las ventas de viviendas nuevas subieron. ❷ 延びる prolongarse, (延期) aplazarse

のべ 延べ人数 número *m* total de personas | 〜面積 superficie *f* total

のべる 述べる decir, (説明) explicar, (言及) mencionar, referirse a

のぼせる marearse, (うぬぼれる) presumir de, (夢中になる) estar loco[ca]

のぼり ❶ 幟 bandera *f* ❷ 上りの列車 tren *m* de regreso | 〜坂 subida *f*, cuesta *f* arriba

のぼる ❶ 上る subir, ascender a | 川を〜 subir río arriba | 権力の座に上り詰める llegar a la cima del poder ❷ 登る subir, trepar, (山に) escalar | 木に〜 subir a un árbol ❸ 昇る salir | 太陽が東から〜 El sol sale por el este.

のみ ❶ ノミ 〖昆〗 pulga *f* | 〜の市 mercadillo *m*, rastro *m*, mercado *m* de pulgas ❷ 鑿 formón *m* ❸ …のみ sólo, solamente, exclusivamente

のみぐすり 飲み薬 medicina *f* para uso interno

のみこうい 呑み行為 operaciones *f.pl* [ventas y compras *f.pl*] ilícitas | 〜をする人 (競馬の) corredor[dora] *mf* de apuestas

のみこむ 飲み込む tragar, (理解する) entender

ノミネート nominación *f* | 〜する nominar

のみほす 飲み干す beberse

のみもの 飲み物 bebida *f*

のみや 飲み屋 bar *m*, taberna *f*

のむ 飲む・呑む beber, tomar | スープを〜 tomar la sopa | 彼は酒も煙草ものまない Él no bebe ni fuma. | 飲まず食わずで sin comer ni beber | 飲みに行こう ¡Vamos a tomar una copa! | この水は飲めますか ¿Esta agua es potable? | 息を〜 contener el aliento | 課された条件を〜 aceptar las condiciones impuestas | 涙を〜 aguantar

のめりこむ のめり込む entregarse a, sumergirse en

のら 野良犬[猫] perro *m* [gato *m*] callejero | 〜仕事 trabajo *m* del campo

のり ❶ 糊 engrudo *m*, (接着剤) pegamento *m*, adhesivo *m*, (洗濯用) almidón *m* ❷ 海苔 alga *f*

のりあげる 乗り上げる (岩礁に) embarrancar(se), (歩道に) subir a la acera

のりいれる 乗り入れる 車の乗り入れ禁止 Se prohíbe el paso de vehículos. | A線が地下鉄に乗り入れている La línea A está conectada directamente con el metro.

のりおくれる 乗り遅れる 電車に〜 perder el tren

のりかえ 乗り換え transbordo *m*, cambio *m* | 〜する hacer transbordo

のりき 乗り気である mostrar interés por, estar interesado[da] en

のりきる 乗り切る atravesar, (困難を) superar, vencer

のりくみいん 乗組員 tripulante *m/f*, 《集合的》 tripulación *f*

のりこえる 乗り越える superar, vencer, salvar | 塀を〜 saltar la tapia | 障害を〜 vencer obstáculos

のりこす 乗り越す olvidarse de bajar, pasarse de largo

のりこむ 乗り込む subir a, embarcarse en | 敵地に〜 ir con decisión al territorio enemigo

のりづけ 糊付けする poner pegamento, (洗濯で) poner almidón a

のりば 乗り場 parada *f*, (電車) andén *m*, (船) embarcadero *m*

のりもの 乗り物 vehículo *m* | 〜酔い mareo *m*

のる ❶ 乗る subir a, montar, tomar, coger | タクシーに乗ろうか ¿Por qué no tomamos un taxi? | 話に～ aceptar una propuesta | リズムに～ coger el ritmo ❷ 載る (掲載) salir, (記載) figurar | 新聞に～ salir en un periódico | 名簿に載っている figurar en la lista | その語は辞書に載っていない Esta palabra no viene en el diccionario.

ノルディックスキー esquí *m* nórdico

ノルマ tarea *f*, trabajo *m* asignado

のろい ❶ 鈍い lento[ta], patoso[sa] ❷ 呪い maldición *f*, execración *f*

のろう 呪う maldecir, execrar

のろのろと lentamente, despacio, a paso de tortuga

のんき ～な despreocupado[da], tranquilo[la] | ～に暮らす vivir despreocupado[da]

ノンステップバス autobús *m* de piso bajo

ノンストップ ～で sin escalas, directo[ta] | ～便 vuelo *m* sin escalas [directo]

のんだくれ 飲んだくれ bebedor[dora] *mf*, borrachín[china] *mf*

のんびりした relajado[da], tranquilo[la]

ノンフィクション obra *f* documental

ノンプロ ～の no profesional, aficionado[da]

は

は ❶ 葉 hoja *f* | ～の茂った frondoso[sa] ❷ 歯 diente *m*, dentadura *f*, (奥歯) muela *f* | ～が痛い tener dolor de muelas | ～を磨く lavarse [limpiarse, cepillarse] los dientes | ～に衣(きぬ)着せぬ no tener pelos [pelillos] en la lengua ❸ 刃 filo *m* ❹ 派 (学派) escuela *f*, (派閥) facción *f*

ば 場 lugar *m*, sitio *m*, (芝居の場面) escena *f* | その～に居合わせる encontrarse allí por casualidad

バー (酒場) bar *m* de alterne

ばあい 場合 caso *m* | 火災の～には en caso de incendio | ～によって según el caso

パーキング aparcamiento *m*, parking *m*, estacionamiento *m* →駐車 | ～ビル edificio *m* de estacionamiento | ～メーター parquímetro *m*

はあく 把握 …の状況を～する conocer la situación de ...

バーゲン(セール) rebajas *f.pl* | この店は～中だ Esta tienda está de rebajas.

バーコード código *m* de barras

パーセンテージ porcentaje *m*

バージョン versión *f* | ソフトウエアを～アップする 〖IT〗 actualizar el software

パーセント porcentaje *m* | 40～ el 40 (cuarenta) por ciento

パーソナルローン crédito *m* personal

バーター 〖商〗(取引) transacción *f*

バーチャルリアリティー realidad *f* virtual

パーティー fiesta *f*

バーテン camarero *m*, barman *m* 《ラ米》

ハート corazón *m*

ハード ～スケジュール agenda *f* apretada | ～な仕事 trabajo *m* duro | ～ウエア hardware *m*, equipo *m* físico | ～ディスク disco *m* duro [rígido]

パート(タイム) (仕事) trabajo *m* por horas | パートタイマー trabajador[dora] *mf* por horas

バードウォッチャー observador[dora] *mf* de aves

パートナー compañero[ra] *mf*

ハードル 〖スポ〗 valla *f*

バーナー mechero *m*

ハーフ (混血) mestizo[za] *mf* | 日本人とスペイン人の～ medio japonés[nesa] medio español[ñola] *mf* | ～タイム 〖スポ〗 descanso *m*

ハーブ hierba *f* aromática | ～ティー tisana *f*, infusión *f* de hierbas aromáticas

ハープ 〖音〗 arpa *f*

バーベキュー barbacoa *f*

バーベル 〖スポ〗 pesas *f.pl*, haltera *f*

パーマ permanente *f* | …に～をかける hacer la permanente a ...

ハーモニー 〖音〗 armonía *f*

ハーモニカ 〖音〗 armónica *f*

はい ❶ はい (返事) sí | (物を手渡す)～どうぞ Aquí tiene. | 終わりましたか. —～終わりました ¿Has terminado? — Sí. | まだ終わらないの. —～まだです ¿No has terminado? — No. ❷ 灰 ceniza *f* ❸ 杯 copa *f* | 一杯のビール una caña de cerveza | 一杯の紅茶 una taza de té ❹ 肺 pulmón *m* | ～の pulmonar | ～がん cáncer *m* de pulmón | ～気腫(きしゅ) edema *m* pulmonar | ～結核 tuberculosis *f* pulmonar | ～炭疽(たんそ) 〖医〗 ántrax *m* pulmonar ❺ 胚 〖生〗 embrión *m*

ばい 倍 2～の doble | 3～の triple | …をX～にする multiplicar ... por x | 私は君の～の年齢です Tengo dos veces más años que tú.

パイ (ケーキ) tarta *f*, pastel *m*, (肉・魚の) empanada *f*, pastel *m* | アップル～ tarta *f* de manzana | ～生地 hojaldre *m* 《スペイン》, hojaldra *f* 《ラ米》

バイアグラ 〖薬〗〖商標〗 Viagra *f*

バイアスロン 〖スポ〗 biatlón *m*

はいいろ 灰色 gris *m* | ～の gris

ばいう 梅雨(期) época *f* de lluvias

ハイウェー carretera *f*, autovía *f*, (高速道路) autopista *f*

はいえい 背泳 espalda *f*

ハイエナ 〖動〗 hiena *f*

はいえん 肺炎 pulmonía *f*, neumonía *f* | 新型～ neumonía *f* atípica →サーズ | ～になる contraer una pulmonía

バイオ ～センサー biosensor *m* | ～チップ biochip *m* | ～テクノロジー biotecnología *f* | ～テロ atentado *m* terrorista bioquímico | ～マス biomasa *f* | ～リズム biorritmo *m*

パイオニア pionero[ra] *mf*

バイオリニスト violinista *m/f*

バイオリン ～を弾く tocar el violín

ばいか 倍加する duplicarse, doblarse

ハイカー excursionista *m/f*

ばいかい 媒介 mediación *f* | ～する mediar, intermediar

はいかつりょう 肺活量 capacidad *f* pulmonar, capacidad *f* respiratoria del

pulmón | ～計 espirómetro *m*
はいかん 配管 canalización *f* | ～工事 instalación *f* de tuberías
はいき 排気 escape *m*, ventilación *f* | ～ガス gases *m.pl* de escape (emitidos por vehículos de motor)
はいきぶつ 廃棄物 desperdicio *m*, desecho *m*, residuos *m.pl* | 産業～ desechos *m.pl* [residuos *m.pl*] industriales | 核～ residuos *m.pl* nucleares
はいきょ 廃墟 ruinas *f.pl*
ばいきん 黴菌 microbio *m*
ハイキング ～に行く ir de excursión
バイキング 〖料〗 bufé *m*
はいく 俳句 haiku *m*, poema *m* de diecisiete sílabas
バイク 〖車〗 moto(cicleta) *f*
はいぐうしゃ 配偶者 cónyuge *m/f*, consorte *m/f*
はいけい ❶ 背景 fondo *m* **❷ 拝啓** Estimado[da] señor[ñora], (会社あて) Muy señor(es) mío(s)
ばいこくど 売国奴 traidor[dora] *mf* a la patria
はいざら 灰皿 cenicero *m*
はいし 廃止 supresión *f*, (法律の) abolición *f*, derogación *f* | 死刑を～する abolir la pena capital [de muerte]
はいしゃ ❶ 歯医者 dentista *m/f*, 〖医〗 odontólogo[ga] *mf* **❷ 敗者** vencido[da] *mf*, perdedor[dora] *mf*
ハイジャック secuestro *m* aéreo | ～する secuestrar | ハイジャッカー secuestrador[dora] *mf* aéreo[a], pirata *m/f* aéreo[a]
はいしゅ 胚珠 〖植〗 óvulo *m*
ばいしゅう 買収 compra *f*, (贈賄) soborno *m* | ～する comprar, (人を) sobornar | 用地を～する expropiar un terreno
ばいしゅん 売春 prostitución *f* | ～夫[婦] prostituto[ta] *mf*
ばいしょう 賠償(金) indemnización *f* | ～する indemnizar
はいしん 背信 traición *f*, alevosía *f*
ばいしん 陪審員 jurado *m* | ～制度 sistema *m* del jurado
はいすい 排水 desagüe *m* | ～する desaguar
ばいすう 倍数 múltiplo *m* | 10は5の～である Diez es número duplo de cinco.
はいせき 排斥する excluir, boicotear
はいせつ 排泄する excretar, evacuar, defecar
はいせん 敗戦 derrota *f* | ～国 país *m* derrotado [vencido]
ばいぞう 倍増 duplicación *f* | 所得が～した Se ha duplicado la renta.
ばいたい 媒体 medio *m*, vehículo *m*
はいたつ 配達 distribución *f*, transporte *m*, (宅配) entrega *f* [reparto *m*, servicio *m*] a domicilio | ～する distribuir, repartir | ～無料 transporte *m* gratuito | ～区域 zona *f* de distribución | ～人 (郵便) cartero[ra] *mf* | ～料金 portes *m.pl*
はいたてき 排他的な exclusivo[va] | ～社会 sociedad *f* exclusivista
バイタリティー ～がある tener vitalidad
はいち 配置 disposición *f*, colocación *f* | 家具を～する disponer los muebles
ハイティーン adolescente *m/f* que tiene entre quince y diecinueve años
ハイテク alta tecnología *f*
ばいてん 売店 (駅等の) quiosco *m*, (屋台) puesto *m*, (見本市の) stand *m*
バイト ❶ (仕事) ➜アルバイト **❷** (単位) 〖IT〗 byte *m*, octeto *m* | ギガ～ gigabyte *m*, gigaocteto *m* | メガ～ megabyte *m*, megaocteto *m*
はいとう 配当 (株の配当金) dividendo *m* | 利益～ reparto *m* de beneficios
パイナップル 〖植〗 piña *f*, ananá(s) *m*
はいはい 這い這いする ➜這う
ばいばい ❶ 売買 compraventa *f* | ～する comprar y vender | ～契約 contrato *m* de compraventa | ～手数料 comisión *f* **❷ バイバイ** (あいさつ) ¡Adiós!;¡Chao! (南米)
バイパス (道路) desvío *m*, desviación *f*, 〖医〗 bypass *m*
ハイヒール zapatos *m.pl* de tacón alto, zapatos *m.pl* de taco alto (南米)
ハイビジョンテレビ (放送[受像機]) televisión *f* [televisor *m*] de alta definición
はいふ 配付する repartir, distribuir
パイプ (管) tubo *m*, (タバコの) pipa *f* | ～オルガン 〖音〗 órgano *m* | ～ライン (石油の) oleoducto *m*, (ガスの) gas(e)oducto *m*
ハイファイ alta fidelidad *f*
ハイブリッド ～の híbrido[da]
バイブル Biblia *f* ➜聖書
ハイフン guión *m*
はいぼく 敗北 derrota *f* | 手痛い～を喫する sufrir una dura derrota
ハイヤー coche *m* de alquiler con chófer
はいやく 配役 〖演〗〖映〗 reparto *m* (de papeles), (キャスト) elenco *m* | ～する repartir los papeles entre los actores
はいゆう 俳優 actor[triz] *mf*
ハイライト 今週の～ las principales noticias de la semana
ばいりつ 倍率 (レンズの) aumento *m* | レンズの～を上げる aumentar el tamaño de la imagen
はいりょ 配慮 atenciones *f.pl* | …に～を払う dedicar atenciones a ... | 行き届いた～ escrupulosas *f.pl* atenciones
バイリンガル (人) bilingüe *m/f*
はいる 入る (中に) entrar en [a], (収容) caber | 政界に～ ingresar en círculos políticos | お入りください ¡Adelante! | サービス料は値段に入っている El servicio está incluido en el precio. | このバッグはたくさん入ります En este bolso cabe mucho.
はいれつ 配列 disposición *f*
パイロット (飛行機の) piloto *m/f*
バインダー carpeta *f*
はう 這う gatear, ir [andar] a gatas
パウダー polvos *m.pl*
バウンド ～する dar botes
ハエ 〖昆〗 mosca *f*
はえぎわ 生え際 nacimiento *m* del pelo
はえぬき 生え抜きの de pura cepa | ～の江戸っ子 tokiota *m/f* de nacimiento
パエーリャ 〖料〗 paella *f*
はえる 生える crecer, (芽が出る) brotar, echar brotes | 根が～ echar raíces

は

は

はか 墓 tumba *f*｜祖父の～参りをする visitar la tumba de mi abuelo｜～石 lápida *f* sepulcral｜～場 cementerio *m*
ばか 馬鹿（人）tonto[ta] *mf*｜～げた ridículo[la], absurdo[da]｜～なことを言う decir tonterías [sandeces]｜～なことはするなよ No hagas tonterías.｜…するほど彼も～ではない No es tan tonto como para〈+不定詞〉.｜～にする（からかう）burlarse de,（軽蔑）menospreciar｜出費が～にならない Los gastos no son despreciables.｜～も休み休み言え ¡Déjate de tonterías [pamplinas]!｜～を見る salir perjudicado[da]｜～丁寧である pecar de cortés｜～話 conversación *f* banal｜～笑いをする soltar una carcajada｜～につける薬はない Quien necio es en su villa, necio es en Castilla.《諺》｜～の一つ覚え Es lo único que sabe｜ばか騒ぎをする armarse un jaleo
はかい 破壊 destrucción *f*｜～する destruir｜～的な destructivo[va]｜～活動防止法 ley *f* contra los actos de destrucción｜～力のある de alto poder destructivo｜～工作 sabotaje *m*
はがき 葉書 (tarjeta *f*) postal *f*
はがす 剝がす despegar
はかどる 捗る avanzar｜今日は仕事がはかどった Hoy hemos avanzado mucho en el trabajo.
はかない efímero[ra]｜～命 vida *f* efímera｜～望み remota esperanza *f*
はがね 鋼〖金属〗acero *m*
ばかばかしい absurdo[da], ridículo[la]｜～話 cuento *m* ridículo
はからずも 図らずも inesperadamente, inopinadamente
はかり 秤 balanza *f*,（台秤）báscula *f*
はかりうり 計り売りする vender ALGO al peso
はかりしれない 計り知れない（深さ）insondable,（広さ）inmenso[sa],（価値）inestimable, incalculable,（無限の）infinito｜～謎 enigma *m* insondable
はかる ❶ 測る・計る・量る medir｜体温を～ medir la temperatura a ALGUIEN｜水深を～ medir la profundidad del agua｜重さを～ pesar ❷ 図る 自殺を～ intentar suicidarse｜…のために〈人〉に便宜を～ dar facilidades a ALGUIEN para ... ❸ 諮る consultar｜案件を委員会に～ someter el asunto a la comisión
はがれる 剝がれる despegarse
バカンス ～をとる tomarse vacaciones
はきけ 吐き気がする tener ganas de vomitar, sentir náuseas｜～を催すような nauseabundo[da]
はきごこち 履き心地のいい靴 zapatos *m.pl* cómodos
はきだす 吐き出す arrojar, echar｜煙を～ echar el humo
はきちがえる 履き違える 靴を～ ponerse los zapatos de otra persona｜自由をわがままと～ confundir la libertad con el libertinaje
はきはきと ～話す hablar de manera clara y diferenciada
はきもの 履き物 calzado *m*
はきゅう 波及する extenderse a, influir en
はきょく 破局 catástrofe *f*, ruina *f*｜～に至る conducir a la catastrófe
はく ❶ 履く（靴を）calzarse,（靴・靴下・ズボンを）ponerse｜靴を履いている llevar puestos los zapatos ❷ 掃く 庭を～ barrer el jardín ❸ 吐く vomitar｜息を～ espirar, expulsar el aire｜煙を～ echar el humo ❹ 箔 hoja *f* metálica, lámina *f* delgada de metal｜金～(きん) hoja *f* de oro｜～がつく ganar prestigio
はぐ 剝ぐ despojar
バグ〖IT〗error *m* [fallo *m*] lógico, bug *m*
はくい 白衣 bata *f*
はくがい 迫害 persecución *f*｜～する perseguir｜～を受ける sufrir persecución
はくがく 博学の docto[ta], erudito[ta]
はぐき 歯茎 encía *f*
はぐくむ 育む 子を～ criar a su hijo｜自由な精神を～ cultivar un espíritu libre →育てる
ばくげき 爆撃する bombardear
はくし ❶ 白紙 papel *m* blanco, hoja *f* en blanco｜～に返す hacer borrón y cuenta nueva｜～委任状 carta *f* blanca ❷ 博士 doctor[tora] *mf*｜物理学～ doctor[tora] *mf* en Física｜名誉～ doctor[tora] *mf* honoris causa
はくしゃ 拍車〖馬〗espuela *f*｜馬に～をかける espolear un caballo
はくしゅ 拍手 palmadas *f.pl*｜～喝采(かっさい) aplauso *m*, ovación *f*｜～する dar palmadas｜～喝采する aplaudir, ovacionar
はくしょ 白書 libro *m* blanco
はくじょう ❶ 白状する confesar｜犯行を～する declararse culpable de un delito ❷ 薄情な frío[a], desconsiderado[da]｜～である tener un corazón de piedra
はくじん 白人 blanco[ca] *mf*
はくせい 剝製 disecación *f*, disección *f*｜～技術 taxidermia *f*｜～にする disecar
ばくぜん 漠然とした vago[ga], impreciso[sa]｜～とした不安を感じる sentir una vaga inquietud
ばくだい 莫大な enorme, inmenso[sa]｜～な費用 gastos *m.pl* enormes, enormes gastos *m.pl*
ばくだん 爆弾 bomba *f*,（爆発物）artefacto *m* explosivo｜～を落とす tirar [lanzar] una bomba｜～を仕掛ける colocar una bomba｜～処理班 equipo *m* encargado de desactivar bombas｜～発言 declaración *f* explosiva
ばくち 博打 juego *m* de azar｜～打ち jugador[dora] *mf*
はくちゅう 白昼に en pleno día, a plena luz del día
はくちょう 白鳥〖鳥〗cisne *m*
バクテリア bacteria *f*
はくねつ 白熱 議論が～する acalorarse la discusión［主語］｜～灯 lámpara *f* de incandescencia
ばくは 爆破 列車を～する volar [hacer saltar] un tren con explosivos
はくはつ 白髪 canas *f.pl*｜～の canoso[sa]
ばくはつ 爆発 explosión *f*｜～する explotar, estallar｜彼の怒りが～した Estalló su ira [cólera].｜～音 detonación *f*｜～物 artefacto *m* explosivo

はくぶつかん 博物館 museo *m*
はぐらかす 質問を～ responder a una pregunta con evasivas, echar balones fuera
はくらんかい 博覧会 exposición *f*
はくりょく 迫力のある potente, impresionante, vigoroso[sa], enérgico[ca]
はぐるま 歯車 〘機〙 rueda *f* dentada, (装置) engranaje *m*
ばくろ 暴露する revelar, sacar ALGO a la luz | ～記事 artículo *m* revelador
はけ 刷毛 (塗装用) brocha *f*
はげ 禿げ calvicie *f*, (人) calvo[va] *m f* | ～頭 cabeza *f* calva
ハゲタカ 〘鳥〙 buitre *m*
はげしい 激しい intenso[sa], violento[ta] | ～痛み dolor *m* intenso | 気性が～ tener un temperamento muy fuerte
バケツ cubo *m*, balde *m*
はげます 励ます animar, estimular
はげみ 励み estímulo *m* | ～になる servir de estímulo
はげむ 励む esforzarse por ALGO, afanarse [aplicarse] en ALGO | 勉学に～ poner empeño en los estudios
ばけもの 化け物 fantasma *m*, espectro *m*, (怪物) monstruo *m*
はげる ❶ 剝げる despegarse, (塗装が) desconcharse, despintarse, (色が) descolorarse | はげた (塗装が) despintado[da] ❷ **禿げる** (頭が) quedarse calvo[va]
はけん ❶ 派遣 記者を～する enviar un(a) periodista ❷ **覇権** hegemonía *f* | ～を握る mantener la hegemonía
はこ 箱 caja *f* | ～に詰める meter ALGO en una caja, llenar una caja de ALGO | **箱入り娘** hija *f* criada entre algodones [en estufas] | **箱庭** maqueta *f* de un jardín hecha en una caja
はごいた 羽子板 paleta *f* para jugar al bádminton japonés ➜羽根突き
はこぶ 運ぶ llevar, (乗り物で) transportar | けが人を救急車で～ llevar a un herido en ambulancia | 足を～ ir | 事はうまく運んでいる Las cosas marchan bien.
バザー bazar *m*
はさみ 鋏 tijeras *f.pl*
はさむ 挟む insertar, meter | 本に紙片を～ meter una hoja de papel en un libro | パンにハムを一切れ～ colocar una loncha de jamón entre dos rebanadas de pan | ドアに親指を挟まれた Me pillé el dedo pulgar con la puerta.
はさん 破産 bancarrota *f*, quiebra *f* | ～する arruinarse, quebrar | ～した estar quebrado[da] | ～を宣告する declararse en bancarrota [insolvente] | 自己～を申請する presentar quiebra voluntaria | ～管財人 síndico *m*
はし ❶ 橋 puente *m* | 川に～を架ける construir un puente sobre un río | ～を渡る cruzar el puente | ～のたもとで al pie de un puente | ～渡しをする trabajar de intermediario[ria] | ～桁(けた) viga *f* de puente ❷ **端** extremo *m*, (先端) punta *f*, (縁・へり) borde *m* | 道の～に車を駐車する aparcar el coche al borde de la calle | ～から～まで de punta a punta ❸ **箸** palillos *m.pl* | ～を付ける (empezar a) comer
はじ 恥 vergüenza *f*, (不名誉) deshonra *f*, (屈辱) humillación *f* | ～をかく pasar vergüenza | ～をかかせる avergonzar, deshonrar | 家族の～である Es una deshonra para la familia. | ～も外聞もなく sin sentir vergüenza alguna, descaradamente
はしか 麻疹 〘医〙 sarampión *m*
はしがき prefacio *m*, prólogo *m*
はしくれ 端くれ これでも役者の～です No en vano soy actor[triz].
はしけ 艀 lancha *f*, gabarra *f*
はしご escalera *f* de mano, escala *f* | ～酒をする ir de copas
はじしらず 恥知らず sinvergüenza *m/f*
ハシバミ avellano *m*, (実) avellana *f*
はじまり 始まり comienzo *m*, inicio *m*
はじまる 始まる comenzar, empezar | 戦争が始まった Estalló la guerra.
はじめ 初め comienzo *m*, principio *m*, inicio *m* | ～に para empezar | ～(のうち)は al comienzo [principio] | ～から終わりまで desde el principio hasta el final
はじめて 初めて por primera vez | ～の経験 primera experiencia *f* | 大阪は～です Es la primera vez que vengo a Osaka.
はじめまして 初めまして Mucho gusto.; Encantado. 《男性が言う場合》; Encantada. 《女性が言う場合》
はじめる 始める empezar, emprender, entablar, (し始める) empezar [ponerse] a 〈＋不定詞〉 | 結婚式の準備を～ empezar los preparativos de la boda | 交渉を～ entablar negociaciones
ばしゃ 馬車 carruaje *m*, carro *m* de caballos, (大型で豪華な) carroza *f* | ～馬のように働く trabajar como un burro
はしゃぐ divertirse alegre y ruidosamente, (子供が) retozar
パジャマ pijama *m*
ばじゅつ 馬術 equitación *f*, hípica *f*
はしゅつじょ 派出所 puesto *m* de policía
ばしょ 場所 lugar *m*, sitio *m* | ～を取る ocupar sitio | ～柄をわきまえずに sin preocuparse de las circunstancias
はじょう 波状の en forma ondulante | ～攻撃 〘軍〙 ataques *m.pl* alternativos
はしら 柱 pilar *m*, (円柱) columna *f* | ～時計 reloj *m* de pared
はしり 走り高跳び salto *m* de altura | ～幅飛び salto *m* de longitud
はしる 走る correr | 敵方に～ pasarse al enemigo | 悪事に～ cometer una fechoría
はじる 恥じる avergonzarse de
バジル 〘植〙 albahaca *f*
ハス 〘植〙 loto *m*
はず 彼はもう着いている～だ Él debe de haber llegado. | …する～はない No es posible que 〈＋接続法〉. | そんな～はない No puede ser.; No es posible.
バス ❶ (乗り物) autobús *m* | ～で行く ir en autobús | ～が通っている Hay servicio de autobuses. | ～に乗る tomar un autobús | ～ターミナル terminal *f* de autobuses | ～停 parada *f* de autobús | ～路線 línea *f* de autobús | 貸し切り～

は

autobús *m* alquilado | 長距離～ autocar *m* 《スペイン》, autobús *m* de largo recorrido | 2階建て～ autobús *m* de dos pisos | マイクロ～ microbús *m* ❷ (風呂) baño *m* | ～タオル toalla *f* de baño [playa] | ～ルーム cuarto *m* de baño | ～ローブ albornoz *m* (de toalla) ❸ 〘音〙(低音) bajo *m*

パス (球技) pase *m* | …に～する pasar el balón [la pelota] a ...

はずかしい 恥ずかしい tener vergüenza | 人前で話すのは～ Me da vergüenza hablar en público. | 恥ずかしそうに con aires vergonzosos | 恥ずかそうな顔をする poner cara de sentir vergüenza | 何も～ことではない No hay [tiene] nada de qué avergonzarse. | 人ごとながら～ sentir vergüenza ajena

は

はずかしがる 恥ずかしがる mostrarse avergonzado[da] | 恥ずかしがりの vergonzoso[sa] *mf*

はずかしめる (人を) humillar

バスケット cesta *f* | ～ボール baloncesto *m* 《スペイン》, básquetbol *m* 《ラ米》

はずす 外す (自分の) 上着のボタンを～ desabotonarse la chaqueta | 的を～ errar el tiro

パスタ 〘料〙 pasta *f*

パステル ～画 pintura *f* al pastel

バスト busto *m*

はずべき 恥ずべき vergonzoso[sa], (不名誉な) deshonroso[sa] | ～行為 conducta *f* vergonzosa [deshonrosa]

パスポート pasaporte *m*

はずみ 弾み (ボールの) rebote *m*, (勢い) impulso *m* | ～がつく tomar impulso | ちょっとした～で con un leve impulso

はずむ 弾む (ボールが) botar, rebotar | 話が～ animarse la conversación [主語] | チップを～ dar una buena propina

パズル rompecabezas *m*[*pl* ~]

はずれ 外れ 町の～に en la periferia de la ciudad | ～くじ boleto *m* no premiado

はずれる 外れる (予測) fallar, (的) no acertar | くじに～ no tocar el premio a ALGUIEN, quedarse sin premio | 歌の調子が～ desentonar

パスワード contraseña *f*, clave *f* de acceso

はせい 派生する derivar | ～語 〘言〙 derivado *m*

パセリ 〘植〙 perejil *m*

パソコン ordenador *m* personal, computadora *f* personal, PC *m*

はそん 破損 daño *m*, rotura *f* | ～する estropearse, romperse

はた 旗 bandera *f*, (小旗) banderín *m* | ～を掲げる izar [arriar] la bandera

はだ 肌 piel *f* | 白い～ piel *f* blanca | ～が荒れている tener la piel áspera | 彼とは～が合わない No me llevo bien con él. | ～で感じる sentir vivamente | ～荒れ aspereza *f* de la piel | ～色 color *m* carne, 〘美〙 encarnado *m*

バター mantequilla *f*

パターン (様式) modelo *m*, (型紙) patrón *m* | 行動の～ modelo *m* de conducta

はたおり 機織 tejido *m*, (人) tejedor [dora] *mf* | ～機 telar *m*

はだか 裸の desnudo[da] | ～になる desnudarse | ～にする desnudar | ～一貫で上京する llegar a Tokio sin nada | ～電球 bombilla *f* desnuda | ～馬 caballo *m* sin silla de montar

はだぎ 肌着 ropa *f* interior

はたけ 畑 huerta *f*, (小規模の) huerto *m* | ～を耕す laborar [labrar] la tierra | ～違いの仕事 un trabajo ajeno a mi especialidad

はださむい 肌寒い Hace fresquito.

はだざわり 肌触りがいい agradable [suave] al tacto

はだし 裸足で[の] descalzo[za]

はたして (予想どおりに) tal como se ha previsto, en efecto | ～…だろうか ¿Será posible que 〈+接続法〉?

はたす 果たす 責任[約束]を～ cumplir con las obligaciones [la promesa]

バタフライ 〘スポ〙 mariposa *f*

はだみはなさず 肌身離さず持っている llevar ALGO CONSIGO

はたらかす 働かす hacer trabajar | 想像を～ hacer uso de la imaginación

はたらき 働き (仕事) trabajo *m*, (活動) actividad *f*, (作用) acción *f*, (機能) función *f* | ～に出る salir a trabajar | ～盛りである estar en plena edad productiva | ～口 puesto *m* de trabajo | ～手 mano *f* de obra | ～ぶり manera *f* de trabajar | ～者 trabajador[dora] *mf* | ～あり hormiga *f* obrera

はたらく 働く trabajar | 働き過ぎる trabajar con exceso

バタン ドアを～と閉める dar un portazo

はち ❶ 八 ocho *m* | ～番目の octavo[va] | ～分の1 un octavo ❷ 鉢 maceta *f* | ～植え planta *f* en maceta ❸ ハチ 〘昆〙(ミツバチ) abeja *f*, (雄) abejón *m*, (スズメバチ) avispa *f* | 蜂蜜(はちみつ) miel *f*

ばち 罰 castigo *m*, merecido *m* | ～が当たる recibir un castigo [SU merecido] | 今に～が当たるぞ ¡Dios te castigará! | ～が当たったのさ Lo tienes bien merecido.

ばちがい 場違いな所にいると感じる sentirse desplazado[da]

はちがつ 八月 agosto *m* | ～に en agosto

はちきれる はちきれそうな若さの rebosante de juventud

はちじゅう 八十 ochenta *m* | ～番目の octogésimo[ma] | ～分の1 un ochentavo

ぱちぱち ～いう (まきが燃えて) crepitar

はちまき 鉢巻き hachimaki *m*, cinta *f* para la cabeza | ～をする ponerse una cinta anudada en la frente

はちゅうるい 爬虫類 reptiles *m.pl*

はちょう 波長 〘物〙 longitud *f* de onda

…はつ …発 マドリード～の列車 tren *m* procedente de Madrid | 11時～の列車 tren *m* de las once

ばつ 罰 castigo *m* | ～を与える castigar, imponer un castigo a ALGUIEN

はつあん 発案する idear, (発議) proponer | 〈人〉の～で por iniciativa de ALGUIEN | ～者 inventor[tora] *mf*

はついく 発育 crecimiento *m*, desarrollo *m* | ～する crecer, desarrollarse | ～不

良 crecimiento *m* insuficiente | ～盛りの en pleno crecimiento [desarrollo]
はつおん 発音 pronunciación *f* | ～する pronunciar | ～がいい[悪い] tener buena [mala] pronunciación
ハッカ 〖植〗 menta *f*
ハッカー 〖IT〗 intruso *m* [pirata *m*] informático, hacker *m*, jáquer *m*
はつが 発芽 brote *m*, (種の) germinación *f*|～する brotar, (種が) germinar
はっかく 発覚する descubrirse, revelarse, salir a la luz
ハツカネズミ 〖動〗 ratón *m*
はっかん ❶ **発刊する** publicar ❷ **発汗** transpiración *f*|～する transpirar
はっき 発揮する demostrar | 能力を～する desmostrar SU talento
はっきょう 発狂 enloquecimiento *m* | ～する volverse loco[ca]
はっきり ～した claro[ra], evidente, (正確な) preciso[sa] | ～と(言い方) rotundamente, tajantemente | ～しない (態度) indeciso[sa], (情勢) confuso[sa] | ～させる clarificar, poner ALGO en claro | ～しない天気 tiempo *m* inestable | ～した顔立ちの de rostro definido
はっきん ❶ **発禁** ➜発売：～禁止 ❷ **白金** 〖鉱〗 platino *m*
ばっきん 罰金を課す multar, poner una multa | ～を払う pagar la multa
バック (背景) fondo *m*, (後部) trasera *f*, parte *f* posterior | ～する retroceder, dar marcha atrás | 青空を～に con el cielo azul al fondo | 有力な～がある tener un buen padrino | ～アップ 〖IT〗 (コピー) copia *f* de reserva | ～アップする dar apoyo, respaldar | ～グラウンドミュージック música *f* de fondo | ～ナンバー (雑誌) número *m* atrasado, (車) número *m* de matrícula, número *m* de patente (南米) | ～ミラー 〖車〗 retrovisor *m*
バッグ cartera *f*, (ハンドバッグ) bolso *m*
パック ～旅行 viaje *m* organizado
はっくつ 発掘 (遺跡) excavación *f*, (死体) exhumación *f* | 遺跡を～する excavar las ruinas
バックル hebilla *f*
ばつぐん 抜群の sobresaliente, destacado[da]
パッケージ empaque *m*, embalaje *m*
はっけっきゅう 白血球 glóbulo *m* blanco, leucocito *m*
はっけつびょう 白血病 leucemia *f*
はっけん 発見 descubrimiento *m* | ～する descubrir
はつげん 発言 exposición *f* oral | ～する hablar, pronunciar unas palabras, (意見を言う) exponer SU opinión | ～を求める pedir la palabra
はつこい 初恋 primer amor *m*
はっこう ❶ **発行** (書籍) publicación *f*, (書類) expedición *f*, (債券) emisión *f* | ～する (書籍) publicar, (書類) expedir, extender, (債券) emitir | 領収書を～ extender un recibo ❷ **発酵** fermentación *f* | ～する fermentar ❸ **発光** emisión *f* de luz | ～する emitir luz, irradiar | ～ダイオード 〖電〗 diodo *m* emisor de luz | ～塗料 pintura *f* luminosa
はっさん 発散 (熱) emisión *f*, (におい) exhalación *f*, emanación *f* | ～する emitir, exhalar, emanar | 感情の～ descarga *f* emocional
バッジ insignia *f*
はっしゃ ❶ **発射** (ミサイル) lanzamiento *m* | ミサイルを～する lanzar un misil ❷ **発車** salida *f*, partida *f* | ～する salir, partir
はっしん ❶ **発信** (郵便物) remisión *f* | ～人 remitente *m/f* ❷ **発疹** erupción *f* cutánea, (はしか等の赤い) exantema *m* | ～チフス tifus *m* [*pl* ~] exantemático
ばっすい 抜粋 extracto *m*
はっする 発する (音声・光) emitir | 川が…に源を～ El río nace en ... | においを～ despedir un olor
ばっする 罰する castigar, imponer un castigo
はっせい 発生 (出現) aparición *f*, surgimiento *m*, (伝染病・火災) declaración *f* | ～する (火災) declararse, (台風) producirse, (事故) ocurrir
はっそう ❶ **発送** expedición *f* | ～する expedir | ～人 expedidor[dora] *mf* ❷ **発想** idea *f*, (思いつき・着想) ocurrencia *f*, inspiración *f*, (考え方) modo *m* de pensar, concepción *f*
バッタ 〖昆〗 saltamontes *m* [*pl* ~]
はったつ 発達 desarrollo *m*, crecimiento *m*, (進歩) progreso *m*, avance *m* ➜発展 | ～させる desarrollar
ばったり ～出会う encontrarse casualmente con ALGUIEN
はっちゃく 発着 salida *f* y llegada *f* | (鉄道の)～時刻表 horario *m* de trenes
はっちゅう 発注 pedido *m* | ～する hacer [cursar] un pedido, encargar
ばってき 抜擢 nombramiento *m*, elección *f* | 要職に〈人〉を～する nombrar a ALGUIEN entre muchos candidatos para un cargo importante ➜起用
はってん 発展 desarrollo *m*, (進歩) progreso *m*, avance *m* | ～する desarrollarse | ～させる desarrollar | 著しい～を遂げる conseguir un desarrollo espectacular | ～性のある desarrollable | ～途上国 país *m* en vías de desarrollo ➜発達
はつでん 発電 generación *f* de electricidad [energía eléctrica] | ～する generar [producir] electricidad | ～機 generador *m* de electricidad, dinamo *f* | ～所 central *f* eléctrica
バット 〖スポ〗 bate *m*
ハットトリック 〖スポ〗 hat trick *m*
はつばい 発売 puesta *f* en [a la] venta | ～する poner ALGO en [a la] venta | ～中である estar en venta | ～禁止にする prohibir la venta | ～部数 número *m* de ejemplares a la venta
ハッピーエンド desenlace *m* feliz
はっぴょう 発表する publicar, dar a conocer ALGO, anunciar, (作品の) presentar | 声明を～する hacer público un comunicado
はっぷ 発布 promulgación *f* | 憲法を～する promulgar la Constitución
はっぽう ❶ **発砲** disparo *m*, (連続した) tiroteo *m* | ～する disparar, tirotear ❷ **発泡スチロール** poliestireno *m* expandido

は

はつめい 発明 invención *f*, invento *m*｜～する inventar｜～者 inventor[tora] *mf*

はつもうで 初詣 primera visita *f* del año al templo sintoísta

はつらつ 溌剌 vivacidad *f*｜～とした vivaracho[cha], enérgico[ca], vivaz,（様子が）(estar) como una rosa

はて 果て fin *m*, término *m*｜世界[地]の～ fin *m* del mundo｜挙げ句の～ a fin de cuentas

はで 派手な（色が） vistoso[sa], llamativo[va]｜～な服装をする llevar un vestido llamativo [vistoso]｜金遣いが～である gastar con esplendidez｜～に宣伝する hacer propaganda a bombo y platillo

パテ〘建〙masilla *f*

はてしない 果てし無い interminable, sin fin, infinito[ta]｜～旅 viaje *m* sin fin

ばてる agotarse, fatigarse en extremo｜ばてている estar exhausto[ta], estar agotado[da]

ハト〘鳥〙paloma *f*,（雄）palomo *m*｜～派 palomas *f.pl*

パトカー coche *m* patrulla

はとば 波止場〘海〙muelle *m*, (des)embarcadero *m*

バドミントン〘スポ〙bádminton *m*

パトロール patrulla *f*

パトロン patrón[trona] *mf*, protector [tora] *mf*

バトン〘スポ〙testigo *m*｜走者に～を渡す pasar el testigo a un corredor

リレー〘スポ〙relevos *m.pl*

はな ❶ 花 flor *f*｜～が咲く florecer｜～の咲いた florido[da], en flor｜花瓶に～を活ける arreglar flores en un florero｜野生の～を摘む recoger flores silvestres｜～屋 floristería *f*, florería *f*｜言わぬが～ Más vale callar que mal hablar.〘諺〙❷ 鼻 nariz *f*,（犬の）hocico *m*,（象の）trompa *f*｜低い～ nariz *f* chata｜わし～ nariz *f* aguileña｜～が利く tener intuición [buen olfato]｜～が詰まっている tener la nariz tapada｜娘が一等賞をとったので彼は～が高い Le enorgullece que su hija haya ganado el primer premio.｜**鼻息** respiración *f* nasal｜鼻息が荒い〘比喩的〙tener la moral muy alta｜**鼻歌** canturreo *m*｜鼻歌を歌う canturrear｜**鼻かぜをひく** tener un resfriado con mocos｜**鼻紙** pañuelo *m* de papel →ティッシュペーパー｜**鼻くそ** moco *m*｜鼻くそをほじる hurgarse (en) la nariz｜**鼻毛** pelo *m* de las narices, vello *m* de la nariz｜鼻毛を抜く arrancarse vellos de la nariz｜**鼻声で話す** ganguear, hablar con voz gangosa｜**鼻先** …の鼻先に muy cerca de ..., a tiro de piedra de ... ❸ 洟 mocos *m.pl*｜～をかむ sonarse, limpiarse las narices｜～をすする sorberse los mocos｜～をたらす caérsele los mocos [主語]｜～たれ小僧 mocoso[sa] *mf*

はなし 話（会話） conversación *f*,（おしゃべり） charla *f*,（うわさ） rumor *m*,（物語） cuento *m*, historia *f*, relato *m*,（スピーチ） discurso *m*, conferencia *f*｜～が上手である ser elocuente, tener facilidad de palabra｜～の分かる人 persona *f* comprensiva｜～は違いますが Hablando de otra cosa ...｜～を合わせる seguir la corriente a ALGUIEN｜～をする hablar [conversar] con ALGUIEN｜…について～をする hablar de ...｜～をそらす desviar la conversación, echar balones fuera｜～をつける arreglar un asunto｜ちょっとお～があるのですが Me gustaría hablar con usted.｜何の～ですか ¿De qué se trata?｜ここだけの～にして欲しい Quiero que esto quede entre nosotros.

はなしがい 放し飼い 庭で犬を～にする tener un perro suelto en el jardín

はなす ❶ 話す hablar,（会話） conversar,（物語る） contar,（おしゃべり） charlar｜スペイン語を～ hablar español｜**話し合い**（会話） conversación *f*, diálogo *m*,（交渉） negociación *f*｜**話し合う** conversar, dialogar,（交渉） negociar｜**話しかける** dirigirse a, dirigir la palabra a ALGUIEN｜**話し方** manera *f* de hablar｜**話し言葉** lenguaje *m* coloquial｜**話し好きの** charlatán[tana] ❷ 放す soltar｜鳥を～ soltar un pájaro ❸ 離す separar, apartar, alejar｜壁から机を～ separar la mesa de la pared｜目を～ apartar los ojos｜手が離せない no poder interrumpir SU trabajo

はなすじ 鼻筋 línea *f* de la nariz｜～の通った顔 rostro *m* de nariz perfilada

はなたば 花束 ramo *m* de flores

はなぢ 鼻血 hemorragia *f* nasal｜～が出る sangrar por la nariz

はなっぱしら 鼻っ柱の強い altivo[va], soberbio[bia]

バナナ〘植〙plátano *m*, banano *m*,（果物） plátano *m*, banana *f*《ラ米》

はなび 花火を打ち上げる lanzar fuegos artificiales｜～大会 festival *m* de fuegos artificiales

はなびら 花びら〘植〙pétalo *m*

はなみ 花見 contemplación *f* de las flores｜～をする contemplar los cerezos en flor

はなむこ 花婿 novio *m*

はなやか 華やかな brillante, florido[da]｜～な儀式 ceremonia *f* pomposa

はなよめ 花嫁 novia *f*

はなればなれ 離れ離れの separado[da]｜～に separadamente｜～になる separarse,（散り散りに） dispersarse

はなれる 離れる apartarse, alejarse｜親元を～ independizarse de los padres｜故郷を～ marcharse de SU pueblo natal｜試験のことが頭を離れない No puedo dejar de pensar en el examen.

はなわ 花輪 corona *f* de flores

はにかむ poner cara de sentir vergüenza｜はにかんだ vergonzoso[sa]

パニック pánico *m*｜町は～に襲われた El pánico invadió la ciudad.

バニラ〘植〙vainilla *f*

はね ❶ 羽（鳥の） pluma *f*, plumaje *m*,（翼） ala *f*｜～を伸ばす〘比喩的〙actuar con entera libertad｜～を広げる extender las alas｜～布団 edredón *m* de plumas ❷ 羽根（飛行機の） ala *f*,（プロペラの） paleta *f*,〘スポ〙（バドミントンの） volante *m*｜～つき hanetsuki *m*, bádminton

m japonés
ばね 〖機〗 muelle *m*, resorte *m*
はねあがる 跳ね上がる 相場が～ dispararse la cotización［主語］
ハネムーン (viaje *m* de) luna *f* de miel
はねる ❶ 撥ねる （車で） atropellar a ALGUIEN ❷ 跳ねる saltar｜車が私に泥をはねた El coche me salpicó de barro.
パネル ～ディスカッション panel *m*
パノラマ panorama *m*
はは 母 madre *f*｜～のない子 huérfano[na] de madre｜～の日 día *m* de la madre｜未婚の～ madre *f* soltera｜母親 madre *f*｜母親になる hacerse madre｜母方の materno[na]｜母方の祖父 abuelo *m* materno
はば 幅 ancho *m*, anchura *f*｜川～は10メートルです El río tiene diez metros de ancho.｜～が狭い ser poco ancho[cha]｜～の広い ser muy ancho[cha]｜～をきかす tener influencia
パパ papá *m*, padre *m*
パパイヤ 〖植〗 papayo *m*, （果実） papaya *f*
はばたき 羽ばたき aleteo *m*
はばつ 派閥 facción *f*, clan *m*｜～解消 disolución *f* de una facción
はばとび 幅跳び salto *m* de longitud｜～の選手 saltador[dora] *mf* de longitud
はばむ 阻む impedir, obstaculizar｜攻撃を～ impedir el ataque
パブ pub *m*
パフォーマンス actuación *f*
はぶく 省く omitir, suprimir, （節約） ahorrar｜手間を～ ahorrar el trabajo｜無駄な出費を～ ahorrar [reducir] los gastos superfluos
ハプニング suceso *m* inesperado [imprevisto], contratiempo *m*
はぶらし 歯ブラシ cepillo *m* de dientes
パプリカ 〖植〗 pimentón *m*
バブル ～経済 burbuja *f* económica｜～崩壊 estallido *m* de la burbuja económica
はへん 破片 pedazo *m*, （断片） fragmento *m*, trozo *m*, （細かい） añicos *m.pl*, trizas *f.pl*
はまき 葉巻 (cigarro *m*) puro *m*
ハマグリ 〖動〗 almeja *f*
はまべ 浜辺 playa *f*
はまる 嵌まる （適合） ajustarse, adaptarse, encajarse, （落ちる） caer｜わなに～ caer en la trampa｜戸が枠にうまく～ La puerta encaja bien en su marco.｜彼女はその役にはまっている Ella se identifica con ese papel.｜彼は今コンピュータゲームにはまっている Se ha convertido en un adicto a videojuegos.
はみがき 歯みがき （行為） lavado *m* de dientes, （練り歯磨き） pasta *f* de dientes, dentífrico *m*
ハミング canturreo *m* ➜鼻歌
ハム ❶ 〖料〗 jamón *m* ❷ （アマチュア無線家） radioaficionado[da] *mf*
ハムスター 〖動〗 hámster *m*
はめこむ はめ込む incrustar ➜嵌める
はめつ 破滅 ruina *f*, pérdida *f* completa｜～する arruinarse, irse a la ruina｜～させる arruinar
はめる 嵌める encajar, ajustar, （家具等） empotrar, （挿入） insertar, （象眼細工） incrustar｜指輪を～ ponerse el anillo｜戸を枠に～ encajar la puerta en el marco｜計略に～ engañar, hacer caer a ALGUIEN en la trampa
ばめん 場面 escena *f*, （状況） situación *f*
はもの 刃物 instrumento *m* cortante, arma *f* blanca｜～店 cuchillería *f*
はもん 破門 expulsión *f*, 〖宗〗 excomunión *f*, anatema *m*｜～する（弟子を） expulsar, despedir, 〖宗〗 excomulgar, anatematizar
はやい ❶ 早い temprano[na], pronto[ta]｜～者勝ち Para los que llegan tarde, los huesos. 《諺》｜この子はのみこみが～ Este niño las coge al vuelo. ❷ 速い rápido[da], veloz｜進歩が～ avanzar rápido｜仕事が～ ser rápido[da] en el trabajo
はやおき 早起き madrugón *m*｜～する madrugar, levantarse temprano, darse un (buen) madrugón
はやがてん 早合点する juzgar ALGO a la ligera [precipitadamente]
はやく 早く・速く （時間） temprano, （時間・速度） pronto, （速度） rápidamente, rápido, （急いで） de prisa｜できるだけ～ lo antes posible, cuanto antes｜～しろ ¡Date prisa! 《スペイン》; ¡Apúrate! 《ラ米》｜～ても como pronto
はやくち 早口である hablar rápido [de prisa]｜～言葉 trabalenguas *m*[*pl* ~]
はやさ 速さ rapidez *f*, （速度） velocidad *f*
はやし 林 arbolado *m*, arboleda *f*, （雑木林） soto *m*
はやす 生やす ひげを生やしている llevar [tener, dejarse] barba
はやね 早寝する acostarse temprano
はやめ 早めに un poco antes, un poco más temprano
はやめる 早める・速める｜時間を～ adelantar la hora｜速度を～ aumentar la velocidad｜足を～ apretar el paso
はやる 流行る ponerse de moda, popularizarse, （大流行） hacer furor｜はやらなくなる pasar de moda｜はやっている estar de moda｜このレストランははやっている Este restaurante tiene mucha clientela.｜インフルエンザがはやっている La gripe está extendida.
はら 腹 vientre *m*, barriga *f*, 〖解〗 abdomen *m*, （胃） estómago *m*｜～一杯食べる comer hasta hartarse｜～が痛い tener dolor de vientre｜～が出る echar barriga｜～が減る tener hambre｜～に一物ある tener doble [segunda] intención｜～の中で en [para] SUS adentros｜～を抱えて笑う troncharse de risa｜～を決める tomar una determinación｜～を壊す tener diarrea｜～を探る sondear a ALGUIEN, tantear el terreno｜～を立てる enfadarse, enojarse｜～を割って話す hablar con franqueza
ばら ❶ ばらの suelto[ta]｜～売りする vender ... suelto[ta] ❷ バラ 〖植〗 rosa *f*, （木） rosal *m*

は

はらいこむ 払い込む pagar, abonar, (送金) transferir dinero
はらいせ 腹いせに en venganza, para vengarse, como represalias
はらいもどす 払い戻す re(e)mbolsar, devolver
はらう 払う pagar, desembolsar | ほこりを～ quitar [sacudir] el polvo | …の代金を～ pagar la cuenta de ... | …の代金として金を～ abonar dinero en concepto de ... | 敬意を～ tener respeto a [hacia], demostrar respeto
バラエティー variedad *f* | ～ショー espectáculo *m* de variedades [varietés]
パラグラフ párrafo *m*
はらぐろい 腹黒い solapado[da], taimado[da], astuto[ta], sagaz
はらごなし 腹ごなしする digerir la comida | ～に散歩する dar un paseo para bajar la comida
パラシュート paracaídas *m* [*pl* ~]
はらす 晴らす 疑いを～ disipar la sospecha | 無実の罪を～ probar su inocencia
ばらす 話を～ divulgar una información [noticia]
パラソル parasol *m*, sombrilla *f*
はらだたしい 腹立たしい indignante, enojoso[sa] | 腹立たしく思う indignarse
はらだち 腹立ちまぎれに en un arrebato de ira [cólera]
はらちがい 腹違いの nacido[da] de madre diferente | ～の兄弟[姉妹] hermano[na] *mf* de padre, hermanastro[tra] *mf*, medio[dia] hermano[na] *mf*, hermano[na] *mf* consanguíneo[a]
はらっぱ 原っぱ campo *m*
パラドール parador *m*
はらはら ～する inquietarse, estar con el alma en vilo [en un hilo]
ばらばら ～に en pedazos | ～にする despedazar, (分解) descomponer | ～になる hacerse pedazos, despedazarse, descuartizarse, (分解) descomponerse | ～死体 cadáver *m* descuartizado
ぱらぱら ページを～めくる hojear las páginas
はらぺこ 腹ぺこで死にそうだ Me muero de hambre. →空腹
はらまき 腹巻き haramaki *m*, faja *f* que se enrrolla en el torso
ばらまく esparcir, desparramar, (液体を) derramar | うわさを～ extender [expandir] un rumor | 金を～ dar dinero indiscriminadamente
はらわた 腸 entrañas *f.pl*, vísceras *f.pl*
バランス equilibrio *m* | ～をとる mantener el equilibrio | ～シート 〖商〗 balance *m*, estado *m* de cuentas
はり ❶ 針 aguja *f*, (留め針) alfiler *m*, (時計の) manecilla *f*, (釣り針) anzuelo *m*, (毛針) mosca *f*, (ホッチキスの) grapa *f* | ～に糸を通す enhebrar la aguja | ～の目 ojo *m* de la aguja ❷ 梁 〖建〗 viga *f*
はりあう 張り合う competir [rivalizar] con ALGUIEN
はりあげる 張り上げる 声を～ alzar la voz
バリアフリー eliminación *f* de barreras | ～の desprovisto[ta] de barreras u obstáculos
バリエーション variación *f*
はりがね 針金 alambre *m*
ばりき 馬力 〖物〗 caballo *m* de vapor
はりきる 張り切る animarse
バリケード barricada *f*
ハリケーン 〖気象〗 huracán *m*
はりしごと 針仕事 costura *f*, labores *f.pl* de aguja
はりだす 張り出す (出る) sobresalir, (掲示) poner un letrero
はりつける 貼り付ける 〖IT〗 pegar
バリトン 〖音〗(音・歌手) barítono *m*
ハリネズミ 〖動〗 erizo *m*
はりやま 針山 acerico *m*, almohadilla *f*
はる ❶ 春 primavera *f* | ～の primaveral | ～先に al comienzo de la primavera | ずいぶん～めいてきた Empieza a notarse el clima primaveral. | 我が世の～を謳歌(おうか)する gozar del mejor momento de la vida | ～一番 primer viento *m* cálido del sur | ～霞(がすみ) bruma *f* primaveral | ～物 〖服〗 ropa *f* de primavera ❷ 張る 肩が～ tener los hombros entumecidos | 氷が張った Se ha formado hielo. | 値が～ costar mucho | テントを～ montar una tienda 《スペイン》, armar una carpa 《ラ米》 ❸ 貼る pegar | 切手を～ pegar un sello
はるか 遥かな lejano[na], remoto[ta] | ～向こうに en la lejanía, a lo lejos
バルコニー 〖建〗 balcón *m*
はるばる 遠路～やってくる venir desde muy lejos
バルブ 〖機〗 válvula *f*
パルプ pulpa *f*, pasta *f* de papel
はるまき 春巻 rollo *m* de primavera
はるやすみ 春休み vacaciones *f.pl* de primavera
はれ 晴れ 〖気象〗 cielo *m* despejado
はれ 腫れ hinchazón *f* | ～る hincharse | ～が引く deshincharse
バレエ ballet *m*
はれぎ 晴れ着 traje *m* de gala
パレード desfile *m*
バレーボール voleibol *m*, balonvolea *m*
はれつ 破裂 estallido *m*, reventón *m*, explosión *f* | ～する estallar, reventar
パレット 〖美〗 paleta *f*
バレリーナ bailarín[rina] *mf*
はれる 晴れる (空が) despejarse, (疑いが) disiparse | 晴れた日 día *m* despejado | 晴れ渡った日 día *m* completamente despejado | 気分が～ sentirse tranquilo[la], sentirse libre de preocupaciones
バレンタインデー día *m* de San Valentín
はれんち 破廉恥 desvergüenza *f*, impudor *m*
ハロウィーン víspera *f* de Todos los Santos
ハロゲン 〖化〗 halógeno *m* | ～ランプ lámpara *f* halógena
バロック 〖建〗〖美〗〖音〗 barroco *m*
パロディー parodia *f*
バロメーター barómetro *m*
パワフル ～な potente
はん ❶ 判 sello *m* | 書類に～を押す sellar

un documento ❷ 版 (本等の) edición *f* ❸ 班 grupo *m*, equipo *m*, (軍隊) escuadra *f*, brigada *f*

ばん ❶ 晩 (夕方) atardecer *m*, (夜) noche *f* | ～に (夕方) al atardecer, (夜) por [en] la noche ❷ 番 (順番) turno *m*, (番号) número *m* | 君の～だ A ti te toca el turno. | ～をする vigilar, guardar | 5～勝負 (ゲーム) partida *f* de cinco manos | 3～ホーム andén *m* número tres ❸ バン 〖車〗 furgoneta *f* ➜ワゴン車

パン pan *m* | 食～ pan *m* de molde | ～一本 (フランスパン) una barra de pan | ～一枚 una rebanada de pan | ～を焼く cocer el pan, (トースト) tostar el pan | ～くず migas *f.pl* | ～粉 pan *m* rallado | ～屋 panadería *f*, (人) panadero[ra] *mf*

はんい 範囲 ámbito *m*, alcance *m* | 活動～を広げる ampliar SU campo de actividad | ～を越える exceder los límites | …の～内で dentro de los límites de ... | 可能な～内で dentro de lo posible

はんいご 反意語 〖言〗 antónimo *m*

はんえい ❶ 繁栄 prosperidad *f* | ～する prosperar ❷ 反映 reflejo *m* | 怒りが彼の態度に～している Su actitud refleja enojo.; El enojo se refleja en su actitud.

はんえん 半円 semicírculo *m*

はんが 版画 grabado *m*, estampa *f*, (木版) xilografía *f*, (銅版) grabado *m* en cobre, calcografía *f*, (石版) litografía *f* | ～家 grabador[dora] *mf*

ハンガー percha *f*

はんがく 半額で a mitad de precio

ハンカチ pañuelo *m*

バンガロー bungaló *m*, bungalow *m*

はんかん 反感 antipatía *f*, repulsa *f* | 君の傲慢(ごうまん)さは～を買うよ Tu arrogancia inspira antipatía.

はんきょう 反響 大きな～を呼ぶ tener mucha resonancia [repercusión]

パンク ❶ 〖車〗 pinchazo *m* | ～する tener un pinchazo ❷ 〖音〗 ～ロック punk rock *m*

ハングライダー 〖スポ〗 ala *f* delta

ばんぐみ 番組 programa *m* | 教育[報道]～ programa *m* educativo [informativo]

はんけい 半径 radio *m* | 行動～ radio *m* de acción

パンケーキ 〖料〗 tortita *f*

はんけつ 判決 〖法〗 sentencia *f*, fallo *m* | ～を下す dictar una sentencia

はんげつ 半月 media luna *f*

はんけん 版権 copyright *m*, derechos *m.pl* de autor

ばんけん 番犬 perro *m* guardián

はんご 反語 ironía *f*

はんこう ❶ 犯行 delito *m*, acto *m* delictivo [criminal], acción *f* delictiva [criminal] ➜犯罪行為 ❷ 反抗 rebeldía *f*, insubordinación *f* | ～する rebelarse contra ALGUIEN | ～的な rebelde, desobediente

ばんごう 番号 número *m*

ばんこく 万国 todas las naciones del mundo | ～博覧会 Exposición *f* Universal

はんざい 犯罪 (重罪) crimen *m*, (軽罪) delito *m* | ～を犯す cometer un crimen [delito] | ～学 criminología *f* | ～行為 acto *m* delictivo, conducta *f* delictiva | ～者 criminal *m/f*, delincuente *m/f* | ～心理学 psicología *f* criminal

ばんざい 万歳 ¡Viva!; ¡Bravo!

はんざつ 繁雑な complicado[da]

ハンサム ～な guapo

はんさよう 反作用 〖物〗 reacción *f*

ばんさん 晩餐 cena *f* | 最後の～ 〖宗〗 Última [Santa, Sagrada] Cena *f*

はんじ 判事 〖法〗 juez *m/f*

ばんじ 万事 todo *m* | ～休す Ya no me queda resorte que mover [tocar].

パンジー 〖植〗 pensamiento *m*

バンジージャンプ puenting *m*

はんして 反して … に～ contrariamente a ... | それに～ por el contrario

はんしゃ 反射 reflejo *m*, reflexión *f*, reverberación *f* | ～する reflejar(se)

はんしょう 反証 prueba *f* en contra, contraprueba *f* 《ラ米》

はんじょう 繁盛 prosperidad *f* | ～した próspero[ra] | ～する prosperar

バンジョー 〖音〗 banjo *m*

はんしょく 繁殖 reproducción *f*, multiplicación *f* | ～する reproducirse

はんしんろん 汎神論 panteísmo *m*

はんすう 反芻 rumia *f* | ～する rumiar

ハンスト huelga *f* de hambre

パンスト pantis *m.pl*, medias *f.pl*

はんズボン 半ズボン pantalón *m* corto

はんする 反する (矛盾) contradecir

はんせい 反省 reflexión *f*, (内省) introspección *f*, (後悔) arrepentimiento *m* | ～する reflexionar sobre, (後悔) arrepentirse de

はんせん 帆船 velero *m*, barco *m* de vela

ハンセン病 〖医〗 lepra *f*

ばんせん 番線 (鉄道駅の) vía *f*

ばんぜん 万全を期す extremar las precauciones | ～を期して para mayor seguridad

はんそう 帆走する navegar a vela

ばんそう 伴奏 acompañamiento *m* | ギターで～をする acompañar con la guitarra

ばんそうこう 絆創膏 esparadrapo *m*

はんそく 反則 〖スポ〗 falta *f*

はんだ 半田 soldadura *f* | ～づけする soldar

パンダ 〖動〗 (oso *m*) panda *m*

ハンター cazador[dora] *mf*

はんたい 反対 oposición *f*, (異論) objeción *f* | …に～の contrario[ria] a ... | ～に por el contrario, al revés | ～する oponerse a | ～尋問 〖法〗 contrainterrogatorio *m*, repregunta *f* | ～運動 movimiento *m* [campaña *f*] contra ALGO | ～者 opositor[tora] *mf* | ～勢力 oposición *f*

パンタグラフ 〖鉄道〗 pantógrafo *m*

はんだん 判断する juzgar | ～力がある tener buen juicio

ばんち 番地 número *m* de la casa

パンチ (文具) perforadora *f*, (ボクシング) puñetazo *m*, golpe *m* | ～カード 〖IT〗 tarjeta *f* perforada

はんちゅう 範疇 categoría *f*

パンツ calzoncillos *m.pl*, (ズボン) pantalón *m*
はんてい 判定 juicio *m* | ～する juzgar, (点数で) puntuar | ～を下す emitir un juicio
パンティー bragas *f.pl* 《スペイン》, calzón *m* 《ラ米》| ～ストッキング ➔パンスト
ハンディキャップ desventaja *f*, 〖スポ〗 hándicap *m*
はんてん ❶ 斑点 mancha *f* ❷ 反転する invertirse, (方向転換) dar media vuelta | ～させる dar la vuelta a ALGO
ハンドバッグ bolso *m*
ハンドブック manual *m*
ハンドボール 〖スポ〗 balonmano *m*
バンド (ベルト) cinturón *m*, (革の) correa *f*, (楽団) banda *f* de música
はんとう 半島 península *f*
はんどう 反動 reacción *f*, (はずみ) impulso *m* | ～的な reaccionario[ria], retrógrado[da]
はんどうたい 半導体 semiconductor *m*
パントマイム mimo *m*, pantomima *f*
ハンドル 〖車〗 volante *m*, (自転車) manillar *m*, 〖機〗 manubrio *m* | ～を切る girar el volante
はんにん 犯人 autor[tora] *mf* del crimen, culpable *m/f*
ばんにん 番人 guarda *m/f*, vigilante *m/f*
ばんねん 晩年 los últimos años de la vida, vejez *f*, ancianidad *f*, senectud *f*
はんのう 反応 reacción *f* | ～する reaccionar
ばんのう 万能選手 atleta *m/f* completo[ta] | ～薬 panacea *f*
バンパー 〖車〗 parachoques *m*[*pl* ~], paragolpes *m*[*pl* ~] (南米)
ハンバーガー 〖料〗 hamburguesa *f*
ハンバーグ (ステーキ) 〖料〗 hamburguesa *f*, filete *m* de carne picada
はんばい 販売 venta *f* | ～する vender | ～員 personal *m* de venta, vendedor[dora] *mf* | ～価格 precio *m* de venta | ～促進 promoción *f* de ventas | ～高 volumen *m* de ventas | ～中の a la venta, en venta | ～店 tienda *f* | ～費 coste *m* de ventas | ～部 sección *f* de ventas | ～網 red *f* de distribución
はんぴれい 反比例 proporción *f* [razón *f*] inversa | …に～する estar en proporción inversa a ...
はんぷく 反復 repetición *f*, reiteración *f* | ～する repetir, reiterar
パンプス 〖服〗 escarpines *m.pl*
ばんぶつ 万物 todas las creaciones | ～の霊長(れいちょう) el rey de la creación
パンフレット folleto *m*, prospecto *m*
はんぶん 半分 mitad *f* | ～ずつ mitad y mitad | ～の medio[dia] | ケーキを～に分ける dividir una tarta en dos mitades | スイカを～に切る partir [cortar] una sandía por la mitad | ～に減らす reducir ALGO a la mitad | ～眠っている estar medio dormido[da]
ばんぺい 番兵 centinela *m*, guardia *m*
ハンマー martillo *m*
はんめい 判明 | ～する aclararse, esclarecerse, conocerse | 選挙結果は明日～する Se conocerán mañana los resultados de las elecciones. | 身元が～する ser identificado[da]
はんも 繁茂する crecer con exuberancia | ～した植物 vegetación *f* lujuriante
ハンモック hamaca *f*
はんらん ❶ 反乱 rebelión *f*, sublevación *f*, insurrección *f* | …に対して～を起こす rebelarse [sublevarse] contra ... ❷ 氾濫 (川の) desbordamiento *m* | 川が～した El río (se) desbordó. | 市場に外国製品が～した El mercado se inundó de productos extranjeros.
はんれい ❶ 凡例 notas *f.pl* preliminares ❷ 判例 〖法〗 jurisprudencia *f*
はんろん 反論 refutación *f*, rebatimiento *m*, objeción *f* | ～する contradecir, objetar | 非難に～する refutar [rebatir] una acusación | ～の余地のない irrefutable, irrebatible

ひ

ひ ❶ **火** fuego *m*, lumbre *f*, (火事) incendio *m* | ～が付く encenderse [prenderse] fuego 〔主語〕 | 鍋(なべ)を～にかける poner la olla al fuego | ～に油を注ぐ echar leña al fuego | ～を起こす hacer fuego | ～を消す apagar [extinguir] el fuego | ～を付ける prender [pegar] fuego a | タバコに～を付ける encender el cigarrillo | …によく～を通す cocer bien ... | ～を見るよりも明らかだ Es [Está] más claro que el agua. | ～のない所に煙は立たぬ Cuando el río suena, agua lleva. 《諺》 ❷ **日** (太陽) sol *m*, (一日) día *m* | ～が当たる dar el sol 〔主語〕 | ～が暮れる caer el día 〔主語〕 | ～が長く〔短かく〕なる Los días se hacen largos [cortos]. | ～に当たる tomar el sol, exponerse al sol | ～に当てる solear, exponer ALGO al sol | ～の当たらない人々 gente *f* desgraciada | ～の当たる場所 lugar *m* soleado ❸ 比 ➔比率 ❹ 非の打ちどころがない impecable, intachable, irreprochable, perfecto[ta]
び 美 belleza *f*
ひあがる 干上がる desecarse
ピアス pendiente *m*, (リング状) zarcillo *m*, arete *m*
ひあそび 火遊び (浮気) flirteo *m* | ～する jugar con fuego
ひあたり 日当たりが悪い sin sol, poco soleado[da] | ～のいい部屋 habitación *f* soleada [con mucho sol]
ピアノ piano *m* | グランド～ piano *m* de cola | ピアニスト pianista *m/f*
ヒアリング 公開～ 〖法〗 audiencia *f* pública | ～テスト ➔リスニング：～テスト
ピーアール PR ➔宣伝
ビーカー 〖化〗 vaso *m* de precipitados [precipitación]
ヒーター (暖房器具) calefacción *f*, calefactor *m*, radiador *m*, (電熱器) hornillo *m* eléctrico
ビーチ playa *f* | ～パラソル parasol *m* de playa, sombrilla *f*
ピーティーエー PTA Asociación *f* de

Padres y Profesores
ビート〖音〗ritmo *m*, 〖植〗remolacha *f*
ひいき favor *m*, preferencia *f* | ～する favorecer, mostrar preferencia por | …を～目に見る ver ... con buenos ojos [con favoritismo]
ひいでる 秀でる sobresalir, destacarse
ビーナス（美の女神）Venus *f* | ミロの～ la Venus de Milo
ピーナッツ cacahuete *m*, maní *m*(南米)
ビーバー〖動〗castor *m*
ピーマン〖植〗pimiento *m*
ビール cerveza *f* | 生～一杯 una caña de cerveza
ビールス〖医〗virus *m*[*pl* ~]
ヒーロー héroe *m*
ひうん 悲運 destino *m* adverso, triste destino *m*
ひえしょう 冷え性である ser friolero[ra]
ひえる 冷える enfriarse | 冷えた frío[a] | よく冷えたビール cerveza *f* bien fría | 今夜は～ Hace un frío intenso esta noche. | 冷え込む 国の景気が冷え込む El país cae en una recesión económica.
ピエロ payaso *m*
ビオラ viola *f* | ～奏者 viola *m/f*
ひがい 被害 daño *m*, (損害) perjuicio *m* | ～を与える causar daño en ALGO, dañar | ～を受ける sufrir un daño | ～額 pérdida *f* | ～者 víctima *f*, (被災者) damnificado[da] *mf*, siniestrado[da] *mf* | ～妄想 manía *f* persecutoria
ひかえ 控え (メモ) nota *f*, (受領証) resguardo *m*, comprobante *m* | ～室 sala *f* de espera, antesala *f* | ～選手〖スポ〗jugador[dora] *mf* de reserva
ひかえめ 控えめな discreto[ta], reservado[da], modesto[ta] | ～に話す hablar con reservas
ひがえり 日帰り旅行をする hacer una excursión de un día
ひかえる 控える abstenerse de, (避ける) guardarse de, (待つ) esperar, (書き留める) apuntar, tomar nota de | 意見を～ guardarse de opinar | 酒を～ abstenerse de beber
ひかく ❶ 比較 comparación *f* | ～する comparar | ～にならない incomparable | ～的 relativamente, más bien | ～級〖文法〗comparativo *m* | …と～して en comparación con ... ❷ 皮革 cuero *m*, piel *f*
びがく 美学 estética *f*
ひかげ 日陰 sombra *f*
ひがさ 日傘 sombrilla *f*
ひがし 東 este *m*, oriente *m* | ～の del este, oriental | ～へ hacia el este | …の～に en el [al] este de ... | ～海岸 costa *f* oriental | ～風 viento *m* este
ぴかぴか ～の brillante, reluciente, (新しい) flamante, (清潔な) muy limpio[pia], (estar) como los chorros del oro | ～のブーツ botas *f.pl* lustrosas
ひがむ tener celos [envidia], (劣等感) tener un complejo de inferioridad
ひからびる 干からびる desecarse, (植物が) marchitarse | 干からびた reseco[ca], (植物が) marchito[ta]
ひかり 光 luz *f*, (光線) rayo *m*, (つや) lustre *m*, brillo *m* | ～を放つ emitir [despedir] luz | ～ディスク disco *m* óptico | ～ファイバー〖通信〗fibra *f* óptica
ひかる 光る brillar, lucir, relucir, (ぴかぴかと) destellar | 星が夜空に～ Las estrellas resplandecen en el cielo nocturno.
ひかん 悲観 pesimismo *m* | 自分の将来を～する mirar SU futuro con pesimismo | ～的な pesimista | ～論 pesimismo *m*
ひきあい 引き合い (取引の) solicitud *f* de información | ～に出す referirse a, citar
ひきあう 引き合う この取り引きは引き合わない Este negocio no es rentable.
ひきあげ 引き上げ 値段の～ subida *f* de precios
ひきあげる ❶ 引き上げる levantar, alzar, (値段) subir | 沈没船を～ recuperar un barco naufragado ❷ 引き揚げる (退去) retirarse | 前線から軍隊を～ retirar las tropas del frente
ひきあわせる 引き合わせる (紹介) presentar, (照合) cotejar, confrontar
ひきいる 率いる dirigir, encabezar, mandar | チームを～ dirigir un equipo
ひきうける 引き受ける aceptar, asumir, encargarse de, (保証) garantizar | 責任を～ asumir la responsabilidad | 身元を～ encargarse de la tutela de ALGUIEN
ひきかえ 引き換え …と～に a cambio de ...
ひきかえす 引き返す 家へ～ volver a casa
ひきかえる 引き換える 当選券を賞品と～ canjear el cupón premiado por el premio
ひきがね 引き金を引く apretar el gatillo
ひきげき 悲喜劇〖演〗tragicomedia *f*
ひきこもる 引き籠る quedarse encerrado [da] en casa
ひきさく 引き裂く rasgar, desgarrar, (ずたずたに) hacer pedazos ALGO, romper
ひきさげる 引き下げる 電気料金を～ bajar las tarifas eléctricas
ひきざん 引き算 sustracción *f*, resta *f* | ～する restar, sustraer
ひきしお 引き潮 marea *f* baja, bajamar *f* | ～になる bajar la marea [主語]
ひきしめる 引き締める apretar, estrechar
ひきずる 引きずる arrastrar
ひきだし 引き出し cajón *m*
ひきだす 引き出す sacar, extraer | 才能を～ descubrir el talento de ALGUIEN
ひきつぐ 引き継ぐ マリオは父親の商売を引き継いだ Mario sucedió a su padre en el negocio.
ひきつけ 引き付けを起こす tener una convulsión
ひきつける 引き付ける traer ALGO hacia sí, atraer | 聴衆の注意を～ atraer la atención del público
ひきつづいて 引き続いて a continuación
ひきとめる 引き止める (帰らないように) no dejar marcharse a ALGUIEN
ひきとる 引き取る 荷物を～ recoger un paquete | おいを～ encargarse de cuidar a SU sobrino | どうぞお引き取りください Haga el favor de marcharse.
ビキニ〖服〗bikini *m*, biquini *m*

ひきにく 挽き肉 carne *f* picada, carne *f* molida (中南米)
ひきにげ 轢き逃げする atropellar a ALGUIEN y huir
ひきぬく 引き抜く arrancar, sacar | くぎを壁から～ arrancar un clavo de la pared | 選手を～ contratar a un jugador (de otro equipo)
ひきのばす 引き伸ばす・引き延ばす alargar, (写真) ampliar, (延長) prolongar, (遅延) retrasar | 期限を～ prolongar [ampliar] el plazo | 用件を～ retrasar un asunto, (口実を作って) dar largas a un asunto | 引き延ばし戦術 táctica *f* dilatoria
ひきはなす 引き離す 母親から子を～ separar al hijo de su madre | 他のランナーを～ dejar atrás a otro(s) corredor(es)
ひ
ひきはらう 引き払う マンションを～ desocupar [evacuar] el piso
ひきょう 卑怯 cobardía *f* | ～な cobarde
ひきわける 引き分ける 2対2で～ 〖スポ〗 empatar a dos | 引き分け empate *m*
ひきわたす 引き渡す entregar, (国家間で犯罪人を) 〖法〗 extraditar | 引き渡し entrega *f*, (犯罪人の国家間の) extradición *f*
ひきん 卑近な familiar, sencillo[lla] | ～な例 ejemplo *m* familiar
ひく ❶ 引く 綱を～ tirar de una cuerda | 商売から手を～ retirarse del negocio | 辞書を～ consultar ALGO en un diccionario | 10～3は7 Diez menos tres son siete. | 給料から毎月所得税が引かれる Me retienen del sueldo los impuestos sobre la renta. | ～手あまたである ser muy solicitado[da] ❷ 退く (熱が) bajar ❸ 弾く tocar, (弦楽器を) tañer ❹ (挽く) serrar, (轢く) atropellar, (碾く) moler
ひくい 低い bajo[ja] | ～声で en voz baja | 腰が～ ser modesto[ta] | 低くする bajar
ひくつ 卑屈な vil, servil
びくっと ～する estremecerse por un susto, dar un respingo
ピクニック ～に出かける ir de picnic
びくびく ～する estar temeroso[sa]
ピクルス 〖料〗 encurtidos *m.pl*
ひぐれ 日暮れ anochecer *m*
ひげ ❶ 髭 (あごひげ) barba *f*, (口ひげ) bigote *m* | ～をそる afeitarse | ～を生やしている llevar barba [bigote] | ～が濃い [薄い] tener la barba tupida [rala] | ～そり máquina *f* de afeitar ❷ 卑下 自分を～する sentirse inferior
びけい 美形の guapo[pa]
ひげき 悲劇 〖演〗 tragedia *f* | ～的な trágico[ca]
ひけつ ❶ 秘訣 secreto *m* ❷ 否決 動議を～する rechazar una moción
ひける 引ける terminar, acabar | …するのは気が～ no atreverse a 〈+不定詞〉
ひこう ❶ 飛行 vuelo *m* , navegación *f* aérea | ～する volar, navegar por el aire | ～禁止地域 zona *f* de navegación aérea prohibida | ～士 aviador[dora] *mf*, aeronauta *m/f*, piloto *m/f* | ～時間 tiempo *f* [hora *f*] de vuelo | ～場 aeródromo *m*, (空港) aeropuerto *m* | ～船 aeronave *f* | ～服 traje *m* de piloto ❷ 非行 delincuencia *f* | ～少年 [少女] delincuente *m/f* menor
びこう ❶ 備考 nota *f* ❷ 鼻孔 orificios *m.pl* nasales ❸ 尾行する seguir [perseguir] a ALGUIEN disimuladamente
ひこうかい 非公開の en privado, a puerta cerrada
ひこうき 飛行機 avión *m*, (小型) avioneta *f* | ～から降りる bajar del avión | ～で行く ir [viajar] en avión | ～に乗る tomar un avión | ～雲 reguero *m* de avión | ～事故 accidente *m* aéreo
ひこうしき 非公式の oficioso[sa], extraoficial | ～筋 fuentes *f.pl* oficiosas
ひごうほう 非合法の ilegal, (不法な) ilegítimo[ma], ilícito[ta]
ひごうり 非合理な irracional
ひこく 被告 acusado[da] *mf*, demandado[da] *mf*
ひこようしゃ 被雇用者 empleado[da] *mf*
ひざ 膝 rodilla *f*, (ももの付け根まで) regazo *m* | ～頭(ざら) rótula *f*, choquezuela *f* | 私は～ががくがくしている Me tiemblan las rodillas. | 子供を～の上に載せる sentar a un niño en SU regazo | ～を崩す ponerse cómodo[da] | ～をぶつける darse un golpe en la rodilla
ビザ visado *m* 《スペイン》, visa *f* 《ラ米》
ピザ 〖料〗 pizza *f*
びさい 微細な minucioso[sa] | ～な点まで hasta el último detalle
ひさいしゃ 被災者 damnificado[da] *m f*, siniestrado[da] *mf*
ひざかけ 膝掛け manta *f* (de viaje)
ひさし 〖建〗 alero *m*, cobertizo *m*, (帽子の) visera *f*
ひざし 日差し rayo *m* de sol
ひさしぶり 久しぶりに después de mucho tiempo | ～ですね ¡Cuánto tiempo sin vernos!
ひざづめ 膝詰め談判する negociar frente a frente [cara a cara]
ひざまずく arrodillarse, ponerse [hincarse] de rodillas
ひざもと 膝元 zona *f* de influencia | 親の～で bajo la protección de los padres
ひさん 悲惨 miseria *f* | ～な miserable, triste, (悲劇的な) trágico[ca] | ～な結果 resultado *m* desastroso
ひじ 肘 codo *m* | ～当て 〖服〗 codera *f* | ～で押す empujar a ALGUIEN con el codo | ～で突く dar un codazo | ～をつく apoyar el codo sobre, acodarse en | ～鉄砲を食わす dar un codazo a ALGUIEN | ～掛けいす sillón *m* ➜アームチェア
ひしがた 菱形 rombo *m*
ビジネス negocios *m.pl*, comercio *m* | ～クラス (飛行機) clase *f* preferente [ejecutiva] | ～スクール escuela *f* de negocios | ～マン hombre *m* de negocios
ひしゃく 柄杓 cazo *m*, cucharón *m*
びじゅつ 美術 bellas artes *f.pl*, arte *m* (*f*) | ～的な artístico[ca] | ～鑑賞する apreciar obras de arte | ～館 [展] museo *m* [exposición *f*] de bellas artes | ～品 obra *f* de arte
ひじゅん 批准する ratificar
ひしょ ❶ 秘書 secretario[ria] *mf* ❷ 避

暑する veranear | ～地 lugar *m* de veraneo

ひじょう 非常 emergencia *f* | ～の場合には en caso de emergencia | ～時に備える prevenirse contra una emergencia | ～事態を宣言する declarar el estado de emergencia | ～口 salida *f* de emergencia | ～手段 medidas *f.pl* extremas | ～食 víveres *m.pl* | ～ブレーキ freno *m* de emergencia

びしょう 微笑 sonrisa *f* | ～する sonreír

ひじょうしき 非常識な sin [carente de] sentido común, extravagante

びしょぬれ びしょ濡れの ➜ずぶ濡れ

ビジョン perspectiva *f*

びじれいく 美辞麗句 bellas palabras *f.pl*

びじん 美人 mujer *f* bella [guapa]

ビスケット galleta *f*

ヒステリー histeria *f*, histerismo *m* | ～の histérico[ca]

ピストル pistola *f*, (連発式) revólver *m*

ピストン émbolo *m*, pistón *m*

ひずみ deformación *f*, (音・映像・電波の) distorsión *f*, (板の反り) alabeo *m*

ひずむ deformarse, alabearse

びせいぶつ 微生物 microbio *m*, microorganismo *m*

ひぜに 日銭 ingresos *m.pl* diarios

ひそう 悲壮な patético[ca] | ～感 patetismo *m*

ひぞう 脾臓〘解〙bazo *m*

ひそか 密かに en secreto, encubiertamente

ひそひそ ～と en voz baja | ～と話す cuchichear, hablar al oído

ひだ pliegue *m*, doblez *m* | ～スカート falda *f* plisada

ひたい 額 frente *f*

ひたす 浸す remojar, empapar

ビタミン vitamina *f* | ～入りの vitaminado[da] | ～の vitamínico[ca] | ～剤 píldora *f* de vitaminas

ひたむき ～な perseverante | ～に con empeño [perseverancia, tesón]

ひだり 左 izquierda *f* | ～に[の] a [de] la izquierda | …の～に a la izquierda de ... | ～うちわである vivir con holgura | 左側 lado *m* izquierdo | 左側通行する circular por la izquierda | 左利きである ser zurdo[da] | 左手 mano *f* izquierda, siniestra *f* | 左回り(に) en sentido contrario a las agujas del reloj

ひたん 悲嘆 gran tristeza *f*

ぴちぴち ～した娘 una joven lozana

ひつう 悲痛な doloroso[sa] | ～な叫び grito *m* desgarrador

ひっかかる 引っ掛かる engancharse en

ひっかく 引っ掻く rascar, arañar, rasguñar | 引っかき傷 arañazo *m*

ひっかける 引っ掛ける enganchar, (だます) engañar | …に水を～ echar agua a ...

ひっき 筆記する escribir, apuntar | ～試験 examen *m* escrito | ～用具 útiles *m.pl* para escribir

ひつぎ 棺 féretro *m*, ataúd *m*

ひっきりなし ～に sin cesar, continuamente

びっくり ～する sorprenderse | ～させる sorprender | 彼はそのニュースを聞いて～仰天した Le dio un vuelco el corazón al escuchar esa noticia. | ～箱 caja *f* de sorpresas

ひっくりかえす ひっくり返す volcar

ひっくりかえる ひっくり返る volcarse, dar un vuelco, (形勢が) invertirse

ひづけ 日付 fecha *f*

ひっこす 引っ越す mudarse de casa | 引っ越し mudanza *f*, traslado *m*

ひっこみじあん 引っ込み思案な tímido [da], retraído[da]

ひっこむ 引っ込む retirarse | 引っ込める retirar, retraer | 提案を引っ込める retirar la propuesta

ひっし 必死の desesperado[da] | ～になる esforzarse hasta el agotamiento

ヒツジ〘動〙oveja *f*, (雄羊) carnero *m*, (子羊) cordero[ra] *mf* | ～飼い pastor[tora] *mf*

ひっしゃ ❶ 筆者 autor[ra] *mf* ❷ 筆写 transcripción *f* | ～する transcribir, copiar

ひっしゅう 必修の obligatorio[ria] | ～科目 asignatura *f* obligatoria

ひつじゅひん 必需品 artículos *m.pl* de necesidad | 生活～ artículos *m.pl* de primera necesidad

ひっせき 筆跡 grafismo *m*, grafología *f*, letra *f*, escritura *f* | ～鑑定 examen *m* grafológico | ～鑑定家 grafólogo[ga] *mf*

ひつぜん 必然的な necesario[ria], inevitable, ineludible ineluctable | ～的に necesariamente, inevitablemente | ～性 necesidad *f*

ひっそり ～とした silencioso[sa], (人気がない) desierto[ta] | 森は～としていた Reinaba el silencio en el bosque. | ～と暮らす vivir retirado[da]

ひったくる arrebatar, arrancar | ハンドバッグを～ dar un tirón a un bolso | ひったくり(行為) tirón *m*

ぴったり ～合う encajar bien en | この靴は私に～です Estos zapatos me van a la medida. | 彼女はこの役に～だ Ella es la persona más idónea para este papel.

ピッチ ritmo *m*, (音の調子) tono *m* | 急～で a ritmo acelerado

ヒッチハイク ～する hacer auto(e)stop | ヒッチハイカー auto(e)stopista *m/f*

ひってき 匹敵 …に～する igualarse a ..., ser equiparable a ...

ヒット éxito *m*, (流行歌の) hit *m* | ～する tener éxito, (大流行) hacer furor | ～作 obra *f* exitosa [de éxito] | ～チャート lista *f* de éxitos

ビット〘IT〙bit *m*, digito *m* binario

ひっぱりだこ 引っ張り凧である ser muy solicitado[da], (商品が) tener una gran demanda

ひっぱる 引っ張る tirar de, (勧誘) invitar

ヒップ caderas *f.pl*

ひづめ 蹄 pezuña *f*, (馬の) casco *m*

ひつよう 必要な necesario[ria] | …する～がある Es necesario que 〈+接続法〉. | …する～を感じる sentir la necesidad de 〈+不定詞〉 | この仕事に～な技術 técnica *f* necesaria para este trabajo | ～に迫られ

て por necesidad | ～悪 mal *m* necesario | ～経費 gastos *m.pl* necesarios | ～条件 condición *f* necesaria, requisito *m*

ひてい 否定 negación *f* | ～する negar, desmentir | うわさを～する desmentir los rumores | ～的な negativo[va] | …ということは～できない No se puede negar que 〈＋直説法〉. | ～文〖文法〗oración *f* negativa

ビデオ vídeo *m*, video *m* 《ラ米》| ～カセット videocasete *f*(*m*) | ～カメラ videocámara *f* | ～ディスク videodisco *m* | ～テープ cinta *f* de vídeo, videocinta *f* | レンタル～店 videoclub *m*

びていこつ 尾底骨 cóccix *m* [*pl* ~]

ひでり 日照り sequía *f*, sequedad *f*

ひと 人（人間）hombre *m*,（個人）persona *f*,（人類）ser *m* humano,（人々）gente *f* | ～の humano [na] | ～が変わる cambiar de personalidad | ～がいい［悪い］buena [mala] persona *f* | ～を食った態度をとる comportarse con una actitud insolente | ～は見掛けによらない Las apariencias engañan.《諺》| ～クローン clon *m* humano

ひどい（残酷な）horrible, terrible, horroroso[sa],（程度が）intenso[sa], grande | ～扱いをする tratar a ALGUIEN a baquetazos | ～暑さだ Hace un calor terrible. | ～におい olor *m* pestilente | ひどくしかる reprender severamente

ひといき 一息入れる hacer un alto

ひといちばい 人一倍頑張る esforzarse más que nadie

びとう 尾灯〖車〗faro *m* trasero

ひとかげ 人影 figura *f* humana | ～がまばらだ Hay poca gente.

ひとがら 人柄 personalidad *f*, carácter *m*

ひとぎき 人聞きが悪い deshonroso[sa], difamador[dora] | ～の悪いことを言うな よ No me cuelgues el sambenito.

ひときれ 一切れ pedazo *m* | ～のパン un pedazo de pan

びとく 美徳 virtud *f*

ひとくい 人食い antropofagia *f*, canibalismo *m* | ～の antropófago[ga], caníbal | ～人種 tribu *f* antropófaga

ひとくち 一口 un bocado,（飲み物）un trago, un sorbo

ひとけ 人気のない estar desierto[ta]

ひどけい 日時計 reloj *m* de sol

ヒトゲノム〖生〗genoma *m* humano

ひとこと 一言で言えば en dos palabras | ～も言わずに sin decir ni pío

ひとごと 人事・他人事 失業問題は～ではない El problema del desempleo no es ajeno a nosotros. | ～のように como si se tratara de otra persona

ひとごみ 人込み gentío *m*, muchedumbre *f*, multitud *f* | ～に紛れる confundirse entre el gentío | ～をかき分けて進む abrirse paso entre la multitud

ひとごろし 人殺し →殺人

ひとさしゆび 人差し指（dedo *m*）índice *m*

ひとさわがせ 人騒がせな人 alarmista *m/f*

ひとしい 等しい …に～ ser igual [equivalente] a ..., equivaler a ...

ひとじち 人質 rehén *m/f* | ～に取る tomar a ALGUIEN como rehén

ひとずき 人好きのする simpático[ca]

ひとそろい 一揃い 家具～ un juego de muebles →一式

ひとだかり 人だかり 街角で～がしていた Se apiñaba la gente en la calle.

ひとだすけ 人助けする sacar a ALGUIEN de un apuro

ひとちがい 人違いする confundir a ALGUIEN con otra persona

ひとつ 一つ uno[na] *mf* | ～になる unirse | ～にまとめる unificar, reunir ALGO en un todo | ～ずつ uno [una] por uno [una] | リンゴは～いくらですか ¿Cuánto cuesta una manzana? | 心の持ち方～である Todo depende de cómo lo mires.

ひとづかい 人使いが荒い hacer trabajar mucho a ALGUIEN

ひとづきあい 人付き合いがよい sociable | ～が悪い insociable

ひとづて 人伝て …を～に聞いた He oído decir que 〈＋直説法〉.

ひとつぶ 一粒の米 un grano de arroz | ～種 único[ca] hijo[ja] *mf*

ひとで ❶ 人出 gentío *m* ❷ 人手（労働力）mano *f* de obra | ～が足りない Falta mano de obra. | ～に渡る pasar a manos de otra persona | ～不足 falta *f* de mano de obra ❸ ヒトデ〖動〗estrella *f* de mar

ひとどおり 人通り tránsito *m*, tráfico *m* | ～が多い［少ない］con mucho [poco] tránsito | ～が途絶えた Ha dejado de transitar la gente.

ひととき 一時 憩いの～ un rato de descanso

ひとなつっこい 人懐っこい cariñoso[sa], afectuoso[sa]

ひとなみ ❶ 人並みの ordinario[ria], común | ～外れた poco común | ～に暮らす llevar una vida ordinaria ❷ 人波 remolino *m* de gente | ～にもまれて entre choques y empujones

ひとびと 人々 gente *f*

ひとまえ 人前で en público | ～を繕う guardar las apariencias | この格好では～に出られません Con la facha que tengo no puedo salir a la calle.

ひとまかせ 人任せにする dejar ALGO en manos ajenas | ～にはできない No puedo contar con los demás.

ひとみ 瞳 pupila *f*

ひとみしり 人見知りする ser tímido[da]

ひとめ ❶ 一目で a primera [simple] vista ❷ 人目 ここは～が多い Aquí hay demasiada gente. | ～にさらされている estar expuesto[ta] al público | ～につく llamar la atención de la gente | ～を避ける evitar [huir de] las miradas de la gente | ～を忍んで en secreto

ひとめぼれ 一目惚れ flechazo *m*

ひとやすみ 一休みする descansar un rato

ひとり 一人当たり por persona [cabeza] | ～当たりの年収 renta *f* anual per cápita | ～で暮らす vivir solo[la] | 私の友人の～ uno de mis amigos

ひどり 日取りを決める fijar la fecha

ひとりごと 独り言 monólogo *m*, solilo-

quio *m*｜～を言う monologar, decirse a sí mismo[ma], hablar solo[la]
ひとりっこ 一人っ子 hijo[ja] *mf* único [ca]
ひとりでに (por sí) solo[la], espontáneamente,（自動的に）automáticamente｜この病気は～は治らない Esta enfermedad no se cura por sí sola.
ひとりべや 一人部屋 habitación *f* para una persona,（シングルルーム）habitación *f* individual [sencilla]
ひとりよがり 一人善がりの engreído[da], autosuficiente
ひな 雛 cría *f* de ave,（鶏の）pollo *m*, polluelo *m*｜**雛型** modelo *m*,（模型）maqueta *f*
ヒナギク〖植〗margarita *f* de los prados, maya *f*
ひなた 日向で[に] al sol, en un lugar soleado
ひなびた（場所が）rústico[ca]
ひなまつり 雛祭り Fiesta *f* de las Niñas
ひなん ❶ **避難する** refugiarse, evacuarse｜～訓練 simulacro *m* de evacuación｜～所 refugio *m*｜～民 refugiado[da] *mf*｜～命令を出す dar la orden de evacuación｜～路 ruta *f* de evacuación ❷ **非難** reproche *m*, censura *f*｜～する reprochar, hacer [dirigir] un reproche｜～がましく con un tono de reproche｜～の的になる ser objeto de censuras [reproches]
ビニール〖化〗vinilo *m*｜～袋 bolsa *f* de plástico
ひにく 皮肉 ironía *f*, sarcasmo *m*｜～な irónico[ca], sarcástico[ca]｜～なことに…です Resulta irónico que〈+接続法〉.
ひにち 日にち día *m*, fecha *f*｜～を変える cambiar la fecha｜～を決める fijar la fecha
ひにひに 日に日に de día en día
ひにん 避妊 anticoncepción *f*, contraconcepción *f*
ひにんげんてき 非人間的な inhumano [na]
ひねる 捻る torcer｜(自分の)足首を～ torcerse el tobillo
ひのいり 日の入り puesta *f* del sol
ひので 日の出 salida *f* del sol
ひのまる 日の丸（旗）bandera *f* del Sol Naciente, bandera *f* japonesa
ひばな 火花 chispa *f*｜～が出る chispear
ヒバリ〖鳥〗alondra *f*
ひはん 批判 crítica *f*｜～する criticar, hacer [dirigir] una crítica a ALGUIEN｜～的な crítico[ca]｜彼はたくさんの～を浴びた Le han llovido muchas críticas.
ひばん 非番である estar fuera de servicio
ひび grieta *f*｜～が入る agrietarse
ひびき 響き resonancia *f*, eco *m*,（音響効果）acústica *f*
ひびく 響く sonar, resonar,（影響する）repercutir｜胸に～ impresionar
ひひょう 批評 crítica *f*,（書評）reseña *f*｜…の～をする hacer una crítica de ...｜～家 crítico[ca] *mf*
びびる acobardarse
ひびわれる ひび割れる agrietarse, resquebrajarse
ひふ 皮膚 piel *f*,（特に顔の）cutis *m*[*pl* ~]｜～移植〖医〗trasplante *m* de piel｜～炎 dermatitis *f* [*pl* ~]｜～科 dermatología *f*｜～科医 dermatólogo[ga] *mf*｜～呼吸 respiración *f* cutánea
ビフテキ bistec *m*
びぶん 微分〖数〗diferencial *f*｜～方程式 ecuación *f* diferencial
ひぼう 誹謗 calumnia *f*｜～する calumniar, levantar calumnias contra｜～中傷 calumnias *f.pl* y difamaciones *f.pl*
びぼう 美貌 belleza *f*,（顔）rostro *m* de facciones hermosas
ひぼん 非凡な extraordinario[ria], poco común
ひま 暇 tiempo *m* libre, ocio *m*｜～な libre, desocupado[da], ocioso[sa]｜～を出す despedir a ALGUIEN｜今晩は～だ Esta noche estoy libre.｜～人 gente *f* ociosa
ひまご 曾孫 bisnieto[ta] *mf*, biznieto[ta] *mf*
ヒマワリ〖植〗girasol *m*
ひまん 肥満 obesidad *f*, gordura *f*｜～の obeso[sa]
ひみつ 秘密 secreto *m*, confidencia *f*｜～の secreto[ta], confidencial｜…を～にする guardar [llevar] ... en secreto｜～を明かす confiar un secreto｜～を暴く revelar [descubrir] un secreto｜～を守る guardar un secreto｜～を漏らす airear [divulgar] un secreto｜ここだけの～ですが Esto ha de quedar entre nosotros.｜公然の～ secreto *m* a voces｜～警察 policía *f* secreta｜～結社 sociedad *f* secreta｜～口座 cuenta *f* secreta
びみ 美味な delicioso[sa], sabroso[sa], rico[ca], exquisito[ta]
びみょう 微妙な delicado[da]
ひめ 姫 princesa *f*, hija *f* de familia noble
ひめい 悲鳴をあげる dar un grito
ひめん 罷免する destituir
ひも 紐 cordón *m*,（細い）cordel *m*,（素材としての）cuerda *f*｜靴の～ cordón *m* de los zapatos｜～を解く desatar el cordón｜～で結ぶ atar ALGO con un cordón｜～付き融資 préstamo *m* con condiciones
ひもち 日持ちする durar mucho
ひやかす 冷やかす tomar el pelo a ALGUIEN
ひやく 飛躍を遂げる dar grandes pasos, hacer grandes progresos [avances]
ひゃく 百 ciento *m*, cien *m*｜何～もの… centenares de ...｜そんなことは～も承知だ Lo sé muy bien.｜～番目の centésimo [ma]｜～分の 1 un centésimo
ひゃくがい 百害 それは～あって一利なしだ Esto causa muchos daños sin traer ninguna ventaja.
ひゃくしゅつ 百出 会議で議論～した Ha habido las más diversas opiniones en la reunión.
ひゃくにちぜき 百日咳 tos *f* ferina
ヒャクニチソウ〖植〗zinnia *f*
ひゃくねん 百年 cien años *m.pl*｜創立～祭 el centenario de la fundación

ひゃくパーセント 百パーセント cien por cien, ciento por ciento | ～望みはない La posibilidad es nula.
ひゃくばい 百倍の centúplo[pla] | ～する centuplicar, multiplicar ALGO por cien
ひゃくはちじゅうど 百八十度 ciento ochenta grados | ～転換する cambiar ALGO radicalmente
ひゃくぶん 百分率 〖数〗 porcentaje *m* | ～の3 tres centésimos
ひゃくぶん 百聞は一見にしかず Más vale ver que creer. 《諺》
ひゃくまん 百万 un millón | 何～もの… millones de ... | ～長者 millonario[ria] *mf*
ひゃくやく 百薬 酒は～の長 El “sake” es el mejor de todos los remedios.

ひ

ひやけ 日焼け bronceado *m*, quemadura *f* solar [de sol] | ～する broncearse | ～した bronceado[da] | ～止めクリーム crema *f* de protección solar
ヒヤシンス 〖植〗 jacinto *m*
ひやす 冷やす enfriar, refrescar, (冷蔵) refrigerar
ひゃっかじてん 百科事典 enciclopedia *f*
ひゃっかてん 百貨店 grandes almacenes *m.pl* | ～チェーン cadena *f* de grandes almacenes
ひやひや ～する estar inquieto[ta], estar sobre ascuas
ひやめし 冷や飯を食わされる recibir un trato hosco
ひややか 冷ややかな frío[a], indiferente
ひゆ 比喩 figura *f*, (隠喩(いんゆ)) metáfora *f*, (直喩) símil *m* | ～的な figurado[da], metafórico[ca] | ～的な意味 sentido *m* figurado
ヒューズ 〖電〗 fusible *m*, plomos *m.pl* | ～がとんだ Se fundió el fusible.
ヒューマニズム (人文主義) humanismo *m*, (人道主義) humanitarismo *m*
ビュッフェ bufé *m*, bufet *m*
ひよう 費用 coste *m*, gasto *m* | ～のかかる ser costoso[sa], costar mucho | わずかな～で con poco coste
ひょう ❶ 票 voto *m* | 白～(はくひょう) voto *m* en blanco | 無効～ voto *m* nulo ❷ 表 tabla *f*, cuadro *m*, (図表) gráfico *m*, gráfica *f* | 〖IT〗 ～計算ソフト hoja *f* de cálculo ❸ 雹 granizo *m* | ～が降る granizar, caer granizo [主語] ❹ ヒョウ 〖動〗 leopardo *m*, pantera *f*
びよう 美容 belleza *f*, (美容術) cosmética *f* | ～院 peluquería *f*, salón *m* de belleza | ～師 peluquero[ra] *mf*
びょう ❶ 秒 segundo *m* | ～針 manecilla *f* de los segundos, segundero *m* ❷ 鋲 remache *m*, (画びょう) chincheta *f*
びょういん 病院 hospital *m*, (民間の) clínica *f*, (総合病院) policlínica *f* | ～に入れる hospitalizar | ～長 director[tora] *mf* del hospital
ひょうか 評価 valoración *f*, evaluación *f* | ～する valorar, evaluar, apreciar, (査定) tasar, (成績の) calificar | 高く[低く]～する estimar en mucho [poco] | ～額 valor *m* estimado
ひょうが 氷河 〖地理〗 glaciar *m*
ひょうき 表記 escritura *f* | ～する escribir
びょうき 病気 enfermedad *f*, mal *m* | ～の enfermo[ma] | ～になる enfermar, caer enfermo[ma] | ～にかかっている estar enfermo[ma], padecer una enfermedad | ～が治る curarse | ～を治す curar la enfermedad
ひょうぎ 評議 deliberación *f* | ～会 consejo *m*, comisión *f*
ひょうけつ 票決 votación *f*
ひょうげん 表現 expresión *f* | ～する expresar | 考えを～する exponer SU opinión | ～力 expresividad *f* | ～の自由 libertad *f* de expresión
びょうげんきん 病原菌 microbio *m*, gérmenes *m.pl* patógenos
ひょうご 標語 lema *m*, eslógan *m*
ひょうさつ 表札 rótulo *m*, placa *f*
ひょうざん 氷山 iceberg *m* | ～の一角 punta *f* de un iceberg
ひょうし ❶ 表紙 portada *f*, cubierta *f*, tapa *f* ❷ 拍子 compás *m*, ritmo *m*
ひょうしき 標識 señal *f*, indicador *m*
びょうしつ 病室 habitación *f* de hospital, (大部屋) sala *f* de hospital
びょうしゃ 描写 descripción *f* | ～する describir
びょうじゃく 病弱な enfermizo[za], endeble, enclenque | ～である tener una salud delicada
ひょうじゅん 標準 estándar(d) *m* | ～的な estándar(d), normal, (規範的) normativo[va] | ～以上である ser superior al promedio | ～化 estandarización *f*, normalización *f* | ～価格 precio *m* estándar [de referencia] | オリンピック参加～記録 marca *f* mínima olímpica | ～語 lengua *f* estándar | 日本～時 hora *f* legal japonesa
ひょうしょう 表彰 concesión *f* de un galardón | ～する galardonar | ～台 podio *m*
ひょうじょう 表情 expresión *f*, gesto *m* | ～豊かな ser muy expresivo[va]
びょうしょう 病床にある guardar cama
びょうじょう 病状 estado *m* de la enfermedad
ひょうだい 表題 título *m*
ひょうてき 標的 blanco *m*
びょうてき 病的な morboso[sa], enfermizo[za], (異常な) anormal
ひょうてん 氷点 気温が～下20度になった La temperatura ha bajado a veinte grados bajo cero.
ひょうてん 評点 nota *f*
ひょうでん 評伝 biografía *f* crítica
びょうどう 平等 igualdad *f* | ～な igual, igualitario[ria] | ～な社会 sociedad *f* igualitaria | 皆を～に扱う tratar por igual a todo el mundo | ～にする igualar | 法の下の～ igualdad *f* ante la ley | ～主義 igualitarismo *m*
びょうにん 病人 enfermo[ma] *mf*, (患者) paciente *m/f*
ひょうはく 漂白 blanqueo *m* | ～する blanquear
ひょうばん 評判 fama *f*, reputación *f* | ～の famoso[sa] | ～のよい[悪い] tener buena [mala] fama | 悪い～が立つ

echarse mala fama | 彼は働き者だという～だ Él tiene fama de trabajador. | ～になる andar en boca de todos | …の～を落とす menoscabar la reputación de ...
ひょうひ 表皮 epidermis *f*
ひょうほん 標本 espécimen *m*, muestra *f*
ひょうめい 表明する manifestar
ひょうめん 表面 superficie *f*, (面) cara *f*, (外面) exterior *m* | ～化する salir a la superficie, revelarse | ～上は por fuera, aparentemente | ～的な superficial | ～張力 tensión *f* superficial
ひょうりゅう 漂流する naufragar
ひょうろん 評論 crítica *f*, comentario *m*, (論評) recensión *f*
ひよく 肥沃な fértil, fecundo[da]
ひよけ 日除け toldo *m*
ひよこ polluelo[la] *mf*
ひょっこり inesperadamente
ひょっとして por si acaso | ～雨が降るかもしれないから por si llueve
ひよりみ 日和見の oportunista | ～主義 oportunismo *m*
ひょろひょろ ～した larguirucho[cha]
ビラ prospecto *m*, octavilla *f* | ～を配る repartir prospectos [octavillas]
ひらいしん 避雷針 pararrayos *m* [*pl* ~]
ひらおよぎ 平泳ぎ braza *f* | ～で泳ぐ nadar a braza
ひらく 開く abrir | 心を～ abrir el corazón | 国交を～ establecer relaciones diplomáticas | 包みを～ desenvolver el paquete | 道を～ abrir camino | 開いた abierto[ta]
ひらきなおる 開き直る tomar una actitud insolente [arrogante]
ひらけた 開けた abierto[ta], (開化) civilizado[da], (発展) desarrollado[da] | ～人 persona *f* liberal [de mentalidad abierta]
ひらける 開ける (開化) civilizarse, (発展) desarrollarse | 運が開けてきた Tengo la suerte cada vez más a mi favor.
ひらたい 平たい plano[na], llano[na]
ひらなべ 平なべ cacerola *f*
ピラフ 〘料〙 pilaf *m* de arroz
ピラミッド pirámide *f*
ヒラメ 〘魚〙 舌～ lenguado *m*
ひらめく 閃く 考えがひらめいた Se me ocurrió una idea.
びり el [la] último[ma]
ピリオド punto *m* (final) | ～を打つ poner un punto
ひりつ 比率 proporción *f*, razón *f*
ぴりっと ～する picante
ひりひり ～する (傷口が) escocer, (辛味で) picar | ～する感じ (傷口が) escozor *m*, (辛味で舌が) picor *m*
ビリヤード billar *m*
ひりょう 肥料 〘農〙 abono *m*, fertilizante *m* | 有機～ abono *m* orgánico
ひる ❶ 昼 día *m*, (正午) mediodía *m* | ～中 durante el día, todo el día | ～下がりに a primera(s) hora(s) de la tarde | ～休み descanso *m* del mediodía ❷ ヒル 〘動〙 sanguijuela *f*
ピル píldora *f* anticonceptiva
ひるがえす 翻す (旗を) hacer ondear [flamear], (裏返す) dar la vuelta a ALGO | 前言を～ desdecirse de lo dicho | 反旗を～ sublevarse | 翻る (旗が) ondear [flamear]
ビルディング edificio *m*
ひるね 昼寝をする echarse la siesta
ひるま 昼間 ➜昼
ひるめし 昼飯 comida *f* ➜昼食
ひるむ 怯む arredrarse, acobardarse
ひれ ❶ 鰭 aleta *f* ❷ ヒレ (肉) filete *m*
ひれい 比例 proporción *f* | ～した proporcional | ～代表制選挙 elecciones *f.pl* de representación proporcional
ひれつ 卑劣な vil, ruin, mezquino[na], innoble
ひろい 広い ancho[cha], grande, amplio[plia], extenso[sa] | ～意味で en sentido amplio | 顔が～ tener muchas amistades | 心が～ ser magnánimo[ma] | 広く ampliamente | 広くする ampliar
ひろいあげる 拾い上げる recoger
ヒロイズム heroísmo *m*
ひろいもの 拾い物 objeto *m* encontrado | ～をする (買物で) encontrar una ganga
ヒロイン heroína *f*
ひろう ❶ 拾う recoger, (見つける) encontrar, hallar | 金を～ encontrar dinero | タクシーを～ tomar [coger] un taxi | 勝ちを～ conseguir una victoria que no se esperaba ❷ 疲労 cansancio *m*, fatiga *f* | ～する cansarse, fatigarse | ～した cansado[da], fatigado[da] | ～が蓄積する acumularse el cansancio [主語] | ～困憊(こんぱい)する (estar que) no poder con su alma, estar rendido[da]
ひろうえん 披露宴 結婚～ banquete *m* de boda
ビロード terciopelo *m*
ひろがる 広がる extenderse, (伝播(でんぱ)) propagarse
ひろげる 広げる extender, ampliar, (拡大) agrandar, (幅を) ensanchar | 領土を～ ampliar el territorio
ひろさ 広さ アパートの～はどのくらいですか ¿Qué superficie tiene el piso?
ひろば 広場 plaza *f*, glorieta *f*
ひろびろ 広々とした espacioso[sa], extenso[sa], vasto[ta]
ひろま 広間 salón *m*
ひろまる 広まる difundirse, propagarse, divulgarse, (うわさが) cundir, extenderse | 広める difundir, propagar, divulgar | 見聞を広める ampliar el conocimiento
ピロリきん ピロリ菌 helicobacter *f* pylori
ビワ 〘植〙 níspero *m*
ひん 品 distinción *f*, refinamiento *m*, educación *f* | ～がある tener elegancia [estilo] | ～のよい distinguido[da], refinado[da] | ～のない rudo[da], no tener educación
びん ❶ 瓶 botella *f*, (小さな) frasco *m* | ～の口 boca *f* | ～の栓 tapón *m* | ～詰めの embotellado[da] ❷ 便 (交通機関) servicio *m*, (航空機の) vuelo *m* | ～名 número *m* de vuelo
ピン alfiler *m*, (ヘアピン) horquilla *f*, (ボーリングの) bolo *m*
ひんい 品位 dignidad *f*, distinción *f* |

〜を落とす[保つ] perder [mantener] la dignidad
びんかん 敏感 …に〜な sensible a ...
ひんきゃく 賓客 invitado[da] *mf* de honor
ピンク color *m* rosa｜〜の rosado[da]
ひんけつ 貧血〖医〗anemia *f*
ビンゴ bingo *m*
ひんこん 貧困 pobreza *f*
ひんし ❶ 品詞〖文法〗parte *f* de la oración, categoría *f* gramatical ❷ 瀕死の moribundo[da]｜〜の重傷を負った mortalmente herido[da]
ひんしつ 品質 calidad *f*｜〜がよい[悪い] tener buena [mala] calidad｜〜管理 control *m* de calidad｜〜本位だ La calidad es lo primero.｜〜を保証する garantizar la calidad
ふ
ひんじゃく 貧弱な pobre｜〜な体格 constitución *f* débil｜〜な知識 escasos [pobres] conocimientos *m.pl*
ひんしゅ 品種 especie *f*, género *m*｜〜改良する mejorar la especie
びんしょう 敏捷な ágil｜〜性 agilidad *f*
ひんせい 品性 moralidad *f*, moral *f*
ピンセット pinzas *f.pl*
びんせん 便箋 papel *m* de cartas
ピンチ aprieto *m*, apuro *m*
ヒント pista *f*｜〜を与える dar una pista
ぴんと ❶ 〜張った estar tirante ❷ ピント enfoque *m*｜〜を合わせる enfocar｜〜が合った enfocado[da]｜〜がずれた desenfocado[da]
ひんど 頻度 frecuencia *f*
ひんぱん 頻繁な frecuente
ひんぼう 貧乏 pobreza *f*, penuria *f*｜〜な pobre｜〜くじを引く tocar a ALGUIEN bailar con la más fea｜〜性である tener un carácter ahorrativo｜〜揺すりする mover nerviosamente la pierna｜〜暇なし Los pobres no tienen tiempo libre.
ピンポン ➜卓球

ふ ❶ 府 京都〜 prefectura *f* de Kioto ❷ 麩 gluten *m* de trigo ❸ 譜 (楽譜) partitura *f*
ぶ 部 (部局) sección *f*, departamento *m*, (数量) ejemplar *m*, (クラブ) club *m*
ファースト 〜ネーム nombre *m*｜〜フード comida *f* rápida
ぶあい 歩合 (割合) porcentaje *m*, (手数料) comisión *f*
ファイアーウォール〖IT〗cortafuegos *m*[*pl* 〜]
ぶあいそう 無愛想な poco amable, antipático[ca], hosco[ca]
ファイト 〜がある ser combativo[ta], tener un espíritu combativo
ファイル carpeta *f*,〖IT〗archivo *m*, fichero *m*
ファインダー (カメラの) visor *m*
ファインプレー 〜をする hacer una excelente jugada
ファクシミリ (tele)fax *m*
ファシズム fascismo *m*
ファシスト fascista *m/f*
ファスナー cremallera *f*, cierre *m* relámpago (南米)
ぶあつい 分厚い gordo[da], grueso[sa], voluminoso[sa]
ファックス ➜ファクシミリ
ファッション moda *f*｜〜ショー desfile *m* de moda(s)
ファミコン videojuego *m*
ふあん 不安 inquietud *f*, preocupación *f*｜〜な inquieto[ta], preocupado[da]｜雇用〜 inseguridad *f* laboral｜社会〜 inseguridad *f* social
ファン admirador[dora] *mf*, fan *m/f*, (愛好者) aficionado[da] *mf*, (熱狂的な) hincha *m/f*, forofo[fa] *mf*
ファンタジー fantasía *f*
ふあんてい 不安定な inestable, precario[ria]｜〜な立場 posición *f* precaria
ファンデーション (化粧) maquillaje *m* de fondo
ファンファーレ fanfarria *f*
ファンヒーター 石油〜 calentador *m* de queroseno con ventilador
ふい 不意の imprevisto[ta], inesperado[da]｜〜に inesperadamente｜〜を襲う pillar a ALGUIEN por sorpresa
ブイ (浮標) boya *f*
フィアンセ prometido[da] *mf*, novio[via] *mf*
フィールド campo *m*
フィギュアスケート patinaje *m* artístico
フィクション ficción *f*
ふいっち 不一致 desacuerdo *m*, discrepancia *f*｜性格の〜 incompatibilidad *f* de caracteres
フィナーレ final *m*, (華々しい) apoteosis *f*
フィルター filtro *m*
フィルム película *f*, (映画) film(e) *m*, (巻いた) carrete *m*, rollo *m*
ぶいん 部員 socio[cia] *mf* de un club, miembro *m* de un club
ふう ❶ 封 手紙の〜を切る abrir una carta｜手紙の〜をする sellar una carta ❷ -風 (方法) manera *f*, modo *m*, (様子) aspecto *m*, aire *m*, (様式) estilo *m*｜スペイン〜の[で] a la española
ふうか 風化 erosión *f* eólica,〖化〗eflorescencia *f*｜〜する erosionarse
ふうがわり 風変わりな excéntrico[ca], extravagante, raro[ra]
ふうき 風紀 moral *f* pública, (規律) disciplina *f*
ふうきり 封切り estreno *m*｜〜館 cine *m* de estreno
ふうけい 風景 paisaje *m*, vista *f*
ふうさ 封鎖 bloqueo *m*｜〜する bloquear
ふうさい 風采 porte *m*, apariencia *f*, aspecto *m*
ふうし 風刺 caricatura *f*, sátira *f*
ふうしゃ 風車 molino *m* de viento
ふうしゅう 風習 costumbres *f.pl*, usanza *f*
ふうせん 風船 globo *m*｜〜ガム chicle *m* de globo
ふうそく 風速 velocidad *f* del viento｜〜計 anemómetro *m*
ふうぞく 風俗営業 comercio *m* sexual

→風習
ブータロー vago[ga] *mf*, holgazán[zana] *mf*
ふうちょう 風潮 tendencia *f*, corriente *f*
ブーツ (靴) botas *f.pl*
フード (帽子) capucha *f*, (カメラの) parasol *m*
ふうとう 封筒 sobre *m*
ふうふ 夫婦 esposos *m.pl*, matrimonio *m* | ～の conyugal, matrimonial, (結婚の) marital | ～げんかをする pelea *f* [disputa *f*] conyugal | ～別姓にする mantener el apellido de soltero[ra] después de casarse
ふうみ 風味 sabor *m*
ブーム 観光～ boom *m* turístico
フーリガン hooligan *m/f*
ふうりん 風鈴 campanilla *f* de viento
プール piscina *f*
ふうん 不運 mala suerte *f*, desgracia *f*, desventura *f*, desdicha *f* | ～な desafortunado[da], desgraciado[da]
ふえ 笛 pito *m*, silbato *m*, 〖音〗 flauta *f*
フェア (見本市) feria *f* | ～プレー juego *m* limpio
フェイント 〖スポ〗 finta *f* | 相手に～をかける hacer una finta al contrario
フェーン ～現象 efecto *m* (del) Foehn
フェスティバル festival *m*
フェミニズム feminismo *m* | フェミニスト feminista *m/f*
フェリー transbordador *m*, ferry *m*
ふえる 増える aumentar, incrementarse, crecer, (増殖) proliferar | 私は体重が2キロ増えた He engordado dos kilos.
フェルト fieltro *m* | ～ペン rotulador *m*
フェロモン 〖生〗 feromona *f*
フェンシング 〖スポ〗 esgrima *f*
フェンス valla *f*, cerca *f*
フォーク tenedor *m* | ～ソング canción *f* folk, folk *m* | ～ダンス baile *m* popular [tradicional]
フォーマット 〖IT〗 formato *m*
フォーマル ～な装いで de gala, bien trajeado[da]
フォーム forma *f*
フォルダー 〖IT〗 carpeta *f*
フォワード 〖スポ〗 delantero[ra] *mf*
フォント font *m*, tipo *m* de letra
ふか ❶孵化 incubación *f* | ～させる incubar ❷フカ 〖魚〗 tiburón *m*
ぶか 部下 subordinado[da] *mf*, inferior *m/f*
ふかい ❶ 深い profundo[da], hondo[da] | ～悲しみ gran tristeza *f* | 読みが～ tener perspicacia | 私は彼女とは～関係がある Tengo relaciones íntimas con ella. | 深く息を吸う respirar hondo | 深める profundizar ❷ 不快な desagradable, incómodo[da] | ～感 malestar *m* | ～指数 índice *m* de malestar
ふかかい 不可解な incomprensible
ふかかち 付加価値税 impuesto *m* sobre el valor añadido 《略 IVA》
ふかくじつ 不確実な incierto[ta], inseguro[ra]
ふかけつ 不可欠な imprescindible, indispensable
ふかこうりょく 不可抗力 fuerza *f* mayor
ふかさ 深さ profundidad *f* | このプールは～が3メートルある Esta piscina tiene una profundidad de tres metros.
ぶかつ 部活 actividades *f.pl* culturales o deportivas estudiantiles
ぶかっこう 不格好な feo[a], de mala facha [apariencia]
ふかなべ 深鍋 olla *f*
ふかのう 不可能な imposible
ふかんぜん 不完全な imperfecto[ta], incompleto[ta], defectuoso[sa]
ぶき 武器 arma *f* | ～を取る tomar las armas
ふきかえ 吹き替え 〖映〗 doblaje *m* | 吹き替える doblar
ふきげん 不機嫌な de mal humor, malhumorado[da]
ふきそく 不規則な irregular | ～な生活を送る llevar una vida irregular
ふきだす 吹き出す (笑う) echarse a reír, (噴出) manar, brotar
ふきつ 不吉な aciago[ga], funesto[ta], de mal presagio | ～な予感がする tener un mal presentimiento [presagio]
ふきでもの 吹出物 grano *m*
ふきとばす 吹き飛ばす llevarse, arrebatar | 寒さを～ ahuyentar el frío
ふきとる 拭き取る enjugar, secar, limpiar
ふきぬけ 吹き抜け 〖建〗 caja *f* de escalera
ぶきみ 不気味な macabro[bra], horroroso[sa]
ふきゅう ❶ 普及 difusión *f*, divulgación *f* | ～させる difundir, divulgar ❷ 不朽の inmortal
ふきょう 不況 recesión *f* económica
ぶきよう 不器用な torpe, inhábil, desmañado[da], patoso[sa] | 手先が～である ser un(a) manazas
ふきん ❶ 布巾 paño *m* ❷ 付近の vecino[na] | (この)～に cerca de aquí
ふく ❶ 服 (衣類) prenda *f* de vestir, ropa *f*, vestido *m*, traje *m* | ～を着せる vestir | 黒い～を着ている vestir de negro | ～を着る ponerse la ropa, vestirse | ～を脱ぐ quitarse la ropa, desvestirse ❷ 吹く (風が) soplar | フルートを～ tocar una flauta ❸ 拭く secar, limpiar | 汗を～ secar [enjugar] el sudor | 皿を～ secar un plato ❹ 福 fortuna *f*, suerte *f* | 鬼は外～は内 ¡Demonios afuera, fortuna adentro! ❺ 副大統領 vicepresidente[ta] *mf* | ～社長 director[tora] *mf* general adjunto[ta] | ～収入 ingresos *m.pl* suplementarios
フグ 〖魚〗 pez *m* globo
ふくいん 福音 〖宗〗 evangelio *m* | ～書の evangélico[ca]
ふくえき 服役する (懲役) cumplir la condena, (兵役) cumplir el servicio militar | ～期間 período *m* de condena
ふくがん 複眼 ojo *m* compuesto
ふくぎょう 副業 negocio *m* suplementario
ふくげん 復元 restauración *f* | ～する restaurar

ふ

ふくざつ 複雑な complicado[da], complejo[ja], intrincado[da] | 〜なストーリー argumento *m* intrincado
ふくさよう 副作用 (薬の) efectos *m.pl* secundarios
ふくさんぶつ 副産物 subproducto *m*, derivado *m*, efecto *m* indirecto
ふくし ❶ 福祉 bienestar *m* social | 〜事業 obras *f.pl* de bienestar social | 〜国家 estado *m* con bienestar social | 〜課 (役所の) sección *f* de bienestar social ❷ 副詞 〖文法〗 adverbio *m*
ふくじ 服地 tela *f*
ふくしゃ ❶ 複写 copia *f*, reproducción *f* | 〜する copiar, reproducir ❷ 輻射熱 calor *m* radiante
ふくしゅう ❶ 復習 repaso *m* | 〜する repasar ❷ 復讐 venganza *f*, revancha *f*, vindicta *f* | 〜する vengar, vengarse de, tomarse la revancha
ふくじゅう 服従 sumisión *f*, obediencia *f* | 〜する obedecer a, someterse a
ふくじん 副腎 glándula *f* suprarrrenal
ふくすう 複数 plural *m*, pluralidad *f* | 〜の plural | 〜形 〖文法〗 plural *m*
ふくする 服する (命令) obedecer, seguir, (兵役) cumplir | 5年の刑に〜 cumplir una condena de cinco años
ふくせい 複製 reproducción *f*
ふくそう 服装 vestido *m*
ふくだい 副題 subtítulo *m*
ふくつう 腹痛 cólico *m*, dolor *m* de vientre [abdominal]
ふくびき 福引き sorteo *m* | 〜を引く participar en el sorteo
ふくぶくろ 福袋 paquete *m* sorpresa, bolsa *f* de la suerte
ふくむ 含む contener, incluir, comprender | 含める incluir | …を含めて ... inclusive | 含まれた incluido[da]
ふくめん 覆面 máscara *f*
ふくよう 服用する tomar
ふくらはぎ 脹ら脛 pantorrilla *f*
ふくらます 膨らます inflar, hinchar | 救命胴衣を〜 inflar un chaleco salvavidas
ふくらむ 膨らむ inflarse, hincharse | 予算が〜 Se inflan los presupuestos.
ふくり 複利 interés *m* compuesto
ふくれっつら 膨れっ面をする hacer una mueca de desagrado [disgusto]
ふくれる 膨れる inflarse, hincharse, (炎症で) inflamarse, (不機嫌になる) ponerse de mal humor
ふくろ ❶ 袋 bolsa *f* | やつは〜の鼠(ねずみ)だよ El tipo está acorralado y no tiene escapatoria. | 〜だたきにする dar una tunda de golpes a ALGUIEN entre todos | 〜小路 callejón *m* sin salida 《比喩的にも》 ❷ 復路 camino *m* de regreso
フクロウ 〖鳥〗 lechuza *f*
ふくわじゅつ 腹話術 ventriloquia *f* | 〜師 ventrílocuo[cua] *mf*
ふけい 父兄 padres *m.pl* de alumnos
ふけいき 不景気 recesión *f* económica
ふけいざい 不経済な poco económico[ca], antieconómico[ca] 《ラ米》, costoso[sa]
ふけつ 不潔な sucio[cia], poco higiénico[ca]
ふける ❶ 老ける envejecer, hacerse viejo[ja] ❷ 更ける | 夜が〜 avanzar la noche [主語] ❸ 耽る entregarse a, enfrascarse en
ふけんこう 不健康な malsano[na], insalubre, perjudicial para la salud
ふこう 不幸 desgracia *f*, desdicha *f* | 〜な desgraciado[da], infeliz | 〜に遭う sufrir [tener] una desgracia | 〜にも por desgracia, desgraciadamente | 盗まれたバッグにパスポートが入っていなかったのは〜中の幸いだった Menos mal que no estaba el pasaporte en el bolso robado.
ふごう ❶ 富豪 millonario[ria] *mf*, persona *f* acaudalada [adinerada] | 大〜 multimillonario[ria] *mf* ❷ 符合 …と〜する coincidir con ...
ふごうかく 不合格 (試験) suspenso *m* | 〜になる no aprobar un examen, sacar un suspenso ➡落とす
ふこうへい 不公平な parcial, injusto[ta], inicuo[cua]
ふごうり 不合理な irracional, irrazonable, (不条理) absurdo[da]
ふさ 房 (ミカン) gajo *m*, (ブドウ) racimo *m*, (髪) mechón *m*, (飾り) borla *f*, fleco *m*
ブザー zumbador *m*, timbre *m*
ふさい ❶ 夫妻 esposos *m.pl*, matrimonio *m* | 鈴木〜 los señores [esposos] Suzuki ❷ 負債 deuda *f*, 〖商〗 débito *m*, (債務) pasivo *m*
ふざい 不在 ausencia *f* | 〜の ausente | 〜者投票 votación *f* anticipada
ふさがる 塞がる (席が) estar ocupado[da], (傷が) cicatrizarse, cerrarse, (管が) obstruirse
ふさく 不作 mala cosecha *f*
ふさぐ 塞ぐ (穴を) tapar, (口を) cerrar, (場所を) ocupar, (管を) obstruir
ふざける bromear, gastar una broma
ふさふさ 髪が〜している tener abundante cabello
ぶさほう 無作法な descortés, grosero[ra]
ふさわしい 相応しい adecuado[da] para, idóneo[a] para | 式典に〜格好をしている llevar un vestido apropiado para la ceremonia
ふさんせい 不賛成である no estar de acuerdo con, estar en contra de
ふし 節 (関節) articulación *f*, (指の) nudillo *m*, (竹の) nudo *m*, (曲の) melodía *f* | 体の節々が痛む tener dolores en las articulaciones
ふじ ❶ 不治の病 enfermedad *f* incurable ❷ フジ 〖植〗 glicina *f* | 〜色の color *m* lila
ぶじ 無事な salvo[va], (無傷の) ileso[sa], incólume | 〜に到着する llegar sano[na] y salvo[va] | 〜である (事故に遭って) salir ileso[sa] (de un accidente)
ふしぎ 不思議 maravilla *f*, misterio *m* | 〜な extraño[ña], (神秘的) misterioso[sa], (奇跡的) milagroso[sa] | 彼女が時間に遅れるなんて〜だ Es raro que ella no llegue a tiempo. | …しても〜ではない No es extraño que 〈＋接続法〉. | 〜なことに…だ Lo raro es que 〈＋直説法・接続

法〉. | 世界の七～ las siete maravillas del mundo

ふしぜん 不自然な poco natural, antinatural, (人為的な) artificial | ～な笑い risa *f* forzada

ふじちゃく 不時着する hacer [realizar] un aterrizaje forzoso

ふじつ 不実 →不誠実

ぶしつけ 不躾な indiscreto[ta], descortés | ～な質問 pregunta *f* indiscreta

ふじゆう 不自由な incómodo[da], inconveniente, (身体の一部が) minusválido[da] | お金に～している andar escaso[sa] de dinero | 彼は何～なく育った Él ha crecido sin que le faltara nada. | 目[耳]が～な人 persona *f* con discapacidades visuales [auditivas]

ふじゅうぶん 不十分な insuficiente

ぶしょ 部署 puesto *m*

ふしょう 負傷 herida *f* | ～する sufrir una herida, herirse | ～者 herido[da] *mf*

ふじょう 浮上する salir a flote

ぶしょう 無精な perezoso[sa] | 筆～な perezoso[sa] para escribir

ふしょうぶしょう 不承不承 de mala gana, a regañadientes

ふじょうり 不条理な absurdo[da]

ふしょく 腐食 corrosión *f* | ～する corroerse

ぶじょく 侮辱 insulto *m*, ofensa *f*, injuria *f* | ～する insultar, ofender, injuriar

ふしん 不信 desconfianza *f* | ～を抱く desconfiar de

ふじん ❶ 婦人 mujer *f*, dama *f*, señora *f* | ～科〘医〙ginecología *f* | ～警官 mujer *f* policía, policía *f* femenina | ～服 ropa *f* de mujer ❷ 夫人 señora *f*, esposa *f*

ふしんせつ 不親切な poco amable, desatento[ta], antipático[ca]

ふしんばん 不寝番 ronda *f* [vigilancia *f*] nocturna

ふすま 襖 panel *m* corredero de paredes opacas de papel

ふせい 不正 injusticia *f*, irregularidades *f.pl* | ～な fraudulento[ta], desleal, ilícito[ta], (不法な) ilegal | ～な手段で con medios ilícitos | ～を正す reparar una injusticia | ～乗車をする viajar en tren [autobús] sin pagar la tarifa establecida | ～取引 negocio *m* fraudulento [irregular] | ～融資 financiación *f* ilegal

ふせいかく 不正確な inexacto[ta], incorrecto[ta], erróneo[a]

ふせいこう 不成功の fracasado[da], sin éxito

ふせいじつ 不誠実な infiel, desleal, pérfido[da]

ふせいみゃく 不整脈〘医〙arritmia *f*

ふせぐ 防ぐ impedir, (予防) prevenir | 攻撃を～ defenderse de un ataque | 寒さを～ protegerse del frío | 事故を～ prevenir [evitar] un accidente | 病気を～ prevenirse contra una enfermedad, prevenir una enfermedad

ふせつ 敷設する construir, instalar | 鉄道を～ construir un ferrocarril

ふせる 伏せる (裏返す) dar la vuelta a ALGO | 秘密を～ no divulgar un secreto | 目を～ bajar la mirada | 身を～ tenderse pecho a tierra [boca abajo], echarse de bruces | 伏せ〘軍〙¡Pecho a tierra!

ふせん 付箋 nota *f* autoadhesiva

ぶそう 武装した armado[da] | ～させる armar | ～する armarse | ～解除する desarmar

ふそく 不足 escasez *f*, falta *f* | …が～した escaso[sa] de ... | ～する faltar, escasear

ふぞく 付属の anexo[xa] | ～品 accesorios *m.pl*

ふそん 不遜 arrogancia *f*, insolencia *f* | ～な arrogante, insolente

ふた 蓋 tapa *f*, tapadera *f*, (栓) tapón *m* | ～をする tapar | ～を取る destapar

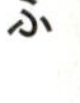

ふだ 札 (商品の) marbete *m*, etiqueta *f*, rótulo *m*, (トランプの) carta *m*

ブタ〘動〙puerco[ca] *mf*, cerdo[da] *mf*, cochino[na] *mf*, chancho[cha] *mf*(南米), (子豚) cochinillo *m*, lechón *m* | ～の porcino[na] | ～肉 carne *f* de cerdo [porcina]

ぶたい ❶ 舞台 escenario *m*, escena *f*, tablado *m* | ～に上がる salir a escena [al escenario] | ～に立つ pisar las tablas | ～度胸がある no tener miedo escénico | ～裏で (陰で) entre bastidores | ～監督 director[tora] *mf* de escena [escénico[ca]] | ～げいこ ensayo *m* | ～効果 efectos *m.pl* escénicos | ～装置 decoración *f* | 回り～ escenario *m* giratorio ❷ 部隊 tropa *f*, unidad *f* militar, cuerpo *m* del ejército

ふたご 双子 gemelos[las] *mf.pl*, mellizos[zas] *mf.pl* | ～座〘天〙Géminis *m*

ふたたび 再び de nuevo, nuevamente

ふたつ 二つ dos *m* | ～とも los [las] dos, ambos[bas] | ～の dos | ～ずつ de dos en dos | 世界に～とない único[ca] en el mundo | ～折りにした doblado[da]

ふたり 二人部屋 habitación *f* para dos personas

ふたん 負担 carga *f* | 費用を～する correr con [pagar] los gastos | ～金 cuota *f*, contribución *f*

ふだん ❶ 普段(は) ordinariamente, normalmente, la mayoría de las veces | ～の ordinario[ria] | ～着 ropa *f* de casa ❷ 不断の incesante, continuo[nua], constante | ～の努力 esfuerzo *m* incesante

ふち 縁 borde *m*, (額縁) marco *m*, (めがねの) montura *f*

ぶち 斑 mota *f* | ～のある con motas

プチブル pequeña burguesía *f*, (人) pequeño[ña] burgués[guesa] *mf*

ふちゃく 付着する adherirse a, pegarse a

ふちゅうい 不注意な descuidado[da] | ～で por un descuido

ぶちょう 部長 営業～ director[tora] *mf* comercial

ぶつ pegar, (たたく) golpear

ふつう ❶ 普通の normal, ordinario[ria], corriente | ～は normalmente | ～株〘商〙acciones *f.pl* ordinarias | ～選挙 sufragio *m* universal | ～郵便で por correo ordinario [normal] | ～料金 ta-

rifa *f* normal | ～列車 tren *m* ordinario ❷ 不通になる quedar interrumpido[da] | 〈人〉と音信～である no tener ninguna noticia de ALGUIEN
ふつか 二日（日付）el día dos,（日数）dos días *m.pl*
ぶっか 物価 precios *m.pl* | ～が上がる［下がる］Los precios suben [bajan]. | ～が高い［安い］La vida es cara [barata]. | ～と賃金の悪循環 círculo *m* vicioso entre los precios y el sueldo
ふっかつ 復活 renacimiento *m*, resurgimiento *m*,（キリストの）Resurrección *f* | ～させる resucitar | ～祭 Pascua *f* de Resurrección
ぶつかる chocar con [contra], estrellarse contra, dar con | 私の誕生日が日曜と～ Mi cumpleaños cae en domingo.
ふっきゅう 復旧 restablecimiento *m* | ～する restablecerse, restablecer ALGO
ぶっきょう 仏教〘宗〙budismo *m* | ～徒 budista *m/f*
ぶっきらぼう ～な seco[ca], brusco[ca] | ～に答える responder secamente
フック gancho *m*,〘服〙corchete *m*
ブックマーク ～をつける〘IT〙marcar un espacio web, atajar
ぶつける ドアに頭を～ darse con la cabeza en la puerta | ボールを壁に～ tirar [lanzar] una pelota contra la pared
ふっけん 復権 rehabilitación *f* | ～する rehabilitarse
ふつごう 不都合な inconveniente
ふっこう 復興 restauración *f* | ～する restaurar ALGO, restaurarse
ふっこく 復刻 reedición *f* | ～版 versión *f* reeditada
ぶっしつ 物質 sustancia *f*, materia *f* | ～的な material | ～主義 materialismo *m*
ぶっそう 物騒な inquietante, preocupante, peligroso[sa]
ぶったい 物体 objeto *m*, cuerpo *m*
ふっとう 沸騰する hervir
ぶっとおし ぶっ通しの seguido[da] | ～で sin interrupción
フットボール アメリカン～ fútbol *m* americano
フットワーク〘スポ〙juego *m* de pies
ぶつぶつ ～言う murmurar, refunfuñar
ぶつぶつこうかん 物々交換 trueque *m* | AをBと～する trocar A por B
ぶつよく 物欲 deseos *m.pl* materiales, anhelos *m.pl* de riqueza material
ぶつり 物理の físico[ca] | ～学 física *f* | ～学者 físico[ca] *mf*
ふで 筆 pincel *m*,（ペン）pluma *f*
ふてい 不定の indefinido[da] | ～冠詞 artículo *m* indefinido | ～詞 infinitivo *m*
ブティック boutique *f*
ふてきとう 不適当な inadecuado[da]
ふてくされる ふて腐れる poner mala cara, enfurruñarse
ふでばこ 筆箱 estuche *m* de lápices
ふてぶてしい insolente, descarado[da]
ふと（突然）de repente,（なにげなく）involuntariamente
ふとい 太い grueso[sa], gordo[da]
ふとう ❶ 埠頭 muelle *m* ❷ 不当な injusto[ta] | ～な利益 beneficio *m* ilícito
ふどう ❶ 不動の inmóvil, fijo[ja] | ～産 propiedad *f* inmobiliaria, bienes *m.pl* inmuebles | ～産会社 inmobiliaria *f* ❷ 浮動人口 población *f* flotante | ～票 voto *m* indeciso
ブドウ〘植〙uva *f* | ～の木 vid *f* | ～の房 racimo *m* de uvas | ～酒 vino *m*
ふとうこう 不登校 ausentismo *m* escolar ➜登校：～拒否
ふとくい 不得意 数学が～だ No estoy fuerte en Matemáticas.
ふところ 懐 seno *m*,（内ポケット）bolsillo *m* interior | ～が暖かい tener dinero
ふとさ 太さ grosor *m*, grueso *m* | ～が2センチある tener dos centímetros de grueso [grosor]
ふとじ 太字で en (letra) negrita
ふとっぱら 太っ腹の magnánimo[ma], generoso[sa]
ふともも 太腿 muslo *m*
ふとる 太る engordar | 10キロ～ engordar diez kilos | 太った gordo[da]
ふとん 布団 futón *m*,（敷き布団）colchoneta *f* plegable,（掛け布団）edredón *m* | ～を敷く hacer la cama con futón | ～を片付ける levantar la cama | ～カバー cubierta *f* de futón
フナ〘魚〙carpín *m*
ブナ〘植〙haya *f*
ふなたび 船旅 viaje *m* en barco
ふなびん 船便で por vía marítima
ふなよい 船酔い mareo *m* | ～する marearse, tener mareo
ぶなん 無難な成績をとる sacar una nota ni buena ni mala | ～に切り抜ける salir del apuro sin problemas
ふね 船・舟 barco *m*,（大型の）buque *m* | ～で行く ir en barco | ～に乗る embarcarse en un barco | ～を降りる desembarcar de un barco | ～を漕ぐ remar,（居眠り）echar cabezadas
ふはい 腐敗 descomposición *f*,（堕落）corrupción *f* | ～する descomponerse, pudrirse,（堕落）corromperse | ～した (estar) podrido[da], descompuesto[ta] | ～した政府 gobierno *m* corrupto
ふひつよう 不必要な innecesario[ria]
ふびん 不憫な lastimoso[sa], pobre〈＋名詞〉
ぶひん 部品 componente *m*, pieza *f*
ふぶき 吹雪 tormenta *f* de nieve, ventisca *f* | ふぶく ventiscar
ぶぶん 部分 parte *f*, porción *f* | ～的に en parte, parcialmente
ふへい 不平 queja *f* | ～を言う quejarse de
ふべん 不便 incomodidad *f* | ～な incómodo[da] | 交通が～である estar mal comunicado[da]
ふへん 普遍的な universal | ～の真理 verdad *f* universal
ふぼ 父母 padre *m* y madre *f*,（両親）padres *m.pl*
ふほう ❶ 不法な ilegal, ilegítimo[ma], ilícito[ta] | 武器の～所持 posesión *f*

ilícita de armas ❷ 訃報に接する recibir la noticia de la muerte de ALGUIEN
ふまじめ 不真面目な poco serio[ria]
ふまん 不満 descontento *m*, disgusto *m*|〜な(人が) descontento[ta], insatisfecho[cha], (結果等が) insatisfactorio[ria] | 〜を表明する manifestar SU descontento | 彼女は仕事に〜だ Está insatisfecha con su trabajo.
ふみきり 踏切 paso *m* a nivel
ふみにじる 踏みにじる pisotear | 誇りを〜 pisotear el orgullo de ALGUIEN
ふむ 踏む pisar | 場数を〜 tener muchas tablas
ふめい 不明な poco claro[ra] | 意味〜の説明 explicación *f* incomprensible | 火災の原因は〜です Se desconocen las causas del incendio. | 〜を恥じる avergonzarse de SU torpeza
ふめいよ 不名誉 deshonor *m*, deshonra *f*
ふめいりょう 不明瞭な poco claro[ra], vago[ga]
ふめつ 不滅の inmortal, imperecedero[ra] | 〜の霊魂 alma *f* inmortal
ふもと 麓 falda *f* | 山の〜 falda *f* de un monte
ぶもん 部門 sector *m*, sección *f*, ramo *m* | 観光〜 sector *m* turístico
ふやす 増やす・殖やす aumentar, incrementar, ampliar | 量を〜 aumentar la cantidad | 会員数を〜 ampliar el número de socios | 財産を〜 aumentar la fortuna
ふゆ 冬 invierno *m* | 〜の invernal
ふゆう 浮遊する flotar | 〜生物 plancton *m* | 〜植物 planta *f* flotante
ふゆかい 不愉快な desagradable, fastidioso[sa], molesto[ta] | 〜にさせる disgustar | 〜になる disgustarse
ブヨ 〖昆〗 jején *m*
ふよう 扶養する mantener | 〜家族 dependiente *m/f* | 〜家族手当 subsidio *m* familiar
ぶよう 舞踊 baile *m*, danza *f*
フライ 〖料〗 fritura *f*, fritos *m.pl*, (野球の) fly *m*, elevado *m* | 〜にする freír | 魚の〜 fritura *f* de pescado, pescado *m* frito
フライド 〜チキン pollo *m* frito | 〜ポテト patatas *f.pl* [papas *f.pl*] fritas
プライド orgullo *m* | 〜の高い orgulloso[sa] | 〜を傷つける herir el orgullo
フライトレコーダー 〖空〗 caja *f* negra
プライバシー intimidad *f*, privacidad *f*, vida *f* privada | 人の〜を侵害する violar [invadir] la intimidad de ALGUIEN
フライパン 〖料〗 sartén *f*
プライベート 〜な privado[da], íntimo[ma]
ブラインド persiana *f*
ブラウザー 〖IT〗 navegador *m*, visualizador *m*
ブラウス 〖服〗 blusa *f*
プラカード pancarta *f*
プラグ 〖電〗 enchufe *m*, clavija *f* | テレビの〜を差し込む enchufar el televisor
ぶらさがる ぶら下がる colgar [pender] de | 勝利が目の前にぶら下がっている tener el triunfo al alcance de la mano
ぶらさげる ぶら下げる colgar | 首にぶら下げた colgado[da] del cuello
ブラシ cepillo *m* | ひげそり用の〜 brocha *f* de afeitar | 〜をかける cepillar
ブラジャー sujetador *m*, sostén *m*
プラス más *m* | 2〜3は5 Dos más tres son cinco.
プラスチック plástico *m*
フラストレーション frustración *f*
ブラスバンド 〖音〗 banda *f*, charanga *f*
プラタナス 〖植〗 plátano *m*
プラチナ platino *m*
ふらつく (足元が) tambalearse, (気持ちが) vacilar, estar indeciso[sa]
ぶらつく vagar, deambular, (街を) callejear, pasear
ブラック negro *m* | 〜コーヒー café *m* solo | 〜ベリー zarzamora *f* | 〜ホール agujero *m* negro | 〜ユーモア humor *m* negro | 〜リスト lista *f* negra
フラッシュ 〖写〗 flas(h) *m* | 〜禁止 Prohibido usar flash.
プラットホーム andén *m*
プラネタリウム 〖天文〗 planetario *m*
フラミンゴ 〖鳥〗 flamenco *m*
プラム 〖植〗 ciruelo *m*, (果実) ciruela *f*
フラメンコ flamenco *m*
プラモデル maqueta *f* de plástico
ふらん 腐乱 putrefacción *f* | 〜する pudrirse, descomponerse | 〜死体 cadáver *m* en descomposición
フラン (貨幣単位) franco *m*
プランクトン 〖動〗 plancton *m*
ぶらんこ columpio *m*
フランス 〜料理 cocina *f* francesa
フランチャイズ 〖商〗 franquicia *f*, concesión *f* | 〜店 tienda *f* de franquicia
ブランデー brandy *m*, coñac *m*
ブランド marca *f* | 〜品 artículo *m* de marca
ふり ❶ 不利 desventaja *f* | 〜な desventajoso[sa], desfavorable | 〜な状況にある encontrarse en desventaja | 試合を〜に進める jugar el partido con desventaja ❷ 振りをする fingir, simular, aparentar | 寝た〜 fingirse dormido[da] | 病気の〜をする fingir una enfermedad | 彼は働く〜をする Finge [Simula] que trabaja.
-ぶり 5年〜に故郷に帰る regresar a SU tierra natal después de cinco años de ausencia | 10年〜の大雪 la primera gran nevada en los últimos diez años
フリー 〜の libre, independiente, autónomo[ma] | 〜で働く trabajar por cuenta propia | 〜の記者 periodista *m/f* independiente
フリース 〖服〗 forro *m* polar
フリーター trabajador[dora] *mf* sin contrato fijo
フリーザー (冷蔵庫の) congelador *m*
プリーツ ➜ひだ
フリーハンド 〜で描く dibujar a mano alzada
ブリーフ 〖服〗 calzoncillos *m.pl* | 〜ケース maletín *m*, cartera *f*
フリーランサー trabajador[dora] *mf* autónomo[ma]

ふ

ふりえき 不利益 desventaja *f*
プリオン 〖生化〗(proteína *f*) prión *m*
ふりかえ 振替 transferencia *f*｜銀行～で por transferencia bancaria
ふりかえる 振り返る volverse, mirar hacia atrás｜過去を～ recordar el pasado
ブリキ hojalata *f*
ふりこ 振り子 péndulo *m*, péndola *f*
ふりこむ 振り込む transferir, (自動振込) domiciliar｜振り込み transferencia *f*｜給料を銀行振り込みにする domiciliar el sueldo en el banco
プリズム prisma *m*
ふりつけ 振り付け coreografía *f*｜～師 coreógrafo[fa] *mf*
ふりむく 振り向く →振り返る
ふりょ 不慮の inesperado[da], accidental
ふりょう 不良の malo[la], (製品) defectuoso[sa], deficiente, (人が) descarriado[da]｜～債権 〖商〗 deuda *f* incobrable, crédito *m* impagado｜～少年[少女] joven *m/f* descarriado[da]
ふりょく 浮力 flotabilidad *f*
ぶりょく 武力 poder *m* [fuerza *f*] militar
フリル ～のスカート falda *f* de volantes
ふりん 不倫 adulterio *m*
プリン 〖料〗 flan *m*
プリンス príncipe *m*
プリンセス princesa *f*
プリンター impresora *f*
プリント impresión *f*｜～アウトする imprimir
ふる ❶ 降る caer, (雨) llover, (雪) nevar, (雹(ひょう)) granizar｜雪が降っている Está nevando.｜今にも雨が降りそうだ Amenaza lluvia.｜降ったり止んだりの con lluvias intermitentes｜雨に降られてしまったよ Me llovió. ❷ 振る agitar, sacudir｜手を～ agitar la mano
ふるい ❶ 古い viejo[ja], antiguo[gua], anticuado[da]｜古くなる envejecer(se), hacerse viejo[ja], (流行等が) pasar de moda｜古くは antiguamente ❷ 篩 cedazo *m*, criba *f*, tamiz *m*｜～にかける cribar, tamizar
ブルー azul *m*｜～カラー(人) trabajador[dora] *mf* de cuello azul
ブルース 〖音〗 blues *m* [*pl* ~]
フルーツ fruta *f*
フルート 〖音〗 flauta *f*
ブルーベリー 〖植〗 arándano *m*
ふるえ 震え temblor *m*, (恐怖) estremecimiento *m*
ふるえあがる 震え上がる (恐怖で) horrorizarse
ふるえる 震える temblar, (寒さで) tiritar, (揺れ) vibrar｜寒さで～ temblar de frío｜私は手[足]が震えている Me tiemblan las manos [las piernas].
プルオーバー 〖服〗 pullover *m*
ふるくさい 古臭い anticuado[da], pasado[da] de moda
プルサーマル utilización *f* del plutonio como combustible
ふるさと tierra *f* natal, patria *f* chica
ブルジョワ burguesía *f*
フルタイム ～で働く trabajar a tiempo completo [a jornada completa]
ブルドーザー bul(l)dozer *m*
ブルドッグ 〖動〗 bul(l)dog *m*, dogo *m*
ふるほん 古本 libro *m* viejo, (古書) libro *m* antiguo｜～屋 librería *f* de viejo [de libros viejos]
ふるまい 振る舞い comportamiento *m*｜大盤～をする tirar la casa por la ventana
ふるまう 振る舞う (com)portarse, obrar
ぶれい 無礼 falta *f* de cortesía, descortesía *f*｜～な descortés
プレー juego *m*｜～する jugar
ブレーカー 〖電〗 cortacircuitos *m*[*pl* ~]
プレーガイド oficina *f* de venta de localidades, reventa *f*
ブレーキ freno *m*｜～をかける frenar
プレーヤー (CD用) reproductor *m* de disco compacto, (選手) jugador[dora] *mf*
フレキシブル ～な flexible
ブレザー chaqueta *f*, saco *m* 《ラ米》
ブレスレット pulsera *f*, brazalete *m*
プレゼント regalo *m*｜～する regalar, hacer un regalo｜～をあげる[もらう] dar [recibir] un regalo｜誕生日の～ regalo *m* de cumpleaños
フレックスタイム horario *m* flexible
プレッシャー presión *f*｜～をかける presionar
フレッシュ ～な fresco[ca]
プレハブ ～住宅 vivienda *f* prefabricada
ふれる 触れる (さわる) tocar, (言及) mencionar, (違反) infringir
ブレンド mezcla *f*
ふろ 風呂 baño *m*｜～に入る tomar un baño (caliente)｜～を沸かす calentar el agua de la bañera｜～桶(おけ) bañera *f*｜～場 cuarto *m* de baño
プロ ～の profesional
ふろうしゃ 浮浪者 vagabundo[da] *mf*
ブロークン ～な英語を話す chapurr(e)ar el inglés →片言
ブローチ broche *m*
ブロードバンド banda *f* ancha
ふろく 付録 apéndice *m*, anexo *m*, (別冊) suplemento *m*
プログラマー programador[dora] *mf*
プログラム 〖IT〗 programa *m*
ブロック (建材) bloque *m*, (街区) manzana *f*, cuadra *f* 《ラ米》
ブロッコリー 〖植〗 brécol *m*, bróculi *m*
フロッピー 〖IT〗 disquete *m*
プロテスタント (信者) protestante *mf*
プロデューサー 〖映〗 productor[tora] *m f*, 〖演〗 director[tora] *mf* de escena, 〖TV〗 realizador[dora] *mf*
プロバイダー 〖IT〗 proveedor *m* de internet
プロパガンダ propaganda *f*
プロパンガス gas *m* propano
プロフィール perfil *m*
プロペラ 〖空〗 hélice *f*
プロポーズ ～する pedir en matrimonio a ALGUIEN
プロポリス própolis *m* [*pl* ~]
プロレス lucha *f* libre, catch *m*
プロレスラー luchador[dora] *mf* profe-

sional
プロレタリアート proletariado *m*
ブロンズ bronce *m*
フロンティア ～精神 espíritu *m* pionero [colonizador]
フロント (ホテルの) recepción *f* | ～ガラス〖車〗parabrisas *m* [*pl* ~]
ブロンド ～の人 rubio[bia] *mf*
プロンプター〖演〗apuntador[dora] *mf*
ふわ 不和 discordia *f*, desavenencia *f* | ～のもと manzana *f* de la discordia
ふわたり 不渡り (手形) letra *f* devuelta, (小切手) cheque *m* sin fondos | 手形を～にする devolver la letra por falta de fondos
ふん ❶ 分 minuto *m* ❷ 糞 excremento *m*, heces *f.pl*
ぶん ❶ 文〖文法〗oración *f* ❷ 分 (分け前) parte *f*, porción *f* | ～相応[不相応]に暮らす vivir con lo que tiene [por encima de SUS posibilidades]
ぶんあん 文案 minuta *f*, borrador *m*
ふんいき 雰囲気 ambiente *m*, atmósfera *f*, clima *m* | 和やかな～の中で en un clima de paz
ふんか 噴火 erupción *f* | ～する hacer erupción | ～口 cráter *m*
ぶんか 文化 cultura *f* | ～の cultural | ～祭 fiesta *f* cultural | ～人類学 antropología *f* cultural
ふんがい 憤慨する indignarse
ぶんかい 分解する descomponer, desmontar, desarmar | 自転車を～する desmontar [desarmar] una bicicleta
ぶんがく 文学 literatura *f* | ～の literario[ria]
ぶんかつ 分割する dividir, repartir, partir | ～払いする pagar a plazos
ふんきゅう 紛糾 embrollo *m* | ～させる complicar, enredar, embrollar
ぶんご 文語 lenguaje *m* literario, lenguaje *m* escrito
ぶんこう 分校 サラゴサ大学の～ escuela *f* dependiente de la Universidad de Zaragoza
ぶんごう 文豪 gran escritor[tora] *mf*
ぶんこぼん 文庫本 libro *m* de bolsillo
ぶんし 分子〖化〗molécula *f*,〖数〗(分数) numerador *m*
ふんしつ 紛失する extraviar, perder | ～物 objeto *m* perdido
ふんしゃ 噴射する impulsar [arrojar] ALGO en chorro | ～式エンジン〖機〗motor *m* de inyección
ぶんしょ 文書 documento *m*, escrito *m*, (コンピュータの) fichero *m* | ～で申し入れる proponer ALGO por escrito
ぶんしょう 文章 composición *f* escrita | ～にする expresar ALGO por escrito, redactar | ～がうまい escribir bien
ぶんじょう 分譲 土地を～する vender una parcela | ～住宅 vivienda *f* en venta | ～マンション piso *m* en venta
ふんしょく 粉飾 (会計の) manipulación *f* contable | ～する〖商〗falsear, manipular | ～決算 balance *m* manipulado
ふんすい 噴水 fuente *f*
ぶんすう 分数 número *m* fraccionario [quebrado], fracción *f*
ぶんせき 分析 análisis *m* [*pl* ~] | ～する analizar
ふんそう 紛争 conflicto *m*
ぶんたい 文体 estilo *m*
ぶんたん 分担 仕事を～する repartir el trabajo | 責任を～する compartir la responsabilidad
ふんだんに en abundancia, a mares
ぶんつう 文通する mantener correspondencia, escribirse, cartearse
ふんとう 奮闘 …しようと～する esforzarse [luchar] por 〈+不定詞〉
ふんどう 分銅 contrapeso *m*, pesa *f*
ぶんぱい 分配 distribución *f*, reparto *m* | ～する distribuir, repartir, dividir
ぶんぴつ 分泌 segregación *f*, secreción *f* | ～する segregar, secretar
ぶんぷ 分布 distribución *f* | ～している estar distribuido[da]
ぶんぶん ～いう (ハチ等が) zumbar
ふんべつ 分別のある prudente, juicioso[sa], sensato[ta]
ぶんべん 分娩 parto *m*, alumbramiento *m* | ～する dar a luz, alumbrar
ぶんぼ 分母 denominador *m*
ぶんぽう 文法 gramática *f* | ～の gramatical | ～的に gramaticalmente
ぶんぼうぐ 文房具 útiles *m.pl* de escritorio | ～店 papelería *f*
ふんまつ 粉末 polvo *m*
ぶんみゃく 文脈 contexto *m*
ぶんみん 文民 persona *f* civil
ふんむき 噴霧器 vaporizador *m*
ぶんめい 文明 civilización *f*
ぶんや 分野 sector *m*, ámbito *m*, campo *m*, ramo *m*
ぶんり 分離 separación *f* | ～する separar
ぶんりょう 分量 cantidad *f*, dosis *f* [*pl* ~]
ぶんるい 分類 clasificación *f* | ～する clasificar
ぶんれつ 分裂する desintegrarse, desunirse, dividirse, escindirse | 核～ desintegración *f* nuclear

へ

へ a, (…の方へ) hacia ..., (…の方へ向かって) para ...
ヘア pelo *m*, cabello *m* | ～スタイル peinado *m* | ～ダイ tinte *m* de pelo | ～トリートメント tratamiento *m* del pelo | ～ブラシ cepillo *m* para el pelo | ～バンド diadema *f* | ～ピン horquilla *f*
ペア par *m*, (カップル) pareja *f* | …と～を組む formar pareja con ...
へい 塀 muro *m*, tapia *f*, (柵(さく)・囲い) valla *f*, cerca *f*
へいい 平易な fácil, sencillo[lla]
へいえき 兵役 servicio *m* militar, mili *f* | ～忌避 negativa *f* a cumplir el servicio militar, (道徳的理由による) objeción *f* de conciencia | ～に服する hacer el servicio militar
ペイオフ〖金融〗protección *f* del depósito bancario hasta diez millones de yenes
へいおん 平穏な tranquilo[la], apacible

|～な日々を過ごす pasar los días tranquilos
へいかい 閉会する clausurar | ～式 ceremonia *f* de clausura
へいがい 弊害 efecto *m* negativo
へいかん 閉館時間 hora *f* de cierre
へいき ❶ 兵器 arma *f* | 生物化学～ armas *f.pl* bioquímicas ❷ 平気で con tranquilidad, sin perturbarse | ～で…する no tener el menor escrúpulo en 〈+不定詞〉
へいきん 平均 promedio *m*, 〖数〗 media *f* | ～の medio[dia] | ～して por término medio, como promedio | ～を出す promediar, sacar el promedio de | ～以上[以下]の superior [inferior] al promedio | ～株価 cotización *f* media de las acciones | ～寿命 esperanza *f* de vida | ～所得 renta *f* media | ～身長 estatura *f* media | ～台 〖スポ〗 barra *f* de equilibrio | ～点 nota *f* media | 彼は～より背が低い Tiene una estatura inferior al promedio normal. | 彼は日に～20本のタバコを吸う Él fuma un promedio de veinte cigarrillos al día.
へいげん 平原 llanura *f*, planicie *f*
へいこう ❶ 平行の paralelo[la] | ～線を引く trazar una paralela | ～棒 〖スポ〗 (barras *f.pl*) paralelas *f.pl* | 高速道路は海岸に～して走っている La autopista corre paralela a la costa. ❷ 平衡 equilibrio *m* | ～を保つ[失う] mantener [perder] el equilibrio
へいさ 閉鎖 cierre *m* | ～する cerrar
へいし 兵士 soldado *m*, (女性兵士) mujer *f* soldado
へいじ 平時に en tiempos de paz
へいじつ 平日 día *m* (de) entre semana, (仕事日) día *m* laborable | ～に entre semana
へいしゃ 兵舎 〖軍〗 cuartel *m*
へいじょう 平常の normal, habitual | ～に戻る volver a la normalidad
へいせい 平静な tranquilo[la], sereno[na] | ～を失う perder la calma
へいたい 兵隊 soldado *m*
へいち 平地 terreno *m* llano [plano]
へいてん 閉店する cerrar la tienda
へいねつ 平熱 temperatura *f* normal
へいふく 平服 ropa *f* informal, (普段着) ropa *f* de casa
へいほう 平方 〖数〗 cuadrado *m* | ～の cuadrado[da] | ～根 raíz *f* cuadrada | 60～メートル sesenta metros cuadrados
へいぼん 平凡な común, ordinario[ria], (月並みの) mediocre, banal, (俗な) vulgar | ～な結果 resultado *m* mediocre
へいめん 平面 plano *m*, superficie *f* lisa
へいや 平野 llanura *f*, planicie *f*
へいりょく 兵力 fuerza *f* militar
へいわ 平和 paz *f* | ～な pacífico[ca], apacible | ～維持活動 (PKO) operación *f* para mantener la paz | ～維持軍 fuerzas *f.pl* pacificadoras | ～運動 movimiento *m* pacifista | ～共存 coexistencia *f* pacífica | ～憲法 Constitución *f* pacifista | ～主義 pacifismo *m* | ～主義者 pacifista *m/f* | ～条約 tratado *m* de paz
ベーコン 〖料〗 beicon *m*, panceta *f* ahumada, tocino *m* | ～エッグ huevos *m.pl* fritos con beicon
ページ página *f* | 本の20～を開く abrir el libro por la página veinte | ～をめくる pasar la página, dar (la) vuelta a la página | その事件は歴史に新しい～を加えた Aquel acontecimiento escribió una nueva página en la historia.
ペースト 〖IT〗 ～する pegar
ペースメーカー 〖医〗 marcapasos *m*[*pl* ~], (マラソンの) liebre *f*
ベール velo *m*
へきが 壁画 〖美〗 pintura *f* mural, mural *m*, (フレスコ) fresco *m*
ヘクタール hectárea *f* (記号 ha)
ぺこぺこ ～する actuar con servilismo | お腹が～だ morirse de hambre
へこんだ 凹んだ cóncavo[va], abollado[da]
へさき 舳先 proa *f*
ベスト 〖服〗 chaleco *m* | ～を尽くす hacer todo lo posible | ～セラー superventas *m* [*pl* ~], (本) el libro *m* más vendido
へそ 臍 ombligo *m* | ～曲がり ser el [ser de] espíritu de contradicción | ～の緒 (*^{n}*) cordón *m* umbilical
へた 下手な malo[la] | 車の運転が～である conducir mal | ～すると en el peor de los casos | ～な鉄砲も数撃てば当たる Incluso un mal tirador puede dar en el blanco si dispara mil veces.
へだたり 隔たり (距離) distancia *f*, separación *f*, (時間) intervalo *m*, (差異) diferencia *f* | AとBの間には大きな～がある Hay un abismo entre A y B.
へだたる 隔たる distanciarse
へだてる 隔てる 恋人たちの仲を～ desavenir a los enamorados | 川を隔てて二つの村がある Media [Existe, Hay] un río entre los dos pueblos.
ペダル pedal *m* | ～を踏む pedalear
ぺちゃんこ ～の aplastado[da] | ～にする aplastar
べつ 別の otro[tra], (異なる) distinto[ta] | …を～として (除外) con excepción de ... | ～に aparte, (別々に) por separado, separadamente | 国～に por países | 参加者を年齢～に分ける dividir a los participantes por edades
べっかん 別館 anexo *m*
べっきょ 別居する separarse, vivir separado[da]
べっそう 別荘 chalé *m*
ヘッド ～オフィス oficina *f* central | ～ホン auriculares *m.pl*, cascos *m.pl* | ～ライト 〖車〗 faro *m*
ペット animal *m* de compañía [doméstico] | ～ショップ tienda *f* de animales
ベッド cama *f*, lecho *m* | ～カバー colcha *f*, cubrecama *m* | ～タウン ciudad *f* dormitorio
ペットボトル botella *f* de plástico
べつり 別離 separación *f*, despedida *f*
ヘディング 〖スポ〗 cabezazo *m*
ベテラン veterano[na] *mf*, (熟練者) experto[ta] *mf* | ～の experimentado

へ

[da], veterano[na]
へとへと ～の agotado[da], exhausto-[ta]
べとべと ～する pegajoso[sa]
ペナント banderín *m*
ペニシリン penicilina *f*
ベニヤ ～板 contrachapado *m*
ペパーミント 〖植〗 menta *f*
ヘビ 〖動〗 serpiente *f*, culebra *f*
ベビー bebé *m* | ～カー cochecito *m* de niño | ～シッター niñero[ra] *mf*, canguro *m/f* 《スペイン》 | ～シッターをする cuidar niños, hacer de canguro 《スペイン》 | ～ブーム explosión *f* demográfica
へや 部屋 habitación *f*, cuarto *m*, pieza *f* | ～を借りる alquilar una habitación | 5～の家 una casa de cinco habitaciones | ～割り reparto *m* de las habitaciones entre los huéspedes
へら 箆 espátula *f*
へらす 減らす reducir, disminuir, aminorar | 出費を～ reducir los gastos | 体重を～ perder [bajar] peso
ぺらぺら ～な (薄い) delgado[da], fino[na] | ～しゃべる parlotear | スペイン語を～話す hablar con soltura el español
ベランダ terraza *f*, balcón *m*
へり 縁 borde *m*, canto *m*, margen *m*, (川の) orilla *f*
へりくつ 屁理屈 argucia *f*, sofisma *m*
ヘリコプター helicóptero *m*
へる ❶ 減る disminuir, decrecer, bajar, menguar | 私は体重が2キロ減った He perdido dos kilos. | 農業人口が減ってきている Está decreciendo la población agrícola. ❷ 経る (通過) pasar por, (時の経過) transcurrir, pasar | 3年の歳月を経て después de tres años
ベル timbre *m* | ～が鳴る sonar el timbre [主語] | ～を鳴らす tocar el timbre
ヘルツ 〖物〗 hertz *m*
ベルト 〖服〗 cinturón *m*, (機械) correa *f* | ～コンベア correa *f* transportadora | 安全～ cinturón *m* de seguridad
ヘルニア 〖医〗 hernia *f*
ヘルペス 〖医〗 herpe(s) *m* ([*pl* ~])
ヘルメット casco *m*
ベレーぼう ベレー帽 boina *f*
ヘロイン heroína *f*
へん 変な extraño[ña], raro[ra], curioso[sa], singular, (怪しい) sospechoso[sa] | ～だと思いませんか ¿No le parece extraño? | ～な味 un sabor raro
べん 便 この町は交通の～がよい[悪い] Esta ciudad está bien [mal] comunicada. | 軟らかい～(糞(ふん)) heces *f.pl* blandas
ペン pluma *f*
へんか 変化 cambio *m*, variación *f* | ～する cambiar, variar | 気温の～が激しい Hay cambios bruscos de temperatura.
べんかい 弁解 excusa *f*, pretexto *m*, justificación *f* | ～する presentar [poner] excusas, poner un pretexto
へんかく 変革 reforma *f* | ～する reformar
べんがく 勉学 estudio *m*
へんかん 返還 devolución *f*, restitución *f* | ～する devolver, restituir
ペンキ pintura *f* | ～を塗る pintar | ～屋 pintor[tora] *mf*
べんき 便器 retrete *m*, inodoro *m*, wáter *m*, (男子の小便用) urinario *m*
べんぎ 便宜 facilidades *f.pl*, conveniencia *f* | ～を図る dar facilidades a ALGUIEN, facilitar | ～的な (仮の) provisional, (ご都合主義の) oportunista
へんきゃく 返却する devolver
べんきょう 勉強する estudiar, aprender | 数学を～する estudiar matemáticas | ～家の aplicado[da], estudioso[sa] | ～部屋 estudio *m*
へんきょく 編曲 〖音〗 arreglo *m* [adaptación *f*] musical | 曲を～する arreglar, hacer el arreglo musical
ペンギン 〖鳥〗 pingüino *m*
へんけん 偏見 prejuicio *m* | ～を抱く tener prejuicios
べんご 弁護 defensa *f* | ～する defender, abogar | ～士 abogado[da] *mf* | 国選～人 abogado[da] *mf* de oficio
へんこう 変更 modificación *f*, cambio *m* | ～する modificar, cambiar
へんさい 返済 devolución *f*, (返金) reembolso *m* | ～する devolver, (返金) reembolsar | 借金を～する saldar una deuda | ～期限 plazo *m* de devolución
へんじ 返事 respuesta *f*, contestación *f* | ～する responder, contestar, dar una respuesta
へんしゅう 編集する redactar, editar, 〖映〗 montar | ～者 redactor[tora] *mf*, 〖映〗 montador[dora] *mf* | ～長 redactor[tora] *mf* jefe[fa] | ～部 departamento *m* de redacción
べんじょ 便所 baño *m*, aseo *m*, lavabo *m*, servicio *m* 《スペイン》
べんしょう 弁償する indemnizar, compensar
ペンション casa *f* de huéspedes, pensión *f*
へんしん ❶ 返信 respuesta *f*, contestación *f* ❷ 変身 metamorfosis *f*[*pl* ~], transfiguración *f* | ～する sufrir una metamorfosis, transfigurarse
へんせい 編成する organizar, formar | 予算を～する elaborar un presupuesto
べんぜつ 弁舌を振るう emplear toda SU elocuencia
へんせん 変遷 evolución *f*, (移り変わり) vicisitudes *f.pl*, avatares *m.pl*
へんそう ❶ 返送する devolver, reenviar ❷ 変装 disfraz *m* | …に～する disfrazarse de ...
ペンダント colgante *m*
ベンチ banco *m*, 〖スポ〗 banquillo *m* | ～を温める 〖スポ〗 chupar banquillo
ペンチ alicates *m.pl*
ベンチャー ～企業 empresa *f* que desarrolla sus actividades con nuevas tecnologías
へんどう 変動 fluctuación *f*, variación *f* | ～する fluctuar | 株価の～ fluctuaciones *f.pl* bursátiles | ～相場制 sistema *m* de flotación monetaria
べんとう 弁当 comida *f* para llevar
へんとうせん 扁桃腺 〖解〗 amígdala *f*
へんぴ 辺鄙な remoto[ta], retirado

[da]
べんぴ 便秘する tener estreñimiento, estar estreñido[da]
へんぴん 返品 devolución *f*, (品物) mercancía *f* devuelta
ペンフレンド amigo[ga] *mf* por correspondencia
へんぼう 変貌する transfigurarse, transformarse
べんめい 弁明する justificar, presentar una justificación
べんり 便利な cómodo[da], (実用的な) práctico[ca], (役立つ) útil | ～な世の中 un mundo lleno de comodidades
べんろんたいかい 弁論大会 concurso *m* de oratoria

ほ

ほ ❶ 帆 vela *f*, velamen *m* ❷ 穂 espiga *f*
ほい 補遺 adenda *f*, suplemento *m*, apéndice *m*
ほいく 保育する cuidar a los niños de preescolar | ～園 guardería *f* | ～器 incubadora *f*
ボイコット boicoteo *m* | ～する boicotear
ボイスレコーダー 〖空〗 caja *f* negra
ホイッスル pito *m*, silbato *m*
ボイラー caldera *f* (de vapor) | ～室 sala *f* de calderas
ぼいん 母音 vocal *f* | ～の vocálico[ca]
ポインター 〖IT〗 indicador *m*
ポイント (得点) punto *m*, (要点) punto *m* importante, 〖鉄道〗 agujas *f.pl*
ほう ❶ 方 (方角) dirección *f*, rumbo *m* | …の～へ a ..., hacia ..., en dirección a ... | 逆の～へ行く ir en dirección contraria ❷ 法 ley *f* | ～を犯す infringir [violar] la ley
ぼう 棒 (木の) palo *m*, barra *f*, vara *f* | 一生を～に振る echar a perder SU vida | 足が～になってしまった Tengo las piernas muy cansadas. | ～グラフ gráfico *m* de barras
ほうあん 法案 proyecto *m* de ley
ほうい 包囲 asedio *m*, sitio *m*, cerco *m* | 町を～する asediar la ciudad
ぼういん 暴飲暴食する comer y beber en exceso, hartarse de beber y comer
ほうえい 放映する televisar, transmitir [emitir] ALGO por televisión
ぼうえい 防衛 defensa *f* | ～する defender
ぼうえき 貿易 comercio *m* exterior, intercambio *m* comercial | ～する comerciar con | ～会社 casa *f* comercial | ～収支 balanza *f* comercial | ～風 vientos *m.pl* alisios | 自由～ libre comercio *m* | ～摩擦 fricción *f* comercial | 保護～主義 proteccionismo *m*
ぼうえん 望遠鏡 telescopio *m*, catalejo *m* | ～レンズ teleobjetivo *m*
ほうおう 法王 〖カト〗 Papa *m* | ～の papal
ぼうおん 防音 insonorización *f*, aislamiento *m* acústico | ～の insonoro [ra] | ～した insonorizado[da] | ～室 cámara *f* insonorizada | ～壁[ドア] barrera *f* [puerta *f*] acústica
ほうか ❶ 砲火 fuego *m* de artillería, cañonazo *m* ❷ 放火 incendio *m* provocado [premeditado] | ～する provocar un incendio | …に～する prender fuego a ... | ～犯 incendiario[ria] *mf* | ～魔 pirómano[na] *mf*
ほうかい 崩壊 derrumbe *m*, desplome *m*, caída *f* | ～する derrumbarse, desplomarse
ぼうがい 妨害 obstrucción *f* | ～する impedir, estorbar, obstruir, obstaculizar | 交通を～する impedir [obstaculizar] la circulación de coches
ほうがく ❶ 方角 dirección *f*, rumbo *m*, (方位) orientación *f* | ～が悪い estar mal orientado[da] ❷ 法学 jurisprudencia *f*, derecho *m*
ほうかご 放課後に después de las clases
ほうかつ 包括する englobar | ～的な global, globalizador[dora]
ぼうかん 傍観する observar como espectador[dora] | ～者 espectador[dora] *mf*
ほうがんし 方眼紙 papel *m* cuadriculado
ほうがんなげ 砲丸投げ lanzamiento *m* de peso
ほうき ❶ 箒 escoba *f* ❷ 法規 reglamento *m* ❸ 放棄 renuncia *f* | 戦争を～する renunciar a la guerra
ほうきゅう 俸給 sueldo *m*, salario *m*
ぼうぎょ 防御 defensa *f* | ～する defender
ぼうくん 暴君 tirano[na] *mf*, déspota *m/f* 《比喩的にも》
ほうけん 封建的な feudal | ～制 feudalismo *m*, sistema *m* feudal
ほうげん 方言 dialecto *m* | アンダルシア～ dialecto *m* andaluz | ～学 dialectología *f*
ぼうけん 冒険 aventura *f* | ～的な aventurado[da], aventurero[ra] | ～をする aventurarse, arriesgarse, correr aventuras | ～家 aventurero[ra] *mf* | ～心 alma *f* aventurera
ほうこう 方向 dirección *f*, sentido *m*, rumbo *m* | ～感覚 sentido *m* de la orientación | ～転換する cambiar de rumbo →方
ぼうこう ❶ 暴行 violencia *f*, agresión *f* física | ～を働く emplear la violencia | 婦女～ violación *f* (de una mujer) ❷ 膀胱 vejiga *f* (urinaria)
ほうこく 報告 informe *m*, relato *m* | …について～する informar a ALGUIEN de [sobre] ...
ぼうさい 防災 prevención *f* de desastres
ほうさく ❶ 豊作 buena cosecha *f* ❷ 方策 remedio *m*, (対策) medidas *f.pl* | ～をたてる poner remedio
ほうし 奉仕 servicio *m* | ～する servir, prestar servicio
ぼうし ❶ 帽子 sombrero *m*, (つばのない) gorra *f* | ～を被る ponerse el sombrero | ～を被らずに con la cabeza descubierta | ～をとる quitarse el sombrero | ～掛け percha *f* | ～屋 (人) sombrerero[ra] *m f*, (店) sombrerería *f* ❷ 防止する prevenir

ほうしき 方式 forma *f*, sistema *m*, método *m*
ほうしゃ 放射 emisión *f*, (輻射(ふく)) 〖物〗radiación *f* | ～状道路網 red *f* radial de carreteras | ～する emitir, radiar | ～性の〖物〗radiactivo[va] | ～性廃棄物 residuos *m.pl* radiactivos [nucleares] | ～冷却 enfriamiento *m* por radiación
ほうしゃせん 放射線 radiación *f*, rayos *m.pl* radiactivos | ～医学 radiología *f* | ～科医師 radiólogo[ga] *mf* | ～障害 daño *m* causado por radiación | ～療法 radioterapia *f*
ほうしゃのう 放射能 radiactividad *f* | ～汚染 contaminación *f* radiactiva | ～漏れ escape *m* radiactivo, fuga *f* radiactiva
ほうしゅう 報酬 remuneración *f*, retribución *f*
ほうじゅう 放縦 libertinaje *m* | ～な libertino[na]
ほうじゅん 芳醇な aromático[ca]
ほうじょう 豊饒な fértil, fecundo[da] | ～な土地 tierra *f* fértil [fecunda]
ほうしょう 報奨金 incentivo *m*, prima *f*
ほうしん 方針 línea *f*, (目標) objetivo *m*, (政策) política *f*, (原則) principio *m* | 党の～に従う seguir la línea del partido
ほうじん 法人 persona *f* jurídica
ぼうすい 防水の impermeable
ほうせき 宝石 joya *f*, piedra *f* preciosa | ～商 joyero[ra] *mf*
ぼうぜん 茫然と立ち尽くす permanecer de pie atontado[da]
ほうそう ❶ 放送 emisión *f*, 〖ラジオ〗radiodifusión *f*, 〖TV〗transmisión *f* | ～する emitir, transmitir | ～局 (estación *f*) emisora *f* | ～網 red *f* de transmisión ❷ 包装 envoltura *f*, (梱包(こん)) embalaje *m* | ～する envolver, (梱包) embalar | ～紙 papel *m* de embalaje, envoltura *f*, envoltorio *m*
ぼうそう 暴走する conducir con temeridad, (行動) comportarse sin reflexión ni meditación | ～族 banda *f* de motoristas que conducen con temeridad
ほうそく 法則 ley *f*, regla *f*
ほうたい 包帯 venda *f*, vendaje *m* | ～する vendar
ぼうだい 膨大な資料 una enorme [gran] cantidad de datos
ぼうたかとび 棒高跳び salto *m* de pértiga | ～の選手 saltador[dora] *mf* de pértiga, pertiguista *m/f*
ぼうだち 棒立ちになる quedar(se) inmóvil
ほうち 放置する dejar | ～自転車 bicicleta *f* abandonada
ぼうちゅうざい 防虫剤 antipolilla *m*
ほうちょう 包丁 cuchillo *m* de cocina
ぼうちょう ❶ 傍聴する (裁判) asistir a una audiencia, (国会) asistir a una sesión parlamentaria ❷ 膨張する dilatarse, expansionarse, aumentar | ～率〖物〗coeficiente *m* de dilatación
ほうっておく 放っておく dejar
ほうてい 法廷 tribunal *m*
ほうていしき 方程式 ecuación *f*
ほうてき 法的な legal
ほうどう 報道 información *f* | …について～する informar a ALGUIEN de [sobre] ... | ～機関 medios *m.pl* de información [informativos] | ～規制 control *m* de la información | ～陣 prensa *f* | ～の自由 libertad *f* de prensa | ～番組 programa *m* informativo
ぼうどう 暴動 revuelta *f*, motín *m*
ぼうとく 冒瀆 profanación *f*, (神聖の) sacrilegio *m*, blasfemia *f* | ～する profanar, blasfemar contra
ぼうねんかい 忘年会 fiesta *f* de fin de año
ぼうはん 防犯 prevención *f* del delito
ほうび 褒美 premio *m*, recompensa *f*
ぼうびき 棒引き condonación *f* | 借金を～にする condonar una deuda
ほうふ ❶ 豊富な abundante, rico[ca] | 鉱物資源が～な国 país *m* rico en recursos minerales ❷ 抱負 (希望) esperanza *f*, (野望) ambición *f*, (計画) plan *m*
ぼうふう 暴風 tormenta *f*, tempestad *f* | ～雨 temporal *m* de lluvias y vientos
ほうふく 報復 venganza *f*, represalia *f* | ～する tomar represalias contra
ぼうふざい 防腐剤 (食品の) conservante *m*, 〖医〗(消毒剤) antiséptico *m*
ほうぶつせん 放物線〖数〗parábola *f*
ぼうへき 防壁 barrera *f*
ほうほう 方法 (方式) método *m*, (やり方) modo *m*, manera *f*, (手段) medio *m* | 支払～ forma *f* de pago
ほうぼく 放牧 pastoreo *m* | ～する pastorear | ～地 pastos *m.pl*
ほうまん 豊満な exuberante
ほうむ 法務大臣 ministro[tra] *mf* de Justicia
ほうむる 葬る enterrar, sepultar, inhumar
ぼうめい 亡命 exilio *m* | ～する exiliarse | 政治～を求める pedir asilo político | ～者 exiliado[da] *mf* | 政治～者 refugiado[da] *mf* político[ca] | ～政権 gobierno *m* en el exilio
ほうめん 方面 関西～に en el área de Kansai | あらゆる～から分析する analizar ALGO desde todos los puntos de vista
ほうもつ 宝物 tesoro *m*
ほうもん 訪問 visita *f* | ～する visitar | ～中である estar de visita | ～看護 asistencia *f* médica a domicilio | ～着 quimono *m* de gala | ～客 visitante *m/f* | ～販売 venta *f* a domicilio
ほうよう 抱擁 abrazo *m* | ～する abrazar
ぼうよみ 棒読みする leer con monotonía
ぼうり 暴利 beneficios *m.pl* excesivos
ほうりだす 放り出す (断念) abandonar, (放逐) echar
ほうりつ 法律 ley *f* | ～学 jurisprudencia *f*, derecho *m* | ～学者 jurista *m/f*
ぼうりょく 暴力 violencia *f* | ～を振るう hacer uso de [emplear] la violencia | ～団 mafia *f* | ～団員 mafioso[sa] *mf* | ～団抗争 enfrentamiento *m* [conflicto *m*] entre las mafias
ほうれい 法令 legislación *f*, leyes *f.pl* y

ordenanzas *f.pl*|～集 código *m*
ぼうれい 亡霊 fantasma *m*, espectro *m*, aparición *f*
ホウレンソウ〘植〙espinaca *f*
ほうろう ❶ 放浪 vagabundeo *m*|～する vagabundear ❷ 琺瑯 esmalte *m*|～引きの esmaltado[da]
ほうわ 飽和〘化〙saturación *f*
ほえる 吠える（犬）ladrar,（遠吠え）aullar,（ライオン）rugir
ほお 頬 mejilla *f*, carrillo *m*|彼女は～がこけている Ella tiene las mejillas hundidas.|～を染める ruborizarse
ボーイ camarero *m*, mozo *m*,（ホテル）botones *m* [*pl* ~]|～スカウト explorador *m*, boy scout *m*|～フレンド amigo *m*, novio *m*
ポーカー póquer *m*|～フェース cara *f* de póquer
ボーカル〘楽〙vocalista *m/f*|～グループ conjunto *m* vocal
ホース manguera *f*
ポーズ pose *f*,（姿勢）postura *f*|～をとる posar, adoptar una pose
ほおずり 頬擦りする acariciar la mejilla a ALGUIEN con la SUYA
ポーター maletero *m*, mozo *m* de equipajes
ポータブル ～の portátil
ボーダーライン límite *m*,（境界線）línea *f* de demarcación
ほおづえ 頬杖をつく apoyar la mejilla en la mano
ボート bote *m*, barca *f*|～を漕ぐ remar, bogar|救命～ bote *m* salvavidas|ゴム～ bote *m* neumático
ボーナス (paga *f*) extra *f*, gratificación *f*|夏の～ extra *f* de verano
ほおばる 頬張る 食べ物を口一杯に～ tener la boca llena de comida
ほおべに 頬紅 colorete *m*
ほおぼね 頬骨 pómulo *m*
ホーム（駅の）andén *m*
ホームシック ～にかかる tener nostalgia [añoranza, morriña]
ホームステイ alojamiento *m* con familias|～する alojarse con familias
ホームページ〘IT〙página *f* web
ホームヘルパー asistente *m/f* de ancianos a domicilio
ホームレス ～の sin techo [hogar]|～の人 persona *f* sin techo [hogar], sin techo *m/f* [*pl* ~]
ボーリング bolos *m.pl*|～場 bolera *f*
ホール sala *f*, salón *m*,（ゴルフの）hoyo *m*|コンサート～ sala *f* de concierto
ボール（球）pelota *f*, balón *m*,〘料〙bol *m*, cuenco *m*|～紙 cartón *m*|～ペン bolígrafo *m*
ほか 他の otro[tra], demás|…の～に[は] además [aparte] de ...|～の学生たち los demás estudiantes|～のこと lo demás|誰か～の人に尋ねる preguntar a otra persona|どこか～の場所を探す buscar otro lugar [sitio]|～の色のブラウスを見せてください Enséñeme camisas de otros colores.|～に質問はありますか ¿Hay alguna otra pregunta?
ぼかす difuminar, desdibujar, esfumar
ほがらか 朗らかな alegre, jovial
ほかん ❶ 保管する guardar, custodiar ❷ 補完する complementar
ぼかん ～としている quedar(se) atontado [da], estar distraído[da]
ぼき 簿記 contabilidad *f*|～学 teneduría *f* de libros
ほきゅう 補給 abastecimiento *m*|～する abastecer, suministrar|燃料を～する repostar combustible
ぼきん 募金 colecta *f*|～する hacer una colecta
ほくい 北緯 latitud *f* norte|～40度に a los cuarenta grados de latitud norte
ほくおう 北欧 Europa *f* del Norte|～の人 nórdico[ca] *mf*
ボクサー boxeador *m*,（犬）bóxer *m*
ぼくし 牧師 pastor *m*
ぼくじょう 牧場 granja *f*, prado *m*
ボクシング boxeo *m*|～をする boxear
ほくせい 北西 noroeste *m*《略 NO.》
ぼくそう 牧草 hierba *f*, pasto *m*|～地 pastos *m.pl*, pastizal *m*
ぼくちく 牧畜 ganadería *f*|～業者 ganadero[ra] *mf*
ほくとう 北東 nor(d)este *m*《略 NE.》
ほくとしちせい 北斗七星 Septentrión *m*, Osa *f* Mayor
ほくぶ 北部 norte *m*|～の norteño[ña]
ぼくめつ 撲滅 exterminio *m*, erradicación *f*|～する exterminar, erradicar|伝染病を～する erradicar las epidemias
ほくろ lunar *m*
ぼけい 母系の materno[na]
ほけつ 補欠 suplente *m/f*|～選挙 elecciones *f.pl* parciales
ぼけつ 墓穴を掘る cavar SU propia tumba [sepultura]
ポケット bolsillo *m*
ポケベル busca(personas) *m* ([*pl* ~])
ほけん ❶ 保険 seguro *m*|3千万円の生命～に入っている Tengo contratado un seguro de vida en treinta millones de yenes.|車に盗難～を掛ける asegurar el coche contra robos|生命～を掛ける asegurarse, contratar un seguro de vida|～に勧誘する intentar vender un seguro a ALGUIEN|～会社 compañía *f* de seguros|～勧誘員 agente *m/f* de seguros|～金 suma *f* asegurada|～証書 póliza *f* de seguro|～料 prima *f* de seguro|健康[失業, 車両] ～ seguro *m* de salud [desempleo, automóviles] ❷ 保健 conservación *f* de la salud, sanidad *f*, higiene *f*|～所 centro *m* de salud [sanidad] pública
ほご ❶ 保護 protección *f*, amparo *m*|～する proteger, amparar|～者（子供の）padres *m.pl*|自然～ conservación *f* de la naturaleza ❷ 補語〘文法〙complemento *m*
ぼご 母語〘言〙lengua *f* materna
ほこう 歩行 andar *m*|～器 andaderas *f.pl*, andador *m*|～者 peatón[tona] *mf*|～者天国（の日）día *m* libre de coches
ぼこう 母校 alma *f* mater|彼の～ escuela *f* [universidad *f*] donde él estudió

ぼこく **母国** madre *f* patria

ほこらしい **誇らしい** 誇らしく思う sentirse orgulloso[sa] de

ほこり ❶ **埃** polvo *m* | ～だらけの lleno[na] de polvo | ～まみれになる cubrirse de polvo | 本の～を払う quitar el polvo del libro | ～っぽい polvoriento[ta] ❷ **誇り** orgullo *m* | ～に思う estar orgulloso[sa] de | ～を傷つける herir el orgullo | ～高い ser orgulloso[sa]

ほこる **誇る** enorgullecerse de [por]

ほし **星** estrella *f*, (惑星) planeta *m*, (天体) astro *m* | よい～の下に生まれる nacer con buena estrella | ～占い astrología *f* | ～印 asterisco *m* | ～空 cielo *m* estrellado

ぼし **母子健康手帳** libreta *f* de maternidad

ほしい **欲しい** querer, desear | コーヒーが一杯～ Quiero tomar un café. | ～ものは何でもやるよ Te doy todo lo que quieras. | 君にもっと熱心に働いて～ Quiero que trabajes con más ahínco.

ほしくさ **干し草** heno *m*

ほしダラ **干しダラ** 〘料〙 bacalao *m* seco

ほしブドウ **干しブドウ** pasa *f*

ほしゃく **保釈** libertad *f* provisional

ほしゅ **保守**する conservar, (設備等の) mantener | ～的な conservador[dora] | ～契約 contrato *m* de mantenimiento | ～主義 conservadurismo *m* | ～主義者 conservador[dora] *mf* | ～党 partido *m* conservador

ほしゅう ❶ **補修** reparación *f* | ～する reparar | ～工事 obra *f* de reparación ❷ **補習**をする dar una clase extra

ほじゅう **補充**する suplir | 欠員を～する cubrir una vacante

ぼしゅう **募集** reclutamiento *m*, convocatoria *f* | ～する reclutar, buscar, convocar | 新会員を～する reclutar nuevos socios

ほじょ **補助**する ayudar, auxiliar, (財政の) subvencionar | ～金 subvención *f*

ほしょう ❶ **保証** garantías *f.pl* | ～する garantizar, ofrecer garantías, avalar | ～金 fianza *f*, depósito *m* de garantía | ～書 certificado *m* de garantía | ～人 fiador[dora] *mf*, avalista *m/f*, garante *m/f* | …の～人になる salir (como) fiador[dora] de [por] ... ❷ **保障**する asegurar | 社会～ seguridad *f* social ❸ **補償** indemnización *f* | ～する indemnizar | ～金を支払う pagar una indemnización

ほしん **保身** 自己～ autoprotección *f*

ほす **干す** secar

ボス jefe[fa] *mf*

ポスター cartel *m*

ホステス (接待役の女主人) anfitriona *f*, (バーの) chica *f* de alterne

ホスト (接待役の主人) anfitrión *m* | ～コンピュータ 〘IT〙 ordenador *m* principal, computadora *f* central 《ラ米》

ポスト (地位) puesto *m*, cargo *m*, (郵便) buzón *m*

ボストンバッグ bolsa *f* de viaje

ホスピス residencia *f* para enfermos terminales

ほせい **補正**する rectificar | ～予算 presupuesto *m* rectificativo [suplementario]

ぼせい **母性** maternidad *f*

ほそい **細い** delgado[da], (道幅) estrecho[cha], (体型) esbelto[ta], (細かい) fino[na] | ～糸 hilo *m* delgado

ほそう **舗装** pavimentación *f*, pavimento *m*, (アスファルト) asfaltado *m* | ～する pavimentar, (アスファルトで) asfaltar | ～道路 carretera *f* pavimentada

ほそく **補足**する complementar, añadir | ～説明 explicación *f* complementaria

ほそながい **細長い** largo[ga] y estrecho[cha], oblongo[ga]

ほぞん **保存** conservación *f* | ～する conservar, (コンピュータ) guardar | ～状態がよい estar bien conservado[da] | 合成～料 conservante *m* químico

ポタージュ 〘料〙 potaje *m*

ぼだいじゅ **菩提樹** 〘植〙 tilo *m*, tila *f*

ホタテガイ 〘貝〙 vieira *f*, ostión *m*《墨》

ホタル 〘昆〙 luciérnaga *f*

ボタン botón *m* | 上着の～を掛ける abotonarse [abrocharse] la chaqueta | ワイシャツの～を外す desabotonarse la camisa

ぼち **墓地** cementerio *m*

ほちょう **歩調** paso *m*

ほちょうき **補聴器** audífono *m*

ぼっか **牧歌** 〘文学〙 pastoral *f* | ～的な pastoral, pastoril

ほっきにん **発起人** promotor[tora] *mf*, impulsor[sora] *mf*

ほっきょく **北極** polo *m* norte | ～グマ 〘動〙 oso *m* polar | ～星 estrella *f* polar

ホック 〘服〙 ～をはめる abrochar el corchete

ホッケー 〘スポ〙 hockey *m* sobre hierba | アイス～ hockey *m* sobre hielo

ほっさ **発作** ataque *m*, acceso *m*, paroxismo *m* | 心臓[てんかんの]～を起こす sufrir un ataque cardíaco [epiléptico]

ほっする **欲する** desear, querer

ほったん **発端** comienzo *m*, origen *m*

ホッチキス grapadora *f* | ～の針 grapa *f*

ポット (魔法瓶) termo *m*

ぼっとう **没頭**する entregarse a, enfrascarse en

ホットケーキ 〘料〙 tortita *f*

ほっとする sentir alivio

ホットダイヤル línea *f* caliente

ホットドッグ 〘料〙 perrito *m* caliente, hot dog *m*

ぼっぱつ **勃発**する (戦争が) estallar

ホップ 〘植〙 lúpulo *m*

ポップコーン 〘料〙 palomitas *f.pl*

ポップス 〘音〙 música *f* pop

ぼつらく **没落** caída *f*, hundimiento *m* | ～する hundirse, arruinarse | ローマ帝国の～ caída *f* del Imperio Romano

ボディー cuerpo *m*, (車の) carrocería *f* | ～ガード guardaespaldas *m/f* [*pl* ~] | ～ビル culturismo *m* | ～ビルダー culturista *m/f*

ポテト patata *f*, papa *f* 《ラ米》

ほてる ❶ **火照る** 顔が～ sentir acaloramiento [calor] en la cara ❷ **ホテル** hotel *m* | ～に宿泊する alojarse en un hotel

ほど **程** 10分～ aproximadamente diez

minutos｜満開の桜～美しいものはない No hay nada más bello que los cerezos en plena floración.｜我慢にも～がある La paciencia tiene sus límites.｜早ければ早い～よい Cuanto antes, mejor.
ほどう ❶ 歩道 acera *f*, vereda *f*《ラ米》 ❷ 補導 orientación *f*｜警察に～される ser detenido[da] y amonestado[da] por la policía
ほどく 解く deshacer, desatar, soltar
ほとけ 仏 Buda *m*, (死者) muerto[ta] *mf*
ほどこす 施す 恵みを～ dar limosna
ホトトギス〖鳥〗cuclillo *m*, cuco *m*
ほとばしる chorrear
ほどほど 程々 冗談は～にしろ ¡Basta de bromas!
ほとり 辺 …の～に a [en] la orilla de ...
ボトル botella *f*
ほとんど casi｜～の… la mayor parte de ...｜もう時間が～ない Apenas nos queda tiempo.
ほにゅう 哺乳瓶 biberón *m*, mamadera *f*《ラ米》｜～類〖動〗mamíferos *m.pl*
ぼにゅう 母乳 leche *f* materna
ほね 骨 hueso *m*, (魚の) espina *f*｜～が折れる仕事 trabajo *m* duro｜彼は右腕の～を折った Se fracturó el brazo derecho.｜～を折る fracturarse, (努力する) esforzarse｜あいつは～がある Es un hombre de firmes convicciones.｜～と皮である estar en los huesos｜…に～を埋める覚悟である pensar quedarse a vivir para siempre en ...｜～の多い魚 pescado *m* espinoso｜魚の～を取り除く quitar las espinas de un pescado｜骨折り esfuerzo *m*, (苦労) trabajos *m.pl*｜骨組み (骸骨(がいこつ)) esqueleto *m*, (枠組み) armazón *m*(*f*), (構造) estructura *f*｜骨接ぎ ensalmador[dora] *mf*｜骨無しの deshuesado[da], (人が) flojo[ja]｜骨抜き 法案を骨抜きにする descafeinar un proyecto de ley｜骨太の huesudo[da]｜骨身にしみる寒さだ Hace un frío que pela.｜骨身を惜しまずに働く trabajar sin escatimar esfuerzos｜骨休めする descansar, reposar, hacer reposo
ほのお 炎 llama *f*
ほのめかす aludir a, insinuar
ポピュラー ～な popular｜～音楽 música *f* popular
ぼひょう 墓標 lápida *f* sepulcral
ポプラ〖植〗álamo *m*｜～並木 alameda *f*
ほぼ ❶ ほぼ casi ❷ 保母 profesora *f* de guardería
ほほえむ 微笑む sonreír, esbozar una sonrisa｜微笑ましい光景 una escena que nos hace sonreír
ほまれ 誉れ honra *f*, gloria *f*
ほめる 褒める elogiar, alabar｜それはあまり褒められたことではない No es algo muy elogiable.｜褒め殺しをする prodigar elogios a ALGUIEN para comprometerlo
ホモセクシュアル homosexual *m/f*
ぼやけた borroso[sa], difuso[sa]
ぼやける 記憶が～ tener una vaga memoria
ほゆう 保有する poseer
ほよう 保養 recreo *m*, recreación *f*, (病後の) convalecencia *f*｜～する recrearse｜～地 finca *f* de recreo
ほら cuento *m* (chino), mentira *f*｜～を吹く contar [decir] cuentos, decir mentiras｜～吹き cuentista *m/f*｜～吹きである tener mucho cuento
ほらあな 洞穴 cueva *f*
ボランティア voluntario[ria] *mf*｜～組織 organización *f* de voluntarios
ほり 堀 foso *m*
ポリエステル poliéster *m*
ポリエチレン polietileno *m*
ほりだす 掘り出す excavar, (埋めた物を) desenterrar, (採掘) extraer｜掘り出し物 ganga *f*, chollo *m*
ポリぶくろ ポリ袋 bolsa *f* de plástico
ほりゅう 保留 私は意見を～したい Prefiero reservarme mi opinión.
ボリューム (量・音量) volumen *m*｜～を上げる [下げる] subir [bajar] el volumen｜～のある食事 comida *f* abundante
ほりょ 捕虜 prisionero[ra] *mf*, cautivo[va] *mf*｜…を～にする hacer prisionero[ra] a ...｜～収容所 campo *m* de concentración [prisioneros]
ほる ❶ 掘る cavar, excavar ❷ 彫る esculpir, tallar, labrar, (のみで) cincelar
ボルト〖電〗voltio *m*, (留め具) perno *m*
ポルノ pornografía *f*
ホルモン〖生化〗男性 [女性] ～ hormona *f* sexual masculina [femenina]
ほれる 惚れる enamorarse de
ぼろ ～きれ trapo *m*｜～をまとう vestir harapos
ポロシャツ〖服〗polo *m*
ほろびる 滅びる arruinarse, extinguirse, aniquilarse
ほろぼす 滅ぼす destruir, arruinar, aniquilar
ホロホロチョウ〖鳥〗pintada *f*
ホワイトハウス la Casa Blanca
ほん 本 libro *m*｜～を出す publicar un libro｜～の虫 rata *f* [ratón *m*] de biblioteca
ぼん 盆 bandeja *f*, (仏教の) fiesta *f* budista de los difuntos
ほんき 本気の serio[ria]
ほんしつ 本質 esencia *f*, sustancia *f*, (核心) meollo *m*｜～的な esencial｜人間の～ esencia *f* del hombre
ほんじつ 本日 día *m* de hoy
ほんしゃ 本社 casa *f* matriz [central], sede *f* central
ほんしん 本心を明かす mostrar su verdadera intención
ほんせき 本籍 domicilio *m* legal
ほんだい 本題に入る entrar en materia, ir al grano
ほんだな 本棚 estantería *f*, librería *f*
ぼんち 盆地〖地理〗cuenca *f*
ほんてん 本店 (casa *f*) central *f*, oficina *f* principal
ポンド (重量単位) libra *f*, (英国の貨幣単位) libra *f* esterlina
ほんとう 本当の verdadero[ra], real｜～に verdaderamente, realmente｜～のことを言えば a decir verdad｜～ですか ¿Es cierto?｜僕に電話をくれて～によかった ¡Qué bien que me llamaste por teléfono!

ほんにん 本人 (当事者) interesado[da] *mf*, persona *f* en cuestión | 学長〜が我々を出迎えてくれた El rector en persona nos recibió.
ボンネット 〘車〙 capó *m*
ほんの 〜少し un poquito | 彼はまだ〜子供だ Es todavía muy niño.
ほんのう 本能 instinto *m* | 〜的に instintivamente
ほんぶ 本部 sede *f*
ポンプ bomba *f* | 〜でくむ bombear
ほんぶん 本文 texto *m*
ボンベ bombona *f*
ほんぽう 奔放に生きる vivir a su anchas
ほんみょう 本名 nombre *m* verdadero
ほんめい 本命 (競馬等) favorito[ta] *mf*
ほんもの 本物の auténtico[ca], genuino[na] | 〜のダイヤ diamante *m* auténtico | 〜とにせ物 el original y la imitación, 《抽象的》 lo auténtico y lo falso
ほんや 本屋 librería *f*
ほんやく 翻訳 traducción *f* | 〜する traducir | 〜権 derecho *m* de traducción | 〜者 traductor[tora] *mf*
ぼんやり 〜とした (不明瞭(ふめいりょう)) borroso[sa], difuso[sa], (漠然) vago[ga], (放心) distraído[da] | 〜した画像 imagen *f* borrosa
ほんりょう 本領を発揮する demostrar plenamente su talento
ほんろん 本論 tema *m* principal | 〜に入る entrar en materia

ま

ま ❶ 間 (空間) espacio *m*, (時間) tiempo *m*, (中断の時間) pausa *f* | 休む〜もない no tener tiempo ni para descansar | あっという〜に en un abrir y cerrar de ojos | 〜がいい oportuno[na] | 〜が悪い inoportuno[na], (きまりが) sentirse incómodo[da] | 〜の抜けた顔 cara *f* de tonto[ta] | 〜を置く hacer una pausa | 〜を持たす ocupar el tiempo libre ❷ 魔の交差点 cruce *m* peligroso | 〜が差す tener un mal pensamiento | 〜除け amuleto *m*, talismán *m*
マーガリン 〘料〙 margarina *f*
マーク (印) marca *f*, 〘スポ〙 (敵の選手への) marcaje *m*
マーケット mercado *m*
マーケティング marketing *m*, mercadotecnia *f*
マーチ 〘音〙 marcha *f*
まあたらしい 真新しい flamante
まあまあ 調子はどうですか. —〜です ¿Qué tal? — Así, así.
マーマレード 〘料〙 mermelada *f*
まい ❶ 枚 1〜の紙 una hoja de papel | 千円札1〜 un billete de mil yenes ❷ 毎- todos[das] los [las] 〈+複数名詞〉, cada 〈+単数名詞〉 | 毎日 todos los días, cada día
マイカー coche *m* propio [particular]
マイク micrófono *m*
マイクロチップ 〘IT〙 microchip *m*
マイクロバス microbús *m*
まいご 迷子 niño[ña] *mf* perdido[da] | 〜になる perderse, extraviarse
まいしゅう 毎週 todas las semanas, cada semana | 〜の semanal
まいすう 枚数 皿の〜を数える contar el número de platos
まいそう 埋葬 entierro *m* | 〜する enterrar, sepultar, inhumar
まいぞう 埋蔵 宝を〜する enterrar el tesoro | (銅の) 〜量 reservas *f.pl* (de cobre)
まいつき 毎月 todos los meses, cada mes | 〜の mensual
まいど 毎度 cada vez, (いつも) siempre
まいとし 毎年 todos los años, cada año | 〜の anual
マイナス menos *m* | 5〜3は2 Cinco menos tres son dos. | 〜面 aspecto *m* negativo
まいにち 毎日 todos los días, cada día | 〜の diario[ria]
まいにちようび 毎日曜日 (todos) los domingos, cada domingo
マイペース 〜の a su ritmo
マイホーム casa *f* propia, (家庭) su propio hogar *m* | 〜主義者 persona *f* hogareña
まいる 参る (行く) ir, (負ける) rendirse | どうだ参ったか ¿Te rindes? | 参りました Me rindo. | すぐに参ります Voy enseguida. | 彼は彼女にすっかり参っている Está locamente enamorado de ella.
マイル (距離の単位) milla *f*
マイルド 〜な suave
マイレージ 〜サービス programa *m* para viajeros frecuentes
マインド 〜コントロール control *m* mental
まう 舞う (踊る) bailar, danzar, (空中を) revolotear
まうえ 真上 …の〜に justo encima de ...
マウス 〘動〙〘IT〙 ratón *m* | 〜ピース (ボクシング) protector *m* de la boca, 〘音〙 boquilla *f*
マウンテンバイク bicicleta *f* de montaña
まえ 前に (位置) delante, (正面) enfrente, (時間) antes, anteriormente | 駅の前に enfrente [delante] de la estación | 寝る〜に antes de dormir | 2年〜に hace dos años | 6時ちょっと〜に un poco antes de las seis | 〜に進む avanzar, ir hacia adelante | 前の (位置) delantero[ra], (時間) anterior | その〜の晩に la noche anterior | バスの〜の方に座る sentarse en la parte delantera del autobús | 〜(の方)へ (hacia) adelante | 前もって con antelación
まえあし 前足 pata *f* delantera
まえうり 前売り venta *f* anticipada
まえおき 前置き preámbulo *m*
まえがき 前書き prefacio *m*, prólogo *m*, preámbulo *m*, proemio *m*
まえばらい 前払い pago *m* adelantado [anticipado]
まえむき 前向きな態度 actitud *f* positiva
まかす 負かす vencer, derrotar
まかせる 任せる encargar, confiar | 首相に国政を〜 dejar en manos del primer ministro la administración del país | 身を〜 entregarse | ご想像にお任せします Lo dejo librado a su imaginación.

まがりかど 曲がり角 esquina *f*
まかりとおる まかり通る この国では汚職がまかり通っている La corrupción es moneda corriente en este país. →通用：～する
まがる 曲がる （道等を）girar, torcer,（腰・物が）encorvarse|曲がった encorvado[da], curvo[va],（ねじれた）torcido[da]｜角を左に～ doblar la esquina a la izquierda｜右に曲がりなさい Gire a la derecha.｜腰の曲がった老人 anciano *m* encorvado｜私は曲がったことが大嫌いだ Detesto la injusticia.
マカロニ〘料〙macarrones *m.pl*
まき 薪 leña *f*
まきこまれる 巻き込まれる もめ事に～ verse involucrado[da] en un lío
まきちらす まき散らす esparcir, desparramar, derramar
まきもどす 巻き戻す rebobinar｜巻き戻し rebobinado *m*
まきもの 巻物 rollo *m* de escritura|絵～ rollo *m* de pintura
まぎらわしい 紛らわしい confuso[sa], ambiguo[gua]
まく ❶ 幕（舞台の）telón *m*,〘演〙（場面）acto *m* ❷ 膜 película *f*,（表面の）capa *f*,〘解〙membrana *f* ❸ 巻く arrollar, enrollar｜時計のねじを～ dar cuerda al reloj ❹ 撒く・播く esparcir, derramar,（水を）regar ❺ 蒔く sembrar
マグニチュード ～7の地震 un terremoto de magnitud siete en la escala Richter
マグマ〘地質〙magma *m*
まくら 枕 almohada *f*｜～カバー funda *f* de almohada, almohadón *m*｜～木 traviesa *f*
まくる ズボンのすそを～ (ar)remangarse los pantalones
まぐれ ～で por pura casualidad, de chiripa
マグロ〘魚〙atún *m*
まけ 負け derrota *f*|君の～だ Has perdido.|負け戦 lucha *f* perdida|負け犬 perdedor[dora] *mf*|負け犬の遠ぼえだ No es más que una fanfarronada del perdedor.|負け惜しみを言うな Tienes que reconocer tu derrota.｜彼女は負け惜しみが強い Ella es una mala perdedora.｜負けず劣らず ラモンはペドロに負けず劣らず賢い Ramón es tan inteligente como Pedro.｜負けず嫌い 彼は負けず嫌いであるNo le gusta perder.
まけこす 負け越す tener más derrotas que victorias
まける 負ける perder, sufrir una derrota｜戦いに～ perder la lucha｜…の誘惑に～ no resistir la tentación de ...｜プレッシャーに～ ceder ante la presión｜～が勝ち Quien pierde gana.
まげる 曲げる doblar, encorvar, curvar,（ねじる）torcer
まけんき 負けん気が強い tener un espíritu de emulación,（自信過剰）ser triunfalista
まご 孫 nieto[ta] *mf*
まごころ 真心 sinceridad *f*｜～のこもった sincero[ra]
まごつく desconcertarse, quedarse perplejo[ja]
まさか ¡No me diga(s)!; ¿Será posible?｜～の時に備える prevenirse contra toda eventualidad
まさつ 摩擦 fricción *f*, roce *m*, frotamiento *m*|～する frotar, friccionar
まさに exactamente, justamente|～おっしゃるとおりです Usted tiene toda la razón.
まさる 勝る …に～ ser superior a ..., superar a ...｜彼女にスピードで～選手はいない No hay ninguna atleta que la supere en velocidad.
まざる 混ざる mezclarse
まし ～な mejor, menos malo[la]｜何もないよりへだ Más vale algo que nada.《諺》
マジック magia *f*
まして 日本の土地は高い，～東京はもっと高い El terreno es caro en Japón, y más aún el de Tokio.｜彼は本を読むのが嫌いなのに，～勉強が好きなはずがない No le gusta leer, y menos aún estudiar.
まじない conjuro *m*, hechizo *m*
まじめ 真面目な serio[ria],（誠実な）sincero[ra],（正直な）honesto[ta]｜～に seriamente, con sinceridad
まじゅつ 魔術 magia *f*
まじょ 魔女 bruja *f*, hechicera *f*
まじりけ 混じり気のない puro[ra]
まじる 混じる mezclarse｜群衆に～ mezclarse con la muchedumbre
まじわる 交わる（交差）cruzarse,（交際）tratar con ALGUIEN
ます ❶ 増す aumentar, crecer ❷ 升 medida *f* de capacidad ❸ マス〘魚〙trucha *f*
まず（最初に）ante todo, primero,（おそらく）tal vez, probablemente｜～第一に en primer lugar｜何よりも～ antes que nada, lo primero de todo
ますい 麻酔 anestesia *f*｜局所［全身］～ anestesia *f* local [general]｜～の anestésico[ca]｜～をかける anestesiar, dormir
まずい（味が）soso[sa], insípido[da],（醜い）feo[a]｜～ことに… Lo malo es que〈＋直説法〉.｜～ことになったな Estamos en una situación comprometida.｜～時に en un momento inoportuno
マスク mascarilla *f*, máscara *f*|防毒～ máscara *f* antigás
マスコット mascota *f*
マスコミ comunicación *f* de masas
まずしい 貧しい pobre｜～暮らしをする vivir en la pobreza|～人 pobre *m/f*, necesitado[da] *mf*|貧しさ pobreza *f*
ますせき 枡席〘演〙palco *m*
マスター（店の主人）dueño *m*|～キー llave *f* maestra|スペイン語の文法を～する dominar la gramática española
マスタード〘料〙mostaza *f*|～ガス gas *m* mostaza
マスト〘海〙mástil *m*, palo *m*
ますます cada vez〈＋比較級〉｜～難しくなる ser cada vez más difícil
マスメディア medios *m.pl* de comunicación (de masas)
まぜる 混ぜる mezclar｜AにBを～ mezclar A y [con] B
また ❶（再び）de nuevo, nuevamente,

otra vez, (同じく) también, tampoco《否定文で》| ～の機会に en otra ocasión | 彼は医者であり～詩人でもある Es médico y poeta a la vez. | じゃあ～ね Bueno, hasta la próxima. | ～の名を alias ❷ 股 entrepierna *f*, horcajadura *f* | 大～で a trancos, a zancadas

まだ todavía, aún | 私は～彼に会っていない No lo he visto todavía [aún].

またがる 馬に～ montar a horcajadas sobre un caballo, cabalgar a horcajadas

またぐ pasar por encima de, franquear

まだしも 寒いだけなら～お腹まですいてきた Además de tener frío, ahora tengo hambre.

またせる 待たせる hacer esperar a ALGUIEN

またたく 瞬く間に en un abrir y cerrar de ojos

または o, u (► o-, ho- で始まる語の前で)

まだら 斑のある con motas

まち 町・街 pueblo *m*, ciudad *f*, villa *f* | ～の人 ciudadano[na] *mf* | ～に出掛ける salir al centro | ～外れに en las afueras de la ciudad | ～並みが美しい La ciudad tiene las calles hermosas. | ～医者 médico[ca] *mf* de barrio | ～角で en (la esquina de) la calle

まちあいしつ 待合室 sala *f* de espera

まちあわせる 待ち合わせる citarse [quedar] con ALGUIEN

まちうける 待ち受ける estar a la espera de

まぢか 間近の próximo[ma], inminente | 頂上が～だ estar muy cerca de la cima | 休みが～に迫っている Las vacaciones están a la vuelta de la esquina.

まちがい 間違い error *m*, falta *f*, equivocación *f*, (失策) desliz *m* | ～だらけの lleno[na] de errores [faltas] | ～を犯す cometer un error [una falta] | ～電話 llamada *f* equivocada | ささいな～ error *m* sin importancia

まちがえる 間違える equivocarse, cometer un error | 計算を～ equivocarse en el cálculo | 電車を～ equivocarse de tren | 間違った equivocado[da] | 間違って por equivocación [error]

まちこがれる 待ち焦がれる esperar ALGO con impaciencia [ansiedad]

まちどおしい 待ち遠しい aguardar ALGO expectante [impaciente]

まちぶせ 待ち伏せ acecho *m*, 〖軍〗 emboscada *f* | ～する acechar, 〖軍〗 emboscarse | ～ている estar al acecho

まつ ❶ 待つ esperar, aguardar | …するのを～ esperar [aguardar] a que 〈＋接続法〉 | 少々お待ち下さい Espere un momento, por favor. ❷ マツ 〖植〗 pino *m*

まつえい 末裔 descendiente *m/f*

まっか 真っ赤な completamente rojo[ja]

まっくら 真っ暗な completamente oscuro[ra], oscuro[ra] como la boca de un lobo

まっくろ 真っ黒な completamente negro[gra], negro[gra] como el azabache

まつげ pestaña *f*

マッサージ masaje *m*

まっさいちゅう 真っ最中 選挙戦の～に en plena campaña electoral

まっさお 真っ青な pálido[da] (como la cera), blanco[ca] como la pared

まっさかさま 真っ逆さまに落ちる caer de cabeza

まっさき 真っ先に…する ser el [la] primero[ra] en 〈＋不定詞〉

まっしょう 抹消 リストから名前を～する borrar [tachar] el nombre de la lista

まっしろ 真っ白な completamente blanco[ca], blanco[ca] como la nieve

まっすぐ 真っ直ぐな recto[ta], derecho[cha], (垂直) vertical | ～に recto, derecho | ～にする enderezar, poner recto[ta]

まったく 全く completamente | ～…ない en absoluto | 彼のことは～知りません No sé absolutamente nada de él. | 君の言うことは～そのとおりだ Tienes toda la razón.

マッチ cerilla *f*, fósforo *m*

マッチポイント 〖スポ〗 pelota *f* [bola *f*] de partido

マット (敷物) alfombrilla *f*, (小さな) esterilla *f*

マットレス colchón *m*

マッハ (速度単位) 〖物〗 mach *m*

まつばづえ 松葉杖 muleta *f* | ～で歩く andar con muletas

まつり 祭り fiesta *f*, festival *m*, festividad *f*, (恒例の) feria *f* | ～を催す organizar una fiesta | お～気分である estar de fiesta | ～囃子(ばやし) música *f* de la fiesta | 雪～ Festival *m* de la Nieve

まつりあげる 祭り上げる 彼らは彼を議長に祭り上げた Ellos lo erigieron presidente.

まつる 祭る adorar, venerar, (神として) deificar, divinizar | 先祖の霊を～ rendir culto a los espíritus de los antepasados | 湯島天神には菅原道真が祭られている El Templo de Yushima deifica [diviniza] a Michizane Sugawara.

…まで hasta, (強意) incluso | …～に para, antes de | 5時～ hasta las cinco | 現在～ hasta ahora | 最後～ hasta el último momento | 100歳～生きる vivir hasta los cien años | 出発～30分ある Falta media hora para la salida. | 日曜～働く trabajar incluso los domingos

マテガイ 〖貝〗 navaja *f*

まと 的 blanco *m*, (対象) objeto *m* | ～に当たる dar en el blanco, hacer diana | ～を外す errar el blanco | ～を射た acertado[da] | ～外れの desacertado[da] | 注目の～である ser el blanco de todas las miradas

まど 窓 ventana *f*, (小さな) ventanilla *f*, (車の) vidrio *m* | ～を開ける[閉める] abrir [cerrar] la ventana | ～側の席 asiento *m* al lado de [junto a] la ventana | ～ガラス cristal *m* [vidrio *m*] de la ventana | ～際族 grupo *m* de empleados desplazados al lado de la ventana por no tener trabajo | ～枠 marco *m* de ventana

まどぐち 窓口 ventanilla *f*, (入場券の) taquilla *f* | ～係 taquillero[ra] *mf*

まとまり (統一) unidad *f*, (関連) coherencia *f*

まとまる (集まる) juntarse, unirse, (統一

ま

される) unificarse, (整理がつく) arreglarse | 話が～ llegar a un acuerdo | まとまった金 una importante suma de dinero | まとまって歩く caminar en grupo
まとめ resumen *m* | ～役 mediador[dora] *mf*, coordinador[dora] *mf*
まとめる (集める) reunir, juntar, (一つに) unificar, unir, (整理) ordenar, poner ALGO en orden, (解決) arreglar | 意見を～ (自分の) formar SU opinión, (様々な) unificar opiniones | 考えを～ formar las ideas, razonar | 縁談を～ concertar un matrimonio | まとめて払う efectuar el pago de una vez
まとも 冗談を～に受け取る tomar a pecho una broma | 私は風を～に受けている El viento me da de cara. | ～な暮らしをする llevar una vida digna | ～な人間 persona *f* honrada
マナー ～が良い[悪い] tener buenos [malos] modales | 携帯電話を～モードにする insonorizar el móvil [celular]
まないた まな板 tabla *f* (de picar)
まなざし 眼差し mirada *f*
まなつ 真夏に en pleno verano
まなぶ 学ぶ aprender, estudiar
マニア fanático[ca] *mf*
まにあう 間に合う llegar a tiempo, (足りている) bastar, ser suficiente | 私はバスに間に合わなかった Perdí el autobús. | 仕事が締め切りに間に合わなかった No pude terminar el trabajo en el plazo fijado.
まにあわせる 間に合わせる 明日の朝までに間に合わせてください Hágalo para mañana por la mañana. | 間に合わせの provisional
マニキュア manicura *f*
マニュアル manual *m*
まぬがれる 免れる escapar de, (免除) eximirse de | 責任を～ eximirse de la responsabilidad | …を免れた exento [ta] de ...
まね 真似 imitación *f* | ～をする imitar | ～がうまい imitar bien | ほんの～ごとです Es sólo una afición.
マネーサプライ masa *f* [oferta *f*] monetaria
マネージャー gerente *m/f*, (芸能人の) representante *m/f*
まねき 招き invitación *f* | ～に応じる aceptar la invitación
マネキン ～人形 maniquí *m*
まねく 招く invitar, (引き起こす) causar, provocar | パーティーに招かれる recibir la invitación a la fiesta | 誤解を～ provocar un malentendido | …の死を～ provocar la muerte de ...
まねる 真似る imitar, copiar, (物まね) remedar | 話し方を～ imitar la forma de hablar de ALGUIEN
まばたく 瞬く parpadear, pestañear | 瞬き parpadeo *m*, pestañeo *m*
まばら ralo[la], claro[ra] | ～な髪 pelo *m* ralo [claro] | 劇場の観客が～だ Hay pocos espectadores en el teatro.
まひ 麻痺 parálisis *f* [*pl* ~], (交通等の) colapso *m* | ～する paralizarse | ～させる paralizar, colapsar | ～した paralizado[da], colapsado[da]
まひる 真昼に en pleno día, a plena luz del día
まぶしい 眩しい deslumbrante, (目がくらむ) cegador[dora]
まぶた párpado *m*
まふゆ 真冬に en pleno invierno
マフラー bufanda *f*, 〖車〗 silenciador *m*
まほう 魔法 magia *f*, hechicería *f* | ～使い mago[ga] *mf*, hechicero[ra] *mf*
まぼろし 幻 visión *f*, fantasma *m*
まま ❶ ママ mamá *f* ❷ まま 窓を開けた～にしておく dejar la ventana abierta | コートを着た～で con el abrigo puesto | …のなすが～に a merced de ... | (思いどおり) 人生は～ならない En la vida las cosas no siempre salen como uno quiere.
ままこ 継子 hijastro[tra] *mf*
ままごと ～をする jugar a las casitas
ままはは 継母 madrastra *f*
まめ ❶ 豆 (豆類) legumbre *f* | エンドウ～ 〖植〗 guisante *m*, arveja *f*(南米) ❷ 肉刺 〖医〗 ampolla *f*, vejiga *f* ❸ まめな diligente, solícito[ta], atento[ta]
まもの 魔物 diablo *m*, demonio *m*
まもなく 間もなく pronto, dentro de poco
まもり 守り (防備・守備) defensa *f*
まもる 守る defender, (自然を) proteger, conservar, (法律を) cumplir, respetar | 身を～ defenderse
まやく 麻薬 droga *f*, estupefaciente *m* | ～の密売 tráfico *m* de drogas, narcotráfico *m* | ～の密売人 narcotraficante *m/f*
まゆ ❶ 眉(毛) ceja *f* ❷ 繭 capullo *m*
まよい 迷い vacilación *f*, indecisión *f*, duda *f* | ～から覚める desengañarse
まよう 迷う (決められない) vacilar, (道に) perderse, extraviarse | 女に～ perder la cabeza por una mujer | 迷える子羊 oveja *f* descarriada [perdida]
まよなか 真夜中に a medianoche
マヨネーズ 〖料〗 mayonesa *f*
マラソン 〖スポ〗 maratón *m*(*f*) | ～選手 corredor[dora] *mf* de maratón
マリネ 〖料〗 escabeche *m*
まる 丸 círculo *m*, circunferencia *f*, redondel *m* | ～を書く trazar un círculo | 番号を～で囲む rodear el número con un círculo | ～3日かかる tardar tres días enteros
まるい 丸い・円い redondo[da] | ～顔 cara *f* redonda | 丸く収める solucionar ALGO pacíficamente | 彼も人間が丸くなった Él se ha hecho una persona más tolerante. | 円く輪になって座る sentarse en círculo
まるがり 丸刈りである tener la cabeza rapada | 頭を～にする cortar [rapar] el pelo al cero a ALGUIEN
まるた 丸太 tronco *m*, leño *m* | ～小屋 cabaña *f* de troncos
マルチメディア multimedia *m* [*pl* ~]
まるで completamente | ～…ない en absoluto | それは～役に立たない No sirve para nada. | 彼女はそのことなんか～気にかけない A ella eso le importa un bledo. | まるで…であるかのように como si 〈+接続法過去〉
まるてんじょう 円天井 〖建〗 bóveda *f*

ま

まるまる 丸々とした《話》regordete[ta]
まるみ 丸み redondez *f*
まるやね 丸屋根 cúpula *f*, domo *m*
まれ ～な raro[ra]｜～に raramente
まわす 回す（回転）girar,（渡す）pasar,（ダイヤルを）marcar｜車を～ enviar un coche｜書類を～ hacer circular un documento｜洗濯機を～ poner la lavadora｜彼は支店に回された Lo enviaron a una sucursal.
まわり ❶ 周り alrededor *m*, contorno *m*｜…の～に［を］alrededor de ..., en torno a ...｜池の～に alrededor de un estanque｜地球は太陽の～を回る La Tierra gira alrededor del Sol. ❷ 回り 火の～が早い El fuego se propaga rápido.｜酒の～が早い enborracharse enseguida｜北極～でヨーロッパに行く ir a Europa vía el polo norte｜回り合わせ destino *m*, sino *m*｜回り合わせがよい tener suerte
まわりくどい 回りくどい言い方はやめてください Déjese de rodeos.
まわりぶたい 回り舞台〖演〗escenario *m* giratorio
まわりみち 回り道 rodeo *m*, desvío *m*｜～をする dar un rodeo, tomar un desvío
まわる 回る girar,（回転）dar vueltas｜湖をぐるっと～ dar la vuelta al lago｜月は地球の周りを～ La Luna gira alrededor de la Tierra.｜南米を～ hacer una gira por América del Sur｜もう十時を回っている Ya son más de las diez.
まん 万 diez mil *m*
まんいち 万一の事故 un posible accidente｜～の場合 en caso de emergencia,（最悪の場合）en el peor de los casos
まんいん 満員の completamente lleno[na], repleto[ta], de bote en bote
まんえん 蔓延する propagarse, extenderse
まんが 漫画 manga *m*, cómic *m*,（風刺の）caricatura *f*｜～家 dibujante *m/f* de manga [cómic], caricaturista *m/f*
まんかい 満開 桜が～だ Los cerezos están en plena floración.
マンガン〖化〗manganeso *m*
まんき 満期 vencimiento *m*｜～の vencido[da]｜～日 fecha *f* de vencimiento
まんげつ 満月 luna *f* llena, plenilunio *m*
マンション（建物）bloque *m* de pisos [viviendas],（一戸）piso *m*《スペイン》, departamento *m*《ラ米》
まんせい 慢性の（病気が）crónico[ca]
まんぞく 満足 satisfacción *f*｜～させる satisfacer｜～のいく satisfactorio[ria]｜～した satisfecho[cha], contento[ta]
まんタン 満タン（ガソリンを）～にする llenar el depósito (de gasolina)
まんちょう 満潮 pleamar *f*, marea *f* alta
まんてん 満点をとる sacar sobresaliente, obtener la máxima calificación
マント manto *m*, capa *f*
マンドリン〖音〗mandolina *f*
まんなか 真ん中 centro *m*, medio *m*｜～に en el centro｜道の～で en plena calle
マンネリ ～の rutinario[ria]
まんねんひつ 万年筆 pluma *f* estilográfica
まんびき 万引き hurto *m*, ratería *f*, robo *m*,（人）ratero[ra] *mf*, mechero[ra] *mf*｜～する ratear, hurtar, robar
まんぷく 満腹した tener la barriga llena, tener el estómago lleno
まんべん 万遍なく（一様に）igualmente,（例外なく）sin excepción
マンホール boca *f* de alcantarilla｜～のふた tapa *f* de registro [de alcantarilla]
マンモス〖動〗mamut *m*
まんりき 万力 tornillo *m* (de banco)

み

み ❶ 実（果実）fruto *m*,（堅果）nuez *f*,（穀類）grano *m*,（実質）sustancia *f*｜～をたくさんつける dar muchos frutos｜～を結ぶ fructificar｜～のある［ない］話 discurso *m* de mucho contenido [sin contenido] ❷ 身（体）cuerpo *m*,（肉）carne *f*｜～一つでリマに来る venir a Lima sin nada｜身が入らない no poder concentrarse｜～が持たない no poder mantener la salud｜身にあまる光栄です No merezco tanta atención.｜～につまされる話 historia *f* conmovedora｜～につける（着る）ponerse,（着ている）llevar,（所持）tener,（習得）aprender｜私の～にもなってください Póngase en mi lugar.｜身のこなし movimiento *m* del cuerpo｜～の振り方を考える pensar en su futuro｜私は～の毛がよだつ Se me ponen los pelos de punta.｜身を誤る descarriarse｜～を固める casarse｜～を粉にする trabajar hasta el agotamiento｜～を立てる independizarse,（出世）triunfar en la vida
みあい 見合い entrevista *f* de presentación con vistas a un eventual matrimonio｜～結婚 matrimonio *m* arreglado por un [una] casamentero[ra]
みあげる 見上げる alzar la vista
みあわせる 見合わせる（中止）suspender,（延期）aplazar,（断念）desistir de｜顔を～ mirarse a la cara
みいだす 見い出す encontrar
ミーティング reunión *f*, mitin *m*
ミート〖料〗～ソース salsa *f* bolonesa｜～パイ empanadilla *f* de carne
ミイラ momia *f*
みいり 実入り（収入）ingresos *m.pl*,（利益）beneficio *m*,（収穫）cosecha *f*｜～がある tener ingresos｜～のよい職 trabajo *m* remunerativo [bien remunerado]
みうしなう 見失う perder de vista
みうち 身内 familiar *m*
みえ 見栄 vanidad *f*, ostentación *f*｜～っ張り vanidoso[sa] *mf*
みえすいた 見え透いたうそ mentira *f* manifiesta [evidente]
みえる 見える verse｜若く～ parecer joven｜元気そうに～ parecer estar bien｜肉眼でも～ visible incluso a simple vista｜目に見えない invisible｜遠くに城が見えた Se divisaba un castillo.｜社長は間もなくお見えになります Pronto vendrá el director general.

みおくり 見送り despedida *f* | 盛大な～を受ける recibir una despedida apoteósica
みおくる 見送る despedir | チャンスを～ dejar pasar una oportunidad | バスを一台～ dejar pasar un autobús | 法案を～ no aprobar un proyecto de ley
みおとす 見落とす no darse cuenta de
みおぼえ 見覚え 彼の顔には～がある Me suena su cara.
みおろす 見下ろす mirar (hacia) abajo
みかいけつ 未解決の sin resolver, no resuelto[ta], (懸案) pendiente
みかえす 見返す (見ている人を) devolver la mirada a ALGUIEN, (仕返し) dar la revancha a ALGUIEN | 今に見返してやる Ya verán quién soy yo.
みかえり 見返り …の～として como recompensa por [de]..., como contrapartida a ..., (引き換えに) a cambio de ...
みがき 磨きをかける perfeccionar
みかく 味覚 gusto *m* | ～を刺激する excitar [estimular] el apetito
みがく 磨く pulir, pulimentar
みかけ 見掛け apariencia *f* | 人を～で判断する juzgar a ALGUIEN por las apariencias | 人は～によらない Las apariencias engañan. 《諺》
みかこう 未加工の bruto[ta], en bruto
みかた ❶ 味方 partidario[ria] *mf*, amigo[ga] *mf*, aliado[da] *mf* | 私はいつでもあなたの～です Siempre estoy de su parte. | ～をする apoyar | 〈人〉を自分の～に引き入れる poner a ALGUIEN de SU parte ❷ 見方 modo *m* de ver, (観点) punto *m* de vista
みかづき 三日月 luna *f* en cuarto creciente [menguante], (上弦) cuarto *m* creciente, (下弦) cuarto *m* menguante
みがまえ 身構える ponerse a la defensiva
ミカン 〘植〙 mandarina *f*
みかんせい 未完成の inacabado[da]
みき 幹 tronco *m*
みぎ 右 derecha *f* | ～に[の] a [de] la derecha | …の～に a la derecha de ... | …で彼の～に出る者はいない No hay quien lo supere en ... | ～へならえする hacer lo mismo que los demás | ～の通り相違ありません Certifico que es cierto lo arriba expuesto. | 右腕 brazo *m* derecho | 彼は社長の右腕だ Es el brazo [ojo] derecho del director general. | 右利きの diestro[tra]
みぎがわ 右側 lado *m* derecho | ～通行する circular por la derecha
ミキサー 〘料〙 batidora *f*
みぎて 右手 mano *f* derecha | ～に a mano derecha
みぎまわり 右回りの en el sentido de las agujas del reloj
みきわめる 見極める comprobar, estudiar ALGO a fondo
みくだす 見下す despreciar, mirar a ALGUIEN por encima de los hombros
みくびる 見括る menospreciar
みぐるしい 見苦しい feo[a], impresentable, desagradable para ver [la vista]
みごと 見事な admirable, brillante, excelente, maravilloso[sa]
みこみ 見込み posibilidad *f*, probabilidad *f*, esperanza *f*, expectativa *f* | …の～がある Hay [Existe la] posibilidad de .... | ～のある[ない] 人物 persona *f* con [sin] porvenir | ～が外れる no acertar en las previsiones | 天気になる～だ Se espera buen tiempo.
みこむ 見込む (信用) confiar en, (期待) esperar, (予想) prever | 上司に見込まれる ganarse la confianza de SU superior
みこん 未婚の soltero[ra], célibe | ～の母 madre *f* soltera
ミサ 〘宗〙 misa *f* | ～に行く ir a misa
ミサイル ～を打ち上げる lanzar un misil
みさき 岬 cabo *m*
みじかい 短い corto[ta], breve | ～あいさつ saludo *m* breve | 短くなる hacerse más corto[ta] | 短くする acortar, abreviar
みじかさ 短さ (簡潔さ) brevedad *f*
みじかめ 短めの un poco corto[ta]
みじたく 身支度する arreglarse
みじめ 惨めな miserable, lastimoso[sa]
みじゅく 未熟な inmaduro[ra], (技術が) inexperto[ta]
みしらぬ 見知らぬ desconocido[da]
ミシン máquina *f* de coser
ミス ❶ error *m*, falta *f*, equivocación *f* | ～をする cometer un error [una falta] ❷ ミス… ～スペイン miss *f* España
みず 水 agua *f* | ～の acuático[ca] | 水道の～ agua *f* del grifo | ～が流れる correr [circular] el agua 〔主語〕 | 花に～をやる regar las flores | 野菜の～を切る escurrir la verdura | ～を引く (灌漑(かんがい)) irrigar | ～不足 escasez *f* de agua
みずあび 水浴びする bañarse
みずいろ 水色の azul claro, celeste
みずうみ 湖 lago *m*
みずかき 水搔き membrana *f* interdigital
みずから 自ら進んで por SU propia voluntad
みずぎ 水着 traje *m* de baño, bañador *m*, (ビキニ) biquini *m*
みずさし 水差し jarra *f*
みずたま 水玉模様の服 vestido *m* de lunares
みずたまり 水たまり charco *m*
みずっぽい 水っぽい aguado[da], (水分の多い) acuoso[sa]
ミステリー ～小説 novela *f* policiaca [de intriga]
みすてる 見捨てる abandonar, desamparar
みずとり 水鳥 ave *f* acuática, palmípedas *f.pl*
みずぶくれ 水脹れ ampolla *f*, vejiga *f*
ミスプリント errata *f* (de imprenta)
みすぼらしい miserable, pobre
みずみずしい 瑞々しい fresco[ca], lozano[na]
みずむし 水虫 〘医〙 pie *m* de atleta
みせ 店 tienda *f*, comercio *m*, negocio *m*(商業) | ～を出す poner [montar] una tienda | ～を畳む cerrar una tienda
みせいねん 未成年 menor *m/f* de edad | ～の menor (de edad)

みせかける 見せ掛ける aparentar, fingir, simular | 見せ掛けの aparente, fingido[da], falso[sa] | 見せ掛けの幸福 aparente felicidad *f*
みせつける 見せつける demostrar, hacer una demostración de
みせばん 店番 (人) vendedor[dora] *mf* | ～をする atender a los clientes en la tienda
みせびらかす 見せびらかす ostentar, hacer ostentación de
みせびらき 店開きする inaugurar la tienda
みせもの 見せ物 espectáculo *m*
みせる 見せる mostrar, enseñar, (展示) exponer
みぞ 溝 zanja *f*, (敷居の) corredera *f* | 2人の間に～ができた Se produjo un abismo entre los dos.
みぞれ 霙 〖気象〗 aguanieve *f* | ～が降っている Está cayendo aguanieve.
…みたい この子は熱がある～ Parece que este niño tiene fiebre.
みだし 見出し (新聞の) titulares *m.pl* | ～語 (辞書の) entrada *f*
みだしなみ 身だしなみ ～に気を遣う cuidar [preocuparse por] SU arreglo personal
みたす 満たす コップを水で～ llenar el vaso de agua | 条件を～ satisfacer [cumplir] las condiciones
みだす 乱す desordenar
みだれ 乱れ desorden *m*, (心の) turbación *f* | ～髪 peinado *m* deshecho, pelo *m* revuelto
みだれる 乱れる desordenarse | 心が～ turbarse | 風紀が～ desmoralizarse | 事故で列車のダイヤが乱れた El accidente causó un desajuste en el horario de trenes.
みち ❶ 道 camino *m*, (通り) calle *f*, (小道) senda *f*, (経路) ruta *f*, (方法) vía *f* | ～を切り開く abrirse camino | ～を尋ねる preguntar el camino | ～を譲る ceder el paso a ALGUIEN | ～をふさぐ impedir [cortar] el paso | ～を間違える equivocarse de camino | ～に迷う perderse, extraviarse | その～に明るい ser experto[ta] en esa materia ❷ 未知の desconocido[da], incógnito[ta]
みちあんない 道案内 guía *f*, (人) guía *m/f*
みぢか 身近な familiar, cotidiano[na] | ～な例を挙げれば sin ir más lejos [allá]
みちくさ 道草を食う gastar el tiempo en el camino
みちしお 満ち潮 →満潮
みちじゅん 道順 ruta *f*, itinerario *m*, camino *m*
みちしるべ 道しるべ poste *m* indicador, hito *m*, pilar *m*
みちのり 道のり trayecto *m*, distancia *f*
みちびく 導く conducir, guiar, orientar
みちる 満ちる llenarse | 満ちた lleno[na] de
みつ 蜜 miel *f*, (花の) néctar *m* | ～を吸う libar [chupar] el néctar
みっか 三日 (日付) el día tres, (日数) tres días *m.pl*
みつかる 見つかる ser hallado[da], (発見) ser descubierto[ta]
ミックス mezcla *f* | ～する mezclar
みつける 見つける encontrar, hallar, (発見) descubrir
みつご 三つ子 trillizo[za] *mf*
みっこく 密告 delación *f*, denuncia *f* secreta, chivatazo *m*, soplo *m* | ～する delatar, 《話》 chivatear, soplar
みっしゅう 密集した conglomerado[da], apiñado[da], aglomerado[da]
みっせい 密生した tupido[da], espeso[sa], frondoso[sa]
みっせつ 密接な estrecho[cha], íntimo[ma] | …と～な関係がある guardar [tener] estrecha relación con ...
みつど 密度 densidad *f* | 人口～ densidad *f* demográfica [de población]
みっともない feo[a], vergonzoso[sa]
ミツバチ 〖昆〗 abeja *f*
みつめる 見詰める mirar fijamente, contemplar, clavar los ojos en
みつもり 見積もり presupuesto *m* | 改装の～をしてもらう pedir presupuesto para la reforma | ～価格[額] precio *m* [valor *m*] estimado
みつもる 見積もる presupuestar, estimar, valorar, evaluar | 少なく見積もっても calculando por lo bajo
みつゆ 密輸 contrabando *m* | ～する contrabandear, hacer contrabando | ～の[で] de contrabando
みつりょう ❶ 密漁 pesca *f* furtiva ❷ 密猟 caza *f* furtiva
みつりん 密林 selva *f*, jungla *f*
みてい 未定の indeterminado[da] | 結婚式の日取りは～です La fecha de la boda no está fijada.
みとう 未踏の inexplorado[da], virgen | 人跡～の密林 selva *f* inexplorada
みとおし 見通し perspectivas *f.pl*, previsión *f* | この道路は～がきかない Esta carretera tiene mala visibilidad. | 景気回復の～が立たない No hay esperanza de una recuperación económica.
みとおす 見通す (見抜く) adivinar, (予測する) prever | 将来を～ prever el futuro
みとめる 認める reconocer, admitir, (許可) autorizar, (承認) aprobar, (見る) ver, notar
みどり 緑 verde *m* | ～の verde
みとれる 見とれる mirar [contemplar] ALGO [a ALGUIEN] con admiración
みな 皆 todo[da], todos[das], (人) todo el mundo, todos | それは～知っている Eso lo sabe todo el mundo. | 財産を～失う perder todos SUS bienes
みなおす 見直す volver a mirar, (再検討) revisar | 私は彼女の芸術的才能を見直した Yo la subestimaba en su talento artístico.
みなす 見做す considerar | …するのが必要であると～ considerar necesario 〈+不定詞〉
みなと 港 puerto *m* | ～の portuario[ria]
みなみ 南 sur *m*, mediodía *m* | ～の sur, meridional, austral, sureño[ña]
みなもと 源 origen *m*, fuente *f* | …の～を

探る rastrear el origen de ...
みならい 見習い aprendizaje *m*, (人) aprendiz[diza] *mf*
みならう 見習う aprender | 先生を～ aprender de SU profesor, imitar a SU profesor
みなり 身なり porte *m*, manera *f* de vestirse
みなれた 見慣れた familiar | 見慣れない extraño[ña]
ミニチュア miniatura *f*
みにくい 醜い feo[a]
ミニスカート minifalda *f*
みにつける 身に付ける ponerse | …を身に付けている llevar puesto[ta] ...
みぬく 見抜く adivinar
みね 峰 cima *f*, pico *m*, cresta *f*, (刃物の) canto *m*
ミネラルウォーター agua *f* mineral
みのがす 見逃す (罪等を) pasar por alto, (誤りを) no darse cuenta de
み
みのり 実り fruto *m*, fructificación *f* | ～の多い fructífero[ra], fructuoso[sa]
みのる 実る fructificar, dar fruto
みはなす 見放す abandonar, dejar
みはらし 見晴らしがいい tener buena vista [perspectiva] | ～台 mirador *m*
みはり 見張り vigilancia *f*, guardia *f*, (人) vigilante *m/f*, guardia *m/f*
みはる 見張る vigilar, custodiar
みぶり 身振り gesto *m*, ademán *m* | ～手振りで con gestos
みぶん 身分 posición *f* [categoría *f*] social, rango *m* | ～の高い de condición elevada, de alto rango | ～の低い人 de condición humilde | ～を明かす revelar SU identidad | ～証明書 carné *m* de identidad, cédula *f* personal 《ラ米》
みぼうじん 未亡人 viuda *f* | ～になる quedarse viuda
みほん 見本 muestra *f*, espécimen *m* | ～市 feria *f* de muestras
みまい 見舞い visita *f* a un [una] enfermo[ma]
みまう 見舞う visitar a un [una] enfermo[ma] | 神戸は大地震に見舞われた Un gran terremoto azotó Kobe.
みまもる 見守る observar con atención
みまわす 見回す mirar a SU alrededor
みまわる 見回る patrullar, rondar, hacer la ronda
-みまん -未満の menos de, menor de | 13歳～入場無料 Entrada gratuita para menores de trece años.
みみ 耳 oreja *f*, (器官) oído *m* | ～がいい tener buen oído | ～が遠い ser duro[ra] de oído | ～が早い enterarse enseguida de todo | ～が聞こえなくなる perder el oído | ～鳴り zumbido *m* en los oídos | ～にたこができるほど聞く estar harto[ta] de oír | 全身を～にする ser todo oídos | ～をふさぐ taparse los oídos | ～を疑う no dar crédito a SUS oídos | …に～を貸さない no prestar oídos a ..., hacer oídos sordos a ... | ～を傾ける escuchar con atención | ～をそばだてる aguzar el oído | ～をそろえて払う pagar [saldar] todas las deudas | 私はそのうわさを～にした Ha llegado a mis oídos ese rumor. | パンの～ corteza *f* del pan, cuscurro *m*
ミミズ 〘動〙 lombriz *f*
ミミズク 〘鳥〙 búho *m*
みめい 未明に en la madrugada
みもと 身元 identidad *f* | ～保証人 fiador[dora] *mf*
みゃく 脈 pulso *m* | ～をとる tomar [medir] el pulso a ALGUIEN | ～がある《比喩的》Hay esperanza.
みゃくうつ 脈打つ palpitar, latir
みゃくはく 脈拍 pulsación *f*
みやげ 土産 (贈り物) regalo *m*, (旅の) recuerdo *m*, souvenir *m*
みやこ 都 capital *f*, metrópoli *f*
みやすい 見易い fácil de ver, (読みやすい) fácil de leer | ～席 asiento *m* que permite ver bien el espectáculo
みやぶる 見破る adivinar, descubrir | 陰謀を～ descubrir la conspiración
ミュージカル 〘映〙〘演〙 musical *m*
ミュージシャン músico[ca] *mf*
みょう 妙な raro[ra], singular, extraño[ña] | ～な人 persona *f* rara | ～案 buena idea *f*
みょうごにち 明後日 pasado mañana
みょうじ 名字 apellido *m*, nombre *m* de familia
みょうちょう 明朝 mañana por la mañana
みょうにち 明日 mañana
みょうばん 明晩 mañana por la noche
みらい 未来 futuro *m*, porvenir *m* | ～の futuro[ra] | ～の大スター gran estrella *f* del futuro | ～のある con futuro [porvenir] | ～永劫(えいごう)に eternamente, para siempre | ～学 futurología *f* | ～形 〘文法〙 futuro *m* | ～派 〘美〙 futurismo *m*
ミリメートル milímetro *m*
みりょう 魅了する fascinar, atraer, encantar
みりょく 魅力 atractivo *m*, encanto *m* | ～的な atractivo[va], encantador[dora] | ～がない sin atractivo(s) | …に～を感じる sentirse atraído[da] por ... | ～あふれた lleno[na] de atractivos
みる ❶ **見る** ver, (注視) mirar, fijarse en, (凝視) contemplar, (観察) observar | ちらっと～ echar un vistazo | じっと～ mirar fijamente | 私の見たところでは en mi opinión, a mi parecer | どう見ても se mire como se mire | 見てのとおり como pueden ver | …は～に耐えない Me da pena ver .... | ここには～べきものは何もない Aquí no hay nada que ver. | **見る見る** muy rápidamente, a ojos vistas | **見る目** (洞察力) perspicacia *f* | 見る目がある tener buen ojo para ❷ **診る** examinar
ミルク leche *f*
みわくてき 魅惑的な fascinante, encantador[dora]
みわける 見分ける distinguir, discernir
みわたす 見渡す dominar, abarcar | 丘から町全体が見渡せる Desde la colina se domina [abarca] toda la ciudad.
みんか 民家 casa *f* particular
みんかん 民間の privado[da], (軍に対して) civil, (庶民の) popular
ミンク 〘動〙 visón *m*
みんげいひん 民芸品 artesanía *f*, pro-

ducto *m* artesano
みんじ 民事の civil | ～訴訟 proceso *m* civil
みんしゅ 民主化 democratización *f* | ～化する democratizar | ～的な democrático[ca] | ～主義 democracia *f* | ～主義の democrático[ca] | ～主義者 demócrata *m/f* | ～党 partido *m* democrático
みんしゅう 民衆 pueblo *m*, (大衆) masas *f.pl*
みんしゅく 民宿 pensión *f*, casa *f* de huéspedes
みんぞく ❶ 民族 raza *f*, etnia *f* | ～音楽 música *f* folclórica | ～学 etnología *f* | ～主義 nacionalismo *m* | ～浄化 limpieza *f* étnica ❷ 民俗(学) folclore *m*
ミント 〖植〗 menta *f*, hierbabuena *f*
みんな →皆(ｍｎ)
みんぽう 民法 código *m* civil
みんよう 民謡 canción *f* popular [folclórica]
みんわ 民話 cuento *m* popular

む 無 nada *f*, cero *m*
むいか 六日 (日付) el día seis, (日数) seis días *m.pl*
むいしき 無意識の inconsciente, (思わず) involuntario[ria]
むいみ 無意味な sin sentido, insignificante, baladí, (無駄な) inútil
ムース 〖料〗 mousse *f*
ムード ambiente *m*, atmósfera *f*, clima *m* | ～音楽 música *f* ambiental
ムールガイ 〖貝〗 mejillón *m*
ムーンストーン 〖鉱〗 piedra *f* lunar
むえき 無益な inútil
むえん 無縁 …とは～の ajeno[na] a ..., indiferente a ... | 政治とは～な生活 vida *f* ajena a la política
むかい 向かいの de enfrente | …の～に enfrente de ... | ～風が吹く Sopla el viento en contra.
むがい 無害な inocuo[cua], inofensivo[va], inocente
むかいあう 向かい合う estar frente a frente [cara a cara] | 向かい合って座る sentarse cara a cara
むかう 向かう orientarse, (行く) dirigirse a, encaminarse a [hacia] | 机に～ sentarse a la mesa | …に向かって hacia, para | 壁に向かって立つ ponerse de pie de cara a la pared | 駅に向かって右側 Mirando hacia la estación, a la derecha. | 患者は快方に向かっている El paciente se va mejorando.
むかえにいく 迎えに行く ir a buscar a ALGUIEN
むかえいれる 迎え入れる recibir
むかえる 迎える recibir, acoger, (招く) invitar | 温かく～ recibir a ALGUIEN con los brazos abiertos | 老いを～ llegar a la vejez
むかし 昔 tiempo *m* pasado, (遠い昔) época *f* remota, (古代) antigüedad *f* | ～の antiguo[gua], de antaño, viejo[ja], (遠い昔) lejano[na], remoto[ta] | ～は[に] antiguamente, antaño, en otro(s) tiempo(s), antes | ～をしのぶ añorar el pasado | 私たちは～からの知り合いだ Nos conocemos desde hace mucho tiempo. | その町は～のままである Esa ciudad está tal como era. | ～気質(ｶﾀｷﾞ)の職人 artesano[na] *mf* chapado[da] a la antigua | ～話 cuento *m* antiguo | 昔々… Érase una vez ....
ムカデ 〖動〗 ciempiés *m*[*pl* ~]
むかんかく 無感覚な insensible, (しびれた) entumecido[da]
むかんけい 無関係 …と～の ajeno[na] a ... | …とは全く～である no tener nada que ver con ..., no tener relación alguna con ...
むかんしん 無関心 indiferencia *f* | …に～な indiferente a ...
むき 向き (方向) dirección *f*, sentido *m*, rumbo *m*, (方位) orientación *f* | ～を変える cambiar la dirección | 風の～が変わった Cambió la dirección del viento. | 南～の部屋 habitación *f* que da al sur | 人には～不～がある Cada uno tiene habilidad para una cosa. | 向きになる (腹を立てる) molestarse, enfadarse
むき 無機の 〖化〗 inorgánico[ca]
ムギ 〖植〗 (小麦) trigo *m*, (大麦) cebada *f*, (ライ麦) centeno *m*
むきあう 向き合う encontrarse frente a frente [cara a cara]
むきず 無傷の (人が) ileso[sa], incólume, (物が) intacto[ta]
むきだし 剥き出しの descubierto[ta], desnudo[da] | 感情を～にする exteriorizar sus sentimientos
むきりょく 無気力な apático[ca], inerte
むぎわら 麦藁 paja *f*
むく ❶ 向く …の方を～ mirar hacia ... | 教師に～ tener dotes para la docencia | 部屋が南に向いている La habitación da al sur. ❷ 剥く (皮を) pelar, mondar
むくい 報い recompensa *f*, pago *m*, (罰) castigo *m*, merecido *m* | 当然の～を受ける llevar [recibir] su merecido
むくいる 報いる recompensar, corresponder a | (人) の親切に～ corresponder a las atenciones de ALGUIEN | 君の努力は報いられるだろう Tus esfuerzos se verán recompensados.
むくち 無口な callado[da], silencioso[sa], (寡黙な) taciturno[na]
ムクドリ 〖鳥〗 estornino *m*
-むけ -向けの destinado[da] a [para]
むける 向ける …に[の方に]目を～ dirigir la mirada a [hacia] ... | …に注意を～ prestar atención a ... | …に銃を～ apuntar a ... con el fusil
むげん 無限の infinito[ta], ilimitado[da]
むこ 婿 (娘の夫) yerno *m*, hijo *m* político, (花婿) novio *m*
むごい 酷い cruel, inhumano[na]
むこう ❶ 向こうに allá, al otro lado | …の～に[へ] más allá de ..., al otro lado de ... | ～で allí | 世論を～に回して con la opinión pública en contra | ～の出方を待つ esperar la reacción de la parte contraria ❷ 無効の inválido[da],

む

nulo[la]

むこうみず 向こう見ずな temerario[ria], atrevido[da], arriesgado[da]

むごん 無言の silencioso[sa], callado [da], mudo[da]

むざい 無罪 inocencia *f*, 〖法〗 inculpabilidad *f* | 〜の inocente, inculpable | 〜を宣告する absolver a ALGUIEN

むさぼる 貪る devorar | むさぼるように本を読む devorar los libros

むし ❶ 虫 bicho *m*, (昆虫) insecto *m*, (ミミズ等) gusano *m*, (寄生虫) parásito *m*, (衣類につく) polilla *f* | 〜に刺された Me ha picado un bicho. | 仕事の〜 adicto[ta] *mf* al trabajo | 〜の知らせ corazonada *f*, presentimiento *m* | 〜が好かないやつ un tipo que no me cae bien | 〜のいい人 egoísta *m/f* | 〜の息である estar dando las últimas boqueadas | 〜の居所が悪い estar de mal humor | 彼は〜も殺さない顔をしている Él tiene la cara inocente de no haber roto un plato en su vida. ❷ 無視する hacer caso omiso de, no hacer caso de, ignorar | 信号を〜する pasar [no respetar] el semáforo

む

むじ 無地の liso[sa], sin dibujo

むしあつい 蒸し暑い bochornoso[sa] | 蒸し暑さ bochorno *m*

むしかく 無資格の no calificado[da], no diplomado[da], sin título

むしくだし 虫下し 〖薬〗 vermífugo *m*, vermicida *m*

むじつ 無実の inocente

むしば 虫歯 caries *f*[*pl* 〜], diente *m* picado [cariado]

むしばむ 蝕む corroer, carcomer

むじひ 無慈悲な despiadado[da], cruel, desalmado[da]

むしぼし 虫干し 衣類を〜する exponer la ropa al aire [al sol]

むしめがね 虫眼鏡 lupa *f*

むじゃき 無邪気な inocente, ingenuo [nua], cándido[da]

むじゅん 矛盾 contradicción *f* | 〜した contradictorio[ria] | 〜する contradecir, contradecirse con

むじょう 無情な sin corazón [piedad], inhumano[na]

むじょうけん 無条件の incondicional

むしょく ❶ 無色の incoloro[ra] ❷ 無職の sin profesión [empleo, trabajo]

むしょぞく 無所属の independiente

むしろ más bien, antes | 彼女は作家というよりも〜政治家だ Más que escritora, es política. → …より

むじん 無人の deshabitado[da], inhabitado[da], desierto[ta] | 〜島 isla *f* deshabitada

むしんけい 無神経な insensible, poco delicado[da], grosero[ra]

むしんろん 無神論 ateísmo *m* | 〜者 ateo [a] *mf*

むす 蒸す cocer ALGO al vapor

むすう 無数の innumerable, un sinnúmero [sinfín] de

むずかしい 難しい difícil, (複雑な) complicado[da], complejo[ja] | 難しく考える tomarse ALGO en serio | 〜顔をしている tener cara de pocos amigos | 〜立場 situación *f* difícil [delicada] | 〜年ごろである estar en una edad difícil | 難しさ dificultad *f*

むすこ 息子 hijo *m*

むすび 結び (結論) conclusión *f*, (結末) final *m*

むすびつける 結び付ける AとBを〜 unir A a [con, y] B, (関連づける) relacionar A con B

むすびめ 結び目 nudo *m*

むすぶ 結ぶ atar, anudar | 靴のひもを〜 atarse los cordones de los zapatos | 本州と四国を〜橋 puente *m* que une Honshu con Shikoku | 契約を〜 cerrar [firmar] un contrato

むずむず 鼻が〜する Me pica la nariz. | 彼は発言したくて〜している Está impaciente por exponer su opinión.

むすめ 娘 hija *f*, (女の子) niña *f*

むぜい 無税の exento[ta] [libre] de impuestos, franco[ca] (de derechos)

むせいげん 無制限の sin límites [restricciones], ilimitado[da]

むせきにん 無責任 irresponsabilidad *f*, falta *f* de responsabilidad | 〜な irresponsable

むせる atragantarse

むせん 無線 radio *f* | 〜の inalámbrico[ca], sin hilos, (電波) radioeléctrico[ca] | 〜で por radio

むそう 夢想する soñar con, fantasear sobre

むだ 無駄な inútil, ocioso[sa], baldío [a] | 〜に inútilmente, sin resultado, en vano | 〜な議論 discusión *f* inútil [ociosa] | 〜話 conversación *f* fútil | 〜にする desaprovechar, desperdiciar | 〜になる resultar inútil | 私はやってみたが〜だった Traté de hacerlo en vano. | そんなことをしても時間の〜だ Es una pérdida de tiempo hacer eso.

むだん 無断で sin permiso [autorización], (予告なしに) sin previo aviso

むち ❶ 鞭 látigo *m*, azote *m*, (乗馬用) fusta *f* ❷ 無知の[な] ignorante

むちつじょ 無秩序 desorden *m*

むちゃ 無茶な irrazonable, imprudente, extravagante

むちゅう 夢中になる entusiasmarse con | 〜である estar absorto[ta] en

むちんじょうしゃ 無賃乗車する viajar sin billete

むつまじい 睦まじい 仲〜カップル una pareja bien avenida

むてっぽう 無鉄砲 →無謀

むとんちゃく 無頓着な despreocupado [da], indiferente a

むなさわぎ 胸騒ぎがする sentir una vaga inquietud

むなしい 空しい vano[na], (空虚な) vacío[a] | 空しく en vano, sin resultado

むね ❶ 胸 pecho *m*, (女性の) seno *m*, (心, 心臓) corazón *m* | 〜がどきどきする Me palpita el corazón. | 〜に描く soñar | 〜に迫るドラマ un drama conmovedor | …に〜を打たれる quedarse impresionado[da] por ... | 〜をなで下ろす sentirse aliviado[da] | 〜を張る sacar pecho | 希望に〜を膨らませる estar lleno[na] de esperanza | 胸焼け pirosis *f* [*pl* ~] | 胸焼けする tener ardor(es) de estómago ❷ 棟〚建〛 caballete *m* | 5～ cinco edificios [casas]

むのう 無能な incompetente, inepto[ta]

むひ 無比の incomparable, sin igual [par]

むひょうじょう 無表情の inexpresivo[va]

むぼう 無謀な temerario[ria], atrevido [da], imprudente

むほん 謀叛 rebelión *f*, sublevación *f* | ～を起こす rebelarse contra | ～を企む conspirar contra

むみかんそう 無味乾燥な soso[sa], insulso[sa]

むめい 無名の sin nombre, (有名でない) desconocido[da], (匿名の) anónimo [ma]

むめんきょ 無免許で sin licencia, sin permiso de conducir

むら 村 pueblo *m*, (小さな集落) aldea *f* | ～人 aldeano[na] *mf*

むらがる 群がる amontonarse, agolparse

むらさき 紫 morado *m* | ～の morado [da], (薄紫の) lila, violeta

むり 無理な irrazonable, (不可能な) imposible | ～をする (働きすぎる) trabajar en exceso | 私はもう～が利かない Mi cuerpo ya no me permite trabajar más de lo normal. | ～にとは言わないけど… No te voy a obligar a hacerlo, pero .... | 無理心中 homicidio-suicidio *m*, (一家心中) suicidio *m* familiar | 無理難題を吹っかける pedir lo imposible [la luna]

むりょう 無料の gratuito[ta], gratis | ～で gratis | 入場～ Entrada libre.

むりょく 無力 impotencia *f*, debilidad *f* | ～な impotente, débil

むれ 群れ grupo *m*, (群衆) muchedumbre *f*, (動物) manada *f*, (羊) rebaño *m*, (鳥) bandada *f*, (魚) banco *m*

め

め ❶ 目 ojo *m*, (さいころの) punto *m*, (碁盤の) casilla *f* | 台風の～ ojo *m* del tifón | 目がいい[悪い] tener buena [mala] vista | ～が見えない ciego[ga], invidente | ～が輝いている Le brillan los ojos. | ～が覚める despertarse, 《比喩的》 caérsele a ALGUIEN la venda de los ojos [主語] | ～がくらむ deslumbrarse | 欲に～がくらむ ofuscarse por la codicia | ～が回る marearse, (多忙な) andar de cabeza | 彼女は甘いものに～がない Los dulces la vuelven loca. | …に～が肥えてる ser conocedor[dora] de ... | …に～が利く tener ojo para ... | 目から火が出る echar fuego por los ojos | 自分の目で確かめる comprobar ALGO con SUS ojos | 長い～でみる tener una visión a largo plazo | …の目と鼻の先にある estar a dos dedos de ..., estar a tiro de piedra de ... | 目に余る intolerable, insoportable | ～にかける mirar a ALGUIEN con buenos ojos | ～に見えない invisible, imperceptible, latente | ～に見えてやせる adelgazar a ojos vistas [visiblemente] | この宝石は目の毒だ Esta joya resulta tan tentadora que es mejor no verla. | ～の保養だ Es un regalo [placer] para la vista. | ～の敵(かたき)にする estar [llevarse] a matar con ALGUIEN | ～の中に入れても痛くない querer a ALGUIEN como a la(s) niña(s) de SUS ojos | 私の～の前で delante de mis ojos | ～の荒い [細かい] 布 tela *f* calada [tupida] | 目を光らす vigilar estrechamente a ALGUIEN | ～を引く llamar la atención de ALGUIEN | 手で～をこする restregarse los ojos con las manos | ～を凝らす clavar los ojos en ... | ～を覚まさせる 《比喩的》 abrir los ojos a ALGUIEN | …から～をそらす apartar los ojos de ... | 書類に～を通す pasar los ojos por un escrito | ～をつぶる cerrar los ojos, (大目に見る) hacer la vista gorda | ～を疑う no dar crédito a SUS ojos | ～には～を, 歯には歯を Ojo por ojo y diente por diente. 《諺》 | …に～をつける poner los ojos en ..., echar el ojo a ... ❷芽〚植〛 brote *m*, germen *m* | ～を出す brotar, echar brote, germinar

めあて 目当て (目的) objetivo *m*, objeto *m*, fin *m*, finalidad *f*

めい ❶ 姪 sobrina *f* ❷ 銘 inscripción *f* | 座右の～ máxima *f*

めいあん 名案 buena idea *f*

めいおうせい 冥王星〚天〛 Plutón *m*

めいが 名画 gran cuadro *m*, obra *f* maestra de la pintura, (映画) gran película *f*, obra *f* maestra del cine

めいかい 明快な claro[ra] | ～な答え respuesta *f* clara

めいかく 明確な preciso[sa], claro[ra] | ～にする precisar

めいがら 銘柄 marca *f*

めいぎ 名義 nombre *m* | 〈人〉の～で a nombre de ALGUIEN | ～人 titular *m/f*

めいきょく 名曲 obra *f* maestra de la música

メイク maquillaje *m* | ～する maquillar, (自分で) maquillarse

めいさい ❶ 明細 detalles *m.pl* | ～に detalladamente | ～書 detalle *m*, relación *f* detallada ❷ 迷彩〚軍〛 camuflaje *m* | ～服 uniforme *m* de camuflaje

めいさく 名作 obra *f* maestra

めいし ❶ 名刺 tarjeta *f* de visita ❷ 名士 personalidad *f*, personaje *m* importante ❸ 名詞 nombre *m*, sustantivo *m*

めいしょ 名所 観光～ lugar *m* de interés turístico | ～旧跡 lugar *m* famoso y de interés histórico

めいしょう 名称 denominación *f*, nombre *m*

めいじる 命じる ordenar, mandar

めいしん 迷信 superstición *f* | ～を信じる creer en supersticiones | ～家 supersticioso[sa] *mf*

めいじん 名人 maestro[tra] *mf*

めいせい 名声 prestigio *m*, renombre *m* | ～のある prestigioso[sa] | ～を高める aumentar el prestigio

めいせき 明晰な lúcido[da] | 頭脳～な tener una inteligencia lúcida

めいそう 瞑想 meditación *f*|〜する meditar

めいだい 命題 〘論〙〘数〙 proposición *f*

めいちゅう 命中 的に〜する dar en el blanco, acertar en la diana

めいにち 命日 aniversario *m* de la muerte de ALGUIEN

めいはく 明白な evidente, obvio[via], manifiesto[ta]

めいぶつ 名物 especialidad *f*

めいぼ 名簿 lista *f*, registro *m*

めいめい 命名する denominar, bautizar, poner nombre a

めいよ 名誉 honor *m*, honra *f*|〜ある honorable|〜毀損(きそん) difamación *f*

めいりょう 明瞭な claro[ra], evidente|〜な事実 hecho *m* evidente

めいる 滅入る deprimirse, desanimarse

めいれい 命令 orden *f*, mandato *m*, instrucciones *f.pl*|〜する ordenar, mandar, dar una orden|〜に従う obedecer [seguir] una orden|誰かの〜で por orden de ALGUIEN|〜を受ける recibir una orden|〜口調で en tono imperativo|〜文 oración *f* imperativa

めいろ 迷路 laberinto *m*, dédalo *m*

めいろう 明朗な alegre, jovial, (ごまかしのない) honesto[ta]

めいわく 迷惑 molestia *f*|〜な molesto[ta]|〜をかける molestar

メイン 〜ストリート calle *f* principal|〜バンク banco *m* principal|〜ディッシュ plato *m* principal

めうえ 目上 superior *m*, mayor *m/f*

めうし 雌牛 〘動〙 vaca *f*

メーカー fabricante *m/f*

メーキャップ →メイク

メーター contador *m*, medidor *m* 《ラ米》|タクシーの〜 taxímetro *m*

メーデー Día *m* del Trabajo

メートル metro *m*

メーリングリスト 〘IT〙 lista *f* de correo electrónico

メール 〜マガジン revista *f* electrónica

メガ 〜バイト 〘IT〙 megaocteto *m*, megabyte *m*|〜ビット megabitio *m*, megabit *m*

めかくし 目隠しをする vendar [tapar] los ojos a ALGUIEN

めかた 目方 peso *m*|〜がある pesado[da]|〜を計る pesar

メカニズム mecanismo *m*

めがね 眼鏡 gafas *f.pl*, anteojos *m.pl*|〜をかける[外す] ponerse [quitarse] las gafas|〜をかけている llevar gafas|度の強い[弱い] 〜 gafas *f.pl* de muchas [pocas] dioptrías|〜にかなう ganarse la confianza de ALGUIEN|〜屋 óptica *f*, (人) óptico[ca] *mf*

メガホン megáfono *m*

めがみ 女神 diosa *f*

めぐすり 目薬 colirio *m*, gotas *f.pl* para los ojos|〜をさす ponerse colirio

めくばせ 目配せをする guiñar el ojo

めぐまれる 恵まれる 天候に〜 tener tiempo favorable|恵まれた家庭 familia *f* acomodada

めぐむ 恵む dar limosna|金を〜 dar dinero|恵み favor *m*, beneficio *m*, (施し) limosna *f*

めぐらす 巡らす 庭に柵を〜 cercar el jardín|計画を〜 elaborar [idear] un plan|思案を〜 calentarse la cabeza

めぐりあう 巡り合う encontrarse con ALGUIEN

めぐる 巡る 国の各地を〜 recorrer el país|季節が〜 Se repiten las cuatro estaciones.

めざす 目指す …することを〜 tener por objetivo 〈+不定詞〉, pretender 〈+不定詞〉|…を目指して con miras a ...

めざまし 目覚まし時計 despertador *m*

めざましい 目覚ましい技術の進歩 un espectacular avance tecnológico

めざめる 目覚める despertarse|性の目覚め despertar *m* de la sexualidad|ドン・キホーテを読んで文学に目覚めた El Quijote me despertó el interés por la literatura.

めし 飯 arroz *m*, (食事) comida *f*|〜を炊く cocer arroz|〜を食う comer arroz|彼は作家では〜が食えない No puede ganarse la vida como escritor.

めしつかい 召し使い criado[da] *mf*, sirviente[ta] *mf*

めじり 目尻 rabillo *m* del ojo

めじるし 目印 señal *f*, marca *f*|〜をつける hacer una señal, marcar

めす 雌 hembra *f*|〜の hembra

めずらしい 珍しい raro[ra], poco común|〜雪 nevada *f* excepcional|〜客 visitante *m/f* inesperado[da]|…を珍しそうに見る mirar ... con curiosidad

めそめそ 〜泣く lloriquear

めだつ 目立つ llamar la atención|…で〜 distinguirse por ..., hacerse notar por ...|目立った notable|目立たないように sin llamar la atención|彼は目立ちたがる A él le gusta ser el blanco de todas las miradas.

めだま 目玉 globo *m* ocular|〜焼き huevo *m* frito|〜商品 artículo *m* rebajado

メダル 金〜 medalla *f* de oro

メタンガス 〘化〙 metano *m*

めちゃくちゃ 滅茶苦茶な absurdo[da]|〜なことを言う decir un disparate|〜に壊す destrozar, hacer añicos ALGO

めつき 目つき mirada *f*

めっき chapeado *m*, baño *m*|金[銀] 〜 baño *m* de oro [plata]|〜をする chapar, bañar, (電気めっき) galvanizar|金〜の指輪 sortija *f* bañada en oro

メッセージ mensaje *m*

めったに 〜(…しない) raramente [apenas] 〈+動詞〉

めつぼう 滅亡 caída *f*, hundimiento *m*

メディア medios *m.pl* de comunicación

めでたい feliz|めでたく felizmente

メドレー 〘音〙 popurrí *m*|400メートル個人〜 (水泳) cuatrocientos metros estilos individuales

めにみえる 目に見える visible

メニュー 〘料〙 carta *f*, menú *m*

メヌエット 〘音〙 minué *m*

めぬきどおり 目抜き通り calle *f* principal

めのう 瑪瑙 〘鉱〙 ágata *f*

めばえ 芽生え brote *m*|恋の〜 nacimiento *m* del amor|〜る nacer

めぼしい importante, valioso [sa]
めまい vértigo *m*, vahído *m*｜〜がする tener [sentir] vértigo
めまぐるしい 目まぐるしい vertiginoso[sa]｜〜スピード velocidad *f* vertiginosa
メモ nota *f*, apunte *m*｜〜する tomar nota de, apuntar, anotar｜〜帳 libreta *f* [bloc *m*, cuaderno *m*] de notas
めもり 目盛り graduación *f*, escala *f*
メモリー〘IT〙memoria *f*
めやに 目やに legaña *f*
メラニン melanina *f*
めらめら 〜燃える llamear, flamear
メリーゴーラウンド tiovivo *m*
メリット ventaja *f*
メルルーサ〘魚〙merluza *f*
メロディー〘音〙melodía *f*
メロン〘植〙melón *m*
めん ❶ 綿 algodón *m* ❷ 面 cara *f*, (お面) máscara *f*｜よい[悪い]〜 lado *m* bueno [malo] ❸ 麺→麺類
めんえき 免疫 inmunidad *f*｜〜のある tener inmunidad｜〜不全〘医〙inmunodeficiencia *f*
めんかい 面会する mantener una entrevista con, (病人と) visitar｜〜時間 horario *m* [hora *f*] de visita
めんきょ 免許 licencia *f*｜運転〜証 carné *m* [permiso *m*] de conducir
めんくらう 面食らう desconcertarse, no saber qué hacer｜突然の彼の訪問に私は面食らった Su visita inesperada me cogió [pilló] desprevenido[da].
めんしき 面識がある conocer
めんじょ 免除 exención *f*, (税金等の) franquicia *f*｜〜する dispensar [eximir, excusar] a ALGUIEN de ALGO
めんじょう 免状 diploma *m*
めんしょく 免職する destituir
めんする 面する dar [mirar] a｜湖に面した部屋 habitación *f* que da al lago
めんぜい 免税の exento[ta] [libre] de impuestos｜〜品 artículo *m* exento de impuestos
めんせき 面積 superficie *f*, extensión *f*
めんせつ 面接 entrevista *f*｜〜する entrevistarse con ALGUIEN
めんぜん 面前 〈人〉の〜で delante [en presencia] de ALGUIEN｜公衆の〜で en público
めんだん 面談 →面接
めんてい 免停 retirada *f* del carné de conducir
メンテナンス mantenimiento *m*
めんどう 面倒な molesto[ta], difícil｜〜なことになる complicarse｜〜な問題 un problema engorroso [fastidioso]｜〜をかける molestar, causar molestias a ALGUIEN｜〜を見る cuidar｜ご〜をおかけして申し訳ありません Le pido perdón por las molestias que le he causado.
めんどうくさい 面倒臭い tener pereza｜…するのは〜 Me da pereza 〈+不定詞〉.
めんどり 雌鶏〘鳥〙gallina *f*
メンバー miembro *m*
めんぼう 麺棒〘料〙rodillo *m*
めんもく 面目 honor *m*, honra *f*｜〜を失う perder la honra
めんみつ 綿密な[に] minucioso[sa], meticuloso[sa], detallado[da]｜〜な検査 examen *m* minucioso｜〜な仕事 trabajo *m* meticuloso
めんるい 麺類〘料〙fideos *m.pl*, pasta *f*

…も A〜B〜 A y B, tanto A como B｜A〜B〜…ない ni A ni B｜彼はスペイン語〜ガリシア語〜話せる Habla español y también gallego.｜サッカーが好きだ. —私〜 Me gusta el fútbol. — A mí también.｜少しもうれしくない. —私〜 No estoy nada contento. — Ni yo tampoco.｜この時計は10万円〜した Este reloj me costó nada menos que cien mil yenes.
もう (すでに) ya, (間もなく) ahora, ya, (さらに) todavía｜もう時間がない Ya no queda tiempo.｜お茶を〜一杯飲むかい ¿Quieres beber otra taza de té?｜彼は〜ここに住んでいない Él ya no vive aquí.
もういちど もう一度 otra vez
もうかる 儲かる lucrativo[va], provechoso[sa], rentable
もうきん 猛禽〘鳥〙rapaz *m*
もうけ 儲け ganancia *f*, beneficio *m*, provecho *m*｜大〜する obtener pingües ganancias｜〜の少ない poco rentable｜〜物 (買物で) ganga *f*
もうける ❶ 儲ける obtener beneficios, ganar dinero, lucrarse ❷ 設ける 委員会を〜 constituir [formar] una comisión｜記念碑を〜 construir [erigir] un monumento｜規則を〜 establecer una norma [regla]
もうしあわせ 申し合わせ acuerdo *m*, convenio *m*｜〜に従って según lo acordado｜申し合わせる acordar
もうしいれる 申し入れる proponer｜苦情を〜 presentar una queja
もうしこみしょ 申込書 impreso *m* de solicitud
もうしこむ 申し込む hacer [presentar] una solicitud, solicitar, pedir｜講習会への参加を〜 matricularse en un cursillo｜大学の入学を〜 solicitar SU admisión en una universidad
もうしたてる 申し立てる alegar, declarar｜異議を〜 poner una objeción｜和解を〜 proponer la reconciliación
もうしで 申し出 ofrecimiento *m*, oferta *f*, propuesta *f*｜〜を断る rechazar el ofrecimiento｜申し出る proponer, ofrecer｜援助を申し出る ofrecer SU ayuda
もうしひらき 申し開きをする presentar una justificación, justificarse
もうしぶんない 申し分ない intachable, impecable, perfecto[ta]
もうじゅう 猛獣 fiera *f*, bestia *f* feroz
もうしわけ 申し訳 遅れて〜ありません Le pido disculpas por haber llegado tarde.
もうすぐ pronto, dentro de poco
もうすこし もう少し un poco más｜〜で飛行機に乗り遅れるところだった Estuve a punto de perder el avión.
もうそう 妄想 quimera *f*, ilusión *f*
もうちょう 盲腸 apéndice *m*｜〜炎 apendicitis *f* [*pl* 〜]

もうどうけん 盲導犬 perro *m* lazarillo
もうふ 毛布 manta *f*
もうまく 網膜 retina *f* | ～炎 retinitis *f* [*pl* ~] | ～剝離(はく) desprendimiento *m* de retina
もうもく 盲目の ciego[ga], invidente | ～的に ciegamente, a ciegas
もうれつ 猛烈な impetuoso[sa], violento[ta] | ～なスピードで a gran velocidad
もうろう 朦朧 意識が～としている estar [encontrarse] semiinconsciente
もえあがる 燃え上がる 火が燃え上がった Se levantó una llamarada.
もえさし 燃え差し tizón *m*, tizo *m*
もえつきる 燃え尽きる quemarse completamente
もえる 燃える arder, quemarse, (火事で) incendiarse | 怒りに～ arder de cólera | 燃えやすい inflamable, combustible
モーション スローーで 〖映〗 a cámara lenta
モーター 〖機〗 motor *m* | ～ボート (lancha *f*) motora *f*
モーテル motel *m*
モード (ファッション) moda *f*
もがく forcejear
もぎしけん 模擬試験 simulacro *m* de examen
もぎとる もぎ取る arrebatar, (実を) arrancar
もくげき 目撃する presenciar, ser testigo de | ～者 testigo *m/f* (ocular)
もくざい 木材 madera *f*
もくさつ 黙殺する hacer caso omiso de
もくし 黙視する permanecer indiferente a
もくじ 目次 índice *m*
もくせい ❶ 木製の de madera ❷ 木星 〖天〗 Júpiter *m*
もくぜん 目前の inminente | 死を～にして ante la inminencia de SU muerte
もくぞう 木造の家 casa *f* de madera
もくたん 木炭 carbón *m* vegetal
もくちょう 木彫 escultura *f* en madera
もくてき 目的 objeto *m*, objetivo *m*, finalidad *f*, fin *m*, meta *f* | ～を達成する conseguir el objetivo | …を～としている tener por objeto 〈+不定詞〉 | …する～で con el objeto [fin] de 〈+不定詞〉 | ～のない sin objetivo [finalidad] | 直接～語 〖文法〗 complemento *m* directo | ～税 impuesto *m* con fines específicos | ～地 destino *m*
もくどく 黙読する leer en silencio
もくにん 黙認 aprobación *f* tácita | ～する aprobar ALGO tácitamente
もくば 木馬 caballo *m* de madera
もくひょう 目標 objetivo *m*, meta *f* | …を～にする tener como meta 〈+不定詞〉 | ～を立てる establecer un objetivo
もくようび 木曜日 jueves *m* | ～に el jueves
モグラ 〖動〗 topo *m*
もぐる 潜る bucear, sumergirse | 机の下に～ meterse debajo de la mesa
もくれい 目礼する saludar a ALGUIEN con los ojos
もくろく 目録 catálogo *m*, lista *f*, (在庫等の) inventario *m*
もけい 模型 maqueta *f*, modelo *m* a escala reducida

モザイク mosaico *m* | ～の mosaico[ca]
もし si | ～雨が降れば遠足は中止します Si llueve, se suspende la excursión.
もじ 文字 letra *f*, carácter *m*, escritura *f* | 大～ mayúscula *f* | 小～ minúscula *f* | ～どおり al pie de la letra | ～どおりに訳す traducir ALGO literalmente
もしかしたら ～我がチームは試合に勝つかもしれない Puede que nuestro equipo gane el partido.
もじばん 文字盤 esfera *f*
もしも ～のことがあったら si ocurriera lo más inesperado
もしもし 《呼びかけ》 ¡Oiga, por favor!; ¡Perdón!; (電話で) Dígame. 《スペイン》; Aló. 《ラ米》; Bueno. (ﾒｷｼｺ)
もじもじ ～する vacilar, titubear, mostrarse indeciso[sa]
もしゃ 模写 copia *f*, reproducción *f* | ～する copiar
もじゃもじゃ ～のひげ barba *f* espesa
もしょう 喪章 lutos *m.pl*, crespón *m* negro
もじる parodiar
もぞう 模造 imitación *f* | ～する imitar | ～の de imitación, falso[sa]
もだえる 悶える 激痛に～ retorcerse de dolor intenso
もたつく …するのに～ tardar en 〈+不定詞〉
もたらす 被害を～ causar daño | 幸運を～ traer buena suerte
もたれる 壁に～ apoyarse en la pared | 食事が胃にもたれた Me ha sentado mal la comida.
モダン ～な moderno[na]
もち ❶ 餅 pastel *m* de arroz ❷ 持ちがよい durar mucho
もちあげる 持ち上げる levantar, (おだてる) adular
もちあじ 持ち味 (食材の) sabor *m* propio, (特徴) peculiaridad *f*
もちあるく 持ち歩く llevar ALGO CONSIGO
もちあわせ 持ち合わせ 私は～がない No llevo dinero encima.
もちいえ 持ち家 casa *f* propia [de SU propiedad]
もちいる 用いる emplear, utilizar, (考えを) adoptar
もちかえり 持ち帰りでお願いします Para llevar, por favor.
もちかぶがいしゃ 持ち株会社 sociedad *f* de cartera, holding *m*
もちこたえる 持ち堪える aguantar, resistir
もちこむ 持ち込む traer, introducir | 縁談を～ hacer una propuesta de matrimonio a ALGUIEN | 問題を～ traer problemas | 辞書持ち込み禁止 Prohibido traer diccionarios.
もちさる 持ち去る 機密書類を ～ llevarse un documento confidencial
もちだす 持ち出す …から〈何か〉を～ sacar ALGO de ... | 金を～ robar el dinero | 話を～ sacar [traer] a colación un tema
もちぬし 持ち主 propietario[ria] *mf*, dueño[ña] *mf*
もちば 持ち場 puesto *m* | 全員～につけ ¡Todos a sus puestos!

もちはこび 持ち運びできる potátil
もちはこぶ 持ち運ぶ llevar, transportar
もちぶん 持ち分 cuota *f*,（分担金）aportación *f*
もちもの 持ち物 pertenencias *f.pl*, objetos *m.pl* [efectos *m.pl*] personales
もちろん ¡Por supuesto!; ¡Ya lo creo!
もつ 持つ tener, llevar,（つかむ）agarrar,（所有）poseer, disponer de,（備える）contar con | 家庭を～ tener hogar | 世界記録を持っている poseer la plusmarca mundial
もっか 目下 por ahora, de [por el] momento
もっきん 木琴 xilófono *m*
もったいない …するのは～ Es una lástima 〈＋不定詞〉. | 時間が～ Es un derperdicio de tiempo.
もったいぶる darse importancia | もったいぶって con afectación
もっていく 持って行く llevar(se)
もってくる 持って来る traer
もっと más 〈＋形容詞・副詞〉| ～速い más rápido[da] | ～遠くに más lejos
モットー lema *m*, principios *m.pl*
もっとも ❶ 最も 〈定冠詞・所有詞（＋名詞）＋形容詞の比較級〉| ～面白くない映画 la película menos interesante | ～高いビル el edificio más alto | 京都で～古いホテル el hotel más antiguo de Kioto | 彼の～よい作品 su mejor obra | 有権者数が～多い選挙区 el distrito electoral con mayor número de electores | 彼は私が～嫌いなタイプだ Es el tipo que menos me gusta. ❷ 尤も（しかし）pero, aunque | 全部暗記した，～次の日は全部忘れたけどね Lo aprendí todo de memoria, aunque al día siguiente lo olvidé todo.
もっともな 尤もな razonable, justo[ta], legítimo[ma],（当然）lógico[ca], natural | ごもっともです Usted tiene razón.
もっともらしい 尤もらしい顔をして con cara de circunstancias
もっぱら 専ら exclusivamente | ～家事に専念する dedicarse con exclusividad a las tareas domésticas
もつれる 縺れる enredarse, complicarse, embrollarse
もてあそぶ 弄ぶ jugar con,（人を）burlarse de |〈人〉の感情を～ jugar con los sentimientos de ALGUIEN
もてなす acoger, atender, agasajar
モデム 〖IT〗 módem *m*
もてる 彼は女性に～ Él tiene éxito con las mujeres.
モデル modelo *m*,（ファッション）modelo *m/f* | ～ルーム piso *m* piloto
もと ❶ 元大統領 ex presidente[ta] *mf* | ～は（元来）originalmente, al principio,（以前）antes, antiguamente | ～が取れない no poder recuperar la inversión | ～の鞘(さや)に収まる Las aguas vuelven a su cauce. ❷ 基 …を～にしている basarse en ... ❸ 下・許 両親の～で暮らす vivir protegido[da] por sus padres | …の指導の～で bajo la tutela de ...
もどす 戻す devolver,（吐く）vomitar
もとせん 元栓 ガスの～ llave *f* del gas
もとづく 基づく basarse en | …に基づいて de acuerdo con ..., conforme a ..., en base a ...
もとね 元値 （原価）precio *m* de coste
もとめる 求める（要求）pedir, solicitar, reclamar,（探す）buscar,（買う）comprar | 説明を～ pedir una explicación | 支払いを～ reclamar el pago | 職を～ buscar trabajo | この仕事には正確さが求められる En este trabajo se requiere exactitud.
もともと 元々（最初から）desde el principio,（元来）originalmente
もどり 戻り regreso *m*, vuelta *f*
もどる 戻る regresar, volver | すぐ戻ります Vuelvo enseguida. | 調子が～ recuperar el ritmo | 元に～ volver al principio | 20歳に～ volver a los veinte años
モニター 〖IT〗 monitor *m*
もの 物 cosa *f*,（物品）objeto *m* | ～がいい[悪い] tener buena [mala] calidad | ～はためしだ Vamos a probar suerte. | スペイン語を～にする dominar el español | この車はペドロの～だ Este coche es de Pedro.
ものおき 物置 trastero *m*, depósito *m* de trastos
ものおしみ 物惜しみしない generoso[sa], dadivoso[sa]
ものおと 物音 ruido *m*
ものおぼえ 物覚えがいい[悪い] tener buena [mala] memoria
ものがたり 物語 historia *f*, cuento *m*, relato *m*
ものがたる 物語る narrar, contar
ものごい 物乞い（人）mendigo[ga] *mf* | ～する pedir limosna, mendigar
ものごと 物事には限度がある Las cosas tienen sus límites.
ものさし 物差し regla *f*,（基準）criterio *m*
ものしり 物知り sabio[bia] *mf*, docto[ta] *mf*
ものずき 物好きな curioso[sa]
ものすごい 物凄い形相 rostro *m* terrible
ものまね 物真似 imitación *f*, remedo *m*, mimetismo *m* | ～をする imitar, remedar
ものもらい 〖医〗 orzuelo *m*
モノレール monocarril *m*, monorraíl *m*
ものわかり 物分かりのよい comprensivo[va]
モバイル ～コンピューティング informática *f* [computación *f*] móvil
もはや 彼の政治生命も～これまでだ Su vida política ya ha llegado al fin.
もはん 模範 ejemplo *m*, modelo *m*, pauta *f* | …を～とする seguir el ejemplo de ..., tomar ... como modelo | ～を示す marcar la pauta | ～的な ejemplar, modelo | ～的な母親 madre *f* modelo
もふく 喪服 vestido *m* de luto
もほう 模倣 imitación *f*, copia *f* | ～する imitar, copiar | ～犯 imitador[dora] *mf* de otro delito cometido
モミ 〖植〗 abeto *m*
モミジ 〖植〗（カエデ）arce *m*,（紅葉）hojas *f.pl* rojas
もむ 揉む 肩を～ masajear los hombros | 人ごみにもまれる sufrir [recibir] empu-

jones entre la muchedumbre
もめごと 揉め事 riña *f*, roce *m*, pelea *f*, discordia *f*
もめる 揉める 交渉がもめた Se complicó la negociación. | 気が～ inquietarse
もめん 木綿 algodón *m*
もも ❶ **股・腿** muslo *m* ❷ **モモ**〘植〙 melocotón *m*, durazno *m*, (木) melocotonero *m*, duraznero *m* | 桃色 →ピンク
もや 靄 niebla *f*, neblina *f*
もやす 燃やす quemar | 火を～ encender el fuego | 情熱を～ apasionarse, sentir mucha pasión
もよう 模様 dibujo *m*, (様子) circunstancia *f*, situación *f* | 事故の～ las circunstancias del accidente
もよおし 催し acto *m*, (開催) celebración *f*
もよおす 催す organizar, celebrar | 眠気を～ causar sueño
もより 最寄りの駅 la estación más cercana [próxima]
もらう 貰う recibir, obtener | 子供を～ adoptar a un [una] niño[ña] | 許可を～ obtener autorización | 女性を嫁に～ tomar a una mujer por esposa | 〈人〉に助言して～ aconsejarse [recibir consejo] de ALGUIEN | プレゼントをもらった Me dieron un regalo.
もらす 漏らす 秘密を～ revelar [airear] un secreto | 辞意を～ dejar entrever SU dimisión | ため息を～ dejar escapar un suspiro | 不満を～ dejar traslucir SU descontento | 小便を～ mearse
モラトリアム moratoria *f*
モラル moral *f*, moralidad *f*
もり 森 bosque *m*, (密林) selva *f*
もりあげる 盛り上げる 祭りを～ animar la fiesta
モルタル〘建〙 argamasa *f*, mortero *m*
モルト (麦芽) malta *f*
モルモット〘動〙 conejillo *m* de Indias (► 「実験台」の意味でも使われる), cobaya *f* (*m*), cuy(e) *m*(米)
もれる 漏れる escaparse, (情報が) filtrarse, (容器が) salirse
もろい 脆い frágil, quebradizo[za]
もろは 両刃の剣 arma *f* de doble filo
もん 門 puerta *f* | ～をくぐる atravesar la puerta
もんく 文句 frase *f*, palabra *f*, (不満) queja *f*, reclamación *f* | 名～ frase *f* célebre | ～を言う quejarse | ～のつけようがない impecable, intachable, irreprochable
もんげん 門限 hora *f* fijada de regreso a casa
もんしょう 紋章 blasón *m*, escudo *m* | ～学 heráldica *f*
モンスーン〘気象〙 monzón *m*
モンタージュ〘映〙 montaje *m* | ～写真 fotorrobot *f*
もんだい 問題 problema *m*, (事柄) cuestión *f*, asunto *m*, (主題) tema *m* | 時間の～である Es una cuestión de tiempo. | ～に答える contestar una pregunta | ～のある problemático[ca] | ～の人物 persona *f* en cuestión | ～を起こす causar un problema | ～を投げかける plantear un problema | ～を解く solucionar [resolver] un problema | ～なく sin problemas | 失業～ problema *m* del desempleo | ～集 cuaderno *m* de ejercicios | ～点 punto *m* problemático
もんばん 門番 portero[ra] *mf*

や ❶ **矢** flecha *f*, saeta *f* | ～を射る disparar [arrojar, tirar] una flecha ❷ …や… (あるいは) o, u (► ho, o で始まる語の前で), (そして) y, e (► hi, i で始まる語の前で)
やあ 《呼びかけ》 ¡Hola!
ヤード (長さの単位) yarda *f*
やえい 野営 campamento *m*, vivac *m*, vivaque *m* | ～する acampar(se)
やおや 八百屋 verdulería *f*, (人) verdulero[ra] *mf*
やかい 夜会 velada *f*
やがい 野外で al aire libre
やがく 夜学 escuela *f* nocturna, (授業) clase *f* nocturna | ～に通う asistir a clases nocturnas
やかた 館 casa *f* solariega, mansión *f*, palacio *m*
やがて pronto, dentro de poco
やかましい 喧しい ruidoso[sa], estrepitoso[sa], (厳しい) severo[ra] | 環境汚染に対して～ ser sensible a la contaminación medioambiental
やかん hervidor *m*
ヤギ〘動〙 cabra *f*, (雄ヤギ) macho *m* cabrío, (子ヤギ) chivo[va] *mf*
やきいん 焼き印 marca *f* de hierro candente | …に～を押す marcar ... con hierro candente, 〘畜〙 herrar ...
やきにく 焼き肉〘料〙 asado *m*, carne *f* asada
やきゅう 野球 béisbol *m* | ～場 estadio *m* de béisbol
やきん 夜勤 trabajo *m* [turno *m*] nocturno
やく ❶ **焼く** quemar, abrasar, (肉等を) asar, (油で) freír | パンを～ cocer el pan, (トースト) tostar el pan | 魚を～ asar el pescado | 体を日に～ exponerse al sol ❷ **役** (役目) papel *m*, (地位) cargo *m* | ドン・ファンの～を演じる interpretar el papel de Don Juan | 重要な～を果たす desempeñar un papel importante | ～を引き受ける asumir un cargo | ～を退く abandonar el cargo | …の～に立つ servir para ..., ser útil para ... | ～につく ocupar un cargo | そんなことしても何の～にも立たないよ No sirve para nada hacer eso. ❸ **訳** traducción *f*, versión *f* | スペイン語～をつける traducir ALGO al español | 日本語～ traducción *f* [versión *f*] japonesa ❹ **約**… aproximadamente, más o menos, unos[nas] 〈＋数詞〉 | ～2時間 unas dos horas
やくいん 役員 miembro *m* directivo, directivo[va] *mf*
やくがい 薬害 efecto *m* nocivo [perjudicial] causado por la medicación | ～

エイズ escándalo *m* de los hemofílicos infectados con el VIH mediante hemoderivados contaminados
やくがく 薬学 farmacia *f*
やくご 訳語 traducción *f*, palabra *f* traducida
やくざい 薬剤師 farmacéutico[ca] *mf*, boticario[ria] *mf*
やくしゃ ❶ 役者（男優）actor *m*,（女優）actriz *f* | 喜劇～ cómico[ca] *mf* ❷ 訳者 traductor[tora] *mf*
やくしょ 役所 oficina *f* gubernamental | お～仕事 burocracia *f*
やくしん 躍進する hacer grandes progresos
やくす 訳す traducir, verter | 日本語に～ traducir ALGO al japonés
やくすう 約数 divisor *m*, parte *f* alícuota
やくそう 薬草 hierba *f* [planta *f*] medicinal
やくそく 約束 promesa *f*,（人と会う）cita *f*,（規律）norma *f* | ～する prometer,（人と会う）quedar | ～を守る cumplir SU promesa [SU palabra] | ～を破る romper [incumplir, quebrantar] SU promesa, faltar a SU palabra | ～の時間に a la hora acordada [fijada] | 彼は将来が～されている Tiene asegurado su futuro. | 口～ promesa *f* verbal
やくだつ 役立つ …に～ servir para ..., ser útil para ..., tener utilidad para ...
やくにん 役人 funcionario[ria] *mf*, burócrata *m/f*
やくひん 薬品 producto *m* farmacéutico, fármaco *m*, medicamento *m* | 化学～ sustancia *f* química
やくぶつ 薬物 fármaco *m*, medicamento *m* | ～中毒 adicción *f* a la droga
やくぶん 訳文 traducción *f*
やくみ 薬味 especia *f*, condimento *m*
やくめ 役目 papel *m*,（職務）cargo *m*, función *f*,（義務）deber *m* | 父親と母親の～を果たす hacer [desempeñar] el papel de padre y madre
やぐら 櫓 torre *f*, atalaya *f*
やくわり 役割 papel *m*, rol *m*, función *f*
やけあと 焼け跡 huellas *f.pl* del incendio
やけい ❶ 夜景 vista *f* nocturna ❷ 夜警 ronda *f* nocturna,（人）vigilante *m/f* nocturno[na]
やけしぬ 焼け死ぬ morir quemado[da]
やけど 火傷 quemadura *f* | ～する quemarse, sufrir una quemadura |（重度）2度の～ quemadura *f* de segundo grado
やける 焼ける quemarse,（肉等が）asarse,（パンが）cocerse
やこう 夜行列車 tren *m* nocturno
やさい 野菜 hortaliza *f*, verdura *f*
やさしい ❶ 優しい amable, dulce, tierno[na], blando[da], suave | ～声で con voz dulce [suave] | ～まなざし mirada *f* tierna | 環境に～技術 tecnología *f* que menos contamina el medio ambiente | 優しく微笑む[話す] sonreír con ternura | 優しさ amabilidad *f*, ternura *f* ❷ 易しい fácil,（平易な）sencillo[lla]
ヤシ 〘植〙 palma *f*,（ココヤシ（の実））coco *m*
やじうま 野次馬 mirón[rona] *mf*, curioso[sa] *mf*
やしき 屋敷 mansión *f*, residencia *f*
やしなう 養う （子供を）criar,（家族を）mantener, alimentar | 知性を～ cultivar la inteligencia
やじゅう 野獣 bestia *f*, fiera *f*
やしん 野心 ambición *f*, aspiraciones *f.pl* | ～的な ambicioso[sa]
やすい 安い barato[ta],（経済的な）económico[ca] | 安く買う comprar ALGO a bajo precio
やすうり 安売り rebajas *f.pl*, liquidación *f*, oferta *f*
やすっぽい 安っぽい 《軽蔑》 baratucho[cha] | ～スーツ traje *m* poco elegante | ～人間 persona *f* vulgar [frívola]
やすみ 休み（休憩）descanso *m*, reposo *m*,（ひと休み）respiro *m*, pausa *f*, alto *m*,（休暇）vacaciones *f.pl* | ～を取る（休暇）tomarse las vacaciones | ～なく sin descanso | この店は火曜日が～だ Esta tienda cierra los martes. | ～時間中に durante el descanso
やすむ 休む descansar, reposar,（欠席）ausentarse | ～暇もなく sin un momento de descanso | 仕事を～ faltar al trabajo | 休め ¡Descanso! | お休みなさい Buenas noches.; Que descanse. | 休ませる 息子に学校を休ませる no permitir al hijo ir al colegio
やすらか 安らかな tranquilo[la], sosegado[da]
やすらぎ 安らぎ paz *f*, calma *f*
やすり 鑢 lima *f* | 紙～ lija *f*
やせ 痩せ 僕は～の大食いだ Soy un gran comilón que no engorda. | ～薬 fármaco *m* adelgazante
やせい 野生の 〘動〙〘植〙 salvaje,〘植〙 silvestre
やせがまん 痩せ我慢する aguantar por orgullo [por amor propio]
やせぎす 痩せぎすの huesudo[da]
やせる 痩せる adelgazar, enflaquecer, ponerse flaco[ca] | 痩せた delgado[da], flaco[ca],（土地が）estéril | がりがりにやせている estar (flaco[ca]) como el canto de un duro | やせ衰えた demacrado[da]
やそう 野草 hierba *f* silvestre
やたい 屋台 puesto *m*, tenderete *m*,（食べ物の）chiringuito *m*
やちょう 野鳥 ave *f* silvestre
やちん 家賃 alquiler *m*, arriendo *m*
やつ 奴 tipo *m*, individuo *m*, sujeto *m*
やっかい 厄介な molesto[ta], complicado[da] | ～な仕事 trabajo *m* complicado, ardua tarea *f* | ～なことになった Se han complicado las cosas. | ～をかける molestar | ～者（居候）parásito *m*
やっきょく 薬局 farmacia *f*, botica *f*
やってみる intentar, tratar de 〈+不定詞〉, probar a 〈+不定詞〉
やっていく やって行く どうにか～ ir tirando
やっと（ようやく）por fin | ～のことで a duras

penas | ～間に合う llegar a tiempo por los pelos | 私の給料では食べていくのが～である Con mi sueldo sólo me da para comer.

やっとこ tenazas *f.pl*

やど 宿 alojamiento *m*

やといにん 雇い人 empleado[da] *mf*

やといぬし 雇い主 patrón[rona] *mf*, empleador[dora] *mf*

やとう ❶ 雇う emplear | コックを3人～ emplear a tres cocineros | 弁護士を～ contratar a un abogado | 私は1年契約で雇われた Me emplearon con un contrato de un año. ❷ 野党 partido *m* de la oposición

やどなし 宿無し persona *f* sin techo [hogar], sin techo *m/f*[*pl* ~]

やどや 宿屋 alojamiento *m*, hostal *m*, posada *f*

ヤナギ 〖植〗 sauce *m*

やに 脂 (樹脂) resina *f*, (タバコ) nicotina *f*

やぬし 家主 propietario[ria] *mf*, dueño[ña] *mf*

や

やね 屋根 tejado *m*, techumbre *f* | ～伝いに逃げる huir por los tejados | 一つ～の下に暮らす vivir bajo el mismo techo | ～裏部屋 desván *m*, buhardilla *f*

やはり (依然として) todavía, aún, (予想どおり) (tal) como se esperaba

やはん 夜半に a [en la] medianoche

やばん 野蛮 barbarie *f*, salvajismo *m* | ～な bárbaro[ra], bruto[ta], salvaje | ～な行為 salvajada *f* | ～人 bárbaro[ra] *mf*, salvaje *m/f*

やぶ 藪 matorral *m* | ～医者 medicucho[cha] *mf*, matasanos *m/f* [*pl* ~]

やぶる 破る (裂く) rasgar, desgarrar, (壊す) romper | 記録を～ batir un récord | 沈黙を～ romper el silencio | 敵を～ derrotar [vencer] al enemigo

やぶれ 破れ desgarro *m*, rasgón *m*

やぶれかぶれ 破れかぶれで desesperadamente | ～になる abandonarse a la desesperación

やぶれる ❶ 破れる (裂ける) rasgarse, desgarrarse, (壊れる) romperse | 私の夢は破れた Se han frustrado mis sueños. | 破れた靴 zapato *m* roto ❷ 敗れる sufrir una derrota, ser derrotado[da]

やぼ 野暮な rústico[ca], (服装等が) poco elegante

やぼう 野望 ambición *f* →野心

やま 山 monte *m*, montaña *f* | ～の多い montañoso[sa] | ～に登る subir al monte | ～を下りる bajar del monte | ～が当たる [外れる] acertar [equivocarse] en el pronóstico | 宿題が～ほどある Tengo un montón de deberes.

やまい 病 enfermedad *f*, dolencia *f*, padecimiento *m*

やまかじ 山火事 incendio *m* forestal

やまごや 山小屋 cabaña *f*, refugio *m*

やまし 山師 (投機家) especulador[dora] *mf*, (鉱山師) prospector *m*

ヤマネコ 〖動〗 gato *m* montés

やまびこ 山彦 eco *m*

やみ 闇 oscuridad *f*, tenebrosidad *f*, tinieblas *f.pl* | 夜の～に消える desaparecer en la oscuridad de la noche | スキャンダルを～に葬る echar tierra a [sobre] un escándalo | ～で手に入れる conseguir ALGO de estraperlo | ～市 mercado *m* negro | ～討ち ataque *m* nocturno, (不意打ち) ataque *m* sorpresa | ～取引 estraperlo *m*, comercio *m* ilegal, negocio *m* clandestino | ～値 precio *m* del mercado negro | ～屋 estraperlista *m/f* | ～夜 noche *f* cerrada

やむ ❶ 止む parar, cesar | 雨が止んだ Dejó de llover. ❷ 病む sufrir, padecer | 肺を～ padecer del pulmón

やむをえず やむを得ず退職する verse obligado[da] a retirarse

やむをえない やむを得ない inevitable, ineludible, forzoso[sa] | ～事情で por razones inevitables

やめる ❶ 止める dejar, (断念) abandonar, (中止) suspender | …するのを～ dejar de 〈+不定詞〉 | タバコを～ dejar de fumar, abstenerse del tabaco | 悪い習慣を～ abandonar el vicio | 学校を～ dejar [abandonar] la escuela | 冗談はやめてくれ ¡Déjate de bromas! ❷ 辞める dimitir de, renunciar a, retirarse de | 彼は会長を辞めた Dimitió de su cargo de presidente.

ややこしい complicado[da], enredado [da], enrevesado[da]

やり 槍 lanza *f*, (投げ槍) venablo *m* | ～投げ lanzamiento *m* de jabalina

やりかた やり方 método *m*, modo *m* de hacer

やりそこなう やり損なう fallar, frustrarse

やりとげる やり遂げる llevar a cabo ALGO

やりなおす やり直す volver a hacer, rehacer

やる (送る) enviar, mandar, (与える) dar, (行う) hacer, (演じる) interpretar, jugar | 兵士を戦場に～ enviar a los soldados al frente | 娘を大学に～ costear los estudios de SU hija en la universidad | サッカーを～ jugar al fútbol | 一杯～ tomar una copa

やるき やる気 ánimo *m*, ganas *f.pl*, (士気) moral *f*, (動機) motivación *f* | ～満々である tener la moral alta | ～がない carecer de voluntad, (無気力) ser [estar] apático[ca] | ～を起こさせる animar a ALGUIEN a 〈+不定詞〉 | ～のある選手 jugador[dora] *mf* motivado[da]

やわらかい 柔らかい blando[da], suave, (柔軟な) flexible, elástico[ca] | ～肉 carne *f* tierna | 彼女は体が～ Ella tiene el cuerpo flexible. | 柔らかくする ablandar, reblandecer, suavizar

やわらぐ 和らぐ suavizarse, ablandarse, (痛みが) calmarse, aliviarse | 風が和らいだ Ha amainado el viento.

やわらげる 和らげる suavizar, ablandar, (痛みを) calmar, aliviar | 態度を～ tomar una actitud menos intransigente | 緊迫した雰囲気を～ moderar [suavizar] el clima de tensión

やんちゃ ～な travieso[sa] | ～娘 《話》《軽蔑》 marimacho *m*

やんわり ～と suavemente, con suavidad, dulcemente

ゆ 湯 agua *f* caliente | ～を沸かす calentar el agua | ～沸かし器 calentador *m* de agua
ゆいいつ 唯一の único[ca]
ゆいごん 遺言 testamento *m*, última voluntad *f* | ～状を書く redactar el testamento | ～する hacer testamento, testar
ゆいぶつろん 唯物論 materialismo *m*
ゆうい 優位に立つ llevar [tener] ventaja
ゆういぎ 有意義な significativo[va], valioso[sa], que merece la pena | 時間を～に使う aprovechar el tiempo
ゆううつ 憂鬱な melancólico[ca], triste
ゆうえい 遊泳禁止 Prohibido bañarse.
ゆうえき 有益な provechoso[sa], beneficioso[sa], útil | ～な意見 opinión *f* provechosa
ゆうえつ 優越 superioridad *f* | ～感 complejo *m* de superioridad
ゆうえんち 遊園地 parque *m* de atracciones
ゆうが 優雅な elegante, garboso[sa] | ～な生活 vida *f* holgada, buena vida *f*
ゆうかい 誘拐 secuestro *m*, rapto *m* | ～する secuestrar, raptar | ～犯 secuestrador[dora] *mf*, raptor[tora] *mf*
ゆうがい 有害 …に～な nocivo[va] para ..., perjudicial para ...
ゆうかしょうけん 有価証券 valores *m.pl*, títulos *m.pl*, obligaciones *f.pl*
ゆうがた 夕方に al atardecer
ゆうかん ❶ 夕刊 edición *f* vespertina, (夕刊紙) periódico *m* vespertino ❷ 勇敢な valiente, valeroso[sa]
ゆうき ❶ 勇気 valentía *f*, valor *m* | ～づける alentar | ～のある valiente | ～を出す armarse de valor ❷ 有機の orgánico[ca] | ～農業 agricultura *f* orgánica
ゆうぎ 遊戯 juego *m*
ゆうきゅう 有給の pagado[da] | ～休暇 vacaciones *f.pl* pagadas
ゆうぐれ 夕暮れに al anochecer
ゆうげん 有限会社 sociedad *f* (de responsabilidad) limitada《略 S.L.》
ゆうけんしゃ 有権者 elector[tora] *mf*
ゆうこう ❶ 有効 validez *f* | ～な válido[da], eficaz, efectivo[va] | ～に使う aprovechar ALGO al máximo | 3日間～ válido[da] por tres días | ～期間 plazo *m* (período *m*) devali d ez | ～求人倍率 proporción *f* entre la oferta y demanda de trabajo | ～需要 demanda *f* efectiva | ～票 voto *m* válido ❷ 友好 amistad *f* | ～的な amistoso[sa] | …と～関係を維持する mantener relaciones amistosas con ... | ～国 país *m* amigo | ～条約 tratado *m* de amistad
ゆうごう 融合 fusión *f* | 核～〖物〗fusión *f* nuclear
ユーザー usuario[ria] *mf*
ゆうざい 有罪の culpable | 〈人〉を～とする declarar culpable a ALGUIEN | ～判決 condena *f* | ～判決を下す dictar una sentencia condenatoria
ゆうし ❶ 融資 financiación *f*, préstamo *m*, crédito *m* | ～する conceder un préstamo [crédito] | ～を頼む pedir un préstamo [crédito] ❷ 有志 voluntario[ria] *mf*
ゆうじ 有事法制 legislación *f* de emergencia
ゆうしきしゃ 有識者 sabio[bia] *mf*, erudito[ta] *mf*, intelectual *m/f*
ゆうしてっせん 有刺鉄線 alambrada *f*, alambre *m* de espino [púas]
ゆうしゅう ❶ 優秀な excelente, destacado[da] ❷ 有終の美を飾る cerrar [terminar] con broche de oro
ゆうじゅう 優柔不断な indeciso[sa], irresoluto[ta]
ゆうしょう ❶ 優勝 victoria *f* | ～する proclamarse campeón[ona], ganar el campeonato | ～カップ〖スポ〗copa *f* de campeón, trofeo *m* | ～者 campeón[ona] *mf*, ganador[dora] *mf* ❷ 有償の oneroso[sa] | ～で a título oneroso
ゆうじょう 友情 amistad *f*
ゆうしょく ❶ 夕食 cena *f* | ～をとる tomar la cena, cenar ❷ 有色人種 raza *f* [gente *f*] de color
ゆうじん 友人 amigo[ga] *mf*, amistades *f.pl*
ゆうずう 融通 彼は金を～してもらった Le prestaron dinero. | ～のきく flexible | ～がきかない inflexible, rígido[da] | ～手形 letra *f* de favor [de complacencia]
ユースホステル albergue *m* juvenil
ゆうせい 優勢な predominante | 試合を～に進める dominar el partido
ゆうせん 優先 prioridad *f*, preferencia *f* | ～する dar prioridad [preferencia] a | ～的な prioritario[ria], preferente | ～権 prioridad *f* | ～席 asiento *m* de preferencia
ゆうそう 郵送 envío *m* postal | ～する enviar ALGO por correo | ～料 franqueo *m*
ゆうだい 雄大な grandioso[sa], majestuoso[sa] | ～な風景 paisaje *m* grandioso
ゆうだち 夕立 aguacero *m*, chaparrón *m*, chubasco *m* | ～が降った Cayó un aguacero.
ユーターン ～する dar media vuelta, virar
ゆうち 誘致する invitar, (観光客を) atraer
ゆうどう 誘導する guiar, conducir, llevar | ～尋問 interrogatorio *m* capcioso
ゆうどく 有毒な tóxico[ca], venenoso[sa], deletéreo[a]
ユートピア utopía *f* | ～的な utópico[ca]
ゆうのう 有能な eficiente, competente
ゆうはつ 誘発する (事故を) provocar
ゆうひ 夕日 sol *m* poniente
ゆうびん 郵便 correo *m* | ～為替 giro *m* postal | ～切手 sello *m*, estampilla *f*《ラ米》| ～局 oficina *f* de correos | ～配達人 cartero[ra] *mf* | ～箱〔ポスト〕buzón *m* | ～番号 código *m* postal | ～物 correo *m*, correspondencia *f*
ユーフォー OVNI *m* ► *O*bjeto *V*olador *N*o *I*dentificado の略語

ゆ

ゆうふく 裕福な rico[ca], adinerado [da], pudiente
ゆうべ 夕べ atardecer *m*, (昨夜) anoche *adv*|ルンバの～ velada *f* de rumba
ゆうべん 雄弁 elocuencia *f*|～な elocuente
ゆうぼう 有望な prometedor[dora], con porvenir [futuro]|前途～である tener un futuro prometedor
ゆうめい 有名な famoso[sa], célebre, renombrado[da]|～になる hacerse famoso[sa]|彼は首相として～無実である No es más que un primer ministro nominal [de nombre].|～校 escuela *f* de prestigio|～人 celebridad *f*|～税 precio *m* de la fama|～ブランド marca *f* prestigiosa
ユーモア humor *m*|～のある humorístico[ca]
ゆうやけ 夕焼け arreboles *m.pl* del atardecer [del sol poniente]
ゆうよ 猶予 aplazamiento *m*, (期限) prórroga *f*|3日間の～を与える conceder [dar] una prórroga de tres días|死刑執行を～する aplazar la ejecución de la condena a muerte|支払い～期間 〘法〙 moratoria *f*|一刻の～も許されない No hay tiempo que perder.|～期間 período *m* de gracia
ゆうよう 有用な útil, provechoso[sa]
ゆうり 有利 ventaja *f*|～な ventajoso [sa] para, provechoso[sa] para, (好都合な) favorable|形勢は我々に～だ La situación es favorable para nosotros.|～である tener [llevar] ventaja
ゆうりょう ❶ 有料の de pago|～道路 carretera *f* de peaje ❷ 優良な excelente|～品質の de excelente calidad
ゆうりょく 有力な poderoso[sa], influyente|～者 pudiente *m/f*, 《集合的》 fuerzas *f.pl* vivas
ゆうれい 幽霊 fantasma *m*, espectro *m*|その城には～が出る En ese castillo se aparecen fantasmas.
ユーレイルパス Eurail Pass *m*
ユーロ euro *m* (欧州連合の通貨単位)
ゆうわ 融和 armonía *f*, reconciliación *f*
ゆうわく 誘惑 tentación *f*, (異性の) seducción *f*|～する tentar, (異性を) seducir|～に陥る caer en la tentación
ゆえに 故に luego, por consiguiente
ゆか 床 suelo *m*, piso *m*
ゆかい 愉快な divertido[da], agradable, alegre
ゆがみ 歪み (反り) alabeo *m*, (ねじれ) distorsión *f*, (変形) deformación *f*
ゆがむ 歪む deformarse, torcerse|ゆがんだ性格 carácter *m* retorcido
ゆがめる 歪める deformar, torcer, (事実を) tergiversar|顔を～ torcer el gesto
ゆかり 縁 vínculo *m*, relación *f*|セルバンテス～の土地 lugar *m* estrechamente vinculado a Cervantes
ゆき 雪 nieve *f*, (降雪) nevada *f*|～が降る nevar, caer nieve [主語]|～が降り出した Ha empezado a nevar.|～が多い nevoso[sa]|～が積もった[解けた] Se ha cuajado [Se ha derretido] la nieve.|～に覆われた cubierto[ta] de nieve|～明かり reflejo *m* de la nieve|～合戦 batalla *f* de bolas de nieve|～靴 botas *f.pl* de nieve, (かんじき) raquetas *f.pl*|～景色 paisaje *m* nevado|～だるま muñeco *m* de nieve|～解け deshielo *m*
ゆきつく 行き着く llegar a|～ところは犯罪だ terminar en crimen
ゆきづまる 行き詰まる 交渉が行き詰まった Las negociaciones se encuentran estancadas.
ゆきわたる 行き渡る 全員に～ alcanzar a todos
ゆくえ 行方 paradero *m*|～が分からない encontrarse en paradero desconocido|～不明者 desaparecido[da] *mf*
ゆげ 湯気 vapor *m* (de agua)|～を立てる humear
ゆけつ 輸血 transfusión *f* de sangre
ゆさぶる 揺さぶる sacudir, (心を) conmover
ゆしゅつ 輸出 exportación *f*|～する exportar
ゆすぐ 濯ぐ enjuagar, aclarar
ゆずり 譲り 彼女の音楽の才能は父親～である Ella ha heredado el talento musical de su padre.
ゆずりうける 譲り受ける (財産を) heredar
ゆする ❶ 揺する mecer, (体を) moverse, (強く) sacudir ❷ 強請る hacer chantaje, chantajear
ゆずる 譲る (あげる) dar, (譲歩) ceder, hacer concesiones, (委譲) transferir, traspasar|席[道]を～ ceder el asiento [el paso]|権限を～ transferir las competencias
ゆそう 輸送 transporte *m*|～する transportar
ゆたか 豊かな abundante, rico[ca]|～な暮らしをする llevar una vida holgada|～な社会 sociedad *f* rica|～な土地 tierra *f* fecunda [fértil]
ゆだねる 委ねる confiar, encargar|身を～ entregarse a
ユダヤじん ユダヤ人 judío[a] *mf*
ゆだん 油断 descuido *m*|～する descuidarse|～するなよ ¡Ándate con cuidado!; ¡No te confíes mucho!|～した descuidado[da], desprevenido[da]|～しているすきに en un momento de descuido|～のならない人 persona *f* de cuidado|～もすきもない No se puede descuidar ni un momento.|～なく sin bajar la guardia|～大敵 Camarón que se duerme, se lo lleva la corriente. 《諺》
ゆたんぽ 湯たんぽ calientapiés *m*[*pl* ~]
ゆっくり despacio|～した lento[ta], pausado[da]|～する (くつろぐ) ponerse cómodo[da], (時間をかける) tomarse tiempo|～休む descansar tranquilo[la]|～考える reflexionar|～話す hablar despacio|どうぞご～ ¡Póngase cómodo[da]!
ゆでたまご 茹で卵 huevo *m* duro [cocido]
ゆでる 茹でる 〘料〙 cocer, hervir
ゆでん 油田 yacimiento *m* [campo *m*] petrolífero
ユニーク ～な único[ca], original

ユニセックス ～の unisex
ユニット unidad *f*
ユニフォーム 〖服〗 uniforme *m*
ゆにゅう 輸入 importación *f*｜～する importar｜～課徴金 aranceles *m.pl* a [para] la importación
ゆび 指 dedo *m*｜親～ pulgar *m*, dedo *m* gordo｜人指し～ índice *m*｜中～ medio *m*, corazón *m*｜薬～ anular *m*｜小～ (手・足の) meñique *m*｜～で差す señalar con el dedo｜～を鳴らす chasquear los dedos, (ポキポキと) hacer crujir los dedos｜彼女には～一本触れさせない No dejo que nadie se le acerque a ella.｜～をくわえて見る mirar ALGO con envidia｜～を詰める cortarse la punta de un dedo｜～先 punta *f* del dedo
ゆびわ 指輪 anillo *m*, (宝石付きの) sortija *f*｜結婚～ anillo *m* de boda
ゆみ 弓 arco *m*｜～形の arqueado[da]
ゆめ 夢 sueño *m*, ensueño *m*, ensoñación *f*, ilusión *f*｜～を見る soñar, ensoñar｜～を追う perseguir SU sueño｜～から覚める despertarse del sueño｜私の～が実現した Mi sueño se ha hecho realidad.｜～にも思わない no pensar ni en sueños｜～のような como en un sueño, de ensueño｜～を描く hacerse ilusiones｜～占い oniromancia *f*｜初～ el primer sueño del año
ゆめごこち 夢心地である estar [sentirse] como en un sueño
ゆらい 由来 origen *m*, procedencia *f*｜…に～する tener SU origen en ..., proceder de ...
ユリ 〖植〗 lirio *m*
ゆりいす 揺り椅子 mecedora *f*
ゆりうごかす 揺り動かす mecer, agitar, mover de un lado a otro, (激しく) sacudir, (心を) conmover
ゆりかご 揺りかご cuna *f*
ゆるい 緩い flojo[ja], (規律が) poco estricto[ta]｜～坂 cuesta *f* suave｜～テンポで a un ritmo lento
ゆるがす 揺るがす estremecer, producir [causar] un estremecimiento
ゆるし 許し (容赦) perdón *m*, (許可) permiso *m*, autorización *f*｜～を請う pedir perdón a ALGUIEN｜～を得る obtener permiso｜～を得て con permiso｜～を得ないで sin (tener) permiso
ゆるす 許す (容赦) perdonar, (許可) permitir｜ご無礼をお許し下さい Perdóneme el atrevimiento.｜弁解は一切許されません No se admite justificación alguna.｜心を～ confiarse｜時間の～限り mientras dispongamos de tiempo
ゆるむ 緩む aflojarse｜気が～ relajarse｜寒さが緩んだ Ha cedido el frío.
ゆるめる 緩める aflojar, (規律を) relajar｜警戒を～ descuidar la vigilancia, bajar la guardia｜歩調を～ aflojar el paso
ゆれ 揺れ balanceo *m*, oscilación *f*, sacudida *f*｜心の～ vacilación *f*
ゆれうごく 揺れ動く世界経済 economía mundial en plena ebullición
ゆれる 揺れる mecerse, agitarse, moverse, (列車) traquetear, (船) cabecear, (振動) oscilar, (激しく) sacudirse, (心) vacilar｜縦[横]に～ moverse verticalmente [horizontalmente]｜前後左右に～ moverse en las cuatro direcciones

よ ❶ **世** mundo *m*｜あの～ el otro mundo｜～が～なら si los tiempos no hubieran cambiado｜～に出る salir a la luz, (有名になる) darse a conocer｜～に問う someter ALGO a la opinión pública｜～のため人のために para [por] el bien de la humanidad [del pueblo]｜～も末だ El fin del mundo está próximo. ❷ **夜** noche *f*｜～が明ける amanecer, alborear｜～を明かす trasnochar, pasar la noche sin dormir｜～が更けるまで hasta el amanecer｜～通し toda la noche ➜夜(よる)
よあけ 夜明け amanecer *m*｜～に al amanecer, de madrugada, al rayar el alba｜～前に antes del amanecer
よあそび 夜遊びをする andar de parranda por la noche
よい ❶ **良い・善い** bueno[na]｜もっと～ mejor｜最も～ el [la] mejor 〈＋名詞〉｜よくなる mejorar(se)｜…しても～ poder 〈＋不定詞〉｜…するほうが～ Es mejor 〈＋不定詞〉.; Es mejor que 〈＋接続法〉.｜みんな無事でよかった Menos mal que todos estamos sanos y salvos.｜よかったら映画に行きませんか Si quiere, ¿por qué no vamos al cine?｜～ことと悪いことの区別がつかない no saber distinguir lo bueno de lo malo ❷ **宵の口に** a [en las] primeras horas de la noche
よいん 余韻 (鐘の) resonancia *f*, gustillo *m*｜彼は勝利の～を味わっている Él está saboreando el gustillo que le dejó la victoria.
よう ❶ **用** recado *m*, encargo *m*, asunto *m*, (約束) compromiso *m*｜～がある (用事) tener unas cosas que hacer, (約束) tener un compromiso｜何の～なの ¿A qué vienes?｜それなら電話で～が足りる Eso se puede arreglar por teléfono.｜君にはもう～がない Ya no te necesitamos.｜このコンピュータは～をなさない Esta computadora no sirve.｜～を足す hacer un recado, hacer unas gestiones, (用便) hacer SUS necesidades｜業務～の de uso industrial｜家庭～の de uso doméstico ❷ **様** …の～だ Parece que 〈＋直説法〉.｜…であるかの～だ Parece que 〈＋接続法〉.｜いつもの～に como de costumbre｜前にも言った～に como te dije antes｜まるで…の～に como si 〈＋接続法過去時制〉 ❸ **酔う** embriagarse, emborracharse, (乗り物に) marearse｜酔った borracho[cha], ebrio[bria], embriagado[da]
ようい ❶ **用意** (準備) preparación *f*, preparativo *m*｜～をする preparar｜～のできた estar preparado[da], estar listo[ta]｜～周到な cuidadoso[sa], cauto[ta]｜位置について, ～, どん ¡Preparados! ¡Ya! ❷ **容易**な fácil, (簡単な) sencillo[lla]｜～に fácilmente

よ

ようぃん 要因 factor *m*, causa *f*｜決定的な～ factor *m* decisivo
ようえき 溶液 〖化〗 solución *f*
ようがし 洋菓子 pastel *m*｜～屋 pastelería *f*
ようがん 溶岩 lava *f*
ようき ❶ 容器 recipiente *m*, envase *m* ❷ 陽気な alegre, jovial
ようぎしゃ 容疑者 presunto[ta] autor[tora] *mf*, sospechoso[sa] *mf*
ようきゅう 要求 exigencias *f.pl*, (権利としての) reclamación *f*, reivindicación *f*｜～する exigir, reclamar, reivindicar｜身代金を～する exigir el rescate a ALGUIEN｜それは無理な～だ Ésas son exigencias imposibles de aceptar.｜～に応じる aceptar las exigencias｜～を退ける rechazar las exigencias｜時代の～ exigencias *f.pl* del tiempo
ようぐ 用具 utensilio *m*, instrumento *m*, herramienta *f*, útiles *m.pl*｜筆記～ instrumentos *m.pl* de escritura
ようけん 用件 asunto *m*
ようご ❶ 用語 término *m*, lenguaje *m*, (集合的) terminología *f* ❷ 擁護する defender, hacer una apología de ALGO
ようこそ ¡Bienvenido[da]!
ようさい 要塞 fortaleza *f*, fuerte *m*
ようし ❶ 要旨 resumen *m* ❷ 用紙 (所定の) formulario *m* ❸ 容姿 figura *f*, apariencia *f*｜彼女は～端麗だ Ella tiene buena presencia. ❹ 養子 hijo[ja] *mf* adoptivo[va]｜～縁組 adopción *f*｜～にする adoptar, prohijar
ようじ ❶ 用事 recado *m*, encargo *m*, asunto *m* ❷ 幼児 niño[ña] *mf* pequeño[ña], (乳児) bebé *m* ❸ 楊枝 mondadientes *m* [*pl* ~], palillo *m*
ようしき ❶ 様式 estilo *m* ❷ 洋式 estilo *m* occidental
ようしゃ 容赦する perdonar｜～なく implacablemente
ようしょく 養殖 cultivo *m*｜～する cultivar｜魚の～ piscicultura *f*
ようじん 用心 precaución *f*, cuidado *m*｜～する tomar precauciones｜～深い cauto[ta], cauteloso[sa], precavido[da]｜～深く con cautela [precaución]｜火の～ ¡Cuidado con el fuego!｜～するに越したことはない Más vale prevenir que curar. 《諺》
ようす 様子 (外見) aspecto *m*, pinta *f*, (成り行き) cariz *m*, (状態) estado *m*｜…の～を見る observar el desarrollo [la evolución] de ...｜この～では por el cariz que está tomando el asunto｜彼女は～が変だ Ella tiene un comportamiento extraño.
ようする 要する necesitar, requerir
ようするに 要するに en resumen
ようせい ❶ 妖精 hada *f* ❷ 要請 petición *f*, solicitud *f*｜～する pedir, solicitar ❸ 養成 formación *f*, capacitación *f*｜～する formar, capacitar
ようせき 容積 (容量) capacidad *f*, (体積) volumen *m*
ようせつ 溶接 〖技〗 soldadura *f*｜～する soldar
ようそ 要素 elemento *m*｜構成～ constituyente *m*
ようだい 容体 estado *m*, condición *f*
ようち 幼稚な infantil, pueril｜～園 jardín *m* de infancia
ようつう 腰痛 dolor *m* de riñones, 〖医〗 lumbago *m*
ようてん 要点 punto *m* clave [importante, esencial]
ようと 用途 uso *m*, empleo *m*, aplicación *f*
ヨウナシ 〖植〗 pera *f*, (木) peral *m*
ようにん 容認する consentir, admitir, permitir, aprobar
ようねんじだい 幼年時代 infancia *f*
ようび 曜日 día *m* de la semana｜今日は何～ですか ¿Qué día (de la semana) es hoy?
ようひし 羊皮紙 pergamino *m*
ようふく 洋服 ropa *f*, vestido *m*, traje *m*｜～だんす armario *m*｜～屋 (店) tienda *f* de ropa, boutique *f*, (紳士服店) sastrería *f*, (人) sastre *m/f*
ようぶん 養分 elementos *m.pl* nutritivos, nutrimento *m*
ようほう ❶ 用法 uso *m*, empleo *m* ❷ 養蜂 apicultura *f*｜～家 apicultor[tora] *mf*
ようぼう 容貌 facciones *f.pl*, fisonomía *f*
ようもう 羊毛 lana *f*
ようやく ❶ 要約 resumen *m*｜～する resumir, abreviar ❷ 漸く por fin
ようりょう ❶ 要領 habilidad *f*, truco *m*, maña *f*, tranquillo *m*｜～を心得ている conocer el truco｜～を覚える coger el tranquillo｜～がいい (ずるい) astuto[ta], (手際がいい) expeditivo[va] ❷ 容量 capacidad *f* ❸ 用量 dosis *f* [*pl* ~]
ようれい 用例 ejemplo *m*
ヨーグルト 〖料〗 yogur *m*
ヨーロッパ Europa *f*｜～の europeo[a]
よか 余暇 ocio *m*, tiempo *m* libre
よかん 予感 presentimiento *m*, corazonada *f*｜…という～がする tener el presentimiento de que 〈＋直説法〉
よき 予期 expectativa *f*, (予想) previsión *f*｜～する esperar, (予想) prever
よきょう 余興 atracciones *f.pl*, diversión *f*
よきん 預金 depósito *m*｜～する depositar dinero｜～口座 cuenta *f* bancaria｜～通帳 libreta *f* de ahorros
よく ❶ 良く・能く・善く bien, (大いに) mucho, (しばしば) a menudo, con frecuencia｜～なる mejorar(se)｜～知られた ser bien conocido[da]｜～やった ¡Bien hecho!｜～あることだ Es el pan nuestro de cada día.｜～言うよ ¿Cómo te atreves a decir eso? ❷ 欲 deseo *m*, (貪欲(どんよく)) avidez *f*, codicia *f*, (金銭欲) avaricia *f*｜～が深い avaricioso[sa]｜～がない generoso[sa]｜君は～に目がくらんでいる Te ciega la codicia.｜～を言えば si se pudiera pedir más
よくあつ 抑圧 opresión *f*, represión *f*｜～する oprimir, reprimir
よくしつ 浴室 cuarto *m* de baño
よくじつ 翌日に al día siguiente
よくせい 抑制する (感情) contener, repri-

よ

mir, (インフレ) frenar
よくそう 浴槽 bañera *f*
よくばり 欲張りな avaricioso[sa], codicioso[sa]
よくぼう 欲望 deseo *m*
よくよくじつ 翌々日 …の～に a los dos días de ..., dos días después de ...
よけい 余計な (不要な) innecesario[ria], superfluo[flua] | ～である sobrar, estar de más | 2つ～だ Sobran dos. | 百円～に払う pagar cien yenes de más | ～なお世話だ ¡No te metas donde no te llaman!
よける esquivar, (かわす) sortear
よけん 予見する prever
よげん 予言 predicción *f* | ～する predecir, profetizar, vaticinar | ～者 profeta *m*, profetisa *f*, adivino[na] *mf*
よこ 横 (側面) lado *m*, (幅) ancho *m*, anchura *f* | 縦10センチ～5センチの布 una tela de diez centímetros de largo por cinco de ancho | ～の lateral, (水平) horizontal | ～に lateralmente, (水平) horizontalmente | …の～に al lado de ... | ～になる acostarse | 彼は～の物を縦にもしない Él no da [pega] ni golpe.
よこがお 横顔 perfil *m*
よこぎる 横切る atravesar, cruzar
よこく 予告 avance *m* | 映画の～編 avance *m* de una película | ～なしに sin previo aviso
よごす 汚す ensuciar, (汚染) contaminar, (染みで) manchar
よこたえる 横たえる acostar, tender
よこたわる 横たわる acostarse, tenderse
よこづな 横綱 (相撲) yokozuna *m*, gran campeón *m* de sumo
よこむき 横向きに de lado, de costado, de perfil
よごれ 汚れ suciedad *f*, (染み) mancha *f* | ～をとる eliminar la suciedad, quitar la mancha
よごれた 汚れた sucio[cia], manchado[da], (汚染した) contaminado[da]
よさん 予算 presupuesto *m* | ～を作成する hacer el presupuesto | ～に組み込む incluir ALGO en el presupuesto | ～をオーバーする pasar del presupuesto | ～の範囲内で en el marco del presupuesto | ～案 proyecto *m* presupuestario | 国家～案 proyecto *m* de ley de presupuestos generales del Estado | ～委員会 comisión *f* presupuestaria
よじのぼる よじ登る (木に) trepar a
よしゅう 予習する preparar la lección
よせ 寄席 teatro *m* de variedades | ～を見る ver un espectáculo de variedades
よせる 寄せる (近づける) acercar | 意見を～ hacer llegar su opinión
よせん 予選 〖スポ〗 eliminatoria *f* | ～を通過する pasar la eliminatoria
よそ ～で en otro lugar [sitio], fuera | ～の de fuera, (外部の) foráneo[a], extraño[ña] | 我々の心配を～に ajeno[na] a nuestra preocupación
よそう 予想 previsión *f*, pronóstico *m*, conjetura *f*, (期待) expectativa *f* | ～する prever, pronosticar | ～のつかない imprevisible | ～通りになる acertar en el pronóstico | ～が外れる fallar [errar] en el pronóstico | ～以上である lograr mejor resultado del que se esperaba | ～以上の más de lo previsto | ～に反して en contra de lo previsto | ～外の展開になる tomar un rumbo inesperado | ～収益率 rentabilidad *f* esperada | ～配当 dividendo *m* esperado [previsto] | ～屋 pronosticador[dora] *mf* | ～利益 beneficios *m.pl* esperados [previstos]
よそおう 装う vestir, (ふりをする) simular
よそく 予測 previsión *f*
よそみ よそ見する mirar hacia otro lado
よそよそしい distante, frío[a], (無関心な) indiferente
よだれ baba *f*
よち 余地 再考の～がない No hay lugar para reconsiderarlo. | まだ議論の～がある Aún hay puntos que discutir.
よっか 四日 (日付) el día cuatro, (日数) cuatro días *m.pl*
よっきゅう 欲求 deseo *m*, apetito *m*
ヨット velero *m*, barco *m* de vela, yate *m*
よっぱらい 酔っ払い borracho[cha] *mf*
よっぱらう 酔っ払う ➜酔う
よてい 予定 (計画) plan *m*, programa *m* | ～を立てる programar, planificar, hacer el plan | ～の時間に a la hora programada | ～より1日早く[遅く] un día antes [después] de lo previsto | ～どおり como estaba programado | ～外の fuera del programa | 今週は～が一杯だ Esta semana tengo la agenda completa. | 来週のご～はいかがですか ¿Qué planes tiene para la próxima semana? | 彼と会うことは～に入れていません No tengo previsto verlo. | 渋滞ですっかり～が狂ってしまった El atasco me estropeó los planes. | ～納税 pago *m* anticipado de impuestos | ～表 programa *m*
よどむ 淀む estancarse, remansarse
よなか 夜中に a [en la] medianoche, (深夜) a altas horas de la noche
よのなか 世の中 mundo *m*
よび 予備 reserva *f* | ～の de reserva, (交換用) de repuesto [recambio] | ～の電池 pila *f* de repuesto | ～のお金を取っておく guardar dinero de reserva | ～軍 tropas *f.pl* de reserva | ～校 escuela *f* preparatoria | ～工作 maniobra *f* previa | ～交渉 negociación *f* previa | ～選挙 elecciones *f.pl* primarias | ～調査 estudio *m* [investigación *f*] preliminar | ～費 fondo *m* de reserva
よびおこす 呼び起こす despertar, (記憶等を) evocar
よびかける 呼び掛ける llamar, (訴える) hacer un llamamiento a ALGUIEN
よびごえ 呼び声 llamada *f*
よびもどす 呼び戻す mandar a ALGUIEN volver
よびもの 呼び物 atracción *f* principal | コンサートの～ el plato fuerte del concierto
よびりん 呼び鈴 timbre *m*
よぶ 呼ぶ llamar, (招待) invitar | 助けを～ pedir ayuda | 医者を～ llamar a un médico | 〈人〉を呼びにやる mandar lla-

mar a ALGUIEN | 議論を～ levantar [desatar] una polémica | 批判を～ provocar críticas | 反響を～ tener eco, causar sensación | タクシーを呼んでください ¿Puede llamar a un taxi?

よぶん 余分な sobrante, superfluo [flua], excedente | ～に de sobra | 1冊～にある Sobra un ejemplar. | ～なお金はない No tengo dinero de sobra.

よほう 予報 previsión *f* | ～する prever, pronosticar | 天気～によると según la previsión del tiempo, según el pronóstico meteorológico | 長期～ previsión *f* a largo plazo

よぼう 予防 prevención *f*, (用心) precaución *f*, 〖医〗 profilaxis *f* [*pl* ~] | ～する prevenir, precaver | 病気の～ prevención *f* de enfermedades | かぜの～のために para prevenir el resfriado | ～線を張る tomar precauciones | ～医学 medicina *f* preventiva, profiláctica *f* | ～措置をとる tomar medidas preventivas | ～接種 vacunación *f*, inoculación *f* | ～接種する vacunar | …の～接種を受ける vacunarse contra ... | ～接種証明書 certificado *m* de vacunación | 火災～週間 semana *f* para la prevención de incendios

よ

よみあげる 読み上げる leer en voz alta

よみがえる 蘇る・甦る resucitar, revivir

よみとる 読み取る leer, (理解する) comprender

よみもの 読み物 lectura *f*, libro *m*

よむ 読む leer | 〈人〉の心 (考え) を～ leer el pensamiento de ALGUIEN

よめ 嫁 (花嫁) novia *f*, (妻) esposa *f*, (息子の) nuera *f*

よやく 予約 reserva *f*, reservación *f* 《ラ米》, (雑誌の) suscripción *f* | ～する reservar, hacer la reserva de | ホテルの部屋を～する reservar una habitación en un hotel | 雑誌の～講読をする suscribirse [abonarse] a una revista | 診察時間を～する pedir hora | ～で一杯である (満席・満室) estar completo[ta] | ～金 depósito *m* | ～済み reservado[da]

よゆう 余裕 (時間) tiempo *m* libre [disponible], (場所) espacio *m* libre [disponible] | 経済的～ holgura *f* económica | あと5人乗る～がある Caben cinco personas más. | …する時間の～がない No tengo tiempo para 〈＋不定詞〉. | 他人のことを考える～がない No estoy para pensar en las cosas de los otros. | 少し～をみて出かける salir de casa con tiempo | ～のある生活をする llevar una vida holgada, vivir con holgura | ～綽々(しゃくしゃく)である quedarse tan ancho[cha]

…より 私は彼～背が高い Soy más alto [ta] que él. | 映画～食事に行きたい Prefiero comer a ir al cine.

よりいと 撚り糸 hilo *m* retorcido

よりかかる 寄り掛かる apoyarse en

よりそう 寄り添う ir muy juntos | 寄り添って踊る bailar muy juntos

よりみち 寄り道 帰宅途中で本屋に～した De regreso a casa, pasé por una librería.

よりよい より良い mejor

よる ❶ 夜 noche *f* | ～に por la noche | 昨日 [明日] の～に ayer [mañana] por la noche | 金曜の～に en la noche del viernes | ～にならないうちに antes del anochecer, antes de que anochezca | ～の間に durante la noche | ～が更ける Avanzar la noche. | ～型の人 noctámbulo[la] *mf*, búho *m* ➜夜(よ) ❷ 寄る (立ち寄る) pasar por, (接近) acercarse a, arrimarse a | わきに～ hacerse [echarse] a un lado | ～と触ると cuando se reúnen | 寄らば大樹の陰 El que a buen árbol se arrima, buena sombra le cobija. 《諺》 ❸ 因る・依る …に～ (原因) deberse a ... | この結論は正確なデータに～ Esta conclusión se basa en los datos precisos. | 天候不良により debido al mal tiempo | 彼の出方によっては dependiendo de qué actitud vaya a tomar él | 今日の新聞によれば según informa el periódico de hoy

よろい 鎧 armadura *f*, arnés *m* | ～戸 persiana *f*

よろこばしい 喜ばしい agradable, grato [ta], feliz, fausto[ta], (満足な) satisfactorio[ria]

よろこび 喜び alegría *f*, placer *m* | ～にあふれる rebosar de alegría | それを聞いて～もひとしおです Mi alegría se multiplica al oírlo.

よろこぶ 喜ぶ・慶ぶ alegrarse | 喜んでいる estar contento[ta] | 喜んで con placer | 喜んで手伝うよ Es un placer para mí poder ayudarte. | 手を貸してくれるかい―喜んで ¿Me echas una mano? — Con mucho gusto. | ご結婚をおよろこび申し上げます Les doy mi más sincera enhorabuena por su casamiento. | 喜ばせる alegrar, agradar

よろしい 宜しいですとも (もちろん) ¡Cómo no! | これで～ですか ¿Está bien así? | 窓を開けても～ですか ¿Puedo abrir las ventanas? | 君は行かなくても～ No tienes que ir. | どちらでも～ Da igual.; Da lo mismo. | よろしければ si le [te] parece bien

よろしく 宜しく 初めまして, どうぞ～お願いします Mucho gusto.; Encantado[da]. | 後は～お願いします Voy a dejar el resto del trabajo en sus manos. | 息子を～お願いします Dejo a mi hijo a su cargo. | ～伝える dar saludos [recuerdos] a ALGUIEN | ご両親にどうぞ～お伝えください Dé muchos saludos a sus padres. | 主人も～と言っておりました También mi marido le manda saludos. | 父が～とのことです Le manda saludos [recuerdos] mi padre.

よろめく tambalearse, (バランスを失う) perder el equilibrio

よろん 世論 opinión *f* pública

よわい 弱い débil, flojo[ja], (脆(もろ)い) frágil | 彼は女に～ Él es débil con las mujeres. | 体が～ delicado[da], (病弱な) enfermizo[za]

よわさ 弱さ debilidad *f*

よわまる 弱まる debilitarse

よわみ 弱み debilidad *f*

よわむし 弱虫 (臆病(おくびょう)者) cobarde *m/f*, 《話》《軽蔑》 gallina *m/f*

よわる 弱る debilitarse

よん 四 cuatro *m* | ～番目の cuarto[ta]

｜～分の１ un cuarto
よんじゅう 四十 cuarenta *m* ｜～番目の cuadragésimo[ma]｜～分の１ un cuarentavo

ら

ラージヒル 〘スポ〙 salto *m* en trampolín de ciento veinte metros
らいう 雷雨 tormenta *f*
ライオン 〘動〙 león *m*, (雌) leona *f*
らいきゃく 来客がある tener visita
らいげつ 来月 el mes próximo, el mes que viene
らいしゅう 来週 la semana próxima, la próxima semana, la semana que viene
らいせ 来世 el otro mundo, la otra vida
ライセンス licencia *f*
ライター (タバコ用) mechero *m*, encendedor *m*, (物書き) escritor[tora] *mf*
ライト ～バン (車) furgoneta *f*
らいねん 来年 el año próximo, el próximo año, el año que viene
ライバル rival *m/f*, competidor[dora] *mf*, competencia *f*
ライフサイクル ciclo *m* vital
ライフライン infraestructura *f* básica de vida diaria: agua, electricidad, gas y comunicación
ライフルじゅう ライフル銃 rifle *m*
ライフワーク obra *f* de SU vida
ライムギ 〘植〙 centeno *m*
らいめい 雷鳴 trueno *m*｜～がする tronar
ライラック 〘植〙 lila *f*
らく 楽な(安楽) cómodo[da], (容易) fácil｜～にしてください Póngase cómodo [da].｜気が～になる sentirse tranquilo [la]｜～に(簡単に) sin esfuerzo
らくいん 烙印 estigma *m*｜～を押す estigmatizar
らくえん 楽園 paraíso *m*
らくがき 落書き garabato *m*, (壁の) pintada *f*
らくご 落後する rezagarse, quedarse rezagado[da]｜～者 rezagado[da] *mf*
らくさ 落差 diferencia *f* de altura, desnivel *m*
ラクダ 〘動〙 camello[lla] *mf*, (ヒトコブラクダ) dromedario *m*
らくだい 落第する suspender, 《話》 catear｜化学の試験に～する suspender [catear] el examen de Química｜～点をとる sacar un suspenso
らくてん 楽天的な optimista｜～家 optimista *m/f*｜～主義 optimismo *m*
ラグビー 〘スポ〙 rugby *m*
らくらく 楽々と con facilidad, sin esfuerzo
ラケット 〘スポ〙 raqueta *f*
…らしい Parece que 〈＋直説法〉.｜彼女は疲れている～ Parece que ella está cansada.｜病気らしく見せる simular una enfermedad｜彼女～やり方だ Es una manera de hacer muy típica de ella.｜あすは雨が降る～ Dicen que va a llover mañana.
ラジエーター 〘車〙 radiador *m*
ラジオ radio *f*｜～の radiofónico[ca], radial 《ラ米》｜～をかける poner la radio｜～を聞く escuchar la radio｜～で聞く escuchar por radio｜～アイソトープ 〘物〙 radioisótopo *m*｜～ゾンデ 〘気象〙 radiosonda *f*｜～体操 programa *m* de gimnasia radiofónico｜～ドラマ radionovela *f*, serial *m* radiofónico｜～放送 radiodifusión *f*
ラジカセ radiocasete *m*
ラジコン teledirección *f*｜～の模型飛行機 aeromodelo *m* teledirigido
ラズベリー 〘植〙 frambuesa *f*
らせん 螺旋状の espiral, espiroidal｜～階段 escalera *f* de caracol [espiroidal]
らたい 裸体 desnudez *f*｜～の desnudo[da]
らち 拉致する secuestrar
らっか 落下 caída *f*｜～する caerse
ラッカー laca *f*｜～を塗る lacar
らっかせい 落花生 〘植〙 cacahuete *m*, maní *m* 《ラ米》
らっかさん 落下傘 paracaídas *m*[*pl* ~]
らっかん 楽観的な optimista ➜楽天
ラッコ 〘動〙 nutria *f* marina
ラッシュアワー hora *f* punta
らっぱ trompeta *f*, clarín *m*｜～飲みをする beber a morro
ラップ 〘音〙 rap *m*｜(食品用の) papel *m* transparente
ラップタイム 〘スポ〙 tiempo *m* cronometrado de cada etapa
ラテン ～の latino[na]｜～アメリカ América *f* Latina, Latinoamérica *f*｜～語 latín *m*
ラブレター carta *f* de amor
ラベル etiqueta *f*
ラベンダー 〘植〙 lavanda *f*, espliego *m*
らん ❶ 欄 (新聞の) columna *f* ❷ ラン 〘植〙 orquídea *f*
らんかん 欄干 barandilla *f*, (手すり) pasamanos *m* [*pl* ~]
らんきりゅう 乱気流 turbulencia *f*
ランキング ranking *m*, clasificación *f*｜～をつける clasificar, 《話》 ranquear
ランク rango *m*, categoría *f*
らんざつ 乱雑 desorden *m*｜～な desordenado[da]｜～に desordenadamente
らんし ❶ 乱視 astigmatismo *m*｜～の (人) astigmático[ca] *mf* ❷ 卵子 óvulo *m*
らんそう 卵巣 ovario *m*
ランチ comida *f*, almuerzo *m*
ランチョンマット mantel *m* individual
ランドセル mochila *f*
ランナー corredor[dora] *mf*
ランニング correr *m*｜～をする correr, (ジョギング) hacer footing｜～コスト (生産ラインの) gastos *m.pl* de operación, (自動車の) gastos *m.pl* de mantenimiento
らんぱく 卵白 clara *f*
ランプ (明かり) lámpara *f*, (高速道路の出入り口) vía *f* de acceso
らんぼう 乱暴な violento[ta]
らんよう 濫用 abuso *m*｜～する abusar de

り

リアリズム realismo *m*

リアル ～な real
リーグ 〘スポ〙 liga *f*
リース leasing *m*, arrendamiento *m* | ～契約 contrato *m* de leasing
リーダー líder *m/f*, dirigente *m/f*
リード ventaja *f*, delantera *f* | ～している llevar una ventaja [delantera]
リール (映画) bobina *f*, (釣り) carrete *m*
リウマチ reumatismo *m*, reuma *m*, reúma *m* | ～を患う padecer reuma
りえき 利益 lucro *m*, ganancias *f.pl*, beneficios *m.pl*, provecho *m* | ～が薄い poco rentable | ～になる lucrativo[va], rentable | ～をあげる obtener ganancias [beneficios] | ～をもたらす dar [producir] beneficios | ～率 tasa *f* de beneficio
りか 理科 ciencias *f.pl* naturales
りかい 理解 comprensión *f*, entendimiento *m* | ～する comprender, entender | ～させる hacer compreder ALGO a ALGUIEN | ～が速い avispado[da] | ～できない incomprensible | ～のある人 persona *f* comprensiva | 彼女は～のない人だ Ella es una persona incomprensiva. | 両国の相互～を深める fomentar un mutuo entendimiento entre ambos países | ～力 capacidad *f* de comprensión
りがい 利害 interés *m*
りきがく 力学 〘物〙 dinámica *f*
りきし 力士 luchador *m* de sumo
りきせつ 力説する enfatizar, hacer hincapié en, insistir en
りく 陸 tierra *f*
リクエスト ～する pedir, solicitar
りくぐん 陸軍 fuerzas *f.pl* terrestres, ejército *m* de tierra
りくじょうきょうぎ 陸上競技 atletismo *m*
りくつ 理屈 lógica *f*, razonamiento *m* | ～に合う razonable, lógico[ca] | ～に合わない irrazonable, ilógico[ca] | ～をつける argumentar, argüir, razonar | なにかと～をつける poner peros | ～っぽい人 razonador[dora] *mf*
リクライニング ～シート asiento *m* reclinable
リクリエーション ➜レクリエーション
りくろ 陸路で por vía terrestre, por tierra
りけん 利権 concesión *f*
りこう 利口な inteligente, listo[ta] | ～に立ち回る actuar inteligentemente | ～ぶる presumir de inteligente, 〘軽蔑〙 dárselas de listo[ta]
りこ 利己的な egoísta | ～主義 egoísmo *m* | ～主義者 egoísta *m/f*
リコール 〘政〙 destitución *f* por votación popular, 〘商〙 retirada *f* del mercado (de un producto)
りこん 離婚 divorcio *m* | ～する divorciarse | ～した divorciado[da]
リサイクル reciclaje *m* | ～する reciclar | ～できる reciclable | 家電～法 ley *f* de reciclaje de electrodomésticos
リサイタル 〘音〙 recital *m*
りし 利子 interés *m*
りじ 理事 consejero[ra] *mf*, directivo [va] *mf*, (学会等の) vocal *m/f* | 国連安全保障理事会の常任～国 miembro *m* permanente del Consejo de Seguridad de la ONU
りじゅん 利潤 lucro *m*, ganancias *f.pl*, beneficios *m.pl*, provecho *m*
リス 〘動〙 ardilla *f*
リスク riesgo *m*
リスト lista *f*
リストラ reestructuración *f*, (人員整理) reducción *f* de personal [de plantilla] | ～される ser despedido[da]
リスニング ～テスト examen *m* de comprensión auditiva
リズム ritmo *m*
りせい 理性 razón *f* | ～的な razonable, racional | ～を失う perder la razón
りそう 理想 ideal *m* | ～的な ideal | ～化する idealizar | ～を抱く tener un ideal | 彼女は～が高い Ella tiene altos ideales. | ～家 idealista *m/f* | ～郷 utopía *f* | ～主義 idealismo *m*
りそく 利息 interés *m*
りち 理知 inteligencia *f* | ～的な inteligente
りちぎ 律儀な honesto[ta], honrado [da]
りつ 率 índice *m*, tasa *f*, (レート) tipo *m*
りっきょう 陸橋 viaducto *m*, paso *m* elevado
りっこうほ 立候補 candidatura *f* | ～する presentarse como candidato[ta] | 市議選に～する presentarse a las elecciones municipales | ～者 candidato[ta] *mf*
りっしょう 立証する demostrar | 身の潔白を～する probar SU inocencia
りっしんしゅっせ 立身出世する triunfar en la vida
りつぞう 立像 estatua *f*
りったい 立体的な cúbico[ca]
リットル litro *m*
りっぱ 立派な excelente, maravilloso [sa] | ～な経歴を持つ tener un currículum impecable | 義務を～に果たす cumplir con SU deber perfectamente
りっぷく 立腹する enfadarse, enojarse
りっぽう ❶ 立法 legislación *f* | ～権 poder *m* legislativo ❷ 立方メートル metro *m* cúbico
りてん 利点 ventaja *f*
りとう 離島 isla *f* apartada [remota]
りにゅう 離乳 destete *m* | ～期 período *m* de destete | ～食 alimento *m* para bebés, papilla *f*
りねん ❶ 理念 idea *f* principal ❷ リネン (布地) lino *m*, (製品) lencería *f*
リハーサル ensayo *m* | ～する ensayar
りはつ 理髪師 peluquero[ra] *mf*, barbero[ra] *mf* | ～店 peluquería *f* de caballeros, barbería *f*
りはば 利幅が小さい El margen de beneficio es pequeño.
リフト (スキー場の) telesilla *f*, telesquí *m*, (貨物用) montacargas *m* [*pl* ~]
りべつ 離別する separarse, (離婚) divorciarse
リベラル ～な liberal
リベンジ venganza *f* ➜仕返し, 復讐
リボン cinta *f*

り

リミット límite *m* | タイム～ límite *m* de tiempo, plazo *m* límite
リムジン 〖車〗 limusina *f*
リモートコントロール mando *m* a distancia, control *m* remoto
りゃくご 略語 abreviatura *f*, (頭文字の) sigla *f*, acrónimo *m*
りゃくしき 略式の simplificado[da], informal, (裁判等が) sumario[ria]
りゃくす 略す simplificar, (短縮) abreviar
りゃくず 略図 croquis *m*[*pl* ~], esquema *m* simplificado
りゃくだつ 略奪 saqueo *m* | ～する saquear | ～品 botín *m*
りゆう 理由 razón *f*, (原因) causa *f*, (動機) motivo *m*, (口実) pretexto *m* | ～を問いただす preguntar la razón | ～を述べる exponer las razones | 一身上の～で por razones personales | 健康上の～で por razones de salud | 何かと～をつけて inventando cualquier pretexto | これといった～もなく sin razón aparente
りゅう 竜 dragón *m*
りゅういき 流域 cuenca *f*, valle *m* | エブロ川～ valle *m* del Ebro
りゅうがく 留学する estudiar en el extranjero | スペインへ～する ir a España a estudiar
りゅうこう 流行 moda *f* | ～の de moda | ～する ponerse de moda, hacer furor | ～している estar de moda, estar en boga | ～遅れの pasado[da] de moda | ～歌 canción *f* popular [de moda] | ～歌手 cantante *m/f* popular [de moda] | ～語 palabra *f* de moda
りゅうざん 流産 aborto *m* | ～する abortar
りゅうし 粒子 partícula *f* | 砂の～ grano *m* de arena
りゅうしゅつ 流出 flujo *m*, salida *f*, vertido *m* | ～する fluir, salirse, verterse
りゅうせい 流星 〖天〗 estrella *f* fugaz
りゅうちょう 流暢な fluido[da] | ～にスペイン語を話す hablar español con fluidez
りゅうつう 流通 (商品) distribución *f*, (貨幣) circulación *f*, (空気) ventilación *f*
りゅうどう 流動的な inestable, precario[ria]
りゅうにゅう 流入 afluencia *f* | …に～する afluir a ..., (川が) desembocar en ...
りゅうねん 留年する repetir curso
りゅうは 流派 escuela *f*
りゅうひょう 流氷 témpano *m* de hielo flotante
りゅうほ 留保する reservar
リュックサック mochila *f*
りよう 利用 utilización *f*, aprovechamiento *m* | ～する utilizar, usar, aprovechar | 廃物の再～ reciclaje *m* de residuos y desechos | ～価値 utilidad *f* | ～者 usuario[ria] *mf*
りょう ❶ 量 cantidad *f*, volumen *m* | ～的に cuantitativamente | 大[小]～ gran [pequeña] cantidad *f* | 仕事の～ cantidad *f* [volumen *m*] de trabajo | 酒の～が過ぎる beber en exceso ❷ 漁 faena *f*, pesca *f* ❸ 猟 caza *f* | ～に出る ir de caza ❹ 寮 residencia *f* de estudiantes, colegio *m* mayor 《スペイン》
りょういき 領域 dominio *m*, (分野) campo *m*, ámbito *m*
りょうかい ❶ 了解 (同意) consentimiento *m*, (理解) entendimiento *m* ❷ 領海 aguas *f.pl* territoriales
りょうがえ 両替 cambio *m* | ～する cambiar
りょうがわ 両側 …の～に a ambos lados de ...
りょうきん 料金 tarifa *f*, (代金) importe *m*, (価格) precio *m* | (タクシーの) 初乗り[基本]～ bajada *f* de bandera | ～を請求する pasar la factura | ～所 (有料道路の) peaje *m*
りょうくう 領空 espacio *m* aéreo
りょうし ❶ 漁師 pescador[dora] *mf* ❷ 猟師 cazador[dora] *mf* ❸ 量子 〖物〗 cuanto *m* | ～理論 teoría *f* cuántica
りょうじ 領事 cónsul *m/f* | ～館 consulado *m*
りょうしゅうしょ 領収書 recibo *m*
りょうしょう 了承する consentir | …の～を得て con el consentimiento de ...
りょうしん 両親 padres *m.pl*
りょうしん 良心 conciencia *f* | ～的な honrado[da] | ～の呵責(かしゃく) remordimiento *m* de conciencia, gusanillo *m* de la conciencia | ～に訴える apelar a la conciencia de ALGUIEN
りょうど 領土 territorio *m*
りょうほう ❶ 両方(とも) ambos[bas], los [las] dos | ～とも…ない ninguno[na] de los [las] dos | ～の ambos[bas] ❷ 療法 terapéutica *f*, terapia *f*, tratamiento *m*
りょうよう 療養 convalecencia *f*, recuperación *f* | ～中である encontrarse en recuperación [en convalecencia]
りょうり 料理 (行為) cocina *f*, (食べ物) comida *f*, (一皿の) plato *m* | ～の culinario[ria] | ～する cocinar, guisar | 彼女は～がうまい Ella es buena cocinera. | ～を出す servir la comida | ～教室 curso *m* de cocina | ～長 chef *m/f* | ～人 cocinero[ra] *mf* | ～法 arte *m* culinario | 家庭～ comida *f* casera | 中華～店 restaurante *m* chino | 日本～ cocina *f* japonesa
りょうりつ 両立させる compaginar
りょかく 旅客 pasajero[ra] *mf*, viajero[ra] *mf* | ～機 avión *m* de pasajeros
りょかん 旅館 hotel *m* tradicional japonés
りょくち 緑地帯 zona *f* verde
りょくちゃ 緑茶 té *m* verde
りょけん 旅券 pasaporte *m*
りょこう 旅行 viaje *m*, (観光旅行) turismo *m* | メキシコを～する viajar por México | チリへ～する hacer un viaje a Chile | ～に出かける salir de viaje | ～案内書 guía *f* turística | ～案内所 oficina *f* de turismo | ～シーズン temporada *f* turística | ～者 viajero[ra] *mf*, (観光客) turista *m/f* | ～社 agencia *f* de viajes | ～傷害保険 seguro *m* de viaje
りょてい 旅程 programa *m* [itinerario *m*] del viaje
りょひ 旅費 gastos *m.pl* del viaje

リラックス ～する relajarse | ～した relajado[da]
りりく 離陸する despegar
りりつ 利率 tipo *m* de interés
リレー 〖スポ〗 relevos *m.pl*
りれき 履歴 carrera *f* | ～書 currículum *m* vitae, historial *m*
りろん 理論 teoría *f*, teórica *f* | ～と実践 la teoría y la práctica | ～的な teórico[ca] | ～上は en teoría, teóricamente | ～づける teorizar | ～をうちたてる formular una teoría | ～家 teórico[ca] *mf* | ～闘争 disputa *f* [lucha *f*] teórica
リン 〖化〗 fósforo *m*
りんか 隣家 casa *f* vecina
りんかい 臨界点に達する 〖物〗 alcanzar [llegar a] un punto crítico | ～前核実験 〖物〗 ensayo *m* [experimento *m*] nuclear subcrítico
りんかく 輪郭 contorno *m*, perfil *m*
りんぎょう 林業 silvicultura *f*
リンク 〖IT〗 enlace *m*, (スケート) pista *f* de patinaje
リング (ボクシング) ring *m*
リンゴ 〖植〗 manzana *f*, (木) manzano *m*
りんごく 隣国 país *m* vecino
りんじ 臨時の especial, extraordinario [ria], (一時的な) temporal, provisional | ～政府 gobierno *m* provisional | ～ニュース flash *m* informativo, noticia *f* de última hora | ～収入 ingresos *m.pl* extraordinarios
りんしつ 隣室 habitación *f* contigua
りんじゅう 臨終 hora *f* de la muerte, 《文》 hora *f* suprema
りんしょう 臨床の clínico[ca]
りんじん 隣人 vecino[na] *mf*
リンス suavizante *m* | ～する ponerse suavizante en el pelo
りんせつ 隣接する lindar [limitar, colindar] con | ～した contiguo[gua] a, lindante [limítrofe] con
リンチ linchamiento *m*
リンネル →リネン
リンパせん リンパ腺 glándula *f* linfática
りんり 倫理 ética *f* | ～学 ética *f*

る

るい ❶ 類 clase *f*, género *m* | ～のない sin precedentes | ～は友を呼ぶ Cada oveja con su pareja. 《諺》 ❷ 塁 (野球) base *f*
るいけい 累計 suma *f* total, total *m*
るいご 類語 sinónimo *m*
るいじ 類似 semejanza *f*, similitud *f* | ～の semejante, similar, parecido[da], análogo[ga]
るいしん 累進課税 impuesto *m* progresivo
るいすい 類推 deducción *f*
るいせき 累積赤字 déficit *m* acumulado
ルーズ ～な descuidado[da], (時間に) poco puntual | ～リーフ carpeta *f* de hojas sueltas [intercambiables]
ルーツ (起源) origen *m* | ～を探る buscar [rastrear] el origen de ALGO
ルート (道) camino *m*, ruta *f*, 〖数〗 (平方根) raíz *f* cuadrada
ルームクーラー aire *m* acondicionado
ルール regla *f*, reglamento *m*
るす 留守 ausencia *f* | ～である no estar en casa, estar ausente | 〈人〉の～中に en ausencia de ALGUIEN | ～番をする cuidar la casa en ausencia de su dueño[ña] | ～番電話 contestador *m* automático
るつぼ 坩堝 人種の～ crisol *m* de razas
ルネッサンス 〖史〗 Renacimiento *m*
ルビー 〖鉱〗 rubí *m*
ルポルタージュ reportaje *m*

れ

れい ❶ 例 ejemplo *m*, (先例) precedente *m* | ～がない No hay precedente(s). | ～を挙げれば por poner un ejemplo | ～を引く citar un ejemplo | ～にとる poner ALGO por ejemplo | …の～にならう seguir el ejemplo de ... | ～の (問題の) en cuestión | ～によって como de costumbre ❷ 礼 (礼儀) cortesía *f*, (謝意) agradecimiento *m*, gratitud *f*, (お辞儀) reverencia *f* | ～を言う agradecer, dar las gracias a ALGUIEN, expresar [manifestar] su agradecimiento a ALGUIEN | お～に en señal de agradecimiento | お～の申しようもありません No sé cómo agradecerle. | あの人には～を失しないように Procure que no le faltemos al respeto a aquel señor. ❸ 零 cero *m* ❹ 霊 alma *f*, ánima *f*, espíritu *m*
れいがい 例外 excepción *f* | ～とする exceptuar | ～なく sin excepción | ～的な excepcional | ～のない規則はない No hay regla sin excepción.
れいき 冷気 aire *m* frío
れいぎ 礼儀 cortesía *f*, urbanidad *f*, (作法) etiqueta *f* | ～正しい cortés, bien educado[da] | ～を知らない descortés, mal educado[da] | ～に反する faltar a las reglas de cortesía | ～を守る respetar las reglas de cortesía
れいきゃく 冷却する refrigerar, enfriar
れいきゅうしゃ 霊柩車 coche *m* fúnebre
れいけつ 冷血動物 animal *m* de sangre fría
れいこく 冷酷な cruel, despiadado[da], implacable | ～な犯罪 crimen *m* a sangre fría
れいこん 霊魂 alma *f*, ánima *f*
れいしょう 例証する ejemplificar
れいじょう ❶ 令嬢 señorita *f* ❷ 礼状 carta *f* de agradecimiento ❸ 令状 〖法〗 orden *f*
れいせい 冷静 serenidad *f*, presencia *f* de ánimo | ～な sereno[na], flemático[ca] | ～に con calma [serenidad]
れいぞうこ 冷蔵庫 frigorífico *m*, refrigerador *m*, nevera *f*
れいたん 冷淡な frío[a], (無関心な) indiferente
れいだんぼう 冷暖房 climatización *f*
れいてん 零点 cero *m*
れいど 零度 cero grados *m.pl*

れいとう 冷凍する congelar|～の congelado[da]|～庫 congelador *m*|～食品 alimentos *m.pl* congelados
れいはい 礼拝 adoración *f*, culto *m*
れいふく 礼服 traje *m* de etiqueta
れいぼう 冷房 refrigeración *f* de aire, (空調) climatización *f*|～装置 sistema *m* de aire acondicionado
レイン ～コート impermeable *m*|～シューズ botas *f.pl* de agua [de goma]
レーザー láser *m*|～光線 rayos *m.pl* láser|～プリンター impresora *f* láser
レース (競走) carrera *f*, (編み物) encaje *m*
レーズン 〖料〗 pasa *f*
レーダー 〖通信〗 radar *m*
レート 〖商〗 tipo *m*|為替～ tipo *m* de cambio
レール 〖鉄道〗 raíl *m* 《スペイン》, riel *m* 《ラ米》, carril *m*
れきし 歴史 historia *f*|～(上)の histórico[ca]|～上の人物 personaje *m* histórico|～に残る pasar a la historia|～家 historiador[dora] *mf*|～観 visión *f* de la historia|～は繰り返す La historia se repite.
れきぜん 歴然とした evidente|～たる事実[証拠] hecho *m* [prueba *f*] evidente
レギュラー ～選手 jugador[dora] *mf* titular|～ガソリン gasolina *f* normal
レクリエーション recreo *m*, recreación *f*
レゲエ 〖音〗 reggae *m*
レコード (記録) récord *m*, marca *f*, (音楽) disco *m*
レザー cuero *m*, piel *f*
レジ caja *f*|～係 cajero[ra] *mf*
レシート recibo *m*
レシーバー (受信機) receptor *m*
レジスター caja *f* registradora
レシピ 〖料〗 receta *f*
レシピエント (移植の) receptor[tora] *mf*
レジャー pasatiempo *m*, entretenimiento *m*|～産業 industria *f* del ocio
レジュメ resumen *m*
レストラン restaurante *m*
レスリング lucha *f*
レセプション recepción *f*
レタス 〖植〗 lechuga *f*
れつ 列 fila *f*, (行列) cola *f*|～になる ponerse en fila|～を作る formar una cola, hacer cola|1～目に en la primera fila|～に割り込む colarse
レッカー ～車 grúa *f*
れっきょ 列挙する enumerar
れっしゃ 列車 tren *m*|マドリード行の～ tren *m* con destino a Madrid|～に乗る subir al tren, tomar el tren|～で行く ir en tren|～事故 accidente *m* ferroviario
レッスン lección *f*, clase *f*|ギターの～を受ける tomar lecciones de guitarra
れっせい 劣勢 desventaja *f*|～に立つ estar [encontrarse] en desventaja
れっとう 列島 archipiélago *m*, rosario *m* de islas
れっとうかん 劣等感 complejo *m* de inferioridad
レディー (女性) señora *f*, dama *f*
レディーメード ～の服 traje *m* [prenda *f*] de confección
レバー (肝臓) hígado *m*, (取っ手) asa *f*
レフェリー 〖スポ〗 árbitro[tra] *mf*
レベル nivel *m*
レポーター reportero[ra] *mf*
レポート (報告) informe *m*, reporte *m*
レモネード 〖料〗 limonada *f*
レモン 〖植〗 limón *m*, (木) limonero *m*
れんあい 恋愛 amor *m*, romance *m*|～小説 novela *f* de amor
れんが 煉瓦 〖建〗 ladrillo *m*
れんきゅう 連休 días *m.pl* festivos seguidos, puente *m*
れんきんじゅつ 錬金術 alquimia *f*
れんけい 連携する cooperar [colaborar] con ALGUIEN
れんごう 連合 unión *f*, asociación *f*
れんさはんのう 連鎖反応 reacción *f* en cadena
レンジ cocina *f*|ガス～ cocina *f* de gas
れんじつ 連日 día tras día
れんしゅう 練習 práctica *f*, (スポーツ) entrenamiento *m*, (芝居等) ensayo *m*|～する entrenarse, practicar, ensayar|～不足 falta *f* de entrenamiento|～不足である estar desentrenado[da]|～曲〖音〗 estudio *m*|～試合〖スポ〗 partido *m* de preparación|～船 buque *m* escuela|～問題 ejercicio *m*
レンズ lente *f*, (カメラの) objetivo *m*
れんそう 連想 asociación *f* de ideas|私はスイカを見ると夏の訪れを～する Asocio la sandía con la llegada del verano.
れんぞく 連続 continuación *f*, continuidad *f*|～した continuo[nua]|～的な consecutivo[va]|3日～して tres días seguidos [consecutivos]|事故が2件～して起きた Ocurrieron dos accidentes uno tras otro.|～殺人犯 autor[tora] *mf* de mútiples homicidios|～ドラマ telenovela *f*
れんたい 連帯 solidaridad *f*|～する solidarizarse con|～保証人 cofiador[dora] *mf*
レンタカー coche *m* de alquiler
レントゲン (X線) rayos *m.pl* X, (X線撮影) radiografía *f*|～写真をとる radiografiar
れんぽう 連邦 federación *f*, estado *m* federal|～政府 gobierno *m* federal
れんめい 連盟 federación *f*, unión *f*
れんらく 連絡 contacto *m*, (通知) aviso *m*, (交通機関の) enlace *m*, correspondencia *f*|～する comunicar|…と～する (列車が) enlazar [empalmar] con ...|～をとる contactar con ALGUIEN, ponerse en contacto con ALGUIEN|～がよい[悪い] (交通の便) estar bien [mal] comunicado[da]|～を絶つ perder el contacto con ALGUIEN|～先 dirección *f*, señas *f.pl*|～駅〖鉄道〗 estación *f* de enlace|～切符 billete *m* combinado|～船 transbordador *m*, ferry *m*
れんりつないかく 連立内閣 gobierno *m* de coalición

ろ 炉 horno *m*

ろう 蝋 cera *f*
ろうあ 聾唖者 sordomudo[da] *mf*
ろうえき 労役 trabajo *m* físico
ろうか ❶ 廊下 pasillo *m*, corredor *m* ❷ 老化 envejecimiento *m* | ～する envejecer(se)
ろうがん 老眼 presbicia *f*, vista *f* cansada | ～の人 présbita *m/f* | ～鏡 gafas *f. pl* de présbita [de vista cansada]
ろうきゅう 老朽化した建物 edificio *m* vetusto
ろうごく 牢獄 cárcel *f*, prisión *f*, calabozo *m*
ろうし 労使 la patronal y los trabajadores
ろうじん 老人 anciano[na] *mf*, viejo[ja] *mf* | ～ホーム asilo *m* de ancianos
ろうすい ❶ 老衰した senil, decrépito[ta] ❷ 漏水 escape *m* de agua
ろうそく 蝋燭 vela *f*, candela *f*
ろうどう 労働 trabajo *m* | ～の laboral | 1日8時間～ ocho horas diarias de trabajo | 週40時間～ cuarenta horas semanales de trabajo | ～組合 sindicato *m* | ～コスト coste *m* laboral | ～者 trabajador[dora] *mf*, obrero[ra] *mf* | ～時間短縮 reducción *f* de las horas de trabajo
わ
ろうどく 朗読する leer en voz alta, (文学作品を) declamar, recitar
ろうねん 老年 vejez *f*, senectud *f*, ancianidad *f*
ろうひ 浪費する derrochar, despilfarrar, malgastar
ローカル ～な local
ローション loción *f*
ロースト ～ビーフ rosbif *m* | ～チキン pollo *m* asado
ローズマリー 〖植〗 romero *m*
ロータリー glorieta *f*, rotonda *f*
ロードショー estreno *m* | ～館 sala *f* de estreno
ロープ cuerda *f*, soga *f*
ロープウェー teleférico *m*
ローマ ～数字 número *m* romano
ローラー ～スケート patinaje *m* sobre ruedas
ローリエ 〖植〗 laurel *m*
ローン préstamo *m*, crédito *m* | ～を払う pagar el préstamo [el crédito]
ろうりょく 労力 trabajo *m*, esfuerzo *m*, (労働力) mano *f* de obra
ろか 濾過する filtrar
ろかた 路肩 arcén *m*
ろく 六 seis *m* | ～番目の sexto[ta] | ～分の1 un sexto
ろくおん 録音 grabación *f* | カセットに会見を～する grabar una entrevista en casete | ～テープ cinta *m* magnetofónica
ろく 碌 社員に～な給料も払わずに sin pagar un sueldo digno a sus empleados | この店は～なものを置いてない En esta tienda no hay artículos que valgan la pena comprar. | 今週は～なことがなかった Esta semana sólo he pasado una racha de mala suerte. | ～に夏休みもなかった Apenas tuve vacaciones de verano.
ろくが 録画 grabación *f* de imágenes | ビデオに番組を～する grabar un programa en vídeo
ろくがつ 六月 junio *m* | ～に en junio
ろくじゅう 六十 sesenta *m* | ～番目の sexagésimo[ma] | ～分の1 un sesentavo
ろくしょう 緑青 cardenillo *m*, verdín *m*
ろくまく 肋膜 pleura *f* | ～炎 pleuresía *f*
ろくろ 轆轤 torno *m*
ロケーション 〖映〗 rodaje *m* [filmación *f*] en exteriores
ロケット cohete *m*, (首飾り) medallón *m*
ろこつ 露骨な crudo[da], directo[ta] | ～に不快感を示す manifestar abiertamente SU disgusto
ろし 濾紙 papel *m* de filtro
ろじ 路地 callejón *m*
ろせん 路線 ruta *f*, recorrido *m*, línea *f*, (方針) línea *f* de conducta
ロッカー taquilla *f* | ～ルーム vestuario *m*
ロッククライミング escalada *f* en roca
ろっこつ 肋骨 costilla *f*
ろてん 露店 puesto *m*, caseta *f*
ロバ 〖動〗 burro[rra] *mf*, asno[na] *mf*
ロビー vestíbulo *m*, hall *m* | ～活動をする hacer lobby
ロボット robot *m*, autómata *m*
ロマンス romance *m*
ロマンチスト romántico[ca] *mf*
ロマンチック ～な romántico[ca]
ろめんでんしゃ 路面電車 tranvía *m*
ろんぎ 論議 discusión *f* | ～する discutir
ろんきょ 論拠 argumento *m*
ろんしょう 論証 argumentación *f*, razonamiento *m*
ろんじる 論じる tratar | 政治を～ hablar [discutir] de política
ろんせつ 論説 editorial *m*, artículo *m*
ろんそう 論争 disputa *f*, debate *m* | ～する disputar, debatir
ろんてん 論点 tema *m* central del debate [de la discusión]
ろんぱく 論駁 refutación *f* | ～する rebatir, refutar
ろんぴょう 論評する comentar, hacer una recensión de ALGO
ろんぶん 論文 trabajo *m*, (雑誌の) artículo *m*, (特定のテーマの) memoria *f*, (卒業論文) tesina *f*, (学位論文) tesis *f*
ろんり 論理 lógica *f* | ～的な lógico[ca]

わ ❶ 和 armonía *f*, (計算の) suma *f* ❷ 輪 (輪っか) anillo *m*, (人の) corro *m*, rueda *f*, (円) círculo *m*
ワーク ～ショップ taller *m* | ～ブック cuaderno *m* de ejercicios
ワープロ 〖IT〗 procesador *m* de textos
わいきょく 歪曲 tergiversación *f* | ～する tergiversar, distorsionar
ワイシャツ 〖服〗 camisa *f*
わいせつ 猥褻な obsceno[na]
ワイパー limpiaparabrisas *m* [*pl* ～]
わいろ 賄賂 soborno *m* | ～を贈る sobornar, hacer un soborno
ワイン vino *m* | 赤[白]～ vino *m* tinto [blanco] | ～カーブ bodega *f* | ハウス～ vino *m* de la casa
わおん 和音 〖音〗 acorde *m*

わかい ❶ 若い joven | 彼は私より２つ～ Él es dos años más joven que yo. | 気が～ ser de mente joven | 彼女は年の割に若く見える Ella parece joven para la edad que tiene. | 若くして死ぬ morir joven ❷ 和解 reconciliación *f* | ～する reconciliarse con ALGUIEN

わかがえる 若返る rejuvenecerse

わかさ 若さ juventud *f* | ～を保つ conservar la juventud

わかす 沸かす (湯を) hervir | 聴衆を～ entusiasmar al auditorio

わがまま ～な egoísta

わかもの 若者 joven *m/f*, mozo[za] *m f*, 《集合的》juventud *f*, mocerío *m*

わからずや 分からず屋 ➜頑固：～者

わかり 分かりのいい inteligente | ～の悪い torpe, lerdo[da] | …は～切ったことだ Salta a la vista que 〈＋直説法〉.; Ni que decir tiene que 〈＋直説法〉. | 分かりにくい difícil de entender, incomprensible, hermético[ca] | 分かりやすい fácil de entender, comprensible

わかる 分かる (理解する) entender, comprender, (知る) saber, enterarse de, (気付く) ver, darse cuenta de | 分かりますか ¿Me entiende? | 分かりましたか ¿Entendido? | 分かりました Entendido. | 英語が～ saber [entender] inglés | …であることが分かった Se llegó a saber que 〈＋直説法〉. | どうしてよいか分からない No sé qué hacer. | 手に取るように～ conocer ALGO como la palma de la mano | 身元が～ descubrir la identidad de ALGUIEN

わかれ 別れ despedida *f* | ～を告げる despedirse de ALGUIEN | ～話を持ち出す sacar a colación el tema del divorcio

わかれみち 分かれ道 (岐路) encrucijada *f*, (二またの分岐) bifurcación *f*, (枝道) ramal *m*

わかれる ❶ 別れる (別の方向へ) separarse, (人が) despedirse | 別れて暮らす vivir separado[da] | 別れた separado[da] ❷ 分かれる dividirse, (分岐) bifurcarse | 分かれた dividido[da]

わかわかしい 若々しい juvenil, joven

わき 脇 lado *m*, costado *m* | …のわきに al lado de ..., (そばに) junto a ...

わきのした 脇の下 axila *f*, sobaco *m*

わきばら 脇腹 costado *m*, flanco *m*

わきみち 脇道 desvío *m* | ～にそれる desviarse

わきやく 脇役 papel *m* secundario

わく ❶ 沸く hervir, bullir, (興奮) entusiasmarse | ふろが沸いたよ El baño está listo [preparado]. ❷ 湧く manar, brotar, (発生) surgir | 泉から水が～ Del manantial mana agua. ❸ 枠 marco *m*, (型枠) bastidor *m*, (範囲) límite *m* | めがねの～ montura *f* de las gafas

わくせい 惑星 〖天文〗planeta *m*

ワクチン vacuna *f* | 生～ vacuna *f* activa

わけ 訳 (理由) razón *f*, motivo *m*, causa *f* | ～を話してください Cuénteme la razón. | どういう～か彼は来なかった No sé por qué, pero no vino él. | 深い～があるのさ Habrá razones profundas. | なるほど君が怒った～だ Ahora entiendo por qué te enfadaste. | 私は働かない～にはいかない No me queda más remedio que trabajar. | ～の分からない言葉を発する pronunciar palabras incomprensibles | ～もなく笑う reírse sin motivo aparente | ～もなく怒る enfadarse sin ton ni son

わけまえ 分け前 reparto *m*, parte *f*

わける 分ける (分割) dividir, (分配) repartir, distribuir, (分類) clasificar, (分離) separar | ケーキを４つに～ dividir la torta en cuatro | 財産を皆で分けた Repartieron los bienes entre todos. | 川が２つの町を分けている El río separa los dos pueblos. | 髪を５分に～ peinarse con (la) raya al medio

わゴム 輪ゴム goma *f*

ワゴン carrito *m* | ～車 furgoneta *f*

わざ 技 arte *m*(*f*), técnica *f*

わざと adrede, a propósito, con intención, intencionadamente | ～らしい poco natural, afectado[da]

わざわい 災い desgracia *f*, calamidad *f*, contratiempo *m* | ～を転じて福となす No hay mal que por bien no venga.

わざわざ ～来日する tomarse la molestia de venir a Japón

ワシ 〖鳥〗águila *f*

わずか ～な escaso[sa], poco[ca]

わずらわしい 煩わしい molesto[ta], fastidioso[sa], (複雑な) complicado[da]

わずらわす 煩わす molestar, fastidiar

わすれっぽい 忘れっぽい olvidadizo[za]

わすれもの 忘れ物 objeto *m* perdido

わすれる 忘れる olvidar, olvidarse de | 彼の電話番号を忘れた Se me ha olvidado su número de teléfono. | ドアの鍵(かぎ)を掛けるのを忘れた Me olvidé de cerrar la puerta con llave. | パスポートを家に忘れた Me dejé el pasaporte en casa. | 忘れられない inolvidable | 済んだことは忘れよう Olvidemos lo pasado.; (水に流す) Hagamos borrón y cuenta nueva.

わせい 和声 〖楽〗armonía *f*

わた 綿 algodón *m*

わだい 話題 tema *m*, tópico *m*

わたし 私は[が] yo | ～の mi 〈＋名詞〉, 〈名詞＋〉mío[a] | ～に[を] me | この車は～のものです Este coche es mío. | ～自身 yo mismo[ma] | ～のために para mí

わたしたち 私たちは[が] nosotros[tras] | ～の nuestro[tra] 〈＋名詞〉, 〈名詞＋〉nuestro[tra] | ～を[に] nos | この家は～のものです Esta casa es nuestra. | ～自身 nosotros[tras] mismos[mas]

わたす 渡す (手渡す) entregar, (引き渡す) transferir

わたりどり 渡り鳥 ave *f* migratoria [de paso]

わたる ❶ 渡る pasar, (横切る) cruzar, atravesar, (移住) emigrar, (渡り鳥が) migrar ❷ 亘る この計画は３年に～ Este proyecto tiene una duración de tres años. | 話はさまざまな分野にわたった Se habló de temas variados.

ワックス cera *f*

ワッペン emblema *m*, (シール) pegatina *f*

わな 罠 (仕掛け・計略) trampa *f*, (動物用の) lazo *m*, cepo *m*, (計略) ardid *m*

わ

ワニ〖動〗cocodrilo *m*, caimán *m*
わびしい 侘びしい（寂しい）triste,（孤独な）solitario[ria],（貧しい）pobre, miserable
わびる 詫びる pedir disculpas [perdón] a ALGUIEN, disculparse
わふく 和服 quimono *m*, traje *m* tradicional japonés
わへい 和平 paz *f*｜～条約 tratado *m* de paz
わめく 喚く gritar, dar gritos, vociferar
わら 藁 paja *f*
わらい 笑い risa *f*｜～をこらえる contener [reprimir] la risa｜～顔 semblante *m* risueño｜～声 risa *f*｜～話 chiste *m*
わらう 笑う reír｜私は笑わずにはいられない No puedo por menos de [que] reírme.｜他人の不幸を～ものではない No debe uno reírse de la desgracia ajena.｜そんなことをしたら人に笑われるよ Todo el mundo se reirá de ti si haces semejante cosa.｜笑わせる hacer reír a ALGUIEN｜あれでプロの歌手だなんて笑わせるよ Me da risa que ése sea un cantante profesional.
わり 割がいい beneficioso[sa], provechoso[sa], rentable｜～を食う salir perdiendo
わりあい 割合 proporción *f*, razón *f*｜月に20ユーロの割合で a razón de veinte euros al mes｜5人に1人の～で合格した Aprobó uno de cada cinco aspirantes.
わりあて 割り当て asignación *f*, reparto *m*
わりあてる 割り当てる asignar, destinar, repartir, distribuir｜仕事を～ asignar el trabajo a ALGUIEN
わりかん 割り勘にする pagar a escote
わりこむ 割り込む（列に）colarse,（話に）interrumpir
わりざん 割り算 división *f*｜～をする hacer una división, dividir
わりだか 割高である relativamente caro[ra]
わりに 割に 物価は～安い La vida está relativamente barata.｜彼は年の～老けて見える Parece mayor para la edad que tiene.
わりばし 割り箸 palillos *m.pl* de madera desechables
わりびき 割引 descuento *m*｜～する descontar, hacer un descuento｜～料金 precio *m* rebajado
わりびく 割り引く descontar｜手形を～ descontar una letra｜彼女の言うことは割り引いて聞いた方がいいよ Es mejor no creer al pie de la letra lo que dice ella.
わりふる 割り振る repartir, distribuir
わりまし 割り増し料金 suplemento *m*
わりやす 割安な relativamente barato[ta], económico[ca]
わる 割る（壊す）partir, romper, cascar,（分ける）dividir｜口を～ cantar de plano｜過半数を～ perder la mayoría absoluta｜1ドルが100円台を割った El dólar se cotizó a menos de cien yenes por dólar.｜ウイスキーを水で～ mezclar whisky con agua｜15を3で～ dividir quince entre tres
わるい 悪い malo[la]｜喫煙は体に～ Fumar es malo [perjudicial] para la salud.｜～ことに…です Lo malo es que〈+直説法〉.｜誰が～のでもないよ Nadie tiene la culpa.｜～けど先に行くからね Perdona, pero me voy antes.｜～ようにはしないよ Te aseguro que no vas a perder nada.｜いい時も～時もあるよ Hay momentos buenos y malos.｜悪く思わないでくれ No lo tomes a mal.
わるがしこい 悪賢い astuto[ta], pícaro[ra]
わるくち 悪口を言う hablar mal de ALGUIEN, criticar
わるだくみ 悪巧み maquinación *f*, trama *f*, conspiración *f*
ワルツ〖楽〗vals *m*
わるふざけ 悪ふざけする gastar una broma pesada
われめ 割れ目 grieta *f*, hendidura *f*, fisura *f*, raja *f*
われやすい 割れやすい quebradizo[za]
われる 割れる quebrarse, romperse,（ひびが入る）agrietarse｜4は2で～ Cuatro es divisible por dos.｜～ような拍手 atronadora ovación *f*｜頭が～ように痛い tener un tremendo dolor de cabeza
わん ❶ 湾 bahía *f*, golfo *m* ❷ 椀 taza *f*, tazón *m*
わんきょく 湾曲 curva *f*｜～した curvado[da]
わんしょう 腕章 brazal *m*, brazalete *m*
わんぱく 腕白な travieso[sa], revoltoso[sa]
ワンピース vestido *m* de una pieza
ワンマン dictador[dora] *mf*, autócrata *m/f*｜～カー（バス）autobús *m* sin revisor｜～ショー espectáculo *m* con un [una] solo[la] artista
わんりょく 腕力 fuerza *f* física, violencia *f*

わ

動 詞 活 用 表

1 -ar 規則動詞 (pasar)　　　　赤字は規則的語尾変化部分

人称・数	直説法		接続法	
	現　在	現在完了	現　在	現在完了
1・単	paso	he pasado	pase	haya pasado
2・単	pasas	has pasado	pases	hayas pasado
3・単	pasa	ha pasado	pase	haya pasado
1・複	pasamos	hemos pasado	pasemos	hayamos pasado
2・複	pasáis	habéis pasado	paséis	hayáis pasado
3・複	pasan	han pasado	pasen	hayan pasado
	点過去	直前過去	過去 (ra形)	過去完了 (ra形)
1・単	pasé	hube pasado	pasara	hubiera pasado
2・単	pasaste	hubiste pasado	pasaras	hubieras pasado
3・単	pasó	hubo pasado	pasara	hubiera pasado
1・複	pasamos	hubimos pasado	pasáramos	hubiéramos pasado
2・複	pasasteis	hubisteis pasado	pasarais	hubierais pasado
3・複	pasaron	hubieron pasado	pasaran	hubieran pasado
	線過去	過去完了	過去 (se形)	過去完了 (se形)
1・単	pasaba	había pasado	pasase	hubiese pasado
2・単	pasabas	habías pasado	pasases	hubieses pasado
3・単	pasaba	había pasado	pasase	hubiese pasado
1・複	pasábamos	habíamos pasado	pasásemos	hubiésemos pasado
2・複	pasabais	habíais pasado	pasaseis	hubieseis pasado
3・複	pasaban	habían pasado	pasasen	hubiesen pasado
	未　来	未来完了	命　令	不定詞 pasar
1・単	pasaré	habré pasado	——	不定詞 (複合形) haber pasado
2・単	pasarás	habrás pasado	pasa	
3・単	pasará	habrá pasado	(pase)	過去分詞 pasado
1・複	pasaremos	habremos pasado	(pasemos)	現在分詞 pasando
2・複	pasaréis	habréis pasado	pasad	現在分詞 (複合形) habiendo pasado
3・複	pasarán	habrán pasado	(pasen)	
	過去未来	過去未来完了		
1・単	pasaría	habría pasado		
2・単	pasarías	habrías pasado		
3・単	pasaría	habría pasado		
1・複	pasaríamos	habríamos pasado		
2・複	pasaríais	habríais pasado		
3・複	pasarían	habrían pasado		

2 **-er** 規則動詞 (beber)

人称・数	直説法		接続法	
	現在	現在完了	現在	現在完了
1・単	bebo	he bebido	beba	haya bebido
2・単	bebes	has bebido	bebas	hayas bebido
3・単	bebe	ha bebido	beba	haya bebido
1・複	bebemos	hemos bebido	bebamos	hayamos bebido
2・複	bebéis	habéis bebido	bebáis	hayáis bebido
3・複	beben	han bebido	beban	hayan bebido
	点過去	直前過去	過去 (ra形)	過去完了 (ra形)
1・単	bebí	hube bebido	bebiera	hubiera bebido
2・単	bebiste	hubiste bebido	bebieras	hubieras bebido
3・単	bebió	hubo bebido	bebiera	hubiera bebido
1・複	bebimos	hubimos bebido	bebiéramos	hubiéramos bebido
2・複	bebisteis	hubisteis bebido	bebierais	hubierais bebido
3・複	bebieron	hubieron bebido	bebieran	hubieran bebido
	線過去	過去完了	過去 (se形)	過去完了 (se形)
1・単	bebía	había bebido	bebiese	hubiese bebido
2・単	bebías	habías bebido	bebieses	hubieses bebido
3・単	bebía	había bebido	bebiese	hubiese bebido
1・複	bebíamos	habíamos bebido	bebiésemos	hubiésemos bebido
2・複	bebíais	habíais bebido	bebieseis	hubieseis bebido
3・複	bebían	habían bebido	bebiesen	hubiesen bebido
	未来	未来完了	命令	
1・単	beberé	habré bebido		不定詞 beber
2・単	beberás	habrás bebido	bebe	不定詞 (複合形) haber bebido
3・単	beberá	habrá bebido	(beba)	過去分詞 bebido
1・複	beberemos	habremos bebido	(bebamos)	現在分詞 bebiendo
2・複	beberéis	habréis bebido	bebed	現在分詞 (複合形) habiendo bebido
3・複	beberán	habrán bebido	(beban)	
	過去未来	過去未来完了		
1・単	bebería	habría bebido		
2・単	beberías	habrías bebido		
3・単	bebería	habría bebido		
1・複	beberíamos	habríamos bebido		
2・複	beberíais	habríais bebido		
3・複	beberían	habrían bebido		

③ **-ir** 規則動詞 (subir)

人称・数	直説法		接続法	
	現在	現在完了	現在	現在完了
1・単	subo	he subido	suba	haya subido
2・単	subes	has subido	subas	hayas subido
3・単	sube	ha subido	suba	haya subido
1・複	subimos	hemos subido	subamos	hayamos subido
2・複	subís	habéis subido	subáis	hayáis subido
3・複	suben	han subido	suban	hayan subido
	点過去	直前過去	過去 (ra形)	過去完了 (ra形)
1・単	subí	hube subido	subiera	hubiera subido
2・単	subiste	hubiste subido	subieras	hubieras subido
3・単	subió	hubo subido	subiera	hubiera subido
1・複	subimos	hubimos subido	subiéramos	hubiéramos subido
2・複	subisteis	hubisteis subido	subierais	hubierais subido
3・複	subieron	hubieron subido	subieran	hubieran subido
	線過去	過去完了	過去 (se形)	過去完了 (se形)
1・単	subía	había subido	subiese	hubiese subido
2・単	subías	habías subido	subieses	hubieses subido
3・単	subía	había subido	subiese	hubiese subido
1・複	subíamos	habíamos subido	subiésemos	hubiésemos subido
2・複	subíais	habíais subido	subieseis	hubieseis subido
3・複	subían	habían subido	subiesen	hubiesen subido
	未来	未来完了	命令	不定詞 subir
1・単	subiré	habré subido	—	不定詞 (複合形) haber subido
2・単	subirás	habrás subido	sube	過去分詞 subido
3・単	subirá	habrá subido	(suba)	現在分詞 subiendo
1・複	subiremos	habremos subido	(subamos)	現在分詞 (複合形) habiendo subido
2・複	subiréis	habréis subido	subid	
3・複	subirán	habrán subido	(suban)	
	過去未来	過去未来完了		
1・単	subiría	habría subido		
2・単	subirías	habrías subido		
3・単	subiría	habría subido		
1・複	subiríamos	habríamos subido		
2・複	subiríais	habríais subido		
3・複	subirían	habrían subido		

④再帰動詞 **-ar** 規則変化 (lavarse)

人称・数	直説法		接続法	
	現在	現在完了	現在	現在完了
1・単	me lavo	me he lavado	me lave	me haya lavado
2・単	te lavas	te has lavado	te laves	te hayas lavado
3・単	se lava	se ha lavado	se lave	se haya lavado
1・複	nos lava-mos	nos hemos lavado	nos lave-mos	nos hayamos lavado
2・複	os laváis	os habéis lavado	os lavéis	os hayáis lavado
3・複	se lavan	se han lavado	se laven	se hayan lavado
	点過去	直前過去	過去 (ra形)	過去完了 (ra形)
1・単	me lavé	me hube lavado	me lavara	me hubiera lavado
2・単	te lavaste	te hubiste lavado	te lavaras	te hubieras lavado
3・単	se lavó	se hubo lavado	se lavara	se hubiera lavado
1・複	nos lava-mos	nos hubimos lavado	nos laváramos	nos hubiéramos lavado
2・複	os lavas-teis	os hubisteis lavado	os lavarais	os hubierais lavado
3・複	se lavaron	se hubieron lavado	se lavaran	se hubieran lavado
	線過去	過去完了	過去 (se形)	過去完了 (se形)
1・単	me lavaba	me había lavado	me lavase	me hubiese lavado
2・単	te lavabas	te habías lavado	te lavases	te hubieses lavado
3・単	se lavaba	se había lavado	se lavase	se hubiese lavado
1・複	nos lavába-mos	nos habíamos lavado	nos lavásemos	nos hubiésemos lavado
2・複	os lavabais	os habíais lavado	os lavaseis	os hubieseis lavado
3・複	se lavaban	se habían lavado	se lavasen	se hubiesen lavado
	未来	未来完了	命令	不定詞 lavarse
1・単	me lavaré	me habré lavado	―	不定詞 (複合形) haberse lavado
2・単	te lavarás	te habrás lavado	lávate	過去分詞 lavado
3・単	se lavará	se habrá lavado	(lávese)	現在分詞 lavándose
1・複	nos lavare-mos	nos habremos lavado	(lavémo-nos)	現在分詞 (複合形) habiéndose lavado
2・複	os lavaréis	os habréis lavado	lavaos	
3・複	se lavarán	se habrán lavado	(lávense)	
	過去未来	過去未来完了		
1・単	me lavaría	me habría lavado		
2・単	te lavarías	te habrías lavado		
3・単	se lavaría	se habría lavado		
1・複	nos lavaría-mos	nos habríamos lavado		
2・複	os lavarí-ais	os habríais lavado		
3・複	se lavarían	se habrían lavado		

5再帰動詞 **-er** 規則変化 (meterse)

人称・数	直説法		接続法	
	現在	現在完了	現在	現在完了
1・単	me meto	me he metido	me meta	me haya metido
2・単	te metes	te has metido	te metas	te hayas metido
3・単	se mete	se ha metido	se meta	se haya metido
1・複	nos metemos	nos hemos metido	nos metamos	nos hayamos metido
2・複	os metéis	os habéis metido	os metáis	os hayáis metido
3・複	se meten	se han metido	se metan	se hayan metido
	点過去	直前過去	過去 (ra形)	過去完了 (ra形)
1・単	me metí	me hube metido	me metiera	me hubiera metido
2・単	te metiste	te hubiste metido	te metieras	te hubieras metido
3・単	se metió	se hubo metido	se metiera	se hubiera metido
1・複	nos metimos	nos hubimos metido	nos metiéramos	nos hubiéramos metido
2・複	os metisteis	os hubisteis metido	os metierais	os hubierais metido
3・複	se metieron	se hubieron metido	se metieran	se hubieran metido
	線過去	過去完了	過去 (se形)	過去完了 (se形)
1・単	me metía	me había metido	me metiese	me hubiese metido
2・単	te metías	te habías metido	te metieses	te hubieses metido
3・単	se metía	se había metido	se metiese	se hubiese metido
1・複	nos metíamos	nos habíamos metido	nos metiésemos	nos hubiésemos metido
2・複	os metíais	os habíais metido	os metieseis	os hubieseis metido
3・複	se metían	se habían metido	se metiesen	se hubiesen metido
	未来	未来完了	命令	不定詞 meterse
1・単	me meteré	me habré metido	——	不定詞 (複合形) haberse metido
2・単	te meterás	te habrás metido	métete	過去分詞 metido
3・単	se meterá	se habrá metido	(métase)	現在分詞 metiéndose
1・複	nos meteremos	nos habremos metido	(metámonos)	現在分詞 (複合形) habiéndose metido
2・複	os meteréis	os habréis metido	meteos	
3・複	se meterán	se habrán metido	(métanse)	
	過去未来	過去未来完了		
1・単	me metería	me habría metido		
2・単	te meterías	te habrías metido		
3・単	se metería	se habría metido		
1・複	nos meteríamos	nos habríamos metido		
2・複	os meteríais	os habríais metido		
3・複	se meterían	se habrían metido		

⑥再帰動詞 **-ir** 規則変化 (unirse)

人称・数	直説法		接続法	
	現在	現在完了	現在	現在完了
1・単	me uno	me he unido	me una	me haya unido
2・単	te unes	te has unido	te unas	te hayas unido
3・単	se une	se ha unido	se una	se haya unido
1・複	nos unimos	nos hemos unido	nos unamos	nos hayamos unido
2・複	os unís	os habéis unido	os unáis	os hayáis unido
3・複	se unen	se han unido	se unan	se hayan unido
	点過去	直前過去	過去 (ra形)	過去完了 (ra形)
1・単	me uní	me hube unido	me uniera	me hubiera unido
2・単	te uniste	te hubiste unido	te unieras	te hubieras unido
3・単	se unió	se hubo unido	se uniera	se hubiera unido
1・複	nos unimos	nos hubimos unido	nos uniéramos	nos hubiéramos unido
2・複	os unisteis	os hubisteis unido	os unierais	os hubierais unido
3・複	se unieron	se hubieron unido	se unieran	se hubieran unido
	線過去	過去完了	過去 (se形)	過去完了 (se形)
1・単	me unía	me había unido	me uniese	me hubiese unido
2・単	te unías	te habías unido	te unieses	te hubieses unido
3・単	se unía	se había unido	se uniese	se hubiese unido
1・複	nos uníamos	nos habíamos unido	nos uniésemos	nos hubiésemos unido
2・複	os uníais	os habíais unido	os unieseis	os hubieseis unido
3・複	se unían	se habían unido	se uniesen	se hubiesen unido
	未来	未来完了	命令	不定詞 unirse
1・単	me uniré	me habré unido	——	不定詞 (複合形) haberse unido
2・単	te unirás	te habrás unido	únete	過去分詞 unido
3・単	se unirá	se habrá unido	(únase)	現在分詞 uniéndose
1・複	nos uniremos	nos habremos unido	(unámonos)	現在分詞 (複合形) habiéndose unido
2・複	os uniréis	os habréis unido	uníos	
3・複	se unirán	se habrán unido	(únanse)	
	過去未来	過去未来完了		
1・単	me uniría	me habría unido		
2・単	te unirías	te habrías unido		
3・単	se uniría	se habría unido		
1・複	nos uniríamos	nos habríamos unido		
2・複	os uniríais	os habríais unido		
3・複	se unirían	se habrían unido		

イタリックは不規則変化形を示す
赤字のイタリックは直説法現在の不規則変化形を示す

7助動詞 haber（不規則変化）

人称・数	直説法			接続法		
	現在	現在完了		現在	現在完了	
1・単	*he*	he		*haya*	haya	
2・単	*has*	has		*hayas*	hayas	
3・単	*ha* (*hay*)	ha	＋過去分詞	*haya*	haya	＋過去分詞
1・複	*hemos*	hemos		*hayamos*	hayamos	
2・複	habéis	habéis		*hayáis*	hayáis	
3・複	*han*	han		*hayan*	hayan	
	点過去	直前過去		過去（ra形）	過去完了（ra形）	
1・単	*hube*	hube		*hubiera*	hubiera	
2・単	*hubiste*	hubiste		*hubieras*	hubieras	
3・単	*hubo*	hubo	＋過去分詞	*hubiera*	hubiera	＋過去分詞
1・複	*hubimos*	hubimos		*hubiéramos*	hubiéramos	
2・複	*hubisteis*	hubisteis		*hubierais*	hubierais	
3・複	*hubieron*	hubieron		*hubieran*	hubieran	
	線過去	過去完了		過去（se形）	過去完了（se形）	
1・単	había	había		*hubiese*	hubiese	
2・単	habías	habías		*hubieses*	hubieses	
3・単	había	había	＋過去分詞	*hubiese*	hubiese	＋過去分詞
1・複	habíamos	habíamos		*hubiésemos*	hubiésemos	
2・複	habíais	habíais		*hubieseis*	hubieseis	
3・複	habían	habían		*hubiesen*	hubiesen	
	未来	未来完了		命令	不定詞	
1・単	*habré*	habré			haber	
2・単	*habrás*	habrás			不定詞（複合形）	
3・単	*habrá*	habrá	＋過去分詞		haber ＋過去分詞	
1・複	*habremos*	habremos			過去分詞 habido	
2・複	*habréis*	habréis			現在分詞 habiendo	
3・複	*habrán*	habrán			現在分詞（複合形） habiendo ＋過去分詞	
	過去未来	過去未来完了				
1・単	*habría*	habría				
2・単	*habrías*	habrías				
3・単	*habría*	habría	＋過去分詞			
1・複	*habríamos*	habríamos				
2・複	*habríais*	habríais				
3・複	*habrían*	habrían				

不規則動詞

	直説法			
	現在	点過去	線過去	未来
8	——	abolí	abolía	aboliré
abolir	——	aboliste	abolías	abolirás
過去分詞	——	abolió	abolía	abolirá
abolido	abolimos	abolimos	abolíamos	aboliremos
現在分詞	abolís	abolisteis	abolíais	aboliréis
aboliendo	——	abolieron	abolían	abolirán
9	abro	abrí	abría	abriré
abrir	abres	abriste	abrías	abrirás
過去分詞	abre	abrió	abría	abrirá
abierto	abrimos	abrimos	abríamos	abriremos
現在分詞	abrís	abristeis	abríais	abriréis
abriendo	abren	abrieron	abrían	abrirán
10	adecuo	adecué	adecuaba	adecuaré
adecuar	adecuas	adecuaste	adecuabas	adecuarás
過去分詞	adecua	adecuó	adecuaba	adecuará
adecuado	adecuamos	adecuamos	adecuábamos	adecuaremos
現在分詞	adecuáis	adecuasteis	adecuabais	adecuaréis
adecuando	adecuan	adecuaron	adecuaban	adecuarán
11	*adquiero*	adquirí	adquiría	adquiriré
adquirir	*adquieres*	adquiriste	adquirías	adquirirás
過去分詞	*adquiere*	adquirió	adquiría	adquirirá
adquirido	adquirimos	adquirimos	adquiríamos	adquiriremos
現在分詞	adquirís	adquiristeis	adquiríais	adquiriréis
adquiriendo	*adquieren*	adquirieron	adquirían	adquirirán
12	*aduzco*	*aduje*	aducía	aduciré
aducir	aduces	*adujiste*	aducías	aducirás
過去分詞	aduce	*adujo*	aducía	aducirá
aducido	aducimos	*adujimos*	aducíamos	aduciremos
現在分詞	aducís	*adujisteis*	aducíais	aduciréis
aduciendo	aducen	*adujeron*	aducían	aducirán
13	*ahínco*	*ahinqué*	ahincaba	ahincaré
ahincar	*ahíncas*	ahincaste	ahincabas	ahincarás
過去分詞	*ahínca*	ahincó	ahincaba	ahincará
ahincado	ahincamos	ahincamos	ahincábamos	ahincaremos
現在分詞	ahincáis	ahincasteis	ahincabais	ahincaréis
ahincando	*ahíncan*	ahincaron	ahincaban	ahincarán

イタリックは不規則変化形を示す
赤字のイタリックは直説法現在の不規則変化形を示す

	接続法			命令
過去未来	現在	過去 (ra形)	過去 (se形)	
aboliría	———	aboliera	aboliese	———
abolirías	———	abolieras	abolieses	———
aboliría	———	aboliera	aboliese	———
aboliríamos	———	aboliéramos	aboliésemos	———
aboliríais	———	abolierais	abolieseis	abolid
abolirían	———	abolieran	aboliesen	———
abriría	abra	abriera	abriese	———
abrirías	abras	abrieras	abrieses	abre
abriría	abra	abriera	abriese	(abra)
abriríamos	abramos	abriéramos	abriésemos	(abramos)
abriríais	abráis	abrierais	abrieseis	abrid
abrirían	abran	abrieran	abriesen	(abran)
adecuaría	adecue	adecuara	adecuase	———
adecuarías	adecues	adecuaras	adecuases	adecua
adecuaría	adecue	adecuara	adecuase	(adecue)
adecuaríamos	adecuemos	adecuáramos	adecuásemos	(adecuemos)
adecuaríais	adecuéis	adecuarais	adecuaseis	adecuad
adecuarían	adecuen	adecuaran	adecuasen	(adecuen)
adquiriría	*adquiera*	adquiriera	adquiriese	———
adquirirías	*adquieras*	adquirieras	adquirieses	*adquiere*
adquiriría	*adquiera*	adquiriera	adquiriese	(*adquiera*)
adquiriríamos	adquiramos	adquiriéramos	adquiriésemos	(adquiramos)
adquiriríais	adquiráis	adquirierais	adquirieseis	adquirid
adquirirían	*adquieran*	adquirieran	adquiriesen	(*adquieran*)
aduciría	*aduzca*	*adujera*	*adujese*	———
aducirías	*aduzcas*	*adujeras*	*adujeses*	aduce
aduciría	*aduzca*	*adujera*	*adujese*	(*aduzca*)
aduciríamos	*aduzcamos*	*adujéramos*	*adujésemos*	(*aduzcamos*)
aduciríais	*aduzcáis*	*adujerais*	*adujeseis*	aducid
aducirían	*aduzcan*	*adujeran*	*adujesen*	(*aduzcan*)
ahincaría	*ahínque*	ahincara	ahincase	———
ahincarías	*ahínques*	ahincaras	ahincases	*ahínca*
ahincaría	*ahínque*	ahincara	ahincase	(*ahínque*)
ahincaríamos	*ahinquemos*	ahincáramos	ahincásemos	(*ahinquemos*)
ahincaríais	*ahinquéis*	ahincarais	ahincaseis	ahincad
ahincarían	*ahínquen*	ahincaran	ahincasen	(*ahínquen*)

	直説法			
	現在	点過去	線過去	未来
14	*ahúmo*	ahumé	ahumaba	ahumaré
ahumar	*ahúmas*	ahumaste	ahumabas	ahumarás
過去分詞	*ahúma*	ahumó	ahumaba	ahumará
ahumado	ahumamos	ahumamos	ahumábamos	ahumaremos
現在分詞	ahumáis	ahumasteis	ahumabais	ahumaréis
ahumando	*ahúman*	ahumaron	ahumaban	ahumarán
15	*aíslo*	aislé	aislaba	aislaré
aislar	*aíslas*	aislaste	aislabas	aislarás
過去分詞	*aísla*	aisló	aislaba	aislará
aislado	aislamos	aislamos	aislábamos	aislaremos
現在分詞	aisláis	aislasteis	aislabais	aislaréis
aislando	*aíslan*	aislaron	aislaban	aislarán
16	ando	*anduve*	andaba	andaré
andar	andas	*anduviste*	andabas	andarás
過去分詞	anda	*anduvo*	andaba	andará
andado	andamos	*anduvimos*	andábamos	andaremos
現在分詞	andáis	*anduvisteis*	andabais	andaréis
andando	andan	*anduvieron*	andaban	andarán
17	aprecio	aprecié	apreciaba	apreciaré
apreciar	aprecias	apreciaste	apreciabas	apreciarás
過去分詞	aprecia	apreció	apreciaba	apreciará
apreciado	apreciamos	apreciamos	apreciábamos	apreciaremos
現在分詞	apreciáis	apreciasteis	apreciabais	apreciaréis
apreciando	aprecian	apreciaron	apreciaban	apreciarán
18	*aprieto*	apreté	apretaba	apretaré
apretar	*aprietas*	apretaste	apretabas	apretarás
過去分詞	*aprieta*	apretó	apretaba	apretará
apretado	apretamos	apretamos	apretábamos	apretaremos
現在分詞	apretáis	apretasteis	apretabais	apretaréis
apretando	*aprietan*	apretaron	apretaban	apretarán
19	*arcaízo*	*arcaicé*	arcaizaba	arcaizaré
arcaizar	*arcaízas*	arcaizaste	arcaizabas	arcaizarás
過去分詞	*arcaíza*	arcaizó	arcaizaba	arcaizará
arcaizado	arcaizamos	arcaizamos	arcaizábamos	arcaizaremos
現在分詞	arcaizáis	arcaizasteis	arcaizabais	arcaizaréis
arcaizando	*arcaízan*	arcaizaron	arcaizaban	arcaizarán
20	*arguyo*	argüí	argüía	argüiré
argüir	*arguyes*	argüiste	argüías	argüirás
過去分詞	*arguye*	*arguyó*	argüía	argüirá
argüido	argüimos	argüimos	argüíamos	argüiremos
現在分詞	argüís	argüisteis	argüíais	argüiréis
arguyendo	*arguyen*	*arguyeron*	argüían	argüirán

	接続法			命令
過去未来	現在	過去 (ra形)	過去 (se形)	
ahumaría	*ahúme*	ahumara	ahumase	———
ahumarías	*ahúmes*	ahumaras	ahumases	*ahúma*
ahumaría	*ahúme*	ahumara	ahumase	(*ahúme*)
ahumaríamos	ahumemos	ahumáramos	ahumásemos	(ahumemos)
ahumaríais	ahuméis	ahumarais	ahumaseis	ahumad
ahumarían	*ahúmen*	ahumaran	ahumasen	(*ahúmen*)
aislaría	*aísle*	aislara	aislase	———
aislarías	*aísles*	aislaras	aislases	*aísla*
aislaría	*aísle*	aislara	aislase	(*aísle*)
aislaríamos	aislemos	aisláramos	aislásemos	(aislemos)
aislaríais	aisléis	aislarais	aislaseis	aislad
aislarían	*aíslen*	aislaran	aislasen	(*aíslen*)
andaría	ande	*anduviera*	*anduviese*	———
andarías	andes	*anduvieras*	*anduvieses*	anda
andaría	ande	*anduviera*	*anduviese*	(ande)
andaríamos	andemos	*anduviéramos*	*anduviésemos*	(andemos)
andaríais	andéis	*anduvierais*	*anduvieseis*	andad
andarían	anden	*anduvieran*	*anduviesen*	(anden)
apreciaría	aprecie	apreciara	apreciase	———
apreciarías	aprecies	apreciaras	apreciases	aprecia
apreciaría	aprecie	apreciara	apreciase	(aprecie)
apreciaríamos	apreciemos	apreciáramos	apreciásemos	(apreciemos)
apreciaríais	apreciéis	apreciarais	apreciaseis	apreciad
apreciarían	aprecien	apreciaran	apreciasen	(aprecien)
apretaría	*apriete*	apretara	apretase	———
apretarías	*aprietes*	apretaras	apretases	*aprieta*
apretaría	*apriete*	apretara	apretase	(*apriete*)
apretaríamos	apretemos	apretáramos	apretásemos	(apretemos)
apretaríais	apretéis	apretarais	apretaseis	apretad
apretarían	*aprieten*	apretaran	apretasen	(*aprieten*)
arcaizaría	*arcaíce*	arcaizara	arcaizase	———
arcaizarías	*arcaíces*	arcaizaras	arcaizases	*arcaíza*
arcaizaría	*arcaíce*	arcaizara	arcaizase	(*arcaíce*)
arcaizaríamos	*arcaicemos*	arcaizáramos	arcaizásemos	(*arcaicemos*)
arcaizaríais	*arcaicéis*	arcaizarais	arcaizaseis	arcaizad
arcaizarían	*arcaícen*	arcaizaran	arcaizasen	(*arcaícen*)
argüiría	*arguya*	*arguyera*	*arguyese*	———
argüirías	*arguyas*	*arguyeras*	*arguyeses*	*arguye*
argüiría	*arguya*	*arguyera*	*arguyese*	(*arguya*)
argüiríamos	*arguyamos*	*arguyéramos*	*arguyésemos*	(*arguyamos*)
argüiríais	*arguyáis*	*arguyerais*	*arguyeseis*	argüid
argüirían	*arguyan*	*arguyeran*	*arguyesen*	(*arguyan*)

	直説法			
	現在	点過去	線過去	未来
21 **asir**	*asgo*	así	asía	asiré
過去分詞	ases	asiste	asías	asirás
asido	ase	asió	asía	asirá
	asimos	asimos	asíamos	asiremos
現在分詞	asís	asisteis	asíais	asiréis
asiendo	asen	asieron	asían	asirán
22 **aunar**	*aúno*	auné	aunaba	aunaré
過去分詞	*aúnas*	aunaste	aunabas	aunarás
aunado	*aúna*	aunó	aunaba	aunará
	aunamos	aunamos	aunábamos	aunaremos
現在分詞	aunáis	aunasteis	aunabais	aunaréis
aunando	*aúnan*	aunaron	aunaban	aunarán
23 **avenir**	*avengo*	*avine*	avenía	*avendré*
過去分詞	*avienes*	*aviniste*	avenías	*avendrás*
avenido	*aviene*	*avino*	avenía	*avendrá*
	avenimos	*avinimos*	aveníamos	*avendremos*
現在分詞	avenís	*avinisteis*	aveníais	*avendréis*
aviniendo	*avienen*	*avinieron*	avenían	*avendrán*
24 **avergonzar**	*avergüenzo*	*avergoncé*	avergonzaba	avergonzaré
過去分詞	*avergüenzas*	avergonzaste	avergonzabas	avergonzarás
avergonzado	*avergüenza*	avergonzó	avergonzaba	avergonzará
	avergonzamos	avergonzamos	avergonzába-mos	avergonzare-mos
現在分詞	avergonzáis	avergonzasteis	avergonzabais	avergonzaréis
avergon-zando	*avergüenzan*	avergonzaron	avergonzaban	avergonzarán
25 **bendecir**	*bendigo*	*bendije*	bendecía	bendeciré
過去分詞	*bendices*	*bendijiste*	bendecías	bendecirás
bendecido	*bendice*	*bendijo*	bendecía	bendecirá
	bendecimos	*bendijimos*	bendecíamos	bendeciremos
現在分詞	bendecís	*bendijisteis*	bendecíais	bendeciréis
bendiciendo	*bendicen*	*bendijeron*	bendecían	bendecirán
26 **buscar**	busco	*busqué*	buscaba	buscaré
過去分詞	buscas	buscaste	buscabas	buscarás
buscado	busca	buscó	buscaba	buscará
	buscamos	buscamos	buscábamos	buscaremos
現在分詞	buscáis	buscasteis	buscabais	buscaréis
buscando	buscan	buscaron	buscaban	buscarán
27 **caber**	*quepo*	*cupe*	cabía	*cabré*
過去分詞	cabes	*cupiste*	cabías	*cabrás*
cabido	cabe	*cupo*	cabía	*cabrá*
	cabemos	*cupimos*	cabíamos	*cabremos*
現在分詞	cabéis	*cupisteis*	cabíais	*cabréis*
cabiendo	caben	*cupieron*	cabían	*cabrán*

	接 続 法			命 令
過去未来	現 在	過去 (ra形)	過去 (se形)	
asiría	*asga*	asiera	asiese	———
asirías	*asgas*	asieras	asieses	ase
asiría	*asga*	asiera	asiese	(*asga*)
asiríamos	*asgamos*	asiéramos	asiésemos	(*asgamos*)
asiríais	*asgáis*	asierais	asieseis	asid
asirían	*asgan*	asieran	asiesen	(*asgan*)
aunaría	*aúne*	aunara	aunase	———
aunarías	*aúnes*	aunaras	aunases	*aúna*
aunaría	*aúne*	aunara	aunase	(*aúne*)
aunaríamos	aunemos	aunáramos	aunásemos	(aunemos)
aunaríais	aunéis	aunarais	aunaseis	aunad
aunarían	*aúnen*	aunaran	aunasen	(*aúnen*)
avendría	*avenga*	*aviniera*	*aviniese*	———
avendrías	*avengas*	*avinieras*	*avinieses*	*avén*
avendría	*avenga*	*aviniera*	*aviniese*	(*avenga*)
avendríamos	*avengamos*	*aviniéramos*	*aviniésemos*	(*avengamos*)
avendríais	*avengáis*	*avinierais*	*avinieseis*	avenid
avendrían	*avengan*	*avinieran*	*aviniesen*	(*avengan*)
avergonzaría	*avergüence*	avergonzara	avergonzase	———
avergonzarías	*avergüences*	avergonzaras	avergonzases	*avergüenza*
avergonzaría	*avergüence*	avergonzara	avergonzase	(*avergüence*)
avergonzaríamos	*avergoncemos*	avergonzáramos	avergonzásemos	(*avergoncemos*)
avergonzaríais	*avergoncéis*	avergonzarais	avergonzaseis	avergonzad
avergonzarían	*avergüencen*	avergonzaran	avergonzasen	(*avergüencen*)
bendeciría	*bendiga*	*bendijera*	*bendijese*	———
bendecirías	*bendigas*	*bendijeras*	*bendijeses*	bendice
bendeciría	*bendiga*	*bendijera*	*bendijese*	(*bendiga*)
bendeciríamos	*bendigamos*	*bendijéramos*	*bendijésemos*	(*bendigamos*)
bendeciríais	*bendigáis*	*bendijerais*	*bendijeseis*	bendecid
bendecirían	*bendigan*	*bendijeran*	*bendijesen*	(*bendigan*)
buscaría	*busque*	buscara	buscase	———
buscarías	*busques*	buscaras	buscases	busca
buscaría	*busque*	buscara	buscase	(*busque*)
buscaríamos	*busquemos*	buscáramos	buscásemos	(*busquemos*)
buscaríais	*busquéis*	buscarais	buscaseis	buscad
buscarían	*busquen*	buscaran	buscasen	(*busquen*)
cabría	*quepa*	*cupiera*	*cupiese*	———
cabrías	*quepas*	*cupieras*	*cupieses*	cabe
cabría	*quepa*	*cupiera*	*cupiese*	(*quepa*)
cabríamos	*quepamos*	*cupiéramos*	*cupiésemos*	(*quepamos*)
cabríais	*quepáis*	*cupierais*	*cupieseis*	cabed
cabrían	*quepan*	*cupieran*	*cupiesen*	(*quepan*)

	直説法			
	現在	点過去	線過去	未来
28	*caigo*	caí	caía	caeré
caer	caes	*caíste*	caías	caerás
過去分詞	cae	*cayó*	caía	caerá
caído	caemos	*caímos*	caíamos	caeremos
現在分詞	caéis	*caísteis*	caíais	caeréis
cayendo	caen	*cayeron*	caían	caerán
29	*cuezo*	cocí	cocía	coceré
cocer	*cueces*	cociste	cocías	cocerás
過去分詞	*cuece*	coció	cocía	cocerá
cocido	cocemos	cocimos	cocíamos	coceremos
現在分詞	cocéis	cocisteis	cocíais	coceréis
cociendo	*cuecen*	cocieron	cocían	cocerán
30	*cohíbo*	cohibí	cohibía	cohibiré
cohibir	*cohíbes*	cohibiste	cohibías	cohibirás
過去分詞	*cohíbe*	cohibió	cohibía	cohibirá
cohibido	cohibimos	cohibimos	cohibíamos	cohibiremos
現在分詞	cohibís	cohibisteis	cohibíais	cohibiréis
cohibiendo	*cohíben*	cohibieron	cohibían	cohibirán
31	*confío*	confié	confiaba	confiaré
confiar	*confías*	confiaste	confiabas	confiarás
過去分詞	*confía*	confió	confiaba	confiará
confiado	confiamos	confiamos	confiábamos	confiaremos
現在分詞	confiáis	confiasteis	confiabais	confiaréis
confiando	*confían*	confiaron	confiaban	confiarán
32	*cuento*	conté	contaba	contaré
contar	*cuentas*	contaste	contabas	contarás
過去分詞	*cuenta*	contó	contaba	contará
contado	contamos	contamos	contábamos	contaremos
現在分詞	contáis	contasteis	contabais	contaréis
contando	*cuentan*	contaron	contaban	contarán
33	*contengo*	*contuve*	contenía	*contendré*
contener	*contienes*	*contuviste*	contenías	*contendrás*
過去分詞	*contiene*	*contuvo*	contenía	*contendrá*
contenido	contenemos	*contuvimos*	conteníamos	*contendremos*
現在分詞	contenéis	*contuvisteis*	conteníais	*contendréis*
conteniendo	*contienen*	*contuvieron*	contenían	*contendrán*
34	*corrijo*	corregí	corregía	corregiré
corregir	*corriges*	corregiste	corregías	corregirás
過去分詞	*corrige*	*corrigió*	corregía	corregirá
corregido	corregimos	corregimos	corregíamos	corregiremos
現在分詞	corregís	corregisteis	corregíais	corregiréis
corrigiendo	*corrigen*	*corrigieron*	corregían	corregirán

	接続法			命令
過去未来	現在	過去 (ra形)	過去 (se形)	
caería	*caiga*	*cayera*	*cayese*	———
caerías	*caigas*	*cayeras*	*cayeses*	cae
caería	*caiga*	*cayera*	*cayese*	(*caiga*)
caeríamos	*caigamos*	*cayéramos*	*cayésemos*	(*caigamos*)
caeríais	*caigáis*	*cayerais*	*cayeseis*	caed
caerían	*caigan*	*cayeran*	*cayesen*	(*caigan*)
cocería	*cueza*	cociera	cociese	———
cocerías	*cuezas*	cocieras	cocieses	*cuece*
cocería	*cueza*	cociera	cociese	(*cueza*)
coceríamos	*cozamos*	cociéramos	cociésemos	(*cozamos*)
coceríais	*cozáis*	cocierais	cocieseis	coced
cocerían	*cuezan*	cocieran	cociesen	(*cuezan*)
cohibiría	*cohíba*	cohibiera	cohibiese	———
cohibirías	*cohíbas*	cohibieras	cohibieses	*cohíbe*
cohibiría	*cohíba*	cohibiera	cohibiese	(*cohíba*)
cohibiríamos	cohibamos	cohibiéramos	cohibiésemos	(cohibamos)
cohibiríais	cohibáis	cohibierais	cohibieseis	cohibid
cohibirían	*cohíban*	cohibieran	cohibiesen	(*cohíban*)
confiaría	*confíe*	confiara	confiase	———
confiarías	*confíes*	confiaras	confiases	*confía*
confiaría	*confíe*	confiara	confiase	(*confíe*)
confiaríamos	confiemos	confiáramos	confiásemos	(confiemos)
confiaríais	confiéis	confiarais	confiaseis	confiad
confiarían	*confíen*	confiaran	confiasen	(*confíen*)
contaría	*cuente*	contara	contase	———
contarías	*cuentes*	contaras	contases	*cuenta*
contaría	*cuente*	contara	contase	(*cuente*)
contaríamos	contemos	contáramos	contásemos	(contemos)
contaríais	contéis	contarais	contaseis	contad
contarían	*cuenten*	contaran	contasen	(*cuenten*)
contendría	*contenga*	*contuviera*	*contuviese*	———
contendrías	*contengas*	*contuvieras*	*contuvieses*	*contén*
contendría	*contenga*	*contuviera*	*contuviese*	(*contenga*)
contendríamos	*contengamos*	*contuviéramos*	*contuviésemos*	(*contengamos*)
contendríais	*contengáis*	*contuvierais*	*contuvieseis*	contened
contendrían	*contengan*	*contuvieran*	*contuviesen*	(*contengan*)
corregiría	*corrija*	*corrigiera*	*corrigiese*	———
corregirías	*corrijas*	*corrigieras*	*corrigieses*	*corrige*
corregiría	*corrija*	*corrigiera*	*corrigiese*	(*corrija*)
corregiríamos	*corrijamos*	*corrigiéramos*	*corrigiésemos*	(*corrijamos*)
corregiríais	*corrijáis*	*corrigierais*	*corrigieseis*	corregid
corregirían	*corrijan*	*corrigieran*	*corrigiesen*	(*corrijan*)

	直説法			
	現在	点過去	線過去	未来
35 **creer**	creo	creí	creía	creeré
過去分詞	crees	*creíste*	creías	creerás
creído	cree	*creyó*	creía	creerá
	creemos	*creímos*	creíamos	creeremos
現在分詞	creéis	*creísteis*	creíais	creeréis
creyendo	creen	*creyeron*	creían	creerán
36 **cubrir**	cubro	cubrí	cubría	cubriré
過去分詞	cubres	cubriste	cubrías	cubrirás
cubierto	cubre	cubrió	cubría	cubrirá
	cubrimos	cubrimos	cubríamos	cubriremos
現在分詞	cubrís	cubristeis	cubríais	cubriréis
cubriendo	cubren	cubrieron	cubrían	cubrirán
37 **dar**	*doy*	*di*	daba	daré
過去分詞	das	*diste*	dabas	darás
dado	da	*dio*	daba	dará
	damos	*dimos*	dábamos	daremos
現在分詞	*dais*	*disteis*	dabais	daréis
dando	dan	*dieron*	daban	darán
38 **decir**	*digo*	*dije*	decía	*diré*
過去分詞	*dices*	*dijiste*	decías	*dirás*
dicho	*dice*	*dijo*	decía	*dirá*
	decimos	*dijimos*	decíamos	*diremos*
現在分詞	decís	*dijisteis*	decíais	*diréis*
diciendo	*dicen*	*dijeron*	decían	*dirán*
39 **degollar**	*degüello*	degollé	degollaba	degollaré
過去分詞	*degüellas*	degollaste	degollabas	degollarás
degollado	*degüella*	degolló	degollaba	degollará
	degollamos	degollamos	degollábamos	degollaremos
現在分詞	degolláis	degollasteis	degollabais	degollaréis
degollando	*degüellan*	degollaron	degollaban	degollarán
40 **delinquir**	*delinco*	delinquí	delinquía	delinquiré
過去分詞	delinques	delinquiste	delinquías	delinquirás
delinquido	delinque	delinquió	delinquía	delinquirá
	delinquimos	delinquimos	delinquíamos	delinquiremos
現在分詞	delinquís	delinquisteis	delinquíais	delinquiréis
delinquiendo	delinquen	delinquieron	delinquían	delinquirán
41 **desdar**	*desdoy*	*desdí*	desdaba	desdaré
過去分詞	*desdás*	*desdiste*	desdabas	desdarás
desdado	*desdá*	*desdió*	desdaba	desdará
	desdamos	*desdimos*	desdábamos	desdaremos
現在分詞	desdáis	*desdisteis*	desdabais	desdaréis
desdando	*desdán*	*desdieron*	desdaban	desdarán

	接続法			命令
過去未来	現在	過去 (ra形)	過去 (se形)	
creería	crea	*creyera*	*creyese*	――
creerías	creas	*creyeras*	*creyeses*	cree
creería	crea	*creyera*	*creyese*	(crea)
creeríamos	creamos	*creyéramos*	*creyésemos*	(creamos)
creeríais	creáis	*creyerais*	*creyeseis*	creed
creerían	crean	*creyeran*	*creyesen*	(crean)
cubriría	cubra	cubriera	cubriese	――
cubrirías	cubras	cubrieras	cubrieses	cubre
cubriría	cubra	cubriera	cubriese	(cubra)
cubriríamos	cubramos	cubriéramos	cubriésemos	(cubramos)
cubriríais	cubráis	cubrierais	cubrieseis	cubrid
cubrirían	cubran	cubrieran	cubriesen	(cubran)
daría	*dé*	*diera*	*diese*	――
darías	des	*dieras*	*dieses*	da
daría	*dé*	*diera*	*diese*	(*dé*)
daríamos	demos	*diéramos*	*diésemos*	(demos)
daríais	*deis*	*dierais*	*dieseis*	dad
darían	den	*dieran*	*diesen*	(den)
diría	*diga*	*dijera*	*dijese*	――
dirías	*digas*	*dijeras*	*dijeses*	*di*
diría	*diga*	*dijera*	*dijese*	(*diga*)
diríamos	*digamos*	*dijéramos*	*dijésemos*	(*digamos*)
diríais	*digáis*	*dijerais*	*dijeseis*	decid
dirían	*digan*	*dijeran*	*dijesen*	(*digan*)
degollaría	*degüelle*	degollara	degollase	――
degollarías	*degüelles*	degollaras	degollases	*degüella*
degollaría	*degüelle*	degollara	degollase	(*degüelle*)
degollaríamos	degollemos	degolláramos	degollásemos	(degollemos)
degollaríais	degolléis	degollarais	degollaseis	degollad
degollarían	*degüellen*	degollaran	degollasen	(*degüellen*)
delinquiría	*delinca*	delinquiera	delinquiese	――
delinquirías	*delincas*	delinquieras	delinquieses	delinque
delinquiría	*delinca*	delinquiera	delinquiese	(*delinca*)
delinquiríamos	*delincamos*	delinquiéramos	delinquiésemos	(*delincamos*)
delinquiríais	*delincáis*	delinquierais	delinquieseis	delinquid
delinquirían	*delincan*	delinquieran	delinquiesen	(*delincan*)
desdaría	*desdé*	*desdiera*	*desdiese*	――
desdarías	*desdés*	*desdieras*	*desdieses*	*desdá*
desdaría	*desdé*	*desdiera*	*desdiese*	(*desdé*)
desdaríamos	desdemos	*desdiéramos*	*desdiésemos*	(desdemos)
desdaríais	desdéis	*desdierais*	*desdieseis*	desdad
desdarían	*desdén*	*desdieran*	*desdiesen*	(*desdén*)

	直説法			
	現在	点過去	線過去	未来
42 **desdecir** 過去分詞 *desdicho* 現在分詞 *desdiciendo*	*desdigo* *desdices* *desdice* desdecimos desdecís *desdicen*	*desdije* *desdijiste* *desdijo* *desdijimos* *desdijisteis* *desdijeron*	desdecía desdecías desdecía desdecíamos desdecíais desdecían	*desdiré* *desdirás* *desdirá* *desdiremos* *desdiréis* *desdirán*
43 **desosar** 過去分詞 desosado 現在分詞 desosando	*deshueso* *deshuesas* *deshuesa* desosamos desosáis *deshuesan*	desosé desosaste desosó desosamos desosasteis desosaron	desosaba desosabas desosaba desosábamos desosabais desosaban	desosaré desosarás desosará desosaremos desosaréis desosarán
44 **dirigir** 過去分詞 dirigido 現在分詞 dirigiendo	*dirijo* diriges dirige dirigimos dirigís dirigen	dirigí dirigiste dirigió dirigimos dirigisteis dirigieron	dirigía dirigías dirigía dirigíamos dirigíais dirigían	dirigiré dirigirás dirigirá dirigiremos dirigiréis dirigirán
45 **discernir** 過去分詞 discernido 現在分詞 discerniendo	*discierno* *disciernes* *discierne* discernimos discernís *disciernen*	discerní discerniste discernió discernimos discernisteis discernieron	discernía discernías discernía discerníamos discerníais discernían	discerniré discernirás discernirá discerniremos discerniréis discernirán
46 **distinguir** 過去分詞 distinguido 現在分詞 distinguiendo	*distingo* distingues distingue distinguimos distinguís distinguen	distinguí distinguiste distinguió distinguimos distinguisteis distinguieron	distinguía distinguías distinguía distinguíamos distinguíais distinguían	distinguiré distinguirás distinguirá distinguiremos distinguiréis distinguirán
47 **dormir** 過去分詞 dormido 現在分詞 *durmiendo*	*duermo* *duermes* *duerme* dormimos dormís *duermen*	dormí dormiste *durmió* dormimos dormisteis *durmieron*	dormía dormías dormía dormíamos dormíais dormían	dormiré dormirás dormirá dormiremos dormiréis dormirán
48 **embaucar** 過去分詞 embaucado 現在分詞 embaucando	*embaúco* *embaúcas* *embaúca* embaucamos embaucáis *embaúcan*	*embauqué* embaucaste embaucó embaucamos embaucasteis embaucaron	embaucaba embaucabas embaucaba embaucábamos embaucabais embaucaban	embaucaré embaucarás embaucará embaucaremos embaucaréis embaucarán

	接続法			命令
過去未来	現在	過去 (ra形)	過去 (se形)	
desdiría	*desdiga*	*desdijera*	*desdijese*	——
desdirías	*desdigas*	*desdijeras*	*desdijeses*	*desdice*
desdiría	*desdiga*	*desdijera*	*desdijese*	(*desdiga*)
desdiríamos	*desdigamos*	*desdijéramos*	*desdijésemos*	(*desdigamos*)
desdiríais	*desdigáis*	*desdijerais*	*desdijeseis*	desdecid
desdirían	*desdigan*	*desdijeran*	*desdijesen*	(*desdigan*)
desosaría	*deshuese*	desosara	desosase	——
desosarías	*deshueses*	desosaras	desosases	*deshuesa*
desosaría	*deshuese*	desosara	desosase	(*deshuese*)
desosaríamos	desosemos	desosáramos	desosásemos	(desosemos)
desosaríais	desoséis	desosarais	desosaseis	desosad
desosarían	*deshuesen*	desosaran	desosasen	(*deshuesen*)
dirigiría	*dirija*	dirigiera	dirigiese	——
dirigirías	*dirijas*	dirigieras	dirigieses	dirige
dirigiría	*dirija*	dirigiera	dirigiese	(*dirija*)
dirigiríamos	*dirijamos*	dirigiéramos	dirigiésemos	(*dirijamos*)
dirigiríais	*dirijáis*	dirigierais	dirigieseis	dirigid
dirigirían	*dirijan*	dirigieran	dirigiesen	(*dirijan*)
discerniría	*discierna*	discerniera	discerniese	——
discernirías	*disciernas*	discernieras	discernieses	*discierne*
discerniría	*discierna*	discerniera	discerniese	(*discierna*)
discerniríamos	discernamos	discerniéramos	discerniésemos	(discernamos)
discerniríais	discernáis	discernierais	discernieseis	discernid
discernirían	*disciernan*	discernieran	discerniesen	(*disciernan*)
distinguiría	*distinga*	distinguiera	distinguiese	——
distinguirías	*distingas*	distinguieras	distinguieses	distingue
distinguiría	*distinga*	distinguiera	distinguiese	(*distinga*)
distinguiríamos	*distingamos*	distinguiéramos	distinguiésemos	(*distingamos*)
distinguiríais	*distingáis*	distinguierais	distinguieseis	distinguid
distinguirían	*distingan*	distinguieran	distinguiesen	(*distingan*)
dormiría	*duerma*	*durmiera*	*durmiese*	——
dormirías	*duermas*	*durmieras*	*durmieses*	*duerme*
dormiría	*duerma*	*durmiera*	*durmiese*	(*duerma*)
dormiríamos	*durmamos*	*durmiéramos*	*durmiésemos*	(*durmamos*)
dormiríais	*durmáis*	*durmierais*	*durmieseis*	dormid
dormirían	*duerman*	*durmieran*	*durmiesen*	(*duerman*)
embaucaría	*embaúque*	embaucara	embaucase	——
embaucarías	*embaúques*	embaucaras	embaucases	*embaúca*
embaucaría	*embaúque*	embaucara	embaucase	(*embaúque*)
embaucaríamos	*embauquemos*	embaucáramos	embaucásemos	(*embauquemos*)
embaucaríais	*embauquéis*	embaucarais	embaucaseis	embaucad
embaucarían	*embaúquen*	embaucaran	embaucasen	(*embaúquen*)

	直説法			
	現在	点過去	線過去	未来
49 **empezar**	*empiezo*	*empecé*	empezaba	empezaré
	empiezas	empezaste	empezabas	empezarás
過去分詞 empezado	*empieza*	empezó	empezaba	empezará
	empezamos	empezamos	empezábamos	empezaremos
現在分詞 empezando	empezáis	empezasteis	empezabais	empezaréis
	empiezan	empezaron	empezaban	empezarán
50 **erguir**	*irgo*	erguí	erguía	erguiré
	irgues	erguiste	erguías	erguirás
過去分詞 erguido	*irgue*	*irguió*	erguía	erguirá
	erguimos	erguimos	erguíamos	erguiremos
現在分詞 *irguiendo*	erguís	erguisteis	erguíais	erguiréis
	irguen	*irguieron*	erguían	erguirán
	または			
	yergo			
	yergues			
	yergue			
	erguimos			
	erguís			
	yerguen			
51 **errar**	*yerro*	erré	erraba	erraré
	yerras	erraste	errabas	errarás
過去分詞 errado	*yerra*	erró	erraba	errará
	erramos	erramos	errábamos	erraremos
現在分詞 errando	erráis	errasteis	errabais	erraréis
	yerran	erraron	erraban	errarán
52 **escribir**	escribo	escribí	escribía	escribiré
	escribes	escribiste	escribías	escribirás
過去分詞 *escrito*	escribe	escribió	escribía	escribirá
	escribimos	escribimos	escribíamos	escribiremos
現在分詞 escribiendo	escribís	escribisteis	escribíais	escribiréis
	escriben	escribieron	escribían	escribirán
53 **estar**	*estoy*	*estuve*	estaba	estaré
	estás	*estuviste*	estabas	estarás
過去分詞 estado	*está*	*estuvo*	estaba	estará
	estamos	*estuvimos*	estábamos	estaremos
現在分詞 estando	estáis	*estuvisteis*	estabais	estaréis
	están	*estuvieron*	estaban	estarán
54 **forzar**	*fuerzo*	*forcé*	forzaba	forzaré
	fuerzas	forzaste	forzabas	forzarás
過去分詞 forzado	*fuerza*	forzó	forzaba	forzará
	forzamos	forzamos	forzábamos	forzaremos
現在分詞 forzando	forzáis	forzasteis	forzabais	forzaréis
	fuerzan	forzaron	forzaban	forzarán

	接続法			命令
過去未来	現在	過去 (ra形)	過去 (se形)	
empezaría	*empiece*	empezara	empezase	———
empezarías	*empieces*	empezaras	empezases	*empieza*
empezaría	*empiece*	empezara	empezase	(*empiece*)
empezaríamos	*empecemos*	empezáramos	empezásemos	(*empecemos*)
empezaríais	*empecéis*	empezarais	empezaseis	empezad
empezarían	*empiecen*	empezaran	empezasen	(*empiecen*)
erguiría	*irga*	*irguiera*	*irguiese*	———
erguirías	*irgas*	*irguieras*	*irguieses*	*irgue*
erguiría	*irga*	*irguiera*	*irguiese*	(*irga*)
erguiríamos	*irgamos*	*irguiéramos*	*irguiésemos*	(*irgamos*)
erguiríais	*irgáis*	*irguierais*	*irguieseis*	erguid
erguirían	*irgan*	*irguieran*	*irguiesen*	(*irgan*)
	または			または
	yerga			———
	yergas			*yergue*
	yerga			(*yerga*)
	yergamos			(*yergamos*)
	yergáis			erguid
	yergan			(*yergan*)
erraría	*yerre*	errara	errase	———
errarías	*yerres*	erraras	errases	*yerra*
erraría	*yerre*	errara	errase	(*yerre*)
erraríamos	erremos	erráramos	errásemos	(erremos)
erraríais	erréis	errarais	erraseis	errad
errarían	*yerren*	erraran	errasen	(*yerren*)
escribiría	escriba	escribiera	escribiese	———
escribirías	escribas	escribieras	escribieses	escribe
escribiría	escriba	escribiera	escribiese	(escriba)
escribiríamos	escribamos	escribiéramos	escribiésemos	(escribamos)
escribiríais	escribáis	escribierais	escribieseis	escribid
escribirían	escriban	escribieran	escribiesen	(escriban)
estaría	*esté*	*estuviera*	*estuviese*	———
estarías	*estés*	*estuvieras*	*estuvieses*	*está*
estaría	*esté*	*estuviera*	*estuviese*	(*esté*)
estaríamos	estemos	*estuviéramos*	*estuviésemos*	(estemos)
estaríais	estéis	*estuvierais*	*estuvieseis*	estad
estarían	*estén*	*estuvieran*	*estuviesen*	(*estén*)
forzaría	*fuerce*	forzara	forzase	———
forzarías	*fuerces*	forzaras	forzases	*fuerza*
forzaría	*fuerce*	forzara	forzase	(*fuerce*)
forzaríamos	*forcemos*	forzáramos	forzásemos	(*forcemos*)
forzaríais	*forcéis*	forzarais	forzaseis	forzad
forzarían	*fuercen*	forzaran	forzasen	(*fuercen*)

	直説法			
	現在	点過去	線過去	未来
55 **fraguar**	fraguo	*fragüé*	fraguaba	fraguaré
過去分詞	fraguas	fraguaste	fraguabas	fraguarás
fraguado	fragua	fraguó	fraguaba	fraguará
	fraguamos	fraguamos	fraguábamos	fraguaremos
現在分詞	fraguáis	fraguasteis	fraguabais	fraguaréis
fraguando	fraguan	fraguaron	fraguaban	fraguarán
56 **freír**	*frío*	freí	freía	*freiré*
過去分詞	*fríes*	*freíste*	freías	*freirás*
frito または	*fríe*	*frió*	freía	*freirá*
freído	*freímos*	*freímos*	freíamos	*freiremos*
現在分詞	freís	*freísteis*	freíais	*freiréis*
friendo	*fríen*	*frieron*	freían	*freirán*
57 **gozar**	gozo	*gocé*	gozaba	gozaré
過去分詞	gozas	gozaste	gozabas	gozarás
gozado	goza	gozó	gozaba	gozará
	gozamos	gozamos	gozábamos	gozaremos
現在分詞	gozáis	gozasteis	gozabais	gozaréis
gozando	gozan	gozaron	gozaban	gozarán
58 **graduar**	*gradúo*	gradué	graduaba	graduaré
過去分詞	*gradúas*	graduaste	graduabas	graduarás
graduado	*gradúa*	graduó	graduaba	graduará
	graduamos	graduamos	graduábamos	graduaremos
現在分詞	graduáis	graduasteis	graduabais	graduaréis
graduando	*gradúan*	graduaron	graduaban	graduarán
59 **hacer**	*hago*	*hice*	hacía	*haré*
過去分詞	haces	*hiciste*	hacías	*harás*
hecho	hace	*hizo*	hacía	*hará*
	hacemos	*hicimos*	hacíamos	*haremos*
現在分詞	hacéis	*hicisteis*	hacíais	*haréis*
haciendo	hacen	*hicieron*	hacían	*harán*
60 **huir**	*huyo*	*hui* または huí	huía	huiré
過去分詞	*huyes*	huiste	huías	huirás
huido	*huye*	*huyó*	huía	huirá
	huimos	huimos	huíamos	huiremos
現在分詞	*huis* または huís	huisteis	huíais	huiréis
huyendo	*huyen*	*huyeron*	huían	huirán
61 **imprimir**	imprimo	imprimí	imprimía	imprimiré
過去分詞	imprimes	imprimiste	imprimías	imprimirás
impreso	imprime	imprimió	imprimía	imprimirá
または imprimido	imprimimos	imprimimos	imprimíamos	imprimiremos
現在分詞	imprimís	imprimisteis	imprimíais	imprimiréis
imprimiendo	imprimen	imprimieron	imprimían	imprimirán

	接続法			命令
過去未来	現在	過去 (ra形)	過去 (se形)	
fraguaría	*fragüe*	fraguara	fraguase	—
fraguarías	*fragües*	fraguaras	fraguases	fragua
fraguaría	*fragüe*	fraguara	fraguase	(*fragüe*)
fraguaríamos	*fragüemos*	fraguáramos	fraguásemos	(*fragüemos*)
fraguaríais	*fragüéis*	fraguarais	fraguaseis	fraguad
fraguarían	*fragüen*	fraguaran	fraguasen	(*fragüen*)
freiría	*fría*	*friera*	*friese*	—
freirías	*frías*	*frieras*	*frieses*	*fríe*
freiría	*fría*	*friera*	*friese*	(*fría*)
freiríamos	*friamos*	*friéramos*	*friésemos*	(*friamos*)
freiríais	*friáis*	*frierais*	*frieseis*	*freíd*
freirían	*frían*	*frieran*	*friesen*	(*frían*)
gozaría	*goce*	gozara	gozase	—
gozarías	*goces*	gozaras	gozases	goza
gozaría	*goce*	gozara	gozase	(*goce*)
gozaríamos	*gocemos*	gozáramos	gozásemos	(*gocemos*)
gozaríais	*gocéis*	gozarais	gozaseis	gozad
gozarían	*gocen*	gozaran	gozasen	(*gocen*)
graduaría	*gradúe*	graduara	graduase	—
graduarías	*gradúes*	graduaras	graduases	*gradúa*
graduaría	*gradúe*	graduara	graduase	(*gradúe*)
graduaríamos	graduemos	graduáramos	graduásemos	(graduemos)
graduaríais	graduéis	graduarais	graduaseis	graduad
graduarían	*gradúen*	graduaran	graduasen	(*gradúen*)
haría	*haga*	*hiciera*	*hiciese*	—
harías	*hagas*	*hicieras*	*hicieses*	*haz*
haría	*haga*	*hiciera*	*hiciese*	(*haga*)
haríamos	*hagamos*	*hiciéramos*	*hiciésemos*	(*hagamos*)
haríais	*hagáis*	*hicierais*	*hicieseis*	haced
harían	*hagan*	*hicieran*	*hiciesen*	(*hagan*)
huiría	*huya*	*huyera*	*huyese*	—
huirías	*huyas*	*huyeras*	*huyeses*	*huye*
huiría	*huya*	*huyera*	*huyese*	(*huya*)
huiríamos	*huyamos*	*huyéramos*	*huyésemos*	(*huyamos*)
huiríais	*huyáis*	*huyerais*	*huyeseis*	huid
huirían	*huyan*	*huyeran*	*huyesen*	(*huyan*)
imprimiría	imprima	imprimiera	imprimiese	—
imprimirías	imprimas	imprimieras	imprimieses	imprime
imprimiría	imprima	imprimiera	imprimiese	(imprima)
imprimiríamos	imprimamos	imprimiéramos	imprimiésemos	(imprimamos)
imprimiríais	imprimáis	imprimierais	imprimieseis	imprimid
imprimirían	impriman	imprimieran	imprimiesen	(impriman)

	直説法			
	現在	点過去	線過去	未来
62 **ir** 過去分詞 ido 現在分詞 *yendo*	*voy* *vas* *va* *vamos* *vais* *van*	*fui* *fuiste* *fue* *fuimos* *fuisteis* *fueron*	*iba* *ibas* *iba* *íbamos* *ibais* *iban*	iré irás irá iremos iréis irán
63 **irse** 過去分詞 ido 現在分詞 *yéndose*	*me voy* *te vas* *se va* *nos vamos* *os vais* *se van*	*me fui* *te fuiste* *se fue* *nos fuimos* *os fuisteis* *se fueron*	*me iba* *te ibas* *se iba* *nos íbamos* *os ibais* *se iban*	me iré te irás se irá nos iremos os iréis se irán
64 **jugar** 過去分詞 jugado 現在分詞 jugando	*juego* *juegas* *juega* jugamos jugáis *juegan*	*jugué* jugaste jugó jugamos jugasteis jugaron	jugaba jugabas jugaba jugábamos jugabais jugaban	jugaré jugarás jugará jugaremos jugaréis jugarán
65 **licuar** 過去分詞 licuado 現在分詞 licuando	*licúo* *licúas* *licúa* licuamos licuáis *licúan* または licuo licuas licua licuamos licuáis licuan	licué licuaste licuó licuamos licuasteis licuaron	licuaba licuabas licuaba licuábamos licuabais licuaban	licuaré licuarás licuará licuaremos licuaréis licuarán
66 **llegar** 過去分詞 llegado 現在分詞 llegando	llego llegas llega llegamos llegáis llegan	*llegué* llegaste llegó llegamos llegasteis llegaron	llegaba llegabas llegaba llegábamos llegabais llegaban	llegaré llegarás llegará llegaremos llegaréis llegarán
67 **lucir** 過去分詞 lucido 現在分詞 luciendo	*luzco* luces luce lucimos lucís lucen	lucí luciste lució lucimos lucisteis lucieron	lucía lucías lucía lucíamos lucíais lucían	luciré lucirás lucirá luciremos luciréis lucirán

	接続法			命令
過去未来	現在	過去 (ra形)	過去 (se形)	
iría irías iría iríamos iríais irían	*vaya* *vayas* *vaya* *vayamos* *vayáis* *vayan*	*fuera* *fueras* *fuera* *fuéramos* *fuerais* *fueran*	*fuese* *fueses* *fuese* *fuésemos* *fueseis* *fuesen*	—— *ve* (*vaya*) (*vamos*) id (*vayan*)
me iría te irías se iría nos iríamos os iríais se irían	*me vaya* *te vayas* *se vaya* *nos vayamos* *os vayáis* *se vayan*	*me fuera* *te fueras* *se fuera* *nos fuéramos* *os fuerais* *se fueran*	*me fuese* *te fueses* *se fuese* *nos fuésemos* *os fueseis* *se fuesen*	—— *vete* (*váyase*) (*vámonos*) *idos* (*váyanse*)
jugaría jugarías jugaría jugaríamos jugaríais jugarían	*juegue* *juegues* *juegue* *juguemos* *juguéis* *jueguen*	jugara jugaras jugara jugáramos jugarais jugaran	jugase jugases jugase jugásemos jugaseis jugasen	—— *juega* (*juegue*) (*juguemos*) jugad (*jueguen*)
licuaría licuarías licuaría licuaríamos licuaríais licuarían	*licúe* *licúes* *licúe* licuemos licuéis *licúen* または licue licues licue licuemos licuéis licuen	licuara licuaras licuara licuáramos licuarais licuaran	licuase licuases licuase licuásemos licuaseis licuasen	—— *licúa* (*licúe*) (licuemos) licuad (*licúen*) または —— licua (licue) (licuemos) licuad (licuen)
llegaría llegarías llegaría llegaríamos llegaríais llegarían	*llegue* *llegues* *llegue* *lleguemos* *lleguéis* *lleguen*	llegara llegaras llegara llegáramos llegarais llegaran	llegase llegases llegase llegásemos llegaseis llegasen	—— llega (*llegue*) (*lleguemos*) llegad (*lleguen*)
luciría lucirías luciría luciríamos luciríais lucirían	*luzca* *luzcas* *luzca* *luzcamos* *luzcáis* *luzcan*	luciera lucieras luciera luciéramos lucierais lucieran	luciese lucieses luciese luciésemos lucieseis luciesen	—— luce (*luzca*) (*luzcamos*) lucid (*luzcan*)

	直説法			
	現在	点過去	線過去	未来
68	*mezo*	mecí	mecía	meceré
mecer	meces	meciste	mecías	mecerás
過去分詞	mece	meció	mecía	mecerá
mecido	mecemos	mecimos	mecíamos	meceremos
現在分詞	mecéis	mecisteis	mecíais	meceréis
meciendo	mecen	mecieron	mecían	mecerán
69	*muero*	morí	moría	moriré
morir	*mueres*	moriste	morías	morirás
過去分詞	*muere*	*murió*	moría	morirá
muerto	morimos	morimos	moríamos	moriremos
現在分詞	morís	moristeis	moríais	moriréis
muriendo	*mueren*	*murieron*	morían	morirán
70	*muevo*	moví	movía	moveré
mover	*mueves*	moviste	movías	moverás
過去分詞	*mueve*	movió	movía	moverá
movido	movemos	movimos	movíamos	moveremos
現在分詞	movéis	movisteis	movíais	moveréis
moviendo	*mueven*	movieron	movían	moverán
71	mullo	mullí	mullía	mulliré
mullir	mulles	mulliste	mullías	mullirás
過去分詞	mulle	*mulló*	mullía	mullirá
mullido	mullimos	mullimos	mullíamos	mulliremos
現在分詞	mullís	mullisteis	mullíais	mulliréis
mullendo	mullen	*mulleron*	mullían	mullirán
72	*niego*	*negué*	negaba	negaré
negar	*niegas*	negaste	negabas	negarás
過去分詞	*niega*	negó	negaba	negará
negado	negamos	negamos	negábamos	negaremos
現在分詞	negáis	negasteis	negabais	negaréis
negando	*niegan*	negaron	negaban	negarán
73	*oigo*	oí	oía	*oiré*
oír	*oyes*	*oíste*	oías	*oirás*
過去分詞	*oye*	*oyó*	oía	*oirá*
oído	*oímos*	*oímos*	oíamos	*oiremos*
現在分詞	oís	*oísteis*	oíais	*oiréis*
oyendo	*oyen*	*oyeron*	oían	*oirán*
74	*huelo*	olí	olía	oleré
oler	*hueles*	oliste	olías	olerás
過去分詞	*huele*	olió	olía	olerá
olido	olemos	olimos	olíamos	oleremos
現在分詞	oléis	olisteis	olíais	oleréis
oliendo	*huelen*	olieron	olían	olerán

	接続法			命令
過去未来	現在	過去 (ra形)	過去 (se形)	
mecería	*meza*	meciera	meciese	———
mecerías	*mezas*	mecieras	mecieses	mece
mecería	*meza*	meciera	meciese	(*meza*)
meceríamos	*mezamos*	meciéramos	meciésemos	(*mezamos*)
meceríais	*mezáis*	mecierais	mecieseis	meced
mecerían	*mezan*	mecieran	meciesen	(*mezan*)
moriría	*muera*	*muriera*	*muriese*	———
morirías	*mueras*	*murieras*	*murieses*	*muere*
moriría	*muera*	*muriera*	*muriese*	(*muera*)
moriríamos	*muramos*	*muriéramos*	*muriésemos*	(*muramos*)
moriríais	*muráis*	*murierais*	*murieseis*	morid
morirían	*mueran*	*murieran*	*muriesen*	(*mueran*)
movería	*mueva*	moviera	moviese	———
moverías	*muevas*	movieras	movieses	*mueve*
movería	*mueva*	moviera	moviese	(*mueva*)
moveríamos	movamos	moviéramos	moviésemos	(movamos)
moveríais	mováis	movierais	movieseis	moved
moverían	*muevan*	movieran	moviesen	(*muevan*)
mulliría	mulla	*mullera*	*mullese*	———
mullirías	mullas	*mulleras*	*mulleses*	mulle
mulliría	mulla	*mullera*	*mullese*	(mulla)
mulliríamos	mullamos	*mulléramos*	*mullésemos*	(mullamos)
mulliríais	mulláis	*mullerais*	*mulleseis*	mullid
mullirían	mullan	*mulleran*	*mullesen*	(mullan)
negaría	*niegue*	negara	negase	———
negarías	*niegues*	negaras	negases	*niega*
negaría	*niegue*	negara	negase	(*niegue*)
negaríamos	*neguemos*	negáramos	negásemos	(*neguemos*)
negaríais	*neguéis*	negarais	negaseis	negad
negarían	*nieguen*	negaran	negasen	(*nieguen*)
oiría	*oiga*	*oyera*	*oyese*	———
oirías	*oigas*	*oyeras*	*oyeses*	*oye*
oiría	*oiga*	*oyera*	*oyese*	(*oiga*)
oiríamos	*oigamos*	*oyéramos*	*oyésemos*	(*oigamos*)
oiríais	*oigáis*	*oyerais*	*oyeseis*	*oíd*
oirían	*oigan*	*oyeran*	*oyesen*	(*oigan*)
olería	*huela*	oliera	oliese	———
olerías	*huelas*	olieras	olieses	*huele*
olería	*huela*	oliera	oliese	(*huela*)
oleríamos	olamos	oliéramos	oliésemos	(olamos)
oleríais	oláis	olierais	olieseis	oled
olerían	*huelan*	olieran	oliesen	(*huelan*)

	直説法			
	現在	点過去	線過去	未来
75 **oponer** 過去分詞 *opuesto* 現在分詞 oponiendo	*opongo*	*opuse*	oponía	*opondré*
	opones	*opusiste*	oponías	*opondrás*
	opone	*opuso*	oponía	*opondrá*
	oponemos	*opusimos*	oponíamos	*opondremos*
	oponéis	*opusisteis*	oponíais	*opondréis*
	oponen	*opusieron*	oponían	*opondrán*
76 **parecer** 過去分詞 parecido 現在分詞 pareciendo	*parezco*	parecí	parecía	pareceré
	pareces	pareciste	parecías	parecerás
	parece	pareció	parecía	parecerá
	parecemos	parecimos	parecíamos	pareceremos
	parecéis	parecisteis	parecíais	pareceréis
	parecen	parecieron	parecían	parecerán
77 **pedir** 過去分詞 pedido 現在分詞 *pidiendo*	*pido*	pedí	pedía	pediré
	pides	pediste	pedías	pedirás
	pide	*pidió*	pedía	pedirá
	pedimos	pedimos	pedíamos	pediremos
	pedís	pedisteis	pedíais	pediréis
	piden	*pidieron*	pedían	pedirán
78 **placer** 過去分詞 placido 現在分詞 placiendo	*plazco*	plací	placía	placeré
	places	placiste	placías	placerás
	place	plació または *plugo*	placía	placerá
	placemos	placimos	placíamos	placeremos
	placéis	placisteis	placíais	placeréis
	placen	placieron または *pluguieron*	placían	placerán
79 **poder** 過去分詞 podido 現在分詞 *pudiendo*	*puedo*	*pude*	podía	*podré*
	puedes	*pudiste*	podías	*podrás*
	puede	*pudo*	podía	*podrá*
	podemos	*pudimos*	podíamos	*podremos*
	podéis	*pudisteis*	podíais	*podréis*
	pueden	*pudieron*	podían	*podrán*
80 **poner** 過去分詞 *puesto* 現在分詞 poniendo	*pongo*	*puse*	ponía	*pondré*
	pones	*pusiste*	ponías	*pondrás*
	pone	*puso*	ponía	*pondrá*
	ponemos	*pusimos*	poníamos	*pondremos*
	ponéis	*pusisteis*	poníais	*pondréis*
	ponen	*pusieron*	ponían	*pondrán*
81 **prender** 過去分詞 prendido または*preso* 現在分詞 prendiendo	prendo	prendí	prendía	prenderé
	prendes	prendiste	prendías	prenderás
	prende	prendió	prendía	prenderá
	prendemos	prendimos	prendíamos	prenderemos
	prendéis	prendisteis	prendíais	prenderéis
	prenden	prendieron	prendían	prenderán

	接続法			命令
過去未来	現在	過去 (ra形)	過去 (se形)	
opondría	*oponga*	*opusiera*	*opusiese*	———
opondrías	*opongas*	*opusieras*	*opusieses*	*opón*
opondría	*oponga*	*opusiera*	*opusiese*	(*oponga*)
opondríamos	*opongamos*	*opusiéramos*	*opusiésemos*	(*opongamos*)
opondríais	*opongáis*	*opusierais*	*opusieseis*	oponed
opondrían	*opongan*	*opusieran*	*opusiesen*	(*opongan*)
parecería	*parezca*	pareciera	pareciese	———
parecerías	*parezcas*	parecieras	parecieses	parece
parecería	*parezca*	pareciera	pareciese	(*parezca*)
pareceríamos	*parezcamos*	pareciéramos	pareciésemos	(*parezcamos*)
pareceríais	*parezcáis*	parecierais	parecieseis	pareced
parecerían	*parezcan*	parecieran	pareciesen	(*parezcan*)
pediría	*pida*	*pidiera*	*pidiese*	———
pedirías	*pidas*	*pidieras*	*pidieses*	*pide*
pediría	*pida*	*pidiera*	*pidiese*	(*pida*)
pediríamos	*pidamos*	*pidiéramos*	*pidiésemos*	(*pidamos*)
pediríais	*pidáis*	*pidierais*	*pidieseis*	pedid
pedirían	*pidan*	*pidieran*	*pidiesen*	(*pidan*)
placería	*plazca*	placiera	placiese	———
placerías	*plazcas*	placieras	placieses	place
placería	*plazca* または *plega, plegue*	placiera または *pluguiera*	placiese または *pluguiese*	(*plazca*)
placeríamos	*plazcamos*	placiéramos	placiésemos	(*plazcamos*)
placeríais	*plazcáis*	placierais	placieseis	placed
placerían	*plazcan*	placieran	placiesen	(*plazcan*)
podría	*pueda*	*pudiera*	*pudiese*	———
podrías	*puedas*	*pudieras*	*pudieses*	*puede*
podría	*pueda*	*pudiera*	*pudiese*	(*pueda*)
podríamos	podamos	*pudiéramos*	*pudiésemos*	(podamos)
podríais	podáis	*pudierais*	*pudieseis*	poded
podrían	*puedan*	*pudieran*	*pudiesen*	(*puedan*)
pondría	*ponga*	*pusiera*	*pusiese*	———
pondrías	*pongas*	*pusieras*	*pusieses*	*pon*
pondría	*ponga*	*pusiera*	*pusiese*	(*ponga*)
pondríamos	*pongamos*	*pusiéramos*	*pusiésemos*	(*pongamos*)
pondríais	*pongáis*	*pusierais*	*pusieseis*	poned
pondrían	*pongan*	*pusieran*	*pusiesen*	(*pongan*)
prendería	prenda	prendiera	prendiese	———
prenderías	prendas	prendieras	prendieses	prende
prendería	prenda	prendiera	prendiese	(prenda)
prenderíamos	prendamos	prendiéramos	prendiésemos	(prendamos)
prenderíais	prendáis	prendierais	prendieseis	prended
prenderían	prendan	prendieran	prendiesen	(prendan)

	直説法			
	現在	点過去	線過去	未来
82 **prevaler** 過去分詞 prevalido 現在分詞 prevaliendo	*prevalgo* prevales prevale prevalemos prevaléis prevalen	prevalí prevaliste prevalió prevalimos prevalisteis prevalieron	prevalía prevalías prevalía prevalíamos prevalíais prevalían	*prevaldré* *prevaldrás* *prevaldrá* *prevaldremos* *prevaldréis* *prevaldrán*
83 **prever** 過去分詞 *previsto* 現在分詞 previendo	*preveo* *prevés* *prevé* prevemos prevéis *prevén*	preví previste previó previmos previsteis previeron	*preveía* *preveías* *preveía* *preveíamos* *preveíais* *preveían*	preveré preverás preverá preveremos preveréis preverán
84 **proteger** 過去分詞 protegido 現在分詞 protegiendo	*protejo* proteges protege protegemos protegéis protegen	protegí protegiste protegió protegimos protegisteis protegieron	protegía protegías protegía protegíamos protegíais protegían	protegeré protegerás protegerá protegeremos protegeréis protegerán
85 **proveer** 過去分詞 *provisto* または *proveído* 現在分詞 *proveyendo*	proveo provees provee proveemos proveéis proveen	proveí *proveíste* *proveyó* *proveímos* *proveísteis* *proveyeron*	proveía proveías proveía proveíamos proveíais proveían	proveeré proveerás proveerá proveeremos proveeréis proveerán
86 **pudrir** または **podrir** 過去分詞 *podrido* 現在分詞 pudriendo	pudro pudres pudre pudrimos pudrís pudren	pudrí pudriste pudrió pudrimos pudristeis pudrieron または *podrí* *podriste* pudrió *podrimos* *podristeis* pudrieron	pudría pudrías pudría pudríamos pudríais pudrían	pudriré pudrirás pudrirá pudriremos pudriréis pudrirán または *podriré* *podrirás* *podrirá* *podriremos* *podriréis* *podrirán*
87 **querer** 過去分詞 querido 現在分詞 queriendo	*quiero* *quieres* *quiere* queremos queréis *quieren*	*quise* *quisiste* *quiso* *quisimos* *quisisteis* *quisieron*	quería querías quería queríamos queríais querían	*querré* *querrás* *querrá* *querremos* *querréis* *querrán*

	接続法			命令
過去未来	現在	過去 (ra形)	過去 (se形)	
prevaldría	*prevalga*	prevaliera	prevaliese	——
prevaldrías	*prevalgas*	prevalieras	prevalieses	prevale
prevaldría	*prevalga*	prevaliera	prevaliese	(*prevalga*)
prevaldríamos	*prevalgamos*	prevaliéramos	prevaliésemos	(*prevalgamos*)
prevaldríais	*prevalgáis*	prevalierais	prevalieseis	prevaled
prevaldrían	*prevalgan*	prevalieran	prevaliesen	(*prevalgan*)
prevería	*prevea*	previera	previese	——
preverías	*preveas*	previeras	previeses	*prevé*
prevería	*prevea*	previera	previese	(*prevea*)
preveríamos	*preveamos*	previéramos	previésemos	(*preveamos*)
preveríais	*preveáis*	previerais	previeseis	preved
preverían	*prevean*	previeran	previesen	(*prevean*)
protegería	*proteja*	protegiera	protegiese	——
protegerías	*protejas*	protegieras	protegieses	protege
protegería	*proteja*	protegiera	protegiese	(*proteja*)
protegería-mos	*protejamos*	protegiéramos	protegiésemos	(*protejamos*)
protegeríais	*protejáis*	protegierais	protegieseis	proteged
protegerían	*protejan*	protegieran	protegiesen	(*protejan*)
proveería	provea	*proveyera*	*proveyese*	——
proveerías	proveas	*proveyeras*	*proveyeses*	provee
proveería	provea	*proveyera*	*proveyese*	(provea)
proveeríamos	proveamos	*proveyéramos*	*proveyésemos*	(proveamos)
proveeríais	proveáis	*proveyerais*	*proveyeseis*	proveed
proveerían	provean	*proveyeran*	*proveyesen*	(provean)
pudriría	pudra	pudriera	pudriese	——
pudrirías	pudras	pudrieras	pudrieses	pudre
pudriría	pudra	pudriera	pudriese	(pudra)
pudriríamos	pudramos	pudriéramos	pudriésemos	(pudramos)
pudriríais	pudráis	pudrierais	pudrieseis	pudrid または *podrid*
pudrirían	pudran	pudrieran	pudriesen	(pudran)
または				
podriría				
podrirías				
podriría				
podriríamos				
podriríais				
podrirían				
querría	*quiera*	*quisiera*	*quisiese*	——
querrías	*quieras*	*quisieras*	*quisieses*	*quiere*
querría	*quiera*	*quisiera*	*quisiese*	(*quiera*)
querríamos	queramos	*quisiéramos*	*quisiésemos*	(queramos)
querríais	queráis	*quisierais*	*quisieseis*	quered
querrían	*quieran*	*quisieran*	*quisiesen*	(*quieran*)

	直説法			
	現在	点過去	線過去	未来
88 **raer** 過去分詞 *raído* 現在分詞 *rayendo*	*raigo* または rao raes rae raemos raéis raen または *rayo* raes rae raemos raéis raen	raí *raíste* *rayó* *raímos* *raísteis* *rayeron*	raía raías raía raíamos raíais raían	raeré raerás raerá raeremos raeréis raerán
89 **reír** 過去分詞 *reído* 現在分詞 *riendo*	*río* *ríes* *ríe* *reímos* reís *ríen*	reí *reíste* *rió* *reímos* *reísteis* *rieron*	reía reías reía reíamos reíais reían	*reiré* *reirás* *reirá* *reiremos* *reiréis* *reirán*
90 **reunir** 過去分詞 reunido 現在分詞 reuniendo	*reúno* *reúnes* *reúne* reunimos reunís *reúnen*	reuní reuniste reunió reunimos reunisteis reunieron	reunía reunías reunía reuníamos reuníais reunían	reuniré reunirás reunirá reuniremos reuniréis reunirán
91 **roer** 過去分詞 *roído* 現在分詞 *royendo*	*roigo* roes roe roemos roéis roen または *royo* roes roe roemos roéis roen または roo roes roe roemos roéis roen	roí *roíste* *royó* *roímos* *roísteis* *royeron*	roía roías roía roíamos roíais roían	roeré roerás roerá roeremos roeréis roerán

	接続法			命令
過去未来	現在	過去 (ra形)	過去 (se形)	
raería	*raiga*	*rayera*	*rayese*	―――
raerías	*raigas*	*rayeras*	*rayeses*	rae
raería	*raiga*	*rayera*	*rayese*	(*raiga*)
raeríamos	*raigamos*	*rayéramos*	*rayésemos*	(*raigamos*)
raeríais	*raigáis*	*rayerais*	*rayeseis*	raed
raerían	*raigan*	*rayeran*	*rayesen*	(*raigan*)
	または			または
	raya			―――
	rayas			rae
	raya			(*raya*)
	rayamos			(*rayamos*)
	rayáis			raed
	rayan			(*rayan*)
reiría	*ría*	*riera*	*riese*	―――
reirías	*rías*	*rieras*	*rieses*	*ríe*
reiría	*ría*	*riera*	*riese*	(*ría*)
reiríamos	*riamos*	*riéramos*	*riésemos*	(*riamos*)
reiríais	*riáis*	*rierais*	*rieseis*	*reíd*
reirían	*rían*	*rieran*	*riesen*	(*rían*)
reuniría	*reúna*	reuniera	reuniese	―――
reunirías	*reúnas*	reunieras	reunieses	*reúne*
reuniría	*reúna*	reuniera	reuniese	(*reúna*)
reuniríamos	reunamos	reuniéramos	reuniésemos	(reunamos)
reuniríais	reunáis	reunierais	reunieseis	reunid
reunirían	*reúnan*	reunieran	reuniesen	(*reúnan*)
roería	*roiga*	*royera*	*royese*	―――
roerías	*roigas*	*royeras*	*royeses*	roe
roería	*roiga*	*royera*	*royese*	(*roiga*)
roeríamos	*roigamos*	*royéramos*	*royésemos*	(*roigamos*)
roeríais	*roigáis*	*royerais*	*royeseis*	roed
roerían	*roigan*	*royeran*	*royesen*	(*roigan*)
	または			または
	roya			―――
	royas			roe
	roya			(*roya*)
	royamos			(*royamos*)
	royáis			roed
	royan			(*royan*)
	または			または
	roa			―――
	roas			roe
	roa			(roa)
	roamos			(roamos)
	roáis			roed
	roan			(roan)

	直説法			
	現在	点過去	線過去	未来
92 **rogar** 過去分詞 rogado 現在分詞 rogando	*ruego* *ruegas* *ruega* rogamos rogáis *ruegan*	*rogué* rogaste rogó rogamos rogasteis rogaron	rogaba rogabas rogaba rogábamos rogabais rogaban	rogaré rogarás rogará rogaremos rogaréis rogarán
93 **romper** 過去分詞 *roto* または rompido 現在分詞 rompiendo	rompo rompes rompe rompemos rompéis rompen	rompí rompiste rompió rompimos rompisteis rompieron	rompía rompías rompía rompíamos rompíais rompían	romperé romperás romperá romperemos romperéis romperán
94 **saber** 過去分詞 sabido 現在分詞 sabiendo	*sé* sabes sabe sabemos sabéis saben	*supe* *supiste* *supo* *supimos* *supisteis* *supieron*	sabía sabías sabía sabíamos sabíais sabían	*sabré* *sabrás* *sabrá* *sabremos* *sabréis* *sabrán*
95 **salir** 過去分詞 salido 現在分詞 saliendo	*salgo* sales sale salimos salís salen	salí saliste salió salimos salisteis salieron	salía salías salía salíamos salíais salían	*saldré* *saldrás* *saldrá* *saldremos* *saldréis* *saldrán*
96 **satisfacer** 過去分詞 *satisfecho* 現在分詞 satisfaciendo	*satisfago* satisfaces satisface satisfacemos satisfacéis satisfacen	*satisfice* *satisficiste* *satisfizo* *satisficimos* *satisficisteis* *satisficieron*	satisfacía satisfacías satisfacía satisfacíamos satisfacíais satisfacían	*satisfaré* *satisfarás* *satisfará* *satisfaremos* *satisfaréis* *satisfarán*
97 **seguir** 過去分詞 seguido 現在分詞 *siguiendo*	*sigo* *sigues* *sigue* seguimos seguís *siguen*	seguí seguiste *siguió* seguimos seguisteis *siguieron*	seguía seguías seguía seguíamos seguíais seguían	seguiré seguirás seguirá seguiremos seguiréis seguirán
98 **sentir** 過去分詞 sentido 現在分詞 *sintiendo*	*siento* *sientes* *siente* sentimos sentís *sienten*	sentí sentiste *sintió* sentimos sentisteis *sintieron*	sentía sentías sentía sentíamos sentíais sentían	sentiré sentirás sentirá sentiremos sentiréis sentirán

	接続法			命令
過去未来	現在	過去 (ra形)	過去 (se形)	
rogaría	*ruegue*	rogara	rogase	——
rogarías	*ruegues*	rogaras	rogases	*ruega*
rogaría	*ruegue*	rogara	rogase	(*ruegue*)
rogaríamos	*roguemos*	rogáramos	rogásemos	(*roguemos*)
rogaríais	*roguéis*	rogarais	rogaseis	rogad
rogarían	*rueguen*	rogaran	rogasen	(*rueguen*)
rompería	rompa	rompiera	rompiese	——
romperías	rompas	rompieras	rompieses	rompe
rompería	rompa	rompiera	rompiese	(rompa)
romperíamos	rompamos	rompiéramos	rompiésemos	(rompamos)
romperíais	rompáis	rompierais	rompieseis	romped
romperían	rompan	rompieran	rompiesen	(rompan)
sabría	*sepa*	*supiera*	*supiese*	——
sabrías	*sepas*	*supieras*	*supieses*	sabe
sabría	*sepa*	*supiera*	*supiese*	(*sepa*)
sabríamos	*sepamos*	*supiéramos*	*supiésemos*	(*sepamos*)
sabríais	*sepáis*	*supierais*	*supieseis*	sabed
sabrían	*sepan*	*supieran*	*supiesen*	(*sepan*)
saldría	*salga*	saliera	saliese	——
saldrías	*salgas*	salieras	salieses	*sal*
saldría	*salga*	saliera	saliese	(*salga*)
saldríamos	*salgamos*	saliéramos	saliésemos	(*salgamos*)
saldríais	*salgáis*	salierais	salieseis	salid
saldrían	*salgan*	salieran	saliesen	(*salgan*)
satisfaría	*satisfaga*	*satisficiera*	*satisficiese*	——
satisfarías	*satisfagas*	*satisficieras*	*satisficieses*	*satisfaz* または satisface
satisfaría	*satisfaga*	*satisficiera*	*satisficiese*	(*satisfaga*)
satisfaríamos	*satisfagamos*	*satisficiéramos*	*satisficiésemos*	(*satisfagamos*)
satisfaríais	*satisfagáis*	*satisficierais*	*satisficieseis*	satisfaced
satisfarían	*satisfagan*	*satisficieran*	*satisficiesen*	(*satisfagan*)
seguiría	*siga*	*siguiera*	*siguiese*	——
seguirías	*sigas*	*siguieras*	*siguieses*	*sigue*
seguiría	*siga*	*siguiera*	*siguiese*	(*siga*)
seguiríamos	*sigamos*	*siguiéramos*	*siguiésemos*	(*sigamos*)
seguiríais	*sigáis*	*siguierais*	*siguieseis*	seguid
seguirían	*sigan*	*siguieran*	*siguiesen*	(*sigan*)
sentiría	*sienta*	*sintiera*	*sintiese*	——
sentirías	*sientas*	*sintieras*	*sintieses*	*siente*
sentiría	*sienta*	*sintiera*	*sintiese*	(*sienta*)
sentiríamos	*sintamos*	*sintiéramos*	*sintiésemos*	(*sintamos*)
sentiríais	*sintáis*	*sintierais*	*sintieseis*	sentid
sentirían	*sientan*	*sintieran*	*sintiesen*	(*sientan*)

	直説法			
	現在	点過去	線過去	未来
99 **ser** 過去分詞 sido 現在分詞 siendo	*soy* *eres* *es* *somos* *sois* *son*	*fui* *fuiste* *fue* *fuimos* *fuisteis* *fueron*	*era* *eras* *era* *éramos* *erais* *eran*	seré serás será seremos seréis serán
100 **tañer** 過去分詞 tañido 現在分詞 *tañendo*	taño tañes tañe tañemos tañéis tañen	tañí tañiste *tañó* tañimos tañisteis *tañeron*	tañía tañías tañía tañíamos tañíais tañían	tañeré tañerás tañerá tañeremos tañeréis tañerán
101 **tender** 過去分詞 tendido 現在分詞 tendiendo	*tiendo* *tiendes* *tiende* tendemos tendéis *tienden*	tendí tendiste tendió tendimos tendisteis tendieron	tendía tendías tendía tendíamos tendíais tendían	tenderé tenderás tenderá tenderemos tenderéis tenderán
102 **tener** 過去分詞 tenido 現在分詞 teniendo	*tengo* *tienes* *tiene* tenemos tenéis *tienen*	*tuve* *tuviste* *tuvo* *tuvimos* *tuvisteis* *tuvieron*	tenía tenías tenía teníamos teníais tenían	*tendré* *tendrás* *tendrá* *tendremos* *tendréis* *tendrán*
103 **teñir** 過去分詞 teñido 現在分詞 *tiñendo*	*tiño* *tiñes* *tiñe* teñimos teñís *tiñen*	teñí teñiste *tiñó* teñimos teñisteis *tiñeron*	teñía teñías teñía teñíamos teñíais teñían	teñiré teñirás teñirá teñiremos teñiréis teñirán
104 **traer** 過去分詞 *traído* 現在分詞 *trayendo*	*traigo* traes trae traemos traéis traen	*traje* *trajiste* *trajo* *trajimos* *trajisteis* *trajeron*	traía traías traía traíamos traíais traían	traeré traerás traerá traeremos traeréis traerán
105 **trocar** 過去分詞 trocado 現在分詞 trocando	*trueco* *truecas* *trueca* trocamos trocáis *truecan*	*troqué* trocaste trocó trocamos trocasteis trocaron	trocaba trocabas trocaba trocábamos trocabais trocaban	trocaré trocarás trocará trocaremos trocaréis trocarán

	接続法			命令
過去未来	現在	過去 (ra形)	過去 (se形)	
sería	*sea*	*fuera*	*fuese*	——
serías	*seas*	*fueras*	*fueses*	*sé*
sería	*sea*	*fuera*	*fuese*	(*sea*)
seríamos	*seamos*	*fuéramos*	*fuésemos*	(*seamos*)
seríais	*seáis*	*fuerais*	*fueseis*	sed
serían	*sean*	*fueran*	*fuesen*	(*sean*)
tañería	taña	*tañera*	*tañese*	——
tañerías	tañas	*tañeras*	*tañeses*	tañe
tañería	taña	*tañera*	*tañese*	(taña)
tañeríamos	tañamos	*tañéramos*	*tañésemos*	(tañamos)
tañeríais	tañáis	*tañerais*	*tañeseis*	tañed
tañerían	tañan	*tañeran*	*tañesen*	(tañan)
tendería	*tienda*	tendiera	tendiese	——
tenderías	*tiendas*	tendieras	tendieses	*tiende*
tendería	*tienda*	tendiera	tendiese	(*tienda*)
tenderíamos	tendamos	tendiéramos	tendiésemos	(tendamos)
tenderíais	tendáis	tendierais	tendieseis	tended
tenderían	*tiendan*	tendieran	tendiesen	(*tiendan*)
tendría	*tenga*	*tuviera*	*tuviese*	——
tendrías	*tengas*	*tuvieras*	*tuvieses*	*ten*
tendría	*tenga*	*tuviera*	*tuviese*	(*tenga*)
tendríamos	*tengamos*	*tuviéramos*	*tuviésemos*	(*tengamos*)
tendríais	*tengáis*	*tuvierais*	*tuvieseis*	tened
tendrían	*tengan*	*tuvieran*	*tuviesen*	(*tengan*)
teñiría	*tiña*	*tiñera*	*tiñese*	——
teñirías	*tiñas*	*tiñeras*	*tiñeses*	*tiñe*
teñiría	*tiña*	*tiñera*	*tiñese*	(*tiña*)
teñiríamos	*tiñamos*	*tiñéramos*	*tiñésemos*	(*tiñamos*)
teñiríais	*tiñáis*	*tiñerais*	*tiñeseis*	teñid
teñirían	*tiñan*	*tiñeran*	*tiñesen*	(*tiñan*)
traería	*traiga*	*trajera*	*trajese*	——
traerías	*traigas*	*trajeras*	*trajeses*	trae
traería	*traiga*	*trajera*	*trajese*	(*traiga*)
traeríamos	*traigamos*	*trajéramos*	*trajésemos*	(*traigamos*)
traeríais	*traigáis*	*trajerais*	*trajeseis*	traed
traerían	*traigan*	*trajeran*	*trajesen*	(*traigan*)
trocaría	*trueque*	trocara	trocase	——
trocarías	*trueques*	trocaras	trocases	*trueca*
trocaría	*trueque*	trocara	trocase	(*trueque*)
trocaríamos	*troquemos*	trocáramos	trocásemos	(*troquemos*)
trocaríais	*troquéis*	trocarais	trocaseis	trocad
trocarían	*truequen*	trocaran	trocasen	(*truequen*)

	直説法			
	現在	点過去	線過去	未来
106 **vaciar** 過去分詞 vaciado 現在分詞 vaciando	*vacío* *vacías* *vacía* vaciamos vaciáis *vacían* または vacio vacias vacia vaciamos vaciáis vacian	vacié vaciaste vació vaciamos vaciasteis vaciaron	vaciaba vaciabas vaciaba vaciábamos vaciabais vaciaban	vaciaré vaciarás vaciará vaciaremos vaciaréis vaciarán
107 **valer** 過去分詞 valido 現在分詞 valiendo	*valgo* vales vale valemos valéis valen	valí valiste valió valimos valisteis valieron	valía valías valía valíamos valíais valían	*valdré* *valdrás* *valdrá* *valdremos* *valdréis* *valdrán*
108 **venir** 過去分詞 venido 現在分詞 *viniendo*	*vengo* *vienes* *viene* venimos venís *vienen*	*vine* *viniste* *vino* *vinimos* *vinisteis* *vinieron*	venía venías venía veníamos veníais venían	*vendré* *vendrás* *vendrá* *vendremos* *vendréis* *vendrán*
109 **ver** 過去分詞 *visto* 現在分詞 viendo	*veo* ves ve vemos *veis* ven	*vi* viste *vio* vimos visteis vieron	*veía* *veías* *veía* *veíamos* *veíais* *veían*	veré verás verá veremos veréis verán
110 **volver** 過去分詞 *vuelto* 現在分詞 volviendo	*vuelvo* *vuelves* *vuelve* volvemos volvéis *vuelven*	volví volviste volvió volvimos volvisteis volvieron	volvía volvías volvía volvíamos volvíais volvían	volveré volverás volverá volveremos volveréis volverán

	接続法			命令
過去未来	現在	過去 (ra形)	過去 (se形)	
vaciaría	*vacíe*	vaciara	vaciase	———
vaciarías	*vacíes*	vaciaras	vaciases	*vacía*
vaciaría	*vacíe*	vaciara	vaciase	(*vacíe*)
vaciaríamos	vaciemos	vaciáramos	vaciásemos	(vaciemos)
vaciaríais	vaciéis	vaciarais	vaciaseis	vaciad
vaciarían	*vacíen*	vaciaran	vaciasen	(*vacíen*)
	または			または
	vacie			———
	vacies			vacia
	vacie			(vacie)
	vaciemos			(vaciemos)
	vaciéis			vaciad
	vacien			(vacien)
valdría	*valga*	valiera	valiese	———
valdrías	*valgas*	valieras	valieses	vale または *val*
valdría	*valga*	valiera	valiese	(*valga*)
valdríamos	*valgamos*	valiéramos	valiésemos	(*valgamos*)
valdríais	*valgáis*	valierais	valieseis	valed
valdrían	*valgan*	valieran	valiesen	(*valgan*)
vendría	*venga*	*viniera*	*viniese*	———
vendrías	*vengas*	*vinieras*	*vinieses*	*ven*
vendría	*venga*	*viniera*	*viniese*	(*venga*)
vendríamos	*vengamos*	*viniéramos*	*viniésemos*	(*vengamos*)
vendríais	*vengáis*	*vinierais*	*vinieseis*	venid
vendrían	*vengan*	*vinieran*	*viniesen*	(*vengan*)
vería	*vea*	viera	viese	———
verías	*veas*	vieras	vieses	ve
vería	*vea*	viera	viese	(*vea*)
veríamos	*veamos*	viéramos	viésemos	(*veamos*)
veríais	*veáis*	vierais	vieseis	ved
verían	*vean*	vieran	viesen	(*vean*)
volvería	*vuelva*	volviera	volviese	———
volverías	*vuelvas*	volvieras	volvieses	*vuelve*
volvería	*vuelva*	volviera	volviese	(*vuelva*)
volveríamos	volvamos	volviéramos	volviésemos	(volvamos)
volveríais	volváis	volvierais	volvieseis	volved
volverían	*vuelvan*	volvieran	volviesen	(*vuelvan*)

	直説法			
	現在	点過去	線過去	未来
111 **yacer** 過去分詞 yacido 現在分詞 yaciendo	*yazco* yaces yace yacemos yacéis yacen または *yazgo* yaces yace yacemos yacéis yacen または *yago* yaces yace yacemos yacéis yacen	yací yaciste yació yacimos yacisteis yacieron	yacía yacías yacía yacíamos yacíais yacían	yaceré yacerás yacerá yaceremos yaceréis yacerán
112 **zurcir** 過去分詞 zurcido 現在分詞 zurciendo	*zurzo* zurces zurce zurcimos zurcís zurcen	zurcí zurciste zurció zurcimos zurcisteis zurcieron	zurcía zurcías zurcía zurcíamos zurcíais zurcían	zurciré zurcirás zurcirá zurciremos zurciréis zurcirán

	接続法			命令
過去未来	現在	過去 (ra形)	過去 (se形)	
yacería	*yazca*	yaciera	yaciese	——
yacerías	*yazcas*	yacieras	yacieses	yace または *yaz*
yacería	*yazca*	yaciera	yaciese	(*yazca*)
yaceríamos	*yazcamos*	yaciéramos	yaciésemos	(*yazcamos*)
yaceríais	*yazcáis*	yacierais	yacieseis	yaced
yacerían	*yazcan*	yacieran	yaciesen	(*yazcan*)
	または			または
	yazga			——
	yazgas			yace
	yazga			(*yazga*)
	yazgamos			(*yazgamos*)
	yazgáis			yaced
	yazgan			(*yazgan*)
	または			または
	yaga			——
	yagas			yace
	yaga			(*yaga*)
	yagamos			(*yagamos*)
	yagáis			yaced
	yagan			(*yagan*)
zurciría	*zurza*	zurciera	zurciese	——
zurcirías	*zurzas*	zurcieras	zurcieses	zurce
zurciría	*zurza*	zurciera	zurciese	(*zurza*)
zurciríamos	*zurzamos*	zurciéramos	zurciésemos	(*zurzamos*)
zurciríais	*zurzáis*	zurcierais	zurcieseis	zurcid
zurcirían	*zurzan*	zurcieran	zurciesen	(*zurzan*)

ránshāo【燃烧】動 1 燃焼する. 燃える. 2(感情が)燃える. ¶怒火～/怒りの炎が燃え上がる.
ránshāodàn【燃烧弹】名〈軍〉焼夷弾(しょうい).
ránshāopíng【燃烧瓶】名 火炎瓶.
rányóu【燃油】名 燃料油.

冉 rǎn ⓪‖姓

rǎnrǎn【冉冉】〈書〉1 形(髪の毛や木の枝が)しなやかに垂れるさま. 2 副 ゆっくりと.

苒(荏) rǎn →rěnrǎn【荏苒】

染 rǎn 動 1 染める. ¶～发/髪の毛を染める. ¶～红了/赤く染まった. 2 病気に伝染する;悪習に染まる. ¶～上了痢疾lìji/赤痢にかかった. ‖姓

rǎn//bǐ【染笔】動〈書〉筆に墨をつける. 書画をかく.
rǎn//bìng【染病】動〈書〉病にかかる.
rǎnchǎng【染厂】名 染め物工場.
rǎnchén【染尘】動〈書〉俗世に染まる.
rǎnfang【染坊】名 染め物屋. 紺屋.
rǎngāng【染缸】名 1 染め物用のかめ. 2〈喩〉悪に染まる場所・環境.
rǎngōng【染工】名 染色工.
rǎn huángquán【染黄泉】〈慣〉死ぬ.
rǎnliào【染料】名 染料.
rǎnsè【染色】動 染色する.
rǎnsètǐ【染色体】名〈生〉染色体.
rǎnwū【染污】動 1 汚れに染まる. 2 伝染する.
rǎnzhǐ【染指】動〈書〉(してはならないことに)手を出す;不当な利益を得る.
rǎnzhǐjiayóu【染指甲油】名 マニキュア液.

rang (ㄖㄤ)

嚷 rāng ⓪ 異読⇒rǎng

rāngrang【嚷嚷】動〈口〉1 大声で騒ぐ. 騒ぎ立てる. 2 言いふらす.

蘘 ráng ⓪

ránghé【蘘荷】名〈植〉ミョウガ.

禳 ráng 動〈書〉(厄などを)払う. ¶～灾/災いを払う.

rángjiě【禳解】動〈書〉厄払いをする.

穰 ráng(～儿)1 名〈方〉(稲・麦などの)茎. わら. 2〖瓤 ráng〗に同じ.

rángráng【穰穰】形〈書〉五穀豊穣(ほうじょう)のさま.

瓤 ráng 🅗(ウリ類の)わた. (柑橘(かんきつ)類の)袋;〈転〉包みの中身. ¶橘子～儿/ミカンの袋. ¶信～儿/手紙・封筒の中身.

rángzi【瓤子】名(ウリ類の)わた. (柑橘類の)袋;包まれたものの中身.

壤 rǎng 🅗 ①土壌;〈転〉地. ¶沃～/肥沃な土. ¶天～/天と地. ②地区. ¶接～/境を接する.

rǎngtǔ【壤土】名 1〈農〉壌土. ローム. 2〈書〉土地;国土.

攘 rǎng 🅗 ①排斥する. ¶～外/外敵を退ける. ②奪う. ③(そでを)まくり上げる. ④乱れる.

rǎngbì【攘臂】動〈書〉腕まくりする.
rǎngchú【攘除】動〈書〉取り除く. 排除する.
rǎngduó【攘夺】動〈書〉奪い取る.
rǎngrǎng【攘攘】形〈書〉混乱しているさま.

嚷 rǎng 動 1(大声で)叫ぶ;(大声で)言い争う. ¶你瞎～什么?/おまえは何をわめき散らしてるんだ. 2〈方〉どなりつける. しかる. 異読⇒rāng

rǎngjiào【嚷叫】動 叫ぶ.
rǎngmà【嚷骂】動 大声でののしる.

让(讓) ràng ❶動 1(…に…)させる, させておく. ▶必ず兼語文を構成する. ¶～我想一想/ちょっと考えさせてください. ¶大夫不～她起来/お医者さんは彼女に寝ているように言った. ¶～我们一起努力吧!/共に努力しましょう. 2 譲る. ¶他把位子～给老婆婆坐/彼はおばあさんに席を譲った. 3(所有権や使用権を一定の代価をもって)譲渡する. ¶他把自己的词典～给了我/彼は私に辞書を譲ってくれた. 4(ものを)すすめる;(客を)案内する. ¶把客人～进屋里/客を部屋に案内する.
❷前 …される. ▶受け身文に用い, 動作の主体を導く. 主に話し言葉に用いる. ¶衣服～雨淋湿了/服が雨に打たれてぬれてしまった. ‖姓

ràng//bù【让步】動 譲歩する. 歩み寄る. ¶你再让一步吧/どうかあと一歩譲ってください.
ràngbují【让不及】動+可補 よけるひまがない.
ràng//cài【让菜】動 主人が客に料理を取り分けすすめる.
ràng//chá【让茶】動(客に)茶をすすめる.
ràng//chū//qù【让出去】動+方補 譲り渡す.
ràng//dào【让道】動(～儿)道を譲る, よける.
ràng fènliang【让分量】〈慣〉目方をまける.
ràng//jià【让价】動(～儿)値引きする.
ràng//jiǔ【让酒】動 酒をすすめる.
ràng//kāi【让开】動+方補(横へ)よける.
ràng//lì【让利】動 利益を譲る;還元する.
ràng//lù【让路】動 1 道を譲る. 2 優先させる.
ràng//quán【让权】動 権利を譲渡する.
ràng//wèi【让位】動 1 地位を譲る. 2→ràng//zuò【让座】
ràng//xián【让贤】動(ポストを)有能

な人に譲る．
ràng//yān【让烟】動(客に)たばこをすすめる．
ràng//zuò【让座】動(～儿)1 席を譲る．2 席をすすめる．

rao（ㄖㄠ）

荛(蕘) **ráo** 名〈書〉柴．‖姓

饶(饒) **ráo** ❶動 1 許す．大目に見る．¶这次～了你吧！/ 今回は勘弁してやる．2 おまけにつける．¶再～你一个吧 / おまけに一つあげるよ．
❷接続〈口〉…にもかかわらず．
H 豊かな．¶～有风趣 / 風情に富む．‖姓

ráo//mìng【饶命】動 助命する．
ráoshé【饶舌】動 くどくど言う．
ráoshù【饶恕】動 許す．大目に見る．
ráotou【饶头】名〈方〉おまけ．景品．

娆(嬈) **ráo** →jiāoráo【娇娆】
yāoráo【妖娆】 異読⇒rǎo

桡(橈) **ráo** 名〈書〉(船をこぐ)かい，オール．

ráogǔ【桡骨】名〈生理〉橈骨(とうこつ)．

扰(擾) **rǎo** 動〈套〉(人に)ごちそうになる．接待を受ける．¶～了您这么久,真过意不去 / 長々とお邪魔しまして,申し訳ありません．
H 乱す．¶干gān～ / 妨害する．

rǎodòng【扰动】動 動き揺れる．かき乱す．
rǎohài【扰害】動 妨害する．かき乱す．
rǎoluàn【扰乱】動 妨害する．攪乱(かくらん)する．¶～治安 / 治安を乱す．
rǎo//mín【扰民】動 騒音などの被害が庶民に及ぶ．
rǎorǎng【扰攘】動〈書〉騒ぎ乱れる．

娆(嬈) **rǎo** 形〈書〉煩わしい．
異読⇒ráo

绕(繞) **rào** 動 1 回り道をする；〈喩〉避けて通る．¶～着走 / 迂回していく．¶～过暗礁 / 暗礁を避けて通る．2 (ぐるぐる)回る．¶地球～着太阳转 / 地球は太陽の周りを回る．3 巻く；巻き付ける．¶～绳儿 / ひもを巻く．4〈口〉(頭が)混乱する；混乱させる．¶你的话把我～住了 / 君の話は私を混乱させた．‖姓

rào bózi【绕脖子】〈慣〉〈方〉1 遠回しに言う．2 (話が)込み入っている．
rào//dào【绕道】動(～儿)回り道をする．迂回する．
ràokǒulìng【绕口令】名 早口言葉．
rào//lù【绕路】→rào//dào【绕道】
rào quānzi【绕圈子】〈慣〉1 回り道をする．2 回りくどく言う．遠回しに言う．
rào shétou【绕舌头】→rào bózi【绕脖子】
rào//wānr【绕弯儿】1 動〈方〉散歩する．ぶらぶらする．2 →rào wānzi【绕弯子】
rào wānzi【绕弯子】〈慣〉遠回しに言う．回りくどく言う．
ràoxíng【绕行】動 1 迂回する．2 回る．
rào//yuǎnr【绕远儿】動 回り道をする．遠回りをする．
ràozuǐ【绕嘴】形 言いにくい．舌がもつれる．

re（ㄖㄜ）

惹 **rě** 動 1 (よくないことを)引き起こす．¶～麻烦 / 面倒を引き起こす．2 (人や事物の特徴が)好き嫌いなどの反応を起こさせる．¶～人讨厌 / 人に嫌われる．3 (気にさわるようなことを言ったりして)怒らせる，気分を害する．¶别去～他 / 彼にかまうんじゃない．

rěbude【惹不得】動+可補 相手にしてはいけない．
rěbuqǐ【惹不起】動+可補 相手にできない．逆らえない．
rědeqǐ【惹得起】動+可補 相手にすることができる．逆らえる．
rěfān【惹翻】動 怒らせる．
rě huǒ shāo shēn【惹火烧身】〈成〉自ら災いを招いて身を滅ぼす．
rě//huò【惹祸】動 災いを招く．トラブルを引き起こす．
rě//qì【惹气】動 腹を立てる．
rě//shì【惹事】動 面倒を引き起こす．
rě shìfēi【惹是非】面倒を引き起こす．
rěyǎn【惹眼】形〈方〉目立つ．

热(熱) **rè** 1 形(↔冷)熱い；暑い．2 動(多く食物を)加熱する，温める．¶把汤～一～ / スープをちょっと温める．3 接尾 …ブーム．¶足球～ / サッカーブーム．4 名(物理的な)熱；(病気などの)熱．¶发～ / 発熱する．
H ①人情が厚い．¶亲～ / 親密である．②うらやましく思い欲しがる．¶眼～ / うらやむ．‖姓

rè'ài【热爱】動 心から愛する．¶～祖国 / 国を愛する．¶～工作 / 仕事を愛する．
rèbì【热币】名〈経〉ホットマネー．
rèbìng【热病】名〈中医〉熱病．
rèbō【热播】動(複数のラジオ・テレビなどで)人気番組を放送する．
rèbuguò sānfú, lěngbuguò sānjiǔ【热不过三伏,冷不过三九】〈諺〉1年で最も暑い時期と寒い時期．
rècháng【热肠】形 情熱がある．世話好きである．
rècháo【热潮】名 急激な高まり．ブーム．
rèchǎo【热炒】動(マスコミが)大げさに宣伝する．
rèchén【热忱】1 名 真心．熱意．¶满腔～ / 胸いっぱいの熱情．2 形 熱

意に満ちている.
rèchéng【热诚】形 誠意に満ちている. ¶～欢迎 / 心から歓迎する.
rèchǔlǐ【热处理】動 **1**〈機〉熱処理する. **2** 感情的に物事を処理する.
rèchuándǎo【热传导】名〈物〉熱伝導. ▶"导热"とも.
rèdài【热带】名〈地〉熱帯.
rèdàiyú【热带鱼】名 熱帯魚.
rèdài zhíwù【热带植物】名 熱帯植物.
rèdǎo xiàoyìng【热导效应】名〈環境〉ヒートアイランド効果.
rèdiǎn【热点】名 **1** 注目を集める場所や問題. ホットスポット. ¶～话题 / ホットな話題. **2**〈物〉周囲より温度が高い区域. ホットスポット.
rèdiànchǎng【热电厂】名 火力発電所.
rèdiànliú【热电流】名 熱電流.
rèdiàn xiàoyìng【热电效应】名〈物〉熱電効果.
rèdiànzhàn【热电站】名 火力発電所.
rèdù【热度】名 **1** 熱度. 熱の度合い. **2**（病気などの）高い熱. **3**（仕事・学習に対する）熱意,意気込み.
rèfēng【热风】名 熱風.
rèfū【热敷】名〈医〉温湿布. 熱罨法(ﾈﾂｱﾝﾎﾟｳ). ▶"热罨"とも.
règǒu【热狗】名 ホットドッグ.
règòu【热购】動 われ先にと買い求める.
règǔngǔn【热滚滚】形(～的) ぐつぐつ煮え立った.
règuōshang de mǎyǐ【热锅上的蚂蚁】〈慣〉居ても立ってもいられない.
rèhé fǎnyìng【热核反应】名〈物〉熱核反応.
rèhé wǔqì【热核武器】名〈軍〉水素爆弾.
rèhōnghōng【热烘烘】形(～的) ぽかぽかと暖かい.
rèhūhū【热乎乎】形(～的)(物や気持ちが)温かい. ▲"热呼呼"とも.
rèhu【热乎】→**rèhuo**【热和】
rèhulā【热乎辣】→**rèlālā**【热辣辣】
rè huǒ cháo tiān【热火朝天】〈成〉熱気が天を突く;(大勢の人による運動や仕事が)意気盛んなさま.
rèhuò【热货】名 人気商品.
rèhuo【热和】形 **1**(程よく)温かい. **2** 親密である. 仲がよい.
rèjiāgōng【热加工】名〈冶〉高温加工.
rèlālā【热辣辣】形(～的) 焼けつくほど熱い.
rèlàng【热浪】名 **1**〈気〉暑気. 熱波. **2**〈喩〉熱気を帯びた雰囲気. **3**〈物〉熱放射.
rèlèi【热泪】名 感涙. 熱い涙.
rèlì【热力】名 熱エネルギー.
rèliàn【热恋】動 熱愛する.
rèliàng【热量】名 熱量. カロリー.
rèliè【热烈】形 熱がこもっている. 熱烈な. ¶～欢迎 / 熱烈に歓迎する. ¶～的掌声 / あらしのような拍手.
rèliú【热流】名 **1** 熱い感情の流れ. **2** 急激な高まり. ブーム.
rèmǎi【热买】→**règòu**【热购】
rèmài【热卖】動(商品が)よく売れる.
rèmén【热门】名(～儿) **1** 人気のあるもの. **2** はやりの領域.
rèmén huàtí【热门话题】名 ホットな話題.
rèménhuò【热门货】名 人気商品.
rèmǐnxìng【热敏性】名〈物〉感熱性.
rènao【热闹】**1** 形 にぎやかである. ¶集市十分～ / 市はたいへんにぎやかだ. **2** 名(～儿) にぎわい. 騒ぎ. ¶看～ / 騒ぎを見物する. **3** 動 にぎやかに過ごす. 楽しく騒ぐ. ¶难得大家聚在一起,咱们今天～～ / みんなが一堂に会することなどめったにないのだから,きょうはひとつ楽しくやろう.
rènéng【热能】名〈物〉熱エネルギー.
rèqì【热气】名 **1** 熱気. 生気. **2** 湯気.
rèqìqiú【热气球】名 熱気球.
rèqián【热钱】名〈経〉ホットマネー.
rèqiè【热切】形 熱烈である. 切実である.
rèqíng【热情】**1** 名 熱意. 情熱. 意欲. ¶饱满的～ / あふれる熱意. **2** 形 心がこもっている;親切な. ¶感谢你的～款待 / 心のこもったもてなしに感謝します.
rèshēn【热身】動(正式競技の前に)練習試合に出る.
rèshēnsài【热身赛】名 エキジビションゲーム;練習試合.
rèshuǐ【热水】名 お湯.
rèshuǐdài【热水袋】名 ゴム製湯たんぽ.
rèshuǐpíng【热水瓶】名 魔法瓶.
rèshuǐqì【热水器】名 湯沸かし器.
rèsùxìng【热塑性】名 熱可塑性.
rètēngtēng【热腾腾】形(～的)(湯気が立つほど)熱い. ¶～的面条 / 熱々のうどん.
rètiān【热天】名(～儿) 暑い日.
rètǔ【热土】名 住み慣れた土地.
rèwàng【热望】動 熱望する.
rèxiàn【热线】名 **1**〈物〉赤外線. **2** ホットライン. 直通電話回線. **3** 人気の観光コース.
rèxiàn diànhuà【热线电话】名 ホットライン.
rèxiāo【热销】動(商品が)よく売れる.
rèxiào【热孝】名(親や夫の)喪中.
rèxīn【热心】**1** 動 熱を入れて取り組む. ¶他～于新产品的开发 / 彼は新製品の開発に熱を入れている. **2** 形 心が温かい. 親切である. 思いやりがある. ¶～地帮助 / 親切に手助けする.
rèxīncháng【热心肠】〈慣〉(～儿) 心の温かい人;親切で温かい心.

热 R

rèxué【热学】名〈物〉熱学.
rèxuè【热血】名 熱血. 情熱.
rèyǎn【热罨】→rèfū【热敷】
rèyào【热药】名〈中医〉体を温め寒気を取る薬.
rèyǐn【热饮】名 熱い飲み物.
rèyuán【热源】名〈物〉熱源.
rèzhàn【热战】名(武力による)戦争.
rèzhàng【热障】名〈物〉熱障壁.
rèzhèng【热证】名〈中医〉体のほてり. 口の乾き.
rèzhōng【热衷】動 1 〈貶〉(地位・利益のために)熱を上げる, 夢中になる, 憂き身をやつす. 2 熱中する. ▲"热中"とも.

ren (ㄖㄣ)

人 **rén** 名 1 人. 人間. [个,位；口]

▶いろいろな"人"の用い方◀
①ある個人について言及するときに用いる. ①人柄・性格. ¶老李～很忠厚 / 李さんはまじめで誠実な人だ. ②体の具合・調子. ¶热得～受不了 / 暑くてたまらない.
②具体的にある人たちを表す場合に用いる. ①世間一般の人. ¶待～热情 / 人に親切である. ¶受～欢迎 / 人気がある. ②不特定の人；ある人. だれか. ¶这个座位有～吗？/ この席は空いてますか. ③(文脈・場面によって決定される)特定の人；彼. 彼女. ¶这是小王的信,快给～送去 / これは王君への手紙だ,早く届けてやりなさい. ④(話し手自身をさして)私. ¶别小看～ / 人を見くびるな. ⑤だれでも. みんな. ¶～所共知 / だれでも知っている. ⑥(自分に対して)他人. ¶舍己为wèi～ / おのれを捨てて,人のためにつくす.

2 人手. 人材. ¶招～ / 人を募集する.
H ①一人前の人間. ¶成～ / おとなになる. ②(職業・役割・立場を担う)人. ¶工～ / 労働者. ‖姓

rénbǎo【人保】名 個人名義の保証(人).
rén bǐ rén, qì sǐ rén【人比人,气死人】〈諺〉人と比べたりしたら腹が立って仕様がない；上を見て暮らさず,下を見て暮らせ.
rén bù dé wàicái bù fù【人不得外财不富】〈諺〉定収入だけでは財産はできない.
rén bùkě màoxiàng【人不可貌相】〈諺〉("海水不可斗量"と続き)人は見かけによらぬもの.
rén bù qīn tǔ qīn, hé bù qīn shuǐ qīn【人不亲土亲,河不亲水亲】〈諺〉同郷がゆえに親しくなる；故郷が同じ人同士は互いに助け合うべきだ.
rén bù rén, guǐ bù guǐ【人不人,鬼不鬼】〈慣〉(人ともつかず化け物ともつかず)得体が知れない.
rén bù zhī, guǐ bù jué【人不知,鬼不觉】〈慣〉だれにも知られない.
réncái【人才】名 1 人材. ¶培养～ / 人材を育成する. 2 器量；顔立ち. ¶他长得一表～ / 彼はかっこいい. ▲"人材"とも.
rén cái liǎng kōng【人财两空】〈成〉人も財産もなくす.
réncháo【人潮】名 人の波.
rénchēng【人称】名 人称. ¶～代词 / 人称代名詞.
réncì【人次】量 延べ人数.
réncóng【人丛】名 人の群れ.
réndà【人大】→rénmín dàibiǎo dàhuì【人民代表大会】
réndàn【人弹】名〈略〉自爆テロ(の実行犯). 人間爆弾. ▶"人体炸弹"の略. "肉弹"とも.
réndào【人道】名 1 人道. ¶～主义 / ヒューマニズム. 2〈古〉人倫. 3〈書〉(人として踏み行うべき)道.
rén dì shēng shū【人地生疏】〈成〉知り合いもなければ,土地もよく知らない.
réndīng【人丁】名 1〈旧〉成人. 2 人口.
rén dìng shèng tiān【人定胜天】〈成〉人間は必ず大自然に勝てる.
rénduī【人堆】名(～儿)人だかり. 人垣.
rén duō hǎo bànshì【人多好办事】〈諺〉人が多ければ仕事もやりやすい.
rén duō zhìmóu gāo【人多智谋高】〈諺〉三人寄れば文殊(もんじゅ)の知恵.
rén duō zuǐ zá【人多嘴杂】〈成〉(人が多ければ)意見もまちまちである,秘密が守れない.
rénfàn【人犯】名 犯人. 犯罪者；(広く)犯罪事件の被告.
rénfànzi【人贩子】名 人身売買業者. 人買い.
rénfèn【人份】量〈何〉人分.
rénfū【人夫・人伕】名〈旧〉人夫.
rén fú yú shì【人浮于事】〈成〉人手が仕事より多い. 人員過剰である.
réngānr【人干儿】名〈貶〉やせぎす(の人). やせっぽち.
réngé【人格】名 人格；品性.
réngéquán【人格权】名〈法〉人格権.
réngōng【人工】1 形 人工の. 人為的な. ¶～孵化fūhuà/ 人工孵化. 2 名 人力. ¶机器坏了,只能用～代替 / 機械が故障したので,手動でやるしかない. 3 量 一人1日分の仕事. 1人日.
réngōng hūxī【人工呼吸】名 人工呼吸.
réngōng jiàngyǔ【人工降雨】名 人工降雨.

réngōnglǐ【人公里】量〈鉄道の旅客輸送量を計算する単位〉人(にん)キロ.
réngōng liúchǎn【人工流产】名 堕胎. ▶略して"人流"とも.
réngōng shòujīng【人工授精】名〈医〉人工授精.
réngōng zhìnéng【人工智能】名 人工知能. AI.
rén guò liú míng, yàn guò liú shēng【人过留名, 雁过留声】〈諺〉人は善行を行い名を残すべきである.
rénhǎi【人海】名 **1** 人込み. 人の海. ¶人山～ / 黒山の人だかり. **2** 人の世. 人間社会.
rénhé【人和】名 人の和.
rénhuà【人话】名 人の口にする言葉.
rénhuán【人寰】名〈書〉人の世. 世間.
rénhuò【人祸】名 人災.
rénjī duìhuà【人机对话】名〈電算〉インターラクティブ. マン・マシン・コミュニケーション.
rénjī jièmiàn【人机界面】名〈電算〉マン・マシン・インターフェース.
rénjī yǔyán【人机语言】名〈電算〉マン・マシン・ランゲージ.
rénjì【人际】名 人と人との間. ¶～关系 / 人間関係.
rénjì【人迹】名 人跡. 人の通った跡.
rénjiā【人家】名(～儿) **1** 人家. [个, 户, 家] **2** 家庭；家柄. **3** 嫁ぎ先.
rénjia【人家】代 **1** 人さま. 他人；あの人(たち). ¶～能做到的, 我们也能做到 / 人ができることなら我々にもできる. **2** (親しい間柄で用い)私. ¶～特意给你买的 / 人がせっかく買ってあげたのに.
rénjiān【人间】名 この世. 世間. ¶～天堂 / 地上の楽園.
rénjiānzi【人尖子】名 ずば抜けた人.
rénjié【人杰】名〈書〉傑物. すぐれた人物.
rén jié dì líng【人杰地灵】〈成〉傑物が出てその土地が有名になる.
rénjīng【人精】名 **1** 〈方〉海千山千. ずる賢い人. **2** ませた子. こざかしい子.
rénjūn【人均】形 一人当たりの.
rénjūn shōurù【人均收入】名 一人当たりの平均収入.
rénkǒu【人口】名 **1** 人口. **2** 家族の人数. **3** (人の)口.
rénkǒu pǔchá【人口普查】名 国勢調査.
rén kùn mǎ fá【人困马乏】〈成〉疲労困憊(こんぱい)する.
rénláifēng【人来疯】〈慣〉(子供が)来客で急にはしゃいだり, 言うことを聞かなくなったりする.
rén lǎo xīn bù lǎo【人老心不老】〈成〉年は取っても気は若い.
rén lǎo zhū huáng【人老珠黄】〈成〉女性が年を取り容色が衰え軽んじられる；人は年を取ると重視されなくなる.
rénlèi【人类】名 人類. 人.
rénlèi jīyīn túpǔ【人类基因图谱】名〈生〉ヒトゲノム.
rénlèi jīyīnzǔ【人类基因组】名〈生〉ヒトゲノム. ¶～计划 / ヒトゲノム計画.
rénlì【人力】名 人力. 労働力.
rénlìchē【人力车】名 **1** 人が引き, または押す車. **2** 〈旧〉人力車.
rénliú【人流】名 **1** 人の流れ. 人の波. **2** 〈略〉人工流産. 堕胎.
rénlún【人伦】名 人倫.
rénmǎ【人马】名 **1** 軍隊. **2** 顔ぶれ；(全体の)要員. スタッフ.
rénmǎzuò【人马座】名〈星〉いて座.
rénmen【人们】名 人々. 人たち.
rén miàn shòu xīn【人面兽心】〈成〉人面獣心.
rénmín【人民】名 **1** 人民. 労働者・農民を中心とした社会の基本構成員. **2** 国民. 人々. ¶各国～ / 各国の人々.
rénmínbì【人民币】名 人民元. 人民幣. ▶中国の法定貨幣.
rénmín dàibiǎo dàhuì【人民代表大会】名 人民代表大会.
rénmín gōngshè【人民公社】名 人民公社. ▶"大跃进"(大躍進. 1958年)の時期につくられた政治的共同体. 1980年代前半に解体された.
rénmín jiěfàngjūn【人民解放军】名 人民解放軍. ▶略称は"解放军".
rénmín zhèngfǔ【人民政府】名 人民政府. ▶中国の中央政府から地方政府まで各級の行政機関の通称.
rénmìng【人命】名 人命. 命.
rén mó gǒu yàng【人模狗样】〈成〉**1** (多く子供が)一人前のなりをしている. **2** (態度と地位が合わず)わざとらしい. 格好をつける.
rén mò yú dú【人莫予毒】〈成〉自分を害する者はいないと何ものも眼中に置かず, 思い上がっている.
rén pà chū míng, zhū pà zhuàng【人怕出名, 猪怕壮】〈諺〉出る杭は打たれる.
rénpǐn【人品】名 **1** 人柄. 人品. **2** 器量. 風采.
rénqì【人气】名 **1** 人気. **2** 〈方〉人柄.
rénqíng【人情】名 **1** 人情. 情理. ¶不通～ / 情理をわきまえない. **2** 私情. 情実. ¶托～ / 口利きを頼む. **3** 好意. 親切. ¶卖～ / 恩を着せる. **4** (慶弔・義理の)付き合い. **5** 贈り物. ¶还～ / お返しをする.
rén qíng shì gù【人情世故】〈成〉人情と世故. 世渡りの知恵・経験.
rénqíngwèi【人情味】名(～儿)人情味.
rén qióng zhì bù qióng【人穷志不穷】〈成〉貧しくても志は高い.
rén qióng zhì duǎn【人穷志短】〈成〉貧すれば鈍する.
rénquán【人权】名 人権. ¶侵犯～ / 人権を侵害する.

rénqún【人群】名 人の群れ. 人込み.

rénr【人儿】名 **1** 人形. **2**〈方〉人柄. 風采.

rénrén【人人】名(～儿)一人一人. 誰も彼も.

rénrì【人日】名 旧暦の1月7日. 人日(ᵸᵋ).

rén shān rén hǎi【人山人海】〈成〉黒山の人だかり.

rénshēn【人身】名 人身. 人格.

rénshēn【人参】名〈植〉朝鮮人参.

rénshēn bǎoxiǎn【人身保险】名 生命保険.

rénshēnquán【人身权】名〈法〉人身権. ▶"人格权"と"身份权"の総称.

rénshēn shìgù【人身事故】名 人身事故.

rénshēn zìyóu【人身自由】名 人身の自由.

rénshēng【人生】名 人生. ¶～一世 / 人の一生涯.

rénshēng【人声】名 人の声. 話し声.

rén shēng dì bù shú【人生地不熟】〈成〉知人もなく土地にも不案内である. ▶"人生地疏"とも.

rénshì【人士】名(社会的地位のある)人. 名士. その筋. ¶各界～ / 各界の著名人. ¶官方～ / 政府筋.

rénshì【人世】名 人の世. この世.

rénshì【人事】名 **1** 世間の出来事. **2** 人事. ¶～科 / 人事課. **3** 義理人情. ことの道理. ¶一点儿～也不懂 / 少しも常識をわきまえない. **4** 人間関係. **5** 人事. 人がなし得ること. ¶尽jìn～以待天命 / 人事を尽くして天命を待つ. **6** 意識. ¶～不知 / 人事不省. **7** 贈り物. みやげ.

rén shì tiě, fàn shì gāng【人是铁, 饭是钢】〈諺〉腹が減っては戦はできぬ.

rén shì yīshang, mǎ shì ān【人是衣裳, 马是鞍】〈諺〉馬子にも衣装.

rénshǒu【人手】名 人手. 働く人.

rénshòu bǎoxiǎn【人寿保险】名 生命保険. ▶"寿险"とも.

rén shòu nián fēng【人寿年丰】〈成〉人は長寿, 作物は豊作.

rén sǐ liú míng, bào sǐ liú pí【人死留名, 豹死留皮】〈諺〉立派な仕事をし, 死後名をとどめる.

réntī【人梯】名 **1**(肩に人を乗せて作る)人ばしご. ¶搭～ / 人ばしごを組む. **2**〈喩〉他人の成功のために自分を犠牲にする人.

réntǐ【人体】名 人体.

réntǐ móxíng【人体模型】名 マネキン.

réntǐ yìshù【人体艺术】名 ヌード芸術.

réntǐ zhàdàn【人体炸弹】名 自爆テロ(の実行者). 人間爆弾.

rén tóng cǐ xīn, xīn tóng cǐ lǐ【人同此心, 心同此理】〈成〉人々のものの感じ方や考え方は大体同じである.

réntóu【人头】名 **1** 人数. **2**(～儿)人間関係. **3**(～儿)〈方〉人柄.

réntóufènr【人头份儿】名 頭割りによる分け前.

réntóushuì【人头税】名 人頭税.

rénwàng【人望】名 人望.

rén wēi yán qīng【人微言轻】〈成〉地位が低い者の言(ᵹ)は軽んじられる.

rénwéi【人为】**1** 形 人為的な. ▶普通はよくない意味で用いる. ¶～的障碍 / 人為的な障害. **2** 動〈書〉人がなす.

rén wéi dāo zǔ, wǒ wéi yú ròu【人为刀俎, 我为鱼肉】〈成〉人に生殺与奪の権を握られる.

rénwèi【人位】名 定員. 構成員の人数.

rénwèir【人味儿】名 人間味. 人間らしさ.

rénwén【人文】名 人文.

rénwén kēxué【人文科学】名 人文科学.

rénwén zhǔyì【人文主义】名 ヒューマニズム.

rénwù【人物】名 **1** 人物. ¶大～ / 大人物. **2** 人物画. **3**(作品中の)人物.

rénwu【人物】名〈口〉(才能や権勢のある)人物. すぐれた人.

rénxiàng【人像】名 肖像(画).

rénxīn【人心】名 **1** 人心. 人々の心. ¶得dé～ / 人々に支持される. **2** 人間らしい心 ; 良心.

rénxíngdào【人行道】名 歩道. 人道.

rénxíng héngdào【人行横道】名 横断歩道. [条]

rénxíng tiānqiáo【人行天桥】名 歩道橋.

rénxìng【人性】名 人間性. ヒューマニティー.

rénxing【人性】名 人間らしさ.

rénxuǎn【人选】名 人選. 候補者.

rényān【人烟】名 人煙. 人家.

rén yǎng mǎ fān【人仰马翻】〈成〉てんやわんやの大騒ぎ.

rényàngr【人样儿】名 **1** 姿. 人間らしさ. **2** 立派な人. ひとかどの人.

rényāo【人妖】名 **1** 化け物. **2** 人と化け物. **3**(ショーに出演する)ゲイボーイ.

rén yǐ lèi jù, wù yǐ qún fēn【人以类聚, 物以群分】〈諺〉類は友を呼ぶ.

rényǐngr【人影儿】名 **1** 人の姿. **2** 人の影. 影法師.

rényù【人欲】名 人間の欲望.

rényuán【人员】名 人員. 要員.

rényuán【人猿】名 類人猿.

rényuánr【人缘儿】名 人付き合い ; 人受け. ¶有～ / 人受けがよい.

rén yún yì yún【人云亦云】〈成〉定見がない.

rénzào【人造】形 人造の. 人工の. ¶～宝石 / イミテーションの宝石.

人 R

¶～美女 / 整形美人.
rénzào cítiě【人造磁铁】名〈物〉人工磁石.
rénzào dìqiú wèixīng【人造地球卫星】名(地球を回る)人工衛星.
rénzàogé【人造革】名 レザークロス.
rénzàosī【人造丝】名 人造絹糸. レーヨン.
rénzàotǔ【人造土】名 人工培養土.
rénzào wèixīng【人造卫星】名 人工衛星. [个,颗]
rénzào xiānwéi【人造纤维】名 人造繊維.
rénzào xíngxīng【人造行星】名 人工惑星.
rénzhā【人渣】名〈罵〉人間のくず. ▶"人渣滓zǐ"とも.
rénzhèng【人证】名〈法〉人証.
rénzhì【人质】名 人質. ¶做～ / 人質になる.
rénzhì【人治】名 少数の為政者の決定によって国を治める政治.
rénzhōng【人中】名 人中(にんちゅう). 鼻と上唇との間にある溝.
rénzhǒng【人种】名 人種.
rénzìní【人字呢】名〈紡〉ヘリンボーン. 杉綾(すぎあや)織り.
rénzì tuōxié【人字拖鞋】名 ゴムぞうり. ▶鼻緒が"人"の字に見えることから.

壬 **rén** 名 十干の第9：壬(みずのえ). ‖ 姓

仁 **rén** 名 **1**(～儿)さね；むき身. ▶食べられるものをさすことが多い. ¶核桃～儿 / クルミのさね〔実〕. ¶虾～儿 / エビのむき身. **2** 仁. ▶儒家の思想体系の核心.
H ①同情・友愛・助け合いの気持ち. ¶残暴不～ / 残酷横暴で情けがない. ②感覚がある. ¶麻木不～ / しびれて感覚がない. ‖ 姓
rén'ài【仁爱】名 仁愛. 思いやり.
réncí【仁慈】形 慈悲深い.
réndé【仁德】名 仁徳.
réndì【仁弟】名〈書〉年下の友人に対し, また, 師が弟子に対し用いる尊称.
rénguǒ【仁果】名 **1** リンゴやナシのように花托が肥大してできた果実. **2**〈方〉落花生. ピーナッツ.
rénhòu【仁厚】形 情け深く寛大である.
rénhuì【仁惠】名〈書〉仁愛. 慈しみ.
rénr【仁儿】→〖仁rén〗**1**
rén rén jūn zǐ【仁人君子】〈成〉仁徳のある人.
rén rén zhì shì【仁人志士】〈成〉仁愛のある正義の人.
rénxiōng【仁兄】名〈書〉友人に対する尊称.
rényì【仁义】名 仁愛と正義.
rényi【仁义】形〈方〉親切である. やさしい.
rénzhèng【仁政】名 仁政. 思いやりのある政治.
rén zhì yì jìn【仁至义尽】〈成〉援助と善意の限りを尽くす.

任 **rén** 地名用字. "任丘"は河北省にある県名. ‖ 姓　異読⇨rèn

忍 **rěn** 動 耐える. 我慢する. ¶～着疼痛 / 痛みをこらえる.
H むごい. ¶残～ / 残忍である. ‖ 姓
rěnbuxiàqù【忍不下去】動+可補 (これ以上)耐えきれない.
rěnbuzhù【忍不住】動+可補 辛抱できない. 耐えられない. ¶他～大笑起来 / 彼はこらえきれずに大笑いしてしまった.
rěndezhù【忍得住】動+可補 我慢できる. 耐えられる.
rěndōng【忍冬】名〈植〉スイカズラ；〈中薬〉忍冬藤(にんどうとう).
rěngòu【忍垢】動 恥を忍ぶ.
rěn jī ái è【忍饥挨饿】〈成〉じっと飢えを耐え忍ぶ.
rěn jùn bù jīn【忍俊不禁】〈成〉笑いをこらえきれない.
rěnnài【忍耐】動 耐え忍ぶ. ¶～住心头的怒火 / 心中の怒りをこらえる.
rěn qì tūn shēng【忍气吞声】〈成〉黙って怒りをこらえる.
rěnràng【忍让】動 我慢して譲る.
rěnshòu【忍受】動 我慢する. 堪え忍ぶ. ¶～困苦 / 困苦を堪え忍ぶ.
rěntòng【忍痛】動 **1** 痛さをこらえる. **2** つらい思いをする.
rěn wú kě rěn【忍无可忍】〈成〉忍ぶに忍べない；これ以上我慢できない.
rěn//xīn【忍心】動(多く否定文に用い)心を鬼にする. 無情になる.

荏 **rěn** 名〈植〉エゴマ.
H 柔らかい. 弱い.
rěnrǎn【荏苒】動〈書〉(月日が)過ぎていく. ¶光阴～ / 月日がたつのは早い.

稔 **rěn** H ①実る；〈転〉年. ¶丰～ / 豊作. ②熟知する. ¶素～ / なじみである.
rěnzhī【稔知】動〈書〉熟知する.

刃(刄) **rèn** H ①(刃物の)刃；刀. ¶刀～儿 / 刀の刃. ¶利～ / 鋭利な刀. ②刀で殺す.
rènjù【刃具】名 刃物の総称.

认(認) **rèn** 動 **1** 見分ける. 識別する. ¶这是什么字,你帮我～一～ / この字は何ですか, ちょっと見てくれませんか. **2** 人と新しくある関係を結ぶ. ¶～了一门亲 / 親戚関係を結ぶ. ¶～他作老师 / 彼を師と仰ぐ. **3** 認める. **4**(あきらめて)我慢する. ¶价钱贵一点儿,我也～了 / 値段が少々高くても我慢する.
rènbǎo【认保】動 保証を承諾する.
rèn bùshi【认不是】間違いを認める. 間違いを謝罪する.
rènbuchū//lái【认不出来】動+可補 (人や物・道などを)見分けられない.
rènbude【认不得】動+可補 見分けがつかない.

rènbuqīng【认不清】動+可補 はっきりと見分けられない.
rènbuquán【认不全】動+可補 完全には見分けられない〔知らない〕.
rèn//cuò【认错】動(～儿)過ちを認める. 謝る.
rèn//de【认得】動 知っている；見分けがつく. ¶这个人你～吗？/ この人をご存じですか.
rèndìng【认定】動 はっきりと認める. 認定する.
rèn//fá【认罚】動 処罰されることを承知する.
rèngòu【认购】動(公債の購入などを)引き受ける.
rèngǔ【认股】動 株を購入する. 新株を引き受ける. ¶～权 / 新株引受権.
rènjuān【认捐】動 寄付を承諾する.
rènkě【认可】動 許可する. 同意する. ¶点头～ / うなずいて同意する.
rènlǐng【认领】動(確認のうえ)受け取る.
rèn//míng【认明】動+結補 はっきり見分ける.
rèn//mìng【认命】動 運命だとあきらめる.
rèn//qīn【认亲】動 親戚関係になる. 親戚として付き合う.
rèn//qīng【认清】動+結補 はっきりと認める. はっきりと知る.
rèn//rénr【认人儿】動(赤ん坊が)人の容貌や声を見分ける.
rènshēng【认生】動 人見知りする.
rènshi【认识】❶動 1 知っている；(見て)覚えている. ¶这个人我不～ / この人は私は知らない〔会ったことがない〕. 2 認識する.
❷名 認識.
rèn//shū【认输】動 敗北を認める.
rèn sǐkòur【认死扣儿】→ rèn sǐlǐ【认死理】
rèn sǐlǐ【认死理】〈慣〉(～儿)理屈一点張りで融通がきかない.
rèntóng【认同】動 1 (自分との)共通点があると認める；アイデンティティをもつ. 2 賛同する；認める.
rènwéi【认为】動 …と考える. …と思う. …と認める. ¶你～怎么样？/ あなたはどう思いますか.
rèn zéi zuò fù【认贼作父】〈成〉〈喩〉敵を味方と見なす.
rèn//zhàng【认账】動(多く否定文に用い)借りを認める；〈喩〉自分の言動を認める.
rèn//zhēn【认真】1 動 真に受ける. ¶你可别～！/ 本気にするな. 2 (rènzhēn)形 まじめである. 真剣である. ¶～学习 / 真剣に勉強する.
rènzhèng【认证】動〈法〉認証する.
rènzhī【认知】動〈心〉認知する. ¶～科学 / 認知科学.
rèn//zhǔn【认准】動+結補 見定める. 思い込む.
rèn//zuì【认罪】動 罪を認める.

仞 **rèn** 量(昔の長さの単位)仞(じん). ¶万～高山 / 万仞の山.

任 **rèn**❶動 1 任用する. 任命する. ¶～他为教育部长 / 彼を文部大臣に任命する. 2 担当する. ¶～课 / 授業を担当する. 3〈書〉自由にさせる. 一任する. ¶～你挑选 / 自由にお選びください. ❷接続(主語の前に用い)1 …にかかわらず. …であれ. …にせよ. 2 たとえ…でも. ❸量 官職に任ぜられた回数を数える.
H ①任. 務め. ¶到～ / 着任する. ②信頼する. ¶信～ / 信任する.
異読⇨rén
rèn//biàn【任便】動 好きなように任せる.
rèncóng【任从】動〈書〉(…するに)任せる.
rènhé【任何】代 いかなる(…であれ). どんな(…でも). ¶我对此很满意, 没有～意见 / 私はこのことにとても満足しています. 何も意見はありません.
rèn//jiào【任教】動 教職に就く.
rèn láo rèn yuàn【任劳任怨】〈成〉苦労をいとわず, 恨み言を言われても気にかけない.
rènmǎn【任满】動 任期が満了する.
rènmiǎn【任免】動 任免する.
rènmìng【任命】動 任命する. ¶～他为wéi校长 / 彼を校長に任命する.
rènpíng【任凭】1 接続 …にかかわらず. …であれ；たとえ…とも. 2 動 …の判断に任せる.
rènqī【任期】名 任期.
rènqíng【任情】〈書〉1 副 心ゆくまで. 思う存分. 2 動 思いのままにする.
rèn rén wéi qīn【任人唯亲】〈成〉(才能のいかんを問わず)縁故関係のみで人を任用する.
rèn rén wéi xián【任人唯贤】〈成〉(縁故ではなく)才能のみで人を任用する.
rènshǐ【任使】動 任用する. 使用する.
rèn//shì【任事】動 仕事を担当する. 就任する.
rènshì【任是】接続 よしんば…にもせよ.
rènwu【任务】名 1 任務. 仕事. [项,个] ¶执行～ / 任務を遂行する. 2 課せられた仕事の量. ¶提前完成～ / 予定より早く任務を達成する.
rènxìng【任性】形 気ままである. わがままである. ¶你太～了 / 君はわがまますぎる.
rènyì【任意】1 副 気ままに. ほしいままに. ¶～行动 / ほしいままに行動する. 2 形 任意の. 無条件の.
rènyìqiú【任意球】名〈体〉(サッカー・ラグビーで)フリーキック；(バスケットボールなどで)フリースロー.
rènyòng【任用】動 任用する.
rèn//zhí【任职】動 職に就く. 勤める.
rèn zhòng dào yuǎn【任重道远】〈成〉任重くして道遠し. 責任は重大で前途は遠い.

纫 rèn 動 1 針に糸を通す. ¶～针 / 同前. 2〈書〉深く感謝する. ¶至～高谊 /（手紙文で用い）ご厚情にあずかり感謝の至りです.
H 針で縫う. ¶缝～ / 裁縫.
rènpèi【纫佩】動〈書〉感服する.

韧（韌） rèn H 強くてしなやかである. ¶坚～ / 強靭. ¶柔～ / しなやかで丈夫.
rèndài【韧带】名 靭帯(じんたい).
rènjìn【韧劲】名（～儿）粘り強さ.
rènxìng【韧性】名 1〈物〉靭(じん)性. 粘り. 2 強靭さ. 粘り強さ.

轫 rèn H（車輪の）止め木. ¶发～ / 発車する；〈喩〉新しい事業を始める.

饪（飪） rèn H 調理する. ¶烹～ / 同前.

妊（姙） rèn H 妊娠する.
rènfù【妊妇】名〈書〉妊婦.
rènshēn【妊娠】動 妊娠する.

衽（袵） rèn 名〈古〉1 衽(おくみ). 2 褥(しとね).

葚 rèn →sāngrènr【桑葚儿】
異読⇨shèn

reng（ㄖㄥ）

扔 rēng 動 1 ほうる. 投げる. ¶～球 / ボールを投げる. 2 捨てる；〈喩〉(物事を) ほったらかす. ¶不要乱～烟头儿 / 吸い殻を所かまわず投げ捨てるな. ¶～下工作去钓鱼 / 仕事をほっぽり出し釣りに行く.
rēng//chūqù【扔出去】動+方補 投げ出す. ほうり出す.
rēng//diào【扔掉】動+結補（投げ）捨てる.
rēngqì【扔弃】動 捨て去る. 投げ捨てる.
rēngzài bózi hòutou【扔在脖子后头】〈慣〉すっかり忘れてしまう.

仍 réng 副〈書〉1 依然として. いまなお. 2 もとどおりに.
H 頻繁である. ¶频～ / しきりである.
réngjiù【仍旧】副 依然として. やはり. 相変わらず.
réngrán【仍然】副 1 依然として. 相変わらず. 2 もとどおりに. ¶他把信看完,～装回信封里 / 彼は手紙を読み終えると, もとどおりに封筒に収めた.
réngshì【仍是】副 依然として. 従来どおり.

礽 réng 名〈書〉福. 幸せ.

ri（ㄖ）

日 rì 名〈書〉1 太陽. 2 1日. 一昼夜；〈転〉特定の日. ¶改～再谈 / 日を改めてお話ししましょう. ¶纪念～ / 記念日.
H ①昼. ¶～～夜夜 / 昼も夜も. ②毎日；日に日に. ¶～复一日 / 一日また一日と. ③(広く)ある期間. ¶往～ / 昔. ④日本. ‖ 姓
rìbān【日班】名 日勤. 昼間の勤務.
rìbān【日斑】名〈天〉太陽の黒点.
rìbào【日报】名 日刊新聞. 朝刊.
Rìběn【日本】名 日本.
Rìběnhuà【日本话】名（話し言葉としての）日本語.
rì bó xī shān【日薄西山】〈成〉瀕死の状態；事物が消滅していく状態.
rì bù xiá jǐ【日不暇给】〈成〉忙しく寸暇もない.
rìcháng【日常】形 日常の. ふだんの. ¶～用品 / 日用品.
rìchǎng【日场】名（演劇・映画などの）昼の部. マチネー.
rìchéng【日程】名 日程. スケジュール. ¶～安排得很紧张 / スケジュールがハードである.
rìchū【日出】名 日の出.
rìchuō【日戳】名 日付印.
Rì'ěrmànrén【日耳曼人】名 ゲルマン人.
rìgōng【日工】名 1 昼間の仕事. 2 日雇い労働者(の仕事).
rìguāng【日光】名 1 日光. 2 時間. 時期.
rìguāngdēng【日光灯】名 蛍光灯.
rìguāngqún【日光裙】名 サンドレス.
rìguāngyù【日光浴】名 日光浴.
rìguǐ【日晷】名〈天〉日時計.
rìhòu【日后】名 後日. 将来.
rì jī yuè lěi【日积月累】〈成〉長い期間にわたって積み重ねる.
rìjì【日记】名 日記；(仕事用の) 日誌. ¶记〔写〕～ / 日記をつける.
rìjìzhàng【日记账】名〈簿記〉日記帳. 取引の概要を時間順に記録する帳簿. ▶"序时账"とも.
rìjiān【日间】名〈書〉昼間. 日中.
rìjiàn【日见】副 日増しに. 日一日と.
rìjiàn【日渐】副 日増しに. 日を追って.
rìjièxiàn【日界线】名〈天〉日付変更線.
rì jiǔ tiān cháng【日久天长】〈成〉長い年月がたつ.
rì jiù yuè jiāng【日就月将】〈成〉月日を重ねるにつれて進歩する.
rìjūn【日均】名 一日平均.
rìkān【日刊】名 日刊(の新聞).
rìlái【日来】名〈書〉ここ数日来.
rì lǐ wàn jī【日理万机】〈成〉政務が多忙を極める.
rìlì【日历】名 日めくり. カレンダー.
rìluò【日落】動 1 日が沈む. 2〈書〉日に日に落ちる.
rì mù tú qióng【日暮途穷】〈成〉窮地に陥る.
rìnèi【日内】名〈書〉数日内. 近々.
rìpiānshí【日偏食】名〈天〉部分食.
rìqī【日期】名 期日. 日付.
rìqián【日前】名 先日. 数日前.
rìqū【日趋】副 日に日に(…になる).

rìquánshí【日全食】名〈天〉皆既食.
rìrì yèyè【日日夜夜】名 毎日毎晩.
rìsè【日色】名 日の光；〈転〉時刻.
rì shàng sān gān【日上三竿】〈成〉日が高く昇っている.
rìshèbìng【日射病】名 日射病.
rìshí【日食】名〈天〉日食. ▲"日蚀"とも.
rìtou【日头】名〈方〉太陽. 日.
rìtuō【日托】名（保育所などで子供を）昼間だけ預かること.
Rìwén【日文】名 日本語.
rìxīn【日薪】名 日給. 日当.
rì xīn yuè yì【日新月异】〈成〉日進月歩.
rìyè【日夜】名 日夜. 昼夜.
rì yǐ jì yè【日以继夜】〈成〉昼夜兼行をする. 夜を日に継ぐ.
rìyì【日益】副 日に日に. 日増しに.
rìyòng【日用】1 形 日用の. 2 名 生活費.
rìyòngpǐn【日用品】名 日用品.
Rìyǔ【日语】名 日本語. ¶说～ / 日本語を話す.
rìyuán【日圆・日元】名 日本円.
rìyuè【日月】名（～儿）暮らし. 生活.
rìyùn【日晕】名〈気〉日暈(にちうん). ハロ.
rìzhào【日照】名〈気〉日照.
rì zhēn wán shàn【日臻完善】〈成〉日ごとに完全になる.
rìzhì【日志】名 日誌.
rìzhōng【日中】名 1 正午；日中. 2 (Rì-Zhōng) 日本と中国. ¶～关系 / 日中関係.
rìzi【日子】名 1 期日；日取り. 2 日数. 日にち. ¶前些～ / 先日. 3 暮らし. 生活. ¶过～ / 暮らす.

rong（ㄖㄨㄥ）

戎 róng 名 戎(じゅう). 古代,西方にいた部族の称.
H 軍事. 軍隊. ‖姓
róngmǎ【戎马】名〈書〉軍馬. 軍事.
róngyī【戎衣】名〈書〉軍服.
róngzhuāng【戎装】名〈書〉軍装.

茸 róng H ①（草・毛などが生え始め,短く柔らかく）密生するさま. ②〈中薬〉鹿の袋角. ¶鹿～ / 鹿茸(ろくじょう).
róngmáo【茸毛】名（動植物の）細く柔らかい毛.
róngróng【茸茸】形（草や毛が）密で柔らかいさま.

荣（榮） róng H ①（草木が）茂る. ¶欣欣向～ / 勢いよく茂る；繁栄に向かう. ②繁栄する. ¶繁～ / 栄える. ③光栄. ¶→～誉. ‖姓
rónggūi【荣归】動 光栄ある帰還をする.
róng huá fù guì【荣华富贵】〈成〉栄耀栄華を極める.
rónghuò【荣获】動 光栄にも獲得する. ¶～冠军 / 優勝を勝ちとる.
róngkū【荣枯】名 栄枯盛衰.
róngqiān【荣迁】動 栄転する.
róngrèn【荣任】動〈敬〉光栄にも…の職に就く〔務める〕.
róngrǔ【荣辱】名 栄辱(えいじょく). 栄誉と恥辱.
róngxìng【荣幸】形 光栄である；幸運である. ¶感到非常～ / たいへん光栄に存じます.
róngyào【荣耀】形 光栄である. 栄誉である.
róngyù【荣誉】名 栄誉.

绒（羢） róng 名（鳥獣の）綿毛. ¶这种地毯的～比较长 / この手のじゅうたんは毛足がわりに長い.
H ①表面を毛羽立てた織物の総称. ¶丝～ / ビロード. ②刺繍用の細い糸. ¶红绿～儿 / 刺繍用の色絹.
róngbù【绒布】名〈紡〉綿フランネル.
rónghuā【绒花】名（～儿）ビロードで作った造花など.
rónghuāshù【绒花树】名〈植〉ネムノキ.
róngkù【绒裤】名 厚手のメリヤスズボン下.
róngmáo【绒毛】名 1（鳥獣の）綿毛. 2 織物の毛羽.
róngmiàngé【绒面革】名 スエード革.
róngtǎn【绒毯】名 じゅうたん. カーペット.
róngtóushéng【绒头绳】名（～儿）1 髪を束ねる紐. 2 毛糸.
róngxiàn【绒线】名 1 刺繍用の太い絹糸. 2 毛糸.
róngyī【绒衣】名 厚手のメリヤスシャツ.

容 róng 動 1 いれる. 収容する. ¶这个会场能～一千人 / この会場は千人収容できる. 2（気持ちの上で）許す,容赦する. ¶情理难～ / 情理からいって許しがたい. 3（多く否定の形で用い）許可する；…させる. ¶不～分说 / 有無を言わさない.
H 顔；容貌；様子. ¶笑～ / 笑顔. ¶整～ / 美容整形. ¶市～ / 街の様子. ‖姓
róngbude【容不得】動+可補 包容することができない. 許せない.
róngbuxià【容不下】動+可補 1（場所が狭くて）収容できない. 入りきれない. 2（度量が狭くて）許すことができない.
róngdexià【容得下】動+可補 1（場所が十分あって）収容できる. 2（度量が広くて）許すことができる.
róngguāng【容光】名 顔色. 顔つき.
róngjī【容积】名 容積.
róngliàng【容量】名 容量.
róngliú【容留】動 収容する. 置いておく.
róngmào【容貌】名 容貌. 顔かたち.
róngnà【容纳】動（ある空間・範囲に）収容する；（意見などを）受け入れる.
róngqì【容器】名 容器.

róngqíng【容情】動（多く否定形に用い）容赦する．
róng//rén【容人】動（人に）寛容である．
róngrěn【容忍】動 容赦する．我慢する．
róng//shēn【容身】動 身を落ち着ける．¶无～之地 / 身を置く場所がない．
róngshòu【容受】動 受け入れる．
róngxǔ【容许】**1** 動 許す．許容する．**2** 副 あるいは…かもしれない．
róngyì【容易】形 **1** やさしい．容易だ．**2** …しやすい．¶喝生水～生病 / 生水を飲むと病気になりやすい．
róngzī【容姿】名〈書〉容姿．

嵘（嶸）**róng** →zhēngróng【峥嵘】

蓉 **róng 1** →fúróng【芙蓉】 **2** 成都の別称．▶"蓉城"とも．‖姓

溶 **róng** 動 溶ける．¶这种物质不～于水 / この物質は水に溶けない．
róngdòng【溶洞】名 鐘乳洞．
rónghé【溶合】→rónghé【融合】
rónghuà【溶化】動 **1**（固体が）溶解する．**2** →rónghuà【融化】
róngjì【溶剂】名〈化〉溶剤．
róngjiě【溶解】動〈化〉溶解する．
róngjiědù【溶解度】名〈化〉溶解度．
róngróng【溶溶】形〈書〉（水や月光が）たゆたうさま．
róngshí【溶蚀】動〈地〉溶食する．
róngyè【溶液】名〈化〉溶液．

瑢 **róng** →cōngróng【玑瑢】

榕 **róng** H ①榕樹(ようじゅ)．ガジュマル．②福州．
róngshù【榕树】名〈植〉ガジュマル．

熔 **róng** H（熱で）溶かす，溶解する．¶～铁 / 鉄を溶かす；溶けた鉄．¶～焊 / 溶接．
róngdiǎn【熔点】名〈物〉融点．
róngduàn【熔断】動 溶解切断する．
rónghuà【熔化】動（固体が熱で）溶解する．
róngjiě【熔解】動〈物〉溶解する．
róngliàn【熔炼】動（鉱石などを）溶解し精錬する；〈喩〉（人間を）鍛える．
rónglú【熔炉】名 溶鉱炉；〈喩〉（思想・人格を）鍛える場所．
róngyán【熔岩】名 溶岩．
róngzhù【熔铸】動 鋳造する．

蝾（蠑）**róng** ○
róngyuán【蝾螈】名〈動〉イモリ．

镕 **róng**〖熔róng〗に同じ．

融 **róng** H ①解ける．溶ける．②融合する．¶水乳交～ /（水と乳が解け合うように）よく調和する．③流通する．¶金～ / 金融．‖姓
rónghé【融合】動 融合する．
rónghé【融和】**1** 形 **1** 暖かい．**2**（互いに）打ち解ける．**2** 動 →rónghé【融合】
rónghuà【融化】動（氷・雪などが）解ける．▶"溶化"とも．
rónghuì【融会】動 融合する．解け合う．
róng huì guàn tōng【融会贯通】〈成〉種々の知識や道理によって，全面的に理解する．
róngjiě【融解】動 融解する．
róngqià【融洽】形（気持ちや雰囲気が）打ち解けている．
róngróng【融融】形〈書〉**1** 打ち解けて楽しい．**2** 暖かい．
róngtōng【融通】動 **1**（資金を）流通させる．¶～资金 / 融資する．**2**（ある事物に関し）全面的に理解する．**3**（気持ちを）通わせる．
róng//zī【融资】動〈経〉融資する．

冗 **rǒng** H ①余計な．¶～词赘句 /（詩文などの）むだな言葉．②煩瑣(はんさ)な．¶→～杂．③多忙．¶拨～ / 万障繰り合わせて．
rǒngbǐ【冗笔】名 不必要な語句．むだな筆遣い．
rǒngcháng【冗长】形（話や文章が）冗長である，くどい．
rǒngfán【冗繁】→rǒngzá【冗杂】
rǒngyú【冗余】形 むだである．余分な．
rǒngyuán【冗员】名 余剰人員．¶裁减～ / 余剰人員を整理する．
rǒngzá【冗杂】形〈書〉（仕事が）煩雑である．▶"冗繁"とも．

氄（毧・氅）**rǒng** 形（毛が）細くて柔らかい．¶羽毛发～ / 羽がふわふわしている．
rǒngmáo【氄毛】名 細くて柔らかい毛．綿毛．

rou（ㄖㄡ）

柔 **róu** H ①柔らかい．¶→～软．②柔和である．¶温～ / やさしい．③柔らかくする．¶～麻 / 麻を水につけて柔らかくする．‖姓
róubǎn【柔板】名〈音〉アダージョ．
róucháng【柔肠】名 思いやりに富んだ心．
róudào【柔道】名〈体〉柔道．
róufūshuǐ【柔肤水】名（化粧品の）ローション．
róuhé【柔和】形 柔らかい．優しい．¶～的颜色 / 落ち着いた色．¶手感～ / 手ざわりが柔らかい．
róuměi【柔美】形 柔らかで美しい．¶舞姿～ / 舞い姿がしなやかで美しい．
róumèi【柔媚】形 **1** 穏やかで美しい．**2** 優しくしとやかである．
róunèn【柔嫩】形 柔らかくみずみずしい．しなやかである．
róuqíng【柔情】名 やさしい心．
róurèn【柔韧】形 しなやかで丈夫である．柔らかくしなやかである．
róuruǎn【柔软】形 柔軟である．柔らかい．

róuruǎn tǐcāo【柔软体操】名〈体〉柔軟体操.
róurùn【柔润】形 柔らかくてつやつやしている.
róuruò【柔弱】形 軟弱である. 弱々しい.
róushùn【柔顺】形 従順である. 素直である.
róuxìng【柔性】形(↔刚性)1(材質が)柔らかな. 2 柔軟な. 融通のきく.
róuyú【柔鱼】名〈動〉スルメイカ.

揉 róu 動 1(手で往復するように)もむ, こする. ¶～了～眼睛 / 目をこすった. 2(丸く)こねる. ¶～面 / 小麦粉をこねる. 3〈書〉(物を)曲げる, たわめる.
róucuo【揉搓】動 1 もむ. こする. 2〈方〉いじめる.
róuhé【揉合】動 こね合わせる.

煣 róu 動〈書〉(木材を)火であぶって曲げる.

糅 róu H まじる. まぜる. ¶杂～ / いろいろまじり合っている.
róuhé【糅合】動〈書〉まじる. まぜる；まぜ合わす.
róuzá【糅杂】動 ごちゃまぜにする.

蹂 róu O
róulìn【蹂躏】動 蹂躪(じゅうりん)する. 踏みにじる. ¶～人权 / 人権を蹂躪する.

鞣 róu 動(皮を)なめす. ¶～皮子 / 同前.
róuliào【鞣料】名 鞣皮(じゅう)剤.

肉 ròu ❶名 1 肉；(特に)豚肉. [块,片] 2 果肉. 身. ❷形〈方〉果実の歯ざわりが悪い；はきはきしない. ぐずである.
ròu'ànzi【肉案子】名 1 肉屋. 2 肉切り台.
ròubāozi【肉包子】名 肉まんじゅう.
ròubǐng【肉饼】名 豚のひき肉を包んだ"饼". ミートパイ.
ròubó【肉搏】動 取っ組み合う. 格闘する.
ròuchù【肉畜】名 肉用種の家畜.
ròucōngróng【肉苁蓉】名〈植〉ニクジョウヨウ；〈中薬〉肉蓯蓉(にくじゅよう).
ròudīng【肉丁】名(～儿)〈料理〉さいの目に切った豚肉.
ròudòukòu【肉豆蔻】名〈植〉ニクズク；〈中薬〉肉豆蔲(にくずく).
ròugān【肉干】名 干し肉.
ròugǎn【肉感】形 セクシーである.
ròuguān【肉冠】名(鳥類の)とさか.
ròuguì【肉桂】名〈植〉ニッケイ；〈中薬〉肉桂(にっけい).
ròuhūhū【肉乎乎·肉呼呼】形(～的)まるまると太っている.
ròujī【肉鸡】名 食肉用の鶏.
ròuliú【肉瘤】名〈医〉肉腫.
ròumá【肉麻】形 歯が浮くようである. 虫酸が走る.
ròumí【肉糜】名〈方〉ひき肉.
ròumò【肉末】名(～儿)ひき肉.
ròuniú【肉牛】名 食用牛.
ròupāoyǎn【肉泡眼】名 はれぼったい目.
ròupí【肉皮】名(豚肉の)皮.
ròupír【肉皮儿】名〈方〉(人の)皮膚.
ròupiàn【肉片】名(～儿)薄切りの肉.
ròupiào【肉票】名(～儿)1 人質. ¶撕～ / 人質を殺す. 2 肉類配給券.
ròuqí【肉鳍】名 イカ・タコなどの軟体動物のひれ状の部分.
ròuqín【肉禽】名 食肉用の家禽.
ròusè【肉色】名 肉色. 肌色.
ròushēn【肉身】名〈仏〉肉体. 肉身.
ròushí【肉食】名 肉食. ¶～动物 / 肉食動物.
ròushi【肉食】名 肉類食品.
ròusī【肉丝】名(～儿)細切りの肉.
ròusōng【肉松】名 肉の田麩(でんぶ).
ròutǐ【肉体】名 肉体. 身体.
ròuwánzi【肉丸子】名 肉団子.
ròuxiàn【肉馅】名(～儿)(豚まんなどの)肉のあん.
ròuxíng【肉刑】名 体刑.
ròuyǎn【肉眼】名 1 肉眼. 2〈喩〉物事を見抜く目のない人.
ròuyù【肉欲】名 性欲. 肉欲.
ròuyuè【肉月】名(～儿)(漢字の部首)にくづき"月".
ròuzhōngcì【肉中刺】〈慣〉("眼中钉"に続き)目の敵(かたき). 目の上のこぶ.
ròuzhuì【肉赘】名 いぼ.

ru (ㄖㄨ)

如 rú ❶動 1(例をあげて)たとえば. 2 …に及ぶ. …に匹敵する. ¶我不～她 / 私は彼女にはかなわない. 3 …のようである. ¶亲～一家 / 家族のように親しい. 4("如意、如愿"の形で)かなう. ❷前 …のとおりに. ¶→～期. ❸接続 もし…ならば. ‖姓
rúcháng【如常】動 いつもと変わらない. ¶一切～ / いつも通りである.
rú chū yī zhé【如出一辙】〈成〉二つの事柄が一致する.
rúcǐ【如此】代〈書〉このようである. このように.
rú cǐ ér yǐ【如此而已】〈成〉それだけのことである.
rúcì【如次】動 次のとおりである.
rú fǎ páo zhì【如法炮制】〈成〉型通りに事を運ぶ.
rúgù【如故】動 1 元のままである. 2 旧友のようである. ¶一见～ / 初対面でたちまち旧友のように打ち解ける.
rúguǒ【如果】接続 もしも…(ならば). ¶～你不用功,就会留级 / もし君がしっかり勉強しないなら,進級はおぼつかないよ.
rúhé【如何】疑 どうですか；どのように. ¶～判断好坏 / 善し悪しをどう

判断するか.
rú hǔ tiān yì【如虎添翼】〈成〉鬼に金棒.
rú huā sì jǐn【如花似锦】〈成〉風景や前途がすばらしい.
rú huǒ rú tú【如火如荼】〈成〉勢いが激しいさま.
rú huò zhì bǎo【如获至宝】〈成〉貴重な宝を得たかのように大喜びする.
rú jī sì kě【如饥似渴】〈成〉(多く知的欲求を)渇望するさま.
rújīn【如今】名(過去に対して)今.現今.
rú léi guàn ěr【如雷贯耳】〈成〉(雷が耳を衝くように)名声が轟く.
rú mèng fāng xǐng【如梦方醒】〈成〉これまでの愚かさや誤りから覚める. ▶"如梦初醒"とも.
rú niǎo shòu sàn【如鸟兽散】〈成〉四方に逃げ散る;クモの子を散らすよう.
rúqī【如期】副 期日どおりに.
rúqí【如其】接続 もしも.
rú qì rú sù【如泣如诉】〈成〉声がもの悲しいさま.
rú rì zhōng tiān【如日中天】〈成〉(事物が)真っ盛りである.
rúruò【如若】接続〈書〉もしも.
rúshàng【如上】動 以上のとおりである. ¶～所述 / 前に述べたように.
rúshí【如实】形 あるがままである. ありのままに.
rúshì【如是】代 このとおりである.
rú shì zhòng fù【如释重负】〈成〉重責を果たしてほっとする.
rú shǔ jiā zhēn【如数家珍】〈成〉物事を述べるのに何のとどこおりもなく手慣れている.
rúshù【如数】副 数をそろえて. 額面どおり. ¶～还清huánqīng/ 数をそろえて返す.
rú suǒ zhōu zhī【如所周知】〈成〉周知のごとく.
rú tāng wò xuě【如汤沃雪】〈成〉物事が容易に解決する.
rútóng【如同】動…と同じである;…のようだ.
rúxià【如下】動 次のとおりである.
rúyī【如一】動 変わりがない;同じである.
rú//yì【如意】**1** 動 意のままになる.思いどおりになる. ¶称心～ / 思いどおりになる. **2** 名〈仏〉如意(にょ).
rú yǐng suí xíng【如影随形】〈成〉(二人が)いつも一緒にいる.
rú yǒu suǒ shī【如有所失】〈成〉何かを失ったかのようである.
rú yú dé shuǐ【如鱼得水】〈成〉自分に適した環境が得られる;意気投合できる人物に出会う.
rú//yuàn【如愿】動 願いどおりになる. ¶～以偿cháng/ 願いがかなえられる.
rú zuò zhēn zhān【如坐针毡】〈成〉いたたまれない気持ちである.

茹 **rú** 🅷 ①食べる. ¶～素 / 精進. ②(つらい目に)あう. ‖姓
铷 **rú** 名〈化〉ルビジウム. Rb.
儒 **rú** 🅷 ①儒家. 儒学. ②(昔の)読書人. 学者. ¶大～ / 大学者. ¶腐～ / 役に立たない学者. ‖姓
rúgèn【儒艮】名〈動〉ジュゴン.
Rújiā【儒家】名 儒家.
Rújiào【儒教】名 儒教.
rúshāng【儒商】名 高い教養をもつ商人.
rúshēng【儒生】名〈旧〉儒者;(広く)読書人. 学生.
rúxué【儒学】名 儒学.
薷 **rú** →xiāngrú【香薷】
嚅 **rú** ○
rúdòng【嚅动】動(何かを言いたげに)唇をかすかに動かす.
rúniè【嚅嗫】形〈書〉(言いかけて)口ごもるさま.
濡 **rú** 🅷 ①浸す. ぬらす. ¶～笔 / 筆に墨を含ませる. ②滞る. とまる. ¶～滞 / 延び延びになる.
rúrǎn【濡染】動〈書〉(悪習に)染まる.
孺 **rú** 🅷 子供. 幼子. ¶妇～ / 婦人と子供.
rúzǐ【孺子】名〈書〉孺子(じゅ). 子供.
襦 **rú** 名〈書〉短い上着.
颥 **rú** →nièrú【颞颥】
蠕 **rú** 🅷 うごめく. もぞもぞ動く.
rúdòng【蠕动】動 蠕動(ぜん)する. うごめく.
汝 **rǔ** 代〈古〉なんじ. おまえ. ¶～曹 / なんじら. ¶～辈 / おまえたち. ‖姓
乳 **rǔ** 🅷 ①乳房. ②乳. ¶炼～ / コンデンスミルク. ③乳汁(のようなもの). ¶豆～ / 豆乳. ④生まれて間もない(動物). ¶→～猪.
rǔbái【乳白】名 乳白色.
rǔbō【乳钵】名 乳鉢.
rǔchǐ【乳齿】名 乳歯.
rǔ'ér【乳儿】名 乳飲み子.
rǔfáng【乳房】名 乳房.
rǔhuà【乳化】動〈化〉乳化する.
rǔhuàyè【乳化液】名 乳化剤.
rǔjì【乳剂】名〈化〉乳剤.
rǔjiāo【乳胶】→rǔzhuóyè【乳浊液】
rǔlào【乳酪】名 チーズ.
rǔmíng【乳名】名 幼名.
rǔmǔ【乳母】名 乳母.
rǔniú【乳牛】名 乳牛.
rǔsuān【乳酸】名 乳酸.
rǔtáng【乳糖】名 乳糖. ラクトーズ.
rǔtóu【乳头】名 乳首.
rǔxiàn【乳腺】名 乳腺.
rǔxiāng【乳香】名〈植〉ニュウコウ;〈中薬〉乳香(にゅう).
rǔxiù【乳臭】名〈書〉乳臭さ.

rǔ xiù wèi gān【乳臭未干】〈成〉青二才.
rǔyá【乳牙】名 乳歯.
rǔyè【乳液】名 乳液.
rǔzhào【乳罩】名 ブラジャー.
rǔzhī【乳汁】名 乳(汁). 母乳.
rǔzhū【乳猪】名 子豚.
rǔzhuóyè【乳浊液】名 乳濁液. エマルジョン.

辱 **rǔ** 動 **1**〈書〉侮辱する〔される〕. **2**〈謙〉〈書〉かたじけなくも…する. ¶～蒙指教 / ご教示いただく.
H 恥辱. ¶羞～ / 辱め(る).
rǔmà【辱骂】動 口汚くののしる.
rǔmìng【辱命】動〈書〉上役の命令や友人からの依頼に背く.
rǔmò【辱没】動(名声・人格などを)汚す,辱める.

擩 **rǔ** 動〈方〉突っ込む；押し込む.

入 **rù** 動 **1** 入る. **2**(組織・団体に)加入する.
H ①収入. ¶量～为出 / 収入を考えて支出する. ②合致する. ¶→～情～理. ③入声(にっしょう).
rù//bǎo【入保】動 保険に加入する.
rù bù fū chū【入不敷出】〈成〉収入が支出に足りない. 赤字である.
rù//chǎng【入场】動 入場する.
rùchǎngquàn【入场券】名 入場券；〈転〉参加資格.
rùchāo【入超】名 輸入超過.
rù'ěr【入耳】形 耳に心地よい.
rù//fú【入伏】動 三伏(さんぷく)に入る. 1年で最も暑い時期となる.
rù//gǎng【入港】動 **1** 入港する. **2**〈近〉意気投合する.
rù//gǔ【入股】動 株を買う. 資本金の一部を出資する.
rùgǔ【入骨】動 骨身にしみる. ¶恨之～ / 恨み骨髄に徹する.
rùhuà【入画】動(景色が美しくて)絵になる.
rù//huǒ【入伙】動 **1**(～儿)仲間に入る. **2** 集団給食・共同炊事に加わる.
rù//jí【入籍】動 **1** 入籍する. **2** 他国籍に入る.
rù//jìng【入境】動(↔出境)入国する. ¶～签证 / 入国ビザ. ¶～手续 / 入国手続き.
rù//kǒu【入口】❶動 **1** 口の中に入れる. **2** 輸入する；移入する.
❷名 入り口.
rùkòu【入寇】動〈書〉(外敵が)侵入する.
rùkuǎn【入款】名 入金.
rù//liàn【入殓】動 納棺する.
rù//méi【入梅】動 梅雨に入る.
rù//mén【入门】**1** 動(～儿)初歩を学ぶ. **2** 名 入門. 手引き.
rù//mí【入迷】動 夢中になる. 魅せられる.
rùmián【入眠】動 寝つく. 寝入る.
rù//mó【入魔】動 病みつきになる. 夢中になる.
rù mù sān fēn【入木三分】〈成〉筆力が雄勁である；〈喩〉議論や分析が深い.
rùqīn【入侵】動(敵が)国境を侵す.
rù qíng rù lǐ【入情入理】〈成〉情理にかなう. 人情にかなった道理に合う.
rùshèjiǎo【入射角】名〈物〉入射角.
rù//shén【入神】**1** 動 夢中になる；一心不乱になる. **2** 形 神わざの域に達している.
rùshēng【入声】名〈語〉(古代中国語の四声の)入声(にっしょう). 音節末尾が-p・-t・-kで終わるもの.
rùshèng【入胜】動 佳境に入る. ¶引人～ / (景色・文章などが)人をうっとりさせる.
rùshí【入时】形(服装などが)流行に合っている.
rùshì【入世】動 **1** 実社会に出る. **2**〈略〉WTO(世界貿易機関)に加盟する.
rù//shǒu【入手】動 **1** 手をつける. 着手する. **2** 手に入れる. 入手する.
rùshuì【入睡】動 寝つく. 寝入る.
rù//tǔ【入土】動 埋葬する.
rùtuō【入托】動 託児所に入れる〔入る〕.
rù//wǎng【入网】動〈電算〉**1** インターネットのプロバイダに加入する. **2** ネットにつなぐ.
rùwēi【入微】形 非常に細かい；行き届いている. ¶体贴～ / 心遣いがきめ細かである.
rù//wéi【入围】動 入選〔入賞〕する.
rùwèi【入味】動(～儿)**1** 味が出る. **2** おもしろ味を感じる. 興に乗る.
rù//wǔ【入伍】動 入隊する.
rù//xí【入席】動 座席につく.
rù//xì【入戏】動(役者が)役に入り込む.
rù xiāng suí xiāng【入乡随乡】〈成〉郷に入(い)っては郷に従え.
rù//xuǎn【入选】動 入選する.
rù//xué【入学】動 **1** 入学する. ¶～考试 / 入学試験. **2** 小学校に上がる.
rù//yǎn【入眼】動 気に入る.
rùyào【入药】動 薬用になる. 薬になる.
rùyè【入夜】動 夜になる.
rù//yù【入狱】動 入獄する.
rù//yuàn【入院】動 入院する.
rù//zhàng【入账】動 帳面につける. 記帳する.
rùzhǔ【入主】動 主(あるじ)として中に入る.
rùzhùlǜ【入住率】名 入居率. 稼動率.
rùzhuì【入赘】動 婿入りする. 入り婿になる.
rù//zuò【入座】動 席につく. 着席する. ¶对号～ / 指定席に座る. ▲"入坐"とも.

洳 **rù** →jùrù【沮洳】

蓐 rù 🅗 敷草. 褥(しとね)；産婦の寝床. ¶坐～ / 産褥(さんじょく)につく.

溽 rù 🅗 湿っぽい.

rùrè【溽热】形〈書〉じめじめして蒸し暑い.

rùshǔ【溽暑】1 形 蒸し暑い. **2** 名 蒸し暑い天気.

缛 rù 🅗 繁雑である. 煩わしい. ¶繁文～礼 / 繁雑な儀礼.

褥 rù 名 敷き布団. ¶被～ / 掛け布団と敷き布団；夜具. ¶～单子 / シーツ.

rùchuāng【褥疮】名 床擦れ.

rùdān【褥单】名(～儿) 敷布. シーツ. ▶"褥单子"とも.

rùzi【褥子】名 敷き布団. [条,床] ¶铺pū～ / 敷き布団を敷く.

rua (ㄖㄨㄚ)

挼 ruá 形〈方〉**1** (紙や布が) しわになる. **2** (布が) 破れそうになる.

ruan (ㄖㄨㄢ)

阮 ruǎn 🅗 "阮咸"の略称. ‖姓

ruǎn náng xiū sè【阮囊羞涩】〈成〉懐が寒い.

ruǎnxián【阮咸】名(民族楽器の一種)"月琴"に似た弦楽器.

软(輭) ruǎn 形 **1** (↔硬) 柔らかい. **2** 柔和である. ¶话说得很～ / 言葉遣いがもの柔らかである. **3** 意気地がない. 軟弱である. **4** 力が入らない. ¶两腿发fā～ / (疲れたり驚いたりして) 両足の力が抜ける. **5** (意志・感情が) もろい. ¶心肠太～ / 情にもろい. ¶耳朵～ / 人の話を信じやすい. **6** 能力や質が劣る. ¶工夫～ / 修業が足りない. ‖姓

ruǎnbāozhuāng【软包装】名(食料品などの) ソフトパッキング.

ruǎnbì【软币】名 **1** 紙幣. **2**〈経〉外貨や金に兌換できない通貨. **3**〈経〉弱い通貨.

ruǎncípán【软磁盘】名〈電算〉フロッピーディスク.

ruǎndāozi【软刀子】〈慣〉(真綿で首を絞めるように) じわじわと人を痛めつける手段.

ruǎnduàn【软缎】名 繻子(しゅす).

ruǎn'è【软腭】名 軟口蓋.

ruǎnfēng【软风】名 そよ風. 弱い風.

ruǎngāo【软膏】名 軟膏.

ruǎngǔ【软骨】名 軟骨.

ruǎngǔbìng【软骨病】名〈医〉骨軟化症. くる病.

ruǎngǔtou【软骨头】名 意気地なし. 骨なし.

ruǎngǔyú【软骨鱼】名 軟骨魚.

ruǎnguǎn【软管】名 ホース；(タイヤの) チューブ.

ruǎnguàntou【软罐头】名(レトルト食品などの) 真空パック.

ruǎnguǎnggào【软广告】名 間接広告.

ruǎnhuà【软化】動 **1** (物や人の態度が) 柔らかくなる, 軟化する. ¶骨质～症 / 骨軟化症. **2** 軟化させる.

ruǎnhuà【软话】名 **1** 穏やかな言葉. **2** へりくだった言葉.

ruǎnhuánjìng【软环境】名 ソフト面の環境. ▶政策・法規・管理・サービス・人材などの条件.

ruǎnhuo【软和】形〈口〉柔らかい. ¶～话儿 / 下手(したて)に出て頼む言葉.

ruǎnjiàn【软件】名 **1**〈電算〉(↔硬件) ソフトウエア. ▶"软设备"とも. ¶～包 / 総合型ソフトウエア. **2** (生産・研究・経営などの) システム, ソフトマネージメント. ¶～工程 / システムエンジニアリング.

ruǎnjiāodiǎn【软焦点】名(撮影で) ソフトフォーカス.

ruǎnjìn【软禁】動 軟禁する.

ruǎnjìng【软镜】名 コンタクトレンズ.

ruǎnkēxué【软科学】名(情報科学・組織工学などの) ソフトサイエンス.

ruǎnmiānmiān【软绵绵】形(～的) **1** ふわふわした. **2** ぐったりした.

ruǎn mó yìng kàng【软磨硬抗】〈成〉硬軟両様の戦術で抵抗する.

ruǎnmù【软木】名 コルク. ¶～塞sāi / コルク栓.

ruǎnnāngnāng【软囊囊】形(～的) 非常に柔らかい. ぐにゃぐにゃした.

ruǎnpán【软盘】名〈電算〉〈略〉フロッピーディスク. ¶～驱动器 / FDドライブ.

ruǎnpiàn【软片】名 フィルム.

ruǎnqū【软驱】名〈略〉FDドライブ.

ruǎnruò【软弱】形 **1** (性格・態度が) 軟弱である, 弱々しい. ¶～无能 / 腰抜けの能なし. **2** (体が) 弱い.

ruǎnshāshāng【软杀伤】名〈軍〉ソフトキル.

ruǎnshì wǎngqiú【软式网球】名〈体〉ソフトテニス.

ruǎnshí【软食】名 柔らかくて消化のよい食べ物.

ruǎnshuǐ【软水】名 軟水.

ruǎntān【软瘫】動(体が) ぐにゃぐにゃになる, へなへなになる.

ruǎntáng【软糖】名 ゼリー菓子.

ruǎntī【软梯】名 縄ばしご.

ruǎntǐ【软体】名〈電算〉(台湾などで) ソフトウエア.

ruǎntǐ dòngwù【软体动物】名 軟体動物.

ruǎntōnghuò【软通货】名〈経〉金(きん)や他の国の通貨と自由兌換が制限されている通貨.

ruǎnwò【软卧】名(↔硬卧) グリーン寝台. ¶～车 / グリーン寝台車.

ruǎnxí【软席】名(↔硬席)(列車や客船などの) グリーン席, 一等席.

ruǎnxīncháng【软心肠】〈慣〉温かい

心の持ち主；やさしい人；柔弱で動揺しやすい人.
ruǎnyǐnliào【软饮料】名 ソフトドリンク.
ruǎn yìng bù chī【软硬不吃】〈成〉箸にも棒にもかからない. どうにも対処しにくい人.
ruǎn yìng jiān shī【软硬兼施】〈成〉〈貶〉硬軟両様の戦術をとる. 脅したりすかしたりする.
ruǎnyìngmù【软硬木】→ruǎnmù【软木】
ruǎnyù【软玉】名 軟玉.
ruǎnzhá【软炸】名〈料理〉衣揚げ. ▶下味をつけた材料に卵の衣をつけて揚げる調理法.
ruǎnzhī【软脂】名〈化〉パルミチン.
ruǎnzīyuán【软资源】名 ソフト資源. ▶科学技術・情報などをさす.
ruǎnzhuólù【软着陆】名 **1** 軟着陸. **2**〈経〉ソフトランディング.
ruǎnzuò【软座】名(↔硬座)(列車などの)一等席, グリーン席.

朊 ruǎn 名〈化〉蛋白質. ⇨dànbáizhì【蛋白质】

rui（ㄖㄨㄟ）

蕤 ruí →wēiruí【葳蕤】
蕊（蘂）ruǐ H 花のしべ. ¶雄～ / 雄しべ. ¶雌～ / 雌しべ.
芮 ruì ‖ 姓
汭 ruì 名〈書〉河川が合流するところ；河川が湾曲するところ.
枘 ruì H 枘(ほぞ).
ruìzáo【枘凿】名〈書〉齟齬(そご). 食い違い. ちぐはぐ. ▶"凿枘"とも.
蚋（蜹）ruì 名〈虫〉ブヨ.
锐 ruì H ①鋭い. ¶尖～ / 鋭利である. ②鋭敏である. ¶敏～ / 鋭敏である. ③鋭気. ¶养精蓄～ / 英気を養い力を蓄える. ④急激に. ¶～进 / 急速に進歩する.
ruì bù kě dāng【锐不可当】〈成〉(勢いが激しく)正面から立ち向かうことができない.
ruìjiǎn【锐减】動 急激に減少する.
ruìjiǎo【锐角】名 鋭角.
ruìlì【锐利】形 **1**（刃先が）鋭い. **2**（眼光・論調などが）鋭い.
ruìmǐn【锐敏】形(感覚・眼光などが)鋭い.
ruìqì【锐气】名 鋭気.
ruìwǔ【锐舞】動 大勢で踊り狂う. レイブする.
瑞 ruì H めでたい. めでたいしるし. ¶祥～ / 瑞祥(ずいしょう). ‖ 姓
Ruìdiǎn【瑞典】名〈地名〉スウェーデン.
Ruìshì【瑞士】名〈地名〉スイス.
ruìxiāng【瑞香】名〈植〉ジンチョウゲ.
ruìxuě【瑞雪】名(豊年の前兆となる)雪；瑞雪.
睿（叡）ruì H さとい；見通しがきく.
ruìzhì【睿智】形〈書〉英知がある.

run（ㄖㄨㄣ）

闰 rùn H(暦の)閏(うるう). ‖ 姓
rùnnián【闰年】名 閏(うるう)年.
rùnrì【闰日】名 閏(うるう)日. ▶2月29日.
rùnyuè【闰月】名 閏(うるう)月.
润 rùn **1** 動 潤す. ¶～～嗓子 / のどを潤す. **2** 形 つややかである. ¶墨色很～ / 墨の色がつやつやと美しい.
H ①飾る. ¶→～色. ②しっとりしている. ¶湿～ / 潤んでいる；湿っている. ③利益. ¶利～ / 利潤.
rùnbǐ【润笔】名(詩文・書画などの)揮毫(きごう)料, 執筆料.
rùnchúngāo【润唇膏】名 リップクリーム.
rùnfū【润肤】動 皮膚を潤す.
rùnfūshuāng【润肤霜】名(化粧品の)保湿クリーム.
rùnfūshuǐ【润肤水】名 スキンローション. ▶"润肤液"とも.
rùngé【润格】名 揮毫料の標準.
rùnhuá【润滑】動 潤滑にする.
rùnhuázhī【润滑脂】名 グリース.
rùnhuáyóu【润滑油】名 潤滑油.
rùnlì【润例】→rùngé【润格】
rùnsè【润色】動(文章などを)潤色する.
rùnshì【润饰】→rùnsè【润色】
rùnshǒushuāng【润手霜】名 ハンドクリーム.
rùnsī【润丝】名 リンス.
rùnzé【润泽】**1** 形 潤いがある. しっとりしている. **2** 動 潤す. 湿らす.

ruo（ㄖㄨㄛ）

若 ruò〈書〉**1** 接続 もし…ならば. **2** 動 …のようである. …のごとし. ¶→～隐～现. **3** 代〈古〉汝. おまえ. ‖ 姓
ruòbèi【若辈】代〈書〉汝ら. お前たち.
ruòbùrán【若不然】接続〈書〉(そう)でなければ.
ruòbushì【若不是】接続〈書〉もし…でなければ.
ruòchóng【若虫】名(イナゴ・トンボなどの)幼虫.
ruòfēi【若非】接続〈書〉もし…でなければ.
ruògān【若干】代 若干(の). いくらか(の). ¶～人 / 若干の人.
ruòhé【若何】疑〈書〉いかが. どのよう.
ruò jí ruò lí【若即若离】〈成〉つかず離れず.
ruòshǐ【若使】接続〈書〉もしも. かりに…なら.

ruòshì【若是】接続〈書〉もし…ならば.
ruò wú qí shì【若无其事】〈成〉何事もないかのようである.
ruò yǐn ruò xiàn【若隐若现】〈成〉(見えるような見えないような)はっきりしない状態.
ruò yǒu suǒ sī【若有所思】〈成〉何か考えごとがある様子である.

偌 ruò H〈近〉こんなに；そんなに.
ruòdà【偌大】形〈近〉あんなに大きい；こんなに大きい. ¶～的地方 / あれだけの場所.

弱 ruò ❶形 1 弱い. 2 (他と比較して)劣る. ¶山东队～于广东队 / 山東チームは広東チームに劣る. 3《数詞の後につけて若干少ない数量を表す》…弱.
❷動〈書〉(人が)死ぬ.
H(年が)若い. ¶年～ / 若い.
ruò bù jīn fēng【弱不禁风】〈成〉風にも耐えられないほどひ弱である.
ruò bù shèng yī【弱不胜衣】〈成〉服の重さにも耐えられないほどか弱い.
ruòdiǎn【弱点】名 弱点. 弱み.
ruòguàn【弱冠】名〈書〉弱冠. 20歳前後の若者.
ruòhuà【弱化】動 弱体化する. 弱まる.
ruòjiǎn【弱碱】名〈化〉弱アルカリ.
ruò ròu qiáng shí【弱肉强食】〈成〉弱肉強食.
ruòshì【弱势】名 1 〈経〉弱含み. 2 力のないこと. 弱者. ¶～群体 / 弱者層.
ruòshì【弱视】名 弱視.
ruòshǒu【弱手】名 弱い対戦相手.
ruòsuān【弱酸】名 弱酸.
ruòxiàng【弱项】名(スポーツ競技で)実力のない〔弱い〕種目.
ruòxiǎo【弱小】形 弱い. 弱小である.
ruòzhì【弱智】形 知的障害のある.

婼 ruò 地名用字.

蒻 ruò 名〈古〉〈植〉ガマの芽.

箬(篛) ruò H 小さな竹. クマザサ(の葉).
ruòmào【箬帽】名 クマザサで編んだ笠.
ruòzhú【箬竹】名 1 小さな竹. 2 〈植〉クマザサ.

S

sa (ㄙㄚ)

仨 sā 数〈口〉(＝三个)三つ. ¶～人 / 3人.
sā guā liǎ zǎo【仨瓜俩枣】〈成〉二束三文.

撒 sā 動 1 放つ；放す. ばらまく. ¶～传单 / ビラをまく. ¶→～网. 2〈貶〉思う存分に振る舞う. ¶→～酒疯. 異読⇨sǎ
sā//bǎ【撒把】動(自転車の)ハンドルを放す.
sā//cūn【撒村】動〈方〉下劣な言葉を使う.
sādàn【撒旦】名 サタン. 悪魔.
sā//diāo【撒刁】動 ごねる. だだをこねる.
sā//fēng【撒疯・撒风】動 常軌を逸したことをする.
sā//huānr【撒欢儿】動〈方〉(子供や小動物が)興奮してはしゃぎ回る.
sā//huǎng【撒谎】動 うそをつく.
sā//jiāo【撒娇】動(～儿)だだをこねる.
sā jiǔfēng【撒酒疯】(～儿)酔って暴れる.
Sālāzú【撒拉族】名(中国の少数民族)サラール(Salar)族.
sā//lài【撒赖】動 ごねる；言いがかりをつける.
sā//niào【撒尿】動〈口〉小便をする.
sāpō【撒泼】動(女性や子供が)泣きわめく, だだをこねる.
sā//qì【撒气】動(～儿)1 (ボールやタイヤなどの)空気が抜ける. 2 当たり散らす.
sā//shǒu【撒手】動(～儿)1 手を放す. 2 手を引く.
sāshǒujiǎn【撒手锏】〈慣〉最後の切り札. 奥の手.
sā//tuǐ【撒腿】動〈方〉ぱっと駆け出す.
sā//wǎng【撒网】動 1 網を打つ. 2 網を張る.
sā//yě【撒野】動 粗暴に振る舞う.

洒(灑) sǎ 動 1 (液体を)まく, かける. ¶～消毒水 / 消毒液をまく. 2 こぼす. こぼれる. ¶不小心把酒～了 / うっかり酒をこぼしてしまった. ‖姓
sǎlèi【洒泪】動 涙をこぼす.
sǎluò【洒落】1 動 こぼれる. こぼれ落ちる. 2 形 →sǎtuo【洒脱】
sǎsǎ【洒洒】形(文章の字数などが)多いさま.
sǎsǎo【洒扫】動〈書〉水をまいて掃除する.
sǎshuǐchē【洒水车】名 散水車.
sǎtuo【洒脱】形(立ち居振る舞いが)あかぬけている.

靸 sǎ 動〈方〉(布靴をスリッパのように)足につっかけてはく；(スリッパを)はく.
sǎxié【靸鞋】名〈方〉1 スリッパ. 2 表を刺し子縫いにした布靴.

撒 sǎ 動 1 (多く粒状のものを)まき散らす, まく. ¶～胡椒面 / コショウを振りかける. 2 こぼす. こぼれる. ¶菜汤～了满地 / スープをあたり一面にこぼした. ‖姓 異読⇨sā
sǎbō【撒播】動 種まきをする.
sǎshī【撒施】動 肥料をまく.

潵 sǎ 地名用字.

卅 **sà** 数 三十. 30.

飒 **sà** ○

sàrán【飒然】形〈書〉風の音の形容.

sàsà【飒飒】擬 **1**《雨や風の音》さあさあ. さわさわ. **2**《木の葉などが軽く触れ合う音》かさかさ.

sàshuǎng【飒爽】形〈書〉さっそうとしている.

脎 **sà** 名〈化〉オサゾン.

萨（薩） **sà** 𝐇《多く音訳字に用いる》‖ 姓

Sà'ěrwǎduō【萨尔瓦多】名〈地名〉エルサルバドル.

sàkèsīguǎn【萨克斯管】名〈音〉サキソホン. ［支］ ▶"萨克管"とも.

sàmǎn【萨满】名 シャーマン.

Sàmǎnjiào【萨满教】名 シャーマニズム.

sàqímǎ【萨其马】名 サチマ. おこし風揚げ菓子.

sai（ㄙㄞ）

揌（搋） **sāi** 動 詰める. 押し込む.

腮 **sāi** 名 頰(ほお). ¶ 两手托tuō～ / (両手で)頰づえをつく.

sāibāngzi【腮帮子】名 頰.

sāihóng【腮红】名 頰紅.

sāijiá【腮颊】名 頰.

sāixiàn【腮腺】名〈生理〉耳下腺.

塞 **sāi** 動 **1**（すきまに）詰める, 押し込む. ¶ 从门下边把信～了进去 / ドアの下から手紙を差し込んだ. **2** ふさぐ. ¶ 把窗缝～住 / 窓のすきまをふさいでしまう.
𝐇 栓. ¶ 软木～儿 / コルク栓.
異読⇨sài,sè

sāi//chē【塞车】動 車が渋滞する.

sāi//yá【塞牙】動（物が）歯に挟まる.

sāizi【塞子】名（瓶などの）栓.

噻 **sāi** ○

sāifēn【噻吩】名〈化〉チオフェン.

sāizuò【噻唑】名〈化〉チアゾール.

鳃 **sāi** 名（魚の）えら. ¶～盖 / えらぶた.

塞 **sài** 𝐇 辺境の険要な地. ¶ 边～ / 辺境の要塞. 異読⇨sāi,sè

Sàiběi【塞北】名 万里の長城以北の土地.

Sàinèijiā'ěr【塞内加尔】名〈地名〉セネガル.

Sàiwài【塞外】名 塞外. 万里の長城以北の地区.

sài wēng shī mǎ【塞翁失马】〈成〉人間万事塞翁が馬.

赛 **sài** 動 **1**（…を）競う. 試合をする. ¶～棒球 / 野球の試合をする. **2**（…に）勝る.（…に）匹敵する. ¶一个～一个 / いずれ劣らぬ.
𝐇 試合. ¶ 足球～ / サッカーの試合. ‖ 姓

sàichǎng【赛场】名 競技場.

sài//chē【赛车】❶動（自動車などの）レースをする. ❷名 **1** 競技用自転車. **2** レース用自動車.

sàichéng【赛程】名 **1** 競技のコース・距離. **2** 試合・競技の日程.

sàidiǎn【赛点】名〈体〉マッチポイント.

sài//guò【赛过】動+方補（…に）勝る.

sàijì【赛季】名〈体〉（スポーツなどの）シーズン.

sàikuàng【赛况】名〈体〉試合の状況.

sàilùfēn【赛璐玢】名 セロファン.

sàilùluò【赛璐珞】名 セルロイド.

sài//mǎ【赛马】**1** 動 競馬をする. **2** 名 競走馬.

sàimǎchǎng【赛马场】名 競馬場.

sàipǎo【赛跑】動 競走する.

sàiqī【赛期】名〈体〉試合・大会の日程.

sài//qiú【赛球】動（～儿）球技の試合をする.

sàiqū【赛区】名（大規模な競技会などの）予選ブロック.

sàishì【赛事】名 試合・競技会の活動や催し.

sài//tǐng【赛艇】**1** 動 ボートレースをする. **2** 名 競技用ボート.

sàizhì【赛制】名〈体〉試合のルール. レギュレーション.

san（ㄙㄢ）

三 **sān** 数 **1** 3. 三(つ). **2** 再三. 何度も. ¶～番fān五次 / 何回も.

Sān-Bā fùnǚjié【三八妇女节】名（3月8日の）国際婦人デー.

sānbǎi liùshí háng【三百六十行】名 種々の職業・業種.

sānbāndǎo【三班倒】名（勤務の）三交替制.

sānbāo【三包】名〈略〉返品・交換・修理を保証すること.

sānbǎo【三宝】名〈宗〉三宝. ▶仏・法・僧の称.

sānbǎoniǎo【三宝鸟】名〈鳥〉ブッポウソウ.

sānbùguǎn【三不管】名（～儿）どこの管轄にも属さない土地や事柄.

sāncān【三餐】名 三度の食事.

sānchà lùkǒu【三岔路口】名 三差路.

sānchǎn【三产】名〈略〉第三次産業.

sān cháng liǎng duǎn【三长两短】〈成〉もしものこと. ▶特に人の死をさす.

sān cóng sì dé【三从四德】〈成〉昔, 女性が従うべきとされた三つの道と, 守るべき四つの徳目.

sān dà huǒlú【三大火炉】名 三大ストーブ. ▶夏に40度近くなる南京・武漢・重慶のこと.

sāndàjiàn【三大件】名〈俗〉三種の神器. ▶新旧でいろいろな物をさす.

sāndàqiú【三大球】名“足球”(サッカー),“篮球”(バスケットボール),“排球”(バレーボール)の３球技.
sāndiǎnshì【三点式】名〈略〉ビキニ(型の水着).
sāndiǎnshuǐ【三点水】名(～儿)(漢字の部首)さんずい“氵”.
sān fān liǎng cì【三番两次】〈成〉何度も何度も.
sān fān sì fù【三番四复】〈成〉何度も繰り返す.
sānfèi【三废】名〈略〉(工業生産で出る)“废水”(廃液),“废气”(廃ガス),“废渣”(廃棄物)の三つの“废”.
sānfú【三伏】名 **1** 三伏(さんぷく). 夏の酷暑の期間. **2** 三伏中の“末伏”.
sān gāng wǔ cháng【三纲五常】〈成〉(儒教でいう)三綱と五常.
sān ge chòu píjiàng, sàiguò Zhūgě Liàng【三个臭皮匠,赛过诸葛亮】〈諺〉三人寄れば文殊(もんじゅ)の知恵.
sān ge dàibiǎo【三个代表】名〈政〉三つの代表. ▶先進的生産力・先進的文化・最も広範な人民の利益を中国共産党が代表すべきであるとする理論.
sān gēng bàn yè【三更半夜】〈成〉真夜中.
sān gù máo lú【三顾茅庐】〈成〉三顧の礼.
Sānguó【三国】名〈史〉後漢末の魏・蜀・呉の三国.
sānhǎo xuésheng【三好学生】名 思想・学習・健康ともにすぐれた学生.
sānhébǎn【三合板】名３層のベニヤ板.
sānhuāliǎn【三花脸】名(～儿)芝居の道化役. ▶“丑”とも.
sānjíguǎn【三极管】名 三極(真空)管.
sānjí tiàoyuǎn【三级跳远】名〈体〉三段跳び.
sānjìdào【三季稻】名 稲の三期作.
sānjiācūn【三家村】名(家が３軒しかないような)片田舎.
sānjiāo【三焦】名〈中医〉のどから胸腔を経て腹腔に至る部分.
sānjiǎo【三角】名 **1** 三角法. **2** 三角形の物.
sānjiǎobǎn【三角板】名 三角定規.
sānjiǎochǐ【三角尺】名 三角定規.
sānjiǎofēng【三角枫】名〈植〉トウカエデ.
sānjiǎo hánshù【三角函数】名〈数〉三角関数.
sānjiǎojià【三脚架】名(カメラなどの)三脚.
sānjiǎokù【三角裤】名 パンティー；ブリーフ.［条］
sānjiǎo liàn'ài【三角恋爱】名 三角関係.
sānjiǎotiě【三角铁】名〈音〉トライアングル.
sānjiǎoxíng【三角形】名 三角形.
sānjiǎozhài【三角债】名(三つ以上の企業による)連鎖性不良債務.
sānjiǎozhōu【三角洲】名 三角州. デルタ.
sān jiào jiǔ liú【三教九流】〈成〉儒・仏・道の三教と儒家・道家・陰陽家・法家・名家・墨家・縦横家・雑家・農家の九家；いろいろな職業(の人).
sān jù huà bù lí běnháng【三句话不离本行】〈諺〉二言目には自分の仕事の話になる.
sānkuānglán【三匡栏】名(～儿)(漢字の部首)はこがまえ“匚”.
sānléngjìng【三棱镜】名 プリズム.
sān lìng wǔ shēn【三令五申】〈成〉再三にわたる命令や警告.
sān liù jiǔ děng【三六九等】〈成〉いろいろな等級. 千差万別.
sānlúnchē【三轮车】名 三輪自転車.
sānlúnr【三轮儿】名 三輪自転車.
sānmèi【三昧】名〈仏〉三昧(ざんまい).
sān miàn hóngqí【三面红旗】名 三つの赤旗. ▶中国共産党が1958年に発動した総路線・大躍進・人民公社.
sānmín zhǔyì【三民主义】名〈政〉三民主義. ▶孫文が提唱した民族主義・民権主義・民生主義.
sānmíngzhì【三明治】名 サンドイッチ.
sānnóng【三农】名 農民・農業・農村の総称.
sānpéi xiǎojiě【三陪小姐】名(風俗産業で)客の相手をする女性. ▶“三陪”とも.
sānqī【三七】名〈植〉サンシチニンジン；〈中薬〉三七(さんしち).
sānqīkāi【三七开】〈慣〉功績７割と過失３割. 過失より功績のほうが大きい.
sān qīn liù gù【三亲六故】〈成〉親戚・縁者の総称.
sān qīn liù juàn【三亲六眷】〈成〉親戚縁者.
sānqiū【三秋】名 **1** 秋の収穫・耕作・種まき. **2** 秋の３か月. **3** ３年.
sān sān liǎng liǎng【三三两两】〈成〉三々五々.
sānsèjǐn【三色堇】名 パンジー.
sān shi liù jì, zǒu wéi shàng jì【三十六计,走为上计】〈諺〉三十六計逃げるにしかず.
sān sī ér xíng【三思而行】〈成〉熟考の上実行する.
sān tiān dǎ yú, liǎng tiān shài wǎng【三天打鱼,两天晒网】〈成〉三日坊主.
sān tiān liǎng tóur【三天两头儿】〈成〉三日にあげず；しょっちゅう.
sāntōng【三通】名〈政〉中台間の直接的な“通信”“通商”“交通”.
sān tóu liù bì【三头六臂】〈成〉非凡な才能. 卓越した力量.
sānwéi【三围】名 スリーサイズ.
sānwéi dònghuà【三维动画】名 3

三 S

Dアニメーション.
sānwéi kōngjiān【三维空间】名 三次元空間.
sān wèi yī tǐ【三位一体】〈成〉三位(ᵏᵃ)一体.
sānxià【三夏】名 **1** 夏の収穫・種まき・作物の管理. **2** 夏の3か月.
sān xià wǔ chú èr【三下五除二】〈慣〉てきぱきやる. さっと.
sānxián【三弦】名(～儿)蛇皮線.
sān xīn èr yì【三心二意】〈成〉決心がつかない. 優柔不断.
sān yán liǎng yǔ【三言两语】〈成〉二言三言;わずかな言葉.
sānyècǎo【三叶草】名 クローバー.
sān zāi bā nàn【三灾八难】〈成〉(仏教の)三災八難;さまざまな災難.
sānzī qǐyè【三资企业】名 外資系企業.
sān zú dǐng lì【三足鼎立】〈成〉三つの勢力が並び立つ.

弎 sān 数〖三sān〗に同じ. ▶"三"の古字. 証書類に用いる.

叁 sān 数"三"の大字.

毵(毿) sān ○

sānsān【毵毵】形〈書〉髪の毛や柳の枝などが細長いさま.

伞(傘) sǎn 名 **傘.** [把] ¶打～/傘をさす. ¶收～/傘をすぼめる.
H 傘のようなもの. ¶降落～/パラシュート. ‖姓
sǎnbīng【伞兵】名 落下傘兵.
sǎnjiàng【伞降】動 パラシュートで降下する.

散 sǎn **1** 動 **ばらばらになる. ほどける.** ¶把书捆紧,别～了/本がほどけないようかたく縛りなさい. **2** 形 ばらばらである.
H 粉薬. ¶健胃～/健胃散(薬の名称). ‖姓 異読⇨sàn
sǎndǎ【散打】名〈体〉(蹴る・打つ・投げるの)中国拳法. 散打.
sǎngōng【散工】名 臨時の仕事. 短期の仕事;日雇い. ⇨sàn//gōng
sǎnguāng【散光】名 乱視.
sǎnhù【散户】名〈経〉小口の個人投資家.
sǎnjì【散剂】名〈薬〉散剤. 粉薬.
sǎn//jià【散架】動(物の)骨組みがばらばらになる.
sǎnjiàn【散件】名 ばらの部品.
sǎnjū【散居】動 分散して居住する.
sǎnkè【散客】名(ツアーでない)個人の観光客・宿泊客.
sǎnluàn【散乱】形 ばらばらである;雑然としている.
sǎnmàn【散漫】形 **1**(生活・習慣・仕事などが)締まりがない,だらしがない. **2**(文章などが)まとまりがない,ばらばらである.
sǎnqǔ【散曲】名 元曲の一形式で,せりふのない一連の曲.
sǎnshè【散射】動(光や音が)乱反射する.
sǎnsuì【散碎】形 ばらばらである.
sǎntào【散套】名"散曲"の一種.
sǎntǐ【散体】名〈文〉散文体.
sǎnwén【散文】名 **1** 散文. **2**(随筆・ルポなどの)詩歌・戯曲・小説以外の文芸作品. 随筆. ルポルタージュ.
sǎnyǎng【散养】動 放し飼いする.
sǎnzhuāng【散装】動 ばら売りする;ばら積みする.
sǎnzuò【散座】名(～儿)**1**(劇場の)自由席. **2**(レストランなどの)広間の席. **3**(タクシーなどの)フリーの客.

糁(糝) sǎn 名〈方〉飯粒. 異読⇨shēn

馓 sǎn ○

sǎnzi【馓子】名〈方〉サンザ;小麦粉をこねて細く伸ばし,何本かより合わせて油で揚げた食品.

散 sàn 動 **1**(集まっていたものが)**散らばる,分散する.** ¶人全～了/人はみな引きあげた. ¶电影～了/映画が終わった. **2 ばらまく. まき散らす.** ¶鲜花～着香气/花がよい香りを放っている. **3** 払いのける;(憂さを)晴らす. 異読⇨sǎn
sànbō【散播】動 まき散らす. ばらまく.
sànbù【散布】動 分散する;まき散らす.
sàn//bù【散步】動 **散歩する.** ¶散一会儿步/しばらく散歩する.
sàn//chǎng【散场】動(芝居や映画が)はねる;(試合などが)終わる.
sàn//duì【散队】動 隊を解散する;隊形を解く.
sànfā【散发】動 **1 ばらまく**;(広く)**配る.** ¶～小册子/パンフレットを配る. **2**(香りなどを)放つ.
sàn//gōng【散工】動 仕事を終える. 仕事が引ける. ⇨sǎngōng
sàn//huì【散会】動 **散会する.**
sàn//huǒ【散伙】動(～儿)〈口〉(団体や組織が)解散する,仲間割れする.
sànkāi【散开】動+方補 散らばる;ばらばらになる.
sànluò【散落】動 **1** ばらばらに落ちる. **2** 散らばる. 散在する. **3**(ばらばらになって)紛失する,流浪する.
sàn//mèn【散闷】動(～儿)気晴らしをする.
sànrèqì【散热器】名 ラジエーター. 放熱器.
sànshī【散失】動 **1** 散逸する. **2**(水分などが)蒸発する,散失する.
sàn//tái【散台】動 芝居がはねる. 打ち出しになる;〈喩〉お流れだ.
sàn tānzi【散摊子】〈慣〉(組織・団体などが)崩壊する,仲間割れする. ▶"散摊儿"とも.
sàn//xì【散戏】動 芝居がはねる.
sàn//xīn【散心】動 憂さを晴らす;気を紛らす.

sang（ㄙㄤ）

丧（喪） **sāng** 🅗 喪．死者に関する事柄．¶ 吊diào～ / お悔やみに行く．異読⇨sàng

sāngfú【丧服】名 喪服．

sāngjiā【丧家】名 忌中の家．

sānglǐ【丧礼】名 葬儀(の礼法)．

sāngménshén【丧门神】名 **1** 死亡を司る神．疫病神．**2** 無愛想な人．

sāngshì【丧事】名 葬式．葬儀．

sāngtiě【丧帖】名 死亡通知書．

sāngzàng【丧葬】名 葬儀と埋葬．

sāngzhōng【丧钟】名 **1** 弔いの鐘．弔鐘．**2**〈喩〉物事の消滅や終焉．

sāngzhǔ【丧主】名 喪主．

桑 **sāng** 🅗 桑．¶～树 / 桑の木．‖姓

sāngbáipí【桑白皮】名〈中薬〉桑白皮(そうはくひ)．

sāngcán【桑蚕】→jiācán【家蚕】

sāngjìshēng【桑寄生】名〈植〉(桑の)ヤドリギ．

sāngnáyù【桑拿浴】名 サウナ．

sāngpízhǐ【桑皮纸】名 桑皮紙．

sāngrènr【桑葚儿】名 桑の実．

sāngshèn【桑葚】名(～子)桑の実．

sāng yú mù jǐng【桑榆暮景】〈成〉晩年の寂しい日々．

sāngyuán【桑园】名 桑畑．

sāngzǐ【桑梓】名〈書〉(敬意を込め)郷里，故郷．

搡 **sǎng** 動〈方〉力をこめて押す．¶ 推推～～ / 押したり突いたりする．

嗓 **sǎng** 名(～儿)声．¶ 尖～儿喊 / 金切り声で叫ぶ．🅗 のど．

sǎngménr【嗓门儿】名 声．

sǎngyīn【嗓音】名 声．

sǎngzi【嗓子】名 **1** のど．¶～疼 / のどが痛い．**2** 声．¶～哑了 / 声がかれる．

sǎngzi yǎnr【嗓子眼儿】名 のど．のど笛．

磉 **sǎng** 名 柱の礎．

颡 **sǎng** 名〈書〉額(ひたい)．

丧（喪） **sàng** 動 毒づく．無愛想にする．🅗 失う．なくす．¶→～尽jìn天良．異読⇨sāng

sàngbang【丧谤】形〈方〉(言葉が)不遜である，つっけんどんである．

sàng//dǎn【丧胆】動 肝をつぶす．たまげる．

sàng hún luò pò【丧魂落魄】〈成〉度肝を抜かれる．肝をつぶす．

sàngjiāgǒu【丧家狗】→sàng jiā zhī quǎn【丧家之犬】

sàng jiā zhī quǎn【丧家之犬】〈成〉寄る辺のない人．

sàng jìn tiān liáng【丧尽天良】〈成〉良心のかけらもない．

sàngménxīng【丧门星】名〈罵〉疫病神．不吉なやつ．

sàng//mìng【丧命】動(多く急病や事故によって)命を落とす．

sàng'ǒu【丧偶】動〈書〉配偶者に死なれる．

sàng//qì【丧气】動 気が抜ける．がっかりする．

sàngqi【丧气】形〈口〉縁起が悪い．

sàng quán rǔ guó【丧权辱国】〈成〉主権を失い国を辱める．

sàng//shēng【丧生】動 命を落とす．

sàngshī【丧失】動(意志・理性・能力・自尊心・土地などを)喪失する，失う．

sàngwáng【丧亡】動 死亡する；滅亡する．

sàng xīn bìng kuáng【丧心病狂】〈成〉理性を失い狂気じみる．

sàngzhì【丧志】動 意気消沈する．やる気をなくす．

sao（ㄙㄠ）

搔 **sāo** 動(かゆい所を)かく．

sāo dào yǎng chù【搔到痒处】〈成〉問題の核心をつく．

sāo//shǒu【搔首】動(困って)頭をかく．¶～弄姿 / 髪の毛をいじってしなを作る．

sāo tóu mō ěr【搔头摸耳】〈成〉じれったくていらいらする．

sāo//yǎng【搔痒】動 かゆい所をかく；〈喩〉話の要点に触れる．

骚 **sāo** 形 **1** みだらである．好色である．▶多く女性をののしっていう．**2**〈方〉(家畜について)雄の．**3**〚臊sāo〛に同じ．🅗 ①騒ぎ乱れる．¶→～乱．¶→～扰．②屈原の《离骚》をさす；(総称的に)詩文．¶→～人．

sāodòng【骚动】動 **1** 騒ぎ立てる．**2**(人心が)動揺する．

sāokè【骚客】名〈書〉詩人．

sāoluàn【骚乱】動 騒ぐ．大騒ぎする．

sāorǎo【骚扰】**1** 動 かき乱す．**2** 名 ハラスメント．¶性～ / セクハラ．

sāorén【骚人】名〈書〉詩人．

缫（繅） **sāo** O

sāo//sī【缫丝】動(繭から)糸を繰る．

臊 **sāo** 形 小便臭い．動物臭い．異読⇨sào

sāochòu【臊臭】形 小便臭い；においでむっとする．

sāohōnghōng【臊烘烘】形(～的)ぷんぷんにおいのする．

sāoqì【臊气】名 小便臭いにおい；つんとするにおい．

扫（掃） **sǎo** 動 **1**(ほうきで)掃く．**2** 取り除く．なくす．**3**(なぎ払うように)動作が非常に速く広範囲に及ぶ．¶探照灯～过夜空 /

サーチライトが夜空をさっと渡った.
H 全部. ¶→～数shù.
異読⇨sào

sǎochú【扫除】動 **1** 掃除する. **2** 取り除く.

sǎochú wénmáng【扫除文盲】非識字者をなくす.

sǎodàng【扫荡】動 **1**（武力で）掃討する,敵を平らげる. **2**（古い観念や悪弊などを）一掃する.

sǎo//dì【扫地】動 **1** 床·地面を掃く. **2**〈喩〉すっかりなくなる.

sǎo dì chū mén【扫地出门】〈成〉全財産を剝奪して,着のみ着のままで家から追い出す.

sǎo//dú【扫毒】動 麻薬を一掃する.

sǎo//huáng【扫黄】動 ポルノを一掃する.

sǎo//léi【扫雷】動 地雷や水雷を取り除く.

sǎo//máng【扫盲】動 非識字者をなくす.

sǎo miànzi【扫面子】面目を失う〔失わせる〕.

sǎomiáo【扫描】動 スキャニングする. 走査する.

sǎomiáoyí【扫描仪】名〈電算〉スキャナー. ▶"扫描器"とも.

sǎomiè【扫灭】動 掃討消滅する.

sǎo//mù【扫墓】動 墓参りする.

sǎopíng【扫平】動 平定する.

sǎoshè【扫射】動 掃射する.

sǎoshì【扫视】動 さっと見渡す.

sǎoshù【扫数】名 全額；全部.

sǎoting【扫听】動 探る；(間接的に)問い合わせる.

sǎo//wěi【扫尾】動(仕事の) 最後の部分を仕上げる.

sǎo//xìng【扫兴】動 興ざめする. がっかりする.

嫂

sǎo H ①兄嫁. ②《広く既婚の若い女性に対する呼称》ねえさん. ¶李大～ / 李ねえさん.

sǎofūrén【嫂夫人】名《友人の妻に対する敬称》奥さま.

sǎosao【嫂嫂】→sǎozi【嫂子】

sǎozi【嫂子】名 **1**〈口〉兄嫁. ¶二～ / 次兄の妻. **2**《既婚の女性に対する呼称》ねえさん.

扫（掃）

sào H ほうき. 異読⇨sǎo

sàobǎ【扫把】名〈方〉ほうき.

sàozhou【扫帚】名 竹ぼうき.〔把〕

sàozhouméi【扫帚眉】名 太くて長い眉.

sàozhouxīng【扫帚星】名〈口〉彗星. ほうき星.

埽

sào 名〈水〉**1**（護岸工事に用いる）そだかご,蛇かご. **2** 蛇かごを用いた護岸工事.

瘙

sào 名〈古〉皮膚病.

sàoyǎng【瘙痒】形(皮膚が) かゆい.

臊

sào 動 恥じる. 恥じらう. 異読⇨sāo

sàobudā【臊不搭·臊不答】形 恥ずかしそうである.

sào méi dā yǎn【臊眉搭眼】〈成〉恥じらうさま.

se（ムさ）

色

sè H ①色. ¶颜～ / 色. ②情景. ¶夜～ / 夜景. ③表情. ¶神～ / 顔つき. ④美貌. ¶姿～ / 容姿. ⑤情欲. ¶好hào～ / 好色. ⑥種類. ¶货～ / 商品の種類. ⑦品質；純度. ¶成～ / 品質. ‖ 姓
異読⇨shǎi

sècǎi【色彩】名 **1** 色. 彩り. **2**（考え方や事物の）傾向,ニュアンス. ▲"色采"とも.

sèdài【色带】名 プリンターリボン.

sèdiào【色调】名 **1** 色調. 色合い. **2**（文芸作品の）思想傾向,雰囲気.

sèguǐ【色鬼】名 色情狂. 助平.

sèjué【色觉】名 色感. 色彩感覚.

sèlā【色拉】名 サラダ.

sèláng【色狼】名 色情魔. 助平.

sè lì nèi rěn【色厉内荏】〈成〉見かけ倒し.

sèmáng【色盲】名〈医〉色覚異常.

sèmí【色迷】名 好色家.

sèmó【色魔】名 色魔. 色情狂.

sèpǔfǎ【色谱法】名 クロマトグラフィー. 色層分析.

sèqíng【色情】名 色情. 色欲.

sèqíng wénxué【色情文学】名 ポルノ. 好色文学.

sèruò【色弱】名〈医〉色弱.

sè shuāi ài chí【色衰爱弛】〈成〉容色が衰え寵愛が薄れる.

sèsù【色素】名 色素.

sèxiàng【色相】名 **1**〈物〉色相. **2**（女性の）色香.

sèyù【色欲】名(男性の) 情欲.

sèzé【色泽】名 色つや. 色合い.

涩（澀）

sè 形 **1** 渋い. **2** 滑らかでない. ¶眼睛又～又疼 / 目がぐりぐりして痛い.
H(言葉が) 不明瞭である,わかりにくい. ¶艰jiān～ / (文章が) ごつごつしてわかりにくい.

sèzhì【涩滞】形 活発でない. 停滞している. にぶい.

啬（嗇）

sè H けちである. ¶吝lìn～ / 同上.

铯

sè 名〈化〉セシウム. Cs.

瑟

sè 名 瑟(しつ). ▶琴に似た弦楽器.

sèsè【瑟瑟】形〈書〉**1**《風が吹くさま》さっと. **2**《震えるさま》ぶるぶる.

sèsuō【瑟缩】動(寒さや驚きで体が) 縮こまる.

塞

sè H ①意味は〖塞sāi〗に同じ. ▶若干の複合語に用いる. ②《音訳字に用いる》 異読⇨sāi,sài

sècāyīn【塞擦音】名〈語〉破擦音.

sèyīn【塞音】名〈語〉破裂音.

sèzé【塞责】動〈書〉責任逃れをする.

穑(穡) **sè** →**jiàsè**【稼穑】

sen (ㄙㄣ)

森 **sēn** H ①森. ②びっしり立ち並ぶさま. ③薄暗い. 陰気くさい. ¶阴～ / 薄暗くて不気味である. ‖姓

sēnlín【森林】名 森林. 森.

sēn luó wàn xiàng【森罗万象】〈成〉一切の現象.

sēnrán【森然】形〈書〉**1** 樹木が生い茂っているさま. **2** 薄暗くて気味悪いさま.

sēnsēn【森森】形 **1** 樹木が生い茂っているさま. **2** 薄暗く気味悪いさま.

sēnyán【森严】形 ものものしい. 厳しい. ¶戒备～ / 警備が厳重である.

seng (ㄙㄥ)

僧 **sēng** 名 僧侶. ‖姓

sēnglǚ【僧侣】名 僧侶.

sēngní【僧尼】名 僧と尼僧.

sēngrén【僧人】名 僧侶. お坊さん.

sēngsú【僧俗】名 僧侶・尼と俗人.

sēngtú【僧徒】名 僧徒. 僧侶.

sēngzhòng【僧众】名 僧たち.

sha (ㄕㄚ)

杀(殺) **shā** 動 **1** 殺す. **2** 戦う. ¶～一盘围棋 / 碁を1局打つ. **3** (勢い・怒りなどを)そぐ,減らす. ¶～锐气 / 気勢をそぐ. **4** (帳簿・仕事などを)締めくくる. **5** 〈方〉薬などがしみて痛い.

> 「動詞＋"杀"」で程度が甚だしいことを表す：ひどく. 甚だしく. ¶气～ / 頭にくる(ほど腹が立つ). ¶笑～人 / 腹をかかえるほど笑う.

shāchóngyào【杀虫药】名 殺虫剤.

shā//dú【杀毒】動〈電算〉ウイルスを駆除する. ¶～软件 / アンチウイルスソフト.

shā fēngjǐng【杀风景】〈慣〉雰囲気を壊す. 興がさめる.

shāhài【杀害】動(不正な目的で)殺害する.

shājī【杀机】名 殺意.

shā jī qǔ luǎn【杀鸡取卵】〈成〉目先の利益に目がくらみ将来を忘れる.

shā jī xià hóu【杀鸡吓猴】〈成〉見せしめにする. ▶"杀鸡给猴看"とも.

shā//jià【杀价】動 値段をたたく.

shā//jūn【杀菌】動 殺菌する.

shālù【杀戮】動〈書〉殺戮(さつりく)する.

shāqì【杀气】**1** 名 殺気. **2** 動("拿…杀气"の形で)…にうっぷんを晴らす. 八つ当たりする.

shāqīng【杀青】動 著作を完成する.

shā rén bù jiàn xiě【杀人不见血】〈成〉陰険な手段で人を殺す.

shā rén bù zhǎ yǎn【杀人不眨眼】〈成〉冷酷残忍であるさま.

shā rén rú má【杀人如麻】〈成〉大量殺人を行う.

shā rén yuè huò【杀人越货】〈成〉人を殺して金品を奪う.

shāshāng【杀伤】動 殺傷する.

shā shēn chéng rén【杀身成仁】〈成〉正義のために死ぬ.

shāshǒu【杀手】名 殺し屋.

shāshǒujiǎn【杀手锏】→ **sāshǒujiǎn**【撒手锏】

shāshú【杀熟】動 馴染みの人を相手に詐欺を働く.

shā//sǐ【杀死】動+結補 殺す.

shā//tóu【杀头】動 首を切る. 殺す.

shā yī jǐng bǎi【杀一儆百】〈成〉一人を殺し大勢の見せしめにする. ▲"杀一警百"とも.

杉 **shā** O 異読⇨**shān**

shāgāo【杉篙】名 杉の細長い丸太.

shāmù【杉木】名 杉(材).

沙 **shā** **1** 名 砂. ¶风～ / 風と砂ぼこり. 砂塵. **2** 形(声が)しわがれている. ¶我的嗓子～了 / 声がかすれた.

H 砂状のもの. ¶～糖 / ざらめ.

‖姓 異読⇨**shà**

shābāo【沙包】名 **1** 砂山. **2** →**shādài**【沙袋】

shābào【沙暴】名〈気〉砂嵐. 黄塵.

shāchájiàng【沙茶酱】名〈料理〉ピーナッツソース.

shāchǎng【沙场】名(広い)砂原.

shāchén【沙尘】名 砂ぼこり.

shāchénbào【沙尘暴】名 砂あらし.

shāchuán【沙船】名 ジャンク. 木造平底の大型帆船.

shādài【沙袋】名 砂袋. 土嚢(どのう).

shādīngyú【沙丁鱼】名〈魚〉イワシ.

Shā'é【沙俄】名 帝政ロシア.

shāfā【沙发】名 ソファー.

shāgānr【沙肝儿】名〈方〉牛・羊・豚などの脾臓.

shāguō【沙锅】名 土鍋. 土がま.

shāguǒ【沙果】名〈植〉ワリンゴ.

shāhúqiú【沙狐球・沙壶球】名〈体〉シャフルボード. 円盤突きゲーム.

shāhuà【沙化】動 砂漠化する.

shāhuāng【沙荒】名 耕作不能の砂地.

shājīn【沙金】名 砂金.

shākēng【沙坑】名〈体〉**1** (ゴルフの)バンカー. **2** (陸上競技の)ピット.

shālā【沙拉】名〈料理〉サラダ.

shā lǐ táo jīn【沙里淘金】〈成〉骨折り損のくたびれもうけ.

shālì【沙砾】名 砂礫(されき). 砂と小石.

shālóng【沙龙】名 サロン.

shāmò【沙漠】名 砂漠.

shāmòhuà【沙漠化】動 砂漠化する.

shāpán【沙盘】名 砂盤. 地形模型.

shāqiū【沙丘】[名]砂丘.
shāráng【沙瓤】[名](～儿)(スイカなどの)歯切れのよい果肉.
shāshā【沙沙】[擬] 1《軽い足音》さっさっ. さくさく. 2《木の葉などが軽く触れ合う音》かさかさ.
shāshēn【沙参】[名]〈植〉ツリガネソウ. ツリガネニンジン;〈中薬〉沙参(しゃじん).
shāsī【沙司】[名]〈料理〉ソース. ▶“沙士”とも.
shātān【沙滩】[名] 砂浜. 砂州.
shātān páiqiú【沙滩排球】[名]〈体〉ビーチバレー.
Shātè Ālābó【沙特阿拉伯】[名]〈地名〉サウジアラビア.
shātǔ【沙土】[名]砂地.
shātǔdì【沙土地】[名]砂地.
shāwén zhǔyì【沙文主义】[名]ショービニズム. 排外主義.
shāxùn【沙蕈】[名]〈動〉ナマコ.
shāyǎ【沙哑】[形](声が)かれる, かすれる.
shāyǎn【沙眼】[名]〈医〉トラホーム.
shāyú【沙鱼】→shāyú【鲨鱼】
shāzāi【沙灾】[名](強風・大風による)砂の災害.
shāzhōu【沙洲】[名]砂州.
shāzhù【沙柱】[名](砂漠で竜巻に巻き上げられる)砂柱.
shāzi【沙子】[名] 1 砂. [粒, 颗] 2 砂状のもの.

纱 shā [名] 1(紡績用の綿や麻の)糸. ¶棉～ / 綿糸. ¶纺～ / 糸を紡ぐ. 2(目の粗い織物)紗(しゃ);(金属やプラスチックなどで編んだ目の粗い)ネット. ¶窗～ / 網戸の金網.
shābù【纱布】[名]ガーゼ.
shāchǎng【纱厂】[名]紡績工場.
shāchú【纱橱】[名]網戸付きの戸棚.
shāchuāng【纱窗】[名]網戸. 金網を張った窓.
shādēng【纱灯】[名]紗を張った明かり.
shādìng【纱锭】[名]〈紡〉紡錘. 錘(つむ).
shājīn【纱巾】[名]薄手のスカーフ.
shālóng【纱笼】[名]サロン. 腰に巻くスカート状の衣服.
shāmào【纱帽】[名]昔の文官がかぶる帽子の一種;〈転〉官職.
shāzhào【纱罩】[名] 1(食べ物の)ハエよけ. 蝿帳(はいちょう). 2(ガス灯などの)マントル.

刹 shā [動](車・機械に)ブレーキをかける. 異読⇨chà
shā//chē【刹车】1 [動] ブレーキをかける. 機械を止める. 2 [名]ブレーキ. 制動機.

砂 shā [名] 砂.
shābù【砂布】[名]布やすり.
shājiāng【砂浆】[名]モルタル.
shālún【砂轮】[名](～儿)〈機〉砥石(といし)車.
shātáng【砂糖】[名]ざらめ. 砂糖.
shāxíng【砂型】[名]砂鋳型.
shāyán【砂岩】[名]砂岩. サンドストーン.
shāzhǐ【砂纸】[名]紙やすり. サンドペーパー.
shāzihuī【砂子灰】[名](砂と石灰を混ぜて作った)モルタル.

莎 shā 地名・人名用字. ‖[姓] 異読⇨suō

痧 shā [名]〈中医〉コレラ・暑気あたりなどの急性病.
shāzi【痧子】[名]〈方〉〈医〉はしか.

煞 shā [動] 1 終える. ¶～账 / 決算する. ¶～风 / 風がやむ. 2 しっかり締める. ¶～一～腰带 / ベルトをぐっと締める. 3→【杀shā】 異読⇨shà
shā//bǐ【煞笔】1 [動](文章・書簡などを)書き終わる. 筆をおく. 2 [名]文章の最後の結び.
shā//chē【煞车】[動] 1 積み荷をしっかりと車にくくりつける. 2→shā//chē【刹车】
shā//wěi【煞尾】1 [動] けりをつける. 結末をつける. 2 [名]結末. 締めくくり.

裟 shā →jiāshā【袈裟】

鲨 shā○
shāyú【鲨鱼】[名]〈魚〉サメ. フカ.

啥 shá [疑]〈方〉何.

傻 shǎ [形] 1 ばかである. 愚かである. ¶吓～了 / びっくりして呆然となる. 2 融通がきかない. ばか正直である.
shǎ dà hēi cū【傻大黑粗】〈成〉色黒で体がばかでかい.
shǎdàn【傻蛋】[名]ばか. とんま.
shǎguā【傻瓜】[名]ばか. 間抜け.
shǎguā xiàngjī【傻瓜相机】[名]インスタントカメラ.
shǎhēhē【傻呵呵】[形](～的)間が抜けたさま;ぽかんとしているさま. ▶“傻乎乎”とも.
shǎhuà【傻话】[名]ばかげた話.
shǎjìn【傻劲】[名](～儿) 1 ばかさ加減. 間抜け加減. 2 ばか力.
shǎlishǎqì【傻里傻气】[形](～的)間抜けなさま.
shǎmàor【傻帽儿】[名]ばか. 間抜け;ばか正直.
shǎqi【傻气】[形]薄のろである. 間抜けなさま.
shǎ tóu shǎ nǎo【傻头傻脑】〈成〉間抜けな顔つき.
shǎxiǎozi【傻小子】[名]おばかさん. ▶若者や男の子をふざけたり, 親しみをこめて呼ぶ語.
shǎxiào【傻笑】[動]ばか笑いをする.
shǎ//yǎn【傻眼】[動]うろたえてあぜんとする.
shǎzhùzi【傻柱子】[名]〈俗〉田舎者.
shǎzi【傻子】[名]ばか. 愚か者.

沙 shà [動]〈方〉簸(ひ)る. 揺すって(重さの違いによって)雑物を除く. 異読⇨shā

纱刹砂莎痧煞裟鲨啥傻沙 S

唼 shà ○

shàzhá【唼喋】擬〈書〉魚や水鳥が群れをなして物を食べる音.

厦 shà H ①大きな建物. ¶大～/ビル. ②〈方〉ひさし. 異読⇨xià

歃 shà 動〈書〉(口で)する.

shàxuè【歃血】動〈古〉誓約をするときに口に家畜の血を塗って誠意を示す.

煞 shà H ①疫病神. 祟(たた)りの神. ②たいへん. 非常に. 異読⇨shā

shàbái【煞白】形(顔色が)真っ青である.

shà fèi kǔ xīn【煞费苦心】〈成〉大いに苦心する.

shà//qì【煞气】動(タイヤなどの)空気が漏れる.

shàqì【煞气】名 **1** 殺気；すさまじい形相. **2** 悪気. 邪気.

shàshén【煞神】名 不吉な神；〈喩〉凶悪な人.

shà yǒu jiè shì【煞有介事】〈成〉もっともらしい. まことしやかだ.

霎 shà H ①わずかな時間. ¶一～/一瞬の間. ②通り雨.

shàshí【霎时】→**shàshíjiān**【霎时间】

shàshíjiān【霎时间】名 瞬間. あっという間に.

shai (ㄕㄞ)

筛(篩) shāi 動 **1** 篩(ふるい)にかける. **2**(酒を)つぐ. **3**〈方〉(酒を)温める. **4**〈方〉(どらを)たたく.

H 篩.

shāigǔ【筛骨】名〈生理〉篩骨(しこつ).

shāiguǎn【筛管】名〈植〉篩管(しかん).

shāi//kāng【筛糠】動(恐怖や寒さで)がたがた震える.

shāixuǎn【筛选】動 篩にかけて選別する；(広く)選び出す.

shāizi【筛子】名 篩. 簁(とおし).

色 shǎi 名(～儿)〈口〉色. ¶掉～/色が落ちる. 異読⇨sè

shǎizi【色子】名 さいころ.

晒(曬) shài 動 **1**(太陽に)干す. 日に当てる. ¶～被褥bèirù/布団を干す. **2**(太陽が)照りつける. ¶～得头直晕/日に当たって頭がくらくらする. **3**(写真などを)焼き付ける. **4**〈俗〉(ほうっておいて)相手にしない. すっぽかす.

shài//hēi【晒黑】動+結補 日焼けする.

shài//nuǎnr【晒暖儿】動〈方〉ひなたぼっこをする.

shàitái【晒台】名 物干し台.

shài tàiyáng【晒太阳】ひなたぼっこをする. 日光浴をする.

shài//tú【晒图】動 青写真の焼き付けをする.

shàitúzhǐ【晒图纸】名 青写真用紙.

shàixiàngzhǐ【晒相纸】名(写真の)印画紙.

shài//yān【晒烟】**1** 動 タバコの葉を干す. **2** 名 干した葉で作ったたばこ.

shàiyījiā【晒衣夹】名 洗濯ばさみ.

shan (ㄕㄢ)

山 shān 名 山. [座] ¶爬～/山に登る.

H ①山状のもの. ②家屋側面の山形の壁. ¶房～/妻壁. ‖ 姓

shān'ào【山坳】名 山間の窪地.

shānbēng【山崩】動 山崩れする.

shān bēng dì liè【山崩地裂】〈成〉巨大な音.

shānchá【山茶】名〈植〉ツバキ.

shānchéng【山城】名 **1** 山の上の都市. **2**〈地名〉重慶.

shān chóng shuǐ fù【山重水复】〈成〉進むべき道がない.

shānchuān【山川】名 山河.

shāncūn【山村】名 山村.

shāndān【山丹】名〈植〉ヒメユリ.

shāndàonián【山道年】名 **1**〈植〉ミブヨモギ. **2**〈薬〉サントニン.

shāndì【山地】名 **1** 山地. **2** 山の上の耕地.

shāndìchē【山地车】名 マウンテンバイク.

shāndiān【山巅】名 山頂.

shāndǐng【山顶】名 山頂. 山の頂.

Shāndōng【山东】名〈地名〉山東(さんとう)省.

Shāndōng bāngzi【山东梆子】名 山東省一帯で行われる地方劇.

Shāndōng kuàishū【山东快书】名 山東・華北・東北などで行われている演芸.

shāndòng【山洞】名 **1** 山の洞窟. **2** トンネル.

shānfēng【山峰】名 山の峰. 山頂.

shānfù【山腹】名 山腹. 山の中腹.

shāngālár【山旮旯儿】名〈方〉山間の僻地.

shāngāng【山冈】名 小山. 丘.

shāngǎngzi【山岗子】名 丘. 低い山.

shān gāo huángdì yuǎn【山高皇帝远】〈諺〉辺境の地. 行政の力が及ばないところ.

shān gāo shuǐ cháng【山高水长】〈成〉人柄が立派で後世まで影響力が大きい.

shān gāo shuǐ dī【山高水低】〈成〉万一のこと. ▶主として人の死.

shāngē【山歌】名 山歌(さんか). 民謡.

shāngēn【山根】名(～儿)〈口〉山のふもと.

shāngōu【山沟】名 **1** 谷川. 谷. **2** 谷間. **3** 辺鄙(へんぴ)な山あいの地.

shāngǔ【山谷】名 谷. 谷間.

shānhé【山河】名 山河；〈転〉国. 国土.

shānhétao【山核桃】名〈植〉クルミ.

shānhóng【山洪】名 山津波. 鉄砲水.

shānhuò【山货】名 **1** 山地の産物.

唼厦歃煞霎筛色晒山 S

2 荒物．竹・木・麻などで作った日用品．¶～店 / 荒物屋．
shānjī【山鸡】名〈口〉〈鳥〉キジ．
shānjǐ【山脊】名 山の尾根．
shānjiān【山尖】名（～儿）山頂．
shānjiàn【山涧】名 谷川．渓流．
shānjiǎo【山脚】名 ふもと．山麓．
shānjìng【山径】名 山道．
shānjū【山居】1 動 山に住む． 2 名 山の住まい．
shānkǒu【山口】名 尾根と尾根の間の道が通じているところ．
shānlán【山岚】名〈書〉山の上の雲霧．
shānlihóng【山里红】名〈植〉サンザシ．
shānliáng【山梁】名 山の背．尾根．
shānlín【山林】名 山林．
shānlǐng【山岭】名 連峰．尾根．
shānlù【山路】名 山道．山あいの道．
shānlù【山麓】名〈書〉山麓．山すそ．
shānluán【山峦】名〈書〉山並み．
shānmài【山脉】名 山脈．山並み．
shānmāo【山猫】名〈動〉山猫．
shān méng hǎi shì【山盟海誓】→hǎi shì shān méng【海誓山盟】
shānmín【山民】名 山地の住民．
shān míng shuǐ xiù【山明水秀】〈成〉風景が美しいさま．
shān nán hǎi běi【山南海北】〈成〉遠隔の地；（話が）とりとめのない．
shānpào【山炮】名〈軍〉山砲．
shānpō【山坡】名 山の斜面．山腹．
shānqiáng【山墙】名 切り妻造りの壁．
shān qīng shuǐ xiù【山清水秀】〈成〉山紫水明．
shān qióng shuǐ jìn【山穷水尽】〈成〉窮地に陥る．
shānqiū【山丘】名 丘．
shānqū【山区】名 山地．山岳地帯．
shānrén【山人】名 隠者（の自称）．
shānshuǐ【山水】名 1 山水． 2 山あり水ありの風景． 3 山水画．
shānshuǐhuà【山水画】名 山水画．
shāntáo【山桃】名〈植〉ノモモ．サントウ．
shāntóngzǐ【山桐子】名〈植〉イイギリ．ヤマギリ．
shāntóu【山头】名 1 山頂． 2〈喩〉党派．派閥．
shānwā【山洼】名 谷．谷間．渓谷．
shānwō【山窝】名 辺鄙(へんぴ)な山地．
shānwù【山坞】名 山間の窪地．山あいの平地．
Shānxī【山西】名〈地名〉山西(さんせい)省．
Shānxī bāngzi【山西梆子】名 山西省の主要な地方劇．
shānxì【山系】名 山系．
shānxiá【山峡】名 山峡．山あい．
shānxiǎn【山险】名 山勢険要の地．
shānxiāng【山乡】名 山村．
shānxiǎng【山响】動 大きな音を立てる．
shānxiāo【山魈】名 1〈動〉マンドリル． 2 伝説上の一本足の妖怪．
shānyá【山崖】名 切り立った山のがけ．
shānyáng【山羊】名〈動〉ヤギ．
shānyángróng【山羊绒】名 カシミヤ．
shānyāo【山腰】名 山の中腹．
shānyao【山药】名〈植〉ヤマイモ．
shānyaodàn【山药蛋】名〈方〉〈植〉ジャガイモ．
shānyě【山野】名 1 山と原野． 2 在野．民間．
shānyīngtao【山樱桃】名〈植〉ユスラウメ．
shān yǔ yù lái fēng mǎn lóu【山雨欲来风满楼】〈成〉衝突・戦争前の緊張した空気．
shānyù【山芋】名〈方〉〈植〉サツマイモ．
shānyuè【山岳】名 山岳．
shānyùn【山晕】名 高山病．山岳病．
shānzhā【山楂】名〈植〉サンザシ．▲"山查"とも．
shānzhài【山寨】名 山中の砦(とりで)；土塀や柵で囲まれた山村．
shān zhēn hǎi wèi【山珍海味】〈成〉山海の珍味．
shānzhōng wú lǎohǔ, hóuzi chēng dàwáng【山中无老虎，猴子称大王】〈諺〉鳥なき里のこうもり．
shānzhūyú【山茱萸】名〈植〉サンシュユ；〈中薬〉山茱萸(さんしゅゆ)．
shānzhuāng【山庄】名 山荘．
shānzuǐ【山嘴】名（～儿）山麓の突き出た先端．

芟 shān H（草を）刈る；取り除く．
杉 shān 名〈植〉杉．‖ 姓 異読⇒shā
删（刪） shān 動（文字・文章を）削る，削除する．
shānchú【删除】動 削除する．削る．
shāndìng【删订】動 削除し訂正する．
shāngǎi【删改】動（詩文を）添削する．
shānjiǎn【删减】動 削減する．
shānjié【删节】動（詩文を）削り簡潔にする，要約する．
shānjiéběn【删节本】名 ダイジェスト版．
shānjiéhào【删节号】名〈語〉省略記号．
shānlüè【删略】動（文章などを）削って省略する．
shāntài【删汰】動〈書〉（文章などの）煩わしいところを削る．
苫 shān H 苫(とま)．こも．¶草～子 / わらのこも．‖ 姓 異読⇒shàn
钐 shān 名〈化〉サマリウム．Sm．異読⇒shàn
衫 shān H ひとえの上着．¶汗～ / 肌着．¶衬～ / シャツ．
姗（姍） shān O
shānshān【姗姗】形〈書〉ゆっくりと歩くさま．¶～来迟 / のんびりと遅れてやって来る．
珊（珊） shān O

shānhú【珊瑚】名 サンゴ．サンゴ樹．
shānhúchóng【珊瑚虫】名〈動〉サンゴチュウ．
shānhújiāo【珊瑚礁】名〈地〉サンゴ礁．

埏 shān 動〈書〉水で土をこねる；泥をこねる．

栅（柵）shān○ 異読⇨zhà
shānjí【栅极】名〈電〉グリッド．

舢 shān○
shānbǎn【舢板】名 サンパン．河川や近海で用いられる中国式の小船．▲"舢舨"とも．

扇（搧）shān 動（扇子やうちわで）あおぐ．¶～风 / あおいで風を送る．¶～火 / あおいで火をおこす．¶～扇子shànzi / 扇子であおぐ．H 扇動する．異読⇨shàn
shāndòng【扇动】動 1（扇子状のものを）ばたつかせる．2 →shāndòng【煽动】
shānfēng'ěr【扇风耳】名 やや横に張り出した耳．
shānhu【扇忽・扇乎】動 1 揺れる．2 扇動する．そそのかす．
shān yánghuà【扇洋画】〈慣〉めんこ遊びをする．▶たばこの空き箱で作った三角形のめんこを使う．

跚 shān →pánshān【蹒跚】

煽 shān 動（扇子などで）あおぐ．H 扇動する．
shāndòng【煽动】動〈貶〉扇動する．
shān fēng diǎn huǒ【煽风点火】〈成〉あおり立てる．事件を起こさせる．
shānhuò【煽惑】動 そそのかし惑わす．
shānqíng【煽情】動 感動させる．共鳴させる．

潸 shān H 涙を流すさま．
shānrán【潸然】形〈書〉涙を流すさま．¶～泪下 / さめざめと涙を流す．
shānshān【潸潸】形〈書〉涙が止まらないさま．はらはら．

膻（羶）shān 形（羊肉が）生臭い．
shānqì【膻气】名（羊肉の）生臭いにおい．
shānwèi【膻味】名（羊肉の）臭み．

闪 shǎn ❶名 稲光．¶打～ / 稲妻が光る．
❷動 1 きらめく．2 突然現れる．¶忽然～出一个念头 / 突然ある考えがひらめいた．3（身を）かわす．避ける．¶→～开．4（急に力を入れたために筋を）ちがえる．5（体が突然）ふらつく．‖姓
shǎnbì【闪避】動（身を）かわす，よける．
shǎncún【闪存】名〈電算〉フラッシュメモリ．
shǎn//dào【闪道】動 道をあける．
shǎndiàn【闪电】名〈気〉稲妻．
shǎndiànzhàn【闪电战】名〈軍〉電撃戦．
shǎndòng【闪动】動 1（光が）きらめく．2 揺れ動く．
shǎnduàn【闪缎】名 玉虫色の緞子（どんす）．
shǎnduǒ【闪躲】動（身を）かわす，よける．
shǎn//guāng【闪光】1 名 閃光．点滅する光．2 動 きらめく．ぱっと光る．
shǎnguāngdēng【闪光灯】名〈写〉フラッシュ．ストロボ．
shǎnguāngdiǎn【闪光点】名（人や事物の）光り輝く部分，長所．
shǎnjī【闪击】動 急襲する．
shǎnjīzhàn【闪击战】名 電撃戦．
shǎn//kāi【闪开】動+方補（身を）かわす．よける．
shǎn//liàng【闪亮】動（～儿）1 光がきらめく．2 ほんのりと明るい．
shǎnlù【闪露】動 ちらっと現れる．
shǎnniàn【闪念】1 動 ふと考えが浮かぶ．ひらめく．2 名 ひらめき．
shǎnpán【闪盘】名〈電算〉フラッシュディスク．
shǎnshǎn【闪闪】形 きらきら．ぴかぴかしている．
shǎnshè【闪射】動 きらめく．光を放つ．
shǎn//shēn【闪身】動（～儿）さっと体をかわす．
shǎnshī【闪失】名（意外な）事故．まちがい．
shǎnshuò【闪烁】動 1（光が）ちらつく．揺れ動く．2 言葉を濁す．
shǎnxiàn【闪现】動 突然現れる．
shǎnyào【闪耀】動 きらめく．きらきら光る．

陕（陝）shǎn H 陕西（せんせい）省．‖姓
Shǎnxī【陕西】名〈地名〉陕西省．
Shǎnxī bāngzi【陕西梆子】名 陕西省の主要な地方劇．

睒（睒）shǎn H まばたく．¶一～眼就不见了 / あっという間に見えなくなった．

讪 shàn H ①皮肉る．②きまりが悪いさま．ばつが悪いさま．
shànshàn【讪讪】形（～的）きまりが悪い．ばつが悪い．
shànxiào【讪笑】動〈書〉せせら笑う．

汕 shàn 地名用字．"汕头"はスワトウ．広東省にある市の名．

苫 shàn 動（むしろや布で）覆う．異読⇨shān
shànbù【苫布】名（貨物にかぶせる大型の）防水布．

钐（鐥・鏾）shàn 動〈方〉（草を）長い柄の鎌で刈る．¶～草 / 草を刈る．異読⇨shān
shànlián【钐镰】名 柄の長い鎌．▶"钐刀"とも．

疝 shàn○
shànqì【疝气】名〈医〉ヘルニア．脱腸．

单(單) **shàn** 地名用字. ‖ 姓 異読⇨chán,dān

扇 **shàn** 1 名(～儿) うちわ. 扇子. [把] ¶团～ / うちわ. ¶电～ / 扇風機. ¶折zhé～ / 扇. 2 量 扉・窓・びょうぶなどを数える.
H 板状のもの. ¶门～ / 扉. 異読⇨shān

shànbèi【扇贝】名〈貝〉ホタテガイ.

shàngǔ【扇骨】名(～儿)扇子の骨. ▶"扇骨子"とも.

shànzi【扇子】名 扇子. 扇.

掸(撣) **shàn** 名 1(史書で)"倖族"(タイ族)に対する称. 2(ミャンマーの少数民族)シャン族. 異読⇨dǎn

善 **shàn** ❶形 1(↔恶è) 善良である. 2 たやすく. 容易に. ¶～变 /(態度などが)変わりやすい. 3 上手に. 十分に. ¶～自保重 / くれぐれもご自愛を. ❷動 …にたけている. ¶～交际 / 交際がうまい.
H ①(質・内容が)よい. ¶～策 / 良策. ②仲がよい. ¶亲～ / 親善関係にある. ③よく知っている. ¶面～ / 顔なじみである. ④うまくやる. ¶→～始～终. ⑤善行. ¶行～ / よい行いをする. ‖ 姓

shàn bà gān xiū【善罢甘休】〈成〉穏便にすませる. ただですませる.

shànběn【善本】名 善本(ぜんぽん).

shànchǔ【善处】動〈書〉善処する.

shàndài【善待】動 大切にする. 大事にする.

shàn dāo ér cáng【善刀而藏】〈成〉ころあいを見てやめておく.

shàngǎn【善感】形 感じやすい.

shànhòu【善后】動 後始末をする. 善後策を講じる.

shànjià【善价】名 高値.

shànliáng【善良】形 善良である.

shànlín【善邻】名〈書〉善隣. 隣の国や家と仲よくすること.

shànmén【善门】名 慈善事業.

shàn nán xìn nǚ【善男信女】〈成〉〈仏〉善男善女.

shànnéng【善能】動 …をよくする. …に長じる.

shànrén【善人】名 慈善家.

shàn shǐ shàn zhōng【善始善终】〈成〉首尾一貫して立派にやる.

shànshì【善士】名 1〈書〉立派な人. 2 慈善家.

shànshì【善事】名 慈善事業.

shànxīn【善心】名 親切心. 情け.

shànxíng【善行】名 善行. よい行い.

shànyì【善意】名 善意. 好意.

shàn yǒu shàn bào, è yǒu è bào【善有善报,恶有恶报】〈成〉善には善の報いがあり,悪には悪の報いがある.

shànyú【善于】動 …に長じている. すぐれている. ¶～写作 / 文を書くのがうまい.

shànzhàn【善战】動 うまく戦う.

shànzhèng【善政】名 善政.

shànzhōng【善终】動〈書〉1 天寿を全うする. 2 有終の美を飾る.

禅(禪) **shàn** H(帝王が位を)譲る. ¶受～ / 譲られた位を受け継いで皇帝になる. 異読⇨chán

shànràng【禅让】動 禅譲する.

shànwèi【禅位】動 位を譲る.

骟 **shàn** 動 家畜を去勢する.

鄯 **shàn** 地名用字.

缮 **shàn** 動(公文書を)書き写す,浄書する.
H 繕う. 修理する. ¶修～ / 修繕する.

shànfā【缮发】動 浄書し発送する.

shànxiě【缮写】動〈書〉浄書する.

擅 **shàn** H ①勝手に. ほしいままに. ②…に長じている. …が得意である. ¶不～辞令 / 口下手である.

shàncháng【擅长】動 …に長じている. すぐれている.

shànchǎng【擅场】動〈書〉独り舞台である. 独擅場(どくせんじょう)である.

shànměi【擅美】動 名声を独り占めにする.

shànquán【擅权】動 権力を一手に握る.

shànzì【擅自】副 勝手に. 断りなしに.

膳 **shàn** H 食事. ¶午～ / 昼食. ¶用～ / ご飯を食べる.

shànfèi【膳费】名 食費.

shànshí【膳食】名 食事.

shànsù【膳宿】名 食事と宿泊.

嬗 **shàn**〖禅shàn〗に同じ.
H 移り変わる.

shànbiàn【嬗变】1 動〈書〉移り変わる. 変遷する. 2 名〈物〉(放射性物質の)転化.

赡 **shàn** 形〈書〉豊かである. 十分である.
H 扶養する.

shànyǎng【赡养】動(子供が親を)扶養する,養う.

蟮 **shàn** →qūshan【曲蟮】

鳝(鱓) **shàn** ○

shànyú【鳝鱼】名 タウナギ.

shang (ㄕㄤ)

伤(傷) **shāng** ❶名 傷. ¶受～ / 負傷する. ❷動 1 傷つける. 損ねる. ¶～了筋骨 / 筋肉や骨を痛めた. 2(補語に用い)度が過ぎていやになる. ¶吃面包吃～了 / パンはもう食べあきたよ.
H ①差し支える. 妨げる. ¶有～风化 / 良俗を乱す. ②悲しむ. ¶悲～ / 悲しむ.

shāngbā【伤疤】名 1 傷跡. 2〈喩〉過去の汚点. 心の傷.

shāngbīng【伤兵】名〈軍〉負傷兵.

shāngbìng【伤病】名 傷と病気. ¶～员 / 傷病者；傷病兵.
shāngcái【伤财】動 損をする. 金をする.
shāngcán【伤残】動 負傷で体が不自由になる.
shāngcánrén【伤残人】名 身障者. 体の不自由な人.
shāngdào【伤悼】動〈書〉(故人を)悲しみ悼む.
shāng//fēng【伤风】**1** 動 風邪を引く. **2** 名 風邪.
shāng fēng bài sú【伤风败俗】〈成〉良風美俗を損なう.
shāngfú【伤俘】**1** 動(戦闘中に)負傷する,捕虜になる. **2** 名 負傷した捕虜.
shānggǎn【伤感】形 悲しむ. 感傷的になる.
shāng gǎnqíng【伤感情】〈慣〉二人の間が気まずくなる. 仲たがいする.
shānghài【伤害】動 傷つける. 損なう. 壊す.
shānghán【伤寒】名 **1**〈医〉腸チフス. **2**〈中医〉寒さで発熱する病気.
shānghào【伤号】名(～儿)負傷者.
shānghao【伤耗】名 損耗.
shāng héqi【伤和气】〈慣〉仲が悪くなる. 気まずくなる.
shānghén【伤痕】名 傷痕. 傷跡. ¶～文学 / 傷痕文学. ▶文革の悲劇と傷跡を描いたもの.
shānghuái【伤怀】動 悲しむ. 悲しくなる.
shāng jīn dòng gǔ【伤筋动骨】〈成〉根本的な損害を受ける；ひどい言葉で人の心を傷つける.
shāng//jiǔ【伤酒】動 酒で体をこわす.
shāngkǒu【伤口】名 傷口.
shāng miànzi【伤面子】メンツをつぶす.
shāng nǎojīn【伤脑筋】〈慣〉頭を悩ます.
shāng//qì【伤气】動 気力を落とす.
shāngqíng【伤情】**1** 動 心を痛める. 悲しくなる. **2** 名 負傷の程度.
shāngrè【伤热】動(野菜などが)暑さのために傷む.
shāng//rén【伤人】動 人(の肉体や感情・名誉など)を傷つける.
shāng//shén【伤神】動 **1** 気を遣う. 気疲れする. **2** 悲しむ.
shāng//shēng【伤生】動 命を損なう. 殺生(せっしょう)をする.
shāngshì【伤势】名 負傷の程度.
shāngshì【伤逝】動〈書〉死者を哀悼する.
shāng//shuǐ【伤水】動 **1** 水あたりする. **2** 水をやりすぎて葉が黄ばむ.
shāng tiān hài lǐ【伤天害理】〈成〉天に背き道理にもとる.
shāngtòng【伤痛】**1** 動 悲しむ. **2** 名 けがによる苦痛.
shāngwáng【伤亡】**1** 動 死傷する. **2** 名 死傷者.
shāng//xīn【伤心】動 悲しむ. ¶别太～了 / あまり悲しまないで.
shāng xīn cǎn mù【伤心惨目】〈成〉悲惨で見るに忍びない.
shāngyuán【伤员】名 負傷者.

汤(湯) **shāng** ❍ 異読⇨tāng
shāngshāng【汤汤】形〈書〉水が盛んに流れるさま.

殇(殤) **shāng** H 夭折(ようせつ)する. ¶国～ / 殉国者.

商 **shāng** ❶名 **1**〈数〉商. **2**〈史〉商. 殷. ❷動〈数〉商とする. H ①商売；商人. ¶经～ / 商売をやる. ¶外～ / 外国商人. ②相談する. ¶协～ / 協議する. ‖ 姓
shāngbiāo【商标】名 商標. ブランド.
shāngbù【商埠】名〈旧〉開港場.
shāngchǎng【商场】名 **1** マーケット；デパート. [个,家] **2** 商業界.
shāngchéng【商城】名 ショッピングモール.
shāngchuán【商船】名 商船.
shāngdé【商德】名 ビジネスモラル.
shāngdiàn【商店】名 商店. 店.
shāngdiào【商调】動 協議によって人員移動させる.
shāngdìng【商定】動 相談して決める. 合意に達する.
shāngduì【商队】名 隊商. キャラバン.
shāngduì【商兑】動〈書〉相談する. 打ち合わせる.
shāngfǎ【商法】名〈法〉商法.
shāngfàn【商贩】名 小あきんど.
shānggǎng【商港】名 貿易港.
shānghǎi【商海】名 実業界.
shāngháng【商行】名 大きな商店.
shānghào【商号】名〈旧〉商店. 店.
shānghuì【商会】名 商業会議所.
shāngjī【商机】名 ビジネスチャンス.
shāngjì【商计】動 相談する.
shāngjiā【商家】名 売り手. 企業.
shāngjiǎn【商检】名〈略〉商品検査.
shāngjiè【商界】名 商業界.
shāngkē【商科】名 商科.
shāngliang【商量】動 相談する. 協議する. ¶我有事想和你～ / あなたに相談したいことがあります.
shāngmào【商贸】名 商業と貿易.
shāngpǐn【商品】名〈経〉商品.
shāngpǐnfáng【商品房】名 分譲住宅.
shāngpǐn jīngjì【商品经济】名〈経〉商品経済.
shāngqià【商洽】動 話し合いをする. 相談する.
shāngqíng【商情】名 商況. 売れ行き.
shāngquān【商圈】名〈経〉商業地区.
shāngquè【商榷】動〈書〉検討する. 討議する.
shāngrén【商人】名 商人. 商売人.
shāngshà【商厦】名 商業ビル.
shāngshè【商社】名 商事会社.
shāngshù【商数】名〈数〉商.

shāngtán【商谈】動 相談する．打ち合わせる．

shāngtǎo【商讨】動(大きな問題を)討議する，協議する．

shāngtíng【商亭】名 小売りスタンド．

shāngtóng【商同】動〈書〉…と相談〔協議〕する．

shāngwù【商务】名 商業事務；商用．ビジネス．¶～楼 / ビジネスビル．¶～参赞 /（大使館の）商務参事官．¶～中心 / ビジネスセンター．

shāngyè【商业】名 商業．¶～片 / 商業映画．¶～银行 / 商業銀行．

shāngyì【商议】動 相談する．協議する．

shāngyù【商誉】名〈経〉商業的信用・評判．

shāngyuē【商约】名(国際間の)通商条約．

shāngzhàn【商战】名 商業上の競争．

shāngzhuó【商酌】動〈書〉協議し検討する．

觞(觴) **shāng** 名〈古〉杯．觴(さかずき)．¶举～相庆 / 杯をあげて互いに祝う．

墒(𡒄) **shāng** 名〈農〉農作物の発芽・生長に適する土壌の湿度．¶抢qiǎng～ / 土に水気のあるうちに急いで植え付ける．

shāngqíng【墒情】名〈農〉土壌に含まれている水分の程度．

熵 **shāng** 名〈物〉エントロピー．

上 **shǎng** ○ 異読⇒shàng

shǎngshēng【上声】名〈語〉1 上声(じょうせい)．2 現代中国語共通語の第3声．

晌 **shǎng** 量(～儿) 1 日のうちのあるひと区切りの時間．¶休息了一～儿 / しばらくの間休んだ．
H 昼．¶歇xiē～ / 昼休み(をとる)．

shǎngfàn【晌饭】名〈方〉1 昼食．2 農繁期に普段の食事以外にとる食事．

shǎngjiào【晌觉】名〈方〉昼寝．

shǎngwu【晌午】名〈方〉正午．昼．

赏 **shǎng** 動 1 賞を与える．褒美を与える．¶～他一笔钱 / 彼に褒美として金を与える．2 観賞する．¶→～月．
H ①賞．賞金．¶悬～ / 懸賞．②たたえる．¶赞～ / ほめる．‖姓

shǎngcì【赏赐】〈旧〉1 動 下賜する．恩賞を与える．2 名 下賜品．褒美．恩賞．

shǎngfá【赏罚】名 賞罰．

shǎngfēng【赏封】名〈旧〉祝儀．

shǎnggé【赏格】名 懸賞金；賞品の額．

shǎng//guāng【赏光】〈套〉ご光臨いただく．

shǎnghao【赏号】名〈旧〉祝儀．

shǎng//huā【赏花】動 花見をする．

shǎngjiàn【赏鉴】動(骨董や書画を)鑑賞する，鑑別する．

shǎng//jú【赏菊】動 菊をめでる；観菊をする．

shǎng//liǎn【赏脸】動 顔をたてる；〈転〉ご光臨ください．ご笑納ください．

shǎngqian【赏钱】名 チップ．祝儀．

shǎngshí【赏识】動(人の才能を)買う，認める．

shǎngwán【赏玩】動(景色や美術品などを)賞玩する，鑑賞する．

shǎngxī【赏析】動(詩文などを)鑑賞し分析する．

shǎng xīn yuè mù【赏心悦目】〈成〉(美しい景色を眺め)目や心を楽しませる．

shǎng//yuè【赏月】動 月をめでる；月見をする．

shǎngyuè【赏阅】動(詩文を)鑑賞する．

上 **shàng** ❶ 方位 1 (↔下) 上．上の方．¶～有天堂，下有苏杭 / 天上に天国があるように，地上には蘇州杭州がある．¶往～看 / 上の方を見る．2《「名詞＋"上"」の形で用い》ⓐ物体の上または表面を表す．¶桌子～ / テーブルの上．¶墙～挂着一幅画儿 / 壁に1枚の絵が掛けてある．ⓑ範囲を示す．¶世界～ / 世界(に)．¶报～ / 新聞(に)．ⓒ分野・方面をさす．¶从思想～ / 思想の面から．¶在这个问题～ / この問題では．ⓓ年齢を表す．¶他三岁～得了场大病 / 彼は3歳のときにひどい病気にかかった．3《「"上"＋名詞」の形で用い》ⓐ場所をさす．¶→～半截．ⓑある時間の前半，または過ぎたばかりの時間をさす．¶～(～)星期 / 先(々)週．ⓒ順序が前であることを表す．¶～一次 / 前回．
❷ 動 1 (↔下) 上がる．登る；(乗り物に)乗る．¶～楼 / 2階に上がる．¶→～车．2 …へ行く．¶～北京 / 北京に行く．3 前へ進む．¶快～，投篮！/ 早く前へ，それ，シュートだ．4 (↔下) 出場する．登場する．¶中国队五号～，二号下 / 中国チームは5番が出て2番が引っ込む．5 加える．補う．¶～一批货 /（店に）商品を仕入れる．6 塗る．つける．¶～颜色 / 色を塗る．7 取り付ける．¶～玻璃 /（窓などに）ガラスをはめる．8 (ぜんまい・ねじを)締める，巻く．¶～发条 / ぜんまいを巻く．9 (規定の時間・場所で日常の仕事や授業などを)行う．¶→～课．¶→～班．10 掲載する．¶→～报．¶～电视 / テレビに出る．11 (ある数量や程度に)達する．¶～了年纪 / 年をとる．
❸ 名《中国民族音楽の音階の一，略譜の「1」に相当する》
H ①(等級・品質が)高い．¶→～级．②《皇帝・国王をさす》③上部へ．¶→～诉．④(四声の一)上声．‖姓

▶方向補語"-上"の用法◀

①人や事物が低いところから高いところへ移動し,そこに到達することを表す. ¶一口气爬～山顶 / 一気に山頂まで登りつめた.

②目の前の目標物に近づいていくことを表す. ¶迎～他 / 彼を迎えに出る. ¶赶～他 / 彼に追いつく.

③つけ加えることを表す. ¶穿～衣服 / 服を着る. ¶写～姓名 / 氏名を書く.

④分かれている面をくっつけることを表す. ¶关～窗户 / 窓を閉める. ¶合～本子 / ノートを閉じる.

⑤ある一定のレベルへの到達を表す. ¶他们都过～了幸福生活 / 彼らはみな幸せな生活を送るようになった.

⑥ある一定の数量に達することを表す. ¶吃～几回就习惯了 / 何回か食べるうちに慣れてしまった.

⑦動作･行為の開始,その動作や状態の継続を表す. ¶我爱～了她 / 僕は彼女が好きになった. ¶最近又忙～了 / 最近また忙しくなってきた.

異読⇨shǎng

shàng//àn【上岸】動 上陸する.

shàng//bān【上班】動(～儿)(↔ 下班)出勤する. 仕事中である. ¶该～了 / 仕事に行く時間だ.

shàngbānzú【上班族】名 サラリーマン.

shàng//bǎnr【上板儿】動 店じまいする.

shàngbànbèir【上半辈儿】名 人生の前半.

shàngbànchǎng【上半场】名〈体〉(試合の)前半.

shàngbànjié【上半截】名(～儿)上の半分.

shàngbànnián【上半年】名 1 年の前半. 上半期.

shàngbànshǎng【上半晌】名(～儿)〈方〉午前.

shàngbànshēn【上半身】名 上半身.

shàngbànshí【上半时】名〈体〉(試合の)前半.

shàngbàntiān【上半天】名(～儿)午前(中).

shàngbànyè【上半夜】名 日没から真夜中まで. 夜の前半.

shàngbànyuè【上半月】名 月の前半.

shàng//bǎng【上绑】動(犯人などが)縛り上げられる.

shàng//bào【上报】動 **1**(上級に)報告する. **2** 新聞に出る.

shàngbèi【上辈】名(～儿)**1** 祖先. **2** 先代.

shàngbèizi【上辈子】名 **1** 祖先. **2** 前世.

shàngbì【上臂】名〈生理〉二の腕. 上膊部.

shàngbian【上边】(～儿) ❶ 方位 **1**(位置の高い所)上. 上の方. **2**(物の)表面,表,上. **3**(順番が前)上. 前. ❷名 上級. 上役.

shàng//biāo【上膘】動(家畜が)太る,肉がつく.

shàng//biǎo【上表】動 **1** 時計のぜんまいを巻く. **2**〈旧〉上奏する.

shàngbīn【上宾】名 上客. 大切な客.

shàngbù【上部】**1** 方位 上部. **2** 名(前後 2 部からなる小説などの)前の部分.

shàng bù zháo tiān, xià bù zháo dì【上不着天, 下不着地】〈成〉どっちつかず. 中途半端.

shàngbulái【上不来】動+可補 **1** 上がってこられない. **2**〈方〉気が合わない.

shàng bu shàng, xià bu xià【上不上,下不下】〈成〉どっちつかず. 中途半端.

shàng//cài【上菜】動(テーブルに)料理を出す.

shàng//cāo【上操】動 教練をやる.

shàngcè【上策】名 上策. 最上の策.

shàngcéng【上层】名 上の階. 上部機構.

shàngcéng jiànzhù【上层建筑】名〈経〉上部構造.

shàngcéng lǐngdǎo【上层领导】名 上層部の指導者.

shàng//chǎng【上场】動(役者や選手が)出場〔登場〕する.

shàng//chē【上车】動(↔ 下车)乗車する.

shàngchéng【上乘】名 上乘. 最上.

shàng chéng zhī zuò【上乘之作】〈成〉すぐれた作品.

shàng//chèng【上秤】動 はかりで量る.

shàngchuán【上传】動〈電算〉アップロードする.

shàng//chuáng【上床】**1** 動 床に入る. **2** 名 寝台車の上段.

shàngcì【上次】名 前回.

shàng cuān xià tiào【上蹿下跳】〈成〉〈貶〉あちこち走り回り画策する.

shàngdá【上达】動 上の方に伝える.

shàngdài【上代】名 先代. 祖先.

Shàngdǎng bāngzi【上党梆子】名 山西省の地方劇.

shàng//dàng【上当】動 だまされる. ¶上了他的当 / 彼にだまされた.

shàng dāo shān, chuǎng huǒ hǎi【上刀山,闯火海】〈成〉いかなる犠牲も惜しまない.

shàng//dēng【上灯】動 灯をともす.

shàngděng【上等】形 上等な.

shàngděngbīng【上等兵】名〈軍〉上等兵.

shàng//dì【上地】動(田畑に)施肥をする.

Shàngdì【上帝】名 **1**(古代の)天帝. **2**〈宗〉(キリスト教で)神. エホバ.

shàng//diào【上吊】動 首をつる.

shàngdiào【上调】動 **1** 昇進させる. 抜擢(ばってき)する. **2**(物資などを)徴用する. ⇨shàngtiáo

上 S

shàng//dòng【上冻】動 凍りつく.
shàngduān【上端】名 上端.
shàng'è【上颚】名 上顎. 上あご.
shàngfāng【上方】方位 上の方.
shàngfáng【上房】名 母屋.
shàngfǎng【上访】動(上級機関に)陳情する.
shàng//féi【上肥】動 施肥する.
shàng//fén【上坟】動 墓参りをする.
shàng//fèn【上粪】動 肥料をやる.
shàngfēng【上风】名 風上;〈喩〉優勢.
shànggàir【上盖儿】名 **1** 屋根. **2** ふた.
shàng//gāng【上纲】動 ささいなことを教条的に大きく取り上げる.
shàng//gǎng【上岗】動(↔下岗) **1** 仕事の持ち場につく;職場に復帰する. **2** 歩哨に立つ.
shànggào【上告】動 **1** 上告〔上訴〕する. **2** 上級機関に報告する.
shànggexīngqī【上个星期】名(↔下个星期) 先週.
shànggeyuè【上个月】名(↔下个月) 先月.
shàng//gōng【上工】動(労働者が)仕事を始める.
shàng//gòng【上供】動 供え物をする;〈喩〉賄賂(ワイロ)を贈る.
shàng//gōu【上钩】動(魚が)かかる;〈喩〉(人が)ひっかかる.
shànggǔ【上古】名(殷・周・秦・漢の)上古. 古代.
shàngguān【上官】名 上級官吏.
Shàngguān【上官】姓
shàng guǐdào【上轨道】〈慣〉軌道に乗る.
Shànghǎi【上海】名〈地名〉シャンハイ.
shànghǎo【上好】形 上等の.
shànghuáng【上皇】名 **1** 天帝. **2** 皇帝の父. **3** 上皇.
shànghuí【上回】名 前回.
shàng//huǒ【上火】動(～儿) **1** 〈中医〉のぼせる. **2** 〈方〉かっとなる.
shàngjí【上级】名 上司. 上級機関.
shàngjì【上祭】動 祭礼を執り行う
shàngjiā【上佳】形 非常によい. ベストである.
shàngjiā【上家】名(～儿)(↔下家)(トランプやマージャンなどで)上手〔前の番〕(の人).
shàng//jiān【上肩】動 肩に担ぐ.
Shàngjiāng【上江】名 **1** 長江の上流地域. **2** 旧時の安徽(あんき)省.
shàng//jiāng【上浆】動〈紡〉のり付けをする.
shàngjiàng【上将】名〈軍〉大将と中将の間の高級将官. 上将.
shàngjiāo【上焦】名〈中医〉胃の噴門から奥舌まで.
shàngjiǎo【上缴】動 上納する. 国家に納入する.
shàng//jiǎor【上脚儿】動(新しい靴や靴下を)履き始める,おろす.
shàng//jiào【上轿】動(嫁入りの)輿(こし)に乗る.
shàng//jiē【上接】動〈書〉第…面より続く.
shàng//jiē【上街】動 外出する. 買い物に行く.
shàngjiè【上届】形 前期(の). 前年度(の).
shàngjiè【上界】名 天上界.
shàngjìn【上进】動 向上する. 進歩する.
shàng//jìn【上劲】動(～儿)気が乗る. 力が入る.
shàngjìng【上镜】**1** 動 映画やテレビに出演する. **2** 形 カメラ映りがよい. イメージがよい.
shàng//juān【上捐】動 納税する.
shàng//kè【上课】動(↔下课) **1** 授業に出る;授業をする. ¶现在开始～/今から授業を始めます. **2**〈体〉監督やコーチが就任する.
shàngkōng【上空】名 上空. 空.
shàngkòng【上控】動〈法〉上訴〔上告〕する.
shàngkǒu【上口】形(～儿)(朗読が)流暢(りゅうちょう)である. すらすらと読める.
shàngkǒuzì【上口字】名 京劇において伝統的読み方で発音する字. ▶たとえば"尖、千、先"を ziān,ciān,siān と発音する.
shàngkuǎn【上款】名(～儿)(贈り物や手紙の)あて名.
shàng//lái【上来】動+方補 上がってくる. 登ってくる. ¶从山下～一位老人/山のふもとからおじいさんが登ってきた. **2** 始まる. 最初(は). ¶～少说话,先听听再说/まずは黙っていて,人の話を聞いてからにしなさい.

▶複合方向補語"-上来"の用法◀
①動作が話し手に向かって下(低い所)から上(高い所)へなされることを表す. ¶凉风刮～/涼しい風が吹き上げてくる.
②目の前の目標物に近づいていくことを表す. ¶迎～/迎えにやって来る.
③人や事物が下の部門・階層から,上の部門・階層に来ることを表す.
④要求に応じて動作がなされることを表す. ¶你把客人的菜端～/お客さんの料理を(運んで)出しておいで. ¶这些题目你答得～答不～?/これらの問題を君は解答できるかい.
⑤状態の程度が進むことを表す. ¶暖气片慢慢热～了/スチームがだんだん熱くなってきた.

---

shànglǐbài【上礼拜】名 先週.
shànglián【上联】名(～儿)対聯(ついれん)の前の句.
shàng//liǎn【上脸】動 酒のために顔が赤くなる.
shàngliáng bù zhèng xiàliáng wāi【上梁不正下梁歪】〈諺〉上の者が正しくなければ下の者も悪くなる.
shàngliè【上列】形 上に述べた. 上

記の.

shàngliú【上流】名 **1** 上流. **2**〈旧〉上流の人.

shànglù【上陆】動 上陸する.

shàng//lù【上路】動 **1** 旅に出る. 出発する. **2** 軌道に乗る.

shàng//mǎ【上马】動(↔下马) **1** 馬に乗る. **2**(大きな工事や仕事に)着手する. 開始する.

shàng//mén【上门】動(～儿) **1**(家まで)訪ねる. 来る. **2** 戸締まりをする. **3** 店じまいをする.

shàngmian【上面】(～儿) ❶ 方位 **1**(位置の高い所)上. 上部;(物の)表面;(順序・時間の)前. **2** 方面. 分野. ❷ 名 上司. 上役.

shàng//miào【上庙】動 廟や寺に行く.

shàng niánji【上年纪】年を取る.

shàngpǐn【上品】名 高級品.

shàngpōlù【上坡路】名 **1** 上り坂;〈喩〉上り調子. 上り坂.

shàngqì bù jiē xiàqì【上气不接下气】〈慣〉息が切れる.

shàng//qù【上去】動+方補 上がっていく. 登っていく. ¶我们～看看 / 上に上がってみましょう. ¶从科室～了两个人 / 末端の管理部門から二人は上の部門へ上がっていった.

▶複合方向補語"-上去"の用法◀

①動作が下(低い所)から上(高い所)へ,かつ話し手から離れた方へ向かうことを表す. ¶飞机轻盈地飞上天空去了 / 飛行機が軽々と空へ飛び上がっていった. ¶跳上马去 / 馬に飛び乗る.

②人や事物が下の部門・階層から,上の部門・階層に行くことを表す. ¶把下面的想法反映～ / 下部の考え方が上部へ届く.

③副次的なものから,主要なものに,つけ加えることを表す. ¶把所有的力量都使～了 / ありったけの力を注ぎ込んだ.

---

shàng//rèn【上任】**1** 動 就任〔赴任〕する. **2** 名 前任者.

shàngsè【上色】形(品物が)よい,上等である.

shàng//shǎi【上色】動(～儿)色を塗る. 着色する.

shàng//shān【上山】動 山に登る.

shàngshàng【上上】**1** 形 最上の. **2** 方位 前の前. 先々. ¶～星期 / 先々週.

shàngshàngxiàxià【上上下下】方位 上の人も下の人もひっくるめて.

shàng//shēn【上身】❶ 名(～儿) **1** 上半身. **2** 上着. ❷ 動 新しい衣類を初めて着る.

shàngshēng【上升】動 **1** 登る. 上がる. 上昇する. **2**(程度・等級などが)上がる;(数量が)増える.

shàngshì【上士】名〈軍〉曹長.

shàng//shì【上市】動 **1**(季節物や新製品が)店頭に出る. **2** 街や市場へ行く. **3**〈経〉上場する.

shàngshì gōngsī【上市公司】名 上場企業.

shàngshǒu【上手】❶ 動 **1** 始める. 取りかかる. **2**(仕事などに)着手する. ❷ 名 上座.

shàng//shū【上书】動 **1**〈書〉(地位の高い人に)上書する. **2**〈旧〉私塾の教師が子供に授業する.

shàngshù【上述】形 上述の.

shàng//shuān【上闩】動(戸に)かんぬきを掛ける.

shàng//shuǐ【上水】❶ 名 上流. ❷ 動 **1** 上流に遡る. **2**(蒸気機関などに)給水する,水を補給する.

shàngshui【上水】名〈方〉食用にする家畜の心臓・肝臓・肺臓の総称.

shàngshuǐdào【上水道】名 上水道.

shàng//shuì【上税】動 **1** 納税する. **2** 課税する.

shàngsi【上司】名 上司.

shàngsù【上诉】動〈法〉上訴する. 控訴する

shàngsù【上溯】動 **1**(流れを)遡る. **2**(時間を)遡る.

shàngsuàn【上算】動 採算がとれる.

shàng suìshu【上岁数】(～儿)〈口〉年を取る. 老人になる.

shàng//suǒ【上锁】動 錠を下ろす.

shàng//tái【上台】動(↔下台) **1** 演壇に上がる. 舞台に出る. **2** 官僚となる;〈転〉政権を取る.

shàng táijiē【上台阶】一歩上の段階に進む. ステップアップする.

shàng//táng【上堂】動 役所や法廷に行く.

shàng//táng【上膛】**1** 動 弾を込める. 弾薬を装填する. **2** 名 口蓋.

shàng//tào【上套】動(～儿)わなにかかる. だまされる.

shàng//tiān【上天】❶ 動 **1** 天に昇る. **2**〈喩〉昇天する. 他界する. ❷ 名 天(の神様).

shàng tiān wú lù, rù dì wú mén【上天无路,入地无门】〈成〉追い詰められて途方に暮れる.

shàngtiáo【上调】動(税率・物価などを)引き上げる. ⇒shàngdiào

shàngtou【上头】❶ 方位 **1** 上;表面. **2** 方面. ❷ 名 上役. 上司.

shàng//wǎng【上网】動 **1** インターネットに接続する. **2**(魚などが)網にかかる;(敵や犯罪者が)捕まる. **3**〈体〉(テニス・バトミントンで)ネット際に出る.

shàngwèi【上位】名 上座.

shàngwèi【上尉】名〈軍〉大尉. 上尉.

shàngwén【上文】名 前文. 上文.

shàngwū【上屋】名 母屋.

shàngwǔ【上午】名 午前.

shàng xītiān【上西天】〈慣〉極楽往生する. 死ぬ.

shàngxià【上下】**1** 方位(空間的に)

上 S

上と下．上から下まで；(地位·等級などの)上下；(程度の)高低．優劣．2 助(数量詞の後に置いて)ほぼ…くらい．

shàng xià qí shǒu【上下其手】〈成〉いんちきをする．

shàngxiàwén【上下文】名 文脈．

shàngxián【上弦】名〈天〉上弦．

shàngxiányuè【上弦月】名〈天〉上弦の月．

shàngxiàn【上限】名 上限．最大限．

shàng//xiàn【上线】動(入試の)合格ラインに達する．

shàng//xiāng【上香】動 線香を立てる．

shàngxiàng【上相】形 写真映りがよい．

shàngxiào【上校】名〈軍〉上佐．

shàng//xié【上鞋】動 靴の表を靴底に縫い付ける．

shàngxīn【上心】動 気をつける．注意する．

shàngxīngqī【上星期】名 先週．

shàng//xíng【上刑】1 動 拷問する．2 名〈書〉重刑．

shàngxíng【上行】❶動 船が川を上る．❷形 1 上りの(列車)．2 上級機関に上げる(公文書)．

shàng xíng xià xiào【上行下效】〈成〉上がやれば下もまねをする．

shàng//xué【上学】動 1 登校する．学校に通う．¶坐电车～/電車で通学する．2 小学校に入る．

shàngxuéqī【上学期】名 前学期．

shàngxún【上旬】名 上旬．

shàngyālì【上压力】名〈物〉上向きの圧力．浮力．

shàngyǎn【上演】動 上演する．上映する．

shàngyǎnpí【上眼皮】名 1(～儿)上まぶた．2〈転〉あら捜しをする人〔上役〕．

shàng yǎnyào【上眼药】1 目薬をさす．2〈慣〉(人を)中傷する．陰で悪口を言う．

shàngyáng【上扬】動(数値·価格などが)上昇する．

shàng//yào【上药】動 薬をつける．

shàngyī【上衣】名 上着．

shàng yīhào【上一号】〈慣〉トイレに行く．

shàng//yǐn【上瘾】動 凝る．病みつきになる．

shàngyìng【上映】動 上映する．

shàngyóu【上游】名(↔下游) 1(河川の)上流．2〈喩〉先頭．先進的な地位．

Shàngyuánjié【上元节】名(旧暦の1月15日の)上元．元宵節．

shàngyuè【上月】名 先月．前月．

shàngzài【上载】動〈電算〉(↔下载)アップロードする．

shàng zéichuán【上贼船】〈慣〉悪人の仲間に入る．

shàngzhǎng【上涨】動(水位が)上昇する；(値段が)高くなる．

shàng//zhàng【上账】動 記帳する．帳簿につける．

shàng//zhèn【上阵】動 出陣する．戦場に赴く；〈喩〉(試合などに)出場する．(仕事などに)参加する．

shàngzhī【上肢】名〈生理〉上肢．

shàng//zhuāng【上装】動(俳優が)メーキャップする,衣装をつける．

shàngzuǐchún【上嘴唇】名 上唇．

shàngzuò【上座】名 上座．

shàngzuòlǜ【上座率】名 客の入り具合．

shàng//zuòr【上座儿】動(劇場や料理屋に)客が入る．

尚 **shàng** 副〈書〉なお．まだ．¶为时～早/時期尚早である．H 尊ぶ．重視する．¶崇～/あがめ尊ぶ．‖姓

shàng fāng bǎo jiàn【尚方宝剑】〈成〉上役から与えられた大きな権限．お墨付き．

shàngqiě【尚且】接続 …でさえなお．

shàngwèi【尚未】副〈書〉未だ…にあらず．

绱(鞝) **shàng** 動(別々に作った)布靴の表を靴底に縫い付ける．

裳 **shang** →yīshang【衣裳】 異読⇨cháng

shao (ㄕㄠ)

捎 **shāo** 動 ついでに持って行く〔来る〕．ことづける．¶你去成都时,给我～一点榨菜来/成都へ行ったらついでにザーサイを少し買ってきてください．異読⇨shào

shāodài【捎带】1 副 ついでに．2 動 ついでに持って行く．

shāo//huà【捎话】動 ことづける．

shāo//jiǎo【捎脚】動(～儿)(車両が人や荷を)ついでにのせる．

shāo//xìnr【捎信儿】動(ついでに)ことづける．伝言する．ついでに知らせる．

烧(燒) **shāo** ❶動 1 熱が出る．¶已经～了好几天了/何日も熱が出て下がらない．2(料理法の一種)①油で揚げてから煮込む．または煮てから油で揚げる．②あぶり焼きにする．3 加熱する；(湯を)沸かす；(飯を)炊く．¶水～开了/湯が沸いた．4 燃やす．焼く；燃える．焼ける．¶～煤气/ガスを燃やす．5(炭·レンガなどを)焼く；(火を)おこす．¶～砖/レンガを焼く．6(ストーブなどを)たく．火を入れる．¶～炉子/ストーブをたく．❷名(体温の)熱．¶发～/熱が出る．¶退～/熱が下がる．

shāobēi【烧杯】名〈化〉ビーカー．

shāobing【烧饼】名〈料理〉シャオピン．小麦粉を薄く円盤状に伸ばして焼いたもの．

shāo//cài【烧菜】動 おかずを作る；料理する.
shāoguō【烧锅】名 ほうろうの鍋.
shāohuà【烧化】動(死体などを)焼く.
shāo//huāng【烧荒】動 野焼きする.
shāohuǐ【烧毁】動 焼却する.
shāo//huǒ【烧火】動 火をおこす.
shāojī【烧鸡】名〈料理〉鶏の丸蒸し焼き.
shāojiǎn【烧碱】名〈化〉苛性ソーダ.
shāojiǔ【烧酒】名 コウリャンなどを蒸留した酒. 焼酎(しょうちゅう).
shāo//kàng【烧炕】動 オンドルをたく.
shāokǎo【烧烤】名 あぶったり焼いたりして作った肉食品の総称.
shāomai【烧卖】名〈料理〉シューマイ.
shāopíng【烧瓶】名〈化〉フラスコ.
shāo qián huà zhǐ【烧钱化纸】〈成〉(死者があの世で使えるように)紙銭を焼く.
shāoshāng【烧伤】〈医〉1 動 やけどをする. 2 名 やけど.
shāo//xiāng【烧香】動 1 香をたく. 2 線香をあげる. 3(下心で人に)贈り物をする.
shāoxīn【烧心】動 胸焼けがする.
shāoyáo【烧窑】動 陶磁器・木炭などを焼く.
shāoyídàn【烧夷弹】名〈軍〉焼夷弾(しょういだん).
shāo//zhǐ【烧纸】1 名(死者があの世で使えるように)焼く紙銭. 2 動 紙銭を焼く.
shāozhuó【烧灼】動 やけどする. 焼き焦がす.

梢
shāo 名(～儿)梢；(一般に細長いものの)先. ¶树～ / 梢. ¶头发～儿 / 髪の毛先.
shāogōng【梢公】→**shāogōng**【艄公】
shāotóu【梢头】名 木の枝の先. 梢.

稍
shāo 副 少し. やや. ちょっと. ¶你～等一下 / ちょっとお待ちください. ‖ 姓 異読⇨shào
shāoshāo【稍稍】副 少し. ちょっと.
shāowēi【稍微】副 やや. ちょっと. こころもち. ¶～休息一下 / ひと休みする.
shāowéi【稍为】→**shāowēi**【稍微】
shāoxǔ【稍许】→**shāowēi**【稍微】
shāo zòng jí shì【稍纵即逝】〈成〉時間や機会はちょっと油断すると容易に過ぎ去ってしまう.

蛸
shāo →**xiāoshāo**【蟏蛸】 異読⇨xiāo

筲
shāo 1 名(竹や木で作った)水桶. ¶水～ / 水桶. 2 量 水桶に入れた水の量を数える. ¶两～水 / 水桶2杯分の水.
shāojī【筲箕】名〈方〉米をとぐ竹製の箕(み)やざる.

艄
shāo H ①船のとも. 船尾. ¶船～ / 船尾. ②かじ. ¶掌～ / かじ取り.
shāogōng【艄公】名 かじ取り；(広く)船頭.

勺(杓)
sháo 1 名(～儿)杓子(しゃくし). ▶北方では片手(中華)鍋もさす. ¶饭～ / しゃもじ. 2 量(容量の単位)勺. 1升の100分の1.
sháozhuàng ruǎngǔ【勺状软骨】名〈生理〉甲状軟骨.
sháozi【勺子】名 さじ. ひしゃく.

芍
sháoO
sháoyao【芍药】名〈植〉シャクヤク.

苕
sháo 名〈方〉〈植〉サツマイモ. 異読⇨tiáo

韶
sháo H 麗しい. ‖ 姓
sháoguāng【韶光】名〈書〉1 うららかな春の景色. 2 麗しい青春時代.
sháohuá【韶华】→**sháoguāng**【韶光】
sháoxiù【韶秀】形〈書〉麗しい.

少
shǎo ❶ 形(↔多)(数量が)少ない. ¶这儿人很～ / ここは人が少ない. ¶很～(的)人 / 少ない人. ¶这一带很～下暴雨 / このあたりはめったに豪雨が降らない. ¶～说废话 / くだらないことを言うな. ¶早饭吃～了 / 朝ご飯を軽くすませた.
❷ 動 1 不足する. 欠ける. ¶还～一本书 / まだあと本が1冊足りない. 2(人に金を)借りている. ¶我还～她五百块钱 / 私はまだ彼女に500元の借りがある. 3 なくなる. 紛失する. ¶书架上～了一本书 / 本棚の本が1冊なくなった.
❸ 副〈書〉しばらく. ちょっと. ¶～候 / しばらく待つ.
異読⇨shào
shǎo ān wú zào【少安毋躁】〈成〉焦らず待つ.
shǎobudé【少不得】動+可補 欠かせない.
shǎobuliǎo【少不了】動+可補 1 欠かせない. 2(あるべき数量に)不足しない.
shǎodeliǎo【少得了】動+可補 なくてもよい. 欠くことができる.
shǎojiàn【少见】1 形 あまり見かけない. 2〈套〉しばらく会わない. ¶～～! / しばらくです. お久しぶりです.
shǎo jiàn duō guài【少见多怪】〈成〉見聞の少ない人は何を見ても不思議に思う.
shǎokè【少刻】名〈書〉しばらく. しばし.
shǎolái【少来】動 1 少なめにする. 2 あまり来ない. 3 来るな. 来ないように.
shǎolǐ【少礼】〈套〉1(相手に)どうぞお楽に. 2(自分が)失礼しました. おかまいできませんで.
shǎoliàng【少量】名 少量. 少しばかり.
shǎopéi【少陪】〈套〉(中座する時など)お相手できないで失礼いたします.
shǎo qì wú lì【少气无力】〈成〉元気がなく弱々しい.

shǎoshí【少时】名〈書〉しばらく(して).
shǎoshù【少数】名 少数.
shǎoshù mínzú【少数民族】名 少数民族.
shǎoshuō【少说】副 少なくとも.
shǎosuàn【少算】動 **1** 値引きする. 負ける. **2** 勘定計算が漏れる.
shǎo tiáo shī jiào【少调失教】〈成〉しつけが足りない.
shǎoxǔ【少许】名〈書〉少しばかり. わずか.
shǎo yán guǎ yǔ【少言寡语】〈成〉口数が少ない.
shǎoyǒu【少有】形 めったにない. まれである.

少 **shào** H ①若い. ¶～奶奶 / 若奥様. ②若旦那. ¶阔～ / 金持ちの坊ちゃん. ¶恶è～ / 道楽息子. ‖姓 異読⇨shǎo
shàobáitóu【少白头】名 若白髪(の人).
shào bù gēng shì【少不更事】〈成〉若くて経験が足りない.
shào'ér【少儿】名〈略〉少年少女.
shàofù【少妇】名 既婚の若い女性.
shàoguǎn【少管】名〈略〉少年犯罪者の矯正教育.
shàojiàng【少将】名〈軍〉少将.
shàolínquán【少林拳】名 少林寺拳法.
shàonián【少年】名 少年少女.
shàoniánfàn【少年犯】名 少年犯.
shàonián guǎnjiàosuǒ【少年管教所】名 少年院.
shàoniángōng【少年宫】名 少年の文化活動施設.
shàonǚ【少女】名 少女.
shàowèi【少尉】名〈軍〉少尉.
shàoxiānduì【少先队】名〈略〉少年先鋒隊. ピオニール.
shàoxiang【少相】形 若く見える.
shàoxiào【少校】名〈軍〉少佐.
shàoye【少爷】名 若旦那. 坊ちゃん.
shàozhuàng【少壮】形 若くて元気である.

召 **shào** 名〈史〉召(しょう). ▶周代の国名. ‖姓 異読⇨zhào

邵 **shào** ‖姓

劭 **shào** H ①勧める. 励ます. ②美しい. 立派である.

绍 **shào** H ①受け継ぐ. ②浙江省紹興. ‖姓
shàocài【绍菜】名〈植〉タケノコハクサイ.
shàojiè【绍介】→jièshào【介绍】
shàojù【绍剧】名 紹興一帯の地方劇.
shàoxīngjiǔ【绍兴酒】名 紹興酒.

捎 **shào** 動 **1** (馬などが)後ろへ下がる,退かせる. **2** (色が)あせる. 異読⇨shāo
shào//shǎi【捎色】動 色があせる〔落ちる〕.

哨 **shào** **1** 名 見張り. ¶岗～ / 歩哨(所). **2** 動(鳥が)鳴く. さえずる.
H 呼び子. ホイッスル. ¶吹～ / 呼び子を吹く.
shàobīng【哨兵】名 哨兵. 番兵.
shàogǎng【哨岗】→shàosuǒ【哨所】
shàoqiǎ【哨卡】名 国境や要所の歩哨所.
shàosuǒ【哨所】名 歩哨所.
shàozi【哨子】名 呼び子(の笛).

稍 **shào**O 異読⇨shāo
shàoxī【稍息】動〈軍〉(号令)休め.

潲 **shào** ❶動 **1** 雨が横殴りに降る. ¶风太大,雨都～进来了 / 風が強く,雨が吹き込んできた. **2** 〈方〉水をまく. ❷名〈方〉ぬかや野菜などを煮てどろどろにした飼料. ¶猪～ / 豚の飼料.
shàoshuǐ【潲水】名〈方〉米のとぎ汁.

she (ㄕㄜ)

奢 **shē** H ①贅沢(ぜい)である. ②分を過ぎた.
shēchǐ【奢侈】形 奢侈(しゃ)である.
shēhuá【奢华】形 贅沢で派手である.
shēmí【奢靡】形 浪費的である. ▲"奢縻"とも.
shēniàn【奢念】名 分外な考え方.
shēqiú【奢求】**1** 名 過分な要求. **2** 動 過分に要求する.
shētán【奢谈】動 非現実的な話をする. 大げさなことを言う.
shēwàng【奢望】名 過分の望み.
shēxiǎng【奢想】名 過分な望み.

赊 **shē** 動 掛けで売り買いする. ¶～了两瓶酒 / 酒を2本つけで買った.
shēdài【赊贷】動 掛けで貸す.
shēgòu【赊购】動 掛け買いをする.
shēqiàn【赊欠】動 掛けで売買する.
shēxiāo【赊销】動 掛け売りをする.
shē//zhàng【赊账】動 掛けで売買する.

畲 **shē**O
Shēzú【畲族】名(中国の少数民族)ショオ(She)族.

畬 **shē** H 焼き畑.

舌 **shé** H ①舌. ¶→～头. ②舌の形をしたもの. ¶火～ / 炎. ③(鐘・風鈴などの)舌,おもり.
shé bì chún jiāo【舌敝唇焦】〈成〉口を酸っぱくして言う.
shégēnyīn【舌根音】名〈語〉舌根音(ぜっこんおん).
shégēng【舌耕】動〈書〉教師で生計を立てる.
shéjiān【舌尖】名 舌の先.
shéjiānyīn【舌尖音】名〈語〉舌尖音(ぜっせんおん).
shé jiàn chún qiāng【舌剑唇枪】〈成〉言葉鋭く言い争う.
shémiàn【舌面】名 舌面.
shémiàn qiányīn【舌面前音】名〈語〉前舌面音.

shétāi【舌苔】名〈医〉舌苔(ぜったい).
shétou【舌头】名 1 舌. [条,个]
2〈転〉敵情を聞き出すための捕虜.
shéxiàxiàn【舌下腺】名〈生理〉舌下腺.
shéyán【舌炎】名〈医〉舌炎.
shéyè【舌叶】名〈音〉リード.
shézhàn【舌战】動 舌戦を戦わす.
shézhěn【舌诊】名〈中医〉舌診.

折 shé 動 1 (細長いものが) 折れる, 切れる. 2 損をする. ‖ 姓
異読⇒zhē,zhé
shé//běn【折本】動(～儿) 損をする. 元手を割る.
shé//chèng【折秤】動 目減りする.
shéhào【折耗】名(製造や輸送中の) 損耗, 目減り.

佘 shé ‖ 姓

蛇 shé 名〈動〉蛇. [条] 異読⇒yí
shéchuán【蛇船】名 密出入国者を輸送する船.
shédú【蛇毒】名 蛇の毒.
shémá【蛇麻】名(ビールの香料) ホップ.
shéméi【蛇莓】名〈植〉ヘビイチゴ.
shétóu【蛇头】名 スネークヘッド. 不法出入国手配師.
shétuì【蛇蜕】名〈中薬〉蛇蛻(だ).
shéwénshí【蛇纹石】名〈鉱〉蛇紋石.
shéxiē【蛇蝎】名 蛇とサソリ;〈喩〉凶暴で悪辣(あく)な人間.
shéxíng【蛇行】動 腹ばいで進む. 匍匐(ほふく)前進する;蛇行(だこう)する.
shézú【蛇足】名 蛇足.

阇 shé ❍ 異読⇒dū
shélí【阇梨】名〈仏〉阿闍梨(あじゃり). 高僧;(広く)僧. 出家.

舍(捨) shě 動 捨てる. ¶～去零数 / 端数を切り捨てる. ¶～不下孩子 / 子供を手放しがたい. H 施す. ¶施～ / 施しをする.
異読⇒shè
shě běn zhú mò【舍本逐末】〈成〉本末転倒である.
shěbude【舍不得】動+可補 離れがたい. 別れるのがつらい;使うこと・捨てることを惜しむ. ¶～穿 / 着るのが惜しい.
shěde【舍得】動 惜しいと思わない.
shě jǐ wèi gōng【舍己为公】〈成〉公のために自分を犠牲にする.
shě jǐ wèi rén【舍己为人】〈成〉人のために自分を犠牲にする.
shě jìn qiú yuǎn【舍近求远】〈成〉わざわざ回り道をする.
shě jū mǎ, bǎo jiàng shuài【舍车马,保将帅】〈諺〉大きな損失を免れるため多少の損はあきらめる.
shě//liǎn【舍脸】動〈方〉(体面を捨て) 頭を下げて頼む.
shě//mìng【舍命】動 命を捨てる. 命を懸ける.
shěqì【舍弃】動 捨てる. 放棄する.
shěshēn【舍身】動 命を捨てる. 自分を犠牲にする.
shě shēng qǔ yì【舍生取义】〈成〉正義のために命を捨てる.
shě shēng wàng sǐ【舍生忘死】→shě sǐ wàng shēng【舍死忘生】
shě sǐ wàng shēng【舍死忘生】〈成〉命を顧みない. 命をなげうつ.
shě zhīma bào xīguā【舍芝麻抱西瓜】〈諺〉大きな利益のために, 小さな損失を余儀なくされる.

厍 shè 名〈方〉村. ▶地名に用いることが多い. ‖ 姓

设 shè ❶ 動 1 設ける. 配置する. ¶代表处～在大阪 / 代表事務所を大阪に置く. 2 仮定する. ¶～x等于1 / xを1と仮定する. ❷ 接続〈書〉かりに. もしも.
H 計画する. ¶→～计.
shèbèi【设备】1 動 備え付ける. 2 名 設備. 備品. ¶医疗～齐全 / 医療設備が整っている.
shèfǎ【设法】動 方法を考える. 対策を講じる.
shèfáng【设防】動 防衛措置をとる.
shèfú【设伏】動 伏兵を置く.
shè//gǎng【设岗】動 ポストを設ける.
shèhuò【设或】接続〈書〉もしかしたら. ひょっとして.
shèjì【设计】動 設計する. デザインする. ¶～家具 / 家具をデザインする. ¶～新颖 / デザインが斬新である.
shèjìshī【设计师】名 デザイナー.
shèjìtú【设计图】名 設計図. 青写真.
shèjìyuán【设计员】名 設計者.
shèlì【设立】動(組織・機構などを) 設立する.
shèlìng【设令】→shèshǐ【设使】
shèrú【设如】→shèruò【设若】
shèruò【设若】接続〈書〉もしも. 万一.
shèsè【设色】動(絵画で) 色付けをする, 着色をする.
shè shēn chǔ dì【设身处地】〈成〉他人の身になって考える.
shèshī【设施】名(特定の目的のための) 組織, 施設.
shèshǐ【设使】接続〈書〉もしも. 仮に.
shèxiǎng【设想】動 1 想像する. 想定する. 2 …の立場で考えてみる.
shè//yàn【设宴】動 宴席を設ける.
shèzhì【设置】動 1 設立する. 2 設置する. 装備する.

社 shè H ①〈旧〉土地神および土地神を祭る場所・期日・祭り. ¶春～ / 春の祭り. ②共同で仕事や生活をする集団組織. ¶报～ / 新聞社. ‖ 姓
shèbǎo【社保】名〈略〉社会保険.
shèhuì【社会】名 社会.
shèhuì fēngōng【社会分工】名 社会的分業.
shèhuì gōngzuò【社会工作】名 社

折佘蛇阇舍厍设社 S

会奉仕．ボランティア活動．

shèhuì guānxi【社会关系】名（一般的）社会関係；個人の親戚・交友関係．

shèhuì huódòng【社会活动】名 社会活動．

shèhuì jiàoyù【社会教育】名 社会教育．

shèhuì kēxué【社会科学】名 社会科学．

shèhuì mínzhǔ zhǔyì【社会民主主义】名 社会民主主義．

shèhuì qīngnián【社会青年】名 失業青年．浪人．

shèhuì xiàoyì【社会效益】名 社会的影響．

shèhuìxué【社会学】名 社会学．

shèhuì yìshí【社会意识】名 社会（的）意識．

shèhuì zhǔyì【社会主义】名 社会主義（制度）．

shèhuǒ【社火】名 祭りの余興．

shèjì【社稷】名〈書〉国家．社稷(しゃしょく)．

shèjiāo【社交】名 社交．

shèjiāowǔ【社交舞】社交ダンス．

shèlùn【社论】名 社説．

shèpíng【社评】→shèlùn【社论】

shèqíng【社情】名 社会状況．

shèqū【社区】名 地域社会．コミュニティ．¶～服务／コミュニティケア．

shèqún【社群】名 社会集団．社会階層．

shètuán【社团】名（労働組合・学生会などの）社会団体．

shèxì【社戏】名〈旧〉祭りの芝居．

shèyuán【社员】名 社の成員．

shèzhǎng【社长】名（出版社などの）社長．

shèzhǐ【社址】名（出版社などの）所在地．

舍

shè H ①家．建物．¶宿～／宿舎．②自宅の謙称．¶敝～／拙宅．③自分よりも目下の親族の謙称．¶～弟／愚弟．④（家畜）小屋．¶牛～／牛舎．⑤古代の距離の単位（30里を1舎とした）．‖姓 異読⇨shě

shèjiān【舍间】名〈謙〉拙宅．

shèqīn【舍亲】名〈謙〉自分の親戚．

shèxià【舍下】名〈謙〉拙宅．

射

shè 動 **1**（矢を）射る；（銃弾を）発射する；（ボールを）シュートする．¶中国队～进了三个球／中国チームは3ゴールを決めた．**2**（液体が）噴射する．**3**（光や熱などを）放射する．¶月光～进昏暗的小屋／月の光が暗い部屋に差し込んできた．H 暗にさし示す．¶暗～／ほのめかす．¶影～／当てこする．

shèchéng【射程】名 射程．

shèdiàn wàngyuǎnjìng【射电望远镜】名 電波望遠鏡．

shèdiànyuán【射电源】名〈天〉電波源．

shègān【射干】名〈植〉ヒオウギ．カラスオウギ；〈中薬〉射干(やかん)．

shèjī【射击】**1** 動 射撃する．**2** 名〈体〉射撃．

shè//jiàn【射箭】**1** 動 矢を射る．**2** 名〈体〉アーチェリー．弓術．

shèjiè【射界】名 射撃の範囲．

shèjīng【射精】動 射精する．

shèliè【射猎】動〈書〉狩猟する．

shèliú【射流】名（気体や液体の）噴出（流体）．

shè//mén【射门】動〈体〉シュートする．

shèpín【射频】名〈電〉無線周波．

shè rén xiān shè mǎ【射人先射马】〈諺〉事を行うには先にポイントを押さえよ．

shèshǒu【射手】名 射手．

shèxiàn【射线】名〈物〉放射線．

shèxiànbìng【射线病】名 放射線病．

shèxiàn liáofǎ【射线疗法】名 放射線療法．

涉

shè H ①水のある所を歩いて渡る．¶跋山～水／山を越え川を渡る．②経験する．¶→～世．③かかわる．

shè'àn【涉案】動 事件に関係がある．

shèbǐ【涉笔】動〈書〉筆を執る．

shèjí【涉及】動 及ぶ．関連する．

shèliè【涉猎】動 読みあさる．

shèmì【涉密】動 機密事項にかかわる．

shèshì【涉世】名〈書〉世渡りの経験．

shèwài【涉外】形 外交にかかわる．¶～问题／外交関係の問題．¶～婚姻／国際結婚．

shèxián【涉嫌】動〈書〉嫌疑がかかる．¶～人犯／被疑者．

shèxiǎn【涉险】動〈書〉危険を冒す．

shèzú【涉足】動〈書〉（ある生活・環境に）足を入れる．

赦

shè 動（罪を）許す．赦免する．¶～他无罪／彼を無罪放免する．

shèmiǎn【赦免】動 赦免する．

shè//zuì【赦罪】動 罪を許す．

摄（攝）

shè H ①摂取する．吸収する．¶→～取．②（写真を）撮る．¶拍～／撮影する．③（体を健康に）保つ．④（政治の）代理をする．¶→～政．

shèlǐ【摄理】動〈書〉代理をする．

shèlùjī【摄录机】名 ビデオカメラ．

shèqǔ【摄取】動 **1**（栄養などを）摂取する，吸収する．**2** 撮影する．

shèshí【摄食】動（動物が）物を食べる．

Shèshì【摄氏】名 摂氏(せっし)．¶～温标／摂氏温度．¶～温度计／摂氏温度計．

shèxiàng【摄像】動 ビデオカメラで撮影する．

shèxiàngjī【摄像机】名（テレビの）ピックアップカメラ．ビデオカメラ．

shèyǐng【摄影】動 **1** 写真を撮る．¶～师／撮影技師．¶～室／写真館のスタジオ．¶～记者／カメラマン．**2** 映画撮影をする．¶～棚／スタジオ．

shèyǐngjī【摄影机】名(映画撮影用)カメラ.

shèzhèng【摄政】動 摂政をする.

shèzhì【摄制】動(映画を)撮影制作する.

滠(灄) **shè** 地名用字. "滠口"は湖北省にある地名.

慑(懾·慴) **shè** H 恐れる. 怖がる；恐れさせる. 怖がらせる. ¶～于强大威力 / 強大な威力に恐れをなす.

shèfú【慑服】動〈書〉**1** 恐れ従う. 恐れひれ伏す. **2** 脅して屈服させる. 威嚇(いかく)する.

歙 **shè** 地名用字. "歙县"は安徽省にある県名. 異読⇒xī

麝 **shè** 名 **1**〈動〉ジャコウジカ. **2**〈略〉麝香(じゃこう).

shèniú【麝牛】名〈動〉ジャコウウシ.

shèshǔ【麝鼠】名〈動〉ジャコウネズミ.

shèxiāng【麝香】名〈中薬〉麝香(じゃこう).

shei (ㄕㄟ)

谁 **shéi** 疑 **1** だれ. ¶请问,～是科长？/ すみません,どなたが課長さんですか. [反語で用い]¶～不说他好 / だれもが彼をほめる. **2**《不定の人をさす》だれか. だれも. ¶外边好像有～在说话 / 外でだれかが話をしているようだ. **3**《任意の人をさす》だれでも. ¶这件事～也不知道 / この事はだれも知らない. ¶～想说～就说 / 話したい人から言ってください. ¶他们俩～也不服～ / どちらも相手を説得できない.
⇒〖谁shuí〗

shéi liào【谁料】〈型〉意外にも.

shéishéi【谁谁】代 だれそれ.

shéi shuō bùshì (ne)【谁说不是(呢)】〈套〉そのとおり.

shéi xiǎng【谁想】〈型〉だれが予想し得たか. 考えてもみなかった. ▶"谁想到"とも.

shéi zhī【谁知】〈型〉思いがけないことに.

shen (ㄕㄣ)

申 **shēn** 名 十二支の第9：申(さる).
H ①述べる. ¶重chóng～ / 重ねて表明する. ②上海市の別称.
‖ 姓

shēnbàn【申办】動(開催を)申請する.

shēnbào【申报】動 上申する. 申告する. ¶～人 / 申告者.

shēnbiàn【申辩】動 弁明〔釈明〕する.

shēnchì【申斥】動(下の者を)叱責(しっせき)する.

shēngòu【申购】動 購入の申請をする.

shēnlǐng【申领】動 申請して受け取る.

shēnlùn【申论】**1** 動 詳しく申し述べる. **2** 名(国家公務員試験の)論述問題.

shēnmíng【申明】動 言明する. 表明する.

shēnqǐng【申请】動 申請する.

shēnshí【申时】名〈旧〉申(さる)の刻. ▶午後3時から5時.

shēnshù【申述】動 詳しく説明する.

shēnshuō【申说】動(理由を)説明する.

shēnsù【申诉】動 訴える；上告する.

shēnxiè【申谢】動〈書〉謝意を述べる.

shēnxuě【申雪】動(冤罪を)すすぐ.

shēn//yuān【申冤】動 **1** 冤罪を晴らす. **2** 冤罪を申し立てる.

伸 **shēn** 動(体や物体の一部を)伸ばす,突き出す. ‖ 姓

shēncháng【伸长】動 長く伸ばす〔伸びる〕.

shēnchàng【伸畅】形 気前がよい. 金離れがよい.

shēn dàmǔzhǐ【伸大拇指】〈慣〉人をほめる.

shēn lǎnyāo【伸懒腰】伸びをする.

shēn shétou【伸舌头】〈慣〉唖然とする.

shēn//shǒu【伸手】動 **1** 手を伸ばす. **2** 物ごいをする. **3**〈貶〉手を出す. おせっかいを焼く.

shēnshǒu bù jiàn wǔzhǐ【伸手不见五指】〈諺〉一寸先も見えない.

shēnshǒupài【伸手派】〈慣〉努力せずすぐに援助を求める人.

shēnsuō【伸缩】**1** 動 伸縮する. **2** 名 伸縮性. 弾力性.

shēn tóu tàn nǎo【伸头探脑】〈成〉様子をうかがう.

shēn//tuǐ【伸腿】動〈貶〉手を出す. 一枚加わる.

shēnxuě【伸雪】→shēnxuě【申雪】

shēnyán【伸延】動 延びる.

shēn//yāo【伸腰】動 腰を伸ばす；〈喩〉(背筋を伸ばし)もう人からばかにされない.

shēn//yuān【伸冤】→ shēn//yuān【申冤】

shēnzhǎn【伸展】動 伸び広がる.

shēnzhāng【伸张】動 広げる. 広める.

shēnzhí【伸直】動 まっすぐに伸ばす. ぴんと伸ばす.

身 **shēn** 量(～儿)**1** 衣服を数える：着(ちゃく). そろい. ¶一～工作服 / 1着の作業服. **2** 体全体を数える：全身. ▶数詞は"一"のみ. ¶出了一～儿汗 / 全身汗をかいた.
H ①体. ¶上～ / 上半身. ②物体の主要な部分. ¶车～ / 車体. ¶河～ / 川床. ③自分；命. ¶本～ / 自身. ¶舍～ / 命を捨てる. ④人格. ¶修～ / 身を修める.

shēn bài míng liè【身败名裂】〈成〉地位も名誉も失う.

shēnbiān【身边】名 **1** 身の回り. **2** 身. 手元. ¶～没带钱 / 金を持ち合わせていない.

shēn bù dòng, bǎng bù yáo【身不动, 膀不摇】〈成〉ちっとも働かない.

shēn bù yóu jǐ【身不由己】〈成〉体が思いどおりにならない；〈転〉思わず．無意識に．
shēncái【身材】名 体格．体つき．
shēncán【身残】形 身体に障害がある．
shēncháng【身长】名 1 身長．2 服の身丈．
shēnduàn【身段】名 1（女性の）姿，身のこなし．2 体つき．体格．3（俳優の舞台での）しぐさ．
shēnfen【身份·身分】名 1（社会上・法律上の）地位．身分．2 貫禄．沽券(こけん)．
shēnfenzhèng【身份证】名 身分証明書．
shēngāo【身高】名 身長．
shēngù【身故】動〈書〉死亡する．
shēnhòu【身后】名 死後．
shēnjiā【身家】名 1 本人とその家庭．2〈旧〉家柄．出身．
shēnjià【身价】名 社会的地位．
shēnjiào【身教】動 身をもって教える．
shēn jīng bǎi zhàn【身经百战】〈成〉百戦錬磨を経る．
shēnliang【身量】名（〜儿）〈口〉背丈．
shēn lín qí jìng【身临其境】〈成〉その場に身を置く．¶〜之感 / 臨場感．
shēn qiáng lì zhuàng【身强力壮】〈成〉身体が頑丈で力強い．
shēnqū【身躯】名 体格．体軀．
shēnshang【身上】名 1 体．身．2 身の回り．手もと．
shēnshì【身世】名 身の上．わが身の境遇．
shēnshǒu【身手】名 腕前．手並み．
shēnshòu【身受】動 身をもって受ける．
shēntǐ【身体】名 身体．体．
shēn tǐ lì xíng【身体力行】〈成〉身をもって体験し努力して実行する．
shēntiáor【身条儿】名 体つき．背丈．
shēn wài zhī wù【身外之物】〈成〉（問題にならないという意味で）体以外のもの．
shēnwáng【身亡】動 死亡する．
shēn wēi yán qīng【身微言轻】〈成〉身分が低く，言うことに重みがない．
shēn xiān shì zú【身先士卒】〈成〉指導者が大衆の先頭に立ちリードする．
shēnxīn【身心】名 心身．体と精神．
shēnyǐng【身影】名 人影．姿；物の影．
shēnyùn【身孕】名 妊娠．
shēn zài Cáoyíng xīn zài Hàn【身在曹营心在汉】〈諺〉心ここにあらず．
shēn zài fú zhōng bù zhī fú【身在福中不知福】〈諺〉幸福な人がなお不平不満をこぼす．
shēn zhèng bù pà yǐngzi xié【身正不怕影子斜】〈諺〉自分が正しければ，他人がとやかく言っても恐れるに足りない．
shēnzī【身姿】名 姿．
shēnzi【身子】名〈口〉1 体．2 妊娠．

呻 shēn H うめく．
shēnyín【呻吟】動 呻吟(しんぎん)する．苦しみうめく．

诜 shēn○
shēnshēn【诜诜】形〈書〉数が多いさま．

参（參） shēn 名（二十八宿の）からすきぼし．
H 人参(にんじん)．¶人〜 / 朝鮮人参．
異読⇨cān,cēn

绅 shēn H 地方の勢力家・名士．¶乡〜 / 地方の有力者．
shēnshì【绅士】名〈旧〉地方の有力地主や退職官吏．

珅 shēn 名〈書〉玉石の一種．

莘 shēn 1 →shēnshēn【莘莘】 2 地名用字．"莘县"は山東省にある県名．‖姓
異読⇨xīn
shēnshēn【莘莘】形〈書〉数が多いさま．¶〜学子 / 多くの教え子〔弟子〕．

砷 shēn 名〈化〉砒素(ひそ)．As．▶旧名は"砒pī"．‖姓

娠 shēn →rènshēn【妊娠】

深 shēn ❶形 1 深い．¶这条巷子〜得很 / この路地はずっと先まで奥まっている．2 時がたっている．¶夜〜了 / 夜が更けた．3 深くきわめる；（影響が）大きい．¶印象很〜 / とても印象深い．4（交わりが）深い．¶关系很〜 / 親密である．5（内容が）深い．難しい．¶这本书不〜 / この本はさほど難しくない．6（色が）濃い．¶颜色太〜 / 色が濃すぎる．
❷名 深さ．¶有五米〜 / 5メートルの深さがある．
❸副 深く．たいへん．¶〜表谢意 / 深く感謝の意を表する．‖姓
shēn'ào【深奥】形 奥深い．難しい．
shēn cáng ruò xū【深藏若虚】〈成〉人前で才学をひけらかさない．
shēncéng【深层】名 深層．
shēncháng【深长】形 深みがある．含蓄がある．
shēnchén【深沉】形 1（程度が）深い．2（音が）低くて重々しい．3（考えや感情が）表に出ない．
shēn chóu dà hèn【深仇大恨】〈成〉深い恨み．
shēndōng【深冬】名 真冬．
shēndù【深度】名 1 深さ．深み．2 物事が発展する度合い．
shēn'ēn【深恩】名 深い恩．厚恩．
shēn gēng bàn yè【深更半夜】〈成〉深夜．
shēn gōu gāo lěi【深沟高垒】〈成〉堅固な防備．
shēnguǎng【深广】形 深くて広い．

呻诜参绅珅莘砷娠深 S

shēnguī【深闺】名〈書〉深窓．女性の居室．
shēnhǎi【深海】名 深海．
shēnhòu【深厚】形 **1**（感情が）深い，厚い．¶～的友谊 / 厚い友情． **2**（基盤・基礎が）しっかりしている．¶基础～ / 基礎がしっかりしている．
shēnhūxī【深呼吸】名〈生理〉深呼吸．
shēnhuà【深化】動（矛盾や認識・物事の程度などが）深まる〔深める〕．
shēnjiāgōng【深加工】動 付加価値の高い加工をする．
shēnjiāo【深交】**1** 名 深い交わり． **2** 動 交わりを深める．
shēnjiū【深究】動 深く追究する．
shēn jū jiǎn chū【深居简出】〈成〉家に引き込もり外出しない．
shēnkè【深刻】形 **1** 深い．物事や問題の本質に触れている．¶内容～ / 内容が深い． **2**（心に）深く刻み込まれている．¶印象～ / 印象深い． **3**（事態が）深刻である．
shēn móu yuǎn lǜ【深谋远虑】〈成〉先々のことを深く考える．
shēnqiǎn【深浅】名 **1** 深さ． **2** 度合． **3**（色の）濃さ．
shēnqiè【深切】形 **1** 心がこもっている． **2**（本質に触れていて）深く正しい．
shēnqíng【深情】**1** 名 深い情． **2** 形 情がこもっている．
shēnqiū【深秋】名 晩秋．
shēnrù【深入】**1** 動（物事の内部・中心まで）深く入り込む．¶～人心 / 人の心に届く． **2** 形 深く掘り下げてある．¶～地分析 / 突っ込んだ分析をする．
shēn rù qiǎn chū【深入浅出】〈成〉内容は深いが表現はやさしい．
shēnshān【深山】名 深山．奥山；〈喩〉人が足を踏み入れない所．
shēnshēn【深深】形 非常に深い；深々と；心ゆくまで．
shēnsī【深思】動〈書〉深く考える．
shēn sī shú lǜ【深思熟虑】〈成〉深く十分に考えをめぐらす．
shēnsuì【深邃】形〈書〉奥深い．
shēntán【深谈】動 突っ込んで話し合う．
shēntōng【深通】動 精通する．
shēntòu【深透】形 透徹している．
shēnwéi【深为】副〈書〉極めて．すこぶる．
shēn wù tòng jué【深恶痛绝】〈成〉深く憎み徹底的に嫌う．
shēnxìn【深信】動 深く信じる．
shēnxǐng【深省・深醒】動〈書〉深く悟る．
shēnyè【深夜】名 深夜．
shēn yī jiǎo qiǎn yī jiǎo【深一脚浅一脚】〈慣〉でこぼこで歩きにくいさま．
shēnyì【深意】名 深い意味．含み．
shēnyuān【深渊】名〈書〉深い淵．
shēnyuǎn【深远】形（意義や影響などが）深遠である，奥深い．
shēnzào【深造】動（進学して）さらに研鑽・研究する．
shēn zhái dà yuàn【深宅大院】〈成〉広大な邸宅．
shēnzhàn【深湛】形〈書〉深くて詳しい．
shēnzhì【深挚】形〈書〉誠意がある．真心のこもった．
shēnzhòng【深重】形（災害・苦痛などが）ひどい，深刻である．

糁（糝・籸） **shēn** H 穀類を小粒にひき砕いたもの．ひき割り．¶玉米～儿 / トウモロコシのひき割り．¶雪～子 / 霰(あられ)．異読⇒sǎn

鲹（鰺） **shēn** 名〈魚〉アジ．

燊 **shēn** 形〈書〉（火が）燃え盛る．

什（甚） **shén**O 異読⇒shí

shénme【什么】疑 **1** 何．どんなもの；どんな…．なんの…．¶～叫散文？/ 散文とはどんなものをいうのですか．¶～时候啦？/ いま何時ですか． **2**（不定の）何か．なんでも．¶你有～事儿吗？/ 何かご用ですか．¶～都行 / なんでもけっこうです．¶你想去～地方就去～地方 / 君はどこへでも行きたいところに行けばよい． **3**（反語の表現で）なんという…だ．何を…するのか．¶看～电视，还不赶快做功课 / 何がテレビを見るだ，早く勉強なさい．¶你知道～！/ 何も知らないくせに． **4**（ものを列挙して）…とか．¶～棒球啊、足球啊、排球啊，凡是体育运动他都喜欢 / 野球とかサッカーとかバレーボールとか，彼はスポーツならなんでも好きだ．
shénmede【什么的】代（列挙した後で）…など．…といった(たぐいの)もの．¶每天看看电影、听听音乐～ / 毎日映画を見たり音楽を聴いたりする．
shénme wányìr【什么玩意儿】〈慣〉〈罵〉なんだあれは．

神 **shén** **1** 名 **1** 神． **2** 精神．精力．注意力．¶出～ / うっとりする． **3**（～儿）顔つき．表情．¶今天怎么没～儿啦？/ きょうはどうして元気がないの． **2** 形〈方〉利口である．賢い．¶这孩子真～！/ この子はなんて利口なんだ．
H ①不思議である．非凡である．¶→～奇．¶→～效．②（神話・伝説中の）超人．¶用兵如～ / 兵を用いること神のごとし．‖ 姓
shén bù zhī, guǐ bù jué【神不知，鬼不觉】だれにも気づかれずに．いつのまにか．
shéncǎi【神采】名 表情．¶～奕奕 yìyì / 顔色がつやつやとして元気いっぱいである．▲"神彩"とも．
shénchí【神驰】動〈書〉思いを馳せる．
shén chū guǐ mò【神出鬼没】〈成〉神出鬼没．

shéndao【神道】形〈口〉**1**（子供が）元気がよい．**2**（言動が）変わっている,突飛である．
shénfu【神甫】名 カトリックの神父．
shénguài【神怪】名 神仙と妖怪．
shén hū qí shén【神乎其神】〈成〉甚だ奇妙で神秘的である．まか不思議である．
shénhuà【神化】動 神格化する．
shénhuà【神话】名 神話．
shénhún【神魂】名（正気でない）精神,意識．
shén jī miào suàn【神机妙算】〈成〉不思議によく当たる予見．
shénjīng【神经】名〈生理〉神経．
shénjīngbìng【神经病】名 **1** 精神病．ノイローゼ．**2**〈罵〉おかしいんじゃないの．
shénjīng cuòluàn【神经错乱】名 精神錯乱．
shénjīng guòmǐn【神经过敏】**1** 名〈医〉神経過敏．**2** 形 疑い深い．
shénjīng shuāiruò【神经衰弱】名〈医〉神経衰弱．
shénjīngtòng【神经痛】名 神経痛．
shénjīngxìng píyán【神经性皮炎】名 神経性皮膚炎．
shénjīngyuán【神经原】名 神経細胞．ニューロン．
shénjīngzhì【神经质】名 神経質．
shénjīng zhōngshū【神经中枢】名 神経中枢．
shénkān【神龛】名 神棚．仏壇．
shénlì【神力】名 超人的な力．
shénliáo【神聊】動〈口〉とりとめもなくおしゃべりをする．
shénlíng【神灵】名 神の総称．
shénmì【神秘】形 神秘的である．
shénmiào【神妙】形 ずば抜けてすぐれている．
shénmíng【神明】名 **1** 神．**2** 精神状態．
shénnǚ【神女】名 **1** 女神．**2**〈旧〉娼妓．
shénpǐn【神品】名（書画など）絶品．
shénpó【神婆】名（〜子）巫女(ふ)．
shénqí【神奇】形 非常に奇妙である．
shénqì【神气】**1** 名 表情．顔つき．**2** 形 **1** 元気いっぱいである．**2** 生意気である．
shénqiāngshǒu【神枪手】名 射撃の名人．
shénqíng【神情】名 表情．顔つき．¶愉快的〜／うれしそうな表情．
shénqū【神曲】名〈中薬〉消化剤．
shénquán【神权】名 **1** 神の権威．**2** 神から授けられた権力．神権．
shénsè【神色】名 表情．様子．
shénshèng【神圣】形 神聖である．
shénshù【神术】名 神業．
shénsī【神思】名 精神状態．気分．
shénsì【神似】形（外面に対し）内面が似ている．
shénsù【神速】形 驚くほど速い．
shénsuàn【神算】名 **1** 確かな見通し．**2** 巧妙な計画．
shéntài【神态】名 顔色．表情と態度．
shéntōng【神通】名 神通力；すぐれた腕前．
shéntóng【神童】名 神童．
shénwǎng【神往】動〈書〉あこがれる．心を引かれる．
shénwēi【神威】名 偉大な威力．
shénwū【神巫】名〈書〉巫女(ふ)．祈禱師．
shénwù【神悟】名〈書〉鋭い理解力．
shénxian【神仙】名（神話中の）神仙,仙人；〈喩〉仙人のように洞察力のある人．
shénxiàng【神像】名 **1** 神仏の像．**2**〈旧〉遺影．
shénxiào【神效】名 不思議な効き目．
shénxué【神学】名〈宗〉神学．
shényī【神医】名 名医．
shényì【神异】〈書〉**1** 名 神仙と妖怪．**2** 形 たいへん珍しい．
shényǒng【神勇】形 非常に勇ましい．
shényùn【神韵】名〈書〉（芸術上の）趣,気品．
shénzhì【神志】名 知覚と意識．
shénzhì【神智】名 精神と知恵．
Shénzhōu【神州】名（中国の美称）神州．
Shénzhōu【神舟】名 宇宙飛行船の名．
shénzhǔ【神主】名 位牌．

沈（瀋）**shěn** H 瀋陽(しんよう)．‖姓
Shěnyáng【沈阳】名〈地名〉瀋陽．

审（審）**shěn** **1** 動 **1**（原稿を）審査する．¶→〜稿．**2**（事件・犯人を）取り調べる．¶〜犯人／犯人を尋問する．**3**〈書〉知っている．**2** 副〈書〉確かに．果たして．H 詳しい．¶→〜视．‖姓
shěn'àn【审案】動 事件を審理する．裁判する．
shěnchá【审查】動（計画・提案・個人の履歴などを）審査する．
shěnchá【审察】動 **1** 詳しく観察する．**2**→shěnchá【审查】
shěnchǔ【审处】動 裁判や審査の上，処理する．
shěndìng【审订】動 審査し修訂する．
shěndìng【审定】動 査定する．
shěndú【审读】動（文章を）閲読審査する．
shěnduó【审度】動 よく調べる．
shěngǎi【审改】動 審査し改める．
shěn//gǎo【审稿】動 原稿を審査する．
shěnhé【审核】動（書類や数字を）審査する,突き合わせる．
shěnjì【审计】動 会計監査をする．
shěnjiào【审校】動 校正する．
shěnjié【审结】動 審理を終え判決を下す．
shěnlǐ【审理】動〈法〉審理する．
shěnliàng【审量】動 観察しながら推測する．

shěnměi【审美】動 美を理解する. ¶～观 / 美意識. ¶～能力 / 審美眼.
shěnpàn【审判】動〈法〉裁判する. ¶～员 / 裁判官. ¶～长 / 裁判長.
shěnpī【审批】動 審査許可する.
shěnshèn【审慎】形 周到かつ慎重である.
shěn shí duó shì【审时度势】〈成〉時機を判断し情勢を推し量る.
shěnshì【审视】動〈書〉詳しく見る.
shěnwèn【审问】動 尋問する.
shěnxùn【审讯】動〈法〉尋問する.
shěnyàn【审验】動(免許証や登記簿内容などを)検査確認する.
shěnyì【审议】動 審議する.
shěnyuè【审阅】動(書類·文章などを)詳しく調べる.

哂 shěn H ①ほほえむ. ¶～存 / ご笑納ください. ②あざ笑う.
shěnnà【哂纳】動〈書〉笑納する.
shěnxiào【哂笑】動〈書〉あざ笑う.

矧 shěn 接続〈書〉いわんや. まして.

谂 shěn H ①知る. ¶～知 / よく知っている. ¶～悉 / 知悉(ちしつ)する. ②忠告する.

婶(嬸) shěn H ①"叔叔"(父の弟)の妻. おば. ¶二～儿 / 2番目のおばさん. ②《自分の母親と同世代で母親よりも若い婦人を呼ぶのに用いる》おばさん. ¶张大～儿 / 張(さんの)おばさん.
shěnmǔ【婶母】名(叔父の妻)おば.
shěnniáng【婶娘】名〈方〉(叔父の妻)おば.
shěnshen【婶婶】名〈方〉(叔父の妻)おば.
shěnzi【婶子】名〈口〉(叔父の妻)おば.

肾(腎) shèn 名〈生理〉腎臓.
shènjiéshí【肾结石】名〈医〉腎臓結石.
shènkuī【肾亏】名〈中医〉腎虚.
shènnáng【肾囊】名〈中医〉陰嚢(いんのう).
shènshàngxiàn【肾上腺】名〈生理〉副腎.
shènshàngxiànsù【肾上腺素】名 アドレナリン.
shènyán【肾炎】名〈医〉腎臓炎.
shènyú【肾盂】名〈生理〉腎盂(じんう).
shènyúyán【肾盂炎】名〈医〉腎盂炎.
shènzàng【肾脏】名〈生理〉腎臓.

甚 shèn 1 副〈書〉たいへん. 非常に. ¶～佳 / たいへんよろしい. 2 動 勝る. 上回る. ¶日～一日 / 日ましにひどくなる. 3 疑〈方〉何. H 甚だしい. ひどい. ¶欺人太～ / 人をばかにするにもほどがある. ¶过～ / ひどすぎる. ‖ 姓
shèn'ér【甚而】副〈書〉…さえ(も).
shènhuò【甚或】→shènzhì【甚至】
shènwéi【甚为】副 極めて. すこぶる.
shèn xiāo chén shàng【甚嚣尘上】〈成〉〈貶〉(反動的な)論議が猛威を振るう.
shènzhì【甚至】1 副 …さえ. …すら. ¶这样的道理～连三岁的孩子也知道 / こんな理屈は3歳の子供でもわかる. 2 接続 …ばかりではなく. さらに…さえも.

胂 shèn 名〈化〉アルシン. 砒化(ひか)水素およびその化合物.

渗 shèn 動 しみる. にじむ. 漏る. ¶～水 / 水が漏る. ¶伤口～出了血xiě / 傷口から血がにじみ出た.
shèngōu【渗沟】名 排水溝.
shènjǐng【渗井】→shènkēng【渗坑】
shènkēng【渗坑】名 排出用の穴.
shènlòu【渗漏】動 しみ出る. 漏る.
shènrù【渗入】動 しみ込む;〈喩〉〈貶〉すきをねらって入り込む.
shèntòu【渗透】動 1〈物〉浸透する. 2 しみ込む;〈喩〉潜入する. 浸透する.
shèntòuyā【渗透压】名 浸透圧.

谌 shèn ‖ 姓
異読⇨chén

葚 shèn →sāngshèn【桑葚】
異読⇨rèn

椹 shèn 〖葚shèn〗に同じ.
異読⇨zhēn

蜃 shèn 名〈貝〉ハマグリ.
shènjǐng【蜃景】名 蜃気楼(しんきろう).

瘆(痵) shèn 動 気味が悪い. 恐ろしい. ¶～人 / ぞっとする. ¶～得慌 / 不気味でたまらない.

慎 shèn H 慎む. 用心する. ¶不～ / 不用心. 不注意. ‖ 姓
shèn shǐ shèn zhōng【慎始慎终】〈成〉最初から最後まで慎重にやる.
shènxíng【慎行】動 慎重に行動する.
shènyán【慎言】動 慎重に発言する.
shènzhe【慎着】動 日和見をする;しりごみをする.
shènzhòng【慎重】形 慎重である.

sheng(アム)

升(昇·陞) shēng ❶動 1(↔降)昇る. 上がる. ¶太阳～起来了 / 太陽が昇ってきた. 2(↔降)(等級が)上がる. 進級する. ¶他～为部长 / 彼は部長に昇進した. ❷量(容量の単位)リットル. ❸名(穀物を計る器具)一升ます. ‖ 姓
shēng//bān【升班】動 進級する.
shēngdiào【升调】名〈語〉文末の上がり調子.
shēngfú【升幅】名 上げ幅.
shēnggāo【升高】動 高く昇る〔上がる〕.
shēng//gé【升格】動 昇格する.
shēng//guān【升官】動 官位が高くなる. 出世する.
shēnghào【升号】名〈音〉シャープ(♯).
shēnghuá【升华】動〈物〉昇華する;〈喩〉昇華する.

shēng//jí【升级】動 1 進級する．等級が上がる． 2 エスカレートする． 3〈電算〉バージョンアップする．
shēngjiàng【升降】動 昇降する．
shēngjiàngjī【升降机】名 エレベーター．リフト．
shēngjiàngtī【升降梯】名 エスカレーター．
shēnglì【升力】名〈物〉浮力．揚力．
shēngpíng【升平】形〈書〉太平である．
shēng//qí【升旗】動(国旗·軍旗などを)掲揚する．
shēngqiān【升迁】動〈書〉昇進する．栄転する．
shēngrèn【升任】動 …に昇進する．…に栄転する．
shēngshì【升势】名 上り調子．
shēng táng rù shì【升堂入室】〈成〉学問や技術が奥深い境地に達する．▶"登堂入室"とも．
shēngténg【升腾】動(火炎·気体·気勢などが)上がる，昇る．
shēng//tiān【升天】動 昇天する．
shēng//wèi【升位】動(電話番号などの)桁数が増える．
shēngwēn【升温】動 1 温度が上昇する． 2〈喩〉ブームになる．急発展する．
shēng//xué【升学】動 進学する．
shēngxuélǜ【升学率】名 進学率．
shēngzhǎng【升涨】動(物価が)高騰する；(水位が)上昇する．
shēng//zhí【升值】動 1〈経〉通貨価値を切り上げる． 2(事物の)価値·評価を高める．

生 **shēng** ❶形 1 加熱していない．なまである．¶这饺子是～的／このギョーザはまだゆだっていない． 2 (果実が)熟れていない． 3 よく知らない．¶我对这个地方很～／私はこの土地に不案内だ．
❷動 1 生む；生まれる．¶～孩子／子供を産む． 2 起こる．生ずる．¶～疑心／疑念が生じる． 3 (生物が)育つ，伸びる．¶种子已经～了芽／芽が出た． 4 (火を)おこす．¶～炉子／ストーブに火を入れる．
H ①無理やり．¶→～造． ②たいへん．ひどく．¶→～怕． ③…生．…者．¶医～／医者．¶研究～／大学院生． ④(京劇の)男役．¶武～／(立ち回りを主とする)男役． ⑤生存する．¶～死不明／生死が不明である． ⑥生命．¶丧sàng～／命を落とす． ⑦生涯．¶一～／一生． ⑧生活．¶谋～／暮らしを立てる． ⑨加工していない．¶～石膏／生石膏． ‖姓

shēng bān yìng tào【生搬硬套】〈成〉(他人の方法や経験を)無理に当てはめる．
shēng//biàn【生变】動 異変が生じる．
shēng//bìng【生病】動 病気になる．
shēng bù féng shí【生不逢时】〈成〉巡り合わせが悪い．運が悪い．
shēngcái【生财】動 金もうけをする．
shēng cái yǒu dào【生财有道】〈成〉〈貶〉金もうけがうまい．
shēngcài【生菜】名 1〈植〉レタス．サラダ菜． 2 生野菜．
shēngcàiyóu【生菜油】名 サラダオイル．
shēngchǎn【生产】動 1 生産する．産出する．¶～出更好的产品／よりよい製品を生産する． 2 子供を産む．¶她快～了／彼女はまもなく出産だ．
shēngchǎnlì【生产力】名 生産力．
shēngchǎnlǜ【生产率】名 生産性．
shēngchǎn nénglì【生产能力】名 生産能力．
shēngchǎnxiàn【生产线】名 生産ライン．
shēngchǎn zīliào【生产资料】名〈経〉生産手段．
shēngchén【生辰】名 1 生年月日と時刻． 2 誕生日．
shēngchéng【生成】動 1 形成する．なる． 2 生まれつきもつ．
shēngchī【生吃】動 なまのまま食べる．
shēngchǐ【生齿】名〈書〉人口．家族数．
shēng//chuāng【生疮】動 できものができる．
shēngcí【生词】名 新出単語．
shēngcòu【生凑】動 無理にかき集める．
shēngcún【生存】動 生存する．
shēngcún jìngzhēng【生存竞争】名 生存競争．
shēngde【生得】動 生まれ持つ．
shēngdì【生地】名 1〈中薬〉生のジオウ(地黄)． 2〈農〉処女地．荒れ地． 3 見知らぬ土地．初めての所．
shēngdòng【生动】形 生き生きとしている．¶这幅画～逼真／この絵は生き生きとしている．
shēng ér zhī zhī【生而知之】〈成〉生まれながらにして知る．
shēngfen【生分】形(間柄が)疎遠である．
shēngfú【生俘】動(敵を)生け捕る．
shēngfù【生父】名 実父．
shēng//gēn【生根】動 根をおろす；〈喩〉定着する．
shēng huā zhī bǐ【生花之笔】〈成〉文才．▶"生花妙笔"とも．
shēnghuà【生化】名〈略〉生化学．
shēnghuán【生还】動〈書〉生還する．
shēnghuāng【生荒】名〈農〉未墾地．
shēnghuó【生活】1 名 生活．暮らし向き．¶～困难／暮らし向きがよくない． 2 動 生活する．生存する．
shēnghuó fāngshì【生活方式】名 生活スタイル．
shēnghuófèi【生活费】名 生活費．
shēnghuóguān【生活关】名 生活上の試練．
shēnghuó lājī【生活垃圾】名 生ご

み.

shēnghuó zīliào【生活资料】名 生活手段.

shēng//huǒ【生火】1 動 火をおこす. 2 名(船の)かまたき,火夫.

shēngjī【生机】名 1 生存の望み. 2 生気. 活力.

shēngjì【生计】名 生計.

shēngjiāng【生姜】名〈植〉ショウガ.

shēngjìng【生境】名〈生〉生息環境.

shēngjiù【生就】動 生まれつきもつ.

shēngjué【生角】名(京劇の)男役;(一般に)"老生"(男の老け役).

shēngkè【生客】名 見知らぬ客.

shēngkǒng【生恐】動 非常に恐れる.

shēng lā yìng zhuài【生拉硬拽】〈成〉1 無理やり人を引っ張り自分の思うようにさせる. 2 無理にこじつける.

shēnglái【生来】副 生まれつき.

shēng lǎo bìng sǐ【生老病死】〈成〉生・老・病・死. ▶仏教の四苦.

shēnglěng【生冷】名 生ものや冷たい食べ物.

shēng lí sǐ bié【生离死别】〈成〉永遠の別れ.

shēnglǐ【生理】名 生理.

shēnglǐxué【生理学】名 生理学.

shēnglǐ yánshuǐ【生理盐水】名 生理食塩水.

shēnglìjūn【生力军】名 新戦力.

shēngliǎn【生脸】名 初顔の人.

shēngliào【生料】名 原材料.

shēnglíng【生灵】名 1〈書〉人民(の生命). 2 命あるもの.

shēng líng tú tàn【生灵涂炭】〈成〉人民が塗炭の苦しみをなめる.

shēng lóng huó hǔ【生龙活虎】〈成〉生気に満ち活力にあふれる.

shēnglù【生路】名 生きる道. 活路.

shēngměng【生猛】形〈方〉生きのいい.

shēngmǐ zuòchéng shúfàn【生米做成熟饭】〈諺〉既成事実は変えようがない. 後の祭り.

shēngmìng【生命】名 生命. 命.

shēngmìnglì【生命力】名 生命力.

shēngmìngxiàn【生命线】名 生命線.

shēngmǔ【生母】名 実母.

shēngpà【生怕】動(…してはいけないと)ひやひやする. とても心配する.

shēngpíjiǔ【生啤酒】名 生ビール.

shēngpì【生僻】形(文字や単語が)めったに見かけない,よく知らない.

shēngpìzì【生僻字】名 めったに見かけない字.

shēngpíng【生平】名 一生. 生涯;生まれてこのかた.

shēngqī【生漆】名 生ウルシ.

shēng//qì【生气】1 動 腹を立てる. 怒る. ¶你还生他的气?/君はまだ彼に腹を立てているのか. 2 名 生気. 活気.

shēng qì bó bó【生气勃勃】〈成〉活気がみなぎる.

shēngqián【生前】名 生前.

shēngqín【生擒】動 生け捕りにする.

shēngqù【生趣】名 生活の楽しみ.

shēngrén【生人】1 名(↔熟人)見知らぬ人. 2 動 出生する.

shēngri【生日】名 誕生日. ¶祝你～快乐/誕生日おめでとう.

shēngsè【生色】動 精彩を増す.

shēngsè【生涩】形(言葉や文章が)かたい,滑らかでない.

shēng shā yǔ duó【生杀予夺】〈成〉生殺与奪.

shēngshēn fùmǔ【生身父母】名 生みの親.

shēngshēng【生生】副 むざむざ. みすみす.

-shēngshēng【-生生】接尾《形容詞の後について,動きや様子が生々しいさまを表す状態形容詞をつくる》¶怯qiè～/おどおどしている. ¶脆cuì～/歯ごたえがよい.

shēngshígāo【生石膏】名 生石膏. 石膏.

shēngshíhuī【生石灰】名 生石灰.

shēngshì【生势】名(植物が)生長する勢い.

shēng//shì【生事】動 もめ事を引き起こす.

shēngshǒu【生手】名(～儿)(↔熟手)未経験者. 新米.

shēngshū【生疏】形 1 よく知らない. 不案内である. ¶人地～/知り合いもなく土地にも不案内である. 2(長い間やらないために)なまっている. 3 疎遠である. 親しみがない.

shēngshuǐ【生水】名 生水(㊟).

shēngsī【生丝】名 生糸.

shēngsǐ【生死】名 生死.

shēng sǐ yōu guān【生死攸关】〈成〉生死にかかわる.

shēng sǐ zhī jiāo【生死之交】〈成〉生死を共にする(ほどの)友人〔友情〕.

shēngtài【生态】名 生態.

shēngtài biāozhì【生态标志】名 エコマーク.

shēngtài gōngchéng【生态工程】名〈環境〉生態環境改善プロジェクト.

shēngtài huánjìng【生态环境】名〈環境〉生態環境.

shēngtài lǚyóu【生态旅游】名〈環境〉エコツーリズム.

shēngtài nóngyè【生态农业】名〈環境〉生態農業.

shēngtài pínghéng【生态平衡】名 生態バランス.

shēngtàixué【生态学】名 生態学. エコロジー.

shēngtiě【生铁】名 銑鉄. ずく鉄.

shēng tūn huó bō【生吞活剥】〈成〉うのみにする.

shēngwù【生物】名 生物. ¶～降解/生物分解. ¶～净化/生物による浄化. ¶～危害/バイオハザード. ¶～效应/生態効果. ¶～量能源/バイオマスエネルギー. ¶～工艺

生 S

食品 / バイオ食品. ¶～活性物质 / 生物活性物質.
shēngwù gōngchéng【生物工程】[名] バイオテクノロジー.
shēngwù gōngyìxué【生物工艺学】[名] バイオテクノロジー.
shēngwù huàxué【生物化学】[名] 生化学. ▶"生化"とも.
shēngwù jìshù【生物技术】[名]〈生〉バイオテクノロジー.
shēngwùquān【生物圈】[名]〈地〉生物圏. 生活圏.
shēngwù wǔqì【生物武器】[名]〈軍〉生物兵器. バイオ兵器.
shēngwùxué【生物学】[名] 生物学.
shēngwùzhōng【生物钟】[名]〈生〉生物時計. 体内時計.
shēng//xī【生息】[動] **1** 利息を生む. **2** 生存する. **3**〈書〉(人口を)増やす. **4**〈書〉成長させる.
shēngxiàng【生相】[名] 顔だち. 器量.
shēngxiàngjiāo【生橡胶】[名] 生ゴム.
shēngxiào【生肖】[名] 生まれ年の干支.
shēng//xiào【生效】[動] 発効する.
shēngxìng【生性】[名] 生まれつきの性格. 天性.
shēng//xiù【生锈】[動] さびる.
shēngyá【生涯】[名] 生涯；長期にわたる活動·職業生活.
shēngyǎng【生养】[動]〈口〉お産をする.
shēngyào【生药】[名]〈薬〉生薬. 薬材.
shēngyè【生业】[名] 生業.
shēngyí【生疑】[動] 疑いをもつ.
shēngyì【生意】[名] 生気.
shēngyi【生意】[名] **1** 商売. 取引. ビジネス. ¶做～ / 商売をする. **2**〈方〉職業. 仕事.
shēngyijīng【生意经】[名](商売上の)こつ, 才覚.
shēngyìng【生硬】[形] **1** ぎこちない. **2** ぶっきらぼうである.
shēngyóu【生油】[名] **1** 火にかけていない油. **2**〈方〉ラッカセイ油.
shēngyúpiàn【生鱼片】[名]〈料理〉刺身.
shēngyù【生育】[動] お産をする. 子供を産む.
shēngyuán【生源】[名] 新入生の獲得先. 新入生の供給源.
shēngzào【生造】[動](表現を)無理に作る.
shēngzhǎng【生长】[動] **1** 生長する. **2** 生まれ育つ. ¶我～在北京 / 私は北京に生まれ育った.
shēngzhǎng jīsù【生长激素】[名]〈生理〉成長ホルモン.
shēngzhí【生殖】[動]〈生〉生殖する.
shēngzhíqì【生殖器】[名]〈生理〉生殖器.
shēngzhíxiàn【生殖腺】[名]〈生理〉生殖腺.
shēngzhū【生猪】[名](商取引用の)生きた豚.
shēngzì【生字】[名](↔熟字) 知らない字. 新出の字.

声(聲)

shēng 1 [名](～儿) 音. 声. ¶没有～儿 / 物音がしない. **2** [量] 声や音を出す回数. ¶响了几～ / 何度か鳴った.
H ①名声. ¶→～誉. ②〈語〉声調. ¶四～ / 四声. ③〈語〉声母. ¶→～母. ④声を出す. ¶不～不响 / うんともすんとも言わない. ‖ [姓]
shēngbiàn【声辩】[動] 弁解する.
shēngbō【声波】[名]〈物〉音波.
shēngchēng【声称】[動] 公言する. 言明する.
shēngdài【声带】[名] **1**〈生理〉声帯. **2**〈映〉(フィルムの)サウンドトラック.
shēngdiào【声调】[名] **1** 話や朗読の調子. **2**〈語〉声調.
shēng dōng jī xī【声东击西】〈成〉敵は本能寺にあり.
shēngjià【声价】[名] 評判. 名声.
shēngkòng【声控】[形] 音声制御の.
shēngkòng wánjù【声控玩具】[名] 音声制御のおもちゃ.
shēnglàng【声浪】[名] どよめき；〈喩〉民衆の声.
shēng lèi jù xià【声泪俱下】〈成〉涙ながらに訴える.
shēnglǜ【声律】[名](文字の)平仄(ひょうそく)と音律.
shēngmén【声门】[名]〈生理〉声門.
shēngmíng【声名】[名] 名声. 評判.
shēngmíng【声明】**1** [動] 声明する. 言明する. **2** [名] 声明. コミュニケ.
shēngmǔ【声母】[名]〈語〉声母.
shēngnà【声纳】[名] ソナー. 水中音波探知器.
shēngpáng【声旁】→ xíngshēng【形声】
shēngpín【声频】[名]〈物〉可聴周波数.
shēngpǔ【声谱】[名]〈物〉音響スペクトル.
shēngqì【声气】[名] **1** 情報. 連絡. **2**〈方〉(話すときの)口調.
shēngqiāng【声腔】[名](旧劇で)節回し.
shēngqíng【声情】[名] 声と感情.
shēngqǐng【声请】[動] 申請する.
shēngsè【声色】[名] **1** (話すときの)声と顔色. **2**〈書〉退廃的な音楽と女色.
shēng sè jù lì【声色俱厉】〈成〉(怒って)声を震わし顔つきがけわしくなる.
shēng sè quǎn mǎ【声色犬马】〈成〉道楽の限りを尽くす.
shēngshì【声势】[名] 勢い. 気勢.
shēng sī lì jié【声嘶力竭】〈成〉声をからし力を出し尽くす.
shēngsù【声速】[名]〈物〉音速.
shēngtǎo【声讨】[動] 糾弾する.
shēngwàng【声望】[名] よい評判.
shēngwēi【声威】[名] **1** 名声と威厳. **2** 勢い. 気勢.
shēng wén guò qíng【声闻过情】〈成〉名声と実際が相伴わない.
shēngxī【声息】[名] **1** 物音. 音. **2** 消息.

shēngxiǎng【声响】名 音・ボリューム.
shēngxiàng【声像】名 録音と録画.
shēngxué【声学】名 音響学.
shēngxùn【声讯】名 ダイヤルインフォメーション.
shēngxùntái【声讯台】名 テレフォンサービス(会社).
shēngyán【声言】動 公言する.
shēngyáng【声扬】動 言いふらす.
shēngyīn【声音】名(人や動物の)声. 物音. 響き.
shēngyīn yóujiàn【声音邮件】名 音声メール.
shēngyù【声誉】名 名声. 評判.
shēngyuán【声援】動 声援する.
shēngyuè【声乐】名 声楽.
shēngyùnxué【声韵学】名〈語〉音韻学.
shēngzhāng【声张】動 言いふらす.
shēngzhàng【声障】名〈物〉音の壁.

牲 **shēng** H ①家畜. ②いけにえ. ¶献～/いけにえを供える.
shēngchù【牲畜】名 家畜.
shēngfěn【牲粉】名〈化〉グリコーゲン.
shēngkou【牲口】名 1 役畜.［头,只］ 2〈罵〉畜生.

胜 **shēng** 名〈化〉ペプチド. ▶"肽tài"とも. 異読⇒shèng

笙 **shēng** 名(楽器の一種)笙(しょう).
shēnggē【笙歌】動〈書〉(広く)楽器を奏し歌う.

甥 **shēng** H おい. 姉または妹の息子. ▶手紙などでおじ・おばに対する自称として用いることが多い.
shēngnǚ【甥女】名 めい(姉妹の娘).

绳(繩) **shéng** 1 名(～儿)縄. ひも.［根,条］ 2 動〈書〉取り締まる. ¶～之以法/法に照らして制裁を加える. ‖姓
shéngcāo【绳操】名〈体〉(新体操で)リボン競技.
shéng jù mù duàn【绳锯木断】〈成〉何事もたゆまずに努力すれば成功する.
shéng kǔn suǒ bǎng【绳捆索绑】〈成〉(犯人を)縄で縛り上げる.
shéngmò【绳墨】名 1(大工が使う)墨縄. 2〈喩〉定規. 法度(はっと).
shéngsuǒ【绳索】名 太い縄. 荒縄.
shéngtī【绳梯】名 縄ばしご.
shéngzi【绳子】名 縄. ひも.［条,根］

省 **shěng** ❶動 1(↔费)節約する. ¶～钱/お金を節約する. ¶～电/節電する. 2 省略する. ¶这样可以～一个人/こうすれば人手が一人省ける. ❷名 1 省. ¶山东～/山東省. 2 省都. ¶进～/省都に行く. ‖姓
異読⇒xǐng
shěngbiàn【省便】形 手軽である.
shěngchéng【省城】名 省都.
shěng chī jiǎn yòng【省吃俭用】〈成〉食費を切り詰め物を節約する.
shěngde【省得】接続(好ましくないことを)しないですむように. ¶多穿点儿衣服,～感冒/風邪を引かないようにもう少し厚着をしなさい.
shěngfèn【省份】名 省. ▶固有名詞の後には用いない.
shěngfǔ【省府】名〈略〉省政府.
shěnghuì【省会】名 省都.
shěngjiè【省界】名 省境.
shěnglüè【省略】動 省略する. 削除する.
shěnglüèhào【省略号】名〈語〉省略記号. リーダー. "……".
shěngmiǎn【省免】動 省く. 節約する.
shěngquè【省却】動 1(時間や労力を)節約する. 2 なくす.
shěng//shì【省事】1 動 手間を省く. 2 形 便利である. 面倒くさくない.
shěngwěi【省委】名〈略〉中国共産党の省委員会.
shěng//xià【省下】動+方補 節約して(金や物を)残す.
shěng//xīn【省心】動 心配がいらない.
shěngyóudēng【省油灯】〈慣〉世話のかからない人.
shěngzhǎng【省长】名 省長. 省の長官.

眚 **shěng** H ①白そこひ. ②災い. ③過ち. 過失.

圣(聖) **shèng** H ①最も崇高な. ¶神～/神聖である. ②達人. 名人. ¶棋～/囲碁[将棋]の名人. ③聖人. ¶→～贤. ④皇帝に対する尊称. ¶→～旨. ⑤崇拝する事物に対する尊称. ¶→～经. ‖姓
shèngcān【圣餐】名〈宗〉(キリスト教で)聖餐式.
shèngdàn【圣诞】名 1 キリストの誕生日. ¶～卡kǎ/クリスマスカード. ¶～夜/クリスマスイブ. 2〈旧〉孔子の誕生日.
Shèngdànjié【圣诞节】名 クリスマス.
Shèngdàn lǎorén【圣诞老人】名 サンタクロース.
shèngdànshù【圣诞树】名 クリスマスツリー.
shèngdì【圣地】名 聖地.
shènghuǒ【圣火】名〈体〉聖火.
Shèngjìjié【圣纪节】名〈宗〉(イスラム教で)聖紀節.
shèngjié【圣洁】形 神聖かつ純潔な.
Shèngjīng【圣经】名〈宗〉聖書.
shèng jīng xián zhuàn【圣经贤传】〈成〉聖賢の経伝;(一般に)儒家の経典.
shèngjīngzhǐ【圣经纸】名(辞書などに用いる)インディアペーパー.
shènglíng【圣灵】名〈宗〉聖霊. 神.
shèngmiào【圣庙】名 孔子廟.
shèngmíng【圣明】形 1 賢い. 如才ない. 2(皇帝に対する賛辞)神聖で英明である.
shèngmǔ【圣母】名〈宗〉聖母マリア;女神.

shèngrén【圣人】名〈旧〉聖人.

shèngrén ménkǒu mài xiàojīng【圣人门口卖孝经】〈諺〉釈迦(ﾔ)に説法.

shèngrénmiào【圣人庙】名孔子廟.

shèngshàng【圣上】名お上. ▶皇帝に対する尊称.

shèngshǒu【圣手】名その道の名手.

shèngshuǐ【圣水】名聖水.

shèngxián【圣贤】名聖人と賢人.

shèngyào【圣药】名妙薬.

shèngzhǐ【圣旨】名皇帝の命令. 聖旨;〈転〉拒否できない命令.

胜(勝) **shèng** 動 **1** (…に)勝る. ▶後ろに"于,过,似"などを伴うことが多い. ¶事实～于诡辩 / 事実はへ理屈に勝る. **2** 勝つ. ¶国家队～了北京队 / ナショナルチームが北京チームに勝った.
H ①(景色や境地が)すぐれている. ¶～景 / 景勝の地. ②耐えられる. ¶不～枚举 / いちいち数えきれない. ‖姓 異読⇒shēng

shèngbài【胜败】名勝敗. 勝ち負け.

shèng bù jiāo, bài bù něi【胜不骄, 败不馁】勝ってもおごらず, 負けてもめげない.

shèngchū【胜出】動(試合などで)勝ち残る,勝利する.

shèngdì【胜地】名景勝地.

shèngfù【胜负】名勝ち負け.

shèngguǒ【胜果】名勝利の果実.

shèngguò【胜过】動…に勝る.

shèngjī【胜机】名勝機.

shèngjì【胜迹】名〈書〉有名な古跡.

shèngjǐng【胜景】名美しい景色.

shèngjìng【胜境】名景勝地.

shèngjú【胜局】名勝利の局面.

shènglì【胜利】動 **1** 勝利を収める. ¶取得～ / 勝利を収める. **2** (仕事や事業が)成功する, 目的を達する. ¶会议～闭幕 / 会議は成功裏に閉幕した.

shènglǜ【胜率】名勝てる見込み.

shèngquàn【胜券】名勝算.

shèngrèn【胜任】動任に堪える.

shèngrú【胜如】→shèngsì【胜似】

shèngsì【胜似】動…よりもすぐれている.

shèngsù【胜诉】動勝訴する.

shèngsuàn【胜算】名〈書〉勝算.

shèngyú【胜于】動…に勝る;…よりもましである.

shèngzhàng【胜仗】名勝ち戦.

晟 **shèng** 形〈書〉**1** 明らか. 明るい. **2** 盛んである.

乘 **shèng**〈古〉**1** 名史書. **2** 量乗(ﾁﾞｮｳ). ▶古代, 4頭立ての兵車1台を"一乘"といった. 異読⇒chéng

盛 **shèng** 形 **1** 盛んである. ¶这家商店买卖很～ / この店はたいへん繁盛している. **2** 旺盛である. ¶火势很～ / 火の勢いが激しい. **3** 流行している. ¶不良风气很～ / よくない風潮がはびこっている.
H ①盛大である. ¶→～宴. ②心のこもった. ¶→～情. ③大いに. 盛んに. ¶→～赞. ‖姓
異読⇒chéng

shèngchǎn【盛产】動(産物や資源を)豊富に産出する.

shèngchēng【盛称】動〈書〉盛んに称賛する.

shèngdà【盛大】形盛大である. ¶～的宴会 / 盛大な宴会.

shèngdiǎn【盛典】名盛典.

shèngfú【盛服】名〈書〉盛装.

shènghuì【盛会】名盛大な集会.

shèng jí yī shí【盛极一时】〈成〉一時期極めて盛んである.

shèngjì【盛季】名盛期. 盛りの時期.

shèngjǔ【盛举】名盛大な活動・行事.

shèngkāi【盛开】動満開になる.

shèngkuàng【盛况】名〈書〉盛況.

shèngmíng【盛名】名〈書〉立派な評判.

shèngnián【盛年】名〈書〉壮年. 働き盛り.

shèngnù【盛怒】動〈書〉激怒する.

shèng qì líng rén【盛气凌人】〈成〉居丈高である.

shèngqíng【盛情】名厚意. 厚情.

shèngqíng nánquè【盛情难却】〈套〉ご厚意に甘えまして.

shèngshì【盛世】名〈書〉栄えている時代.

shèngshì【盛事】名盛大な事業.

shèngshǔ【盛暑】名酷暑.

shèngshuāi【盛衰】名盛衰.

shèngxià【盛夏】名盛夏. 真夏.

shèngxíng【盛行】動流行する.

shèngyán【盛筵】名〈書〉盛大な宴会.

shèngyàn【盛宴】名盛大な宴会.

shèngyì【盛意】名厚意.

shèngyù【盛誉】名〈書〉高い名声.

shèngzàn【盛赞】動口を極めてほめたたえる.

shèngzhuāng【盛装】名盛装.

剩 **shèng** 動 **1** 残る. 余る. ¶一分钱没～ / 一銭も残っていない. ¶教室里只～两个学生在学习 / 教室には二人の学生が残って勉強しているだけだ. **2** …するばかりである. ¶她一句话也说不出来, 就～了哭 / 彼女はひと言も言えず, 泣くばかりだった. ‖姓

shèngcí【剩磁】名〈物〉残留磁気.

shèngshuǐ【剩水】名使い残しの水.

shèng//xià【剩下】動+方補 残る. 残す.

shèngyú【剩余】**1** 動 残る. 余る. **2** 名 残り. 余り.

shèngyú chǎnpǐn【剩余产品】名〈経〉剩余生産物.

shèngyú jiàzhí【剩余价值】名〈経〉剰余価値.

shèngyú láodòng【剩余劳动】名〈経〉剰余労働.

嵊 **shèng** 地名用字. "嵊县"は浙江省にある県名.

shi（尸）

尸（屍）shī 𝐇 死体.

shīgǔ【尸骨】名 1 白骨. 2 死体.
shīhái【尸骸】名〈書〉死骸. 白骨.
shīqīn【尸亲】名 死者の家族.
shīshēn【尸身】→shītǐ【尸体】
shīshou【尸首】名 人の死体.
shītǐ【尸体】名 死体. [个,具]
shī wèi sù cān【尸位素餐】〈成〉職責を尽くさずいたずらに俸給を得る.
shī wèi wù guó【尸位误国】〈成〉禄(?)盗人が国を誤る.

失 shī 動(↔得) 失う. なくす. ¶别~了信心 / 自信をなくすな. 𝐇 ①うっかりする. ¶冒~ / そそっかしい. ②目的を達していない. ¶→~望. ③常態を失う. ¶→~态. ④背く. ¶→~信. ⑤過ち. ¶过~ / 過失.

shībài【失败】動 1 敗北する. 2 失敗する.
shībài shì chénggōng zhī mǔ【失败是成功之母】〈諺〉失敗は成功の母である.
shīcè【失策】1 動 見込み違いをする. 策を誤る. 2 名 誤った策.
shīchá【失察】動 監督不行き届きである.
shīcháng【失常】形 異常である.
shī//chǒng【失宠】動 寵愛(ちょうあい)を失う. 愛想をつかされる.
shīchuán【失传】動 伝承がとだえる.
shīcuò【失措】動(驚き慌てて)狼狽する. ¶张皇~ / 慌てふためく.
shīdān【失单】名 盗難·紛失届.
shīdàng【失当】形 当を得ない. 不適当である.
shī//dào【失盗】動〈書〉物を盗まれる.
shī dào guǎ zhù【失道寡助】〈成〉道義に背けば助けは少ない.
shīdì【失地】1 動 国土を失う. 2 名 失われた国土.
shīdiào【失掉】動 1 失う. なくす. 2 取り逃がす. 失する.
shī'ér【失儿】名 迷子.
shīfàn【失范】動 規律を失う. 規範に背く.
shīhé【失和】動 仲が悪くなる.
shīhéng【失衡】動 バランスが崩れる.
shīhūn【失婚】動(離婚や死別後も)単身のままでいる.
shī hún luò pò【失魂落魄】〈成〉驚いて腰を抜かす.
shī//huǒ【失火】動 火事を出す.
shījī【失机】動(特に球技で失策により)チャンスを失う.
shījì【失计】動 策を誤る.
shījì【失记】動〈書〉失念する.
shījiǎn【失检】動 慎重さを欠く. 軽率である.
shī//jiǎo【失脚】動 足を滑らす〔踏みはずす〕.
shī//jié【失节】動 節操を失う；貞操を失う.
shījìn【失禁】動 失禁する.
shī jīng dǎ guài【失惊打怪】〈成〉驚き慌てる.
shījìng【失敬】〈套〉(あいさつで)失礼しました.
shīkòng【失控】動 制御できなくなる. 思うようにならなくなる.
shī//kǒu【失口】動 口を滑らす.
shīlǐ【失礼】1 動 礼を失する. 2〈套〉失礼しました.
shī//lì【失利】動(戦や試合に)負ける.
shī//liàn【失恋】動 失恋する.
shī//líng【失灵】動(機械の部品や人体の器官が)利かなくなる.
shīlòu【失漏】動 誤って漏らす.
shīluò【失落】動 なくす. 紛失する.
shīluògǎn【失落感】名 喪失感.
shīmí【失迷】動 見失う.
shī//mì【失密】動(不注意で)機密が漏れる.
shī//mián【失眠】動 眠れない. 不眠症(状)になる.
shī//míng【失明】動 失明する.
shīpéi【失陪】〈套〉(中座をわびて)失礼いたします.
shī//qiè【失窃】動〈書〉物を盗まれる.
shīqù【失去】動 失う. なくす. ¶~效力 / 効果がなくなる.
shīqún【失群】動 群れから離れる.
shī qún zhī yàn【失群之雁】〈成〉仲間にはぐれた人.
shīsàn【失散】動(災難などで一家が)離散する.
shīsè【失色】動〈書〉1 色があせる. 2(びっくりして)顔が真っ青になる.
shīshan【失闪】名 万一のこと.
shī//shén【失神】1 動 うっかりする. 2 形 ぼんやりする.
shīshèn【失慎】動〈書〉1 慎重さを欠く. 2 失火する.
shīshēng【失声】動 1 思わず声を出す. 2(悲しさのあまり)のどがつまり声が出ない.
shī//shí【失时】動 時機を失する.
shīshí【失实】動 事実と合わない.
shī//shì【失势】動 権勢や勢力を失う.
shī//shì【失事】動(船·飛行機が)事故を起こす.
shīshōu【失收】動 1(災害で)農作物が収穫できない. 2(書籍などの内容に)収録漏れがある.
shī//shǒu【失手】動 1 手を滑らす. 手もとが狂う. 2〈喩〉(試合などに)負ける.
shīshǒu【失守】動(陣地などを)失う.
shīsù【失速】動〈航空〉失速する.
shīsuàn【失算】動 誤算する. 計算違いをする.
shīsuǒ【失所】動〈書〉身を落ち着けるところがなくなる.
shītài【失态】動〈書〉態度·動作が礼儀にもとる.
shītǐ【失体】動 1 礼儀に背く. 体裁

が悪い. 2 定式や基準に合わない.
shītiáo【失调】動 1 バランスが崩れる. 2 養生が足りない.
shīwàng【失望】動 失望する.
shīwù【失物】名 遺失物.
shīwù【失误】動 うっかりミスをする. 失策する.
shīxiàn【失陷】動(領土や都市が)陥落する,攻め落とされる,占領される.
shīxiào【失笑】動 思わず笑う.
shī//xiào【失效】動 1〈法〉失効する. 2 効かなくなる.
shī//xìn【失信】動 信用を失う.
shīxiū【失修】動(建築物などの)修理を怠る.
shīxù【失序】動 秩序を失う.
shī//xué【失学】動 1 学校に入る機会を失う. 2 学業を中断する.
shī//yán【失言】動 失言する. 口を滑らす.
shī//yè【失业】動 失業する.
shīyè bǎoxiǎn【失业保险】名 失業保険.
shīyèzhě【失业者】名 失業者.
shīyí【失仪】動〈書〉礼儀を欠く.
shīyí【失宜】形〈書〉適当でない. 当を得ない.
shī//yì【失意】動 志を得ない. 不遇をかこつ.
shīyìzhèng【失忆症】名 記憶喪失症.
shīyíng【失迎】〈套〉1(留守中の来訪に対し)不在で失礼いたしました. 2(親しく迎えに出なかったことに対し)お出迎えもしないで失礼しました.
shīyú【失于】動〈書〉…をおろそかにする.
shīyǔzhèng【失语症】名〈医〉失語症.
shī//yuē【失约】動 約束を破る.
shī//zhāo【失着】動 ミスをする. 手を誤る.
shī//zhēn【失真】動(声・姿・言葉の内容などが)もとのものと異なる.
shī zhī dōng yú, shōu zhī sāng yú【失之东隅,收之桑榆】〈成〉先に失敗しても,あとでそれを取り戻す.
shī zhī háo lí, miù yǐ qiān lǐ【失之毫厘,谬以千里】〈成〉はじめのごく小さな差が最後には大きな違いとなる.
shī zhī jiāo bì【失之交臂】〈成〉みすみす好機を逃す.
shī//zhí【失职】動 職責を果たさない.
shī//zhòng【失重】動〈物〉無重力状態になる.
shīzhǔ【失主】名 落とし主. 盗難にあった人.
shīzhǔn【失准】形 1 正確でない. 2 実力を発揮できない.
shī//zōng【失踪】動 失踪する. 行方不明になる.
shī//zú【失足】動 1 足を滑らす. 足を踏みはずす. 2〈喩〉重大な過ちを犯す. ¶～青年 / 非行少年.

师(師) **shī** 名〈軍〉師団;(広く)軍隊.
H ①師;手本. 模範. ¶→～傅fu. ②専門家. ¶律～ / 弁護士. ③師弟関係から生じた間柄(の呼び方). ¶→～母. ‖ 姓
shībiǎo【师表】名〈書〉師表. 手本となる人.
shīchéng【师承】動〈書〉師伝する. 伝承する.
shī chū wú míng【师出无名】〈成〉正当な理由なく出兵する.
shīcóng【师从】動(…に)師事する.
shī dào zūn yán【师道尊严】〈成〉人の師となる道は厳かで尊ぶべきものである.
shīdì【师弟】名 1 弟弟子. 相弟子のうち自分よりも後輩に当たる者. 2 師匠の息子;父親の弟子のうち自分よりも若い男性. 3 師弟.
shīfǎ【师法】〈書〉1 動 ある人や流派を手本とする. 2 名 師伝の学問・技術.
shīfàn【师范】名 1〈略〉師範学校. 2〈書〉模範. 手本.
shīfàn xuéxiào【师范学校】名 師範学校. 教員養成学校.
shīfu【师父】名 1 →shīfu【师傅】 2 僧・尼僧・道士に対する尊称.
shīfu【师傅】名 1 師匠. 先生. 2 特殊技能をもつ人に対して広く用いる尊称. ¶司机～ / 運転手さん. 3〈俗〉(一般人に対する呼びかけ)先生.
shīgē【师哥】→shīxiōng【师兄】
shījiě【师姐】名 1 姉弟子. 2 師匠の娘;相弟子のうち自分よりも年上の女性. 父親の女弟子のうち自分よりも年上の女性.
shīmèi【师妹】名 1 妹弟子. 2 師匠の娘;相弟子のうち自分よりも年下の女性. 父親の女弟子のうち自分よりも年下の女性.
shīmǔ【师母】名〈敬〉先生・親方・師匠の夫人.
shīniáng【师娘】→shīmǔ【师母】
shīshēng【师生】名 教師と学生;師弟.
shīshēng yuángōng【师生员工】名(学校の構成員である)教職員と学生.
shīshì【师事】動〈書〉師事する.
shītú【师徒】名 1 先生と弟子. 師弟. 2〈書〉兵士.
shī xīn zì yòng【师心自用】〈成〉自説に固執し,独りよがりである.
shīxiōng【师兄】名 1 兄弟子. 相弟子のうち自分よりも先輩に当たる者. 2 師匠の息子;父親の男弟子のうち自分よりも年上の男性.
shīxiōngdì【师兄弟】名(～儿)相弟子. 兄弟弟子.
shīzhǎng【师长】名 1 先生. 教師に対する尊称. 2〈軍〉師団長.
shīzī【师资】教師の資格を備えた人. 教員.

诗 shī 名 1 詩．［首］¶做一首～／詩を１首作る． 2〈略〉『詩経』． ‖ 姓

shīgē【诗歌】名 詩歌．詩．
shīhuà【诗话】名 1 詩や詩人についての評論・随筆． 2〈近〉詩を交えた読み物．
shījí【诗集】名 詩集．
shījù【诗句】名 詩句．詩の句．
shīlǜ【诗律】名 詩の韻律．
shīpiān【诗篇】名 1 詩編． 2〈喩〉詩に比すべき文章や事績．
shīqíng【诗情】名 詩情．
shī qíng huà yì【诗情画意】〈成〉詩情と画境にあふれる美しさ．
shīrén【诗人】名 詩人．
shīshè【诗社】名 詩人が組織する団体．
shīshǐ【诗史】名 詩歌の歴史．
shīshū【诗书】名 1 詩書．詩経と書経． 2（広く）書籍．
shīxué【诗学】名 詩学．
shīyì【诗意】名 詩意．詩情．
shīyú【诗余】名〈文〉詞(ツ)の別称．
shīyùn【诗韵】名 1 詩の韻． 2 韻書．
shīzhāng【诗章】名 詩編．
shī zhōng yǒu huà【诗中有画】〈成〉詩の中に絵画的な趣がある．
shīzuò【诗作】名 詩歌．

虱 shī H シラミ．¶阴～／毛ジラミ．

shīzi【虱子】名〈虫〉シラミ．

鸤 shī 名〈鳥〉ゴジュウカラ．

狮（獅） shī H 獅子．ライオン．

shīshēn rénmiànxiàng【狮身人面像】名 スフィンクス．
shītóu'é【狮头鹅】名〈鳥〉ガチョウの一種．
shīzi【狮子】名〈動〉獅子．ライオン．
shīzibí【狮子鼻】名 獅子鼻．
shī zi bó tù【狮子搏兔】〈成〉小さなことにも全力を注ぐ．
shīzigǒu【狮子狗】名〈動〉チャウチャウ．
shīzimāo【狮子猫】名〈動〉ペルシアネコ．
shīzitóu【狮子头】名〈料理〉肉団子．
shīziwǔ【狮子舞】名 獅子舞(ｼｼﾏｲ)．
shīzizuò【狮子座】名〈天〉1 獅子座． 2（黄道十二宮の）獅子宮．

施 shī H ①実施する．施行する．¶→～工．②与える．¶→～礼．③施しをする．¶布～／お布施する．④加える．¶→～肥． ‖ 姓

shībào【施暴】動 1 暴力を振るう． 2 強姦する．
shī'ēn【施恩】動 恩恵を施す．
shīfàng【施放】動 1 放つ．発射する． 2 無料で配る．
shī//féi【施肥】動〈農〉肥料を与える．
shī//gōng【施工】動 施工する．工事をする．
shīgōngtú【施工图】名 施工図．
shījiā【施加】動（圧力や影響などを）加える．¶～压力／圧力を加える．
shījiào【施教】動 教育を施す．
shī//lǐ【施礼】動 敬礼する．
shīshě【施舍】動 喜捨する．
shīshì【施事】名〈語〉動作主．
shīwēi【施威】動 威力を示す．
shīxíng【施行】動 1（法令などを）施行する． 2 実行する．行う．
shīyā【施压】動 圧力を加える．
shīyòng【施用】動 使用する．
shīyǔ【施与】動〈書〉施す．
shīzhǎn【施展】動（能力や威力を）発揮する．¶～本领／腕を振るう．
shī//zhěn【施诊】動 無料で診療する．
shīzhèng【施政】動 政治を行う．

浉（溮） shī 地名用字．

湿（濕） shī 1 形（↔干gān）湿っている．ぬれている．¶室内很～／室内がとても湿っぽい． 2 動 湿らす．¶稻草要～一下才能搓绳／稲わらは少し湿らせないと縄をなえない．

shīdì【湿地】名 湿地．
shīdù【湿度】名 湿度．湿り気．
shīhūhū【湿乎乎・湿呼呼】形（～的）じとじとに湿っているさま．
shīlěng【湿冷】形 じめじめとして寒い．
shīlīnlīn【湿淋淋】形（～的）（しずくが落ちるほど）びしょびしょにぬれている．
shīlūlū【湿漉漉】形（～的）じっとり湿っている．▲"湿渌渌"とも．
shīqì【湿气】名 湿気．湿り気．
shīrè【湿热】形 蒸し暑い．
shīrùn【湿润】形（土壌や空気が）湿って潤いがある．湿潤である．
shī//tòu【湿透】動+結補 ずぶぬれになる．
shīzhěn【湿疹】名〈医〉湿疹(ｼｯｼﾝ)．
shīzū【湿租】動（↔干租）ウエットリースで借りる．

蓍 shī O

shīcǎo【蓍草】名〈植〉ノコギリソウ．

酾（釃） shī 動 1〈書〉（酒を）こす． 2〈方〉（酒を）つぐ．▶1，2 ともshāiとも発音される． 3〈書〉（川をさらって）流れをよくする．

嘘 shī 擬 1《制止を示す声》しいっ． 2《舞台の役者をやじる声》
異読⇨xū

鲺 shī 名〈虫〉ウオジラミ．チョウ．

十 shí 数 10．
H 完全である．¶→～全． ‖ 姓

shíbā bān wǔyì【十八般武艺】名 武芸十八般；〈喩〉各種の技．
shíbā céng dìyù【十八层地狱】名〈仏〉地獄のどん底．
shíbā luóhàn【十八罗汉】名〈仏〉十八羅漢．
shí dōng là yuè【十冬腊月】名 陰暦10月・11月・12月．冬の寒い季節．
shí è bù shè【十恶不赦】〈成〉許す

べからざる極悪非道.

shí'èrfēn【十二分】形 十二分である. この上ない.

shí'èrjìnzhì【十二进制】名〈数〉十二進法.

shí'èr shēngxiào【十二生肖】名 十二支による生まれ年. えと.

shí'èrwànfēn【十二万分】形 十二分である. ▶"十二分"をさらに強調した表現.

shí'èrzhǐcháng【十二指肠】名〈生理〉十二指腸.

shífēn【十分】副 十分に. 非常に. ¶～悲伤 / 非常に悲しい.

shíjiā【十佳】名(スポーツ選手などの)ベストテン.

shíjǐn【十锦】→shíjǐn【什锦】

shíjìn duìshù【十进对数】名〈数〉常用対数.

shíjìnzhì【十进制】名〈数〉十進法.

shí ná jiǔ wěn【十拿九稳】〈成〉十中八九確実である.

shí nián hán chuāng【十年寒窗】〈成〉蛍雪の功.

shí nián jiǔ bù yù【十年九不遇】めったにない.

shí nián shù mù, bǎi nián shù rén【十年树木,百年树人】〈成〉人材の育成には長い年月がかかる.

shíquán【十全】形 完全無欠である.

shí quán shí měi【十全十美】〈成〉完全無欠.

shísāndiǎn【十三点】名 間抜け. ばか.

Shísānjīng【十三经】名(儒家の経典の)十三経.

shísānzhé【十三辙】名〈語〉押韻の13類.

shí tiān bàn yuè【十天半月】〈成〉10日や半月.

shíwàn bāqiān lǐ【十万八千里】〈慣〉非常に遠く離れている.

shí wàn huǒ jí【十万火急】〈成〉(公文書や電報で)大至急.

shí xiàng quánnéng yùndòng【十项全能运动】名〈体〉十種競技.

Shí-Yī【十一】名 10月1日(国慶節). ▶中国の建国記念日.

shíyīhào【十一号】名〈俗〉両足. ▶人の2本足を11の数字に見立てた表現.

shí yǒu bā jiǔ【十有八九】〈成〉十中八九.

shí zhǐ lián xīn【十指连心】〈成〉骨肉の情.

shízìgǎo【十字镐】名 つるはし.

shízìjià【十字架】名〈宗〉十字架;〈喩〉受難.

shízì jiētóu【十字街头】名 十字路.

Shízìjūn【十字军】名〈史〉十字軍.

shízì lùkǒu【十字路口】名 十字路. 分かれ道.

shízìr【十字儿】名 十の字(の形).

shízú【十足】形 **1** 十分である. 満ちている. **2** 含有率100%である. 完璧である.

什

shí 数〈書〉〖十 shí〗に同じ. ▶多く分数または倍数に用いる. ¶～九 / 10分の9. ¶～百 / 10倍, または100倍.

H いろいろ取りまぜた. ¶家～ / 家財道具. ‖姓

異読⇒shén

shíbùxiánr【什不闲儿】名 どら・太鼓・シンバルなどを一人で打ち鳴らしながら歌う民間芸能.

shíjiànr【什件儿】名〈食材〉鶏やアヒルの臓物.

shíjǐn【什锦】形〈料理〉いろいろな材料を使った. 五目. ¶～饭 / 五目飯.

shíwù【什物】名 日用の衣服や道具.

石

shí H ①石. ②石刻. ‖姓

異読⇒dàn

shíbānyú【石斑鱼】名〈魚〉ハタ.

shíbǎn【石板】名(建築材料)石板.

shíbǎn【石版】名 石版印刷の原版.

shíbēi【石碑】名 石碑.

shíbǐ【石笔】名 石筆.

shíchāngpú【石菖蒲】名〈植〉セキショウ. セキショウブ.

shí chén dà hǎi【石沉大海】〈成〉全く消息がない.

shídàn【石担】名 石のバーベル.

shídiāo【石雕】名 石の彫刻.

shídiāobǎi【石刁柏】名〈植〉アスパラガス.

shíduì【石碓】名 石うす.

shídūn【石墩】名(庭園などに据える)石の腰掛け.

shífāng【石方】名 1立方メートルの石.

shífǎng【石舫】名〈建〉水辺に建てる屋形船の形をした石造の建物.

shígāo【石膏】名 石膏. ギプス.

shígāoxiàng【石膏像】名 石膏像.

shígōng【石工】名 **1** 石細工. **2** 石工.

shígǔ【石鼓】名 石鼓(せっこ). 10個の太鼓形の石からなる文物.

shígǔwén【石鼓文】名 石鼓に刻まれた文章・書体.

shígǔn【石磙】名〈農〉石のローラー.

shíhú【石斛】名〈植〉セッコク.

shíhuācài【石花菜】名〈植〉テングサ.

shíhuājiāo【石花胶】名 寒天.

shíhuà【石化】名 石油化学工業.

shíhuī【石灰】名 石灰.

shíhuīshí【石灰石】名 石灰石.

shíhuīyán【石灰岩】名 石灰岩.

shíhuīyáo【石灰窑】名 石灰焼きがま.

shíhuīzhì【石灰质】名 石灰質.

shíjí【石级】名 石段.

shíjiang【石匠】名 石細工職人.

shíjuémíng【石决明】名〈貝〉アワビ;〈中薬〉石决明(せっけつめい).

shíkǎn【石坎】名 石造りの堤. 石段.

shíkè【石刻】名 石刻.

shíkū【石窟】名 石窟(せっくつ).

shílà【石蜡】名 パラフィン.

shílán【石栏】名 石の欄干.
shíliào【石料】名〈建〉石材.
shíliu【石榴】名〈植〉ザクロ(の実).
shíliúshí【石榴石】名〈鉱〉ざくろ石. ガーネット.
shílóngzǐ【石龙子】名〈動〉トカゲ.
shílù【石绿】名 クジャク石で作った緑色の顔料.
shímián【石棉】名〈鉱〉石綿. アスベスト.
shímò【石墨】名〈鉱〉石墨. 黒鉛.
shínán【石楠】名〈植〉オオカナメモチ.
shínǚ【石女】名 子が産めない女性.
shíqì【石器】名 石器.
shíqì shídài【石器时代】名〈史〉石器時代.
shíqīng【石青】名 藍銅鉱で作った藍色の顔料. 扁青(へんせい).
shíruǐ shìzhǐ【石蕊试纸】名〈化〉リトマス試験紙.
shíshǒuyú【石首鱼】名〈魚〉ニベ. グチ.
shísōng【石松】名〈植〉ヒカゲノカズラ.
shísōngzi【石松子】名〈中薬〉石松子(せきしょうし). ヒカゲノカズラの胞子.
shísuàn【石蒜】名〈植〉ヒガンバナ. マンジュシャゲ;〈中薬〉石蒜(せきさん).
shísǔn【石笋】名〈鉱〉石筍(せきじゅん).
Shítànjì【石炭纪】名〈地質〉石炭紀.
shítou【石头】名 **石. 岩.** [块]
shítouzǐr【石头子儿】名〈口〉小石. 砂利.
shíyìn【石印】名〈美〉石版刷り. リトグラフ.
shíyīng【石英】名〈鉱〉石英.
shíyīngzhōng【石英钟】名 水晶時計. クオーツ.
shíyóu【石油】名 **石油.**
shíyóuqì【石油气】名〈化〉石油ガス.
shízhōngrǔ【石钟乳】名〈鉱〉鍾乳石.
shízhú【石竹】名〈植〉セキチク. カラナデシコ.
shízhù【石柱】名〈鉱〉鍾乳洞の石柱.
shízǐr【石子儿】→ shítouzǐr【石头子儿】

时(時)

shí 名〈書〉**…の時.** ¶吃晚饭～,他才回家来 / 夕食をとる時に,彼はやっと家に帰ってきた.
H ①(決まった)時刻,時間. ¶准～ / 定刻どおり. ¶按～ / 時間どおり. ②(時刻を表す単位)時(じ);(昔の)刻(こく). ¶早上八～ / 朝の8時. ¶寅～ / とらの刻. ③チャンス. ¶待～而动 / 機会を待って行動する. ④季節. ¶～菜 / 旬の料理. ⑤現在. ¶→～下. ⑥時には. ¶～有出现 / 時には起こる. ¶～有～无 / あったりなかったりする. ‖姓
shíbì【时弊】名 その時代の弊害.
shí bù wǒ dài【时不我待】〈成〉歳月人を待たず.
shíbuchángr【时不常儿】副〈方〉しょっちゅう. しばしば.
shíbushí【时不时】副〈方〉時々.
shíchā【时差】名 時差.
shícháng【时常】副 **常に. しょっちゅう.** いつも.
shíchen【时辰】名 時. 時機.
shídài【时代】名 1 **時代.** 2 **人生の一時期.**
shídiǎn【时点】名 時点. 時間上のある一点.
shíduàn【时段】名 時間帯.
shí'ér【时而】副〈書〉1 時々. 2 (“时而…,时而…”のように繰り返して用い)…たり…たりする. ¶～说,～笑 / しゃべったり笑ったりする.
shífèn【时分】名 時. ころ.
shíguāng【时光】名 1 **時間. 年月.** 2 **時期.** 3 暮らし.
shíguāng jīqì【时光机器】名 タイムマシン.
shí guò jìng qiān【时过境迁】〈成〉時が移り事情が変わる.
shíhào【时好】名 その時期の好み. 当世風.
shíhou【时候】名 1 **時刻. …の時, ころ.** ¶～不早了,… / もう遅いから…. ¶小～ / 小さいころ. 2 時間. ¶理发需要多少～? / 散髪はどのくらいかかりますか.
shíjī【时机】名 **時機. ころあい.** タイミング. ¶抓住～ / 時機をつかむ.
shíjià【时价】名 時価.
shíjiān【时间】名 1 **時間.** ¶浪费～ / 時間を浪費する. 2 (一定量の)**時間.** ¶抽不出～来 / 時間のやりくりがつかない. 3 **時刻.** 時間. ¶现在的～是三点十五分 / ただいまの時刻は3時15分です.
shíjiāncí【时间词】名〈語〉時を表す名詞. ▶“过去、今天、早晨”など.
shíjié【时节】名 1 **季節.** 時期. ¶农忙～ / 農繁期. 2 **時.** 節. 折. ¶那～,我只有两岁 / その時,私はわずか2歳だった.
shíjú【时局】名 政局. 時局.
shíkè【时刻】1 名 **時刻. 時間.** ¶严守～ / 時間厳守. 2 副 時々刻々. 絶えず. ¶～保持警惕 / 常に警戒をゆるめない.
shíkèbiǎo【时刻表】名 時刻表.
shíkōng【时空】名 時間と空間.
shí lái yùn zhuǎn【时来运转】〈成〉幸運が巡ってくる.
shílìng【时令】名 季節.
shíling【时令】名〈方〉季節性の流行病.
shílìngbìng【时令病】名〈中医〉季節性の流行病.
shímáo【时髦】形 **流行している. 当世風である.**
shípài【时派】→ shímáo【时髦】
shípíng【时评】名 時事評論.
shíqī【时期】名 **時期.**
shíqū【时区】→ biāozhǔn shíqū【标准时区】
shírì【时日】名 1 時間と期日. 2 時

S 时

日．月日．
shíshàng【时尚】1 名 時代の気風．流行．2 形 流行している．
shíshí【时时】副 いつも．常に．
shíshì【时世】名 時代．
shíshì【时式】形（多くは服装が）最新流行の．
shíshì【时势】名 時勢．
shíshì【时事】名 時事．¶～述评 / 時評．¶～新闻 / 時事ニュース．
shíshū【时蔬】名 旬(しゅん)の野菜．
shísú【时俗】名 その時代の風俗習慣．
shísù【时速】名 時速．
shíwù【时务】名 時代の情勢．
shíxià【时下】名 目下．今．
shíxiān【时鲜】名 旬の食物．
shíxián【时贤】名〈書〉時の賢人．当代の名士．
shíxiàn【时限】名 期限．
shíxiào【时效】名 1〈法〉時効．2 一定の期間だけ有効であること．
shíxīn【时新】形 最新式．流行の．
shíxīng【时兴】動 一時流行する．
shíxíng【时行】動 流行する．
shíyàng【时样】名 流行のデザイン．
shíyí【时宜】名〈書〉時宜．
shíyùn【时运】名 運．時の運．
shízhēn【时针】名 時計の(短)針．
shízhí【时值】1 動〈書〉時まさに…に当たる．2 名〈書〉時価．
shí zhì jīn rì【时至今日】〈成〉今に至って．
shízhōng【时钟】名 時を告げる(大型の)時計．
shízhuāng【时装】名 1 最新流行の服装．2（↔古装）現代の服装．
shízhuāng biǎoyǎn【时装表演】名 ファッションショー．
shízhuāng mótèr【时装模特儿】名 ファッションモデル．

識実 S

识（識）

shí 動 知る．見分ける．覚える．¶我们都不～水性 / 私たちは全員泳げない．
H ①見識．¶有～之士 / 有識者．②知識．¶常～ / 常識．
異読⇨zhì
shíbié【识别】動 識別する．見分ける．
shíhuò【识货】動 物を見る目がある．目が利く．
shíjiā【识家】名 目利き．
shíjiàn【识见】名〈書〉識見．見識．
shípò【识破】動 見破る．見抜く．
shíqù【识趣】形 気が利く．状況をわきまえている．
shí shí wù zhě wéi jùn jié【识时务者为俊杰】〈成〉時の情勢に明るい人は俊傑である．
shí tú lǎo mǎ【识途老马】〈成〉経験豊富．
shí//tòu【识透】動+結補 熟知する．見抜く．
shí wén duàn zì【识文断字】〈成〉読み書きができる．
shíxiàng【识相】形〈方〉察しがいい．
shí//zì【识字】動 字が読める．字を覚える．

实（實）

shí 形 1（↔虚）本当である．真実である．¶事情调查得不～ / 事情の調査が確かでない．2（中が）いっぱいである．¶包裹～得很,不能再塞东西了 / 小包は中までいっぱいだから,もう詰め込めない．
H ①事実．真実．¶→～质．②実．種．¶结jiē～ / 実を結ぶ．‖ 姓
shí bào shí xiāo【实报实销】〈成〉実費どおり支給する．
shícheng【实诚】形〈方〉誠実である．
shící【实词】名〈語〉（↔虚词）(名詞・形容詞・動詞などの)実詞,内容語．
shí dǎ shí【实打实】〈慣〉うそ偽りがない．
shídì【实地】副 現場で．実際に．
shígàn【实干】動 着実に(仕事を)する．¶～家 / 着実に仕事をこなす人．
shíhuà【实话】名 本当の話．¶～实说 / 本当のことをありのままに言う．
shíhuì【实惠】1 名 実益．2 形 実用的である．
shíjì【实际】1 名 実際．¶切合～ / 実際にかなっている．2 形 実際の〔に〕．具体的な〔に〕；実際的である．¶你的设想不～ / 君の構想は実際的ではない．
shíjìshang【实际上】副 実際上；実質的に．
shíjià【实价】名 掛け値のない価格．正価．
shíjiàn【实践】動 実践する．¶～诺言 / 約束を果たす．
shíjǐng【实景】名 ロケーションで撮った場面．
shíjù【实据】名 確実な証拠．
shíkuàng【实况】名 実況．¶～转播 / 実況中継．
shílì【实力】名 実力．力量．
shílì【实例】名 実例．
shílù【实录】名 1 実況録音〔録画〕．2 事実の記録．ドキュメント．3 実録．
shímíng【实名】名 実名．
shímíngzhì【实名制】名（預金口座などの）実名制度．
shíqíng【实情】名 実情．真相．
shíquán【实权】名 実権．
shíquē【实缺】名 定員以内の欠員．
shíshī【实施】動（政策や政令などを）実施する．
shíshí【实时】名 同時．リアルタイム．
shíshí【实实】形 確実である．実に．ほんとうに．
shíshì【实事】名 事実．
shí shì qiú shì【实事求是】〈成〉事実に基づいて真実を求める．実際に基づいて正しく行動する．
shíshù【实数】名 1〈数〉（↔虚数）実数．2 実際の数．
shíshuō【实说】動 ありのままに話す〔言う〕．
shísuì【实岁】名（↔虚岁）満年齢．

shítǐ【实体】名 1〈哲〉実体. 2 実体.

shíwù【实物】名 実物. 現物.

shíxí【实习】動 実習する.

shíxiàn【实现】動 実現する. 達成する. ¶我一定要～自己的理想 / 自分の理想を必ず実現させる.

shíxiàng【实像】名〈物〉実像.

shíxiào【实效】名実効. 実際の効果.

shíxīn【实心】❶名 真心. 誠意. ❷形 1 誠実な. 2(～儿)(中が)詰まっている.

shíxīnyǎnr【实心眼儿】〈慣〉実直である.

shíxíng【实行】動 実行する. 行う. ¶～计划 / 計画を実行する.

shíxué【实学】名 着実な基礎のある学識.

shíyán【实言】名 本当の話. 本音.

shíyàn【实验】1 動 実験する. 2 名 実験. ¶～室 / 実験室. ¶～动物 / 実験用の動物.

shíyè【实业】名 実業. 商工業.

shíyì【实益】名 実益.

shíyì【实意】名 真心. 真意.

shíyòng【实用】1 形 実用的である. 2 動 実際に使用する. 応用する. ¶切合～ / 実用向きである.

shíyòng zhǔyì【实用主义】名〈哲〉プラグマチズム.

shízài【实在】形 本物の. まじめな；確かに. 実際に. ¶说～的,我也不知道 / 実は私もわからない.

shízai【实在】形(仕事などが)確かである,着実である.

shízàilùn【实在论】名〈哲〉実在論.

shízé【实则】副〈書〉実際は.

shízhàn【实战】名 実戦.

shízhāo【实招】動 事実を白状する.

shízhèng【实证】名 1〈中医〉実症. 2 実証. 実際の証明.

shízhèng zhǔyì【实证主义】名〈哲〉実証主義.

shízhí【实职】形(名目だけでなく)実際に職務に携わっている.

shízhì【实质】名 実質. 本質.

shízhìshang【实质上】副 実質的には.

shízú【实足】形 確かに十分な. 100%の. ¶～年龄 / 満年齢.

拾 shí 1 動 拾う. ¶～麦穗儿 / 麦の落ち穂を拾う. 2 数"十"の大字.

H 片付ける. ¶收～ / 同前.

shíduo【拾掇】動 1 片付ける. 2 修理する. 3〈口〉こらしめる.

shí//huāng【拾荒】動(他人の捨てたくずや廃品を)拾う.

shí jīn bù mèi【拾金不昧】〈成〉拾った金を猫ばばしない.

shílíng【拾零】名(多く標題に用い)こまごました資料の寄せ集め.

shíqǔ【拾取】動 拾う.

shíqù【拾趣】動(多く標題に用い)おもしろい題材を集める.

shí rén yá huì【拾人牙慧】〈成〉他人の受け売りをする.

shíwù【拾物】名 遺失物. 忘れ物.

shíwù zhāolǐngchù【拾物招领处】名 遺失物取扱所.

shíyí【拾遗】動〈書〉1 拾った遺失物を自分のものにする. 2 他人の著作の遺漏を補充する.

食(蚀) shí 1 動〈書〉食べる. ¶多～蔬菜有益健康 / たくさん野菜をとることは健康によい. 2 名(～儿)〈書〉(動物の)えさ.

H ①食べ物. ¶面～ / 粉食. ¶零～ / おやつ. ②食事. ¶挑tiāo～ / 偏食する. ③食用の. ¶→～盐. ④日食. 月食. ¶全～ / 皆既食.

異読⇨sì

shíbǔ【食补】動(食べ物から)滋養分を補う.

shí bù gān wèi【食不甘味】〈成〉(病気や心配事で)食べ物がおいしくない.

shícáo【食槽】名 えさ箱.

shídào【食道】名〈生理〉食道.

shí'ěr【食饵】名 撒(*)き餌.

shí gǔ bù huà【食古不化】〈成〉古いものを学んでも理解できず,実際に生かすことができない.

shíguǎn【食管】名〈生理〉食道.

shíguǎn'ái【食管癌】名 食道癌.

shíhé【食盒】名(～儿)弁当箱. 重箱の類；(料理屋が使う)岡持ち.

shíhuǒjī【食火鸡】名〈鳥〉ヒクイドリ.

shíjī【食积】名〈中医〉消化不良.

shíjì【食既】名〈天〉皆既食.

shíjù【食具】名 食器.

shíkè【食客】名 食客.

shíliáng【食粮】名 食糧；〈喩〉糧.

shíliàng【食量】名 1 回の食事の量.

shíliáo【食疗】名 食事療法.

shípǐn【食品】名 食料品. 食品.

shípǐn tiānjiājì【食品添加剂】名 食品添加物.

shípǔ【食谱】名 料理の本；メニュー. 献立.

shí ròu qǐn pí【食肉寝皮】〈成〉恨みが激しいさま.

shísù【食宿】名 食事と宿泊.

shítáng【食堂】名 食堂.

shítáng【食糖】名〈書〉砂糖.

shíwù【食物】名 食物.

shíwùliàn【食物链】名〈生〉食物連鎖.

shíwù zhòngdú【食物中毒】名 食中毒.

shíxiàng【食相】名〈天〉日食・月食の相.

shíxīnchóng【食心虫】名〈虫〉シンクイムシ.

shíyán【食言】動 約束をたがえる.

shíyán【食盐】名 食塩. 塩.

shíyǐshòu【食蚁兽】名〈動〉アリクイ.

shíyòng【食用】1 動 食用にする. 2 形 食用の.

shíyòngyóu【食用油】名 食用油.

shíyóu【食油】名 食用油.
shíyù【食欲】名 食欲.
shí zhī wú wèi, qì zhī kě xī【食之无味，弃之可惜】〈成〉進むも退くも難しい.
shízhǐ【食指】名 1 食指. 人差し指. 2〈書〉家族の人数.
shízhūyú【食茱萸】名〈植〉カラスザンショウ；〈中薬〉食茱萸(しょくしゅゆ).

蚀 shí 動 1 欠損する. ¶偷鸡不着～把米 / 元も子もない. 2(虫が)むしばむ；(薬品などが)侵す.
shí//běn【蚀本】動(～儿)元手を割る. 赤字を出す.
shíkè【蚀刻】名〈美〉エッチング.

炻 shí ○
shíqì【炻器】名 炻器(せっき). ▶陶器と磁器の中間の焼き物.

埘(塒) shí 名〈書〉(壁に穴をあけて作った)鶏小屋.

莳(蒔) shí ○ 異読⇨shì
shíluó【莳萝】名〈植〉イノンド. ヒメウイキョウ. ジラ(蒔蘿)；〈中薬〉蒔蘿子(じらし).

湜 shí 形〈書〉清い. ▶水が澄んで底まで見えるほど清いさま.

寔 shí H ①放置する. ②〖实shí〗に同じ. ③これ.

鲥(鰣) shí ○
shíyú【鲥鱼】名〈魚〉ヒラコノシロ, シギョ.

史 shǐ H ①歴史. ②史官. ‖姓
shǐbǐ【史笔】名 史官の筆. 事実を曲げることなく真相を伝える記録方法.
shǐbù【史部】名(漢籍四分類の)史部.
shǐcè【史册・史策】名〈書〉歴史の記録.
shǐchāo【史抄】名 史略. 抜粋史.
shǐguǎn【史馆】名〈旧〉歴史編纂所.
shǐjí【史籍】名 歴史書. 史籍.
shǐjì【史迹】名 史跡.
shǐjù【史剧】名 歴史劇.
shǐliào【史料】名 史料. 歴史の資料.
shǐqián【史前】名 有史以前. 先史. ¶～时代 / 先史時代. ¶～考古学 / 先史考古学.
shǐshī【史诗】名〈文〉史詩. 叙事詩.
shǐshí【史实】名 史実.
shǐshū【史书】名 歴史書.
shǐ wú qián lì【史无前例】〈成〉古今未曾有である.
shǐxué【史学】名 歴史学.
shǐzhuàn【史传】名 歴史と伝記.

矢 shǐ 名〈古〉1 矢. 2 大便. ¶遗～ / 大便をする.
H 誓いを立てる. ¶→～忠.
shǐchējú【矢车菊】名〈植〉ヤグルマギク.
shǐkǒu【矢口】動〈書〉言い張る.
shǐ kǒu fǒu rèn【矢口否认】〈成〉どうしても口を割らない.
shǐliàng【矢量】名〈物〉〈数〉ベクトル.
shǐzhì【矢志】動〈書〉心に誓う. 志を立てる.
shǐzhōng【矢忠】動〈書〉忠誠を誓う.

豕 shǐ H 豚.

使 shǐ 動 1(器具・力・人などを)使う. 2 …に…させる. ¶～大家高兴 / みんなを喜ばせる. ¶他的技术～我佩服 / 彼の技術に私は感心した.
H ①使者. ¶大～ / 大使. ②もし…なら. ¶假jiǎ～… / もし…なら.
shǐ//bànr【使绊儿】動 足をかけて(人を)倒す；〈喩〉ひそかに危害を加える.
shǐbude【使不得】動+可補 1 使えない；使いものにならない. 2 いけない. だめである.
shǐbuguàn【使不惯】動+可補 使い慣れない.
shǐbushàng【使不上】動+可補 実際に使えない.
shǐbushàng jìn【使不上劲】(～儿)力が入らない.
shǐchén【使臣】名 使臣. 使節.
shǐde【使得】1 動(後に述べる結果を)引き起こす. 2 動+可補 使える；かまわない. よろしい.
shǐdeguàn【使得惯】動+可補 使いこなせる.
shǐdeshàng【使得上】動+可補 使える.
shǐguǎn【使馆】名 大使館.
shǐ//huài【使坏】動〈口〉そそのかす. ずるいことをする.
shǐhuan【使唤】動〈口〉1(人を)使う, 働かせる. 2(道具や役畜を)使う.
shǐjié【使节】名 使節.
shǐ//jìn【使劲】動(～儿)1 力を入れる. 力む. 2 力を貸す. 努力する.
shǐlǐngguǎn【使领馆】名 大使館と領事館.
shǐlìng【使令】〈書〉1 動(人に)指図する. 2 名 指図される人.
shǐlìng dòngcí【使令动词】名〈語〉使役動詞.
shǐmìng【使命】名 使命.
shǐrán【使然】動〈書〉しからしめる.
shǐtú【使徒】名〈宗〉使徒.
shǐxìng【使性】動(～子)腹を立てる. 当たり散らす.
shǐ yǎnsè【使眼色】〈慣〉目配せをする.
shǐyì【使役】動(役畜を)使用する.
shǐyòng【使用】動 使用する.
shǐ//zhāor【使招儿】動 計略を使う.
shǐzhě【使者】名 使者.

始 shǐ 副〈書〉初めて. やっと. ¶不断努力,～能成功 / たえず努力して,初めて成功できる.
H ①始め. ¶从～至终 / 始めから終わりまで. ②始まる. ¶自今日～ / きょうから. ‖姓
shǐ'ér【始而】副〈書〉始め(のうち)は….

shǐfāzhàn【始发站】[名] 始発駅.
shǐliào【始料】[名] 最初の予想.
shǐ liào bù jí【始料不及】〈成〉 予測できなかった.
shǐmò【始末】[名] 事の経緯.
shǐyè【始业】[動]〈書〉始業する.
shǐzhōng【始终】**1** [副] 一貫して. 始めから終わりまで. ¶～反对 / 一貫して反対する. **2** [名] 終始. 始終. ¶～如一 / 終始一貫している.
shǐzǔ【始祖】[名] **1** 始祖. 元祖. **2** (学派や技芸の) 創始者. **3** (動物の) 最古の祖先.
shǐzǔmǎ【始祖马】[名]〈古生物〉エオヒップス.
shǐzǔniǎo【始祖鸟】[名]〈古生物〉始祖鳥.
shǐ zuò yǒng zhě【始作俑者】〈成〉悪例を作り出した人.

驶 **shǐ** [動](車・船などの乗り物が) 速く走る. ¶汽车飞快地～过 / 車が猛スピードで走り過ぎた.
[H] 乗り物を運転する. ¶驾～ / 操縦する.

屎 **shǐ** [名] 大便. 糞. ¶拉lā～ / 大便をする.
[H](耳や目などの) あか, やに. ¶眼～ / 目やに.
shǐdàn【屎蛋】[名]〈罵〉能なし. 糞ったれ.
shǐpénzi【屎盆子】[名]〈口〉便器. おまる ;〈喩〉汚名.

士 **shì** [名] **1** (封建時代の階層) 士. **2** 〈軍〉下士官. ¶上～ / 曹長. **3** 中国将棋の駒の一.
[H] ①(昔の). 知識人. ¶→～人. ②人に対する美称. ¶女～ / 女史. ③軍人. ¶→～气. ④ある種の技能者. ¶护～ / 看護師. ‖ [姓]
shìbīng【士兵】[名]〈軍〉下士官と兵卒. 兵士.
shìdàfū【士大夫】[名]〈史〉士大夫(たいふ).
shìmǐntǔ【士敏土】[名]〈旧〉セメント.
shìqì【士气】[名] 士気.
shìrén【士人】[名]〈旧〉(封建時代の) 知識人.
shìshēn【士绅】[名]〈旧〉地方の有力地主や退職官吏.
shìzú【士卒】[名]〈書〉士卒. 士兵.

氏 **shì** [H] ①(同じ血族の集団)…氏. ②〈旧〉《既婚女性の実家の姓の後につけて出身を示す》¶王～ / 旧姓が王である夫人. ¶李张～ / 李家に嫁いだ旧姓が張である夫人. ③《名士・専門家などに対する敬称》¶摄～温度表 / 摂氏温度計. ④《親族の呼び名の後に用いて, 自分の親族であることを示す》¶舅～ / (私の) 母方のおじ. ‖ [姓] 異読⇨zhī
shìzú【氏族】[名] 氏族.

示 **shì** [H] 示す. ¶显～ / はっきり示す.
shì'ài【示爱】[動] 愛を告白する.
shìbōqì【示波器】[名]〈電〉オシログラフ.
shìbù【示补】[名](～儿)(漢字の部首) しめすへん“礻”.
shìfàn【示范】[動] 模範を示す.
shìfù【示复】[動]〈書〉返事をくださる.
shìgōngqì【示功器】[名]〈機〉インジケーター.
shìjǐng【示警】[動](信号などで) 危険を知らせる.
shìlì【示例】[動] 例を示す.
shìruò【示弱】[動] 弱みを見せる.
shì//wēi【示威】[動] デモをする. 示威する ; 相手に自分の力を見せる. ¶～游行 / デモ行進.
shìyǐ【示以】[動]〈書〉…で知らせる. …で示す.
shìyì【示意】[動](合図や図形などで) 意図を示す.
shìyìtú【示意图】[名] 見取り図.
shìzhī【示知】[動]〈書〉指示する. 知らせる.
shìzhòng【示众】[動] 見せしめにする.

世 **shì** [H] ①人の一生. ¶一生一～ / 一生涯(を通じて). ②代. 世代. ¶第三～孙 / 3代目の孫. ③代々(の). ¶～医 / 代々伝わる医者の家. ④(二世代以上にわたる) 交際. ¶→～兄. ⑤時代. ¶当～ / 当世. 今どき. ⑥世の中. ¶公之于～ / 世間に公にする. ‖ [姓]
shìbiàn【世变】[名] 時代の変化.
shìbóhuì【世博会】[名]〈略〉万国博覧会.
shìchóu【世仇】[名] 代々の敵.
shìchuán【世传】[動] 代々伝わる〔伝える〕.
shìdài【世代】[名] **1** 世代. 年代. **2** 代々.
shìdào【世道】[名] 世の中のありさま.
shìfēng【世风】[名]〈書〉社会の気風. 世相.
shìgù【世故】[名] 世故. 処世の経験.
shìgu【世故】[形] 如才ない.
shìjì【世纪】[名] 世紀.
shìjìmò【世纪末】[名] 世紀末 ;〈転〉末期.
shìjiā【世家】[名](封建時代の) 代々の名門.
shìjiān【世间】[名] 世の中.
shìjiāo【世交】[名] 先代からの付き合い.
shìjiè【世界】[名] 世界. 世の中 ; 分野.
shìjièbēi【世界杯】[名]〈体〉ワールドカップ.
shìjièguān【世界观】[名] 世界観.
Shìjiè màoyì zǔzhī【世界贸易组织】[名] 世界貿易機関. WTO.
shìjièshí【世界时】[名] グリニッジ標準時.
Shìjiè wèishēng zǔzhī【世界卫生组织】[名] 世界保健機関. WHO.
shìjiè yíchǎn【世界遗产】[名] 世界遺産.
Shìjiè yínháng【世界银行】[名] 世界銀行. ▶“世行”とも.
Shìjièyǔ【世界语】[名]〈語〉エスペラント(語).

shìjiè zhǔyì【世界主义】名 コスモポリタニズム.
shìjú【世局】名 世界情勢.
shìlù【世路】名 処世の道.
Shìmào【世贸】名〈略〉世界貿易機関. WTO.
shìmiàn【世面】名 世の中. 世相.
shìqíng【世情】名 世情. 人情.
shìrén【世人】名 世間の人.
shìshàng【世上】名 世間. 世の中.
shìshì【世事】名〈書〉世間のこと. 俗事.
shìshìdàidài【世世代代】名 世々代々.
shìsú【世俗】**1** 名〈書〉世の習わし. **2** 形 非宗教的な.
shìtài【世态】名 世の中のありさま.
shì tài yán liáng【世态炎凉】〈成〉人間関係が金銭や権勢に左右され,人情が薄いこと.
shì wài táo yuán【世外桃源】〈成〉桃源郷. ユートピア.
shìwù【世务】→shíwù【时务】
shìxí【世袭】動 世襲する.
shìxì【世系】名 家系. 系譜.
shìxiōng【世兄】名 同じ世代の人に対する称;友人の息子に対する敬称.
shìyī【世医】名 代々の漢方医.
shìyì【世谊】名 二代以上の交誼.
shìyùn【世运】名 **1** 世の盛衰治乱の気運. **2**〈略〉〈旧〉オリンピック.
shìzhí【世职】名〈書〉世襲の官職.
shìzǐ【世子】名 皇帝の嫡子;(清代)親王の嫡子.

仕

shì 名 中国将棋の駒の一.
H 官吏になる. ¶出~/出仕する. ‖姓
shìhuàn【仕宦】動〈書〉官職につく.
shìjìn【仕进】動〈書〉(官吏が)昇進する.
shìlù【仕路】→shìtú【仕途】
shìnǚ【仕女】名 **1** 宮女. **2** 美人画.
shìtú【仕途】名〈書〉官吏になる道.

市

shì 名(行政の一単位)市(し). ¶~政府/市役所.
H ①市(いち). 市場. ¶菜~/青物市場. ②都市. 街. ¶城~/都市. ③(↔公)《伝統的な度量衡》¶→~尺. ¶→~斤.
shìbù【市布】名 天竺(てん)木綿.
shìchǎng【市场】名 **1** 市場. ¶~调查/市場調査. ¶~分析/市場分析. ¶~价格/市場価格. **2** 販路. **3**〈喩〉(思想や事物が)受け入れられる場所.
shìchǎng jīzhì【市场机制】名 市場メカニズム.
shìchǎng jīngjì【市场经济】名 市場経済.
shìchǐ【市尺】量 尺. ▶1"市尺"は1メートルの3分の1.
shìcùn【市寸】量 寸. ▶1"市尺"の10分の1.
shìdàn【市石】量 石. ▶1"市石"は100リットル.
shìdàn【市担】量 担. ▶1"市担"は50キログラム.
shìdǒu【市斗】量 斗. ▶1"市斗"は10リットル.
shìfēn【市分】量 **1**(長さの単位)1"市尺"の100分の1. **2**(重さの単位)1"市斤"の1000分の1. **3**(地積単位)1"市亩"の10分の1.
shìfǔ【市府】名 市政府.
shìgě【市合】量 合. ▶1"市升"の10分の1.
shìháo【市毫】量 **1**(長さの単位)1"市尺"の1万分の1. **2**(重さの単位)1"市斤"の10万分の1.
shìhuā【市花】名 市(し)の花.
shìhuà【市话】名〈略〉市内電話.
shìhuī【市徽】名 市(し)のマーク.
shìjí【市集】名 **1** 農村などで定期的に立つ市. **2** 街. 小都会.
shìjià【市价】名〈略〉市場価格.
shìjiāo【市郊】名 市の行政区画内の郊外地区.
shìjīn【市斤】量(重さの単位)1"市斤"は500グラム.
shìjǐng【市井】名〈書〉市井.
shìjǐng shēnghuó【市井生活】名 庶民の生活.
shìkuài【市侩】名 ブローカー;〈転〉奸商. 俗物.
shìkuàng【市况】名〈経〉市場の取引状況. 市況.
shìlí【市厘】量 **1**(長さの単位)1"市厘"は1"市尺"の1000分の1. **2**(重さの単位)1"市斤"の1万分の1.
shìlǐ【市里】量 里. ▶1"市里"は500メートル.
shìliǎng【市两】量 両. ▶1"市两"は50グラム.
shìmiàn【市面】名 市況. 景気.
shìmín【市民】名 市民. 都市の住民.
shìmǔ【市亩】量 亩. ▶1"市亩"は15分の1ヘクタール.
shìqián【市钱】量 銭. ▶1"市斤"の100分の1.
shìqǐng【市顷】量 頃. ▶1"市顷"は100"市亩",6.6667ヘクタール.
shìqū【市区】名 市街地区.
shìróng【市容】名 街のありさま.
shìshēng【市升】量 升. ▶1"市升"は1リットル.
shìshēng【市声】名 都市の喧騒(けん).
shìsī【市丝】量 **1**(長さの単位)1"市尺"の10万分の1. **2**(重さの単位)1"市斤"の100万分の1.
shìwěi【市委】名〈略〉市の党委員会.
shìyǐn【市引】量 引. ▶"市尺"の100倍.
shìyòngzhì【市用制】→shìzhì【市制】
shìzhǎng【市长】名 市長.
shìzhàng【市丈】量 丈. ▶"市尺"の10倍.
shìzhāo【市招】名 看板.
shìzhèn【市镇】名 やや大きな町. 小都市.
shìzhèng【市政】名 市政.

shìzhì【市制】名 中国通用の度量衡制度.

式 **shì** H ①様式. スタイル. ¶老～／旧式. ¶美～／アメリカンスタイル(の). ②格式. 形式. ¶款～／様式. デザイン. ③式典. ¶毕业～／卒業式. ④(自然科学における)式. ¶方程～／方程式. ⑤〈語〉法. ムード. ¶命令～／命令法.

shìyàng【式样】名 様式. デザイン.

shìzi【式子】名 **1** 姿勢. 身ごなし. **2** 数式.

似 **shì**O 異読⇒sì

…shìde【…似的】助(まるで)…のようだ. …らしい. ¶他好像喝醉了～／彼はどうやら酔ったらしい.

势(勢) **shì** H ①情勢. ¶趋～／形勢. ②勢力. 気勢. ¶仗～／勢力を頼みにする. ③勢い. ¶火～／火の勢い. ④自然現象のさま. ¶山～／山の姿. ⑤姿. 形. ¶手～／ゼスチャー. ⑥雄の生殖器. ¶去～／去勢(する).

shìbì【势必】副 いきおい. 必ず…に違いない.

shì bù kě dāng【势不可当】〈成〉勢いが激しくて阻むことができない. ▶"势不可挡"とも.

shì bù liǎng lì【势不两立】〈成〉(敵対するものが)両立できない.

shì chéng qí hǔ【势成骑虎】〈成〉引くに引けない情勢となる.

shì jūn lì dí【势均力敌】〈成〉勢力が互角である.

shìli【势力】名 勢力.

shìli【势利】形 権威が利益になびく.

shìliyǎn【势利眼】〈慣〉相手の権威や財力で態度を変える人.

shìnéng【势能】名〈物〉位置エネルギー.

shìpai【势派】名(～儿)〈方〉**1** 形勢. 状勢. **2** 体裁. 見栄.

shì rú pò zhú【势如破竹】〈成〉破竹の勢い.

shì suǒ bì rán【势所必然】〈成〉必然の勢い.

shìtài【势态】名 情勢.

shìtóu【势头】名〈口〉形勢. 勢い.

shìyàn【势焰】名〈書〉気炎.

shì zài bì xíng【势在必行】〈成〉どうしてもやらなければならない.

事 **shì** 名(～儿) **1** 用事. 事. ¶我有～儿／私は用事があります. **2** 事故. 事件. ¶出～儿／事件が起きた. **3** 仕事. 職業. ¶找～／仕事を探す.
H ①携わる. ¶不～农务／農業に従事しない. ②仕える. ¶不～二主／異なる主人に仕えない.

shì bàn gōng bèi【事半功倍】〈成〉半分の労力で倍の成果を得る.

shì bèi gōng bàn【事倍功半】〈成〉倍の労力で半分の成果しか得られない.

shì bì gōng qīn【事必躬亲】〈成〉何事も必ず自分でやる.

shìbiàn【事变】名 **1** 事変. 事件. **2**(広く)事物・事情の変化.

shì bù guò sān【事不过三】〈成〉 **1** 同じ事を3回繰り返してはならない. **2** 三度目の正直.

shì bù yí chí【事不宜迟】〈成〉事は遅らせるべきではない.

shì chū yǒu yīn【事出有因】〈成〉事の起こりには原因がある.

shì dào lín tóu【事到临头】〈成〉差し迫った状況になる.

shìduān【事端】名〈書〉事故. 紛糾.

shìgōng【事功】名〈書〉功績.

shìgù【事故】名 事故.

shì guò jìng qiān【事过境迁】〈成〉客観情勢がすでに変わっている.

shìhòu【事后】名 事後.

shìhòu Zhūgě Liàng【事后诸葛亮】〈諺〉下種(げ)の後知恵.

shìjī【事机】名 **1** 機密事項. **2** 情勢.

shìjì【事迹】名 事績.

shìjià【事假】名 私用による休暇.

shìjiàn【事件】名 事件. 出来事.

shìlǐ【事理】名 事の道理.

shìlì【事例】名 事例.

shìlüè【事略】名 略伝.

shìqián【事前】名 事前.

shìqing【事情】名 **1** 事. 事柄. [件,桩]¶尚待解决的～／懸案の事項. **2** 仕事. 職務. **3** 用. 用事. [件,桩]¶～多,忙不过来／用事が多く多忙を極める. **4** 事故. 事件.

shìquán【事权】名 職権.

shìshí【事实】名 事実.

shìshì【事事】名 すべての事.

shìtài【事态】名 事態.

shìwù【事务】名 仕事；一般事務. 庶務.

shìwù【事物】名 事物. 物事.

shìxiān【事先】名→shìqián【事前】

shìxiàng【事项】名 事項.

shìyè【事业】名 **1** 事業. (社会)活動. **2**(↔企业)(国家の経費で運営される非営利の)事業. ¶～部门／(非営利)事業部門. ¶～单位／事業体.

shìyèxīn【事业心】名 仕事への情熱や使命感.

shìyí【事宜】名(公文書や法令で)事柄.

shìyóu【事由】名 **1** 事の経緯. **2**(公文書で)件名. **3**(～儿)口実. **4**(～儿)〈方〉就職口.

shìzhǔ【事主】名 **1** 刑事事件の被害者. **2**〈旧〉結婚式・葬式をする家.

侍 **shì** H そばに仕える. ‖ 姓

shìbì【侍婢】名〈旧〉侍女. 腰元.

shìcóng【侍从】名 侍従.

shì'ér【侍儿】→shìnǚ【侍女】

shìfèng【侍奉】動〈書〉(目上の人に)かしずく.

shìhòu【侍候】動 仕える.
shìlì【侍立】動(目上の人の)そばに立ってはべる.
shìnǚ【侍女】名〈旧〉侍女. 腰元.
shìwèi【侍卫】〈書〉**1** 動 護衛する. **2** 名(皇帝または宮廷の)衛兵.
shìzhě【侍者】名〈書〉侍者. お付きの者.

饰 shì 動(芝居・映画などで役に)扮する. ¶在剧中～杨贵妃 / 劇で楊貴妃に扮する.
H ①飾る. 装飾する. ¶雕～ / 彫刻して飾る. ②覆い隠す. ¶掩～ / つくろい隠す. ③装飾品. ¶窗～ / 窓の飾り.

shìcí【饰词】名 言い逃れ. 口実.
shìjianr【饰件儿】名(家具の)飾り金具.
shìpǐn【饰品】名 アクセサリー.
shìwù【饰物】名 **1** 装身具. **2** 装飾品.
shìyǎn【饰演】動(劇中の人物に)扮する.

试 shì 動 **1** 試みる. 試しに行う. ¶我～～看 / トライしてみる. ¶～鞋 / 靴が合うかどうか試しにはいてみる. **2** (体温を)測る. ¶～体温 / 体温を測る.
H 試験. ¶笔～ / 筆記試験.

shìba【试巴】動〈方〉試してみる.
shìbàn【试办】動 試行する；試験的に経営する.
shì//biǎo【试表】動〈口〉体温を計る.
shìbō【试播】動 **1** (テレビ局などが)試験放送をする. **2** (正式な放送の前に)試験的に放送する.
shìchǎng【试场】名 試験場.
shì//chē【试车】動 試運転する.
shìdiǎn【试点】動 試験的にやってみる. ¶～学校 / 実験校. モデル校.
shì//gǎng【试岗】動(労働者を)試用する.
shì//gōng【试工】動(労働者などを)試用する.
shìguǎn【试管】名 試験管.
shìguǎn yīng'ér【试管婴儿】名〈医〉試験管ベビー.
shìháng【试航】動 試験飛行〔航海〕する.
shì//jī【试机】動 機械の試運転をする. 機械を試用する.
shìjì【试剂】名〈化〉試薬.
shìjīnshí【试金石】名 試金石.
shìjìng【试镜】動(映画・テレビの)カメラテストをする.
shìjuàn【试卷】名 答案用紙.
shìqī【试期】名〈略〉試験期日.
shì//shǒu【试手】動(～儿)腕試しをする. 試験的にやってみる.
shìtàn【试探】動 探索する.
shìtan【试探】動 探る. 探りを入れる.
shìtí【试题】名 試験問題.
shìtiào【试跳】名〈体〉(跳躍競技で)試技.
shìtú【试图】動 …しようと試みる. 企てる.
shìwèn【试问】動〈婉〉(詰問に用い)試しに聞く(が).
shìxiǎng【试想】動〈婉〉(詰問に用い)考えてみなさい.
shìxiāo【试销】動 試販する.
shìxíng【试行】動 試行する. 試験的に実施する.
shìyàn【试验】**1** 動 試験する. 実験する. **2** 名 試験. 実験. ¶～阶段 / テスト段階.
shìyàntián【试验田】名 **1** 実験畑. 試験田. **2** モデルケース.
shì//yàng【试样】❶名 見本. サンプル. ❷動 **1** 仮縫いをする. **2** 服や靴を試着する.
shì yàngzi【试样子】(服などの)仮縫いをする.
shìyào【试药】→shìjì【试剂】
shìyòng【试用】動 試用する. ¶～本 / 試用本. ¶～期 / 試用期間. ¶～人员 / 見習い.
shìzhǐ【试纸】名〈化〉試験紙.
shìzhì【试制】動 試作する.

视 shì H ①見る. ¶近～ / 近視. ②見なす. ¶轻～ / 軽視する. ③観察する. ¶监～ / 監視する.
‖姓

shìchā【视差】名〈天〉〈物〉視差.
shìchá【视察】動 **1** (上級の者が下部の)視察をする. **2** 観察する.
Shìchuāng【视窗】名〈電算〉〈商標〉ウインドウズ.
shìdiǎn【视点】名 観点. 視点.
shì ér bù jiàn【视而不见】〈成〉重視しない. 注意を払わない.
shìgǎn【视感】名 視覚.
shìjiǎo【视角】名 **1** 視角. **2** 〈物〉画角. 写角. **3** 視点.
shìjiè【视界】名 視界. 視野.
shìjué【视觉】名〈生理〉視覚.
shìlì【视力】名 視力.
shìlìbiǎo【视力表】名〈医〉視力表.
shìpán【视盘】名〈略〉ビデオディスク.
shìpánjī【视盘机】名 VCD〔DVD〕プレーヤー.
shìpín【视频】名〈電〉映像周波数.
shìpín guāngpán【视频光盘】名 ビデオディスク. ▶VCDやDVDなど.
shì rú bì xǐ【视如敝屣】〈成〉何の値打ちもないものとして捨てる.
shìruò【视弱】名 弱視.
shì ruò wú dǔ【视若无睹】〈成〉見て見ぬふりをする.
shìshénjīng【视神经】名〈生理〉視神経.
shì sǐ rú guī【视死如归】〈成〉少しも死を恐れない.
shìtīng【视听】名〈書〉見ることと聞くこと. 見聞.
shìtīng fǎnyìng【视听反应】名 視聴者の反応.
shì tóng ér xì【视同儿戏】〈成〉全く問題にしない.
shì tóng lù rén【视同路人】〈成〉

赤の他人のように扱う.
shìtú【视图】名 正投影図.
shìwǎngmó【视网膜】名〈生 理〉網膜.
shìwéi【视为】動〈書〉…と見なす. …と考える.
shìxiàn【视线】名 視線.
shìyě【视野】名 視野.
shìyù【视域】名 視野.
shìyù【视阈】名 **1**〈生理〉視閾(しきい). **2** 視野.

拭 shì H ふく. ぬぐう. ¶～泪 / 涙をぬぐう.
shì mù yǐ dài【拭目以待】〈成〉刮目(かつもく)して待つ.

贳 shì H ①(物品を)貸し出す. ②掛けで売買する. ③赦免する. ‖姓
shìqìdiàn【贳器店】名〈方〉冠婚葬祭用具を借し出す店.

柿 shì H カキの木;カキの実.
shìbǐng【柿饼】名 干し柿.
shìqī【柿漆】名 柿渋.
shìshuāng【柿霜】名〈中薬〉柿霜(しそう).
shìzi【柿子】名〈植〉柿の木;柿の実.
shìzijiāo【柿子椒】名〈植〉ピーマン.

是 shì **1** 動 …だ. …である. ▶話し手の肯定判断を表す動詞. 否定は"不"しか用いない.
1 …は…である. ¶这～你的 / これは君のものだ. ¶我的理想～将来当一名医生 / 私の夢は将来医者になることだ.

▶"是"を省略できる場合◀
目的語が数量や暦・出身などを示す場合,"是"は省略されることも多い. ただし,否定文の場合には"是"は省略できない. ¶明天(～)星期二 / あすは火曜日だ. ¶她(～)上海人 / 彼女は上海の人だ. ¶今天不～十月一号 / きょうは10月1日ではない.
▶"是"が存在を表す場合◀
主語が場所などを示す語で,その場所が"是"の後に来るものによって占められていることを説明する. ¶村子前面～一片水田 / 村の前には水田が一面に広がっている. ¶热得浑身～汗 / 暑くて全身汗びっしょりだ.

2《形容詞や動詞からなる,本来"是"を必要としない述部に用い,話し手が自身の考えをはっきりさせたり,ある部分に焦点を当ててそこを強調する》
ⓐ("是"は強く発音して)肯定を強く押し出す. ¶这本书～好,你可以看看 / この本は本当にすばらしいよ,君も読んだらいい.
ⓑ文末に"的"を伴う. ¶钱～靠自己劳动挣来的 / お金は自分の働きで手に入れたものだ.
ⓒ"不是"と並べて. ▶多く弁明に用いる. ¶我～来学习的,不～来玩儿的 / 私は勉強に来たのであって,遊びに来たのではない.
ⓓ文の内容全体を強く肯定したり,文の主語を強調して. ¶～下雨了,我不骗你 / 雨は確かに降ったんだ,うそじゃない.
3《選択疑問文や反語文を作る》¶你～吃米饭～吃馒头? / ご飯にしますか,それともマントウにしますか. ¶他不～来了吗? / 彼は来たんじゃないの. ⇨háishi【还是】
4《名詞の前に置き》すべて. ▶"凡是"の意味を表す. ¶～中国电影他都看 / 彼は中国の映画ならすべて見る.
5《ある特定の名詞の前に置き,条件・要求などに合うことを表す》ふさわしい. ¶你来得很～时候 / ちょうどいいところに来た.
6《譲歩を表す》…であるけれども. ¶好～好,就是价钱太贵 / いいにはいいが,ただ値段が高すぎる.
7《肯定の返事》はい. ¶～,我明白了 / はい,わかりました.
2 形 正しい. ¶你说得～ / 君の言うことは正しい.
3 代〈書〉これ. ここ. ¶～日 / この日. 当日. ‖姓
shìde【是的】**1** 感 そうなんです. **2** →…shìde【…似的】
shìfēi【是非】名 **1** 是非. 善し悪し. ¶～曲直gūzhí/ 理非曲直. **2** 口論. いさかい.
shìfǒu【是否】副〈書〉…であるかどうか. ¶我不知道这样做～可以 / こうすればいいかどうかわからない.
shì//gèr【是个儿】動 相手になれる.
shì gǔ fēi jīn【是古非今】〈成〉昔はすべてよく現在はすべて悪いとする態度.
shìgù【是故】接続〈書〉これがゆえに.
shìhè【是荷】動〈書〉感謝するところである.
shì kě rěn, shú bù kě rěn【是可忍,孰不可忍】〈成〉絶対にこれは我慢できない.
shìpàn【是盼】動〈書〉(…してくださるよう)お願いいたします.
shì//wèir【是味儿】動 **1** 味が好みに合う. **2** 満足する.
shìxìng【是幸】動〈書〉…であれば幸甚です.
shì//yàngr【是样儿】動 さまになる.
shìyǐ【是以】接続〈書〉ここをもって.

峙 shì 地名用字. 異読⇨zhì

适(適) shì H ①適合する. 合う. ¶→～用. ②気持ちがよい. ¶舒～ / 心地がよい. ¶不～ / (体の)具合が悪い. ③ちょうど(よく). ¶→～中zhōng. ④行く. 赴く. ⑤嫁ぐ.
shìcái【适才】副〈近〉たった今.
shìdàng【适当】形 適切である. ふさわしい. ¶这件事由他去办最～ / こ

の件は彼があたるのが一番よい.
shì dé qí fǎn【适得其反】〈成〉ちょうど反対の結果になる.
shìdù【适度】形 適度である.
shì féng qí huì【适逢其会】〈成〉ちょうどその時機に巡り合う.
shìhé【适合】動(状況や要求に)ちょうど合う,ふさわしい. ¶他～当翻译 / 彼は通訳に向いている.
shìhūn【适婚】名 結婚適齢期.
shì kě ér zhǐ【适可而止】〈成〉適当なところでやめる.
shìkǒu【适口】形 口に合う.
shìliàng【适量】形 適当な分量である. 適量である.
shìlíng【适龄】形(入学や兵役などに)適齢の. ¶～儿童 / 入学適齢児童.
shìlù【适路】動 需要に合う.
shìpèiqì【适配器】名〈電〉アダプター.
shìshí【适时】形 時機を得ている.
shìxiāo【适销】形(商品が)消費者のニーズに合う,売れ行きがよい. ¶～商品 / 人気商品.
shìyí【适宜】形 程よい. (…に)適する.
shìyì【适意】形 気持ちがよい.
shìyìng【适应】動 適応する. 順応する. ¶～环境 / 環境に順応する.
shìyìngzhèng【适应症】名〈医〉適応症.
shìyòng【适用】1 形 使用に適する. 向いている. 2 動 適用する.
shìyú【适于】動〈書〉…に適する.
shìzhí【适值】動〈書〉時あたかも…. ちょうど…の時に当たる.
shìzhōng【适中】形 ちょうどよい. 中ぐらいである.

恃 shì H 頼みとする. 頼る. ¶有～无恐 / 後ろだてがあるので恐れるものはない.
shì cái ào wù【恃才傲物】〈成〉自分の才を頼んで衆人を眼中に置かない.
shì qiáng líng ruò【恃强凌弱】〈成〉強いのをよいことに弱い者をいじめる.

室 shì 名(二十八宿の)はついぼし. H ①部屋. ¶教～ / 教室. ②機関・団体・学校の中での業務単位. ¶秘书～ / 秘書室.
shìnèi【室内】名 室内.
shìnèiyuè【室内乐】名〈音〉室内楽.
shìnǚzuò【室女座】名〈天〉1 おとめ座. 2(黄道十二宮の)処女宮.
shìwài【室外】名 室外.
shìwēn【室温】名 室温.

逝 shì H ①死ぬ. ¶永～ / 永眠する. ②(時間・流れが)過ぎる. ¶时光易～ / 時は過ぎ去りやすい.
shìshì【逝世】動〈書〉逝去する.

莳(蒔) shì 動 1〈方〉(稲の苗を)移植する. 2〈書〉植える. 栽培する. ¶～花 / 花を植える. ‖姓 異読⇒shí
shìyāng【莳秧】動〈方〉田植えをする.

轼 shì H 昔の車の前部にある横木.

铈 shì 名〈化〉セリウム. Ce.

舐 shì H なめる. ¶老牛～犊 / 親が子供を溺愛する.
shì dú qíng shēn【舐犊情深】〈成〉子供に対する愛情が深い.
shìzhì【舐痔】動〈書〉〈喩〉人にこびへつらう.

弑 shì 動〈書〉君主・父親を殺す.
shìfù【弑父】動 父を殺す.
shìjūn【弑君】動 君主を殺す.

释(釋) shì H ①説明する. 解説する. ¶注～ / 注釈(する). ②消えてなくなる. ¶冰～ / (疑問などが)氷解する. ③放す. 置く. ¶爱不忍～ / 大事にして手放すに忍びない. ④釈放する. ¶开～ / 無罪放免になる. ⑤"释迦牟尼"の略;(広く)仏教. ¶～门 / 仏門. 僧侶. ‖姓
shìdiǎn【释典】名〈書〉釈典. 仏典.
shìdú【释读】名〈書〉考証と解釈.
shìfàng【释放】動 1 釈放する. 2(含有する物質またはエネルギーを)放出する,放射する.
shìhuái【释怀】動〈書〉放念する.
Shìjiào【释教】名 仏教.
shìlì【释例】名 解釈の例.
shìniàn【释念】→shìhuái【释怀】
shìrán【释然】形〈書〉釈然としたさま.
shì//shǒu【释手】動〈書〉手を放す.
shìsú【释俗】動 わかりやすく解釈する.
shìwén【释文】〈書〉動 1 文字の発音と意味を解釈する. 2(甲骨・金石文字など)古文字を考証・解釈する.
shìyí【释疑】動〈書〉疑いを解く.
shìyì【释义】動〈書〉(単語や文章の)意義を解釈する.
Shìzàng【释藏】名〈仏〉仏典の集大成.
shìzǐ【释子】名〈書〉釈迦の弟子. 僧侶.

谥(諡) shì〈書〉1 名 おくり名. 2 動…と称する.

嗜 shì H 特に好む. たしなむ. ¶～酒 / 酒をたしなむ.
shìhào【嗜好】名 嗜好. 好み. 道楽.
shìyù【嗜欲】名(耳・目・口・鼻などの)肉体的欲求.

筮 shì H めどき(蓍木)を用いて占いをすること.

誓 shì H ①誓う. ②誓いの言葉. ¶发～ / 誓いを立てる.
shì bù gān xiū【誓不甘休】〈成〉このまま引き下がってはならないと決心する.
shì bù liǎng lì【誓不两立】〈成〉敵を滅ぼすか味方が滅ぼされるかどちらかになるまで戦うことを誓う.
shìcí【誓词】名 誓いの言葉.
shìshī【誓师】動 出陣に当たり必勝の誓いを立てる.
shìsǐ【誓死】動〈書〉命にかけて誓う.
shìyán【誓言】名 誓いの言葉. 宣誓.
shìyuē【誓约】名 誓約.

奭 **shì** H 盛大なさま. ‖ 姓

噬 **shì** H かむ. ¶吞～ / 丸のみにする.

shìjūntǐ【噬菌体】名〈生〉バクテリオファージ.

shì qí mò jí【噬脐莫及】〈成〉後の祭り.

螫 **shì** 動〈書〉(虫などが)刺す.

襫 **shì** →bóshì【袯襫】

匙 **shi** →yàoshi【钥匙】 異読⇨chí

殖 **shi** →gǔshi【骨殖】 異読⇨zhí

shou (ㄕㄡ)

收 **shōu** 動 **1** 受け入れる. 取り入れる. ①(手紙などを)受け取る. ¶您的信～到了 / お手紙を受け取りました. ②(人を)受け入れる,採る. ¶～进修生 / 研修生を受け入れる. ③(本などに)収める. ¶这本词典共～了七万多个词 / 本辞典には7万余語が収められている. ④(作物などを)取り入れる,収穫する. ¶～庄稼 / 農作物を取り入れる. ⑤(利益を)得る,収める. ¶～到良好的效果 / よい結果を収めた.
2 ばらばらのものを1か所にまとめる. ①しまう. 片付ける. ¶下雨了,快～衣服 / 雨が降ってきたから,早く洗濯物を取り入れなさい. ②引き取る. 買い入れる. ¶～废品 / 廃品回収をする. ③費用·料金などを徴収する. ¶～会费 / 会費を集める. ④取り戻す. ¶→～回. ⑤そろえる. ¶资料已经～齐了 / 資料を取りそろえた.
3(仕事·商売などを)しまう,やめる. ¶时间不早了,今天就～了吧 / 遅くなったから,きょうはおしまいにしよう.
4(感情や行動を)抑える. ¶他的心已～不住了 / 彼の心はもう抑えがきかなくなった.
5 拘禁する. ¶那个小流氓被～进来了 / そのチンピラは捕らえられた.
6(↔放)引き締める. 規制·指導を強化する.

shōu//bào【收报】動 受信する.

shōubàojī【收报机】名 受信機.

shōubīng【收兵】動 **1**〈近〉兵を収め戦いをやめる. **2**〈喩〉終わりにする.

shōucáng【收藏】動(主として文化財を)収集する,収蔵する.

shōucángjiā【收藏家】名 収集家.

shōu//cāo【收操】動 教練や体操を終える.

shōu//chǎng【收场】**1** 動 終わる. **2** 名 結末. 末路.

shōu//chē【收车】動 仕事終了後に車を駐車場に戻す.

shōucheng【收成】名(農作物の)でき具合,作柄;(魚介類の)取れ高.

shōucún【收存】動(受け取って)保存する. しまっておく.

shōu//dào【收到】動+方補 **1** 受け取る. **2** 収める.

shōufā【收发】名 **1**(公文書類の)受領と発送. ¶～室 / (機関や学校などで)郵便物·文書を受け取り配付する所. **2** 公文書の受付発送の仕事をする人.

shōufāng【收方】名〈簿記〉借方.

shōu//fèi【收费】動 料金を取る. 有料である. ¶～公路 / 有料道路. ¶～停车场 / 有料駐車場.

shōufú【收服】動 相手を降参させる. ▲"收伏"とも.

shōufù【收付】名 収入と支出.

shōufù【收复】動(失った領土を)奪い返す.

shōugē【收割】動(農作物を)刈り取る.

shōugējī【收割机】名 刈り取り機.

shōu//gōng【收工】動 仕事を終える.

shōugòu【收购】動 買い集める. 買い上げる. ¶～站 / (農産物などの)買い付けセンター. ¶～价格 / 買い上げ価格.

shōu//huí【收回】動+方補 **1** 取り戻す. 回収する. **2**(意見や命令などを)撤回する.

shōu//huó【收活】動(～儿) **1**(加工や修理を要する品を)受け取る. **2** 仕事を終える.

shōuhuò【收获】**1** 動 収穫する. **2** 名 収穫;成果. 得るところ. ¶～不小 / 得るところが多い.

shōuhuòrén【收货人】名 荷受人.

shōují【收集】動 集める. 収集する.

shōu//jiān【收监】動 収監する.

shōujiàn【收件】動 郵便物を受け取る.

shōujiànrén【收件人】名(郵便物の)受取人.

shōujiǎo【收缴】動 **1**(武器などを)押収する. **2**(税金などを)徴収する.

shōujù【收据】名 領収書. 受取書.

shōukàn【收看】動(テレビを)視聴する.

shōu//kǒu【收口】動(～儿) **1**(編み物などの開いているところを)とじる. **2** 傷口がふさがる.

shōu//kuǎn【收款】動 現金を受け取る.

shōukuǎntái【收款台】名 レジ. 支払い所.

shōulǎn【收揽】動 **1** 抱き込む. **2**〈書〉集めて自分のものにする.

shōu//lèi【收泪】動〈書〉泣きやむ.

shōu//lǐ【收礼】動(冠婚葬祭の)祝儀や香典を受け取る.

shōu//lián【收镰】動〈農〉収穫作業を終える.

shōuliǎn【收敛】動 **1**(笑顔や光線が)消える. **2**(言行を)慎む,控える.

shōuliàn【收殓】動 納棺する.
shōuliú【收留】動(孤児などを)引き取り世話をする.
shōu//lǒng【收拢】動 **1**(分散した物を1か所に)集める.(広がった物を)縮める. **2** 籠絡する.
shōulù【收录】動 **1** 採用する. **2** 収める. 収録する. **3** 受信録音する.
shōulùjī【收录机】名 ラジカセ.
shōuluó【收罗】動 網羅する. かき集める.
shōumǎi【收买】動 **1** 買い集める. **2** 買収する.
shōunà【收纳】動 受け取る. 受け入れる.
shōu//pán【收盘】動(～儿)〈経〉(証券などの)一日の取引が終了する. 引ける.
shōupánjià【收盘价】名〈経〉引け値.
shōu//péng【收篷】動 帆を下ろす;〈喩〉結末をつける. やめる.
shōu//qí【收齐】動+結補 全部集める.
shōu//qǐ【收起】動+方補 **1**(物を)しまっておく. **2**(言行を)控える.
shōuqì【收讫】動〈書〉受取済みである. 領収済みである.
shōu//qīng【收清】動+結補 全部受取済みである.
shōu//qiū【收秋】動 秋の取り入れをする.
shōuqǔ【收取】動 受け取る. もらう.
shōuróng【收容】動 収容する.
shōurù【收入】**1** 動 受け取る. 取り入れる. ¶有十多篇文章被～了论文集 / 十数編の論文が論文集に収められている. **2** 名 収入. 所得.
shōushěn【收审】動 勾留して取り調べる.
shōushēngpó【收生婆】名〈旧〉産婆.
shōu//shì【收市】動〈旧〉**1**(市場や商店などが)引ける,閉店する. **2**〈経〉→shōu//pán【收盘】
shōushì【收视】動(テレビを)見る.
shōushìlǜ【收视率】名 視聴率.
shōushi【收拾】動 **1** 片付ける. 整理する. ¶～屋子 / 部屋を片付ける. **2** 修理する. ¶～皮鞋 / 靴を修理する. **3**〈口〉こらしめる. とっちめる. ¶好好儿～他 / 彼をこっぴどくこらしめる. **4**〈口〉消す. 殺す.
shōushòu【收受】動 受け取る. 受領する.
shōushù【收束】動 **1** 集中する. **2** 締めくくる. 結末をつける. **3**(荷物を)片付ける. 荷造りをする.
shōusuō【收缩】動 **1**(物体が)収縮する. **2** 縮小する. 引き締める.
shōu tānr【收摊儿】動 露店をしまう;店じまいする;〈転〉仕事を片付ける.
shōutiáo【收条】名(～儿)受取書;領収書. [张]
shōutīng【收听】動(ラジオを)聞く.
shōu//wěi【收尾】**1** 動 結末をつける. 終わりを告げる. **2** 名(文章などの)結末.
shōuwén【收文】名 受け付けた公文書. ¶～簿 / 公文書の受取登記簿.
shōu//xia【收下】動+方補(贈り物などを)受け取る.
shōu//xiàn【收线】動(電話が)切れる.
shōu//xiào【收效】動 効き目が現れる.
shōu//xīn【收心】動(よくない考えを抑えて)気持ちを引き締める.
shōu//xìn【收信】動 手紙を受け取る.
shōuxìnrén【收信人】名 手紙の受取人.
shōuyā【收押】動 拘留する.
shōuyǎng【收养】動 他人の子供を引き取って育てる.
shōuyì【收益】名 収益. 利益.
shōuyìlǜ【收益率】名〈経〉収益率.
shōuyīn【收音】動 **1**(ラジオを)受信する,聴取する. **2** 音を集めて音響効果をよくする. ¶～网 / ラジオ受信網.
shōuyīnjī【收音机】名 ラジオ.
shōuyínjī【收银机】名 レジスター.
shōuyíntái【收银台】名 レジ. 支払いカウンター.
shōuyínyuán【收银员】名 レジ係.
shōuzhāi【收摘】動 摘み取る.
shōu//zhài【收债】動 借金を取り立てる.
shōu//zhàng【收账】動 **1** 集金する. ¶～员 / 集金人. 出納係. **2**(金や物品を)記帳する.
shōuzhī【收支】名 収支. 収入と支出.
shōuzhí【收执】〈書〉**1** 動(公文書用語)受け取って保管せよ. **2** 名(税金などの)受取証.
shōuzhì【收治】動 患者を受け入れて治療を施す.
shōuzū【收租】動 地代・家賃を取り立てる.

熟

shóu 形〈口〉〖熟shú〗に同じ. 異読⇒shú

手

shǒu **1** 名 手. [只;双] **2** 量(～儿)腕前・技能などを数える. ¶他会打一～好拳 / 彼は拳法の腕がすごい.
H ①特殊な技術をもっている人. ¶选～ / 選手. ②手に持つ. ¶人～一册 / だれでもその本を持っている. ③ハンディーな. ¶→～册. ¶→～机. ④手ずから. 自ら. ¶→～抄. ⑤手段. 手口. ¶→～软.
shǒubāzhangr【手巴掌儿】名〈方〉**1** 手のひら. **2** 手袋.
shǒu bǎ shǒu【手把手】〈慣〉(～儿)手を取って(教える).
shǒubà【手把】名(～儿)取っ手.
shǒubǎn【手板】名〈方〉手のひら.
shǒubāo【手包】名(～儿)ハンドバッグ.
shǒubèi【手背】**1** 名 手の甲. **2** 形(マージャンなどで)手が悪い,ついていない.

shǒubǐ【手笔】名 **1**（有名人の）自筆の文章や絵画. **2** 筆の立つ人. 名文家. **3**（金を使う）気前.
shǒubì【手臂】名 腕；〈喩〉助手. 片腕.
shǒubiān【手边】名（～儿）手元.
shǒubiǎo【手表】名 腕時計. ［块］
shǒubǐng【手柄】名 取っ手.
shǒu bù shì juàn【手不释卷】〈成〉たいへんな勉強家.
shǒu bù wěn【手不稳】〈慣〉〈方〉手癖が悪い.
shǒucè【手册】名 ハンドブック. 便覧. 手帳. ［本］
shǒuchāzi【手叉子】名 **1** あいくち. **2**〈諧〉（手をフォークに見立てて）手づかみ.
shǒu//cháng【手长】形 手癖が悪い.（利益を得るため）どこへでも手を伸ばす.
shǒuchāo【手抄】動 手で書き写す.
shǒuchāoběn【手抄本】名 写本. 手書きの本.
shǒuchē【手车】名 手押し車.
shǒuchuō【手戳】名（～儿）〈口〉（個人の）印鑑.
shǒu//dà【手大】形 金遣いが荒い.
shǒudài【手袋】名〈方〉ハンドバッグ.
shǒu dào bìng chú【手到病除】〈成〉すぐれた医術.
shǒu dào qín lái【手到擒来】〈成〉容易に目的を達する.
shǒudǐxia【手底下】名 **1** 指導の下. **2** 手もと.
shǒudiàn【手电】名 懐中電灯.
shǒudiàntǒng【手电筒】名 懐中電灯.
shǒuduàn【手段】名 **1** 手段. **2**〈貶〉手管. 計略. ¶耍～骗人 / 手練手管で人をだます. **3** 腕前. ¶～高明 / 技能がすぐれている.
shǒufǎ【手法】名 **1**（芸術・文学作品の）技巧, 手法. **2**〈貶〉手管.
shǒufēngqín【手风琴】名〈音〉アコーディオン. ［架］
shǒugǎn【手感】名 手触り. 風合い.
shǒu gāo shǒu dī【手高手低】〈成〉誤差. 多少の違い.
shǒugǎo【手稿】名（有名人の）自筆の原稿.
shǒugōng【手工】名 **1** 手仕事. **2** 手で操る仕事. **3**〈俗〉手間賃.
shǒugōngyè【手工业】名 手工業.
shǒugōngyì【手工艺】名 手工芸.
shǒugōngyìpǐn【手工艺品】名 手工芸品.
shǒugǔ【手鼓】名〈音〉（ウイグル族などの）手鼓. タンバリン.
shǒu//hēi【手黑】形〈方〉手口が悪どい.
shǒu//hěn【手狠】形 **1**（人を打つとき）手ひどい, 手荒い. **2**（手口が）ひどい, むごい.
shǒujī【手机】名〈略〉携帯電話.
shǒu jí yǎn kuài【手疾眼快】〈成〉機敏である.
shǒujì【手记】**1** 動 自分で書き記す. **2** 名 手記.
shǒujì【手迹】名 筆跡.
shǒujiǎo【手脚】名 **1**（手足の）動作. **2**〈方〉〈貶〉小細工. 策略.
shǒujīn【手巾】名 タオル. 手ぬぐい. ハンカチ. ［块,条］
shǒu//jǐn【手紧】形 **1** 締まり屋である. **2** 手もと不如意である.
shǒujù【手锯】名（片手用の）のこぎり.
shǒujuàn【手卷】名 書画の巻物.
shǒujuàn【手绢】名（～儿）ハンカチ. ［块］
shǒukào【手铐】名 手錠. 手かせ.
shǒu//kuài【手快】形 手早い. 素早い.
shǒu//là【手辣】形（やり口が）無情である, 手厳しい.
shǒuléi【手雷】名〈軍〉対戦車用大型手榴弾.
shǒuliàn【手链】名（～儿）ブレスレット.
shǒuliúdàn【手榴弹】名［颗,个］ **1**〈軍〉手榴弾. **2**〈俗〉贈賄用の酒.
shǒulóng【手笼】名 手温め. マフ.
shǒulú【手炉】名 手あぶり用火鉢.
shǒu//màn【手慢】形 仕事や動作がのろい.
shǒu máng jiǎo luàn【手忙脚乱】〈成〉てんてこ舞いをする.
shǒumó【手模】名 拇印.
shǒu nián【手黏】形 手癖が悪い.
shǒupà【手帕】名 ハンカチ.
shǒuqí【手旗】名（信号の）手旗.
shǒuqì【手气】名〈口〉賭博やくじ引きをする時の運.
shǒuqiāng【手枪】名〈軍〉拳銃. ピストル. ［支,把］
shǒu//qiǎo【手巧】形 手先が器用である.
shǒu//qín【手勤】形 手まめである.
shǒu//qīng【手轻】形（扱い方が）そっとしている.
shǒuqiú【手球】名〈体〉 **1** ハンドボール（のボール）. **2**（サッカーの反則で）ハンド.
shǒur【手儿】名 **1** 腕前. **2**〈貶〉手管.
shǒurèn【手刃】動〈書〉手打ちにする.
shǒu//ruǎn【手软】形（気力がくじけて）手が下せなくなる, 手が鈍る.
shǒushāchē【手刹车】名〈機〉ハンドブレーキ.
shǒu//shēng【手生】形 **1** 手慣れていない. **2** 腕がなまっている.
shǒushì【手势】名 手まね. ジェスチャー.
shǒushū【手书】〈書〉 **1** 動 自分で書く. **2** 名 手紙.
shǒu//shú【手熟】形 手慣れている.
shǒushù【手术】**1** 名 手術. ¶动～ / 手術をする. **2** 動 手術する.
shǒu//sōng【手松】形 金離れがいい；気前がいい.

手 S

shǒután【手谈】[動]〈書〉碁を打つ.
shǒutào【手套】[名](～儿)**手袋**.［副,双;只］
shǒutíbāo【手提包】[名] 手提げ袋;ハンドバッグ.［个,只］
shǒutíshì【手提式】[形] ポータブルの.携帯用の.
shǒutíxiāng【手提箱】[名] トランク.スーツケース.
shǒutóu【手头】[名](～儿)**1** **手もと**.手近なところ. **2** **懐具合**.
shǒutuīchē【手推车】[名] 手押し車.カート.
shǒuwàn【手腕】[名](～儿)**1**〈貶〉手管.計略. **2** 手腕.力量. **3** 手首.
shǒuwànzi【手腕子】[名] 手首.
shǒuwén【手纹】[名] 手のひらの紋様.
shǒu wú cùn tiě【手无寸铁】〈成〉まったく武器を持っていない.
shǒu wú fù jī zhī lì【手无缚鸡之力】〈成〉非力である.
shǒu wǔ zú dǎo【手舞足蹈】〈成〉小躍りして喜ぶ.
shǒuxià【手下】[名] **1** 指揮下.支配下. **2** 部下. **3** 手元. **4** 懐具合. **5** 手を下す時.
shǒu xià liú qíng【手下留情】〈成〉お手やわらかに.
shǒu xié shǒu【手携手】手に手を取る.
shǒuxiě【手写】[動] 手書きする.自分で書く.
shǒuxiětǐ【手写体】[名] 筆記体.
shǒuxīn【手心】[名] **1** たなごころ.掌中. **2** 勢力の及ぶ範囲.
shǒuxù【手续】[名] **手続き**.［次,道,种,个］¶办理～/手続きをする.
shǒuxuǎn【手癣】[名] 手のひらに生じる皮膚病.
shǒuyǎn【手眼】[名](悪い意味での)手腕.要領.
shǒu//yǎng【手痒】[形](腕をふるいたくて)むずむずする.
shǒuyáochē【手摇车】[名] 車椅子.
shǒuyáoshì【手摇式】[形] ハンドル式の.手動式の.
shǒuyì【手艺】[名](手工業職人の)**技術,腕前**.
shǒuyín【手淫】[名] マスターベーション.
shǒuyìn【手印】[名](～儿)**1** 拇印.指紋. **2**〈旧〉手形.
shǒuyǔ【手语】[名] 手話.
shǒuzhǎng【手掌】[名] **手のひら**.
shǒuzhàng【手杖】[名] ステッキ.つえ.
shǒuzhǐ【手纸】[名] ちり紙.トイレットペーパー.
shǒuzhǐ【手指】[名] **手の指**.
shǒuzhǐjia【手指甲】[名](手の)爪.
shǒuzhǐtou【手指头】[名]〈口〉手の指.
shǒuzhǐtoudùr【手指头肚儿】[名]〈口〉指の腹.
shǒu//zhòng【手重】[形] 力が入っている.手荒い.
shǒuzhuó【手镯】[名] ブレスレット.腕輪.
shǒuzú【手足】[名] **1**(手足の)動き. **2** 兄弟.
shǒu zú wú cuò【手足无措】〈成〉どうしてよいかわからない.

守 **shǒu** [動] **1** **守る**. ¶～球门/ゴールを守る. **2** **見守る**. ¶她在病房～了一夜/彼女は病室で一晩中看護した. **3** **(規則・法律を)遵守する**. ¶～约/約束を守る. ¶～着老一套/古いやり方に固執する. **4**(多く"守着"の形で)…の近くにある. ¶～着车站/駅の近くにある. ‖[姓]

shǒubèi【守备】[動] 防御する.守る.
shǒucáinú【守财奴】[名]〈譏〉守銭奴.
shǒuchǎngyuán【守场员】[名]〈体〉(野球・ソフトボールで)野手,外野手.
shǒuchē【守车】[名](貨物列車の最後部の)車掌車.
shǒuchéng【守成】[動]〈書〉創業の後を受けて成果を守る.
shǒudí【守敌】[名]〈軍〉敵の守備兵.
shǒu//fǎ【守法】[動] 法律を守る.
shǒugōng【守宫】[名]〈動〉ヤモリ.
shǒu//guǎ【守寡】[動] 後家を通す.
shǒuhéng【守恒】[動](数量を)変えずに守る. ¶～定律/〈物〉エネルギー保存の法則.
shǒuhòu【守候】[動] **1** 待つ. **2** 看護する.
shǒuhù【守护】[動] 番をする.見守る.
shǒuhuóguǎ【守活寡】〈慣〉(単身赴任などで)夫と離れて暮らす妻.
shǒu//jié【守节】[動] 操を守る.後家を通す.
shǒujiù【守旧】**1** [形] 旧習にとらわれている. **2** [名](京劇などで)舞台の正面に掛ける刺繡を施した幕.
shǒu kǒu rú píng【守口如瓶】〈成〉秘密を厳守する.
shǒulěiyuán【守垒员】[名]〈体〉(野球・ソフトボールで)内野手.
shǒu//líng【守灵】[動] 通夜をする.
shǒuményuán【守门员】[名]〈体〉ゴールキーパー.
shǒu//sāng【守丧】→ **shǒu//líng**【守灵】
shǒushì【守势】[名] 守勢.
shǒu//suì【守岁】[動]〈旧〉大みそかの夜,寝ずに年越しをする. ¶～酒/年越しに飲む酒.
shǒuwàng【守望】[動] 見張りをする.
shǒu wàng xiāng zhù【守望相助】〈成〉互いに見張りを出し,有事に助け合う.
shǒuwèi【守卫】[動] 守備する.防衛する.
shǒu//xiào【守孝】[動]〈旧〉喪に服する.
shǒu//xìn【守信】[動] 約束を守る.
shǒu//yè【守夜】[動] **1** 徹夜する. **2** 夜警・夜回りをする. **3** 通夜をする.
shǒuzé【守则】[名] 規則.心得.
shǒu zhū dài tù【守株待兔】〈成〉努力せずに収穫にありつこうとする.

首 **shǒu** 量 詩・歌を数える：首．¶一～诗 / 詩1首．
H ①頭．¶昂～ / 頭をもたげる．②第一の．最高の．¶→～席．③指導・率先する人．¶元～ / 元首．④最初の．¶→～创chuàng．⑤自ら出向いて告発する．¶自～ / 自首する．‖姓
shǒubō【首播】動（テレビ局やラジオ局などが）初放送をする．
shǒuchàng【首倡】動 首唱する．
shǒuchē【首车】名 始発（の列車・バスなど）．
shǒuchuàng【首创】動 創造する．創始する．
shǒucì【首次】名 第1回目．初めて．
shǒucóng【首从】名 主犯と共犯．
shǒu dāng qí chōng【首当其冲】〈成〉真っ先に矢面に立つ．
shǒudū【首都】名 首都．
shǒu'è【首恶】名〈書〉悪人の首領．首謀者．
shǒufā【首发】動 1 始発バス〔電車〕が発車する．2 初めて発表〔発行〕する．3〈体〉スターティングメンバーとして出場する．
shǒufāshì【首发式】名（書籍や映画などの）刊行〔公開〕記念式典．
shǒufàn【首犯】名 主犯（者）．
shǒufǎng【首访】動 初めて訪問する．
shǒufǔ【首府】名 1 自治区や自治州の政府所在地．2 従属国や植民地の最高政治機関の所在地．
shǒufù【首富】名 一番の金持ち．
shǒugōng【首功】名〈書〉第一等の功績．
shǒuháng【首航】動（初めて）就航する．
shǒují【首级】名〈書〉討ち取った首．
shǒujiè【首届】名 第1期．第1回．
shǒukěn【首肯】動〈書〉うなずく．承知する．
shǒulǐng【首领】名 1 頭（かしら）．頭目．2〈書〉頭と首．
shǒunǎo【首脑】名 首脳．¶～会议 / 首脳会談．¶～人物 / 首脳．
shǒu qū yī zhǐ【首屈一指】〈成〉最初に数え上げる．ナンバーワン．
shǒurèn【首任】名 初代（の就任者）．
shǒurìfēng【首日封】名 初日カバー．
shǒushi【首饰】名 装身具．アクセサリー．
shǒu shǔ liǎng duān【首鼠两端】〈成〉どっちつかずの態度をとる．
shǒuwěi【首尾】名 1 ものの始めと終わり．2 始めから終わりまで．
shǒuwèi【首位】名 首位．第1位．
shǒuxí【首席】名 1 主賓の席．2 最上位の身分・職位．
shǒuxí zhíxíngguān【首席执行官】名 最高経営責任者．CEO．
shǒuxiān【首先】1 副 真っ先に．¶讨论会上,班长～发言 / 討論会では班長がまず意見を述べた．2 接続 まず最初に（…次に…）．
shǒuxiàng【首相】名〈政〉首相．内閣総理大臣．
shǒuxuǎn【首选】動 第1位で合格〔当選〕する．
shǒuyǎn【首演】動 初演する．
shǒuyào【首要】1 形 最も重要な．2 名 首脳．
shǒuyìng【首映】動（映画が）初めて上映される．封切上映をする．
shǒuyìngshì【首映式】名 プレミアショー．▶"首映礼"とも．
shǒuzhǎng【首长】名 行政の上級指導者．
shǒuzuò【首座】名 最上位の席（に座る人）．▲"首坐"とも．

寿（壽） **shòu** H ①年齢．¶您高～？/（お年寄りに）おいくつですか．②長命．長寿．¶福～ / 幸福と長寿．¶人～年丰 / 人は長寿,作物は豊作．③（老人の）誕生日．¶做～ / 誕生祝いをする．④（生前に用意する）死者の使用に供するもの．¶→～衣．‖姓
shòubān【寿斑】名 しみ．
shòucái【寿材】名（老人が生前に準備しておく）柩（ひつぎ）；（広く）棺桶．
shòuchén【寿辰】名（老人の）誕生日．
shòudàn【寿诞】→shòuchén【寿辰】
shòuduìr【寿对儿】→shòulián【寿联】
shòulǐ【寿礼】名（老人の）誕生祝いの贈り物．
shòulián【寿联】名（老人の）誕生祝いの対聯（たいれん）．
shòumiàn【寿面】名（老人の）誕生祝いに食べるうどん．
shòumìng【寿命】名 1 寿命．2〈喩〉耐用期間．
shòumù【寿木】→shòucái【寿材】
shòusī【寿司】名〈料理〉すし．
shòushu【寿数】名（定められた）寿命．
shòutáng【寿堂】名（老人の）誕生祝いの式場．
shòutáo【寿桃】名（老人の）誕生祝いの桃〔桃の形のマントー〕．
shòuwén【寿文】名（老人の）誕生祝いに贈る文章．
shòuxí【寿席】名 誕生祝いの宴席．
shòuxiǎn【寿险】名〈略〉生命保険．
shòuxiàn【寿限】→shòushu【寿数】
shòuxīng【寿星】名〈天〉老人星．
shòuxing【寿星】名 寿老人（じゅろうじん）．
shòuxué【寿穴】名 生前に造った墓．
shòuyán【寿筵】名 誕生祝いの宴会．
shòuyāo【寿夭】名 長寿と短命．
shòuyī【寿衣】名 死者に着せる着物．経帷子（きょうかたびら）．
shòuzhàng【寿幛】名 誕生祝いに贈る絹の掛け物．
shòuzhōng【寿终】動 寿命が尽きる．
shòu zhōng zhèng qǐn【寿终正寝】〈成〉天寿を全うする；（計画などが）おじゃんになる．

受 **shòu** 動 1（好意・好感や育みを）受ける．¶他～过表扬 / 彼は表

彰された. ¶我们～老张指挥 / われわれは張さんに指図してもらう. ¶深～启发 / 大いに教えられた. **2**(損害・苦痛・不運などに)あう. ¶～损失 / 損失を被る. ¶他～了老师批评 / 彼は先生にしかられた. **3** 堪え忍ぶ. 我慢する. ¶我再也～不下去了 / もうこれ以上我慢できない. **4**〈方〉…するのによい. …しやすい. ¶～看 / 見ていて気持ちがいい. ¶～吃 / おいしい.

shòu//bìng【受病】動 病気になる.

shòubuliǎo【受不了】動+可補 たまらない. 耐えられない.

shòubuqǐ【受不起】動+可補(資格がなくて)受けることができない,受けるわけにはいかない.

shòubuzhù【受不住】→ shòubuqǐ【受不起】

shòu//cháo【受潮】動(物が)湿る,湿ける.

shòu chǒng ruò jīng【受宠若惊】〈成〉身に余る待遇を受けて驚き喜ぶ.

shòucuò【受挫】動 挫折する.

shòu//dào【受到】動+方補 受ける.

shòuděng【受等】〈套〉お待たせしました.

shòu//dòng【受冻】動 **1** 寒い目にあう. **2**(農作物が)冷害を受ける.

shòu//fá【受罚】動 処罰を受ける. 処罰される.

shòu//fěn【受粉】動〈植〉受粉する.

shòu//fēng【受风】動 冷たい風に当たって風邪を引いたり病気を悪化させたりする.

shòu//hài【受害】動 害を受ける; 殺害される.

shòuhàizhě【受害者】名 被害者.

shòu//hán【受寒】動(体が)冷える.

shòu//hàn【受旱】動 干害を受ける.

shòuhuàqì【受话器】名〈電〉受話器. レシーバー.

shòuhuàrén fùfèi diànhuà【受话人付费电话】名 コレクトコール.

shòu//huì【受贿】動 収賄する.

shòujiǎn【受检】動 検査を受ける.

shòu//jiǎng【受奖】動 受賞する.

shòu//jiào【受教】動 教えを受ける.

shòu//jiè【受戒】動〈宗〉受戒する.

shòu//jìn【受尽】動+結補 さんざん…を受ける. ¶～折磨 / 苦難をなめ尽くす.

shòu//jīng【受惊】動 びっくりさせられる. 驚かされる.

shòu//jīng【受精】動〈生〉受精する.

shòu//jiǒng【受窘】動 つらい立場に立たされる.

shòu//kǔ【受苦】動 苦しい目にあう.

shòu//lěi【受累】動 巻き添えを食う.

shòu//lèi【受累】**1** 動 苦労する. 骨を折る. **2**〈套〉ご苦労様でした.

shòu//lǐ【受礼】動 贈り物をもらう.

shòulǐ【受理】動 **1**〈法〉(裁判所が事件を)受理する. **2** 受け付けて取り扱う.

shòu//liáng【受凉】動(体が)冷える.

shòumìng【受命】動 命令を受ける.

shòu//nàn【受难】動 災難にあう. ¶～者 / 罹災(りさい)者.

shòu//piàn【受骗】動 だまされる.

shòu//pìn【受聘】動 招聘(しょうへい)を受け入れる.

shòu//qì【受气】動 いじめられる.

shòuqìbāo【受气包】名(～儿)いじめられっ子.

shòu//qióng【受穷】動 貧乏する. 困窮する.

shòu//qū【受屈】動 **1** 悔しい思いをさせられる. **2** 苦労をさせられる. **3** 不当な待遇を受ける.

shòuquán【受权】動(政府や上級官庁から)権限を与えられる.

shòuràng【受让】動(品物や権利などを)譲り受ける.

shòu//rè【受热】動 **1** 高温の影響を受ける. **2** 暑気あたりする.

shòu//rǔ【受辱】動 辱められる.

shòu//shāng【受伤】動 **1** 傷を受ける. 負傷する. **2**(物品が)傷つく,損傷する.

shòu//shǎng【受赏】動 受賞する.

shòu//shěn【受审】動 裁判を受ける.

shòushì【受事】名〈語〉受動者.

shòu//shǔ【受暑】動 暑気あたりする.

shòu//tāi【受胎】動 妊娠する.

shòu//tuō【受托】動 委託を受ける.

shòutuōrén【受托人】名〈経〉受託者.

shòuxǐ【受洗】動〈宗〉洗礼を受ける.

shòu//xiáng【受降】動 投降を受け入れる.

shòu//xíng【受刑】動 **1** 刑罰を受ける. **2** 拷問を受ける.

shòu//xùn【受训】動 訓練を受ける.

shòuyè【受业】〈書〉**1** 動 授業を受ける. **2** 名 生徒の先生に対する自称.

shòuyì【受益】動 利益を受ける.

shòuyòng【受用】動 利益を受ける; 享受する.

shòuyong【受用】形 心地よい. 快適である.

shòuyuān【受冤】動 冤罪を被る.

shòu//yuán【受援】動 援助を受ける.

shòuyuè【受阅】動 観閲を受ける.

shòu//yùn【受孕】→ shòu//tāi【受胎】

shòu//zāi【受灾】動 罹災(りさい)する. 災難にあう.

shòu//zhì【受制】動〈書〉(行動が)制限される.

shòuzhòng【受众】名(メディアや芸術作品の)受け手. ▶読者や視聴者など.

shòuzǔ【受阻】動 妨げられる. 阻まれる.

shòu//zuì【受罪】動 ひどい目にあう. 難儀する. 苦しめられる.

狩 shòu H 猟をする. ▶特に冬の猟をさす.

shòuliè【狩猎】動 猟をする.

授 **shòu** 動(正式な場で)授ける. ¶～他一枚奖章 / 彼に表彰メダルを授与する.
H 教える. 伝授する. ¶函～ / 通信教育.
shòufěn【授粉】動〈植〉受粉する.
shòu//jì【授计】動 計略を授ける.
shòu//jiǎng【授奖】動 賞を与える.
shòujīng【授精】動 授精する.
shòu//kè【授课】動〈書〉授業をする.
shòumìng【授命】動 **1**(多く国家元首が)命令を下す. **2**〈書〉生命を投げ出す.
shòuquán【授权】動 権限を授ける.
shòu rén yǐ bǐng【授人以柄】〈成〉人に口実を与える.
shòushòu【授受】動〈書〉やりとりをする.
shòu//xián【授衔】動 官等や称号を授ける.
shòuxūn【授勋】動〈書〉勲章を与える.
shòuyì【授意】動…するように助言・示唆する.
shòuyǔ【授予】動(勲章・賞状・称号などを)授与する.
shòu//zhí【授职】動 官職を授ける.
售 **shòu** H ①売る. ¶销～ / 販売する. ②(悪計を)用いる. ¶以～其奸 / その陰謀を遂行しようとする.
shòuhòu fúwù【售后服务】名 アフターサービス.
shòuhuò【售货】動 販売する.
shòuhuòjī【售货机】名 販売機.
shòuhuòyuán【售货员】名(商店の)店員.
shòujià【售价】名 売り値.
shòumài【售卖】動 売る. 販売する.
shòupiào【售票】動 切符を売る.
shòupiàochù【售票处】名 切符売り場.
shòupiàoyuán【售票员】名 **1** 切符を売る人. **2** バスの車掌.
shòuqìng【售罄】動 売り切れる.
shòuquē【售缺】動 売り切れる.
兽(獸) **shòu** H ①けもの. けだもの. ¶禽～ / 鳥やけもの. ②野蛮な. 下劣な. ¶～心 / 人の心をわきまえない心.
shòuhuán【兽环】名(獣の頭部を模した)ドアノッカー.
shòulèi【兽类】名 獣類.
shòulìchē【兽力车】名 家畜に引かせる車.
shòuwáng【兽王】名 百獣の王；ライオン. トラ.
shòuxíng【兽行】名 **1** 残忍な行為. **2** 人の道にはずれた行為. 獣行.
shòuxìng【兽性】名 動物的な性質；〈喩〉野蛮で残忍な性質.
shòuyī【兽医】名 獣医.
shòuyù【兽欲】名 獣欲. 肉欲.
绶 **shòu** H 印綬(いんじゅ). ¶印～ / 印綬.
shòudài【绶带】名 勲章などを身に付けるための組ひも.
瘦 **shòu** 形 **1**(↔胖,肥)やせている. ¶他最近～了 / 彼は最近やせた. **2**(↔肥)(肉類の)脂肪が少ない. 赤身の. **3**(↔肥)(服・靴・靴下などが)小さくて窮屈である. ¶这条裤子太～了 / このズボンは窮屈すぎる. **4**(地味が)肥沃(ひよく)でない. ¶～田 / やせ地.
shòugāo【瘦高】形 やせて背が高い.
shòugāogèr【瘦高个儿】名 ひょろ長い人. のっぽ.
shòuguǒ【瘦果】名〈植〉瘦果(そうか).
shòují【瘦瘠】形 **1** やせている. ひ弱である. **2**(土地が)やせている.
shòujīntǐ【瘦金体】名 瘦金(そうきん)体. ▶宋の徽宗(きそう)の書体.
shòuliu【瘦溜】形〈方〉すらっとしている.
shòuròu【瘦肉】名 赤身の肉.
shòuruò【瘦弱】形 やせて弱々しい.
shòushēn【瘦身】動 **1** ダイエットする. スリムアップする. **2** 簡素化する.
shòuxiǎo【瘦小】形 **1** やせて小柄である. **2**(服が)窮屈で小さい.
shòuxuē【瘦削】形〈書〉やせこけている.
shòuyìng【瘦硬】形(書道で)細字で力強い.
shòuzi【瘦子】名 やせた人. やせぎす.

shu (ㄕㄨ)

殳 **shū** 名〈古〉竹槍. 竹竿の先を八角に削ってとがらせたもの. ‖姓
书(書) **shū** 名 本. [本,册,部,卷,套]
H ①(字を)書く. ¶大～特～ / 特筆大書する. ②手紙. ¶家～ / 家族から(へ)の手紙. ③文書. ¶白皮～ / 白書. ④書体. ¶楷～ / 楷書. ‖姓
shūbāo【书包】名(多くは学生の)かばん. [个]
shūbāodài【书包带】名 ブックバンド.
shūbào【书报】名 書籍と新聞. 出版物. ¶～亭 / 新聞雑誌スタンド.
shūbèi【书背】名 本の背.
shūběn【书本】名(～儿)書物(の総称). 本.
shūcè【书册】名 書物.
shūcháshè【书茶社】名(お茶を飲みながら講談が聞ける)寄席(よせ). 講釈場を設けた"茶馆".
shūchǎng【书场】名 寄席.
shūchóng【书虫】名〈口〉**1**〈虫〉シミ(紙魚). **2** 本の虫. 読書家.
shūchú【书橱】名 書棚. [个,座]
shūdāizi【书呆子】名〈貶〉本の虫.
shūdǎng【书挡】名 ブックエンド.
shūdǐr【书底儿】名〈旧〉学. 学問.
shūdiàn【书店】名 書店. [家,个]
shūdú【书牍】名〈書〉手紙. 書簡.
shūdù【书蠹】名 **1**〈虫〉シミ(紙魚). **2** 本の虫. 読書狂.

shūfǎ【书法】名 書道. ¶～家 / 書家.
shūfáng【书房】名 書斎. [间]
shūfēi【书扉】名 洋装本のとびら.
shūgǎo【书稿】名 原稿.
shūgézi【书槅子·书格子】名 書架.
shūguǎn【书馆】名 **1**〈旧〉私塾. **2** 書店.
shū guī zhèng zhuàn【书归正传】〈成〉話を本題に戻す. それはさておき.
shūguì【书柜】名 本箱.
shūhán【书函】名 **1** 書簡. **2** 帙(ちつ).
shūhào【书号】名 図書番号. 書籍コード.
shūhòu【书后】名 後書き. 跋(ばつ).
shūhuà【书画】名 書画. 書と絵.
shūjí【书籍】名 書籍(の総称).
shūjǐ【书脊】名 本の背.
shūji【书记】名 **1** 書記. 共産党や青年団の主な責任者. **2**〈旧〉文書係.
shūjiā【书家】名 書家. 書道家.
shūjiāzi【书夹子】名 紙挟み.
shūjià【书架】名(～子) 本棚. [个]
shūjiǎn【书简】名〈書〉手紙. 書簡. ▲"书柬"とも.
shūjú【书局】名〈旧〉書籍刊行所.
shūkān【书刊】名 書籍と雑誌.
shūkǒu【书口】名 書籍の前小口.
shūkù【书库】名 書庫.
shūlù【书录】名 書物や著作に関する版本·評論など各種資料の目録.
shūméi【书眉】名 書籍のページ上部の余白.
shūmí【书迷】名 **1** 本の虫. **2** 講談ファン.
shūmiàn【书面】名 書面. 文書.
shūmiànyǔ【书面语】名〈語〉書き言葉.
shūmíng【书名】名 書名.
shūmínghào【书名号】名〈語〉書名を示す記号. 《 》.
shūmù【书目】名 図書目録.
shūpí【书皮】名(～儿) **1** 本の表紙. **2** ブックカバー.
shūpíng【书评】名 書評. 図書評論.
shūpù【书铺】名 書店.
shūqǐ【书启】名〈書〉書簡.
shūqiān【书签】名(～儿) **1** しおり. **2**(線装本や巻子本で)題簽(だいせん).
shūqiè【书箧】名〈書〉小さな本箱.
shūshēng【书生】名〈書〉読書人. 学究.
shūshēngqì【书生气】名(世事にうとい)学究肌.
shūshì【书市】名 書籍市.
shūsì【书肆】名〈書〉書肆(しょし). 書店.
shūtān【书摊】名 露店の本屋.
shūtào【书套】名(書物の)帙(ちつ); ブックケース.
shūtǐ【书体】名 書体. 字の書きぶり.
shūtíng【书亭】名 新聞雑誌スタンド.
shūwū【书屋】名〈書〉書斎.
shūwù【书物】名 書籍と書籍関連の品物.
shūxiāng【书香】名〈旧〉読書人の家柄.
shūxiāng【书箱】名 本箱.
shū xiāng mén dì【书香门第】〈成〉読書人の家柄.
shūxiě【书写】動(字を)書く.
shūxìn【书信】名 手紙. 書簡.
shūyè【书业】名 出版業.
shūyè【书页】名 書物のページ.
shūyǐng【书影】名 書籍の内容見本.
shūyuàn【书院】名〈旧〉(地方に設けられた)読書·講学の場所.
shūzhá【书札】名〈書〉手紙. 書簡.
shūzhāi【书斋】名〈書〉書斎.
shūzhǎn【书展】名 図書展. ブックフェア. ¶国际～ / 国際ブックフェア.
shūzhèng【书证】名 **1** 出典. **2**〈法〉証拠書類.
shūzhuō【书桌】名(～儿) 文机(ふづくえ). 机.

抒 shū H (心情·意見などを)述べる. ¶各～己见 / 各自が自分の意見を述べる.
shūfā【抒发】動〈書〉(思いを)述べ表す.
shū//huái【抒怀】動〈書〉所感を述べる.
shūqíng【抒情】動〈書〉情感を述べ表す.
shūqíngshī【抒情诗】名〈文〉抒情詩. リリック.
shūxiě【抒写】動〈書〉(感情などを)書き表す.

纾 shū 動〈書〉解除する. 和らげる.

枢(樞) shū H ①戸の回転軸. 枢(とぼそ). ②かなめ. 中枢.
shūjī【枢机】名〈書〉**1** 大事な事柄. **2**〈旧〉朝廷の重要職位〔機構〕.
shūjī zhǔjiào【枢机主教】名〈宗〉(ローマカトリック教で)枢機卿.
shūniǔ【枢纽】名 枢軸. 中枢. ¶～车站 / ターミナル駅.
shūwù【枢务】名 枢要な政務.
shūyào【枢要】名〈書〉中央行政機関.

叔 shū H ①おじ(父の弟). ②父と同世代で父よりも若い男性に対する呼称. ¶王～ / 王おじさん. ③夫の弟. ④古来, 兄弟の順序の3番目. ‖姓
shūbai【叔伯】名 同祖父の兄弟姉妹から派生する親戚関係. ¶～哥哥 / 従兄. ¶～姐姐 / 従姉.
shūfù【叔父】名(父の弟) おじ.
shūgōng【叔公】名 **1**(舅(しゅうと)の弟) おじ. **2**〈方〉父のおじ. 大おじ.
shūmǔ【叔母】名(叔父の妻) おば.
shūpó【叔婆】名 **1**(舅の弟嫁) おば. **2**〈方〉父のおば. 大おば.
shūsǎo【叔嫂】名 弟と兄嫁(の間柄).
shūshu【叔叔】名〈口〉**1**(父の弟) 叔父. **2**(父より年下の男性に対する呼称) おじさん.
shūzhí【叔侄】名 おじとおい(の間

柄).
shūzǔ【叔祖】名 父のおじ. 大おじ.
shūzǔmǔ【叔祖母】名 父のおば.

殊 shū 副〈書〉非常に. 極めて. ¶～觉歉然 / 非常に遺憾に思う.
H ①異なる. ¶悬～ / 差が大きい. ②特別の. ¶特～ / 特別な. ③息が絶える. ¶→～死. ‖姓
shūbié【殊别】形〈書〉甚だ異なる.
shūbùzhī【殊不知】副 **1** なんと…をご存じない. **2** 思いのほか. 意外にも.
shūgōng【殊功】名〈書〉殊勲. 抜群の手柄.
shūpǐn【殊品】名〈書〉特別の品. 珍品.
shūróng【殊荣】名 特別の光栄.
shūsǐ【殊死】**1** 形 命がけの. **2** 名〈古〉斬首の刑.
shū tú tóng guī【殊途同归】〈成〉手段は異なっても結果は同じである.
shūxiào【殊效】名〈書〉特効. 特殊な効能.
shūxūn【殊勋】名〈書〉殊勲. ぬきんでた手柄.
shūyù【殊誉】名 特別な栄誉.

倏 shū H たちまち. ¶～已半年 / またたく間に半年たった.
shūdì【倏地】副 たちまち.
shūhū【倏忽】副〈書〉非常に速く.
shūrán【倏然】副〈書〉忽然として.

菽（尗） shū H 豆類の総称. ¶不辨～麦 / 〈喩〉実生活の知識にうとい.
shū shuǐ chéng huān【菽水承欢】〈成〉家が貧しくても親孝行は大事である.
shūsù【菽粟】名 豆とアワ；(広く)穀物. ¶布帛～ / 織物と穀物；衣食.

梳 shū 動(ひげや髪の毛を)とく, すく.
H くし.
shūbì【梳篦】名 くしとすきぐし.
shū biànzi【梳辫子】〈慣〉(問題を)分類整理し, 事の筋道を立てる.
shūlǐ【梳理】動 **1**〈紡〉(繊維を)すく. **2**(くしで)髪やひげを調える. **3**〈喩〉(問題を)整理する.
shū//tóu【梳头】動 髪をとく.
shūxǐ【梳洗】動 髪をすき顔を洗う.
shūxiá【梳匣】名 化粧箱.
shūzhuāng【梳妆】動 化粧する. ¶～台 / ドレッサー. 化粧台.
shūzi【梳子】名 くし. [把]

淑 shū H 温和で善良な. しとやかな.
shūnǚ【淑女】名〈書〉淑女.

舒 shū H ①伸ばす. くつろぐ. ¶→～气. ②ゆったりとしている. のびやかである. ‖姓
shūchàng【舒畅】形(気持ちが)晴れやかである.
shūfu【舒服】形 **1**(体・気持ちが)軽やかで快い, 気分がよい. ¶我有点儿不～ / 私は少し体の具合が悪い. **2**(環境が)快適である. ¶房间太小, 住着不～ / 部屋が狭くて住み心地がよくない.
shūhuǎn【舒缓】形 **1** ゆっくりしている. **2** 穏やかである.
shū//qì【舒气】動 **1** ほっとひと息つく. **2** うっぷんを晴らす.
shūsàn【舒散】動 **1**(体を)ほぐす. **2** 疲れを取り気持ちをよくする.
shūshì【舒适】形(環境・生活が)心地よい, 快適である. ¶～的生活 / 快適な生活.
shūshuǎng【舒爽】形 快適である. 爽快である.
shūtài【舒泰】形 ゆったりして気持ちがよい.
shūtan【舒坦】形〈口〉心地よい.
shūxīn【舒心】形 気楽である.
shūxú【舒徐】形〈書〉ゆったりしている. 落ち着いている.
shūzhǎn【舒展】**1** 動 広げる. 伸ばす. 緩める. **2** 形 **1** 平らである. ぴんと伸びている. **2** 伸び伸びとして心持ちがよい.
shūzhāng【舒张】動〈生理〉(血管などが)弛緩(しかん)する, 拡張する.

疏（踈） shū H ①まばらである. ¶稀～ / まばらである. ②(関係が)疎遠である. ¶生～ / よく知らない. ¶亲～ / (親族や交際関係の)親しさの度合い. ③中身がない. ¶才～学浅 / 浅学非才. ④(つまっているものを除いて)流通をよくする. ¶→～浚jùn. ⑤おろそかにする. ¶→～忽hu. ‖姓
shūdàn【疏淡】形 まばらである.
shūdǎo【疏导】動 滞っている水や交通をよくする.
shūfàng【疏放】形〈書〉**1** 放縦である. **2**(文章が)型にとらわれない.
shūguǒ【疏果】動〈農〉摘果する.
shūhu【疏忽】**1** 動 おろそかにする. **2** 形 うかつである. 不注意である.
shūhuā【疏花】動〈農〉摘花する.
shūjiě【疏解】動 **1** 仲裁する. 調停する. **2** スムーズにして緩和させる.
shūjùn【疏浚】動(土砂を)さらう.
shūlǎn【疏懒】形(生活が)だらしない.
shūlí【疏离】動 疎遠になる. 遊離する.
shūlòu【疏漏】名 手抜かり. 手落ち.
shūluò【疏落】形 まばらである. 散らばっている.
shūmì【疏密】名 密度. 疎密.
shūqiǎn【疏浅】形 **1** 浅薄である. **2** 疎遠である.
shūsàn【疏散】**1** 形 散らばっている. **2** 動 分散させる. 疎開させる.
shūshī【疏失】名 手落ち. ミス.
shūsōng【疏松】**1** 形(土壌などが)ぼくぼくして柔らかい. **2** 動(土などを)起こして柔らかくする.
shūtōng【疏通】動 **1**(溝などをさらい)流れをよくする. **2**〈転〉(意思などの)疎通をはかる；(争いを)取りなす.

shūyú【疏于】動〈書〉…をおろそかにする.
shūyuǎn【疏远】1 形(間柄が)疎遠である. 2 動 疎遠にする. 遠ざける.

摅(攄) shū H ①述べ表す. ¶略～己见 / いささか自分の意見を述べる. ②勢いよく駆ける.

输 shū 動 1 (↔赢)(試合やかけ事に)負ける, 敗れる. ¶A队～给B队了 / AチームはBチームに負けた. 2 (液体・気体や電流などを)運ぶ. ¶把油～在管道里 / オイルをパイプに送る.
H(財物を)献納する. ¶捐～ / 寄付する.
shūchéng【输诚】動〈書〉1 誠意を示す. ¶～结交 / 誠意を示して付き合いを始める. 2 投降する.
shūchū【输出】動 1 送り出す. 2〈経〉輸出する. 3〈電〉〈電算〉出力する. アウトプットする. ¶～格式 / 出力フォーマット. ¶～设备 / 出力装置. アウトプットデバイス. ¶～数据 / データ出力 ; 出力データ.
shūdiàn【输电】動 送電する.
shūjiā【输家】名(↔赢家)(ばくちなどで)負けた人.
shūjiāng【输将】動〈書〉寄付する. 献納する.
shūjīngguǎn【输精管】名〈生理〉輸精管.
shū//lǐ【输理】動 理屈が通らない.
shūluǎnguǎn【输卵管】名〈生理〉輸卵管.
shūniàoguǎn【输尿管】名〈生理〉輸尿管.
shūrù【输入】動 1 送り込む. 2 輸入する. 3〈電〉〈電算〉インプットする. ¶～设备 / 入力装置. インプットデバイス. ¶～数据 / データ入力 ; 入力データ. ¶～输出设备 / 出入力装置. 入出力デバイス.
shūsòng【输送】動 1 輸送〔運送〕する. ¶～带 / ベルトコンベア. 2〈喩〉(人材などを)送る.
shū//xuè【输血】動〈医〉輸血する.
shū//yǎng【输氧】動〈医〉酸素吸入する.
shū//yè【输液】動〈医〉(ブドウ糖やリンゲル液などを)注射〔点滴〕する.
shūyíng【输赢】名 1 勝ち負け. 2 勝ち負けの額.
shūyóuguǎn【输油管】名 石油輸送管.

毹 shū →qúshū【氍毹】

蔬 shū H 野菜. ¶布衣～食 / 質素な暮らし.
shūcài【蔬菜】名 野菜. 蔬菜(そさい).
shūguǒ【蔬果】名 野菜とくだもの.
shūlì【蔬粝】名〈書〉野菜と玄米 ; 粗食.
shūshí【蔬食】名 菜食. 粗食.

秫 shú H コウリャン.
shújie【秫秸】名 コウリャン殻.
shúmǐ【秫米】名(脱穀した)コウリャン米.
shúshú【秫秫】名〈方〉コウリャン.

孰 shú 疑〈古〉1 だれ. だれか. 2 《選択を表す》いずれ. どちら. 3 何. ‖ 姓
shúruò【孰若】接続〈書〉…よりは…の方がましではないか.
shú zhī【孰知】〈型〉〈書〉だれ知ろう. あにはからんや.

赎(贖) shú 動(質草などを)請け出す, 買い戻す.
H 罪をあがなう.
shú//chū【赎出】動+方補(質草を)請け出す.
shúdàng【赎当】動 質草を請け出す.
shújīn【赎金】名(誘拐の)身代金 ; (抵当品の)請け戻し金.
shúmǎi【赎买】動(国家が生産手段を国有化し)買い戻す.
shú//mìng【赎命】動 財物で生命をあがなう.
shúqǔ【赎取】動(質草を)請け出す.
shú//shēn【赎身】動 身請けする.
shú//zuì【赎罪】動 贖罪(しょくざい)する. 罪滅ぼしをする.

塾 shú H 塾. ¶私～ / 私塾.
shúshī【塾师】名〈旧〉私塾の先生.

熟 shú 形 1 (↔生)(植物の実が)熟している, 熟れている. ¶香瓜已经～了 / メロンはもう熟した. 2 (↔生)(食物などが)煮えている, 煮上がる. ¶菜烧～了 / おかずができあがった. 3 (↔生)よく知っている. ¶这个人我很～ / その人のことをよく知っている. 4 熟練している. 5 十分である. ¶睡得很～ / ぐっすり寝入っている. 異読⇨shóu
shúcài【熟菜】名 加工済みの副食品.
shúdào【熟道】→shúlù【熟路】
shúdì【熟地】名 1〈農〉耕地. 2〈中薬〉熟地黄(じゅくじおう).
shúdú【熟读】動 熟読する.
shúguàn【熟惯】形 慣れている.
shúhuà【熟化】動〈農〉土壌が成熟する.
shúhuāng【熟荒】名〈農〉荒廃した開墾地.
shújì【熟记】動 しっかり覚える.
shújiàn【熟见】動 見慣れる.
shúkè【熟客】名 なじみの客.
shúlàn【熟烂】動 1 (果実などが)熟しきる. 2 すっかり煮える.
shúliǎn【熟脸】名(～儿)なじみの顔.
shúliàn【熟练】形 熟練している. ¶～工人 / 熟練工.
shúlù【熟路】名(通い)慣れた道.
shú néng shēng qiǎo【熟能生巧】〈成〉何事も慣れればこつがわかる.
shúnián【熟年】名 豊年. 実りの年.
shúpí【熟皮】名(～子)なめし皮.
shúrén【熟人】名(～儿)(↔生人)知

人. 顔なじみ.
shúshí【熟食】名 調理済みの食品.
shúshígāo【熟石膏】名 焼き石膏.
shúshíhuī【熟石灰】名〈化〉消石灰.
shú shì wú dǔ【熟视无睹】〈成〉よく見ていながら見ないふりをする.
shúshi【熟识】動(人を)よく見知っている;(事柄を)熟知している.
shúshǒu【熟手】名 熟練者.
shúshuì【熟睡】動 熟睡する.
shúsī【熟思】動〈書〉熟慮する.
shútiě【熟铁】名 錬鉄.
shútǔ【熟土】名〈農〉熟化した土壌.
shúxī【熟悉】動(対象について)詳細をよく知っている. 熟知する. ¶～内情 / 内情に詳しい.
shúxí【熟习】動 熟練する;精通する.
shúyǔ【熟语】名〈語〉慣用句. 成句.
shúzhī【熟知】動 熟知する.
shúzì【熟字】名 知っている字.

暑 shǔ H 暑い. ¶中zhòng～ / 暑気あたり.
shǔfú【暑伏】名 三伏(さんぷく). 夏の最も暑い時期.
shǔjià【暑假】名 夏休み. ¶放～ / 夏休みになる.
shǔqī【暑期】名 夏休み期間.
shǔqì【暑气】名 暑気. 暑さ.
shǔrè【暑热】名 真夏の暑さ.
shǔtiān【暑天】名 暑い日.
shǔyùn【暑运】名 夏季の旅客運送.

黍 shǔ O
shǔzi【黍子】名〈植〉キビ.

属(屬) shǔ 動 **1**(…に)所属する. 従属する. ¶这些厂～地方领导 / これらの工場は地方の管理下にある. **2**(…に)帰属する. …のものである. ¶胜利终～人民 / 勝利はついに人民の手に帰した. **3**(干支で)…年生まれである. ¶你～什么?――～羊 / なに年生まれですか――ひつじ年です.
H ①属. 同類のもの. ¶金～ / 金属. ②同族の者. ¶遗～ / 遺族. ¶军～ / 軍人の家族. ③…である. ¶→～实.
異読⇒zhǔ
shǔdì【属地】名 属領. 保護領.
shǔguó【属国】名 属国. 従属国.
shǔshí【属实】動 事実と合っている.
shǔxià【属下】名 管轄下;配下.
shǔxiang【属相】名〈口〉生まれ年の干支.
shǔyú【属于】動 …に属する. …のものである. ¶胜利是～人民的 / 勝利は人々のものである.

署 shǔ 動 署名する. ¶请～上你的名字 / 署名を願います.
H ①役所. ¶专员公～ / 省人民政府の派出機関. ②配置する. ¶部～ / 手配する. ③臨時に職務を代行する. ¶→～任rèn.
shǔ//míng【署名】動 署名する.
shǔrèn【署任】動〈旧〉臨時代理に任命する〔を務める〕.

蜀 shǔ 名〈史〉(三国時代の国名)蜀漢(しょっかん).
H 四川省.
Shǔhàn【蜀汉】名〈史〉蜀漢. ▶三国の一.
shǔjǐn【蜀锦】名 蜀錦(しょっきん). ▶四川省の絹織物.
shǔkuí【蜀葵】名〈植〉タチアオイ.
shǔ quǎn fèi rì【蜀犬吠日】〈成〉見識の狭い人は何でも不思議がる.
shǔshǔ【蜀黍】名〈植〉コウリャン.
shǔxiù【蜀绣】名 四川省特産の刺繍.

鼠 shǔ 名 **1**〈動〉ネズミ. **2**〈電算〉マウス.
shǔbèi【鼠辈】名〈書〉〈罵〉取るに足りない者ども.
shǔbiāo【鼠标】名〈電算〉マウス.
shǔbiāoqì【鼠标器】名〈電算〉マウス.
shǔcuàn【鼠窜】動(ネズミのように)慌てて逃げる.
shǔ dù jī cháng【鼠肚鸡肠】〈成〉度胸がなく度量も小さい.
shǔjiā【鼠夹】名 ネズミ取り器.
shǔ mù cùn guāng【鼠目寸光】〈成〉見識が狭い.
shǔ qiè gǒu dào【鼠窃狗盗】〈成〉こそどろ.
shǔqūcǎo【鼠曲草】名〈植〉ハハコグサ.
shǔxī【鼠蹊】名〈生理〉鼠蹊(そけい).
shǔyì【鼠疫】名〈医〉ペスト.

数(數) shǔ 動 **1** 数える. 調べる. **2**(比較して)…の中で最も顕著な部類に入る. ¶全班～他最高 / クラスで彼が一番背が高い.
H(罪や過失などを)列挙する. ¶→～说shuō. ¶→～落luo.
異読⇒shù,shuò
shǔ bù shèng shǔ【数不胜数】〈成〉枚挙にいとまがない.
shǔbuguò//lái【数不过来】動+可補 数えきれない.
shǔbuqīng【数不清】動+可補 はっきり数えることができない.
shǔbushàng【数不上】→ shǔbuzháo【数不着】
shǔbuzháo【数不着】動+可補 ものの数に入らない.
shǔdao【数叨】→shǔluo【数落】
shǔdeguò//lái【数得过来】動+可補(数が多くても,数えにくいものでも)数えられる.
shǔdeqīng【数得清】動+可補 はっきり数えられる.
shǔdeshàng【数得上】→ shǔdezháo【数得着】
shǔdezháo【数得着】動+可補 指折りである. ずば抜けている.
shǔdiǎn【数点】動 指差しながら数える.
shǔ diǎn wàng zǔ【数典忘祖】〈成〉物事の根本を忘れる;自国の歴史を知らない.

shǔfú【数伏】動 一年で最も暑い時期になる.

shǔ//jiǔ【数九】**1** 動 冬至以後の9日間を9回まで数える. **2** 名 一年で最も寒い時期.

shǔláibǎo【数来宝】名 民間芸能の一種.

shǔluo【数落】動〈口〉**1** 落ち度を数えあげる. **2** いちいち並べ立てる.

shǔ mǐ ér chuī【数米而炊】〈成〉困窮した生活を送る;非常にけちである.

shǔmiǎo【数秒】動 秒読みをする. カウントダウンする.

shǔ//shùr【数数儿】動 数を数える.

shǔshuō【数说】動 **1**(落ち度を一つ一つ指摘して)非難する. **2** 一つ一つ並べて述べる.

shǔ wǎng zhī lái【数往知来】〈成〉過去を振り返って将来を知る.

shǔ yī shǔ èr【数一数二】〈成〉一,二を争う. 指折りである.

薯(藷)

shǔ H イモ類の総称. ¶甘～ / サツマイモ.

shǔliáng【薯莨】名〈植〉薯莨(しょりょう). ソメモノイモ.

shǔliángchóu【薯莨绸】名 ソメモノイモの膠質染料で染めた薄い夏服地.

shǔyù【薯蓣】名〈植〉ヤマイモ. ナガイモ.

曙

shǔ H 夜が明ける.

shǔguāng【曙光】名 **1** あけぼのの光. **2**〈喩〉希望の兆し. 光明.

shǔsè【曙色】名〈書〉夜明けの空の色.

术(術)

shù H ①技芸. ¶武～ / 武術. ②方法. 策略. ¶权～ / 策略. 謀略. ‖姓 異読⇒zhú

shùkē【术科】名(軍事訓練や体育訓練の)技術科目.

shùyǔ【术语】名 術語. 専門用語.

戍

shù H 軍隊が守備する. ¶卫～ / 軍が警備する. ‖姓

shùbiān【戍边】動 国境を守る.

shùshǒu【戍守】動〈書〉防衛する.

shùwèi【戍卫】動〈書〉守備する.

束

shù **1** 動 縛る. くくる. **2** 量 束ねたものを数える:束. ¶一～鲜花 / ひと束の生花.

H ①束になっているもの. ¶电子～ / 電子ビーム. ②束縛する. 拘束する. ¶拘～ / 束縛する. ‖姓

shùfù【束缚】動 束縛する. 縛る.

shùshēn【束身】動〈書〉**1** 自重する. 自分の言行を慎む. **2** 自縛する.

shùshǒu【束手】動 手をつかねる. なすすべを知らない.

shù shǒu shù jiǎo【束手束脚】〈成〉いろいろな制限を受けて思いきった行動がとれない;びくびくして思いきった行動がとれない.

shù shǒu wú cè【束手无策】〈成〉手をつかねてなすすべを知らない.

shùyāo【束腰】名 ガードル.

shù zhī gāo gé【束之高阁】〈成〉棚上げにする.

shùzhuāng【束装】動〈書〉旅支度をする.

述

shù H 述べる. ¶陈～ / 述べる.

shùpíng【述评】名 解説と評論.

shùshuō【述说】動 話す. 述べる.

shù//zhí【述职】動〈書〉(在外使節が帰国して)報告をする.

沭

shù 地名用字.

树(樹)

shù **1** 名 木. 樹木. [棵,株] **2** 動 たてる. 樹立する. ¶～了一块碑 / 碑を建てた.

H 植える. 育てる. ‖姓

shùchà【树杈】名(～儿)木のまた.

shùcóng【树丛】名 林の茂み.

shù dà gēn shēn【树大根深】〈成〉勢力が大きく基盤がしっかりしている.

shù dà yīnliáng dà【树大阴凉大】〈諺〉寄らば大樹の陰.

shù dà zhāo fēng【树大招风】〈成〉出る杭は打たれる.

shùdǎng【树党】動〈書〉徒党を組む.

shù dǎo húsūn sàn【树倒猢狲散】〈諺〉中心人物が没落すると,付き従っていた者も散り散りになる.

shùdí【树敌】動〈書〉敵をつくる.

shùdūn【树墩】名(～子)木の切り株.

shùfēng【树蜂】名〈虫〉キバチ.

shùgàn【树干】名 木の幹.

shù gāo qiān zhàng, yè luò guī gēn【树高千丈,叶落归根】〈諺〉いくら遠くさすらっても,落ち着くところは生まれ故郷である.

shùguà【树挂】名 樹氷.

shùhàngzi【树行子】名〈方〉並木.

shùjiāo【树胶】名 **1** ゴム. **2**(桃やアンズから分泌する)樹脂.

shùkēzi【树棵子】名 木の茂み.

shùlǎn【树懒】名〈動〉ナマケモノ.

shùlì【树立】動 樹立する. 打ち立てる.

shùliángr【树凉儿】名 木陰.

shùlín【树林】名(～子)林.

shùméi【树莓】名〈植〉キイチゴ(の実).

shùmiáo【树苗】名 苗木.

shùmù【树木】**1** 名 樹木. 木(の総称). **2** 動〈書〉木を育てる.

shùpí【树皮】名 樹皮.

shùrén【树人】動〈書〉人材を育てる.

shùshāo【树梢】名(～儿)梢.

shùshēn【树身】名 木の幹.

shùtiáo【树条】名(柳などの)しなやかな枝.

shùwā【树蛙】名〈動〉アオガエル.

shùyè【树叶】名 木の葉. [片,张]

shùyīn【树阴】名(～儿)木陰.

shùyīnliángr【树阴凉儿】名 木陰.

shù yù jìng ér fēng bù zhǐ【树欲静而风不止】〈諺〉客観的な実在物は人間の意志では変えられない.

shùyuàn【树怨】動〈書〉(人の)恨みを買う.

shùzàng【树葬】名 樹木葬.
shùzhī【树枝】名 木の枝. ［根,枝］
shùzhī【树脂】名 樹脂. レジン.
shùzhǒng【树种】名 **1** 木の種類. **2** 木の種.
shùzhuāng【树桩】名(～子)木の切り株.

竖(竪) **shù 1** 形(↔横héng)縦の. ¶～着写 / 縦に書く. **2** 動 縦にする. 立てる. ¶～起大拇指 / 親指を立てる. **3** 名(～儿)漢字の筆画で縦に棒を引く形.
H 童僕.
shùlì【竖立】動 立てる.
shùlǐng【竖领】名 詰め襟.
shù//qǐ【竖起】動+方補 立てる.
shùqín【竖琴】名〈音〉ハープ.
shùxīnpáng【竖心旁】名(～儿)(漢字の部首)りっしんべん"忄".

恕 **shù** 動〈套〉許しを請う. ¶～难从命 / 仰せのとおりにはいたしかねますから,どうぞあしからず.
H(人の過ちを)大目に見る. ¶饶～ / 許す.
shùdào【恕道】動〈書〉思いやる.
shù//zuì【恕罪】**1** 動 罪や過失を許す. **2**〈套〉お許しください.

庶 **shù H** ①おおむね. ほとんど. ¶～不致误 / 誤るようなことにはなるまい. ②あまたの. もろもろの. ¶富～ / 人口が多く裕福である. ③一般庶民. ¶→～民. ④妾腹(しょう)の. ¶～出 / 妾腹の子. ‖ 姓
shùjī【庶几】副〈書〉**1** …かもしれない;どうにか…できる. **2** …に近い. ほとんど.
shùmín【庶民】名〈書〉庶民.
shùmǔ【庶母】名 父の妾(めかけ).
shùrén【庶人】名〈書〉庶人. 庶民.
shùwù【庶务】名〈旧〉**1** 庶務. **2** 庶務を担当する人.
shùzhèng【庶政】名〈書〉もろもろの政治.
shùzǐ【庶子】名〈書〉非嫡出子.

腧(俞) **shù** 名 針灸のつぼ.

数(數) **shù 1** 名 **1**(～儿)数. かず. ¶数shǔ～儿 / かずを数える. **2**(～儿)心づもり. 自信. ¶心中有～ / 心づもりがある. **3**〈数〉数. **4**〈語〉(文法上の)数.
2 数 いくつかの. ¶～十种 / 数十種.
H 運命. ¶气～ / 運命.
異読⇨shǔ,shuò
shùcí【数词】名〈語〉数詞.
shù'é【数额】名 定額.
shùjù【数据】名 データ. ¶～通信 / データ通信.
shùjùkù【数据库】名〈電算〉データベース.
shùkòng【数控】名〈略〉デジタル制御.
shùlǐ luójí【数理逻辑】名〈論〉数理論理学.
shùliàng【数量】名 数量.
shùliàngcí【数量词】名〈語〉数量詞.
shùmǎ【数码】名(～儿)**1** 数字. **2** 数. 額.
shùmǎ shèxiàngjī【数码摄像机】名 デジタルビデオカメラ.
shùmǎ xiàngjī【数码相机】名 デジタルカメラ. ▶"数字相机"とも.
shùmǎ yǐngdié【数码影碟】名 DVD. VCD.
shùmù【数目】名 数. 額.
shùmùzì【数目字】名 数字.
shùwèi【数位】名〈数〉数の位(くらい). 桁(けた).
shùxué【数学】名 数学.
shùzhí【数值】名〈数〉数値.
shùzhū【数珠】名(～儿)数珠(じゅず).
shùzì【数字】名 数字;数量.
shùzì diànshì【数字电视】名 デジタルテレビ.
shùzìhuà【数字化】動 デジタル化する.
shùzì kòngzhì【数字控制】名 数値制御. デジタル制御. NC.
shùzì shēngpín【数字声频】名 デジタル音声.
shùzì tōngxìn【数字通信】名 デジタル通信.
shùzì túxiàng【数字图像】名 デジタル画像.

墅 **shù H** 別荘. ¶别bié～ / 別荘.

漱 **shù** 動(口を)すすぐ. ¶用药水～几次嘴 / 水薬で数回うがいをする.
shù//kǒu【漱口】動 口をすすぐ. うがいをする.
shùkǒuyè【漱口液】名 うがい薬.

澍 **shù H** よい時期に降る雨. 慈雨.

shua (ㄕㄨㄚ)

刷 **shuā 1** 動 **1**(ブラシで)磨く;(はけで)塗る. 張る. ¶→～牙. ¶～碗 / 茶碗を洗う. ¶～墙 / 壁を塗る. **2**〈口〉(試合・試験などで)ふるい落とす. ¶头一轮比赛就被～掉了 / 1回戦でふるい落とされた.
2 擬 **1**《細かいもの・薄いものが触れ合う音》さらさら. かさかさ. **2**《物が強くこすれ合う音》ごしごし. ¶～～地磨刀 / ごしごしと刀を研ぐ. **3**《動作がすばやく行われるさま》さっさ. すらすら.
H ブラシ. 刷毛(はけ). ¶牙～ / 歯ブラシ. ¶鞋～子 / 靴ブラシ. 異読⇨shuà
shuā//kǎ【刷卡】動 カード(のデータ)を読みとる;(代金を)カードで支払う.
shuālā【刷拉】擬《物が急にすれ合う短い音》さっ. ぱさっ.
shuāxǐ【刷洗】動(たわしなどで)洗う.
shuā//xīn【刷新】動 刷新する. 更新

する．¶～世界纪录 / 世界記録を更新する．

shuā//yá【刷牙】動 歯を磨く．

shuā//yè【刷夜】動〈俗〉外泊する．

shuāzi【刷子】名 ブラシ．刷毛．

耍 shuǎ 動 1〈方〉遊ぶ．たわむれる．2 もてあそぶ．あやつる．¶～刀枪 / 刀を振り回す；ちゃんばらごっこ．3〈貶〉(悪い癖や態度を)あらわにする．ほしいままに振る舞う．¶～威风 / いばり散らす．‖姓

shuǎ bǎxi【耍把戏】1 曲芸をする．2〈慣〉いんちきをする．

shuǎba【耍把・耍巴】動〈方〉振り回す．

shuǎ bǐgǎn【耍笔杆】〈慣〉(～儿)〈貶〉売文を稼業とする．

shuǎdānr【耍单儿】動〈口〉(やせ我慢で，または着るものがなくて)薄着をする．

shuǎ gǒuxióng【耍狗熊】1〈慣〉恥をさらす．2 クマに芸をさせる．

shuǎ gǔtou【耍骨头】〈慣〉〈方〉軽口をたたく．

shuǎ guānggùnr【耍光棍儿】〈慣〉1 悪事を働く．すごむ．2 強がってみせる．

shuǎ//hèng【耍横】動〈方〉すごむ．乱暴を働く．

shuǎ//hóur【耍猴儿】動 1 サルに芸をやらせる．2 ふざける．

shuǎ huāqiāng【耍花腔】〈慣〉調子のよいことを言って人をだます．

shuǎ huāzhāo【耍花招】〈慣〉(～儿)小細工をする．小手先でごまかす；(人を)ペテンにかける．

shuǎhuá【耍滑】動 ずるいことをする．横着をする．▶"耍滑头"とも．

shuǎhuòr【耍货儿】名〈方〉おもちゃ．

shuǎjiān【耍奸】→shuǎhuá【耍滑】

shuǎ//lài【耍赖】動 1 理不尽なことをする．2 しらを切る．とぼける．

shuǎ làipí【耍赖皮】〈慣〉厚かましいことをする．

shuǎ liúmáng【耍流氓】〈慣〉女性にわいせつな行為をする．ごろつきのような行動をとる．

shuǎnào【耍闹】動 ふざけ騒ぐ．

shuǎnòng【耍弄】動(人を)ばかにする；(よくないことを)やらかす．

shuǎ píqi【耍脾气】〈慣〉当たり散らす．ごねる．

shuǎ pínzuǐ【耍贫嘴】〈慣〉よくしゃべる．減らず口をたたく．

shuǎ//rén【耍人】動 人をからかう．

shuǎ shǒuwàn【耍手腕】〈慣〉(～儿)手練手管を弄する．

shuǎ shǒuyi【耍手艺】〈慣〉手仕事をする．職人になる．

shuǎ sǐgǒu【耍死狗】〈慣〉1(知らん顔をして)とぼける．2 ごねる．

shuǎ wúlài【耍无赖】→ shuǎ//lài【耍赖】

shuǎxiào【耍笑】動 ふざけ騒ぐ；からかう．

shuǎ xīnyǎnr【耍心眼儿】〈慣〉(自分の得のために)こざかしいことをする．

shuǎ zuǐpízi【耍嘴皮子】〈慣〉減らず口をたたく．

刷 shuà 動〈方〉選び取る．選び出す．異読⇨shuā

shuàbái【刷白】形〈方〉青白い．

shuai（ㄕㄨㄞ）

衰 shuāi H 衰える．異読⇨cuī

shuāibài【衰败】動 衰える．衰微する．

shuāijiǎn【衰减】動(しだいに)衰える．

shuāijié【衰竭】動〈医〉(重い病気により)生理機能が衰弱する．

shuāilǎo【衰老】形 老衰している．

shuāiluò【衰落】動 落ちぶれる．

shuāimài【衰迈】形 老衰する．

shuāiruò【衰弱】1 形 衰弱している．2 動(物事の勢いが)弱まる．

shuāitì【衰替】動〈書〉衰微する．

shuāituí【衰颓】形〈書〉衰弱している．

shuāituì【衰退】動〈書〉衰退する．

shuāiwáng【衰亡】動 衰え滅びる．

shuāiwēi【衰微】形〈書〉衰えて落ちぶれる．

shuāiwěi【衰萎】動 枯れる．生気を失う．

shuāixiē【衰歇】動〈書〉衰え終息する．

shuāixiǔ【衰朽】動〈書〉衰え朽ちる．

摔 shuāi 動 1 転ぶ．¶他把腿～断了 / 彼は転んで足の骨を折った．2 落下する．¶小心点儿，别～下来 / 気をつけなさい，落ちないように．3 落ちて壊れる．¶把瓶子～了 / 瓶を落として割った．4 投げ捨てる．投げつける．¶他一进门，～下书包就出去了 / 彼は帰ってくると，かばんを投げ出して飛び出していった．5 はたき落とす．¶～掉鞋子上的泥 / 靴についた泥をはたき落とす．

shuāida【摔打】動 1 ばたばたはたく．2〈喩〉苦労する．もまれる．鍛える．

shuāidǎo【摔倒】動+結補 転んで倒れる．

shuāi gēntou【摔跟头】転ぶ．つんのめる；〈転〉つまずく．失敗する．¶他摔了一个跟头 / 彼はもんどりうって転んだ．

shuāi//jiāo【摔跤】❶動 1 転ぶ．2〈転〉失敗する．❷名〈体〉レスリング．

shuāipàor【摔炮儿】名(おもちゃの)かんしゃく玉．

甩 shuǎi 動 1(手・腕・髪などを)振る，振り回す．¶～胳膊 / 腕を振る．¶～一～体温表 / 体温計を振る．2 投げる．ほうる．¶～手榴弹 / 手榴弾を投げる．3 振り切る．置き去りにする．¶她把男朋友～了 / 彼女はボーイフレンドを振った．

shuǎi bāofu【甩包袱】〈慣〉重荷(になる人・物事)を捨てる．

shuǎi//chē【甩车】動 機関車から車両

を切り離す.
shuǎijiǔ【甩酒】動 カクテルを作る.
shuǎi kāi bǎngzi【甩开膀子】〈慣〉大いに腕を振るう.
shuǎi liǎnzi【甩脸子】〈慣〉〈方〉不機嫌な様子を見せる.
shuǎimài【甩卖】動 投げ売りする.
shuǎi//shǒu【甩手】動(～儿)**1**(歩く時に)手を前後に振る. **2**(仕事などを)ほうっておく.
shuǎi xiùzi【甩袖子】〈慣〉(仕事などを)ほうり出す.
shuǎi//zhàn【甩站】動(バスや電車などが停車すべき)バス停や駅を素通りする.

帅(帥·率) **shuài 1** 名 中国将棋の駒の一. **2** 形 粋(いき)である. かっこいい. ¶他真～ / 彼はなかなかかっこいい.
H 軍隊の最高指揮官. ¶将jiàng～ / 司令官. ¶挂～ / 全軍の指揮をとる. ‖ 姓
shuàicái【帅才】名 すぐれた統率力をもつ人.
shuàigē【帅哥】名 ハンサムでスマートな若い男性. イケメン.
shuàiqi【帅气】形 かっこいい. あかぬけている.

率 **shuài 1** 動〈書〉率いる. ¶～团出访 / 団を率いて外国を訪問する. **2**〖帅shuài〗**2** に同じ. **3** 副〈書〉おおよそ. ¶～皆如此 / おおむねこのとおりである.
H ①従う. ¶→～由旧章. ②軽はずみである. ¶草～ / そそっかしい. ③率直である. ¶坦～ / 率直でさっぱりしている. ‖ 姓 異読⇨lù
shuàibù【率部】動 部下を率いる.
shuàilǐng【率领】動(軍隊や集団を)率いる, 統率する.
shuàitóng【率同】動…を引き連れて(いっしょに).
shuàixiān【率先】副 率先して. 真っ先に.
shuài yóu jiù zhāng【率由旧章】〈成〉すべて古い規則·しきたりを踏襲する.
shuàizhēn【率真】形(性格が)誠実で率直である.
shuàizhí【率直】形 率直である.

蟀 **shuài** →xīshuài【蟋蟀】

shuan (ㄕㄨㄢ)

闩 **shuān 1** 名 かんぬき. ¶门上了～ / 門にかんぬきがかけられている. **2** 動 かんぬきをかける. ¶把门～上 / 門にかんぬきをかける. ‖ 姓

拴 **shuān** 動 つなぐ. 縛りつける. ¶把马～在树上 / 馬を木につなぐ. ¶用绳子把行李～上 / 縄で荷物を縛る.
shuān//chē【拴车】動〈方〉荷車を買い入れる.

栓 **shuān** H ①栓. コック. ¶消火～ / 消火栓. ¶枪～ / 銃の遊底. ②(瓶などの)栓. ¶木～ / 木の栓. ③形が栓状のもの. ¶→～剂.
shuānjì【栓剂】名〈薬〉座薬.
shuānpí【栓皮】名 コルク.
shuānpílì【栓皮栎】名〈植〉アベマキ.
shuānsè【栓塞】名〈医〉血栓症.
shuānzǐ【栓子】名〈医〉血栓.

涮 **shuàn** 動 **1** ゆすぐ. すすぎ洗いをする. ¶把衣服～干净 / 服をゆすいできれいにする. **2**(器の中に水を入れて揺り動かして)ゆすぐ. ¶～瓶子 / 瓶をゆすぐ. **3**(調理法の一種)薄く切った肉を熱湯にくぐらせて食べる. ¶→～羊肉. **4**〈方〉だます.
shuànguōzi【涮锅子】名 しゃぶしゃぶ(料理).
shuànyángròu【涮羊肉】名〈料理〉羊肉のしゃぶしゃぶ.

shuang (ㄕㄨㄤ)

双(雙) **shuāng 1** 量 対になっているものを数える. ¶一～鞋 / 1足の靴. ¶～筷子 / 箸一膳.
2 形(↔单)**1** 対になっている. 二つの. ¶工作、学习～丰收 / 仕事と勉強の両面において大きな収穫を得る. **2** 偶数の. ¶～号 / 偶数の番号. **3** 2倍の. ¶→～份(儿). ‖ 姓
shuāngbànyīn diànshì【双伴音电视】名 音声多重テレビ.
shuāngbàngr【双棒儿】名〈方〉双子.
shuāngbāotāi【双胞胎】名 双子.
shuāngbiān【双边】形 二国間の.
shuāngbīnyǔ【双宾语】名〈語〉二重目的語.
shuāngcéng【双层】名 二層. 二重.
shuāngchēdào gōnglù【双车道公路】名 二車線道路.
shuāngchóng【双重】形 二重の.
shuāngchóng guójí【双重国籍】名 二重国籍.
shuāngchóng réngé【双重人格】名〈貶〉二重人格.
shuāngchúnyīn【双唇音】名〈語〉両唇音.
shuāngdǎ【双打】名〈体〉(卓球やバドミントンの)ダブルス.
shuāng'ěrdāo【双耳刀】名(～儿)(漢字の部首)おおざと. こざと. "阝".
shuāngfāng【双方】名 双方.
shuāngfèn【双份】名(～儿)二人分.
shuāngfēngtuó【双峰驼】名〈動〉フタコブラクダ.
shuāngfú【双幅】名(～儿)(布地の)ダブル幅.
shuānggàng【双杠】名〈体〉平行棒(競技).
shuānggōngzī【双工资】名 **1** 2倍の割増賃金. **2** 海外への派遣者に本国と外国で二重に給料が出ること.

shuāngguàhào【双挂号】名 配達証明付き書留.

shuāngguān【双关】名〈語〉1 語で 2 語の意味を兼ねる懸け言葉.

shuāng guǎn qí xià【双管齐下】〈成〉物事を両面から進める.

shuāngguǐ【双轨】名〈鉄道〉複線(軌道). ¶～铁路 / 複線鉄道.

shuāngguǐzhì【双轨制】名 異なる体系や制度を併用する制度.

shuānghuáng【双簧】名(演芸の一種)二人羽織(ににんばおり);〈転〉ぐる. なれ合い. ▲"双镄"とも.

shuānghuángguǎn【双簧管】名〈音〉オーボエ. [支,把,根]

shuāngjī【双击】動〈電算〉ダブルクリックする.

shuāngjìdào【双季稻】名〈農〉二期作の稲.

shuāngjiāntiāo【双肩挑】〈慣〉(一人で)一般実務と管理業務を同時に担う.

shuānglìrén【双立人】名(～儿)(漢字の部首)ぎょうにんべん"彳".

shuāngliào【双料】形(～儿) 2 倍の材料を使った;〈喩〉特製の. ひと回り大きい.

shuāngpáikòu【双排扣】名 ダブルボタン.

shuāngqiǎng【双抢】動〈略〉収穫と作付けを時を移さず進める.

shuāngqīn【双亲】名 両親.

shuāngquán【双全】形 両方とも完全である.

shuāngrén【双人】形 二人用の. ¶～床 / ダブルベッド. ¶～房 / ツインルーム.

shuāngrì【双日】名 偶数日.

shuāngshēnzi【双身子】名〈口〉妊婦.

shuāngshēng【双生】形〈口〉双子の.

shuāngshēng【双声】名〈語〉同じ"声母"をもつ 2 字以上からなる語.

shuāngshēngdào【双声道】名 音声多重. ¶～立体声 / 音声多重ステレオ.

shuāngshǒu【双手】名 両手.

shuāngshù【双数】名 偶数.

shuāngshuāng【双双】形 両方そろっている.

shuāngtǐchuán【双体船】名〈交〉双胴船.

shuāngtǒng wàngyuǎnjìng【双筒望远镜】名 双眼鏡.

shuāngxǐ【双喜】名 **1** 二重の慶事. **2** →shuāngxǐzì【双喜字】

shuāngxǐzì【双喜字】名"喜"という字を二つ横に並べ 1 字としたもの. "囍".

shuāngxiàba【双下巴】名 二重あご.

shuāngxiǎng【双响】名(～儿) 地上と空中とで 2 回爆発する爆竹.

shuāngxiàng【双向】形 双方向の.

shuāngxiàng xuǎnzé【双向选择】名 相互選択.

shuāngxīng【双星】名 **1**〈天〉双星. **2** 牽牛(けんぎゅう)と織女の 2 星.

shuāngxiūrì【双休日】名 二連休(制).

shuāngxuéwèi【双学位】名 二つの学位を取得する制度・人.

shuāngyǎnpí【双眼皮】名(～儿)二重まぶた.

shuāngyǎngshuǐ【双氧水】名〈薬〉オキシドール.

shuāngyǐnhào【双引号】名 引用符. ダブルクォーテーションマーク("")および二重かぎかっこ(『』).

shuāngyíng【双赢】動 双方が利益を受ける. ウィンウィンになる.

shuāngyúzuò【双鱼座】名〈天〉うお座.

shuāngyǔ【双语】形 2 か国語の. バイリンガルの.

shuāngyuèkān【双月刊】名 隔月刊誌.

shuāngzhígōng【双职工】名 共働きの夫婦.

shuāngzhōukān【双周刊】名 隔週刊誌.

shuāngzǐzuò【双子座】名〈天〉双子座.

shuāngzuò【双座】形 二人乗りの.

泷(瀧) **shuāng** 地名用字. 異読⇒lóng

霜 **shuāng** 名 霜. [场,层] ¶下[降jiàng]～ / 霜が降りる.
H ①霜のようなもの. ¶柿～ / 干しガキの表面に吹いた白い粉. ②白い. ¶→～鬓bìn.

shuāngbìn【霜鬓】名〈書〉しらがの鬢(びん).

shuāngchén【霜晨】名 霜の降りた朝.

shuāngdòng【霜冻】名〈気〉霜害.

shuāngjiàng【霜降】名(二十四節気の)霜降(そうこう).

shuāngméibìng【霜霉病】名〈農〉うどん粉病.

shuāngqī【霜期】名〈農〉霜の降りる期間.

shuāngtiān【霜天】名〈書〉寒空.

shuāngxuě【霜雪】名 霜と雪;〈転〉真っ白いもの;清らかで冷たいもの.

shuāngyè【霜叶】名 霜葉. 紅葉.

孀 **shuāng** H やもめ. 寡婦. ¶遗～ / 未亡人.

shuāngfù【孀妇】名〈書〉未亡人. やもめ.

礵 **shuāng** 地名用字.

爽 **shuǎng** H ①さわやかである. ¶秋高气～ / 秋空が高く空気がすがすがしい. ②(性格が)率直である, さっぱりしている. ¶豪～ / 豪快でさっぱりしている. ③気分がよい. ¶身体不～ / 体調がすぐれない. ④背く. ¶→～约.

shuǎngcuì【爽脆】形 **1** (性格が)明るい;(動作が)すばやい. **2** (声が)澄んでいて快い. **3** 歯ごたえがよい.

shuǎngfàgāo【爽发膏】[名] ポマード.
shuǎngfūshuǐ【爽肤水】[名] アストリンゼント.
shuǎngkǒu【爽口】[形]（さくさくして）口当たりがよい.
shuǎngkuai【爽快】[形] 1 爽快である. 気持ちがよい. 2（気性などが）率直である, あっさりしている.
shuǎnglǎng【爽朗】[形] 1（天気などが）晴れやかですがすがしい. 2 朗らかである.
shuǎnglì【爽利】[形] てきぱきしている. きびきびしている.
shuǎngqì【爽气】[形]〈方〉率直である. あっさりしている.
shuǎngrán【爽然】[形]〈書〉茫然たるさま. ¶～若失 / 茫然自失.
shuǎngshēnfěn【爽身粉】[名] ベビーパウダー.
shuǎngshén【爽神】[形] 1 てきぱきしている. 2 気分がさっぱりする.
shuǎngshēng【爽声】[形] 朗らかな声である.
shuǎngshǒu【爽手】[形]（仕事の）手際がよい. 気持ちよく進む.
shuǎngxìng【爽性】[副] いっそのこと. 思いきって.
shuǎng//yuē【爽约】[動] 約束に背く.
shuǎngzhí【爽直】[形] 率直でさっぱりしている.

shui（ㄕㄨㄟ）

谁 **shuí** [代] ▶話し言葉ではshéiと発音することが多い. ‖[姓]

水 **shuǐ** ❶[名] 1 水(湯も含む)；湯茶. ¶打～去 / 水〔湯〕をくみに行く. ¶你先喝杯～吧 / まあお茶を1杯どうぞ. 2《川·海·湖をさす》¶这里有山有～ / ここは山もあるし川もある〔あって美しい〕. 3（～儿）汁. 液. ¶梨～儿很多 / ナシは果汁が多い.
❷[量] 洗濯の回数を表す. ¶这种布料洗几～也不褪色tuìshǎi/ この生地は何度洗っても色あせしない.
[H] ①川の名. ¶淮Huái～ / 淮河(わいが). ②割り増し·割引の金額. 差額. 規定外の収入. ¶汇～ /（為替の）手数料. ¶油～ / うまい汁. ③(分泌物の)液体. ¶汗～ / 汗. ¶口～ / よだれ. ④液状のもの. ¶药～ / 水薬. ¶墨～ / インク. ‖[姓]

shuǐbà【水坝】[名] ダム. 堰(せき).
shuǐbēi【水杯】[名] 湯飲み. コップ.
shuǐbèng【水泵】[名]〈機〉吸い揚げポンプ.
shuǐbǐ【水笔】[名] 1 毛筆. 絵筆. 2〈方〉万年筆.
shuǐbiǎo【水表】[名] 水道メーター.
shuǐbiēzi【水鳖子】[名]〈動〉カブトガニ.
shuǐbīng【水兵】[名] 水兵. 海軍の兵士.
shuǐbō【水波】[名] 波.
shuǐcǎi【水彩】[名] 水彩絵の具.
shuǐcǎihuà【水彩画】[名]〈美〉水彩画.
shuǐcáo【水槽】[名] 水槽. 水タンク.
shuǐcǎo【水草】[名] 1 水と草がある所. 2 水草. 藻草.
shuǐchài【水虿】[名]〈虫〉ヤゴ. トンボ類の幼虫.
shuǐchǎn【水产】[名] 水産. 水産物.
shuǐchē【水车】[名] 1 水車. ［台,架］ 2 水を運ぶ車.
shuǐchéng【水程】[名] 船による行程.
shuǐchéngyán【水成岩】[名]〈地質〉水成岩.
shuǐchí【水池】[名] 1（～子）プール. 貯水池. ため池. 2（台所の）流し.
shuǐchízi【水池子】[名] 1 水たまり. 2 →shuǐchí【水池】1
shuǐchuáng【水床】[名] ウォーターベッド.
shuǐdào【水道】[名] 1 水道. 川筋. 2 水路.
shuǐdào【水稻】[名] 水稲.
shuǐ dào qú chéng【水到渠成】〈成〉条件が備われば物事は自然に順調に運ぶ.
shuǐ dī shí chuān【水滴石穿】〈成〉たゆまずに努力すれば必ず事を成し遂げることができる.
shuǐdǐ【水底】[名] 水底. ¶～泵 / 水中ポンプ. ¶～电缆 / 海底ケーブル.
shuǐdì【水地】[名] 1 水田. 2（用水路の水を利用した）灌漑(かんがい)地.
shuǐdiàn【水电】[名] 水道と電気. ¶～费 / 水道·電気料金.
shuǐdiànzhàn【水电站】[名]〈略〉水力発電所.
shuǐdiāo【水貂】[名]〈動〉ミンク.
shuǐdòu【水痘】[名]〈医〉水痘. 水疱瘡(ほうそう).
shuǐduì【水碓】[名] 水力で回す米つき臼.
shuǐfā【水发】[名]〈料理〉水煮もどし.
shuǐfèi【水费】[名] 水道料金.
shuǐfěn【水粉】[名] 1 水おしろい. 2 豆そうめんの一種.
shuǐfèn【水分】[名] 1 水分. 2〈喩〉水増し.
shuǐfúlián【水浮莲】[名]〈植〉ボタンウキクサ.
shuǐgāng【水缸】[名] 水がめ.
shuǐgé【水阁】[名] 水辺の楼閣.
shuǐgōng【水工】[名] 水利施設. 水利工事.
shuǐgōu【水沟】[名] 溝. 堀.
shuǐgòu【水垢】[名] 水あか.
shuǐguǎnzi【水管子】[名] 水道管.
shuǐguāng【水光】[名] 水面に反射する光.
shuǐguó【水国】[名]〈書〉水郷.
shuǐguǒ【水果】[名] 果物. ▲"水菓"とも.
shuǐhàn mǎtou【水旱码头】[名] 水陸ともに交通の便利な都市.
shuǐhóng【水红】[名] 桃色. ピンク.
shuǐhú【水壶】[名] 1 湯沸かし. やかん. 2 水筒.

shuǐhúlu【水葫芦】名〈植〉ホテイアオイ.
shuǐhuā【水花】名(～儿)**1** 水しぶき. **2**〈方〉水疱瘡(みずぼうそう).
shuǐhuàn【水患】名 水害.
shuǐhuāng【水荒】名〈環境〉深刻な水不足.
shuǐhuǒ【水火】名 **1** 水と火. ¶～不相容 / 水と火のように相容れない. **2**〈喩〉災難.
shuǐhuǒhú【水火壶】名 湯沸かし器.
shuǐ huǒ wú qíng【水火无情】〈成〉水害や火災は情け容赦がない.
shuǐhuò【水货】名 **1** 質の悪い商品;模造品. **2** 密輸品. 密輸入品.
shuǐjījī【水叽叽·水唧唧】形(～的)じくじく〔じゅくじゅく〕している.
shuǐjiǎn【水碱】名 湯あか. 水あか.
shuǐjiǎo【水饺】名(～儿)〈料理〉水ギョーザ. ゆでギョーザ.
shuǐjīng【水晶】名〈鉱〉水晶.
shuǐjīngbāo【水晶包】名〈料理〉豚肉の脂身を刻んで砂糖を混ぜたものをあんにしたまんじゅう.
shuǐjīnggōng【水晶宫】名 神話に出てくる竜宮.
shuǐjīngtǐ【水晶体】名〈生理〉水晶体. ▶"晶状体"とも.
shuǐjǐng【水井】名 井戸.
shuǐjiǔ【水酒】名〈謙〉粗酒.
shuǐjù【水具】名(コップや急須など)飲み物を飲む道具.
shuǐkēng【水坑】名 水たまり.
shuǐkù【水库】名 ダム. 貯水池.
shuǐlǎoyā【水老鸦】名〈鳥〉ウ(鵜). カワウ.
shuǐléi【水雷】名〈軍〉水雷.
shuǐlì【水力】名 水力.
shuǐlì【水利】名 水利(施設,工事).
shuǐlì fādiànzhàn【水力发电站】名 水力発電所.
shuǐlì gōngchéng【水利工程】名 水利施設. 水利工事.
shuǐliáo【水疗】名〈医〉水治療法.
shuǐlīnlīn【水淋淋】形(～的)(水がしたたるほど)びしょぬれである.
shuǐling【水灵】形〈方〉**1**(食べ物が)水分が多くて口当たりがよい. **2** 水がしたたるように美しい.
shuǐliú【水流】名 **1** 河川. **2** 水の流れ.
shuǐliù【水溜·水霤】名 雨樋(あまどい).
shuǐlóng【水龙】名 **1**〈植〉ミズキンバイ. **2** 消火用ポンプ.
shuǐlóngdài【水龙带】名 消火用ホース.
shuǐlóngjuǎn【水龙卷】名〈気〉海上竜巻.
shuǐlóngtóu【水龙头】名 給水栓. 蛇口.
shuǐlù【水陆】名 **1** 水上と陸上. **2** 海の幸と山の幸.
shuǐlù【水路】名 水路.
shuǐlùlù【水漉漉·水渌渌】形(～的)びしょぬれのさま.
shuǐlù【水绿】名 薄緑(色).
shuǐlúnjī【水轮机】名〈機〉水力タービン.
shuǐluóbo【水萝卜】名〈植〉ハツカダイコン.
shuǐ luò shí chū【水落石出】〈成〉物事の真相が明らかになる.
shuǐmài【水脉】名 水脈.
shuǐméiqì【水煤气】名〈化〉水性ガス.
shuǐmén【水门】名 水門. バルブ.
shuǐméntīng【水门汀】名〈方〉セメント.
shuǐ mǐ bù zhān yá【水米不沾牙】〈成〉何も食べていない.
shuǐ mǐ wú jiāo【水米无交】〈成〉(互いに)全然交際がない.
shuǐmìtáo【水蜜桃】名〈植〉スイミツトウ.
shuǐmián【水绵】名〈植〉アオミドロ.
shuǐmiàn【水面】名 **1** 水面. **2** 水域の面積.
shuǐmó【水磨】動 水を加えて丁寧に磨く. ⇨shuǐmò
shuǐ mó gōng fu【水磨工夫】〈成〉時間をかけて丹念にした仕事.
shuǐmò【水沫】名 水泡. あぶく.
shuǐmò【水磨】名 水車を利用した臼. ⇨shuǐmó
shuǐmòhuà【水墨画】名〈美〉水墨画. 墨絵.
shuǐmǔ【水母】名〈動〉クラゲ.
shuǐnéng【水能】名 水流のエネルギー. 水力.
shuǐní【水泥】名 セメント.
shuǐniǎn【水碾】名 水力を利用した臼.
shuǐniǎo【水鸟】名 水鳥. 水禽(すいきん).
shuǐniú【水牛】名〈動〉水牛.
shuǐniúr【水牛儿】名〈方〉〈動〉カタツムリ.
shuǐnuǎn【水暖】名 **1** スチーム暖房. **2** 水道と暖房の総称.
shuǐpào【水疱】名(～儿)水疱(すいほう). まめ.
shuǐpén【水盆】名(水の入っている)たらい.
shuǐpír【水皮儿】名〈方〉水の表面.
shuǐpiáo【水瓢】名 ひしゃく.
shuǐpíng【水平】名 **1**(到達した)水準, レベル. ¶文化～ / 教育程度. **2** 水平. **3** 水準器.
shuǐpíng【水萍】名〈植〉ウキクサ.
shuǐqì【水汽】名 水蒸気. 湿気.
shuǐqiāng【水枪】名 **1** 消火用の放水銃;水鉄砲. **2** 水力採掘機.
shuǐqiāo【水橇】名 水上スキー板.
shuǐqín【水禽】名 水禽(すいきん). 水鳥.
shuǐqíng【水情】名 水位·水量などの状況.
shuǐqiú【水球】名〈体〉水球(の球).
shuǐqú【水渠】名 用水路.
shuǐr【水儿】名〈口〉学問. 知識.
shuǐ rǔ jiāo róng【水乳交融】〈成〉意気投合する.
shuǐshān【水杉】名〈植〉メタセコイア.
shuǐshàng bālěi【水上芭蕾】名

〈体〉シンクロナイズドスイミング.
shuǐshàng fēijī【水上飞机】名 水上飛行機.
shuǐshàng jǐngchá【水上警察】名 水上警察.
shuǐshàng jūmín【水上居民】名 水上生活者.
shuǐshàng yùndòng【水上运动】名〈体〉水上競技.
shuǐshāo【水筲】名 水桶.
shuǐshé【水蛇】名〈動〉水辺に生息する蛇の総称.
shuǐshéyāo【水蛇腰】名 **1** 猫背. **2** 女性のくねくねした病的な姿態.
shuǐ shēn huǒ rè【水深火热】〈成〉苦難に満ちた生活.
shuǐshī【水虱】名〈動〉トビムシ.
shuǐshì【水势】名 水の流れの勢い.
shuǐshǒu【水手】名 水夫. 船乗り.
shuǐtǎ【水塔】名 給水塔.
shuǐtǎ【水獭】名〈動〉カワウソ.
shuǐtán【水潭】名 水たまり.
shuǐtáng【水塘】名 池. 貯水池.
shuǐtián【水田】名 水田.
shuǐtīng【水汀】名〈方〉暖房用スチーム.
shuǐtǒng【水桶】名 水桶. バケツ.
shuǐtóu【水头】名〈口〉**1** 河川が増水して最高水位に達する勢い. **2** 水が湧き出る勢い.
shuǐtǔ【水土】名 **1** 水と土. **2** 気候風土.
shuǐwāzi【水洼子】名 水たまり. 沼.
shuǐwǎn【水碗】名(～儿)(ふた付きの)湯飲み.
shuǐwāngwāng【水汪汪】形(～的) **1** みずみずしい. 生き生きした(目). **2** 水がいっぱいたまっている.
shuǐwǎng【水网】名 河川網.
shuǐwèi【水位】名 水位;(地下水の)水位.
shuǐwén【水文】名〈地〉水文(すいもん).
shuǐwūrǎn【水污染】名 水質汚染.
shuǐxī【水螅】名〈動〉ヒドラ.
shuǐxǐbù【水洗布】名 捺染した布地. プリント地.
shuǐxì【水系】名〈地〉水系.
shuǐxià【水下】名 水の中. 水底.
shuǐxiān【水仙】名〈植〉スイセン.
shuǐxiānchá【水仙茶】名 水仙茶.
shuǐxiǎn【水险】名 海上保険.
shuǐxiàn【水线】名 **1**(船の)喫水線. **2** 波線. 波けい. "〰〰".
shuǐxiāng【水乡】名 水郷. 河川や湖の多い所.
shuǐxiāng【水箱】名 水槽. 水タンク.
shuǐxiè【水泻】名 下痢.
shuǐxiè【水榭】名(公園などの)水に臨んだあずまや.
shuǐ xiè bù tōng【水泄不通】〈成〉厳重に取り囲んでいる.
Shuǐxīng【水星】名〈天〉水星.
shuǐxìng【水性】名 **1** 泳ぎの心得. **2**(女性の)浮気性.
shuǐ xìng yáng huā【水性杨花】〈成〉女性が移り気である.
shuǐxiù【水袖】名(伝統劇衣装の)袖口の長い白絹.
shuǐxiù【水锈】名 **1** 水あか. 湯あか. **2** 水につかってできた跡.
shuǐxuǎn【水选】名 水による選鉱または種子の選別.
shuǐyā【水压】名〈機〉水圧. ¶～机/水圧プレス.
shuǐyān【水烟】名 水たばこ.
shuǐyāndài【水烟袋】名 水ギセル.
shuǐyáng【水杨】名〈植〉カワヤナギ.
shuǐyángsuān【水杨酸】名〈化〉サリチル酸.
shuǐyǎozi【水舀子】名 ひしゃく.
shuǐyìchuán【水翼船】名〈交〉水中翼船.
shuǐyín【水银】名 水銀.
shuǐyìn【水印】名 **1**〈美〉顔料を水でとき,油性のものを用いない中国の伝統的な木版画印刷の方法. **2**(～儿)(紙幣などの)すかし模様.
shuǐ yǒu yuán, shù yǒu gēn【水有源,树有根】〈諺〉何事にもその根源がある.
shuǐyú【水盂】名(～儿)硯(すずり)の水入れ.
shuǐyù【水域】名 水域. ¶国际～/公海.
shuǐyuán【水源】名〈地〉水源.
shuǐyùn【水运】名 水運. 海運.
shuǐzāi【水灾】名 水害.
shuǐzàng【水葬】名 水葬.
shuǐzǎo【水蚤】名〈動〉ミジンコ.
shuǐzǎo【水藻】名〈植〉水草. 藻.
shuǐzé【水泽】名 沼沢地.
shuǐzhá【水闸】名 水門.
shuǐzhàn【水战】名 水上の戦い.
shuǐ zhǎng chuán gāo【水涨船高】〈成〉周囲が向上すれば自分も向上する.
shuǐzhēngqì【水蒸气】名 水蒸気.
shuǐzhì【水质】名 水質. ▶特に飲料水についていう. ¶～监测/水質監視. 水質モニタリング.
shuǐzhì【水蛭】名〈動〉ヒル.
shuǐ zhì qīng zé wú yú【水至清则无鱼】〈成〉潔癖すぎると,かえって人に親しまれない.
shuǐ zhōng lāo yuè【水中捞月】〈成〉むだ骨を折る.
shuǐzhǒng【水肿】名〈医〉水ぶくれ. むくみ.
shuǐzhū【水珠】名(～儿)水のしずく. 水滴. ▶"水珠子"とも.
shuǐzhǔn【水准】名 **1** 水準. レベル. **2** 水平面.
shuǐzhǔnyí【水准仪】名〈測〉水準儀. レベル.
shuǐzú【水族】名 水生動物. ¶～馆 guǎn/水族館.
Shuǐzú【水族】名(中国の少数民族)スイ(Shui)族.
shuǐzuàn【水钻】名 人造ダイヤモンド.

水 S

说 **shuì** 𝐇 弁舌で説き伏せる. ¶游～／遊説する. 異読⇒shuō,yuè
shuìkè【说客】→shuōkè【说客】
税 **shuì** 名 税. ¶上〔纳,交〕～／税金を納める. ‖ 姓
shuìdān【税单】名 納税証明書.
shuì'é【税额】名 税額.
shuìfèi【税费】名 税金.
shuìfù【税负】名 税金の負担.
shuìjīn【税金】名 税金.
shuìjúzi【税局子】名〈口〉税務署.
shuìkuǎn【税款】名 税金.
shuìlì【税利】名(企業が上納する)税金と利潤.
shuìlǜ【税率】名 税率.
shuìmù【税目】名 税目.
shuìshōu【税收】名 税収.
shuìwù【税务】名 徴税事務.
shuìyuán【税源】名 税源.
shuìzhì【税制】名 税制.
shuìzhǒng【税种】名 租税の種類.
睡 **shuì** 動 **1** 眠る. 寝る. ¶他总～得很晚／彼はいつも遅くまで起きている. **2** 同衾(どう)する.
shuìbuzháo【睡不着】動+可補 寝つけない. 眠れない.
shuìdài【睡袋】名 寝袋.
shuì//guò//tóu【睡过头】動 寝過ごす.
shuì//jiào【睡觉】動 眠る. ¶睡了一觉／ひと眠りした.
shuì lǎnjiào【睡懒觉】朝寝坊をする.
shuìlián【睡莲】名〈植〉スイレン.
shuìmào【睡帽】名 ナイトキャップ.
shuìmèng【睡梦】名〈書〉(深い)眠り.
shuìmián【睡眠】**1** 名 睡眠. **2** 動 眠る.
shuìmián liáofǎ【睡眠疗法】名〈医〉睡眠療法.
shuìmó【睡魔】名 ひどい眠気. 睡魔.
shuì//shú【睡熟】動 ぐっすり眠る.
shuìxiāng【睡乡】名 睡眠状態.
shuìxiàng【睡相】名 寝相.
shuìxǐng【睡醒】動+結補 目覚める.
shuìyǎn【睡眼】名 寝ぼけまなこ.
shuìyī【睡衣】名 パジャマ.
shuìyì【睡意】名 眠気.
shuì//zháo【睡着】動+結補 寝つく.

shun (ㄕㄨㄣ)

吮 **shǔn** 動 吸う. ¶～乳／乳を吸う. ¶～手指头／指しゃぶりする.
shǔnxī【吮吸】動 吸う. 吸い取る.
shǔn yōng shì zhì【吮痈舐痔】〈成〉手段を選ばず人にこびを売る.
楯 **shǔn** 名〈書〉欄干. 異読⇒dùn
顺 **shùn** ❶ 前(多く"顺着"の形で)…に沿って. …に従って. ¶～着大道一直走／大通りに沿ってまっすぐ行く.
❷ 動 **1** (方向を)合わせる,順序をそろえる. ¶把筷子～过来,一双一双摆齐／箸をそろえて一組ずつきちんと並べる. **2** (人の考えに)従う. ¶别什么都～着她／なんでも彼女の言うとおりにするな.
❸ 形 順調である. よどみがない. ¶这句话不太～／この文は少々ぎこちない.
𝐇 ①…のついでに. ¶→～手. ②順次に. 順繰りに. ¶→～延. ③(感覚に)合う,沿う. ¶→～眼. ‖ 姓
shùnbiàn【顺便】副(～儿)ついでに.
shùnchā【顺差】名〈経〉(対外貿易の)黒字.
shùnchàng【顺畅】形(事が)すらすらと運ぶ. 順調である.
shùncì【顺次】副 順次. 順繰りに.
shùncóng【顺从】**1** 動 素直に従う. **2** 形 従順である.
shùndài【顺带】副 ついでに.
shùndang【顺当】形〈口〉**1** (事が)うまく運ぶ. 好都合である. **2** 言うことをよく聞く.
shùndào【顺道】→shùnlù【顺路】
shùn'ěr【顺耳】形(話が)気に入る,耳障りでない.
shùnfǎng【顺访】動 通りすがりに訪問する. ついでに訪れる.
shùnfēng【顺风】名 順風. 追い風.
shùn fēng chuī huǒ【顺风吹火】〈成〉勢いに乗じて事がすらすら運ぶ.
shùnfēng'ěr【顺风耳】〈慣〉消息通. 地獄耳.
shùn fēng zhuǎn duò【顺风转舵】〈成〉〈貶〉情勢に応じて立場や考えを変える.
shùnfú【顺服】動 おとなしく従う.
shùn gānr pá【顺竿儿爬】〈慣〉**1** 相手の意向を察してそれに迎合する. **2** (子供が)調子に乗って物をせがむ.
shùnguāng【顺光】名(写真撮影で)順光.
shùnhe【顺和】**1** 形(言葉や態度が)穏やかである. **2** 動 迎合する.
shùnjià【顺价】名(↔逆价)順ざや.
shùnjiǎo【顺脚】副(～儿)**1** (人や荷物などを)ついでに(運ぶ). **2** →shùnlù【顺路】**1**
shùnjìn【顺劲】(～儿)**1** 形 ちょうど具合がよい. **2** 副 そのはずみに.
shùnjìng【顺境】名 順調な境遇.
shùnkǒu【顺口】❶ 形 **1** (文章などが)流暢(りゅうちょう)である. **2** (～儿)口当たりがよい. 口に合う.
❷ 副 口から出任せに.
shùnkǒuliū【顺口溜】名 話し言葉による韻文の言葉遊び.
shùn lǐ chéng zhāng【顺理成章】〈成〉物事が道理にかなっている.
shùnlì【顺利】形 順調である. すらすらはかどる. ¶工作～／仕事が順調である.
shùnliu【顺溜】形(～儿)〈方〉**1** 順序立っている. そろっている. **2** 順調である. 気持ちがよい. **3** (性格

が)おとなしい,素直である.

shùnlù【顺路】(～儿) **1** 副 道すがら.通りすがりに. **2** 形 (障害などがなく)道順がよい.

shùnmáolǘ【顺毛驴】〈慣〉(～儿)ほめ言葉のみを聞き,批判を嫌う人.

shùn pōr liū【顺坡儿溜】〈慣〉成り行きを利用して逃げを打つ.

shùn pō xià lǘ【顺坡下驴】〈成〉成り行きで身を引く.

shùnqì【顺气】形 (～儿)(意に逆らうものがなく)気持ちよい.

shùnshì【顺势】副 **1** 勢いに乗って. **2** ついでに;…しながら.

shùnshǒu【顺手】(～儿) ❶ 副 **1** 手のおもむくまま.無造作に. **2** ついでに. ❷ 形 **1** 順調である. **2** (道具などが)使いやすい.

shùn shǒu qiān yáng【顺手牵羊】〈成〉事のついでに他人の物を持ち去る.

shùn//shuǐ【顺水】動 流れや情勢に沿う.

shùn shuǐ rén qíng【顺水人情】〈成〉何気ない親切.

shùn shuǐ tuī zhōu【顺水推舟】〈成〉成り行きに従って事を進める.

shùnshuō【顺说】動 穏やかに説得する.

shùnsuì【顺遂】動〈書〉順調にうまく運ぶ.

shùn téng mō guā【顺藤摸瓜】〈成〉手がかりに沿って物事の根源を追究する.

shùn//xīn【顺心】動 心にかなう.思いどおりになる.

shùnxù【顺序】 **1** 名 順序. **2** 副 順を追って.順次.

shùnxu【顺序】形〈方〉(物事が)順調である.

shùnyán【顺延】動 順延する.

shùnyǎn【顺眼】形 見た目によい.

shùn//yì【顺意】→shùn//xīn【顺心】

shùnyìng【顺应】動 順応する.

shùnzhe【顺着】前 …に沿って.…に従って.

shùnzuǐ【顺嘴】→shùnkǒu【顺口】

舜 **shùn** 名 舜(しゅん).▶伝説上の帝王の名.

瞬 **shùn** H またたく.まばたく.¶转zhuǎn～ / またたく間に.

shùnjiān【瞬间】名 瞬間.

shùnshí【瞬时】名 瞬間.

shùnxī【瞬息】名〈書〉またたく間.

shuo (ㄕㄨㄛ)

说 **shuō** 動 **1** 言う.話す.¶请你再～一遍 / もう一度言ってください.¶你～怎么样? / あなたはどう思う.

▶"说"のいろいろな用法◀

① …について話す.¶天气预报～明天要下雨 / 天気予報では明日は雨だとのことだ.¶正～着你,你就来了 / ちょうどうわさをしているところへ君が来た.

② …語〔…弁〕を〔で〕話す.¶～外语 / 外国語で話す.

③ "说…话"の形で,発言内容の評価・種類・形式を表す.¶～真心话 / 本音を言う.¶～漂亮话 / 体裁のいいことを言う.

④ (物語・講談などを)する.語る.¶～相声 / 漫才をする.

2 しかる.説教する.¶爸爸～了他几句 / お父さんは少し彼をしかった. **3** 説明する.わけを話す.¶一～就明白 / わけを話せばすぐわかる. **4** (多く"是说"の形で)…を意味する.¶你这番话是～谁呢? / きみが言っているのはだれのことなんだ. **5** 〈口〉紹介する.(縁談を)取り持つ.¶～婆家 / 嫁入り先を世話する.

H 学説.¶学～ / 学説.

異読⇒shuì,yuè

shuōbái【说白】名〈劇〉せりふ.

shuōbái le【说白了】〈挿〉はっきり言えば.

shuōbude【说不得】動+可補 **1** 口に出してはならない. **2** お話にならない. **3** 〈方〉何も言えない.

shuōbudìng【说不定】動+可補 **1** わからない.はっきり言えない. **2** ひょっとしたら…かもしれない. **3** …とは限らない.

shuōbuguò//qù【说不过去】動+可補 筋道が立たない.

shuōbulái【说不来】動+可補 **1** 気が合わない. **2** 〈方〉うまく言えない.

shuōbushàng【说不上】動+可補 **1** はっきりわからない. **2** (理由にならない,当てにならないなどの理由で)…という値打ちはない. **3** (順番や時間が理由で)話せない.

shuōbushàng//lái【说不上来】動+可補 うまく言えない.

shuōbuzháo【说不着】動+可補 言うべき筋合いではない.

shuō cháng dào duǎn【说长道短】〈成〉人のことをあれこれうわさする.

shuōchàng【说唱】名 ("大鼓""相声""弹词"など)語りと歌を含む演芸の総称.

shuō//chéng【说成】動+結補 …と言いなす.

shuō//chū//qù【说出去】動+方補 言いふらす.

shuōchuān【说穿】動 ずばり言う.

shuōcí【说辞】名 言いわけ.口実.

shuō dàhuà【说大话】〈慣〉ほらを吹く.

shuō dà huà shǐ xiǎoqián【说大话使小钱】〈諺〉口先だけ威勢がいいがみみっちい.

shuō//dǎo【说倒】動+結補 やりこめる.言いこめる.

shuō//dào【说到】動+方補 **1** …について言えば.…のことになると. **2** 言及する.

舜瞬说 S

shuōdào【说道】動(小説などで)…が言うには.

shuō…dào…【说…道…】〈型〉(ああ)言ったり,(こう)言う. ¶~三~四 / いろいろと取りざたする.

shuōdao【说道】〈方〉❶動 1(言葉で)述べる. 話す. 2 相談する. ❷名(~儿)わけ. 理由.

shuōdào Cáo Cāo, Cáo Cāo jiù dào【说到曹操,曹操就到】〈諺〉うわさをすれば影.

shuō dàodǐ【说到底】〈挿〉つまるところ. 極言すれば.

shuōdechū(kǒu)【说得出(口)】動+可補(よくも)口に出すことができる.

shuōdeguò//qù【说得过去】動+可補 1 理屈が通る. 2 よくもなければ悪くもない.

shuōdelái【说得来】動+可補 1 気が合う. 2〈方〉(上手に)話せる.

shuōdeshàng huà【说得上话】(間柄によってその人に何でも)言える.

shuōdeshàng//lái【说得上来】動+可補(うまく)言える.

shuō de shì【说的是】〈套〉もっともです.

shuōdezháo【说得着】動+可補 1 …に言うのが筋合いである. 2(小言を)言う資格がある.

shuō//dìng【说定】動+結補 1 言い切る. 断言する. 2 約束する.

shuōfǎ【说法】動〈宗〉仏法を説く.

shuōfa【说法】名 1 言い方. 2 意見. 見解. 3 理由. 根拠.

shuō//fú【说服】動 説得する. 説き伏せる.

shuō//hǎo【说好】動+結補 約束する. 話を決める.

shuō hǎohuà【说好话】1 縁起のよい話をする. 2 取り持つ. 取りなす.

shuōhe【说合】動 1 取り持つ. 斡旋する. 2 相談する. 3 仲裁する.

shuōhe【说和】動 仲裁する.

shuō//huà【说话】❶動 1(~儿)話をする. 2(~儿)雑談する. 3 非難する. ❷名 1(話をするほどの)短い時間. 2〈方〉話. 3(講談の一種)説話.

shuō//huǎng【说谎】動 うそをつく.

shuō//huí//lái【说回来】動+方補 話を戻す.

shuōjiào【说教】動 1〈宗〉説教する. 2 理屈っぽい話をする.

shuō//kāi【说开】動+方補 1 誤解を解く. 打ち明ける. 2(言葉が)言い広められる.

shuōkè【说客】名 説得が上手な人;説得役.

shuōlái【说来】〈挿〉言ってみれば.

shuō lái huà cháng【说来话长】〈成〉話せば長くなるが.

shuōle guīqí【说了归齐】〈慣〉〈方〉結局のところは.

shuō//lǐ【说理】動 1 理屈を説き明かす. 2(多く否定の形で)道理をわきまえる.

shuōliū zuǐ【说溜嘴】口を滑らす. 失言する.

shuōlòu【说漏】動 1 言い漏らす. 2 うっかり言ってしまう.

shuō//méi【说媒】動〈旧〉仲人をする.

shuōmíng【说明】❶動 1 説明する. ¶你把理由~一下 / わけを話して聞かせてくれ. 2(事実や事柄が)証明する,物語る. ¶这件事~他的为人 wéirén/ このことから彼の人となりがわかる. ❷名 説明. 解説.

shuōmíngshū【说明书】名 説明書;(演芸などの)プログラム,筋書き.

shuōpò【说破】動 ずばり言う.

shuō//qǐ//lái【说起来】動+方補 1 言ってみれば. 2 話し出す.

shuō//qīn【说亲】→shuō//méi【说媒】

shuō//qíng【说情】動(~儿)人のために頼む. 許しを請う.

shuō shénme【说什么】〈型〉…とかなんとか言う(が).

shuō shì【说是】〈型〉…だそうです. …と言われている.

shuō//shū【说书】1 動 講談を語る. 2 名(中国式の)講談,弾き語り.

shuōshūde【说书的】名 講談師.

shuōsǐ【说死】動 1 きちんと話を決める. 2 どんなことがあっても.

shuō sǐ shuō huó【说死说活】〈成〉何を言っても. 何を言われても.

shuō//tòu【说透】動+結補 意を尽くすまで話す.

shuōtour【说头儿】名 1 話すだけの価値. 2 言いわけ.

shuō//tuǒ【说妥】動+結補 話がまとまる.

shuō//xì【说戏】動 脚本を説明したり,演技の指導をする.

shuō xián dào dàn【说咸道淡】〈成〉あれこれとあげつらう.

shuō xiánhuà【说闲话】〈慣〉1 不満を漏らす. 2(~儿)雑談する. 世間話をする.

shuōxiàng【说项】動(人のために)取りなす.

shuōxiào【说笑】動 笑い興じる.

shuō xiàohua【说笑话】(~儿)1 笑い話をする. 2 冗談を言う.

shuō yī bù èr【说一不二】〈成〉言ったとおりに実行する;なんでも言うとおりにする.

shuō yī shì yī【说一是一】〈成〉確言する.

shuōzhe wánr【说着玩儿】〈慣〉冗談を言う.

shuō//zhòng【说中】動+結補 言い当てる.

shuō//zhǔn【说准】動+結補(話を)はっきり決める.

shuōzǒu zuǐ【说走嘴】〈慣〉口を滑らす.

shuōzuǐ【说嘴】動 1 大きな口をたたく. 2〈方〉口げんかをする.

说 S

妁 **shuò** →**méishuò【媒妁】**

烁(爍) **shuò** H 光り輝くさま. ¶闪～ / きらきらする.

shuòshuò【烁烁】形 きらきら輝いている.

铄(鑠) **shuò** H ①(金属を)溶かす. ②弱める. すり減らす. ③光り輝くさま.

朔 **shuò** H ①(陰暦の)ついたち. ②北.

shuòfāng【朔方】名〈書〉北の方.

shuòfēng【朔风】名〈書〉北風.

shuòrì【朔日】名 陰暦の1日.

shuòwàng【朔望】名 朔望(さくぼう). 陰暦の1日と15日.

shuòyuè【朔月】名〈天〉陰暦の1日の月相.

硕 **shuò** H 大きい. ‖姓

shuò dà wú péng【硕大无朋】〈成〉比類なく大きい.

shuòdǎo【硕导】名 修士指導教官.

shuòguǒ【硕果】名 大きな果実. 大きな成果.

shuò guǒ jǐn cún【硕果仅存】〈成〉わずかに残った貴重な人〔事物〕.

shuò guǒ léi léi【硕果累累】〈成〉成果が豊かである.

shuòshì【硕士】名 修士. マスター.

搠 **shuò** 動〈近〉刺す；突き刺す.

蒴 **shuò** ○

shuòguǒ【蒴果】名〈植〉蒴果(さくか). ¶芝麻～ / ゴマの実.

数(數) **shuò** H たびたび. ¶频～ / 頻繁に. 異読⇨shǔ, shù

shuò jiàn bù xiān【数见不鲜】〈成〉見慣れているので珍しくない.

槊 **shuò** 名〈古〉(兵器の一種)柄の長い矛.

si(ㄙ)

厶 **sī**"私"の古字. ⇨〖私sī〗

司 **sī** H ①つかさどる. 操作する. ¶各～其事 / 各自その職務をつかさどる. ②国務院各部(日本の省クラス)の行政単位. 局. ¶林业部资源～ / 林業省資源局. ‖姓

sīduó【司铎】名〈宗〉カトリックの神父.

sīfǎ【司法】名 司法.

sīhàoyuán【司号员】名(解放軍の)ラッパ手.

sījī【司机】1名 運転手. 機関士. **2**動 機械を扱う.

Sīkōng【司空】姓

sī kōng jiàn guàn【司空见惯】〈成〉見慣れてしまうと何も珍しくない.

sīlìng【司令】名 司令官.

sīlú【司炉】名 ボイラー係；(機関車の)機関助手.

Sīmǎ【司马】姓

sīxiànyuán【司线员】名〈体〉(テニスやサッカーの)線審. ラインズマン.

sīyí【司仪】名 司会者. 儀式の進行係.

sīzhǎng【司长】名 局長.

丝(絲) **sī** ❶名 絹糸. 生糸. [根] ❷量 **1**(度量衡の単位)"毫"の10分の1. **2**(常に"一丝"の形で)極めて少ない量. ¶一～不差chà / 寸分も違わない. ¶一～风也没有 / 少しも風がない.

H 細い糸状のもの. ¶蜘蛛～ / クモの糸. ¶萝卜～儿 / 大根の千切り.

sīchóu【丝绸】名 絹織物.

sīchóu zhī lù【丝绸之路】名 シルクロード.

sīdài【丝带】名(絹の)リボン, テープ.

sīgāo【丝糕】名(アワなどの粉で作った)蒸しパン.

sīguā【丝瓜】名〈植〉ヘチマ(の実).

sīguāng【丝光】名(木綿の)絹仕上げ.

sīháo【丝毫】名 ごくわずか. 少しばかり. ¶～不差 / 寸分も違わない.

sījīn【丝巾】名 シルクスカーフ.

sīluó【丝萝】名〈書〉〈喩〉婚姻. 縁結び.

sīmǐ【丝米】量 デシミリメートル.

sīmián【丝绵】名 真綿.

sīróng【丝绒】名 絹ビロード. ベルベット.

sīsī【丝丝】擬《微細なさま》¶春雨～ / 春雨がしとしとと降る. ¶～作痛 / ちくちくと痛む.

-sīsī【-丝丝】接尾《形容詞・名詞の後につき「しみわたる」さまを表す状態形容詞をつくる》¶甜～ / じんと甘い；じわじわ湧き上がる幸福感.

sī sī rù kòu【丝丝入扣】〈成〉(文章などが)一言一句急所を突いている；(踊りや演技などが)調子がぴったり決まっている.

sīsilālā【丝丝拉拉】形(～的)**1**《物事が尾を引くさま》ぐずぐず. **2**《痛むさま》しくしく. ちくちく.

sīxián【丝弦】名 **1** 生糸でよった弦. **2**(～儿)河北省石家荘(せっかそう)の地方劇.

sīxiàn【丝线】名 絹糸.

sīzhīpǐn【丝织品】名 絹織物.

sīzhú【丝竹】名 弦楽と管楽. ▶楽器の総称.

sīzhuī【丝锥】名〈機〉雌ねじ切り. ねじタップ.

私 **sī** H ①(公に対する)私. 個人の. 利己的. ¶→～事. ¶自～ / 利己的である. ②こっそりと. 秘密に. ¶→～语. ③非合法の〔に〕. 不正な〔に〕. ¶走～ / 密輸する. ¶→～货.

sībēn【私奔】動〈旧〉駆け落ちをする.

sībì【私弊】名 私利をはかる不正行為.

sīcáng【私藏】動 隠匿する.

sīchǎn【私产】名〈略〉私有財産.
sīchāng【私娼】名 私娼(しょう).
sīchē【私车】名 マイカー. 自家用車.
sīchóu【私仇】名 個人的な恨み.
sīchù【私处】名 1 秘密の場所. 2 陰部.
sīdài【私带】動 ひそかに携帯する.
sīdǎng【私党】名 私党. 徒党.
sīdǐ【私邸】名(↔官邸)(高級官僚の)私邸(てい).
sīfǎ【私法】名(民法や商法などの)私法.
sīfàn【私贩】1 動 密売する. 2 名 密売者.
sīfāng【私方】名 個人側. 民間側.
sīfang【私房】1 形 秘密の. 内緒の. 内輪の. 2→sīfangqián【私房钱】
sīfanghuà【私房话】名 内緒話.
sīfangqián【私房钱】名 へそくり.
sīfèn【私愤】名 個人的な憤り.
sīgǔ【私股】名〈経〉民間株.
sīhuà【私话】名 内緒話.
sīhuó【私活】名(～儿)(本業に差し障る)副業.
sīhuò【私货】名 密輸品. 禁制品.
sījiàn【私见】名 1 私見. 2 偏見. 先入観.
sījiāo【私交】名〈書〉個人間の交際.
sīlì【私立】形(↔公立)私立の.
sīlì【私利】名 個人の利益.
sīliǎo【私了】動 示談にする.
sīmì【私密】1 形 私的な. プライベートな. 2 名 プライバシー.
sīnáng【私囊】名 私腹. 個人の懐.
sīniàn【私念】名 利己的な考え.
sīnuó【私挪】動 勝手に流用する.
sīqǐ【私企】名〈略〉私営企業.
sīqíng【私情】名 1 私情. 情実. 2 男女の秘め事. 不倫関係.
sīrén【私人】❶名 1 個人. 2 縁故者. ❷形 私有の. 個人の ¶～企业 / 私営企業.
sīshāng【私商】名 個人経営の商店〔商人〕.
sīshēnghuó【私生活】名 私生活.
sīshēngzǐ【私生子】名 私生児.
sīshì【私事】名 私事. 私用.
sīshòu【私受】動 こっそり受け取る.
sīshòu【私售】動 密売する.
sīshú【私塾】名〈旧〉私塾.
sītáo【私逃】動 こっそり逃げる.
sītōng【私通】動 1(敵と)密通する 2 不倫する.
sītú【私图】動〈書〉〈貶〉ひそかにたくらむ.
sītūn【私吞】動 着服する. 横領する.
sīxià【私下】副 ひそかに. こっそりと;内々に. 個人的に.
sīxīn【私心】名 1 私心. 2〈書〉心中. 内心.
sīxìn【私信】名 私信. 個人的な手紙.
sīxíng【私刑】名 私刑. リンチ.
sīxù【私蓄】名 個人の蓄え. へそくり.
sīyíng【私营】形 私営の. 民間経営(の).
sīyíng qǐyè【私营企业】名〈経〉私営企業.
sīyòng【私用】動 不正に使用する.
sīyǒu【私有】形 私有の. ¶～财产 / 私有財産.
sīyǔ【私语】1 動 内緒話をする. 2 名 内緒話.
sīyù【私欲】名〈貶〉私欲.
sīyuàn【私怨】名 個人的な恨み.
sīzào【私造】動 密造する. 偽造する.
sīzhái【私宅】名 個人の住宅.
sīzhāng【私章】名 個人の印鑑.
sīzì【私自】副 ひそかに. 無断で.

咝(噝) sī 擬 1《風を切る音》ひゅうひゅう. 2《空気が細いところを抜ける音や様子》すうすう. しゅうしゅう.

思 sī H ①思う. 考える. ¶寻～ / 思いめぐらす. ②思い慕う. 懐かしく思う. ¶→～念. ③考えの筋道. ¶文～ / 文章の構想. ‖姓
sīcháo【思潮】名 1 思想の傾向. 2 次々に浮かぶ考え.
sīchūn【思春】動(女性が)異性を思う.
sīcǔn【思忖】動〈書〉思案する.
sīguò【思过】動〈書〉(過ちを)反省する.
sīkǎo【思考】動 思考する. 考える.
sīliàn【思恋】動〈書〉慕う. 懐かしく思う.
sīliang【思量】動 1 考える. 2〈方〉思う. 心にかける.
sīlù【思路】名(考えの)筋道. (文の)構想.
sīlǜ【思虑】動 思慮する. おもんぱかる.
sīmóu【思谋】動〈方〉考える.
sīmù【思慕】動〈書〉(人を)思い慕う.
sīniàn【思念】動 懐かしむ.
sī qián xiǎng hòu【思前想后】〈成〉後先のことを考える.
sīsuǒ【思索】動 思索する.
sīwéi【思维】1 名〈哲〉思惟(い). 2 動 考える. ▲"思惟"とも.
sīxiǎng【思想】❶名 1 思想. イデオロギー. 観念. ¶他的～很保守 / 彼の思想は保守的である. 2 考え. ¶～准备 / 心の準備. 覚悟. ❷動 考える.
sīxiǎngjiā【思想家】名 思想家.
sīxiǎngkù【思想库】名 シンクタンク.
sīxiǎng tǐxì【思想体系】名 イデオロギー.
sīxù【思绪】名 1 考え(の筋道). 2 気分.

虒 sī 地名用字. "虒亭"は山西省にある地名.

鸶(鷥) sī →lùsī【鹭鸶】

偲 sī ❍ 異読⇨cāi
sīsī【偲偲】動〈書〉互いに磨き合い,互いに励まし合う.

斯 sī〈古〉1 代 これ. ここ. 2 接続 そこで. ‖姓
sīwén【斯文】名〈書〉学問. 文化.
sīwen【斯文】形 優雅である. 上品で

ある.

蛳(鰤) **sī** →**luósī【螺蛳】**

厮 **sī** H ①〈近〉下男. ¶小～ / 下僕. ②〈近〉〈貶〉やつ. 野郎. ▶人を軽蔑する呼び方. ¶这～ / こいつ. ③互いに…し合う. ¶～打 / 殴り合う. ¶～杀 / 殺し合う.

锶 **sī** 名〈化〉ストロンチウム. Sr.

撕 **sī** 動(手で)引き裂く, はがす. ¶把信～开 / 手紙の封を破って開ける. ¶把纸～成两张 / 紙を２枚に引き裂く.

sīchě【撕扯】動 引き裂く.

sīhuǐ【撕毁】動 **1** 引き裂く. 破る. **2**(一方的に)破棄する.

sīluo【撕罗】動〈方〉**1** つかみ合う. **2** いざこざを解決する. **3** まといつく.

sī//piào【撕票】動(～儿)(誘拐などで目的が達せられないとき)人質を殺害する.

sīpò liǎn【撕破脸】〈慣〉仲たがいをする.

嘶 **sī** 擬〖咝sī〗に同じ.
H ①(馬が)いななく. ¶人喊马～ / 雑踏するさま. ②声がかすれる.

sīyǎ【嘶哑】形(声が)かすれている.

澌 **sī** H 尽きる. ¶～灭 / すっかり滅びる；消えてなくなる.

死 **sǐ** ❶動 **1**(↔生, 活)(動物が)死ぬ；(植物が)枯れる. ¶这棵树～了 / この木は枯れた. **2**〈喩〉消失・消滅する〔させる〕. ¶你就～了这条心吧 / その考えはあきらめたほうがよい.
❷形 **1** 融通がきかない. 固定した. ¶课堂气氛太～ / 教室には活気がない. **2** 行き止まりである. 機能を停止した. ¶这条路给堵～了 / この道はふさがって通れなくなった.

> 「動詞 / 形容詞＋"死"」で
> ⓐ動かすことができない, 機能を失うことを表す. ¶窗户钉～了 / 窓は釘づけにした. ¶别把话说～了 / 融通のきかない言い方をするな.
> ⓑ極点に達したことを表す. ¶高兴～了 / うれしくてたまらない. ¶气～我了 / まったく腹が立つ.

H ①決死の. ¶→～战. ¶→～守. ②妥協のできない. ¶→～敌. ¶→～对头.

sǐbǎn【死板】形 **1** 生気がない. **2** 一本調子である.

sǐbù…【死不…】〈型〉どうしても…しない；死んでも…しない. ¶～瞑目 / 死んでも死にきれない.

sǐbuliǎo【死不了】動+可補 **1** 死にきれない. **2** 死ぬはずがない.

sǐchǎn【死产】名〈医〉死産.

sǐchén【死沉】形 **1** ずっしりと重いさま. **2** 静まりかえったさま. **3** 表情が暗いさま.

sǐdǎng【死党】名〈貶〉(悪の)親玉や集団のために死力を尽くす仲間.

sǐ dé qí suǒ【死得其所】〈成〉死に場所を得る. 意義のある死に方をする.

sǐdí【死敌】名 不倶戴天の敵.

sǐdì【死地】名 窮地.

sǐdiào【死掉】動 死んでしまう.

sǐduìtou【死对头】名 目の敵.

sǐ ér hòu yǐ【死而后已】〈成〉死ぬまで一生懸命に努力する.

sǐgōngfu【死工夫】名 **1** 懸命の研鑽. **2** 応用がきかない技術.

sǐguīju【死规矩】名(～儿)杓子(しゃくし)定規.

sǐguǐ【死鬼】名 **1**〈罵〉死にぞこないめ. **2**〈旧〉死者. 仏.

sǐ//guò//qù【死过去】動+方補〈方〉気絶する.

sǐhútòng【死胡同】名(～儿)袋小路；〈喩〉行き詰まり.

sǐhuà【死话】名 相談の余地がない話.

sǐhuǎn【死缓】名〈法〉〈略〉死刑の執行猶予.

sǐhuī【死灰】名 火がすっかり消えた灰.

sǐ huī fù rán【死灰复燃】〈成〉いったん消滅した(よくない)事物が復活する.

sǐhuó【死活】 **1** 名 死活. 生死. **2** 副 どうしても.

sǐhuǒshān【死火山】名〈地質〉死火山.

sǐ//jī【死机】動〈電算〉フリーズする.

sǐjì【死记】動 丸暗記する. 棒暗記する.

sǐ jì yìng bèi【死记硬背】〈成〉むやみに丸暗記する.

sǐjiǎo【死角】名 死角；〈喩〉盲点.

sǐjié【死结】名 **1**(解けにくい)結び. かた結び. **2**〈喩〉割りきれない問題. 難題.

sǐjìn【死劲】(～儿)〈口〉**1** 名 ありったけの力. **2** 副 思い切り. 必死に.

sǐkōur【死抠儿】形〈方〉**1** かたくなである. **2** いちずである. 一点張りである. **3** けちである.

sǐkòur【死扣儿】名 解けにくい結び.

sǐlǎohǔ【死老虎】〈慣〉〈貶〉(権勢を失った)落ちめの人.

sǐ lǐ táo shēng【死里逃生】〈成〉九死に一生を得る. 命拾いをする.

sǐlì【死力】 **1** 名 死力. **2** 副 必死に.

sǐlù【死路】名 袋小路；〈喩〉破滅への道.

sǐmǎ dàngzuò huómǎ yī【死马当做活马医】〈諺〉絶望せず最後まで手を尽くす.

sǐmiàn【死面】名(～儿)水でこねただけの発酵させない小麦粉.

sǐmiè【死灭】動 滅亡する.

sǐmìng【死命】 **1** 名 死すべき運命. **2** 副 命がけで. 懸命に.

sǐnàn【死难】動 遭難して死ぬ. 殉難する.

sǐnǎojīn【死脑筋】〈慣〉融通がきかない(人).

蛳厮锶撕嘶澌死 S

sǐ pí lài liǎn【死皮赖脸】〈成〉ずうずうしく厚かましい.
sǐqí【死棋】名 詰みになった将棋；〈喩〉行き詰まった局面.
sǐ qì chén chén【死气沉沉】〈成〉活気がなく沈滞している.
sǐqibáilài【死气白赖】形(～的)〈方〉執拗にまとわりつくさま.
sǐqián【死钱】名(～儿)1 利息を受け取ることができない金. 2 固定した収入.
sǐqiú【死囚】名 死刑囚.
sǐqù【死去】動 死亡する.
sǐ qù huó lái【死去活来】〈成〉生きるか死ぬかである.
sǐrén【死人】名 1 死人. 2(多くは妻が夫をののしり)憎らしい人. ぐうたら亭主.
sǐshāng【死伤】動 死傷する.
sǐshī【死尸】名(人の)死体.
sǐshǒu【死守】動 1 死守する. 2 頑固に守る.
sǐshuǐ【死水】名 たまり水
sǐ shuō huó shuō【死说活说】〈成〉再三説得する.
sǐtāi【死胎】名 死産児；(体内で)死んだ胎児.
sǐwángù【死顽固】〈慣〉頑固一徹(な人).
sǐwáng【死亡】動 死亡する.
sǐwánglǜ【死亡率】名 死亡率.
sǐwángxiàn【死亡线】名 生死の境.
sǐ wú duì zhèng【死无对证】〈成〉死人に口なし.
sǐ//xīn【死心】動 あきらめる.
sǐ xīn tā dì【死心塌地】〈成〉1 決心を変えない. 2(よくない意味で)考えをかたくなに変えない. ▲"死心踏地"とも.
sǐxīnyǎn【死心眼】〈慣〉(～儿)頑固な(人).
sǐxìn【死信】名 1(あて先不明で)配達不能の手紙. 2(～儿)死亡の知らせ.
sǐxíng【死刑】名〈法〉死刑.
sǐxìng【死性】形 融通がきかない.
sǐxùn【死讯】名 訃報.
sǐyīn【死因】名 死因.
sǐyìng【死硬】形 1 融通がきかない. 2 頑固である.
sǐyìngpài【死硬派】名(反動的立場の)頑迷派.
sǐ yǒu yú gū【死有余辜】〈成〉死んでも罪を償うことができない.
sǐ yú fēi mìng【死于非命】〈成〉非業の死を遂げる.
sǐzhàn【死战】1 名 生死にかかわる一戦. 2 動 死闘する. 必死に戦う.
sǐzhě【死者】名 死者. 死んだ人.
sǐzhèng【死症】名 不治の病.
sǐzuì【死罪】名 1 死罪. 2〈套〉まことに申し訳ない.

巳(巳) **sì** 名 十二支の第6：巳(み).
sìshí【巳时】名〈旧〉巳の刻. ▶午前9時から11時.

四 **sì** 数 4. ‖姓
sì…bā…【四…八…】〈型〉《類義成分を二つ当てはめ,各方面という意味を表す》¶→～面～方. ¶→～通～达.
sìbì【四壁】名(室内の)四方の壁；〈喩〉家財道具が全然ない. 貧しい暮らし.
sìbiān【四边】名(～儿)周囲.
sìbùxiàng【四不像】名(～子)1〈動〉シフゾウ(四不像). 2〈喩〉いずれともつかない事物や状況.
sìchóngzòu【四重奏】名〈音〉カルテット.
sìchù【四处】名 方々. あちこち.
Sìchuān【四川】名〈地名〉四川(しせん)省.
sì dà jiē kōng【四大皆空】〈成〉世界のすべてのものは空虚である.
sì dà jīngāng【四大金刚】名 四天王.
sì èr yī zōnghézhèng【四二一综合症】名(「一人っ子政策」で生じた)父方・母方の祖父母4人・親2人・子供1人の逆ピラミッド型家族構成によって引き起こされる,一人っ子に対する溺愛(できあい)の風潮.
sìfāng【四方】1 名(東西南北の)四方. 2 形(～儿)四角い.
sìfāngbù【四方步】名(～儿)落ち着いてゆったりとした足どり.
sìfāngliǎn【四方脸】名(～儿)四角張った顔.
sìfāngqiú【四方球】名〈体〉スカッシュ.
sì fēn wǔ liè【四分五裂】〈成〉散り散りばらばらになる.
sì ge xiàndàihuà【四个现代化】名(農業・工業・国防・科学技術の)四つの近代化.
sìhǎi【四海】名 全国各地；世界各地.
sìhài【四害】名(公衆衛生・農業生産に)害のあるハエ,ネズミなどの四つの害.
sìhéfáng【四合房】→ **sìhéyuàn**【四合院】
sìhéyuàn【四合院】名(～儿)四合院(しごういん).
sìhú【四胡】名 4弦の胡弓.
sìhuà【四化】名〈略〉1 四つの近代化. 2"干部四化"のこと. ▶革命化・若年化・知識化・専門化.
sìhuà【四话】名〈譏〉("四化"を風刺し)"大话"(ほら話),"空话"(空論),"假话"(うそ),"废话"(むだ話)のこと.
sìjì【四季】名 四季.
sìjìdòu【四季豆】名〈植〉インゲンマメ.
sìjì hǎitáng【四季海棠】名〈植〉シキザキベゴニア.
sìjiāo【四郊】名 都市近郊.
sì jiǎo bā chà【四脚八叉】〈慣〉大の字になって寝る.

sìjiǎo hàomǎ【四角号码】名 四角号碼(ｺﾞｳﾏ). ▶漢字の四つの角(左上・右上・左下・右下の順)の筆形に4けたの数字を当てはめた漢字検索法.
sìjiǎoshé【四脚蛇】名〈俗〉〈動〉トカゲ. [只,条,个]
sìjìn【四近】名 付近. 周り.
sìjiù【四旧】名(文化大革命期に言われた)"旧文化""旧习惯"などの四つの古いもの.
sìlín【四邻】名 隣近所.
sì liù bù dǒng【四六不懂】〈成〉わからず屋.
sìliùtǐ【四六体】名 四六駢儷(ﾍﾞﾝﾚｲ)体.
sìliùwén【四六文】名 四六駢儷体の文章.
sìmiàn【四面】名 四面. 四方.
sì miàn bā fāng【四面八方】〈成〉四方八方.
sì miàn chǔ gē【四面楚歌】〈成〉四面楚歌.
sìmuzhǐ【四拇指】名〈方〉薬指.
sìpáng【四旁】名 あたり. 近所.
sì píng bā wěn【四平八稳】〈成〉**1** 極めて危なげない. **2** 無難すぎて独創性がない.
sìqǐ【四起】動 四方に起こる.
sìqì【四气】名〈中医〉四気(寒・熱・温・涼の4種の薬性).
sìrénbāng【四人帮】名 四人組;(特に)文化大革命時の江青・張春橋・王洪文・姚文元の4人.
sìsàn【四散】動 四方に散る.
sìshànpíng【四扇屏】名(～儿) 4枚一組の掛け軸.
sìshēng【四声】名〈語〉(現代漢語共通語の)四声;(古漢語の)四声;(広く)字の声調.
sìshí【四时】名〈書〉**1**(朝昼夕夜の)四時(ｼ). **2** 四季.
Sìshū【四书】名 四書. ▶大学・中庸・論語・孟子.
sìtǐ【四体】名〈書〉四肢. 両手と両足.
sì tōng bā dá【四通八达】〈成〉道が四方八方に通じている.
sìwài【四外】名 四方. 周囲.
sìwéi【四围】名 周囲. まわり.
sìwéi【四维】名〈数〉四次元.
sìwǔliù【四五六】〈慣〉(～儿)事の次第;委細.
sìxià【四下】→sìxiàli【四下里】
sìxiàli【四下里】名 四方. 周り.
sìxiānzhuō【四仙桌】名 小さな四角のテーブル.
sìxiāng【四乡】名(都市の)四方の村落.
sìyánshī【四言诗】名 四言詩.
sìyě【四野】名 広い野原.
sìyú【四隅】名〈書〉四隅. 四方の隅.
sì yuǎn chí míng【四远驰名】〈成〉四方に名を馳せる.
sìzé【四则】名〈数〉四則.
sìzhěn【四诊】名〈中医〉四つの診察法.
sìzhī【四肢】名 四肢.
sìzhì【四致】形〈方〉気持ちがよい. 具合がよい.
sìzhōu【四周】名 周囲. 周り.
sìzhōuwéi【四周围】名〈口〉周り.
sìzuò【四座・四坐】名〈書〉同席の人. 一同.

寺 sì H ①寺. ¶清真～ / 回教寺院. モスク. ②昔の官署名. ‖姓
sìchǎn【寺产】名 寺の不動産〔財産〕.
sìmiào【寺庙】名 寺院. 寺や廟.
sìyuàn【寺院】名(仏教の)寺院.

似 sì 副〈書〉…のようである. ¶～曾见过 / かつて会ったことがあるようだ.
H ①似ている. ¶相～ / 似通っている. ②《形容詞の後に用い》…に勝る. ¶一天强～一天 / 日一日とよくなる.
異読⇒shì
sì…fēi…【似…非…】〈型〉**1**(同一の単音節動詞を当てはめ)…のようでもあり,…のようでもある. ¶～懂～懂 / わかったようなわからないような. **2**(同一の単音節名詞または形容詞を当てはめた形を二つ重ね)…ようだが…ではない. ¶～马～马,～驴lǘ～驴 / 馬ともつかずロバともつかないもの;ろくでもないもの.
sìhū【似乎】副 …らしい. …のようだ. ¶他～想说什么 / 彼は何か言いたそうだ.
sì shì ér fēi【似是而非】〈成〉正しいようだが実は正しくない.

汜 sì 地名用字. "汜水"は河南省にある川の名.

兕 sì H 雌のサイ. ¶猛如～虎 / 猛獣のようにたけだけしい.

伺 sì H(様子を)うかがう. (機会を)待つ. ¶～探 / 偵察する.
異読⇒cì
sìjī【伺机】動 機会を待って…する.
sìxì【伺隙】動 すきをうかがう.

祀 sì 動 祭る. ¶～祖 / 祖先を祭る.

饲 sì H ①飼育する. ②飼料. ¶打草储～ / 草を刈り飼料を蓄える.
sìcáo【饲槽】名 飼料桶.
sìcǎo【饲草】名 まぐさ.
sìliào【饲料】名 飼料.
sìyǎng【饲养】動 飼育する. (家畜を)飼う.
sìyù【饲育】動 飼育する. 飼う.

泗 sì H ①鼻汁. ②安徽省の泗(ｼ)県.
sìzhōuxì【泗州戏】名 泗(ｼ)州に始まり淮河両岸で行われる地方劇.

驷 sì O
sì bù jí shé【驷不及舌】〈成〉一度口に出した言葉は取り返しがつかない.
sìmǎ【驷马】名〈書〉4頭立ての馬車.

俟(竢) sì H 待つ. ¶～机 / 機会を待つ. ‖姓 異読⇒qí

食 sì H (人に)食べさせる. 異読⇨shí

觇 sì 動〈書〉窺(ｳｶｶﾞ)う. ねらう.

涘 sì 名〈書〉水のほとり. ¶涯yá～/みぎわ. 水辺.

耜 sì 名〈古〉形がスコップに似ている農具;(広く)農具.

笥 sì H 飯や衣服を入れる竹製の器.

肆 sì 数"四"の大字.
H ①ほしいままにする. ¶放～/わがままである. ②店. ¶书～/書店.

sìlì【肆力】動〈書〉力を尽くす.
sìnüè【肆虐】動〈書〉ほしいままに残虐なことをする;〈喩〉(台風などが)猛威を振るう.
sìrǎo【肆扰】動 ほしいままにかき乱す.
sì wú jì dàn【肆无忌惮】〈成〉したい放題をする.
sìxíng【肆行】動〈書〉ほしいままに振る舞う.
sìyì【肆意】副〈書〉ほしいままに. 思う存分.

嗣 sì H ①継ぐ. ¶～子/世継ぎ. ②子孫. ¶后～/子孫.

sìhòu【嗣后】名〈書〉その後. 以後.
sìwèi【嗣位】動〈書〉王位を継承する.

禩 sì〈書〉〖祀sì〗に同じ.

song (ㄙㄨㄥ)

忪 sōng →xīngsōng【惺忪】 異読⇨zhōng

松 (鬆) sōng ❶ 形(↔紧) 1 緩い. もろい. ¶鞋带～了/靴ひもが緩んだ. ¶土质比较～/土質がわりとやわらかい. 2 厳しくない. きつくない. ¶评分标准比较～/評価の規準がわりに甘い. 3 金に余裕がある. ¶我手头儿比较～/私は金に比較的余裕がある.
❷ 動 緩める. 解く. ¶～一～腰带/ベルトを少し緩める. ¶～口气/ほっと一息つく.
H ①松. ¶～花/松かさ. ¶→～树. ②(魚・エビ・肉などの)でんぶ. ¶肉～/肉のでんぶ. ‖姓

sōngbǎi【松柏】名 常緑樹.
sōng//bǎng【松绑】動 1 規制を緩和する. 2 (犯人などの)縄を解く.
sōngchí【松弛】1 形(制度や規律が)緩んでいる;(気持ちなどが)緩んでいる. 2 動 緩める.
sōngcuì【松脆】→sūcuì【酥脆】
sōngdànbāo【松蛋包】名〈罵〉意気地なし. 腰抜け.
sōngdong【松动】形 1 (人が)込んでいない. 2 (経済的に)余裕がある. 3 (ねじなどが)緩んでいる. 4 (措置・態度などで)融通がきく.
sōngguǒxiàn【松果腺】名〈生理〉松果腺(ｼｮｳｶｾﾝ).
sōnghuā【松花】名〈料理〉ピータン.
sōnghuǎn【松缓】1 形 ゆったりしている. なごんでいる. 2 動 和らげる. 緩和させる.
sōngjī【松鸡】名〈鳥〉ライチョウ.
sōngjiāoyóu【松焦油】名〈化〉松のタール.
sōngjiéyóu【松节油】名〈化〉テレビン油.
sōngjǐn【松紧】名 緩さ. きつさ;伸縮性.
sōngjǐndài【松紧带】名 ゴムひも.
sōng//jìn【松劲】動(～儿)力を緩める. 気を抜く.
sōng//kǒu【松口】動 1 (口にくわえているものを放し)口を緩める. 2 (意見を言う)口調を和らげる.
sōng//kòu【松扣】1 動 結び目やねじを緩める. 2 名(～儿)緩い結び目.
sōngkuǎ【松垮】形(構造が)緩んでがたついている;(仕事ぶりなどが)だらけている.
sōngkuai【松快】❶ 形 1 (気持ちが)軽やかである. 2 (広々として)窮屈でない. ❷ 動 くつろぐ.
sōngluó【松萝】名〈植〉サルオガセ.
sōngmáochóng【松毛虫】名〈虫〉マツケムシ.
sōngmíng【松明】名 たいまつ.
sōngmó【松蘑】名〈俗〉〈植〉マツタケ.
sōng//qì【松气】動 気を緩める. 息をつく. ほっとする.
sōngqiáng【松墙】名(～子)ヒノキやコノテガシワの生け垣.
sōngqiú【松球】名 松ぼっくり.
sōngrén【松仁】名(～儿)松の実.
sōngruǎn【松软】形 ふわふわしている.
sōngsǎn【松散】形 1 (物が)固まっていない;緩い, 締まりがない. 2 (気持ちが)散漫である.
sōngsan【松散】動(気持ちが)すっきりする. くつろぐ.
sōng//shǒu【松手】動(～儿)手を放す. 手を緩める.
sōngshǔ【松鼠】名(～儿)〈動〉リス.
sōngshù【松树】名 松(の木).
sōngsongkuǎkuǎ【松松垮垮】形 1 (構造が)散漫である. ゆるんでいる. 2 (仕事ぶりなどが)だらけている.
sōngtāo【松涛】名 松風.
sōngxián【松闲】形 暇である.
sōngxiāng【松香】名 松やに.
sōngxiè【松懈】❶ 形 1 (規律や気が)だらけている. 2 (関係が)しっくりしない;(動作の)呼吸が合わない. ❷ 動 緩める. 力を抜く.
sōng//xīn【松心】動 ほっとする. 気を抜く.
sōngxùn【松蕈】名〈植〉マツタケ.
sōngzhēn【松针】名 松葉.
sōngzhī【松脂】名 松やに.
sōngzǐ【松子】名(殻を除いた)松の実.
sōng//zuǐ【松嘴】→sōng//kǒu【松口】

淞 sōng →wùsōng【雾淞】

淞 **sōng** 地名用字．“淞江”は川の名．

嵩（崧） **sōng** H（山が大きくて）高い．‖姓

㞞（屣） **sóng** 1 名〈俗〉精液．2 形 無能である．¶这家伙真～ / あいつはほんとうに意気地なしだ．

sóngbāo【㞞包】名〈俗〉〈貶〉弱虫．意気地なし．

扨（摗） **sǒng** 動 1〈書〉直立する．2〈方〉力いっぱい押す．

怂（慫） **sǒng** O

sǒngyǒng【怂恿】動〈書〉そそのかす．扇動する．

耸（聳） **sǒng** 動 1 そびえる．2（耳や肩を）そばだてる．そびやかす．¶～着耳朵听 / 耳をそばだてて聞く．¶～一～肩膀 / 肩をいからす．

H 驚かす．¶危言～听 / 大げさなことを言って人をびっくりさせる．

sǒngdòng【耸动】動 1（肩などを）いからす．2 驚かす．

sǒng//jiān【耸肩】動（軽蔑・困惑・驚きで）肩をすぼめる．

sǒnglì【耸立】動 そびえ立つ．¶群山～ / 山々がそびえ立っている．

sǒng rén tīng wén【耸人听闻】〈成〉（わざと大げさなことを言って）人を驚かす．

sǒng rù yún xiāo【耸入云霄】〈成〉雲の上にそびえ立つ．

sǒng//shēn【耸身】動 身を躍らせる．

sǒngzhì【耸峙】動〈書〉そびえ立つ．

悚 **sǒng** H 怖がる．

sǒngjù【悚惧】動〈書〉恐れる．怖がりすくみ上がる．

sǒnglì【悚栗】動〈書〉ぞっとしておののく．

sǒngrán【悚然】形〈書〉恐れ怖がるさま．¶毛骨～ /（恐ろしくて）身の毛がよだつ．

sǒngtì【悚惕】動〈書〉恐れ警戒する．

竦 **sǒng** H ①敬う．かしこまる．¶～然肃立 / 恭しく立つ．②〖悚sǒng〗に同じ．③〖耸sǒng〗に同じ．

讼 **sòng** H ①訴訟・裁判を起こす．¶诉～ / 訴訟（を起こす）．②是非を争う．¶聚～纷纭 / 意見がまちまちでしきりに言い争う．

sòng'àn【讼案】名 訴訟事件．

sòngcí【讼词】名 告訴の内容．

sòngyù【讼狱】名〈書〉裁判（事件）．

宋 **sòng** 名〈史〉（王朝名）宋(そう)．‖姓

sòngbǎn【宋版】名 宋版．宋代に印刷された書籍．

sòngcí【宋词】名（宋代に盛んになった詩体）宋詞．

sòngcí【宋磁・宋瓷】名 宋代の磁器．

sòngtǐzì【宋体字】名 明朝体（の活字）．

送 **sòng** 動 1（人や物・文書などを）届ける，運ぶ．¶→～信．¶请你把这封信～给他 / この手紙を彼に届けてください．2 贈る．¶他～我一本书 / 彼は私に本を1冊くれた．3（人を）見送る．¶别～，别～！/ 見送りはけっこうですから．¶～孩子上学 / 子供を学校まで送って行く．‖姓

sòng//bào【送报】動 新聞を配達する．

sòng//bié【送别】動 送別する．見送る．

sòng//bìn【送殡】動 会葬する．

sòngcān fúwù【送餐服务】名 ルームサービス．

sòngdá【送达】動 送り届ける．

sòngfēngjī【送风机】名 送風機．

sònggěi【送给】動 …に贈る．

sònghuàqì【送话器】名 マイクロホン．送話器．

sòng//huán【送还】動（物を）返す．

sòng//huí【送回】動+方補 送り返す；返す．

sòng//huò【送货】動 商品を届ける．¶～上门 / 商品を戸口まで届ける．¶～单 / 送り状．仕切り伝票．

sòngjiǎn【送检】動 関係部署に送って調べる．

sòngjiāo【送交】動 送付する；引き渡す．

sòng jiù yíng xīn【送旧迎新】〈成〉1（年末年始のあいさつなどに用い）古きを送り新しきを迎える．2 転出者を送り転入者を迎える．

sòng kè【送客】動 客を送る．

sòng//lǐ【送礼】動 贈り物をする．

sòng//mìng【送命】動 命を断つ．むだ死にをする．

sòngqì【送气】名〈語〉有気（音）．

sòng//qián【送钱】動 1 人にお金を贈る．2 むだな金を使う．

sòng//qīn【送亲】動 花嫁を花婿の家まで送り届ける．

sòng//qíng【送情】動〈方〉1 贈り物をする．2 賄賂を贈る．

sòng qiūbō【送秋波】〈慣〉秋波を送る．色目を使う．

sòng rénqíng【送人情】〈慣〉1〈貶〉人に便宜をはかり歓心を買う．2〈方〉贈り物をする．

sòng//sāng【送丧】動 葬式をする．

sòngshěn【送审】動（許可や審査を求め）上部機関や関係部門に提出する．

sòngsǐ【送死】動 自ら死を求める．

sòng wǎng yíng lái【送往迎来】〈成〉（広く）来客の応接に努める．

sòng//xìn【送信】動 1 手紙を配達する．2 手紙を出しに行く．

sòng//xìnr【送信儿】動〈口〉知らせる．伝える．

sòng//xíng【送行】動 1 見送る．¶到机场～ / 空港まで見送りに行く．2 送別の宴を設ける．

sòng//zàng【送葬】動（火葬場や埋葬場まで）死者を見送る．

sòng//zào【送灶】動〈旧〉"灶王爷"(かまどの神)を天上に送る.
sòng//zhōng【送终】動(親などの)最期を看取る.

诵 **sòng** H ①朗読する. ¶朗～/同上. ②暗唱する. ¶背～/同上. ③述べる. ¶传chuán～/語り伝える.
sòngdú【诵读】動(詩文を)朗読する.

颂 **sòng** 名 頌(しょう). 周代に祭祀に用いられた舞曲.
H ①ほめる. たたえる. ¶歌～/称揚する. ②〈書〉祈る. ¶敬～大安/謹んで御無事をお祈りいたします.
‖姓
sòngcí【颂词】名 称賛や祝いの言葉.
sònggē【颂歌】名 頌歌(しょうか). 賛歌.
sòngyáng【颂扬】動〈書〉称揚する.
sòngzàn【颂赞】動 称賛する.

sou (ㄙㄡ)

搜(蒐) **sōu** 動 **捜査する.** ¶海关人员在他的行李中～出了毒品/税関職員が彼の荷物から麻薬を見つけた.
H 捜す. ¶→～求.
sōubǔ【搜捕】動 捜査し逮捕する. 手配する.
sōuchá【搜查】動(禁制品などを) **捜査する,** 検査する;(犯人を)捜索する.
sōu cháng guā dù【搜肠刮肚】〈成〉**1** くまなく捜す. **2** あれこれと知恵を絞る.
sōugòu【搜购】動 買いあさる.
sōuguā【搜刮】動(人民の財産を)搾り取る,収奪する.
sōují【搜集】動 **探し集める. 収集する.** ¶～资料/資料を集める.
sōujiǎn【搜检】動 所持品検査をする.
sōujiǎo【搜剿】動〈書〉捜し出し討伐する.
sōujiǎo【搜缴】動 捜索して没収する.
sōukuò【搜括】→sōuguā【搜刮】
sōuluó【搜罗】動 くまなく探し集める. 収集する.
sōuqiú【搜求】動〈書〉探し求める.
sōu//shēn【搜身】動(所持品を取り調べるために)身体検査をする.
sōusuǒ【搜索】動 **1**(隠れた人や物を) **捜索する, 捜査する.** **2**〈電算〉検索する.
sōu suǒ kū cháng【搜索枯肠】〈成〉苦心惨憺(さんたん)する. 考えの限りを尽くす.
sōusuǒ yǐnqíng【搜索引擎】名〈電算〉検索エンジン.
sōuxún【搜寻】動 **探し求める.**

嗖(颼) **sōu** 擬《気体が狭いところを通り抜けたりかすめたりする鋭い摩擦音》ぴゅう. しゅう.

馊 **sōu** 形(食物が)すえている. ¶饭～了/ご飯がすえた.
sōuchòu【馊臭】形(ご飯が)すえて臭い.
sōudiǎnzi【馊点子】名〈方〉愚かな考え.
sōuzhǔyi【馊主意】名〈方〉下らない考え.

廋 **sōu** 動〈書〉隠す. 隠匿(いんとく)する.

溲 **sōu** H 糞尿をする. ▶特に小便をする.

飕 **sōu 1** 動〈方〉風が吹きつける. ¶别让风～干gān了/干からびるから風に当てないようにしなさい. **2** 擬〖嗖sōu〗に同じ.
sōuliú【飕飗】擬〈書〉《風の音》ひゅうひゅう.
sōusōu【飕飕】擬《風などの音》びゅうびゅう. ぴゅう. しゅう.

锼 **sōu** 動〈方〉(糸のこで)挽(ひ)く.
sōugōngzi【锼弓子】名〈方〉糸のこ. 糸のこぎり.

螋 **sōu** →qúsōu【蠼螋】

艘 **sōu** 量 大型船を数える:**隻.** ¶两～油船/タンカー2隻.

叟(叜) **sǒu** H 老人. 翁(おきな).

瞍 **sǒu** H ①目に瞳孔がなくて物が見えない. ②目の不自由な人.

嗾 **sǒu 1** 名 犬をけしかけるときの声. **2** 動〈書〉(犬を)けしかける.
H そそのかす. ¶→～使.
sǒushǐ【嗾使】動 そそのかす. けしかける.

擞(擻) **sǒu** →dǒusǒu【抖擞】
異読⇨sòu

薮(藪) **sǒu** H ①雑草が生い茂った湖. ②人や物が寄り集まる所. ¶渊～/事物の寄り集まる所. 巣窟.

嗽 **sòu** H せきをする. ¶咳～/せきをする.

擞(擻) **sòu** 動〈方〉(火箸を石炭こんろの中に差し込んで)灰を振り落とす. ¶～火/灰を振り落として火を盛んにする. **異読⇨sǒu**

su (ㄙㄨ)

苏(蘇・甦) **sū** H ①蘇生する. ¶复～/生き返る. ②植物の名. ¶紫～/シソ. ③江蘇省. 蘇州. ¶～菜/江蘇料理. ¶～杭/蘇州と杭州. ④ソ連. ソビエト. ‖姓
sūbái【苏白】名 **1** 蘇州方言. **2** 京劇や"昆曲"の蘇州語のせりふ.
sūdá【苏打】名〈化〉ソーダ. ¶～水/ソーダ水.
Sūdān【苏丹】名〈地名〉スーダン.
sūjù【苏剧】名 江蘇省の劇.
Sūlián【苏联】名〈略〉〈旧〉ソ連.
sūmù【苏木】名〈植〉スオウ.
sūshēng【苏生】動〈書〉よみがえる.
-sūsū【-苏苏】接尾《形容詞のあとについて「すっとする,すきっとする」感

诵颂搜嗖馊廋溲飕锼螋艘叟瞍嗾擞薮嗽擞苏 S

覚を表す》¶冷～ / ぞくっとする.
sūtiě【苏铁】名〈植〉ソテツ.
Sūwéi'āi【苏维埃】名〈史〉ソビエト.
sūxǐng【苏醒】動〈書〉よみがえる.
sūxiù【苏绣】名 蘇州の刺繍(品).
酥 sū❶形 1(食べ物などが) ほろほろに砕けやすい, さくさくとして柔らかい. 2(体の力が抜けて)ぐったりする. ¶吓得浑身发～ / 腰が抜けるほどびっくりした.
❷名〈古〉バター.
H 小麦粉を油でこねて砂糖を加えて焼いた菓子. ¶桃～ / クルミの実を使った同上の菓子.
sūbǐng【酥饼】名 パイ皮に似た焼き菓子.
sūcuì【酥脆】形(食べ物が)歯ざわりがよい. もろくてさくさくしている.
sūmá【酥麻】形(肢体が)しびれて力が抜け感覚がない.
sūruǎn【酥软】形(肢体が)力が抜けてぐったりしている.
sūtáng【酥糖】名 きな粉などで作った砂糖菓子.
sūyóu【酥油】名 牛や羊の乳で作ったバター.
sūyú【酥鱼】名 骨まで柔らかに調理した小魚.
稣 sū 動 よみがえる.
窣 sū →xīsū【窸窣】
俗 sú 形 俗っぽい. 品がない.
H ①風俗. ¶土～ / その土地の風俗習慣. ②大衆的な. ¶通～ / 通俗的でわかりやすい. ③世俗の人. ¶僧～ / 僧侶と俗人.
súchén【俗尘】名〈書〉俗塵(ぞくじん). 俗世間のわずらわしい事柄.
súchēng【俗称】動 俗称する. 通称は…という.
sú'ěr【俗耳】名〈書〉世間の人の耳.
súhuà【俗话】名(～儿)ことわざ. 俚諺(りげん).
súmíng【俗名】名 通称. 俗称.
súqi【俗气】形 俗っぽい. 下品である.
súrén【俗人】名 趣味の低級な人.
sútào【俗套】名(～子)紋切り型のあいさつ;(意味のない)しきたり,習わし;新味のないもの. マンネリ.
sútǐzì【俗体字】名 通俗的な字体. 俗字.
súyǔ【俗语】名 ことわざ. 俚諺(りげん).
súzì【俗字】→sútǐzì【俗体字】
夙 sù H ①朝早く. ②平素からの.
sùchóu【夙仇】名 宿敵.
sùdí【夙敌】名 宿敵. 年来の敵.
sùnuò【夙诺】名 前々からの約束.
sùrì【夙日】名〈書〉平素.
sùxián【夙嫌】名〈書〉前々からの恨み.
sù xīng yè mèi【夙兴夜寐】〈成〉勤勉に働くさま.
sùyuàn【夙愿】名〈書〉宿願. 前々からの願い. ¶～得偿 / 本懐がかなう.
诉 sù 動(腹を割って)話す,訴える. ¶～衷情 / 心の中を打ち明ける.
H ①告げる. ¶告～ / 告げる. ②告訴する. ¶起～ / (裁判所に)訴え出る. ③(力に)訴える.
sù//kǔ【诉苦】動 苦難を訴える.
sùqiú【诉求】1 動 要求を訴える. 2 名 願い. 求め.
sù//qū【诉屈】動 無実を訴える;不平を並べる.
sùquán【诉权】名〈法〉判決請求権.
sùshuō【诉说】動 せつせつと訴える.
sùsòng【诉讼】動〈法〉訴訟を起こす.
sùsòngfǎ【诉讼法】名〈法〉訴訟法.
sù//yuān【诉冤】動 無実や不公平を訴える.
sùzhuàng【诉状】名〈旧〉訴状.
肃(**肅**) sù H ①恭しい. 慎み深い. ②厳しい. ¶严～ / 厳格である. ③粛清する. ‖姓
sùjìng【肃静】形 静粛である.
sùlì【肃立】動 恭しく起立する.
sùmù【肃穆】形〈書〉厳かで静かである.
sùqīng【肃清】動(悪人・悪事・思想などを)粛清する, 一掃する.
sùrán【肃然】形〈書〉粛然としている.
素 sù 1 名(↔荤hūn) 精進料理. ¶吃～ / 菜食. 2 形(色・模様が) 派手でない. 地味である. 3 副〈書〉平素から. ¶～不相识 / 一面識もない.
H ①地色. 白色. ¶～色 / 無地;白色. ②本来の. ¶→～性. ③素となる物質. ¶维生～ / ビタミン. ‖姓
sùcái【素材】名〈芸〉(文学や芸術の)素材.
sùcài【素菜】名 精進料理.
sùcān【素餐】❶名 精進料理. ❷動 1 肉類を断つ. 2〈書〉仕事をせずに飯だけは食べる.
sùcháng【素常】名 平素. 日ごろ.
sùdàn【素淡】形 1(色彩や模様が)地味である. 2(料理が)あっさりしている.
sùfú【素服】名 白い服;喪服.
sùhuǒtuǐ【素火腿】名〈料理〉(精進料理で)湯葉を重ねてハムの形にしたもの.
sùjī【素鸡】名〈料理〉(精進料理で)湯葉を鶏の肉に似せて作ったもの.
sùjié【素洁】形 清らかである.
sùjìng【素净】形 地味である.
sùlái【素来】副〈書〉従来. かねがね.
sù mèi píng shēng【素昧平生】〈成〉一面識もない.
sùmiáo【素描】名 1〈美〉素描. デッサン. 2(文学上の)簡潔な描写, スケッチ.
sùpǔ【素朴】形 素朴である. 飾り気がない.
sùrì【素日】名〈書〉平素.
sùshí【素食】1 動 肉類を断つ. 2 名 精進物(しょうじんもの).
sùshízhě【素食者】名 ベジタリアン.

sùshǒu【素手】名〈書〉素手．手ぶら．
sùshù【素数】名〈数〉素数．
sùxí【素席】名 精進料理の宴席．
sùxīnhuā【素馨花】名〈植〉ソケイ(素馨)．ジャスミン．
sùxìng【素性】名 本来の性質；生まれつき．
sùyǎ【素雅】形 さっぱりしていて気品がある．
sùyǎng【素养】名 素養．
sùyóu【素油】名 植物油．
sùyuàn【素愿】名 日ごろからの願望．
sùzhì【素志】名〈書〉もとからの志．
sùzhì【素质】名 資質．素質．
sùzhì jiàoyù【素质教育】名(↔应试教育)人間教育．資質教育．
sùzhuāng【素装】名 白い衣装．地味な服装．

速 sù H ①速い．速やかである．¶请～回答 / 至急ご回答ください．②速さ．¶风～ / 風速．③客を招く．¶不～之客 / 招かれざる客．‖姓
sùchéng【速成】動 速成する．
sùchéngbān【速成班】名 速修〔短期養成〕クラス．
sùdì【速递】**1** 名 速達．**2** 動 速達で送る．
sùdòng【速冻】動 急速冷凍する．
sùdòng shípǐn【速冻食品】名 冷凍食品．
sùdù【速度】名 **速さ．スピード．**
sùhuá【速滑】名〈略〉〈体〉スピードスケート．
sùjì【速记】**1** 動 速記する．**2** 名 速記法．
sùjué【速决】動〈書〉速決する．迅速に解決する．
sùlǜ【速率】名〈物〉速度．速度率．
sùróng【速溶】形 すぐ溶ける．¶～咖啡 / インスタントコーヒー．
sùshíyè【速食业】名 ファーストフード産業．
sùshímiàn【速食面】名〈方〉即席めん．
sùxiào【速效】名 速効．即効．
sùxiě【速写】名 スケッチ画．

涑 sù 地名用字．"涑水"は山西省にある川の名．

宿 sù H ①泊まる．¶住～ / 宿泊する．②かねてからの．¶～志 / 宿望．③老練の．¶～将jiàng/ 経験豊かな老将．‖姓 異読⇒xiǔ,xiù
sùbiàn【宿便】名〈医〉宿便．
sùfèi【宿费】名 宿泊料．部屋代．
sùshè【宿舍】名 **寄宿舎．寮．**
sùyíng【宿营】動 宿営する．
sùyuàn【宿怨】名〈書〉積年の恨み．
sùyuàn【宿愿】名〈書〉宿願．¶～得偿 / 宿願がかなえられる．
sùzuì【宿醉】名 二日酔い．宿酔．

粟 sù 名〈植〉アワ．‖姓
sùmǐ【粟米】名〈方〉〈植〉トウモロコシ．
sùzi【粟子】名〈方〉〈植〉アワ．

谡 sù H 起きる．起き上がる．
sùsù【谡谡】形 高くぬきんでるさま．

嗉（膆） sù H(鳥類の食道の後端にある袋状部)嗉嚢(そう)．¶～囊náng/ 嗉嚢．
sùzi【嗉子】名 **1**(鳥類の)嗉嚢．¶鸽gē～ / ハトの嗉嚢．**2**〈方〉酒を入れる錫製の徳利．

塑 sù 動(石膏や粘土などで)塑像を作る．¶～了一尊佛像 / 粘土で仏像を一つ作った．
H プラスチック．
sùliào【塑料】名 **プラスチック．**¶～袋 / ビニール袋．¶～棚 / ビニールハウス．¶～薄膜bómó/ ビニールシート．ラップフィルム．¶～瓶 / ペットボトル．
sù//shēn【塑身】動 ダイエットする．シェープアップする．
sù//xiàng【塑像】**1** 動 像を作る．**2** 名 塑像．〔个,座,尊〕
sùxìng【塑性】名 可塑性．
sùzào【塑造】動 塑像を作る；(文字で人物のイメージを)描き出す．

溯（泝・遡） sù H ①(川を)さかのぼる．②(過去に)さかのぼる．¶追～ / 過去を振り返ってみる．
sùyuán【溯源】動〈書〉根源を追求する．

愫 sù H 真心．誠意．¶情～ / 真心．

蔌 sù H 野菜．山菜．¶山肴野～ / 田舎料理．

僳 sù →Lìsùzú【傈僳族】‖姓

觫 sù →húsù【觳觫】

缩 sù O 異読⇒suō
sùshāmì【缩砂密】名〈植〉シュクシャ．

簌 sù O
sùsù【簌簌】擬〈書〉**1**《木の葉などが揺れ動き触れ合う音》ざわざわ．さらさら．**2**《涙などが落ちるさま》ぽろぽろ．はらはら．**3**《体が震えるさま》ぶるぶる．

蹜 sù O
sùsù【蹜蹜】形〈書〉小走りをするさま．

suan（ㄙㄨㄢ）

狻 suān O
suānní【狻猊】名 **1** 伝説中の猛獣．**2** 獅子の古称．

酸（痠） suān ❶形 **1 酸っぱい．**¶牛奶～了 / 牛乳が酸っぱくなった．**2**(手足や腰などの筋肉が)**だるい．**¶腿站～了 / 立ち続けて足がだるくなった．**3** 悲しい．切ない．¶我心里也很～ / 私も切ない．

4 (多く文人が)世事にうとく融通がきかない. 2名〈化〉酸. 酸性.

suānbài【酸败】動(魚や肉などが)腐って酸っぱくなる.

suānbujī【酸不唧·酸不叽】形〈方〉(～儿的) 1 少し酸っぱい. 2 体がだるい.

suānbuliūdiū【酸不溜丢】形〈方〉(～的) 1 いやに酸っぱい. 2 貧乏書生くさい.

suāncài【酸菜】名〈料理〉発酵させて酸っぱくした白菜の漬物.

suānchéng【酸橙】名〈植〉ダイダイ.

suānchǔ【酸楚】名 辛酸.

suānfǔ【酸腐】形(考え方や言動が)陳腐で古くさい,世情にうとい.

suānlàtāng【酸辣汤】名〈料理〉こしょうや酢で味つけした酸味と辛みのあるスープ.

suānlǎn【酸懒】形〈方〉(体が)だるい.

suānliūliū【酸溜溜】形(～的) 1 酸っぱい. 2 だるい. 凝っている. 3 ねたましい. 4〈罵〉貧乏書生くさい.

suānmǎnǎi【酸马奶】名 クミス. 馬乳酒. ▶モンゴル族などの飲料.

suānméi【酸梅】→ **wūméi**【乌梅】

suānméitāng【酸梅汤】名 酸梅湯(スワンメイタン). ▶"酸梅"から作る清涼飲料.

suānnǎi【酸奶】名 ヨーグルト.

suānniúnǎi【酸牛奶】名 ヨーグルト.

suānqì【酸气】名(読書人の)貧乏くささ.

suānruǎn【酸软】形 だるい. ぐったりしている.

suān tián kǔ là【酸甜苦辣】〈成〉この世の辛酸.

suāntòng【酸痛】形(体が)だるくて痛い.

suānwèi【酸味】名(～儿) 1 酸味. 2 やっかみ. いやみ.

suān wén jiǎ cù【酸文假醋】〈成〉学者ぶっているさま.

suān//xīn【酸心】動 1 悲しみが胸を打つ. 2 胸焼けがする.

suānxīn【酸辛】名 辛酸. 辛苦.

suānxìng【酸性】名〈化〉酸性.

suānyǔ【酸雨】名 酸性雨.

suānzǎo【酸枣】名(～儿)〈植〉サネブトナツメ;〈中薬〉酸棗仁(さんそうにん).

蒜 suàn 名〈植〉ニンニク. ¶大～ / ニンニク.

suànbànr【蒜瓣儿】名〈食材〉ニンニクの球のひとかけ.

suànbiànzi【蒜辫子】名 ニンニクを茎のところで帯状につないだもの.

suànhuáng【蒜黄】名(～儿)ニンニクの若芽.

suànmiáo【蒜苗】名〈方〉ニンニクの芽.

suànní【蒜泥】名〈料理〉ニンニクをすりつぶしたもの.

suàntái【蒜薹】名(大きくなった)ニンニクの芽.

suàntóu【蒜头】名(～儿)ニンニク(の鱗茎).

筭 suàn〈書〉〖算suàn〗に同じ.

算(祘) suàn 1動 1 …と見なす. …とする. ¶他可以～是认真的学生 / 彼はまあまじめな学生だといえる. ¶今天不～冷 / きょうはそんなに寒くはない. 2 (…が)いちばん…だ. ¶在我们班里,～他学习成绩最好 / うちのクラスでは彼がいちばんできる. 3 予想する. ¶我～着你今天该来了 / 私は君がきょう来るとふんでいた. 4 計算をする. ¶～错了人数 / 人数をまちがえた. 5 (代金を)…とする. ¶只～第一杯的钱,再喝免费 / 最初の1杯の代金だけいただき,お代わりはただです. 6 数·勘定に入れる. ¶晚上喝酒～我一个 / 夜の飲み会に私を入れてください. 7 ("～了"の形で用い)やめにする. ¶→～了le.
2副 どうにかようやく. なんとか.
H もくろむ. ¶打～ / …するつもりである. ¶暗～ / ひそかにたくらむ. ‖姓

suànbude【算不得】動+可補 …の数に入らない;…とは言えない.

suànbuliǎo【算不了】動+可補 1 計算できない. 2 …とは言えない.

suànbuliǎo shénme【算不了什么】たいしたことはない.

suàncǎo【算草】名(～儿)算数の演算.

suànchǐ【算尺】名 計算尺.

suànfǎ【算法】名 1〈旧〉算術. 2 計算方法.

suàn//guà【算卦】動 八卦(はっけ)を見る. 占う.

suàn//huà【算话】動〈口〉言ったことに責任をもつ.

suànji【算计】動 1 勘定する. 2 思案する. 3 推測する. 4 だます. 5 とやかくとがめる.

suànjir【算计儿】名〈方〉計画. 心積もり.

suànjiù【算就】動〈方〉ちゃんと見通す.

suànlái【算来】→ **suàn//qǐ//lái**【算起来】

suàn lái suàn qù【算来算去】〈成〉1 繰り返し計算する. 2 いろいろ考えをめぐらす.

suànle (ba)【算了(吧)】〈套〉もういい. もうよそう. よしよし. ¶～,别说了 / やめろ,もう言うな.

suàn//mìng【算命】動 運命判断をする.

suànpan【算盘】名 1 そろばん. 2〈転〉(個人の)計画やもくろみ.

suànpanzhūr【算盘珠儿】名 そろばん玉.

suàn//qǐ//lái【算起来】動+方補 数えてみれば.

suàn//qián【算钱】動 金の勘定をする. 代金をもらう.

suànshì【算式】名 算式. 数式.

suànshì【算是】1 動(…と)言える. 2 副 どうにか. どうやら.
suànshù【算术】名 算数. 算術.
suàn//shù【算数】動(～儿)1 有効と認める. 数に入れる. 2 …したことになる. ¶学会了才～/できるようになって初めて習ったことになる.
suàntí【算题】名 算数の練習問題.
suànxué【算学】名 1 数学. 2〈旧〉算術.
suàn//zhàng【算账】動 1 勘定をする. 決算する；〈転〉古い恨みを晴らす. 2 かたをつける.

sui（ㄙㄨㄟ）

尿 suī 名 小便.［泡pāo］¶尿niào～/おしっこをする. 異読⇒niào
suīpāo【尿脬·尿泡】名〈方〉〈生理〉膀胱(ぼう).

虽（雖）suī 接続〈書〉1 …ではあるが. ¶价钱～贵,但质量很好/値段は高いが,品質はよい. 2 たとえ(…でも). ¶～死犹生/死んではいても,さながら生きているようである.
suīrán【虽然】接続 …ではあるけれども(…である). ¶这篇文章～字数不多,但是内容很丰富/この論文は字数は多くないけれど,内容は豊富だ.
suīshuō【虽说】接続 …とはいっても. …ではあるが.
suīzé【虽则】接続〈書〉…ではあるが.

荽 suī →yánsuī【芫荽】

眭 suī 動〈書〉注意深く見る. じっと見る. ‖ 姓

睢 suī 地名用字. "睢县"は河南省にある県の名. ‖ 姓

濉 suī 地名用字. "濉河"は安徽省から江蘇省に流入する川の名.

绥 suí H ①平安. ¶谨颂时～/謹んでご無事をお祈りいたします. ②なだめしずめる.
suíjìng【绥靖】動〈書〉地方の安寧を保つ.

隋 suí 名〈史〉(王朝名)隋(ずい). ‖ 姓

随（隨）suí 動 1 まかせる. …の好きなように. ¶干不干～他/やるやらないは彼の好きなようにさせておけ. 2 従う. ついていく. ¶我～你/あなたの言うとおりにする. ¶你～我来/私についてきなさい. 3〈方〉(親などに)似ている.
H ついでに. ¶→～手. ¶→～便. ‖ 姓
suíbǐ【随笔】名 1 随筆. エッセー. 2 筆記. ノート.
suíbiàn【随便】1 形 気ままである. 気軽である；いい加減である. 軽率である. ¶上课时不能～说话/授業中,勝手に話をしてはいけない. 2 (suí//biàn) 動 都合のよいようにする. 3 接続 …にかかわりなく. ¶～什么体育运动,我都喜欢/どんなスポーツでも私は好きです.
suí bō zhú liú【随波逐流】〈成〉定見をもたず人の尻馬に乗る.
suíchù【随处】副〈書〉随所. 至る所.
suícóng【随从】1 動(目上の人の)お供をする,随行する. 2 名 随行員.
suí dàliù【随大溜】〈慣〉自分の意見を持たず大勢に従う.
suídài【随带】動 1 一緒に添える. 2 携帯する.
suídì【随地】副 どこでも.
suífǎng【随访】動 1 (訪問に)随行する. 2〈医〉患者の訪問指導をする.
suí fènzi【随份子·随分子】〈慣〉(慶弔金などの)割り前を出し合う.
suí fēng dǎo【随风倒】〈慣〉風向き次第でどちらにもなびく.
suí fēng zhuǎn duò【随风转舵】〈成〉情勢次第で立場や考えを変える.
suígǎn【随感】名 随想.
suí háng jiù shì【随行就市】〈成〉その時の相場による.
suíhe【随和】1 形 人とよく折り合う. 2 動 言いなりになる.
suíhòu【随后】副 そのあとで. それに続いて. すぐに. ¶你先去吧,我～就到/先に行ってください,私はすぐあとから着きますから.
suíjī【随机】形〈統計〉ランダムの. 無作為の. ¶～抽样/無作為抽出.
suí jī yìng biàn【随机应变】〈成〉臨機応変にする.
suíjí【随即】副〈書〉すぐさま. 即刻.
suíjūn【随军】動 従軍する.
suíkǒu【随口】副 口から出任せに.
suíqún【随群】動(～儿)〈口〉みんなに合わせる.
suíshēn【随身】1 形 身の回りの. 2 副 身につけて.
suíshēntīng【随身听】名 ポータブルプレーヤー.
suí shēng fù hè【随声附和】〈成〉付和雷同する.
suíshí【随时】副 常に. 随時. いつどんな時でも. ¶～随地/いつでもどこでも.
suíshǒu【随手】(～儿)1 副 ついでに；無造作に. 2 形 使いよい；使い慣れる.
suíshùn【随顺】動 おとなしく従う.
suí//sú【随俗】動 風俗習慣に従う.
suí…suí…【随…随…】〈型〉《それぞれの後に動詞または動詞句を当てはめ,後の動作が前の動作に引き続いて発生することを表す》¶～说～记/言うそばから書き記していく.
suítóng【随同】動〈書〉随行する. 連れ立つ.
suí xiāng rù xiāng【随乡入乡】〈成〉郷に入(い)っては郷に従え.
suíxiǎngqǔ【随想曲】名〈音〉カプリッチオ. 狂想曲.
suí//xīn【随心】1 形 意にかなってい

る．2 動 思うままになる．
suí xīn suǒ yù【随心所欲】〈成〉ほしいままに振る舞う．
suíxíng【随行】動 随行する．
suí//yì【随意】動 随意にする．気の向くままにする．
suí yù ér ān【随遇而安】〈成〉どんな境遇にも安んじる．
suíyuán【随员】名 随員．お供．
suízàng【随葬】動 副葬する．¶～品 / 副葬品．
suízhe【随着】1 前 …に従って．…につれて．¶～中国经济的发展… / 中国経済の成長につれて….2 副 続いて．それとともに．

遂 suí →bànshēn bù suí【半身不遂】 異読⇨suì

髓 suǐ 名〈植〉植物の髄．
H ①骨髄．¶骨～ / 同前．②高等動物の中枢神経．¶脊～ / 脊髄．

岁（歳） suì 量 年齢を数える：歳．¶小朋友,你几～了？— 我八～ / としはいくつ—8歳です．
H ①年．¶～末 / 歳末．年末．②作柄．¶歉～ / 凶作の年．‖ 姓
suìchū【岁出】名〈経〉歳出．
suìchú【岁除】名〈書〉大みそか．除夜．
suìcì【岁次】名〈書〉年の順序．年回り．
suì hán sān yǒu【岁寒三友】〈成〉1 歳寒三友．松·竹·梅．2〈喩〉逆境時代の友人．
suì hán sōng bǎi【岁寒松柏】〈成〉試練を経て人の品格がわかる．
suìkǒu【岁口】名（～儿）役畜の年齢．
suìmù【岁暮】名〈書〉年末．年の暮れ．
suìrù【岁入】名〈経〉歳入．
suìshǒu【岁首】名〈書〉年始．正月．
suìshu【岁数】名（～儿）年齢．▶目上の人の年齢をいうことが多い．
suìxīng【岁星】名〈古〉木星．
suìxiū【岁修】名（建築物の）年次補修．
suìyuè【岁月】名〈書〉歳月．年月．

祟 suì H たたり；〈転〉よこしまな行為．¶鬼～ / こそこそする．¶作～ / たたる．‖ 姓

谇 suì 動〈書〉1 非難する；詰問する．2 いさめる．

遂 suì 副〈書〉すぐ．そこで．¶用药后,头痛～消 / 薬を飲んだら頭痛がすぐに止まった．
H ①思いどおりになる．¶→～心．②成し遂げる．¶功成名～ / 功成り名遂ぐ．‖ 姓 異読⇨suí
suì//xīn【遂心】動 意にかなう．
suì//yì【遂意】動 意にかなう．
suì//yuàn【遂愿】動 願いがかなう．

碎 suì ❶動 砕ける．粉々に壊れる．¶玻璃杯打～了 / グラスが割れた．¶急得心都～了 / いらだって心も砕けんばかりだ．
❷形 1 ばらばらである．不完全である．¶～玻璃 / ガラスのかけら．2 くどくどしい．¶嘴太～ / ひどく口やかましい．
suìbùr【碎步儿】名 小走り．▶"碎步子"とも．
suìmòr【碎末儿】名 粉末．▶"碎末子"とも．
suìzhǐ【碎纸】名 紙くず．¶～机 / シュレッダー．
suìzuǐzi【碎嘴子】〈方〉1 形 くどくどしい．2 名 話のくどい人．

隧 suì○
suìdào【隧道】名 トンネル．
suìdòng【隧洞】名 トンネル．

燧 suì H ①昔の火打ち道具．②のろし．¶烽～ / のろし．
suìshí【燧石】名 火打ち石．

穗 suì H ①穗．¶麦～儿 / 麦の穂．¶谷～儿 / アワの穂．②房．③広州市．‖ 姓
suìzhóu【穗轴】名（トウモロコシなどの）芯．
suìzi【穗子】名 房．飾り房．

邃 suì H ①遠い．¶～古 / 大昔．②奥深い．¶精～ / （学問などが）詳しくて奥深い．
suìmì【邃密】形 奥深い．

sun（ㄙㄨㄣ）

孙（孫） sūn H ①孫．②孫以降の世代．¶十四世～ / 14代の子孫．③孫と同世代の者．¶侄zhí～ / 兄弟の孫．④（植物の）ひこばえ．¶～竹 / 竹の根もとから別に出た竹．‖ 姓
sūnnǚ【孙女】名（～儿）孫娘．
sūnnǚxu【孙女婿】名 孫娘の婿．
sūnxífu【孙媳妇】名（～儿）孫の嫁．
sūnzi【孙子】名 1 孫．2〈罵〉ばか野郎．ろくでなし．

狲（猻） sūn →húsūn【猢狲】

损 sǔn 1 動〈方〉こきおろす．¶你别～我了 / 私をけなすのはやめなさい．2 形〈方〉悪辣(あくらつ)である．
H ①損害を与える．¶有益无～ / 益こそあれ害はない．②破損する．¶破～ / 破損する．③減らす．¶增～ / 増減．
sǔn bīng zhé jiàng【损兵折将】〈成〉戦いに破れる．
sǔn//dé【损德】→quē//dé【缺德】
sǔn gōng féi sī【损公肥私】〈成〉国や集団に損をさせ,自分だけの利益をはかる．
sǔnhài【损害】動 損害を与える．損なう．¶～健康 / 健康を害する．
sǔnhào【损耗】1 動 損耗する．2 名 目減り．ロス．
sǔnhuài【损坏】1 動 損なう．痛める．2 名 損傷．ダメージ．
sǔnrén【损人】動 1 人に損をさせる．2〈方〉人をぼろくそにけなす．
sǔn rén lì jǐ【损人利己】〈成〉他人に損をさせて自分の利益をはかる．

sǔnshāng【损伤】1 動 損なう. 傷つける. 2 名 損失.
sǔnshī【损失】1 動 損失を出す. 損をする. 2 名 損失. 損害. ¶赔偿～ / 損失を賠償する. ¶这次水灾造成的～是巨大的 / 今回の水害による損失は莫大である.
sǔnshì【损事】名(～儿)悪どい事.
sǔnyì【损益】名〈書〉1 損益. 2 増減.

笋(筍) sǔn 名 タケノコ. ¶竹～ / タケノコ.
sǔngān【笋干】名〈食材〉乾燥タケノコ.
sǔnjī【笋鸡】名〈食材〉若い鶏.
sǔnjiān【笋尖】名 タケノコの先の柔らかい部分.

隼 sǔn 名〈鳥〉ハヤブサ. ▶"鹘hú"とも.

榫 sǔn 名(～儿)ほぞ.
sǔntou【榫头】名 ほぞ.
sǔnyǎn【榫眼】名(～儿)〈方〉ほぞ穴.
sǔnzi【榫子】→sǔntou【榫头】

suo (ㄙㄨㄛ)

莎 suō ○ 異読⇨shā
suōcǎo【莎草】名〈植〉ハマスゲ.

唆 suō H そそのかす. ¶教jiào～ / そそのかす.
suōshǐ【唆使】動〈書〉(悪事を働くように)そそのかす.

娑 suō ○
suōluóshù【娑罗树】名〈植〉サラジュ.
suōluóshuāngshù【娑罗双树】名〈仏〉サラソウジュ(沙羅双樹).

桫 suō ○
suōluó【桫椤】名〈植〉ヘゴ.

梭 suō 名(織機の)梭(ひ). ¶往来如～ / 往来が頻繁である.
suōbiāo【梭镖】名 長柄のやり;手裏剣.
suōxún【梭巡】動〈書〉巡邏(じゅんら)する.
suōyú【梭鱼】名〈魚〉ボラ.
suōzi【梭子】❶名 1 梭. 2(機関銃などに挿入される)弾丸の留め具〔容器〕. カートリッジクリップ.
❷量(弾丸を数える)クリップ.
suōzixiè【梭子蟹】名〈動〉ワタリガニ. ガザミ.

挲(挱) suō →mósuō【摩挲】

睃 suō 動 横目で見る.

蓑(簑) suō H 蓑(みの). ¶～笠 / 蓑と笠.
suōcǎo【蓑草】名〈植〉ミノグサ.
suōchóng【蓑虫】名〈虫〉ミノムシ.
suōyī【蓑衣】名 蓑. ¶披pī～ / 蓑を着ける.

嗦 suō →duōsuo【哆嗦】luōsuo【啰唆·啰嗦】

嗍 suō 動 口をすぼめて吸う. しゃぶる.

羧 suō 名〈化〉カルボキシル(基). ¶～基 / カルボキシル基. ¶～酸 / カルボキシル酸. カルボン酸.

缩 suō 動 1 縮まる. ¶这种布下水也不会～ / この手の布は水につけても縮まない. 2 縮める. ¶→～脖子. 3 後退する. ¶刚说了一句就～回去了 / ひと言言っただけですぐ引っ込めてしまった. 異読⇨sù
suōbiān【缩编】動 1 定員を縮小する. 2 ダイジェスト版を作る.
suō bózi【缩脖子】〈慣〉二の足を踏む. ▶もとの意味は,首を縮める.
suōchǐ【缩尺】名 縮尺.
suōduǎn【缩短】動 短縮する.
suōjiǎn【缩减】動 削減する. 切り詰める.
suōjù【缩聚】動〈化〉重合する.
suōlüèyǔ【缩略语】名 略語.
suō//shǒu【缩手】動 1 手を引く. 2〈喩〉しり込みする.
suō shǒu suō jiǎo【缩手缩脚】〈成〉1(寒さで)手足が縮こまる. 2 引っ込み思案である.
suō//shuǐ【缩水】動 1(繊維が)水にぬれて縮む. 2(繊維を)水に浸して縮ませる. 3〈喩〉(数量や規模が)減少する. (価格が)下がる.
suō tóu suō nǎo【缩头缩脑】〈成〉首をすくめる;〈転〉引っ込み思案である.
suōwēi【缩微】動 縮写する.
suōwēi jiāojuǎn【缩微胶卷】名 マイクロフィルム.
suōxiǎo【缩小】動 縮小する.
suōxiě【缩写】動 1(ローマ字などで)略記する. 2(文章を)短く書き直す.
suōyìn【缩印】動 縮刷する.
suōyǐng【缩影】名 縮図. 生き写し.

所 suǒ ❶量 家屋·学校·病院などを数える. ¶两～医院 / 二つの病院.
❷助 1《他動詞の前に用いて,名詞成分を作る》¶这家出版社～出版的书都是工具书 / この出版社が出した本は辞書ばかりです. 2《"为wéi、被"と呼応して受け身を表す》¶我被她的魅力～迷住 / 私は彼女の魅力に夢中になった. 3《単音節動詞の前に置いて名詞に代える》¶据我～知 / 私の知るところによれば.
H ①場所. ¶住～ / 居所. ¶各得其～ / 適材適所. ②役所や公の機関などを表す語を作る. ¶派出～ / 派出所. ¶医务～ / クリニック. ‖ 姓
suǒcháng【所长】名〈書〉長所. ⇨suǒzhǎng
suǒdé【所得】名 1〈書〉得るところ. 2 所得. 収入.
suǒdéshuì【所得税】名〈経〉所得税.
suǒjiàn【所见】名〈書〉見るところ.
suǒshèng【所剩】名〈書〉余すところ.

残り.

suǒshǔ【所属】形 1 指揮下の. 2 所属の.

suǒwèi【所谓】形〈述語にならず〉言うところの…. いわゆる…. ¶～白领,就是指从事脑力劳动的职员 / いわゆるホワイトカラーとは頭脳労働に従事する者をいう.

suǒ xiàng pī mǐ【所向披靡】〈成〉向かうところすべてなびく.破竹の勢い.

suǒ xiàng wú dí【所向无敌】〈成〉向かうところ敵なし.

suǒxìng【所幸】副〈書〉幸いなことに.

suǒyǐ【所以】❶接続 1 したがって. だから. ¶我昨天因为不舒服,～没去上班 / きのう体の具合が悪かったので,会社に行かなかった. 2 …のわけは…だからである. ¶这部电影之～受到欢迎,是由于内容真实 / この映画が人気があるのは,内容がリアルだからだ. ❷名 本当の理由.

suǒyǐrán【所以然】名 理由. 原因.

suǒyǒu【所有】形 すべての. あらゆる. ¶～的人都来了 / すべての人が来た.

suǒyǒuquán【所有权】名 所有権.

suǒyǒuzhì【所有制】名 所有制.

suǒzài【所在】名〈書〉…のあるところ；場所. ところ.

suǒzhǎng【所长】名 所長. ⇨ suǒcháng

suǒzhì【所致】名〈書〉…の致すところ.

suǒ zuò suǒ wéi【所作所为】〈成〉することなすこと.

索 suǒ H ①太い縄〔鎖〕. 綱. ロープ. ¶绳～ / 縄. ②さがす. ¶搜～ / 捜索(する). ③請求する. ¶～回 / 取り戻す. ④孤独である. ¶离群～居 / グループと離れて独居する. ⑤寂しい. 味気ない. ¶→～然. ‖姓

suǒcháng【索偿】動 賠償を要求する.

suǒchóu【索酬】動 報酬を要求する.

suǒdào【索道】名 ケーブル；ロープウエー.

suǒ//huì【索贿】動 賄賂を要求する.

suǒjià【索价】動〈売り手が〉値をつける. 代金を要求する.

suǒpéi【索赔】動 クレームを出す. 賠償請求する.

suǒqiú【索求】動 要求する. ゆする.

suǒqǔ【索取】動 請求する. 取り立てる.

suǒrán【索然】形〈書〉興ざめである.

suǒxìng【索性】副 いっそのこと. 思い切って.

suǒyào【索要】動 強要する.要求する.

suǒyǐn【索引】名 索引. インデックス.

suǒzi【索子】名〈方〉ロープ. 綱. 鎖.

唢 suǒ

suǒnà【唢呐】名 チャルメラ.

琐 suǒ H ささいな. ¶繁～ / 煩瑣(はんさ).

suǒshì【琐事】名 些事(さじ). こまごました事.

suǒsuì【琐碎】形 こまごまと煩わしい.

suǒxì【琐细】形 こまごまと煩わしい.

suǒxiè【琐屑】名〈書〉ささいな事.

suǒzá【琐杂】形 細かくて繁雑である.

锁 suǒ ❶名 錠. 錠前. 〔把〕¶上～ / 錠を下ろす.
❷動 1 錠をかける；鎖につなぐ. ¶～门 / ドアに錠をかける. 2〈裁縫で〉糸でかがる. ¶～边 / 縁をかがる. ¶～眼 / ボタン穴をかがる.
H 南京錠のような形をしたもの. ¶石～ / (身体鍛練用の)力石. ‖姓

suǒdìng【锁定】動 1 固定する. ロックする. 2 最終的に確定する. 3 しっかり捕捉する.

suǒgǔ【锁骨】名〈生理〉鎖骨.

suǒguó【锁国】名 鎖国.

suǒjiàng【锁匠】名 錠前職人.

suǒliàn【锁链】名(～儿) 鎖.

suǒtou【锁头】名〈口〉錠. 錠前.

suǒyuè【锁钥】名〈書〉〈喩〉1 かぎ. キーポイント. 2 (国境地帯の)重要地.

アルファベットの混じったことば

SIM kǎ【SIM卡】名(移動体通信システムの)SIMカード.

SOS értóngcūn【SOS儿童村】名 SOS児童村. ▶孤児を収容して養育する慈善組織.

ta (ㄊㄚ)

他 tā 代 1《男性第三人称》彼. あの〔その〕人. ▶性別がわからなかったり区別する必要のない場合にも用いる.
a 「"孩子"(または,その子の名前)＋"他"＋その子が呼びかけに使っている言葉」の形で,夫婦間の婉曲的な呼びかけ語とする. ¶孩子～妈！/ (子供の)お母さん. おまえ. (夫→妻) ¶永生～爹！/ (永生の)お父さん. あなた. (妻→夫)
b "你"と"他"を呼応させ,各自で行うことを表す. ¶你说去,～说不去 / 行くという人もいれば,行かないという人もいる.
c 単音節動詞と数量詞の間に用い,「ひとつ…をしてやろうじゃないか」という気持ちを表す. ¶睡～一觉 / ひと眠りするか.
2〈書〉ほかのもの〔場所〕. ¶别无～法 / これ以外の方法はない.
H ほかの. よその. ¶→～日. ‖姓

tāgù【他故】名〈書〉ほかの原因. 別の原因.

Tājiālùyǔ【他加禄语】名 タガログ語.
tājiàn【他荐】動 他薦する.
tālǜ【他律】名(↔自律)〈哲〉他律.
tāmāde【他妈的】感〈罵〉くそ.畜生め.
tāmen【他们】代 彼ら. あの人たち.
tārén【他人】名〈書〉他人. ほかの人.
tārì【他日】名〈書〉他日. いつか.
tāshā【他杀】名 他殺.
tā shān gōng cuò【他 山 攻 错】〈成〉他山の石. ▶"他山之石"とも.
tāwǎng【他往】動〈書〉よそへ行く.
tāxiāng【他乡】名〈書〉他郷. 異郷.
tāyòng【他用】名〈書〉別の用途.

它(牠) **tā** 代(人間以外の物をさし)それ. あれ. ¶这杯牛奶你把～喝了 / この牛乳は君が飲んでしまいなさい. ▶ある事物に初めて言及するときは"这、那"を用い,"它"は使えない. ‖姓
tāmen【它们】代 それら. あれら.

她 **tā** 代 1《女性第三人称》彼女. あの〔その〕人. 2《祖国・大地などを敬愛の対象としてさす》
tāmen【她们】代 彼女たち. ▶"她"の複数. 一群の人がすべて女性のときは"她们"を用い,男性がまじれば"他们"を用いる.

趿(靸) **tā** ⭘
tāla【趿拉】動〈方〉(布靴を)かかとを踏みつぶしてはく,つっかける.
tālabǎnr【趿拉板儿】名〈方〉木製のサンダル. つっかけ.
tālar【趿拉儿】名〈方〉スリッパ.

铊 **tā** 名〈化〉タリウム. Tl.

塌 **tā** 動 1(建物などが)崩れる,倒れる. ¶墙～了 / 壁が倒れた. 2 へこむ. ¶眼眶～下去了 / 目が落ちくぼんでしまった. 3〈方〉気を静める.
tābíliáng【塌鼻梁】名(～儿)ぺちゃんこの鼻.
tā//fāng【塌方】動(道路・堤防などが)崩れる,崩壊する. ▶"坍tān方"とも.
tā//jià【塌架】動(家の骨組み・体制などが)崩れる,倒れる;〈喩〉(人や家が)落ちぶれる.
tākēcài【塌棵菜】名〈植〉タアサイ.
tāshi【塌实】→tāshi【踏实】
tā//tái【塌台】→kuǎ//tái【垮台】
tāxiàn【塌陷】動(地盤が)陥没する,沈下する.
tā//xīn【塌心】動〈方〉安心する. 心が落ち着く.
tā//yāng【塌秧】動(～儿)〈方〉(草花や野菜が)しおれる;〈転〉元気がなくなる.
tā//yāo【塌腰】動(馬などの)背骨が腰のところでくぼむ;(人が)腰がへなへなになる,やせ衰える.

溻 **tā** 動〈方〉(服などが)汗にぬれる.

踏 **tā** ⭘ 異読⇨tà
tāshi【踏实】形 1(仕事や学習が)着実である,浮ついていない,まじめである. ¶他工作很～ / 彼は仕事が手堅い. 2(気持ちが)落ち着いている. ¶心里不～ / 気持ちが落ち着かない.

塔 **tǎ** 名(仏教建築の)塔. [座,个] H 塔の形をした建物. ¶金字～ / ピラミッド. ‖姓
tǎdiào【塔吊】名〈機〉タワークレーン.
tǎfūchóu【塔夫绸】名〈紡〉タフタ.
Tǎjíkèzú【塔吉克族】名(中国の少数民族)タジク(Tajik)族.
tǎlín【塔林】名 塔の形をした僧の墓が並ぶ墓地.
tǎlóu【塔楼】名 タワービル.
tǎlún【塔轮】名〈機〉段車.
Tǎtǎ'ěrzú【塔塔尔族】名(中国の少数民族)タタール(Tatar)族.
tǎtái【塔台】名(空港の)航空管制塔.

溚 **tǎ** 名 コールタール. ▶"焦油"の旧称.

獭 **tǎ** 名〈動〉カワウソ・タルバガン・ラッコの総称.

鳎 **tǎ** 名〈魚〉シタビラメ. ウシノシタ. ▶俗称は"鳎目鱼".

拓(搨) **tà** 動 拓本をとる. ¶～碑文 / 碑文を拓本にとる. 異読⇨tuò
tàběn【拓本】名(綴じて冊子にした)拓本.
tàpiàn【拓片】名(1枚の)拓本.
tàyìn【拓印】動 拓本をとる.

沓 **tà** H 多くて重なり合う. ¶杂～ / 混雑している. 異読⇨dá
tàzá【沓杂】→zátà【杂沓】

挞(撻) **tà** H 鞭で打つ. ¶～伐 / 征伐する.

闼(闥) **tà** 名〈書〉門. 扉. 脇門.

嗒 **tà** ⭘ 異読⇨dā
tàrán【嗒然】形〈書〉がっかりするさま.
tàsàng【嗒丧】動 がっかりする. 気落ちする.

阘 **tà**⭘
tàróng【阘茸】形〈書〉卑しい. 下劣である.

榻 **tà** H(細長くて低い)寝台. ¶下～ / 宿泊する.
tàtàmǐ【榻榻米】名 畳(たたみ). ▶音訳.

漯 **tà** 地名用字. "漯河"は山東省にある川の名. 異読⇨luò

踏 **tà** 動 踏む. ¶把火～灭 / 火を踏み消す.
H(調査のため)現場に行く.
異読⇨tā
tàbǎn【踏板】名 タラップ. 踏み板. ペダル.
tàbù【踏步】1 動 足踏みする. 2 名〈方〉石段.
tàchūn【踏春】動 春にピクニックに出かける.
tàfǎng【踏访】動 実地調査をする.
tàkān【踏勘】動(鉄道・道路・ダムなどを設計する前に)実地調査をする.

tàkàn【踏看】動 現場を視察する.
tàpò tiěxié wú mìchù【踏破铁鞋无觅处】〈諺〉鉄のわらじを履きつぶすほど捜しても見つからない.
tà//qīng【踏青】動(清明節のころに若草を踏んで)郊外を散策する；春のピクニックに出かける.
tà//yuè【踏月】動〈書〉月夜に散歩する.
tàzú【踏足】動(ある生活や環境に)足を踏み入れる.
蹋 tà H ①踏む. 踏みつける. ②蹴(け)る.

tai (去历)

台 tāi 地名用字. "台州""天台"は浙江省にある地名. 異読⇨tái
苔 tāi →shétāi【舌苔】 異読⇨tái
胎 tāi❶名 1 胎児. ¶双胞～ / ふたご. 2(～儿)(綿入れ·布団などの)芯. 3(～儿)器物の型. ¶塑像的泥～ / 塑像の泥の型. 4(車輪の)タイヤ. ¶自行车的～ / 自転車のタイヤ.
❷量 妊娠·出産の回数を表す.
tāidòng【胎动】動〈生理〉胎動する.
tāidú【胎毒】名〈中医〉胎毒. 新生児の吹出物.
tāi'ér【胎儿】名 胎児.
tāifà【胎发】名 産毛. 生まれたときから生えている頭髪.
tāijì【胎记】名〈医〉先天母斑(ぼん).
tāijiào【胎教】名 胎教.
tāijù【胎具】名 鋳型を作るときの模型；製品の規格·形状どおりに作った模型. ▶"胎模"とも.
tāili huài【胎里坏】〈慣〉〈罵〉生まれつきの悪人.
tāimáo【胎毛】名 産毛.
tāimó【胎膜】名〈生理〉胎膜.
tāipán【胎盘】名〈生理〉胎盤.
tāiqi【胎气】名〈口〉つわり·足のむくみなど妊娠の兆候.
tāishēng【胎生】形〈動〉胎生の.
tāiwèi【胎位】名〈医〉胎児の位置.
tāiyī【胎衣】名〈生理〉胞衣(え).
台(臺·枱) tái❶名 1 舞台. ステージ. 2(遠望がきく)高台. 3(物を載せる)台,台座.
❷量 1 舞台の出し物を数える. ¶一～歌剧 / オペラ1公演. 2 大型の機械·設備を数える. ¶一～电视机 / テレビ1台.
H ①(物を載せる)台,机. ¶写字～ / 机. ②(テレビ·ラジオの)放送局. ¶转播～ / 中継局. ③《手紙文で相手に対する敬語》¶高阳先生～启 / 高陽様へ. ④台湾. ‖姓
異読⇨tāi
táibāo【台胞】名 台湾の同胞.
táiběn【台本】名(劇の)台本.
táibǐ【台笔】名 ペン立て付きのペン.
táibiāo【台标】名 テレビ局·ラジオ局のマーク.
táibù【台布】名 テーブルクロス.
táibù【台步】名(～儿)(役者の舞台での)歩き方.
táichèng【台秤】名 台ばかり.
táicí【台词】名 せりふ.
táidēng【台灯】名 電気スタンド.
táidì【台地】名〈地〉台地.
táidú【台独】名〈略〉台湾独立運動. ¶～分子 / 台湾独立派.
táiduān【台端】名〈敬〉貴殿.
táifēng【台风】名 台風. ¶～眼 / 台風の目.
táifēngr【台风儿】名(役者の)舞台上の風格.
táijiàn【台鉴】名〈敬〉ご高覧；(あて名の後に用いて)…殿.
táijiē【台阶】名(～儿)1(家の玄関前などの)石段,ステップ；〈喩〉段階. [个;级]¶上～ / 石段を上る. 2〈喩〉助け船. 逃げ道. ¶给他个～下吧 / 彼に逃げ道を与えよう.
táilì【台历】名 卓上カレンダー.
táilián【台帘】名(旧式舞台で)出場口と退場口に掛ける幕. 揚げ幕.
táimiàn【台面】名(～儿)1 テーブルの上；〈転〉(会議など)公の場所. 2〈方〉(賭博の際)卓上に出す賭け金の額.
táipán【台盘】名(～儿)〈方〉宴席；〈転〉晴れの場所；公の場所.
táiqián【台钳】→lǎohǔqián【老虎钳】
táiqiú【台球】名 1 ビリヤード. 2 ビリヤードの球. 3〈方〉卓球.
táishàn【台扇】名 卓上扇風機.
táishāng【台商】名 台湾のビジネスマン·企業家.
táishì jī【台式机】名〈電算〉デスクトップパソコン. ▶"台式电脑"とも.
Táiwān【台湾】名〈地名〉台湾(たいわん).
táizhōng【台钟】名〈方〉置き時計.
táizhùzi【台柱子】名 立て役者；〈転〉(組織の)中心人物,リーダー.
táizī【台资】名 台湾資本.
táizi【台子】名 1(ビリヤード·卓球などの)台. 2〈方〉テーブル. 3 壇. 舞台.
邰 tái ‖姓
抬(擡) tái❶動 1 上げる. 持ち上げる. ¶～不动腿 / 足が上がらない. 2(二人以上で持ち上げて)運ぶ. ¶～担架 / 担架を担ぐ. 3 口論する.
❷量 二人で運ぶ荷物を数える.
táichèng【抬秤】名 旧式の大きなさおばかり.
tái//gàng【抬杠】❶動 1 言い争う. 水かけ論をやる. ▶"抬杠子"とも. 2〈旧〉柩(ひつぎ)を担ぐ.
❷名 物を担ぐ棒.
tái//gāo【抬高】動+結補 高める. 高く引き上げる. ¶～物价 / 物価をつり上げる.
tái//jià【抬价】動(～儿)(不法に)値上げする.

táijian【抬肩】名(わき下から肩までの)袖つけの寸法.
tái jiàozi【抬轿子】〈慣〉へつらう. おもねる.
táiju【抬举】動(人を)取り立てる,引き立てる. ¶不识shí～ / こちらの好意を無にする.
tái shǒu dòng jiǎo【抬手动脚】〈成〉立ち居振る舞い.
tái//tóu【抬头】**1** 動 頭をもたげる;台頭する;(抑圧されていた人や事物が)立ち上がる. ¶抬不起头来 / 顔向けできない. ¶～不见低头见 / 〈諺〉人間は互いにうまく付き合っていくべきだ. **2** 名 領収書などで受取人の名を書く所.
táitóuwén【抬头纹】名 額のしわ.

苔 tái 名〈植〉コケ. 異読⇒tāi
táilǜ【苔绿】名 モスグリーン.
táixiǎn【苔藓】名〈植〉コケ.
táiyuán【苔原】名〈地〉ツンドラ. 凍原.

骀 tái 書 駄馬. ¶驽nú～ / のろい馬. 駑馬(どば);〈喩〉能力が劣る人. 異読⇒dài

炱 tái 名 煙が凝集してできた黒い粉. すす. ¶松～ / 松のすす.

跆 tái ○
táiquándào【跆拳道】名〈体〉テコンドー.

鲐 tái 書 サバ.
táiyú【鲐鱼】名〈魚〉サバ.

薹 tái 名 **1**〈植〉カサスゲ. **2**(野菜の)薹(とう).

太 tài 副 **1**(多く文末に"了"を伴い)あまりにも…すぎる;すばらしく…. ¶～贵了 / (値段が)高すぎる. ¶～美了 / とてもきれいだ. **2**("太不…"で)あまりにも…. ¶～不公平了 / あまりにも不公平だ. **3**("不太…"で)あまり…でない. ¶不～高兴 / あまりうれしくない.
書 ①《身分・世代がさらに上の人に用いる》¶～师母 / 父の師の妻;師の母親;師の先生の妻. ②大きい. 高い. ¶→～空kōng. ③極めて. 最も. ¶→～古. ‖ 姓

tàibáixīng【太白星】名〈天〉金星.
tài cāng yī sù【太仓一粟】〈成〉極めて微小なもの.
tài ē dào chí【太阿倒持】〈成〉権力を人に渡し自分の身に災いを招く.
tàigōng【太公】名〈方〉曾祖父.
tàigōng diào yú, yuàn zhě shàng gōu【太公钓鱼, 愿者上钩】〈諺〉自ら望んでわなにかかる.
tàigǔ【太古】名 太古.
tàigǔcài【太古菜】名〈方〉〈植〉タアサイ. 黒菜(くろな).
tàihòu【太后】名 皇太后.
tàihúshí【太湖石】名 太湖石(たいこせき).
tàijíquán【太极拳】名 太極拳. ¶打～ / 太極拳をする.
tàijiàn【太监】名 宦官(かんがん).
tàikōng【太空】名 太空. 宇宙. 大気圏外. ¶～船 / 宇宙船. ¶～服 / 宇宙服. ¶～行走 / 宇宙遊泳. ¶～站 / 宇宙ステーション.
tàikōng lājī【太空垃圾】名 宇宙ごみ. スペースデブリ.
tàikōngrén【太空人】名 宇宙飛行士.
tàimiào【太庙】名 太廟(たいびょう). 皇帝の祖先を祭る御霊屋(おたまや).
tàipíng【太平】形 太平である. 平安である. ¶过～日子 / 平穏に暮らす.
tàipíngfǔ【太平斧】名 消防用の柄の長い斧(おの);大風のときに船上で帆柱やロープを切るための斧.
tàipínggǔ【太平鼓】名 うちわ太鼓(をたたきながら踊る民間舞踊).
tàipíngjiān【太平间】名(病院の)霊安室.
tàipíng lóngtóu【太平龙头】名 消火栓.
tàipíngmén【太平门】名 非常口. 非常ドア.
tàipíngtī【太平梯】名 非常ばしご. 非常用階段.
tàipó【太婆】名〈方〉曾祖母.
tàishànghuáng【太上皇】名 皇帝の父;〈喩〉傀儡(かいらい)政権の支配者.
tàishàng lǎojūn【太上老君】名 太上老君(たいじょうろうくん). ▶老子に対する尊称.
tàishèn【太甚】形 ひどい. ひどすぎる. ¶欺qī人～ / 人をばかにするにも程がある.
tàishīyǐ【太师椅】名(旧式の)木製の大きなひじ掛け椅子.
tàisuì【太岁】名 **1** 木星. **2** 太歳(たさい). ▶伝説上の神の名. **3**〈旧〉〈蔑〉悪辣(あくらつ)なボス. ▶"土豪"に対する蔑称.
tàisuì tóushang dòng tǔ【太岁头上动土】〈諺〉強い者にたてつき,大胆不敵に振る舞う.
tàitai【太太】名 **1**(…の)奥さん;(自分の)妻. ¶你～和我～ / 奥さんと家内. **2**(一般に)奥さん. ¶王～ / 王さんの奥さん. **3**〈旧〉(使用人から)奥様.
tàiyáng【太阳】名 太陽. 日光. ¶晒～ / ひなたぼっこをする.
tàiyángdìr【太阳地儿】名〈方〉ひなた.
tàiyáng fēngbào【太阳风暴】名〈天〉(太陽の)磁気あらし.
tàiyángjìng【太阳镜】名 サングラス.
tàiyángnéng【太阳能】名 太陽エネルギー.
Tàiyángqí【太阳旗】名 日の丸.
tàiyángxué【太阳穴】名〈中医〉こめかみ.
tàiyé【太爷】名 **1** 祖父. **2**〈方〉曾祖父.
tàiyī【太医】名 皇帝に仕える医者.
tàiyīn【太阴】名〈方〉月.
tàiyīnlì【太阴历】名 陰暦.
tàizǐ【太子】名 皇太子. ¶～党 /

〈俗〉(共産党の)高級幹部の子弟グループ. ▶特権階級として非難のニュアンスを含む.

汰 **tài** H 淘汰(とうた)する. ¶裁～ / 人員を整理する.

态(態) **tài** 名〈語〉態. ボイス；アスペクト.

H ①姿. 形. ¶姿～ / 姿態. 態度. ②ありさま. ¶事～ / 事態. ‖ 姓

tàidu【态度】名 身ぶり. 態度. 姿勢. ¶～大方 / 態度が鷹揚(おうよう)である. ¶耍～ / 当たりちらす.

tàishì【态势】名 状態と形勢. 態勢.

肽 **tài** 名〈化〉ペプチド. ▶"胜shēng"とも.

钛 **tài** 名〈化〉チタニウム. チタン. Ti.

泰 **tài** H ①平穏で安らかである. ¶国～民安 / 国は安定し民も安らか. ②最も. ¶～西 / 西洋諸国. ‖ 姓

tàidǒu【泰斗】名 泰斗(たいと). その道の権威.

Tàishān【泰山】名 **1** 泰山；〈喩〉敬仰すべき人物や重大で価値のある事物. **2**〈旧〉岳父の別称.

tài rán zì ruò【泰然自若】〈成〉泰然自若としている.

tài shān běi dǒu【泰山北斗】〈成〉その道で世に仰ぎ尊ばれる人.

tài shān hóng máo【泰山鸿毛】〈成〉非常に重いものと非常に軽いもの；(物事の)軽重の差が甚だしい.

tài shān yā dǐng【泰山压顶】〈成〉極めて大きな圧力がかかること.

tàizhū【泰铢】名(タイの通貨)バーツ.

酞 **tài** 名〈化〉フタレイン.

tan (ㄊㄢ)

坍 **tān** 動(多く建造物が)崩れ落ちる. ¶水坝～了 / 堤防が決壊した.

tāndǎo【坍倒】動 崩れる. 倒壊する.

tān//fāng【坍方】動〈建〉(道路や堤防などが)崩れる,地滑りを起こす.

tānhuǐ【坍毁】→**tāndǎo**【坍倒】

tānsuōxīng【坍缩星】名〈天〉ブラックホール.

tāntā【坍塌】動(崖・建物などが)崩れる,崩れ落ちる.

tān//tái【坍台】動〈方〉**1**(事業や局面が)崩壊する,存続不可能になる. **2** 恥をさらす.

贪 **tān** 動 **1**(不法に)財をむさぼる. ¶那个人很～财 / あの人はとても金に汚い. **2** むさぼる(ように…する)；追い求める. ¶→～玩儿.

tānbēi【贪杯】形 大酒飲みである.

tānchán【贪馋】形 食いしん坊である；貪欲である.

tānchī【贪吃】形〈口〉食い意地が張っている.

tān dé wú yàn【贪得无厌】〈成〉貪欲で飽くことを知らない.

tān duō jiáobulàn【贪多嚼不烂】〈諺〉(仕事や勉強など)欲張ってもこなしきれない.

tānguān【贪官】名 汚職役人.

tānhuì【贪贿】動 賄賂をむさぼる.

tānlán【贪婪】形 貪欲である.

tānliàn【贪恋】動 思い切れない. 未練をもつ.

tānnèizhù【贪内助】名 汚職役人の妻.

tān piányi【贪便宜】〈慣〉つまらない欲をかく. 虫のよいことを考える.

tānshízhèng【贪食症】名 過食症.

tān tiān zhī gōng【贪天之功】〈成〉他人の手柄を横取りする.

tāntú【贪图】動 むさぼる.(利益を)求める. ¶～钱财 / 金銭をむさぼる. ¶～方便 / 便利さを求める.

tānwánr【贪玩儿】動 遊びに夢中になる.

tānwū【贪污】動 汚職をする. 賄賂を取る. ¶～公款 / 公金を横領する. ¶～腐化 / 汚職に手を染め腐敗する.

tān xiǎo shī dà【贪小失大】〈成〉小さな利益をねらって大きな損をする.

tānxīn【贪心】**1** 形 欲が深い. **2** 名 欲深い心.

tān//zāng【贪赃】動 賄賂を取る.

tānzhàn【贪占】動(公金などを)横領する.

tānzuǐ【贪嘴】形 食いしん坊である. 口が卑しい.

啴(嘽) **tān** ❶ 異読⇨chǎn

tāntān【啴啴】形〈書〉家畜があえぐさま.

摊(攤) **tān** ❶ 動 **1**(平らに)広げる；〈喩〉提示する. ¶～床单 / シーツを広げる. **2**〈料理〉糊状の材料を薄く延ばして焼く. ¶～鸡蛋 / 卵焼きを作る. **3**(負担を)分担する,割り当てる. ¶每人～五十元 / 一人当たり50元負担する. **4**(よくないことに)出くわす. ¶～到一件倒霉事 / ひどい目にあう.

❷ 名(～儿)屋台. 露店. ¶收～儿 / 店じまいをする.

❸ 量 1か所にたまった糊状のものを数える. ¶一～血 / べっとりついた血.

tān//chǎng【摊场】動(収穫した作物を)干し場に広げて日に当てる.

tāndàng【摊档】名〈方〉露店.

tāndiǎn【摊点】名 露店. 屋台(の設置場所).

tānfàn【摊贩】名 露店商人.

tān//kāi【摊开】動+方補 平らに延べる；〈転〉列挙する.

tān//pái【摊牌】動(トランプで)持ち札を並べて見せ勝負を決する；〈喩〉手の内を見せる.

tānpài【摊派】動(寄付金や労役を)割り当てる.

tānpù【摊铺】名 露天商売.

tānqún【摊群】名 露店市.

tānr【摊儿】→**tānzi**【摊子】
tānshāng【摊商】名 露天商.
tān//shǒu【摊手】動 手を広げる；手を放す.
tānshòu【摊售】動 露店で売る.
tānwèi【摊位】名 露店(を出す場所).
tānzhǔ【摊主】名 露天商.
tānzi【摊子】名 屋台. 露店；〈喩〉(商売の)規模,範囲.

滩(灘) **tān** 名 **1** 砂浜. ¶盐～ / 塩浜. **2** 浅瀬. ¶险～ / 早瀬.
tāndì【滩地】名(川の中または岸の)砂州,砂地.
tānhuáng【滩簧】名 江蘇・浙江の沿海地方で広く歌われている語り物.

瘫(癱) **tān** 動 半身不随になる.
tānhuàn【瘫痪】動 中風になる. 半身不随になる；〈喩〉麻痺(ま)状態になる. ¶交通陷于～状态 / 交通が麻痺状態に陥る.
tānruǎn【瘫软】形(体に力がなく)ぐったりする.
tānzi【瘫子】名 半身不随の人.

坛(壇・罎) **tán** ❶ 名 **1** (土を小高く盛り上げた)祭祀用の台,壇. **2** (～儿)つぼ. かめ. ❷ 量 つぼやかめに入れた物を数える. H ①(文芸・スポーツなどの)世界. ¶影～ / 映画界. ②花などを植える盛り土した所. ¶花～ / 花壇.
tántánguànguàn【坛坛罐罐】名 雑多な家財道具.
tánzi【坛子】名(陶製の)つぼ,かめ.[个]¶醋～ / 酢を入れるつぼ；〈喩〉嫉妬深い人.

昙(曇) **tán** H 曇っている. ‖姓
tán huā yī xiàn【昙花一现】〈成〉現れてすぐに消えてしまう.

倓 **tán** 形〈書〉静かである. ▶人名に用いることが多い.

郯 **tán** 地名用字. "郯城"は山東省にある県の名.

谈 **tán** 動 話す. 話し合う. ¶跟他～了一个晚上 / 彼と一晩中語り合った.
H 話. ¶奇～ / 珍しい話. ‖姓
tánbǐng【谈柄】名 笑い種(ぐ).
tánbudào【谈不到】動+可補 **1** …と言うまでには至らない. **2** 問題外である.
tánbulái【谈不来】動+可補 意見が合わない. 気が合わない.
tánbulǒng【谈不拢】動+可補 話がまとまらない.
tánbushàng【谈不上】動+可補 …とは言えない；問題外である.
tán//dào【谈到】動+方補 話が…に触れる. …に言及する.
tándelái【谈得来】動+可補 話が合う. 気が合う.
tándelǒng【谈得拢】動+可補 話がまとまる.
tánfēng【谈锋】名 話しぶり. 弁舌.
tán hé róng yì【谈何容易】〈成〉口で言うほど容易ではない.
tán hǔ sè biàn【谈虎色变】〈成〉ひどく臆病である.
tán//huà【谈话】**1** 動 話をする. ¶我昨天跟他谈过话了 / 私はきのう彼と話をした. **2** 名(多く政治面の)談話,ステートメント.
tán jiācháng【谈家常】世間話をする.
tán liàn'ài【谈恋爱】恋愛をする.
tánlùn【谈论】動(人や事物について)論じ合う；あれこれ取りざたする.
tánpàn【谈判】動(重要な問題について)折衝する,話し合いをする. ¶进行～ / 協議を行う. ¶这次～达成了协议 / 今回の交渉は合意に達した.
tán qíng shuō ài【谈情说爱】〈成〉愛を語り合う.
tán//tiān【谈天】動(～儿)世間話をする. ▶"谈闲天儿"とも.
tántǔ【谈吐】名(話をするときの)言葉遣いや態度.
tán xiào fēng shēng【谈笑风生】〈成〉話に花が咲く.
tán//xīn【谈心】動 腹を割って話す.
tán yán wēi zhòng【谈言微中】〈成〉表現は穏やかだが急所を突いている.

弹(彈) **tán** 動 **1** (指や弾性を利用して)はじく,はじき出す. ¶～烟灰 / たばこの灰を指でたたいて落とす. **2** (楽器を)弾く. ¶～吉他 / ギターを弾く. **3** (繊維を)けば立たせる.
H ①摘発する. 攻撃する. ¶→～劾. ②弾力性がある. ¶→～簧.
異読⇒**dàn**
tánbō【弹拨】動(弦を指やばちで)弾く.
táncí【弹词】名 江蘇・浙江で広く行われている語り物(の台本).
tán gāngqín【弹钢琴】〈慣〉ポイントを押さえてバランスよくコントロールする.
tánhé【弹劾】動 弾劾する.
tánhuājī【弹花机】名〈紡〉綿打ち機.
tánhuáng【弹簧】名 ばね. スプリング. ¶～秤chèng / ぜんまい〔ばね〕ばかり. ¶～门 / スウィングドア.
tánlì【弹力】名 弾力；伸縮性.
tánshè【弹射】動(カタパルトで)打ち上げる,発射する.
tántiào【弹跳】**1** 動 ジャンプする. **2** 名 ジャンプ力.
tántúyú【弹涂鱼】名〈魚〉トビハゼ.
tánxìng【弹性】名 弾性；〈喩〉弾力性. ¶～工作制 / フレックスタイム制.
tányā【弹压】動 武力で弾圧する.
tánzhǐ【弹指】名〈書〉(指をはじくほどの)ごく短い時間.
tánzòu【弹奏】動〈音〉弾奏する. 弾く.

覃 **tán** H 深い. ¶～思 / 深く思う. ‖姓 異読⇒**qín**

滩瘫坛昙倓郯谈弹覃 T

橝 **tán** 名〈方〉用水池. ▶地名に用いることが多い.

锬 **tán** 名〈書〉長い矛.

痰 **tán** 名 **痰(たん).** [口]¶随地吐～/ところ構わず痰を吐く.

tánchuǎn【痰喘】名〈中医〉痰がからむ喘息(ぜんそく).

tánhé【痰盒】名(～儿)(老人や病人が用いる)痰壺. ▶多くふた付き.

tánqì【痰气】名〈方〉**1** 精神病. **2** 脳卒中.

tántǒng【痰桶】名(やや大きめの)痰壺.

tányú【痰盂】名(～儿)痰壺.

谭 **tán**〖谈tán〗に同じ. ‖姓

潭 **tán**〖坑kēng〗に同じ.
H 深い水たまり. 淵. ¶泥～/泥沼. ‖姓

澹 **tán** O 異読⇨dàn

Tántái【澹台】姓

檀 **tán** H シタン. ‖姓

tánxiāng【檀香】名〈植〉ビャクダン.

磹 **tán** 地名用字. "磹口"は福建省にある地名.

镡 **tán** ‖姓

忐 **tǎn** O

tǎntè【忐忑】形 気が気でない. 気がもめる. ¶～不安/びくびくして心が休まらない.

坦 **tǎn** H ①(道などが)平らである. ¶平～/平坦である. ②(性格が)さっぱりしている. ¶→～率. ③(心が)安らかである. ¶→～然.

tǎnbái【坦白】**1** 形 **正直である.** **2** 動 **白状する.** ¶～从宽,抗拒从严/(罪状を)自白した者は寛大に,抵抗する者は厳重に処分する.

tǎnchén【坦陈】動 率直に述べる.

tǎnchéng【坦诚】形 率直で誠意がこもっている.

tǎndàng【坦荡】形 **1** 広く平坦である. **2**(心が)さっぱりしている.

tǎnhuǎn【坦缓】形(勾配が)ゆるやかである.

tǎnkè【坦克】名 **戦車. タンク.**

tǎnrán【坦然】形 平然としている. ¶～自若/泰然自若.

Tǎnsāngníyà【坦桑尼亚】名〈地名〉タンザニア.

tǎnshuài【坦率】形 **率直である.** ¶～地说/率直に言う.

tǎntú【坦途】名(多く比喩的に)平坦な道.

tǎnyán【坦言】**1** 動 率直に言う. **2** 名 率直な言葉.

钽 **tǎn** 名〈化〉タンタル. Ta.

袒 **tǎn** H ①肌脱ぎになる. ¶～胸露臂/胸をはだけ腕をあらわに出す. ②肩を持つ. ¶偏～/えこひいきする.

tǎnhù【袒护】動(私情から)肩を持つ,かばう.

tǎnlù【袒露】動 はだける.

菼 **tǎn** 名〈書〉〈植〉(生えたばかりの)オギ.

毯 **tǎn** H 毛布・じゅうたんの類. ¶毛～/毛布. ¶地～/じゅうたん.

叹(嘆・歎) **tàn** 動 **ため息をつく.** ¶长cháng～一声/長く嘆息する.
H ①吟じる. ¶咏～/節をつけて歌う. ②ほめたたえる. ¶→～赏.

tàncí【叹词】名〈語〉感嘆詞.

tànfú【叹服】動 感服する. 感心する.

tàn guān zhǐ yǐ【叹观止矣】〈成〉(芸術など)最高のものを見たと感嘆する.

tànjué【叹绝】動 絶賛する.

tàn//qì【叹气】動 **ため息をつく.** ¶叹了一口气/ふっとため息をついた.

tànshǎng【叹赏】動 ほめたたえる.

tànxī【叹息】動 ため息をつく.

炭 **tàn** 名 **1** 炭(のようなもの). **2**〈方〉石炭.

tànbǐ【炭笔】名〈美〉(素描用の)木炭.

tànhuà【炭画】名〈美〉木炭画.

tànhuǒ【炭火】名 炭火.

tànjī【炭墼】名 練炭.

tànjīng【炭精】名 炭素. カーボン.

tànjīngdēng【炭精灯】名 アーク灯.

tànjū【炭疽】名〈医〉炭疽(たんそ).

tànpén【炭盆】名 火鉢.

tànyáo【炭窑】名 炭窯(すみがま).

探 **tàn** 動 **1 探る. 探す.** ¶～消息/様子を探る. **2 見舞う.** ¶～病人/病人を見舞う. **3** 頭を突き出す. 身を乗り出す. ¶把头～出窗外/顔を窓の外に突き出す. **4**〈方〉関与する. ¶～闲事/余計なお節介をする.
H 捜査する人. ¶侦～/探偵.

tàn//bìng【探病】動 病気を見舞う.

tàncè【探测】動 探測する. 測定する.

tànfǎng【探访】動 **1** 探し求める. **2** 訪問する.

tàn fēngshēng【探风声】消息を探る. 様子を伺う. ▶"探风"とも.

tàngē【探戈】名〈音〉タンゴ.

tàn//jiān【探监】動 監獄へ行き面会する.

tànjǐng【探井】名 探鉱用の坑;試掘の油井.

tànjiū【探究】動 探究する.

tànkān【探勘】→kāntàn【勘探】

tànkōng【探空】名〈気〉(気球などによる)探測.

tàn kǒuqi【探口气】〈慣〉探りを入れる.

tàn//kuàng【探矿】動 鉱脈を探る.

tànléi【探雷】動 地雷を探知する.

tàn//lù【探路】動 道を探す. 道路の

状况を探る.
tànmì【探秘】動 秘密を探る.
tàn náng qǔ wù【探囊取物】〈成〉極めて容易にできる.
tàn//qīn【探亲】動 **1** 両親や配偶者に会いに行く. ¶～假 / 帰省休暇. **2** 親戚回りをする.
tànqiú【探求】動 探求する.
tàn//shēn【探身】動(～子)身を乗り出す.
tànshì【探视】動 **1** 見舞いに行く. **2** 注意深く見る.
tànsuǒ【探索】動 探索する.
tàntǎo【探讨】動 詳細に研究する.
tàntīng【探听】動 探りを入れる.
tàn//tóu【探头】**1** 動(様子をうかがうため)頭を前へ突き出す. **2** 名 監視カメラ.
tàn tóu tàn nǎo【探头探脑】〈成〉きょろきょろ見回し様子をうかがう.
tànwàng【探望】動 首を伸ばしてじっと見る;(遠方から)見舞いに訪れる.
tànwèn【探问】動 **1**(消息·状況·意図などを)聞き出す. **2** 見舞う. 訪ねる.
tànxī【探析】動 深く追求し分析する.
tànxī【探悉】動 聞き込む.
tàn//xiǎn【探险】動 探険する.
tàn//xìnr【探信儿】動 消息·様子などを探る.
tànxún【探寻】動 尋ねる. 探し求める.
tànyuán【探源】動 源を探す. ルーツを尋ねる.
tànzhàodēng【探照灯】名 サーチライト. [个,盏]
tànzhēn【探针】名〈医〉ゾンデ.
tànzi【探子】名 **1**〈近〉斥候. スパイ. **2** 物に突き刺して中味を探る棒状または管状の用具.

碳 **tàn** 名〈化〉炭素. カーボン. C. ¶～黑 / カーボンブラック. ¶～精 /(電極·電池用の)炭素棒.
tàngān【碳酐】名〈化〉二酸化炭素.
tànshuǐ huàhéwù【碳水化合物】名〈化〉炭水化物.
tànsuān【碳酸】名〈化〉炭酸.
tànsuānnà【碳酸钠】名〈化〉炭酸ナトリウム.
tànsuānqì【碳酸气】名〈化〉炭酸ガス.
tànsuān qīngnà【碳酸氢钠】名〈化〉重炭酸ナトリウム. 重曹.
tànxiānwéi【碳纤维】名 炭素繊維.

tang（ㄊㄤ）

汤(湯) **tāng** 名 **1** スープ. [锅,碗] ¶喝～ / スープを飲む. **2** ものを煮出した汁. **3** 煎じ薬. **H** ①(多く地名に用い)温泉. ②湯. ‖ 姓 異読⇒shāng
tāngbāo【汤包】名(～儿)〈料理〉スープ入りの肉まんじゅう.
tāngcài【汤菜】名 汁. 吸い物. スープ.
tāngchí【汤匙】名 ちりれんげ. さじ.
tāngguàn【汤罐】名(石炭を燃料とするかまどの)作り付けの湯沸かし釜.
tāngguō【汤锅】名 殺した豚に煮え湯をかけ毛を抜くのに用いる大型の鍋.
tānghú【汤壶】名 湯たんぽ.
tāngjì【汤剂】→tāngyào【汤药】
tāngmiàn【汤面】名〈料理〉汁そば.
tāngpàofàn【汤泡饭】名〈料理〉スープをかけた飯.
tāngquán【汤泉】名〈旧〉温泉.
tāngshuǐ【汤水】名 **1** 煮汁. **2**〈方〉湯.
tāngtóu【汤头】名〈中医〉薬の処方.
tāngtuán【汤团】→tāngyuán【汤圆】
tāngyào【汤药】名〈中医〉煎じ薬.
tāngyuán【汤圆】名 もち米の粉で作るだんご. ▶多くあん入り.

铴(鐋) **tāng** ❍
tāngluó【铴锣】名 小さなどら.

耥 **tāng** 動("耥耙"を用いて)土を耕す.
tāngbà【耥耙】名(下駄くらいの大きさの木に釘の歯をつけた水稲の中耕に使う)馬鍬(まぐわ).

嘡 **tāng** 擬 **1**《鐘やどらの音》からん. があん. **2**《金属物が強く打ち当たる音》がちゃん. **3**《銃声》ばん.
tānglāng【嘡啷】擬《金属物が固い物に強くぶつかる音》からん. がらん.

趟 **tāng**〖蹚tāng〗に同じ. 異読⇒tàng
tāng//dì【趟地】動 土を起こす. 除草する.
tāng húnshuǐ【趟浑水】泥水に入る;ごまかす.
tāng//shuǐ【趟水】水の中を歩いて渡る.

羰 **tāng** 名〈化〉カルボニル(基). ▶"碳酰基"とも.
tāngjī【羰基】名〈化〉カルボニル基.

镗 **tāng**〖嘡tāng〗に同じ. 異読⇒táng

蹚(跚) **tāng** 動 **1** 泥や浅い水の中を歩く. **2**(すきを使って)土を起こす, 耕す.
tāng//dào【蹚道】動(～儿)〈方〉道を探る;〈喩〉状況を探る.
tāng//dì【蹚地】→tāng//dì【趟地】
tāng húnshuǐ【蹚浑水】→tāng húnshuǐ【趟浑水】
tāng//lù【蹚路】→tāng//dào【蹚道】
tāng//shuǐ【蹚水】→tāng//shuǐ【趟水】

唐 **táng** 名〈史〉唐(とう). **H** ①でたらめ. ¶荒～ / でたらめだ. ②無駄である. ‖ 姓
tángchāngpú【唐菖蒲】名〈植〉グラジオラス.
tánghuā【唐花】名 温室栽培用の草花.
tángrénjiē【唐人街】名 中華街.
tángsāncǎi【唐三彩】名〈美〉唐三彩.
tángsēng【唐僧】名 唐僧;三蔵法師.
tángtū【唐突】〈書〉**1** 動 礼を失する. **2** 形 粗暴である. 無礼である.
tángzhuāng【唐装】名 チャイナ服. ▶中国風の模様がついた上着.

堂 **táng** 量 **1** 組になった家具を数える. ¶一～家具 / 家具1セット. **2** 授業時間を数える. ¶两～课 / 2時限の授業.
H ①母屋. ¶→～屋. ②(特定の目的に使う)広い部屋. ¶礼～ / 講堂. ③(旧時の)法廷. ¶过～ / 裁判を行う. ④《商店,特に薬屋などの屋号に用いる》…堂. ⑤(↔表)《父方の祖父〔曾祖父〕を同じくする同姓の親族関係を示す》¶→～妹. ⑥他人の母をいう. ¶令～ / お母上. ‖姓

táng'ào【堂奥】名〈書〉**1** 家屋の奥まった所;〈喩〉奥地. 奥義.

tángdì【堂弟】名(父方の同姓の)年下の男のいとこ.

táng ér huáng zhī【堂而皇之】〈成〉堂々としている.

tángfáng【堂房】名 父方. ▶同じ祖父・曾祖父を持つ親族をさすときに用いる.

tánggē【堂哥】名(父方の同姓の)年上の男のいとこ. ▶"堂兄"とも.

tánggǔ【堂鼓】名(京劇などの)伴奏用の太鼓.

tángguān【堂倌】名〈旧〉料理屋・茶屋のボーイ.

tánghuáng【堂皇】形 堂々として立派である;見かけは立派である.

tánghuì【堂会】名〈旧〉(慶事のとき,自宅に芸人を招いて催す)演芸会,パーティー.

tángjiě【堂姐】名(父方の同姓の)年上の女のいとこ.

tángmèi【堂妹】名(父方の同姓の)年下の女のいとこ.

tángtáng【堂堂】形 堂々としている.

tángtángzhèngzhèng【堂堂正正】形 **1** 公明正大である. **2** 体つき・風采(ふうさい)が立派である.

tángwū【堂屋】名 母屋の中央の部屋;母屋.

棠 **táng** H 植物名に用いる. ‖姓

tángdì【棠棣】名〈植〉〈古〉ニワウメ. アマナシ. ▶"唐棣"とも.

tánglí【棠梨】名〈植〉ズミ. ヒメカイドウ.

郾 **táng** 地名用字. "郾郚"は山東省にある地名.

塘 **táng** 名 **1** 池. ¶荷～ / ハス池. **2**〈方〉いろり.
H ①堤防. ¶海～ / 防波堤. ②湯船. ¶洗澡～ / 浴場. ‖姓

tángféi【塘肥】名 池の泥を使った肥料.

tángyàn【塘堰】名〈水〉小型貯水池.

tángyú【塘鱼】名 池で飼っている魚.

搪 **táng** 動 **1** 防ぐ. しのぐ. ¶～住风 / 風を防ぐ. **2** 言い逃れる. ¶先～过这一阵子再说 / まず今のところをごまかして切り抜けてからの話だ. **3** 泥〔塗料〕をくまなく塗りつける. ¶～炉子 / (保温をよくするために)ストーブ〔こんろ〕の内側に泥を塗りつける. **4**《镗táng》に同じ.

tángcí【搪瓷】名 ほうろうびき.

tángsè【搪塞】動 言い逃れをする. ごまかす.

tángzhàng【搪账】動 借金返済の言い逃れをする.

溏 **táng** H ①半流動の. ②沼.

tángbiàn【溏便】名〈中医〉軟便.

tángxīn【溏心】形(～儿)半熟の. ¶～鸡蛋 / 半熟の卵.

樘 **táng** 量 扉や窓とその枠を併せて"一樘"という.
H(戸や窓の)枠. ¶门～ / 戸の枠.

膛 **táng** 名(～儿)器などの中空になっているところ. 胴. ¶枪～儿 / 銃の弾倉.
H 胸腔(きょう). 胸. ¶开～ / 胸部を切開する.

螗 **táng** 名 古書に見えるセミの一種.

镗 **táng** 動〈機〉ボール盤で中ぐりをする. ▶"搪"とも. 異読⇒tāng

tángchuáng【镗床】名〈機〉ボール盤. 中刳(ぐり)盤. ¶坐标～ / ジグ中刳盤.

糖 **táng** 名 **1** 砂糖. ¶加～ / 砂糖を入れる. **2** あめ. [块,颗]¶牛奶～ / ミルクキャラメル. **3**〈化〉炭水化物.

tángcù【糖醋】名〈料理〉甘酢あんかけ.

tángguā【糖瓜】名(～儿)麦芽糖で作ったウリ型のあめ. ▶"祭灶"の際,"灶神"に供える供物.

tángguǒ【糖果】名 あめ・キャンデーなどの砂糖菓子の総称.

tánghúlu【糖葫芦】名 サンザシやカイドウの実などを串に刺し,あめをまぶした甘酸っぱい菓子.

tánghuà【糖化】動〈化〉糖化する.

tángjiāng【糖浆】名 シロップ.

tángjīng【糖精】名〈化〉サッカリン.

tángliào zuòwù【糖料作物】名〈農〉(サトウキビ・ビートなどの)製糖用作物.

tángluóbo【糖萝卜】名〈植〉ビート.

tángmì【糖蜜】名 糖蜜.

tángniàobìng【糖尿病】名〈医〉糖尿病.

tángpír【糖皮儿】名〈口〉糖衣.

tángrénr【糖人儿】名 あめ細工の人形や動物.

tángshǎi【糖色】名 カラメル色.

tángxī【糖稀】名 水あめ. 液状の麦芽糖.

tángyī【糖衣】名 糖衣.

táng yī pào dàn【糖衣炮弹】〈成〉相手を抱き込むための賄賂. ▶略して"糖弹"とも.

tángyuán【糖原・糖元】名〈化〉グリコーゲン.

螳 **táng** O

táng bì dāng chē【螳臂当车】〈成〉身の程知らず;蟷螂(とうろう)の斧(おの).

tánglána【螳螂】名〈虫〉カマキリ.

tángláng bǔ chán, huángquè zài hòu【螳螂捕蝉,黄雀在后】〈諺〉目前の利益に目がくらんで,災いが近づきつつあるのに気がつかない.

帑 **tǎng** H 国庫. 国庫金. ¶国～/国家の財産. 国帑(こくど).

倘(儻) **tǎng** 接続〈書〉もしも…ならば. 異読⇨cháng

tǎnghuò【倘或】→tǎngruò【倘若】

tǎng lái zhī wù【倘来之物】〈成〉思いがけない収入;あぶく銭.

tǎngrán【倘然】→tǎngruò【倘若】

tǎngrú【倘如】→tǎngruò【倘若】

tǎngruò【倘若】接続 もしも…ならば.

tǎngshǐ【倘使】→tǎngruò【倘若】

淌 **tǎng** 動(肌・地面などを伝って)流れ落ちる. ¶身上直～汗/体中とめどなく汗が流れる.

傥(儻) **tǎng**〖倘tǎng〗に同じ. H →tìtǎng【倜傥】

tǎngdàng【傥荡】動〈書〉放蕩する.

躺 **tǎng** 動 **1** 横たわる. ¶～着看书/寝ながら本を読む. **2**(車や器物が)倒れる,横になる.

tǎngguì【躺柜】名 長持ち. 長びつ.

tǎngyǐ【躺椅】名 寝椅子.

烫(燙) **tàng** ❶形(やけどしそうに)熱い;過度に熱い. ❷動 **1**(熱湯や油などで)やけどをする. ¶开水把手～了/熱湯で手にやけどした. ¶～嘴/口がやけどするほど熱い. **2**(熱湯で)あたためる;アイロン〔パーマ〕をかける. ¶～酒/酒をおかんする. ¶～裤子/ズボンにアイロンをあてる. ¶把头发～一～/髪にパーマをかける.

tàng//fà【烫发】動 パーマをかける.

tàngjīn【烫金】動〈印〉(製本で)金文字や,金箔をほどこす.

tàng//là【烫蜡】動 蠟(ろう)をひく.

tàngmiàn【烫面】名〈料理〉熱湯でこねた小麦粉.

tàngshāng【烫伤】動(熱湯などで)やけどをする.

tàng//shǒu【烫手】動 手をやけどする;〈喩〉手を焼く. 扱いにくい.

tàngshǒuhuò【烫手货】名 売れ筋商品.

tàngzǎo【烫澡】動(熱い湯に)入浴する.

趟 **tàng** ❶量 **1** 行き来する回数を数える. ¶去一～上海/上海に(1回)行く. **2** 駅の発着列車数を数える. ¶几十～火车/数十本もの列車. **3** 武術の型をひと通りやる回数を表す. ¶每天练一～太极拳/毎日1回太極拳を練習する. **4**(～儿)〈方〉列をなすものに用いる. ¶这～街很热闹/この通りはとてもにぎやかだ. ❷名(～儿)列. ¶排成～儿/列を作る. 異読⇨tāng

tao(ㄊㄠ)

叨 **tāo** H(多く敬語に用い,恩恵を)被る. 異読⇨dāo,dáo

tāo//guāng【叨光】〈套〉おかげを被る.

tāojiào【叨教】〈套〉教えていただく.

tāorǎo【叨扰】〈套〉(歓待を受けて)ごちそうさまでした.

涛(濤) **tāo** H 大波. ¶波～/波濤.

绦(縧) **tāo** H 打ちひも. 組み糸. ¶丝～/絹の打ちひも.

tāochóng【绦虫】名〈動〉サナダムシ.

tāodài【绦带】名 打ちひも.

焘(燾) **tāo** 人名用字. 異読⇨dào

掏(搯) **tāo** 動 **1**(手または道具で)ほじくり出す. ¶～钱/(ポケットなどから)金を探り出す. **2**(穴を)掘る. ¶把门～个洞/扉に穴を(一つ)あける.

tāoxīn【掏心】動 内心を吐露する. 内心をさらけ出す.

tāo xīnwōzi【掏心窝子】〈慣〉心の底をさらけ出す.

tāo yāobāo【掏腰包】〈慣〉(～儿) **1** 自腹を切る. 勘定を持つ. **2** 人の懐中物をする. ¶～的/すり.

滔 **tāo** H 大水が盛んに流れる.

tāotāo【滔滔】形〈書〉水の流れが盛んである;〈転〉(弁舌が)よどみない. ¶～不绝/滔々と述べる.

tāotiān【滔天】形 **1**(罪悪や災いが)極めて大きい. **2** 波が大きい.

韬(韜) **tāo** 名〈書〉弓または剣の袋. H ①包み隠す. ②兵法の秘訣.

tāohuì【韬晦】動〈書〉才能を隠して外に現さない.

tāolüè【韬略】名 兵法の極意.

tāo guāng yǎng huì【韬光养晦】〈成〉才能を隠して外に現さない.

饕 **tāo** H 貪欲である. ¶老～/貪欲な人;口がいやしい人.

tāotiè【饕餮】名 **1** 饕餮(とうてつ). ▶伝説中の凶悪な獣. **2**〈喩〉凶悪で貪欲な人;食いしん坊.

逃 **táo** 動 逃走する;逃れる. ¶～进庙里/寺に逃げ込む. ¶～不出法网/法の網から逃れられない.

táobèn【逃奔】動(…に向かって)逃げて行く,逃亡する.

táobì【逃避】動(嫌なことなどから)逃れる. ¶～责任/責任逃れをする.

táobīng【逃兵】名 脱走兵;〈喩〉脱落者.

táocuàn【逃窜】動 散り散りに逃げる.

táodùn【逃遁】動 逃げ隠れる.

táofàn【逃犯】名 逃走犯. 脱走犯.

táo//huāng【逃荒】動 飢饉のためによその土地へ逃げて行く.

táo//huì【逃汇】動 国内の外貨を不法に国外へ持ち出す.

táo//kè【逃课】動(学生が)授業をサボる.

táo//mìng【逃命】動 命からがら逃げる.
táo//nàn【逃难】動 災害を避けて逃げる.
táonì【逃匿】動〈書〉逃げ隠れる.
táopǎo【逃跑】動 逃走する．逃亡する．¶拼命～ / 命からがら逃走する.
táo//piào【逃票】動 ただ乗りする．無賃乗車をする.
táosàn【逃散】動 逃げて散り散りになる.
táoshēng【逃生】動 命拾いをする.
táo//shuì【逃税】動 脱税する.
táotuō【逃脱】動 **1** 脱走する．脱出する．**2** 逃れる．¶～责任 / 責任を逃れる.
táowáng【逃亡】動 逃亡する．行方をくらます.
táo//xí【逃席】動 宴会の途中で抜け出して帰る.
táo//xué【逃学】動 学校をサボる．勉強を怠ける.
táo//zhài【逃债】動 借金の取り立てから逃れる.
táo zhī yāo yāo【逃之夭夭】〈成〉〈諧〉どろんをきめこむ．とんずらする.
táozǒu【逃走】動 逃走する．逃げる.

洮 **táo** 地名用字．"洮河"は甘粛省にある川の名.

桃 **táo** 名〈植〉桃．¶～儿 / 桃の実．**H** ①形が桃に似たもの．¶红～ /（トランプの）ハート．②クルミ．‖姓
táofú【桃符】名 **1** 昔,新年に表門の二つの扉の真ん中に掲げた"神荼"と"郁垒"(ともに神の名)を記した桃の木の板．▶魔よけ用．**2** "春联"の別称．▶現在では縁起担ぎ,厄よけ用の書をもさす.
táofǔ【桃脯】名 桃の果肉の砂糖漬け.
táohóng【桃红】名 桃色．ピンク.
táohuā【桃花】名〈植〉桃の花.
táohuāxīnmù【桃花心木】名〈植〉マホガニー.
táohuāxùn【桃花汛】名 春先の増水.
táohuāyuán【桃花源】名 桃源境.
táohuāyùn【桃花运】名 **1**（男性の）女運,愛情運．**2**（広く）好運.
táolǐ【桃李】名 桃とスモモ；〈喩〉教え子．弟子．¶～满天下 / 教え子が至る所にいる.
táorén【桃仁】名(～儿) **1**〈中薬〉桃仁(とうにん)．桃の種子．**2** クルミの実.
táosè【桃色】名 **1** 桃色．ピンク．**2** 情事．色事.
táoshù【桃树】名〈植〉桃の木.
táosū【桃酥】名 クルミの実をつけた菓子.
táoxùn【桃汛】→táohuāxùn【桃花汛】
táozi【桃子】名 桃．桃の実.

陶 **táo** **H** ①陶器．¶～俑 /（副葬用の）陶製の人形．②陶器を作る．¶→～铸．③(人を)育成する．¶熏～ / 薫陶する．④うっとりする．¶→～醉．‖姓　異読⇒yáo
táocí【陶瓷】名 陶磁器.
táoguǎn【陶管】名 土管.
táoqì【陶器】名 陶器．焼き物.
táorán【陶然】形〈書〉うっとりしている．陶然としている.
táotǔ【陶土】名 陶土．カオリン.
táoyě【陶冶】動 陶冶(とうや)する.
táoyì【陶艺】名 陶芸(品).
táozhù【陶铸】動〈書〉陶器を作り金属を鋳る；〈喩〉人材を育成する.
táozuì【陶醉】動 陶酔する．うっとりする.

萄 **táo** →pútao【葡萄】

梼（檮）**táo** O
táomèi【梼昧】形〈書〉〈謙〉愚昧(ぐまい)である．¶不揣chuǎi～ / 愚昧を顧みず.
táowù【梼杌】名 **1** 梼杌(とうこつ)．▶古代の伝説上の猛獣．**2**〈喩〉凶悪な人間.

啕 **táo** **H**(声を出して)泣く．¶号háo～ / 慟哭(どうこく)する.

鋾 **táo** O
táoshǔ【鋾黍】名〈方〉〈植〉コウリャン.

淘 **táo** **1** 動 **1** 器に入れて夾雑物を洗い流す．¶～米 / 米をとぐ．**2** くみ出す．浚(さら)う．¶～茅厕 / 屎尿(しにょう)をくみ取る．**3**〈方〉(中古市で)あさる．**4** すり減らす.
2 形〈方〉いたずらである．¶这孩子真～！/ この子はほんとうに腕白だ.
táohuan【淘换】動 探し求める．なんとかして手に入れる.
táo//jīn【淘金】動 砂金を採る；〈喩〉金もうけを考える.
táoluó【淘箩】名(米をといだり物を盛る)ざる.
táoqì【淘气】**1** 形(子供が)いたずらである,腕白である．¶～鬼 / 腕白坊主．▶"淘气包儿"とも．**2** 動〈方〉つまらないことで腹を立てる.
táoshén【淘神】動 神経を使う．心遣いをする.
táotài【淘汰】動(よくないものや劣るものを)ふるい落とす,淘汰する．¶～赛 / 勝ち抜き戦．トーナメント.

绹 **táo** **1** 名〈書〉縄．**2** 動〈方〉縄で縛る.

鼗（鞉・鞀）**táo** 名〈書〉でんでん太鼓.

讨 **tǎo** 動 **1** 求める．要求する；取り立てる．¶向他～钱 / 彼に借金の返済を求める．**2** 娶(めと)る．¶～媳妇 / 嫁をもらう．**3** 他人に…される；招く．¶～人喜爱 / 人にかわいがられる．¶～来麻烦 / 面倒を招く．**H** ①討伐する．¶征～ / 征伐する．¶声～ / 糾弾する．②討論する．¶探～ / 探求する.
tǎobǎo【讨保】動 保証人を立てる.
tǎo//dǐ【讨底】動 人に内情を尋ねる.
tǎofá【讨伐】動 討伐する．退治する.
tǎo//fàn【讨饭】動 乞食をする.

tǎo//hǎo【讨好】動 1（人の）機嫌を取る. ¶讨他的好 / 彼の機嫌を取る. 2（多く否定の形で）よい結果を得る. ¶费力不～ / 骨を折ったわりに結果がよくない.
tǎohuán【讨还】動 返還を求める. ¶～欠款 / 借金の返済を求める.
tǎo//jià【讨价】動（売り主が）値段をつける. ¶～还huán价 / 値段を掛け合う. 駆け引きをする.
tǎojiào【讨教】動 教えを請う.
tǎolùn【讨论】動 討論する. ¶今天会上～得很热烈 / きょうの会議は討論が非常に活発だった.
tǎo méiqù【讨没趣】〈慣〉(～儿)不愉快な目にあうようなことをする.
tǎo piányi【讨便宜】〈慣〉うまい汁を吸おうとずる賢く立ち回る.
tǎoqǐ【讨乞】動 物ごいをする.
tǎo//qiǎo【讨巧】動 労せずして得する.
tǎo//qǔ【讨取】動 歓心を得ようとする.
tǎo//ráo【讨饶】動 許しを請う.
tǎo rén xián【讨人嫌】〈慣〉人に嫌われる. ¶这个人真～！/ ほんとにいやらしいやつだ.
tǎo shēnghuó【讨生活】〈慣〉生活の糧を求める.
tǎo//yàn【讨厌】❶形 1 煩わしい. 厄介である. 2 嫌いだ. 嫌だ. ¶这个人,真～！/ この人には,ほんとうに愛想が尽きる.
❷動（事柄・状態を）嫌う, 嫌がる. ¶我～他老爱撒谎 / 彼はいつもうそをつくからいけ好かない.
tǎoyào【讨要】動 1 せがむ. 請求する. 2 物ごいをする.
tǎo//zhài【讨债】動 借金を取り立てる. ¶～鬼 / 借金取り；〈転〉うるさくつきまとうやつ；若死にした子供.
tǎo//zhàng【讨账】→tǎo//zhài【讨债】

套

tào❶量 組・セット・一式になっている事物を数える. ¶一～衣服 / スーツ上下〔三つぞろい〕. ¶他说话一～一～的 / 彼は話が上手だ. ¶我可不吃你这一～ / その手は食わないよ.
❷名（～儿）1 カバー. 覆い. ¶照相机～儿 / カメラのケース. 2（馬などの役畜の）引き綱. 3 縄などで作った輪.
❸動 1（覆うように）かぶせる. 重ねる. はめ込む；〈方〉（綿入れ・布団に）中綿を入れて縫いつける. ¶～上一件毛衣 / セーターを1枚重ね着する. 2 引き綱をつける；（馬に）馬具をつける. ¶～马 / 綱で馬をつなぐ. 3（そのまま）まねる. あてはめる. ¶～公式 / 公式を無理に当てはめる. 4 かまをかけて話を引き出す. ¶～内情 / 内部事情をたずねる. 5 取り入る. まるめこむ. ¶→～交情. 6 ねじ切りでねじを作る. 7 やみ取引きをする.
H 型通りの言葉. ¶→～话.
tào//bǎn【套版】動〈印〉（活版の）組み付けをする.
tàobāo【套包】名（～子）車を引かせる馬の首にかける肩当て.
tàobēi【套杯】名（大きさが少しずつ違い,入れ子式になっている）ひと組のコップ.
tàocān【套餐】名 定食. セットメニュー.
tào//chē【套车】動 馬車を仕立てる.
tàofáng【套房】名 1（ホテルの）スイートルーム. 2→tàojiān【套间】
tàofú【套服】名 スーツ.［身］
tàogòu【套购】動（国家の統制物資を）不正に購入する.
tào//hóng【套红】動（人目を引くように）文字やタイトルを赤く印刷する.
tàohuà【套话】名（あいさつなどの）決まり文句；形式的な言辞.
tàohuàn【套换】動 不正な手段で交換・売買する.
tàohuì【套汇】動 1 不法に外国為替投機行為をする. 2 為替市場で利ざやを稼ぐ.
tàojiān【套间】名（～儿）続き部屋のうち,もう一方の部屋を通らないと外へ出られない奥の部屋.
tào jiāoqing【套交情】〈慣〉なれなれしく話しかけてうまく取り入る.
tào jìnhu【套近乎】〈慣〉（知らない人に）なれなれしくして取り入る.
tàokù【套裤】名（保温や防水用の）ズボンカバー.
tàoláo【套牢】動〈経〉株価が下がっているのに売り抜けられない.
tàolù【套路】名（武術の）一連の動作, 手順.
tàopiào【套票】名（セットで販売する）入場券, チケット, 郵便切手.
tàoqǔ【套曲】名〈音〉組曲.
tàoqún【套裙】名 女性用ツーピース.
tào//shǎi【套色】動〈印〉（色を）重ね刷りする. ¶～版 / 色刷り版.
tàoshān【套衫】名 頭からかぶるシャツ. プルオーバー. ▶"套头衫"とも.
tàoshū【套书】名 叢書. シリーズ本.
tàoshù【套数】名（"戏曲""散曲"で）組になっている一連の歌；〈喩〉（武術などの）一連の技法, 技巧.
tàosuǒ【套索】名（馬などをつかまえる）輪縄, 投げ輪.
tàowèn【套问】動 遠まわしに尋ねる. かまをかける.
tàoxié【套鞋】名 オーバーシューズ；（広く）ゴム長靴.
tàoxiù【套袖】名 そでカバー.
tàoyìn【套印】名（木版の）重ね刷り.
tàoyòng【套用】動 当てはめる.
tàoyǔ【套语】→tàohuà【套话】
tàozhuāng【套装】名 スーツ.［身］
tàozi【套子】名 1 カバー. ¶沙发～ / ソファーのカバー. 2 決まりきったあいさつ言葉；しきたり. ¶俗～ / 紋切り型. 3〈喩〉わな. ¶下～ / わなを仕掛ける. 4〈方〉綿入れ・布団の綿. ¶棉花～ / 布団綿.

te (ㄊㄜ)

忑 tè →tǎntè【忐忑】

忒 tè H まちがい．¶差chā～ / まちがい．手違い．異読⇨tēi,tuī

特 tè 副 1〈口〉すごく．とても．¶～好 / すごくいい．2 もっぱら．わざわざ．¶为女工～设一间更衣室 / 女子工員のために特別に更衣室を設ける．3〈書〉ただ．…だけ．¶不～如此 / これだけではない．
H ①スパイ．¶防～ / スパイ活動を防止する．②特別である．¶→～权．‖姓

tèbié【特别】1 形 特別である．特殊である．¶～的本领 / 特殊な才能．2 副 とりわけ．ことのほか；わざわざ．¶今年～热 / 今年はことのほか暑い．

tècài【特菜】名（レストランなどのその日の）特別メニュー．

tèchǎn【特产】名 特産物．

tècháng【特长】名 特技．得意なこと．

tèchū【特出】形 ずば抜けている．

tècǐ【特此】副《公文書・書簡用語》特にここに．¶～公告 / 特にここに公告する．

tèdà【特大】形 特大の．¶～号服装 / キングサイズの洋服．

tèděng【特等】形 特等の．¶～舱 / 特等船室．

tèdì【特地】副 特に．わざわざ．¶他～备饭招待客人 / 彼はわざわざ食事を用意して客をもてなした．

tèdiǎn【特点】名 特徴．特色．

tèdìng【特定】形 特定の．

tèfúlóng【特氟隆】名〈商標〉テフロン．

tèháng【特行】名 特殊な業種．

tèhù【特护】1 動 特別に看護する．2 名 特別な看護をする看護師．

tèhuì guānshuì【特惠关税】名〈経〉特恵関税．

tèjí【特级】形 特級の．¶～茶 / 極上の茶．

tèjì【特技】名（曲芸・馬術・飛行機などの）特殊技能；（映画撮影の）トリック．¶～飞行 / アクロバット飛行．

tèjià【特价】名 特価．

tèjiàobān【特教班】名 養護学級．

tèjǐng【特警】名〈略〉特殊警察部隊．

tèkān【特刊】名（新聞・雑誌の）特別号，特集号．

tèkuài【特快】1 形 特急の．¶～专递 / EMS．速達郵便．2 名〈略〉特別急行列車．

tèkùnhù【特困户】名 極貧の家庭〔人〕．

tèkùnshēng【特困生】名 貧しくて就学困難な生徒．

tèlì【特例】名 特例．特殊な事例．

tèmài【特卖】動 特売する．バーゲンをする．

tèpài【特派】動 特派する．¶～记者 / 特派員．¶～员 /（ある目的のために派遣する）特派員．

tèqū【特区】名〈略〉1 経済特区．2 特別行政区．

tèquán【特权】名 特権．

tèsè【特色】名 特色．特徴．

tèshè【特赦】動〈法〉特赦する．

tèshǐ【特使】名 特使．

tèshǒu【特首】名（香港・マカオの）特別行政区長官．

tèshū【特殊】形（↔一般）特殊である．特別である．¶～情况 / 特別な事情．¶不搞～化 / 特権化しない．

tètǐ【特体】形 特殊な体型をした．

tèwèi【特为】副 特に．わざわざ．

tèwù【特务】名〈軍〉特殊任務．▶警備・通信・運輸など．

tèwu【特务】名 スパイ．

tèxiào【特效】名 特効．¶～药 / 特効薬．

tèxiě【特写】名 1 ルポルタージュ．スケッチ．2（映画で）クローズアップ．

tèxìng【特性】名 特性．

tèxū【特需】形 特に需要がある….

tèxǔ【特许】動 特に許可する．¶～经营 / フランチャイズ．

tèyāo【特邀】動 特に招請する．

tèyì【特异】形 1 特にすぐれている．¶～功能 / 超能力．2 独特である．¶～的风格 / 独特の風情．

tèyì【特意】副（相手のために）わざわざ．特に．¶这是～给你买的 / これはあなたのために買ったものです．

tèyǒu【特有】形 特有の．固有の．

tèyuē【特约】動 特約する．特に招く．

tèzhēng【特征】名 特徴．

tèzhì【特制】名 特別製．特製．

tèzhì【特质】名 特有の性質や資質．

tèzhǒng【特种】形 特殊な．¶～车 /（消防車・パトカー・救急車など）特装車．緊急車．¶～工艺 / 特殊工芸．伝統工芸．

tèzhǔn【特准】動 特別に許可する．

铽 tè 名〈化〉テルビウム．Tb.

慝 tè 名〈書〉よこしま．邪悪．¶隐yǐn～ / 人に知られない罪悪．

tei (ㄊㄟ)

忒 tēi O 異読⇨tè,tuī

tēir【忒儿】擬〈方〉《鳥が飛び立つときの羽ばたく音》ぱたぱた．

tēirlōu【忒儿喽】擬〈方〉《おかゆやうどんをすする音》するする．

tēirlou【忒儿喽】動〈方〉おかゆや汁をすする．

teng (ㄊㄥ)

腾 tēng 擬《動作が一挙に行われるさま》がばっと．ぱっと；軽い足どり．異読⇨téng

熥 **tēng** 動《冷めた食物を蒸し返すか焼き直して》温める. ¶～馒头 / マントーをふかし直して温める.

鼟 **tēng** 擬《太鼓の音》どん.

疼 **téng 1** 形 痛い. 痛む. **2** 動 かわいがる. ¶奶奶最～小孙子 / おばあちゃんは下の孫がかわいくてしかたがない.

téng'ài【疼爱】動《子供を》かわいがる.

ténglián【疼怜】動 かわいがる.

téngtòng【疼痛】形 痛い. 痛む.

téngxī【疼惜】動 かわいがり慈しむ.

腾 **téng 1** 動《容器の中身・部屋・時間などを》空にする. ¶～间房子 / 部屋を一つあける. ¶～出时间 / 時間をあけておく.

2 接尾《多く軽声として動詞の後につき,繰り返し行うことを表す》¶闹～ / 騒ぎまわる.

H ①躍り上がる. ¶奔～ / 勢いよく走る. ②《空中に》昇る. ¶升～ / 昇る. ‖ 姓

異読⇒tēng

téngdá【腾达】動〈書〉上に昇る；〈転〉出世する.

téngfēi【腾飞】動 舞い上がる；急速に発展する.

téngguì【腾贵】動《物価が》騰貴する.

ténghuān【腾欢】動 喜びの声が沸き上がる.

téngkōng【腾空】動 空中に舞い上がる.

téngnuó【腾挪】動《金を》流用する；《物の置いてある》場所を変える.

téngqiān【腾迁】動 立ち退く.

téngshēng【腾升】動《価格が》急騰する.

-téngténg【－腾腾】接尾《形容詞・名詞の後について状態形容詞を作る》¶慢～ / のろのろと；しどろもどろの. ¶热～的茶 / 熱々のお茶.

téngyuè【腾跃】動 **1** 跳びはねる. **2**〈書〉《物価が》急騰する.

téngyuè【腾越】動 飛び越す.

téng yún jià wù【腾云驾雾】〈成〉《仙人などが》空中を行き来する；〈転〉いい気持ちになっているさま.

誊（謄） **téng** 動 清書する. 書き写す.

ténglù【誊录】動 書き写す.

téngqīng【誊清】動 清書する.

téngxiě【誊写】動 **1** 清書する. 書き写す. **2** がり版を切る.

滕 **téng**〈史〉《周代の国名》滕(とう). ‖ 姓

螣 **téng** O

téngshé【螣蛇】名〈古〉空を飛ぶ蛇. 螣蛇(とうだ).

藤 **téng** 名〈植〉トウ；《広く》蔓性(まんせい)植物のつる. ‖ 姓

ténghuáng【藤黄】名 **1**〈植〉シオウ. **2** 黄橙色.

téngluó【藤萝】名〈植〉フジ.

téngqiú【藤球】名〈体〉セパタクロー.

téngtiáo【藤条】名《細工用の》トウのつる.

téngzi【藤子】名〈口〉《籐(とう)椅子などを作る》トウ.

螣 **téng** 名〈魚〉オコゼ.

ti（ㄊㄧ）

体（體） **tī** O 異読⇒tǐ

tīji【体己】→tīji【梯己】

剔 **tī** ❶ 動 **1**《骨から肉を》そぎ取る. **2**《すき間から》ほじくり出す. ¶～指甲 / 爪のあかをほじくり出す. **3**《悪いものを》取り除く；《悪いもの・欠点を》選び出す. ¶～次品 / 不良品を取り除く. ❷ 名《漢字の筆画》右斜め上へのはね"㇀".

tīchú【剔除】動《悪いものを》取り除く.

tīhóng【剔红】名 堆朱(ついしゅ)；朱漆を厚く塗り重ねて文様を彫った工芸品.

tītòu【剔透】形 透き通っている.

梯 **tī** H ①はしご；階段. ¶→～子. ②はしごの働きをするもの. ¶电～ / エレベーター. ③階段状のもの. ¶→～田.

tīcì【梯次】**1** 副 順次. 逐次. **2** 名 ランク分け.

tīdù【梯度】名 傾斜度.

tīduì【梯队】名〈軍〉梯团. 梯隊；〈喩〉指導層などの各世代グループ.

tī'ēntī【梯恩梯】名 TNT火薬.

tīhé【梯河】名 河流を堰堤(えんてい)で区切って階段状にした川.

tījí【梯级】名 階段の1段. ステップ.

tīji【梯己】**1** 名 へそくり. **2** 形 内輪の. ¶～人 / ごく親しい人.

tītián【梯田】名〈農〉段々畑. 棚田.

tīxíng【梯形】名〈数〉梯形. 台形.

tīzi【梯子】名 はしご.［个,架］¶搭～ / はしごをかける.

锑 **tī** 名〈化〉アンチモン. Sb.

踢 **tī** 動 ける. ¶～足球 / サッカーボールをける；サッカーをする.

tīdeng【踢蹬】動 **1** 足をばたばたさせる. **2** 金を湯水のようにつかう. **3** 片付ける.

tī jiànzi【踢毽子】《子供の遊びの一種》羽根けりをする.

tī píqiú【踢皮球】〈慣〉責任を押しつけ合う. たらい回しにする.

tītā【踢踏】擬《人の足音》ぱたぱた. ▶重ねて用いることが多い.

tītàwǔ【踢踏舞】名 タップダンス.

tīteng【踢腾】→tīdeng【踢蹬】

鹈 **tí** →pìtí【䴙鹈】

荑 **tí** 名〈書〉**1** 若芽. **2**〈植〉ヒエの類. 異読⇒yí

绨 **tí** 名 厚い絹織物. つむぎ. ¶～袍páo / つむぎの長衣. 異読⇒tì

提 **tí**❶動 **1**（問題として）提起する. ¶～问题 / 提案する. 質問する. **2**（話題として）取り上げる. ¶过去的事就别～了 / 過去のことには触れてくれるな. **3**（手に）提げる. ¶～手提包 / ハンドバッグを提げる. **4** 取り出す. 引き出す. ¶从银行～走五百元 / 銀行から500元引き出した. **5** 引っ張り上げる. ¶～裤子 / ズボンを引き上げる. **6**（時間を）繰り上げる. ¶运动会～到本月进行 / 運動会を今月に繰り上げる. ❷名（漢字の筆画）右斜め上へのはね"㇀". ❸（油・酒などを量る）ひしゃく状の道具. ¶～子 / 同上. ‖姓
異読⇒dī

tí'àn【提案】名 提案.［条］

tíba【提拔】動 抜擢(ばってき)する. ¶～他当办公室主任 / 彼を事務長に登用する.

tíbāo【提包】名 手提げかばん. ハンドバッグ.［只,个］

tí//bǐ【提笔】動 筆を執る. 執筆する.

tíchàng【提倡】動 提唱する. 奨励する. 呼びかける.

tí//chū【提出】動+方補（意見・問題・要求などを）提出する. 提起する. ¶～目标 / 目標を打ち出す. ¶～要求 yāoqiú/ 要求を掲げる.

tíchún【提纯】動 純化する. 精製する.

tí//cí【提词】動〈劇〉（役者に舞台裏から）せりふをつける.

tídān【提单】名 貨物引替証. 倉出し証. 船荷証券. ▶"提货单"とも.

tí//dào【提到】動+方補 話が…に触れる. …に言及する.

tídiào【提调】**1** 動 指図する. **2** 名 指図する人.

tídōu【提兜】名 手提げ袋.

tífǎ【提法】名（問題の）取り上げ方；表現方法.

tígāng【提纲】名（文章・発言・討論などの）大綱,要綱,レジュメ. 要旨.

tí//gāo【提高】動（位置・程度・水準・数量・品質などを）引き上げる,高める. ¶～技术 / 技術を高める. ¶生活水平有了很大的～ / 生活レベルは大きく向上した.

tígōng【提供】動（意見・資料・物資・条件などを）提供する,供給する. ¶～方便 / 便宜をはかる.

tíguàn【提灌】動（水車・ポンプなどで）水を汲み上げて灌漑(かんがい)する.

tí//háng【提行】動 改行する.

tíhuā【提花】名（～儿）〈紡〉ジャカード. 綾織(あやおり).

tí//huò【提货】動（倉庫の）品物を引き取る.

tí//jí【提级】動 等級・ランクを上げる.

tí//jià【提价】動 価格を値上げする.

tíjiāo【提交】動（討論や処理が必要な案件を）提出する. ¶～大会讨论 / 大会の討議に回す.

tí//kuǎn【提款】動 預金などを引き出す.

tílán【提篮】名（～儿）手提げのかご.

tíliàn【提炼】動（化合物や混合物から）抽出する.

tíliáng【提梁】名（～儿）（鍋・土瓶などの）つる,取っ手；（かばんなどの）提げ手.

tíliú【提留】動 お金の一部を別に取っておく.

tí//míng【提名】動（候補者として）指名する,ノミネートする.

tí//qǐ【提起】動+方補 **1** 言う. 言い出す.（話に）触れる. **2**（気持ちを）奮い起こす. **3** 提起する.

tíqián【提前】動（予定の期限を）繰り上げる. ¶～动身 / 出発を繰り上げる.

tíqín【提琴】名〈音〉バイオリン・ビオラ・チェロ・コントラバスの総称.

tíqǐng【提请】動 提起して請願する.

tíqǔ【提取】動 **1**（預金や預けておいた物などを）引き出す,取り出す. **2**（化学的・物理的方法で）抽出する.

tí//shén【提神】動 元気を回復させる. 眠気を覚ます.

tíshěn【提审】動 **1** →tíxùn【提讯】 **2** 上級裁判所が再審理する.

tíshēng【提升】動 **1** 昇格させる. 昇進させる. **2**（ウインチなどで）引き揚げる.

tíshì【提示】動 ヒントを与える；注意を促す.

tíshǒu【提手】→tíliáng【提梁】

tí//sù【提速】動 スピードを上げる.

tíwèn【提问】動（多くは教師が生徒に）問題を出す,質問する.

tíxiàn【提现】動 現金を下ろす.

tíxiàn mù'ǒu【提线木偶】名 操り人形. マリオネット.

tíxiāng【提箱】名 スーツケース.

tíxié【提携】動 子供の手を取って歩く；〈喩〉後進を引き立てる.

tí xīn diào dǎn【提心吊胆】〈成〉心中びくびくする.

tí//xǐng【提醒】動（忘れないように）注意を与える,気づかせる. ¶～他早点儿来 / 彼に早めに来るように注意する.

tíxuǎn【提选】動 選別する. 選出する.

tíxùn【提讯】動〈法〉（拘置所から犯人を連れてきて）取り調べる.

tíyào【提要】**1** 名（本や文章の）要約. ¶内容～ /（本の）内容要約. **2** 動 要約を書く.

tíyè【提掖】→tíba【提拔】

tí//yì【提议】**1** 動 提議する. 提案する. ¶我～现在休会 / ただいまから休会することを提案します. **2** 名 提議. 提案. ¶大会一致通过了他们的～ / 大会は満場一致で彼らの提案を採択した.

tízǎo【提早】動（時期を）繰り上げる. ¶～动身 / 予定より早く出発する.

tí//zhí【提职】動 職位が上がる.

tízhì【提制】動 抽出して作る.

啼 tí 動(鳥やけものが)鳴く. H(人が声を出して)泣く. ‖ 姓

tí jī háo hán【啼饥号寒】〈成〉 非常に困窮している.

tíkū【啼哭】動(声を出して)泣く.

tí xiào jiē fēi【啼笑皆非】〈成〉 泣くに泣けず笑うに笑えない；進退きわまりどうしてよいかわからない.

鹈 tí O

tíhú【鹈鹕】名〈鳥〉ペリカン.

缇 tí H オレンジ色(の絹).

题 tí 1 名 題. 表題；(試験や練習の)問題. [道,个] 2 動 書き記す. ¶～诗 / 詩を作って書き記す. ¶某某～ / 某某記す. ‖ 姓

tíbá【题跋】名 題辞と跋(ばつ).

tícái【题材】名 題材.

tí//cí【题词】 1 動 題辞を書く. 2 名 (記念や励ましの)題辞.

tíjiě【题解】名 1 解題. 2 問題解説集.

tíkù【题库】名 試験問題のデーターベース.

tí//míng【题名】 ❶動(記念や表彰のために)姓名を書き記す. ❷名 1(記念のために)書いた名前. 2 題目.

tímù【题目】名 1 表題. テーマ. 2 (試験や練習の)問題.

tí//zì【题字】 1 動(記念に)字句を書き記す. 2 名(記念に)書き記された字句.

醍 tí O

tíhú【醍醐】名〈書〉 1 精製した乳酪. 2 〈喩〉最高の仏法. ¶～灌顶 guàndǐng/ 知恵を授けて悟りを開かせる.

蹄 tí 名 ひづめ. ¶→～筋.

tíjīn【蹄筋】名(～儿)牛・羊・豚のアキレスけん.

鳀(鮷) tí 名〈魚〉カタクチイワシ. アンチョビー.

体(體) tǐ 名〈語〉相. アスペクト. H ①身体(の一部). ¶肢～ / 四肢. 手足. ②物体. 全体. ¶集～ / 集団. ③(文章や文字などの)スタイル. ¶粗～字 / ゴシック活字. ④自ら体験する. ¶→～验yàn. ⑤体制. ‖ 姓 異読⇒tī

tǐcái【体裁】名(文学作品の)ジャンル.

tǐcǎi【体彩】名〈略〉スポーツ宝くじ.

tǐcāo【体操】名 体操. ¶做～ / 体操をする.

tǐchá【体察】動 体験し観察する.

tǐcí【体词】名〈語〉名詞・代詞・数詞・量詞の総称. 体言.

tǐfá【体罚】 1 動 体罰を加える. 2 名 体罰.

tǐgé【体格】名 体格. 体つき.

tǐhuì【体会】 1 動 体得する. 理解する. ¶～大家的难处 / みんなの困難を理解する. 2 名 体得. 理解. ¶你有什么～？/ 何か得るところがありましたか.

tǐjī【体积】名 体積.

tǐjiǎn【体检】名 身体測定. 健康診断.

tǐlì【体力】名 体力. ¶～劳动 / 肉体労働.

tǐliang【体谅】動(他人の気持ちを)思いやる. 同情する.

tǐmào【体貌】名 体つきと顔かたち.

tǐmian【体面】 ❶名 体面. 面目. ¶讲～ / 体面を重んじる. ❷形 1 体裁がよい. 2 見た目がよい.

tǐ nǎo dào guà【体脑倒挂】〈成〉 頭脳労働者の収入が肉体労働者より少ない(社会現象).

tǐnéng【体能】名 身体能力.

tǐniàn【体念】動 思いやる. 人の身になる.

tǐpò【体魄】名 体力と気力. 心身.

tǐrèn【体认】動 深く認識する.

tǐshī【体虱】名〈虫〉(人体に寄生する)シラミ.

tǐshì【体式】名 1 書体. 2〈書〉表現形式.

tǐshì【体视】形〈物〉立体の. ステレオの.

tǐtài【体态】名 姿態. 体つき. ¶～语yǔ/ ボディーランゲージ.

tǐtán【体坛】名 スポーツ界.

tǐtiē【体贴】動(他人の身になって)思いやる, いたわる. ¶～入微 / 思いやりが行き届く.

tǐtǒng【体统】名 体裁. 格好.

tǐwèi【体位】名〈医〉体位. 姿勢.

tǐwèi【体味】動(言葉や事柄の意味を)じっくり味わう.

tǐwēn【体温】名 体温. ¶量liáng～ / 体温を計る. ¶～表 / 体温計.

tǐ wú wán fū【体无完肤】〈成〉体中傷だらけである；〈喩〉完膚なきまでにやられる.

tǐwù【体悟】動 理解する. 悟る.

tǐxī【体惜】→tǐxù【体恤】

tǐxì【体系】名 システム. 体系. ¶建立～ / システムを構築する.

tǐxiàn【体现】動(ある事物がある性格を)具体的に表す.

tǐxíng【体形】名(人や動物の)体形；〈転〉(機械などの)形状.

tǐxíng【体型】名 体型. (人の)体型.

tǐxù【体恤】動 人の身になっていたわる.

tǐxuǎn【体癣】名〈医〉輪癬(りんせん).

tǐyàn【体验】動 体験する. ¶～社会生活 / 社会生活を体験する.

tǐyù【体育】名 体育. スポーツ. ¶～道德 / スポーツマンシップ.

tǐyùchǎng【体育场】名 グラウンド. 運動場；スタジアム.

tǐyùguǎn【体育馆】名 体育館.

tǐyù yùndòng【体育运动】名 スポーツ.

tǐzhēng【体征】名(医師が患者を診察していて発見する)体の異変.

tǐzhì【体制】名 1(国家機関・企業・事

業体などの)体制, システム. ¶领导～/指導体制. 2(文章の)体裁,形式.
tǐzhì【体质】名 体質. 体格.
tǐzhòng【体重】名 体重. ¶称chēng～/体重をはかる.

屜(屉) **tì** 1 量 せいろうあるいは引き出しに入れたものを数える. ¶一～馒头/せいろう一枠のマントー. 2 名(ベッドや椅子の)マットレス,クッション.
H 引き出し. ¶抽～/引き出し.
tìbù【屉布】名 せいろうの中に敷く目の粗い布.
tìzi【屉子】名 1 せいろう. 2(ベッド・椅子の)マットレス,クッション. ¶床～/ベッドのマットレス. 3〈方〉引き出し.

剃 **tì** 動(毛やひげを)剃(そ)る. ¶～胡子/ひげを剃る.
tìdāo【剃刀】名(刃の長い)かみそり.
tìdù【剃度】動〈仏〉剃髪(ていはつ)し得度する.
tì guāngtóu【剃光头】1 坊主頭に剃る. 2〈慣〉何一つ残らない;試験や試合で1点もとれない.
tìhúgāo【剃胡膏】名 シェービングクリーム.
tì//tóu【剃头】動 髪を剃る;散髪する. ¶～挑子tiāozi一头儿热/片思いをする.
tìxūdāo【剃须刀】名 かみそり. ひげそり.

俶 **tì** ◯ 異読⇨chù
tìtǎng【俶傥】→tìtǎng【倜傥】

倜 **tì** ◯
tìtǎng【倜傥】形〈書〉あかぬけている.

逖(逷) **tì** H 遠い.

涕 **tì** H ①涙. ¶～泣/〈書〉悲しくて涙をこぼす. ②鼻水. ¶鼻～/鼻水.
tìlèi【涕泪】名 涙;涙と鼻水.
tìlíng【涕零】動 涙を流す.

悌 **tì** H 兄を敬愛する. 年長者に心から仕える. ¶孝～/親によく仕え兄弟仲よくする.

绨 **tì** 名〈紡〉絹糸〔人絹〕を縦糸とし,綿糸を横糸とした織物の一種.
異読⇨tí

惕 **tì** H 慎重である. ¶警～/警戒(する).

替 **tì** 1 動 …に代わる. ¶你～～他吧/彼の代わりにやってあげなさい. 2 前 …のために. ¶～我向他问好/彼によろしくお伝えください.
H 衰える. ¶兴xīng～/盛衰.
tì//bān【替班】動(～儿)臨時に勤務を代わる.
tìbǔ【替补】1 動 代わりをする. 補欠をとる. 2 名〈体〉補欠(選手).
tìdài【替代】動 代わりをする. 取って代わる.
tì//gōng【替工】1 動(～儿)臨時に代わって働く. 2 名 臨時に代わって働く人.
tìhuàn【替换】動(人や衣服などを)取り替える, 交替する. ¶你去～他一下/ちょっと彼と代わってやりなさい.
tìjuér【替角儿】名(芝居の)代役.
tì//kǎo【替考】動 替え玉受験をする.
tìshēn【替身】名(～儿)身代わり. ¶～演员/スタントマン.
tì//shǒu【替手】1 動(～儿)代わりにやる. 2 名 代わりにやる人.
tìsǐguǐ【替死鬼】〈慣〉身代わり.
tìzuìyáng【替罪羊】〈慣〉スケープゴート.

裼 **tì** 名〈書〉赤ん坊に着せる衣服. 産着. 異読⇨xī

嚏 **tì** ◯
tìpen【嚏喷】名〈口〉くしゃみ. ¶打～/くしゃみをする.

tian (ㄊㄧㄢ)

天 **tiān** 名 1 一日;(特に)昼間. ¶三～以后/3日後. 2(～儿)(一日のうちのある)時間. ¶～还早,再坐一会儿吧/時間はまだ早いからもう少しごゆっくりなさってください. 3(～儿)天気;気候. ¶～暖和nuǎnhuo了/(天気が)暖かくなった. 4 空. 天. ¶～晴了/空が晴れた. 5 神様. ¶～哪!/ああ神よ.
H ①自然(の). ¶→～然. ②生来の. ¶→～命. ③天. 天国. ¶→～堂. ④てっぺんにある. ¶→～窗.
‖姓
tiān bēng dì liè【天崩地裂】〈成〉大音響や大変動.
tiānbiān【天边】名(～儿)1 空の果て. ¶远在～,近在眼前/遠いようでも案外身近である. 2 →tiānjì【天际】
tiānbīng【天兵】名 神が遣わした兵;〈喩〉無敵の軍隊.
tiānbǐng【天禀】名〈書〉生まれつきの性質.
tiān bù pà, dì bù pà【天不怕, 地不怕】〈慣〉天も地も恐れない. 向こう見ずである.
tiāncái【天才】名 卓越した創造力. 天分. 天才(児).
tiāncán【天蚕】名〈虫〉ヤママユ. 天蚕(てんさん).
tiān chā dì yuǎn【天差地远】〈成〉天地の差. 雲泥の差.
tiān cháng dì jiǔ【天长地久】〈成〉(愛情や友情が天地のように)とこしえに変わらない.
tiān cháng rì jiǔ【天长日久】〈成〉長い時間がたつ.
tiānchē【天车】名〈機〉天井クレーン.
tiānchéng【天成】動 自然に成る;神業のようである.
tiānchuāng【天窗】名(～儿)天窓.

¶打开～说亮话 / 〈諺〉腹を割って率直に話す.

tiāndà【天大】形 非常に大きい.

tiāndào【天道】名 **1** 天地自然の道理. 天道. **2**〈方〉天気.

tiāndí【天敌】名〈生〉天敵.

tiāndǐxia【天底下】名〈口〉世の中. 世界.

tiāndì【天地】名 天と地；〈喩〉境地. 世界. 天地. ¶别有～ / (風景や芸術作品が)特別の境地をつくり出している.

tiāndì【天帝】名 天帝. 上帝.

tiāndiàn【天电】名 空中放電.

tiān'é【天鹅】名〈鳥〉ハクチョウ.

tiān'é【天蛾】名〈虫〉スズメガ.

tiān'éróng【天鹅绒】名〈紡〉ビロード. ベルベット.

tiān'ézuò【天鹅座】名〈天〉白鳥座.

tiān fān dì fù【天翻地覆】〈成〉天地がひっくり返るような変化；上を下への大騒ぎ.

tiānfēi【天妃】名(航海の安全をつかさどる)海の女神.

tiānfèn【天分】名 天分. 素質.

tiān fǔ zhī guó【天府之国】〈成〉資源に富み物産が豊かなところ. ▶一般に四川省をさす.

tiānfù【天父】名〈宗〉(キリスト教で)神,天にいます父.

tiānfù【天赋】**1** 動 自然が与える. **2** 名 素質. 生まれつき.

tiāngān【天干】名 十干.

tiān gāo dì hòu【天高地厚】〈成〉**1** 恩義が深い. **2** 物事が複雑である. ¶不知～ / 非常に思い上がっている.

tiān gāo qì shuǎng【天高气爽】〈成〉空が高く天気がさわやかである. ▶秋晴れの形容.

tiān gè yī fāng【天各一方】〈成〉(二人が)遠く離れ離れになっている.

tiāngōng【天公】名 天の神様.

tiāngōng【天宫】名 天帝の宮殿.

tiān gōng dì dào【天公地道】〈成〉極めて公平である.

tiāngōu【天沟】名〈建〉樋(とい).

tiānguāng【天光】名 **1** 時間のころあい. **2**(早朝の)空の色. **3** 空の光. 日光. **4**〈方〉朝.

tiānguó【天国】名 天国.

tiān hán dì dòng【天寒地冻】〈成〉天地も凍る. 凍てつくような寒さ.

tiānhàn【天汉】名〈書〉天の川. 銀河.

tiānhé【天河】名 天の川. 銀河.

tiānhòu【天候】名 天候.

tiānhuā【天花】名 **1**〈医〉天然痘. **2**〈農〉トウモロコシの雄花.

tiānhuābǎn【天花板】名 天井板.

tiānhuāfěn【天花粉】名〈薬〉天花粉.

tiān huā luàn zhuì【天花乱坠】〈成〉(人の気を引こうとして)ありそうもないことをべらべらしゃべる.

tiān huāng dì lǎo【天荒地老】〈成〉長い年月が経過する.

tiānhuáng【天皇】名 天子；(日本の)天皇.

tiān hūn dì àn【天昏地暗】〈成〉天地が暗くなる；〈喩〉暗黒の状態. 政治が腐敗し,混乱した社会.

tiānhuǒ【天火】名(自然に起こった)火災.

tiānjī【天机】名 天意；(自然界の)神秘；〈喩〉重大な秘密.

tiānjì【天际】名(肉眼で見える)地平の果て.

tiānjià【天价】名(↔地价)天井知らずの高値.

Tiānjīn【天津】名〈地名〉天津(てんしん).

tiān jīng dì yì【天经地义】〈成〉絶対に正しい道理. 至極当たり前のこと.

tiānjǐng【天井】**1**(四方を家に囲まれた)中庭. **2** 天窓. 明かり取り.

tiānkōng【天空】名 空. 大空.

tiānlài【天籁】名〈書〉(風の音・せせらぎ・鳥の声など)自然界の音.

tiānlán【天蓝】形 空色の. コバルト色の.

tiānlángxīng【天狼星】名〈天〉シリウス.

tiānlǐ【天理】名 **1**(宋代の理学者の)道徳規範. **2** 道理. 道義.

tiānliáng【天良】名(生まれつきの)良心.

tiān//liàng【天亮】動 夜が明ける.

tiānliàng【天量】名 天文学的数字.

tiānlínggài【天灵盖】名〈生理〉頭蓋骨の上端.

tiānlún【天伦】名〈書〉親子兄弟などの関係.

tiān luó dì wǎng【天罗地网】〈成〉厳重な警戒網.

tiānmá【天麻】名〈中薬〉天麻(てんま).

tiān mǎ xíng kōng【天马行空】〈成〉詩文や書の筆法が自由奔放で豪放なさま.

tiānmén【天门】名 **1** 額(ひたい)の中央. **2** 宮殿の門.

tiān//míng【天明】動 夜が明ける.

tiānmìng【天命】名 天命；天寿.

tiānmù【天幕】名 **1** 大空. **2**(舞台の後方に掛ける)ホリゾント幕.

tiān nán dì běi【天南地北】〈成〉**1** 地域が異なる；遠く離れている. **2**(話に)とりとめがないさま.

tiānnián【天年】名〈書〉天寿.

tiānniú【天牛】名〈虫〉カミキリムシ.

tiān nù rén yuàn【天怒人怨】〈成〉悪行のあまりみんなから恨まれる.

tiānpéng【天棚】名 **1**〈建〉天井. **2** 大きな日よけ用アンペラ屋根.

tiānpíng【天平】名 てんびん.

tiānqì【天气】名 天気. 天候. 気候. ¶～转晴 / 天気が晴れてくる.

tiānqìtú【天气图】名 天気図.

tiānqì yùbào【天气预报】名 天気予報.

tiānqiàn【天堑】名〈書〉天険. 天然の堀. ▶長江をさすことが多い.

tiānqiáo【天桥】名 **1** 跨線(こせん)橋；歩道橋. **2**〈体〉天橋.
tiānqínzuò【天琴座】名〈天〉琴座.
tiānqióng【天穹】名 蒼穹(そうきゅう). 大空.
tiānqiú【天球】名〈天〉天球.
tiānqù【天趣】名(作品の)風趣, 自然の趣.
tiānrán【天然】形 天然の. 自然の. ¶～财富 / 天然の資源.
tiānrán cítiě【天然磁铁】名〈物〉天然の磁石.
tiānrán miǎnyì【天然免疫】名〈医〉自然免疫.
tiānránqì【天然气】名〈化〉天然ガス. ▶"天然煤气"とも.
tiānránsī【天然丝】名 絹糸.
tiānrǎng【天壤】名〈書〉天と地. ¶～之别 / 雲泥の差.
tiānrì【天日】名〈書〉空と太陽.
tiānsè【天色】名 **1** 時刻. **2** 空模様.
tiānshàng【天上】名 空の上. 天空. 上空. ¶～人间 / 天上と下界；〈喩〉隔たりが大きい.
tiānshén【天神】名 天上の神.
tiānshēng【天生】形 生まれつきの.
tiānshí【天时】名 **1** 天候. 気候条件. **2** 時機. 機会.
tiānshǐ【天使】名 天使. エンゼル.
tiānshòu【天授】形 天賦の. 生まれつきの.
tiānshū【天书】名 **1** 神様が書いた本や文字；〈喩〉難解な文字・文章. **2**〈旧〉(君主の)詔勅.
tiānshù【天数】名 天の定め. 運命.
tiān tā dì xiàn【天塌地陷】〈成〉極めて大きな天災地変.
tiāntáng【天堂】名 天国. 楽園. ¶上有～, 下有苏杭Sū Háng/ 天には極楽があり, 地には蘇州・杭州がある.
tiāntī【天梯】名(高い建物・設備に取り付けた)はしご.
tiāntǐ【天体】名 天体.
tiāntiān【天天】名(～儿)毎日.
tiāntíng【天庭】名 額(ひたい)の中央.
tiāntóu【天头】名(～儿)〈印〉(↔ 地头dìtóu)本のページ上部の空白部分.
tiānwángxīng【天王星】名〈天〉天王星.
tiān wǎng huī huī【天网恢恢】〈成〉天が張りめぐらした法網は広大で目は粗くても悪人や悪事を逃すことはない. ▶よく"疏而不漏"と続く.
tiānwén【天文】名 天文(学).
tiānwén dānwèi【天文单位】名〈天〉天文単位.
tiānwénguǎn【天文馆】名 プラネタリウム館.
tiānwén shùzì【天文数字】名 天文学的数字.
tiānwéntái【天文台】名 天文台.
tiānwénxué【天文学】名 天文学.
tiānwénzhōng【天文钟】名 クロノメーター.

tiān wú juérén zhī lù【天无绝人之路】〈諺〉天は人を見捨てない. 道は必ず開ける.
tiānxià【天下】名 **1** 世界. この世. ¶我们的朋友遍～ / われわれは世界の至る所に友達をもっている. ¶～乌鸦一般黑 / 〈諺〉どこの悪人もみな腹黒い. **2** 国家の支配権. 政権. ¶坐～ / 政権の座につく.
tiānxià wú nánshì, zhǐ pà yǒuxīnrén【天下无难事, 只怕有心人】〈諺〉世の中に難しいことはない, 心がけしだいである. なせばなる.
tiānxiān【天仙】名 天女；〈喩〉絶世の美女.
tiānxiǎn【天险】名 自然の要害.
tiānxiàn【天线】名〈電〉アンテナ.
tiānxiàng【天象】名 **1** 天体の現象. ¶～仪 / 〈天〉プラネタリウム. **2** 天候の変化.
tiān xiǎode【天晓得】〈慣〉神のみぞ知る. 知るすべもない.
tiānxiēzuò【天蝎座】名〈天〉さそり座.
tiānxìng【天幸】名 不幸中の幸い. 意外な幸運.
tiānxìng【天性】名 天性.
tiān xuán dì zhuǎn【天旋地转】〈成〉**1** 重大な変化. **2** 目まいがする. **3** 大騒ぎする.
tiānyá【天涯】名 空の果て. ¶～海角 / 天地の果て.
tiān yī wú fèng【天衣无缝】〈成〉(多く詩文について)いささかのすきもなく完全である.
tiānyì【天意】名 天意. 神意.
tiānyīngzuò【天鹰座】名〈天〉わし座.
tiān yǒu bù cè fēngyún【天有不测风云】〈諺〉災いは意外なときにやってくるものだ. ▶"人有旦夕祸福"と続くことがある.
tiānyǔ【天宇】名〈書〉天空；天下.
tiānyuān【天渊】名〈書〉大空と深淵. ¶～之别 / 雲泥の差.
tiānyuán【天缘】名 不思議なえにし. 奇遇.
tiānzāi【天灾】名 天災. ¶～人祸 / 天災と人災.
tiānzàng【天葬】名(死体を鳥類につばませる)鳥葬.
tiānzhēn【天真】形 **1**(子供が)無邪気である. ¶～烂漫 / 天真爛漫(らんまん). **2**(考え方が)単純である. ¶你的看法太～了 / あなたの考え方は幼稚すぎる.
tiān zhīdao【天知道】〈慣〉神のみぞ知る. 知るすべもない.
tiānzhí【天职】名 果たすべき職責.
tiānzhóu【天轴】名〈機〉ラインシャフト.
tiān zhū dì miè【天诛地灭】〈成〉天地も許さない. 神様のばちがあたる. ▶誓いや人をののしる言葉.
tiānzhú【天竹】名〈植〉ナンテン.

tiānzhúkuí【天竺葵】名〈植〉テンジクアオイ.
tiānzhúshǔ【天竺鼠】名〈動〉モルモット.
tiānzhǔ【天主】名〈宗〉(キリスト教で)神,天帝.
Tiānzhǔjiào【天主教】名(キリスト教の)カトリック,旧教.
tiānzhǔtáng【天主堂】名〈宗〉カトリック教会(の建物). 天主堂.
tiānzī【天资】名 素質. 資質.
tiān zī guó sè【天资国色】〈成〉絶世の美女.
tiānzǐ【天子】名 天子. 皇帝.
tiānzì dìyī hào【天字第一号】〈慣〉第一の. 最上の. ナンバーワン.
tiān zuò zhī hé【天作之合】〈成〉天与の良縁. ▶婚礼の祝辞に多く用いる.

添 **tiān** 動 **1** つけ加える. 足す. ¶～饭 / ご飯のおかわりをする. ¶给你～麻烦了 / どうもお手数をかけました. **2**〈方〉(子供が)生まれる. ‖姓

tiān//bìng【添病】動 病気を増やす;〈転〉よくないことが加わる.
tiānbu【添补】動(用具・服などを)補充する,買い足す.
tiāngòu【添购】動(家財道具・衣服などを)買い足す.
tiān//huǒ【添火】動(暖炉・かまどなどに)燃料を加える.
tiānjiājì【添加剂】名 添加剤〔物〕.
tiān//luàn【添乱】動 面倒をかける. 面倒が増える.
tiānshè【添设】動 増設する.
tiān yóu jiā cù【添油加醋】→ tiān zhī jiā yè【添枝加叶】
tiān zhī jiā yè【添枝加叶】〈成〉話に尾ひれをつけて誇張する.
tiānzhì【添置】動(機械や道具などを)買い足す.
tiān zhuān jiā wǎ【添砖加瓦】〈成〉大事業のために微力をささげる.

T

黇 **tiān** ○

tiānlù【黇鹿】名〈動〉(ヨーロッパ産の)ファロージカ. ダマジカ.

田 **tián 1** 名 田畑;〈方〉水田. ¶种zhòng～ / 田畑を作る. **2** 動〈古〉狩猟する.
H 地下資源の採れる場所. ¶油～ / 油田. ‖姓

tiánbiē【田鳖】名〈虫〉タガメ.
tiánchǎn【田产】名 不動産としての田畑.
tiándì【田地】名 **1** 田畑. [块,亩] **2**(多く好ましくない)程度,状態. ¶落到luòdào了这步～! / まあとんだことになったものだなあ.
tiángěng【田埂】名 あぜ. あぜ道.
tiánjī【田鸡】名 **1**(食用の)カエル. **2**〈鳥〉クイナ. バン.
tiánjiān【田间】名 野良. 畑;農村.
tiánjiān guǎnlǐ【田间管理】名〈農〉(種まきから収穫までの)農作物の管理.
tiánjìng【田径】名〈体〉フィールドとトラック. ¶～赛 / 陸上競技.
tiánkǎn【田坎】名 あぜ. あぜ道.
tiánliù【田鹨】名〈鳥〉タヒバリ.
tiánluó【田螺】名〈貝〉タニシ.
tiánmǔ【田亩】名 田畑. 田地.
tiánqī【田七】名〈植〉サンシチニンジン.
tiánsài【田赛】名〈体〉フィールド競技.
tiánshǔ【田鼠】名〈動〉ノネズミ.
tiántóu【田头】名(田の)あぜ.
tiányě【田野】名 田畑と野原. 野外. ¶～工作 / フィールドワーク.
tiányuán【田园】名 田園. 田舎. ¶～风光 / 田園風景.

佃 **tián** 動〈書〉**1** 田畑を耕す. **2** 狩猟する. 異読⇒diàn

畋 **tián** 名〈書〉狩猟.

畑 **tián** 名(和製漢字)畑.

恬 **tián** H ①安らかである. ②(全然)気にしない. ¶→～不知耻.

tián bù zhī chǐ【恬不知耻】〈成〉平然として恥を知らない.
tiándàn【恬淡】形 あっさりしていて無欲である.
tiánjìng【恬静】形〈書〉心が落ち着いている.
tiánrán【恬然】形〈書〉平然としている.
tiánshì【恬适】形〈書〉静かで心地よい.

钿 **tián** 名〈方〉**1** 硬貨;お金. ¶几～? / いくら. **2** 料金. ¶车～ / 車賃. 異読⇒diàn

畠 **tián** 名(和製漢字)畑.

菾 **tián** ○

tiáncài【菾菜】→tiáncài【甜菜】

甜 **tián** 形 **1** 甘い. **2**《人に心地よい感じを与える》うまい. かわいい. ¶话说得很～ / うまいことを言う. **3**(眠りが)深い. ¶睡得真～ / (気持ちよく)ぐっすり眠る.

tiáncài【甜菜】名〈植〉テンサイ.
tiándiǎn(xin)【甜点(心)】名 甘い菓子類. デザート.
tiánguā【甜瓜】名〈植〉マクワウリ.
tiánhuór【甜活儿】名(↔苦活儿)うまみのある仕事.
tiánměi【甜美】形 **1** 甘くておいしい. **2** 心地がよい.
tiánmì【甜蜜】形 甘い. 楽しい. ¶甜甜蜜蜜的笑脸 / かわいらしい笑顔.
tiánmiànjiàng【甜面酱】名〈料理〉甘みそ. テンメンジャン.
tiánpǐn【甜品】名 甘いもの. 甘い菓子.
tiánshí【甜食】名 甘い食品.
tiánshuǐ【甜水】名(井戸水で)飲料に適した水;〈転〉恵まれた環境.
tiánsīsī【甜丝丝】形(～儿的)**1** 甘味がある. **2** 幸せいっぱいである.

tiántou【甜头】名(～儿)甘味；(人を誘い込むための)うまみ.
tián yán mì yǔ【甜言蜜语】〈成〉甘い言葉.
tiánzīzī【甜滋滋】→tiánsīsī【甜丝丝】

湉 tián O
tiántián【湉湉】形〈書〉水が静かに流れるさま.

填 tián 動 1(穴・すきまを)詰める. ¶把坑～平/穴を平らに埋める. 2(空欄・表などに)書き込む. ¶～履历表/履歴書に記入する.
tián//bǎo【填饱】動+結補 腹いっぱいに詰め込む.
tiánbào【填报】動 表を作成して上級機関に届ける.
tián//biǎo【填表】動(～儿)表に記入する.
tiánbǔ【填补】動 補充する. 埋める. ¶～空白/空白部分を埋める.
tiánchōng【填充】動 充塡(じゅうてん)する;穴埋め問題を解く.
tián//cí【填词】動 詞の格律に従って"词"を作る.
tiánfā【填发】動 必要事項を記入して発給する.
tián//kòng【填空】動 1(テスト問題で)空欄を埋める. 2(地位・職務などの)空きを埋める.
tián kūlong【填窟窿】〈慣〉(欠損・使い込みの)穴を埋める.
tiánliào【填料】名 充塡材. パッキング.
tiánsè【填塞】動(穴やすきまを)ふさぐ.
tiánxiě【填写】動 書き込む. ¶～包裹单儿/小包発送カードに記入する.
tiányā【填鸭】1 動(アヒルを太らせるために)飼料を口から押し込む. 2 名 同上の方法で飼育したアヒル. ¶～式教学法/詰め込み式教育法.

阗 tián 動〈書〉満ちあふれる. 満ちる.

忝 tiǎn 副〈書〉〈謙〉かたじけなくも. おそれ多くも. ¶～在相知之列/親しく付き合っていただいている.

殄 tiǎn H 尽きる. 絶える. ¶暴～天物/やたらに物をむだにする;穀物をむだにする.

覥 tiǎn 動〈方〉面の皮を厚くする. ¶～着脸/厚かましくも.
H 恥ずかしいさま.
tiǎnyán【覥颜】動〈書〉1 顔を赤らめる. 2 厚かましくする.

腆 tiǎn 動(胸部や腹部を)突き出す. ¶～着胸脯/胸を張っている.
H 豊かである.
tiǎn xiōng dié dù【腆胸迭肚】〈成〉胸を張り腹を引っ込める. ▶屈強な体つきをいう.

舔 tiǎn 動 なめる. ¶～笔/筆をなめる.
tiǎn pìgu【舔屁股】〈慣〉人に媚びへつらう.

掭 tiàn 動 筆に墨をつけてから硯(すずり)の上で穂先をそろえる.

tiao(ㄊㄧㄠ)

佻 tiāo H 軽薄である. ¶～薄bó/〈書〉軽薄である.
tiāotà【佻㒓】形〈書〉軽薄である.

挑 tiāo ❶動 1 選ぶ. よる. ¶～几个人参加比赛/何人か選んで試合に出させる. 2 欠点を捜す. ¶～毛病/あら捜しをする. 3 天びんを担ぐ. ¶～两筐萝卜/天びんでふたかごの大根を運ぶ.
❷名(～儿)天びん棒とそのかごや荷.
❸量(～儿)天びんで担ぐ荷を数える. ¶两～儿土/天びんふた担ぎの土.
異読⇒tiǎo
tiāo//cìr【挑刺儿】動 あら捜しをする.
tiāo dànzi【挑担子】〈慣〉責任を負う.
tiāo féi jiǎn shòu【挑肥拣瘦】〈成〉より好みをする.
tiāofū【挑夫】名〈旧〉荷担ぎ人夫.
tiāojiǎn【挑拣】動 選び取る. 選び出す.
tiāo//lǐr【挑礼儿】動 無礼をとがめる.
tiāo máo jiǎn cì【挑毛拣刺】〈成〉あらを捜す. 揚げ足を取る.
tiāo//qǔ【挑取】動 選び取る.
tiāo sān jiǎn sì【挑三拣四】〈成〉より好みをする.
tiāoshí【挑食】動 偏食する.
tiāoti【挑剔】動 けちをつける. あらを捜す.
tiāoxuǎn【挑选】動(適切な人や物を)選び出す. ¶～优秀人才/優秀な人材を選び出す.
tiāo//yǎn【挑眼】動〈方〉文句や不平を言う.
tiāo zìyǎnr【挑字眼儿】〈慣〉人の言葉じりをとらえる. 揚げ足を取る.
tiāozi【挑子】1 名 天びん棒と両端の荷;責務. 2 量 天びんで担ぐ荷を数える.
tiāozuǐ【挑嘴】動 偏食する.

祧 tiāo H ①先代の跡を継ぐ. ¶承～/跡継ぎをする. ¶兼～/両家の跡継ぎを兼ねる. ②数代前の祖先の位牌を代々の霊廟に移して祭る.

条(條) tiáo ❶量(～儿)1 細長い物を数える. ¶一～河/1本の川. 2 ある種の動物・人(に関係あるもの)を数える. ¶一～鱼〔蛇,龙〕/1匹の魚〔蛇,竜〕. ¶一～人命/一つの人命. 3 項目に分かれる事物を数える. ¶两～新闻/二つのニュース.
❷名(～儿)細長い枝;〈転〉細長いもの.
H ①簡単なメモ. ¶纸～/書き付け. ②箇条書きにしたもの. ¶→～目. ③筋道. ¶～分缕析/筋道を立てて細かく分析する. ‖ 姓
tiáo'àn【条案】名(置き物を飾る)細長い机.

tiáobō【条播】動〈農〉筋まきをする.
tiáodèng【条凳】名 長い腰掛け. ベンチ.
tiáofú【条幅】名(縦に長い)書画の掛け軸.
tiáogāng【条钢】名〈冶〉棒状鋼.
tiáogébù【条格布】名〈紡〉ギンガム.
tiáoguī【条规】名 国や組織が制定した条文の規定.
tiáojiàn【条件】名 **1**(前提となる)条件,要素,要因. **2** 要求.(かけひきの)条件. ¶讲～ / 条件をかけひきする. ¶提出～ / 条件を持ち出す. **3** 状況. 環境. ¶身体～ / 体のコンディション.
tiáokuǎn【条款】名 条項. 箇条.
tiáolǐ【条理】名 筋道. 秩序.
tiáolì【条例】名 条例. 規定.
tiáoliè【条列】動 箇条に分けて列挙する.
tiáolìng【条令】名〈軍〉条令. 規定.
tiáomǎ【条码】名 バーコード.
tiáomù【条目】名 条目. 条項.
tiáoróng【条绒】名〈紡〉コーデュロイ.
tiáo tiáo kuàng kuàng【条条框框】〈成〉(制限・束縛する)さまざまな規則やしきたり.
tiáowén【条文】名(法律・規則の)条文.
tiáowén【条纹】名 しま. しま模様.
tiáoxíngmǎ【条形码】名 バーコード.
tiáoyuē【条约】名 条約. ¶签订～ / 条約に調印する.
tiáozi【条子】名 **1** 細長いもの. ¶纸～ / メモ用の紙切れ. **2** 書き付け. メモ. ¶留个～ / メモを残す.

苕 tiáo 名〈古〉(植物の)ノウゼンカズラ. 異読⇨sháo
tiáozhou【苕帚】名 ほうき.
tiáozi【苕子】名(レンゲソウなどの)豆亜科の植物.

迢 tiáo ○
tiáotiáo【迢迢】形〈書〉道が遠いさま. ¶千里～ / 遠路はるばる.
tiáoyuǎn【迢远】形〈書〉はるかに遠い.

调 tiáo 動 ほどよく整える. ¶～物价 / 物価を調整する.
H ①適度である. ¶风～雨顺 / 気候が順調である. ②からかう;挑発する. ¶→～唆. ③調停する. ¶→～处chǔ. 異読⇨diào
tiáobō【调拨】動(仲たがいさせるために)双方をけしかける. ⇨diàobō
tiáochǔ【调处】動 調停する.
tiáo//dǎng【调挡】動〈機〉ギアを入れ換える.
tiáofú【调幅】名 **1**〈無〉振幅変調;AM放送. **2**(物価・給料などの)上げ下げの幅.
tiáogēng【调羹】名 ちりれんげ. さじ.［只,把］
tiáohé【调和】❶形 適度である. つり合いがとれている. ❷動 **1** 調停する. とりなす. **2** 妥協する.
tiáohù【调护】動 保養と看護をする.
tiáo//jí【调级】動 給与ランクを調整する. ▶多くは昇級を表す.
tiáo//jì【调剂】動〈薬〉調剤する.
tiáojì【调济】動(多と少・忙と閑・有と無などを)調整する,調節する.
tiáo//jià【调价】動 価格を調整する. ▶多くは値上げについていう.
tiáojiāo【调焦】動 焦点を合わせる.
tiáojiào【调教】動(児童を)訓練し教育する;(馬などを)調教する.
tiáojié【调节】動 調節する.
tiáojiéqì【调节器】名 調節器. コンディショナー.
tiáojiě【调解】動 仲裁する. 調停する.
tiáojīng【调经】動〈中医〉月経不順を治す.
tiáojiǔshī【调酒师】名 バーテンダー.
tiáokǎn【调侃】動(言葉で)からかう. あざ笑う.
tiáokòng【调控】動 調整しコントロールする. ¶宏观～ / マクロコントロール.
tiáolǐ【调理】動 **1** やりくりする. 世話する. **2** 保養する. **3** しつける.
tiáoliào【调料】名 調味料.
tiáonòng【调弄】動 **1** からかう. **2** 整理する. **3** そそのかす. けしかけていざこざを起こす.
tiáopèi【调配】動(絵の具や薬を)調合する. ⇨diàopèi
tiáopí【调皮】形 **1** 腕白である. いたずらである. **2** 言うことを聞かない. ずるくて手に負えない. **3**(やり方が)ずる賢い.
tiáopín【调频】動〈電〉周波数変調する. ¶～广播 / FM放送.
tiáoqíng【调情】動(男女が)いちゃつく,ふざけあう.
tiáorén【调人】名〈書〉仲裁者.
tiáo sān wō sì【调三窝四】〈成〉あることないことを言って仲たがいさせる.
tiáo//sè【调色】動〈美〉絵の具を調合する.
tiáosèbǎn【调色板】名〈美〉パレット.
tiáosèdāo【调色刀】名〈美〉パレットナイフ.
tiáoshì【调试】動〈電算〉デバッグする;(プログラムの)手直しをする.
tiáoshì【调适】動 一定の条件に合うように調節する.
tiáo//sù【调速】動 速度を調節する.
tiáosuō【调唆】動 そそのかす. けしかける.
tiáotíng【调停】動 調停する. 仲裁する. ¶居中～ / 中に立って仲裁する.
tiáo//wèi【调味】動 味付けをする. 味を整える.
tiáoxì【调戏】動(女性を)からかう.
tiáoxiào【调笑】動 からかう. あざ笑う.
tiáoxié【调协】動 調和がとれる.
tiáoxié【调谐】**1** 形 調和がとれている. **2** 動〈電〉(ラジオなどの周波数

を)合わせる,同調する.

tiáoxuè【调谑】動 からかう. 冗談を言う.

tiáoyǎng【调养】動 保養する. 養生する.

tiáo//yīn【调音】動〈音〉(楽器の)音合わせをする;(ピアノを)調律する.

tiáoyún【调匀】動 むらなく調合する;つり合いがとれる.

tiáozhěng【调整】動 調整する. ¶～物价 / 物価を調整する.

tiáozhì【调制】動 1 調合·配合して作る. 2〈電〉変調させる.

tiáozhì【调治】動 養生し治療する.

tiáozhì chǔlǐ【调质处理】名〈冶〉(鋼材の)強靭性を高めるための熱処理.

tiáozhì jiětiáoqì【调制解调器】名〈電算〉モデム.

tiáo//zī【调资】動 賃金調整をする;(多く)ベースアップする.

tiáo zuǐ xué shé【调嘴学舌】〈成〉陰で人をあげつらい悶着を引き起こす.

笤 tiáo○

tiáozhou【笤帚】名 ほうき.

龆 tiáo 動〈書〉(子供の)歯が生え変わる. ¶～年 / 幼年.

髫 tiáo H 昔,子供が頭の上で結って下に垂らした髪. ¶垂～ / 垂れ髪(の子供).

挑 tiǎo ❶動 1(長い棒で物を)高くあげる. ¶把旗子～起来 / 旗を掲げる. 2(鋭い先で)ほじくり出す;突き破る. ¶～刺 / とげを針でほじくり出す. ¶～水泡 / 水泡をつぶす. 3 挑発する. ¶他～我们吵架 / 彼は私たちがけんかするようにけしかける. 4〈裁〉クロスステッチをする. ❷名(漢字の筆画)右斜め上へのはね"㇀". 異読⇨tiāo

tiǎobō【挑拨】動(仲たがいさせるために)双方をけしかける,そそのかす. ¶～离间líjiàn/ 不和の種をまく.

tiǎo dàliáng【挑大梁】〈慣〉大黒柱となる. 大役を担う.

tiǎo dàmuzhǐ【挑大拇指】〈慣〉親指を立ててほめる.

tiǎo//dēng【挑灯】動(明るくなるよう)灯心をかき立てる;高い所にちょうちんを掲げる.

tiǎodòng【挑动】動(悶着などを)引き起こす;そそのかす.

tiǎodòu【挑逗】動 からかう. じらす.

tiǎofei【挑费】名〈俗〉家庭の日常生活費;店舗の経費.

tiǎohuā【挑花】動(～儿)(刺繡の)クロスステッチをする.

tiǎomíng【挑明】動 真相を明らかにする.

tiǎonòng【挑弄】動 そそのかす;からかう.

tiǎo//pò【挑破】動 1(針で)つついて破る. 2→tiǎomíng【挑明】

tiǎo//qǐ【挑起】動+方補 引き起こす. 挑発する. ¶～是非 / 挑発して悶着を引き起こす.

tiǎosuō【挑唆】動 そそのかす. けしかける.

tiǎo//tái【挑台】動 中心的役割を担う.

tiǎoxìn【挑衅】動 挑発する. 因縁をつける.

tiǎo//zhàn【挑战】動(敵を)挑発する;挑戦する.

tiǎozhànshū【挑战书】名 挑戦状.

窕 tiǎo →yǎotiǎo【窈窕】

眺 tiào H 眺める.

tiàowàng【眺望】動 眺める. 見渡す.

粜(糶) tiào 動(↔籴dí)(穀物を)売りに出す.

跳 tiào 動 1 跳ぶ;踊る;弾む. ¶她高兴得直～ / 彼女はうれしさのあまり小躍りし続けた. 2(順番などを)飛ばす. ¶～页 / ページを飛ばす. 3(心臓·まぶたなどが)震え動く. ¶眼皮～ / まぶたがぴくぴくする. 4(自殺するために)飛び込む. ¶→～河.

tiào//bān【跳班】動 飛び級する.

tiàobǎn【跳板】名 1(船や車の乗降に使う)渡り板. 2(水泳の)飛び板. 3 板跳び. ▶朝鮮族の伝統的遊戯. 4〈喩〉踏み台. (飛躍のための)ステップ.

tiào//cáo【跳槽】動 くら替えをする. のり換える. ▶条件のよい所へ転職したり,別の異性に心変わりすること.

tiào//chē【跳车】動(乗り物に)飛び乗る. (乗り物から)飛び降りる.

tiàochóng【跳虫】名〈虫〉トビムシ.

tiàoda【跳跶】動 跳んだりはねたりする;(足を)じたばたさせる.

tiàodòng【跳动】動 ぴくぴく動く. 脈打つ.

tiào fángzi【跳房子】石けり遊びをする.

tiào//gāo【跳高】動(～儿)〈体〉走り高跳びをする.

tiào//háng【跳行】動 1(読書や清書をするときに)行を飛ばす. 2 改行する. 3 職業を変える.

tiào//hé【跳河】動 川に身投げをする.

tiào hóupíjīnr【跳猴皮筋儿】→ tiào píjīnr【跳皮筋儿】

tiào//jí【跳级】動 飛び級する.

tiào//jiǎo【跳脚】動(～儿)地団太を踏む.

tiào//jǐng【跳井】動(井戸に)身投げをする.

tiàolán【跳栏】名〈体〉ハードル競走.

tiàoliáng【跳梁·跳踉】動 跳梁(ちょうりょう)する. のさばる.

tiào lóngmén【跳龙门】〈慣〉出世する. 成功する.

tiào//lóu【跳楼】動(高層建築から)飛び降り自殺する. ¶～价 / 出血値下げ価格;大安売り.

tiàomǎ【跳马】名〈体〉跳馬；跳び箱.
tiào píjīnr【跳皮筋儿】ゴム跳びをする.
tiàoqí【跳棋】名 ダイヤモンドゲーム.
tiào//sǎn【跳伞】動 パラシュートで飛び降りる.
tiàosǎntǎ【跳伞塔】名 落下傘降下を練習するための塔.
tiào//shén【跳神】動(～儿)巫女(みこ)が神がかりになって踊る.
tiào//shéng【跳绳】動(～儿)縄跳びをする.
tiào//shuǐ【跳水】動 **1**(川や海に)身投げする；〈喩〉株や国債が暴落する. **2**〈体〉飛び込みをする.
tiàoshuǐchí【跳水池】名〈体〉飛び込み専用プール.
tiàotái【跳台】名 飛び込み台. ジャンプ台.
tiàotái huáxuě【跳台滑雪】名〈体〉ジャンプスキー.
tiàotàixuǎn【跳汰选】動〈鉱〉選鉱機で鉱石を選り分ける.
tiào//wǔ【跳舞】動 ダンスをする.
tiàoxiāng【跳箱】名〈体〉跳び箱.
tiào//yuǎn【跳远】動(～儿)〈体〉走り幅跳びをする.
tiàoyuè【跳月】名 月踊り. ▶イ族などが祭日の月夜に野外で行う.
tiàoyuè【跳跃】動 ジャンプする.
tiàozao【跳蚤】名〈虫〉ノミ.
tiàozao shìchǎng【跳蚤市场】名 ノミの市. フリーマーケット.
tiào//zhá【跳闸】動〈電〉ブレーカーが落ちる.

tie (ㄊㄧㄝ)

帖 贴 萜 帖 铁

帖(貼) **tiē** 形 ①おとなしい. ¶服～ / 従順である. ②適当である. ¶妥～ / 妥当である.
‖姓 異読⇨tiě,tiè

贴 **tiē** ❶動 **1**(紙などを)張る. ¶～邮票 / 切手を張る. **2** 補塡(ほてん)する. ¶～饭费 / 食費を補う. **3** ぴったりくっつく. ¶～着墙走 / 壁にぴったりくっついて歩く.
❷量 膏薬を数える. ¶三～虎骨膏药 / 虎骨の膏薬3枚.
名(補充の)手当. ¶补～ / 補助手当.
tiē//biān【贴边】**1** 動 …と関係がある. **2** 名〈裁〉バイアステープ.
tiē biāoqiān【贴标签】〈慣〉ラベルを張る. レッテルを張る.
tiēbǐngzi【贴饼子】名 トウモロコシやアワの粉を練って焼いた食品.
tiēbǔ【贴补】動 補助する. (不足分を)補う.
tiēdàn【贴旦】名(京劇などで)脇役を務める女形(おやま).
tiēdōu【贴兜】名 張りつけポケット. パッチポケット.
tiēhuā【贴花】名 **1**〈裁〉アップリケ. **2** マッチ箱のラベル.
tiēhuà【贴画】名 **1** 壁に張る年画・宣伝ポスターなど. **2** マッチ箱のラベル.
tiēhuàn【贴换】動 古い物になにがしかの金をつけ新品と交換する. 下取り交換する.
tiējǐ【贴己】**1** 形 親しい. 気がおけない. **2** 名〈口〉個人の所有物や所持金. ¶～钱 / へそくり.
tiē//jīn【贴金】動(仏像などに)金箔を置く；〈喩〉自分を飾り立てる.
tiējìn【贴近】**1** 動 接近する. 近づける. **2** 形 親しい.
tiēpǔ【贴谱】形(話や行動が)現実的である.
tiēqiè【贴切】形(言葉遣いが)適切である,ぴったり当てはまる.
tiēshēn【贴身】形 **1**(～儿)肌につける. **2**(服が)体に合う. **3** 身近の.
tiēshuǐ【贴水】**1** 動 手形割引料を払う. 両替差額を払う. **2** 名 手形割引料. 両替差額.
tiētí【贴题】形(言葉が)適切である. テーマに合っている.
tiētǐ【贴体】形 体にぴったり合う.
tiēxī【贴息】**1** 動 手形の割引をする. **2** 名 手形割引の利息.
tiēxiàn【贴现】動(手形の)割引をする.
tiēxīn【贴心】形 最も親密な.

萜 **tiē** 名〈化〉テルペン.

帖 **tiě** ❶名 **1**(～子)招待状；折り本形式の書状. ¶请～ / (パーティーなどの)招待状. **2**(～儿)書き付け. ¶字～儿 / 書き付け. ❷量〈方〉漢方薬のせんじ薬を数える. ¶几～药 / 2,3服の薬. 異読⇨tiē,tiè
tiězi【帖子】名 **1** 招待状. **2** 書き付け. メモ. ¶下～请客 / 招待状を出して客を呼ぶ. **3**〈電算〉レス. 書き込み.

铁(鐵) **tiě** ❶名 鉄. ❷形 **1** かたい. 堅固である. ¶～姑娘 / 男勝りの娘. **2** 確固たる. ¶～的事实 / 確固たる事実. ❸動 表情を厳しくする.
名 ①武器. ¶手无寸～ / 身に寸鉄も帯びない. ②精悍(せいかん)である. ¶→～蹄tí. ‖姓
tiě àn rú shān【铁案如山】〈成〉(事件には)確実な証拠がある.
tiěbǎn【铁板】名 鉄板.
tiě bǎn dìng dīng【铁板钉钉】〈成〉すでに決まっていて覆せない.
tiě bǎn yī kuài【铁板一块】〈成〉堅く団結している.
tiěbǐ【铁笔】名 篆刻(てんこく)用の小刀；(ガリ版を切る)鉄筆.
tiěbìzi【铁箅子】名(ストーブの)火格子；(肉・魚などを焼く)金網,焼き網.
tiěbǐng【铁饼】名〈体〉円盤投げ(の円盤).
tiěcándòu【铁蚕豆】名 いり空豆.
tiěchǔ móchéng zhēn【铁杵磨成针】〈諺〉石の上にも三年. ▶"铁杵成针"とも.

tiěchuāng【铁窗】名 鉄格子の窓；〈喩〉牢獄.
tiěcíxìng【铁磁性】名〈物〉強磁性.
tiědǎ【铁打】形 鉄製の；〈喩〉堅固である.
tiědān【铁丹】名 ベンガラ.
tiědào【铁道】名 鉄道.
tiědìng【铁定】形 確固不動の.
tiěfànwǎn【铁饭碗】〈慣〉食いはぐれのない職業；安定した収入源.
tiěgǎn【铁杆】形(～儿) **1** 確実である. 頼りになる. **2** 頑強な.
tiěgēmenr【铁哥们儿】名 気の置けない兄弟分.
tiěgōng【铁工】名 鉄器の製造・修理の仕事；同前に従事する職人.
tiěgōngjī【铁公鸡】〈慣〉けちん坊.
tiěgōngzī【铁工资】〈慣〉下がることのない給料・待遇.
tiěgū【铁箍】名 **1** 鉄のたが. **2**(包装用の)帯金.
tiě gǔ zhēng zhēng【铁骨铮铮】〈成〉頑強不屈で気丈なさま.
tiěguǐ【铁轨】名(鉄道の)レール.
tiěguì【铁柜】名 ロッカー；金庫.
tiěguō【铁锅】名 鉄製のかま. 鉄鍋.
tiěhàn【铁汉】名(～子)頑丈な男；意志の強い男.
tiěhēi【铁黑】名〈化〉酸化第一鉄.
tiěhóng【铁红】名〈化〉酸化第二鉄. ベンガラ.
tiěhú【铁壶】名 鉄瓶.
tiěhuà【铁画】名(～儿)鉄片・薄い鉄板を打ち抜いて絵にした工芸品.
tiě huà yín gōu【铁画银钩】〈成〉筆跡が雄勁(ゆうけい)である.
tiěhuán【铁环】名(輪回し遊びの)鉄の輪.
tiěhuī【铁灰】形(鉄錆のような)濃い灰色の. 鈍(にび)色の.
tiěhuó【铁活】(～儿)名 **1**(建築物・器物の)鉄の金具. **2** 鉄工の仕事.
tiějiǎ【铁甲】名(船体・車体に張る)鉄甲板；鉄のよろい.
tiějiǎchē【铁甲车】名〈軍〉装甲車.
tiějiāngjūn【铁将军】名 錠前. ¶～把门 /〈慣〉鍵がかかっていて入れない. 留守である.
tiějiang【铁匠】名 かじ屋.
tiějiāoyǐ【铁交椅】〈慣〉揺るぎない地位・ポスト.
tiějiǎobǎn【铁脚板】〈慣〉疲れ知らずの足. 健脚.
tiějīn【铁筋】名 鉄筋.
tiějūn【铁军】名 無敵の軍隊.
tiěkuàng【铁矿】名 鉄鉱.
tiěliàn【铁链】名 鉄製の鎖；手錠. 足鎖. 手かせ. 足かせ.
tiělǐng gōngrén【铁领工人】名 ロボット.
tiěliú【铁流】名(溶解した)鉄の流れ；〈喩〉精鋭部隊.
tiělù【铁路】名 鉄道.［条］¶～运输 / 鉄道輸送. ¶～桥梁 / 鉄橋.
tiěluóhàn【铁罗汉】〈慣〉冷酷な人間.
tiěmǎ【铁马】名 風鐸(ふうたく)；鉄騎. 精鋭な騎兵.
tiě miàn wú sī【铁面无私】〈成〉公正無私である.
tiěniú【铁牛】名〈旧〉トラクター.
tiěpí【铁皮】名 ブリキ. トタン.
tiěqí【铁骑】名〈書〉勇猛な騎兵.
tiěqì【铁器】名 鉄器.
tiěqiāo【铁锹】名 シャベル. 剣先.
tiěqiǎor【铁雀儿】名〈料理〉スズメ.
tiěqīng【铁青】形 青黒い. 青ざめた.
tiěquán【铁拳】名 鉄拳；〈喩〉強烈な打撃.
tiěrén【铁人】名 体力・意志ともに強靱(きょうじん)な人.
tiěrén sānxiàng【铁人三项】名〈体〉トライアスロン.
tiěshā【铁纱】名 金網. ¶～门 / 網戸.
tiěshā【铁砂】名 **1**〈鉱〉鉄鉱砂. **2** 猟銃などの弾.
tiěshān【铁杉】名〈植〉ツガ.
tiěsháo【铁勺】名(鉄製の)玉じゃくし.
tiěshírén【铁石人】〈慣〉冷酷非情な人.
tiě shí xīn cháng【铁石心肠】〈成〉意思が固く情に動かされない.
tiěshù【铁树】名〈植〉 **1** センネンソウ. **2** ソテツ.
tiě shù kāi huā【铁树开花】〈成〉実現不可能なことや極めて珍しいこと.
tiěshuǐ【铁水】名〈冶〉溶解した銑鉄.
tiěsī【铁丝】名 針金.
tiěsùtǐ【铁素体】名〈冶〉フェライト.
tiěsuànpan【铁算盘】〈慣〉綿密な計算；確かな計算のできる人.
tiěsuǒ【铁索】名 ケーブル. ワイヤー.
tiěsuǒqiáo【铁索桥】名 ワイヤーロープで支える吊り橋.
tiětǎ【铁塔】名 鉄塔；高圧線の電柱.
tiětí【铁蹄】名 蹄鉄；〈喩〉民衆への残虐行為.
tiětǒng【铁桶】名 **1** バケツ. ドラム缶. **2**〈喩〉(水を漏らさないほど)堅固なもの, 周到なこと.
tiěwàn【铁腕】名 鉄腕. 辣腕(らつわん).
tiěxiān【铁锨】名 シャベル. 鋤(すき).
tiěxiànlián【铁线莲】名〈植〉テッセン.
tiěxiè【铁屑】名 鉄のくず.
tiě//xīn【铁心】**1** 動 固い決心をする. **2** 名〈電〉鉄心.
tiěxiù【铁锈】名 鉄錆.
tiěxuè【铁血】形 血気盛んで犠牲精神に富んでいる.
tiěyán【铁盐】名〈化〉第二鉄塩.
tiěyǎngtǐ【铁氧体】名 四酸化三鉄(強磁性体).
tiěyèzi【铁叶子】名 薄い鉄板.
tiěyī【铁衣】名〈書〉鉄のよろい.
tiězé【铁则】名 鉄則.
tiězhēn【铁砧】名〈機〉金床. 金敷.
tiězhèng【铁证】名 動かぬ証拠.
tiě zhōng zhēng zhēng【铁中铮铮】〈成〉卓越した才能を持つ人.
tiězuǐ【铁嘴】名(占いなどの)判断が

的中する人.

帖 tiè 名 書道の手本. 法帖(ほうじょう). ¶字～ / 書道の手本.
異読⇨tiē,tiě

餮 tiè H(食を)むさぼる.
⇨tāotiè【饕餮】

ting（ㄊㄧㄥ）

厅（廳） tīng 名 1 広間. [个,间] ¶大～ / 大ホール. 2(中央・省)政府の1部門.

tīngtáng【厅堂】名 広間. ホール.

汀 tīng H〈古〉水際. 水辺の平地. ¶绿～ / 草が茂った州.

tīngxiàn【汀线】名〈地〉海岸の浸食線. 汀(てい)線.

听（聽） tīng ❶動 1(耳を傾けて)聞く. ¶～录音 / テープを聞く. 2(注意を喚起し)ほら. ¶～,谁在哭 / ねえ,だれか泣いているようだ. 3(言うことを)聞く. ¶～老师的话 / 先生の言うことを聞く. ¶～指挥 / 指揮に従う.
❷量 缶入りのものを数える. ¶一～香烟 / 缶入りのたばこ1つ.
H ①…に任せる. …どおりに. ¶→～便. ②裁く. 判断する. ¶→～讼. ¶→～政.

tīng bìjiǎo【听壁脚】〈慣〉盗み聞きする.

tīng//biàn【听便】動 自由に任せる. ¶听你的便 / あなたのご自由に.

tīngbujìn//qù【听不进去】動+可補 1 聞き入れない. 2 聞いて不愉快である.

tīngcèngr【听蹭儿】動〈方〉ただで芝居を見る.

tīngchāi【听差】名〈旧〉下男.

tīng//chū【听出】動+方補 聞き分ける. 聞き取る.

tīngcóng【听从】動 言うことを聞く. 服従する.

tīng//dào【听到】動+方補 耳にする. 聞こえる.

tīng//dǒng【听懂】動+結補(聞いて)わかる.

tīng ér bù wén【听而不闻】〈成〉聞いても耳に入らない. 上の空.

tīng//fáng【听房】動 新婚夫婦の部屋の様子をうかがったりする〔して新婚夫婦を寝かせない〕.

tīng fēng shì yǔ【听风是雨】〈成〉うわさをすぐに信じる.

tīnggǔ【听骨】名〈生理〉聴骨. 聴小骨.

tīng//hē【听喝】動(～儿)人の言うとおりにする.

tīnghòu【听候】動(指示や命令を)待つ.

tīng//huà【听话】動(目上や上司の)言うことを聞く.

tīng//huàr【听话儿】動 返事を待つ.

tīng//huì【听会】動(会場に赴き)発言や講演を聞く.

tīng//jiàn【听见】動+結補 耳に入る. 聞こえる. 聞きつける. ¶听不见 / 聞こえない.

tīng//jiǎng【听讲】動 講義や講演を聞く. ¶一边～,一边做笔记 / 講義を聞きながらメモをとる.

tīngjué【听觉】名〈生理〉聴覚.

tīng//kè【听课】動 授業を受ける. 聴講する;授業を参観する.

tīng//lái【听来】動+方補 聞いてくる. 小耳に挟む.

tīnglì【听力】名 聴力;リスニングの能力.

tīngmìng【听命】動 命令に従う;天命に任せる.

tīngpí【听啤】名 缶ビール.

tīngpíng【听凭】動 任せる. 好きなようにさせる.

tīng qí yán, guān qí xíng【听其言, 观其行】〈諺〉人の言うことだけでなく,その行いをも観察しなければならない.

tīng qí zì rán【听其自然】〈成〉自然の成り行きに任せる.

tīngqǐ//lái【听起来】動+方補(…のように)聞こえる,思われる.

tīng qiánggēn【听墙根】〈慣〉盗み聞きをする.

tīngqǔ【听取】動(意見・報告などを)聴取する,気をつけて聞く.

tīng//qù【听去】動+方補 耳を向ける.

tīngrèn【听任】動 任せる. 好きにさせる.

tīngshěn【听审】動 尋問を受ける. 裁判を受ける.

tīng shǐhuan【听使唤】〈慣〉1 人の指図どおりに使い走りをする;〈転〉(体や家畜・車が)思いどおりになる. 2(道具が)使いやすい,思うように使える.

tīngshì【听事】〈書〉1 動 政治をつかさどる. 2 名(官庁の)ホール,大広間. ▶"厅事"とも.

tīng//shū【听书】動 講談を聞く.

tīng//shuō【听说】動 聞くところによると…. …だそうだ;(…と)聞いている. ¶～他已经去世了 / 彼はすでに亡くなったそうだ. ¶昨天的事我已经～了 / 昨日の事はもう聞きました.

tīngsòng【听讼】動〈書〉裁判をする.

tīng tiān yóu mìng【听天由命】〈成〉天命に任せる.

tīngtǒng【听筒】名 受話器;聴診器.

tīngwén【听闻】〈書〉1 動 聞く. ¶骇hài人～ / 聞いてびっくりさせられる(出来事). 2 名 聞いたこと.

tīng//xì【听戏】動(京劇などの)伝統劇を見る.

tīngxiě【听写】動 書き取りをする.

tīng//xìn【听信】動 1(～儿)知らせを待つ. 2 真に受ける.

tīngyù【听阈】名〈生理〉聴域. 可聴限度.

tīngzhěn【听诊】動〈医〉聴診する.

帖餮厅汀听 T

tīngzhěnqì【听诊器】名〈医〉聴診器.
tīngzhèng【听证】動(事件の真相を理解するために)当事者の説明や証言を聞く. ¶～会 / 公聴会.
tīngzhèng【听政】動(君主・摂政者が)政治をつかさどる.
tīng zhī rèn zhī【听之任之】〈成〉放任する.
tīngzhòng【听众】名 聴衆. リスナー.
tīngzhuāng【听装】形 缶入りの.
tīngzi【听子】名 ブリキ缶.
烃(烴) **tīng** 名〈化〉炭化水素.
tīngjī【烃基】名〈化〉アルキル基.
廷 **tíng** H 朝廷. ¶宫～ / 宮廷. ‖姓
莛 **tíng** 名(～儿)(草木の)茎. ¶麦～儿 / 麦の茎.
亭 **tíng** 名(～子)あずまや.
H ①道端に建てられた小屋. ¶书～ / (街頭の)書籍売場. ②均整がとれている. ‖姓
tíngtíng【亭亭】形〈書〉(樹木などが)まっすぐに伸びているさま;(女性が)しとやかでしなやかなさま.
tíng tíng yù lì【亭亭玉立】〈成〉女性がすらりとして美しい.
tíngwǔ【亭午】名〈書〉正午.
tíngzi【亭子】名 亭. あずまや.
tíngzijiān【亭子间】名〈方〉上海の旧式住宅の中2階の部屋. ▶多く北向きで薄暗く狭い部屋.
庭 **tíng** H ①母屋の前の中庭. ¶前～后院 / 家の前庭と裏庭. ②法廷. ¶开～ / 法廷を開く. ③広間. ¶大～广众 / 公衆の面前. ‖姓
tíngshěn【庭审】名〈法〉法廷尋問.
tíngyuán【庭园】名 住宅にある花園. 庭園.
tíngyuàn【庭院】名(母屋の前の)庭.
tíngzhǎng【庭长】名〈法〉裁判長.
停 **tíng** ❶動 **1** 止まる;止める. ¶雨～了 / 雨がやんだ. ¶～发工资 / 給料の支払いを停止する. **2** (短期)滞在する. ¶在西安～了四天 / 西安に4日逗留した. **3** 停車・停泊する. ¶门口～着好几辆汽车 / 入り口に車が何台も駐車している. **4** 物を置いておく. ¶院子当中～着一个大树墩 / 庭の真ん中に大きな木の切り株が置いてある.
❷量〈口〉→tíngr【停儿】
H ととのっている. ¶→～当dang.
tíng//bǎi【停摆】動(時計の)振り子が止まる;〈喩〉物事が行き詰まる.
tíng//bǎn【停板】動〈経〉(取引所が)立ち会いを中止する.
tíngbàn【停办】動 執務や経営を停止・中止する.
tíngbì【停闭】動(工場や商店を)閉鎖する.
tíngbiǎo【停表】名 ストップウオッチ.
tíngbó【停泊】動 停泊する.
tíng//chǎn【停产】動 生産を停止する.
tíng//chē【停车】動 **1** 停車する;駐車する. **2** 機械の運転を止める.
tíngchēchǎng【停车场】名 駐車場.
tíngdang【停当】形 ととのっている. 完成している.
tíng//diàn【停电】動 停電する.
tíngdùn【停顿】動 **1** 中断する. 休止する. **2** (話などの)間(ま)をとる.
tíngfàng【停放】動(車を)止める;(ひつぎを)安置する.
tíngfēi【停飞】動(飛行機が)欠航する.
tíng//gōng【停工】動 仕事を止める. 操業を停止する.
tíngháng【停航】動(船や飛行機が)欠航する.
tíng//huǒ【停火】動 攻撃をやめる. 停戦する.
tíng//huǒ【停伙】動(会社・学校などの)食堂が臨時休業する.
tíngjī【停机】動 **1** 映画やテレビドラマの撮影が終了する. **2** 飛行機を止める. **3** 機械の運転を止める.
tíngjīpíng【停机坪】名(空港の)エプロン,駐機場.
tíng//kān【停刊】動(新聞・雑誌が)休刊・廃刊する.
tíngkào【停靠】動(汽船・汽車が)横付けになる. 停車する. 停船する.
tíng//kè【停课】動 授業を休みにする. 休講する.
tíngliú【停留】動(その場に)とどまる. 逗留する.
tíng//pái【停牌】動〈経〉ある銘柄の取り引きを中止する.
tíng//pán【停盘】動〈経〉取引を中止する.
tíngr【停儿】量 全体をいくつかに分けたうちの一つ.
tíng//shí【停食】動 胃にもたれる.
tíngshǐ【停驶】動(バス・船などが)運休する.
tíngshì【停市】動(市場が)取引を休止する.
tíng//shǒu【停手】動 **1** 手を休める. **2** 手を引っ込める.
tíngshòu【停售】動 発売を停止する.
tíng//shuǐ【停水】動 給水を停止する. 断水する.
tíngtuǒ【停妥】動(処理・処置が)うまくいく.
tíngxī【停息】動(風雨や争いなどが)やむ,停止する.
tíng//xià//lái【停下来】動+方補(仕事を)やめてしまう;(車・船などを)止めてしまう.
tíngxián【停闲】動(多く否定の形で)休む. 休みにする.
tíngxiē【停歇】動 **1** 廃業する. **2** 休む. **3** やむ. やめる.
tíng//xīn【停薪】動 給料の支払いを停止する.
tíngxīn liúzhí【停薪留职】ポストはもとのまま無給で休職する.
tíng//xué【停学】動 **1** 休学する;中

退する. **2** 停学処分にする.
tíng//yè【停业】動 **1** 休業する. **2** 店をたたむ. 廃業する.
tíng//yùn【停运】動 運休する.
tíng//zhàn【停战】動 停戦する.
tíngzhěn【停诊】動(医院・病院が)休診する.
tíng//zhí【停职】動 停職処分にする.
tíngzhǐ【停止】動 停止する. やめる. 止める. ¶内部装修,～营业 / 内装工事中につき休業します.
tíngzhì【停滞】動 停滞する. 滞る. ¶～膨胀 /〈経〉スタグフレーション.
tíng//zhù【停住】動+結補 停止する. 止まる.

葶 tíng ○
tínglì【葶苈】名〈植〉イヌナズナ.

蜓 tíng →qīngtíng【蜻蜓】

婷 tíng H 見目うるわしい. ‖ 姓

霆 tíng H 激しい雷. ¶雷～ / 霹靂(へきれき).

町 tǐng H ①あぜ. ②田畑.
▶日本人の姓や地名,たとえば"町田"や"大手町"などはdīngと読みならわす. 異読⇒dīng

挺 tǐng ❶副〈口〉(多く"的"と呼応し)とても. ¶这件事～新鲜的 / このことはとても目新しい.
❷動 **1** まっすぐに伸ばす. ¶～胸 / 胸を張る. **2** こらえる. ¶～不住 / 我慢できない.
❸量 機関銃を数える.
H ①まっすぐである. ¶→～立. ②際立っている. ¶→～拔.
tǐngbá【挺拔】形 **1** まっすぐにそびえている. **2** 力強い.
tǐng ér zǒu xiǎn【挺而走险】→tǐng ér zǒu xiǎn【铤而走险】
tǐnggǎn【挺杆】名〈機〉タペット.
tǐngguā【挺括】形〈方〉(衣類・布地などがのりがきいて)ぴんとしている;(紙などが)へなへなしない,腰がある.
tǐngjìn【挺进】動(目標に向かい)突き進む.
tǐngjǔ【挺举】名〈体〉(重量挙げで)ジャーク.
tǐngle【挺了】動〈俗〉**1**(人が)死んだ. くたばった. **2**(トランプなどで)負ける予測がついた. **3** 頭角を現した.
tǐnglì【挺立】動 まっすぐに立つ.
tǐng//shēn【挺身】動 体をまっすぐに伸ばす;身を挺する.
tǐng shēn ér chū【挺身而出】〈成〉(困難や危険に)勇敢に立ち向かう.
tǐng//shī【挺尸】動 **1** 死体が硬直する. **2**〈転〉(怠けて)寝っころがる.
tǐngshi【挺实】形 ぴんと張っている. へなへなしない.
tǐngtuō【挺脱】形〈方〉**1** 力強い. 頑丈である. **2**(衣服が)ぴんとしている,ぱりっとしている.
tǐngxíng【挺刑】動 拷問にかけられても屈服しない.
tǐng xiōng tū dù【挺胸凸肚】〈成〉ふんぞりかえる;(男子が)極めて元気であるさま.
tǐngxiù【挺秀】形(体や樹木などが)まっすぐに伸びていて美しい.
tǐngzhí【挺直】**1** 動(体を)まっすぐに伸ばす. **2** 形 ぴんとしている.

珽 tǐng 名〈書〉玉(ぎょく)製の笏(しゃく).

梃 tǐng 名(～儿)〈方〉花柄(かへい). ¶独～儿 / 1輪咲きの花柄.
H ①棍棒. ②〈建〉(戸・窓の両側の)縦のかまち.
tǐngzi【梃子】名 **1**〈建〉(戸・窓の)縦のかまち. **2**〈方〉〈植〉花柄.

铤 tǐng H 速く歩くさま.
tǐng ér zǒu xiǎn【铤而走险】〈成〉切羽詰まって向こう見ずな行為をする.

艇 tǐng 名 小舟. ¶汽～ / モーターボート.

tong (ㄊㄨㄥ)

恫(痌) tōng H(病気で)痛む. 異読⇒dòng
tōng guān zài bào【恫瘝在抱】〈成〉人民の苦しみを気にかける.

通 tōng ❶動 **1**(両端が)通じている. ¶水管子不～了 / 水道管が詰まっている. **2**(詰まった穴を細長いもので)通す. ¶用通条～炉子 / 火かき棒でストーブの灰を落とし,火をかき立てる. **3**(道が)通じる. ¶这条路～广州 / この道路は広州に通じている. **4** 知らせる. ¶给他～个电话 / 彼に電話を入れる. **5**(事情に)精通する. ¶他～三门外语 / 彼は3か国語に通じている.
❷形(多く否定の形で用い,話・文章の)筋が通っている. ¶这句话不～ / その話は筋が通っていない.
❸量〈書〉文書・電報を数える.
H ①ある事情に明るい人. ¶中国～ / 中国通. ②行き来する. ¶→～商. ③普通である. ¶→～例. ④全体に(行きわたる). ¶→～共. ⑤非常に. ¶→～红. ‖ 姓
異読⇒tòng
tōngbào【通报】❶動 **1**(上級機関から下級機関へ文書で)通達する. **2** 取り次ぐ. **3**(名前を)言う. 名乗る. ❷名 **1**(上級機関が下級機関に出す)通達,文書,回報. **2**(科学研究の状況や成果を載せた)刊行物.
tōng//biàn【通便】動 便通をよくする.
tōngbìng【通病】名 共通の欠点.
tōngcái【通才】名 多方面に精通している人.
tōngcháng【通常】形 通常の. いつもの.
tōngchàng【通畅】形 **1** 円滑である.

滞りがない. 2（構想や文章が）流暢（りゅうちょう）である.

tōng//chē【通车】動 1（鉄道や道路が）開通する. 2 汽車やバスが通じる.

tōngchè【通彻】動 1 通暁する. 2 貫通する.

tōngchēng【通称】1 動 通称は…という. 2 名 通称.

tōngdá【通达】動 1（交通機関が）通じる. 2（人情や道理を）よくわきまえる.

tōngdào【通道】名 1 街道. 幹線道路. 2 通路；（コンピュータの）通信回路.

tōngdàochē【通道车】名 2両連結のバス.

tōng//dí【通敌】動 敵に内通する.

tōng//diàn【通电】❶動 1 電流を通す. 2 同文の電報を各地に発信し公表する. ❷名（政治的主張を訴える）同文電報.

tōngdiàn zìjiǎn【通电自检】名〈電算〉通電自動チェック.

tōngdié【通牒】名（外交文書で）通牒（つうちょう）.

tōng dū dà yì【通都大邑】〈成〉（交通が便利な）大都会.

tōngdú【通读】動 1 通読する. 2 わかるまで読む.

tōng//fēn【通分】動〈数〉通分する.

tōng//fēng【通风】動 風を通す. 換気する.

tōng fēng bào xìn【通风报信】〈成〉内部の秘密情報を漏らす.

tōnggào【通告】1 動 みんなに知らせる. 布告する. 2 名 通告. 布告.

tōnggòng【通共】副 全部で. 一切含めて.

Tōnggǔsī【通古斯】名 ツングース（族）.

tōngguān【通关】動 通関する.

tōngguān【通观】動 広く全体を見渡す.

tōng guānjié【通关节】〈慣〉賄賂を贈って融通をつけてもらう.

tōngguó【通国】名〈書〉全国. 国中.

tōng//guò【通过】❶前 …を通じて. …によって. ▶媒介や手段を示す. ¶～老张介绍,我认识了他 / 張さんの紹介で,私は彼と知り合いになった. ❷動 1 通過する. 2（議案などを）採択する,可決する,承認する.

tōngháng【通航】動（船や飛行機が）航行する.

tōnghǎo【通好】動〈書〉（国家間の）友好関係を保つ.

tōnghóng【通红】形（全体に渡り）真っ赤である.

tōng//huà【通话】動 1 電話で話す. 2 互いにわかる言葉で話をする.

tōng//hūn【通婚】動 婚姻を結ぶ.

tōnghuò【通货】名〈経〉通貨. ¶～贬值〔升值〕/ 通貨切り下げ〔切り上げ〕.

tōnghuò jǐnsuō【通货紧缩】名〈経〉デフレーション. デフレ.

tōnghuò péngzhàng【通货膨胀】名〈経〉インフレーション. インフレ.

tōngjī【通缉】動〈法〉指名手配する.

tōngjiā【通家】〈書〉1 動 一家のように親密に付き合う. 2 名 玄人（くろうと）.

tōngjiǎ【通假】名 漢字の通用と仮借（かしゃ）.

tōng//jiān【通奸】動 不倫する. 姦通（かんつう）する.

tōngjiě【通解】動〈書〉通暁する. 理解する.

tōnglán【通栏】名（新聞などの）全段抜き.

tōnglì【通力】動 力を合わせる.

tōnglì【通例】名 1 通例. 慣例. 2〈書〉普遍的な法則.

tōnglián【通连】動 通じている. 続いている.

tōnglián【通联】名〈略〉通信と連絡.

tōngliàng【通亮】形 非常に明るい.

tōnglìng【通令】1 動 同文の命令を各所に出す. 2 名 各所に出される同文の命令.

tōnglù【通路】名 通路. 通り道；（広く）物体が通過する道筋.

tōng lùzi【通路子】〈慣〉裏から手をまわす. コネをつける.

tōnglùn【通论】名 1 筋道の立った論. 2 通論. 概説.

tōng//míng【通名】1 動 名乗る. ▶伝統劇や時代小説で多く用いる. 2 名 通称.

tōngmíng【通明】形 たいへん明るい.

tōngnián【通年】名 1年中. 年中.

tōngpán【通盘】形 全面的な. 全般的な.

tōngpiào【通票】名 通し切符. 連絡乗車券.

tōngpù【通铺】名 一列に連なっている寝床. ▶"统铺"とも.

tōng//qì【通气】動 1 通風をよくする. 空気を通す. 2 意思・気脈を通じる. 連絡をとる.

tōng//qiào【通窍】動 よくわきまえる. よくわかる.

tōngqín【通勤】名 通勤.

tōngqínchē【通勤车】名 通勤バス.

tōngqínpiào【通勤票】名（職員の通勤用の）無料パス.

tōng qíng dá lǐ【通情达理】〈成〉（言行が）道理をわきまえ情理にかなっている.

tōngqú【通衢】名〈書〉（四方八方に通じる）大通り.

tōng quán dá biàn【通权达变】〈成〉臨機応変の措置をとる.

tōngrén【通人】名〈書〉学問が深く良識がある人.

tōngróng【通融】動 1 融通をきかす. 2 短期間金を借りる.

tōng//shāng【通商】動 通商する. 貿易をする.

tōngshēn【通身】名 全身. 体中.

tōngshǐ【通史】名 通史.
tōngshū【通书】名 暦. 暦書.
tōngshùn【通顺】形(文章や話の筋道が)よく通っている.
tōngsú【通俗】形 通俗的でわかりやすい. 大衆向きである.
tōngsuō【通缩】名〈略〉〈経〉デフレ.
tōngtǐ【通体】名 全身. 全体. 総体.
tōngtiān【通天】**1** 形(程度が)すごい,ひどい. **2** 動 最上層部にコネがきく.
tōngtiáo【通条】名(かまどやストーブの)火かき棒.
tōngtōng【通通】副 すべて. 一切合切.
tōngtóng【通同】動 ぐるになる.
tōngtǒng【通统】→tōngtōng【通通】
tōngtú【通途】名〈書〉広い道.
tōngtuō【通脱・通侻】形〈書〉事理に通じ世俗にこだわらない. 無頓着な.
tōngtuōmù【通脱木】名〈植〉カミヤツデ;〈中薬〉通草(つうそう).
tōngxiāo【通宵】名 夜通し. 一晩中.
tōngxiǎo【通晓】動 精通する. よく知っている.
tōngxīnfěn【通心粉】名 マカロニ.
tōng//xìn【通信】動 **1**(コンピュータなどで)通信する. **2** 文通する.
tōngxìn wèixīng【通信卫星】名 通信衛星.
tōngxìnyuán【通信员】名(軍隊・官庁などの)公文書配達係.
tōngxíng【通行】動 通行する;通用する.
tōngxíngzhèng【通行证】名 通行許可証.
tōngxiǔ【通宿】名〈方〉夜通し. 一晩中.
tōngxué【通学】動 通学する.
tōngxùn【通讯】**1** 動 通信する. **2** 名 通信. ニュース. レポート.
tōngxùnshè【通讯社】名 通信社.
tōngxùnwǎng【通讯网】名 通信網.
tōngxùnyuán【通讯员】名(新聞社・通信社・放送局などの)通信員,レポーター.
tōngyè【通夜】名 夜通し. 一晩中.
tōngyòng【通用】動 **1**(一定範囲内で)通用する. **2**(二つの漢字が)互いに通じる,通用する.
tōngyóu【通邮】動(国家間・地域間で)郵便が通じる.
tōngzhàng【通胀】名〈略〉〈経〉インフレ. ¶～率 / インフレ率.
tōngzhī【通知】**1** 動 知らせる. 通知する. ¶我～大家一件事 / みなさんにお知らせすることがあります. **2** 名(書面や口頭による)知らせ. 通知.
tōngzhīshū【通知书】名 通知書;(取引上の)通知状.

嗵 **tōng** 擬《心臓の鼓動や大砲などの音》どん. どきっ.

仝 **tóng**《同tóng》に同じ. ‖姓

同 **tóng** **1** 前(多く書き言葉に用い,対象を表し)…と. ¶什么事都～他商量 / 何事も彼と相談する. **2** 接続(並列を表し)…と. ¶小张～小王 / 張君と王君.
3 動 **1** …を同じくする. ¶～一天 / 同じ日. **2**(…と,…に)同じである. ¶～前 / 前に同じ. **3**〈書〉共に…する. ¶和父母～吃～住 / 父母と同居する. ‖姓
異読⇒tòng
tóng'àn【同案】名 同じ裁判事件.
tóng'ànfàn【同案犯】名 共犯者.
tóng//bān【同班】**1** 動 同じクラスである. 同じ分隊である. **2** 名 クラスメート. 同じ分隊の仲間.
tóngbàn【同伴】名(～儿)仲間. 連れ.
tóngbāo【同胞】名 **1**(父母を同じくする)兄弟. **2** 同胞.
tóngbèi【同辈】名(系図的に見て)同じ代の者. 同輩.
tóngbǐ【同比】動 前年の同時期と比べて…である.
tóng bìng xiāng lián【同病相怜】〈成〉同病相哀れむ.
tóngbù【同步】形 **1**〈物〉同時性の. 同期性の. ¶～卫星 / 静止衛星. **2** 歩調が合っている.
tóng chóu dí kài【同仇敌忾】〈成〉共通の敵に敵愾心(てきがいしん)を燃やす.
tóngchuāng【同窗】**1** 動 同じ学校で学ぶ. **2** 名 同窓生.
tóng chuáng yì mèng【同床异梦】〈成〉生活や仕事を共にしながらそれぞれ思惑が異なる.
tóngcuàn【同爨】動〈書〉同じかまの飯を食う. 同居する.
tóngdǎng【同党】**1** 動 同じ党派に属する. **2** 名 同じ党派に属する人.
tóngdào【同道】**1** 名 **1** 志を同じくする人. **2** 同業者. **2** 動 同行する.
tóngděng【同等】形 同等である.
tóngdiào【同调】名 同調者.
tóng è xiāng jì【同恶相济】〈成〉悪人がぐるになって悪事を働く.
tóng//fáng【同房】**1** 動〈婉〉(夫婦が)同衾(どうきん)する. **2** 形 同族の. ¶～兄弟 / 同族の兄弟.
tóng gān gòng kǔ【同甘共苦】〈成〉苦楽を共にする.
tónggǎn【同感】名 同感.
tóng gōng tóng chóu【同工同酬】〈成〉(性別・年齢などの区別なく)同一の労働に同一の報酬を与える.
tóng gōng yì qǔ【同工异曲】〈成〉手法は違うが結果や効果は同じである.
tóng guī yú jìn【同归于尽】〈成〉共に滅びる.
tóngháng【同行】**1** 動 同業である. 専門が同じである. **2** 名 同業者. ⇨tóngxíng
tónghào【同好】名 同好の士.
tónghuà【同化】動 **1** 同化する〔させる〕. **2**〈語〉(一つの音が隣接する音に)同化する.
tónghuǒ【同伙】(～儿)〈貶〉**1** 動 仲

間になる．ぐるになる．**2** 名 仲間．ぐる．

tóngjū【同居】動 **1** 同居する．**2**（夫婦が）共に暮らす；（未婚の男女が）同棲する．

tónglèi【同类】名 同類．同種．

tónglǐ【同理】名 同じ道理．

tóngliáo【同僚】名〈旧〉同僚．

tónglíng【同龄】動 同年齢である．

tóng liú hé wū【同流合污】〈成〉悪人とぐるになって悪いことをする．

tóng//lù【同路】動 同道する．

tónglùrén【同路人】名 同行者；同調者．

tóngmén【同门】動〈書〉相弟子である．同窓である．

tóngméng【同盟】**1** 動 同盟を結ぶ．**2** 名 同盟．

tóngmíng【同名】動 同名である．

tóngmóu【同谋】**1** 動 共謀する．**2** 名 共謀者．

tóngnián【同年】名 **1** 同じ年．その年．**2**〈旧〉科挙での同じ年の合格者．**3**〈方〉同年齢．

tóngpáo【同袍】名〈書〉親友．

tóngqī【同期】名 **1** 同じ時期．**2**（学校などの）同期．

tóngqī lùyīn【同期录音】名（映画の）同時録音．

tóng qīn gòng zhěn【同衾共枕】〈成〉同衾(きん)する．

tóngqíng【同情】動 **1** 同情する．**2**（他人の行動に）共鳴する．¶～他的主张 / 彼の主張に共感する．

tóngqìng【同庆】動 共に喜び祝う．

tóngrén【同人·同仁】名 同僚．

tóng rì ér yǔ【同日而语】〈成〉一律に論じる．

tóngshàng【同上】動 上に〔前に〕同じ．

tóngshēng【同声】動 同時に声を出す．

tóngshēng fānyì【同声翻译】名 同時通訳．

tóng shēng gòng sǐ【同生共死】〈成〉生死を共にする．

tóng shēng xiāng yìng, tóng qì xiāng qiú【同声相应,同气相求】〈成〉志向を同じくする者はお互い寄り集まる．

tóngshí【同时】**1** 名 同時(に)．同じ時(に)．¶～发生 / 同時に発生する．**2** 接続 それと同時に．しかも．¶今天是星期天,～又是端午节 / きょうは日曜で,しかも端午の節句だ．

tóng//shì【同事】**1** 動 同じ職場で働く．**2** 名 同僚．

tóng shì cāo gē【同室操戈】〈成〉身内で争う．内輪もめをする．

tóngsù yìxíngtǐ【同素异形体】名〈化〉同素体．

tóngsuì【同岁】動 同い年である．

tóngwèisù【同位素】名〈化〉同位元素．アイソトープ．

tóngwèiyǔ【同位语】名〈語〉同格語．

tóngwēncéng【同温层】名〈気〉等温層．

tóngwū【同屋】名 **1** ルームメート．**2** 同じ部屋．

tóng//xí【同席】動 同席する．

tóngxǐ【同喜】〈套〉《祝いのあいさつに対する返事》同様におめでとう．¶恭喜恭喜——～～ / おめでとうございます—ありがとうございます．

tóngxìwù【同系物】名〈化〉同族体．

tóngxiāng【同乡】名 同郷人．

tóngxīn【同心】動 心を合わせる．

tóng xīn tóng dé【同心同德】〈成〉一心同体である．

tóng xīn xié lì【同心协力】〈成〉心を合わせて協力する．

tóngxíng【同行】動 同行する．⇨tóngháng

tóngxìng【同性】形（↔异性）**1** 同性である．**2** 同じ性質である．

tóngxìng【同姓】形 姓が同じである．

tóngxìngliàn【同性恋】名 同性愛．

tóng//xué【同学】❶動 同じ学校で学ぶ．❷名 **1** 同級生．同窓生．¶老～ / 昔の同級生．**2** 学生に対する呼称．

tóngyàng【同样】**1** 形 同じ…．同様の〔に〕．¶～的题材 / 同じ題材．¶不能～处理 / 同様に扱えない．**2** 接続（前に述べたことと）同様に．

tóngyè【同业】名 同業(者)．

tóngyè gōnghuì【同业公会】名〈旧〉同業組合．ギルド．

tóngyī【同一】形 **1** 同一である．**2** 一致している．

tóngyīlù【同一律】名〈論〉同一律．

tóngyì【同意】動 賛成する．承認する．¶勉强～ / しぶしぶ同意する．

tóngyìcí【同义词】名〈語〉同義語．

tóngyīncí【同音词】名〈語〉同音語．同音異義語．

tóngyú【同余】名〈数〉合同．合同式．

tóngyuán duōbèitǐ【同源多倍体】名〈生〉同質倍数体．

tóngzhì【同志】名 **1** 同志．▶特に同じ政党の人をさす；(一般の)人；公務員·役人．**2**《中国人相互間の呼びかけに用いる》▶過去の一時期広範に用いられたが,現在では"师傅、先生"などの呼称が使われることが多い．**3**〈俗〉ゲイ．同性愛者．

tóng zhōu gòng jì【同舟共济】〈成〉同じ事に当たっている人々が互いに力を合わせて難関を切り抜ける．

tóngzhóu diànlǎn【同轴电缆】名〈電〉同軸ケーブル．

tóngzhuō【同桌】名 机·テーブルを同じくする間柄〔人〕．

tóngzōng【同宗】動 同族である．

tóngzú【同族】動 同族である．

tóng//zuò【同座】→tóng//xí【同席】

佟 tóng ‖ 姓

彤 tóng H 赤い．‖ 姓

峂 tóng 地名用字．"峂峪"は北京にある地名．

侗 tóng 形〈書〉幼稚である．無知である．異読⇨dòng

垌 tóng 地名用字．異読⇨dòng

茼 tóng ○

tónghāo【茼蒿】名〈植〉シュンギク．

峒 tóng 地名用字．異読⇨dòng

桐 tóng 名〈植〉**1** キリ．**2** アブラギリ．**3** アオギリ．‖姓

tóngyóushù【桐油树】名〈植〉オオアブラギリ．

砼 tóng 名 コンクリート．▶"混凝土"とも．

烔 tóng 地名用字．

铜 tóng 名 銅．Cu．‖姓

tóng'ānyè【铜氨液】名〈化〉アンモニア銅．

tóngbǎn【铜板】名 **1**〈旧〉銅貨．**2**〈音〉"快书"などの演芸に用いる半円形の銅製打楽器．

tóngbǎn【铜版】名〈印〉銅版．銅凹版．

tóngbǎnhuà【铜版画】名 銅版画．

tóngbì【铜币】名 銅貨．

tóngchuí【铜锤】名 京劇における"花脸"の一種．

tónggǔ【铜鼓】名 青銅製の太鼓．

tóngguǎn yuèduì【铜管乐队】名〈音〉ブラスバンド．

tóngguǎn yuèqì【铜管乐器】名〈音〉金管楽器．

tónghuó【铜活】名(～儿)銅製金具；同上を作る〔修理する〕仕事．

tóng jīn tiě gǔ【铜筋铁骨】〈成〉健康でたくましい体．

tóngjìng【铜镜】名〈考古〉青銅製の鏡．

tónglán【铜蓝】名〈鉱〉銅藍．

tóngmú【铜模】名〈印〉母型．

tóngpái【铜牌】名 銅メダル；第3位．

tóngqì【铜器】名(殷・周時代の)青銅器．

tóngqì shídài【铜器时代】名〈史〉青銅器時代．

tóngqián【铜钱】名 銅銭．穴あき銭．

tóng qiáng tiě bì【铜墙铁壁】〈成〉非常に堅固な物事．

tóngxiàng【铜像】名 銅像．

tóngxiù【铜臭】名 銅銭の悪臭．銅臭．▶金銭欲が強い者をあざける．

tóngxiù【铜锈】名 緑青(ろくしょう)．

tóngyuán【铜圆・铜元】名(清末から抗日戦争前にかけて通用した)銅貨．

tóngzǐr【铜子儿】名〈口〉銅貨．

童 tóng H ①子供．¶顽～／いたずらっ子．②未婚の．¶～男／未婚の男．③はげている．¶→～山．④召使いの少年．‖姓

tóngbiàn【童便】名〈中薬〉12歳以下の男児の小便．▶鬱血(うっけつ)や止血剤に用いる．

tónggōng【童工】名 少年労働者．少年工．

tónghuà【童话】名 童話．おとぎ話．

tóngméng【童蒙】名〈書〉幼く無知な子供．

tóngnán tóngnǚ【童男童女】名 少年少女；〈旧〉神に仕える少年少女(の偶像・人形)．

tóngnán【童男】名 童貞．

tóngnián【童年】名 幼年(時代)．

tóngpú【童仆】名〈書〉召使い(の少年)．

tóngqù【童趣】名(子供心があらわれた)天真爛漫(らんまん)な趣．

tóngshān【童山】名 はげ山．

tóngshēn【童身】名 童貞．処女．

tóngshēng【童生】名〈旧〉(明・清代の科挙制度で)県試に合格したが秀才試験に通っていない読書人．

tóngshēng【童声】名(声変わり前の)子供の声．

tóng sǒu wú qī【童叟无欺】〈成〉(旧時,商店が正直な商いをしていることを示す宣伝文句)老人子供といえども決してだますようなことはしない．

tóngxīn【童心】名 子供の(ような)純真な心．

tóngxīng【童星】名 子役のスター．子供のスター選手．

tóngyán【童颜】名 子供のまるまるした赤い顔．▶元気な老人の顔の形容．

tóngyǎngxí【童养媳】名〈旧〉将来息子の嫁にするために幼いときから引き取って育てる女の子．トンヤンシー．

tóngyáo【童谣】名 童謡．

tóngzhēn【童贞】名(多く女性の)貞操．

tóngzhēn【童真】名 子供の無邪気さ．

tóngzhuāng【童装】名 子供服．

tóngzǐ【童子】名〈書〉少年．男の子．

tóngzǐjī【童子鸡】名〈方〉(食肉用の)若鶏．

tóngzǐjūn【童子军】名 ボーイスカウト．

tóngzǐláo【童子痨】名〈中医〉少児結核．

酮 tóng 名〈化〉(有機化合物)ケトン．

鲖 tóng 地名用字．"鲖城"は安徽省にある地名．

潼 tóng 地名用字．"潼关"は陕西省にある県の名．

朣 tóng ○

tóngméng【朣朦】形〈書〉薄暗いさま．

瞳 tóng H ひとみ．

统 tǒng **1** 副 全部．¶这些事～由你负责／これらの事はすべて君にまかせるよ．**2** 動 統轄する．

H ①衣服類の筒状になっている部分．¶长～皮靴／ブーツ．②連続性．¶系～／系統(的である)．‖姓

tǒngbàn【统办】動(全部引き受けて)主管する；一手に取り扱う．

tǒng//bīng【统兵】動 軍隊を統率す

る.

tǒngcāng【统舱】名 3 等船室.（船の）大部屋.

tǒngchēng【统称】**1** 動 総称する. ひっくるめて…という. **2** 名 総称.

tǒngchóu【统筹】動 統一して計画案配する.

tǒng chóu jiān gù【统筹兼顾】〈成〉統一して計画し各方面に配慮する.

tǒnggòng【统共】副 全部合わせて. 合計して.

tǒnggòu【统购】動（国家が）統一買い付けをする.

tǒngguǎn【统管】動 一手に取り仕切る.

tǒnghé【统合】動 統合する. 一体化する.

tǒnghuò【统货】名（品質・規格・等級を問わず）同一価格で仕入れて販売する商品.

tǒngjì【统计】**1** 動 統計をとる. 集計する. **2** 名 統計.

tǒngjìxué【统计学】名 統計学.

tǒngjué【统觉】名〈心〉統覚.

tǒngkǎo【统考】名〈略〉（ある範囲内で行う）統一試験.

tǒngkuò【统括】動 統括する.

tǒnglǐng【统领】動 統率する.

tǒngpèi【统配】動 統一して配分する.

tǒngshè【统摄】動〈書〉統轄する.

tǒngshǔ【统属】動〈書〉（上が）統轄し,（下が）隷属する.

tǒngshuài【统帅】**1** 名 統帥者. 総司令官. **2** 動 統率する.

tǒngshuài【统率】動 統率する. 率いる.

tǒngshuàibù【统帅部】名 最高統帥機関.

tǒngsuàn【统算】動 統計する. 合計する.

tǒngtǒng【统统】→tōngtōng【通通】

tǒngxiá【统辖】動 統轄する. 指揮する.

tǒngxiāo【统销】動（国家が）統一販売をする.

tǒngyī【统一】**1** 動 統一する；一致する. **2** 形 一致している. 一つにまとまっている. ¶～的意见 / 一致した意見.

tǒngyī shūhào【统一书号】名（本の）書籍コード.

tǒngyītǐ【统一体】名〈哲〉統一体.

tǒngyī zhànxiàn【统一战线】名 統一戦線.

tǒngzhàn【统战】名〈略〉統一戦線.

tǒngzhāo【统招】動（学校が）一斉に募集を開始する.

tǒngzhì【统制】動 統制する.

tǒngzhì【统治】動 統治する. 支配する.

捅（**揰**） **tǒng** 動 **1** 突く. ¶把窗户纸～了个大窟窿 / 障子紙を突き破って,大穴をあけてしまった. **2** 触る. ¶～他一下 / 彼をちょっとつつく. **3** すっぱ抜く. ¶秘密被～了出来 / 秘密が暴かれた.

tǒnggu【捅咕】動 **1** つつく. **2** そそのかす.

tǒng lóuzi【捅娄子】→ **tǒng lòuzi**【捅漏子】

tǒng lòuzi【捅漏子】〈慣〉面倒を引き起こす.

tǒng mǎfēngwō【捅马蜂窝】〈慣〉（蜂の巣をつついたように）面倒を起こす.

桶 **tǒng** **1** 名 桶. たる.［只］**2** 量 たる・バケツなどの 1 杯分；バレル.

筒（**筩**） **tǒng** H ①（太めの）筒（状のもの）. ¶邮～ / ポスト. ②（～儿）衣服類の筒状になっている部分. ¶袖～儿 / そで.

tǒngguǎn【筒管】名〈紡〉ボビン. 糸巻き.

tǒngkù【筒裤】名 ストレートパンツ.

tǒngqún【筒裙】名 タイトスカート.

tǒngwǎ【筒瓦】名 半円筒形の瓦.

tǒngzhuànghuā【筒状花】名〈植〉管状花.

tǒngzi【筒子】名 筒；管状のもの.

tǒngzilóu【筒子楼】名（通路の両側に部屋が並ぶ）雑居ビル.

同 **tòng** →hútòng【胡同】 異読⇒tóng

恸（**慟**） **tòng** H 悲嘆する. ¶～哭 / 慟哭（どうこく）する.

通 **tòng** 量（～儿）**1**（否定的な動作・行為について）ひとしきり. ¶闹了一～ / ひとしきり騒ぎが続いた. **2** ある種の楽器を演奏する動作を数える. ¶敲了三～锣luó / どらを 3 回打ち鳴らした. 異読⇒tōng

tònghóng【通红】→tōnghóng【通红】

痛 **tòng** 形 痛い. 痛む. ¶伤口很～ / 傷口が痛む.
H ①心を痛める. ¶悲～ / 痛み悲しむ. ②徹底的に. ¶→～惜.

tòng bù yù shēng【痛不欲生】〈成〉悲しみのあまり死にたいと思う.

tòngchì【痛斥】動 激しく非難する.

tòngchǔ【痛楚】形〈書〉苦痛である.

tòngchù【痛处】名 痛いところ. 泣きどころ.

tòngdǎ【痛打】動 ひどく殴る.

tòngdào【痛悼】動 心から追悼する.

tòngdǐ【痛诋】動〈書〉痛罵（ば）を浴びせる.

tòng dìng sī tòng【痛定思痛】〈成〉苦しみが過ぎた後にその苦しみを思い出して教訓をくみ取る.

tòngfēng【痛风】名〈医〉痛風.

tòng gǎi qián fēi【痛改前非】〈成〉以前に犯した過ちを悔い改める.

tònggǎn【痛感】**1** 動 痛感する. **2** 名 痛み.

tònghèn【痛恨】動 心の底から憎む〔恨む〕.

tònghuǐ【痛悔】動 心から悔いる.

tòngjī【痛击】動 痛撃を与える.

tòngjiǎo【痛剿】動 徹底的に攻め滅

ぼす.

tòngjīng【痛经】名〈医〉生理痛.

tòngjué【痛觉】名〈生理〉痛覚.

tòngkū【痛哭】動 激しく泣き叫ぶ.

tòngkǔ【痛苦】形 ひどく苦しい. ¶～地说 / つらそうに話す.

tòngkuai【痛快】❶形 1 痛快である；思いきり. ¶今天玩儿得真～ / きょうは思う存分遊んだ. 2 率直である. ¶～地答应了 / 快く承諾した. ❷動 愉快にやる. ¶咱们好好儿喝喝,～～吧 / 大いに飲んで愉快にやろう.

tòng kuài lín lí【痛快淋漓】〈成〉気持ちがすっとする.

tòngmà【痛骂】動 ひどくののしる.

tòngqiè【痛切】形 切々とした. 身にしみる.

tòng rù gǔ suǐ【痛入骨髓】〈成〉耐えきれぬほど痛い.

tòngwù【痛恶】動〈書〉ひどく嫌がる.

tòngxī【痛惜】動〈書〉心から嘆き悲しむ.

tòng xià zhēn biān【痛下针砭】〈成〉誤りや欠点を厳しく指摘して改めさせる.

tòngxīn【痛心】動 心を痛める.

tòng xīn jí shǒu【痛心疾首】〈成〉ひどく憎む.

tòngyǎng【痛痒】名〈喩〉1 苦しみ. 2 緊要なこと.

tòng yǎng xiāng guān【痛痒相关】〈成〉互いの利害が一致して,密接な関係にある.

tòngyǐn【痛饮】動 心ゆくまで酒を飲む.

tou (ㄊㄡ)

偷 **tōu** 動 1 盗む. ¶～人家的钱 / 人の金を盗む. 2 (動詞(句)と連用し) こっそりやる. ¶～着看了一下 / ちらっと盗み見た.
H ①(暇を)見つける,つくる. ¶忙里～闲 / 忙しい中に時間をつくる. ②一時逃れをする. ¶～安 / 一時逃れをする. ③泥棒. ¶小～ / こそどろ.

tōudào【偷盗】動 盗みを働く.

tōudù【偷渡】動 密航する.

tōu gōng jiǎn liào【偷工减料】〈成〉仕事の手を抜き材料をごまかす.

tōu hànzi【偷汉子】〈慣〉間男をする.

tōu jī bù zháo shí bǎ mǐ【偷鸡不着蚀把米】〈諺〉こっそり得をしようと思ってかえって損をする.

tōu jī mō gǒu【偷鸡摸狗】〈成〉1 こそどろを働く. 2 (男性が)浮気する.

tōu jiān qǔ qiǎo【偷奸取巧】〈成〉いいところを横取りする.

tōu//kòng【偷空】動(～儿)暇を見つける.

tōu//lǎn【偷懒】動(～儿) 怠ける.

tōu//lěi【偷垒】動〈体〉(野球で)盗塁する.

tōu liáng huàn zhù【偷梁换柱】〈成〉中身をこっそりすり替える.

tōulòu【偷漏】動 1 脱税する. 2 (秘密を)こっそり漏らす.

tōumō【偷摸】動 こそどろを働く.

tōupāi【偷拍】動 盗撮する.

tōu//qiǎo【偷巧】動 うまくごまかして手を抜く.

tōuqiè【偷窃】動 盗む.

tōu//qíng【偷情】動(男女が)私通する.

tōu//rén【偷人】動 間男を作る.

tōushēng【偷生】動 無為に日々を過ごす.

tōushǒu【偷手】動 手抜きをする.

tōu//shuì【偷税】動 脱税する.

tōu tiān huàn rì【偷天换日】〈成〉重大事件の真相をゆがめて世人を欺く.

tōutīng【偷听】動 盗み聞きをする.

tōutōu【偷偷】副(～儿) こっそり. ¶～儿跑出去 / こっそり逃げ出す.

tōutōumōmō【偷偷摸摸】形 こそこそしている.

tōuxí【偷袭】動 奇襲する. 不意打ちする.

tōu//xiá【偷暇】動〈書〉暇を盗む.

tōu//xián【偷闲】動 1 暇を見つける. 2〈方〉怠ける.

tōu xiāng qiè yù【偷香窃玉】〈成〉男女が密通する.

tōuyǎn【偷眼】動 盗み見る. ▶"看、瞧qiáo"などの動詞が続く.

tōu//yíng【偷营】動 敵営を奇襲する.

tōuzhe【偷着】副 こっそり. そっと.

tōu//zuǐ【偷嘴】動 盗み食いをする.

头(頭) **tóu** ❶名 1 頭. ¶抬起～来 / 頭をもたげる. 2 髪の毛. ¶洗～ / シャンプーする. 3 (～儿) 事の始め〔終わり〕; (物体の) 先端. ¶从～儿说起 / 始めから話す. 4 (～儿)(品物の)使い残し. ¶香烟～儿 / 吸い殻. 5 (～儿) ボス. 親分. かしら. 6 (～儿) 方面. 側. ¶他俩是一～儿的 / 彼ら二人は仲間だ.
❷形 1 (多く数量詞の前に用い) 始めの. ¶～一个 / 最初の一つ〔一人〕. 2〈方〉("年、月、天"などの前に用い,ある時期より)前の. ¶→～年.
❸量 1 家畜を数える. ¶三～骡子 / ラバ3頭. 2 ニンニクの個数を数える. ¶一～蒜 / ニンニク1個. 3 縁談に用いる. ¶那一～亲事 / その縁談.
❹接尾(軽声に発音し) 1 名詞を作る. ¶木～ / 木. 2 方位詞を作る. ¶上～ / 上(の方). 3 動詞または形容詞の後につけて抽象名詞を作る. ¶念～ / 考え.
❺接中《二つの数字の間に用い,概数を示す》そこそこ. ¶十～八块 / 10元そこそこ.

6 前〈方〉(～に)先立って. ¶～吃饭要洗手 / ご飯の前に手を洗わなければならない.

‖ 姓

tóubān【头班】形(↔末班)(バス・電車で)始発の；第1班.(交替勤務の)第1交替. ¶～车 / 始発のバス〔電車〕.

tóubǎn【头版】名(新聞の)第1面.

tóubànnián【头半年】名(1年の)上半期.

tóubù【头部】名 頭部. 頭の部分.

tóucǎi【头彩】名 宝くじの1等賞；くじ引きの1番.

tóuchá【头茬】名(～儿)〈農〉(輪作で)第1作.

tóu cháo xià【头朝下】真っ逆さまに.

tóuchóu【头筹】名 第1位.

tóucùn【头寸】名 **1** (銀行などの)手持ち資金. **2** 金融. 金回り.

tóudēng【头灯】名(自動車の)ヘッドライト；〈鉱〉坑夫などがヘルメットにつける小型ランプ.

tóuděng【头等】形 **1** 等の. 最高の. 最も重要な.

tóu diǎn dì【头点地】〈慣〉頭を地につけて礼拝する；首をはねられる.

tóudǐng【头顶】名 頭のてっぺん.

tóufa【头发】名 髪の毛.

tóufú【头伏】名"三伏"最初の10日間.

tóugàigǔ【头盖骨】名〈生理〉頭蓋骨.

tóu gāo tóu dī【头高头低】〈成〉(物を量るときの)多少の誤差.

tóugǔ【头骨】名〈生理〉頭蓋骨.

tóuhào【头号】形 最大の；最も重要な；最上級の.

tóu//hūn【头昏】動 頭がくらくらする.

tóu hūn yǎn huā【头昏眼花】〈成〉頭がぼうっとして目がかすむ.

tóujiā【头家】名 **1** 賭博の胴元；(賭け事の)親. **2** (トランプやマージャンなどの)上手(ｶﾐ).

tóujiǎng【头奖】名 1等賞.

tóujiǎo【头角】名 頭角.

tóujīn【头巾】名 **1** 頭巾. **2** (寒気や風砂をよける女性用の)スカーフ.

tóukǒu【头口】名〈方〉家畜.

tóukuǎn【头款】名 頭金.

tóukuī【头盔】名 ヘルメット.

tóuli【头里】方位(空間の)前,先；(時間で)前もって.

tóuliǎn【头脸】名 顔立ち；体面.

tóulú【头颅】名(人の)頭,首.

tóulù【头路】**1** 形 最高級の. **2** 名 **1** 仕事. **2** 〈方〉手がかり.

tóulún【头轮】名(～儿)(映画の)封切り.

tóumǎ【头马】名(一群の馬の)先頭を切る馬.

tóumiàn rénwù【头面人物】名〈貶〉顔役. お歴々.

tóumian【头面】名〈旧〉女性の髪飾りの総称.

tóumíng【头名】名(試験成績で)第1番,トップ.

tóumù【头目】名〈貶〉頭目. 親玉.

tóunán【头难】形〈方〉最初が難しい.

tóunǎo【头脑】名 **1** 頭脳. 思考能力. **2** 糸口. 見当. **3** 〈口〉首領. かしら.

…tóu…nǎo【…头…脑】〈型〉**1** 頭の働き. ¶昏～昏～ / 頭がぼうっとしている. **2** 首尾. ¶没～没～ / (話や物事に)つかみどころがない. **3** はした. 切れ端. ¶针～线～ / 針や糸などのこまごました物.

tóunián【头年】名 **1** 第1年. 最初の年. **2** 〈方〉去年. 前の年.

tóupái【头牌】名〈旧〉看板役者.

tóupí【头皮】名 頭皮；ふけ.

tóu pò xuè liú【头破血流】〈成〉さんざんな目にあう.

tóuqī【头七】名(喪の)初七日.

tóuqián【头前】名(～儿) **1** 前. 先頭. **2** 以前.

tóuqián【头钱】名(賭博の)寺銭.

tóuqiú【头球】名〈体〉(サッカーで)ヘディング.

tóur【头儿】名 **1** (品物の)切れ端. 使い残し. **2** かしら. 親分.

tóurén【头人】名(少数民族の)族長.

tóushǎng【头晌】名(～儿)〈方〉午前.

tóu shàng ān tóu【头上安头】〈成〉屋上(ｵｸｼﾞｮｳ)屋(ｵｸ)を架す.

tóu shàng jiǎo xià【头上脚下】〈成〉身の回り品.

tóushēng【头生】**1** 動 初めて子を産む. **2** 形 初産(ｳｲｻﾞﾝ)の. **3** 名(～儿)初産の子供.

tóushéng【头绳】名 **1** (～儿)髪を結ぶひも. **2** 〈方〉毛糸.

tóushī【头虱】名〈虫〉アタマジラミ.

tóushì【头饰】名 髪飾り.

tóushuǐ【头水】名(～儿) **1** 上等品. **2** (衣服の)仕立て下ろし. **3** (器具を)初めて使うこと. **4** (衣服の)初めての洗濯. **5** 1回目の灌漑水.

tóutào【头套】名(役者がかぶる)かつら.

tóuténg【头疼】→tóutòng【头痛】

tóu téng nǎo rè【头疼脑热】〈成〉ちょっとした病気.

tóutiān【头天】名 **1** 前日. 前の日. **2** 最初の日.

tóutiáo【头条】**1** 形(ニュースなどで)1番目の. **2** 名 第1条.

tóu tóng chǐ huō【头童齿豁】〈成〉頭がはげ歯が抜け老いさらばえる.

tóutòng【头痛】形 頭が痛い；困る. 悩まされる.

tóu tòng yī tóu, jiǎo tòng yī jiǎo【头痛医头,脚痛医脚】〈諺〉その場をつくろって一時逃れをする.

tóutóunǎonǎo【头头脑脑】名 **1** お歴々. 主だった人たち. **2** (肉屋でいう)肉のこま切れ.

tóu tóu shì dào【头头是道】〈成〉(言うことなすこと)いちいち筋道が通

っている.

tóutour【头头儿】名〈口〉かしら. ボス.

tóutuó【头陀】名〈仏〉修行僧. 行脚僧.

tóuwěi【头尾】名 始めから終わりまで. 首尾.

tóuxiān【头先】名〈方〉初め. 以前；先ほど.

tóuxián【头衔】名 肩書き.

tóuxiàng【头像】名 胸像.

tóuxiè【头屑】名(頭の)ふけ.

tóuxiōngbù【头胸部】名〈動〉(カニなどの)頭胸部.

tóuxù【头绪】名 手がかり. 見当.

tóuxuǎn【头癣】名〈医〉しらくも.

tóuyàn【头雁】名 群を率いるガン.

tóuyáng【头羊】名 群を率いる羊.

tóu yī zāo【头一遭】第1回. 初めて.

tóuyóu【头油】名 髪油.

tóuzhèn【头阵】名 第1回の交戦；(試合などの)第1回戦；(仕事などの)先頭.

tóu zhòng jiǎo qīng【头重脚轻】〈成〉ぐらぐらして安定しない；頭でっかちである.

tóuzi【头子】名〈貶〉(悪人の)ボス.

投 tóu 動 **1**(目標に向けて)ほうる. ¶～手榴弹 / 手榴弾を投げる. **2**(手紙・原稿などを)寄せる, 送る. ¶到邮局～了一封信 / 郵便局に手紙を出しに行った. **3**(資金や投票用紙を)投ずる. ¶～老张一票 / 張さんに一票を投じる. **4** 身を投じる. ¶～到一位名演员的门下 / ある有名俳優の弟子になる. **5** 飛び込み自殺をする. ¶～河 / 川に身を投げる. **6**(光や影が)さす. ¶树影～在窗户上 / 木の影が窓に映る. **7** 気が合う；迎合する. ¶→～脾气. **H**(時間的に)…近く. ¶～明 / 明け方. ‖ 姓

tóu//àn【投案】動 自首する.

tóu//bǎo【投保】動 保険をかける.

tóubèn【投奔】動(…へ)身を寄せる. (…を)頼って行く.

tóu bǐ cóng róng【投笔从戎】〈成〉筆を捨てて従軍する.

tóu bì chái hǔ【投畀豺虎】〈成〉悪人に対する恨みを晴らす.

tóubìshì diànhuà【投币式电话】名 硬貨式公衆電話.

tóu biān duàn liú【投鞭断流】〈成〉強大な兵力を備えている.

tóu//biāo【投标】動 入札する.

tóubiāoqiāng【投标枪】名〈体〉やり投げ.

tóu//chǎn【投产】動 生産を始める. 操業を始める.

tóuchéng【投诚】動(敵・反乱軍が)降参する.

tóucì【投刺】動〈書〉名刺を差し出す.

tóu//dàn【投弹】動(飛行機から)爆撃する；手榴弾を投げる.

tóu//dàng【投档】動 合格点を超えた受験生の資料を大学に提供する.

tóu//dí【投敌】動 敵の陣営に投じる. 変節する.

tóudì【投递】動(公文書や郵便物を)配達する.

tóudìyuán【投递员】名 郵便配達員.

tóu//diàn【投店】動〈旧〉宿に泊まる.

tóufàng【投放】動 **1** 投げ入れる；(労働力・設備・資金などを)投入する. ¶～资金 / 資金を投入する. **2**(企業が市場に商品を)供給する.

tóu//gǎo【投稿】動(～儿)投稿する.

tóu//gōng【投工】動 労働力を投入する.

tóuhé【投合】**1** 形 投合する. 気が合う. **2** 動(人の好みに)合わせる.

tóuhuán【投缳】動〈書〉首をつる.

tóuhuáng【投簧】動 鍵が錠に合う；〈喩〉効き目が現れる.

tóujī【投机】動 **1** 気が合う. 馬が合う. **2** 投機をする.

tóu jī dǎo bǎ【投机倒把】〈成〉投機的取引をする.

tóu jī qǔ qiǎo【投机取巧】〈成〉機をうかがいうまく立ち回る.

tóujì【投寄】動(手紙や小包を)投函する. 郵送する.

tóu jǐng xià shí【投井下石】〈成〉他人の危機に乗じてさらに痛めつける. ▶"落水下石"とも.

tóujūn【投军】動〈旧〉従軍する.

tóukǎo【投考】動(試験に)応募する.

tóukào【投靠】動 人に頼る. 身を寄せる.

tóu//lán【投篮】動〈体〉(バスケットボールで)シュートする.

tóulěi【投垒】名〈体〉(野球で)ピッチャーズマウンド.

tóuliào【投料】動 原料や材料を投入する.

tóu mèi ér qǐ【投袂而起】〈成〉(怒りや奮起のため)憤然と立ち上がる.

tóupāi【投拍】動(映画・テレビ番組の)撮影を開始する.

tóu píqi【投脾气】気が合う. 馬が合う.

tóu//piào【投票】動 投票する.

tóuqì【投契】動〈書〉意気投合する.

tóu qí suǒ hào【投其所好】〈成〉相手の好みに迎合する.

tóuqiāng【投枪】**1** 動 槍を投げる. **2** 名 投げ槍.

tóu//qīn【投亲】動 親戚を頼っていく.

tóurù【投入】❶動 **1**(ある環境・状況に)積極的に加わる. ¶～生产 / 生産に入る. ¶～新生活 / 新しい生活に身を投じる. **2**(資金・人・物などを)投入する. ❷形 集中している. 一心に…している. ¶工作～ / 一心不乱に仕事をする.

tóushè【投射】動(目標に向かって)投げ込む；(光線や影などが)さし込む.

tóushēn【投身】動(…に)身を投じる.

tóu//shēng【投生】動 生まれ変わる.

tóu//shī【投师】動 師につく.

tóu shí wèn lù【投石问路】〈成〉前もって様子を探る.

tóushǒu【投手】名〈体〉(野球で)投手.

tóu shǔ jì qì【投鼠忌器】〈成〉悪人をこらしめたいが,周りへの影響を考えると思いきってできない.

tóu//shuǐ【投水】動(川や湖に)身投げをする.

tóusòng【投送】動 郵送する. 発送する.

tóusù【投诉】動(関係筋に)訴え出る.

tóusù【投宿】動〈書〉宿泊する.

tóu//tāi【投胎】動 転生する.

tóu táo bào lǐ【投桃报李】〈成〉互いに贈答し合い,親しく交際する.

tóuxiáng【投降】動 **投降する.** 降服する. ¶无条件~ / 無条件降伏.

tóuxiàng【投向】**1** 動(資金を)投入する. **2** 名(資金などの)投入先.

tóuxiào【投效】動〈書〉身を投じ力を尽くす.

tóu//yào【投药】動 投薬する;(駆除薬などの)薬剤を置く.

tóu//yī【投医】動 医者にかかる.

tóuyǐng【投影】**1** 動 投影する. **2** 名 投影図.

tóuyìng【投映】動(姿が)映し出される.

tóuyuán【投缘】動(多くは初対面で)気が合う.

tóuzhì【投掷】動 投擲(とうてき)する. 投げる.

tóu//zhù【投注】❶動 **1**(精神を)集中する. 心血を注ぐ;(注目を)浴びる. **2** 金を賭ける. **3**(資金を)注入する. ❷名(宝くじの)売上げ予定額. (賭博の)かけ金.

tóu//zī【投资】**1** 動 **投資する.** **2** 名 投資.

tóuzī jījīn【投资基金】名〈経〉投資ファンド.

tóuzī yínháng【投资银行】名〈経〉投資銀行.

骰 tóu○

tóuzi【骰子】名〈方〉さいころ.

钭 tǒu ‖ 姓

透 tòu

❶動 **1**(**気体・液体・光線などが)通る.** ¶月光~过玻璃窗照在地板上 / 月の光が窓ガラスを通して床にさし込んだ. ¶钻不~钢板 / 鉄板に穴をあけられない. **2**(**秘密や情報などを)漏らす.** ¶~消息 / 情報を漏らす. **3** 表面に現れる. ¶白里~红 / 白い色に赤みがさしている.
❷形 **1**(多く補語に用い)**はっきりしている.** ¶猜不~他在想什么 / 彼が何を考えているのかはっきりつかめない. **2**(補語として用い)徹底している. ¶天已经黑~了 / 日がとっぷりと暮れた. **3**(補語として用い,否定的な気分で)程度が甚だしい. ¶恨~了 / 骨の髄まで憎む.

tòuchè【透彻】形(事情の把握や事理の分析が)**詳しくてはっきりしている.** ▲"透澈"とも.

tòu//dǐ【透底】動 事の詳細を打ち明ける.

tòudiāo【透雕】名〈美〉すかし彫り.

tòudǐng【透顶】形(多く補語として)きわまる. …しきっている.

tòu//fēng【透风】動 **1** **風が通る. 風を通す.** **2** 風に当てる. **3** 秘密を漏らす〔が漏れる〕.

tòugǔ【透骨】動(寒さなどが)骨身にこたえる.

tòu//guāng【透光】動 光が漏れる. 光を通す.

tòu//guò【透过】動+方補 透き通る. しみ通る;…を通して.

tòuhàn【透汗】名 びっしょりかいた汗.

tòuhéjǐng【透河井】名 水を川から引き込んだ井戸.

tòu//huà【透话】動(~儿)(相手の意向を打診するために)前もってこちらの意向を知らせる.

tòujìng【透镜】名〈物〉レンズ.

tòuliàng【透亮】形 **1** 透き通っている. 明るい. **2** はっきりしている.

tòu//liàngr【透亮儿】動 光が入り込む.

tòulòu【透漏】動(情報や考えを)漏らす.

tòulù【透露】動(情報や考えを)漏らす,明かす;(表情を)現す,みせる.

tòumíng【透明】形 **1** **透明である.** **2** 情報が公開されている,オープンである.

tòumíngdù【透明度】名(情報公開の)透明度.

tòumíngjiāo【透明胶】名 **1** セロハンテープ. **2**(靴底にする)半透明のゴム.

tòupì【透辟】形〈書〉透徹している.

tòupíngjī【透平机】名〈機〉タービン.

tòu//qì【透气】動 **1** 換気する. 新鮮な空気を入れる;呼吸する. **2** 空気や息が漏れる. **3**(情報を前もって)流す,伝える. **4** ほっとする.

tòurè liáofǎ【透热疗法】名〈医〉高周波電気治療.

tòushāng【透墒】形〈農〉農作物の発芽や生長に必要な水分が土壌に十分含まれている.

tòushì【透视】❶名〈測〉透視画法. ❷動 **1**〈医〉(レントゲンで)透視する. **2**(本質を)見抜く.

tòushìtú【透视图】名 透視図.

tòu//shuǐ【透水】動 水がしみ通る.

tòu//táng【透膛】動 打ち明ける.

tòu//tiānr【透天儿】動 天井に穴があいて空が見える;〈転〉トップまで事が知れている.

tòuxī【透析】動〈医〉透析する.

tòuxīn(r) liáng【透心(儿)凉】〈慣〉身にしみるほど冷たい;がっかりする.

tòu//xìn【透信】動(~儿)情報を知らせる.

tòuyǔ【透雨】名 乾いた土を十分湿ら

せるほどの雨.
tòuzhe【透着】動 いかにも…そうだ.
tòuzhī【透支】動 **1**〈経〉当座貸越しをする. **2** 支出超過する. **3**(職員が給料の)前借りをする. **4**(肉体的・精神的な)限界を越える.

tu (ㄊㄨ)

凸 **tū** 形(↔凹āo)突き出ている. ¶凹~不平/でこぼこしている.
tūbǎn【凸版】名〈印〉凸版.
tūchuāng【凸窗】名 張り出し窓.
tūlún【凸轮】名〈機〉カム.
tūmiànjìng【凸面镜】名〈物〉凸面鏡.
tūqǐ【凸起】**1** 動 周囲より盛り上がる. 突き出る. **2** 名 突起物. でっぱり.
tūtòujìng【凸透镜】名〈物〉凸レンズ.
tūxiǎn【凸显】動 はっきりと浮かび出る.
tūxiàn【凸现】動 浮かび上がって現れる.
tūyuán【凸缘】名〈機〉フランジ.(管などの)つば.
tūzì【凸字】名 点字.

秃 **tū** 形 **1** はげている;(山に)木がない;(木に)葉がない. ¶头发~了一点儿/頭が少しはげている. ¶山是~的/山がはげている. **2**(物の)端がなくなっている. ¶笔尖儿~了/ペン先がちびてしまった. **3**(文章などが)しり切れとんぼである.
tūbǐ【秃笔】名 先のすり切れた筆;〈喩〉乏しい文才.
tūchuāng【秃疮】名〈方〉〈医〉黄癬(おうせん).
tū//dǐng【秃顶】**1** 動 頭がはげる. **2** 名 はげ頭.
tūguāngguāng【秃光光】形(~的)すっかりはげている.
tūjiānr【秃尖儿】形 先端がすり切れて減っている.
tūjiù【秃鹫】名〈鳥〉ハゲワシ.
tūlu【秃噜】動〈方〉**1**(結び目が)ほどける;(毛や羽毛が)抜け落ちる. **2** ひきずる. 垂れる. **3**(話を)うっかり漏らす. **4** 度をすごす;おじゃんになる.
tūlú【秃驴】名〈罵〉(僧侶に対して)生臭坊主.
tūpiáor【秃瓢儿】名〈諧〉つるつる頭.
tū//tóu【秃头】**1** 動 帽子をかぶらない. **2** 名 はげ頭. 坊主頭. はげた人.
tūtóubìng【秃头病】名〈医〉脱毛症.
tūzi【秃子】名 **1** 頭のはげた人. 坊主頭. **2**〈方〉〈医〉黄癬(おうせん).

突 **tū** ❶動 **1**(包囲を破って)突き進む. **2**(周囲より高く)突き出る. ❷副〈書〉突然. 不意に. ¶气温~降jiàng/気温が突然下がった.
H 煙突. ¶灶~/かまどの煙突.
tūbiàn【突变】**1** 動 突如変化する. **2** 名〈略〉〈生〉突然変異.
tū//chū【突出】❶動 **1** 突き破る. ¶~重围chóngwéi/重囲を突破する. **2** 突き出る. **3** 際立たせる. ❷形 際立っている. ¶成绩~/成績が際立つ.
tūfā【突发】動 突然起こる.
tū fēi měng jìn【突飞猛进】〈成〉飛躍的に進歩発展する;すさまじい勢いで前進する.
tūjī【突击】動 **1** 突撃する. **2**〈喩〉(力を集中して)一気に仕上げる. ¶花了三天,把稿子~出来了/3日で原稿を一気に書き上げた.
tūjīduì【突击队】名 突撃隊.
tūjīshǒu【突击手】名〈軍〉突撃隊員;〈喩〉突貫作業をする人.
tūjìn【突进】動(兵力を集中して)突進する.
tūlū【突噜】擬《うどんなど表面がなめらかなものをいきなりすする音》つるっ;《スリッパなどを引きずる音》ぺたぺた;《物が急にはずれる音,またはそのさま》つるり. するり.
Tūnísī【突尼斯】名〈地名〉チュニジア.
tūpò【突破】動 突破する;(困難や制限を)乗り越える. ¶~难关/難関を突破する.
tūqǐ【突起】**1** 動 突然起こる;突き出る. **2** 名〈生理〉突起.
tūrán【突然】形 突然である. 出し抜けである. ¶~(的)事故/思いがけない事故. ¶事情很~/事の起こりが出し抜けだった. ¶~闯进一个人来/不意に人が飛び込んできた.
tūránjiān【突然间】副 突然. 出し抜けに.
tū rú qí lái【突如其来】〈成〉突然やってくる.
tūrù【突入】動 突入する.
tūshěn【突审】動 特定の容疑者に重点的に尋問する.
tūtū【突突】擬《モーターなどが動く音や蒸気・煙が噴き出す音》だっだっ. しゅっしゅっ;《心臓の激しい鼓動の音》だっだっ. どきんどきん;《煙などが大量に立ち昇るさま》もくもく.
tū//wéi【突围】動 包囲を突破する.
tūwù【突兀】形 **1**〈書〉そびえ立っている. 際立っている. **2** 突然である. 唐突である.
tūxí【突袭】動 奇襲する.
tūxiǎn【突显】動 くっきり浮かび出る.
tūxiàn【突现】動 突然現れる;くっきり浮かび上がる.

葖 **tū** →gūtū【蓇葖】

图(圖) **tú** **1** 名 図. 絵. [张,幅] ¶画~/図案をかく. **2** 動(手に入れようと)図る. ¶~吉利/縁起をかつぐ. ¶~他一笔钱/彼から金をとろうとする.
H ①はかりごと. ¶良~/よい計画. ②描く. ¶绘影~形/人相書きを描く. ‖ 姓
tú'àn【图案】名 図案. デザイン. 模様.
túbǎn【图板】名 製図板. 画板.

túbǎn【图版】名〈印〉図版.
túbiāo【图标】名〈電算〉アイコン.
túbiǎo【图表】名 図表. グラフ. 表や略図の総称.
túcún【图存】動 生存をはかる.
túdīng【图钉】名(～儿)画びょう. 押しピン. [个,颗,枚]
túhuà【图画】名 図画. 絵. [张,幅]
túhuà wénzì【图画文字】名〈語〉絵文字.
tújí【图籍】名〈書〉領土図と戸籍.
tújì【图记】名 印鑑;図形による標識.
tújiàn【图鉴】名 図鑑.
tújiě【图解】動 図解する.
tújǐng【图景】名 絵に描かれた景観;想像上の景観.
túlì【图例】名(図表の記号の)凡例.
túmóu【图谋】**1** 動〈貶〉(悪いことを)たくらむ. **2** 名 たくらみ.
túpiàn【图片】名(事物の説明に用いる)図,絵,写真.
túpǔ【图谱】名 図鑑. 図録.
tú qióng bǐ xiàn【图穷匕现】〈成〉最後になって初めてその真相や真意が明らかになる.
túshì【图示】動 図示する.
túshū【图书】名 図書. 書籍.
túshūguǎn【图书馆】名 図書館.
túshu【图书】名〈旧〉印判. 印鑑.
túshuō【图说】名 図説.
túsù【图素】名〈電算〉画素. ピクセル.
túténg【图腾】名 トーテム.
tú wén bìng mào【图文并茂】〈成〉挿し絵が多く文章もすぐれている.
túwén diànshì【图文电视】名 文字放送.
túxiàng【图像】名 画像. 映像;〈電算〉グラフィック. アイコン. ▲"图象"とも.
túxíng【图形】名 図形. 幾何図形;〈電算〉グラフィック.
túyàng【图样】名 見取図. 図面.
túzhāng【图章】名 **1** 印鑑. 判. [个,颗,块] **2** 印影.
túzhǐ【图纸】名 設計図. 図面. 青写真.

荼 tú 名 **1**(古書に見える苦い野菜の一種)ニガナ. ¶～毒 / 〈書〉迫害する;害毒. **2**(古書でいう)カヤの白い花. ¶如火如～ / 勢いが盛んなさま.
túmí【荼蘼】名〈植〉トキンイバラ. ボタンイバラ.

徒 tú H ①むなしく. ¶～费唇舌 / 言ってもむだである. ②何もない. ¶→～手. ③…するだけ. ¶→～有其表. ④弟子. ¶师～关系 / 師弟の間柄. ⑤信徒. ¶回教～ / イスラム教徒. ⑥〈貶〉やから. ¶歹～ / 悪党. ⑦懲役. ¶→～刑. ⑧徒歩(で行く). ¶→～涉. ‖姓
túbù【徒步】動〈書〉徒歩で行く.
túdi【徒弟】名 弟子. 見習い.
túgōng【徒工】名 見習い工.
túláo【徒劳】形〈書〉徒労である.
tú láo wú gōng【徒劳无功】〈成〉骨折り損のくたびれもうけ.
túrán【徒然】形 むだである. ただ…だけである.
túshè【徒涉】動〈書〉川を歩いて渡る.
túshǒu【徒手】形 徒手の. 手に何も持たない.
túsūn【徒孙】名 孫弟子.
tú tuō kōng yán【徒托空言】〈成〉口で言うばかりで実行しない.
túxíng【徒刑】名 懲役.
tú yǒu qí biǎo【徒有其表】〈成〉見かけ倒しである.
tú yǒu xū míng【徒有虚名】〈成〉名声だけで実力が伴わない.
túzhǎng【徒长】動〈農〉徒長する.
tú zǐ tú sūn【徒子徒孙】〈成〉〈貶〉一味徒党.

途 tú H 道. ¶路～ / 道筋. ¶道听～说 / 街のうわさ. ‖姓
túchéng【途程】名 道程. 道のり.
túcì【途次】名〈書〉旅先(の宿).
tújīng【途经】動(…を)経由する.
tújìng【途径】名 道. ルート. ¶外交～ / 外交ルート.
túzhōng【途中】名 途中.

涂(塗) tú 動 **1** 塗る. ¶～上一层漆 / ペンキを1回塗る. **2** でたらめに書く. 塗りたくる. ¶在墙上乱～ / 壁に落書きをする. **3**(書いたものを)塗りつぶす. ¶～掉几个字 / 何文字か消す.
H ①泥. ¶→～炭. ②砂浜. ¶海～ / 干潟(ひがた). ③道. ‖姓
túcéng【涂层】名 上塗り. 塗装. コーティング.
túcuàn【涂窜】→túgǎi【涂改】
túgǎi【涂改】動 もとの字を消して書き直す.
túliào【涂料】名 塗料.
túmǒ【涂抹】動 **1** 塗りつける. **2** いいかげんに塗りたくる.
túshì【涂饰】動 **1**(戸・窓や家具などに)色を塗る. **2**(しっくいで壁を白く)塗る.
tútàn【涂炭】〈書〉**1** 名 塗炭の苦しみ. **2** 動 苦しめる.
túxiě【涂写】動 でたらめに塗ったり書いたりする.
túyā【涂鸦】名〈書〉〈謙〉下手な字. 悪筆.
túyǐ【涂乙】動〈書〉(文章を)添削する.
túzé【涂泽】動〈書〉飾り立てる.
tú zhī mǒ fěn【涂脂抹粉】〈成〉表面を取り繕う. 粉飾する.

菟 tú →wūtú【於菟】 異読⇒tù

屠 tú H ①家畜などを畜殺する. ②大量殺戮(さつりく)する. ¶～城 / 町中の人間を皆殺しにする. ‖姓
túdāo【屠刀】名 畜殺用の包丁.
túlù【屠戮】動〈書〉殺戮する.
túshā【屠杀】動 殺戮する.
túsū【屠苏】名 屠蘇(とそ). おとそ.

túzǎi【屠宰】動（家畜などを）畜殺する．¶～场 / 食肉処理場．

酴 tú H 酒の醸造に使うこうじ．

túmí【酴醿】名 **1**（古書で）にごり酒．どぶろく．**2**〈植〉トキンイバラ．

土 tǔ ❶形 **1** やぼったい．¶这件衣服太～ / この服はひどくやぼったい．**2** その土地特有である．ローカルな．¶他的话太～了 / 彼の言葉はなまりがひどい．**3**（↔洋）在来の．昔ながらの．¶～设备 / 旧式の設備．❷名 土．泥；ごみ．¶身上尽是～ / 体が泥だらけだ．
H ①土地．¶国～ / 国土．②未精製のアヘン．¶烟～ / アヘン．‖姓

tǔbà【土坝】名 土で築いた堤防．

tǔbāng【土邦】名 植民地統治下で独立していた土着の王朝．

tǔbāozi【土包子】名 田舎っぺ．

tǔ bēng wǎ jiě【土崩瓦解】〈成〉完全に崩壊する．

tǔbiē【土鳖】→dìbiē【地鳖】

tǔbōshǔ【土拨鼠】名〈動〉タルバガン．

tǔbù【土布】名 手織り木綿．

tǔcán【土蚕】名〈方〉〈虫〉ヨトウムシ．

tǔchǎn【土产】**1** 名（地方の）特産品．土地の産物．**2** 形 地方特産の．

tǔchē【土车】名〈口〉ごみ運搬車．

tǔchéng【土城】名 土を固めて築いた城壁．

tǔdào【土道】名 舗装されていない道．

tǔdì【土地】名 **1** 土地．耕地．［块，片］¶～肥沃 / 土地が肥えている．**2** 領土．国土．

tǔdi【土地】名 鎮守の神様．土地の神様．¶～庙 / 土地神を祭ったほこら．

tǔdì fùkěn【土地复垦】名〈環境〉土地再開墾．

tǔdì gǎigé【土地改革】名 土地改革．

tǔdì guīhuà【土地规划】名 土地利用計画．

tǔdì huāngmòhuà【土地荒漠化】名〈環境〉土地砂漠化．

tǔdìlóng【土地龙】名〈中薬〉ミミズ．カッショクツリミミズ．

tǔdòu【土豆】名〈口〉**1**（～儿）ジャガイモ．［个，块］**2**（～子）〈俗〉やぼったい田舎者．

tǔduìxiàng【土对象】名〈俗〉田舎者の恋人．

tǔdùn【土遁】動 姿をくらまして逃げる．

tǔfǎ【土法】名 民間在来の方法．

tǔfāng【土方】❶名 **1**（～儿）民間療法．**2**〈略〉土掘り・土盛りなどの工事．❷量（土の体積の単位）立方メートル．

tǔféi【土肥】名（肥料に用いる）塀の土，オンドルの土，かまどの土などの総称．

tǔfěi【土匪】名 土匪．土地の悪者．

tǔfēng【土蜂】名〈虫〉ツチバチ．

tǔgǎi【土改】動〈略〉土地改革を行う．

tǔgāng【土钢】名 在来の方法で製錬した鋼鉄．

tǔgěng【土埂】名 田畑のあぜ．

tǔgùn【土棍】名 地方のごろつき．

tǔháo【土豪】名 土豪．地方のボス．

tǔhuà【土话】名（狭い地域で用いられる）方言．▶"土语"とも．

tǔhuáng【土黄】形 黄土色の．カーキ色の．

tǔhuáng【土蝗】名〈虫〉イナゴ．

tǔhuángdì【土皇帝】名〈貶〉（中央に対して）特定の地方を支配する権力者・ボス．

tǔhuò【土货】名 その土地の産物．

tǔjí【土籍】名 先祖代々の本籍地；何代もそこに住みついている人．

Tǔjiāzú【土家族】名（中国の少数民族）トゥチャ（Tujia）族．

tǔkàng【土炕】名 土で築いたオンドル．

tǔkēla【土坷垃】→tǔkuài【土块】

Tǔkùmànsītǎn【土库曼斯坦】名〈地名〉トルクメニスタン．

tǔkuài【土块】名 土くれ．土の塊．

tǔkuāng【土筐】名 **1** 土を運ぶもっこやかご．**2**〈口〉ごみ入れ．

tǔláo【土牢】名 土牢．穴蔵．

tǔlǎomào【土老冒】名（～儿）〈方〉田舎者．やぼな人．

tǔlìqīng【土沥青】名 天然の瀝青（れきせい）．天然ピッチ．

tǔlitǔqì【土里土气】形 やぼったい．

tǔ mái bàn jié【土埋半截】〈成〉死期が迫っている．

tǔméisù【土霉素】名〈薬〉テラマイシン．

tǔmú【土模】名〈建〉コンクリート部材を作る土製の型．

tǔmù【土木】名 土木工事．

tǔmù gōngchéng【土木工程】名 土木工事．

tǔniú【土牛】名（補修に備えて）堤防の上に積んである土の山．

tǔ'ǒu【土偶】名 泥人形．土偶．

tǔpī【土坯】名 土れんが．日干しれんが．

tǔqì【土气】形 田舎くさい．やぼったい．

tǔrǎng【土壤】名 土壌．温床．¶～肥沃 / 土壌が肥えている．

tǔrén【土人】名〈蔑〉土人．

tǔsè【土色】名 土色．土気色．

tǔ shēng tǔ zhǎng【土生土长】〈成〉その地で生まれ育つ．

tǔshífāng【土石方】名 1立方メートルの土と岩石．

tǔsī【土司】名〈旧〉土司（どし）．▶西南地区の少数民族の首長で世襲の官職を与えられた者．

tǔsú【土俗】**1** 名〈書〉その土地の風俗．**2** 形 俗っぽくて下品である．

tǔ tóu tǔ nǎo【土头土脑】〈成〉やぼったい．（田舎者が見聞が狭く）おどおどする．

tǔtún【土豚】名〈動〉土豚．

tǔwéizi【土围子】名〈旧〉村を囲む防御用の土塀．

tǔwēn【土温】名〈農〉地温.
tǔwù【土物】名 1 その土地の産物. 2 みやげ物.
tǔxīng【土星】名〈天〉土星.
tǔxīngqì【土腥气】名 泥臭いにおい. ▶“土腥味儿”とも.
tǔxìng【土性】名 土壌の性質.
tǔyàn【土燕】名〈口〉〈鳥〉ツバメチドリ.
tǔ yáng jié hé【土洋结合】〈成〉中国の伝統的な方法と外来の方法を結びつける.
tǔyí【土仪】名〈旧〉みやげ. 贈り物.
tǔyīn【土音】名 地方なまり.
tǔyǔ【土语】→tǔhuà【土话】
tǔzàng【土葬】動 土葬する.
tǔzào【土造】形 手作りの. 変造の.
tǔzhèngcè【土政策】名 地方または一部の職場が勝手に行う政策・規定.
tǔzhǐ【土纸】名 粗末な紙.
tǔzhì【土质】名 土質.
tǔzhǒng【土冢】名(土を盛り上げた)墓.
tǔzhù【土著】名 土着の人. 先住民.
tǔzhuānjiā【土专家】名(学歴はないが)長年の経験によってすぐれた技術を身につけている人.
Tǔzú【土族】名(中国の少数民族)トゥー(Tu)族.

吐 **tǔ** 動 1 (口の中のものを)吐き出す. ¶～痰 / たんを吐く. 2 (口またはすきまから)出る,出す. ¶～舌头 / 舌を出す. 3 話す. ¶～实情 / 白状する. 泥を吐く. 異読⇨tù
tǔcuì【吐翠】動〈書〉青緑色になる.
Tǔfān【吐蕃】名〈史〉吐蕃(とばん). ▶唐・宋代のチベット族の王朝.
tǔgēn【吐根】名〈植〉吐根(とこん).
tǔ gù nà xīn【吐故纳新】〈成〉古いものを捨てて新しいものを吸収する.
tǔ//huà【吐话】動(～儿)言い出す.
tǔ//kǒu【吐口】動 話を切り出す.
tǔlù【吐露】動(内心を)語る,打ち明ける. ¶～真情 / 真情を打ち明ける.
tǔ//qì【吐气】1 動 うっぷんが晴れる. 2 名〈語〉有気.
tǔqì【吐弃】動 唾棄(だき)する.
tǔshí【吐实】動 白状する.
tǔshòujī【吐绶鸡】名〈鳥〉シチメンチョウ.
tǔshǔ【吐属】名〈書〉言葉遣い.
tǔ//suì【吐穗】動(～儿)〈農〉穂が出る.
tǔxù【吐絮】動〈農〉綿の実がほころぶ.
tǔ//yá【吐芽】動 芽を吹く.
tǔzì【吐字】動(歌詞やせりふなどを)正確な字音で発音する.

钍 **tǔ** 名〈化〉トリウム. Th.

吐 **tù** 動 1 嘔吐する. ¶恶心ěxin要～ / 胸がむかむかして吐きそうだ. 2 (不正に入手したものを)吐き出す. ¶～赃物 / 盗品を返す. 異読⇨tǔ
tùjiǔshí【吐酒石】名〈薬〉吐酒石. ▶催吐剤・発汗剤・去痰剤に用いる.
tùmo【吐沫】名 つば.
tùsī【吐司】名 トースト.
tù//xiě【吐血】動 血を吐く.
tùxiè【吐泻】動 吐瀉(としゃ)する.

兔(兎) **tù** 名(～儿)〈動〉ウサギ. [只,个]
tùchún【兔唇】名〈医〉兎唇(としん).
tùháo【兔毫】名 ウサギの毛で作った筆.
tù qǐ hú luò【兔起鹘落】〈成〉動作が敏捷である. 絵や文章を書く筆が速い.
tùryé【兔儿爷】名 中秋節に供える兎頭人身の泥人形.
tù sǐ gǒu pēng【兔死狗烹】〈成〉用がなくなったかつての功労者が殺される〔免職される〕.
tù sǐ hú bēi【兔死狐悲】〈成〉同類相哀れむ.
tùtuō【兔脱】動〈書〉〈貶〉脱兎のごとく逃げる.
tùzǎizi【兔崽子】名〈罵〉畜生め. ガキ.
tùzi【兔子】名〈動〉ウサギ. [只,个]

堍 **tù** 🅗 橋頭. 橋のたもと. ¶桥～ / 橋頭.

菟 **tù** ○ 異読⇨tú
tùsī【菟丝】名(～子)〈植〉ネナシカズラ;〈中薬〉菟糸子(としし).

tuan(ㄊㄨㄢ)

湍 **tuān** 🅗 ①(流れが)急である. ¶→～急. ②急な流れ. ¶急～ / 急流.
tuānjí【湍急】形〈書〉水の勢いが急である. ¶水流～ / 流れが急である.
tuānliú【湍流】名 1〈書〉急流. 2〈物〉乱流;乱気流.

团(團) **tuán** ❶動(集めて)丸める. ¶～药丸 / 丸薬を作る.
❷名 1 (～儿)球形のもの;団子. 2 団;(特に)中国共産主義青年団;(軍隊の)連隊;〈旧〉“乡”に相当する行政機関. ¶主席～ / 議長団.
❸量 1 ひとかたまりになっているものを数える. ¶一～毛线 / 毛糸の玉一つ. 2《“一团”の形で,ある種の状況をさす》¶乱成一～ / 上を下への大騒ぎ.
🅗 ①丸い. ¶→～扇shàn. ②いっしょに集まる. ¶→～结jié. ‖ 姓
tuánbài【团拜】動(学校・職場などで)年始のあいさつを交わす.
tuándīng【团丁】名〈旧〉義勇団などの団員.
tuánduì【团队】名(ツアーやスポーツなどの)団体. ¶～精神 / チームワーク.
tuánfàn【团饭】名 握り飯.
tuánfěn【团粉】名(オニバスの実や緑豆で作った)でんぷん,片栗粉.
tuánhuā【团花】名(～儿)花を描いた丸い図案.
tuánhuǒ【团伙】名(犯罪・不良)集団.

¶贩毒～ / 麻薬密売グループ.

tuánjié【团结】1 動 団結する. 連帯する. ¶～在一起 / 団結して一つになる. 2 形 仲がよい. よくまとまっている.

tuánjù【团聚】動 1 (別れ別れの肉親や親友などが)集まる,団欒(だんらん)する. ¶全家～ / 一家団欒する. 2 団結する. 結集する.

tuánkè【团课】名 共青団の講義.

tuánkuàng【团矿】動〈冶〉(製錬のため)粉末状の鉱石を粘着剤で,または焼結して固める.

tuánlì【团粒】名〈農〉顆粒(かりゅう)状の土.

tuánliàn【团练】名〈史〉宋代から民国初年にかけての地主階級の武装組織.

tuánluán【团圞・团栾】〈書〉1 形 月が丸いさま. 2 動(別れ別れだった者が)団欒(だんらん)する.

tuánnong【团弄】動〈方〉手のひらで丸める;(人を)だます.

tuánqí【团脐】名(↔尖脐)雌ガニ;雌ガニの腹部の丸い殻.

tuánshàn【团扇】名 うちわ.［把］

tuántǐ【团体】名 団体.

tuántǐcāo【团体操】名 マスゲーム.

tuántuán【团团】形 丸い;まわりをとりまくさま. ¶～围住 / ぐるりととりまく.

tuántuánzhuàn【团团转】〈慣〉ぐるぐる回る. ¶忙得～ / てんてこ舞いだ.

tuányīn【团音】→ jiāntuányīn【尖团音】

tuányú【团鱼】名〈動〉スッポン.

tuányuán【团员】名 1 団員. 2 中国共産主義青年団団員.

tuányuán【团圆】1 動(離散した肉親や夫婦が)再会する. 2 形 円形の. 丸形の.

tuányuánfàn【团圆饭】名(春節や中秋節での)一家団欒(だんらん)の食事;(結婚式の夜)新婚夫婦だけでとる食事.

Tuányuánjié【团圆节】名 中秋節.

tuánzǎo【团藻】名〈植〉ボルボックス.

tuánzhǎng【团长】名 1 団長. 2〈軍〉連隊長.

tuánzi【团子】名 団子.

抟(摶) **tuán** 動(握って)まとめる.

H ぐるぐる回る. 旋回する.

tuánnong【抟弄】→ tuánnong【团弄】

疃(町) **tuǎn** 名〈方〉村. ▶地名に用いることが多い.

彖 **tuàn** 動〈書〉論断する. 判断する. ¶～凶吉 / 吉凶を判断する.

tuàncí【彖辞】名 彖辞(たんじ).『易経』の各卦を説明した文章.

tui (ㄊㄨㄟ)

忒 **tuī** 副〈方〉たいへん. あまりに. とても. ¶～小 / あまりにも小さい. 異読⇒tè,tēi

推 **tuī** 動 1 (外または前方へ)押す. ¶用力～了他一下 / 彼をぐっと押した. 2 (道具を使って)平らにする,刈る,削る;(臼で粉を)ひく. ¶～头发 / 髪を切る. 3 繰り延べる. ¶一～再～ / 延び延びにする. 4 辞退する. ¶别～了,你就收下吧 / 遠慮せずお収めください. 5 推進する. ¶把改革～向高潮 / 改革を推し進め盛り上げる. 6 推薦する. ¶～他当班长 / 彼を班長に推挙する. 7 推測する. ¶你～～看,他俩儿谁能赢 / 二人のどちらが勝つか,当ててみてください. 8 (責任を)押しつける. ¶把工作～给别人 / 仕事を他人に押しつける.

H ①推し広める. ¶→～广. ②感心する. ¶→～重zhòng.

tuī běn sù yuán【推本溯源】〈成〉もとをただし原因を究める.

tuī//bìng【推病】動 病気にかこつける.

tuī bō zhù lán【推波助澜】〈成〉波瀾を巻き起こして望ましくないことの勢いを助長する.

tuīcè【推测】動 推測する.

tuī chén chū xīn【推陈出新】〈成〉(文化遺産の継承などで)古いもののよさを新しいものに生かす.

tuī chéng xiāng jiàn【推诚相见】〈成〉誠意をもって人にあたる.

tuīchí【推迟】動(期日を)延ばす.

tuīchìlì【推斥力】名〈物〉斥力(せきりょく). 反発力.

tuīchóng【推崇】動 尊敬する. 推賞する.

tuī//chū【推出】動+方補(新製品・新番組・新政策などを)世に出す.

tuīcí【推辞】動 辞退する.

tuīdài【推戴】動〈書〉(長として)押し頂く.

tuīdǎng【推挡】名〈体〉(ボクシングで)ジャブ;(卓球で)ショート.

tuīdàng【推宕】動〈書〉ずるずる引き延ばす.

tuīdǎo【推导】動(数学・物理学などの分野で)新しい結論を導き出す.

tuī//dǎo【推倒】動+結補 押し倒す;ひっくり返す.

tuīdìng【推定】動 1 推定する. 2 推薦で決める.

tuī//dòng【推动】動+結補 推進する. 促進する. ¶～生产 / 生産を促進する.

tuīduàn【推断】動 推断する.

tuīduó【推度】動〈書〉推測する.

tuī//ēn【推恩】動〈書〉自分の愛好するものを人に恵む.

tuī ér guǎng zhī【推而广之】〈成〉押し広める;(意味を)押し広げる. 敷衍(ふえん)する.

tuī//fān【推翻】動 1 (支配・政権を)覆す. 2 (これまでの見解・計画・決定などを)覆す.

tuīfú【推服】動〈書〉感心し敬服する.

tuīgān【推杆】名〈体〉(ゴルフで)パタ

ー；パッティング.

tuīgù【推故】動 口実を設けて断る.

tuīguǎng【推广】動 押し広める. 普及させる. ¶～新产品 / 新製品を広める.

tuī héngchē【推横车】〈慣〉じゃまだてする.

tuījí【推及】動〈書〉(…まで) 押し広める. …にまで類推が及ぶ.

tuī jǐ jí rén【推己及人】〈成〉わが身に置きかえて人のことを思いやる.

tuījiàn【推见】動 推し量る.

tuījiàn【推荐】動 推薦する.

tuījiè【推介】動 紹介し推薦する.

tuī jīn sòng bào【推襟送抱】〈成〉胸襟を開いて人に接する.

tuījìn【推进】動 **1** 推し進める. **2** (戦闘中の軍隊が) 前進する.

tuījìnjì【推进剂】名(ロケットの) 推進剤.

tuījìnqì【推进器】名〈機〉プロペラ. スクリュー.

tuījiū【推究】動(道理·原因·責任などを) 突き止める.

tuījǔ【推举】 **1** 動 推挙する. **2** 名〈体〉(重量挙げの) プレス.

tuīlǐ【推理】動〈論〉推理する.

tuīlì【推力】名〈機〉推力. スラスト.

tuīlùn【推论】動〈論〉推論する.

tuīmò【推磨】動 ひき臼を回す；〈喩〉堂々めぐりをする.

tuīná【推拿】動〈中医〉按摩する.

tuīqiānqiú【推铅球】名〈体〉砲丸投げ.

tuīqiāo【推敲】動 **1** 推敲する. **2** 熟考する.

tuīqiú【推求】動(道理や意図などを) 探求する,追求する.

tuīquè【推却】動 断る. 拒絶する.

tuīràng【推让】動 辞退する.遠慮する.

tuīrén fànguī【推人犯规】名〈体〉(バスケットボールで) プッシング.

tuī sān zǔ sì【推三阻四】〈成〉あれこれと口実を設けて断る.

tuīshì【推事】名〈旧〉判事.

tuīsuàn【推算】動(既存のデータから) 算出する.

tuī tāo zuò làng【推涛作浪】→tuī bō zhù lán【推波助澜】

tuī//tóu【推头】動〈口〉バリカンで髪を刈る.

tuītǔjī【推土机】名 ブルドーザー.

tuītuisǎngsǎng【推推搡搡】動 ぐいぐい押す. 押したりこづいたりする.

tuītuō【推托】動(辞退するために) 理由をこしらえる.

tuītuō【推脱】動(責任を) 逃れる.

tuīwǎn【推挽】名〈電〉プッシュプル(方式).

tuīwěi【推诿】動(責任を) 転嫁する. ▲"推委"とも.

tuīwèn【推问】動 尋問する.審問する.

tuīxiǎng【推想】動 推測する.

tuīxiāo【推销】動 売りさばく.

tuīxiāoyuán【推销员】名 セールスマン.

tuīxiè【推卸】動(責任を) 逃れる.

tuīxiè【推谢】動 何かにかこつけ断る.

tuī xīn zhì fù【推心置腹】〈成〉誠意をもって人に当たる.

tuīxíng【推行】動(経験や方法を一般に) 押し広める.

tuīxǔ【推许】動 称揚する.

tuīxuǎn【推选】動(口頭で) 推薦して選出する.

tuīxún【推寻】→tuījiū【推究】

tuīyán【推延】動 延期する.

tuīyǎn【推演】動〈論〉推断演繹(えんえき)する.

tuīyí【推移】動 推移する.

tuīyuán【推原】動 原因を追究する.

tuīyuán【推源】動 根源を究める.

tuīzhǎn【推展】動 **1** 推進する；発展する. **2** 展示販売をする.

tuīzhī【推知】動 推論して理解する.

tuīzhòng【推重】動 推賞し高く評価する.

tuīzi【推子】名(散髪用の) バリカン.

tuīzūn【推尊】動〈書〉推戴し尊敬する.

颓 **tuí** H ①しおれる；衰える. ¶→～唐. ②(がけや構築物が) 崩れる. ¶→～垣断壁.

tuíbài【颓败】動〈書〉衰微する. 腐敗する.

tuífàng【颓放】動〈書〉やる気を失い退廃する.

tuífèi【颓废】形 退廃的である.

tuífèi zhǔyì【颓废主义】名 デカダンス.

tuífēng【颓风】名〈書〉退廃的な風潮.

tuímǐ【颓靡】形〈書〉元気がない. 振るわない.

tuípǐ【颓圮】動〈書〉崩れ倒れる.

tuírán【颓然】形〈書〉落胆している.

tuísàng【颓丧】形 元気がない. しょげている.

tuíshì【颓势】名〈書〉退勢.

tuítáng【颓唐】形〈書〉元気がない.

tuí yuán duàn bì【颓垣断壁】〈成〉崩れ落ちた塀や壁；廃墟.

tuíyùn【颓运】名〈書〉下り坂の運勢.

腿 **tuǐ** ❶名 **1** (人や動物の足首から足のつけ根までの部分) 足. [只,条;双] ¶大～ / もも. ¶前～ / 前足. **2** (～儿) (器物の) 脚. ¶桌子～儿 / 机の脚. ❷動(～儿)〈方〉歩く. ¶～儿着去 / 歩いて行く. H〈略〉ハム. ¶云～ / 雲南産のハム.

tuǐdài【腿带】名(～儿) 旧式の中国ズボンのすそをくくるひも.

tuǐdùzi【腿肚子】名〈口〉ふくらはぎ.

tuǐjiǎo【腿脚】名 足どり. 脚力.

tuǐ//kuài【腿快】形 足が速い. 行動が素早い.

tuǐ//qín【腿勤】形 足まめである.

tuǐwānzi【腿弯子】名〈方〉ひざの後ろのくぼんだ部分. ひかがみ.

tuǐwànzi【腿腕子】名 足首.

tuǐzi【腿子】名 **1**〈口〉手先. **2**〈方〉足.

退 **tuì** 動 **1** 退(しりぞ)く. ¶向后～ / 後退する. **2** (引いて)取り除く. ¶把子弹～出来 / 銃に込めてある弾を抜く. **3** (受け取ったものを)戻す. ¶把这份儿礼～了吧 / この贈り物は返しておきなさい. **4** 取り消す. ¶～合同 / 契約を取り消す. **5** (熱・水位が)下がる;(色が)落ちる. **6** 脱退する. ¶～党 / 党を抜ける.

tuì//bǎo【退保】動 保証を取り消す. 保証人をやめる.

tuìbì【退避】動〈書〉退避する. 逃げる.

tuì bì sān shè【退避三舍】〈成〉譲歩して人と争わない.

tuì//bīng【退兵】動 **1** 撤兵する. **2** 撃退する.

tuì//bù【退步】❶動 **1** (↔进步)後退する. **2** 譲歩する. ❷名(後退の)余地, ゆとり.

tuì//chǎng【退场】動 退場する.

tuì//cháo【退潮】動 潮が引く.

tuìchū【退出】動 **1** (会場から)退出する. **2** (組織・団体などから)脱退する. **3** 返却する. 戻す.

tuìcí【退磁】動(磁性体の)磁気を失わせる.

tuì//diàn【退佃】動〈旧〉地主が小作地を取り上げる.

tuìdìng【退订】動 注文を取り消す;(新聞・雑誌などの)購読を取り消す.

tuì//fáng【退房】動 チェックアウトする.

tuìgǎng【退岗】動 ポストから退く. 退職する.

tuìgēng【退耕】動 耕地を森林や草原に戻す.

tuì//gǔ【退股】動〈経〉共同出資から手を引く.

tuìguāng【退光】動 **1** つや消しをする. つやがなくなる. **2** すっかり返す.

tuìguī【退归】動〈書〉(職を)退いて故郷に帰る.

tuì//hàn【退汗】動 汗が引く.

tuìhuà【退化】動 **1** 〈生〉退化する. **2** 悪くなる. 後退する.

tuìhuán【退还】動(受け取ったものや買ったものを)返す, 戻す.

tuìhuàn【退换】動(買ったものを)取り替える.

tuìhuí【退回】動 **1** (手紙・原稿などを)返す, 戻す. **2** (道を)引き返す, 戻る.

tuì//hūn【退婚】動 婚約を解消する.

tuì//huǒ【退火】動〈機〉(金属を)焼きなます.

tuì//huǒ【退伙】動 **1** 仲間から抜ける. **2** 共同炊事・食堂から抜ける.

tuì//huò【退货】動 商品を返却する.

tuìjū【退居】動 第一線から退く;格下げになる.

tuì//kuǎn【退款】**1** 動 金を払い戻す. **2** 名 払戻金.

tuìlù【退路】名 退路;ゆとり. 余裕.

tuìluò【退落】動(大水が)引く;〈喩〉下がる. 減る.

tuìpéi【退赔】動(不正に入れた財物などを)返す, 弁償する.

tuì//piào【退票】動 **1** 切符代金の払い戻しをする〔受ける〕. **2** 小切手が不渡りになる.

tuì//pō【退坡】動(困難にぶつかり)退却しようとする;〈喩〉革命の意志が減退する. ¶～思想 / 消極的な考え方.

tuì//qīn【退亲】動 婚約を解消する.

tuìqīng【退青】動〈農〉稲の葉が緑から黄緑に変わる.

tuìquè【退却】動 **1** 〈軍〉退却する. **2** しりごみする.

tuìràng【退让】動 **1** 譲歩する. **2** よける. 避ける.

tuì//rè【退热】→tuì//shāo【退烧】

tuì//shǎi【退色】動 色があせる.

tuì//shāo【退烧】動 熱が下がる. 熱を下げる.

tuìshēnbùr【退身步儿】名 身を引く余地. 譲歩するゆとり.

tuìshì【退市】動〈経〉市場から撤退する;上場廃止になる.

tuìshǒu【退守】動 後退し守勢をとる.

tuì//shuì【退税】動 税金を払い戻す.

tuìsuō【退缩】動 しりごみする.

tuì//táng【退堂】動〈近〉(役人が)退庁する.

tuìtíng【退庭】動 法廷から退出する.

tuì//wèi【退位】動 退位する.

tuì//wǔ【退伍】動 退役する.

tuì//xí【退席】動 退席する.

tuìxíng【退行】動〈書〉退化する. 衰える.

tuìxiū【退休】動(定年または公傷により)退職する.

tuìxiūjīn【退休金】名 退職年金.

tuì//xué【退学】動 退学する. 退学させる.

tuì//yā【退押】動 抵当金や保証金を返す. ▶特に土地改革のとき, 地主から小作人に担保金を返済させたこと.

tuì//yì【退役】動 **1** 〈軍〉退役する;旧式の武器が使用されなくなる. **2** (スポーツ選手などが)現役を引退する.

tuìyǐn【退隐】動〈書〉(旧時, 官吏が)隠居する.

tuìzāng【退赃】動 盗んだ〔横領した〕金品を返す.

tuì//zhí【退职】動 退職する. 辞職する.

tuìzhì【退志】名〈書〉引退する意向.

tuìzǒu【退走】動 退却する.

tuìzū【退租】動 **1** (土地・家屋の)賃貸契約を解消する. **2** (土地・家屋その他の)借り賃を返す.

蜕 **tuì** 動 脱皮する;羽毛が生え変わる. ¶～了一层皮 / ひと皮むける.

H(蛇やセミなどの)抜け殻. ¶蛇～ / 蛇の抜け殻.

tuìbiàn【蜕变】動 **1** (人や事物が)変質する. **2** 〈物〉崩壊する.

tuìhuà【蜕化】動(人や思想が)堕落する, 変質する.

tuì//pí【蜕皮】動〈動〉脱皮する.

退 蜕 T

煺(㷟·㩻) **tuì** 動(殺した豚や鶏などに熱湯をかけて)毛を抜く. ¶～猪 / 殺した豚の毛を抜く.

褪 **tuì** 動(服を)脱ぐ;(羽毛が)抜ける;(色が)さめる. ¶～掉冬装 / 冬着を脱ぐ.
異読⇨tùn

tuì//shǎi【褪色】動 色落ちする. 色があせる.

tun (ㄊㄨㄣ)

吞 **tūn** 動 **1** のみ込む. **2** 横領する. ¶独～ / 独り占めする.
‖姓

tūnbìng【吞并】動(土地·財産·領土を)横取りする. 併吞(へいどん)する.

tūnbō【吞剥】動(不正に)占有する. 搾取する.

tūnchī【吞吃】動 **1** 丸のみにする;がつがつ食べる. **2**〈口〉横領する. 着服する.

tūnfú【吞服】動(薬を)丸のみする.

tūn//jīn【吞金】動(女性が装身具の)金(きん)を丸のみにして自殺する.

tūnmiè【吞灭】動(他国を)併吞し滅ぼす.

tūnmò【吞没】動 **1** 横領する. 着服する. **2**(洪水などが)のみ込む.

tūn//shēng【吞声】動〈書〉声をのむ. 声をしのばせる.

tūnshí【吞食】動 丸のみにする.

tūnshì【吞噬】動〈書〉丸のみする;〈喩〉併吞する. 横取りする.

tūnshì xìbāo【吞噬细胞】名〈生理〉食細胞.

tūntǔ【吞吐】動 **1** のみ込み吐き出す. 出入りする. ▶多く比喩的に用いる. **2** 口ごもる.

tūntūntǔtǔ【吞吞吐吐】形 しどろもどろである.

tūn//yān【吞烟】動 アヘンを丸のみし自殺する.

tūnyàn【吞咽】動 のみ下す.

tūn yún tǔ wù【吞云吐雾】〈成〉たばこを吸う. アヘンを吸飲する.

tūnzhàn【吞占】動 横領する.

暾 **tūn** H 出たばかりの太陽. ¶朝zhāo～ / 朝日.

屯 **tún** **1** 動〈書〉集める. 蓄える;〈転〉(軍隊が)駐屯する. **2** 名(～儿)村. ▶多く村の名に用いる.

túnbīng【屯兵】動 軍隊を駐屯させる.

túnfáng【屯防】動 駐屯して防備に当たる.

túnjī【屯积】動〈書〉蓄えておく. 買いだめする.

túnjí【屯集】→túnjù【屯聚】

túnjù【屯聚】動〈書〉(人·馬などを)集める,集合させる.

túnkěn【屯垦】動 駐屯して開墾する.

túnlǜ【屯绿】名(安徽省屯渓·歙県産の良質の)緑茶.

túnluò【屯落】名〈方〉村落. 部落.

túnshǒu【屯守】動(防衛のため)駐屯する.

túntián【屯田】動〈古〉駐屯兵〔募集された農民〕が農耕に従事する.

túnzhā【屯扎】動 駐屯する.

túnzi【屯子】名〈方〉村. 部落.

囤 **tún** 動 蓄える. 貯蔵する.
異読⇨dùn

túnjī【囤积】動 買いだめする.

túnjù【囤聚】動(物資を)買いためる,貯蔵する.

饨 **tún** →húntun【馄饨】

豚 **tún** 名〈古〉子豚;(広く)豚.

túnshǔ【豚鼠】名〈動〉モルモット. テンジクネズミ.

鲀 **tún** 名〈魚〉フグ. ▶"河豚"とも.

臀 **tún** 名〈生理〉臀部(でんぶ). 尻.

túnbù【臀部】名 臀部. 尻.

túnjiān【臀尖】名 豚の臀部の肉.

túnqí【臀鳍】名〈動〉(魚類の)尻びれ.

túnyóu【臀疣】名〈動〉猿の臀部の厚くて堅い皮.

氽 **tǔn** 動〈方〉**1**(水の上に)浮く,漂う. **2**(油で)揚げる. ¶油～馒头 / 油で揚げたマントー.

褪 **tùn** 動 **1**(着ているものを)ずり落とすように脱ぐ;(はめてあるものから)抜ける. ¶～下一只袖子 / 片肌を脱ぐ. **2**〈方〉そでの中に入れる〔隠す〕. ¶～着手 / 手をそでの中に入れている. 異読⇨tuì

tùnqù【褪去】動(服を)脱ぐ.

tùn//tàor【褪套儿】動 **1**(縛ってある縄を)はずす,抜ける. **2**(約束を)ほごにする;責任を逃れる.

tuo (ㄊㄨㄛ)

托(託) **tuō** ❶動 **1** 託す.(おかげを)被る. ¶～她修改文章 / 彼女に頼んで文章を手なおしする. **2**(手のひらや物で支えるように)載せる. ¶用棍子～住顶棚 / 天井を棒で支える. **3** 引き立てる. ¶这身衣服把她～得更加漂亮了 / この服が彼女を引き立て,いっそう美しく見せた.
❷名(～儿)トレー. 台. ¶日历～儿 / 卓上日めくりの台.
❸量(圧力の単位)トール.
H ①口実にする. ¶→～病. ②頼る. ¶→～福. ③預ける. ¶→～儿所.

tuōbì【托庇】動〈書〉(目上や有力者の)庇護(ひご)を受ける.

tuōbìng【托病】動 病気を口実にする.

tuōcí【托词·托辞】**1** 動 口実をつくる. **2** 名 口実.

tuōdà【托大】動〈書〉おごり高ぶる;油断する.

tuō'érfèi【托儿费】[名] 託児(補助)費.
tuō'érsuǒ【托儿所】[名] 託児所. 保育所.
tuō//fú【托福】〈套〉おかげさまで.
tuōfú【托福】[名]〈商標〉トーフル. TOEFL.
tuōfù【托付】[動](世話や始末を)頼む.
tuōgū【托孤】[動]〈書〉(多く君主が下臣に死に臨んで)子供を託す.
tuōgù【托故】[動] 口実を設ける.
tuōguǎn【托管】[動] **1** 信託統治する. **2**(国有企業を)委託を受け経営する.
tuōguǎndì【托管地】[名] 信託統治地域.
tuōjí【托疾】[動]〈書〉病を口実にする.
tuōjià【托架】[名]〈建〉腕木;張り出し棚.
tuōkào【托靠】[動] 頼りにする.
tuōlāsī【托拉斯】[名]〈経〉トラスト.
tuōlǎosuǒ【托老所】[名] 老人ホーム.
tuō ménzi【托门子】つてを探して頼み込む.
tuō//mèng【托梦】[動] 夢枕に立つ.
tuōmíng【托名】[動] 他人の名をかりる.
tuō'ǒu【托偶】[名](棒で動かす)操り人形.
tuōpán【托盘】[名] 盆. トレー.
tuōqiāng【托腔】[動]〈劇〉歌声に合わせ伴奏する.
tuōr【托儿】[名]〈俗〉(引っかけ詐欺の)さくら.
tuō rénqíng【托人情】情実で頼む. ▶"托情"とも.
tuōshēn【托身】[動]〈書〉身を寄せる.
tuōshēng【托生】[動] 転生する.
tuōshú【托熟】[動] なれなれしくする.
tuōyè【托叶】[名]〈植〉托葉(たくよう).
tuōyòu【托幼】[名] 保育所と幼稚園.
tuōyùn【托运】[動] 託送する.
tuōzi【托子】[名] 台. 下敷き.
tuōzú【托足】[動]〈書〉身を寄せる. 足場にする.

饦 tuō →bótuō【饽饦】

拖 tuō [動] **1** (時間・期限を)引き延ばす;(処理を)遅らせる. ¶把问题～来～去 / のらりくらりと問題の解決をしない. **2** ひきずる. 引っぱる;(モップで床を)ふく. ¶～腿走回家去 / 足を引きずりながら家へ帰った. **3**(後ろに)垂らす,垂れる. ¶～着辫子 / おさげを垂らしている. ‖[姓]

tuōbǎ【拖把】[名](床をふく)モップ.
tuōbó【拖驳】[名](タグボートに引かれる)はしけ.
tuōbù【拖布】→tuōbǎ【拖把】
tuō//cháng【拖长】[動+結補] 長引く. 長引かす.
tuōchē【拖车】[名] トレーラー.
tuōchí【拖迟】→tuōyán【拖延】
tuōchuán【拖船】[名] 引き船. タグボート(に引かれる木船).
tuōdài【拖带】[動] 牽引する;足手まといになる.
tuōdàng【拖宕】[動]〈書〉延期する.
tuōdòng【拖动】[動]〈電算〉ドラッグする.
tuōdǒu【拖斗】[名](多く小型で日覆いのない)トレーラー.
tuō ér dài nǚ【拖儿带女】〈成〉子供を連れていて生活や行動などが不自由である.
tuō hòutuǐ【拖后腿】〈慣〉足を引っ張る.
tuōlā【拖拉】[動] **1** ずるずる引き延ばす. **2**〈電算〉→tuōdòng【拖动】
tuōlājī【拖拉机】[名] トラクター.
tuōlěi【拖累】[動] 足手まといになる.
tuōlún【拖轮】[名] タグボート.
tuō ní dài shuǐ【拖泥带水】〈成〉(話・文章・仕事ぶりが)だらだらとしてすっきりしない.
tuōqiàn【拖欠】[動] 返済・支払いを遅らせる.
tuōqiāng【拖腔】[動](伝統劇で)ある一文字を長く引いて歌う.
tuōtà【拖沓】[形](やり方が)だらだらとしている.
tuō//táng【拖堂】[動](教師が)授業を引き延ばす.
tuōwǎng【拖网】**1** [動] 網をひく. **2** [名] トロール網.
tuō wěiba【拖尾巴】〈慣〉足を引っ張る.
tuōxié【拖鞋】[名] スリッパ.
tuōyán【拖延】[動] 引き延ばす.
tuōyè【拖曳】[動] **1**〈書〉牽引する. **2** →tuōdòng【拖动】

脱 tuō [動] **1** 脱ぐ. ¶～鞋 / 靴を脱ぐ. **2**(髪の毛などが)抜ける. (皮膚が)むける. ¶～皮 / 皮がむける. **3**(文字を)書き落とす. [H] 脱する. 逃れる. ¶摆～ / 抜け出す. ‖[姓]

tuō//bǎ【脱靶】[動](射撃で)的を外す.
tuō//bān【脱班】[動](勤めに)遅刻する;(バス・汽車・定期便などが)延着する.
tuō//chǎn【脱产】[動]〈略〉(ほかの仕事のため一時)生産現場を離れる.
tuō//chū【脱出】[動+方補] 抜け出す.
tuō//dǎng【脱党】[動] 離党する.
tuōdàng【脱档】[動](商品が)品切れになる.
tuōfà【脱发】[動]〈医〉脱毛症になる.
tuō//gāng【脱肛】[動]〈医〉脱肛する.
tuō//gǎng【脱岗】[動] 持ち場を離れる;(一時)職場を離れる.
tuō//gǎo【脱稿】[動] 脱稿する.
tuō//gōu【脱钩】[動] 連結器をはずす;〈喩〉つながりを断つ.
tuō//guǐ【脱轨】[動](汽車や電車が)脱線する;〈喩〉(言葉や表現・感覚などが)ずれている.
tuō//huò【脱货】[動] 品切れになる.
tuōjī【脱机】[名]〈電算〉オフライン.
tuō jiāng zhī mǎ【脱缰之马】〈成〉

制御のきかない事物. 束縛されない人.
tuō//jiāo【脱胶】動(にかわ質・ゴムなどが)はげ落ちる；にかわ質を抜く.
tuō//jié【脱节】動 連結部が外れる；〈喩〉関連を失う；ちぐはぐになる.
tuō//jiù【脱臼】動〈医〉脱臼する.
tuōkǒu【脱口】動 思わず口にする.
tuō kǒu chéng zhāng【脱口成章】〈成〉考えないで口から出た言葉がそのまま文章になる.
tuō kǒu ér chū【脱口而出】〈成〉よく考えないで言う.
tuōkǒuxiù【脱口秀】名 トークショー.
tuō//kòu【脱扣】動 ねじが緩む. ねじが緩んで抜ける.
tuō//kùn【脱困】動 苦境を脱する.
tuōlǎn【脱懒】動(～儿)怠ける.
tuōlí【脱离】動 離れる. 抜け出す. (関係を)断つ. ¶～危险 / 危険な状態を脱する.
tuō//lì【脱粒】動〈農〉脱穀する.
tuōlòu【脱漏】動(文字が)抜ける.
tuōluò【脱落】動 抜け落ちる. はげる. ¶牙齿～ / 歯が抜ける.
tuōlüè【脱略】動〈書〉**1** 束縛されない. **2**(字句が)脱落する.
tuō//máng【脱盲】動〈略〉非識字者でなくなる.
tuō//máo【脱毛】動(鳥や獣の)羽や毛が抜ける. 羽や毛が抜け替わる.
tuōmǎo【脱卯】動(枘^{ほぞ}が)枘穴^{ほぞあな}から抜ける.
tuōmào【脱帽】動 脱帽する.
tuō//pī【脱坯】動 型で土れんがを作る.
tuō//pí【脱皮】動(皮膚の)皮がむける；脱皮する；〈喩〉ひどい目にあう.
tuōpín【脱贫】動 貧困から抜け出す.
tuō//pō【脱坡】動〈水〉(堤防の)斜面が崩れ落ちる.
tuō//qī【脱期】動(雑誌・書籍などの出版が)予定の期日に遅れる.
tuō//qiào【脱壳】動(昆虫が)脱皮する.
tuō//sè【脱色】動 **1** 色が落ちる. **2** 脱色する.
tuō//sè【脱涩】動(カキの)渋を抜く.
tuō//shēn【脱身】動(～儿)抜け出す.
tuō//shǒu【脱手】動 **1** 手から離れる. **2**(商品を)手離す.
tuō//shuǐ【脱水】動 **1**〈医〉脱水症状になる. **2**〈化〉脱水する. **3**〈方〉(水田が)渇水する.
tuōsú【脱俗】形 俗気がない. あかぬけしている.
tuōsǔn【脱榫】→tuōmǎo【脱卯】
tuō//tāi【脱胎】動 **1**(漆器製造法の一)泥や木で作った型に漆を何度も塗って乾かしたのち,型を抜きとる. **2**〈喩〉生まれ変わる. 焼き直す.
tuō tāi huàn gǔ【脱胎换骨】〈成〉心を入れ替えて真人間に生まれ変わる.
tuōtáo【脱逃】動 脱走する. 逃げ出す.
tuōtǐ【脱体】動 体から離れる.
tuōtù【脱兔】名 逃げるウサギ；〈喩〉素早く駆け出すこと.
tuō//wèi【脱位】→tuō//jiù【脱臼】
tuōwù【脱误】名 脱字と誤字.
tuō//xiǎn【脱险】動 危険な状態から抜け出す. ¶虎口～ / 危機を脱する.
tuō//xiāo【脱销】動 品切れになる.
tuō//xiào【脱孝】動〈書〉(喪が明けて)喪服を脱ぐ.
tuōxiè【脱卸】動(責任を)逃れる.
tuō//yán【脱盐】動 土壌中の過剰な塩分を取り除く.
tuō//yǎng【脱氧】動〈冶〉脱酸をする.
tuōyǎng hétáng hésuān【脱氧核糖核酸】名〈生化〉デオキシリボ核酸. DNA.
tuōyè【脱页】動〈印〉ページが抜け落ちる.
tuōyīwǔ【脱衣舞】名 ストリップダンス.
tuō yǐng ér chū【脱颖而出】〈成〉才能がある人は自然と頭角を現す.
tuōyǔ【脱羽】動〈動〉(鳥類の)羽が抜け替わる.
tuō//zhī【脱脂】動 脱脂する.
tuōzhīmián【脱脂棉】名 脱脂綿.
tuōzhī shābù【脱脂纱布】名 ガーゼ.

驮 **tuó** 動(多く家畜が)背負う. 異読⇨duò
tuójiào【驮轿】名〈旧〉(北方で用いられた)前後2頭のラバに担がせるかご.
tuómǎ【驮马】名 荷を背負わせる馬.

陀 **tuó** O ‖ 姓
tuóluó【陀螺】名 こま.

坨 **tuó** **1** 動(うどんなどが)のびる, くっついてひとかたまりになる. **2** 量 かたまりになったものを数える. ¶一～泥 / ひとかたまりの泥.
H ①かたまり・ひと山になったもの. ¶粉～儿 / でんぷんのかたまり. ② 地名用字. "黄沙坨"は遼寧省にある地名.
tuózi【坨子】名 かたまり・ひと山になったもの. ¶泥～ / 泥のかたまり.

沱 **tuó** 名〈方〉船をとめる入り江. ▶多く地名に用いる.
tuóchá【沱茶】名(雲南省産の茶の一種)葉を押し固めて平たい碗のような形にした茶.

驼 **tuó** **1** 名〈動〉ラクダ. **2** 動 背中が曲がる. ¶背有些～ / 背中が少し曲がっている.
tuóbèi【驼背】名 猫背.
tuófēng【驼峰】名 **1** ラクダのこぶ. **2**〈交〉操車場のハンプ.
tuólíng【驼铃】名 ラクダの首につるす鈴.
tuólù【驼鹿】名〈動〉オオジカ. ヘラジカ.
tuómáoní【驼毛呢】名 キャメル. ラクダの毛織物.
tuóróng【驼绒】名 ラクダの毛(で織ったラシャ).
tuósè【驼色】名 ラクダ色.
tuóyuán【驼员】名 ラクダ使い.
tuózi【驼子】名〈口〉猫背の人.

柁 tuó 名 家の梁(はり).

砣 tuó 1 名 竿ばかりの分銅；ひき臼のローラー. 2 動“砣子”(回転砥石)で玉器を仕上げる.

鸵 tuó ❍

tuóniǎo【鸵鸟】名〈鳥〉ダチョウ.

tuóniǎo zhèngcè【鸵鸟政策】名〈喩〉現実を直視しない政策.

酡 tuó H (酒を飲んで)顔が赤くなるさま. ¶～然 / 陶然とする.

跎 tuó →cuōtuó【蹉跎】

橐(槖) tuó 擬《足音・靴音》こつこつ. とんとん.
H 袋の一種.

tuótuó【橐驼】名〈書〉〈動〉ラクダ.

鼍(鼉) tuó 名〈動〉ヨウスコウワニ.

妥 tuǒ 形 1 適切である. 妥当である. ¶处理chǔlǐ不～ / 処理が不適切だ. 2 (補語に用い)(物事が)まとまる,片付く. ¶谈～了 / 話がまとまった. ‖ 姓

tuǒbiàn【妥便】形 適切で都合がよい.

tuǒdang【妥当】形 適切である. 妥当である.

tuǒkào【妥靠】形 確実で信頼できる.

tuǒshàn【妥善】形 適切である. 妥当である. 穏当である. ¶～处理 / 適切に処理する.

tuǒshí【妥实】形 確かである. 信用できる.

tuǒtiē【妥帖】形 適切である.

tuǒwéi【妥为】副〈書〉よろしく(…する). 手ぬかりなく(…する).

tuǒxié【妥协】動 妥協する.

庹 tuǒ 量 左右に伸ばした両手の間の長さ：尋(ひろ). ¶买两～丝带 / リボンを2尋買う. ‖ 姓

椭(橢) tuǒ❍

tuǒlǜ【椭率】名〈数〉楕円(だえん)率.

tuǒmiàn【椭面】名〈数〉楕円面.

tuǒyuán【椭圆】名 楕円(形).

tuǒyuántǐ【椭圆体】名〈数〉楕円体.

拓 tuò H (土地や道路を)開く. ¶开～ / 開拓する. ‖ 姓 異読⇨tà

tuòhuāng【拓荒】動〈書〉開墾する. 開拓する.

tuòkuān【拓宽】動 幅を広げる.

tuòpū jiégòu【拓扑结构】名〈電算〉(ネットワークの)トポロジー構造.

tuòpūxué【拓扑学】名〈数〉トポロジー.

tuòxiāo【拓销】動〈経〉販路を開拓する.

tuòzhǎn【拓展】動 開拓し広げる.

柝(欜) tuò 名〈書〉(昔の夜回り用の)拍子木.

萚(蘀) tuò H 草木から脱落した皮・葉.

唾 tuò H ①唾液. ¶→～沫mo. ②つばを吐く. ¶→～手可得. ③つばを吐いて卑しむ. ¶→～弃.

tuòmà【唾骂】動 口汚くののしる.

tuò miàn zì gān【唾面自干】〈成〉侮辱を受けてもじっと我慢する.

tuòmo【唾沫】名〈口〉つば. [口] ¶吐～ / つばを吐く.

tuòmo xīngzi【唾沫星子】名 つばのしぶき.

tuòqì【唾弃】動 唾棄(だき)する.

tuò shǒu kě dé【唾手可得】〈成〉非常にたやすく手に入れられる.

tuòyè【唾液】名〈書〉〈生理〉唾液.

tuòyèxiàn【唾液腺】名〈生理〉唾液腺. ▶“唾腺”とも.

tuòyú【唾余】名〈書〉〈喩〉他人の取るに足りない意見や言葉.

箨(籜) tuò 名〈書〉タケノコの皮.

アルファベットの混じったことば

TEU yùnshū【TEU运输】名 標準コンテナ輸送.

T línbā xìbāo【T淋巴细胞】名〈医〉T細胞.

TT xíng réncái【TT型人才】名 TT型人材. ▶“T型人才”としての条件を備えると同時に,さらにもう一つの専門分野に通じる人材.

T xìbāo【T细胞】→T línbā xìbāo【T淋巴细胞】

T xíng réncái【T型人才】名 T型人材. ▶幅広い教養と,ある特定の分野について専門知識を持つ人材.

T xíng wǔtái【T型舞台】名(ファッションショー用などの) T型舞台.

T xù(shān)【T恤(衫)】名 Tシャツ.

W

wa (ㄨㄚ)

凹 wā 〖洼wā〗に同じ. 異読⇨āo

挖 wā 動 掘る；ほじくり出す. ¶～个坑 / 穴を掘る. ¶～隐藏的犯人 / 隠れている犯人を探し出す.

wābǔ【挖补】動 悪いところを取って新しいものを補う.

wāfāng【挖方】名〈建〉(工事で)掘る土や石の量.

wā//gēnr【挖根儿】動 1 根を掘り出す. 根こそぎにする. 2 →wā gēnzi【挖根子】

wā gēnzi【挖根子】〈慣〉1 根本原因を究明する. 2 根絶やしにする.

wājué【挖掘】動 掘り出す. 掘り起こす. ¶～潜力 / 潜在力を掘り起こす.

wājuéjī【挖掘机】名〈機〉掘削機.

wā kōng xīn sī【挖空心思】〈成〉〈貶〉ない知恵を絞る.

wāku【挖苦】動 皮肉を言う. いやが

らせを言う.

wā mén nòng jǐng【挖门弄景】〈成〉もったいないことをする.

wāníchuán【挖泥船】名 浚渫(しゅんせつ)船.

wāqián【挖潜】動 潜在力を掘り起こす. ▶"挖潜力"とも.

wā qiángjiǎo【挖墙脚】〈慣〉屋台骨をぐらつかせる.

wā qiónggēnr【挖穷根儿】〈慣〉貧乏の根を断つ.

wā ròu bǔ chuāng【挖肉补疮】〈成〉その場しのぎのまずい手をうつ.

wātǔjī【挖土机】名〈俗〉掘削機.

哇 **wā** 擬《泣き声》わあ;《吐く音》げえ. 異読⇒wa

wālā【哇啦·哇喇】擬《人の騒ぐ声》がやがや. わいわい.

洼 **wā** 1 名(～儿)くぼみ. 低地. 2 形 くぼんでいる.

wādì【洼地】名 くぼ地. 低地.

wāxiàn【洼陷】形(地面が)くぼんでいる.

蛙 **wā** 名〈動〉カエル. ▶口語では"青蛙".

wārén【蛙人】名 潜水夫.

wāyǒng【蛙泳】名〈体〉平泳ぎ.

娃 **wá** 名 1 (～儿)子供. 2〈方〉動物の子.

wáwa【娃娃】名 1 赤ん坊;小さな子供. 2 人形.

wáwaliǎn【娃娃脸】名(～儿)子供っぽい顔. 童顔.

wáwaqīn【娃娃亲】名(幼時に)親同士が決めた縁談.

wáwashēng【娃娃生】名(伝統劇などの)子役.

wáwayú【娃娃鱼】名〈動〉サンショウウオ.

wázi【娃子】名 1〈方〉子供. 2〈方〉動物の子. 3〈旧〉(少数民族地区の)奴隷.

瓦 **wǎ** 1 名 瓦. [块,片] 2 量〈電〉ワット. ▶"瓦特"の略.
H 素焼き(の). ¶～盆/素焼きの鉢. ‖ 姓 異読⇒wà

wǎchár【瓦碴儿】名 瓦のかけら. 土器のかけら.

wǎdāng【瓦当】名〈古〉瓦当(がとう).

wǎfáng【瓦房】名 瓦ぶきの家.

wǎ fǔ léi míng【瓦釜雷鸣】〈成〉才能も人徳もない人が一時大いに幅をきかせる.

wǎgōng【瓦工】名 左官(の仕事).

wǎhuī【瓦灰】形 濃いねずみ色である.

wǎjiang【瓦匠】名 左官.

wǎjiě【瓦解】動 瓦解する〔させる〕. 崩壊する〔させる〕.

wǎlán【瓦蓝】形 濃い青色である.

wǎléng【瓦楞】→wǎlǒng【瓦垄】

wǎléng tiěpí【瓦楞铁皮】名 波形トタン.

wǎléngzhǐ【瓦楞纸】名 段ボール.

wǎléngzi【瓦楞子】名〈貝〉アカガイ.

wǎlì【瓦砾】名 瓦礫(がれき).

wǎliàng【瓦亮】形 非常に光沢がある. ぴかぴか光る.

wǎlǒng【瓦垄】名(～儿·～子)屋根瓦の波形の部分.

wǎquān【瓦圈】名(自転車などの)車輪のリム.

wǎquán【瓦全】動(↔玉碎)節操なくただ生き長らえる.

wǎshè【瓦舍】名 瓦ぶきの家.

wǎshí【瓦时】量〈電〉ワット時.

wǎsī【瓦斯】名 ガス.

wǎtè【瓦特】量〈電〉ワット.

wǎtóu【瓦头】名 軒瓦の先端部.

佤 **wǎ**

Wǎzú【佤族】名(中国の少数民族)ワ(Wa)族.

瓦 **wà** 動(屋根の)瓦をふく. ¶～瓦 wǎ/瓦をふく. 異読⇒wǎ

wàdāo【瓦刀】名 左官の鏝(こて).

袜(襪) **wà** H 靴下. ¶裤～/パンティーストッキング.

wàdài【袜带】名(靴下の)ガーター.

wàdǐ【袜底】名(～儿)靴下の底.

wàkǒu【袜口】名 靴下の上端.

wàtào【袜套】名(～儿)1 (足首までの短い)ソックス. 2 (靴下の上からはく)布製の靴下カバー.

wàtǒng【袜筒】名(～儿)靴下のくるぶしより上の部分.

wàzi【袜子】名 靴下. [双;只]

腽 **wà**

wànà【腽肭】形〈書〉太っている.

wànàqí【腽肭脐】名〈中薬〉オットセイの陰茎と睾丸(こうがん). ▶強壮剤になる.

wànàshòu【腽肭兽】名〈動〉オットセイ. ▶"海狗"とも.

哇 **wa** 助"啊a"が前のu,ao,ouの音に影響されてできた音を表記する字. ¶你别哭～/泣かないで. 異読⇒wā

wai(ㄨㄞ)

歪 **wāi** 1 形 1 ゆがんでいる. 傾いている. ¶领带～了/ネクタイが曲がっている. 2 よこしまである. ¶心眼儿～/心がゆがんでいる.
2 動 1 傾ける. ゆがめる. ¶～着头…/首をかしげて…. 2 寝そべる.

wāicái【歪才】名 悪知恵. 悪だくみ.

wāichán【歪缠】動 からむ. 言いがかりをつける.

wāi dǎ zhèng zháo【歪打正着】〈成〉まぐれ当たりをする.

wāidào【歪道】名(～儿)不正な手段. 邪道;悪だくみ.

wāidiǎnzi【歪点子】名 悪だくみ.

wāifēng【歪风】名 よくない風潮. 不正なやり方.

wāihuà【歪话】名 素直でない言葉.

wāihuò【歪货】名〈罵〉あばずれ.

wāilǐ【歪理】名 へ理屈.

wāi mén xié dào【歪门邪道】〈成〉まともでない道. よこしまな考え.

wāi qī niǔ bā【歪七扭八】⇀ **wāiwāiniǔniǔ**【歪歪扭扭】

wāiqū【歪曲】動 歪曲する.（事実や内容を）ゆがめる.

wāi//rén【歪人】**1** 動 人の言ったことを歪曲する. **2** 名 横柄な人.

wāishī【歪诗】名 たわむれに書いた下手な詩.

wāiwāidǎodǎo【歪歪倒倒】形（～的）ふらふらして安定しない.

wāiwāiniǔniǔ【歪歪扭扭】形（～的）曲がりくねっている.

wāixié【歪斜】形 ゆがんでいる. 傾いている.

wāizuǐ héshang【歪嘴和尚】〈慣〉中央や上部の政策を歪曲して不正を働く幹部・役人.

㖞（喎） **wāi** 形（口が）ゆがんでいる. ¶→～斜xié.

wāixié【㖞斜】形（口や目が）ゆがんでいる. 曲がっている.

崴（跮） **wǎi 1** 形（山道が）でこぼこである. **2** 動（足首を）捻挫(ねんざ)する, くじく. **3** 地名用字. ¶海参Hǎishēn～ / ウラジオストック. 異読⇨wēi

wǎizi【崴子】名〈方〉山・川・海の曲がったところ. ▶多く地名に用いる.

外 **wài 1** 方位（↔内, 里）外. ¶窗～ / 窓の外. ¶从里向～推 / 内から外へ押す. **2** 名（伝統劇の）男性の老け役.

H ①よその；外国の. ¶→～宾. ②母方の. 姉妹・娘の嫁ぎ先の. ¶→～祖母. ③よそよそしい. ¶见～ / よそよそしくする. ④ほかに. ¶→～加. ⑤正式でない. ¶→～号.

wàibàn【外办】名〈略〉外国との連絡や交渉・接待にあたる部門.

wàibì【外币】名 外貨.

wàibian【外边】方位 **1**（～儿）外（側）. 表（面）. ¶～很冷 / 外は寒い. **2** よそ. 外地.

wàibiǎo【外表】名（物事の）うわべ. 表面；（人の）外見. 風貌.

wàibīn【外宾】名 外国からの客.

wàibù【外部】方位 外部；外側. 表面.

wàibù dǒngshì【外部董事】名〈経〉社外取締役.

wàibù【外埠】名（居住地以外の）よその都市.

wàicái【外财】名 正規外の収入.

wàicéng【外层】名 外側の層. ¶～空间 /（大気圏外の）宇宙空間.

wàichāi【外差】名 外回りの仕事.

wàicháng【外场】形 交際上手である. 如才がない.

wàichǎng【外场】名〈体〉（野球などで）外野.

wàichāo【外钞】名 外国紙幣.

wàichén【外臣】名〈旧〉外国の使臣.

wàichéng【外城】名 内城の外側の城郭.

wàichū【外出】動 公用で外出する.

wàichūxuè【外出血】名〈医〉外出血.

wàichuán【外传】動 外部に漏らす. ⇨**wàizhuàn**

wàicún【外存】名〈電算〉〈略〉外部メモリ. ▶"外存储器"の略.

wàidài【外带】**1** 名〈俗〉タイヤ. **2** 接続〈口〉そのうえ.

wàidào【外道】名〈仏〉外道(げどう).

wàidao【外道】形 他人行儀である.

wàidí【外敌】名 外敵.

wàidì【外地】名（↔本地）よその土地；（都市からいう）地方.

wàidiàn【外电】名 外電.

wàidiào【外调】動 **1**（人事関係の審査などで）よそに行って調べる. **2**（物資や人員を）よそに移す.

wàidúsù【外毒素】名〈医〉（菌の）体外毒素.

wài'ěr【外耳】名〈生理〉外耳.

wài'ěrmén【外耳门】名〈生理〉耳の穴.

wàifān【外藩】名〈史〉（封建時代に）領地を有していた諸王・諸侯, またその領地.

wàifǎng【外访】動 海外を訪問する.

wàifēnmì【外分泌】名〈生理〉外分泌.

wàifū【外稃】名〈植〉花穎(かえい).

wàifū【外敷】動（薬を）塗布する.

wàigǎn【外感】名〈中医〉（風邪や暑気あたりなど）外気の変化による疾病.

wàigōng【外公】名 母方の祖父.

wàigōng【外功】名（～儿）筋肉・骨・皮膚を鍛練する武術・気功の一種.

wàiguān【外观】名 外観. 外見.

wàiguó【外国】名 外国.

wàihǎi【外海】名 陸から離れた海域. 遠海.

wàiháng【外行】**1** 形 経験がない. 素人である. **2** 名 素人.

wàihào【外号】名（～儿）あだ名.

wàihuà【外话】名〈方〉他人行儀な話.

wàihuái【外踝】名〈生理〉外側のくるぶし.

wàihuánxiàn【外环线】名 外環状線.

wàihuàn【外患】名 外国からの侵略. ¶内忧～ / 内憂外患.

wàihuì【外汇】名〈経〉外国為替；外貨.

wàihuó【外活】名（～儿）〈口〉（工場や手工業者が請う）本職以外の仕事；（家庭の主婦などの）手内職.

wàihuò【外货】名 外国製品.

wàihuò【外祸】⇀ **wàihuàn**【外患】

wàijí【外籍】名 外国籍.

wàijìshēng【外寄生】名〈生〉外部寄生.

wàijiā【外加】**1** 動 ほかに加える. **2** 接続 そのうえ.

wàijiā【外家】名 **1** 母方の祖父母の家. **2**〈方〉妻の実家. **3**〈書〉しゅうと・しゅうとめの家.

wàijià【外嫁】動 外国〔よその土地〕に嫁ぐ.

wàijiān【外间】名 **1**（～儿）直接外と出入りできる部屋. **2**〈書〉外部.

wàijiāo【外交】名 外交.
wàijiāobù【外交部】名 外交部. 外務省.
wàijiǎo【外角】名〈数〉外角.
wàijiào【外教】名 外国人教師；外国人コーチ〔監督〕.
wàijiēyuán【外接圆】名〈数〉外接円.
wàijiè【外界】名 外界. 外部；局外.
wàijiè【外借】動 貸し出す；(よそから)借りる.
wàijǐng【外景】名〈撮〉〈劇〉野外シーン. オープンセット.
wàijìng【外径】名〈機〉外側の直径.
wàijiù【外舅】名〈書〉妻の父.
wàikē【外科】名〈医〉外科.
wàiké【外壳】名(外側を囲む)殻,枠.
wàiké chéngxù【外壳程序】名〈電算〉シェルプログラム.
wàikè【外客】名 あまり親しくない客.
wàikōng【外空】名(大気圏外の)宇宙.
wàikòu【外寇】名 侵略者. 侵略軍.
wàikuài【外快】名 正規外の収入.
wàilái【外来】形 外来の. よそから来た.
wàiláigōng【外来工】名 よその土地から来た出稼ぎ労働者.
wàiláihù【外来户】名 よそ者.
wàiláimèi【外来妹】名 よその土地から出稼ぎに来た若い女性.
wàiláiyǔ【外来语】名〈語〉外来語.
wàilì【外力】名〈物〉外力；(広く)外部からの力.
wàiliú【外流】動(人や資産が)流出する.
wàilù【外路】形 よその. よそから来た.
wàilù【外露】動 外に現れる. あらわになる.
wàilún【外轮】名 外国籍の船舶.
wàimài【外卖】動(レストランの料理などを)持ち帰り〔おみやげ〕用に売る.
wàimào【外贸】名〈略〉〈経〉外国貿易.
wàimào【外貌】名 外観. 見ため.
wàimiàn【外面】名(～儿)外表；外側. ¶这座楼房看～很漂亮 / この建物は外観が美しい.
wàimian【外面】方位(～儿) **1** 外. 外側. **2** よその土地.
wàimiànr guāng【外面儿光】〈慣〉見てくれがよい.
wàinǎo【外脑】名(外部から招いた)人材,スタッフ. 外国の人材.
wàipēicéng【外胚层】名〈生理〉外胚葉(がいはいよう).
wàipí【外皮】名(～儿)外皮；カバー；〈転〉(物事の)表面.
wàipìn【外聘】動 外部から招聘(しょうへい)する.
wàipó【外婆】名 母方の祖母.
wàiqī【外戚】名〈史〉皇帝の母や妻の親戚. 外戚(がいせき).
wàiqǐ【外企】名〈略〉外国企業.
wàiqi【外气】形〈方〉遠慮深い. よそよそしい.
wàiqiàn【外欠】名 **1** 他人からの借り；他人に対する貸し. **2**(不足金額としての)残金.
wài qiáng zhōng gān【外强中干】〈成〉見かけは強そうだが内実はもろくて弱い. 見かけ倒し.
wàiqiáo【外侨】名 居留外国人.
wàiqín【外勤】名(軍や機関・企業などの)外勤. 外回り(をする人).
wàiqīng【外倾】**1** 名〈心〉外向性. **2** 動 外側へ傾く.
wàiquān【外圈】名〈体〉(トラックの)アウトコース.
wàirén【外人】名 **1** 縁もゆかりもない人. 他人. 部外者. **2** 外国人.
wàishāng【外伤】名〈医〉外傷.
wàishāng【外商】名 外国商人.
wàishè【外设】名〈電算〉周辺機器.
wàishèn【外肾】名〈中医〉人間の睾丸(こうがん).
wàishēngzhíqì【外生殖器】名(哺乳類の)外部生殖器.
wàishěng【外省】名 ほかの省.
wàishěngrén【外省人】名 ほかの省の人；(台湾で)1949年前後に中国大陸から渡ってきた人.
wàisheng【外甥】名 **1** 姉妹の息子. 甥(おい). **2**〈方〉娘の息子. 外孫.
wàishengnǚ【外甥女】名 **1**(～儿)姉妹の娘. 姪(めい). **2**〈方〉娘の娘. 孫娘. ▶"外孙女"とも.
wàishǐ【外史】名 外史.
wàishì【外事】名 **1** 外交事務. 渉外事務. **2** 自分に関係のない事.
wàishì【外室】名〈書〉妾宅(しょうたく). 妾(めかけ).
wàishǒu【外手】名(～儿)車や機械を運転する場合の右側.
wàishuǐ【外水】→**wàikuài**【外快】
wàisù【外宿】動 外泊する.
wàisūn【外孙】名(～子)娘の生んだ男の子.
wàisūnnǚ【外孙女】名(～儿)娘の生んだ女の子.
wàitāi【外胎】名 タイヤ.
wàitáo【外逃】動(海外やよそへ)逃亡する.
wàitào【外套】名(～儿) **1** オーバーコート. **2** ジャケット. [件]
wàitīngdào【外听道】名〈生理〉外耳道.
wàitou【外头】方位 外. 表；外側.
wàiwéi【外围】名 まわり. 周囲.
wàiwéisài【外围赛】名〈体〉地域予選.
wàiwéi zǔzhī【外围组织】名 外郭団体.
wàiwén【外文】名 外国語；外国語で書かれた文章や文字.
wàiwū【外屋】名(二間続きの部屋で)直接外に通じる部屋. 外側の部屋.
wàiwǔ【外侮】名 外からの侵略と圧迫.
wàiwù【外务】名 **1** 本職以外の仕事. **2**(国際間の)外交事務.
wàiwù【外骛】動〈書〉本分以外の仕事をする；一事に専念しない.
wàixián【外弦】名〈音〉(胡弓などの)

外 W

外側の細い弦.

wàixiàn【外县】名 自分の住む省内の他県;〈旧〉(省府の住民から見て)省府以外の地.

wàixiàn【外线】名 **1** 電話の外線. **2**〈軍〉敵を包囲する形の戦線.

wàixiāng【外乡】名 よその土地. 他郷.

wàixiàng【外向】形 **1**(性格が)外向的である. **2**(経済が)対外的である.

wàixiàng【外项】名〈数〉外項.

wàixiāo【外销】動〈経〉外販する. 輸出する.

wàixīn【外心】名 **1** 心変わり. 浮気心. **2**〈数〉外心.

wàixīngrén【外星人】名 異星人.

wàixíng【外形】名 外形. 外観.

wàixìng【外姓】名 異姓(の者).

wàixū【外需】名〈経〉外需.

wàiyān【外烟】名 外国製たばこ.

wàiyán【外延】名〈論〉外延.

wàiyàn【外焰】名〈化〉外炎. 酸化炎.

wàiyáng【外扬】動 外に向かって広める.

wàiyáng【外洋】名 **1** 外洋. 遠洋. **2**〈旧〉外国. 海外. **3**〈旧〉外国の貨幣.

wàiyī【外衣】名 **1** 上着. コート. [件] **2**〈喩〉仮面. ベール.

wàiyì【外溢】動 **1** 外へあふれる. **2**(資金・富が)外へ流出する.

wàiyīn【外因】名〈哲〉外的な原因.

wàiyīn【外阴】名〈生理〉外陰. 陰門.

wàiyòng【外用】動〈薬〉外用する.

wàiyǔ【外语】名 外国語.

wàiyù【外域】名〈書〉外国.

wàiyù【外遇】名〈婉〉不倫相手.

wàiyuán【外援】名 **1** 外国からの援助. **2**〈体〉(チーム内の)外国人選手. 助っ人外国人.

wài yuán nèi fāng【外圆内方】〈成〉うわべは人当たりがよいが, 芯(しん)はしっかりしている.

wàiyuàn【外院】名(表門を入ってすぐにある)外庭.

wàizài【外在】形 外在している.

wàizhái【外宅】名 **1** 家の外庭. **2** 妾宅(しょうたく).

wàizhài【外债】名〈経〉外債.

wàizhǎng【外长】名〈略〉外務大臣.

wàizhǎor【外找儿】名〈口〉本職以外の収入.

wàizhào【外罩】名(〜儿) **1** 上っ張り. (子供の)遊び着. **2** 覆い. カバー.

wàizhì【外痔】名〈医〉外痔核.

wài zhuǎn nèi【外转内】〈経〉輸出用の品物を国内に転売する.

wàizhuàn【外传】名 外伝. 正史以外の伝記. ⇨**wàichuán**

wàizī【外资】名〈経〉外国資本.

wàizǐ【外子】名〈書〉主人. 宅.

wàizú【外族】名 **1** 一族以外の人. **2** 他民族;外国人.

wàizǔfù【外祖父】名 母方の祖父.

wàizǔmǔ【外祖母】名 母方の祖母.

wan (ㄨㄢ)

弯(彎) **wān** ❶形 曲がっている. ¶鱼竿〜了 / 釣り竿がたわんだ. ❷動 **1** 曲げる. ¶〜下身体 / 体をかがめる. **2**〈書〉弓を引く. ❸名(〜儿) 曲がり角.

wāndào【弯道】名 曲がり角. カーブ.

wāndù【弯度】名 曲がり具合.

wānlù【弯路】名 まっすぐでない道;〈喩〉(仕事や勉強方法の)回り道.

wānqū【弯曲】形 くねくね曲がっている.

wāntóu【弯头】名〈機〉ベンド. エルボー.

wānwan【弯弯】名(〜儿)〈方〉もくろみ. 考え. 知恵.

wān//yāo【弯腰】動 腰をかがめる;腰を低くして一礼する.

wānzi【弯子】名 曲がったところ.

剜 **wān** 動(小刀などで)えぐる.

wān ménzi【剜门子】〈慣〉〈方〉コネを作る.

wān ròu yī chuāng【剜肉医疮】〈成〉あとのことを考えずに, その場しのぎの応急措置をとる.

塆(壪) **wān** 名 山あいの小さな平地. ▶多く村や町の名に用いる.

湾(灣) **wān** 動(船を)停泊させる. ¶把小船〜在河边儿 / 小舟を川辺に泊めておく.
H ①川の流れの湾曲した地. ▶多く地名に用いる. ②入り江. 湾. ‖姓

wānbó【湾泊】動(船が)停泊する.

蜿 **wān**O

wānyán【蜿蜒】形 **1**(蛇などが)くねくねしている. **2**(山や河が)延々と連なっている.

豌 **wān**O

wāndòu【豌豆】名〈植〉エンドウ. ¶〜黄儿 / エンドウマメで作ったこしあん状の菓子.

丸 **wán** ❶名 **1**(〜儿) 小さい球形のもの. たま. ¶泥〜 / 土団子. **2**(〜子) 丸薬. ❷量 丸薬を数える. ¶一〜药 / 丸薬ひと粒. ‖姓

wánjì【丸剂】名〈中医〉丸薬. ▶薬の製剤方法の一.

wányào【丸药】名〈中医〉丸薬.

wánzi【丸子】名〈料理〉肉や魚類の団子. ¶肉〜 / 肉団子.

纨 **wán** H 練り絹.

wánkù【纨绔】名〈書〉(もと金持ちの息子などがはいた)絹のズボン;〈喩〉上流階級の若者. ¶〜子弟 / 金持ちのどら息子〔娘〕. ▲"纨袴"とも.

wánshàn【纨扇】名 練り絹張りのうちわ.

wánsù【纨素】名〈書〉上等な純白の練り絹.

完 **wán** 動 **1** なくなる；(結果補語に用い)…し尽くす. ¶信纸用～了 / 便せんがきれた. **2** 終わる. 完成する；(結果補語に用い)…し終わる. ¶鱼离开水,生命就～了 / 魚は水を離れると命が尽きる. ¶事情做～了 / 用事を済ませた.
H ①完全である. ¶→～整. ②〈旧〉(租税を)納める. ¶→～税.
‖姓

wánbài【完败】動(試合などで)完敗する.
wánbèi【完备】形 完備している. 完全である.
wánbì【完毕】動〈書〉終了する. 完了する.
wán bì guī zhào【完璧归赵】〈成〉(借りた物を)少しも損なわずそのまま返す.
wán//chéng【完成】動 完成する. 出来上がる. ¶～任务 / 任務を達成する. ¶～作业 / 宿題をし終える.
wán//dàn【完蛋】動〈口〉くたばる. だめになる.
wán//gǎo【完稿】動 脱稿する.
wán//gōng【完工】動 竣工(しゅん)する；〈転〉仕事が仕上がる.
wánhǎo【完好】形(欠けた所がなく)完全である. ¶～无损 / 完全無欠.
wán//hūn【完婚】動〈書〉嫁をもらう.
wánjié【完结】動 けりがつく. 完結する.
wánjù【完具】動〈書〉完全にそろう.
wánjù【完聚】動〈書〉(身内が)団欒(らん)する.
wánjùn【完竣】動(多くは工事が)完成する.
wán le【完了】**1** → wán//liǎo【完了】 **2** だめになる. もうそれまでだ；死んでしまった. ⇨wán//liǎo
wán//liáng【完粮】動(穀物で)土地税を完納する.
wán//liǎo【完了】動(物事が)完了する. 終わる. ⇨wán le
wánmǎn【完满】形 申し分ない. 円満である.
wánměi【完美】形 非の打ち所がない.
wán//piān【完篇】動(作品を)書き上げる.
wánquán【完全】**1** 形 完全である. 全部そろっている. ¶资料～ / 資料がそろっている. **2** 副 完全に. まったく. ¶～同意 / まったく賛成である.
wánrén【完人】名〈書〉(道徳的に)完全無欠な人.
wánshàn【完善】**1** 形 整っていて申し分ない. **2** 動 完全なものにする.
wánshèng【完胜】動(試合などで)完勝する.
wán//shì【完事】動 用事が終わる. 用事を終える.
wán//shuì【完税】動 税を納める.
wányīn【完姻】→wán//hūn【完婚】
wánzhěng【完整】形 すっかり整っていて欠けたところがない. ¶～无缺 / 完全無欠.

玩(顽・翫) **wán** 動(～儿) **1** 遊ぶ. いたずらする. ¶～儿了一天 / 一日遊んだ. ¶～儿火柴 / マッチで火遊びをする. **2** (娯楽活動を)する. ¶～儿电子游戏 / テレビゲームをして遊ぶ. **3** (不正手段を)使う. ¶～儿花招儿 / 小細工を弄する.
H ①めでる(もの). ¶古～ / 骨董. ②軽視する. ¶→～忽.

wánhū【玩忽】動〈書〉おろそかにする.
wán//huǒ【玩火】動(子供が)火遊びをする；〈喩〉危険を冒す.
wán huǒ zì fén【玩火自焚】〈成〉危険な行為をして自分から危険に陥る. 自業自得.
wánjù【玩具】名 おもちゃ.
wánlè【玩乐】動 遊ぶ.
wánnòng【玩弄】動 **1** もてあそぶ. なぶりものにする. **2** ひけらかす. **3** (手段や手管を)弄する.
wán'ǒu【玩偶】名(おもちゃの)人形.
wánrbuzhuàn【玩儿不转】動+可補 手に負えない. 手に余る.
wánrdezhuàn【玩儿得转】動+可補 対処できる. やれる.
wánrkāi【玩儿开】動+方補(多く"～了"の形で)遊び始める；はやりだす.
wánr//mìng【玩儿命】動〈口〉無鉄砲なことをする. 命知らずなことをする.
wánrnào【玩儿闹】名〈方〉ちんぴら.
wánr//piào【玩儿票】動〈口〉素人芝居をやる；〈喩〉生かじりで難しい芸当をしようとする.
wánr qù【玩儿去】どけ. あっちへ行け. くだらないことを言うな.
wánrshàng【玩儿上】動+方補 遊びだす. いじくりだす.
wánrwán【玩儿完】動〈口〉**1** だめになる. 失敗する. **2** おだぶつになる.
wánr//xuán【玩儿悬】動〈口〉危ないことをする.
wánshǎng【玩赏】動 観賞する.
wán shì bù gōng【玩世不恭】〈成〉世をすねてなげやりな態度をとる.
wánshuǎ【玩耍】動(多く子供が)遊ぶ.
wánwèi【玩味】動 意味を深く味わう. かみしめる.
wánwù【玩物】名(広い意味の)おもちゃ. 慰み物.
wán wù sàng zhì【玩物丧志】〈成〉道楽に深入りし志を失う.
wánxiá【玩狎】動〈書〉ふざける. ざれる.
wánxiào【玩笑】**1** 名 冗談. ¶开～ / からかう. 冗談を言う. **2** 動 ふざける. からかう.
wánxìng【玩兴】名 遊びの興趣.
wányìr【玩意儿】名 **1** (軽くけなした意味で)もの, 事柄. **2** おもちゃ. **3** 寄席演芸・手品など. ▲"玩艺儿"とも.

顽 **wán** H ①愚かである. ¶→～钝. ②頑固である. ¶→～强.

③腕白である. ¶→～童. ‖姓
wándí【顽敌】名 手ごわい敵.
wándùn【顽钝】形〈書〉**1** 愚鈍である. **2** 節操がない. **3**(刃物が)なまくらである.
wángěng【顽梗】形〈書〉頑固で強情である.
wángù【顽固】形 頑固である. 保守的である.
wánjí【顽疾】名 頑固な病気.
wánjiàn【顽健】形〈書〉〈謙〉(自分の体が)頑健である.
wánkàng【顽抗】動(敵が)頑強に抵抗する.
wánliè【顽劣】形 頑迷で無知である.
wánmíng【顽冥】→**míngwán**【冥顽】
wánnào【顽闹】名〈俗〉不良. ちんぴら.
wánpí【顽皮】形 いたずらである. 腕白である.
wánqiáng【顽强】形 頑強である. 粘り強い. 手ごわい.
wán shí diǎn tóu【顽石点头】〈成〉感化力・説得力が非常に大きい.
wántóng【顽童】名 腕白小僧.
wánxuǎn【顽癣】名〈中医〉頑癬(がんせん).
wánzhèng【顽症】名 頑固な病.
wánzhǔ【顽主】名〈俗〉不良. ちんぴら.

烷 **wán** 名〈化〉メタン系炭化水素. アルカン. ¶～基 / アルキル基. ¶甲～ / メタン. ¶丙～ / プロパン.

宛 **wǎn** 副〈書〉まるで. さながら…のようである.
H 曲がりくねる. ‖姓
wǎnrán【宛然】副〈書〉さながら.
wǎnrú【宛如】動〈書〉あたかも…のようである. よく似ている.
wǎnruò【宛若】→**wǎnrú**【宛如】
wǎnsì【宛似】→**wǎnrú**【宛如】
wǎnzhuǎn【宛转】〈書〉**1** 動 転々とする. **2**→**wǎnzhuǎn**【婉转】

挽(輓) **wǎn** 動 **1**(手首を曲げるようにして)引く. ¶～弓 / 弓を引く. **2**(衣服を)まくり上げる. ¶～起裤腿 / ズボンのすそをまくり上げる. **3**〖绾wǎn〗に同じ.
H ①挽回する. ¶→～救. ②(車両を)牽引(けんいん)する. ¶～车 / 車を引く. ③死者を哀悼する. ¶→～联.
wǎncí【挽词・挽辞】名 弔辞.
wǎngē【挽歌】名 挽歌(ばんか). エレジー.
wǎnhuí【挽回】動 **1**(情勢を)挽回(ばんかい)する. (不利な局面を)打開する. **2**(権利などを)取り戻す.
wǎnjiù【挽救】動(危険状態から)救う.
wǎnjù【挽具】名 車を引く牛馬に装備する器具.
wǎnlì【挽力】名(家畜が)荷車を引く力.
wǎnlián【挽联】名 哀悼用の対聯(ついれん).
wǎnliú【挽留】動 引き留める.
wǎnmǎ【挽马】名 車を引く馬.
wǎnshī【挽诗】名 死者を弔う詩.
wǎn//shǒu【挽手】**1** 動 手をつなぐ. **2** 名(物の)取っ手. (刀剣の)柄.
wǎnzhàng【挽幛】名 死者を弔うために贈る絹織の掛け物.

莞 **wǎn** ❍ 異読⇨guǎn
wǎn'ěr【莞尔】形〈書〉にっこりするさま.

晚 **wǎn** 形(所定の時間・時期よりも)遅い, 遅れている. ¶火车～了两小时 / 汽車が2時間遅れた. ¶他来～了 / 彼は遅れて来た.
H ①日暮れ. 夜. ¶从早到～ / 朝から晩まで. ②(時間的に)あとのほうの. ¶→～稻. ③世代の若い. ¶→～辈. ‖姓
wǎn'ān【晚安】〈套〉おやすみなさい.
wǎnbān【晚班】名 夜勤.
wǎnbànshǎngr【晚半晌儿】名〈方〉日暮れどき.
wǎnbào【晚报】名 夕刊.
wǎnbèi【晚辈】名 世代または親族関係で目下の者.
wǎncān【晚餐】名 晩餐(ばんさん). 夕食.
wǎnchǎng【晚场】名(興行の)夜の部.
wǎnchē【晚车】名 夜行列車.
wǎndào【晚稻】名〈農〉晩稲. おくて.
wǎn//diǎn【晚点】動(定期便などが)定刻よりも遅れる.
wǎnfàn【晚饭】名 晩ご飯. 夕飯.
wǎnhuì【晚会】名 夕方から催す集い. (夜の)パーティー.
wǎnhūn【晚婚】名 晩婚.
wǎnjiān【晚间】名 夕方. 夜.
wǎnjié【晚节】名 **1** 晩節. **2**〈書〉晩年. 末期.
wǎnjìn【晚进】名〈書〉《先輩に対する自称》後輩. 私.
wǎnjìn【晚近】名 ここ数年来.
wǎnjǐng【晚景】名 **1** 夕景色. **2** 晩年の境遇.
wǎnjìng【晚境】名 老境. 晩年.
wǎnlǐfú【晚礼服】名 夜会服. タキシード. イブニングドレス.
wǎnliàn【晚恋】名 適齢期を過ぎてからの恋愛.
wǎnnián【晚年】名 晩年.
wǎnniáng【晚娘】名 継母.
wǎnqī【晚期】名 末期. 後期.
wǎnqiū zuòwù【晚秋作物】名〈農〉おくての農作物.
wǎnr【晚儿】名〈方〉(遅い)ころあい.
wǎnshàn【晚膳】名〈書〉夕食.
wǎnshang【晚上】名 夕方. 夜. 晩.
wǎnshang hǎo【晚上好】〈套〉こんばんは.
wǎnshēng【晚生】**1** 動 高齢出産をする; なるべく遅く子供を産む. **2** 名〈書〉《先輩または1世代上の人に対する自称》私.
wǎnshì【晚世】名〈書〉近世.
wǎnshú【晚熟】名〈農〉遅く成熟する.
wǎnshuāng【晚霜】名〈農〉遅霜(おそじも).
wǎnsuì【晚岁】名〈書〉晩年.
wǎntián【晚田】名〈方〉〈農〉おくての農作物.
wǎnxiá【晚霞】名 夕焼け.

wǎnxiāngyù【晚香玉】名〈植〉ゲッカコウ．チューベローズ．
wǎnyàn【晚宴】名 晚の宴会．
wǎnyù【晚育】動 比較的年を取ってから出産し子育てをする．
wǎnyùn【晚运】名 晚年の運勢．
wǎnzào【晚造】名〈農〉おくての作物．
wǎnzhào【晚照】名〈書〉夕日．晚照．
wǎnzhuāngjia【晚庄稼】名〈農〉おくての作物．

脘 wǎn 名〈中医〉胃の室．胃の中の広い部分．

惋 wǎn H 悲しみ惜しむ．¶叹～ / ため息をついて惜しむ．

婉 wǎn H ①(話し方が)婉曲(えんきょく)である．¶→～谢．②しとやかである；美しい．¶→～顺．

wǎncí【婉辞・婉词】1 名 婉曲な言葉．2 動 婉曲に断る．
wǎnhé【婉和】形(言葉が)婉曲で穏やかである．
wǎnjù【婉拒】動 遠回しに断る．
wǎnlì【婉丽】形〈書〉1 しとやかで美しい．2(詩や文章が)婉曲で優美である．
wǎnshāng【婉商】動 遠回しに相談を持ちかける．
wǎnshùn【婉顺】形 柔順である．
wǎnwǎn【婉娩】形〈書〉柔順である．
wǎnxiè【婉谢】動 婉曲に断る．
wǎnyán【婉言】名 婉曲な言い回し．遠回しに言う言葉．
wǎnyuē【婉约】形〈書〉婉曲で含みがある．
wǎnzhuǎn【婉转】形 1(言葉が)婉曲で穏やかである．2(歌や鳴き声の)抑揚が美しい．

绾 wǎn 動 1(細長いものを)輪にして結ぶ．¶～个扣儿 / 結び目をつくる．結ぶ．2(衣服を)まくり上げる．¶～起袖子 / そでをまくり上げる．

皖 wǎn H 安徽省．

碗(椀) wǎn 1 名 碗．茶碗．[个,只；摞luò] 2 量 茶碗などの容器を単位として数える：杯．¶三～饭 / ご飯3杯．
H 碗形のもの．¶轴～儿 / 〈機〉軸碗．‖姓

wǎnchú【碗橱】名(～儿)食器戸棚．
wǎndǐzi【碗底子】名〈口〉碗の中の食べ残し．
wǎnguì【碗柜】→wǎnchú【碗橱】
wǎnjià【碗架】名 食器を載せる棚．
wǎnkǒu【碗口】名 1 茶碗の口．2(～儿)茶碗のふち．
wǎnkuài【碗筷】名(～儿)食器．
wǎnwǎnqiāng【碗碗腔】名"皮影戏"から発展した陝西地方の芝居の一種．
wǎnzhǎn【碗盏】名 食器類．

万(萬) wàn 1 数 万．2 副(否定語と呼応し)まったく．絶対に．¶～没想到 / まったく思わなかった．
H 数が多い．¶→～物．‖姓
異読⇨mò

wàn'ān【万安】形〈旧〉少しも心配ない．
wànbān【万般】1 名 あらゆる物事．2 副 まったく．極めて．
wàn biàn bù lí qí zōng【万变不离其宗】〈成〉形式上いろいろ変わっても本質は変わらない．
wàn bù dé yǐ【万不得已】〈成〉万やむを得ない．
wàndài【万代】名 万世．万代．
wànduān【万端】形 多種多様である．さまざまである．
wàn'è【万恶】1 名 あらゆる悪．2 形 極悪非道の．
wàn ér bā qiān【万儿八千】〈成〉1万そこそこ．
wànfāng【万方】1 名 全国各地．世界各地．2 形 多種多様である．
wànfēn【万分】副 非常に．極めて．
wànfū【万夫】名〈書〉万人．
wànfú【万福】名〈旧〉女性のおじぎ．両手を軽く握り合わせて胸の右下で上下に動かしながら頭を少し下げる．
wàngǔ【万古】名〈書〉とこしえ．
wàn gǔ cháng chūn【万古长春】〈成〉永遠に変わらない．
wàn gǔ liú fāng【万古流芳】〈成〉永遠に名声を残す．
wànguàn【万贯】名〈旧〉1万貫の銅銭；〈喩〉巨万の富．
wànguó【万国】名 世界の国々．
wànhùhóu【万户侯】名〈書〉高位高官．▶もとは漢代の最高の侯爵位．
wànhuātǒng【万花筒】名 万華鏡．
wànjī【万机】名 政治上の多くの重要事項．
wàn jiā dēng huǒ【万家灯火】〈成〉(都会の夜景など)家々に明かりがともり華やかである．
wàn jiàn chuān xīn【万箭穿心】〈成〉この上なく心を痛める．
wàn jié bù fù【万劫不复】〈成〉永遠に回復できない．
wànjīnyóu【万金油】1 名〈薬〉頭痛・歯痛・虫刺され・火傷などに効く万能薬の軟膏．2〈慣〉なんでも一通りはこなすが，上手にはできない人．
wànlài【万籁】名〈書〉さまざまな音．
Wànlǐ chángchéng【万里长城】名 万里の長城；〈喩〉乗り越えることのできない障壁；人民の軍隊．
wànlǐ chángzhēng【万里长征】名 1 長征．2〈喩〉長期の難事業．
wàn mǎ bēn téng【万马奔腾】〈成〉猛烈な勢いで前進する．
wàn mǎ qí yīn【万马齐喑】〈成〉人々が抑圧されものを言わない．
wànmín【万民】名 多くの人民．
wànmínsǎn【万民伞】名〈旧〉官吏の徳政に対する賛辞を書いた傘．
wàn mù kuí kuí【万目睽睽】→zhòng mù kuí kuí【众目睽睽】
wànnán【万难】1 形 極めて難しい．2 名 万難．
wànnéng【万能】形 万能である；万

能の.

wànnián【万年】名 万年；〈転〉永久.

wànniánlì【万年历】名 万年暦.

wànniánqīng【万年青】名〈植〉オモト.

wàn niàn jù huī【万念俱灰】〈成〉ひどい打撃を受け失意のどん底にある.

wànqiān【万千】形〈書〉**1** 数が多い. **2** 多種多様である.

wànqǐng【万顷】名 1万"顷"の土地；〈転〉広い面積.

wànquán【万全】形 万全である.

wànrénkēng【万人坑】名 集団で殺害された人たちを埋めた穴.

wàn rén kōng xiàng【万人空巷】〈成〉(祝賀や出迎えの)人出が多い.

wànrénxián【万人嫌】〈慣〉みんなの嫌われ者.

wàn shèng zhī zūn【万乘之尊】〈成〉万乗の君. 君主.

wànshì【万世】名 万世. 永遠.

wànshì【万事】名 万事. 何もかも.

wàn shì dà jí【万事大吉】〈成〉万事めでたし.

wàn shì hēng tōng【万事亨通】〈成〉万事順調である.

wàn shì jù bèi, zhǐ qiàn dōng fēng【万事俱备,只欠东风】〈成〉用意は整ったが,最も重要なものが一つだけ欠けている.

wànshì kāitóu nán【万事开头难】〈諺〉何事も最初が難しい.

wàn shì rú yì【万事如意】〈成〉何事も思い通りに行く. ご多幸.

wànshìtōng【万事通】〈慣〉なんでも知っている人.

wàn shòu wú jiāng【万寿无疆】〈成〉幾久しく長寿を保たれますように. ▶君主の長寿を祝う言葉.

wàn shuǐ qiān shān【万水千山】〈成〉山や川が多く遠くて険しい道のり.

wànsǐ【万死】動 厳しい懲罰を受ける. 生命の危険がある.

wànsuì【万岁】**1** 動 永遠にあれ. 万歳. ▶祝福の言葉. **2** 名〈旧〉(皇帝に対する称)陛下.

wànwàn【万万】**1** 数 億. ¶一～ / 1 億. **2** 副 決して,絶対に(…ない). ¶那是～不行的 / それは絶対にいけない.

wànwéiwǎng【万维网】名〈電算〉ワールド・ワイド・ウェブ. WWW.

wàn wú yī shī【万无一失】〈成〉万に一つの失敗もない.

wànwù【万勿】副〈書〉決して…するな.

wànwù【万物】名 万物.

wànxiàng【万向】形〈機〉万能の.

wànxiàng【万象】名 あらゆるもの.

wànxìng【万幸】形 災難を免れたいへん幸運である.

wànyánshū【万言书】名〈旧〉皇帝に出す長い上奏文；〈転〉最高指導者に出す意見書.

wànyī【万一】**1** 副(多くは好ましくないことについて)万が一. **2** 接続 万が一. ひょっとしたら. **3** 名 万が一のこと. ¶以防～ / 万一に備える.

wànyì【万亿】数〈数〉兆.

wànyìngdìng【万应锭】名〈薬〉万能薬.

wànyòngbiǎo【万用表】名〈電〉マルチメーター.

wànyǒu yǐnlì【万有引力】名〈物〉万有引力.

wànyuánhù【万元户】名 万元戸.

wànzhàng【万丈】形〈書〉非常に高い〔深い〕.

wànzhòng【万众】名〈書〉万民.

wàn zhòng yī xīn【万众一心】〈成〉皆が心を一つにする.

wànzhuàng【万状】形〈書〉(好ましくない事が)さまざまな様相を呈している,甚だしい.

wàn zǐ qiān hóng【万紫千红】〈成〉色とりどりの花が咲き乱れる；事物が多種多様で盛んである.

腕 **wàn** H 手首. ¶手～儿 / 手首；〈喩〉手腕.

wàngǔ【腕骨】名〈生理〉腕骨.

wànlì【腕力】名 腕の力. 手首の力；〈喩〉手腕.

wànr【腕儿】名〈口〉大物. 実力者.

wànzi【腕子】名 手首.

wànzú【腕足】名〈動〉(イカ・タコなどの)足.

wànzú dòngwù【腕足动物】名〈動〉腕足類.

蔓 **wàn** 名(～儿)(植物の)つる. ¶爬～儿 / つるを出す. 異読⇨**mán, màn**

wang（ㄨㄤ）

汪 **wāng** **1** 動(液体が)たまる. ¶眼里～着泪 / 目に涙をいっぱいためている. **2** 量(～儿)(液体の)ひとたまり. ¶两～眼泪 / 両目に涙がたまっている. ¶一～儿油 / (スープなどに浮いた)ひとたまりの油. **3** 擬《犬のほえる声》わん.
H 水が深く広い. ¶→～洋. ‖ 姓

wāngwāng【汪汪】❶形 **1** 涙がいっぱいたまっている. **2**〈書〉水面が広々としている. ❷擬《犬のほえる声》わんわん.

wāngyáng【汪洋】形 **1** (水が)広々と広がっている. **2**〈書〉鷹揚で度量が広い.

wāngzi【汪子】量(液体の)ひとたまり.

亡 **wáng** H ①死ぬ；死んだ. ¶阵～ / 戦死する. ②逃げる. ¶流～ / 亡命する. ③失う. ¶→～羊补牢. ④滅びる. 滅ぼす.

wánggù【亡故】動 死去する.

wáng//guó【亡国】**1** 動 国が滅びる. **2** 名 滅びた国. 亡国.

wángguónú【亡国奴】名 亡国の民.

wánghún【亡魂】**1** 動 魂を失う. **2**

名(多く死んで間もない人の)亡魂.
wáng hún sàng dǎn【亡魂丧胆】〈成〉肝がつぶれるほど驚く.
wánglíng【亡灵】名 亡霊. 幽霊.
wángmìng【亡命】動 **1** 逃亡する. **2** 命知らずである.
wángshī【亡失】動〈書〉失う.
wáng yáng bǔ láo【亡羊补牢】〈成〉失敗を繰り返さないように事後に対策を立てる.

王 **wáng** 名 王;最高の爵位.
H ①首領. ¶蜂～/女王バチ. ②年長の. ¶～父/〈書〉祖父.
‖姓
wángba【王八】名 **1**〈俗〉カメ. スッポン. **2**〈罵〉妻を寝取られた男. **3**〈旧〉妓楼を経営する男.
wángcháo【王朝】名 王朝.
wángchǔ【王储】名 王位継承者.
wángdào【王道】名 君主が仁愛と正義をもって天下を治める政策.
wángfǎ【王法】名〈書〉国法. 法律.
wángfǔ【王府】名 皇族の邸宅.
wánggōng【王公】名 王公.
wánggōng【王宫】名 王宮.
wángguān【王冠】名 王冠.
wángguó【王国】名 **1** 王国. **2**〈喩〉領域;(精神的な)世界.
wánghóu【王侯】名 王侯.
wánghòu【王后】名 王妃.
wánghuì【王彗】名〈古〉(植物の)ホウキギ. ホウキグサ.
wángjiāng【王浆】名 ロイヤルゼリー.
wáng lǎowǔ【王老五】名〈喩〉独身の男.
wángmào【王帽】名(京劇で)帝王の冠.
wángmìng【王命】名 国王の命令.
Wángmǔ niángniang【王母娘娘】名 西王母(せいおうぼ).
wángpái【王牌】名 切り札. 奥の手.
wángquán【王权】名 王権.
wángshé【王蛇】名 大蛇.
wángshì【王室】名 王室;朝廷.
wángshuǐ【王水】名〈化〉王水.
wángsūn【王孙】名〈書〉王の子孫;(広く)貴族の子孫.
wángwèi【王位】名 王位.
Wáng Xīfèng【王熙凤】名〈喩〉ずる賢く世事にたけている女性.
wángye【王爷】名 封建時代の王に対する尊称.
wángyú【王鱼】名〈魚〉イシモチ.
wángzǐ【王子】名 王子.
wángzú【王族】名 王族.

网(網) **wǎng** ❶名 網. [张] ¶撒～/網を打つ.
❷動 **1** 網で捕らえる. ¶把鸟～在网里/鳥を網で捕らえる. **2** 網のようなものがかかっている. ¶～着红丝/目が充血している.
H 網状のもの;…網(もう). ネットワーク;インターネット. ネット.
wǎngbā【网吧】名 インターネットカフェ.
wǎngbǎn【网版】→wǎngpíng【网屏】
wǎngchóng【网虫】名〈俗〉ネットフリーク.
wǎngdiǎn【网点】名 **1** 商店やサービス業のネットワーク. **2**〈経〉ネットワークの拠点. **3**〈電算〉ウェブサイト.
wǎngdōu【网兜】名(～儿)網袋.
wǎnggāng【网纲】名 魚網の引き綱.
wǎnggǔ【网罟】名〈書〉網.
wǎngguān【网关】名〈電算〉ゲートウェイ.
wǎngguǎn【网管】〈電算〉**1** 動 ネットを管理する. **2** 名 ネット管理者.
wǎngjīn【网巾】名 ヘアネット. 網状の頭巾.
wǎngjǐng【网警】名〈略〉〈電算〉ネット警察.
wǎngkǎ【网卡】名〈電算〉LANカード.
wǎng kāi sān miàn【网开三面】〈成〉犯罪者などに寛大な態度で対処する. ▶"网开一面"とも.
wǎnglán【网篮】名 網覆いのある外出用バスケット.
wǎngliàn【网恋】名〈電算〉ネット恋愛.
wǎngluó【网罗】**1** 動 網羅する. **2** 名(魚や鳥をとる)網;〈喩〉わな.
wǎngluò【网络】名 ネットワーク.
wǎngluò diànhuà【网络电话】名 インターネット電話. IP電話.
wǎngluò fànzuì【网络犯罪】名〈電算〉インターネット犯罪.
wǎngluò jìsuànjī【网络计算机】名〈電算〉ネットワークコンピュータ.
wǎngluò jīngjì【网络经济】名 インターネット経済.
wǎngluò jǐngchá【网络警察】名〈電算〉インターネット警察.
wǎngluò xīnwén【网络新闻】名 インターネットニュース.
wǎngluò yínháng【网络银行】名〈電算〉ネットバンク. ▶"网上银行"とも.
wǎngluò yóuxì【网络游戏】名 インターネットゲーム.
wǎngmí【网迷】名 ネットフリーク.
wǎngmín【网民】名〈電算〉インターネットのユーザー.
wǎngmó【网膜】名〈生理〉**1** 大網. 大網膜. **2** 網膜.
wǎngpíng【网屏】名〈印〉網目スクリーン.
wǎngqiáo【网桥】名〈電算〉(ネットワークの)ブリッジ.
wǎngqiú【网球】名〈体〉テニス(のボール). ¶打～/テニスをする.
wǎngshā【网纱】名(京劇で)メーキャップ用の黒い薄絹.
wǎngshàng chōnglàng【网上冲浪】名〈電算〉ネットサーフィン.
wǎngshàng gòuwù【网上购物】名〈電算〉オンラインショッピング.
wǎngshàng shūdiàn【网上书店】名〈電算〉インターネット書店.
wǎngxiāng【网箱】名 魚の養殖用の

網.
wǎngxiào【网校】名〈電算〉インターネットスクール.
wǎngyǎn【网眼】名(～儿)網の目. 網目. ▶"网目"とも.
wǎngyè【网页】名〈電算〉ウェブページ.
wǎngyǒu【网友】名〈電算〉インターネット上の友人；メル友.
wǎngzhàn【网站】名〈電算〉ウェブサイト.
wǎngzhǐ【网址】名〈電算〉インターネット上のアドレス. URL.
wǎngzhuàngmài【网状脉】名〈植〉網状脈.
wǎngzi【网子】名 **1** 網状のもの. **2** ヘアネット.

枉 wǎng ① 曲がっている. ゆがんでいる. ¶矫～过正 / 矯正が度をすぎる. ② 曲げる. ゆがめる. ¶→～法. ③ ぬれぎぬを着せる〔着せられる〕. ¶冤～ / 無実の罪を着せる〔着せられる〕. ④ むだに. いたずらに. ¶～活 / むだに過ごす. ‖ 姓
wǎng chǐ zhí xún【枉尺直寻】〈成〉大事を得るために小事で譲歩する.
wǎngfǎ【枉法】動 法を曲げる.
wǎngfèi【枉费】動 むだに費やす.
wǎnggù【枉顾】動〈書〉〈敬〉ご来訪賜る.
wǎngjià【枉驾】動〈書〉〈敬〉(人を)まげて訪ねていただく.
wǎngrán【枉然】形〈書〉むだである.
wǎngsǐ【枉死】動 恨みをのんで死ぬ. 横死する.
wǎngzì【枉自】副 むだに.

罔 wǎng ① 隠す. ごまかす. ¶欺～ / ごまかす. ② ない. ¶置若～闻 / 少しも耳を貸さない.
wǎngtì【罔替】動〈書〉変わらず永遠に続く.

往 wǎng **1** 前(動作の方向を表し)…に向かって. …の方へ. ¶～前走 / まっすぐ行く. ¶飞机开～西安 / 飛行機は西安へ飛ぶ. **2** 動 行く. ¶一个～东,一个～西 / 一人は東に行き, もう一人は西に行く. 昔の. ¶→～年.
wǎngcháng【往常】名 ふだん. いつも.
wǎngfǎn【往返】動 往復する. ¶～票 / 往復チケット.
wǎngfù【往复】動 **1** 行き帰りする. 繰り返す. **2** 行き来する. 交際する.
wǎnggǔ【往古】名〈書〉はるか昔.
wǎnghòu【往后】**1** 名 今後. これから. **2** (wǎng hòu) 後ろの方に.
wǎnghuán【往还】動 行き来する. やりとりする.
wǎnglái【往来】動 **1** 行ったり来たりする. 通行する. **2** 行き来する. 交際する.
wǎng…lǐ…【往…里…】〈型〉…になるまで…. …に向かって…. ¶～少～说也有三百人以上 / 少なくとも300人以上はいる.
wǎng liǎnshang tiē jīn【往脸上贴金】〈諺〉体裁をつくろう.
wǎngnián【往年】名 過ぎ去った年. 以前.
wǎng qǐ…【往起…】〈型〉〈方〉上の方へ. 上へ. ¶～抬 / 持ち上げる.
wǎngrì【往日】名 昔. 以前.
wǎng shàng pá【往上爬】〈慣〉手段を講じ出世しようとする.
wǎngshí【往时】名 往時.
wǎngshì【往事】名 昔の事.
wǎngsuì【往岁】名 往年.
wǎngwǎng【往往】副 しばしば. ややもすれば. 多くの場合. ¶他～学习到深夜 / 彼は夜更けまで勉強することがよくある.
wǎngxī【往昔】名 昔. 以前.
wǎng xià…【往下…】〈型〉《動作の方向》下の方へ. 下へ；《動作の継続》先へ. 続けて. ¶～跳 / 跳び降りる. ¶～说 / 先を話す.
wǎng xīnli qù【往心里去】〈慣〉気にとめる. 気にかける.

惘 wǎng がっかりする. ¶→～然.
wǎngrán【惘然】形〈書〉がっかりしている.

辋 wǎng 名 車輪の周囲のわく.

蝄 wǎng O
wǎngliǎng【蝄蜽】→ wǎngliǎng【魍魎】

魍 wǎng O
wǎngliǎng【魍魎】名〈書〉伝説中の化け物.

妄 wàng ① 道理に合わない. ¶→～人. ② みだりに. ¶～加猜疑 / むやみにうたぐる.
wàngchēng【妄称】動(思い上がって)でたらめに公言する.
wàngdòng【妄动】動 軽率に行動する.
wàngduàn【妄断】動 軽率に結論を出す.
wàngjǔ【妄举】名〈書〉でたらめな行動.
wàngniàn【妄念】名 まともでない考え；邪念.
wàngqiú【妄求】動 身分不相応な要求をする.
wàngqǔ【妄取】動 みだりに取る.
wàngrén【妄人】名〈書〉無知ででたらめな人.
wàngshuō【妄说】動 でたらめを言う.
wàngtú【妄图】動(愚かなことを)たくらむ.
wàngwéi【妄为】動〈書〉でたらめなことをする.
wàng xià cí huáng【妄下雌黄】〈成〉みだりに文章を添削する. むやみに批判する.
wàngxiǎng【妄想】**1** 動 妄想する.

2名 妄想.
wàngyán【妄言】→wàngyǔ【妄语】
wàngyì【妄议】名〈書〉でたらめな議論.
wàngyǔ【妄语】1動 でたらめを言う.
2名 でたらめ.
wàng zì fěi bó【妄自菲薄】〈成〉むやみに自分を卑下する.
wàng zì zūn dà【妄自尊大】〈成〉みだりに思い上がる.

忘 wàng 動 忘れる. ¶我~了带钱了 / お金を持ってくるのを忘れた.
wàng//běn【忘本】動〈貶〉もと(の境遇)を忘れる.
wàngbuliǎo【忘不了】動+可補 忘れられない.
wàng//diào【忘掉】動+結補 忘れてしまう.
wàng ēn fù yì【忘恩负义】〈成〉恩知らずである.
wàng//guāng【忘光】動+結補 すっかり忘れる.
wàng hū suǒ yǐ【忘乎所以】〈成〉有頂天になりわれを忘れる.
wànghuái【忘怀】動 忘れ去る.
wàngjì【忘记】動 1 忘れる. 思い出せない. ¶~了这个字的读音 / この字の発音が思い出せない. 2 うっかりする. 気がつかない. ¶他老~关门 / 彼はしょちゅうドアを閉めるのを忘れてしまう.
wàngjiù【忘旧】動 旧友を忘れる.
wàng nián (zhī) jiāo【忘年(之)交】〈成〉年齢や世代を超越した交友. 忘年の交わり.
wàngqíng【忘情】動 1 (多く否定文に用い)心に留めない. 2 われを忘れる.
wàngquè【忘却】動〈書〉忘却する.
wàngwǒ【忘我】動 献身的になる.
wàngxíng【忘形】動(うれしさのあまり)われを忘れる.
wàngxing【忘性】名 忘れっぽさ.

旺 wàng 形 盛んである. ¶花开得正~ / 花はちょうど真っ盛りだ. ‖姓
wàngfā【旺发】動(魚や作物などが)勢いよく育つ.
wànghuǒ【旺火】名 燃え盛る火;(料理の)強火.
wàngjì【旺季】名 最盛期.
wàngjiàn【旺健】形 元気はつらつとしている.
wàngnián【旺年】名〈方〉(果物の)よく実る年.
wàngshèng【旺盛】形 旺盛である.
wàngshì【旺市】名〈経〉活況を呈している市場.
wàngshì【旺势】名 活況.
wàngxiāo【旺销】動 よく売れる.
wàngyuè【旺月】名 活況を呈する月.

望 wàng ❶動 1 遠くから眺める. 見やる. 2〈書〉望む. ¶~你早回 / あなたの早いお帰りを望んでいます.
❷前 …に向かって. …の方へ. ¶~他鞠了个躬 / 彼の方にお辞儀をした.
❸名(~儿)望み. ¶没了~儿了 / 望みがなくなった.
H ①訪問する. ¶看~ / 訪ねる. 見舞う. ②人望. ¶→~门. ③不満に思う. ¶怨~ / 恨む. ‖姓
wàng chén mò jí【望尘莫及】〈成〉足もとにも及ばない.
wàng chuān qiū shuǐ【望穿秋水】〈成〉待ちこがれる.
wàng ér què bù【望而却步】〈成〉見ただけでしり込みする.
wàng ér shēng wèi【望而生畏】〈成〉見ただけで恐ろしくなる.
wàng//fēng【望风】動 見張りをする.
wàng fēng bǔ yǐng【望风捕影】〈成〉雲をつかむようである.
wàng fēng ér táo【望风而逃】〈成〉相手の勢いを察知して逃げ出す.
wàng fēng pī mǐ【望风披靡】〈成〉(軍隊などが)気勢に押されて総崩れとなる.
wànglóu【望楼】名 物見やぐら.
wàng méi zhǐ kě【望梅止渴】〈成〉空想して一時自分を慰める.
wàngmén【望门】名 名門.
wàngménguǎ【望门寡】名〈旧〉女性がいいなずけに死なれ独身を通すこと;同上の女性.
wàng qí xiàng bèi【望其项背】〈成〉人に追いつく.
wàngrì【望日】名 陰暦の15日.
wàng shān pǎosǐ mǎ【望山跑死马】〈諺〉(目的地は)近そうに見えてずいぶん遠い.
wàng wén shēng yì【望文生义】〈成〉字面だけを見て当て推量の解釈をする.
wàng wén wèn qiè【望闻问切】〈成〉漢方医が診察するときの四つの方法. ▶視診・聴診(声や口臭)・問診・(脈と腹部の)触診.
wàngxiāngtái【望乡台】名 1〈旧〉故郷を望むことのできる自然の〔人工的に造られた〕高地. 2 黄泉路(よみじ)の途中にあるといわれる望郷の台.
wàng yǎn yù chuān【望眼欲穿】〈成〉ひたすら待ち望む.
wàng yáng xīng tàn【望洋兴叹】〈成〉事に当たり自分の力不足を嘆く.
wàngyuǎnjìng【望远镜】名 望遠鏡.
wàngyuè【望月】名〈天〉十五夜の月. 満月.
wàng zǐ chéng lóng【望子成龙】〈成〉子供の出世を願う.
wàngzi【望子】名(商店の門前に竹竿でつり下げた)看板.
wàngzú【望族】名〈書〉名望ある家柄.

wei(ㄨㄟ)

危 wēi 名(二十八宿の)うみやめぼし.
H ①危ない. ¶→~险. ②臨終.

¶病～/危篤に陥る. ③害する. ¶→～害. ④高く険しい. ¶→～楼. ⑤きちんとしている. ¶→～坐.
‖姓
wēichéng【危城】名 1〈書〉高い城壁. 2(敵に包囲されて)陥落寸前の都市.
wēidài【危殆】形〈書〉(情勢·生命などが)極めて危ない.
wēidǔ【危笃】形〈書〉危篤である.
wēifáng【危房】名 倒壊寸前の家屋.
wēihài【危害】動 危害を及ぼす. 脅かす. ¶吸烟会～人的健康/喫煙は人の健康を害する恐れがある.
wēijī【危机】名 危機；恐慌. ¶面临～/危機に直面する.
wēijí【危及】動〈書〉危害が及ぶ. 脅かす.
wēijí【危急】形(状況が)危険かつ緊迫している.
wēijìng【危境】名 危険な状況.
wēijú【危局】名〈書〉危険な情勢.
wēijù【危惧】動〈書〉危惧する.
wēilóu【危楼】名〈書〉高い建物.
wēinàn【危难】名 危難. 危険と苦難.
wēiqiǎn【危浅】動〈書〉危篤に陥る.
wēi rú lěi luǎn【危如累卵】〈成〉情勢が極めて危険な状態にある.
wēiwáng【危亡】動(国家や民族が)滅亡に瀕する.
wēixiǎn【危险】形 危険である. 危ない. ¶小孩儿玩火很～/子供の火遊びは危険だ.
wēi yán sǒng tīng【危言耸听】〈成〉わざと大げさなことを言って人をびっくりさせる.
wēi zài dàn xī【危在旦夕】〈成〉危険が目前に迫っている.
wēizhòng【危重】動〈書〉危篤に陥る.
wēizuò【危坐】動〈書〉姿勢を正し座る.

委 wēi O 異読⇒wěi
wēiyí【委蛇】形〈書〉(道·山·川などが)くねくねと続いている.

威 wēi H ①威厳. 威力. ¶助～/応援する. ②脅かす. ¶→～胁.
‖姓
wēibī【威逼】動 脅迫する.
wēifēng【威风】1 名 威風. 威光. 2形 さっそうとして立派である.
wēihè【威吓】動 威嚇(いかく)する.
wēihè【威赫】動 威風がみなぎる.
wēihuàbǐng【威化饼】名(洋菓子の)ウエハース.
wēiléng【威棱】名〈書〉威光.
wēilì【威力】名 威力.
wēilíng【威灵】名〈書〉威光；神霊.
wēiměng【威猛】形〈書〉勇猛である.
wēimíng【威名】名 威名.
wēipò【威迫】動 脅迫する.
wēiquán【威权】名 権力. 権勢.
wēishè【威慑】動〈書〉武力で威嚇する；(戦争を)抑止する.
wēishēng【威声】名〈書〉威信と名声.
wēishì【威势】名 威力と勢い；権勢.
wēishìjì【威士忌】名 ウイスキー.
wēiwàng【威望】名 威望. 威信.
wēiwǔ【威武】1 名 武力と権勢. 2 形 威厳があって勇ましい.
wēixié【威胁】動 威嚇する. 脅かす.
wēixìn【威信】名 威信. 信望.
wēiyā【威压】動 脅し抑えつける.
wēiyán【威严】1 形 いかめしい. 凛々(りり)しい. 2 名 威厳.
wēiyí【威仪】名〈書〉威儀.

逶 wēi O
wēiyí【逶迤】形〈書〉(道·山·川などが)くねくねと続いている.

偎 wēi 動 寄り添う.
wēibàng【偎傍】動 そばに寄り添う.
wēiyī【偎依】動 寄り添う.

隈 wēi H 山や川の入り込んだ所. ¶山～/山隈(さんわい).

葳 wēi O
wēiruí【葳蕤】形〈書〉草木がよく茂っているさま.

崴 wēi O 異読⇒wǎi
wēiwéi【崴嵬】形〈書〉山が高いさま.

微 wēi H ①かすかである. ¶→～小. ②衰える. ¶衰～/衰微する. ③奥深い. ¶→～妙. ④(基本単位の100万分の1)マイクロ.
wēi'ān【微安】量〈電〉マイクロアンペア.
wēibō【微波】名 1〈電〉マイクロ波. 2 さざ波.
wēibōlú【微波炉】名 電子レンジ.
wēibó【微薄】形 極めて少ない. ささやかである.
wēi bù zú dào【微不足道】〈成〉取るに足りないほどわずかである.
wēichén【微尘】名 小さなほこり.
wēichén【微忱】名〈書〉自分の心.
wēichǔlǐqì【微处理器】名〈電算〉マイクロプロセッサー.
wēicí【微词·微辞】名〈書〉遠回しな批判〔不満〕の言葉.
wēidiànnǎo【微电脑】名〈略〉マイコン. パソコン.
wēidiāo【微雕】1 動 極めて小さな素材に彫刻する. 2 名 同上の作品·製品.
wēifǎlā【微法拉】名〈電〉マイクロファラッド.
wēifēn【微分】名〈数〉微分.
wēifēng【微风】名 そよ風；〈気〉軟風(なんぷう).
wēifú【微服】名〈書〉目立たない服装；(特に)身分のある人の忍び姿.
wēiguān【微观】形 微視的な. ミクロコスミック.
wēiguān jīngjìxué【微观经济学】名〈経〉ミクロ経済学.
wēiguān lìzǐ【微观粒子】名〈物〉分子·原子·中性子など基本粒子の総称.
wēiguān shìjiè【微观世界】名 ミク

ロコスモス.
wēi hū qí wēi【微乎其微】〈成〉極めてわずかである.
wēihuǒ【微火】名〈料理〉とろ火.
wēijī【微机】名〈略〉マイコン. パソコン.
wēijiàn【微贱】形〈書〉社会的地位が低い.
wēijūn【微菌】名 細菌.
wēilì【微力】名 微力.
wēilì【微利】名 わずかな利益.
wēilì【微粒】名 微粒子.
wēilìtǐ【微粒体】名〈生〉ミクロゾーム.
wēiliàng【微量】名 微量.
wēimáng【微茫】形〈書〉おぼろである.
wēimǐ【微米】量(長さの単位) マイクロメートル. ミクロン.
wēimiào【微妙】形 微妙である.
wēimò【微末】形〈書〉ごく小さい. ほんのわずかである.
wēirè【微热】名〈医〉微熱.
wēiruò【微弱】形 かすかである. 弱々しい.
wēishēngwù【微生物】名 微生物.
wēisuō【微缩】動(一定の比率で) 縮小する.
wēitiáo【微调】動 微調整をする.
wēiwēi【微微】1 形 かすかである. わずかである. 2 副 かすかに. ちょっと. ¶～一笑 / かすかに笑う. 3 接頭《基本単位の1兆分の1》ピコ. マイクロマイクロ.
wēixì【微细】形 微細である.
wēixiǎo【微小】形 微小である.
wēixiào【微笑】1 動 ほほえむ. ¶他向我～着 / 彼が私にほほえんでいる. 2 名 ほほえみ.
wēixíng【微行】動〈書〉(身分の高い人が) お忍びで外出する.
wēixíng【微型】形 小型の.
wēixíng xiǎoshuō【微型小说】名 ショートショート.
wēixuèguǎn【微血管】名〈生理〉毛細血管.
wēi yán dà yì【微言大义】〈成〉微妙な言葉・表現の中に込められた重要な意義や道理.
wēiyàng【微恙】名〈書〉軽い病気.
wēiyì【微意】名〈書〉寸志.
wēiyīnqì【微音器】名 マイクロホン.
wēizhǐ【微旨】名〈書〉奥深い意味.

煨 wēi 動〈料理〉1 とろ火で煮込む. ¶～牛肉 / ビーフシチュー. 2 熱い灰の中に入れて蒸し焼きにする. ¶～白薯 / 焼きイモ.

溦 wēi 名〈書〉小雨.

鳂 wēi 名〈魚〉アヤメエビス.

巍 wēi 書 高くて大きい.
wēi'é【巍峨】形(山や建物などが) 高くそびえている.
wēirán【巍然】形〈書〉巍然(ぎぜん)としている.
wēiwēi【巍巍】形〈書〉(山などが) 高くて大きい.

韦(韋) **wéi** 名〈古〉皮革. ‖ 姓
wéi biān sān jué【韦编三绝】〈成〉たいへんな勉強家である.

为(為・爲) **wéi** ❶ 動 1(多く四字句に用い) なす. する. 行う. ¶所作所～ / やることなすこと. 2 …とする. …とみなす. ¶以他～榜样 / 彼を手本とする. 3 (変化して)…になる. ¶变被动～主动 / 守勢から攻勢に転じる. 4〈書〉…である. ¶一千克～一公斤 / 千グラムは1キログラムである. 5(多く後に形容詞が続き)(…よりも)…だ. ¶还是不去～好 / やはり行かないほうがよい.
❷ 前〈書〉("所"と組み合わさり)…される. ¶～风雪所阻 / 風雪に阻まれる. ⇨wéi…suǒ…【为…所…】
❸ 接尾(一部の単音節の形容詞・副詞の後につく) ¶大～高兴 / 大いに喜ぶ. ‖ 姓
異読⇨wèi
wéi fēi zuò dǎi【为非作歹】〈成〉悪事の限りを働く.
wéi fù bù rén【为富不仁】〈成〉金持ちになるのに人情はいらない.
wéigǎn【为感】動〈書〉感謝するところである.
wéiguì【为贵】動〈書〉…を貴ぶ.
wéihài【为害】動〈書〉損害をもたらす.
wéihǎo【为好】動 …のほうをよしとする. ¶你还是不去～ / 君はやはり行かないほうがよい.
wéihè【为荷】動〈書〉(手紙文で) 幸甚である.
wéihuàn【为患】動 災いをもたらす.
wéikěn【为恳】動〈書〉(手紙文で) 懇願いたします.
wéilì【为力】動 力になる.
wéimiào【为妙】動 …したほうがよい.
wéinán【为难】動 1 困る. 2 困らせる.
wéiniàn【为念】動〈書〉(手紙文で) 気がかりである.
wéipàn【为盼】動〈書〉(手紙文で) 希望いたします.
wéipíng【为凭】動〈書〉証拠とする.
wéiqī【为期】動 期間〔期限〕は…とする; 期間〔期日〕から見る.
wéiqiàn【为歉】動〈書〉(手紙文で) 遺憾とする.
wéirén【为人】名 人となり. 人柄.
wéishàn【为善】動〈書〉善いことをする.
wéishèn【为甚】動〈書〉…が甚だしい.
wéishēng【为生】動〈書〉(…で) 暮らしを立てる.
wéishí【为时】名 時期.
wéi shí guò zǎo【为时过早】〈成〉時期尚早である.
wéishǒu【为首】動(…を) リーダーとする.
wéishù【为数】動 数から見る.
wéisòng【为颂】動〈書〉(手紙文で) 喜

んでいます.

wéi…suǒ…【为…所…】〈型〉…に…される. ¶～人～不齿 / 人に問題にされない.

wéi suǒ yù wéi【为所欲为】〈成〉〈貶〉勝手気ままなことをする.

wéiwǔ【为伍】動〈書〉(…と)仲間になる.

wéixiān【为先】動〈書〉…を重要とする.

wéixiàn【为限】動〈書〉期限とする.

wéixìng【为幸】動〈書〉(手紙文で)幸甚です.

wéiyào【为要】動〈書〉肝要とする.

wéizhǐ【为止】動…までを区切りとする. …までに. ¶到此～ / ここまでとする.

wéizhòng【为重】動 より重視する.

wéizhǔ【为主】動〈書〉…を主とする.

圩 wéi H 堤(てい). ¶筑～ / 土手を築く. 異読⇒xū

wéitián【圩田】名 土手に囲まれた田.

wéiyuàn【圩垸】名(長江流域の低湿地帯で)水の浸入を防ぐための二重構造になった堤防.

wéizi【圩子】名 **1** 低地の周囲の土手. **2** ⇀wéizi【围子】

违(違) wéi H ①背く. 違反する. ¶→～令lìng. ②別れる. ¶久～ / 久しぶりである.

wéi'ài【违碍】動(支配者の)忌諱(きい)に触れる.

wéi'ào【违拗】動(目上に)逆らう.

wéibèi【违背】動 背く. 守らない.

wéi//fǎ【违法】動 法律を犯す.

wéi fǎ luàn jì【违法乱纪】〈成〉法に背き規律を乱す.

wéifǎn【违反】動(法則・規約などに)違反する. ¶～交通规则 / 交通規則に違反する.

wéifàn【违犯】動(法律などに)違反する.

wéiguī【违规】動 規定に反する.

wéihé【违和】動〈書〉〈敬〉(目上の人が)病気になる.

wéijì【违纪】動〈書〉規律に違反する.

wéijiào【违教】動〈敬〉教えに接していない；〈喩〉お別れする.

wéijìn【违禁】動 禁令に違反する.

wéikàng【违抗】動 逆らう. 反抗する.

wéi//lǐ【违理】動 道理に背く.

wéilì【违例】動 **1** 慣例に背く. **2**〈体〉反則する.

wéi//lìng【违令】動 命令に背く.

wéimìng【违命】動〈書〉命令に背く.

wéinì【违逆】動〈書〉背く. 逆らう.

wéiwǔ【违忤】動〈書〉背く. 逆らう.

wéiwù【违误】動〈書〉(公文書で)命令に背き公務を怠る.

wéixiàn【违限】動 期限をたがえる.

wéixiàn【违宪】動 憲法に違反する.

wéi//xīn【违心】動 本心と違う.

wéi//yuē【违约】動 条約・契約に違反する. ¶～金 / 違約金.

wéi//zhāng【违章】動〈書〉規定・規則に違反する.

围(圍) wéi ❶動 囲む；周りに巻く. ¶～着炉子坐 / ストーブを囲んで座る. ¶～围脖儿 / マフラーをする.
❷量 **1** 両手の親指と人差し指で輪を作った太さ. ¶腰大十～ / 腰の回りが10"围"(囲)ある. **2** ひとかかえ. ¶十～之木 / 10かかえもある木.
H 周囲. ¶外～ / 周り. ‖姓

wéibór【围脖儿】名〈方〉襟巻き. マフラー.

wéibǔ【围捕】動 包囲して捕らえる.

wéichǎnqī【围产期】名 周産期. 妊娠28週から産後1週間までの期間.

wéichǎng【围场】名(皇帝や貴族の)猟場.

wéi//chéng【围城】**1** 動 都市を包囲する. **2** 名 敵軍に包囲された都市.

wéigōng【围攻】動 包囲攻撃する.

wéiguān【围观】動〈貶〉やじ馬見物をする.

wéi hú zào tián【围湖造田】〈成〉干拓する.

wéihù【围护】動 取り囲んで保護する.

wéijī【围击】動 包囲攻撃する.

wéijiān【围歼】動 包囲殲滅(せんめつ)する.

wéijiǎo【围剿】動 包囲討伐する.

wéijīn【围巾】名 マフラー. スカーフ.

wéijù【围聚】動 一か所に群がる.

wéikěn【围垦】動 干拓する.

wéikùn【围困】動〈軍〉包囲し封じ込める.

wéiliè【围猎】動 巻き狩りをする.

wéilǒng【围拢】動 ぐるりと取り囲む.

wéilú【围炉】動 暖炉を囲む.

wéipíng【围屏】名 びょうぶ. ついたて.

wéiqí【围棋】名 碁. 囲碁.

wéiqiáng【围墙】名 塀. 囲い.

wéiqún【围裙】名 エプロン.

wéirào【围绕】動 取り巻く；(ある問題を中心として)めぐる. ¶月亮～着地球旋转 / 月は地球のまわりを回る.

wéiwǎng【围网】名 巻き網.

wéi wèi jiù zhào【围魏救赵】〈成〉一方を牽制しておいて他方を救う.

wéizhuō【围桌】名(冠婚葬祭の際,机の前に掛ける)装飾用のテーブル掛け.

wéizi【围子】名 **1**(村落の周囲に築く)防壁. **2** ⇀wéizi【圩子】 **3** ⇀wéizi【帷子】

wéizuǐr【围嘴儿】名 よだれ掛け.

帏(幃) wéi **1**〖帷 wéi〗に同じ. **2** 名〈古〉(人が身につけた)香嚢(こうのう), におい袋.

闱(闈) wéi H ①宮中の脇門. ¶宫～ / 宮廷. ②科挙の試験場.

wéimò【闱墨】名 清代の科挙試験の答案文の選集.

沩(溈・潙) wéi 地名用字.

桅 wéi H 帆柱. マスト. ¶→～杆gān.

wéidēng【桅灯】名 **1** マストに掛ける信号灯. **2** カンテラ.
wéidǐng【桅顶】名 マストの突端.
wéigān【桅杆】名 帆柱. マスト.
wéiqiáng【桅樯】名 帆柱. マスト.

涠（潿） **wéi** 地名用字.

唯 **wéi**〖惟wéi〗**1**, **2** に同じ.
H 恭しく応答する声. ¶～～否否 / 〈書〉態度があいまいで煮えきらない. 異読⇒wěi
wéichéngfènlùn【唯成分论】名 出身・階級区分が最重要だとする理論.
wéidú【唯独】→**wéidú**【惟独】
wéidú guāngpán【唯读光盘】名〈電算〉CD-ROM.
wéikǒng【唯恐】→**wéikǒng**【惟恐】
wéiměi zhǔyì【唯美主义】名〈文〉耽美(たんび)主義.
wéimínglùn【唯名论】名〈哲〉唯名論.
wéiwù biànzhèngfǎ【唯物辩证法】名〈哲〉唯物弁証法.
wéiwùlùn【唯物论】名〈哲〉唯物論. ▶"唯物主义"とも.
wéiwù shǐguān【唯物史观】名〈哲〉唯物史観.
wéixīnlùn【唯心论】名〈哲〉唯心論.
wéixīn shǐguān【唯心史观】名〈哲〉唯心史観.
wéiyī【唯一】形 唯一の. ただ一つの.
wéiyǒu【唯有】**1** 接続 のみ. だけ. **2** 副 ただ…だけ.

帷 **wéi** H 幔幕(まんまく). 帷(とばり). ¶车～子 / 車のほろ.
wéimàn【帷幔】→**wéimù**【帷幕】
wéimù【帷幕】名(室内・舞台の)幕.
wéiwò【帷幄】名〈書〉陣中(の張り幕).
wéizi【帷子】名(周りを囲む)カーテン,幕.

惟 **wéi** **1** 副〈書〉ひとり. ただ. だけ. ¶→～恐. **2** 接続〈書〉ただし. しかし. ¶他工作很好,～注意身体不够 / 彼は仕事ぶりがいいんだが,自分の健康に注意が足りない. **3** 助〈古〉(年・月・日の前に用い)これ.
H 思う. 考える. ¶思～ / 思考(する).
wéidú【惟独】副 ただ…だけ.
wéikǒng【惟恐】動 …のみ恐れる. …だけが気にかかる.
wéi lì shì tú【惟利是图】〈成〉ひたすら利益だけを追求する.
wéi miào wéi xiào【惟妙惟肖】〈成〉(描写や模倣が)真に迫っている.
wéi mìng shì tīng【惟命是听】〈成〉言いなりになってなんでも従う.
wéi nǐ shì wèn【惟你是问】〈成〉あなただけに責任を問う.
wéiqí【惟其】接続〈書〉それだからこそ. まさにそのために.
wéi wǒ dú zūn【惟我独尊】〈成〉自分だけがいちばん偉いとうぬぼれる.
wéiyī【惟一】→**wéiyī**【唯一】
wéiyǒu【惟有】→**wéiyǒu**【唯有】

维 **wéi** 量〈数〉次元. ¶四～空间 / 四次元の空間.
H ①結ぶ. つなぐ. ¶→～系xì. ②保つ. 維持する. ¶→～持chí.
‖姓
wéichí【维持】動 維持する. 保護する. 支える.
wéiguǎnshù【维管束】名〈植〉維管束(いかんそく).
wéihé【维和】動 平和を維持する.
wéihù【维护】動 守る. 保つ. ¶～利益 / 利益を守る.
wéimiánbù【维棉布】名 ビニロン・綿糸混紡の布.
wéinílún【维尼纶】名 ビニロン.
wéiquán【维权】動(合法的)権利を守る.
wéishēngsù【维生素】名 ビタミン.
wéishù【维数】名〈数〉次元.
wéitāmìng【维他命】名 ビタミン.
Wéiwú'ěrzú【维吾尔族】名(中国の少数民族)ウイグル(Uygur)族.
wéixì【维系】動〈書〉つなぎとめる.
wéixīn【维新】動 政治を革新する.
wéixiū【维修】動 補修する.
Wéizú【维族】名〈略〉ウイグル族.

嵬 **wéi** H 高くそびえる. ¶～然 / 高くそびえるさま.

潍 **wéi** 地名用字. "潍河"は山東省にある川の名.

伟（偉） **wěi** H すぐれて大きい. ¶雄～ / 雄大である.
‖姓
wěi'àn【伟岸】形〈書〉姿が大きく堂々としている.
wěidà【伟大】形 偉大である. 立派である. ¶～的领袖 / 偉大な指導者.
wěigē【伟哥】名〈俗〉〈医〉バイアグラ.
wěijì【伟绩】名〈書〉大きな功績.
wěijīngyán【伟晶岩】名〈鉱〉ペグマタイト.
wěilì【伟力】名 巨大な力.
wěilùn【伟论】名 すぐれた議論.
wěirén【伟人】名 偉人.
wěiyè【伟业】名 偉業.

伪（僞） **wěi** H ①いつわりの. にせの. ¶→～钞. ②非合法の. 正当性のない. ¶～政权 / 傀儡(かいらい)政権.
wěibì【伪币】名 **1** にせ札. 偽造貨幣. **2** 傀儡政権が発行した紙幣.
wěichāo【伪钞】名 にせ札. 偽造紙幣.
wěicháo【伪朝】名〈書〉正統でない朝廷.
wěichōng【伪充】動〈書〉偽称する.
wěiguān【伪官】名 傀儡政権の官吏.
wěijūn【伪军】名 傀儡軍.
wěijūnzǐ【伪君子】名 えせ君子.
wěiliè【伪劣】形 にせ物で粗悪な.
Wěimǎn【伪满】名〈略〉旧満州国.
wěishàn【伪善】形 偽善的な.
wěishū【伪书】名 偽書.
wěituō【伪托】動 偽作する.
wěizào【伪造】動 偽造する.

wěizhèng【伪证】名 偽証.
wěizhuāng【伪装】**1** 動 ふりをする.〈軍〉偽装する. **2** 名 変装. 仮面;〈軍〉偽装.
wěizú【伪足】名〈動〉仮足(かそく).
wěizuò【伪作】名 偽作.

苇(葦)
wěi 名〈植〉アシ. ヨシ. ¶→～毛.
wěibó【苇箔】名(屋根瓦の下に敷く)アシの茎で編んだ下地. よしず.
wěidàng【苇荡】名 アシの生い茂った水辺・湿地.
wěikēng【苇坑】名 アシが生えている池.
wěiliánzi【苇帘子】名 アシで編んだすだれ.
wěimáo【苇毛】名 アシの花.
wěitáng【苇塘】名 アシが生えている池.
wěixí【苇席】名 アシで編んだむしろ.
wěizi【苇子】名〈植〉アシ.

尾
wěi **1** 量 魚を数える. ¶一～鱼 / 魚1匹. **2** 名(二十八宿の)あしたれぼし. **3** 動〈古〉後をつける.
H ①尾. しっぽ. ②端. 末端. ¶从头到～ / 一部始終. ③はした. 残り. 異読⇨yǐ
wěiba【尾巴】名 **1**(動物の)尾,しっぽ. [条,根] **2**(物体の)尾に似た部分. ¶彗星～ / 彗星の尾. **3** 物事の未解決の部分. ¶大部分都做完了,还剩下一点儿～ / 大半はやり終えたがまだ少しやり残しがある. **4**〈喩〉追随者. **5**〈喩〉尾行者.
wěiba gōngchéng【尾巴工程】名 中断工事. やり残しの工事.
wěi dà bù diào【尾大不掉】〈成〉部下の勢力が強くて[機構が膨大なために]指揮がうまくとれない.
wěidēng【尾灯】名 テールライト.
wěigǔ【尾骨】名〈生理〉尾骨.
wěihuā【尾花】名(印刷物の余白を埋める)小さなカット.
wěijì【尾迹】名(飛行機や船の)航跡.
wěikuǎn【尾款】名(支払いの)未清算分.
wěikuàng【尾矿】名〈鉱〉選鉱くず.
wěilǘ【尾闾】名〈書〉川の下流.
wěipái【尾牌】名(自動車や電車などの)後部標識,プレート.
wěiqí【尾鳍】名〈動〉尾びれ.
wěiqì【尾气】名 排ガス.
wěiqiàn【尾欠】**1** 名(借金の)未返済分. **2** 動 同上を残す.
wěishēng【尾声】名 南曲・北曲の最後の1曲;〈音〉終曲部;(詩・小説などの)エピローグ;最終段階.
wěishì【尾市】名〈経〉引け間近の市場.
wěishù【尾数】名〈数〉小数点以下の数;(帳簿で)端数;末尾の数字.
wěisuí【尾随】動 尾行する.
wěiyīn【尾音】名〈語〉字・単語・文の最後の音.
wěiyòu【尾蚴】名〈動〉(吸虫類の)有尾. 幼虫.
wěizhuī【尾追】動 後について追い詰める.
wěizi【尾子】名〈方〉末端;(帳簿で)端数.

纬(緯)
wěi H ①(↔经)横糸. ¶→～编. ②緯度.
wěibiān【纬编】名〈紡〉横編み.
wěidù【纬度】名〈地〉緯度.
wěishā【纬纱】名〈紡〉横糸.
wěishū【纬书】名 緯書(いしょ).
wěixiàn【纬线】名 **1** 横糸. **2**〈地〉緯線.

玮(瑋)
wěi H ①玉(ぎょく)の名. ②珍しい;貴重な. ¶明珠～宝 / 輝く真珠や珍しい宝物.

委
wěi 動 任せる. 委任・任命する. ¶～他做局长 / 彼を局長に任命する.
H ①委員(会). ¶党～ / 党委員(会). ②放棄する. ¶→～弃. ③責任を人になすりつける. ¶→～罪. ④曲がりくねっている. ¶→～曲qū. ⑤しなびる. 衰える. ¶→～顿. ⑥集まりたまる. ¶～积 / 集積する. ⑦末. 終わり. ¶原～ / いきさつ. ⑧確かに. ¶→～实. ‖ 姓
異読⇨wēi
wěiceng【委蹭】動〈方〉ぐずぐずする.
wěidùn【委顿】形 疲れて元気がない.
wěigu【委咕】動〈方〉(多く子供が)もじもじする. ぐずぐずする.
wěiguò【委过】→wěiguò【诿过】
wěi jué bù xià【委决不下】〈成〉どうしたらよいか決心がつかない.
wěimǐ【委靡】形 元気がない. ぐったりする.
wěipài【委派】動 任命する.(仕事を)割り当てる.
wěipéi【委培】動 人材養成を委託する.
wěiqì【委弃】動〈書〉投げ捨てる.
wěiqū【委曲】**1** 形 曲がりくねっている;(曲調が)変化に富んでいる. **2** 名〈書〉事のてんまつ.
wěi qū qiú quán【委曲求全】〈成〉大局を考えて,意を曲げても折り合っていく.
wěiqu【委屈】**1** 形(不当に扱われ)くやしい,やりきれない. **2** 動 嫌な思いをさせる. つらい思いをさせる.
wěiquē【委缺】動〈旧〉欠員時に,官吏に任用する.
wěirèn【委任】**1** 動 任命する. **2** 名〈旧〉(民国時代の)判任官.
wěirèn tǒngzhì【委任统治】名 委任統治.
wěishēn【委身】動〈書〉(やむを得ず)身をゆだねる.
wěishí【委实】副〈書〉確かに. まったく.
wěisuǒ【委琐】形〈書〉**1** 煩瑣(はんさ)である;こせこせする. **2** →wěisuǒ【猥琐】
wěituō【委托】動 委託する. 依頼する.
wěiwǎn【委婉・委宛】形(言葉が)婉曲(えんきょく)である.
wěi wōzi【委窝子】〈慣〉〈方〉(多く子

供が)寝床でぐずぐずして起きない.
wěixì【委细】名〈書〉詳しい事情.
wěiyòng【委用】動 採用する. 任用する.
wěiyuán【委员】名 **1** 委員. **2**〈旧〉特定の任務を委任された要員.
wěiyuánhuì【委员会】名 委員会.
wěizuì【委罪】動 罪を人になすりつける.

炜(煒) **wěi** H 光. 光明.
wěiwěi【炜炜】形〈書〉明るくてきらきらしている.

洧 **wěi** 地名用字. "洧川"は河南省にある地名.

诿 **wěi** 動 責任を人に転嫁する. ¶推～/人のせいにする.
wěiguò【诿过】動 過失をなすりつける.
wěixiè【诿卸】動〈書〉(責任を)逃れる,回避する.
wěizuì【诿罪】→wěizuì【委罪】

娓 **wěi** O
wěiwěi【娓娓】形(話が)飽くことを知らない,人を引きつけるさま. ¶～动听/上手に話し続け人を飽きさせない.

萎 **wěi** 動 衰える. しぼむ. ¶价钱～下来了/値段が下がってきた.
wěihuáng【萎黄】形 枯れしおれて黄色くなる;やつれて血色が悪くなる.
wěiluò【萎落】動 枯れる. しおれる;落ちぶれる.
wěimǐ【萎靡】形 元気がない. ぐったりしている.
wěiniān【萎蔫】動(植物が)しなびる,しおれる.
wěisuō【萎缩】動 **1** しなびる. **2**(身体や器官が)萎縮する. **3**(経済が)衰退する.
wěixiè【萎谢】動(花が)しおれる.

唯 **wěi** 感〈書〉《応答する言葉》はい. 異読⇨wéi
wěi wěi nuò nuò【唯唯诺诺】〈成〉唯々諾々(いいだくだく);相手の言いなりになる.

隗 **wěi** ‖ 姓 異読⇨kuí

骫 **wěi** H 曲げる. ¶～曲qū/我を折る.
wěibèi【骫骳】形〈書〉曲がりくねっている.

颀 **wěi** H 静かである. ▶人名に用いることが多い.

猥 **wěi** H 下品である;乱雑である. ¶→～词. ¶～杂/雑多である.
wěibǐ【猥鄙】形〈書〉卑しい.
wěicí【猥辞·猥词】名 わいせつな言葉.
wěicuī【猥獕】形〈近〉醜い. 野暮である.
wěiliè【猥劣】形〈書〉卑劣である.
wěilòu【猥陋】形〈書〉下劣である. 卑劣である.
wěisuǒ【猥琐】形(容貌や振る舞いが)卑しい,下品である.
wěixiè【猥亵】**1** 形 わいせつである. **2** 動 わいせつな行為をする.

韪(韙) **wěi** →bùwěi【不韪】

痿 **wěi** H〈中医〉筋肉がなえて機能を失う. ¶下～/腰から下が萎縮する.

鲔 **wěi** 名〈魚〉**1**(古書で)チョウザメ. **2** スマ. ヤイト. サバ科の熱帯魚類の一種.

卫(衛) **wèi** 名〈史〉(周代の国名)衛.
H 守る. 防衛する. ¶→～兵bīng. ‖ 姓
wèibīng【卫兵】名 衛兵.
wèidào【卫道】動 古い道徳を守る. 体制的イデオロギーを守る.
wèiduì【卫队】名 護衛隊.
wèihù【卫护】動 かばい守る.
wèimáo【卫矛】名〈植〉マユミ.
wèimiǎn【卫冕】動〈体〉(競技で)首位の座を守る.
wèishēng【卫生】**1** 形 衛生的である. ¶食堂很～/食堂はとても衛生的である. **2** 名 衛生. ¶讲～/衛生に注意する.
wèishēngdài【卫生带】名 生理バンド.
wèishēngjiān【卫生间】名 バスルーム·トイレの総称.
wèishēngjīn【卫生巾】名 生理用ナプキン. [条,块]
wèishēngkù【卫生裤】名 **1** 生理用ショーツ. **2**〈方〉メリヤスのズボン下.
wèishēng kuàizi【卫生筷子】名 割りばし.
wèishēngqiú【卫生球】名(～儿)(球状の)ナフタリン.
wèishēng shèbèi【卫生设备】名 バスルーム·洗面所·トイレの設備の総称.
wèishēngshì【卫生室】名(工場·会社などの)診察室,保健室.
wèishēngxiāng【卫生香】名 におい消しのお香.
wèishēngyī【卫生衣】名〈方〉メリヤスの厚手の肌着.
wèishēngyuán【卫生员】名 初級衛生員.
wèishēngyuàn【卫生院】名(農村の)診療所.
wèishēngzhàn【卫生站】名(都市の)診療所,保健所.
wèishēngzhǐ【卫生纸】名 **1** トイレットペーパー. [卷] **2** 生理用ナプキン. [条,块]
wèishì【卫士】名 衛兵.
wèishì【卫视】名〈略〉衛星テレビ放送.
wèishù【卫戍】動〈書〉(軍隊が主として首都を)警備する.
wèixīng【卫星】名 **1**〈天〉衛星. [个,颗] **2**(衛星のように)ある中心の周りにあるもの. ¶～城/衛星都市. **3** 人工衛星.
wèixīng diànshì【卫星电视】名 衛星テレビ放送.

为（為·爲） **wèi** ❶ 前 1（動作の受益者を導き）…のために．¶～顾客服务 / 客に奉仕する． 2（動機·目的や原因を表し）…のために．…するように．…であるために．¶～各位的健康干杯！/ みなさんの健康のために乾杯． 3〈書〉…に対して．…に向かって．¶不足～外人道 / 他人に対しては言うに足らず． ❷ 動〈古〉助ける．守る． 異読⇒wéi

wèicǐ【为此】接続〈書〉このために．ここに．

wèi de shì【为的是】（目的·動機は）…のためである．¶我拼命地挣钱～你 / 私が一生懸命に金を稼ぐのは君のためだ．

wèi…ér…【为…而…】〈型〉…のために…(する)．¶～两国的友好～努力 / 両国の友好のために努力する．

wèihé【为何】副〈書〉なぜ．

wèi hǔ fù yì【为虎傅翼】〈成〉悪人に加勢する．

wèi hǔ zuò chāng【为虎作伥】〈成〉悪人の手先になって悪事を働く．

wèile【为了】前…のため(に)．¶一切～孩子 / すべては子供のため．

wèi mín qǐng mìng【为民请命】〈成〉人民のために請願する．

wèi rén zuò jià【为人作嫁】〈成〉人のために苦労しながら報いられない．

wèi shénme【为什么】なぜ．どうして．どういうわけで．¶昨天,你～没来？—我感冒了 / 昨日,なぜ来なかったの—風邪だったから．

wèi yuān qū yú, wèi cóng qū què【为渊驱鱼,为丛驱雀】〈成〉味方に引き入れるべき人を敵に回してしまう．

wèizhe【为着】→wèile【为了】

wèizhī【为之】接続〈書〉このために．

未 **wèi** 1 副〈書〉まだ…していない．¶尚～实施 / まだ実施していない． 2 名 十二支の第8：未(ひつじ)．¶→～时．

wèibàodàn【未爆弹】名 不発弾．

wèibì【未必】副 必ずしも…ない．…とは限らない．

wèibiàn【未便】副〈書〉…するのは具合が悪い．

wèibǔ【未卜】動〈書〉予知できない．

wèi bǔ xiān zhī【未卜先知】〈成〉先見の明がある．

wèicéng【未曾】副〈書〉いまだかつて…ない．まだ…ことがない．

wèicháng【未尝】副 1 …(したことが)ない． 2 …ないではない．…ないわけではない．

wèidìng【未定】動〈書〉まだ決まっていない．

wèi gǎn gǒu tóng【未敢苟同】〈成〉〈婉〉ご意見に賛成できない．

wèiguàn【未冠】動〈書〉(男性について)未成年である,20歳に達しない．

wèihuáng【未遑】動〈書〉…する暇がない．

wèihūnfū【未婚夫】名(男性の)婚約者．

wèihūnqī【未婚妻】名(女性の)婚約者．

wèihuò【未获】動〈書〉まだ…を得ない．

wèijí【未及】動〈書〉…する暇がない．

wèijǐ【未几】形〈書〉1 幾ばくもない．間もない． 2 多くない．

wèijìn【未尽】動〈書〉まだ終わらない．

wèijīng【未经】副〈書〉まだ…を経ていない．まだ…していない．

wèijìng【未竟】形〈書〉(多く事業について)未完の．

wèijué【未决】動〈書〉まだ解決されていない．

wèijuéfàn【未决犯】名〈法〉未決囚．

wèi kě hòu fēi【未可厚非】〈成〉過度にとがめるべきではない．

wèilái【未来】1 形(多く気象関係で用い)今から．今後．¶～二十四小时内将有暴雨 / 今後24時間以内に大雨が降る見込みです． 2 名 未来．将来．

wèi lǎo xiān shuāi【未老先衰】〈成〉年のわりに老けている．

wèiliǎo【未了】動〈書〉未解決である．まだ終わっていない．

wèimiǎn【未免】副…と言わざるを得ない．

wèi néng miǎn sú【未能免俗】〈成〉まだ俗習から抜けきれない．

wèirán【未然】形〈書〉まだそうなっていない．

wèirùliú【未入流】名〈旧〉官等外の上級役人．

wèishí【未时】名〈旧〉未(ひつじ)の刻(午後1時から3時)．

wèishǐ【未始】副…ないことはない．

wèisuì【未遂】動〈書〉目的をまだ達成していない．

wèituǒ【未妥】形〈書〉1 妥当でない． 2 妥結していない．

wèiwán【未完】動〈書〉まだ終わらない．

wèiwángrén【未亡人】名〈旧〉未亡人．

wèiwéi【未为】動〈書〉まだ…でない．

wèixiá【未暇】動〈書〉…する暇がない．

wèixiáng【未详】形〈書〉明らかでない．未詳である．

wèiyāng【未央】動〈書〉まだ尽きない．

wèiyǒu【未有】動〈書〉まだ…がない．

wèi yǔ chóu móu【未雨绸缪】〈成〉転ばぬ先の杖．

wèizhēn【未臻】動〈書〉まだ…に至らない．

wèizhī【未知】動〈書〉まだわからない．

wèizhīshù【未知数】名 1〈数〉未知数． 2〈喩〉見通しがたたないこと．

wèi zhì kě fǒu【未置可否】〈成〉よいとも悪いとも言わない．

位 **wèi** 量 1 敬意をもって人を数える．¶三～来宾 / 3人の来賓． 2〈数〉桁(けた)． 3〈電算〉ビット．
H ①(占める)位置,場所．¶让～ /

席を譲る. ②君主の地位. ¶即～ / 即位する. ③(職務上の)地位, ポスト. ¶名～ / 名誉と地位. ‖ 姓
wèicì【位次】名 席次；等級. 順位.
wèijué【位觉】名 平衡感覚.
wèinéng【位能】名〈物〉位置エネルギー.
wèitú【位图】名〈電算〉ビットマップ.
wèiyí【位移】名〈物〉変位.
wèiyú【位于】動〈書〉…に位置する.
wèizhi【位置】名 位置；地位；座席. ¶各自坐在自己的～上 / 各自自分の座席につく.
wèizi【位子】名 座席. 場所.
wèizǔ【位组】名〈電算〉バイト.

味 **wèi** ❶名(～儿) 1 味. ¶没有～儿 / 味がしない. 2 におい. ¶这花的～儿很香 / この花の香りはとてもよい. 3 おもしろみ. 味わい. ¶真有～儿 / 実におもしろい. ❷量 漢方薬の種類を数える単位：味(ᵐⁱ). H 味わう. ¶玩～ / かみしめる.
wèidao【味道】名 1 味. 2 趣. 味わい. ¶他的话带有讽刺的～ / 彼の話には皮肉のニュアンスがあった. 3 心持ち. ¶心里有说不出的～ / なんとも言えない気持ちがする. 4〈方〉におい.
wèijīng【味精】名 化学調味料.
wèijué【味觉】名〈生理〉味覚.
wèilěi【味蕾】名〈生理〉味蕾(みらい).
wèisù【味素】名 化学調味料.
wèi tóng jiáo là【味同嚼蜡】〈成〉(文章や話が)味もそっけもない.

畏 **wèi** 動 恐れる. ¶不～强敌 / 強敵を恐れない. H 感服する. ¶敬～ / 畏敬する. ‖ 姓
wèibì【畏避】動 恐れをなして避ける.
wèifú【畏服】動〈書〉恐れて服従する.
wèijì【畏忌】動 恐れ疑う.
wèijù【畏惧】動 恐れる.
wèinán【畏难】動 困難におじけづく.
wèiqiè【畏怯】動 おじける. ひるむ.
wèi shǒu wèi wěi【畏首畏尾】〈成〉あれこれ心配しすぎる.
wèisuō【畏缩】動 ひるむ. しり込みする.
wèitú【畏途】名〈書〉だれもがしり込みする難しい仕事.
wèixǐ【畏葸】動〈書〉恐れる.
wèiyǒu【畏友】名 畏友.
wèizuì【畏罪】動〈書〉法の裁きを恐れる.

胃 **wèi** 名 1〈生理〉胃. 胃袋. ¶～疼 / 胃が痛い. 2(二十八宿の)えきえぼし.
wèi'ái【胃癌】名〈医〉胃癌.
wèibìng【胃病】名〈医〉胃病.
wèidànbáiméi【胃蛋白酶】名〈生理〉ペプシン.
wèijìng【胃镜】名〈医〉胃カメラ.
wèikǒu【胃口】名 1 食欲. 2 嗜好.
wèikuìyáng【胃溃疡】名〈医〉胃潰瘍(かいよう).
wèikuòzhāng【胃扩张】名〈医〉胃拡張.
wèi qiēchúshù【胃切除术】名〈医〉胃切除術.
wèisuān【胃酸】名〈生理〉胃酸.
wèitòng【胃痛】名〈医〉胃痛.
wèiwǎn【胃脘】名〈中医〉胃. 胃袋.
wèixiàchuí【胃下垂】名〈医〉胃下垂.
wèixiàn【胃腺】名〈生理〉胃腺.
wèiyán【胃炎】名〈医〉胃炎. 胃カタル.
wèiyè【胃液】名〈生理〉胃液.
wèizàng【胃脏】名〈生理〉胃.

谓 **wèi**〈書〉動 1 …という. 言う. ¶可～神速 / 非常に速いといってよい. 2(名称を…と)呼ぶ. ¶何～人造卫星？/ 人工衛星というのはどんなものか. H 意味. ¶无～ / つまらない.
wèicí【谓词】名 1〈論〉(記号論理学で)述語. 2〈語〉述語.
wèiyǔ【谓语】名〈語〉述語.

尉 **wèi** H ①尉官. ¶→～官guān. ②旧時の官名. 尉(じょう). ‖ 姓 異読⇨yù
wèiguān【尉官】名 尉官. ▶"校官"に次ぐ軍官.

遗 **wèi** H 贈る. ¶～之千金 / 千金を与える. 異読⇨yí

喂(餵) **wèi** ❶感(呼びかけとして) おい. もしもし. ❷動 1(動物に)えさをやる. 飼う. ¶～鸡 / 鶏を飼う. 2(子供や病人に)食べさせる. ¶给孩子～饭 / 子供にご飯を食べさせる. 3〈方〉(しょう油や薬液に)つけておく.
wèi//nǎi【喂奶】動 授乳する.
wèi//shí【喂食】動(人に)食事を与える. (動物に)えさをやる.
wèiyǎng【喂养】動(幼児や動物に)物を食べさせ育てる.

猬(蝟) **wèi** 名〈動〉ハリネズミ. ¶→～集jí.
wèijí【猬集】動〈書〉(物事が)寄り集まる.

渭 **wèi** 地名用字.

蔚 **wèi** H ①草木が盛んに茂る；盛大である. ②模様がある. (自然が)模様を描く. ‖ 姓 異読⇨yù
wèilán【蔚蓝】形 濃い藍色の. 青い色の；空色.
wèiqǐ【蔚起】動〈書〉物事が急に盛んになる.
wèirán【蔚然】形 1 盛んになるさま. 2 こんもりと茂っているさま.
wèi rán chéng fēng【蔚然成风】〈成〉(あることが)だんだん広まり盛んになり, 一つの気風になる.
wèi wéi dà guān【蔚为大观】〈成〉(美術品などが)多種多様で盛観を呈している.
wèi wéi fēng qì【蔚为风气】〈成〉物事が盛んで一つの風潮となる.

慰 **wèi** H ①慰める. ¶安～ / 慰める. ②心が安らぐ. ¶欣～ / 喜び安らぐ.

wèijiě【慰解】動 なだめる. (怒りや悲しみを)しずめる.
wèijiè【慰藉】動〈書〉慰めいたわる.
wèiláo【慰劳】動 慰労する. 慰問する.
wèiliú【慰留】動 慰留する.
wèimiǎn【慰勉】動 慰め励ます.
wèiwèn【慰问】動(言葉や品物で)慰問する, 見舞う.
wèiyàn【慰唁】動〈書〉(遺族を)弔問する.

魏 **wèi** 名〈史〉(周代の国名, 三国時代の王朝, 南北朝時代の王朝の)魏(ぎ). ‖ 姓
wèibēi【魏碑】名 北魏の石碑の文字.
wèiquè【魏阙】名〈古〉(宮門の外にある)政令を公布する建物;〈転〉朝廷.

鳚 **wèi** 名〈魚〉ギンポ.

wen (ㄨㄣ)

温 **wēn** ❶形 暖かい. ぬるい. ¶～开水 / 生ぬるい白湯(さ).
❷動 1 温める. ¶把汤～一下 / スープをちょっと温める. 2 復習する. ¶→～书.
H 温度. ¶体～ / 体温. ‖ 姓
wēnbǎo【温饱】名 衣食が満ち足りること.
wēnbiāo【温标】名 温度計の目盛り.
wēnchā【温差】名 温度差.
wēnchuáng【温床】名 温床.
wēncún【温存】1 動(多く異性を)やさしくいたわる. 2 形 やさしく思いやりがある.
wēndài【温带】名 温帯.
wēndù【温度】名 温度.
wēndùjì【温度计】名 温度計. ▶"温度表"とも.
wēn gù zhī xīn【温故知新】〈成〉古きをたずねて新しきを知る.
wēnhé【温和】形 1(気候が)温暖である. 2(性質・態度・言葉などが)温和である. ⇨wēnhuo
wēnhòu【温厚】形 温厚である.
wēnhu【温乎】→wēnhuo【温和】
wēnhuo【温和】形(物体や液体が)いくらか温かみがある. ⇨wēnhé
wēnjìng【温静】形 しとやかでおっとりしている.
wēn//jū【温居】動〈旧〉新居祝いに行く.
wēnjué【温觉】名〈生理〉温覚.
wēn//kè【温课】動 学課を復習する.
wēnkòng【温控】動〈略〉温度を調整する.
wēnliáng【温良】形 やさしく純真である.
wēn liáng gōng jiǎn ràng【温良恭俭让】〈成〉穏やか・素直・恭しい・質素・謙遜の五つの徳.
wēnnuǎn【温暖】1 形(気候や雰囲気が)暖かい, 温かい. ¶他有一个～的家庭 / 彼には暖かい家庭がある. 2 動(心を)温める.
wēnnüè【温疟】名〈中医〉マラリア.
wēnqíng【温情】名 やさしい気持ち.
wēn qíng mò mò【温情脉脉】〈成〉やさしい気持ちがあふれている.
wēnquán【温泉】名 温泉.
wēnróu【温柔】形(多く女性が)やさしく穏やかである, 温和である.
wēnrùn【温润】形 1 やさしい. 2(気候が)暖かで湿り気がある. 3(手ざわりが)きめ細かくなめらかである.
wēnshī【温湿】形(気候が)温暖で湿潤である.
wēnshì【温室】名 温室.
wēnshì xiàoyìng【温室效应】名〈環境〉温室効果.
wēn//shū【温书】動 復習する.
wēnshuǐ【温水】名 ぬるま湯.
wēnshùn【温顺】形 おとなしい. 従順である.
wēntāng【温汤】名 1 ぬるま湯. 2〈書〉温泉.
wēntūn【温暾・温吞】形〈方〉1 生ぬるい. 2(言葉が)はっきりしない.
wēntūnshuǐ【温暾水・温吞水】名〈方〉ぬるま湯.
wēn wén ěr yǎ【温文尔雅】〈成〉態度が穏やかで立ち居ふるまいが上品である.
wēnxí【温习】動 復習する.
wēnxīn【温馨】形〈書〉(気候や心遣いが)暖か[温か]で気持ちよい.
wēnxù【温煦】形〈書〉1(日差しが)暖かい. 2(心が)温かい.
wēnxuè dòngwù【温血动物】名 恒温動物.
wēnxùn【温驯】形〈書〉(主として動物が)人によくなれている.

榅 **wēn** ⓪
wēnpo【榅桲】名〈植〉マルメロ.

辒 **wēn** ⓪
wēnliáng【辒辌】名〈古〉身を横たえられる車. 安楽車.

瘟 **wēn** 1 名〈中医〉急性伝染病. 疫病. ¶→～病. 2 形(芝居などが)だれている. ¶这出戏的人物有点儿～ / この芝居の人物はちょっとさえない.
wēnbìng【瘟病】名〈中医〉急性熱病の総称.
wēnshén【瘟神】名 疫病(えきびょう)神.
wēn tóu wēn nǎo【瘟头瘟脑】〈成〉頭がぼうっとしてはっきりしない.
wēnyì【瘟疫】名〈中医〉流行性の急性伝染病の総称.
wēnzhěn【瘟疹】名〈中医〉発疹を伴う急性伝染病.

蕰 **wēn** ⓪
wēncǎo【蕰草】名〈方〉(一部地方で)水に生える雑草;マツモ. キンギョモ.

鳁 **wēn** ⓪

wēnjīng【鳁鲸】名〈動〉イワシクジラ.

文 **wén** ❶形 1 文語的である. ¶这句话太～了 / この語句は硬すぎる. 2 ものやわらかである. おとなしい. ¶这孩子～得很 / この子は非常におとなしい.
❷動 入れ墨をする. ¶手臂上～了一条龙 / 腕に竜の入れ墨をした.
❸名 文科. ¶他是学～的 / 彼は文系だ.
❹量 銅銭を数える：文(もん). ¶一～钱 / 銭1文.
H ①文字. ¶甲骨～ / 甲骨文. ②文章. ¶散sǎn～ / 散文. ③文語. ¶半～半白 / 文語と口語が入り交じっている. ④非軍事的な. 文化的な. ¶～臣武官 / 文官と武官. ⑤旧時の形式的な儀礼. ¶虚～ / 虚礼. ⑥覆い隠す. ¶→～过guò饰非. ⑦自然界の現象. ¶天～ / 天文. ‖ 姓

wénbái【文白】名 文言と口語.
wénběn【文本】名(同一内容を異なる言語で書き表したそれぞれの)文書；〈電算〉テキスト.
wénbǐ【文笔】名 文章の風格や技巧.
wén bù duì tí【文不对题】〈成〉 1 文章や話の内容がテーマと合っていない；答えが質問とちぐはぐである.
wén bù jiā diǎn【文不加点】〈成〉一気に文章を書き上げる.
wén bù wén, wǔ bù wǔ【文不文,武不武】〈慣〉何も身につかない.
wéncái【文才】名 文才.
wéncǎi【文采】名 1 華やかな色彩. 2 文学的才能.
wénchāngyú【文昌鱼】名〈魚〉ナメクジウオ.
wénchǎng【文场】名 1 芝居のはやし方の管弦楽器の部分. 2 数人が歌を歌い,"扬琴"で伴奏する演芸. ▶桂林・柳州で広く行われる.
wénchāogōng【文抄公】名〈諧〉剽窃(ひょうせつ)家.
wénchǒu【文丑】名(～儿)(伝統劇の)道化役.
wénchuán gōnggǎo【文传供稿】名 ファクシミリによる原稿提供.
wéncí【文辞・文词】名(文章の)字句,言葉遣い；(広く)文章.
wén cóng zì shùn【文从字顺】〈成〉文章が流暢で字句も適切である.
wéndàn【文旦】名〈方〉〈植〉ブンタン. ザボン.
wéndàng【文档】名〈電算〉ドキュメント.
wéndòu【文斗】名(文革中の壁新聞など)文章による攻撃.
wéndú【文牍】名 1 公文書. 文書. 2〈旧〉文書起草係.
wénfǎ【文法】名 1 文法. ▶"语法"とも. 2〈古〉成文法.
wénfáng sìbǎo【文房四宝】名 書斎に備える四つの用具. 筆・墨・紙・硯(すずり)；(広く)文房具.
wénfēng【文风】名 1 文章の風格. 文章を書く態度・気風. 2 そよ風.
wén fēng bù dòng【文风不动】〈成〉びくともしない.
wéngǎo【文稿】名(文章や公文書の)草稿.
wéngào【文告】名 告示. 公告.
Wéngé【文革】名〈略〉文化大革命.
wéngé【文蛤】名〈貝〉ハマグリ.
wéngōngtuán【文工团】名〈略〉文工団. 文芸工作団.
wén gōng wǔ wèi【文攻武卫】〈成〉言論で攻撃し,武力で守る. ▶文革中によく用いられた.
wénguān【文官】名〈旧〉文官.
wén guò shì fēi【文过饰非】〈成〉過ちを覆い隠す.
wénhàn【文翰】名〈書〉 1 文章. 2 文書. 公文書.
wénháo【文豪】名 文豪.
wénhǔ【文虎】名 灯籠(とうろう)やちょうちんに書かれたなぞなぞを解く,なぞ解きゲーム.
wénhuà【文化】名 1 文化. 2 教養. 読み書きと一般知識. ¶没有～ / 教養がない. 知的レベルが低い.
wénhuà【文话】名(↔白话) 1 文語. 2 上品な言葉.
wénhuà bǔxíbān【文化补习班】名 一般教養補習クラス.
wénhuàcéng【文化层】名〈考古〉古代遺跡が出土する地層.
Wénhuà dàgémìng【文化大革命】名(プロレタリア)文化大革命.
wénhuàgōng【文化宫】名(規模が大きな)文化・娯楽センター.
wénhuàguǎn【文化馆】名(県レベルの)大衆の文化・娯楽施設.
wénhuàrén【文化人】名 1 (抗日戦争期の)文化活動家. 2 知識人.
wénhuàshān【文化衫】名(文字や図案がプリントされた)Tシャツ.
wénhuàshuǐr【文化水儿】名〈口〉知識.
wénhuàzhàn【文化站】名(規模が小さな)文化・娯楽施設.
wénhuǒ【文火】名〈料理〉とろ火.
wénjí【文集】名 文集.
wénjiàn【文件】名 1 書類；〈電算〉ファイル. [个,份] 2 (政治理論や時事・政策・学術研究などの)文献.
wénjiànjiā【文件夹】名 1 (文具の)ファイル. 2〈電算〉フォルダ.
wénjiào【文教】名 文化と教育.
wénjìng【文静】形 上品でおとなしい.
wénjù【文句】名(文章の)語句.
wénjù【文具】名 文房具.
wénkē【文科】名 文科系(の学科).
wénkù【文库】名 文庫.
wénkuài【文侩】名 文筆で私利をむさぼる徒.
wénlǐ【文理】名 文章の筋.
wénmáng【文盲】名 非識字者.
wén//méi【文眉】動 眉に入れ墨をする.
wénmì【文秘】名 1 文書の立案と秘

書業務. **2** 秘書.
wénmiào【文庙】名 孔子をまつる廟.
wénmíng【文明】❶名 文明. 文化. ❷形 **1** 文明の開けている. 礼節のある. ¶说话要～ / 上品な言葉遣いをしましょう. **2**〈旧〉西洋流の. モダンな.
wénmíngxì【文明戏】名(20世紀初頭に上海で流行した)初期の新劇.
wénmò【文墨】名 **1**〈書〉文筆. 文章を書くこと. **2**(広く)頭脳労働.
wénmòrénr【文墨人儿】名〈口〉文人. インテリ.
wénniǎo【文鸟】名〈鳥〉ブンチョウ.
wénpǐ【文痞】名 ごろつき文士.
wénpíng【文凭】名 卒業証書. [张]
wénqì【文气】名 文章の勢い.
wénqi【文气】形 おとなしい. 上品である.
wénqì【文契】名〈旧〉(不動産売買の)契約書.
wénrén【文人】名 文化人. 教養人.
wénruò【文弱】形〈書〉文弱である. ひ弱である.
wén shān huì hǎi【文山会海】〈成〉文書や会議が多すぎる.
wénshēn【文身】動 体に入れ墨をする.
wénshǐ【文史】名 **1** 文学と歴史. **2** 歴史文献.
wénshì【文饰】**1** 名 文飾. **2** 動(自分の過失を)粉飾する.
wénshū【文书】名 **1**(公文書·書簡·契約書などの総称)文書. **2** 文書係.
wénsī【文思】名 文章の構想.
wéntán【文坛】名 文壇.
wéntǐ【文体】名 **1** 文体. **2**〈略〉文化娯楽と体育.
wén tián wǔ xī【文恬武嬉】〈成〉役人が怠惰で腐敗している.
wénwán【文玩】名 美術品. 骨董品.
wénwǎng【文网】名〈書〉**1** 法網. **2** →wénzìyù【文字狱】
wénwǔ【文武】名 文武. 学問と武道;〈書〉文治と武功. 文臣と武将.
wénwù【文物】名 文物. 文化財.
wénxì【文戏】名(立ち回りがなく)主に歌や演技を見せる芝居.
wénxiàn【文献】名 文献.
wénxiōng【文胸】名 ブラジャー.
wénxiù【文秀】形〈書〉上品で美しい.
wénxuǎn【文选】名 文章の選集.
wénxué【文学】名 文学.
wénxué gémìng【文学革命】名〈史〉文学革命. 五四運動期の文学上の革命運動.
wénxuéjiā【文学家】名 文学者.
wénxué yǔyán【文学语言】名 **1** 文学作品で用いる言葉. **2**〈語〉(主に書き言葉としての)標準語.
wényǎ【文雅】形(言葉遣いや態度が)上品である, 優雅である.
wényán【文言】名 文語.
wényánwén【文言文】名 文語文.
wényì【文义】名 文章の意味;〈語〉文〔センテンス〕の意味.
wényì【文艺】名 **1** 文芸. 文学と芸術. **2** 演芸. 芸能.
wényì fùxīng【文艺复兴】名〈史〉ルネサンス.
wényì gōngzuòzhě【文艺工作者】名(演劇·音楽などの)芸術活動にたずさわる人.
wényì pīpíng【文艺批评】名 文芸批評.
wényìxué【文艺学】名 文芸学.
wényì yǔyán【文艺语言】名 文学作品で用いる言葉.
wényú【文娱】名(観劇·映画鑑賞·唱歌·ダンスなどの文化的な)娯楽.
wényuán【文员】名 事務員.
wényuàn【文苑】名 文壇. 文芸界.
wénzé【文责】名 文責.
wénzhāi【文摘】名 **1**(本や文章の)要約. **2**(書籍·雑誌の題名)要録, ダイジェスト.
wénzhāng【文章】名 **1** 文章;(広く)著作. [篇] **2**〈喩〉含み. 隠れた意味. ¶话里有～ / 話の中に含みがある. **3** 方法. 工夫. ¶在提高质量的问题上有很多～可做 / 質の向上において工夫を凝らす余地がある.
wénzhèng【文证】名 文書による証拠.
wénzhí【文职】名 文官の職務.
wénzhì【文治】名〈書〉文化教育分野での功績.
wén zhì bīn bīn【文质彬彬】〈成〉上品で礼儀正しい.
wénzhōuzhōu【文绉绉·文皱皱】形(～的)〈貶〉(言葉遣いや振る舞いが)文人気取りである.
wénzhú【文竹】名〈植〉(観賞用の)アスパラガス.
wénzì【文字】名 **1** 文字. 字. ▶特に漢字をさすこともある. **2**(書かれた)言葉, 言語;文章.
wénzì gǎigé【文字改革】名 文字改革. ▶特に新中国成立後の漢字の整理·簡略化, 中国語ローマ字表記法の制定などをさす.
wénzìxué【文字学】名〈語〉文字学.
wénzìyù【文字狱】名〈史〉文字の獄. ▶特に清代のものをさすことが多い.
wénzōng【文宗】名〈書〉文章の大家.

纹 **wén** H ①紋様(もよう). ¶细～木 / 木目が細かい木. ②しわ. 筋. ¶皱～ / しわ.
wénlǐ【纹理】名 木目. 模様.
wénlu【纹路】→wénlu【纹缕】
wénlü【纹缕】名(～儿)しわ. 筋.
wénr【纹儿】名 紋様. 柄.
wénshì【纹饰】名(器物上の)紋様.
wénsī【纹丝】名(～儿)ごくわずかなこと.
wén sī bù dòng【纹丝不动】〈成〉ちっとも動かない.
wényín【纹银】名〈旧〉純度が高い銀.

闻 **wén** 動(においを)かぐ. ¶你～一～这是什么味儿? / これはどん

纹
闻
W

なにおいか，かいでごらんなさい．
H ①聞く．聞こえる．¶久～大名 / お名前はかねて承っております．②ニュース．うわさ話．¶奇～ / 珍しい話．③名声．評判．¶丑～ / スキャンダル．④名高い．有名である．¶→～人．‖姓

wéndá【闻达】動〈書〉名声が広がる．

wéndào【闻道】動〈書〉**1** 道理を聞く．**2** 聞くところによれば．

wénfēng【闻风】動 気配を感じる；うわさに聞く．

wén fēng ér dòng【闻风而动】〈成〉気配を感じてただちに行動する．

wén fēng sàng dǎn【闻风丧胆】〈成〉うわさを聞いただけで肝をつぶす．

wén guò zé xǐ【闻过则喜】〈成〉他人の批判を謙虚に受け入れる．

wén jī qǐ wǔ【闻鸡起舞】〈成〉志のある者が時至って発奮努力する．

wénjiàn【闻见】名〈書〉見聞．

wén//jian【闻见】動+結補 におい**がする．**

wénmíng【闻名】動 **1** 名が知られる．¶～世界 / 世界的に有名である．**2** 人の評判を聞く．

wénrén【闻人】名 著名人．

wén suǒ wèi wén【闻所未闻】〈成〉非常に珍しいことを聞く．

wéntīng【闻听】動 耳に入る．聞こえる．

wénwèn【闻问】動〈書〉便りをする．

wénxī【闻悉】動〈書〉聞き知る．

wénxìn【闻信】動（～儿）知らせを聞く．うわさを聞く．

wénxùn【闻讯】→wénxìn【闻信】

wényān【闻烟】名（～儿）かぎたばこ．

wényào【闻药】名 かぎ薬．

wén yī zhī shí【闻一知十】〈成〉一を聞いて十を知る．

蚊
wén 名〈虫〉蚊．

wénchóng【蚊虫】名〈虫〉**1** 蚊．**2** 蚊や虫．

wénxiāng【蚊香】名 蚊取り線香．

wénzhàng【蚊帐】名 蚊帳(かや)．

wénzhèn【蚊阵】名 蚊の群れ．

wénzi【蚊子】名〈虫〉蚊．［只,个］

阌
wén 地名用字．

雯
wén H 模様のある雲．‖姓

刎
wěn H 首をはねる．

wěn jǐng zhī jiāo【刎颈之交】〈成〉刎頸(ふんけい)の交わり．

吻
wěn **1** 動 接吻する．¶轻轻地～了～孩子的小手 / 子供の手にそっと口づけをした．**2** 名 唇；動物の口．¶接了个～ / 口づけを交わした．

wěnbié【吻别】動 キスして別れる．

wěnhé【吻合】動 **1** ぴったり合う．完全に一致する．**2**〈医〉(手術で)吻合(ふんごう)する．

wěnshòu【吻兽】名〈建〉(伝統的建築物の棟に付けられた)陶製の動物の飾り．

紊
wěn H 乱れる．¶→～乱．

wěnluàn【紊乱】形(秩序が)乱れている．

稳（穩）
wěn ❶形 **1** 揺れない．安定している．¶站～ / しっかり立つ．**2** 落ち着いている．¶态度很～ / 態度が落ち着いている．**3** 確かである．大丈夫である．¶他做事很～ / 彼がやることはまちがいない．
❷動 安定させる．落ち着かせる．¶你先～住他 / まず彼を落ち着かせなさい．

wěnbiàn【稳便】**1** 形 確かで便利である．**2** 動〈近〉ご随意に．

wěnbù【稳步】名 着実な足どり．

wěn cāo shèng quàn【稳操胜券】〈成〉勝利の確信がある．

wěnchǎn【稳产】名 安定した生産量．

wěndang【稳当】形 **1** 安定している．**2** 妥当である．

wěndìng【稳定】**1** 形 安定している．落ち着いている．¶物价～下来了 / 物価が安定してきた．**2** 動 安定させる．落ち着かせる．¶～治安 / 治安を安定させる．

wěngù【稳固】**1** 形 安定してぐらつかない．**2** 動 安定させる．固める．

wěnjiàn【稳健】形 落ち着いていて力強い．

wěnliàn【稳练】形 老練である．

wěnná【稳拿】動〈口〉確実に手に入れる．きっと成功する．

wěnpó【稳婆】名〈旧〉産婆．

wěnshi【稳实】形 落ち着いてしっかりしている．

wěnshuì【稳睡】動 安心して眠る．

wěntiē【稳帖】→wěntuǒ【稳妥】

wěntuǒ【稳妥】形 穏当である．確かである．

wěn zhā wěn dǎ【稳扎稳打】〈成〉しっかり足場を固めながら着実に物事を進める．

wěnzhāzhā【稳扎扎】形(～的)〈口〉どっしりしている．しっかりしている．

wěnzhòng【稳重】形(言葉・振る舞いが)穏やかで分をわきまえている．

wěn//zhù【稳住】動+結補 落ち着く；落ち着かせる．そっとしておく．

wěn zhǔn hěn【稳准狠】〈慣〉着実に・正確に・容赦なく．

问
wèn ❶動 **1** 質問する．尋ねる．¶我～你一件事儿 / あなたにちょっと聞きたいことがある．**2** 尋問する．追及する．**3**（多く否定の形で）かまう．関与する．¶不～他人的事 / 他人のことにかかわらない．**4** 見舞う．ご機嫌をうかがう．¶他信上还～你呢 / 彼は手紙であなたにもよろしくと言っていました．
❷前 …に(…もらう，…してもらう)．¶我～他借了一支笔 / 彼にペンを借りた．‖姓

wèn//ān【问安】動〈書〉(目上の)ご機嫌をうかがう,安否を問う.
wèn//àn【问案】動 事件を審理する;(関係者を)尋問する.
wènbìng【问病】動 病状を聞く;病気を診察する.
wènbǔ【问卜】動 占いをする. 占いで事を決める.
wèn cháng wèn duǎn【问长问短】〈成〉あれこれと尋ねる.
wèndá【问答】動 問答する.
wèn//dǎo【问倒】→wèn//zhù【问住】
wèn dào yú máng【问道于盲】〈成〉何も知らない人に助言を求める.
wèndǐng【问鼎】動〈書〉政権〔相手の地位〕を奪い取ろうとする.
wèn//duǎn【问短】→wèn//zhù【问住】
wèn hán wèn nuǎn【问寒问暖】〈成〉(上の者が)人々の生活に心を配る.
wèn//hǎo【问好】動〈套〉ご機嫌をうかがう. ¶问大家好 / みんなによろしく.
wènhào【问号】名〈語〉疑問符. "?".
wènhòu【问候】動 あいさつする. ¶向您致以新年的～ / 新年のお慶びを申し上げます.
wèn//huà【问话】動 問い尋ねる.
wènjīn【问津】動〈書〉〈喩〉(状況・価格などを)尋ねる,打診する.
wènjīng【问荆】名〈植〉スギナ. ツクシ.
wènjuàn【问卷】名 問題用紙;アンケート(用紙).
wènnàn【问难】動〈書〉(多く学術研究で)詰問する,論難する.
wèn//shì【问世】動(著書や新製品を)世に出す.
wènshì【问事】動 1 物事を尋ねる. 2〈書〉関与する.
wèntí【问题】名 1(解答を求める)問題,質問. [个,道]¶回答～ / 問題に答える. 2(解決を要する)問題,事柄,事項. ¶政治～ / 政治上の問題. 3 重要な点. キーポイント. ¶最重要的～ / 最も肝心な点. 4(否定的な意味での)問題;事故;故障;トラブル. ¶机器又出～了 / 機械がまた故障した.
wènxīn【问心】動 自問する.
wèn xīn wú kuì【问心无愧】〈成〉良心に恥じるところがない.
wènxún【问询】動 聞く. 尋ねる.
wènxùn【问讯】動 1 聞く. 尋ねる. 2 ご機嫌をうかがう. 3〈書〉僧や尼が合掌してあいさつする.
wèn//zhù【问住】動+結補 返答に窮する.
wèn//zuì【问罪】動 相手の罪状を明らかにして攻撃する.

汶 **wèn** 地名用字. ‖姓

揾 **wèn** 動〈書〉1(指先で)押さえる,押しつける. 2 擦る. こする;ぬぐう. ふく.

璺(纹) **wèn** 名(陶磁器やガラス製品の)ひび,ひび割れ. ¶碗上有一道～ / 茶碗にひびが入っている.

weng(ㄨㄥ)

翁 **wēng** H ①(男の)老人. ¶渔～ / 老漁夫. ②(夫や妻の父)しゅうと. ¶～姑 / しゅうととしゅうとめ. ‖姓

wēngzhòng【翁仲】名〈書〉1 銅像や石像. 2(墓前の)石像.

嗡 **wēng** 擬(振動音や虫の羽音, またはそれに類似した音)ぶん. ぶうん. ¶～～地飞 / ぶうんと音を立てて飛ぶ.

wēngzi【嗡子】名〈俗〉京劇で用いる胡弓の一種.

滃 **wēng** 地名用字. 異読⇨wěng

鹟 **wēng** 名〈鳥〉ヒタキ.

蓊 **wěng** H 草木が茂るさま. ¶～郁 / 草木が茂っている.

滃 **wěng** 形〈書〉1 水が盛んに湧き出るさま. 2 雲・霧が盛んに立ち上るさま. 異読⇨wēng

瓮(甕・罋) **wèng** 名(胴部がふくらんだ)かめ. ¶菜～ / 漬け物がめ. ‖姓

wèngchéng【瓮城】名 城門の外を囲む半円形の小城郭.
wèng shēng wèng qì【瓮声瓮气】〈成〉話し声が太くて低い.
wèng zhōng zhī biē【瓮中之鳖】〈成〉袋のネズミ.
wèng zhōng zhuō biē【瓮中捉鳖】〈成〉自信があり,なんなくできる.

蕹 **wèng** O

wèngcài【蕹菜】名〈植〉エンサイ. ヨウサイ. ▶"空心菜"とも.

齆 **wèng** O

wèngbír【齆鼻儿】1 動 鼻が詰まって言葉がはっきりしない. 2 名 鼻声の人.

wo(ㄨㄛ)

挝(撾) **wō** →Lǎowō【老挝】 異読⇨zhuā

莴(萵) **wō** O

wōjù【莴苣】名〈植〉レタス.
wōsǔn【莴笋】名〈植〉レタスの茎.

倭 **wō** 名(日本の古称)倭(わ). ¶→～刀dāo.

wōdāo【倭刀】名 日本刀.
wōguā【倭瓜】名〈方〉〈植〉カボチャ.
Wōkòu【倭寇】名〈史〉倭寇(わこう).

涡(渦) **wō** H 渦. 渦巻き. ¶水～ / 渦巻き. 異読⇨guō

wōliú【涡流】名 渦巻き;〈電〉渦電流.

wōlúnjī【涡轮机】名〈機〉タービン.

喔 wō 擬《おんどりの鳴き声》こけっこう.

窝（窩） wō❶量 家畜のお産の回数やひなをかえす回数を数える. ¶一～生了两只小狗 / 1回のお産で2頭の子犬を産んだ.
❷名(～儿)1(鳥・獣・虫などの)巣, 小屋 ;〈喩〉悪党の巣窟(そうくつ). ¶鸡～ / 鶏小屋. ¶贼～ / 盗賊の巣窟. 2 くぼみ. ¶眼～儿 / 目のくぼみ. 3〈方〉居場所. ¶躺着不动～儿 / 横になったまま動かない.
❸動 曲げる. 折り曲げる. ¶把铁丝～了一个圆圈 / 針金を曲げ輪にする.
H ①停滞する. たまる. ¶→～工. ②(盗品を)隠す ;(犯人を)かくまう. ¶→～家.

wōbie【窝憋】❶動 1〈方〉気がふさぐ. 2 家に閉じこもる. ❷形 狭い.

wōbór【窝脖儿】動〈方〉(反対拒絶されて)恥をかく.

wōcáng【窝藏】動(盗品を)隠す ;(犯人を)かくまう.

wōdiǎn【窝点】名(悪の)巣窟.

wōdǔ【窝赌】動 賭博開帳の場所を貸す.

wō//fěi【窝匪】動 匪賊(ひぞく)や強盗をかくまう.

wō//fēng【窝风】動 風が通らない.

wō//gōng【窝工】動 仕事がなくて手があく.

wō//huǒ【窝火】動(～儿)むしゃくしゃする.

wōjiā【窝家】名(盗品を)隠している人 ;(犯人を)かくまった人や家.

wōli fǎn【窝里反】〈慣〉内輪もめをする. ▶"窝(儿)里斗dòu"とも.

wōli hèng【窝里横】〈慣〉内弁慶.

wōnang【窝囊】形 1(不当に扱われて)悔しい. 2 意気地がない.

wōnangfèi【窝囊废】〈慣〉意気地なし.

wōnangqì【窝囊气】名(ばかにされて)やり場のない怒り. 鬱憤(うっぷん).

wōpeng【窝棚】名(畑の番や工事の休息の)掘っ建て小屋.

wōpù【窝铺】名(休息・睡眠用の)仮小屋.

wō//qì【窝气】動 鬱憤がたまる.

wōr【窝儿】→〖窝wō〗❷

wō//rén【窝人】動 つっけんどんにする.

wōtóu【窝头】名〈料理〉雑穀の粉を水でこねて丸め蒸した食品. ▶"窝窝头"とも.

wōxīn【窝心】形〈方〉(不当に扱われて)悔しい.

wōxīnjiǎo【窝心脚】名 みぞおちを蹴ること.

wō//zāng【窝赃】動 盗品を隠匿する.

wō//zéi【窝贼】動 どろぼうをかくまう.

wōzhǔ【窝主】→wōjiā【窝家】

wōzi【窝子】名 1〈口〉巣窟. 2〈方〉(人や物の)居場所, 置き場所. 3〈方〉種をまくのに掘った小さな穴. 4〈方〉粗末な小屋.

蜗（蝸） wō H カタツムリ. ¶→～居.

wōgǎn【蜗杆】名〈機〉ウォーム.

wōjū【蜗居】名〈書〉狭苦しい家. ▶自分の家の謙称.

wōlún【蜗轮】名〈機〉ウォーム歯車.

wōniú【蜗牛】名〈動〉カタツムリ.

wō xíng niú bù【蜗行牛步】〈成〉行動や物事の進み具合が遅い.

wōxuán【蜗旋】動 らせん状になる.

踒 wō 動 1(手や足を)くじく. ¶～了脚脖子 / 足首をくじいた. 2(激しい言葉で相手を)やりこめる.

wōbór【踒脖儿】→wōbór【窝脖儿】

我 wǒ 代 1《一人称単数》私. ぼく. おれ. ¶～的自行车 / 私の自転車. ¶～妈妈 / 私の母. ¶～这里 / 私のところ. 2(対外的に自組織をさして)わが…, 当…. ¶～校 / わが校. 3(敵・味方というときの)わが方, 当方. ¶敌疲～打 / 敵が疲れたらわが方が攻撃する. 4《"你, 我"または"你, 我, 他"を並列して大勢が一緒に, また交互に何かすることを表す》 ¶你看看～, ～看看你 / お互いに顔を見合わせる.

wǒbèi【我辈】代〈書〉われわれ.

wǒ běnrén【我本人】私自身.

wǒ de tiān【我的天】感 おやまあ. なんてことだ.

wǒjiàn【我见】名 自分の見解.

wǒ kàn【我看】〈挿〉私の見るところでは. 私は…と思う. ¶～今天不会下雨的 / きょうは雨が降らないと思う.

wǒmen【我们】代《自分を含めた複数》われわれ. 私たち. ¶她是～的汉语老师 / 彼女は私たちの中国語の先生だ. ¶～公司 / 私たちの会社.

wǒshēng【我生】名〈古〉1 自分の行い. 2 母.

wǒ shuō【我说】〈挿〉あのね. ねえ. ¶～, 今天是星期几？/ ねえ, きょうは何曜日だっけ.

wǒ shuō(de)ne【我说(的)呢】道理で. なるほど.

wǒ xíng wǒ sù【我行我素】〈成〉他人の意見にかまわず, 自分のやり方でやる.

wǒ zìjǐ【我自己】私自身.

肟 wò 名〈化〉オキシム.

沃 wò H ①(土地が)肥えている. ¶肥～ / 肥沃(ひよく)である. ②水をやる. 灌漑(かんがい)する. ¶～田 / 田に水をやる. ‖姓

wòyě【沃野】名 肥沃な田野.

卧（臥） wò 動 1〈方〉(動物が)腹ばいになる. ¶小狗～在床边 / 子犬がベッドのそばに寝そべっている. 2〈方〉(赤ん坊を)横たえる, 寝かせる.
H ①横になる. 寝る. ¶仰～ / あおむけに寝る. ②寝るための. ¶→～房. ③列車の寝台. ¶硬～ / 2等寝台.

wòbìng【卧病】動 病気で寝つく.
wòchē【卧车】名 1 (列車の)寝台車. 2 セダン型自動車.
wòchuáng【卧床】動 床につく.
wòdǎo【卧倒】動(地面に)伏せる.
wòdǐ【卧底】動(呼応するために)相手側にもぐり込む.
wòfáng【卧房】名 寝室.
wò//guǐ【卧轨】動(自殺や列車妨害の目的で)レールの上に寝る.
wò//guǒr【卧果儿】〈方〉1 動 落とし卵を作る. 2 名 落とし卵.
wòjù【卧具】名(旅客用の)寝具.
wòpù【卧铺】名(列車などの)寝台.
wòshè【卧射】名〈軍〉伏射.
wòshì【卧式】形〈機〉横式の. 水平動の.
wòshì【卧室】名 寝室.
wòtà【卧榻】名〈書〉ベッド.
wò xīn cháng dǎn【卧薪尝胆】〈成〉臥薪嘗胆(がしんしょうたん).
wòyóu【卧游】動〈書〉(旅行記などで)居ながらにして旅行を楽しむ.
wòyú【卧鱼】名(～儿)(京劇で)片手と片足で体を支えて横になる姿勢.
wòzī【卧姿】名〈体〉うつ伏せ(になった姿勢).

握 wò 動 握る. 握りしめる. ¶紧～手中枪 / 銃をしっかり握る.
wòbǐ【握笔】動 筆を執る.
wòbié【握别】動〈書〉握手して別れを告げる.
wò//guǎn【握管】動〈書〉筆を執る. 字や絵をかく.
wòlì【握力】名 握力.
wò//quán【握拳】動 握りこぶしをつくる.
wò//shǒu【握手】動 握手する.

硪 wò 名(胴突き用の)たこ. 胴突き. ¶打～ / 胴突きをする.

幄 wò H 幕. カーテン. ¶帷～ / 陣中の張り幕；陣営.

渥 wò〈書〉1 動 潤す. ぬらす. ひたす. 2 形 厚い.

斡 wò H 回る. ¶→～旋.
wòxuán【斡旋】動〈書〉仲裁する. 調停する.

齷 wòO
wòchuò【齷齪】形 1 汚い；〈喩〉品行が悪い. 2〈書〉度量が小さい.

wu (ㄨ)

乌(烏) wū 1 形 黒い. 2 疑〈古〉いずくんぞ. どうして…であろうか.
H カラス. ¶→～鸦. ‖ 姓
異読⇒wù
wūchāng【乌鲳】名〈魚〉クロアジモドキ.
wū//fà【乌发】1 動 髪を黒く染める. 2 名 黒髪.
wūfànshù【乌饭树】名〈植〉シャシャンボ.
wū fēi tù zǒu【乌飞兔走】〈成〉月日のたつのが早い.
wūgǔjī【乌骨鸡】名〈鳥〉〈食材〉ウコッケイ. ▶骨が黒いところから.
wūguī【乌龟】名 1〈動〉カメ. [只] 2〈罵〉妻を寝取られた男.
wūguīkér【乌龟壳儿】名 カメの甲羅；〈喩〉トーチカ；戦車.
wū hé zhī zhòng【乌合之众】〈成〉烏合(うごう)の衆.
wūhēi【乌黑】形 真っ黒である.
wūhū【乌呼】→wūhū【呜呼】
wūjīn【乌金】名 1 石炭. 2〈中薬〉墨.
wūjiù【乌桕】名〈植〉ナンキンハゼ；〈中薬〉ナンキンハゼの葉・根皮・茎皮.
Wūkèlán【乌克兰】名〈地名〉ウクライナ.
Wūlāguī【乌拉圭】名〈地名〉ウルグアイ.
wūlǐ【乌鳢】名〈魚〉ライギョ.
wūliàng【乌亮】形 黒光りしている.
wūliūliū【乌溜溜】形(～的)黒くてつやがある.
wūlóngchá【乌龙茶】名 ウーロン茶.
wūlóngqiú【乌龙球】名〈体〉(サッカーの)オウンゴール.
Wūlǔmùqí【乌鲁木齐】名〈地名〉ウルムチ.
wūméi【乌梅】名〈中薬〉梅の実の薫製.
wūmù【乌木】名〈植〉コクタン；(広く)黒くて硬い木材.
wū qī bā zāo【乌七八糟】〈成〉めちゃくちゃである.
wūqīng【乌青】形 青黒い.
wūshāmào【乌纱帽】名(旧時文官がかぶる)表が紗(しゃ)でできた黒い帽子；〈喩〉官職.
wūtācài【乌塌菜】名〈植〉タアサイ.
wūtóu【乌头】名〈植〉トリカブト.
wūtu【乌涂】形 1 (飲料の湯が)生ぬるい. 2〈貶〉(態度が)煮えきらない.
wūtuōbāng【乌托邦】名 ユートピア.
wūyā【乌鸦】名〈鳥〉カラス. [只]
wūyāyā【乌压压】形(～的)黒く集まっている.
wū yān zhàng qì【乌烟瘴气】〈成〉社会が乱れ悪がはびこっている.
wūyào【乌药】名〈植〉ウヤク；〈中薬〉烏薬.
wūyōuyōu【乌油油】形(～的)黒くてつやのある.
wūyǒu【乌有】動〈書〉まったくない.
wūyú【乌鱼】→wūlǐ【乌鳢】
wūyúdàn【乌鱼蛋】名〈食材〉イカの卵巣.
wūyúzǐ【乌鱼子】名〈料理〉からすみ.
wūyún【乌云】名 1 黒い雲；〈喩〉不穏な情勢. 2〈喩〉女性の黒髪.
wūzǎo【乌枣】名(～儿)〈植〉黒ナツメ.
wūzéi【乌贼・乌鲗】名〈動〉イカ.
Wūzībiékèsītǎn【乌兹别克斯坦】名〈地名〉ウズベキスタン.
Wūzībiékèzú【乌孜别克族】名(中国の少数民族)ウズベク(Uzbek)

族.
wūzǐ【乌紫】形 黒みがかった紫色をしている.
圬(杇) wū〈書〉**1** 名(左官が壁を塗るのに用いる道具)こて. **2** 動 こてで壁を塗る.
邬(鄔) wū ‖ 姓
污(汙) wū H ①汚水;(広く)汚れ. ¶血xuè～/血のついた跡. ②汚い. 不潔である. ¶→～泥. ③廉潔でない. ¶贪官～吏/汚職役人. ④けがす. 辱める. ¶玷diàn～/(名誉を)傷つける.
wūdiǎn【污点】名(服などの)汚れ;〈喩〉汚点.
wūdú【污毒】名 汚くて有毒なもの.
wūgòu【污垢】名 あか.
wūhén【污痕】名 しみ. 汚れた跡.
wūhuì【污秽】〈書〉**1** 名 汚れ. けがれ. **2** 形 汚い. けがれた.
wūjì【污迹】名 しみ. 汚れた跡.
wūlì【污吏】名 汚職官吏.
wūmiè【污蔑】動 **1** 中傷する. **2** けがす. 汚す.
wūmíng【污名】名 汚名.
wūní【污泥】名 汚泥.
wū ní zhuó shuǐ【污泥浊水】〈成〉腐敗・堕落したもの.
wū qī bā zāo【污七八糟】→wū qī bā zāo【乌七八糟】
wūrǎn【污染】動 汚染する. ¶～环境/環境を汚染する.
wūrǎndài【污染带】名〈環境〉汚染地帯.
wūrǎnquán【污染权】名〈環境〉汚染権.
wūrǎnshuì【污染税】名〈環境〉汚染税.
wūrǎnwù【污染物】名〈環境〉汚染物.
wūrǎnyuán【污染源】名〈環境〉汚染源.
wū rén qīng bái【污人清白】〈成〉人の名誉を傷つける.
wūrǔ【污辱】動 けがす. 侮辱する.
wūshuǐ【污水】名 汚水.
wūsǔn【污损】動 汚し傷つける.
wūxíng【污行】名〈書〉けがらわしい行為.
wūyóu huíshōu【污油回收】名 廃油の回収.
wūzhuó【污浊】1 形(水や空気が)汚れている. **2** 名 汚物. あか.
wūzì【污渍】名 しみ. 汚れ.
巫 wū H 巫女(ふ). 祈禱師. ¶→～婆. ‖ 姓
wūpó【巫婆】名(女の)祈禱師.
wūshén【巫神】→wūshī【巫师】
wūshī【巫师】名(男の)祈禱師.
wūshù【巫术】名 巫女が行う術. 巫術(ふじゅつ).
wūyī【巫医】名 巫術で病を治す医者.
呜(嗚) wū 擬 **1**《汽笛やクラクションの音》ぶうっ. ぼうっ. **2**《多く重ねて用い,人間の泣き声》おんおん. うう.
wūhū【呜呼】1 感〈書〉ああ. **2** 動〈諧〉死ぬ.
wū hū āi zāi【呜呼哀哉】〈成〉 **1** ああ悲しいかな. **2**〈諧〉死ぬ.
wūlū【呜噜】擬 **1**《人の泣き声》おんおん. **2**《口の中にこもってよく聞き取れない声》むにゃむにゃ.
wūyè【呜咽】名〈書〉**1** 嗚咽(おえつ). **2**(水流・風・楽器などの)寂しい音.
於 wū 感〈書〉ああ. 異読⇨yū
wūhū【於乎・於戏】→wūhū【呜呼】
wūtú【於菟】名〈古〉〈動〉トラ. ▶楚の国の言葉.
钨(鎢) wū 名〈化〉タングステン. W. ¶→～钢.
wūgāng【钨钢】名 タングステン鋼.
wūsī【钨丝】名(電球の)タングステン線.
诬 wū H 無実の罪を着せる.
wūgào【诬告】動 誣告(ぶこく)する.
wūhài【诬害】動 無実の罪で陥れる.
wūlài【诬赖】動 無実の罪を着せる.
wū liáng wéi dào【诬良为盗】〈成〉罪のない善人を陥れる.
wūmiè【诬蔑】動 中傷する.
wūwǎng【诬枉・诬罔】動 無実の罪を着せる.
wūxiàn【诬陷】動 無実の人を罪に落とす. ¶遭人～/人に陥れられる.
wūzāi【诬栽】動〈書〉ぬれぎぬを着せる.
屋 wū 名 **1** 家屋. 家. **2** 部屋. [间] ‖ 姓
wūdǐng【屋顶】名 屋根. 屋上. ¶～花园/ルーフガーデン.
wūjǐ【屋脊】名 屋根. 棟.
wūjià【屋架】名〈建〉家の骨組み.
wūlirén【屋里人】名〈方〉妻.
wūmén【屋门】名(～儿)部屋のドア.
wūmiàn【屋面】名〈建〉屋根.
wū shàng jià wū【屋上架屋】〈成〉むだなことを重ねて行う.
wūyán【屋檐】名(家の)軒.
wūyǔ【屋宇】名〈書〉家屋.
wūzi【屋子】名 **1** 部屋. [间] **2**〈方〉家屋.
无(無) wú **1** 動(↔有)ない. 存在しない. ¶～希望/望みがない. **2** 接頭《存在しないことを表す》¶→～底洞.
H ①…にかかわらず. ¶事～巨细/事の大小にかかわらず. ②…するなかれ. …でない. ¶→～须. ‖ 姓
異読⇨mó
wú'ài【无碍】形〈書〉差し支えがない;〈仏〉無碍(むげ)である.
wúbǐ【无比】形 並ぶものがない. この上ない.
wúbiān【无边】形 際限がない.
wú bìng shēn yín【无病呻吟】〈成〉取り越し苦労をする;(文学作品が)真の感情がこもらず,いたずらに感傷的である.

wúbǔ【无补】動 役に立たない.
wúbù【无不】副〈書〉…でないのはない. …しないものはない.
wú…bù…【无…不…】〈型〉…しない…はない. ¶～话～说 / 話題にしないものはない. 何でも話す.
wúcāi【无猜】形〈書〉無邪気である.
wúchǎn jiējí【无产阶级】名 プロレタリアート.
wúchǎnzhě【无产者】名 プロレタリア.
wúcháng【无常】〈書〉**1** 形 絶えず変化している；〈仏〉無常. **2** 名(迷信で)冥土の使者. **3** 動〈婉〉人が死ぬ.
wúcháng【无偿】形〈書〉無償である.
wúchéng【无成】動〈書〉完成しない. 実績がない.
wúchǐ【无耻】形〈書〉恥知らずである.
wúchóu【无俦】形〈書〉並ぶものがない.
wúchóu láodòng【无酬劳动】名 無報酬の労働.
wú chū qí yòu【无出其右】〈成〉その右に出る者がない.
wúcóng【无从】副〈書〉…する方法がない. …しようがない.
wúcún【无存】動〈書〉何も残らない.
wú dà wú xiǎo【无大无小】〈成〉**1** 大小を区別しない. **2** 目上に対して失礼だ.
wúdào【无道】形 非道である.
wúdí【无敌】形 無敵である.
wúdǐdòng【无底洞】名 際限がないこと. ▶"无底囊"とも.
wú dì fàng shǐ【无的放矢】〈成〉目的や根拠もなく行動または発言する.
wú dì zì róng【无地自容】〈成〉穴があったら入りたい.
wúdìngxíngtǐ【无定形体】名〈物〉非晶質.
wú dòng yú zhōng【无动于衷】〈成〉まったく無関心である. ▲"无动于中"とも.
wúdúshé【无毒蛇】名 無毒の蛇.
wú dú yǒu ǒu【无独有偶】〈成〉同じものがもう一つある. ▶悪人·悪事についていうことが多い.
wúdù【无度】形〈書〉節度がない.
wúduān【无端】副〈書〉理由なく.
wú è bù zuò【无恶不作】〈成〉悪事の限りを尽くす.
wúfǎ【无法】副…する方法がない.
wú fǎ wú tiān【无法无天】〈成〉無法の限りを尽くす.
wúfāng【无方】形〈書〉やり方が悪い.
wúfáng【无妨】**1** 副…してみるがいい. **2** 形…しても差し支えない. ▶人にすすめるときの婉曲表現.
wúfǎngzhībù【无纺织布】名〈紡〉不織布(ふしょく).
wúfēi【无非】副…にほかならない. (どうせ)…にすぎない.
wú fēng bù qǐ làng【无风不起浪】〈諺〉火のないところに煙は立たぬ.
wúfèng gāngguǎn【无缝钢管】名〈冶〉シームレス鋼管.
wúgān【无干】動 無関係である.
wúgào【无告】動〈書〉苦しみを訴えるすべがない.
wúgēnshuǐ【无根水】名〈中医〉(地面に落ちる前の)雨水.
wúgōnghài【无公害】形 無公害の.
wú gōng shòu lù【无功受禄】〈成〉労せずして報酬をもらう.
wúgū【无辜】**1** 形 罪がない. **2** 名 罪のない人.
wúgù【无故】副〈書〉理由なく.
wúguài【无怪】副〈書〉道理で. …のはずだ.
wúguān【无关】動〈書〉…とは無関係である.
wú guān hóng zhǐ【无关宏旨】〈成〉物事の本筋には関係がない.
wú guān tòng yǎng【无关痛痒】〈成〉直接自分に利害がない.
wú guān yī shēn qīng【无官一身轻】〈諺〉責任のない立場は気楽だ.
wúguāng【无光】形 光がない；威光がない.
wúguǐ diànchē【无轨电车】名 トロリーバス.
wúhài【无害】形 無害である.
wúhài fèishuǐ【无害废水】名〈環境〉無害な廃水.
wúhé【无何】形〈書〉**1** 間もない. **2** 何もない.
wúhé【无核】形 **1** 非核武装の. **2** 種なしの.
wúhéhuà【无核化】名 非核(武装)化.
wúhéqū【无核区】名 非核地帯.
wú hé yǒu zhī xiāng【无何有之乡】〈成〉まぼろしの世界.
wúhéng【无恒】形〈書〉長続きしない.
wúhòu【无后】動 跡取りがいない.
wúhòuzuòlìpào【无后坐力炮】名〈軍〉無反動砲.
wúhuāguǒ【无花果】名〈植〉イチジク.
wúhuá【无华】形〈書〉地味である.
wújī【无机】形〈化〉無機(性)の.
wújī【无稽】形〈書〉根拠がない.
wújī féiliào【无机肥料】名〈農〉無機肥料.
wújī huàhéwù【无机化合物】名〈化〉無機化合物.
wújīyán【无机盐】名〈化〉無機塩.
wújí【无及】動〈書〉間に合わない.
wú jí ér zhōng【无疾而终】〈成〉病気をせずに天寿をまっとうする.
wújǐ【无几】動〈書〉いくらもない.
wújǐzhuī dòngwù【无脊椎动物】名〈生〉無脊椎動物.
wújì【无际】形〈書〉果てがない.
wú jì kě shī【无计可施】〈成〉なすすべを知らない.
wújìmíng tóupiào【无记名投票】名 無記名投票.
wújìmíng zhàiquàn【无记名债券】名〈経〉無記名債券.
wú jì yú shì【无济于事】〈成〉なんの役にも立たない.

无 W

wú jià zhī bǎo【无价之宝】〈成〉非常に貴重な宝.
wú jiān bù cuī【无坚不摧】〈成〉どんな堅固な陣地も攻め落とす.
wújiàn【无间】動〈書〉**1** すきまがない；絶え間がない. **2** 区別しない.
wújiāng【无疆】形〈書〉限りがない.
wújìn【无尽】形〈書〉無限である. ¶感激～/感謝のしようもない.
wú jìn wú xiū【无尽无休】〈成〉際限がない.
wú jīng dǎ cǎi【无精打采】→méi jīng dǎ cǎi【没精打采】
wú jū wú shù【无拘无束】〈成〉なんの拘束もない.
wúkě…【无可…】副〈書〉…すべきものがない. ¶～奉告/ノーコメント.
wú…kě…【无…可…】〈型〉…すべき…がない. ¶～话～说/言うべきことがない.
wú kě bǐ nǐ【无可比拟】〈成〉比類するものがない.
wú kě fēi yì【无可非议】〈成〉非の打ち所がない.
wú kě hòu fēi【无可厚非】→wèi kě hòu fēi【未可厚非】
wú kě huì yán【无可讳言】〈成〉隠し立てすることができない.
wú kě jiù yào【无可救药】〈成〉(事態が)救いようがない.
wú kě nài hé【无可奈何】〈成〉まったくどうしようもない.
wú kě wú bù kě【无可无不可】〈成〉**1** どうでもよい. **2**〈方〉有頂天である.
wú kě zhēng biàn【无可争辩】〈成〉議論の余地がない.
wú kě zhì yí【无可置疑】〈成〉疑う余地がない.
wú kǒng bù rù【无孔不入】〈成〉あらゆる機会を悪用する.
wúkuì【无愧】動〈書〉恥じるところがない.
wúlài【无赖】**1** 形 無法である. **2** 名 無頼漢.
wúlǐ【无礼】形 無礼である.
wúlǐ【无理】形 理不尽である.
wúlǐ jiǎo sānfēn【无理搅三分】〈諺〉難癖をつけてからむ.
wú lǐ qǔ nào【无理取闹】〈成〉理由なく騒ぎを起こす.
wúlǐshù【无理数】名〈数〉無理数.
wúlì【无力】形〈書〉(…する)能力がない；(体に)力が入らない.
wúliàng【无量】形 計り知れない.
wúliáo【无聊】形 **1** 退屈である. **2** (言葉や行為が)くだらない.
wú liáolài【无聊赖】〈書〉やるせない.
wúlùn【无论】接続 …を問わず. …にかかわらず. ¶～做什么工作,他都非常认真/どんな仕事をやるにしても,彼は非常にまじめだ.
wú lùn rú hé【无论如何】〈成〉どうしても. 何がなんでも.
wú mǐ zhī chuī【无米之炊】〈成〉ないそでは振れぬ.
wú miǎn zhī wáng【无冕之王】〈成〉無冠の帝王.
wúmíng【无名】形 **1** 名称がない；名が知られていない. **2** 理由がない.
wúmínghuǒ【无明火·无名火】名 怒りの炎.
wúmíngshì【无名氏】名 無名氏.
wúmíngtiě【无名帖】名(～儿)(他人を脅す)匿名の書状.
wú míng xiǎo zú【无名小卒】〈成〉無名の人.
wú míng yīng xióng【无名英雄】〈成〉無名の英雄.
wúmíngzhǐ【无名指】名 薬指.
wúmíng zhǒngdú【无名肿毒】名〈中医〉得体の知れない腫瘍(ﾖｳ).
wúnǎi【无乃】副〈書〉《反語文で》…ではなかろうか.
wúnài【无奈】**1** 形 しようがない. **2** 接続 惜しいことに.
wúnài//hé【无奈何】動 どうすることもできない；しかたがない.
wúnéng【无能】形 無能である.
wú néng wéi lì【无能为力】〈成〉無力である.
wúnìng【无宁】→wúnìng【毋宁】
wúpǐ【无匹】形〈書〉**1** 配偶者や同伴者がいない. **2** 並ぶものがない.
wúqī túxíng【无期徒刑】名〈法〉無期懲役.
wú qí bù yǒu【无奇不有】〈成〉奇抜なものばかりである.
wúqiānyóu【无铅油】名 無鉛ガソリン.
wúqián【无前】形 **1** 無敵である. **2** 空前である.
wú qiǎo bù chéng shū【无巧不成书】〈諺〉偶然もあればあるものだ.
wúqíng【无情】形 情がない；冷酷である. ¶冷酷～/冷酷で情がない.
wú qíng wú xù【无情无绪】〈成〉気が沈む.
wúqióng【无穷】形 限りない.
wúqióngdà【无穷大】名〈数〉無限大.
wú qióng wú jìn【无穷无尽】〈成〉尽きることがない.
wúqióngxiǎo【无穷小】名〈数〉無限小.
wúquán【无权】動 権利がない.
wúquē【无缺】形〈書〉欠けるところがない.
wúrén【无人】形 無人の.
wú rén wèn jīn【无人问津】〈成〉(物事に)関心をもつ人がいない.
wúrèn【无任】副〈書〉…に堪えない.
wúrì【无日】〈書〉**1** 動 …しない日はない. **2** 副 まもなく.
wúrú【无如】形 いたしかたない.
wú shāng dà yǎ【无伤大雅】〈成〉重要な点では差し障りがない.
wúshàng【无上】形〈書〉この上ない.
wúshè【无涉】動〈書〉関係がない.
wúshénlùn【无神论】名 無神論.
wúshēng【无声】動 音声がない.
wúshēngpiàn【无声片】名(～儿)無

声映画.
wú shēng wú xī【无声无息】〈成〉ひっそりとしている；無名である.
wú shēng wú xiù【无声无臭】〈成〉人に知られていない.
wúshēngwù【无生物】名 無生物.
wúshéng diànhuà【无绳电话】名 コードレス電話.
wú shī zì tōng【无师自通】〈成〉独学で習得する.
wú shí wú kè【无时无刻】〈成〉四六時中.
wúshì【无视】動〈書〉無視する.
wú shì bù dēng sānbǎodiàn【无事不登三宝殿】〈諺〉用があるからこそやって来る.
wúshìmáng【无事忙】〈慣〉つまらないことで忙しい.
wú shì shēng fēi【无事生非】〈成〉理由もないのに悶着を起こす.
wúshù【无数】形 **1** 無数である. ¶死伤～ / 死傷者が数え切れない. **2** (事情を)よく知らない.
wúshuāng【无双】形〈書〉並ぶものがない.
wúshuāngqī【无霜期】名〈農〉霜が降りない期間.
wúshuǐ【无水】形〈化〉無水の.
wúsī【无私】形 私心がない.
wú sī wú lǜ【无思无虑】〈成〉思慮に乏しい；何の心配事もない.
wú sī yǒu bì【无私有弊】〈成〉痛くもない腹を探られる.
wúsǔn【无损】〈書〉**1** 動 …を損なわない. **2** 形 破損がない.
wú suǒ bù bāo【无所不包】〈成〉なんでも含んでいる.
wú suǒ bù néng【无所不能】〈成〉万能である.
wú suǒ bù wéi【无所不为】〈成〉(多く悪事を)なんでもやる.
wú suǒ bù yòng qí jí【无所不用其极】〈成〉(多く悪事について)何事でも極端に走る.
wú suǒ bù yǒu【无所不有】〈成〉なんでもある.
wú suǒ bù zài【无所不在】〈成〉どこにでもある.
wú suǒ bù zhī【无所不知】〈成〉なんでも知っている.
wú suǒ bù zhì【无所不至】〈成〉**1** 至る所に入り込む. **2** (悪事を)なんでもやる.
wú suǒ cuò shǒu zú【无所措手足】〈成〉どうしたらよいかわからない.
wú suǒ shì cóng【无所适从】〈成〉だれに従ったらよいかわからない.
wú suǒ shì shì【无所事事】〈成〉何もしない.
wúsuǒwèi【无所谓】動 **1** …とはいえない. うんぬんすることはない. ¶这东西,～好不好 / この品物はよくも悪くもない. **2** どうでもよい. ¶采取～的态度 / どうでもよいという態度をとる.
wú suǒ wèi jù【无所畏惧】〈成〉何も恐れない.
wú suǒ yòng xīn【无所用心】〈成〉何事にも関心がない.
wú suǒ zuò wéi【无所作为】〈成〉何もしようとしない.
wútā【无他】動〈書〉**1** ほかでもない. **2** 二心がない.
wútí【无题】名(詩などの題目)無題.
wútiáojiàn【无条件】形 無条件の.
wútòng fēnmiǎn【无痛分娩】名〈医〉無痛分娩.
wútóu'àn【无头案】名 迷宮入り事件.
wú tóu cāng ying【无头苍蝇】〈成〉やみくもに逃げまわる.
wú tóu gào shi【无头告示】〈成〉要領を得ない文章.
wú tóu wú nǎo【无头无脑】〈成〉**1** 少しも手がかりがない. **2** 理由なしに.
wú wǎng bù lì【无往不利】〈成〉どこでも順調にいく.
wú wǎng bù shèng【无往不胜】〈成〉向かうところ敵なし.
wú wǎng bù zài【无往不在】〈成〉どこにでもある.
wúwàng【无望】形〈書〉望みがない.
wú wàng zhī zāi【无妄之灾】〈成〉不慮の災難.
wú wēi bù zhì【无微不至】〈成〉至れり尽くせりである.
wúwéi【无为】動 自然の成りゆきにまかせる.
wúwèi【无味】形〈書〉**1** 味がない. うまくない. **2** 味気ない. つまらない.
wúwèi【无畏】形〈書〉何も恐れない.
wúwèi【无谓】形 無意味である.
wúwūrǎn【无污染】形 汚染のない. クリーンな.
wú…wú…【无…无…】〈型〉《それぞれ造語成分を当てはめ,ないことを強調する》¶～亲～故 / 親戚も友人もいない.
wúwù【无物】形〈書〉内容がない.
wúwù【无误】形〈書〉まちがいがない.
wúxī dàikuǎn【无息贷款】名〈経〉無利子貸し付け.
wúxī zhàiquàn【无息债券】名〈経〉無金利債券.
wú xì kě chéng【无隙可乘】〈成〉乗ずるすきがない.
wúxiá【无瑕】形〈書〉欠点がない.
wúxiá【无暇】動〈書〉暇がない.
wúxiàn【无限】形〈書〉果てしがない. 限りがない. ¶我们的前途～光明 / 私たちの前途は果てしなく明るい.
wúxiàndà【无限大】名〈数〉無限大.
wúxiàndiàn【无线电】名 **1** ラジオ(受信機). **2** 無線.
wúxiàn diànbō【无线电波】名〈物〉無線電波.
wúxiàn diàntái【无线电台】名 ラジオ放送局.
wúxiàndiàn tànkōng(yí)【无线电探空(仪)】名 ラジオゾンデ.

wúxiàndiàn tōngxìn【无线电通信】名 無線通信.
wúxiàn gōngsī【无限公司】名 合名会社.
wúxiàn néngyuán【无限能源】名 無限エネルギー.
wúxiànqī【无限期】形 無期限の.
wúxiànxiǎo【无限小】名〈数〉無限小.
wúxiàn xiǎoshù【无限小数】名〈数〉無限小数.
wúxiào【无效】形 無効である. 効き目がない. ¶医治～ / 薬石効なく.
wú xiè kě jī【无懈可击】〈成〉一分のすきもない.
wúxīn【无心】1 動…する気はない. …する気になれない. 2 形 なんの考えもない. なんの気なしに.
wú xīn zhī guò【无心之过】〈成〉うっかり犯した過ち.
wúxíng【无行】形〈書〉品行が悪い.
wúxíng【无形】1 形 無形の. 目に見えない. 2 副 知らず知らず. 自然と.
wúxíng sǔnhào【无形损耗】名(技術の進歩によって生じた固定資産の)減価.
wúxíngzhōng【无形中】副 知らず知らず. ▶"无形之中"とも.
wúxìng shēngzhí【无性生殖】名〈生〉無性生殖.
wúxìngxì【无性系】名〈生〉クローン.
wúxìng zájiāo【无性杂交】名〈生〉無性交配.
wúxiūzhǐ【无休止】形 終わりがない. いつまでも続く.
wúxiù hànshān【无袖汗衫】名 袖なしのシャツ;タンクトップ.
wúxū【无须·无需】副…する必要はない. …するに及ばない. ¶～你多嘴 / 君が口を出すことはない.
wúyá【无涯】形〈書〉果てしがない.
wúyān gōngyè【无烟工业】名 観光業;広告業;ハイテク産業.
wúyān huǒyào【无烟火药】名 無煙火薬.
wúyānméi【无烟煤】名 無煙炭.
wú yán yǐ duì【无言以对】〈成〉応(こた)える言葉がない.
wúyǎng yùndòng【无氧运动】名〈体〉無酸素運動.
wúyàng【无恙】形〈書〉つつがない. 変わりがない.
wúyè【无业】形〈書〉職業がない;財産がない.
wúyè yóumín【无业游民】名 仕事もせずにぶらぶらしている人.
wú yī bù…【无一不…】〈型〉すべて…である.
wú yī wú kào【无依无靠】〈成〉まったく寄る辺がない.
wúyí【无遗】形〈書〉何も残っていない.
wúyí【无疑】形〈書〉疑いない. きっと…にちがいない.
wúyǐ【无已】動〈書〉1 やまない. 2 やむを得ない.
wúyǐ【无以】形〈書〉…するものがない.
wú yǐ fù jiā【无以复加】〈成〉これ以上甚だしいものはない.
wúyì【无艺】形〈書〉1 決まった規則がない. 2 限度がない.
wúyì【无异】動…にほかならない. …に等しい.
wúyì【无益】形〈書〉無益である. ためにならない.
wúyì【无意】1 動…する気がない. 2 形 無意識である. 偶然である;うっかり.
wúyìniǎo【无翼鸟】名〈鳥〉キウイ.
wúyìshí【无意识】1 名〈心〉無意識. 2 形 知らず知らずの.
wúyín【无垠】形〈書〉広々として果てしがない.
wúyǐngdēng【无影灯】名〈医〉(手術用の)無影灯.
wú yǐng wú zōng【无影无踪】〈成〉影も形もない. 行方がわからない.
wúyōng【无庸】→wúyōng【毋庸】
wúyòng【无用】形 無用である. 役に立たない.
wúyóu【无由】副〈書〉…する方法がない.
wúyú【无余】形〈書〉余すところがない. 残りがない.
wú yǔ lún bǐ【无与伦比】〈成〉並ぶものがない.
wúyuán【无援】形〈書〉無援である.
wúyuán【无缘】1 形 縁がない. 2 副…する方法がない.
wú yuán wú gù【无缘无故】〈成〉なんの理由〔原因〕もない.
wú yuán zhī shuǐ, wú běn zhī mù【无源之水,无本之木】〈成〉基礎がない物事.
wúyùnshī【无韵诗】名 韻を踏まない詩.
wúzhàng'ài【无障碍】形 バリアフリーの.
wúzhèngfǔ zhǔyì【无政府主义】1 名 アナーキズム. 2 形 アナーキーである.
wúzhèngfǔ zhuàngtài【无政府状态】名 無政府状態.
wúzhī【无知】形 無知である.
wú zhǐjìng【无止境】とどまることを知らない.
wú zhōng shēng yǒu【无中生有】〈成〉でっち上げる. 捏造(ねつ)する.
wúzhònglì【无重力】名〈物〉無重力.
wú zú qīng zhòng【无足轻重】〈成〉どうでもよい.
wúzǔ【无阻】形 支障がない. 滞りない.
wúzuì【无罪】形 無罪である.
wúzuì tuīdìng【无罪推定】名〈法〉推定無罪.
wúzuòlìpào【无坐力炮】名〈軍〉無反動砲.

毋 wú 副〈書〉…するな. …なかれ. ¶有过～惮dàn改 / 過ちあらば改むることはばかるなかれ. ‖姓
wúnìng【毋宁】接続〈書〉むしろ…したほうがよい.
wúyōng【毋庸】副〈書〉…するに及ば

ない. …する必要がない.
wú yōng zhì yí【毋庸置疑】〈成〉疑う余地がない.
芜(蕪) **wú** H ①雑草が茂った(所). ¶→~秽. ②(文章が)秩序がなく乱れている. ¶→~鄙.
wúbǐ【芜鄙】形〈書〉(文章が)乱雑で浅薄である.
wúhuì【芜秽】形〈書〉雑草が生い茂って汚らしい.
wújīng【芜菁】名〈植〉カブ. カブラ.
wúliè【芜劣】形〈書〉(文章が)乱雑で拙劣である.
wúzá【芜杂】形(文章が)整っていない.
吾 **wú** 代〈古〉(多く主語・連体修飾語に用い)われ. われら. ¶→~兄xiōng. ‖姓
wúbèi【吾辈】代〈書〉われら.
wúchái【吾侪】代〈書〉われら.
wúrén【吾人】代〈書〉吾人. われわれ.
wúxiōng【吾兄】名〈書〉(手紙文で)貴兄.
吴(呉) **wú** 名 **1**〈史〉(周代の国・三国時代の王朝)呉(ご). **2** 江蘇の南部と浙江の北部. ‖姓
wú niú chuǎn yuè【吴牛喘月】〈成〉認識不足で取り越し苦労をする.
wúyǔ【吴语】名〈語〉呉方言.
wú yuè tóng zhōu【吴越同舟】〈成〉呉越同舟(ごえつどうしゅう).
wúzhūyú【吴茱萸】名〈植〉カワハジカミ;〈中薬〉呉茱萸(ごしゅゆ).
郚 **wú** 地名用字. "郚郚"は山東省にある地名.
唔 **wú** →yīwú【咿唔】
浯 **wú** 地名用字. "浯河"は山東省にある川の名.
梧 **wú** 名〈植〉アオギリ.
H たくましい. ¶魁~ / (体格が)立派である. ‖姓
wútóng【梧桐】名〈植〉アオギリ.
鹀 **wú** 名〈鳥〉ホオジロ科の鳴き鳥.
铻 **wú** 地名用字.
蜈 **wú** ○
wúgong【蜈蚣】名〈虫〉ムカデ.
wúgongcǎo【蜈蚣草】名〈植〉モエジマシダ.
鼯 **wú** ○
wúshǔ【鼯鼠】名〈動〉ムササビ.
五 **wǔ** 数 5. 5番目(の). ¶~天 / 五日間. ¶~楼 / 5階. ‖姓
wǔ'ài【五爱】名 祖国・人民・労働・科学・公共物の五つを愛すること.
wǔbǎo【五保】名 農村における衣・食・燃料・教育・葬儀の五つの保障.
wǔbèizǐ【五倍子・五棓子】名〈中薬〉五倍子(ごばいし). 付子(ふし).
wǔbǐ zìxíng【五笔字形】名(字形で入力する)中国語ワープロの入力法.
wǔbiānxíng【五边形】名 五角形.
wǔbùshé【五步蛇】名〈動〉ヒャッポダ.
wǔcǎi【五彩】**1** 名(青・黄・赤・白・黒の)5色. **2** 形 色とりどりである. カラーの.
wǔ cǎi bīn fēn【五彩缤纷】〈成〉多くの色;色とりどり. ▲"五采缤纷"とも.
wǔchóngchàng【五重唱】名〈音〉五重唱.
wǔchóngzòu【五重奏】名〈音〉五重奏.
wǔ dà sān cū【五大三粗】〈成〉体が大きくて頑丈なこと.
Wǔdài【五代】名〈史〉五代. ▶907—960年. 後梁・後唐・後漢などの5朝.
Wǔdì【五帝】名(伝説中の)5人の帝王. ▶通常は黄帝(こうてい)・顓頊(せんぎょく)・帝嚳(ていこく)・尭(ぎょう)・舜(しゅん).
wǔdǒuguì【五斗柜】名 引き出しが五つあるたんす.
wǔdǒumǐdào【五斗米道】名〈史〉五斗米道(ごとべいどう). ▶後漢末,張陵が創始した道教の一派.
wǔdú【五毒】名(サソリ・蛇・ムカデ・ヤモリ・ヒキガエルの)五つの毒;〈転〉五つの罪悪.
wǔ duǎn shēn cái【五短身材】〈成〉小柄な人.
wǔfāng【五方】名(東西南北と中央の)五つの方角;〈転〉各地.
wǔ fāng zá chǔ【五方杂处】〈成〉各地の人が1か所で雑居する.
wǔfēnzhì【五分制】名(学業成績の)5段階評価.
wǔ fēn zhōng rèdù【五分钟热度】〈慣〉熱しやすく冷めやすい.
wǔ fēng shí yǔ【五风十雨】〈成〉農業にとって気候が非常に順調である.
wǔfú【五服】名 家族関係の遠近.
wǔgēng【五更】名 **1** 五更. **2** 第5更. 午前4時から6時まで.
wǔgǔ【五古】名〈略〉一句五言の古体詩.
wǔgǔ【五谷】名 五穀. 穀類.
wǔguān【五官】名(目・耳・鼻・口・身の)五官. 目鼻立ち.
wǔ guāng shí sè【五光十色】〈成〉色があでやかで多様性に富んでいる.
wǔ háng bā zuō【五行八作】〈成〉いろいろな職業.
wǔhébǎn【五合板】名 5枚の薄い板を張り合わせた合板.
wǔ hú sì hǎi【五湖四海】〈成〉全国各地.
wǔ huā bā mén【五花八门】〈成〉(物事が)多種多様で変化に富む.
wǔ huā dà bǎng【五花大绑】〈成〉がんじがらめに縛りあげる.
wǔhuāròu【五花肉】名 豚のバラ肉.
wǔhuánqí【五环旗】名 五輪旗.
wǔ huáng liù yuè【五黄六月】〈成〉旧暦5月・6月の暑い天気.

wǔhūn【五荤】名〈仏〉五葷(ごくん).
wǔjiā【五加】名〈植〉ウコギ.
wǔjiāpí【五加皮】名〈中薬〉五加皮(ごかひ). ウコギの根皮.
wǔ jiǎng sì měi【五讲四美】〈成〉教養・礼儀・衛生・秩序・道徳を重んじ,言葉・行い・環境・心を美しくすること〔運動〕.
Wǔjiǎo dàlóu【五角大楼】名 アメリカ国防総省. ペンタゴン.
wǔjīn【五金】名 金・銀・銅・鉄・錫の五つの金属;(広く)金属一般.
Wǔjīng【五经】名 儒家の易経・書経・詩経・礼記(らいき)・春秋の五つの経典.
wǔjué【五绝】名〈略〉五言絶句.
wǔ láo qī shāng【五劳七伤】〈成〉虚弱多病である. ▲"五痨七伤"とも.
wǔ léi hōng dǐng【五雷轰顶】〈成〉激しいショックを受ける.
wǔlǐwù【五里雾】名 迷って方向がわからない状態.
wǔliǎnzǐ【五敛子】名〈植〉ヨウトウ(洋桃).
wǔliángyè【五粮液】名 5種の穀物で造った四川省宜賓市産の蒸留酒.
Wǔlǐng【五岭】名〈地〉五嶺. ▶長江流域と珠江流域をわける分水嶺.
wǔlǜ【五律】名〈略〉五言律詩.
wǔlún【五伦】名 封建時代の君臣・父子・兄弟・夫婦・朋友の五つの倫理関係.
wǔ mǎ fēn shī【五马分尸】〈成〉まとまっている物をばらばらに分散する.
wǔnèi【五内】名〈書〉五臓;〈転〉心の内.
Wǔ-Qī gànxiào【五七干校】名 五・七幹部学校. ▶(文革時の)幹部の強制労働収容所.
wǔqínxì【五禽戏】名〈体〉虎・熊・鹿・鳥・猿の動作をまねて行う気功体操. ▶"五禽操"とも.
wǔ rì jīng zhào【五日京兆】〈成〉三日天下.
Wǔ-Sà yùndòng【五卅运动】名〈史〉五・三〇事件.
wǔsè【五色】名 五色;さまざまな色.
wǔ shí bù xiào bǎi bù【五十步笑百步】〈成〉五十歩百歩.
Wǔ-Sì qīngniánjié【五四青年节】名 5月4日の中国青年デー.
Wǔ-Sì yùndòng【五四运动】名〈史〉五・四運動.
wǔ tǐ tóu dì【五体投地】〈成〉(チベット仏教などで最高の礼法)五体投地(ごたいとうち);〈喩〉心から感服する.
wǔwèi【五味】名 甘い・酸っぱい・塩からい・苦い・辛いの五つの味;(広く)各種の味覚.
wǔwèizǐ【五味子】名〈植〉チョウセンゴミシ;〈中薬〉五味子(ごみし).
wǔxiànpǔ【五线谱】名〈音〉五線譜.
wǔxiāng【五香】名 サンショウ・八角ウイキョウ・ニッケイ・チョウジのつぼみ・ウイキョウの5種類の薬味.
wǔxiàng quánnéng yùndòng【五项全能运动】名〈体〉五種競技.
wǔxīng【五星】名 **1** 五角の星形. **2** 五つの星.
Wǔxīng hóngqí【五星红旗】名 五星紅旗. 中華人民共和国の国旗.
wǔxíng【五刑】名 中国古代の主要な五つの刑罰. "墨"(入れ墨),"劓"(鼻そぎ),"剕"(足切り),"宫"(去勢),"大辟"(首切り).
wǔxíng【五行】名 古代の思想で,万物の根源をなすと考えられた五つの元素,金・木・水・火・土.
wǔ yán liù sè【五颜六色】〈成〉色とりどりである.
wǔyánshī【五言诗】名〈文〉五言の詩. 1句が5文字よりなる詩.
Wǔ-Yī【五一】名〈略〉メーデー.
Wǔ-Yī láodòngjié【五一劳动节】名 メーデー.
wǔyīn【五音】名 **1**〈音〉中国伝統音楽の五音階. **2** 音韻学上の5音.
Wǔyuè【五岳】名 中国の五大名山. 東岳泰山・西岳華山・南岳衡山・北岳恒山・中岳嵩山.
Wǔyuèjié【五月节】名 端午の節句.
wǔzàng【五脏】名〈中医〉五臓.
wǔzhǐ【五指】名 手の5本の指.
wǔzhōng【五中】名〈書〉五臓.
wǔzhōu【五洲】名 五大州. 世界各地.
wǔzǐqí【五子棋】名 五目並べ. 連珠.

午
wǔ 名 十二支の第7:午(うま). ¶→～时.
H 昼. 正午. ¶正～ / 正午.
wǔcān【午餐】名 昼食. 昼飯.
wǔfàn【午饭】名 昼食. 昼飯.
wǔhòu【午后】名 午後.
wǔjiān【午间】名 昼(ごろ).
wǔjiào【午觉】名 昼寝.
wǔqián【午前】名 午前.
wǔshí【午时】名〈旧〉午(うま)の刻(午前11時から午後1時).
wǔshuì【午睡】**1** 動 昼寝をする. **2** 名 昼寝.
wǔxiū【午休】**1** 動 昼休みをとる. **2** 名 昼休み.
wǔyè【午夜】名〈書〉真夜中. 夜の12時前後.

伍
wǔ 数 "五"の大字.
H ①軍隊. ¶队～ / 隊列. ②仲間. ¶羞与为～ / 仲間になるのを潔しとしない. ‖ 姓
wǔde【伍的】助〈方〉など. …のようなもの.

仵
wǔ →wǔzuò【仵作】‖ 姓
wǔzuò【仵作】名〈旧〉検死役人.

迕
wǔ 動〈書〉**1** 会う. ¶相～ / 出会う. **2** 逆らう. ¶违～ / 逆らって従わない.

庑(廡)
wǔ H 母屋の向かい,および両側の小さな棟.

怃(憮)
wǔ 形〈古〉**1** がっかりするさま. **2** 哀れむさま.

wǔrán【怃然】形〈書〉憮然(ぶん)としている.

忤(牾) **wǔ** H 逆らう. 従順でない. ¶与人无～ / 人と意見の衝突がない.

wǔnì【忤逆】動 親不孝をする.

妩(嫵) **wǔ**○

wǔmèi【妩媚】形〈書〉(女性·花などが)なまめかしい,あでやかである.

武 **wǔ** H ①(↔文)軍事. 武力. ¶动～ / 武力に訴える. ②武術. ¶练～ / 武術のけいこをする. ③勇ましい. 猛烈である. ¶英～ / 勇ましい. ④半歩. ¶步～ / わずかな距離. ‖ 姓

wǔbǎzi【武把子】名〈方〉**1**(芝居の)立ち回り. 殺陣(たて). **2**〈劇〉殺陣の道具·武器の総称.

wǔbèi【武备】名〈旧〉軍備.

Wǔchāng qǐyì【武昌起义】名〈史〉武昌蜂起. ▶辛亥革命の発端となった湖北新軍の武装蜂起.

wǔchǎng【武场】名(京劇などの)打楽器,打楽器伴奏者.

wǔchǒu【武丑】名(～儿)(京劇などで)立ち回りを主とする道化役.

wǔdǎ【武打】名(芝居や映画などの)立ち回り. 殺陣(たて).

wǔdǎpiàn【武打片】名(～儿)アクション映画.

Wǔ dàláng【武大郎】名〈喩〉妻を寝取られた男.

wǔdàn【武旦】名(京劇などで)立ち回りを主とする女形(おやま);女優.

wǔdòu【武斗】動 武装闘争をする.

wǔduàn【武断】形(権勢を盾にして)独断的である.

wǔfū【武夫】名〈書〉武人. 勇ましい人.

wǔgōng【武工·武功】名(芝居で)立ち回りの技術.

wǔgōng【武功】名 **1**〈書〉戦功. **2** 武術. カンフー.

wǔgōngduì【武工队】名(抗日戦争期の)武装工作隊.

wǔgōngpiàn【武功片】名 カンフー映画;(広く)アクション映画.

wǔguān【武官】名(在外公館付き)武官.

wǔháng【武行】名〈劇〉立ち回りをする役柄.

wǔhuǒ【武火】名〈料理〉強火.

wǔjiàng【武将】名 将校.

wǔjǐng【武警】名〈略〉(中国人民)武装警察.

wǔjù【武剧】→wǔxì【武戏】

wǔkù【武库】名 武器庫.

wǔlì【武力】名 **1** 武力. 軍事力. **2** 腕力. 暴力.

wǔlín【武林】名 武術界.

wǔmiào【武庙】名 関帝廟(かんていびょう).

wǔqì【武器】名 武器. 兵器.

wǔrén【武人】名〈旧〉武人. 軍人.

wǔshēng【武生】名(京劇などの)立ち回りを主とする男役.

wǔshī【武师】名〈旧〉〈敬〉武術の師匠.

wǔshì【武士】名 **1**〈古〉宮廷を守る兵士. **2** 勇士. 武人.

wǔshù【武术】名 武術. ¶练～ / 武術を習う.

Wǔ Sōng【武松】名〈喩〉強くて勇敢な人物.

wǔxì【武戏】名(京劇などの)立ち回りを主とする芝居.

wǔxiá【武侠】名 俠客. 男だて.

wǔyì【武艺】名 武芸. 武術.

wǔzhí【武职】名 軍職.

wǔzhuāng【武装】**1** 名 武装. 武装した軍隊. **2** 動 武装する〔させる〕.

wǔzhuāng bùduì【武装部队】名 武装部隊.

wǔzhuāng jǐngchá【武装警察】名 武装警察.

wǔzhuāng qǐyì【武装起义】名 武装蜂起.

侮 **wǔ** H ばかにする. いじめる. ¶外～ / 外国からの侮り.

wǔmà【侮骂】動 辱めののしる.

wǔmàn【侮慢】動 侮蔑する.

wǔmiè【侮蔑】動 侮蔑する. 軽蔑する.

wǔnòng【侮弄】動 いじめからかう.

wǔrǔ【侮辱】動 侮辱する. 辱める.

捂(摀) **wǔ** 動(手のひらで)押さえ覆う. (かぶせるようにしてぴったりと)覆う. ¶～着嘴笑 / 手で口を隠して笑う.

wǔ gàizi【捂盖子】〈慣〉真相をひた隠しにする.

wǔ//hàn【捂汗】動(風邪を治すために)汗が出るように厚着をしたり,布団をかぶったりする.

wǔwǔgàigài【捂捂盖盖】動〈方〉ひた隠しに隠す.

牾 **wǔ** 動〈書〉反する;従わない. ¶抵dǐ～ / 抵触する;矛盾する.

鹉 **wǔ** →yīngwǔ【鹦鹉】

舞 **wǔ** **1** 名 踊り. ダンス. ¶正在排练一个～ / ダンスをリハーサルしている.
2 動 **1**(ものを手にして)舞う. ¶～狮子 / 獅子舞をする. **2**(刀や棒を)振り回す. ¶～剑 / 剣舞をする.
H もてあそぶ. ¶→～文弄墨.

wǔbàn【舞伴】名(～儿)ダンスのパートナー.

wǔbì【舞弊】動 不正行為をする.

wǔbù【舞步】名 ダンスのステップ.

wǔchǎng【舞场】名 ダンスホール.

wǔchí【舞池】名 ダンスホールのフロア.

wǔdǎo【舞蹈】**1** 名 舞踏. ダンス. **2** 動 踊る. ダンスをする.

wǔdǎobìng【舞蹈病】名〈医〉舞踏病.

wǔdòng【舞动】動 振り回す;ゆれ動く.

wǔhuì【舞会】名 ダンスパーティー.

wǔjù【舞剧】名 舞踊劇. バレエ.

wǔkè【舞客】名 ダンスホールの客.

wǔměi【舞美】名 舞台美術.
wǔmí【舞迷】名〈社交〉ダンス愛好家.
wǔnòng【舞弄】動 1 もてあそぶ. 振り回す. 2〈方〉やる. する.
wǔnǚ【舞女】名 ダンサー. 踊り子.
wǔqǔ【舞曲】名 舞曲. ダンス音楽.
wǔtái【舞台】名 舞台. ステージ;(活躍の)舞台.
wǔtīng【舞厅】名 ダンスホール.
wǔ wén nòng mò【舞文弄墨】〈成〉1(文筆を操り)法をまげて不正行為をする. 2 字句をいじくり回す.
wǔxīng【舞星】名 有名ダンサー.
wǔyì【舞艺】名 舞踊の芸. 舞踊芸術.
wǔzī【舞姿】名 舞う姿.

兀 wù H ①高く突き出ている. ¶突~ /(山が)高くそびえている. ②(山が)はげている;(広く)はげている. ¶→~鹫.
wù'ào【兀傲】形〈書〉高慢である.
wùjiù【兀鹫】名〈鳥〉ハゲワシ.
wùlì【兀立】動 直立する.
wùniè【兀臬】形〈書〉(気持ちなどが)落ち着かない.
wùzì【兀自】副〈方〉やはり. 依然として.

勿 wù 副〈書〉なかれ. …するな. ¶请~吸烟 / 禁煙.
wù wèi yán zhī bù yù【勿谓言之不预】〈成〉事前に聞かされていなかったと言うな.

乌(烏) wù O 異読⇒wū
wùla【乌拉】名 中国東北地方の防寒靴. ▶中に"乌拉草"の干し草を敷く.
wùlacǎo【乌拉草】名〈植〉ヌマクロボスゲ. シラカワスゲ.

戊 wù 名 十干の第5:戊(つちのえ). ‖姓
Wùxū biànfǎ【戊戌变法】名〈史〉戊戌(ぼじゅつ)の変法.

务(務) wù 副〈書〉ぜひ, 必ず(…すべきである).
H ①任務. 事務. ¶业~ / 業務. ②従事する. 励む. ¶→~农. ‖姓
wùbì【务必】副〈書〉ぜひ. 必ず. きっと…しなければならない.
wùgōng【务工】動 1 工業や建設業に携わる. 2 時間・労力をそそぐ.
wùnóng【务农】動 農業に従事する.
wùqī【务期】動〈書〉ぜひとも…を期する.
wùqí【务祈】動〈書〉ぜひ…するようお願いする.
wùqǐ【务乞】動〈書〉ぜひ…していただきたい.
wùqǐng【务请】動〈書〉ぜひ…していただきたい.
wùqiú【务求】動〈書〉ぜひとも…ように要求する.
wù//shí【务实】動 具体的な実行方法を検討する;実際的なものを重んじる.
wùxū【务须】副〈書〉ぜひ…しなければならない.
wù//xū【务虚】動 理論・イデオロギーなどの面から検討する.
wùyào【务要】副〈書〉必ず…でなければならない.
wùzhèng【务正】動 正業につく.

阢 wù O
wùniè【阢陧】→wùniè【杌陧】

坞(塢) wù H ①古代の小さな砦(とりで). ②周りが高く中がくぼんだ所. ¶山~ / 山のくぼみ.

芴 wù 名〈化〉フルオレン.

杌 wù H 腰掛け. ¶→~子.
wùdèng【杌凳】名(~儿)低い腰掛け.
wùniè【杌陧】形〈書〉(情勢・局面・気持ちなどが)安定しない.
wùzi【杌子】名 小さな腰掛け.

物 wù H ①物. ¶货~ / 商品. ②内容. 実質. ¶空洞无~ / 空っぽで中身がない. ③世間. 公衆. ¶待人接~ / 人や世間との付き合い. ‖姓
wùchǎn【物产】名 物産.
wù chāo suǒ zhí【物超所值】〈成〉お買い得である.
wùgù【物故】動〈書〉死去する.
wùhào【物耗】名 物資の消耗.
wùhòu【物候】名 生物の周期的現象と気候との関係.
wùhuà【物化】動〈書〉死去する.
wùhuà láodòng【物化劳动】名〈経〉物質化された労働.
wù huàn xīng yí【物换星移】〈成〉月日が移り変わる. 世の中の様相が変化する.
wù jí bì fǎn【物极必反】〈成〉物事は極点に達すると必ず逆の方向へ転化する.
wùjià【物价】名 物価.
wùjià zhǐshù【物价指数】名〈経〉物価指数.
wùjiàn【物件】名(~儿)品物. 物品.
wù jìn qí yòng【物尽其用】〈成〉物を100パーセント利用する.
wùjìng【物镜】名〈物〉対物レンズ.
wùlǐ【物理】名 1 物の道理. 2 物理(学).
wùlǐ biànhuà【物理变化】名 物理的変化.
wùlǐ géshìhuà【物理格式化】名〈電算〉物理フォーマット.
wùlǐ liáofǎ【物理疗法】名〈医〉物理療法.
wùlǐ nèicún【物理内存】名〈電算〉実装メモリ.
wùlǐ xìngzhì【物理性质】名 物理的な性質.
wùlǐxué【物理学】名 物理学.
wùlǐ zhěnduàn【物理诊断】名〈医〉患者の観察, 聴診器を用いた診断, 触診など.
wùlì【物力】名 物資. 財力.
wùliú【物流】名 物流.
wù měi jià lián【物美价廉】〈成〉

兀勿乌戊务阢坞芴杌物 W

品がよくて値段も安い.
wùmí【物谜】名 物の名前を当てるなぞなぞ.
wùpǐn【物品】名〈書〉物品. 品物.
wùqíng【物情】名〈書〉物事の道理.
wùquán【物权】名〈法〉物権.
wùsè【物色】動 物色する. 適当なもの〔人〕を探す.
wù shāng qí lèi【物伤其类】〈成〉同病相憐れむ.
wùshì【物事】名 1〈書〉物事. 2〈方〉品物.
wùtài【物态】名〈物〉物質の存在状態.
wùtàn【物探】名〈地質〉物理探査.
wùtǐ【物体】名 物体.
wùwài【物外】名〈書〉世俗を超えた所.
wùxiàng【物象】名 1（天気などの予測のための）動物や物の現象. 2 物の形.
wùxiàng【物像】名〈物〉物の像.
wùyè【物业】名（すでに建設され使用されている）地所財産,不動産.
wù yǐ lèi jù【物以类聚】〈成〉類は友を呼ぶ.
wùyì【物议】名〈書〉物議.
wùyù【物欲】名 物欲.
wùzhèng【物证】名〈法〉物証.
wùzhì【物质】名 物質;（特に）金銭・生活上の物質.
wùzhǒng【物种】名（生物分類の基礎単位）種(しゅ).
wùzhǔ【物主】名（多くなくしたり盗まれたりした物の）品物の所有者.
wùzī【物资】名 物資.

误（悮） **wù** 1 動（時間に）遅れる. 機会を逃す. ¶～了上课 / 授業に遅れた. 2 副 間違って;過失で. ¶他～吃了毒蘑菇 / 彼は誤って毒キノコを食べてしまった.
H 損なう. 間違った方へ導く. ¶→～人.
wù//cān【误餐】動（仕事などで）定時に食事ができない.
wùchā【误差】名 誤差.
wù//chǎng【误场】動（役者が）登場に遅れる.
wù//chē【误车】動 1（多くは列車に）乗り遅れる. 2（バス・列車などの）運行が遅れる.
wùchuán【误传】1 動 誤って伝える. 2 名 誤報.
wùdǎo【误导】動 間違った方向へ導く.
wù//diǎn【误点】動（列車・飛行機などが）定刻に遅れる.
wùfàn【误犯】動〈書〉誤って（規則・法律を）犯す.
wù//gǎng【误岗】動 出社時間に遅刻する.
wù//gōng【误工】動 1（仕事に）遅刻する. 2（仕事を）遅らせる.
wù//guó【误国】動 国を誤る.
wùhuì【误会】1 動 誤解する. 思い違いをする. 2 名 誤解. 思い違い. ¶产生～ / 誤解を生む. ¶削除～ / 誤解をとく.
wù//jī【误机】動（飛行機に）乗り遅れる.
wùjiě【误解】1 動 誤解する. まちがった理解をする. 2 名 誤解.
wùmiù【误谬】名〈書〉まちがい. 誤り.
wùpàn【误判】名 1〈体〉ミスジャッジ. 2〈法〉誤った判決.
wù//qī【误期】動 期限に遅れる.
wùqū【误区】名（長期にわたり形成された）誤った考えややり方. 悪習.
wù//rén【误人】動 人に損害を与える. 人を誤らせる.
wù rén zǐ dì【误人子弟】〈成〉人の子弟を誤らせる.
wù rù qí tú【误入歧途】〈成〉誤って正道からはずれる.
wùshā【误杀】動〈法〉過失により死亡させる.
wùshāng【误伤】動 過失傷害を起こす.
wù//shēn【误身】動 身を誤る. 一生を誤る.
wù//shí【误时】動 時間に遅れる.
wù//shì【误事】動（～儿）事をしくじる.
wùxìn【误信】動 誤って信じる.
wùzhà【误炸】動 誤爆する.
wùzhěn【误诊】動 1 誤診する. 2（治療が）手遅れになる.

恶（惡） **wù** H 憎む. ¶可～ / 憎らしい. 異読⇨è,ě
wùhán【恶寒】動〈中医〉悪寒(おかん)がする.

悟 **wù** 動 悟る. 理解する. ¶～出道理 / 道理を悟る.
wùchè【悟彻】動〈書〉はっきり悟る.
wùdào【悟道】動〈書〉道理を悟る.
wùxìng【悟性】名 理解力.

晤 **wù** 動〈書〉会う. 面会する. ¶请来寒舍一～ / 拙宅へお越しください.
wùmiàn【晤面】動〈書〉面会する.
wùshāng【晤商】動〈書〉会って相談する.
wùtán【晤谈】動〈書〉面談する.

焐 **wù** 動〈口〉（熱いものを当てて）暖める. ¶用热毛巾～手 / 熱いタオルで手を暖める.

靰 **wù** O
wùla【靰鞡】→**wùla**【乌拉】

痦（疬） **wù** O
wùzi【痦子】名 ほくろ. [个,颗]

婺 **wù** 地名用字. "婺江"は江西省にある川の名.
wùjù【婺剧】名 婺劇(ぶげき). ▶浙江省金華一帯の地方劇.
wùlù【婺绿】名 緑茶の一種. ▶江西省婺源が産地.

骛 **wù** H ①（馬が）縦横に駆け回る. ②従事する. 励む.

雾（霧） **wù** 名 霧. [场,片] ¶下大～ / 深い霧がかかる.

H 霧のようなもの. ¶喷~器 / 喷雾器.
wù'ǎi【雾霭】名〈書〉霧. もや.
wùchénchén【雾沉沉】形(~的) 霧が深い.
wùmāngmāng【雾茫茫】形(~的) 霧で視界がぼやけている. ▶"雾蒙蒙"とも.
wùqì【雾气】名〈気〉霧.
wùsōng【雾凇】名〈気〉樹氷. 霧氷.
寤 **wù** 動〈古〉1 目が覚める. ¶→~寐. 2 悟る. 理解する.
wùmèi【寤寐】名〈書〉起きているときと眠っているとき.
鋈 **wù** 名〈書〉1 白銅. 2 めっき.

xi (ㄒㄧ)

夕 **xī** H ①夕方. ②夜. ¶除~ / 大みそか. ‖ 姓
xīyān【夕烟】名〈書〉夕もや. 夕煙(ゆうけむり).
xīyáng【夕阳】名 夕日 ;〈喩〉晩年 ; 斜陽. ¶~产业 / 斜陽産業.
xīzhào【夕照】名〈書〉夕映え.
兮 **xī** 助〈古〉語調を整える助字. 現代語の"啊"に似る. ‖ 姓
西 **xī** 方位 西. 西側. ¶向~走 / 西へ行く.
H 西洋(の). ¶→~餐cān. ‖ 姓
Xī'ān【西安】名〈地名〉西安(せいあん).
Xībānyá【西班牙】名〈地名〉スペイン.
xībànqiú【西半球】名〈地〉西半球.
xīběi【西北】1 方位 西北. 北西. 2 名 中国の西北地区.
xīběifēng【西北风】名 1 北西の風 ; 冬に吹く冷たい風 ;〈喩〉厳しい現実. 2 中国の西北地方を舞台にした作品の雰囲気.
xībian【西边】方位(~儿) 西. 西の方. 西側.
xībīn【西宾】→xīxí【西席】
xībù【西部】1 方位 西部. 2 名 アメリカの西部.
xīcān【西餐】名 西洋料理.
xīdiǎn【西点】名 西洋菓子.
xīfǎ【西法】名 西洋の方法.
xīfānlián【西番莲】名〈植〉1 トケイソウ. 2 ダリア.
xīfāng【西方】❶ 方位 西. 西の方. ❷名 1 西洋. 欧米諸国. 2〈仏〉西方(さいほう)浄土.
xīfáng【西房】名("四合院"の) 西側にあって東向きの家.
xīfēng【西风】名 1 西から吹く風. ▶秋風をさす. 2〈転〉没落しつつある勢力. 3 西洋の文化や風俗.
xīfèngjiǔ【西凤酒】名 西鳳酒. ▶陝西省鳳翔県柳林鎮特産の"白酒".
xīfú【西服】名 洋服. スーツ.
xīfǔ hǎitáng【西府海棠】名〈植〉ミカイドウ.
xīgōng【西宫】名〈旧〉皇帝の妃嬪(ひひん)(の住まい).
xīguā【西瓜】名 1〈植〉スイカ.［个,块,牙］2("芝麻"との対比で)大きなもの.
Xīhàn【西汉】名〈史〉前漢.
xīhóngshì【西红柿】名〈植〉トマト.
xīhúlu【西葫芦】名〈植〉ペポカボチャ.
xīhuà【西化】動 西洋化する.
xīhuà【西画】名 西洋画.
Xījìn【西晋】名〈史〉西晋.
xījīng【西经】名〈地〉西経.
xīlánhuā【西蓝花】名〈植〉ブロッコリー.
xīlì【西历】名〈旧〉西暦.
Xīmén【西门】姓
xīménzǐ【西门子】量〈電〉(電気伝導率の単位)ジーメンス.
xīmǐ【西米】名 タピオカ.
xīmiàn【西面】方位(~儿)西の方. 西側.
xīnán【西南】1 方位 西南. 南西. 2 名(中国の) 西南地区.
Xīníng【西宁】名〈地名〉西寧(せいねい).
Xī'ōu【西欧】名〈地〉西欧.
xīpí【西皮】名 京劇の節回しの一.
Xīsàmóyà【西萨摩亚】名〈地名〉サモア.
xīshài【西晒】動 西日が照りつける.
Xīshī【西施】名 西施(せいし). ▶春秋時代の美女.
xīshì【西式】形 西洋風の.
xītiān【西天】名〈仏〉1 インド. 2 極楽世界.
Xīwángmǔ【西王母】名 西王母. ▶中国古代神話の仙女.
Xīwèi【西魏】名〈史〉西魏.
xīxī【西西】量(容量単位)立方センチメートル. ▶ccの音訳語.
xīxí【西席】名〈旧〉"幕友"や家庭教師に対する称.
Xīxià【西夏】名〈史〉西夏.
xīxié【西斜】動(日が)西に傾く.
xīxué【西学】名〈旧〉西洋の学問.
Xīyà【西亚】名〈地〉西アジア. アジア西南部.
Xīyáng【西洋】名 西洋. 欧米諸国.
xīyángcài【西洋菜】名 1 洋食. 2〈植〉クレソン.
xīyánghuà【西洋画】名 西洋画. 洋画.
xīyángjǐng【西洋景】名 のぞきからくり ;〈喩〉からくり. ▶"西洋镜"とも.
xīyángshēn【西洋参】名〈植〉セイヨウニンジン.
xīyào【西药】名 西洋医薬.
xīyī【西医】名 1 西洋医学. 2 西洋医.
xīyǔ【西语】名 1 欧米諸語. 2〈略〉スペイン語.
Xīyù【西域】名 西域. ▶漢代,玉門関以西の各地の総称.

xīyuán【西元】名〈旧〉西暦.
xīyuè【西乐】名 西洋音楽. 洋楽.
Xīyuè【西岳】名 華山の別称.
xīzǎi【西崽】名〈旧〉〈貶〉(西洋人の商社やレストランなどで働く)ボーイ, ウエーター.
Xīzàng【西藏】名〈地名〉チベット.
Xīzhōu【西周】名〈史〉西周.
xīzhuāng【西装】名 洋服. 洋装.
Xīzǐ【西子】名 西施(せいし)の別称.

吸 **xī** 動 **1**(↔呼)(口や鼻から)吸う. ¶～进新鲜空气 / 新鮮な空気を吸い込む. **2**(物を)吸い取る. ¶这种卫生纸不～水 / この手のちり紙は水を吸い取らない. **3** 吸いつける;〈転〉引きつける. ¶把孩子的注意力～到学习上来 / 子供の関心を学習に向けさせる. ‖姓

xīchénqì【吸尘器】名 電気掃除機.
xīchóng【吸虫】名〈虫〉ジストマ類の寄生虫.
xīchóu【吸筹】動〈経〉資金調達する.
xīchǔ【吸储】動(銀行などが)預金を吸収する.
xī//dú【吸毒】動 麻薬を吸う.
xīfù【吸附】動〈化〉吸着する.
xīguǎn【吸管】名(～儿)ストロー.
xījiāngchóng【吸浆虫】名〈虫〉ムギアカタマバエ.
xīlì【吸力】名 引力. 吸引力.
xīliu【吸溜】動〈方〉すする.
xīmòzhǐ【吸墨纸】名 吸い取り紙.
xīnà【吸纳】動 吸収し取り込む.
xīpán【吸盘】名 吸盤.
xīqǔ【吸取】動 吸い取る. くみ取る.
xīrè【吸热】動 熱を吸収する.
xīsǎochē【吸扫车】名 清掃車.
xīshēng【吸声】動〈建〉音を吸収する.
xīshēng jiàngzào【吸声降噪】名〈環境〉吸音による騒音低下.
xīshī【吸湿】動 湿気を吸収する.
xīshí【吸食】動(食物や毒物などを)口に吸い込む.
xīshōu【吸收】動(物質・養分・衝撃などを)吸収する;(組織や団体が個人をメンバーとして)受け入れる. ¶～新会员 / 新会員を受け入れる.
xīshōu guāngpǔ【吸收光谱】名〈物〉吸収スペクトル.
xīshǔn【吸吮】動〈書〉吸い取る. すする.
xītiěshí【吸铁石】名 磁石.
xīxuèguǐ【吸血鬼】名 吸血鬼;〈喩〉人を搾取する人間.
xī//yān【吸烟】動 喫煙する. ¶吸一支烟 / たばこを1本吸う.
xīyǐn【吸引】動(関心・注意・注目などを)引きつける.

汐 **xī** H 夕方の満潮. ¶潮～ / 満潮と干潮;朝潮と夕潮.

希 **xī** 動〈書〉望む. 願う. ¶～准时出席 / 定刻どおり出席願います. H 少ない. ⇨〖稀xī〗‖姓

Xībólái【希伯来】名 ヘブライ.
xīhan【希罕】→**xīhan**【稀罕】
xījì【希冀】動〈書〉心から願う.
Xīlà【希腊】名〈地名〉ギリシア.
Xīlà zìmǔ【希腊字母】名 ギリシア文字.
xīqí【希奇】→**xīqí**【稀奇】
xīqiú【希求】**1** 動 切望する. **2** 名 希望と要求.
xīshǎo【希少】→**xīshǎo**【稀少】
xīshì【希世】→**xīshì**【稀世】
Xītèlè【希特勒】名〈人名〉ヒトラー.
xītú【希图】動 たくらむ.
xīwàng【希望】**1** 動 望む. ¶我不～他来 / 彼に来てほしくない. **2** 名 望み. 希望を託される人や事物;実現の可能性. ¶没有～ / 見込みがない.
Xīwàng gōngchéng【希望工程】名(募金による)貧困児童就学援助プロジェクト.
xīyǒu【希有】→**xīyǒu**【稀有】

昔 **xī** H 昔. ¶～人 / 〈書〉昔の人(々). 先人. ‖姓

xīnián【昔年】名〈書〉往年. 以前.
xīrì【昔日】名〈書〉昔. 以前.
xīshí【昔时】名〈書〉昔. 往時.

析 **xī** H ①分ける. 分かれる. ¶→～出. ②解く. ¶→～疑. ‖姓

xīchǎn【析产】動〈書〉財産を分ける.
xīchū【析出】動 **1** 分析して導き出す. **2**〈化〉(液体や気体から固体を)析出する.
xījū【析居】動〈書〉分家する.
xīyí【析疑】動〈書〉疑惑・疑問を解く.
xīyì【析义】動〈書〉意義を分析する.

矽 **xī** 名"硅"(〈化〉ケイ素)の旧称.

xīfèi【矽肺】→**guīfèi**【硅肺】
xīgāng【矽钢】→**guīgāng**【硅钢】

穸 **xī** →**zhūnxī**【窀穸】

茜 **xī** 人名用字. 異読⇨**qiàn**

郗 **xī** ‖姓

恓 **xī** O

xīhuáng【恓惶】形 **1**〈書〉慌てて気が落ち着かないさま. **2**〈方〉貧乏で生活が苦しい.
xīxī【恓恓】形〈書〉寂しいさま.

栖 **xī** O 異読⇨**qī**

xīxī【栖栖】形〈書〉気持ちが不安定なさま.

唏 **xī** H ため息をつく.

xīlihūlū【唏哩呼噜】擬《うどんやかゆをすする音》つるつる. するする.
xīlihuālā【唏哩哗啦】擬 **1**《物がぶつかり合ったり崩れたりする音》がちゃがちゃ. がたがた. **2**《大雨などが降る音》ざあざあ.
xīxū【唏嘘】→**xīxū**【欷歔】

牺(犧) **xī** 名〈古〉いけにえ. ¶～牛 / いけにえにする牛.

xīshēng【牺牲】**1** 動 犠牲にする;

(国家や他人のために)**命を捨てる.** ¶为集体～个人利益 / 集団のために個人の利益を投げ出す. **2**名 いけにえ.

xīshēngdǎ【牺牲打】名〈体〉(野球で)犠打.

Xīshēngjié【牺牲节】→ **Zǎishēngjié**【宰牲节】

xīshēngpǐn【牺牲品】名 犠牲. いけにえ.

息

xī H ①息. ¶喘～ / あえぐ. ②便り. 消息. ¶信～ / 消息; 情報. ③利息. ¶年～ / 年利. ④子供. ¶子～ / 〈書〉跡取り息子. ⑤やめる. やむ. ¶→～怒. ⑥休息する. ¶安～ / 静かに休む; 安らかに眠る. ⑦増える. 生まれる. ¶生～ / 繁殖する. ‖姓

xījiān【息肩】動〈書〉肩の荷を下ろす.

xīnù【息怒】動〈書〉怒りをしずめる.

xīpiào【息票】名(国債·公債などの)利札.

xīqián【息钱】名〈方〉利息.

xīquàn【息券】名(国債·公債などの)利札.

xīròu【息肉】名〈医〉ポリープ.

xī shì níng rén【息事宁人】〈成〉 **1** 調停し,双方を和解させる. **2** 譲歩し事を穏便に解決する.

xīsòng【息讼】動 訴訟を取り下げる.

xī xī xiāng guān【息息相关】〈成〉互いに密接な関係にある. ▶"息息相通"とも.

xīyǐng【息影】動 **1**〈書〉隠居する. **2** 映画俳優が引退する.

xīzhǐ【息止】動〈書〉停止する. 休む.

奚

xī〈古〉**1**疑 なぜ; どこ; 何. **2**名 古代の女奴隷. ‖姓

xīluò【奚落】動(人の欠点に対して)辛辣(しんらつ)な皮肉を言う.

浠

xī 地名用字. "浠水"は湖北省にある県の名. ‖姓

菥

xī ○

xīmì【菥蓂】名〈植〉グンバイナズナ; 〈中薬〉菥蓂(せきめい).

硒

xī 名〈化〉セレン. Se.

晞

xī 形〈書〉**1** 乾く. 乾燥する. ¶晨露未～ / 朝の露がまだ乾かない. **2** 夜が明ける.

欷

xī ○

xīxū【欷歔】動〈書〉しゃくり泣きをする. すすり泣く.

悉

xī H ①知る. ¶来函敬～ / お手紙拝見いたしました. ②すべて. ¶～力 / 全力を尽くす.

Xīní【悉尼】名〈地名〉シドニー.

xīshǔ【悉数】動〈書〉数え尽くす.

xīshù【悉数】名〈書〉残らず全部.

xīxīn【悉心】動〈書〉心を集中する.

烯

xī 名〈化〉アルケン. ¶乙～ / エチレン.

xītīng【烯烃】名〈化〉アルケン.

淅

xī H〈古〉米をとぐ. ‖姓

xīlì【淅沥】擬《軽い風や雨の音》ぱらぱら. しとしと.

xīxī【淅淅】擬《そよ風や小雨などの音》そよそよ. しとしと.

惜

xī H ①大切にする. 重んじる. ¶不～体面 / 体面をかまわない. ②物惜しみをする. ¶吝～ / 出し惜しむ. ③残念に思う. ¶痛～ / 深く哀惜する.

xībài【惜败】動 惜敗する.

xībié【惜别】動 別れを惜しむ.

xīdài【惜贷】動〈経〉(銀行が)貸し渋る.

xīfú【惜福】動 分相応の幸せをありがたく思う.

xī lǎo lián pín【惜老怜贫】〈成〉老人をいたわり,貧しい人を憐れむ.

xīlì【惜力】動 骨惜しみをする.

xī mò rú jīn【惜墨如金】〈成〉一筆もおろそかに書かない.

xīshòu【惜售】動 売り惜しむ.

xīyīn【惜阴】動〈書〉時間を惜しむ.

晰(晳)

xī H はっきりしている. 明らかである. ¶清～ / はっきりしている.

稀

xī 形 **1**(↔浓,稠)**水分が多い. 濃度が薄い.** ¶晚饭喝点～的吧 / 夕飯はおかゆにでもしましょう. **2**(↔密)**まばらである.** ¶地广人～ / 土地が広く人口が少ない.

H ①まれである. 珍しい. ¶→～少shǎo. ②("烂、松"などの形容詞の前に用い)ひどく,とても. ¶～软 / ぐにゃぐにゃだ.

xībalàn【稀巴烂】→**xīlàn**【稀烂】**2**

xībó【稀薄】形(空気·煙·霧などが)希薄である.

xīfàn【稀饭】名(米やアワの)かゆ.

xīhan【稀罕】**1**形 珍しい. **2**動 ありがたがる. **3**名(～儿)珍しいもの.

xīkè【稀客】名 まれにしか来ない客.

xīla【稀拉】形 **1** まばらである. **2**〈方〉だらけている.

xīlàn【稀烂】形 **1**(煮たりして)とろとろである. **2** めちゃめちゃである.

xīlǎng【稀朗】形(灯火や星などが)まばらである.

xīlihútú【稀里糊涂】形 **1** 頭がぼんやりしている. **2** いいかげんである.

xīlihuālā【稀里哗啦】擬 **1**《激しい雨音·物が崩れ落ちる音》ざあざあ. がらがら. **2**《物が壊れるさま》ばらばら.

xīlimǎhu【稀里马虎】形 **1** いいかげんである. **2** わけがわからない.

xīliào【稀料】名〈化〉薄め液. 希釈液.

xīliūliū【稀溜溜】形(～的)(かゆや汁物が)とろとろである.

xī luàn bā zāo【稀乱八糟】→ **luàn qī bā zāo**【乱七八糟】

xīluò【稀落】形 まばらである.

xīmì【稀密】名 まばらさ. 疎密.

xīní ruǎndàn【稀泥软蛋】〈慣〉まったく意気地がない人〔さま〕.
xīqí【稀奇】形 珍しい. 奇妙である.
xīsàn yuánsù【稀散元素】名〈化〉希散元素.
xīshǎo【稀少】形 まばらである.
xīshì【稀世】形 世にも珍しい.
xīshì【稀释】動〈化〉希釈する. 薄める.
xīshū【稀疏】形 まばらである.
xīsōng【稀松】形 **1** だらけている. **2** 劣っている. **3** 取るに足りない.
xī sōng píng cháng【稀松平常】〈成〉ありふれている.
xītǔlèi【稀土类】名〈化〉レアアース.
xītǔ yuánsù【稀土元素】名〈化〉希土類元素.
xīxilālā【稀稀拉拉】形(~的)まばらである.
xīyǒu【稀有】形 まれである.
xīyǒu jīnshǔ【稀有金属】名〈化〉レアメタル.
xīyǒu qìtǐ【稀有气体】名〈化〉不活性気体.
xīyǒu yuánsù【稀有元素】名〈化〉希元素.
xīzāo【稀糟】形〈方〉めちゃめちゃである.

舾 xī ◯
xīzhuāng【舾装】名 艤装(ぎそう).

翕 xī H ①従う. 合わせる. ¶→~然. ②収める. 閉じる. ¶→~动.
xīdòng【翕动】動〈書〉(唇が)開いたり閉じたり動く.
xīrán【翕然】形〈書〉**1** 心を一つにするさま. **2** 安定している.
xīzhāng【翕张】動〈書〉開いたり閉じたりする.

粞 xī 名〈方〉米ぬか. 玄米の外皮.
H 小米(こめ). 砕け米.

犀 xī 名〈動〉サイ. ¶→~牛.
H 固い. ¶→~利.
xījiǎo【犀角】名 サイの角.
xīlì【犀利】形(武器や言葉が)鋭い.
xīniǎo【犀鸟】名〈鳥〉サイチョウ.
xīniú【犀牛】名〈動〉サイ(の通称).

晳 xī H 肌が白い. ¶白~ / 同前.

锡 xī 名〈化〉錫(すず). Sn. ▶"锡镴xīla"とも. ¶→~箔. ‖姓
xībó【锡箔】名〈旧〉(紙銭に用いる)錫(すず)箔をひいた紙.
Xībózú【锡伯族】名(中国の少数民族)シボ(Xibe)族.
xījiang【锡匠】名〈旧〉錫細工の職人.
xījù【锡剧】名 錫劇(しゃくげき). ▶常州・無錫・上海市などの地方劇.
xīla【锡镴】名〈方〉はんだ；錫.
xīlán ròuguì【锡兰肉桂】名〈植〉セイロンニッケイ.
xīzhàng【锡杖】名 錫杖(しゃくじょう).
xīzhǐ【锡纸】名(たばこなどを包装する)銀紙.

xīzuǐquè【锡嘴雀】名〈鳥〉シメ.

溪 xī H 谷川；(広く)小川. ¶小~ / 小川. ¶→~谷. ‖姓
xīgǔ【溪谷】名 渓谷. 谷間.
xījiàn【溪涧】名 谷川.
xīliú【溪流】名 渓流. 谷川.

裼 xī H 肌脱ぎになる. ¶袒tǎn~ / 同上. 異読⇒tì

熙 xī H 明るい；和やかで楽しい；盛んである. ‖姓
xīhé【熙和】形〈書〉**1** むつまじく楽しい. **2** あたたかい.
xīrǎng【熙攘】形 人の往来が盛んである.
xī xī rǎng rǎng【熙熙攘攘】〈成〉人の往来が盛んでにぎやかである.

豨 xī 名(古書に見える)豚.
xīxiān【豨莶】名〈植〉メナモミ. ツクシメナモミ；〈中薬〉豨莶草(きれんそう).

蜥 xī ◯
xīyì【蜥蜴】名〈動〉トカゲ.

僖 xī H うれしい. 喜ぶ.

熄 xī 動(火や明かりを)消す. (火や明かりが)消える. ¶炉火已~ / 炉の火はもう消えた.
xī//dēng【熄灯】動 明かりを消す.
xī//huǒ【熄火】動 火を消す. 火が消える.
xīmiè【熄灭】動 火を消す. 火が消える；〈喩〉消滅する〔させる〕. ¶~战火 / 戦火を収める.

嘻 xī **1** 擬 →xīxī【嘻嘻】
2 感〈書〉(感嘆・軽蔑・怒りを表す)あっ. ああ.
xīnào【嘻闹】→xīnào【嬉闹】
xī pí xiào liǎn【嘻皮笑脸】→xī pí xiào liǎn【嬉皮笑脸】
xī tiān hā dì【嘻天哈地】〈成〉大喜びする.
xīxī【嘻嘻】擬《笑い興じるさま》くすくす. にこにこ.
xīxīhāhā【嘻嘻哈哈】擬《複数の人が笑いさざめくさま》あはは. おほほ；〈喩〉不まじめなさま.
xīxiào【嘻笑】→xīxiào【嬉笑】

噏 xī〈書〉**1** 動 吸う. **2** 収縮する.
xīdòng【噏动】→xīdòng【翕动】

巂 xī 地名用字.

膝 xī 名〈生理〉ひざ. ひざ頭. ¶→~盖. ‖姓
xīgài【膝盖】名 ひざ. ひざ頭.
xīgàigǔ【膝盖骨】名〈生理〉膝蓋骨.
xīshàngxíng diànnǎo【膝上型电脑】名〈電算〉ラップトップパソコン.
xīxià【膝下】名〈書〉膝下(しっか). 親のひざもと.
xīxíng【膝行】動〈書〉ひざ頭でにじり寄る.
xī yǎng sāo bèi【膝痒搔背】〈成〉要領がわからず的はずれなことをする.

瘜 xī ○

xīròu【瘜肉】→xīròu【息肉】

嬉 xī 動〈方〉遊ぶ．遊び戯れる．

xīnào【嬉闹】動 はしゃいで遊ぶ．

xīpíshì【嬉皮士】名 ヒッピー．

xī pí xiào liǎn【嬉皮笑脸】〈成〉にやにや笑う．

xīxì【嬉戏】動〈書〉遊び戯れる．

xīxiào【嬉笑】動 笑いさざめく．

xī xiào nù mà【嬉笑怒骂】〈成〉うれしければ笑い，怒ればののしる．

熹 xī H 夜が明ける．明るい．

xīwēi【熹微】形〈書〉ほのかに明るい．

樨 xī →mùxi【木樨・木犀】

螅 xī →shuǐxī【水螅】

歙 xī 動〈書〉息を吸い込む．
異読⇒shè

羲 xī 人名用字．¶伏～/(中国の伝説の帝王)伏羲(ﾌｯｷ)．‖姓

窸 xī ○

xīsū【窸窣】擬〈書〉《物がかすかに擦れ合う音》さらさら．ぱらぱら．

蹊 xī H 小道．¶→～径．異読⇒qī

xījìng【蹊径】名〈書〉小道；〈転〉手順．手法．

蟋 xī ○

xīshuài【蟋蟀】名〈虫〉コオロギ．

xīshuàicǎo【蟋蟀草】名〈植〉オヒシバ．

曦 xī H 日の光．¶晨～/朝の日光．

鼷 xī ○

xīshǔ【鼷鼠】名〈動〉ハツカネズミ．

习(習) xí H ①練習する．¶复～/復習する．②慣れている．精通する．¶不～水性/泳ぎの心得がない．③習慣．ならい．¶积～/積習．‖姓

xí fēi chéng shì【习非成是】〈成〉まちがったことに慣れて，それを正しいと思うようになる．

xíguàn【习惯】1 動 慣れる．習慣となる．¶～成自然/慣れて当たり前のことになる．2 名 習慣．¶养成良好的～/よい習慣をつける．

xíguànfǎ【习惯法】名〈法〉慣習法．

xíhào【习好】名 嗜好(ｼｺｳ)．

xíjiàn【习见】動(事物を)よく見る．

xímíngnà'ěr【习明纳尔】名 ゼミナール．

xíqì【习气】名 よくない風習．

xírǎn【习染】1 動〈書〉悪習に染まる．2 名 悪習．

xíshàng【习尚】名 風習．

xísú【习俗】名 風俗習慣．

xítí【习题】名 練習問題．

xíxí【习习】擬〈書〉《風が静かにやわらかく吹くさま》そよそよ．

xíxìng【习性】名 習性．癖．

xí yān bù chá【习焉不察】〈成〉慣れてしまい内在する問題に気付かない．

xí yǐ wéi cháng【习以为常】〈成〉繰り返しているうちに慣れっこになる．

xíyì【习艺】動 技を磨く．

xíyòng【习用】動 よく用いる．

xíyǔ【习语】名 慣用句．熟語．

xí yǔ xìng chéng【习与性成】〈成〉習い性(ｾｲ)となる．

xízì【习字】動 習字をする．

xízuò【习作】1 動(絵画や文章で)習作する．2 名(絵画や文章の)習作．

席(蓆) xí ❶ 名 1 (～儿)むしろ．アンペラ．［条；领，张，卷］2 宴席(の料理)．¶摆了十桌～/料理を10卓設けた宴席を設けた．❷ 量 宴席や議席を数える．¶一～便餐/簡単な会食．¶一～话/ひとくさりの談話．
H 席．座席．¶列～/列席する．‖姓

xí bù xiá nuǎn【席不暇暖】〈成〉席の暖まる暇(ｲﾄﾏ)もないほど忙しい．

xícǎo【席草】名〈植〉むしろを編む草．

xícì【席次】名 席次．

xídì【席地】動〈書〉地面に座る〔寝る〕．

xíjiān【席间】名〈書〉席上．

xíjuǎn【席卷】動〈書〉席巻する；すべて巻き込む．

xímèngsī【席梦思】名 スプリングのきいた高級ベッド．

xímiàn【席面】名 宴席(の酒や料理)．

xímiè【席篾】名(アンペラやかごなどを編む)ひご．

xípéng【席棚】名 アンペラ小屋．

xíshàng【席上】名 席上．

xíwèi【席位】名 議席．地位；座席．

xízi【席子】名 むしろ．ござ．

觋 xí H(“巫”に対し)男の祈禱師，シャーマン．

袭(襲) xí 量〈書〉衣服を数える：そろい．¶一～棉衣/綿入れひとそろい．
H ①襲う．¶寒气～人/寒さが人を襲う．②そのとおりにする．¶沿～/しきたりを踏襲する．‖姓

xíguān【袭官】動〈旧〉官位・官職を受け継ぐ．

xíjī【袭击】動 襲撃する；〈喩〉不意打ちする．

xíjué【袭爵】動 爵位を世襲する．

xíqǔ【袭取】動 1 不意に奪い取る．2 そのまま受け継ぐ．

xírǎo【袭扰】動〈軍〉襲撃し撹乱する．

xíyòng【袭用】動 踏襲する．

xízhàn【袭占】動〈書〉襲撃し占領する．

媳 xí H 嫁．¶婆～/しゅうとめと嫁．

xífù【媳妇】名 1 息子の妻．嫁．2 自分よりも世代が下の親戚の妻．

xífur【媳妇儿】名〈方〉妻；(広く)既

婚の若い女性.

隰 **xí** 🅗 低湿な所. 湿地. ‖ 姓

檄 **xí** 🅗 檄(げき). 触れ文(ぶみ). ¶ 传～ / 〈書〉触れを出す. 檄を飛ばす.

xíshū【檄书】→ **xíwén**【檄文】

xíwén【檄文】名 檄文(げきぶん). 触れ文.

鳛 **xí** 地名用字.

洗 **xǐ** 動 **1** 洗う. ¶～衣服 / 洗濯する. **2** 写真を現像する. ¶～胶卷 / フィルムを現像する. **3**(トランプなどを)切る；(マージャンのパイを)かき混ぜる. **4**(恥や汚名を)すすぐ. (冤罪を)晴らす. ¶～掉历史的污点 / 過去の不名誉を晴らす.

🅗 ①皆殺しにする. 奪い尽くす. ¶～城 / 町中の人を殺す. ②〈宗〉洗礼. ¶→～礼. ③(徹底的に)除く. ¶清～ / 粛清する.

異読⇒**xiǎn**

xǐ//chē【洗车】動 洗車する.

xǐchén【洗尘】動〈書〉遠来の客を供応する.

xǐdí【洗涤】動 洗浄する.

xǐ ěr gōng tīng【洗耳恭听】〈成〉(耳を傾けて)拝聴する.

xǐ//fà【洗发】動 髪を洗う.

xǐfàjīng【洗发精】名 シャンプー.

xǐ hǎizǎo【洗海澡】海水浴をする.

xǐ hēiqián【洗黑钱】→ **xǐ//qián**【洗钱】

xǐjiǎshuǐ【洗甲水】名 マニキュアの除光液.

xǐ//jiǎn【洗碱】動(土中の)アルカリを洗い去る.

xǐjiǎowū【洗脚屋】名 フットケアサロン.

xǐjié【洗劫】動 財物を残らず奪い去る.

xǐkuàng【洗矿】動〈鉱〉洗鉱する.

xǐlǐ【洗礼】名〈宗〉洗礼；〈喩〉試練.

xǐ//liǎn【洗脸】動 顔を洗う.

xǐliǎnpén【洗脸盆】名(～儿)洗面器.

xǐliàn【洗练】形(言葉・文章・技芸などが)洗練されている. ▲"洗炼"とも.

xǐméi【洗煤】動〈鉱〉洗炭する.

xǐméichǎng【洗煤厂】名 洗炭工場.

xǐmiànnǎi【洗面奶】名 洗顔乳液.

xǐ//pái【洗牌】動(トランプの)カードを切る；(マージャンの)パイをかき混ぜる；〈喩〉構築し直す. 再編成する.

xǐ//pán【洗盘】動〈経〉(大口投資家が)故意に株価を乱高下させて売りを誘う.

xǐ//qián【洗钱】動 マネーロンダリングをする.

xǐrǎndiàn【洗染店】名 クリーニング店.

xǐ//sān【洗三】動〈旧〉子供が生まれて3日目に産湯を使わせる.

xǐ//shǒu【洗手】動 **1** 手を洗う；トイレに行く. **2** 悪事から足を洗う. **3** ある職業をやめる.

xǐshǒujiān【洗手间】名 トイレ.

xǐshù【洗漱】動 洗面し口をすすぐ.

xǐshuā【洗刷】動 **1** ブラシでよく洗う. **2**(恥を)すすぐ；(けがれを)清める；(欠点を)取り除く.

xǐ//tóu【洗头】動 髪を洗う.

xǐwǎnchí【洗碗池】名 流し台のシンク.

xǐ//wèi【洗胃】動〈医〉胃洗浄をする.

xǐ xīn gé miàn【洗心革面】〈成〉心を入れ替えて再出発する.

xǐxuě【洗雪】動(恥辱を)すすぐ；(冤罪を)晴らす.

xǐ//yī【洗衣】動(衣類を)洗濯する.

xǐyībǎnr【洗衣板儿】名 洗濯板.

xǐyīdiàn【洗衣店】名 クリーニング店.

xǐyīfěn【洗衣粉】名〈洗濯〉洗剤.

xǐyījī【洗衣机】名 洗濯機. [台]

xǐyìn【洗印】動〈写真〉現像と焼き付けをする.

xǐyù【洗浴】動 風呂に入る.

xǐ//zǎo【洗澡】動 入浴する. ¶洗完澡再上床睡觉 / 風呂に入ってから床に就く.

xǐzhuó【洗濯】動 洗濯する.

枲 **xǐ** ○

xǐmá【枲麻】名〈植〉オアサ(雄麻).

玺(**璽**) **xǐ** 名〈古〉璽(じ). 玉製の天子の印. ¶掌～大臣 / 国の印章を保管する大臣. ‖ 姓

铣 **xǐ** 動〈機〉フライス盤にかける. ¶～削 / フライス盤で削る. 異読⇒**xiǎn**

xǐchuáng【铣床】名〈機〉フライス盤.

xǐdāo【铣刀】名〈機〉フライス.

xǐgōng【铣工】名〈機〉**1** フライス盤を使う仕事. **2** フライス盤を使う工員.

徙 **xǐ** 🅗 ①移す. 引っ越す. ¶～居 / 転居する. ②(官職が)異動になる.

xǐyǐ【徙倚】動〈書〉徘徊(はいかい)する.

喜 **xǐ** **1** 動 **1** …を好む. ¶～动不～静 / 動き回るのが好きで, じっとしているのは好きでない. **2**(とり合わせが)よく合う；(生物がある環境に)適応する. ¶圆白菜不～猪油 / キャベツはラードにはなじまない. **2** 形 うれしい. 楽しい. ¶～得几乎跳起来 / 躍り上がらんばかりに喜ぶ.

🅗 ①めでたいこと. ¶贺～ / お祝いを述べる. ②女性が懐妊すること. ¶有～了 / 〈口〉おめでたになる.

‖ 姓

xǐ'ài【喜爱】動 好きである.

xǐbào【喜报】名 吉報(を書いた紙).

xǐchē【喜车】名 婚礼の日に花嫁を迎える車.

xǐchōngchōng【喜冲冲】形(～的)うれしそうである.

xǐ chū wàng wài【喜出望外】〈成〉望外の喜び.

xǐdàn【喜蛋】名(多く出産祝い用の)赤く染めたゆで卵.

xǐfáng【喜房】名 **1** → **dòngfáng**【洞房】 **2**(婚礼を行う際の)花嫁の化

桩・休憩室.

xǐfēng【喜封】名(～儿)〈旧〉祝儀.

xǐgē【喜歌】名(～儿)**1** 祝いの歌. **2** 縁起のよい文句.

xǐguāng zhíwù【喜光植物】名 陽性植物.

xǐguǒ【喜果】名(～儿)**1** 婚約・婚礼時に出す落花生・ナツメ・クリ・リュウガンなど縁起物. **2**〈方〉赤く染めたゆで卵.

xǐhào【喜好】動 好む.

xǐhuan【喜欢】**1** 動 …(するの)が好きである. ¶我很～打棒球 / 私は野球(をするの)が好きだ. **2** 形 うれしい. 楽しい. ¶喜喜欢欢迎新年 / 楽しく新年を迎える.

xǐhuānshang【喜欢上】動+方補 好きになる.

xǐjiào【喜轿】名 新婦が乗る花かご.

xǐjìng【喜敬】名〈旧〉婚礼を祝う贈り物(その包み紙に書く文句).

xǐjiǔ【喜酒】名 結婚の祝い酒；結婚祝賀の宴.

xǐjù【喜剧】名 喜劇.

xǐlè【喜乐】動 喜び楽しむ.

xǐlǐ【喜礼】名 結婚祝いの贈り物.

xǐlián【喜联】名 婚礼用の対聯(ついれん).

xǐmài【喜脉】名〈中医〉妊娠した徴候の脈.

xǐ méi xiào yǎn【喜眉笑眼】〈成〉いかにもうれしそうな顔つき.

xǐmiàn【喜面】名 祝いのめん類.

xǐniáng【喜娘】名〈方〉花嫁の介添え役の女性.

xǐ nù āi lè【喜怒哀乐】〈成〉喜怒哀楽.

xǐ nù wú cháng【喜怒无常】〈成〉感情の起伏が激しい.

xǐqì【喜气】名 喜ばしい様子.

xǐ qì yáng yáng【喜气洋洋】〈成〉喜びにあふれている.

xǐqian【喜钱】名(祝い事のある家が出す)祝儀.

xǐqìng【喜庆】**1** 名 お祝い. **2** 形 めでたい.

xǐque【喜鹊】名〈鳥〉カササギ.

xǐrén【喜人】形 喜ばしい.

xǐsāng【喜丧】名 天寿を全うした人の葬儀.

xǐsè【喜色】名 喜色.

xǐshì【喜事】名 **1** めでたいこと. **2** 婚礼.

xǐshòu【喜寿】名 喜寿(きじゅ).

xǐtáng【喜堂】名 結婚式場.

xǐtáng【喜糖】名 結婚式で配る祝いのあめ.

xǐtiě【喜帖】名〈旧〉結婚式の招待状.

xǐ wén lè jiàn【喜闻乐见】〈成〉人々に大いに喜ばれる.

xǐxiàng【喜相】名 愛敬のある顔つき.

xǐ xiào yán kāi【喜笑颜开】〈成〉うれしさに顔が思わずほころぶ.

xǐ xīn yàn jiù【喜新厌旧】〈成〉(多くは愛情について)移り気である.

xǐxìn【喜信】名(～儿)吉報.

xǐ xíng yú sè【喜形于色】〈成〉うれしさが顔色に現れる.

xǐxìng【喜幸】形〈書〉喜ばしい. うれしい.

xǐxing【喜兴】形〈方〉うれしい. 機嫌がよい.

xǐxuě【喜雪】名 瑞雪(ずいせつ).

xǐxùn【喜讯】名 吉報.

xǐyān【喜烟】名 婚礼の接待に配るたばこ.

xǐyán【喜筵】名 祝宴；(特に)結婚披露宴.

xǐyángyáng【喜洋洋】形(～的)喜びにあふれている.

xǐyǔ【喜雨】名 恵みの雨.

xǐyuè【喜悦】形〈書〉うれしい.

xǐzhàng【喜幛】名 祝いに贈る掛け物.

xǐzhào【喜兆】名 吉兆.

xǐzhū【喜蛛】名〈虫〉アシダカグモ.

xǐzīzī【喜滋滋】形(～的)うれしくてうきうきする.

xǐzi【喜子】→xǐzi【蟢子】

葸 xǐ 形〈書〉恐れる. ¶畏～不前 / 恐れてしり込みする.

蓰 xǐ 名〈書〉5倍. ¶倍～ / 数倍になる.

屣 xǐ 名〈書〉靴.

禧(釐) xǐ H 幸せ；喜び. ¶恭贺新～ / 恭賀新年.

蟢 xǐ ○

xǐzi【蟢子】名〈虫〉アシダカグモ.

卌 xì 数 四十.

戏(戲・戲) xì 名 劇. 芝居. 曲芸. [出,场,台] ¶听～ / 伝統劇を見る.

H ①戯れ. 遊び. ¶游～ / 遊び. ②戯れる. ¶→～弄. ‖ 姓 異読⇨hū

xìbān【戏班】名〈旧〉(～儿・～子)芝居の一座. 劇団.

xìbāofu【戏包袱】名〈旧〉**1** さまざまな劇や役をこなせる役者. **2** 芝居通.

xìbàozi【戏报子】名〈旧〉芝居興行のポスター.

xìběn【戏本】名(～儿・～子)〈旧〉脚本. 台本.

xìchēng【戏称】**1** 動 ふざけて…と呼ぶ. **2** 名 あだ名.

xìchūr【戏出儿】名(年画や玩具で)絵や彫刻で芝居の一場面を題材にしたもの.

xìcí【戏词】名(～儿)芝居のせりふと歌の総称.

xìdān【戏单】名(～儿・～子)芝居のプログラム.

xìfǎ【戏法】名(～儿)手品.

xìfènr【戏份儿】名〈旧〉役者の出演料.

xìgē【戏歌】名 伝統劇の節回しを通俗的にアレンジした歌曲.

xìguǎnzi【戏馆子】名〈旧〉芝居小屋.

xìjù【戏剧】名 1 演劇．芝居．2 脚本．
xìjùxìng【戏剧性】名 ドラマ性．劇的．
xìlǒuzi【戏篓子】→xìbāofu【戏包袱】
xìlù【戏路】名(～子) 演技の幅．
xìmǎ【戏码】名(～儿)〈旧〉(芝居の)出し物．
xìmí【戏迷】名 熱狂的な演劇ファン．
xìmù【戏目】名 芝居の演目．演劇のプログラム．
xìnòng【戏弄】動 からかう．ばかにする．
xìpiào【戏票】名 芝居の切符．
xìpíng【戏评】名 劇評．
xìqǔ【戏曲】名 1 中国の伝統劇．2 雑劇や伝奇の中の歌う部分．
xìqǔpiàn【戏曲片】名(～儿) 伝統劇を撮った映画．
xìshuǎ【戏耍】動 1 →xìnòng【戏弄】 2 遊び戯れる．
xìshuō【戏说】動 1 (歴史上の題材を)おもしろおかしく語る．2 脚色して話す．パロディー化する．
xìtái【戏台】名〈口〉舞台．[座]
xìwén【戏文】名 1 →nánxì【南戏】 2 →xìcí【戏词】 3 (広く)伝統劇．
xìwǔ【戏侮】動 ばかにする．からかう．
xìxiázi【戏匣子】名〈旧〉1 蓄音機．2 ラジオ．
xìxiāng【戏箱】名 衣装箱．小道具箱．
xìxuè【戏谑】動 冗談を言ってからかう．
xìyán【戏言】1 名 戯れの言葉．冗談．2 動 冗談を言う．
xìyī【戏衣】名 芝居の衣装．
xìyǒu【戏友】名(～儿) 素人芝居の愛好家どうし．
xìyuánzi【戏园子】名〈旧〉芝居小屋．
xìyuàn【戏院】名 劇場．
xìzhào【戏照】名 舞台姿の写真．
xìzhuāng【戏装】名 役者の舞台衣装．
xìzi【戏子】名〈旧〉〈貶〉役者．

系(係·繫)

xì ❶名 (大学の)学科，学部．
❷動 1 関係する．¶生死存亡～于此战 / 生きるか死ぬかはこの戦いにかかっている．2 (人や物を)つり上げる〔つり下ろす〕．¶用绳把水桶～上来 / 縄で水おけをつり上げる．3 つなぐ．¶～牲口 / 役畜をつなぐ．4〈書〉(＝是)…である．¶此文～虚构 / この文はフィクションである．
H ①系統．派．¶派～ / 派閥．党派．②〈地質〉紀．¶二叠～ / ペルム紀．③感情を断ち切れない．¶→～念．④拘禁する．¶～狱 / 投獄する．‖姓 異読⇒jì
xìcí【系词】名〈論〉〈語〉繫辞(けい)．コプラ．
xìfù【系缚】動〈書〉束縛する．
xìhuái【系怀】動〈書〉気にかかる．
xìlěi【系累】動〈書〉束縛する．
xìliàn【系恋】動 離れがたく思う．
xìliè【系列】名 系列．シリーズ．
xìniàn【系念】動〈書〉心にかける．
xìpǔ【系谱】名 系譜．系統図．
xìshù【系数】名〈数〉〈理〉係数．
xìtǒng【系统】❶名 1 系統．システム．2 系列．関連部門．組織．❷形 系統だっている．¶～学习 / 系統よく学習する．
xìtǒng gōngchéng【系统工程】名 システム工学．
xìzi【系子】名〈方〉器物にくくりつけられたひも．

屃(屭)

xì →bìxì【赑屃】

细

xì 形 1 (↔粗)細い．¶这根绳子太～ / この縄は細すぎる．2 (↔粗)(粒が)小さい．きめが細かい．¶～皮肤 / きめが細かい肌．3 (↔粗)(声が)細い，小さい．¶她嗓音很～ / 話し声がか細い．4 (↔粗)(細工などが)細かい；材料が上等だ．¶工艺品做得真～ / 工芸品は実に手が込んでいて上等だ．5 (↔粗)注意深く細かい．¶这人心很～ / この人はとても注意深い．6〈方〉(質素·倹約で)つましい．7 小さい．重要でない．‖姓
xìbāo【细胞】名〈生〉細胞．
xìbāobì【细胞壁】名〈生〉細胞壁．
xìbāohé【细胞核】名〈生〉細胞核．
xìbāomó【细胞膜】名〈生〉細胞膜．
xìbāoqì【细胞器】名〈生〉細胞小器官．
xìbāoxué【细胞学】名〈生〉細胞学．
xìbāozhì【细胞质】名〈生〉細胞質．
xìbié【细别】1 名 細かな違い．2 動 細かく分ける．
xìbù【细布】名 目のつんだ木綿地．
xìbù【细部】名(製図や複製の)細部．
xìcài【细菜】名(↔大路菜)地域や季節の関係で供給量が少ない野菜．
xìcháng【细长】形 細長い．
xìchǐ【细齿】名〈機〉歯状．
xìcí【细瓷】名 上質の磁器．
xì dà bù juān【细大不捐】〈成〉細大漏らさず．
xìdiǎn【细点】名 手の込んだ菓子．
xìfa【细发】形〈方〉(きめが)細かい．
xìfǎng【细纺】動〈紡〉(綿糸を)細い糸に紡ぐ．
xìgāotiǎor【细高挑儿】名〈方〉背が高くてやせた体つき(の人)．
xìgōng【细工】名 手の込んだ仕事．
xìgù【细故】名 ささいなこと．
xìhuór【细活儿】名 手の込んだ細工仕事．
xìjié【细节】名 細部．
xìjiū【细究】動〈書〉細かく追究する．
xìjūn【细君】名〈書〉細君．妻．
xìjūn【细菌】名 細菌．
xìjūn wǔqì【细菌武器】名〈軍〉細菌兵器．
xìjūnxìng lìji【细菌性痢疾】名〈医〉細菌性下痢．
xìlàng【细浪】名 さざ波．
xìliáng【细粮】名 白米と小麦粉．
xìliu【细溜】形〈方〉ほっそりとしている．
xìmáo【细毛】名(テンなどの)毛皮の上等品．

xìmì【细密】形 **1**（生地などが）細かくてすきまがない. **2** 綿密である.
xìmù【细目】名 細目. 細かい項目.
xìmùgōng【细木工】名 指物師.
xìnèn【细嫩】形（皮膚や筋肉などが）きめ細かくて柔らかい.
xìnì【细腻】形 **1**（↔粗糙）きめ細かくてなめらかである. **2**（描写や演技などが）きめ細かい.
xì pí nèn ròu【细皮嫩肉】〈成〉（子供や女性の）きめ細かい肌と柔らかい肉.
xìqiǎo【细巧】形 精巧である.
xìqíng【细情】名 詳しい事情.
xìrén【细人】名 **1**〈書〉見識が浅い人. **2** 注意深い人.
xìruǎn【细软】**1** 名（携帯に便利な）金目のもの. **2** 形 細くしなやかである.
xìrùn【细润】形 きめ細かくつやがある.
xìruò【细弱】形 細くて弱々しい.
xìshā【细纱】名〈紡〉細番手の綿糸.
xì shēng xì qì【细声细气】〈成〉声が細い.
xìshíqì【细石器】名〈考古〉細石器.
xìshòu【细瘦】形 ほっそりとしている.
xì shuǐ cháng liú【细水长流】〈成〉**1** 金や物・労力などを節約して使い，長持ちさせる. **2** 物事を少しずつ時間をかけてやる.
xìshuō【细说】〈書〉**1** 動 詳しく述べる. **2** 名 譏言(ざん).
xìsī【细丝】名 **1** 細い絹糸. **2**（～儿）糸のように細いもの.
xìsuì【细碎】形〈書〉小刻みである.
xìtán【细谈】動 詳しく述べる；とくと語り合う.
xìtiao【细挑・细条】形（体が）すらりとしている.
xìwēi【细微】形 きわめて細かい.
xìxì【细细】形（～儿）事細かである.
xìxiǎo【细小】形 極めて小さい；かすかである.
xìxīn【细心】形 注意深い. ¶～照料 / 何くれと面倒をみる.
xìxīn【细辛】名〈植〉サイシン. ウスバサイシン；〈中薬〉細辛(さいしん).
xìyázi【细伢子】名〈方〉子供.
xìyǔ【细雨】名 小雨. ［场］
xìzé【细则】名 細則. ［条］
xìzhàng【细账】名 細かい勘定.
xì zhēn mì lǚ【细针密缕】〈成〉仕事が丹念である.
xì zhī mò jié【细枝末节】〈成〉枝葉末節.
xìzhì【细致】形 緻密である.
xìzuò【细作】名〈近〉密偵.
郤 xì〖隙xì〗に同じ. ‖ 姓
阋（鬩） xì H 争う. 争い. ¶兄弟～于墙 / 兄弟(けいてい)牆(かき)にせめぐ. 内輪げんかをする.
舄 xì H ①靴. ②〖潟xì〗に同じ. ‖ 姓
xìlǔ【舄卤】→xìlǔ【潟卤】
隙（隟） xì H ①すきま. 割れ目. ¶云～ / 雲の切れ間. ②空いた土地；暇な時間. ¶→～地. ③（付け込む）すき. ¶无～可乘 / 乗ずるべきすきがない. ④（感情の）ひび. ¶有～ / 仲が悪い.
xìdì【隙地】名〈書〉空き地.
xìfèng【隙缝】名 すきま. 割れ目.
禊 xì 名〈書〉みそぎ. ¶～事 / みそぎの行事.
潟 xì H アルカリを含んだ土地.
xìhú【潟湖】名〈地〉潟(かた). 潟湖(せきこ).
xìlǔ【潟卤】名〈書〉アルカリ地.

xia（ㄒㄧㄚ）

呷 xiā 動〈方〉すするように飲む.
虾（蝦） xiā 名〈動〉エビ. ［只］ ¶龙～ / 大エビ. イセエビ. 異読⇨há
xiā bīng xiè jiàng【虾兵蟹将】〈成〉役に立たない軍隊や手下.
xiāgān【虾干】名 干しエビ.
xiāgōng【虾公】名〈方〉〈動〉エビ.
xiāgū【虾蛄】名〈動〉シャコ.
xiājiàng【虾酱】名 エビみそ.
xiāmi【虾米】名 **1** むき身の干しエビ. **2**〈方〉小エビ.
xiāpí【虾皮】名（乾燥させた）殻付きの小エビ. ▶"虾米皮"とも.
xiāpiàn【虾片】名 エビ入りの揚げせんべい.
xiārén【虾仁】名（～儿）エビのむき身.
xiāsè【虾色】名 青みがかった鉄色.
xiāyóu【虾油】名 エビで作ったソース.
xiāzǐ【虾子】名 エビの卵を干したもの.
xiāzi【虾子】名〈方〉〈動〉エビ.
瞎 xiā ❶動 **1** 失明する. ¶眼睛～了 / 目が見えなくなった. **2** 砲弾・発破などが不発に終わる. **3**〈方〉穀粒の実入りが悪い；（種が）発芽しない. ❷副 むだに；むやみに. ¶～费劲儿 / むだ骨を折る. ¶～着急 / いたずらに気をもむ.
xiābāi【瞎掰】動〈方〉でたらめなことをする；でたらめを言う.
xiāchě【瞎扯】動 でたらめを言う. 冗談を言う.
xiāchuī【瞎吹】動 ほらを吹く.
xiāhuà【瞎话】名 うそ. でたらめ.
xiāhùn【瞎混】動 いいかげんに暮らす.
xiāhuǒ【瞎火】**1** 名 不発弾. **2** 動（弾丸が）不発になる.
xiāliáo【瞎聊】動 むだ話をする.
xiāmáng【瞎忙】動 やたらに忙しくする.
xiāmāo pèng sǐhàozi【瞎猫碰死耗子】〈諺〉まぐれ当たりである.
xiāmēng【瞎蒙】動 当て推量する.
xiānǎi【瞎奶】名 **1** 陥没乳頭. **2** 乳が出ない乳首.
xiānào【瞎闹】動 でたらめなことをする. ばか騒ぎをする.
xiāpǎo【瞎跑】動 むやみに走り回る；

目的もなく駆け回る.
xiāpào【瞎炮】名 不発の発破〔砲弾〕.
xiāshuō【瞎说】動 でたらめを言う.
xiāxìn【瞎信】名(住所・氏名の不備による)配達不能の手紙.
xiā//yǎn【瞎眼】**1** 動 目が見えなくなる. **2** 名 目の不自由な人.
xiā zhāhu【瞎咋呼】〈慣〉大げさに振る舞う.
xiā zhǐhuī【瞎指挥】〈慣〉誤った指図で混乱を招く.
xiāzhōu【瞎诌】動〈方〉でたらめを言う.
xiāzhōu báiliě【瞎诌白咧】〈慣〉〈方〉でたらめばかり言う.
xiāzhuā【瞎抓】動 行き当たりばったりにやる.
xiāzhuàng【瞎撞】動 当てずっぽうなことをする.
xiā zì bù shí【瞎字不识】〈成〉字がまったく読めない.
xiāzi【瞎子】名 **1** 目が不自由な人. **2**〈方〉実入りの悪い穀物.
xiāzi diǎn dēng【瞎子点灯】〈歇〉("白费蜡"と続き)むだなことをする.役に立たない.

匣 **xiá**(～儿) **1** 名(ふた付きの)小箱. ¶木～ / 木の箱. **2** 量 同上のものを数える.
xiázi【匣子】名 **1**(ふた付きの)小箱. **2**〈方〉モーゼル拳銃.
xiáziqiāng【匣子枪】名〈方〉モーゼル拳銃. [支]

侠(俠) **xiá** H ①男だて. ¶→～客. ②男気(ぎ). ¶→～骨.
xiá gān yì dǎn【侠肝义胆】〈成〉義侠心に富んでいる.
xiágǔ【侠骨】名〈書〉気骨. 義侠心.
xiákè【侠客】名〈書〉侠客. 男だて.
xiáqì【侠气】名 侠気. 男気.
xiáyì【侠义】形 義侠心に富んでいる.

狎 **xiá** H なれなれしい. ¶→～妓.
xiájì【狎妓】動〈書〉芸者と遊ぶ.
xiákè【狎客】名〈書〉(妓楼(ぎろう)の)なじみ客.
xiánì【狎昵】形 なれなれしくて不作法である.

柙 **xiá** 名 獣を入れる檻(おり).

峡(峽) **xiá** H 谷川. 峡谷. ▶多く地名に用いる.
xiágǔ【峡谷】名 峡谷.
xiáwān【峡湾】名〈地〉フィヨルド.

狭(狹) **xiá** 形(↔广,宽)狭い;狭量である. ¶→～小.
xiá'ài【狭隘】形 **1**(幅が)狭い. **2**(見識・見解・心・度量などが)狭い,偏狭である.
xiácháng【狭长】形 狭くて長い.
xiá lù xiāng féng【狭路相逢】〈成〉(かたき同士が)のっぴきならないところで出会う.
xiáxiǎo【狭小】形(範囲・規模や度量などが)小さい,狭い.
xiáxīnzhèng【狭心症】名〈医〉狭心症.
xiáyì【狭义】名(↔广义)狭義.
xiázhǎi【狭窄】形(幅・範囲や度量・見識などが)狭い,小さい.

硖(硤) **xiá** 地名用字. "硖石"は浙江省にある地名.

遐 **xiá** H ①遠い. ¶→～迩ěr. ②久しい. ¶→～龄. ‖姓
xiá'ěr【遐迩】名〈書〉遠近.
xiálíng【遐龄】名〈書〉高齢.
xiásī【遐思】→xiáxiǎng【遐想】
xiáxiǎng【遐想】動〈書〉思いをはせる.

瑕 **xiá** H(玉(ぎょく)の表面の)傷;〈転〉欠点. ¶→～玷diàn.
xiá bù yǎn yú【瑕不掩瑜】〈成〉欠点よりも長所のほうがずっと多い.
xiácī【瑕疵】名〈書〉傷. 欠点.
xiádiàn【瑕玷】名〈書〉傷. 欠点.
xiá yú hù jiàn【瑕瑜互见】〈成〉欠点もあり長所もある.

暇 **xiá** H 暇. ¶→～日.
xiárì【暇日】名〈書〉ひまな日々.

辖(鎋) **xiá** 名 車輪を軸にとめるくさび.
H 管轄・統轄する. ¶直～ / 直轄する.
xiáqū【辖区】名 管轄区(域).
xiázhì【辖制】動 束縛する. 拘束する.

霞 **xiá** H 朝夕の赤みを帯びた雲. ¶晚～ / 夕焼け. ‖姓
xiáguāng【霞光】名 雲間から差す光.
xiápèi【霞帔】名〈旧〉(貴婦人の礼服に用いた)刺繡を施した肩掛け.
xiáshí【霞石】名〈鉱〉かすみいし.

黠 **xiá** H 悪賢い. ずるい. ¶狡～ / 狡猾(こうかつ)である.
xiáhuì【黠慧】形〈書〉ずる賢い.

下 **xià** ❶ 方位 **1** 下. 下の方. ¶往～看 / 下の方を見る. **2**(「名詞+"下"」の形で用い)…の下(で). ¶山～ / 山のふもと. ¶在老师的指导～ / 先生の指導のもとに〔で〕. **3**(「"下"+名詞」の形で用い)下の. 次の. ¶～册 / 下巻. ¶～星期天 / 来週の日曜日.
❷ 動 **1** 下りる;降りる. ¶～台阶 / 階段を下りる. ¶～飞机 / 飛行機を降りる. **2**(雨・雪・霜・霧などが)降る,降りる. ¶雪～得很大 / 雪はずいぶん降った. **3**(勤めや学校が)ひける. ¶～夜班 / 夜勤がひける. **4**(結論や判断を)下す. ¶～结论 / 結論を出す. **5**(ある場所に)入る,行く,出かける. ¶～工厂 / 工場に入る. **6** 退場する. **7**(命令を)下す;(通達を)送る;(布告を)発布する. **8**(中に)入れる;(資金・労力などを)投入する;(種を)まく. ¶～饺子 / (沸騰した湯に入れて)ギョーザをゆでる. **9** 取りはずす. 取り上げる. ¶把窗户～下来 / 窓を取りはずす. **10** 用いる. 使う. ¶→～毒

手. **11**〔動物が子や卵を〕産む. ¶→～蛋. **12**〔碁を〕打つ;〔将棋を〕指す. ¶～象棋 / 中国将棋を指す.

❸〔量〕**1**〔～儿〕動作の回数を表す. ¶钟敲了八～ / 時計が8時を打った. ¶摇yáo了几～小旗 / 小旗を何度か振った. **2**〔～儿·～子〕〔"两、儿"の後に用い〕腕前·能力を表す. ¶有两～子〔儿〕/ なかなかの腕. **3**〈方〉器物の容量をさす.

H ①等級が低い. ¶→～等. ¶→～品. ②下へ向かって. ¶→～行xíng. ③ある時間·時節に当たることを表す. ¶时～ / 目下. ‖〔姓〕

▶方向補語"－下"の用法◀

①動作が下方へ向かっていくことを表す. ¶跳～炕 / オンドルから飛び下りる.

②動作の結果,離れることを表す. ¶脱～袜子 / 靴下を脱ぐ.

③動作の結果,人·事物が低い所〔安定した所〕に着くことを表す. ¶跳～地 / 土間に飛び下りる.

④動作の結果,残存·停止·落着することを表す. ¶存～钱 / お金を預ける. ¶停～脚步 / 歩みを止める. ¶定～计策 / 計略を立てる.

xiàba【下巴】〔名〕あご.
xiàbakēr【下巴颏儿】〔名〕〈口〉あご.
xiàbǎi【下摆】〔名〕衣服のすそ.
xiàbài【下拜】〔動〕〈旧〉礼拝する.
xià//bān【下班】〔動〕〔～儿〕退勤する.
xià//bǎnr【下板儿】〔動〕〈方〉朝,店の戸を開ける;〈転〉営業を始める.
xiàbànbèir【下半辈儿】〔名〕後半生.
xiàbànchǎng【下半场】〔名〕〔試合などの〕後半.
xiàbànjié【下半截】〔名〕〔～儿〕下の半分.
xiàbànnián【下半年】〔名〕1年間の下半期.
xià bànqí【下半旗】半旗を掲げる.
xiàbànshǎng【下半晌】〔名〕〔～儿〕午後.
xiàbànshēn【下半身】〔名〕下半身.
xiàbànshí【下半时】⇀ **xiàbànchǎng**【下半场】
xiàbàntiān【下半天】〔名〕〔～儿〕午後.
xiàbànyè【下半夜】〔名〕夜中過ぎ.
xiàbànyuè【下半月】〔名〕月の後半.
xià bànzi【下绊子】〈慣〉足払いをかける.
xiàbèi【下辈】〔名〕〔～儿〕**1** 子孫. **2**〔一家一族の〕次世代.
xiàbèizi【下辈子】〔名〕来世.
xià//běnr【下本儿】〔動〕〈口〉資本を投下する.
xià//bǐ【下笔】〔動〕〔文章や絵を〕書き始める.
xià bǐ chéng zhāng【下笔成章】〈成〉文章をまとめるのがはやい.
xiàbian【下边】〔～儿〕**1**〔方位〕〔空間的に〕下. 下の方;次. あと. **2**〔名〕下部. 下役.
xiàbō【下拨】〔動〕〔上部機関から資金·物資などを〕支給する.
xiàbù【下部】❶〔名〕**1**〔書物の〕下巻. **2**〔体の〕陰部.
❷〔方位〕〔物の〕下部.
xià bù wéi lì【下不为例】〈成〉前例としない. 今回限り.
xiàbulái【下不来】〔動＋可補〕**1** 降りられない;〈転〉引っ込みがつかない. **2**〔目的を〕果たせない.
xiàbulái tái【下不来台】〈慣〉引っ込みがつかない.
xiàbuqù【下不去】〔動＋可補〕**1** 下りられない. **2** 落ちない. **3** メンツが立たない.
xià//cāo【下操】〔動〕**1**〔体操や教練のために〕グラウンドに出る. **2** 体操〔教練〕が終わる.
xiàcè【下策】〔名〕まずいやり方.
xiàcéng【下层】〔名〕下部機構.
xià//chǎng【下厂】〔動〕〔幹部が指導や体験学習のため〕工場へ行く.
xià//chǎng【下场】〔動〕**1**〔舞台や競技場などから〕退場する. **2**〈旧〉試験場に入る.
xiàchang【下场】〔名〕末路. 結末.
xiàchǎngmén【下场门】〔名〕舞台上手(かみ)〔向かって右側〕の出入り口.
xià chē yī shǐ【下车伊始】〈成〉〔官吏が〕着任早々.
xiàchén【下沉】〔動〕沈下する. 沈む.
xiàchéng【下乘】〔名〕**1**〈仏〉小乗. **2**〔多く文芸作品について〕低級.
xiàchu【下处】〔名〕宿.
xiàchuān jiāochā【下穿交叉】〔名〕〈交〉立体交差の下側の道路.
xià//chuán【下船】〔動〕**1** 船を降りる. **2**〈方〉上船する.
xià//chuáng【下床】**1**〔動〕寝台を下りる;〈転〉病気が治り床(とこ)を上げる. **2**〔名〕⇀**xiàpù**【下铺】
xiàchuí【下垂】**1**〔動〕垂れ下がる. **2**〔名〕〈医〉下垂.
xiàcì【下次】〔名〕この次. 次回.
xiàcún【下存】〔動〕〔残高として〕残る.
xiàcuò【下挫】〔動〕〈経〉下落する.
xiàdá【下达】〔動〕〔命令や指示を〕下達(かたつ)する.
xià//dàn【下蛋】〔動〕〔鳥類や爬虫類が〕卵を産む.
xiàdàng【下档】〔名〕〈経〉当初の株価以下の価格位置.
xiàdao【下道】〔形〕〈方〉下品である.
xiàdeqù【下得去】〔動＋可補〕**1** 下りられる. **2** 落とせる.
xiàděng【下等】〔形〕下等〔下級〕である.
xià//dì【下地】〔動〕**1** 野良仕事に出る. **2**〔多く病人が〕ベッドから下りて歩けるようになる.
xiàdì【下第】〈書〉**1**〔形〕下等である. **2**〔動〕〔科挙試験に〕落第する.
xià//diàn【下店】〔動〕宿屋に泊まる.
xiàdiào【下调】〔動〕下の部門に人〔物〕を転勤させる〔回す〕. ⇨**xiàtiáo**

xiàdiē【下跌】動〈経〉(相場などが)下落する.
xià//dìng【下定】動 **1** 手付け金を払う. **2**〈旧〉結納金を持っていく.
xià//dìng【下碇】動 いかりを下ろす.
xià dúshǒu【下毒手】〈慣〉悪辣(あくらつ)な手段を取る;殺害の手を下す.
xià//dù【下肚】動 食べる. 飲む.
xià'è【下颚】名〈生理〉あご. 下顎(かがく).
xià//fán【下凡】動〈近〉神仙が下界に下りる;天下りする.
xià//fàn【下饭】**1** 動 ご飯のおかずにする〔なる〕. **2** 名〈方〉野菜・卵・肉類などの副食物. おかず.
xiàfāng【下方】**1** 方位 下の方. **2** 名(天上に対する)下界.
xiàfáng【下房】名(～儿)〈旧〉召使いの部屋.
xiàfàng【下放】動 **1**(幹部を農村・工場・鉱山などで鍛錬させるために)下放(かほう)する. **2**(上の機関から下の機関へ一部の権限を)移譲する.
xiàfēng【下风】名 **1** 風下. **2**(戦争や競技で)不利な地位.
xiàfú【下浮】動〈経〉(価格・利率・賃金などが)下がる.
xiàgān【下疳】名〈医〉(硬性)下疳(げかん).
xià//gǎng【下岗】動 **1**(人員整理などのため)レイオフされる. ¶～职工/一時帰休の労働者. **2** 歩哨の勤務を終える.
xiàgeyuè【下个月】名〈口〉来月.
xià//gōng【下工】動 **1** 仕事がひける. **2**〈旧〉解雇される.
xià gōngfu【下工夫】(学習や研究に)打ち込む.
xiàgù【下顾】動〈書〉ご愛顧を賜る.
xià guǎnzi【下馆子】料理屋で食事をする.
xiàguì【下跪】動 ひざまずく.
xià//guō【下锅】動(煮る物を)鍋に入れる.
xià//hǎi【下海】動 **1**(役人が)民間人になり商売をする. **2** 海に入る;(漁師が)海に出る. **3**〈旧〉芝居のアマがプロになる. **4**〈旧〉娼妓や芸者などの職業に就く.
xiàhé【下颌】名〈生理〉あご.
xiàhuá【下滑】動(成績・品質・価格などが)下がる.
xiàhuái【下怀】名〈謙〉自分の考え.
xiàhuí【下回】名 次回.
xiàjí【下级】名 下部機関. 部下.
xiàjí【下集】名(映画などの)後編.
xiàjiā【下家】名(～儿)**1**(トランプやマージャン,酒席で拳を打つときに)自分の次の番の人. **2**〈方〉拙宅.
xiàjià【下嫁】動〈書〉自分より身分の低い人に嫁ぐ.
xiàjiàn【下贱】形 **1** 下賤(げせん)である. **2**〈罵〉いやらしい.
Xiàjiāng【下江】名 長江の下流地区(主として江蘇省).
xiàjiàng【下降】動 **1** 降下する. **2**(数量や程度が)下がる,減る.
xiàjiàng qìliú【下降气流】名〈気〉ダウンバースト.
xiàjiāo【下交】動〈書〉地位の低い人と交わる.
xiàjiāo【下焦】名〈中医〉幽門から下の臓器.
xià//jiǎo【下脚】**1** 動(～儿)足を踏み入れる. **2** 名 材料の切れ端.
xiàjiǎohuò【下脚货】名〈方〉売れ残った粗悪品.
xiàjiè【下届】名 次期.
xià//jiè【下界】**1** 動 下界に下りる. **2** 名 下界.
xià//jìn【下劲】動(～儿)精を出す.
xià//jiǔ【下酒】動 酒のさかなにする.
xiàjiǔliú【下九流】名〈旧〉下賤(げせん)な職業(についている人).
xiàkēr【下颏儿】名 下あご.
xià//kè【下课】動 **1** 授業が終わる. ¶下第二节课/2時限目が終わる. **2** 辞職する. 更迭される.
xià kuàizi【下筷子】箸をつける.
xiàkuǎn【下款】名(～儿)(書画や手紙の)署名.
xiàlāshì càidān【下拉式菜单】名〈電算〉プルダウンメニュー.
xià//lái【下来】動+方補 **1**(高い所から低い所へ)下りてくる. 引っ込む. ¶你下得来下不来?/君は下りてこられますか. **2**(期間が)過ぎる.(時間が)流れる.

▶複合方向補語"－下来"の用法◀

①動作が上方から話し手のいる下方に向けてなされる. ¶走下飞机来/飛行機から降りてくる. ¶批～/許可が下りる.
②本体から切り離す. ¶把帽子摘～/帽子を取る.
③安定したかたちで残す. ¶照～/写真に撮っておく. ¶保存～/保存されてきた.
④「動」から「静」,「高」から「低」,「明」から「暗」などへ状況が変化する. ¶车停了～/車が止まった. ¶晚上,周围安静～了/夜になると,まわりは静かになってきた.

---

xiàlèi【下泪】動 涙を流す.
xià lǐ bā rén【下里巴人】〈成〉通俗的な文学芸術.
xiàlǐbài【下礼拜】名 来週.
xià//lì【下力】動 力を出す.
xiàli【下里】方位(数字の後につけ)方面と方位を表す.
xiàlián【下联】名(～儿)対聯(ついれん)の下の句.
xià//liào【下料】動(機械などに)材料を入れる.
xiàliè【下列】形 下記の.
xià//lìng【下令】動 命令を下す.
xiàliú【下流】❶形 下品である. ❷名 **1** 下流. **2**〈旧〉卑しい地位.
xiàluò【下落】**1** 名 行方. ¶～不

下 X

明 / 行方不明である. **2** 動 落下する.

xià//mǎ【下马】動 **1** 馬から下りる. **2**〈喩〉(仕事·計画などを)放棄〔中止〕する.

xià mǎ kàn huā【下马看花】〈成〉じっくりと観察し,調査·研究する.

xiàmǎwēi【下马威】〈慣〉初めににらみをきかす.

xià//máo【下锚】動 いかりを下ろす.

xià máomáoyǔ【下毛毛雨】〈慣〉やんわりとしかる;あらかじめそれとなく知らせる.

xiàmian【下面】(〜儿) **1** 方位 (空間的に)下. 下方;(時間的に)次. 以下. ¶〜谈谈物价问题 / 次に物価問題についてお話ししましょう. **2** 名 部下. 下部.

xià//nǎi【下奶】動 乳の出をよくする.

xiàpǐn【下品】名 品質が最低のもの.

xià//pìn【下聘】動〈旧〉結納を納める.

xiàpōlù【下坡路】名 下り坂;〈喩〉落ち目.

xiàpù【下铺】名(寝台車の)下段.

xià//qí【下棋】動 将棋や囲碁をする.

xiàqiàn【下欠】**1** 動 借金の未払いがある. **2** 名 未払い.

xiàqíng【下情】名 **1** 下部の事情. **2**〈謙〉自分の言い分.

xià//qù【下去】動+方補 **1** (高い所から低い所へ)下りていく. ¶她刚从台上〜,就晕倒了 / 彼女は舞台から下がったとたんに倒れて人事不省になった. **2** (気持ちが)落ち着く;(腫れが)引く. ¶气还没〜 / まだ腹の虫がおさまらない.

▶**複合方向補語"－下去"の用法**◀

①動作が話し手から離れて下方に向かう. ¶把东西从车上搬〜 / 品物を車から下ろす. ¶文件已经传达〜了 / 文書はすでに末端まで伝えられた.

②本体から切り離す. ¶把黑板上的字擦〜吧 / 黒板の字を消しなさい.

③動作を継続していく. ¶说〜 / 話し続ける.

④好ましくない状態へ変化していく. ¶坏〜 / 悪くなっていく.

---

xiàrén【下人】名 **1**〈旧〉召使い. **2**〈方〉子や孫の世代.

xiàsānlàn【下三烂】〈方〉**1** 形 卑しい. **2** 名 卑しいやつ.

xiàshāo【下梢】名 **1** 末端. **2**〈近〉結末.

xiàshēn【下身】名 **1** 下半身;(時には)陰部. **2** (〜儿)ズボン.

xià//shén【下神】動 神霊が乗り移る.

xiàshēng【下生】動 生まれ出る.

xiàshèng【下剩】動 残る. 余る.

xiàshì【下士】名〈軍〉(下士官の最下位)伍長.

xià//shì【下世】**1** 名 来世. **2** 動〈書〉この世を去る.

xià//shì【下市】動 **1** 旬が過ぎる. **2** 一日の商いを終える.

xià//shǒu【下手】❶動 手を下す. 着手する. ❷名(〜儿) **1** 下座(しも). **2** →xiàjiā【下家】 **3** 下働き.

xià//shū【下书】動〈書〉手紙を届ける.

xiàshǔ【下属】名〈旧〉部下. 下部機関.

xià//shuān【下闩】動 かんぬきを外す.

xià//shuǐ【下水】❶動 **1** (船が)進水する;(衣服や体を)水につける. **2** (布を縮ませるために)水につける. **3**〈喩〉悪事を働く. ❷形(船が)下りの.

xiàshui【下水】名〈方〉(食用動物の)臓物·内臓.

xiàshuǐdào【下水道】名 下水道.

xià//suǒ【下锁】動 錠をおろす.

xiàtà【下榻】動(多く身分の高い人が)宿泊する.

xià//tái【下台】動 **1**〈貶〉失脚する. **2** 舞台から下りる. **3** (多く否定の形で)その場を取りつくろう.

xiàtàn【下探】動〈経〉(相場が)弱含みになる.

xiàtǐ【下体】名〈書〉下半身.

xià//tián【下田】動 野良仕事に行く.

xiàtiáo【下调】動〈経〉(価格や利率を)下方調整する. ⇨xiàdiào

xià//tiě【下帖】動 招待状〔案内状〕を出す.

xiàtóng【下同】動(注記などで)以下同じ.

xiàtou【下头】**1** 方位 下. 下の方. **2** 名 部下. 下の者.

xiàwǎnr【下晚儿】名〈方〉夕暮れ.

xià//wǎng【下网】動〈電算〉インターネットの接続を切る.

xiàwěi【下痿】名〈中医〉下半身不随.

xiàwèi【下位】動 席から下り立つ;(国王の)位から下りる.

xiàwén【下文】名 **1** 文章の後の部分. 後文. **2**〈喩〉(物事の)その後の進展.

xiàwèn【下问】動 下問する.

xiàwū【下屋】名 **1** 召使いの部屋. **2**〈方〉"正房"の両側の部屋.

xiàwǔ【下午】名 午後.

xiàxià【下下】**1** 方位 次の次. **2** 形 最悪の.

xiàxià xīngqī【下下星期】名 再来週.

xiàxián【下弦】名〈天〉下弦.

xiàxiàn【下限】名(時間や数量の)下限.

xiàxiàn【下陷】動 へこむ. 陥没する.

xià//xiāng【下乡】動(都市から)農村へ赴く.

xiàxiè【下泄】動(水が)下流へ流れる. 排水する.

xiàxiè【下泻】動 **1** 腹を下す. **2** 急落する.

xiàxīngqī【下星期】名 来週.

xiàxíng【下行】動 **1** (鉄道や船が)下る. **2** (下級官庁へ公文書を)回す.

下 X

xiàxuán【下旋】名〈体〉(卓球で)バックスピン.
xià//xué【下学】動 学校がひける.
xiàxuéqī【下学期】名 来学期.
xiàxún【下旬】名 下旬.
xiàyālì【下压力】名〈物〉下圧力.
xiàyáchuáng【下牙床】名〈生理〉下の歯茎.
xiàyǎnpí【下眼皮】名 下まぶた.
xiàyàn【下咽】動 飲み下す.
xiàyāo【下腰】❶名〈裁〉腰まわり. ❷動 1 腰をかがめる. 2(武術で)上半身を後ろにそらせる.
xià//yáo【下窑】動〈旧〉炭坑に入る.
xià//yào【下药】動 1 投薬する. 2 毒を盛る.
xià//yě【下野】動〈旧〉下野する.
xiàyìshí【下意识】名 潜在意識;("～地"の形で)無意識のうちに.
xiàyìyuàn【下议院】名〈政〉下院. 衆議院.
xiàyóu【下游】名 下流;〈喩〉人に後れをとった状態.
xià//yù【下狱】動 投獄する.
xiàyuàn【下院】→xiàyìyuàn【下议院】
xiàyuè【下月】名 来月.
xiàyuè zhīchíxiàn【下跃支持线】名〈経〉下値支持線.
xià//zǎir【下崽儿】動(動物が)子を産む.
xiàzài【下载】動〈電算〉ダウンロードする.
xià//zàng【下葬】動 埋葬する.
xià//zhàng【下账】動 勘定を帳簿に記入する.
xiàzhī【下肢】名〈生理〉下肢. 脚部.
xiàzhōngnóng【下中农】名 下層中農.
xià//zhǒng【下种】動 種をまく.
xiàzhōu【下周】名 来週.
xià//zhù【下箸】動 箸をつける.
xiàzhuǎn【下转】動(新聞・雑誌などで)第…面に続く.
xià//zhuāng【下装】1 動(役者が)メーキャップを落とし,衣装を脱ぐ. 2 名 洋服で下半身につけるもの. ボトム.
xiàzhuì【下坠】動 1(物体が)墜落・落下する. 2〈医〉腹部が重苦しく便意を感じる.
xià//zǐ【下子】動(～儿)1 種をまく. 2(昆虫や魚類が)卵を産む.
xiàzuàn【下钻】動〈石油〉ドリルを油田に下ろす.
xiàzuǐchún【下嘴唇】名 下唇.
xiàzuo【下作】❶形 1 いやらしい. 2〈方〉がつがつして卑しい. ❷名〈方〉助手.

吓(嚇) **xià** 動 脅かす;怖がる. ¶～了我一跳/びっくりさせられた. ¶～坏了/肝をつぶした. 異読⇨hè
xiàhu【吓唬】動〈口〉脅かす. びっくりさせる.
xià//rén【吓人】1 動 人を脅かす. 2 形 怖い. 恐ろしい.

夏 **xià** 名 1 夏. 華夏. 中国の古称. 2(中国最古の王朝とされる)夏(か).
H 夏. ¶→～天. ‖姓
xiàbù【夏布】名 麻の布. リンネル.
xiàchú【夏锄】名〈農〉夏期の除草.
xiàguǎn【夏管】名〈農〉夏期の作物管理.
xiàhòuniǎo【夏候鸟】名 夏の渡り鳥.
xiàjì【夏季】名 夏季.
xiàkūcǎo【夏枯草】名〈植〉ウツボグサ;〈中薬〉夏枯草(かごそう).
xiàlì【夏历】名 陰暦.
xiàliáng【夏粮】名 夏に収穫する穀物.
xiàlìng【夏令】名 夏季;夏の気候.
xiàlìngshí【夏令时】名 夏時間. サマータイム.
xiàlìngyíng【夏令营】名(青少年の)サマーキャンプ.
xiàmián【夏眠】名(動物の)夏眠.
xiàrì【夏日】名〈書〉夏(の太陽).
xiàshōu【夏收】1 動 夏の刈り入れをする. 2 名 夏の収穫.
xiàtiān【夏天】名 夏.
xiàyī【夏衣】名 夏服.
xiàyún【夏耘】名〈書〉夏の除草.
xiàzhé【夏蛰】→xiàmián【夏眠】
xiàzhì【夏至】名(二十四節気の)夏至(げし).
xiàzhìcǎo【夏至草】名〈植〉ゲシソウ.
xiàzhìxiàn【夏至线】名〈地〉北回帰線.
xiàzhòng【夏种】名 夏の種まき.
xiàzhuāng【夏装】名 夏服.

厦(廈) **xià** 地名用字. ¶～门/(福建省)アモイ. 異読⇨shà

罅 **xià** H すきま. 裂け目.
xiàlòu【罅漏】名〈書〉1 すきま. 2〈喩〉抜け目. 手抜かり.
xiàxì【罅隙】名〈書〉すきま. 裂け目.

xian(ㄒㄧㄢ)

仙(僊) **xiān** H 仙人. ¶神～/仙人. ‖姓
xiāncǎo【仙草】名〈植〉センソウ.
xiāndān【仙丹】名 飲むと仙人になるという霊薬;〈転〉起死回生の妙薬.
xiān fēng dào gǔ【仙风道骨】〈成〉非凡な風貌・風格.
xiāngū【仙姑】名 1 仙女. 2 巫女(みこ).
xiānhè【仙鹤】名 1〈鳥〉タンチョウヅル. 2(伝説で)仙人が飼っている白いツル.
xiānhècǎo【仙鹤草】名〈植〉キンミズヒキ;〈中薬〉仙鶴草(せんかくそう).
xiānhòuzuò【仙后座】名〈天〉カシオペア座.
xiānjìng【仙境】名 別天地. 仙境.
xiānkèlái【仙客来】名〈植〉シクラメン.
xiānnǚ【仙女】名 仙女;〈喩〉美女.
xiānnǚzuò【仙女座】名〈天〉アンドロメダ座.

xiānqù【仙去】→**xiānshì**【仙逝】
xiānrén【仙人】名 仙人.
xiānrénbiān【仙人鞭】名〈植〉ハシラサボテン.
xiānrénqiú【仙人球】名〈植〉タマサボテン.
xiānréntiào【仙人跳】名〈方〉美人局(つつもたせ).
xiānrénzhǎng【仙人掌】名〈植〉ウチワサボテン.
xiān shān qióng gé【仙山琼阁】〈成〉幻のような境地. 夢幻境.
xiānshì【仙逝】動〈婉〉逝去する.
xiāntóng【仙童】名 仙人に仕える少年；非凡な少年.
xiānwángzuò【仙王座】名〈天〉ケフェウス座.
xiānyóu【仙游】→**xiānshì**【仙逝】
xiānzǐ【仙子】名 **1** 仙女；〈喩〉美女. **2** 仙人.

先

xiān **1** 副 先に. まず. ¶～洗个澡再吃饭吧 / 先に風呂に入ってから食事にしよう. **2** 名〈口〉以前. あの時. ¶他比～爱干净了 / 彼は以前よりもきれい好きになった.
H ①祖先. 先代の人. ¶→～人. ②故人に対する尊称. ¶～父 / 亡父. ‖ 姓

xiānbèi【先辈】名〈書〉**1** 世代が上の人. **2** 先人.
xiānbǐ【先妣】名〈書〉亡母.
xiānbiān【先鞭】名 先鞭.
xiānbuxiān【先不先】副〈方〉何はともあれ. まず最初に.
xiāndǎo【先导】**1** 動 先導する. **2** 名 先達.
xiān dǔ wéi kuài【先睹为快】〈成〉(文学作品などを)一刻も早くみたい.
xiānduān【先端】**1** 名〈植〉(葉・花・果実などの)先端部. **2** 形 先端の. 最新の. ¶～技术 / 先端技術.
xiān fā zhì rén【先发制人】〈成〉先んずれば人を制す.
xiānfēng【先锋】名 先鋒. 前衛；〈転〉先陣.
xiānfēngduì【先锋队】名 前衛部隊.
xiānhé【先河】名〈書〉先に提唱された事物. 先駆け.
xiānhòu【先后】**1** 副 相次いで. (相)前後して. ¶去年我～到过北京、上海和广州 / 昨年,私は相前後して北京・上海・広州を訪れた. **2** 方位 先と後. 前後. ¶按～次序入场 / 順番に入場する.
xiānhòujiǎor【先后脚儿】形 相前後している.
xiān jiàn zhī míng【先见之明】〈成〉先見の明.
xiānjìn【先进】**1** 形(思想・技術・成績などが)進んでいる. ¶这个厂的设备十分～ / この工場の設備はたいへん進んでいる. **2** 名 先進的な人物〔事柄〕.
xiānjìn xiānchū fǎ【先进先出法】名〈経〉(原価計算の)先入先出法(さきいれさきだしほう).
xiānjué【先决】形 先決の.
xiānjué【先觉】名 先覚者.
xiān jūnzǐ, hòu xiǎorén【先君子，后小人】〈慣〉(けんかなどの争いで)まずは筋を通して議論するが,それでもうまくいかない場合は力を使う.
xiānkǎo【先考】名〈書〉亡父.
xiān lái hòu dào【先来后到】〈成〉(～儿)先着順.
xiān lǐ hòu bīng【先礼后兵】〈成〉初めは礼を尽くし,うまくいかなければ武力に訴える.
xiānlì【先例】名 先例. 前例.
xiānliè【先烈】名 革命に殉じた烈士.
xiānlìng【先令】名(イギリスの旧貨幣単位)シリング.
xiānqī【先期】副 期限前に. あらかじめ.
xiānqián【先前】名 以前. もと. 昔.
xiānqiǎn【先遣】形 先遣の.
Xiānqín【先秦】名 先秦時代.
xiānqū【先驱】**1** 動 先導する. **2** 名 先駆者.
xiānrén【先人】名 **1** 祖先. **2** 亡父.
xiān rén hòu jǐ【先人后己】〈成〉自分よりも他人のことを先に考える.
xiānróng【先容】動〈書〉人を前もって紹介・推挙しておく.
xiān rù wéi zhǔ【先入为主】〈成〉先入観にとらわれる.
xiān rù zhī jiàn【先入之见】〈成〉先入観.
xiānshēng【先声】名 前触れ. 前兆.
xiān shēng duó rén【先声夺人】〈成〉先手を打ち相手に圧力をかける.
xiānsheng【先生】名 **1** …さん. ▶男性に対する敬称. 外国人や不特定の男性への呼びかけにも用いる. **2** 人の夫・自分の夫に対する称. ▶人称代詞を冠する. **3** …先生. ▶高名な学者や知識人などに対する敬称として用いる. **4**〈旧〉(職業としての)先生. **5**〈方〉医者. **6**〈旧〉講談師・易者・商店の会計係に対する敬称.
xiānshì【先世】名〈書〉祖先.
xiānshì【先是】名〈書〉これより先.
xiānshi【先是】副 初めは. 以前は.
xiānshǒu【先手】名(碁・将棋で)先手.
xiān shuōxia【先说下】〈挿〉前もって言っておく.
xiāntiān【先天】**1** 形〈医〉先天的な. **2** 名〈哲〉アプリオリ. 先験的.
xiān tiān bù zú【先天不足】〈成〉生まれつき体が弱い；(広く)物事の基礎や根本がしっかりしていない.
xiāntóu【先头】❶名 **1**(～儿)以前. **2**(多く軍隊で位置が)先頭,前衛. ❷方位 前. 前方.
xiānwù【先务】名〈書〉真っ先になすべき仕事.
xiān xiàshǒu wéi qiáng【先下手为强】〈諺〉先手必勝.
xiānxián【先贤】名〈旧〉先賢. 先哲.

先 X

xiān xiǎorén, hòu jūnzǐ【先小人,后君子】〈慣〉後でいざこざがないように前もって(金銭などの)話をはっきりつけておく.
xiānxíng【先行】❶動 1 先行する. 2 まず…する. ❷名 先駆者.
xiānxíngguān【先行官】名〈旧時の戯曲や小説で〉先頭部隊の指揮官;〈転〉先導役を担うもの.
xiānxíngzhě【先行者】名 先駆者.
xiānyàn【先验】名〈哲〉アプリオリ.
xiān yì chéng zhì【先意承志】〈成〉人の意図を察知し迎合する.
xiān zhǎn hòu zòu【先斩后奏】〈成〉処置がすんでから事後承諾を得る.
xiānzhào【先兆】名 前兆. 兆し.
xiānzhé【先哲】名〈書〉先哲.
xiānzhī【先知】名 先覚者;(ユダヤ教やキリスト教の)予言者.
xiānzǔ【先祖】名〈書〉1 祖先. 先祖. 2 亡き祖父.

纤(纖) **xiān** H 細かい. ¶～微 / 微細である. 異読⇨qiàn
xiāncháng【纤长】形 細長い.
xiānchén【纤尘】名〈書〉ちり.ほこり.
xiān chén bù rǎn【纤尘不染】〈成〉悪習に染まらず潔癖である.
xiāndù【纤度】名〈紡〉繊維の太さ.
xiānháo【纤毫】名〈書〉きわめて微細なもの[部分].
xiānmáo【纤毛】名〈生〉繊毛.
xiānmáochóng【纤毛虫】名〈動〉繊毛虫.
xiānqiǎo【纤巧】形 繊細で精巧である.
xiānróu【纤柔】形 細くて柔らかい.
xiānruò【纤弱】形 細くて弱々しい.
xiānshòu【纤瘦】形 やせて弱々しい.
xiānwéi【纤维】名 **繊維**. ファイバー.
xiānwéibǎn【纤维板】名 繊維板.
xiānwéi dànbái【纤维蛋白】名〈生化〉フィブリン.
xiānwéisù【纤维素】名〈化〉セルロース.
xiānwéi zhíwù【纤维植物】名 繊維植物.
xiānxī【纤悉】形〈書〉詳細である.
xiānxì【纤细】形(形状が)繊細である.
xiānxiān【纤纤】形〈書〉細くしなやかである.
xiānxiǎo【纤小】形〈書〉きわめて小さい. 取るに足りない.
xiānxiù【纤秀】形〈書〉小さくて美しい.
xiānzhǐ【纤指】名〈書〉(女性の)細長い指.

氙 **xiān** 名〈化〉キセノン. Xe. ▶旧称は"氙xī".
xiāndēng【氙灯】名 キセノンランプ.

祆 **xiān** O
Xiānjiào【祆教】名〈宗〉ゾロアスター教. 祆教(ｹﾝｷｮｳ). 拝火教.

籼(秈) **xiān** H うるち米の一種.
xiāndào【籼稻】名 インディカ種の稲.
xiānmǐ【籼米】名 インディカ米.

莶(薟) **xiān** →xīxiān【豨莶】

掀 **xiān** 動(覆いを)**取る**;(カーテンなどを)**めくる**. ¶～锅盖 / 鍋ぶたを取る.
H 巻き起こる.
xiānbukāi guō【掀不开锅】〈慣〉貧しくて食べる物がない.
xiāndòng【掀动】動 1 揺り動かす. 持ち上げる. 2 (センセーションを)巻き起こす;(事件を)引き起こす.
xiānfān【掀翻】動 ひっくりかえす.
xiān fēng gǔ làng【掀风鼓浪】〈成〉人心をあおって騒ぎを起こす.
xiānqǐ【掀起】動 1 (めくるようにして)取る,開ける. 2 わき上がる. わき返る. 3 (大規模な運動や気運を)巻き起こす,盛り上げる.

酰 **xiān** 名〈化〉アシル基. ▶"酰基"とも.

锨(杴) **xiān** 名 シャベル. スコップ. くわ. ¶铁～ / 鉄のシャベル.

鲜 **xiān** 形 1 **新鮮である**;生の. ¶～牛奶 / 新鮮な牛乳. 2 おいしい. 味がよい. ¶这个螃蟹很～ / このカニはおいしい.
H ①鮮やかである. ¶→～艳. ②初物. ¶尝～ / 初物を食べる. ③生の魚貝類. ¶鱼～ / 鮮魚. ‖姓
異読⇨xiǎn
Xiānbēi【鲜卑】名〈史〉鮮卑(ｾﾝﾋﾟ).
xiāncuì【鲜脆】形(野菜や果物などが)新鮮で歯ざわりがよい.
xiānguǒ【鲜果】名(新鮮な,または生の)果物.
xiānhóng【鲜红】形 鮮紅色である. 真っ赤である.
xiānhuā【鲜花】名 **生花**. ¶～插在牛粪上 / 〈諺〉美女が醜男に嫁ぐ.
xiānhuó【鲜活】形 1 (家禽(ｶｷﾝ)・魚介類などが)生きがよい. 2 色鮮やかで生き生きしている. 3 際立っている.
xiānhuò【鲜货】名 生鮮食料品.
xiānlì【鲜丽】形 鮮やかで美しい.
xiānliang【鲜亮】形〈方〉1 鮮やかである. 2 美しい.
xiānling【鲜灵】形〈方〉色が鮮やかで生き生きしている.
xiān méi liàng yǎn【鲜眉亮眼】〈成〉くっきりした眉とつぶらな目.
xiānměi【鲜美】形 1 おいしい. 2 〈書〉(花が)鮮やかで美しい.
xiānmíng【鲜明】形 1 (内容が)**はっきりとしている**. 2 (色が)**鮮やかである**.
xiānnǎi【鲜奶】名 新鮮な牛乳;生クリーム.
xiānnèn【鲜嫩】形 新鮮で柔らかい. みずみずしい.
xiānpí【鲜啤】名 生ビール. ▶"鲜啤酒"とも.

纤氙祆籼莶掀酰锨鲜 X

xiāntián【鲜甜】形 新鮮で甘い.
xiānwèir【鲜味儿】名 美味. うまみ.
xiānxuè【鲜血】名 鮮血.
xiānyán【鲜妍】形〈書〉あでやかで美しい.
xiānyàn【鲜艳】形 あでやかで美しい.

暹 **xiān** 地名用字. "暹罗"は(タイの旧称)シャム.

闲(閒) **xián** 形 **1**(↔忙)暇である. ¶～得发慌 / 暇で困っている. **2**(ものが)空いている,遊んでいる. ¶机器别～着 / 機械を遊ばせておくな.
H ①暇. ¶忙里偷～ / 忙しい中に暇を見つける. ②(仕事・本題に)関係のない. ¶→～人. ‖姓
xiánbù【闲步】動 そぞろ歩きをする.
xiánchāi【闲差】名 閑職.
xiánchě【闲扯】動 おしゃべりをする.
xiándàng【闲荡】動 ぶらぶら歩く.
xiángōngfu【闲工夫】名(～儿)暇.
xiánguàng【闲逛】動 暇つぶしにぶらつく.
xián huā yě cǎo【闲花野草】〈成〉情婦. 遊女.
xiánhuà【闲话】❶名 **1**(～儿)むだ話. 雑談. **2** 陰口;不平. ❷動〈書〉閑談する.
xiánjū【闲居】動〈書〉**1** 閑居する. **2** 独り静かに暮らす.
xián kēyá【闲磕牙】〈慣〉(～儿)〈方〉むだ話をする. むだ口をたたく.
xiánkòng【闲空】名(～儿)暇.
xiánliáo【闲聊】動 よもやま話をする.
xiánpiān【闲篇】名(～儿)〈方〉よもやま話. 世間話.
xiánqì【闲气】名 つまらぬことでの立腹.
xiánqián【闲钱】名(生活費以外の)余分な金.
xián qíng yì zhì【闲情逸致】〈成〉のんきに暇をつぶして楽しむ気持ち.
xiánqù【闲趣】名 ゆったりと落ち着いた気持ち.
xiánr【闲儿】名〈方〉暇.
xiánrén【闲人】名 **1** 無関係な人. ¶～免进 / 関係者以外立入禁止. **2** 暇な人.
xiánsǎn【闲散】形 **1** 暇でのんびりしている. **2**(人員・物資・土地・資金などが)遊んでいる.
xiánshí【闲时】名 暇な時.
xiánshì【闲事】名(自分に関係のない)余計なこと.
xiánshì【闲适】形 ゆったりしている.
xián shì xián fēi【闲是闲非】〈成〉自分に関係のないいざこざ.
xiánshū【闲书】名 暇つぶしに読む本.
xiántán【闲谈】動 雑談する.
xiántiānr【闲天儿】名 世間話.雑談.
xiántíng【闲庭】名〈書〉静かな庭.
xiánwánr【闲玩儿】動 暇つぶしをする.
xiánxiá【闲暇】名〈書〉暇.
xiánxīn【闲心】名 心のゆとり.
xiányǎ【闲雅】形〈書〉(女性が)しとやかである.
xián yán suì yǔ【闲言碎语】〈成〉くだらないうわさ話. 悪口や不平.
xiányuán【闲员】名 余剰人員.
xián yún yě hè【闲云野鹤】〈成〉悠々自適で,世事から解放された人.
xiánzá【闲杂】**1** 形 決まった仕事がない. **2** 名(～儿)〈方〉くだらないこと〔話〕.
xiánzài【闲在】動〈方〉暇にしている.
xiánzhāng【闲章】名(文人の落款などに用いる,詩句を彫った)遊印.
xiánzhe【闲着】形 **1** 暇である. **2**(物が)使われていない.
xiánzhí【闲职】名 閑職.
xiánzhì【闲置】動(物を)遊ばせておく.
xiánzhù【闲住】動 居そうろうする.
xiánzǒu【闲走】動 暇つぶしに歩く.
xiánzuò【闲坐】動 **1** 用もなく座っている. **2** 友達の所で暇つぶしをする.

贤(賢) **xián** H ①才能がある(人);徳のある(人). ¶任人唯～ / もっぱら能力・人柄によって人を採用・任命する. ②旧時,同輩や目下の者に対する敬称. ¶～弟 / 年下の友人に対する称. ‖姓
xiáncái【贤才】名〈書〉才能ある人材.
xiándá【贤达】名〈書〉才徳・声望のある人.
xiándé【贤德】〈書〉**1** 名 すぐれた行い. **2**→xiánhuì【贤惠】
xiánhuì【贤惠】形(女性が)善良でやさしく賢い. ▲"贤慧"とも.
xiánláng【贤郎】名〈書〉ご令息.
xiánláo【贤劳】形〈書〉(公務に)勤勉である.
xiánliáng【贤良】〈書〉**1** 形 才徳兼備である. **2** 名 才徳兼備の人.
xiánlù【贤路】名〈書〉賢才登用の道.
xiánmíng【贤明】**1** 形 賢明である. **2** 名 賢明な人.
xiánnèizhù【贤内助】名 賢妻.
xiánnéng【贤能】〈書〉**1** 形 すぐれた見識があり有能である. **2** 名 有能な人物.
xiánqī【贤妻】名〈書〉賢妻. ▶相手の妻への尊称.
xiánqì【贤契】名〈旧〉(多く手紙に用い)弟子や友人の子に対する敬称.
xiánrén【贤人】名 徳のある人. 賢人.
xiánshì【贤士】名〈書〉賢人.
xiánshū【贤淑】→xiánhuì【贤惠】
xiánzhé【贤哲】名〈書〉才能があり見識が高い人.

弦(絃) **xián** 名 **1**(～儿)楽器の弦. [根]¶七～琴 / 七弦琴. 古琴. **2**(弓の)つる. **3**〈方〉(時計の)ぜんまい. **4**〈数〉弦.
xiángē【弦歌】動〈書〉(琴などの)弦楽器の伴奏で歌う.
xiánqiējiǎo【弦切角】名〈数〉円の接線と接点を通る弦とからなる角.
xián wài zhī yīn【弦外之音】〈成〉言外の意味.

xiányuè【弦月】名〈書〉弓張り月.
xiányuè【弦乐】名〈音〉弦楽.
xiányuèqì【弦乐器】名 弦楽器.
xiánzi【弦子】名 蛇皮線.
xiánzixì【弦子戏】名 山東省の古い地方劇.

挦（撏） **xián** 動 引っ張る. 引き抜く. むしる. ¶～鸡毛 / 鶏の羽をむしる.

咸（鹹） **xián 1** 形（↔淡）塩辛い. しょっぱい；味が濃い. ¶～鱼 / 塩漬けにした魚. **2** 副〈書〉全部. ことごとく. ¶老少shào～宜 / どんな年齢の人にも適する. ‖ 姓

xiáncài【咸菜】名（野菜の）漬物, 塩漬け.
xiándàn【咸淡】名 塩加減. 味加減.
xiándàn【咸蛋】名（鶏・アヒル・ガチョウなどの）塩漬け卵.
xiánjīnjīn【咸津津】形（～儿・～的）塩加減がよい.
xiánròu【咸肉】名〈料理〉ベーコン. 塩漬けの豚肉.
xiánshuǐhú【咸水湖】名〈地〉塩湖.
xiánshuǐmèi【咸水妹】名〈旧〉（中国南東部沿岸の）船上売春婦.
xiányán【咸盐】名 塩. 食塩.

涎 **xián** 名 よだれ. つば. ¶垂～ / よだれを垂らす.

xián pí lài liǎn【涎皮赖脸】〈成〉面の皮が厚い.
xiánshuǐ【涎水】名〈方〉よだれ.
xiánzhe liǎn【涎着脸】（～儿）厚かましく（…する）.

娴（嫻） **xián** 形〈書〉熟練している. 巧みである. ¶～于辞令 / 応対が上手である.
H みやびやかである. しとやかである. ¶→～静.

xiánjìng【娴静】形〈書〉上品でしとやかである.
xiánshú【娴熟】形〈書〉熟練している.
xiányǎ【娴雅】形〈書〉（女性が）しとやかである.

衔（啣） **xián** 動（口に）くわえる. ¶猫把鱼～走了 / 猫が魚をくわえていってしまった.
H ①心に抱く. ¶→～恨. ②肩書き. 官職名. ¶官～ / 官職名. ¶头～ / 肩書き. ③つながる. 関連する. ¶→～接.

xiánhèn【衔恨】動〈書〉**1** 恨みを抱く. **2** 悔恨の気持ちを抱く.
xiánjiē【衔接】動 つながる. 関連する.
xiánméi【衔枚】動〈書〉息をこらして声を立てない.
xián//mìng【衔命】動〈書〉命令を受ける.
xiántiě【衔铁】名〈電〉電機子. アーマチュア.
xiánwěi【衔尾】動〈書〉すぐ後に続く.
xiányuān【衔冤】動〈書〉（冤罪で）無念を抱く.

舷 **xián** 名 舷(げん). 船端. 船べり. ¶→～梯.

xiánchuāng【舷窗】名 舷側の窓.
xiántī【舷梯】名（汽船や飛行機の）タラップ.

痫（癇） **xián** H てんかん. ¶癫～ / 〈医〉てんかん.

鹇（鷴） **xián** 名〈鳥〉ハッカン. シラキジ.

嫌 **xián** 動 いやがる. 嫌う. ¶你～我, 我就不来了 / 私がいやなら, もう来ないよ. ¶～他矮 / 彼の背が低いのが気に食わない.
H ①嫌疑. 疑い. ¶避～ / 嫌疑を避ける. ②恨み. ¶挟～报复 / 恨みを晴らすために仕返しをする.

xiáncāi【嫌猜】動〈書〉猜疑(さい)する.
xiánfàn【嫌犯】名 容疑者.
xiánjì【嫌忌】動 忌み嫌う.
xiánqì【嫌弃】動 嫌って見捨てる.
xiánqì xìjūn【嫌气细菌】名〈生〉嫌気性細菌.
xiánwù【嫌恶】動 嫌う. 毛嫌いする.
xiánxì【嫌隙】名 悪感情.
xiányí【嫌疑】名 嫌疑. 疑い.
xiányífàn【嫌疑犯】名 容疑者.
xiányuàn【嫌怨】名 恨み. 怨恨.
xiánzēng【嫌憎】動 憎み嫌う.

冼 **xiǎn** ‖ 姓

显（顯） **xiǎn** ❶動 **1** …に見える. ¶他不太～老 / 彼はあまりふけて見えない. **2** 現す. 示す. ¶～本领 / 腕前を見せる.
❷形 明らかである. ¶效果还不很～ / 効き目がまだ十分に現れていない.
H 権勢のある(者). ¶→～要yào. ‖ 姓

xiǎnbai【显摆・显白】動〈方〉見せびらかす.
xiǎnbǐ【显妣】名〈書〉〈敬〉亡母.
xiǎndá【显达】動〈旧〉立身出世する.
xiǎnde【显得】動 …のように見える. …なのがよく目立つ. ¶他～有点紧张 / 彼はやや緊張しているようだ.
xiǎn ér yì jiàn【显而易见】〈成〉明らかにわかる.
xiǎnguān【显官】名 地位の高い官(職).
xiǎnguì【显贵】〈書〉**1** 形 官位が高い. **2** 名 高位高官.
xiǎnhè【显赫】形〈書〉（勢いが）盛大である.
xiǎnhuā zhíwù【显花植物】名〈植〉（↔隐花植物）顕花植物.
xiǎnhuái【显怀】動〈方〉（～儿）（妊娠して）おなかが目立つ.
xiǎnhuàn【显宦】名 高位高官.
xiǎnhuò【显豁】形〈書〉顕著である. はっきりしている.
xiǎnjiàn【显见】動 はっきりと見て取れる.
xiǎnkǎ【显卡】名〈電算〉ビデオカード. ▶"显示卡"とも.
xiǎnkǎo【显考】名〈書〉〈敬〉亡父.
xiǎn//líng【显灵】動（神仏・幽霊が）霊験を現す.

xiǎnlù【显露】動 現れる. 現す.
xiǎnmíng【显明】形 明らかである.
xiǎnmù【显目】形 目立つ.
xiǎn//néng【显能】動 1 能力を見せびらかす. 2 才能を現す.
xiǎnnòng【显弄】動 ひけらかす.
xiǎnpai【显派·显排】動〈方〉ひけらかす.
xiǎnpei【显陪】→xiǎnpai【显派·显排】
xiǎnrán【显然】形 明らかである. ¶～,这是他的错误 / 明らかにそれは彼の間違いだ.
xiǎnróng【显荣】動〈書〉立身出世する.
xiǎn shēnshǒu【显身手】〈慣〉腕前を披露する.
xiǎn//shèng【显圣】→ xiǎn//líng【显灵】
xiǎnshì【显示】動 はっきり示す.
xiǎnshìpíng【显示屏】名〈電算〉ディスプレイスクリーン.
xiǎnshìqì【显示器】名〈電算〉ディスプレイ.
xiǎnwēi jiāopiàn【显微胶片】名 マイクロフィルム.
xiǎnwēijìng【显微镜】名 顕微鏡.
xiǎnwēishù【显微术】名 顕微鏡技術. 顕微鏡検査.
xiǎnwēi yuèdújī【显微阅读机】名 マイクロフィルムリーダー.
xiǎnwēi zhàoxiàng【显微照相】名 マイクロ写真.
xiǎnxiàn【显现】動 はっきりと現れる.
xiǎnxiàng【显像】動 現像する.
xiǎnxiàngguǎn【显像管】名〈電子〉ブラウン管.
xiǎnxiào【显效】1 動 効果が現れる. 2 名 顕著な効果.
xiǎn//xíng【显形】動(～儿)〈貶〉化けの皮がはがれる.
xiǎnxìng【显性】形〈生〉優性の.
xiǎnxué【显学】名〈書〉著名な学説〔学派〕.
xiǎnyǎn【显眼】形 目立つ.
xiǎnyáng【显扬】動〈書〉表彰する；名声を上げる.
xiǎnyào【显要】〈旧〉1 形 官位が高く要職にある. 2 名 大官. 要人.
xiǎnyào【显耀】動 1〈貶〉ひけらかす. 2 (名声などが)知れわたる.
xiǎn//yǐng【显影】動(フィルムを)現像する.
xiǎnzhe【显着】→xiǎnde【显得】
xiǎnzhèng【显证】名〈書〉明らかな証拠.
xiǎnzhù【显著】形(成績·効果などが)著しい. ¶～的成就 / 目覚ましい成績.

冼 xiǎn ‖ 姓 異読⇒xǐ

险(險) xiǎn 1 形 危ない. ¶好～哪！/ ひゃあ,危なかった. 2 副 危うく. ¶～遭毒手 / 危うく殺されるところだった.
H ①危難. ¶脱～ / 難を逃れる. ②地勢が険しい(所). ¶天～ / 自然の要害. ③邪悪である. ④〈略〉保険. ¶寿～ / 生命保険.
xiǎn'ài【险隘】名 険要な関所.
xiǎndì【险地】名 要害；危険な場所.
xiǎndú【险毒】形 陰険で悪辣である.
xiǎn'è【险恶】形 1 危うい. 険しい. 2 陰険である.
xiǎnfēng【险峰】名 険しい峰.
xiǎngōng【险工】名 危険を伴う工事.
xiǎngù【险固】形 要害堅固である.
xiǎnguān【险关】名 険しい関所；〈転〉難関.
xiǎnhu【险乎】副 危なく. すんでのことに.
xiǎnjìng【险境】名 危険な状態.
xiǎnjùn【险峻】形〈書〉1 山が高くて険しい. 2 (形勢や情勢が)険悪である.
xiǎnqíng【险情】名 危険な状況.
xiǎnqū【险区】名 危険な地帯.
xiǎnshèng【险胜】動 辛勝する.
xiǎntān【险滩】名 危険な早瀬.
xiǎnxī【险巇】形〈書〉山道が険しく危険である；〈喩〉険しい道.
xiǎnxiàng【险象】名 危険な現象〔兆し〕.
xiǎnxiē【险些】副(～儿)危なく. すんでのところで.
xiǎnyào【险要】形(地勢が)険要である.
xiǎnyùn【险韵】名〈文〉(詩作で)あまり用いられない字による韻脚.
xiǎnzhà【险诈】形 悪賢い.
xiǎnzhào【险兆】名 危険な兆し.
xiǎnzhèng【险症】名 危険な症状.
xiǎnzhǒng【险种】名〈略〉保険の種類.
xiǎnzhuàng【险状】名 危険な状態.
xiǎnzǔ【险阻】形(道が)険しい.

蚬 xiǎn 名〈貝〉シジミ.

猃(獫) xiǎn 名〈書〉口のとがった犬.
Xiǎnyǔn【猃狁】名〈史〉獫狁(けんいん).

铣 xiǎn O 異読⇒xǐ
xiǎntiě【铣铁】名 銑鉄.

筅(筅) xiǎn O
xiǎnzhǒu【筅帚】名〈方〉(鍋などをこすって洗うのに用いる)ささら.

跣 xiǎn H はだしになる. ¶～足 / 同前.

鲜 xiǎn H 少ない. ¶～有 / めったにない. 異読⇒xiān

藓 xiǎn 名〈植〉コケ. ‖ 姓

燹 xiǎn H 野火. ¶兵～ / 戦災.

苋 xiàn H ヒユ.
xiàncài【苋菜】名〈植〉ヒユ. ヒユナ.

县(縣) xiàn 名 県. ▶行政区画の単位の一つで,省·自治

区の下に位置する. ¶～政府 / 県の行政機関. ‖ 姓
xiànchéng【县城】名 県政府の所在地. [座]
xiànfèn【县份】名(～儿)(大小・位置・事情などについていう場合の)県.
xiànguān【县官】名〈旧〉県知事. 県の長官.
xiànlìng【县令】名〈旧〉県知事.
xiànshǔ【县署】名〈旧〉県庁. 県政府.
xiàntàiyé【县太爷】名〈旧〉県知事.
xiànzhǎng【县长】名 県人民政府の長.
xiànzhì【县志】名 県誌.
xiànzhì【县治】名〈旧〉県政府の所在地.

岘 xiàn 地名用字. "岘山"は湖北省にある山の名.

现(见) **xiàn** 1 名 現在(の). ¶这件事～正在追查 / この件については目下, 調査中だ. 2 副 その場で. 目の前で. ¶～做的面条 / 打ちたてのめん. 3 動 現れる. 現す. ¶～原形 / 化けの皮がはがれる.
H ①即座に出せる. 現にある. ¶→～货. ②現金. ¶付～ / 現金で支払う.

xiànchǎng【现场】名 現場. 現地. ¶～直播 / 生中継.
xiànchāo【现钞】名 現金.
xiàn chǎo xiàn mài【现炒现卖】→xiàn dǔn xiàn mài【现趸现卖】
xiànchéng【现成】形(～儿) 1 出来合いの. 既製の. 2〈口〉なんでもない. たやすい.
xiànchéngfàn【现成饭】〈慣〉労せずして手に入れる利益.
xiànchénghuà【现成话】〈慣〉(部外者の)無責任な発言.
xiàn//chǒu【现丑】動 恥をさらす.
xiàn//chū【现出】動+方補 現れる. 現す.
xiàncún【现存】動 現存する.
xiàndàyáng【现大洋】→ xiànyáng【现洋】
xiàndài【现代】1 形 近代的な. 2 名 現代. 近代. ▶多く五・四運動以降から現在までをさす.
xiàndài dōngjì liǎngxiàng【现代冬季两项】名〈体〉バイアスロン.
xiàndàihuà【现代化】動 近代化する. 現代化する.
xiàndàipài【现代派】形 現代的である. 当世風の.
xiàndàiwǔ【现代舞】名 モダンダンス.
xiàndài wǔxiàng【现代五项】名〈体〉近代五種競技.
xiàndàixì【现代戏】名 現代劇.
xiàndài zhǔyì【现代主义】名 モダニズム.
xiàn dǔn xiàn mài【现趸现卖】〈成〉(話などを)受け売りする.
xiànfàn【现饭】名〈方〉残飯.
xiànfáng【现房】名 すでに完成し入居可能な建売住宅.
xiànfù【现付】動 即金で支払う.
xiànguān bùrú xiànguǎn【现官不如现管】〈諺〉いくら偉くても実権をもつ者にはかなわない.
xiànhuà【现话】名〈方〉むだ話. 古くさい決まり文句.
xiànhuì【现汇】名〈経〉現金決済外貨.
xiànhuò【现货】名 現品. 現物.
xiànhuò shìchǎng【现货市场】名〈経〉スポット市場.
xiànjià【现价】名〈商〉時価.
xiànjiāo【现浇】動〈建〉(工事)現場で型に流し込む.
xiànjiēduàn【现阶段】名 現段階.
xiànjīn【现今】名 このごろ. 当節.
xiànjīn【现金】名 1 現金. ▶小切手などを含むこともある. 2(銀行の)手持ち現金.
xiànjīnzhàng【现金账】名 現金出納帳.
xiànjú【现局】名 現在の局面.
xiànkuǎn【现款】名 現金.
xiànlěi【现蕾】動〈農〉(花が)つぼみを出す.
xiànnián【现年】名 現在の年齢.
xiànqī【现期】名 目下. 現在.
xiànqián【现钱】名〈俗〉現金.
xiànrèn【现任】1 動(ある職務に)現在任じられている. 2 形 現職の.
xiànrújīn【现如今】名〈方〉近ごろ.
xiàn shēn shuō fǎ【现身说法】〈成〉自分の経験を例に挙げて教えさとす.
xiànshí【现时】名 現在. 当面.
xiànshí【现实】1 名 現実. 2 形 現実的である. ¶这个计划不～ / この計画は現実的ではない.
xiànshí zhǔyì【现实主义】名〈文〉リアリズム.
xiànshì【现世】1 名 現世. この世. 2 動 恥をさらす.
xiànshì【现势】名 現下の情勢.
xiànshìbào【现世报】〈慣〉天罰てきめん. ばちの当たった人.
xiàn shì xiàn bào【现世现报】〈成〉現世の報い. 善悪(主として悪)がたちどころに報われる.
xiànxià【现下】名 目下. 今のところ.
xiàn…xiàn…【现…现…】〈型〉前後それぞれ単音節の動詞を当てはめ, ある目的のためにその場である行動をとることを表す. ¶～学～教jiāo / 人の受け売りをする.
xiànxiàng【现象】名 現象.
xiànxíng【现行】形 1 現に行われている. 2(多く犯罪が)その場で行われている.
xiàn//xíng【现形】1 動 化けの皮がはがれる. 2 名 現状.
xiànxíngfàn【现行犯】名 現行犯.
xiàn//yǎn【现眼】動 恥をさらす.
xiànyáng【现洋】名〈旧〉(1元の)銀貨.
xiànyì【现役】名〈軍〉現役.
xiànyǒu【现有】形 現有の. あり合わ

せの.

xiànzài【现在】名 現在. 今；これから. ¶～开始开会 / では会議を始めます.

xiànzhí【现职】名 現在の職業.

xiànzhuā【现抓】動〈口〉その場しのぎをする.

xiànzhuàng【现状】名 現状.

限 **xiàn** 動(ある時間や範囲の中に)限定する, 制限する. ¶～一个星期完成 / 1週間以内に仕上げること. H 期限. 限度. ¶以月底为～ / 月末を期限とする.

xiànchǎn【限产】動 生産量を制限する.

xiàndìng【限定】動 数や範囲を限定する.

xiàndù【限度】名 限度.

xiàn'é【限额】名 規定の数量や額；(投資の)基準額.

xiànfúqì【限幅器】名〈無線〉振幅制限器.

xiàn//jià【限价】**1** 動 価格を限定する. **2** 名 限界価格.

xiànjiè【限界】名 限度.

xiànliàng【限量】**1** 動 限度を設ける. **2** 名 限度.

xiànlìng【限令】**1** 動 期限を切って命令する. **2** 名 期限つき命令.

xiànqī【限期】**1** 動 期限を切る. **2** 名 期限.

xiànshù【限数】**1** 動 数量を限定する. **2** 名 限定数量.

xiànwèi【限位】名〈機〉スペーシング.

xiànyǎng【限养】動(動物の)飼育を制限する.

xiànyú【限于】動〈書〉…に限る. …に制約される.

xiànzhǐ【限止】**1** 動 制限する. **2** 名 限界.

xiànzhì【限制】**1** 動 制限する. 規制する. ¶～在一定范围内 / 一定の範囲内に制限する. **2** 名 制限.

线(綫) **xiàn** ❶ 名 **1** (～儿)糸. 針金. [根,条] ¶～断了 / 糸が切れてしまった. **2**〈数〉線. [条] ¶画～ / 線を引く. **3** 手がかり. ¶循着这条～追下去 / この手がかりに沿って追究していく.
❷ 量(数詞は"一"に限り)抽象的な事物に用い, 量がきわめて少ないことを表す. ¶一～光明 / ひと筋の光明.
H ①糸状のもの. 細長いもの. ¶光～ / 光線. ②(交通の)路線. コース. ¶京沪～ / 北京・上海線. ③範囲. 境目. ¶停火～ / 停戦ライン. ④境目. 限界. ¶死亡～ / 死線. ‖ 姓

xiànbǎn【线板】名(～儿)糸巻き(板).

xiànbào【线报】名〈方〉内通情報.

xiàncái【线材】名(針金などの素材の)線材.

xiànchéng【线程】名〈電算〉スレッド.

xiànchóng【线虫】名〈動〉線虫類.

xiànchūn【线春】名(幾何学模様があり, 春の衣料にする)絹織物.

xiàndiàn【线店】名 糸屋. 小間物屋.

xiàndiànyā【线电压】名〈電〉線間電圧. ラインボルテージ.

xiànduàn【线段】名〈数〉線分.

xiànguàngzi【线桄子】名 糸かせ.

xiànguī【线规】名〈機〉ワイヤーゲージ.

xiànhuā【线花】名 紡糸用の綿花.

xiànjiān【线间】名〈音〉(譜表の)線間.

xiànjiǎo【线脚】名〈方〉縫い目.

xiànlìtǐ【线粒体】名〈生〉ミトコンドリア.

xiànlù【线路】名 **1** 路線. [条] **2**〈電〉回路.

xiànmá【线麻】名〈植〉麻.

xiànmiáo【线描】名 線描.

xiànnèi【线内】名〈体〉(球技で)インサイド.

xiànní【线呢】名〈紡〉綿サージの類.

xiànpéngzhàng【线膨胀】名〈物〉線膨張.

xiànpīzi【线坯子】名〈紡〉篠(しの). スライバー.

xiànquān【线圈】名〈電〉コイル.

xiànrén【线人】名〈方〉内通者. スパイ.

xiànshéng【线绳】名 綿糸でよったロープ・ひも.

xiànsùdù【线速度】名〈物〉線速度.

xiànsuǒ【线索】名 手がかり. 糸口.

xiàntǎn【线毯】名 綿織りの敷物. 綿毛布.

xiàntáng【线膛】名 旋条が刻まれた銃身・砲身.

xiàntiáo【线条】名(絵画・工芸品や人体の)線.

xiàntóu【线头】名(～儿) **1** 糸の端. **2** 短い糸. 糸の切れ端. **3**〈喩〉事の端緒.

xiànwài【线外】名〈体〉(球技で)アウトサイド.

xiànxiāng【线香】名 線香.

xiànxíng【线形】名〈植〉線形. 植物の葉の形.

xiànxíng dòngwù【线形动物】名 線形動物.

xiànxìng fāngchéng【线性方程】名〈数〉一次方程式.

xiànxìng guīhuà【线性规划】名〈経〉線形計画法.

xiànyī【线衣】名 メリヤスのシャツ.

xiànzhàng xìshù【线胀系数】名〈物〉線膨張係数.

xiànzhóu【线轴】名(～儿)糸巻き. ボビン.

xiànzhuāng【线装】形 線装の. 糸綴じの.

宪(憲) **xiàn** H ①法令. ②憲法. ¶→～政. ‖ 姓

xiànbīng【宪兵】名 憲兵.

xiànfǎ【宪法】名 **1**〈法〉憲法. **2** 指針. テーゼ.

xiànjǐng【宪警】名 憲兵と警察.

xiànshū【宪书】名〈旧〉暦書.

xiànzhāng【宪章】❶[名]**1** 憲章. **2**〈書〉典章制度. ❷[動]〈書〉見習う.
xiànzhèng【宪政】[名]立憲政治.

陷 **xiàn** [動]**1** 落ち込む. はまる;〈喩〉不利な状況に陥る. ¶～在敌人的包围之中 / 敵の包囲の中に落ちた. **2** くぼむ. へこむ. ¶眼睛～进去 / すっかり目がくぼんでしまう.
H ①攻め落とされる. ¶沦～ / 敵に占領される. ②(人を)陥れる. ¶诬～ / 人に無実の罪を着せる. ③欠点. ¶缺～ / 欠点. 欠陥.
xiàn//chē【陷车】**1** [動](ぬかるみに)車がはまる. **2**[名]〈近〉囚人護送車.
xiànhài【陷害】[動](人を)陥れる.
xiànjǐng【陷阱】[名]落とし穴;〈喩〉わな.
xiànkēng【陷坑】→**xiànjǐng**【陷阱】
xiànluò【陷落】[動]**1** 陥没する. **2** 陥る. **3** 陥落する.
xiànluò péndì【陷落盆地】[名]〈地〉陥没盆地.
xiànmò【陷没】[動]**1**(泥水や地中などに)落ち込む. **2** 陥没する. **3** 陥落する.
xiànrù【陷入】[動]**1**(不利な状況に)陥る. **2**〈喩〉(物思いに)ふける.
xiànshēn【陷身】[動]身が…に陥る.
xiànxíngmú【陷型模】[名]〈機〉型鉄(かなてこ).
xiànyú【陷于】[動]〈書〉…の状態に陥る.
xiànzhèn【陷阵】[動]敵陣を落とす.

馅 **xiàn** [名](～儿)**1**(食品·菓子などの)あん. ¶饺子～儿 / ギョーザの中身. **2**〈方〉中身. 内情. ¶他的诡计露了～儿 / 彼の悪巧みが露呈した.
xiànrbǐng【馅儿饼】[名]〈料理〉(ひき肉や野菜などの)あん入りの"饼".
xiànzi【馅子】[名]〈口〉あん. 中身.

羡 **xiàn** **H** ①うらやむ. 欲しがる. ¶歆xīn～ / うらやましがる. ②あり余った. ¶～财 / 〈書〉余っている財産. ‖[姓]
xiànmù【羡慕】[動]うらやましく思う.

线 **xiàn**〘线xiàn〙に同じ. ‖[姓]

献(獻) **xiàn** [動]**1** 差し上げる. ささげる. ¶～给老师的纪念品 / 恩師に差し上げる記念品. **2** 演じる. やって見せる. ¶把绝技～出来 / 絶技を披露する. ‖[姓]
xiàn//bǎo【献宝】[動]**1** 貴重なものをささげる. **2**〈喩〉貴重な経験·意見を提供する. **3**〈喩〉自分で貴重品と思うものを人に見せびらかす.
xiàn//cè【献策】[動]献策する.
xiàn//chǒu【献丑】[動]〈謙〉(人に自分の技芸·作品などを披露するときに用い)つたないものをお目にかける.
xiàn//chū【献出】[動+方補]ささげる.
xiàncí【献词】[名]祝辞.
xiànfú【献俘】[動]〈書〉(旧時)凱旋(がいせん)後捕虜を宗廟にささげる.
xiàn//huā【献花】[動]花束〔花輪〕をささげる.
xiànjì【献技】[動]演技を披露する.
xiàn jì xiàn cè【献计献策】〈成〉献策する. 提案する.
xiàn//lǐ【献礼】[動]祝いの贈り物をする.
xiànmèi【献媚】[動]こびを売る.
xiànpù【献曝】[動]〈書〉〈謙〉建言する.
xiàn//qí【献旗】[動](敬意や謝意を表すために)錦の旗〔ペナント〕を贈る.
xiànqín【献芹】[動]〈謙〉粗末な贈り物や意見をささげる.
xiàn//shēn【献身】[動]身をささげる.
xiàntì【献替】[動]〈書〉(建言し)君主を補佐する.
xiàn//xiě【献血】[動]献血する.
xiànyǎn【献演】[動]〈謙〉上演する. 演じる.
xiànyí【献疑】[動]〈書〉疑問を出す.
xiànyì【献艺】[動]芸を披露する.
xiàn yīnqín【献殷勤】〈慣〉機嫌をとる. ごまをする.
xiànyìng【献映】[動]〈謙〉上映する.
xiànzhuō【献拙】→ **xiàn//chǒu**【献丑】

腺 **xiàn** [名]〈生理〉腺. ¶汗～ / 汗腺. ¶唾液tuòyè～ / 唾液腺.
xiànxìbāo【腺细胞】[名]〈生理〉腺細胞.

镍 **xiàn** [名](金属の)線. 針金. ¶裸～ / はだか線.

霰 **xiàn** [名]〈気〉あられ.

xiang（ㄒㄧㄤ）

乡(鄉) **xiāng** [名]**1**(↔城)田舎. ¶城～物资交流 / 都市と農村の間の物資交流. **2** 郷(きょう). 県または県の下の区の指導を受ける行政区域.
H ①故郷. ¶同～ / 同郷である(人). ②中心地. 土地. ¶鱼米之～ / 海産物も農産物も両方とれる豊かな土地. ‖[姓]
xiāngbalǎor【乡巴佬儿】[名]〈貶〉田舎者.
xiāngchóu【乡愁】[名]郷愁.
xiāngcūn【乡村】[名]田舎. 農村.
xiāngjiān【乡间】[名]田舎. 村.
xiāngjǐng【乡井】[名]〈書〉故郷.
xiānglǐ【乡里】[名]**1**(農村や小さな町の)故郷, 郷里. **2** 同郷の人.
xiānglín【乡邻】[名]同郷の人.
xiāngmín【乡民】[名]**1** 村の人. **2**(行政区域としての)"乡"の住民.
xiāngpì【乡僻】[形]辺鄙(へんぴ)である.
xiāngqǐ【乡企】[名]〈略〉郷鎮企業.
xiāngqīn【乡亲】[名]**1** 同郷の人. **2** 農村の人に対する呼びかけの言葉.
xiāngqíng【乡情】[名]ふるさとへの思い.
xiāngqū【乡曲】[名]〈書〉**1** 故郷. **2** 片田舎.
xiāngshēn【乡绅】[名]〈旧〉郷紳. 帰

郷した退職官僚や大地主.

xiāngshì【乡试】名 郷試. 明・清代に各省で3年ごとに行われた科挙の試験.

xiāngsī【乡思】名 望郷の念.

xiāngtán【乡谈】名 お国言葉.

xiāngtǔ【乡土】名 郷土.

xiāngxia【乡下】名 田舎. 農村.

xiāngxialǎor【乡下佬儿】名 田舎者.

xiāngyì【乡谊】名〈書〉同郷のよしみ.

xiāngyīn【乡音】名 お国なまり.

xiāngyóuyuán【乡邮员】名 村の郵便配達員.

xiāngyuàn【乡愿】名〈書〉篤実そうなふりをする偽善者.

xiāngzhǎng【乡长】名〈政〉郷長.

xiāngzhèn【乡镇】名 **1**（行政区域としての）郷と鎮. **2** 田舎町.

xiāngzhèn qǐyè【乡镇企业】名〈経〉郷鎮(ぎょう)企業.

相 **xiāng** ❶副〈書〉**1** 互いに. ¶互不～识 / 互いに面識がない. **2**《一方が他方に働きかける行為や態度を表す》¶婉言～劝 / 遠回しに忠告する. ❷動 自分の目で見る. 品定めをする. ¶～女婿 / 婿となる人に会ってみる. ‖ 姓 異読⇒xiàng

xiāng'ān【相安】動〈書〉仲良くする.

xiāngbàn【相伴】動 お相手をする. 付き添う.

xiāngbāng【相帮】動〈方〉手伝う.

xiāngbǐ【相比】動 両方を比べる.

xiāngchà【相差】名 双方の違い.

xiāngchèn【相称】形 釣り合いがとれている.

xiāngchéng【相成】動 互いに補完する.

xiāngchí【相持】動 相対立する.

xiāngchǔ【相处】動 付き合う. 一緒に過ごす.

xiāngchuán【相传】動 **1**（…と）伝えられている. **2** 伝授する.

xiāngcì【相次】副〈書〉順次. 相次いで.

xiāngdāng【相当】**1** 副 相当. かなり. ¶这个问题～严重 / この問題はかなり重大である. **2** 動 相当する. 匹敵する. **3** 形 適当である. ふさわしい.

xiāngdé【相得】形 気が合う.

xiāng dé yì zhāng【相得益彰】〈成〉互いに補完し合い結果がいっそうよくなる.

xiāngděng【相等】形 等しい. 同じである.

xiāngdǐ【相抵】動 **1** 相殺する. **2**〈書〉互いに抵触する.

xiāngduì【相对】❶形 **1** 比較的. 相対的な. **2** 相対的である. ❷動 向かい合う.

xiāngduì gāodù【相对高度】名〈測〉相対(的)高度.

xiāngduìlùn【相对论】名〈物〉相対性理論.

xiāngduì shīdù【相对湿度】名〈気〉相対湿度.

xiāngduì zhēnlǐ【相对真理】名 相対的真理.

xiāngduì zhǔyì【相对主义】名〈哲〉相対主義.

xiāngfán【相烦】動〈書〉〈敬〉お手を煩わす.

xiāngfǎn【相反】形 相反している. 逆である；(挿入的に用いて)逆に. …に反して. ¶性格完全～ / 性格が正反対である.

xiāng fǎn xiāng chéng【相反相成】〈成〉互いに相反しながら, 互いに成り立たせ合う.

xiāngfǎng【相仿】形 似通っている.

xiāngféng【相逢】動 思いがけずめぐり会う.

xiāngfú【相符】動 一致する. 符合する.

xiāng fǔ ér xíng【相辅而行】〈成〉相互補完し合って進める.

xiāng fǔ xiāng chéng【相辅相成】〈成〉互いに助け合い, 互いに補完する.

xiānggān【相干】動(多く否定の形で)関係する.

xiānggé【相隔】動〈書〉隔たる.

xiānggù【相顾】動〈書〉見つめ合う.

xiāngguān【相关】動 関係がある.

xiānghǎo【相好】❶形 仲がよい. ❷名 **1** 親友. **2** 愛人. ❸動(不倫の)恋愛をする.

xiānghù【相互】形 互いの；相互に. 互いに. ¶～关心, ～学习 / 互いにいたわり合い, 学び合う.

xiānghuì【相会】動(約束をして)落ち会う.

xiāngjì【相继】副 相次いで.

xiāng jiān hé jí【相煎何急】→zhǔ dòu rán qí【煮豆燃萁】

xiāngjiàn【相见】動 顔を合わせる.

xiāngjiàn【相间】動 互い違いになる.

xiāngjiāo【相交】動 **1** 交わる. **2** 友達付き合いをする.

xiāngjiào【相较】動 比べ合わせる.

xiāngjiē【相接】動 **1**（物が）隣接する. **2**（人が）相接する.

xiāngjìn【相近】形 **1** 双方が接近している. **2** 類似している.

xiāng jìng rú bīn【相敬如宾】〈成〉夫婦が互いに賓客に接するように尊敬し合う.

xiāngjù【相距】動〈書〉隔たっている.

xiāngkàn【相看】動 **1** じっと見る. **2** 待遇する. **3**（男女が）見合いをする.

xiānglǐ【相礼】→xiānglǐ【襄礼】

xiānglián【相连】動 相連なる.

xiānglín【相邻】動〈書〉隣接する.

xiāngmán【相瞒】動 隠しだてをする.

xiāngpèi【相配】**1** 形 釣り合っている. **2** 動〈生〉交配する.

xiāngpū【相扑】動 相撲に似たスポーツをする；相撲をとる.

xiāngqì【相契】動〈書〉意気投合する.

xiāngqiǎng【相强】動 無理強いする.

相 X

xiāng//qīn【相亲】動 **1**〈書〉親しみ合う. **2** 見合いをする.
xiāng qīn xiāng ài【相亲相爱】〈成〉(夫婦が)親しみ愛し合う.
xiāngqiú【相求】動〈書〉お願いする.
xiāngqù【相去】名 双方の差.
xiāngquàn【相劝】動 忠告する；なだめる.
xiāngràng【相让】動 譲歩する. 譲り合う.
xiāngrǎo【相扰】**1**〈套〉お邪魔する. **2** 動 邪魔をし合う.
xiāng rěn wèi guó【相忍为国】〈成〉国家や民族のために我慢し譲歩する.
xiāngrèn【相认】動 知っている；(友人関係を)認める,認知する.
xiāngróng【相容】動(多く否定の形で用い)互いに相手を受け入れる.
xiāng rú yǐ mò【相濡以沫】〈成〉共に苦境に身を置き互いに助け合う.
xiāngruò【相若】形〈書〉似通っている.
xiāngshàn【相善】形〈書〉仲むつまじい.
xiāngshāng【相商】動 相談し合う.
xiāng shēng xiāng kè【相生相克】〈成〉五行の運行によって生じる相互作用と影響.
xiāngshí【相识】**1** 動〈書〉知り合う. **2** 名 知り合い.
xiāngshì【相视】動〈書〉互いに見る.
xiāngshuài【相率】動〈書〉連れ立つ.
xiāngsī【相思】動(男女が)慕い合う.
xiāngsīniǎo【相思鸟】名〈鳥〉ソウシチョウ.
xiāngsīshù【相思树】名〈植〉ソウシジュ.
xiāngsīzǐ【相思子】名〈植〉**1** トウアズキ；〈中薬〉相思子(そうしし). **2** アズキの別称.
xiāngsì【相似】形 似通っている. ¶相貌～/顔が似ている.
xiāngsìxíng【相似形】名〈数〉相似形.
xiāngsòng【相送】動 見送る.
xiāng tí bìng lùn【相提并论】〈成〉(多く否定文に用い)同列に論じる.
xiāngtōng【相通】動 互いに通じ合う.
xiāngtóng【相同】形 同じである. ¶形状～/形が同じである.
xiāngtóu【相投】動 意気投合する.
xiāngtuō【相托】動〈書〉ご依頼する.
xiāngwéi【相违】動〈書〉相違する.
xiāngxiàng【相向】動〈書〉(二人が)向かい合う；対立する.
xiāngxiàng【相像】形 似通っている.
xiāngxìn【相信】動 信用する. ¶我～你能完成这个任务/私は君がこの任務を達成できると信じている.
xiāngxíng【相形】動〈書〉二つの事物を比べ合わせる.
xiāng xíng jiàn chù【相形见绌】〈成〉比べると見劣りがする.
xiāngyán【相沿】動〈書〉踏襲する.
xiāngyāo【相邀】動〈書〉招待する.
xiāngyī【相依】動〈書〉互いに頼る.
xiāng yī wéi mìng【相依为命】〈成〉互いに頼り合って生きていく.
xiāngyí【相宜】形〈書〉適合している.
xiāngyīng【相应】動〈書〉(旧時の公文書用語)当然…すべきである. ⇨xiāngyìng
xiāngyíng【相迎】動 出迎える.
xiāngyìng【相应】**1** 動 呼応する. 相応する. ¶他说的话前后不～/彼が言った話は前後がちぐはぐだ. **2** 形 それ相応の. ⇨xiāngyīng
xiāngyìng【相映】動 互いに引き立て合う.
xiāngyǔ【相与】**1** 動 交際する. **2** 副 互いに. **3** 名〈旧〉親しい友人.
xiāngyù【相遇】動〈書〉出会う.
xiāngyuē【相约】動 約束する.
xiāngzhēng【相争】動 相争う.
xiāngzhī【相知】〈書〉**1** 動 交際する. **2** 名 友人.
xiāng//zhòng【相中】動+結補 見て気に入る.
xiāngzhù【相助】動 助け合う. 協力する.
xiāngzuǒ【相左】動〈書〉**1** 行き違いになる. **2** 食い違う.

香 xiāng ❶ 形 **1**(↔臭) よいにおいがする. ¶这酒好～啊！/このお酒はいいにおいですね. **2** おいしい. 味がよい. ¶这几个菜都挺～/これらの料理はみなおいしい. **3**(眠りが深く)気持ちよい. ¶睡得很～/ぐっすり眠る. **4** 人気がある. ¶在东南亚很～/東南アジアで人気がある. ❷ 名 香(こう). 線香. ¶供gòng～/線香を供える.
H 香り. ¶酒～/酒の香り. ‖ 姓
xiāng'àn【香案】名 香炉を置く机；祭壇.
xiāngbāo【香包】名 におい袋.
xiāngbīnjiǔ【香槟酒】名 シャンパン.
xiāngbō【香波】名 シャンプー.
xiāngbōbor【香饽饽儿】名〈方〉**1** 受けのよい人. **2** うま味.
xiāngcài【香菜】名〈植〉コウサイ. 中国パセリ. ▶"芫荽"の通称.
xiāngcǎo【香草】名〈植〉**1** コウボウ. **2** バニラ.
xiāngcǎoquán【香草醛】名〈化〉バニリン. ワニリン.
xiāngcháng【香肠】名(～儿) 腸詰め. [根]
xiāngcháo【香巢】名〈喩〉愛の巣.
xiāngchéng【香橙】名〈植〉ユズ.
xiāngchòu【香臭】名 香気と臭気；〈転〉事の善悪.
xiāngchūn【香椿】名〈植〉チャンチン(の若葉).
xiāngchún【香醇】形(香りや味が)芳醇(ほうじゅん)である. ▲"香纯"とも.
xiāngdǒu【香斗】名 線香を立てるため穀類が入れてある升形の木箱.
xiāngdǔ【香肚】名〈料理〉豚の膀胱にひき肉や調味料を詰めて作ったソーセ

ージ.
xiāng'ěr【香饵】名 よいにおいがするえさ；〈喩〉人を釣るえさ.
xiāngfěi【香榧】名〈植〉カヤ.
xiāngfěn【香粉】名 粉おしろい.
xiāngfùfù【香馥馥】形(～的)かぐわしい.
xiāngfùzǐ【香附子】名〈中薬〉香付子(ぶし). ▶ハマスゲの地下茎.
xiānggān【香干】名(～儿)〈料理〉薫製の"豆腐干".
Xiānggǎng【香港】名〈地名〉ホンコン.
xiānggǎngjiǎo【香港脚】名〈方〉水虫.
xiānggū【香菇】名〈植〉シイタケ. ▲"香菰"とも.
xiāngguā【香瓜】名(～儿)〈植〉マクワウリ. メロン.
xiāngguī【香闺】名〈書〉女性の部屋.
xiānghāo【香蒿】名〈植〉カワラニンジン.
xiānghuā【香花】名 **1** 香りの高い花；〈喩〉人民に有益な言論や作品. **2**(仏前に供える)線香と花.
xiānghuī【香灰】名 線香の灰.
xiānghuì【香会】名〈旧〉聖地巡礼のための講や団体.
xiānghuǒ【香火】名 **1** 仏前に供える線香やろうそくの火；祖先のための祭事. **2** 寺男. **3**(～儿)お香や線香の火.
Xiāngjiāng【香江】名 ホンコンの別称.
xiāngjiāo【香蕉】名〈植〉バナナ.
xiāngjiāo píngguǒ【香蕉苹果】名〈植〉インドリンゴ.
xiāngjiāoshuǐ【香蕉水】名〈化〉シンナー.
xiāngjīng【香精】名〈化〉香料エッセンス.
xiāngkè【香客】名 参拝者. 巡礼.
xiānglánsù【香兰素】名〈化〉バニリン. ワニリン.
xiāngliào【香料】名 香料；薬味.
xiānglú【香炉】名 香炉.
xiāngmáo【香茅】名〈植〉レモングラス.
xiāngpēnpēn【香喷喷】形(～儿·～的)ぷんぷんとよいにおいがする.
xiāngpiàn【香片】名 ジャスミン茶.
xiāngpú【香蒲】名〈植〉ガマ.
xiāngqì【香气】名 よい香り.
xiāngqián【香钱】名〈口〉賽銭(さい).
xiāngròu【香肉】名〈方〉(食用の)犬の肉.
xiāngrú【香薷】名〈植〉ナギナタコウジュ；〈中薬〉香薷(じゅ).
xiāngshuǐ【香水】名(～儿)香水.
xiāngshuǐlí【香水梨】名〈植〉(よい香りのする)ナシの一種.
xiāngsū【香酥】形〈料理〉かりかりに揚げてある.
xiāngtián【香甜】形 **1** かぐわしくておいしい. **2**(眠りが)ぐっすりと心地よい.
xiāngtíng【香莛】名〈食材〉ニラの柔らかい茎.
xiāngtǒng【香筒】名 線香入れ.
xiāngwèir【香味儿】名 **1** よい香り. **2** うまい味.
xiāng xiāo yù yǔn【香消玉殒】〈成〉美人の死.
xiāngxùn【香蕈】名〈植〉シイタケ.
xiāngyān【香烟】名 **1** 紙巻きたばこ. **2** 線香や香の煙. **3**〈旧〉祖先の祭り；〈転〉跡継ぎ.
xiāngyàn【香艳】形〈旧〉(小説や映画などが)扇情的である.
xiāngyízi【香胰子】名〈方〉化粧石けん.
xiāngyóu【香油】名〈料理〉ゴマ油.
xiāngyú【香鱼】名〈魚〉アユ.
xiāngyuán【香橼】名〈植〉マルブシュカン.
xiāngyúnshā【香云纱】名〈紡〉広州紗.
xiāngzāo【香糟】名 酒かす；酒かすに香辛料を加えて熟成させた調味料.
xiāngzào【香皂】名 化粧石けん.
xiāngzé【香泽】名〈書〉**1** 髪油. **2** 香り.
xiāngzhāng【香樟】名〈植〉クスノキ.
xiāngzhāngzi【香獐子】名〈口〉〈動〉ジャコウジカ.
xiāngzhī【香脂】名 **1** コールドクリーム. **2**〈化〉バルサム.
xiāngzhú【香烛】名 線香とろうそく.
xiāngzī【香资】名〈口〉賽銭(さい).

厢(廂) xiāng H ①(中国の伝統式の)母屋("正房")の前方両わきの棟. ②建物のような仕切られた所. ¶包～ / (劇場の)ボックス席. ③城門の外に連なってできる町. ¶关～ / 城門外の街. ④〈近〉あたり. ところ. ¶这～ / こちら.
xiāngfáng【厢房】名"正房"(母屋)の両側の棟.

湘 xiāng H ①(洞庭湖へ注ぐ)湘江(しょう). ②湖南省. ‖姓
xiāngcài【湘菜】名 湖南料理.
xiāngfēizhú【湘妃竹】名〈植〉ハンチク(斑竹).
xiāngjù【湘剧】名 湘劇(げき). ▶湖南省の伝統劇.
xiānglián【湘帘】名 ハンチクで作ったすだれ.
xiānglián【湘莲】名〈食材〉湖南産のハスの実.
xiāngxiù【湘绣】名 湖南産の刺繡.
xiāngyǔ【湘语】名 湘(しょう)方言.
xiāngzhú【湘竹】名〈植〉ハンチク.

缃 xiāng 名〈書〉薄い黄色.

箱 xiāng 量 箱入りのものを数える. ¶一～苹果 / リンゴひと箱.
H ①(やや大きな)箱. ¶纸～ / ダンボール箱. ②箱状のもの. ¶信～ / 郵便受け.
xiāngbāo【箱包】名 スーツケースやバッグ類の総称.
xiāngdǐ【箱底】名(～儿)**1** 箱の底.

2 蓄え.
xiāngjiábǎn【箱夹板】名(荷造り・運搬用の)箱型の木枠.
xiānglǒng【箱笼】名(旅行時に衣類を入れる)トランク,行李.
xiāngxíng zhàoxiàngjī【箱型照相机】名 箱型カメラ.
xiāngzi【箱子】名 箱. トランク.

襄 **xiāng** H 助ける. ‖ 姓
xiāngbàn【襄办】1 動〈書〉協力する. 2 名〈旧〉副総裁.
xiānglǐ【襄礼】1 動〈旧〉儀式の進行係をする. 2 名 儀式の進行係.
xiānglǐ【襄理】名〈旧〉(比較的大きな銀行や企業などの)支配人代理.
xiāngzàn【襄赞】動〈書〉協賛する.
xiāngzhù【襄助】動〈書〉助力する.

骧 **xiāng** 動〈書〉1 馬が疾走する. 2 首を高く上げる. 頭をもたげる.

镶 **xiāng** 動 1 はめ込む. 象眼する. ¶～窗玻璃 / 窓にガラスをはめる. 2 縁をとる. ¶～花边 / 縁飾りをつける.
xiāngbǎn【镶板】名 パネル. はめ板.
xiāngqiàn【镶嵌】動 象眼する.
xiāng//yá【镶牙】動 義歯を入れる.

详 **xiáng** H ①詳しい. ¶～谈 / 詳しく話す. ②詳しく述べる. ¶内～ / 詳しいことは中に記す. ③はっきりしている. ¶生卒年不～ / 生没年不詳. ‖ 姓
xiángbèi【详备】形 詳しく周到である.
xiángjìn【详尽】形 きわめて詳しい.
xiánglüè【详略】名〈書〉詳しさの程度.
xiángmì【详密】形 詳細で緻密である.
xiángmíng【详明】形〈書〉詳しくてわかりやすい.
xiángqíng【详情】名 詳しい状況.
xiángshí【详实】→xiángshí【翔实】
xiángxī【详悉】1 動〈書〉詳しく知っている. 2 形 詳しくて漏れがない.
xiángxì【详细】形 詳しい. 細かに. ¶～研究 / つぶさに研究する. ¶～内容 / 詳細.

降 **xiáng** 動 1 投降する. ¶宁死不～ / 死んでも降伏しない. 2 屈服させる;おとなしく従わせる. ¶孙悟空～住了妖怪 / 孫悟空は妖怪を打ち負かした. 異読⇨jiàng
xiángbiǎo【降表】名〈書〉降服状.
xiángbuzhù【降不住】動+可補 制圧できない.
xiángdí【降敌】〈書〉1 動 敵を降服させる. 敵に降服する. 2 名 降服した敵.
xiángfú【降伏】動(具体的な人や事物を)屈服させる.
xiángfú【降服】動 降服する.
xiáng lóng fú hǔ【降龙伏虎】〈成〉強大な勢力を屈服させる.
xiángmó【降魔】動 悪魔を降服させる.
xiángqí【降旗】名(投降の)白旗.
xiángshùn【降顺】動 降服し帰順する.

庠 **xiáng** H 中国古代の学校. ¶～序 / 古代の地方学校.
xiángshēng【庠生】名〈旧〉(科挙制度のもと)府・州・県の学校で学ぶ学生.

祥 **xiáng** H めでたい. 縁起がよい. ¶吉～ / めでたい. ‖ 姓
xiánghé【祥和】形 1 (雰囲気が)穏やかである. 2 情け深い.
xiángruì【祥瑞】名 めでたい前兆.
xiángyún【祥云】名 めでたい雲.

翔 **xiáng** H(羽を動かさないで)旋回する,飛ぶ. ¶滑～ / 滑空する.
xiángshí【翔实】形〈書〉詳細で確かである.

享 **xiǎng** 動(成果・福などを)受け取る,享受する,享有する. ¶～现成的 / 自分は何もしないでうまい汁を吸う. ‖ 姓
xiǎngdiàn【享殿】名(廟の)享堂.
xiǎng//fú【享福】動 幸せを享受する.
xiǎngguó【享国】動〈書〉君主が在位する.
xiǎnglè【享乐】動〈貶〉享楽にふける.
xiǎngnián【享年】名〈敬〉享年.
xiǎngshòu【享寿】〈書〉1 動 長生きをする. 2 →xiǎngnián【享年】
xiǎngshòu【享受】1 動 享受する. ¶～贵宾待遇 / VIP待遇を受ける. 2 名 享楽.
xiǎngtáng【享堂】名 祖先を祭る部屋.
xiǎngyòng【享用】動(ある物を使用・飲食して)楽しむ.
xiǎngyǒu【享有】動(権利・名誉・人望などを)持っている.
xiǎngyù【享誉】動 名声を博す.

响(響) **xiǎng** 1 動 鳴り響く;音を出す. ¶铃～了 / ベルが鳴った. ¶～枪 / 銃をぶっ放す. 2 量(～儿)(銃声・爆竹・太鼓・どらなど)大きく響く音を数える. ¶以枪声三～为号 / 3発のピストルの音を合図にする.
H こだま. 響き. 音. ¶回～ / こだま;反響.
xiǎngbǎn【响板】名〈音〉カスタネット.
xiǎngbí【响鼻】名(～儿)(馬やロバの)大きな鼻息.
xiǎngchè【响彻】動 響き渡る.
xiǎng chè yún xiāo【响彻云霄】〈成〉(声や音が)澄んでいてよく通る.
xiǎngcuì【响脆】形(音や声が)よく通って歯切れがよい.
xiǎngdāngdāng【响当当】形(～的) 1 じゃんじゃん響く. 2〈喩〉立派である.
xiǎngdong【响动】名(～儿)物音.
xiǎngdù【响度】名〈物〉音量. 響き.
xiǎng è xíng yún【响遏行云】〈成〉歌声が高らかに響く.
xiǎngjiàn【响箭】名 かぶら矢.
xiǎngléi【响雷】名 雷鳴.
xiǎngliàng【响亮】形 1 (音や声が)よく響く. 2 (名声が)響き渡る.
xiǎngmǎ【响马】名〈旧〉馬賊.

xiǎngpái【响排】名(演劇などの)伴奏付きリハーサル.
xiǎngqì【响器】名 打楽器. 鳴り物.
xiǎngqíng【响晴】形 晴れわたっている.
xiǎngr【响儿】名〈方〉音. 物音.
xiǎngsheng【响声】名(～儿)音. 物音.
xiǎngtóu【响头】名 叩頭(ﾖｳ)のおじぎ.
xiǎngwěishé【响尾蛇】名〈動〉ガラガラヘビ.
xiǎngwěishé dǎodàn【响尾蛇导弹】名〈軍〉空対空ミサイル.
xiǎngyáng【响杨】名〈植〉モウハクヨウ.
xiǎngyīn【响音】名〈語〉共鳴音.
xiǎngyìng【响应】動 1 こだまする. 2(呼びかけ・提案などに)こたえる.
xiǎngzhǐ【响指】名 指を鳴らす音.

饷 xiǎng ❶動〈書〉1 供応する. 酒食をふるまう. 2 要求にこたえる. 満足させる.
❷名〈旧〉(以前の軍隊や警察の)給料. ¶欠～/給料が未払いになる.
xiǎngyín【饷银】名〈旧〉(軍隊や警察の)給料.

飨(饗) xiǎng H 酒食を振る舞う;(広く)人を満足させる.

想 xiǎng ❶動 1 考える. ¶～办法/方法を考える. 2 推測する. ¶我～他今天会来的/彼はきょう来ると思う. 3 思い出す. ¶～不起来/思い出せない. 4 懐かしがる. 思いしのぶ. ¶我很～爸爸/父のことがとても懐かしい. 5(「"想"+"着"」の形で)忘れないようにする.
❷助動 …したい. …するつもりだ. ¶他也很～去/彼も行きたがっている.
xiǎngbì【想必】副 きっと…だろう.
xiǎngbuchū//lái【想不出来】動+可補 思いつかない.
xiǎngbudào【想不到】動+可補 思いもよらない. 意外である.
xiǎngbukāi【想不开】動+可補 あきらめられない.
xiǎngbuqǐ//lái【想不起来】動+可補 思い出せない.
xiǎngbutōng【想不通】動+可補 納得できない.
xiǎngdāngrán【想当然】〈慣〉〈貶〉当て推量をする.
xiǎng//dào【想到】動+方補 1 思いつく. 気がつく. 2 予想する.
xiǎngdedào【想得到】動+可補 予想できる.
xiǎngdekāi【想得开】動+可補 あきらめる.
xiǎngdeqǐ//lái【想得起来】動+可補 1 思い出すことができる. 2 →xiǎngdedào【想得到】
xiǎngdetōng【想得通】動+可補 納得できる.
xiǎng//fǎ【想法】動(～儿・～子)方法を考えて(なんとか…する).
xiǎngfa【想法】名 考え(方).
xiǎng fāng shè fǎ【想方设法】〈成〉あれこれ方法を考える.
xiǎng//hǎo【想好】動 1 よく考える. 2(～儿)よくなろうと考える.
xiǎng//jiā【想家】動 家が恋しい.
xiǎngjiàn【想见】動(…だということが)推察できる.
xiǎng//kāi【想开】動+方補 くよくよしない. 達観する.
xiǎnglái【想来】副(考えてみれば)たぶん, おそらく.
xiǎngniàn【想念】動 懐かしむ. 恋しがる. ¶～亲人/家族を恋しく思う.
xiǎng//qǐ【想起】動+方補 思い起こす.
xiǎng//qián【想钱】動(～儿)〈口〉金もうけしようと思う.
xiǎngr【想儿】名〈方〉望み. 見込み.
xiǎng rù fēi fēi【想入非非】〈成〉妄想をたくましくする.
xiǎng//tōng【想通】動+結補(考えた末に)納得する.
xiǎngtou【想头】名〈口〉1 考え(方). 2 望み. 見込み.
xiǎngwàng【想望】動 1(…しようと)望む. 2〈書〉あこがれる.
xiǎngxiàng【想象・想像】1 動 想像する. ¶怎么也～不出来/どうしても想像できない. 2 名 想像.
xiǎngxiànglì【想象力・想像力】名 想像力.
xiǎngyào【想要】動 …したいと思う.
xiǎngzhe【想着】動(命令文に用い)忘れずにいる.

鲞(鯗) xiǎng O
xiǎngyú【鲞鱼】名 魚の開き.

向(嚮) xiàng ❶前 …に. …へ. …に向かって. ¶～老师请教/先生に教えてもらう. ¶飞～西南/南西の方へ飛ぶ.
❷動 1(↔背)向かう. 向ける. ¶窗户～北开/窓は北向きである. 2 肩をもつ. 同情する. ¶自己人～自己人/仲間は仲間の肩をもつ. 3〈書〉接近する. ¶→～晚.
❸副〈書〉かつて. 従来. ¶本处～无此人/当所にはこれまでにそのような者はいない.
H 向き. 方向. ¶志～/志. ‖ 姓
xiàngbèi【向背】名 服従と離反.
xiàng bì xū gòu【向壁虚构】〈成〉根拠のない虚構を作り上げる.
xiàngdǎo【向导】1 動 道案内する. ;〈書〉先導する. 2 名 ガイド. 案内人.
xiàng'ěr【向迩】動〈書〉近づき親しくする.
xiàngguāngxìng【向光性】名〈植〉屈光性.
xiànghǎo【向好】動(情勢・病気などが)快方に向かう.
xiàng hòu zhuǎn【向后转】(号令)

回れ右.
xiàng//huǒ【向火】動〈方〉火に当たり暖をとる.
xiànglái【向来】副 今までずっと. これまで.
xiànglì【向例】名 通例. 慣例.
xiàngliàng【向量】名〈物〉〈数〉ベクトル.
xiàngmù【向慕】動〈書〉うらやましく思う.
xiàng qián kàn【向前看】**1**〈慣〉前向きになる. **2**(号令)前向け前.
xiàng qián kàn【向钱看】〈慣〉拝金主義.
xiàngrì【向日】名〈書〉以前. 往日.
xiàngrìkuí【向日葵】名〈植〉ヒマワリ.
xiàngrìxìng【向日性】名〈植〉向日性.
xiàngshàng【向上】動 向上する.
xiàng shàng pá【向上爬】〈慣〉〈貶〉高い地位にのし上がろうとする.
xiàngshǐ【向使】接続〈書〉かりに.
xiàngwǎn【向晚】名〈書〉夕方. 夕暮れ.
xiàngwǎng【向往】動 あこがれる.
xiàngwǔ【向午】名 昼ごろ. 昼時.
xiàngxiécéng【向斜层】名〈地質〉向斜層.
xiàngxīnlì【向心力】名〈物〉求心力.
xiàngxìng【向性】名〈生〉向性. 屈性.
xiàngxué【向学】動〈書〉学問に志す.
xiàngyáng【向阳】形(南向きで)日当たりがよい.
xiàng yòu zhuǎn【向右转】**1**〈慣〉反動勢力に近づく. **2**(号令)右向け右.
xiàngyú【向隅】動〈書〉部屋の片隅に顔を向けている;孤独や失意の中にある.
xiàng yú ér qì【向隅而泣】〈成〉機会に恵まれず失望する.
xiàngzhe【向着】動 **1**(…に)向かう. **2**(ある一方の)肩をもつ.
xiàng zuǒ zhuǎn【向左转】(号令)左向け左.

项 **xiàng** 量《条令·種目·任務·取引など項に分けた事物に用いる》¶一～联合声明 / 一つの共同コミュニケ. ¶三～竞技比赛 / 3種の競技. ¶几～任务 / いくつかの任務. ¶一～交易 / 一口の取引.
H ①(まとまった)金額. ¶用～ / 費用. ¶进～ / 収入. ②事物の種類·項目. ¶义～ / (辞典の)語義解釈の項目. ③うなじ. 襟首. ¶→～链. ‖姓
xiàngbèi【项背】名〈書〉(人の)後ろ姿.
xiàngliàn【项链】名(～儿)ネックレス;(犬の)首輪. [条,根]
xiàngmù【项目】名 項目. 種目. プロジェクト.
xiàngquān【项圈】名(～儿)首輪. 首飾り.
xiàng zhuāng wǔ jiàn,yì zài pèi gōng【项庄舞剑,意在沛公】〈成〉話や行動のねらいが名目とは別のところにある.

巷 **xiàng** H 路地. 横町. ¶深～ / 奥に延びている路地. ‖姓 異読⇨hàng
xiàngkǒu【巷口】名 路地の入り口.
xiàngmò【巷陌】名〈書〉路地や横町.
xiàngzhàn【巷战】名〈軍〉市街戦.
xiàngzi【巷子】名〈方〉路地. 横町.

相 **xiàng** ❶名 **1**(～儿)容貌;姿勢. ¶一副可怜～儿 / みすぼらしい様子. **2**〈物〉〈電〉位相. **3**(中国将棋の駒の一)相(ｼｮｳ).
❷動 鑑定する;(物の外見から)占う. ¶～风水 / 地相を見る.
H ①物体の外観. ②(政府の)首脳·高官. ¶首～ / 首相. ③補佐する. ¶～夫教jiào子 / 夫を助け子供を教育する. ④〈旧〉主人を助ける接待役. ¶傧～ / 新郎·新婦の付添人. ‖姓 異読⇨xiāng
xiàngcè【相册】名(写真の)アルバム.
xiànggong【相公】名 **1**〈近〉夫に対する敬称. **2**〈近〉年若い知識人に対する敬称. **3**〈旧〉男娼.
xiàngjī【相机】**1** 名〈略〉カメラ. **2** 動 機会をみる.
xiàngmào【相貌】名 顔立ち. 容貌. ¶～堂堂 / 顔つきが立派である.
xiàng//miàn【相面】動 人相を見る.
xiàngpiānr【相片儿】名〈口〉(多く人物の)写真.
xiàngpiàn【相片】名(多く人物の)写真. [张]
xiàngsheng【相声】名 漫才. [段]
xiàngshì【相士】名 人相見.
xiàngshū【相书】名 **1**〈方〉声帯模写. **2** 人相占いの本.
xiàngshù【相术】動 人相占いをする.
xiàngtài【相态】名〈化〉(物質の)状態.
xiàngwèi【相位】名〈数〉位相.
xiàngxiázi【相匣子】名〈旧〉カメラ.
xiàngzhǐ【相纸】名〈写〉印画紙.

象 **xiàng** 名 **1**〈動〉象. [头,只]¶大～ / 象. **2**(中国将棋の駒の一)象(ｼｮｳ). ▶"相"に同じ.
H ①姿. 様子. ¶气～ / 気象. ②似せる. 模倣する.
xiàngbíchóng【象鼻虫】名〈虫〉ゾウムシ.
xiàngchā【象差】名〈物〉(レンズの)収差.
xiàngpíbìng【象皮病】名〈方〉〈医〉フィラリア症.
xiàngqí【象棋】名 中国将棋. [副;盘]¶下一盘～ / 中国将棋を一局さす.
xiàngsàn【象散】名〈物〉(レンズの)非点収差.
xiàngshēngcí【象声词】名〈語〉擬声語. 擬音語.
xiàngxiàn【象限】名〈数〉象限.
xiàngxíng【象形】名〈語〉(六書(ﾘｸｼｮ)の)象形.
xiàngxíng wénzì【象形文字】名

〈語〉象形文字.

xiàngyá【象牙】名 象牙.

xiàngyá zhī tǎ【象牙之塔】〈慣〉象牙の塔. ▶"象牙宝塔"とも.

xiàngyázhì【象牙质】名〈生理〉象牙質.

xiàngyǎnr【象眼儿】名〈方〉菱形.

xiàngzhēng【象征】1 動 象徴する. 2 名 象徴.

xiàngzhēng zhǔyì【象征主义】名〈美〉象徴主義.

像 **xiàng** ❶動 1 …に似ている. …みたいだ. ¶他长zhǎng得～他爸爸 / 彼は父親に似ている. 2 たとえば…のような. ¶～这样的例子很多 / このような例はとても多い.
❷副 まるで…のようだ. …しそうだ. ¶～鲜血一样的颜色 / 血のような色. ¶～要下雨似的 / どうやら雨が降りそうだ.
❸名(人・物の姿を)写したもの. [张,幅,帧] ¶画了一张～ / 肖像を1枚描いた. ‖姓

xiàng//huà【像话】動(多く否定の形で)道理にかなっている. ¶真不～! / まったく話にならない.

xiàngmào【像貌】→xiàngmào【相貌】

xiàng mú xiàng yàng【像模像样】〈成〉(状態が)ちゃんとしている.

xiàng shà yǒu jiè shì【像煞有介事】〈成〉まことしやかである.

xiàngsù【像素】名〈電算〉画素.

xiàng//yàng【像样】動(～儿・～子)さまになっている.

xiàngzhāng【像章】名 肖像入りのバッジ.

橡 **xiàng** 名〈植〉1 クヌギ. 2 ゴムの木. ‖姓

xiàngjiāo【橡胶】名 ゴム.

xiàngjiāocǎo【橡胶草】名〈植〉ゴムタンポポ.

xiàngjiāoshù【橡胶树】名〈植〉ゴムノキ. パラゴムノキ.

xiàngpí【橡皮】名 1 ゴム. 2 消しゴム. [块,个,只]

xiàngpíbǎn【橡皮版】名〈印〉オフセット印刷用プレート.

xiàngpí dīngzi【橡皮钉子】〈慣〉婉曲的な拒絶.

xiàngpígāo【橡皮膏】名〈医〉絆創膏(ばんそうこう).

xiàngpíjīnr【橡皮筋儿】名 輪ゴム. ゴムひも.

xiàngpíní【橡皮泥】名 油土.

xiàngpíquān【橡皮圈】名 1 ゴムの浮き輪. 2(～儿)輪ゴム.

xiàngpíshù【橡皮树】名〈植〉ゴムノキ.

xiàngpí túzhāng【橡皮图章】〈慣〉名前だけで実権のない人〔機関〕.

xiàngpíxiàn【橡皮线】名 絶縁線.

xiàngshí【橡实】名〈植〉ドングリ.

xiàng(wǎn)zi【橡(碗)子】名〈植〉(クヌギの)ドングリ.

xiàngzimiàn【橡子面】名 ドングリの粉.

xiao (ㄒㄧㄠ)

肖 **xiāo** ‖姓 異読⇨xiào

Xiāoshì huítiào yìngdù【肖氏回跳硬度】名〈物〉ショア硬度.

枭(梟) **xiāo** 名〈鳥〉フクロウ.
形 ①強暴で野心がある. ②塩の密売人. ¶盐～ / 〈旧〉同上.

xiāojiàng【枭将】名〈書〉勇将.

xiāoshǒu【枭首】動〈書〉さらし首にする.

xiāoxióng【枭雄】名〈書〉残忍だが勇猛な人.

枵 **xiāo** 形 むなしい. 空っぽである.

xiāo fù cóng gōng【枵腹从公】〈成〉寝食を忘れ公のために奉仕する.

削 **xiāo** 動 1 削る;(皮を)むく. ¶～苹果皮 / リンゴの皮をむく. 2(値段を)割る. ¶～本卖 / 元値を切って売る. 3(卓球などでボールを)カットする. 異読⇨xuē

xiāojià【削价】動 値引きする.

xiāomiàn【削面】名〈料理〉包丁で削っためん.

xiāoqiú【削球】名〈体〉(テニスや卓球の)カットボール.

骁(驍) **xiāo** 形 たけだけしい. ¶～将 / 〈書〉勇将.

xiāoqí【骁骑】名〈書〉勇猛な騎兵.

xiāoyǒng【骁勇】形〈書〉勇猛である.

逍 **xiāo** ○

xiāoyáo【逍遥】〈書〉1 動 逍遥(しょうよう)する. 2 形 気ままである.

xiāo yáo fǎ wài【逍遥法外】〈成〉法の網を逃れてのうのうとしている.

鸮 **xiāo** →chīxiāo【鸱鸮・鸱枭】

虓 **xiāo** 動〈書〉(虎が)ほえる.

消 **xiāo** 動 1 消えてなくなる. ¶雾渐渐～了 / 霧がしだいに晴れてきた. ¶红肿老也不～ / 腫れがなかなかひかない. 2〈近〉("不,何,只"を前につけ)必要である. ¶只～一句话 / ただ一言を要するのみ.
形 ①取り除く. ¶→～毒. 消費する. 消耗する. ¶→～耗. ②時を過ごす. 気晴らしをする. ¶→～闲. ‖姓

xiāochén【消沉】形 沈んで元気がない. 落ち込んでいる.

xiāochú【消除】動(不利な事物を)取り除く. ¶～误会 / 誤解を解く.

xiāo//cí【消磁】動 1 録音されたテープの音を消す. 2〈物〉消磁する.

xiāo//dài【消带】→xiāo//cí【消磁】1

xiāo//dú【消毒】動 消毒する;〈喩〉(悪い影響を)除去する.

xiāodújì【消毒剂】名 消毒剤.

xiāofáng【消防】名 消防.

xiāofèi【消费】動 消費する.

xiāofèi'é【消费额】[名] 消費額.
xiāofèipǐn【消费品】[名] 消費財.
xiāofèishuì【消费税】[名] 消費税.
xiāofèizhě【消费者】[名] 消費者.
xiāofèi zīliào【消费资料】[名] 生活手段.
xiāoguāngjì【消光剂】[名] つや消し剤.
xiāohào【消耗】**1** [動](物や体力などを)消耗する, 消耗させる. **2** [名]〈近〉消息. 便り.
xiāohàorè【消耗热】[名]〈医〉消耗熱.
xiāohuà【消化】[動] 消化する ;〈転〉(知識を)消化する, 理解する.
xiāohuàméi【消化酶】[名]〈生理〉ジアスターゼ.
xiāohuà xìtǒng【消化系统】[名]〈生理〉消化系統.
xiāohún【消魂】→xiāohún【销魂】
xiāohuǒshuān【消火栓】[名] 消火栓.
xiāojí【消极】[形] **1** 否定的である. **2**(意欲に欠けて)消極的である.
xiāojiǎn【消减】[動] 減退する.
xiāojiě【消解】[動](疑いや懸念などが)氷解する.
xiāokě【消渴】[名]〈中医〉消渇(しょうかつ).
xiāomǐ【消弭】[動](災いを)取り除く.
xiāomiè【消灭】[動] 消滅させる ; 消滅する. ¶～事故 / 事故をなくす.
xiāomǐn【消泯】[動]〈書〉消滅する.
xiāomó【消磨】[動] **1**(時間をむだに)過ごす. **2**(精力や意志を)すり減らす.
xiāonà【消纳】[動](ごみや廃棄物を)処理する. ▶"销纳"とも.
xiāo//qì【消气】[動](～儿)怒りをしずめる.
xiāoqiǎn【消遣】[動] 暇つぶしをする.
xiāoróng【消融・消溶】[動](氷や雪が)解ける.
xiāosàn【消散】[動](煙・霧・におい・熱など, また抽象的なものが)消え去る.
xiāosèchā【消色差】[名]〈物〉色収差.
xiāoshēng【消声】[名]〈建〉騒音除去.
xiāoshēngqì【消声器】[名](内燃機関の)マフラー ;(火器類の)消音器.
xiāoshī【消失】[動] 消えてなくなる. ¶～在人海里 / 人ごみに消える.
xiāo//shí【消食】[動](～儿)消化を助ける.
xiāoshíhuī【消石灰】[動]〈化〉消石灰.
xiāoshì【消逝】[動]〈書〉消え去る.
xiāoshì【消释】[動]〈書〉(疑い・恨み・苦痛などが)消えてなくなる.
xiāoshòu【消受】[動] **1**(多く否定文に用い)享受する. **2** こらえる.
xiāoshòu【消瘦】[動](体が)やせる. やつれる.
xiāo//shǔ【消暑】[動] **1** 暑気払いをする. **2** 暑さをしのぐ.
xiāosǔn【消损】[動] **1** しだいに少なくなる. **2** 損耗する.
xiāoting【消停】〈方〉**1** [形] 落ち着いている. **2** [動] 停止する.
xiāotuì【消退】[動](暑さ・笑顔などが)だんだんなくなる.
xiāowáng【消亡】[動] 消え失せる.
xiāoxi【消息】[名] **1** 情報. ニュース. [个] **2** 便り. 音信. 消息.
xiāoxir【消息儿】[名]〈方〉(防犯などの)仕掛け.
xiāoxià【消夏】[動](楽しく)夏を過ごす.
xiāoxián【消闲】**1** [動] 暇つぶしをする. **2** [形](暇で)のんびりしている.
xiāoxiē【消歇】[動]〈書〉やむ. やめる.
xiāo yān chú chén【消烟除尘】〈成〉〈環境〉煙や粉塵を取り除く.
xiāo//yán【消炎】[動] 炎症を止める.
xiāoyánpiàn【消炎片】[名]〈薬〉消炎剤.
xiāoyè【消夜】→xiāoyè【宵夜】
xiāoyīnqì【消音器】→ xiāoshēngqì【消声器】
xiāo//zāi【消灾】[動] 厄払いをする.
xiāozhǎng【消长】[名] 消長. 増減.
xiāo//zhǒng【消肿】[動] 腫れを治す. 腫れが引く.

宵 xiāo [H] 夜. ¶一～没睡好 / 一晩じゅうよく眠れなかった. ‖ [姓]
xiāogàn【宵旰】→ xiāo yī gàn shí【宵衣旰食】
xiāojìn【宵禁】[名] 夜間外出禁止令.
xiāoxiǎo【宵小】[名]〈書〉夜盗 ;(広く)悪人.
xiāoyè【宵夜】**1** [名] 夜食. **2** [動] 夜食を食べる.
xiāo yī gàn shí【宵衣旰食】〈成〉ひたすら政務にいそしむ.

绡 xiāo [名]〈書〉**1** 生糸. **2** 生糸の織物.

萧(蕭) xiāo [H] もの寂しい. ‖ [姓]
xiāo'ài【萧艾】[名]〈書〉**1**〈植〉ヨモギ. **2**〈喩〉〈謙〉つまらない者. 不肖.
xiāo guī cáo suí【萧规曹随】〈成〉前任者の方法を踏襲する.
xiāoqiáng【萧墙】[名]〈書〉表門の外の目隠し壁 ;〈転〉内輪.
xiāorán【萧然】[形]〈書〉もの寂しい ; 空っぽである.
xiāosǎ【萧洒】→xiāosǎ【潇洒】
xiāosà【萧飒】[形]〈書〉ひっそりとしている.
xiāosè【萧瑟】[形]〈書〉**1** 風が木を吹き渡るさま. **2**(景色が)もの寂しい.
xiāosēn【萧森】[形]〈書〉**1**(葉が落ちて)もの寂しい. **2** 陰鬱である.
xiāoshū【萧疏】[形]〈書〉荒涼としている ; まばらである.
xiāosuǒ【萧索】[形]〈書〉もの寂しい.
xiāotiáo【萧条】[形] **1**〈経〉不況である. **2** もの寂しい.
xiāoxiāo【萧萧】〈書〉**1** [擬] 馬のいななき. 風の音. **2** [形] 髪が白くてまばらである.

猇 xiāo **1**〖虓xiāo〗に同じ. **2** 地名用字.

硝 xiāo **1** [名]〈鉱〉硝石(しょうせき). **2** [動](毛皮を)なめす.
xiāohuà【硝化】[名]〈化〉ニトロ化.

xiāohuà gānyóu【硝化甘油】名〈化〉ニトログリセリン.
xiāoqiāngshuǐ【硝镪水】名〈化〉硝酸.
xiāoshí【硝石】名〈鉱〉硝石.
xiāosuān【硝酸】名〈化〉硝酸.
xiāosuān'ǎn【硝酸铵】名〈化〉硝酸アンモニウム.
xiāosuānjiǎ【硝酸钾】名〈化〉硝酸カリウム.
xiāosuānnà【硝酸钠】名〈化〉硝酸ナトリウム.
xiāosuān xiānwéisù【硝酸纤维素】名ニトロセルローズ.
xiāoyān【硝烟】名硝煙.
xiāoyán【硝盐】名塩分の多い土からとる食塩.

销 xiāo ❶動 1 売りさばく. ¶～不出去 / 売りさばけない. 2(戸や窓の掛け金を)差し込む. ¶把门～好 / 戸に掛け金をしなさい. 3(休暇期間が終わった旨)届け出る. ¶→～假jià. ❷名(電気の)差し込みプラグ;(戸や窓の)掛け金.
H ①金属を溶かす. ②消費する. ¶开～ / 支出(する). ‖姓

xiāo//àn【销案】動事件の審理を打ち切る.
xiāochǎng【销场】名〈方〉(商品の)販路.
xiāodīng【销钉】名止め釘. プラグ.
xiāo//hào【销号】動登録などを取り消す.
xiāohuǐ【销毁】動(溶かしたり焼いたりして)処分〔廃棄〕する.
xiāohún【销魂】動(喜びや悲しみのあまり)魂を奪われる.
xiāojià【销价】名販売価格.
xiāo//jià【销假】動休暇の終了を届け出る.
xiāoliàng【销量】名販売量.
xiāolù【销路】名(商品の)販路.
xiāonà【销纳】動(ゴミなどを)廃棄し処分する.
xiāo shēng nì jì【销声匿迹】〈成〉鳴りをひそめ姿を消す.
xiāoshí【销蚀】動腐食する.
xiāoshì【销势】名(商品の)売れ行き.
xiāoshòu【销售】動(商品を)販売する. ¶～额 / 売上高.
xiāoshòu lìrùn【销售利润】名〈経〉販売利益.
xiāoshuò【销铄】動〈書〉1 溶かす;取り除く. 2 長患いでやせ細る.
xiāoxiē【销歇】→xiāoxiē【消歇】
xiāoxíng【销行】動(商品を)発売する.
xiāo//zāng【销赃】動盗品を売却〔処分〕する.
xiāo//zhàng【销账】動帳簿から消す.
xiāozi【销子】名止め釘. プラグ.

翛 xiāo H 何ものにもとらわれず自由である.

xiāorán【翛然】形〈書〉物事にとらわれないさま.
xiāoxiāo【翛翛】形〈書〉(鳥の)羽が破れているさま.

蛸 xiāo →piāoxiāo【螵蛸】
異読⇨shāo

箫(簫) xiāo 名(たて笛の一種)簫(しょう). ¶吹～ / 簫を吹く. ‖姓

潇(瀟) xiāo 形〈古〉水が深くて澄んでいる.

xiāosǎ【潇洒】形あか抜けている.
xiāoxiāo【潇潇】擬〈書〉1《風が吹き雨が降るさま》ひゅうひゅう. ざあざあ. 2《小雨がそぼ降るさま》しとしと.

霄 xiāo H 雲. 空. ¶高入云～ / 天に届くほど高くそびえる.

xiāohàn【霄汉】名〈書〉大空と銀河;〈転〉高い所.
xiāorǎng【霄壤】名〈書〉天と地;〈転〉大きな差.

魈 xiāo →shānxiāo【山魈】

蟏(蠨) xiāo O

xiāoshāo【蟏蛸】名〈虫〉アシダカグモ. ▶吉兆とされる.

嚣(囂) xiāo H やかましい. ¶叫～ / わめき立てる.

xiāozá【嚣杂】形騒々しい.
xiāozhāng【嚣张】形(邪悪なものが)はびこっている.

洨 xiáo 地名用字. "洨水"は河北省にある川の名.

崤 xiáo 地名用字. "崤山"は河南省にある山の名.

淆 xiáo H 入り混じる. ¶混～不清 / 混じり合ってはっきりしない.

xiáohuò【淆惑】動〈書〉混乱〔困惑〕させる.
xiáoluàn【淆乱】1 動乱す. 2 形乱雑である.
xiáozá【淆杂】動入り混じる.

小 xiǎo ❶形 1(↔大)小さい. 狭い. ¶雨～了 / 雨が小降りになった. 2(長幼の順序で)末の. ¶～女儿 / 末の娘.
❷接頭《姓・名・兄弟の順序を表す数詞の前につけ, 親しみを表す》¶～李 / 李さん. 李君.
❸名若者. 幼い者. ¶上有老,下有～ / 上には年寄り, 下には幼い者がいる.
❹副しばらく. ちょっと. ¶～住几天 / 何日か滞在する.
H ①〈謙〉《自分または自分に関係のある事柄についてへりくだっていう》¶～弟 / 小生. ②《動物名の前につけて, 動物の子供・赤ん坊を表す》¶～鸡儿 / ひな. ひよこ. ‖姓

xiǎobā【小巴】名(乗り合いの)ミニバス.〔辆〕
xiǎobǎxì【小把戏】名〈方〉子供.
xiǎobàwáng【小霸王】〈慣〉甘やかされて育った一人っ子.
xiǎobáicài【小白菜】名(～儿)チンゲンサイ・パクチョイなどの小白菜類.
xiǎobáiliǎn【小白脸】名(～儿)〈口〉

色白の美少年.
xiǎobáishǔ【小白鼠】名 **1** 小さな白ネズミ. **2**〈俗〉臆病者.
xiǎobǎihuò【小百货】名 日用雑貨.
xiǎobān【小班】名 **1**(3歳から4歳までの)幼稚園の年少組. **2**(小学校の)少人数エリートクラス.
xiǎobàn【小半】名(～儿)半分足らずの量.
xiǎobǎobǎo【小宝宝】名 赤ちゃん. ▶愛称.
xiǎobǎobèi【小宝贝】名(～儿)いい子ちゃん. ▶愛称.
xiǎobào【小报】名 タブロイド新聞.
xiǎobàogào【小报告】(～儿) **1**〈慣〉(上司への)告げ口,密告. **2** 名 簡単な発表や報告;〈謙〉自分の発表.
xiǎobèi【小辈】名(～儿)世代が下の者.
xiǎoběn【小本】名(～儿)小資本.
xiǎoběn jīngyíng【小本经营】名〈経〉小商い.
xiǎoběnpiào【小本票】名(利用度の高い切手を数枚とじた)切手帳.
xiǎobēngbeng【小嘣嘣】名〈俗〉オート三輪.
xiǎobiàn【小便】❶名 **1** 小便. **2**(男女の)性器. ❷動 小便をする.
xiǎobiànr【小辫儿】名 **1** 短いお下げ. **2**〈旧〉辮髪(べん).
xiǎobiànzi【小辫子】名 **1**〈喩〉しっぽ. 弱点. **2** 短いお下げ.
xiǎobiāotí【小标题】名 サブタイトル.
xiǎobiēsān【小瘪三】名〈方〉ちんぴら.
xiǎobié【小别】名〈書〉しばしの別れ.
xiǎobīngqī【小冰期】名〈気〉第四紀氷期以降の寒冷気候.
xiǎobǔ【小补】名 いささかの足し.
xiǎobù wǔqǔ【小步舞曲】名〈音〉メヌエット.
xiǎobudiǎnr【小不点儿】〈方〉 **1** 形 非常に小さい. **2** 名 幼い子供. おちびさん.
xiǎocài【小菜】名(～儿) **1**〈方〉容易に片付く仕事. **2**(酒のさかなの)野菜の漬物. **3** ちょっとした料理. **4**〈方〉総菜.
xiǎocèzi【小册子】名 パンフレット.
xiǎochāqǔ【小插曲】名 エピソード.
xiǎochāi【小差】→ kāi xiǎochāi【开小差】
xiǎochǎn【小产】名 流産.
xiǎocháng【小肠】名〈生理〉小腸.
xiǎocháng chuànqì【小肠串气】名〈口〉〈医〉脱腸.
xiǎochāor【小抄儿】名〈俗〉カンニングペーパー.
xiǎocháo【小潮】名〈気〉小潮(こしお).
xiǎocháotíng【小朝廷】名 統治地域が限定された朝廷;〈転〉根城.
xiǎochǎo【小炒】名(～儿)(集団食堂の)一品料理.
xiǎochē【小车】名(～儿) **1** 手押し車. **2** 乗用車.
xiǎochéng【小乘】名〈仏〉小乗.
xiǎochī【小吃】名 **1** 外での手軽な食事. 軽食. **2**(西洋料理の)前菜.
Xiǎochóngyáng【小重阳】名 重陽節(旧暦9月9日)の翌日.
xiǎochǒu【小丑】名 **1**(～儿)道化役者;ひょうきん者. **2** つまらない人物.
xiǎo chù luò bǐ【小处落笔】〈成〉小さなところから取りかかる.
xiǎochūn【小春】名〈方〉 **1** 小春. 陰暦10月. **2**(麦・エンドウなど)小春期に種まきをする作物.
xiǎocí【小词】名〈論〉(三段論法の)小名辞.
xiǎocōng【小葱】名(～儿)〈植〉ワケギ. 小ネギ.
xiǎocōngming【小聪明】名〈貶〉こざかしいこと.
xiǎo dǎ xiǎo nào【小打小闹】〈成〉(冗談まじりに言う場合の)事業を細々とやる.
xiǎodàrénr【小大人儿】名 おませな子.
xiǎodài【小袋】名(服の)胸ポケット.
xiǎodài bāozhuāng【小袋包装】名 パウチ包装.
xiǎodàn【小旦】名(京劇などの)少女役.
xiǎodāo【小刀】名(～儿)ナイフ.
xiǎodàolǐ【小道理】名 個人的な理屈.
xiǎodàor xiāoxi【小道儿消息】名 口コミ.
xiǎodēngkē【小登科】名〈俗〉結婚すること.
xiǎodì【小弟】名 **1** 末の弟. **2**〈旧〉〈謙〉小生.
xiǎodiàn【小店】名(～儿) **1** 簡易旅館. **2**〈謙〉弊店. **3**〈方〉けちん坊.
xiǎodiào【小调】名 **1**(～儿)各地の俗謡. **2**〈音〉短調.
xiǎodòngzuò【小动作】〈慣〉小細工;こそこそ行う不正行為〔いんちき〕.
xiǎodòu【小豆】名〈植〉アズキ.
xiǎodǔr【小肚儿】名〈料理〉豚肉の腸詰めの一種.
xiǎo dù jī cháng【小肚鸡肠】→ shǔ dù jī cháng【鼠肚鸡肠】
xiǎodùzi【小肚子】名 下腹部.
xiǎoduì【小队】名 小隊. [支]
xiǎo ēn xiǎo huì【小恩小惠】〈成〉(人を釣る)ちょっとしたえさ.
xiǎo'ér【小儿】名 **1** 幼児. **2**〈謙〉自分の息子. ⇨**xiǎor**
xiǎo'érkē【小儿科】 **1** 名〈医〉小児科. **2**〈慣〉つまらない仕事〔部門〕. **3** 形〈方〉けちくさい.
xiǎo'ér mábìzhèng【小儿麻痹症】名〈医〉小児麻痺.
xiǎo ér quán【小而全】〈慣〉小規模だがすべてが備わっている.
xiǎofá【小罚】名〈体〉マイナーペナルティー.
xiǎofàn【小贩】名 行商人.
xiǎofànzhuō【小饭桌】名(路地の)小さな食堂.

xiǎofǎng【小纺】名(裏地用の)薄手の絹.

xiǎofèi【小费】名 チップ.

xiǎofēnduì【小分队】名 班. 小隊.

xiǎofěn【小粉】名 澱粉.

xiǎofù【小腹】名 下腹部.

xiǎogāngpào【小钢炮】**1**〈俗〉小型の銃砲. **2**〈慣〉ずばずばものを言う人.

xiǎogēmenr【小哥们儿】名〈俗〉(若者同士の呼びかけとして)あんちゃん(たち).

xiǎogēr liǎ【小哥儿俩】若い兄弟二人.

xiǎogèzi【小个子】名 小柄な人.

xiǎogōng【小工】名(～儿)〈旧〉単純肉体労働者.

xiǎo gōnggòng qìchē【小公共汽车】名(乗り合いの)ミニバス.

xiǎogōngzhǔ【小公主】〈慣〉甘やかされて育った女児の一人っ子.

xiǎogūniang【小姑娘】名(～儿)娘さん. ▶呼びかけにも用いる.

xiǎogūr【小姑儿】名 **1** ⇀ xiǎogūzi【小姑子】 **2** いちばん年下の父方のおば.

xiǎogūzi【小姑子】名 小じゅうと.

xiǎogǔ【小鼓】名〈音〉小太鼓.

xiǎoguà【小褂】名(～儿)中国式のひとえの上着.

xiǎoguǎnr【小馆儿】名 小料理屋.

xiǎoguǎngbō【小广播】〈慣〉うわさを広めること〔人〕.

xiǎoguǎnggào【小广告】名 チラシ. ビラ.

xiǎoguǐ【小鬼】名 **1**《子供に対する親しみをこめた称》ちび. 小僧. **2**(トランプの)ジョーカー(の予備札). **3**(～儿)閻魔(えんま)王の手下の鬼.

xiǎoguòménr【小过门儿】名(歌の)短い間奏.

xiǎoháir【小孩儿】名〈口〉子供. ▶"小孩子"とも.

xiǎohán【小寒】名(二十四節気の)小寒(しょうかん).

xiǎohào【小号】名 **1**(～儿)小さいサイズ. **2**〈音〉トランペット.［支,把］ **3**〈謙〉弊店. **4**〈方〉独房.

xiǎohútáo【小胡桃】名〈方〉〈植〉クルミ. オニグルミ.

xiǎohù【小户】名 **1** 家族の少ない家. **2**〈旧〉貧乏な家.

xiǎohuāliǎn【小花脸】名(京劇などの)道化役.

xiǎohuángdì【小皇帝】〈慣〉甘やかされて育った男児の一人っ子.

xiǎohuángyú【小黄鱼】名〈魚〉キグチ.

xiǎohuì【小惠】名 ちょっとしたうまい汁.

xiǎohuìbào【小汇报】⇀ xiǎobàogào【小报告】

xiǎohūn【小荤】名〈料理〉**1** 鶏肉・魚肉・鶏卵などを使った料理. **2** 肉類を少ししか使っていない料理. **3**(ネギやニンニクなど)香りの強い野菜を使った料理.

xiǎohuǒzi【小伙子】名〈口〉(男性の)若者.

xiǎojīr【小鸡儿】名 **1** ひよこ.［只］ **2**(子供の)おちんちん.

xiǎojīzi【小鸡子】名 **1**〈方〉鶏. **2** ひよこ. **3**(子供の)おちんちん.

xiǎojítuán【小集团】名(排他的な)小集団.

xiǎojì【小蓟】名〈植〉アレチアザミ；〈中薬〉小薊(しょうけい).

xiǎo jiā bì yù【小家碧玉】〈成〉貧しい家の美しい娘.

xiǎojiāhuo【小家伙】名(親しみをこめた呼びかけに用いる)子供.

xiǎojiāshǔ【小家鼠】名〈動〉ハツカネズミ.

xiǎojiātíng【小家庭】名 若夫婦だけの家庭.

xiǎojiāziqì【小家子气】〈慣〉(振る舞いが)けち臭い.

xiǎojiàn【小建】名 陰暦の小の月.

xiǎojiàng【小将】名 **1** 若くて有能な人物. **2**〈古〉若い将軍.

xiǎojiǎo【小脚】名(～儿)纏足(てんそく).

xiǎojiǎosè【小脚色】名 端役.

xiǎojiào【小教】名〈略〉小学校教師.

xiǎojiàochē【小轿车】名 乗用車.

xiǎojié【小节】名 **1** こまごましたこと. **2**〈音〉小節.

xiǎojié【小结】**1** 名 中間のまとめ. **2** 動 中間総括をする.

xiǎojiě【小解】動 小便をする.

xiǎojie【小姐】名 **1**《女店員やウエートレスに対する呼びかけ》おねえさん. **2**《若い女性に対する敬称》ミス…. …嬢. …さん. **3**〈旧〉《使用人が主人の娘に対して用いる称》お嬢さま.

xiǎojiěmenr【小姐们儿】名〈俗〉同年輩の小娘たち.

xiǎojiěr liǎ【小姐儿俩】若い姉妹二人.

xiǎojīn【小襟】⇀ dǐjīn【底襟】

xiǎojīnkù【小金库】名〈俗〉帳簿に載らない裏金.

xiǎojìn【小尽】名 陰暦の小の月.

xiǎojìnzi【小妗子】名〈口〉妻の弟の妻.

xiǎojiǔjiǔ【小九九】名(～儿)**1** 掛け算の九九. **2** もくろみ.

xiǎojiùzi【小舅子】名〈口〉妻の弟.

xiǎokāi【小开】名〈方〉(個人商店の)主人の息子.

xiǎokǎi【小楷】名 **1** 小さな字体の楷書. **2** ローマ字の小文字の印刷体.

xiǎokàn【小看】動〈口〉見くびる.

xiǎokāng【小康】形 経済状態がまずまずである. ¶～社会 / ある程度裕福な社会.

xiǎokǎo【小考】名(～儿)中間試験.

xiǎokě【小可】名 **1** つまらないこと. **2**〈近〉〈謙〉小生.

xiǎokěliánr【小可怜儿】名〈方〉哀れな子.

xiǎokèchē【小客车】名 マイクロバス.
xiǎokǒujìng【小口径】名 小口径.
xiǎolàjiāo【小辣椒】〈慣〉気の強い女性.
xiǎolǎopo【小老婆】名(～子) 1 妾(めかけ). 2〈罵〉売女(ばいた).
xiǎolǎotóu【小老头】名(～儿) 若年寄.
xiǎolǐbài【小礼拜】名(2週で3休の場合の) 1日休む週(の日曜日);(2週で1休の場合の)休みでない日曜日.
xiǎoliàn【小殓】動 死者に経かたびらを着せる.
xiǎoliǎngkǒu【小两口】名(～儿) 若夫婦. 若い二人.
xiǎoliàng【小量】名 少量.
xiǎolíngtōng【小灵通】名(中国版) PHS. モバイル通信システム.
xiǎolìng【小令】名〈文〉1 短い詞曲. 2 一つの曲牌の"散曲".
xiǎoliǔ【小绺】名〈方〉すり.
xiǎolóng【小龙】名(十二支の)巳(み)(年生まれ).
xiǎolóng bāozi【小笼包子】名〈料理〉シャオロンポー. ▶中にスープを含む一口肉まん.
xiǎolújiàng【小炉匠】名 鋳掛け職人.
xiǎolù【小鹿】名(～儿) 子鹿;〈喩〉(子鹿が跳ねるように)胸が高鳴ること.
xiǎoluó【小锣】名(～儿)(京劇などに用いる)小型のどら.
xiǎoluóbo【小萝卜】名〈植〉ハツカダイコン.
xiǎoluóbotóu【小萝卜头】〈慣〉地位も名もない小人物.
xiǎomǎimai【小买卖】名(露店や行商などの)小商い.
xiǎomài【小麦】名〈植〉小麦.
xiǎomài【小卖】1 名(店先で売る手軽な)一品料理. 2 動 小商いをする.
xiǎomàibù【小卖部】名(学校・劇場などの)売店.
xiǎomǎn【小满】名(二十四節気の)小満(しょうまん).
xiǎomāoxióng【小猫熊】名〈動〉レッサーパンダ.
xiǎomáo【小毛】名(～儿)(リスやテンなどの)短毛の毛皮.
xiǎomào【小帽】名(～儿) おわん帽.
xiǎoméi【小媒】名(縁談の初期の)仲人.
xiǎomèi【小妹】名 末の妹;お嬢さん. ▶若い女性に対する呼びかけにも用いる.
xiǎo mén xiǎo hù【小门小户】〈成〉1 貧しい家. 2 小人数の家族.
xiǎomǐ【小米】名(～儿)(脱穀した)アワ.
xiǎomǐmiàn【小米面】名 1 アワ粉. 2(～儿)〈方〉キビ・大豆・トウモロコシなどを混ぜてひいた粉.
xiǎomì【小蜜】名 若い愛人.
xiǎomiànbāo【小面包】名(車の)ミニバン.
xiǎomín【小民】名〈旧〉(役人に対して)庶民. ▶自称としても用いる.
xiǎomíng【小名】名(～儿) 幼名.
xiǎomìngr【小命儿】名(軽蔑や謙遜の意味を含む)ちっぽけな命.
xiǎomugēr【小拇哥儿】名〈方〉小指.
xiǎomuzhǐ【小拇指】名 小指.
xiǎonǎo【小脑】名〈生理〉小脳.
xiǎoní【小鲵】名〈動〉サンショウウオに似た小さな両生類.
xiǎonián【小年】名 1 陰暦で12月が小の月の年. 2 陰暦の12月23日あるいは24日の節句. 3 果樹の実りがよくない年.
xiǎoniánqīng【小年轻】→xiǎoqīngnián【小青年】
xiǎoniányè【小年夜】名 1 旧暦の大みそかの前日. 2〈旧〉旧暦の12月23日または24日.
xiǎoniánzhāo【小年朝】名 旧暦の正月三が日;旧暦1月3日.
xiǎoniángzǐ【小娘子】名〈近〉若い女性.
xiǎoniūr【小妞儿】名〈俗〉小さな女の子.
xiǎonóng【小农】名 小農. 零細農家.
xiǎonǚ【小女】名〈謙〉自分の娘.
xiǎonǚxu【小女婿】名 1 末娘の夫. 2 妻よりも年下の夫. 3〈謙〉私の婿.
xiǎopáchóng【小爬虫】〈慣〉悪人の手下.
xiǎopángǔ【小盘股】名〈経〉動きの小さな株.
xiǎopǎor【小跑儿】(～儿)〈俗〉1 動 小走りする. 2 名 使い走りをする人.
xiǎopéngyou【小朋友】名 子供;坊や. お嬢ちゃん. ▶呼びかけにも用いる.
xiǎopiányi【小便宜】名 ちょっとした得.
xiǎopǐn【小品】名 短い芸術作品〔演奏, 出し物〕.
xiǎopǐnwén【小品文】名 コント;エッセイ.
xiǎopó【小婆】名(～子)〈方〉妾.
xiǎopùr【小铺儿】名 小さな店.
xiǎoqì【小憩】動〈書〉ひと休みする.
xiǎoqìchē【小汽车】名(小型)乗用車.
xiǎoqìhòu【小气候】名〈気〉微気候;〈喩〉(小さな範囲の)情勢, 環境.
xiǎoqìzuō【小器作】名 指物屋.
xiǎoqi【小气・小器】形 1 けちである. 2〈方〉気が小さい.
xiǎoqián【小钱】名(～儿) 1 小銭. 2 清代末期の銅銭. 3〈旧〉少額の賄賂.
xiǎoqiánguì【小钱柜】名〈俗〉裏金.
xiǎoqiántí【小前提】名〈論〉小前提.
xiǎoqiáo【小瞧】動〈方〉見くびる.
xiǎoqiǎo【小巧】形 小さくて精巧である.
xiǎo qiǎo líng lóng【小巧玲珑】〈成〉(工芸品などが)小さくて精巧で

ある.

xiǎoqīngnián【小青年】名（～儿）(20歳前後の)若者.

xiǎoqīngwǎ【小青瓦】名 普通の中国式瓦.

xiǎoqiūshōu【小秋收】名(秋の収穫以外の)野生植物の採集.

xiǎoqiúzǎo【小球藻】名〈植〉クロレラ.

xiǎoqū【小区】名(新興の)団地.

xiǎoqū【小曲】名 米こうじ(を使って作った酒).

xiǎoqǔr【小曲儿】名 流行歌. 小唄.

xiǎoqù【小觑】動〈書〉見くびる.

xiǎoquānzi【小圈子】〈慣〉**1** 狭い生活範囲. **2**(個人の利益のための)小さなグループ.

xiǎoquǎn【小犬】名〈謙〉せがれ. 愚息.

xiǎor【小儿】名〈方〉**1** 幼い時. **2**(男の)赤ちゃん. ⇨xiǎo'ér

xiǎorén【小人】名 **1**(↔君子)小人(しょうじん). **2**〈謙〉私め.

xiǎorénr【小人儿】名〈方〉(未成年者に対する愛称として)若者.

xiǎorénrshū【小人儿书】名〈口〉子供向けの本. 連環画.

xiǎorénwù【小人物】名 小人物.

xiǎorìzi【小日子】名(若)夫婦だけの家庭(生活).

xiǎosānmén【小三门】名(小中学校での)音楽・体育・美術の3教科.

xiǎosǎngr【小嗓儿】名(伝統劇で女形の)裏声.

xiǎoshànzi【小扇子】〈慣〉おだてたりそそのかすこと〔人〕.

xiǎoshāngpǐn【小商品】名(日用雑貨など低価格の)商品.

xiǎo shāngpǐn jīngjì【小商品经济】名〈経〉小商品経済.

xiǎoshǎngwu【小晌午】名〈方〉昼前.

xiǎoshàoye【小少爷】名（～儿）お坊っちゃん；若旦那.

xiǎoshé【小舌】名〈生理〉喉彦(のどひこ).

xiǎoshěnr【小婶儿】名〈方〉弟の妻.

xiǎoshēng【小生】名 **1** 芝居の若い男役. **2**〈近〉《若い読書人の自称》小生.

xiǎo//shēng【小声】**1** 動 声を小さくする. **2** 名（～儿）小さな声.

xiǎoshēngchǎn【小生产】名 小規模生産.

xiǎoshēngchǎnzhě【小生产者】名 小規模生産者.

xiǎoshèng【小乘】→ xiǎochéng【小乘】

xiǎoshí【小时】名(時を数える単位)時間. ¶一个半～ / 1時間半.

xiǎoshí【小食】名〈方〉軽食；おやつ.

xiǎoshígōng【小时工】名 パートタイムのお手伝いさん.

xiǎoshíhou【小时候】名（～儿）〈口〉小さい時.

xiǎoshì【小市】名（～儿）〈旧〉古物や雑貨を売る市.

xiǎoshì【小事】名 小さな事. ［件］

xiǎoshì【小视】動〈書〉軽蔑する.

xiǎo shì fēng máng【小试锋芒】〈成〉少し技量を見せる.

xiǎoshìmín【小市民】名 小市民.

xiǎoshìyóu【小事由】名（～儿）しがない稼業.

xiǎoshǒugōngyèzhě【小手工业者】名 零細手工業者.

xiǎoshǒur【小手儿】名 小便.

xiǎo shǒu xiǎo jiǎo【小手小脚】〈成〉けちくさい；こせこせして大胆になれない.

xiǎoshūzi【小叔子】名 夫の弟.

xiǎoshǔ【小暑】(二十四節気の)小暑(しょうしょ).

xiǎoshù【小数】名〈数〉小数.

xiǎoshùdiǎn【小数点】名〈数〉小数点.

xiǎoshuǐdiàn【小水电】名 小型水力発電所.

xiǎoshuì【小睡】動 仮眠する.

xiǎoshui【小水】名〈中医〉小便.

xiǎoshuō【小说】名（～儿）小説.

xiǎosī【小厮】名〈近〉若い男の召使い.

xiǎosūdá【小苏打】名〈化〉重曹.

xiǎosuànpan【小算盘】〈慣〉（～儿）個人〔一部〕の損得勘定.

xiǎotàiyáng【小太阳】〈慣〉甘やかされ育った一人っ子.

xiǎo tí dà zuò【小题大做】〈成〉ささいなことを大げさに扱う. ▲"小题大作"とも.

xiǎotíqín【小提琴】名 バイオリン.

xiǎotíqínshǒu【小提琴手】名 バイオリニスト.

xiǎotiāndì【小天地】名 狭い個人の生活範囲.

xiǎotǐng【小艇】名 ボート.

xiǎotóngxiāng【小同乡】名 原籍が同じ県〔村〕の者どうし.

xiǎotōu【小偷】名（～儿）どろぼう.

xiǎo tōu xiǎo mō【小偷小摸】〈成〉こそどろを働く.

xiǎo tóu xiǎo liǎn【小头小脸】〈成〉こぢんまりした顔.

xiǎotuǐ【小腿】名(足の)すね.

xiǎowáwa【小娃娃】名 赤ん坊. 幼児.

xiǎowányìr【小玩意儿】名 **1** 小さな玩具. **2** 取るに足りないもの. **3** ちょっとした芸.

xiǎowáng【小王】名(トランプの単色刷りの)予備のジョーカー.

xiǎowǒ【小我】名〈書〉自我. 個人.

xiǎowū jiàn dàwū【小巫见大巫】〈諺〉小物が大物の前に出るとますます見劣りする.

xiǎowǔjīn【小五金】名(釘・針金などの)小さな金物類.

xiǎoxífu【小媳妇】名（～儿）若い嫁. 若妻；〈喩〉(集団の中で)いじめられたりする人.

xiǎoxì【小戏】名（～儿）(少人数の)簡単な芝居.

xiǎoxiānsheng【小先生】名 成績がよく,同級生に補習をする生徒；学生でありながら,人に教えている人.

xiǎoxiànr【小线儿】名〈方〉打ちひ

小 X

も. 組みひも.
xiǎoxiàng【小巷】名 路地. 横町.
xiǎoxiàngshù【小橡树】名〈方〉〈植〉ナラ. コナラ.
xiǎoxiǎo bù yán【小小不言】〈慣〉取るに足りない.
xiǎoxiǎoshuō【小小说】名(～儿)掌編小説.
xiǎoxiǎozi【小小子】名(～儿)小さな男の子.
xiǎoxié【小鞋】名 **1** 小さな靴. **2** (～儿)〈喩〉つらい目.
xiǎoxiě【小写】名(↔大写)**1**("一、二、三"など)漢数字の普通の書き方. **2** ローマ字の小文字.
xiǎoxīn【小心】**1** 動 注意する. ¶～扒手 / すりにご用心. **2** 形 用心深い. ¶她说话非常～ / 彼女はとても慎重に話す.
xiǎoxīnyǎnr【小心眼儿】〈慣〉度量が狭い. こざかしい.
xiǎo xīn yì yì【小心翼翼】〈成〉(言動が)慎重で注意深い.
xiǎoxīng【小星】名 妾(めかけ).
xiǎoxíng【小型】形 小型の. 小規模の.
xiǎoxíng jìsuànjī【小型计算机】名〈電算〉ミニコンピュータ.
xiǎoxíngxīng【小行星】名〈天〉小惑星.
xiǎoxìngr【小性儿】名〈方〉かんしゃく.
xiǎoxiōngdì【小兄弟】名 **1** 若い男の子に対する親しみをこめた呼称. **2** 仲間の中の弟分.
xiǎoxióngmāo【小熊猫】名〈動〉レッサーパンダ.
xiǎoxióngzuò【小熊座】名〈天〉小熊座.
xiǎoxiū【小修】動 小さな修理をする.
xiǎoxué【小学】名 **1** 小学校. [所, 个] **2**〈旧〉(文字・音韻・訓詁の学)小学.
xiǎoxuéshēng【小学生】名 小学生.
xiǎoxuésheng【小学生】名 **1** 年下の生徒. **2**〈方〉小さな男の子.
xiǎoxuě【小雪】名 **1**(二十四節気の)小雪(しょうせつ). **2**〈気〉1日2.5ミリ以下の降雪量.
xiǎoxúnhuán【小循环】名〈生理〉肺循環.
xiǎoyātou【小丫头】名(～儿)〈口〉小娘.
xiǎoyán【小盐】名 アルカリやナトリウムを含んだ土から採取した塩.
xiǎoyáng【小洋】名 旧時の"一角""二角"の銀貨.
xiǎoyángchūn【小阳春】名 小春日和.
xiǎoyàng【小样】❶名 **1**〈印〉ゲラ刷り. **2**〈方〉模型. サンプル. ❷形(～儿)〈方〉けちくさい.
xiǎoyǎo【小咬】名〈方〉〈虫〉ブヨ.
xiǎoyàor【小药儿】名 **1** 売薬. **2** 小児(常用)薬. **3**〈方〉常備薬.
xiǎoyè【小叶】名〈植〉小葉.
xiǎoyè báilàshù【小叶白蜡树】名〈植〉トネリコ.
xiǎoyèbān【小夜班】名(～儿)(午後から夜までの)準夜勤.
xiǎoyèqǔ【小夜曲】名〈音〉セレナーデ.
xiǎoyèrchá【小叶儿茶】名(若芽で精製する)上等の茶.
xiǎoyèyáng【小叶杨】名〈植〉テリハドロノキ.
xiǎoyèzhǔ【小业主】名 零細企業主.
xiǎoye【小爷】名〈旧〉若旦那.
xiǎoyī【小衣】名(～儿)〈方〉ズボン下.
xiǎoyībàn【小一半】名(～儿)半分に分けた少ないほう.
xiǎoyīshang【小衣裳】名 **1** 下着. **2** 子供服.
xiǎoyífu【小姨夫】名 義妹の夫.
xiǎoyír【小姨儿】名 **1** 妻の妹. **2** いちばん年下の母方のおば.
xiǎoyízi【小姨子】名 妻の妹.
xiǎoyìsi【小意思】名 **1**〈謙〉心ばかりのもの. **2** 取るに足りないこと.
xiǎoyīnjiē【小音阶】名〈音〉短音階.
xiǎoyǐn【小引】名(詩や文などの)前書き.
xiǎoyǐn【小饮】動 軽く一杯飲む.
xiǎoyǐng【小影】名 小型サイズの自分の写真.
xiǎoyǒu【小友】名 年下の友人.
xiǎoyú【小鱼】名 小さな魚. 雑魚(ざこ).
xiǎoyǔ【小雨】名〈気〉小雨.
xiǎoyuè【小月】名 小の月.
xiǎoyue【小月】名(～子)流産.
xiǎozázhǒng【小杂种】名〈罵〉こん畜生. こわっぱ. がき.
xiǎozào【小灶】名(～儿)(集団の賄いで)最上級の食事;〈喩〉特別扱い.
xiǎozhàng【小账】名(～儿)チップ.
xiǎozhào【小照】→ **xiǎoyǐng**【小影】
xiǎozhǐ【小指】名(手足の)小指.
xiǎozhù【小住】動 しばらく滞在する.
xiǎozhù【小注】名(～儿)(本文に入れる)割り注.
xiǎozhuàn【小传】名 簡単な伝記. 略伝.
xiǎozhuàn【小篆】名(漢字の書体の一)小篆(しょうてん).
xiǎozhuó【小酌】→ **xiǎoyǐn**【小饮】
xiǎozī【小资】名〈略〉小金持ち. プチブル. プチセレブ.
xiǎozīchǎn jiējí【小资产阶级】名 小市民. プチブル.
xiǎozǐ【小子】名〈書〉子供. 目下の者;〈謙〉目上の者に対する自称.
xiǎozi【小子】名 **1** 男の子. **2**〈貶〉野郎. やつ.
xiǎozǐr【小子儿】名 旧時の一分〔一銭〕銅貨.
xiǎozì【小字】名 **1** 小さな字. 細字. **2** 幼名.
xiǎozìbèi【小字辈】名 経験の浅い若者.
xiǎozōngpài【小宗派】名 小さな派閥.

xiǎozú【小卒】名 兵卒.
xiǎozǔ【小组】名(仕事·活動·学習などの) 組, 班, グループ.
xiǎozuò【小坐】動 しばらく座る.
xiǎozuòhuórde【小做活儿的】名〈旧〉少年の作男.

晓(曉) **xiǎo** H ①夜明け. ¶拂～ / 明け方. ②知っている. わかっている. ¶知～ / 知っている. ③知らせる. さとす. ¶揭～ / (結果を)公にする. ‖ 姓
xiǎochàng【晓畅】**1** 動 精通する. **2** 形(文意が)よく通る.
xiǎode【晓得】動〈方〉知っている.
xiǎoshì【晓示】動 はっきりと知らせる.
xiǎoshì【晓市】名 朝市.
xiǎoshì【晓事】動 道理をわきまえる.
xiǎo xíng yè sù【晓行夜宿】〈成〉旅を急ぐ.
xiǎoyù【晓谕】動〈書〉さとす. 言い聞かせる.

筱(篠) **xiǎo** **1** 名〈古〉細い竹. ササ. **2**〖小xiǎo〗に同じ. ▶よく人名に用いる. ‖ 姓

孝 **xiào** H ①孝行である. ¶尽～ / 孝を尽くす. ②服喪する. ¶守～ / 喪に服する. ③喪服. ¶带～ / (喪章·喪服を身につけ)喪に服する. ‖ 姓
xiàodào【孝道】名 孝行の道.
xiàofú【孝服】名 **1** 喪服. ▶白を基調とする. **2** 喪中.
xiàoguàzi【孝褂子】名 喪服.
xiàojìng【孝敬】動 **1**(目上の人に)贈り物をする. **2** 孝行をする.
xiàomàn【孝幔】名 柩(ひつぎ)の前に掛ける幕.
xiàomào(zi)【孝帽(子)】名 喪中にかぶる白布の帽子.
xiàonán【孝男】名 孝行な男子; 亡くなった親の位牌や花輪などに書く男子の自称.
xiàonǚ【孝女】名 孝行な女子; 亡くなった親の位牌や花輪などに書く女子の自称.
xiàopáozi【孝袍子】名 喪服.
xiàorùzi【孝褥子】名 父母の棺の側にひざまずくときに敷く座布団.
xiàoshùn【孝顺】**1** 動 親孝行をする. **2** 形 親孝行である.
xiàotáng【孝堂】名 告別式を行う式場.
xiàotì【孝悌】動〈書〉親に孝行を尽くし, 兄によく仕える.
xiàoxié【孝鞋】名〈旧〉喪服用の靴.
xiàoxīn【孝心】名 孝心.
xiàoxíng【孝行】名〈書〉孝行.
xiàoyī【孝衣】名(白の木綿または麻の)喪服.
xiàozǐ【孝子】名 **1** 孝行な人〔息子〕. **2** 親の喪に服している人.
xiào zǐ xián sūn【孝子贤孙】〈成〉孝行息子と従順な孫. ▶多く比喩に用いる.

肖 **xiào** H 似る. 似ている. 異読⇨xiāo
xiàoxiàng【肖像】名 肖像.
xiàoxiànghuà【肖像画】名 肖像画.

咲 **xiào**〖笑xiào〗に同じ.

校 **xiào** H ①学校. ¶→～园. ②佐官クラスの軍人. ¶大～ / 大佐. ‖ 姓 異読⇨jiào
xiàochē【校车】名 スクールバス.
xiàofēng【校风】名 校風.
xiàofú【校服】名 学生の制服.
xiàogē【校歌】名 校歌.
xiàogōng【校工】名 学校の用務員.
xiàoguān【校官】名 佐官クラスの将校.
xiàoguī【校规】名 校則.
xiàohuā【校花】名 ミスキャンパス.
xiàohuī【校徽】名 校章.
xiàokān【校刊】名 校内刊行物.
xiàolì【校历】名 学年暦.
xiàomén【校门】名 校門.
xiàomíng【校名】名 校名.
xiàoqí【校旗】名 校旗.
xiàoqìng【校庆】名 学校の創立記念日.
xiàoshè【校舍】名 校舎.
xiàoxùn【校训】名 校訓.
xiàoyī【校医】名 校医.
xiàoyì【校役】名〈旧〉学校の用務員.
xiàoyǒu【校友】名(時に教職員も含む)校友.
xiàoyuán【校园】名 キャンパス.
xiàoyuánwǎng【校园网】名 学内LAN.
xiàozhǎng【校长】名 校長; (大学の)学長.
xiàozhǐ【校址】名 学校の所在地.

哮 **xiào** H ①あえぐ. ぜいぜいいう. ②動物がほえる. ¶咆～如雷 / 雷のごとくたけりほえる.
xiàochuǎn【哮喘】名〈医〉喘息(ぜんそく).

笑(咲) **xiào** 動 **1**(声を立てて)笑う; (表情に表し)にこりとする. ¶一～起来没完 / 笑い出したら止まらない. **2** あざ笑う. ¶他～我没能耐 / 彼は私をへたくそだと嘲笑した. ‖ 姓
xiàobǐng【笑柄】名〈書〉笑いの種.
xiàochǎng【笑场】動 役者が舞台で吹き出す.
xiào//dǎo【笑倒】動+結補 笑い転げる.
xiàodiào dàyá【笑掉大牙】〈慣〉あざけて大笑いする.
xiàohāhā【笑哈哈】形(～的)声を出し大笑いするさま.
xiàohēhē【笑呵呵】形(～的)にこにこ笑うさま.
xiàohua【笑话】**1** 名(～儿)笑い話; おかしなこと. **2** 動 あざ笑う.
xiàojù【笑剧】名 笑劇.
xiàojué【笑噱】動〈書〉大笑いをする.
xiào kǒu cháng kāi【笑口常开】〈成〉いつもにこにこしている.

xiào lǐ cáng dāo【笑里藏刀】〈成〉真綿に針を包む.
xiàoliǎn【笑脸】[名](～儿) 笑顔.
xiàoliào【笑料】[名] 笑いの種.
xiàoliēliē【笑咧咧】[形](～的) にこっとほほ笑むさま.
xiàomà【笑骂】[動] **1** あざけりののしる. **2** 冗談半分にののしる.
xiàomào【笑貌】[名] 笑顔. 笑い顔.
xiàomīmī【笑眯眯】[形](～的)(目を細めて) にこにこしている.
xiàomiànhǔ【笑面虎】[名] やさしそうな顔をして実は恐ろしい人.
xiàonà【笑纳】[動]〈謙〉笑納する.
xiàoqì【笑气】[名]〈化〉笑気ガス.
xiàoróng【笑容】[名] 笑顔. 笑み.
xiàoshā【笑杀】[動] 笑いこける.
xiàosǐ【笑死】[動]〈口〉笑いこける.
xiàotán【笑谈】**1** [名] 笑いぐさ. **2** [動] 談笑する.
xiàowén【笑纹】[名] 笑いじわ.
xiàowō【笑窝·笑涡】[名](～儿) えくぼ.
xiàoxīxī【笑嘻嘻】[形](～的) にこにこしている.
xiàoxīng【笑星】[名] 人気お笑い芸人.
xiàoyán【笑颜】[名]〈書〉笑い顔.
xiàoyè【笑靥】[名]〈書〉**1** えくぼ. **2** 笑顔.
xiàoyīnyīn【笑吟吟】[形](～的) にこにこと笑うさま.
xiàoyíngyíng【笑盈盈】[形](～的) にこやかである.
xiàoyǐng【笑影】[名] 笑み.
xiàoyǔ【笑语】[名] 談笑する声.
xiào zhú yán kāi【笑逐颜开】〈成〉満面に笑みをたたえる.

效(効) **xiào** H ① 効果. 効き目. ¶有[无]～ / 効き目がある[ない]. 有効[無効]である. ② まねる. 見習う. ¶→～法. ③ (人のために) 尽くす. ¶→～力. ‖[姓]
xiàofǎ【效法】[動](人の長所を) 見習う.
xiàofǎng【效仿】[動] まねる.
xiàoguǒ【效果】[名] **1** 効果. 効き目. **2**〈劇〉音響効果.
xiào//láo【效劳】[動] 尽力する.
xiào//lì【效力】**1** [動] 尽力する. **2** [名] 効き目.
xiàolǜ【效率】[名] 能率;(機械の) 効率.
xiàomìng【效命】[動]〈書〉命がけで尽くす.
xiàonéng【效能】[名] 効能. 効果.
xiàopín【效颦】[動] ひそみに倣う.
xiàosǐ【效死】[動] 命がけで尽くす.
xiàoyàn【效验】[名](方法や薬剤の) 効き目.
xiàoyì【效益】[名] 効果と利益.
xiàoyì gōngzī【效益工资】[名] 能力給.
xiàoyìng【效应】[名]〈物〉効果. 反応;(広く社会的な) 反応や効果.
xiàoyìngqì【效应器】[名]〈生理〉効果器.
xiàoyòng【效用】[名] 効用. 働き.
xiàoyóu【效尤】[動]〈書〉悪事をまねる.
xiàozhōng【效忠】[動](多く"～于"で)(…に) 忠誠を尽くす.

啸(嘯) **xiào** H ① 口笛を吹く. ②(けものが) 遠ぼえする. ③風・波などが音を出す;飛行機や銃弾が音を出す.
xiào'ào【啸傲】[動]〈書〉(俗界を離れ) 気ままに暮らす.
xiàojù【啸聚】[動]〈書〉(多く盗賊が) 呼び集まる.
xiàomíng【啸鸣】〈書〉**1** [動] 口笛を吹く. **2** [名] 甲高く長い声[音].

敩(斅) **xiào** [動]〈書〉教え導く.

xie (ㄒㄧㄝ)

些 **xiē** [量] **1**《不定の数量または少量を表す》いくらか. 少し. ¶你说了～什么? / 何を言ったのか. **2**《動詞・形容詞の後に用いて, 性質・状態の程度が軽いことを表す》少し. もう少し. ¶他的病好～了 / 彼の病気はいくらかよくなった.
xiēge【些个】[量]〈口〉いくらかの.
xiēwēi【些微】[形] わずかの. わずかに.
xiēxiǎo【些小】[形] ささいな. わずかな.
xiēxū【些须】[形]〈近〉ささいな.
xiēxǔ【些许】[形]〈書〉ほんの少しの.
xiēzi【些子】[量]〈方〉ほんの少しの.

揳 **xiē** [動](楔(くさび)や釘などを) 打つ, 打ち込む.

楔 **xiē** **1** [名](～儿) 楔(くさび). 木釘. **2** [動]〈方〉楔を打つ;投げつける.
xiēxíng wénzì【楔形文字】[名] 楔形(けっけい)文字.
xiēzi【楔子】[名] **1** 楔(くさび);木釘. **2**〈近〉戯曲の序幕または幕間に入れる一段;小説のまくら.

歇 **xiē** ❶ [動] **1** 休憩する. ¶坐下来～一会儿 / 腰を下ろしてしばらく休む. **2**〈方〉寝る. 眠る. ❷ [名]〈方〉("一～"の形で) 短い時間. H 停止する. ¶→～业.
xiē//ān【歇鞍】[動]〈方〉(仕事を) 休む.
xiē//bān【歇班】[動](～儿) 非番に当たる.
xiē//dǐng【歇顶】[動] 頭のてっぺんがはげる.
xiē//fá【歇乏】[動] ひと休みする.
xiē//fú【歇伏】[動] 暑い時期の仕事・授業を休む.
xiē//gōng【歇工】[動] **1** 仕事を休む. **2**(企業が) 休業する.
xiēhòuyǔ【歇后语】[名] 二つの部分からなる成句で, 前のたとえの部分だけ言って後の部分を自然と推察させるしゃれ言葉.
xiē//jiān【歇肩】[動](担ぎ荷を下ろし) 肩を休める.
xiē//jiǎo【歇脚】[動] 足を休める.

xiē//jìn【歇劲】動(～儿)疲れをいやす.
xiē//liáng【歇凉】動 涼む.
xiē//qì【歇气】動 ひと休みする.
xiēr【歇儿】名〈口〉ひと休み.
xiē//shǎng【歇晌】動 昼休みをとる.
xiē//shǒu【歇手】動(仕事の)手を休める.
xiēsīdǐlǐ【歇斯底里】**1** 名 ヒステリー. **2** 形 ヒステリックである.
xiēsù【歇宿】動 泊まる.
xiē//tuǐ【歇腿】動(～儿)足を休める.
xiēxi【歇息】動 休む;泊まる.
xiē//xià【歇夏】動 夏期休業する.
xiēxián【歇闲】動〈方〉仕事を休む.
xiēxiē【歇歇】動(～儿)〈方〉ちょっと休む.
xiē//xīn【歇心】動 **1** 安心する. **2** あきらめる.
xiē//yè【歇业】動 休廃業する.
xiē//yīn【歇阴】動〈方〉涼しい場所で休む.
xiē//zhī【歇枝】動 果樹がよく実った翌年不作になる.
xiē//zuǐ【歇嘴】動 口を休める.

蝎(蠍) **xiē** 名〈動〉サソリ.
xiēhǔ【蝎虎】名〈動〉ヤモリ.
xiēzi【蝎子】名〈動〉サソリ.
xiēzicǎo【蝎子草】名〈植〉**1** オオベンケイソウ. **2** マヨウジンマ.

叶 **xié** 動 合う;合わせる. ¶～韵 / 韻に合わせる. 古音で違う韻の文字を通用させる. 異読⇒yè

协(協) **xié** H 力を合わせる;助ける. ‖姓
xiébàn【协办】動(主催者に)協力する;(催し物などに)協賛する.
xiéchá【协查】動 捜査[調査]に協力する.
xiédìng【协定】**1** 名 協定. **2** 動 協定する.
xiéhé【协和】動 協調させる.
xiéhuì【协会】名 協会.
xiélǐ【协理】**1** 動 協力し管理する. **2** 名〈旧〉(大企業の)副支配人.
xiélì【协力】動 協力する.
xiéshāng【协商】動 協議する. 相談する. 話し合う.
xiétiáo【协调】**1** 形 釣り合いがとれている. 調和がとれている. **2** 動(意見を)調整する. 協調する. 調和させる.
xiétóng【协同】動 協力する.
xiéyì【协议】**1** 動 協議する. 話し合う. **2** 名(話し合いによる)取り決め,合意. ¶达成～ / 合意に達する.
xiéyì líhūn【协议离婚】名〈法〉協議離婚.
xiéyuē【协约】**1** 動 協議を経て条約を締結する. **2** 名 協約.
xiéyuēguó【协约国】名(第一次大戦時の)協商国.
xiézhù【协助】動 協力する. 助力する.
xiézòuqǔ【协奏曲】名〈音〉協奏曲. コンチェルト.
xiézuò【协作】動 協力する. 提携する.

邪 **xié** 形〈貶〉まっとうでない. よこしまである. ¶世上的事就是～ / 世の中おかしなことだらけだ.
H ①〈中医〉病気を引き起こす自然的要因. ¶寒～ / 寒け. ②鬼神がもたらす災禍. ¶中zhòng～ / たたる. 異読⇒yé
xié bù qīn zhèng【邪不侵正】〈成〉邪道は正道には勝てない.
xiécái【邪财】名〈方〉不正な財物.
xiédào【邪道】名(～儿)邪道. よこしまなやり方.
xié'è【邪恶】形〈書〉邪悪である. よこしまである.
xiéfǎ【邪法】名 邪悪な法術;まともでない方法.
xiéhu【邪乎】形〈方〉ひどい;大げさである.
xiéjiào【邪教】名 邪教. 邪宗(門).
xiélù【邪路】名 よこしまな方法.
xiémén【邪门】形(～儿)〈方〉正常でない. 変てこである.
xié mén wāi dào【邪门歪道】〈成〉まともでないやり方.
xiémó【邪魔】名 妖怪変化(ㇷ゚ㇸ).
xiéniàn【邪念】名〈書〉よこしまな考え.
xiéqì【邪气】名 よこしまな気風;〈中医〉病気のもとになる毒気.
xiéshù【邪术】名 よこしまな法術.
xiéshuō【邪说】名 まちがった説.
xiésuì【邪祟】名 たたり.
xiéxīn【邪心】名〈書〉邪念. よこしまな考え.
xiéxíng【邪行】名 邪悪な行為.
xiéxing【邪行】形〈方〉変てこである. ひどい.

胁(脇・脅) **xié** 名 わき.
H 脅迫する. 脅かす. ¶威～ / 脅かす.
xiébiàn【胁变】名〈物〉(力・圧力による)変形.
xiéchí【胁持】→xiéchí【挟持】
xiécóng【胁从】動 脅迫されて悪事を働く.
xié jiān chǎn xiào【胁肩谄笑】〈成〉肩をすくめ追従(ついしょう)笑いをする.
xiépò【胁迫】動 脅迫する.
xiéqiáng【胁强】名〈物〉変形作用.

挟(挾) **xié** 動〈書〉わきに挟む.
H ①(弱みにつけ込んで)強迫する. ¶要～ / 脅迫する. ②根にもつ.
xiéchí【挟持】動 **1** 両側から腕をつかんで捕らえる. **2** 脅迫する.
xié//chóu【挟仇】動 恨みを抱く.
xiédài【挟带】動 携帯する;隠し持つ.
xié//hèn【挟恨】動 恨みを抱く.
xiéxián【挟嫌】動〈書〉恨みをもつ.
xié//yuàn【挟怨】動 恨みを抱く.
xiézhì【挟制】動 強制する. 脅迫する.

偕 **xié** H 共に. 一緒に.
xiélǎo【偕老】動〈書〉夫婦が共に老いるまで連れ添う.

xiétóng【偕同】動〈書〉連れ立つ．一緒に行く．
xiéxíng【偕行】動〈書〉共に行く．連れ立つ．

斜 **xié** **1** 形 斜めである．傾いている．¶柱子有点儿～ / 柱が少し傾いている．**2** 動 斜めに傾ける．¶～着眼看人 / 横目で人を見る．‖ 姓
xiébiān【斜边】名 **1**〈数〉斜辺．**2**〈機〉はすぶち．
xiécáiqún【斜裁裙】名 フレアスカート．
xiéchár【斜碴儿】❶名 **1** 斜めになっている継ぎ目〔木目〕．**2** 理不尽な言い分．❷形 機嫌が悪い．
xiéchángshí【斜长石】名〈鉱〉斜長石．
xiédù【斜度】名 傾斜度．勾配(こうばい)．
xiéduìménr【斜对门儿】名 筋向かい．斜め向かい．
xiégāo【斜高】名〈数〉斜高．
xiéhuī【斜晖】名〈書〉夕日．斜陽．
xiéjiǎo【斜角】名 斜角．
xiéjǐng【斜井】名〈鉱〉斜坑．
xiéleng【斜楞】動 傾く．斜めにする．
xiélù【斜路】名 まちがった道．邪悪な方法．
xiélǜ【斜率】名〈数〉傾斜度．
xiémiàn【斜面】名〈物〉斜面．
xiémie【斜乜】動 目を細くして斜めに見る．
xiénì【斜睨】動〈書〉横目で見る．
xiépō【斜坡】名 斜面．スロープ．
xiéshè【斜射】動(光線が)斜めに射す．
xiéshì【斜视】〈書〉**1** 名 斜視．**2** 動 横目で見る．
xiéshìtú【斜视图】名〈機〉斜投影図．
xiétǐzì【斜体字】名〈印〉イタリック(活字)．
xiéwén【斜纹】名 **1** あや織り．**2**(～儿)あや織物．
xiéwénbù【斜纹布】名 あや織り木綿．
xiéxiàn【斜线】名〈数〉斜線．
xiéxiangyǎnr【斜象眼儿】名〈方〉菱形．
xiéyǎn【斜眼】名 斜視．
xiéyáng【斜阳】名 夕日．斜陽．

谐 **xié** H ①調和がとれる．調子がよく合う．¶→～音．¶和～ / 調和(がとれている)．②(話が)おもしろい．¶→～戏．③(相談が)まとまる．妥結する．
xiéhé【谐和】形 調和がとれている．
xiéjù【谐剧】名 四川一帯に分布する一人芝居．
xiéměi【谐美】形〈書〉(文章や言葉が)流暢で美しい．
xiéshēng【谐声】名〈語〉(六書(りくしょ)の)形声．
xiétiáo【谐调】形 調和がとれている．
xiéxì【谐戏】動〈書〉冗談を言う．
xiéxīng【谐星】名〈書〉喜劇役者．
xiéxuè【谐谑】形(言葉に)ユーモアがある．
xiéxuèqǔ【谐谑曲】名〈音〉スケルツォ．
xiéyīn【谐音】**1** 動 音に調和する；〈語〉漢字の音が同じ〔近い〕．**2** 名〈音〉部分音．
xiézhèn【谐振】動〈電〉共振する．

絜 **xié** 動〈書〉物の周囲の長さを測る；(広く)はかる．はかり数える．

颉 **xié** H 鳥が飛び上がる．‖ 姓 異読⇒jié
xiéháng【颉颃】動〈書〉鳥が高く低く飛ぶ；〈喩〉拮抗(きっこう)する．

携(攜) **xié** H ①持つ．伴う．②手をつなぐ．
xiédài【携带】動 **1** 携帯する；伴う．**2** 引き立てる．
xié'èr【携贰】動〈書〉二心を抱く．
xié jiā dài kǒu【携家带口】〈成〉面倒である．
xiéjuàn【携眷】動 家族を連れる．
xié//shǒu【携手】動 手をつなぐ；助け合う．¶～合作 / 助け合って事を進める．

撷 **xié** H ①取る．摘む．②〖襭xié〗に同じ．

鞋 **xié** 名 靴．〔双〕¶穿～ / 靴をはく．
xiébázi【鞋拔子】名 靴べら．
xiébāng【鞋帮】名(～儿)(靴の底以外の)両側．
xiédài【鞋带】名 靴ひも．
xiédǐ【鞋底】名 靴底．
xiédiàn【鞋垫】名 靴の中敷き．
xiéfěn【鞋粉】名 靴磨き用パウダー．
xiégēn【鞋跟】名(～儿)(靴の)かかと．
xiéhào【鞋号】名 靴のサイズ．
xiéjiang【鞋匠】名 靴職人．
xiékòu【鞋扣】名(靴の)バックル，ホック．
xiélǐr【鞋里儿】名 靴の側面の内側．
xiéliǎn【鞋脸】名(～儿)靴の甲の部分．
xiémiànr【鞋面儿】名 靴の表．
xiéshuā【鞋刷】名 靴磨き用ブラシ．
xiétālar【鞋趿拉儿】名〈口〉スリッパ．
xiéxuàn【鞋楦】名(～儿・～子)製靴用の木型．
xiéyóu【鞋油】名 靴墨．
xiézi【鞋子】名 短靴．靴．

勰 **xié** H 調和する．▶多く人名に用いる．

写(寫) **xiě** 動 **1**(字を)書く．¶这个字怎么～？/ その字はどう書くのですか．**2**(文章や作品を)作る，創作する．¶～小说 / 小説を書く．**3**(人物・風景などを)描写する．¶～人物 / 人物を描く．
H 絵を描く．¶→～生．異読⇒xiè
xiěbǎohù【写保护】名〈電算〉ライトプロテクト．
xiěběn【写本】名 写本．
xiěbuxià【写不下】動+可補 あるスペースに書ききれない．
xiě//chū//lái【写出来】動+方補(字を覚えていて)書ける．

xiědexià【写得下】動+可補 あるスペースに書ききれる.
xiěfǎ【写法】名(文章·字などの)書き方.
xiě//gǎo【写稿】動 原稿を書く. 下書きをする.
xiě//huó【写活】動+結補 描写が真に迫っている.
xiějiā【写家】名 作家;〈口〉書家.
xiějǐng【写景】動 景色·情景を描写する.
xiě//liǎo【写了】動+結補(紙や墨汁·インクなどを)使い果たす;(ある量の書きものを)書き上げる.
xiěrù【写入】名〈電算〉読み込み. 書き込み.
xiě//shàng//lái【写上来】動+方補(字を覚えていて)書ける.
xiěshēng【写生】**1** 動〈美〉写生する. **2** 名 写生画.
xiěshí【写实】動 ありのままに書く〔描く〕.
xiěshí zhǔyì【写实主义】名 写実主義.
xiě//xià//lái【写下来】動+方補 文字で書き残す.
xiěyì【写意】名〈美〉写意. ⇨**xièyì**
xiězhào【写照】**1** 動 人物像を描く. **2** 名 克明な描写.
xiězhēn【写真】**1** 動 肖像画を描く. **2** 名 写実.
xiězhēnjí【写真集】名(個人の写真を集めた)アルバム. 写真集.
xiězìjiān【写字间】名 書斎;執務室.
xiězìlóu【写字楼】名 オフィスビル.
xiězìtái【写字台】名 事務机.
xiězuò【写作】動 文章を書く.

血 **xiě** 名〈口〉血. 血液. ¶出~ / 血が出る. 異読⇨**xuè**
xiě chì hū lā【血赤糊拉】〈成〉血まみれである.
xiěhūhū【血糊糊】形(~的)血だらけである.
xiěliào【血料】名 豚などの血を乾かして粉状にしたもの.
xiělīnlīn【血淋淋】形(~的)血がたらたらと流れている;〈喩〉厳しい. 残酷である.
xiěmòzi【血沫子】名 血のあぶく.
xiěsī【血丝】名(~儿)(毛細血管の充血による)血の筋.
xiěyùn【血晕】名(打撲などで皮膚に)血がにじんでできるあざ. ⇨**xuèyùn**

写(寫) **xiè**❶ 異読⇨**xiě**
xièyì【写意】形〈方〉気持ちがよい. ⇨**xiěyì**

泄(洩) **xiè** 動 **1**(液体·気体が)漏れる;〈転〉(張り詰めた気持ちが)ゆるむ. **2**(秘密や情報などを)漏らす. **3**(怒りや恨みなどを)ぶちまける.
xiè//dǐ【泄底】動 内情を漏らす.
xiè//fèn【泄愤】動 鬱憤を晴らす.
xiè//hèn【泄恨】動 鬱憤を晴らす.
xièhóng【泄洪】動(増水時に)堤防やダムの水門を開いて放水する.
xiè//huáng【泄黄】動(~儿)卵の黄身が崩れる.
xiè//jìn【泄劲】動(~儿)力が抜ける. がっかりする.
xiè//lì【泄力】動 **1** 力が抜ける. 力を抜く. **2** 名〈方〉〈電〉変圧器.
xièlòu【泄漏】動 **1**(液体や気体などが)漏れる. **2**(秘密や情報などを)漏洩(ろうえい)する.
xièlòu【泄露】動(秘密や情報などを)漏洩する.
xièlòu wūrǎn【泄漏污染】名〈環境〉汚染漏れ.
xiè//mì【泄密】動 秘密を漏らす.
xiè//qì【泄气】**1** 動 気が抜ける. 気を落とす. **2** 形〈貶〉情けない.
xièshuǐ【泄水】**1** 動 排水する. **2** 名 放水.
xièxiè【泄泻】名〈中医〉大便が水のように薄く,回数が多いこと.
xièzhíqiāng【泄殖腔】名〈動〉排泄腔.

泻(瀉) **xiè** 動 **1** 腹を下す. ¶上吐tù下~ / 吐いたり下したりする. **2** 速く流れる. ¶一~千里 / 物事がよどみなくはかどるたとえ.
xiè//dù【泻肚】動 腹を下す.
xièhú【泻湖】名〈地〉潟(かた). 入り江.
xièyán【泻盐】名 瀉利塩(しゃりえん).
xièyào【泻药】名 下剤.

绁(絏·緤) **xiè**〈書〉**1** 名 縄. **2** 動 縄を掛ける.

契(偰) **xiè** 名 契(せつ). 伝説上の人物の名. 殷の祖先で,舜(しゅん)の臣とされている. 異読⇨**qì**

卨(离·离) **xiè** 人名用字.

卸 **xiè** 動 **1**(車や船などから荷を)下ろす. **2**(部品などを)取り外す. ¶~零件 / 部品を取り外す. **3**(職務を)解く;(責任を)逃れる. **4**(家畜から馬具·農具などを)外す.
xiè bāofu【卸包袱】〈慣〉肩の荷を下ろす.
xiè//chē【卸车】動 車の上の荷物を下ろす.
xiè//huò【卸货】動 積み荷を下ろす. 荷揚げする.
xiè//jiān【卸肩】動〈喩〉重荷を下ろす.
xiè mò shā lǘ【卸磨杀驴】〈成〉役目を果たした人を見捨てる.
xiè//rèn【卸任】動(官吏が)解任される. ▶"卸职"とも.
xiè//zài【卸载】動 **1**(車や船の荷物を)積み卸す. ▲"卸儎"とも. **2**〈電算〉アンインストールする.
xiè//zhí【卸职】→**xiè//rèn**【卸任】
xièzé【卸责】動 責任を逃れる.
xiè//zhuāng【卸妆】動(女性が)装飾品を外す,化粧を落とす.
xiè//zhuāng【卸装】**1** →**xià//zhuāng**【下装】 **2** →**xiè//zài**【卸载】**2**

屑 **xiè** H ①くず．かけら．¶饼干～／ビスケットのくず．②些細な．細かな．¶琐～／煩わしい．③（…する）値打ちがあると認める．¶不～／…する値打ちがない．

械 **xiè** 名〈古〉刑具．首かせ・手かせの類．
H ①機械．¶机～／機械．②武器．¶军～／兵器．

xièdòu【械斗】動 大勢で武器を持ってけんかをする．

亵（褻） **xiè** H ①軽んじる．¶→～渎．②みだらである．¶猥～／わいせつである．③肌着．¶→～衣．

xièdú【亵渎】動〈書〉冒瀆(ぼうとく)する．

xièmàn【亵慢】形〈書〉（言動が）軽々しく，不まじめである．

xièyī【亵衣】名〈書〉肌着．

xièyǔ【亵语】名〈書〉わいせつな言葉．

渫 **xiè** 動〈書〉1 取り除く．2 さらう．‖ 姓

谢 **xiè** 動 1 感謝する．礼を言う．¶不用～／礼には及びません．2（花や木の葉が）しぼむ，散る．
H ①わびる．あやまる．¶→～罪．②断る．拒絶する．¶→～绝．‖ 姓

xièbiǎo【谢表】名〈旧〉（君主に奉る）感謝の上奏文．

xièbìng【谢病】動〈書〉病気にかこつけて断る．

xièbù【谢步】動〈旧〉親戚や友人の来訪，または冠婚葬祭などのあと，その答礼に赴く．

xièchén【谢忱】名〈書〉謝意．

xiècí【谢词・谢辞】名 謝辞．

xiè//dǐng【谢顶】動 頭のてっぺんがはげる．

xiè//ēn【谢恩】動 恩に感謝する；〈旧〉君主の恩に感謝する．

xièguò【谢过】動〈書〉過失をわびる．

xièhán【谢函】名 礼状．

xièjué【谢绝】動〈婉〉謝絶する．

xièkè【谢客】動 1 面会を謝絶する．2 来客に礼を述べる．

xièlǐ【谢礼】名 謝礼．

xiè//mù【谢幕】動 カーテンコールにこたえる．

xièquè【谢却】動〈書〉謝絶する．

xièrǎo【谢扰】動 世話になった礼を述べる．

xiè//shǎng【谢赏】動〈旧〉心付けをもらった礼をする．

xiè//shī【谢师】動〈旧〉徒弟が親方にお礼をする；（同上の意味で）お礼奉公をする．

xièshì【谢世】動〈書〉〈婉〉逝去する．

xiè tiān xiè dì【谢天谢地】〈成〉なんとありがたいことだ．

xiètiě【谢帖】名〈旧〉（贈り物に対する）礼状．

xiè//xiào【谢孝】動〈旧〉喪主が弔問の客にお礼をする．

xièxie【谢谢】1〈套〉ありがとう．2 動 …に感謝する．¶～你的好意／ご好意に感謝します．

xièyì【谢意】名 謝意．

xiè//zuì【谢罪】動 謝罪する．

塮 **xiè** 名〈方〉肥やし．厩肥(きゅうひ)．

解 **xiè** 動〈口〉わかる．（謎などを）解く．¶～不开那个谜／その謎が解けない．‖ 姓　異読⇒jiě, jiè

xièshù【解数】名 手腕．技量．

榭 **xiè** H 四方を展望できるように造った高殿．¶水～／水亭．

榍 **xiè** O

xièshí【榍石】名〈鉱〉くさび石(せき)．チタン石．榍石(せっせき)．

薤 **xiè** 名〈植〉ラッキョウ．

獬 **xiè** O

xièzhì【獬豸】名 獬豸(かいち)．▶伝説中の牛に似た動物．不正な人物を見分けて角で突く．

邂 **xiè** O

xièhòu【邂逅】動〈書〉偶然に出会う．

澥 **xiè** 動 1（のり状のものが）溶ける，腰が弱くなる．2〈方〉（のり状のものに）水を入れて溶かす，のばす．
H "渤澥"（渤海の古称）．

懈 **xiè** H ①だらける．¶松～／だらけている．②手抜かり．¶无～可击／一分のすきもない．

xièdài【懈怠】形 だらけている．たるんでいる．

xiè//qì【懈气】動 気を抜く．

燮（爕） **xiè** H 程よくする．¶～理／程よく治める．‖ 姓

蟹 **xiè** 名〈動〉カニ．¶醉～／酒漬けのカニ．

xièfěn【蟹粉】名〈方〉〈食材〉カニの肉とカニのみそ．

xiègāo【蟹膏】名〈俗〉カニの精子．

xièhuáng【蟹黄】名（～儿）カニみそ．

xièkéhuáng【蟹壳黄】名 中に黄色いあんの入っている菓子．

xièměng【蟹獴】名〈動〉カニクイマングース．

xièqīng【蟹青】形 青灰色の．

xièzǐ【蟹子】名 カニの卵．

瀣 **xiè** →hàngxiè【沆瀣】

躞 **xiè** O

xièdié【躞蹀】→diéxiè【蹀躞】

xin（ㄒㄧㄣ）

心 **xīn** 名 1 心．気持ち．［颗，条］2 心臓．3（二十八宿の）なかごぼし．
H 中心．¶掌～／たなごころ．‖ 姓

xīn'ài【心爱】形 心から愛している．お気に入りである．

xīn ān lǐ dé【心安理得】〈成〉やましいところがなく心が安らかである．

xīnbǎn【心版】名 心の奥底.
xīnbāo【心包】名〈生理〉心嚢(のう).
xīnbìng【心病】名 **1**（口に出せない）悩み事. **2** 心中やましいところ.
xīnbó【心搏】名〈生理〉心拍.
xīn bù zài yān【心不在焉】〈成〉うわの空である.
xīncái【心材】名 木材の中心部分.
xīncái【心裁】名 構想.
xīncháng【心肠】名 **1** 心根. 気立て. **2** 興味.（…する）気.
xīncháo【心潮】名 感情. 気持ち.
xīn chí shén wǎng【心驰神往】〈成〉思いをはせる.
xīnchuán【心传】**1** 動（禅家で師から弟子へ）奥義を以心伝心で伝える. **2** 名 奥義.
xīn cí shǒu ruǎn【心慈手软】〈成〉心がやさしくてむごいことができない.
xīn//cū【心粗】形 そそっかしい.
xīndǎn【心胆】名 心臓と胆嚢(のう)；〈喩〉意志と度胸.
xīn dǎn jù liè【心胆俱裂】〈成〉驚いて肝をつぶす.
xīn dàng shén chí【心荡神驰】〈成〉気もそぞろである.
xīn dào shén zhī【心到神知】〈成〉真心があれば披瀝(ひれき)しなくても人に通じる.
xīndé【心得】名（仕事や学習で得た）収穫. 会得したもの. ¶读书～ / 読書で得たもの.
xīndǐ【心底】名 **1** 心の底. **2**（～儿）〈方〉心根.
xīndì【心地】名 **1** 心根. **2** 心境.
xīndiàn miáojìqì【心电描记器】名〈医〉心電計.
xīndiàntú【心电图】名〈医〉心電図.
xīn//dòng【心动】**1** 名〈医〉心拍. **2** 動 気を引かれる.
xīndú【心毒】形 残忍である.
xīn dú shǒu là【心毒手辣】〈成〉心が残忍で手口が悪辣(らつ)である.
xīn'ěr【心耳】名〈生理〉心耳(じん).
xīn//fán【心烦】形 むしゃくしゃする.
xīnfáng【心房】名 **1**〈生理〉心房. **2** 心の内.
xīnfēi【心非】動〈書〉心の中で反対する.
xīnfēi【心扉】名 内心.
xīn//fú【心服】動 心服する.
xīn//fú【心浮】形 気もそぞろである.
xīnfù【心腹】**1** 名 腹心の部下. **2** 形 胸中の.
xīn fù zhī huàn【心腹之患】〈成〉内部に潜んでいる禍根.
xīngān【心甘】動 喜んでする.
xīngān【心肝】名 **1** 良心. **2**（～儿）最も愛する人. 愛しい人.
xīn gān qíng yuàn【心甘情愿】〈成〉心から願う.
xīn//gāo【心高】形 志が高い.
xīn gāo qì ào【心高气傲】〈成〉お高くとまっている.
xīn guǎng tǐ pán【心广体胖】〈成〉心身ともに健やかである.
xīnhǎi【心海】名 心の中.
xīnhán【心寒】形 がっかりする.
xīn//hēi【心黑】形 腹黒い；欲深い.
xīn hěn shǒu là【心狠手辣】〈成〉残酷無情である.
xīn huā nù fàng【心花怒放】〈成〉喜びに心が弾む.
xīnhuái【心怀】**1** 動 心に抱く. **2** 名 胸中. 気持ち.
xīn//huāng【心慌】**1** 形 落ち着かない. **2** 動〈方〉動悸(どうき)がする.
xīn huāng yì luàn【心慌意乱】〈成〉慌ててどうしてよいかわからなくなる.
xīn huī yì lǎn【心灰意懒】〈成〉意気消沈する.
xīn huí yì zhuǎn【心回意转】〈成〉恨みを捨てて仲直りする.
xīn//huó【心活】形 心が動揺しやすい.
xīnhuǒ【心火】名 **1**〈中医〉のどが渇く, 脈が速い, 舌が痛いなどの症状. **2** かんしゃく.
xīnjī【心机】名 思案. 策略.
xīnjī【心肌】名〈生理〉心筋. ¶～梗塞 / 心筋梗塞(こうそく).
xīnjí【心急】形 焦る. いらいらする.
xīn jí huǒ liǎo【心急火燎】〈成〉居ても立ってもいられない.
xīnjì【心计】名 策略. 計略.
xīnjì【心迹】名 心のうち.
xīnjì【心悸】**1** 名〈医〉心悸(しんき). **2** 動〈書〉おびえる.
xīnjiān【心尖】名 **1** 心臓の先端. **2** 心の底. **3**（～儿）〈方〉最愛の人.
xīnjiān【心间】名 胸の内.
xīnjiānzi【心尖子】名〈口〉最愛の人〔物〕.
xīnjiāo【心焦】形 焦る. いらいらする.
xīnjiǎotòng【心绞痛】名〈医〉狭心症.
xīnjiě【心解】動 心に悟る.
xīnjìnr【心劲儿】名 考え；見識；興味.
xīn jīng dǎn zhàn【心惊胆战】〈成〉肝をつぶして恐れおののく.
xīn jīng ròu tiào【心惊肉跳】〈成〉（大きな災難が降りかかりはしないかと）びくびくする.
xīnjìng【心静】形 気持ちが落ち着いている.
xīnjìng【心境】名 心境. 気持ち.
xīnkǎn【心坎】名（～儿）**1** みぞおち. 胸. **2** 心の奥底.
xīnkěn【心肯】動 心の中で承諾する.
xīnkǒu【心口】名（～儿）みぞおち.
xīn kǒu rú yī【心口如一】〈成〉言動に裏表がない.
xīn//kuān【心宽】形 楽観的でよくよしない.
xīn kuān tǐ pán【心宽体胖】〈成〉心身ともに健やかである.
xīn kuàng shén yí【心旷神怡】〈成〉心がゆったりとして愉快な気持ちである.

xīn//lǎn【心懒】形 気が進まない.
xīn láo rì zhuō【心劳日拙】〈成〉あれこれ謀略をめぐらせても事態はまずくなる一方である.
xīnlǐ【心理】名 **1**〈心〉心理. **2** 心理(状態). 気持ち.
xīnlǐ bìsuǒ【心理闭锁】名〈心〉外界を断ち切り人と交流したくないという心理状態.
xīnlǐxué【心理学】名 心理学.
xīnlǐ zīxún【心理咨询】名〈心〉カウンセリング.
xīnlì【心力】名 気苦労と骨折り.
xīnlì shuāijié【心力衰竭】名〈医〉心臓機能衰弱. 心不全.
xīnli【心里】名 **1** 心の中. **2** 胸.
xīnlǐhuà【心里话】名 本音.
xīn lián xīn【心连心】〈慣〉気持ちが通い合う.
xīnlíng【心灵】**1** 名 心. **2** 形 頭がよい.
xīnlǐng【心领】**1** 動 心の内で理解する. **2**〈套〉(贈り物や招待を謝絶して)お志はありがたくいただきますが.
xīn lǐng shén huì【心领神会】〈成〉以心伝心でわかる.
xīnlù【心路】名(～儿)**1** 知恵. 機知. **2**(人の)度量. 器量. **3** 心がけ. **4** 人の考え. つもり. **5** 心理変化のプロセス.
xīnlǜ【心律】名〈医〉心拍.
xīnlǜ【心率】名〈医〉心拍数.
xīn//luàn【心乱】形 心が乱れている.
xīn mǎn yì zú【心满意足】〈成〉十分満足する.
xīn míng yǎn liàng【心明眼亮】〈成〉洞察力がすぐれている.
xīnmó【心膜】名〈医〉心膜.
xīnmù【心目】名 **1**(心や視覚が受ける)感じ. 印象. **2** 胸中. 念頭.
xīnpí【心皮】名〈植〉心皮.
xīn píng qì hé【心平气和】〈成〉心が穏やかで気持ちが落ち着いている.
xīnpò【心魄】名 心.
xīnqì【心气】名(～儿)**1** 心. 考え. **2** 意気. **3** 機嫌. **4** 度量.
xīnqiào【心窍】名(～儿)(認識や思惟をする)心の働き.
xīnqiè【心切】形(…したいと思う気持ちが)切実である.
xīnqíng【心情】名 気持ち. 気分. ¶～舒畅 / 伸び伸びして気持ちがよい. ¶～忧郁 / 憂鬱な気分である.
xīnqū【心曲】名 心の奥底；胸中.
xīnr【心儿】名 物の芯；(特に)野菜の芯.
xīnrlǐměi【心儿里美】名〈植〉(大根の一種)コウシンダイコン.
xīn rú dāo gē【心如刀割】〈成〉胸を刺されるような思いである.
xīn//ruǎn【心软】形 気が弱い. 情にもろい.
xīnshàngrén【心上人】名 意中の人.
xīnshén【心神】名 **1** 知恵. **2**(落ち着かない)精神状態.
xīnshēng【心声】名 本音. 真情.
xīnshèng【心盛】形 張り切っている.
xīnshì【心室】名〈生理〉心室.
xīnshì【心事】名 心配事. 願い事.
xīnshūchūliàng【心输出量】名〈生理〉(心臓から拍出される血液の)拍出量.
xīnshù【心术】名 心がけ；計略.
xīnshù【心数】名 策略. 計略.
xīn shuō【心说】動(口には出さずに)心の中でつぶやく.
xīn//sǐ【心死】動 **1**〈口〉機転がきかない. **2** あきらめる.
xīnsi【心思】名 **1** 考え. **2** 知恵. ¶费～/ 知恵を絞る. **3** 興味.
xīnsuān【心酸】形 悲しい.
xīnsuàn【心算】動 暗算する.
xīnsuǐ【心髓】名 心の奥底.
xīnsuì【心碎】形(悲しみで)胸が張り裂けんばかりである.
xīntài【心态】名 心理状態.
xīnténg【心疼】動 **1**(心から)かわいがる. **2** 惜しがる.
xīntián【心田】名 **1** 心. **2**〈方〉心根.
xīn//tiào【心跳】動 胸〔心臓〕がどきどきする.
xīntóu【心头】名 胸のうち. 心の中.
xīntóu hèn【心头恨】名 心中の恨み.
xīntóuròu【心头肉】名 最愛の人〔物〕.
xīntǔ【心土】名〈農〉表土のすぐ下の層土.
xīnwōr【心窝儿】名 **1** 心臓のある部位. **2** 心の奥底.
xīn wú èr yòng【心无二用】〈成〉精神を集中しなければ何事もできない.
xīn//xì【心细】形 注意深い.
xīnxián【心弦】名 心の琴線.
xīn xiǎng【心想】動 **1** 黙って考える. **2** 心の中でつぶやく.
xīnxiàng【心向】動 …にあこがれる.
xīn xīn niàn niàn【心心念念】〈成〉寝ても覚めても思う.
xīn xīn xiāng yìn【心心相印】〈成〉心と心が通じ合う.
xīnxìng【心性】名 性格. 気立て.
xīnxiōng【心胸】名 **1** 心の中. **2** 度量. **3** 志. 抱負.
xīnxiù【心秀】形(見かけによらず)賢くてしっかりしている.
xīnxū【心虚】形 びくびくしている；自信がない.
xīnxǔ【心许】動〈書〉**1** 黙許する. 黙認する. **2** 心で称賛する.
xīnxù【心绪】名 気持ち.
xīnxuè【心血】名 心血.
xīn xuè lái cháo【心血来潮】〈成〉何かの考えがふとひらめく.
xīnyǎnr【心眼儿】名 **1** 心の底. **2** 心根. 気立て. **3** 機転. 知恵. **4**(他人に対する)気遣い. **5** 度量.
xīnyǎng【心痒】形 もどかしい.
xīnyào【心药】名 心配事を取り除く方法.

xīnyí【心仪】動〈書〉敬慕する.

xīnyì【心意】名 **1**（他人に対する）気持ち. **2** 意味. 意思.

xīnyīn【心音】名 **1**〈生理〉心音. **2** 心の声.

xīn//yìng【心硬】形 **1** 情けが薄い. **2** 性根がすわっている.

xīn yǒu língxī yī diǎn tōng【心有灵犀一点通】〈諺〉以心伝心でわかる.

xīn yǒuyú ér lì bùzú【心有余而力不足】〈諺〉したいのはやまやまだが, 実力が伴わない.

xīn yǒu yú jì【心有余悸】〈成〉（危険が去っても）胸がなおどきどきする.

xīn yú lì chù【心余力绌】〈成〉やる気はあるが実力がない.

xīnyǔ【心语】名 心の声. 内なる声.

xīn yuán yì mǎ【心猿意马】〈成〉気もそぞろなこと.

xīnyuàn【心愿】名 念願. 願い.

xīn yuè chéng fú【心悦诚服】〈成〉心から承服する.

xīnzáyīn【心杂音】名〈医〉心臓の雑音.

xīnzàng【心脏】名 **1**〈生理〉心臓. ¶～死亡 / 心臓死. **2**〈喩〉中心. ¶城市的～ / 都市の心臓部.

xīn//zhǎi【心窄】形 気が小さい；心細い.

xīnzhào【心照】動 互いに心でわかり合う.

xīnzhé【心折】動 心から敬服する.

xīn zhèng bù pà yǐngr xié【心正不怕影儿斜】〈諺〉公明正大であれば陰口を気にする必要はない.

xīn zhí kǒu kuài【心直口快】〈成〉性格が率直で, 思ったことをざっくばらんに言う.

xīnzhì【心志】名 意志.

xīnzhì【心智】名 知恵；心理.

xīnzhōng【心中】名 心の中.

xīn zhōng wú shù【心中无数】〈成〉見通しが立たず自信がない.

xīn zhōng yǒu shù【心中有数】〈成〉見通しが立って自信がある.

xīnzhòng【心重】形 あれこれ気にしやすい.

xīnzhóu【心轴】名〈機〉心棒.

xīnzi【心子】名 **1** 物の芯. **2**〈方〉〈食材〉動物の心臓.

xīnzuì【心醉】動 心酔する.

芯

xīn H 芯(しん). 異読⇨xìn

xīnpiàn【芯片】名〈電算〉チップ.

xīnr【芯儿】名 物の芯.

辛

xīn 名 十干の第8：辛(かのと).

H ①辛(から)い. ¶→～辣. ②苦労する. ③悲しい. 苦しい. ‖姓

xīndíjiā【辛迪加】名〈経〉シンジケート.

Xīnhài gémìng【辛亥革命】名〈史〉辛亥(しんがい)革命.

xīnkǔ【辛苦】**1** 形 心身ともにつらい. ¶他辛辛苦苦工作了几十年 / 彼はあくせくと何十年も働いた. **2**〈套〉ご苦労さま. ご苦労をおかけします. ¶～了 / ご苦労さまでした.

xīnkǔfèi【辛苦费】名 謝礼. チップ.

xīnlà【辛辣】形 **1**（味が）辛い. **2** 辛辣(しんらつ)である.

xīnláo【辛劳】動 苦労する.

xīnqín【辛勤】形 勤勉である.

xīnsuān【辛酸】形 つらく悲しい.

xīnwánzhí【辛烷值】名〈化〉オクタン価.

xīnyí【辛夷】名〈植〉モクレン；〈中薬〉辛夷(しんい).

忻

xīn〖欣xīn〗に同じ. ‖姓

昕

xīn 名〈書〉朝. 日の出前.

欣

xīn H 喜ぶ. うれしい. ¶～喜. ‖姓

xīnbiàn【欣忭】動〈書〉喜ぶ.

xīnrán【欣然】形〈書〉喜び勇んでいる.

xīnshǎng【欣赏】動 **1** 鑑賞する. **2** 気に入る. すばらしいと思う.

xīnwèi【欣慰】動〈書〉うれしくてほっとする.

xīnxǐ【欣喜】動〈書〉喜ぶ.

xīnxiàn【欣羡】動〈書〉うらやましく思う.

xīnxīn【欣欣】形〈書〉**1** 草木がすくすく伸びるさま. **2** 喜ぶさま.

xīn xīn xiàng róng【欣欣向荣】〈成〉草木がすくすくと伸びている；〈喩〉（事業などが）勢いよく発展し繁栄している.

xīnxìng【欣幸】動 好運に恵まれて喜ばしく思う.

xīnyuè【欣跃】動 喜び勇む.

莘

xīn 地名用字. 異読⇨shēn

锌

xīn 名〈化〉亜鉛. Zn.

xīnbái【锌白】名〈化〉亜鉛華.

xīnbǎn【锌版】名〈印〉亜鉛版.

xīnbèibái【锌钡白】名〈化〉リトポン.

xīnhuá【锌华】名〈化〉亜鉛華.

新

xīn **1** 形（↔旧, 老）新しい. ¶最～(的)消息 / 最新のニュース. ¶～产品 / 新製品. **2** 副 新たに, 最近(…したばかりである). ¶这本书是～买的 / この本は買ったばかりです.

H ①新しい事物. 新しい人. ¶翻～ / リフォームする. ②新婚の. ¶→～房. ③"新疆"(新疆ウイグル自治区). ④"新加坡"(シンガポール). ‖姓

xīnbīng【新兵】名 新兵；新人.

xīncháo【新潮】**1** 名（物事が発展するときの）新しい趨勢. **2** 形 時流に乗った. 流行の.

xīn chén dàixiè【新陈代谢】名〈生〉新陳代謝；〈喩〉新旧の事物の入れ替わり.

xīnchǒng【新宠】名 人気のある新し

い商品.

xīn chóu jiù hèn【新仇旧恨】〈成〉(新旧の)恨みが重なる.

xīnchūshǒur【新出手儿】名 駆け出し. 新参.

xīnchūn【新春】名 新春.

xīncí【新词】名〈語〉新語.

xīncūn【新村】名 新しい住宅区. 団地.

Xīndàlù【新大陆】名 新大陸.

xīndī【新低】名 最低新記録;〈経〉新安値.

xīnfáng【新房】名 新婚夫婦の寝室.

xīnfēng【新风】名 新しい気風.

xīnfù【新妇】名 **1**〈書〉新婦. **2**〈方〉息子の嫁.

xīngāo【新高】名 最高新記録;〈経〉新高値.

xīngūye【新姑爷】名 花婿.

xīnguān shàngrèn sān bǎ huǒ【新官上任三把火】〈諺〉新任者は改革に熱心である.

xīnguì【新贵】名 新しく成り上がった者.

xīnhuān【新欢】名 新しい愛人.

xīnhūn【新婚】動 結婚して間もない.

xīnjìlù【新记录】名 新記録.

xīnjìyuán【新纪元】名 新紀元;〈喩〉画期的な大事業の開始.

Xīnjiāpō【新加坡】名〈地名〉シンガポール.

Xīnjiāng【新疆】名〈地名〉新疆(しんきょう). 新疆ウイグル自治区.

xīnjiāo【新交】名(～儿)新しい友達.

xīnjiào【新教】名〈宗〉(キリスト教で)新教.

xīnjìn【新进】名〈旧〉科挙試験に合格して新しく官職についた者.

xīnjìn【新近】名 最近. 近ごろ.

xīnjiù【新旧】名 **1** 新と旧;今と昔. **2** 新旧の程度. 新しさ.

xīnjū【新居】名 新居.

Xīnkālǐduōníyà【新喀里多尼亚】名〈地名〉ニューカレドニア.

xīnkuǎn【新款】名 新しいデザイン.

xīn lái zhà dào【新来乍到】〈成〉新参者である.

xīnláng【新郎】名 新郎.

xīnlángguān【新郎官】名 新郎.

xīnlàngcháo【新浪潮】名 ニューウエーブ.

xīnlì【新历】名 新暦. 陽暦.

xīnlǜ【新绿】名 新緑.

xīnméisù【新霉素】名〈薬〉ネオマイシン.

xīnmiáo【新苗】名 新しい苗;〈喩〉新たに出現した将来性のある人物〔事物〕. ¶文坛～ / 文壇の新鋭.

xīn mínzhǔ zhǔyì gémìng【新民主主义革命】名〈史〉新民主主義革命. ▶五四運動から中華人民共和国成立まで.

xīnmíngcí【新名词】名(～儿)新語.

xīnnián【新年】名 正月. 新年. ¶～好 / あけましておめでとう.

xīnniáng【新娘】名 新婦.

xīnpiānzhāng【新篇章】名 新たな一章.

xīnpíng zhuāng jiùjiǔ【新瓶装旧酒】〈諺〉表面は新しいが中身は古い.

xīnqí【新奇】形 珍しい. 目新しい.

xīnqiǎo【新巧】形 目新しい上に精巧である.

xīnqīn【新亲】名 縁組によって新たに親戚となった人の間の称.

xīnqū【新区】名 **1** 新しい地区. **2**〈史〉新たに解放された地区.

xīnrén【新人】名 **1** 新しいタイプの人間. **2** 新しい人材. ニューフェース;新規採用者. **3** 更生した人. **4** 新郎新婦.

xīnrèn【新任】**1** 形 新任の. **2** 名 新しい任務.

xīnruì【新锐】**1** 形 新奇で鋭い. **2** 名 新進気鋭の若者.

xīnshēng【新生】**❶** 形 新たに現れた. **❷** 名 **1** 新たな人生. **2** 新入生.

xīnshēngdài【新生代】名 **1** 新世代の人物. **2**〈地質〉新生代.

xīnshēng'ér【新生儿】名 新生児.

xīnshēngjiè【新生界】名〈地質〉新生界.

xīnshī【新诗】名 新体詩.

xīnshíqì shídài【新石器时代】名〈史〉新石器時代.

xīnshì【新式】形 新式の. 新型の.

xīnshǒu【新手】名(～儿)新参者. 新米.

xīnshū【新书】名 **1** 新しい本. **2** 新刊書.

Xīnsìjūn【新四军】名〈史〉新四(しん)軍. ▶抗日期の共産党軍.

xīnwén【新闻】名 **1** ニュース. ¶～节目 / ニュース番組. **2** 新しい出来事. 新しい話題.

xīnwén gōngbào【新闻公报】名 プレスコミュニケ.

xīnwénhuà yùndòng【新文化运动】名〈史〉新文化運動.

xīnwénjiè【新闻界】名 報道界.

xīnwén méitǐ【新闻媒体】名 マスメディア.

xīnwénpiàn【新闻片】名(～儿)ニュース映画.

xīnwénxué【新文学】名 五・四運動以後の口語体文学.

xīnwénzhǐ【新闻纸】名 新聞;新聞用紙.

Xīnxīlán【新西兰】名〈地名〉ニュージーランド.

xīnxífur【新媳妇儿】名〈口〉花嫁.

xīnxǐ【新禧】名 新年の喜び.

xīnxiān【新鲜】形 **1**(食品・空気などが)新鮮である. **2**(花が)しおれていない. **3** 珍しい. ¶电脑已经不算什么～东西了 / コンピュータはもう別に珍しい物ではなくなった.

xīnxīng【新兴】形 新興の.

xīnxīng【新星】名 **1**〈天〉新星．**2** 新しいスター．
xīnxíng【新型】形 新型の．新式の．
xīnxiù【新秀】名 期待の新人．
xīnxué【新学】名〈史〉(清代末期の)西洋学問．
xīnyǎ【新雅】形 上品で優雅である．
xīnyào【新药】名 新薬；西洋医学で用いる薬．
xīnyī【新医】名(旧時の)西洋医学．
xīnyì【新义】名〈語〉語句に新たに付加された意味．
xīnyì【新异】形 珍しい．目新しい．
xīnyì【新意】名 新しい意味；新たな境地．
xīnyǐng【新颖】形 斬新である．ユニークである．
xīnyǔ【新雨】名 **1** 春先の雨；降ったばかりの雨．**2**〈書〉〈喩〉新しい友人．
xīnyuē【新约】名〈宗〉新約(聖書)．
xīnyuè【新月】名 **1** 三日月．**2**(旧暦で)ついたちの月．**3** 昇ったばかりの月．
xīnzhāng【新张】動 新しく開店する．
xīnzhēng【新正】名 旧暦の正月．
xīnzhī【新知】名 **1** 新知識．**2** 新たな親友．
xīnzhǐ【新址】名 新しい住所．
xīnzhuāng【新装】名 新しい服装．
xīnzuò【新作】名 新作．

歆 xīn H うらやましく思う．‖姓

xīnmù【歆慕】動〈書〉うらやむ．
xīnxiàn【歆羡】動〈書〉うらやむ．

薪 xīn H ①俸給．給料．¶工～阶层 / サラリーマン層．②たきぎ．まき．¶～柴 / (割った)まき．‖姓

xīnchóu【薪酬】名 給料．報酬．
xīnfèng【薪俸】名 給料．
xīnjǐ【薪给】名 給料．
xīnjīn【薪金】名 給料．
xīn jìn huǒ chuán【薪尽火传】〈成〉学問が師から弟子へと代々受け継がれていく．
xīnshui【薪水】名 給料．
xīnxiǎng【薪饷】名(軍隊や警察の)給料．
xīnzī【薪资】名 給料．

馨 xīn H(遠くまで漂う)香り．

xīnxiāng【馨香】名〈書〉芳香；香(ㄒ)の香り．

鑫 xīn H(多く人名・屋号に用い)富み栄える．

囟(顖) xìn 名〈生理〉ひよめき．おどりこ．

xìnmén【囟门】名〈生理〉ひよめき．おどりこ．泉門．▶"囟脑门儿"とも．

芯(信) xìn O 異読⇒xīn

xìnzi【芯子】名 **1** 蛇の舌．**2**(物の)芯．

信 xìn ❶名 **1** 手紙．書状．[封] ¶写～ / 手紙を書く．**2**(～儿) 知らせ．消息．¶好久没听到他的～儿了 / 長い間彼からはなんの音さたもない．
❷動 **1** 信じる．¶他很～中医 / 彼は中国医学を強く信じている．**2**(宗教・学説・理論などを)信奉する，信仰する．¶～佛教 / 仏教を信仰する．
H ①気の向くままに．随意に．¶→～口．②信用．③証拠．しるし．¶官～ / 官印．④導火線．⑤確実である．‖姓

xìnbǐ【信笔】動 思いつくままに書く．
xìnbiāodēng【信标灯】名(水路や空路などの)標識灯．
xìnbù【信步】動(～儿)ぶらぶらと歩く．
xìnbuguò【信不过】動+可補(人や事物について)信用できない．
xìnbuzháo【信不着】動+可補(裏付けがなくて)信用できない．
xìnbuzhù【信不住】動+可補(自分の気持ちとして)信じられない．
xìnchāi【信差】名〈旧〉公文書配達人；郵便配達人．
xìncóng【信从】動 信服する．
xìndài【信贷】名〈経〉(銀行の)預金・貸し金の総称；銀行貸付．融資．
xìndeguò【信得过】動+可補(人や事物について)信用できる．
xìndezháo【信得着】動+可補(裏付けがあり)信用できる．
xìndezhù【信得住】動+可補(自分の気持ちとして)信じられる．
xìn ér yǒu zhèng【信而有证】〈成〉信用できる上に証拠がある．
xìnfǎng【信访】名(民衆からの)投書・陳情．
xìnfēng【信风】名〈気〉貿易風．
xìnfēng【信封】名(～儿)封筒．
xìnfèng【信奉】動 **1** 信奉する．信仰する．**2** 信じて守る．
xìnfú【信服】動 信服する．
xìngē【信鸽】名 伝書バト．
xìnguǎn【信管】名 信管．導火線．
xìnhán【信函】名〈書〉手紙．書簡．
xìnhào【信号】名 合図．シグナル；信号電波．
xìnhàodàn【信号弹】名 信号弾．
xìnhàodēng【信号灯】名 信号灯．
xìnhàoqiāng【信号枪】名 信号弾発射機．
xìnhuì【信汇】名 郵便為替．送金手形．
xìnjiān【信笺】名 便箋．
xìnjiàn【信件】名 書簡や郵送文書．郵便物．
xìn//jiào【信教】動 ある宗教を信仰する．
xìnjù【信据】名 確かな証拠．
xìnkǒu【信口】動 口から出任せに言う．
xìn kǒu cí huáng【信口雌黄】〈成〉事実を無視して出任せを言う．
xìn kǒu kāi hé【信口开河】〈成〉無責任な放言をする．▲"信口开合"とも．

xìnlài【信赖】動 信頼する.
xìn mǎ yóu jiāng【信马由缰】〈成〉思いのままにさせておく. 成り行きに任せる.
xìnniàn【信念】名 信念.
xìnnǚ【信女】名〈仏〉信女(しんにょ).
xìnpír【信皮儿】名 封筒.
xìnrán【信然】形〈書〉まことにそうである.
xìnrángr【信瓤儿】名〈方〉封筒の中に入っている手紙.
xìnrèn【信任】動 信用して任せる. 信任する.
xìnrèn tóupiào【信任投票】名〈政〉信任投票.
xìn shǎng bì fá【信赏必罚】〈成〉信賞必罰.
xìnshí【信石】名〈鉱〉砒石(ひせき).
xìnshí【信实】形 誠実である. 信用できる；真実性がある.
xìnshǐ【信史】名 確かな史実.
xìnshǐ【信使】名(公文書の)送達者, 使者.
xìnshì【信士】名 **1**〈仏〉信士. **2**〈書〉誠実な人.
xìn shì dàn dàn【信誓旦旦】〈成〉誓いが誠実で信用できる.
xìnshǒu【信手】動 無造作に(…する). 気ままに(…する).
xìnshǒu【信守】動 忠実に守る.
xìn shǒu niān lái【信手拈来】〈成〉文章を書くとき, 語彙や材料が豊富ですらすらと書ける.
xìnshuǐ【信水】名〈書〉月経.
xìnsù【信宿】名〈書〉二晩.
xìntiānwēng【信天翁】名〈鳥〉アホウドリ.
xìntiānyóu【信天游】名 陝西省北部で歌われる"民歌"の一種.
xìntiáo【信条】名 信条. モットー.
xìntǒng【信筒】名(街頭にある)郵便ポスト.
xìntú【信徒】名(宗教や学説などの)信徒, 信者, 信奉者.
xìntuō【信托】**1** 動 信頼して任せる. **2** 名 信託業.
xìnwàng【信望】名 信望.
xìnwù【信物】名 しるしとなる品物.
xìnxī【信息】名 **1** 便り. 消息. **2** 情報. インフォメーション. ¶～网络 / 情報ネットワーク. ¶～产业 / 情報産業.
xìnxīgǎng【信息港】名〈電算〉ポータルサイト.
xìnxī gāosù gōnglù【信息高速公路】名〈電算〉情報ハイウェイ.
xìnxīhuà【信息化】名 情報化.
xìnxī jìshù【信息技术】名 情報技術. IT.
xìnxīkù【信息库】名 情報バンク；〈電算〉データベース.
xìnxīliàng【信息量】名 情報量.
xìnxīlùn【信息论】名 情報理論.
xìnxītái【信息台】名 インフォメーションセンター.
xìnxiāng【信香】名〈旧〉合図とする線香.
xìnxiāng【信箱】名 **1**(ホテルなどに設置された)郵便箱, ポスト. **2** 私書箱. **3**(個人の家の)郵便受け.
xìn//xié【信邪】動〈俗〉まちがったものを信じる.
xìnxīn【信心】名 自信. 確信. ¶充满了～ / 自信に満ち満ちている.
xìnyǎng【信仰】動 信仰する；傾倒する. 信奉する.
xìnyì【信义】名 信義.
xìn//yì【信意】動 勝手にやる.
xìnyòng【信用】**1** 名 信用；〈経〉信用. 信用取引. **2** 動〈書〉(人を)信用して用いる.
xìnyòng hézuòshè【信用合作社】名 信用組合.
xìnyòngkǎ【信用卡】名 クレジットカード.
xìnyòngzhèng【信用证】名〈経〉信用状(L/C).
xìnyù【信誉】名 信用と評判. 信望.
xìnzhá【信札】名 書簡.
xìnzhēn【信真】動 真に受ける.
xìnzhǐ【信纸】名 便箋.
xìnzhòng【信众】名〈宗〉信徒.

衅(釁) **xìn** H 不和. 争い.
xìnduān【衅端】名〈書〉争い(の種).

xing (ㄒㄧㄥ)

兴(興) **xīng** ❶ 動 **1** 盛んに行われる. ¶今年～穿红裙子 / 今年は赤いスカートをはくのが流行している. **2**〈方〉(多く否定の形で用い, …するのを)許す, 認める. ¶不～打人骂人 / 人をたたいたりののしったりするのを許さない. **3**("大～"の形で)発展させる.
❷ 副〈方〉あるいは…かもしれない.
H ①興す. 始める. ②起床する.
‖ 姓 異読⇨xìng
xīngbàn【兴办】動(事業を)興す, 創立する.
xīngbīng【兴兵】動 挙兵する.
xīngfèn【兴奋】**1** 形 興奮している. ¶听到这个消息, 我很～ / その知らせを聞きとても興奮した. **2** 動(脳や神経を)興奮させる. ¶～剂 / 興奮剤. ドーピング剤.
xīng fēng zuò làng【兴风作浪】〈成〉波瀾を巻き起こす.
xīnggé【兴革】動〈書〉新しいものを興し, 古いものを改革する.
xīnggōng【兴工】動 起工する.
xīngguó【兴国】動 国を振興する.
xīngjiàn【兴建】動 建設する.
xīng lì chú bì【兴利除弊】〈成〉有益な事を奨励し, 有害な事を取り除く.
xīnglóng【兴隆】形 盛んである. 繁盛している.
xīng miè jì jué【兴灭继绝】〈成〉

絶滅したものを復興させる.

xīngqǐ【兴起】動 1 勢いよく現れる. 出現する. 2〈書〉感激して奮い立つ.

xīngshèng【兴盛】形(国や事業が)盛んである,興隆する.

xīngshī【兴师】動〈書〉兵を挙げる.

xīng shī dòng zhòng【兴师动众】〈成〉多くの人をわずらわす.

xīng shī wèn zuì【兴师问罪】〈成〉大々的に人の罪をとがめる.

xīngshí【兴时】動 一時流行する.

xīngshuāi【兴衰】名 盛衰. 興廃.

xīngsòng【兴讼】動 訴訟を起こす.

xīngtàn【兴叹】動〈書〉嘆声を発する. ため息をつく.

xīngwáng【兴亡】名 興亡. 興敗.

xīngwàng【兴旺】形 盛んである. 隆盛を極める.

xīngxiū【兴修】動 建造する. (大規模な)工事を興す.

xīngxǔ【兴许】副 もしかしたら…かもしれない.

xīngxué【兴学】動 教育事業を興す. 学校を増設する.

xīng yāo zuò guài【兴妖作怪】〈成〉悪人が騒乱を起こす;悪い思想がその影響を広める.

星 xīng 名 1 星. [颗] 2(二十八宿の)ほとおりぼし.

H ①細かな散り散りになったもの. ¶火~儿 / 火花. ②スター. ¶歌~ / 有名歌手. ③天体. ¶恒~ / 恒星. ‖姓

xīngbiǎo【星表】名〈天〉恒星表. 星位表.

xīngbǔ【星卜】名 星占い.

xīngchén【星辰】名〈書〉星(の総称).

xīngděng【星等】名〈天〉星の明るさの等級.

xīngdǒu【星斗】名 星(の総称).

xīngguāng【星光】名 星の輝き.

xīnghàn【星汉】名〈書〉天の川.

xīnghào【星号】名 星印. アステリスク. "*".

xīnghé【星河】名 天の川.

xīnghuǒ【星火】名 1 非常に小さな火. 2 流星の光;差し迫ったこと.

xīng huǒ liáo yuán【星火燎原】→xīng xīng zhī huǒ, kě yǐ liáo yuán【星星之火,可以燎原】

xīngjí【星级】❶名 ホテルの等級. ¶五~ / 最高級(ホテル). ❷形 1 ハイグレードな. 2 スター級の.

xīngjì【星际】名 宇宙間. 星と星の間. ¶~旅行 / 宇宙旅行.

xīngkōng【星空】名 星空.

xīng luó qí bù【星罗棋布】〈成〉(星や碁石のように)多く広く分布している,たくさん並んでいる.

xīngmáochóng【星毛虫】名〈虫〉ナシノスカシクロハ. ナシノホシケムシ.

xīngqī【星期】名 1 週. 週間. ¶两个~ / 2週間. 2 曜日. ▶1から6までの数字をあとにつけて月曜から土曜までを表す. ¶~五 / 金曜日. ¶今天~几? / きょうは何曜日ですか. 3 日曜日.

xīngqīrì【星期日】名 日曜日.

xīngqītiān【星期天】名 日曜日.

xīngqiú【星球】名〈天〉星. 天体.

xīngr【星儿】→xīngzi【星子】

xīngsàn【星散】動〈書〉(一緒にいた人々が)散り散りになる.

xīngshù【星术】名 星占い.

xīngshuāng【星霜】名〈書〉歳月.

xīngtàn【星探】名 有望新人の発掘者. 芸能界・スポーツ界のスカウト.

xīngtǐ【星体】名〈天〉天体.

xīngtiānniú【星天牛】名〈虫〉カミキリムシ.

xīngtú【星图】名〈天〉星図. 恒星図.

xīngtuán【星团】名〈天〉星団.

xīngxì【星系】名〈天〉銀河系.

xīngxiàng【星相】名 占星術や人相見.

xīngxiàng【星象】名(占いの)星回り.

xīngxīng【星星】名 小さな点.

xīngxing【星星】名 星. [颗]

xīngxīngdiǎndiǎn【星星点点】形(~的)ちらほら. 少しばかり.

xīng xīng zhī huǒ, kě yǐ liáo yuán【星星之火,可以燎原】〈成〉初めは小さな勢力でも,やがては強大な勢力に発展する可能性をもっている.

xīngxiù【星宿】名〈天〉星宿(せいしゅく). 星座.

xīngyè【星夜】名 夜中. 夜通し. 夜を日に継ぐこと.

xīng yí dǒu zhuǎn【星移斗转】〈成〉時が移り変わる.

xīng yí wù huàn【星移物换】〈成〉月日が移り変わる.

xīngyún【星云】名〈天〉星雲.

xīngzhān【星占】名 星占い.

xīng zhuǎn dǒu yí【星转斗移】〈成〉時が移り変わる.

xīngzi【星子】名 1 ごくわずかなもの. 2〈方〉星.

xīngzuò【星座】名〈天〉星座.

骍 xīng 形〈書〉(牛や馬などの毛が)赤い. ¶~马 / 赤毛の馬.

猩 xīng ○

xīnghóng【猩红】形 深紅色の.

xīnghóngrè【猩红热】名〈医〉猩紅熱(しょうこう).

xīngxing【猩猩】名〈動〉オランウータン. 猩猩(しょう).

xīngxingcǎo【猩猩草】名〈植〉ショウジョウソウ.

惺 xīng ○

xīngsōng【惺松】形〈書〉眠りから覚めたばかりで目がぼんやりしている. ▲"惺忪"とも.

xīngxīng【惺惺】形 1〈書〉頭がはっきりしている. 2 利口である. 3 親切ごかしである.

xīng xīng zuò tài【惺惺作态】

〈成〉もっともらしく振る舞う.

腥 xīng 形(魚·肉などが)生臭い. H 魚·肉などの生臭もの.

xīngchòu【腥臭】1 形 生臭い. **2** 名(魚の)生臭いにおい.

xīng fēng xuè yǔ【腥风血雨】→ xuè yǔ xīng fēng【血雨腥风】

xīnghēisuìbìng【腥黑穗病】名〈農〉麦の黒穂病.

xīngqi【腥气】1 形 生臭い. **2** 名 生臭いにおい.

xīngsāo【腥臊】形 **1** 生臭い. **2**(やり方が)あくどい.

xīngshān【腥膻】1 名 家畜やけものの臭いにおい. **2** 形(羊肉や皿などが)生臭い.

xīngwèir【腥味儿】名 生臭いにおい.

刑 xíng H ①刑罰. ¶徒～ / 懲役刑. ②仕置き；責め具. ¶上～ / 拷問にかける. ‖ 姓

xíngbù【刑部】名〈古〉刑部.

xíngchǎng【刑场】名 死刑執行場.

xíngchē【刑车】名 囚人護送車.

xíngfá【刑罚】名〈法〉刑罰.

xíngfá zhǒnglèi【刑罚种类】名〈法〉刑罰の種類.

xíngfǎ【刑法】名〈法〉刑法.

xíngfa【刑法】名(犯罪者に対する)体罰.

xíngfáng【刑房】名 **1**〈古〉刑事訴訟事件の書類を取り扱う官吏. **2**(非合法的に)体罰を加える部屋.

xíngjǐng【刑警】→ xíngshì jǐngchá【刑事警察】

xíngjū【刑拘】動〈略〉身柄を拘置する. 逮捕する.

xíngjù【刑具】名 刑具.

xínglǜ【刑律】名 刑法.

xíngmǎn【刑满】動 刑期を終える.

xíngmíng【刑名】名 **1**〈古〉法律. **2** 刑罰の名称. **3**(清朝で)刑事訴訟を主管する幕僚.

xíngqī【刑期】名 刑期.

xíngrǔ【刑辱】動〈書〉刑罰を与えて侮辱する.

xíngshì【刑事】名〈法〉刑事. ¶～案件 / 刑事事件.

xíngshì fǎtíng【刑事法庭】名 刑事事件を審理する法廷.

xíngshìfàn【刑事犯】名 刑事犯.

xíngshì jǐngchá【刑事警察】名 刑事事件を扱う警察官の総称. 刑事.

xíngtíng【刑庭】名〈略〉刑事法廷.

xíngxùn【刑讯】動〈法〉刑具を使って尋問する.

xíngzhēn【刑侦】名 刑事事件の捜査.

xíngzhǒng【刑种】→ xíngfá zhǒnglèi【刑罚种类】

邢 xíng ‖ 姓

行 xíng ❶形 **1**(能力が)すばらしい. 有能である. ¶你真～! / 君はまったく大したものだ. **2** よろしい. 大丈夫だ. ¶今天不去也～ / 今日は行かなくてもよろしい. **3**(制止して)もう結構. 十分だ.
❷動 行う. 実行する. ¶～个方便 / 便宜をはかる.
H ①(2音節動詞の前に置き, その行為を)行う. ¶另～通知 / 改めて通知する. ②行為. ¶品～ / 品行. ③行く. 歩く. 通る. ¶→～走. ④旅行(用の). ¶→～程. ⑤臨時の. ¶→～宫. ⑥広める. ¶→～销. ⑦まさに…しようとしている. ¶→～将jiāng. ‖ 姓 異読⇨háng

xíng bǎilǐ zhě bàn jiǔshí【行百里者半九十】〈諺〉何事も仕上げが難しいから, 9割すんだところを半分と考えよ.

xíngbǎn【行板】名〈音〉アンダンテ.

xíngbō【行波】名 進行波.

xíngbukāi【行不开】動+可補 実行できない.

xíngbutōng【行不通】動+可補 通用しない.

xíngcáng【行藏】名〈書〉**1** 出処進退の態度. **2** 動静.

xíngcǎo【行草】名 行書と草書の中間の書体.

xíngchē【行车】動 車を通す. 車や機械を動かす. ⇨hángchē

xíngchéng【行程】名 **1** 道のり；プロセス. **2**〈機〉ストローク.

xíng chéng yú sī【行成于思】〈成〉行動は深い思考によって成功する.

xíngchuán【行船】動 船を通行させる.

xíngcì【行刺】動 暗殺する.

xíngdào【行道】1 動〈旧〉自分の政治的主張を行う. **2** 名 通路. 道路.

xíngdàoshù【行道树】名 街路樹.

xíngdekāi【行得开】動+可補 実行できる.

xíngdetōng【行得通】動+可補 実行して差し支えない.

xíngdòng【行动】❶動 **1** 動き回る. **2** 活動する. 行動する. ¶马上～起来 / 直ちに行動に移す. ❷名 行為. 振る舞い.

xíngdòng zuòwò【行动坐卧】名 起居行動.

xíngdū【行都】名〈旧〉臨時の首都.

xíng//fáng【行房】動(夫婦が)房事を行う.

xínggōng【行宫】名 行宮(あんぐう).

xínggǔ【行贾】名〈書〉行商.

xíng//hǎo【行好】動(あわれんで)施しをする；善行をする.

xíng//huì【行贿】動 賄賂を贈る.

xíngjì【行迹】名 **1** 行動. 振る舞い. **2** 行方. **3** しっぽ. ぼろ.

xíngjiāng【行将】副〈書〉間もなく…しようとする.

xíng jiāng jiù mù【行将就木】〈成〉余命いくばくもない.

xíngjiǎo【行脚】動 行脚(あんぎゃ)する.

xíngjié【行劫】動 強盗をする.

xíngjìn【行进】動 行進する. 前進する.

xíngjīng【行经】動〈書〉**1** 月経があ

る．生理が始まる．**2** 経由する．

xíngjìng【行径】名(主によくない)行為，振る舞い．¶无耻～ / 恥知らずな振る舞い．

xíng//jiǔ【行酒】動 **1** 酒をついで回る．**2** 酔いが回る．

xíng//jūn【行军】動〈書〉行軍する．

xíngjūnchóng【行军虫】名〈方〉〈虫〉ヨトウムシ．

xíngjūnchuáng【行军床】名 ズックの折り畳み式ベッド．

xíngkǎi【行楷】名 行書と楷書の中間の書体．

xínglǎo【行潦】名〈書〉路傍の水たまり．

xínglè【行乐】動〈書〉行楽に出かける．

xínglètú【行乐图】名〈古〉肖像画．

xíng//lǐ【行礼】動 **1** おじぎをする．敬礼する．**2**〈方〉贈り物をする．

xíngli【行李】名(旅行の)荷物．

xínglijuǎnr【行李卷儿】名 旅行用の布団を巻いた荷物．¶打～ / 寝具を荷造りする；〈喩〉雇い人が解雇される．

xíngliè【行猎】動〈書〉狩猟をする．

xíng//lìng【行令】動"酒令"(酒席に興を添えるための遊び)をする．

xínglù【行路】動〈書〉通行する．

xínglǚ【行侣】名〈書〉道連れ．

xínglǚ【行旅】名 旅行；旅行者．

xíngnáng【行囊】名〈書〉旅行用の袋；旅費．

xíng//piàn【行骗】動 詐欺を働く．

xíngpìn【行聘】動〈旧〉結納を取り交わす．

xíngqī【行期】名 出発の期日．

xíngqǐ【行乞】動 乞食をする．

xíngqiāng【行腔】動(役者が自分なりに)節回しをつける．

xíngqiào【行俏】形(商品の)売れ行きがよい．

xíng//qiè【行窃】動〈書〉盗みをする．

xíngqiè【行箧】名〈書〉(旅などに用いる)携帯用の箱．

xíngrén【行人】名 通行人．

xíng rénqíng【行人情】〈慣〉世間付き合いをする．

xíng ruò wú shì【行若无事】〈成〉**1**(緊急時に)何事もなかったかのように振る舞う．**2**(悪人や悪事に対して)目をつむって知らぬ顔をする．

xíngsè【行色】名 旅立ちの様子．

xíng//shàn【行善】動 善行をする．

xíngshāng【行商】名 行商．

xíngshāng【行觞】動〈書〉酒をついで回る．

xíng shī zǒu ròu【行尸走肉】〈成〉無為に日を送る人．

xíngshí【行时】動(人や物が)流行する．

xíngshí【行食】動 食後の腹ごなしをする．

xíngshǐ【行使】動(職権などを)行使する．

xíngshǐ【行驶】動(車や船が)走る．

xíngshì【行事】**1** 名 行い．**2** 動 事を進める．

xíngshū【行书】名(漢字の書体の)行書．

xíngshǔ【行署】→ xíngzhèng gōngshǔ【行政公署】

xíngshù【行述】→xíngzhuàng【行状】

xíngtou【行头】名(演劇の)舞台衣装と小道具；〈諧〉服装．

xíngwéi【行为】名 行為．行動．

xíngwéi nénglì【行为能力】名〈法〉行為能力．

xíngwéi zhǔyì【行为主义】名〈心〉行動主義．

xíngwén【行文】**1** 名 文章の書き方．**2** 動 公文書を出す．

xíngxiāo【行销】動(商品を)広く販売する．

xíngxīng【行星】名〈天〉惑星．

xíng//xíng【行刑】動 刑(特に死刑)を執行する．

xíng//xiōng【行凶】動 暴力を振るう；(特に)人殺しをする．

xíngyào【行药】動 薬効が現れるようにする．

xíng//yī【行医】動〈旧〉医者をやる．

xíngyíng【行营】名〈旧〉(最高統帥者の)野戦司令部．

xíngyuán【行辕】→xíngyíng【行营】

xíng yún liú shuǐ【行云流水】〈成〉行雲流水．

xíngzài【行在】名〈書〉行在(あんざい)(所)．

xíngzhě【行者】名 **1**〈書〉通行人．**2** 仏教の修行者．

xíngzhèng【行政】名 **1** 行政．**2** 事務．管理．

xíngzhèng chǔfá【行政处罚】名 行政処罰．

xíngzhèng chǔfèn【行政处分】名 行政処分．

xíngzhèngcūn【行政村】名〈史〉一つまたはいくつかの自然村を組織してつくられた末端の行政単位．

xíngzhèng gōngshǔ【行政公署】名 **1**〈史〉中国解放前の革命根拠地と解放初期の一部地区に設立された地方行政機関．**2** 省・自治区の派出機構．

xíngzhèngjí【行政级】名(公務員の)行政級．

xíngzhèng jūliú【行政拘留】名 留置する．

xíngzhèngqū【行政区】名 行政区．

xíngzhèng sùsòng【行政诉讼】名〈法〉行政訴訟．

xíngzhèngyuàn【行政院】名(国民党政府時代・台湾の)最高行政機関．

xíng zhī yǒu xiào【行之有效】〈成〉有効であることが経験済みである．

xíngzhǐ【行止】名〈書〉**1** 行方．**2** 品行．

xíngzhōu【行舟】動 船を進める．

xíngzhuāng【行装】名 旅装．

xíngzhuàng【行状】名〈書〉〈旧〉死者の家族がその人の事跡を述べた文章．

xíngzōng【行踪】名 行方．行く先．

xíngzǒu【行走】動 歩く. 通行する.

饧(餳) xíng 動 1（あめなどが時間がたつにつれ）柔らかくなる. 2 目がとろんとする.
H 水あめ.

形 xíng 名 形状.
H ①姿. 様子. ¶不成～ / ぶざまである. ②現れる. 表す. ¶喜～于色 / 喜びが顔に現れる. ③比べる. 照らし合わせる. ¶相～之下 / 比べ合わせてみると. ‖ 姓

xíngbiàn【形变】名〈物〉ひずみ. 応力変形.

xíngchéng【形成】動 形成する.（ある状況や局面を）なしている.

xíngchéngcéng【形成层】名〈植〉形成層.

xíng dān yǐng zhī【形单影只】〈成〉独りぼっちである.

xíng'érshàngxué【形而上学】名〈哲〉形而上学.

xíng gé shì jìn【形格势禁】〈成〉周囲の情勢に阻まれ容易に行えない.

xínghái【形骸】名〈書〉人の体. 形骸.

xíngjì【形迹】名 1 挙動. 様子. 2 痕跡. 形跡. 3 世俗の礼儀.

xíngpáng【形旁】名（漢字の構成で）大まかな意味を表す偏旁. ▶たとえば"江"の字の"氵"など.

xíngróng【形容】1 動 形容する. 描写する. ¶无法～ / 形容のしようがない. 2 名〈書〉顔かたち. 容貌. ¶～憔悴 / 憔悴(しょうすい)した顔をしている.

xíngróngcí【形容词】名〈語〉形容詞.

xíngshēng【形声】名〈語〉（六書(りくしょ)の）形声.

xíngshèng【形胜】形〈書〉風景や地勢がすぐれている.

xíngshì【形式】名 形式. 様式. フォーム. ¶这座大桥～美观 / この大橋はフォームが美しい.

xíngshì【形势】名 1 形勢. 情勢. ¶国际～ / 国際情勢. 2（軍事的見地からみた）地勢.

xíngshì luójí【形式逻辑】名〈論〉形式論理(学).

xíngshìshàng【形式上】名 形式上.

xíngshì zhǔyì【形式主义】名 形式主義.

xíngsì【形似】動 形が似ている.

xíngtài【形态】名 1（事物の）形態, 形状. 2（生物の外観）形状, 形. 3〈語〉形態. 語形.

xíngtàixué【形态学】名 1〈生〉形態学. 2〈語〉形態論. 語形論.

xíngtǐ【形体】名 1 形. 構成. 2（人の）体.

xíngxiàng【形相】名 外形. 外観.

xíngxiàng【形象】❶名 1（人の思想や感情を引き起こすような具体的な）形状, 姿, イメージ. 2（文学作品の中に現れた事物や人の）イメージ, 人間像. ❷形（表現や描写が）具体的である. ¶语言又精练又～ / 言葉が洗練されていて具象的である.

xíngxiàng dàshǐ【形象大使】名 イメージキャラクター.

xíngxiàng dàiyánrén【形象代言人】名 イメージキャラクター.

xíngxiàng sīwéi【形象思维】名〈哲〉形象による思惟.

xíng xiāo gǔ lì【形销骨立】〈成〉やせて骨張っている.

xíng xíng sè sè【形形色色】〈成〉種々さまざまである.

xíng yǐng bù lí【形影不离】〈成〉いつも一緒に居て離れない.

xíng yǐng xiāng diào【形影相吊】〈成〉孤独で訪れる人がいない.

xíng zhī yǐng dān【形只影单】〈成〉独りぼっちである.

xíngzhì【形制】名（器物や建物の）形と構造.

xíngzhì【形质】名 形態と実質.

xíngzhuàng【形状】名 形状. 形.

陉(陘) xíng 名〈書〉谷；坂；険しい所.

型 xíng H ①鋳型. 枠. ¶砂～ / 砂(鋳)型. ②（特徴を示す）型, サイズ. ¶血～ / 血液型.

xíngbǎn【型板】名〈機〉型板. テンプレート.

xíngfàn【型范】名〈書〉典範. 手本.

xínggāng【型钢】名〈冶〉型鋼.

xínghào【型号】名（機械や農具の）規格とサイズ.

xíngméi【型煤】名〈環境〉(排煙脱硫用の)ブリケット.

xíngshā【型砂】名 鋳物用の砂型を作るのに用いる砂.

xíngxīn【型心】名〈機〉鋳物の中子.

荥(滎) xíng 地名用字. 異読⇨yíng

硎 xíng〈書〉1 名 砥石(といし). 2 動 研ぐ.

省 xǐng H ①（自分の内心を）省みる. 自省する. ¶反～ / 反省する. ②悟る. 気がつく. ¶不～人事 / 人事不省(に陥る). ③（父母や目上の安否を）尋ねる. ‖ 姓
異読⇨shěng

xǐngchá【省察】動 反省する.

xǐngmù【省墓】動〈書〉墓参りをする.

xǐngqīn【省亲】動 帰省する.

xǐngshì【省视】動（多く帰省して）訪ねる.

xǐngwù【省悟】動 目覚める. 悟る.

醒 xǐng 動 1（眠りから）目が覚める；（まだ寝ずに）起きている. ¶他～没～? / 彼は目を覚ましていますか. ¶你别吵～孩子 / 騒いで子供を起こしてはいけない. 2（酒の酔い・麻酔・昏睡状態などから）覚める, 意識を取り戻す. ¶病人～过来了 / 病人は意識が戻った. 3（迷いから）覚める, 悟る.
H はっきりしている. ¶→～豁huò.

xǐng//dǔnr【醒盹儿】動〈方〉居眠りから覚める.

xǐng//guò//lái【醒过来】動+方補 目

覚める．正気を取り戻す．
xǐnghuò【醒豁】形(言葉や文章が)わかりやすい．
xǐng//jiǔ【醒酒】動 酔いを覚ます．
xǐng//lái【醒来】動+方補 目が覚める．
xǐngmù【醒木】名 講談師が聴衆の注意を引くために机をたたく木片．
xǐngmù【醒目】形(文字や絵が)人目を引く．
xǐngpí【醒脾】動〈方〉1 目の保養になる．2 笑いものにする．
xǐngr【醒儿】名 悟り．注意．
xǐngshì【醒世】動 世の迷いを覚ます．
xǐngwù【醒悟】動 目覚める．悟る．
xǐngyǎn【醒眼】〈方〉1 形 人目を引く．2 動 納得する．

擤 xǐng 動 鼻をかむ．¶～鼻涕 / 鼻をかむ．

兴(興) xìng H 興味．興趣．おもしろみ．¶扫～ / 興ざめする．異読⇒xīng
xìngchōngchōng【兴冲冲】形(～的)心が浮き浮きしている．
xìng gāo cǎi liè【兴高采烈】〈成〉上機嫌である．
xìnghuì【兴会】名 感興．
xìngqù【兴趣】名 興味．関心．おもしろみ．¶她对他没有什么～ / 彼女は彼になんの興味もない．
xìngtóurshang【兴头儿上】名 興に乗っている最中．
xìngtou【兴头】1 名 興味．気乗り．2 形〈方〉うれしい．
xìngwèi【兴味】名 興味．おもしろみ．
xìngzhì【兴致】名 興味．おもしろみ．

杏 xìng 名 1〈植〉アンズ．2(～儿)アンズの実．‖姓
xìngfǔ【杏脯】名 アンズの砂糖漬け．
xìnggān【杏干】名(～儿)干しアンズ．
xìnghóng【杏红】形 赤みの勝ったオレンジ色の．
xìnghuáng【杏黄】形 だいだい色の．オレンジ色の．
xìngrén【杏仁】名(～儿)アンズの核．
xìngyǎn【杏眼】名 女性のつぶらな目．
xìngzi【杏子】名〈方〉アンズの実．

幸(倖) xìng 動〈書〉願う．希望する．¶～勿推却 / どうかご辞退なさらないように．
H ①幸い．幸福．¶→～福．②喜ぶ．③幸いに．運よく．④寵愛(ちょうあい)する．⑤行幸する．‖姓
xìngchén【幸臣】名〈貶〉寵臣(ちょうしん)．
xìngcún【幸存】動 幸いにして生き残る．¶～者 / (事故や災害時の)生存者．
xìngdé【幸得】副〈方〉幸いに．運よく．
xìng'ér【幸而】副 幸いに．都合よく．
xìngfú【幸福】1 名 幸福．2 形 幸福である．¶～美满 / 幸せで円満である．
xìnghǎo【幸好】副 運よく．都合よく．
xìnghuì【幸会】〈套〉お目にかかれて光栄です．
xìngjìn【幸进】動〈書〉幸運に恵まれて昇進する．
xìngkuī【幸亏】副 幸い．運よく．¶我们～走得早,才没叫雨淋lín了 / 私たちは幸い早く出たので,雨にぬれずにすんだ．
xìngmiǎn【幸免】動〈書〉運よく免れる．¶～于难 / 運よく難を逃れる．
xìngshèn【幸甚】形〈書〉幸甚である．
xìngshì【幸事】名 幸いなこと．
xìngwù【幸勿】副 どうか…しないように．
xìngxǐ【幸喜】副 幸いなことに．
xìngyù【幸遇】動 幸運にも出会う．
xìngyùn【幸运】1 名 幸運．2 形 幸運である．
xìngyùn'ér【幸运儿】名 ラッキーボーイ．
xìng zāi lè huò【幸灾乐祸】〈成〉他人の災難を見て喜ぶ．

性 xìng ❶名 1(生物の)生殖,性欲．2〈語〉性(gender)．
❷接尾《事物の性質や傾向を表す》¶综合～ / 総合的な．
H ①性格．②男女・雌雄の特性．¶女～ / 女性．
xìng'ài【性爱】名 愛欲．
xìngbié【性别】名 性別．
xìngbìng【性病】名 性病．
xìnggǎn【性感】1 形 セクシーである．2 名 セックスアピール．
xìnggé【性格】名 性格．気性．¶～开朗 / 性格が朗らかである．
xìnghuìlù【性贿赂】名 性的接待による賄賂．
xìngjīsù【性激素】名〈生理〉性ホルモン．
xìngjí【性急】形 せっかちである．
xìngjiàbǐ【性价比】名 コストパフォーマンス．
xìngjiāo【性交】動 性交する．
xìnglíng【性灵】名〈書〉人の精神・情感．
xìngmìng【性命】名 生命．命．
xìng mìng jiāo guān【性命交关】〈成〉生死存亡にかかわる．
xìngnéng【性能】名(機械や器具などの)性能．(薬の)特性．
xìngqǐ【性起】動 腹を立てる．かっとなる．
xìngqì【性气】名 気性．気質．
xìngqìguān【性器官】名〈生理〉性器官．
xìngqīnfàn【性侵犯】名(強姦・セクハラなどの)性的暴力．
xìngqíng【性情】名 気立て．性質．気性．
xìngsāorǎo【性骚扰】名 セクハラ．
xìngshēnghuó【性生活】名 性生活．
xìngwèi【性味】名〈中医〉薬物の性質．
xìngxiàn【性腺】名〈生理〉生殖腺．
xìngxíngwéi【性行为】名 性行為．
xìngyù【性欲】名 性欲．

xìngzhēng【性征】名 性質．特徴．
xìngzhì【性质】名(事物の)性質．¶指明问题的～ / 問題の性質を明らかに示す．
xìngzhuàng【性状】名 性状．
xìngzi【性子】名 1 性質．性分． 2 (酒や薬の)強さ．

姓 xìng 1 動 姓は…である．¶我～李 / 私は李と申します． 2 名 姓．¶我不知道他的～ / 私は彼の名字を知らない． ‖ 姓

xìngmíng【姓名】名 姓名．
xìngshì【姓氏】名 名字．

荇(莕) xìng ❶

xìngcài【荇菜】名〈植〉アサザ．

悻 xìng ❶

xìngrán【悻然】形 憤然としている．
xìngxìng【悻悻】形 腹を立てている．

婞 xìng 形〈書〉頑固である．

xiong (ㄒㄩㄥ)

凶(兇) xiōng 形 1 凶悪である．¶这个人样子挺～ / その人は恐ろしい人相をしている． 2 (程度が)ひどい．¶病势很～ / 病状がひどく悪い．
H ①不幸な．不吉な．¶吉～ / 吉凶．②不作．③殺人や傷害．¶→～手．

xiōng'àn【凶案】名 殺人事件．
xiōngbào【凶暴】形 凶暴である．
xiōngcán【凶残】1 形 凶暴で残虐である． 2 名〈書〉凶暴残虐な人．
xiōng duō jí shǎo【凶多吉少】〈成〉(事態の進展が)不幸な結果になるおそれが多い．
xiōng'è【凶恶】形 1 (形相が)恐ろしい． 2 凶悪である．
xiōngfàn【凶犯】名 殺人犯．
xiōngfáng【凶房】名 殺人事件や自殺などがあった部屋〔家〕．
xiōngfú【凶服】名〈書〉喪服．
xiōnghàn【凶悍】形 凶暴である．
xiōnghào【凶耗】名 凶報．訃報．
xiōnghěn【凶狠】形 1 (性質や行為が)恐ろしい，残忍である． 2 猛烈である．
xiōnghèng【凶横】形 凶悪で横暴である．
xiōngkuáng【凶狂】形 凶悪で狂気じみている．
xiōngměng【凶猛】形(勢いや力が)すさまじい，凶暴である．
xiōngnián【凶年】名 不作年．
xiōngnüè【凶虐】形 凶暴で残虐である．
xiōng'ōu【凶殴】動 乱暴に殴る．
xiōngqì【凶气】名 凶暴な様子．
xiōngqì【凶器】名 凶器．
xiōngshā【凶杀】動 虐殺する．
xiōngshà【凶煞】→xiōngshén【凶神】
xiōngshēn【凶身】名 凶悪犯．殺人犯．
xiōngshén【凶神】名 不吉な神；〈喩〉凶悪な人．
xiōngshì【凶事】名 1 不吉な出来事． 2 凶行．
xiōngshǒu【凶手】名 凶悪犯．殺人犯．
xiōngsǐ【凶死】動 不慮の死を遂げる．
xiōngsuì【凶岁】名〈書〉不作年．
xiōngtú【凶徒】名 暴徒．人殺し．
xiōngwán【凶顽】1 形 凶暴で頑迷である． 2 名 凶暴で頑迷な人〔敵〕．
xiōngxián【凶嫌】名 殺人事件の容疑者．
xiōngxiǎn【凶险】形 1 (情勢が)危険である． 2 凶悪で陰険である．
xiōngxiàng【凶相】名 凶悪な顔．
xiōng xiàng bì lù【凶相毕露】〈成〉凶暴さをすっかりさらけ出す．
xiōngxìn【凶信】名(～儿)凶報．訃報．
xiōngyàn【凶焰】名 凶悪な気炎．
xiōngzhái【凶宅】名 自殺〔殺人〕があった家．
xiōngzhào【凶兆】名 不吉な兆し．

兄 xiōng H ①兄．¶胞～ / 実の兄．②《親戚のうちの同じ世代で自分よりも年上の男性》¶表～ / (母方の)従兄(いとこ)．③《男子の友人間の尊称》…兄．¶老～ / 兄貴．

xiōngdì【兄弟】名 兄弟．
xiōngdi【兄弟】名 1 弟． 2《自分よりも年下の男子に対して呼びかけるときの称》君． 3《同輩に対して自分を謙遜していうときの称》私．
xiōngdì xífu【兄弟媳妇】名 弟の嫁．
xiōng dì xì qiáng【兄弟阋墙】〈成〉内輪げんか．
xiōngtái【兄台】名〈旧〉貴君．大兄．
xiōngzhǎng【兄长】名〈近〉兄．貴兄．

芎 xiōng ❶

xiōngqióng【芎䓖】→ chuānxiōng【川芎】

匈 xiōng 名〈書〉胸．
H ①匈奴(きょうど)．②"匈牙利"(ハンガリー)．

Xiōngnú【匈奴】名〈史〉匈奴．
Xiōngyálì【匈牙利】名〈地名〉ハンガリー．

讻(訩・哅) xiōng ❶

xiōngxiōng【讻讻】→ xiōngxiōng【汹汹】3

汹(洶) xiōng ❶

xiōngxiōng【汹汹】形 1〈書〉波が逆巻いている． 2〈貶〉勢いが激しい． 3〈書〉喧々囂々(けんけんごうごう)とする．
xiōngyǒng【汹涌】形(水や波が)逆巻く；(勢いが)激しい．

胸 xiōng 名 1 胸．¶挺～ / 胸を張る． 2 心．胸中．¶～中有全

局 / 全体の様子がよくわかっている.
xiōngbǎ【胸靶】名〈軍〉頭から胸までの人の形をした射的の標的.
xiōngbù【胸部】名 胸部.
xiōngcì【胸次】名〈書〉胸中. 心中.
xiōnggǔ【胸骨】名〈生理〉胸骨.
xiōnghuā【胸花】名 コサージュ.
xiōnghuái【胸怀】❶動 胸に抱く. ❷名 1 胸の内. 気持ち. 2 胸部.
xiōngjiǎ【胸甲】名 胸当て. 胴よろい.
xiōngjīn【胸襟】名 1 胸の内. 2 大志. 度量. 3 服の前襟.
xiōngkǎ【胸卡】名 胸につける名札.
xiōngkǒu【胸口】名 みぞおち.
xiōngkuò【胸廓】名〈生理〉胸郭.
xiōngmó【胸膜】名〈生理〉胸膜. 肋膜(ろくまく).
xiōngpú【胸脯】名(〜儿·〜子)胸.
xiōngqí【胸鳍】名〈魚〉胸びれ.
xiōngqiāng【胸腔】名〈生理〉胸腔.
xiōngqiáng【胸墙】名 胸の高さくらいの壁;〈軍〉胸墙(きょうしょう).
xiōngtáng【胸膛】名 胸.
xiōngwéi【胸围】名 1 胸回り. バスト. 2〈林〉木の地面から1.3メートルの位置の幹まわりの長さ.
xiōng wú chéng fǔ【胸无城府】〈成〉率直に人に接し,腹蔵がない.
xiōng wú diǎn mò【胸无点墨】〈成〉無学である.
xiōng wú sù wù【胸无宿物】〈成〉性格があけっぴろげで隠し事をしない.
xiōngxiàng【胸像】名 胸像.
xiōngyì【胸臆】名 胸の内.
xiōng yǒu chéng zhú【胸有成竹】〈成〉胸に成算がある.
xiōng yǒu qiū hè【胸有丘壑】〈成〉心が奥深い. 奥ゆかしい.
xiōngzhāng【胸章】名 名札;バッジ.
xiōngzhào【胸罩】名 ブラジャー.
xiōngzhēn【胸针】名 ブローチ.
xiōng zhōng wú shù【胸中无数】〈成〉問題や事情がよくわからず自信がない.
xiōng zhōng yǒu shù【胸中有数】〈成〉問題や事情をよく知っており自信がある.
xiōngzhuī【胸椎】名〈生理〉胸椎(きょうつい).

雄 **xióng** 形(↔雌)雄の. 雄性の. 𠂉 ①強力な. ¶→〜兵. ②雄々しい. ¶→〜壮. ③強く勇ましい人;強国. ¶英〜 / 英雄. ‖姓
xióngbiàn【雄辩】1 名 雄弁. 2 形 雄弁である.
xióngbīng【雄兵】名 強力な軍隊.
xióng cái dà lüè【雄才大略】〈成〉傑出した知力と遠大な計略.
xióngdà【雄大】形 雄大である.
xióngfēng【雄风】名〈書〉1 堂々たる風格. 2 強い風.
xióngfēng【雄蜂】名〈虫〉雄バチ.
xióngguān【雄关】名〈書〉険しい関所.
xiónghòu【雄厚】形(物資や人員などが)十分である,豊かである.
xiónghuā【雄花】名〈植〉雄花.
xiónghuáng【雄黄】名〈鉱〉雄黄(ゆうおう).
xiónghuángjiǔ【雄黄酒】名 雄黄を入れた酒.
xiónghún【雄浑】形〈書〉雄渾(ゆうこん)である.
xióngjī【雄鸡】名 オンドリ.
xióngjiàn【雄健】形〈書〉雄壮である.
xióngjié【雄杰】〈書〉1 形 才能が秀でている. 2 名 俊才.
xióngjīng【雄精】名〈中薬〉雄黄.
xióngjìng【雄劲】形 雄壮で力強い.
xióngjiūjiū【雄赳赳】形(〜的)雄々しく勇ましい.
xióngqǐ【雄起】動〈方〉奮い立つ.
xióngruǐ【雄蕊】名〈植〉雄しべ.
xióngshī【雄师】名 精兵.
xióngtú【雄图】名 雄大な計画や方略.
xióngwēi【雄威】形 雄々しく威厳がある.
xióngwěi【雄伟】形 1(建築物や山河が)雄壮である,雄大である. ¶〜的长江大桥 / 雄壮な長江大橋. 2(体格が)立派である.
xióngwén【雄文】名 偉大な著作.
xióngxīn【雄心】名 壮大な志.
xióngxìng【雄性】名 雄性. 雄.
xióngyǐ【雄蚁】名〈虫〉雄のアリ.
xióngzhǔ【雄主】名 偉大な君主.
xióngzhuàng【雄壮】形 1(気迫や勢いが)雄壮である. 2(体格が)立派である.
xióngzī【雄姿】名 雄姿.

熊 **xióng** 1 名〈動〉クマ. [头,只] 2 動〈方〉しかりつける. ‖姓
xióngbāo【熊包】名〈方〉意気地なし.
xióngdǎn【熊胆】名〈中薬〉熊胆(ゆうたん).
xióngdànbāo【熊蛋包】名〈方〉意気地なし.
xióngfēng【熊蜂】名〈虫〉クマバチ.
xióngmāo【熊猫】名〈動〉パンダ.
xióngpí【熊罴】名 クマとヒグマ.
xióngshì【熊市】名(↔牛市)〈経〉(相場の)弱気.
xióngxiāzi【熊瞎子】名〈方〉〈動〉クマ.
xióngxióng【熊熊】形 火が燃え盛っている.
xióng yāo hǔ bèi【熊腰虎背】〈成〉体格がたくましい.
xióngzhǎng【熊掌】名〈食材〉クマの手のひら.

诇 **xiòng** 動〈書〉探る. ¶〜察 / 探査.

敻 **xiòng** 𠂉 遠い. 果てしがない. ‖姓

xiu(ㄒㄧㄡ)

休 **xiū** ❶動 1 休む. 休息する. ¶因病〜了几天 / 病気のため何日か休んだ. 2〈旧〉離縁する. ¶把妻子〜了 / 妻を離縁した.

2 副〈近〉…するな．¶～要胡说八道 / 出任せ言うな．

H ①停止する．完了する．¶罢～ / やめる．②めでたい事．¶→～戚．‖姓

xiū//bān【休班】動(～儿)休みを取る．

xiū//bīng【休兵】動 休戦する．

xiūgēng【休耕】動 休耕する．

xiūguài【休怪】動〈書〉とがめるな．

xiū//huì【休会】動 休会する．

xiūhuǒshān【休火山】名〈地質〉休火山．

xiū//jià【休假】動 休暇を取る．

xiūjiù【休咎】名〈書〉吉凶．

xiū//kān【休刊】動 休刊する．

xiūkè【休克】〈医〉**1** 名 ショック．**2** 動 ショックを起こす．

xiūmián【休眠】動〈生〉休眠する．冬眠する．

xiūmián huǒshān【休眠火山】名〈地質〉休火山．

xiūmiányá【休眠芽】名〈植〉休眠芽．

xiūmù【休牧】動 放牧を一時停止する．

xiū//qī【休妻】動〈旧〉妻を離縁する．

xiūqī【休戚】名 喜びと憂い．

xiū qī xiāng guān【休戚相关】〈成〉喜びと憂いを分かち合う．

xiūqì【休弃】動〈旧〉(妻を)離縁する．

xiūqì【休憩】動 休憩する．

xiūshì【休市】動〈経〉(市場が)取引休止する．

xiūshū【休书】名〈旧〉離縁状．

xiūxi【休息】動 **1** 休息する．休憩する．**2** (仕事が)休みである．¶银行星期天也不～ / 銀行は日曜も休まず営業をする．**3** 眠る．¶这么晚了，还没～？/ こんなに遅いのにまだ寝てないの？

xiūxián【休闲】動 **1** のんびり過ごす．レジャーを楽しむ．¶～产业 / レジャー産業．¶～用品 / レジャー用品．**2** (土地を)遊ばせておく．

xiūxiánzhuāng【休闲装】名 カジュアルウェア．

xiūxiǎng【休想】動 …などと考えるな．…など絶対にあり得ないことだ．

xiū//xué【休学】動 休学する．

xiūyǎng【休养】動 **1** 休養する．静養する．**2** (国家や人民の経済力を)回復し発展させる．

xiū yǎng shēng xī【休养生息】〈成〉民力を養う．

xiūyào【休要】副〈書〉…をするな．

xiū//yè【休业】動 **1** 休業する．**2** (学校で)1単元の学習を終える．

xiūyú【休渔】動 休漁する．

xiū//zhàn【休战】動 休戦する．

xiūzhěng【休整】動 休息させ整備する．

xiūzhǐ【休止】動 休止する．

xiūzhǐfú【休止符】名〈音〉休止符．

咻 **xiū** **H** やかましく騒ぐ．

xiūxiū【咻咻】擬 **1** 《息をする音》すうすう．**2** 《アヒルのひなの鳴き声》ぴよぴよ．

修 **xiū** 動 **1** (土木工事をして)建てる，敷設する．¶～马路 / 道路をつくる．**2** 修理する．修繕する．¶～手表 / 腕時計を直す．**3** (整えるために)削る，切る．¶～眉毛 / 眉を整える．**4** 編纂(へんさん)する；(手紙などを)書く．¶～《辞源》/『辞源』を編纂する．

H ①学ぶ．修行する．¶～心 / 精神を修養する．②伸びる．長い．¶～竹 / 長い竹．‖姓

xiū//bǎn【修版】動(写真原版を)修正する．

xiūbǔ【修补】動 **1** 修繕する．**2** 〈医〉(損傷した組織体を体内貯蔵蛋白質によって)補充する，回復する．

xiūcháng【修长】形 細長い．

xiūchuánchǎng【修船厂】名(船の)ドック．

xiūcí【修辞】名〈語〉修辞．

xiūcígé【修辞格】名〈語〉修辞の方式．

xiūcíxué【修辞学】名 修辞学．

xiūdào【修道】動〈宗〉修行する．

xiū dìqiú【修地球】〈慣〉農業に従事する．

xiūdìng【修订】動(書籍や計画などを)修訂する，訂正する，改訂する．

xiūduǎn【修短】名〈書〉長短．長さ．

xiūfù【修复】動 **1** 修復する．**2** 〈医〉(損傷した組織体が新生の組織体で補われてもとどおりに)回復する．

xiūgǎi【修改】動(文章や計画などを)改正する，改訂する，直す．¶～文章 / 文章を書き直す．

xiūgài【修盖】動(家を)建造する．

xiū//hán【修函】動〈書〉手紙を書く．

xiū//hǎo【修好】動 **1** 〈書〉(国と国とが)友好関係を樹立する．**2** 〈方〉善行をする．

xiūhù【修护】動(美容液などで)肌の手入れをする．

xiūjiǎn【修剪】動 **1** (はさみで木の枝や爪などを)切り整える．**2** (映画やテレビを)編集する．

xiūjiàn【修建】動 建造する．敷設する．

xiū//jiǎo【修脚】動(足の爪を切ったりうおのめを取ったりするなど)足の手入れをする．

xiū jiù lì fèi【修旧利废】〈成〉古い物を修理し，廃物を利用する．

xiūjùn【修浚】動 浚渫(しゅんせつ)する．

xiūlǐ【修理】動 **1** 修理する．修繕する．**2** はさみで切りそろえる．剪定(せんてい)する．**3** 〈方〉こらしめる．痛い目にあわせる．

xiūliàn【修炼】動〈宗〉(道教の信者が)修行を積む．

xiū//lù【修路】動 道路を補修する；(登山で)登頂ルートを整備する．

xiūméi【修眉】動 眉の手入れをする．

xiū//miàn【修面】動〈方〉顔をそる．

xiūmíng【修明】形〈書〉(政治が)賢

明かつ公正である.

xiūnǚ【修女】名〈宗〉修道女.

xiūpèi【修配】動(機械を)修理し,部品の取り替えや補充をする.

xiūqì【修葺】動(建築物を)修繕する.

xiūshàn【修缮】動(建築物を)修繕する,補修する.

xiūshēn【修身】動 人格を磨き修養を積む.

xiūshì【修士】名〈宗〉修道士.

xiūshì【修饰】動 **1**(建物などを)飾る. **2** おめかしをする. **3**(言葉や文章を)潤色する. **4**〈語〉修飾する.

xiū//shū【修书】動〈書〉**1** 書物を編纂(へんさん)する. **2** 手紙を書く.

xiū//xiān【修仙】動 仙人になる修行をする.

xiūxiàn【修宪】動 憲法を改正する.

xiūxíng【修行】動(仏教または道教で)修行する.

xiūxiūbǔbǔ【修修补补】動 継ぎはぎをする. 修理に修理を重ねる.

xiūyǎng【修养】名 **1** 教養. 素養. **2**(人間としての)修養,修練.

xiūyè【修业】動 学業を修める.

xiūzào【修造】動 修造する;建造する.

xiūzhěng【修整】動 手入れをする.

xiūzhèng【修正】動 修正する. 改正する.

xiūzhèng zhǔyì【修正主义】名 修正主義.

xiūzhī【修枝】動 木の枝を剪定(せんてい)する.

xiūzhù【修筑】動(土木工事をして)築く.

庥 xiū 動〈書〉保護する.

脩 xiū H ①〈旧〉弟子が先生に贈る謝礼. ②〖修xiū〗に同じ.

羞 xiū 1 形 恥ずかしい. きまり悪い. ¶~得满脸通红 / 恥ずかしくて顔じゅう真っ赤だ. **2** 動 恥ずかしい思いをさせる. ¶别~我了 / 私をからかわないで.

H ①恥. 恥辱. ¶遮~ / 照れ隠しをする. ②恥じる.

xiūcán【羞惭】形 恥じる. 恥じ入る.

xiūchǐ【羞耻】名 羞恥. 恥.

xiūdādā【羞答答】形(~的)恥ずかしがっている.

xiūfèn【羞愤】名〈書〉羞恥と憤怒.

xiūkǒu【羞口】形 口に出すのが恥ずかしい.

xiūkuì【羞愧】形 恥ずかしい. 顔向けできない.

xiūmíng【羞明】名〈医〉羞明.

xiūnǎn【羞赧】形〈書〉恥ずかしさに顔を赤らめている.

xiūní【羞怩】形 恥ずかしくてきまり悪い.

xiūqiè【羞怯】形 恥ずかしい. 照れくさい.

xiū//rén【羞人】形 恥ずかしい. 恥ずかしい思いをする〔させる〕.

xiūréndādā【羞人答答】形(~的)気恥ずかしくきまり悪い.

xiūrǔ【羞辱】**1** 名 恥. 恥辱. **2** 動 辱める. 恥をかかせる.

xiūsào【羞臊】**1** 動 恥じる;恥をかかせる. **2** 名 恥.

xiūsè【羞涩】形〈書〉きまりが悪い. はにかんでいる.

xiū shǒu xiū jiǎo【羞手羞脚】〈成〉恥ずかしくてもじもじする.

xiūwù【羞恶】動〈書〉(自分または他人の悪を)恥じかつ憎む.

xiū yǔ wéi wǔ【羞与为伍】〈成〉仲間になるのを潔しとしない.

鸺 xiū O

xiūliú【鸺鹠】名〈鳥〉フクロウ.

貅 xiū →píxiū【貔貅】

髹(髤) **xiū** 動(器物に)漆を塗る.

朽 xiǔ 動(木材などが)朽ちる,腐る.

H ①(精神・功績などが)消滅しない. ¶永垂不~ / 永遠に不滅である. ②老い衰える. ¶→~迈.

xiǔbài【朽败】動 朽ちて壊れる.

xiǔfǔ【朽腐】動 腐り朽ちる.

xiǔhuài【朽坏】動 腐ってぼろぼろになる.

xiǔlàn【朽烂】動 朽ち果てる.

xiǔmài【朽迈】形〈書〉老いぼれている.

xiǔmù【朽木】名 朽ち木;〈喩〉役に立たない人.

xiǔ mù bù kě diāo【朽木不可雕】〈成〉まったくの役立たず.

xiǔ mù fèn tǔ【朽木粪土】〈成〉堕落しきって教育の施しようがない人.

宿 xiǔ 量 夜を単位として数える:晩. 夜(や). ¶三天两~ / 2泊3日. 異読⇒sù,xiù

滫 xiǔ 名〈書〉汚水.

秀 xiù 動 作物が穂を出す. ¶→~穗suì.

H ①特にすぐれている;学がある. ②美しい. ¶→~丽lì. ③ショー. ¶时装~ / ファッションショー. ‖姓

xiùbá【秀拔】形 ひときわ美しい.

xiùcai【秀才】名 **1**〈旧〉明・清代の科挙制度での"生员"の俗称. **2** 秀才. 学者.

xiù ér bù shí【秀而不实】〈成〉うわべは華やかだが実力が伴わない.

xiùlángjìng【秀郎镜】名〈俗〉だて眼鏡.

xiùlì【秀丽】形 秀麗である. うるわしい.

xiùměi【秀美】形 うるわしい.

xiùmèi【秀媚】形 姿態が美しい.

xiùqi【秀气】形 **1** 整っている. **2**(話し方や立ち居振る舞いが)洗練されている. **3**(品物が)あか抜けている.

xiùsè【秀色】名 美しい景色;美しい容貌.

xiù sè kě cān【秀色可餐】〈成〉(女性や景色が)美しくてうっとりさせら

れる.
xiùshì【秀士】→xiùcai【秀才】1
xiù//suì【秀穗】動(～儿)(麦などが)穂を出す.
xiù wài huì zhōng【秀外慧中】〈成〉容姿がうるわしく聡明である.▲"秀外惠中"とも.
xiùyǎ【秀雅】形 上品である.
xiùyì【秀逸】形 洗練されていて美しい.

岫 xiù 名〈書〉1 山の洞穴. 2 山. ¶远～/遠い山.

臭 xiù 1 名〈書〉におい. 2 動 においをかぐ. 異読⇒chòu

袖 xiù 1 名(～儿)そで. 2 動 そでの中に隠す. ¶～着手…/そでに手を入れたまま….
xiùbiāo【袖标】名 腕章.
xiùguǎn【袖管】名 そで;〈方〉そで口.
xiùjiàn【袖箭】名〈旧〉そでの中に隠し,ばね仕掛けで矢を発射する武器.
xiùkǒu【袖口】名(～儿)そで口.
xiùkòu【袖扣】名(～儿)そで口につけるボタン;カフスボタン.
xiù shǒu páng guān【袖手旁观】〈成〉手をこまねいて見ている.
xiùtǒng【袖筒】名(～儿)(衣服の)そで丈.
xiùzhāng【袖章】名 腕章.
xiùzhēn【袖珍】形 小型の.ポケット型の. ¶～词典/ポケット版辞書.
xiùzi【袖子】名 そで.

绣(繡) xiù 動 刺繍する. ¶～字/文字の縫い取りをする.
H 刺繍製品.
xiùdūn【绣墩】名 庭園に置く陶製の太鼓型の腰掛け.
xiùdūncǎo【绣墩草】名〈口〉〈植〉ジャノヒゲ.
xiùfáng【绣房】名〈旧〉若い女性の居室.
xiù//huā【绣花】動(～儿)模様や図案などを刺繍する;〈喩〉仕事が遅すぎて手間どる.
xiùhuāxié【绣花鞋】名 刺繍をした女性用の靴.
xiù huā zhěn tou【绣花枕头】〈成〉見かけだけ立派で学識才能のない人.
xiùqiú【绣球】名(装飾用の)刺繍を施した絹の布で作ったまり.
xiùqiúfēng【绣球风】名〈中医〉いんきんたむし.
xiùqiúhuā【绣球花】名〈口〉〈植〉アジサイ.
xiùxiàng【绣像】名 刺繍・細密画で描かれた人物像.
xiùxié【绣鞋】名 刺繍をした女性用の靴.

琇 xiù 名〈書〉玉(ぎょく)に似た石.

宿 xiù 名(古代の天文学で)星座.星宿. 異読⇒sù,xiǔ

锈(鏽) xiù 1 名 さび. ¶生～/さびる. 2 動 さびる. ¶菜刀～了/包丁がさびてしまった.
H(植物の)さび病.
xiùbān【锈斑】名 1(金属の表面にできた)さび. 2〈植〉(さび病で,葉や茎の上にできた)鉄さび色の斑点.
xiùbìng【锈病】名〈農〉さび病.
xiùshí【锈蚀】動(さびによって)腐蝕する.

嗅 xiù 動(においを)かぐ. ¶警犬～来～去/警察犬はあたりをかぎまわっている.
xiùjué【嗅觉】名〈生理〉嗅覚(きゅうかく).
xiùshénjīng【嗅神经】名〈生理〉嗅覚神経.

溴 xiù 名〈化〉臭素. Br.

xu(ㄒㄩ)

圩(墟) xū 名〈方〉(福建や広東でいう)市(いち). ¶赶～/市に行く. 異読⇒wéi
xūcháng【圩场】名〈方〉市(いち).
xūrì【圩日】名〈方〉市(いち)の立つ日.
xūshì【圩市】名〈方〉市(いち).

戌 xū 名 十二支の第11:戌(いぬ).
xūshí【戌时】名〈旧〉戌(いぬ)の刻. ▶午後7時から9時.

吁 xū 1 動〈書〉ため息をつく. ¶长～短叹/ため息ばかりついている. 2 感《古語で驚嘆や疑問を表す》¶～,可怪也/ああ不思議なり. 異読⇒yū,yù
xūxū【吁吁】擬《息を吐く音》はあはあ.ふうふう.

盱 xū H 目を見開いて見上げる.
xūhéng【盱衡】動〈書〉1 目を見開き眉を上げる.きっとにらみつける. 2(政治情勢などを)観察し分析する.

须(鬚) xū 1 助動〈書〉…しなければならない.…すべきである. ¶务～注意/必ず注意すべきである. 2 名 あごひげ;(広く)ひげ状のもの. ¶留～/ひげを伸ばす〔蓄える〕. 3 動〈書〉待つ. ‖ 姓
xūchuāng【须疮】名 皮膚病の一種.
xūfà【须发】名 ひげと髪の毛.
xūgēn【须根】名〈植〉植物のひげ根.
xūjīng【须鲸】名〈動〉ヒゲクジラ.
xūméi【须眉】名 ひげと眉;男子.
xūmízuò【须弥座】名 1(仏像を安置する)須弥(しゅみ)座. 2〈建〉仏塔や仏教建築などの基部・底部.
xūrénshēn【须人参】名〈食材〉ひげニンジン.
xūshēng【须生】→lǎoshēng【老生】
xūyào【须要】助動 必ず…しなければならない.…すべきである.
xūyú【须臾】名〈書〉ちょっとの間.
xūzhī【须知】1 名 注意事項. 2 動 心得ていなければならない.

xūzi【须子】名 動物や植物のひげ(状のもの).

胥 **xū** 副〈書〉みな. すべて. ¶万事～备 / 用意万端整えた.
H(古代の)小役人. ‖ 姓

xūlì【胥吏】名〈書〉小役人.

顼 **xū** ‖ 姓

虚 **xū** **1** 形 **1** (↔实)むなしい. 空虚である. ¶有的地方还比较～ / まだけっこう脆弱(ぜいじゃく)なところがある. **2** びくびくする. ひやひやする. ¶心里很～ / 心中びくびくする. **3** 虚弱である. ¶身体很～ / 体がひ弱である.
2 名(二十八宿の)とみてぼし.
H ①空である. ¶→～席. ②いたずらに. むだに. ¶不～此行 / このたびの旅行はむだではなかった. ③うそである. 偽りである. ¶→～伪. ④虚心である. ¶谦～ / 謙虚である.

xūbào【虚报】動 虚偽の申告をする.

xūchuán【虚传】動(評判が)まちがって伝わる.

xūcí【虚词】名 **1** 〈語〉(↔实词)虚詞. 中国語で文法上の働きをするだけで単独では文成分にならない単語. **2** → xūcí【虚辞】

xūcí【虚辞】名〈書〉うわべだけの言葉や文章.

xūcún【虚存】名〈電算〉仮想メモリ.

xūdàn【虚诞】形〈書〉荒唐無稽である.

xūdù【虚度】動 **1** 〈書〉むだに日を送る. **2** 〈旧〉《自分の年をいうときの謙譲語》馬齢を重ねる.

xūfú【虚浮】形 現実性がない.

xūgāo【虚高】形(価格などが)不当に高い.

xūgēn【虚根】名〈数〉虚根.

xūgōng【虚恭】名〈中医〉屁(へ).

xūgòu【虚构】動 フィクションで書く.

xūhàn【虚汗】名 体の衰弱や病気による寝汗や冷や汗.

xūhào【虚耗】動 浪費する.

xūhuà【虚话】名 うそ. 空論.

xū huái ruò gǔ【虚怀若谷】〈成〉謙虚で,人の意見をよく聞く.

xūhuàn【虚幻】形 まぼろしの.

xūhuǒ【虚火】名〈中医〉のぼせ.

xūjiǎ【虚假】形 うそである. 偽りである. ¶～繁荣 / 見せかけの繁栄.

xūjià【虚价】名〈経〉名目値段.

xūjiāo【虚骄】形〈書〉浮ついていて傲慢(ごうまん)である.

xūjīng【虚惊】動 いらぬことに驚く.

xūkōng【虚空】形 空虚である.

xūkuā【虚夸】動 大げさに吹聴する.

xūláo【虚痨】名〈中医〉肺結核.

xūlǐ【虚礼】名 うわべだけの礼儀.

xūmiànzi【虚面子】名 虚栄. 見栄.

xūmíng【虚名】名 実力の伴わない名声.

xūnǐ【虚拟】**1** 形 仮設の. 仮定の. **2** 動 想像で作り上げる. **3** 名〈電算〉バーチャル. 仮想.

xūnǐ xiànshí【虚拟现实】名〈電算〉仮想現実. バーチャルリアリティ.

xūpàng【虚胖】形 水太りである.

xūpiāopiāo【虚飘飘】形(～的)ふらふらしている.

xū qíng jiǎ yì【虚情假意】〈成〉うわべだけの親切.

xūràng【虚让】動(本心からではなく)形式的にすすめる;形式的に辞退する.

xūróng【虚荣】名 虚栄. 見栄.

xūruò【虚弱】形 **1** (体が)虚弱である. **2** (国家や兵力などが)弱い.

xūshè【虚设】動(機構や役職など)名目だけ設ける.

xūshí【虚实】名 虚実;(広く)状況.

xūshù【虚数】名〈数〉虚数;水増しした数字.

xūsuì【虚岁】名 数え年.

xūtàozi【虚套子】名 紋切り型の礼儀作法. ▶"虚套"とも.

xūtǔ【虚土】名〈方〉すき返された柔らかな土.

xūtuō【虚脱】名〈医〉虚脱症状.

xūwàng【虚妄】形 うそ偽りである.

xūwěi【虚伪】形 うそ偽りである. 誠意がない.

xū wèi yǐ dài【虚位以待】〈成〉席〔ポスト〕をあけて待つ.

xūwēn【虚温】名〈気〉(計器に現れるのとは異なる)実際の温度.

xūwén【虚文】名 **1** 空文. **2** 虚礼.

xūwú【虚无】名 **1** (道教で)形として見えない"道"(真理). **2** 虚無.

xū wú piāo miǎo【虚无缥渺】〈成〉漠然として雲をつかむようである.

xūwú zhǔyì【虚无主义】名 ニヒリズム.

xūxí【虚席】**1** 動 席をあけておく. **2** 名 空席.

xū xí yǐ dài【虚席以待】〈成〉席〔ポスト〕をあけて待つ.

xūxián【虚衔】名 実権の伴わない官名.

xūxiàn【虚线】名 **1** 〈数〉虚根をもつ方程式のグラフ. **2** 点線"……". 破線"— —".

xūxiàng【虚像】名〈物〉虚像.

xūxīn【虚心】形 虚心である. 謙虚である. ¶～接受批评 / 謙虚に批判を受け取める.

xūxuán【虚悬】動 **1** 根も葉もないことを考える. **2** 宙ぶらりんになる. **3** ポストが空席になる.

xūyán【虚言】名 **1** 虚言. **2** 口で言うだけで実行が伴わないこと.

xūyǎn【虚掩】動 **1** (鍵などをかけず,戸を)閉めただけにする. **2** (上着のボタンをかけずに)襟をかき合わせる.

xū yìng gù shì【虚应故事】〈成〉いいかげんにあしらっておく.

xū yǒu qí biǎo【虚有其表】〈成〉見かけ倒しである.

xū yǔ wēi yí【虚与委蛇】〈成〉(本

心からではなく，相手を）適当にあしらう．
xūzào【虚造】動 でっち上げる．
xū zhāng shēng shì【虚张声势】〈成〉虚勢を張る．
xūzhèng【虚症】名〈中医〉虚弱症．
xūzhí【虚职】名 実権のないポスト．
xūzhì【虚掷】動 空費する．
xūzhǒng【虚肿】名 むくみ．
xūzì【虚字】名〈語〉（古典文法で，文法的な働きをするだけの）虚字．
xū zuǒ yǐ dài【虚左以待】〈成〉重要なポストを用意して有能な人を迎える．

欻（歘） **xū** 副〈書〉忽然と．さっと．異読⇨chuā

墟 **xū**〈方〉〖圩xū〗に同じ．
H 廃墟．¶废～ / 同上．

需 **xū** 動〈書〉（…することを）必要とする．¶认识～尚提高 / 認識を今なお高める必要がある．
H 必要な金銭・物．¶军～ / 軍需．
xūqiú【需求】名 需要．
xūsuǒ【需索】動〈書〉（金銭などを）要求する．
xūyào【需要】❶動 **1**（…することを）必要とする，要する．¶这所房子～修理 / この家は修繕が必要だ．**2** 必要としている．¶这本书我非常～ / 私はこの本がとても欲しい．
❷名 必要．要求．ニーズ．
xūyòng【需用】動 必要とする．

嘘 **xū**❶動 **1** ゆっくり息を吐く．¶长cháng长地～了一口气 / 長々と息をついた．**2**〈書〉ため息をつく．**3** 火や蒸気であぶる．¶把馒头在火上～一～ / マントーを火の上で温める．**4**〈方〉"嘘"と言って反対や不満を表す．❷擬《制止したり追い払ったりする時の声》しっ．異読⇨shī
xū hán wèn nuǎn【嘘寒问暖】〈成〉他人の生活にいろいろと気を配る．
xūshēng【嘘声】名 しっしっという声．▶反対や制止を表す．
xūxī【嘘唏】動〈書〉むせび泣く．

魆 **xū** →hēixūxū【黑魆魆】

歔 **xū** ○
xūxī【歔欷】動〈書〉むせび泣く．

繻 **xū** 名 **1**〈書〉色絹．**2**〈古〉関所を通過する際の証明書．

徐 **xú** H 徐々に．おもむろに．¶～步 / ゆっくりと歩む．‖姓
xúhuǎn【徐缓】形 ゆっくりしている．
xú niáng bàn lǎo【徐娘半老】〈成〉色気のある中年女．
xútú【徐图】動〈書〉（時を見計らって）ゆっくり取りかかる．
xúxíng【徐行】動 ゆっくり進む．
xúxú【徐徐】形 ゆっくりとしている．徐々に．ゆっくりと．

许 **xǔ**❶動 **1** 許す．許可する．¶不～这样做 / このようなやり方を許さない．**2** 承諾し約束する．¶他～过我请我听京剧 / 彼は私を京劇に招待することを約束した．**3**〈旧〉両親が娘を嫁がせる．❷副 あるいは…かもしれない．¶他昨天没来，～是病了 / 彼はきのう来なかったが，病気になったのかもしれない．
H ①称賛する．¶赞～ / ほめる．②ところ．地方．¶何～人？/ どこのなにがしか．③このように．¶如～ / かくのごとく．④《およその数や程度を表す》¶一点～ / 1時くらい．‖姓
xǔduō【许多】数（数量が）多い；（補語として用い）ずいぶん．¶～名胜古迹 / たくさんの名所旧跡．¶中国电影我看了～ / 中国映画は数多く見た．¶个子gèzi高了～ / 背がずいぶん伸びた．
xǔguó【许国】動〈書〉国にささげる．
xǔhūn【许婚】動（女性またはその親が男性側の）結婚の申し込みに応じる．
xǔ//jià【许假】動 休暇を許可する．
xǔjià【许嫁】動 嫁に行く〔やる〕ことを承諾する．
xǔjiǔ【许久】名 久しい間．長い間．
xǔkě【许可】動 許可する．
xǔkězhèng【许可证】名 許可証．
xǔnuò【许诺】動 承諾する．
xǔpèi【许配】動（娘をある人の）いいなずけにする．
xǔ//qīn【许亲】動 いいなずけになる．
xǔ//shēn【许身】動 **1** 嫁ぐことを承諾する．**2**〈書〉身をささげる．
xǔshì【许是】副 …であるかもしれない．たぶん…だろう．
xǔxià【许下】動（相手の要望に）こたえることを約束する．
xǔ//yuàn【许愿】動 **1** 願をかける．**2**（人に何かよいことをすると）約束する．
xǔzì【许字】動〈書〉（求婚を受諾し）婚約する．

诩 **xǔ** H 誇る．¶自～ / 自慢する．

浒 **xǔ** 地名用字．異読⇨hǔ

栩 **xǔ** ○
xǔxǔ【栩栩】形（絵画や文章が）生き生きとしている．¶～如生 / 躍如として真に迫っている．

醑 **xǔ** 名〈古〉うまい酒．
H アルコール溶液剤．チンキ．
xǔjì【醑剂】名 アルコール溶液剤．

旭 **xù** H 朝日の光．‖姓
xùrì【旭日】名〈書〉朝日．

序 **xù** 名 序文．［篇，个］
H ①順序．次第．¶次～ / 順序．②順番・順序を決める．¶～次 / 順序だてる．③開始前の．¶→～曲qǔ．
xùbá【序跋】名 端書きと後書き．
xùchǐ【序齿】動〈書〉年齢によって順序を決める．

欻墟需嘘魆歔繻徐许诩浒栩醑旭序 X

xùliè【序列】名 序列.
xùlièhào【序列号】名〈電算〉シリアルナンバー.
xùmǎ【序码】名(順序を示す)番号.
xùmù【序目】名(本の)序文と目次.
xùmù【序幕】名(芝居の)序幕；重大事件の始まり.
xùqǔ【序曲】名〈音〉序曲；〈喩〉事件の発端.
xùshízhàng【序时账】名 日付順につける帳簿.
xùshù【序数】名 序数.
xùwén【序文】名 序文. 端書き.
xùyán【序言】名 序言. 端書き.
xùzhàn【序战】名 緒戦.

叙(敘) **xù** 動 話す. 語る. ¶→～家常.
H ①記述する. ¶→～述. ②等級や順位を定める. ¶→～功.
xùbié【叙别】動 別れの語らいをする.
xùdao【叙道】動〈俗〉話をする.
xùgōng【叙功】動〈書〉功績を評定する.
xù//huà【叙话】動 雑談する.
xù jiācháng【叙家常】〈慣〉世間話をする.
xù//jiù【叙旧】動〈書〉(友達の間で)思い出を語り合う.
Xùlìyà【叙利亚】名〈地名〉シリア.
xùshì【叙事】動(文章で)事柄を述べる.
xùshìqǔ【叙事曲】名〈音〉バラード.
xùshìshī【叙事诗】名 叙事詩.
xùshù【叙述】動 順を追って述べる.
xùshuō【叙说】動 順を追って話す.
xùtán【叙谈】動 雑談する.
xùwén【叙文】→xùwén【序文】
xùyán【叙言】→xùyán【序言】
xùyòng【叙用】動〈旧〉(官吏に)任命する.

洫 **xù** H 田畑の溝. ¶沟～ / 用水路や溝.

恤 **xù** H ①救済する. ¶抚～ / 慰問し救援する. ②哀れむ. 情けをかける. ③憂える.
xùjīn【恤金】名(公務で死亡・負傷した者やその家族への)弔慰金,見舞金.
xùshān【恤衫】名〈方〉ワイシャツ. カッターシャツ.

畜 **xù** H(家畜を)飼う. ¶→～牧.
異読⇒chù
xùchǎn【畜产】名 畜産品.
xùmù【畜牧】動 牧畜を営む.
xùyǎng【畜养】動(家畜や家禽(かきん)を)飼う.

酗 **xù** O
xùjiǔ【酗酒】動 大酒をくらう.

勖(勗) **xù** H 励ます.
xùlì【勖励】動〈書〉励ます.
xùmiǎn【勖勉】動〈書〉励ます.

绪 **xù** H ①糸口. 端緒. ¶有了头～ / 目鼻がついた. ②気持ち. 思い. ¶情～ / 気分. ③余り. 残り. ¶～余 / 〈書〉残余. ④事業. ¶～业 / 〈書〉事業. ‖姓
xùlùn【绪论】名 序論.
xùyán【绪言】名 序言. 前書き.

续(續) **xù** 動 **1** つなぐ. ¶再～上一截儿绳子 / もう少しひもをつないで足す. **2** 継ぎ足す. ¶～水 / 水を足す.
H 続く. 続ける. ¶继～ / 継続する. ‖姓
xùbiān【续编】名 続編.
xùdiāo【续貂】動〈書〉立派な文章に悪文を書き足す.
xùdìng【续订】動(新聞や雑誌を)続けて予約購読する.
xùduàn【续断】名〈植〉ナベナ；〈中薬〉続断(ぞくだん).
xùháng【续航】動(船や飛行機が)航行を続ける.
xùhánglì【续航力】名〈交〉(船や飛行機の)航続力.
xùjí【续集】名 続編.
xù//jià【续假】動 休暇を延長する.
xùjiè【续借】動 続けて借りる.
xùkān【续刊】名 続刊.
xùmìngtāng【续命汤】名〈喩〉延命策.
xùpiān【续篇】名 続編.
xùpìn【续聘】動 招聘(しょうへい)を延長する.
xùqǔ【续娶】動 後妻をめとる.
xù//xián【续弦】動 後妻をめとる.
xùyuē【续约】動 契約を継続する.

溆 **xù** 名〈書〉水のほとり.

絮 **xù** **1** 名 綿(わた). 綿花の繊維. **2** 動(衣服や布団に)綿を入れる. ¶～被子 / 掛け布団に綿を入れる.
H ①綿状のもの. ¶柳～ / 柳絮(りゅうじょ). ②くどくどしい. ¶→～叨dao. ③こまごまとしておもしろい. ¶花～ / こぼれ話.
xùdao【絮叨】**1** 形(話が)くどい. **2** 動 くどくど話す.
xùfan【絮烦】形 飽き飽きする.
xùguō【絮聒】**1** 形 くどい. **2** 動 面倒をかける. 迷惑をかける.
xùmián【絮棉】名 入れ綿.
xùxù【絮絮】形(話が)くどくどしい.
xùyǔ【絮语】〈書〉**1** 動 くどくど言う. **2** 名 くどい話.

婿 **xù** H ①婿. ¶翁～ / しゅうとと婿. ②夫. ¶夫～ / 夫.

蓄 **xù** H ①蓄える. ためる. ¶储～ / 貯蓄する. ②(髪やひげを)蓄える,伸ばす. ¶～发fà / 髪を伸ばす. ¶～须 / ひげを蓄える. ③(心に)秘める. ¶→～意.
xùdiànchí【蓄电池】名〈物〉蓄電池.
xùhóng【蓄洪】動 洪水を防ぐために,河川がはけきれない水を一定の地区にためる.
xùjī【蓄积】動 蓄える. ためる.
xùmóu【蓄谋】動(陰謀を)かねてからたくらむ.
xùniàn【蓄念】動 かねてより考えをもつ.

xù//shuǐ【蓄水】動 水をためる.
xùyǎng【蓄养】動 蓄え養う.
xùyì【蓄意】動 前から下心がある.
xùzhì【蓄志】動 前からその志がある.
煦 xù 形 暖かい. ¶和hé～/(陽光・風などが)暖かい.
蓿 xu →mùxu【苜蓿】

xuan (ㄒㄩㄢ)

轩 xuān 名 1 窓台のある長廊・ひさしの部屋あるいは小部屋. 2〈古〉ほろ囲いがあり,前の方が上に曲がった車.
形 高い. 高く上がる. ¶→～昂. ‖姓
xuān'áng【轩昂】形〈書〉1(意気)軒昂(けんこう)としている. 2 高くて大きい.
xuānchǎng【轩敞】形〈書〉(部屋が)広々として明るい.
xuān rán dà bō【轩然大波】〈成〉大きな争い.
xuānzhì【轩轾】名〈書〉高低. 優劣.
宣 xuān 動 ①広く知らせる. ¶→～示. ②(たまり水などを)排水する. ¶→～泄. ‖姓
xuānbǐ【宣笔】名 安徽省の宣城,涇県で製造される毛筆.
xuānbù【宣布】動 宣言する. 公布する. 発表する. ¶～开会/開会を宣言する.
xuānchēng【宣称】動 公言する.
xuānchuán【宣传】動 宣伝する. ¶～交通法规/交通規則を広める.
xuānchuándàn【宣传弹】名〈軍〉(敵地区に撃ち込む)宣伝弾.
xuānchuánhuà【宣传画】名 宣伝画. ポスター.
xuānchuán jīqì【宣传机器】名〈貶〉宣伝機関. マスコミ.
xuānchuánpǐn【宣传品】名 宣伝用の印刷物.
xuāndú【宣读】動(布告や文書などを)読み上げる.
xuānfǔ【宣抚】動 宣撫する.
xuāngào【宣告】動 宣告する. 言い渡す.
xuānjiǎng【宣讲】動 宣伝と説明を行う.
xuānjiào【宣教】名 宣伝と教育.
xuānmíng【宣明】動 はっきりとみんなに知らせる.
xuānpàn【宣判】動〈法〉判決を言い渡す.
xuānshì【宣示】動 公示する.
xuān//shì【宣誓】動 宣誓する.
xuāntuǐ【宣腿】名 雲南省宣威で産するハム.
xuānxiè【宣泄】動 1(たまり水を)排出する. 2(怒りや不満を)吐き出す. 3〈書〉(秘密や情報を)漏らす.
xuānxùdiào【宣叙调】名〈音〉レシタチーブ.
xuānyán【宣言】1 名 宣言. 2 動 宣言する.
xuānyáng【宣扬】動 宣伝する;吹聴する.
xuān//zhàn【宣战】動 宣戦する;〈喩〉(自然改造などに)激烈な闘争を繰り広げる.
xuānzhǐ【宣纸】名 安徽省宣城で産する紙. 画仙紙.
谖 xuān 動〈書〉1 忘れる. 2 だます.
揎 xuān 動 1 そでをまくり上げる. ¶～拳捋luō袖/(けんかをするため)腕まくりをしてこぶしを出す. 2〈方〉手で押す. 3〈方〉殴る.
萱(蘐) xuān ❶
xuāncǎo【萱草】名〈植〉ワスレグサ. ヤブカンゾウ.
xuāntáng【萱堂】名〈書〉(他人の母に対する敬称)御母堂.
喧 xuān 形 やかましい. 騒々しい. ¶→～笑.
xuān bīn duó zhǔ【喧宾夺主】〈成〉主客転倒する.
xuānhuá【喧哗】1 形 騒がしい. 2 動 騒ぐ.
xuānhuī【喧豗】形〈書〉がやがやと騒がしい. にぎやかで騒々しい.
xuānnào【喧闹】形 がやがやと騒がしい. にぎやかで騒々しい.
xuānrǎng【喧嚷】動 大声で騒ぐ.
xuānrǎo【喧扰】動 やかましくて邪魔になる.
xuānténg【喧腾】形 騒ぎで沸き返っている.
xuāntián【喧阗】形〈書〉ざわついている. にぎやかである.
xuānxiāo【喧嚣】〈書〉1 形 騒々しい. 2 動 わめきたてる.
xuānxiào【喧笑】動 高い声で話をしたり笑ったりする.
暄 xuān 形〈方〉柔らかい. ふかふかしている.
形(日差しが)暖かである. ¶～暖/暖かい.
xuānhuo【暄和】形 柔らかい.
xuānteng【暄腾】形〈方〉柔らかい.
煊 xuān 形(日差しが)暖かである.
xuānhè【煊赫】形 赫々(かくかく)たる. 名声が高いさま.
儇 xuān 形 軽薄である;悪賢い.
xuānbó【儇薄】形〈書〉軽薄である.
xuāntiāo【儇佻】形〈書〉軽率である.
禤 xuān ‖姓
翾 xuān 動〈書〉飛ぶ. 飛翔(ひしょう)する.
玄 xuán 形 1 深遠である. ¶把道理讲得那么～,谁能懂啊!/そんなに難しく道理を説かれたのでは,わけがわからないよ. 2〈口〉あてにならない. ¶这话真够～的/その話はまゆつばものだ.

H 黒い. ¶→～青. ‖ 姓
xuán'ào【玄奥】形 奥深い. 深奥な.
xuánhú【玄狐】名〈動〉ギンギツネ.
xuánhu【玄乎】形(話が大げさで)うさんくさい.
xuánhuáng【玄黄】名 1 天地の色. 天地. 2 血.
xuánjī【玄机】名 1 (道教でいう)深遠な哲理. 2 巧妙な手段.
xuánmiào【玄妙】形 奥深く微妙である.
xuánmíngfěn【玄明粉】名〈中薬〉芒硝(ぼうしょう)を主薬とした粉末剤.
xuánqīng【玄青】形 濃黒色の.
xuánshēn【玄参】名〈植〉ゴマノハグサ；〈中薬〉玄参(げんじん).
xuánsūn【玄孙】名 やしゃご.
xuánwǔ【玄武】名 1 カメ. 2 (二十八宿の)玄武(げんぶ). 3 (五行思想で)玄武.
xuánwǔyán【玄武岩】名〈鉱〉玄武岩.
xuánxiǎng【玄想】名 幻想.
xuánxū【玄虚】名 ごまかし.いんちき.
xuánxué【玄学】名 1 玄学. 魏晋時代,老荘思想と儒家の経義が融合した哲学思潮. 2〈哲〉形而上学.
xuányuǎn【玄远】形〈書〉(言論や道理が)奥深い.
xuán zhī yòu xuán【玄之又玄】〈成〉まか不思議である.

痃 xuán →héngxuán【横痃】

悬(懸) xuán

❶動 1 掛ける. つるす. ¶～在空中 / 空中にぶら下がっている. 2 (宙に浮かせるように)持ち上げる. ¶把手腕子～起来 / 手首を上げる. 3 決着がついていない. ¶这问题～了好久了 / この問題は長い間未解決のままになっている. ❷形〈方〉危ない.
H ①掲示する. ¶→～赏. ②心配する. ¶→～念. ③空想する. ¶→～想. ④かけ離れている. ¶→～殊.
xuán'àn【悬案】名 未解決の事件；(広く)未解決の問題.
xuánbì【悬臂】名〈機〉工作機械；(クレーンの)ひじ,アーム.
xuánchuǎi【悬揣】動 憶測する.
xuánchuí【悬垂】動 垂れ下がる.
xuán ér wèi jué【悬而未决】〈成〉懸案となって未解決である.
xuánfú【悬浮】動 1 (微粒子が)浮遊状態にある. 2 ふわふわ漂う.
xuángé【悬隔】動 遠く離れる.
xuángǔ【悬谷】名 切り立った谷.
xuánguà【悬挂】動 掛ける. 掲げる.
xuánhé【悬河】名 1 天井川. 2〈書〉滝；〈喩〉雄弁であるさま.
xuánhú【悬壶】動〈書〉医者が開業する.
xuánhu【悬乎】形〈方〉危ない. 心もとない.
xuánkōng【悬空】動 1 ぶら下がる；〈喩〉現実離れしている. 2 未解決のまま残る.
xuánliáng【悬梁】動(梁(はり)に縄をかけて)首をつる.
xuán liáng cì gǔ【悬梁刺股】〈成〉苦学する.
xuánlíngmù【悬铃木】名〈植〉スズカケ. プラタナス.
xuánnǐ【悬拟】動〈書〉虚構する. 仮定する.
xuánniàn【悬念】動 1 心配する. 2 はらはらする.
xuán//shǎng【悬赏】動 懸賞をかける.
xuánshū【悬殊】形 差が大きい. ¶贫富～ / 貧富の差が大きい.
xuánsuǒqiáo【悬索桥】名 つり橋.
xuántī【悬梯】名(ヘリコプターなどから)ぶら下がっている縄ばしご.
xuán//wàn【悬腕】動(毛筆で大きな字を書くとき)手首を上げて机につかないようにする.
xuánwàng【悬望】動 心配して待つ.
xuánxiǎng【悬想】動 空想する.
xuán//xīn【悬心】動 心配する.
xuán xīn diào dǎn【悬心吊胆】〈成〉おっかなびっくりである.
xuányá【悬崖】名 懸崖. 切り岸.
xuán yá lè mǎ【悬崖勒马】〈成〉危険の一歩手前で踏みとどまる.
xuányōngchuí【悬雍垂】名〈生理〉懸壅垂(けんようすい). 口蓋垂(こうがいすい).
xuán//zhǒu【悬肘】動(毛筆で大きな字を書くとき)ひじを机から離して字を書く.
xuánzhuóyè【悬浊液】名〈化〉懸濁液.

旋 xuán

❶名 1 (～儿)輪. 円形. ¶打着～儿 / 輪を描いている. 2 (～儿)つむじ.
❷副〈書〉間もなく. 直ちに. ¶～即消逝 / すぐさま消え去った.
H ①ぐるぐる回る. ¶盘～ / 旋回する. ②帰る. ¶→～里. ‖ 姓 異読⇒xuàn
xuángēng【旋耕】名〈農〉旋回耕作.
xuánguǎn【旋管】名〈機〉螺旋(らせん)状の配管.
xuánguāngxìng【旋光性】名〈物〉旋光性.
xuánhuí【旋回】1 動 旋回する. 2 名〈地質〉周期.
xuánjí【旋即】副〈書〉直ちに.
xuánlǐ【旋里】動〈書〉故郷へ帰る.
xuánlǜ【旋律】名〈音〉旋律.メロディー.
xuánmáochóng【旋毛虫】名〈虫〉センモウチュウ.
xuánmùquè【旋木雀】名〈鳥〉キバシリ.
xuánniǔ【旋钮】名(テレビやラジオなどの)つまみ.
xuánqiáo【旋桥】名〈建〉旋開橋.
xuánr【旋儿】名 1 輪. 2 つむじ.
xuánrào【旋绕】動 ぐるぐる回る.
xuánsāi【旋塞】名 コック. 栓.
xuántī【旋梯】名〈体〉回旋ばしご；回旋ばしごに乗る運動.
xuánwō【旋涡】名(～儿)渦；事件や紛糾の渦中.

xuánwō xīngyún【旋涡星云】名〈天〉渦状星雲.
xuányì【旋翼】名（ヘリコプターの）主ローター.
xuányìjī【旋翼机】名〈航空〉オートジャイロ. 回転翼式航空機.
xuánzáo【旋凿】名〈方〉ねじ回し.
xuánzhǒng【旋踵】名〈書〉つかの間.
xuánzhuǎn【旋转】動 回転する.
xuán zhuǎn qián kūn【旋转乾坤】〈成〉天下の形勢を一変させる.
xuánzi【旋子】名 輪. 円. ⇨xuànzi

漩 xuán H 渦巻く流れ. ¶泡～/渦巻く荒波.
xuánwō【漩涡】名 渦；事件や粉糾の渦中.

璇（璿） xuán H 美しい玉(ぎょく).
xuánjī【璇玑】名〈古〉1 天体観測器. 2 北斗七星の第1星から第4星までの称.
xuánjītú【璇玑图】名（晋代の）回文の詩.

选（選） xuǎn 動 1 選ぶ. 選択する. 2 選挙する. ¶～他当主席/彼を議長に選ぶ.
H ①選ばれた人や物. ¶人～/選に入る. ②（文学作品などの）選集,選. ¶文～/文集.
xuǎnbá【选拔】動（人材を）選抜する.
xuǎnbásài【选拔赛】名 選抜試合.
xuǎnběn【选本】名 選集. アンソロジー.
xuǎnbiān【选编】1 動 選集を編む. 2 名 選集.
xuǎn//cái【选材】動 人材や材料を選ぶ.
xuǎnchǎng【选场】名 1（劇やオペラなどの）見どころのある場面. 2 科挙の試験場.
xuǎndān【选单】名〈電算〉メニュー.
xuǎndiào【选调】動（人員を）選んで転勤させる.
xuǎndìng【选定】動 選定する.
xuǎndú【选读】1 動 選んで読む. 拾い読みする. 2 名 選集.
xuǎnduàn【选段】名（音楽演奏や演劇の）ハイライト.
xuǎngòu【选购】動 自由に選んで買う.
xuǎnjí【选集】名 選集.
xuǎnjí【选辑】1 動 選んで収録する. 2 名 抄. 収録・編纂した書物.
xuǎnjǔ【选举】動 選挙する.
xuǎnjǔquán【选举权】名 選挙権.
xuǎnkān【选刊】1 動 選んで載録する. 2 名 選択・載録し出版された,あるジャンルの刊行物.
xuǎnkuàng【选矿】動〈鉱〉選鉱する.
xuǎnlù【选录】動（文章を）選んで（全集や選集に）収録する.
xuǎnměi【选美】動 美人コンテストをする.
xuǎnmín【选民】名 選挙人. 有権者.
xuǎnpài【选派】動 選抜して派遣する.
xuǎnpiào【选票】名 1 投票用紙. 2 得票数.
xuǎnpìn【选聘】動 選抜し採用する.
xuǎnqū【选区】名 選挙区.
xuǎnqǔ【选曲】1 動 選曲する. 2 名 名曲選集.
xuǎnqǔ【选取】動 選択する. 選び取る.
xuǎnrèn【选任】動 選抜して任用する.
xuǎnshǒu【选手】名 選手.
xuǎnsòng【选送】動 選抜して推薦する.
xuǎntí【选题】1 動 テーマを選ぶ. 2 名 選ばれたテーマ.
xuǎn xián rèn néng【选贤任能】〈成〉有能な人を選び仕事を任せる.
xuǎnxiū【选修】動 選択履修する.
xuǎn//yàng【选样】1 動 サンプル・見本を抽出する. 2 名 抽出見本.
xuǎnyòng【选用】動 選んで使う.
xuǎnyù【选育】動〈農〉（優良品種を）選択し育成する.
xuǎnzé【选择】動 選択する.
xuǎn//zhǐ【选址】1 動 立地を選ぶ. 2 名 決定地.
xuǎn//zhǒng【选种】動（家畜や植物の）優良品種を選ぶ.

烜 xuǎn H 盛大なさま.
xuǎnhè【烜赫】形〈書〉名声が高く勢いが盛んである.

癣 xuǎn 名 しらくも・たむしなどの皮膚病の総称. ¶脚～/水虫.

券 xuàn 名〈建〉アーチ. せり持ち. 異読⇨quàn

泫 xuàn H 水滴がしたたる.
xuànrán【泫然】形〈書〉水滴や涙がしたたるさま.

昡 xuàn H 日の光.

炫（衒） xuàn H ①（光が）まばゆい,まぶしい. ¶→～目. ②てらう. 見せびらかす. ¶→～示.
xuànmù【炫目】形 まぶしい.
xuànnòng【炫弄】動 ひけらかす.
xuànshì【炫示】動（人前で自分の得意なものを）ひけらかす,誇示する.
xuànyào【炫耀】動 1 ひけらかす. 誇示する. 2 光り輝く.
xuànyù【炫鬻】動〈書〉誇示する.

绚 xuàn H あやがある. 美しい模様がある. ¶→～丽.
xuànlàn【绚烂】形 絢爛(けんらん)としている.
xuànlì【绚丽】形 きらびやかで美しい.

眩 xuàn H ①目が回る；目がくらむ. ¶→～目. ②迷う. ¶～于名利/名誉と金に惑わされる.
xuànguāng【眩光】名 反射光；フレア.
xuànmù【眩目】形 まぶしい.
xuànyùn【眩晕】名〈医〉眩暈(げんうん). 目まい.

旋 xuàn 1 動 1（旋盤や刃物で）回転させながら削る. ¶～苹果/リンゴの皮をむく. 2（"旋子"で）酒を燗(かん)する. 2 副〈口〉そのときになってから. その場で. ¶～用～买/使うときに買う.

H ぐるぐる回っている. ¶→～风. 異読⇨xuán
xuànchuáng【旋床】名〈機〉旋盤.
xuànfēng【旋风】名 旋風. つむじ風.
xuànfēngzhuāng【旋风装】名(製本で)旋風葉(せんぷうよう).
xuàn…xuàn…【旋…旋…】→ **xiàn…xiàn…**【现…现…】
xuànzi【旋子】名 **1**(料理)"粉皮"を作るのに用いる真鍮(しんちゅう)製の丸い盆. **2** 酒のかんをする道具. **3**(武術や伝統劇の立ち回りの一)腕や頭を大きく振り,その勢いで体を水平に旋回させる動作. ⇨**xuánzi**

渲 xuàn O

xuànrǎn【渲染】動 **1**(中国画の手法で)色や輪郭をぼかす. **2** 大げさに表現する. 誇張する.

楦(楥) xuàn

動 **1**(靴や帽子を)型で押し広げる. **2**〈方〉すきまに物を詰め込む.
H 靴や帽子の型.
xuàntou【楦头】→**xuànzi**【楦子】
xuànzi【楦子】名 靴や帽子の木型.

碹(镟) xuàn

名〈建〉せり持ち. アーチ. ¶起～/アーチをつくる.

xue (ㄒㄩㄝ)

削 xuē

H 削る. ¶→～平. 異読⇨xiāo
xuēbì【削壁】名 絶壁.
xuēfà【削发】動 剃髪(ていはつ)する.
xuējià【削价】動 値引きする.
xuējiǎn【削减】動 削減する.
xuēpíng【削平】動 **1** 削って平らにする. **2**〈書〉平定する.
xuēruò【削弱】動 **1**(力や勢力を)弱める. **2**(力や勢力が)弱まる.
xuē tiě rú ní【削铁如泥】〈成〉刀や剣などが鋭利である.
xuē//zhí【削职】動〈書〉免職する.
xuē zú shì lǚ【削足适履】〈成〉無理に条件を合わせる.

靴(鞾) xuē

H 長靴. ブーツ. ¶皮～/革の編み上げ靴.
xuēyào【靴靿】名(～儿)長靴の胴.
xuēzi【靴子】名 長靴. ブーツ.

薛 xuē

‖姓

穴 xué

H ①穴. 洞穴. 動物の巣. ¶巢～/巣窟. ②墓穴. ¶墓～/墓穴. ③(人体の)つぼ. ‖姓
xuébō【穴播】動〈農〉点播(てんぱ)する.
xuédào【穴道】名〈中医〉針灸(しんきゅう)のつぼ.
xuéjū【穴居】動 洞穴に住む.
xuéshī【穴施】動〈農〉穴を掘って肥料を施す.
xuétóu【穴头】名(～儿)興行師;(商業公演などの)マネージャー.
xuéwèi【穴位】名 **1**〈中医〉針灸のつぼ. **2** 墓穴の位置.

茓 xué O

xuézi【茓子】名(アシやコウリャン殻の皮で編んだ,穀物貯蔵用の)細長いアンペラ.

岀(嶨) xué

地名用字.

学(學) xué

動 **1** 学ぶ. 習う. ¶～技术/技術を習う. ¶～修汽车/自動車の修理を学ぶ. **2** まねをする. ¶～猫叫/猫の鳴きまねをする.
H ①学校. ¶上～/学校へ行く. ②学問. 知識. ¶→～问. ③学科. 科目. ¶数～/数学. ‖姓
xuébào【学报】名 学報;紀要.
xuébù【学部】名 **1**〈史〉清の末期,全国の教育を管理する中央官署. **2** 中国科学院の各学科の指導機関.
xuécháo【学潮】名 学生運動. (学生・教職員の)デモやストライキ.
xué ér bù yàn【学而不厌】〈成〉こつこつと勉強する.
xuéfá【学阀】名 学界のボス.
xuéfáng【学房】名〈旧〉 **1** 家塾. **2** 私塾.
xuéfèi【学费】名 授業料. 勉学の費用. ¶交～/学費を払う.
xuéfēn【学分】名(大学の)履修単位,聴講時間.
xuéfēng【学风】名 学風.
xuéfǔ【学府】名 学府. 高等教育を行う学校.
xué fù wǔ chē【学富五车】〈成〉学識が豊かである.
xuéguǎn【学馆】名 私塾.
xuégùn【学棍】名 学界ごろ.
xué//hǎo【学好】**1** 動+結補 習得する. マスターする.
2 動 **1** よい人・よいことを手本にしてそれに見習う. **2**(足を洗って)真人間になる. 堅気になる.
xué//huài【学坏】動 **1** 悪いことを覚える. 悪い人をまねる. **2**(学習に追いつけず)学業が続けられなくなる.
xué//huì【学会】**1** 動+結補 習って身につける. マスターする. **2** 名 学会.
xuéjí【学级】名〈旧〉学級.
xuéjí【学籍】名 学籍.
xuéjiān【学监】名〈旧〉学監.
xuéjiè【学界】名 学界. 教育界.
xuéjiū【学究】名 学究;〈転〉世事にうといインテリ.
xuékē【学科】名 **1** 学科. 学問分野. **2** 教科. 教科目. **3**(軍事訓練・体育訓練での)理論科目.
xuélǐ【学理】名 学理.
xuélì【学力】名 **1**(学者の)造詣,実力. **2** 学力.
xuélì【学历】名 学歴.
xuélíng【学龄】名 学齢. 就学年齢.
xuémíng【学名】名 **1** 学名. **2**〈旧〉子供が学校に入るときにつけた正式の名前.
xuénián【学年】名 学年.

xuépài【学派】名 学派.
xuéqī【学期】名 学期.
xuéqiánbān【学前班】名 小学入学前の準備クラス.
xuéqián jiàoyù【学前教育】名 就学前教育.
xuéqiánqī【学前期】名 学齢前の時期.
xuéqū【学区】名 通学区域. 校区.
xuérén【学人】名 学者.
xué//shé【学舌】動 1 (自分の見解がなく,おうむ返しに)人の言うとおりに言う. 2 聞いた話をすぐしゃべる.
xuésheng【学生】名 1 学生. 生徒. 児童. 2 弟子. 3〈方〉男の子.
xuéshēnghuì【学生会】名 学生会. 生徒会.
xuéshēngzhuāng【学生装】名 学生服.
xuéshí【学时】名 授業時間. 時限.
xuéshí【学识】名 学識.
xuéshì【学士】名 1 学者. 2 学士.
xuéshú【学塾】名 塾. 私塾.
xuéshù【学术】名 学術.
xuéshuō【学说】名 学説.
xuétáng【学堂】名〈方〉学校. 学堂.
xuétián【学田】名〈旧〉(そこからの収益を)学校経営の基金とするための官田;宗族の子弟の教育費を捻出するための田地.
xuétóng【学童】名 学童.
xué//tú【学徒】1 動 丁稚(でっち)に行く. 内弟子になる. 2 名(商店または工場の)見習い,丁稚.
xuétúgōng【学徒工】名 見習い工.
xuéwèi【学位】名 学位.
xuéwen【学问】名 1 学問. 学術. 2 知識;要領.
xué wú zhǐ jìng【学无止境】〈成〉学問の道には終点がない.
xuéxí【学习】動 1 学習する. 勉強する. ¶～文化 / 読み書きを習う. 2 見習う. ¶～别人的长处 / 他人の長所を学ぶ.
xuéxíbān【学习班】名 セミナー. 研修会.
xuéxián【学衔】名 学位.
xuéxiào【学校】名 学校.
xuéxiōng【学兄】名 同窓の人に対する敬称.
xuéyǎng【学养】名〈書〉学識教養.
xuéyè【学业】名 学業. (学校の)課業.
xué yǐ zhì yòng【学以致用】〈成〉学んで実際に役立てる.
xuéyǒu【学友】名 同級生. 同窓.
xuéyuán【学员】名(訓練所や養成所などで学ぶ)受講生,研修生.
xuéyuàn【学院】名 単科大学. 単科高等専門学校.
xuéyùn【学运】名〈略〉学生運動.
xuézáfèi【学杂费】名(小·中·高校で納める)授業料と雑費.
xuézhǎng【学长】名 1《同窓に対する敬称》学兄. 2〈旧〉大学の各科の責任者.
xuézhě【学者】名 学者.
xuézhí【学殖·学植】名〈書〉学識.
xuézhì【学制】名 学制.
xuézǐ【学子】名〈書〉学生. 生徒.
xuézū【学租】名〈旧〉"学田"から取る地代.

踅 xué 動〈近〉行ったり来たりする;途中から引き返す.
xuémo【踅摸】動〈方〉探す;物色する.
xuézi【踅子】→xuézi【茓子】

噱 xué 形〈方〉人を笑わせる. ¶发～ / 吹き出す. 異読⇨jué
xuétóu【噱头】〈方〉❶名 1 ギャグ. (落語などの)おち. 2 手管. トリック. ¶摆～ / 手管を弄する. ❷形 滑稽である.

雪 xuě 名 雪. [场 cháng,次,堆] ¶下大～ / 大雪が降る.
H ①雪のように(白い,明るい). ¶→～亮. ②(恥·恨み·冤罪などを)すすぐ,そそぐ. ¶→～恨. ‖姓
xuěbái【雪白】形 真っ白である. 雪のように白い.
xuěbǎn【雪板】名〈体〉スキー板. スノーボード.
xuěbào【雪豹】名〈動〉ユキヒョウ.
xuěbào【雪暴】名 暴風雪. 吹雪.
xuěbēng【雪崩】名〈気〉なだれ.
xuěcáng【雪藏】動〈方〉冷蔵する;〈喩〉採用しない;〈喩〉隠しておく.
xuěchǐ【雪耻】動〈書〉雪辱する.
xuědiāo【雪雕】名 雪の彫刻.
xuěduī【雪堆】名 雪のたまり.
xuěfǎngchóu【雪纺绸】名〈紡〉シフォン織.
xuěgāo【雪糕】名 アイスクリーム.
xuěhèn【雪恨】動 恨みを晴らす.
xuěhuā【雪花】名(～儿)(空中に舞う)雪,雪片.
xuěhuāgāo【雪花膏】名 化粧用クリーム.
xuějiā【雪茄】名 シガー. 葉巻.
xuějīng【雪晶】名 雪の結晶.
xuělí【雪犁】名 除雪機. 雪かき.
xuělǐhóng【雪里红·雪里蕻】名〈植〉セリホン.
xuě lǐ sòng tàn【雪里送炭】→ xuě zhōng sòng tàn【雪中送炭】
xuělián【雪莲】名〈植〉セツレンカ;〈中薬〉雪蓮花(せつれんか).
xuěliánzhǐ【雪连纸】名 片面だけつやのある白い紙.
xuěliàng【雪亮】形 1 ぴかぴか光っている. 2 ものを見る目が鋭い.
xuěliǔ【雪柳】名 1〈植〉ユキヤナギ. 2〈旧〉北京で葬式のときに使う白い紙で作った大きな御幣のようなもの.
xuěmáng【雪盲】名〈医〉雪目(ゆきめ).
xuě ní hóng zhǎo【雪泥鸿爪】〈成〉往事を思い出させる事物.
xuěpiàn【雪片】名 雪片.
xuěqiāo【雪橇】名(雪上用の)そり.
xuěqīng【雪青】形 薄紫色の.
xuěquè【雪雀】名〈鳥〉ヒワ類の小鳥.
xuěrén【雪人】名(～儿)雪だるま.

¶堆duī～ / 雪だるまを作る.
xuěshān【雪山】名 雪山. 万年雪を頂く山.
xuě shàng jiā shuāng【雪上加霜】〈成〉泣き面に蜂.
xuěshēn【雪糁】名(～儿·～子)〈方〉あられ.
xuěsōng【雪松】名〈植〉ヒマラヤスギ.
xuětiáo【雪条】名〈方〉アイスキャンデー.
xuěxǐ【雪洗】動(不名誉などを)すすぐ.
xuěxiàn【雪线】名〈地〉雪線.
xuěyě【雪野】名 雪原.
xuěyuān【雪冤】動 冤罪をすすぐ.
xuěyuán【雪原】名 雪原.
xuězhàng【雪杖】名〈体〉(スキーの)ストック.
xuě zhōng sòng tàn【雪中送炭】〈成〉人が最も困っているときに援助の手を差し伸べる.
xuězǐ【雪子】名(～儿)〈方〉あられ.

鳕 xuě H タラ. ¶～鱼 / 同上.

血 xuè 名 血. 血液. [滴,汪] ¶内脏出～ / 内臓出血.
H ①血気盛んな. ¶→～性. ②月経. ¶～分fèn/ 月経. ③血筋. 血統. ¶→～亲.
‖ 姓 異読⇨xiě
xuè'ái【血癌】名〈医〉白血病.
xuè'àn【血案】名 殺人事件.
xuèběn【血本】名 元手. 元金.
xuèbēng【血崩】名〈医〉子宮異常出血.
xuèchén【血沉】名〈医〉血沈.
xuèchóu【血仇】名 肉親·同族を殺された恨み.
xuèfáng【血防】名 住血吸虫病の予防と治療.
xuèfěn【血粉】名 血粉.
xuèguǎn【血管】名〈生理〉血管.
xuè guāng zhī zāi【血光之灾】〈成〉殺されること.
xuèhǎi【血海】名 1 血の海. 2〈中医〉血海(けっかい); 肝臓.
xuè hǎi shēn chóu【血海深仇】〈成〉肉親を殺された深い恨み.
xuèhàn【血汗】名 血と汗. ▶勤勉な労働の象徴.
xuèhóng【血红】形 真っ赤である.
xuèhóng dànbái【血红蛋白】名〈生理〉ヘモグロビン.
xuèhuā【血花】名 血しぶき.
xuèjì【血迹】名 血痕.
xuèjiǎn【血检】動〈略〉血液検査をする.
xuèjiāng【血浆】名〈生理〉血漿(けっしょう).
xuèjié【血竭】名〈中薬〉麒麟竭(きりんけつ).
xuè kǒu pēn rén【血口喷人】〈成〉悪意に満ちた誹謗(ひぼう)中傷をする.
xuèkūbìng【血枯病】名〈中医〉重症の貧血症.
xuèkù【血库】名 病院の血液貯蔵庫; 血液バンク.
xuèkuī【血亏】名〈中医〉貧血.
xuèlèi【血泪】名 血の涙. ▶悲惨な境遇のさま.
xuèlù【血路】名 血路.
xuèmài【血脉】名 1〈中医〉血管; 血液循環. 2 血筋.
xuèniào【血尿】名〈医〉血尿.
xuèpào【血泡】名 血まめ.
xuèpō【血泊】名 血の海.
xuèqì【血气】名 血気; 気骨.
xuèqīn【血亲】名 血族.
xuèqīng【血清】名〈生理〉血清.
xuèqiú【血球】名〈生理〉血球.
xuèròu【血肉】名 血と肉; 〈喩〉親密な間柄. ¶～相连 / 切っても切れない仲.
xuèsè【血色】名 血色.
xuèsèsù【血色素】名〈生理〉ヘモグロビン.
xuèshū【血书】名 血書.
xuèshuān【血栓】名〈医〉血栓.
xuèshuǐ【血水】名(流れ出る薄い)血.
xuèsīchóngbìng【血丝虫病】名〈医〉フィラリア症.
xuètáng【血糖】名〈医〉血糖.
xuètǒng【血统】名 血統. 血筋.
xuèwū【血污】名 血痕.
xuèxīchóng【血吸虫】名〈虫〉住血吸虫.
xuèxǐ【血洗】動 大量殺戮(さつりく)する.
xuèxìbāo【血细胞】名〈生理〉血球.
xuèxiàng【血像】名〈医〉血液像.
xuèxiǎobǎn【血小板】名〈生理〉血小板.
xuèxīng【血腥】形 血生臭い.
xuèxíng【血型】名〈生理〉血液型.
xuèxìng【血性】名 気骨. 気概.
xuèxū【血虚】名〈中医〉貧血症.
xuèxúnhuán【血循环】名〈生理〉血液循環.
xuèyā【血压】名〈生理〉血圧.
xuèyājì【血压计】名 血圧計.
xuèyàng【血样】名(～儿)検査用血液.
xuèyè【血液】名 血液.
xuèyī【血衣】名(殺人者または殺された者の)血に染まった衣服.
xuèyìn【血印】名(～儿)1 血の跡. 2 皮下出血の跡.
xuèyǒubìng【血友病】名〈医〉血友病.
xuè yǔ xīng fēng【血雨腥风】〈成〉支配者の血生臭い弾圧.
xuèyuán【血缘】名 血縁.
xuèyùn【血晕】名〈中医〉産後の出血過多による人事不省. ⇨xiěyùn
xuèzhài【血债】名 民衆を殺害した罪行. ¶偿还～ / 血の債務を償う.
xuèzhàn【血战】名 血戦.
xuèzhàn【血站】名 血液銀行.
xuèzhèng【血证】名 血痕のついた証拠物件.
xuèzhī【血脂】名〈医〉血中脂肪.
xuèzhǒng【血肿】名〈医〉血腫(けっしゅ).
xuèzì【血渍】名 血痕.

谑 xuè 🅗 冗談を言う．ふざける．おどける．¶戏～/たわむれおどける．

xuè ér bù nüè【谑而不虐】〈成〉いやみのない冗談を言う．

xun（ㄒㄩㄣ）

勋（勳） xūn 🅗 手柄．功労．¶→～绩．

xūnjì【勋绩】名〈書〉功績．功労．

xūnjué【勋爵】名 1 勲功による爵位．2（イギリスの）卿(きょう)．

xūnláo【勋劳】名〈書〉功労．大きな手柄．

xūnyè【勋业】名〈書〉功業．

xūnzhāng【勋章】名 勲章．

埙（壎） xūn 名〈古〉土笛．

熏（燻） xūn 動 1 いぶす．¶被烟～黑了/煙で真っ黒にいぶされてしまった．2 薫製にする．¶～鱼/魚を薫製にする．3（においが）鼻をつく．¶臭味儿～人/悪臭がぷんぷんと鼻をつく．

🅗 暖かい．穏やかな．¶→～风．

異読⇨xùn

xūncù【熏醋】名 黒酢(ず)．

xūnfēng【熏风】名〈書〉薫風．

xūnmù【熏沐】動 香をたき，斎戒沐浴して神に敬意を表す．

xūnrǎn【熏染】動（思想や行いが）悪い影響を受ける．（悪習に）染まる．

xūntáo【熏陶】動（思想や行いが）よい影響を受ける．薫陶を受ける．

xūnyú【熏鱼】名〈料理〉魚の薫製．

xūnzhēng【熏蒸】動 暑くて蒸す．

xūnzhì【熏制】動 薫製にする．

窨 xūn 動 茶の葉にジャスミンなどの花を混ぜてその香りを茶に移す．

異読⇨yìn

薰 xūn 名〈書〉香り草．草や花の香り．‖姓

xūn yóu bù tóng qì【薰莸不同器】〈成〉よいものと悪いものは一緒になれない．

獯 xūn ◯

Xūnyù【獯鬻】名〈史〉獯鬻(くんいく)．▶中国古代の北方民族の一．

醺 xūn 🅗 酒に酔う．¶微～/ほろ酔い．

旬 xún 名 1 旬．10日間．¶上～/（月の）上旬．2 10年．▶年齢を示す．¶八～老母/80歳の老母．

xúnkān【旬刊】名 旬刊．

xúnrì【旬日】名 旬日．10日間．

寻（尋） xún 1 動 捜す．尋ねる．2 量（長さの単位）尋(ひろ)．▶約180センチ．‖姓

xúnchá【寻查】動 探し求める．

xúncháng【寻常】1 形 普通である．ありふれた．2 名 ふだん．

xúndì【寻的】名〈軍〉自動誘導．

xún duǎnjiàn【寻短见】〈慣〉自殺する．

xúnfāng【寻芳】→xún huā wèn liǔ【寻花问柳】

xúnfǎng【寻访】動 訪問する．

xúngēn【寻根】動 根源を追求する；ルーツをたずねる．

xún gēn jiū dǐ【寻根究底】〈成〉とことん追求する．

xúnhū【寻呼】動（無線で）呼び出す．

xúnhūjī【寻呼机】名 ポケットベル．

xúnhūtái【寻呼台】名（ポケットベルの）オペレーター．

xún huā wèn liǔ【寻花问柳】〈成〉春の行楽をする；妓楼(ぎろう)に遊ぶ．

xún huān zuò lè【寻欢作乐】〈成〉遊興にふける．

xúnjī【寻机】動 機会をねらう．

xún kāixīn【寻开心】〈慣〉〈方〉からかう．

xún ménlù【寻门路】〈慣〉手づるを探す．

xúnmì【寻觅】動 探し求める．

xúnmo【寻摸】動 探す．物色する．

xúnqiú【寻求】動 探し求める．追求する．¶～知识/知識を求める．

xúnrén【寻人】動 人を捜す；（広告欄で）尋ね人あり．

xúnshì【寻事】動（わざわざ）面倒を起こす，悶着を起こす．

xúnshì【寻视】動 見回しながら探す．

xún shì shēng fēi【寻事生非】〈成〉言いがかりをつけてからむ．

xún//sǐ【寻死】動 自殺(しようと)する．

xún sǐ mì huó【寻死觅活】〈成〉死ぬの生きるのと人を騒がせる．

xúnsi【寻思】動 考える．思案する．

xúnwèi【寻味】動 繰り返し味わう．

xúnwèn【寻问】動 聞く．尋ねる．

xúnwù qǐshì【寻物启事】名 捜し物広告．

xúnxì【寻隙】動 1 あら捜しをして文句をつける．2 すきに乗じる．

xúnxìn【寻衅】動 言いがかりをつける．

xún//xiǔr【寻宿儿】動〈方〉よその家に泊めてもらう．

xúnyōu【寻幽】動〈書〉1 奥深く静かな所を探す．2 奥深い道理を尋ねる．

xún zhāng zhāi jù【寻章摘句】〈成〉（内容のいかんを問わず）美辞麗句ばかり引用する．

xúnzhǎo【寻找】動 探す．¶～失物/なくした物を探す．

xúnzhǐ【寻址】名〈電算〉アドレス検索．

巡（廵） xún 量 全員にひと回り酒をつぐ場合に用いる．¶酒过三～/酒がみんなに3回りした．

🅗 見回る．¶→～夜．

xúnbiānyuán【巡边员】名〈体〉（サッカーなどで）線審．

xúnbǔ【巡捕】名〈旧〉1 清代に都の治安維持を行った歩兵．2 租界地の巡査．

xúnbǔfáng【巡捕房】名 かつての租界の警察署．

xúnchá【巡查】動 見回る．パトロー

ルする.
xúnchá【巡察】動 巡察する.
xúnfǎng【巡访】動 歴訪する.
xúnfēng【巡风】動 巡回しながら見張りをする.
xúnfǔ【巡抚】名〈旧〉巡撫(じゅん). ▶清代では一省の民政·軍政をつかさどる長官のこと.
xúnháng【巡航】動(船や飛行機が)巡航する.
xúnhuí【巡回】動(一定の経路に従って)巡回する.
xúnjǐng【巡警】名 巡査;〈旧〉警察.
xúnlǐ【巡礼】動 1(聖地を)巡礼する. 2 名所旧跡を巡り歩く.
xúnluó【巡逻】動 パトロールする.
xúnshào【巡哨】動(警備隊が)巡回パトロールをする.
xúnshì【巡视】動 1 視察して回る. 2 あたりを見回す.
xúntiān【巡天】動 宇宙を巡遊する.
xúnxíng【巡行】動 巡り歩く.
xúnxìng【巡幸】動〈書〉(帝王が)巡幸する.
xúnyǎn【巡演】動 巡回公演する.
xúnyángjiàn【巡洋舰】名〈軍〉巡洋艦.
xúnyè【巡夜】動 夜回りをする.
xúnyī【巡医】動 往診する.
xúnyì【巡弋】動(軍艦が)巡航する.
xúnyóu【巡游】動 1 あちこち散歩する. 2 巡り歩く. 3 巡視する.
xúnzhǎn【巡展】名 巡回展.
xúnzhěn【巡诊】動 巡回診療をする.

郇 xún 名〈史〉郇(じゅん). ▶周代の国名. ‖ 姓 異読⇨huán

询 xún H 尋ねる. 意見を求める. ¶查～ / 問い合わせる.
xúnchá【询查】動 聞き込み調査をする.
xúnjiàdān【询价单】名〈経〉値段を問い合わせるために出すリスト.
xúnpán【询盘】動〈経〉値段の問い合わせをする.
xúnwèn【询问】動 聞く.尋ねる.問う.

荀 xún ‖ 姓

荨 xún ○ 異読⇨qián
xúnmá【荨麻】→qiánmá【荨麻】
xúnmázhěn【荨麻疹】名〈医〉じんましん.

峋 xún →línxún【嶙峋】

洵 xún H まことに. 実に.

浔(潯) xún H ①川のほとり. ¶江～ / 川のほとり. ②(江西省の)九江.

恂 xún ○
xúnxún【恂恂】形〈書〉1 まじめなさま. 2 うやうやしいさま.

珣 xún 名〈書〉玉(ぎょく)の一種.

栒 xún ○
xúnzi【栒子】名〈植〉コトネアスター.

循 xún H 従う. 沿う. ¶遵～ / 遵守する.
xún guī dǎo jǔ【循规蹈矩】〈成〉しきたりどおりにやる.
xúnhuán【循环】❶動 循環する. ❷名 1〈電算〉ループ. 2〈環境〉循環.
xúnhuán jīngjì【循环经济】名〈経〉循環型経済.
xúnhuánlùn【循环论】名〈論〉循環論.
xúnhuánsài【循环赛】名〈体〉リーグ戦.
xúnhuán xìtǒng【循环系统】名〈生理〉循環系.
xúnhuán xiǎoshù【循环小数】名〈数〉循環小数.
xúnlì【循例】動 前例に従う.
xún míng zé shí【循名责实】〈成〉名実相伴うことを求める.
xúnxù【循序】動 順序に従う.
xún xún shàn yòu【循循善诱】〈成〉一歩一歩人を上手に教え導く.

鲟(鱘·鱏) xún 名〈魚〉チョウザメ.

训 xùn 動 説教する. ¶～了他一顿 / 彼をこっぴどくしかりつけてやった.
H ①教え. 戒め. ¶祖～ / 先祖の教え. ②規範. ¶不足为wéi～ / 手本とするに足りない. ③訓. 字義の解釈. ¶→～诂. ‖ 姓
xùnchì【训斥】動 訓戒し叱責する.
xùncí【训词】名 訓話.
xùndǎo【训导】動 教え導く.
xùndí【训迪】動〈書〉教え導く.
xùngǔ【训诂】名 古書の字句の解釈. 訓詁(くん).
xùn//huà【训话】1 名〈旧〉訓話. 2 動 戒める.
xùnhuì【训诲】動〈書〉訓戒する.
xùnjiè【训诫】1 動 訓戒する. 2 名〈法〉訓戒処分. ▲"训戒"とも.
xùnliàn【训练】動 訓練する.
xùnliànbān【训练班】名(実技などの)講習会.
xùnlìng【训令】名 訓令.
xùnshì【训示】1 名 訓示. 2 動(下の者に)指示する.
xùnyù【训育】動〈旧〉訓育する.
xùnyù【训喻·训谕】動〈書〉訓諭する.

讯 xùn H ①問う. 尋ねる. ¶审～ / 尋問する. ②消息. 知らせ. ¶音～ / 音信.
xùnhào【讯号】名 電磁波による信号.
xùnjiū【讯究】動 取り調べる.
xùnshí【讯实】動 尋問の結果,事実であることがわかる.
xùnwèn【讯问】動 問う. 尋ねる;〈法〉尋問する.

汛 xùn H(季節ごとの)増水. ¶防～ / 増水·洪水を防ぐ. ‖ 姓
xùnqī【汛期】名(河川の定期的な)増水期.

xùnqíng【汛情】名 増水期の水位の状況.

迅 **xùn** H 速い. 速やかである. ¶～跑 / 疾走する.

xùnbù【迅步】名〈書〉早足.

xùnjí【迅即】副〈書〉即刻.

xùnjí【迅急】形〈書〉速やかである.

xùnjí【迅疾】形〈書〉迅速である.

xùnjié【迅捷】形〈書〉敏捷である. すばしこい.

xùn léi bù jí yǎn ěr【迅雷不及掩耳】〈成〉事があまりに急で,対処する間がない.

xùnměng【迅猛】形〈書〉(勢いが)速くて猛烈である.

xùnsù【迅速】形 迅速である. 非常に速い. ¶～发展 / 急速に発展する.

驯 **xùn** 1 形 従順である. ¶这匹马很～ / この馬はとてもおとなしい. 2 動 手なずける. ¶他善于～虎 / 彼は虎を飼いならすのがうまい.

xùnfú【驯服】1 形 従順である. 2 動 手なずける.

xùnhuà【驯化】1 動(野生動物を)飼いならす. 2 名〈植〉(野生植物の)馴化.

xùnliáng【驯良】形 おとなしくて善良である.

xùnlù【驯鹿】名〈動〉トナカイ.

xùnshú【驯熟】形 1 従順である. 2 熟練している.

xùnshùn【驯顺】形 従順である.

xùnyǎng【驯养】動(野生動物を)飼いならす.

徇 **xùn** H ①言いなりになる. 屈従する. ¶→～私sī. ②布告する. ③殉死する.

xùnqíng【徇情】→xùnsī【徇私】

xùnsī【徇私】動 私情にとらわれて不合理なことをする.

逊(遜) **xùn** H ①へりくだっている. ¶谦～ / 謙虚である. ②劣る. ひけをとる. ¶不～于…… / …に負けない. ③(帝位を)譲る. ¶→～位.

xùnguó【逊国】動〈書〉政権を譲る.

xùnsè【逊色】1 形 見劣りがする. 2 名 遜色. 見劣り.

xùnshùn【逊顺】形 従順で素直である.

xùnwèi【逊位】動(君主が)位を譲る.

殉 **xùn** H ①死者と共に埋葬する. ¶→～葬zàng. ②身を犠牲にする. ¶→～国.

xùndào【殉道】動 道に殉じる.

xùn//guó【殉国】動 国のために死ぬ.

xùn//jiào【殉教】動 殉教する.

xùn//jié【殉节】動 1(投降せずに)命を絶つ. 2 女性が辱めに抵抗して命を絶つ; 夫のあとを追って自殺する.

xùn//nàn【殉难】動 殉難する.

xùnqíng【殉情】動 愛情のために命を絶つ.

xùn//shēn【殉身】動 殉死する.

xùnzàng【殉葬】動(死者とともに)殉死者を埋葬する,俑(よう)や財宝などを埋める.

xùn//zhí【殉职】動 殉職する.

浚(濬) **xùn** 地名用字. 異読⇒jùn

巽 **xùn** 名 1(八卦はっの一で風を表す)巽(そん). 2〈書〉たつみ. 南東(の方角).

熏 **xùn** 動〈方〉(ガスで)中毒する. 異読⇒xūn

蕈 **xùn** H キノコ. ¶香～ / シイタケ.

xùnshù【蕈树】名 常緑高木の一種. 建築・造船用の上等な木材.

噀 **xùn** H (水を)口の中に含んで吹き出す.

アルファベットの混じったことば

X dāo【X刀】名〈医〉レーザーメス.

X guāng【X光】名 X線.

X shèxiàn【X射线】名 X線.

X xíng qǐyèjiā【X型企业家】名 X型実業家. 専門的知識と管理能力の二つを備えた経営者.

X xíng réncái【X型人才】名 X型人材. 関連性のある二つの分野についての専門知識を備えた人材.

ya (ㄧㄚ)

丫 **yā** H ①枝分かれしているところ. ふたまた. ¶→～杈chà. ②〈方〉女の子. ¶→～蛋儿. ‖ 姓

yābar【丫巴儿】名〈方〉また.

yāchà【丫杈】名 木のまた.

yādànr【丫蛋儿】名〈方〉女の子.

yāhuan【丫鬟・丫环】名〈旧〉下女.

yājì【丫髻】名 左右に分け頭上に結った女子のまげ.

yājiǎo【丫角】名 左右に分け頭上で結い,角のように垂らした女子のお下げ.

yātou【丫头】名 1 女の子. 小娘. 2〈旧〉下女.

yāzhī【丫枝】名(枝分かれした)小枝.

压(壓) **yā** 動 1 (上から重みをかけて)押さえる. ¶用镇纸～住 / 文鎮で押さえる. 2 鎮める. 食い止める. ¶～低嗓门儿 / 声を低くする. 3(威力で)抑えつける. ¶不要硬～他同意这个决议 / 彼にこの決議に賛成するよう無理強いしてはいけない. 4 迫る. 近づく. ¶太阳～山了 / 太陽が山の上にかかった;〈喩〉日暮れ近い. 5 放置する. ¶计划被上级～下了 / 計画書は上級機関に長く置かれたままだ. 6(賭博とばくで)賭ける. ¶把戒指也～上了 / 指輪までも賭けてしまった. H 圧力. ¶气～ / 気圧.

異読⇨yà
yā//bǎo【压宝】動 賭博をする.
yācāngwù【压仓物】名〈航海〉底荷.
yāchǎn【压产】動 生産を制限する.
yā//chǎng【压场】動 **1** その場をおさめる. **2**(興業で)とりを務めさせる. ¶～戏 / 最後にくる人気演目.
yā//chē【压车】動 **1** 車の(番をするため)上乗りをする. **2**(積み荷がおろせず)車が足止めされる.
yāchèng【压秤】動 **1**(体積のわりに)目方がかかる. **2** わざと少なめに目方を量る.
yā//chuán【压船】動(積み荷がおろせず)船が足止めを食う.
yāchuáng【压床】名〈機〉圧搾機. プレス.
yā dànzi【压担子】〈慣〉鍛えるために難しい仕事をさせる.
yā//dǎo【压倒】動+結補 圧倒する. 押し倒す.
yā//dī【压低】動+結補 低く抑える.
yādiàn【压电】名〈物〉圧電気.
yādǐng【压顶】動 頭を押さえつける. ▶多く比喩的に用いる.
yā//dìng【压锭】動(紡績業が)生産を制限する.
yāduàn【压锻】名〈冶〉プレス鍛造.
yā//duì【压队】動 しんがりをつとめる.
yā//fú【压服】動 力で服従させる. ▲"压伏"とも.
yā//gǎng【压港】動 貨物が港に滞積する.
yāhuò【压货】名(港や駅での)滞貨.
yājǐ【压挤】**1** 動 上と横から圧力を加える. **2** 名〈機〉押し出し.
yā//jià【压价】動 価格を抑える.
yā//jīng【压惊】動(危険に遭遇した人に対し)ご馳走をふるまい慰める.
yā//jǐng【压井】動〈石油〉噴油を止める.
yājìng【压境】動〈書〉(敵軍が)国境に迫る.
yājuàn【压卷】形〈書〉圧巻の.
yā//kù【压库】動 **1** 商品が売れず在庫になる. **2** 在庫品を減らす.
yālì【压力】名 **1**〈物〉圧力. **2**(精神的な)圧力, プレッシャー. **3** 重圧.
yālìguō【压力锅】名 圧力なべ. 圧力がま.
yāliè【压裂】名〈鉱〉圧力による割れ目.
yālùjī【压路机】名 道路ローラー.
yāpò【压迫】動 **1**(権力や勢力で)抑圧する. **2**(多くは身体のある部分を)圧迫する.
yā//qì【压气】動(～儿)怒りを静める.
yāqiáng【压强】名〈物〉単位面積当たりの圧力.
yāqīng【压青】動〈農〉野草や緑肥作物を畑にすき込んで肥料にする.
yā//shēng【压声】動 声を抑える.
yā//shìr【压事儿】動 紛糾を解決する.
yāsuìqián【压岁钱】名 お年玉.
yāsuō【压缩】動 **1** 圧縮する. **2**(人員・経費・紙幅などを)削減する.
yāsuōjī【压缩机】名〈機〉コンプレッサー. 圧縮機.
yā//tái【压台】動 **1**(興業で)とりを務める. **2** 場を静める.
yātáixì【压台戏】名〈劇〉最後の演目.
yā//táng【压堂】動〈口〉授業時間が延びる.
yātiáo【压条】動〈植〉取り木をする.
yātòng【压痛】名〈医〉圧痛.
yātóu【压头】名〈水〉落差.
yā//wàn【压蔓】動(～儿)〈農〉蔓性(まん)作物のつるに一定の間隔を置いて土をかぶせる.
yāxiàn【压线】名〈体〉(テニスなどで)オンライン.
yāxiāngdǐ【压箱底】〈慣〉(～儿)とっておきの金や物.
yāyashíshí【压压实实】形(～的)物がぎっしり詰まっている.
yāyán【压延】動〈冶〉圧延する.
yāyì【压抑】**1** 動(感情や力などを)抑えつける. **2** 形 重苦しい.
yā//yùn【压韵】→**yā//yùn**【押韵】
yāzàicāng【压载舱】名(船の)バラストタンク.
yāzhà【压榨】動 **1** 圧搾する. **2**〈喩〉搾取する.
yā//zhèn【压阵】動 **1** しんがりをつとめる. **2** その場を収める.
yāzhǐ【压指】名 宴席で行われる指を使ったじゃんけんのようなゲーム.
yāzhì【压制】動 **1** 抑えつける. **2**〈機〉プレスして製造する.
yāzhòuxì【压轴戏】名 **1**〈劇〉最後から2番目の出し物. **2**〈喩〉最後に現れる人目を引く出来事.
yāzhòuzi【压轴子】動〈劇〉最後から2番目の出し物にする.
yāzhù【压铸】名〈冶〉ダイカスト. 圧力鋳造.

呀 **yā 1** 感 おや. あれっ. やあ. ¶～,下雨了! / おや,雨だ. **2** 擬《門などがきしむ音》ぎい. 異読⇨ya

押 **yā ❶** 動 **1** 保証金・担保として出す. 抵当に入れる. ¶～了五万块钱 / 5万元保証金を入れた. **2** 拘禁する. ¶他被～起来了 / 彼は拘禁された. **3** 護送する. ¶→～车. **❷** 名(書類や契約書などの)署名,花押(かおう). ¶画～ / (契約書や供述書に)署名する. ‖ 姓
yā//bǎo【押宝】→**yā//bǎo**【压宝】
yābiāojīn【押标金】名 入札の保証金.
yā//chē【押车】動 車に乗り込み荷物を監視する.
yā//chuán【押船】動 船に乗り込み荷物を監視する.
yā//dàng【押当】**1** 動 質に入れる. **2** 名〈方〉小さな質屋.
yā//duì【押队】→**yā//duì**【压队】
yāguì【押柜】名〈方〉(旧時雇い主や貸し主に納めた)保証金.

yājiè【押解】動〈犯人や捕虜,貨物を〉護送する.
yājīn【押金】名 敷金；保証金；手付金.
yā//kuǎn【押款】❶動 担保を出して金を借りる. ❷名 **1** 担保を出して借りた金. **2** 手付金.
yāsòng【押送】動 **1**〈犯人や捕虜を〉護送する. **2** →yāyùn【押运】
yāsuìqián【押岁钱】→ yāsuìqián【压岁钱】
yā//tí【押题】動〈試験で〉山を張る.
yātou【押头】名〈方〉抵当物. 質草.
yāwěi【押尾】動〈契約書などの最後に〉花押を書く.
yāyùn【押运】動〈金品・貨物などを〉護送する.
yā//yùn【押韵】動〈詩歌で〉韻を踏む.
yā//zhàng【押账】**1** 動 物品を借金のかたに置く. **2** 名 抵当. 担保.
yāzū【押租】名〈旧〉借家や借地の敷金.

垭（埡） yā 名〈方〉〈多く地名に用い〉山あい.
yākǒu【垭口】名〈方〉尾根の低いところ；峠.

鸦（鴉） yā 名〈鳥〉カラス.［只］
yādǎnzǐ【鸦胆子】名〈植〉ニガキモドキ；〈中薬〉鴉胆子(あたんし).
yāpiàn【鸦片】名〈薬〉アヘン.
Yāpiàn zhànzhēng【鸦片战争】名〈史〉アヘン戦争. ▶1840-42.
yā què wú shēng【鸦雀无声】〈成〉しんと静まりかえっている.

哑（啞） yā 擬〈方〉〖呀yā〗に同じ. 異読⇨yǎ
yāyā【哑哑】擬 **1**《カラスの鳴き声》かあかあ. **2**《幼児の言葉をまねる声》だあだあ.

桠（椏・枒） yā H 木のまた.
yāchà【桠杈】→yāchà【丫杈】
yāfēng【桠枫】名〈植〉トウカエデ.
yāzhī【桠枝】→yāzhī【丫枝】

鸭 yā 名〈鳥〉アヒル. ▶話し言葉では"鸭子".
yādàn【鸭蛋】名 **1** アヒルの卵. **2**〈俗〉零点.
yādànqīng【鸭蛋青】名 ごく淡い青色.
yādànyuán【鸭蛋圆】名〈～儿〉〈方〉楕円.
yāhuáng【鸭黄】名〈方〉アヒルのひな.
yārguǎnglí【鸭儿广梨】名〈植〉〈甘酸っぱく汁の多い〉ナシの一種.
yārlí【鸭儿梨】名〈植〉ヤーリー. ▶アヒルの卵の形をしたナシ.
yāróng【鸭绒】名 アヒルの羽毛.
yāshémào【鸭舌帽】名 鳥打ち帽. ハンチング.
yāzhǎng【鸭掌】名〈食材〉アヒルの水かき.
yāzhēnr【鸭胗儿】名〈食材〉アヒルの砂肝.
yāzhícǎo【鸭跖草】名〈植〉ツユクサ；〈中薬〉鴨跖草(おうせきそう).
yāzǐr【鸭子儿】名〈方〉アヒルの卵.
yāzi【鸭子】名〈口〉〈鳥〉アヒル.
yāzuǐbǐ【鸭嘴笔】名 からす口.
yāzuǐshòu【鸭嘴兽】名〈動〉カモノハシ.

雅 yā ❶ 異読⇨yǎ
yāpiàn【雅片】→yāpiàn【鸦片】

牙 yá 名 歯.［颗；排；口］
H ①象牙(ぞうげ). ¶～筷 / 象牙の箸. ②歯のような形をしたもの. ¶轮～ / 歯車の歯. ③仲買人. ¶→～行háng. ‖姓
yáchen【牙碜】形〈口〉**1**〈食べ物に砂が入り〉口あたりがじゃりじゃりして不快である. **2**〈喩〉言葉がひどく粗野である.
yáchǐ【牙齿】名 歯.［颗,个；排］
yáchuáng【牙床】名 **1**〈俗〉歯茎. **2** 象牙の彫刻で飾られた寝台.
yácí【牙磁】名 歯の表面のエナメル質.
yádiāo【牙雕】名 象牙の彫刻(品).
yáfěn【牙粉】名 歯磨き粉.
yáfèng【牙缝】名〈～儿〉歯のすきま.
yágāng【牙缸】名〈～儿・～子〉うがい用のコップ.
yágāo【牙膏】名 練り歯磨き.
yágēn【牙根】名 歯の根部.
yágòu【牙垢】名 歯垢(しこう)；歯石.
yáguān【牙关】名 あごの関節.
yáháng【牙行】名〈旧〉仲買人.
yáhuā【牙花】名〈～子〉〈方〉**1** 歯垢(しこう)；歯石. **2** 歯茎.
yáhuì【牙慧】名〈書〉他人の受け売り.
yájù【牙具】名 歯磨きセット.
yákē【牙科】名〈医〉歯科.
yákèxī【牙克西】形 すばらしい.
yákou【牙口】名 **1** 家畜の年齢. **2**〈～儿〉〈老人の〉咀嚼力(そしゃくりょく).
yákuài【牙侩】名〈書〉仲買人.
yálún【牙轮】名〈口〉歯車. ギヤ.
Yámǎijiā【牙买加】名〈地名〉ジャマイカ.
yápái【牙牌】→gǔpái【骨牌】
yápíng【牙鲆】名〈魚〉ヒラメ.
yápó【牙婆】名〈旧〉人身売買を周旋する女.
yáqiān【牙签】名〈～儿〉つまようじ.
yásè【牙色】名 象牙色. アイボリー.
yáshí【牙石】名 **1** 歯石. **2**〈道路の〉縁石.
yáshuā【牙刷】名〈～儿・～子〉歯ブラシ.［把,支］
yásuǐ【牙髓】名 歯髄.
yátòng【牙痛】名 歯痛.
yáxiàn【牙线】名 デンタルフロス.
yáxiù【牙锈】名 歯の黄色い汚れ.
yáyá【牙牙】擬〈書〉幼児が片言を言う声.
yáyī【牙医】名〈略〉歯医者.
yáyín【牙龈】名〈生理〉歯茎. 歯齦(しぎん).
yáyìn【牙印】名〈～儿〉歯形.
yázhì【牙质】**1** 形 象牙製の. **2** 名

〈生理〉象牙質．歯質．
yázhōubìng【牙周病】名〈医〉歯周病．
yázhōuyán【牙周炎】名〈医〉歯肉炎．
yázi【牙子】名 **1**〈口〉物の周囲の彫刻模様． **2**〈旧〉仲買人．

伢 yá 🅗 子供．
yázi【伢子】名〈方〉子供．

芽 yá 名(～儿)草木の芽． ¶豆子出～了／豆が芽を出した．
🅗 芽に似たもの． ¶肉～／肉芽．
yábāo【芽孢】名〈生〉芽胞(ほう)．
yáchá【芽茶】名 若芽で作った茶．
yádòu【芽豆】名〈食材〉水につけて発芽させた空豆．
yájiē【芽接】名 芽継ぎ．
yátǐ【芽体】名〈生〉芽体．
yáyǎn【芽眼】名(塊茎類の)芽の出るくぼみ．
yázi【芽子】名〈口〉(植物の)芽．

岈 yá 地名用字．

玡(琊) yá 地名用字．

蚜 yá ○
yáchóng【蚜虫】名〈虫〉アブラムシ．アリマキ．

崖(厓) yá 🅗 ①崖(がけ)． ¶悬～／切り立った崖． ②輪郭． ¶→～略．
yáhuà【崖画】名 崖に描かれた絵．
yákè【崖刻】名 崖に刻まれた文字．
yálüè【崖略】名〈書〉概略．

涯 yá 🅗 水際；果て．際限． ¶天～海角hǎijiǎo／地の果て．
yájì【涯际】名〈書〉際限．果て．

睚 yá 🅗 目頭と目尻． ¶→～眦．
yázì【睚眦】動〈書〉目でにらむ．
yá zì zhī yuàn【睚眦之怨】〈成〉ちょっとした恨み．

衙 yá 🅗 昔の役所． ¶→～门men．
‖ 姓
yámen【衙门】名〈旧〉役所．衙門(がもん)．
yámenhuà【衙门化】動〈貶〉お役所化する．
yánèi【衙内】名〈旧〉(官吏の息子に対する呼称)若様．
yáshǔ【衙署】→yámen【衙门】
yáyi【衙役】名〈旧〉役所の下働き．

哑(啞) yǎ 形 **1** 口がきけない． **2**(声が)かれる． ¶他嗓子喊～了／彼は大声を出して声がかすれた． **3**(砲弾・銃弾などが)不発である． 異読⇨yā
yǎba【哑巴】名 口がきけない人．
yǎbakuī【哑巴亏】〈慣〉人に言えない損失．
yǎbǎn【哑板】名〈旧〉にせ銀貨．
yǎ//chǎng【哑场】動(沈黙し)座が白ける．
yǎdàn【哑弹】名 不発弾．
yǎjiǔ【哑酒】名 押し黙って飲む酒．
yǎjù【哑剧】名 パントマイム．
yǎ kǒu wú yán【哑口无言】〈成〉ぐうの音も出ない．
yǎlíng【哑铃】名〈体〉ダンベル．
yǎmí【哑谜】名 なぞのような言葉；難解な事柄．
yǎpào【哑炮】名 不発弾；不発の発破．
yǎrán【哑然】形〈書〉 **1** しんとしている． **2** 驚いて言葉が出ない． **3** 笑い声の形容． ¶～失笑／思わず吹き出してしまう．
yǎsǎngzi【哑嗓子】名 かすれ声．
yǎyǔ【哑语】名 手話．
yǎzi【哑子】名〈方〉口がきけない人．

雅 yǎ ❶形 上品である． ¶房间布置得很～／部屋は上品にしつらえてある． ❷名 **1**『詩経』の詩編の一類． **2**〈書〉交わり．交際． ¶无一日之～／一面識もない． ❸副 **1**〈書〉平素．もともと． ¶～善鼓琴／つとに琴が上手である． **2**〈書〉極めて．はなはだ． ¶～以为美／たいへん美しいと思う．
🅗 ①正統な．標準的な． ¶→～正zhèng． ②相手の行為・気持ちに用いる． ¶→～教jiào． ‖ 姓
異読⇨yā
Yǎdiǎn【雅典】名〈地名〉アテネ．
yǎfēishì【雅飞士】名 都会の若き失敗者．
yǎguān【雅观】形(多く否定の形で)見た目が上品である．
yǎhào【雅号】名 **1** 雅号． **2**〈諧〉あだ名．
yǎhuái【雅怀】名〈書〉〈敬〉貴意．おぼしめし．
yǎjí【雅集】名〈書〉風雅な集い．
yǎjiān【雅间】→yǎzuò【雅座】
yǎjiào【雅教】名〈書〉〈敬〉お言葉．
yǎjìng【雅静】形 **1** 上品で落ち着いている． **2** しとやかである．
yǎliàng【雅量】名 **1** 広い度量． **2** 酒量が多いこと．
yǎpíshì【雅皮士】名 ヤッピー．
yǎqù【雅趣】名〈書〉風雅な興趣．
yǎrén【雅人】名〈書〉風流人；〈転〉高尚な人．
yǎshì【雅士】名〈書〉(多く読書人について)上品な人．
yǎ sú gòng shǎng【雅俗共赏】〈成〉(本・新聞などが)万人向けである．
yǎwàng【雅望】名〈書〉ご希望．
yǎxìng【雅兴】名〈書〉高尚な趣味．
yǎxùn【雅驯】形〈書〉文章が上品で穏やかである．
yǎyì【雅意】名 **1** お考え． **2** ご厚情．
yǎzhèng【雅正】❶形〈書〉 **1** 規範となる． **2** 正直である．
❷動〈敬〉ご叱正(しっせい)いただく．
yǎzhi【雅致】形(服装・器物・家屋などが)上品である．
yǎzuò【雅座】名(～儿)(料理屋・風呂屋などの)個室，特別室．

轧 **yà 1** 動 ローラー(状のもの)をかける. ¶～棉花 / (綿繰り車で)綿を繰る. **2** 擬《機械が動く音》ごうごう. がたがた.
H 排斥する. ¶倾～ / 排斥する.
‖ 姓 異読⇨gá,zhá

yà//cháng【轧场】1 動 脱穀する. **2** 名 脱穀場.
yàdàochē【轧道车】 名 検査車両.
yàdàojī【轧道机】 名〈方〉地ならしローラー.
yàguāng【轧光】 動〈紡〉(光沢機で)つや出しする.
yàhuā【轧花】 動〈紡〉綿繰りをする.
yà mǎlù【轧马路】〈慣〉街をぶらぶらする;(恋人と)デートする.

亚(亞) **yà** H ①(…に)劣る,次ぐ. ▶普通,否定の形で用いる. ¶他的技术不～于你 / 彼の技術は君に劣らない. ②"亚洲"(アジア). ¶～太地区 / アジア太平洋地域. ③〈化〉亜. ¶硫酸～铁 / 硫酸第一鉄. ④次(の). 第2位(の). ¶→～军jūn. ‖ 姓

Yàdāng【亚当】 名〈聖書で〉アダム.
yàhándài【亚寒带】 名〈地〉亜寒帯.
yàjíxìng【亚急性】 形〈医〉亜急性の.
yàjiànkāng【亚健康】 名 半健康(状態). ▶食欲不振や不眠などの症状.
yàjūn【亚军】 名 準優勝. 第2位.
yàmá【亚麻】 名〈植〉アマ(の繊維).
Yàmǎsūnhé【亚马孙河】 名〈地名〉アマゾン川.
Yàměiníyà【亚美尼亚】 名〈地名〉アルメニア.
yàqiān【亚铅】 名〈化〉亜鉛.
yàrèdài【亚热带】 名〈地〉亜熱帯.
yàsài【亚赛】 動〈書〉…に似ている. …にもまさる.
yàsì【亚似】→yàsài【亚赛】
Yà-Tài jīnghé zǔzhī【亚太经合组织】 名 APEC. アジア太平洋経済協力会議.
Yàxì'ān【亚细安】 名 ASEAN. 東南アジア諸国連合.
yàyīnsù【亚音速】 名〈物〉亜音速.
Yàyùnhuì【亚运会】 名〈略〉アジア競技大会.
Yàzhōu【亚洲】 名〈地〉アジア(州).

压(壓) **yà** ◯ 異読⇨yā

yàbǎn【压板】 名〈方〉シーソー.
yàgēnr【压根儿】 副〈口〉(多く否定の形で)もともと. 全然.
yà mǎlù【压马路】→yà mǎlù【轧马路】

讶 **yà** H 怪しむ. いぶかる. ¶怪～ / 怪しむ. いぶかる.

迓 **yà** H 迎える. ¶迎～ / 出迎える.

揠(掗) **yà** 動〈方〉(人に物を)押しつける. 押し売りをする.

砑 **yà** 動(玉石などで布や革に)ローラーをかけてつやを出す. ¶～光机 / 光沢機.

娅(婭) **yà →yīnyà【姻娅·姻亚】**

氩(氬) **yà** 名〈化〉アルゴン. Ar.

揠 **yà** H 引き抜く.

yà miáo zhù zhǎng【揠苗助长】〈成〉功を焦って方法を誤り失敗する.

猰(貏) **yà** ◯

yàyǔ【猰貐·猰貐】 名(古代伝説の)人を食う猛獣.

呀 **ya** 助《"啊a"が前の字の韻母 a, e, i, o, u で終わる音に影響されて起こった音便yaを表記する字》¶你是谁～? / 君はだあれ. 異読⇨yā

yan (丨ㄢ)

咽 **yān** 名〈生理〉咽頭(いんとう). 異読⇨yàn,yè

yānhóu【咽喉】 名 のど. 咽喉(いんこう);〈喩〉急所. 要害.
yāntóu【咽头】〈生理〉咽頭.
yānyán【咽炎】 名〈医〉咽頭炎.

恹(懨·懕) **yān** ◯

yānyān【恹恹】 形〈書〉病み衰えたさま;気疲れしたさま.

殷 **yān** H 赤黒色. 黒ずんだ赤色. 異読⇨yīn

yānhóng【殷红】 形〈書〉黒ずんだ赤色である.

胭 **yān** ◯

yānfěn【胭粉】 名 おしろい.
yānhóng【胭红】 形 深紅色である. 真っ赤な.
yānzhi【胭脂】 名 ほお紅;口紅.
yānzhiyú【胭脂鱼】 名〈魚〉長江上流に分布する全身が赤い魚.

烟(煙) **yān** ❶ 名 **1** たばこ. [支,枝,根;盒,包,条] ¶请勿吸～ / たばこはご遠慮ください. **2** 煙. [股] ¶冒～ / 煙が立つ.
❷ 動 煙が目にしみる.
H ①タバコ. ¶→～叶. ②煙のようなもの. ¶→～雾. ③アヘン. ¶大～ / アヘン. ④すす. ¶→～子.

yān'ǎi【烟霭】 名〈書〉霧ともや.
yānbō【烟波】 名〈書〉霧にかすんだ水面.
yāncǎo【烟草】 名〈植〉タバコ(の葉).
yānchén【烟尘】 名 **1** 煙とほこり;〈転〉戦火. **2**〈書〉人口の稠密(ちゅうみつ)な所.
yāncōng【烟囱】 名(やや大きな)煙突. [个]
yāndài【烟袋】 名 キセル. [根]
yāndàiguōr【烟袋锅儿】 名 キセルの雁首(がんくび).
yāndào【烟道】 名(煙突の)煙道.
yāndì【烟蒂】 名(たばこの)吸い殻.
yāndié【烟碟】 名(～儿)(浅めの)灰皿.

yāndǒu【烟斗】名 **1** パイプ. **2** アヘン吸飲用のキセルの雁首(がんくび).
yāndǒusī【烟斗丝】名 刻みたばこ.
yāngāng【烟缸】名(～儿)(深めの)灰皿.
yāngāo【烟膏】名"烟土"を精製した練り状アヘン.
yāngěng【烟梗】名〈植〉タバコの茎.
yānguǎn【烟馆】名〈旧〉アヘンを飲ませる店.
yānguǎn【烟管】名 キセル.
yānguǐ【烟鬼】名〈譏〉 **1** ヘビースモーカー. **2** アヘン常用者.
yānhǎi【烟海】名 霧でかすむ海;〈喩〉広大無辺. ¶浩如～/(文献や資料が)膨大な数に上る.
yānhé【烟盒】名(～儿)シガレットケース.
yānhébāo【烟荷包】名 刻みたばこを入れる袋.
yānhuā【烟花】名 **1**〈書〉春景色. **2**〈旧〉遊郭. **3** 花火. ¶燃放～爆竹/花火を打ち上げたり,爆竹を鳴らしたりする.
yānhuī【烟灰】名 たばこの灰.
yānhuīdié【烟灰碟】名(～儿)(浅めの)灰皿.
yānhuīgāng【烟灰缸】名(～儿)(やや深い)灰皿.
yānhuǒ【烟火】名 **1**(かまどの)煙と火. **2** 火の気. **3**〈書〉のろし. 戦火. **4**(道教で)俗世の食べ物. **5**〈旧〉祖先を祭る香やろうそく;〈転〉子孫.
yānhuo【烟火】名 花火.
yānhuǒshí【烟火食】名 火を通した加工食品.
yānjiǎn【烟碱】名〈化〉ニコチン.
yānjīng【烟晶】名〈地〉煙水晶.
yān jiǔ bù fēn jiā【烟酒不分家】〈成〉たばこと酒は自他共に楽しむもの.
yānjù【烟具】名 喫煙具.
yānjuǎnr【烟卷儿】名〈口〉紙巻きたばこ.
yānjuǎntóur【烟卷头儿】名 たばこの吸い殻.
yānlíng【烟龄】名 喫煙年数.
yānméi【烟煤】名〈鉱〉瀝青炭(れきせいたん).
yānmín【烟民】名 喫煙者.
yānmù【烟幕】名 **1**〈軍〉煙幕. **2**〈農〉霜害防止用の煙幕. **3**〈喩〉真意を隠すための言動.
yānmùdàn【烟幕弾】名 **1**〈軍〉煙幕(弾). **2**〈喩〉真意や真相を隠すための言動.
yānnóng【烟农】名 タバコ栽培農家.
yānpìgu【烟屁股】→yāntóu【烟头】
yānqì【烟气】名 **1** 煙と水蒸気. **2** たばこの煙.
yānqiāng【烟枪】名 **1** アヘンを吸うキセル. **2** ニコチン中毒の人.
yānsè【烟色】名(タバコの葉のような)暗褐色.
yānsī【烟丝】名 刻みたばこ.
yānsuān【烟酸】名〈生化〉ニコチン酸.
yāntān【烟摊】名(～儿)たばこを売る露店.
yāntong【烟筒】名 煙突.
yāntóu【烟头】名(～儿)たばこの吸い殻.
yāntǔ【烟土】名〈旧〉未精製のアヘン.
yānwù【烟雾】名 煙・霧・雲・ガスなど.
yānxiá【烟霞】名 **1** もや. かすみ. **2** アヘンの煙.
yānxiápǐ【烟霞癖】名〈書〉 **1** 山水に遊ぶ趣味. **2**〈喩〉アヘン吸飲の習慣.
yān xiāo yún sàn【烟消云散】〈成〉雲散霧消する.
yān xūn huǒ liǎo【烟熏火燎】〈成〉煙にいぶされ火に焦げる.
yānyá【烟牙】名 たばこのやにで黒ずんだ歯.
yānyè【烟叶】名〈植〉タバコの葉.
yānyè'é【烟夜蛾】名〈虫〉タバコアオムシ.
yānyǐn【烟瘾】名 たばこ中毒.
yānyóu【烟油】名(パイプ・キセルにたまる)たばこのやに.
yānyǔ【烟雨】名 霧雨. こぬか雨.
yānyún【烟云】名 **1** 煙雲. **2** スモッグ.
yānzhù【烟柱】名 煙の柱.
yānzi【烟子】名 すす.
yānzuǐr【烟嘴儿】名 シガレットホルダー.

焉 yān〈古〉**1** 疑(多く反語に用い)どうして. ¶～能不去/どうして行かないでおられよう. **2** 副 はじめて. そこで. **3** 代 ここに. これに. ¶心不在～/心ここにあらず. **4** 助《確認の語気を表す》¶又何虑～/何の心配があろうか. **5** 接尾《形容詞の語尾として状態を示す》‖姓

崦 yān O

Yānzī【崦嵫】名 **1** 甘粛省にある山の名. **2**〈古〉太陽が沈む所.

阉 yān 動 去勢する. ¶～猪/雄豚を去勢する.
H 宦官(かんがん). ¶～寺.
yāngē【阉割】動 **1** 去勢する. **2**〈喩〉骨抜きにする.
yānrén【阉人】名 去勢された人;宦官.
yānsì【阉寺】名〈書〉宦官.

淹 yān 動 **1** 水に浸る. おぼれる. ¶庄稼遭水～了/作物が水浸しになった. **2**(皮膚が汗などで)ただれる,しみる.
H ①広い. ¶→～博. ②久しく留まる. ¶→～留.
yānbó【淹博】形〈書〉(知識が)広い.
yānguàn【淹灌】名〈農〉貯溜.
yānliú【淹留】動〈書〉長く逗留する.
yānmái【淹埋】動(土砂に)埋もれる.
yānmò【淹没】動 水浸しになる. 埋もれる.

腌 yān 動 塩漬けにする；(広く)みそ・醬油・砂糖などに漬ける.
異読⇨ā

yāncài【腌菜】名〈料理〉漬け物.

yānzì【腌渍】動〈料理〉(調味料に)漬ける.

湮 yān H ①うずもれる. 滅びる. ¶→～没. ②ふさがる. ふさぐ.

yānmiè【湮灭】動〈書〉隠滅する.

yānmò【湮没】動〈書〉うずもれる.

鄢 yān ‖姓

嫣 yān H 容貌が美しい.

yānhóng【嫣红】形〈書〉真っ赤である.

yānrán【嫣然】形〈書〉美しいさま.

燕 yān 名〈史〉燕(えん). ▶戦国時代の七雄の一. ¶～京 / 燕京. ▶北京の別称.
H 河北省の北部地方. ‖姓
異読⇨yàn

延 yán H ①延びる. 延ばす. ¶→～长cháng. ②(時間を)引き延ばす. ¶拖～ / ぐずぐずして長引かせる. ③招く. ¶→～聘. ‖姓

yáncháng【延长】動 **延長する**. 延ばす. ¶营业时间～到晚上十点 / 営業時間を夜10時まで延長する.

yánchánghào【延长号】名〈音〉(楽譜の)フェルマータ. "⌒"

yánchí【延迟】動 延ばす；遅らせる.

yándàng【延宕】動〈書〉長引かせる. 遅らせる.

yánfā【延发】動〈軍〉(銃などが)遅発する.

yángē【延搁】動 長引く. 遅らせる.

yánhúsuǒ【延胡索】名〈植〉エンゴサク；〈中薬〉延胡索(えんごさく).

yánhuǎn【延缓】動 **先延ばしにする**.

yánhuì【延会】動(開会を)延期する.

yán jǐng qǐ zhǒng【延 颈 企 踵】〈成〉待ちこがれている.

yánlǎn【延揽】動〈書〉(人材を)招聘(しょうへい)する, 集める.

yánmián【延绵】動 延々と続く.

yánnà【延纳】動〈書〉(人を)招き入れる.

yán nián yì shòu【延年益寿】〈成〉寿命を延ばす.

yánpìn【延聘】動〈書〉招聘する.

yán//qī【延期】動 **延期する**.

yánqī fùkuǎn【延期付款】1 支払いを猶予する. 2 名〈経〉延払い.

yánqǐng【延请】動 招聘する.

yánshāo【延烧】動 延焼する.

yánshēn【延伸】動 延びる；延ばす.

yánshéngdiào【延绳钓】名 はえなわ漁.

yánshǒu【延首】動 首を長くする.

yánsuǐ【延髓】名〈生理〉延髄.

yánwù【延误】動 遅延する.

yánxìng【延性】名〈物〉延性.

yánxù【延续】動(状況などが現状のまま)続く.

yányīn【延音】名〈音〉テヌート.

yánzhǎn【延展】動 延びる；広げる.

芫 yán O 異読⇨yuán

yánsuī【芫荽】名〈植〉コエンドロ. コウサイ. 中国パセリ.

严(嚴) yán 形 1 **ぴったりくっついてすきまがない**. ¶把塞子塞～ / 固く栓をする. ¶这个人嘴～ / この人は口が固い. 2 **厳しい**. ¶他对孩子才～呢 / 彼は子供にめっぽう厳しい.
H ①(程度が)激しい. ¶→～寒. ②警戒. ¶戒～ / 戒厳令を敷く. ③父. ¶家～ / 父. ‖姓

yánbàn【严办】動 厳重に処分する.

yánchá【严查】動 厳しく取り調べる.

yánchá【严察】動 厳密に偵察する.

yánchéng【严惩】動 厳罰に処する.

yánchì【严饬】動 厳しく命令する.

yáncí【严词】名 きつい言葉.

yándǎ【严打】動〈略〉(犯罪を)厳しく取り締まる.

yándōng【严冬】名 厳冬.

yánfáng【严防】動 厳重に警戒する.

yánfù【严父】名(↔慈母)厳父.

yángé【严格】1 形(規則や基準に)**厳格である**. ¶～检查 / 厳しく検査する. 2 動 厳格にする. ¶一定要～产品质量 / 製品の品質を厳格にしなければならない.

yánhán【严寒】名 厳寒.

yánjī【严缉】動(犯人を)追いつめる.

yán jiā chéng bàn【严 加 惩 办】〈成〉厳重に処罰する.

yán jiā guǎn shù【严加管束】〈成〉(人を)厳しく監督する.

yánjǐn【严紧】形 1 厳格である. 2 ぴったりしていてすきまがない.

yánjǐn【严谨】形 慎み深い.

yánjìn【严禁】動 **厳禁する**.

yánjiū【严究】動 厳しく追及する.

yánjùn【严峻】形 1 おごそかで厳しい. 2 緊迫している.

yánkù【严酷】形 1 厳しい. 2 冷酷である.

yánlì【严厉】形(人に対する態度などが)**厳しい**.

yánlìng【严令】動 厳しく命令する.

yánmì【严密】❶形 1 **ぴったりしていてすきまがない**. 2 細心である. 厳密である. ❷動 厳しくする.

yánmíng【严明】1 形 厳正である. 2 動 厳正にする.

yánmìng【严命】〈書〉1 動 厳命する. 2 名 父の命令.

yánshī【严师】名 厳しい先生. 厳しい師匠.

yánshi【严实】形〈方〉1 すきまがない. 2 手抜かりがなく見破られない.

yánshǒu【严守】動 厳守する.

yánshuāng【严霜】名 ひどい霜.

yán sī hé fèng【严丝合缝】〈成〉ぴったりくっついて一分のすきもない.

yánsù【严肃】❶形 1(表情・雰囲気な

腌湮鄢嫣燕延芫严 Y

どが) 厳粛である. **2**(やり方・態度などが) 真剣である. ¶他对工作一向～ / 彼の仕事ぶりはこれまでずっとまじめである. **2**動 厳しくする.

yánxíng【严刑】名 酷刑.

yányán【严严】形(～的) ぴたりとしている. 一分のすきもない.

yán zhèn yǐ dài【严阵以待】〈成〉一分のすきもない構えで待つ.

yánzhěng【严整】形 **1**(隊列などが) 整然としている. **2** 緻密(ちみつ)である；厳密である.

yánzhèng【严正】形(態度・立場・主旨などが) 厳正である.

yánzhòng【严重】形 重大である. 深刻である. ¶病情～ / 病状が深刻である.

言 **yán** H ①漢字1字. ¶七～诗 / 七言詩. ②言葉. ¶有～在先 / すでに言ってある. ③言う. ¶～之有理 / 言うことが理にかなっている. ‖ 姓

yán bì xìn, xíng bì guǒ【言必信,行必果】〈成〉言った以上は必ず実行し,行う以上は断固としてやる.

yán bì yǒu zhòng【言必有中】〈成〉言うことがすべて的を射ている.

yán bù èr jià【言不二价】〈成〉正札どおりに売る.

yán bù jí yì【言不及义】〈成〉言うことが核心に触れない.

yán bù jìn yì【言不尽意】〈成〉言葉が意を尽くさない.

yán bù yóu zhōng【言不由衷】〈成〉心にもないことを言う.

yán chū fǎ suí【言出法随】〈成〉法令を発布してすぐに施行する.

yánchuán【言传】動 言葉で伝える.

yán chuán shēn jiào【言传身教】〈成〉身をもって手本を示す.

yáncí【言辞・言词】名 言葉.

yán duō bì shī【言多必失】〈成〉言葉数が多いと失言を免れない.

yán duō yǔ shī【言多语失】〈成〉言葉数が多いと失言が生じやすい.

yán ér wú xìn【言而无信】〈成〉言うことが当てにならない.

yán ér yǒu xìn【言而有信】〈成〉言うことが信用できる；有言実行.

yán guī yú hǎo【言归于好】〈成〉仲直りをする.

yán guī zhèng zhuàn【言归正传】〈成〉余談はさておき, 本題に戻って. ▶"闲话休题"に続けて用いる.

yán guò qí shí【言过其实】〈成〉大げさに言う.

yánhé【言和】動 仲直りをする.

yánhuān【言欢】動 談笑する.

yán jiǎn yì gāi【言简意赅】〈成〉言葉は簡潔だが意は尽くされている.

yánjiào【言教】動 言葉で教える.

yán jìn zhǐ yuǎn【言近旨远】〈成〉言葉はやさしいが意味は深遠である.

yánlù【言路】名(政府へ) 提言する方法.

yánlùn【言论】名 言論.

yánqíng【言情】形 男女の愛情を述べた.

yán rén rén shū【言人人殊】〈成〉各人の言うことがまちまちである.

yán//shēngr【言声儿】動 ものを言う. 声を出す.

yánshuō【言说】動 言う. 話す.

yántán【言谈】**1** 名 話の内容と言葉遣い. **2** 動 話をする.

yán tīng jì cóng【言听计从】〈成〉ある人物を信頼して,進言をなんでも聞き入れる.

yán wài zhī yì【言外之意】〈成〉言外の意味.

yán wéi xīn shēng【言为心声】〈成〉言葉は心の表れである.

yán xià zhī yì【言下之意】〈成〉言わんとするところ.

yánxiào【言笑】動 談笑する.

yánxíng【言行】名 言行.

yán yóu zài ěr【言犹在耳】〈成〉(その) 言葉がまだ耳に残っている.

yányǔ【言语】名(話す) 言葉.

yányu【言语】動〈方〉言葉をかける；ものを言う.

yányù【言喻】動〈書〉(多く否定の形で) 言葉で説明する.

yánzé【言责】名 **1**〈古〉臣下の君主に対する進言の責任. **2** 自分の発言に対する責任.

yán zhě wú zuì, wén zhě zú jiè【言者无罪,闻者足戒】〈成〉たとえ批判が不当であっても,それをとがめずに自戒とすべきである.

yán zhě zhūn zhūn, tīng zhě miǎo miǎo【言者谆谆,听者藐藐】〈成〉話すほうは熱心に説いているのに,聞くほうはどこ吹く風と聞き流す.

yán zhī bù yù【言之不预】〈成〉あらかじめ言っておかない.

yán zhī chéng lǐ【言之成理】〈成〉言うことが理にかなっている.

yán zhī wú wù【言之无物】〈成〉文章や言論の中身が空っぽである.

yán zhī yǒu jù【言之有据】〈成〉言うことに根拠がある.

yán zhī yǒu wù【言之有物】〈成〉文章や話に内容がある.

yánzhòng【言重】動〈書〉言い過ぎる.

yánzhuàng【言状】動 言い表す.

妍(姸) **yán** H 美しい. あでやかである. ¶→～丽.

yánchī【妍媸】名 美醜.

yánlì【妍丽】形 うるわしい.

岩(巖) **yán** H ①岩石. ¶花岗～ / 花崗岩(かこうがん). ②高くそびえた崖(がけ). ‖ 姓

yán'àn【岩岸】名〈地〉磯. 岩浜.

yánbì【岩壁】名 岩壁.

yáncéng【岩层】名〈地質〉(地殻の中の) 岩石層.

yándòng【岩洞】名 洞穴. 岩窟(がんくつ).

yánhuà【岩画】名 岩や崖に描かれた絵.

yánjiāng【岩浆】名〈地質〉マグマ.
yán jū xué chǔ【岩居穴处】〈成〉岩窟や洞穴に住む；〈喩〉隠者や原始人の生活.
yánróng【岩溶】名〈地質〉カルスト.
yánshí【岩石】名 岩石.
yánxiàng【岩相】名〈地質〉岩相.
yánxīn【岩心】名〈地質〉地質ボーリングをして得られた柱状の岩石標本.
yánxìngxué【岩性学】名〈地質〉岩石学.
yánxué【岩穴】名 岩窟.
yányán【岩盐】名 岩塩.
yányáng【岩羊】名〈動〉バーラル.
yányàng【岩样】名〈地質〉岩石標本.

炎 **yán** H ①ひどく暑い. ¶→～夏. ②炎症. ¶发fā～ / 炎症を起こす. ③〈喩〉権勢.
Yándì【炎帝】名(中国古代の伝説上の帝王)炎帝. 神農.
Yánhuáng【炎黄】名 炎帝と黄帝. ¶～子孙 / 中国人.
yánliáng【炎凉】名 暑さと涼しさ；〈喩〉人情の移り変わりの激しさ.
yánrè【炎热】形 ひどく暑い. ¶～的夏天 / 夏の酷暑.
yánrì【炎日】名 灼熱(しゃくねつ)の太陽.
yánshǔ【炎暑】名 1 夏の最も暑い時期. 2 炎暑. 酷暑.
yánxià【炎夏】名 暑い夏.
yányán【炎炎】形 1 太陽が照りつけるさま. 2 火の勢いが激しいさま.
yányáng【炎阳】名 灼熱の太陽.
yánzhèng【炎症】名〈医〉炎症.

沿 **yán** 1 前 …に沿って. ¶～着路边种树 / 道路に沿って木を植える. 2 動 縁どる. へりをつける. ¶～鞋口 / 布靴の口にへりをつける. H ①へり. 縁. ¶河～儿 / 川辺. ②踏襲する. ¶→～袭xí. ③沿う. ¶～湖 / 湖の周り.
yán'àn【沿岸】名 沿岸.
yán//biānr【沿边儿】動(服などに)へりをつける.
yán bō tǎo yuán【沿波讨源】〈成〉事物の根源を究める.
yángé【沿革】名 沿革.
yánhǎi【沿海】名 沿海. ¶～城市 / 沿海都市.
yánjiāng【沿江】名 川沿いの地域；(主として)長江沿岸地方.
yánjiē【沿街】副 通りに沿って.
yánjiēcǎo【沿阶草】名〈植〉ジャノヒゲ. リュウノヒゲ.
yánlì【沿例】動 旧例にならう.
yánlù【沿路】名 沿道. 道中.
yánr【沿儿】名 へり. 縁.
yántiáor【沿条儿】名(縁取り用の)バイアステープ.
yántú【沿途】名 道中；沿道.
yánxí【沿袭】動 踏襲する.
yánxiàn【沿线】名 沿線.
yányòng【沿用】動(古い方法·制度などを)踏襲する.
yánzhe【沿着】→〖沿yán〗1

研(硏) **yán** 動 する. すりつぶす. ¶～药 / 薬をすりつぶす. H 研究する. ¶→～习.
yánbō【研钵】名 すり鉢. 乳鉢.
yánchǔ【研杵】名 すりこ木.
yándú【研读】動 精読する.
yánfā【研发】動 研究開発する.
yánjiū【研究】❶動 1 研究する. 2 検討する. 問題にしてみる. ¶我们～一下再答复你 / 検討してから返事をします. ❷名〈俗〉酒とたばこ.
yánjiūshēng【研究生】名 大学院生.
yánjiūsuǒ【研究所】名 研究所.
yánjiūyuán【研究员】名 研究員. ▶研究機関における研究要員の職階名の一. 大学の教授に相当.
yánmó【研磨】動 1 細かく砕く. 粉にする. 2 研磨する.
yánpàn【研判】動 検討判断する.
yánqiú【研求】動 研究する.
yántǎo【研讨】動 研究討論する. 検討する.
yánxí【研习】動 研究し学ぶ.
yánxiū【研修】動 研修する.
yánzhì【研制】動 1 研究し製造する. 開発する. 2〈中医〉薬をすって作る.

盐(鹽) **yán** 名 1 食塩. ¶放一匙～ / 塩をさじ1杯入れる. 2〈化〉塩. ¶酸式～ / 酸性塩.
yánbā【盐巴】名〈方〉食塩.
yáncéng【盐层】名 岩塩の層.
yánchǎng【盐场】名(海辺の)天日製塩場.
yánchí【盐池】名(食塩をとる)塩水湖. 鹹湖(かんこ).
yánfèn【盐分】名 塩分.
yánfūmù【盐肤木】名〈植〉ヌルデ.
yánhú【盐湖】名(塩分を多量に含んだ)塩湖,鹹湖.
yánhuā【盐花】名 1(～儿)ごくわずかな塩. 2〈方〉→**yánshuāng**【盐霜】
yánjiǎntǔ【盐碱土】名 アルカリ性土壌.
yánjǐng【盐井】名 塩井(えんせい).
yánkuàng【盐矿】名 岩塩鉱.
yánlǔ【盐卤】名 にがり.
yánqìshuǐ【盐汽水】名 塩入りのソーダ水.
yánquán【盐泉】名 塩泉.
yánshuāng【盐霜】名 乾燥して物の表面に吹き出た塩.
yánshuǐ xuǎnzhǒng【盐水选种】名〈農〉(良い種子を選び出す)塩水選.
yánsuān【盐酸】名〈化〉塩酸.
yántān【盐滩】名 天日製塩をする海辺. 塩浜.
yántián【盐田】名 塩田.
yántǔ【盐土】名〈農〉塩分を含んだ土壌.
yántuózi【盐坨子】名 露天の塩山.
yánxiāo【盐枭】名〈旧〉(武装した)塩の密売者.
yányè【盐业】名 製塩工業.
yánzhǎo【盐沼】名 塩分を含んだ沼

地.

yánzìtǔ【盐渍土】名 塩類土；塩害土壌.

铅 yán 地名用字. 異読⇒qiān

阎 yán H ①路地や横丁の木戸. ②閻魔(えんま). ¶→～罗. ‖姓

Yánluó【阎罗】名〈略〉〈仏〉閻魔王.

Yánwang【阎王】名 **1**〈仏〉閻魔王. **2**〈喩〉厳しい人；凶悪な人.

Yánwangdiàn【阎王殿】名 閻魔殿(えんまでん)；〈喩〉とても恐ろしい所.

yánwangzhàng【阎王账】名〈口〉高利の借金. ▶"阎王债"とも.

蜒 yán ○

yányóu【蜒蚰】名〈方〉〈動〉ナメクジ.

筵 yán 名〈古〉竹のむしろ. H 宴席. ¶→～席.

yánxí【筵席】名 宴席.

颜 yán H ①顔；表情. ¶容～/容貌. ②メンツ. ¶无～见人/人に会わせる顔がない. ③色. 色彩. ¶→～色sè. ‖姓

yánliào【颜料】名 顔料.

yánmiàn【颜面】名 **1** 顔面. **2** 面目. メンツ.

yánróng【颜容】名 顔だち. 容貌.

yánsè【颜色】名 **1** 色. **2**〈書〉容貌. 顔だち. **3** 顔の表情. **4**("给…～看"の形で)ひどい目(にあわせる). ¶给你一点儿～看看/目に物見せてやる.

yánshai【颜色】名 **1**(～儿)〈口〉色. **2** 顔料；染料.

yántǐ【颜体】名〈書道〉(唐代の名書家)顔真卿(がんしんけい)の書体. 顔体(がんたい).

檐 yán H ①軒. ひさし. ¶→～头. ¶～下/軒下. ¶→～子. ②(器物の)縁. ¶帽～儿/帽子のつば.

yángōu【檐沟】名〈建〉樋(とい).

yánkǒu【檐口】名 軒はし.

yánliù【檐溜】名 軒からしたたり落ちる雨水や雪解け水.

yántóu【檐头】名 軒. 軒先.

yánzi【檐子】名〈口〉軒. ひさし.

奄 yǎn 動〈古〉覆う. かぶせる. H 忽然(こつぜん). 突然. ¶→～忽hū.

yǎnhū【奄忽】副〈書〉忽然. またたく間に.

yǎnrán【奄然】副〈書〉忽然.

yǎnyǎn【奄奄】形 息が絶え絶えなさま. ¶～一息/虫の息である.

兖 yǎn 地名用字. "兖州"は山東省にある地名. ‖姓

俨(儼) yǎn H ①いかめしくて厳かである. ②よく似ている.

yǎnrán【俨然】〈書〉**1**形 **1** いかめしくて厳かなさま. **2** 整然としている. **2**副 あたかも…のようである.

yǎnrú【俨如】副 あたかも…のようだ.

衍 yǎn H ①広める. 広がる. ¶敷～/敷衍(ふえん)する. ②(字句が)余分の. ¶→～文. ‖姓

yǎnbiàn【衍变】→yǎnbiàn【演变】

yǎnhuà【衍化】動 発展しながら変化する.

yǎnshè【衍射】動〈物〉回折する.

yǎnshēng【衍生】動 **1**〈化〉化合物の原子や原子団が置換変化によって複雑な化合物に変化する. **2** 発展しながら変化する.

yǎnshēngwù【衍生物】名〈化〉誘導体.

yǎnwén【衍文】名 衍文(えんぶん). よけいな文章や字句.

yǎnzì【衍字】名 衍字(えんじ). 余分な字. 不要の文字.

弇 yǎn 動〈書〉覆い隠す；かぶせる.

剡 yǎn H ①とがるように削る. ②鋭い.

掩 yǎn 動 **1** 覆う. かぶせる. ¶～脸而泣/顔を隠して泣く. **2** 閉じる. 閉める. ¶～上书/本を閉じる. **3**〈方〉(ドアなどに手や物が)はさまる. H すきに乗じて襲う. ¶→～袭.

yǎnbí【掩鼻】動 鼻を覆う. ▶汚いものや醜い行為に嫌悪を示す.

yǎnbì【掩蔽】**1**動 隠蔽する. 隠れる. **2**名 隠れ場所.

yǎnbìbù【掩蔽部】名〈軍〉シェルター.

yǎncáng【掩藏】動 隠す.

yǎn ěr dào líng【掩耳盗铃】〈成〉自らを欺くこと.

yǎngài【掩盖】動 **1** 覆う. **2** 隠す.

yǎnhù【掩护】**1**動 **1** 援護する. **2** かくまう. **2**名 遮蔽(しゃへい)物. 目隠し.

yǎn//huái【掩怀】動 ボタンをかけずに上着の前をかき合わせる.

yǎnmái【掩埋】動 埋める；埋葬する.

yǎnqì【掩泣】動〈書〉顔を覆って泣く；しのび泣く.

yǎn rén ěr mù【掩人耳目】〈成〉人の目をくらます. 世間を欺く.

yǎnshā【掩杀】動〈書〉不意打ちをかける.

yǎnshì【掩饰】動(過ちや心情などを)ごまかす. ¶～错误/誤りをごまかす.

yǎntǐ【掩体】名〈軍〉掩体(えんたい).

yǎntì【掩涕】→yǎnqì【掩泣】

yǎnxí【掩袭】動 奇襲する.

yǎnxīng【掩星】名〈天〉掩蔽(えんぺい). 星食.

yǎnyǎnfǎ【掩眼法】名 人の目をくらます方法.

yǎnyìng【掩映】動(二つのものが)互いに引き立て合う.

郾 yǎn 地名用字.

厣(厴) yǎn 名 **1** マキガイ類の貝殻のふた. **2** カニの腹部の薄い殻.

眼 yǎn **1**名 **1** 目. ¶亲～看见/この目で見た. ¶瞪了他一～/彼をちょっとにらんだ. **2**(～儿)穴.

¶打个～/穴を一つあける. **3**(囲碁の)目. **4** 伝統劇での拍子.

2量 穴・井戸などを数える. ¶两～泉/二つの泉.

H かなめ. 要点. ¶节骨jiēgu～儿/肝心かなめのとき.

yǎnbābā【眼巴巴】形(～的)**1** 切実に望んでいるさま. **2** みすみす. 見ていながら何もできない.

yǎnbái【眼白】名〈方〉白目.

yǎnbō【眼波】名〈書〉(女性の)生き生きとしたまなざし.

yǎn bù jiàn wéi jìng【眼不见为净】〈諺〉見えなければいやな思いをしない.

yǎn bù jiàn, xīn bù fán【眼不见,心不烦】〈諺〉知らぬが仏.

yǎnchà【眼岔】動〈方〉見まちがえる.

yǎnchán【眼馋】動 うらやましがる；ほしがる.

yǎn chán dù bǎo【眼馋肚饱】〈成〉もっと食べたいが腹がすでにいっぱいだ.

yǎnchī【眼眵】名 目やに. 目くそ.

yǎnchóng【眼虫】名〈動〉ミドリムシ.

yǎnchǒuzhe【眼瞅着】副〈方〉**1** 見る間に. **2** 目の前で.

yǎndài【眼袋】名(垂れた)下まぶた.

yǎndǐ【眼底】名 **1**〈医〉眼底. **2** 目の前. 目の中.

yǎndǐxia【眼底下】名 **1** 目の前. **2** 当面. 目下.

yǎndiǎn【眼点】名〈動〉眼点.

yǎn//dú【眼毒】形〈方〉目が鋭く識別力がすぐれている.

yǎnfú【眼福】名 目の保養.

yǎn gāo shǒu dī【眼高手低】〈成〉要求は高いが実力が伴わない.

yǎngé【眼格】名〈方〉視野；見聞.

yǎn guān liù lù, ěr tīng bā fāng【眼观六路,耳听八方】〈成〉非常に目ざとく耳ざとい；(旧小説で)武術にたけた人.

yǎnguāng【眼光】名 **1** 視線. **2** 眼力；見識. **3** 観点. 見方.

yǎnhēi【眼黑】名〈方〉黒目.

yǎnhóng【眼红】動 **1** うらやむ. ほしがる. **2**(怒りで)顔色を変える.

yǎnhuā【眼花】形 **1** 目がかすむ；目がくらむ. **2** 目がちらつく；目が回る.

yǎn huā liáo luàn【眼花缭乱】〈成〉(複雑な色彩や目まぐるしさで)目がくらむ.

yǎnjījiǎor【眼犄角儿】名〈方〉目じり；目頭.

yǎn jí shǒu kuài【眼疾手快】→ shǒu jí yǎn kuài【手疾眼快】

yǎn//jiān【眼尖】形 目がきく；目ざとい.

yǎnjiǎn【眼睑】名〈生理〉まぶた.

yǎnjiàn【眼见】副 すぐに. 見る間に.

yǎnjiànde【眼见得】副〈方〉目に見えて；明らかに.

yǎn jiàn wéi shí, ěr tīng wéi xū【眼见为实,耳听为虚】〈諺〉目で見たものは確実だが,耳で聞いたものは当てにならない.

yǎnjiǎo【眼角】名(～儿)目じり；目頭.

yǎnjiémáo【眼睫毛】名 まつげ.

yǎnjiè【眼界】名 視野；見聞.

yǎnjìng【眼镜】名(～儿)眼鏡.［副］¶戴～儿/眼鏡をかける. ¶配～/眼鏡をつくる.

yǎnjìnghóu【眼镜猴】名〈動〉メガネザル.

yǎnjìngshé【眼镜蛇】名〈動〉コブラ.

yǎnjing【眼睛】名 **1** 目.［只,个;双,对］**2** 視力；ものを見る目.

yǎnkàn【眼看】**1** 副 すぐに. 見る間に. ¶天～就要下雨了/もうすぐ雨になりそうだ. **2** 動 みすみす見ている. 座視する；この目で見る.

yǎnkē【眼科】名〈医〉眼科.

yǎnkù【眼库】名 アイバンク.

yǎn//kuài【眼快】形 目がさとい.

yǎnkuàng【眼眶】名(～子)目の縁；目の周り.

yǎnlèi【眼泪】名 涙.

yǎnlí【眼离】動〈方〉視覚が錯乱して幻覚を生じる.

yǎnlì【眼力】名 **1** 視力. **2** 眼力.

yǎnli【眼里】名 目の中.

yǎnlijiànr【眼力见儿】名〈方〉事物に対する注意力.

yǎnlián【眼帘】名〈書〉目の中. まぶた.

yǎnméi【眼眉】名〈方〉眉毛.

yǎnmiànqiánr【眼面前儿】〈方〉**1** 形 ありふれた. よく見かける. **2** → yǎnqián【眼前】

yǎn míng shǒu kuài【眼明手快】〈成〉目がよくきき動作がすばしこい.

yǎnmù【眼目】名 **1** 目. **2** 密偵.

yǎnnèiyā【眼内压】名〈医〉眼圧. 眼内圧.

yǎnpāo【眼泡】名(～儿)上まぶた.

yǎnpí【眼皮】名(～儿)まぶた.

yǎnpízi【眼皮子】名〈口〉**1** まぶた. **2** 視野；見聞；見識.

yǎnpízi gāo【眼皮子高】〈慣〉要求が高い.

yǎnpízi qiǎn【眼皮子浅】〈慣〉要求が低くすぐにほしがる.

yǎnqián【眼前】名 **1** 眼前. 目の前. **2** 当面. 目下. ¶只顾～,不顾将来/目先のことばかり考えて,先のことを顧みない.

yǎnqiánhuān【眼前欢】名 目の前の快楽；〈転〉目先の利益.

yǎnqiánkuī【眼前亏】名 その場でひどい目にあうこと.

yǎnqiǎn【眼浅】形 見識が低い；考えが浅い.

yǎnqiáozhe【眼瞧着】→ yǎnchǒuzhe【眼瞅着】

yǎnqiú【眼球】名 **1**〈生理〉眼球. **2**〈喩〉注目. 関心.

yǎnquān【眼圈】名(～儿・～子)目の周り.

yǎnrè【眼热】動 うらやむ. ほしがる.

yǎnsè【眼色】名 **1** 目くばせ；意図. **2** 臨機応変にはからう能力.
yǎnshāo【眼梢】名(～儿)〈方〉目じり.
yǎnshén【眼神】名 **1** まなざし. 目つき. **2**(～儿)〈方〉視力.
yǎnshen【眼神】名(～儿)〈方〉目くばせ. 目つき.
yǎnshēng【眼生】形 見覚えがない. 見たことがない.
yǎnshí【眼时】名〈方〉今. 現在.
yǎnshǐ【眼屎】名 目くそ. 目やに.
yǎnshú【眼熟】形 見覚えがある. 見たことがある.
yǎntiào【眼跳】動 まぶたがけいれんする.
yǎnwō【眼窝】名(～儿)眼窩(がんか). 目のくぼみ.
yǎnxià【眼下】名 目下. 今のところ.
yǎnxiàn【眼线】名 **1** アイライン. **2** ひそかに内情を探り,手引きをする人. スパイ.
yǎnyā【眼压】名〈医〉眼圧. 眼内圧.
yǎnyào【眼药】名 目薬. ¶上～ / 目薬をつける；〈喩〉告げ口をする.
yǎnyǐng【眼影】名 アイシャドー.
yǎnyùn【眼晕】動 目まいがする.
yǎnzhàor【眼罩儿】名 **1** 眼帯. **2** 目隠し. 遮眼帯. **3**("打～"で)手を額の上に当て日光を遮ること.
yǎnzhēngzhēng【眼睁睁】形(～的)なすすべもなく見ているさま.
yǎnzhōngdīng【眼中钉】名 目のかたき.
yǎnzhūzi【眼珠子】名〈口〉**1** 目玉. **2**〈喩〉最愛の人間〔物品〕. ▶子供や孫をさすことが多い.
yǎnzhuō【眼拙】〈套〉お見それする. ¶恕我～,您贵姓？/ 失礼ですが,どなたさまでしたでしょうか.

偃
yǎn H ①(あおむけに)倒れる,倒す. ¶～卧 / あおむけに寝る. ②停止する. やめる.
yǎn qí xī gǔ【偃旗息鼓】〈成〉**1** 軍隊が敵にさとられないようにひそかに行軍する. **2**〈喩〉(批判や攻撃が)やむ.
yǎnsōng【偃松】名〈植〉ハイマツ.
yǎn wǔ xiū wén【偃武修文】〈成〉軍備を縮小し文教に力を入れる.
yǎnyuè【偃月】名 半月；半月形.

琰
yǎn H 玉(ぎょく)の一種.

扊
yǎn ○
yǎnyí【扊扅】名〈書〉かんぬき.

罨
yǎn 1 名〈書〉(鳥や魚をとる)網. **2** 動 覆う. かぶせる. ¶热～ / 温湿布.

演
yǎn 動 **1** 演じる. 扮する. ¶～主角 / 主役を演じる. **2** 上演する. ¶～电影 / 映画を上映する.
H ①(ある方式に従い)計算・訓練する. ¶→～武. ②(事物が)変化し発展する. ¶→～化. ③推し広げる. ¶推～ / 推論する. ‖姓
yǎnbiàn【演变】**1** 動 発展しながら変化する. **2** 名 変遷.
yǎnbō【演播】動(テレビ・ラジオで)番組を収録し放送する.
yǎnchàng【演唱】動 歌を歌う. 伝統劇を演じる.
yǎnchū【演出】動 公演する. 上演する；出演する.
yǎnhuà【演化】動 進展変化する；進化する.
yǎnjì【演技】名 演技.
yǎnjiǎng【演讲】動 演説する. 講演する.
yǎnjìn【演进】動 発展変化する. 進化する.
yǎn//jù【演剧】動 演劇をする. 芝居を打つ.
yǎnliàn【演练】動 訓練する.
yǎnqī【演期】名 上演期間.
yǎnshì【演示】動 実演をやって見せる. 実物で教える.
yǎnshuō【演说】動 演説する.
yǎnsuàn【演算】動 演算する. 計算する.
yǎntì【演替】動〈生〉遷移する.
yǎnwǔ【演武】動 武芸を演ずる.
yǎnxí【演习】動(多く軍事の)演習をする.
yǎn//xì【演戏】動 **1** 芝居をする. **2**〈喩〉芝居を打つ.
yǎnyì【演义】**1** 動〈書〉道理や事実を説明する. **2** 名 演義. 歴史小説.
yǎnyì【演艺】名 **1** 演芸. ¶～界 / 芸能界. **2** 演技.
yǎnyì【演绎】動 **1**〈論〉演繹(えんえき)する. **2** 押し広げる.
yǎnyuán【演员】名 俳優. 役者.
yǎnzòu【演奏】動 演奏する.

魇（魘）
yǎn 動 **1**(多く"住,着zháo"を伴い)うなされる. **2**〈方〉寝言を言う.

黡（黶）
yǎn 名〈書〉黒いあざ.

甗
yǎn 名〈古〉こしき. 食物を蒸す道具.

鼹（鼴）
yǎn 名〈動〉モグラ.

厌（厭）
yàn 形(多く補語に用い)飽きる. ¶吃～了 / 食べ飽きた.
H ①嫌う. 憎む. ¶→～恶wù. ②満ち足りる. ¶贪得无～ / 欲ばって満足することを知らない.
yànfán【厌烦】動 飽き飽きする. 嫌気がさす.
yànhèn【厌恨】動 ひどく憎み嫌う.
yànjuàn【厌倦】動 飽き飽きする. いやになる.
yànnì【厌腻】動 飽きる. いやになる.
yànqì【厌弃】動 愛想をつかす.
yànqi【厌气】形 **1**〈口〉不快である. **2**〈方〉所在ない.
yànshí【厌食】動(子供が)拒食する.
yàn//shì【厌世】動 世の中がいやにな

る．人生に飽きる．
yànwù【厌恶】動(人や物事を)嫌悪する；反感を持つ．
yànxué【厌学】動 勉強を嫌がる．
yànzhàn【厌战】動 戦争がいやになる．
豜 **yàn** 地名用字．
砚 **yàn** H ①すずり．¶→～台．②同窓．同門．¶～兄 / 年上の学友．
yànchí【砚池】名 すずり．
yàndī【砚滴】名(すずり用の)水差し．
yànhǎi【砚海】名 大きなすずり．
yàntai【砚台】名 すずり．
yànwǎ【砚瓦】名 瓦で作ったすずり；(広く)すずり．
咽(嚥) **yàn** 動 飲み込む．¶～唾沫 / つばを飲み込む．
異読⇨yān,yè
yàn//qì【咽气】動 息を引き取る．
彦 **yàn** 名〈古〉才能も徳もある男．‖姓
艳(艶・豔) **yàn** 形(色が)鮮やかである．¶这衣服太～了 / この服ははですぎる．
H ①色っぽい；恋愛の．¶→～史．②うらやむ．¶→～羡．‖姓
yànchēng【艳称】名 美称．
yànfú【艳服】名 派手な服装；あでやかな服．
yànfú【艳福】名 艶福(えんぷく)．
yàngē【艳歌】名〈旧〉恋歌．
yànhóng【艳红】形 真っ赤である．
yànlì【艳丽】形 あでやかで美しい．
yànqíng【艳情】名 恋情．愛情．
yànshī【艳诗】名 恋愛詩．
yànshǐ【艳史】名 艶事(つやごと)．ロマンス．
yànshì【艳事】名 艶聞(えんぶん)．情事．
yànxiàn【艳羡】動〈書〉非常にうらやましがる．
yànyáng【艳阳】名 **1** 明るい太陽．**2** うららかな風景．
yànyù【艳遇】名 情事．
yànzhuāng【艳妆】名 派手な服装や化粧．
yànzhuāng【艳装】名 派手な服装．
晏 **yàn** H ①遅い．¶～起 / 遅く起きる．②安らかである．¶海内～如 / 天下泰平である．‖姓
yànjià【晏驾】動(君主が)崩御する．
唁 **yàn** H 弔問する．¶吊～ / 弔問する．¶→～电．
yàndiàn【唁电】名 弔電．
yànhán【唁函】名 悔やみ状．
宴 **yàn** H ①酒や食事で客をもてなす．¶～客 / 客を供応する．②酒席．宴会．¶设～ / 酒席を設ける．③安らかである．¶～乐lè/ 安楽．
yàn ān zhèn dú【宴安鸩毒】〈成〉安逸をむさぼるのは毒酒を飲んで自殺するに等しい．
yàn'ěr【宴尔】**1** 形〈書〉安楽である．**2** 名〈転〉新婚．
yànhuì【宴会】名 宴会．
yànqǐng【宴请】動 宴席を設けて招待する．
yànxí【宴席】名 宴席．酒宴．
验(驗) **yàn** 動 確かめる．検査する．¶～护照 / パスポートを調べる．
H 効き目(がある)．¶应yìng～ / (予言などが)当たる．
yànchá【验查】動 検査して確かめる．
yàndiànqì【验电器】名〈物〉検電器．
yànfāng【验方】名(臨床経験で立証された)効き目のある処方．
yàngōng【验工】動 施工・工事の検査をする．
yàn//guān【验关】動 税関で検査を行う．
yàn//guāng【验光】動〈医〉視力測定をする．
yànhé【验核】動 検査し照合する．
yàn//huò【验货】動 貨物・商品を検査する．
yànkàn【验看】動 検査する．
yàn//shāng【验伤】動 負傷状態を調べる．
yàn//shāng【验墒】動〈農〉土壌の水分を検査測定する．
yàn//shī【验尸】動〈法〉検死する．
yànshōu【验收】動 検査の上引き取る．
yànsuàn【验算】動〈数〉検算する．
yàn//xuè【验血】動 血液検査をする．
yànzhèng【验证】動 検証する．
yànzī【验资】動 資金・資産の調査を行う．
谚 **yàn** H ことわざ．¶→～语．
yànyǔ【谚语】名 ことわざ．
堰 **yàn** 名(水の流れをせき止める)堰(せき)．
雁(鴈) **yàn** 名〈鳥〉ガン．カリ．［只；行］
yàn guò bá máo【雁过拔毛】〈成〉貪欲で抜け目なく私利を図る．
yànháng【雁行】名〈書〉**1** 雁行(がんこう)．**2**〈喩〉兄弟．
yànláihóng【雁来红】名〈植〉ハゲイトウ．ガンライコウ．
yànzhèn【雁阵】名〈書〉空飛ぶガンの隊形．
焰 **yàn** H 炎．¶→～火．¶火～ / 炎．
yànhuǒ【焰火】名〈方〉花火．
yànkou【焰口】名〈仏〉餓鬼が口から炎を出すこと．
yànxīn【焰心】名〈化〉還元炎．
焱 **yàn** 名〈書〉火花；炎．▶人名に用いることが多い．‖姓
滟(灩) **yàn** 地名用字．
酽(釅) **yàn** 形(茶などの液体が)濃い．
餍(饜) **yàn** H ①満腹する．②満足する．
yànzú【餍足】動〈書〉満足する．▶私利私欲についていうことが多い．
谳(讞) **yàn** 動〈書〉罪を裁く．¶定～ / 判決する．

燕 yàn 名〈鳥〉ツバメ. ¶家～ / ツバメ. 異読⇒yān

yànbiānfú【燕蝙蝠】名〈口〉〈動〉コウモリ.

yàncài【燕菜】名〈料理〉ツバメの巣の料理.

yànchìxí【燕翅席】名〈料理〉ツバメの巣とフカひれを含む高級コース料理.

yàn'ěr【燕尔】→yàn'ěr【宴尔】

yàn ěr xīn hūn【燕尔新婚】〈成〉楽しき新婚.

yànhǎo【燕好】形〈書〉(夫婦が)仲むつまじい.

yànhéng【燕鸻】名〈鳥〉ツバメチドリ.

yànlǚ【燕侣】名〈書〉仲のよい夫婦.

yànmài【燕麦】名〈植〉エンバク.

yàn'ōu【燕鸥】名〈鳥〉アジサシ.

yànquè【燕雀】名〈鳥〉アトリ.

yàn què ān zhī hóng hú zhī zhì【燕雀安知鸿鹄之志】〈成〉小人には大人物の大きな志は理解できない.

yàn què chǔ táng【燕雀处堂】〈成〉平和な環境に慣れ警戒を怠る.

yànwěifú【燕尾服】名 燕尾(えんび)服.

yànwō【燕窝】名〈食材〉ツバメの巣.

yànyú【燕鱼】名〈魚〉サワラ.

yànzi【燕子】名〈鳥〉ツバメ.

yànzihuā【燕子花】名〈植〉カキツバタ.

赝(贋) yàn H 偽の；偽物. ¶→～品.

yànběn【赝本】名 偽作の書画.

yànbì【赝币】名〈書〉(多く硬貨の)偽造貨幣.

yàndǐng【赝鼎】名〈書〉贋作(がんさく)の鼎(かなえ)；(広く)贋作.

yànpǐn【赝品】名(文物の)偽物, 贋作.

yànzào【赝造】動〈書〉贋造する.

yang（丨尢）

央 yāng 動(人に)お願いする. ¶～他帮个忙 / 彼に頼んで手伝ってもらう.
H ①尽きる. 完了する. ¶未～ / まだ尽きない. ②中心. ¶中～ / 真ん中. ‖ 姓

yānggao【央告】動 頼み込む.

yāngháng【央行】名〈略〉中央銀行.

yāngji【央及】動〈方〉頼み込む.

yāngqiú【央求】動 頼み込む. ¶～哥哥帮忙 / 兄に手助けを求める.

yāng//rén【央人】動 人に頼む.

yāngtuō【央托】動(人に)依頼する.

yāngzhōng【央中】動〈旧〉(公文書・証文用語で)仲立ちを頼む.

泱 yāng O

yāngyāng【泱泱】形〈書〉**1**(水面が)広々としているさま. **2** 雄大なさま.

殃 yāng H 災い；災難を及ぼす. ¶灾～ / 災難.

yāngjí【殃及】動 巻き添えで災いが及ぶ.

鸯 yāng →yuānyāng【鸳鸯】

秧 yāng **1** 名 **1**(～儿)植物の苗；(特に)イネの苗. ¶树～儿 / 苗木. ¶→～苗. **2** 特定の植物の茎. ¶瓜～ / ウリのつる. **3** 特定の動物の生まれたての子. ¶鱼～ / 稚魚.
2 動〈方〉栽培する；飼育する. ‖ 姓

yāngge【秧歌】名 田植え踊り. ヤンコ踊り.

yāngjī【秧鸡】名〈鳥〉クイナ.

yāngjiǎo【秧脚】名〈方〉苗の根元.

yānglíng【秧龄】名〈農〉苗齢.

yāngmiáo【秧苗】名 農作物〔水稲〕の苗. [根,株,棵]

yāngtián【秧田】名〈農〉苗代.

yāngzi【秧子】名 **1** 苗. **2**(特定の)植物の茎やつる. **3** 動物の生まれたての子. **4**〈方〉〈貶〉(特定の)人.

鞅 yāng 名 むながい. 馬の首に掛けるひも. 異読⇒yàng

扬(揚) yáng 動 **1**(上へ)高くあげる, あがる. ¶～手 / 手を高くあげる. **2**(上へ)まく, まき散らす. ¶→～扬cháng.
H ①空中ではためく. ¶飘～ / 翻る. ②広く人々に知らせる. ¶表～ / 表彰する. ③容姿がすぐれている. ¶其貌不～ / 風采が上がらない. ‖ 姓

yángbō【扬波】動 波を立てる.

yángcháng【扬长】副 堂々と.

yáng//cháng【扬场】動〈農〉(脱穀した穀類を上にまいて)モミ殻を取る.

yáng cháng bì duǎn【扬长避短】〈成〉長所を伸ばし, 短所を抑える.

yáng cháng ér qù【扬长而去】〈成〉大手を振って立ち去る.

yángchén【扬尘】**1** 動 土ぼこりが立つ. **2** 名 舞い上がったほこり.

yángchéng【扬程】名〈機〉揚程.

yáng//fān【扬帆】動 帆を揚げる.

yáng fān zhāo hún【扬幡招魂】〈成〉一度滅んだものを復活させる.

yáng//fēng【扬风】動 **1** 風が吹く. **2**(～儿)〈方〉うわさを広める.

yánghuā【扬花】動〈農〉花粉を飛散する.

yángjù【扬剧】名 揚劇. 江蘇省揚州一帯の地方劇.

yánglì【扬厉】動〈書〉大々的に広げる.

yáng méi tǔ qì【扬眉吐气】〈成〉心が晴れ晴れして意気揚々としている.

yáng//míng【扬名】動 名をあげる.

yángqí【扬旗】名〈交〉(鉄道の)腕木式信号機.

yángqì【扬弃】動 **1**〈哲〉止揚する. **2**(悪い面を)捨て去る.

yángqín【扬琴】名〈音〉洋琴.

yáng qīng jī zhuó【扬清激浊】→jī zhuó yáng qīng【激浊扬清】

yángquè【扬榷】動〈書〉大要を述べる.

yángshēng【扬升】動(価格などが)上昇する.

yángshēngqì【扬声器】名 ラウドス

ピーカー.
yángshuǐ【扬水】動(ポンプで)水を汲み上げる.
yángshuǐzhàn【扬水站】名 ポンプステーション.
yáng tāng zhǐ fèi【扬汤止沸】〈成〉やり方が生ぬるくて問題を解決できない.
yángwēi【扬威】動 威力を示す.
yángyán【扬言】動 故意に言いふらす.
yángyáng【扬扬】形〈書〉得意気である.
yángzǐ'è【扬子鳄】名〈動〉ヨウスコウワニ.

羊 yáng 名〈動〉羊.［只,头］‖姓

yángchángxiàn【羊肠线】名 ガット.
yáng cháng xiǎo dào【羊肠小道】〈成〉曲がりくねった山道.
Yángchéng【羊城】名 広州の別称.
yángchǐ【羊齿】名〈植〉シダ.
yángdǔr shǒujin【羊肚儿手巾】名〈方〉タオル.
yángdǔxùn【羊肚蕈】名〈植〉アミガサダケ.
yánggāo【羊羔】名 **1** 子羊. **2**〈古〉汾州産の名酒.
yánggēng【羊羹】名 **1** 子羊のスープ. **2**〈菓子〉ようかん.
yánggōng【羊工】名(雇いの)羊飼い.
yángguān【羊倌】名(～儿)羊飼い.
yángháo【羊毫】名 羊毛製の筆.
yánghúzicǎo【羊胡子草】名〈植〉サギスゲ.
yángjiǎo【羊角】名〈書〉つむじ風.
yángjiǎochuí【羊角锤】名 釘抜き付きの金づち.
yángjiǎofēng【羊角风】名 てんかん.
yángjiǎoniǎn【羊脚碾】名〈建〉地ならし機.
yángjuàn【羊圈】名 羊小屋.
yánglán【羊栏】名 羊小屋.
yángmáo【羊毛】名 羊毛. ウール.
yángmáo chūzài yáng shēnshang【羊毛出在羊身上】〈諺〉(金や物は)もとをただせば自分の身から出たもの.
yángmáodīng【羊毛疔】名〈中医〉頭痛や悪寒発熱を伴う腸チフスに似た病気.
yángmó【羊膜】名〈生理〉羊膜.
yángpái【羊排】名〈料理〉羊のスペアリブ.
yángpí【羊皮】名 羊の皮.
yángpízhǐ【羊皮纸】名 羊皮紙；硫酸紙.
yángqún lǐtou chū luòtuo【羊群里头出骆驼】〈諺〉凡人の中から大人物が現れる.
yángróng【羊绒】名〈紡〉カシミヤ.
yángròu【羊肉】名 羊の肉. マトン.
yáng shàng shù【羊上树】〈慣〉現実にはあり得ないこと.
yángshuǐ【羊水】名〈生理〉羊水.
yángtáo【羊桃】名〈植〉**1** ゴレンシ. ヨウトウ. **2**〈方〉キウイフルーツ.
yángxiánfēng【羊痫风】名 てんかん.
yángyǎn【羊眼】名 ヒートン. 一方が輪になっているネジ.
yángzhízhú【羊踯躅】名〈植〉シナレンゲツツジ.
yáng zhì hǔ pí【羊质虎皮】〈成〉見かけは強そうだが実は臆病である.

阳(陽) **yáng** H ①(↔ 阴)(易学・中医学で)陽；男性の；顕在的な；〈物〉陽電気を帯びた. ¶→～沟. ¶→～电. ②太陽. 日光. ¶向～ / 南向き. ③山の南側；川の北側. ▶ともに陽光が射すことから. ④現世の. この世の. ¶→～间 jiān. ‖姓

yángchūn【阳春】名 うららかな春.
yáng chūn bái xuě【阳春白雪】〈成〉高尚な文学や芸術作品.
yángchūnmiàn【阳春面】名〈方〉素うどん.
yángchūnshā【阳春砂】名〈植〉ヨウシュンシャ.
yángdiàn【阳电】名〈物〉正電気.
yángdiànzǐ【阳电子】名〈物〉陽電子. ポジトロン.
yáng fèng yīn wéi【阳奉阴违】〈成〉面従腹背.
yánggāng【阳刚】形〈書〉男らしくて勇ましい.
yánggōu【阳沟】名 ふたのない水路.
yángguāndào【阳关道】名(便利な)大通り；〈転〉輝かしい前途に通じる道.
yángguāng【阳光】**1** 名 日光. **2** 形 **1** 明るくて健康的な. **2** 透明性がある. オープンの. ¶～采购 / 公開買付け. ¶～操作 / 透明性の高い処理方法；情報公開.
yángguāngyù【阳光浴】名 日光浴.
yángjí【阳极】名〈物〉陽極.
yángjiān【阳间】名 この世.
yángkuáng【阳狂】→ yángkuáng【佯狂】
yánglì【阳历】名 太陽暦.
yángmiàn【阳面】名(～儿)(建物などの)日当たりのよい面.
yángpíng【阳平】名〈語〉現代中国語共通語の声調の第2声.
yángqí【阳畦】名 日なたに作った苗床.
yángqǐshí【阳起石】名〈鉱〉陽起石；〈中薬〉透角閃石(とうかくせんせき).
yángsǎn【阳伞】名 日傘.
yángsǎn xiàoyìng【阳伞效应】名〈環境〉日傘効果.
yángshì【阳世】名 この世.
yángshòu【阳寿】名(現世の)寿命.
yángtái【阳台】名 バルコニー. ベランダ；物干し台.
yángwěi【阳痿】名〈医〉インポテンツ.
yángwén【阳文】名(印章などで)浮き彫りにした文字や模様.
yángwù【阳物】名 男性の生殖器.
yángxiàn【阳线】名〈経〉陽線. 大引け時の価格位置や指数が寄付き時よ

り高いK線の状態.

yángxìng【阳性】1 形〈医〉陽性の. 2 名〈語〉男性.

yángxìng zhíwù【阳性植物】名〈植〉陽性植物.

yángyùn【阳韵】〈語〉(上古音の)陽韻.

yángzhái【阳宅】名(風水で)人の住む家.

杨(楊) yáng 名〈植〉ヤナギ科の総称. ¶→～花. ‖姓

yánghuā【杨花】名 柳の綿.

yángliǔ【杨柳】名〈植〉柳.

yángméi【杨梅】名 1〈植〉ヤマモモ(の実). 2〈方〉〈植〉イチゴ. 3〈方〉〈医〉梅毒.

yángméichuāng【杨梅疮】名〈方〉〈医〉梅毒.

yángshù【杨树】→〖杨yáng〗

yángtáo【杨桃】→yángtáo【羊桃】

yángzhīyú【杨枝鱼】名〈魚〉ヨウジウオ.

旸(暘) yáng〈書〉1 動 日が出る. 2 名 晴天.

飏(颺) yáng H(風で)舞い上がる. ¶迎风飘～ / 風を受けてはためく.

炀(煬) yáng H ①金属を溶かす. ②火が盛んである.

佯 yáng H いつわる. …のふりをする. ¶～死 / 死んだふりをする.

yánggōng【佯攻】動〈軍〉陽動作戦をとる.

yángkuáng【佯狂】動〈書〉狂人のふりをする.

yángxiào【佯笑】動〈書〉作り笑いをする.

yángyán【佯言】動〈書〉うそをつく.

yángzhuāng【佯装】動〈書〉…のふりをする.

yángzuì【佯醉】動〈書〉酔ったふりをする.

yáng zuò bù zhī【佯作不知】〈成〉知らないふりをする.

疡(瘍) yáng H 瘍(よう). はれ物. ¶溃kuì～ / 潰瘍(かいよう).

垟 yáng 名〈方〉田地. ▶地名に用いることが多い.

徉 yáng →chángyáng【徜徉】

洋 yáng 1 形(↔土)洋式である. 近代化した. ¶他家的家具很～ / 彼のとこの家具はとてもモダンだ. ¶～办法 / (西欧式の)現代的なやり方. 2〈旧〉銀貨.
H ①海洋. 大洋. ②外国の. 舶来の. ¶→～货. ③盛んである. ¶→～溢. ‖姓

yáng bāgǔ【洋八股】名 外国かぶれの文章〔言葉〕.

yángbáicài【洋白菜】名〈植〉キャベツ.

yángbù【洋布】名〈旧〉カナキン.

yángcái【洋财】名〈貶〉外国人との商売でもうけた金;〈広く〉思わぬもうけ.

yángcài【洋菜】名 寒天.

yáng chāduì【洋插队】〈慣〉〈諧〉外国に留学する.

yángchǎng【洋场】名〈旧〉〈貶〉外国人の集まる居留地;(特に)上海.

yángchē【洋车】名 人力車.

yángcí【洋瓷】名〈口〉琺瑯(ほうろう)引き.

yángcōng【洋葱】名〈植〉タマネギ.

yángdìhuáng【洋地黄】名〈植〉ジギタリス.

yángdīng【洋钉】名(～子)〈口〉釘.

yángduàn【洋缎】名〈紡〉綿サテン.

yángfǎ【洋法】名 外国のやり方.

yángfáng【洋房】名 洋風の建物.

yángfěn【洋粉】名 寒天.

yángfú【洋服】名〈旧〉洋服.

yánggǎnlǎn【洋橄榄】名〈俗〉〈植〉オリーブ.

yánggǎo【洋镐】名 つるはし.

yánggǒu【洋狗】名 外国種の犬.

yángguǐzi【洋鬼子】名〈旧〉(西洋人をののしって)毛唐.

yángháng【洋行】名〈旧〉外国人経営の商社;外国人相手の店.

yánghóng【洋红】名 ローズピンク.

yánghuái【洋槐】名〈植〉ハリエンジュ.

yánghuī【洋灰】名〈口〉セメント.

yánghuǒ【洋火】名〈口〉マッチ.

yánghuò【洋货】名 外国製品.

yángjiǎn【洋碱】名〈方〉洗濯石鹸.

yángjiāng【洋姜】名〈口〉〈植〉キクイモ.

yángjié【洋节】名 外国の祝祭日.

yángjīnhuā【洋金花】名〈植〉チョウセンアサガオ;〈中薬〉洋金花(まんだら).

yángjīngbāng【洋泾浜】名〈旧〉上海で使われていた商用の混成英語. ピジンイングリッシュ.

yángjǐng【洋井】名〈旧〉ポンプ井戸.

yánglājī【洋垃圾】名 外国から運ばれたごみ.

yánglà【洋蜡】名〈口〉ろうそく.

yánglàor【洋落儿】名〈口〉思わぬもうけ.

yángliyángqì【洋里洋气】→ yángqì【洋气】

yángliú【洋流】名〈地〉海流.

yánglóu【洋楼】名 洋風のビル.

yángmǎzi【洋码子】名〈方〉アラビア数字.

yángmiànbāo【洋面包】名 1 西洋パン. 2〈喩〉〈旧〉西洋留学. 3〈喩〉〈旧〉色白で太った人.

yángmógu【洋蘑菇】名 マッシュルーム.

yángnú【洋奴】名〈謗〉外国人の手先となっている者.

yángpán【洋盘】名〈方〉流行に疎い人.

yángqì【洋气】形 1(スタイルや風格が)西洋風である;おしゃれだ. 2〈貶〉バタ臭い.

yángqián【洋钱】名〈旧〉1元銀貨.

yángqín【洋琴】名 1 → yángqín【扬琴】 2〈旧〉ピアノ.

yángqǔdēngr【洋取灯儿】名〈旧〉マッチ.

yángrén【洋人】名 外国人;(多く)

西洋人.
yángsǎngzi【洋嗓子】名 西洋音楽の発声法で歌う声〔人〕.
yángshā【洋纱】名〈旧〉〈紡〉**1** 機械紡ぎの綿糸. **2** キャラコ. カナキン.
yángshì【洋式】形 洋式の.
yángtián【洋钿】名〈方〉〈旧〉1 元銀貨.
yángtiě【洋铁】名〈旧〉トタン.ブリキ.
yángwáwa【洋娃娃】名 西洋人形.
yángwàzi【洋袜子】名 靴下.
yáng wéi zhōng yòng【洋为中用】〈成〉外国のものを中国に役立てる.
yángwén【洋文】名(多くは欧米の)外国語.
yángwù【洋务】名 **1**〈史〉(清末の)外務,洋務. **2** 外国人相手のサービス業.
yángxiàng【洋相】→chū yángxiàng【出洋相】
yángxiùqiú【洋绣球】名〈植〉ゼラニウム.
yángyān【洋烟】名 外国たばこ.
yángyáng【洋洋】形 **1** 盛んである. **2**→yángyáng【扬扬】
-yángyáng【-洋洋】接尾《形容詞の後について「雰囲気が広がる」ことを表したり,語幹を強調したりする》¶喜～ / 喜びに満ちた.
yángyángsǎsǎ【洋洋洒洒】形(～的)**1**(文章や話が)充実していて明快である. **2**(規模が)大きい;(勢いが)盛んである.
yángyì【洋溢】動〈書〉満ちあふれる.
yángyóu【洋油】名〈方〉石油. 灯油.
yángyù【洋芋】名〈方〉〈植〉ジャガイモ.
yángzhuāng【洋装】**1** 名 洋装. **2** 形(本の)洋綴じの.

烊
yáng 動〈方〉溶かす;溶ける. 異読⇒yàng

蛘
yáng 名(～儿·～子)〈方〉〈虫〉コクゾウムシ.

仰
yǎng 動(↔俯)仰ぐ. あおむく. ¶～起头来 / 頭をあおむける.
H ①敬う. 慕う. ¶→～慕. ②頼る. すがる. ¶→～仗. ‖姓

yǎngbachā【仰八叉】名〈方〉あおむけの姿勢.
yǎngbajiǎor【仰八脚儿】名〈口〉あおむけの姿勢.
yǎngchéng【仰承】動 **1**〈書〉頼る. **2**〈敬〉相手の意図に従う.
yǎngjǐ【仰给】動 人の助けを仰ぐ.
yǎngjiǎo【仰角】名〈数〉仰角.
yǎngké【仰壳】名(～儿)〈方〉あおむけ. 上向き.
yǎngkěn【仰恳】動〈書〉謹んでお願いする.
yǎnglài【仰赖】動 頼る.
yǎngmiàn【仰面】動 あおむく.
yǎngmù【仰慕】動 敬慕する.
yǎngpān【仰攀】動 よじ登る;上の人に取り入る.
yǎng rén bí xī【仰人鼻息】〈成〉人の顔色を見て行動する.
Yǎngsháo wénhuà【仰韶文化】名〈史〉仰韶(ぎょうしょう)文化. ▶黄河流域における新石器時代後期の文化.
yǎng//shēn【仰身】動(～儿)**1** 体をあおむける. **2** 面をあげる.
yǎngshì【仰视】動 仰ぎ見る.
yǎngtiān【仰天】動 空を仰ぎ見る.
yǎngwǎ【仰瓦】名(瓦屋根で)上向き〔凹形〕に置く瓦.
yǎngwàng【仰望】動 **1** 仰ぎのぞむ. **2**〈書〉敬愛と期待を込めて見る.
yǎngwò【仰卧】**1** 動 あおむけに寝る. **2** 名 腹筋体操.
yǎng//yào【仰药】動 毒盃をあおぐ.
yǎngyǒng【仰泳】名〈体〉背泳.
yǎngzhàng【仰仗】動〈書〉頼る.

养(養)
yǎng 動 **1** 扶養する. 養育する. ¶～他长大zhǎngdà成人 / 彼を成人するまで扶養する. **2**(動植物を)育てる. ¶～猪 / 豚を飼う. ¶～花 / 花を栽培する. **3** 子を産む. ¶她～了三个女孩儿 / 彼女は女の子を3人産んだ. **4** 休養する. ¶他在疗养院里～了两个月 / 彼はサナトリウムで2か月養生した.
H ①義理の. ¶→～子zǐ. ②育てる. ¶培～ / 養成する. 育成する. ③補修する. ¶→～路. ‖姓

yǎng//bīng【养兵】動 兵を養う. 軍隊を維持する.
yǎng//bìng【养病】動 療養する. 養生する.
yǎngchéng【养成】動 身につける.
yǎng//dì【养地】動〈農〉土地の肥沃度を高める.
yǎng ér fāng zhī fùmǔ ēn【养儿方知父母恩】〈諺〉子をもって初めて親の恩を知る.
yǎngfèn【养分】名 養分.
yǎng fēng【养蜂】動 ミツバチを飼う.
yǎngfù【养父】名 養父.
yǎng//hàn【养汉】動 間男をこしらえる.
yǎng hǔ yí huàn【养虎遗患】〈成〉悪者を退治しないで災いを残す.
yǎnghù【养护】動 **1**(機械·建物や資源などを)補修する,保護する. **2** 保養する.
yǎnghuo【养活】動 **1**〈口〉扶養する. **2**〈方〉(家畜を)飼う,飼育する. **3**〈方〉子を産む.
yǎng//jī【养鸡】動 鶏を飼う.
yǎng//jiā【养家】動 家族を養う.
yǎng jīng xù ruì【养精蓄锐】〈成〉英気を養い力を蓄える.
yǎng//lǎo【养老】動 **1** 老人をいたわり養う. **2** 老後を過ごす.
yǎnglǎojīn【养老金】名 養老年金. 退職年金.
yǎnglǎoyuàn【养老院】名 老人ホーム.
yǎnglián【养廉】動〈書〉清廉潔白さを培う.
yǎngliào【养料】名 養分.
yǎng//lù【养路】動 道路や鉄道を補修

する.
yǎngmǎchǎng【养马场】名 馬を飼う牧場.
yǎngmǔ【养母】名 養母.
yǎngnǚ【养女】名 養女.
yǎngqì【养气】動〈書〉1 品徳向上の修業を積む. 2(呼吸法などで)気を養う. ▶道教での修業法の一.
yǎngrén【养人】形 体によい.
yǎng//shāng【养伤】動 傷の養生をする.
yǎng//shēn【养身】動 養生する. 保養する.
yǎng//shén【养神】動 リラックスして疲れをとる.
yǎngshēng【养生】動 養生する.
yǎngxífù【养媳妇】名〈方〉幼少のときにもらい受け,成長してから息子の嫁にする女の子.
yǎngxìng【养性】動 よい性質を養い育てる.
yǎngyǎn【养眼】形 目の保養になる.
yǎng yōng chéng huàn【养痈成患】〈成〉悪人や悪事に対して生ぬるい態度で臨むと災いのもとになる.
yǎngyúchí【养鱼池】名 養魚池.
yǎngyù【养育】動 養育する. 育てる.
yǎngzhí【养殖】動 養殖する.
yǎngzǐ【养子】名 養子.
yǎng zūn chǔ yōu【养尊处优】〈成〉〈貶〉悠々と満ち足りた生活をする.

氧 yǎng 名〈化〉酸素. O. ¶～合作用 / 酸化作用.
yǎngbā【氧吧】名 酸素バー.
yǎnggē【氧割】名〈冶〉酸素アセチレン切断.
yǎnghuà【氧化】動〈化〉酸化する.
yǎnghuàjì【氧化剂】名 酸化剤.
yǎnghuàwù【氧化物】名〈化〉酸化物.
yǎnghuàyàn【氧化焰】名〈化〉酸化炎. 外炎.
yǎngqì【氧气】名〈化〉酸素.

痒（癢）yǎng 形 1 かゆい. くすぐったい. ¶背上很～ / 背中がかゆい. 2(やりたくて,またはほしくて)むずむずする. ¶技～ / 腕が鳴る.
yǎngyang【痒痒】形〈口〉1 かゆい. 2(やりたくて)むずむずする.
yǎngyangnáor【痒痒挠儿】名 孫の手.
yǎngyangròu【痒痒肉】名(～儿)〈口〉くすぐったいところ.

怏 yàng ○
yàngrán【怏然】形〈書〉1 気が晴れないさま. 2 尊大である.
yàngyàng【怏怏】形〈書〉不平・不満に思うさま.

样（樣）yàng(～儿) 1 名 1 形. 様子. ¶她还是那个～儿 / 彼女は以前と少しも変わらない. 2 見本. モデル. ¶把～儿给我看看 / サンプルを見せてください.
2 量 種類を数える. ¶八～菜 / 8品の料理.
yàngbǎn【样板】名 1 見本;手本,模範. 2〈機〉型板. 指型(ㄓˇ).
yàngběn【样本】名 1 カタログ. 2(出版物の)見本刷り.
yàngdài【样带】名 デモテープ.
yànggǎo【样稿】名(意見・審査を求めるための)活字原稿,図版見本.
yàngjī【样机】名(飛行機・機械・車両などの)原型機,試作機.
yàngkuǎn【样款】名 様式. デザイン.
yàngpiàn【样片】名(～儿)試写フィルム.
yàngpiào【样票】名 見本切手.
yàngpǐn【样品】名 サンプル. 見本品. 試料.
yàngshì【样式】名 様式. 型. スタイル.
yàngshū【样书】名 見本書.
yàngyàng【样样】量(～儿)どれでも. 全部.
yàngzhāng【样张】名 1〈印〉刷り見本. 2(服の)型紙.
yàngzi【样子】名 1 形. 格好. ¶不像～ / さまにならない. 2 表情. 顔色. 3 見本;ひな型. 4 様子. 情勢. 状況. ¶看～要下雪 / この様子では雪が降りそうだ.
yàngzihuò【样子货】名 見かけ倒し.

恙 yàng 名〈古〉病気. ¶偶染微～ / ちょっとした病気にかかる.
yàngchóng【恙虫】名〈虫〉ツツガムシ.

烊 yàng →dǎ//yàng【打烊】
異読⇨yáng

鞅 yàng →niúyàng【牛鞅】
異読⇨yāng

漾 yàng 1 動(液体が)こぼれ出る;〈転〉(笑みが)浮かび出る. ¶汤都～出来了 / スープがこぼれてしまった. ¶脸上～出了笑容 / 顔に笑みをたたえている. 2 名〈方〉小さな湖.
‖(水面が)ゆらゆら動く. ¶荡dàng～ / 水が揺れ動く.
yàng//nǎi【漾奶】動(乳児が)乳をもどす.

yao (丨幺)

幺（么）yāo 数(数字の)1. ▶電話番号や部屋番号などの場合"七qī"と聞き違えないように"一yī"の代わりに用いる.
‖ ①いちばん年下の. 末の. ¶～叔 / 末の叔父. ②小さい. ¶→～麼mó. ‖ 姓
yāo'ézi【幺蛾子】名〈方〉悪知恵.
yāomó【幺麼】形〈書〉小さい.

夭（殀）yāo ‖ ①若死にする. ¶→～亡. ②草木がよく茂っている. ¶～桃秾李 / よく茂っているモモやスモモ.
yāojiǎo【夭矫】形〈書〉曲がっていて勢いがある.
yāoshòu【夭寿】形 短命である.
yāowáng【夭亡】動 夭折する.

yāozhé【夭折】動 夭折する；〈喩〉(物事が)途中で失敗する.

吆(吆) **yāo** ❶

yāohe【吆喝】動 大声で叫ぶ.

yāo wǔ hè liù【吆五喝六】〈成〉 **1** 賭博をしながら騒ぐ. **2**〈方〉盛んに人を威圧するさま.

约 **yāo** 動〈口〉(はかりで)量る. ¶～一～有多重 / 目方がどれぐらいあるか量ってみる. 異読⇨**yuē**

妖 **yāo** H ①化け物. 妖怪. ②人を惑わす. 邪悪な. ③なまめかしい. ¶→～冶. ④あでやかである. ¶→～娆.

yāodào【妖道】名 妖術を使う道士.

yāofǎ【妖法】名 妖術.

yāofēn【妖氛】名 邪悪な雰囲気.

yāofēng【妖风】名 悪魔が起こす風；〈喩〉邪悪な傾向. ［股］

yāoguai【妖怪】名 妖怪. 化け物.

yāojing【妖精】名 **1** 化け物. **2**〈喩〉妖婦.

yāoliyāoqì【妖里妖气】形 妖艶なさま.

yāomèi【妖媚】形 色っぽい.

yāomó【妖魔】名 妖魔. 魔物.

yāo mó guǐ guài【妖魔鬼怪】〈成〉人に害をなすさまざまな悪.

yāoniè【妖孽】名〈書〉 **1** 災いの兆し. **2** 妖怪. **3**〈喩〉悪人.

yāopó【妖婆】名 鬼ばばあ；ふしだらな年増.

yāoqì【妖气】名 みだらなさま.

yāoráo【妖娆】形〈書〉なまめかしく美しい.

yāorén【妖人】名 妖術使い；〈転〉妖言などで人を惑わす者.

yāo shēng guài qì【妖声怪气】〈成〉(話すときの口調や身振りが)なまめかしくて軽薄である.

yāoshù【妖术】→**yāofǎ**【妖法】

yāowù【妖物】名 化け物. 魔物.

yāowù【妖雾】名(神話で)化け物が降らす目くらましの霧.

yāoxié【妖邪】名 妖怪変化(ようかいへんげ).

yāoyán【妖言】名 妖言.

yāoyàn【妖艳】形 妖艶である.

yāoyě【妖冶】形〈書〉なまめかしい.

要 **yāo** H ①求める. ¶→～求. ②強迫する. ¶→～挟. ‖ 姓 異読⇨**yào**

yāogōng【要功】→**yāogōng**【邀功】

yāojī【要击】→**yāojī**【邀击】

yāomǎi【要买】→**yāomǎi**【邀买】

yāoqiú【要求】**1** 動 要求する；必要とする. **2** 名 希望；要求；条件. ¶满足～ / 要望を満たす.

yāoxié【要挟】動(弱みに付け込んで)強迫する, 強要する.

腰 **yāo** 名 **1** 腰. ¶弯～ / 腰をかがめる. **2**(ズボン・スカートの)腰回り. ¶这条裤子～有多大？/ このズボンのウエストはどのくらいですか. **3** 懐(ふところ). ¶我～里没带钱 / 私はお金を持ち合わせていない. H ①中間部分. ¶树～ / 木の真ん中あたり. ②中央が狭くくびれた地形. ¶海～ / 海峡. ‖ 姓

yāobǎnr【腰板儿】名〈口〉 **1** 腰と背；姿勢. **2** 体つき；体格.

yāobāo【腰包】名 巾着(きんちゃく). 財布.

yāobù【腰部】名 腰部.

yāo chán wàn guàn【腰缠万贯】〈成〉大金持ちである.

yāodài【腰带】名(～子)(腰に締める)帯, ベルト.

yāodāo【腰刀】名 腰に下げる刀.

yāogǎnzi【腰杆子】名 **1** 腰. **2**〈喩〉後ろだて.

yāogǔ【腰鼓】名 **1** 腰につける小さな太鼓. **2**"腰鼓"を打ちながら踊る民間舞踊.

yāoguō【腰锅】名(雲南の少数民族が用いる)ひょうたん形の釜.

yāoguǒ【腰果】名〈植〉カシューナッツ.

yāohuā【腰花】名(～儿)〈食材〉豚や羊の腎臓("腰子")に細かく隠し包丁を入れたもの.

yāoshēn【腰身】名 腰回り. ウエスト.

yāotòng【腰痛】名 腰痛.

yāotuǐ【腰腿】名(～儿)足腰.

yāowéi【腰围】名 **1** 腰回り. ウエスト. **2** 腰に締める幅広の帯.

yāoyǎn【腰眼】名(～儿)〈口〉 **1** 腰の後部脊椎骨の両側にあるつぼ. **2**〈喩〉キーポイント.

yāozhǎn【腰斩】**1** 名〈古〉腰斬の刑. **2** 動 ものの真ん中から断ち切る.

yāozhuī【腰椎】名〈生理〉腰椎.

yāozi【腰子】名〈口〉腎臓.

邀 **yāo** 動 招く. 誘う. ¶～他来我家作客 / 彼を家に招待する. H ①得る. 受ける. ¶～准 / 許可を得る. ②途中で遮る. ¶→～击.

yāochǒng【邀宠】動 人の機嫌をとる.

yāogōng【邀功】動 人の手柄を横取りする.

yāojī【邀击】動 迎え撃つ. 邀撃(ようげき)する.

yāojí【邀集】動(大勢の人を)招き集める.

yāomǎi【邀买】動 買収する.

yāoqǐng【邀请】動 招待する；招請する. ¶我～他出席一个学术会议 / 彼を学術会議に招聘(しょうへい)する.

yāoqǐngsài【邀请赛】名 招待試合.

yāoyuē【邀约】動 招待する；招聘する.

爻 **yáo** H 爻(こう). ¶阳～ / 易の卦の"—". ¶阴～ / 易の卦の"--".

尧(堯) **yáo** 名 堯(ぎょう). ▶伝説上の古代中国の帝王. ¶→～舜Shùn. ‖ 姓

Yáo Shùn【尧舜】名(三皇五帝の)堯と舜；(広く)聖人.

yáo tiān shùn rì【尧天舜日】〈成〉太平の世.

侥(僥) **yáo** →**jiāoyáo**【僬侥】 異読⇨**jiǎo**

肴 yáo H 魚・肉を用いた料理. ¶→～馔.

yáozhuàn【肴馔】名〈書〉(宴席の)料理.

峣(嶢) yáo 形〈書〉(山が)そびえ立つさま.

姚 yáo ‖姓

珧 yáo 名 カラスガイやハマグリなどの貝殻.

陶 yáo 人名用字. "皋陶"は古代の伝説上の人物. 異読⇒táo

窑(窯) yáo 名 1 (れんがや陶器を焼く)かまど. ¶砖～/れんがを焼くかまど. 2 旧式の採炭法による炭鉱.
H ①洞窟の住居. ¶→～洞. ②〈方〉妓楼(ぎろう). ¶→～子zi. ‖姓

yáobiàn【窑变】名(陶磁器の)窯変(ようへん).

yáodòng【窑洞】名(山西・陕西・甘粛などの黄土高原地域にみられる)山崖に掘った洞穴式住居.

yáohēizi【窑黑子】名〈旧〉炭鉱労働者.

yáojiěr【窑姐儿】名〈方〉遊女.

yáokēng【窑坑】名(れんがなどを作るため)土を掘り出したあとの穴.

yáozi【窑子】名〈方〉妓楼.

谣 yáo H ①歌謡. ¶民～/民謡. ②デマ. ¶造～/デマを飛ばす. ‖姓

yáochuán【谣传】1 動 デマが飛ぶ. 2 名 デマ. うわさ.

yáofēng【谣风】名 デマが飛び交う風潮.

yáoyán【谣言】名 デマ. 流言.

yáozhuó【谣诼】名〈書〉人を中傷するデマ. 誹謗(ひぼう).

摇 yáo 動 揺れる. 揺り動かす. 振り回す. ¶～铃/鈴を振る. ¶～扇子/扇子でばたばたあおぐ.

yáobàr【摇把儿】名〈機〉ハンドル. クランク.

yáobǎi【摇摆】動(左右や前後に)揺れ動く,振り動かす.

yáobǎiwǔ【摇摆舞】名 ロックンロール.

yáobì【摇臂】名〈機〉揺れ腕. アーム.

yáochē【摇车】名 1 (～儿)乳母車. 2 旧式の糸繰り車. 糸つむぎ機.

yáo//chuán【摇船】動 舟をこぐ.

yáo chún gǔ shé【摇唇鼓舌】〈成〉〈貶〉弁舌を振るう.

yáodàng【摇荡】動 ゆらゆらする；揺れ動く.

yáo//dòng【摇动】動+結補 1 揺れ動く. 揺り動かす. 2 揺すぶる. 3 動揺する〔させる〕.

yáo é máo shàn【摇鹅毛扇】〈成〉〈貶〉人の背後で画策する.

yáogǔnyuè【摇滚乐】名 ロック音楽.

yáohan【摇撼】動 1 揺れる. 揺れ動く. 2 揺り動かす. 揺すぶる.

yáohuang【摇晃】動 1 ゆらゆらする. 揺れ動く. 2 (前後左右に)振る,揺り動かす.

yáohuò【摇惑】動 1 動揺する；困惑する. 2 動揺させる；困惑させる.

yáolán【摇篮】名 1 揺りかご. 2 〈喩〉揺籃(ようらん).

yáolánqǔ【摇篮曲】名 子守歌.

yáo//lóu【摇耧】動〈農〉"耧"(種まき器)を揺すって種をまく.

yáo//mì【摇蜜】動(養蜂で)蜜を分離する.

yáo qí nà hǎn【摇旗呐喊】〈成〉人のちょうちん持ちをする.

yáoqiánshù【摇钱树】名 金のなる木. 金もうけさせてくれる人〔物〕.

yáoshājī【摇纱机】名〈紡〉綿糸巻取機.

yáo shēn yī biàn【摇身一变】〈成〉〈貶〉変身する；(悪人が)正体を隠すため変身する.

yáo//shǒu【摇手】1 動(否定・拒否の表現やあいさつとして)手を左右に振る. 2 名(機械の手で回す)ハンドル.

yáotān【摇摊】名(さいころの目を当てる)賭博.

yáo//tóu【摇头】動(否定・拒否・絶望を表す)頭を横に振る.

yáo tóu bǎi wěi【摇头摆尾】〈成〉軽薄で得意然としたさま.

yáo tóu huàng nǎo【摇头晃脑】〈成〉独りで悦に入るさま.

yáotóuwán【摇头丸】名〈薬〉MDMA. ▶覚醒剤の一種.

yáo wěi qǐ lián【摇尾乞怜】〈成〉こびへつらって人に取り入るさま.

yáowén【摇蚊】名〈虫〉ユスリカ.

yáo yáo yù zhuì【摇摇欲坠】〈成〉失敗や滅亡の寸前にあるさま.

yáoyè【摇曳】動〈書〉揺らめく. 揺れ動く.

yáoyǐ【摇椅】名 揺り椅子.

徭(傜) yáo H 夫役. 労役.

yáoyì【徭役】名〈古〉徭役(ようえき).

遥 yáo H はるかな. 遠い. ¶→～远. ‖姓

yáocè【遥测】名 遠隔測定.

yáogǎn【遥感】名〈電〉リモートセンシング. 遠隔探査.

yáokòng【遥控】1 動 遠隔操作する. 2 名 リモコン.

yáokòngqì【遥控器】名 リモコン.

yáowàng【遥望】動 遠望する. 遠くを見渡す.

yáo xiāng hū yìng【遥相呼应】〈成〉はるか遠くから相呼応する.

yáoxiǎng【遥想】動(先のことや昔のことを)思いやる.

yáoyáo【遥遥】形 1 (距離が)遠いさま. 2 (時間)が非常に長いさま.

yáoyuǎn【遥远】形 はるかに遠い.

瑶 yáo H 美玉. ¶琼～/美しい玉. ¶→～池.

Yáochí【瑶池】名〈書〉神話で西王母が住むとされる所.

Yáozú【瑶族】名(中国の少数民族)

ヤオ(Yao)族.

繇 **yáo**〈書〉**1**〚徭yáo〛に同じ. **2**〚谣yáo〛に同じ. 異読⇨zhòu

鳐 **yáo** 名〈魚〉エイ.

杳 **yǎo** H 影も見えないほど遠い. ¶→～无音信.

yǎomiǎo【杳渺·杳眇】形〈書〉はるかである；奥深い.

yǎo rú huáng hè【杳如黄鹤】〈成〉人や物が行方不明であること.

yǎo wú yīn xìn【杳无音信】〈成〉まったく便りがない.

咬(齩) **yǎo** 動 **1** かむ. かじる. ¶～不动 / かみ切れない. **2**〈口〉(字音を)正確に発音する；(字句に)こだわる. ¶～不准 / 正しく発音できない. ¶→～字眼儿. **3**〈方〉(犬が人に向かって)ほえる. ¶这条狗一见人就～ / この犬は人を見るとすぐほえる. **4**(歯車·ボルトなどが)かみ合う. かみ合わせる；(ペンチなどで)挟む. ¶这个螺母～不住扣 / このナットがうまく締まらない〔緩くなる〕. **5**〈喩〉(罪のない人を)巻き添えにする；〈転〉あてこする. ¶不许乱～好人 / でたらめを言って人を巻き添えにしてはならない. **6**〈方〉(うるしなどに)かぶれる.

yǎochūn【咬春】動(北方の風習で)立春に大根を食べる.

yǎodìng【咬定】動 断言する.

yǎo ěrduo【咬耳朵】〈慣〉耳打ちする.

yǎo//jià【咬架】動(動物が)かみ合いをする.

yǎoqiū【咬秋】動(北方の風習で)立秋にウリを食べる.

yǎoqún【咬群】動 **1**(家畜が)かみ合いをする. **2**〈喩〉(人が)周囲の人とよくけんかをする.

yǎo rén de gǒu bù lòu chǐ【咬人的狗不露齿】〈諺〉悪人は人に気づかれずに害を加える.

yǎoshér【咬舌儿】**1** 動 舌がもつれる. **2** 名 舌足らず.

yǎo wěiba【咬尾巴】〈慣〉あとをつける.

yǎo wén jiáo zì【咬文嚼字】〈成〉文章の文字面にばかりこだわる.

yǎo//yá【咬牙】動 **1** 歯を食いしばる. **2** 歯ぎしりをする.

yǎo yá qiè chǐ【咬牙切齿】〈成〉恨み骨髄に徹する.

yǎo//zhù【咬住】動+結補 食い下がる；(問題に)こだわる.

yǎozìr【咬字儿】動(文章·歌詞·せりふなどを)一字一字正確に発音する.

yǎo zìyǎnr【咬字眼儿】〈慣〉(書いた文章の)字句をいじる,文句をつける.

yǎo//zuǐ【咬嘴】**1** 形〈口〉発音しにくい. **2** 名(たばこのパイプの)吸い口.

舀 **yǎo** 動(ひしゃくなどで水などを)くむ. ¶用瓢～水 / ひしゃくで水をくむ.

yǎozi【舀子】名 ひしゃく. しゃく.

窅 **yǎo** H 深く遠い. 奥深い.

窈 **yǎo** O

yǎotiǎo【窈窕】形〈書〉**1**(女性が)美しくしとやかである；(飾り·容貌が)美しい. **2**(山水·宮殿が)静かで奥深い.

疟(瘧) **yào** O 異読⇨nüè

yàozi【疟子】名〈口〉マラリア.

药 **yào** **1** 名 薬. [副, 服, 剂；片；粒, 丸] ¶吃～ / 薬を飲む. **2** 動 毒殺する. ¶～老鼠 / 薬でネズミを殺す.
H ①化学物質. ¶炸～ / 爆薬. ②薬で治す. ¶不可救～ / (薬では)もはや治しようがない.

yàobǐng【药饼】名(～儿)〈中医〉錠剤.

yàobǔ【药补】動 栄養剤を飲んで栄養をつける.

yàocái【药材】名〈中薬〉薬種. 生薬.

yàocǎo【药草】名 薬草. ハーブ.

yàochā【药叉】→yèchā【夜叉】

yàochǎng【药厂】名 製薬工場.

yàodān【药单】名(～儿)〈口〉処方箋.

yàodiǎn【药典】名 薬典. 薬局方.

yàodiàn【药店】名 薬屋. 薬局.

yàodiàozi【药吊子】名 漢方薬を煎じる土瓶.

yào'ěr【药饵】名〈書〉薬餌. 飲み薬.

yàofāng【药方】名(～儿) 処方箋. ¶开～ / 処方箋を書く.

yàofáng【药房】名 **1**(西洋医薬の)薬屋. **2**(病院の)薬局.

yàofèi【药费】名 薬代.

yàofěn【药粉】名 粉薬.

yàogāo【药膏】名 膏薬.

yàogōng【药工】名 専門知識をもって漢方薬品の業務に従事する者.

yàoguànzi【药罐子】名 **1** 漢方薬を煎じる土瓶. **2**〈喩〉病気がちの人.

yàohéng【药衡】名 薬剤師計量法. 調剤度量衡法.

yàojì【药剂】名〈薬〉薬剤. ¶～士 / 薬剤師.

yàojìxué【药剂学】名 薬学.

yàojiǎn【药检】動 **1** 薬品に対し化学検査をする. **2** ドーピング検査をする.

yàojiàn【药箭】名 毒矢.

yàojìnr【药劲儿】名 薬の効力.

yàojiǔ【药酒】名 薬用酒.

yàolǐ【药理】名 薬理.

yàolì【药力】名 薬効.

yàomián【药棉】名 脱脂綿.

yàomiàn【药面】名(～儿) 粉薬.

yàomòr【药末儿】名 粉薬.

yàoniǎnr【药捻儿】名 **1** 導火線. **2**→yàoniǎnzi【药捻子】

yàoniǎnzi【药捻子】名〈中医〉(外科で患部に挿し込む)薬をつけたこよりやガーゼ.

yàonóng【药农】名 薬用植物を栽培

する農民.
yàopiàn【药片】名(～儿)錠剤.
yàopǐn【药品】名 薬品.
yàopíng【药瓶】名 薬瓶.
yàopù【药铺】名(漢方薬の)薬屋.
yàoqiān【药签】名 綿棒.
yàoshàn【药膳】名 薬膳.
yàoshī【药师】名 高級薬剤師.
yàoshí【药石】名〈中医〉薬と石鍼(じばり).
yàoshuǐ【药水】名(～儿)水薬.
yàotáng【药糖】名 薬剤入りのあめ玉.
yàotǒng【药筒】名(弾丸の)薬莢(やっきょう).
yàowán【药丸】名(～儿・～子)丸薬.
yàowáng【药王】名 薬をつかさどる神. 薬師.
yàowèi【药味】名 **1**〈中薬〉薬の種類. **2**(～儿)薬の味・におい.
yàowù【药物】名 薬物. ¶～过敏 / 薬物アレルギー.
yàowùxué【药物学】名 薬物学.
yàoxiàn【药线】名 **1** 導火線. **2**(手術用の)縫合糸.
yàoxiāng【药箱】名 薬箱.
yàoxiào【药效】名 薬効.
yàoxiè【药械】名(農業や林業で)薬をまく機械.
yàoxìng【药性】名 薬の性質.
yàoxingqi【药性气】名 薬のにおい.
yàoyǐnzi【药引子】名〈中薬〉副薬.
yàoyòngtàn【药用炭】名 薬用活性炭.
yàoyù【药浴】名 薬風呂.
yàozào【药皂】名 薬用石鹼.
yàozhā【药渣】名(～儿・～子)煎じ薬のかす.
yàozhēn【药针】名〈口〉注射薬.
yàozhěn【药枕】名 漢方薬入りの枕.
yàozhěn【药疹】名 薬剤中毒による発疹.

要 **yào** ❶動 **1**(…が)ほしい. (…を)必要とする. ¶这本书我还～呢 / この本はまだ必要だ. **2**(…に…を)求める, ねだる, 取り立てる. ¶向母亲～了一块手表 / 母に腕時計をねだった. **3**(…に…するように)求める, 頼む. ¶他～我帮他写封信 / 彼は私に手紙の代筆を頼んだ.
❷助動 **1**《意志・希望を表す》…したい. …するつもりだ. ▶否定は"不想,不愿意". ¶他～学游泳 / 彼は水泳を習いたがっている. **2**《必要・義務を表す》…しなければならない. …する必要がある. ▶否定は"不用,不必,用不着"など. ¶水～煮开了才能喝 / 水は一度沸かしてから飲まなければならない. **3**《可能性を表す》…しそうだ. …するだろう. ▶否定は"不会". ¶看样子(会)～下雨(的) / この様子ではどうやら雨が降りそうだ. **4**《"要…了"の形で,近い将来に対する判断を表す》もうすぐ…となる. …しそうだ. ¶他快～毕业了 / 彼はまもなく卒業する. **5**《日常的な習慣・ある傾向を表す》いつも…する. よく…する. ¶星期六也经常～上班 / 土曜日にもいつも仕事に行く. **6**《必然的な趨勢を表す》必ず…する. ¶孩子大了,总是～离开父母的 / 子供は成長するとどのみち親元を離れていくものだ. **7**《比較の文で推測を表す》…のようだ. ¶这儿的条件～好多了,就定在这儿吧 / ここの条件はずっとよいから,ここにしよう.
❸接続 **1**《仮定を表す》もし…ならば. ¶明天～有事儿,我就不来了 / あす用事ができたら伺いません. **2**《"要＋就(是)"を連用し》…でなければ…だ. ¶～就前进,～就后退,没有别的选择 / 進むかそれとも退くかで,ほかの選択はない.
H 重要である；重要な内容. ¶紧～ / 重要である.
異読⇒yāo
yào'ài【要隘】名 要害. 要所.
yào'àn【要案】名 重要事件.
yàobù【要不】接続 さもなくば. でないと.
yàobùshì【要不是】接続 もし…でなかったら.
yàobude【要不得】形 許し難い. いけない.
yàoburán【要不然】→yàobù【要不】
yàochōng【要冲】名 要衝. 要地.
yàodào【要道】名 **1** 要路. **2** 重要な理由・方法.
yàode【要得】形〈方〉《同意または称賛を表す》よい.
yàodì【要地】名 **1**(軍事上の)要地. **2**〈書〉高い地位.
yàodiǎn【要点】名 **1**(話の)要点. **2**(軍事上の)重要な拠点.
yàoduān【要端】→yàodiǎn【要点】**1**
yào//duǎnr【要短儿】動〈方〉弱点を暴く；恥をかかせる.
yàofàn【要犯】名〈法〉重要犯人.
yào//fàn【要饭】動 乞食をする. ¶～的 / 乞食.
yàogōng【要公】名〈旧〉重要な公務.
yàohài【要害】名 **1** 急所. **2**(軍事上の)要害.
yàohǎo【要好】形 **1** 勝ち気である；向上心が強い. **2** 仲がよい.
yào hǎokàn【要好看】〈慣〉(～儿)醜態を演じさせる. 恥をかかせる.
yào//huǎng【要谎】動〈方〉掛け値を言う.
yào//jià【要价】動 **1**(～儿)値をつける. **2**〈喩〉(相手に)条件を出す.
yàojiàn【要件】名 **1** 重要書類. **2** 重要な条件.
yàojīn【要津】名 **1** 水陸交通の要路. **2**〈喩〉顕要な地位.
yàojǐn【要紧】形 **1** 大切である；重要である. **2**(状況が)厳しい,深刻である. **3**〈方〉急いでいる.
yàojué【要诀】名 秘訣. 奥の手.
yào//liǎn【要脸】動(多く否定の形で)メンツにこだわる；恥を知る.

yàolǐng【要领】名 要領.
yàolüè【要略】名 要略. 概略.
yàome【要么】接続 1 …でなければ. 2(“要么…,要么…”の形で)…するか,または…する. ▲“要末”とも.
yào miànzi【要面子】〈慣〉体面にこだわる.
yào//mìng【要命】❶動 命を奪う;命を落とす. ❷形 1(補語に用いて)甚だしい. ¶痒得～ / かゆくてたまらない. 2 困ったものだ.
yàomù【要目】名 要目.
yàoqiáng【要强】形 負けず嫌いである.
yàorén【要人】名 要人.
yàosài【要塞】名 要塞.
yàoshì【要事】名 重要な事柄.
yàoshi【要是】接続 もし. もしも…なら. ¶～你有兴趣的话,咱们一起去吧 / もし興味がおありでしたら一緒に行きましょう.
yàosǐ【要死】形(補語に用いて)ひどく…である.
yào sǐ bù huó【要死不活】〈成〉半死半生のさま.
yào sǐ yào huó【要死要活】〈成〉死ぬの生きるのと騒ぐ.
yàosù【要素】名 要素;要因.
yàotú【要图】名 重要な計画.
yàowén【要闻】名 重大ニュース.
yàowù【要务】名 重要な仕事.
yàoxiàng【要项】名 要項.
yàoxiǎoqiánrde【要小钱儿的】名 乞食.
yào yán bù fán【要言不烦】〈成〉言葉が簡潔で煩わしくない.
yàoyàngr【要样儿】動〈方〉格好に気をつかう;見栄をはる.
yàoyì【要义】名 重要な意義.
yàoyuán【要员】名(派遣される)要人.
yào//zhàng【要账】動 借金を取り立てる.
yàozhí【要职】名 要職.
yàozhǐ【要旨】名 要旨.
yàozi【要子】名(わら束の)帯;(包装用の)帯.

钥(鑰) yào H 鍵. ¶→～匙. 異読⇒yuè
yàoshi【钥匙】名 鍵. [把]¶配～ / 鍵を作る.

鞠 yào H 長靴や靴下のすねに当たる筒の部分. ¶靴～儿 / 長靴の胴. ¶高～儿袜子 / ハイソックス. ¶短～儿袜子 / ソックス.
yàozi【鞠子】名〈方〉(靴・靴下の)胴.

鹞 yào 名〈鳥〉1 ハイタカ. 2 チュウヒ.
yàoyīng【鹞鹰】名〈鳥〉ハイタカ.
yàozi【鹞子】名 1〈口〉〈鳥〉ハイタカ. 2〈方〉凧(たこ).

藥 yào〖药yào〗に同じ. ‖姓

曜 yào〈書〉❶名 1 日光. 2〈旧〉曜日. ❷動 輝く.

耀 yào H ①光り輝く. 照らす. ¶照～ / 照り映える. ②見せびらかす. ¶夸～ / 自慢する. ③誉れ. ¶荣～ / 栄誉. ‖姓
yàobān【耀斑】名〈天〉太陽面爆発.
yào wǔ yáng wēi【耀武扬威】〈成〉武力を誇り威勢を示す.
yàoyǎn【耀眼】形 まぶしい.

ye(丨せ)

耶 yē O 異読⇒yé
Yēhéhuá【耶和华】名〈宗〉エホバ.
Yēsū【耶稣】名〈宗〉イエス.
Yēsūjiào【耶稣教】名〈宗〉(キリスト教の)プロテスタント,新教.

倻 yē →jiāyēqín【伽倻琴】

掖 yē 動(ポケットやすきまなどに)押し込む,差し込む,挟む. ¶～进怀里 / 懐に押し込む. 異読⇒yè

椰 yē H ヤシ. ¶～奶 / ココナッツ・ミルク.
yēdiāo【椰雕】名 ココヤシの実の彫刻(工芸品).
yēgān【椰干】名 コプラ.
yēróng【椰蓉】名〈食材〉ココナッツの核肉を細く切ったもの.
yēyóu【椰油】名 ヤシ油.
yēzǎo【椰枣】名〈植〉ナツメヤシ.
yēzi【椰子】名〈植〉ココヤシ.

噎 yē 動 1(食物などが)のどにつかえる. ¶吃得太急,～了一口 / 急いでかき込んだのでのどにつかえた. 2(強風で息が)詰まる. ¶风雪太大,～得他透不过气来 / 猛吹雪で,彼は息がつけぬほどだった. 3〈方〉(やりこめて)相手の口をつぐませる.
yēgé【噎嗝】名〈中医〉食道がん.

邪 yé 1〖耶yé〗に同じ. 2 →mòyé【莫邪】 異読⇒xié

爷(爺) yé H ①父. ¶～娘 / 父と母. ②祖父. ¶→～爷. ③《年上の男性に対する敬称》¶大～ / おじさん. ¶张～ / 張おじさん. ④《旧時,領主など支配者に対する呼び方》¶老～ / 旦那様. ⑤《神に対する呼び方》¶老天～ / 神様.
yémen【爷们】名〈方〉1 男の人. 2 亭主. 夫.
yémenr【爷们儿】名〈方〉1 →yérmen【爷儿们】 2《親しい男性間での呼びかけ》兄貴. 兄弟.
yér【爷儿】名〈方〉上の世代の男性と下の世代の者をまとめた呼称.
yérmen【爷儿们】名〈方〉長幼の男子双方をまとめた呼称.
yéye【爷爷】名 1(父方の)おじいさん,祖父. 2(一般に)おじいさん.

耶 yé 助〈古〉疑問を表す. ¶是～非～? / 是か非か. 異読⇒yē

揶 yé O
yéyú【揶揄】動〈書〉揶揄(やゆ)する.

铘 yé →mòyé【镆铘】

也 **yě❶**副 **1**《事柄が同じであることを表す》…も…だ. ¶他～是我们学校的学生 / 彼もうちの学校の学生です. ¶风～停了,雨～住了 / 風もやんだし,雨も上がった. **2**(多く"连、一"などと呼応して)…さえも. ¶她连自己的名字～想不起来 / 彼女は自分の名前さえ思い出せない. **3**《多く"虽然、即使、再"などと呼応して,結果は同じだということを表す》たとえ…でも…だ. …にかかわりなく…だ. どんなに…しても…だ. ¶即使条件再差chà,他～能克服困难 / たとえ状況がもっと悪くても,彼はその悪条件を克服できるだろう. **4**《口調を和らげる》…まあ(…だろう). ¶现在,～只好如此了 / 今となっては,まあ,これよりほかにしかたがない.
❷助〈古〉《判断・解釈の語気や疑問・詰問の口調を表したり,停頓を表す》
‖姓

yěbà【也罢】助 **1** 仕方がない. やむを得ない. ¶你工作忙,不去～ / 君は仕事が忙しいから,行かなくてもまあよかろう. **2** …であれ,…であれ. ¶说～,不说～,反正都没用 / 口に出そうが出すまいが,どうせむだだ.

yě bù【也不】《反語を示す》…ではないのか.

yěhǎo【也好】助(“…也好…也好”の形で)…といい…といい.

yě jiù【也就】…したらもう…だ.

yě jiùshì【也就是】…だけである.

yě jiùshì shuō【也就是说】換言すれば. 言い換えれば.

yě jiù suàn【也就算】まあまあ…といえる.

yěkě【也可】助〈近〉(“…也可…也可”の形で)…でもよいし…でもよい.

Yěmén【也门】名〈地名〉イエメン.

yě shìde【也似的】まるで…のように.

yě wèi kě zhī【也未可知】〈成〉…かもしれない.

yěxīng【也兴】→yěxǔ【也许】

yěxǔ【也许】副 もしかしたら…かもしれない. ¶天阴了,～会下雨 / くもってきたから,ことによると雨になるかもしれない.

冶 **yě** H ①(金属を)製錬する. ¶→～炼. ②(女性の身なりが)あだっぽい. ¶妖～ / あだっぽい.
‖姓

yějīn【冶金】名 冶金(やきん).

yěliàn【冶炼】動 溶解する. 製錬する.

yěróng【冶容】〈書〉**1** 名 なまめかしい容貌. **2** 動 なまめかしく装う.

yěyàn【冶艳】形〈書〉なまめかしい.

yěyóu【冶游】動 芸者遊びをする.

野 **yě** 形 **1** 粗野である. 粗暴である. ¶他说话特～ / 彼はよく粗野なことを言う. **2** 勝手気ままである. ¶这孩子心都玩儿～了 / この子は遊びほうけてすっかり気が緩んでしまった.
H ①(↔朝)民間. ¶下～ / 下野する. ②野生である. ¶→～果. ③野原. 郊外. ¶旷～ / 荒野. ④限界. 範囲. ¶视～ / 視野. ‖姓

yěcài【野菜】名 食用の野生植物;山菜.

yěcān【野餐】**1** 動 ピクニックに行く. **2** 名 野外での食事.

yěcán【野蚕】名〈虫〉クワゴ. ヤマガイコ.

yěcǎo【野草】名 野草.

yě cǎo xián huā【野草闲花】〈成〉**1** 野生の草花. **2**〈喩〉(妻以外の)愛人;娼妓(しょうぎ).

yěchuī【野炊】動 野外で炊事をする.

yědì【野地】名 野原.

yě diào wú qiāng【野调无腔】〈成〉(言葉遣いや行いが)ぶしつけである.

yěgē【野鸽】名(～子)〈鳥〉カワラバト.

yěgé【野葛】→gōuwěn【钩吻】**1**

yěguǎnggào【野广告】名 にせ広告.

yěguǒ【野果】名 野生の果実.

yěháizi【野孩子】名 しつけの悪い子供.

yěhànzi【野汉子】名〈貶〉間男.

yěhé【野合】動〈書〉私通する. 姦通する.

yěhúchán【野狐禅】名〈諧〉(学問などで)我流.

yěhuā【野花】名 **1** 野に咲く花. **2**〈喩〉愛人.

yěhuǒ【野火】名 野火.

yějī【野鸡】名 **1**〈鳥〉キジ. **2** 売春婦. 街娼. **3** もぐりの商売.

yějǐng【野景】名 野外の風景;自然の景色.

yělǘ【野驴】名 野生のロバ.

yěmá【野麻】名〈植〉**1** バシクルモン. **2** 野生のアサ.

yěmǎ【野马】名 野生の馬.

yěmán【野蛮】形 野蛮である;乱暴である.

yěmāo【野猫】名 **1** のら猫. **2**〈方〉〈動〉ノウサギ.

yěniángmenr【野娘们儿】名〈罵〉情婦.

yěniǎo【野鸟】名 野鳥.

yěniú【野牛】名 野牛.

yěpào【野炮】名〈軍〉野砲.

yěpútao【野葡萄】名〈植〉エビヅル.

yěqiángwēi【野蔷薇】名〈植〉野バラ.

yěqín【野禽】名 野禽(やきん).

yěqù【野趣】名 自然のままの趣.

yěrén【野人】名 **1** 未開人. **2** 野人. 田舎者. **3** 粗野な人.

yě rén xiàn pù【野人献曝】〈成〉〈謙〉野人の献策.

yěshēn【野参】名 野生の朝鮮ニンジン.

yěshēng【野生】形 野生の.

yěshēng dòngwù【野生动物】名 野生動物.

yěshír【野食儿】名 **1**(鳥獣が)野外であさるえさ. **2**〈喩〉本職以外からの所得.

yěshǐ【野史】名 稗史(はいし). 民間で書かれた通俗的な歴史書.

yěshòu【野兽】名 野獣. けだもの.

yěshǔ【野鼠】名〈動〉ノネズミ.
yětáizixì【野台子戏】名 村芝居.
yětù【野兔】名〈動〉ノウサギ.
yěwài【野外】名 野外. ¶～工作 / フィールドワーク.
yěwāndòu【野豌豆】名〈植〉カラスノエンドウ. イブキノエンドウ.
yěwèi【野味】名 1 (猟でとれた)獲物. 2 野鳥や野獣を使った料理.
yěwù【野物】名 野生動物.
yěxiǎozi【野小子】名 1 しつけの悪い男の子. 2 どこの馬の骨だかわからない男.
yěxīn【野心】名〈貶〉野心. 野望.
yě xīn bó bó【野心勃勃】〈成〉〈貶〉野望が盛んにわき起こるさま.
yěxìng【野性】名 荒々しい性質.
yěyā【野鸭】名〈鳥〉カモ；マガモ.
yěyíng【野营】動 野営する.
yěyóu【野游】動 野外へ行って遊ぶ.
yězhàn【野战】名〈軍〉野戦.
yězhànjūn【野战军】名〈軍〉野戦軍.
yězhǒng【野种】名〈罵〉血筋の違う養子；私生児.
yězhū【野猪】名〈動〉イノシシ.

业（業） yè H ①業種. 職種. ¶饮食～ / 飲食業. ②職業. 仕事. ¶→～务. ③事業. ¶→～绩. ④学業. ¶毕～ / 卒業する. ⑤(ある職業に)従事する. ¶～农 / 農業に従事する. ⑥財産. ¶家～ / 身代. ⑦すでに. ¶→～经. ⑧(仏教の)業(ごう). 悪業(あくごう). ‖姓

yèhǎi【业海】名〈仏〉無限の罪悪.
yèjì【业绩】名 業績.
yèjìgǔ【业绩股】名〈経〉業績株.
yèjiè【业界】名 業界.
yèjīng【业经】副〈書〉すでに.
yènèi【业内】形 業界内部の.
yèshī【业师】名〈旧〉恩師.
yètài【业态】名〈経〉業態.
yèwài【业外】形 業界外部の.
yèwù【业务】名 仕事. 業務.
yèyǐ【业已】副〈書〉すでに.
yèyú【业余】形 1 余暇の. ¶～时间 / 余暇. 2 アマチュアの. 専門外の. ノンプロの.
yèyú jiàoyù【业余教育】名(労働者・農民などのため)仕事の余暇を利用して行う教育.
yèzhàng【业障】名 1〈仏〉修行の妨げとなる罪悪. 2〈旧〉(親から見て)不孝者.
yèzhě【业者】名 業者.
yèzhǔ【业主】名 オーナー.

叶（葉） yè 名(～儿)(植物の)葉. [片]
H ①葉に似たもの. ¶→～轮. ②時期. ¶二十世纪中～ / 20世紀中葉. ‖姓
異読⇒xié

yèbānbìng【叶斑病】名〈農〉斑点病.
yèbǐng【叶柄】名〈植〉葉柄.
yèfēng【叶蜂】名〈虫〉ハバチ.
yè gōng hào lóng【叶公好龙】〈成〉見せかけだけの愛好.
yèhóngsù【叶红素】名〈化〉カロテン.
yèhóu【叶猴】名〈動〉ラングール.
yèhuángsù【叶黄素】名〈化〉キサントフィル.
yèjīn【叶筋】名〈植〉葉脈.
yèlàshí【叶蜡石】名〈鉱〉葉蠟石(ようろうせき).
yèlùsù【叶绿素】名〈生化〉葉緑素.
yèlùtǐ【叶绿体】名〈生化〉葉緑体.
yèlún【叶轮】名〈機〉羽根車.
yè luò guī gēn【叶落归根】〈成〉他郷にさすらう者も結局は故郷に落ち着く.
yèmài【叶脉】名〈植〉葉脈.
yèpiàn【叶片】名 1〈植〉葉身. 2〈機〉(風車・タービンなどの)翼板, 羽根.
yèqiào【叶鞘】名〈植〉葉鞘(ようしょう).
yèròu【叶肉】名〈植〉葉肉.
yèsuān【叶酸】名〈薬〉葉酸.
yèxiùbìng【叶锈病】名〈農〉葉さび病.
yèxù【叶序】名〈植〉葉序.
yèyè【叶腋】名〈植〉葉腋(ようえき).
yèzhī【叶枝】名〈農〉果樹・綿の徒長枝.
yèzi【叶子】名 1〈口〉葉っぱ. 2〈方〉茶の葉. 3〈方〉カルタ.
yèzibǎn【叶子板】名(自転車の車輪の)泥よけ.
yèzihuā【叶子花】名〈植〉ブーゲンビレア. イカダカズラ.
yèziyān【叶子烟】名 葉タバコ.

页（頁・葉） yè 量 ページ. ¶第五～ / 第5ページ.
H(本・絵などの)葉. ¶活～ / ルーズリーフ. ‖姓

yèbiān【页边】名 ページの余白.
yèmǎ【页码】名(～儿)ページ番号.
yèmiàn【页面】名〈電算〉ホームページ.
yèxīn【页心】→bǎnxīn【版心】
yèyán【页岩】名〈鉱〉頁岩(けつがん).

曳（拽・抴） yè H 引く. 引っ張る. ¶拖～ / 牽引する.

yèguāngdàn【曳光弹】名〈軍〉曳光弾(えいこうだん).
yèlì【曳力】名〈物〉引っ張る力.
yèshéngdiào【曳绳钓】名〈漁〉(擬似餌の)流し釣り.

邺（鄴） yè 名 古代の地名. 現在の河南省安陽の北. ‖姓

夜 yè 1 名 夜. ¶冬天～长 / 冬は夜が長い. ¶三天三～ / 三日三晩. 三昼夜. 2 形〈方〉暗くなる. 夜になる. ‖姓

yèbān【夜班】名 夜勤. 夜勤組.
yèbàn【夜半】名〈書〉真夜中.
yè bù bì hù【夜不闭户】〈成〉社会の治安・風紀がよい.
yècān【夜餐】名 夜食.
yèchā【夜叉】名〈仏〉夜叉；〈喩〉容貌醜く凶悪な人.
yè cháng mèng duō【夜长梦多】〈成〉時間が長びけば不利になる.
yèchǎng【夜场】名 夜間興行.

yèchē【夜车】名 **1** 夜行列車；夜行バス．**2**〈喩〉徹夜で仕事や勉強をすること．⇨**kāi yèchē【开夜车】**
yèchū dòngwù【夜出动物】名 夜行動物．
yèdàxué【夜大学】名 夜間大学．▶略して“夜大”とも．
yè'é【夜蛾】名〈虫〉ヤガ．
yèfàn【夜饭】名〈方〉夕食．
yèfēn【夜分】名〈書〉夜半．夜中．
yège【夜个】名〈方〉きのう．
yègōng【夜工】名 夜業．夜勤．
yèguāngbēi【夜光杯】名 夜光の杯．
yèguāngbiǎo【夜光表】名 夜光時計．
yèguāngchóng【夜光虫】名〈虫〉ヤコウチュウ．
yèháng【夜航】動 夜間飛行〔航行〕をする．
yèhú【夜壶】名（旧式の）しびん．
yèjiān【夜间】名 夜間．
yèjǐng【夜景】名 夜景．
yè jìng gēng shēn【夜静更深】〈成〉真夜中．丑(うし)三つ時．
yèkāihuā【夜开花】名〈植〉ユウガオ．
yèkōng【夜空】名 夜空．
yèkūláng【夜哭郎】名 夜泣きをする子供．
yèlái【夜来】名〈書〉**1** 昨日．**2** 夜間．
yèláixiāng【夜来香】名〈植〉**1** トンキンカツラ．**2** オオマツヨイグサ．
yèlán【夜阑】名〈書〉夜更け．
yè láng zì dà【夜郎自大】〈成〉身の程知らず．夜郎自大．
yèli【夜里】名 夜．
yèmáng【夜盲】名〈医〉夜盲症．鳥目．
yèmāozi【夜猫子】名〈方〉**1**〈鳥〉フクロウ；ミミズク．**2**〈譜〉よく夜更かしをする人．
yèmíngzhū【夜明珠】名 夜光の真珠．
yèmù【夜幕】名 夜のとばり．
yèniàozhèng【夜尿症】名〈医〉夜尿症．
yèqín【夜勤】名 夜勤．
yèqǔ【夜曲】名〈音〉ノクターン．夜想曲．
yèrge【夜儿个】名〈方〉昨日．きのう．
yèsè【夜色】名 夜陰；夜の景色．
yè shēn rén jìng【夜深人静】〈成〉夜が更けて人が寝静まる(ころ)．
yèshēnghuó【夜生活】名 夜の飲食や遊び．ナイトライフ．
yèshì【夜市】名 **1** 夜の市．夜店．**2** 夜間の営業．
yèshuāng【夜霜】名 ナイトクリーム．
yètí【夜啼】名〈中医〉赤ん坊の夜泣き
yèwǎn【夜晚】名 夜．晚．
yèwàngjìng【夜望镜】名〈軍〉暗視鏡．
yèxí【夜袭】動 夜襲をかける．
yèxì【夜戏】名 夜の芝居．
yèxiāo【夜宵】名(～儿) 夜食．▲“夜消”とも．
yèxiào【夜校】名 夜間学校．
yèxíngjūn【夜行军】名 夜間行軍．
yèyǎn【夜眼】名 夜目(よめ)．
yè yǐ jì rì【夜以继日】〈成〉夜を日に継ぐ．
yèyīng【夜莺】名〈鳥〉ナイチンゲール．
yèyīng【夜鹰】名〈鳥〉ヨタカ．
yèyóu【夜游】名〈医〉夢遊病．
yèyóushén【夜游神】〈慣〉夜遊びが好きな人．
yèzhàn【夜战】名 夜戦；〈転〉夜の残業．夜なべ．
yèzǒnghuì【夜总会】名 ナイトクラブ．
yè zǒu mài chéng【夜走麦城】〈成〉油断して失敗する．
yèzuò【夜作】名(～儿) 夜なべ．夜業．

咽
yè H 声が詰まる．¶哽gěng～ / 涙にむせぶ．異読⇨yān,yàn
yèqì【咽泣】動 むせび泣く．

晔（曄）
yè 名〈書〉光．

烨（燁·爗）
yè H ①火の光；日の光．②輝く．

掖
yè H 人の腕をとって助ける；援助する．抜擢(ばってき)する．¶扶～ / 支える；引き立てる．異読⇨yē

液
yè H 液体．汁．¶汁～ / 液汁．¶血xuè～ / 血液．
yèguǒ【液果】名〈植〉液果．
yèhuà【液化】動 液化する．¶～石油气 / LPガス．
yèhuàqì【液化气】名 液化ガス．
yèhuàrè【液化热】名〈物〉液化熱．
yèhuà xiànxiàng【液化现象】名〈環境〉液状化現象．
yèjīng【液晶】名〈物〉液晶．
yèjīng diànshì【液晶电视】名 液晶テレビ．
yèjīng xiǎnshìqì【液晶显示器】名〈電算〉液晶ディスプレイ．LCD．
yèlěng【液冷】名〈機〉液冷．
yèlì【液力】名〈機〉水力．
yèpào【液泡】名〈生〉液胞．空胞．
yètài【液态】名〈物〉液態．
yètǐ【液体】名 液体．
yèyājī【液压机】名〈機〉液体で圧力を伝導する機械．

谒
yè H（目上の人に）面会する．¶拜～ / 拝謁する．¶进～ / お目にかかる．
yèjiàn【谒见】動 謁見する．

腋
yè H ①わき(の下)．¶→～臭chòu．②葉腋(ようえき)．¶→～芽．
yèchòu【腋臭】名 わきが．
yèmáo【腋毛】名 わき毛．
yèshēng【腋生】名〈植〉腋生(えきせい)．
yèwō【腋窝】名 わきの下のくぼみ．
yèxià【腋下】名 わきの下．
yèyá【腋芽】名〈植〉腋芽(えきが)．わき芽．

馌
yè 動〈書〉田畑で働いている農夫に食物を送り届ける．

靥（靨）
yè H えくぼ．¶笑～ / えくぼ．笑顔．
yèwō【靥窝】名 えくぼ．

yi（丨）

yī ❶数 1 いち．ひと(つ)．第一(の)．¶～本杂志 / 雑誌 1 冊．¶纺织～厂 / 第一紡績工場．2 同じ．¶这不是～回事 / それは別の事だ．3 いっぱいの．まるまる全体の．¶～身冷汗 / 体中びっしょりの冷や汗．4 別の．¶故宫～名紫禁城 / 故宮またの名を紫禁城という．5（1回のすばやい動作を表し）さっと．ぱっと．¶～脚把他踢倒tīdǎo了 / 彼をぱっとけ倒した．6（短時間あるいは1回だけ試みることを表し）ちょっと．少し．¶等～等 / ちょっと待ちなさい．

❷副 1（多く"一…就…"の形で用い）…すると…．¶～看就明白 / 見ればすぐにわかる．2（知覚・調査を表す動詞を後ろにとって）…してみると…だ(った)．¶医生～检查,果然是肺炎 / 医者が診察してみると,思っていたとおり肺炎だった．3 万一．もしも．¶～有什么消息,请马上告诉我 / 万一情報が入ったら,すぐ私に教えてください．

▶ 序数や年月日や単語の最後・文末にきた場合など本来の声調(第 1 声)で発音すべき場合を除き,後に第 4 声(軽声になったものも含む)の音節が続く時には第 2 声に,後にそれ以外の声調(第 1 声・第 2 声・第 3 声)の音節が続く時には第 4 声に変えて発音される．また,電話番号やルーム・ナンバーなどでは"一"と表記されていても,"七qī"と発音が混同しないように"幺yāo"と読みかえることがある．

❸助〈書〉《語気を強めるのに用いる》

❹名(低音のシに当たる)中国民族音楽の音階の一．

yī bǎ shǒu【一把手】〈慣〉1 仲間の一員．2 やり手．腕利き．3 最高責任者．トップ．

yī bǎ sǐ ná【一把死拿】〈慣〉(～儿)〈方〉古い方法に固執して融通がきかないこと．

yī bǎ zhuā【一把抓】〈慣〉1 何もかも一手に引き受ける．2 何もかも一緒くたにする．

yī bǎi bā shí dù【一百八十度】〈慣〉態度が大きく変わる．

yībǎiwǔ【一百五】名 冬至から105日目の"寒食节"の別称．

yībǎiyī【一百一】〈慣〉〈方〉申し分のないさま．

yī bài rú shuǐ【一败如水】〈成〉軍隊が収拾できないほどに大敗を喫する．

yī bài tú dì【一败涂地】〈成〉再び立ち上がれないほどひどく負ける．

yībān【一般】1 形 同じような,普通の…,一般に．¶姉妹俩～高〔×～矮〕/ 姉妹二人は背の高さが同じだ．2 助(まるで)…のようだ．¶没有一点儿风,湖水像镜面～地平静 / 風が全くなく,湖水はまるで鏡のように静かだ．

yībān【一斑】名 全体の一部分．

yībānhuà【一般化】動 一般化する；あいまいにする．特色をなくす．

yībān jiànshi【一般见识】自分より程度の低い者をまともに相手にする．

yī bǎn yī yǎn【一板一眼】〈成〉言葉遣いや行いが正確できちんとしている．

yībàn【一半】名(～儿)半分．

yī…bàn…【一…半…】〈型〉同義あるいは類義の二つの名詞成分を組んで,「少しばかり」の意味を表す．

yībàntiān【一半天】名〈口〉一両日；ごく近いうち．

yībāngzi【一帮子】名〈譏〉一味．一群．

yī bāo zài nèi【一包在内】〈成〉全部含まれている．一切を含めて．

yī bào huán yī bào【一报还一报】〈諺〉相手に悪く出れば必ずその報いがある．

yībèizi【一辈子】名〈口〉一生．一生涯．

yī běn wàn lì【一本万利】〈成〉わずかな資本で巨利を占める．

yī běn zhèng jīng【一本正经】〈成〉まじめくさっている．

yī bíkǒng chū qì【一鼻孔出气】〈慣〉〈貶〉気脈を通じる．ぐるになっている．

yī bǐ bù gǒu【一笔不苟】〈成〉(文字や絵をかくのに)真剣である．

yī bǐ dài guò【一笔带过】〈成〉(ある事柄に)簡単にふれる．

yī bǐ gōu xiāo【一笔勾销】〈成〉一切を帳消しにする．水に流す．

yī bǐ mǒ shā【一笔抹杀】〈成〉(成績や長所を)軽々しく全部否定する．

yībì【一壁】副〈近〉("一壁…一壁…"の形で)…しながら…する．

yībìxiāng【一壁厢】→yīpáng【一旁】

yī bì zhī lì【一臂之力】〈成〉わずかばかりの助力．

yībiān【一边】(～儿)1 方位 片方．一方．2 副…しながら…する．¶他们～喝茶,～研究问题 / 彼らはお茶を飲みながら問題を検討している．

yībiān dǎo【一边倒】〈慣〉1（対立する両者の)一方だけに傾く．2（一つのものにのみ)専念する．

yībiān…, yībiān…【一边…,一边…】→yībiān【一边】2

yī biǎo ér guò【一表而过】〈成〉簡単に言及するだけで詳しいことを言わない．

yī biǎo fēi fán【一表非凡】〈成〉風貌がひときわすぐれている．

yī biǎo rén cái【一表人才】〈成〉立派な容貌を持つひとかどの人物．

yī bǐng dà gōng【一秉大公】〈成〉すべての人に対して公正無私である．

yībìng【一并】副 一緒に．合わせて．

yī bìng bù qǐ【一病不起】〈成〉病気で死ぬ〔寝たきりになる〕．

yībōr【一拨儿】㊔ 一団. 一群.

yī bō sān zhé【一波三折】〈成〉幾多の曲折を経ること.

yī bō wèi píng, yī bō yòu qǐ【一波未平,一波又起】〈成〉一難去ってまた一難.

yī…bù…【一…不…】〈型〉 1 (前後とも単音節の動詞を当て)一度…すれば決して…しない. ¶→～蹶jué～振. 2 (前に名詞,後に動詞を当て)一つも…しない. ¶→～言～发. 3 (前後に同じ動詞を当て)少しも…しない. ¶→～动～动.

yī bù dào wèi【一步到位】〈成〉一足飛びに目的を達成する.

yī bù dēng tiān【一步登天】〈成〉いきなり出世する.

yī bù pà kǔ, èr bù pà sǐ【一不怕苦,二不怕死】〈成〉苦しみも死も恐れない.

yī bù yī ge jiǎoyìn【一步一个脚印】〈慣〉(～儿)仕事ぶりが几帳面である.

yī bù zuò, èr bù xiū【一不做,二不休】〈成〉やり出したからにはとことんやる.

yīcéng【一层】㊔(事の)一端,一点.

yī chā èr cuò【一差二错】〈成〉不意の出来事.

yīchànà【一刹那】㊔ 一瞬間.

yīchàn【一刬】㊓ 1 〈方〉全部. すべて. 2 〈近〉ひたすら;いつも.

yī cháng kōng【一场空】〈慣〉希望や努力が水泡に帰す.

yī chàng bǎi hè【一倡百和·一唱百和】〈成〉一人が提唱すると多くの人がそれに同調する.

yī chàng yī hè【一唱一和】〈成〉一人が言うともう一人がそれに同調する.

yī cháo tiānzǐ yī cháo chén【一朝天子一朝臣】〈諺〉新しい長が来ると部下も全部新しくなる.

yī chén bù rǎn【一尘不染】〈成〉 1 清潔でちり一つない. 2 (人が)純潔で悪習に全然染まっていない.

yī chéng bù biàn【一成不变】〈成〉いったん出来上がってしまうと永久に変わらない.

yīchéngzi【一程子】㊔〈方〉しばらくの間.

yī chóu【一筹】㊔ 一手. 一段.

yī chóu mò zhǎn【一筹莫展】〈成〉手も足も出ない.

yī chù jí fā【一触即发】〈成〉一触即発.

yī chù jí kuì【一触即溃】〈成〉ちょっと触るだけでつぶれてしまう.

yī chuí dìng yīn【一锤定音】〈成〉鶴の一声. ▲"一槌定音"とも.

yī chuízi mǎimai【一锤子买卖】〈慣〉1回だけのかかわり合い;後のことを考えない行動.

yīcì fāngchéngshì【一次方程式】㊔〈数〉一次方程式.

yī cì néngyuán【一次能源】㊔ 自然エネルギー源.

yīcìxìng【一次性】㊒ 1 回限りの;使い捨ての. ¶～筷子 / 割り箸.

yīcóng【一从】㊞…から. …より.

yī cù ér jiù【一蹴而就】〈成〉やすやすと成功する.

yī cùn dān xīn【一寸丹心】〈成〉真心. 忠誠心.

yīcùn guāngyīn yīcùn jīn【一寸光阴一寸金】〈諺〉時は金なり.

yī dā liǎng yòng【一搭两用】〈成〉(～儿)一つの物が二つの用途に使える.

yī dà èr gōng【一大二公】〈成〉規模が大きく,財産が公有制である.

yīdàzǎor【一大早儿】㊔ 明け方. 早朝.

yīdài【一代】㊔ 1 一つの王朝が統治する年代. 2 ある時代;当代. 3 人の一生;家系の一代.

yīdài【一带】㊔ 一帯. ¶这～很清静 / このあたりは静かだ.

yīdàn【一旦】❶㊓ 1 ひとたび…すると. いったん. 2 …した以上. ❷㊔ 一朝. 一日.

yī dāo liǎng duàn【一刀两断】〈成〉きっぱりと関係を断ち切る.

yīdāoqí【一刀齐】→ yīdāoqiē【一刀切】

yīdāoqiē【一刀切】〈慣〉(実情を無視して)画一的に処理する.

yīdào【一道】㊓(～儿)〈方〉一緒に. ¶～走 / 一緒に行く.

yī dé zhī gōng【一得之功】〈成〉偶然の取るに足りない手柄.

yī dé zhī yú【一得之愚】〈成〉〈謙〉愚見. 卑見.

yīděng【一等】㊒ 一等の. 最高の.

yī diǎn jiù tòu【一点就透】〈成〉一を聞いて十を知る.

yīdiǎnr【一点儿】㊔ 1 少しばかり. ¶别客气,再喝～吧 / ご遠慮なさらず,もっと飲んでください. 2 少し. ちょっと. ¶这个菜辣～ / この料理は少し辛い. 3 少しも(…ない). ¶～也不快 / ちっとも速くない.

yī diǎn yī dī【一点一滴】〈成〉少しずつ.

yīdīngdiǎnr【一丁点儿】㊒〈方〉 1 ほんの少しの. 2 非常に小さい.

yīdìng【一定】❶㊓ 1 必ず. きっと. どうしても. ¶你明天～要来啊! / あす必ず来なさいよ. ¶我不～来 / 私は来ないかもしれない. 2 疑いなく. 確かに. ❷㊒《連体修飾にのみ用いる》定められた;ある程度の. 一定の. ¶取得了～的成绩 / 一定の業績を収める.

yī dìng zhī guī【一定之规】〈成〉一定の決まり. 定見.

yīdòng【一动】㊓(～儿)ややもすれば. どうかすると.

yī dòng bù dòng【一动不动】びくともしない. 少しも動かない.

一
Y

yīdù【一度】副 一時．かつて一度(…した)．

yīduān【一端】名〈書〉(物事の)一面，一端．

yīduōbàn【一多半】名(～儿) 過半数．

yīduǒhuā【一朵花】〈慣〉容貌や才能に秀でた人物；すぐれた事物．

yī…ér…【一…而…】〈型〉前後とも単音節の動詞を当てて，前の動作がすぐに結果を生み出したことを表す．¶→～扫sǎo～光．

yī ér zài, zài ér sān【一而再，再而三】〈成〉再三再四．

yī'èr【一二】名 一つ二つ；少しばかり．

yī…èr…【一…二…】〈型〉2 音節の形容詞を当てはめ，その意味を強調する．¶→～干gān～净．¶～清～楚chǔ/ 非常にはっきりしている．

Yī'èr-Jiǔ yùndòng【一二・九运动】名〈史〉十二・九運動．▶1935年に起きた北京の抗日運動．

yīfā【一发】副 **1** ますます．いよいよ．**2**(あわせて)一緒に．

yī fà qiān jūn【一发千钧】〈成〉危機一髪．

yī fān fēng shùn【一帆风顺】〈成〉順風満帆．

yī fǎn cháng tài【一反常态】〈成〉がらりと態度を変える．

yīfāng【一方】名 一地方．

yīfāngmiàn【一方面】接続 一方では…，他方では…．…する一方．¶～要肯定成绩，另～也要承认不足 / 成果を評価するとともに，足りない点も認めなければならない．

yī fēn qián yī fēn huò【一分钱一分货】〈諺〉品が変われば値段も変わる．

yī fēn wéi èr【一分为二】〈成〉一つのものが二つのものに分かれる；いかなる事物にも二つの面がある．

yīfēnzhōng xiǎoshuō【一分钟小说】名 ショート・ショート．

yī fēng chuī【一风吹】〈慣〉全部ご破算にする．

yī fū dāng guān, wàn fū mò kāi【一夫当关，万夫莫开】〈成〉地勢が極めて険しく攻めにくい．

yīgài【一概】副 すべて．一切．全部．

yī gài ér lùn【一概而论】〈成〉一律に論じる．

yīgān【一干】形 ある事件に関係のある．¶～人犯 / 犯人一味．

yī gān èr jìng【一干二净】〈成〉たいへんきれいである．

yīgānzi chā dàodǐ【一竿子插到底】〈諺〉始めたら最後までやり抜く．

yīgègè【一个个】名 一つ一つ；一人一人；どれもこれも；だれもかれも．

yī ge bāzhang pāibuxiǎng【一个巴掌拍不响】〈諺〉けんかは双方が悪い．

yīgediǎn【一个点】副(～儿)〈方〉絶え間なく．

yī ge hǎohàn sān ge bāng【一个好汉三个帮】〈諺〉どんな有能な人も他人の助けが必要である．

yī ge héshang tiāo shuǐ chī【一个和尚挑水吃】〈歇〉(多く後ろに"两〔二〕个和尚抬水吃，三个和尚没水吃"と続き)人数が多すぎるとかえってうまくいかない．

yīgejìnr【一个劲儿】副〈口〉ひたすら．一途に．

yī ge luóbo yī ge kēng【一个萝卜一个坑】**1** それぞれ持ち場が決まっている．**2** やり方が堅実である．

yī ge péngyou yī tiáo lù, yī ge yuānjia yī dǔ qiáng【一个朋友一条路，一个冤家一堵墙】〈諺〉友人は一人でも多く，敵は一人でも少ないほうがよい．

yī ge sài yī ge【一个赛一个】どれもこれもすぐれている．

yī ge xīnyǎnr【一个心眼儿】〈慣〉**1** 一心に．ひたすら．**2** 融通がきかない．**3** 心が一つである．

yīgōngr【一工儿】名〈方〉ある種の芸事(の一流儀)．

yīgòng【一共】副 合わせて．全部で．¶～多少钱？/ 全部でいくらですか．

yīgǔfēng【一股风】〈慣〉一過性のさま．

yīgǔjìnr【一股劲儿】副 ひと息に．一気に．

yīgǔnǎor【一股脑儿】副〈方〉全部．残らず．▲"一古脑儿"とも．

yī gǔ zuò qì【一鼓作气】〈成〉張り切って一挙に物事を成し遂げる．

yīguàn【一贯】形 ずっと変わらない．一貫している．

yī gùnzi dǎsǐ【一棍子打死】〈慣〉全面的に否定する．

yīguōduān【一锅端】〈慣〉**1** 根こそぎ持っていく；全部消滅させる．**2**(意見などを)余すところなく出す．

yīguōzhōu【一锅粥】〈慣〉混乱したさま．

yīguōzhǔ【一锅煮】〈慣〉ごちゃごちゃにする．

yīguó liǎngzhì【一国两制】名〈政〉一国二制度．

yī guó sān gōng【一国三公】〈成〉指図する者が多くて命令の統一がとれない．

yī hǎo bǎi hǎo【一好百好】〈成〉一つよい点があるとすべてがよく見える．

yīhào【一号】名〈婉〉〈俗〉トイレ．

yīhào diànchí【一号电池】名 単一型乾電池．

yī hòng ér jí【一哄而集】〈成〉多くの人がどっと集まる．

yī hòng ér qǐ【一哄而起】〈成〉多くの人がわっと立ち上がる；暴動を起こす．

yī hòng ér sàn【一哄而散】〈成〉多くの人がわっと騒いですぐ散らばる．

yī hū bǎi nuò【一呼百诺】〈成〉取

り巻きが多い.

yī hū bǎi yìng【一呼百应】〈成〉呼応する人が多い.

yīhūr【一忽儿】〈方〉**1** 名 少しの間. **2** 副(“一忽儿…一忽儿…”の形で)…したり…したり.

yī huán kòu yī huán【一环扣一环】〈慣〉一つの過程が他の過程と緊密につながっている.

yīhuǎng【一晃】動(～儿)さっと動く. ちらっと現れる.

yīhuàng【一晃】副(～儿)いつのまにか. いつしか.

yī huī ér jiù【一挥而就】〈成〉文章をすばやく書き上げるさま.

yī huí shēng, èr huí shú【一回生,二回熟】〈諺〉**1** 初対面のときは知り合いでなくても,再会すれば友人となる. **2** 初めは不慣れでも,2度目は上手になる.

yī huí shì【一回事】(～儿)**1** 同じこと. **2** 一つのこと.

yīhuìr【一会儿】❶名 ちょっとの間;しばらく. ¶再坐～吧 / もっとゆっくりしてください.
❷副 **1** すぐ. まもなく. ¶他～就来 / 彼はすぐ来ます. **2**(“一会儿…一会儿…”の形で)…したかと思うと…する. ¶天气～晴～阴 / 晴れたかと思えばまたすぐ曇る.

yījí shìchǎng【一级市场】名〈経〉(株や不動産の)一次取引市場.

yījǐ【一己】名 自分;個人.

yī jì zhī cháng【一技之长】〈成〉一芸に秀でる.

yījiārén【一家人】名 家族;〈慣〉内輪の者. 仲間.

yī jiā zhī yán【一家之言】〈成〉(個人あるいは学派の)独自の見解.

yījiāzi【一家子】名 **1** 一家. 家庭. **2** 家族全体.

yī jiàn qīng xīn【一见倾心】〈成〉一目ぼれをする.

yī jiàn rú gù【一见如故】〈成〉初対面なのに古くからの知り合いのように意気投合する.

yī jiàn shuāng diāo【一箭双雕】〈成〉一石二鳥.

yī jiàn zhī dì【一箭之地】名 目と鼻の先.

yī jiàn zhōng qíng【一见钟情】〈成〉一目ぼれをする.

yījiǎo【一角】名(～儿)**1** 物のひと切れ. **2** 仕事の一部分.

yījiè【一介】形〈書〉**1** 一介の. 一人の. **2** 少し.

yījīng【一经】接続 一度…したら.

yījìng【一径】副 **1** まっすぐに. ひたすら. **2**〈方〉ずっと.

yī…jiù…【一…就…】〈型〉…するとすぐ;…すると必ず. ¶～看～明白 / 見ればすぐわかる.

yījǔ【一举】**1** 副 一挙に. いっぺんで. **2** 名(一回の)行動.

yī jǔ liǎng dé【一举两得】〈成〉一挙両得.

yī jù huà【一句话】〈慣〉**1** ひと言で言えば. **2** ずばり言って. **3** きっぱり約束する. **4**(事の成否・決定のかかる)ひと言.

yījué【一绝】形〈書〉絶妙である. 唯一無二の.

yī jué bù zhèn【一蹶不振】〈成〉一度の失敗で立ち直れなくなる.

yī jué cí xióng【一决雌雄】〈成〉雌雄を決する.

yīkǎtōng【一卡通】名〈経〉(複数の機能をもった)マルチICカード.

yī kàn èr bāng【一看二帮】〈成〉見守りながら援助の手を差しのべる.

yī kē shùshang diàosǐ【一棵树上吊死】〈慣〉行き詰まった状況下でも自分の考えに固執し,打開策を講じない.

yīkè【一刻】名 わずかな時間.

yī kè qiān jīn【一刻千金】〈成〉時間は貴重であること.

yīkōng【一空】名 すっからかん.

yī kǒng zhī jiàn【一孔之见】〈成〉見識が狭く偏っていること.

yīkǒu【一口】**1** 形(発音やアクセントなどが)生粋の,混じり気のない. **2** 副 きっぱりと. 断固として. **3** 名 ひと口.

yīkǒujià【一口价】名 掛け値なしの価格.

yīkǒuqì【一口气】(～儿)❶名 **1** 息. 息の根. **2** 怒り. ❷副 ひと息に. 一気に.

yīkǒuzhōng【一口钟】名〈方〉マント.

yīkuàir【一块儿】**1** 副 一緒に. ¶他们俩每天～上学 / 彼ら二人は毎日一緒に学校へ行く. **2** 名 同じ場所. ¶两个人说不到～ / 二人は話が合わない.

yī kuài shítou luò dì【一块石头落地】〈慣〉胸をなで下ろす;胸のつかえがとれる.

yīlāpíng【一拉平】名 一律平等.

yīlái【一来】**1** 接続 一つには. ¶我喜欢青岛,～那儿风景美,二来气候好 / 私はチンタオが好きだ. なぜなら,一つにはそこの景色がきれいなこと,二つには気候がよいからである. **2** 動 …すると…(になる). ¶这么～,问题就解决了 / こうして問題は解決された.

yī lái èr qù【一来二去】〈成〉そうこうするうちに. だんだんと.

yīlǎn【一览】名 一覧. 便覧.

yīlǎnbiǎo【一览表】名 一覧表.

yī lǎn wú yú【一览无余】〈成〉一望に収める.

yīlǎnzi【一揽子】形〈口〉一括した. 包括的な.

yī láo yǒng yì【一劳永逸】〈成〉一度苦労すれば後は楽ができる.

yīlèi shāngpǐn【一类商品】名 一類商品. ▶経済改革以前に,国家が統一買い付け・統一販売をしていた重要

生活物資.

yīlèng【一愣】動 ぎょっとする．はっとする．

yīlì【一力】副 全力で．

yīlì【一例】副 一律に；同様に．

yī lì lǎoshǔ shǐ【一粒老鼠屎】〈歇〉(“搞坏一锅粥”と続き)わずかな傷でも全体に影響しだめにしてしまう．

yīlián【一连】副 引き続き．続けざまに．

yīliánchuàn【一连串】形(〜儿)ひと続きの．一連の．続けざまに．

yīliánqì【一连气】副(〜儿)〈方〉続けざまに．一気に．

yī liǎo bǎi liǎo【一了百了】〈成〉 **1** 主なことさえ解決すれば他はそれにつれて解決する． **2** 死んだら何もかも終わりである．

yī lín bàn zhǎo【一鳞半爪】〈成〉物事の断片．

yīlíngr【一零儿】名〈方〉端数．はした金．

yīliú【一流】**1** 名 同類．同じ仲間． **2** 形 一流の．

yīliùfēng【一溜风】〈慣〉とても速く走るさま．

yīliùr【一溜儿】名〈口〉**1** ひと並び．1列． **2** 付近；一帯．

yīliùr wāixié【一溜儿歪斜】〈慣〉〈方〉よろめくさま．よろよろと歩くさま．

yīliùyān【一溜烟】〈慣〉(〜儿)一目散に．さっと．

yīlù【一路】❶名 **1** 道中．途中． **2** 同類． **3** 1列． ❷副 **1** 一緒に． **2** 〈方〉ひたすら．一途に．

yīlùhuò【一路货】〈慣〉同じ穴のムジナ．

yī lù píng ān【一路平安】〈成〉〈套〉道中のご無事をお祈りします．

yīlùshang【一路上】名 道中．途中．

yī lù shùn fēng【一路顺风】〈成〉〈套〉道中ご無事で．

yīlǜ【一律】**1** 副 すべて．一律に．¶ 〜凭票入场 / チケットなき者は一切入場お断り． **2** 形 同じである．一様である．

yī luò qiān zhàng【一落千丈】〈成〉(地位・評判・景気などが)急激に低落する．

yī mǎ dāng xiān【一马当先】〈成〉率先して事を行う．

yī mǎ píng chuān【一马平川】〈成〉一望千里の平原．

yīmǎshì【一码事】名(〜儿)同じ事柄．

yī mài xiāng chuán【一脉相传】〈成〉一つの血統や思想・流派が代々受け継がれる．

yī màn èr kàn sān tōngguò【一慢二看三通过】〈諺〉無難なやり方をする．

yī máo bù bá【一毛不拔】〈成〉ひどくけちである．

yīmàor【一冒儿】動〈方〉ちょっと顔を出す．

yī mén xīnsi【一门心思】〈慣〉一心に．一途に．

yīmǐxiàn【一米线】名 1メートルライン．ストップライン．

yīmiàn【一面】**1** 方位 一つの面．側． **2** 名 一方．ある部門．一つの方面． **3** 副 …ながら．¶ 〜走,〜唱 / 歩きながら歌う．

yī miànr lǐ【一面儿理】名 一面の理．偏った理屈．

yīmiàn…, yīmiàn…【一面…,一面…】→yīmiàn【一面】3

yī miàn zhī cí【一面之词】〈成〉一方の申し立て．片方の言い分．

yī miàn zhī jiāo【一面之交】〈成〉一面識．ごく浅い付き合い．

yī miàn zhī yuán【一面之缘】〈成〉一度会っただけの間柄．

yī míng bù shì【一瞑不视】〈成〉死ぬこと．

yī míng jīng rén【一鸣惊人】〈成〉一度やりだすと人を驚かすようなすばらしい成績を上げる．

yī mìng guī yīn【一命归阴】〈成〉あの世へ行く．

yī mìng wū hū【一命呜呼】〈成〉おだぶつになる．死ぬ．

yī mú yī yàng【一模一样】〈成〉よく似ている．瓜二つ．

yī mù liǎo rán【一目了然】〈成〉一目瞭然．

yī mù nán zhī【一木难支】〈成〉一人だけで重任を果たすのは難しい．

yī mù shí háng【一目十行】〈成〉本を読むのがきわめて速い．

yī nǎi tóng bāo【一奶同胞】〈成〉実の兄弟．

yī nián bàn zǎi【一年半载】〈成〉一年そこそこ；一年足らず．

yī nián dào tóu【一年到头】(〜儿) **1** 名 一年中． **2** 〈慣〉満一年になる；年の暮れになる．

yīniánshēng【一年生】名〈植〉一年生．

yīnián sìjì【一年四季】名 一年中．

yī nián zhī jì zàiyú chūn【一年之计在于春】〈諺〉一年の計は元旦にあり．

yī niàn zhī chā【一念之差】〈成〉最初のちょっとした心得違いや誤った考え．

yī nuò qiān jīn【一诺千金】〈成〉約束は必ず守り信用がおける．

yī pāi jí hé【一拍即合】〈成〉たちまち同調する；簡単に調子を合わせる．

yīpài【一派】**1** 名 一派．一つの流派． **2** あたり一面の〔に〕．

yīpánqí【一盘棋】〈慣〉連係して一体となる．全局的にまとまる．

yī pán sǎn shā【一盘散沙】〈成〉団結していない状態．

yīpáng【一旁】方位 そば．かたわら．

yī pào dǎ xiǎng【一炮打响】〈成〉一回で大きな成功をおさめる．

yīpiān【一偏】形 偏っている．

yī piàn bīng xīn【一片冰心】〈成〉清廉純真で,栄華富貴に心を動かさない.

yīpiē【一瞥】**1** 動 一瞥(いちべつ)する. **2** 名 一瞥した概況. 概観.

yī pín rú xǐ【一贫如洗】〈成〉ひどく貧しいさま.

yīpǐnguō【一品锅】名〈料理〉**1**(宴席の)鍋料理. **2** 寄せ鍋用の鍋.

yīpǐnhóng【一品红】名〈植〉ポインセチア.

yī píng èr diào【一平二调】〈成〉一に均等,二に徴用. 平均主義と無償調達.

yī póu huángtǔ【一抔黄土】〈慣〉墓. 土まんじゅう.

yī póu tǔ【一抔土】〈慣〉墓. 土まんじゅう.

yī pù shí hán【一曝十寒】〈成〉努力が長続きしない.

yīqí【一齐】副 一斉に. みんなそろって;同時に.

yīqǐ【一起】**1** 副 一緒に(…する). ¶我不跟他～走 / 私は彼と一緒には行かない. **2** 名 同じ場所. 同じ所. ¶我跟他住在～ / 私は彼と一緒に住んでいる.

yīqì【一气】**❶** 副(～儿)ひと息に. **❷** 名〈貶〉**1** ぐるになること. **2** ひとしきり.

yī qì hē chéng【一气呵成】〈成〉**1** 文章の勢いや文脈が首尾一貫していること. **2** 物事をひと息にやり遂げる.

yīqiāng【一腔】形 心からの. 心に満ち満ちた.

yī qiāo wā kǒu jǐng【一锹挖口井】〈諺〉ものには段取りというものがあり,一気に事を成し遂げることは不可能だ.

yī qiào bù tōng【一窍不通】〈成〉ずぶの素人である;まったくの不案内である.

yīqiè【一切】代 一切の. すべての. あらゆる;一切の事物. ¶～手续都办好了 / 一切の手続きを済ませた.

yīqīngzǎor【一清早儿】名〈口〉早朝. 朝早く.

yī qióng èr bái【一穷二白】〈成〉経済的な立ち後れと文化的な空白.

yī qiū zhī hé【一丘之貉】〈成〉同じ穴のムジナ.

yī qù bù fù fǎn【一去不复返】〈成〉永遠に過去のものとなる.

yīrénbān【一人班】名 一人芝居;〈転〉一人でいろいろな仕事を切り回す.

yī rén dé dào, jī quǎn shēng tiān【一人得道,鸡犬升天】〈諺〉一人が権勢を得ると,その一族郎党までも出世する.

yīrèn【一任】動〈書〉許す. なすがままにさせる.

yī réng jiù guàn【一仍旧贯】〈成〉すべて旧来のしきたりにより事を行う.

yī rì qiān lǐ【一日千里】〈成〉進展が極めて速い.

yī rì sān qiū【一日三秋】〈成〉一日千秋.

yī rì wéi shī, zhōngshēn wéi fù【一日为师,终身为父】〈諺〉ひとたび師と仰げば,一生自分の父親のように大事にする.

yī rì zhī yǎ【一日之雅】〈成〉交際が極めて浅い.

yīrú【一如】動 すべて…と同じ.

yī rú jì wǎng【一如既往】〈成〉これまでと少しも変わらない.

yī sǎo ér guāng【一扫而光】〈成〉すっかり払いのける;きれいさっぱりなくなる.

yīsè【一色】名 **1** 同じ色. 一色. **2** 一つの種類. 同種.

yīshà【一霎】名 またたく間. 見る見るうち.

yīsháohuì【一勺烩】〈慣〉みそもくそも一緒くたにする.

yīshēn【一身】名 **1** 全身. 体中. **2** (～儿)(衣服の)ひとそろい. **3** 一人.

yī shēn liǎng yì【一身两役】〈成〉一人が同時に二つのことをする.

yī shēn shì dǎn【一身是胆】〈成〉極めて大胆で勇敢なこと.

yīshénjiào【一神教】名〈宗〉一神教.

yīshěn【一审】名〈法〉第一審.

yīshēng【一生】名 一生. 生涯.

yī shēng bù xiǎng【一声不响】〈成〉ひと言も言わない. 黙り込む.

yī shīzú chéng qiāngǔ hèn【一失足成千古恨】〈諺〉ふとしたまちがいが一生の悔いを残す.

yīshí【一时】**❶** 名 **1** ある時期. 一時. ¶此～彼～ / 今は今,あの時はあの時. **2** ここしばらく. 当分の間. **❷** 副 **1** とっさに. 急に. **2**(“一时…一时…”の形で)時には.

yīshí bànhuìr【一时半会儿】名 短い時間. 短期間.

yīshí bànkè【一时半刻】名 短い時間;しばらくの間.

yīshí yīkè【一时一刻】名 ちょっとの間;片時.

yīshì【一世】名 **1** 一生. 生涯. **2** 一つの時代.

yīshì【一事】名 **1**〈方〉同じ系統. **2**〈書〉…の件.

yī shì tóng rén【一视同仁】〈成〉すべてのものを平等に見る.

yī shì wú chéng【一事无成】〈成〉何事も成し遂げられない;一つとして成功しない.

yī shì yī, èr shì èr【一是一,二是二】〈慣〉非常に几帳面である.

yīshǒu【一手】**❶** 名(～儿)**1** 技能. 腕前. **2** 手;計略. **❷** 副 一手に;一人で.

yī shǒu yī zú【一手一足】〈成〉力が十分でないこと.

yī shǒu zhē tiān【一手遮天】〈成〉真実を隠して,大衆の目をごまかす.

yīshuǐr【一水儿】形〈方〉そろっている.

yīshùn【一瞬】名〈書〉またたく間. 一瞬の間.

yīshùnr【一顺儿】形(方向や順序が)そろっている.

yīshuō【一说】**1** 動(～儿)一説には. **2** 名 一説.

yīsī【一丝】形 極めて小さい. 少し.

yī sī bù gǒu【一丝不苟】〈成〉少しもいいかげんなところがない.

yī sī bù guà【一丝不挂】〈成〉一糸もまとわない. 真っ裸である.

yī sī yī háo【一丝一毫】〈成〉一分一厘;ごくわずか.

yīsǐr【一死儿】副〈方〉執拗に;何がなんでも.

yīsì【一似】動〈書〉まるで…のようだ.

yītāguāzi【一塌刮子】〈慣〉〈方〉 **1** 一緒くたに. **2** 全部ひっくるめて.

yī tā hú tú【一塌糊涂】〈成〉めちゃくちゃである.

yītāilù【一胎率】名 年間の新生児総数に占める第一子の割合.

yī tán sǐ shuǐ【一潭死水】〈成〉長いこと変化がない状態.

yītǐ【一体】名〈書〉 **1** 一体. **2** 全体.

yītǐhuà【一体化】動 一体化する.

yī tiān【一天】名 **1** 一日. **2** 朝から日暮れまで. **3** ある日. **4**〈方〉一日中. 終日.

yī tiān dào wǎn【一天到晚】〈成〉朝から晩まで. 一日中.

yītiáolóng【一条龙】〈慣〉 **1** 行列. 長蛇の列. **2**(作業の順序や仕事の)一本化.

yītiáoténgr【一条藤儿】〈慣〉ぐるになっている一味.

yītiáoxīn【一条心】〈慣〉心を一つにする.

yī tōng bǎi tōng【一通百通】〈成〉一つに通じればすべてに通じる.

yītóng【一同】副 一緒に. ¶～出发 / 一緒に出発する.

yītǒng【一统】動(国家を)統一する.

yī tòng【一通】名(～儿)ひとしきり. 1回.

yītóu【一头】❶ 副 **1**(～儿)〈方〉("一头…一头…"の形で)…ながら…する. **2** さっと. **3** 突然. **4** 頭からいきなり. **5**〈方〉一緒に.
❷名 **1**(～儿)一端. 片方. **2** 頭一つの高さ. **3**(～儿)〈方〉仲間.

yītóur chén【一头儿沉】〈慣〉 **1** 片そでの事務机. **2**(調停で)えこひいきする.

yītóu rè【一头热】〈慣〉片思い.

yī tóu wù shuǐ【一头雾水】〈成〉何がなんだかわけがわからないさま.

yī tǔ wéi kuài【一吐为快】〈成〉心の中をすっかり話してしまってさっぱりする.

yī tuán hé qì【一团和气】〈成〉 **1** 和気あいあいとしている. **2** 表面だけ調子を合わせる.

yītuánhuǒ【一团火】〈慣〉 **1**(心が)温かい. 燃えるようだ. **2** 腹立たしい;気性が荒い.

yī tuán luàn má【一团乱麻】〈成〉頭が混乱して気分がすっきりしない.

yī tuán qī hēi【一团漆黑】〈成〉 **1** 真っ暗やみ. **2** 全然見込みがない. 絶望的である.

yītuánzāo【一团糟】〈慣〉めちゃくちゃで収拾がつかない.

yī tuì liù èr wǔ【一退六二五】〈慣〉責任を逃れる;きれいさっぱり断る.

yī wǎn shuǐ duānpíng【一碗水端平】〈諺〉えこひいきせずに公平に扱う.

yī wǎng dǎ jìn【一网打尽】〈成〉一網打尽にする.

yī wǎng qíng shēn【一往情深】〈成〉感情を抑えきれないほど夢中になる;ひたすらあこがれる.

yī wǎng wú qián【一往无前】〈成〉(困難にめげずに)勇往邁進(まいしん)する.

yī wàng wú jì【一望无际】〈成〉見渡す限り果てしがない.

yīwèi【一味】副 ひたすら. 一途に.

yī wén bù míng【一文不名】〈成〉文なし;びた一文ない.

yī wén bù zhí【一文不值】〈成〉一文の値打ちもない.

yī wèn sān bù zhī【一问三不知】〈成〉(何を聞かれても)知らぬ存ぜぬの一点張りである.

yīwōfēng【一窝蜂】〈慣〉大勢の人がわっと押し寄せるさま.

yīwú【一无】動 一つもない. 全然ない. ¶～所有 / 何も持たない.

yī wǔ yī shí【一五一十】〈成〉一部始終;細大漏らさず.

yī wù xiáng yī wù【一物降一物】〈諺〉どんな人でも必ずその上手(うわ)がいる;上には上がある.

yī wù zài wù【一误再误】〈成〉 **1** 再三にわたり過ちを犯す. **2** 再三引き延ばす.

yī xī shàng cún【一息尚存】〈成〉息の続く限り;命のある限り.

yī xí huà【一席话】名 一席の話.

yī xí zhī dì【一席之地】〈成〉 **1** 猫の額ほどの狭い場所. **2** 低い地位.

yīxìliè【一系列】形 一連の. ひとつながりの.

yī xià【一下】(～儿)(動詞の後に用いて)ちょっと(…する). ¶你等～ / ちょっと待って.

yīxià【一下】副(～儿·～子)すぐに. いきなり. 一遍で. ¶问题～就解决了 / 問題が一挙に解決された.

yīxiàzi【一下子】→yīxià【一下】

yīxiàn【一线】名 **1** 一縷(いちる). ひと筋. **2** 第一線.

yī xiāng qíng yuàn【一相情愿·一厢情愿】〈成〉独りよがりの考え. 一方的な願望.

yīxiàng【一向】❶副 今までずっと;

平素から．**2** その後；先回会って以来．**2**名《過去または現在の一時期》…のころ，あのころ；このところ．

yī xiǎo cuō【一小撮】ひと握りの；取るに足らない．

yīxiǎor【一小儿】副〈方〉幼いときから．

yī xiào zhì zhī【一笑置之】〈成〉一笑に付す．

yīxiē【一些】名 **1** 少し．わずか(ばかり)．¶我手里的钱，只有这～了 / 手持ちのお金はこれっぽっちだ．**2** いくつかの．何回か．

yīxiēge【一些个】名 一部；少数．

yī xiè bùrú yī xiè【一蟹不如一蟹】〈諺〉段々と悪くなること．

yī xiè qiān lǐ【一泻千里】〈成〉文筆などの勢いが奔放である．

yīxīn【一心】**1** 副 一心に．一途に．**2**動 心を一つにする．

yīxīn【一新】動 まったく新しくなる．一新する．

yī xīn yī dé【一心一德】〈成〉みなが心を一つにする．

yī xīn yī yì【一心一意】〈成〉一意専心．一心不乱に．

yī xīng bàn diǎn【一星半点】〈成〉(～儿)ほんのわずか．ちょっぴり．

yīxīngr【一星儿】名 ちょっぴり．ほんの少し．

yīxíng【一行】名 一行(ぎょう)．

yī yán bù fā【一言不发】〈成〉ひと言もものを言わない．

yī yán chāo bǎi zǒng【一言抄百总】〈成〉ひと言で言えば．

yī yán jì chū, sì mǎ nán zhuī【一言既出，驷马难追】〈成〉一度口にした言葉は取り消すことができない．

yī yán nán jìn【一言难尽】〈成〉ひと言では言い尽くせない；簡単には言い表せない．

yīyántáng【一言堂】〈慣〉**1**(旧時，商店の扁額に書かれた文句)当店は掛け値なし．**2** 人にものを言わせず，自分の意見を押し通すやり方．

yī yán wéi dìng【一言为定】〈成〉一度約束した以上は反故(ほ)にはしない．

yī yán yǐ bì zhī【一言以蔽之】〈成〉ひと言で言えば．

yīyǎnghuàdàn【一氧化氮】名〈化〉一酸化窒素．

yīyǎnghuàtàn【一氧化碳】名〈化〉一酸化炭素．

yīyǎnghuàwù【一氧化物】名〈化〉一酸化物．

yīyàng【一样】**1** 形 同じだ．違いがない．¶她还是跟从前～漂亮 / 彼女は今も昔と同じようにきれいだ．**2** 助 …のようだ．¶火车飞～地从桥上驶过 / 汽車は飛ぶように橋を走り抜けた．

yī…yě…【一…也…】〈型〉**1** 一つも…(しない)．¶～句话～不说 / ひと言も言わない．**2** 少しも…(しない)．¶～看～没看 / ちらっとも見ようとしなかった．

yī yè bì mù, bù jiàn tài shān【一叶蔽目，不见泰山】〈成〉局部的な現象に惑わされて，全体がはっきり見通せない．

yīyèqíng【一夜情】名 一夜限りの契り．

yī yè zhī qiū【一叶知秋】〈成〉わずかな兆しから事物の発展の方向を予想できる．

yīyī【一一】副 いちいち．一つ一つ．

yī…yī…【一…一…】〈型〉《成語(形式の語)をつくる》[全体]¶～生～世 / 一生一代．[ごくわずか]¶～草～木 / 1本の草や木までも．[対照]¶～龙～猪 / 才能のある人と能なし．[関係]¶～本～利 / 元金と利子が等しい．[連続]¶～歪～扭 / こっちへよろよろ，あっちへよろよろ．[対応]¶～问～答 / 一問一答．[相反する方角・状況]¶～上～下 / 一つは上，一つは下．

yī yī dài shuǐ【一衣带水】〈成〉狭い川や海に隔てられているが，それが互いの往来の妨げとはならない．

yī yì gū xíng【一意孤行】〈成〉独断専行する．

yīyīng【一应】形 一切の．すべての．¶～俱全 / すべてそろっている．

yīyú【一隅】〈書〉**1** 名 隅(す)．角(か)．**2**形 一方に偏っている．

yī yú sān fǎn【一隅三反】〈成〉一つのことから類推して多くを知る．

yī yǔ dào pò【一语道破】〈成〉ひと言で喝破する．図星をさす．

yī yǔ pò dì【一语破的】〈成〉ひと言でずばりと問題点を言い当てる．

yī yǔ shuāng guān【一语双关】〈成〉一つの言葉に表と裏の二つの意味が含まれている．

yīyuán fāngchéng【一元方程】名〈数〉一元方程式．

yīyuánhuà【一元化】動 一元化する．

yīyuánlùn【一元论】名〈哲〉一元論．

yīyuánsuān【一元酸】名〈化〉一塩基酸．

yīyuànzhì【一院制】名〈政〉一院制．

yīyuè【一月】名 1月．

yīzài【一再】副 何度も．一再ならず．

yī…zài…【一…再…】〈型〉(それぞれ同じ動詞を当てて)何回も…する；繰り返し…する．¶～拖～拖 / ずるずると長引かせる．

yīzǎo【一早】名 **1**(～儿)〈口〉早朝．朝早く．**2**〈方〉以前．ずっと前．

yīzhǎyǎn【一眨眼】副 またたく間に．

yīzhànshì【一站式】名 いろいろな商品やサービスを一つの場所で提供すること．

yīzhǎngzhì【一长制】名(専任の政治指導幹部なしの企業長・軍事首長の)単独指導制．

yīzhāo【一朝】名 一朝．一旦．

yīzhāo bèi shé yǎo, shínián pà cǎoshéng【一朝被蛇咬,十年怕草绳】〈諺〉一度怖い思いをするとなかなか恐怖心が抜けない.

yī zhāo bù shèn, mǎn pán jiē shū【一着不慎,满盘皆输】〈諺〉ちょっとした不注意で今までの働きが無に帰す.

yī zhāo yī xī【一朝一夕】〈成〉一朝一夕；短時日.

yī zhēn jiàn xiě【一针见血】〈成〉短い言葉で急所をずばり言い当てる.

yī zhěn huáng liáng【一枕黄粱】〈成〉黄粱の夢.

yīzhèn【一阵】名(～儿·～子)ひとしきり；しばらく.

yīzhènfēng【一阵风】〈慣〉**1** 動作が速いさま. **2** その場限りで長く持たないこと；一時的.

yīzhènzi【一阵子】→yīzhèn【一阵】

yī zhěngtào【一整套】系統立った一連の.

yī zhī bàn jiě【一知半解】〈成〉一知半解. 生はんかな知識.

yī zhī kuàizi chī ǒu【一只筷子吃藕】〈歇〉(“专挑眼儿”と続き)他人のあら捜しばかりする.

yīzhí【一直】副 **1** (空間的に)まっすぐに；(…まで)ずっと. ¶～走 / まっすぐ行く. **2** (時間的に)ずっと. 一貫して. ¶最近～很热 / 最近はずっと暑い.

yī zhǐ kōng wén【一纸空文】〈成〉空手形.

yīzhì【一致】**1** 形 一致している. 同じである **2** 副 一斉に；一緒に. ¶大家～同意他的建议 / みんなそろって彼の提案に同意した.

yī zhì qiān jīn【一掷千金】〈成〉莫大な金を惜しげもなく使う.

yī zhuān duō néng【一专多能】〈成〉一つの専門技術をもつと同時に多芸である.

yīzhuǎnyǎn【一转眼】副 またたく間に.

yīzhǔn【一准】副 きっと. 確かに.

yī zì chángshézhèn【一字长蛇阵】〈慣〉長蛇の列.

yī zì qiān jīn【一字千金】〈成〉詩文が非常にすぐれている.

yī zì yī bǎn【一字一板】〈成〉(言葉が)歯切れがよくはっきりしている.

yīzǒng【一总】副 **1** (～儿)合わせて. みんなで. **2** 全部. みな；何もかも.

伊

yī 1 代〈書〉彼. 彼女. **2** 助〈古〉《口調を整えるために用いる》¶下车～始 / 到着早々. ‖ 姓

yīdiànyuán【伊甸园】名〈宗〉エデンの園；楽園.

yīfǔmiàn【伊府面】名〈料理〉卵めん.

Yīlākè【伊拉克】名〈地名〉イラク.

Yīlǎng【伊朗】名〈地名〉イラン.

yīlímǎ【伊犁马】名〈動〉イリウマ.

yīmèir【伊妹儿】名〈電算〉Eメール.

yīrén【伊人】名〈書〉(多く女性をさし)あの人.

yīshǐ【伊始】名〈書〉…してまもない時期. …早々. ¶新春～ / 正月早々.

Yīsīlánjiào【伊斯兰教】名 イスラム教. ¶～历 / イスラム暦. ヒジュラ暦.

Yīsīlánjiào fùxīng yùndòng【伊斯兰教复兴运动】名〈宗〉イスラム教復興運動.

Yīsīlán yuánjiàozhǐ zhǔyì【伊斯兰原教旨主义】名〈宗〉イスラム原理主義.

yīwén【伊蚊】名〈虫〉シマカ.

yī yú hú dǐ【伊于胡底】〈成〉いつ終わりを告げることやら. どうなることやら.

衣

yī H ①衣服. 着物. ¶→～服. ②外皮. 衣. ¶笋sǔn～ / タケノコの皮. ¶糖～ / (丸薬の)糖衣. ③後産(ᵃᵗᵒ). ¶→～胞bao. ‖ 姓

yībǎi【衣摆】名 服のすそ.

yībāo【衣包】名〈旧〉(死者を祭る)紙製の衣服,紙のお金を入れた紙袋.

yībao【衣胞】名(～儿)胞衣(ᵉ).

yībō【衣钵】名 衣鉢(ᵉᵖᵖᵃᵗˢᵘ)；師から弟子に受け継がれる奥義.

yībǔpáng【衣补旁】名(～儿)(漢字の部首)ころもへん“衤”.

yī bù bì tǐ【衣不蔽体】〈成〉非常にみすぼらしい身なり.

yī bù jiě dài【衣不解带】〈成〉日夜働きづめでゆっくり休めないさま.

yīchú【衣橱】名 洋服だんす.

yīdài【衣袋】→yīdōu【衣兜】

yīdōu【衣兜】名(～儿)(服の)ポケット.

yī'é【衣蛾】名〈虫〉イガ.

yīfēn【衣分】名〈農〉原綿から取れる綿と種子の比重.

yīfu【衣服】名 服；(特に)上着. [件] ¶穿～ / 服を着る.

yīgōu【衣钩】名(～儿)洋服掛け. フック.

yīguān【衣冠】名 身なり. 服装.

yī guān qín shòu【衣冠禽兽】〈成〉人でなし. 畜生同然のやつ.

yīguānzhǒng【衣冠冢】名 死者の衣服など遺物を葬ってある墓.

yīguì【衣柜】名 洋服だんす. [个]

yījià【衣架】名 **1** (～儿)ハンガー. ハンガースタンド. **2** (～子)人の体格. 体つき.

yījīn【衣襟】名 衣服の前おくみ. ▲“衣衿”とも.

yī jǐn huán xiāng【衣锦还乡】〈成〉故郷に錦を飾る.

yīliào【衣料】名(～儿)衣服の生地.

yīlǐng【衣领】名 えり.

yīmàojiān【衣帽间】名 クロークルーム. クローク.

yīshān【衣衫】名 ひとえの上着；(広く)衣服.

yīshang【衣裳】名〈口〉衣服. 着物. [件]

yīshí【衣食】名 衣食. 生活.

伊衣 Y

yī shí zhù xíng【衣食住行】〈成〉衣食住と交通手段；生活上なくてはならないもの.
yīwù【衣物】名 衣服と日常品.
yīxiāng【衣箱】名 トランク. スーツケース.
yīyú【衣鱼】名〈虫〉シミ.
yīzhuāng【衣装】名 **1** 身なり. 服装. **2** 衣服と手荷物.
yīzhuó【衣着】名 身なり. 服装. ▲"衣著"とも.

医(醫) **yī** 動 治療する. 病気を治す. ¶～好了我多年的老病 / 私の長年の持病を治した.
H ①医者. ¶→～生. ¶军～ / 軍医. ②医学. ¶～书 / 〈中医〉医書.
‖ 姓

yī'àn【医案】名〈医〉カルテ.
yīdào【医道】名〈中医〉医術.
yīdé【医德】名 医者が備えるべき品徳.
yīguóshǒu【医国手】名 名医. 国手.
yīhù【医护】名 医療と看護.
yījiā【医家】名 医師.
yījīng【医经】名 中国医学の経典.
yīkē【医科】名 医科. ¶～大学 / 医科大学.
yīlǐ【医理】名 医学上の理論.
yīliáo【医疗】名 医療. ¶～站 / 診療所.
yīshēng【医生】名 医者.
yīshī【医师】名 医師.
yīshì【医士】名 医士.
yīshū【医书】名〈中医〉医学書.
yīshù【医术】名 医術.
yīwù【医务】名 医療業務.
yīwùshì【医务室】名(学校・職場の)保健室, 医務室.
yīxué【医学】名 医学.
yīyào【医药】名 医療と薬品. 医薬.
yīyuàn【医院】名 病院.
yīzhì【医治】動 治療する. 治す. ¶～无效 / 治療の効果がない.
yīzhǔ【医嘱】名 医者の指示.
yīzhù【医助】名 軍医の助手.

依 **yī** **1** 前 …によって. …どおりに. …に基づいて. ¶～先后次序入场 / 順々に入場する. ¶～我看, … / 私の見るところによれば…. **2** 動 言うことを聞く. 従う. ¶什么都～着他 / 何でも彼の言いなりになる.
H 頼る. 頼りにする. ¶→～靠.
‖ 姓

yībàng【依傍】動 **1** 頼る. **2** 模倣する. まねる.
yī cǐ lèi tuī【依此类推】〈成〉これに基づき推し量る.
yīcì【依次】副 順次. 順を追って.
yīcóng【依从】動(他人の考えに)従う, 承知する.
yīcún【依存】動(互いに)依存する.
yīfǎ【依法】副 **1** 法律に照らして. ¶～惩处chéngchǔ / 法に照らして処罰する. **2** 方法に照らし.
yīfù【依附】動 くっつく；頼る. 従属する.
yījiù【依旧】形 もとのままである；依然として. 相変わらず.
yījù【依据】**1** 名 根拠. よりどころ. **2** 前 …に基づいて. …を根拠に.
yīkào【依靠】**1** 動 頼る. 依拠する. ¶不能老～别人 / いつも人に頼ってはいけない. **2** 名 頼り. 頼りになる人や物.
yīlài【依赖】動 **1**〈貶〉(他人や別のものに)頼る, すがる. **2**(互いに)依存する.
yīliàn【依恋】動 慕わしく思う；名残惜しい. 未練が残る.
yīpíng【依凭】**1** 動 頼る. **2** 名 証拠.
yīrán【依然】形 もとのままである；依然として. 相変わらず.
yīshùn【依顺】動 従う. 言うことを聞く.
yīsuí【依随】動 従う.
yītuō【依托】動 **1** 頼る. **2** …を名目にする.
yīwēi【依偎】動 寄り添う；しがみつく.
yīwéi【依违】動〈書〉(承知するか否かで)躊躇(ちゅうちょ)する.
yīxī【依稀】形〈書〉ぼんやりとしている.
yī yàng hú lú【依样葫芦】〈成〉そっくりそのまま模倣する.
yīyī【依依】形〈書〉**1** 木の枝がなよやかに風になびくさま. **2** 名残を惜しむさま；思い慕うさま. ¶～不舍 / 名残惜しい.
yīyǔn【依允】動 従う；承諾する.
yīzhàng【依仗】→yǐzhàng【倚仗】
yīzhào【依照】**1** 前 …のとおりに. …に基づいて. **2** 動 …に従う. …をよりどころとする.

祎(禕) **yī** 名〈書〉よい. 美しい. ▶人名に用いる.

咿(吚) **yī** O

yīwú【咿唔】擬《読書の声》むにゃむにゃ.
yīyā【咿呀】擬 **1**《子供が言葉を覚え始める頃の声》あうあう. **2**《物がきしむ音》ぎいぎい.

洢 **yī** 川の名に用いる. "洢水"は湖南省を流れる川.

铱 **yī** 名〈化〉イリジウム.

猗 **yī**〈書〉**1**〖啊ā〗に同じ. **2** 感《賛美を表す》ああ.

揖 **yī** H 両手を胸の前で組み合わせておじぎをする. ¶作～ / 拱手(きょうしゅ)の礼をする. ‖ 姓

yīràng【揖让】動〈書〉(主客が会ったときの礼)拱手の礼をし合う.

壹 **yī** 数 "一"の大字.

椅 **yī** 名〈植〉イイギリ. ヤマギリ. 異読⇨yǐ

漪 **yī** H さざ波. 波紋. ¶涟lián～ / さざ波.

yīlán【漪澜】名〈書〉大波小波. 波.

噫 yī 感 **1**〈書〉《悲しみや嘆息を表す》ああ. **2**《驚き不思議に思う気持ちを表す》あれっ.
yīxī【噫嘻】感〈書〉《悲しみや嘆息を表す》ああ.
繄 yī〈書〉**1**〖惟wéi〗に同じ. **2**〖是shì〗に同じ.
黟 yī 地名用字.
仪(儀) yí H ①礼儀. 儀式. ¶司～ / 儀式の進行係. ②風采. 風貌. ¶威～ / いかめしい様子. ③計器. ¶地动～ / 地震計. ④贈り物. ¶贺～ / 祝いの贈り物. ⑤心ひかれる. ¶心～ / 敬慕する. ‖姓
yíbiǎo【仪表】名 **1** 容貌. 態度. **2** 計器. メーター.
yíqì【仪器】名 器械. 器具. 計器. [台,架,件]
yíróng【仪容】名〈書〉容貌.
yíshì【仪式】名 儀式. [项]
yítài【仪态】名〈書〉姿態.
yízhàng【仪仗】名 **1** 護衛兵が持つ武器. 儀仗(ぎじょう). **2** デモ行進の先頭に立つ人が持つ旗・プラカードなど.
yízhàngduì【仪仗队】名 **1** 儀仗(ぎじょう)隊. **2** デモ隊の先頭で旗やプラカードを持つ人たち.
夷 yí H ①東方の異民族. ¶东～ / 東方の夷(えびす). ②外国人. ¶～情 / 外国の事情. ③平穏無事である. ¶化险为～ / 無事に危険を免れる. ④(建物を壊して)土地を平坦にする. ¶～为平地 / 土地を平らにする. ⑤皆殺しにする. ¶～九族 / (刑罰として)一族縁戚をみな処刑する. ‖姓
沂 yí 地名用字. "沂河"は山東省, 江蘇省を流れる川の名. ‖姓
诒 yí〈書〉〖贻yí〗に同じ.
迤(迆) yí →wēiyí【逶迤】 異読⇨yǐ
饴 yí H あめ. ¶甘之如～ / 辛い事でも労苦をいとわず甘んじてやる.
yítáng【饴糖】名 あめ. 麦芽糖.
怡 yí H 喜ぶ. 楽しい. 愉快である. ¶心旷神～ / 心が晴れ晴れとして楽しい. ‖姓
yírán【怡然】形〈書〉楽しむさま. ¶～自得dé/ 悠々自適.
宜 yí **1** 助動(多く否定の形で)…すべきである. ¶事不～迟 / 遅らせてはいけない. **2** 形〈書〉当然である. ¶～及于难nàn/ 災いが及ぶのは当然である.
H 適している. ¶适～ / 適当である. ‖姓
yírén【宜人】形 気持ちがよい. 人の気持ちにかなう.
荑 yí 動〈書〉(田畑の)除草をする. 異読⇨tí
咦 yí 感《驚きやいぶかりを表す》おや. あれ. まあ.
贻 yí 動〈書〉贈る.
H 残す. ¶～患 / 災いを残す.
yíbèi【贻贝】名〈貝〉イガイ.
yíhài【贻害】動 害を残す. 災いを残す. ¶～无穷 / 災いを無限に残す.
yí rén kǒu shí【贻人口实】〈成〉人に笑いぐさを残す.
yíwù【贻误】動 誤りを残す；誤らせる.
yí xiào dà fāng【贻笑大方】〈成〉その道の専門家の物笑いになる.
姨 yí 名(～儿)母の姉妹. おば. ¶三～儿 / 3番目のおばさん.
H 妻の姉妹. ¶→～子zi.
yíbiǎo【姨表】名 母親同士が姉妹である親戚関係. ¶～亲 / 同上の親戚.
yífu【姨父・姨夫】名(母の姉妹の夫)おじ.
yílǎolao【姨姥姥】名 外祖母の姉妹.
yímā【姨妈】名(既婚の母の姉妹)おば.
yímǔ【姨母】名(母の姉妹)おば.
yínǎinai【姨奶奶】名 **1**(父方の祖母の姉妹)父のおば. **2** →yítàitai【姨太太】
yíniáng【姨娘】名 **1**〈旧〉父の妾(めかけ)に対する呼称. **2**〈方〉(母の姉妹)おば.
yír【姨儿】名〈方〉母方のおば. 母の姉妹.
yítàitai【姨太太】名〈旧〉妾(めかけ). 第2夫人.
yízhàng【姨丈】名(母の姉妹の夫)おじ.
yízi【姨子】名 妻の姉妹.
眙 yí 地名用字.
胰 yí 名〈生理〉膵臓(すいぞう). ¶→～液.
yídǎo【胰岛】名〈生理〉ランゲルハンス島. 膵島(すいとう).
yídǎosù【胰岛素】名〈生理〉〈薬〉インシュリン.
yíxiàn【胰腺】名〈生理〉膵臓.
yíyè【胰液】名〈生理〉膵液(すいえき).
yízi【胰子】名〈方〉**1**(豚や羊の)膵臓. **2** 石鹸.
扅 yí →yǎnyí【扊扅】
蛇 yí →wēiyí【委蛇】 異読⇨shé
移 yí 動(位置を)移す. ¶把书架～到墙角 / 本棚を壁のすみに移す.
H 変える. 改める. ¶贫贱不能～ / 貧賤(ひんせん)でも志を変えない. ‖姓
yí//diào【移调】動〈音〉移調する.
yídòng【移动】動 移動する. 移動させる. ¶把彩电～到卧室 / テレビを寝室に移す.
yídòng diànhuà【移动电话】名 移動電話. 携帯電話.
yídòng tōngxìn【移动通信】名 モバイル通信.
yífáng【移防】動(軍隊が)駐屯地を変える.
yí fēng yì sú【移风易俗】〈成〉古い

風俗習慣を改める.
yí//háng【移行】動 改行する.
yí huā jiē mù【移花接木】〈成〉こっそり内容をすり替えてごまかす.
yíjiāo【移交】動 **1** 譲渡する. 引き渡す. **2** 職務の引き継ぎをする.
yíjiè【移解】動 犯人を別の拘置場所に護送する.
yíjū【移居】動 引っ越す.
yí//miáo【移苗】動 苗を移す.
yí//mín【移民】**1** 動 移民する. 移住する. **2** 名 移民. 移住者.
yí shān dǎo hǎi【移山倒海】〈成〉自然を征服する力が大きい.
yíshè【移摄】名〈略〉(映画の)移動撮影, フォロー撮影.
yíshī【移师】動 部隊を移動する.
yíshí【移时】名 しばらく後.
yísòng【移送】動 移送する.
yíxǐ【移徙】動 移す. 移転する.
yí//xiàng【移项】動〈数〉移項する.
yíyì【移易】動〈書〉改める. 変更する.
yíyòng【移用】動 流用する. 転用する.
yízāi【移栽】動 移植する.
yízhí【移植】動 **1**〈農〉移植する. **2**〈医〉移植する. **3**〈喩〉(技術などを)他の領域に応用する, 取り入れる.
yí zūn jiù jiào【移樽就教】〈成〉自ら進んで教えを請う.

痍 yí H 傷. ¶疮〔创〕～ / 切り傷. けが.

遺 yí H ①失う. 紛失する. ¶→～失. ②漏れ落ちる. ¶补～ / 補遺. ③落とし物. 忘れ物. ¶路不拾～ / 物が落ちていてもねこばばする者がいない. ④余す. 残す. ¶不～余力 / 全力をふりしぼる. ⑤死者が残した. ¶→～篇. ⑥(尿などを)漏らす. ¶梦～ / 夢精する.
異読⇨wèi
yí'àn【遺案】名 未処理の案件.
yíbǐ【遺笔】名 遺作.
yíchǎn【遺产】名 **1** 遺産. **2** 文化的遺産.
yí chòu wàn nián【遺臭万年】〈成〉悪名を後世に残す.
yíchuán【遺传】動〈生〉遺伝する. ¶～基因 / 遺伝子. ¶～学 / 遺伝学.
yíchuán gōngchéng【遺传工程】名〈生〉遺伝子工学.
yícún【遺存】**1** 動 残しておく. **2** 名 遺物.
yídú【遺毒】名 有害な遺産.
yífēng【遺风】名 遺風.
yífùzǐ【遺腹子】名 父親が死んでから生まれた子.
yígǎo【遺稿】名 遺稿.
yígū【遺孤】名 遺児.
yíhái【遺骸】名 遺骸. 遺体.
yíhài【遺害】名 災いを残すこと; 残された害悪.
yíhàn【遺憾】**1** 形 遺憾である. 残念である. **2** 名 残念. 無念; 心残り.
yíhèn【遺恨】名 心残り. 終生の悔恨.
yíhuàn【遺患】動 災いを残す.
yíhuò【遺祸】動 災いを残す.
yíjì【遺迹】名 遺跡.
yíjiào【遺教】名 遺訓; (死者の残した)学説や著作.
yí//jīng【遺精】動〈医〉夢精する.
yílǎo【遺老】名 **1**〈史〉前王朝に忠節を尽くして新王朝に仕えようとしない老人. **2**〈書〉世の変遷を経た老人.
yíliú【遺留】動 残しておく. 残す.
yílòu【遺漏】**1** 動 遺漏がある. 漏れる. **2** 名 遺漏. 手落ち.
yíluò【遺落】動 紛失する. 遺失する.
yímín【遺民】名 **1**〈史〉前王朝に忠節を尽くし新王朝に仕えようとしない人. **2** 動乱で生き残った人.
yímìng【遺命】名 遺言.
yímò【遺墨】名 故人が残した書画.
yíniàn【遺念】名 形見.
yí//niào【遺尿】名〈医〉遺尿. 夜尿症.
yípiān【遺篇】名 故人が残した文章.
yíqì【遺弃】動 遺棄する. 見捨てる.
yíquē【遺缺】名(死亡・転職による)欠員.
yíróng【遺容】名 **1** 死に顔. **2** 遺影.
yísǎ【遺撒】動 こぼれ落ちて散乱する.
yíshào【遺少】名〈史〉前王朝に忠節を尽くし新王朝に仕えようとしない若者.
yíshī【遺失】動 なくす. 紛失する.
yíshǐ【遺矢】動〈書〉大便をする.
yíshì【遺事】名 事跡. 遺事.
yí shì dú lì【遺世独立】〈成〉世間を離れて独りで生活する.
yíshū【遺书】名 **1** 死後に出版された書籍. **2** 遺書. 遺言状. **3**〈書〉散逸した書物.
yíshǔ【遺属】名 遺族.
yíshuāng【遺孀】名 未亡人.
yítǐ【遺体】名 **1** 遺体. 遺骸. **2** 動物の死骸(しがい); 枯れた植物.
yíwàng【遺忘】動 忘れる.
yíwén【遺闻】名 逸聞. 語り草.
yíwù【遺物】名 **1** 遺物. **2** 形見.
yíxiàng【遺像】名 遺影.
yíxùn【遺训】名 遺訓.
yíyán【遺言】名 遺言.
yíyè【遺业】名 **1** 前人から受け継いだ事業. **2** 遺産.
yíyuàn【遺愿】名 生前に満たされなかった願望. 遺志.
yízé【遺泽】名 後世に残す恩沢. 遺沢.
yízèng【遺赠】動 遺贈する.
yízhào【遺诏】名 遺詔. 皇帝が臨終の際, 残した詔書.
yízhào【遺照】名 生前の写真.
yízhǐ【遺址】名 遺跡.
yízhì【遺志】名 遺志.
yízhū【遺珠】名 在野の有能な士.
yízhǔ【遺嘱】**1** 動 遺言する. **2** 名 遺言; 遺言状.
yízhǔ jìchéng【遺嘱继承】動 遺言相続する.
yízhù【遺著】名 遺著.
yízú【遺族】名 遺族.

頤 yí H ①あご. ¶支～ / ほおづえ(をつく). ②養う. 保養する.

¶→～养.
yíyǎng【颐养】動〈書〉保養する. 休養する.
yí zhǐ qì shǐ【颐指气使】〈成〉いばって人を使うさま.
疑 yí 𝐇 ①疑う. ¶→～心. ②確定できない. ¶→～案.
yí'àn【疑案】名 1 証拠不十分で判決しにくい事件. 2 確定困難な事件.
yíbīng【疑兵】名 おとりの兵.
yíbìng【疑病】名〈医〉ヒポコンデリー. 心気症.
yídiǎn【疑点】名 疑問点.
yídòu【疑窦】名〈書〉疑わしい点.
yífàn【疑犯】名 容疑者.
yíhuò【疑惑】動 疑う. 疑問を抱く.
yíjì【疑忌】動〈書〉猜疑心(さいぎしん)を抱く.
yíjù【疑惧】動 疑って不安に思う.
yílù【疑虑】動 心配する. 懸念する.
yímí【疑谜】名 解けない疑問；解明されない謎.
yínán【疑难】形 判断がつかない；難しくてわからない.
yí shén yí guǐ【疑神疑鬼】〈成〉あれこれと疑う. 疑い深い.
yísì【疑似】形〈書〉(事柄や言葉が)いずれともつかない.
yítuán【疑团】名 疑念. 疑問.
yíwèn【疑问】名 疑問. 問題. ¶产出～ / 疑問が生まれる.
yíwènjù【疑问句】名〈語〉疑問文.
yíxīn【疑心】1 名 疑念. 疑い. 2 動(…ではないかと)疑う.
yíxīnbìng【疑心病】名 疑い深い癖.
yí xīn shēng àn guǐ【疑心生暗鬼】〈成〉疑心暗鬼を生じる.
yíxiōng【疑凶】名 殺人容疑者.
yíyì【疑义】名 疑義. 疑問点.
yíyún【疑云】名 疑念.
yízhèn【疑阵】名 相手を惑わすための陣立て.
yízhǒng【疑冢】名(盗掘防止用の)にせの墓.
嶷 yí 地名用字.
簃 yí 名〈書〉楼閣のわきにある小さな建物.
彝 yí 名 1〈古〉酒つぼ. ▶祭事用の器をさすこともある. ¶～器 / (昔の)酒器,祭器. 2〈書〉法律. 規則. 3→Yízú【彝族】
yíjù【彝剧】名 イ族の伝統劇.
Yízú【彝族】名(中国の少数民族)イ(Yi)族.
乙 yǐ 名 1 十干の第2：乙(おつ)；順序の2番目. 2(文章上につける)"乙"字形のしるし. ‖ 姓
yǐběn【乙苯】名〈化〉エチルベンゼン.
yǐbù【乙部】→shǐbù【史部】
yǐchún【乙醇】名〈化〉アルコール.
yǐgān【乙肝】名〈略〉〈医〉B型肝炎.
yǐlèi dìqū【乙类地区】名(中国が外国人に開放している地区)乙類地区.
yǐmí【乙醚】名〈化〉エーテル. エチルエーテル.
yǐnǎo【乙脑】名〈医〉B型日本脳炎.
yǐquán【乙醛】名〈化〉アルデヒド.
yǐquē【乙炔】名〈化〉アセチレン.
yǐsuān【乙酸】名〈化〉酢酸.
yǐwán【乙烷】名〈化〉エタン.
yǐxī【乙烯】名〈化〉エチレン.
yǐxiān【乙酰】名〈化〉アセチル.
yǐxíng gānyán【乙型肝炎】名〈医〉B型肝炎.
yǐzhǒng lìzǐ【乙种粒子】名〈物〉β粒子.
yǐzhǒng shèxiàn【乙种射线】名〈物〉β線.
yǐzhuàng jiécháng【乙状结肠】名〈生理〉S状結腸.
已 yǐ 1 副(↔未)すでに. ¶～到年底 / すでに年末になっている. 2 動〈書〉やむ. 終わる. ¶战争不～ / 戦争が終わらない. ‖ 姓
yǐ'ér【已而】副〈書〉1 まもなく. 続いて. 2 …するだけだ；…ならそれまでだ.
yǐgù【已故】形 今は亡き；故.
yǐjing【已经】副 すでに. もう. ¶她～走了 / 彼女はもう出かけた.
yǐjiù【已就】形〈書〉すでに済んでいる.
yǐjuéfàn【已决犯】名〈法〉既決囚.
yǐrán【已然】〈書〉1 副 すでに. もう. 2 形 すでにそうなっている.
yǐwǎng【已往】名 以前. 過去.
yǐzhīshù【已知数】名〈数〉既知数.
以 yǐ ❶ 前〈書〉1 …で(もって). …を. ¶我～一个普通读者的身份提个建议 / 私は一般読者の資格で提案をさせてもらいます. 2 …によって. …に基づいて. ¶这种产品～质量高低分级 / この製品は品質の上下によって等級をつける. 3(多く"而"と呼応して)…ので,…のために,…を(もって). ¶台湾～盛产香蕉而闻名 / 台湾はバナナがよくとれることで有名である. 4《"以…"が動詞の後に用いられて補語になる》¶请代向各位老师致～衷心的感谢 / どうか先生方に心からの感謝を伝えてください.
❷ 接続〈書〉1《目的を表す》…して,…する. …するために. ¶努力增加生产,～支援国家经济建设 / 増産に励み,もって国家の経済建設を支援する. 2(＝而)かつ. そして. ¶城高～厚,地广～深 / 城壁は高くて厚く,土地は広くて奥深い.
𝐇《時間・方向・数量の限界を表す》¶→～前. ‖ 姓
yǐ bào yì bào【以暴易暴】〈成〉支配者が交替しても暴政が変わらない.
yǐbiàn【以便】接続 …するために. …しやすいように.
yǐcì【以次】〈書〉1 副 順を追って. 順に. 2 形 以下の.
yǐ cì chōng hǎo【以次充好】〈成〉悪い品を良品と偽る.
yǐ dé bào yuàn【以德报怨】〈成〉徳をもって恨みに報いる.
yǐ diǎn dài miàn【以点带面】〈成〉1か所のすぐれた成績をもって全地区

の向上を促進する.
yǐ dú gōng dú【以毒攻毒】〈成〉悪人を除くのに悪人を使う.
yǐ é chuán é【以讹传讹】〈成〉まちがった伝言をそのまま人に伝える；もともと誤った話が誤り伝えられ,ますますひどくなる.
yǐ ěr dài mù【以耳代目】〈成〉〈貶〉自ら出向いて視察せずに他人の報告にばかり頼る.
yǐ gōng dài gàn【以工代干】〈成〉身分や待遇は労働者のままで幹部の仕事をする.
yǐ gōng dài zhèn【以工代赈】〈成〉物資ではなく仕事を与えて救済に代える.
yǐ gōng wéi shǒu【以攻为守】〈成〉防御の手段として攻勢に出る.
yǐ gǔ fēi jīn【以古非今】〈成〉過去の人物や出来事をほめて,現在の人物や出来事を暗に非難する.
yǐ guǎ dí zhòng【以寡敌众】〈成〉少ない人数で多数のものに当たる.
yǐ guān hòu xiào【以观后效】〈成〉(情状酌量の上,犯罪人の)その後の行いを見る.
yǐhòu【以后】名 その後. 今後. …の後. ¶从此～ / それから. ¶很久～ / ずっと後. ¶不久～ / 間もなく.
yǐhuán【以还】名〈書〉(過去の)ある時期以後.
yǐjí【以及】接続 および. 並びに.
yǐ jǐ duó rén【以己度人】〈成〉自分の考えで人を推し量る.
yǐ jiǎ luàn zhēn【以假乱真】〈成〉偽物を本物と言って人をだます.
yǐjiàng【以降】名〈書〉以降. 以後.
yǐjìn【以近】名(鉄道などで)ある地点よりも手前.
yǐ jǐng xiào yóu【以儆效尤】〈成〉(犯人を処罰して)悪事をまねる者への戒めとする.
yǐlái【以来】名 …以来. …してから. ¶自古～ / 昔から. ¶长期～ / これまでの長い間.
yǐ lǐ fú rén【以理服人】〈成〉筋を通して人を納得させる.
yǐ lǐ xiāng dài【以礼相待】〈成〉礼儀正しく応対する.
yǐ lì fú rén【以力服人】〈成〉力ずくで人を従わせる.
yǐ lín wéi hè【以邻为壑】〈成〉自分の利益を図るために災いを人に押しつける.
yǐ luǎn tóu shí【以卵投石】〈成〉身の程知らずで自滅する.
yǐ mào qǔ rén【以貌取人】〈成〉容貌だけで人の優劣を判断する.
yǐmiǎn【以免】接続 …をしないように.
yǐnèi【以内】名(ある時間·場所·範囲·数量の)中に,内に. ¶本年～ / 年内に.
yǐqī【以期】接続《達成目標を示す》…を期して；…するように.
yǐ qí rén zhī dào, huán zhì qí rén zhī shēn【以其人之道,还治其人之身】〈諺〉目には目,歯には歯.
yǐqián【以前】名 以前. それより前. ¶很久～ / ずっと昔. ¶很早～ / ずっと昔. はるか以前. ¶不久～ / ちょっと前.
yǐ qín bǔ zhuō【以勤补拙】腕の悪さを勤勉さで補う.
yǐqiú【以求】動 もって…しようとする. もって…をねらう. ¶～一逞 / 悪事をやろうとねらって.
yǐ quán móu sī【以权谋私】〈成〉職権を利用して私的利益をはかる.
yǐ rén fèi yán【以人废言】〈成〉人を好き嫌いだけで判断し,内容で判断しない.
yǐ rén wéi běn【以人为本】〈成〉人民の利益を基本とする.
Yǐsèliè【以色列】名〈地名〉イスラエル.
yǐshàng【以上】名 以上. …より上.
yǐ shēn shì fǎ【以身试法】〈成〉公然と法律を犯そうとする.
yǐ shēn xùn zhí【以身殉职】〈成〉殉職する.
yǐ shēn zuò zé【以身作则】〈成〉身をもって範を示す.
yǐ shì yā rén【以势压人】〈成〉力ずくで人を屈服させる.
yǐtàiwǎng【以太网】名〈電算〉イーサネット.
yǐ tāng wò xuě【以汤沃雪】〈成〉造作なくできる.
yǐ tuì wéi jìn【以退为进】〈成〉譲歩によってより多くの利益を得ようとする.
yǐ wāi jiù wāi【以歪就歪】〈成〉まちがいを直さずそのまま押し通す.
yǐwài【以外】名 …の外. …以外. …以上. ¶十天～ / 10日以上.
yǐwǎng【以往】名 以前；昔.
yǐwéi【以为】動(主観的に)思う. 思いこむ. ¶原来是你,我还～是老黄呢 / 君だったのか,黄さんかと思った.
yǐ…wéi…【以…为…】〈型〉…を(もって)…とする. ¶～质量第一～宗旨 / 品質第一をモットーとする.
yǐ wén huì yǒu【以文会友】〈成〉文章の交流で友人となる.
yǐ wù yì wù【以物易物】〈成〉物々交換をする.
yǐxià【以下】名 以下. 次. あと；…から下. …より下.
yǐ xiǎo jiàn dà【以小见大】〈成〉小さな事から大きな事がわかる.
yǐ xiǎorén zhī xīn, duó jūnzǐ zhī fù【以小人之心,度君子之腹】〈諺〉小人の心で君子の腹を推し量る.
yǐ yǎn huán yǎn, yǐ yá huán yá【以眼还眼,以牙还牙】〈諺〉目には目,歯には歯.
yǐ yī dāng shí【以一当十】〈成〉一をもって十に当たる.

以 Y

yǐ yì dài láo【以逸待劳】〈成〉十分に鋭気を養って,疲れた敵兵の来攻を待つ.
yǐyuǎn【以远】名(鉄道などで)ある地点よりも先.
yǐ yuàn bào dé【以怨报德】〈成〉恩を仇(あだ)で返す.
yǐ zhèng shì tīng【以正视听】〈成〉事実に対する誤った見解をただす.
yǐzhì【以至】接続 1 さらに(…まで). …に至るまで. 2 そのために(…となる). ▶"以至于"とも.
yǐzhì【以致】接続 …という結果になってしまう.
yǐzī【以资】動 もって…とする.
yǐ zǐ zhī máo, gōng zǐ zhī dùn【以子之矛,攻子之盾】〈成〉相手の見解や論点で相手の矛盾に反駁(はんばく)する.

钇 yǐ 名〈化〉イットリウム. Y.

苡 yǐ 名〈植〉ハトムギ. ジュズダマ.
yǐmǐ【苡米】名〈植〉ハトムギの実.
yǐrén【苡仁】名〈植〉ハトムギの実.

尾 yǐ H ①馬のしっぽ. ¶马～罗/馬のしっぽの毛で作ったふるい. ②コオロギなどの尾の針状のもの. ¶三～儿/雌のコオロギ. 異読⇨wěi
yǐba【尾巴】→wěiba【尾巴】

矣 yǐ 助〈古〉《文末に用い,話し言葉の"了"に相当する意味を示したり,感嘆や命令・希望の語気を表す》

迤(迆) yǐ H(…の方)へ. …に向かって. ¶天安门～东/天安門から東側. 異読⇨yí
yǐlǐ【迤逦】形〈書〉うねうねと続くさま.

蚁(蟻) yǐ H アリ. ¶雌～/雌のアリ. 女王アリ. ‖姓
yǐliè【蚁鴷】名〈鳥〉アリスイ.
yǐqiū【蚁丘】名 アリ塚. アリの塔.
yǐquán【蚁醛】名〈化〉ホルムアルデヒド.
yǐsuān【蚁酸】名〈化〉蟻酸(ぎさん).

舣(艤・檥) yǐ H 船を岸につける.

酏 yǐ O
yǐjì【酏剂】名〈薬〉エリキシル剤.

倚 yǐ 動 もたれる. 寄りかかる. ¶～着树站着/木に寄りかかって立っている.
H ①頼りにする. 利用する. ¶→～恃. ②偏る. ¶不偏不～/えこひいきがない. ‖姓
yǐbàng【倚傍】〈書〉1 名 よりどころ. 頼り. 2 動 頼る. よりどころとする.
yǐkào【倚靠】動 1 頼る. すがる. 2 寄りかかる. もたれる.
yǐlài【倚赖】動 依存する. 頼る.
yǐ lǎo mài lǎo【倚老卖老】〈成〉ベテランであることを鼻にかける. 先輩風を吹かす.
yǐ mǎ kě dài【倚马可待】〈成〉文章を書くのが極めて速い.
yǐ mǎ qiān yán【倚马千言】〈成〉文章を書くのが極めて速い.
yǐshì【倚势】動 権勢を笠に着る.
yǐshì【倚恃】動(権勢や有利な条件を)頼む.
yǐyīn【倚音】名〈音〉前打音. 倚音(いおん).
yǐzhàng【倚仗】動(権勢や有利な条件を)頼む,頼りにする. ¶～权势/権勢を笠に着る.
yǐzhòng【倚重】動 重くみて信頼する.

椅 yǐ H 椅子. ¶藤～/籐椅子. 異読⇨yī
yǐpī【椅披】名 椅子の背にかけるカバー.
yǐzi【椅子】名(背もたれのある)椅子. [把,个] ¶～腿儿/椅子の脚.
yǐzidǐng【椅子顶】名 いくつも重ねた椅子の上で逆立ちをする曲芸.

旖 yǐ O
yǐnǐ【旖旎】形〈書〉たおやかである. しなやかである.

踦 yǐ 動〈書〉力をこめて食い止める;押さえ込む.

乂 yì 動〈書〉治める;治まる. ¶～安/太平無事である.

弋 yì H いぐるみ;いぐるみで鳥を射る. ‖姓
yìhuò【弋获】動〈書〉1(矢で鳥を)射る. 2(犯人や悪人を)つかまえる.
yìyángqiāng【弋阳腔】名 伝統劇の歌の節回しの一.

亿(億) yì 数 1 億. 2〈古〉10万. ‖姓
yìwàn【亿万】名 億万;(広く)莫大な数.

义(義) yì H ①意味. 意義. ¶字～/字の意味. ②義理の(関係). ¶→～父. ③仮の. 人工の. ¶→～齿. ④情義. よしみ. ¶情～/よしみ. ⑤道義. 正義. ¶起～/蜂起する. ‖姓
yìbīng【义兵】→yìshī【义师】
yì bù róng cí【义不容辞】〈成〉道義上引き受けざるを得ない.
yìcāng【义仓】名〈旧〉義倉. 凶年に備えて米穀を貯蔵する倉庫.
yìchǐ【义齿】名 義歯. 入れ歯.
yìdì【义地】名〈旧〉共同墓地.
yìdì【义弟】名 義弟. 兄弟の契りを交わした弟.
yìfèn【义愤】名 義憤.
yì fèn tián yīng【义愤填膺】〈成〉憤りが胸中に満ちる.
yìfù【义父】名 義父. 養父や親子の契りを交わした父.
yìgōng【义工】名 1 奉仕活動. ボランティア活動. 2 ボランティア(する人).
Yìhétuán【义和团】名〈史〉義和団.
yìjiě【义姐】名 義姉. 姉妹の契りを交わした姉.
yìjǔ【义举】名 義挙. 正義のためにする行為.

yìjūn【义军】→yìshī【义师】
yìlǐ【义理】名〈言論や文章などの〉筋道.
yìmài【义卖】動 チャリティーバザーを開く.
yìmèi【义妹】名 義妹. 姉妹の契りを交わした妹.
yìmǔ【义母】名 義母. 義母や親子の契りを交わした母.
yìnǚ【义女】名 義理の娘. 養女.
yìpāi【义拍】名 チャリティオークション.
yìqí【义旗】名 正義の旗;蜂起軍の旗.
yìqì【义气】1 名 正義感;義侠心. 2 形 義理堅い.
yìsài【义赛】名 慈善試合.
yìshī【义师】名 正義のために起こした軍隊. 義兵.
yìshì【义士】名〈旧〉義士. 正義を守り人を助ける人.
yìshǒu【义手】名〈医〉義手.
yìshú【义塾】名〈旧〉義塾.
yì wú fǎn gù【义无反顾】〈成〉道義上,後へは引けない. ▲"义无返顾"とも.
yìwù【义务】1 名 **義務**. 2 形 **奉仕的な**;無報酬の.
yìwùbīng【义务兵】名〈軍〉徴兵制による兵士.
yìwùgōng【义务工】名〈無報酬の〉義務労働.
yìwù jiàoyù【义务教育】名 義務教育.
yìwù láodòng【义务劳动】名 労働奉仕.
yìxiàng【义项】名〈字典・辞典の〉字義・語義解釈の項目.
yìxíng【义行】名 義挙. 正義に基づく行動.
yì xíng yú sè【义形于色】〈成〉義憤が顔色に現れる.
yìxiōng【义兄】名 義兄. 兄弟の契りを交わした兄.
yìxué【义学】名〈旧〉義塾.
yìyǎn【义演】名 慈善公演. チャリティーショー.
yìyǒng【义勇】形 義勇に富んだ.
yìyǒngjūn【义勇军】名 義勇軍.
yìyuán【义园】名 共同墓地.
yìzhàn【义战】名 正義の戦い.
yìzhěn【义诊】名 ボランティア診療.
yì zhèng cí yán【义正词严・义正辞严】〈成〉正当な道理をふまえていて言葉遣いが厳しい.
yìzhī【义肢】名〈医〉義肢.
yìzhǒng【义冢】名〈旧〉無縁塚.
yìzǐ【义子】名 養子;親子の契りを交わした息子.
yìzú【义足】名〈医〉義足.

艺(藝) **yì** H ①技術. 芸能. ¶手～ / 技能. 腕前. ②芸術. ¶文～ / 文芸. ③限度. ¶无～ / 際限がない. ‖ 姓
yì bù yā shēn【艺不压身】〈成〉芸は身を助ける.
yì gāo dǎn dà【艺高胆大】〈成〉腕前のすぐれた人は度胸もすわっている.
yìlín【艺林】名 1 すぐれた書籍が集まった所. 2 芸苑. 芸術界.
yìlíng【艺龄】名 芸歴.
yìmíng【艺名】名 芸名.
yìrén【艺人】名 1 芸人. 2 手工芸労働者. 職人.
yìshù【艺术】❶名 1 **芸術**. アート. 2〈独創性に富んだ〉**方法,技術**. ❷形 芸術的である.
yìshùjiā【艺术家】名 **芸術家**.
yìshùpǐn【艺术品】名 芸術品.
yìshù tǐcāo【艺术体操】名〈体〉新体操.
yìshùxìng【艺术性】名 芸術性.
yìshù xuéyuàn【艺术学院】名 芸術大学.
yìtú【艺徒】名 見習い工.
yìyuán【艺员】名〈方〉俳優. 役者.
yìyuàn【艺苑】名 文学・芸術界.

刈 **yì** 動〈書〉(草などを)刈る. ¶～草机 / 草刈り機.

忆(憶) **yì** 動〈書〉思い起こす. ¶～往事 / 過去のことを思い起こす.
H 記憶する. ¶记～ / 記憶. ‖ 姓
yì//kǔ【忆苦】動 昔の苦難を思い起こす.
yìniàn【忆念】動 回想する.
yìxiǎng【忆想】動 回想する.

艾 **yì** H ①〖乂yì〗に同じ. ②懲らしめる. ¶惩～ / 懲罰する. ③→yuànyì【怨艾】 zì yuàn zì yì【自怨自艾】 異読⇨ài

仡 **yì** O 異読⇨gē
yìyì【仡仡】形〈書〉1 勇ましい. 2 高大である.

议(議) **yì** 動 協議する. 討論する. ¶这个问题大家再～一～ / この問題はみんなでもう一度討論しよう.
H 意見. 言論. ¶建～ / 意見を出す. ¶提～ / 提案する.
yì'àn【议案】名 議案.
yìchéng【议程】名 議事日程.
yìchǔ【议处】動 処分を協議して決定する.
yìdìng【议定】動 協議し決定する.
yìdìngshū【议定书】名 議定書.
yìgòu【议购】動 話し合いで値段を決めて買う.
yìhé【议和】動 和平交渉をする.
yìhuì【议会】名 **議会**.
yì//jià【议价】1 動 話し合いで値段を決める 2 名 協議価格.
yìjué【议决】動 議決する;(議案を)採択する.
yìlùn【议论】1 動 **話題にする. 取りざたする**. ¶背后～别人 / 陰で人のことをあれこれうわさする. 2 名 **議論**. 見解. 意見.
yìqīn【议亲】動 縁組の相談をする.
yìshì【议事】名 議事.

yìtí【议题】[名] 議題.
yìxí【议席】[名] 議席.
yìxiāo【议销】[動] 話し合いで値段を決めて売る.
yìyuán【议员】[名] **議員. 代議士.**
yìyuàn【议院】[名] 議院. 議会.
yìzhǎng【议长】[名] 議長.
yìzhèng【议政】[動] 政治について議論する.

屹 yì [H] 高くそびえ立つ.
yìlì【屹立】[動] 屹立(きつりつ)する. そびえ立つ.
yìrán【屹然】[形] 屹然(きつぜん)としている. 厳然としている.

亦 yì [副]〈書〉また. …もまた. ¶人云～云 / 人の意見を受け売りする. ‖[姓]
yì bù yì qū【亦步亦趋】〈成〉何もかも人に同調して機嫌をとる.
yìjí【亦即】[副] すなわち. つまり.
yì zhuāng yì xié【亦庄亦谐】〈成〉(文章や話が) まじめでもあり, ユーモラスでもある.

异(異) yì [H] ①異なる. ¶大同小～ / 大同小異. ②珍しい. 特別な. ¶→～闻. ③いぶかる. ¶惊～ / 驚きいぶかる. ④別の. ¶→～日. ⑤別れる. ¶离～ / 離れ離れになる. ‖[姓]
yìbāng【异邦】[名] 異邦. 異国.
yìbù【异步】[形]〈物〉非同期の.
yìcái【异才】[名] 偉才. 異才.
yìcǎi【异彩】[名] 異彩. ¶大放～ / 大いに異彩を放つ.
yìcháng【异常】**1** [形] **尋常でない.** 普通と違う. ¶神色～ / 顔色が尋常ではない. **2** [副] **非常に.** 特別に.
yìchéng mǎlāsōng【异程马拉松】[名]〈体〉駅伝マラソン.
yìcí【异词】[名] 異議. 異論.
yìdì【异地】[名]〈書〉異郷. 他郷.
yìdì jiésuàn【异地结算】[名]〈経〉隔地決済.
yìdú【异读】[名] 異読.
yìduān【异端】[名] 異端. 正統でない学説・教義・主張.
yìfāng【异方】→yìdì【异地】
yìfù【异父】[形] 異父の.
yìguó【异国】[名]〈書〉異国. 外国.
yì hū xún cháng【异乎寻常】〈成〉並大抵ではない. 尋常ではない.
yìhuà【异化】**1**[動] 異化する. **2**[名] **1**〈哲〉疎外. **2**〈語〉(発音上の) 異化, 異化作用.
yìhuà zuòyòng【异化作用】[名]〈生〉異化作用.
yìjǐ【异己】[名] 自分と見解を異にする者.
yìjiàn fènzǐ【异见分子】[名] 反対派. 反体制分子.
yìjiào【异教】[名] 異教.
yì jūn tū qǐ【异军突起】〈成〉新勢力が突然現れる.
yì kǒu tóng shēng【异口同声】〈成〉異口同音.
yìlèi【异类】[名] **1**〈旧〉他民族. 異民族. **2** (人類と) 種を異にするもの.
yìmǔ【异母】[形] 異母の.
yìnéng【异能】[名]〈書〉**1** 異才. すぐれた才. **2** 異なった機能.
yì qǔ tóng gōng【异曲同工】〈成〉方法は異なっても効果は同じである.
yìqù【异趣】[名] **1** 異なる趣味や嗜好. **2** 一般とは異なる趣や風格.
yìrén【异人】[名]〈書〉**1** 非凡な人. **2** 変わり者. **3** 仙人.
yìrì【异日】[名]〈書〉**1** 他日. 後日. **2** 以前. 往日.
yìshí【异时】[名]〈書〉**1** 異なる時. **2** 将来. **3** 以前.
yìshì【异事】[名] 異変. 珍しい出来事.
yìshuō【异说】[名] **1** 異説. **2** 普通でない小説.
yìsú【异俗】[名] 異なった習俗.
yìtǐ【异体】[名] **1** 異なる形. **2**〈医〉異体.
yìtǐ shòujīng【异体受精】[名]〈動〉他家受精.
yìtǐzì【异体字】[名] 異体字.
yìtóng【异同】[名] **1** 異同. **2**〈書〉異議.
yìtú【异途】[名] **1** 違う道. **2** 通常とは異なる手段・経路.
yìwèi【异味】[名] **1** 珍味. **2** いやなにおい; 普通と違うにおい.
yìwén【异闻】[名] 珍しいうわさ話. 変わった出来事.
yìwù【异物】[名] **1**〈医〉異物. **2**〈書〉死骸; 幽霊. **3**〈書〉珍しい物.
yìxiāng【异乡】[名] 異郷. 異境.
yìxiāng【异香】[名]〈書〉格別によい香り.
yì xiǎng tiān kāi【异想天开】〈成〉奇抜な考え.
yìxīn【异心】[名] 異心. 二心(ふたごころ).
yìxíngcí【异形词】[名]〈語〉異形語.
yìxìng【异性】**1**[形] **1** 異性の. **2** 性質の異なる. **2**[名] 異性.
yìxìng【异姓】[形] 姓を異にする.
yìyán【异言】[名]〈書〉異議. 異論.
yìyàng【异样】**1** [名] 変わった様子. 相違. **2** [形] 異様である. 変な.
yìyì【异议】[名] 異議. ¶～分子 / 反体制派.
yìyù【异域】[名]〈書〉**1** 外国. **2** 異郷. 他郷.
yìzhì【异志】→yìxīn【异心】
yìzú【异族】[名] **1** 別の一族. **2** 異民族. **3** 外国人.

抑 yì [接続]〈古〉**1**《選択を表す》それとも…か. **2**《逆接を表す》しかし. ただ. **3**《話の軽い転換を表す》そもそも. すなわち.
[H] 抑える. 圧する. ¶～强扶弱 / 強きをくじき弱きを助ける. ‖[姓]
yìhuò【抑或】[接続]〈書〉それとも.
yì//jià【抑价】[動] 価格を抑える.
yìyáng【抑扬】[形] (声に) 抑揚がある.
yì yáng dùn cuò【抑扬顿挫】〈成〉

めりはりがきいている.
yìyù【抑郁】名〈書〉憂鬱. 鬱憤.
yìyùzhèng【抑郁症】名〈医〉鬱病.
yìzhǐ【抑止】動 抑える. 止める.
yìzhì【抑制】**1** 動 抑える；抑制する. **2** 名〈生理〉抑制.

杙 **yì** 名〈書〉杭.

呓（囈·讛） **yì** H 寝言(をいう). ¶梦～ / 同上.
yìyǔ【呓语】名 寝言；たわごと.

邑 **yì** H ①都市. ¶通都dū大～ / 大都市. ②県. ¶～境 / 県境.

佚 **yì**〘逸yì〙に同じ.

役 **yì** H ①労力を要する仕事. ¶劳～ / 労役. ②使役する. ¶奴～ / 奴隷のように酷使する. ③使用人. ¶仆～ / 召使い. ④戦争(に関する活動). ¶战～ / 戦役. ⑤兵役. ¶预备～ / 予備役.
yìchù【役畜】名 役畜.
yìlíng【役龄】名 **1** 兵役適齢. **2** 兵役に服する年数.
yìshǐ【役使】動(人を)こき使う.

译（譯） **yì** 動 訳す. 翻訳する. ¶～成汉语 / 中国語に訳す. ‖ 姓
yìběn【译本】名 訳本. 訳.
yìbǐ【译笔】名 訳文. 訳筆. 訳し方.
yìdiàn【译电】動 **1** 電文を暗号に変える. **2** 暗号電文を解読する.
yìgǎo【译稿】名 訳稿. 翻訳原稿.
yìmǎ【译码】動(電報の)暗号を解読する.
yìmíng【译名】名(外国の固有名詞の)訳名.
yìshěn【译审】名 訳審.
yìshù【译述】動 訳述する. 翻訳し内容を述べる.
yìwén【译文】名 訳文. 翻訳文.
yìyìfēng【译意风】名 同時通訳用のイヤホーン.
yìyīn【译音】動 音訳する.
yìyuán【译员】名 通訳. 通訳者.
yìzhě【译者】名 訳者. 翻訳者.
yìzhì【译制】**1** 動(外国映画などを)吹き替える. **2** 名 吹き替え. ¶～片 / 吹き替え映画.
yìzhù【译注】**1** 動 翻訳し注釈する. **2** 名 訳注.
yìzhù【译著】名 訳著.
yìzuò【译作】名 翻訳作品.

易 **yì** 名 易(えき). 易経.
H ①やさしい. 容易な. ¶容～ / たやすい. ②変える. ¶移风～俗 / ところ替われば品変わる. ③交換する. ¶交～ / 交易する. ④なごやかな. ¶平～近人 / なごやかで近づきやすい. ‖ 姓
yìgǎnzhě【易感者】名〈医〉感染しやすい人.
yìhuò jiāoyì【易货交易】名〈経〉バーター取引.
yìlāguàn【易拉罐】名 プルトップ缶.
yìránwù【易燃物】名 可燃物.
yìrén【易人】名〈体〉メンバーチェンジ.
yì rú fǎn zhǎng【易如反掌】〈成〉物事が極めて容易である.
yìshǒu【易手】動 **1** (土地·財産の)所有者が変わる. **2** 政権が交替する.
yìyú【易于】動 …しやすい.
yìzhì【易帜】動 **1** 国旗や軍旗を変える. **2** 政権内に変化が生じる. **3** 敵に投降する.

峄（嶧） **yì** 地名用字.

佾 **yì** 名〈古〉(縦と横の列の人数が同じ)楽舞の列.

怿（懌） **yì** H 喜ぶ；喜び.

诣 **yì** 動〈書〉もうでる. 参詣(さんけい)する.
H(学問·技術の)到達した程度. ¶造～ / 造詣.

驿（驛） **yì** H 昔の宿場. ¶→～馆.
yìdào【驿道】名〈古〉公文書などを地方に届けるのに用いた道路.
yìguǎn【驿馆】名〈古〉宿場の旅館.
yìzhàn【驿站】名〈古〉宿場. 宿駅.

绎（繹） **yì** H(端緒を)引き出す. ¶演～ / 演繹(えんえき)する.

轶 **yì** 形 **1** 散逸した. **2** ぬきんでた. ‖ 姓

弈 **yì** H ①碁. ②碁を打つ. ¶～棋 / 碁を打つ. ‖ 姓

奕 **yì** H ①盛大である；美しい. ②重なる. ¶～世 / 数世代. ‖ 姓
yìyì【奕奕】形(顔が)生き生きしているさま.

疫 **yì** H 疫病. 伝染病. ¶时～ / 流行病.
yìbìng【疫病】名 疫病.
yìlì【疫疠】名〈書〉疫病.
yìmiáo【疫苗】名〈医〉ワクチン.
yìqíng【疫情】名 疫病発生の状況.

羿 **yì** 名 羿(げい). 后羿(こうげい). ▶夏(か)時代の弓の名手. ‖ 姓

挹 **yì** H ①汲む. ¶～彼注兹 / 余裕のあるところから取ってきて不足のところを補う. ②(手で)引っ張る.
yìqǔ【挹取】動〈書〉(ひしゃくで)汲む.
yìzhù【挹注】動〈書〉あり余るところから取ってきて不足のところを補う.

益 **yì** H ①利益. 利点. ¶→～处chu. ②有益である. ¶→～鸟niǎo. ③増える. ¶延年～寿 / ますます寿命が延びる. ④さらに. いっそう. ¶→～发fā. ‖ 姓
yìchóng【益虫】名 益虫.
yìchu【益处】名 よいところ. 利益.
yìfā【益发】副 ますます. いっそう.
yìmǔcǎo【益母草】名〈植〉ヤクモソウ. メハジキ；〈中薬〉益母草(やくもそう).
yìniǎo【益鸟】名 益鳥.
yìyǒu【益友】名 良友.
yìzhì【益智】動 頭脳の発達に効果が

ある.

浥 yì H 潤す；潤う.

悒 yì H 憂える. 不安に思う. ¶～～不乐 / うつうつとして楽しまない.

谊 yì H よしみ. 友情. ¶友～ / 友誼(ゆうぎ). 友情.

埸 yì H ①あぜ. ②境；国境. ¶疆～ / 国境.

勚 yì 形 1〈書〉苦労する. 2 物が擦れて角がなくなる.

逸 yì H ①安楽である. ¶安～ / のんびりしている. ②逃げる. ¶逃～ / 逃亡する. ③散逸した. ¶～书 / すでに散逸した書物. ④人並み優れた. ¶～群 / 抜群である.

yìlè【逸乐】 形〈書〉安楽である. のんびりしている.

yìmín【逸民】 名〈古〉隠者.

yìshǐ【逸史】 名 正史に書き漏らされた歴史. 逸史.

yìshì【逸事】 名 世間に知られていない事柄.

yìwén【逸闻】 名〈書〉逸文.

yìyù【逸豫】 動〈書〉安逸をむさぼり享楽にふける.

翊 yì 動〈書〉補佐する. 助ける. ¶～戴 / 補佐し推戴する. ¶～赞 / 補助する.

翌 yì H 翌. 次の. ¶～年 / 明くる年. ¶～晨 / 翌朝.

yìrì【翌日】 名〈書〉翌日.

肄 yì H 学習する. ¶～习 / 学習する.

yìyè【肄业】 動(卒業せずに)修学する；在学する.

裔 yì H ①後裔(こうえい). 子孫. ¶华～美国人 / 中国系アメリカ人. ②国の果て. ¶四～ / 辺境の地. ‖ 姓

意 yì H ①考え. 思い. ¶来～ / 来意. ②心. 意図. ¶好～ / 好意. ③見込み. 予想. ¶→～料. ④気配. ¶秋～正浓 / 秋色たけなわである. ‖ 姓

yìbiǎo【意表】 名 意表. ¶出人～ / 意表を突く.

Yìdàlì【意大利】 名〈地名〉イタリア. ¶～面(条) / スパゲッティ.

yìhuì【意会】 動 心で悟る. 会得する.

yìjian【意见】 名 1 意見. 考え. [个,条,点] 2 不満. 文句. 異議.

yìjiàn lǒuzi【意见篓子】 名 よく文句を言う人.

yìjiàng【意匠】 名(詩文·絵画などの)意匠,工夫.

yìjìng【意境】 名(芸術作品に表現された)境地,情緒,イメージ.

yìliào【意料】 動 予想する. 予測する.

yìniàn【意念】 名 考え；思い.

yìqì【意气】 名 1 意気込み. 気概. ¶～高昂 / 意気軒昂(けんこう). 2 気立て. 気性. 3 激情；感情.

yì qì fēng fā【意气风发】〈成〉意気盛んである.

yì qì xiāng tóu【意气相投】〈成〉意気投合する.

yì qì yòng shì【意气用事】〈成〉感情的に物事を処理する.

yìqù【意趣】 名 興趣. 味わい. 情趣.

yì rě qíng qiān【意惹情牵】〈成〉異性に心をひかれてやるせないさま.

yìshí【意识】 1 動 実感する. 気づく. ¶～到自己的错误 / 自分の誤りに気づく. 2 名 意識.

yìshíliú【意识流】 名〈哲〉意識の流れ.

yìshí xíngtài【意识形态】 名〈哲〉イデオロギー.

yìsi【意思】 ❶ 名 1(言葉·文などの)意味,内容,思想. 2 意図；(男女間の)ひかれる思い. 3(贈り物をするときの)気持ち,志. 4 兆し. 様子. 気配. 5 おもしろみ. 趣. ❷ 動(贈り物などで)お礼をする.

yìtú【意图】 名 意図. 意向；企て.

yìwài【意外】 1 形 意外である；思いがけない. 2 名 不意の事故. 突発事件.

yìwài shìgù【意外事故】 名 偶発事故.

yìwài wūrǎn【意外污染】 名〈環境〉予想外汚染.

yìwèi【意味】 名 1 意味合い. (深い)意味. 2 味わい. 情緒.

yìwèizhe【意味着】 動(…を)意味している. …と理解してよい.

yìxià【意下】 名 1 考え. 2 心の中.

yìxiǎng【意想】 動 想像する；予想する.

yìxiàng【意向】 名 意向. 意図. 目的.

yìxiàng【意象】 名 情調. ムード. イメージ.

yìxiàngshū【意向书】 名 意向書. 趣意書.

yìxìng【意兴】 名 興味.

yìyì【意义】 名 1(言葉·合図·行動などの)意味. 2 意義.

yìyì【意译】 動 意訳する.

yìyuàn【意愿】 名 望み. 意志.

yìyùn【意蕴】 名 内にこめられた意味.

yì zài yán wài【意在言外】〈成〉それとなくほのめかす.

yìzhǐ【意旨】 名(尊重すべき)意志,意図.

yìzhì【意志】 名 意志. ¶～坚强 / 意志が強い.

yìzhōng【意中】 名 予想の範囲内.

yìzhōngrén【意中人】 名 意中の人.

溢 yì 動 1 あふれる. ¶水从浴池里～了出来 / 水が浴槽からあふれ出た. 2〈書〉超過する. ¶～出此数 / この数を超えている.
H 度を越す. ¶→～美.

yìchū【溢出】 動 あふれ出る.

yìhóngbà【溢洪坝】 名 放水路のダム.

yìhóngdào【溢洪道】 名(ダムの)余水路,放水路.

yìjià【溢价】 名〈経〉額面超過金. オーバーパープレミアム.

yìliú【溢流】 動 あふれ出る.

yìměi【溢美】 動〈書〉ほめ過ぎる.

yìyóu【溢油】名 油があふれ出ること.
yì yú yán biǎo【溢于言表】〈成〉(感情が)言葉や表情に現れる.
缢 yì 動〈書〉首をくくる. ¶自～/縊死(いし)する.
蜴 yì →xīyì【蜥蜴】
鮨 yì 名〈魚〉ハタ.
廙 yì 人名用字.
瘗(瘞) yì 動 埋める.
镒 yì 量〈古〉《重さの単位》▶1"镒"は20"两",一説に24"两"に相当.
毅 yì 形 意志が強い. 断固としている. ¶刚～/剛毅である.
yìlì【毅力】名 意志の力;根気;気力.
yìrán【毅然】形 毅然としている;ためらうことなく.
yì rán jué rán【毅然决然】〈成〉断固としている.
熠 yì 形 光り輝く;鮮やかな.
yìyì【熠熠】形〈書〉光り輝くさま.
薏 yì O
yìmǐ【薏米】名〈植〉ハトムギの実;〈中薬〉薏苡仁(よくいにん).
yìyǐ【薏苡】名〈植〉ハトムギ.
瞖 yì〈書〉《翳yì》に同じ.
殪 yì 動〈書〉死ぬ;殺す.
螠 yì 名〈動〉ユムシ.
劓 yì 名〈古〉(刑罰の一)鼻そぎの刑.
燚 yì 人名用字.
翳 yì 形 ①覆い隠す;隠れる. ②そこひ. 内障眼.
臆(肊) yì 形 ①胸. ¶胸～/胸の内. ②主観的な考え方. ¶→～测.
yìcè【臆测】動 憶測する. 推量する.
yìduàn【臆断】動〈書〉憶断する.
yìduó【臆度】動〈書〉憶測する. 推量する.
yìjiàn【臆见】名〈書〉主観的な見解.
yìshuō【臆说】名 憶説. 主観的な仮説.
yìxiǎng【臆想】動 憶測する.
yìzào【臆造】動〈書〉憶測ででっち上げる.
翼 yì 名(二十八宿の)たすきぼし.
形 ①翼. ②左右両側の一方. ¶右～/右翼. ③助ける. 補佐する. ¶～助/補佐する. ④《翌yì》に同じ. ‖姓
yìcè【翼侧】名〈軍〉(陣地の)両翼.
yìchì【翼翅】名 羽. 翼.
yìshǒulóng【翼手龙】名〈古生物〉翼手竜.
yìshǒumù【翼手目】名〈動〉翼手目.
yìxíng【翼型】名〈航空〉(飛行機の)翼形.
yìyì【翼翼】形〈書〉1 慎むさま;緊張するさま. 2 秩序立っているさま. 3 盛んなさま;多いさま.
镱 yì 名〈化〉イッテルビウム. Yb.
癔 yì O
yìbìng【癔病】名〈医〉ヒステリー.
懿 yì 形(行為が)立派である. ¶嘉言～行xíng/立派な言行. ¶～德/美徳.
yìzhǐ【懿旨】名 皇太后〔皇后〕の命令.

yin(丨ㄣ)

因 yīn 1 前〈書〉…のために. …により. ¶～公负伤/公務中に負傷する. 2 接続〈書〉…なので. ¶～经验不足,工作中常常出问题/経験不足のため,仕事でよくトラブルを起こす.
形 ①踏襲する. ¶→～循. ②…に応じる. ¶→～地制宜. ③原因. 理由. ¶→～果. ‖姓
yīn cái shī jiào【因材施教】〈成〉学習者の能力・性格・志向などに応じて適切な教育を行う.
yīncǐ【因此】接続 それゆえ. それで. 従って.
yīncì【因次】名〈物〉次元. ディメンション.
yīn dì zhì yí【因地制宜】〈成〉その土地の事情に適した措置をとる.
yīn'ér【因而】接続 従って. ゆえに.
yīnguǒ【因果】名 1 原因と結果. 2〈仏〉因果.
yīn huò dé fú【因祸得福】〈成〉災いがかえって幸いの原因となる.
yīn lòu jiù jiǎn【因陋就简】〈成〉できるだけ節約して粗末な条件で事を行う.
yīnmíng【因明】名 因明(いんみょう). ▶古代インドの一種の推理法.
Yīn niǔ tè rén【因纽特人】名 イヌイット.
yīn rén chéng shì【因人成事】〈成〉(自分で努力せずに)人に頼って事を成し遂げる.
yīn rén zhì yí【因人制宜】〈成〉相手に応じて適切な措置をとる.
yīn shí zhì yí【因时制宜】〈成〉状況に応じて適切な措置をとる.
yīnshì【因式】名〈数〉因数. ¶～分解fēnjiě/因数分解.
yīn shì lì dǎo【因势利导】〈成〉物事の成り行きに応じて有利に導く.
yīnshù【因数】名〈数〉約数.
yīnsù【因素】名 1 要素. 2 要因.
yīntèwǎng【因特网】名〈電算〉インターネット.
yīnwèi【因为】1 接続 …なので. …だから(…である). …のために. ¶他～平时注意锻炼,所以身体一直很

好 / 彼はふだんから気をつけて運動しているのでずっと元気だ. **2** 前 …のために. …により. ¶他～这件事挨了批评 / 彼はその事でしかられた.

yīnxí【因袭】動(古い方法などを)踏襲する.

yīn xiǎo jiàn dà【因小见大】〈成〉小さなことを通して大きな問題を発見できる.

yīn xiǎo shī dà【因小失大】〈成〉小利に目がくらんで大利を失う.

yīnxún【因循】動 **1** (古いしきたりを)踏襲する. **2** ぐずぐずする.

yīn yē fèi shí【因噎废食】〈成〉失敗を恐れて大事な仕事まで放棄する.

yīnyìng【因应】動 **1** (変化に)適応する,順応する. **2** 対処する.

yīnyóu【因由】名(～儿)〈口〉わけ. 理由.

yīnyuán【因缘】名 **1** 〈仏〉因縁. **2** ゆかり. 縁.

yīnzhī【因之】接続〈書〉このために. これが原因となって.

yīnzǐ【因子】名〈数〉**1** 約数. **2** 因数.

阴(陰)

yīn 形 **1** 曇っている. ¶天～了 / 空が曇ってきた. **2** 陰険である. ずるくて油断ならない. ¶这个家伙～得很 / そいつはとても陰険だ.

H ①日陰. ¶背～儿 / 陰になっている部分. ②月. 太陰. ¶→～历. ③山の北側. 川の南側. ¶华～ / 華山の北側. ¶江～ / 長江の南側. ④背面. 裏側. ¶碑～ / 石碑の裏側. ⑤へこんでいる. ¶→～文. ⑥表に表れない. 隠れた. ¶→～沟. ⑦あの世. ¶→～曹. ⑧〈物〉負電気を帯びた. ¶→～极. ⑨(女性の)生殖器. ¶→～道. ⑩(易学・中医学で)陰. ‖ 姓

yīn'àn【阴暗】形 暗い；陰気である.

yīn'ànmiàn【阴暗面】名 暗黒面. 醜悪な面.

yīnbì【阴蔽】**1** 動 木陰で覆う. **2** 形 隠れている.

yīnbù【阴部】名〈生理〉陰部；(特に)外陰部.

yīncǎncǎn【阴惨惨】形(～的)ぞっとするような.

yīncáo【阴曹】名 あの世. 冥土.

yīnchén【阴沉】形 薄暗い；重苦しい.

yīnchénchén【阴沉沉】形(～的)空の色や顔色などが暗いさま.

yīn cuò yáng chā【阴错阳差】〈成〉偶然にまちがいが起きること.

yīndānshìlín【阴丹士林】名 **1** (合成染料の)インダンスレン. **2** ブルーのインダンスレン染め.

yīndào【阴道】名〈生理〉膣.

yīndé【阴德】名 隠れた善行. 陰徳.

yīndì zhíwù【阴地植物】名〈植〉陰生植物.

yīndiàn【阴电】名〈物〉陰電気. 負電気.

yīndú【阴毒】形 陰険で悪辣(あくらつ)である.

yīnfēng【阴风】名 **1** 寒い風. **2** 暗い所からの風.

yīngān【阴干】動 陰干しにする.

yīngōng【阴功】名 陰徳.

yīngōu【阴沟】名 暗渠(あんきょ).

yīnhé【阴河】名 地下の川.

yīnhù【阴户】→yīnmén【阴门】

yīnhún【阴魂】名 幽霊. 亡者.

yīnjí【阴极】名〈物〉**1** 陰極. **2** (真空管の)カソード.

yīnjí shèxiàn【阴极射线】名〈物〉陰極線.

yīnjiān【阴间】名 冥土. 冥界.

yīnjīng【阴茎】名〈生理〉陰茎.

yīnlěng【阴冷】形 **1** (空が)曇っていて寒い. **2** (顔色が)陰気である.

yīnlízǐ【阴离子】名〈物〉マイナスイオン.

yīnlì【阴历】名 太陰暦. 陰暦.

yīnliáng【阴凉】**1** 形 日陰になっていて涼しい. **2** 名(～儿)日陰の涼しい所.

yīnlíng【阴灵】名 幽霊. 亡霊.

yīnmái【阴霾】名〈書〉大風で土けむりが立ちどんよりした天気.

yīnmáo【阴毛】名〈生理〉陰毛.

yīnmén【阴门】名〈生理〉陰門.

yīnmiàn【阴面】(～儿) **1** 名(物の)裏側；日の当たらない側. **2** 形(人が)陰険な,腹黒い.

yīnmóu【阴谋】**1** 動(悪事を)企てる,たくらむ,策動する. **2** 名 陰謀.

yīnnáng【阴囊】名〈生理〉陰嚢(いんのう).

yīnnì【阴匿】名〈中医〉婦人病の一種.

yīnpíng【阴平】名〈語〉現代漢語共通語の声調の第 1 声.

yīnqīn【阴亲】名〈旧〉10歳以上で夭死(ようし)した未婚者同士を結婚させる風習.

yīnsēn【阴森】形 薄暗くて気味が悪い；重苦しい. 陰鬱である.

yīn shān bèi hòu【阴山背后】〈成〉だれにも気づかれないみじめな境遇.

yīn shèng yáng shuāi【阴盛阳衰】〈成〉女性上位である.

yīnshī【阴虱】名〈虫〉ケジラミ.

yīnshī【阴湿】形 陰湿である.

yīnshòu【阴寿】名 **1** すでに他界した目上の人の誕生日. **2** 他界した人の冥界での寿命.

yīnsī【阴司】名 冥界. 冥土.

yīnsī【阴私】名 恥ずべき内緒事；陰でする悪事.

yīnsǔn【阴损】**1** 形 陰険で言葉が辛辣(しんらつ)である. **2** 動 かげで損害を与える.

yīntiān【阴天】名 曇天. 曇り空.

yīnwěi【阴痿】名〈医〉陰萎(いんい). インポテンツ.

yīnwén【阴文】名 陰文. ▶印章または器物に凹刻した文字.

yīnxiǎn【阴险】形 陰険である.

yīnxiàn【阴线】名〈経〉大引け時の価

格位置や指数が寄付き時より低いK線の状態.
yīnxiào【阴笑】名 陰険な笑い.
yīnxìng【阴性】1 形〈医〉陰性の. 2 名〈語〉女性.
yīnxìng zhíwù【阴性植物】名〈植〉陰生植物.
yīnyáng【阴阳】名 陰陽.
yīnyáng fāpiào【阴阳发票】名 にせ領収書.
yīn yáng guài qì【阴阳怪气】〈成〉(性格や言行などが) ひねくれて変わっている, 得体が知れない.
yīnyángjiā【阴阳家】名〈古〉(戦国時代の) 陰陽五行学派.
yīnyánglì【阴阳历】名 陰陽暦.
yīnyángrén【阴阳人】名 1 ふたなり. 男女両性をそなえている人. 2 →yīnyángshēng【阴阳生】
yīnyángshēng【阴阳生】名 陰陽師(おんようじ); 地占い師.
yīnyángshuǐ【阴阳水】名〈中医〉水と湯を混ぜたもの; 川水と井戸水とを混ぜたもの.
yīnyáng xiānsheng【阴阳先生】→yīnyángshēng【阴阳生】
yīnyì【阴翳】動〈書〉1 木陰で覆う. 2 (木が) 茂っている.
yīnyǐng【阴影】名 (〜儿) 暗い影.
yīnyǔ【阴雨】名 陰雨.
yīnyù【阴郁】形 1 (天気が) うっとうしい; (雰囲気が) 暗い. 2 憂鬱である.
yīnyún【阴云】名 雨雲. 暗雲.
yīnyùn【阴韵】名〈語〉陰韻.
yīnzhái【阴宅】名 (風水占いでいう) 墓地.
yīnzhāor【阴着儿】名〈方〉陰険な手段.
yīnzhì【阴鸷】形〈書〉陰険で残酷である.
yīnzhì【阴骘】名 陰徳.

茵(裀)

yīn H しとね. 敷物. ¶如〜芳草 / 緑の敷物のような若草. ‖ 姓
yīnchénhāo【茵陈蒿】名〈植〉カワラヨモギ.
-yīnyīn【-茵茵】接尾 形容詞·名詞の後について, 「色合いが濃く鮮やかなさま」を表す.

荫(蔭)

yīn H 木陰. ▶"阴"とも. ‖ 姓 異読⇒yìn
yīnbì【荫蔽】→yīnbì【阴蔽】
yīnyì【荫翳】→yīnyì【阴翳】

音

yīn 1 名 音. 音声. ¶这个〜唱得不准 / この音が正しく歌ってない. 2 動 (ある字を)…と発音する. H ①便り. 消息. ¶佳〜 / うれしい便り. ②音節. ‖ 姓
yīnbào【音爆】名〈航空〉ソニックブーム.
yīnbiāo【音标】名〈語〉音声記号.
yīnbō【音波】名〈物〉音波.
yīnchā【音叉】名〈物〉音叉(おんさ).
yīncháng【音长】名 音声の長短.
yīnchén【音尘】名〈書〉音信. 便り.
yīnchéng【音程】名〈音〉音程.
yīndài【音带】名 録音テープ.
yīndiào【音调】名 音調; 声の調子.
yīndú【音读】名 (文字の) 読み方; (読んだときの) 音.
yīnfú【音符】名〈音〉音符.
yīngāo【音高】名〈音〉音の高さ.
yīnhào【音耗】名〈書〉音信. 便り.
yīnjiē【音阶】名〈音〉音階. スケール.
yīnjié【音节】名〈語〉音節. シラブル.
yīnjié wénzì【音节文字】名〈語〉音節文字.
yīnliàng【音量】名 音量. ボリューム.
yīnlǜ【音律】名〈音〉音律.
yīnmíng【音名】名〈音〉1 (伝統音楽の) 音律名. 2 音名. (西洋音楽で) 音の高さを表す名称.
yīnpín【音频】名〈物〉可聴周波数. 低周波(数).
yīnpín chǔlǐqì【音频处理器】名 周波数処理機. チューナー.
yīnpǐn【音品】→yīnsè【音色】
yīnqiáng【音强】名〈物〉音の強さ.
yīnqū【音区】名〈音〉音域.
yīnr【音儿】名〈方〉1 (話し) 声. 2 口ぶり. 言外の意味.
yīnróng【音容】名 (多く故人の) 声と姿.
yīnsè【音色】名〈物〉音色.
yīnshī【音诗】名〈音〉音詩.
yīnshì【音势】名〈語〉音勢.
yīnsù【音速】名〈物〉音速.
yīnsù【音素】名〈語〉音素.
yīnsù wénzì【音素文字】名〈語〉音素文字.
yīnwèi【音位】名〈語〉音位.
yīnwèn【音问】名〈書〉音信. 便り.
yīnxī【音息】名 音信. 便り. 消息.
yīnxiāng【音箱】名 スピーカー.
yīnxiǎng【音响】名 1 音響. ¶〜效果 / 音響効果. 2 音響機器. ¶组合〜 / オーディオコンポ.
yīnxiàng【音像】名 1 オーディオビジュアル. AV. ¶〜制品 / AV機器. 2 録音·録画設備.
yīnxiàngyè【音像业】名 録音·録画専門の職業.
yīnxìn【音信】名 音信. 便り.
yīnxíng【音型】名〈音〉音型.
yīnxù【音序】名 発音順. ABC順.
yīnxùn【音讯】名 音信.
yīnyì【音义】名 1 (字の) 発音と意味. 2 文献の文字の発音と意味に関する注解.
yīnyì【音译】動 音訳する.
yīnyù【音域】名〈音〉音域; 声域.
yīnyuè【音乐】名 音楽.
yīnyuè diànshì【音乐电视】名 MTV. ▶音楽番組が中心の有線テレビ.
yīnyuèhuì【音乐会】名 音楽会. コンサート.
yīnyuèjiā【音乐家】名 音楽家.
yīnyùn【音韵】名 1 調和のとれた音

声．2〈語〉音韻．
yīnyùnxué【音韵学】名〈語〉音韻学．
yīnzhàng【音障】名〈物〉音の壁．
yīnzhí【音值】名〈語〉音価．
yīnzhì【音质】名〈物〉1 →yīnsè【音色】2 音質．
yīnzhuì【音缀】名〈語〉音節．シラブル．
yīnzhǔn【音准】名 1〈音〉音の高さの正確さ．2 音が正確なこと．
yīnzǔ【音组】名〈音〉オクターブ．

洇（湮） yīn 動（墨・インクなどが）にじむ．¶这种纸写字容易～ / この紙は字を書くとインクがにじみやすい．

姻（婣） yīn H ①婚姻．¶联～ / 縁組みを結ぶ．②姻戚関係．¶→～亲．
yīnqīn【姻亲】名 姻戚関係．
yīnyà【姻娅・姻亚】名〈書〉姻戚．
yīnyuán【姻缘】名 夫婦の縁．

氤 yīn O
yīnyūn【氤氲】形〈書〉（雲・霧などが）立ちこめている．

殷 yīn 名〈史〉殷(いん)．▶古代の王朝名．
H ①盛んである．豊かである．¶→～富．②（情が）厚い，深い．¶→～切．③懇ろである．丁寧である．¶→～勤．‖ 姓 異読⇨yān
yīnfù【殷富】形 非常に富んでいる．
yīnhóng【殷红】形 黒みがかった赤の．
yīnjiàn【殷鉴】名〈書〉殷鑑(いんかん)．戒めとすべき前例．¶～不远 / 失敗の先例は目の前にある．
yīnqiè【殷切】形（希望や願いが）深く切実である．
yīnqín【殷勤】形 慇懃(いんぎん)である．心がこもっている．¶献～ / 機嫌をとる．
yīnshí【殷实】形 富んでいる．豊かである．
yīnyīn【殷殷】形〈書〉1 懇ろなさま．2 憂え悲しむさま．
yīnyōu【殷忧】形〈書〉深い憂い．

铟 yīn 名〈化〉インジウム．In.

堙 yīn〈書〉1 名 丘．小山．2 動 ふさぐ；ふさがる．

喑（瘖） yīn H ①声が出ない．¶→～哑．②黙る．口をつぐむ．¶～默 / ものを言わない．
yīnyǎ【喑哑】形 声がしわがれる；出した声が低くてはっきりしない．

慇 yīn O
yīnqín【慇懃】→yīnqín【殷勤】

吟（唫） yín 1 動〈書〉吟じる．吟詠する．¶～诗 / 詩を吟じる．2 名 古典詩歌の一形式．
H ①うめく．②ほえる．‖ 姓
yín'é【吟哦】動〈書〉吟詠する．
yín fēng nòng yuè【吟风弄月】〈成〉詩を吟じる．詩作する．
yínsòng【吟诵】動 詠唱する．節をつけて詩を読む．
yínwèi【吟味】動（詩を）吟味する．
yínyǒng【吟咏】動 吟詠する．

垠 yín H 果て．¶一望无～的平沙 / 見渡すかぎりの砂原．

狺 yín O
yínyín【狺狺】擬〈書〉《犬のほえる声》わんわん．きゃんきゃん．

崟（崯） yín →qīnyín【嵚崟】

银 yín 名 1 銀．Ag．¶～汞gǒng合金 / 銀アマルガム．2 銀貨．
H ①貨幣と関係のあるもの．¶→～行háng．②銀色．白色．¶→～发fà．‖ 姓
yínbái【银白】形 白銀色の．
yínbáiyáng【银白杨】名〈植〉ウラジロハコヤナギ．ギンドロ．ハクヨウ．
yínbēi【银杯】名 銀杯．銀のカップ．
yínběnwèi【银本位】名〈経〉銀本位．
yínbì【银币】名 銀貨．
yínchāng【银鲳】→〖鲳chāng〗
Yínchuān【银川】名〈地名〉銀川．
yíndàn【银弹】名（金銭で）人を抱き込むための賄賂．
yíndiǎnzi【银点子】名 すぐれたアイデア．
yíndìng【银锭】名 1（～儿）馬蹄銀．2 死者を祭るときに焼く，紙で作った馬蹄銀．
yíndùn【银盾】名 銀の盾．
yín'ěr【银耳】名〈植〉〈食材〉シロキクラゲ．
yínfà【银发】名 白髪．
yínfěn【银粉】名〈俗〉粉末アルミニウム．
yíngēn【银根】名〈経〉金融．市場での金回り．
yínhǎi【银海】名 映画界．
yínhàn【银汉】名〈書〉銀河．天の川．
yínháng【银行】名 銀行．［个,所,家］¶～存折 / 預金通帳．¶～贷款 / 銀行ローン．
yínhángkǎ【银行卡】名 銀行カード．
yínhào【银号】名〈旧〉銀行業務も兼ねる大規模な両替商．
yínhé【银河】名〈天〉銀河．天の川．
yínhéxì【银河系】名〈天〉銀河系．
yínhóng【银红】形 明るい朱色の．
yínhú【银狐】名〈動〉ギンギツネ．
yínhuī【银灰】形 シルバーグレーの．
yínhūn【银婚】名 銀婚．
yínjiàng【银匠】名 金銀細工師．
yínjiǎozi【银角子】名〈旧〉銀貨．
yínliǎng【银两】名〈旧〉お金．
yínlóu【银楼】名 金銀細工・装身具を製造販売する店．
yínmù【银幕】名（映画の）スクリーン．
yínpái【银牌】名 銀メダル．
yínpíng【银屏】名 ブラウン管；テレビ番組．
yínqì【银器】名 銀器．銀製品．

yínqián【银钱】名 銀銭；広くお金.
yínshǔ【银鼠】名〈動〉シロリス.
yíntuán【银团】名 金融グループ.
yíntuán dàikuǎn【银团贷款】名〈経〉シンジケートローン．複数銀行の協調融資.
yínxìng【银杏】名〈植〉**1** イチョウ．**2**〈食材〉ぎんなん.
yínyàn【银燕】名 飛行機；(特に)戦闘機.
yínyáng【银洋】→ yínyuán【银圆·银元】
yínyàng làqiāngtóu【银样镴枪头】〈諺〉人や物が見かけ倒しで役に立たない.
yínyīng【银鹰】名 飛行機；(特に)戦闘機.
yínyú【银鱼】名〈魚〉シラウオ.
yínyuán【银圆·银元】名〈旧〉1元銀貨.
yínzhēn【银针】名〈中医〉鍼(はり)治療用の針.
yínzhìjiǎng【银质奖】名 銀メダル.
yínzhū【银朱】名(赤色顔料の)銀朱.
yínzi【银子】名 銀.

淫(婬)

yín H ①過度の．多すぎる．ひどすぎる．¶→～雨．②放縦である．③みだらである．¶～画 / 春画．④惑わす．惑う.
yínbēn【淫奔】動 駆け落ちする；私通する.
yíndàng【淫荡】形 淫蕩(いんとう)である.
yínfù【淫妇】名 みだらな女.
yíngùn【淫棍】名 女たらし.
yínhuì【淫秽】形 淫猥(いんわい)である.
yínluàn【淫乱】形 淫乱(いんらん)である.
yínmí【淫靡】形 淫靡(いんび)である.
yínshū【淫书】名 猥本(わいほん)．エロ本.
yínwēi【淫威】名〈書〉暴威.
yínwěi【淫猥】形 淫猥である.
yínwō【淫窝】名 売春窟.
yínxiè【淫亵】形 猥褻(わいせつ)である.
yínxīn【淫心】名 欲情.
yínyánghuò【淫羊藿】名〈植〉イカリソウ；〈中薬〉淫羊藿(いんようかく).
yínyǔ【淫雨】名 長雨.
yínyù【淫欲】名 色欲.

寅

yín 名 十二支の第3：寅(とら)．¶→～时.
yín chī mǎo liáng【寅吃卯粮】〈成〉収入が支出に追いつかず,前借りをして暮らしをつなぐ.
yínshí【寅时】名〈旧〉寅の刻.

鄞

yín 地名用字．‖ 姓

龈

yín H 歯茎．¶牙～ / 歯茎.

夤

yín H ①畏敬する．②深い.
yínwèi【夤畏】動〈書〉畏敬する.
yínyè【夤夜】名〈書〉深夜.
yínyuán【夤缘】動〈書〉権力者に取り入り出世を求める.

嚚

yín 形〈書〉**1** 愚かで頑固である．**2** 悪賢い．ずるい.

霪

yín ○
yínyǔ【霪雨】→yínyǔ【淫雨】

尹

yǐn 名(昔の官名)地方の長官．¶府～ / 府知事．‖ 姓

引

yǐn ❶ 動 **1** 導く．案内する．¶我～你去见他 / あなたを彼に引き合わせてあげます．**2** 起こす．引き出す．¶→～火．**3** 招く．引き起こす．¶你别～她生气 / 彼女を怒らせないようにしなさい．**4** 引用する．¶他～了几个例子 / 彼はいくつかの例を引いた．❷ 量(長さの単位) 1"引"は100"尺".
H ①引く．引っ張る．¶牵～ / 引っ張る．②離れる．去る．¶→～退．③伸ばす．¶→～颈．④葬儀のとき,棺を引く白い布．¶发fā～ / 出棺する．‖ 姓
yǐnbào【引爆】動 起爆する.
yǐnbù【引部】名(漢字の部首)えんにょう"廴".
yǐnchái【引柴】名 たきつけ．ほだ.
yǐnchǎn【引产】名 分娩誘発.
yǐn//chū【引出】動+方補 引き出す．生み出す.
yǐndǎo【引导】動 **1** 引率する；案内する．**2** 人を導いて…させる；…するように導く.
yǐndé【引得】名 インデックス．索引.
yǐndòng【引动】動(心に)触れる；(あることを)思い出させる；(感情を)引き起こす.
yǐndòu【引逗】動 **1** 誘い寄せる．おびき寄せる．**2** 誘惑する．からかう.
yǐndù【引渡】動 **1** (人が水面を)渡るのを導く；手引きする．**2**〈法〉(犯罪人を国家間で)引き渡す.
yǐn ér bù fā【引而不发】〈成〉啓発がうまく指導が巧みである.
yǐnfā【引发】動 **1** 起爆する．**2** (感情や病気などを)誘発する.
yǐn//gǎng【引港】動 水先案内をする.
yǐn//háng【引航】動 水先案内をする.
yǐn háng gāo gē【引吭高歌】〈成〉声高らかに歌う.
yǐnhào【引号】名〈語〉引用符号.
yǐn//hé【引河】**1** 動 川から水路をひく．**2** 名(水を引くための)用水路．**3** →jiǎnhé【减河】
yǐn//huǒ【引火】動 **1** (火種で)火を起こす．**2** 引火する.
yǐn huǒ shāo shēn【引火烧身】〈成〉**1** 自ら災いを招き身を滅ぼす．**2** 自ら進んで欠点をさらけだし,他人の批判を求めて是正する.
yǐnjiàn【引见】動 引き合わせる．紹介する.
yǐnjiàn【引荐】動(人を)推薦する.
yǐnjiào【引酵】名 パン種．イーストを入れこねた小麦粉.
yǐnjiè【引介】動 導入·紹介する.
yǐnjìn【引进】動 **1** 導入する．¶～外资 / 外資を導入する．**2** 推薦する.

yǐn jīng jù diǎn【引经据典】〈成〉古典から語句や典故を引用する.
yǐnjǐng【引颈】[動] 首を長く伸ばす. ¶～以待 / 首を長くして待つ.
yǐnjiù【引咎】[動]〈書〉引責する. 責任をとる. ¶～辞职 / 引責辞任する.
yǐn láng rù shì【引狼入室】〈成〉悪者を内部に引き入れて災いを招く.
yǐnlǐ【引理】[名]〈論証の〉補助定理.
yǐnlì【引力】[名]〈物〉引力.
yǐn//lì【引例】**1** [動] 例を引く. **2** [名] 例証. 引用例.
yǐnlǐng【引领】[動] **1** 引率する. 率いる. **2**〈書〉首を長くする.
yǐnliú【引流】[名]〈医〉ドレナージ.
yǐn//lù【引路】[動] 道案内をする.
yǐnqǐ【引起】[動] **引き起こす.** もたらす；促す. ¶～不满 / 不満を買う. ¶～注意 / 注意を引く.
yǐnqiáo【引桥】[名] 橋の両端部分, アプローチ.
yǐnqíng【引擎】[名]〈機〉エンジン. 発動機.
yǐn rén rù shèng【引人入胜】〈成〉人を引きつけて夢中にさせる.
yǐn rén zhù mù【引人注目】〈成〉人目を引く. 目につく.
yǐnrù【引入】[動] **1** 引き入れる. **2** 導入する. 取り入れる.
yǐn shé chū dòng【引蛇出洞】〈成〉敵や悪人をおびき出す.
yǐnshēn【引申】[動]〈語〉原義から派生義が生じる.
yǐnshù【引述】[動] 引用して述べる.
yǐn//shuǐ【引水】[動] **1** 水先案内をする. **2** 水を引く.
yǐn//tóur【引头儿】[動] 率先する；きっかけをつくる.
yǐntuì【引退】[動] 引退する. 退官する.
yǐnwén【引文】[名] 引用句.
yǐnxiàn【引线】[名] **1** 導火線. **2** 手づる. つて；手引き. **3**〈方〉縫い針.
yǐnxìn【引信】[名] 雷管.
yǐnyán【引言】[名] 序文.
yǐn yǐ wéi jiè【引以为戒】〈成〉もって戒めとする.
yǐn yǐ wéi róng【引以为荣】〈成〉もって光栄とする.
yǐnyòng【引用】[動] **1**（他人の言葉や文章を）引用する. **2** 任用する.
yǐnyòu【引诱】**1** [動] **誘惑する**；おびき寄せる. **2** [名] 誘惑.
yǐnyǔ【引语】→**yǐnwén**【引文】
yǐn yù zhī zhuān【引玉之砖】〈成〉他人の卓説を引き出すために述べる愚見.
yǐnzhèng【引证】[動] 引証する. …を例証とする.
yǐnzhì【引致】[動] …を引き起こす；…に導く.
yǐnzhǒng【引种】[動]〈農〉優良品種を導入する.
yǐnzhòng【引种】[動]〈農〉（優良品種を）導入して植える.
yǐnzī【引资】[動] 資金導入する.
yǐnzi【引子】[名] **1**〈音〉導入部. 前奏. **2** 伝統劇で主要人物が登場するとき唱える独白. **3**〈喩〉前置き. 前口上. **4**→**yàoyǐnzi**【药引子】

吲 yǐn ○

yǐnduǒ【吲哚】[名]〈化〉インドール.

饮 yǐn

[動]〈書〉飲む. [H] ①飲み物. ¶冷～ / 冷たい飲み物. ②心中に秘める. ¶→～恨.
異読⇒yìn
yǐnchá【饮茶】[動]（広東や香港で）お茶を飲みながら“点心”を食べる.
yǐndàn【饮弹】[動]〈書〉銃弾に当たる.
yǐnhèn【饮恨】[動]〈書〉恨みをのむ. ¶～而终 / 恨みを晴らすことができずに死ぬ.
yǐnliào【饮料】[名] **飲料.** 飲み物.
yǐnpiàn【饮片】[名]〈中薬〉せんじ薬用に細かくした薬.
yǐnpǐn【饮品】[名] 飲み物. 飲料.
yǐnqì【饮泣】[動]〈書〉涙をのむ.
yǐnshí【饮食】[名] **飲食.** 食事.
yǐnshí liáofǎ【饮食疗法】[名]〈医〉食餌(じよく)療法.
yǐnshí qǐjū【饮食起居】[名] 日常生活.
yǐnshuǐ【饮水】[名] 飲み水.
yǐn shuǐ sī yuán【饮水思源】〈成〉幸福になっても, そのよってきたるところを忘れない.
yǐnyàn【饮宴】[動] 酒宴を設ける.
yǐnyòngshuǐ【饮用水】[名] 飲用水.
yǐnyù【饮誉】[動]〈書〉ほめられる.
yǐn zhèn zhǐ kě【饮鸩止渴】〈成〉目前の急場をしのぐのに汲々(きゅうきゅう)として, 後の大難を顧みない.
yǐnzi【饮子】[名]〈中薬〉冷まして飲むせんじ薬.

蚓 yǐn

[H] ミミズ. ⇒qiūyǐn【蚯蚓】

隐（隱） yǐn

[H] ①隠す. 隠れる. ¶→～士. ②内部の. 表に現れない. ¶→～情. ③隠されているもの. ¶→～私.
yǐnbì【隐蔽】**1** [動] **隠れる**；隠蔽(いんぺい)する. **2** [形] 非公然である；外からわかりにくい. ¶～失业 / 潜在失業.
yǐnbì【隐避】[動] 隠れ避ける.
yǐncáng【隐藏】[動] **隠れる. 隠す.**
yǐndùn【隐遁】[動] 隠遁する.
yǐn è yáng shàn【隐恶扬善】〈成〉人の欠点をかばい, その長所をほめる.
yǐnhán【隐含】[動] それとなく含んでいる.
yǐnfú【隐伏】[動] 隠れる. 潜伏する.
yǐnhuā zhíwù【隐花植物】[名]〈植〉隠花植物.
yǐnhuàn【隐患】[名] まだ表面に現れない隠れた災い.
yǐnhuì【隐讳】[動] はばかって隠す. 包み隠す.
yǐnhuì【隐晦】[形] 不明瞭である；難解である.
yǐnjí【隐疾】[名]（性病など）人に言えない病気.

yǐnjū【隐居】動〈旧〉隠遁する．隠栖(いんせい)する．

yǐnjūnzǐ【隐君子】名 **1** 隠遁者． **2** アヘン吸引者．

yǐnmán【隐瞒】動 隠しごまかす．

yǐnmì【隐秘】**1** 動 隠す．秘密にする．**2** 名 秘密．内緒事．

yǐnmò【隐没】動 隠れて見えなくなる．次第に見えなくなる．

yǐnnì【隐匿】動〈書〉 **1** 隠匿(いんとく)する．隠す． **2** 隠れる．

yǐnpì【隐僻】形 **1** 辺鄙である． **2**（意味が）はっきりしない；（字句などが）見慣れない．

yǐnqíng【隐情】名 人に告げられない事情．

yǐnrán【隐然】形 かすかである．はっきりしない．

yǐnrěn【隐忍】動 耐え忍ぶ．じっとこらえる．

yǐnshè【隐射】動 ほのめかす；当てつける．

yǐnshēncǎo【隐身草】名（～儿）隠れみの；だし．口実．

yǐnshēn jìshù【隐身技术】→ yǐnxíng jìshù【隐形技术】

yǐnshì【隐士】名 隠遁者．世捨て人．

yǐnsī【隐私】名 プライバシー．私生活の秘密． ¶～权 / プライバシーの権利．

yǐntòng【隐痛】名 **1** 人に告げられない苦痛． **2** かすかな痛み．

yǐnxiǎn mòshuǐ【隐显墨水】名 あぶり出しインク．

yǐnxiàn【隐现】動 見え隠れする．

yǐnxíng fēijī【隐形飞机】名〈軍〉ステルス機．

yǐnxíng jìshù【隐形技术】名 ステルス技術．

yǐnxíngrén【隐形人】名（ＳＦ小説の）透明人間．

yǐnxíng yǎnjìng【隐形眼镜】名 コンタクトレンズ．［副］

yǐnxìng【隐性】形〈生〉劣性の；〈転〉潜在的な． ¶～基因 / 劣性遺伝子． ¶～失业 / 企業内失業．

yǐn xìng mái míng【隐姓埋名】〈成〉（世をはばかって）自分の姓名を隠すこと．

yǐnxiūyuàn【隐修院】名 修道院．

yǐnxuè【隐血】名〈医〉潜血．

yǐnyì【隐逸】動〈書〉世間を逃れて隠れ住む．

yǐnyǐn【隐隐】形 かすかである；はっきりしない．

yǐnyōu【隐忧】名 心に秘められた憂い．

yǐnyǔ【隐语】名〈書〉隠語．符丁．

yǐnyù【隐喻】名〈語〉隠喩．メタファー．

yǐnyuē【隐约】形 かすかである．はっきりしない．

yǐnzhě【隐者】名 隠者．隠士．

yǐnzhōng【隐衷】名 人に告げられない苦衷．

歙 **yǐn**〈書〉〖饮yǐn〗に同じ．

瘾（**癮**） **yǐn** 名 **1**（酒・たばこなどの）**習慣性．中毒．** ¶他吸烟的～很大 / 彼はすごいたばこ飲みだ． **2**（趣味に対する）熱中．病みつき． ¶上～ / 病みつきになる．

yǐnjūnzǐ【瘾君子】名 たばこ中毒；アヘン中毒．

yǐntóu【瘾头】名（～儿）（趣味・嗜好に対する）凝りよう．病みつき．

印 **yìn** **1** 名 **公印**；（広く）**はんこ．** ¶盖上～ / はんこを押す． **2** 動 **印刷する．** プリントする． ¶～照片 / 写真を焼き付ける．

H ①痕跡．跡． ¶→～子zi． ②跡を残す． ¶～入脑海 / 頭に刻みつける． ③符合する． ¶心心相～ / 気持ちや考えがぴったり合っている． ‖ 姓

yìnbàzi【印把子】名 印章のつまみ；〈喩〉権力．

yìnbǎn【印版】名〈印〉印刷版．版木．

yìnběn【印本】名 印刷本．刊本．

yìnbí【印鼻】名 印章のつまみ．

yìncì【印次】名〈印〉書籍の版ごとの印刷回数．

Yìndì'ānrén【印第安人】名 ネイティブアメリカン．

Yìndù【印度】名〈地名〉インド．

Yìndùjiào【印度教】名 ヒンズー教．

yìndùmò【印度貘】名〈動〉バク．

Yìndùníxīyà【印度尼西亚】名〈地名〉インドネシア．

yìndùxiàng【印度象】名〈動〉インドゾウ．

yìnfā【印发】動 印刷して配布する．

yìnhé【印盒】名 印判を入れる箱．

yìnhén【印痕】名 痕跡．跡．

yìn//huā【印花】**1** 動（～儿）（織物に）色模様をプリントする． **2** 形（～儿）プリント模様の． **3** 名 収入印紙．印紙．

yìnhuāshuì【印花税】名 印紙税．

yìnjì【印记】❶名 **1**〈旧〉機関や団体が用いた印判． **2** 印影． ❷動 印象深く持ち続ける；心に印す．

yìnjì【印迹】名 跡．痕跡．

yìnjiàn【印鉴】名 届出印の印影．

Yìnní【印尼】名〈地名〉〈略〉インドネシア．

yìnní【印泥】名 印肉．朱肉．

yìnniǔ【印纽・印钮】名 印章のつまみ．

yìnpǔ【印谱】名 印譜．篆刻(てんこく)の印影集．

yìnrǎn【印染】動（布地を）プリントする．

yìnse【印色】名 印肉．朱肉．

yìnshòu【印绶】名〈旧〉印綬(いんじゅ)．

yìnshù【印数】名〈印〉印刷部数．

yìnshuā【印刷】動〈印〉**印刷する．**

yìnshuā diànlù【印刷电路】名 プリント配線．プリント回路．

yìnshuājī【印刷机】名 印刷機．

yìnshuāpǐn【印刷品】名 印刷物．

yìnshuātǐ【印刷体】名 活字体．

yìntái【印台】名 スタンプ台．

yìntáng【印堂】名（占いで）額，眉間

(ㄧㄣ)；(人体のつぼの一)印堂(ㄧㄣˋ).
yìntiě【印铁】動 ブリキ板やアルミ板の上に,図案や文字を印刷する.
yìnxiá【印匣】名 印箱．印判を入れる容器.
yìnxiàng【印象】名 **印象**．イメージ．¶你对中国的～怎么样？/ 中国の印象はいかがですか.
yìnxiàngpài【印象派】名〈美〉印象派.
yìnxiàngzhǐ【印相纸】名 印画紙.
yìnxìn【印信】名 公印．官印.
yìnxíng【印行】動 印刷発行する.
yìnyóu【印油】名 スタンプ用インク.
yìnzhāng【印张】名〈印〉書籍１冊に用いる紙の量を計算する単位.
yìnzhāng【印章】名 印章．判.
yìnzhèng【印证】**1** 動 まちがいなしと証明する．裏付ける．**2** 名 実証．裏付け.
yìnzi【印子】名 **1** 痕跡．跡．**2** →yìnziqián【印子钱】
yìnziqián【印子钱】名〈旧〉分割払いで返済する高利貸し．¶放～ / 高利貸しをする.

饮

yìn 動(家畜に)水を飲ませる．¶～马 / 馬に水を飲ませる.
異読⇨yǐn
yìnchǎng【饮场】動〈旧〉京劇の役者が舞台で茶を飲んでのどを潤す.

茚

yìn 名〈化〉インデン.

荫 (蔭)

yìn 形〈口〉日が射さず,冷たくてじめじめしている．¶那间北房很～ / あの北向きの部屋はじめじめしている.
H ①かばう．覆う．¶→～庇bì．②旧時,父祖の功績により子孫に与えられる進学・任官の権利．異読⇨yīn
yìnbì【荫庇】動〈書〉目上の者が目下の者を,祖先が子孫をかばい保護する.
yìnliáng【荫凉】形 日陰で涼しい.

胤

yìn 名〈古〉後裔(ㄧˋ)．跡継ぎ.

鲫

yìn O
yìnyú【鲫鱼】名〈魚〉コバンザメ.

窨

yìn H 地下室．¶地～子 / 穴蔵．異読⇨xūn
yìnjǐng【窨井】名 マンホール.

慭 (憖)

yìn H ①願う；むしろ…を願う．②傷つく；欠ける.
yìnyìn【慭慭】形 慎み深いさま；注意深いさま.

yìng (ㄧㄥ)

应 (應)

yīng ❶動 **1** 応答する．¶怎么叫她都不～ / いくら彼女を呼んでも返事がない．**2** 承諾する．¶他～下了这件事 / 彼はこの件を引き受けた．
❷助動〈書〉…すべきである．…なければならない．¶如有错误,～即改正 / もし誤りがあるならば,ただちに正すべきである．‖姓
異読⇨yìng
yīngdāng【应当】助動 …べきである．…なければならない.
yīngdé【应得】動 当然受けるべきである．当然もらうべきである.
yīngfèn【应分】形 当たりまえの．職務上当然の.
yīngfù zhàngkuǎn【应付账款】名〈経〉未払金.
yīnggāi【应该】助動 **1** (道理・人情から言って)…でなければならない,…べきである．¶大家～帮助她 / みんなで彼女を援助すべきだ．**2** (状況から判断して)…のはずだ．¶这是日本产的,～耐用 / これは日本製だから,長持ちするはずだ.
yīngjì lìxī【应计利息】名〈経〉未払い利息.
yīngjiè【应届】形 その年の．¶～毕业生 / その年の卒業生.
yīng//míngr【应名儿】**1** 副 名義上は．**2** 動 名前を貸す．名義人になる.
yīng//shēng【应声】動(～儿)〈口〉返事する．⇨yìngshēng
yīngshōu zhàngkuǎn【应收账款】名〈経〉未収金.
yīngxǔ【应许】動 **1** 承諾する．**2** 許可する.
yīng yǒu jìn yǒu【应有尽有】〈成〉(あるべきものは)何でもある.
yīngyǔn【应允】動 承諾する.

英

yīng H ①花．花びら．¶落～缤纷 / 花が散り乱れる．②才知の秀でた人．¶群～大会 / 優秀な人物の集まり．③イギリス．¶→～文．‖姓
yīngbàng【英镑】量 英ポンド.
yīngcái【英才】名 **1** 英才．秀才．**2** 傑出した才知.
yīngchǐ【英尺】量 フィート.
yīngcùn【英寸】量 インチ.
yīngdūn【英吨】量 英トン.
Yīngguó【英国】名〈地名〉イギリス.
yīngguóguǎn【英国管】名〈音〉イングリッシュホルン.
yīngháo【英豪】名 英雄と豪傑.
yīnghún【英魂】名 英霊.
yīngjié【英杰】名 英傑.
yīngjùn【英俊】形 **1** 才能がすぐれている．**2** (男が)ハンサムである.
yīnglǐ【英里】量 マイル.
yīngliǎng【英两】量 オンス.
yīngliè【英烈】❶形 勇ましくて気性が激しい．❷名 **1** 勇敢に身を犠牲にした人．**2**〈書〉傑出した功績.
yīnglíng【英灵】名 **1** 英霊．**2**〈書〉才能のすぐれた人.
yīngmíng【英名】名 英名.
yīngmíng【英明】形 英明である．¶～的决定 / 英明な決定.
yīngmó【英模】名(労働と戦闘における)英雄と模範者.
yīngmǔ【英亩】量 エーカー.
yīngnián【英年】名(生涯で)最も英

気みなぎる年齢.
yīngqì【英气】名 英気. ¶～勃勃 / 英気が満ちている.
yīngshí【英石】名 広東省英徳県に産する岩石の一種. 庭の築山に用いる.
Yīngtènàixióngnà'ěr【英特耐雄纳尔】名 インターナショナル.
Yīngwén【英文】名 英語. 英文.
yīngwǔ【英武】形〈書〉勇ましい.
yīngxiānzuò【英仙座】名〈天〉ペルセウス座.
yīngxióng【英雄】❶名 1 英雄. 2 大衆のため大きな功績を上げ,人々から尊敬される人. ¶人民～ / 人民の英雄. ❷形 立派で勇ましい.
yīng xióng wú yòng wǔ zhī dì【英雄无用武之地】〈成〉すぐれた才能をもちながらそれを発揮する機会がない.
yīngxún【英寻】量(水深を測る単位)ファゾム(fathom).
-yīngyīng【-英英】接尾 形容詞・動詞の後について「広がる」様子を表す. ¶蓝～的天 / 青々とした空.
yīngyǒng【英勇】形 すぐれて勇敢である. ¶～的战士 / 勇ましい戦士.
Yīngyǔ【英语】名 英語.
yīngzhì【英制】名 ヤード・ポンド法.
yīngzī【英姿】名〈書〉英姿. 雄姿.

莺(鶯) **yīng** 名〈鳥〉ウグイス. ¶黄～ / コウライウグイス.
yīng gē yàn wǔ【莺歌燕舞】〈成〉春景色のすばらしいさま;情勢が極めてよい.

婴 **yīng** H ①嬰児(ᵉⁱ). 乳飲み子. ¶妇～ / 産婦と乳児. ②まといつく;触れる. ¶～疾 / 病気にかかる.
yīng'ér【婴儿】名 嬰児. 赤ちゃん.
yīnghái【婴孩】名 嬰児. 赤ちゃん.

瑛 **yīng** H ①美しい玉(ぎょく). ②玉の光.

撄 **yīng** H ①触れる. ¶～怒 / 怒りに触れる. ②絡む;乱す.

嘤 **yīng** 擬〈書〉鳥の鳴き声;低くかすかな人の泣き声.

罂(甖) **yīng** 名〈古〉腹が大きくて口の小さな瓶.
yīngsù【罂粟】名〈植〉ケシ.
yīngsùfěn【罂粟粉】名〈食材〉ケシの実を粉に碾(ひ)いたもの.
yīngzitóng【罂子桐】名〈植〉オオアブラギリ.

缨 **yīng** 名 1(～儿)(帽子などを飾る)房(ふさ). ¶红～枪 / 赤い房のついた槍(やり). 2(～儿)房のようなもの. ¶萝卜～儿 / 大根の葉. 3〈古〉冠のひも;(広く)帯.
yīngmào【缨帽】名(清代の官吏がかぶる)てっぺんに赤い房のついた帽子.
yīngzi【缨子】名(装飾用の)房;房状のもの.

璎 **yīng** H 玉(ぎょく)に似た石.
yīngluò【璎珞】名〈古〉玉の首飾り. 瓔珞(ようらく).

樱 **yīng** H ①サクランボ. ②桜. ¶～树 / 桜の木.
yīnghuā【樱花】名〈植〉桜(の花).
yīngtáo【樱桃】名〈植〉オウトウ;サクランボ. オウトウの実.

鹦 **yīng** O
yīnggē【鹦哥】名〈鳥〉オウム. インコ.
yīnggērlǜ【鹦哥儿绿】名 インコの羽のような緑色.
yīngwǔ【鹦鹉】名〈鳥〉オウム. インコ.
yīngwǔluó【鹦鹉螺】名〈貝〉オウムガイ.
yīngwǔrè【鹦鹉热】名〈医〉オウム病.
yīng wǔ xué shé【鹦鹉学舌】〈成〉〈貶〉人の話の受け売りをする.

膺 **yīng** H ①胸. ¶义愤填～ / 義憤が胸に満ちる. ②受ける. 当たる. ¶→～选. ③討伐する. ¶→～惩.
yīngchéng【膺惩】動〈書〉膺懲(ようちょう)する.
yīngxuǎn【膺选】動〈書〉当選する.

鹰 **yīng** 名 1〈鳥〉タカ. ¶老～ / トビ. 2〈体〉(ゴルフの)イーグル.
yīng bí yào yǎn【鹰鼻鹞眼】〈成〉凶悪で狡猾な面相である.
yīnggōu bízi【鹰钩鼻子】名 わし鼻.
yīngquǎn【鹰犬】名(猟に用いる)タカと犬;〈喩〉手先. 手下.
yīngsǔn【鹰隼】名〈書〉タカとハヤブサ;〈喩〉凶暴な人. 勇猛な人.
yīngyáng【鹰洋】名〈旧〉(中国で流通した)メキシコ銀貨;(広く)銀貨.
yīngzhǎomáor【鹰爪毛儿】名 毛の短い羊の毛皮.

迎 **yíng** 動 1 迎える. ¶大家连忙～了上去 / みんなが大急ぎで出迎えた. 2 向かう. 対する. ¶～着困难上 / 困難に向かって前進する.
yíngbīnguǎn【迎宾馆】名 迎賓館.
yíngbīn xiǎojie【迎宾小姐】名 案内嬢.
yíngchūn【迎春】名〈植〉オウバイ.
yíng//fēng【迎风】動 1 風に向かう. 2 風を受ける.
yínghé【迎合】動 迎合する.
yínghòu【迎候】動 出迎えるためにある場所で客の到来を待つ.
yíngjī【迎击】動 迎撃する.
yíngjiàn【迎见】動 出迎える;会見する.
yíngjiē【迎接】動 1(ある場所へ出向いて)迎える,出迎える. ¶到机场去～客人 / 空港に客を迎えにいく. 2(祝祭日・任務などを)迎える,待ち望む. ¶～新年 / 新年を迎える.
yíng//mén【迎门】動(～儿)〈方〉入り口と向かいあう.
yíng//miàn【迎面】動(～儿)面と向かう.
yíngmiàngǔ【迎面骨】名〈口〉向こうずね.
yíng//qīn【迎亲】動〈旧〉婚礼の日,新

郎の家から輿(こし)や楽隊を連れて新婦を迎えに行く.
yíngqǔ【迎娶】動 妻をめとる.
yíng rèn ér jiě【迎刃而解】〈成〉問題がすらすらと解決する.
yíng//tóu【迎头】動(～儿)面と向かう.
yíng tóu gǎn shàng【迎头赶上】〈成〉努力して先頭に追いつく.
yíngxīn【迎新】動 新来者を歓迎する;新しい年を迎える.
yíngyà【迎迓】動〈書〉出迎える.
yíngzhàn【迎战】動 迎え撃つ.

茔(塋) **yíng** 田 墓地. 墓. ¶祖～/祖先代々の墓地. ¶先～/祖先の墓.

荥(滎) **yíng** 地名用字. 異読⇨xíng

荧(熒) **yíng** 田 ①光がかすかである. ¶一灯～然/明かりが一つ,かすかな光を投げかけている. ②(目が)ちらつく. 惑わす. ¶→～惑.
yíngguāng【荧光】名〈物〉蛍光.
yíngguāngdēng【荧光灯】名 蛍光灯.
yíngguāngpíng【荧光屏】名 蛍光板;(テレビなどの)画面.
yínghuò【荧惑】**1** 動〈書〉迷わす. **2** 名〈古〉火星.
yíngmù【荧幕】名(テレビの)スクリーン.
yíngpíng【荧屏】名(テレビの)スクリーン.
yíngyíng【荧荧】形 灯火や星がまたたくさま.

盈 **yíng** 動〈書〉満ちる. ¶书籍～屋/書物が家に満ちる.
田 余る. ¶→～余. ‖姓
yíngkuī【盈亏】名 **1** (月の)満ち欠け. **2** 利益と損失;損益.
yínglì【盈利】→yínglì【赢利】
yíng qiān lěi wàn【盈千累万】〈成〉数が多い.
yíngyíng【盈盈】形 **1** 澄みきっている. **2** 女性の姿態・動作があでやかである. **3** 情緒・雰囲気などがあふれている. **4** 動作が軽やかである.
yíngyú【盈余】**1** 名 余剰;利潤. **2** 動 利潤が上がる.

莹(瑩) **yíng** 名〈古〉玉(ぎょく)のように光る石.
田 透き通って光る. ¶晶～/光って透き通っている.
yíngyíng【莹莹】形 きらきら輝くさま.

萤(螢) **yíng** 田 ホタル.
yínghuǒchóng【萤火虫】名〈口〉ホタル.
yíngshí【萤石】名〈鉱〉ホタル石.

营(營) **yíng** 名(軍隊の編成単位)大隊.
田 ①はかる. ¶→～利. ②経営する. ¶→～业. ③兵営. 営所. ¶军～/兵営. ‖姓
yíngbàn【营办】動 執り行う. 請け負う.
yíngbù【营部】名〈軍〉大隊の本部.
yíngdì【营地】名〈軍〉駐屯地.
yíngfáng【营房】名〈軍〉兵舎.
yínggōng【营工】動 雇われて働く.
yínghuǒ【营火】名 キャンプファイア.
yínghuǒhuì【营火会】名 キャンプファイアの集い.
yíngjiàn【营建】動 造営する. 建築する.
yíngjiù【营救】動(手を尽くして)救出する.
yínglěi【营垒】名 **1** 兵営とそのまわりの塀. **2** 〈喩〉陣営.
yínglì【营利】**1** 動 利をはかる. **2** 名 金もうけ.
yíngpán【营盘】名〈旧〉兵営.
yíngqiú【营求】動 手に入れようと苦心する.
yíngqū【营区】名 軍隊が駐屯する地域.
yíngshēng【营生】動 生計を立てる.
yíngsheng【营生】名(～儿)〈方〉職業. 仕事.
yíngsī【营私】動 私利をはかる.
yíngxiāo【营销】名 経営と販売.
yíngyǎng【营养】**1** 動 栄養をとる. **2** 名 栄養;〈喩〉養分. ¶～食品/栄養補助食品. サプリメント.
yíngyǎngbō【营养钵】名(鉢植え用の)培養土.
yíngyǎngmì【营养蜜】名(化粧品の)栄養クリーム.
yíngyǎngshī【营养师】名 栄養士.
yíngyǎngsù【营养素】名 栄養素.
yíngyǎng yuánsù【营养元素】名(農作物・植物の生長に欠かせない)栄養素.
yíngyè【营业】動 営業する.
yíngyè'é【营业额】名 取引高. 売上高.
yíngyèshuì【营业税】名 営業税. 売上税.
yíngyèyuán【营业员】名 店員.
yíngyùn【营运】**1** 名(車両や船舶の)営業・運行. **2** 動〈近〉商売をする.
yíngzào【营造】動 **1** 営造する. 建造する. **2** 計画的に造林する.
yíngzàochǐ【营造尺】名(清朝政府が定めた)建築用の尺.
yíngzhài【营寨】名〈旧〉山中の砦(とりで).
yíngzhǎng【营长】名〈軍〉大隊長.
yíngzhàng【营帐】名 軍隊などのテント. 天幕.

萦(縈) **yíng** 田 まといつく. 絡みつく. 巡る.
yínghuái【萦怀】動〈書〉気にかかる.
yínghuí【萦回】動〈書〉まつわる. つきまとう.
yíngrào【萦绕】動〈書〉つきまとう. まつわる.
yíngxì【萦系】動〈書〉気にかかる.
yíngyū【萦纡】動〈書〉まといつく.

滢(瀅) **yíng** 地名用字.

蓥（鎣） **yíng** 地名用字.

楹 **yíng** 量〈書〉部屋を数える：間.
H 母屋の正面にある柱.

yínglián【楹联】名 母屋の正面にある2本の柱に掛ける対聯(ﾂｲﾚﾝ)；(広く)対聯.

滢（瀅） **yíng** 形〈書〉清く澄んでいる.

瑩（瑩） **yíng** 人名用字.

蝇（蠅） **yíng** H ハエ. ¶～蛹 / ハエのさなぎ.

yínghǔ【蝇虎】名(～儿)〈虫〉ハエトリグモ.

yíngpāi【蝇拍】名(～儿)ハエたたき.

yíngshuǎi【蝇甩】名(～儿)〈方〉払子(ﾎｯｽ).

yíngtóu【蝇头】形〈喩〉微小な.

yíng yíng gǒu gǒu【蝇营狗苟】〈成〉名利のために恥も外聞もなく人に取り入る.

yíngzi【蝇子】名〈虫〉ハエ.

潆（瀠） **yíng** O

yínghuí【潆洄】形(水が)渦巻くさま.

嬴 **yíng** ‖姓

赢 **yíng** 動(↔输)(勝負に)勝つ. ¶一定能～他们 / 必ず彼らに勝てる.
H 利益を得る. ¶→～利.

yíngdé【赢得】動 勝ち取る.

yíngjiā【赢家】名(試合などの)勝者.

yínglì【赢利】1 名 利潤. 2 動 利潤が上がる.

yíngmiàn【赢面】名 勝利の可能性.

yíngyú【赢余】→yíngyú【盈余】

瀛 **yíng** 名〈書〉大海. ¶→～寰.
‖姓

yínghuán【瀛寰】名〈書〉全世界.

Yíngzhōu【瀛洲】名 東海の神山.

籯（籝） **yíng** H ①行李(ｺｳﾘ). つづら・竹かごの類. ②箸入れ(のかご).

郢 **yǐng** 名〈史〉郢(ｴｲ). ▶(春秋戦国時代の)楚の国都.

颍 **yǐng** 地名用字.

颖 **yǐng** H ①(麦などの)穂先. ¶→～果. ②小さくて細長い物の先端. ③聡明である. ¶→～慧.

yǐngguǒ【颖果】名〈植〉穎果(ｴｲｶ).

yǐnghuì【颖慧】形〈書〉聡明である.

yǐngwù【颖悟】形〈書〉悟りが早くて賢い.

yǐngyì【颖异】形〈書〉1 並みはずれて賢い. 2 珍しい. 目新しい.

影 **yǐng** 名(～儿)1 影. 影法師；(鏡や水に映る)姿. ¶树～儿 / 木の影. ¶倒dào～ / 水に映る姿. 2 ぼんやりした形. ¶全忘得没～儿了 / すっかり忘れてしまった.
H ①模写. 模刻. ¶～宋本 / 宋版の模刻本. ②"电影"(映画),"影戏"(影絵芝居). ¶→～迷. ③写真；肖像画. ¶合～ / 人といっしょに撮った写真. ④写真製版印刷. ¶→～印. ‖姓

yǐngbì【影壁】名 1 表門を入った所にあるついたてのような壁. 2 表門の外にある,門と向かい合っている壁. 3 いろいろな塑像をはめ込んだ壁.

yǐngdì【影帝】名 映画祭で最優秀男優賞を受賞した男優.

yǐngdié【影碟】名〈方〉VCD；DVD.

yǐngdiéjī【影碟机】名 VCDプレーヤー；DVDプレーヤー.

yǐnggér【影格儿】名 紙の下に敷いて上からなぞる習字の手本.

yǐnghòu【影后】名 映画祭で最優秀女優賞を受賞した女優

yǐngjí【影集】名 写真アルバム.

yǐngjùyuàn【影剧院】名 1 (一般に)映画館と演劇場の総称. 2 映画も芝居もやる劇場.

yǐngmí【影迷】名 映画ファン.

yǐngpiàn【影片】名(～儿)[部,个] 1 映画のフィルム. 2 (上映する)映画. ¶拍～ / 映画を撮る.

yǐngpíng【影评】名 映画評論.

yǐngr【影儿】→yǐngzi【影子】

yǐngrén【影人】名 1 映画人. 2 (～儿)影絵芝居の人形.

yǐngshè【影射】動(他のことを言っているふりをして)暗にほのめかす.

yǐngshì【影视】名 映画とテレビ.

yǐngtán【影坛】名 映画界.

yǐngtiáo【影条】名〈紡〉透かしの縞(ｼﾏ).

yǐngxì【影戏】名 1 影絵芝居. 2 〈方〉映画.

yǐngxiǎng【影响】1 動 影響する. 感化する. 差し支える. ¶他的言行一直～着我 / 彼の言行はずっと私に(よい)影響を与えた. ¶快睡吧,别～明天的工作！/ 早く寝なさい,あしたの仕事に差し支えないように. 2 名 影響；反響.

yǐngxiàng【影像】名 1 肖像. 画像. 2 面影. 姿. 3 映像. 画像. ▲"影象"とも.

yǐngxiě【影写】動 手本や絵・文字の上に薄紙を置いてなぞる.

yǐngxīng【影星】名 映画スター.

yǐngyè【影业】名 映画産業.

yǐngyìn【影印】名〈印〉写真製版印刷.

yǐngyǐngchuòchuò【影影绰绰】形(～的)(物の形が)ぼんやりしている.

yǐngyuàn【影院】名 映画館.

yǐngzhǎn【影展】名 1 写真展覧会. 2 映画祭.

yǐngzi【影子】名 1 (光線が当たって映し出されるものの)影. 2 ぼんやりした形. 3 (鏡や水に映る)影,姿.

yǐngzi nèigé【影子内阁】名 影の内閣. シャドーキャビネット.

瘿 **yǐng** 名 1 〈中医〉首にできるこぶ. 2 〈植〉→chóngyǐng【虫瘿】

应(應) **yìng** H ①答える. ¶答～/答える；承諾する. ②(求めに)応じる. ¶→～邀. ③順応する. 適応する. ¶→～时. ④対応する. 対処する. ¶→～敌.
異読⇒yīng

yìngbiàn【应变】**1** 動 突発事態に対処する. **2** 名〈物〉ひずみ.
yìngchéng【应承】動 承諾する.
yìngchou【应酬】**1** 動 交際する. もてなす. **2** 名(顔を出さなければならない)私的な宴会, つきあい.
yìngcóng【应从】動 了承し従う.
yìngdá【应答】動 応答する.
yìngdí【应敌】動 応戦する.
yìng//diǎn【应典・应点】動〈方〉**1** 自分の言ったことを実行する. **2** 決まりきった結果になる.
yìngdiànliú【应电流】名〈物〉誘導電流.
yìngduì【应对】動 受け答えをする.
yìngfu【应付】動 **1** (事を適切に) 処理する. **2** いい加減にあしらう. **3** 間に合わせる.
yìnghè【应和】動(声・音・言葉・行動などが)呼応する.
yìng//jí【应急】動 急場に間に合わせる.
yìngjì【应季】形 季節にふさわしい. ¶～水果 / 旬の果物.
yìng jiē bù xiá【应接不暇】〈成〉応接にいとまがない.
yìng//jié【应节】動 時節にかなう.
yìng//jǐng【应景】動 **1** (～儿) 時節に合わせる. 場所柄に合わせる. **2** 調子を合わせるために付き合う.
yìngjǐngshī【应景诗】名 即興詩.
yìngjǔ【应举】動〈旧〉科挙試験に参加する.
yìng//kǎo【应考】動 受験する.
yìnglì【应力】名〈物〉応力. 内力.
yìng//mǎo【应卯】動 申しわけに顔を出す.
yìng//mén【应门】動 門番をする.
yìngmù【应募】動〈書〉応募する.
yìngnuò【应诺】動〈書〉承諾する.
yìng//pāi【应拍】動(競売で)応札する.
yìngpìn【应聘】動 招請に応じる.
yìngshēng【应声】動 声や音に応じる. ⇒yīng//shēng
yìngshēngchóng【应声虫】名 何でも人の言うことに付和雷同する人.
yìngshí【应时】❶形 **1** 時節に合っている. **2** 〈方〉時間どおりの.
❷副 すぐさま.
yìngshì【应市】動(商品が)市場に出まわる.
yìngshì【应试】動 受験する.
yìngshì jiàoyù【应试教育】名 受験教育.
yìngsù【应诉】動〈法〉応訴する.
yìngyàn【应验】動(予言・予感が)的中する.
yìngyāo【应邀】動 招待に応じる.
yìngyòng【应用】**1** 動 使用する. 活用する. **2** 形 実用的である. ¶～文 / 実用文. **3** 名〈電算〉アプリケーション.
yìngyuán【应援】動(軍隊が)応援する.
yìngyùn【应运】動 機運に乗じる.
yìng//zhàn【应战】動 **1** 応戦する. **2** (競技・競争などの)挑戦に応じる.
yìngzhāo【应招】動(試験などに)応募する.
yìngzhào【应召】動 召集に応じる.
yìngzhěn【应诊】動(医者が求めに応じて)診察する.
yìngzhēng【应征】動 **1** 徴兵に応じる. **2** (広く呼びかけに)応じる.
yìngzhì【应制】動〈旧〉皇帝の命令で詩・文を作る.

映 **yìng** 動 **1** 映る. ¶月光～在水中 / 月が水に映る. **2** 照らし出す. ¶夕阳～红了半边天 / 夕日が空の半分を赤く染めた.

yìngchèn【映衬】**1** 動 映える. 引き立つ. **2** 名〈文〉相反する事物の列挙により対比を際立たせる修辞法.
yìngdài【映带】動〈書〉(景色が)互いに引き立つ.
yìngshānhóng【映山红】動〈植〉ヤマツツジ.
yìngshè【映射】動 照り映える.
yìngxiàn【映现】動 光に照らされて出現する.
yìngxiàng【映象】名 投影. イメージ.
yìngxiàng【映像】名 映像；ビデオ.
yìngzhào【映照】動 照り映える.

硬 **yìng** ❶形 **1** (↔软) かたい. ¶石头般～的月饼 / 石のようにかたい月餅(げっぺい). **2** (態度・意志が) 強硬である；(性格が) 頑強である. ¶话说得太～ / ものの言い方が非常にきつい. **3** 冷酷である. ¶心肠～ / 心が冷たい. **4** (力量が) すぐれている. 質がよい. ¶技术不太～ / 技術はあまりたいしたことない. **5** 壮健である. ¶身子骨儿仍然很～ / 体は今もってしゃんとしている.
❷副 **1** 無理やりに. ¶～挺住 / 無理してがんばる. **2** あくまで. ¶～不肯去 / どうしても行こうとしない.

yìngbāngbāng【硬邦邦・硬梆梆】形(～的) かちかちに堅い.
yìngbang【硬棒】形〈方〉**1** ぴんと堅くなっている. **2** 丈夫で力がある.
yìngbī【硬逼】動 無理強いする.
yìngbǐ【硬笔】名(毛筆に対して)硬筆.
yìngbì【硬币】名〈経〉**1** 硬貨. **2** 外貨あるいは金に兌換できる通貨. **3** レートが上昇傾向にある通貨.
yìngchēng【硬撑】動 無理して頑張る.
yìngcípán【硬磁盘】名〈電算〉ハードディスク.
yìngdǐng【硬顶】動 強硬に手向かう.
yìngdù【硬度】名(物体や水の)硬度.
yìng'è【硬腭】名〈生理〉硬口蓋.
yìnggōng【硬弓】名(引くのに力を要

する）強弓（ごうきゅう）.
yìnggōng【硬功】名 熟練した技.
yìnggōngfu【硬功夫】名 熟練した技.
yìnggǔtou【硬骨头】〈慣〉**1** 硬骨漢. **2** 手を焼く難事.
yìnggǔyú【硬骨鱼】名〈魚〉硬骨魚.
yìngguǎnggào【硬广告】名（↔软广告）直接広告.
yìnghàn【硬汉】名（～子）硬骨漢.
yìnghuà【硬化】動 **1**（物体が）硬くなる. **2**〈喩〉（頭・物の考え方が）こちこちになる.
yìnghuà【硬话】名 **1** 強硬な言いぐさ. **2** 強がり.
yìnghuánjìng【硬环境】名（交通・通信などの）ハード環境.
yìngjiāmì【硬加密】名〈電算〉ハード暗号化.
yìngjiàn【硬件】名 **1**〈電算〉ハードウエア. **2**（生産・科学研究・経営などに用いる）機械設備や資材など.
yìngjié【硬结】**1** 動 固まる. **2** 名 塊（かたまり）.
yìngjuējuē【硬撅撅】形（～的）〈方〉**1** 非常に堅い. **2**（態度・言葉遣いなどが）つっけんどんである.
yìngkǎobèi【硬拷贝】名〈電算〉ハードコピー.
yìngkéxiāng【硬壳箱】名（表面が固い）スーツケース.
yìnglài【硬赖】動 責任逃れをする.
yìnglang【硬朗】形 **1** かくしゃくとしている. **2**（話し方が）しっかりとしている.
yìngméi【硬煤】名〈方〉無煙炭.
yìngmiàn【硬面】名（～儿）固くこねた小麦粉.
yìngmú【硬模】名〈冶〉鋳型（いがた）.
yìngmù【硬木】名 堅い木.
yìngpán【硬盘】名 **1**〈電算〉ハードディスク. **2**〈地〉硬い未墾の土地.
yìng pèng yìng【硬碰硬】〈慣〉**1** 力で力に対抗する. **2** 骨の折れる仕事.
yìngpiàn【硬片】名（写真の）乾板.
yìngpīn【硬拼】動 がむしゃらにやる.
yìngqi【硬气】形〈方〉**1** 気骨がある. **2**（正当な理由があり）引け目を感じない.
yìng qiā bór【硬掐脖儿】〈慣〉無理強いする. 強制する.
yìngqū【硬驱】名〈電算〉ハードディスクドライブ.
yìngrènwù【硬任务】名 変更のきかない任務.
yìngshāng【硬伤】名 **1**（人や器物の）傷，損傷；〈喩〉致命傷. **2** 原稿や校正などの明白なミス・問題点.
yìngshèbèi【硬设备】名 ハードウエア.
yìngshì【硬是】副 **1**〈方〉ほんとうに. 実に. **2** 強引に. どうにかこうにか. **3** どうしても. かたくなに.
yìngshi【硬实】形〈方〉（体が）丈夫である；（物が）かたい.
yìngshǒu【硬手】名（～儿）やり手.
yìngshuǐ【硬水】名〈化〉硬水.
yìngshuō【硬说】動 かたくなに言い張る.
yìngtǐ【硬体】→yìngjiàn【硬件】
yìngtǐng【硬挺】動 じっとこらえる.
yìngtōnghuò【硬通货】名 **1** 硬貨. **2**（国際的に）強い通貨.
yìngwò【硬卧】名 二等寝台.
yìngwǔqì【硬武器】名〈軍〉（鉄砲類・地雷など）大量の殺傷能力を持つ武器.
yìngxí【硬席】名（列車や客船などの）普通席と普通寝台の総称.
yìngxiàngjiāo【硬橡胶】名 硬化ゴム.
yìngxīnwén【硬新闻】名 政治などの堅いニュース.
yìngxìng【硬性】形 融通のきかない.
yìngyù【硬玉】名 硬玉. ひすい.
yìngzhàng【硬仗】名 力ずくの戦い.
yìngzhe tóupí【硬着头皮】〈慣〉いやだが思い切って.
yìngzhe xīncháng【硬着心肠】〈慣〉（情を捨てて）心を鬼にする.
yìngzheng【硬挣】形〈方〉**1** 硬い. **2** 強力である.
yìngzhǐbǎn【硬纸板】名 ボール紙.
yìngzhǐbiāo【硬指标】名（数量の上で）変更不可能な指標.
yìngzhì【硬质】形 硬質の.
yìngzhuólù【硬着陆】名（人工衛星や宇宙船などの）硬着陸；〈喩〉問題の解決を急いで，より大きな混乱を招くこと.
yìngzuò【硬座】名（列車などの）普通席.

yo（ㄧㄛ）

哟 **yō** 感《軽い驚きを表し，時にからかう語気を伴う》¶～，你脸红了 / あら，顔が赤くなったわ. 異読⇒yo

唷 **yō** →hēngyō【哼唷】 ōyō【噢唷】

哟 **yo** 助 **1**《文末に用いて命令文をつくる》¶用力拉～！/ おーい，ぐっと引っ張れ. **2**《歌いの合の手の言葉》¶呼儿嗨hūr hāi～！/ えっさっさー. 異読⇒yō

yong（ㄩㄥ）

佣（傭） **yōng** H ①雇用する. ¶雇～ / 雇用する. ②雇い人. 異読⇒yòng
yōnggōng【佣工】名 雇用労働者.
yōngrén【佣人】名 使用人.

拥（擁） **yōng** 動 **1** 取り囲む. ¶～着老师提问 / 先生を囲んで質問する. **2** 押し合う. ¶～到前边去了 / 押し合って前の方へ出た. H ①抱える. 抱く. ¶→～抱. ②擁護する. 推挙する. ¶→～戴. ‖姓
yōngbào【拥抱】動 抱き合う.
yōngdài【拥戴】動 推戴する.

yōngdǔ【拥堵】動(交通が)渋滞する.
yōngdǔn【拥趸】名 支持者.
yōnghù【拥护】動(指導者・政党・政策などを)擁護する.
yōngjǐ【拥挤】1 動(人や車などが)押し合う. 2 形 込み合っている.
yōng jūn yōu shǔ【拥军优属】〈成〉軍を支持し,軍人の家族を優遇する.
yōngsè【拥塞】1 動(道路や川を)ふさぐ. 2 名〈電算〉ビジー状態.
yōngyǒu【拥有】動(土地・人口・財産などを)擁する.
yōng zhèng ài mín【拥政爱民】〈成〉軍は政府を支持し,人民を愛護する.

痈(癰) **yōng** 名〈医〉癰(ょう). 悪性のはれもの.
yōngjū【痈疽】名〈医〉癰疽(ようそ).

邕 **yōng** H 邕(よう). ▶広西チワン族自治区南寧市.
yōngjù【邕剧】名 邕劇(ようげき). 広西チワン族自治区の粤語(えつご)地区に伝わる伝統劇.

庸 **yōng** 副〈書〉(反語文に用い)どうして…であろうか. ¶～可弃乎?/どうして捨ててよいものか.
H ①平凡である. 月並みである. ¶→～才. ②必要とする. ¶无～/…する必要がない. ‖ 姓
yōngcái【庸才】名〈書〉凡人.
yōngfū【庸夫】名〈書〉平凡な人.
yōnglù【庸碌】形〈書〉凡庸(ぼんよう)である.
yōngrén【庸人】名〈書〉凡人.
yōng rén zì rǎo【庸人自扰】〈成〉事もないのに空騒ぎをする.
yōngsú【庸俗】形 俗っぽい.
yōngyī【庸医】名 やぶ医者.
yōngyōnglùlù【庸庸碌碌】形(～的)平々凡々である.
yōng zhōng jiǎo jiǎo【庸中佼佼】〈成〉多くの凡人の中でずば抜けてすぐれた人.

鄘 **yōng** 名〈史〉鄘(よう). ▶周代の国名.

雍 **yōng** 形〈古〉穏やかである. むつまじい. ‖ 姓
yōngróng【雍容】形〈書〉(態度が)おおらかである.

澭 **yōng** 地名用字.

墉(牅) **yōng** H 城壁;高い塀.

慵 **yōng** H ものうい. だるい. ¶～困/だるくて眠い.

镛 **yōng** 名〈古〉(楽器の一)拍子をとる鐘.

壅 **yōng** H ①ふさぐ. 詰まる. ¶～闭/詰まる. 通じない. ②土や肥料を植物の根元にかける.
yōngsè【壅塞】動 詰まる. ふさぐ.
yōngtǔ【壅土】動〈農〉1(植物の根元に)土寄せをする. 2(土ならしなどをするときに)農具に土や草の根などがくっついて動きがとれなくなること.

臃 **yōng** 動〈書〉はれる.
yōngzhǒng【臃肿】形 1(体が)太りすぎて動きが鈍い. 2〈喩〉機構がいたずらに大きくて運営がうまくいかない. 3 大きくてぶくぶくしている.

雝 **yōng**〖雍yōng〗に同じ.

鳙 **yōng** ○
yōngyú【鳙鱼】名〈魚〉コクレン.

饔 **yōng** H 調理済みの食物;朝食.
yōng sūn bù jì【饔飧不继】〈成〉食べ物に事欠くほどひどく貧乏である.

喁 **yóng** H 魚が水面に口を出すこと.
yóngyóng【喁喁】形〈書〉多くの人が敬慕している.

永 **yǒng** 副〈書〉いつまでも. 永く. ¶～放光芒/永遠に輝く. ¶～不分离/いつまでも別れない. ‖ 姓
yǒngbié【永别】動 永遠に別れる. ▶死別をさすことが多い.
yǒng chuí bù xiǔ【永垂不朽】〈成〉(名前・功績・精神などが)永遠に残る.
yǒngcún【永存】動 永く後世に残る.
yǒngdòngcéng【永冻层】名〈地質〉永久凍土層.
yǒnghéng【永恒】形 永久不変である.
yǒngjiǔ【永久】形 永久的である. 永遠である.
yǒngjiǔ cítiě【永久磁铁】名〈物〉永久磁石.
yǒngjué【永诀】動〈書〉永別する. ▶死別をさす.
yǒngmián【永眠】動〈婉〉永眠する.
yǒngnián【永年】1 名 長い年月. 2 動〈書〉長生きをする.
yǒngrì【永日】名 長い月日.
yǒngshēng【永生】1 動 不滅である. ▶死者の哀悼に用いる. 2 名 終生.
yǒngshēng yǒngshì【永生永世】名 未来永劫(えいごう).
yǒngshì【永世】副 永遠に.
yǒngshì【永逝】動〈書〉1 永遠に消え去る. 2 逝去する.
yǒngyè【永夜】名〈書〉長い夜.
yǒngyuǎn【永远】副 1 永久に. 永遠に. いつまでも. ¶～忘不了/いつまでも忘れない. 2 いつ(で)も.
yǒng zhì bù wàng【永志不忘】〈成〉心に刻んで永遠に忘れない.

甬 **yǒng** H 甬(よう). 寧波(ニンポー).
yǒngdào【甬道】名 1 中庭や墓地などのれんがや石畳の小道. 2 廊下. 通路;渡り廊下.
yǒngjù【甬剧】名 甬劇(ようげき). 寧波に伝わる伝統劇.
yǒnglù【甬路】→yǒngdào【甬道】

咏(詠) **yǒng** 動 …を(詩や歌にして)述べる,詠ずる. ¶～雪/雪を詩に詠(よ)む.

H 抑揚・緩急をつけて読む. ¶吟～/吟詠する.
yǒnghuái【咏怀】動〈書〉思いを詩歌に歌う.
yǒngtàn【咏叹】動 詠嘆する.
yǒngtàndiào【咏叹调】名〈音〉アリア.
yǒngzàn【咏赞】動 歌いたたえる.
泳 yǒng H 泳ぐ. ¶游～/泳ぐ. ¶蛙～/平泳ぎ.
yǒngchéng【泳程】名 泳ぐ距離.
yǒngchí【泳池】名 スイミングプール.
yǒngdào【泳道】名 競泳用のコース.
yǒngjìng【泳镜】名 ゴーグル.
yǒngkù【泳裤】名 水泳パンツ.
yǒngmào【泳帽】名 水泳帽.
yǒngtán【泳坛】名 水泳界.
yǒngyī【泳衣】名 水着.
yǒngzhuāng【泳装】名 水着.
俑 yǒng 名 俑(よう). ▶古代,副葬品として用いた土偶,土人形. ¶陶～/陶器の人形.
勇 yǒng H 勇ましい. 勇敢である. ¶奋～/勇気を奮う. ‖姓
yǒnggǎn【勇敢】形 勇敢である.
yǒnghàn【勇悍】形 勇猛果敢である.
yǒngjiàn【勇健】形 勇気があってたくましい.
yǒngjué【勇决】形〈書〉勇敢で決断力がある.
yǒnglì【勇力】名 勇気と力.
yǒngměng【勇猛】形 勇猛である.
yǒngqì【勇气】名 勇気. ¶鼓起～/勇気を奮い起こす.
yǒngshì【勇士】名 勇士.
yǒng wǎng zhí qián【勇往直前】〈成〉勇往邁進(まいしん)する.
yǒngwǔ【勇武】形 強くて勇ましい.
yǒngyú【勇于】動 …するだけの勇気がある.
涌 yǒng 動 1 わき出る. 浮かび出る. ¶泉水从地下～出来了/泉水が地下からわき出してきた. ¶～出一轮金色的太阳/黄金に輝く太陽が浮かび上がってきた. 2 どっと現れる. ¶人们从四面八方～向广场/人々は四方八方からどっと広場になだれ込んだ.
H 大きな波.
yǒngdòng【涌动】動 逆巻く.
yǒngliú【涌流】動 勢いよく流れる.
yǒngxiàn【涌现】動(人や事物が)大量に出現する.
恿(慂) yǒng →sǒngyǒng【怂恿】
湧 yǒng『涌yǒng』に同じ. ‖姓
蛹 yǒng 名〈虫〉さなぎ.
yǒngqī【蛹期】名〈虫〉蛹虫(ようちゅう)期.
踊(踴) yǒng H 飛び跳ねる. ¶～身一跳/身を躍(おど)らせてぱっと飛び出す.
yǒngyuè【踊跃】1 動 飛び跳ねる. 2 形 喜び勇んでいる. 積極的である.
鳙 yǒng 名〈魚〉コチ.
用 yòng ❶動 1 用いる. 使う. ¶这个月的电～得太多了/今月は電気を使いすぎた. 2〈敬〉召し上がる. ¶→～饭. 3(多く否定の形で)必要がある. ¶您不～操心了/ご心配はいりません. ¶天这么亮,还～开灯吗?/こんなに明るいのに,電気をつける必要があるのですか.
❷前 …で(…する). ¶～英语说话/英語で話をする.
❸接続〈書〉(多く手紙文で)よって. ¶～特函达/よってここに書中をもって申し上げます.
H ①用途. 効用. ¶有～/役に立つ. ②費用. ¶零～/小遣い銭.
‖姓
yòngbǐ【用笔】名 運筆.
yòng//bīng【用兵】動 作戦を指揮する.
yòngbuliǎo【用不了】動+可補 1 使いきれない. 2 かからない. 必要としない.
yòngbuzháo【用不着】動+可補 1 使い道がない. 2 必要としない. ¶～担心/心配することはない.
yòngcáilín【用材林】名〈林〉材木林.
yòng//cān【用餐】動〈敬〉食事をする. ▶"用饭,用膳"とも.
yòngchang【用场】名〈口〉使い道.
yòngchu【用处】名 使い道.
yòngdeliǎo【用得了】動+可補 1 全部使いきれる. 2 使いこなせる.
yòngdezháo【用得着】動+可補 1 使い道がある. 2 必要とする.
yòngdù【用度】名 出費.
yòngfǎ【用法】名 用法. 使い方.
yòng//fàn【用饭】動〈敬〉食事をする. ▶"用餐,用膳"とも.
yòngfèi【用费】名 費用.
yònggōng【用工】動 労働者を雇う.
yòng//gōng【用功】1 動 一生懸命勉強する. 2 形(学習に)一生懸命である,真剣である. ¶他学习很～/彼は勉強熱心である.
yòng gōngfu【用工夫・用功夫】修練を積む.
yònghù【用户】名 使用者. ユーザー.
yònghù jièmiàn【用户界面】名〈電算〉ユーザーインターフェース.
yòngjiā【用家】名 使用者. ユーザー.
yòng//jìn【用劲】動(～儿)力を入れる.
yòngjù【用具】名 用具. 道具.
yònglái【用来】動 1 …のために用いる. 用いて…する. 2 用いてみると(…だ).
yòng//lì【用力】動 力を入れる. ¶～把门推开/力を入れてドアを開けた.
yòngmìng【用命】動〈書〉命令に従う.
yòngpǐn【用品】名 用品.
yòng//rén【用人】動 1 人を使う. 2(仕事に)人手がいる.
yòngren【用人】名 使用人.
yòng shě xíng cáng【用舍行藏】

〈成〉任用されれば自分の信じる道を行い,任用されなければ家に居て生活する.
yòngshì【用事】動 1 〈書〉権力を握る. 2 感情や意地によって事を行う. 3〈書〉典故を引用する.
yòngtú【用途】名 用途. 使い道.
yòng//wǔ【用武】動 武力を用いる;〈転〉腕を振るう.
yòngxiàng【用项】名 費用. 出費.
yòng//xīn【用心】1 動 気をつける. 心をこめる. 2 名 了見. 意図. 下心.
yòng//xíng【用刑】動(刑具を使って)拷問にかける.
yòngyǐ【用以】動〈書〉それによって…する.
yòngyì【用意】名 意図. つもり. 下心.
yòng//yìn【用印】動 捺印する.
yòngyǔ【用语】名 1 言葉遣い. 2 用語.

佣 yòng ○ 異読⇨yōng
yòngjīn【佣金】名〈経〉(仲買人に払う)手数料,コミッション.
yòngqian【佣钱】→yòngjīn【佣金】

you(丨ヌ)

优(優) yōu 卅 ①すぐれている. ¶→～点. ②十分である. ¶→～裕. ③役者. ¶名～/名優. ‖姓
yōudài【优待】動 優待する.
yōuděng【优等】形 優秀な. 高級な.
yōudiǎn【优点】名 長所.
yōufǔ【优抚】動(戦没者の家族・軍人家族・傷痍軍人などに対する)特別の世話や待遇を与える.
yōuhòu【优厚】形(待遇が)手厚い.
yōuhuà【优化】動(一定の措置をとって)すぐれたものにする. 良質にする.
yōuhuì【优惠】形〈経〉特恵の. 優遇した. ¶～贷款 / 優待ローン.
yōuhuì dàiyù【优惠待遇】名〈経〉(関税の減免などの)特恵待遇.
yōuhuì lìlǜ【优惠利率】名〈経〉優遇利率.
yōujià【优价】名 1 優待価格. 安値. 2 高めの値段. ▶"优质优价"の形で用いる.
yōuliáng【优良】形(品種・質・成績などが)優良である.
yōuliè【优劣】名 優劣.
yōulíng【优伶】名〈旧〉伝統劇の俳優.
yōuměi【优美】形 優美である.
yōupán【优盘】名〈電算〉フラッシュメモリ.
yōuróng【优容】形〈書〉寛容である.
yōuróu【优柔】形 1〈書〉落ち着いている. 2〈書〉やさしい. おとなしい. 3 思い切りが悪い.
yōu róu guǎ duàn【优柔寡断】〈成〉優柔不断である.
yōushēng【优生】動(遺伝的に)優良な子供を産む.
yōu shēng shǎo shēng【优生少生】〈成〉より質のよい,より少ない出産.
yōushēngxué【优生学】名 優生学.
yōushèng【优胜】1 名 優勝. 2 形 すぐれている.
yōushì【优势】名 優勢.
yōuwò【优渥】形〈書〉手厚い.
yōuxiān【优先】動 優先する.
yōuxiāngǔ【优先股】名〈経〉優先株.
yōuxiù【优秀】形(品行・学問・成績などが)優秀である.
yōuxuǎn【优选】動 よいものを選ぶ.
yōuxuǎnfǎ【优选法】名 最適方案選出法. 生産または実験中に出された問題について,最少回数の実験で迅速に最適の方案を求め出す方法.
yōuyǎ【优雅】形 優雅である.
yōuyì【优异】形(成績・貢献などが)ずば抜けている.
yōuyóu【优游】〈書〉1 形(生活が)のんびりしている. 2 動 のんびりと遊ぶ.
yōuyù【优育】動 すぐれた環境のもとで子供を育てる.
yōuyù【优遇】動 優遇する.
yōuyù【优裕】形 裕福である.
yōuyuè【优越】形 優越している.
yōuyuègǎn【优越感】名 優越感.
yōuyuèxìng【优越性】名 優越性.
yōu zāi yóu zāi【优哉游哉】〈成〉のんびりと気ままに暮らす.
yōuzhì【优质】名 すぐれた品質.

攸 yōu 助〈書〉(…する)ところ. ¶利害～关 / 深い利害関係がある. ‖姓

忧(憂) yōu 卅 ①心配する. 憂える. ¶→～愁. ②心配事. ¶高枕无～ / 心配がなく枕を高くして寝る. ‖姓
yōuchóu【忧愁】形 心配である.
yōufán【忧烦】形 心配で悩んでいる.
yōufèn【忧愤】形 心配でくさくさしている.
yōu guó yōu mín【忧国忧民】〈成〉国家や人民のために心を砕く.
yōuhuàn【忧患】名 心配事と苦しみ.
yōujù【忧惧】動 心配して不安がる.
yōulǜ【忧虑】1 動 憂慮する. 2 形 憂慮している.
yōumèn【忧闷】形 憂え悩んでいる.
yōuqī【忧戚】形〈書〉憂え悲しんでいる.
yōushāng【忧伤】形 憂え悲しんでいる.
yōuxīn【忧心】1 動 心配する. 2 名〈書〉心配.
yōu xīn rú fén【忧心如焚】〈成〉心配で居ても立っても居られない.
yōuyì【忧悒】形〈書〉憂鬱である.
yōuyù【忧郁】形 憂鬱である.

呦 yōu 感《驚嘆を表す》おや. やあ. まあ.
yōuyōu【呦呦】擬〈書〉鹿の鳴き声.

幽 yōu 卅 ①奥深い. ほの暗い. ¶→～静. ②隠れた. 内緒の. ¶→～会. ③静かである. ¶→～思. ④閉じ込める. ¶→～禁. ⑤あの

世. ¶→～灵. ‖姓
yōu'àn【幽暗】形〈書〉ほの暗い.
yōubì【幽闭】動〈書〉幽閉する；家に閉じこもる.
yōufèn【幽愤】名〈書〉鬱憤(うっぷん).
yōufú【幽浮】名UFO.
yōugǔ【幽谷】名〈書〉奥深い谷.
yōuhuì【幽会】動〈書〉(男女が)あいびきする.
yōuhún【幽魂】名〈書〉亡霊. 幽霊.
yōujì【幽寂】形〈書〉静かで寂しい.
yōujìn【幽禁】動〈書〉幽閉する. 軟禁する.
yōujìng【幽径】名 静かな小道.
yōujìng【幽静】形 もの静かである.
yōulíng【幽灵】名 幽霊. 亡霊.
yōuměi【幽美】形〈書〉静かで美しい.
yōumén【幽门】名〈生理〉幽門.
yōumiǎo【幽眇】形〈書〉奥深く微妙である.
yōumíng【幽明】名〈書〉あの世とこの世.
yōumíng【幽冥】1形 ほの暗い. **2**名 冥土.
yōumò【幽默】形 ユーモアがある. ユーモラスである.
yōuqī【幽期】名〈書〉逢瀬(おうせ).
yōuqíng【幽情】名〈書〉奥ゆかしい感情.
yōuqiú【幽囚】動 幽閉する.
yōuqù【幽趣】名〈書〉奥深い趣.
yōushēn【幽深】形〈書〉(山・湖・建物などが)人里離れていて静かである.
yōusī【幽思】1動〈書〉静かに考える. **2**名 深い思い.
yōusuì【幽邃】→**yōushēn【幽深】**
yōuwǎn【幽婉・幽宛】形〈書〉(文学作品・語調などが)奥深く味わい尽きない.
yōuwēi【幽微】形 **1**(音声やにおいが)かすかである. **2**〈書〉奥深く精微である.
yōuxián【幽闲】1→**yōuxián【幽娴】** **2**→**yōuxián【悠闲】**
yōuxián【幽娴】形(女性の立ち居ふるまいが)しとやかである, 上品である.
yōuxiāng【幽香】名〈書〉かすかな香り.
yōuxiòng【幽敻】形〈書〉奥深い.
yōuyǎ【幽雅】形〈書〉静かで趣がある.
yōuyè【幽咽】形〈書〉(すすり泣く声や水の流れる音が)かすかである.
yōuyōu【幽忧】形〈書〉憂え悲しんでいる.
yōuyōu【幽幽】形 **1**(光や音声が)かすかである. **2**〈書〉静かで奥深い.
yōuyuǎn【幽远】形〈書〉深遠である.
yōuyuàn【幽怨】名〈書〉心の奥に隠された恨み.

悠 yōu 動〈口〉空中で揺り動かす. ¶坐在秋千上～来～去 / ぶらんこに乗って体を揺らす.
H ①久しい. 遠い. ¶→～久. ②のどかである. のんびりしている. ¶→～闲.
yōucháng【悠长】形(時間的に)長い.
yōudàng【悠荡】動 ぶらりぶらりと揺れる.
yōuhū【悠忽】形〈書〉のんびりとしてすることがない.
yōujiǔ【悠久】形 悠久である. ¶历史～ / 歴史が長い.
yōumiù【悠谬・悠缪】形〈書〉でたらめである.
yōurán【悠然】形〈書〉悠然としている.
yōuxián【悠闲】形(生活・表情などが)ゆったりしている, のんびりしている.
yōuyáng【悠扬】形(音や声に)抑揚がある.
yōuyōu【悠悠】形〈書〉**1** はるかである. **2** 多い. **3** ゆったりとして落ち着いている. **4** とりとめがない.
yōuyōudàngdàng【悠悠荡荡】形 ふらふらするさま. ふわりふわりとするさま.
yōuyōuhūhū【悠悠忽忽】形(～的) ふらふらしている.
yōuyóu【悠游】〈書〉**1**動 ゆっくりと動く. **2**形 ゆったりしている.
yōuyuǎn【悠远】形 **1** はるか昔である. **2**(距離が)非常に遠い.
yōu zāi yóu zāi【悠哉游哉】〈成〉ゆったりとくつろぐ.
yōuzhe【悠着】動〈方〉控え目にする. 手かげんする.

耰 yōu 1名〈古〉鋤(すき). **2**動 種をまいてから土をかける.

尤 yóu 副〈書〉とりわけ. ことに. ¶这里生产茶叶, ～以绿茶著名 / ここはお茶の産地だが, なかでも緑茶が有名だ.
H ①突出したもの. ¶无耻之～ / 恥知らずの最たるものだ. ②過失. ¶效～ / 悪事をまねる. ③恨む. とがめる. ¶不怨天, 不～人 / 天を恨まず, 人をとがめず. ‖姓
yóuqí【尤其】副 特に. とりわけ. ¶他平常很忙, ～是年底更忙 / 彼はふだんも忙しいが, 特に年末が忙しい.
yóuwéi【尤为】副 特に. とりわけ.
yóuwù【尤物】名〈書〉**1** すぐれた人や物. **2** 美人.
yóuyì【尤异】形〈書〉特にすぐれている.

由 yóu ❶前 **1**《行為者・責任者を示す》…によって(…する). …が(…する). ¶会议～老王主持 / 会議は王さんが司会を務める. **2**《成分・材料を示す》…から(構成される). ¶这种酒是～高粱酿造的 / この酒はコウリャンからできている. **3**《由来・来源を示す》…から(生じる). ¶～感冒引起了肺炎 / 風邪から肺炎を引き起こした. **4**《起点・経路を示す》…から(…まで). ¶～这个门进去 / この入口から中に入る. **5**《原因・根拠を示す》…によって. ¶～读者来信看… / 読者の手紙から判断すると….
❷動(…に)任せる. ¶信不信～你 / 信じる信じないは君次第だ.
H わけ. 理由. ¶事～ / 事のいきさ

つ. ‖姓

yóubude【由不得】動+可補 **1**(…の)勝手にはさせられない. **2** 思わず.

yóucǐ【由此】前〈書〉これから. ここから. それによって.

yóucǐ kějiàn【由此可见】これでわかる. このことからわかる.

yóudǎ【由打】前〈方〉**1** …から. …以来. **2** …を経由して. …を通って.

yóude【由得】動+可補 思うとおりにさせる.

yóulái【由来】名 **1** 由来. **2**(事の起こる)原因.

yóutou【由头】名(～儿)〈方〉言いわけ. 口実.

yóuyú【由于】**1** 前 …により. **2** 接続 …なので. …だから. ¶～治疗不及时,伤口开始发炎 / すぐに治療しなかったので傷口が炎症を起こし始めた.

yóu//xìngr【由性儿】動 勝手気ままにする.

yóuzhōng【由衷】動〈書〉真心から出る.

邮(郵) **yóu** 動 郵送する; 郵便為替で送金する. ¶我给他～去了一本书 / 彼に本を1冊送った.

H 郵便に関すること. ‖姓

yóubāo【邮包】名(～儿)郵便小包.

yóubiān【邮编】名〈略〉郵便番号.

yóuchāi【邮差】名〈旧〉郵便配達人.

yóuchē【邮车】名 郵便車.

yóuchuán【邮船】名 大型の定期客船.

yóuchuō【邮戳】名(～儿)消印.

yóudài【邮袋】名 郵便袋.

yóudì【邮递】動(郵便局から)配達する.

yóudìyuán【邮递员】名 郵便配達員.

yóudiàn【邮电】名 郵便と電信.

yóudiànjú【邮电局】名 郵便·電信局.

yóufèi【邮费】名 郵便料金.

yóugòu【邮购】動 通信販売で購入する.

yóuhuā【邮花】名〈方〉郵便切手.

yóuhuì【邮汇】動 郵便為替で送金する.

yóují【邮集】名 切手帳.

yóujì【邮寄】動 郵送する.

yóujiàn【邮件】名 郵便物.

yóujú【邮局】名 郵便局.

yóulù【邮路】名 郵便路.

yóulún【邮轮】名 大型定期客船.

yóumí【邮迷】名 切手収集マニア.

yóupiào【邮票】名 郵便切手.

yóupǐn【邮品】名(切手·はがきなどの)郵便商品.

yóushì【邮市】名 切手の市場〔市況〕.

yóushòu【邮售】動 通信販売をする.

yóutíng【邮亭】名 郵便局の出張所.

yóutǒng【邮筒】名 郵便ポスト.

yóuwù【邮务】名〈略〉郵便業務.

yóuxiāng【邮箱】名 **1** 郵便箱. ▶ホテルや郵便局の中に設置されている小型のもの. **2**〈電算〉メールボックス.

yóuzhǎn【邮展】名 切手展示会.

yóuzhèng【邮政】名 郵便事務.

yóuzhèng biānmǎ【邮政编码】名 郵便番号.

yóuzhèng huìduì【邮政汇兑】名 郵便為替.

yóuzhèngjú【邮政局】名 郵便局.

yóuzī【邮资】名 郵便料金.

犹(猶) **yóu**〈書〉**1** 動 …のようである. ¶虽死～生 / 死んではいても(心の中で)なお生きている. **2** 副 なおかつ. いまだに. ¶记忆～存 / 記憶がいまなお残っている. ‖姓

Yóudà【犹大】名(キリスト教で)ユダ;〈転〉裏切り者.

yóurán【犹然】副 依然として. まだ.

yóurú【犹如】動〈書〉まるで…のようである.

Yóutài fùguó zhǔyì【犹太复国主义】名 シオニズム.

Yóutàijiào【犹太教】名〈宗〉ユダヤ教.

Yóutàirén【犹太人】名 ユダヤ人.

yóuyí【犹疑】動 ためらう.

yóuyǒu【犹有】動 まだ…がある.

yóuyù【犹豫】動 ためらう.

yóuzhīhū【犹之乎】動〈書〉…のごとくである. ▶"犹之"とも.

yóuzì【犹自】副〈書〉なお. いまだに.

油 **yóu** **1** 名(食用や機械の)油. ¶滴一点儿～ / 油を少したらす.

2 動 **1** ペンキ·油などを塗る. ¶～窗户 / 窓枠にペンキを塗る. **2** 油が付いて汚れる. ¶衣服～了 / 服が油で汚れてしまった.

3 形 ずるい. 悪賢い. ¶这个人太～ / あいつはひどくずる賢い. ‖姓

yóubèng【油泵】名 油を送る〔オイル〕ポンプ.

yóubǐng【油饼】名 **1**〈農〉(平たく固めた)油かす. **2**(～儿)中国風揚げパン.

yóubù【油布】名 桐油を引いた防水布.

yóucǎi【油彩】名(舞台化粧用の)ドーラン.

yóucài【油菜】名〈植〉アブラナ;(アブラナ科の野菜)チンゲンサイ.

yóucáng【油藏】名 埋蔵石油.

yóucéng【油层】名〈地質〉(石油の)油層.

yóuchá【油茶】名 **1**〈植〉アブラツバキ. **2**"油茶面儿"に熱湯をかけてのり状にしたもの.

yóuchámiànr【油茶面儿】名 小麦粉を炒って少量のヘットまたはバターやゴマ油などと,ゴマ·クルミなどを混ぜたもの.

yóuchuán【油船】名 タンカー.

yóucuìhuǒ【油淬火】名〈機〉油による焼き入れ.

yóudēng【油灯】名(植物油を使った)ランプ,油皿.

yóudǐzi【油底子】名(油容器の底にた

まっている)ねばりけの強い油.
yóufā【油发】名(料理で)油もどし.
yóufáng【油坊】名 植物油を搾る作業所.
yóufēng【油封】名〈機〉オイルシール.
yóugān【油柑】名〈植〉ユコウ.
yóugǎnlǎn【油橄榄】名〈植〉オリーブ.
yóugāo【油膏】名〈薬〉軟膏.
yóugòu【油垢】名 油のかす・汚れ.
yóuguā【油瓜】名〈植〉つる植物の一種で,扁円形の実がなり,種からラードに似た味の油がとれる.
yóuguǎn【油管】名 **1** 送油管. **2**(石油掘削用の)チュービング.
yóuguàn【油罐】名 オイルタンク.
yóuguāng【油光】形 ぴかぴかしている. つやつやしている.
yóuhào【油耗】名 燃費.
yóuhēi【油黑】形 黒光りしている.
yóuhūhū【油乎乎】形(~的)油が多すぎてべたべたしている.
yóuhú【油壶】名 給油器. 油差し.
yóuhúlǔ【油葫芦】名〈虫〉エンマコオロギ.
yóuhuā【油花】名 **1**〈紡〉機械油で汚れた綿. **2**(~儿)スープなどの表面に浮いている油.
yóuhuá【油滑】形 ずるい. 一筋縄ではいかない.
yóuhuà【油画】名 油絵.
yóuhuī【油灰】名 パテ.(器物のすきまや継ぎ目をふさぐ)石灰石の粉末を桐油などで練り合わせたもの.
yóujī【油鸡】名〈鳥〉(鶏の一種)コーチン.
yóujì【油迹】名 油のしみ.
yóu jiān huǒ liǎo【油煎火燎】〈成〉とても焦っているさま.
yóujiàng【油匠】名 ペンキ屋.
yóujǐng【油井】名 油井.
yóujù【油锯】名〈林〉(動力のこぎり)チェーンソー.
yóukū【油枯】→**yóubǐng【油饼】1**
yóukù【油库】名 石油(を貯蔵する)タンク.
yóukuàng【油矿】名 地下埋蔵石油;油田.
yóulèi wūrǎnwù【油类污染物】名〈環境〉油類の汚染物.
yóuliàng【油亮】形 ぴかぴかしている. ▶重ねて用いることが多い.
yóuliào【油料】名 植物油の原料.
yóulǒu【油篓】名(竹やイバラで編んだ油を入れる)かご.
yóulǜ【油绿】形 緑したたる. つやつやした濃い緑の.
yóulún【油轮】名 タンカー.
yóumǎtou【油码头】名 石油の積み卸しをする埠頭(ふとう).
yóumài【油麦】名〈植〉エンバクの一種.
yóumáo【油毛】名 未加工の動物の毛.
yóumáozhān【油毛毡】名〈建〉ルーフィング. アスファルトフェルト.
yóumén【油门】名(~儿)〈機〉**1** 絞り弁. スロットルバルブ. **2**〈口〉アクセル.
yóumiáo【油苗】名 石油の鉱脈の地上露出部分.
yóumò【油墨】名 印刷用インク.
yóuní【油泥】名 油あか.
yóunì【油腻】1 形 脂っこい. **2** 名 脂っこい食物.
yóupán【油盘】名 料理や食器類を運ぶ長方形の盆.
yóupí【油皮】名(~儿)〈方〉**1** 皮膚の表皮. **2**〈料理〉湯葉(ゆば).
yóupiào【油票】名 食用油配給切符.
yóuqī【油漆】❶名(広く)ペンキ. ワニス. **❷**動 **1** ペンキを塗る. **2** 表面に保護膜を付ける.
yóuqì【油气】名〈鉱〉(石油と共に油井から出る)天然ガス. ▶メタンガスやエタンガスなど.
yóu qiāng huá diào【油腔滑调】〈成〉軽薄で誠意のない話しぶり.
yóuqun【油裙】名 エプロン.
yóurán【油然】形〈書〉**1** 感情が自然にわき起こっている. **2** 雲などがわき起こっている.
yóuróu【油鞣】動 油で皮をなめす.
yóushā【油沙・油砂】名〈鉱〉油砂. 石油を含んだ砂岩.
yóushí【油石】名〈機〉油砥石(あぶらといし).
yóushì【油饰】動 ペンキを塗ってきれいにする.
yóushì【油柿】名 野生の渋ガキ.
yóushui【油水】名 **1**(食べ物の中に含まれている)油気,脂肪分. **2**〈喩〉(不当な)利益,実入り.
yóusōng【油松】名〈植〉チュウカマツ.
yóusū【油酥】形(お菓子などが)さくさくしている.
yóusuān【油酸】名〈化〉オレイン酸.
yóutián【油田】名 油田.
yóutiáo【油条】名 **1**(小麦粉を練って棒状にし,油で揚げた)中国風揚げパン. **2**〈喩〉ずるい人.
yóutóng【油桐】名〈植〉オオアブラギリ.
yóutǒng【油桶】名(油を入れる)ドラム缶.
yóu tóu fěn miàn【油头粉面】〈成〉〈貶〉(年齢・身分・場所柄などにそぐわない)こてこての厚化粧;(特に)男性のきざにめかした身なり.
yóu tóu huá nǎo【油头滑脑】〈成〉口先だけうまくて悪賢い.
yóuwāngwāng【油汪汪】形(~的)**1** 油がたっぷり浮いている. **2** てかてか光っている.
yóuwèi【油位】名〈機〉オイルレベル.
yóuwū【油污】名 油あか. 油の染み.
yóuxiāng【油箱】名(飛行機や自動車などの)燃料タンク.
yóuxiang【油香】名(イスラム教徒の食品の一種)小麦粉を練って薄くのばし,ゴマ油で揚げたもの.
yóuxié【油鞋】名 桐油を塗った旧式の雨靴.
yóuxīng【油星】名(~儿・~子)スー

プなどの表面に浮いた油；油のしみ.
yóuxìng【油性】[名] 油性.
yóuxuē【油靴】→**yóuxié**【油鞋】
yóuyā【油压】[名]〈機〉油圧.
yóuyān【油烟】[名]（～子）油煙.
yóuyēzi【油椰子】[名]〈植〉アブラヤシ.
yóuyèyán【油页岩】[名]〈鉱〉オイルシェール．石油を含んだ頁岩(けつがん).
yóuyìn【油印】[動] ガリ版で刷る.
-yóuyóu【-油油】[接尾] 名詞・形容詞のあとについて「つやつやした」「一面に」などの意味をあらわす.
yóuzhāguǒ【油渣果】→ **yóuguā**【油瓜】
yóuzháguǐ【油炸鬼】[名] 小麦粉を練りいろいろな形にのばし,油で揚げた食品．▶"油鬼"とも.
yóuzhān【油毡】→ **yóumáozhān**【油毛毡】
yóuzhī【油脂】[名] 油脂.
yóuzhǐ【油纸】[名] 油紙.
yóu zhi má huā【油脂麻花】〈成〉油でひどく汚れている.
yóuzì【油渍】[名] 油汚れ.
yóuzi【油子】[名] **1** 黒くねばねばしたもの．やに．**2** 悪賢い人.
yóuzōng【油棕】[名]〈植〉アブラヤシ.
yóuzuǐ【油嘴】**1**[形] 口達者である．**2**[名] **1** 口先のうまい人．**2**（噴霧器などの）吹き口.
yóu zuǐ huá shé【油嘴滑舌】〈成〉口先ばかりでぺらぺらしゃべる.

柚 yóu ○ 異読⇒yòu

yóumù【柚木】[名]〈植〉チーク(材).

疣（肬） yóu [名] いぼ.

莜 yóu ○

yóumài【莜麦】[名]〈植〉カラスムギによく似たエンバクの一種.

铀 yóu [名]〈化〉ウラン．ウラニウム．U. ¶浓缩～ / 濃縮ウラン.

yóuhòu yuánsù【铀后元素】[名]〈化〉超ウラン元素.
yóuróngyè【铀溶液】[名] ウラン溶液.

蚰 yóu ○

yóuyán【蚰蜒】[名]〈虫〉ゲジゲジ.
yóuyáncǎo【蚰蜒草】[名]〈植〉ノコギリソウ．ハゴロモソウ.

鱿 yóu ○

yóuyú【鱿鱼】[名]〈動〉スルメイカ.

游（遊） yóu [動] **1** 泳ぐ. ¶～了两公里 / 2キロ泳いだ．**2** ぶらぶら歩く．遊覧する. ¶～西湖 / 西湖に遊ぶ.

H ①交際する. ¶交～甚广 / 交際が広い．②固定していない．常に移動する. ¶→～击．③河川の一部分. ¶上～ / 上流．川上．‖[姓]
yóubàn【游伴】[名] **1** 旅の連れ．**2** 遊び友達.
yóubiāo【游标】[名]〈機〉バーニヤ．副尺.
yóubiāo kǎchǐ【游标卡尺】[名]（測定具の）ノギス.
yóuchéng【游程】[名] **1** 泳ぐ距離．**2** 行楽・旅の道のり．**3** 旅行の日程.
yóuchuán【游船】[名] 遊覧船.
yóudàng【游荡】[動] **1** ぶらぶらして働かない．**2** ぶらぶら歩く．**3** ゆらゆら漂う.
yóudòng【游动】[動] 自由に移動する.
yóufāng【游方】**1**[動] 各地を行脚(あんぎゃ)する．放浪する．**2**[名] ミャオ族の青年男女が行う歌垣(うたがき).
yóufǎng【游舫】[名] 遊覧船.
yóuguàng【游逛】[動] 見物して歩く.
yóuhuàn【游宦】[動]〈書〉各地を転々として仕官する.
yóuhún【游魂】[名] さまよう亡霊.
yóujī【游击】[動] 遊撃する.
yóujīzhàn【游击战】[名] ゲリラ戦.
yóujì【游记】[名] 旅行記.
yóu//jiē【游街】[動] **1** 罪人を街中に引き回す．**2**（大勢の人に伴われて英雄的人物が）街を練り歩く.
yóukè【游客】[名] 遊覧客．観光客.
yóulǎn【游览】[動] 遊覧する．観光する.
yóuláng【游廊】[名]〈建〉渡り廊下．回廊.
yóulè【游乐】[動] 遊んで楽しむ.
yóulèyuán【游乐园】[名] 遊園地.
yóulí【游离】[動]〈化〉遊離する；〈喩〉遊離する．浮く.
yóulì【游历】[動] 遊歴する.
yóuliè【游猎】[動] 猟をして歩く.
yóulún【游轮】[名] 遊覧船.
yóumín【游民】[名] 遊民．職がなく遊び暮らしている人.
yóumù【游牧】[動] 遊牧する.
yóuqì【游憩】[名]〈書〉娯楽と休息.
yóuqín【游禽】[名] 水鳥(の総称).
yóurén【游人】[名] 遊覧客.
yóu rèn yǒu yú【游刃有余】〈成〉仕事に熟練していて,余裕をもって事に当たる.
yóu shān wán shuǐ【游山玩水】〈成〉物見遊山をする.
yóu shǒu hào xián【游手好闲】〈成〉ぶらぶら遊んでばかりで働かない.
yóu//shuǐ【游水】[動] 泳ぐ.
yóushuì【游说】[動]〈書〉遊説する.
yóusī【游丝】[名] **1** 空中にぶら下がるクモの糸．**2**〈書〉糸遊(いとゆう)．陽炎(かげろう)．**3**〈機〉(時計の)ひげぜんまい.
yóutǐng【游艇】[名] 遊覧船.
yóuwán【游玩】[動] 遊ぶ；遊覧する.
yóuxì【游戏】**1**[名] 遊戯．遊び．ゲーム. ¶玩儿～ / ゲームをする．**2**[動] 遊ぶ.
yóuxì【游隙】[名]〈機〉(ハンドルなどの)遊び.
yóuxiá【游侠】[名] 侠客(きょうかく)．遊侠.
yóu//xiāng【游乡】[動] **1**（大勢の人が）悪者を村中引き回す．**2** 行商する.

yóuxíng【游行】動 1（慶祝·記念·示威などの目的で）行進する，パレードをする．¶～示威 / デモ行進する． 2 漫遊する．
yóuxìng【游兴】名 行楽気分．
yóuxué【游学】動〈旧〉海外留学する．
yóuyī【游医】名 各地を転々とする闇医者．
yóuyí【游移】動 1（態度が）はっきりしない． 2（方法·方針などで）ぐらつく，動揺する． 3 ゆっくり移動する．
yóuyì【游弋】動 1（軍艦などが）パトロールする． 2（広く）水の上を自由に動き回る．
yóuyì【游艺】名 遊戯と娯楽．
yóuyìhuì【游艺会】名 演芸会．
yóu//yǒng【游泳】1 動 泳ぐ． 2 名〈体〉水泳．
yóuyǒng【游勇】名 組織されずに単独行動をとる人．
yóuyǒng bǐsài【游泳比赛】名〈体〉水泳競技．
yóuyǒngbiǎo【游泳表】名〈俗〉防水の腕時計．
yóuyǒngchí【游泳池】名 水泳プール．
yóuyǒngguǎn【游泳馆】名 屋内プール．
yóuyuán【游园】動 公園や庭園内を散策する．
yóuyuánhuì【游园会】名 園遊会．
yóuzī【游资】名〈経〉遊資．遊休資本．
yóuzǐ【游子】名〈書〉家を離れて他郷にいる人．
yóuzi【游子】名（鳥の）おとり．
yóuzōng【游踪】名 遊歴の足跡．

鲉 yóu 名〈魚〉カサゴ科の魚の総称．▶"鲉鱼"とも．

猷 yóu 名〈書〉はかりごと．計画．¶鸿～ / 偉大な計画．

蝣 yóu →fúyóu【蜉蝣】

蝤 yóu ❶ 異読⇨qiú
yóumóu【蝤蛑】名〈動〉（ワタリガニ科のカニ）ガザミ．

圝 yóu ❶
yóuzi【圝子】名（鳥の）おとり．"游子"とも．

友 yǒu H ①友人．¶朋～ / 友達．②親しい．仲がよい．¶→～好hǎo．③友好関係にある．¶→～邦．‖姓
yǒu'ài【友爱】1 名 友愛．友情． 2 形 仲がよい．
yǒubāng【友邦】名 友邦．友好国．
yǒuhǎo【友好】1 名 親しい友人．知人． 2 形 友好的である．¶～城市 / 友好都市．
yǒujūn【友军】名 友軍．
yǒuqíng【友情】名 友情．
yǒuqíng liànjiē【友情链接】名〈電算〉リンク集．
yǒur【友儿】名 友達．仲間．
yǒurén【友人】名〈書〉友達．
yǒushàn【友善】形〈書〉仲がよい．
yǒuxié【友协】名〈略〉友好協会．
yǒuyì【友谊】名 友誼．友好．友情．
yǒuyìsài【友谊赛】名 親善試合．

有 yǒu ❶ 動《存在や所有を表す》▶否定形は"没(有)méi(yǒu)"．
1《存在を表す》（…に…が）ある，いる．¶房上～一只乌鸦 / 屋根の上に1羽のカラスがいる．¶～没～人〔～人没～〕？/ だれかいないか．
2《所有を表す》（…は…を）持っている．持つ．¶他～三个孩子 / 彼は子供が3人いる．¶你～没～词典？/ 君は辞典を持っていますか．
3《性質や数量が一定の程度に達することを表す》ⓐ（「"有"＋数量詞」の形で）その数量に達していることを表す．¶他走了～一个星期了 / 彼が行ってから1週間になる．ⓑ（「"有…(＋那么)"＋形容詞」の形で）比較の表現に用い，似通っていることを表す．¶他女儿已经～他(那么)高了 / 彼の娘はもう彼ぐらいの背丈になった．
4 発生する．生じる．…になる．▶ある事態や状態の発生·出現を表す．¶情况已经～了变化 / 状況はすでに変化した．
5《漠然とある事物や時をさす》ある…．¶～一次 / ある時．¶～一天 / ある日．¶听说～个公司破产了 / ある会社がつぶれたそうだ．

▶"有"の注意すべき用法◀
ⓐ"有…"の後にさらに動詞句をとり，兼語文·連動文を作る．［兼語文］¶屋里～人说话 / 部屋の中でだれかの声がする．［連動文］¶我～件事想跟你商量 / あなたに相談したいことがあります．
ⓑ書き言葉で目的語が抽象的な事物の場合には"着"を伴うこともある．¶这二者之间也是～着联系的 / この両者の間にもつながりがあるのである．

❷ 接頭〈書〉一部の王朝名の前に置く．¶～周 / 周朝．
H《一部の動詞の前に置き，謙譲を示す慣用表現を作る》¶→～劳．
‖姓 異読⇨yòu
yǒu'ài【有碍】動 …の妨げになる．…によくない．
yǒu àn kě jī【有案可稽】〈成〉調べるべき書類·文献·記録がある．
yǒu bǎn yǒu yǎn【有板有眼】〈成〉1（歌の歌い方が）リズミカルでよく調子に合っている． 2〈喩〉（言動が）きちんと筋が通って程合いをわきまえている．
yǒu bèi wú huàn【有备无患】〈成〉備えあれば憂いなし．
yǒu bízi yǒu yǎnr【有鼻子有眼儿】〈慣〉（話やうそなどが）真に迫っている．
yǒu//biānr【有边儿】動〈口〉見込みがある．ものになりそうだ．
yǒu cáiliào【有材料】〈慣〉〈方〉（人

が) 見込みがある.
yǒuchā【有差】形〈書〉違いがある.
yǒuchǎn jiējí【有产阶级】名 有産階級.
yǒucháng【有偿】形 有償の. 有料の. ¶～新闻 / ちょうちん記事.
yǒuchéng【有成】動〈書〉成功する. 成立する.
yǒuchóu láodòng【有酬劳动】名〈経〉有償労働.
yǒudài【有待】動(よく"于"を伴って) …を待たなければならない. …する必要がある.
yǒudé【有得】動 得るところがある.
yǒude【有的】代 ある人. あるもの. ¶～这样说,～那样说 / そう言う人もいれば,別な言い方をする人もいる.
yǒudeshì【有的是】動 たくさんある. いくらでもある. ¶～钱 / 金ならいくらでもある.
yǒu//dǐ【有底】動(事を知り尽くしていて)自信がある.
yǒu dì fàng shǐ【有的放矢】〈成〉ちゃんとしたねらいがあって発言したり行動したりする.
yǒudiǎnr【有点儿】副(望ましくないことについて) ちょっと. 少々. どうも. ¶我今天～不舒服 / きょうは少し気分が悪い.
yǒufāng【有方】形 適切である.
yǒu fēncun【有分寸】〈慣〉(言動が)節度をわきまえている,分別がある.
yǒu fú tóng xiǎng, yǒu huò tóng dāng【有福同享,有祸同当】〈成〉禍福を共にする.
yǒu//gōng【有功】動 功績がある.
yǒu gǔtou【有骨头】〈慣〉気骨がある.
yǒu guāgě【有瓜葛】〈慣〉つながりがある. コネがある.
yǒuguān【有关】1 動 関係がある. 2 形 …に関する. …についての.
yǒuguāngzhǐ【有光纸】名 片面アート紙. キャストコート紙.
yǒu//guǐ【有鬼】動 疑わしい点がある；やましいところがある.
yǒuguǐ diànchē【有轨电车】名 路面電車.
yǒu guò zhī wú bù jí【有过之无不及】〈諺〉勝りこそすれ決して劣らない；いっそう甚だしいものがある.
yǒu//hài【有害】形 有害である.
yǒuhéng【有恒】形 根気がある.
yǒu huìzi【有会子】〈慣〉〈方〉ずいぶん長い時間がたつ.
yǒujī【有机】1 名〈化〉有機. 2 形 有機的である.
yǒujī féiliào【有机肥料】名〈農〉有機肥料.
yǒu jī kě chéng【有机可乘】〈成〉乗ずるすきがある.
yǒujī nóngyè【有机农业】名〈農〉有機農業.
yǒujī rǎnliào【有机染料】名 有機染料.
yǒujī shípǐn【有机食品】名 有機食品.
yǒujīsuān【有机酸】名〈化〉カルボキシル酸.
yǒujītǐ【有机体】名〈生〉有機体.
yǒujīwù【有机物】名〈化〉〈略〉有機化合物.
yǒujīzhì【有机质】名 有機物. 有機質.
yǒu jǐ wú rén【有己无人】〈成〉自分のことばかり考えて他人のことを念頭に置かない.
yǒujiālì【有加利】名〈植〉ユーカリ.
yǒu jiā wú yǐ【有加无已】〈成〉ますます増える一方である. ますますひどくなる一方である.
yǒujià zhèngquàn【有价证券】名〈経〉有価証券.
yǒujiǎng chǔxù【有奖储蓄】名 懸賞付き貯金.
yǒu jiào wú lèi【有教无类】〈成〉だれかれなくみな教育を受けることができる.
yǒujié【有节】形 節度がある.
yǒu jīnliǎng【有斤两】〈慣〉(話に)重みがある.
yǒu//jìn【有劲】形 1(～儿)力がある. 2 興味深い. おもしろい.
yǒujiù【有旧】動〈書〉旧交がある.
yǒu//jiù【有救】動(～儿)助かる；助けることができる.
yǒukǒngchóng【有孔虫】名〈動〉ユウコウチュウ.
yǒu kòngr【有空儿】時間がある. 暇がある.
yǒu kǒu jiē bēi【有口皆碑】〈成〉だれもがみなほめたたえる.
yǒu kǒu nán fēn【有口难分】〈成〉弁解の余地がない.
yǒu kǒu nán yán【有口难言】〈成〉口に出して言えない(苦しい立場にある).
yǒu kǒu wú xīn【有口无心】〈成〉口は悪いが悪意はない.
yǒu láitou【有来头】〈慣〉わけがある；(人の経歴について)背景がある.
yǒulài yú【有赖于】動〈書〉…に頼る；…いかんにかかっている.
yǒuláo【有劳】〈套〉ご苦労さまですが. すみませんが.
yǒu le【有了】1 そうだ(いい考えがある). 2〈口〉妊娠した. 3(男女が)できている. 親しくなった.
yǒulǐ【有理】1 形 道理がある. 筋が通る. 2 名〈数〉有理.
yǒulǐshì【有理式】名〈数〉有理式.
yǒulǐshù【有理数】名〈数〉有理数.
yǒulì【有力】形 有力である. 力強い. ¶提供～的证据 / 有力な証拠を提供する.
yǒulì【有利】形 有利である. …のためになる. ▶"～于"の形でも用いる. ¶这种食品～于孩子的健康 / この種の食品は子供の健康によい.
yǒu lì kě tú【有利可图】〈成〉もう

けがある.

yǒu//liǎn【有脸】動 **1** 面目が立つ. **2** 恥を知る.

yǒu liǎngxiàzi【有两下子】〈慣〉なかなか手腕がある.

yǒulíng【有零】動(～儿) 端数がある.

yǒu méimu【有眉目】〈慣〉(事の)目鼻がつく.

yǒu//ménr【有门儿】動〈口〉 **1** 見込みがある. **2** こつをのみこむ.

yǒu//miànr【有面儿】動 顔を立ててくれる. 好意的である.

yǒu//míng【有名】形 有名である.

yǒu míng wú shí【有名无实】〈成〉有名無実である.

yǒu mù gòng dǔ【有目共睹】〈成〉だれの目にもはっきりしている.

yǒu mù gòng shǎng【有目共赏】〈成〉見る者がみな称賛する.

yǒu náshou【有拿手】〈慣〉自信がある.

yǒu nǎi biàn shì niáng【有奶便是娘】〈諺〉だれからでも恵みを受ければすぐに服従する.

yǒu nǐ de【有你的】〈慣〉〈口〉あっぱれだ. さすがはあんただ.

yǒu nǐ méi wǒ【有你没我】〈成〉おまえを殺すか, おれが殺されるかどちらかだ.

yǒunián【有年】動〈書〉相当年がたった.

yǒu//pài【有派】形(～儿)〈口〉(身なりなどが)かっこいい.

yǒu//pànr【有盼儿】動〈方〉見込みがある. 望みがもてる.

yǒu//pǔr【有谱儿】動〈方〉成算がある.

yǒuqī túxíng【有期徒刑】名〈法〉有期懲役.

yǒu qí fù, bì yǒu qí zǐ【有其父, 必有其子】〈諺〉この父にして, この子あり.

yǒu//qì【有气】❶動 **1** 怒る. **2** (～儿)息がある.
❷名〈語〉→sòngqì【送气】

yǒu qì wú lì【有气无力】〈成〉元気がない.

yǒuqián【有钱】形 金をもっている. 金持ちである.

yǒu qián yǒu shì【有钱有势】〈成〉財産もあれば権勢もある.

yǒu//qíng【有情】動 **1** 親しみを感じる. 好意をもつ. ▶特に男女間の愛情についていう. **2** 〈書〉趣がある.

yǒuqǐng【有顷】動〈書〉しばらくする. ややあって.

yǒuqǐng【有请】〈套〉 **1** どうぞお入りください. ▶取り次ぐ者が客に対して言う. **2** 通しなさい. ▶主人が客を招じ入れるとき, 取り次ぐ者に言う.

yǒu qiú bì yìng【有求必应】〈成〉頼みさえすれば必ず承諾する.

yǒuqù【有趣】形(～儿)おもしろい.

yǒurǎn【有染】動(男女が)肉体関係をもつ.

yǒu rénjiār【有人家儿】〈慣〉(女性が)すでに婚約者がいる.

yǒu rìzi【有日子】〈慣〉 **1** ずいぶん日がたっている. 長い間. **2** 日取りが決まる. **3** (まだ)日がある.

yǒurú【有如】動…のようだ.

yǒusè【有色】形 色のついた. 有色の.

yǒusè jīnshǔ【有色金属】名 非鉄金属.

yǒusè rénzhǒng【有色人种】名 有色人種.

yǒusè yǎnjìng【有色眼镜】名 色眼鏡. 先入観.

yǒu shēnzi【有身子】〈慣〉妊娠している.

yǒushén【有神】形 **1** (文章や書が)神業のようである. **2** 元気がある.

yǒushénlùn【有神论】名〈哲〉有神論.

yǒushēng diànyǐng【有声电影】名 トーキー.

yǒushēng dúwù【有声读物】名(簡単な読み物やテキストの付いた)カセットブック, CDブック.

yǒushēng lìliang【有生力量】名〈軍〉 **1** (兵士や馬などの)生きている戦闘力. **2** (広く)軍隊.

yǒushēngpiàn【有声片】名(～儿)トーキー映画.

yǒu shēng yǐ lái【有生以来】〈成〉生まれてこのかた.

yǒu shēng yǒu sè【有声有色】〈成〉(演技・語り口などが)生き生きとしている.

yǒu shēng zhī nián【有生之年】〈成〉(この世に)命のある間.

yǒushí【有时】副 時には. ある時は.

yǒushíhou【有时候】副 時には. …することがある.

yǒu shí yǒu huìr【有时有会儿】(何事も)定まった時がある.

yǒu shí zhī shì【有识之士】〈成〉有識者.

yǒu shǐ wú zhōng【有始无终】〈成〉中途半端である.

yǒu shǐ yǐ lái【有史以来】〈成〉有史以来.

yǒu shǐ yǒu zhōng【有始有终】〈成〉終始一貫している.

yǒu//shì【有事】 **1** 動(～儿)用事がある. **2** 名 事ある時.

yǒu shì wú kǒng【有恃无恐】〈成〉後ろだてがあるので何ものをも恐れない〔怖いものなしである〕.

yǒu//shù【有数】 **1** 動(～儿)よく知る. 成算がある. **2** 形 わずかである. 知れている.

yǒusī【有司】名〈書〉官吏. 役人.

yǒusī fēnliè【有丝分裂】名〈生〉有糸分裂.

yǒu suǒ【有所】〈型〉 **1** ある程度…した. **2** …するところがある.

yǒutílèi【有蹄类】名〈動〉有蹄類.

yǒu tiáo bù wěn【有条不紊】〈成〉整然と秩序立っている.

yǒu tóu wú wěi【有头无尾】〈成〉

尻切れとんぼに終わる.

yǒu tóu yǒu liǎn【有头有脸】〈成〉(～儿)顔がきく．権威がある.

yǒu tóu yǒu nǎo【有头有脑】〈成〉(物事をするのに)判断力もあり,きちんと処理する能力もある.

yǒu tóu yǒu wěi【有头有尾】〈成〉物事を最後までやり通す.

yǒuwàng【有望】形〈書〉有望である.

yǒuwéi【有为】形〈書〉有為である.

yǒuwèir【有味儿】形 **1** 味がある．うまい．**2** 味わいがある．趣がある．**3** 変な味·においがする.

yǒu wén bì lù【有闻必录】〈成〉些細なことでも記録しておく.

yǒu…wú…【有…无…】〈型〉**1**《一方があって他方がないことを表す》¶～利～弊 / 利益はあるが弊害はない．**2**《前者はあるが後者はないことを強調する》¶～增～减 / ますます増える一方である．**3**《前者さえあれば後者はなくなることを表す》**4**《あるようなないような状態を表す》¶～意～意 / なんとなしに.

yǒu//xǐ【有喜】動〈口〉おめでたになる．妊娠する.

yǒu//xì【有戏】形〈方〉見込みがある.

yǒu xì kàn【有戏看】〈慣〉これからが見ものだぞ．▶好ましくないことについていう.

yǒu xì kě chéng【有隙可乘】〈成〉乗ずべきすきがある.

yǒuxiàn【有限】形 **1** 限りがある．**2** わずかである.

yǒuxiàn diànbào【有线电报】名 有線電信.

yǒuxiàn diànhuà【有线电话】名 有線電話.

yǒuxiàn diànshì【有线电视】名 ケーブルテレビ.

yǒuxiàn gōngsī【有限公司】名〈経〉有限会社.

yǒuxiàn guǎngbō【有线广播】名 有線放送.

yǒuxiàn huāxù【有限花序】名〈植〉有限花序.

yǒuxiàn tōngxìn【有线通信】名 有線通信.

yǒuxiàn xiǎoshù【有限小数】名〈数〉有限小数.

yǒuxiào【有效】形 有効である．効き目がある．効果がある.

yǒuxiào jìngzīchǎn【有效净资产】名〈経〉有効純資産.

yǒuxiàoqī【有效期】名(契約などの)有効期間．(薬品などの)有効期限.

yǒuxiào shèchéng【有效射程】名 有効射程.

yǒuxiào wēndù【有效温度】名〈植〉有効温度.

yǒuxiē【有些】**1** 副 少し．いくらか．¶心里～紧张 / 少し緊張している．**2** 代 ある一部(の)．¶～事先办,～事后办 / あることは先にかたづけ,あることは後に回す.

yǒuxīn【有心】❶動 **1** …したいと思う．…しようと思っている．**2** 気に留める．❷副 わざと．下心があって.

yǒuxīnrén【有心人】〈慣〉志をもっていて努力を惜しまない人.

yǒu xīnyǎnr【有心眼儿】〈慣〉利口である．気がきく.

yǒu xìnr【有信儿】消息がある.

yǒuxíng【有形】形 形がある．目に見える.

yǒuxíng sǔnhào【有形损耗】名〈経〉有形(の)損耗.

yǒuxìng【有幸】形〈書〉幸運である.

yǒuxìng【有性】形〈生〉有性の.

yǒu xuè yǒu ròu【有血有肉】〈成〉(描写などが)生き生きしている.

yǒu yán zài xiān【有言在先】〈成〉あらかじめ言っておく.

yǒu yǎn bù shí Tàishān【有眼不识泰山】〈諺〉重視すべき人または尊敬すべき人を見損なう.

yǒu yǎn wú zhū【有眼无珠】〈成〉人や物を見る目がない.

yǒuyǎng (jiànshēn)cāo【有氧(健身)操】名〈体〉有酸素体操．エアロビクス.

yǒuyǎng yùndòng【有氧运动】名 有酸素運動.

yǒu yīdā méi yīdā【有一搭没一搭】〈慣〉**1** 無理に話題を探して話しかける．**2** あってもなくてもよい.

yǒu yī dé yī【有一得一】〈成〉あるだけ全部．ありのまま.

yǒu yīshǒur【有一手儿】〈慣〉腕が利く．才能がある.

yǒuyì【有益】動 有益である．ためになる.

yǒuyì【有意】❶形 わざとである．故意である．❷動 **1** …したい気持ちはある．…したいと思う．**2**(男女間で)気がある.

yǒu yìshi【有意识】形 意識的な．意識的に.

yǒu yìsi【有意思】**1** 有意義である．**2**(楽しくて)おもしろい．**3**(男女間で)気がある．¶他对你～ / 彼は君に気がある.

yǒu yǒng wú móu【有勇无谋】〈成〉勇気はあるが思慮に欠ける.

yǒu//yòng【有用】動 有用である．役に立つ.

yǒu…yǒu…【有…有…】〈型〉**1**《意味が反対の名詞または動詞を当てはめて,その両方を兼ねていることを表す》¶～利～弊 / 利益もあれば弊害もある．**2**《意味が同じ,あるいは近似する名詞または動詞を,あるいは2音節の名詞や動詞を構成する前後の成分を分けて当てはめ,強調を表す》¶～名～姓 / れっきとした名前がある.

yǒuyú【有余】〈書〉**1** 動 余りがある．ゆとりがある．**2** 助(数量詞の後につけて)余り.

yǒuyuán【有缘】形 縁がある．▶"有缘分"とも.

yǒu zé gǎi zhī, wú zé jiā miǎn【有则改之,无则加勉】〈成〉誤りがあればこれを改め,なければいっそう努力する.

yǒu zhāo yī rì【有朝一日】〈成〉いつの日か. いつかは.

yǒuzhe【有着】[動]…がある. …を持っている.

yǒu zhī tiān yè【有枝添叶】〈成〉(～儿)話に尾ひれをつける.

yǒuzhì【有致】[形]趣に富んでいる.

yǒuzhìzhě shì jìng chéng【有志者事竟成】〈諺〉志さえあれば必ず成功する.

yǒuzhǒng【有种】[形] **1** 勇気がある. 度量・気骨がある. **2**〈俗〉《人をほめるときに用いる》すごい. やり手だ.

yǒuzhù yú【有助于】〈書〉…に役立つ. …に有益である.

yǒu//zhǔnr【有准儿】[形]〈口〉確かである. 確実である.

酉

yǒu [名] 十二支の第10：酉(とり). ¶→～时shí. ‖[姓]

yǒushí【酉时】[名]〈旧〉酉の刻. ▶午後5時から7時.

羑

yǒu 地名用字.

莠

yǒu [名]〈植〉エノコログサ.
[H] たちが悪い人(物). ¶良～不齐 / 玉石混淆.

铕

yǒu [名]〈化〉ユウロピウム. Eu.

牖

yǒu [H] 窓.

黝

yǒu ○

yǒu'àn【黝黯・黝暗】[形]まっ暗な.

yǒuhēi【黝黑】[形]黒ずんでいる；暗い. ¶胳膊晒得～ / 腕が日焼けして黒くなっている.

又

yòu [副] **1** また. さらに. ▶ある動作や状態が繰り返されたり,相次いで,もしくは交互に発生することを表す. ¶他刚才唱了一首,现在～唱了一首 / 彼はついさっき1曲歌ったばかりなのに,今また1曲歌った. ¶明天～是星期一了 / あすはまた月曜日だ. **2** その上. また…でもある. ▶いくつかの動作・状態が重なることを表す. ¶天黑,～下雨,路更难走了 / 日が暮れて暗い上に雨まで降って,いっそう歩きづらくなった. ¶～便宜～好 / 安いし品もよい. **3** それなのに. いったい. ▶逆接や否定・反語の語調を強める. ¶你～不是小孩子 / おまえ,いまさら子供でもないだろ. ¶既然怕冷～不愿意多穿衣服 / 寒がりのくせに厚着をしたがらない. **4**《整数に端数がつくことを表す》…と. ¶三年～两个月 / 3年と2か月. ¶二～四分之一 / 2と4分の1. **5**《手紙や文章に加える追伸・補足説明を表す》¶～：… / 追伸….

yòu hóng yòu zhuān【又红又专】〈成〉政治的自覚をもち,専門的な知識と技術を身につけている.

yòují【又及】[名](手紙文で)追伸.

yòumíng【又名】[名]別名.

yòu xiǎng chī yòu pà tàng【又想吃又怕烫】〈諺〉危険が伴うのを恐れて,物事を実行に移すのをためらう.

右

yòu **1** [方位](熟語や前置詞句に用い)右. ¶靠～走 / 右側を通る.
2 [動]〈書〉 **1** 補佐する. **2** 尊ぶ.
[H] ①保守的な. 右派の. ②上位. 優位. ¶无出其～ / それよりまさるものがない. ③西. ¶山～ / (太行山以西の地)山西(省). ‖[姓]

yòubian【右边】[方位](～儿)右側. 右の方.

yòubiānfēng【右边锋】[名]〈体〉(サッカーなどで)ライトウイング.

yòucè【右侧】[方位]右側. 右の方.

yòuduò【右舵】 **1** [名]面舵(おもかじ). **2** [動]舵を右舷に取る.

yòu'ěrdāo【右耳刀】[名](～儿)(漢字の部首)おおざと.

yòufāng【右方】[方位]右の方. 右側.

yòufēng【右锋】[名]〈体〉(サッカーや水球などで)ライトフォワード.

yòuhòuwèi【右后卫】[名]〈体〉(サッカーなどで)ライトフルバック；(アイスホッケーで)ライトディフェンス.

yòumiàn【右面】[方位]右の方. 右側.

yòupài【右派】[名]右派.

yòuqiánwèi【右前卫】[名]〈体〉(サッカーなどで)ライトハーフバック,ライトハーフ,ライトミッドフィルダー.

yòuqīng【右倾】[形]右傾している.

yòushǒu【右手】[名](～儿) **1** 右の手. 右手. **2** 右の方. 右側. ▶座席についていうことが多い.

yòushǒu【右首】[名]右の方. 右側.

yòuyì【右翼】[名] **1**〈軍〉右翼. 右方の部隊. **2**(政治・思想上の)右翼,保守派. **3**〈体〉(サッカーなどで)ライトウイング；(バレーボールで)ライト.

幼

yòu [H] ①幼い；(植物が)生えて間もない. ¶→～年. ②子供. ¶妇～ / 女性と子供. ‖[姓]

yòuchóng【幼虫】[名]幼虫.

yòuchù【幼畜】[名]家畜の子.

yòu'ér【幼儿】[名]幼児. 幼い子供.

yòu'ér jiàoyù【幼儿教育】[名]幼児教育.

yòu'éryuán【幼儿园】[名]幼稚園.

yòugōng【幼功】[名](俳優・曲芸師などの)幼年時代に身につけたわざ.

yòujiào【幼教】[名]〈略〉幼児教育.

yòukē【幼科】[名]〈中医〉小児科.

yòulín【幼林】[名]〈林〉若い樹木でできた林.

yòulínglín【幼龄林】[名]〈林〉樹齢の若い林.

yòumiáo【幼苗】[名]〈農〉早苗. 若苗.

yòunián【幼年】[名]幼年. ▶3歳ころから10歳前後の年齢.

yòunǚ【幼女】[名]〈書〉 **1** 幼女. **2** 末娘.

yòutǐ【幼体】名〈生〉母体を離れたばかりの生物.
yòutóng【幼童】名 幼い子供.
yòuxiǎo【幼小】名 幼少. 幼いこと.
yòuyá【幼芽】名 若芽.
yòuzhì【幼稚】形 **1** 幼い. あどけない. **2**〈貶〉幼稚である. 未熟である. ¶～的想法 / 幼稚な考え.
yòuzhìbìng【幼稚病】名 **1**〈心理〉幼稚症. **2**(思想上の)小児病.
yòuzhìyuán【幼稚园】名〈旧〉幼稚園.
yòuzhū【幼株】名〈植〉若株.
yòuzǐ【幼子】名〈書〉末っ子.

有 yòu〘又yòu〙に同じ. ¶三十～八年 / 38年. 異読⇨yǒu

佑(祐) yòu H 神仏の加護を与える. ¶保～ / (神仏が)加護する. ‖姓

侑 yòu H(飲食を)勧める. ¶～觞shāng / 杯を勧める.

柚 yòu ○ 異読⇨yóu

yòuzi【柚子】名〈植〉ブンタン. ザボン.

囿 yòu H ①動物を飼育する園. ¶园～ / 草木を植えて鳥や獣を飼っている所. ②とらわれる. ¶～于成见 / 先入観にとらわれる.

宥 yòu H(罪を)許す. ¶宽～ / 寛大に許す.

诱 yòu 動 誘う. 誘惑する. ¶～人上当 / 人を誘ってわなにかける.
H 教え導く.

yòubiànjì【诱变剂】名 突然変異誘起物質.
yòubǔ【诱捕】動 誘って捕獲する.
yòuchóngdēng【诱虫灯】名 誘蛾灯.
yòudǎo【诱导】**1** 動 教え導く. **2** 名〈電〉〈化〉〈生〉誘導.
yòudí【诱敌】動〈書〉敵をおびき寄せる.
yòu'ěr【诱饵】名 動物をおびき寄せるえさ;〈喩〉誘いのえさ.
yòufā【诱发】動 **1** 誘導し啓発する. **2**(主に病気を)誘発する.
yòugòng【诱供】動 誘導尋問にかける.
yòuguǎi【诱拐】動(女性や子供を)誘拐する.
yòuhuò【诱惑】動 **1** 誘惑する. 悪事に誘う. **2** 魅惑する. 引きつける.
yòujiān【诱奸】動〈書〉(異性を)だまして姦通(かんつう)する.
yòupiàn【诱骗】動 誘惑しわなにかける.
yòushā【诱杀】動 おびき寄せて殺す.
yòushǐ【诱使】動 誘惑して…させる.
yòuxiáng【诱降】動〈書〉(敵に)投降を勧告する.
yòuxié【诱胁】動〈書〉利で釣ったり脅迫したりする.
yòuyè【诱掖】動〈書〉誘掖(ゆうえき)する. 導き助ける.
yòuyīn【诱因】名(病気などの)誘因.
yòuzhì【诱致】動〈書〉(悪い結果を)もたらす, 招来する.

蚴 yòu 名〈動〉(サナダムシや住血吸虫などの)幼虫.

釉 yòu(陶磁器の)うわぐすり. ¶→～子zi.

yòuzhì【釉质】名〈生理〉(歯の)エナメル質. ▶"珐琅质"とも.
yòuzi【釉子】名(陶磁器の)うわぐすり.

鼬 yòu 名〈動〉イタチ.

yu(ㄩ)

迂 yū 形(言行・見解が)古臭い. 世事に疎い. ¶这个人做事有点儿～ / あの人は何をするにも愚直でぐずだ.
H 曲がる. 遠回りする. ¶～道访问 / 遠回りをいとわずに(わざわざ)訪問する.

yūfūzǐ【迂夫子】名 世事に疎い知識人.
yūfǔ【迂腐】形〈書〉古い観念にとらわれ融通がきかない.
yūhuǎn【迂缓】形〈書〉(行動が)のろい;(やり方が)回りくどい.
yūhuí【迂回】動 **1** 迂回する. 遠回りをする. **2**〈軍〉迂回する.
yūjiàn【迂见】名〈書〉実際にそぐわない見解.
yūkuò【迂阔】形〈書〉現実とかけ離れている. ¶～之论 / 迂遠な論議.
yūlòu【迂陋】→yūfǔ【迂腐】
yūlùn【迂论】名 **1** 古臭い議論. **2** 実際的でない議論.
yūqū【迂曲】形〈書〉紆余曲折している. 曲がりくねっている.
yūrú【迂儒】名〈書〉頑固で世情に疎い学者・知識人.
yūzhí【迂执】形〈書〉世事に疎く頑固である.
yūzhuō【迂拙】形〈書〉世間知らずで融通がきかない.

吁 yū 擬〘馬や牛などを止めるときの掛け声〙どうどう. 異読⇨xū,yù

於 yū ‖姓 異読⇨wū

淤(瘀) yū 動 **1**(泥などが)たまる〔詰まる〕. ¶大雨过后, 院子里～了一层泥 / 大雨の後, 泥が庭いっぱいにたまった. **2**〈方〉(液体が)吹きこぼれる.
H ①堆積した. ¶→～泥. ②(川などに)堆積した土砂. ¶河～ / 川の泥. ③血液が停滞する. ¶→～血.

yūguàn【淤灌】動(洪水のときに)泥水を田畑に流し込み土砂の堆積によって土壌を改良する.
yūjī【淤积】動〈書〉(泥などが)堆積する;〈喩〉(心などに)積もる, たまる.
yūní【淤泥】名(川・沼・貯水池などに)沖積した土砂.
yūsè【淤塞】動(川などが)土砂でふさがる.
yūxuè【淤血】**1** 動 鬱血(うっけつ)する.

2 [名]〈中医〉瘀血(おけつ).

yūzhì【淤滞】[動]〈書〉**1**《川などが》土砂で流れが滞る. **2**〈中医〉経絡や血管が詰まって滞る.

于(於) **yú** [前]〈書〉**1**《動作・行為のなされる地点・時点・範囲を導く》…に. …で. …から. …にとって. ¶生～上海 / 上海に生まれた. ¶黄河发源～青海 / 黄河は青海省に源を発する. ¶～人民有益 / 人民に利益がある. **2**《比較する対象を導く》…より. ¶霜叶红～二月花 / 紅葉は早春の2月の花(桃の花)よりも赤い. **3**《動作・行為の主体を導く》…に(よって). ▶受け身を表す. ¶上海队一比二败～北京队 / 上海チームが2対1で北京チームに敗れた. ‖[姓]

yújīn【于今】[名]〈書〉**1** 現在に至るまで. 今まで. **2** 現在. 今.

yúsāi【于思】[形]〈書〉ひげがたくさん生えている.

yúshì【于是】[接続] そこで. それで.

yúshìhū【于是乎】→yúshì【于是】

与(與) **yú** 《[欤yú]》に同じ. 異読⇒yǔ,yù

予 **yú** [代]〈古〉われ. ‖[姓] 異読⇒yǔ

yú qǔ yú qiú【予取予求】〈成〉ほしいままに要求する.

玙(璵) **yú** [名]〈書〉美しい玉(ぎょく).

欤(歟) **yú** [助]〈書〉**1**《疑問あるいは反語を表す》か. ▶話し言葉の"吗"や"呢"に相当する. **2**《感嘆を表す》かな. ▶話し言葉の"啊"に相当する.

余(餘) **yú** **1** [数]〈書〉…余り. 余(よ). ¶一百～人 / 百余人. **2** [動] 余る. 残る. ¶尚～一百元 / 100元も残る. **3** [代]〈古〉私.

H ①余った時間. ¶业～ / 余暇; アマチュアの. ②(…の)後. ¶拜读之～,不胜感激 / 拝読し感謝に堪えない. ‖[姓]

yúbō【余波】[名] 余波. 余勢.

yúcún【余存】[名] 残り. 残高.

yúdǎng【余党】[名] 残党.

yúdì【余地】[名] 余地. ゆとり.

yúdú【余毒】[名] あとまで残る害毒.

yú'é【余额】[名] **1** 欠員. **2** 残高. 残額.

yúfēng【余风】[名]〈書〉遺風.

yúgē【余割】[名]〈数〉コセカント.

yúhuī【余晖】[名]〈書〉夕暮れの日の光. ▲"余辉"とも.

yújì【余悸】[名]〈書〉事後なお残っている恐怖.

yújiǎo【余角】[名]〈数〉余角.

yújìn【余烬】[名]〈書〉燃え残り. 燃えさし;〈喩〉ほとぼり.

yú kě lèi tuī【余可类推】〈成〉その他は類推せよ.

yúlì【余力】[名] 余力.

yúlì【余利】[名] 剰余金. 利益.

yúlì【余沥】[名]〈書〉**1** 残り酒. **2**〈喩〉利益の一部分.

yúliáng【余粮】[名] 余剰食糧.

yúnián【余年】[名]〈書〉晩年. 余生.

yúniè【余孽】[名]〈書〉(悪人や悪事の)残存勢力.

yúnù【余怒】[名] まだしずまらない怒り.

yúqiē【余切】[名]〈数〉コタンジェント.

yúquē【余缺】[名] 剰余と不足.

yúrè【余热】[名] **1** 余熱. **2**〈喩〉退職した人が引き続き発揮できる能力.

yúshēng【余生】[名] **1** 晩年. **2** 幸いに生き残った命.

yúshèng【余剩】[名] 余り. 剰余.

yúshǐ【余矢】[名]〈数〉余矢(よし).

yúshù【余数】[名]〈数〉(割り算の)余り.

yúwài【余外】[名]〈方〉その他. それ以外.

yúwēi【余威】[名]〈書〉威力の名残.

yúwèi【余味】[名] 後味. 余韻.

yúxì【余隙】[名]〈機〉すきま. クリアランス.

yúxiá【余暇】[名] 余暇. 暇.

yúxià【余下】[動] 残る. 余る.

yúxián【余闲】[名] 余暇. 暇.

yúxián【余弦】[名]〈数〉コサイン.

yúxìng【余兴】[名] **1** まだ尽きない興味. (遊びなどを)なお続けたい気持ち. **2**(会議や宴会の後の)余興.

yúxù【余蓄】[名]〈書〉余り. 蓄え.

yúyīn【余音】[名]〈書〉余韻.

yú yǒng kě gǔ【余勇可贾】〈成〉まだまだ余力がある.

yúyù【余裕】[形] 余裕がある. ゆとりがある.

yúyùn【余韵】[名]〈書〉余韻.

yúzhèn【余震】[名]〈地質〉余震.

妤 **yú** →jiéyú【婕妤】

盂 **yú** **H**(液体を入れる)容器,鉢,つぼ. ¶痰～ / たんつぼ.

yúlánpénhuì【盂兰盆会】[名]〈宗〉盂蘭盆会(うらぼんえ).

臾 **yú** →xūyú【须臾】

鱼(魚) **yú** [名] 魚. [条] ‖[姓]

yúbái【鱼白】[名] **1** 魚のしらこ. **2**〈方〉(魚の)浮き袋. **3** 青白い色.

yúbiào【鱼鳔】[名](魚の)浮き袋.

yúcāng【鱼舱】[名](魚などを入れておく)漁船の船倉.

yúchā【鱼叉】[名] やす.

yúchí【鱼池】[名] 養魚池.

yúchì【鱼翅】[名]〈食材〉フカひれ.

yúchóng【鱼虫】[名](～儿)〈動〉ミジンコ.

yúchún【鱼唇】[名]〈食材〉サメの口の周辺の肉の柔らかな部分.

yúcì【鱼刺】[名] 魚の小骨.

yúdào【鱼道】[名] 魚道.

yúdǔ【鱼肚】[名]〈食材〉(魚の)浮き袋.

yúdùbái【鱼肚白】[名](魚の浮き袋のような)青白い色. ▶夜明けの空を形

容することが多い.
yú'ěr【鱼饵】名 魚釣りのえさ.
yúfěn【鱼粉】名 魚粉.
yúgān【鱼竿】名 釣りざお.
yúgānyóu【鱼肝油】名〈薬〉肝油.
yúgāng【鱼缸】名 金魚鉢.
yúgōu【鱼钩】名(～儿)釣り針.
yúgǒu【鱼狗】名〈鳥〉カワセミ;ヤマセミ.
yúgǔ【鱼骨】名〈食材〉チョウザメの軟骨の乾燥品.
yúgǔ【鱼鼓】名 1(民間楽器の一種)竹筒の一端に薄い皮を張りつけ,手でたたく,"道情"を演唱する際の主な伴奏楽器. 2→dàoqíng【道情】
yúgǔ dàoqíng【鱼鼓道情】→dàoqíng【道情】
yúgǔ tiānxiàn【鱼骨天线】名 魚の骨の形をした高性能のアンテナ.
yúguàn【鱼贯】副(魚が群れをなして泳ぐように)1列になって.
yúhuā【鱼花】名 稚魚.
yújiàng【鱼酱】名〈料理〉魚醤(ぎょしょう).
yújiāo【鱼胶】名 1(魚の浮き袋から作った)にかわ. 2〈方〉魚の浮き袋;(特に)"黄鱼"(フウセイ・キグチ)の浮き袋.
yújù【鱼具】→yújù【渔具】
yúkǒu【鱼口】名〈中医〉横痃(おうげん). 横根.
yúléi【鱼雷】名〈軍〉魚雷.
yúléitǐng【鱼雷艇】名〈軍〉魚雷艇.
yúlín【鱼鳞】名 魚のうろこ.
yúlínkēng【鱼鳞坑】名 貯水や植林のため山腹に掘った,うろこのように点々とした穴.
yúlínsōng【鱼鳞松】名〈植〉樹皮がうろこ状の松.
yúlóng【鱼龙】名〈古生物〉魚竜.
yú lóng hùn zá【鱼龙混杂】〈成〉善人と悪人〔善いものと悪いもの〕が入り混じっている.
yúlù【鱼露】名 魚醤(ぎょしょう).
yúluǎn【鱼卵】名〈食材〉魚の卵.
yú mǐ zhī xiāng【鱼米之乡】〈成〉水産物や米がよくとれる肥沃で豊かな土地. ▶江南地方をさすことが多い.
yúmiáo【鱼苗】名(養殖用の)稚魚.
yú mù hùn zhū【鱼目混珠】〈成〉偽物を本物の中に混ぜる.
yúpí【鱼皮】名〈食材〉サメ皮. サメの皮の乾燥品.
yúpiāo【鱼漂】名(～儿)釣りの浮き.
yúqún【鱼群】名 魚の群れ.
yúròu【鱼肉】1 名 魚の肉. 2 動〈書〉(暴力で人を)食い物にする.
yúshēng【鱼生】名〈方〉(魚の)刺身.
yúshì【鱼市】名 魚市場.
yúshuǐ【鱼水】名 魚と水;〈喩〉両者が親密なこと.
yúshuǐqíng【鱼水情】名 魚と水のように親密な関係. ▶軍隊と人民の親しい間柄をさすことが多い.
yú sǐ wǎng pò【鱼死网破】〈成〉たたかっている双方が共倒れになる.

yúsōng【鱼松】名〈料理〉魚肉の田麩(でんぶ). ▶"鱼肉松"とも.
yútáng【鱼塘】名 養魚池.
yúténg【鱼藤】名〈植〉デリス.
yútī【鱼梯】名 魚道.
yúwǎng【鱼网】→yúwǎng【渔网】
yúwěihào【鱼尾号】名〈印〉魚尾(ぎょび). (〔あるいは〕)
yúwěiwén【鱼尾纹】名 目尻の小じわ.
yúxiān【鱼鲜】名 魚介類食品.
yúxīngcǎo【鱼腥草】名〈植〉ドクダミ.
yúxùn【鱼汛】名 漁期.
yúyàn【鱼雁】名〈書〉〈喩〉手紙.
yúyāngzi【鱼秧子】名〈口〉稚魚.
yúyīng【鱼鹰】名〈口〉〈鳥〉1 ミサゴ. 2 ウ.
yúyóu【鱼油】名 魚油.
yú yóu fǔ zhōng【鱼游釜中】〈成〉滅亡が目の前に迫っている.
yúzhǒng【鱼种】名 幼魚. 稚魚.
yúzǐ【鱼子】名 魚の卵.
yúzǐjiàng【鱼子酱】名 キャビア.

竽 yú 名〈音〉竽(う). ▶笙(しょう)に似た古楽器の一種.

俞 yú 感〈古〉《許諾の気持ちを表す》‖姓

yúyǔn【俞允】動〈書〉許諾する.

狳 yú →qiúyú【犰狳】

馀 yú 1 動 余る. 2 数 余り. ‖姓

谀 yú H おもねる. へつらう. ¶～辞/お世辞.

娱 yú H 楽しむ. 楽しませる. ¶文～/(文化的な)娯楽.

yúlè【娱乐】動 1 楽しむ. 気晴らしをする. 2 名 娯楽.
yúlèpiàn【娱乐片】名 娯楽映画(番組).
yúlèquān【娱乐圈】名 芸能界.

萸 yú →zhūyú【茱萸】

渔 yú H ①漁をする. ¶→～船. ②(不当な利益などを)あさる.

yúbà【渔霸】名 漁民のボス. (悪らつな)網元.
yúchǎn【渔产】名 漁業産品.
yúchǎng【渔场】名 漁場.
yúchuán【渔船】名 漁船.
yúcūn【渔村】名 漁村.
yúfū【渔夫】名 漁師.
yúgǎng【渔港】名 漁港.
yúgē【渔歌】名 漁民の歌う歌.
yúgǔ【渔鼓】→yúgǔ【鱼鼓】
yúhuǒ【渔火】名 いさり火.
yújiā【渔家】名 漁師.
yújù【渔具】名 漁労用具.
yúlāo【渔捞】名 漁労.
yúlì【渔利】1 動 不当な利益をあさる. 2 名 漁夫の利.
yúliè【渔猎】❶名 漁と狩猟. ❷動〈書〉1 略奪する. 2 あさる.
yúlún【渔轮】名 漁船.
yúmín【渔民】名 漁民.
yúrén【渔人】名 漁師.

yú rén zhī lì【渔人之利】〈成〉漁夫の利.
yúsè【渔色】動〈書〉女色をあさる.
yúwǎng【渔网】名 魚網.
yúwēng【渔翁】名 年取った漁師.
yúxùn【渔汛】名 漁期.
yúyè【渔业】名 漁業.
yúzhōu【渔舟】名〈書〉漁船.

隅 yú H ①すみ. 角(ｶﾄﾞ). ¶墙～/塀の角. ②そば. ほとり. ¶海～/海のほとり.

揄 yú H 引っ張る；引き上げる.
yúyáng【揄扬】動〈書〉**1** 持ち上げる. ほめそやす. **2** 宣揚する.

嵎 yú **1** 名 山の曲がり角. **2**〘隅 yú〙に同じ.

嵛 yú 地名用字.

逾(踰) yú H ①越える. 超過する. ¶年～七十 / 年は70を越している. ②いっそう. もっと. ¶～甚 / いっそう甚だしい.
yúcháng【逾常】形〈書〉並々ならぬ.
yúfèn【逾分】形〈書〉分を越す.
yú//qī【逾期】動〈書〉期限を過ぎる.
yúyuè【逾越】動〈書〉超過する. 乗り越える.

腴 yú H ①(人が)太っている. ¶丰～/肥えてふっくらとしている. ②肥沃である. ¶膏～/同上.

渝 yú H ①(態度·感情が)変わる. ¶始终不～/終始変わらない. ②重慶市. ‖姓

愉 yú H 心楽しい.
yúkuài【愉快】形 愉快である. うれしい. 感じがよい. ¶祝你旅途～!/よい旅を!
yúyuè【愉悦】形〈書〉楽しい. 喜ばしい.

瑜 yú H 美しい玉(の光)；人の長所. ¶瑕不掩～/欠点よりも長所のほうが多い. ‖姓
yújiā【瑜伽·瑜珈】名〈宗〉ヨガ.

榆 yú H ニレ. ¶榔～/アキニレ. ‖姓
yújiá【榆荚】名 ニレの実.
yú mù nǎo guā【榆木脑瓜】〈成〉融通のきかない者.
yúqián【榆钱】名(～儿)ニレの実.
yúyèméi【榆叶梅】名〈植〉オヒョウモモ.

虞 yú 名 **1** 舜(ｼｭﾝ)が建てた伝説上の王朝名. **2**〈史〉虞(ｸﾞ). ▶周代の国名.
H ①予測する. ¶不～/図らずも. ②憂える. 恐れる. ¶无～/心配がない. ③欺く. だます. ‖姓
yúměirén【虞美人】名〈植〉グビジンソウ. ヒナゲシ.

愚 yú H ①愚かである. ¶～人/愚かな人. ②愚弄する. ¶→～弄. ③自分の謙称. ¶～以为不可/私はいけないと思う. ‖姓
yúbèn【愚笨】形 頭がにぶい. 愚かである.
yú bù kě jí【愚不可及】〈成〉愚の骨頂である.
yúchī【愚痴】形〈書〉愚かである. 間が抜けている.
yúchǔn【愚蠢】形 愚かである. 間抜けである.
yúdùn【愚钝】形〈書〉愚鈍である.
yú gōng yí shān【愚公移山】〈成〉いかなる難事業も地道に努力を重ねればついには成し遂げられる.
yújiàn【愚见】名〈謙〉愚見. 卑見.
yúlòu【愚陋】形〈書〉愚かで卑しい.
yúlǔ【愚鲁】形〈書〉愚鈍である.
yúmèi【愚昧】形 愚かで無知である.
yúméng【愚氓】名〈書〉愚か者.
yúméng【愚蒙】形 愚かで道理に暗い.
yúmín【愚民】**1** 名 愚かな人民. ▶旧時,人民をさげすんだ言葉. **2** 動 人民を愚かにする.
yúmín zhèngcè【愚民政策】名 愚民政策.
yúnòng【愚弄】動 愚弄する. からかう.
yúnuò【愚懦】形 愚かで意気地がない.
Yúrénjié【愚人节】名 エープリルフール.
yúwán【愚顽】形〈書〉愚昧で頑固である.
yúwàng【愚妄】形〈書〉愚鈍で傲慢(ｺﾞｳﾏﾝ)である.
yúxiào【愚孝】名〈書〉盲目的な孝行.
yúxiōng【愚兄】名〈謙〉〈旧〉私.
yúyì【愚意】名〈謙〉愚見.
yúzhě qiānlǜ bì yǒu yīdé【愚者千虑必有一得】〈諺〉愚鈍な人でも熟慮すればよい考えを出すことがある.
yúzhōng【愚忠】名〈書〉愚直な忠誠心.
yúzhuō【愚拙】形〈書〉愚鈍で拙劣である.

觎 yú →jìyú【觊觎】

舆 yú 名〈古〉車；かご. 輿(ｺｼ).
H ①地. ¶→～图. ②多くの人の. ¶→～论.
yúlùn【舆论】名 輿論(ﾖﾛﾝ). 世論.
yúqíng【舆情】名〈書〉世情. 民情.
yútái【舆台】名〈旧〉身分の低い人.
yútú【舆图】名〈書〉地図. ▶多く国家の領域を示す地図をいう.

窬(踰) yú 動〈書〉塀を乗り越える.

蝓 yú →kuòyú【蛞蝓】

髃 yú 名〈中医〉肩の前部.

与(與) yǔ **1** 前〈書〉…と. …と共に. ¶～此同时/これと同時に. ¶～困难作斗争/困難と闘う. **2** 接続〈書〉と. および. ¶文化～教育问题/文化と教育の問題.
H ①与える. 渡す. ¶赠～/贈与する. ②交際する. 付き合う. ¶相～/互いに付き合う. ③助ける. 賛助する. ¶→～人为善. ‖姓
異読⇨yú,yù

yǔfǒu【与否】[助]〈書〉…や否や. …かどうか.
yǔgòng【与共】[動] 共にする.
yǔguó【与国】[名] 同盟国.
yǔ hǔ móu pí【与虎谋皮】〈成〉できない相談をする.
yǔqí【与其】[接続] …よりも…のほうが…. ¶～你去,还不如我去 / 君が行くよりも,ぼくが行ったほうがよい.
yǔ rén wéi shàn【与人为善】〈成〉人がよいことをするのを助けてやる；善意で人を助ける.
yǔ rì jù zēng【与日俱增】〈成〉日増しに増える.
yǔ shí jù jìn【与时俱进】〈成〉時代に即して発展変化する.
yǔ shì cháng cí【与世长辞】〈成〉逝去する.
yǔ shì wú zhēng【与世无争】〈成〉世俗的な成功に無関心である.
yǔ zhòng bù tóng【与众不同】〈成〉一般のものとは異なる.

予 yǔ [H] 与える. やる. ¶授～ / 授与する. 異読⇨yú
yǔ rén kǒu shí【予人口实】〈成〉人に非難の口実を与える.
yǔyǐ【予以】[動]〈書〉…を与える. する.

屿(嶼) yǔ [H] 小さな島. ¶岛～ / 島嶼(とうしょ).

伛(傴) yǔ [名]〈書〉亀背(きはい). [H] 背が曲がっている. ¶ →～偻.
yǔlǚ【伛偻】〈書〉背が曲がる. 亀背(きはい)である.

宇 yǔ [H] ①軒. ひさし；家屋. ¶屋～ / 家屋. ②すべての空間. ¶～内 / 天下. ③風采(ふうさい). ¶器～ / 風貌. ‖[姓]
yǔchēng【宇称】[名]〈物〉パリティー.
yǔháng【宇航】[名] 宇宙飛行. ¶～员 / 宇宙飛行士.
Yǔwén【宇文】[姓]
yǔzhòu【宇宙】[名] **1** 宇宙. **2**〈哲〉全存在. 全世界.
yǔzhòuchén【宇宙尘】[名]〈天〉宇宙塵.
yǔzhòu fēichuán【宇宙飞船】[名] 宇宙船.
yǔzhòuguān【宇宙观】[名]〈哲〉世界観.
yǔzhòu hángxíng【宇宙航行】[名] 宇宙飛行.
yǔzhòu huǒjiàn【宇宙火箭】[名] 宇宙ロケット.
yǔzhòu kōngjiān【宇宙空间】[名] 宇宙空間.
yǔzhòu shèxiàn【宇宙射线】[名]〈物〉宇宙線. ▶"宇宙线"とも.
yǔzhòu sùdù【宇宙速度】[名]〈物〉宇宙速度.

羽 yǔ **1** [量] 鳥を数える：羽. **2** [名] 昔の五音の一.
[H]〈鳥類の〉羽,羽毛. ‖[姓]
yǔduàn【羽缎】[名]〈紡〉厚手の羽二重. アルパカ.
yǔguān【羽冠】[名]〈鳥類の〉羽冠.
yǔhuà【羽化】[動] **1** 仙人となる；〈婉〉道士が死ぬ. **2**〈動〉羽化する.
yǔmáo【羽毛】[名] **1**〈鳥類の〉羽,羽毛. **2**〈喩〉名誉.
yǔmáoduàn【羽毛缎】⇀ yǔduàn【羽缎】
yǔ máo fēng mǎn【羽毛丰满】〈成〉〈人や組織が〉一人前になる.
yǔmáohuà【羽毛画】[名]〈美〉羽毛画.
yǔmáoqiú【羽毛球】[名]〈体〉**1** バドミントン. ▶"羽球"とも. **2**〈バドミントンの〉シャトル(コック).
yǔmáoshàn【羽毛扇】[名]〈口〉羽扇.
yǔ máo wèi fēng【羽毛未丰】〈成〉年が若くて経験が浅くまだ一人前でない.
yǔróng【羽绒】[名]〈鳥類の〉羽毛,ダウン.
yǔróngbèi【羽绒被】[名] 羽毛の掛けぶとん.
yǔróng bèixīn【羽绒背心】[名] ダウンベスト.
yǔróngfú【羽绒服】[名] ダウンジャケット.
yǔróng zhěnxīn【羽绒枕心】[名]〈羽枕の芯にするため〉羽毛をつめて袋状にしたもの.
yǔshā【羽纱】[名]〈紡〉サージに似た薄手の織物の一種.
yǔshàn【羽扇】[名] 羽扇.
yǔtán【羽坛】[名]〈体〉バドミントン界.
yǔyì【羽翼】[名]〈書〉羽. 翼；〈喩〉補佐する人や力.

雨 yǔ [名] 雨. [阵；场cháng；滴]¶下～ / 雨が降る. ¶～住〔停〕了 / 雨がやんだ. ‖[姓] 異読⇨yù
yǔbào【雨暴】[名]〈気〉あらし.
yǔbù【雨布】[名] 防水布.
yǔcéngyún【雨层云】[名]〈気〉乱層雲；(俗に) 雨雲.
yǔdiǎn【雨点】[名](～儿) 雨粒.
yǔguāqì【雨刮器】[名]〈自動車の〉ワイパー.
yǔ guò tiān qíng【雨过天晴】〈成〉苦しい状況ががらりと好転する.
yǔ hòu chūn sǔn【雨后春笋】〈成〉雨後の筍(たけのこ).
yǔ hòu sòng sǎn【雨后送伞】〈成〉後の祭りである.
yǔhuāshí【雨花石】[名] 雨花石. ▶色や模様が美しく,観賞用にもなる.
yǔjì【雨季】[名] 雨季.
yǔjiǎo【雨脚】[名] 雨脚(あまあし).
yǔjù【雨具】[名] 雨具.
yǔkù【雨裤】[名] 防水ズボン.
yǔliàng【雨量】[名]〈気〉降雨量.
yǔlín【雨林】[名]〈地〉多雨林.
yǔlù【雨露】[名] 雨と露；〈喩〉恩恵.
yǔmào【雨帽】[名] 防水帽. レインハット.
yǔmù【雨幕】[名] 雨のとばり.
yǔpéng【雨棚】[名]〈建〉天蓋形のひさし.
yǔpī【雨披】[名]〈マント型の〉レインコート.

yǔqián【雨前】名 穀雨の前に摘んだ茶葉で作る緑茶.
yǔqíng【雨情】名 降雨状況.
yǔqū【雨区】名 降雨のあった地方.
yǔsǎn【雨伞】名 雨傘.
yǔshuā【雨刷】名(自動車の)ワイパー.
yǔshuǐ【雨水】名 1 降雨(量). 2 (二十四節気の)雨水(うすい).
yǔshuǐguǎn【雨水管】名〈建〉(雨水を通す)縦樋(たてどい).
yǔsī【雨丝】名 雨の糸. 細かい雨.
yǔsōng【雨凇】名 雨氷.
yǔtiān【雨天】名 雨天.
yǔwā【雨蛙】名〈動〉アマガエル.
yǔwù【雨雾】名 霧雨.
yǔxiàn【雨线】名 雨脚.
yǔxiēr【雨歇儿】動〈方〉雨の日に仕事を休む.
yǔxié【雨鞋】名 雨靴.
yǔxīngxing【雨星星】形 霧雨が降っているさま.
yǔxuē【雨靴】名 長ぐつ.
yǔyàn【雨燕】名〈鳥〉アマツバメ.
yǔyī【雨衣】名 レインコート.
yǔyì【雨意】名 雨模様. 雨の気配.
yǔyún【雨云】名 雨雲.
yǔzhū【雨珠】名(〜儿)雨粒.

禹 yǔ 名 禹(う). ▶夏(か)の初代の王といわれる. ‖姓

语 yǔ H ①言葉. 言語. ¶→〜文. ②意志伝達手段. ¶手〜/手話. ③言う. 話す. ¶低〜/低い声でささやく. ④ことわざ. 成句. ¶〜云/ことわざに曰く. ‖姓
異読⇒yù

yǔbìng【语病】名 語弊.
yǔcí【语词】名(広く)語. 語句.
yǔdiào【语调】名〈語〉語調. イントネーション.
yǔfǎ【语法】名〈語〉1 文法. 2 文法学. 文法研究.
yǔfǎxué【语法学】名 語法学. 文法学.
yǔgǎn【语感】名(言葉の)ニュアンス. 語感.
yǔhuì【语汇】名 語彙(ごい).
yǔjìng【语境】名 コンテクスト. 文脈.
yǔjù【语句】名 語句. 文. 言葉.
yǔliào【语料】名 言語資料.
yǔliàokù【语料库】名〈語〉言語データベース. コーパス.
yǔlù【语录】名 語録. (個人の)言論の記録.
yǔqì【语气】名 1 話しぶり. 口ぶり. 2〈語〉疑問・推測・命令や呼びかけ・誇張などの心情・態度の表現.
yǔsè【语塞】動(興奮や怒りのあまり)言葉につまる.
yǔsù【语素】名〈語〉語素. 形態素.
yǔtài【语态】名〈語〉1 態. ボイス. 2 相. アスペクト.
yǔtǐ【语体】名〈語〉文体. 文章のスタイル.
yǔtǐwén【语体文】名 口語体の文章.

yǔwén【语文】名 1 言語と文字. 2〈略〉言語と文学.
yǔwénkè【语文课】名 国語科. ▶日本の「国語」科.
yǔ wú lún cì【语无伦次】〈成〉言うことが支離滅裂である.
yǔxì【语系】名〈語〉語系. 語族.
yǔxù【语序】名〈語〉語順.
yǔ yān bù xiáng【语焉不详】〈成〉言葉が簡単すぎて意を尽くさない.
yǔyán【语言】名 言語. 言葉.
yǔyánxué【语言学】名 言語学.
yǔyán yóuxì【语言游戏】名 言葉遊び.
yǔyì【语意】名 言葉が持つ意味.
yǔyìxué【语义学】名 意味論.
yǔyīn【语音】名 1 言語音. 音声. 2 人の話す声. 発音.
yǔyīn xìnxiāng【语音信箱】名〈電算〉ボイスメールボックス.
yǔyīnxué【语音学】名 音声学.
yǔyòngxué【语用学】名 語用論.
yǔzhǒng【语种】名 語種.
yǔ zhòng xīn cháng【语重心长】〈成〉言葉が懇ろで思いやりが深い.
yǔzhùcí【语助词】名〈語〉語気助詞.
yǔzú【语族】名〈語〉語派.

圄 yǔ →língyǔ【囹圄】

敔 yǔ 名〈古〉演奏の終わりを告げるために鳴らす楽器.

圉 yǔ 名〈書〉馬屋. 馬を飼う所. ¶〜人/馬飼い. 馬丁.

庾 yǔ H 穀物を臨時に野積みする倉. ‖姓

瑀 yǔ 名〈書〉玉(ぎょく)に似た石の一種.

瘐 yǔ O

yǔsǐ【瘐死】動〈書〉獄死する.

龉 yǔ →jǔyǔ【龃龉】

窳 yǔ H(質が)悪い. ¶良〜/善し悪し.

yǔbài【窳败】動〈書〉損なう. 破壊する.
yǔduò【窳惰】形〈書〉怠惰である.
yǔliè【窳劣】形〈書〉(器物が)粗悪である.

与(與) yù H 与(あず)かる. 参与する. ¶干gān〜/口出しする. 異読⇒yú, yǔ

yùhuì【与会】名 会議に出席する.
yùwén【与闻】動(そのことに)かかわり,内情を知っている.

玉 yù 名 玉(ぎょく). [块]
H ①真っ白で美しい. ¶〜颜/〈書〉玉のように美しい容貌. ②〈敬〉相手の体や動作をいう. ¶→〜照. ‖姓

yùbǎnxuān【玉版宣】名(高級な)厚手の画仙紙.
yùbǎnzhǐ【玉版纸】名(湖南省産の)書道用や帳簿用に使われる上質紙.
yùbó【玉帛】名〈古〉玉帛(ぎょくはく). 玉器

と絹織物.
yù bù zhuó, bù chéng qì【玉不琢,不成器】〈諺〉人も教育を受けなければ一人前になれない.
yùchéng【玉成】動〈書〉〈敬〉完成するように助力する.
yùdài【玉带】名〈古〉官吏が付けた玉をはめ込んだ帯.
yùdiāo【玉雕】名 玉の彫刻(品).
Yùhuáng dàdì【玉皇大帝】名〈宗〉道教の最高神. 天帝.
yùjiāo【玉茭】名(～子)〈方〉〈植〉トウモロコシ.
yù jié bīng qīng【玉洁冰清】〈成〉上品で純潔である.
yùjīnyú【玉筋鱼】名〈魚〉イカナゴ.
yùlán【玉兰】名〈植〉ハクモクレン.
yùlánpiàn【玉兰片】名〈食材〉干したタケノコ.
yùlì【玉立】形 **1** 姿が美しい. **2**〈書〉品行が正しい.
yùmài【玉麦】名〈方〉トウモロコシ.
yùmǐ【玉米】名〈植〉トウモロコシ.
yùmǐhuār【玉米花儿】名 ポップコーン.
yùmǐmiàn【玉米面】名 トウモロコシ粉.
yùpèi【玉佩】名 玉の装身具.
yùqì【玉器】名 玉の工芸品.
yùquè【玉阙】名〈書〉宮殿. 皇居.
yùrén【玉人】名〈書〉美人.
yùróng【玉容】名〈書〉〈旧〉美しい容貌.
yùsāotóu【玉搔头】名 玉のかんざし.
yùshai【玉色】名〈方〉淡い青色.
yùshí【玉石】名 玉(ぎょく).
yù shí jù fén【玉石俱焚】〈成〉よいものも悪いものも共に滅びる.
yùshǔshǔ【玉蜀黍】名〈植〉トウモロコシ.
yùshù【玉树】名〈植〉ユーカリ.
yùsuì【玉碎】動〈書〉節を曲げずに潔く死ぬ.
yùtǐ【玉体】名〈書〉**1** 美しい女性の体. **2**〈敬〉お体.
yùtù【玉兔】名〈書〉月.
yùxǐ【玉玺】名〈書〉玉璽(ぎょくじ).
yùyè【玉液】名〈書〉美酒.
yùyīn【玉音】名〈書〉〈敬〉お言葉. お便り.
yùyǔ【玉宇】名 神仙が住む宮殿;〈喩〉天空.
yùzān【玉簪】名 玉のかんざし;〈植〉タマノカンザシ.
yùzhào【玉照】名〈書〉〈敬〉お写真.

驭 **yù** H ①(車馬を)御する,走らせる. ②統率する.
yùshǒu【驭手】名 牛馬を使役する兵士. 御者.

芋 **yù** H サトイモ;(広く)イモ類. ¶洋～/ジャガイモ. ¶山～/サツマイモ.
yùnǎi【芋艿】名〈植〉サトイモ.
yùtou【芋头】名〈植〉**1** サトイモ. **2**〈方〉サツマイモ.

吁 **yù** H(ある要求のために)叫ぶ,請う. ¶呼～/アピールする. 異読⇨xū,yū
yùqǐng【吁请】動 嘆願する. 請願する.
yùqiú【吁求】動 懇願する. 嘆願する.

饫 **yù** 形〈書〉満腹になる.

妪(嫗) **yù** H 老婦人. ¶老～/老婆.

雨 **yù** H(雨や雪などが)降る. ¶～雪/雪が降る. 異読⇨yǔ

郁(鬱) **yù** H ①芳しい. ¶～烈/香りが強烈である. ②(草木が)茂る. ③気がふさぐ.(憂い・怒りなどが)わだかまる. ¶忧～/憂うつである. ‖姓
yùbì【郁闭】名〈林〉樹木が茂って日光を通さないこと.
yùfèn【郁愤】名 鬱憤.
yùjī【郁积】動〈書〉鬱積する.
yùjié【郁结】動 心に鬱積する.
yùjīnxiāng【郁金香】名〈植〉チューリップ.
yùmèn【郁闷】形 気がふさいでいる. 心が晴れない. ¶～不乐lè/鬱々として楽しまない.
yùrè【郁热】形 蒸し暑い.
yùxuè【郁血】名〈医〉鬱血.
yùyì【郁悒】動〈書〉気がふさぐ. 苦悶する.
yùyù【郁郁】形〈書〉**1** 文才がよく現れている. **2** 香気が濃厚である. **3** 草木が茂っている. **4** 気がふさいで晴れ晴れしない.
yùyùcōngcōng【郁郁葱葱】形 草木がうっそうとしている.

育 **yù** H ①生む. ¶生～/出産する. ②育てる. ¶→～婴. ③教育する. ¶→～才. ‖姓
yùcái【育才】動〈書〉人材を育てる.
yùchéng pǐnzhǒng【育成品种】名〈農〉育成品種.
yùchú【育雏】動 ひなを育てる.
yù'érdài【育儿袋】名〈動〉(有袋類の)育児嚢(いくじのう).
yùféi【育肥】動〈牧〉肥育する.
yùlín【育林】動〈林〉植林をする.
yùlíng【育龄】名 出産可能年齢.
yù//miáo【育苗】動〈農〉苗を育てる.
yù//yāng【育秧】動 苗を育てる.
yùyīng【育婴】動 赤ん坊を育てる.
yùyīngtáng【育婴堂】名〈旧〉孤児院.
yù//zhǒng【育种】動〈農〉人工的に新種を育てる.

昱 **yù** H ①日の光. ②輝く.

狱(獄) **yù** H ①牢獄. ¶下～/投獄する. ②訴訟. 犯罪事件. ¶冤～/冤罪(えんざい).
yùjǐng【狱警】名 刑務官.
yùlì【狱吏】名〈旧〉獄吏.
yùzú【狱卒】名〈旧〉獄卒. 看守.

语 **yù** H 告げる. ¶不以～人/人に告げない. 異読⇨yǔ

彧 **yù** H 文才があること.

峪 **yù** H 谷. ▶多く地名に用いる. ¶嘉～关 / 嘉峪関(㋕).

钰 **yù** 形〈書〉珍しい宝物.

浴 **yù** H 入浴する. 湯あみをする. ¶淋～ / シャワーを浴びる.

yùchǎng【浴场】名 屋外の遊泳場.
yùchí【浴池】名 浴槽. 風呂屋.
yùgāng【浴缸】名 バスタブ.
yùjīn【浴巾】名 バスタオル.
yùlián【浴帘】名 シャワーカーテン.
yùpén【浴盆】名(入浴用の)たらい. バスタブ.
yùshì【浴室】名 浴室;風呂屋.
yùxuè【浴血】動(戦闘で)血みどろになる.
yùyè【浴液】名 ボディソープ.
yùyī【浴衣】名 バスローブ. 浴衣(ゆかた).
yùzhào【浴罩】名 浴槽にかけるビニール製の保温用カバー.

预 **yù** H ①あらかじめ. 事前に. ¶～付 / 前払いをする. ②与(ｙù)かる. ¶干gān～ / 口出しする. ‖姓

yù'àn【预案】名 事前の対策.
yùbào【预报】動 予報する.
yùbèi【预备】動 準備する. 用意する. 予定する.
yùbèiyì【预备役】名〈軍〉予備役.
yùbǔ【预卜】動 前もって判断する.
yùcè【预测】動 予測する. 予想する.
yùcè shōurù【预测收入】名〈経〉予想収入.
yùcè shōuyìlǜ【预测收益率】名〈経〉予想収益率.
yùchǎnqī【预产期】名〈医〉出産予定日.
yùchǔlǐ【预处理】名〈化〉前処理.
yùdìng【预订】動 予約する. (商品を)注文する.
yùdìng【预定】動 予定する. あらかじめ定める.
yùduàn【预断】動 予断する.
yùfáng【预防】動 予防する.
yùfángzhēn【预防针】名〈医〉予防注射. ▶"预防注射"とも.
yùfù【预付】動 前払いする. 前金を払う. ¶～卡 / プリペイドカード.
yùgǎn【预感】**1** 動 予感がする. **2** 名 予感.
yùgào【预告】**1** 動 予告する. **2** 名(多く演劇・出版などの)予告.
yùgòu【预购】動 予約購入をする. 予約注文をする.
yùhòu【预后】名〈医〉予後.
yùhuì【预会】→yùhuì【与会】
yùjì【预计】動 あらかじめ推測する. 見込みをつける.
yùjiǎn【预检】動 事前に検査をする.
yùjiàn【预见】**1** 動 予見する. **2** 名 予見.
yùjiè【预借】動 前借りをする.
yùjǐng【预警】動 事前に警報を発する.
yùjǐngjī【预警机】名〈軍〉早期警戒機.
yùkǎo【预考】動 予備試験を受ける.
yùkē【预科】名(大学などの)予科.
yùkòushuì【预扣税】名〈経〉源泉徴収税.
yùkuī【预亏】動 収益減少を予告する.
yùlǎn【预览】名〈電算〉プレビュー.
yùliào【预料】**1** 動 予想する. 予測する. **2** 名 予測. 見込み.
yùmóu【预谋】動(犯罪を)計画する. 手はずを決める.
yùqī【预期】動 予期する. 期待する. ¶达到～的目的mùdì / 所期の目的を達する.
yùrè【预热】動〈機〉予熱する.
yùsài【预赛】名(試合の)予選.
yùshěn【预审】名 **1**〈法〉予審. **2**(捜査段階で)刑事事件の被疑者に対して行われる尋問.
yùshì【预示】動 前もって示す.
yùshōu【预收】動(手付金や予約金などを)前もって受け取る.
yùshòu【预售】動 前売りをする.
yùsuàn【预算】**1** 名〈経〉予算. **2** 動 あらかじめ計算する.
yùwén【预闻】→yùwén【与闻】
yùxí【预习】動 予習する.
yùxiān【预先】副 あらかじめ. 前もって. ¶～通知 / あらかじめ知らせる.
yùxiǎng【预想】動 予想する.
yùxíng【预行】動 予行する. 下げいこする.
yùxuǎn【预选】動 **1** 予備選挙をする. **2**(スポーツや試験で)予選をする. ¶～赛 / 予選(試合).
yùyán【预言】**1** 動 予言する. **2** 名 予言.
yùyǎn【预演】動 試演をする. リハーサルをする. 試写をする.
yùyuē【预约】動 予約する.
yùzhǎn【预展】動(展覧会の開幕前に)特別展示をする.
yùzhào【预兆】**1** 名 前兆. **2** 動 前兆を示す.
yùzhěn【预诊】名 予診.
yùzhī【预支】動 **1** →yùfù【预付】 **2** 前借りする.
yùzhī【预知】動 予知する.
yùzhì【预制】動〈建〉(プレハブ式で)あらかじめ造る.
yùzhì gòujiàn【预制构件】名〈建〉プレハブ部品. プレハブ部材.
yùzhù【预祝】動(…と)なるよう祈る, 念じる.
yùzhuāng ruǎnjiàn【预装软件】名〈電算〉プレインストールソフト.

域 **yù** H 境界内の地域. ¶领～ / 領域. ¶异～ / 異域. 外国.

yùmíng【域名】名〈電算〉ドメイン名.

欲(慾) **yù** H ①…しようとする. …しそうだ. ¶摇摇～坠 / ゆらゆら揺れて落ちそうである;

失敗·滅亡の寸前である．②…したいと思う．¶为wéi所～为 / 勝手気ままなことをする．③必要とする．④欲望．¶求知～ / 知識欲．

yù bà bù néng【欲罢不能】〈成〉いまさら手を引くわけにはいかない．

yù gài mí zhāng【欲盖弥彰】〈成〉（悪事は）隠そうとすればするほど露呈しやすい．

yù hè nán tián【欲壑难填】〈成〉欲望にはきりがない．

yùhuǒ【欲火】名 欲望の炎；（特に）性欲．

yù jiā zhī zuì, hé huàn wú cí【欲加之罪，何患无词】〈成〉罪を着せようと思えば，理由はいくらでもある．

yùniàn【欲念】名 欲望．

yù qín gù zòng【欲擒故纵】〈成〉後で手綱を引き締めるために，まずそれを緩める．

yù qǔ gū yǔ【欲取姑与】〈成〉将来の利益のためにまず譲歩する．

yù sù zé bù dá【欲速则不达】〈成〉せいては事をし損じる．

yùwàng【欲望】名（物の獲得，事柄の達成を）強く望む気持ち．欲望．

閾 yù H ①敷居；限界．範囲．②〈心〉〈生理〉閾(いき)．

淯 yù 地名用字．

谕 yù H（上から下に）知らせる，言いつける．

yùzhǐ【谕旨】名〈書〉勅旨．

尉 yù○ 異読⇨wèi

Yùchí【尉迟】姓

Yùlí【尉犁】名 新疆ウイグル自治区にある県の名．

遇 yù 動（偶然に）あう．出くわす．巡り会う．¶～雨 / 雨にあう．
H ①遇する．もてなす．¶优～ / 厚くもてなす．②機会．¶际～ / 巡り会う．‖姓

yùcì【遇刺】動〈書〉暗殺される．

yù//dào【遇到】動+方補 出会う．ぶつかる．¶在路上～了一个老同学 / 道で昔の同級生に出会った．

yù//hài【遇害】動〈書〉殺害される．

yùhé【遇合】動 **1** 会って意気投合する．**2** 出くわす．

yù//jiàn【遇见】動+結補 出会う．出くわす．

yù//jiù【遇救】動〈書〉難を逃れる．

yù//nàn【遇难】動 **1** 難にあう．遭難する．**2** 殺害される；（事故で）死ぬ．

yù//shì【遇事】動 事が起きる．事件が発生する．

yù shì shēng fēng【遇事生风】〈成〉何かにつけていざこざを起こす．

yù//xiǎn【遇险】動（人や船舶が）遭難する．

喻 yù H ①説明する．わからせる．¶～之以理 / 道理をもって諭す．②わかる．了解する．¶不言而～ / 言うまでもない．③たとえる．¶比～ / 比喩；たとえる．‖姓

yùshì【喻世】動〈書〉世人を戒め，道理を説く．

yùyì【喻义】名〈書〉比喩が意味するところ．

御（驭·禦） yù H ①（車馬を）走らせる．¶～者 / 御者．②管理·支配する．¶～众 / 多くの人を支配する．③皇帝に関すること．¶～赐 / 御下賜．④防ぐ．抵抗する．¶～敌 / 敵を防ぐ．

yùbǐ【御笔】名〈書〉皇帝直筆の書画．

yùfūzuò【御夫座】名〈天〉ぎょしゃ座．

yùhán【御寒】動〈書〉防寒する．

yùjià【御驾】名〈書〉皇帝の乗る馬車．

yùlínjūn【御林军】名 近衛軍．

yùshǒu【御手】→yùshǒu【驭手】

yùwǔ【御侮】動〈書〉外国の侵犯に抵抗する．

yùyòng【御用】形 **1** 皇帝用の．**2**〈貶〉権力の手足になっている．

鹆 yù →qúyù【鸲鹆】

寓 yù H ①住む．¶→～居．②住む所．¶客～ / 仮住まい．③意味を含ませる．ことよせる．‖姓

yùdǐ【寓邸】名 高級官吏の住宅．

yùgōng【寓公】名〈書〉（古くは）領地を失い他郷に身を寄せる貴族；（後に）異郷や異国に亡命した官僚·地主；（現在では）何の仕事もしないで，利息だけで豊かな生活をしている人．

yùjū【寓居】動〈書〉仮り住まいをする．

yùmù【寓目】動〈書〉目を通す．

yùsuǒ【寓所】名〈書〉住まい．住所．

yùyán【寓言】名 寓言；寓話．

yùyì【寓意】名〈書〉寓意．

yùyú【寓于】動（その中に）含まれている．

裕 yù H ①豊かである．¶宽～ / （手元に）ゆとりがある．②豊かにする．¶富国～民 / 国を富まし民の生活を豊かにする．‖姓

Yùgùzú【裕固族】名（中国の少数民族）ユーグ(Yugur)族．

yùrú【裕如】形〈書〉ゆったりとしている；ゆとりのある．

蓣 yù →shǔyù【薯蓣】

愈（瘉） yù 副〈書〉（"愈…愈…"の形で用い）…すればするほど．ますます．¶～多～好 / 多ければ多いほどよろしい．
H（病気が）治る．¶病～ / 病気が治る．‖姓

yùfā【愈发】副 ますます．

yùhé【愈合】動〈医〉（傷口が）ふさがる．

yùjiā【愈加】副 ますます．いっそう．

yù yǎn yù liè【愈演愈烈】〈成〉（事柄や状況が）ますますひどくなる．

yùyì【愈益】副 ますます．

煜 yù 形〈書〉輝く．

誉(譽) yù H ①誉れ. 名声. ¶荣～ / 栄誉. ¶～满全国 / 名声が全国に知られている. ②ほめたたえる. ¶～不绝口 / 口をきわめてほめる. ‖姓

蔚 yù 名 河北省にある県の名. ‖姓 異読⇒wèi

蜮(魊) yù →guǐyù【鬼蜮】

毓 yù H 育つ；育てる. ▶多く人名に用いる. ‖姓

潏 yù 動〈書〉水が湧き出る.

熨 yù O 異読⇒yùn

yùtiē【熨贴】形 1 (字句が)適切である. 2 気が静まる. 心が落ち着く. 3〈方〉気持ちがよい. 心地よい. 4〈方〉物事が首尾よく片付いている.

豫 yù H ①あらかじめ. 事前に. ②安んじる. 自適する. ③喜ぶ. 楽しい. ④河南省.

yùbèi【豫备】→yùbèi【预备】

yùjù【豫剧】名 豫劇(ﾖｹﾞｷ). 河南省の伝統劇.

燠 yù H 暖かい；暑い.

yùrè【燠热】形〈書〉蒸し暑い.

燏 yù 名〈書〉火の光.

鹬 yù 名〈鳥〉シギ.

yù bàng xiāng zhēng, yú rén dé lì【鹬蚌相争, 渔人得利】〈成〉漁夫の利.

yùtuó【鹬鸵】名〈鳥〉キウイ.

鬻 yù H 鬻(ひさ)ぐ. 売る. ¶～歌 / 歌うたいになる. ¶～文为生 / 売文生活をする.

yuan (ㄩㄢ)

鸢 yuān 名〈鳥〉トビ. ¶～飞鱼跃 / 適所を得る.

yuānwěi【鸢尾】名〈植〉イチハツ.

鸳 yuān H オシドリ.

yuānlǚ【鸳侣】名〈書〉〈喩〉おしどり夫婦.

yuānyāng【鸳鸯】名〈鳥〉オシドリ. ▶夫婦にたとえることが多い.

yuānyāng guōdǐ【鸳鸯锅底】名〈料理〉鍋の中央を板でしきり, 2 種類のスープで楽しめる鍋料理.

yuānyāngzuò【鸳鸯座】名(～儿) カップルシート.

冤(寃) yuān 1 名 無実の罪. ¶申～ / ぬれぎぬを晴らす. 2 形(だまされたりむだな努力をして)腹立たしい. ¶白去了一趟, 真～ / むだ足を踏まされてほんとうにばかをみた. 3 動〈方〉だます. ¶你别～人! / 人を担ぐんじゃない. H 恨み. 仇(あだ). ¶→～仇.

yuān'àn【冤案】名 冤罪事件.

yuān bù dǎ yī chù lái【冤不打一处来】〈諺〉(いろいろなことで)くやしくてたまらない.

yuānchóu【冤仇】名 恨み. あだ.

yuāndàtóu【冤大头】〈慣〉いいカモ. お人よし.

yuānhún【冤魂】名 無実の罪で死んだ人の魂.

yuānjia【冤家】名 1 かたき. 2 恨めしいが実はいとしい人. ▶伝統劇や民謡で恋人を指す.

yuān jiā lù zhǎi【冤家路窄】〈成〉会いたくない人にはよく顔を合わすものである. ▶"冤家路狭xiá"とも.

yuān jiǎ cuò àn【冤假错案】〈成〉"冤案"(冤罪(ｴﾝｻﾞｲ)),"假案"(でっち上げ),"错案"(誤審)の総称.

yuānniè【冤孽】名(前世の)因業(いんごう).

yuānqì【冤气】名(無実の罪を着せられたことによる)怒り, 無念さ.

yuānqián【冤钱】名 ぼられた金.

yuānqíng【冤情】名 無実の罪を着せられた事情.

yuānqū【冤屈】1 動 無実の罪を着せる. 2 名 不当な取り扱い.

yuānrén【冤人】動 人をだます.

yuāntóu【冤头】名 かたき.

yuānwang【冤枉】❶動 無実の罪を着せる. ❷名 無実の罪. ❸形 1 (不当な扱いを受けて)無念である. 2 むだである.

yuānwanglù【冤枉路】名 むだ足.

yuānwangqián【冤枉钱】名 むだ金.

yuānyù【冤狱】名 冤罪の裁判事件.

渊(淵) yuān H ①淵(ふち). 深い水. ¶深～ / 奥深い淵. ②深い. ¶～泉 / 深い泉. ‖姓

yuānbó【渊博】形〈書〉(学識が)深くて広い.

yuānhǎi【渊海】名〈書〉深い淵と大きな海；〈喩〉内容が深奥・広範であること.

yuānmò【渊默】形〈書〉奥ゆかしくて寡黙である.

yuānshēn【渊深】形〈書〉(学問やはかりごとが)奥深い.

yuānsǒu【渊薮】名〈書〉事物の寄り集まる所.

yuānyuán【渊源】名〈書〉根源.

蜎 yuān 名〈書〉〈虫〉ボウフラ.

yuānyuān【蜎蜎】形〈書〉虫がはうさま.

箢 yuān O

yuānjī【箢箕】名〈方〉竹かご.

元 yuán 1 量(貨幣の単位) 元(ｹﾞﾝ). ▶正式表記は"圆". 口語では"块". 2 名〈史〉(王朝名の)元. H ①始めの. 第一の. ¶→～旦. ②かしらの. 第一位の. ¶→～首. ③もとになる. 主要な. ¶→～素. ④1 個のまとまりをなしているもの. ¶单～ / 単元. ユニット. ‖姓

yuánbǎo【元宝】名(過去に通貨として用いられた)馬蹄銀. 元宝.

yuánbǎofēng【元宝枫】名〈植〉トウタイヤ.
Yuándàn【元旦】名 元旦. 元日.
yuán'è【元恶】名〈書〉元凶.
Yuángǔdài【元古代】名〈地質〉原生代.
Yuángǔjiè【元古界】名〈地質〉原生界.
yuánjiàn【元件】名〈機〉部品. 素子. エレメント. コンポーネント.
yuánlái【元来】→yuánlái【原来】
yuánlǎo【元老】名 元老.
yuánmài【元麦】名〈植〉ハダカムギ.
yuánméi【元煤】→yuánméi【原煤】
Yuánmóu yuánrén【元谋猿人】名〈考古〉元謀原人.
yuánnián【元年】名(紀元の)元年.
yuánpèi【元配】名〈書〉最初にめとった妻.
yuánqì【元气】名(人・国家・組織などの)生命力,活気,活力.
yuánqǔ【元曲】名〈文〉元曲(げんきょく).
yuánrì【元日】名 元日.
yuánróng【元戎】名〈書〉主将. 将軍.
yuánshǒu【元首】名 **1** 元首. **2**〈書〉君主.
yuánshūzhǐ【元书纸】名(浙江省産の)毛筆習字用・帳簿用の紙.
yuánshuài【元帅】名 **1** 元帥. **2**〈古〉全軍の主将.
yuánsù【元素】名 **1** 要素. 因素. **2**〈数〉要素. 元素. **3**〈略〉化学元素.
yuánsù fúhào【元素符号】名〈化〉元素記号.
yuánxiāo【元宵】名 **1** 上元の夜. ▶旧暦1月15日の夜. **2**"元宵节"に食べるあん入りの団子.
Yuánxiāojié【元宵节】名 元宵節. 上元. ▶旧暦1月15日の節句.
yuánxiōng【元凶】名 悪者の頭.
yuánxūn【元勋】名 元勲.
yuányè【元夜】→yuánxiāo【元宵】1
yuányīn【元音】名〈語〉母音.
yuányú【元鱼】名〈動〉スッポン.
yuán yuán běn běn【元元本本】→yuán yuán běn běn【原原本本】
yuányuè【元月】名 正月.

芫 yuán ❍ 異読⇨yán
yuánhuā【芫花】名〈植〉フジモドキ;〈中薬〉芫花(げんか).

园(園) yuán H ①野菜・草花・果樹などを植える畑. **2** 遊覧・娯楽の場所. ¶公～/公園. ‖姓
yuándì【园地】名 **1** 菜園・花園・果樹園の総称. 畑. **2**〈喩〉(活動する)場所. **3** 新聞・雑誌などの欄.
yuándīng【园丁】名 **1** 庭師. **2**〈喩〉教師;(特に)小学校の先生.
yuánlín【园林】名(観賞・遊覧用の)園林,庭園.
yuánpǔ【园圃】名〈農〉園圃(えんぽ).
yuánqū【园区】名 産業団地.
yuántián【园田】名〈農〉野菜畑.
yuányì【园艺】名 園芸.
yuányòu【园囿】名〈書〉遊覧用の花園や動物園.
yuánzi【园子】名 **1** 園. 庭園. **2** 劇場.

员 yuán **1** 接尾 集団のメンバーまたは職業や職務を担当する人. ¶教～/教員. ¶列车～/汽車の車掌. **2** 量 武将を数える. ¶一～大将/一人の大将. 異読⇨yún,yùn
yuán'é【员额】名 定員.
yuángōng【员工】名 従業員.
yuánsī【员司】名〈旧〉(政府機関の)下級役人.
yuánwài【员外】名 **1**〈古〉"员外郎"の略. ▶"郎官"の定員以外に設けられた官名. **2**〈近〉地主や土地の有力者.

沅 yuán 地名用字. ‖姓

垣 yuán H ①垣. 塀. ¶城～/城壁. ②都市. ¶省～/省都. ‖姓

爰 yuán H ①どこ. いずこ. ②そこで. ‖姓

袁 yuán ‖姓
yuántóu【袁头】名 民国初年発行の袁世凯(えんせいがい)の肖像が入った1元銀貨. ▶"袁大头"とも.

原 yuán 形 もとの. 本来の;もとは. ¶～计划/もとの計画. ¶～打算请他来/もとは彼に来てもらうつもりだった.
H ①最初の. 始めの. ¶→～稿. ②未加工の. 原料の. ¶→～料. ③野原. 平坦な所. ¶→～野. ④了解する. 許す. ¶→～谅. ‖姓
yuán'àn【原案】名 未処理のままの事件.
yuánbǎn【原版】名 **1** 原版. 初版. **2** マスターテープ.
yuánběn【原本】❶名 **1** 原本. **2** 初刻本. 初版本. **3** 原書. 原著. ❷副 本来. もともと.
yuáncáiliào【原材料】名 原材料.
yuáncháng【原肠】名〈生〉原腸.
yuánchóng【原虫】名〈医〉病原虫.
yuánchū【原初】名 最初. はじめ.
yuánchù【原处】名 もとの所.
yuánchuàng【原创】動 オリジナル制作する.
yuándì【原地】名 もとの位置. その場.
yuándìng【原定】動 最初に規定〔確定〕する.
yuándòngjī【原动机】名〈機〉原動機.
yuándònglì【原动力】名 原動力.
yuánfēng【原封】形(～儿)封を切っていない. もとのままの.
yuángǎo【原稿】名 原稿.
yuángǎozhǐ【原稿纸】名 原稿用紙.
yuángào【原告】名〈法〉原告.
yuángē【原鸽】名〈鳥〉カワラバト.

yuángù【原故】→yuángù【缘故】

yuánjī【原鸡】名〈鳥〉セキショクヤケイ.

yuánjí【原级】名〈語〉(比較級・最上級に対する)原級.

yuánjí【原籍】名 原籍. 本籍. ▶"寄籍、客籍"と区別する.

yuánjià【原价】名 **1**〈経〉原価. 仕入値段. **2** 値下げ前の値段.

yuánjiàn【原件】名 原物. オリジナル.

yuánjiù【原旧】〈方〉形 もとのままである. もともと.

yuánkuàng【原矿】名〈鉱〉原石.

yuánlái【原来】**1** 副 なんと(…であったのか). ¶我以为是谁,～是你呀!/だれかと思ったら,なんだ君だったのか. **2** 形 もともとの;もとは. ¶～的地方/もとの同じ場所. **3** 名 当初. 以前.

yuán lái rú cǐ【原来如此】〈成〉なるほど. そうだったのか.

yuánlǐ【原理】名 原理.

yuánliáng【原粮】名 もみ付きの穀物.

yuánliàng【原谅】動 許す. 容認する. ¶今天招待不周到,请～/今日は十分なおもてなしもできずどうもすみません.

yuánliào【原料】名 原料.

yuánmá【原麻】名〈紡〉未加工の麻で織った繊維.

yuánmáo【原毛】名〈紡〉未加工の動物の毛.

yuánmào【原貌】名 もとの様相. 本来の様子.

yuánméi【原煤】名 原炭.

yuánmì【原蜜】名 未加工のハチミツ.

yuánmián【原棉】名〈紡〉原綿.

yuánmù【原木】名 原木.

yuánpèi【原配】名 最初の妻.

yuánqǐ【原起】名 もともと. 最初.

yuánrén【原人】名 猿人. 原人.

yuánrèn【原任】形 前任の. もと勤めていた.

yuánsè【原色】名〈美〉原色.

yuánshěn【原审】名〈法〉第一審.

yuánshēng dàdié【原声大碟】名(オーケストラや俳優が)スタジオで直接録音したCD.

yuánshēngdài【原声带】名 マザーテープ;(市販の)オリジナルテープ.

yuánshēng dòngwù【原生动物】名 原生動物.

yuánshēnglín【原生林】名 原生林. 原始林. ▶"原始林"とも.

yuánshēngzhì【原生质】名〈生〉原形質.

yuánshǐ【原始】形 **1** オリジナルの. 最初の. **2** 原始的な. 未開の.

yuánshǐ gōngshè【原始公社】名 原始共同体. 原始コミューン.

yuánshǐ jīlěi【原始积累】名〈経〉本源的蓄積.

yuánshǐqún【原始群】名 原始的集団.

yuánshǐ shèhuì【原始社会】名 原始社会.

yuánsuǒ dòngwù【原索动物】名 原索動物.

yuántāng【原汤】名(食べ物を煮たあとの)残り汁.

yuántián【原田】名〈方〉高原の田地.

yuánwěi【原委】名 事の次第. いきさつ.

yuánwén【原文】名 **1** 原文. **2**(引用または引証の)原文.

yuánwù【原物】名 原物. オリジナル.

yuánxiān【原先】**1** 形 はじめの. 以前の. **2** 副 最初は. もとは.

yuánxiànquān【原线圈】名〈物〉一次コイル.

yuánxíng【原形】名 原形;〈喩〉〈貶〉正体. ¶～毕露/正体がはっきりばれる.

yuánxíng【原型】名 **1**〈機〉原型. **2**(文学作品の)モデル.

yuánxíngzhì【原形质】名〈生〉原形質.

yuányán【原盐】名 未精製塩. 工業塩.

yuányàng【原样】名(～儿)もとの見本. もとの様子.

yuányě【原野】名 原野. 平原.

yuányì【原意】名 本来の意味. もとの意図.

yuányīn【原因】名 原因.

yuányóu【原由】→yuányóu【缘由】

yuányóu【原油】名 原油.

yuányǒu【原有】形 もとからある.

yuányòu【原宥】動〈書〉許す.

yuán yuán běn běn【原原本本】〈成〉一部始終.

yuánzé【原则】名 原則;大筋.

yuánzhèn【原震】名〈地質〉(余震に対して)本震.

yuánzhí【原职】名 もとの職務.

yuánzhǐ【原址】名(引っ越す)前の場所.

yuánzhǐ【原纸】名(紙に加工される前の)原料紙.

yuánzhǒng【原种】名 原種. オリジナル品種.

yuánzhǔ【原主】名(～儿)もとの所有者.

yuánzhù【原著】名 原著. 原作.

yuánzhuāng【原装】形 **1**(現地組み立てに対して)輸入完成品の. **2**(販売用に)きちんと包装された.

yuánzhuàng【原状】名 原状.

yuánzǐ【原子】名〈物〉原子.

yuánzǐbǐ【原子笔】名〈旧〉ボールペン.

yuánzǐchén【原子尘】名 原子塵.

yuánzǐdàn【原子弹】名〈軍〉原子爆弾.

yuánzǐhé【原子核】名〈物〉原子核.

yuánzǐhé fǎnyìngduī【原子核反应堆】名〈物〉原子炉.

yuánzǐjià【原子价】名〈化〉原子価.

yuánzǐliàng【原子量】名〈化〉原子量.

原 Y

yuánzǐnéng【原子能】名〈物〉原子力.
yuánzǐtuán【原子团】名〈化〉原子団.
yuánzǐ wǔqì【原子武器】名〈軍〉核兵器. ▶“核子武器”とも.
yuánzǐ xùshù【原子序数】名〈化〉原子番号. ▶“原子序”とも.
yuánzǐ zhàdàn【原子炸弹】名〈軍〉原子爆弾.
yuánzǐ zhìliàng dānwèi【原子质量单位】名〈物〉原子質量単位.
yuánzǐzhōng【原子钟】名 原子時計.
yuánzuì【原罪】名〈宗〉(キリスト教の)原罪.
yuánzuò【原作】名 **1** 唱和する詩文の最初の一編. **2** 原作.

圆 yuán ❶形 **1** 真ん丸い. ¶今天中秋节,月亮特别～ / 今日は中秋なので月がとりわけ真ん丸い. **2** 周到である. 如才がない. ¶他做事很～ / 彼の仕事ぶりは実に行き届いている. ❷名〈数〉円. 円周. ❸量(中国の貨幣単位)元. ▶“元”とも.
H ①円状の表面の. ¶→～柱. ②うまく取り繕う. ¶→～场chǎng.
‖姓

yuánbáicài【圆白菜】名〈植〉キャベツ. ▶“元白菜”とも. [棵,个]
yuánbǎi【圆柏】名〈植〉イブキ.
yuáncái【圆材】名〈林〉丸太.
yuán//chǎng【圆场】動 まるく収める. 仲裁する.
yuánchéng【圆成】動(成功するように)助力する.
yuánchún yuányīn【圆唇元音】名〈語〉円唇母音.
yuáncuò【圆锉】名 棒状やかまぼこ型のやすり.
yuándiāo【圆雕】名〈美〉(金属や木などの)立体彫刻.
yuándǐng【圆顶】名 **1**〈建〉丸天井. ドーム. **2**〈天〉天球. 天蓋.
yuán//fáng【圆房】動〈旧〉“童养媳”とその夫が夫婦生活に入る.
yuán//fén【圆坟】動〈旧〉(埋葬してから3日目に)墓の土盛りをする.
yuángāng【圆钢】名〈冶〉丸鋼.
yuángǔgǔ【圆鼓鼓】形(～的)まるまるとふくらんでいる.
yuánguāng【圆光】名 **1** 占い術の一種. ▶なくした物のありかや吉凶禍福を占う. **2**〈宗〉後光.
yuánguī【圆规】名(円などをかく)コンパス.
yuángǔngǔn【圆滚滚】形(～的)ころころと太っている.
yuánhào【圆号】名〈音〉(フレンチ)ホルン.
yuánhūhū【圆乎乎】形(～的)まるまるとしている.
yuánhuá【圆滑】形 八方美人である.
yuánhuáxiàn【圆滑线】名〈音〉スラー.
yuán//huǎng【圆谎】動 うそのつじつまを合わせる.
yuánhún【圆浑】形〈書〉**1**(声が)滑らかで力がある. **2**(詩文が)飾り立てられておらず深い趣がある.
yuánjì【圆寂】名〈仏〉円寂(えんじゃく).
yuánjù【圆锯】名 丸のこ.
yuánkuòhào【圆括号】名 丸かっこ.
yuánliūliū【圆溜溜】形(～的)真ん丸い.
yuánlóng【圆笼】名(料理屋が料理を運ぶ)丸いかご.
yuán lú fāng zhǐ【圆颅方趾】〈成〉人. 人間.
yuánmǎn【圆满】形(不足,手抜かりがなく)円満である,首尾がよい.
yuán//mèng【圆梦】動 **1** 夢判断をする. **2** 夢をかなえる.
yuánpánbà【圆盘耙】名〈農〉(トラクター用農機具の一つ)ディスクハロー.
yuánquān【圆圈】名(～儿)丸. 輪.
yuánquan【圆全】形〈方〉(物事が)円満である.
yuánrùn【圆润】形〈書〉**1** まろやかでつやがある. **2**(書や絵の技法が)熟達している.
yuánshēn【圆鲹】名〈魚〉ムロアジ.
yuánshi【圆实】形 丸くてしっかりしている.
yuánshú【圆熟】形 **1** 円熟している. **2** 融通がきく.
yuántái【圆台】名〈略〉〈数〉円錐台.
yuántōng【圆通】形(考え方ややり方に)柔軟性がある.
yuánwǔqǔ【圆舞曲】名〈音〉ワルツ.
yuánxīn【圆心】名〈数〉円心.
yuánxīnjiǎo【圆心角】名〈数〉中心角.
yuánxíng【圆形】名 円形.
yuánxíng dòngwù【圆形动物】名 線形動物.
yuán záo fāng ruì【圆凿方枘】〈成〉互いにしっくりしない.
yuánzhōu【圆周】名〈数〉円周. 円.
yuánzhōujiǎo【圆周角】名〈数〉円周角.
yuánzhōulǜ【圆周率】名〈数〉円周率.
yuánzhūbǐ【圆珠笔】名 ボールペン.
yuánzhù【圆柱】名 円柱.
yuánzhùtǐ【圆柱体】名〈数〉円柱体.
yuánzhuī【圆锥】名〈数〉円錐.
yuánzhuī huāxù【圆锥花序】名〈植〉円錐花序.
yuánzhuītái【圆锥台】名〈数〉円錐台.
yuánzhuō【圆桌】名 円卓.
yuánzhuō huìyì【圆桌会议】名 円卓会議.
yuánzhuōmiàn【圆桌面】名(～儿)(テーブルの上にのせて円卓にする)まるいテーブルの卓面.
yuánzi【圆子】名 **1** 団子. ▶あんの入ったものが多い. **2**〈方〉肉や魚類の団子.

鼋(黿) yuán 名〈動〉マルスッポン.
yuányú【鼋鱼】名〈口〉〈動〉マルスッポン. ▶“元鱼”とも.

援 yuán H ①(手で)引く,つかむ. ¶攀pān～ / 何かをつかんで登る. ②引用する. ¶→～例. ③助ける. ¶支～ / 支援する.

yuánbǐ【援笔】動〈書〉筆を執る.

yuánbīng【援兵】名 援軍.

yuánjiù【援救】動 救援する.

yuánjūn【援军】名 援軍.

yuánkuǎn【援款】名 援助金.

yuánlì【援例】動 前例を引く.

yuánshǒu【援手】動〈書〉援助の手を差し伸べる.

yuánwài【援外】動(経済や技術などの面での)外国を援助する.

yuányǐn【援引】動 **1** 引用する. 援用する. **2**(自分の関係者を)推薦する,起用する.

yuányòng【援用】動〈書〉**1** 援用する. 引用する. **2** 採用を推薦する.

yuánzhù【援助】動(政治·経済などの面で)援助する,支援する.

潺 yuán →chányuán【潺湲】

媛 yuán →chányuán【婵媛】
異読⇨yuàn

缘 yuán 前〈書〉**1** …のために. ¶～何到此？/ 何のためにここへ来たのだ. **2** …に沿う. …に従う. ¶～溪而行 / 谷川に沿って行く.
H ①わけ. 理由. ¶无～无故 / 何の理由もない. ②縁(え). ゆかり. ¶姻～ / 夫婦の縁. ③縁(ふち). ¶边～ / へり；瀬戸際.

yuánbù【缘簿】名 勧進帳. 奉加帳.

yuánfǎ【缘法】名 縁. ゆかり.

yuánfèn【缘分】名 縁. ゆかり.

yuángù【缘故】名 原因. わけ.

yuánhé【缘何】代〈書〉なにゆえに.

yuán mù qiú yú【缘木求鱼】〈成〉方向や方法をまちがうと目的を達することができない.

yuánqǐ【缘起】名 **1** 事の起こる原因. **2** 発起の趣意書.

yuánshí【缘石】名(道路の)縁石.

yuányóu【缘由】名 わけ. 原因.

塬 yuán 名〈地質〉中国西北地方黄土高原の高台の地相.

猿 yuán H 類人猿.

yuánhóu【猿猴】名 類人猿とサル.

yuánrén【猿人】名 猿人. 原人.

源 yuán H ①水源. ¶发～ / 源を発する. ②出どころ. ¶货～ / 商品の供給源·原産地. ‖姓

yuánchéngxù【源程序】名〈電算〉ソースプログラム.

yuánliú【源流】名 源流；起源と発展.

yuánmǎ【源码】名〈電算〉ソースコード.

yuánquán【源泉】名 源泉. 源.

yuántóu【源头】名 水源；〈喩〉源.

yuánwénjiàn【源文件】名〈電算〉ソースファイル.

yuányuán【源源】形 絶えまなく続くさま.

yuán yuán běn běn【源源本本】→yuán yuán běn běn【原原本本】

yuán yuǎn liú cháng【源远流长】〈成〉歴史や伝統が長い.

嫄 yuán 人名用字.

辕 yuán H ①轅(ながえ). ¶→～子zi. ②役所. ‖姓

yuánluó【辕骡】名 強いラバ.

yuánmǎ【辕马】名 強い馬. ▶車を引くとき主馬になる.

yuánmén【辕门】名〈古〉軍営や役所の表門.

yuánzi【辕子】名 轅(ながえ).

橼 yuán →jǔyuán【枸橼】

螈 yuán →róngyuán【蝾螈】

圜 yuán〖圆yuán〗に同じ.
異読⇨huán

羱 yuán ○

yuányáng【羱羊】名〈動〉アルプスアイベックス.

远(遠) yuǎn ❶形 **1**(空間的·時間的に)隔たりが大きい. ¶离车站很～ / 駅から遠い. **2**(程度の差が)大きい. ¶我～不如她 / 私はとても彼女には及ばない.
❷動 遠ざかる. 遠ざける. ¶大家都～着他 / みな彼を遠ざける.
H(血縁関係が)遠い. ¶→～亲. ‖姓

yuǎnchéng【远程】形 長距離の.

yuǎnchéng jiàoyù【远程教育】名 遠隔教育.

yuǎnchù【远处】名 遠い所. 遠方.

yuǎndà【远大】形(理想や目標などが)遠大である.

yuǎndào【远道】名 遠路；はるばる.

yuǎnde bù shuō【远的不说】〈挿〉近い例で言うと.

yuǎndìdiǎn【远地点】名〈天〉遠地点.

Yuǎndōng【远东】名〈地〉東アジア.

yuǎndù【远渡】動〈書〉果てしない海を越える.

yuǎnfāng【远方】名 遠方.

yuǎnfáng【远房】形 遠縁の.

yuǎngǔ【远古】名 大昔.

yuǎnhǎi【远海】名 遠海. 遠洋.

yuǎnháng【远航】動 はるか遠くまで航海する.

yuǎnjiàn【远见】名 先の見通し.

yuǎnjiāo【远郊】名 遠い郊外.

yuǎn jiāo jìn gōng【远交近攻】〈成〉遠い国と仲よくして近い国を攻撃する策略. ▶現在では,人との付き合いや処世の手段をさすこともある.

yuǎnjìn【远近】名 **1** 遠近. 遠さ. **2** 遠い所と近い所.

yuǎnjǐng【远景】名 **1** 遠景. **2** 前途. 見通し. **3**〈映画〉ロングショット.

yuǎnjùlí cāozòng【远距离操纵】名 遠隔操作.

yuǎnkè【远客】名 遠来の客.
yuǎnlái de héshang huì niàn jīng【远来的和尚会念经】〈諺〉外来の物や人はよく見える.
yuǎnlí【远离】動 **1** 遠く離れる. **2** 遠ざける.
yuǎnlù【远路】名 遠路. 遠い道.
yuǎnlǜ【远虑】名〈書〉遠い将来を見通した考え.
yuǎnlüè【远略】名 深謀遠慮.
yuǎnmén【远门】**1** 名 遠出. **2** 形 遠縁の.
yuǎnmóu【远谋】**1** 動 遠大な計画を立てる. **2** 名 長期的な策略.
yuǎnnián【远年】形 ずっと昔の. 相当古い.
yuǎnqī【远期】形 遠い期限の;〈経〉先物の.
yuǎnqīn【远亲】名 遠縁の親戚.
yuǎnqù【远去】**1** 動 遠く去る. 遠方へ去る. **2** 形〈方〉ずっと.
yuǎnrìdiǎn【远日点】名〈天〉遠日点.
yuǎnshè【远射】名〈体〉(サッカーの)ロングシュート.
yuǎnshèchéngpào【远射程炮】名〈軍〉長距離砲.
yuǎnshè jìngtóu【远摄镜头】名 **1**〈映画〉ロングショット. **2**〈撮影〉望遠レンズ.
yuǎnshí【远识】名 遠見. 卓見.
yuǎnshì【远视】**1** 名〈医〉遠視. **2** 形 長期的な視野をもっている.
yuǎnshuǐ bù jiě jìnkě【远水不解近渴】〈諺〉時間のかかる解決策では急場の役に立たない. ▶"远水解不了近渴"とも.
yuǎnshuǐ jiùbuliǎo jìnhuǒ【远水救不了近火】〈諺〉緩慢な措置や援助では急場に間に合わない.
yuǎntái【远台】名〈体〉(卓球で)ロング.
yuǎntóu【远投】名〈体〉(バスケットボールで)ロングシュート.
yuǎnxiāo【远销】動(製品を)遠隔地に販売する.
yuǎnxíng【远行】動〈書〉遠出する.
yuǎnyáng【远扬】動(名声などが)遠くまで伝わる.
yuǎnyáng【远洋】名 遠洋.
yuǎnyīn【远因】名 遠因.
yuǎnyuán zájiāo【远缘杂交】名〈農〉遠縁の交雑.
yuǎnyuǎn【远远】形(～的)はるかに遠い.
yuǎnyuèdiǎn【远月点】名〈天〉遠月点.
yuǎn zài tiān biān, jìn zài yǎn qián【远在天边,近在眼前】〈成〉探している人・物はすぐ目の前にある.
yuǎnzhēng【远征】動 遠征する.
yuǎnzhī【远支】形 遠縁の.
yuǎnzhì【远志】名 **1** 遠大な志. **2**〈植〉イトヒメハギ;〈中薬〉遠志(おんじ).
yuǎn zǒu gāo fēi【远走高飞】〈成〉**1** 高飛びをする. **2** 親元を遠く離れる.
yuǎnzú【远足】名(歩いて行く)遠足.
yuǎnzǔ【远祖】名 遠い祖先.

苑 **yuàn** H ①鳥獣を飼ったり植物を植えたりする庭. ¶禁～/帝王の御苑. ②(学術や芸術の)中心. ¶艺～/芸術家の集まり. ‖姓

怨 **yuàn** 動 とがめる. 責める. …のせいにする. ¶别～他/彼を責めないでくれ.
H 恨み. ¶抱～/恨みを抱く.
yuànbude【怨不得】**1** 副 道理で…だ. **2** 動+可補 …のせいではない.
yuàndí【怨敌】名 仇敵.
yuàndú【怨毒】名〈書〉恨み.
yuànduì【怨怼】名〈書〉恨み.
yuànfèn【怨愤】**1** 名〈書〉恨みと憤り. **2** 形 憎み怒っている.
yuànfǔ【怨府】名〈書〉怨嗟(えんさ)の的.
yuànhèn【怨恨】**1** 名 憎しみ. 恨み. **2** 動 恨む. 憎む.
yuàn'ǒu【怨偶】名〈書〉仲の悪い夫婦.
yuànqì【怨气】名 恨みや不満の表情〔気持ち〕.
yuàn shēng zài dào【怨声载道】〈成〉民衆の不満が極めて多い.
yuàn tiān yóu rén【怨天尤人】〈成〉自分のことは棚に上げて,一切を他人や周囲の状況のせいにする.
yuàn tiān yuàn dì【怨天怨地】〈成〉思うに任せないのを外部の条件のせいにする.
yuànwàng【怨望】名〈書〉怨恨(えんこん).
yuànyán【怨言】名 恨み言. 不平.
yuànyì【怨艾】名〈書〉怨恨(えんこん).
yuànyóu【怨尤】名〈書〉怨恨(えんこん). 不満.

院 **yuàn** 名(～儿)塀や建物で囲った敷地. 庭. ¶小～儿/塀で囲った小さな居住区域.
H ①機関や公共の建物. ¶医～/病院. ②単科大学. ¶师～/師範学院. ‖姓
yuànběn【院本】名〈文〉(金・元代に)遊郭で演じられた戯曲の脚本;(明・清代では広く)雑劇・伝奇.
yuànhuà【院画】→ **yuàntǐhuà**【院体画】
yuànluò【院落】名〈書〉塀で囲った住宅・敷地.
yuànqiáng【院墙】名 住宅を囲む塀.
yuànshì【院士】名(一部国家の)アカデミー会員.
yuàntǐhuà【院体画】名 中国の宮廷画家の作品. ▶花鳥・山水などを画題とする.
yuànzhǎng【院长】名 **1** 病院の院長. **2**("…学院"という名称の組織の)学院長.
yuànzi【院子】名 塀や垣根で囲った住宅・敷地;中庭.

垸 **yuàn** H〈方〉家や田の周囲に築いた土手. ¶堤～/土手. 堤. ¶～田/土手で囲った田.

yuànzi【垸子】名〈方〉湖南省・湖北省などで家や田の周囲に築いた土手.

掾 **yuàn** 名〈書〉旧時の属官の通称.

媛 **yuàn** H 美女. 異読⇨yuán

瑗 **yuàn** 名〈書〉中央の穴が大きい環状の玉製装身具.

愿（願） **yuàn** 1 動（多く主述文を目的語にとり）願う, 望む. ¶～你健康长寿 / ご健康とご長寿をお祈りいたします. 2 助動 …したいと思う. ¶我不～参加 / 私は参加したくない.
H ①（神仏にかける）願. ¶许～ / 願をかける. ②慎み深い. ¶谨～ / 慎み深く誠意がある.

yuànwàng【愿望】名 願望. 望み.

yuànxīn【愿心】名 1（神仏に）お礼参りをするという誓い. 2 願望. 抱負.

yuànyi【愿意】1 助動 喜んで（自ら進んで）…する. ¶她不～去参加舞会 / 彼女はダンスパーティーに行きたがらない. 2 動 …を望む. 願う. ¶年轻人～热闹, 老年人～安静 / 若者はにぎやかに楽しくやりたいし, 老人は静かにしていたい.

yue（ㄩㄝ）

曰 **yuē** 動〈古〉1 言う. 曰(いわ)く. ¶客～："吾去矣！"/ 客はおいとましようと言った. 2 …と名づける. …と呼ぶ. ¶美其名～… / 仰々しくも名を…とつけた. ‖ 姓

约 **yuē** ❶動 1 事前に取り決める. 約束する. ¶我们～个时间, 一起走 / 時間を決めておいて, 一緒に出かけよう. 2 誘う. 招く. ¶～她看电影 / 彼女を映画に誘う. 3〈数〉約分する. 約する.
❷副 およそ. だいたい. ¶～有三十人 / 約30名.
H ①約束. 契約. ¶立～ / 契約する. ②抑える. 拘束する. ¶制～ / 制約する. ③倹約する. ¶节～ / 節約する. ④簡略である. ¶～言之 / 要約して言うと. 異読⇨yāo

Yuēdàn【约旦】名〈地名〉ヨルダン.

yuēdìng【约定】動 約束する. 前もって取り決める.

yuē dìng sú chéng【约定俗成】〈成〉物事の名称や社会習慣などがしだいに定まって一般化する.

yuēfǎ【约法】名 憲法の代わりをする暫定の根本法.

yuē fǎ sān zhāng【约法三章】〈成〉簡単な取り決めをすること.

yuēfǎng【约访】動 訪問の約束をする. アポを取る.

yuē//fēn【约分】動〈数〉約分する.

yuēhuì【约会】〈口〉1 動 前もって会う約束をする. 2 名（～儿）会う約束. デート. ¶推迟～ / 約束を延期する.

yuējí【约集】動 みんなを集める.

yuējì【约计】動 ざっと見積もる.

yuējiàn【约见】動 会見を前もって約束する. ▶外交上のことについていう場合が多い.

yuējù【约据】名（契約書・受取書などの）証拠書類.

yuēlüè【约略】1 名 あらまし. だいたい. 2 副 ぼんやりと；(なんとなく)…のようだ.

yuēmo【约莫・约摸】副 ざっと(見積もって). およそ.

yuēqī【约期】1 動 期日を取り決める. 2 名 約束の日；約束した期限.

yuēqǐng【约请】動 招く. 案内を出す.

yuēshù【约束】動 束縛する；制限する.

yuēshù【约数】名 1（～儿）概数. 2〈数〉約数.

yuētóng【约同】動〈書〉一緒に行くように誘う.

yuēyán【约言】名 約束の言葉.

哕（噦） **yuě** 1 擬《へどを吐く音》げえ. 2 動（へどを）吐く, もどす. ¶干gān～ / 吐き気を催すだけで吐けない.

月 **yuè** 名 1〈書〉(天体の)月. 2（時間の単位）月；(暦の上の月順を表す)月. ¶两个～ / 2か月. ¶二～ / 2月.
H ①毎月の. ¶→～刊. ②形が月に似たもの. ¶→～饼. ‖ 姓

yuèbái【月白】形 薄いあい色の.

yuè bái fēng qīng【月白风清】〈成〉月がさやかで風がすがすがしい.

yuèbàn【月半】名 月の15日；(広く)月の半ば.

yuèbào【月报】名 1 月刊誌. ▶刊行物の名称に用いることが多い. 2 月例報告. 月報.

yuèbing【月饼】名 中秋節(旧暦8月15日)に食べる月餅(げっぺい).

yuèchángshí【月长石】名〈鉱〉ムーンストーン.

yuèchéng【月城】名〈書〉城門外に半月形に突き出した小城.

yuèchū【月初】名 月の初め.

yuèdǐ【月底】名 月末.

yuèdòngmén【月洞门】→ yuèliangménr【月亮门儿】

yuèdù【月度】名(計算の単位とする)1か月, 1か月分.

yuèfèn【月份】名(～儿)(暦の上の)月. 月順.

yuèfènpái【月份牌】名(～儿)〈口〉1(旧式の)1枚刷りの絵入りカレンダー. 2 カレンダー. 日めくり.

yuègōng【月工】名 月決めの雇い人.

yuègōng【月宫】名(伝説上の)月にある宮殿；〈転〉月世界；〈喩〉月.

yuèguāng【月光】名 月光.

yuèguānghuā【月光花】名〈植〉ヨルガオ.

yuèguāngzú【月光族】名〈俗〉月給を

自分だけのために使いきれる人たち.
yuèguìshù【月桂树】名〈植〉ゲッケイジュ.
yuèhēitiān【月黑天】名 やみ夜. ▶陰暦の月末と月初めの月のない夜.
yuèhuá【月华】名 **1**〈書〉月光. **2**〈天〉月の暈(かさ).
yuèjì【月季】名〈植〉コウシンバラ.
yuèjīng【月经】名〈生理〉月経;月経による出血.
yuèjūn【月均】名 月平均.
yuèkān【月刊】名 月刊.
yuèkǎo【月考】名 月決めテスト.
yuèkēr【月窠儿】名〈方〉生まれて1か月にならないこと.
yuèlǎo【月老】名 媒酌人. 月下氷人.
yuèlì【月历】名(月ごとにめくる)カレンダー.
yuèlì【月利】名 月利.
yuèlì【月例】名 **1** 月々の小遣い銭. **2**〈婉〉月経.
yuèliang【月亮】名(天体の)月.
yuèliangdì【月亮地】名(～儿)〈口〉**1** 月の光が射す所. **2** 月夜(の道).
yuèliangménr【月亮门儿】名〈建〉壁を満月の形にくり抜いた門.
yuèlìng【月令】名(旧暦でいう)ある月の気候と農作物の状態.
yuèlún【月轮】名 まるい月.
yuèmiǎo【月杪】名〈書〉月末.
yuèmò【月末】名 月末.
yuèpiào【月票】名(電車・バス・遊園地などの)月決めの定期券.
yuèqian【月钱】名 月々の小遣い銭. ▶家族や商店に年季奉公する者などに与えるものをいう.
yuèqín【月琴】名 月琴. ▶4弦または3弦の楽器. ばちではじく.
yuèqiú【月球】名〈天〉月.
yuèquánshí【月全食】名〈天〉皆既月食.
yuèrù【月入】名 月収.
yuèsǎo【月嫂】名(女性の)助産師.
yuèsè【月色】名 月光.
yuèshí【月石】名〈中医〉硼砂(ほうしゃ).
yuèshí【月食】名〈天〉月食. ▲"月蚀"とも.
yuèshì【月事】名〈婉〉〈生理〉月経.
yuètái【月台】名 **1**(駅の)プラットホーム. **2** 宮殿の正殿の前に張り出したバルコニー. **3**〈旧〉月見をするための台.
yuètáipiào【月台票】名 駅の入場券.
yuètóur【月头儿】名〈口〉**1** 満1か月のとき. ▶多く月決め支払い日についていう. **2** 月の初め.
yuèwěi【月尾】名 月末.
yuèxī【月息】名 月利.
yuè xià lǎo rén【月下老人】〈成〉月下老人. 媒酌人.
yuèxiàng【月相】名〈天〉月相.
yuèxīn【月薪】名 月給.
yuèyá【月牙】名(～儿)〈口〉三日月;三日月の形. ▲"月芽"とも.
yuèyè【月夜】名 月夜.
yuèyuèhóng【月月红】名〈植〉コウシンバラ.
yuèyùn【月晕】名〈天〉月の暈(かさ).
Yuèzhī【月氏】名〈史〉(漢代の西域の)月氏(げっし)国.
yuèzhōng【月中】名 月半ば.
yuèzhōng【月终】名〈書〉月末.
yuèzi【月子】名 **1** 産後のひと月. **2** 出産予定日.
yuèzibìng【月子病】名 産褥熱(さんじょくねつ).

乐(樂) **yuè** H 音楽. ¶奏～ / 音楽を演奏する. ‖姓
異読⇨lè
yuèchí【乐池】名 オーケストラボックス.
yuèduì【乐队】名 楽隊. 楽団.
yuèfǔ【乐府】名(漢詩体の一)楽府(がふ).
yuègē【乐歌】名 音楽と歌;(音楽の伴奏のある)歌曲.
yuèhù【乐户】名〈古〉(女の罪人の中から徴用した)役所や官吏の屋敷の楽手;(後に転じて)妓楼(ぎろう).
yuèjù【乐句】名〈音〉フレーズ. 楽句.
yuèlǐ【乐理】名〈音〉楽理.
yuèlǜ【乐律】名 音律.
yuèpíngjiā【乐评家】名 音楽評論家.
yuèpǔ【乐谱】名 楽譜. 音譜.
yuèqì【乐器】名 楽器.
yuèqì shùzì jiēkǒu【乐器数字接口】名〈電算〉MIDI. ミディ.
yuèqǔ【乐曲】名 楽曲. 音楽作品.
yuèshī【乐师】名 演奏家. 楽師.
yuètán【乐坛】名 音楽界.
yuètuán【乐团】名 楽団.
yuèwǔ【乐舞】名 音楽と舞踏;音楽に合わせて踊る舞踊.
yuèyīn【乐音】名〈物〉楽音.
yuèzhāng【乐章】名〈音〉楽章.
Yuèzhèng【乐正】姓

刖(跀) **yuè** 名〈古〉(酷刑の一)足を切る刑.

玥 **yuè** 名〈古〉(伝説中の)神秘的な珠(たま).

岳(嶽) **yuè** H ①高い山. ¶东～ / ("五岳"の)泰山. ②妻の父母や妻の叔父・伯父に対する称. ¶→～父. ‖姓
yuèfù【岳父】名 岳父. 妻の父.
yuèjiā【岳家】名 妻の実家.
yuèmǔ【岳母】名 岳母. 妻の母.
yuèzhàng【岳丈】名 岳父. 妻の父.

栎(櫟) **yuè** 地名用字. 異読⇨lì

钥(鑰) **yuè** H かぎ. 重要な要素. ¶北门锁～ / 北方の要地. 異読⇨yào

说 **yuè**〖悦 yuè〗に同じ. ¶不亦～乎 / また楽しからずや.
異読⇨shuì,shuō

阅 **yuè** 動〈書〉**1**(文字を)読む. ¶文件已～ / 書類はすでに読んだ. **2** 経る. 経過する. ¶已～三年 / すでに3年経過した.

H 検閲する. ¶→～兵. ‖ 姓
yuè//bīng【阅兵】動 閲兵する.
yuèdú【阅读】動 読解する. 閲読する. ▶読んで内容を理解すること.
yuè//juàn【阅卷】動〈書〉(試験の)採点をする.
yuèlǎn【阅览】動 閲覧する.
yuèlǎnshì【阅览室】名 図書室;(図書館の中の)閲覧室.
yuèlì【阅历】1 動 体験する. 2 名 経験. 見聞.
yuèshì【阅世】動〈書〉世間を見る.
悦 yuè H ①喜ぶ. 愉快になる. ¶和hé颜～色 / 和やかで愉快そうな顔つき. ②楽しませる. ¶→～耳. ‖ 姓
yuè'ěr【悦耳】形 聞いて楽しい.
yuèfú【悦服】動〈書〉心から敬服する.
yuèmù【悦目】形〈書〉見て楽しい. きれいである.
跃(躍) yuè H 跳ぶ. 跳ねる. ¶飞～ / 飛躍する. ‖ 姓
yuèdòng【跃动】動 跳び跳ねる.
yuèjìn【跃进】動 1 飛び上がって進む. 2 躍進する. 飛躍する.
yuèjū【跃居】動〈書〉一躍…になる.
yuèqiān【跃迁】名〈物〉遷移(せん).
yuèrán【跃然】形〈書〉ありありとしている. 生き生きとしている.
yuèshēng【跃升】動 飛躍的に上昇する.
yuè yuè yù shì【跃跃欲试】〈成〉腕を振るいたくて勇み立つ.
yuèzēng【跃增】動 飛躍的に増加する.
越 yuè 1 副(“越…越…”の形で)…であればあるほどますます…だ. ¶～多～好 / 多ければ多いほどよい. ¶雨～下～大 / 雨がますます強くなった. 2〈史〉越(えつ). ▶周代の国名. H ①(障害物を)越える. ¶→～境. ②(秩序や限度を)越える. ¶→～轨. ③(声や感情が)高ぶる. ¶激～ / 激高する. ④ベトナム. ‖ 姓
yuèdōng【越冬】動 越冬する.
yuèfā【越发】副 1 ますます. いっそう. いよいよ. ¶天气～冷起来了 / いちだんと寒くなってきた. 2 …であればあるほどますます…. ¶越是悲伤,身体就～不好 / 悲しめば悲しむほど,体調が悪くなってきた.
yuèguā【越瓜】名〈植〉シロウリ.
yuè//guǐ【越轨】動 常軌を逸する.
yuè//guò【越过】動+方補(境界・限度を)越える;乗り越える.
yuè//jí【越级】動(通常の手続きを踏まずに)等級・職階を越す.
yuèjiā【越加】副〈書〉ますます. いっそう.
yuèjiè【越界】動 限界を越える. 境界を越える.
yuè//jìng【越境】動(不法に)越境する.
yuèjìng wūrǎn【越境污染】名〈環境〉越境汚染.
yuèjú【越橘】名〈植〉コケモモ.
yuèjù【越剧】名 越劇(えつげき). ▶浙江省の主要な地方劇.
yuè lái yuè…【越来越…】〈型〉ますます…になる. だんだん…になる. ▶程度が時間の推移とともに高まることを表す. ¶雨下得～大 / 雨脚がますます激しくなる.
yuèlǐ【越礼】動 礼儀にはずれる.
Yuènán【越南】名〈地名〉ベトナム.
yuè//quán【越权】動 権限を越える.
yuèwèi【越位】動 1 自分の職権やポストを越える. 2〈体〉(サッカーで)オフサイドする.
yuèyě【越野】動 野山を越えて行く.
yuèyěchē【越野车】名 クロスカントリーカー. ▶“越野汽车”とも.
yuèyě huáxuě【越野滑雪】名〈体〉クロスカントリースキー.
yuèyěsài【越野赛】名〈体〉(自転車などの)クロスカントリー.
yuèyě sàipǎo【越野赛跑】名〈体〉(陸上競技の)クロスカントリーレース.
yuèyóu yuánsù【越铀元素】名〈化〉超ウラン元素.
yuè//yù【越狱】動 脱獄する.
yuè…yuè…【越…越…】〈型〉→〖越 yuè〗1
yuè zǔ dài páo【越俎代庖】〈成〉出しゃばる. 越権行為をする.
粤 yuè H ①広東(カントン)省. ②広東と広西. ¶两～ / 広東と広西.
yuècài【粤菜】名 広東料理.
yuèjù【粤剧】名 粤劇(えつげき). 広東語地区で広く行われる地方劇.
樾 yuè 名〈書〉木陰.
瀹 yuè 動〈書〉1 煮る. ¶～茗 / 茶をせんじる. 2(川を)さらう.

yun(ㄩㄣ)

晕 yūn 動 1 頭がくらくらする. ¶头～ / 頭がくらくらする. 2 失神する. 気絶する. ¶她～过去了 / 彼女は気を失った. 3 ぼうっとなる. わからなくなる. 異読⇒yùn
yūndǎo【晕倒】動 卒倒する.
yūnhu【晕糊・晕忽・晕呼】形〈口〉(頭が)ぼんやりとしてはっきりしない.
yūnjué【晕厥】動〈医〉卒倒する.
yūn tóu yūn nǎo【晕头晕脑】〈成〉頭がぼうっとする;頭がふらふらする.
yūn tóu zhuàn xiàng【晕头转向】〈成〉頭がくらくらして方向を見失う.
氲 yūn →yīnyūn【氤氲】
贇 yūn H 美しい;立派である.
云(雲) yún 1 名 雲. 2 動〈古〉言う. H ①雲のようである. ¶→～集. ②雲南(うんなん). ‖ 姓
yúnbǎn【云板・云版】名〈古〉両端が

雲形の鉄板でできた打楽器.
yúnbào【云豹】名〈動〉ウンピョウ.
yúnbìn【云鬓】名〈書〉ふさふさした美しいびん髪.
yúncai【云彩】名〈口〉雲.［朵,丝,块,片］
yúncéng【云层】名〈気〉群雲(むら).
yúndǐng【云顶】名 雲の頂. 雲の上.
yúndòu【云豆】→yúndòu【芸豆】
yúnduān【云端】名 雲の中.
yúnduǒ【云朵】名 ちぎれ雲.
Yún-Guì【云贵】名〈地名〉雲南・貴州2省を合わせた呼び方.
yúnhǎi【云海】名 雲海.
yúnhàn【云汉】名〈書〉**1** 天の川. **2** 高い空.
yúnjí【云集】動〈書〉雲のように集まる.
yúnjǐn【云锦】名(雲のような模様をもつ)高級な錦の一種.
yún jué bō guǐ【云谲波诡】〈成〉変幻自在で計り知れない.
yúnliàng【云量】名〈気〉雲量.
yúnluó【云锣】名〈音〉雲鑼(うんら). 10個の小さなどらを4列に並べた打楽器.
yúnmì【云幂】名〈気〉雲高.
yúnmǔ【云母】名〈鉱〉雲母.
Yúnnán【云南】名〈地名〉雲南(うんなん)省.
yúnní【云泥】名 雲と泥;〈喩〉差がはなはだしいこと.
yún ní zhī bié【云泥之别】〈成〉雲泥の差.
yúnpiàngāo【云片糕】名 米の粉(しん粉)に砂糖とクルミを混ぜて固めたものを薄片状に切った茶菓子.
yúnqì【云气】名〈書〉流れている薄い雲.
yúnquè【云雀】名〈鳥〉ヒバリ.
yúnsàn【云散】動(一緒にいた人たちが)散り散りになる;(事物が)消え去る.
yúnshān【云杉】名〈植〉トウヒ.
yún shān wù zhào【云山雾罩】〈成〉**1** 雲・霧が立ちこめる. **2**(言うことが)非現実的でとりとめがない.
yúntī【云梯】名 雲梯(うんてい).
yúntiān【云天】名 高い空. 空のかなた.
yúntóu【云头】名 群雲(むら).
yúntóur【云头儿】名 雲状の模様・図案.
yúntú【云图】名〈気〉雲張(うんちょう)図.
yúntǔ【云土】名 雲南産のアヘン.
yúntuǐ【云腿】名 雲南産の中国式ハム.
yúnwù【云雾】名 雲と霧;〈喩〉遮蔽(しゃへい)物.
yúnxiá【云霞】名 美しく色づいた雲.
yúnxiāo【云霄】名 高空. 空.
yún xiāo wù sàn【云消雾散】〈成〉雲散霧消する.
yúnyá【云崖】名 高くそびえ立った山のがけ.
yúnyān【云烟】名 **1** 雲霧と煙. **2** 雲南製のたばこ.
yúnyì【云翳】名 **1** 黒い雲;〈喩〉暗影. **2**〈医〉角膜えい. かすみ目.
yúnyǒng【云涌】動 黒雲が現れる;〈喩〉(人や物事が)たくさん現れる.
yúnyóu【云游】動(多く修行僧や道士が)行脚(あんぎゃ)する.
yúnyǔ【云雨】名(旧小説で)男女の情交.
yúnyún【云云】助 うんぬん. かくかく.
yún zhēng xiá wèi【云蒸霞蔚】〈成〉景色の絢爛(けんらん)たるさま.
yúnzi【云子】名〈口〉雲形模様.

匀

yún ❶形 均等である. ¶搅拌得不太～ / 混ぜかたにむらがある. ❷動 **1** 均等にする. ¶把分量fènliang～一～ / 分量を均等にならしておく. **2** 都合をつける. 融通する. ¶～出点儿工夫 / 時間を都合する.
yúnchèn【匀称】形 均等である. そろっている.
yúndui【匀兑】動〈方〉都合する. 融通する.
yúnhuo【匀和】(～儿)〈方〉**1** 形 一定している. 平均している. **2** 動 均等にする.
yúnjing【匀净】形〈口〉(太さや色合いが)そろっている.
yún//liǎn【匀脸】動(化粧のときに手で)顔の上の紅やおしろいをのばす.
yúnliu【匀溜】形(～儿)〈方〉(太さ・間隔・大きさ・重さ・長さなどが)程よい, 過不足がない.
yúnshi【匀实】形〈方〉平均している. むらがない.
yúnsù yùndòng【匀速运动】名〈物〉等速運動.
yúnting【匀停】形〈方〉(分量が)適当である.
yúnzhěng【匀整】形 均整がとれている. そろっている.

芸(蕓)

yún H ①ヘンルーダ. ②アブラナ科の野菜. ‖姓
yúndòu【芸豆】名〈植〉インゲンマメ.
yúntái【芸薹】名〈植〉アブラナ科の野菜.
yúnxiāng【芸香】名〈植〉ヘンルーダ.
yúnyún【芸芸】形〈書〉数が多い.

员

yún 人名用字. 異読⇨yuán,yùn

沄(澐)

yún 名〈書〉大波.
yúnyún【沄沄】形〈書〉水が流動するさま.

纭

yún O
yúnyún【纭纭】形 雑多なさま.

昀

yún H 日の光.

郧

yún 地名用字. ‖姓

耘

yún H 除草する. ¶～田 / 田の草取りをする.
yúnchú【耘锄】名〈農〉除草用のくわ.

yúntāng【耘耥】動〈農〉(稲の生長過程で)中耕・除草を行う.

涢 yún 地名用字.

筠 yún H ①竹の青い皮. ②竹.
異読⇒jūn

篔 yún O

yúndāng【篔筜】名〈書〉水辺に生える大きな竹.

鋆 yún 名〈書〉金. ゴールド.

允 yǔn 動 許す. 認める. ¶~他回家 / 彼が家に帰るのを許す.
H 公平である. 適当である. ¶公~ / 公平である. ‖ 姓

yǔndàng【允当】形〈書〉穏当である.
yǔnnuò【允诺】動〈書〉承諾する.
yǔnxǔ【允许】動 許す. 承認する.
yǔnzhǔn【允准】動〈書〉許可する. 認可する.

狁 yǔn →Xiǎnyǔn【猃狁】

陨 yǔn H 落ちる. ¶→~落luò.

yǔnluò【陨落】動(隕石など高空に飛行する物体が)落下する.
yǔnmiè【陨灭】動 1 (物が)高空から落下して消えてなくなる. 2 命を落とす.
yǔnshí【陨石】名〈天〉隕石.
yǔntiě【陨铁】名〈天〉隕鉄.
yǔnxīng【陨星】名〈天〉流星が地上に落下したかけら.
yǔnyuè【陨越】動〈書〉失敗する. 職務を怠る.

殒 yǔn H 死亡する. ¶→~灭.

yǔnmiè【殒灭】動 命を落とす.
yǔnmìng【殒命】動〈書〉命を落とす.
yǔnshēn【殒身】動〈書〉命を落とす. 一命を捨てる.

孕 yùn H 身ごもる. ¶有~ / 妊娠する.

yùnchù【孕畜】名 妊娠している家畜.
yùnfù【孕妇】名 妊婦.
yùnfùzhuāng【孕妇装】名 マタニティーウエア.
yùnqī【孕期】名〈医〉妊娠期間.
yùnsuì【孕穗】動〈農〉(稲・麦などが)穂をはらむ.
yùntù【孕吐】名〈医〉つわり.
yùnyù【孕育】動 1 妊娠して子供を産む. 2〈喩〉(既存のものから新しいものを)生み出す.

运(運) yùn 動 運ぶ. 運搬する. ¶~往工地 / 工事現場へ運搬する.
H ①人の巡り合わせ. ¶→~气. ②(事物が)移動する. ¶→~行xíng. ③巡らす. 運用する. ¶→~用. ‖ 姓

yùnbǐ【运笔】動 筆を動かす.
yùnchāochē【运钞车】名 現金輸送車.
yùnchéng【运程】名〈交〉運送距離.
yùnchóu【运筹】動〈書〉策略をめぐらす.
yùn chóu wéi wò【运筹帷幄】〈成〉後方にあって作戦計画を立てる.
yùnchóuxué【运筹学】名 オペレーションズリサーチ. OR.
yùndān【运单】名(輸送中の貨物の)託送伝票.
yùndao【运道】名〈方〉運. 運命.
yùndòng【运动】❶名 1〈物〉〈哲〉運動・運行. 2(政治・文化・生産などの)組織化された大規模な運動. 3〈体〉スポーツ.
❷動 1(事物が)発展変化し運動する. 2 スポーツする. 運動する.
yùndong【运动】動(ある目的を達するために)運動する, コネを頼って工作する.
yùndòngbìng【运动病】名〈体〉スポーツ障害.
yùndòngchǎng【运动场】名 競技場. グラウンド.
yùndòng fùhè【运动负荷】名 運動量.
yùndònghuì【运动会】名 体育祭. 運動会.
yùndòng jiànjiàng【运动健将】名 スポーツチャンピオン.
yùndòngliàng【运动量】名〈生理〉運動量.
yùndòng shénjīng【运动神经】名〈生理〉運動神経.
yùndòngxié【运动鞋】名 スポーツシューズ.
yùndòngxué【运动学】名〈物〉運動学.
yùndòngyuán【运动员】名 1 スポーツ選手. 運動競技出場者. 2〈喩〉政治運動などのアジテーター.
yùndòngzhàn【运动战】名〈軍〉正規軍団の流動的進攻作戦.
yùnfèi【运费】名(貨物の)運賃. 運搬費.
yùnhé【运河】名 運河.
yùnjià【运价】名 運送費. 運賃.
yùnjiǎo【运脚】名〈方〉運賃. 運搬費.
yùn jīn chéng fēng【运斤成风】〈成〉技術が極めて熟練している.
yùnlì【运力】名 輸送能力.
yùnliàng【运量】名 輸送量.
yùnméichuán【运煤船】名 石炭(輸送)船.
yùnnéng【运能】名 輸送能力.
yùn//qì【运气】動 力を体のある部分に導き集中する.
yùnqi【运气】1 名 運. 運命. 2 形 幸運である.
yùnqiú【运球】名〈体〉(球技, 特にバスケットボールで)ドリブル.
yùnshū【运输】動 運送する.
yùnshù【运数】名 運命.
yùnsī【运思】動〈書〉(多く詩文の)構想を練る.

yùnsòng【运送】動 運送する．運ぶ．
yùnsuàn【运算】動〈数〉演算する．
yùnsuànqì【运算器】名〈電算〉演算装置．
yùnxiāo【运销】動（商品を）よそへ運んで売りさばく．
yùnxíng【运行】**1** 動（主に星や列車・船などが）運行する．**2** 名〈電算〉（プログラムの）実行．
yùnyíng【运营】動 **1**（車両や船舶などが）運行・営業する．**2**〈喩〉（機関や工場などが）操業する，組織的に仕事を行う．
yùnyòng【运用】動 運用する．利用する．¶灵活～ / 柔軟に運用する．
yùnzài【运载】動 積載・運送する．
yùnzài huǒjiàn【运载火箭】名 人工衛星などを打ち上げるロケット．推進ロケット．
yùnzhuǎn【运转】動 **1**（一定の軌道上で）運行する，回転する．**2**（機械が）回転する．稼動する．**3**〈喩〉（組織や機関などが）仕事を行う．
yùnzuò【运作】動（団体や機関などが）活動を展開する．

员 **yùn** ‖姓 異読⇨yuán,yún

郓 **yùn** 地名用字．‖姓

恽 **yùn** ‖姓

晕 **yùn** 動 目まいがする．乗り物に酔う．¶一坐车就～ / 乗り物に乗るとすぐに酔ってしまう．
H（太陽や月の）光の輪．暈(かさ)．¶日～ / 日暈(にちうん)．ハロ．
異読⇨yūn
yùn//chǎng【晕场】動（試験場の受験生や出演中の俳優が）緊張のためあがる．
yùn//chē【晕车】動 車酔いをする．
yùn//chí【晕池】動 風呂でのぼせる．
yùn//chuán【晕船】動 船酔いをする．
yùn//gāor【晕高儿】動〈方〉高いところに上がって目がくらむ．
yùn//jī【晕机】動 飛行機に酔う．
yùn//táng【晕堂】動 風呂でのぼせる．
yùn//zhēn【晕针】動〈中医〉（針治療で）針を打たれて目まいや嘔吐感が起きたり，顔色が青くなったりするなどの異状が現れる．

酝（醞）**yùn** H（酒を）かもす．
yùnniàng【酝酿】動 **1** 酒を醸造する．**2**〈喩〉下準備をする．（考えや構想を）温める．**3**〈喩〉はらむ．たくらむ．

愠 **yùn** H 怒る．恨む．¶面有～色 / 顔に怒りが現れている．
yùnnù【愠怒】動〈書〉腹を立てる．

缊 **yùn** 名〈書〉古い真綿を混ぜた綿入れ．¶～袍 / 古い真綿を混ぜた綿入れの長衣．

韫（韞）**yùn** H 含む；隠れる．

韵（韻）**yùn** 名 韻．韻脚．¶押～ / 韻を踏む．
H ①趣．¶风～ / 優美な風情〔姿〕．②快い音色．¶琴～悠扬 / 琴の調べが悠揚としている．‖姓
yùnbái【韵白】名〈劇〉京劇で伝統的な韻を踏んで言うせりふ；（広く）韻を踏んだせりふ．
yùndiào【韵调】名 音調；（話や朗読の）調子．
yùnfù【韵腹】→**yùnmǔ**【韵母】
yùnjiǎo【韵脚】名 韻脚．
yùnlǜ【韵律】名 韻律．
yùnlǜ tǐcāo【韵律体操】名〈体〉新体操．
yùnmǔ【韵母】名〈語〉韻母．▶漢字音で声母を除いたほかの部分．
yùnmù【韵目】名〈語〉韻目(いんもく)．
yùnshì【韵事】名〈書〉風流な事柄；色事．
yùnshū【韵书】名 韻書．
yùntóu【韵头】→**yùnmǔ**【韵母】
yùnwěi【韵尾】→**yùnmǔ**【韵母】
yùnwèi【韵味】名〈書〉（音の）深みのある味わい．情趣．
yùnwén【韵文】名 韻文．
yùnyǔ【韵语】名 韻文．
yùnzhì【韵致】名〈書〉趣．味わい．

蕴 **yùn** H 含む．蔵する．¶→～涵hán．‖姓
yùncáng【蕴藏】動 埋蔵する．…を潜ませる．
yùnhán【蕴涵】**1** 動〈書〉含む．含意する．▶"蕴含"とも．**2** 名〈論〉前後二つの命題に含まれている条件関係．
yùnjiè【蕴藉】形〈書〉（言葉・文字・表情に）含みがある，含蓄がある．
yùnxù【蕴蓄】動〈書〉内在する．蓄積する．

熨 **yùn** 動 アイロンやこてをかける．¶～平 / アイロンをかけてしわを伸ばす．プレスする．異読⇨yù
yùndǒu【熨斗】名 アイロン．（旧式の）火のし．

Z

za（ㄗㄚ）

扎（紮）**zā** **1** 動 縛る．束ねる．¶～小辫儿 / おさげを編む．**2** 量 束．¶一～线 / 糸一束．
異読⇨zhā,zhá
Zāyī'ěr【扎伊尔】名〈地名〉ザイール．

匝（帀）**zā** 量〈書〉周．回り．¶紧紧地绑了两～ / しっかりとふた回り縛った．
H 満ちる．取り巻く．¶→～地．
zādào【匝道】名（高速道路の）インターチェンジ，ランプ．
zādì【匝地】動〈書〉あたり一面を覆う．
zāyuè【匝月】動〈書〉ひと月になる．

咂 zā 動 1 吸う．すする．¶～一口酒 / 酒を一口すする．2 味わう．3（称賛・驚きなどを表し）舌を鳴らす．¶～舌 / 同上．

zāmo【咂摸】動〈方〉吟味する．

zār【咂儿】名〈口〉乳首．おっぱい．

zā//zuǐ【咂嘴】動（～儿）（称賛・驚き・困惑などを表し）舌を鳴らす．

拶 zā H 強いる．迫る．異読⇨zǎn

臜 zā →āza【腌臜】

杂（雜） zá 1 形 種々入り交じっている．¶今天事儿太～了 / きょうはいろんな用件が立て込んでいる．2 動 混じる．混ざる．

zábacòur【杂八凑儿】〈慣〉寄せ集め．

zábànr【杂拌儿】名 砂糖漬け果物のミックス；〈喩〉寄せ集め．

zácǎo【杂草】名 雑草．

zácè【杂厕】動〈書〉混じり合う．

záchǔ【杂处】動 雑居する．

zácòu【杂凑】動 寄せ集める．

zácuò【杂错】動〈書〉入り交じる．

záféi【杂肥】名〈農〉主要肥料以外の肥料．雑肥(ざ)．

záfèi【杂费】名 1 雑費．2（学校が学生から徴収する）諸費用．

zágǎn【杂感】名 雑感(を記した文章)．

záhuán【杂环】名〈化〉複素環．

záhuì【杂烩】名 ごった煮．五目煮；〈喩〉〈貶〉寄せ集め．

záhuór【杂活儿】名 こまごまとした力仕事．

záhuò【杂货】名 雑貨．

záhuocài【杂和菜】名 料理の残りを寄せ集めたおかず．

záhuomiànr【杂和面儿】名 少量の豆類を混ぜてひいたトウモロコシ粉．

zájì【杂记】名 雑記．

zájì【杂技】名 軽業曲芸．¶～团 / 曲芸団．サーカス．

zájiā【杂家】名 1 雑家(ざっか)．▶古代中国の学派の一．2 雑学の大家．

zájiāo【杂交】動〈生〉交雑する．

zájū【杂居】動（異なる民族が）雑居する．

zájù【杂剧】名 雑劇．

záliáng【杂粮】名 雑穀．

záluàn【杂乱】形 乱雑である．

zá luàn wú zhāng【杂乱无章】〈成〉乱雑で筋道が通っていない．

zámiàn【杂面】名（～儿）小豆や緑豆などの粉，またそれで作っためん．

zániàn【杂念】名 雑念；利己的な考え．

zápái【杂牌】名（～儿）無名ブランド．

zápǐn【杂品】名 日用雑貨．

zá qī zá bā【杂七杂八】〈成〉ごちゃごちゃしている．

zárán【杂然】形〈書〉雑然としている．

záróu【杂糅】動 異なった事物が混じり合っている．

zásǎn【杂散】形〈物〉〈無電〉空電の．漂遊の．

zásè【杂色】名 雑多な色．

záshí【杂食】名 雑食．

záshǐ【杂史】名 事件の顚末や見聞を記した史書．

záshì【杂事】名（本来の仕事以外の）雑用．

záshū【杂书】名 自分の専門と直接には関係のない書籍．

záshuǎ【杂耍】名（～儿）寄席演芸．

záshuì【杂税】名 種々雑多な税．

záshuō【杂说】名 1 諸説．2〈書〉断片的な論説．3〈書〉定説以外の学説．

zásui【杂碎】名〈食材〉牛や羊の内臓．

zátà【杂沓】形 混雑して騒々しい．▲"杂遝"とも．

záwén【杂文】名 雑文．エッセー．

záwù【杂务】名 雑務．

záxiàng【杂项】名 はっきり分類できない雑の部類．

záxué【杂学】名 雑学．

záyàngr【杂样儿】名 寄せ集め．

záyì【杂役】名 雑役夫．

záyīn【杂音】名 雑音．

záyòng【杂用】1 名 雑費．2 形 いろいろな用途の．

záyuànr【杂院儿】名 数家族が住んでいる"院子"．

zázhì【杂志】名［本］1 雑誌．2 雑記．ノート．

zázhì【杂质】名 不純物．

zázhǒng【杂种】名 1〈生〉雑種．2〈罵〉畜生．

zázhù【杂著】名 さまざまな文章を寄せ集めた著作物．

咱（噜・偺） zá ○ 異読⇨zán,zan

zájiā【咱家】代〈近〉それがし．おれ．

砸 zá 動 1（重い物で物を）打つ，突く；（重い物が他の物の上に）落ちる，ぶつかる．¶～核桃 / クルミをたたき割る．2 たたき壊す．砕ける．¶杯子～了 / コップが割れてしまった．3〈方〉やり損なう．しくじる．¶办～了 / し損なった．

zá fànwǎn【砸饭碗】〈慣〉失業する．

zá//guō【砸锅】動〈方〉しくじる．

zá guō mài tiě【砸锅卖铁】〈成〉すべての財産を投げ出す．

zá//hāng【砸夯】動 地突きをする．

zá//làn【砸烂】動+結補 めちゃくちゃに打ち壊す．たたきつぶす．

zá páizi【砸牌子】〈慣〉のれんに傷をつける．

咋 zǎ 疑〈方〉どのように．どうして．なぜ．¶情况～样？/ 様子はどうですか．異読⇨zé,zhā

zai（ㄗㄞ）

灾（災） zāi 名 1 災害．¶洪水泛滥成～ / 洪水があふれて災害をもたらす．2 災い．個人的な不幸．

zāibiàn【灾变】名 天変地異．

zāibìng【灾病】名〈口〉病気や災害．

zāihài【灾害】名 災害.
zāihuàn【灾患】名 災害.
zāihuāng【灾荒】名 災害と凶作.
zāihuò【灾祸】名 災禍. 災い.
zāimín【灾民】名 被災者.
zāinàn【灾难】名 災難.
zāiqíng【灾情】名 災害状況.
zāiqū【灾区】名 被災地区.
zāixīng【灾星】名 災厄の星；悪運.
zāiyāng【灾殃】名 災難.
zāiyì【灾异】名 天災地変.

甾 zāi 名〈化〉ステリン. ステロール. ¶~族化合物 / ステロイド.

哉 zāi 助〈古〉1《慨嘆または称賛を表す》…かな. …わい. 2《疑問詞と併用して疑問または反語を作る》…や. …か.

栽 zāi 動 1 植える. 移植する. ¶~树 / 木を植える. 2(穴に)差す,立てる. ¶~电线杆 / 電信柱を立てる. 3(罪などを)負わす,押しつける. ¶~罪名 / 罪を着せる. 4 倒れる. ひっくり返る. ¶~了一跤 / すてんと転んだ. 5〈方〉メンツを失う. 失敗する.
H 移植するための苗. ¶桃~ / 桃の苗木.

zāi gēntou【栽跟头】〈慣〉つまずく；しくじる.
zāipéi【栽培】動 1 栽培する. 2 育成する. 3(官界で人を)引き立てる.
zāipéi zhíwù【栽培植物】名 栽培植物.
zāiróng【栽绒】名〈紡〉(ビロードなど)絹と毛糸を使用したパイル織物.
zāi//zāng【栽赃】動 盗品〔禁制品〕をこっそり他人の所に入れて罪を着せる.
zāizhí【栽植】動 植えつける.
zāizhòng【栽种】動 植える.
zāizi【栽子】名 移植用の苗.

仔 zǎi〖崽zǎi〗に同じ.
H 青年. ¶打工~ / 出稼ぎの若い男性. 異読⇨zī,zǐ

载 zǎi〈書〉1 名 年. ¶一年半~ / 半年から1年の期間. 2 動 書籍・刊行物に記載〔掲載〕する. ¶此文~于… / この文章は…に掲載されている. 異読⇨zài

宰 zǎi 動 1(家畜・家禽(かきん)を)殺す. ¶~鸡 / 鶏をつぶす. 2 法外な値段を取る. ¶挨ái~ / ぼられる.
H ①つかさどる. ¶主~ / 主宰する. ②古代の官名. ¶太~ / 宰相.
‖姓

zǎifǔ【宰辅】名 宰相.
zǎigē【宰割】動〈喩〉(土地や国を)侵略する.
zǎikè【宰客】動(タクシーや飲食店などで)ぼる.
zǎi//rén【宰人】動 高い値段を吹っかける. ぼる.
zǎishā【宰杀】動 家畜を殺す.
Zǎishēngjié【宰牲节】名〈宗〉《イスラム教の祭日》犠牲祭.
zǎixiàng【宰相】名 宰相.
zǎizhì【宰制】動〈書〉統轄支配する.

崽 zǎi 名 1〈方〉子供. ¶女~ / 女の子. 2(~儿)動物の子. ¶猪~ / 子豚.

zǎir【崽儿】名 家畜・家禽(かきん)の子.
zǎizi【崽子】名〈罵〉動物の子.

再 zài ❶ 副 1 再び. もう一度. これ以上. ¶~看一遍 / もう一度読む. ¶~睡一会儿吧 / もう少し寝てなさい. ¶你~说,我就真生气了 / それ以上言ったら,私は本気で怒るよ. 2(…になって)それから. (…して)それから. ¶明天~去吧,今天先休息一下 / 行くのは明日にしましょう,きょうはまず休んでください. ¶这个问题等你回来~研究 / このことについては君が帰ってきてから考えよう. 3(形容詞の前に用い)さらに,もっと. ¶能不能~便宜一点儿? / もう少し安くしてもらえませんか. ¶路~险,我们也要去 / 道がさらに険しくても,われわれは進まなければならない. 4(否定詞の前に用い)二度と…(しない). ¶这地方我~也不想来了 / こんなところに二度と来たくない. ¶我不能~喝了 / もう(これ以上)飲めません. 5 もう一つは. もう一度. ほかに. ¶会说日语的有小刘、小李、老王,~就是我 / 日本語が話せる人は劉君,李君,王さん,それから私です.
❷ 動〈書〉繰り返す. 再度現れる. ¶青春不~ / 青春は二度とめぐってこない. ‖姓

zàibǎn【再版】動 再版する.
zàibǎoxiǎn【再保险】名〈経〉再保険.
zàibu【再不】接続 でなかったら.
zàiburán【再不然】→zàibu【再不】
zàichūkǒu【再出口】動〈経〉再輸出する.
zàicì【再次】副 再度.
zàidù【再度】副 再度.
zàifàn【再犯】1 名 再犯(者). 2 動 再び罪を犯す.
zàihuì【再会】〈套〉さようなら.
zàihūn【再婚】動 再婚する.
zàijiā【再加】接続 その上.
zàijià【再嫁】動(女性が)再婚する.
zàijiàn【再见】〈套〉さようなら.
zàijiào【再醮】動〈旧〉(寡婦が)再婚する.
zàijiàoyù【再教育】動 再教育する.
zài jiē zài lì【再接再厉】〈成〉努力を重ねる. ▲"再接再砺"とも.
zàijìnkǒu【再进口】動〈経〉再〔逆〕輸入する.
zàijiùyè【再就业】動 再就職する.
zàiqǐ【再起】動 1 再起する. 2 再発する.
zàisān【再三】副 何度も. 再三. ¶~再四 / 再三再四.
zàishěn【再审】動〈法〉再審(査)する.
zàishēng【再生】動 1 生き返る. 2 再生する.
zàishēngchǎn【再生产】動〈経〉再生

産する.

zàishēngdào【再生稻】名〈農〉稲のひこばえ.

zài shēng fù mǔ【再生父母】〈成〉命の恩人.

zàishēngshuǐ【再生水】名 再生水.

zàishēngzhǐ【再生纸】名 再生紙.

zàishì【再世】**1** 名 来世. **2** 動〈書〉生まれ変わる.

zài shuāi sān jié【再衰三竭】〈成〉精根尽き果てる.

zàishuō【再说】**1** 動 …してからにする. ¶这件事改天～吧！/ この件は日を改めることにしよう.
2 接続 その上.

zàitiēxiàn【再贴现】動〈経〉(手形を)再割引する.

zàixiàn【再现】動 再現する.

zàizào【再造】動〈書〉(大きな恩恵に対する感謝を示すときに用い)新しい生命を与える.

zàizé【再则】接続〈書〉さらに.

zàizhě【再者】**1** 接続(“一者”(一つには)と呼応させ)それに. **2** 名(手紙文で)追って.

zài zuò féng fù【再作冯妇】〈成〉かつての職業や職務を再度やる.

在

zài ❶ 動 **1**(「人·物＋“在”＋場所」の形で所在を表し)ある,いる. ¶中日词典～桌子上 / 中日辞典は机の上にある. ¶他不～家 / 彼は家にいない〔留守です〕. **2**(まだ残って)存在している. 生存する. ¶那个房子现在还～ / あの家は今でも残っている. ¶家父早已不～了 / 父はだいぶ前に亡くなりました. **3**(意義·責任·原因などが)…によって決まる. ¶要取得好成绩主要～自己努力 / よい成績をとるかどうかは,おもに自分の努力にかかっている.
❷ 前(場所·時間·範囲·条件·状況などを導き)…で,…に,…の下で. ¶这种服装～北方很流行 / この手の服は北の方ではやっている. ¶～大家的帮助下… / みんなの援助によって…. ¶出生～一九八九年 / 1989年に生まれた.
❸ 副(動作·行為の進行を表し)…している. ¶你～做什么呢？/ 何をしているんですか.

zài'àn【在案】動(書類に)記録されている.

zàibāng【在帮】動〈旧〉(“青帮、洪帮”など秘密結社の)メンバーである.

zàibiān【在编】動(組織の正式な)人員編制に組み込まれている.

zàibiān rényuán【在编人员】名 常勤〔正規〕の職員〔スタッフ〕.

zàicè【在册】動 名簿に記載されている.

zàichǎng【在场】動 その場にいる. 居合わせる.

zàicháo【在朝】動 朝廷に仕えている.

zàidú【在读】動 在学している.

zàigǎng【在岗】動 在勤〔勤務〕している.

zàiháng【在行】形 精通している. 玄人である.

zàihu【在乎】動 気にかける. 問題にする. ¶你说什么他都满不～ / 君が何を言ったって彼は平気だよ.

zàijí【在即】動 …が間近である.

zàijiā【在家】動 **1** 家や職場にいる. **2**〈宗〉在家である.

zàijiārén【在家人】名〈宗〉在家の人.

zàijiàn【在建】動 建設中である.

zàijiào【在教】動 ある宗教(多くイスラム教を指す)を信仰する.

zài jié nán táo【在劫难逃】〈成〉運命で定まっている災難は避けることができない.

zàilǐ【在理】形 道理にかなっている.

Zàilǐhuì【在理会】名〈史〉清代につくられた反清秘密結社.

zài//nèi【在内】動 …を含めて.

zàipìn【在聘】動 任期中である.

zàipǔ【在谱】動(～儿)(話が)現実に即している.

zàiqí【在旗】動〈旧〉(清代で)旗人に属する.

zàirèn【在任】動 在任中である.

zàishì【在世】動 存命する.

zàishì【在室】動〈書〉女性がまだ結婚しないで,または離婚して実家にいる.

zài shǒu【在手】動 手中にある.

zàishù【在数】動 運命が定まっている.

zài shù nán táo【在数难逃】〈成〉運命で定められていて逃げられない.

zài suǒ bù cí【在所不辞】〈成〉決して辞さない.

zài suǒ bù jì【在所不计】〈成〉考慮に入れない.

zài suǒ bù xī【在所不惜】〈成〉決して惜しまない.

zài suǒ nán miǎn【在所难免】〈成〉免れ難い.

zàitáng【在堂】動〈書〉(父や母が)存命である.

zàitáo【在逃】動(犯人が)逃亡中である.

zài tiān zhī líng【在天之灵】〈成〉死者の霊に対する敬称.

zài//wài【在外】動 **1** 他郷にいる. **2** …は除く.

zàiwàng【在望】動 **1** 視界に入る. **2**(よいことが)目の前にある.

zàiwèi【在位】動 **1**(君主が)在位する. **2**(指導的な)官位や職位にある.

zàiwò【在握】動 掌中にある.

zàixià【在下】名〈近〉〈謙〉拙者. 私め.

zàixiān【在先】**1** 名 以前. 当初. **2** 副 前もって.

zàixiàn【在线】動〈電算〉オンライン状態である.

zàixiào biǎoxiàn【在校表现】名 学校での操行評価.

zài//xīn【在心】動 気にとめる.

zàiyā【在押】動〈法〉(犯罪人を)拘禁中である.

zàiyě【在野】動 民間にいる.

zàiyědǎng【在野党】名〈政〉野党.
zàiyè【在业】動 職に就いている.
zài//yì【在意】動(多く否定の形で)意に介する.
zàiyú【在于】動 **1**(原因·目的·本質などが)…にある,…のためである. **2**(成否などが)…しだいだ.
zàizài【在在】名〈書〉至る所.
zàizhí【在职】動 在職している.
zàizhìpǐn【在制品】名 未完成品.
zàizuò【在座】動 同席している.

载 zài 動(車両·船などに)積み込む〔込んで運ぶ〕. ¶船上能~五吨货物 / 船には荷を5トン積載できる.
H ①満ちる. ¶怨声~道 / 恨みの声がちまたにあふれる. ②…しつつ…する. ¶→~歌~舞. ‖姓
異読⇨zǎi
zàibō【载波】名〈無〉搬送波.
zàidào【载道】動 世間に満ち満ちている.
zài gē zài wǔ【载歌载舞】〈成〉歌い踊り,存分に楽しむ.
zàihè【载荷】名〈電〉負荷. 荷重.
zàiliúzǐ【载流子】名〈無〉キャリヤー.
zàipín【载频】名〈無〉搬送周波数.
zàirén hángtiān【载人航天】名 有人宇宙飛行.
zàitǐ【载体】名〈化〉担体. キャリヤー;伝達手段.
zài yù ér guī【载誉而归】〈成〉大きな成果をあげて凱旋(がいせん)する.
zàiyuán【载员】名 搭乗定員.
zàiyùn【载运】動 運送する.
zàizhòng【载重】動(船舶·航空機·車両などが)積載する.
zàizhòng qìchē【载重汽车】名 トラック.

zan (ㄗㄢ)

糌 zān ❶
zānba【糌粑】名 ハダカムギを炒って粉にしたもの. ツァンパ. ▶チベット族の主食.

簪 zān 動(髪に)さす,かざす. ¶~花 / 髪に花をさす.
H かんざし. 笄(こうがい).
zānr【簪儿】→zānzi【簪子】
zānzi【簪子】名 かんざし. 笄.

咱(喒) zán 代 **1**〈口〉われわれ. 私たち. ¶~北方人爱吃面 / 私たち北方人はめん類が好きだ. **2**〈方〉おれ. わが輩. 私. ¶~不想去那地方 / おれはあんなところには行きたくない. 異読⇨zá,zan
zánmen【咱们】代 **1**(話し言葉で話し手と聞き手の双方を含んで)われわれ. 私たち. **2**(多く子供に対し親しみを込めて)あなたたち. あなた.

拶(桚) zǎn ❶ 異読⇨zā
zǎnzhǐ【拶指】名〈旧〉"拶子"を使って拷問にかける酷刑.
zǎnzi【拶子】名〈旧〉指のまたに挟んで締めつける刑具.

昝 zǎn ‖姓

攒(儹) zǎn 動 ためる. 蓄える. ¶把零用钱~起来 / 小遣いをためる. 異読⇨cuán

趱 zǎn 動 **1**〈近〉急ぐ. 急いで歩く. **2** 促す. せきたてる.

暂 zàn 副〈書〉しばらく. ひとまず. ¶工作~告一段落 / 仕事がひとまず一段落する.
H 時間が短い. ¶短~ / 慌ただしい.
zàndìng【暂定】動 一時的に決める.
zànhuǎn【暂缓】動 しばらく見合わせる.
zànjìzhàng【暂记账】名 仮勘定.
zànqiě【暂且】副 しばらく;ひとまず.
zànquē【暂缺】動 **1** 一時欠員のままにする. **2** 一時品切れになる.
zànshí【暂时】名 暫時. 一時.
zàntíng【暂停】動 一時停止〔休止〕する;〈体〉タイムをとる.
zànxīng【暂星】→xīnxīng【新星】
zànxíng【暂行】動(法令や規則などを)暫時施行する.

錾 zàn 動(金石に)彫刻する. ¶把字~在石头上 / 石に字を彫り込む.
H 石工用のたがね.
zàndāo【錾刀】名(金銀彫刻用の)小刀.
zànzi【錾子】名 石工用のたがね.

赞(賛·讚) zàn 名〈旧時の文体の一種〉賛(さん).
H ①賛助する. 協力する. ¶→~助. ②ほめる. たたえる. ¶→~不绝口.
Zànbǐyà【赞比亚】名〈地名〉ザンビア.
zàn bù jué kǒu【赞不绝口】〈成〉しきりにほめそやす.
zànchéng【赞成】動 **1** 賛成する. **2**〈書〉助力して成功させる.
zàngē【赞歌】名 賛歌.
zànlǐ【赞礼】動〈旧〉冠婚葬祭の式場で式次第を読み上げて進行させる.
zànměi【赞美】動 賛美する. ほめたたえる.
zànměishī【赞美诗】名〈宗〉賛美歌.
zànpèi【赞佩】動〈書〉感心し敬服する.
zànshǎng【赞赏】動 ほめる. 賞賛する.
zànsòng【赞颂】動 称賛する. 称揚する.
zàntàn【赞叹】動 賛嘆する.
zàntóng【赞同】動 賛同する.
zànxǔ【赞许】動 称賛する. よいと認める.
zànyáng【赞扬】動 ほめたたえる. 称揚する.
zànyǔ【赞语】名 賛辞.
zànyù【赞誉】動 称賛する.
zànzhù【赞助】動 賛助する.
zànzhùshāng【赞助商】名 スポンサー. 広告主.

瓒 zàn 名〈古〉祭祀に用いた玉(ぎょく)のひしゃく.

咱(喒·偺) zan H 時. ▶"这咱"(このとき),"那咱"(あのとき),"多咱"(いつ)などのように用いる. "早晚zǎowǎn"の2字の音が詰まったもの. 異読⇨zá,zán

zang (ㄗㄤ)

赃(贜) zāng H 盗品;賄賂. ¶贪～/収賄する.
zāngguān【赃官】名 汚職官吏. 不正役人.
zāngkuǎn【赃款】名 汚職で得た金銭.
zāngwù【赃物】名 不法な手段で手に入れた財物.
zāngzhèng【赃证】名 盗品と証拠〔証人〕.

脏(髒) zāng 形 汚れている. 汚い. ¶衣服～了/服が汚れた. 異読⇨zàng
zāngbìng【脏病】名 性病.
zānghuà【脏话】名 下品な〔汚い〕言葉.
zāng luàn chà【脏乱差】汚く乱雑で見劣りのする.
zāngjìng【脏净】名 汚いこととされいなこと.
zāngshuǐ【脏水】名 汚水.
zāngtǔ【脏土】名 ごみ. 砂ぼこり.
zāngzhèng【脏症】名 性病.
zāngzì【脏字】名(～儿)下品な〔汚い〕言葉.

牂 zāng 1 名〈書〉雌の羊. 2 地名用字. ¶～牁/古代の郡名.
zāngzāng【牂牂】形〈書〉(草木が)生い茂っているさま.

臧 zāng 形〈書〉よい. よろしい. ¶人谋不～/計画の立て方が当を得ていない. ‖ 姓
zāngpǐ【臧否】動〈書〉品定めをする.

驵 zǎng H 駿馬(しゅんめ). 良馬.
zǎngkuài【驵侩】名〈書〉博労(ばくろう);(広く)仲買人.

脏(臟) zàng H 内臓. ¶→～器. 異読⇨zāng
zàngfǔ【脏腑】名〈中医〉臓腑.
zàngqì【脏器】名〈医〉臓器.
zàngxiàng【脏象】名〈中医〉臓象.
zàngzàozhèng【脏躁症】名〈医〉ヒステリー.

奘 zàng 形〈方〉荒々しい. 無骨である.
H 壮大である. ▶多く人名に用いる. ¶玄～法师/玄奘(げんじょう)法師.
異読⇨zhuǎng

葬 zàng 動 埋葬する. ¶～在山上/山に埋葬する.
H(風俗·習慣に従い)死者を葬る. ¶火～/火葬する.
zànglǐ【葬礼】名 葬式.
zàngmái【葬埋】動 埋葬する.
zàngshēn【葬身】動(比喩的に)死体を埋葬する.
zàngsòng【葬送】動 台なしにする. 葬り去る.
zàngyí【葬仪】名 葬儀. 葬式.

藏 zàng 名〈略〉チベット(族).
H ①蔵. 倉庫. ¶宝～/宝庫. ②(仏教や道教の)経典の総称. ¶道～/道教の経書の集大成.
異読⇨cáng
zànghónghuā【藏红花】名〈植〉チベット産のサフラン;〈中薬〉蔵紅花(ぞうこうか).
zànglán【藏蓝】形 赤みがかった藍色の.
Zànglì【藏历】名 チベット暦.
zàngqīng【藏青】形 黒ずんだ藍色の.
zàngqīngguǒ【藏青果】名〈植〉カリロク.
Zàngwén【藏文】名 チベット文字.
zàngxì【藏戏】名 チベット劇.
zàngxiāng【藏香】名 チベット線香.
zàngyī【藏医】名 チベット医学(の治療をする医師).
Zàngyǔ【藏语】名 チベット語.
Zàngzú【藏族】名(中国の少数民族)チベット(Zang)族.

zao (ㄗㄠ)

遭 zāo ❶動(よくないことに)出あう, 見舞われる. ¶～水灾/水害に見舞われる.
❷量(～儿)1 回. 度. ¶一～生, 两～熟/(初めは慣れないが,二度目からは慣れるように)人は付き合えば親しくなるものだ. 2 周. 周り. ¶跑了一～儿/1周走った.
zāobào【遭报】動 悪の報いを受ける. ばちが当たる.
zāodào【遭到】動 出あう. …の目にあう. ¶～拒绝/断られる.
zāoféng【遭逢】動 出あう. 遭遇する.
zāojì【遭际】〈書〉1 名 境遇. めぐり合わせ. 2 動(よくないことに)出あう.
zāo//jié【遭劫】動 災難に見舞われる.
zāo//nán【遭难】動〈方〉困難に出あう. 困る.
zāo//nàn【遭难】動 災難にあう. 遭難する.
zāoshòu【遭受】動(不幸または損害を)被る. ¶～灾难/災難に見舞われる.
zāo//wēn【遭瘟】動 疫病にかかる.
zāo//yāng【遭殃】動 災禍を被る. 災いが降りかかる.
zāoyù【遭遇】1 動(不幸やよくないことに)出くわす, ぶつかる. 2 名 不遇. 不運. ひどい目.
zāoyùzhàn【遭遇战】名〈軍〉遭遇戦.
zāo//zāi【遭灾】動 災難にあう.
zāo//zuì【遭罪】動 ひどい目にあう. 苦しめられる.

糟 zāo ❶形 1 朽ちている. 丈夫でない. ¶他病后身体很～/彼は病気をしてから体が丈夫でない. 2(物

事が)なっていない, めちゃくちゃである. ¶目前的情况很～ / 目下の状況はとてもまずい.
2動 酒・酒かすで漬ける.
H 酒かす.

zāodàn【糟蛋】名 **1** アヒル〔鶏〕の卵の酒かす漬け. **2**〈罵〉ろくでなし.

zāogǎi【糟改】動〈方〉皮肉る. けなす.

zāogāo【糟糕】形〈口〉(事柄や状況が)ひどく悪い. めちゃくちゃである;しまった.

zāohài【糟害】動〈方〉損害を与える. めちゃめちゃにする.

zāoháng【糟行】名 酒造工場. 醸造場.

zāojian【糟践】動〈方〉**1** 粗末にする. だめにする. **2** そしる. けなす.

zāo kāng zhī qī【糟糠之妻】〈成〉糟糠(そうこう)の妻. 苦労を共にしてきた妻.

zāolǎotóuzi【糟老头子】名〈貶〉(男性の)老いぼれ.

zāo le【糟了】しまった.

zāopò【糟粕】名 かす. 糟粕(そうはく).

zāoqiánr【糟钱儿】名〈口〉目腐れ金.

zāota【糟蹋・糟踏】動 **1** 粗末にする. だめにする. **2** 侮辱する. 踏みにじる. **3**(女性を)犯す, 暴行する.

zāoxīn【糟心】形〈方〉気をもむ. いらいらする.

zāoyóu【糟油】名〈料理〉(調味料の一種)もち米を発酵させて酒にし, チョウジ・カンゾウ・シイタケ・ウイキョウ・塩などを加え, 1年ほど寝かせたもの.

凿(鑿) **záo** 動 うがつ. 穴をあける. ¶～一个窟窿 / 穴を一つあける.
H ①のみ. ②確かである. 明らかである. ¶确～ / 確実である. ③ほぞ穴. ¶方枘ruì圆～ / 四角いほぞと丸いほぞ穴;互いにしっくりしない.

záo//jǐng【凿井】動 井戸を掘る;坑道を掘る.

záokōng【凿空】動〈書〉無理にこじつける.

záomì【凿密】名〈機〉かしめ. コーキング.

záoruì【凿枘】名 食い違い.

záo sǐlǐr【凿死理儿】〈慣〉強情を張る.

záoyánjī【凿岩机】名〈機〉鑿岩(さくがん)機.

záozáo【凿凿】形〈書〉確かである. 確実である.

záozi【凿子】名 のみ.

早 **zǎo** 形 **1**(時間的に)早い, 早く;とっくに. ¶还～呢,不用着急 / まだ早いから焦らなくていい. ¶这事儿她～知道了 / このことは彼女はとっくに知っていた. **2**(ある時点より)早い〔早く〕, さらに早い〔早く〕. ¶这里的冬季比上海～半个月 / こちらの冬は上海よりも半月早い. ¶你怎么不～说? / なぜもっと早く言ってくれなかったんだね. **3**〈套〉《朝のあいさつに用いる》おはよう. ¶同学们～! / (教室で)みなさん, おはよう.
H 朝. ¶从～到晚 / 朝から晩まで.
‖姓

zǎo'ān【早安】〈套〉おはようございます.

zǎobān【早班】名(交替勤務の)早番.

zǎobànshǎngr【早半晌儿】名〈口〉午前中.

zǎobàntiānr【早半天儿】名〈口〉午前中.

zǎobào【早报】名 朝刊.

zǎocān【早餐】名 朝食.

zǎocāo【早操】名 朝の体操.

zǎochá【早茶】名(主に南方で)朝にとるヤムチャ.

zǎochǎn【早产】動〈医〉早産する.

zǎochǎng【早场】名(芝居・映画などの)午前中の興行. 昼興行.

zǎochē【早车】名 朝の汽車〔バス, 電車〕.

zǎochen【早晨】名 朝. ▶夜明けから8, 9時までの時間.

zǎochūn【早春】名 早春. 春の初め.

zǎodào【早稻】名〈農〉早稲(わせ).

zǎodiǎn【早点】名 **1** 朝の軽い食事. **2** 朝食.

zǎofàn【早饭】名 朝食.

zǎogù【早故】動 **1** 若死にする. 夭折(ようせつ)する. **2** とっくに死んでいる.

zǎohuā【早花】名〈農〉花が早く咲くこと.

zǎohuì【早慧】形(子供の知能が)早熟である.

zǎohuì jiàoyù【早慧教育】名 英才教育. 早期教育.

zǎohūn【早婚】動 早婚する.

zǎojiào【早觉】名 **1** 朝寝. **2** 早寝.

zǎojiù【早就】副 とっくに. ¶我～知道了 / おれはとっくに知っているよ.

zǎoliàn【早恋】動 中高生が恋愛する.

zǎonián【早年】名 **1** ずっと前. 以前. **2** 若いころ.

zǎoqī【早期】名 早期. 初期.

zǎoqi【早起】名〈方〉朝.

zǎoqián【早前】名〈方〉以前. 前.

zǎoqiū【早秋】名 初秋. 秋の初め.

zǎorì【早日】**1** 副〈書〉一日も早く. **2** 名 以前. 昔.

zǎoshang【早上】名 朝.

zǎoshì【早市】名 **1** 朝市. **2** 早朝の営業.

zǎoshú【早熟】形 人の身体や知能, 農作物が早熟である.

zǎoshuāi【早衰】動 **1** 早くに老化する. **2**〈農〉早枯れする.

zǎoshuāng【早霜】名 早霜(はやじも).

zǎosuì【早岁】→zǎonián【早年】

zǎotuì【早退】動 早退する.

zǎowǎn【早晚】**1** 名 **1** 朝晩. **2**〈口〉時. 時分;そのうち. いつか. **2**副 遅かれ早かれ.

zǎoxiá【早霞】名 朝焼け.

zǎoxiān【早先】名 以前.

zǎoxiè【早泄】名〈医〉早漏.

zǎoyāo【早夭】動 若死にする．夭折(ようせつ)する．
zǎoyǐ【早已】1 副 早くからすでに．2 名〈方〉以前．
zǎoyù【早育】動 若年で出産し育児をする．
zǎozāor【早早儿】形 早いさま；早く．早いうちに．
zǎozào【早造】名 収穫時期が比較的早い農作物．

枣（棗） **zǎo** 名 1〈植〉ナツメ(の木)．¶海～/ナツメヤシ．2(～儿)ナツメの実．‖姓
zǎogāo【枣糕】名 干したナツメの実を入れた蒸しパン．
zǎohóng【枣红】形 エビ茶色の．ナツメ色の．
zǎohú【枣核】名(～儿)ナツメの種．
zǎoní【枣泥】名(～儿)ナツメのこしあん．
zǎor【枣儿】名 ナツメ(の実)．
zǎoyē【枣椰】名〈植〉ナツメヤシ．
zǎozi【枣子】名 ナツメ(の実)．

蚤 **zǎo** H ①ノミ．¶蛇～/〈口〉ノミ．②〖早zǎo〗に同じ．

澡 **zǎo** H(体を)洗う．¶洗～/入浴する．
zǎofáng【澡房】名 浴室．風呂場．
zǎopén【澡盆】名 湯船．バスタブ．
zǎopiào【澡票】名 銭湯の入湯券．
zǎotáng【澡堂】名(～子)銭湯．風呂屋．
zǎotáng【澡塘】名 浴槽．

藻 **zǎo** H ①藻類(そうるい)．¶水～/川藻(も)．②詩歌・文章の美しい言葉．¶→～饰shì．‖姓
zǎohuā【藻花】名 藻類の異常繁殖．
zǎojǐng【藻井】名〈建〉(彫刻や絵画などで装飾された)美しい天井．
zǎolèi zhíwù【藻类植物】名〈植〉藻類植物．
zǎoméi【藻煤】名〈鉱〉泥炭．
zǎoshì【藻饰】動〈書〉(文章を)美辞麗句で飾る．

皂（阜） **zào** H ①黒い．¶→～白．②石けん．¶肥～/石けん．③しもべ．¶→～隶．
zàobái【皂白】名 白黒．是非．善悪．
zàocǎodài【皂草甙】名〈化〉サポニン．
zàohuà【皂化】動〈化〉鹸化(けんか)する．
zàojiá【皂荚】名〈植〉トウサイカチ．
zàojiǎodài【皂角甙】名〈化〉サポニン．
zàolì【皂隶】名〈書〉〈旧〉下級役人．
zàosù【皂素】名〈化〉サポニン．
zàoxǐ【皂洗】名〈紡〉ソーピング．

灶（竈） **zào** 名 1 かまど．［座］2 台所．食堂．
zàofáng【灶房】名〈口〉台所．
zàohuo【灶火】名〈方〉1 台所．2 かまど．
zàojù【灶具】名 厨房具．
Zàojūn【灶君】名 かまどの神．
zàomǎ【灶马】名(～儿)1〈虫〉カマドウマ．オカマコオロギ．2(台所の壁に張る)"灶神"夫妻の肖像画．
zàomén【灶门】名(～儿)かまどのたき口．
zàopījiān【灶披间】名〈方〉台所．
Zàoshén【灶神】名(台所に祭る)かまどの神．
zàotái【灶台】名 かまど縁．
zàotáng【灶膛】名 かまどの火をたく部分．
zàotou【灶头】名〈方〉かまど．
Zàowángyé【灶王爷】名 かまどの神．
zàowū【灶屋】名〈方〉台所．

唣（唕） **zào** →luózào【啰唣】

造 **zào** 動 1 製造する．製作する．作成する．建設・造営する．¶～房子/家を建てる．¶～预算/予算を組む．2 でっち上げる．¶～谣言/デマを飛ばす．
H ①(訴訟の)当事者．¶两～/(原告と被告の)双方．②農作物の収穫(回数)．¶早～/前作．③行く．出向く．¶→～府．④成果．¶深～/深く究める．‖姓
zàobìchǎng【造币厂】名 造幣廠(しょう)．
zàocè【造册】動(名簿・統計書類・明細書などを)1冊にとじる．
zàochéng【造成】動 引き起こす．¶～困难/困難をきたす．
zào//chuán【造船】動 造船する．
zàocì【造次】形〈書〉1 あわただしい．2 軽率である．
zào//duān【造端】動〈書〉端を開く．糸口をつける．
zào//fǎn【造反】動 1 造反する．たてつく．2(子供が)やんちゃをする．
zào//fàn【造饭】動〈近〉飯を炊く．
zàofǎng【造访】動〈書〉訪問する．
zào//fú【造福】動 幸福をもたらす．
zàofǔ【造府】動〈書〉〈敬〉お宅へ参上する．
zàohuà【造化】名〈書〉自然界の創造者；自然．
zàohua【造化】名 果報．幸せ．
zàojiǎ【造假】動 偽造品を製造する．
zàojià【造价】名(建築物・船舶などの)建造費．
zàojiù【造就】1 名 学識．造詣．2 動 育成する．養成する．
zào//jù【造句】動 文を作る．
zàojù【造具】動 作成する．製作する．
zàokuài【造块】名〈冶〉集塊(作用)．塊になること．
zào//lín【造林】動 造林する．
zàolù yùndòng【造陆运动】名〈地質〉造陸運動．
zào//niè【造孽】1 動〈仏〉ばち当たりなことをする．2 形〈方〉かわいそうである．
zàoshāndài【造山带】名〈地質〉造山帯．
zàoshān yùndòng【造山运动】名〈地質〉造山運動．
zàoshì【造市】動〈経〉市場のムードを盛り上げる．
zàoshì【造势】動 勢いづける．盛り上

げる.
zàowù【造物】名 天地万物を創造した神力. 造化.
zàowùzhǔ【造物主】名〈宗〉造物主.
zàoxiàng【造像】名〈美〉塑像. 彫像.
zàoxíng【造型】❶動 **1** 造型する. **2**〈冶〉砂(鋳)型を作る. ❷名 つくり出された物の形.
zàoxíng yìshù【造型艺术】名 造型美術.
zàoxuè【造血】動 造血する;〈喩〉(組織の)潜在能力を掘り起こす.
zào//yáo【造谣】動 デマを飛ばす.
zàoyì【造诣】名 造詣.
zàoyǐng【造影】動〈医〉(X線で)造影検査をする.
zàozhā【造渣】動〈冶〉スラグを生じさせる. 鉱滓を出す.
zào//zhǐ【造纸】動 紙をつくる.
zàozuò【造作】動 製造する.
zàozuo【造作】形(身ぶりや表情などが)わざとらしい.

慥 zào ⭘
zàozào【慥慥】形〈書〉温厚篤実なさま.

噪(譟) zào H ①虫や鳥が鳴く. ¶蝉～ / セミが鳴く. ②(大勢の人が)騒ぐ. ¶名～一时 / 一時期名声を博する.
zàojuān【噪鹃】名〈鳥〉オニカッコウ.
zàoméi【噪鹛】名〈鳥〉ガビチョウ.
zàoshēng【噪声】名 騒音. 耳ざわりな音.
zàoshēng wūrǎn【噪声污染】名〈環境〉騒音公害.
zàoyīn【噪音】名 **1** 噪音(そうおん);雑音. **2** 騒音.
zàozá【噪杂】形 騒がしい.

簉 zào 形〈書〉副次的な. 付属的な.
zàoshì【簉室】名〈書〉妾(めかけ).

燥 zào 形 乾いている. 乾燥している. ¶空气太～ / 空気がとても乾いている.

躁 zào 形 せっかちである. 焦る. ¶性子有些～ / 少し気が短い.
zàodòng【躁动】動 焦って動き回る. せわしく動く.
zàojí【躁急】→jízào【急躁】
zàojìn【躁进】動〈書〉軽率に行動する;功名を焦る.
zàokuáng【躁狂】名〈医〉躁病.

ze(ㄗㄜ)

则 zé ❶量(多く書面語で)項目に分けられた短い文章を数える. ¶一～最新消息 / 最新ニュース1件.
❷接続〈書〉**1**《前後関係を表す》(…する)と…. ¶日出即起,日没～息 / 夜が明けるとすぐに起き,日が暮れるとすぐに寝る. **2**《条件・結果の関係を表す》…すれば. ¶无粮～乱 / 食糧がなければ天下は乱れる. **3**《対比・逆接を表す》…(の方)は. **4**《譲歩を表す》…には…だが. ¶贵～贵一些,但质量很好 / 少し高いには高いが,質はとてもよい.
❸助〈書〉《原因や理由の列挙を表す》¶一～力乏,再～脚痛… / 一つには力が出ないし,二つには足が痛いので….
❹動〈古〉…にならう,学ぶ. ¶～先人之训 / 先人の教えにならう.
❺副〈古〉…だ. ¶心之官～思 / 心の役目は考えることだ.
H ①規範. 模範. ¶以身作～ / 身をもって模範を示す. ②規則. 規程. ¶章～ / 規則. 規定. ‖姓
zédāo【则刀】名(～儿)(漢字の部首)りっとう"刂".
zéshèn【则甚】疑〈近〉何をするのか.
zéshēng【则声】動〈近〉声を出す.

责 zé H ①責任. ¶→～任. ②(実現・達成を)要求する. ¶→～令. ③詰問する. 難詰する. ¶→～怪. ④責める. 罰する. ¶→～罚.
zébèi【责备】動 責める. 非難する.
zébiān【责编】名〈略〉編集責任者.
zéchéng【责成】動(責任をもって遂行するよう)命じる.
zédǎ【责打】動 折檻(せっかん)する.
zéfá【责罚】動 処罰する.
zéguài【责怪】動 とがめる.
zélìng【责令】動 責任をもって任務を遂行するよう命じる.
zémà【责骂】動 怒鳴りつける.
zénàn【责难】動〈書〉非難する. 詰問する.
zérèn【责任】名 **1**(果たすべき)責任, 責務. **2**(務めを果たせず,負うべき)責任. 責め. ¶负～ / 責任を負う.
zérèn biānjí【责任编辑】名(出版社などの)編集責任者.
zérèngǎn【责任感】名 責任感.
zérèn shìgù【责任事故】名 業務上の怠慢・過失による事故.
zérènzhì【责任制】名 責任制(度).
zéwèn【责问】動 詰問する. なじる.
zé wú páng dài【责无旁贷】〈成〉責任逃れは許されない. 責任が他に転嫁できない.
zé yǒu yōu guī【责有攸归】〈成〉責任はとるべき人がとらねばならない.

择(擇) zé H 選ぶ. 選択する. よる. ‖姓 異読⇨zhái
zéfá【择伐】名〈林〉選択伐採.
zéjí【择吉】動〈旧〉吉日を選ぶ.
zéjiāo【择交】動〈書〉友を選ぶ.
zélín【择邻】動〈書〉よい隣家を選ぶ〔選んで住む〕.
zé//máor【择毛儿】動 あら捜しをする.
zé'ǒu【择偶】動〈書〉配偶者を選ぶ.
zépèi【择配】動〈書〉配偶者を選ぶ.
zéqī【择期】動 期日を決める.
zé shàn ér cóng【择善而从】〈成〉良いものを選び,それに従う.
zéxiào【择校】動(学生が)学校を選ぶ.

zéyè【择业】動 職業を選択する.

zéyōu【择优】動 すぐれたものを選ぶ.

咋 zé 動〈書〉かみつく. くわえる.
異読⇨zǎ,zhā

zéshé【咋舌】動〈書〉びっくりする. 驚きのあまり口がきけない.

迮 zé H 狭い. 小さい. ‖ 姓

泽（澤） zé H ①沢. 浅く水のたまった湿地. ¶→～国. ②湿っている. 潤いがある. ¶润～/潤いがある. ③(金属や珠玉の)つや. ¶光～/光沢. ④恵み. ¶恩～/恩恵. ‖ 姓

zéguó【泽国】名〈書〉1 河川・湖沼の多い地方. 2 冠水した土地.

zéxiè【泽泻】名〈植〉サジオモダカ；〈中薬〉沢瀉(たくしゃ).

啧 zé H ①大声で言い争う. ②舌を鳴らす音の形容.

zé yǒu fán yán【啧有烦言】〈成〉多くの人が口々に不平をこぼす.

zézé【啧啧】形 1 (賞賛や羨望,不平不満を表す場合に)舌を鳴らしたり言い立てたりするさま. 2〈書〉鳥が鳴いている様子.

帻 zé 名〈古〉頭巾の一種.

笮 zé ‖ 姓
異読⇨zuó

舴 zé ○

zéměng【舴艋】名〈書〉小舟.

箦 zé H 寝ござ.

赜 zé H 奥深い. ¶探～索隐/奥深いものを探り,隠れたものを探し求める.

仄 zè 名〈語〉仄(そく). 仄韻. ¶→～声.
H ①狭い. ¶逼～/せせこましい. ②後ろめたい. ¶歉～/すまなく思う.

zèshēng【仄声】名〈語〉仄声(そくせい). ▶古四声で,上・去・入の各声調をさす.

昃 zè H 日が西に傾く.

侧 zè 名〈語〉仄(そく). 仄韻.
異読⇨cè,zhāi

zei（ㄗㄟ）

贼 zéi 1 名 盗人. ¶闹～/どろぼうに入られる. 2 形 ずる賢い. ¶这个小东西真～/このがきは実にずるい. 3 副〈方〉(不快な感じを表し)やけに,いやに. ¶～亮/いやにぴかぴか光る.
H ①反逆者. ¶卖国～/売国奴. ②たちが悪い. ¶→～心. ③傷つける. 害する. ¶戕qiāng～/害を加える. 損なう.

zéichuán【贼船】名 海賊船；〈喩〉悪人の集まり.

zéifēng【贼风】名 すきま風.

zéigūgū【贼咕咕】形(～的) きょろきょろしている；こそこそしている；こせこせしている.

zéigǔtou【贼骨头】名〈方〉どろぼう. 盗人.

zéi hǎn zhuō zéi【贼喊捉贼】〈成〉自分への追及を逃れるために,わざと人の耳目をそらそうとする.

zéikòu【贼寇】名 強盗；侵入してきた敵.

zéiliūliū【贼溜溜】形(～的)(目が)きょろきょろするさま. こそこそするさま.

zéi méi shǔ yǎn【贼眉鼠眼】〈成〉きょろきょろするさま. こそこそするさま.

zéirén【贼人】名 盗人；悪者.

zéisǐ【贼死】形〈方〉甚だしい. 我慢ならない.

zéi tóu zéi nǎo【贼头贼脑】〈成〉振る舞いがこそこそしているさま.

zéiwō【贼窝】名 盗賊の巣窟〔根城〕.

zéixīn【贼心】名 よこしまな心. 悪だくみ.

zéixīng【贼星】名〈方〉流星.

zéiyǎn【贼眼】名 悪だくみをしているような目つき.

zéizāng【贼赃】名 贓品(ぞうひん). 盗品.

zéizǐ【贼子】名〈書〉(国を危うくし,民を殺す)悪人.

zéi zǒu guān mén【贼走关门】〈成〉後の祭り.

鲗 zéi →wūzéi【乌贼・乌鲗】

zen（ㄗㄣ）

怎 zěn 疑〈口〉(＝怎么)なぜ. どうして. ¶你～没早来呀？/どうして早く来てくれなかったのさ.

zěndi【怎的・怎地】疑〈方〉どうして. どうする.

zěn gǎn【怎敢】〈型〉…するものですか.

zěn hǎo【怎好】〈型〉とても…はできない.

zěnme【怎么】疑 1 (方法について)どう. どのように. ¶这种机器～开？/この機械はどう動かすんですか. 2 (原因・理由についていぶかりながら)なぜ. どうして. ¶你～来晚了？/どうして遅くなったんだ.

zěnme bàn【怎么办】どうしよう.

zěnme déliǎo【怎么得了】ああどうしよう. たいへんだ.

zěnme hǎo【怎么好】→zěn hǎo【怎好】

zěnmeyàng【怎么样】疑 1 (性質について)どんな. どういう. 2 (方法について)どう. どのように. 3 (状況について)どうですか. ¶你最近～？/最近どうですか？

zěnmezhe【怎么着】疑 1 (状況について)どうする. どうなる. 2 どんなに…しても.

zěnnài【怎奈】接続 いかんせん．なにしろ．
zěn néng【怎能】〈型〉どうして…(することが)できよう．
zěnshēng【怎生】→zěnyàng【怎样】
zěnyàng【怎样】疑 1 (性質について)**どんな**．どのような． 2 (方法について)**どう**．**どのように**． 3 (状況について)**どうですか**．

谮 zèn H 中傷する．¶～言／中傷．

zeng (ㄗㄥ)

曾 zēng H (自分との間に) 2 世代おいた親族関係．¶→～孙．‖ 姓
異読⇒céng
zēngsūn【曾孙】名 曾孫．
zēngsūnnǚ【曾孙女】名 (女の)曾孫．
zēngzǔ【曾祖】名 曾祖父．
zēngzǔfù【曾祖父】名 曾祖父．
zēngzǔmǔ【曾祖母】名 曾祖母．

增 zēng 動 増加する．増える．¶～了一级工资／給料が 1 等級分増えた．‖ 姓
zēngbáijì【增白剂】名 蛍光漂白剤．
zēngbǔ【增补】動 補充する．増補する．
zēng//chǎn【增产】動 **増産する**．
zēng chǎn jié yuē【增产节约】〈成〉生産を増やし節約を励行する．
zēngdà【增大】動 **増大する**．大きくなる．
zēngdìng【增订】動 改訂増補する．
zēngduō【增多】動 増える．増やす．
zēngfú【增幅】名 増加の幅．
zēnggāo【增高】動 高まる．高める．
zēnggǔ chóuzī【增股筹资】名〈経〉新株発行による増資・資金調達．
zēng//guāng【增光】動 栄光を増す．
zēng//huī【增辉】動 輝きを増す．
zēngjiā【增加】動 **増える**．**増やす**．¶比去年～了一倍／昨年の倍になった．
zēngjiǎn【增减】動 増減する．
zēngjìn【增进】動 **増進する**．
zēngkān【增刊】名 増刊．
zēngliàng【增量】名〈数〉増分．
zēngpì【增辟】動 増設する．
zēngqiáng【增强】動 **増強する**．
zēngróng【增容】動 容量を増やす．
zēngsè【增色】動 輝きを増す．
zēngshān【增删】動 (文章を追加・削除して)修正する．
zēngshè【增设】動 増設する．
zēngshēng【增生】動 増殖する．
zēngshōu【增收】動 収入が増える．収入を増やす．
zēngsù【增速】動 加速する．
zēngsùjì【增塑剂】名〈化〉可塑剤．
zēngsǔn【增损】動 (文字を)増減する．
zēngtiān【增添】動 **増やす**．**加える**．¶～麻烦／面倒をかける．
zēngxiàojì【增效剂】名〈化〉相乗剤．協力剤．
zēngxuǎn【增选】動 定員数を増やして選出する．
zēngyì【增益】1 動 増加する．増やす． 2 名〈電〉増幅；(増幅器の)利得．
zēngyīnjī【增音机】名〈電〉中継器．リピーター．
zēngyíng【增盈】動 利益を増やす．
zēngyuán【增援】動 (多く軍事について)増援する．
zēngzhǎng【增长】動 **増大する〔させる〕**．¶～知识／知識を豊かにする．¶经济～率／経済成長率．
zēngzhí【增值】動〈経〉価値が上昇する．値上がりする．
zēngzhí【增殖】動 増殖する．繁殖する．繁殖させる．
zēngzhíshuì【增值税】名〈経〉付加価値税．
zēngzhíxiàn【增殖腺】名〈生〉扁桃腺．
zēngzī【增资】動〈経〉 1 増資する． 2 給料を増やす．

憎 zēng H 憎む．憎み嫌う．¶→～称chēng．
zēngchēng【憎称】名 憎しみを表す呼び名．
zēnghèn【憎恨】動 ひどく憎む．憎み恨む．
zēngwù【憎恶】動 憎悪する．

缯 zēng 名〈古〉絹織物(の総称)．
異読⇒zèng

罾 zēng 名 四つ手網．

综 zèng 名 織機の縦糸を上下させて杼(ひ)が通るようにする装置．綜絖(そうこう)．異読⇒zōng

锃 zèng H 〈方〉ぴかぴか光るさま．
zèngguāng【锃光】形〈方〉ぴかぴか光っている．▶"锃光瓦亮"とも．
zèngliàng【锃亮】形 反射して光っている．

缯 zèng 動〈方〉(ひもで)くくる．
異読⇒zēng

赠 zèng 動〈書〉贈る．差し上げる．¶互～礼品／互いに贈り物を贈答する．
zèngbié【赠别】動 餞別(せんべつ)を贈る．(別れに際して詩などを贈り)はなむけとする．
zèngdá【赠答】動〈書〉(贈り物・詩文などを)互いに贈り合う．
zènglǐ【赠礼】名 贈り物．
zèngpǐn【赠品】名 贈答品．
zèngsòng【赠送】動 贈呈する．寄贈する．
zèngyán【赠言】名 別れに際しての激励の言葉．
zèngyǔ【赠与·赠予】動 贈与する．
zèngyuè【赠阅】動 (編集者や出版社が)本を贈呈する．

甑 zèng 名 1 (～儿)せいろう． 2 蒸留器．レトルト． 3 古代の食物を蒸す土器．
zèngzi【甑子】名 (米などを蒸す)せい

ろう.

zha（ㄓㄚ）

扎（紮·紥） **zhā** ❶動 1 刺す. 突き刺す. ¶手上～了一根刺 / 手にとげが刺さった. 2〈方〉潜り込む. 入り込む. ¶整天～到屋子里 / 終日部屋にこもる. 3（点字を）打つ. ¶把盲文～在硬纸板上 / 板紙に点字を打ち込む. 4 駐屯する.
❷量 ジョッキに入った生ビール：杯. ¶两～生啤 / 生ビール2杯.
異読⇨zā,zhá

zhā//cì【扎刺】動 とげが刺さる.

zhā//duī【扎堆】動（～儿）（人が）1か所に集まる.

zhā ěrduo【扎耳朵】〈慣〉耳障りである.

zhā//gēn【扎根】動 1（植物が）根を下ろす. 2〈喩〉人々や事物の中に深く根を下ろす.

zhā//gōng【扎工】動〈旧〉労働力の貸し借りをする.

zhā//huā【扎花】動（～儿）〈方〉刺繍する.

zhā kōngqiāng【扎空枪】〈慣〉まったく効果のないことをする；はったりをきかせる.

zhā měngzi【扎猛子】〈慣〉〈方〉（水中に）飛び込む.

zhāpí【扎啤】名（ジョッキ入りの）生ビール.

zhāqiāng【扎枪】名 長槍.

zhāsha【扎煞】→zhāsha【挓挲】

zhāshi【扎实】形 1 丈夫である. 健康である. 2（仕事が）着実である. 確かである. ¶他干活儿挺～ / 彼は仕事が実に確かだ.

zhā//shǒu【扎手】動 1 手を刺す. 2〈喩〉手を焼く.

zhā wōzi【扎窝子】〈慣〉家に閉じこもる.

zhā//xīn【扎心】動 胸が痛む.

zhāyǎn【扎眼】形〈方〉1 けばけばしい. 2〈貶〉目障りである.

zhā//yíng【扎营】動（軍隊が）野営する.

zhā//zhēn【扎针】動〈中医〉鍼を打つ.

吒 **zhā** 神話中の人名用字. "哪吒、金吒、木吒"など. ⇨〖咤zhà〗

咋 **zhā** ❍ 異読⇨zǎ,zé

zhāhu【咋呼·咋唬】動〈方〉1 大きな声で叫ぶ. 怒鳴る. 2 ひけらかす.

挓 **zhā** ❍

zhāsha【挓挲】動〈方〉両手を広げる.

查（査） **zhā** ‖ 姓 異読⇨chá

奓 **zhā** 地名用字. 異読⇨zhà

哳 **zhā** →zhāozhā【嘲哳】

揸（摣） **zhā** 動〈方〉1（指で物を）つまむ. 2 指を伸ばす. ¶～开五指 / 5本の指を広げる.

喳 **zhā** 1 →zhāzhā【喳喳】 2 感〈旧〉《召使いが主人に応える言葉》はい. 異読⇨chā

zhāzhā【喳喳】擬《小鳥の鳴き声》ちっちっ. ⇨chāchā

渣 **zhā** 名（～儿）1 かす. ¶豆腐～儿 / おから. 2 くず. ¶面包～儿 / パンくず. ‖ 姓

zhār【渣儿】名〈口〉かす. くず.

zhāyóu【渣油】名（原油精製後の）残油.

zhāzǐ【渣滓】名 かす. おり；〈喩〉（人間の）くず. ¶社会～ / 社会のくず.

zhāzi【渣子】名〈口〉かす. くず.

楂（樝） **zhā** →shānzhā【山楂】 異読⇨chá

劄 **zhā** 〖扎zhā〗❶ 1, 4 に同じ. 異読⇨zhá

齇（皻） **zhā** 名〈医〉鼻先にできるにきび状の赤い丘疹. 酒皻(さ)；赤鼻.

扎 **zhá** ❍ ‖ 姓 異読⇨zā,zhā

zházheng【扎挣】動〈方〉どうにかこらえる.

札 **zhá** 名 1 木簡. 2（～儿）〈旧〉下級官庁あての公文の一種. **H** 手紙. 書簡. ¶书～ / 書簡.

zhájì【札记】名 読書メモ.

轧 **zhá** 動〈冶〉（鋼塊を）圧延する. ¶→～钢. 異読⇨gá,yà

zhá//gāng【轧钢】動（鋼塊を）圧延する.

zhágāngjī【轧钢机】名〈冶〉圧延機.

zhágǔn【轧辊】名〈冶〉圧延ローラー.

zhájī【轧机】名〈冶〉圧延機.

闸（牐） **zhá** ❶名 1 水門. ¶开～放水 / 水門を開いて放水する. 2〈口〉ブレーキ. ¶捏～ / （自転車の）ブレーキをかける. 3〈口〉大型スイッチ. ¶拉～ / スイッチを切る. ❷動（水を）せき止める. ¶～住了洪水 / 洪水をせき止めた.

zháhé【闸盒】名（～儿）〈電〉（箱型の）開閉器. ブレーカー.

zhákǒu【闸口】名（水門の）水の流出口.

zháliúguǎn【闸流管】名〈電子〉サイラトロン.

zhámén【闸门】名 水門の開閉扉.

zháwǎ【闸瓦】名〈機〉ブレーキシュー. 制動片.

zháxiè【闸蟹】名《江南地方の湖でとれるカニの総称》上海ガニ.

炸 **zhá** 動 1（調理法の一）油で揚げる. ¶～麻花 / マーホアを揚げる. 2〈方〉（野菜などを）熱湯に通す. 異読⇨zhà

zhájiàng【炸酱】名〈料理〉味噌を油でいためたもの.

zháshǔtiáo【炸薯条】名〈料理〉フライドポテト.

zhátǔdòupiàn【炸土豆片】名〈料理〉ポテトチップ.
zháwánzi【炸丸子】名〈料理〉肉だんごのから揚げ.

铡 **zhá** 動 押し切りで切る. ¶～草 / 押し切りで草を切る.
H 押し切り.
zhádāo【铡刀】名 押し切り.

喋 **zhá** →shàzhá【唼喋】
異読⇨dié

劄 **zhá**O 異読⇨zhā
zhájì【劄记】→zhájì【札记】
zházi【劄子】名〈古〉公文書.

拃 **zhǎ** 1 動 親指と中指(または小指)を広げて長さを計る. 指尺で計る. 2 量 同上の方法で測った指尺の長さ：咫(し).

苲 **zhǎ**O
zhǎcǎo【苲草】名〈植〉キンギョモ・マツモなどの水生植物.

眨 **zhǎ** 動 まばたきをする. 目をしばたたく. ¶眼睛～都不～ / まばたき一つしない.
zhǎba【眨巴】動〈方〉まばたきをする.
zhǎ//yǎn【眨眼】動 まばたきをする；〈喩〉またたくまに.

砟(碴) **zhǎ** H 小石. 細かく割った石炭など. ¶焦～ / 石炭殻.
zhǎzi【砟子】名 石炭くず；小石.

鲊 **zhǎ** 名 1 塩漬けにした魚. 2 米の粉または小麦粉に塩・薬味を加えたもので漬けた野菜. ¶茄子～ / ナス漬け.

乍 **zhà** 1 副 1 …したばかり. …したとたん. ¶～看上去 / ちょっと見たところ. 2(“乍…乍…”の形で)突然. ¶～晴～雨 / 晴れたり雨が降ったりする. 2 動 広げる. ¶～翅 / 翼を広げる. ‖ 姓
Zhàdé【乍得】名〈地名〉チャド.
zhàfù【乍富】動 急に金持ちになる.
zhàměngde【乍猛的】副〈方〉だしぬけに.

诈 **zhà** 動 1 だます. ペテンにかける. ¶～财 / 金をだまし取る. 2 かまをかける. ¶用话一～就说出来了 / かまをかけたらすっかりしゃべってしまった.
H ふりをする. 装う. ¶～死 / 死んだふりをする.
zhàhu【诈唬】動 だましたり脅したりする.
zhàpiàn【诈骗】動 詐欺を働く.
zhàqǔ【诈取】動 だまし取る.
zhà//shī【诈尸】動 1(入棺前の)死体がむっくり起き上がる. 2〈方〉〈罵〉突然声を張り上げて叫んだり, 狂気じみた行動をする.
zhàxiáng【诈降】動 投降を装う.
zhàyǔ【诈语】名 人をだます言葉.

柞 **zhà** 地名用字. 異読⇨zuò

zhàsīchóu【柞丝绸】→ zuòsīchóu【柞丝绸】

栅 **zhà** H 柵(さく). ¶铁～ / 鉄柵.
異読⇨shān
zhàlan【栅栏】名(～儿)柵.
zhàzi【栅子】名〈方〉(竹やアシなどで編んだ)柵, 囲い.

奓 **zhà** 動〈方〉広げる. 広がる. 散らばる. ¶～着头发 / 髪の毛が乱れている. 異読⇨zhā
zhàcìr【奓刺儿】動〈俗〉反抗して騒ぐ.
zhà//máo【奓毛】動 かんしゃくを起こす.
zhàzhe dǎnzi【奓着胆子】〈方〉度胸をすえる.

咤(吒) **zhà** →chìzhà【叱咤】

炸 **zhà** 動 1 破裂する. 爆発する. ¶玻璃杯～了 / グラスが割れた. 2 爆破する. ¶～大桥 / 橋を爆破する. 3〈口〉かんしゃくを起こす. ¶他一听这话就～了 / 彼はその話を聞くとかんかんになった. 4〈方〉(驚いて)逃げ散る. 異読⇨zhá
zhàcìr【炸刺儿】動〈俗〉反抗して騒ぐ.
zhàdàn【炸弹】名 爆弾. ¶定时～ / 時限爆弾.
zhà//guō【炸锅】動 大騒ぎになる.
zhàléi【炸雷】名〈方〉耳をつんざく雷.
zhà//máo【炸毛】→zhà//máo【奓毛】
zhà//qún【炸群】動(家畜などの群れが)驚いてばらばらに走り出す.
zhà//shì【炸市】動(市いちに集まっていた人が)驚いて四方八方に走り出す.
zhà//wō【炸窝】動〈方〉一斉に巣を飛び出して騒ぐ；〈喩〉人々が驚きあわてて右往左往する.
zhàyào【炸药】名 火薬. 爆薬.
zhàyù【炸狱】動 囚人が騒ぎを起こして脱獄する.
zhàzǐr【炸子儿】名〈方〉(命中すると炸裂する)銃弾.

痄 **zhà**O
zhàsai【痄腮】名 おたふく風邪.

蚱 **zhà**O
zhàchán【蚱蝉】名〈虫〉(大型のセミの一種)コクサク(黒蚱)；〈中薬〉蚱蟬(さくせん).
zhàměng【蚱蜢】名〈虫〉チュウカトウコウ(中華稲蝗)；〈中薬〉蚱蜢(さくもう).

溠 **zhà** 地名用字.

榨 **zhà** 動 搾る. 圧搾する. ¶～油 / 油を搾る.
H 圧搾機. ‖ 姓
zhàcài【榨菜】名 1〈植〉カラシナの一種. 2〈漬物〉ザーサイ.
zhàliáo【榨寮】名〈方〉砂糖を作る手工業の工場.
zhàqǔ【榨取】動 1 搾り取る. 2〈喩〉搾取する.
zhàzhījī【榨汁机】名 ジューサー.

碜 **zhà** 地名用字.

霅 **zhà** 地名用字.

zhai（ㄓㄞ）

侧 **zhāi** 動〈方〉傾く．傾ける．
異読⇒cè,zè

zhāileng【侧棱】動〈方〉一方に傾く．傾ける．

zhāiwai【侧歪】動〈方〉傾く．

斋（齋）**zhāi** H ①斎戒(さいかい)する．精進する．¶→～戒．②精進料理．¶吃～ / 精進料理を食べる．③(僧に)食事を施す．¶→～僧．④(書斎・商店・寄宿舎などの名称に用い)部屋．¶书～ / 書斎．‖姓

zhāifàn【斋饭】名 **1** 布施として受けたご飯．**2** 寺院での精進料理．

zhāiguǒ【斋果】名〈方〉仏前に供える物．供え物．

zhāijiè【斋戒】動 斎戒(さいかい)する．

zhāi jū shū shí【斋居疏食】〈成〉質素で欲のない生活をする．

zhāisēng【斋僧】動 僧に斎(とき)を施す〔食事を供する〕．

zhāitán【斋坛】名 **1** 帝王が天地を祭る壇．祭壇．**2** 呪術(じゅじゅつ)を行う壇．

zhāiwù【斋务】名〈旧〉学校の寄宿舎に関する事務．

zhāiyuè【斋月】名〈宗〉ラマダン．

摘 **zhāi** 動 **1**（果物・草花などを）摘み取る；（身につけているもの・備品などを）とる，はずす．¶～梨 / ナシをもぐ．¶～手表 / 腕時計をはずす．**2** 選び取る．選択する．¶～出几句 / 文をいくつか選び出す．**3**〈方〉(金を)一時融通してもらう．

zhāibiān【摘编】**1** 動 要約して編集する．**2** 名 ダイジェスト版．

zhāichāo【摘抄】**1** 動(本から)抜粋する．**2** 名 抜粋；〈法〉抜き書き．

zhāichú【摘除】動〈医〉摘出する．

zhāidēng【摘登】動 抜粋し掲載する．

zhāifā【摘发】動 要点をかいつまんで発表する．

zhāijì【摘记】動 **1** メモをとる．**2** 抜粋する．

zhāijiè【摘借】動〈方〉金を一時借りる．

zhāilù【摘录】**1** 動 抜粋して記録する．**2** 名 抜き書き．抜粋．

zhāi màozi【摘帽子】〈慣〉(政治上などの)汚名などをそそぐ．

zhāimiánlíngjī【摘棉铃机】名〈農〉綿摘み機．

zhāi//pái【摘牌】動 **1** 営業を禁止する．資格を取り消す．**2**〈経〉上場を停止する．**3**〈体〉(プロチームの間で)選手が移籍する．

zhāiqǔ【摘取】動 **1** 摘み取る．**2** 選び出す．

zhāi táozi【摘桃子】〈慣〉他人の成果を横取りする．

zhāiyào【摘要】**1** 動 要点をまとめる．**2** 名 要点．要旨．

zhāiyì【摘译】動 抄訳する．

zhāiyǐn【摘引】動 抜き出し引用する．

zhāi//yóu【摘由】動(公文書の主な内容を)書き出す．

宅 **zhái** H 住宅．邸宅．¶住～ / 住宅．

zháidì【宅第】名〈書〉邸宅．屋敷．

zháijī【宅基】名 宅地．敷地．

zháijísòng【宅急送】名 宅配便．

zháijuàn【宅眷】名〈書〉家族；(多くは)一家の女性．

zháimén【宅门】名 **1** 屋敷の門．**2**（～儿）屋敷(に住んでいる人)．

zháishè【宅舍】名 家屋．住宅．

zháiyuàn【宅院】名 家屋敷．家．

zháizi【宅子】名〈口〉屋敷．住宅．

择（擇）**zhái** 動〈口〉選ぶ．選択する．より分ける．
異読⇒zé

zháibukāi【择不开】動+可補〈方〉**1** 解けない．分解できない．**2** 都合がつかない．

zhái//cài【择菜】動 野菜の食べられない部分を取り除く．

zhái//máor【择毛儿】動〈方〉あら捜しをする．

zháixí【择席】動〈方〉枕が変わると寝つけない．

翟 **zhái** ‖姓
異読⇒dí

窄 **zhǎi** 形 **1**（↔宽）幅が狭い．¶路太～ / 道がひどく狭い．**2**（度量・了見が）狭い．¶他心眼儿很～ / 彼はひどく気が小さい．**3**（暮らしが）楽でない．¶日子过得很～ / 暮らしが苦しい．‖姓

zhǎiba【窄巴】形〈方〉**1** 狭い．**2**（暮らしが）楽でない．

zhǎidài【窄带】名（↔宽带）〈電算〉ナローバンド．

zhǎiguǐ tiělù【窄轨铁路】名 狭軌鉄道．

zhǎixiá【窄狭】形 狭い．

zhǎixiǎo【窄小】形 狭い．

zhǎiyùn【窄韵】名〈語〉同韻字の少ない韻．

债 **zhài** 名 借金．債務．［笔］¶欠～ / 負債ができる．¶还huán～ / 借金を返す．

zhàihù【债户】名 借り方．債務者．

zhàikuǎn【债款】名 借入金．

zhàilì【债利】名〈旧〉貸付金の金利．

zhàipiào【债票】名 債券．

zhàiquán【债权】名〈法〉債権．

zhàiquánrén【债权人】名 債権者．

zhàiquàn【债券】名 債券．¶～溢价 / 額面超過額．

zhàiquàn jiāoyì【债券交易】名〈経〉債券取引．

zhàishì【债市】名〈経〉債券市場．

zhài tái gāo zhù【债台高筑】〈成〉借金で首が回らない．

zhàiwù【债务】名 債務．負債．¶～

国 / 債務国.
zhàiwùrén【债务人】名〈法〉債務者.
zhàizhǔ【债主】名 貸し方. 債権者.

砦 zhài『寨 zhài』に同じ. ¶鹿 lù～ / 鹿砦(ろくさい). 逆茂木(さかもぎ). しがき. ‖姓

寨（砦） zhài 名 周りを土塀や柵で囲った集落.
H ①山賊のすみか. 山塞(さんさい). ¶→～主. ②(防御用の)柵. とりで. ③〈旧〉軍隊の駐屯所.
zhàizhǔ【寨主】名 盗賊の頭.
zhàizi【寨子】名 **1** 四方にめぐらした柵〔塀〕. **2** 土塀や柵で囲った集落.

瘵 zhài H 病.

zhan（ㄓㄢ）

占 zhān 動 占う. ¶～得不准 / 占いが当たらない. ‖姓
異読⇒zhàn
zhānbǔ【占卜】動 占いをする.
zhān//guà【占卦】動 八卦(はっけ)を見る.
zhān//kè【占课】動 占いをする.
zhān//mèng【占梦】動 夢判断をする.
zhān//xīng【占星】動 星占いをする.

沾（霑） zhān 動 **1** しみる. ぬれる. ¶→～水. **2**(水・土・油などが)くっつく；〈転〉(悪習に)染まる. ¶腿上～了污泥 / 足に泥がついた. ¶～上了坏习惯 / 悪い習慣に染まった. **3** ちょっと触れる；近づく. ¶脚不～地 / 足が地につく間もない(ほど忙しい). ¶不敢～他 / 彼にかかわり合おうとしない. **4**(おかげを)こうむる. ¶～点儿便宜 / ちょっと得をする.
zhān//bāo【沾包】動〈方〉巻き添えを食う.
zhān//biān【沾边】動(～儿)**1**(いささか)関係する. **2** 的を射る.
zhān//guāng【沾光】動 おかげをこうむる. 恩恵にあずかる.
zhān huā rě cǎo【沾花惹草】〈成〉女遊びをする. 女性を誘う.
zhān huǒ jiù zháo【沾火就着】〈成〉すぐに怒り出す.
zhān//qīn【沾亲】動 遠戚関係にある.
zhān qīn dài gù【沾亲带故】〈成〉親類や友人の間柄である.
zhānrǎn【沾染】動 **1** 感染する；(汚いものが)付着する. **2** 悪い影響を受ける.
zhān//shǒu【沾手】動 **1** 手で触る. **2** 手だしをする. 首を突っ込む.
zhān//shuǐ【沾水】動 水にぬれる.
zhānwū【沾污】動 汚す. 汚れる.
zhān//yǔ【沾雨】動 雨にぬれる. 雨がかかる.
zhān zhān zì xǐ【沾沾自喜】〈成〉独りで得意になる.

毡（氈） zhān 名 フェルト. 毛氈(もうせん). ‖姓
zhānfáng【毡房】名(遊牧民族の)フェルトの丸いテント.
zhānmào【毡帽】名 フェルト帽.
zhāntàoxié【毡套鞋】名 フェルトで作った防寒用の綿入れ靴.
zhāntiáo【毡条】名〈方〉フェルトのラグ.
zhānxuē【毡靴】名 フェルト製のブーツ.
zhānzi【毡子】名 フェルト.

旃 zhān〈書〉**1**『毡 zhān』に同じ. **2** 助 代詞"之"に"焉"の音が合して1字となったもの.
zhāntán【旃檀】名〈植〉ビャクダン. ▶"栴檀"とも.

粘 zhān 動 **1**(粘りけのある物が)くっつく. ¶胶水～在了衣服上 / のりが服にくっついた. **2**(粘りけのある物で)くっつける. ¶～信封 / 封筒をのりづけする. 異読⇒nián
zhānlián【粘连】動 **1** かかわり合う. **2**〈医〉癒着する.
zhān//shǒu【粘手】動 手にくっつく.
zhāntiē【粘贴】動 貼りつける.
zhān//yá【粘牙】動 歯にくっつく.

詹 zhān ‖姓

谵 zhān H でたらめを言う. たわごとを言う. ¶→～语.
zhānwàng【谵妄】名〈医〉譫妄(せんもう).
zhānyǔ【谵语】動〈書〉でたらめを言う.

瞻 zhān H 眺める. 仰ぎ見る. ¶观～ / 外観. ‖姓
zhāngù【瞻顾】動〈書〉**1** 前を見たり後ろを見たりする；〈喩〉優柔不断である. **2** 世話する.
zhānlǐ【瞻礼】〈宗〉❶名 **1** カトリックの祭日. **2** カトリックの日曜日以外の曜日をいう言葉.
❷動〈書〉(神仏に)参拝する.
zhānniàn【瞻念】動 将来のことを考える.
zhān qián gù hòu【瞻前顾后】〈成〉**1** 後先をよく考える. **2**(考えすぎて)優柔不断である.
zhānwàng【瞻望】動 遠くを見る. 展望する. ¶～前途 / 前途を眺める.
zhānyǎng【瞻仰】動 仰ぎ見る.

斩 zhǎn 動 **1**(刀や斧で)切断する. ¶快刀～乱麻 / 快刀乱麻を断つ. **2**〈方〉詐取する. ‖姓
zhǎncāng【斩仓】動〈経〉(株を)逆ざやで売る.
zhǎn cǎo chú gēn【斩草除根】〈成〉(よくないものを)根こそぎにする.
zhǎnchú【斩除】動 切って除く.
zhǎn dīng jié tiě【斩钉截铁】〈成〉決断力があり言動がてきぱきしている.
zhǎnhuò【斩获】名 戦果；〈喩〉(試合での)獲得メダル数, 得点.
zhǎnjiǎshí【斩假石】名〈建〉人造石.
zhǎnjué【斩决】動 斬首刑を執行する.
zhǎn//shǒu【斩首】動〈書〉斬首する.
zhǎnxīn【斩新】→zhǎnxīn【崭新】

飐 zhǎn 動〈書〉(風に)そよぐ, 揺れる.

盏(盞) **zhǎn** 1 名〈古〉杯. 2 量 明かりの数を数える. ¶一~电灯 / 電灯一つ.

展 **zhǎn** H ①開く. 広げる. ¶开~ / 繰り広げる. ②延期する. ¶→~限. ③発揮する. ¶~技 / 技量を発揮する. ④展覧する. ¶画~ / 絵の展覧会. ‖ 姓

zhǎnbài【展拜】動〈書〉ひざまずいて拝む. 跪拝(きはい)する.

zhǎnbō【展播】動 特集番組を放送する.

zhǎnchǎng【展场】名 展覧〔展示〕会場.

zhǎnchì【展翅】動 翼を広げる.

zhǎn//chū【展出】動+方補 **展示する.** 展覧する. ¶公开~ / 一般公開する.

zhǎndú【展读】動〈書〉(手紙などを)広げて読む.

zhǎnguǎn【展馆】名 1 展示ブース. 2〈略〉展覧館.

zhǎnguì【展柜】名 ショーケース.

zhǎnhuǎn【展缓】動 延期する.

zhǎnhuì【展会】名 展覧会. 展示即売会.

zhǎnjuàn【展卷】動〈書〉本を開く. 書物をひもとく.

zhǎn//kāi【展开】動+方補 1 **開く.** 広げる. ¶~翅膀 / 翼を広げる. 2 **展開する.** ¶~活动 / 活動を展開する.

zhǎnkuān【展宽】動(道路や河床などの幅を)広げる.

zhǎnlǎn【展览】動 **展覧する.** 展示する.

zhǎnlǎnguǎn【展览馆】名 展覧館.

zhǎnlǎnhuì【展览会】名 **展覧会.** 展示会.

zhǎnlǎnpǐn【展览品】名 展示品.

zhǎnlù【展露】動 現す. 現れる.

zhǎnmài【展卖】動 展示即売する.

zhǎnméi【展眉】動〈書〉愁眉を開く.

zhǎnpǐn【展品】名 展示品. 展示物.

zhǎnpíng【展评】動 展示し品評する.

zhǎnqī【展期】1 動 延期する. 2 名 展覧期間.

zhǎnqū【展区】名 展示ゾーン.

zhǎnshì【展示】動 1 展示する. 2 明らかに示す. はっきり表現する.

zhǎnshì【展事】名 展覧会. 展示即売会.

zhǎnshì【展室】名 展示室.

zhǎnsòng【展诵】→zhǎndú【展读】

zhǎntái【展台】名 展示テーブル. 陳列台.

zhǎntīng【展厅】名 展示ホール.

zhǎnwàng【展望】1 動(遠くを)眺める;(将来を)展望する. 2 名 展望. 見通し. 未来像.

zhǎnwèi【展位】名 展示ブース.

zhǎnxiàn【展现】動(目の前に)**現れる,** 展開する.

zhǎnxiàn【展限】動 期限を延ばす.

zhǎnxiāo【展销】動 **展示即売する.**

zhǎnxiāohuì【展销会】名 展示即売会.

zhǎnxìng【展性】名〈物〉(金属などの)展性.

zhǎnyǎn【展演】動 公開演技する.

zhǎnyè【展业】動(多く保険業務について)大々的に営業展開する.

zhǎnyìng【展映】動 公開上映する.

zhǎnzhuǎn【展转】→ zhǎnzhuǎn【辗转】

崭 **zhǎn** 形〈方〉すばらしい. ¶滋味真~!/ 味が実によい.
H 高くて険しい. ぬきんでている.

zhǎn lù tóu jiǎo【崭露头角】〈成〉頭角を現す.

zhǎnrán【崭然】形〈書〉ひときわすぐれている.

zhǎnxīn【崭新】形 **真新しい.** 斬新な.

搌 **zhǎn** 動(乾いた柔らかなもので水気を)軽くふき取る.

zhǎnbu【搌布】名 ふきん. 雑巾.

辗 **zhǎn** O

zhǎnzhuǎn【辗转】動 1 寝返りを打つ. 2 転々とする. 人づてに伝わる.

zhǎn zhuǎn fǎn cè【辗转反侧】〈成〉(思い悩んで眠れず)何度も寝返りを打つ.

zhǎnzhuǎn xiāngchúfǎ【辗转相除法】名〈数〉連除法.

占 **zhàn** 動 1 **占める.(ある地位・状況に)ある.** ¶~多数 / 多数を占める. 2 **占拠する.** 占領する. ¶~座位 / 席をとる. 異読⇒zhān

zhànjù【占据】動 **占拠する.** 占領する.

zhàn//lǐ【占理】動 道理にかなう.

zhànlǐng【占领】動 1 **占領する.** 2 **占有する.**

zhàn piányi【占便宜】〈慣〉1 うまい汁を吸う. 2 有利である.

zhàn shàngfēng【占上风】〈慣〉優位に立つ.

zhàn//xiān【占先】動 先を越す. 優位に立つ.

zhàn//xiàn【占线】動(電話が)話し中である.

zhànyòng【占用】動 占用する.

zhànyōu【占优】動 優位に立つ.

zhànyǒu【占有】動 1 **占有する.** 2(ある地位を)**占める.** 3 保有する.

栈(棧) **zhàn** H ①倉庫. 宿屋. ¶货~ /(営業用の)倉庫. ②(家畜を飼うための)柵,囲い. ¶马~ / 馬の囲い. ③桟道.

zhàndào【栈道】名 桟道.

zhànfáng【栈房】名 1〈旧〉倉庫. 2〈方〉宿屋.

zhànqiáo【栈桥】名 1(港の)桟橋. 2(駅や工場・鉱山などの)貨物や鉱石の積み卸し場.

战(戰) **zhàn** H ①戦争する. ¶经济~ / 経済戦争. ②挑む. ¶→~天斗地. ③震える. ¶打~ / 震える. ‖ 姓

zhànbài【战败】動 **1** 戦争に負ける. **2** 打ち負かす.
zhànbào【战报】名 戦況に関する公式報道.
zhànbèi【战备】名 戦争の準備. 軍備.
zhànbiǎo【战表】名〈近〉挑戦状.
zhànchǎng【战场】名 戦場.
zhànchē【战车】名 軍事用の車両.
zhànchuán【战船】名〈古〉戦闘用の船舶;(近世の)軍艦.
zhàndāo【战刀】名 軍刀.
zhàndì【战地】名 戦地.
zhàndǒu【战抖】動 震える. 震えおののく.
zhàndòu【战斗】動 戦闘する. 戦う.
zhàndòujī【战斗机】名 戦闘機.
zhàndòulì【战斗力】名〈軍〉戦力.
zhàndòuyuán【战斗员】名〈軍〉戦闘員. 兵士.
zhànduān【战端】名 戦端.
zhànfàn【战犯】名 戦犯.
zhànfèi【战费】名 戦費. 軍事費.
zhànfú【战俘】名 戦争捕虜.
zhàngē【战歌】名 軍歌.
zhàngōng【战功】名 戦争で立てた手柄. 軍功. 戦功.
zhàngǔ【战鼓】名 陣太鼓.
Zhànguó【战国】名〈史〉戦国時代.
zhànguǒ【战果】名 戦果.
zhànháo【战壕】名 塹壕(ざんごう).
zhànhòu【战后】名 戦後;(特に)第二次世界大戦後.
zhànhuǒ【战火】名 戦火. 戦争.
zhànhuò【战祸】名 戦災. 戦禍.
zhànjī【战机】名 **1** 戦機. **2** 軍事機密. **3** 戦闘機.
zhànjì【战绩】名 戦績. 戦果.
zhànjiàn【战舰】名〈軍〉軍艦.
zhànjú【战局】名 戦局.
zhànjù【战具】名 武器. 兵器.
zhànkuàng【战况】名 戦況.
zhànlì【战例】名 戦争の先例.
zhànlì【战栗】動 震え上がる.
zhànlìpǐn【战利品】名 戦利品.
zhànlièjiàn【战列舰】名〈軍〉戦艦.
zhànliè xúnyángjiàn【战列巡洋舰】名 出動〔参戦〕している巡洋艦.
zhànluàn【战乱】名 戦乱.
zhànlüè【战略】名 **1**〈軍〉戦略. **2**(大局的な)方策.
zhànlüè huánjìng píngjià【战略环境评价】名 戦略的環境アセスメント. SEA.
zhànlüè wùzī【战略物资】名〈軍〉戦略物資.
zhànmǎ【战马】名 軍馬.
zhànmò【战殁】動 戦没する. 戦死する.
zhànmù【战幕】名 戦いの幕.
zhànqián【战前】名 **1** 戦前;(特に)第二次世界大戦前. **2** 戦争〔試合〕開始の前.
zhànqín【战勤】名 軍隊の作戦を直接支援する各種任務.
zhànqíng【战情】名 戦況.
zhànqū【战区】名〈軍〉戦区. 作戦区域.
zhànshèng【战胜】動 勝利を収める.
zhànshí【战时】名 戦時. 戦争中.
zhànshǐ【战史】名 戦史.
zhànshì【战士】名 戦士. 兵士;(生産や政治闘争の)闘士.
zhànshì【战事】名 戦争. 戦事.
zhànshū【战书】名〈旧〉挑戦状.
zhànshù【战术】名 **1**〈軍〉戦術. **2** 問題を解決する方法〔方針〕.
zhàn tiān dòu dì【战天斗地】〈成〉大自然に挑む.
zhàn wú bù shèng【战无不胜】〈成〉無敵である.
zhànxiàn【战线】名 戦線.
zhànyì【战役】名 戦役.
zhànyīng【战鹰】名〈喩〉戦闘機.
zhànyǒu【战友】名 戦友.
zhànyún【战云】名 戦雲.
zhànzhànjīngjīng【战战兢兢】形 **1** 戦々恐々としている. **2** 慎重である.
zhànzhēng【战争】名 戦争.
zhànzhēng fànzi【战争贩子】名 戦争挑発者. 死の商人.

站 zhàn ❶動 **1** 立つ. ¶你给我～起来!/立ちなさい. **2** 立ち止まる. 停止する. ¶等车～稳了再下/車がちゃんと止まってから下りなさい. ❷名 駅. 停留所. ¶快要到～了/もうすぐ停留所に着く. ¶上海～/上海駅. H(ある種の業務をするための)施設. ¶服务～/サービスセンター. ‖ 姓
zhàn//bān【站班】動〈旧〉吏員が長官のそばに侍立する.
zhànde gāo, kànde yuǎn【站得高,看得远】〈諺〉大所高所から見れば全体がよくわかる.
zhàndiǎn【站点】名〈電算〉ウェブサイト.
zhàn//duì【站队】動 整列する.
zhàn gān'ànr【站干岸儿】〈慣〉とばっちりを受けないように無関心をよそおう.
zhàn//gǎng【站岗】動 歩哨に立つ.
zhàn guìtái【站柜台】〈慣〉売り子になる.
zhànlì【站立】動 直立する.
zhànpái【站排】動〈方〉立ち並ぶ. 列をつくる.
zhànpái【站牌】名 バス停の標識.
zhànpiào【站票】名 立ち見席の入場券.
zhàntái【站台】名(駅の)プラットホーム.
zhàntáipiào【站台票】名 駅の入場券.
zhàntou【站头】名〈方〉駅.
zhànwèi【站位】名〈体〉ポジション.
zhàn//wěn【站稳】動+結補 **1**(汽車・バスなどが)完全に止まる. **2** しっかりと立つ.

zhànxiàng【站像・站相】名 立っている姿勢.

zhànzhǎng【站长】名"站"(駅・施設・センターなど)と名のつくところの長.

zhàn//zhù【站住】動+結補 **1** (人や車などが)止まる. **2** しっかりと立つ. **3** 足場を固める. **4** (理由などが)成り立つ. **5** 〈方〉(ペンキ・色などが付着して)落ちない.

zhàn//zhù jiǎo【站住脚】〈慣〉**1** (職場・地域などの)足場を固める. **2** (理論や理由が)成り立つ.

绽 zhàn H 裂ける. ほころびる. ¶→～线.

zhànfàng【绽放】動(花が)咲く.

zhànkāi【绽开】動 ほころびる. 裂ける;咲く.

zhànliè【绽裂】動 裂ける.

zhànlù【绽露】動 現れる.

zhàn//xiàn【绽线】動 縫い目がほころびる.

湛 zhàn H ①深い. ¶精～/詳しくて深い. ②清く澄んでいる. ¶→～清. ‖姓

zhànlán【湛蓝】形(空や海などが)真っ青である.

zhànlǜ【湛绿】形 青々としている.

zhànqīng【湛清】形 透き通っている.

zhàn qīng bì lǜ【湛清碧绿】〈成〉青々としている.

颤 zhàn H 震える. 異読⇒chàn

zhànlì【颤栗】→zhànlì【战栗】

蘸 zhàn 動(液体・粉末・糊状のものをちょっと)つける,まぶす. ¶～酱油吃/醤油をつけて食べる.

zhàn//huǒ【蘸火】動〈冶〉焼きを入れる.

zhang(ㄓㄤ)

张(張) zhāng ❶量 **1** 広げたり,折ったり,巻いたりできるものを数える. ¶两～照片/写真2枚. **2** 口や顔を数える. ¶～～笑脸/みんなの笑顔. **3** 広い表面をもっているものを数える. ¶六～桌子/テーブル6脚. **4** 開いたり,閉じたりできるものを数える. ¶一～弓/弓1張. **5** すき・くわなどの農具を数える. ¶七～犁/すき7台.

❷動 **1** (口を)開ける;(手足を)広げる;(テント・魚網を)張る. ¶～开翅膀/翼を広げる. **2** 設ける. 掲げる. ¶大～筵席/盛大な宴席を設ける. **3** 〈方〉見る. 眺める. ¶你去～～/ちょっと見ておいで.

❸名(二十八宿の)ちりこぼし.

H ①大げさにする. ¶虚～声势/虚勢を張る. ②開店する. 開業する. ¶开[关]～/開店[閉店]する. ‖姓

zhāng//bǎng【张榜】動 告示[掲示]を出す.

zhāngběn【张本】名 **1** (事態の発展にそなえて)先手を打つこと. **2** (文章・小説などの)伏線.

zhāngchí【张弛】名 緊張と弛緩.

zhāngdà【张大】動〈書〉誇張する.

zhāng dēng jié cǎi【张灯结彩】〈成〉祭りや祝いの飾り立てをする.

zhāng gōng chī jiǔ lǐ gōng zuì【张公吃酒李公醉】〈成〉当事者が局外に身を置き,関係のない者が誤解されてとがめられる.

zhāngguà【张挂】動(掛け軸・とばりなどを)掛ける.

zhāng guān lǐ dài【张冠李戴】〈成〉相手や対象をまちがえる. ちぐはぐなことをする.

zhāng huáng shī cuò【张皇失措】〈成〉うろたえてどうしてよいかわからない.

zhāngjiā cháng, lǐjiā duǎn【张家长,李家短】〈慣〉あれこれと隣近所のうわさをする.

zhāng//kāi【张开】動+方補 開ける. 開く. ¶～嘴/口を開ける.

zhāng//kǒu【张口】→ zhāng//zuǐ【张嘴】

zhāng kǒu jié shé【张口结舌】〈成〉理に詰まったりびっくりしたりして,ものが言えないさま.

zhāngkuáng【张狂】形 軽はずみ[軽率]である.

zhānglì【张力】名〈物〉張力;張り.

zhāngliàng【张量】名〈数〉テンソル.

zhāngluo【张罗】動 **1** 処理する. 切り盛りする. **2** 計画する. 準備する. **3** 応対する. もてなす.

zhāngmù【张目】動〈書〉**1** 目を大きく見開く. **2** 手先になって騒ぐ.

zhāng sān lǐ sì【张三李四】〈成〉(不特定の一般の人をさす)だれそれ.

zhāngtiē【张贴】動(壁などに)張る.

zhāngwàng【张望】動 **1** (すきまや穴から)のぞく. **2** 遠方を眺める.

zhāng yá wǔ zhǎo【张牙舞爪】〈成〉凶暴さをむき出しにしてたけり狂う.

zhāngyáng【张扬】動 言いふらす.

zhāng//zuǐ【张嘴】動 **1** 口を開く. 話す. **2** (借金や頼み事を)持ちかける.

章 zhāng 名 **1** 印鑑. 印章. ¶盖～/はんこを押す. **2** 歌曲・詩文の段落. ¶第一～/第1章.

H ①規約. 規則. ¶规～/同前. ②条理. 筋道. ¶杂乱无～/乱雑で筋が通っていない. ③(体につける)しるし. ¶徽～/記章. ④奏上する文章. ¶奏～/上奏文. ‖姓

zhāngcǎo【章草】名 章草. ▶草書の一種.

zhāngchéng【章程】名 規約. 定款;(業務)規定,規則.

zhāngcheng【章程】名〈方〉やり方;計画. 腹案.

zhāngdòng【章动】名〈天〉(地軸の運動の)章動.

zhāngfǎ【章法】名 **1** 文章の構成.

2（事を処理する）手順,段取り.
zhānghuítǐ【章回体】[名]"章回小说"のスタイル.
zhānghuí xiǎoshuō【章回小说】[名]〈文〉章回小説.
zhāngjié【章节】[名]（文章・書物の）章節,段落.
zhāngjù【章句】[名] 1（古書の）章節と句読. 2（漢代の学術書の一種）古代の文献に句読をつけ解釈したもの.
zhāngyú【章鱼】[名]〈動〉タコ.
zhāngzé【章则】[名] 規定. 規則.
zhāngzi【章子】[名]〈方〉印鑑.

鄣 zhāng [名]〈史〉鄣(しょう). ▶周代の国名.

獐（麞）zhāng [H] キバノロ.
zhāng tóu shǔ mù【獐头鼠目】〈成〉醜くずるい顔つき.
zhāngzi【獐子】[名]〈動〉キバノロ.

彰 zhāng [H] ①明らかである. 顕著である. ¶～～在人耳目 / すべての人が見聞きしていて明らかである. ②顕彰する. 表彰する. ‖[姓]
zhāng míng jiào zhù【彰明较著】〈成〉きわめて明白である. 顕著である.
zhāng shàn dàn è【彰善瘅恶】〈成〉善をほめたたえ悪を憎悪する.
zhāngxiǎn【彰显】[形] 明らかである. 顕著である.

漳 zhāng 地名用字. ‖[姓]

璋 zhāng [名]〈古〉（玉器の一種）半圭.

樟 zhāng [H] クス. クスノキ.
zhāngcán【樟蚕】[名]〈虫〉テグスサン.
zhāngmù【樟木】[名]〈植〉クスノキ.
zhāngnǎo【樟脑】[名] 樟脳(しょうのう).
zhāngnǎowán【樟脑丸】[名]〈方〉ナフタリン.
zhāngshù【樟树】[名]〈植〉クスノキ.

蟑 zhāng ○
zhāngláng【蟑螂】[名]〈虫〉ゴキブリ.

长（長）zhǎng ❶[動] 1 生える. 生じる. ¶～满杂草 / 雑草が生い茂る. ¶～牙 / 歯が生える. ¶～锈 / さびが出る. 2 育つ. 成長する. ¶她～得真漂亮 / 彼女はとてもきれいだ. ¶他～高了 / 彼は背が伸びた. 3 増進する. 増やす. ¶～见识 / 見識が広がる.
❷[形] 年上である. 世代が上〔目上〕である. ¶她比我～三岁 / 彼女は私より三つ年上だ. ¶他比我～一辈 / 彼は一つ上の〔父の〕世代だ.
[H] ①機関・部門の責任者. ¶首～ / 長官. 首脳. ②兄弟姉妹の順がいちばん上である. ¶→～子zǐ.
異読⇨cháng
zhǎngbèi【长辈】[名] 目上(の人). 年長者.
zhǎng//biāo【长膘】[動]（家畜が）肥える.
zhǎng//dà【长大】[動+結補] 大きくなる. 成長する.
zhǎngfáng【长房】[名] 長男の家系. 本家.
zhǎnggōngzhǔ【长公主】[名]〈旧〉皇帝の姉妹.
zhǎngguān【长官】[名]〈旧〉（行政機関や軍隊の）長官,上官.
zhǎng guān yì zhì【长官意志】〈成〉〈貶〉お上の考え. お偉いさんの意向.
zhǎngjī【长机】[名]〈軍〉（空軍編隊の）隊長機.
zhǎngjìn【长进】[動]（学業や品行の面で）上達する,進歩する.
zhǎnglǎo【长老】[名] 1〈書〉長老. 年寄り. 2 徳行の高い老僧に対する敬称.
zhǎng//liǎn【长脸】[動] 面目を施す.
zhǎngmén【长门】→ zhǎngfáng【长房】
zhǎngnián【长年】[名]〈方〉船主. ⇨ chángnián
zhǎngqīn【长亲】[名] 世代が上の親戚.
zhǎngshàng【长上】[名] 1 目上. 2 上役. 上司.
zhǎngshì【长势】[名]（植物の）伸び方,生長ぶり.
zhǎngsūn【长孙】[名] いちばん上の孫.
zhǎng wěiba【长尾巴】〈慣〉子供が誕生日を迎える.
zhǎngxiàng【长相】[名]（～儿）〈口〉容貌. 顔だち. 器量.
zhǎng xīnyǎn【长心眼】〈慣〉1 前より賢くなる. 2 気をつける. 気を配る.
zhǎngzhě【长者】[名]〈書〉1 年長者. 2 年輩で徳望のある人.
zhǎngzǐ【长子】[名] 長子. 長男.

仉 zhǎng ‖[姓]

涨（漲）zhǎng [動] 1（水かさが）増す. ¶河里～水了 / 川の水かさが増した. 2（値段や給料が）上がる. ¶物价～得厉害 / 物価の上がりかたがすごい. 異読⇨zhàng
zhǎng//cháo【涨潮】[動] 潮が満ちる. 満潮になる.
zhǎngfēng【涨风】[名] 値上げラッシュ；物価上昇の勢い.
zhǎngfú【涨幅】[名]〈経〉（物価などの）上げ幅.
zhǎng//jià【涨价】[動] 値上がりする.
zhǎngluò【涨落】[動] 1（価格が）上がり下がりする. 2（潮が）満ち引きする.
zhǎngshì【涨势】[名]（価格などの）上昇傾向.
zhǎngtíngbǎn【涨停板】[名]〈経〉（株の）上昇幅制限.

掌 zhǎng ❶[名] 1（～儿）靴底のつぎ当て. ¶钉一块～儿 / 靴底につぎ当てを打ちつける. 2 蹄鉄(ていてつ). ¶钉～ / 蹄鉄をつける.

2動 **1** 手のひらで殴る. ¶～嘴 / びんたを食らわす. **2** 司る. 握る. ¶～大权 / 大権を掌握する. **3**〈方〉靴底をくぎ打ちし補修する. **4**〈方〉(油や塩を)足す.
H 手のひら;(一部の動物の)足の裏. ¶鸭～ / アヒルの水かき. ‖姓
zhǎng'ànrde【掌案儿的】名〈方〉〈旧〉(肉屋の)肉切り職人.
zhǎngbān【掌班】名〈旧〉 **1** 劇団の座長. **2** 妓楼(ぎろう)の主人.
zhǎngbiān【掌鞭】名〈方〉御者.
zhǎng//chú【掌厨】動 調理を取りしきる.
zhǎng//dēng【掌灯】動 **1** 明かりを手に持つ. **2** 明かりをつける.
zhǎng//duò【掌舵】**1** 動 かじをとる. ¶～人 / かじとり;リーダー. **2** 名 かじをとる人.
zhǎnggǔ【掌骨】名〈生理〉掌骨.
zhǎnggù【掌故】名 故事来歴.
zhǎngguǎn【掌管】動 主管する. つかさどる. 管理する.
zhǎngguì(de)【掌柜(的)】名 **1**〈旧〉(店を管理する)店主,支配人. **2**〈方〉〈旧〉旦那様. **3**〈方〉夫.
zhǎng//guō【掌锅】動 料理を専門に受け持つ.
zhǎngkòng【掌控】動 コントロールする. 支配する.
zhǎngménrén【掌门人】名 総帥. 総責任者.
zhǎng//quán【掌权】動 権力・政権を握る.
zhǎngshàng diànnǎo【掌上电脑】名〈電算〉パームトップ型パソコン. PDA.
zhǎng shàng míng zhū【掌上明珠】〈成〉掌中の珠(たま);父母がかわいがっている娘;大事にしている品物.
zhǎng//sháor【掌勺儿】動 調理を取りしきる.
zhǎngshēng【掌声】名 拍手の音.
zhǎngwò【掌握】動 **1** 把握する. マスターする. ¶～外语 / 外国語をマスターする. **2** 握る. 支配する. 管理する. ¶～政权 / 政権を握る.
zhǎngxīn【掌心】名 **1** たなごころ. **2** 支配の範囲内. 手の内.
zhǎng//yìn【掌印】動 印鑑を管理する;権限を握る.
zhǎng//zào【掌灶】動(～儿)料理人を務める.
zhǎngzi【掌子】名 **1** 炭坑内の採掘場. 切羽. **2** 靴底の継ぎ当て. **3** 蹄鉄.
zhǎng//zuǐ【掌嘴】動 平手でほおを打つ. びんたを食らわす.

丈 zhàng **1** 量(長さの単位)丈. 10尺. ▶約3.3メートル. **2** 動 測量する. ¶→～地.
H ①夫. ¶姑～ / 父方のおばさんの夫. ②〈旧〉老年の男子に対する敬称. ¶老～ / ご老人.
zhàngbā dēngtái【丈八灯台】〈歇〉(“照远不照近”と続き)灯台もと暗し.
zhàngdì【丈地】動 土地を測量する.
zhàng'èr héshang【丈二和尚】〈歇〉(“摸不着头脑”と続き)見当がつかない. さっぱりわけがわからない.
zhàngfū【丈夫】名 成年の男子.
zhàngfu【丈夫】名 夫.
zhàngliáng【丈量】動(巻き尺などで)測量する.
zhàngmu【丈母】名 妻の母.
zhàngmuniáng【丈母娘】名 妻の母.
zhàngrén【丈人】名〈旧〉老年の男子に対する尊称.
zhàngren【丈人】名 妻の父. 岳父.

仗 zhàng **1** 名 戦い. ¶打经济～ / 経済戦争をする. **2** 動(多く“～着”として)力をたのむ. 頼る. ¶～着手中的权力,欺压群众 / 権力を笠に着て大衆を抑圧する.
H(武器を)手にする. ¶～剑 / 剣を持つ.
zhàng//dǎn【仗胆】動(～儿)勇気づける.
zhàng//shì【仗势】動(人の)威光を笠に着る.
zhàngshì【仗恃】動〈書〉(…を)頼みにする.
zhàng yāoyǎn【仗腰眼】→ zhàng yāozi【仗腰子】
zhàng yāozi【仗腰子】〈慣〉〈方〉後ろ盾になる. 後押しをする.
zhàngyì【仗义】動 **1**〈書〉正義を重んじる. **2**〈口〉義理堅い.
zhàng yì shū cái【仗义疏财】〈成〉義を重んじ金銭に頓着しない.
zhàng yì zhí yán【仗义执言】〈成〉正義を重んじ,公正な言論をする.

杖 zhàng H ①つえ. ¶拐～ / ステッキ. ②棍棒. 棒. ¶擀面～ / めん棒.
zhàngtóu mù'ǒu【杖头木偶】名(棒を用いる)操り人形芝居.
zhàngzi【杖子】名(アシやわらなどで編んだ)垣.

帐(帳) zhàng〖账zhàng〗に同じ.
H とばり. 幕. ¶圆顶～子 / 西洋式の丸蚊帳(かや).
zhàngběn【帐本】→ zhàngběn【账本】
zhàngdǐng【帐顶】名 かや・天幕などの天井.
zhànggōu【帐钩】名 かや・カーテンなどをつるかぎ状の器具.
zhàngmàn【帐幔】→ zhàngmù【帐幕】
zhàngmù【帐幕】名(大きめの)テント,幕.
zhàngpeng【帐篷】名(日よけ・雨よけ用の)テント.
zhàngzi【帐子】名 **1** 幕. カーテン. **2** かや.

账(賬) zhàng 名 **1** 出納(すいとう)記録. [笔] ¶查～ / 帳簿を調べる. **2** 帳簿. [本] **3** 負債. つけ. [笔] ¶欠～ / 借りがある. **4**〈喩〉引き受けるべき責任. ¶不能记

在你～上 / きみの責任にするわけにはいかない.

zhàngběn【账本】名(～儿)帳簿.

zhàngbù【账簿】名 帳簿.

zhàngcè【账册】名 帳簿.

zhàngdān【账单】名(～儿)勘定書. 伝票.

zhàngfáng【账房】名〈旧〉**1** 帳場. **2** 会計係.

zhànghào【账号】名 口座番号.

zhànghù【账户】名 口座.

zhàngkuǎn【账款】名 帳簿上の金額と現金.

zhàngmiàn【账面】名(～儿)帳簿上の数字.

zhàngmù【账目】名 勘定. 帳簿.

zhàngtái【账台】名 勘定カウンター.

zhàngzhǔzi【账主子】名〈方〉債権者.

胀(脹) **zhàng** 動 **1** ふくれる. 膨張する. **2**(腹などが)張る. ¶肚子～得难受 / 腹が張って苦しい.

zhàng//dù【胀肚】動 腹が張る.

zhàngkù【胀库】動 在庫が満杯になる.

zhàngzhá【胀闸】名 自転車のブレーキ.

涨(漲) **zhàng** 動 **1**(水分を吸収して)ふくれる, 膨張する. ¶银耳一泡就～ / シロキクラゲは水につけるとふくれる. **2**(頭や顔に)血がのぼる. ¶脸～得通红 / 顔が真っ赤になる. **3**(度量衡や金額が)超過する. ¶上个月他钱花～了 / 先月, 彼は金を遣いすぎた.

異読⇒zhǎng

障 **zhàng** H ①遮る. 隔てる. ¶→～碍. ②遮るもの. ¶屏～ / ついたて.

zhàng'ài【障碍】**1** 動 妨げる. 妨害する. **2** 名 障害. 妨げ. 差し障り. ▶"障碍物"とも. ¶无～设施 / バリアフリーの施設.

zhàng'ài sàipǎo【障碍赛跑】名〈体〉障害物競走.

zhàngbì【障蔽】動 遮る.

zhàngyǎnfǎ【障眼法】名 人の目をごまかす手段.

zhàngzi【障子】名 垣. 垣根.

嶂 **zhàng** H びょうぶのように切り立っている山.

幛 **zhàng** H 冠婚葬祭に贈る掛け物. ¶寿～ / 誕生祝いの掛け物.

zhàngzi【幛子】名 冠婚葬祭に贈る掛け物. ▶10尺(約3.3メートル)前後の緞子(どんす)などで作り, その上に金文字または銀文字で慶弔の言葉を題する.

瘴 **zhàng** H 瘴気(しょうき). ¶→～疠.

zhànglì【瘴疠】名 熱帯の伝染病.

zhàngqì【瘴气】名 熱帯の高温多湿の空気.

zhao (ㄓㄠ)

钊 **zhāo** H 勉める. ▶多く人名に用いる. ‖姓

招 **zhāo** ❶ 動 **1** 手招きする. ¶向他～了～手 / 彼に手を振った. **2** 募集する. ¶～徒工 / 見習い工を募集する. **3**(好ましくない事物を)招く, 引き起こす. ¶～是非 / もめ事を引き起こす. **4**(かまって)怒らせる, 泣かせる. ¶别～孩子 / 子供をからかっちゃだめだ. **5** 愛憎の気持ちを引き起こす. ¶这孩子真～人喜欢 / この子はほんとうにかわいらしいね. **6** 白状する. 自白する. ¶从实～来 / 包み隠さず白状する. **7**〈方〉うつる. 伝染する.

❷ 名 **1**〖着 zhāo〗❶ **1** に同じ. **2**〈喩〉策略. 手段. ¶没～儿了 / 打つ手がなくなった. ‖姓

zhāo'ān【招安】動〈旧〉(支配者が反抗勢力に)帰順を求める.

zhāo//biāo【招标】動 入札を募集する.

zhāo//bīng【招兵】動 兵隊を募集する.

zhāo bīng mǎi mǎ【招兵买马】〈成〉武力・勢力を拡大する.

zhāo cái jìn bǎo【招财进宝】〈成〉福の神が舞い込む.

zhāochéng【招承】動 罪状を認める. 白状する.

zhāodài【招待】動 接待する. もてなす.

zhāodàihuì【招待会】名 歓迎会. レセプション.

zhāodàisuǒ【招待所】名 来客や出張者を泊める宿泊所, 寮.

zhāo//fēng【招风】動 風当たりが強くなる.

zhāofēng'ěr【招风耳】名 横に張り出した耳.

zhāofǔ【招抚】動 **1**〈旧〉→ zhāo'ān【招安】 **2**〈書〉人心を安定させる.

zhāo//gōng【招工】動 従業員を募集する.

zhāo//gòng【招供】動 自供する.

zhāo//gǔ【招股】動〈経〉株式を募集する.

zhāohu【招呼】動 **1** 呼ぶ. 呼びかける. **2** あいさつする. **3** 言いつける. 知らせる. **4** 世話をする. 面倒をみる. **5**〈方〉気をつける. 注意する. **6**〈方〉けんかする. **7**〈方〉とりかかる.

zhāohuàn【招唤】動 呼びかける；招き寄せる.

zhāo//hún【招魂】動 **1** 死者の魂を呼び戻す. **2** 正気づかせる.

zhāojí【招集】動(人を)呼び集める. 招集する.

zhāojià【招架】動 **1** 受け止める. 食い止める. **2** 相手をする. 応対する.

zhāo//kǎo【招考】動 公募する；受験者を募集する.

zhāokěn【招垦】動 開墾者を募集する.

zhāolái【招徕】動〈書〉(客を)招き寄

せる.
zhāolǎn【招揽】動(客・商売を)招き寄せる.
zhāolǐng【招领】動(遺失物を)受け取りに来るよう公示する.
zhāo//mà【招骂】動(人の気分を害するようなことをして)しかられる,悪く言われる.
zhāo māo dòu gǒu【招猫逗狗】〈成〉子供がいたずらばかりする.
zhāomù【招募】動(人を)募集する.
zhāonà【招纳】動〈書〉(人を)招いて受け入れる.
zhāo nǚxu【招女婿】1 婿をとる. 2名 入り婿.
zhāopai【招牌】名 1 看板. 2〈喩〉名義. 名目.
zhāopán【招盘】動〈旧〉居抜(いぬき)の買い手を募る.
zhāopìn【招聘】動 公式に募集する. 招く.
zhāo//qīn【招亲】動〈旧〉1 婿をとる. 2 婿入りする.
zhāore【招惹】動 1(面倒を)引き起こす. 2〈方〉かまう. かかわり合う. 3(喜怒哀楽の感情を)誘う.
zhāo//rén【招人】動 人寄せをする.
zhāorèn【招认】動 犯行を認める. 自供する.
zhāoshāng【招商】動 企業を誘致する.
zhāo//shēng【招生】動 新入生を募集する.
zhāoshì【招式】名(武術・演技の)型・動作.
zhāo//shì【招事】動 面倒を引き起こす.
zhāoshōu【招收】動 募集し採用する.
zhāo//shǒu【招手】動 手招きをして呼ぶ. あいさつする.
zhāoshù【招数】1 →zhāoshù【着数】1 2 武術の動作. 3〈喩〉策略. 手段.
zhāotiē【招贴】名 貼り紙. ポスター.
zhāotiēhuà【招贴画】名 ポスター.
zhāoxián【招贤】動(優秀な)人材を募る.
zhāo//xiáng【招降】動〈近〉投降勧告をする.
zhāo xiáng nà pàn【招降纳叛】〈成〉投降兵や裏切り者を集めて利用する.
zhāoxiàor【招笑儿】動〈方〉(人を)笑わせる.
zhāo//yǎn【招眼】動〈貶〉人目を引く. 目立つ.
zhāoyáo【招摇】動 大げさにふるまって人目をひく.
zhāo yáo guò shì【招摇过市】〈成〉人前で大げさにふるまい人目をひく.
zhāo yáo zhuàng piàn【招摇撞骗】〈成〉かたりやはったりで人をだますこと.
zhāoyǐn【招引】動(動作や音声・色・香り・味などで)引きつける.
zhāo//yuàn【招怨】動 恨みを買う.
zhāo//zāi【招灾】動 災いを招く.
zhāozhǎn【招展】動 はためく. 揺れ動く.
zhāozhì【招致】動 1(人材を)集める,招く. 2(よくない結果を)引き起こす.
zhāozhuì【招赘】動 婿養子をとる.
zhāozi【招子】名 1 貼り紙. ポスター. 2 店頭に掲げる旗や看板. 3 手段. 方法. 4〈旧〉刑場に引き出す死刑囚の背中に付けた白い紙の札.
zhāozū【招租】動(家・土地の)借り手を求める.

昭 zhāo H 明らかである. あからさまである. ¶→～然. ‖姓
zhāorán【昭然】形〈書〉明らかである.
zhāo rán ruò jiē【昭然若揭】〈成〉だれの目にもわかるほど明らかである.
zhāoshì【昭示】動〈書〉公示する. 明らかに示す.
zhāoxuě【昭雪】動 冤罪を晴らす.
zhāozhāng【昭彰】形〈書〉顕著である. 明白である.
zhāozhāo【昭昭】形〈書〉1 明るい. 2 明白である.
zhāozhù【昭著】形〈書〉明らかである. 顕著である.

啁 zhāo O 異読⇒zhōu
zhāozhā【啁哳】形〈書〉かまびすしいさま.

着(招) zhāo ❶名 1(～儿)(碁・将棋の)手. ¶高～儿 / うまい手. 好手. 2→〖招zhāo〗❷2
❷動〈方〉入れる. ¶～点儿盐 / 塩を少し加える.
❸前〈方〉…で. …によって. ¶～耳朵听 / 耳で聞く.
❹感〈方〉(賛同・承諾の気持ちを表し)よし. その通り.
異読⇒zháo,zhe,zhuó
zhāoshù【着数】名 1(碁・将棋の)手. 2→zhāoshù【招数】2, 3

朝 zhāo H ①朝. ¶→～晖. ②日. ¶今～ / きょう. 異読⇒cháo
zhāo bù bǎo xī【朝不保夕】〈成〉情勢が緊迫して,先が予測できない.
zhāo bù móu xī【朝不谋夕】〈成〉事態が切迫し,将来のことが考えられない.
zhāo fā xī zhì【朝发夕至】〈成〉距離が近い;交通が便利である.
zhāo huān mù lè【朝欢暮乐】〈成〉一日中歓楽にふける.
zhāohuī【朝晖】名 朝日の光.
zhāo lìng xī gǎi【朝令夕改】〈成〉命令がころころと変わること.
zhāolù【朝露】名〈書〉朝露;はかないもの.
zhāoqì【朝气】名 はつらつとした精神. ¶～蓬勃 / 元気はつらつ.
zhāo qián xī tì【朝乾夕惕】〈成〉常に勤勉で慎み深いこと.
zhāo qín mù chǔ【朝秦暮楚】

〈成〉節操がない．定見がない．
zhāorì【朝日】名〈書〉朝日．
zhāo sān mù sì【朝三暮四】〈成〉移り気である．考えや方針が定まらない．
zhāo sī mù xiǎng【朝思暮想】〈成〉思いこがれる．
zhāoxī【朝夕】名 **1** 毎日．常に．¶～相处 / いつも一緒にいる．**2** 短い時間．¶只争～ / 寸刻を争う．
zhāoxī【朝曦】名〈書〉朝日の光．
zhāoxiá【朝霞】名 朝焼け．
zhāoyáng【朝阳】**1** 名 朝日．日の出．**2** 形 発展性のある．¶～产业 / 新興産業．⇨cháoyáng
zhāo yún mù yǔ【朝云暮雨】〈成〉男女がなれ合って情を通じる．
zhāozhāo mùmù【朝朝暮暮】名〈書〉毎日毎晩．

嘲 zhāo ◯ 異読⇨cháo

zhāozhā【嘲哳】→zhāozhā【啁哳】

着 zháo 動 **1** 接触する．着く．触れる．¶脚还没～地 / 足がまだ地面に着かない．**2**（風などに当たって）影響を受ける．¶～风 / 風に当たって体をこわす．**3** 燃える．火がつく；明かりがつく．¶→～火．¶有的灯不～ / つかない明かりもある．**4**〈方〉寝つく．¶他一躺下就～了 / 彼は横になるとすぐに寝てしまった．**5**（動詞（+"得 / 不"）+"着"で）目的を達すること，結果・影響が現れることを表す．¶猜～了 / 推測が当たった．¶冻～了 / 風邪を引いた．¶找不～ / 見つからない．
異読⇨zhāo,zhe,zhuó
zháo//huāng【着慌】動 あわてる．
zháo//huǒ【着火】動 火事になる．失火する．
zháohuǒdiǎn【着火点】名〈化〉発火点．
zháo//jí【着急】動 焦る．いらいらする．気をもむ．¶着什么急,时间还早呢 / 何をそんなに焦るの，まだ早いじゃないの．
zháo//liáng【着凉】動 **1** 風邪を引く．**2** 寒さ〔冷気〕にあたる．
zháo//máng【着忙】動 あわてる．あせる．
zháo//mí【着迷】動 夢中になる．
zháo//mó【着魔】動 ものにつかれる．夢中になる．
zháo sān bù zháo liǎng【着三不着两】〈慣〉（言動が）思慮が足りず，間が抜けている．
zháo//shī【着湿】動 湿気を帯びる．しける．
zháo//yǔ【着雨】動 雨にぬれる．

爪 zhǎo 名 **1** 動物の爪．¶用～搔痒 /（動物が）爪でかゆいところをかく．**2** 鳥獣の足．¶鹰的～ / タカの足．‖姓 異読⇨zhuǎ
zhǎoyá【爪牙】名〈喩〉悪者の手下・手先．

找 zhǎo 動 **1** 捜す．求める．¶你在～什么？/ 何を捜してるの．**2**（頼み事があり，人を）探す，訪ねる．¶～我有什么事？/ 私に何かご用ですか．**3** 釣り銭を出す．¶他～我两块钱 / 彼は私に2元おつりをくれた．
zhǎo bièniu【找别扭】〈慣〉無理難題を吹っかける．（理不尽なことを言って）けんかを売る，不愉快にさせる．
zhǎo//bìng【找病】動 自分から苦しみを求める；〈喩〉取り越し苦労をする．
zhǎobu【找补】動〈方〉付け足す．
zhǎo//chár【找碴儿·找茬儿】動 因縁をつける．あら捜しをする．
zhǎo//cìr【找刺儿】動 あら捜しをする．（他人の）ミスを指摘する．
zhǎo duìxiàng【找对象】〈口〉結婚相手を探す．
zhǎo fànwǎn【找饭碗】〈慣〉仕事を探す．
zhǎo fèngzi【找缝子】〈慣〉すきをねらう；あらを捜す．揚げ足を取る．
zhǎo//làor【找落儿】動 **1** 落ち着き先を捜す．**2** 決着をつける．
zhǎo//líng【找零】動（～儿）釣り銭を出す．
zhǎo máfan【找麻烦】〈慣〉面倒を引き起こす．自分から苦労を求める．
zhǎo piányi【找便宜】〈慣〉うまい汁にありつこうとする．
zhǎo//píng【找平】動 でこぼこを平らにならす．
zhǎoqí【找齐】動 **1** そろえる．**2**（不足分を）埋めあわせする．補う．
zhǎo//qì【找气】動（～儿）（腹を立てる理由もないのに）むかっ腹を立てる．
zhǎo//qián【找钱】動 つり銭を出す．¶找您五块钱 / 5元のおつりです．
zhǎo qiàomén【找窍门】〈慣〉（～儿）こつを見つける．知恵を絞る．
zhǎo//shì【找事】動 **1** 職を求める．仕事を探す．**2** わざと事を構える．難題を吹っかける．
zhǎoshú【找赎】動〈方〉おつりを返す．
zhǎosǐ【找死】動 わざと危険を冒す；〈罵〉死にたいのか．
zhǎo táijiēr【找台阶儿】〈慣〉（引き下がる）きっかけを探す．
zhǎotou【找头】名 つり銭．
zhǎoxún【找寻】動 探す．尋ねる．
zhǎoxun【找寻】動〈方〉あらを捜す．揚げ足を取る．
zhǎo//zhé【找辙】動〈方〉**1** 口実を探す．言いわけを考える．**2** よい方法を考える．

沼 zhǎo 🅗 沼．¶泥～ / どろ沼．
zhǎoqì【沼气】名 メタンガス．
zhǎozé【沼泽】名 沼沢．湿地．

召 zhào 動（人を）呼び寄せる．¶你去～人，我来整理会场 / 君は人を集めといてくれ，ぼくは会場を整理するから．
🅗（多く地名に用い）寺．‖姓 異読⇨shào

zhàohuàn【召唤】動(人を)呼ぶ,呼びかける.

zhào//huí【召回】動+方補 **1** 召還する.呼び戻す. **2**(商品を)リコールする.

zhào//huò【召祸】動〈書〉災いを招く.

zhàojí【召集】動 召集する.呼び集める.

zhàojiàn【召见】動 **1** 引見する. **2**(外務省が外国の駐在大使などに)出頭を求める.

zhàokāi【召开】動 会議を召集する. ¶～紧急会议/緊急会議を召集する.

兆 zhào **1** 数〈数〉メガ. 100万倍. ▶古くは1億の1万倍(兆)をさした. **2** 動〈書〉前触れ・前兆を示す.予告する. ¶瑞雪～丰年/大雪は豊年の前触れである.

H 兆し.芽生え. ¶不祥之～/不吉な兆し. ‖姓

zhàohè【兆赫】量〈電〉メガヘルツ.

zhàotou【兆头】名〈口〉前兆.兆し.前触れ.

zhàozhōu【兆周】量〈電〉メガサイクル.

zhàozìjié【兆字节】量〈電算〉メガバイト.

诏 zhào〈古〉 **1** 動 告げる.戒める. **2** 名 皇帝や国王のお言葉.

zhàoshū【诏书】名 詔書.詔(みことのり).

赵(趙) zhào 名〈史〉趙(ちょう). ▶周代の国名. ‖姓

Zhàogōng yuánshuài【赵公元帅】名 金もうけの神.福の神.

zhàotǐ【赵体】名〈書道〉元代の書家"赵孟頫"の書体.

笊 zhào O

zhàoli【笊篱】名(針金や竹で編んだ)網じゃくし,揚げざる.

棹(櫂・艄) zhào〈方〉 **1** 名(舟の)かい,オール. **2** 動(舟を)こぐ.

照 zhào ❶動 **1** (光が)差す.照る.照らす. ¶阳光～在凉台上/太陽の光がテラスを照らしている. **2**(鏡や反射物に)映る,映し出す. ¶～镜子/鏡を見る. **3**(写真を)写す. ¶～一张相片/写真を1枚撮る.

❷前 **1** …に向かって. ¶～前一直走/(前に向かって)まっすぐ進む. **2** …のとおりに. …によって. ¶～计划进行/計画どおりに行う.

H ①対照する. ¶对～/照らし合わせる. ②面倒をみる. ¶→～顾gù. ③通知する.知らせる. ¶知～/通知する. ④よく知っている,わかっている. ¶心～不宣/気持ちが通じて言う必要がない. ⑤(政府の発行する)許可証. ¶护～/パスポート. ⑥写真. ¶玉～/お写真. ‖姓

zhàobān【照搬】動(他人の文章を)そのまま引用する;(他人の経験を)そっくりまねる.

zhào//bàn【照办】動 そのとおりに処理する.

zhào běn xuān kē【照本宣科】〈成〉書いてあるとおりに読み上げる;臨機応変に対応できない.

zhàobì【照壁】名 表門の外側に設けられた目隠しの壁.

zhàobǔ【照补】動 もともとの数や金額との差額を補う.

zhàocháng【照常】形 平常どおりである.

zhàochāo【照抄】動 **1** 原文どおりに書き写す. **2** 丸写しにする.そのまま適用する.

zhàodēng【照登】動(原稿や投書などに手を入れないで)そのまま載せる.

zhàodù【照度】名〈物〉照度.

zhàofā【照发】動 **1** これまでどおり支給する. **2**(公文書などを)このまま発送してよろしい.

zhào fāngr zhuā yào【照方儿抓药】〈成〉型どおりに処理する.

zhàofú【照拂】動〈書〉世話する.面倒をみる.

zhàogù【照顾】動 **1** 考慮する. 配慮する. **2** 世話をする. (特に注意して)面倒をみる.優遇する. ¶～病人/病人の面倒をみる. **3**〈旧〉(顧客が商人・商店を)ひいきにする.

zhàoguǎn【照管】動 世話し管理する.

zhào húlu huà piáo【照葫芦画瓢】〈慣〉見よう見まねで格好だけつける.

zhàohù【照护】動(傷病者などを)看護する.

zhàohuì【照会】《外交用語》 **1** 動 覚書を提出する.口上書を手渡す. **2** 名 覚書.口上書.

zhào//jià【照价】動 定価どおりにする.実費に基づく.

zhàojiù【照旧】形 これまでどおりである.

zhàokàn【照看】動 世話し管理する.

zhàolǐ【照理】 **1** 副 理屈から言えば.道理上. **2** 動〈方〉物事を取りしきる.

zhàolì【照例】副 例によって. いつもどおり.慣例どおりに.

zhàoliào【照料】動 世話する.面倒をみる.

zhàolín【照临】動(日・月・星の光が)…まで差す,照らす.

zhào māo huà hǔ【照猫画虎】〈成〉形だけ模倣する.まがりなりに格好をつける.

zhào//miànr【照面儿】動 **1** ばったり顔を合わせる. **2** 顔を見せる.顔を出す.

zhàomíng【照明】動 明かりで物や場所を照らす.

zhàomíngdàn【照明弹】名〈軍〉照明弾.

zhàopái【照排】名〈印〉写植組版.

zhàopáijī【照排机】名〈印〉写植機.

zhàopiānr【照片儿】名〈口〉写真.

zhào piānzi【照片子】レントゲン写真を撮る.

zhàopiàn【照片】名 **写真**.［张］

zhàoqiáng【照墙】→**zhàobì**【照壁】

zhàoshè【照射】動 **照射する**. 照らす. 光が差す.

zhàoshí【照实】副 実際のままに. ありのままに.

zhàoshuō【照说】副 本来ならば. 道理から言えば.

zhào//xiàng【照相·照像】動 **写真を撮る**. 撮影する.

zhàoxiàng āobǎn【照相凹版】名〈印〉グラビア.

zhàoxiàngbǎn【照相版】名〈印〉写真版.

zhàoxiàngguǎn【照相馆】名 写真屋. 写真館.

zhàoxiàngjī【照相机】名 **写真機. カメラ**.

zhàoxiàngzhǐ【照相纸】名〈写〉印画紙.

zhàoxiàng zhìbǎn【照相制版】名〈印〉写真製版；電算写植.

zhào//yàng【照样】(～儿) **1** 動 見本どおりにする. 型どおりにする. **2** (zhàoyàng) 副 相変わらず. いつものように.

zhàoyāojìng【照妖镜】名 妖怪などの正体を照らし出す鏡. 照魔鏡.

zhàoyào【照耀】動 照り輝く. 照らす.

zhàoyìng【照应】動 呼応する. 調子を合わせる.

zhàoying【照应】動 面倒をみる. 配慮する.

zhàozhāng【照章】副 規約どおりに. 規則に従って.

zhàozhí【照直】副 **1** まっすぐに. **2** 率直に. 正直に.

zhàozhǔn【照准】動〈旧〉《公文書用語》申請のとおり許可する.

zhàozhǔnyí【照准仪】名〈機〉照準器.

罩 **zhào** 動 **覆う**. かぶせる. ¶把灯～上 / ランプを覆う. ¶浓雾～着湖面 / 濃い霧が湖面を覆っている.
H ①覆い. カバー. 上っ張り. ¶台灯～儿 / 電気スタンドのかさ. ②(養鶏用の)ふせかご；(魚をとる)かご. ‖姓

zhàoguà【罩褂】名(～儿)上っ張り.

zhàopáo【罩袍】名(～儿)"袍子 páozi"に重ね着する上っ張り.

zhàopéng【罩棚】名 門前や庭に掛けるアシや竹などで組んだ日除け.

zhàor【罩儿】→**zhàozi**【罩子】

zhàoshān【罩衫】名(～儿)短い上着. "袍子"にはおるひとえの上っ張り.

zhàoxiù【罩袖】名〈方〉そでカバー.

zhàoyī【罩衣】名 上っ張り.

zhàozi【罩子】名 覆い. かぶせるもの.

鮡 **zhào** 名〈魚〉ナマズ科の魚.

肇 **zhào** H ①始める. ¶→～始. ②(事を)引き起こす. ¶→～祸. ‖姓

zhàoduān【肇端】〈書〉**1** 動 端緒を開く. **2** 名 発端.

zhàohuò【肇祸】動〈書〉災難·事故を引き起こす.

zhàojī【肇基】動〈書〉(物事の)基礎を作る.

zhàoshǐ【肇始】動〈書〉始める.

zhàoshì【肇事】動〈書〉事件·事故を引き起こす.

zhe (ㄓㄜ)

折 **zhē** 動〈口〉**1** ひっくり返る. ¶～了一个跟头 / もんどり打ってひっくり返る. **2** (器に入ったものを)何度も移し替える. ¶用两个杯子～一～热水 / 二つのコップで移し替え, お湯をさます. 異読⇒**shé,zhé**

zhē//gèr【折个儿】動〈口〉**1** ひっくり返す. **2** 寝返りを打つ.

zhēluó【折箩】名〈方〉(器に詰めた)宴会料理の残り.

zhēteng【折腾】動〈口〉**1** 寝返りを打つ. **2** 繰り返す. いじくり回す. **3** 浪費する. **4** 苦しめる. さいなむ.

蜇 **zhē** 動 **1** (ハチやサソリなどが)刺す. ¶蜜蜂～人 / ミツバチは人を刺す. **2** (粘膜や皮膚を)刺激する. ¶切洋葱～眼睛 / タマネギを切ると目にしみる. 異読⇒**zhé**

遮 **zhē** 動 **1** **覆い隠す**. ¶月亮给云彩～住了 / 月が雲に隠れてしまった. **2** 阻(はば)む. 遮る. ¶大树～住了我的视线 / 大きな木が私の視線を遮った.

zhēbì【遮蔽】動 遮る. 覆い隠す.

zhēcáng【遮藏】動 覆う. 包み隠す.

zhē//chǒu【遮丑】動 ごまかす. とり繕う.

zhēdǎng【遮挡】**1** 動 遮る. よける. **2** 名 障害物.

zhēduàn【遮断】動 遮断する. 制止する.

zhēfúshì diànyǐng【遮幅式电影】名 マスクワイドスクリーン映画.

zhēgài【遮盖】動 **1** 覆う. **2** 隠蔽する.

zhēguāngzhào【遮光罩】名〈写〉レンズフード.

zhēlán【遮拦】動 遮る. 阻む.

zhēlián【遮帘】名 ブラインド.

zhē//liǎn【遮脸】動 照れ隠しをする.

zhē//liàng【遮亮】動(～儿)光を遮る.

zhē tiān gài dì【遮天盖地】〈成〉天地を覆い尽くすほど多い.

zhē//xiū【遮羞】動 **1** (身体の)恥部を隠す. **2** 照れ隠しをする.

zhēxiūbù【遮羞布】名 **1** 陰部を隠すための布. **2** ぼろ隠し. 恥を覆い隠すもの.

zhēyǎn【遮掩】動 **1** 覆う. **2** ごまかす.

zhēyǎnfǎ【遮眼法】→ **zhàngyǎnfǎ**

【障眼法】
zhēyáng【遮阳】1 動 日光を遮る. 2 名 日よけ. ひさし.
zhēyángmào【遮阳帽】名 サンバイザー.
zhēyángsǎn【遮阳伞】名 パラソル.
zhēyīn【遮阴】動 日光を遮る. 日陰をつくる.

折(摺) **zhé** 1 動 1 折る. ¶不准～花 / 花を折るべからず. 2 損失を被る. ¶这一仗～了三员大将 / この戦いで3人の将軍を失った. 3 方向を変える. 引き返す. ¶～回来 / 引き返して来る. 4 換算する. ¶～成日元 / 日本円に換算する. 5 折り畳む. ¶～衣服 / 服を畳む.
2 名(～儿)1 掛け. 割引き. ¶打八～ / 8掛けにする〔2割引きにする〕. 2 折り本. …帳. ¶存～ / 預金通帳.
3 量(～儿)折った回数を数える.
H ①曲がる. 挫折する. ¶百～不挠 / 何回しくじってもくじけない. ②心服する. ¶心～ / 心服する. ③元雑劇の一幕. ‖ 姓
異読⇨shé,zhē
zhébàn【折半】動 半分にする. 半額にする.
zhébiàn【折变】動〈方〉(財産などを)売って換金する.
zhéchǐ【折尺】名 折り尺.
zhéchōng【折冲】動〈書〉敵を制して勝利を収める.
zhé chōng zūn zǔ【折冲樽俎】〈成〉外交手段で優位に立つ.
zhédāo【折刀】名(～儿)折り畳みナイフ.
zhédié【折叠】動 折り畳む.
zhé//duàn【折断】動+結補 折る.
zhéduì【折兑】動(金・銀を貨幣に)換算する.
zhéfǎn【折返】動 引き返す.
zhéfú【折服】動〈書〉1 説き伏せる. 屈服させる. 2 心服する.
zhé//fú【折福】動(幸運のむだづかいで)運気が減る.
zhé//gān【折干】動(～儿)〈旧〉(品物を贈る代わりに)金一封を贈る.
zhé//gǔ【折股】動〈経〉資本金を株数に換算する.
zhéguāng【折光】1 動 光が屈折する. 2 名 反映された事物の本質的特徴.
zhéguì【折桂】動 優勝する;〈旧〉科挙に合格する.
zhéhé【折合】動 換算する. …の割で勘定する.
zhéhuí【折回】動 途中から引き返す.
zhé jǐ chén shā【折戟沉沙】〈成〉悲惨な失敗の跡.
zhé//jià【折价】動 1 (物を)金銭に換算する. 2 値引きする. セールを行う.
zhéjiù【折旧】動〈経〉減価償却をする.
zhékòu【折扣】名 割引;割引した価格.
zhémén【折门】名〈建〉折り戸.
zhémo【折磨】動(肉体的・精神的に)苦しめる, いためつける.
zhér【折儿】1 名 1 割引率. 2 通帳. 2 量 折ったものを数える.
zhérǔ【折辱】動〈書〉さいなむ. 辱める.
zhéshā【折杀】動〈近〉恐縮する.
zhéshàn【折扇】名(～儿)扇子.
zhéshè【折射】動 1 〈物〉(光や音波が)屈折する. 2 (物事の本質を)映し出す.
zhéshèxiàn【折射线】名〈物〉屈折光線.
zhéshí【折实】動(物価変動による損失を避けるため)実物勘定で計算する.
zhé//shòu【折寿】動(過分なぜいたくや待遇を受けて)寿命が縮まる.
zhéshou【折受】動〈方〉(過分な尊敬や優遇に対し)恐縮に感じる.
zhésuàn【折算】動 換算する.
zhétou【折头】→zhékòu【折扣】
zhéxiàn【折线】名〈数〉折れ線.
zhéyāo【折腰】動〈書〉1 腰をかがめる. へりくだる. 2 傾倒する.
zhéyè【折页】名〈印〉(製本での)折り.
zhéyǐ【折椅】名 折り畳み椅子.
zhé//zhàng【折账】動 物品で債務を返済する.
zhézhǐ【折纸】名 折り紙(遊び).
zhézhōng【折中】動 折衷する. ▲"折衷"とも.
zhézhòu【折皱】名 しわ.
zhézi【折子】名 1 折り本. 2 (折り本の)上奏書. 3 〈旧〉(折り本の)通帳.
zhézixì【折子戏】名 戯曲の全通し中,独立して上演される一幕.
zhé//zuì【折罪】動 罪や過ちを償う.

哲 **zhé** H ①賢い. ¶贤～ / 才能があり見識の高い人. ②賢明な人. ¶先～ / 先哲.
zhélǐ【哲理】名 哲理.
zhérén【哲人】名〈書〉哲人.
zhéxué【哲学】名 哲学.

晢(晣) **zhé** 形〈書〉明るい.

辄(輒) **zhé** 副〈書〉…するといつも. …すればすぐに. ¶浅尝～止 / ちょっと表面をかじるだけですぐ止める.

蛰(蟄) **zhé** H(動物が)冬ごもりをする. 冬眠する. ¶惊～ / 啓蟄(けいちつ).
zhéfú【蛰伏】動 1 冬眠する. 2 〈書〉蟄居(ちっきょ)する.
zhéjū【蛰居】動〈書〉閉じこもる. ひきこもる.

蜇 **zhé** →hǎizhé【海蜇】
異読⇨zhē

谪(謫) **zhé** H ①高官を遠隔の地へ左遷する. ¶贬～ / 左遷される. ②神仙が罰せられて人間界に流されてくる. ¶～仙 / 人間界へおろされた仙人;大詩人の美称.

③責める. とがめる. ¶众人交～ / 多くの人がこもごも非難し合う.

zhéjū【谪居】動(罪のために)遠方に流されて住む. 流刑される.

磔 zhé 名 **1** (昔の極刑で)八つ裂き. **2** (漢字の筆画の)右斜め下への払い(㇏).

辙 zhé 名(～儿) **1** 轍(わだち). **2** (車両通行の)路線, コース. ¶上下～ / 上りコースと下りコース. **3** 〈方〉(多く"有、没有"の後に用い)方法. 考え. ¶真没～! / どうしようもない. **4** 戯曲・雑曲・歌詞などの韻.

zhéchā【辙叉】名〈鉄道〉轍叉(てっさ).

zhékǒu【辙口】名(伝統劇の唱いや流行歌などの)韻.

zhé luàn qí mǐ【辙乱旗靡】〈成〉軍隊が敗走するさま.

者 zhě ❶ 接尾 **1** 各種の信仰・仕事・特性をもつ人を表す. ¶强～ / 強者. ¶作～ / 作者. **2** 〈書〉(前文で述べた事柄を受けて)(その)こと. …者. ¶前～ / 前者. ❷ 助 〈書〉(語・連語・句などの後につけ,主題として強調し)…というものは. …とは. ¶数学～,国之要也 / 数学というものは,国にとって重要なことである. ❸ 代〈近〉これ. この. ‖ 姓

锗 zhě 名〈化〉ゲルマニウム. Ge.

赭 zhě 形 赤褐色.

zhěshí【赭石】名〈鉱〉赭石(しゃせき).

zhěyī【赭衣】名 古代の囚人服.

褶 zhě 名(～儿)(衣類の)ひだ,しわ. プリーツ.

zhěr【褶儿】→**zhězi【褶子】**

zhězhòu【褶皱】名 **1** 〈地質〉褶曲(しゅうきょく). **2** (皮膚の)しわ.

zhězi【褶子】名 **1** (衣類の)ひだ, タック. **2** (衣類・布地や紙などの)畳んだ跡, 折り目. **3** (顔の)しわ.

这(這) zhè 代 **1** 《比較的近くの人や事物をさす》これ. こちら; この. その; この人.

ⓐ(連体修飾語として用い)この. その. ¶～孩子 / この子. ¶～三本书 / この3冊の本.

ⓑ(主語として用い)これは. それは. こちらは. この人は. ¶～是什么? / これは何ですか.

ⓒ(目的語として用い)これ. それ. ¶他们用～做宣传 / 彼らはこれを宣伝に使う.

2 《"那"と対応させて用い,全体で漠然と多数の事物を表す》¶看看～,看看那 / あれこれ見る.

3 (複数を表し)これら. ¶～都是我们厂的新产品 / これらはどれもうちの工場の新製品です.

4 (後に"就、才、都"などを用い)現在. 今. ¶我～就来 / 私は今すぐ行きます.

5 《「"这一"+動詞 / 形容詞」の形で》このように. ¶你～一解释我就懂了 / 君がそう説明してくれたから,よくわかった. ⇨**zhèi**

zhèbān【这般】代〈近〉 **1** このような. **2** このくらい.

zhèbian【这边】代(～儿)こちら. ここ.

zhè bu (shi)【这不(是)】〈挿〉《相手の注意を引くのに用いる》ほらね. ねえ.

zhè cái【这才】〈型〉 **1** これで初めて. **2** これこそ.

zhèchéngzi【这程子】名〈方〉このごろ. 近ごろ. 最近.

zhècì【这次】名 このたび. 今度.

zhèda【这搭】代(～儿)〈方〉ここ. こちら.

zhèděng【这等】代〈近〉こんな. このような.

zhèdiǎnr【这点儿】代 これっぽっち.

zhège【这个】代 **1** (近くにある事物をさして)この. その; これ. それ. **2** (話し言葉で)こんなに.

zhèhuìr【这会儿】代 **1** 今. 今ごろ. **2** (ある種の語句の後に用い)この時. その時. ▶"这会子"とも.

zhè jiù【这就】〈型〉 **1** 今からすぐ. **2** これで. それで.

zhèli【这里】代 **1** (近くの場所をさして)ここ. こちら. **2** (人称代詞・名詞の後ろに置いて)…のところ. ¶我～ / 私のところ.

zhème【这么】代 **1** (方法をさして)このように. ¶这件事就～办吧 / この件はこのように処理しましょう. **2** (程度をさして)こんなに. ¶～冷的天,还去游泳? / こんなに寒いのに泳ぎに行くのか. ▲"这末"とも.

zhèmediǎnr【这么点儿】代 これっぽっち; ちっぽけな.

zhèmexiē【这么些】代(普通,多いことを強調して)これほどの.

zhèmeyàng【这么样】代 このような.

zhèmezhe【这么着】代(ある動作や状況あるいは方式をさして)こう〔そう〕いうふうにする. こんな〔そんな〕ふうに.

zhèr【这儿】代〈口〉ここ. こちら. そこ. そちら.

zhè shān wàngzhe nà shān gāo【这山望着那山高】〈諺〉他人の仕事や待遇をうらやましがる. 隣の花は赤い.

zhèxiē【这些】代(比較的近くにある複数の事物や人をさして)これら(の). それら(の).

zhèxiēge【这些个】→**zhèxiē【这些】**

zhèyàng【这样】代(～儿)(性状・程度・方式などをさして)このような〔に〕.

zhèyàng yīlái【这样一来】こう〔そう〕なると. こう〔そう〕して.

zhèzhènr【这阵儿】代 今ごろ; このごろ.

柘 zhè 名〈植〉ハリグワ. ‖ 姓

浙 **zhè** 🅗 浙江(せっこう)省．¶江～ / 江蘇省と浙江省．‖姓

Zhèjiāng【浙江】名〈地名〉浙江(せっこう)省．

蔗 **zhè** 🅗 サトウキビ．カンショ．¶甘～ / サトウキビ．

zhènóng【蔗农】名 サトウキビをつくる農民．

zhètáng【蔗糖】名 蔗糖(しょとう)．甘蔗糖(かんしょとう)．

zhèzhā【蔗渣】名 サトウキビの搾りかす．

鹧 **zhè** ⭘

zhègū【鹧鸪】名〈鳥〉シャコ．

zhègūcài【鹧鸪菜】名〈植〉(藻類の一種) アヤギヌ；〈中薬〉鷓鴣菜(しゃこさい)．

著 **zhe**〖着zhe〗に同じ．
異読⇨zhù

着(著) **zhe 1** 助《動作が持続することや動作の結果・状態の持続することを表し》…ている．…てある．¶他穿～一身新衣服 / 彼は新しい服を着ている．¶门开～呢 / ドアが開いている．¶外面正下～雨呢 / 外は雨が降っている．

▶"着"の注意すべき用法◀

①《「名詞(場所)＋動詞＋"着"＋名詞(動作の主体あるいは動作の対象)」の形で，どのような状態で存在しているかを表す》(…に)…している，…してある．¶树下坐～两个孩子 / 木の下に二人の子供が座っている．

②《「動詞$_1$＋"着"＋動詞$_2$」の形で》…して(…する)．…しながら(…する)．¶走～去 / 歩いて行く．

③《「動詞$_1$＋"着"＋動詞$_1$＋"着"＋動詞$_2$」の形で》…しているうちに(…する)．¶看～看～笑了起来 / 見ているうちに笑いだした．

④《「動詞＋"着"＋形容詞」の形で》…してみると．…すると．¶看～不顺眼 / 見て気に入らない．

⑤《「動詞 / 形容詞＋"着"＋"点儿"」の形で》…しなさい．¶快～点儿 / ちょっと速くしなさい．

⑥《「形容詞＋"着"＋数量詞」の形の比較の差を量的に示す文に用い》…ほど(も)…だ．¶他比我矮～一头呢 / 彼は私より頭一つ分背が低いよ．⇨zhene【着呢】

2 接尾《一部の動詞につき，前置詞を作る》"按～""顺～""为～""沿～""照～"など．
異読⇨zhāo,zháo,zhuó

zheli【着哩】⇀zhene【着呢】

zhene【着呢】助《多く話し言葉で，程度を誇張して》(とても)…だよ．¶路长～ / 道は長いよ．¶别着急zháojí，时间还早～ / あわてなさんな．時間はまだたっぷりあるから．

zhei (ㄓㄟ)

这(這) **zhèi** 代"这zhè"の話し言葉における発音．⇨zhè

zhen (ㄓㄣ)

贞 **zhēn** 🅗 ①節操がある．¶坚～ / 断固として動揺しないこと．②貞節．¶→～洁jié．③古代の占い．¶～卜文字 / 甲骨文字．‖姓

zhēncāo【贞操】名〈書〉**1** 貞操．**2** 忠節．節操．

zhēnjié【贞节】名〈書〉**1** 忠節．忠義の心．**2** 貞節．

zhēnjié【贞洁】形〈書〉貞操がかたく，行いが潔い．

zhēnliè【贞烈】形〈書〉女性が操(みさお)を守り，死んでも屈しない．

针(鍼) **zhēn 1** 名(～儿)針．［根］**2** 量 針目・縫い目の数や注射の回数を数える．¶伤口缝了四～ / 傷口を4針縫った．
🅗 ①針のような形をしたもの．¶松～ / 松葉．②注射器具；注射薬．¶→～头．③鍼灸(しんきゅう)療法．¶扎zhā～ / 鍼を打つ．‖姓

zhēnbír【针鼻儿】名 針の穴．

zhēnbiān【针砭】動〈書〉誤りを指摘して改めるよう戒める．

zhēnbù【针布】名〈紡〉針布(しんぷ)．

zhēn chā bù jìn, shuǐ pō bù jìn【针插不进,水泼不进】〈成〉組織などが閉鎖的で排他性が強い．

zhēncì mázuì【针刺麻醉】名〈中医〉鍼麻酔．

zhēnduì【针对】動 ぴったりとねらいをつける．焦点を合わせる．…に対して…する．

zhēn fēng xiāng duì【针锋相对】〈成〉真っ向から対決する．

zhēngū【针箍】名(～儿)〈方〉指ぬき．

zhēnguǎn【针管】名 注射器の管の部分．▶"针筒"とも．

zhēnjì【针剂】名〈薬〉注射薬．

zhēnjiān【针尖】名(～儿)針の先．

zhēnjiān duì màimáng【针尖对麦芒】〈慣〉鋭く対立して譲らない．

zhēnjiao【针脚】名 縫い目．針目．

zhēnjiǔ【针灸】名〈中医〉鍼術と灸術(の総称)．鍼灸．

zhēnmá【针麻】名 鍼麻酔．

zhēnshūjī【针梳机】名〈紡〉ギルボックス．

zhēntóu【针头】名〈医〉注射器の針．

zhēn tóu xiàn nǎo【针头线脑】〈成〉(～儿)裁縫用の針や糸などこまごまとしたもの．

zhēnwěiyā【针尾鸭】名〈鳥〉オナガガモ．

zhēnxian【针线】名 裁縫．針仕事．

zhēnyǎn【针眼】名 **1** 針の穴．**2** 針の跡．注射の跡．

zhēnyan【针眼】名〈医〉ものもらい．

zhēnyǎn【针鼹】名〈動〉ハリモグラ.
zhēnyèshù【针叶树】名 針葉樹.
zhēnzhī【针织】名 メリヤス.
zhēnzhīpǐn【针织品】名 ニット. メリヤス製品.
zhēnzhǐ【针黹】名〈書〉針仕事. 裁縫.

侦 zhēn H 探る. 探り調べる. ¶～听器 / 盗聴器.
zhēnbàn【侦办】動 捜査して処理する.
zhēnbǔ【侦捕】動 捜査して逮捕する.
zhēnchá【侦查】動〈法〉(犯罪事実を)捜査する.
zhēnchá【侦察】動〈軍〉偵察する.
zhēnchábīng【侦察兵】名〈軍〉偵察兵. 斥候.
zhēnchájī【侦察机】名〈軍〉偵察機.
zhēnhuò【侦获】→zhēnpò【侦破】
zhēnjī【侦缉】動(犯人を)捜査して逮捕する.
zhēnjié【侦结】動 捜査終了する.
zhēnpò【侦破】動 捜査のすえ犯人を検挙する. (刑事事件などを)解決する.
zhēntàn【侦探】1 動 偵察する. 探偵する. 2 名〈旧〉探偵. スパイ.
zhēnxùn【侦讯】動 偵察して尋問する.

珍 zhēn H ①貴重なもの. ¶山～海味 / 山海の珍味. ②珍しい. 貴重な. ¶→～品pǐn. ③大事にする. ¶→～视shì. ‖ 姓
zhēn'ài【珍爱】動 大事にする. 珍重する.
zhēnbǎo【珍宝】名 宝物. 宝.
zhēnběn【珍本】名 珍本. 稀覯本(きこうぼん).
zhēncáng【珍藏】動 大事にしまっておく. 秘蔵する.
zhēnguì【珍贵】形 貴重である.
zhēnmì【珍秘】動 大事にしまっておいて人に見せない.
zhēnpǐn【珍品】名 珍しく貴重な物.
zhēnqí【珍奇】形 珍しい. 貴重である.
zhēnqín【珍禽】名 珍しい鳥.
zhēnshè【珍摄】動〈書〉(体を)大事にする.
zhēnshì【珍视】動 重要視する. 大事にする.
zhēnwán【珍玩】名〈書〉貴重な愛玩物.
zhēnwén【珍闻】名 珍しいニュース.
zhēnxī【珍惜】動 大切にする.
zhēnxī【珍稀】形 貴重で数少ない.
zhēnxiū【珍馐·珍羞】名〈書〉珍しいごちそう.
zhēnyì【珍异】形〈書〉珍奇である.
zhēnzhòng【珍重】動 1 珍重する. 大事にする. 2 (体を)大事にする.
zhēnzhū【珍珠】名 真珠.
zhēnzhūbèi【珍珠贝】名 真珠貝.
zhēnzhūjī【珍珠鸡】名〈鳥〉ホロホロチョウ.
zhēnzhūméi【珍珠梅】名〈植〉ニワナナカマド.
zhēnzhūmǐ【珍珠米】名〈方〉〈植〉トウモロコシ.
zhēnzhūshuāng【珍珠霜】名 真珠の粉末を混ぜた化粧クリーム.
zhēnzhū wánzi【珍珠丸子】名〈料理〉肉だんごにもち米をまぶして蒸したもの.

帧 zhēn 量 絵画や書を数える：幅. 枚. ¶一～油画 / 1枚の油絵.
zhēnpín【帧频】名〈テレビ〉フレーム〔映像〕周波数.

胗 zhēn H 家禽(かきん)類の砂嚢(さのう). 砂ぎも.

浈 zhēn 地名用字.

真 zhēn ❶副 実に. 確かに. ¶这个电影～有意思 / この映画は本当におもしろい.
❷形 1 (↔假,伪) 真実だ〔の〕. 本当だ〔の〕. 本当に. ¶这才是～功夫 / これこそ本当のわざだ. ¶他～的不想去 / 彼は本当に行きたがらないのだ. 2 (「動詞＋"得"」の後に用い)はっきりしている. ¶看得很～ / とてもはっきり見える.
H 楷書. ‖ 姓
zhēn cái shí liào【真材实料】〈成〉材料が本物である.
zhēn cái shí xué【真才实学】〈成〉本物の才能と身についた学問.
zhēnchéng【真诚】形 真心がこもっている. 誠意がある.
zhēnchuán【真传】名 奥義. 極意.
zhēn dāo zhēn qiāng【真刀真枪】〈成〉真剣勝負.
zhēndì【真谛】名 真の意味. 真理.
zhēndiāo【真鲷】名〈魚〉マダイ.
zhēnfēnshù【真分数】名〈数〉真分数.
zhēngéde【真格的】〈口〉1 副 本当のところ. 2 名 本当のこと.
zhēngè【真个】副〈方〉本当に. 実に.
zhēnguǒ【真果】名〈植〉真果.
zhēnjì【真迹】名 真筆. 真跡(しんせき).
zhēnjiǎ【真假】名 本物と偽物. 真贋(しんがん).
zhēnjiào【真叫】副 本当に…だ.
zhēn jīn bù pà huǒ liàn【真金不怕火炼】〈諺〉意志の固い人はどんな試練にも耐えられる.
zhēnjūn【真菌】名〈生〉真菌.
zhēnkōng【真空】名 1 〈物〉真空. 2 からっぽの状態.
zhēnkōngbèng【真空泵】名〈機〉真空ポンプ.
zhēnkōngguǎn【真空管】名〈電〉真空管.
zhēnlǐ【真理】名 真理. ¶追求～ / 真理を追究する.
zhēnmiànmù【真面目】名 本当の姿. 真相. 正体.
zhēn míng shí xìng【真名实姓】〈成〉実名. 本名.
zhēnmìng【真命】名〈旧〉天命(を受けた人).
zhēnpí【真皮】名〈生理〉真皮.

zhēnpǐn【真品】名 本物.
zhēn píng shí jù【真凭实据】〈成〉しっかりした証拠. 確実な証拠.
zhēnqī【真漆】名 ラッカー.
zhēn qiāng shí dàn【真枪实弹】〈成〉本物の鉄砲と実弾.
zhēnqiè【真切】形 **1** はっきりしている. **2** 真心がこもっている.
zhēnqíng【真情】名 **1** 実情. **2** 本心. 真心.
zhēnquè【真确】形 **1** 確かである. 真実である. **2** はっきりしている.
zhēnrén【真人】名 **1**〈宗〉道教でまことの道を体得した人. 真人(しん). **2** 実在の人物.
zhēn rén zhēn shì【真人真事】〈成〉実在の人間と実際にあった出来事.
zhēnróngyè【真溶液】名〈化〉分子溶液.
zhēnshēn【真参】名〈中薬〉(朝鮮半島で産する)薬用ニンジン.
zhēnshí【真实】形 **真実である**. 本当である.
zhēnshì【真释】名 正しい解釈.
zhēnshi【真是】副 **本当にまあ**. 実に(あきれた). まったくもう….
zhēnshū【真书】名 楷書. 真書.
zhēnshù【真数】名〈数〉真数.
zhēnshuài【真率】形 率直である. わざとらしくない. 飾り気がない.
zhēnsī【真丝】名 正絹. 純絹.
zhēnsuǐ【真髓】名 真髄.
zhēnxiàng【真相·真象】名 真相.
zhēnxīn【真心】名 本心. 真心.
zhēn xīn shí yì【真心实意】〈成〉誠心誠意.
zhēnxìng【真性】名 **1** 真性. **2**〈書〉本性. 本質.
zhēnyán【真言】名 **1** 正直な話. 本音. **2**〈仏〉真言.
zhēnyǐng【真影】名(祭祀に掲げる)祖先の肖像画.
zhēnzhāngr【真章儿】名〈方〉**1** 本当に有効な方法. **2** 真価. 実力.
zhēnzhèng【真正】**1** 形(~的) **正真正銘の**. 真の. ¶~的幸福 / 真の幸福. **2** 副 **本当に**. 確かに.
zhēnzhī【真知】名 本当の知識. 正確な認識.
zhēn zhī zhuó jiàn【真知灼见】〈成〉(他人の受け売りではない)正確ではっきりした見解.
zhēnzhì【真挚】形 真摯(しんし)である. 偽りのない. 誠実である.
zhēnzhū【真珠】名 真珠.
Zhēnzhǔ【真主】名〈宗〉(イスラム教で)神. アラー.

桢
zhēn 名〈古〉塀の両端に立てる柱. ‖姓
zhēngàn【桢干】名〈書〉中心的役割を果たす人.

砧(碪)
zhēn H 物をたたくときに下に敷く器具. ¶→~木.
zhēnbǎn【砧板】名〈方〉まな板.
zhēngǔ【砧骨】名〈生理〉きぬた骨.
zhēnmù【砧木】名(接ぎ木の)台木.
zhēnzi【砧子】→〖砧zhēn〗

祯
zhēn H 吉兆.

蓁
zhēn O
zhēnzhēn【蓁蓁】形〈書〉**1** 草木が生い茂るさま. **2** イバラが群がり生えるさま.

斟
zhēn 動(酒や茶を)つぐ,注ぐ. ¶~酒 / お酒をつぐ.
zhēnzhuó【斟酌】動(物事や用語の適否を)考慮する,吟味する.

椹
zhēn〖砧zhēn〗に同じ.
異読⇨**shèn**

甄
zhēn H(優劣や真偽を)審査する,見分ける. ¶~选 / 選抜する. ¶~录 / (審査の上)採用する. ‖姓
zhēnbié【甄别】動 **1**(真偽を)見分ける. **2**(資格を)審査する.
zhēnshěn【甄审】動 審査し弁別する. 評価し判定する.

榛
zhēn H ①ハシバミ(の実). ②雑木林.
zhēnmǎng【榛莽】名〈書〉生い茂った草木.
zhēnpī【榛狉】形〈書〉草木が生い茂り,野獣が出没するさま.
zhēnzhēn【榛榛】形〈書〉草木が生い茂っている.
zhēnzi【榛子】名〈植〉ハシバミ(の実).

箴
zhēn H 戒める. 忠告する.
zhēnyán【箴言】名〈書〉箴言(しんげん). 戒めの言葉.

臻
zhēn 動〈書〉(完全の域に)達する,至る. ¶渐~完善 / しだいに完全になっていく. ‖姓

诊
zhěn H 診察する. ¶出~ / 往診(する).
zhěn//bìng【诊病】動 病気を診察する.
zhěnchá【诊察】動 診察する.
zhěnduàn【诊断】動〈医〉診断する.
zhěnduànshū【诊断书】名 診断書.
zhěnfèi【诊费】名 診察料金.
zhěnliáo【诊疗】動 診療する.
zhěn//mài【诊脉】動 脈をとる.
zhěnshì【诊视】→**zhěnchá**【诊察】
zhěnshì【诊室】名 診察室.
zhěnsuǒ【诊所】名 診療所.
zhěnzhì【诊治】動 診療する.

枕
zhěn 動 まくらにする. ¶~枕头 / まくらをする.
H まくら. ‖姓
zhěnbiānfēng【枕边风】→ **zhěntoufēng**【枕头风】
zhěn biān zhī yán【枕边之言】〈成〉妻の寝物語. ▶妻からの告げ口や入れ知恵をさす.
zhěn gē dài dàn【枕戈待旦】〈成〉敵に対して片時も油断しない.
zhěngǔ【枕骨】名〈生理〉後頭骨.
zhěnjiè【枕藉】動〈書〉ざこ寝する;

折り重なって倒れる.

zhěnjīn【枕巾】名 タオル地の枕カバー.

zhěnmù【枕木】名 枕木.

zhěnpángfēng【枕旁风】→ zhěntoufēng【枕头风】

zhěntào【枕套】名(～儿)枕カバー.

zhěntou【枕头】名 枕.

zhěntoufēng【枕头风】〈慣〉(妻から夫にする)寝物語.

zhěntouxiāng【枕头箱】名〈旧〉貴重品を入れて寝室に置く小箱.

zhěntouzhuàng【枕头状】〈慣〉妻が夫にする告げ口.

zhěnxí【枕席】名 **1**〈書〉寝床. **2**(～儿)枕当てにする薄べり.

zhěnxīn【枕心】名 枕の詰めもの.

轸 zhěn 名 **1**〈書〉車の後の横木;(広く)車. **2**(二十八宿の)みつかけぼし.
H 悲しむ. ¶～悼 / 悲しみ悼む. ¶～怀 / 追慕する.

zhěnniàn【轸念】動〈書〉心を痛める. 追慕する.

畛 zhěn H 田のあぜ道.

zhěnyù【畛域】名〈書〉境. 境界.

疹 zhěn H 発疹. 吹き出物. ¶湿～ / 湿疹.

zhěnzi【疹子】名 はしかの通称.

袗 zhěn〈書〉**1** 名 ひとえ(の服). **2** 形 きれいな. 華美な. ¶～衣 / 派手な服.

缜(稹) **zhěn** ○

zhěnmì【缜密】形〈書〉緻密である;(考えが)きめ細かい.

圳 zhèn 地名用字. ¶深～ / 深圳(しんせん).

阵 zhèn(～儿) **1** 量 一定時間続く事物・現象・動作に用い,数詞は"一、几"のみ. ¶一～剧烈的疼痛 / ひとしきりの激しい痛み. ¶下了几～雨 / とぎれとぎれしばらく雨が降った. **2** 名 ある短い時間〔期間〕. ¶这～儿 / 今. このところ.
H 陣立て. 陣形;(広く)戦場. ¶→～地. ‖ 姓

zhèndì【阵地】名 **1**〈軍〉陣地. **2** 活動の場所.

zhèndìzhàn【阵地战】名〈軍〉陣地戦.

zhènfēng【阵风】名 突風.

zhènjiǎo【阵脚】名 **1** 軍の隊列の最前線. 陣頭. **2** 足並み. 態勢.

zhènróng【阵容】名 **1**〈軍〉陣容. 陣形. **2** スタッフ. 顔ぶれ.

zhènshì【阵势】名 **1** 陣構え. 布陣. **2** 情勢. 形勢.

zhèntòng【阵痛】名 **1**〈医〉陣痛. **2**〈喩〉生みの苦しみ.

zhèntóuyǔ【阵头雨】名〈方〉夕立. にわか雨.

zhènwáng【阵亡】動〈褒〉陣没する. 戦死する.

zhènxiàn【阵线】名 戦線.

zhènxíng【阵型】名〈体〉フォーメーション.

zhènyíng【阵营】名 陣営.

zhènyǔ【阵雨】名〈気〉夕立. にわか雨. 通り雨.

zhènzhàng【阵仗】名(～儿)〈方〉重大な局面.

zhènzhèn【阵阵】量 ひとしきり.

zhènzi【阵子】〈方〉→〖阵zhèn〗2

纼 zhèn 名〈方〉家畜をつなぐ縄.

鸩 zhèn 名(その羽を浸した酒を飲むと死ぬという伝説上の鳥)鴆(ちん).
H ①毒酒. ②毒殺する.

zhèndú【鸩毒】名〈書〉鴆毒(ちんどく);毒酒. 猛毒.

振 zhèn 動 奮い起こす. 奮い立つ. ¶～起精神来 / 元気を出す.
H 振る. 振るう. ¶～翅 / はばたく. ‖ 姓

zhènbá【振拔】動〈書〉(逆境や苦境から)抜け出す;奮起して自立する.

zhènbǐ【振笔】動〈書〉筆をふるう.

zhènbì【振臂】動 手を振り上げる.

zhèndàng【振荡】**1** 動 **1**〈物〉振動する. **2**〈経〉株価指数などが激しく上下する.
2 名(電気の)振動.

zhèndòng【振动】**1** 動 振動する. 揺れ動く. **2** 名〈物〉振動.

zhènfèn【振奋】動 **1** 奮起する. 奮い立つ. **2** 奮い立たせる.

zhènfú【振幅】名〈物〉振幅.

zhèn lóng fā kuì【振聋发聩】〈成〉言葉や文章の力で愚かな者までも目覚めさせる.

zhènshuā【振刷】動〈書〉奮い起こす. 奮い立たせる.

zhènxīng【振兴】動 振興する. 盛んにする.

zhèn zhèn yǒu cí【振振有辞】〈成〉盛んにもっともらしいことを言う.

zhènzuò【振作】動 発奮する. 奮い立たせる.

朕 zhèn 代〈古〉朕(ちん). ▶古くは一人称,秦の始皇帝以後,皇帝の自称.
H 兆し. 前兆.

zhènzhào【朕兆】名〈書〉兆し.

赈 zhèn H(被災者を)救済する.

zhènjì【赈济】動〈書〉(財物・食料などで被災者を)救済する.

zhènkuǎn【赈款】名 救援金.

zhènzāi【赈灾】動〈書〉被災者を救済する.

震 zhèn **1** 動 震わす. 震動する. ¶玻璃被～破了 / ガラスが震動で割れてしまった. **2**〈俗〉(腕まえ・能力が)すごい,絶大である. ¶～了 / すごい. みごとだ. **3** 名(易の八卦(はっけ)の一)震(しん). ☳.
H ひどく興奮する. 衝撃を受ける. ¶→～怒. ‖ 姓

zhènbō【震波】名〈地質〉地震波.
zhèncāng【震仓】名〈経〉保有株に損失を与えること.
zhènchàn【震颤】動 ぶるぶる震える.
zhèndàng【震荡】動 とどろく. 揺るがす.
zhèndào【震悼】動〈書〉驚き悼む.
zhèndòng【震动】動 1 震動する. とどろく. 2(重大な事件やニュースが)人の心を揺り動かす.
zhèn ěr yù lóng【震耳欲聋】〈成〉耳をつんざくようにとどろく.
zhèngǎn【震感】名(地震で)体に感じる揺れ.
zhèn gǔ shuò jīn【震古烁今】〈成〉(業績が)古今にその類を見ないほど偉大である.
zhènhài【震骇】動〈書〉ひどく驚く. 震駭(しんがい)する.
zhènhàn【震撼】動 揺り動かす. 震撼(しんかん)させる.
zhènjí【震级】名〈略〉マグニチュード.
zhènjīng【震惊】動 驚愕(きょうがく)させる;驚愕する.
zhènlì【震栗】動〈書〉びっくりして震え上がる.
zhènnù【震怒】動〈書〉激怒する. かんかんに怒る.
zhènqíng【震情】名 地震の状況.
zhènshè【震慑】動〈書〉震え上がらせる.
zhènsǒng【震悚】動〈書〉(恐怖で)縮み上がる.
zhèn tiān dòng dì【震天动地】〈成〉天地を揺るがす.
zhènyīn【震音】名〈音〉トレモロ.
zhènyuán【震源】名〈地質〉震源(地).
zhènzāi【震灾】名 震災.
zhènzhōng【震中】名〈地質〉地震の中心地. 震央.

镇 zhèn ❶動 1 抑える. しずめる. ¶这孩子只有他～得住 / この子は彼でないとおとなしくさせられない. 2(氷や水で)冷やす. ¶放在冷水里～一～ / 冷水につけて冷やす.
❷名(県・自治県の下の行政単位で比較的大きな町)鎮(ちん).
H ①(武力で)鎮圧する. ¶坐～ / 駐屯する. ②駐屯地. ③静まる. ¶→～定. ‖姓
zhènchǐ【镇尺】名 ものさし型の文鎮.
zhèndiàn【镇店】名 小さな田舎町.
zhèndìng【镇定】1 形 沈着である. 落ち着いている. 2 動(気が)しずまる,落ち着く.
zhènfǎn【镇反】動〈略〉反革命活動を鎮圧する.
zhènjìng【镇静】1 形 落ち着いている. 2 動 落ち着かせる.
zhènjìngjì【镇静剂】名〈医〉鎮静剤.
zhènliúguǎn【镇流管】名〈電〉安定抵抗管.
zhènliúqì【镇流器】名〈電〉安定器.
zhènrì【镇日】名〈近〉一日中. 終日.
zhènshǒu【镇守】動 軍隊が軍事上の要地に駐屯してその地を守る.
zhèntòng【镇痛】動 痛みを抑える.
zhènwù【镇物】名 まじない. 魔よけ(の物).
zhènxīng【镇星】名 土星の旧称.
zhènyā【镇压】動 1 鎮圧する. 2〈口〉死刑に処する. 3〈農〉すき起こした土を平らにする.
zhènzhǐ【镇纸】名 文鎮.
zhèn//zhù【镇住】動+結補 すくみ上がらせる.
zhènzi【镇子】名〈方〉(農村部の)町. 小都市.

zheng(ㄓㄥ)

丁 zhēng ❍ 異読⇒dīng
zhēngzhēng【丁丁】擬〈書〉1《斧を入れる音》こんこん. 2《琴を弾く音》ころりん. 3《碁石を置く音》かちっ.

正 zhēng H(旧暦の)1月. ¶新～ / 正月. 異読⇒zhèng
zhēngdàn【正旦】名〈書〉(旧暦の)元日. ⇒zhèngdàn
zhēngyuè【正月】名(旧暦の)正月.

争(爭) zhēng ❶動 1 競う. 争う. ¶～着报名 / 先を争って申し込む. 2 いさかいをする. ¶不要再～了 / もうこれ以上言い争わないでくれ.
❷代〈近〉どうして…だろうか.
zhēng//bà【争霸】動 覇権を争う.
zhēngbiàn【争辩】動 論争する. 論駁する.
zhēng cháng lùn duǎn【争长论短】〈成〉つまらないことについてかれこれ言う.
zhēngchǎo【争吵】動(大声で)言い争う. 口論する.
zhēngchí【争持】動 言い争って譲らない.
zhēng//chǒng【争宠】動(人の)寵愛(ちょうあい)を得ようとして競う.
zhēngdòu【争斗】動 けんかする.
zhēngduān【争端】名 争いのきっかけ. 紛争のもと.
zhēngduó【争夺】動 争奪する. 競い合う.
zhēng fēn duó miǎo【争分夺秒】〈成〉寸刻もおろそかにしない.
zhēngfēng【争锋】動〈書〉交戦する.
zhēng fēng chī cù【争风吃醋】〈成〉一人の異性をめぐってねたみ合う. 恋のさや当てをする.
zhēnggòu【争购】動 先を争って買う.
zhēng//guàn【争冠】動 優勝を争う.
zhēng//guāng【争光】動 栄光を勝ち取る.
zhēnghéng【争衡】動〈書〉優劣を争う.
zhēngjìng【争竞】動〈方〉(細かいことまでこだわり)言い争う.
zhēng//liǎn【争脸】動 面目を施す.

zhēnglùn【争论】動 論争する．意見をたたかわす．
zhēngmíng【争鸣】動 学術上の論争をする．
zhēng míng duó lì【争名夺利】〈成〉名利を追う．
zhēng qí dòu yàn【争奇斗艳】〈成〉華やかさを競い合う．
zhēng//qì【争气】動(人に負けまいとして)頑張る．
zhēngqiáng【争强】動 雄(ゆう)を競う；負けん気を出す．
zhēngqiǎng【争抢】動 人と奪い合う．
zhēngqǔ【争取】動 **1** 勝ち取る．努力して獲得する．**2** 実現をめざして努力する．¶～提前完成任务 / できるだけ繰り上げて任務を達成する．
zhēng quán duó lì【争权夺利】〈成〉権力争いをする．
zhēngshèng【争胜】動(競技で)優勝を争う．
zhēngsòng【争讼】動〈書〉訴訟争いをする．
zhēngxí【争席】動 席次を争う．
zhēngxiān【争先】動 先を争う．
zhēng xiān kǒng hòu【争先恐后】〈成〉われ先にと争う．
zhēng xiánqì【争闲气】〈慣〉つまらない意地を張る．
zhēngxióng【争雄】動 雄を競う．支配権を争う．
zhēngyì【争议】動(意見の相違から)言い争う,議論をたたかわす．
zhēngzhàn【争战】名 戦闘．戦い．
zhēngzhí【争执】動 言い争って譲らない．
zhēng//zuǐ【争嘴】動〈方〉**1** 食べ物のことで言い争う．**2** 口げんかをする．

征(徵) **zhēng** H ①征伐する．¶南～北战 / 方々に転戦する．②(主に軍隊が)遠征する．¶→～途．③(国家が)徴集·徴発する．¶→～兵．④募る．¶→～稿．⑤兆し．現象．¶特～ / 特徴．⑥証明する．証拠だてる．¶～验 / あかし；効き目．
zhēng'ān【征鞍】名〈書〉出征〔長旅〕の際に乗る馬．
zhēng//bīng【征兵】動 徴兵する．
zhēngbīngzhì【征兵制】名 徴兵制度．
zhēngchén【征尘】名〈書〉旅行でついたほこり．旅の苦労．
zhēngchéng【征程】名 長旅の道のり．
zhēng//dì【征地】動 土地を収用する．
zhēngdiào【征调】動(政府が人員や物資を)徴用する,徴発する．
zhēngdìng【征订】動 予約注文を募る．
zhēngfā【征发】動〈旧〉(政府が民間の人員や物資を)徴発する．
zhēngfá【征伐】動 征伐する．討伐する．
zhēngfān【征帆】名〈書〉遠くへ去りゆく船．
zhēngfū【征夫】名〈書〉遠くへ行く旅人．
zhēngfú【征服】動 征服する．
zhēng//gǎo【征稿】動 原稿を募集する．
zhēnggòu【征购】動(国家が農産物や土地を)買い上げる．
zhēngguǎn【征管】動(税などを)徴収管理する．
zhēnghòu【征候】名 徴候．兆し．
zhēng//hūn【征婚】動(広告などで)結婚相手を募集する．
zhēngjí【征集】動 **1**(広告や口頭で)広く募る．**2** →zhēngmù【征募】
zhēngliǎn【征敛】動〈書〉租税を取り立てる．
zhēngmù【征募】動(兵隊を)募集する．
zhēngpìn【征聘】動 招聘(しょうへい)する．
zhēngqiú【征求】動(広告や口頭で)たずね求める, 募る．¶～意见 / 意見を求める．
zhēngshí【征实】動(税を)現物で徴収する．
zhēngshōu【征收】動(政府が法律によって)徴収する．
zhēng//shuì【征税】動 徴税する．
zhēngtǎo【征讨】動 征伐する．討伐する．
zhēngtú【征途】名〈書〉長い旅路．道のり．
zhēng//wén【征文】動(新聞や雑誌で)原稿を募集する．
zhēngxiàng【征象】名 徴候．兆し．
zhēngxún【征询】動 意見などを求める．アンケートをとる．
zhēngyǐn【征引】動〈書〉引用する．実証を引く．
zhēngyòng【征用】動 徴用する．徴発する．
zhēngyǒu【征友】動(広告などで)友人を募集する．
zhēngzhàn【征战】動〈書〉出征し戦う．
zhēngzhào【征召】動 **1** 兵隊を召集する．**2**〈書〉官職を授ける．
zhēngzhào【征兆】名 徴候．兆し．

怔 **zhēng** O 異読⇨zhèng
zhēngchōng【怔忡】名〈中医〉動悸(どうき)．
zhēngyíng【怔营】動〈書〉恐れおののく．
zhēngzhōng【怔忪】動〈書〉驚き恐れる．

挣 **zhēng** H もがく．異読⇨zhèng
zhēngzhá【挣扎】動 なんとかしようと必死になる．懸命にもがく．

峥 **zhēng** O
zhēngróng【峥嵘】形〈書〉**1** 山が高くて険しい．**2** 才気や品格がひときわすぐれている．尋常でない．

狰 **zhēng** ○

zhēngníng【狰狞】形(顔つきが)凶悪である．獰猛(どうもう)である．

钲 **zhēng** 名〈古〉鉦(しょう)．▶銅製の打楽器．

症 **zhēng** ○ 異読⇨zhèng

zhēngjié【症结】名 1〈中医〉腹の中に塊のできる病気． 2 困難な点．問題点．

烝 **zhēng** 形〈書〉数が多い． ¶～民 / 庶民．民衆．

睁 **zhēng** 動 目をあける．目を見張る．¶眼睛～不开 / 目が開かない．¶～一只眼,闭一只眼 /（他人の過失などを）見て見ぬふりをする．

zhēngyǎn xiāzi【睁眼瞎子】〈慣〉非識字者；状況をよく理解していない人．

铮 **zhēng** ○ 異読⇨zhèng

zhēngcōng【铮鏦】擬〈書〉金属がぶつかり合う音．

zhēngzhēng【铮铮】擬《金属がぶつかり合って出る澄んだ音》ちん．ちゃりん．

筝 **zhēng** 名(民族楽器の一)箏(そう)．琴．

蒸 **zhēng** 動 蒸す．ふかす．¶～白薯 / サツマイモをふかす．

H 湯気が立つ．¶→～发fā．

zhēngbǐng【蒸饼】名 蒸した"饼"．

zhēngfā【蒸发】動 蒸発する．

zhēngguō【蒸锅】名〈料理〉蒸し器．蒸し鍋．

zhēngjiǎo【蒸饺】名(～儿)〈料理〉蒸しギョーザ．

zhēngliú【蒸馏】動〈化〉蒸留する．

zhēngliúshuǐ【蒸馏水】名 蒸留水．

zhēnglóng【蒸笼】名 せいろう．蒸し器．

zhēngqì【蒸气】名〈物〉蒸気．

zhēngqì【蒸汽】名 水蒸気．スチーム．

zhēngqìchuí【蒸汽锤】名 蒸気ハンマー．

zhēngqìjī【蒸汽机】名 蒸気機関．

zhēngshi【蒸食】名〈料理〉小麦粉で作って蒸した食品の総称．

zhēngténg【蒸腾】動(熱気・蒸気などが)立ち上る．

zhēng zhēng rì shàng【蒸蒸日上】〈成〉(事業などが)日に日に向上し発展する．

zhēngzhǔdài【蒸煮袋】名 レトルトパウチ．

拯 **zhěng** **H** 救う．助ける．

zhěngjiù【拯救】動 救う．救助する．

整 **zhěng** ❶形 1 そろっている．完全である．¶一千元～ / 千元きっかり．¶他～劳动了半年 / 彼はまる まる半年働いた． 2(多く否定の形で)きちんとしている．¶衣冠不～ / 身なりがだらしない．

❷動 1(乱れたものを)整える．¶～～衣裳 / 衣服をちょっと整える． 2 修理する． 3 ひどい目にあわせる．¶～了他一顿 / あいつをこらしめた． 4〈方〉やる．する．

zhěngbèi【整备】動(軍隊を)整備する,整え配置する．

zhěngbiān【整编】動(軍隊などの組織を)整え改編する．

zhěngbǔ【整补】動(軍を)補充し整備する．

zhěngchì【整饬】〈書〉1 動 きちんとする．整頓する． 2 形 きちんとしている．秩序だっている．

zhěngchú【整除】動〈数〉整除する．

zhěng//dǎng【整党】動(思想や組織面から)党組織を整える．

zhěng//dì【整地】動〈農〉整地する．

zhěngdiǎn【整点】1 名(時刻の)…時ちょうど．¶～新闻 / 同上に始まるニュース． 2 動 整理・確認する．

zhěng//duì【整队】動〈軍〉整列する．

zhěngdùn【整顿】動(乱れたもの・不健全なものを)正す,立て直す,整える．

zhěngfàqì【整发器】名 ロールブラシドライヤー．

zhěng//fēng【整风】動 思想および活動・仕事の態度・やり方を正す．

zhěnggǎi【整改】動 整理し改革する．

zhěnggè【整个】形(～儿)全部の．まるごとの．¶～上午 / 午前中ずっと．

zhěnggù【整固】動〈経〉(値動きを)調整し固める．

zhěnghé【整合】1 名〈地質〉整合． 2 動 整理し再構成する．

zhěnghuà【整话】名 まとまりのある話．はっきりした言葉．

zhěngjié【整洁】形 きちんとして清潔である．

zhěngjīng【整经】動〈紡〉整経する．

zhěngláolì【整劳力】名(農村で)一人分と見なされる労働力．

zhěnglǐ【整理】動 整理する．整える．かたづける．¶～笔记 / メモを整理する．

zhěngliào【整料】名 一定の規格に合っている材料；一つの製品を仕上げるのに十分な材料．

zhěngliú【整流】動〈電〉整流する．

zhěngliúqì【整流器】名〈電〉整流器．

zhěngnián【整年】名 一年中．まる1年．

zhěngpī【整批】形 まとまった数量の．一括した．

zhěngqí【整齐】❶形 1 整然としている．きちんとしている． 2(長さ・大きさや質などが)そろっている．¶纸张裁得很～ / 紙が同じサイズにそろえて裁断してある．

❷動 整える．きちんとする．

zhěngqián【整钱】名 まとまった金；ある一定額の紙幣．

zhěngr【整儿】名〈方〉まとまった額．整数．

zhěng rì zhěng yè【整日整夜】

〈成〉四六時中．昼夜ぶっ通しで．

zhěng//róng【整容】動 **1** 身だしなみや容姿を整える．**2** 美容整形する．

zhěngshì【整式】名〈数〉整式．

zhěngshū【整梳】名（ヘアーセット用の）ロールブラシ．

zhěngshù【整数】名 **1**〈数〉整数．**2** 端数のない数．

zhěngsù【整肃】〈書〉❶形 厳粛である．厳かである．❷動 **1** 整頓する．整える．**2** 粛清する．

zhěngtào【整套】形 完全なまとまりの．フルセットの．

zhěngtǐ【整体】名（ある集団または事柄の）全体，総体．

zhěngtiān【整天】名 一日中．終日．

zhěng tiān zhěng xiǔ【整天整宿】〈成〉昼夜ぶっ通しで．

zhěngtuō【整托】⇀quántuō【全托】

zhěng//xíng【整形】動〈医〉整形する．

zhěngxiū【整修】動 修繕する．修理する．

zhěngxùn【整训】動（人員の）整備と訓練をする．

zhěngzhāng【整张】名 まる1枚の紙．全紙．

zhěngzhěng【整整】形 まるまる．ちょうど．

zhěng//zhī【整枝】動 整枝する．剪定(せんてい)する．

zhěngzhì【整治】動 **1** 修理する；整理する．**2** こらしめる．厳しくしつける．**3**（ある仕事を）やる，する．

zhěng zhuāng dài fā【整装待发】〈成〉仕度を整えて出発を待つ．

正

zhèng ❶形 **1**（斜めに対して）まっすぐである；（裏に対して）表である；（端に対して）真ん中である．¶字写得不～／字がゆがんでいる．**2** 正直だ．正しい．¶作风不～／仕事ぶりや生活態度がまじめでない．**3**（色・味・ムードなどが）まじり気がない，純正である．¶这个酒味儿不太～／この酒は味がちょっと変だ．**4**（↔副）主な．主要な．¶～副经理／社長と副社長．

❷動（位置や誤りを）正す，整える．¶～一下帽子／帽子をきちんとかぶり直す．

❸副 **1**（動作の進行状態の持続を表し）…している（ところだ）．¶～说着话呢／いま話し中だ．¶大伙儿～忙着，客人已经到了／みんなが忙しく用意しているところへ客がもう到着した．**2** ちょうど折よく．¶大小～好／大きさがちょうどよい．**3**（肯定の語気を強め）まさしく．¶问题～在这里／問題はまさにここにある．

H ①〈数〉（↔负）正数．プラス．¶→～数shù．②〈電〉（↔负）正．陽．プラス．¶→～电diàn．③規則正しい．正式な．④（時間について）ちょうど．かっきり．¶十二点～／かっきり12時．¶→～楷kǎi．‖姓

異読⇒zhēng

zhèngbǎn【正版】名 正規版．

zhèngběn【正本】名 正本．原本．

zhèng běn qīng yuán【正本清源】〈成〉根本から改革を行う．

zhèngbǐ【正比】名〈数〉**1** 正比．**2** 正比例．

zhèngbǐlì【正比例】名〈数〉正比例．

zhèngbù【正步】名〈軍〉（観兵式などの）行進の歩調．

zhèngcān【正餐】名 正式な食事．正餐(せいさん)．ディナー．

zhèngchá【正茬】名〈農〉輪作中の主要な一作．表作(おもてさく)．

zhèngcháng【正常】形 正常である．

zhèngchángbān【正常班】名〈俗〉普通時間勤務．

zhèngchángshí【正长石】名〈鉱〉正長石．

zhèngchángyán【正长岩】名〈鉱〉閃長岩．

zhèngchū【正出】名〈旧〉嫡出(ちゃくしゅつ)．

zhèngdà【正大】形（言動が）正当で私心がない．正大である．

zhèngdàn【正旦】名 伝統劇の女形(おやま)．⇒zhēngdàn

zhèngdāng【正当】動 ちょうど…の時に当たる．⇒zhèngdàng

zhèngdāngnián【正当年】名 元気盛んな年ごろ．

zhèngdāngshí【正当时】名 ちょうどよい時節．

zhèngdāngzhōng【正当中】名 まっただ中．ちょうど真ん中．

zhèngdàng【正当】形 **1** 正当である．まともである．¶～防卫／正当防衛．**2**（人柄が）よい．⇒zhèngdāng

zhèngdào【正道】名 正しい道．

zhèngdao【正道】形〈方〉正しい．傾いていない．

zhèngdiǎn【正点】副 定刻に．時間どおりに．

zhèngdiàn【正电】名〈物〉正電気．陽電気．

zhèngdiàn【正殿】名（宮殿や廟などの）本殿．

zhèngdiànhè【正电荷】名〈物〉正電荷．陽電荷．

zhèngdiànzǐ【正电子】名〈物〉正電子．陽電子．

zhèngduōbiānxíng【正多边形】名〈数〉正多角形．

zhèng'érbājīng【正儿八经】形 **1**〈方〉真剣である．**2**〈口〉まともである．

zhèng//fǎ【正法】動 死刑を執行する．

zhèngfǎn【正反】名 プラスとマイナス．積極的と消極的．肯定と否定．

zhèngfǎnyìng【正反应】名〈化〉正反応．

zhèngfàn【正犯】名〈法〉正犯．主犯．

zhèngfāng【正方】名 真四角．正方形．立方体．

zhèngfāngtǐ【正方体】名〈数〉立方体．

zhèngfāngxíng【正方形】名〈数〉正方形．真四角．

zhèngfáng【正房】名 **1**（旧式建築の

家で)南向きのひと棟,母屋. **2** 本妻. 正妻.

zhèng gāi【正该】まさに…すべきである. ちょうど潮時である.

zhènggào【正告】動〈書〉厳しく通告する.

zhènggē【正割】名〈数〉セカント. 正割.

zhènggōng【正宫】名 皇后.

zhènggǔ【正骨】名〈中医〉整骨.

zhèngguī【正规】形 正規である.

zhèngguǐ【正轨】名 正しい軌道. 正しい道.

zhèngguǒ【正果】名〈仏〉証果(しょうか). (修行して得た)悟りの果.

zhènghǎo【正好】**1** 形 ちょうどよい. ¶你来得~ / ちょうどよい時に来た. **2** 副 都合よく. 折よく.

zhènghào【正号】名(~儿)〈数〉正数記号. プラスの記号"＋".

zhèngjí【正极】名〈電〉(電池などの)陽極.

Zhèngjiào【正教】名〈宗〉ギリシア正教.

zhèng jīn wēi zuò【正襟危坐】〈成〉うやうやしくかしこまるさま.

zhèngjīng【正经】→ **Shísānjīng**【十三经】

zhèngjing【正经】❶形 **1** まじめである. **2** 正当である. **3** まともな. 正規の. ❷副〈方〉本当に. 確かに.

zhèngjing bābǎi【正经八百】〈慣〉**1**〈方〉くそまじめである. **2** まともな. 正規の. ▲"正经八摆"とも.

zhèngjù【正剧】名 市民劇.

zhèngkǎi【正楷】→**kǎishū**【楷书】

zhèngkè【正客】名 主賓.

zhènglǐ【正理】名 正しい道理.

zhèngliǎn【正脸】名(~儿)**1** 正面から見た顔. 前向きの顔. **2**(建物の)正面.

zhèngliáng【正梁】名〈建〉棟. 棟木.

zhèngliùmiàntǐ【正六面体】名〈数〉正六面体.

zhènglù【正路】名(人の歩むべき)正しい道.

zhènglùn【正论】名 正論. 正しい言論.

zhèngmén【正门】名 **1** 正門. **2** 玄関.

zhèngmiàn【正面】❶名 **1** 正面. **2** 表. 表面. **3** 肯定的な面. 主要な面. **4**(物事の)現象面. ❷副 直接に. 真っ向から.

zhèngmiàn rénwù【正面人物】名 **1**(文学や芸術作品の)進歩的・肯定的な人物. **2**(演劇や映画などで)善玉.

zhèngmiàntú【正面图】→**zhèngshìtú**【正视图】

zhèng//míng【正名】動 名をただす. 名分をただす.

zhèngpái【正牌】形(~儿)正当な. ブランド物の.

zhèngpài【正派】形 品行方正である. まじめである.

zhèngpiàn【正片】名(~儿)**1**(写真の)ポジ,陽画. **2**〈映〉コピー. プリント. **3**(映画興行で)主要な映画.

zhèngpǐn【正品】名 規格品.

zhèngqì【正气】名 **1** 正しい気風. **2** 堂々として剛直な気風. **3**〈中医〉病気に対する抵抗力.

zhèngqiáo【正桥】名〈建〉主橋梁.

zhèngqiǎo【正巧】**1** 形 ちょうど時機がよい. **2** 副 折よく. ちょうど.

zhèngqiē【正切】名〈数〉タンジェント. 正接.

zhèngqǔ【正取】動 正式採用する; 正式合格する.

zhèngquè【正确】形 道理や規準に合っている. 正しい. ¶~地理解 / 正しく理解する.

zhèng rén jūn zǐ【正人君子】〈成〉品行方正な人.

zhèngrì【正日】名(~子)〈方〉行事を行う日取り.

zhèngrú【正如】動 まさに…のごとくである. ちょうど…のようである.

zhèngsānjiǎoxíng【正三角形】名 正三角形.

zhèngsè【正色】〈書〉**1** 名 まじりけのない色. **2** 動 厳しい表情をする.

zhèngshēn【正身】名(替え玉ではない)本人.

zhèngshǐ【正史】名 正統と認められた紀伝体の歴史書. 正史.

zhèngshì【正式】形 正式の〔に〕. 公式の〔に〕. ¶~比赛 / 公式試合.

zhèngshì【正事】名 **1** まじめな仕事. まともなこと. **2** 本務. 本題.

zhèngshì【正视】動〈書〉正視する. まともに目を向ける.

zhèngshì【正室】名 **1**〈旧〉本妻. 正妻. **2**〈書〉嫡出の長男

zhèng shì shíhou【正是时候】ちょうどよい時だ. 潮時だ.

zhèngshìtú【正视图】名〈測〉立面図. 正面図.

zhèngshǒu【正手】名〈体〉フォアハンド.

zhèngshū【正书】名 楷書. 真書.

zhèngshù【正数】名〈数〉正数.

zhèngtài fēnbù【正态分布】名〈統計〉正規分布.

zhèngtí【正题】名 文章や話の本筋. 本題.

zhèngtǐ【正体】名 **1** 漢字の正しい字体. 正字. **2** 楷書. **3** 表音文字の印刷体.

zhèngtīng【正厅】名 **1** 正面の大広間. 正面ホール. **2** 劇場1階の舞台に面する観客席.

zhèngtǒng【正统】❶名 **1**(封建王朝の)正統,嫡流. **2**(団体や師弟で)正統,本家. ❷形 正統である.

zhèngtóuyǐng【正投影】名〈数〉直角投影.

zhèngtú【正途】名 正しい筋道.

zhèngwén【正文】名(書物の)本文.

zhèngwǔ【正午】名 正午. 真昼.

zhèngwù【正误】動 誤りを正す.
zhèngxì【正戏】名 初めからプログラムに組み込まれた本芝居.
zhèngxián【正弦】名〈数〉サイン. 正弦.
zhèngxiàn【正线】名〈印〉表けい.
zhèngxiàng【正项】名 正式な項目.
zhèngxiōng【正凶】名(殺人事件の)主犯.
zhèngyán【正盐】名〈化〉正塩.
zhèng yán lì sè【正言厉色】〈成〉改まった言葉を使い,厳しい表情をする.
zhèng yán lì sè【正颜厉色】〈成〉真顔になり,厳しい表情をする.
zhèngyǎn【正眼】動 正視する.
zhèng yào【正要】ちょうど…しようとする.
zhèngyè【正业】名 正業. まともな職業.
zhèngyì【正义】❶名 1 正義. 2〈書〉正しい解釈.
❷形 正義にかなう.
zhèngyìgǎn【正义感】名 正義感.
zhèng//yīn【正音】1 動 発音を矯正する. 2 名〈語〉標準音.
zhèngyòng【正用】名 正当な使い道.
zhèngzài【正在】副 ちょうど…しているところだ. ¶～开会 / 今会議中である.
zhèng zhī běn pài【正支本派】〈成〉直系の家族.
zhèng zhī zhèng yè【正枝正叶】〈成〉1 直系の子孫. 2 正統派.
zhèngzhí【正直】形 正直である. 公正で率直である.
zhèngzhí【正值】動 ちょうど…の時に当たる.
zhèngzhí【正职】名 1(副の職位に対し)正の職位. 2(副業などに対し)本業.
zhèngzhōng【正中】名 中央. 真ん中.
zhèng zhòng xià huái【正中下怀】〈成〉わが意を得る. 願ったりかなったりだ. 思うつぼだ.
zhèngzhuāng【正装】名(↔休闲装)フォーマルな服装. 正装.
zhèngzì【正字】❶名 1 楷書. 2 漢字の正しい字体. ❷動 字形を正す.
zhèngzìfǎ【正字法】名〈語〉正書法. 正字法.
zhèngzōng【正宗】1 名 本筋. 正統. 2 形 正統の. 本場の.
zhèngzuò【正座】名(～儿)1 舞台の正面の席. 2 主賓が座る席. 上座.

证(證) zhèng H ①証拠立てる. ¶论～ / 論証する. ②証拠. ¶工作～ /(勤務先)身分証明書.
zhèngcí【证词】名 証言.
zhènghou【证候】名〈中医〉処方の判断材料となる患者の状態.
zhènghūn【证婚】動 婚礼に証人として立会う. ¶～人 / 婚礼立会人.
zhèngjiàn【证件】名(身分や経歴などを証明する)証明書類.
zhèngjù【证据】名 証拠.
zhèngmíng【证明】1 動 証明する. 裏づける. 2 名〈口〉証明書. 証明する手紙.
zhèngquàn【证券】名〈経〉証券. 有価証券. ¶～投资 / 証券投資.
zhèngquàn jiāoyìsuǒ【证券交易所】名〈経〉証券取引所.
zhèngren【证人】名 1〈法〉証人. 2(広く)証明する人.
zhèngshí【证实】動 実証する. 証明する.
zhèngshū【证书】名 証書. 証明書.
zhèngwù【证物】名〈法〉証拠物件. 証拠物.
zhèngyán【证言】名 証言.
zhèngyàn【证验】1 動 検証する. 2 名 実効. 効果.
zhèngzhāng【证章】名(身分を証明する)バッジ, 記章.
zhèngzhào【证照】名 証明書. 許可証.

郑(鄭) zhèng 名〈史〉鄭(てい). ▶周代の国名. ‖姓
zhèngzhòng【郑重】形 厳粛である. 丁重である. ¶～其事 /(事を処するに)まじめである.
Zhèngzhōu【郑州】名〈地名〉鄭州(ていしゅう).

怔 zhèng 動〈方〉呆然とする.
異読⇒zhēng
zhèngzhèng【怔怔】形〈方〉呆然とするさま.

诤 zhèng H(率直に)いさめる.
zhèngjiàn【诤谏】動〈書〉いさめる. 諫言(かん)する.
zhèngyán【诤言】名〈書〉諫言.
zhèngyǒu【诤友】名〈書〉率直に忠告してくれる友人.

政 zhèng H ①政治. ¶专～ / 独裁. ②政府の事務. ¶财～ / 財政. ③家庭〔団体〕の事務. ¶校～ / 校務. ‖姓
zhèngbiàn【政变】名 政変. クーデター.
zhèngbǐng【政柄】名〈書〉政権.
zhèngcè【政策】名 政策.
zhèngdǎng【政党】名 政党.
zhèngdí【政敌】名 政敵.
zhèngfǎ【政法】名〈略〉政治と法律.
zhèngfēng【政风】名 公務員の風紀.
zhèngfǔ【政府】名 政府. 行政機関.
zhèngfǔ zhàiquàn【政府债券】名〈経〉政府や政府系機関が発行する債券. 公債.
zhènggāng【政纲】名 政治綱領.
zhènggōng【政工】名 政治活動.
zhèngjì【政纪】名 行政機関の職員が遵守すべき規律.
zhèngjì【政绩】名 役人の在職期間中の成績.
zhèngjiàn【政见】名 政治的見解.
zhèngjiào fēnlí【政教分离】名 政

教分離.
zhèngjiào héyī【政教合一】名 祭政一致.
zhèngjiè【政界】名 政界.
zhèngjú【政局】名 政治の動向. 政局.
zhèngkè【政客】名〈貶〉政治屋. 政治ブローカー.
zhènglìng【政令】名 政令.
zhènglùn【政论】名 政論.
zhèngpài【政派】名 政治上の派閥.
zhèngquán【政权】名 **1** 政治権力. **2** 政治権力機構. 政府機関.
zhèngquán jīguān【政权机关】名 政権機関；政府組織.
zhèngshěn【政审】名 政治審査. 思想性・政治性についての審査.
zhèngshēng【政声】名 政治上の評判.
zhèngshì【政事】名 行政上の事務.
zhèngtán【政坛】名 政界.
zhèngtǐ【政体】名 国家の統治形態.
zhèng tōng rén hé【政通人和】〈成〉政治がうまくいっていれば,人心は安定する.
zhèngwěi【政委】→ **zhèngzhì wěiyuán**【政治委员】
zhèngwù【政务】名 行政上の事務. 政務；(広く)国家管理に関する活動.
zhèngwùyuàn【政务院】名 中国国務院の旧称.
zhèngxié【政协】→ **zhèngzhì xiéshāng huìyì**【政治协商会议】
zhèngyào【政要】名 政界の要人.
zhèngzhì【政治】名 政治.
zhèngzhì bìnàn【政治避难】名 政治的亡命.
zhèngzhìfàn【政治犯】名 政治犯.
zhèngzhìjiā【政治家】名 政治家.
zhèngzhì jiàodǎoyuán【政治教导员】名〈軍〉(中国人民解放軍の)大隊長級の政治工作員.
zhèngzhì jīngjìxué【政治经济学】名 政治経済学.
zhèngzhìjú【政治局】名〈政〉(中国共産党中央委員会の)政治局.
zhèngzhìkè【政治课】名 政治に関する授業.
zhèngzhì miànmù【政治面目】名 (個人の)政治的立場. 所属政党・団体.
zhèngzhì quánlì【政治权利】名 政治上の権利.
zhèngzhì wěiyuán【政治委员】名〈軍〉政治委員.
zhèngzhì xiélǐyuán【政治协理员】名〈軍〉政治協理員.
zhèngzhì xiéshāng huìyì【政治协商会议】名 政治協商会議. 政協.
zhèngzhìxué【政治学】名 政治学.
zhèngzhì xuéxí【政治学习】名 政治学習会.
zhèngzhì zhǐdǎoyuán【政治指导员】名〈軍〉政治工作員.

挣 **zhèng** 動 **1** 稼ぐ. 代価を得る. ¶～钱 / 働いて金を稼ぐ. **2** 必死になって振り離す. ¶～开锁链 / 鎖から抜け出す. 異読⇨zhēng
zhèngchuài【挣揣】動〈書〉必死になる. もがく.
zhèngmìng【挣命】動 必死になってもがく.

症(證) **zhèng** H 疾病. ¶急～ / 急病. 異読⇨zhēng
zhènghou【症候】名 **1** 疾病. 病気. **2** 症状.
zhènghòuqún【症候群】名〈医〉症候群. シンドローム.
zhèngzhuàng【症状】名 症状.

铮 **zhèng** 形〈方〉(物の表面が)ぴかぴかである. ¶擦得～亮 / ぴかぴかに磨かれている. 異読⇨zhēng

zhi(ㄓ)

之 **zhī**〈書〉**1** 代 **1**《人や事物をさし,目的語として用いる》これ. それ. あれ. ¶取～不尽 / (これを)くめども尽きない. **2**《固定的な表現の中で用いられ,具体的な事物はささない》¶久而久～ / 時がたつにつれて. **3** この. その. ¶～子于归 / この子が嫁ぐ.
2 助 …の. **1**《修飾語と被修飾語の間に用い,所有・修飾などの関係を表す》¶知识是宝中～宝 / 知識は宝の中の宝である. ¶三分～一 / 3分の1. **2**《主語と述語の間に加え,句全体を一つの修飾関係の句にする》¶我公司～成功… / 当社の成功は….
3 動 行く. ¶由穗～沪 / 広州から上海へ行く.
zhīhòu【之后】名(多く時間について)…ののち. …してから.
zhī hū zhě yě【之乎者也】〈成〉やたらにもったいぶった文語を使う.
zhījiān【之间】名 **1** …の間. **2** …のうちに. 瞬間.
zhīlèi【之类】名 …のたぐい. …の仲間.
zhīliú【之流】名 …のたぐい. …の仲間.
zhīnèi【之内】名 …以内. …のうち.
zhīqián【之前】名 …の前.
zhīshàng【之上】名 …より上. …以上.
zhīwài【之外】名 …のほかに. …以上.
zhīxià【之下】名 …以下. …より下.
zhīyī【之一】名 …の一つ.
zhīzhì【之至】助〈書〉…の至りである；きわめて…である.
zhīzhōng【之中】名 …の中.

支 **zhī** **1** 量 **1** 棒状のものを数える. ¶一～香烟 / 1本のたばこ. **2** 歌や楽曲などを数える. ¶一～歌 / 歌1曲. **3** 隊伍などを数える. ¶一～游行队伍 / 1隊のデモ. **4** 電灯の明るさや綿糸の太さを表す単位. ¶五十～光的灯泡 / 50カンデラの電球. ¶二十～纱 / 20番手の綿糸.
2 動 **1** 支える. 持ちこたえる. ¶～

帐篷 / テントを張る. **2**（金銭を）受け取る,支払う. ¶～他五十块 / 彼に50元払う. **3**（言いくるめて）その場を離れさせる. ¶把孩子～到外面去 / 子供を外に出す. **4**〈方〉突き出る. そばだつ〔だてる〕. ¶向外～着 / 外に突き出ている.

H ①枝のように分かれたもの. ¶→～流. ②十二支. ¶地～ / 十二支. ‖姓

zhī//biān【支边】動 辺境地区を支援する.

zhībù【支部】名〈政〉**1** 党派や団体の末端組織. 支部. **2**（特に）中国共産党の末端組織.

zhī//chāi【支差】動 使役に出る〔出される〕.

zhīcheng【支撑】**1**動 **1** 支える. **2** 我慢する. 持ちこたえる.
2名〈建〉突っ張り. 支柱.

zhīchí【支持】動 **1** 我慢する. 持ちこたえる. 支える. ¶累得～不住了 / 疲れて耐えられなくなった. **2** 支持する；支援する.

zhīchū【支出】**1** 動 支出する. 支払う. **2** 名（↔收入）支出.

zhīchù【支绌】形〈書〉（金が）不十分である. 金繰りが苦しい.

zhīdiǎn【支点】名 **1**〈物〉支点. **2** 物事の中心.

zhīdiàn【支店】名 支店.

zhīduì【支队】名〈軍〉**1** 支隊. 分遣隊. **2** 臨時編制の部隊.

zhīfù【支付】動（金を）支払う.

zhīfù nénglì【支付能力】名〈経〉支払い能力.

zhīháng【支行】名（銀行などの）支店.

zhīhuàn【支唤】動〈方〉人を使う. 用を言いつける.

zhījià【支架】**1** 名（物を据える）台, 支え. **2** 動 支える；食い止める.

zhījiě【支解】→zhījiě【肢解】

zhījiè【支借】動 前借りする.

zhījú【支局】名 支店. 支局.

zhīleng【支棱】動〈方〉ぴんと立つ. ぴんと立てる.

zhīlí【支离】形〈書〉**1** ばらばらである. まとまりがない. **2**（言葉が）しどろもどろである, ちぐはぐである.

zhī lí pò suì【支离破碎】〈成〉支離滅裂.

zhīliàn fǎnyìng【支链反应】名〈物〉連鎖反応.

zhīliú【支流】名 支流. 傍流；副次的なこと. 枝葉.

zhīlú【支炉】名（～儿）"饼bǐng"を焼く道具.

zhīmài【支脉】名 支脈.

zhīpài【支派】名 分派.

zhīpai【支派】動 指図する；（人を）差し向ける.

zhīpèi【支配】動 **1** 割り振る. 割り当てる. **2** 支配する. 指図する.

zhīpiào【支票】名 小切手.

zhīqìguǎn【支气管】名〈生理〉気管支.

zhīqián【支前】動〈略〉前線を支援する.

zhīqú【支渠】名 用水路の支流. 分水路.

zhīqǔ【支取】動（金を）受け取る, 引き出す.

zhīshi【支使】動（人に）命じてさせる.

zhīshū【支书】名〈略〉（党の）支部の書記.

zhīshū【支枢】名〈機〉ピボット. 旋回心軸.

zhīshù【支数】名〈紡〉綿糸の番手. 繊度.

zhīwěihuì【支委会】名〈略〉（党の）支部委員会.

zhīwu【支吾】動 言を左右にする. ごまかす.

zhīxiàn【支线】名（交通路線の）支線.

zhīyìng【支应】動 **1** 対処する. やりくりをする. **2** 供給する. **3** 番をする.

zhīyòng【支用】動 前借りして使う.

zhīyuán【支援】動 支援する；助成する. ¶～灾区 / 被災地を支援する.

zhīyuántǐ【支原体】名〈生〉マイコプラズマ.

zhī//zhāor【支着儿·支招儿】動〈方〉（碁や将棋などで）傍らから助言する；入れ知恵をする.

zhīzhù【支柱】名 **1** 支柱. つっかい棒. **2** 支え. 大黒柱.

zhīzhù chǎnyè【支柱产业】名〈経〉中心産業.

zhīzhùgēn【支柱根】名〈植〉支柱（気）根.

zhīzi【支子】名 **1** 支えるもの. つっかい. **2**（火にかけて）肉を焼く鉄製の用具；（脚のついた）焼き網.

zhī//zuǐr【支嘴儿】動〈方〉（傍らから）口を挟む. 入れ知恵をする.

氏

zhī →Yuèzhī【月氏】 異読⇨shì

只（隻）

zhī 量 **1** 対になっているものの一つを数える. ¶两～耳朵 / 両耳. ¶一～袜子 / 靴下片方. **2** 動物を数える. ¶两～羊 / 2頭の羊. **3** ある種の器具を数える. ¶一～手表 / 腕時計一つ. **4** 船を数える. ¶一～小船 / 小舟1艘.

H 単一の. 単独の. ¶→～身.
異読⇨zhǐ

zhīshēn【只身】名〈書〉単身. 一人.

zhī yán piàn yǔ【只言片语】〈成〉一言半句. わずかな言葉.

zhī zì bù tí【只字不提】〈成〉ひと言も言及しない.

卮（巵）

zhī 名（古代の酒器）杯. ¶漏～ / 酒が漏る杯；〈喩〉国家の利益を失うやり方.

汁

zhī 名（～儿）汁. 液. ¶乳～ / 乳汁(にゅうじゅう). ¶橘子～ / オレンジジュース.

zhīshui【汁水】名〈方〉汁. ジュース.

zhīyè【汁液】名 液汁．汁．

芝 zhī ㊐ ①マンネンタケ．②(セリ科の)カラビャクシ．ビャクシ．‖姓

zhīlán【芝兰】名〈古〉白芷(びゃくし)と蘭；〈喩〉徳行が高い,友情が厚い,環境がよいこと．

zhīma【芝麻】名〈植〉ゴマ．

zhīmajiàng【芝麻酱】名〈料理〉ゴマペースト．ねりごま．

zhīmayóu【芝麻油】名〈料理〉ゴマ油．

吱 zhī 擬《硬い物がきしむ音》きい．ぎい．¶～～地划着小船 / 小舟をぎいぎいとこいでいる．異読⇒zī

枝 zhī 1 名(～儿·～子) 枝．¶树～ / 木の枝．**2** 量 花や葉のついている枝を数える；棒状のものを数える．¶一～花 / ひと枝の花．¶三～铅笔 / 鉛筆3本．‖姓

zhīchà【枝杈】名 枝分かれしている小枝．

zhī fán yè mào【枝繁叶茂】〈成〉子孫が繁栄する．

zhīgàn【枝干】名(木の)枝と幹．

zhījiē【枝接】動〈農〉枝接ぎをする．

zhījié【枝节】名 **1** 枝葉末節．**2** 面倒．障害．

zhījiě【枝解】→zhījiě【肢解】

zhīkē【枝柯】名〈書〉木の枝．

zhīmàn【枝蔓】名〈書〉枝とつる；〈転〉もつれてややこしいもの．

zhīshāo【枝梢】名 こずえ．

zhītiáo【枝条】名 枝．

zhītóu【枝头】名 枝の先．こずえ．

zhīyā【枝丫】名 枝．小枝．▲"枝桠"とも．

zhīyè【枝叶】名 枝葉．主要でない物事．

zhīzi【枝子】名 枝．

知 zhī 動 知っている．わかる．¶不～他明天能不能来 / 彼は明日来るかどうかわからない．
㊐ ①知らせる．¶通～ / 通知する．②知識．¶求～ / 知識を求める．③主管する．¶→～县．

zhī bǐ zhī jǐ, bǎi zhàn bù dài【知彼知己,百战不殆】〈成〉彼を知り己を知らば百戦危うからず．

zhībīn【知宾】名〈方〉接待係．

zhībudào【知不道】動〈方〉知らない．

zhīdān【知单】名 招待状の一種．

zhīdao【知道】動(…のことを,…について) 知っている, わかる；(何をすべきかを)心得ている．¶他很～内情 / 彼は内情をよく知っている．

zhī//dǐ【知底】動 内情を知っている．

zhī fǎ fàn fǎ【知法犯法】〈成〉法を知りながらわざと法を犯す．

zhīfǔ【知府】名(明·清代の)府知事．

zhī gēn zhī dǐ【知根知底】〈成〉素性をよく知っている．知り尽くしている．

zhīgēngniǎo【知更鸟】名〈鳥〉コマドリ．

zhī guò bì gǎi【知过必改】〈成〉(自分の)過ちを悟ったら必ず改める．

zhīhui【知会】動〈方〉口頭で知らせる．

zhījǐ【知己】**1** 形 互いに理解し合っている．**2** 名 理解し合っている友．

zhī jǐ zhī bǐ【知己知彼】〈成〉自分のことも相手のこともよく知っている．

zhījiāo【知交】名 知己．親友．

zhījué【知觉】名 **1** 〈心〉知覚．**2** 感覚．

zhīkè【知客】名 **1** 〈旧〉(婚礼や葬式の)接待係．**2** 寺院の接待僧．知客(しか)．

zhīliǎo【知了】名〈虫〉セミ．

zhīmíng【知名】形〈書〉(人が)有名である．名高い．

zhīmíngdù【知名度】名 知名度．

zhīmǔ【知母】名〈植〉チモ．ハナスゲ．

zhī nán ér jìn【知难而进】〈成〉困難だと知りながら進んでそれをやる．

zhī nán ér tuì【知难而退】〈成〉困難だと知ってひるんで退く．

zhī qí yī, bù zhī qí èr【知其一,不知其二】〈成〉生かじりである．

zhīqīng【知青】→ zhīshi qīngnián【知识青年】

zhī//qíng【知情】動 **1** (犯罪事件の)内情を知っている．**2** 情をわきまえている；(人の厚意などに)感謝する．

zhī qíng dá lǐ【知情达理】〈成〉人情に通じ道理をよくわきまえている．

zhīqíngquán【知情权】名 知る権利．

zhīqù【知趣】形 **1** 気がきく．物わかりがよい．**2** どう対処すべきかをわきまえている．

zhī rén lùn shì【知人论世】〈成〉人物の品定めをしたり世相を論じたりすること．

zhī rén shàn rèn【知人善任】〈成〉人物をよく知り,その才能をうまく使う．

zhī rén zhī miàn bù zhī xīn【知人知面不知心】〈諺〉人は見かけによらぬ．

zhī rén zhī míng【知人之明】〈成〉人を見抜く力．人を見る目．眼識．

zhīshì【知事】名〈旧〉(県などの)知事．

zhīshi【知识】名 **1** 知識．教養．**2** 学術や文化に関係のあるもの．

zhīshi chǎnquán【知识产权】名 知的財産権．知的所有権．

zhīshi chǎnyè【知识产业】名(教育·情報などの)知識集約型産業．

zhīshi fènzǐ【知识分子】名 知識人．インテリ．

zhīshi jīngjì【知识经济】名 知的(インテリジェント)経済．

zhīshi qīngnián【知识青年】名 知識青年．(文革中に)農山村に下放された中卒·高卒の若者．(文革後の)失業中の中·高卒者．

zhī téng zháo rè【知疼着热】〈成〉かゆいところに手の届く心遣い．

zhī wú bù yán【知无不言】〈成〉知っていることは何でも話す．

zhīxī【知悉】[動]〈書〉知る．わかる．
zhīxiàn【知县】[名]〈明・清代の〉県知事．
zhīxiǎo【知晓】[動]知る．わかる．
zhīxīn【知心】[形]理解し合っている；思いやりがある．
zhīxíng【知行】[名]〈哲〉知行(ちこう)．知ることと行うこと．
zhīyīn【知音】[名]知己．親友．自分の才能を認める人．知音(ちいん)．
zhīyǒu【知友】[名]理解し合っている友．
zhīyù【知遇】[動]〈書〉認められて厚遇される．
zhīzhào【知照】[動]〈書〉通達する．通知する．
zhīzú【知足】**1**[形]満足している．**2**[動]〈書〉足るを知る．

肢
zhī[H]手足．¶上～和下～／両手と両足．
zhījiě【肢解】**1**[名]〈書〉罪人の手足を切る昔の刑罰．**2**[動]ばらばらにする．
zhīshì【肢势】[名]〈役畜の〉立っている姿勢．
zhītǐ【肢体】[名]**1**手足．四肢．**2**手足と胴．

泜
zhī 地名用字．

织(織)
zhī[動]〈布などを〉織る；〈毛糸や糸などで〉編む．¶～毛衣／セーターを編む．‖[姓]
zhībǔ【织补】[動]〈衣類の破れを〉つくろう．かけはぎする．
zhī//bù【织布】[動]布を織る．¶～工／織工．
zhībùniǎo【织布鸟】[名]〈鳥〉ハタオリドリ．
zhījī【织机】[名]織機．機(はた)．
zhījǐn【织锦】[名]**1**錦織り．**2**〈絵画や肖像を織り出して〉刺繡のように見せる絹織物．
zhīnǚ【织女】[名]**1**機織り女工．**2**〈天〉織女星．
zhīnǚxīng【织女星】[名]〈天〉織女星．織り姫星．
zhīpǐn【织品】[名]織物．
zhīwù【织物】[名]織物．
zhīzào【织造】[動]機械で織物を織る．

栀(梔)
zhī O
zhīzi【栀子】[名]〈植〉クチナシ(の木や実)．▶"水横枝"とも．

胝
zhī →piánzhī【胼胝】

祗
zhī[H]敬う．

脂
zhī[H]①脂(あぶら)．脂肪．¶松～／松やに．②〈化粧用の〉紅(べに)．¶胭～／頰紅；口紅．
zhīfáng【脂肪】[名]脂肪．
zhīfánggān【脂肪肝】[名]〈医〉脂肪肝．
zhīfángsuān【脂肪酸】[名]〈化〉脂肪酸．
zhīfěn【脂粉】[名]**1**紅(べに)とおしろい．**2**〈喩〉〈旧〉女性．
zhīgāo【脂膏】[名]**1**脂．脂肪．**2**〈喩〉〈人民の〉血と汗の結晶．
zhīliú【脂瘤】[名]〈医〉脂肪瘤．
zhīmá【脂麻】→zhīma【芝麻】
zhīsuān【脂酸】[名]〈化〉脂肪酸．
zhīyóu【脂油】[名]〈方〉ラード．

栺
zhī 地名用字．

稙
zhī[形]〈農〉早生(わせ)である．

蜘
zhī O
zhīzhū【蜘蛛】[名]〈虫〉クモ．
zhīzhūbàodàn【蜘蛛抱蛋】[名]〈植〉ハラン(葉蘭)．

执(執)
zhí[動]**1**手に持つ．¶～红旗／赤旗を手に持つ．**2**〈書〉捕える．¶依法被～／法に従って逮捕された．
[H]①掌握する．¶→～教jiào．②取り行う．¶→～法．③〈意見を〉堅持する．¶→～意．④証拠書類．¶收～／受取証．¶→～照．‖[姓]
zhíbàng【执棒】[動]〈オーケストラなどの〉指揮をする．
zhíbǐ【执笔】[動]執筆する．筆を執る．
zhíbiān【执鞭】[動]教鞭をとる．指導する．
zhídǎo【执导】[動]〈映画や劇の〉監督をする．演出をする．
zhífǎ【执法】[動]法律を執行する．
zhífú【执绋】[動]〈書〉送葬する．
zhíjì【执纪】[動]規律を徹底させる．
zhíjiào【执教】[動]〈書〉教鞭を執る．教職にある．
zhíkē【执柯】[動]〈書〉仲人をする．
zhí mí bù wù【执迷不悟】〈成〉頑迷であくまでも非を認めない．
zhínì【执泥】[動]固執する．こだわる．
zhí niú'ěr【执牛耳】〈慣〉牛耳る．盟主になる．
zhíniù【执拗】[形]かたくなである．頑固である．
zhí//qín【执勤】[動]勤務する．職務を執行する．
zhíshì【执事】[名]〈書〉《手紙のわき付け》机下．
zhíshi【执事】[名]〈旧〉儀仗の俗称．
zhíxíng【执行】**1**[動]〈法律などを〉執行する；〈命令や政策・計画などを〉実施する．¶～计划／計画を実施する．¶～任务／任務を遂行する．**2**[名]〈電算〉実行．
zhíxíng zhǔxí【执行主席】[名]〈大会で議長団の中から推挙された〉持ち回りの議長．
zhíyè【执业】❶[動]**1**開業して業務を行う．**2**師から教えを受ける．❷[名]所有財産．
zhíyì【执意】[副]自分の意見に固執して．我を張って．
zhíyǒu【执友】[名]〈書〉気心の知れた友人．
zhízhǎng【执掌】[動]〈権力を〉握る．

管掌する.
zhízhào【执照】名 許可書. 免許証. 鑑札. ¶驾驶～/運転免許証.
zhí//zhèng【执政】動 政務を執る. 政権を握る.
zhízhèngdǎng【执政党】名(↔在野党)与党. 政権政党.
zhízhì【执贽】動〈書〉師に贈り物をする.
zhízhuó【执著·执着】形〈書〉執着している. 固執している.

直 **zhí** ❶形 1 (↔曲) まっすぐである. まっすぐに. ¶路很～/道はまっすぐである. ¶～到半夜才结束/ずっと夜中まで続いた. 2 率直である. ¶性子很～/性格がとても正直である. 3 (↔横)垂直の. 縦の. ¶标题要排～的/見出しは縦組みにしなければいけない.
❷副 1 しきりに. やたらに. ¶累得～喘气/疲れてしきりにはあはあしている. 2 まったく. まるで. ¶画得～像真的一样/まるで本物そっくりに描かれている.
❸動 まっすぐにする. しゃんと伸ばす. ¶～起腰来/腰を伸ばす.
❹名(漢字の字画の)たて棒.
H 公正である. 正しい. ¶正～/正直である. ‖ 姓
zhíbǐ【直笔】動〈書〉事実をありのままに書く.
zhíbō【直拨】名 直通. ダイヤルイン.
zhíbō【直播】動 1〈農〉じかまきをする. 2 生放送をする.
zhícháng【直肠】名〈生理〉直腸.
zhícháng zhídù【直肠直肚】〈成〉性格がさっぱりして正直である.
zhíchángzi【直肠子】〈慣〉一本気な人.
zhíchén【直陈】動〈書〉率直に述べる.
zhíchǐ【直尺】名 直定規.
zhíchìmù【直翅目】名〈虫〉直翅(ちょくし)目.
zhídá【直达】動 直通する. 直行する.
zhídá kuàichē【直达快车】名 直通急行列車.
zhídǎzhí【直打直】副〈方〉率直に. まっすぐに. ざっくばらんに.
zhídài【直待】動(ある時期まで)ずっと待つ.
zhídǎo【直捣】動 まっしぐらに攻め入る.
zhídào【直到】動(ある時点またはある状態に)なる. ¶～今天才知道这事/きょうになってやっとそのことを知った.
zhídèngdèng【直瞪瞪】形(～的)ぼんやりと見つめている.
zhídīngdīng【直盯盯】形(～的)まじまじと見つめている.
zhíduō【直裰】名 僧や道士の着るゆったりとした服. 直裰(じきとつ).
zhígēn【直根】名〈植〉直根(ちょっこん).
zhígòngní【直贡呢】名〈紡〉ベネシャン. 洋繻子.
zhígōugōu【直勾勾】→ zhídèngdèng【直瞪瞪】
zhíguān【直观】形 直接知覚する. 直観的な.
zhíháng【直航】動 目的地まで直接, 航行する.
zhíhū【直呼】動 呼び捨てにする.
zhíhuà【直话】名 率直な話. 直言.
zhíjī【直击】動 直撃する. 直撃取材をする.
zhíjiàn【直谏】動 直言して戒める.
zhíjiǎo【直角】名〈数〉直角.
zhíjiǎochǐ【直角尺】名 直角定規；曲尺(かねじゃく).
zhíjiē【直接】形 直接の. じかに.
zhíjiē jīngyàn【直接经验】名〈哲〉直接経験.
zhí jiē liǎo dàng【直接了当】→ zhí jié liǎo dàng【直截了当】
zhíjiēshuì【直接税】名〈経〉直接税.
zhíjiē tuīlǐ【直接推理】名〈論〉直接推理.
zhíjiē xíngdòng【直接行动】名 直接行動.
zhíjiē xuǎnjǔ【直接选举】名〈政〉直接選挙.
zhíjié【直截】形 直截(ちょくせつ)的である. 端的である.
zhí jié liǎo dàng【直截了当】〈成〉単刀直入である. そのものずばりである. ▶"直捷了当、直接了当"とも.
zhíjìng【直径】名〈数〉直径.
zhíjuējuē【直撅撅】形(～的)〈方〉まっすぐである.
zhíjué【直觉】名〈心〉直覚. 直感.
zhíkuài【直快】→ zhídá kuàichē【直达快车】
zhí lái zhí qù【直来直去】〈成〉1 まっすぐ行ってまっすぐ戻る. 2 思ったことをはっきり言うさま.
zhílènglèng【直愣愣】形(～的)ぼんやりと見つめている. 呆然としている.
zhílì【直立】動 直立する. まっすぐ立つ.
zhíliúdiàn【直流电】名〈電〉直流電流.
zhíliu【直溜】形(～儿)〈方〉すらりとまっすぐである.
zhíliūliū【直溜溜】形(～的)まっすぐである.
zhíluò【直落】動 連勝する.
zhí méi dèng yǎn【直眉瞪眼】〈成〉1 眉をつり上げ目を見開き怒るさま. かんしゃくを起こしたさま. 2 あっけにとられたさま.
zhímiàn【直面】動 面と向かう. 直視する.
zhípái【直排】名〈印〉縦組み.
zhíquán【直拳】名〈体〉(ボクシングで)ストレート.
zhí shàng zhí xià【直上直下】〈成〉垂直に切り立っているさま.
zhíshēngjī【直升机】名 ヘリコプター. ▶"直升飞机"とも.
zhíshū【直书】動〈書〉1 (考えることなく)直ちに書く. 2 ありのままを書く.

zhíshū jǐjiàn【直抒己见】〈成〉率直に自分の意見を述べる.

zhíshū xiōngyì【直抒胸臆】〈成〉気持ちを打ち明ける.

zhíshǔ【直属】**1** 動 直属する. **2** 形 直属の.

zhíshuài【直率】形 率直である.

zhíshuǎng【直爽】形 率直である. さっぱりしている.

zhíshuō【直说】動 率直に言う. 直言する.

zhítiǎotiǎo【直挑挑】形(～的) すくすくと伸びている.

zhítǐngtǐng【直挺挺】形(～的) ぴんとまっすぐである. 硬直している.

zhítōng【直通】動 直通する.

zhítōngtōng【直通通】形(～的) **1** まっすぐである. **2** ぶっきらぼうである. がむしゃらである.

zhítǒngzi【直筒子】〈慣〉率直な人. 単純な人.

zhíxì qīnshǔ【直系亲属】名 直系親族.

zhíxiá【直辖】動 直轄する.

zhíxiáshì【直辖市】名〈政〉直轄市. 中央政府が直接に管轄する市.

zhíxiàn【直线】**1** 名 直線. **2** 形 一直線の. 直接の.

zhíxiāo【直销】動 直接販売をする. 産直販売をする.

zhíxīnyǎnr【直心眼儿】形 実直な性質である. 一本気である.

zhíxìng【直性】形(～儿)(性質が) 率直である, 飾り気がない.

zhíxìngzi【直性子】**1** → zhíxìng【直性】 **2** 名 率直な人. 裏表のない人.

zhíxuǎn【直选】名〈略〉〈政〉直接選挙.

zhíyán【直言】動〈書〉直言する.

zhí yán bù huì【直言不讳】〈成〉ありのままを言って遠慮しない.

zhíyì【直译】動 直訳する.

zhíyīn【直音】名〈語〉漢字の字音を示すのに他の同音の漢字を用いる伝統的な発音表記法.

zhízhǐ【直指】動 まっすぐに…をめざす.

zhízhì【直至】動 …まで至る.

zhízhi yāo【直直腰】腰を伸ばす. 一息入れる.

侄(姪)

zhí H ①兄弟の息子. おい. ¶姑～ / おばとおい. ②世代を同じくする親戚の息子 ; 友人の息子. ¶内～ / 妻のおい. ‖姓

zhífù【侄妇】名〈書〉おいの嫁.

zhínǚ【侄女】名(～儿) **1** 兄弟の娘. めい. **2** 同世代の男性親属の娘. **3** 友人の娘.

zhínǚxu【侄女婿】名 めいの婿.

zhísūn【侄孙】名 兄弟の孫.

zhísūnnǚ【侄孙女】名(～儿) 兄弟の孫娘.

zhíxífu【侄媳妇】名(～儿) おいの嫁.

zhízi【侄子】名 **1** 兄弟の息子. おい. **2** 同世代の男性親属の息子. **3** 友人の息子.

値

zhí 1 動 **1** (物がある値段に) 値する. ¶这件衣服～一百块钱 / この服は100元する. **2** 意義または価値がある. ¶不～一提 / 取り立てて言うほどの値打ちはない. **3** …に当たる. …にぶつかる. ¶～此盛夏之际 / (手紙文で) この夏の盛りに当たり…. **2** 名〈数〉値. 数値.

H ①順番に仕事に当たる. ¶→～夜. ②値段. 価値. ¶币～ / 貨幣価値.

zhí//bān【值班】動 当番に当たる. 当直になる.

zhíchéng【值乘】動(列車や飛行機などに) 乗務する.

zhídàng【值当】→ zhí//de【值得】

zhí//de【值得】動 …する価値がある. …に見合う. ¶～一看 / 一見に値する.

zhí//gǎng【值岗】動 番をする.

zhí//gēng【值更】動〈方〉夜番をする.

zhí//qián【值钱】形 高価である. 値打ちがある.

zhí//qín【值勤】動(部隊や治安・交通関係の要員が) 勤務する.

zhírì【值日】動 日直をする. 当直する. ¶～生 / 当番(に当たる学生).

zhíshǒu【值守】動(当直で) 番をする. 見張る.

zhíxīng【值星】動〈軍〉(士官が) 週番に当たる.

zhí//yè【值夜】動 宿直をする. 夜勤をする.

zhíyù【值遇】動〈書〉遭遇する. 出あう.

埴

zhí 名〈書〉粘土.

职(職)

zhí 名〈書〉旧時, 部下が上司に対して用いる自称. 小職(しょうしょく).

H ①職務. ¶尽～ / 職責を果たす. ②職務上の地位. ¶撤～ / 免職する. ③つかさどる. ¶→～掌. ‖姓

zhíbié【职别】名 職種.

zhíchēng【职称】名 職名. 肩書き.

zhífèn【职分】名 **1** 職分. **2** 官職.

zhígāo【职高】名〈略〉職業高校.

zhígōng【职工】名 **1**〈略〉職員と労働者. 従業員. **2**〈旧〉労働者.

zhígōnggǔ【职工股】名〈経〉従業員持株.

zhígōng rèngǔ zhìdù【职工认股制度】名〈経〉従業員持株制度.

zhíguān【职官】名 各級官吏の総称.

zhíjí【职级】名 職務等級.

zhíjiè【职介】名 職業紹介. ¶～所 / 職業紹介所.

zhímíng【职名】名 職名.

zhínéng【职能】名(人・組織や物・事柄の) 機能, 働き, 役目.

zhíquán【职权】名 職権.

zhíshǒu【职守】名 職場. 持ち場. ポスト.

zhíwèi【职位】名(職務上の) 地位.

zhíwù【职务】名 職務.
zhíxián【职衔】名 役目と肩書き.
zhíxiào【职校】名〈略〉職業訓練学校.
zhíyè【职业】名 職業；プロ(の). ¶～运动员 / プロ選手.
zhíyèbìng【职业病】名 職業病.
zhíyè gāozhōng【职业高中】名 職業高校.
zhíyuán【职员】名 職員.
zhízé【职责】名 職責.
zhízhǎng【职掌】1 名 職掌. 2 動 職務として管掌する.
zhízhì【职志】名〈書〉職務に対する責任と信念.

絷（縶） **zhí**〈書〉❶動 1（馬などを）つなぐ；（縄で）くくる. 2 拘留する. ❷名（馬の）手綱.

植 **zhí** 動 植える.
H ①立てる. 樹立する. ¶～党营私 / 徒党を組んで私利をはかる. ②植物. ¶→～保. ‖ 姓
zhíbǎo【植保】名〈略〉植物保護.
zhíbèi【植被】名〈植〉植生. 植被.
zhígēn【植根】動 人や事物の中に根を張る.
zhíjiǎn【植检】名〈略〉植物検疫.
zhí//miáo【植苗】動〈農〉苗木を植える.
zhí//pí【植皮】動〈医〉皮膚の移植をする.
zhí//shù【植树】動 植樹する.
zhíwù【植物】名 植物.
zhíwù qúnluò【植物群落】名〈生〉植物群落.
zhíwùrén【植物人】名 植物人間.
zhíwù xiānwéi【植物纤维】名 植物繊維.
zhíwùxìng shénjīng【植物性神经】名〈生理〉自律神経.
zhíwùxué【植物学】名 植物学.
zhíwùyóu【植物油】名〈料理〉植物油.
zhíwùyuán【植物园】名 植物園.
zhízhū【植株】名〈農〉(根・茎・葉などを含めた)生長した植物.

殖 **zhí** H 生息する. 殖える. 殖やす. ¶繁～ / 繁殖する. ¶增～ / 増殖する. 異読⇨shi
zhímín【殖民】動 植民する.
zhímíndì【殖民地】名 植民地.
zhímín zhǔyì【殖民主义】名 植民地主義.

跖 **zhí**〘蹠zhí〙に同じ.
zhígǔ【跖骨】名〈生理〉中足骨(ちゅうそくこつ). 蹠骨(しょこつ).

摭 **zhí** H 拾う. 拾い取る.
zhíshí【摭拾】動〈書〉既成の事例や昔からある語句をそのまま用いる.

踯（躑） **zhí** O
zhízhú【踯躅】動〈書〉さまよう；ためらって進まない.

蹠 **zhí** H ①足の甲の指に近い部分；足の甲. ②足の裏. ③踏む.
zhígǔ【蹠骨】→**zhígǔ**【跖骨】

蹢 **zhí** O 異読⇨dí
zhízhú【蹢躅】→**zhízhú**【踯躅】

止 **zhǐ** ❶動 1 止まる. やむ. ¶雪下个不～ / 雪が休みなく降る. 2 止める. やめる. やめさせる. ¶～痛 / 痛みを止める. ¶～泻xiè / 下痢を止める. 3 …で打ちきる. …まで. ¶有效期从一月起至六月～ / 有効期間は1月から6月まで.
❷副 ただ. だけ. ¶～此一家 / ただこの1軒だけである. ‖ 姓
zhǐ//bù【止步】動 立ち止まる. 歩みを止める.
zhǐbuzhù【止不住】動+可補 止められない. 抑えることができない；止まらない.
zhǐduì【止兑】動（手形などの）支払いを停止する.
zhǐfù【止付】動（小切手などの）支払いを停止する.
zhǐjìng【止境】名 果て. 際限. ¶学无～ / 学問に終わりはない.
zhǐ//ké【止咳】動 咳を止める.
zhǐ//kě【止渴】動 のどの渇きを癒す.
zhǐxī【止息】動 停止する. やむ.
zhǐxièyào【止泻药】名 下痢止め薬.
zhǐ//xuè【止血】動 止血する.
zhǐ//zhù【止住】動+結補（しっかりと）止まる, 止める.

只（衹・秖） **zhǐ** 副 1 ただ, …ばかり. ¶我～学过日语 / 私は日本語しか習ったことがない. ¶学习外语, ～看不说是不行的 / 外国語を学ぶのに, 読むだけで話さないのはいけない. 2 …だけ(で). ▶直接名詞の前に置き, 事物の数量を限定していう. ¶办公室里～她一个人 / 事務所には彼女しかいない. ¶～他一个大学生 / 彼一人だけが大学生だ. ‖ 姓 異読⇨zhī
zhǐbuguò【只不过】副 ただ…にすぎない. ▶文末に"而已, 罢了"などを用いて語気を強めることが多い.
zhǐ cǐ yī jiā, bié wú fēn diàn【只此一家, 别无分店】〈諺〉この店だけ(でほかの店にはない)；ただ一つだけ.
zhǐdang【只当】動 …ということにする；…と思い込む.
zhǐdé【只得】副 …するほかない. …せざるを得ない.
zhǐgù【只顾】副 ひたすら…するばかりである.
zhǐguǎn【只管】副 1 かまわずに. 遠慮せずに. 2 ひたすら…するばかりである.
zhǐhǎo【只好】副《ほかに選択する余地がないことを表す》…するしかない. やむなく…する.
zhǐjiàn【只见】動（ふと）目に入る, 見える. ふと見ると….

zhǐ jiàn shùmù, bù jiàn sēnlín【只见树木,不见森林】〈諺〉木を見て森を見ず.

zhǐpà【只怕】副 おそらく.

zhǐshì【只是】**1** 副 ただ…(する)だけだ. ¶问她为什么,她～哭 / 彼女に理由を聞いてもただ泣くばかりだ. **2** 接続 ただ. ただし.

zhǐxiāo【只消】動 …するだけでよい. …のみが必要だ.

zhǐxū【只需】→**zhǐxiāo**【只消】

zhǐ xǔ zhōuguān fàng huǒ, bù xǔ bǎixìng diǎn dēng【只许州官放火,不许百姓点灯】〈諺〉高官や役人の不正・横暴・勝手な振る舞い.

zhǐyào【只要】接続(必要条件を示して)…しさえすれば. ¶～给他打个电话,他就会马上来 / 彼に電話1本かけさえすれば,彼はすぐやって来る.

zhǐyào gōngfu shēn, tiěchǔ móchéng zhēn【只要功夫深,铁杵磨成针】〈諺〉根気よくやりさえすれば何でもできる.

zhǐyǒu【只有】**1** 接続(唯一の条件を示して)…してはじめて…だ. …しない限り…しない. ¶～你去请,他才会来 / 君が呼びに行かなければ,彼は来ないよ. **2** 副 …するしかない.

zhǐ zhēng zhāo xī【只争朝夕】〈成〉片時もむだにせず努力する.

zhǐ zhī qí yī, bù zhī qí èr【只知其一,不知其二】〈諺〉少しかじっただけで全体を知らない. 生半可である.

旨(恉) **zhǐ** 名 **1** 意味. 趣旨. 目的. ¶～在进一步发展两国科学技术合作的决议 / 両国間の科学と技術上の協力をいっそう発展させることを旨とする決議. **2** 皇帝の命令. ¶圣～ / 聖旨.
H 美味である. ¶～酒 / 美酒.

zhǐlìng【旨令】名〈書〉(帝王の)命令.

zhǐqù【旨趣】名 趣旨.

zhǐyì【旨意】名 意図. 目的. 意思.

址 **zhǐ** H 地点. 所在地. 跡. ¶住～ / 住所. ¶遗～ / 遺跡.

抵 **zhǐ** 動〈書〉手のひらで打つ.

zhǐzhǎng【抵掌】動〈書〉(うれしさのあまり)手を打つ.

芷 **zhǐ** →**báizhǐ**【白芷】‖ 姓

沚 **zhǐ** 名〈書〉(川の中の)小さな島. 中州.

纸 **zhǐ** **1** 名 紙. [张] **2** 量 文書を数える. ¶一～公文 / 公文書1通. ‖ 姓

zhǐbǎn【纸板】名 ボール紙. 板紙.

zhǐbǎn【纸版】→**zhǐxíng**【纸型】

zhǐbì【纸币】名 紙幣.

zhǐdìng【纸锭】名(故人の冥福を祈るときに焼く)錫箔などで作った馬蹄銀形の紙銭.

zhǐfànwǎn【纸饭碗】〈慣〉不安定な職業.

zhǐhuā【纸花】名(～儿)ペーパーフラワー.

zhǐjiāng【纸浆】名 紙パルプ.

zhǐjīn【纸巾】名 紙ナプキン.

zhǐlǎohǔ【纸老虎】〈慣〉張り子の虎.

zhǐli bāobuzhù huǒ【纸里包不住火】〈諺〉真相は覆い隠せない.

zhǐmǎ【纸马】名 **1**(～儿)(神をまつるときに焼く)神仏の像を描いた色紙. **2**〈方〉紙をのりづけして作った人や車・馬などの形の張り子.

zhǐméir【纸媒儿・纸煤儿】名 火つけのこより.

zhǐniǎn【纸捻】名(～儿)こより.

zhǐniàobù【纸尿布】名 紙おむつ.

zhǐniàopiàn【纸尿片】名 紙おむつ.

zhǐpái【纸牌】名(トランプなどの)カード.

zhǐpiào【纸票】名(～子)紙幣.

zhǐqián【纸钱】名(～儿)(死者をまつるときに焼く)紙で作った銭. 紙銭.

zhǐ shàng tán bīng【纸上谈兵】〈成〉机上の空論.

zhǐshéng【纸绳】名 紙ひも.

zhǐtiáo【纸条】名 **1** 細長い貼紙用紙. **2** 書きつけ.

zhǐtóu【纸头】名〈方〉紙.

zhǐxiāng【纸箱】名 段ボール箱.

zhǐxíng【纸型】名〈印〉紙型(しけい).

zhǐyān【纸烟】名 巻きたばこ. シガレット.

zhǐyàng【纸样】名(洋裁用の)型紙.

zhǐyào【纸鹞】名〈方〉凧(たこ).

zhǐyèzi【纸叶子】→**zhǐpái**【纸牌】

zhǐyú【纸鱼】名〈虫〉シミ.

zhǐyuān【纸鸢】名〈書〉凧.

zhǐzhāng【纸张】名 紙(の総称).

zhǐ zuì jīn mí【纸醉金迷】〈成〉ぜいたく〔放蕩〕三昧(ざんまい)の生活.

祉 **zhǐ** H 幸せ.

指 **zhǐ** ❶ **1** 指さす. (棒状のもので)さし示す. ¶老师用教鞭～着黑板上的内容讲解 / 先生はさし棒で黒板の内容を示しながら説明した. ¶时针正～十二点 / 時計の針がちょうど12時をさしている. **2**(意味の上で)さす. …のことを言う. ¶这不是～你说的,是～小李说的 / これは君に向かって言ったのではなく,李君のことをさして言ったんだ. **3** 指摘する. さし示す. ¶我有缺点请你～出来 / 私に欠点があるなら,はっきり指摘してください. **4**〈口〉当てにする. 頼る. ¶全家人的生活就～大哥了 / 一家の暮らしは長兄を頼るようになった.

❷ 量 指1本の横幅を"一指"という. ▶幅や高さ・深さを測るときに用いる. ¶这顶帽子大了一～ / この帽子は指1本分大きい.

H ①指. ¶大拇～ / 親指. ¶屈～可数shǔ / 指折りの. ②(頭髪が怒りで)逆立つ. ¶令人发～ / 人を激怒

させる.
zhǐbiāo【指标】名 指標. ノルマ.
zhǐbiāogǔ【指标股】名〈経〉株式の指標銘柄.
zhǐbō【指拔】動 1 指し示す. 指摘し教える. 2 指示する. 指図する.
zhǐbudìng【指不定】動+可補 …かどうかわからない.
zhǐbushàng【指不上】動+可補 当てにならない. 頼りにならない.
zhǐ bù shèng qū【指不胜屈】〈成〉枚挙にいとまがない.
zhǐchēng【指称】動 1 指摘して述べる. 2 呼称する.
zhǐchì【指斥】動 非難する.
zhǐchū【指出】動 1 指し示す. 2 (問題点として)指摘する. ¶～错误 / 誤ちを指摘する.
zhǐdǎo【指导】1 動(付ききりで)指導する. 教え導く. 指図する. 2 名 コーチ.
zhǐdǎoyuán【指导员】名 1 指導的な立場にある人. 2 →zhèngzhì zhǐdǎoyuán【政治指导员】
zhǐdiǎn【指点】動 1 指し示す. 教える. 手ほどきする. 2 (陰で)非難する.
zhǐdìng【指定】動(時間・場所や人を)定める, 指定する.
zhǐfǎ【指法】名〈音〉運指法.
zhǐfèng【指缝】名(～儿)指と指の間.
zhǐ fù wéi hūn【指腹为婚】〈成〉親同士がまだ胎内にある子供の縁組みをすること.
zhǐgǔ【指骨】名〈生理〉指骨.
zhǐháng【指航】動 進むべき方向を指し示す.
zhǐhuà【指画】1 動 指さす. 指し示す. 2 名 指や爪・手のひらに墨や顔料をつけて描く中国画.
zhǐhuán【指环】名 指輪.
zhǐhuī【指挥】1 動 指揮する. 指図する. 2 名 指揮する人. 指揮者.
zhǐhuībàng【指挥棒】名 1 指揮棒. 2〈転〉指図. 命令.
zhǐhuībù【指挥部】名(戦場の)司令所.
zhǐhuīdāo【指挥刀】名(作戦を指揮する)軍刀, サーベル.
zhǐhuīyuán【指挥员】名 1〈軍〉戦闘指揮官. 2 (中国人民解放軍中の各級の)指導的幹部. 3 (工事などの)指揮者.
zhǐ jī mà gǒu【指鸡骂狗】〈成〉遠回しに悪口を言う.
zhǐjia【指甲】名(手足の)爪. ¶～油 / マニキュア液.
zhǐjiagàir【指甲盖儿】名 爪の指に密着している部分.
zhǐjiahuā【指甲花】名(～儿)〈口〉〈植〉ホウセンカ.
zhǐjiajiǎn【指甲剪】名 爪切り.
zhǐjiào【指教】動 教え導く. 教示する. ¶请你多多～ / よろしくご指導ください.
zhǐkào【指靠】1 動(生活面で)頼る, 当てにする. 2 名 よりどころ. 当て.
zhǐkòng【指控】動 非難し訴える. 告発する.
zhǐlìng【指令】❶動 指令する. ❷名 1 (下級機関の申請に対して)上級機関から与えられる指令. 2〈電算〉コマンド.
zhǐ//lù【指路】動 道を指し示す.
zhǐlù míngdēng【指路明灯】名 道しるべとなる明かり.
zhǐlùpái【指路牌】名 道標.
zhǐ lù wéi mǎ【指鹿为马】〈成〉是非を転倒する.
zhǐmíng【指名】動(～儿)(人を)指名する. (物を)指定する.
zhǐmíng【指明】動 明示する.
zhǐnán【指南】名 1 (とるべき方向を示す)指針;(判断などの)よりどころ. 2 (書名に用いて)手引き. 案内.
zhǐnánchē【指南车】名〈古〉指南車.
zhǐnánzhēn【指南针】名 1 羅針盤. 羅針儀. 2〈喩〉指針.
zhǐpài【指派】動(ある仕事のために人を)任命し派遣する.
zhǐrèn【指认】動 指摘し確かめる.
zhǐ rì kě dài【指日可待】〈成〉(希望や事柄が)実現間近である.
zhǐ sāng mà huái【指桑骂槐】〈成〉遠回しに悪口を言う.
zhǐshǐ【指使】動 指図する. そそのかす.
zhǐshì【指示】❶動 1 指し示す. 2 指示する. ❷名 指示. 指図.
zhǐshì【指事】名〈語〉(六書の一)指事.
zhǐshì dàicí【指示代词】名〈語〉指示代詞.
zhǐshìjì【指示剂】名〈化〉指示薬.
zhǐshìqì【指示器】名 表示器.
zhǐshì shēngwù【指示生物】名〈環境〉指標生物.
zhǐshì zhíwù【指示植物】名〈植〉指標植物.
zhǐ shǒu huà jiǎo【指手画脚】〈成〉1 身振り手振りを交えて話す. 2 あれこれと人のあら捜しや批評をする. ▲"指手划脚"とも.
zhǐshù【指数】名 1〈数〉指数. 2〈経〉指数.
zhǐshù hánshù【指数函数】名〈数〉指数関数.
zhǐ tiān shì rì【指天誓日】〈成〉神にかけて固い決意を誓う.
zhǐtou【指头】名 指.
zhǐtoudùr【指头肚儿】名〈方〉指の腹.
zhǐwang【指望】1 動 一心に期待する;ひたすら当てにする. 2 名(～儿)望み. 見込み. 期待.
zhǐwén【指纹】名 指紋.
zhǐxiàng【指向】1 動 方向を指示する〔指す〕. 2 名 指し示す方向.
zhǐyào【指要】名 要旨.
zhǐyǐn【指引】動 手引きする.

zhǐyìn【指印】名(～儿)**1** 指紋. **2**(特に契約書などに押す)拇印.
zhǐzé【指责】動(名指しで)非難する. 指弾する.
zhǐzhāi【指摘】動(過ちを指摘して)非難する,批判する.
zhǐzhànyuán【指战员】名〈略〉軍の指揮官と戦闘員の総称.
zhǐzhàng【指仗】動〈方〉頼る.
zhǐzhēn【指针】名 **1**(時計·計器類の)針. **2**〈喩〉手引き. 方針. **3**〈電算〉ポインター.
zhǐzhèng【指正】動 **1** 誤りを指摘して改めさせる. **2** 叱正(しっせい)する. ¶请您～ / ご叱正をお願いいたします.
zhǐzhèng【指证】動〈法〉容疑者を指して確認し証言する.

枳 **zhǐ** 名〈植〉カラタチ.
zhǐjīcǎo【枳机草】名〈植〉ハネガヤ.
zhǐjǔ【枳椇】名〈植〉ケンポナシ.
zhǐqiào【枳壳】名〈中薬〉枳殻(きこく).
zhǐshí【枳实】名〈中薬〉枳実(きじつ).

轵 **zhǐ** 名〈書〉車の軸の先. ▶地名にも用いる.

咫 **zhǐ** ❍
zhǐchǐ【咫尺】名〈書〉咫尺(しせき).
zhǐ chǐ tiān yá【咫尺天涯】〈成〉近くにいながら会うことができない.

趾 **zhǐ** 🅗 ①(動物の)足の指. ¶脚～ / 足の指. ②足.
zhǐ gāo qì yáng【趾高气扬】〈成〉得意満面のさま.
zhǐgǔ【趾骨】名〈生理〉趾骨(しこつ).
zhǐjiǎ【趾甲】名 足の爪.

黹 **zhǐ** 🅗 縫い物をする. ¶针～ / 針仕事.

酯 **zhǐ** 名〈化〉エステル.

徵 **zhǐ** 名(古代中国の5音階の一)"角jué"につぐ音階の第4音.

至 **zhì**〈書〉**1** 動 至る. **2** 前 …まで. ¶～本月十五日为止 / 今月15日までに. **3** 副 きわめて. ¶～感荣幸 / たいへん光栄です.
🅗 極み. ¶欢迎之～ / 歓迎の至りである.
zhìbǎo【至宝】名 至宝.
zhìchéng【至诚】名 真心.
zhìcheng【至诚】形 親切である. 誠実である.
zhìchí【至迟】副 遅くとも.
zhìcǐ【至此】❶副 **1** これをもって. **2** この時になって. ❷動 これほどまでなる.
zhìdàng【至当】形〈書〉きわめて妥当である.
zhìduō【至多】副 多くとも. せいぜい.
zhì gāo wú shàng【至高无上】〈成〉この上もない. 最高至上である.
zhìgōng【至公】形 きわめて公平である.
zhìhǎo【至好】→zhìjiāo【至交】
zhìjí【至极】動〈書〉極まる.
zhìjiāo【至交】名〈書〉親密な友人.
zhìjīn【至今】副 今なお. 今に至るまで. ¶～没有回信 / いまだに返信がない.
zhì lǐ míng yán【至理名言】〈成〉もっともな道理を説いたすぐれた言葉.
zhìqīn【至亲】名 最も近い親戚.
zhìrú【至如】前〈書〉…のごときに至っては.
zhìruò【至若】→zhìrú【至如】
zhìshàng【至上】形 至上である.
zhìshǎo【至少】副 少なくとも. せめて.
zhìshèngxiānshī【至圣先师】名〈旧〉孔子に対する尊称.
zhìsǐ【至死】副 死ぬまで.
zhìwǎn【至晚】→zhìchí【至迟】
zhìwéi【至为】副 きわめて.
zhìyào【至要】形〈書〉最も大事である.
zhì yǐ jìn yǐ【至矣尽矣·至已尽矣】〈成〉最大限度である. 最大の力を尽くした.
zhìyǒu【至友】→zhìjiāo【至交】
zhìyú【至于】**1** 前 …となると. …はというと. **2** 動(ある程度·段階に)なる.
zhìzhǔ【至嘱】(手紙文で)切にお願いまで.
zhìzūn【至尊】**1** 形 非常に尊い. **2** 名〈旧〉《皇帝に対する尊称》至尊.

志(誌) **zhì** 動〈方〉量る. 測る.
🅗 ①志. 抱負. 志向. ¶有～者事竟成 / 志があればいつかは成功する. ②記録. ¶《三国～》/『三国志』. ③記号. しるし. ¶标～ / 標識. マーク. ④記す. 記憶にとどめる. ¶～喜 / 喜びを記す.
‖姓
zhì'āi【志哀】動 哀悼の意を表す.
zhì dà cái shū【志大才疏】〈成〉志は大きいが才能が伴わない.
zhì dé yì mǎn【志得意满】〈成〉願いがかなって有頂天になる.
zhìguài【志怪】動 怪異を記す.
zhìliújì【志留纪】名〈地質〉シルリア紀.
zhìqì【志气】名 気骨. 気概. 意気.
zhìqìng【志庆】動 祝いの気持ちを表す.
zhìqù【志趣】名 志向. 愛好. 趣味.
zhìshì【志士】名 節操の堅い人;志士.
zhì tóng dào hé【志同道合】〈成〉意気投合する.
zhìxiàng【志向】名(将来についての)志.
zhìyuàn【志愿】**1** 名 志望. 願い. 願望. **2** 動 志願する. 自ら望む.
zhìyuànbīng【志愿兵】名 志願兵. 義勇兵.
zhìyuàn huódòng【志愿活动】名 ボランティア活動.
zhìyuànjūn【志愿军】名 義勇軍.
zhìyuànshū【志愿书】名(党派や団

体に参加するための）志願書.
zhìyuànzhě【志愿者】名 ボランティア.
zhìzi【志子】名〈方〉ものさしやはかりの代用品.

豸 **zhì** H 足のない虫. ¶虫～/虫. 虫けら.

忮 **zhì** 動〈書〉嫉妬する. ねたむ.

识（識） **zhì** H ①記憶する. 書き記す. ¶附～/付記する. ②しるし. ¶款～/落款(らっかん).
異読⇨shí

厔 **zhì** 地名用字.

郅 **zhì** 副〈古〉きわめて. 最も. 至って. ‖姓

帜（幟） **zhì** H ①幟(のぼり). 旗(じるし). ¶旗～/旗じるし. ②しるし. ¶标～/標識.

帙 **zhì**〈書〉**1** 名 帙(ちつ). 書画を保護するためのおおい. **2** 量 帙に入れた書物を数える.

制（製） **zhì** 動 製造する. 製作する. ¶～图表/図表を作る.
H ①制度. 法則. ¶公～/メートル法. ②制定する. 取り決める. ¶→～定. ③制限·制約する. ¶控～/制御する. ‖姓
zhì//bǎn【制版】動〈印〉製版する.
zhìbèi【制备】動〈化〉調製する. 調合する.
zhìbì【制币】**1** 名 国家で制定した貨幣. **2** 動 造幣する.
zhì//biǎo【制表】動〈統計〉図表を作製する.
zhìcái【制裁】動 制裁を加える.
zhìchéngpǐn【制成品】名 製品. 既成品.
zhìdǎo【制导】動（ミサイルなどを）誘導する.
zhìdìng【制订】動（新たに計画や法令などを）制定する,立案する,作る.
zhìdìng【制定】動（法律などを）制定する；（規約などを）取り決める；（計画などを）立てる. ¶～宪法/憲法を制定する.
zhìdòng【制动】動 ブレーキをかける. 制動する.
zhìdòngqì【制动器】名〈機〉制動機. ブレーキ.
zhìdù【制度】名 制度. システム.
zhì//fú【制伏·制服】動 打ち勝つ. 征服する. 制圧する.
zhìfú【制服】名 制服. ユニホーム.
zhìfúní【制服呢】名（冬服に用いる）厚手のラシャ.
zhìgāodiǎn【制高点】名〈軍〉要害の高地.
zhìgé【制革】動 皮をなめす.
zhìhǎiquán【制海权】名〈軍〉制海権.
zhìhéng【制衡】動（バランスをとるため）互いに牽制する.
zhìjì【制剂】名〈薬〉（水薬や血清·ワクチンなどの）調合剤.
zhìjiǎ【制假】動 偽物を製造する.
zhìjiàn【制件】→zuòjiàn【作件】
zhìjūn zuòyòng【制菌作用】名〈医〉抗菌作用.
zhìkōngquán【制空权】名〈軍〉制空権.
zhìlěng【制冷】動 低温にする. 冷凍する.
zhìlìjī【制粒机】名 造粒機.
zhìméijūnsù【制霉菌素】名〈薬〉ナイスタチン.
zhìpiànrén【制片人】名〈映画〉映画製作者. 映画プロデューサー.
zhìpǐn【制品】名 製品.
zhìqián【制钱】名（明·清代の）穴あき銭.
zhìshèng【制胜】動 勝ちを制する.
zhìshì【制式】名（システムの）方式.
zhìshòu【制售】動 製造販売する.
zhìtáng【制糖】動 製糖する.
zhì//tú【制图】動 製図する.
zhìtúzhǐ【制图纸】名 ケント紙.
zhìxiāo【制销】名〈機〉コッター.
zhìyào【制药】動 薬品を製造する.
zhìyì【制艺】名〈旧〉科挙試験の主要な科目. ▶"八股文"をさす.
zhìyīnqì【制音器】名〈音〉ダンパー.
zhìyuē【制约】動 制約する.
zhìzào【制造】動 **1** 製造する. 造る. **2**〈貶〉でっち上げる.
zhìzàoshāng【制造商】名 メーカー.
zhìzhǐ【制止】動 制止する. 阻止する.（無理やりに）止める.
zhìzuò【制作】動（家具や模型·玩具のような小さな物を）作る.

质（質） **zhì** ❶名 **1**（物の）性質, 本質. ¶～的变化/質的変化. **2** 品質. ¶按～论价/質に応じて価格を決める.
❷動 抵当に入れる. 質に入れる. ¶以衣物～钱/衣類·日用品を質に入れて金をつくる.
H ①問いただす. ¶→～疑. ②素朴である. ¶→朴. ③物質. ¶流～食物/流動食. ④抵当品. 質草. ¶人～/人質.
zhìbiàn【质变】名〈哲〉質的な変化.
zhìdì【质地】名 **1**（品物の材料や織物などの）品質,性質. **2**（人の）素質, 品性,資質.
zhìdiǎn【质点】名〈物〉質点.
zhìduì【质对】→duìzhì【对质】
zhìgǎn【质感】名 質感.
zhìjiǎn【质检】名〈略〉品質検査.
zhìlì【质粒】名〈生〉プラスミド.
zhìliàng【质量】名 **1**〈物〉質量. **2**（製品や仕事などの）品質, 質, 優劣の程度,質的な内容.
zhìliàngshù【质量数】名〈化〉質量数.
zhìliàngyuè【质量月】名 品質向上月間.
zhìliào【质料】名（製品の）原料,材料.
zhìnéng fāngchéngshì【质能方程

式】名〈物〉質量エネルギー方程式.
zhìpǔ【质朴】形 質素である. 飾り気がない.
zhìpǔ【质谱】名〈物〉質量スペクトル.
zhìshù【质数】名〈数〉素数.
zhìtǐ【质体】名〈植〉色素体.
zhìwèn【质问】動 詰問する. 問いただす.
zhìxīn【质心】名〈物〉質量中心.
zhìxún【质询】動(質問し)回答を求める.
zhìyán【质言】動〈書〉正直に言う.
zhìyí【质疑】動 質問する. 質疑する.
zhì yí wèn nàn【质疑问难】〈成〉疑問を出して討論する.
zhìyīnshù【质因数】名〈数〉素因数.
zhìzhèng【质证】動〈法〉(法廷で)証言を問いただす.
zhìzǐ【质子】名〈物〉陽子. プロトン.

炙 zhì H ①あぶる. ②あぶった肉. ¶脍～人口 / 人口に膾炙(かいしゃ)する. ③感化される. ¶亲～ /〈書〉直接教えを受ける. ‖姓
zhìkǎo【炙烤】動 あぶる.
zhìkù【炙酷】→zhìrè【炙热】
zhìrè【炙热】形 焼けつくように熱い.
zhìshài【炙晒】動 日光にさらす.
zhì shǒu kě rè【炙手可热】〈成〉飛ぶ鳥をも落とす勢い.

治 zhì 動 1 **治療する.** ¶病已经～好了 / 病気はもうよくなった. 2 (害虫を)**退治する,** 駆除する. ¶蚜虫～尽了 / アブラムシは駆除した.
H ①治める. うまく処理する. ¶→～本. ¶→～水. ②安定している. 太平である. ¶天下大～ / 天下泰平. ③処罰する. ¶处chǔ～ / 処分する. ④地方政庁の所在地. ‖姓
zhì'ān【治安】名 治安.
zhìbǎo【治保】動 治安を維持する.
zhì//běn【治本】動 根本的な解決をはかる.
zhì//biāo【治标】動 一時的な解決をする.
zhì bìng jiù rén【治病救人】〈成〉人の欠点や過ちを批判して立ち直るのを助ける.
zhì//guó【治国】動 国を治める.
zhìjì【治绩】→zhèngjì【政绩】
zhì//jiā【治家】動 一家を治める.
zhìjūn【治军】動 軍を訓練し統制・整備を行う.
zhìlǐ【治理】動 1 統治する. 管理する. 2 (河川・砂漠・環境汚染などを)整備する, 改修する, 治める.
zhìliáo【治疗】動 **治療する.**
zhìqióng【治穷】動 貧困をなくす.
zhì//sāng【治丧】動 葬儀を営む.
zhìshā【治沙】動 砂漠化を防止する.
zhìshì【治世】〈書〉1 動 世を治める. 2 名 太平の世.
zhì//shuǐ【治水】動 治水する.
zhì sī yì fén【治丝益棼】〈成〉問題解決の方法を誤り, 事態をますます紛糾させる.
zhìwài fǎquán【治外法权】名 治外法権.
zhìwū【治污】動 環境汚染をなくす.
zhìxué【治学】動 学問を治める. 研究する.
zhì//yìn【治印】動 印鑑を彫る.
zhìyú【治愚】動 無教養な人をなくす.
zhìzhuāng【治装】動 旅装を整える.
zhì//zuì【治罪】動(罪を犯した人を)処罰する.

栉(櫛) zhì H ①くし. ②髪をすく. くしけずる. ¶～发fà/〈書〉髪をとかす.
zhìbǐ【栉比】動〈書〉くしの歯のようにすきまなく並ぶ.
zhì fēng mù yǔ【栉风沐雨】〈成〉雨の日も風の日も休まずに奔走し苦労するさま.

峙 zhì H そびえ立つ. ¶对～ / 対峙(たいじ)する. ¶鼎～ / 三つに分かれて対立する. 異読⇒shì

庤 zhì 動〈書〉蓄えておく.

陟 zhì H(山など高所に)登る.

贽(贄) zhì H〈旧〉初対面のときに贈る贈り物. ¶～见 / みやげ物を提げて訪ねる.

挚(摯) zhì H 誠実である.
zhì'ài【挚爱】名 真摯(しんし)な愛情. 一途(いちず)な愛.
zhìchéng【挚诚】形 真摯である.
zhìyǒu【挚友】名 親友.

桎 zhì H 足かせ.
zhìgù【桎梏】名〈書〉桎梏(しっこく). 束縛.

轾 zhì →xuānzhì【轩轾】

致(緻) zhì 動〈書〉(気持ち・あいさつなどを)**贈る, 表す.** ¶～衷心的感谢 / 心から感謝の意を表します.
H ①集中する. ¶→～力. ②招く. 招来する. ¶→～富. ③趣. おもしろみ. ¶别～ / 独特な趣. ④細かい. 精密である. ¶细～ / 細かい. ‖姓
zhì'āi【致哀】動 哀悼の意を表す.
zhì'ái wùzhì【致癌物质】名〈医〉発癌物質.
zhìbìngjūn【致病菌】名〈医〉病原菌.
zhìcán【致残】動〈書〉けがをして身体障害者になる.
zhì//cí【致辞・致词】動 あいさつを述べる.
zhì//diàn【致电】動 電報を送る. 打電する.
zhìfù【致富】動 富をもたらす. 財をなす.
zhìhán【致函】動 手紙を送る.
zhìhè【致贺】動 祝意を表する.
zhìhuànjì【致幻剂】名 幻覚剤.
zhìhuò【致祸】動 災いを招く.
zhìjìng【致敬】動 敬意を表する.
zhìlěng【致冷】動 冷却する.

zhìlì【致力】動 力を尽くす.
zhìmì【致密】形 緻密である.
zhìmìng【致命】動 命取りになる.
zhì//qì【致气】動〈方〉腹を立てる.
zhìqiàn【致歉】動 謝罪の意を表す.
zhìshāng【致伤】動〈書〉けがをする.
zhìshǐ【致使】動 …の結果になる. …することになる.
zhìshì【致仕】動〈書〉退官する.
zhìshū【致书】動〈旧〉(人に)手紙を差し出す.
zhìsǐ【致死】動 死に至る.
zhì//xiè【致谢】動 謝意を表する. ¶谨jǐn此～/(手紙文で)謹んで謝意を表する.
zhìyì【致意】動 あいさつする.
zhìyòng【致用】動 役立てる.

秩 **zhì** 量〈古〉10年. ¶八～寿辰/80歳の誕生日.
H 順序. ¶～然不紊/整然として乱れない. ‖姓
zhìxù【秩序】名 秩序;順序.

掷(擲) **zhì** 動 投げる. ¶投～/投げる. ¶弃～/投げ捨てる. ¶～石头/石を投げつける. ¶～色子shǎizi/さいころを振る.
zhìbiāoqiāng【掷标枪】名〈体〉槍投げ.
zhìdàntǒng【掷弹筒】名〈軍〉擲弾筒(てきだんとう).
zhì dì yǒu shēng【掷地有声】〈成〉言葉に気迫があり力強い.
zhìhuán【掷还】動〈書〉ご返却願います.
zhìjièwàiqiú【掷界外球】名〈体〉スローイン.
zhìliànqiú【掷链球】名〈体〉ハンマー投げ.
zhìtiěbǐng【掷铁饼】名〈体〉円盤投げ.

鸷(鷙) **zhì** H(性質が)激しい, 荒々しい. ‖姓
zhìniǎo【鸷鸟】名 猛禽(もうきん).

桎 **zhì** 地名用字.

铚 **zhì**〈書〉**1** 名 短い鎌. **2** 動 鎌を使って稲穂などを刈る.

痔 **zhì** 名 痔(じ).
zhìchuāng【痔疮】名〈医〉痔(じ).
zhìlòu【痔漏】名 痔瘻(じろう).

窒 **zhì** H ふさぐ. ふさがる.
zhì'ài【窒碍】動〈書〉妨げがある.
zhìmèn【窒闷】形 息苦しい. 風通しが悪い.
zhìsè【窒塞】動 ふさぐ. ふさがる.
zhìxī【窒息】動 **1** 窒息する. **2**〈喩〉息の根を止める.

蛭 **zhì** 名〈動〉ヒル. ¶水～/同前.
zhìshí【蛭石】名〈鉱〉ひる石.

智 **zhì** H ①賢い. 知恵がある. ¶明～/賢明である. ¶～者千虑, 必有一失/知恵のすぐれた人でも, 数多く考えるうちには必ず誤りがあるものだ. ②知恵. 見識. ¶吃一堑, 长zhǎng一～/一度失敗すればそれだけ賢くなる. ‖姓
zhìchǐ【智齿】名〈生理〉知歯(ち).
zhìduōxīng【智多星】名 知恵者.
zhìhuì【智慧】名 知恵. 知慮.
zhìkù【智库】名 シンクタンク.
zhìlì【智力】名 知力. 頭脳の働き.
Zhìlì【智利】名〈地名〉チリ.
zhìlì xiāoshí【智利硝石】名〈鉱〉チリ硝石.
zhìlíng【智龄】名 精神年齢. 知能年齢.
zhìlüè【智略】名 知略.
zhìmóu【智谋】名 知恵と計略.
zhìnáng【智囊】名 知恵に富んだ人. ブレーン.
zhìnángtuán【智囊团】名 シンクタンク.
zhìnéng【智能】**1** 名 知能. **2** 形 知能的な.
zhìnéng cáiliào【智能材料】名 インテリジェント材料.
zhìnéng fànzuì【智能犯罪】名 知能犯罪.
zhìnéngkǎ【智能卡】名 インテリジェントカード. ICカード.
zhìnéng wǔqì【智能武器】名〈軍〉インテリジェント兵器.
zhìqǔ【智取】動 計略で攻め取る.
zhìshāng【智商】名〈略〉知能指数. IQ.
zhìshù【智术】名 権謀術数.
zhìyá【智牙】→zhìchǐ【智齿】
zhì yǒng shuāng quán【智勇双全】〈成〉知恵と勇気をともに備えている.
zhìyù【智育】名 知育.
zhìzhàng【智障】名 知的障害.

痣 **zhì** 名 あざ. ほくろ. ¶脸上长zhǎng了一个～/顔にあざができた. ‖姓

滞(滯) **zhì** H 滞る. ¶停～/停滞する. ¶～货/滞貨. 売れ残りの商品.
zhì'ài【滞碍】動 妨げる. ふさがる.
zhìbèi【滞背】形 売れ行きがよくない.
zhìchí【滞迟】動 滞る.
zhìdāi【滞呆】形 生気がない.
zhìhóng【滞洪】動(洪水の際に湖沼などに)あふれた水を蓄える.
zhìhòu【滞后】動 後れをとる. 立ち後れる.
zhìhuǎn【滞缓】形 のろのろしている.
zhìliú【滞留】動 滞在する.
zhìnàjīn【滞纳金】名 滞納金. 延滞金.
zhìqīfèi【滞期费】名 停泊料.
zhìsè【滞涩】形〈書〉**1** 鈍い. 生気がない. **2**(文章の)通りが悪い. **3** はかどらない.
zhìxiāo【滞销】動 売れ行きが悪い. 棚ざらしになる.
zhìyā【滞压】動 そのままで動かさない

ようにする.
zhìyùn【滞运】動 輸送が滞る.
zhìzhàng【滞胀】名〈経〉スタグフレーション.
zhìzhòng【滞重】形 流れがなく重苦しい.

骘 zhì 書 処置する. 定める. ¶评~ / 評定する. ¶阴~ / 陰徳.

彘 zhì 書 豚.

置 zhì 動 **1** 置く. 追いやる. ¶他~我于尴尬的境地 / 彼は私を苦しい立場に追い込んだ. **2**(比較的大きな買い物として)購入する. ¶~嫁妆 / 嫁入り道具を買いととのえる.
書 設置する. 設ける. ¶装~ / 取り付ける.
zhìbàn【置办】動 購入する. 買い入れる.
zhìbèi【置备】動(設備や用具を)購入する,買い入れる.
zhìbiàn【置辩】動 弁解する. 弁論する. ▶否定文に用いる.
zhìchǎn【置产】動 不動産を買う.
zhìhuàn【置换】動〈化〉置換する.
zhìhuan【置换】動 **1** 置き換える. **2**〈方〉買い入れる.
zhìhuì【置喙】動〈書〉口出しする. 容喙(ようかい)する. ▶否定文に用いる.
zhì//jiā【置家】動 家を構える.
zhìjiǔ【置酒】動 酒宴を張る.
zhìpíng【置评】動(多く否定の形で)評論する.
zhì ruò wǎng wén【置若罔闻】〈成〉聞こえないふりをする. 少しも耳を貸さない.
zhìshēn【置身】動 身を…に置く.
zhì shēn shì wài【置身事外】〈成〉局外に立つ.
zhìxìn【置信】動(多く否定の形で)信用する.
zhìyè【置业】動 不動産を買う.
zhìyí【置疑】動(多く否定の形で)疑いをさしはさむ.
zhì zhī bù lǐ【置之不理】〈成〉かまわずにほうっておく.
zhì zhī dù wài【置之度外】〈成〉度外視する.
zhì zhī nǎo hòu【置之脑后】〈成〉気にとめずに忘れてしまう.
zhì zhī sǐdì ér hòu kuài【置之死地而后快】〈諺〉(相手を)死地に追い込まなければ気がすまない.
zhì zhī sǐdì ér hòu shēng【置之死地而后生】〈諺〉(兵は)死地に置かれてこそ生きられる.

锧(鑕) zhì 名〈書〉**1** 金床. 金敷. **2**〈古〉(刑具の一種)腰切りの台.

雉 zhì **1** 名〈鳥〉キジ. **2** 量 古代の城壁の大きさの単位:幅3丈,高さ1丈の大きさを1"雉"という.
zhìdié【雉堞】名〈古〉城壁の上のぎざぎざのある低い壁.
zhìjīlíng【雉鸡翎】名 キジの雄の長い尾.
zhìjiū【雉鸠】名〈鳥〉ヤマバト. キジバト.

稚(穉) zhì 書 幼い. いとけない. ¶幼~ / 子供っぽい.
zhìchóng【稚虫】名〈生〉幼虫.
zhìnèn【稚嫩】形 **1** 幼くてひ弱である. か細い. **2** 幼稚である. 未熟である.
zhìqì【稚气】1 名 子供らしさ. 稚気. **2** 形 子供っぽい. 大人げない.
zhìzhuō【稚拙】形 素朴である. 稚拙である.
zhìzǐ【稚子】名 幼子. 幼児.

滍 zhì 地名用字.

疐(疐) zhì 動〈書〉**1** さしさわる. 障害にぶつかる. **2** 転ぶ. つまずく. ¶跋前~后 / 進退きわまる.

踬(躓) zhì 書 ①つまずく. ¶颠~ / つまずいて転ぶ. ②〈喩〉失敗する.

膣 zhì 名〈旧〉膣(ちつ). ▶現在は"阴道"という.

zhong (ㄓㄨㄥ)

中 zhōng **1** 方位 中(に,で). ▶ある範囲内を表す. ¶假期~ / 休みの間. ¶教师~她最年轻 / 教師の中で彼女が一番若い. **2** 形〈方〉よろしい. ¶你看这么办~不~?——~ / こうするのはどう思いますか——いいよ.
書 ①中ほど(の). 中央(の). ¶→~间jiān. ¶当dāng~ / 真ん中. ②等級が中ほどである. ¶→~等. ¶适~ / ちょうどよい. ③仲介人. 証人. ¶作~ / 間に立つ. ④…するに快い. ¶→~看. ¶→~听. ⑤中国. ¶古今~外 / 古今東西. ‖ 姓
異読⇒zhòng
zhōngbā【中巴】名〈略〉中型バス.
zhōngbān【中班】名 **1**(幼稚園で)年中組. **2**(工場などで)昼過ぎから夜にかけての勤務.
zhōngbǎn【中板】名〈冶〉中型の延べ板.
zhōngbǎo【中饱】動 金銭を着服する.
zhōngbǎo【中保】名 仲介人と保証人.
zhōngbiǎo【中表】名(祖父・父の)姉妹の子供との親戚関係.(祖母・母の)兄弟姉妹の子供との親戚関係.
zhōngbō【中波】名〈電〉中波.
zhōngbù【中部】方位 中部.
zhōngbuliūr【中不溜儿】形〈方〉中ぐらいの. 中間の.
zhōngcān【中餐】名 中国料理.
zhōngcǎoyào【中草药】名〈中医〉生薬. 薬種.
zhōngcè【中策】名 中程度の策.
zhōngcéng【中层】名 中間層. 中クラス.
zhōngchǎn jiējí【中产阶级】名 中

産階級.

zhōngcháng【中常】形 中ぐらいである.

zhōngchǎng【中场】名〈体〉**1**（サッカーで）中盤；ミッドフィールダー. **2** ハーフタイム.

zhōngchéng【中程】名 中距離.

zhōngchéngyào【中成药】名〈中医〉（調合した）漢方薬. 中医成薬.

zhōngchuíxiàn【中垂线】名〈数〉垂直二等分線.

zhōngchuò【中辍】動 中止になる. 途中でやめになる.

zhōngcí【中词】名〈哲〉（定言三段論法の）媒項辞. 中項辞.

zhōngdàng【中档】**1** 形（質や値段が）中級の. **2** 名 中級の商品.

zhōngdào【中道】名 **1** 中途. **2**〈書〉中庸の道.

zhōngdào【中稻】名〈農〉中稲(なかて).

zhōngděng【中等】形 **1**（程度が）中くらいである. 中等の. **2**（背が高くも低くもなく）中背である.

zhōngděng jiàoyù【中等教育】名 中等教育. 中学・高校教育.

zhōngdiǎn【中点】名〈数〉中点.

Zhōngdōng【中东】名〈地〉中東.

zhōngduān【中端】形（程度が）中等である. 中クラスの….

zhōngduǎnbō【中短波】名〈電〉中・短波.

zhōngduàn【中断】動 中断する. とぎれる.

zhōngduì【中队】名 **1** 中隊. **2**（軍隊で）中隊.

zhōng'ěr【中耳】名〈生理〉中耳.

zhōng'ěryán【中耳炎】名〈医〉中耳炎.

zhōngfàn【中饭】名 昼食.

zhōngfan【中幡】名"杂技"（曲芸）の一種. 旗をつけた長い竿を頭上などにのせて演じる芸.

Zhōngfēi【中非】名〈地名〉中央アフリカ.

zhōngfēng【中锋】名〈体〉（サッカーなどで）センターフォワード；（バスケットボールで）センター.

zhōngfèng【中缝】名 **1**〈印〉新聞の見開きの折り目となる余白. のど. **2**〈印〉木版本で1枚の紙の中央部分. 製本したとき"书口"（小口）となる折り目に当たる部分. 前小口. **3**（衣服の）背中央の縦の縫い目.

zhōngfú【中伏】名（三伏の一）中伏.

zhōngfú【中服】名 中国服.

zhōnggēng【中耕】〈農〉**1** 動 中耕する. **2** 名 中耕.

Zhōnggòng【中共】名〈略〉中共.

Zhōnggòng zhōngyāng【中共中央】名〈略〉中国共産党中央委員会；中国共産党中央指導部.

zhōnggǔ【中古】名 **1** 中古. **2** 中世.

zhōngguān【中观】形 メソ. ▶ミクロとマクロの中間.

Zhōngguó【中国】名 **1** 中国. **2**〈略〉中華人民共和国.

Zhōngguó gōngnóng hóngjūn【中国工农红军】名 中国労農赤軍.

Zhōngguó gòngchǎndǎng【中国共产党】名 中国共産党.

zhōngguóhuà【中国画】名 中国画.

Zhōngguóhuà【中国话】名（話し言葉としての）中国語.

zhōngguójié【中国结】名（伝統手工芸品の一種）中国結び.

Zhōngguó rénmín jiěfàngjūn【中国人民解放军】名 中国人民解放軍.

zhōngguótōng【中国通】名 中国通.

Zhōngguó tóngménghuì【中国同盟会】名〈史〉中国革命同盟会.

Zhōngguó yuánrén【中国猿人】名 北京原人.

zhōngguózì【中国字】名 中国の文字；（特に）漢字.

zhōngguǒpí【中果皮】名〈植〉中果皮.

zhōnghé【中和】動〈化〉〈医〉〈物〉中和する. 中和させる.

Zhōnghuá【中华】名 中華.

Zhōnghuá mínguó【中华民国】名 中華民国.

Zhōnghuá mínzú【中华民族】名 中国各民族の総称. 中華民族.

Zhōnghuá rénmín gònghéguó【中华人民共和国】→ Zhōngguó【中国】2

zhōngjí【中级】形 中級の.

zhōngjì【中技】名〈略〉技術専門学校・高校.

zhōngjìxiàn【中继线】名（電信・電話の）中継線.

zhōngjìzhàn【中继站】名 **1**（輸送の）集配所. **2**（電波の）中継局.

zhōngjiàgǔ【中价股】名〈経〉中位株.

zhōngjiān【中坚】名 中堅. 中核.

zhōngjiān【中间】方位（～儿）**1**（2点間の）中心. 中ほど. **2**（空間的・時間的なある一定の）範囲の中.

zhōngjiān lùxiàn【中间路线】名 中間路線.

zhōngjiānpài【中间派】名 中間派. 中道派（の人）.

zhōngjiānrén【中间人】名 仲介人.

zhōngjiān rénwù【中间人物】名（文芸作品で）可もなく不可もない人物像.

zhōngjiānshāng【中间商】名 仲介業者.

zhōngjiànr【中间儿】→ zhōngjiān【中间】

zhōngjiàng【中将】名〈軍〉中将.

zhōngjiāo【中焦】名〈中医〉中焦(ちゅうしょう).

zhōngjiè【中介】名 仲介. 媒介. ¶ ～费 / 仲介料.

zhōngjièzǐ【中介子】名〈物〉中性中間子.

zhōngjǐng【中景】名〈映画〉ミディア

ムショット.
zhōngjú【中局】名〈将棋やチェスで〉中盤.
zhōngjùlí【中距离】名 中距離.
zhōngkàn【中看】形 見てくれがよい.
zhōngkǎo【中考】名〈略〉高校入試.
zhōngkēyuàn【中科院】名〈略〉中国科学院.
zhōngkè【中客】名〈略〉(中型の)乗合バス.
zhōngkuì【中馈】名〈書〉**1** 家事. **2**〈転〉妻.
zhōnglán【中栏】名〈体〉ミドルハードル(レース).
zhōnglì【中立】動 中立する. 中立を守る.
zhōnglìguó【中立国】名〈政〉中立国.
zhōnglì zhǔyì【中立主义】名〈政〉中立主義.
zhōngliàngjí【中量级】名〈体〉ミドル級.
zhōngliūr【中溜儿】→ **zhōngbuliūr**【中不溜儿】
zhōngliú【中流】名 **1** 河流の中央. **2**(河川の)中流. **3** 中等の程度.
zhōng liú dǐ zhù【中流砥柱】〈成〉大黒柱.
zhōnglù【中路】形(～儿)(品質が)中級の,並みの.
zhōnglù bāngzi【中路梆子】→ **jìn-jù**【晋剧】
zhōngluò【中落】動(家運が)傾く.
zhōngmuzhǐ【中拇指】名 中指.
zhōngnǎo【中脑】名〈生理〉中脳.
zhōngnián【中年】名 中年.
zhōngnóng【中农】名 中農.
zhōngpán【中盘】名(囲碁の)中盤.
zhōngpǎo【中跑】名〈体〉中距離競走.
zhōngpiān xiǎoshuō【中篇小说】名 中編小説.
zhōngpín【中频】名 **1**〈無〉中間周波数. **2**〈電〉中波.
zhōngpíng【中平】名 中等.
zhōngqī【中期】**1** 名 中ごろ. 中期. **2** 形(期間の長さが)中期の.
zhōngqì【中气】名 **1** 旧暦で冬至を起点として12等分した区分. **2**〈中医〉胃・脾臓の気. **3**(伝統劇の役者の)肺活量.
zhōngqīngnián【中青年】名 青壮年.
Zhōngqiūjié【中秋节】名 中秋節.
zhōngqū【中区】名〈体〉センターゾーン.
zhōngquān【中圈】名〈体〉センターサークル.
zhōngrén【中人】名 **1** 仲介人. **2**〈書〉並(の人).
zhōngshānláng【中山狼】〈慣〉恩を仇(あだ)で返す人.
zhōngshānzhuāng【中山装】名 中山服. 人民服.
zhōngshàng【中上】名 中の上.
zhōngshēngdài【中生代】名〈地質〉中生代.
zhōngshēngjiè【中生界】名〈地質〉中生界.
zhōngshī【中师】名〈略〉中等師範学校.
zhōngshì【中士】名〈軍〉軍曹.
zhōngshì【中式】形 中国式の. ⇨ **zhòng//shì**
zhōngshìjì【中世纪】名(西欧史の)中世.
zhōngshū【中枢】名 中枢. センター.
zhōngshuǐ【中水】名 再生水.
zhōngshuǐqī【中水期】名〈地〉河川の水位が正常である時期.
zhōngtàngāng【中炭钢】名〈冶〉中炭素鋼.
zhōngtáng【中堂】名 **1** 母屋中央の部屋. **2** 客間の中央に掛ける掛け軸・書画.
zhōngtang【中堂】名 明・清代の"内閣大学士"の別称.
zhōngtíqín【中提琴】名〈音〉ビオラ.
zhōngtiān【中天】名 中天. 中空.
zhōngtīng【中听】形 耳に心地よい.
zhōngtǒngwà【中统袜・中筒袜】名 ひざ下ストッキング.
zhōngtú【中途】名 中途. 途中.
zhōngtǔ【中土】名〈旧〉中国. 中原の地.
zhōngwài【中外】名 中国と外国.
zhōngwàibǐ【中外比】名〈数〉黄金分割.
zhōngwēizǐ【中微子】名〈物〉ニュートリノ.
zhōngwěidù【中纬度】名〈地〉中緯度.
zhōngwèi【中卫】名〈体〉(球技で)ハーフバック.
zhōngwèi【中尉】名〈軍〉中尉.
zhōngwèishù【中位数】名〈数〉メジアン.
Zhōngwén【中文】名 中国語. 中国文. ¶～系 / 中国語学文学科.
zhōngwén xìnxī chǔlǐ【中文信息处理】名〈電算〉中国語情報処理.
zhōngwǔ【中午】名 昼.
zhōngxī【中西】名 中国と西洋.
zhōngxià【中下】名 中の下.
zhōngxiàn【中线】名 **1**〈数〉中線. **2**〈体〉センターライン;ハーフライン.
zhōngxiàn tóuzī【中线投资】名 中期投資.
zhōngxiào【中校】名〈軍〉中佐.
zhōngxīn【中心】名 **1** 真ん中. 中心部. ¶市～ / 市の中心部. **2** 核心. 焦点. **3** 中心地. **4**(多く名称に用い)センター.
zhōngxīn fāyán【中心发言】名 中心となる発言.
zhōngxīnjiǎo【中心角】名〈数〉中心角.
zhōngxīn rènwu【中心任务】名 中心任務.
zhōngxīn sīxiǎng【中心思想】名(発言や文章の)中心となる思想.

中 Z

zhōngxīng【中兴】動 中興する.

zhōngxīngyí【中星仪】名〈天〉子午線儀.

zhōngxíng【中型】形 中型の.

zhōngxìng【中性】名 **1**〈化〉中性. **2**〈語〉(文法上の)中性. **3** ほめる意味("褒义")も,けなす意味("贬义")もないこと.

zhōngxìngyán【中性盐】名〈化〉中性塩.

zhōngxiū【中休】名 中休み;昼休み.

zhōngxué【中学】名 **1** 中学·高校. **2**(清代末の)漢学. 中国の伝統的な学術.

zhōngxuéshēng【中学生】名 中高生. "中学"の生徒.

zhōngxuě【中雪】名〈気〉(24時間の積雪量が)2.5—5ミリメートルの雪.

zhōngxún【中旬】名 中旬.

Zhōngyà【中亚】名〈地〉中央アジア.

zhōngyāng【中央】名 **1** 真ん中. 中央. **2** 中央. ▶特に政権や政治団体の最高指導機関をさす.

zhōngyāng chǔlǐqì【中央处理器】名〈電算〉CPU.

zhōngyāngdǎo【中央岛】名〈交〉安全地帯.

zhōngyāng jíquán【中央集权】名 中央集権.

zhōngyāng kòngzhìqì【中央控制器】名〈電算〉中央コントローラー.

Zhōngyāng qíngbàojú【中央情报局】名(アメリカの)中央情報局.

zhōngyāng shāngwùqū【中央商务区】名 中央ビジネス街.

zhōngyāngshuì【中央税】名 中央税. 国税.

zhōngyāng yínháng【中央银行】名〈経〉中央銀行. ¶～贴现率 / 公定歩合.

zhōngyāo【中腰】名(～儿)〈方〉中ほどのところ.

zhōngyào【中药】名 漢方薬.

zhōngyè【中叶】名 中葉.(ある時代の)中ごろ.

zhōngyè【中夜】名 真夜中. 夜半.

zhōngyī【中医】名 **1** 中国医学. **2** 漢方医.

zhōngyīnhào【中音号】名〈音〉アルトホルン.

zhōngyōng【中庸】**1** 名 中庸. **2** 形〈書〉才能が平凡である.

zhōngyòng【中用】形(多く否定の形で)役立つ.

zhōngyóu【中油】名 中油.

zhōngyóu【中游】名 **1**(河川の)中流. **2**〈喩〉ほどほどの状態.

zhōngyǔ【中雨】名〈気〉中程度の雨.

Zhōngyuán【中原】名 中原.

Zhōngyuánjié【中元节】名 中元節. ▶陰暦の7月15日.

Zhōngyuè【中岳】名 嵩山(すうざん)の別称.

zhōngyún【中云】名〈気〉中層雲.

zhōngyǔn【中允】形〈書〉公正である.

zhōngzào【中灶】名 中等のランクの食事.

zhōngzhèng【中正】形〈書〉公正である.

zhōngzhǐ【中止】動 中止する. 中止となる.

zhōngzhǐ【中指】名 中指.

Zhōngzhōu【中州】名 河南省一帯の旧称.

zhōngzhōuyùn【中州韵】名 近代戯曲韻文がよりどころとする韻部.

zhōngzhuān【中专】名〈略〉中等専門学校.

zhōngzhuǎn【中转】動 **1**〈交〉乗り換える. **2** 人を介して渡す.

zhōngzhuǎnzhàn【中转站】名 乗り換え駅. ターミナル駅.

zhōngzhuāng【中装】名 中国風の服装.

zhōngzī qǐyè【中资企业】名〈経〉(香港や外国にある)中国系企業.

zhōngzǐ【中子】名〈物〉中性子. ニュートロン.

zhōngzǐdàn【中子弹】名〈軍〉中性子爆弾.

zhōngzǐtài【中子态】名〈物〉中性子状態.

zhōngzǐxīng【中子星】名〈天〉中性子星.

忪(伀)

zhōng →zhēngzhōng【怔忪】 異読⇒sōng

忠

zhōng 形 忠実である. ‖姓

zhōngchén【忠臣】名 忠臣.

zhōngchéng【忠诚】**1** 形 忠実である. **2** 動 誠意[全力]を尽くす.

zhōnggào【忠告】**1** 動 忠告する. **2** 名 忠告.

zhōnghòu【忠厚】形 正直で温厚である.

zhōngliáng【忠良】**1** 形 忠実で公正である. **2** 名〈旧〉忠臣.

zhōngliè【忠烈】**1** 動 忠義を尽くし命まで犠牲にする. **2** 名 忠義を尽くし,命をささげた人.

zhōngshí【忠实】形 **1** 忠実である. **2** 正確である. そっくりそのままである.

zhōngshùn【忠顺】形 ひたすら忠実で従順である.

zhōngxīn【忠心】名 忠誠心.

zhōng xīn gěng gěng【忠心耿耿】〈成〉忠誠心が固いさま.

zhōngyán【忠言】名 忠言.

zhōng yán nì ěr【忠言逆耳】〈成〉戒めの言葉は耳に痛い.

zhōngyì【忠义】名 **1** 忠義. **2**〈旧〉忠義な人.

zhōngyǒng【忠勇】形 忠実で勇敢である.

zhōngyú【忠于】動 …に忠誠を尽くす.

zhōngzhēn【忠贞】形 忠節である.

zhōngzhí【忠直】形 忠実で正直である.

zhōngzhí【忠职】形 職務に忠実である.

zhōngzìwǔ【忠字舞】名(文革時)毛主席に対する忠誠を表した踊り.

终 zhōng 副 **結局のところ.** ついには. ¶这件事再拖下去,～不是个办法 / この件はいくら延ばしたところで,結局のところ解決できるものではない.
H ①終わる. 終わり. ¶年～ / 年の終わり. ②死ぬ. ¶送～ / 最期をみとる. ③始めから終わりまで. ¶→～日. ‖姓

zhōngchǎng【终场】1 動(芝居や球技などが)終わる. 2 名 最後の1科目の試験.

zhōngdiǎn【终点】名 1 **終点.** 2〈体〉(トラック競技で)ゴール.

zhōngduān【终端】名 1〈電〉ターミナル. 2〈電算〉端末. 3〈鉄道〉ターミナル駅.

zhōng fēi【终非】結局…ではない.

zhōngfú【终伏】→mòfú【末伏】

zhōnggǔ【终古】副〈書〉永遠に.

zhōngguī【终归】副 結局のところ. しょせん.

zhōngjí【终极】形 究極の. 最後の.

zhōngjí guānhuái【终极关怀】名〈医〉終末医療. ホスピスケア.

zhōngjié【终结】1 動 終了する〔させる〕. 2 名 終結. 結末.

zhōngjiū【终究】副 結局のところ. 最後には. しょせん.

zhōngjiǔ【终久】副 結局のところ;きっと.

zhōngjú【终局】名 結末.

zhōnglǎo【终老】動 晩年を終える.

zhōngliǎo【终了】動 終了する.

zhōng nán jié jìng【终南捷径】〈成〉成功への近道.

zhōngnián【终年】名 1 一年中. 2 享年(きょうねん).

zhōngpiān【终篇】1 名 終編. 2 動 書き上げる. 読み終わる.

zhōngqǔ【终曲】名〈音〉終楽章. フィナーレ.

zhōngrì【终日】名 一日中.

zhōngshēn【终身】名 **一生. 生涯.**

zhōng shēn dà shì【终身大事】〈成〉一生の大事. ▶結婚をさす.

zhōngshēn jiàoyù【终身教育】名 生涯教育.

zhōngshěn【终审】名 1〈法〉(裁判の)最終審. 2(原稿などの)最終チェック.

zhōngshēng【终生】名 終生.

zhōngshǐ【终始】名〈書〉終始.

zhōngshuāng【终霜】名〈気〉晩霜.

zhōngsuì【终岁】→zhōngnián【终年】

zhōngtiān【终天】名 1 一日中. 2〈書〉一生.

zhōngxiāo【终宵】名 ひと晩中. 夜通し.

zhōng xū【终须】〈書〉結局は…しなければならない.

zhōngyè【终夜】名 終夜.

zhōngyú【终于】副 **ついに. とうとう.** ¶试验～成功了 / 実験はついに成功した.

zhōngzhāo【终朝】名 終日. 一日中.

zhōngzhǐ【终止】1 動 終止する. 2 名〈音〉終止.

柊 zhōng O

zhōngshù【柊树】名〈植〉ヒイラギ.

zhōngyè【柊叶】名〈植〉シュウヨウ;〈中薬〉柊葉(しゅうよう).

盅 zhōng 名(～儿·～子)(取っ手のない)湯のみ,杯. ¶酒～儿 / 杯. ¶小茶～儿 / 小さな湯のみ茶碗.

钟(鐘·鍾) zhōng 名 1《**時間**を表す》¶十点～ / 10時. ¶五分～ / 5分間. 2 **掛け時計. 置き時計.**〔个,座〕3 つり鐘. ¶撞～ / 鐘をつく.
H(感情などが)集まる,集める. ¶→～爱. ‖姓

zhōng'ài【钟爱】動(子供や目下の者を)特にかわいがる.

zhōngbǎi【钟摆】名(時計の)振り子.

zhōngbiǎo【钟表】名 時計の総称.

zhōngdiǎn【钟点】名(～儿)〈方〉1(定まった)時間. 時刻. 2 時間.

zhōngdiǎngōng【钟点工】名 パートタイマー. 時給で働くフリーター.

zhōngdǐngwén【钟鼎文】名 金文.

Zhōngkuí【钟馗】名 鍾馗(しょうき).

Zhōnglí【钟离】姓

zhōng líng yù xiù【钟灵毓秀】〈成〉大自然の霊気が集まって優秀な人物をはぐくむ.

zhōnglóu【钟楼】名 1 鐘楼. 2 時計台.

zhōng míng dǐng shí【钟鸣鼎食】〈成〉貴族の豪華な生活.

zhōngqín【钟琴】名〈音〉カリヨン. 組み鐘.

zhōngqíng【钟情】動 好きになる. ほれ込む.

zhōngrǔshí【钟乳石】名 鐘乳石.

zhōngrǔ yándòng【钟乳岩洞】名 鐘乳洞.

zhōngshuǐjiǎo【钟水饺】名 ゆでギョーザ.

zhōngtóu【钟头】名〈口〉**時間.**

衷 zhōng H ①内心. 真心. ¶苦～ / 苦衷. ②中央. ¶折zhé～ / 折衷する. ‖姓

zhōngcháng【衷肠】名〈書〉胸中.

zhōngqíng【衷情】名〈書〉内心.

zhōngqū【衷曲】名〈書〉心中.

zhōngxīn【衷心】形 **心からの.** 衷心よりの.

螽 zhōng O

zhōngsī【螽斯】名〈虫〉キリギリス.

肿(腫) zhǒng 形 むくんでいる. はれている. ¶脸有点儿～ / 顔がはれぼったい.

zhǒngliú【肿瘤】名〈医〉腫瘍(しゅよう).

zhǒngzhàng【肿胀】動 腫れる．むくむ．

种（種） **zhǒng** ❶量 **1**（集合量詞として）**種(しゅ)．種類．**¶三～产品 / 3種類の製品． **2**（個体量詞として）…つ．¶几～办法 / いくつかの方法．

❷名 **1**〈生〉種(しゅ)． **2**〈方〉肝っ玉．¶有～ / 勇気がある．¶没～ / 弱虫．

H ①種(たね)．種子．¶配～ / 種つけをする．¶→～子zi． ②人種．¶黄～ / 黄色人種．‖姓

異読⇨chóng,zhòng

zhǒngchā【种差】名〈論〉種差．

zhǒngchù【种畜】名〈牧〉種畜．

zhǒngdàn【种蛋】名 孵化(ふか)用の卵．

zhǒngféi【种肥】名〈農〉種肥(しゅひ)．

zhǒngjiān zájiāo【种间杂交】名〈農〉異種交配．

zhǒnglèi【种类】名 **種類．**品種．

zhǒngmá【种麻】→jūmá【苴麻】

zhǒngmǎ【种马】名〈牧〉種馬．

zhǒngnèi zájiāo【种内杂交】名 種内交配．

zhǒngniú【种牛】名〈牧〉種牛．

zhǒngqín【种禽】名 種付け用の家禽．

zhǒngqún【种群】名〈生〉個体群．

zhǒngrén【种仁】名〈植〉種子の核．仁(じん)．

zhǒngtiáo【种条】名 植林・栽培用の木の枝．

zhǒngxìng【种姓】名 カースト．

zhǒngyáng【种羊】名〈牧〉種羊．

zhǒngyú【种鱼】名 養殖用の稚魚．

zhǒngzhǒng【种种】量 **種々の．**さまざまの．

zhǒngzhū【种猪】名 種豚．

zhǒngzi【种子】名 **1 種．**種子． **2**〈体〉シード．シード選手．¶～选手 / シード選手．

zhǒngzidì【种子地】名 種子をとるための田畑．

zhǒngzikù【种子库】名 種子バンク．

zhǒngzú【种族】名 種族．人種．

zhǒngzú qíshì【种族歧视】名 人種差別．

zhǒngzú zhǔyì【种族主义】名 人種主義．人種差別主義．

冢（塚） **zhǒng** H 塚．墓．¶古～ / 古墳．

踵 **zhǒng** H ①かかと．¶接～而来 / 次々とやって来る．②追随する．¶～至 / 後についてくる．③自ら赴く．¶～门 /〈書〉訪ねる．

zhǒng shì zēng huá【踵事增华】〈成〉前のやり方や事業を引き継いでさらに発展させる．

zhǒngwǔ【踵武】動〈書〉見習う．

中 **zhòng** 動 **1 当たる．**ぴったり合う．¶他～了头奖 / 彼は1等賞に当たった．

「動詞(+"得 / 不")+"中"」で**目的に達する**ことを表す．¶看～ / 気に入る．¶猜～ / 的中する．当たる．¶打～ / 命中する．

2（悪い物・事を）受ける，こうむる．¶胳膊上～了一枪 / 腕に1発当たった．¶～圈套 / わなにかかる．

異読⇨zhōng

zhòng//biāo【中标】動 落札する；(立候補者が)当選する．

zhòng//cǎi【中彩】動 福引きなどに当たる．

zhòng//dì【中的】動 的に当たる．

zhòng//dú【中毒】動 中毒する．感染する．

zhòng//fēng【中风】**1** 動 卒中にかかる． **2** 名〈医〉脳卒中．

zhòng//jì【中计】動(相手の)計略にかかる．

zhòng//jiǎng【中奖】動 宝くじや賞に当たる．

zhòngjǔ【中举】動〈旧〉科挙試験の郷試に合格する．

zhòngkěn【中肯】形 **1**（話が）的を射ている． **2**〈物〉臨界の．

zhòng//qiān【中签】動(～儿)くじに当たる；(公債の償還を受ける)抽選に当たる．

zhòngshāng【中伤】動 中傷する．

zhòng//shì【中式】動〈旧〉科挙試験に合格する．⇨zhōngshì

zhòng//shǔ【中暑】**1** 名 暑気あたり． **2** 動 暑気あたりをする．

zhòng//xié【中邪】動 邪気に当たる．魔がさす．

zhòng//xuǎn【中选】動 当選する．入選する．

zhòng//yì【中意】動 気に入る．

仲 **zhòng** H ①間に立つ．¶→～裁．②(旧暦で)四季の2番目の月．③(兄弟の順序で)2番目．¶～兄 / 2番目の兄さん．‖姓

zhòngcái【仲裁】名 仲裁する．

zhòngchūn【仲春】名 仲春．陰暦の2月．

zhòngdōng【仲冬】名 仲冬．陰暦の11月．

Zhòngjiā【仲家】名"布依族"(プイ族)と一部の"云南壮族"(雲南省のチワン族)に対する旧称．

zhòngqiū【仲秋】名 仲秋．陰暦の8月．

Zhòngsūn【仲孙】姓

zhòngxià【仲夏】名 仲夏．陰暦の5月．

众（衆） **zhòng** H ①多い．¶→～多．¶→～人．②大ぜいの人．¶听～ / 聴衆．‖姓

zhòngduō【众多】形(人が)多い．

zhòng guǎ bù dí【众寡不敌】〈成〉衆寡(しゅうか)敵せず．

zhòng guǎ xuán shū【众寡悬殊】〈成〉人数の違いが甚だしい．

zhòng kǒu nán tiáo【众口难调】〈成〉すべての人を満足させるのは難しい．

zhòng kǒu shuò jīn【众口铄金】

〈成〉ばらばらで勝手な意見が物事の是非を誤らせてしまう.

zhòng kǒu yī cí【众口一词】〈成〉異口同音.

zhòng mù kuí kuí【众目睽睽】〈成〉衆人が見張っている.

zhòng mù zhāo zhāng【众目昭彰】〈成〉だれの目にも明らかである.

zhòngnù【众怒】名 大衆の憤怒.

zhòng nù nán fàn【众怒难犯】〈成〉民衆の怒りは恐ろしい.

zhòng pàn qīn lí【众叛亲离】〈成〉まったくの孤立に陥る.

zhòng qíng yì jǔ【众擎易举】〈成〉みんなが力を合わせれば何事も容易にできる.

zhòngrén【众人】名 みんな.

zhòngrén shí chái huǒyàn gāo【众人拾柴火焰高】〈諺〉人が多くなれば力も大きくなる.

zhòngshēng【众生】名 衆生(しゅじょう).

zhòngshēngxiàng【众生相】名 さまざまな人間像.

zhòng shǐ zhī dì【众矢之的】〈成〉大ぜいの人間の非難の的.

zhòngshù【众庶】名〈書〉庶民.

zhòngshù【众数】名〈統計〉最頻数.

zhòngshuō【众说】名 諸説.

zhòng suǒ zhōu zhī【众所周知】〈成〉周知のように.

zhòngwàng【众望】名 多くの人の期待.

zhòng wàng suǒ guī【众望所归】〈成〉衆望を担う.

zhòngwèi【众位】名 各位.

zhòng xīng pěng yuè【众星捧月】〈成〉多くの人が一人を取り巻いてあがめる.

zhòngyìyuàn【众议院】名 衆議院.

zhòng zhì chéng chéng【众志成城】〈成〉みんなが一致団結すればどんな困難でも克服できる.

种(種) **zhòng** 動(…の)**種をまく. 植える.** ¶～麦子 / 麦をまきつける. ¶～树 / 木を植える. ¶→～牛痘.
異読⇨chóng,zhǒng

zhòng//dì【种地】動 耕作する.

zhòng//dòu【种痘】動 種痘をする.

zhòng guā dé guā, zhòng dòu dé dòu【种瓜得瓜,种豆得豆】〈諺〉やったことには相応した結果が得られる.

zhòng//huā【种花】動 **1**(～儿)草花を栽培する. **2**(～儿)〈方〉種痘をする. **3**〈方〉綿花を栽培する.

zhòng niúdòu【种牛痘】種痘をする.

zhòng//tián【种田】動 耕作する.

zhòngzhí【种植】動 **植える. 栽培する.**

zhòngzhíyuán【种植园】名 栽培場. 農園.

zhòng zhuāngjia【种庄稼】農作物を作る;〈転〉百姓をする.

重 **zhòng** ❶名 **重さ. 目方.** ¶你有多～? / あなたの体重はどれくらい.
❷形 **1 重い;分量が多い.** ¶任务很～ / 仕事が多くて大変だ. **2**(程度が)**甚だしい,** 重い. ¶病势很～ / 病状が思わしくない. ¶情意～ / 愛情が深い;厚意が厚い.
❸動 **重視する.** ¶只～形式,不～内容是错误的 / 形式だけ重く見て,内容を重視しないのは誤りだ.
H ①重要な. ¶→～任rèn. ②慎重である. ¶自～ / 自重する. ‖ 姓
異読⇨chóng

zhòngbàn【重办】動(犯罪者を)厳重に処罰する.

zhòngbì【重臂】名〈物〉(てこの)作用点と支点の間の距離.

zhòngbīng【重兵】名 強力な軍隊.

zhòngbìng【重病】名 重い病気.

zhòngcǎi【重彩】名〈美〉濃い色彩.

zhòngchén【重臣】名 重臣.

zhòngchéng【重惩】動 厳重に処罰する.

zhòngchóu【重酬】名 手厚い報酬.

zhòngchuāng【重创】動 重傷を負わせる.

zhòngcuò【重挫】**1** 名 大きな打撃. **2** 動 徹底的に打ち砕く. 勢いをそぐ.

zhòngdà【重大】形 **重大である.** ¶～意义 / 大きな意義.

zhòngdàn【重担】名 重い(担ぎ)荷;〈喩〉重い責任.

zhòngdì【重地】名 重要な場所. 要地.

zhòngdiǎn【重点】❶名 **1**〈物〉(てこの)作用点. **2** 重要・主要な部分. 重点. ❷形 **重要な.** 主要な. ❸副 **重点的に.** ¶～改进 / 重点的に改善する.

zhòngdú【重读】動〈語〉(語句や文中のある音節に)ストレス,アクセントを置いて強く発音する. ⇨chóngdú

zhòngfàn【重犯】名 重罪人. ⇨chóngfàn

zhòngfù【重负】名〈書〉重い負担.

zhònggōngyè【重工业】名 **重工業.**

zhònghōngzhàjī【重轰炸机】名〈軍〉重爆撃機.

zhònghuà【重话】名 耳障りな話. 嫌味な言葉.

zhònghuó【重活】名(～儿)力仕事.

zhòngjīguānqiāng【重机关枪】名〈軍〉重機関銃.

zhòngjià【重价】名 高値.

zhòngjiǎng【重奖】**1** 名 多額の賞金. 高価な賞品. **2** 動 多額の賞金を与える. 高価な賞品を与える.

zhòngjīn【重金】名 大金.

zhòngjīnshǔ【重金属】名 **1**〈化〉重金属. **2**〈音〉ヘビーメタル.

zhòngkàn【重看】動 重視する.

zhònglì【重力】名〈物〉重力.

zhònglì【重利】❶名 **1** 高い利潤. **2** 高い金利.

种重 Z

❷動〈書〉利益を重視する.
zhòngliàng【重量】名 **1** 重さ. 目方. **2**〈物〉重量.
zhòngliàngjí【重量级】名〈体〉ヘビー級.
zhòng nán qīng nǚ【重男轻女】〈成〉男尊女卑.
zhòngpào【重炮】名〈軍〉重砲.
zhòngqīng【重氢】名〈化〉重水素.
zhòngrèn【重任】名 重大な責任. 重要な任務. ¶身负～/重責を負う.
zhòngshāng【重伤】名 重傷.
zhòngshāng zhǔyì【重商主义】名 重商主義.
zhòngshǎng【重赏】**1** 名 厚い報奨. **2** 動 多額の賞金を与える.
zhòngshēnzi【重身子】**1** 形 妊娠している. 身重(みおも)である. **2** 名 身重の女性.
zhòngshì【重视】動 重視する.
zhòngshuǐ【重水】名〈化〉重水.
zhòngtīng【重听】形 難聴である. 耳が遠い.
zhòngtóu【重头】**1** 名(任務などの)重要な部分. **2** 形 重みのある. 重要な.
zhòngtóuxì【重头戏】名 歌やせりふが多くて演じるのに骨が折れる芝居;〈喩〉重要な任務. 要となる課題.
zhòngtuō【重托】名〈書〉重大な使命.
zhòngwǔqì【重武器】名〈軍〉重火器.
zhòngxiào【重孝】名 喪の程度が最も重いときに着る喪服.
zhòngxīn【重心】名 **1** 重点. ポイント. **2**〈物〉重心;〈数〉(三角形の)重心.
zhòngxíng【重型】形 重量級の. 大型の. ¶～汽车/大型トラック.
zhòngyā【重压】名 重圧.
zhòngyào【重要】形 重要である. 大切である. ¶健康比什么都～/健康は何よりも重要だ.
zhòngyīn【重音】名 **1**〈語〉アクセント. ストレス. **2**〈音〉強拍.
zhòngyòng【重用】動 重用する.
zhòngyóu【重油】名 重油.
zhòngyuánsù【重元素】名〈化〉重元素.
zhòngzé【重责】**1** 名 重大な責任. **2** 動 厳重に処罰する.
zhòngzhèn【重镇】名 **1** 軍事上の重要な都市;(広く)重要な都市. **2**〈書〉重鎮.
zhòngzī【重资】名 巨額の資金. ¶投下～/巨額の資金を投下する.
zhòngzǐ【重子】名〈物〉重粒子.
zhòngzuì【重罪】名 重罪.

zhou（ㄓㄡ）

舟 zhōu H 舟. ‖姓
zhōuchē【舟车】名〈書〉舟と車;〈転〉旅.
zhōují【舟楫】名〈書〉舟. 舟の運行.
zhōuzǐ【舟子】名〈書〉船頭.

州 zhōu 名 自治州;旧時の行政区.
诌(謅) zhōu H 出任せを言う. ¶胡～/でたらめを言う.
周(週) zhōu ❶名 **1** 週. 週間. ¶～一/月曜日. ¶寒假放两～/冬休みは2週間休みです. **2**〈史〉周.
❷量 …周. ¶绕跑道两～/トラックを2周する.
H ①周り. 周囲. ¶四～/周囲. ②あまねく. 全部. ¶→～知. ③援助する. 救済する. ¶→～济. ④あまねく行き届いている. ¶招待不～/もてなしが行き届いていない.
‖姓
zhōubào【周报】名 週刊の紙誌. 週報.
zhōubiān【周边】名 **1** 周辺. まわり. **2**〈数〉多角形の周.
zhōubiàn【周遍】形 普遍的である.
zhōubō【周波】名〈電〉**1** 周波. **2**(単位の)サイクル.
zhōucháng【周长】名 周囲の寸法.
zhōudao【周到】形 周到である. 行き届いている. ¶服务～/サービスが行き届いている.
zhōu ér fù shǐ【周而复始】〈成〉1周してまた始まる.
zhōujì【周济】動(貧しい人を物質的に)救済する.
zhōujiǎo【周角】名〈数〉360度.
zhōukān【周刊】名 週刊(誌). ¶～杂志/週刊誌.
zhōuliú【周流】動 あまねく流れる.
zhōulǜ【周率】名〈物〉周波数.
zhōumì【周密】形 綿密である. 周密である.
zhōumò【周末】名 週末. ¶～版/(新聞の)土曜版.
zhōunèi【周内】名 1週間以内.
zhōunián【周年】名 **1** 満1年;…周年. **2**〈旧〉1周忌.
zhōuqī【周期】名 周期. サイクル.
zhōuqībiǎo【周期表】名〈化〉(原子番号による元素の)周期表.
zhōuqīlǜ【周期律】名〈化〉周期律.
zhōuqīxìng【周期性】形 周期的な. 周期性のある.
zhōuquán【周全】**1** 形 周到である. **2** 動(ある目的を達成するよう)助ける. 尽力する.
zhōushēn【周身】名 体全体. 全身.
zhōusuì【周岁】名 満1歳;満年齢.
zhōutiān【周天】名 周天. ▶気功で気をめぐらせること. また古代の天文学で天球軌道を天体が1周すること.
zhōuwéi【周围】名 周囲. まわり.
zhōuwéi shénjīng【周围神经】名〈生理〉末梢神経(系).
zhōuxiáng【周详】形 周到で手抜かりがない.
zhōuxù【周恤】動〈書〉(同情し)物質援助を行う.
zhōuxuán【周旋】動 **1** 旋回する.

回転する. 2 応対する. 交際する. 3 (敵や相手と)わたり合う.
zhōuyán【周延】動〈論〉周延する.
zhōuyóu【周游】動 周遊する. 遍歴する.
zhōuyuán【周缘】名 まわり. 縁.
zhōuzā【周匝】→**zhōuzāo**【周遭】
zhōuzāo【周遭】1 名 まわり. 周囲. 2 量 ぐるっとひと回りする回数.
zhōuzhāng【周章】〈書〉1 動 あわてる. 2 名 手数. 苦心.
zhōuzhé【周折】名 紆余曲折. 手数.
zhōuzheng【周正】形〈方〉端正である. きちんとしている.
zhōuzhī【周知】動 知れ渡る.
zhōuzhì【周至】形〈書〉周到である.
zhōuzhuǎn【周转】動 1〈経〉(資金などが)回転する. 2 (資金などの)やりくりをする.

洲 **zhōu** 名 1 州(しゅう). 大陸. ¶欧～/欧州. ¶亚～/アジア. 2 中州. ¶三角～/三角州. デルタ. ‖姓
zhōujì dǎodàn【洲际导弹】名〈軍〉大陸間弾道弾. ICBM.

辀 **zhōu** 名〈書〉車の轅(ながえ).

啁 **zhōu** ❍ 異読⇨zhāo
zhōujiū【啁啾】擬〈書〉《鳥の鳴き声》ちゅうちゅう.

鸼 **zhōu** →**gǔzhōu**【鹘鸼】

赒 **zhōu** ❍
zhōujì【赒济】→**zhōujì**【周济】

粥 **zhōu** 名 かゆ. ¶喝～/おかゆを食べる. ¶～熟了/おかゆが煮えた. ¶燕麦～/オートミール.
zhōuchǎng【粥厂】名〈旧〉被災者や貧しい人にかゆを施したところ.
zhōu shǎo sēng duō【粥少僧多】〈成〉物が少ないのに人が多くて分けられない. ▶"僧多粥少"とも.
zhōuzhuàng yìnghuà【粥状硬化】名〈医〉アテローム. 粥腫(じゅく).

盩 **zhōu** 地名用字.

妯 **zhóu** ❍
zhóuli【妯娌】名 相嫁(あいよめ).

轴 **zhóu** ❶ 名(～儿)1 軸. 心棒. シャフト. 2 ものを巻きつける軸. ❷ 量 掛け軸・糸巻きなど軸のついたものを数える:軸. 幅(ふく). ¶一～线/ひと巻きの糸. ¶一～山水画/山水画1幅. 異読⇨zhòu
zhóuchèn【轴衬】名〈機〉滑り軸受け.
zhóuchéng【轴承】名〈機〉軸受け. ベアリング.
zhóuduìchèn【轴对称】名〈数〉線対称.
zhóujù【轴距】名 ホイールベース.
zhóuwǎ【轴瓦】名 滑り軸受け.
zhóuxiàn【轴线】名(～儿)巻き枠に巻いた糸.
zhóuxīn【轴心】名 1〈機〉軸の中心. 2 (第二次大戦時の)枢軸.
zhóuzi【轴子】名 1 掛け物・巻物の軸. 2 (弦楽器の)糸巻き;(二胡の)転手(てんじゅ).

肘 **zhǒu** 名(～儿)ひじ.
zhǒujiē【肘接】名〈機〉トグル継ぎ手.
zhǒuwō【肘窝】名 ひじの関節の内側.
zhǒuyè【肘腋】名〈書〉ひじとわきの下;〈喩〉ごく近いところ. ▶災禍の発生についていうことが多い. ¶～之患/ごく身近で起きた災難.
zhǒuzi【肘子】名 1 豚のもも肉. 2 ひじ.

帚(箒) **zhǒu** 🅗 ほうき. ¶笤～/ほうき.

纣 **zhòu** 名 1〈書〉鞦(しりがい). 2 紂(ちゅう). ▶殷代末の君主.
zhòugùn【纣棍】名(～儿)馬やロバなどの尾の下にくくりつけ,両端を鞍につないで安定させる横木.

㑇(㑳) **zhòu** 形〈近〉器量がよい;利口である.

咒(呪) **zhòu** 1 名 呪文. ¶念～/呪文を唱える. 2 動 のろう.
zhòumà【咒骂】動 罵倒する.
zhòuyǔ【咒语】名 呪文.
zhòuzǔ【咒诅】動〈書〉のろう;ののしる.

㤘(㤘) **zhòu** 形〈方〉かたくなである.

宙 **zhòu** 🅗 無限の長い時間. ¶宇～/宇宙. ‖姓
zhòusīdùn qūzhújiàn【宙斯盾驱逐舰】名〈軍〉イージス艦.
Zhòusīshén【宙斯神】名(ギリシア神話の)ゼウス神.

绉(縐) **zhòu** 🅗(絹織物の一種)ちりめん. ちぢみ.
zhòubù【绉布】名〈紡〉しぼをつけた綿布.
zhòushā【绉纱】名〈紡〉ちりめん.
zhòuwénzhǐ【绉纹纸】名 ちりめん紙.

轴 **zhòu** →**dàzhòuzi**【大轴子】 異読⇨zhóu

胄 **zhòu** 🅗 ①かぶと. ¶甲～/甲冑(かっちゅう). ②帝王や貴族の子孫. ¶华～/貴族の子孫.

昼(晝) **zhòu** 🅗 昼. ¶白～/昼間.
zhòuchū dòngwù【昼出动物】名〈動〉昼行動物.
zhòuyè【昼夜】名 昼夜. 日夜.

酎 **zhòu** 名〈書〉濃い酒.
zhòujīn【酎金】名〈書〉古代に諸侯が祭祀用として帝王に差し出した金.

皱(皺) **zhòu** 1 名 しわ. ¶年纪大了,脸上起了～/年をとって顔にしわが寄った. 2 動 しわを寄せる;しわになる. ¶～眉头/まゆにしわを寄せる. ¶衣服～了/服が

しわになった.

zhòubābā【皱巴巴】形(～的) しわくちゃである.

zhòubì【皱襞】名〈書〉(衣服の) しわ.

zhòuméi【皱眉】動 まゆをひそめる. ▶"皱眉头"とも.

zhòuwèi【皱胃】名〈動〉反芻胃の第4室.

zhòuwén【皱纹】名(～儿) しわ.

zhòuzhě【皱褶】名(衣服や顔の) しわ.

繇 **zhòu** 名 古代の占いの文句. 異読⇒yáo

骤 **zhòu** H ①突然. ¶天气～变 / 天気が急に変わる. ②(馬が) 疾走する. ¶驰～ / 疾走する.

zhòurán【骤然】副〈書〉にわかに. 突然.

籀 **zhòu** H ①読む. ②→zhòuwén【籀文】

zhòuwén【籀文】名(書体の一種) 籀文(ちゅう). 大篆(だいてん).

zhu (ㄓㄨ)

朱 **zhū** H ①深紅. ②辰砂(しんしゃ). ‖姓

zhūbǐ【朱笔】名 朱筆.

zhūdǐng【朱顶】名〈鳥〉ベニヒワの近縁種.

zhūgǔlì【朱古力】名 チョコレート.

zhūhóng【朱红】形 朱色の. 鮮やかな赤の.

zhūhuán【朱鹮】名〈鳥〉トキ.

zhūjǐn【朱槿】名〈植〉ハイビスカス.

zhūmén【朱门】名 朱塗りの門. ▶金持ちの家をさす. ¶～酒肉臭 / 金持ちの家には酒肉が腐るほどある.

zhūmò【朱墨】名 **1** 朱と墨の2色. **2** 朱墨(しゅずみ).

zhūniǎo【朱鸟】→ zhūquè【朱雀】**2**, **3**

zhūpī【朱批】名 朱で書き入れた評語.

zhūqī【朱漆】名 朱うるし.

zhūquè【朱雀】名 **1**〈鳥〉マシコ. **2** (二十八宿の) 朱雀(すざく). **3**(道教で) 南方に配置される神 ;〈転〉南の方角.

zhūshā【朱砂】名〈鉱〉辰砂. 朱砂.

zhūwén【朱文】名(印章の) 陽文.

邾 **zhū** 名〈史〉邾(ちゅ). ▶周代の国名. ‖姓

侏 **zhū** H(体が) 小さい.

zhūluójì【侏罗纪】名〈地質〉ジュラ紀.

zhūrú【侏儒】名〈書〉侏儒(しゅじゅ).

诛 **zhū** H ①(罪人を) 討つ, 殺す. ¶伏～ / 処刑される. ②罪状を公表して責める. ¶口～笔伐 / 言論や文章で誅伐(ちゅうばつ)を加える.

zhūlù【诛戮】動〈書〉誅殺する.

zhūqiú【诛求】動〈書〉搾り取る.

zhū xīn zhī lùn【诛心之论】〈成〉(相手の) 不正行為の動機を暴き批判する論.

茱 **zhū** O

zhūyú【茱萸】名〈植〉ゴシュユ.

洙 **zhū** 地名用字.

珠 **zhū** H ①真珠. ¶→～子. ②玉. 丸い粒. ¶算盘～ / そろばんの玉. ‖姓

zhūbǎo【珠宝】名 宝飾品.

zhūcuì【珠翠】名 真珠やひすい ;(広く) 装飾品.

zhū guāng bǎo qì【珠光宝气】〈成〉(服装や飾り付けが) 派手で華やかである.

zhūguāngsè【珠光色】名 パールカラー.

zhūjī【珠玑】**1** 名〈書〉珠玉. **2** 形〈喩〉詩文の言葉遣いが美しい.

zhūlán【珠兰】名〈植〉チャラン.

zhūlèi【珠泪】名 涙.

zhū lián bì hé【珠联璧合】〈成〉すぐれた人材やすばらしいものが1か所に集まる.

zhūsuàn【珠算】名 珠算.

zhū yuán yù rùn【珠圆玉润】〈成〉歌声や詩文が滑らかで美しい.

zhūzi【珠子】名 **1** 真珠. **2** 玉. ビーズ.

株 **zhū** 量 樹木や草などを数える : 本. 株. ¶一～牡丹 / ひと株のボタン.

H ①木の根, 株. ②草木. ¶幼～ / 若株.

zhūjù【株距】名〈農〉株間.

zhūlián【株连】動〈書〉連座する.

zhūshǒu【株守】動〈書〉ひたすら固執して改めない.

zhūxuǎn【株选】動〈農〉種をとる株を選び出す.

诸 **zhū** 代〈古〉《"之于zhīyú"または"之乎zhīhū"の合音》これ(を…に). …かな.

H もろもろの. 多くの. ‖姓

zhūduō【诸多】形〈書〉いろいろな. たくさんの. ▶抽象的な事柄に用いる.

Zhūgě【诸葛】姓

Zhūgě Liàng【诸葛亮】名 諸葛亮(しょかつりょう) ;〈喩〉知恵者.

zhūgěliànghuì【诸葛亮会】名 献策会議.

zhūgōngdiào【诸宫调】名〈文〉韻文を主とし, 散文を交えた一種の文体.

zhūhóu【诸侯】名 諸侯. ¶～经济 / 地方割拠型経済.

zhūjūn【诸君】名〈書〉諸君.

zhū qīn hǎo yǒu【诸亲好友】〈成〉親戚や友人たち.

zhūrú【诸如】動〈書〉たとえば…など.

zhū rú cǐ lèi【诸如此类】〈成〉その他これに類したもの.

zhūwèi【诸位】名〈敬〉各位. みなさま.

铢 **zhū** 量〈古〉(重さの単位) 銖(しゅ). ▶"一两"の24分の1.

zhū jī cùn lěi【铢积寸累】〈成〉少しずつ積み重ねること.

zhū liǎng xī chèn【铢两悉称】

〈成〉優劣の差がない.

猪 **zhū** 名〈動〉豚. ［只,口,头］

Zhūbājiè【猪八戒】名 猪八戒；〈喩〉豚のような容貌の人. 食い意地の張った好色漢.

zhūchǎng【猪场】名 養豚場.

zhūgān【猪肝】名(～儿)〈食材〉豚の肝臓.

zhūguān【猪倌】名(～儿)豚飼い.

zhūhuān【猪獾】名〈動〉アナグマ.

zhūjuàn【猪圈】名 豚小屋.

zhūlán【猪栏】名 豚小屋.

zhūlíng【猪苓】名〈植〉チョレイマイタケ；〈中薬〉猪苓(ちょれい).

zhūlóngcǎo【猪笼草】名〈植〉ウツボカズラ.

zhūluó【猪猡】名〈方〉〈罵〉豚.

zhūmiáo【猪苗】名(肥育するための)子豚.

zhūpái【猪排】名 豚肉の切り身.

zhūpí【猪皮】名 豚の革.

zhūpólóng【猪婆龙】名〈俗〉ヨウスコウワニ.

zhūròu【猪肉】名 豚肉.

zhūshè【猪舍】名 豚小屋.

zhūshí【猪食】名(残飯などの)豚の飼料.

zhūwēn【猪瘟】名 豚コレラ.

zhūyóu【猪油】名〈料理〉ラード.

zhūzǎi【猪崽·猪仔】名 **1**〈方〉子豚. **2**〈旧〉外国に連れていかれ苦役を強いられた中国人.

zhūzōng【猪鬃】名 豚の(首と背の)剛毛.

蛛 **zhū** 〖H〗 クモ. ¶蜘～ / クモ.

zhū sī mǎ jì【蛛丝马迹】〈成〉(多く悪事の)かすかな手がかり.

zhūwǎng【蛛网】名 クモの巣.

zhūxíng dòngwù【蛛形动物】名 クモ形類動物.

zhūzhu【蛛蛛】名〈動〉クモ.

槠 **zhū** 名〈植〉カシ.

潴(瀦) **zhū** 〖H〗 ①(水が)たまる. ②水たまり.

zhūliú【潴留】名〈医〉液体の滞留.

橥(櫫) **zhū** 名〈書〉役畜をつなぐくい.

术 **zhú** → cāngzhú【苍术】 báizhú【白术】 異読⇨shù

竹 **zhú** 〖H〗 竹. ¶→～子. ¶～林 / 竹やぶ. 竹林. ¶～篓 / 竹かご. ‖姓

zhúbǎn【竹板】名(～儿)**1** 竹製のカスタネット. **2** 竹の板.

zhúbiān【竹编】名(かごなどの)竹で編んだ工芸品.

zhúbó【竹帛】名 竹簡と絹；〈転〉典籍. 歴史.

zhúbù【竹布】名 綿布の一種. ▶地が細かく,水色のものが多い.

zhúcái【竹材】名 竹材.

zhúchēng【竹蛏】名〈貝〉マテガイ.

zhúdiāo【竹雕】名(図案や模様を彫った)竹の彫刻.

zhúfá【竹筏】名(～子)竹のいかだ.

zhúgān【竹竿】名(～儿)竹竿.

zhúhuáng【竹黄·竹簧】名(竹工芸品の一種)加工して青みを消した竹の内側を表にして台木に貼り,山水·人物·花鳥などの彫刻を施した工芸品.

zhújī【竹鸡】名〈鳥〉コジュケイ.

zhújiāyú【竹荚鱼】名〈魚〉マアジ.

zhújiǎn【竹简】名 竹簡.

zhújiéchóng【竹节虫】名〈虫〉**1** ナナフシ. **2** ワレカラ.

zhújiégāng【竹节钢】名〈冶〉(鉄筋コンクリートに用いる)節のついた棒鋼.

zhúkè【竹刻】名 竹の彫刻.

zhúlán【竹篮】名 竹で編んだかご.

zhúlán dǎ shuǐ yī cháng kōng【竹篮打水一场空】〈諺〉労力がむだになる.

zhúlián【竹帘】名(～子)竹のすだれ.

zhúliánhuà【竹帘画】名 竹のすだれに描いた山水画.

zhúlóu【竹楼】名 竹で作った2階建ての家.

zhúmǎ【竹马】名(～儿)**1** 竹馬. **2** 民間歌舞で用いる張り子の馬.

zhúpái【竹排】名 竹のいかだ.

zhúqì【竹器】名 竹で作った器具.

zhúshǔ【竹鼠】名〈動〉タケネズミ.

zhúshuāzi【竹刷子】名 ささら.

zhúsǔn【竹笋】名 タケノコ.

zhútǒng dào dòuzi【竹筒倒豆子】〈諺〉事実を包み隠さず話す.

zhúyèqīng【竹叶青】名 **1**〈動〉(毒ヘビの一種)アオハブ. **2** 竹葉(ちくよう)酒.

zhúyù【竹芋】名〈植〉タケイモ.

zhúzhēn【竹针】名 竹の編み針.

zhúzhīcí【竹枝词】名 竹枝(ちくし).

zhúzhǐ【竹纸】名 竹の繊維で作った紙.

zhúzìtóu【竹字头】名(～儿)(漢字の部首)竹かんむり"⺮".

zhúzi【竹子】名〈植〉竹.

竺 **zhú** ‖姓

逐 **zhú** 動 追い払う. 力ずくで追い出す. ¶～出门外 / 門の外へ追い出す.

〖H〗 ①追う. ¶追～ / 追いかける；追い求める. ②順を追う. ¶→～步. ‖姓

zhúbù【逐步】副(段階を踏んで)一歩一歩と,しだいに.

zhúcì【逐次】副〈書〉次々に. 逐次.

zhúgè【逐个】副(～儿)いちいち. 逐一.

zhújiàn【逐渐】副 だんだんと. しだいに. ¶天～热了 / だんだん暑くなってきた.

zhúkèlìng【逐客令】名 客を追い払う言葉.

zhúlù【逐鹿】動〈書〉政権〔地位〕を獲得しようとして争う.

zhúnián【逐年】副 年一年と. 年を追

って.

zhúrì【逐日】副 日一日と. 日を追って.

zhúyī【逐一】副 逐一. 一つ一つ.

zhú zì zhú jù【逐字逐句】〈成〉一字一句.

烛(燭) zhú H ①ろうそく. ¶蜡～/ろうそく. ②照らす. 見抜く. ¶日～天下/太陽が大地を照らす.

zhúguāng【烛光】名 燭光(しょっこう). ▶光度の単位.

zhúhuā【烛花】名 丁子頭(ちょうじがしら).

zhúlèi【烛泪】名 火のついたろうそくから流れ出したろう.

zhútái【烛台】名 燭台(しょくだい).

zhúzhào【烛照】動〈書〉明るく照らす.

舳 zhú H 船尾.

zhúlú【舳舻】名〈書〉船尾と船首.

瘃 zhú 名〈書〉霜焼け.

蠋 zhú 名〈虫〉チョウやガの幼虫. イモムシ. ケムシ.

躅(躅) zhú 名〈書〉足跡.

主 zhǔ ❶名 1(客に対して)主人. ¶今天我是～,你们是客/今日は私がホスト役で,皆さんはお客様です. 2(～儿)財物や権利の所有者. ¶这东西没～/この物品には持ち主がいない. 3(～儿)事物に対する確固たる見解. ¶心里没～儿/定見を持っていない. 4 キリスト教の神やイスラム教のアラーに対する称. 主.

❷動 前兆を示す. ¶早霞～雨,晚霞～晴/朝焼けは雨,夕焼けは晴れのしるし.

H ①(使用人・奴隷に対して)主人. ¶～仆/主人と召使い. ②主な. 最も重要な. ¶→～要yào. ③責任を負う. ¶→～办. ¶→～讲. ④主張する. ¶～和/講和を主張する. ⑤(事件または取引の)当事者. ¶失～/落とし主. ¶买～/買い手. ⑥自分(から)の. ¶→～动. ‖ 姓

zhǔbǎn shìchǎng【主板市场】名〈経〉(証券取引の)主要取引市場.

zhǔbàn【主办】動 主催する.

zhǔbǐ【主笔】名 主筆.

zhǔbì【主币】名〈経〉本位貨幣.

zhǔbiān【主编】1 動 編集の責任を負う. 2 名 編集長.

zhǔbīn【主宾】名 主賓.

zhǔbīnxí【主宾席】名 主賓席.

zhǔcàidān【主菜单】名〈電算〉メインメニュー.

zhǔchǎng【主场】名〈体〉ホームグラウンド.

zhǔchàng【主唱】名〈音〉ボーカル.

zhǔchéngxù【主程序】名〈電算〉メインプログラム.

zhǔchí【主持】動 1 主宰する. ¶～会议/会議を主宰する. ¶电视节目～人/テレビ番組の司会者. キャスター. 2 主張する.

zhǔchuàng【主创】名 制作のメインとなるスタッフ.

zhǔcí【主词】名〈論〉主辞.

zhǔcì【主次】名 主要なものと副次的なもの.

zhǔcóng【主从】名 1 主要なものと従属的なもの. 2〈書〉主従.

zhǔcúnchǔqì【主存储器】名〈電算〉メインメモリー.

zhǔdǎ【主打】形(文学作品・商品などで)主力となる,目玉の.

zhǔdǎgē【主打歌】名(CDアルバムなどの中で)特に売り出したい1曲.

zhǔdānwèi【主单位】名(度量衡の)基本単位.

zhǔdāo【主刀】1 動(医師が)執刀する. 2 名 執刀医.

zhǔdǎo【主导】1 形 主導的な. 2 名 主導的作用をするもの.

zhǔdao【主道】名 顧客.

zhǔdiào yīnyuè【主调音乐】名〈音〉ホモフォニー.

zhǔdòng【主动】形(↔被动)1 自発的である. ¶他工作很～/彼は率先して働く. 2 主導的である.

zhǔdòngmài【主动脉】名〈生理〉大動脈.

zhǔduì【主队】名〈体〉ホームチーム.

zhǔfādòngjī【主发动机】名〈航空〉(多段式ロケットの)メインエンジン.

zhǔfá【主伐】名〈林〉本伐採.

zhǔfàn【主犯】名〈法〉主犯.

zhǔfēng【主峰】名(山脈の)主峰.

Zhǔfù【主父】姓

zhǔfù【主妇】名 主婦.

zhǔgàn【主干】名 1 植物の主要な幹. 2 主要な力.

zhǔgànwǎng【主干网】名〈電算〉バックボーンネットワーク.

zhǔgǎo【主稿】名 原稿を起草する責任者.

zhǔgēn【主根】名〈植〉主根.

zhǔgōng【主攻】動 1〈軍〉主力部隊で攻撃する. 2 専攻する.

zhǔgù【主顾】名 顧客.

zhǔguān【主观】1 名 主観. 2 形 主観的である.

zhǔguān néngdòngxìng【主观能动性】名〈哲〉主観的能動性.

zhǔguān wéixīn zhǔyì【主观唯心主义】名〈哲〉主観的観念論.

zhǔguān zhǔyì【主观主义】名〈哲〉主観主義.

zhǔguǎn【主管】1 動 主管する. 2 名 主管者.

zhǔguāngzhóu【主光轴】名〈物〉主軸. 光軸.

zhǔhūn【主婚】動 結婚式を取りしきる.

zhǔjī【主机】名 1〈軍〉(編隊飛行の)隊長機. 2〈機〉メインエンジン. 3〈電算〉ホストコンピュータ.

zhǔjì【主祭】動 祭祀を主宰する.

zhǔjiàn【主见】名 しっかりした見解.

zhǔjiǎng【主讲】動 講義や講演を担

当する.

zhǔjiàng【主将】名(隊の)主将,統率者;〈喩〉重要な役割を果たす人.

zhǔjiāodiǎn【主焦点】名(レンズの)光軸上の焦点.

zhǔjiāoméi【主焦煤】名 粘結炭.

zhǔjiào【主教】名〈宗〉(カトリックの)司教;(プロテスタントの)主教.

zhǔjǐng【主井】名〈鉱〉主要な坑道.

zhǔjù【主句】名〈語〉(↔从句)(複文の)主節.

zhǔjué【主角】名(〜儿)(芝居や映画の)主役;〈喩〉中心人物.

zhǔkǎo【主考】**1** 動 試験を主管する. **2** 名 主任試験官.

zhǔkè【主课】名 主要な課目.

zhǔlì【主力】名 主力.

zhǔlìjiàn【主力舰】名〈軍〉主力艦.

zhǔlìjūn【主力军】名〈軍〉主力軍.

zhǔliáng【主梁】名〈建〉大梁(おおはり).

zhǔliáng【主粮】名(その地方が生産または消費する)主要な食糧.

zhǔliú【主流】名(↔支流)(河川の)本流;〈喩〉主流.

zhǔlóu【主楼】名 本館.

zhǔmá【主麻】名〈宗〉イスラム教で毎週金曜の正午過ぎに行われる集団の礼拝.

zhǔmóu【主谋】**1** 動 主謀者となる. **2** 名〈法〉主謀者.

zhǔmǔ【主母】名〈旧〉女主人.

zhǔnǎo【主脑】名 **1** 主なもの. **2** 首脳.

zhǔpín【主频】名〈電算〉CPUのクロック.

zhǔqúdào【主渠道】名 主要ルート.

zhǔquán【主权】名〈政〉主権.

zhǔquánguó【主权国】名 主権国.独立国.

zhǔr【主儿】名 **1** 持ち主. 飼い主. **2** (あるタイプの)人. **3** 嫁ぎ先.

zhǔrén【主人】名 **1** (↔客人)(客に対する)主人. **2** (使用人などから見た)主人. **3** (財産または権力の)所有者,主人公.

zhǔréngōng【主人公】名(小説などの)主人公.

zhǔrénwēng【主人翁】名 **1** (家や国の)主人. **2** (文学作品の)主人公.

zhǔrèn【主任】名 主任.

zhǔshàng【主上】名〈旧〉天子様. 殿様.

zhǔshí【主食】名(↔副食)主食.

zhǔshǐ【主使】動 そそのかす.

zhǔ//shì【主事】**1** 動(〜儿)(ある仕事の)責任者になる. **2** 名〈旧〉(官職名の一つ)主事.

zhǔshìtú【主视图】名〈測〉立面図.正面図.

zhǔsù【主诉】動〈医〉患者が病状を医師に訴える.

zhǔtí【主题】名 主題. テーマ.

zhǔtící【主题词】名 本や文章のタイトル.

zhǔtígē【主题歌】名 主題歌.

zhǔtí gōngyuán【主题公园】名 テーマパーク.

zhǔtǐ【主体】名 **1** 主体. 主要な部分. **2** 〈法〉主体. 権利〔義務〕を負う人. **3** 〈哲〉(↔客体)主体.

zhǔwèi【主位】名 **1** 主人の座席. **2** 大切な位置.

zhǔwèi【主谓】名〈略〉〈語〉主語と述語. ▶"主语"と"谓语".

zhǔwén【主文】名〈法〉主文.

zhǔxí【主席】名 **1** 主席. 最高指導者. **2** (会議や議決機関の)議長.

zhǔxítái【主席台】名 議長席.

zhǔxítuán【主席团】名 議長団.

zhǔxiàn【主线】名 大筋;(特に文芸作品の)プロット.

zhǔxīngǔ【主心骨】名(〜儿) **1** 頼りになる人〔事物〕. 大黒柱. **2** 定見,対策.

zhǔxīng【主星】名〈天〉主星.

zhǔxíng【主刑】名〈法〉主刑.

zhǔxiū【主修】**1** 動 専攻する. **2** 名(機械の)修理責任者.

zhǔxuánlǜ【主旋律】名〈音〉主旋律;〈喩〉主要な精神.

zhǔxuǎndān【主选单】名〈電算〉メインメニュー. ▶主に台湾・香港で用いられる.

zhǔyǎn【主眼】名(文芸作品の)主眼.

zhǔyǎn【主演】**1** 動 主演する. **2** 名 主演.

zhǔyào【主要】形 主要な. 主に. ¶〜演员 / メインキャスト.

zhǔyè【主页】名〈電算〉ホームページ.

zhǔyì【主义】名 **1** 主義. **2** 一定の社会制度や政治経済体系. **3** 主義. 考え方. ▶好ましくないものをさすことが多い.

zhǔyi【主意】名 しっかりした意見;考え. 対策. ¶拿不定〜 / 考えが固まらない.

zhǔyīn【主因】名 主要な原因.

zhǔyīn【主音】名〈音〉主音.

zhǔyíng【主营】名 主力業務.

zhǔyǔ【主语】名〈語〉主語.

zhǔzǎi【主宰】**1** 動 主宰する. 支配する. **2** 名(人や事物を)左右する力. 主宰者.

zhǔzhāng【主张】**1** 動 主張する. **2** 名 主張. 考え.

zhǔzhèn【主震】名〈地〉本震.

zhǔzhǐ【主旨】名 主旨.

zhǔzhì yīshēng【主治医生】名 主治医.

zhǔzhóu【主轴】名〈機〉主軸.

zhǔzi【主子】名 主人;〈転〉ボス.

拄 **zhǔ** 動(杖を)つく. ¶他〜着拐棍儿向我走来 / 彼は杖をついてこちらへ歩いてきた.

渚 **zhǔ** 書 川の中州(す).

煮 **zhǔ** 動 炊く. 煮る. ゆでる. ¶〜饺子 / ギョーザをゆでる. ¶饭已经〜好了 / ご飯はもう炊けた. ‖姓

zhǔ dòu rán qí【煮豆燃萁】〈成〉兄弟が害し合う.

zhǔ hè fén qín【煮鹤焚琴】〈成〉風流をわきまえない興ざめな行い.

属（屬）**zhǔ** H ①(注意・精神を)集中する. ②連ねる. 続ける. ¶前后相～ / 前後が続いている. ③つづる. ¶～文 / 文章を書く. 異読⇨shǔ

zhǔmù【属目】動〈書〉嘱目する.

zhǔwàng【属望】動〈書〉嘱望する.

zhǔyì【属意】動〈書〉注意を向ける.

zhǔ yuán yǒu ěr【属垣有耳】〈成〉壁に耳あり.

褚 **zhǔ** H ①真綿. ②服に真綿を入れる. ③袋. 異読⇨chǔ

嘱（囑）**zhǔ** 動〈書〉言いつける. 頼む. ¶父亲～我要用功读书 / 父は私にしっかり勉強するよういい聞かせた.

zhǔfù【嘱咐】動 言いつける. 言い聞かせる.

zhǔtuō【嘱托】動(人に用事を)頼む.

瞩（矚）**zhǔ** H 見つめる. 注視する.

zhǔmù【瞩目】動〈書〉嘱目する. 目をつける.

zhǔwàng【瞩望】動〈書〉 1 嘱望する. 2 注視する.

伫（佇）**zhù** H たたずむ.

zhùhòu【伫候】動〈書〉たたずんで待つ.

zhùlì【伫立】動〈書〉たたずむ.

苎（苧）**zhù** O

zhùmá【苎麻】名〈植〉カラムシ. チョマ. ラミー.

助 **zhù** H 助ける. ¶协～ / 協力する. ¶拔刀相～ / 力添えをする.

zhùbàoyào【助爆药】名〈軍〉伝爆薬.

zhùcán【助残】動 身障者を支援する.

zhùchǎnshì【助产士】名〈医〉助産師.

zhùcí【助词】名〈語〉助詞.

zhùdòngcí【助动词】名〈語〉助動詞.

zhùgōng【助攻】名〈軍〉援護攻撃.

zhùjì【助剂】名〈化〉補助薬剤.

zhùjiào【助教】名(高等専門学校や大学の)助手.

zhù jié wéi nüè【助桀为虐】〈成〉悪人を助けて悪事を働く.

zhùlǎo【助老】動 高齢者を支援する.

zhùlǐ【助理】1 名 助手. 補佐役. 2 動 補佐する. 手伝う.

zhù//lì【助力】動 助力する.

zhùlìchē【助力车】名 電動アシスト自転車.

zhùpǎo【助跑】動〈体〉(走り高跳びなどで)助走する.

zhùrán【助燃】動〈化〉燃焼を助ける.

zhùshǒu【助手】名 アシスタント.

zhùtīngqì【助听器】名 補聴器.

zhù//wēi【助威】動 応援する.

zhù//xìng【助兴】動 座を盛り上げる.

zhùxuéjīn【助学金】名(政府から支給される)奨学金.

zhùyǎn【助演】動 助演する.

zhùyǎng【助养】動 社会的弱者を支援する.

zhù//zhàn【助战】動 1 戦闘に協力する. 2 応援する.

zhùzhǎng【助长】動(多くはよくないことを)助長する.

zhù//zhèn【助阵】動 応援する.

zhù zhòu wéi nüè【助纣为虐】〈成〉悪人を助けて悪事を働く.

住 **zhù** 動 1 住む. 泊まる. ¶我在上海～过两年 / 私は上海に2年住んだことがある. ¶她在饭店～了一夜 / 彼女はホテルに1泊した. 2 (雨・風・雷・音などが)やむ, 止まる；("口、手、脚、声"などを目的語にとって)止める, 停止させる. ¶雨～了 / 雨がやんだ. ¶他整天不～脚地忙 / 彼は終日足を止める間もなく忙しい.

> 動詞(＋"得 / 不")＋"住"で
> ⓐ動作の結果が安定あるいは固定することを表す. ¶抓～了一只蜻蜓 / 1匹のトンボをつかまえた. ¶这首诗, 你记得～吗？/ この詩をあなたは覚えられますか.
> ⓑ阻止を表す. ¶挡dǎng～去路 / 行く手を遮ってしまう. ¶压～怒气 / 怒りを抑える.

3《一部の動詞と組み合わせて慣用的な句を作る》▶必ず間に"得 / 不"を挿入する. ¶吃得～ / 支えきれる. ¶靠不～ / 信用できない. ¶我真对不～她 / 私は彼女に顔向けできない. ‖姓

zhù//bǐ【住笔】動 筆をとめる. 書き終わる.

zhùchí【住持】1 動(仏教や道教で)寺・道観を運営する. 2 名 住職.

zhùchù【住处】名 1 住む所. 泊まる所. 2 住まい. 住所.

zhùdú【住读】動 学校の寮に住んで通学勉強する.

zhùfáng【住房】名 1 住宅. 住居. 2 居間.

zhùhù【住户】名 所帯. 住民.

zhùjiā【住家】❶動 居住している. ❷名 1 住まい. 2(～儿)世帯.

zhùjiǎor【住脚儿】名〈方〉住所.

zhùjū【住居】動 居住する. 住む.

zhù//kǒu【住口】動(多く命令文で)話をやめる. 黙る.

zhù//shǒu【住手】動 手を止める.

zhùsù【住宿】動 泊まる.

zhùsuǒ【住所】名 住所；滞在地.

zhù//xián【住闲】動 居そうろうする.

zhù//xiào【住校】動 学校の寮に住む.

zhù//yuàn【住院】動 入院する.

zhùzhái【住宅】名(比較的大きな)住宅. 屋敷.

zhùzhǐ【住址】名 住所.

zhù//zuǐ【住嘴】動(多く命令文で)話をやめる. 黙る.

纻（紵）**zhù** 名〈書〉チョマ繊維で織った布.

杼 **zhù** 名〈紡〉 **1** 筬(おさ). ▶"筘kòu"とも. **2**〈古〉梭(ひ).

zhùzhóu【杼轴】名〈書〉 **1**〈旧〉縦糸と横糸を織り合わせる織機の部品. **2**〈喩〉(文章の)骨組み.

贮(貯) **zhù** 動 蓄える. 貯蓄する. ¶蓄水池里~满了水 / 貯水池に水がいっぱいためてある.

zhùbèi【贮备】 **1** 動 備蓄する. **2** 名 備蓄物.

zhùcáng【贮藏】動 貯蔵する.

zhùcún【贮存】動 貯蔵する.

zhùdiǎnhóng【贮点红】名 ベニヒワの近縁種.

zhùmùchǎng【贮木场】名 材木置き場.

zhùyùn【贮运】名(物の)保管と輸送.

注(註) **zhù** **1** 動 注釈する. ¶这本书~得很详细 / この本は注釈がとても詳しい. **2** 名 注釈.
H ①注ぐ. ¶→~射. ②一点に集中する. ¶→~意. ③記載する. 登録する. ¶→~册. ④ばくちに賭ける金. ¶下~ / 金を賭ける.

zhùcè【注册】動 登記する. 登録する. ¶~商标 / 登録商標.

zhùcè gǔfèn【注册股份】名〈経〉登録機関に登録した株.

zhùdìng【注定】動(神や運命によって)定められている;(客観的な法則によって)決まっている.

zhùjiǎo【注脚】名 注. 注釈.

zhùjiě【注解】 **1** 動 注釈する. 注を付ける. **2** 名 注. 注釈.

zhùmíng【注明】動 明記する.

zhùmù【注目】動 注目する. ¶引人~ / 人の注目を引く.

zhùrù【注入】動 注入する;(川などが)注ぎ込む.

zhùshè【注射】動〈医〉注射する.

zhùshì【注视】動 注視する. 見守る.

zhùshì【注释】動 注釈する.

zhùshū【注疏】名 注疏(ちゅうそ). 注と疏.

zhù shuǐ【注水】名〈石油〉水攻法.

zhùshuǐròu【注水肉】名 水を注入し目方をごまかした粗悪な食肉.

zhùsù【注塑】動 溶解したプラスチックを型に流し込む.

zhùwén【注文】名 注釈の字句.

zhùxiāo【注销】動(登記事項を)取り消す.

zhù//yì【注意】動(…に)注意する. 気を配る. 気をつける.

zhù//yīn【注音】動 文字(の上または横)に読み方をつける.

zhùyīn zìmǔ【注音字母】名 注音字母. ▶"注音符号"とも.

zhù//yóu【注油】動 **1**(機械などに)潤滑油をさす. **2** 燃料油を補給する.

zhùzhòng【注重】動 重要視する.

zhù//zī【注资】動 資金を投入する.

驻 **zhù** 動 駐留する. 駐在する. ¶~东京记者 / 東京駐在の記者.
H とどまる. とどめる. ¶→~足zú.

zhùbì【驻跸】動〈書〉帝王が行幸中に一時乗り物をとどめる.

zhùdì【驻地】名 **1**(部隊などの)駐屯地. **2**(地方行政機関の)所在地.

zhù//fáng【驻防】動 重要な地に駐屯して防衛に当たる.

zhùjié【驻节】動〈書〉使節として駐在する.

zhùjié gōngshǐ【驻节公使】名 外国駐在公使.

zhùjūn【驻军】 **1** 動 軍隊を駐留させる. **2** 名 駐屯軍.

zhùshǒu【驻守】動 防衛のために駐屯する.

zhùtún【驻屯】動 駐屯する.

zhùwài jìzhě【驻外记者】名 海外駐在の記者.

zhùzàiguó【驻在国】名(外交使節の)駐在国.

zhùzhā【驻扎】動 駐屯する. 駐在する.

zhùzú【驻足】動〈書〉足を止める.

柱 **zhù** 名(~子)柱. H 柱状のもの. ¶冰~ / つらら. ‖ 姓

zhùdǐng【柱顶】名〈建〉柱頭.

zhùláng【柱廊】名〈建〉柱廊.

zhùshēn【柱身】名〈建〉柱身.

zhùshí【柱石】名 柱の下の礎石;〈喩〉国家の重任を負う人. 柱石.

zhùtóu【柱头】名 **1**〈植〉(花の)柱頭. **2**〈建〉柱頭. **3**〈方〉柱.

zhùzi【柱子】名 柱.

zhùzuò【柱座】名〈建〉円柱の台座.

炷 **zhù** **1** 名〈古〉灯心. **2** 動〈古〉(線香などを)たく. **3** 量(つけてある)線香を数える. ¶烧一~香 / 線香を1本あげる.

祝 **zhù** 動 心から願う. 祈る. ¶~你身体健康 / ご健康をお祈り申し上げます. ¶~你一路平安 / 道中ご無事で.
H 祝う. ¶庆~ / 祝賀する. ‖ 姓

zhùcí【祝词·祝辞】名 **1**(昔, 祭祀のときに唱える)祝詞(のりと). **2** 祝辞.

zhùdǎo【祝祷】動 祈禱する.

zhùfú【祝福】 **1** 動 祝福する. 人の平安・幸福を祈る. **2** 名(一部の地方の伝統的習慣で)旧暦の除夜に, 天地の神をまつり幸福を祈る儀式.

zhùgào【祝告】動 祈禱する.

zhùhè【祝贺】動 祝賀する. お祝いの言葉を述べる. ¶~您取得成功 / 成功を収められたことにお祝いを申し上げます.

zhùjié【祝捷】動 勝利・成功を祝う.

zhù//jiǔ【祝酒】動 杯をあげて健康などを祝す. 祝杯をあげる.

zhùshòu【祝寿】動(老人の)誕生祝いをする.

zhùsòng【祝颂】動 祝福する.

zhùwén【祝文】名 祝詞(のりと).

zhùyuàn【祝愿】 **1** 動 祈る. 願う. **2** 名 祈り. 願い.

砫 **zhù** 地名用字.

疰 zhù ○

zhùxià【疰夏】名 **1**〈中医〉暑気あたり. **2**〈方〉夏やせ. 夏負け.

著 zhù 動〈書〉著す. 書く. ¶这本书系李教授所～ / この本は李教授の書かれたものだ.
H ①顕著である. 明白である. ¶卓～ / 際立っている. ②表す. 示す. ¶颇～成效 / 相当な成果をあげている. ③著作. ¶新～ / 新著.
異読⇒zhe

zhùchēng【著称】形〈書〉名高い. 著名である.

zhùlù【著录】動(書目などを目録に)記録する,記載する.

zhùmíng【著名】**1** 形 著名である. 有名である. ¶～的作家 / 著名な作家. **2** 動 有名になる. 名が出る.

zhù shū lì shuō【著书立说】〈成〉本を書いて自分の主張を公にする.

zhùshù【著述】**1** 動 著述する. 著作する. **2** 名 著述. 著作.

zhùzhě【著者】名 著者.

zhùzuò【著作】**1** 動 著作する. **2** 名 著作. [部]

zhùzuòquán【著作权】名 著作権.

zhùzuòrén【著作人】名 著者.

蛀 zhù **1** 名〈虫〉キクイムシ. **2** 動 虫に食われる. ¶书被虫～了 / 本が虫に食われた.

zhùchǐ【蛀齿】名 虫歯.

zhù//chóng【蛀虫】**1** 動 虫が食う. **2** 名 木・衣類・書籍・穀物などにつく虫の総称；〈喩〉組織や集団に巣くい害を与える者.

zhùshí【蛀蚀】動 むしばむ.

zhùxīnchóng【蛀心虫】名〈虫〉シンクイムシ.

铸(鑄) zhù 動 **1** 鋳る. 鋳造する. **2** 作り上げる. でき上がる. ¶～成大错 / 大まちがいをやらかす.

zhùbì【铸币】**1** 動 貨幣を鋳造する. **2** 名 硬貨.

zhùcuò【铸错】動〈書〉重大な過ちを犯す.

zhùdìng【铸锭】名〈冶〉インゴット.

zhùgāng【铸钢】名〈冶〉鋳鋼.

zhùgōng【铸工】名〈冶〉**1** 鋳造. **2** 鋳物工.

zhùhàn【铸焊】名〈冶〉鋳物溶接.

zhùjiàn【铸件】名〈冶〉鋳物. 鋳造品.

zhùmú【铸模】名〈冶〉鋳型.

zhùshí【铸石】名 鋳造石. 人工石.

zhùtiě【铸铁】名 銑鉄. ずく鉄.

zhùxíng【铸型】名〈冶〉鋳型.

zhùzào【铸造】動 鋳造する.

zhù//zì【铸字】動 活字を鋳造する.

筑(築) zhù **1** 動 築く. 作る. 建てる. ¶～路 / 道路を建設する. ¶～堤dī / 堤防を築く. **2** 名(古代の弦楽器)筑. ‖ 姓

zhù fāngchéng【筑方城】〈慣〉マージャンをする.

zhù shì dào móu【筑室道谋】〈成〉定見や計画がなく,何事も成し得ない.

翥 zhù H(鳥が)飛び立つ.

箸 zhù 名〈方〉はし. ▶普通,話し言葉では"筷子"という. ¶火～ / 火ばし. ¶下～ / はしをつける.

zhua (ㄓㄨㄚ)

抓 zhuā 動 **1** つかむ. つかみ取る. ¶他～起帽子就走 / 彼は帽子をつかむとすぐ出かけた. ¶～住机会 / チャンスをつかむ. **2** 特に力を入れる. 指導を強化する. ¶～好义务教育 / 義務教育にしっかり取り組む. **3** 捕まえる. 捕らえる. ¶警察～走了放火犯 / 警官が放火犯をひったていった. **4** かく. ひっかく. ¶～痒痒 / かゆいところをかく. ¶手被猫～了一把 / 手を猫にひっかかれた. **5** 引きつける. ¶她的表演～住了观众 / 観衆は彼女の演技に魅了された.

zhuā biànzi【抓辫子】〈慣〉弱みを握る.

zhuā//biāo【抓膘】動 **1**(家畜,特に豚などを)太らせる. **2**(体が太るように)おいしい物を食べる.

zhuā//bīng【抓兵】動〈旧〉民間人を強制的に兵隊にする.

zhuābǔ【抓捕】動 逮捕する.

zhuā//chár【抓碴儿】動〈方〉(人の)あらを捜す.

zhuā//chāi【抓差】動(人に)職務以外の仕事を臨時にやらせる.

zhuā dàtóu【抓大头】〈慣〉〈方〉**1** 人をだまして損をさせる. **2**(くじ引きで当たった人に)おごらせる.

zhuā//diǎn【抓点】動 ある一点に力を入れる. 重点的に指導する.

zhuādīng【抓丁】動〈旧〉若い男性を兵役につかせる.

zhuādǒu【抓斗】名〈機〉グラブバケット.

zhuā//dǔ【抓赌】動 賭博犯を検挙する.

zhuā ěr náo sāi【抓耳挠腮】〈成〉**1** ひどく気をもむ. **2** うれしがる.

zhuā//fàn【抓饭】**1** 名(ウイグル族などが手づかみで食べる)羊肉などを混ぜて作った飯. **2** 動(はしなどを使わずに)手づかみで食べる.

zhuāfū【抓夫・抓伕】動〈旧〉人夫を徴発する.

zhuā gāng zhì guó【抓纲治国】〈成〉要(かなめ)を把握して国を治める.

zhuā//gén【抓哏】動(～儿)(芝居の道化や漫才師などが)アドリブのせりふや体の動きで笑わせる.

zhuā gōngfu【抓工夫】〈慣〉時間をつくる.

zhuā guānchāi【抓官差】〈慣〉(役人が農民を)労役に服させる；〈転〉権力を利用して他人を無償で自分のために働かせる.

zhuāhuò【抓获】動 逮捕する.

zhuāji【抓髻】名 女性が頭の上に二つ

に結い分けたまげ.
zhuā//jǐn【抓紧】動 しっかりつかむ. 急いでやる.
zhuā//jiūr【抓阄儿】動 くじを引く.
zhuājiu【抓鬏】→zhuājì【抓髻】
zhuājǔ【抓举】名〈体〉(重量挙げで)スナッチ.
zhuā kòngzi【抓空子】〈慣〉時間の都合をつける.
zhuānao【抓挠】〈方〉❶動 1 かく. 2 いじくり回す. 3 つかみ合いをする. 4 忙しく立ち働く. 5 手に入れる. 稼ぐ.
❷名(~儿)〈喩〉打つ手. あて.
zhuānong【抓弄】→zhuānao【抓挠】
zhuāpāi【抓拍】動 シャッターチャンスを捕らえてカメラに収める.
zhuāpò liǎn【抓破脸】〈慣〉(人情もメンツもかなぐり捨てて)公然と言い争う.
zhuā//rén【抓人】動〈口〉逮捕する.
zhuā shétou【抓舌头】〈慣〉(敵情を探るために)敵を生け捕りにする.
zhuā//xiā【抓瞎】動〈方〉(事前の準備がないために)あわてふためく.
zhuā//yào【抓药】動(漢方薬の店で)薬を処方どおりに調合する;処方箋を持って行き薬を調合してもらう.
zhuā yī bǎ【抓一把】〈慣〉利益を得る.
zhuā//zhōu【抓周】動(~儿)満1歳の誕生日に子供が手に取ったものによってその子の将来を占う.
zhuā//zhù【抓住】動+結補 1 しっかりとつかむ. 2 捕まえる. 3(人の心を)つかむ.
zhuā zhuàngdīng【抓壮丁】〈慣〉〈旧〉若い男性を兵役につかせる.
zhuāzǒngr【抓总儿】動(仕事に関する)全責任を担う.

挝(撾) **zhuā**〖抓zhuā〗に同じ. H(太鼓を)打つ,たたく.
異読⇒wō

髽 **zhuā** O
zhuājì【髽髻】→zhuājì【抓髻】
zhuājiu【髽鬏】→zhuājì【抓髻】

爪 **zhuǎ** 名(~儿) 1 鳥獣の(つめのついた)足. ¶猫~儿 / 猫のつめ. ¶→~子. 2 器物の脚.
異読⇒zhǎo
zhuǎjiānr【爪尖儿】名〈食材〉豚足.
zhuǎr【爪儿】名 小動物の足;器物の脚.
zhuǎzi【爪子】名 1(爪のある)動物の足. 2(多くからかって)子供の手.

zhuai(ㄓㄨㄞ)

拽 **zhuāi**〈方〉1 動 力いっぱいに投げる,ほうる. 2 形(病気やけがで)腕が利かない,なえている.
異読⇒zhuài
zhuāibāo【拽包】名(~儿)袋に砂やマメを入れた"包"をぶつけ合う遊び.

跩 **zhuǎi** 動〈方〉太って動きが鈍く,よたよたと歩く.

拽 **zhuài** 動〈方〉力いっぱい引っ張る. ¶她紧紧地~着孩子的手 / 彼女は子供の手をしっかり引っ張っている. 異読⇒zhuāi

zhuan(ㄓㄨㄢ)

专(專·耑) **zhuān** 1 副 もっぱら. ¶我这次是~为开会而来的 / 私は今回はもっぱら会議出席のために参りました. 2 形 精通している. ¶他在化学方面很~ / 彼は化学の方面にとても詳しい.
H ①独り占めする. ¶→~权. ②特定の. ¶→~车. ‖姓
zhuān'àn【专案】名 特別処理を要する重大事項〔事件〕.
zhuānbǎn【专版】名(新聞などの)特集ページ.
zhuāncái【专才】名 スペシャリスト.
zhuānchāi【专差】1 動 特殊任務で派遣する. 2 名 特殊任務で派遣された人.
zhuāncháng【专长】名 専門知識〔技能〕.
zhuānchǎng【专场】名 1(劇場や映画館の)貸切興行〔上映〕. 2 同じタイプの出し物だけを上演する興行.
zhuānchē【专车】名 1 特別列車;貸切車. 2 会社や役所が所有している自動車〔バス〕.
zhuānchéng【专诚】副(ついでではなく)わざわざ.
zhuānchéng【专程】副(ある目的のために)わざわざ(出向く).
zhuāncǐ【专此】動(手紙文で)以上. まずは…まで.
zhuāndì【专递】名 特別郵便.
zhuāndiàn【专电】名(専属の記者による)特電.
zhuānduàn【专断】1 動 独断専行する. 2 形 独断的である.
zhuānfǎng【专访】1 動 独占〔単独〕インタビューをする. 2 名 独占インタビュー記事.
zhuāngǎo【专稿】名 特別寄稿.
zhuāngōng【专攻】動 専攻する.
zhuānguǎn【专管】動 一手に管理する. もっぱら…を管轄する.
zhuānguì【专柜】名 1(ある商品の)専用売場. 2 証券取引所の取引ホールのカウンター.
zhuānhào【专号】名(定期刊行物の)特集号.
zhuānhèng【专横】形 専横である.
zhuānjī【专机】名 専用機. 特別機.
zhuānjí【专集】名 1(ある特定の)作家の作品集. 2(ある特定のテーマの)選集;(CDなどの)アルバム. ▶"专辑"とも.
zhuānjiā【专家】名 専門家.
zhuānjiā ménzhěn【专家门诊】名(病院の外来で)専門医による診察診

療.

zhuānkān【专刊】名 1（定期刊行物の）特集号；特集欄〔ページ〕. 2 専門の研究テーマを扱った学術機関刊行の書籍.

zhuānkē【专科】名 1 専門科目. 2〈略〉高等専門学校.

zhuānkē xuéxiào【专科学校】名 高等専門学校.

zhuānkuǎn【专款】名 特定費目. 特別支出金.

zhuānlán【专栏】名（新聞・雑誌などの）コラム.

zhuānlì【专力】動（ある仕事に）力を集中する.

zhuānlì【专利】名 特許.

zhuānlìquán【专利权】名 特許権.

zhuānliè【专列】名〈略〉特別列車.

zhuānmài【专卖】動 専売する.

zhuānmàidiàn【专卖店】名（高級）専門店.

zhuānměi【专美】動〈書〉栄誉を独り占めにする.

zhuānmén【专门】❶形 専門の. 専門に. ¶～研究古代史 / 古代史を専門に研究する. ❷副 1 特に. わざわざ. 2〈方〉しきりに…ばかりする.

zhuānmíng【专名】名〈語〉固有名詞.

zhuānmínghào【专名号】名〈語〉固有名詞記号.

zhuānqū【专区】名 省・自治区が必要に応じて設けた行政区域で，若干の県・市を含む. ▶1975年に"地区"と改称.

zhuānquán【专权】動 権力を一手に握る.

zhuānrén【专人】名 1（ある仕事の）専任者，責任者. 2（ある仕事をするために）臨時に派遣された人.

zhuānrèn【专任】動 専任する.

zhuānshàn【专擅】動〈書〉（上司の指示を求めたり聞いたりせず）専断する.

zhuānshǐ【专史】名（哲学史・文学史などの）特定の分野における歴史.

zhuānshǐ【专使】名（特別任務の）特使.

zhuānshū【专书】名 専門書.

zhuānshǔ【专署】→zhuānyuán gōngshǔ【专员公署】

zhuāntí【专题】名 特定のテーマ.

zhuānwǎng【专网】名〈電算〉専用ネットワーク.

zhuānwén【专文】名 ある特定の問題に関して書いた文章.

zhuānxí【专席】名 特別席.

zhuānxiàn【专线】名 1（鉄道の）専用線路. 2（電話の）専用線.

zhuānxiàng【专项】名 特定項目.

zhuānxīn【专心】形 一つのことに専心している. 余念がない.

zhuān xīn zhì zhì【专心致志】〈成〉一心不乱である.

zhuānxiū【专修】動 専修する.

zhuānyè【专业】❶名 1（大学または専門学校の）専攻（学科）. 2 専門の業務〔業種，生産過程〕. ❷形 プロの.

zhuānyèhù【专业户】名（林業・漁業や運輸業などの）専門業者.

zhuānyèhuà【专业化】動 専門化する.

zhuānyèkè【专业课】名（大学での）専門課程.

zhuānyī【专一】形 一心不乱である.

zhuānyíng【专营】動 独占的に取り扱う.

zhuānyòng【专用】動 専用する. 特定の個人〔目的〕に用いる.

zhuānyóu【专邮】名 特別郵便.

zhuānyǒu jìshù【专有技术】名 ノウハウ. 専門技術.

zhuānyuán【专员】名 1 "地区"（省・自治区が必要に応じ設けた行政区域）の責任者. 2 専門要員. 専従者.

zhuānyuán gōngshǔ【专员公署】名 中国の省・自治区の派出機関.

zhuānzé【专责】名（責任制に基づく）おのおのの職責.

zhuānzhèng【专政】名〈政〉独裁（政治）.

zhuānzhí【专职】名 専任. 専従.

zhuānzhì【专制】形 1（政治が）専制的である. 2 独断専行である.

zhuānzhù【专注】形 集中している.

zhuānzhù【专著】名 専門書.

肫（膞） zhuān 名〈方〉鳥類の胃・砂ぎも. ¶鸡～ /（料理に用いる）鶏の胃.

砖（磚） zhuān 名 れんが. ［块；摞luò，堆duī］¶砌qì～ / れんがを積む.
H れんが状のもの. ¶冰～ / ブロック型アイスクリーム.

zhuānchá【砖茶】名 れんが状に押し固めた茶. 磚茶（だんちゃ）.

zhuānchǎng【砖厂】名 れんが製造所.

zhuāndiāo【砖雕】名 レンガ彫刻.

zhuānhóngrǎng【砖红壤】名〈地質〉ラテライト.

zhuānmàndì【砖墁地】名 れんが敷の床〔庭〕.

zhuānpī【砖坯】名（焼く前の）れんがの生地.

zhuāntóu【砖头】名（～儿）〈口〉れんがのかけら.

zhuāntou【砖头】名〈方〉れんが.

zhuānyáo【砖窑】名 れんがを焼くかまど.

颛 zhuān 〖专zhuān〗に同じ.
H 愚かである.

Zhuānsūn【颛孙】姓

Zhuānxū【颛顼】名 顓頊（せんぎょく）. ▶伝説上の帝王の名.

Zhuānyú【颛臾】名〈史〉顓臾（せんゆ）. ▶春秋時代の国名.

转（轉） zhuǎn 動 1（方向・位置または形勢を）変える，転ずる. ¶～过脸来 / 顔をこちらへ振り向ける. ¶阴～晴 / 曇りのち晴れ. ¶向左～ / 左に向きを変える；（号

令)左向け左. **2**(物·手紙·意見などを**第三者を経て)回す,渡す.** ¶请你替我把信～给她 / 私の代わりに手紙を彼女に渡してください. ¶请～一下201房间 / 電話を201号室につないでください. ‖ 姓 異読⇨**zhuàn**

zhuǎn'ānjīméi【转氨基酶】名〈生化〉トランスアミナーゼ.

zhuǎnbāo【转包】動 孫請け負いさせる.

zhuǎnbào【转报】動 報告を取り次ぐ.

zhuǎnbiàn【转变】動(思想や情勢·状況などが)**だんだん変わる,**転換する. ¶～观点 / 観点を変える.

zhuǎnbō【转播】動 **1**(放送を)中継する. **2**(放送局が)他局の番組を放送する.

zhuǎn//chǎn【转产】動 生産品目を変更する.

zhuǎn//chē【转车】動(列車やバスなどを)乗り換える.

zhuǎnchéng【转呈】動(公文書を)取り次いで提出する.

zhuǎndá【转达】動(人の意向などを)伝える. (話を)取り次ぐ.

zhuǎndào【转道】動 回り道をして立ち寄る.

zhuǎndì【转递】動(ことづかった物を)取り次いで渡す.

zhuǎndiào【转调】動 **1**〈音〉転調する. **2** 異動する.

zhuǎndòng【转动】動(体や物体の一部分が)**自由に動く.** ⇨**zhuàn//dòng**

zhuǎnfā【转发】動 **1**(公文書などを下部に)転送する. **2** 転載する. **3** 受信した電波を転送する.

zhuǎnfǎ【转法】名〈軍〉(右向け右などの)方向転換.

zhuǎngāngshì fādòngjī【转缸式发动机】名〈機〉ロータリーエンジン.

zhuǎngǎng【转岗】動 仕事の部署が変わる.

zhuǎngào【转告】動 **伝言する.**

zhuǎn guānxi【转关系】(幹部や党員などが異動で)人事調書を移し,所属を変更する.

zhuǎn//guǐ【转轨】動(列車の)軌道を変更する;〈喩〉古い体制を変える.

zhuǎn//háng【转行】動 **1** 仕事を変える. **2**(文章を)改行する.

zhuǎnhuà【转化】動 転化する. 変わる.

zhuǎnhuán【转圜】動〈書〉**1** 挽回する. **2** 調停する.

zhuǎnhuàn【转换】動 転換する. 変える.

zhuǎn//huì【转会】動(プロ選手がチームを)移籍する.

zhuǎn huò wéi fú【转祸为福】〈成〉災いを転じて福となす.

zhuǎn//jī【转机】**1** 名(病気や事態が好転するような)転機. **2** 動(飛行機を)乗り継ぐ.

zhuǎnjīyīn【转基因】名〈生化〉遺伝子組み換え. ¶～食品 / 遺伝子組み換え食品.

zhuǎnjià【转嫁】動 **1**(女性が)再婚する. **2**(責任や被害·罪などを)転嫁する.

zhuǎnjiāo【转交】動(ことづかった物を)取り次いで渡す.

zhuǎnjiǎo【转角】名(～儿)街の曲がり角.

zhuǎnjiè【转借】動 又貸し〔借り〕をする.

zhuǎn//kē【转科】動 **1** 患者が病院の科を変える. **2** 学生が転科〔転部〕する.

zhuǎnkǒu【转口】動(他の港や国を経由して)輸出〔移出〕する.

zhuǎnkǒu màoyì【转口贸易】名 中継貿易.

zhuǎn kuī wéi yíng【转亏为盈】〈成〉企業が赤字を黒字に転換する.

zhuǎn//liǎn【转脸】**1** 動 顔の向きを変える. **2** 副(～儿)またたく間に.

zhuǎnlièdiǎn【转捩点】名 転換点.

zhuǎnlù【转录】動(録画·録音テープを)ダビングする. (フロッピーなどの磁気媒体を)コピーする.

zhuǎnmài【转卖】動 転売する.

zhuǎn//nián【转年】**1** 動 年が明ける. **2** 名〈方〉翌年. 来年.

zhuǎnniàn【转念】動 考え直す.

zhuǎnpéng【转蓬】動 行き先が定まらない.

zhuǎnqiú【转求】動(頼まれたことを)別の人に頼む.

zhuǎnràng【转让】動 譲り渡す. ¶技术～ / 技術移転する.

zhuǎnrù【转入】動 **1**(別の段階や場に)入る,移る. **2**(別の勘定に)繰り越す,振り替える.

zhuǎn//shēn【转身】**1** 動 体の向きを変える. **2** 副(～儿)またたく間に.

zhuǎnshēng【转生】動(仏教の輪廻説で)生まれ変わる.

zhuǎnshì【转世】**1** 動 生まれ変わる. **2** 名〈宗〉(チベット仏教で)活仏の継承者を決める制度.

zhuǎn//shǒu【转手】動 人の手を経て渡す;転売する.

zhuǎnshòu【转售】動 転売する.

zhuǎnshù【转述】動 人の言葉を伝達する.

zhuǎnshùn【转瞬】副〈書〉またたく間に.

zhuǎnsòng【转送】動(手紙などを)取り次ぐ;(もらった物を)別の人にあげる.

zhuǎn//tǐ【转体】動〈体〉ターンする. ひねりを加える.

zhuǎn//tóu【转头】動 **1** 振り返る. **2**(車や船などが)Uターンする. **3** 考えを変える.

zhuǎntuō【转托】動(頼まれたことを)第三者に頼む.

zhuǎn//wān【转弯】動(～儿)**1 曲がり角を曲がる. 方向を変える.** **2**(話題を)換える. **3**〈喩〉遠回しにものを

言う. **4**〈喩〉(認識や考え方・気分・感情などを)変える,転換させる.
zhuǎn wān mò jiǎo【转弯抹角】〈成〉**1** 曲がりくねった道に沿って行く. **2**(道が)曲がりくねっている. **3**〈喩〉(話ややり方が)回りくどい.
zhuǎn wānzi【转弯子】〈慣〉(考え方や思想を)変える,転向する.
zhuǎn wēi wéi ān【转危为安】〈成〉(情勢や病状が)危険状態を切り抜ける.
zhuǎn//wén【转文】動(学のあることをひけらかすために)好んで文語を使って話す.
zhuǎn//xì【转系】動(大学である学部から)他の学部に転入する.
zhuǎnxiàng【转向】動 方向を転ずる;〈喩〉政治的立場を変える. ⇨zhuàn//xiàng
zhuǎnxiāo【转销】動(仕入れた商品を他地域に)転売する.
zhuǎnxiě【转写】動 書き写す.
zhuǎnxíng【转型】動 **1**(製品の)モデルチェンジをする. **2**(社会の構造や政治制度・生活スタイルなどが)変化する.
zhuǎn//xué【转学】動 転校する.
zhuǎnyǎn【转眼】副 **またたく間に.** 一瞬の間に. ▶"~(之)间"とも.
zhuǎn//yè【转业】動(多く軍人が)転業する.
zhuǎnyí【转移】動 **1** **移る. 移す.** **2**〈医〉転移する. **3** 改める. 変わる.
zhuǎn//yì【转义】名〈語〉派生義.
zhuǎnyì【转译】動 重訳する.
zhuǎn//yì【转意】動 思い直して態度を改める.
zhuǎnyǐn【转引】動(引用した字句や数字を)再引用する.
zhuǎn//yuàn【转院】動 **1**(入院患者が)転院する. **2**(大学生が)転部する.
zhuǎn//yùn【转运】動 **1** 中継輸送する. 運送の取り次ぎをする. **2** 運が向いてくる.
zhuǎnzǎi【转载】動 転載する.
zhuǎnzài【转载】動(荷物を)積み替える.
zhuǎnzèng【转赠】動 **1**(贈られた物を)別の人に贈る. **2** 人を介して贈り物をする.
zhuǎnzhàn【转战】動 転戦する.
zhuǎnzhàn【转站】名 乗り換え駅.
zhuǎn//zhàng【转账】動(現金を動かさずに)帳簿上で決済する,振替勘定する.
zhuǎnzhé【转折】動 **1**(方向や形勢が)転換する. **2**(文の内容や話の筋が)変わる.
zhuǎnzhédiǎn【转折点】名 転換点.
zhuǎnzhéqì【转辙器】名〈交〉(レールの)ポイント.
zhuǎnzhěn【转诊】動 病院を換える.
zhuǎn//zhèng【转正】動 **1** 正規の党員〔メンバー〕になる. **2** 臨時雇いが正規従業員になる.
zhuǎnzhì【转制】動〈経〉体制を変える.
zhuǎnzhù【转注】名(六書りくしょの一)転注.
zhuǎnzòu【转奏】動〈旧〉上奏を取り次ぐ.
zhuǎnzū【转租】動(不動産などを)又貸し〔借り〕する.

传(傳) **zhuàn** 名 **1** **伝記.** ¶自～ / 自伝. **2** 歴史小説. ¶《水浒～》/『水滸伝』. **3** 経典の本文を解釈した著作. ¶《春秋左～》/『春秋左伝』. 異読⇨chuán
zhuànjì【传记】名 **伝記.** ¶～文学 / 伝記文学.
zhuànlüè【传略】名 略伝.

沌 **zhuàn** 地名用字. 異読⇨dùn

转(轉) **zhuàn** ❶動 **1** **(それ自体が)ぐるぐる回る.** 回転する. ¶车轮～不起来 / 車輪の回転が遅い. **2** **(周囲を)回る.** ¶～圈子 / 輪を描いて回る;〈転〉遠回しに…する. ¶～来～去 / あちこち回る. ❷量(～儿)〈方〉一回りすること. ¶这个机器一秒钟转zhuàn五～儿 / この機械は1秒間に5回回転する. 異読⇨zhuǎn
zhuànbǐdāo【转笔刀】名(回転式の)鉛筆削り器.
zhuàn//dòng【转动】動+結補 **ぐるぐる回る〔回す〕.** ⇨zhuǎndòng
zhuàn//jīn【转筋】動〈中医〉こむら返りを起こす.
zhuànlíng【转铃】名(覆いの部分が回転して音を出す)自転車のベル.
zhuànlú【转炉】名〈冶〉転炉.
zhuànlún shǒuqiāng【转轮手枪】名 回転式連発拳銃.
zhuànmén【转门】名〈建〉回転ドア.
zhuàn//mò【转磨】動〈方〉ぐるぐる回る;途方に暮れてうろうろする.
zhuàn nǎozi【转脑子】〈慣〉頭を働かす.
zhuànpán【转盘】名 **1**(交差点の)ロータリー. **2**〈鉄道〉転車台. **3**(レコードプレーヤーなど機械類の)回転盤. **4**(ロータリー掘削機の)ロータリーテーブル. **5**(遊園地などの)旋回塔. **6**(曲芸の)皿回し.
zhuàn//quān【转圈】動(～儿)一点を中心にぐるっと回る;遠回りする.
zhuànrìlián【转日莲】名〈方〉ヒマワリの花.
zhuànsù【转速】名〈機〉回転速度. ¶～计 / 回転速度計. タコメーター.
zhuànsùbǐ【转速比】名 伝動装置の二つの歯車の速度比.
zhuàntái【转台】名 **1**〈劇〉回り舞台. **2**(作業用の)回転台. **3**(食卓にのせる)回転テーブル.
zhuàntī【转梯】名 螺旋階段.
zhuàn wānzi【转弯子】〈慣〉話がまわりくどい.

zhuàn//xiàng【转向】動 方角がわからなくなる；〈喩〉善悪を見失う.
⇨ zhuǎnxiàng

zhuànyǐ【转椅】名 回転椅子.

zhuànyou【转悠】動〈口〉**1** 回転する. **2** ぶらつく. 散歩する. ▲"转游"とも.

zhuànzhóu【转轴】名 **1**（車の心棒のような）回転軸. **2**（～儿）〈転〉心がくるくる変わること. **3**（～儿）〈方〉悪知恵.

zhuànzǐ【转子】名（発動機などの）回転子.

啭（囀） **zhuàn** H（鳥が）さえずる.

赚 **zhuàn** ❶動 **1**（↔赔）**もうける.** ¶去年一年,～了三十万／去年1年で30万(元)もうけた. ¶这趟生意～得不多／今回の商売はあまりもうけにならなかった. **2**〈方〉(工賃を)稼ぐ. ❷名（～儿）〈口〉もうけ.
異読⇨ zuàn

zhuàn//qián【赚钱】動 金をもうける. 金がもうかる.

zhuàntou【赚头】名〈口〉利潤.

撰 **zhuàn** H 文章を書く.

zhuànshù【撰述】**1** 動 著述する. **2** 名 著述.

zhuànxiě【撰写】動（文章を）書く. 執筆する.

zhuànzhù【撰著】動〈書〉著作する.

篆 **zhuàn** H ①（漢字の書体の一種）篆書(てんしょ). ②篆書で書く. ¶～额／篆書で石碑の額を書く. ③篆刻の印章.

zhuànkè【篆刻】動 篆刻(てんこく)する.

zhuànshū【篆书】名 篆書(てんしょ).

馔 **zhuàn** H 飲食物. ¶盛～／盛大なもてなし. ¶肴～／ごちそう.

籑（饌） **zhuàn** **1**〈書〉〖馔 zhuàn〗に同じ. **2**〖撰 zhuàn〗に同じ.

zhuang（ㄓㄨㄤ）

妆（粧） **zhuāng** H ①化粧する. ¶化～／化粧する. ②（役者の）扮装. ¶卸～／衣装を脱ぎメーキャップを落とす. ③嫁入り道具. ¶嫁～／嫁入り道具.

zhuānglián【妆奁】名 嫁入り道具.

zhuāngróng【妆容】名 化粧した顔.

zhuāngshì【妆饰】**1** 動 身ごしらえをする. **2** 名 身ごしらえ.

zhuāngxīn【妆新】〈方〉**1** 名 新婚時に使う衣服・寝具・化粧品など. **2** 動（結婚前に）新婚時に使う品を新居に並べる.

庄（莊） **zhuāng** 名 **1**（～儿）村. 村落. **2**（賭け事の）親.
H ①規模の比較的大きい商店；卸問屋. ¶钱～／〈旧〉両替商. ¶茶～／お茶問屋. ②重々しい. ¶端～／態度・表情が端正で重々しい. ‖ 姓

zhuānghù【庄户】名 農家. 農民.

zhuāngjia【庄家】名 **1**（マージャンなど賭け事の）親. **2**〈経〉大口投資家.

zhuāngjia【庄稼】名（田畑にある）**農作物.**

zhuāngjiadì【庄稼地】名 田畑.

zhuāngjiahàn【庄稼汉】名 農夫.

zhuāngjiahuór【庄稼活儿】名 畑仕事.

zhuāngjiarén【庄稼人】名 農民.

zhuāngjiayuàn【庄稼院】名〈方〉農家.

zhuāngtián【庄田】名 **1**〈旧〉荘園. 領地. **2** 田畑.

zhuāngyán【庄严】形 荘厳である. 厳かである. ¶～地宣布／厳かに宣言する.

zhuāngyuán【庄园】名〈旧〉荘園. 領地.

zhuāngzhòng【庄重】形（言動が）まじめで慎重である.

zhuāngzi【庄子】名〈方〉村. 村落.

桩（樁） **zhuāng** **1** 名 くい. 棒くい. ¶打～／くいを打つ. ¶桥～／橋脚. **2** 量 事柄を数える. ¶做了一～好事／ひとつよい事をした.

zhuāngzi【桩子】名 棒くい.

装（裝） **zhuāng** 動 **1** **…に扮する.** ¶演戏的时候,她常常～老太太／芝居のとき,彼女はいつもおばあさんに扮する. **2** **…のふりをする.** 見せかける. ¶他说自己有病,其实全是～出来的／彼は病気になったと言うけれども,実際はまったくの仮病だ. ¶不懂～懂／知ったかぶりをする. **3**（物を入れ物や運搬具に）**入れる,詰め込む.** ¶→～车. ¶把照片～进信封里／写真を封筒に入れる. **4** **組み立てる. 据え付ける.** ¶很多家庭～上了空调／多くの家庭がエアコンを取り付けている.
H ①服装. ¶时～／流行の服装. ¶男～／紳士服. ②着飾る. 飾り付ける. ¶→～点. ③役者の衣装や化粧. ¶上〔下〕～／メーキャップをする〔落とす〕. ④装丁する. ¶精～／ハードカバー. ‖ 姓

zhuāngbàn【装扮】動 **1** 飾る. 装う. **2** 扮装する. 変装する. **3** ふりをする.

zhuāngbèi【装备】**1** 動（武器・器材や技術能力などを）**整備する,装備する.** **2** 名（生産の）**設備.**（軍隊などの）装備.

zhuāngbiǎo【装裱】動 表装する.

zhuāng//chē【装车】動 車に積み込む.

zhuāng//chuán【装船】動 船積みする.

zhuāngdiǎn【装点】動 飾り付ける.

zhuāngdìng【装订】動 装丁する. 製本する.

zhuāng fēng mài shǎ【装疯卖傻】〈成〉とぼけたりしらばくれたりす

る.

zhuāngguo【装裹】1 動(納棺前に)死者に衣装を着せる. 2 名 死に装束.

zhuāng hútu【装糊涂】〈慣〉しらばくれる.

zhuānghuáng【装潢】1 動 書画の表装をする;(広く)(物や場所を)飾り付ける. 2 名(包装や外装などの)飾り付け. ▲"装璜"とも.

zhuāng huǎngzi【装幌子】〈慣〉(表面を取り繕って)偽る.

zhuāng//huò【装货】動 荷積みする.

zhuāngjī róngliàng【装机容量】名〈電〉(設備の)最大出力,電容量.

zhuāngjiǎ【装甲】1 形 装甲の. ¶～汽车 / 装甲自動車. 2 名 車体や船体に取り付ける防弾用の鋼鉄板.

zhuāng//jiǎ【装假】動 1 見せかける. とぼける. 2 遠慮する.

zhuāngjiǎbīng【装甲兵】名〈軍〉装甲部隊.

zhuāngjiǎchē【装甲车】名〈軍〉装甲車.

zhuāngjiǎjiàn【装甲舰】名〈軍〉装甲艦.

zhuāngjiǎ shūsòngchē【装甲输送车】名 装甲輸送車.

zhuāngliàn【装殓】動 納棺する.

zhuāng//liào【装料】動(機械に)材料を送り込む.

zhuāng lóng zuò yǎ【装聋作哑】〈成〉知らんふりをする.

zhuāng ménmian【装门面】〈慣〉体裁をつくろう.

zhuāng mú zuò yàng【装模作样】〈成〉気取った態度をとる.

zhuāngpèi【装配】動 組み立てる.

zhuāngpèixiàn【装配线】名(流れ作業での)組み立てライン.

zhuāng//qiāng【装腔】動〈口〉もったいぶる. わざとらしい振る舞いをする.

zhuāng//shǎ【装傻】動〈口〉とぼける. しらばっくれる.

zhuāng shén nòng guǐ【装神弄鬼】〈成〉わざとわけのわからないことを言ってだます.

zhuāngshì【装饰】1 動(身体や建造物などを装飾物で)飾る. 2 名 装飾品. 飾り.

zhuāngshìpǐn【装饰品】名 装飾品.

zhuāngshù【装束】1 名 身なり. 服装. 2 動〈書〉旅装を整える.

zhuāng//suàn【装蒜】動 しらばくれる. 知らぬ顔をする.

zhuāng sūnzi【装孙子】〈慣〉猫をかぶる.

zhuāngtián【装填】動〈軍〉(弾薬を)充塡(じゅう)する.

zhuāng//xiāng【装箱】動 箱に詰める.

zhuāng//xiàng【装相】動(～儿)知ったかぶりをする. 偉そうにする.

zhuāngxiè【装卸】動 1 (荷物を)積み卸しする. 2 (機械を)組み立てたり分解したりする.

zhuāngxiū【装修】1 動(窓・水道・塗装など家屋の)付帯工事をする,改修をする. 2 名 家屋の付帯工事や改修をした設備や塗装.

zhuāng//yáng【装佯】動〈方〉気取ってみせる. 見栄を張る.

zhuāng yàngzi【装样子】〈慣〉体裁を飾る. もったいぶる.

zhuāngyùn【装运】動(貨物を)積載輸送する,積み出す.

zhuāngzài【装载】動 積載する.

zhuāngzhēn【装帧】名(書画や書物の)装丁.

zhuāngzhì【装置】1 動 据え付ける. 取り付ける. 2 名(機械の中の)装置.

zhuāngzuò【装作】動 わざと…のふりをする. …のように装う.

zhuāng…zuò…【装…作…】〈型〉わざと…のまねをする.

奘 zhuǎng 形〈方〉太い. 大きい. 異読⇒zàng

壮(壯) zhuàng 1 形 丈夫である. たくましい. ¶他身体很～ / 彼はとても強健だ. 2 動 盛んにする. 強くする. ¶喝点儿酒～～胆子 / 少し酒を飲んで景気をつける. 3 名〈略〉チワン族(の).
H 雄壮である. 盛んである. ¶→～志. ¶理直气～ / 筋が通っているので話に勢いがある. ‖姓

zhuàngdà【壮大】❶動 1 強大になる. 盛んになる. 2 強大にする. 盛んにする.
❷形(身体が)大きくて頑丈である.

zhuàng//dǎn【壮胆】動 肝っ玉を太くする. 勇気を出す.

zhuàngdīng【壮丁】名〈旧〉壮丁.

zhuànggōng【壮工】名(専門技術をもたない)肉体労働者.

zhuàngguān【壮观】1 形 壮観である. 2 名 雄大な景観.

zhuànghuái【壮怀】名〈書〉壮大な志. 大志.

zhuàngjiàn【壮健】形 元気で健康である.

zhuàngjǐn【壮锦】名 チワン族の女性が織る伝統的な手織りの絹織物.

zhuàngjǔ【壮举】名 壮挙.

zhuàngkuò【壮阔】形〈書〉1 (勢いが)雄壮である. 2 壮大である.

zhuànglì【壮丽】形〈書〉(景観が)厳かで美しい.

zhuàngliè【壮烈】形 壮烈である.

zhuàngměi【壮美】形 雄壮で美しい.

zhuàng ménmian【壮门面】〈慣〉派手にやる. 格好をつける.

zhuàngmiáo【壮苗】名〈農〉丈夫な苗.

zhuàngnián【壮年】名 働き盛り.

zhuàngshì【壮士】名 屈強かつ勇敢な人物.

zhuàngshi【壮实】形(体が)丈夫である,がっしりしている.

zhuàngxì【壮戏】名 壮劇. ▶チワン

族の伝統劇の一.
zhuàngxīn【壮心】名 壮大な志.
zhuàngxíng【壮行】動(旅立つ人を)励まし送り出す.
zhuàng//yáng【壮阳】動〈中医〉(男性の)精力をつける.
zhuàngzhì【壮志】名〈書〉大志.
Zhuàngzú【壮族】名(中国の少数民族)チワン(Zhuang)族.

状(狀) **zhuàng** H ①形状. 格好. ¶→～貌. ②ありさま. 状況. ¶罪～/罪状. ③(様子を)説明する,描写する. ¶不可名～/名状しがたい. ④事の次第を述べた文章. ¶行～/行状記. ⑤訴状. ¶告～/告訴する. ⑥ある書式の証書. ¶奖～/賞状.
zhuàngkuàng【状况】名 状況. 事情.
zhuàngmào【状貌】名 様子. 姿.
zhuàngtài【状态】名 状態. 様相.
zhuàngyǔ【状语】名〈語〉連用修飾語. 状況語. 状語.
zhuàngyuan【状元】名〈旧〉状元. 科挙の試験で"进士"の首席合格者;〈喩〉(その分野で)成績の最もよい者.
zhuàngzhǐ【状纸】名〈旧〉訴状用紙. 訴状.
zhuàngzi【状子】名〈口〉上訴書. 起訴状.

僮 **zhuàng** O
Zhuàngzú【僮族】名〈旧〉"壮族"の古い書き方.

撞 **zhuàng** 動 **1** ぶつかる. 衝突する. ¶别让汽车～了/車にひかれないようにしなさいよ. **2** ばったり出会う. ¶偏偏在车站～上了/あいにく駅でばったり出会ってしまった. **3** つく. 打つ. ¶～钟/鐘をつく. **4** 試しにやってみる. ¶你去～～看,说不定那个公司会要你/あの会社をあたってみなさい,ひょっとしたら採用してくれるかもしれない. **5** だしぬけに飛び込む. 駆け込む. ¶一开门,从外面～进一个人来/ドアを開けたら,外からだれかが飛び込んできた.
zhuàng//chē【撞车】動 **1** 車が衝突する. **2**〈喩〉二つ(以上)の活動·仕事が重なる. 互いに衝突し矛盾する.
zhuàng dàyùn【撞大运】運任せにやってみる.
zhuàngjī【撞击】動 衝突する.
zhuàngjiàn【撞见】動 ばったり出会う.
zhuàngpiàn【撞骗】動 至る所でかたりをする.
zhuàng//qiáng【撞墙】動 壁にぶつかる;〈喩〉行き詰まる.
zhuàng//suǒ【撞锁】**1** 名 自動錠. **2** 動〈転〉訪問先で留守にぶつかる.
zhuàng suǒtou【撞锁头】訪問先で留守にぶつかる.
zhuàng yùnqi【撞运气】運任せにやってみる.
zhuàngzhēn【撞针】名(銃·砲の)撃鉄. 撃針.

幢 **zhuàng** 量〈方〉建物を数える:棟. 異読⇨chuáng

戇 **zhuàng** O 異読⇨gàng
zhuàngzhí【戇直】形〈書〉愚直である. 正直である.

zhui (ㄓㄨㄟ)

隹 **zhuī** 名〈古〉尾の羽が短い鳥.

追 **zhuī** 動 **1** 追う. 追いかける. ¶从后面～上来了/後ろから追いかけてきた. **2** 追及する. 究明する. ¶一定要把这事儿的根底～出来/必ずこの事件のいきさつを究明しなければならない. **3**(異性に)言い寄る. ¶他一直在～那位姑娘/彼はずっとあの子を追いかけている.
H ①後を振り返る. ¶→～念. ②後から補う. ¶→～加.
zhuī bēn zhú běi【追奔逐北】〈成〉逃げる敵軍を追撃する.
zhuī běn sù yuán【追本溯源】〈成〉(事の)根源を明らかにする.
zhuībī【追逼】動 **1** 追い迫る. **2** 無理に取り立てる. 責め立てる.
zhuībǔ【追补】動 **1** 追加する. **2** 償う.
zhuībǔ【追捕】動 追跡して逮捕する.
zhuīchá【追查】動 追跡調査する.
zhuīcháng【追偿】動 **1** 事後補償する. **2** 返済を迫る.
zhuīdào【追悼】動 追悼する.
zhuīfǎng【追访】動 追跡取材する.
zhuī//féi【追肥】〈農〉**1** 動 追肥を施す. **2** 名 追肥.
zhuīfēng【追封】動〈旧〉死後に爵位を与える.
zhuīgǎn【追赶】動 追いかける.
zhuīgēn【追根】動 徹底的に追究する.
zhuīguāng【追光】名 スポットライト.
zhuīhuái【追怀】動 思い起こす. 追憶する.
zhuī huān mǎi xiào【追欢买笑】〈成〉酒色にふける.
zhuīhuán【追还】動(請求して)取り返す.
zhuī//huí【追回】動+方補(請求して)取り返す.
zhuīhuǐ【追悔】動 後悔する.
zhuījī【追击】動 追撃する.
zhuījī【追缉】動(犯人を)追跡逮捕する.
zhuījì【追记】❶動 **1** 追記する. **2**(死後その功績を)追悼記録する. ❷名 追記. 追想.
zhuījiā【追加】動 追加する.
zhuījiǎo【追剿】動 追跡して掃討する.
zhuījiǎo【追缴】動(不正に得た金銭を)強制的に没収する.
zhuījiū【追究】動(責任を)追及する.

(原因を)突き止める.

zhuīniàn【追念】動 追憶する. 追想する.

zhuīpěng【追捧】動(アイドルを)追っかけ崇拝する.

zhuīqiú【追求】動 1 追求する. 探求する. ¶～幸福 / 幸福を求める. 2 求愛する.

zhuīrèn【追认】動 追認する. 事後承認をする.

zhuīshòu【追授】動 死後に称号などを与える.

zhuīshù【追述】動〈書〉述懐する.

zhuīsī【追思】動 追想する. 回想する.

zhuīsù【追诉】動〈法〉訴追する. 起訴する.

zhuīsù【追溯】動 さかのぼって探る.

zhuīsuí【追随】動 1 後をついていく. 2 追随する.

zhuīsuǒ【追索】動 1 探求する. 2 督促する.

zhuītáo【追逃】動 逃亡する犯人を追跡する.

zhuīwěi【追尾】動 追突する.

zhuīwèn【追问】動 問い詰める. 追及する.

zhuīxiǎng【追想】動 追想する.

zhuīxīng【追星】動〈口〉スターの追っかけをする. ¶～族 / スターの追っかけ(ファン).

zhuīxù【追叙】1 動〈書〉述懐する. 2 名 結果を先に述べてから経過を述べる文章法.

zhuīxún【追寻】動 跡を尋ねる.

zhuīyì【追忆】動 追憶する. 思い起こす.

zhuī//zāng【追赃】動 贓品(ぞうひん)を取り立てる.

zhuīzèng【追赠】動 追贈する.

zhuīzhú【追逐】動〈書〉1 追いかける. 2 追求する.

zhuīzōng【追踪】動 追跡する.

骓 **zhuī** 名〈書〉あし毛の馬.

椎 **zhuī** H 椎骨(ついこつ). ¶脊～ / 脊椎(せきつい). 異読⇒chuí

zhuīgǔ【椎骨】名〈生理〉椎骨.

zhuījiānpán【椎间盘】名〈生理〉椎間板. ¶～突出症 / 椎間板ヘルニア.

锥 **zhuī** 1 名 きり. 2 動(きりで)刺す, 穴をあける. ¶～孔 / きりで穴をあける.

H きりのようなもの. ¶圆～体 / 円錐(えんすい)体.

zhuī chǔ náng zhōng【锥处囊中】〈成〉才能ある人はいずれ頭角を現す.

zhuīdù【锥度】名〈機〉テーパー.

zhuīlì【锥栗】名〈植〉ケイリンコウ;〈中薬〉錐栗(すいりつ).

zhuīmiàn【锥面】名〈数〉錐面(すいめん).

zhuītàn【锥探】動 ボーリングで探測する.

zhuīxíng【锥型】形〈機〉円錐状の.

zhuīzi【锥子】名 きり.

坠(墜) **zhuì** 1 動(重いものを)ぶら下げる. ぶら下がっている. ¶苹果把树枝～弯了 / リンゴが枝にたわわに実っている. 2 名(～儿)下げ飾り. ¶扇shàn～儿 / 扇子のふさ.

H 落ちる. 落下する. ¶摇摇欲～ / ぐらぐらして今にも倒れそうなさま.

zhuìdì【坠地】動〈書〉1 (子供が)生まれ落ちる. 2 (勢い・権威・名声などが)地に落ちる.

zhuìdù【坠肚】動 渋り腹になる.

zhuìhuǐ【坠毁】動(飛行機などが)墜落して大破する.

zhuì//lóu【坠楼】動 1 階上から飛び降り自殺をする. 2 階上から落ちる.

zhuìluò【坠落】動 落ちる. 墜落する.

zhuìqín【坠琴】名〈音〉胡弓に似た弦楽器の一種. ▶"坠胡"とも.

zhuìrù【坠入】動 落ちる;落ちこぼれる.

zhuìtāi【坠胎】動 堕胎する.

zhuìtuǐ【坠腿】動 足手まといになる.

zhuìzi【坠子】名 1 〈方〉耳飾り. 2 河南省で行われる歌物語の一種. 3 →zhuìqín【坠琴】

缀 **zhuì** 動 1 縫う. 縫い合わせる. ¶把扣子～上 / ボタンを縫いつける. 2 〈書〉(文を)つづる. ¶～字成文 / 字をつづって文にする.

H 飾る. ¶点～ / 飾り付ける.

zhuìhé【缀合】動 つづり合わせる.

zhuìwén【缀文】動〈書〉文章をつづる.

惴 **zhuì** H 憂い恐れる.

zhuìlì【惴栗】動〈書〉恐れおののく. びくびくする.

zhuì zhuì bù ān【惴惴不安】〈成〉(心配で)おちおちしていられない.

缒 **zhuì** 動 人や物に縄を掛けて上から下へつり降ろす. ¶～城而出 / 城壁の上から縄を伝って下りる.

赘 **zhuì** 動〈方〉(まといつき)煩わしい. 手がかかる.

H ①余分な. むだな. ¶累léi～ / 邪魔になる(もの). ②入り婿する.

zhuìbǐ【赘笔】名 余計な字句.

zhuìcí【赘词】名 余計な言葉.

zhuìliú【赘瘤】名 足手まとい.

zhuìshù【赘述】動〈書〉くどくど述べる.

zhuìxù【赘叙】動〈書〉くどくど述べる.

zhuìxù【赘婿】名 入り婿.

zhuìyán【赘言】動〈書〉贅言(ぜいげん)する.

zhuìyóu【赘疣】名〈書〉いぼ;〈喩〉余計なもの. 足手まとい.

zhuìyǔ【赘语】名 余計な言葉.

zhun(ㄓㄨㄣ)

肫 **zhūn** 名(食品としての)鳥類の胃. 砂肝.

H 親切でていねいである.

窀 **zhūn** O

zhūnxī【窀穸】名〈書〉墓穴.

谆 zhūn H ねんごろ. ¶～嘱 / ねんごろに言い聞かせる.

zhūnzhūn【谆谆】形〈書〉(諭すのが)ていねいである. 懇々と.

准(準) **zhǔn 1** 動 **許可する.** ¶不～迟到早退 / 遅刻や早退は許さない. **2** 形 **確かである.** ¶钟走得不～ / 時計が正確でない. ¶他投篮很～ / 彼のシュートは正確だ. **3** 副 **必ず.** きっと. ¶这项任务他～能完成 / この任務は彼が間違いなく達成する. **4** 前 …どおりに. …に基づき. ¶～前例处理 / 前例どおりに処理する. **5** (～儿) → zhǔnr【准儿】

H ①標準. 基準. ¶→～则. ②準ずる. 準…. ¶～将 / 准将. ③鼻. ¶隆～ / 〈書〉高い鼻. ‖ 姓

zhǔnbǎo【准保】副 確かに. 必ず.

zhǔnbèi【准备】❶ 動 **1 準備する.** ¶快考试了,要好好～～ / もうすぐ試験だから,しっかり準備しておかなければならない. **2 …するつもりである.** …する予定である. ¶我～去中国留学 / 私は中国に留学するつもりです. ❷ 名 **準備.** 備え.

zhǔnbèijīn【准备金】名(通貨発行銀行の)準備金.

zhǔnbèi yùndòng【准备运动】名〈体〉準備運動.

zhǔndiǎn【准点】形(～儿)時間どおりである.

zhǔndìng【准定】副 きっと. 必ず.

zhǔngǎozi【准稿子】名(多く否定の形で)しっかりした考え.

zhǔnhuà【准话】名(～儿)確約. 確実な話.

zhǔnjiàng【准将】名〈軍〉准将.

zhǔnkǎozhèng【准考证】名(試験の)受験票.

zhǔnpíqi【准脾气】名〈方〉(多く否定の形で)移り気でない性質.

zhǔnpíngyuán【准平原】名〈地〉準平原.

zhǔnpǔr【准谱儿】名(多く否定の形で)確実性. しっかりした考え.

zhǔnquè【准确】形 **確かである.** 正確である. ¶发音～ / 発音が正確である.

zhǔnr【准儿】名 はっきりした考え. 確かな方法. ▶"有、没有"の後に用いることが多い.

zhǔnrìzi【准日子】名 確かな日取り.

zhǔnshéng【准绳】名〈書〉**1** 水盛りと墨縄〔墨糸〕. **2** 〈喩〉よりどころ. 基準.

zhǔnshí【准时】形 **時間どおりである.** 定刻(どおり)である. ¶列车～到达 / 列車は定刻に到着した.

zhǔnshù【准数】名(～儿)正確な数. 確かな数量.

zhǔntou【准头】名(～儿)〈口〉確かさ. 正確さ.

zhǔnwèi【准尉】名〈軍〉准尉.

zhǔnxìn【准信】名(～儿)確かな知らせ.

zhǔnxīng【准星】名 **1** 竿ばかりのゼロの目盛り ; 〈喩〉一定の見解. **2** (銃の)照星(しょうせい).

zhǔnxǔ【准许】動 許可する. 同意する.

zhǔnyǔ【准予】動〈書〉…を許可する.

zhǔnzé【准则】名 準則. 基準. 規範.

埻 zhǔn 名〈書〉(的の真ん中の)黒星. 的の中心.

zhuo (ㄓㄨㄛ)

拙 zhuō 形(↔巧)つたない. 下手である. ¶手～ / 不器用である. ¶～于言辞 / 演説が苦手である.

H 自分の文章や見解などをさす謙辞. ¶～译 / 拙訳.

zhuōbèn【拙笨】形 下手である. 不器用である.

zhuōbǐ【拙笔】名〈謙〉《自分がかいた文章や書画》拙作.

zhuōgǎo【拙稿】名〈謙〉拙稿.

zhuōjiàn【拙见】名〈謙〉愚見. 愚考.

zhuōjīng【拙荆】名〈旧〉〈謙〉愚妻.

zhuō kǒu dùn sāi【拙口钝腮】〈成〉口下手である.

zhuōliè【拙劣】形 拙劣である. 下手である.

zhuōsè【拙涩】形(文章が)下手で難解である.

zhuōzhù【拙著】名〈謙〉拙著.

zhuō zuǐ bèn shé【拙嘴笨舌】〈成〉口下手である.

zhuōzuò【拙作】名〈謙〉拙著.

捉 zhuō 動 **捕らえる.** 捕まえる. ¶～小偷 / こそどろを捕らえる.

H 握る. ¶～笔 / 筆を執る.

zhuōdāo【捉刀】動〈書〉代筆する.

zhuōduì【捉对】動(～儿)一対一になる ; 対になる.

zhuō//jiān【捉奸】動 不倫の現場を押さえる.

zhuō jīn jiàn zhǒu【捉襟见肘】〈成〉困難が多くてやりくりがつかない.

zhuō mícáng【捉迷藏】〈慣〉**1** 鬼ごっこ〔隠れんぼう〕をする. **2** 行動や話が謎めいて捉えにくい. (真意をぼかし)回りくどく言う.

zhuōmō【捉摸】動 推測する. 推し量る. ▶否定文に用いることが多い.

zhuōná【捉拿】動(悪人や犯人を)捕まえる.

zhuōnòng【捉弄】動 からかう.

桌 zhuō 量 宴席のテーブルなどを数える : 卓. ¶订了三～席 / 3テーブルの宴席を予約した.

H 机. テーブル. ¶饭～ / 食卓. ‖ 姓

zhuōbù【桌布】名 テーブル掛け.

zhuōcài【桌菜】名(料理の材料をそのまま煮炊きできるような形でそろえた)惣菜セット.

zhuōdēng【桌灯】名 卓上スタンド.

zhuōmiàn【桌面】名 **1**（～儿）テーブルの表面. **2**〈電算〉デスクトップ.
zhuōmiànrshang【桌面儿上】名 テーブルの上；〈喩〉会議の場.
zhuōqiú【桌球】名〈体〉ビリヤード.
zhuōqún【桌裙】名 テーブルスカート.
zhuōr【桌儿】名 机. テーブル.
zhuōwéi【桌围】名 テーブルスカート.
zhuō yǐ bǎndèng【桌椅板凳】〈慣〉机や椅子・腰掛け；（広く）（木製の）家具.
zhuōzi【桌子】名 **机. テーブル.**［张］

倬 **zhuō** 形〈書〉目立つ. 大きい.

棁 **zhuō** 名〈書〉棁(うだつ). 梁(はり)の上に立てて棟木を支える短い柱.

涿 **zhuō** 地名用字.

焯 **zhuō** 形〈書〉明らかである.
異読⇨chāo

灼 **zhuó** H ①焼く. あぶる. ¶烧～ / やけどをする. ②明るい.
zhuójiàn【灼见】名〈書〉透徹した見解.
zhuórè【灼热】形 **焼けつくように暑い.**
zhuózhuó【灼灼】形〈書〉光り輝いている.

茁 **zhuó** H 植物が芽を出したばかりのさま.
zhuóshi【茁实】形〈方〉たくましい.
zhuózhǎng【茁长】動（動植物が）すくすくと成長する.
zhuózhuàng【茁壮】形（人や動植物が）**丈夫に育っている, 成長している.**

卓 **zhuó** H ①高くてまっすぐである. ¶～立 / ひときわ高く立つ. ②すぐれている. ¶→～见. ‖ 姓
zhuó ěr bù qún【卓尔不群】〈成〉衆にぬきんでる.
zhuójiàn【卓见】名〈書〉卓見.
zhuójué【卓绝】形〈書〉卓抜である.
zhuólùn【卓论】名 卓論.
zhuóluò【卓荦・卓跞】形〈書〉ずば抜けている.
zhuórán【卓然】形〈書〉卓越している.
zhuóshí【卓识】名〈書〉卓見. 卓識.
zhuóyì【卓异】形〈書〉ぬきんでている.
zhuó yǒu chéng xiào【卓有成效】〈成〉成績や効果が著しい.
zhuóyuè【卓越】形 **卓越している.** ずば抜けている. ¶～的见识 / 卓越した見識.
zhuózhù【卓著】形〈書〉抜群である.

斫 **zhuó** 動（刀や斧で）たたき切る.

浊（濁）**zhuó** H ①濁っている. ¶～水 / 濁り水. ②（声が）低くて太い. ¶～声～气 / だみ声で発音が明瞭でない. ③乱れている. ¶→～世.
zhuóliú【浊流】名 濁流；〈喩〉腐敗・堕落した風潮.
zhuóshì【浊世】名 **1**〈書〉乱世. **2**〈仏〉濁世(じょくせ).
zhuóyīn【浊音】名〈語〉濁音.

酌 **zhuó** H ①（酒を）つぐ. 酌をする. ¶独～ / ひとりで酒を飲む. ②酒席. 酒と食事. ¶便～ / 小宴. ③斟酌(しんしゃく)する. ¶斟zhēn～ / 同上. ¶～办 / 事情をよく考慮して処理する.
zhuóchǔ【酌处】動 適当に処理する.
zhuódìng【酌定】動 事情を考慮して取り計らう.
zhuóliáng【酌量】動（事情を）考慮する.
zhuóqíng【酌情】動 事情を考慮する.

浞 **zhuó** 動 ぬれる. ぬらす. ¶晒的被褥被雨～湿了 / 干してある布団が雨にぬれてしまった.

诼 **zhuó** 動〈書〉そしる. 悪口を言う.

啄 **zhuó** 動（くちばしで）ついばむ, つつく.
zhuómùniǎo【啄木鸟】名〈鳥〉キツツキ.

着（著）**zhuó** ❶動 **1**（衣服を）着る；（ズボン・靴などを）はく. **2**（多く否定の形で）触れる. 着く. ¶不～边际 / つかみどころがない. **3**（他の事物に）付着させる. ¶颜色～得太浓了 / 色を濃くつけすぎだ. **4** 派遣する. ¶～他去办一下 / 彼を処理に行かせる.
❷名 当て. 行方. ¶寻找无～ / 捜したが行方が知れない.
異読⇨zhāo,zháo,zhe
zhuóbǐ【着笔】動 書き出す.
zhuó//huā【着花】動〈書〉つぼみや花をつける.
zhuólì【着力】動 力を入れる.
zhuó//lù【着陆】動 着陸する.
zhuóluò【着落】❶名 **1** 行方. ありか. **2** 当て. 手がかり. ❷動 **1** 帰属する. **2**〈近〉きちんと置く.
zhuómò【着墨】動 筆を運ぶ. 書く.
zhuó//qí【着棋】動〈方〉碁や将棋をする.
zhuó//sè【着色】動 着色する.
zhuóshí【着实】**1** 副 確かに. ほんとうに. **2** 形 きつい. ひどい.
zhuóshǒu【着手】動 **着手する.** 取りかかる.
zhuó shǒu chéng chūn【着手成春】〈成〉医者の腕前がすぐれている.
zhuó xiānbiān【着先鞭】〈慣〉先鞭をつける.
zhuóxiǎng【着想】動 **…を第一に考える.** …のためを思う. ¶为下一代～ / 後の世代のために考える.
zhuóyǎn【着眼】動（ある方面に）**目をつける**；（ある方面から）観察する.
zhuóyǎndiǎn【着眼点】名 着眼点.
zhuóyì【着意】動 心をこめる；気にとめる.
zhuózhòng【着重】動 **重点を置く.** 特に力を入れる.
zhuózhònghào【着重号】名〈語〉強調符号.
zhuózhuāng【着装】**1** 動 身じたくを

する. 2 名 服装.

琢 zhuó 動(玉石を)磨く,加工する. ¶这镯子是用翡翠～成的 / この腕輪はヒスイで作ったものだ. 異読⇨zuó

zhuómó【琢磨】 動 1 削ったり磨いたりする. 2 (多く文章に)磨きをかける. 3 (品性を)磨く. ⇨zuómo

斲 zhuó H 切り削る.

zhuó lún lǎo shǒu【斲轮老手】〈成〉経験豊かな巧者.

zhuósàng【斲丧】 動〈書〉(体を)こわす.

缴 zhuó 名〈書〉いぐるみ(の糸). 異読⇨jiǎo

擢 zhuó H ①抜く. ②抜擢(ばってき)する.

zhuó fà nán shǔ【擢发难数】〈成〉罪状が多くて数えきれない.

zhuóshēng【擢升】 動〈書〉抜擢する.

zhuóyòng【擢用】 動〈書〉(人を)引き上げて任用する.

濯 zhuó 動〈書〉洗う. すすぐ. ¶～足 / 足を洗う.

zhuózhuó【濯濯】 形〈書〉(山が)すっかりはげている.

镯(鋜) zhuó 名(～子)(装身具としての)腕輪,足輪. ブレスレット.

zi (ㄗ)

仔 zī O 異読⇨zǎi,zǐ

zījiān【仔肩】 名〈書〉責任. 負担.

吱 zī 擬(～儿)《ネズミなどの小動物の鳴き声》ちゅっちゅっ. ちっちっ. 異読⇨zhī

zī//shēng【吱声】 動〈方〉声を出す.

孜 zī O

zīzī【孜孜】 形〈書〉勤勉である. せっせと. ¶～不倦juàn / 倦(う)まずたゆまず.

zī zī kū kū【孜孜矻矻】〈成〉勤勉で怠けることがない.

咨(諮) zī H ①相談する. 諮(はか)る. ②公文書の一種.

zīwén【咨文】 名 1 〈旧〉対等の機関への公文書. 2 (米国などで元首が議会に提出する)教書.

zīxún【咨询】 動 1 〈書〉諮問する. 2 情報提供する. コンサルティングをする. ¶～台 / (図書館の)レファレンスサービスカウンター;(大型商店や公共の場所の)サービスカウンター.

姿 zī H ①容貌. 器量. ②姿勢. 格好. ¶雄～ / 雄々しい姿.

zīróng【姿容】 名〈書〉容貌.

zīsè【姿色】 名〈書〉(女性の)美しい容貌.

zīshì【姿势】 名 姿勢. 態勢;〈体〉フォーム. ▲"姿式"とも.

zītài【姿态】 名 1 姿勢. 身のこなし. 2 態度. 様子.

兹(玆) zī 1 代〈書〉1 これ. この. ¶～理易明 / この道理は分かりやすい. 2 いま. ここに. ¶～订于十四日举行开学典礼 / 今般,来たる14日に始業式をとり行うことに決定した. 2 名〈古〉年. ¶今～ / 今年. 異読⇨cí

赀 zī H ①計算する. ②財貨. 費用.

资 zī 動 資する. 役立つ. ¶以～参考 / 参考に供する. ¶可～借鉴 / よい教訓となる.
H ①財貨. 費用. ¶投～ / 投資する. ¶工～ / 給料. ②よりどころとする材料. ¶谈～ / 話の種. ③資質. 素質. ¶天～ / 天性. 資質. ④資格. 経歴. ¶→～格. ¶→～历. ‖ 姓

zīběn【资本】 名 1 〈経〉資本. 2 資本金. 元金;〈喩〉(自分の利益を得るための)元手,よりどころ.

zīběnjiā【资本家】 名 資本家.

zīběn jiégòu【资本结构】 名〈経〉資本構成.

zīběn kuīsǔn【资本亏损】 名〈経〉資本損失. キャピタルロス.

zīběn shōuyì【资本收益】 名〈経〉資本収益. キャピタルゲイン.

zīběn táobì【资本逃避】 名〈経〉資本逃避. キャピタルフライ.

zīběn zhǔyì【资本主义】 名 資本主義.

zīběn zīchǎn【资本资产】 名〈経〉資本的資産. 固定資産.

zīběn zūlìn【资本租赁】 名〈経〉資本リース. キャピタルリース.

zīcái【资材】 名 物資と器材.

zīcái【资财】 名 資金と物資. 資産.

zīchǎn【资产】 名 1 財産. 2 〈経〉企業資産. 3 〈経〉(貸借対照表の)貸し方,資産.

zīchǎn chóngzǔ【资产重组】 名〈経〉資産の再編・組み換え.

zīchǎn fùzhàibiǎo【资产负债表】 名〈経〉貸借対照表. バランスシート.

zīchǎn jiējí【资产阶级】 名 資本家階級. ブルジョアジー.

zīchǎn pínggū【资产评估】 名〈経〉資産評価.

zīfāng【资方】 名 資本家側.

zīfèi【资费】 名(電信・郵便などの)料金.

zīfǔ【资斧】 名〈書〉旅費. 路銀.

zīgé【资格】 名 1 資格. 身分. 2 (仕事や活動の)年功,キャリア.

zījīn【资金】 名〈経〉資金;元金.

zīlì【资力】 名 1 資力. 2 素質と能力.

zīlì【资历】 名 キャリア.

zīliào【资料】 名 1 生産・生活上の必需品. ¶生活～ / 生活必需品. 2 資料.

zīshēn【资深】 形(仕事や活動の)キャリアが長い.

zīwàng【资望】 名〈書〉豊かな経歴と

名望.

zīxìn【资信】名〈経〉(企業あるいは個人の)信用.

zīxùn【资讯】名〈方〉情報.

zīyòng【资用】形 利用できる.

zīyuán【资源】名 1(天然)資源. 2〈電算〉リソース.

zīyuán guǎnlǐ【资源管理】名 1〈環境〉資源管理. 2〈電算〉リソース管理.

zīzhì【资质】名(主として知力面の)素質, 資質.

zīzhù【资助】動 経済的に援助する.

淄 zī 地名用字.

缁 zī H 黒い.

辎 zī 名(古代の)幌のついた車.

zīzhòng【辎重】名〈軍〉前線に送る軍需品. 輜重(しちょう).

嗞(吡) zī O

zīlā【嗞啦】擬《油で炒めたり揚げたりする音》じゃあ. じゅう.

嵫 zī →Yānzī【崦嵫】

粢 zī 名〈古〉祭祀に供えた穀物.

孳 zī H 繁殖する.

zīrǔ【孳乳】動〈書〉1(哺乳動物が)繁殖する. 2(広く)派生する.

zīshēng【孳生】→zīshēng【滋生】1

zīzī【孳孳】→zīzī【孜孜】

滋 zī 動〈方〉噴射する.
H ①生える. 引き起こす. ¶→～蔓. ②増す. ¶～益 / 利益を増やす.

zībǔ【滋补】動 栄養を補給する.

zīmàn【滋蔓】動〈書〉生え広がる.

zīrǎo【滋扰】動 面倒を起こす

zīrùn【滋润】1形 1 潤いがある. 湿っている. 2〈方〉気持ちがよい.
2動 潤す.

zīshēng【滋生】動 1 繁殖する. 2 引き起こす.

zī//shì【滋事】動 面倒を引き起こす.

zīwèi【滋味】名(～儿)味. 味わい.

zī//yá【滋芽】動(～儿)〈方〉芽が出る.

zīyǎng【滋养】1動 養分や栄養をつける. 2名 滋養. 栄養(物).

zīyǎngpǐn【滋养品】名 滋養食品.

zīyǎngshuāng【滋养霜】名(化粧品の)栄養クリーム.

zīyù【滋育】動(太陽や大地などが)養分を与え育てる.

zīzhǎng【滋长】動(多く抽象的なことについて)生じる, はびこる.

zī//zuǐr【滋嘴儿】動〈方〉1 口を出す. 2(つぼみが)開きかける.

趑(趦) zī O

zījū【趑趄】形〈書〉1 歩行が困難である. 2 進むのをためらうさま. ¶～不前 / 二の足を踏む.

觜 zī 名(二十八宿の)とろきぼし.
異読⇒zuǐ

訾 zī ‖ 姓 異読⇒zǐ

锱 zī 量〈古〉(重さの単位)"两"の4分の1.

zīzhū【锱铢】名 わずかの金; ささいなこと.

zī zhū bì jiào【锱铢必较】〈成〉つまらないことにこだわる. 勘定高い.

龇(吡) zī 動〈口〉〈貶〉歯をむき出す.

zī yá liě zuǐ【龇牙咧嘴】〈成〉1 恐ろしい形相をする. 2 苦痛に顔をゆがめるさま.

镃 zī O

zījī【镃基・镃錤】名〈書〉大きな鋤.

鼒 zī 名〈書〉口の小さな鼎(かなえ).

髭 zī 1名 口ひげ. ¶～须 / 口ひげとあごひげ; (広く)ひげ. 2動 逆立つ. ¶～毛 / (怒りに)毛が逆立つ.

鲻 zī O

zīyú【鲻鱼】名〈魚〉ボラ.

子 zǐ 1名 1 息子. 子. ¶他有一～一女 / 彼には男の子と女の子が一人ずついる. 2(～儿)植物の種子; 魚の卵. ¶西瓜～儿 / スイカの種. ¶结jiē～儿 / 実を結ぶ. ¶鱼～ / 魚の卵. ¶下～儿 / 産卵する. 3(～儿)小さくて堅い塊. ¶算盘～儿 / そろばんの玉. 4(～儿)銅貨. ¶这东西不值zhí一个～儿 / この品は一文の値打ちもない. 5 十二支の第1: 子(ね).
2量(～儿)指でつまめるほどの, 束になった細長いものを数える. ¶一～儿线 / ひと束の糸. ¶一～儿挂面 / ひと束の乾めん.
3〈古〉なんじ.
H ①幼い. 若い. ¶～猪 / 子豚. ¶～姜 / 新ショウガ. ②人. ¶女～ / 女子. ③(旧時)一部の労働者の称. ¶舟～ / 船頭. ④〈古〉学識のある人. ¶诸～百家 / 諸子百家. ⑤中国の古典の図書分類法("经、史、子、集")の第3類. ¶～书 / 子書. ⑥封建制下の爵位の第四位. ¶→～爵. ‖ 姓
異読⇒zi

zǐbù【子部】名(中国古書の四大分類中の一)子部. 諸子百家の書.

Zǐchē【子车】姓

zǐchéng【子城】名(城門に付属する)小さな城.

zǐchéngxù【子程序】名〈電算〉サブプログラム.

zǐ chǒu yín mǎo【子丑寅卯】〈成〉きちんとした理由.

zǐchù【子畜】名 家畜の子.

zǐchuāngkǒu【子窗口】名〈電算〉子ウインドー.

zǐdài【子代】名〈生〉子の世代．第二世代．
zǐdàn【子弹】名 銃弾．弾丸．
zǐdī【子堤】→zǐniàn【子埝】
zǐdì【子弟】名 子弟；(集団の中の)若者，青年．
zǐdìbīng【子弟兵】名 人民解放軍に対する愛称．
zǐdìshū【子弟书】名"鼓词"から派生した歌物語．
zǐ duō fú duō【子多福多】〈成〉子供は多ければ多いほど幸福だ．
zǐfáng【子房】名〈植〉子房．
zǐfù【子妇】名〈書〉1 (息子の)嫁．2 息子夫婦．
zǐgōngsī【子公司】名(↔母公司)子会社．
zǐgōng【子宫】名〈生理〉子宮．¶～颈 / 子宮頸．
zǐguī【子规】名〈鳥〉ホトトギス属の総称．
zǐjī【子鸡】名 ひよこ．
zǐjīn【子金】名〈書〉利息．利子．
zǐjué【子爵】名 子爵．
zǐkou【子口】名 瓶·缶·箱などのふたと接する部分．口．
zǐlì【子粒】名〈農〉(豆や穀類の)実，種子．
zǐlìchéng【子例程】名〈電算〉サブルーチン．
zǐmián【子棉】名 種綿．
zǐmǔdàn【子母弹】名 榴散(りゅうさん)弾．
zǐmǔkòur【子母扣儿】名〈裁〉スナップ．ホック．
zǐmǔzhōng【子母钟】名 親子時計．
zǐmù【子目】名 細目．
zǐnáng【子囊】名〈植〉子囊(しのう)．
zǐniàn【子埝】名〈水〉決壊を防ぐために臨時に堤防の上にさらに築いた堤防．
zǐnǚ【子女】名 子女．子供．
zǐshí【子时】名〈旧〉子(ね)の刻．夜11時－1時．
zǐshí【子实】名〈農〉(豆や穀類の)実，種子．
zǐshòu【子兽】名 動物の子．
zǐshū【子书】名 子書．諸子百家の書．
zǐsì【子嗣】名〈書〉跡継ぎ．
zǐsūn【子孙】名 子孫．
zǐwǎng【子网】名〈電算〉サブネットワーク．
zǐwǔlián【子午莲】名〈植〉スイレン．
zǐwǔxiàn【子午线】名〈地〉子午線．
zǐwǔyí【子午仪】名〈天〉子午儀．
zǐxī【子息】名〈書〉1 (家を継ぐ)息子，子供．2〈書〉利息．
zǐxì【子细】→zǐxì【仔细】
zǐxìtǒng【子系统】動〈電算〉サブシステム．
zǐxián【子弦】名(胡弓などの)いちばん細い弦．
zǐxián【子痫】名〈医〉子癇(しかん)．
zǐxū【子虚】名〈書〉架空の話．
zǐxù【子婿】名〈書〉女婿(むすめむこ)．
zǐyè【子叶】名〈植〉子葉．
zǐyè【子夜】名 真夜中．夜半．
zǐyīn【子音】名〈語〉子音．
zǐyú【子鱼】名 稚魚．
zǐzhí【子侄】名 息子とおい；若者たち．
zǐzhū【子猪】名 子豚．

仔 zǐ H 幼い．¶～猪 / 子豚．
異読⇨zǎi,zī
zǐchù【仔畜】名 家畜の子．
zǐjī【仔鸡】名 ひよこ．
zǐmì【仔密】形(織物やメリヤスなどの目が)細かい．
zǐr【仔儿】名 家畜·家禽の子．
zǐshòu【仔兽】名 家畜の子．
zǐxì【仔细】❶形 1 注意深い．綿密である．¶办事～ / 仕事ぶりが丹念である．2〈方〉つましい．❷動 注意する．用心する．
zǐyú【仔鱼】名 稚魚．

姊(姉) zǐ H 姉．
zǐmèi【姊妹】名 姉妹．

耔 zǐ 動〈書〉(作物の根に)土をかける．土寄せをする．

茈 zǐ 地名用字．異読⇨cí

秭 zǐ 数〈古〉1万億．兆．

籽 zǐ 名(～儿)植物の種．実．¶棉～儿 / ワタの種子．¶菜～儿 / 油菜の種；野菜の種．
zǐmián【籽棉】名〈紡〉種綿．
zǐshí【籽实】名〈農〉(豆や穀類の)種子．
zǐzhǒng【籽种】→zhǒngzi【种子】

笫 zǐ 名〈書〉竹で編んだござ．¶床～ / 寝台に敷く竹製の敷物．

梓 zǐ H ①キササゲ．②版木．¶付～ / 上梓(じょうし)する．③故郷．¶桑～ / 郷里．‖姓
zǐlǐ【梓里】名〈書〉郷里．故郷．
zǐshù【梓树】名〈植〉キササゲ．
zǐxíng【梓行】動 出版する．上梓する．

紫 zǐ 形 紫色である．青黒い．¶嘴唇都冻～了 / くちびるがこごえて紫色になっている．‖姓
zǐcài【紫菜】名〈植〉ノリ．アマノリ．
zǐcàitái【紫菜苔】名〈植〉1 (野菜の一種)コウサイタイ．2 リトマスゴケ．
zǐcǎo【紫草】名〈植〉ムラサキソウ．
zǐcǎoróng【紫草茸】名〈中薬〉紫草茸(しそうじょう)．
zǐdiàn【紫癜】名〈医〉紫斑病．
zǐdiāo【紫貂】名〈動〉クロテン．
zǐdīngxiāng【紫丁香】名〈植〉ライラック．
zǐgàn【紫绀】名〈医〉チアノーゼ．
zǐháo【紫毫】名(濃褐色のウサギの毛で作る)毛筆．
zǐhéchē【紫河车】名〈中薬〉胞衣(えな)．
zǐhóng【紫红】形 紫がかった濃赤色の．
zǐhuā【紫花】形 カーキ色の．
zǐhuā dìdīng【紫花地丁】名〈植〉タイワンスミレ．

zǐhuā mùxu【紫花苜蓿】名〈植〉ムラサキウマゴヤシ.
zǐjiāochóng【紫胶虫】名〈虫〉ラックカイガラムシ.
zǐjīnniú【紫金牛】名〈植〉ヤブコウジ. ヤマタチバナ;〈中薬〉紫金牛(ｼｷﾝｷﾞｭｳ).
zǐjǐn【紫堇】名〈植〉ムラサキケマン.
Zǐjìnchéng【紫禁城】名 紫禁城.
zǐjīng【紫荆】名〈植〉ハナズオウ. ▶花は香港特別行政区の区の花.
zǐlíngyáng【紫羚羊】名〈動〉(熱帯産カモシカの一種)ボンゴ.
zǐluólán【紫罗兰】名〈植〉ストック.
zǐmòli【紫茉莉】名〈植〉オシロイバナ.
zǐpíng【紫萍】名〈植〉ウキクサ.
zǐshā【紫砂】名 江蘇省宜興(ｷﾞｮｳ)で産する陶土.
zǐshān【紫杉】名〈植〉イチイ. アララギ.
zǐshíyīng【紫石英】名〈鉱〉紫水晶;〈中薬〉紫石英(ｼｾｷｴｲ).
zǐsū【紫苏】名〈植〉シソ.
zǐsuìhuái【紫穗槐】名〈植〉コマツナギ.
zǐtán【紫檀】名〈植〉シタン;紫檀材.
zǐtáng【紫糖】形 赤黒い色の.
zǐténg【紫藤】名〈植〉チュウカフジ.
zǐtóng【紫铜】名 精鋼.
zǐwàixiàn【紫外线】名〈物〉紫外線.
zǐwǎn【紫菀】名〈植〉シオン;〈中薬〉紫苑(ｼｵﾝ).
zǐwēi【紫葳】名〈植〉ノウゼンカズラ;〈中薬〉凌霄花(ﾘｮｳｼｮｳｶ).
zǐwēi【紫薇】名〈植〉サルスベリ.
zǐyúnyīng【紫云英】名〈植〉レンゲソウ.
zǐzhī【紫芝】→língzhī【灵芝】
zǐzhú【紫竹】名〈植〉シチク. クロチク.

訾 zǐ H 人の悪口を言う. そしる.
異読⇨zī
zǐyì【訾议】動〈書〉人の欠点をあげつらう.

滓 zǐ →zhāzǐ【渣滓】

自 zì〈書〉**1** 前 …から. …より. ¶本次列车~南京开往北京 / この列車は南京から北京へ向かいます. ¶本办法~公布之日起施行 / この措置は公布の日から施行する. ¶寄~东京 / 東京から郵送する.
2 副 自ずから. 当然. ¶久别重逢chóngféng,~有许多话说 / 久しぶりの再会だから,自然言いたいことも山ほどある.
H 自ら. ¶→~夸. ‖ 姓
zì'ài【自爱】動 自重する.
zì'ào【自傲】動 おごり高ぶる.
zìbá【自拔】動(苦痛や罪業から)自ら抜け出す.
zìbái【自白】動(自分の考えや立場を)表明する.
zì bào gōng yì【自报公议】〈成〉自己申告と大衆評議.
zì bào jiā mén【自报家门】〈成〉(伝統的な戯曲で主役が初登場するときの)名乗り.
zì bào zì qì【自暴自弃】〈成〉自暴自棄.
zìbēi【自卑】形 卑屈になる. 劣等感をもつ. ¶~感 / 劣等感. コンプレックス.
zìbèi【自备】動 自分で用意する.
zìbǐ【自比】動〈書〉自分を他人と比べる.
zìbiàn【自便】動 勝手にする.
zìbiànliàng【自变量】名〈数〉独立変数. ▶"自变数"とも.
zì bù dài yán【自不待言】〈成〉言うまでもない.
zì bù liàng lì【自不量力】〈成〉身の程を知らない. うぬぼれている.
zìcái【自裁】動〈書〉自殺する.
zìcán【自残】動〈書〉自ら傷つける;味方どうしが殺し合う.
zì cán xíng huì【自惭形秽】〈成〉引け目を感じる.
zìcè【自测】動 自分で検査する.
zìchén【自沉】動〈書〉入水(ｼﾞｭｽｲ)する.
zìchēng【自称】動 **1** 自称する. **2** 自分で言いふらす.
zìchéng【自乘】動〈数〉二乗する.
zì chéng yī jiā【自成一家】〈成〉(文章·書画·彫刻などで)自ら一家をなす.
zìchí【自持】動 自制する.
zìchóu【自筹】動(資金を)自己調達する.
zì chū jī zhù【自出机杼】〈成〉(文学·芸術で)新機軸を打ち出す.
zìchǔ【自处】動〈書〉身を処する.
zì chuī zì léi【自吹自擂】〈成〉自画自賛する.
zìcǐ【自此】副〈書〉これより先. これよりのち.
zìcóng【自从】前 …より. …から.
zìdǎ【自打】前〈方〉(ある時から)以後, 以来.
zìdà【自大】形 尊大である. 生意気である.
zìdé【自得】動 得意になる.
zì dé qí lè【自得其乐】〈成〉自己満足する.
zìdòng【自动】形 **1** 自発的である. 自ら進んで. ¶他~弃权 / 彼は自ら棄権した. **2** 自動的である. ひとりでに. **3**〈機〉自動の. オートマチックの. ¶~控制 / 自動制御.
zìdòng bōhào【自动拨号】名 自動ダイヤル.
zìdòng bùqiāng【自动步枪】名〈軍〉自動小銃.
zìdòng fútī【自动扶梯】名 エスカレーター.
zìdòng guìyuánjī【自动柜员机】名 現金自動預入支払機. ATM.
zìdònghuà【自动化】動 オートメーション化する.
zìdòng jiāncè【自动监测】名〈環境〉自動モニタリング.
zìdòng kòngzhì【自动控制】動 自動制御をする.
zìdòng páibǎn【自动排版】名〈電

算〉自動組み版.
zìdòngpào【自动炮】名〈軍〉自走砲.
zìdòng qiānbǐ【自动铅笔】名 シャープペンシル.
zìdòng qǔkuǎnjī【自动取款机】名 現金自動預入支払機. ATM.
zìdòngxiàn【自动线】名 オートメーションの生産ライン.
zìdú【自渎】動〈書〉手淫をする. 自慰をする.
zìfā【自发】形 **自然発生的な；自発的な.**
zìféi【自肥】動 私腹を肥やす.
zìfèi【自费】名 自費. 私費.
zìfèishēng【自费生】名 私費学生.
zìfén【自焚】動 焼身自殺をする.
zìfèn【自分】動〈書〉自分で自分を評価する.
zìfēng【自封】動 **1**〈貶〉自任する. **2** 自らを制限する.
zìfèng【自奉】動〈書〉自分で生活する.
zìfù【自负】動 **1** 自負する. 得意がる. **2**(責任を) 自分で負う.
zì gān duò luò【自甘堕落】〈成〉自堕落に甘んじる.
zìgǎnyìng【自感应】名〈物〉自己インダクタンス. ▶“自感”とも.
zì gāo zì dà【自高自大】〈成〉思い上がって偉ぶる.
zì gào fèn yǒng【自告奋勇】〈成〉困難や危険な任務を自ら進んで買って出る.
zìgē【自割】動〈動〉自切をする.
zìgěr【自个儿】代 **自分一人(で).** ▲“自各儿”とも.
zìgēngnóng【自耕农】名(土地改革前の)自作農.
zìgòng【自供】動 自供する.
zìgǔ【自古】副〈書〉昔から.
zì gù bù xiá【自顾不暇】〈成〉自分のことで手一杯で,他人のことなどかまっていられない.
zìhàn【自汗】名〈中医〉自然発汗.
zìháo【自豪】動 誇りに感じる.
zìhào【自好】動 自重する.
zìhuā chuánfěn【自花传粉】名〈植〉自家受粉.
zìhuǐ【自毁】動〈書〉自滅する. 自己破壊する.
zìjǐ【自己】**1** 代 **自分；自分で.** ひとりでに. ¶你～找他去 / 君が自ら彼に会いに行きなさい. **2** 形 親しい. 近しい. ¶这是～话 / これは内輪の話です.
zìjǐ【自给】動 自給する.
zìjǐrén【自己人】名 身内. 親しい間柄の人.
zì jǐ zì zú【自给自足】〈成〉自給自足.
zìjiā【自家】代〈方〉自分.
zìjiārén【自家人】名 身内. 内輪の人.
zìjiàn【自荐】動 自薦する.
zìjīn【自今】副〈書〉今から. これから.
zìjīn【自矜】動〈書〉自慢する.
zìjìn【自尽】動 自殺する.
zìjīng【自经】動〈書〉首つり自殺をする.
zìjǐng【自刭】動〈書〉自刎(じん)する.
zìjìng【自净】動 自然浄化する.
zìjìng nénglì【自净能力】名 自浄能力.
zìjiù【自咎】動〈書〉自己反省をする.
zìjiù【自疚】動〈書〉自分の過ちを恥じる.
zìjiù【自救】動 自らを救う.
zìjū【自居】動〈書〉〈貶〉…を自任する. …を気取る.
zìjué【自决】動 自決する.
zìjué【自觉】**1** 動 **自覚する.** 自分で気づく. **2** 形 自覚がある. 積極的である. ¶～地学习 / 自ら進んで勉強する.
zìjué【自绝】動 **1** 自ら進んで関係を断つ. **2** 自殺する.
zì jué fén mù【自掘坟墓】〈成〉自ら墓穴を掘る.
zì jué zì yuàn【自觉自愿】〈成〉自ら進んで願い出る.
zìkòng【自控】動〈略〉自動制御をする.
zìkuā【自夸】動 自慢する.
zì kuài yǐ xià【自郐以下】〈成〉それ以下は語るに値しない.
zìkuān【自宽】動〈書〉自らを慰める.
zìkuàng【自况】動〈書〉自分を他人と比べる.
zì lā zì chàng【自拉自唱】〈成〉**1** 弾き語りをする. **2**〈喩〉自画自賛する.
zìlái【自来】副〈書〉従来. もともと.
zìláihuǒ【自来火】名〈方〉マッチ；ライター.
zìláishuǐ【自来水】名(上)水道；水道水.
zìláishuǐbǐ【自来水笔】名 万年筆.
zìlǐ【自理】動〈書〉**1**(費用を)自分で負担する. **2** 自分で処理する.
zìlì【自立】動 自立する.
zì lì gēng shēng【自力更生】〈成〉自力更生をする.
zìlìméisù【自力霉素】名〈薬〉マイトマイシンC.
zìliàng【自量】動〈書〉おのれを知る.
zìliào【自料】名(服の仕立てなど客の)持ち込みの材料.
zìliú【自流】動 自然に流れ出る；〈喩〉(指導がなく)成り行きのままになる.
zìliúdì【自留地】名 個人保有地.
zìliújǐng【自流井】名 掘り抜き井戸.
zìlǜ【自律】動〈書〉自らを律する.
zì mài zì kuā【自卖自夸】〈成〉自画自賛する.
zìmǎn【自满】動 **自己満足する.** いい気になる.
zìmíng【自明】形〈書〉自明である.
zì míng dé yì【自鸣得意】〈成〉〈貶〉自ら得意がる.
zìmíngzhōng【自鸣钟】名 自鳴鐘

(じめい).
zìmìng【自命】動〈書〉自任する.
zìněi【自馁】動 自信をなくししょげる.
zìpāijī【自拍机】名(カメラの)セルフタイマー.
zìpēnjǐng【自喷井】名〈石油〉自噴井.
zì qī qī rén【自欺欺人】〈成〉自分でも信じられないような話や手段で人をだます.
zìqiān【自谦】動 謙遜する.
zìqiǎn【自遣】動〈書〉気を紛らす.
zìqiāng【自戕】動〈書〉自殺する.
zì qiáng bù xī【自强不息】〈成〉倦(う)まずたゆまず努力する.
zì qīng zì jiàn【自轻自贱】〈成〉自らを卑下する.
zì qǔ miè wáng【自取灭亡】〈成〉自ら滅亡を招く.
zì qǔ qí jiù【自取其咎】〈成〉自業自得.
zìrán【自然】1 名 自然. 2 副 自然に. ひとりでに. そのまま. 3 形 当然である.
zìran【自然】形 気取りや堅苦しさがない. 自然である.
zìrán【自燃】動〈化〉自然燃焼〔発火〕をする.
zìrán bǎohù【自然保护】名〈環境〉自然保護.
zìráncūn【自然村】名 自然に形成された村落.
zì rán ér rán【自然而然】〈成〉ひとりでに. 自然に.
zìránguāng【自然光】名 自然光.
zìrán guīlǜ【自然规律】名 自然界の法則. ▶"自然法则"とも.
zìrán huánjìng【自然环境】名〈環境〉自然環境.
zìránjiè【自然界】名 自然界.
zìrán jīngjì【自然经济】名〈経〉自給自足経済.
zìrán kēxué【自然科学】名 自然科学.
zìránlì【自然力】名(水力·風力などの)自然エネルギー.
zìránliáng【自然粮】名 もみ付きの穀物.
zìrán néngyuán【自然能源】名(水力·風力などの)自然エネルギー.
zìránrén【自然人】名〈法〉自然人.
zìránshénlùn【自然神论】名〈哲〉理神論.
zìránshù【自然数】名〈数〉自然数.
zìrán tiáojiàn【自然条件】名 1 自然環境. 地理条件. 2〈俗〉持って生まれた身体的条件.
zìrántóng【自然铜】名 天然銅 ;〈中薬〉黄鉄鉱.
zìránwù【自然物】名 自然物.
zìrán xuǎnzé【自然选择】名〈生〉自然淘汰.
zìrán zāihài【自然灾害】名 自然災害.
zìrán zhǔyì【自然主义】名〈文〉〈美〉自然主義.
zìrán zīyuán【自然资源】名 天然資源.
zì rèn huì qì【自认晦气】〈成〉運が悪かったとあきらめる.
zìrú【自如】形〈書〉1 思いのままにできる. 2 平常と変わらない.
zìruò【自若】形〈書〉平常と変わらない.
zìshā【自杀】動 自殺する.
zìshāng【自伤】動 自分を哀れむ.
zì shàng ér xià【自上而下】〈成〉上から下へ(の).
zìshēn【自身】名 自身. 自体. ▶ほかの人や物ではないことを強調する.
zì shēng zì miè【自生自灭】〈成〉自然に発生し自然に消滅する.
zìshī【自失】動 気が抜ける.
zì shí qí guǒ【自食其果】〈成〉自業自得. ▶"自食苦果"とも.
zì shí qí lì【自食其力】〈成〉自活する.
zì shí qí yán【自食其言】〈成〉言ったことを守らない.
zì shǐ zhì zhōng【自始至终】〈成〉終始.
zìshì【自视】動 自分を…と思い込む.
zìshì【自是】1 副 自然と. おのずと…である. 2 形 独りよがりである.
zìshì【自恃】動〈書〉1 (自信がこうじて)おごりたかぶる. 2 笠に着る. 頼みとする.
zìshǒu【自首】動 1 自首する. 2 (政治·思想上の)転向をする.
zìshú【自赎】動〈書〉自分の罪を償う.
zìshù【自述】〈書〉1 動 自分のことを自分で話す. 2 名 自分についての叙述.
zì shuō zì huà【自说自话】〈成〉1 一人で勝手に…する. 2 独り言を言う.
zìsī【自私】形 利己的である. わがままである. ¶〜自利 / 私利私欲をむさぼる.
zìsù【自诉】動〈法〉(被害者が)提訴する
zìtǎo【自讨】動 自ら…を求める.
zì tǎo kǔ chī【自讨苦吃】〈成〉自ら求めて苦労をする.
zì tóu luó wǎng【自投罗网】〈成〉飛んで火に入る夏の虫.
zìwài【自外】動 意識的に対立する立場に立つ.
zìwèi【自卫】動 自衛する.
zìwèi【自慰】動 自らを慰める.
zìwěn【自刎】動〈書〉自刎(じふん)する.
zìwèn【自问】動 1 自問する. 2 自分で自分を判断する.
zìwǒ【自我】1 代 自己. 自分. ▶ 2音節の動詞の前に置く. 2 名〈心〉自我.
zìwǒ biǎoxiàn【自我表现】自分のことを吹聴する.
zìwǒ gǎizào【自我改造】自己改造する.
zìwǒ jièshào【自我介绍】自己紹介

する.
zìwǒ pīpíng【自我批评】自己批判する.
zìwǒ xīnshǎng【自我欣赏】(自分の作品などを)自分で楽しむ；自画自賛する.
zì wǒ zuò gǔ【自我作古】〈成〉(慣例やしきたりにとらわれず)自分から道を開く.
zìwù【自误】動〈書〉自らを誤る.
zìxí【自习】動自習する.
zì xià ér shàng【自下而上】〈成〉下から上へ(の).
zìxiāng…【自相…】副(自分と自分,または味方どうしが)相互に….
zì xiāng cán shā【自相残杀】〈成〉味方どうしが殺し合う.
zì xiāng jīng rǎo【自相惊扰】〈成〉恐怖に襲われて味方どうしで大騒ぎをする.
zì xiāng máo dùn【自相矛盾】〈成〉自己矛盾する.
zìxiāo【自销】動 直販する. ¶自产～/産地直売.
zìxiǎo【自小】副(～儿)小さい時から.
zìxiè kǎchē【自卸卡车】名 ダンプカー.
zìxīn【自新】動 自ら悔い改める.
zìxìn【自信】1 名 自信. 2 動 自信がある. 自分を信じる. 3 形 自信過剰である.
zìxíng【自行】1 動 自分で…する. 2 副 自然に.
zìxíngchē【自行车】名 自転車. ¶骑～/自転車に乗る.
zìxíng huǒpào【自行火炮】名〈軍〉自走砲.
zì xíng qí shì【自行其是】〈成〉(他に同調することなく)自分でよいと思う行動をとる. ▶"独行其是"とも.
zìxǐng【自省】動 反省する.
zìxiū【自修】動 1 自習する. 2 独学する.
zìxǔ【自许】動 自任する.
zìxǔ【自诩】動〈書〉自分を過大評価する.
zìxù【自序·自叙】名 1 自序. 2 自叙伝.
zìxuǎn【自选】1 形〈体〉フリーの. 2 動 自分で選ぶ.
zìxuǎn dòngzuò【自选动作】名〈体〉フリースタイル.
zìxuǎn shāngchǎng【自选商场】名 スーパーマーケット. ▶"自选市场"とも.
zìxué【自学】動 独学する. 自修する. ¶～日语 / 日本語を独学する.
zì xún sǐ lù【自寻死路】〈成〉自己滅亡の道をたどる.
zì yán zì yǔ【自言自语】〈成〉独り言を言う.
zìyǎng shēngwù【自养生物】名〈生〉自家栄養生物.
zìyǎng zhíwù【自养植物】名〈植〉自家栄養植物.
zìyǐ【自已】動(多く否定の形で)自己を抑制する.
zì yǐ wéi shì【自以为是】〈成〉自分が正しいと思い人の意見を受け入れない.
zìyì【自缢】動〈書〉首をつって自殺する.
zìyíng【自营】動 自営する.
zìyòng【自用】形 1 独りよがりである. 2 個人使用の.
zìyóu【自由】❶形 自由である. ❷名 1 (法律上の)自由. 2〈哲〉自由.
zìyóu diànzǐ【自由电子】名〈物〉自由電子. ▶"游离电子"とも.
zìyóu fàngrèn【自由放任】名 自由放任.
zìyóugǎng【自由港】名〈経〉自由港.
zìyóu jiàgé【自由价格】名〈経〉自由市場価格.
zìyóu jìngzhēng【自由竞争】名〈経〉自由競争.
zìyóu liàn'ài【自由恋爱】名 自由恋愛.
zìyóu màoyì【自由贸易】名〈経〉自由貿易. ¶～协定 / FTA.
zìyóumín【自由民】名(奴隷社会における)自由民.
zìyóu ruǎnjiàn【自由软件】名〈電算〉フリーソフト.
zì yóu sǎn màn【自由散漫】〈成〉気ままに振る舞って規律をないがしろにする.
zìyóushī【自由诗】名〈文〉自由詩.
zìyóu shìchǎng【自由市场】名 1〈経〉自由市場. 2"农贸市场"の通称.
zìyóu tǐcāo【自由体操】名〈体〉床運動. 徒手体操.
zìyóu wángguó【自由王国】名〈哲〉(↔必然王国)自由王国.
zìyóuyǒng【自由泳】名〈体〉(競泳で)自由形.
zìyóu zhíyè【自由职业】名 自由業. ¶～人员 / フリーランス.
zìyóu zhǔyì【自由主义】名 1 リベラリズム. 2 利己的な自由主義.
zì yóu zì zài【自由自在】〈成〉自由で気ままである.
zìyǒu【自有】動 おのずと…がある. 当然…がある.
zìyòu【自幼】副 幼少のころから.
zìyú【自娱】動〈書〉自分一人で楽しむ.
zìyù【自育】名〈生〉自家受精. 自家繁殖.
zì yuán qí shuō【自圆其说】〈成〉自分で自分の説〔話〕のつじつまを合わせる.
zìyuàn【自愿】動 自分から進んでする. 自由意志でする.
zìyuàn pòchǎn【自愿破产】名〈経〉自己破産.
zì yuàn zì yì【自怨自艾】〈成〉自分の過ちを悔いて改める.
zìzài【自在】形(何の拘束も受けずに)気ままである.

zìzai【自在】形 のんびりする．気楽である．
zìzài zhī wù【自在之物】名〈哲〉(カント哲学で)物それ自体．
zìzé【自责】動 自分の過ちを責める．
zìzhǎo【自找】動 自分から求めて…する．
zì zhī zhī míng【自知之明】〈成〉身の程をわきまえる聡明さ．
zìzhì【自制】動 **1** 自制する． **2** 自作する．
zìzhì【自治】動(少数民族・地域・団体などが) 自治を行う．
zìzhì jīguān【自治机关】名(自治区・自治州・自治県などにおける少数民族の) 自治機関．
zìzhìlǐng【自治领】名 自治領．
zìzhìqū【自治区】名(少数民族の) 自治区．
zìzhìxiàn【自治县】名(少数民族の) 自治県．
zìzhìzhōu【自治州】名(少数民族の) 自治州．
zìzhòng【自重】❶動 **1** 自重(じちょう)する．自愛する． **2**〈書〉自分を高く評価する． ❷名(船舶や車両などの) 自重(じじゅう)．
zìzhǔ【自主】動 **自主的に行う．自分の意志で決める．**
zìzhǔ shénjīng【自主神经】名〈生理〉自律神経．
zìzhù【自助】形 セルフサービスの．
zìzhùcān【自助餐】名 セルフサービス式の食事．バイキング方式の料理．
zìzhuān【自专】動〈書〉ほしいままにする．
zìzhuàn【自传】名 自伝．
zìzhuàn【自转】動〈天〉自転する．
zìzǒushì【自走式】形 自走式の．
zìzūn【自尊】形〈書〉プライドが高い．
zìzūnxīn【自尊心】名 自尊心．プライド．
zì zuò cōng míng【自作聪明】〈成〉利口だとうぬぼれる．
zì zuò zhǔ zhāng【自做主张・自作主张】〈成〉独断する．
zì zuò zì shòu【自作自受】〈成〉自業自得．

字 **zì** 名 **1** **字**．文字．[个; 行 háng] ¶写～ / 字を書く． ¶这个～我不认识 / この字は知らない． **2** (～儿) 字の発音． ¶咬～儿 / 文章・せりふなどを一字一字正確に発音する． **3** 言葉．単語． ¶他只说出几个～来 / 彼はほんの一言言うだけだった． **4** (鑑賞用の) 書． ¶卖～ / 書を売る． **5** (～儿) 書き付け．証文． ¶收款后要写个～儿 / 代金を受け取ったら受け取りを書かないといけない． **6** 字(あざ)． ‖ 姓
zìchuàn【字串】名〈電算〉文字列．
zìdiǎn【字典】名 **字典**．字引き；(広く) 辞書．
zìdiào【字调】名〈語〉字の声調．
zìduàn【字段】名〈電算〉文字フィールド．
zìfú【字符】名〈電算〉キャラクター．
zìfú【字幅】名 掛け軸にした書．
zìfúchuàn【字符串】名〈電算〉文字列．
zìhao【字号】名 **1** 店名．屋号． **2** 商店．
zìhé【字盒】名(～儿)〈印〉活字の鋳型．
zìhuà【字画】名 書画．書．
zìhuì【字汇】名 語彙集．単語集．
zìjì【字迹】名 筆跡．
zìjié【字节】名〈電算〉バイト．
zìjù【字句】名 言葉のつかい方と構文．字句．
zìjù【字据】名(契約書などの) 証拠になる書面．
zìkù【字库】名〈電算〉フォントライブラリー．
zìkuàir【字块儿】名(子供に字を教えるのに用いる) 文字を書いた四角いカード．
zì lǐ háng jiān【字里行间】〈成〉文章の中．行間．
zìmǎr【字码儿】名〈口〉数字．
zìmí【字谜】名 文字当てのなぞなぞ．
zìmiàn【字面】名(～儿) 字句の表面上の意味．
zìmú【字模】名〈印〉活字(の) 母型．
zìmǔ【字母】名 **1** 表音文字(の一つの文字)． **2** 中国の音韻学で各"声母"(音節の初めにくる子音) を代表する漢字．
zìmù【字幕】名 字幕．
zìpán【字盘】名〈印〉活字ケース．
zìr【字儿】名〈方〉銅銭の表側．
zìshū【字书】名 漢字の形・音・義を解釈した書．
zìtǐ【字体】名 **1** 書体． **2** 書道の流派． **3**〈電算〉フォント． **4** 字の形．
zìtiáo【字条】名(～儿) メモ．
zìtiěr【字帖儿】名(簡単な) 通知や連絡の書状〔掲示〕．
zìtiè【字帖】名 習字の手本．法帖．
zìxíng【字形】名 字形．
zìyǎn【字眼】名(～儿) 文中の語〔句〕．言葉遣い．字句．
zìyàng【字样】名 **1** 規範・手本となる字形． **2** (短く書かれたりプリントされたりした) 字句，文字．
zìyì【字义】名 字義．
zìyīn【字音】名 文字の発音〔読み方〕．
zì zhēn jù zhuó【字斟句酌】〈成〉1字1句推敲(すいこう)を重ねる．
zìzhǐ【字纸】名(字が書いてある) 紙くず．反古(ほご)．

恣 **zì** H ほしいままにする．
zìqíng【恣情】副 **1** 思う存分． **2** 勝手に．
zìsì【恣肆】形〈書〉**1** わがままである．放縦である． **2** (文章や発言が) 豪放である．
zìsuī【恣睢】動〈書〉ほしいままに悪事

を働く.

zìyì【恣意】形〈書〉勝手である．気ままである．

眦(眥) **zì** 名 まなじり．¶外～／目じり．¶内～／目頭．

渍 **zì** 動 **1** 浸す．漬ける．漬かる．¶汗水～黄了内衣／下着が汗で黄ばんでしまった．**2** 油や泥がこびりつく．¶烟斗里～了很多烟油子／パイプにやにがいっぱい詰まった．
H ①たまり水．¶～水／水たまり．②こびりついた油·泥など．¶油～／油あか．¶茶～／茶しぶ．

胔 **zì** 名〈書〉腐った肉．

子 **zi** 接尾《名詞·動詞·形容詞の後につけて名詞を作る働きをする》
ⓐ名詞＋"子"．¶包～／中華マン．¶筷～／箸．¶帽～／帽子．¶嫂～／兄嫁．
ⓑ量詞＋"子"．¶本～／冊子．ノート．¶个gè～／背丈．
ⓒ形容詞＋"子"．①身体的形容：軽蔑の意味を含むことが多い．¶胖～／でぶ．¶秃～／はげ頭．②その他．¶乱～／災い．¶辣～／トウガラシ．¶尖～／エリート．
ⓓ動詞＋"子"．¶剪～／はさみ．¶钳～／ペンチ．¶骗～／詐欺師．
異読⇒zǐ

zong（ㄗㄨㄥ）

枞(樅) **zōng** 地名用字．
異読⇒cōng

宗 **zōng** 量 ひとまとまりの事物を数える．¶大～款项／大口の金．¶一～心事／ある心配事．
H ①祖先．¶→～庙．②一族の．¶同～／一族の者．③宗派．流派．セクト．¶正～／正流．④宗師．¶文～／文章の巨匠．⑤衆望が集まる．¶→～仰．⑥主旨．¶→～旨．‖姓

zōngcí【宗祠】名 祖廟．一族の者が祖先を祭る所．

zōngfǎ【宗法】**1** 名 一族のおきて；同族支配体系．**2** 動 手本とする．

zōngfǎ zhìdù【宗法制度】名（中国古代の）同族支配体系の制度．家父長制．

zōngjiàng【宗匠】名 巨匠．

zōngjiào【宗教】名 宗教．

zōngjiào gǎigé【宗教改革】名〈史〉宗教改革．

zōngmiào【宗庙】名（天子や諸侯の）一族の祖先の霊を祭る廟．

zōngpài【宗派】名 **1**（政治や学術·宗教などで）流派，セクト，分派．**2**〈書〉（"宗族"内の）分家，傍系．

zōngpài zhǔyì【宗派主义】名 セクト主義．

zōngpǔ【宗谱】名 家系図．家譜．

zōngshī【宗师】名（思想や学術の）師．

zōngshì【宗室】名 帝王の一族．

zōngtiāo【宗祧】名〈旧〉相続の系列．

zōngyǎng【宗仰】動〈書〉（多数の人が）仰ぎ敬う，尊敬する．

zōngzhǐ【宗旨】名 趣旨．主要な目的〔意図〕．

zōngzhǔguó【宗主国】名〈史〉宗主国．

zōngzhǔquán【宗主权】名〈史〉宗主権．

zōngzú【宗族】名 宗族．同一父系の親族および家族の集団，またはその一員．

综 **zōng** H まとめる．総合する．¶错～／錯綜する．¶～上所述／以上述べたことをまとめれば．‖姓
異読⇒zèng

zōngguān【综观】動 総合して観察する．一括して見る．

zōnghé【综合】**1** 動 総合する．まとめる．**2** 形 総合的な．

zōnghé dàxué【综合大学】名 総合大学．

zōnghé guīhuà【综合规划】名 総合計画．

zōnghé lìyòng【综合利用】名（資源の）総合利用．

zōnghé yīyuàn【综合医院】名 総合病院．

zōnghézhēng【综合征】名〈医〉症候群．

zōnghézhèng【综合症】名〈医〉症候群．

zōngjì【综计】名 総計．通算．

zōngkuò【综括】動〈書〉総括する．

zōnglǐ【综理】動〈書〉まとめて管理する．

zōngshù【综述】動〈書〉総括的に述べる．要約する．

zōngyì【综艺】名〈略〉バラエティ（番組）．

zōngzhǐ【综指】名〈経〉〈略〉総合指数．

棕(椶) **zōng** H シュロ(の木)；シュロの繊維．

zōngbēng【棕绷】名（～子）木の枠にシュロ縄を張って作ったベッド用の網．

zōnglú【棕榈】名〈植〉シュロ．

zōngmáo【棕毛】名 シュロの繊維．

zōngrǎng【棕壤】名 褐色の土壌．

zōngsè【棕色】名 茶褐色．とび色．

zōngshéng【棕绳】名 シュロ縄．

zōngshù【棕树】名〈植〉シュロ．

zōngxióng【棕熊】名〈動〉ヒグマ．

腙 **zōng** 名〈化〉ヒドラゾン．▶有機化合物の一種．

踪(蹤) **zōng** H 跡．足跡．痕跡．¶追～／追跡する．¶失～／失踪(しっそう)する．

zōngjì【踪迹】名 跡．痕跡．

zōngyǐng【踪影】名 跡形．形跡．

鬃 **zōng** 名 たてがみ．剛毛．¶猪～／豚の剛毛．¶～刷／豚の剛毛で作ったブラシ．

总(總) **zǒng** ❶副 1 いつも. どうしても. ¶这孩子～不听大人的话 / この子はいつも大人の言うことを聞かない. 2 結局. どのみち. ¶不要着急,问题～会解决的 / 心配するな,問題はどのみち解決するに決まっている. 3 (推測を表し)どうみても…だろう. ¶这个楼盖了～有三十多年了 / この建物はできてからおよそ30年はたっているだろう.
❷形 全部の. 全面的な. ¶～的情况 / 全般的な情勢.
❸動 まとめる. 集める. ¶把这笔账～到一块儿 / これらの勘定を一つにまとめる. ¶～起来说 / まとめて言えば. 要するに.
H ①総括的な. ¶→～纲. ¶→～则. ②主要な. 全般を指導する. ¶～公司 / 本社.

zǒngbàn【总办】名 総裁.
zǒngbiān【总编】名 編集長. 総編集長.
zǒngbiānjí【总编辑】名 編集長. 総編集長.
zǒngbù【总部】名 本部.
zǒngcái【总裁】名 1 総裁. 2〈旧〉(清代における)中央編纂機関の主管官員,中央科挙試験を主宰する大臣.
zǒngcānmóubù【总参谋部】名〈軍〉参謀本部. ▶"总参"とも.
zǒngcānmóuzhǎng【总参谋长】名〈軍〉参謀総長.
zǒngchǎnzhí【总产值】名〈経〉生産総額.
zǒngchēng【总称】1 動 総称する. 2 名 総称.
zǒngchéng【总成】名〈機〉組み立て(作業).
zǒngde【总的】形 ひとまとめにした.
zǒngděi【总得】副 どうしても…しなければならない.
zǒngdiàn【总店】名 本店.
zǒngdòngyuán【总动员】動 総動員する.
zǒngdū【总督】名 1〈史〉総督. 2 総督. 植民地に駐在する長官.
zǒngduì【总队】名〈軍〉"团"(連隊)または"师"(師団)に相当する組織.
zǒng'é【总额】名 総額. 総数.
zǒng ér yán zhī【总而言之】〈成〉概して言えば. つまり. 要するに.
zǒngfāngzhēn【总方针】名 全般的方針.
zǒngfēn【总分】名〈体〉総得点.
zǒngfúwùtái【总服务台】名(ホテルの)フロント.
zǒnggāi【总该】副 どうしても…すべきである. 必ず…のはずだ.
zǒnggāng【总纲】名(法規や規約などの)総則.
zǒnggōng【总攻】名〈軍〉総攻撃.
zǒnggōngchéngshī【总工程师】名 技師長;〈喩〉(国家計画などの)総設計師. ▶"总工"とも.
zǒnggōnghuì【总工会】名 総工会. 労働組合の全国組織.
zǒnggōngjǐ【总供给】名〈経〉総供給.
zǒnggòng【总共】副 全部で. 合計して.
zǒnggǔběn【总股本】名〈経〉資本金総額.
zǒngguǎn【总管】❶動 全面的に担当する.
❷名 1 総務. 2〈旧〉執事.
zǒngguī【总归】副 結局(のところ). どうしたって. ¶事实～是事实,谁也不能否认 / 事実はつまるところ事実で,だれも否定できない.
zǒnghào【总号】名 本店.
zǒnghé【总合】動 総合する.
zǒnghé【总和】名 総和. 総額.
zǒnghòufāng【总后方】名〈軍〉最高司令部の所在する後方.
zǒnghòuqínbù【总后勤部】名〈軍〉総兵站(たん)部. 総後勤部. ▶"总后"とも.
zǒnghuì【总汇】1 動(多くの河川が)合流する. 2 名(事物の)集まるところ,総体.
zǒnghuì【总会】名 総会;(団体などの)本部.
zǒngjī【总机】名 電話交換台.
zǒngjí【总集】名 多くの人の作品を集めた詩文集.
zǒngjì【总计】動 総計する.
zǒngjiǎo【总角】名〈書〉《昔の子供の髪の結い方》揚巻(あげまき). 角髪(みずら);〈転〉幼時.
zǒngjiàoliàn【总教练】名〈体〉(チームの)監督.
zǒngjié【总结】1 動(経験や仕事などを)総括する,まとめる. 2 名 総括.
zǒngjīnglǐ【总经理】名 1 社長. 総支配人. 2 総代理人.
zǒngkuò【总括】動 総括する.
zǒnglǎn【总览】動 総覧する.
zǒnglǎn【总揽】動 一手に握る.
zǒnglǐ【总理】❶名 1 (中国の)国務院総理. 2 内閣総理大臣. 3 党首. 4〈旧〉組織や企業の責任者.
❷動〈書〉統轄(とうかつ)する.
zǒnglǐngduì【总领队】名〈体〉(オリンピックなど大規模な大会の参加代表団の)代表団長.
zǒnglǐngshì【总领事】名 総領事.
zǒnglùxiàn【总路线】名〈政〉総路線.
zǒnglùn【总论】名 総論.
zǒngmù【总目】名 総目次. 総目録.
zǒngpíng【总评】名 総評.
zǒngpíngmiàntú【总平面图】名 総見取り図.
zǒngpǔ【总谱】名(～儿)〈音〉総譜. スコア.
zǒng qí chéng【总其成】総括する. ▶"总其大成"とも.
zǒngqíyú【总鳍鱼】名〈魚〉総鰭(き)類.
zǒngshì【总是】副 いつも. いつまでも(…である). ¶这几天～下雨 / このところずっと雨である.

zǒngshūjì【总书记】名〈政〉総書記．書記長．
zǒngshù【总数】名 総数．総額．
zǒngsīlìng【总司令】名〈軍〉総司令官．
zǒngsuàn【总算】副 1 やっとのことで．2 まあ何とか，だいたいにおいて（…といえる）．
zǒngtǐ【总体】名 総体．全体．
zǒngtǒng【总统】名 1 大統領．2（台湾の）総統．
zǒngwēijī【总危机】名〈経〉全般的な危機．
zǒngwù【总务】名 1 総務．2 総務の責任者．
zǒngxiàn【总线】名〈電算〉バス．
zǒngxīngxì【总星系】名〈天〉全宇宙．
zǒngxūqiú【总需求】名〈経〉総需要．
zǒng xuánfú kēlìwù【总悬浮颗粒物】名〈環境〉浮遊微粒子．
zǒngyào【总要】副 どうしても…しなければならない．
zǒngzé【总则】名 総則．
zǒngzhámén【总闸门】名〈石油〉マスターバルブ．
zǒngzhǎng【总长】名 1〈史〉（北洋軍閥期の中央政府各部の）最高長官，総長．2〈略〉〈軍〉参謀総長．
zǒngzhàng【总账】名 1（総勘定）元帳．2 総決算．
zǒngzhèngzhìbù【总政治部】名〈軍〉総政治部．▶"总政"とも．
zǒngzhī【总之】接続 1 要するに．2 とにかく．どのみち．
zǒngzhí【总值】名〈経〉総価値．
zǒngzhǐhuī【总指挥】名〈軍〉総司令官．
zǒngzhuāng【总装】動 部品を組み立てて完成品にする．

偬（傯） **zǒng** →kǒngzǒng【倥偬】

纵（縱） **zòng** ❶形 1（↔横）縦の〔に〕．¶→～贯．2〈方〉しわがよっている．¶这张画～了／この絵はしわになった．
❷接続〈書〉たとえ…でも．¶～有千难万险也要去／たとえ幾多の困難や危険があっても行く．
❸動 飛び上がる．¶他向前一～，就把球接住了／彼は身を躍らせると，ボールをしっかりキャッチした．
H ①放任する．¶放～／勝手きままである．¶→～情．②釈放する．¶三擒三～／三たび捕らえ三たび放つ．‖姓

zòngbō【纵波】名〈物〉縦波．
zòngbù【纵步】動 大股で進む；前へ飛び出す．
zòngduì【纵队】名 1（隊形の）縦隊．2〈軍〉軍隊の組織単位の一．
zònggé【纵隔】名〈生理〉縦隔（じゅう）．
zòngguān【纵观】動（情勢などを）見渡す．¶～时势／時勢を見る．
zòngguàn【纵贯】動 縦に貫く．南北に貫く．
zònghéng【纵横】1 名 縦横．¶～交错／縦横に入り組んでいる．2 形 自由奔放である．3 動 縦横無尽に進む．
zòng héng bǎi hé【纵横捭阖】〈成〉合従（がっしょう）連衡を画策する．
zòng héng chí chěng【纵横驰骋】〈成〉縦横無尽に駆け回る．
zònghéngjiā【纵横家】名（中国戦国時代の）縦横家（じゅうおうか）．
zòng hǔ guī shān【纵虎归山】〈成〉悪人を放して禍根を残す．
zòng//huǒ【纵火】動〈書〉放火する．
zònghuò【纵或】接続 たとえ…でも．かりに…としても．
zòngjīnzì【纵金字】名 ちぢみになっている金箔や金色の紙を切り抜いて作った装飾用の文字．
zòngjiǔ【纵酒】動 酒におぼれる．
zònglǎn【纵览】動〈書〉縦覧する．自由に見る．
zònglìng【纵令】〈書〉1 接続 たとえ…でも．よしんば…としても．2 動 放任して（悪いことを）させる．
zònglùn【纵论】動 放談する．
zòngmù【纵目】動〈書〉眺望する．
zòngpōumiàn【纵剖面】名 縦断面．
zòngqíng【纵情】副 思う存分．心ゆくまで．
zòngrán【纵然】接続〈書〉たとえ…でも．
zòngrèn【纵任】→zòngróng【纵容】
zòngróng【纵容】動（悪事を）なすがままにさせておく，ほうっておく．
zòngshēn【纵身】動（～儿）身を躍らせる．
zòngshēn【纵深】名（作戦地域の）縦の方向の深さ．
zòngshǐ【纵使】接続〈書〉たとえ．よしんば…とも〔でも〕．
zòngshìtú【纵视图】名 縦断面図．
zòngtán【纵谈】動〈書〉思いのままに語る．
zòngxiàng【纵向】形 1 縦向きの．2 南北方向の．
zòngyù【纵欲】動〈書〉肉欲をほしいままにする．
zòngzuòbiāo【纵座标】名〈数〉縦座標．

疭（瘲） **zòng** →chìzòng【瘛疭】

粽（糉） **zòng** ❍
zòngzi【粽子】名 ちまき．

zou（ㄗㄡ）

邹（鄒） **zōu** ‖姓

驺（騶） **zōu** 名（古代の貴族の）馬飼い．‖姓
zōucóng【驺从】名〈書〉古代の貴族の乗馬侍従．

诹 **zōu** H 相談する．¶～吉／相談して，よい日取りを決める．

陬 zōu 田 ①隅．②(山の)ふもと．

缴 zōu 名〈書〉青みがかった赤色．

鄹(郰) zōu 名〈史〉1 鄹(ﾁｭｳ)．▶春秋時代の鲁国の地名．孔子の故郷．2 鄒(ｽｳ)．

鲰 zōu 田 ①小さな魚．②小さいさま．

zōushēng【鲰生】名〈書〉1 小人．つまらない人間．2〈謙〉小生．私．

走 zǒu 動 1 (人が)歩く．前に進む．¶这孩子还不会～/この子はまだ歩けない．¶～着去/歩いて行く．¶一直往前～/まっすぐに行く．2 (乗り物やその他の位置を変え得るものが)動く．動かす．¶火车越～越快/汽車は(走るほどに)ますます速くなった．¶这条路可以～车/この道は車の走行が可能である．¶钟不～了/時計が止まった．3 (親戚・友人の間で)行き来する．¶我们两家～得比较多/私たち両家はわりとひんぱんに付き合っている．4 通過する．¶咱们～那个门进去吧/あのドアから入りましょう．¶这列火车～济南到上海/この列車は済南を経由して上海へ行く．5 離れる．去る．¶快～吧/さあ,早く行こう．¶～开！/どきなさい．¶他刚～/彼は出かけたばかりだ．

> 「動詞＋"走"」で
> 「行ってしまう．離れていく」ことを表す．¶邻居搬～了/隣は引っ越した．¶他去年调diào～了/彼は去年転勤した．¶那本书让人借～了/その本は借り出されている．

6 (味・香り・色・形・調子などが)本来の状態を失う．¶→～味儿．¶→～调diào．7 漏れる．¶～了风声/秘密が漏れた．¶这个消息～得很快/この知らせはすぐに漏れた．¶～气/(空気やガスなどが)抜ける．
田 走る．¶奔～/駆け回る．‖ 姓

zǒu//bǎn【走板】動(～儿)(芝居の歌の)調子がはずれる；(話が)脱線する．

zǒu bèizìr【走背字儿】〈慣〉星回りが悪い．運が悪い．

zǒubǐ【走笔】動〈書〉速く書く．

zǒubì【走避】動 逃避する．

zǒu//biān【走边】動(京劇などで)夜間に人目を避け道を急ぐしぐさをする．

zǒubiāo【走镖】動〈旧〉(用心棒が)荷物を護送する．

zǒubù【走步】名〈体〉(バスケットボールで)キャリング．

zǒubukāi【走不开】動+可補 1 (道路が狭くて)通れない．2 手が離せない．

zǒudāoliàng【走刀量】名〈機〉(切削機械に対する)材料補給量．

zǒudào【走道】名 大通りの歩道．屋内の通路．

zǒu//dàor【走道儿】動〈口〉(人が)歩く,道を歩く．

zǒudekāi【走得开】動+可補 1 (道路が広くて)通れる．2 (仕事などから)手が離せる．

zǒudī【走低】動(価格・相場などが)下がる,下落する．

zǒu//diàn【走电】動〈方〉漏電する．

zǒu//diào【走调】動(～儿)(歌の)調子がはずれる．

zǒudòng【走动】動 1 歩く；動く．2〈口〉交際する．

zǒudú【走读】動(自宅から)通学する．

zǒudúshēng【走读生】名 自宅通学生．

zǒufǎng【走访】動 1 訪問する．2 (記者が)取材に行く．

zǒu//fēng【走风】動 秘密が漏れる．

zǒu gāngsī【走钢丝】〈慣〉綱渡りをする；〈喩〉危険なことをする．

zǒugāo【走高】動(価格・相場などが)上がる,上昇する．

zǒugǒu【走狗】名(悪人の)手先．

zǒu guānjié【走关节】〈慣〉賄賂を使って役人を買収する．

zǒu guòchǎng【走过场】〈慣〉お茶を濁す．おざなりにする．

zǒuhǎo【走好】動 1〈套〉(別れのあいさつとして)お気をつけて．2 良い方向に向かう．

zǒuhé【走合】動(新車の)慣らし運転をする；(新しい機械類を)動かして慣らす．

zǒu hēidào【走黑道】〈慣〉(～儿)窃盗や強盗などの悪事をする．

zǒu//hóng【走红】動 1 好運に恵まれる．▶"走红运"とも．2 人気が出る．

zǒu hòumén【走后门】〈慣〉(～儿)裏取引する．裏で工作する．

zǒu//huà【走话】動〈方〉秘密を漏らす．

zǒu huángmén【走黄门】〈慣〉金銭の賄賂を贈り裏工作する．

zǒu huítóulù【走回头路】〈慣〉これまでのやり方を復活させる．

zǒu//huǒ【走火】(～儿) 1 動 1 (銃が)暴発する．2 漏電によって火がつく．3〈喩〉言葉が過ぎる．4 火事になる．2 名〈体〉(射撃の)誤発．

zǒu jiānghú【走江湖】〈慣〉〈旧〉大道芸や医術・占いなどで生計を立て,全国各地を歩き回る．

zǒu jiéjìng【走捷径】〈慣〉手っ取り早い方法を取る．

zǒuláng【走廊】名 1 長い廊下．回廊．2 (二つの地域を結ぶ)細長い地帯．

zǒu lǎolù【走老路】〈慣〉今までと同じ方法で行う．

zǒulòu【走漏】動 1 (秘密などを)漏らす．2 (税金などを)ごまかす．3 (物を)ごまかされる,盗まれる．

zǒulòu【走露】動(秘密などを)漏らす．

zǒu//lù【走路】動 1 (人が)歩く．2 離れる．

zǒu//mǎ【走马】動 馬に乗る．

zǒumǎdēng【走马灯】名 走馬灯．

zǒumǎgān【走马疳】名〈医〉水癌(ﾐﾊﾞ). 壊疽(ｴｿ)性口内炎.

zǒu mǎ guān huā【走马观花】〈成〉大ざっぱに物事の表面だけを見る. ▶"走马看花"とも.

zǒu mǎ huàn jiàng【走马换将】〈成〉指導者を入れ替える;(広く)スタッフを入れ替える.

zǒu mǎ shàng rèn【走马上任】〈成〉急いで赴任する.

zǒu màichéng【走麦城】〈慣〉不運であわれな末路をたどる.

zǒu ménlu【走门路】〈慣〉(何かの目的で)知人に頼み込んだり賄賂を使ったりする. ▶"走门子、走门道"とも.

zǒu nán chuǎng běi【走南闯北】〈成〉(ある目的で)各地を遍歴する.

zǒu nǎozi【走脑子】〈慣〉思いをめぐらす. 頭を働かせる.

zǒu nèixiàn【走内线】〈慣〉(ある目的で)相手の縁故者を手づるに頼み事をする.

zǒu niángjia【走娘家】里帰りする.

zǒuqiáng【走强】動〈経〉株価の趨勢が強みを見せる.

zǒuqiào【走俏】動(商品が)よく売れる.

zǒu qīnqi【走亲戚】1〈慣〉親戚付き合いをする. 2 親戚回りをする.

zǒuqín【走禽】名〈動〉走禽(ｿｳｷﾝ)類.

zǒurè【走热】動 人気が出る. 注目を浴びるようになる.

zǒurén【走人】動 1〈方〉立ち去る. 出て行く. 2 解雇される.

zǒuruǎn【走软】動 1(価格などが)下落する. 2 低迷する.

zǒuruò【走弱】動 1(価格などが)下落傾向にある. 2 低迷ぎみである.

zǒu//shǎi【走色】動(～儿)色があせる. 色が落ちる.

zǒushàn【走扇】動 立て付けが悪くなる.

zǒu//shāng【走墒】動 土壌が水分を失ってしまう.

zǒu//shénr【走神儿】動 気が散る. ぼんやりする.

zǒu//shéng【走绳】動 綱渡りをする.

zǒushī【走失】動 1(人や家畜が)はぐれる. 2(もとの形や状態を)失う.

zǒushí【走时】動 1(時計の針が動いて)時刻を示す. 2〈方〉運がつく.

zǒu shíqi【走时气】運がつく.

zǒushì【走势】名 1 趨勢. 勢い. 2〈地質〉走向. 3〈経〉一定期間の株価上昇下落の趨勢. 基調.

zǒushòu【走兽】名 獣.

zǒu//shuǐ【走水】❶動 1 水漏れする. 2 失火する. ▶"着zháo火"の忌み言葉. ❷名 水の流れ具合.

zǒushui【走水】名〈方〉幕・とばり・のれんなどの上部にある装飾用の短い垂れ.

zǒu//sī【走私】動 密輸をする. ¶爱情～ /〈俗〉不倫する.

zǒu//suǒ【走索】動 綱渡りをする.

zǒu//tái【走台】動 1 ステージリハーサルをする. 2(ファッションモデルが)ステージを歩く.

zǒu//tí【走题】動(詩文や話の内容が)主題からそれる.

zǒu tóu wú lù【走投无路】〈成〉窮地に陥る.

zǒu wānlù【走弯路】〈慣〉回り道をする;むだ骨を折る.

zǒu//wèir【走味儿】動(もとの)味や香りがなくなる.

zǒuxiǎn【走险】動〈書〉危険を冒す.

zǒuxiàng【走向】❶名 1〈地質〉走向. 2(鉱脈・山脈や社会変化の)伸びていく方向. ❷動 …に向かう. …に向かって進む.

zǒu xiédào【走斜道】〈慣〉(～儿)道にはずれたことをする;(特に)放蕩(ﾎｳ ﾄｳ)する.

zǒu//xīn【走心】動〈方〉1 思いをめぐらす. 頭を働せる. 2 思い過ごす.

zǒu//xíng【走形】動(～儿)形が崩れる.

zǒu xíngshì【走形式】〈慣〉表面だけを取り繕う. お茶を濁す.

zǒuxué【走穴】動(芸能人が自分の所属以外のところに)アルバイトで出演する.

zǒu//yǎn【走眼】動 見誤る. 見そこなう.

zǒu//yàng【走样】動(～儿)もとの形を失う. 型が崩れる.

zǒu yībù【走一步】〈慣〉(若い未亡人が)再婚する.

zǒu//yùn【走运】動〈口〉運がつく.

zǒu//zhàng【走账】動 勘定を帳簿上に記入する.

zǒuzhe qiáo【走着瞧】〈慣〉成り行きを見守る;今にみていろ.

zǒuzhīr【走之儿】名(漢字の部首)しんにゅう"辶".

zǒuzīpài【走资派】名(中国共産党内の)資本主義の道を歩む実権派. ▶文革用語.

zǒu//zìr【走字儿】動〈口〉運がつく.

zǒuzú【走卒】名〈書〉〈貶〉手先.

zǒu//zuǐ【走嘴】動 口を滑らせる.

奏

zòu 動 1 演奏する. ¶～国歌 / 国歌を演奏する. 2(効果を)あげる;(功を)奏する. ¶大～奇功 / すばらしい手柄を立てる. 3 上奏する. ¶～上一本 / 上奏書を提出する. ‖姓

zòuběn【奏本】動(皇帝に)上奏書をたてまつる.

zòujié【奏捷】動〈書〉勝利を収める.

zòukǎi【奏凯】動〈書〉勝利を収める.

zòumíngqǔ【奏鸣曲】名〈音〉ソナタ.

zòushū【奏疏】名〈書〉上奏文.

zòu//xiào【奏效】動 効を奏する. 効き目が現れる.

zòu//yuè【奏乐】動 演奏する.

zòuzhāng【奏章】名〈書〉上奏文.

zòuzhé【奏折】名〈書〉(折り本にしためた)上奏文.

揍 **zòu** 動 **1** 〈口〉(人を)殴る. ¶～了他一顿 / 彼をこっぴどく殴った. **2** 〈方〉割って壊す.

zu (ㄗㄨ)

租 **zū** 動 (有料で)借りる；(有料で)貸す. ¶汽车已经～好了 / 車はすでに借りてある. ¶那房子～给谁了？/ あの家はだれに貸したのか. ¶太贵,～不起 / 高くて借りられない.
H ①賃貸料. ¶收～ / 賃貸料を取る. ②地租. ¶→～税. ‖姓

zū//chuán【租船】動 船をチャーターする.
zūdiàn【租佃】動 田畑を小作に出す.
zūhù【租户】名 **1** 借家人. **2** (物の)賃借人.
zūjià【租价】名 貸し賃. 借り賃；(特に)家賃.
zūjiè【租界】名〈史〉租界.
zūjiè【租借】動 賃貸しをする. 賃借りをする.
zūjièdì【租借地】名 租借地.
zūjīn【租金】名 貸し賃. 借り賃.
zūlìn【租赁】動 **1** 賃借りする. **2** リースする. 賃貸しする.
zūmǐ【租米】名〈旧〉年貢米.
zūqī【租期】名 賃貸期間.
zūqian【租钱】名〈口〉レンタル料金.
zūràng【租让】動 (有料で)譲渡する.
zūshūtān【租书摊】名 (露店の)貸本屋.
zūshuì【租税】名 租税.
zūyòng【租用】動 賃借りをする.
zūyuē【租约】名 賃貸借契約.
zūzi【租子】名〈口〉借り賃；(特に)小作料.

菹 (葅) **zū** 〈書〉 **1** 名 水草が多い沼地. **2** → suāncài【酸菜】 **3** 動〈料理〉(野菜や肉を)細かく切る,千切りにする.

足 **zú** **1** 形 十分である. ¶证据不～,不能下结论 / 証拠が足りないので,結論を下すことができない. ¶大家的干劲gànjìn很～ / みんなの意気込みは十分である. **2** 副 十分に. ゆうに. ¶这个仙人掌～有一个人高 / このサボテンはゆうに大人一人の高さがある.
H ①(人や動物の)足；(器物の)脚. ¶→～迹jì. ¶鼎～ / 鼎(ｶﾅｴ)の脚. ②…するに足る. …に値する. ¶毫不～怪 / 少しも不思議ではない. ‖姓

zúběn【足本】名 (書籍の)完本.
zúcǎi【足彩】名〈略〉サッカーくじ.
zú chī zú hē【足吃足喝】〈成〉 **1** 食べ物や飲み物が十分にある. **2** 大いに飲み,大いに食べる.
zúchì【足赤】名 純金.
zúgòu【足够】 **1** 形 十分である. 足りている. **2** 動 …するのに足りる.
zújì【足迹】名 足跡.
zújiàn【足见】動 …から見てわかる. 明らかである.
zújīn【足金】名 純金.
zúkě【足可】副 十分…できる.
zúqiú【足球】名〈体〉 **1** フットボール；(特に)サッカー. ¶～流氓 / フーリガン. ¶踢～ / サッカーをする. **2** サッカー用のボール.
zúsè【足色】形 金銀の純度が100%である. ¶～金币 / 純金の金貨.
zúshi【足实】形〈口〉十分である.
zúshù【足数】形 数が十分である. 数どおりである.
zúsuì【足岁】名 満年齢.
zúxià【足下】名〈書〉〈敬〉足下. 貴殿. ▶友人への書簡に用いる.
zúyǐ【足以】動 (…するに)足る. (…に)十分である.
zúyín【足银】名 純銀.
zúyuè【足月】動 臨月になる.
zú zhì duō móu【足智多谋】〈成〉知謀にたけている.
zúzú【足足】形 (一定の数量·時間·程度に)十分に〔な〕. ¶～坐了两天火车 / まる二日汽車に乗っていた.

卒 **zú** **1** 動〈書〉死ぬ. ¶～于一九九七年二月十四日 / 1997年2月14日に亡くなった. **2** 副〈書〉ついに. 最後に. ¶～底于成 / ついに成功した. **3** 名 (～子)兵卒；中国将棋のこまの一.
H ①下っぱの使用人. ¶走～ / 使い走りの者. ②終える. ¶→～岁.
異読⇒cù

zúsuì【卒岁】動〈書〉1年を過ごす.
zúyè【卒业】動〈書〉卒業する.
zúzi【卒子】名 中国将棋の駒の一.

崒 (崪) **zú** 形〈書〉(山が)険しい.

族 **zú** 名 **1** 家族. 一族. ¶这一～人很多 / この一族は人数が多い. **2** 民族. 種族. ¶他是哪一～人？/ 彼は何民族の人ですか. **3** (古代の刑罰)犯人の一族郎党皆殺しの刑.
H ①血のつながりのある集団. ¶家～ / 家族. ¶宗～ / 宗族. ②共通の性質をもつ仲間；族. ¶水～ / 水生動物. ¶语～ / 語族.

zúlèi【族类】名 同類. 同族.
zúpǔ【族谱】名 一族の系譜.
zúquán【族权】名 族長の権力. 家父長の権力.
zúqún【族群】名 エスニック.
zúrén【族人】名 一族の人.
zúzhǎng【族长】名 族長. 家長.

镞 **zú** H 矢じり. ¶箭～ / 矢じり.

诅 **zǔ** H のろう.

zǔzhòu【诅咒】動 のろう；ののしる.

阻 **zǔ** H はばむ. 遮る. ¶劝～ / やめるようになだめる. ¶通行无～ / 自由に通行できる.

zǔ'ài【阻碍】 **1** 動 妨げる. 阻む. **2** 名 阻害. 障害(物).
zǔdǎng【阻挡】動 阻止する. 妨げる.

zǔduàn【阻断】動 遮断する.
zǔ'è【阻遏】動〈書〉阻止する.
zǔgé【阻隔】動(山河などによって)隔てられる.
zǔgěng【阻梗】動〈書〉ふさがる.
zǔhuàjì【阻化剂】名〈化〉負触媒.
zǔjī【阻击】動〈軍〉(敵の増援や進撃・退却を)阻止する.
zǔjié【阻截】動 阻止する.
zǔjué【阻绝】動 障害があり通じない.
zǔkàng【阻抗】名〈電〉インピーダンス.
zǔlán【阻拦】動 阻止する. 遮る.
zǔlì【阻力】名 **1**〈物〉抵抗. **2** 抵抗力. 障害(物).
zǔlìbì【阻力臂】名〈物〉(てこの)作用点と支点の間の距離.
zǔlìdiǎn【阻力点】名〈物〉(てこの)作用点.
zǔnàn【阻难】動〈書〉難癖をつけて妨害する.
zǔnáo【阻挠】動 妨害する.
zǔní【阻尼】動〈物〉減衰する.
zǔsè【阻塞】動 **1**(通路が)ふさがる. **2**(通路を)ふさぐ.
zǔyǔ【阻雨】動〈書〉雨に阻まれる.
zǔyuán【阻援】動 敵軍の増援を食い止める.
zǔzhí【阻值】名〈電〉抵抗値.
zǔzhǐ【阻止】動 阻止する. 制止する.

组 **zǔ** **1** 名 グループ. チーム. 班. ¶小～ / 班. ¶选举工作～ / 選挙活動チーム. **2** 量 組になったものを数える. ¶两～电池 / 電池ふた組. ¶三～学生 / 生徒3グループ. H ①組になった. ¶→～曲qǔ. ②組織する. ¶→～织. ¶改～ / 改組〔改造〕する.
zǔ'àn【组胺】名〈化〉ヒスタミン.
zǔbàn【组办】動 組織し実行する.
zǔchéng【组成】動 構成する. 結成する.
zǔchéng bùfen【组成部分】名 構成要素.
zǔcuò【组锉】名〈機〉組みやすり.
zǔ//duì【组队】動 チームを組織する.
zǔfèn【组分】名(混合物の)成分,構成要素.
zǔ//gǎo【组稿】動(編集者が作家に)執筆を依頼する.
zǔgē【组歌】名 組になっている歌.
zǔ//gé【组阁】動 **1** 組閣する. **2**(広く)指導グループを組織する.
zǔhé【组合】❶動 組み合わせる. ❷名 **1**(組織された集団の)組合. **2**〈数〉コンビネーション.
zǔhé jiājù【组合家具】名 ユニット家具.
zǔhé yīnxiǎng【组合音响】名 オーディオコンポ.
zǔhuà【组画】名(一つのテーマを描いた)ひと組の絵画.
zǔjiàn【组件】名〈電〉モジュール. 回路部品.
zǔjiàn【组建】動 組織する.
zǔqǔ【组曲】名〈音〉組曲.
zǔshī【组诗】名 同じ主題の詩をいくつか組み合わせ,ひと組の作品とする詩形.
zǔtài【组态】名〈物〉配置.(原子の)空間配列.
zǔtuán【组团】動 団体を組織する;(特に)劇団や代表団を編成する.
zǔzhǎng【组长】名(ある仕事のために設けられた)小組織の長,グループ長.
zǔzhī【组织】❶動 組織する. 構成する. ❷名 **1** 組み立て. 構成. **2**(紡績品の)織り方. **3**〈生理〉(生物体の)組織. **4**(集団としての)組織.
zǔzhī'àn【组织胺】名〈化〉ヒスタミン.
zǔzhī guānxi【组织关系】名 **1** 組織の成員とその組織に対する所属関係. **2** 組織相互の関係.
zǔzhī liáofǎ【组织疗法】名〈医〉組織療法.
zǔzhīshang【组织上】名(個人の所属する)組織(の側).
zǔzhī shēnghuó【组织生活】名(党派や団体の成員の)組織活動.
zǔzhī wèntí【组织问题】名 組織の問題.
zǔzhīxué【组织学】名〈生理〉組織学.
zǔzhīyè【组织液】名 **1**〈生理〉組織液. **2**〈薬〉組織療法用の注射液.
zǔzhuāng【组装】動 組み立てる.

俎 **zǔ** 名 **1** 俎(そ). 古代の祭祀で,供物を載せる台. **2**〈古〉まな板. ¶刀～ / 包丁とまな板. ‖姓
zǔshàngròu【俎上肉】名〈書〉〈喩〉まな板の上の鯉.

祖 **zǔ** H ①祖父;祖父と同世代の親属. ¶→～父. ¶→～辈. ②祖父の世代以前の人. 祖先. ¶曾～ / 曾祖父. ¶高～ / 曾祖父の父. ③創始者. 元祖. ¶鼻～ / 始祖. ¶→～师. ‖姓
zǔbèi【祖辈】名 祖先.
zǔběn【祖本】名 初印本.
zǔchǎn【祖产】名 祖先から受け継いだ財産.
zǔchuán【祖传】形 代々伝わる. 家伝の.
zǔfǎ【祖法】名 代々伝わってきた家法.
zǔfén【祖坟】名 先祖代々の墓.
zǔfù【祖父】名 父の父. 祖父.
zǔguó【祖国】名 祖国.
zǔjí【祖籍】名 原籍(地).
zǔjū【祖居】**1** 名 代々住んできた所〔家〕. **2** 動 何代も住む.
zǔmiào【祖庙】名 祖先を祭る廟.
zǔmǔ【祖母】名 父の母. 祖母.
zǔshàng【祖上】名 祖先.
zǔshī【祖师】名 **1** 学術や技術で一派を創立した人. **2** 仏教や道教の一宗一派の開祖. **3** 信仰団体の創立者. **4**〈旧〉商工業者がその業種の創始者に対して用いる尊称. "祖师爷"とも.
zǔshù【祖述】動〈書〉先人の学説・行為を尊びあがめる〔ならう〕.

zǔsūn【祖孙】名 祖父・祖母と孫.
zǔxiān【祖先】名(民族・家族・生物の)祖先,先祖.
zǔxùn【祖训】名 家訓.
zǔyè【祖业】名 **1** 祖先から受け継いだ不動産. **2** 祖先が始めた事業.
zǔyíng【祖茔】名〈書〉先祖代々の墓地.
zǔzōng【祖宗】名(一族の)祖先.
zǔzǔbèibèi【祖祖辈辈】名 先祖代々.

zuan(ㄗㄨㄢ)

钻(鑽) zuān 動 **1**(きりなどで)穴をあける. ¶～个眼儿/穴を一つあける. **2** 通り抜ける.潜り込む. ¶～山洞/トンネルを通り抜ける. ¶太阳从云雾里～了出来/太陽が雲の中から顔を出した. **3** 研鑽(けんさん)する. ¶她整天～在外语里/彼女は朝から晩まで外国語に没頭している. 異読⇨zuàn
zuān gǒudòng【钻狗洞】〈慣〉〈貶〉(裏切りなど)人間として恥ずべき行為をする.
zuānjìn【钻劲】名(～儿)探求心.
zuān//jǐng【钻井】動(油井を)掘削する. ¶～船/(海底油田の)掘削船. ¶～平台/オイルリグ.
zuān kòngzi【钻空子】〈慣〉すきにつけ込む.
zuān ménzi【钻门子】〈慣〉有力筋に取り入る.
zuānmóu【钻谋】動 勢力筋に取り入り,私利をはかる.
zuān niújiǎojiān【钻牛角尖】〈慣〉(～儿)つまらない問題に頭を悩ます.
zuān qiányǎn【钻钱眼】〈慣〉金に執着する.
zuāntàn【钻探】動(鉱脈や地質の探査で)ボーリングをする.
zuāntànjī【钻探机】名〈石油〉ボーリングマシン. ▶"钻机"とも.
zuāntiānliǔ【钻天柳】名〈植〉ケショウヤナギ.
zuāntiānyáng【钻天杨】名〈植〉セイヨウハコヤナギ.
zuānxīn【钻心】動 **1**(痛みやかゆみなどが)きりで刺すように強く感じる. **2** 内部に潜入する.
zuānxīnchóng【钻心虫】名〈虫〉シンクイムシ.
zuānyán【钻研】動 研鑽する. ¶刻苦～/苦心して研鑽を積む.
zuānyíng【钻营】動 勢力筋に取り入り,私利をはかる.

躜 zuān 動 上方〔前方〕へ飛び出す.

纂 zuǎn 名(～儿)〈方〉(女性の髪の)まげ. **H** 編纂(さん)する. ¶编～/編纂する.

钻(鑽) zuàn 名 **1** きり.ドリル. ¶电～/電気ドリル. **2** ダイヤモンド. ¶十七～的手表/17石の腕時計. 異読⇨zuān
zuànchuáng【钻床】名〈機〉ボール盤.
zuàngǎn【钻杆】名(石油生産用)ドリルパイプ.
zuànjī【钻机】名〈石油〉ボーリングマシン.
zuànjiè【钻戒】名 ダイヤモンドの指輪.
zuàn//jǐng【钻井】動(油井を)掘削する.
zuànjù【钻具】名〈石油〉掘削器具.
zuànshí【钻石】名 **1** カット〔研磨〕を行ったダイヤモンド. **2** 精密機器の軸受けに用いる宝石.
zuàntǎ【钻塔】名〈鉱〉掘削やぐら.
zuàntái【钻台】名〈機〉掘削機を取り付ける台座.
zuàntóu【钻头】名〈機〉ドリル用の刃.

赚 zuàn 動〈方〉(人を)だます. 異読⇨zhuàn

攥 zuàn 動〈口〉握る. ¶拳头～得很紧/こぶしをぎゅっと握りしめている. ¶一把～住他的胳膊/ぐいと彼の腕をつかむ.

zui(ㄗㄨㄟ)

觜 zuǐ〖嘴zuǐ〗に同じ. 異読⇨zī

嘴 zuǐ 名 **1**(人間・動物の)口. [张]¶把～张开/口を開けなさい. ¶闭～/口を閉じる. ¶小鸡的～/ヒヨコのくちばし. **2**(～儿)形状・機能が口に似ているもの. ¶瓶～儿/びんの口. ¶烟～儿/たばこの吸い口.
H しゃべること.口のきき方. ¶→～快.
zuǐbǎshi【嘴把式】名〈方〉口先だけの人. ▶"嘴把势"とも.
zuǐba【嘴巴】名〈口〉**1**(～子)ほお. **2** 口.
zuǐ//bèn【嘴笨】形 口下手である.
zuǐbiān【嘴边】名(～儿)口先.口もと.
zuǐ bù wěn【嘴不稳】口が軽い.
zuǐ bù yán【嘴不严】口が軽い.
zuǐ//chán【嘴馋】形 **1** 食い意地が張っている. **2** 舌が肥えている.
zuǐ//chòu【嘴臭】形 口が臭い;〈転〉口汚い.
zuǐchún【嘴唇】名 唇.[片]
zuǐdiāo【嘴刁】形〈方〉**1**(食べ物の)好き嫌いがひどい. **2**〈貶〉口が達者である.
zuǐ//guāi【嘴乖】形(多く子供について)言うことが利口である,口がうまい.
zuǐ//jiān【嘴尖】形 **1** 口が悪い. **2** 味覚が鋭い. **3** 好き嫌いが激しい.
zuǐjiǎo【嘴角】名 口もと.
zuǐ//jǐn【嘴紧】形 口が堅い.
zuǐ//kuài【嘴快】形 **1** 早口である. **2** 口が軽い.
zuǐliǎn【嘴脸】名〈貶〉面構え.顔つき.
zuǐpízi【嘴皮子】名〈口〉唇;〈転〉

〈貶〉減らずロ.

zuǐpín【嘴贫·嘴频】形 冗談好きである.

zuǐ//qiǎo【嘴巧】形 口達者である.

zuǐ//qín【嘴勤】形 口数が多い.

zuǐruǎn【嘴软】形 堂々とものが言えない.

zuǐ shàng wú máo【嘴上无毛】〈成〉("办事不牢"と続き)経験が浅い. 青二才.

zuǐ//sōng【嘴松】形 口が軽い.

zuǐ//suì【嘴碎】形 話がくどい. ▶"嘴皮(子)碎"とも.

zuǐ//sǔn【嘴损】形〈方〉口が悪い.

zuǐ//tián【嘴甜】形 口がうまい.

zuǐtóur【嘴头儿】名〈方〉口. 口先. ▶"嘴头子"とも.

zuǐ//wěn【嘴稳】形 口が堅い.

zuǐ//yán【嘴严】形 口が堅い.

zuǐ//yìng【嘴硬】形 口が減らない.

zuǐ//zāng【嘴脏】形 言葉遣いが汚い.

zuǐ//zhí【嘴直】形(話が)率直である.

zuǐzi【嘴子】名 **1**〈方〉(形や機能が)口に似たもの. **2**〈音〉(管楽器の)マウスピース.

最 zuì 副 最も. いちばん. ¶你的苹果～大,我的～小 / 君のリンゴがいちばん大きく,ぼくのがいちばん小さい.

H 最高のもの. ¶世界之～ / 世界一.

zuì'ài【最爱】名 最愛のもの. 最愛の人.

zuìbùfādá guójiā【最不发达国家】名最貧国.

zuìchū【最初】名 最初. (いちばん)初め. ¶他～学医 / 彼は最初医学を学んだ.

zuìdà gōngyuēshù【最大公约数】名〈数〉最大公約数.

zuìdī【最低】副 少なくとも.

zuìduō【最多】副 多くとも. せいぜい.

zuìgāo【最高】形 最高の.

zuìgāojí【最高级】形 最高級の.

zuìhǎo【最好】副 できるだけ…したほうがよい. できることなら.

zuìhòu【最后】名 最後. 最終.

zuìhòu tōngdié【最后通牒】名〈政〉最後通牒(ﾂｳﾁｮｳ).

zuìhuìguó dàiyù【最惠国待遇】名〈経〉最恵国待遇.

zuìjiā【最佳】形 **1** 最もよい. **2**〈物〉最適の.

zuìjiā huánjìng【最佳环境】名〈環境〉理想的な環境.

zuìjìn【最近】名 最近. この間. このごろ;近いうちに. そのうちに.

zuìqīngliàngjí【最轻量级】名〈体〉フライ級.

zuìshǎo【最少】副 少なくとも.

zuìwéi【最为】副《2音節の形容詞や動詞の前につけて》最も. ¶～可恶 / 最も憎むべき.

zuìxiān【最先】名 いちばん先. 真っ先. ¶～发现 / 真っ先に気づく.

zuìxiǎo gōngbèishù【最小公倍数】名〈数〉最小公倍数.

zuìyōuhuì lìlǜ【最优惠利率】名〈経〉プライムレート.

zuìzhōng【最终】名 最終. 最後. ¶～产品 / 最終製品.

晬 zuì 動〈書〉赤ん坊が満1歳になる.

罪 zuì 名 罪. ¶他是有～的 / 彼は有罪だ. ¶犯～ / 罪を犯す. ¶认～ / 罪を認める. ¶判～ / 判決する. ¶死～ / 死刑.

H ①過失. 誤り. ¶→～过guo. ¶赔～ / おわびする. ②苦しみ. 苦難. ¶受～ / ひどい目にあう. ③罪を着せる. ¶～己 / 自分を責める. ¶怪～ / とがめる.

zuì'àn【罪案】名 犯罪事件(の内容).

zuì bù róng zhū【罪不容诛】〈成〉罪がこの上なく重い.

zuìcuò【罪错】名 罪過.

zuì dà è jí【罪大恶极】〈成〉極悪非道である.

zuì'è【罪恶】名 罪悪. 罪業.

zuìfàn【罪犯】名〈略〉犯罪人.

zuì gāi wàn sǐ【罪该万死】〈成〉罪は万死に値する.

zuìguo【罪过】**1** 名〈口〉悪いこと. 罪なこと. **2**〈套〉失礼しました. 恐縮です.

zuìkuí【罪魁】名 主犯者.

zuì kuí huò shǒu【罪魁祸首】〈成〉悪人の首領.

zuìlì【罪戾】名〈書〉罪. 罪悪.

zuìmíng【罪名】名 罪名.

zuìniè【罪孽】名 罪業. 罪悪.

zuìqiān【罪愆】名〈書〉罪. 過失.

zuìqíng【罪情】名 犯罪内容. 情状.

zuìrén【罪人】名 犯罪者. 罪人.

zuìxíng【罪刑】名 罪状と刑罰.

zuìxíng【罪行】名 犯罪行為.

zuìxíng fǎdìng【罪刑法定】名〈法〉罪刑法定主義.

zuìyóu【罪尤】名〈書〉罪. 過ち.

zuì yǒu yīng dé【罪有应得】〈成〉罰を受けるのが当然である.

zuìzé【罪责】名 犯罪行為に対する責任.

zuìzhèng【罪证】名 犯罪の証拠.

zuìzhuàng【罪状】名 罪状.

槜(檇) zuì ○

zuìlǐ【槜李】名〈植〉スモモの一種. また,その実.

蕞 zuì ○

zuì'ěr【蕞尔】形〈書〉小さい. 狭い. ▶地区についていうことが多い.

醉 zuì 動 **1** 酒に酔う. ¶他喝～了 / 彼は酔っ払っている. **2** 耽(ﾌｹ)る. 心を奪われる. **3** 酒漬けにする. ¶枣子～了一个月 / ナツメは1か月酒漬けにした.

zuìguǐ【醉鬼】名〈貶〉大酒飲み.

zuìhàn【醉汉】名(男性の)酔っぱらい.
zuìhuà【醉话】名 酒の上の言葉.
zuìrén【醉人】動 1(酒が)人を酔わせる. 2(人を)陶酔させる.
zuì shēng mèng sǐ【醉生梦死】〈成〉酔生夢死.
zuìtài【醉态】名 酔態.
zuìwēng zhī yì bù zài jiǔ【醉翁之意不在酒】〈諺〉真のねらいは別のところにある.
zuìxiāng【醉乡】名 酒を飲んだ時のいい気持ち.
zuìxiè【醉蟹】名〈料理〉カニの酒漬け.
zuìxīn【醉心】動 耽る. 没頭する.
zuìxūnxūn【醉醺醺】形(～的)ひどく酔っている.
zuìyǎn【醉眼】名 酔眼.
zuìyì【醉意】名 酔った気分.
zuìzǎo【醉枣】名 酒に漬けたナツメ.

zun (ㄗㄨㄣ)

尊 zūn 量 1 神仏の像を数える：体. 座. ¶一～佛像 / 仏像1体. 2 大砲を数える：門. ¶两～大炮 / 大砲2門.
H ①尊ぶ. 敬う. ¶自～心 / 自尊心. ②地位が高い. 目上の. ¶→～长zhǎng. ③〈敬〉お…. ご…. 貴…. ¶～府 / お宅. ¶令～ / ご尊父.
zūnbiàn【尊便】名(相手の)自由,勝手.
zūnchēng【尊称】1 名 尊称. 2 動 尊んで…と呼ぶ.
zūnchóng【尊崇】動〈書〉尊びあがめる.
zūnguì【尊贵】形(多く客に対して)尊敬すべき.
zūnhào【尊号】名〈旧〉1 尊称. 2〈敬〉会話で相手の"号"(あざな)を尋ねるとき用いる. 3〈敬〉貴店.
zūnjià【尊驾】名〈旧〉〈敬〉貴殿.
zūnjìng【尊敬】1 動 尊敬する. 2 形(修飾語に用いて)尊敬する….
zūnmìng【尊命】名〈敬〉御命令.
zūnqīn【尊亲】名 1 尊属. 2〈敬〉相手の親族.
zūnróng【尊容】名〈敬〉ご尊顔.
zūnyán【尊严】1 形 荘厳である. 2 名 尊厳. 尊さ.
zūnyì【尊意】名〈敬〉ご意向. ご意見.
zūnzhǎng【尊长】名 目上〔年長〕の人.
zūnzhòng【尊重】1 動 尊重する. 敬う. 2 形(言動が)まじめで慎重である. ¶放～些！/ 自重しなさい.

遵 zūn H 従う. ‖姓
zūncóng【遵从】動〈書〉(指示などに)従う.
zūnfèng【遵奉】動〈書〉遵奉する.
zūnmìng【遵命】動〈敬〉仰せに従います. かしこまりました.
zūn shí yǎng huì【遵时养晦】〈成〉時機の到来を待って一時身を隠す.
zūnshǒu【遵守】動 遵守する. ¶～规定 / きまりを守る.
zūnxíng【遵行】動 遵奉する.
zūnxún【遵循】動〈書〉従う.
zūnzhào【遵照】動 従う. 守る.

樽(罇) zūn 名(古代の)酒だる. ¶洁～候光 / 粗酒を用意しておいでをお待ちしております. ▶招待状に書く文句.
zūnzǔ【樽俎】名〈古〉酒や食物を入れた器；〈転〉宴席.

鳟 zūn H マス. ¶虹～ / ニジマス. ¶河～鱼 / 川マス.
zūnyú【鳟鱼】名〈魚〉マス.

撙 zǔn 動 節約する. ¶～下点儿开支 / 支出を控えめにする.
zǔnjié【撙节】動〈書〉節約する. 倹約する.

zuo (ㄗㄨㄛ)

作 zuō H(手工業の)工場,仕事場. ¶五行háng八～ / さまざまな商売. ¶石～ / 石屋. 異読⇒zuò
zuōfang【作坊】名(手工業の)仕事場,作業場.

嘬 zuō 動〈口〉(唇をすぼめて)吸う,吸い込む. ¶婴儿～咂儿zār / 赤ん坊がおっぱいを吸う. 異読⇒chuài
zuō biězi【嘬瘪子】〈慣〉〈方〉立場に窮する. 顔をつぶされる.
zuō yáhuāzi【嘬牙花子】〈慣〉〈方〉困る. 手を焼く.

昨 zuó H ①きのう. ②以前. 過去. ¶～者 / 〈書〉過日.
zuór【昨儿】名〈方〉きのう. ▶"昨儿个"とも.
zuórì【昨日】名 昨日.
zuótiān【昨天】名 きのう. 昨日.
zuówǎn【昨晚】名 昨晩.
zuóyè【昨夜】名 昨夜.

捽 zuó 動〈方〉つかむ. 引っ張る. 引っつかむ.

笮(筰) zuó 名 細かく裂いた竹のひごで綯(な)った縄. 竹縄. 異読⇒zé

琢 zuó O 異読⇒zhuó
zuómo【琢磨】動 よく考える. 熟慮する. ⇒zhuómó

左 zuǒ ❶ 方位(↔右)左. ¶向～转zhuǎn / 左を向く；(号令で)左向け左.
❷ 形 1 偏っている. ゆがんでいる. 正常でない. ¶话越说越～ / 話せば話すほど話がおかしくなってきた. ¶这件事你干gàn～了 / この事は君のやり方が間違っている. 2 反対である. 食い違っている. ¶我说～了 / 言い間違った. ¶你想～了 / 君は考え違いをしている. 3(思想的に)左である.
H 東. 東側. ¶山～ / 太行山の東側. 山東. ‖姓

zuǒ bǎng yòu bì【左膀右臂】〈成〉最も頼りになる人．片腕．
zuǒbiānfēng【左边锋】名〈体〉(サッカーなどで)レフトウイング．
zuǒbian【左边】方位(～儿)左．側．左の方．
zuǒbuguò【左不过】副〈方〉**1** とにかく．要するに．**2** …にすぎない．ただ…だけである．
zuǒcè【左侧】方位 左側．左の方．
zuǒ dào páng mén【左道旁门】〈成〉(宗教や学術上の)異端．
zuǒduò【左舵】**1** 名 取舵(ㄅ゙ㄌ)．**2** 動 舵を左舷に取る．
zuǒ'ěrdāo【左耳刀】名(～儿)(漢字の部首)こざとへん"阝"．▶"左耳朵"とも．
zuǒfāng【左方】方位 左の方．左側．
zuǒfēng【左锋】名〈体〉(サッカーなどで)レフトフォワード．
zuǒ gù yòu pàn【左顾右盼】〈成〉**1** あたりをきょろきょろ見回す．**2**〈喩〉右顧左眄(ㄅ゙ㄌ)する．**3**〈喩〉得意である．
zuǒhòuwèi【左后卫】名〈体〉(サッカーなどで)レフトフルバック．
zuǒjìn【左近】名 付近．近く．
zuǒ lín yòu shè【左邻右舍】〈成〉隣近所．
zuǒlún【左轮】名 回転式拳銃．
zuǒmiàn【左面】方位 左の方．左側．
zuǒpài【左派】名 左派．左翼．
zuǒpiězi【左撇子】名 左利き．
zuǒqiān【左迁】動〈書〉左遷する．
zuǒqiánwèi【左前卫】名〈体〉(サッカーなどで)レフトハーフバック．
zuǒqīng【左倾】形 **1** 左翼の．革命的な．**2** 政治的活動において過激で妄動的である．
Zuǒqiū【左丘】姓
zuǒquàn【左券】名(割り符の)左券；〈転〉自信．
zuǒsǎngzi【左嗓子】名〈口〉音痴．
zuǒshǒu【左手】名 **1** 左の手．**2** 左側．
zuǒshǒu【左首】名(～儿)(多く座席の)左側．
zuǒtǎn【左袒】動〈書〉一方の肩を持つ．加勢する．
zuǒxián【左舷】名(船舶の)左舷．(飛行機の)左側．
zuǒxìngzi【左性子】**1** 形 頑固である．**2** 名 頑固者．
zuǒyì【左翼】名 **1**〈軍〉〈体〉左翼．左陣．**2**(政治や思想上の)左翼．
zuǒyòu【左右】**1** 助 ぐらい．前後．約．¶七点～ / 7時頃．**2** 方位 左と右．両側．**3** 動 左右する．支配する．¶～局势 / 情勢を左右する．**4** 名 そば近くに仕える人．側近(の者)．
zuǒ…yòu…【左…右…】〈型〉同じような行為を何度もくり返すことを表す．¶～思～想 / くり返し考える．
zuǒ yòu féng yuán【左右逢源】〈成〉万事順調にいく；〈貶〉うまく立ち回る．
zuǒ yòu kāi gōng【左右开弓】〈成〉二つの仕事を同時に進める．
zuǒyòushǒu【左右手】名 頼みとする補佐役．
zuǒyòutǎn【左右袒】動〈書〉一方に加勢する．
zuǒ yòu wéi nán【左右为难】〈成〉板挟みになる．
zuǒzhèng【左证】→ zuǒzhèng【佐证】
zuǒ zhī yòu chù【左支右绌】〈成〉(力量不足で)対処しきれない．
zuǒzuò jiàshǐ【左座驾驶】名(自動車の)左ハンドル．

佐 zuǒ H ①助ける．補佐する．¶→～理．②補佐人．女房役．¶僚～ / 補佐．‖姓
zuǒcān【佐餐】動 おかずにする．
zuǒlǐ【佐理】動〈書〉補佐する．
zuǒliào【佐料】名 調味料．薬味．
zuǒyào【佐药】名〈医〉補剤．
zuǒzhèng【佐证】名 証拠．

撮 zuǒ 量(～儿)毛髪やひげなど細くて群がっているものを数える：房(ㄈ)．つまみ．¶两～胡子 / ふたむらのひげ．異読⇒cuō
zuǒzi【撮子】量〈口〉(毛髪やひげなどの)ひとつまみ，ひと房．

作 zuò 動 **1** (ある活動を)する，行う．¶～调查 / 調査を行う．¶～分析 / 分析をする．⇒〖做zuò〗2
2 著作する．創作する．¶我不会～文章 / 私は文章を書くのが苦手だ．
3 …とする．…と見なす．¶拜他～老师 / 彼を先生として師事する．¶他拿几把椅子拼起来～床 / 彼は椅子を何脚か並べてベッドにしている．
H ①起こる．起こす．¶振～精神 / 元気を奮い起こす．②作品．¶杰～ / 傑作．③(何かを)する．¶→～孽niè．¶自～自受 / 自業自得．④装う．…のふりをする．¶→～态．
異読⇒zuō
zuò//àn【作案】動 犯罪行為を行う．
zuòbà【作罢】動 やめる．中止する．
zuò//bǎo【作保】動 保証人になる．
zuò//bì【作弊】動 **1** 不正行為をする．**2**(試験で)カンニングをする．
zuò bì shàng guān【作壁上观】〈成〉高みの見物をする．
zuòbié【作别】動〈書〉別れを告げる．
zuò biězi【作瘪子】〈慣〉〈方〉苦境に陥る．
zuòchéng【作成】動 いいように計らう．取りなす．
zuò//cí【作词】動 作詞する．
zuòdá【作答】動 答える．
zuò//dào【作到】動+方補 達成する．成し遂げる．
zuò//duì【作对】動 **1** 反対する．反抗的な態度をとる．**2** 配偶者になる．
zuò//è【作恶】動 悪事を働く．
zuòfá【作伐】動〈書〉縁談を取り持つ．
zuò//fǎ【作法】❶ 名 **1** 文章の書き

方. **2** やり方. 作り方.
2動〈旧〉道士が法術を行う.

zuò fǎ zì bì【作法自毙】〈成〉自縄自縛.

zuò//fèi【作废】動 無効になる；廃棄する.

zuòfēng【作风】名 **1**(仕事・行動や思想上の)やり方,態度. **2**(芸術作品の)スタイル,風格,特徴.

zuògěng【作梗】動 妨害する.

zuò//gǔ【作古】動〈書〉〈婉〉亡くなる.

zuòguài【作怪】動 **1** 災いする. たたる. **2** 騒ぐ. 邪魔する.

zuòjiā【作家】名 作家.

zuò//jiǎ【作假】動 **1** 偽物を作る. **2** いんちきをする. **3** しらばくれる. **4** 遠慮する.

zuò//jià【作价】動 値段をつける.

zuò jiān fàn kē【作奸犯科】〈成〉悪いことをして法律に触れる.

zuò jiǎn zì fù【作茧自缚】〈成〉自縄自縛.

zuòjiàn【作件】名〈機〉機械加工中の部品.

zuòjian【作践】動〈口〉だめにする.

zuò//kè【作客】動(招かれて)客となる；〈書〉他所に寄留する.

zuòkè sīxiǎng【作客思想】名 主体性がなく積極性を欠く考え.

zuòlè【作乐】動 楽しく騒ぐ. ⇨zuòyuè

zuò//liǎn【作脸】動(〜儿)〈方〉心意気を見せる.

zuòliao【作料】名 調味料. 薬味.

zuòluàn【作乱】動 謀反する.

zuòměi【作美】動(多く否定で)都合よく願いをかなえる.

zuònán【作难】動 困る；困らせる.

zuònàn【作难】動〈書〉反乱を起こす.

zuò//niè【作孽】動 罪業を積む.

zuònòng【作弄】動 からかう.

zuò'ǒu【作呕】動 吐き気を催す.

zuòpéi【作陪】動 陪席する. 相伴をする.

zuòpǐn【作品】名 作品.

zuò//qǔ【作曲】動 作曲する.

zuòrén【作人】動 **1** →zuòrén【做人】 **2**〈書〉人材を育てる.

zuòsè【作色】動〈書〉怒りを顔に出す.

zuòshì【作势】動 そぶりをみせる.(わざとらしい)ポーズをつくる.

zuò//shù【作数】動 数に入れる. 有効である.

zuòsǐ【作死】動〈方〉自殺する.

zuòsù【作速】副〈書〉即座に.

zuòsuì【作祟】動 たたる. 災いする.

zuòtài【作态】動 わざとらしいそぶりをする. しなを作る.

zuòtòng【作痛】動 痛む.

zuò wēi zuò fú【作威作福】〈成〉権勢を笠に着て威張り散らす.

zuòwéi【作为】**1** 前 …として. …の身として. ¶〜厂长,我应该负全部责任 / 工場長として,私は一切の責任を負わねばならない. **2** 動 …とする. …と見なす. **3** 名 行い. 行為.

zuòwěi【作伪】動 偽物を作る.

zuòwén【作文】**1** 動(〜儿)文章を書く. 作文する. **2** 名 作文. ¶写〜 / 作文を書く.

zuòwù【作物】名〈略〉作物. 農作物.

zuòxī【作息】名 仕事と休み

zuò//xì【作戏】→zuò//xì【做戏】

zuòxiǎng【作响】動 音を立てる.

zuòxīng【作兴】〈方〉**1**動 **1**(多く否定の形で)(情理からいって)許される. **2** 流行する. **2**副 もしかすると. …かもしれない.

zuò//xiù【作秀】動〈方〉**1**(歌手やタレントが)出演する. **2**(販売や選挙の)キャンペーンを行う. **3** いんちきをする. だます.

zuòyè【作业】**1**名(学生や生徒に課する)宿題,課題. ¶做〜 / 宿題をする. **2**動 **1**〈軍〉軍事訓練をする. **2**(生産現場などで労働者が)作業する.

zuò//yī【作揖】動(旧時の拝礼法)両手を組み合わせて高く挙げ,上半身を少し曲げる.

zuòyì【作艺】動〈旧〉(芸人などが)芸を演じる.

zuòyǒng【作俑】動〈書〉〈喩〉悪い先例をつくる.

zuòyòng【作用】**1**動 作用する. 働きかける.
2名 **1** 作用. **2** 影響. 役割. 効果. ¶起带头〜 / 率先的な役割を担う. **3** 下心.

zuòyònglì【作用力】名〈物〉物体に作用する力.

zuòyuè【作乐】動〈書〉**1** 楽律を制定する. **2** 演奏する. ⇨zuòlè

zuò//zhàn【作战】**1** 動 戦う. 戦争する. **2** 名 作戦.

zuòzhě【作者】名 作者. 著作者.

zuòzhèng【作证】動 証言する；証拠となる.

zuò//zhǔ【作主】→zuò//zhǔ【做主】

zuòzhǔn【作准】動 **1** 当てになる. 確実性がある. **2** 許可する.

坐

zuò **1**動 **1** 腰をかける. 座る. ¶请〜！/ どうぞおかけください. ¶〜在沙发上 / ソファーに腰を下ろす. **2**(乗り物に)乗る. ¶〜飞机 / 飛行機に乗る. ¶〜火车去西安 / 汽車で西安へ行く. **3**(建物が)位置する. …にある. ¶这座楼〜西朝cháo东 / このビルは西側にあって東向きである. **4**(鍋・やかんなどを)火にかける. ¶把锅〜在炉子上 / 鍋をこんろにかける. **5**(銃などが反作用で)跳ね返る；(建物などが)めりこむ,傾く. ¶冲锋枪的〜劲儿不大 / 自動小銃の発射の反動は少ない. ¶这座房子有点儿向后〜了 / この家は少し後ろに傾いている. **6**(果樹・ウリ類が実を)結ぶ. ¶瓜藤上〜了很多瓜 / ウリのつるに多くの実がなった.
2名(〜儿)座席. 席. シート. ⇨

〖座zuò〗❶1

zuò//bān【坐班】動 毎日時間どおりに出退勤する.

zuòbiāo【坐标】名〈数〉座標.

zuòchán【坐禅】動〈宗〉座禅をする.

zuò chī shān kōng【坐吃山空】〈成〉働かずにぶらぶらしていれば,財産があっても食いつぶしてしまう.

zuòcì【坐次】名 座順.

zuòcuī【坐催】動 座り込んでしつこく催促する.

zuòdài【坐待】→zuòděng【坐等】

zuòděng【坐等】動 何もせずに待つ.

zuòdì【坐地】1 動 定住する. 2 副 その場で.

zuò dì fēn zāng【坐地分赃】〈成〉(盗賊の頭などが)盗品の上前をはねる.

zuòdìhǔ【坐地虎】名 土地のごろつき.

zuòdìr【坐地儿】副〈方〉初めから. 根っから.

zuòdiàn【坐垫】名(～儿)座布団.

zuòdōu【坐蔸】名〈農〉水稲の萎縮病.

zuò ér lùn dào【坐而论道】〈成〉何もせずに空論にふける.

zuògēnr【坐根儿】副〈方〉初めから. 根っから.

zuògǔ【坐骨】名〈生理〉座骨.

zuògǔ shénjīng【坐骨神经】名〈生理〉座骨神経.

zuò guān chéng bài【坐观成败】〈成〉日和見をきめこむ.

zuò//guǒ【坐果】動(果樹に)実がつく.

zuò hóngyǐzi【坐红椅子】〈慣〉〈諧〉試験にびりで合格する.

zuòhuà【坐化】動〈仏〉僧が端座(たんざ)したままで息を引き取る.

zuò huái bù luàn【坐怀不乱】〈成〉(女性が自分の)懐に入っても心が乱れない.

zuò huǒjiàn【坐火箭】〈慣〉(職務上の地位が)飛躍的に昇進する.

zuò jiāngshān【坐江山】〈慣〉政権を握る.

zuò jìnbì【坐禁闭】〈慣〉禁固の処分を受ける.

zuò jǐng guān tiān【坐井观天】〈成〉井の中のかわず.

zuòjù【坐具】名(椅子や腰掛けなど)座る道具.

zuò//kē【坐科】動〈旧〉(子供が)京劇の俳優訓練所に入って修業する.

zuòkùn【坐困】動 1か所に閉じこもり,活路が見出せない.

zuò//là【坐蜡】動〈方〉困り果てる. ひどい目にあう.

zuò//láo【坐牢】動 監獄に入る. 投獄される.

zuò lěngbǎndèng【坐冷板凳】〈慣〉1 閑職につく. 冷遇される. 2(就職や面会を)長く待たされる.

zuòlì【坐力】名〈物〉反動(力).

zuò lì bù ān【坐立不安】〈成〉居ても立ってもいられない.

zuòluò【坐落】動(建築物が)位置する,…にある.

zuòpō【坐坡】動〈方〉1 しゃがみ込む. 2〈喩〉消極的になる.

zuòqí【坐骑】名〈書〉乗馬用の馬;(広く)騎乗用の家畜.

zuòqiū【坐鞧】名 しりがい.

zuòrù【坐蓐】動〈書〉産褥(さんじょく)に就く.

zuòshāndiāo【坐山雕】名〈鳥〉クロハゲワシ.

zuò shān guān hǔ dòu【坐山观虎斗】〈諺〉(他人の争いを)高みの見物をする.

zuòshāng【坐商】名 固定した営業場所をもつ商人.

zuò shī liáng jī【坐失良机】〈成〉みすみす好機を逃す.

zuòshì【坐视】動 座視する.

zuò shōu yú lì【坐收渔利】〈成〉漁夫の利を得る.

zuò//tāi【坐胎】動 妊娠する.

zuòtàn【坐探】名 敵側のスパイ.

zuò//táng【坐堂】動 1〈旧〉事件を裁く. 2〈仏〉禅堂で座禅を組む. 3 店で商売をする;漢方薬店で漢方医が診療する.

zuò tiānxià【坐天下】〈慣〉天下を取る.

zuòwèi【坐位】→zuòwèi【座位】

zuò wò bù níng【坐卧不宁】〈成〉居ても立ってもいられない. ▶"坐卧不安"とも.

zuòwù【坐误】動 みすみすよい機会を逃がす.

zuòxí【坐席】1 動 宴会に出席する. 2 名 座席.

zuò xiǎng qí chéng【坐享其成】〈成〉ぬれ手で粟.

zuòxiàng【坐像】名 人物の座像.

zuòyào【坐药】名〈薬〉座薬.

zuòyè【坐夜】動(大みそかの夜や通夜などで)一晩中起きている.

zuò yǐ dài bì【坐以待毙】〈成〉座して死を待つ.

zuò yǐ dài dàn【坐以待旦】〈成〉座して夜明けを待つ.

zuò yuèzi【坐月子】〈慣〉お産をする. 産後1か月間の養生をする.

zuòzāng【坐赃】動 1〈方〉→zāi//zāng【栽赃】 2〈書〉汚職を働く.

zuòzhàng【坐帐】動〈旧〉新婦が"洞房"(新婚夫婦の部屋)のベッドの上などでじっと座る.

zuòzhěn【坐诊】動 診療する.

zuòzhèn【坐镇】動 長官が自ら地方に出張して駐留守備に当たる;〈喩〉幹部が下部に出向いて指揮をとる.

zuòzhī【坐支】動〈経〉手持ちの現金で支払いをする.

zuòzhuāng【坐庄】動 1(会社の担当者が買い付けのためにある地に)駐在する. 2(マージャンで)続けて親になる.

岞 zuò 地名用字.

怍 zuò 𝐇 恥じる.

柞 **zuò** 🅗 ハハソ．コナラ・クヌギ・オオナラなどの総称．異読⇨zhà

zuòcán【柞蚕】名〈虫〉サクサン．¶～丝 / 柞蚕糸(さくさん)．

zuòlì【柞栎】名〈植〉カシワ．

zuòshù【柞树】名〈植〉クヌギ．

zuòsīchóu【柞丝绸】名 柞蚕糸で織った絹織物．

祚 **zuò** 🅗 ①福．幸い．②帝王の位．¶帝～ / 帝王の位．¶践～ / 皇帝になる．

座(坐) **zuò** ❶名(～儿)1 座席．シート．¶找～儿 / 席を探す．2 受け皿．台．¶茶碗～儿 / 茶托．

❷量 比較的大型のもの，または固定したものを数える．¶一～桥 / 橋一つ．¶两～大楼 / ビル二つ．¶一～山 / 山一つ．

🅗 星座．¶大熊～ / おおぐま座．

‖姓

zuòcāng【座舱】名(旅客機の)客室．(戦闘機の)操縦室．

zuòcì【座次】名 座席．席順．

zuòhào【座号】名 座席番号．

zuòjī【座机】名 1(飛行機の)専用機．2(↔手机)固定電話機．

zuòr【座儿】名 1〈口〉座席．2(映画館や茶館・酒楼・レストランなどの)客．(人力車や人を乗せる三輪車の)乗客．

zuòshàngkè【座上客】名 上座に座る賓客．

zuòtán【座谈】動 座談する．(自由に)話し合う．¶～会 / 座談会．

zuòwèi【座位】名 1 座席．席．2(～儿)(椅子・腰掛けなど)腰掛けられるもの．

zuò wú xū xí【座无虚席】〈成〉空いている座席がない．

zuòyòumíng【座右铭】名 座右の銘．

zuòzhōng【座钟】名 置き時計．

zuòzi【座子】名 1 台．2(自転車・バイクなどの)サドル．

做(作) **zuò** 動 1(物を)作る．¶～书架 / 本棚をこしらえる．¶→～菜．2(ある仕事や活動を)する，やる．¶～木工 / 大工仕事をする．¶→～买卖．¶～作业 / 宿題をする．¶～调查 / 調査する．3(ある役割に)つく．…になる．¶请他～大会主席 / 彼に会議の議長になってもらう．¶～母亲的 / 母たる者．4(文章や詩を)書く，作る．¶～了一首诗 / 詩を1首作った．¶文章已经～好了 / 文章はもう書き上げた．5(ある関係を)取り結ぶ．…になる．¶～好朋友 / 仲のよい友達になる．¶这门亲事～不得 / この縁談をまとめたらまずい．6…として用いる．…にする．¶这笔钱～学费用吧 / この金を学費に当てよう．¶送本书～纪念 / 記念に本を贈る．

zuò'ài【做爱】動〈俗〉セックスする．

zuò//bàn【做伴】動(～儿)相手をする．付き添う．

zuò//cài【做菜】動 料理を作る．

zuò//cāo【做操】動 体操をする．

zuò//chū【做出】動+方補 作り出す．しでかす．

zuò//dào【做到】動+方補 実行する．やり遂げる．

zuò//dōng【做东】動 ごちそうをする．ホスト役を務める．

zuòfǎ【做法】名 やり方．作り方．

zuò//fàn【做饭】動 ご飯を作る．

zuò//gōng【做工】❶動 働く．(主に力仕事や臨時の)仕事をする．

❷名 1(製品の)質，仕上がりぐあい．2(～儿)演劇のしぐさと表情．

zuògōng【做功】名 演劇のしぐさと表情．

zuò//guān【做官】動 役人になる．

zuò guǎnggào【做广告】〈慣〉大いに宣伝する．

zuò//guǐ【做鬼】動(～儿)詐欺をする．ごまかしをやる．

zuò guǐliǎn【做鬼脸】〈慣〉(～儿)おどけた顔をする．

zuò huǎngzi【做幌子】〈慣〉(いんちきな)看板を掲げる．

zuò//huór【做活儿】動(体を使って)働く．

zuòjué【做绝】動 とことんまでやる．

zuò//kè【做客】動 人を訪問する．客になる．¶请到我家来～ / うちに遊びに来てください．

zuò kòuzi【做扣子】〈慣〉わなを仕掛ける．

zuò lǐbài【做礼拜】(キリスト教徒が)教会へ礼拝に行く．

zuò mǎimai【做买卖】商売をする．

zuò mǎnyuè【做满月】赤ん坊の満1か月のお祝いをする．

zuò//méi【做媒】動 仲人をする．

zuò//mèng【做梦】動 夢を見る；〈喩〉実現不可能なことを考える．

zuòpài【做派】名 演劇のしぐさと表情．

zuòqi//lái【做起来】動+方補 やりだす．やり始める．実際にやってみる．

zuò//qīn【做亲】動 縁組みをする．婚姻によって親戚になる．

zuò quāntào【做圈套】〈慣〉わなを仕掛ける．

zuòrén【做人】動 1 身を持する．世渡りをする．2 真人間になる．

zuò rénjiā【做人家】〈慣〉〈方〉節約し質素である．

zuò rénqíng【做人情】〈慣〉人に便宜を図ったり，義理を果たしたりする．

zuòshēng【做声】動(～儿)声〔咳〕を立てる〔出す〕．

zuò shēnghuó【做生活】〈慣〉〈方〉肉体労働をする．

zuò shēngri【做生日】誕生祝いをする．

zuò shēngyi【做生意】商売をする．

zuò//shì【做事】動 1 仕事をする．事を処理する．2(～儿)勤める．

zuò shǒujiǎo【做手脚】〈慣〉隠れていんちきをやる.

zuò//shòu【做寿】動(老人の)誕生祝いをする.

zuò tóufa【做头发】美容院で髪をセットする.

zuò wěiba【做尾巴】〈慣〉人に付和雷同する.

zuò wénzhāng【做文章】〈慣〉揚げ足を取る. 言いがかりをつける.

zuò//xì【做戏】動 **1** 芝居をする. **2**〈転〉まね事をする;〈貶〉芝居を打つ.

zuòxiù【做秀】→zuò//xiù【作秀】

zuò xuéwen【做学问】学問をする.

zuò yītiān héshang zhuàng yītiān zhōng【做一天和尚撞一天钟】〈諺〉その日暮らしで事を運ぶ.

zuò zéi xīn xū【做贼心虚】〈成〉心がやましい人はいつもびくびくしている.

zuò zhēnxiàn【做针线】針仕事をする.

zuò//zhǔ【做主】動 **1** (責任者として)決定する,定める. ¶当家～ / 一家の主人となる. **2** 支持する. 後ろ盾になる.

zuò//zhuāng【做庄】動(マージャンで)親になる;〈経〉相場を操る.

zuòzuo【做作】形〈貶〉(表情や動作が)わざとらしい. ¶他的表演有点儿～ / 彼の演技はちょっと不自然だ.

酢

zuò →chóuzuò【酬酢】
異読⇨cù

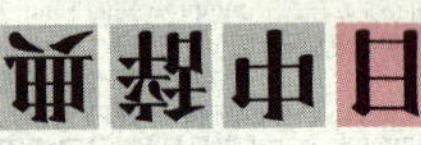

あ

あ

アーカイブ 档案 dàng'àn.
アーケード 长廊商场chángláng shāngchǎng.
アーチェリー 射箭 shèjiàn.
アート 艺术 yìshù.
アーモンド 巴旦杏 bādànxìng, 杏仁 xìngrén.
あい【愛】 爱 ài. ¶自然を～する / 爱大自然.
あいかわらず【相変わらず】 依旧 yījiù.
あいきょう【愛嬌】 可爱 kě'ài, 亲和力 qīnhélì.
あいこ【愛顧】 光顾 guānggù.
あいこく【愛国】 爱国 àiguó. ¶～心 / 爱国心. ¶～主義 / 爱国主义.
あいことば【合言葉】 口令 kǒulìng, 暗语 ànyǔ, 口号 kǒuhào.
アイコン 图标 túbiāo.
あいさつ【挨拶】 ［応対の］招呼 zhāohu；问候 wènhòu. ［会合などの］致辞 zhìcí. ¶～をする / ［応対の］打招呼；［会合などで］致辞.
アイシー【IC】 集成电路 jíchéng diànlù.
アイシャドー 眼影 yǎnyǐng.
あいしょう【愛称】 爱称 àichēng.
あいしょう【相性】 缘分 yuánfèn. ¶～がいい / 投缘；对脾气.
あいじょう【愛情】 爱情 àiqíng. ¶～のこもったプレゼント / 充满爱情的礼物. ¶仕事に～を持つ / 热爱工作.
あいず【合図】 信号xìnhào, 暗号ànhào.
アイスクリーム 冰激淩 bīngjilíng.
アイスホッケー 冰球 bīngqiú.
アイスランド 冰岛 Bīngdǎo.
あいそ【愛想】 亲切 qīnqiè（的态度, 表情）. ¶～がよい / 和蔼可亲. ¶～がつきる / 厌烦；讨厌.
あいだ【間】 ［間隔］间隔 jiàngé；［中間］中间 zhōngjiān；［時間］期间 qījiān；［人間関係］关系 guānxi. ¶２時から３時の～に / 两点到三点之间. ¶夫婦の～がうまくいっている / 夫妻关系很好. ¶長い～便りがない / 好久没有来信. ¶北京と天津の～ / 北京和天津之间. ¶夏休みの～ / 暑假期间.
あいつぐ【相次ぐ】 相继发生 xiāngjì fāshēng. ¶交通事故が～ / 相继发生交通事故.
あいづち【相づち】 随声附和suí shēng fù hè, 帮腔 bāng qiāng. ¶～を打つ / 打帮腔.
あいて【相手】 对方 duìfāng. ¶～にしない / 不理睬.
アイデア 主意 zhǔyi, 点子 diǎnzi. ¶～を出す / 出主意. ¶よい～が浮かぶ / 想出一个好主意.
アイティーさんぎょう【IT産業】 信息技术产业 xìnxī jìshù chǎnyè.
あいとう【哀悼】 哀悼 āidào. ¶謹んで～の意を表します / 表示沉痛的哀悼.
あいどくしょ【愛読書】 爱读的书àidú de shū.
アイドル 偶像 ǒuxiàng.
あいにく【生憎】 不凑巧 bù còuqiǎo. ¶～あすは用事があります / 真不凑巧, 明天我有事.
あいまい【曖昧】 暧昧 àimèi, 含糊 hánhu. ¶～な態度 / 暧昧的态度.
アイルランド 爱尔兰 Ài'ěrlán.
アイロン 熨斗 yùndǒu. ¶～をかける / 熨.
あう【会う】 见面 jiànmiàn. ¶お会いできてうれしく思います / 见到您, 我很高兴. ¶こんなところで～なんて思ってもみませんでした / 没想到在这儿碰见了.
あう【合う】 合适 héshì. ¶足に～靴 / 合脚的鞋.
あう【遭う】 遭 zāo, 遭遇 zāoyù. ¶ひどい目に～ / 倒霉.
アウトプット 输出 shūchū.
あえぐ【喘ぐ】 挣扎 zhēngzhá, 喘气 chuǎnqì. ¶窮乏に～ / 在贫困线上挣扎.
あえん【亜鉛】 锌 xīn.
あお【青】 蓝色 lánsè. ¶～信号 / 绿灯. ¶～空 / 蓝天.
あおぐ【扇ぐ】 扇shān, 煽动shāndòng.
あおざめる【青ざめる】 苍白cāngbái.
あおむけ【仰向け】 仰 yǎng. ¶～に寝る / 仰卧.
あか【赤】 红(色) hóng(sè). ¶～信号 / 红灯. ¶～の他人 / 完全陌生的人. ¶顔が赤い / 脸红.
あか【垢】 污垢 wūgòu. ¶～を落とす / 去掉污垢.
あかじ【赤字】 赤字chìzì, 亏损kuīsǔn. ¶～を出す / 出现赤字. ¶貿易～ / 贸易赤字.
あかす【明かす】 说出 shuōchū；［徹夜する］开夜车 kāi yèchē. ¶秘密を～ / 说出秘密. ¶夜を～ / 过夜.
あかちゃん【赤ちゃん】 婴儿 yīng'ér, 娃娃 wáwa, 小宝贝 xiǎobǎobèi.
あかつき【暁】 黎明 límíng.
あかぬけた【垢抜けた】 潇洒 xiāosǎ, 漂亮 piàoliang. ¶～着こなし / 穿得大方.
あがめる【崇める】 崇拜 chóngbài.
あかり【明かり】 灯 dēng. ¶～をつける〔消す〕/ 开〔关〕灯.
あがる【上がる】 上 shàng, 升 shēng, 提高 tígāo. ¶地位が～ / 地位提高. ¶階段を～ / 上楼梯.
あかるい【明るい】 明亮 míngliàng. ¶～性格 / 开朗的性格. ¶見通しが～ / 前途光明. ¶法律に～ / 精通法律.
あき【秋】 秋天 qiūtiān. ¶実りの～ / 收获的季节. ¶～風 / 秋风.
あき【空き】 ［暇・すきま］空隙 kòngxì. ¶～瓶 / 空瓶. ¶～部屋 / 空房. ¶～時間 / 空闲时间.

あきなう【商う】做生意 zuò shēngyi.
あきらか【明らか】明显 míngxiǎn. ¶～な事実 / 明显的事实.
あきらめる【諦める】死心 sǐxīn.
あきる【飽きる】厌倦 yànjuàn.
あきれる【呆れる】吃惊 chījīng. ¶彼のうそには呆れた / 对他的谎言,感到吃惊. ¶呆れてものも言えない / 吃惊得说不出话来.
あく【開く】开 kāi；[幕が]开幕 kāimù. ¶銀行は何時に開きますか / 银行几点开门？¶あの店は一晩中開いている / 那个商店通宵服务. ¶びっくりして開いた口がふさがらない / 吓得目瞪口呆.
あく【空く】[使わずに]空 kòng；[席・ポストなどが]出缺 chūquē. ¶課長のポストが空いている / 科长的职位还在空缺. ¶この席は空いていますか / 这个座位有没有人？
あく【悪】恶 è；[悪い]坏 huài. ¶～影響を及ぼす / 受到坏影响. ¶～趣味だ / 低级趣味. ¶～循環に陥る / 陷入恶性循环.
あくい【悪意】恶意 èyì. ¶～を抱く / 心怀恶意.
あくじ【悪事】坏事 huàishì. ¶～千里を走る / 坏事传千里.
アクシデント突发事件 tūfā shìjiàn, 意外事故 yìwài shìgù.
あくしゅ【握手】握手 wòshǒu. ¶かたい～を交わす / 紧紧地握手.
あくしゅう【悪習】坏习惯 huài xíguàn. ¶～に染まる / 染上恶习.
あくしゅう【悪臭】臭气 chòuqì.
アクセサリー首饰 shǒushi.
アクセル加速器 jiāsùqì.
アクセント重音 zhòngyīn.
あくび【欠伸】哈欠 hāqian, 呵欠 hēqiàn. ¶～をする / 打哈欠.
あくま【悪魔】魔鬼 móguǐ.
あくむ【悪夢】恶梦 èmèng. ¶～にうなされる / 做恶梦.
あくめい【悪名】臭名 chòumíng. ¶～が高い / 臭名昭著.
あくゆう【悪友】坏朋友 huài péngyou.
あくよう【悪用】滥用 lànyòng.
あぐら【胡座】盘腿坐 pántuǐ zuò.
あくりょく【握力】握力 wòlì.
あけがた【明け方】天快亮的时候 tiān kuài liàng de shíhou.
あけてもくれても【明けても暮れても】日日夜夜 rìrìyèyè.
あけまして【明けまして】¶～おめでとう / 新年快乐！
あける【開ける】打开 dǎkāi. ¶窓を～ / 打开窗户. ¶小包を～ / 打开包裹. ¶ふたを～ / 揭开盖子.
あける【空ける】空出 kòngchū. ¶部屋を～ / 腾出房间. ¶席を～ / 空出座位.
あける【明ける】[明るくなる]亮 liàng；[終わる]结束 jiéshù. ¶夜が～ / 天亮. ¶喪が～ / 服丧期满.
あげる【上げる】抬 tái, 提高 tígāo, 涨 zhǎng. ¶給料を～ / 涨工资. ¶成果を～ / 取得成就.
あげる【挙げる】举 jǔ. ¶結婚式を～ / 举行婚礼. ¶例を～ / 举个例子.
あげる【揚げる】油炸 yóuzhá.
あご【顎】颌 hé；[下顎]下巴 xiàba.
アコーディオン手风琴 shǒufēngqín.
あこがれる【憧れる】向往 xiàngwǎng. ¶都会に～ / 向往大城市.
あさ【朝】早晨 zǎochén, 早上 zǎoshang. ¶～早く / 清早. ¶～焼け / 朝霞.
あさ【麻】麻 má.
あさい【浅い】浅 qiǎn. ¶川が～ / 河水浅. ¶考え方が～ / 看法肤浅.
あさがお【朝顔】牵牛花 qiānniúhuā.
あざける【嘲る】嘲笑 cháoxiào.
あさごはん【朝ご飯】早饭 zǎofàn.
あさって【明後日】后天 hòutiān.
あさねぼう【朝寝坊】睡懒觉 shuì lǎnjiào. ¶～する / 早上睡懒觉.
あさひ【朝日】朝阳 zhāoyáng.
あざむく【欺く】骗 piàn, 欺骗 qīpiàn. ¶人を～ / 骗人.
あさめし【朝飯】早饭 zǎofàn. ¶～を食う / 吃早饭. ¶～前 / 轻而易举.
あざやか【鮮やか】鲜明 xiānmíng. ¶～な映像 / 鲜明的图像.
あざらし【海豹】海豹 hǎibào.
あさり【浅蜊】蛤仔 gézǐ.
あざわらう【嘲笑う】嘲笑 cháoxiào.
あし【足・脚】[足]脚 jiǎo；[脚]腿 tuǐ；[歩み]走路 zǒulù. ¶足が速い / 跑得快. ¶～を引っぱる / 拉后腿.
あし【葦】芦苇 lúwěi.
あじ【味】味道 wèidao. ¶～がよい / 味道好.
アジア亚洲 Yàzhōu.
あしか【海驢】海驴 hǎilǘ.
あしくび【足首】脚腕子 jiǎowànzi.
あじさい【紫陽花】绣球花 xiùqiúhuā.
アシスタント助手 zhùshǒu, 助理 zhùlǐ.
あした【明日】明天 míngtiān.
あじみ【味見】品尝 pǐncháng.
あじわい【味わい】味道 wèidao.
あじわう【味わう】品味 pǐnwèi. ¶ありとあらゆる苦労を味わった / 历尽艰辛.
あす【明日】明天 míngtiān.
あずかる【預かる】收存 shōucún. ¶荷物を預かってくれる所はありますか / 有没有寄存行李的地方？
あずき【小豆】小豆 xiǎodòu, 赤小豆 chìxiǎodòu.
あずける【預ける】寄存 jìcún. ¶鍵をフロントに～ / 把钥匙寄存在服务台. ¶銀行にお金を～ / 在银行里存钱.
アスパラガス芦笋 lúsǔn.
アスファルト柏油 bǎiyóu.
あせ【汗】汗 hàn. ¶～をかく / 出汗. ¶冷や～をかく / 出冷汗.
あせも【汗疹】痱子 fèizi.

あせる【焦る】着急 zháojí.
あせる【褪せる】退色 tuìshǎi. ¶色のあせたシャツ / 退色的衬衫.
あぜん【啞然】发愣 fālèng,哑口无言 yǎ kǒu wú yán.
あそこ 那里 nàli, 那儿 nàr.
あそぶ【遊ぶ】玩儿 wánr. ¶きのうは一日中サッカーをして遊んだ / 昨天一整天踢足球玩儿. ¶暇なときに私の家に遊びにいらしてください / 有空儿到我家来玩儿吧.
あたい【値】值 zhí.
あたえる【与える】给 gěi, 给予 jǐyǔ. ¶小遣いを～ / 给零花钱.
あたかも 犹如 yóurú. ¶彼を～英雄のごとく奉った / 好像把他奉为英雄一样.
あたたかい【暖かい・温かい】温暖 wēnnuǎn. ¶～天気 / 温暖的天气. ¶部屋が～ / 屋子里暖和. ¶～家庭 / 温暖的家庭.
あたためる【暖める・温める】温 wēn, 热 rè. ¶部屋を～ / 把屋子烘暖. ¶牛乳を温めて飲む / 把牛奶热起来喝.
あだな【綽名・渾名】外号 wàihào. ¶～をつける / 起外号.
あたふたと 慌张 huāngzhāng. ¶彼は～駆け出していった / 他慌慌张张地跑出去了.
あたま【頭】脑袋 nǎodai, 头 tóu. ¶～が痛い / 头疼. ¶～が重い / 昏沉沉. ¶～がいい〔悪い〕/ 脑子「好〔坏〕. ¶～が固い / 顽固. ¶～を使う / 动脑筋. ¶～を下げる / 低头.
あたらしい【新しい】新 xīn. ¶いまだ記憶に～ / 记忆犹新. ¶～服 / 新衣服.
あたり【辺り】［付 近］附 近 fùjìn ;［おおよそ］大概 dàgài. ¶この～には工場が多い / 这附近有很多工厂.
あたりまえ【当たり前】当 然 dāngrán. ¶～の事 / 当然的事.
あたる【当たる】中 zhòng. ¶予想が～ / 不出所料. ¶宝くじに～ / 中彩票.
あちこち 到处 dàochù.
あちら 那边 nàbiān.
あつい【厚い】厚 hòu. ¶生地が～ / 布料很厚. ¶面の皮が～ / 脸皮厚. ¶分～本 / 厚书.
あつい【熱い・暑い】热 rè. ¶～湯 / 热水. ¶スープがまだ～ / 汤还热着. ¶目頭が熱くなる / 要流泪. ¶きょうは暑すぎる / 今天太热.
あっか【悪化】恶化 èhuà. ¶情勢が～する / 情况变坏.
あつかう【扱う】处理 chǔlǐ ;［待遇］对待 duìdài.
あつぎ【厚着】多穿 duō chuān.
あつさ【厚さ】厚度 hòudù.
あつさ【暑さ】暑热 shǔrè. ¶焼けつくような～ / 灼热. ¶～に負ける / 热得受不了. ¶～にあたる / 中暑.
あっさり 淡泊 dànbó ;［簡単に］简单 jiǎndān. ¶～したスープ / 清淡的汤. ¶～と断られる / 断然拒绝.
あっしゅく【圧縮】压缩 yāsuō.
あっしょう【圧勝】大胜 dàshèng.
あっせん【斡旋】介绍 jièshào. ¶働き口を～する / 帮助找工作.
あっち 那边 nàbiān.
あっとう【圧倒】压倒 yādǎo. ¶～的多数 / 绝对多数.
あっぱく【圧迫】压迫 yāpò. ¶～感を感じる / 感到压力.
アップトゥデート 现代的 xiàndài de.
アップルパイ 苹果派 píngguǒpài.
あつまる【集まる】聚集 jùjí. ¶群衆が～ / 人群聚集. ¶正月には家族全員が～ / 过年时全家人团聚在一起.
あつめる【集める】收集 shōují. ¶切手を～ / 集邮. ¶人々の注目を～ / 引起大家的关注.
あつらえる【誂える】定 做 dìngzuò. ¶洋服を～ / 定做西装.
あつりょく【圧力】压力 yālì. ¶～計 / 压力表. ¶～を加える / 施加压力.
あて【当て】指 望 zhǐwàng, 期 待 qīdài. ¶～がはずれる / 期待落空. ¶彼を～にする / 指望他.
あてさき【宛先】收件人的地址 shōujiànrén de dìzhǐ.
あてな【宛名】收件人的姓名 shōujiànrén de xìngmíng.
あてはまる【当てはまる】符合 fúhé.
あてる【当てる】猜测 cāicè. ¶正解を～ / 推测解答.
あと【後】后边 hòubiān ; 以后 yǐhòu. ¶～から追いかけます / 随后追赶. ¶～5分で終了です / 还有五分钟就结束.
あと【跡】痕迹 hénjì. ¶足～ / 脚印.
あとあじ【後味】余味 yúwèi. ¶～が悪い / 感到不是味儿.
あとかた【跡形】痕 迹 hénjì. ¶～もなく消えた / 消失得无影无踪.
あとかたづけ【後片付け】收拾 shōushi.
あとつぎ【跡継ぎ】继 承 人 jìchéngrén.
アドバイス 建议 jiànyì.
アトピー 特应性 tèyìngxìng.
あとまわし【後回し】推 后 tuīhòu. ¶勉強は～にして遊びに夢中だ / 把学习搁置一边,一心一意地玩儿.
アドレス 地址 dìzhǐ. ¶メール～ / 电子邮址.
あな【穴】孔 kǒng. ¶～をあける / 打孔. ¶～を掘る / 挖洞.
あなうめ【穴埋め】填 空 tiánkòng, 补缺 bǔquē. ¶赤字を～する / 弥补损失.
アナウンサー 播音员 bōyīnyuán.
あなた 你 nǐ. ¶～がた / 你们.
あなどる【侮る】小 看 xiǎokàn, 看 不起 kànbuqǐ.
アナログ 模拟 mónǐ.
あに【兄】哥哥 gēge.
アニメ 动画片 dònghuàpiàn, 卡通 kǎ-

tōng.
あね【姉】姐姐 jiějie.
あの 那个 nàge. ¶～人 / 那个人. ¶～問題 / 那个问题.
あのころ【あの頃】那个时候nàge shíhou. ¶～が懐かしい / 怀念往时.
あのよ【あの世】阴间 yīnjiān, 黄泉 huángquán.
アパート 公寓 gōngyù.
あばく【暴く】揭露 jiēlù, 揭发 jiēfā. ¶不正事件を～ / 揭发违法事件. ¶秘密を～ / 揭秘.
あばれる【暴れる】乱闹 luànnào.
アピール 呼吁 hūyù.
アヒル【家鴨】鸭子 yāzi.
あびる【浴びる】浇 jiāo, 淋 lín ；[被る]遭受 zāoshòu. ¶水を～ / 浇水. ¶非難を～ / 受到谴责.
あぶ【虻】牛虻 niúméng.
アフガニスタン 阿富汗 Āfùhàn.
あぶく【泡】泡沫 pàomò.
アフターサービス 售后服务 shòuhòu fúwù.
あぶない【危ない】危险 wēixiǎn. ¶～目にあう / 遇到危险.
あぶら【油】油 yóu. ¶～をさす / 上油. ¶ご飯を～でいためる / 用油炒饭.
あぶらえ【油絵】油画 yóuhuà.
あぶらっこい【脂っこい】油腻 yóunì. ¶～食べ物 / 油腻的食品.
アフリカ 非洲 Fēizhōu.
あぶる【炙る】烤 kǎo. ¶魚をあぶって食べる / 烤鱼吃.
あふれる【溢れる】漾出 yàngchū. ¶水が浴槽から～ / 澡盆漾出水来. ¶川の水が～ / 河水溢出来. ¶喜びに～ / 充满喜悦.
あべこべ 反 fǎn, 相反 xiāngfǎn. ¶靴を～に履く / 把鞋穿反了.
あま【尼】尼姑 nígū.
あまい【甘い】甜tián ；[快い]甜蜜tiánmì ；[寛大だ]宽 kuān. ¶このお菓子は甘すぎる / 这个点心太甜. ¶～言葉にだまされる / 听信甜言蜜语. ¶～香り / 甜蜜的芳香. ¶孫に～おじいさん / 溺爱孙子的爷爷. ¶点数の～先生 / 打分松的老师.
あまえる【甘える】撒娇 sājiāo.
あまだれ【雨だれ】雨滴 yǔdī.
アマチュア 业余 yèyú. ¶～選手 / 业余运动员.
あまのがわ【天の川】银河 yínhé.
あまみず【雨水】雨水 yǔshuǐ.
あまもり【雨漏り】漏雨 lòuyǔ. ¶～がする / 漏雨.
あまやかす【甘やかす】娇惯 jiāoguàn, 娇养 jiāoyǎng.
あまやどり【雨宿り】躲雨 duǒ yǔ, 避雨 bì yǔ.
あまり【余り】剩余 shèngyú ；[余分]富余 fùyu ；[過度]过分 guòfèn ；[たいして…ない]不太… bù tài…. ¶～大きいのでびっくりした / 大得让人吃惊. ¶うれしさの～ / 过于高兴. ¶～広くない / 不太宽敞.
あまる【余る】剩 shèng ；[力が及ばない]力不能及 lì bù néng jí. ¶時間が～ / 时间富余. ¶人手が～ / 人员多余. ¶手に～仕事 / 不胜任的工作.
あみ【網】网 wǎng. ¶魚を～ですくう / 用网捞鱼.
アミノさん【アミノ酸】氨基酸 ānjīsuān.
あみもの【編み物】编织（品）biānzhī (pǐn).
あむ【編む】编织 biānzhī ；[髪を]编成辫子 biānchéng biànzi. ¶セーターを～ / 织毛衣. ¶二つに分けて編んだ髪 / 梳着两条辫子.
あめ【雨】雨 yǔ. ¶～が降る / 下雨. ¶～がやむ / 雨停了. ¶～が土砂降りになる / 变成暴雨. ¶にわか～ / 骤雨. ¶こぬか～ / 毛毛雨.
あめ【飴】糖果 tángguǒ. ¶～をしゃぶっている / 吃糖果.
アメリカ 美国 Měiguó.
アメリカンフットボール 美式足球 měishì zúqiú.
あやうく【危うく】差点儿 chàdiǎnr. ¶～難を免れる / 幸免于难. ¶～死ぬところだった / 差点儿死了.
あやしい【怪しい】可疑kěyí. ¶～男 / 形迹可疑的人. ¶あの二人は～ / 他俩好像搞上了.
あやつりにんぎょう【操り人形】木偶 mù'ǒu.
あやとり【綾取り】翻绳 fān shéng. ¶～をする / 翻绳.
あやふや 含糊 hánhu. ¶～な返事 / 含糊答应.
あやまち【過ち】错误 cuòwù. ¶～を犯す / 犯错误. ¶～を悔いる / 悔恨自己的错误.
あやまり【誤り】错误 cuòwù. ¶～を認める / 认错.
あやまる【謝る】道歉 dàoqiàn.
あやまる【誤る】搞错 gǎocuò. ¶機械の操作を～ / 机器操作失误. ¶誤って溝に落ちた / 不小心掉到沟里.
あやめ【菖蒲】溪荪 xīsūn.
あゆむ【歩む】走 zǒu. ¶衰退の道を～ / 走向衰退.
あらあらしい【荒々しい】粗暴 cūbào. ¶～行い / 粗暴的行径.
あらい【粗い】粗 cū. ¶仕事が～ / 工作粗糙. ¶布目が～ / 布纹粗糙. ¶肌のきめが～ / 皮肤粗糙.
あらい【荒い】粗暴 cūbào. ¶気性が～ / 性情粗暴.
あらう【洗う】洗 xǐ. ¶顔を～ / 洗脸. ¶手をきれいに～ / 把手洗干净. ¶足を～ / 改邪归正.
あらかじめ 事先 shìxiān, 预先 yùxiān. ¶～準備する / 事先准备.
あらさがし【あら探し】挑毛病 tiāo máobing.
あらし【嵐】暴风雨 bàofēngyǔ. ¶～にあう / 遇到暴风雨. ¶～の前の静

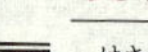

けさ / 暴风雨前的寂静.

あらす【荒らす】破坏 pòhuài.

あらすじ【粗筋】梗概 gěnggài. ¶小説の～ / 小说的梗概.

あらそい【争い】争吵 zhēngchǎo. ¶～が絶えない / 争吵不断.

あらそう【争う】争夺 zhēngduó. ¶先を争ってバスに乗る / 争先上车.

あらた【新た】重新 chóngxīn. ¶心を～にする / 重下决心.

あらためて【改めて】再 zài. ¶～ご返事いたします / 改天答复.

あらためる【改める】改变 gǎibiàn, 修改 xiūgǎi. ¶欠点を～ / 改正缺点. ¶生活を～ / 改变生活.

アラビア阿拉伯 Ālābó.

アラブ阿拉伯 Ālābó. ¶～首長国連邦 / 阿拉伯联合酋长国.

あらゆる所有 suǒyǒu, 一切 yīqiè. ¶～手段を尽くす / 用一切可能的手段.

あられ【霰】雪糁 xuěshēn.

あらわす【表す】表示 biǎoshì. ¶感情を顔に～ / 脸上露出感情. ¶感謝の意を～ / 表示谢意.

あらわす【現す】现出 xiànchū. ¶姿を～ / 露面. ¶頭角を現し始める / 开始显露头角.

あらわす【著す】写（书）xiě(shū).

あらわれる【現れる】出现 chūxiàn. ¶成果が～ / 出现成效. ¶空に星が～ / 天上出现星星. ¶本性が～ / 露出本性.

あり【蟻】蚂蚁 mǎyǐ.

ありあまる【あり余る】富余 fùyu.

ありありと鲜明 xiānmíng. ¶疲労の色が～顔に出ている / 脸上露出疲劳的神色.

ありうる【有り得る】可能有 kěnéng yǒu. ¶～事だ / 可能有的事.

ありえない【有り得ない】不可能 bù-kěnéng. ¶～話 / 不可能的话.

ありがたい【有り難い】难得 nándé ; 值得感谢 zhíde gǎnxiè. ¶本当にありがたく思います / 感到十分感谢.

ありがとう【有り難う】谢谢 xièxie. ¶～ございます / 谢谢您.

ありさま【有り様】样子 yàngzi.

ありそう可能有 kěnéng yǒu. ¶～な話 / 有可能的事.

ありのまま真实的 zhēnshí de. ¶～の自分 / 本来的自己.

アリバイ不在现场的证据 bù zài xiàn-chǎng de zhèngjù. ¶～を証明する / 证明当时不在现场.

ありふれた司空见惯 sī kōng jiàn guàn. ¶～話 / 司空见惯的事情.

ある有 yǒu. ¶机の上に本が～ / 桌上有一本书. ¶勇気が～ / 有勇气. ¶用事が～ / 有事. ¶講義が～ / 有课. ¶ここできのう交通事故があった / 昨天这里发生了车祸.

ある【或】某 mǒu. ¶～場合には / 在某种场合. ¶～日 / 有一天. ¶～程度 / 某种程度.

あるいは【或いは】或者 huòzhě. ¶あしたか～あさって / 明天或后天. ¶小切手～現金で納付する / 用支票或者现金缴纳.

アルカリ碱 jiǎn.

あるく【歩く】走 zǒu. ¶速く～ / 快走. ¶とぼとぼ～ / 慢慢腾腾地走. ¶駅まで歩いて行く / 走到火车站. ¶家から学校まで歩いて10分ほどかかる / 从我家到学校要走十分钟.

アルコール酒精 jiǔjīng. ¶～中毒 / 酒精中毒.

アルゼンチン阿根廷 Āgēntíng.

アルツハイマー阿尔茨海默病 ā'ěrcí-hǎimòbìng.

アルト女低音 nǚdīyīn.

アルバイト打工 dǎgōng. ¶～で学費を稼ぐ / 打工挣学费.

アルバニア阿尔巴尼亚 Ā'ěrbāníyà.

アルバム ［写真］影集 yǐngjí ；［歌］专辑 zhuānjí.

アルファベット拉丁字母 Lādīng zìmǔ.

アルプス阿尔卑斯 Ā'ěrbēisī.

アルペンスキー高山滑雪 gāoshān huáxuě.

アルミニウム铝 lǚ.

アルミホイル铝箔 lǚbó.

あれ那个 nàge.

あれから从那时候 cóng nà shíhou.

あれほど那么 nàme.

あれる【荒れる】［気候が］变坏 biàn huài ；［行動が］粗暴 cūbào.

アレルギー过敏 guòmǐn, 过敏症 guò-mǐnzhèng.

アロエ芦荟 lúhuì.

あわ【泡】泡沫 pàomò. ¶～が立つ / 起泡沫. ¶ビールの～ / 啤酒的泡沫.

あわせる【合わせる】合 hé ；［一つにする・合計する］合在一起 hézài yīqǐ. ¶声を合わせて歌う / 齐声合唱. ¶帳簿を～ / 核对账本. ¶焦点を～ / 对焦距. ¶時計を10時に～ / 把表对到十点. ¶力を～ / 协力.

あわただしい【慌ただしい】匆忙 cōngmáng. ¶～毎日を送る / 每天过得匆忙.

あわてる【慌てる】惊慌 jīnghuāng, 慌张 huāngzhāng. ¶慌てて家を出た / 慌慌张张地出门.

あわび【鮑】鲍鱼 bàoyú.

あわれ【哀れ】可怜 kělián. ¶～な一生 / 凄惨的一生.

あわれむ【哀れむ】怜悯 liánmǐn.

あん【案】方案 fāng'àn. ¶～を出す / 提案. ¶予算～ / 预算方案.

あんい【安易】不经心 bù jīngxīn. ¶～な考え / 想法过于简单.

あんがい【案外】没想到 méi xiǎng-dào. ¶彼は～気が小さい / 没想到他那么胆小.

あんき【暗記】背 bèi. ¶単語を～する / 记生词. ¶～力 / 记忆力.

アンケート征求意见 zhēngqiú yìjiàn.

¶～調査 / 问卷调查.

あんごう【暗号】暗码 ànmǎ, 密码 mìmǎ. ¶～を解読する / 破译暗码.

アンコール 要求再演 yāoqiú zàiyǎn. ¶～！/ 再演一次！

あんさつ【暗殺】暗杀 ànshā.

あんじ【暗示】暗示 ànshì.

あんしつ【暗室】暗室 ànshì.

あんしょう【暗唱】背诵 bèisòng. ¶テキストを～する / 背诵课文.

あんしょうばんごう【暗証番号】暗码 ànmǎ, 密码 mìmǎ.

あんじる【案じる】挂念 guàniàn. ¶子供の身の上を～ / 惦记孩子的安否.

あんしん【安心】放心 fàngxīn. ¶ご～ください / 请放心.

あんず【杏】杏 xìng.

あんせい【安静】安静 ānjìng. ¶絶対～ / 绝对静养.

あんぜん【安全】安全 ānquán. ¶～運転 / 安全驾驶. ¶～保障 / 安全保障. ¶交通～ / 交通安全.

アンダーライン 下线 xiàxiàn, 下划线 xiàhuàxiàn.

あんてい【安定】稳定 wěndìng. ¶物価の～ / 物价稳定. ¶病状が～する / 病情稳定.

アンテナ 天线 tiānxiàn.

あんな 那样 nàyàng, 那么 nàme. ¶～ことを言うものではない / 不要那么说.

あんない【案内】向导 xiàngdǎo. ¶市内を～する / 陪同前往市内观光. ¶～状 / 请柬. ¶～所 / 问讯处.

あんに【暗に】暗中 ànzhōng. ¶～非難する / 暗中批评.

あんにんどうふ【杏仁豆腐】杏仁豆腐 xìngrén dòufu.

アンペア 安培 ānpéi.

あんま【按摩】按摩 ànmó.

アンモニア 氨气 ānqì.

あんらく【安楽】安乐 ānlè. ¶～死 / 安乐死.

い

い【胃】胃 wèi. ¶～が痛い / 胃疼. ¶～癌 / 胃癌. ¶～薬 / 胃药.

いい 好 hǎo. ¶どうしたら～のか教えてください / 请告诉我怎么办好呢？

いいあらそう【言い争う】争吵 zhēngchǎo.

いいえ 不 bù, 不是 bùshì ; 没有 méiyou.

いいかえす【言い返す】回嘴 huízuǐ, 顶嘴 dǐngzuǐ.

いいかえる【言い換える】换句话说 huàn jù huà shuō.

いいかげん【いい加減】胡乱 húluàn. ¶～なことを言う / 胡说.

いいかた【言い方】说法 shuōfa. ¶～に気をつける / 注意措辞.

いいきかせる【言い聞かせる】劝说 quànshuō, 教训 jiàoxun.

いいつける【言いつける】告状 gàozhuàng. ¶先生に～ / 向老师告状.

いいつたえ【言い伝え】传说 chuánshuō.

いいのがれる【言い逃れる】托辞 tuōcí, 抵赖 dǐlài.

いいぶん【言い分】主张 zhǔzhāng. ¶彼の～を聞こう / 听取他的主张.

いいまちがう【言い間違う】说错 shuōcuò.

イーメール【Eメール】电子邮件 diànzǐ yóujiàn, 伊妹儿 yīmèir. ¶～を送信する〔受信する〕/ 发送〔接收〕电子邮件. ¶～アドレス / 电子邮址.

いいわけ【言い訳】分辩 fēnbiàn. ¶～する / 辩解. ¶おまえの～は聞きたくない / 不想听你的辩解.

いいん【委員】委员 wěiyuán. ¶～を選出する / 选出委员. ¶～会 / 委员会. ¶～長 / 委员长.

いいん【医院】医院 yīyuàn, 诊所 zhěnsuǒ.

いう【言う】说 shuō. ¶言いたいことを全部言った / 把想说的事情全都说出来了. ¶彼の～とおりにしてください / 请按照他说的那样做.

いえ【家】家 jiā. ¶～に帰る / 回家. ¶日曜日は～にいます / 星期天在家. ¶私の～に遊びに来てください / 请你来我家玩儿. ¶～を建てる / 盖房子. ¶隣の～ / 邻居.

いえき【胃液】胃液 wèiyè.

いえで【家出】离家出走 lí jiā chūzǒu.

いえる【癒える】痊愈 quányù.

いおう【硫黄】硫 liú, 硫磺 liúhuáng.

イオン 离子 lízǐ.

いか【烏賊】乌贼 wūzéi, 墨鱼 mòyú.

いか【以下】以下 yǐxià. ¶～省略 / 以下从略. ¶20歳～ / 二十岁以下. ¶零度～の寒い天気が続く / 零度以下的天气持续着.

いがい【意外】意外 yìwài. ¶～な結果 / 意外的结局. ¶～な客 / 稀客. ¶～に思う / 感到意外. ¶～に時間がかかった / 没想到花了这么长时间.

-いがい【-以外】以外 yǐwài. ¶…～に / 除了…. ¶それ～に / 除此以外. ¶彼女～にはだれも来なかった / 除了她, 谁也没来.

いかが【如何】怎么样 zěnmeyàng. ¶これは～でしょうか / 这个怎么样？

いかがわしい [疑わしい]可疑 kěyí ; [好ましくない]不正经 bù zhèngjing. ¶～人物 / 可疑的人. ¶～行為 / 不正当行为.

いかく【威嚇】威吓 wēihè, 威胁 wēixié. ¶ナイフで～する / 用小刀威吓人. ¶～射撃 / 鸣枪警告. ¶～的な態度 / 威逼的态度.

いがく【医学】医学 yīxué. ¶～博士 / 医学博士. ¶～部 / 医学系.

いかす【生かす】活用 huóyòng, 发挥作用 fāhuī zuòyòng. ¶才能〔経験〕を～ / 充分发挥『才能〔经验〕.

いかに【如何に】怎样 zěnyàng. ¶問題は～して生産コストを下げるかだ / 问题在于如何降低成本.

いかめしい【厳めしい】严肃 yánsù. ¶～顔〔態度〕/ 严肃的「面孔〔态度〕.

いかり【怒り】怒气 nùqì. ¶～をぶちまける / 发泄愤怒. ¶～心頭に発する / 怒上心头.

いかり【錨】锚 máo. ¶～を上げる〔下ろす〕/ 起〔抛〕锚.

いかる【怒る】生气shēngqì, 发怒fānù.

いかん【遺憾】遗憾 yíhàn. ¶～に思う / 感到遗憾. ¶～なく力を発揮する / 不遗余力.

いき【息】呼吸 hūxī. ¶～をする / 呼吸. ¶～切れがする / 气喘. ¶～が詰まる / 呼吸困难.

いき【意気】意气 yìqì. ¶～投合する / 情投意合. ¶～揚々としている / 意气风发. ¶～消沈する / 意气消沉.

いき【粋】潇洒 xiāosǎ. ¶～なスタイル / 潇洒的样子.

いき【生き】鲜活 xiānhuó. ¶～のよい魚 / 鲜鱼.

-いき【-行き】开往 kāiwǎng. ¶上海～の列車 / 开往上海的列车.

いぎ【意義】意义 yìyì. ¶～のある仕事 / 有意义的工作.

いぎ【異議】异议 yìyì. ¶～を申し立てる / 提出异议.

いきいき【生き生き】生气勃勃shēngqì bóbó. ¶～している / 生气勃勃；栩栩如生.

いきうつし【生き写し】一模一样 yī mú yī yàng. ¶彼女は母親に～だ / 她长得很像她母亲.

いきおい【勢い】势头 shìtóu ；〔成り行き〕趋势 qūshì. ¶～がいい / 劲头大. ¶～がそがれる / 扫兴. ¶酔った～で… / 趁着酒劲儿….

いきがい【生きがい】生活意义shēnghuó yìyì. ¶～を感じる / 感到活得有意义.

いきかえる【生き返る】复活 fùhuó. ¶雨が降って庭の草花が生き返った / 下雨后,院子的花草活起来了.

いきさき【行き先】目的地 mùdìdì.

いきちがう【行き違う】走两岔 zǒu liǎng chà.

いきなり忽然 hūrán. ¶～石が飛んできた / 突然石头飞了过来.

いきぬき【息抜き】歇气 xiēqì.

いきのこる【生き残る】幸存xìngcún.

いきもの【生き物】生物 shēngwù.

いきょう【異教】异教yìjiào. ¶～徒 / 异教徒.

イギリス英国 Yīngguó.

いきる【生きる】活 huó, 生活 shēnghuó. ¶生きている限り / 只要活着. ¶長くは生きられない / 活不长.

いく【行く】去 qù ；〔物事が進む〕进展 jìnzhǎn. ¶タクシーで～ / 坐出租车去. ¶デパートへ買い物に行った / 到百货公司买东西去了. ¶仕事がうまく～ / 工作顺利.

いくじ【育児】抚养孩子 fǔyǎng háizi. ¶～に追われる / 忙于抚养孩子.

いくじ【意気地】志气 zhìqì. ¶～がない / 没志气.

いくせい【育成】培养 péiyǎng.

いくつ【幾つ】几个 jǐ ge. ¶彼は～ですか / 他多大了？¶そこにボールが～ありますか / 那里有几个球？

いくぶん【幾分】一些 yīxiē. ¶きょうはきのうより～寒い / 今天比昨天冷一些.

いくら【幾ら】多少钱 duōshao qián. ¶この帽子は～ですか / 这顶帽子多少钱？¶費用は～かかりますか / 需要花多少钱？

いくらか【幾らか】稍微 shāowēi.

いけ【池】池塘 chítáng.

いけない不行 bùxíng, 不要 bùyào. ¶私のどこが～のですか / 你告诉我哪儿不对. ¶そんなことを言っては～ / 不许说那样的事.

いけばな【生け花】插花 chāhuā.

いける【生ける】插 chā. ¶花を～ / 插花.

いけん【意見】意见 yìjiàn. ¶～を述べる〔交換する〕/ 申述〔交换〕意见. ¶～が一致する / 意见一致.

いげん【威厳】威严 wēiyán. ¶～のある声 / 威严的声音. ¶～のある風貌 / 威严的样子.

いご【以後】以后 yǐhòu. ¶それ～は消息が途絶えた / 从那以后就没音信了. ¶5時～ / 五点以后.

いご【囲碁】围棋 wéiqí. ¶～を打つ / 下围棋.

いこう【移行】转移 zhuǎnyí.

いこう【意向】意向 yìxiàng. ¶～を尋ねる / 询问意向.

イコール等于 děngyú.

いこく【異国】异国 yìguó. ¶～情緒 / 异国情调；外国情绪.

いごこち【居心地】感觉 gǎnjué. ¶～のよい雰囲気 / 舒服的气氛.

いざかや【居酒屋】酒馆 jiǔguǎn.

いざこざ纠纷 jiūfēn. ¶～が起こる / 发生纠纷.

いさましい【勇ましい】勇敢 yǒnggǎn. ¶～若者 / 勇敢的小伙子.

いさん【遺産】遗产 yíchǎn. ¶～を残す / 留下遗产. ¶～を相続する / 继承遗产. ¶世界～ / 世界遗产.

いさん【胃酸】胃酸 wèisuān.

いし【石】石头 shítou. ¶～を投げる / 扔石头. ¶～ころ / 小石头. ¶～頭 / 死脑筋.

いし【意志】意志 yìzhì. ¶～が強い / 意志坚强. ¶～薄弱 / 意志薄弱.

いし【意思】意见 yìjiàn. ¶～表示 / 表明态度. ¶～を表明する / 表明志向. ¶～が通じる / 意思沟通. ¶自由～に任せる / 任凭各自的意愿.

いし【医師】医生 yīshēng.

いじ【維持】维持 wéichí. ¶現状を～する / 维持现状. ¶平和が～される / 维持和平.

いじ【意地】固执 gùzhí. ¶～を張る / 固执己见. ¶意地っ張りだ / 倔强. ¶～が悪い / 心眼儿坏.

いじ【遺児】遗子 yízǐ, 孤儿 gū'ér.

いしき【意識】意识 yìshí. ¶～を失う〔取り戻す〕/ 丧失〔恢复〕意识.

いしつ【異質】异质yìzhì. ¶～な要素 / 不同的因素.

いしつぶつ【遺失物】遗失物品 yíshī wùpǐn.

いじめ【苛め】欺负 qīfu. ¶～にあう / 受欺负. ¶弱い者～ / 欺侮弱者.

いじめる【苛める】欺负 qīfu. ¶下級生を～ / 欺负低年级同学.

いしゃ【医者】医生 yīshēng. ¶やぶ～ / 庸医. ¶～にかかる / 看医生.

いしゅう【異臭】异臭味 yìchòuwèi. ¶～がする / 有臭味.

いじゅう【移住】移居 yíjū.

いしょ【遺書】遗书 yíshū. ¶～を書く / 写遗书.

いしょう【衣装】服装 fúzhuāng ;〔劇の〕戏装 xìzhuāng. ¶舞台～ / 戏装. ¶花嫁～ / 新娘礼服.

いじょう【異状】异常 yìcháng. ¶機械に～がある / 机器有异常.

いじょう【異常】异常 yìcháng. ¶～な行動 / 异常的行动. ¶～気象 / 异常气候.

いじょう【以上】以上 yǐshàng. ¶1万元～の品物 / 一万元以上的东西. ¶これ～言うことはない / 没有必要再说了.

いしょく【異色】特色 tèsè, 独具一格 dú jù yī gé. ¶～のコンビ / 风格各异的组合.

いしょく【移植】移植 yízhí. ¶心臓を～する / 移植心脏. ¶腎臓～を受ける / 接受肾脏移植.

いしょく【委嘱】委托 wěituō. ¶委員を～される / 被委任为委员.

いしょく【衣食】衣食 yīshí. ¶～足りて礼節を知る / 衣食足则知礼节.

いしょくじゅう【衣食住】衣食住(行) yīshízhù (xíng). ¶～には困らない / 衣食住不发愁.

いじわる【意地悪】心眼儿坏 xīnyǎnr huài. ¶～な人 / 心眼儿坏的人. ¶～をする / 欺负人.

いす【椅子】椅子 yǐzi. ¶～2脚 / 两把椅子.

いずみ【泉】泉水 quánshuǐ.

イスラエル以色列 Yǐsèliè.

イスラム伊斯兰 Yīsīlán. ¶～教徒／穆斯林.

いずれ〔どれ〕哪一个 nǎ yī ge ;〔どのみち〕反正 fǎnzheng. ¶～にせよ / 不管怎样.

いせい【異性】异性 yìxìng.

いせい【威勢】威势 wēishì. ¶～がいい / 干劲十足.

いせき【遺跡】遗迹 yíjì.

いぜん【以前】以前 yǐqián.

いぜん【依然】依然 yīrán.

いそがしい【忙しい】忙 máng. ¶～生活 / 忙碌的生活. ¶遊ぶのに～ / 忙于游玩.

いそぐ【急ぐ】急 jí. ¶急いで仕事をする / 赶工作. ¶道を～ / 赶路.

いぞん【依存】依存 yīcún. ¶原油を輸入に～する / 原油全靠进口. ¶親に～する / 依靠父母.

いぞん【異存】反对意见 fǎnduì yìjiàn. ¶～ありません / 没有异议.

いた【板】板子 bǎnzi.

いたい【痛い】疼 téng, 痛 tòng. ¶頭が～ / 头疼. ¶おなかが～ / 肚子疼. ¶どこが～のか / 哪儿疼？¶～ところを突かれる / 被人揭短；被触到短处.

いたい【遺体】遗体 yítǐ, 尸体 shītǐ.

いたいたしい【痛々しい】非常可怜 fēicháng kělián.

いだい【偉大】伟大 wěidà. ¶～な業績〔人物〕/ 伟大的「成就〔人〕.

いたく【委託】委托wěituō. ¶～販売 / 寄售.

いだく【抱く】怀 huái. ¶希望〔悲しみ〕を～ / 怀着「希望〔悲痛〕. ¶疑惑を～ / 抱着疑惑.

いたずら【悪戯】淘气 táoqì. ¶～する / 恶作剧. ¶いたずらっ子 / 淘气包；淘气鬼.

いただく【頂く】领受 lǐngshòu. ¶もう1杯コーヒーを頂けませんか / 再来一杯咖啡可以吗？¶その考えは頂けないね / 我不能同意那样的想法.

いたち【鼬】鼬鼠 yòushǔ, 黄鼠狼 huángshǔláng.

いたばさみ【板挟み】左右为难 zuǒyòu wéinán. ¶母と妻との～になる / 在母亲和妻子之间左右为难.

いたみ【痛み】疼痛 téngtòng. ¶刺すような～ / 像针扎一样的疼. ¶～が取れた / 不疼了. ¶心の～を感じる / 感到心疼.

いたむ【痛む】疼 téng, 痛 tòng. ¶どこが痛みますか / 哪儿疼？¶腰がずきずき痛んで仕事ができない / 腰刺疼得干不了活儿.

いたむ【傷む】坏 huài, 腐败 fǔbài. ¶ご飯が少し傷んだ / 饭有点儿馊了. ¶桃は傷みやすい / 桃子易烂.

いたむ【悼む】哀悼 āidào. ¶彼の死を～ / 哀悼他的去世.

いためる【炒める】炒 chǎo. ¶肉を油で～ / 用油炒肉. ¶炒め物 / 炒菜类.

いためる【傷める】弄伤 nòngshāng.

イタリア意大利 Yìdàlì.

いたる【至る】到 dào, 至 zhì. ¶子供から大人に～まで / 从小孩到大人. ¶至らない人間ですが / 我是个粗心人. ¶至れり尽くせりのもてなし / 招待得很周到.

いたるところ【至る所】到处 dàochù.

いたわる【労る】照顾 zhàogu. ¶老人を～ / 照顾老人.

いち【一】一 yī. ¶～を聞いて十を知

る / 闻一知十.

いち【市】集市 jíshì. ¶～の立つ日 / 有集市的日子.

いち【位置】位置 wèizhi. ¶北極星の～ / 北极星的位置.

いちいち【一々】逐一 zhúyī. ¶～文句を言う / 埋怨不断.

いちいん【一員】成员 chéngyuán. ¶チームの～になる / 成为队中一员.

いちおう【一応】大致 dàzhì. ¶～目を通す / 大略看一遍.

いちがつ【一月】一月 yīyuè.

いちご【苺】草莓 cǎoméi.

いちじ【一時】一时 yīshí. ¶～的な感情 / 一时的感情.

いちじく【無花果】无花果wúhuāguǒ.

いちじるしい【著しい】显著 xiǎnzhù, 明显 míngxiǎn. ¶～変化 / 显著的变化. ¶進歩が～ / 进步明显.

いちど【一度】一次 yī cì. ¶もう～ / 再来一次. ¶～も行ったことがありません / 一次也没去过.

いちにち【一日】一天yī tiān. ¶～中 / 一整天. ¶～おきに / 隔天. ¶～3食 / 一日三餐.

いちにんまえ【一人前】［一人分］一份 yī fèn ；［能力］够格 gòugé.

いちねん【一年】一年yī nián. ¶～中 / 整年. ¶あれから～たった / 从那以后过了一年. ¶～生 / 一年级.

いちば【市場】市场shìchǎng. ¶魚～ / 鱼市. ¶～へ行く / 去市场.

いちばん【一番】第一名 dìyīmíng. ¶クラスで～背が高い / 在班里个子最高. ¶～でゴールインした / 第一个跑到终点.

いちぶ【一部】一部分 yībùfen. ¶～の人々 / 一部分人. ¶～改正する / 部分改正.

いちまい【一枚】一张 yī zhāng. ¶～上手 / 胜人一筹. ¶～岩の団結 / 团结一致.

いちめん【一面】一面 yīmiàn. ¶～だけを見て判断する / 片面地判断事情. ¶新聞の第～ / 报纸的头版.

いちもく【一目】¶～置く / 另眼相看. ¶～瞭然だ / 一目了然.

いちやく【一躍】一跃 yī yuè. ¶～有名になる / 一跃成名.

いちやづけ【一夜漬け】临阵磨枪 lín zhèn mó qiāng.

いちょう【銀杏】银杏 yínxìng. ¶～並木 / 银杏林荫道.

いちょうやく【胃腸薬】肠胃药chángwèiyào.

いちりゅう【一流】第一流 dìyīliú. ¶～大学〔企業〕/ 名牌「大学〔企业〕. ¶彼～のやり方 / 他独特的做法.

いつ【何時】什么时候 shénme shíhou, 几时 jǐshí. ¶～から / 从什么时候. ¶～でもよろしい / 什么时候都可以. ¶～の間にか彼はいなくなった / 不知不觉他不见了.

いつか【何時か】［いずれ］有一天 yǒu yī tiān ；［かつて］曾经 céngjīng. ¶～中国へ行きたい / 什么时候想去一趟中国. ¶～来た気がする / 好像曾经来过.

いつか【五日】五号 wǔ hào ；［五日間］五天 wǔ tiān.

いっか【一家】［家族全員］全家 quánjiā. ¶文壇で～を成す / 在文坛上自成一家. ¶～言を持っている / 有独到的主张.

いっかい【一回】一次 yī cì.

いっかい【一階】一楼 yī lóu.

いっき【一気】一口气 yīkǒuqì.

いっけん【一見】看一次 kàn yī cì. ¶～の価値がある / 值得一看. ¶百聞は～にしかず / 百闻不如一见.

いっこ【一個】一个 yī ge.

いっこう【一行】一行 yīxíng. ¶代表団の～ / 代表团一行.

いっこく【一刻】一刻 yīkè. ¶～を争う / 争分夺秒. ¶～を争うほど忙しい / 忙得不可开交.

いっさい【一切】一切 yīqiè. ¶～の責任を負う / 承担一切责任. ¶準備する必要は～ない / 完全不需准备.

いっさくじつ【一昨日】前天qiántiān.

いっさくねん【一昨年】前年qiánnián.

いっしゅ【一種】一种 yī zhǒng.

いっしゅう【一周】一周 yī zhōu. ¶世界～旅行 / 环球旅行. ¶競技場のトラックを～する / 在田径场跑道上跑一圈.

いっしゅうかん【一週間】一星期 yī xīngqī. ¶～以内に / 一周以内.

いっしゅん【一瞬】一刹那 yīchànà.

いっしょ【一緒】［同じ］一样 yīyàng ；［一緒に］一起 yīqǐ. ¶私と趣味が～だ / 和我的爱好一样. ¶～に行く / 一起去. ¶姉と～に暮らしている / 和姐姐一起生活.

いっしょう【一生】一辈子 yībèizi, 终生 zhōngshēng. ¶～の仕事 / 终身职业. ¶ご恩は～忘れません / 恩情永世不忘. ¶～忘れられない / 一辈子也忘不了.

いっしょうけんめい【一生懸命】拼命 pīnmìng. ¶～働く / 拼命工作.

いっせきにちょう【一石二鳥】一举两得 yī jǔ liǎng dé.

いっそう【一層】更加 gèngjiā.

いったい【一体】到底 dàodǐ. ¶～全体どうしたのですか / 到底是怎么了？ ¶～化する / 结合到一起.

いっち【一致】一致 yīzhì. ¶満場～で決まる / 全场一致通过. ¶指紋が～する / 指纹一致.

いっちょういっせき【一朝一夕】一朝一夕 yī zhāo yī xī.

いっちょういったん【一長一短】一长一短 yī cháng yī duǎn. ¶～がある / 各有所长所短.

いっちょくせん【一直線】［線］一条直线 yī tiáo zhíxiàn ；［まっすぐ］一直 yīzhí.

いつつ【五つ】五个 wǔ ge ；［年齢］五岁 wǔ suì. ¶～になる息子が一人

います / 有一个五岁的儿子.

いっつい【一対】一对 yī duì.

いってい【一定】一定 yīdìng, 稳定 wěndìng. ¶～の収入 / 稳定的收入. ¶～の分量 / 一定的分量. ¶温度を～に保つ / 保持一定的温度.

いってき【一滴】一滴 yī dī. ¶酒は～もやらない / 滴酒不沾.

いつでも【何時でも】无论什么时候 wúlùn shénme shíhou. ¶来週なら～結構です / 下周什么时候都行.

いっとうしょう【一等賞】头等奖tóuděngjiǎng. ¶～を取る / 得了一等奖.

いっぱい【一杯】一杯 yī bēi. ¶水を～ください / 请给我一杯水. ¶今晩～やろうよ / 今晚喝一杯吧. ¶もう～いかがですか / 再来一杯怎么样？ ¶場内～の観客 / 满场的观众. ¶感謝の気持ちで～です / 充满感激的心情. ¶～食う / 上当；受骗.

いっぱく【一泊】住一夜 zhù yī yè. ¶～旅行に行く / 去两天的旅行. ¶～二日 / 两天一夜.

いっぱん【一般】一般 yībān. ¶～的に言えば / 一般来说. ¶～人 / 普通人. ¶～常識 / 一般常识.

いっぷく【一服】［休憩］歇一会儿 xiē yīhuìr. ¶たばこを～吸う / 抽根烟.

いっぽ【一歩】一步 yī bù. ¶さらに～進んで言えば / 再进一步说. ¶～先を行く / 先行一步. ¶～も譲らない / 寸步也不让.

いっぽう【一方】一方面 yīfāngmiàn. ¶～通行 / 单行道. ¶契約を～的に破棄する / 一方擅自毁约. ¶税金は上がる～である / 税额一直上涨.

いつまでも【何時までも】永远 yǒngyuǎn.

いつも【何時も】什么时候都 shénme shíhou dōu. ¶～私にばかり用事を言いつける / 总是吩咐我干事.

いつわり【偽り】虚假 xūjiǎ. ¶うそ～がない / 绝无虚假.

いつわる【偽る】撒谎 sāhuǎng. ¶名前を～ / 谎报姓名.

イデオロギー意识形态 yìshí xíngtài；主义 zhǔyì.

いてざ【射手座】人马座 rénmǎzuò.

いてん【移転】迁移 qiānyí.

いでん【遺伝】遗传 yíchuán. ¶子孫に～する / 给后代遗传. ¶～子 / 遗传因子；基因. ¶優性～ / 优性遗传.

いと【糸】线 xiàn. ¶針に～を通す / 穿针引线. ¶後ろで～を引く / 幕后操纵.

いと【意図】意图 yìtú.

いど【井戸】井 jǐng. ¶～を掘る / 打井. ¶～端会議 / 井边闲聊.

いど【緯度】纬度 wěidù.

いどう【移動】移动 yídòng. ¶～性高気圧 / 移动性高气压.

いとぐち【糸口】线索 xiànsuǒ. ¶問題解決の～をつかむ / 找到〔抓住〕解决问题的线索.

いとこ【従兄弟・従姉妹】［父の兄弟の子女］堂"哥〔弟、姐、妹〕tánggē〔dì、jiě、mèi〕；［父の姉妹の子女, 母の兄弟姉妹の子女］表"哥〔弟、姐、妹〕biǎogē〔dì、jiě、mèi〕.

いどころ【居所】住宿的地方 zhùsù de dìfang.

いとしい【愛しい】可爱 kě'ài.

いとなむ【営む】经营 jīngyíng. ¶事業を～ / 经营事业.

いどむ【挑む】挑战 tiǎozhàn. ¶世界記録に～ / 挑战世界记录.

いない不在 bù zài. ¶部屋にはだれも～ / 谁都不在房间.

-いない【-以内】之内 zhīnèi. ¶1年～に / 一年之内. ¶500字～で要約する / 概括到五百字以内.

いなか【田舎】乡下 xiāngxià；［故郷］故乡 gùxiāng. ¶～育ち / 在农村长大. ¶～者 / 乡下佬.

いなずま【稲妻】闪电 shǎndiàn. ¶～が走った / 闪电了.

いなびかり【稲光】闪电的光 shǎndiàn de guāng. ¶～がする / 打闪.

-いなや【-否や】一…就… yī…jiù…. ¶聞くや～家を飛び出した / 一听就一下子跑出家门.

イニシアチブ主动 zhǔdòng.

イニシャル开头字母 kāitóu zìmǔ.

いにん【委任】委任 wěirèn. ¶～状 / 委托书. ¶～経営 / 代理经营.

いぬ【犬】狗 gǒu. ¶～を2匹飼う / 养两条狗. ¶～も歩けば棒に当たる / 出风头易遭祸. ¶夫婦げんかは～も食わない / 夫妻吵架, 狗都不理. ¶～死にする / 白白送死.

いね【稲】稻子 dàozi. ¶～を刈る / 割稻. ¶～刈り / 割稻.

いねむり【居眠り】瞌睡 kēshuì, 打盹儿 dǎdǔnr. ¶～運転をする / 开车打瞌睡.

いのしし【猪】野猪 yězhū.

いのち【命】命 mìng. ¶～を救う / 救命. ¶～を断つ / 杀害. ¶～あっての物種 / 留得青山在, 不怕没柴烧. ¶～がけで / 拼命. ¶～乞いをする / 乞求饶命. ¶～取りの病気 / 致命的病. ¶かろうじて～拾いした / 好不容易捡了一条命.

いのり【祈り】祈祷 qídǎo, 祷告 dǎogào. ¶～を捧げる / 祈祷.

いのる【祈る】祈祷 qídǎo, 祷告 dǎogào. ¶ご成功を祈ります / 祝您成功. ¶息子の無事を～ / 祈祷儿子平安.

いばる【威張る】趾高气扬 zhǐ gāo qì yáng, 摆架子 bǎi jiàzi.

いはん【違反】违反 wéifǎn, 违犯 wéifàn. ¶交通～ / 违反交通规则.

いびき【鼾】呼噜 hūlu. ¶～をかく / 打呼噜.

いふく【衣服】衣服 yīfu. ¶～を着換える / 换衣服.

いぶす【燻す】熏 xūn. ¶蚊を～/熏蚊子.

イベント活动 huódòng.

いほう【違法】违法 wéifǎ. ¶～行為/违法行为. ¶～駐車/违法停车.

いま【今】现在 xiànzài. ¶～がチャンスだ/现在是机会. ¶～からどうしますか/今后怎么办？¶～からでも遅くない/现在开始也不晚. ¶～しがたおっしゃったことは本当ですか/刚才说的是真的吗？¶～すぐに行きます/现在马上去. ¶～をときめく/时运亨通. ¶～さらほめられてもしょうがない/现在再夸也白搭. ¶～時の若者たち/如今的年轻人. ¶～に見ていろ/等着瞧！¶雨は～にも降りだしそうだ/眼看就要下雨了. ¶～一つ物足りない/有点儿不够. ¶～までにない/从未有的. ¶～までどおり/照原样. ¶～か～かと待ちかねる/望眼欲穿. ¶～や時遅しの感があります/感觉现在为时已晚.

いま【居間】起居室 qǐjūshì.

いみ【意味】意思 yìsi. ¶～がある/有意义. ¶～深長だ/意味深长. ¶どういう～なのかわからない/不知道说的是什么意思. ¶～のないことを言う/说无意义的话.

イミテーション仿造 fǎngzào,仿制品 fǎngzhìpǐn. ¶ダイヤの～/仿钻石.

いみん【移民】移民 yímín.

イメージ形象 xíngxiàng. ¶～キャラクター/形象「大使〔代言人〕.

いもうと【妹】妹妹 mèimei.

いもの【鋳物】铸件zhùjiàn. ¶～工場/铸造厂.

いや【嫌】讨厌 tǎoyàn. ¶～な男/可恶的男人. ¶～な天気/令人讨厌的天气. ¶～気がさす/感到厌烦.

いやがらせ【嫌がらせ】使人不痛快 shǐ rén bù tòngkuai. ¶～をする/存心使人不舒服.

いやがる【嫌がる】嫌 xián. ¶人の～仕事/别人不愿干的活.

いやくひん【医薬品】医疗药品 yīliáo yàopǐn.

いやしい【卑しい】卑鄙bēibǐ,低贱dījiàn. ¶金銭に～/贪恋钱财.

イヤホーン耳机 ěrjī.

いやみ【嫌味】挖苦 wāku. ¶～を言う/挖苦人. ¶～な人/爱挖苦的人. ¶～を並べる/尽说挖苦的话.

いやらしい【嫌らしい】可憎 kězēng. ¶～目つきで見る/用下流的眼光看.

イヤリング耳环 ěrhuán.

いよいよ［ますます］越发 yuèfā；［いまや］即将 jíjiāng. ¶夜になって風は～激しくなってきた/到晚上风越刮越大. ¶試合が～始まります/比赛马上开始.

いよく【意欲】干劲儿 gànjìnr. ¶生きる～を失う/失去活下去的信心. ¶～的な作品/积极的作品.

いらい【依頼】委托 wěituō. ¶～人/委托人. ¶～心/依赖心.

いらい【以来】以来 yǐlái. ¶有史～/有史以来. ¶帰国して～彼とはまだ会っていません/回国后还没跟他见面.

いらいら【苛苛】着急 zháojí,焦急 jiāojí,急躁 jízào. ¶時間がなくて～している/因没时间焦急不安.

イラク伊拉克 Yīlākè.

イラスト插图 chātú. ¶～レーター/插图画家.

いらっしゃい［訪問客に対して］欢迎 huānyíng.

イラン伊朗 Yīlǎng.

いりえ【入り江】湾 wān.

いりぐち【入り口】入口 rùkǒu.

いりょう【医療】医疗 yīliáo. ¶～機関/医疗机构. ¶～品/医疗用品. ¶～保険/医疗保险. ¶～費/医疗费.

いりょく【威力】威力 wēilì. ¶～を発揮する/发挥威力.

いる【居る】在 zài,住 zhù. ¶家に～/在家. ¶上海に～息子から手紙が来た/在上海住的儿子来信了.

いる【要る】要 yào. ¶お金が～/需要钱. ¶いらない本/不要的书.

いる【射る】射 shè. ¶矢を～/射箭. ¶的に射当てる/射中靶子.

いるい【衣類】衣服 yīfu.

いるか【海豚】海豚 hǎitún.

いれい【異例】例外lìwài. ¶～の事件/不同寻常的事件. ¶～の昇進/破格晋升.

いれかえる【入れ換える】换 huàn. ¶空気を～/换气. ¶心を～/改变心思.

いれば【入れ歯】假牙 jiǎyá.

いれる【入れる】装 zhuāng,放 fàng. ¶書類をかばんに～/把文件装在书包里. ¶コーヒーに砂糖を～/在咖啡里放糖. ¶勘定に～/估计在内. ¶子供を大学に～/让孩子上大学. ¶力を～/用劲.

いろ【色】颜色 yánsè. ¶どんな～がお好きですか/你喜欢什么颜色？¶～とりどりの民族衣装/色彩缤纷的民族服装. ¶～を失う/失色. ¶～をなす/发怒. ¶十人十～/人各不同. ¶～鉛筆/彩色铅笔.

いろいろ【色々】各种各样 gèzhǒng gèyàng. ¶～な角度から検討する/从各种角度分析. ¶～な花/各种各样的花. ¶～とありがとうございます/万分感谢. ¶～お世話になりました/承蒙关照.

いろけ【色気】风韵 fēngyùn.

いろん【異論】不同意见 bùtóng yìjiàn. ¶～を唱える/提出不同意见.

いわ【岩】岩石 yánshí.

いわい【祝い】祝贺 zhùhè. ¶～酒/喜酒. ¶結婚～/结婚礼物. ¶心からお～申し上げます/由衷地祝福.

いわう【祝う】祝贺 zhùhè. ¶卒業を

～ / 庆祝毕业.
いわし【鰯】沙丁鱼 shādīngyú. ¶～雲 / 卷积云.
いわゆる【所謂】所谓 suǒwèi.
いん【印】印章yìnzhāng. ¶～を押す / 盖印.
いん【韻】韵 yùn. ¶～を踏む / 押韵.
いんき【陰気】忧郁 yōuyù. ¶～な感じの男 / 忧郁的男人.
インク墨水 mòshuǐ.
いんこ鹦哥 yīnggē.
いんさつ【印刷】印刷 yìnshuā. ¶～機 / 印刷机. ¶～所 / 印刷厂. ¶～物 / 印刷物.
いんしゅう【因習】旧习 jiùxí. ¶～にとらわれる / 墨守陈规. ¶～を打破する / 破除陈规陋习.
いんしょう【印象】印象 yìnxiàng. ¶よい～を与える / 留下好印象. ¶～的な出来事 / 印象深刻的事. ¶～が悪い / 印象不好. ¶～に残る / 留下印象. ¶第一～ / 第一印象.
いんしょく【飲食】饮食 yǐnshí. ¶～物 / 饮食品. ¶～店 / 饮食店.
インスタント速成 sùchéng. ¶～ラーメン / 方便面.
インストラクター指导员 zhǐdǎoyuán.
いんせい【陰性】阴性 yīnxìng.
いんぜい【印税】版税 bǎnshuì.
いんせき【姻戚】姻亲 yīnqīn. ¶～関係 / 姻亲关系；裙带关系.
インターチェンジ高速公路出入口 gāosù gōnglù chūrùkǒu.
インターネット因特网 yīntèwǎng.
インターフェイス接口 jiēkǒu.
インターホン对讲电话duìjiǎng diànhuà, 内线电话 nèixiàn diànhuà.
いんたい【引退】引退 yǐntuì.
インタビュー采访 cǎifǎng. ¶総理に～する / 采访总理. ¶独占～ / 独家采访.
インデックス索引 suǒyǐn.
インテリ知识分子 zhīshi fènzǐ.
インテリア室内设计 shìnèi shèjì. ¶～デザイナー / 室内设计师.
インド印度 Yìndù.
インドネシア印度尼西亚 Yìndùníxīyà ；[略称]印尼 Yìnní.
インプット输入 shūrù.
インフルエンザ流行性感冒 liúxíngxìng gǎnmào, 流感 liúgǎn.
インフレ通货膨胀 tōnghuò péngzhàng, 通胀 tōngzhàng. ¶～を抑制する / 抑制通货膨胀.
いんぼう【陰謀】阴谋 yīnmóu. ¶～を企てる / 搞阴谋.
いんゆ【隠喩】隐喻 yǐnyù.
いんよう【引用】引用 yǐnyòng. ¶ことわざを～する / 引用谚语. ¶～符 / 引号.
いんりょうすい【飲料水】饮用水yǐnyòngshuǐ.
いんりょく【引力】引力 yǐnlì. ¶万有～の法則 / 万有引力定律.

う

ウイークエンド周末 zhōumò.
ウイークデー平日 píngrì.
ウイスキー威士忌 wēishìjì.
ウイルス病毒 bìngdú. ¶コンピュータ～ / 计算机病毒.
ウインカー方向指示灯 fāngxiàng zhǐshìdēng.
ウインク使眼色 shǐ yǎnsè, 暗送秋波 ànsòng qiūbō.
ウール羊毛 yángmáo.
うえ【上】上 shàng. ¶机の～に / 桌上. ¶（年齢が）一つ～ / 大一岁. ¶～には～がある / 人外有人,天外有天.
うえ【飢え】饥饿 jī'è. ¶～死にする / 饿死.
ウエーター男服务员 nánfúwùyuán.
ウエートレス女服务员 nǚfúwùyuán.
うえき【植木】栽种的树木 zāizhòng de shùmù. ¶～鉢 / 花盆.
ウエスト腰围 yāowéi.
うえる【植える】种植 zhòngzhí. ¶木を～ / 种树.
うえる【飢える】饿 è. ¶妻子を飢えさせる / 让老婆孩子挨饿. ¶母の愛に～ / 渴求母爱.
うかい【迂回】迂回 yūhuí. ¶山を～する / 绕过山.
うがい【嗽】漱口 shùkǒu.
うかぶ【浮かぶ】漂 piāo, 浮 fú. ¶船が～ / 船浮在水上. ¶空に浮かんでいる凧 / 飘在空中的风筝. ¶いい考えが～ / 想出好主意.
うかる【受かる】考上 kǎoshàng. ¶大学に～ / 考上大学.
うき【浮き】［釣り用の］鱼漂 yúpiāo.
うき【雨期·雨季】雨季 yǔjì. ¶～に入った / 进入雨季.
うきうき【浮き浮き】心里高兴 xīnli gāoxìng. ¶～する / 兴高采烈.
うきぶくろ【浮き袋】救生圈jiùshēngquān.
うきぼり【浮き彫り】浮雕 fúdiāo.
うく【浮く】浮 fú, 漂 piāo. ¶体が宙に～のを感じる / 感到身体浮在空中. ¶1か月に1万円は～ / 一个月可以余出一万日元.
うぐいす【鶯】黄莺 huángyīng.
ウクライナ乌克兰 Wūkèlán.
うけいれる【受け入れる】接受 jiēshòu. ¶無条件で～ / 无条件接受. ¶外国の文物を～ / 接收国外的文物. ¶提案を～ / 采纳提案. ¶難民を～ / 接收难民.
うけつぐ【受け継ぐ】继承 jìchéng. ¶伝統を～ / 继承传统.
うけつけ【受付】接待(处) jiēdài (chù).
うけとる【受け取る】接 jiē, 收 shōu, 领取 lǐngqǔ. ¶娘からの手紙を～ / 收到女儿的来信. ¶悪く受け取らな

いでほしい / 希望你不要误会.

うけもつ【受け持つ】担任 dānrèn.

うける【受ける】接 jiē ；受到 shòudào ；遭受 zāoshòu. ¶試験を～ / 参加考试. ¶電話を～ / 接电话.

うごかす【動かす】动 dòng ；挪 nuó, 移动 yídòng. ¶椅子を～ / 挪椅子. ¶機械を～ / 开动机器. ¶人の心を～ / 打动人心.

うごき【動き】动 作 dòngzuò, 动 向 dòngxiàng, 动态 dòngtài. ¶世 界経済の～ / 世界经济的动向. ¶～が取れない / 动弹不得.

うごく【動く】动 dòng, 移动 yídòng. ¶機械が～ / 机器运转. ¶世界情勢は動いている / 世界形势在变幻.

うさぎ【兎】兔子 tùzi.

うし【牛】牛 niú. ¶雄～ / 公牛. ¶雌～ / 母牛. ¶～小屋 / 牛棚.

うしなう【失う】失去 shīqù. ¶職を～ / 失业. ¶信用を～ / 失信. ¶意識を～ / 失去知觉.

うしろ【後ろ】后面 hòumian. ¶～を振り向く / 回头看. ¶（バスなどで）～へお詰めください / 请往里走. ¶敵に～を見せる / 败给敌人. ¶～足 / 后脚. ¶～髪 / 脑后头发. ¶～盾 / 后盾.

うず【渦】漩涡 xuánwō. ¶～巻く / 打漩.

うすい【薄い】［紙などが］薄 báo ；［色·味などが］淡 dàn ；［髪などが］稀 xī ；［可能性が］少 shǎo. ¶～紙 / 薄纸. ¶～緑色 / 浅绿色. ¶スープの味が薄すぎる / 汤味太淡. ¶髪の毛〔ひげ〕が～ / 头发〔胡子〕稀疏. ¶望みが～ / 希望不大.

うすぐらい【薄暗い】灰 暗 huī'àn. ¶～電灯の明かり / 灰暗的灯光.

うずまき【渦巻き】漩涡 xuánwō.

うずめる【埋める】埋 mái. ¶地面に～ / 埋在地上.

うずら【鶉】鹌鹑 ānchún. ¶～の卵 / 鹌鹑蛋.

うすれる【薄れる】淡薄 dànbó. ¶関心が～ / 漠不关心.

うせつ【右折】右拐 yòuguǎi.

うそ【嘘】假 话 jiǎhuà, 谎 言 huǎngyán. ¶～をつく / 说谎；撒谎. ¶とてつもない～をつく / 弥天大谎. ¶真っ赤な～ / 纯属谎言.

うそつき【嘘吐き】撒 谎 sāhuǎng ；爱撒谎的人 ài sāhuǎng de rén.

うた【歌】歌曲 gēqǔ. ¶～を歌う / 唱歌. ¶～がうまい / 歌唱得好.

うたう【歌う】唱 chàng. ¶ギターに合わせて～ / 伴着吉他唱歌.

うたがい【疑い】疑 问 yíwèn, 怀 疑 huáiyí. ¶～を抱く / 怀疑.

うたがう【疑う】怀疑 huáiyí. ¶人を～ / 怀疑别人. ¶彼の能力を疑わざるを得ない / 不得不怀疑他的能力.

うたがわしい【疑わしい】可疑 kěyí.

うち【内】里边 lǐbian. ¶思いを～に秘める / 把想法埋在心里. ¶～の会社 / 我们公司. ¶彼らの～の一人 / 他们之中的一个人. ¶暗くならない～に / 趁天还没黑.

うち【家】家 jiā. ¶～の子供たち / 家里的孩子. ¶～に来るかい / 来我家吗？

うちあける【打ち明ける】坦 白 tǎnbái. ¶真実を～ / 说出真相. ¶本心を～ / 讲出心里话.

うちあわせ【打ち合わせ】事 先 商 量 shìxiān shāngliang.

うちかつ【打ち勝つ】克 服 kèfú. ¶困難に～ / 战胜〔克服〕困难.

うちがわ【内側】里边 lǐbian. ¶～から鍵をかける / 从里面反锁.

うちき【内気】内向 nèixiàng. ¶～な性格 / 内向的性格.

うちけす【打ち消す】否认 fǒurèn.

うちゅう【宇宙】宇 宙 yǔzhòu, 太 空 tàikōng. ¶～飛行 / 宇宙飞行. ¶～飛行士 / 宇航员. ¶～船 / 宇宙飞船. ¶～ステーション / 宇宙空间站. ¶有人～飛行 / 载人宇宙飞行.

うちわ【団扇】团扇 tuánshàn.

うつ【打つ】打 dǎ. ¶ホームランを～ / 击出本垒打. ¶胸を～話 / 令人感动的话. ¶碁を～ / 下围棋.

うつ【撃つ】开枪 kāiqiāng. ¶銃を～ / 开枪.

うつ【討つ】讨伐 tǎofá. ¶かたきを～ / 报仇.

うっかり 不小心 bù xiǎoxīn. ¶～乗り過ごした / 不小心坐过站了.

うつくしい【美しい】美丽 měilì. ¶～顔 / 漂亮的容貌. ¶～花 / 美丽的花. ¶～声 / 甜美的声音. ¶心の～娘さん / 心地好的姑娘. ¶美しく着飾っている / 穿着华丽.

うつす【写す】［書き写す］抄 chāo ；［写真を撮る］拍 pāi. ¶友人のノートを～ / 抄朋友的笔记. ¶写真を～ / 拍照.

うつす【映す】照zhào. ¶鏡に顔を～ / 照镜子.

うつす【移す】移 动 yídòng, 搬 bān. ¶工場を郊外に～ / 把工厂搬迁到郊外. ¶視線を～ / 转移视线. ¶行動に～ / 开始行动. ¶風邪を～ / 传染感冒.

うったえ【訴え】［訴訟］诉讼 sùsòng. ¶～を起こす / 打官司.

うったえる【訴える】［告 訴 する］诉讼 sùsòng, 控告 kònggào. ¶世論に～ / 呼吁舆论. ¶理性に～ / 诉诸理性. ¶警察に～ / 求助警察. ¶債務不履行で訴えられた / 因不履行债务被起诉.

うっとり 陶醉 táozuì, 入迷 rùmí. ¶～と聞きほれる / 听得出神.

うつぶせ【俯せ】趴 pā. ¶～になる / 趴下.

うつむく【俯く】低头 dītóu. ¶うつむいて歩く / 低头走路.

うつる【移る】搬 bān ；转移 zhuǎnyí. ¶火が隣の家に燃え移った / 火

烧到了隔壁家. ¶この病気は移りません / 这病不传染.
うつる【映る】映 yìng. ¶窓に映った影 / 映在窗户上的影子.
うで【腕】胳膊 gēbo ；[腕前]本领 běnlǐng. ¶～が太い / 胳膊粗. ¶～を組む / 挽着胳膊. ¶彼は～の立つ弁護士だ / 他是有本事的律师. ¶～に覚えがある / 有信心. ¶～を振るう / 施展本领. ¶～相撲 / 扳手腕；掰腕子.
うでどけい【腕時計】手表 shǒubiǎo.
うてん【雨天】雨天 yǔtiān. ¶～決行である / 风雨无阻. ¶試合は～順延となった / 比赛因雨顺延.
うながす【促す】推促 tuīcù,促使 cùshǐ. ¶再考を～ / 促使他重新考虑.
うなずく【頷く】点头 diǎntóu. ¶彼の言うこともうなずける / 他说的也有道理.
うなる【唸る】呻吟 shēnyín. ¶モーターが～ / 马达轰鸣.
うぬぼれる【自惚れる】自负 zìfù,骄傲自满 jiāo'ào zìmǎn.
うは【右派】右派 yòupài.
うばう【奪う】夺 duó,抢 qiǎng. ¶金を～ / 抢钱. ¶心を奪われる / 被吸引住.
うま【馬】马 mǎ. ¶～がいななく / 马嘶. ¶～に乗る / 骑马. ¶～が合う / 对劲儿. ¶～の耳に念仏 / 对牛弹琴.
うまい【旨い】[おいしい]好吃 hǎochī ；[上手だ]高明 gāomíng. ¶～食べ物 / 好吃的东西. ¶ピアノが～ / 钢琴弹得好. ¶～汁を吸う / 不劳而获.
うまく【旨く】顺利 shùnlì. ¶万事～いっている / 万事顺利.
うまる【埋まる】[地中に]埋没 máimò. ¶紹興酒のかめが土に埋まっている / 绍兴酒的坛子埋在地下. ¶席が～ / 座满.
うまれ【生まれ】出生 chūshēng. ¶～は九州です / 出生在九州. ¶5月～ / 五月生（的人）.
うまれつき【生まれつき】天生 tiānshēng. ¶～の才能 / 天生的才能.
うまれる【生まれる】出生chūshēng；[生じる]产生 chǎnshēng. ¶1980年9月8日に大阪で生まれた / 一九八〇年九月八日出生于大阪. ¶彼らに長男が生まれた / 他们生大儿子了. ¶金持ちに～ / 生在富人家. ¶生まれて初めて / 有生以来第一次.
うみ【海】大海 dàhǎi,海洋 hǎiyáng. ¶深い～ / 深海. ¶広い～ / 浩瀚的大海. ¶～に行こうよ / 去海边吧.
うみ【膿】脓 nóng. ¶～が出る / 出脓.
うみだす【生み出す】产生出 chǎnshēngchū. ¶工業化はさまざまな問題を生み出した / 工业化带来了一系列问题.
うみべ【海辺】海边 hǎibiān.
うむ【生む・産む】生 shēng. ¶赤ちゃんを生みたい / 想生小孩. ¶鶏が卵を～ / 鸡下蛋. ¶日本の生んだ天才的な音楽家 / 日本的天才音乐家.
うめ【梅】梅 méi. ¶～酒 / 青梅酒.
うめく【呻く】呻吟 shēnyín.
うめる【埋める】埋入 máirù ；[補う]弥补 míbǔ. ¶水道管を土中に～ / 将水管埋入土中. ¶余白を～ / 填补空白. ¶欠員を～ / 填补空缺. ¶風呂の湯を水で～ / 往热洗澡水里对凉水.
うもう【羽毛】羽毛 yǔmáo. ¶～布団 / 羽绒被.
うやまう【敬う】敬 jìng.
うら【裏】背面 bèimiàn ；[後ろ]后边 hòubian. ¶家の～山に / 家后山上. ¶～で操る / 幕后操纵. ¶この決定には～がある / 这个决定有内情.
うらおもて【裏表】表里 biǎolǐ. ¶セーターを～に着る / 反穿毛衣. ¶～のある人 / 表里不一的人.
うらがえす【裏返す】翻过来 fānguòlai. ¶靴下を～ / 把袜子翻过来.
うらぎる【裏切る】背叛 bèipàn ；[期待に反する]违背wéibèi. ¶友人を～ / 背叛朋友. ¶部下に裏切られる / 被部下背叛. ¶両親の期待を～ / 辜负父母的期望. ¶裏切り者 / 叛徒.
うらぐち【裏口】后门 hòumén. ¶～から出入りする / 从后门出入. ¶～入学 / 走后门上学.
うらじ【裏地】衬料 chènliào.
うらどおり【裏通り】后街 hòujiē.
うらない【占い】算命 suànmìng,占卜 zhānbǔ. ¶～師 / 算命先生. ¶星～ / 星座占卜.
うらなう【占う】算命 suànmìng.
うらむ【恨む】埋怨 mányuàn.
うらやましい【羨ましい】羡慕 xiànmù. ¶君の成功が～よ / 你的成功让人真羡慕. ¶うらやましくてたまらない / 羡慕得不得了.
ウラン铀 yóu. ¶濃縮～ / 浓缩铀.
うりきれ【売り切れ】售完 shòuwán. ¶本日は～ / 今天货已售完. ¶チケットが売り切れた / 票已卖完了.
うりだし【売り出し】甩卖 shuǎimài. ¶大～ / 大甩卖.
うりょう【雨量】雨量 yǔliàng. ¶～は50ミリを超えた / 雨量超过五十毫米. ¶～計 / 雨量计.
うる【売る】卖 mài. ¶50万円で車を彼に売った / 汽车五十万日元卖给他了. ¶国を売った逆賊 / 卖国贼. ¶生きていくために良心を～ / 为了生存违背良心.
うる【得る】得到 dédào. ¶少しも～ところがない / 一点也得不到好处.
うるうどし【閏年】闰年 rùnnián.
うるさい【煩い】吵闹 chǎonào ；[口うるさい]挑剔 tiāoti. ¶ラジオの音が～ / 收音机的声音吵人. ¶言葉遣いに～ / 对措辞很讲究.
うれい【憂い】忧虑 yōulǜ. ¶～に沈む / 忧心忡忡.

うれえる【憂える】担忧 dānyōu.

うれしい【嬉しい】高兴 gāoxìng. ¶お目にかかれて～です / 见到您,很高兴. ¶～知らせ / 好消息.

うれゆき【売れ行き】销路 xiāolù. ¶～がよい / 销路好. ¶雑誌の～が悪い / 杂志的销路不好.

うれる【売れる】畅销 chàngxiāo. ¶新製品がよく売れている / 新产品很畅销.

うろこ【鱗】鳞 lín. ¶魚の～を取る / 刮鱼鳞.

うわき【浮気】见异思迁 jiàn yì sī qiān. ¶～をする / 搞不当男女关系.

うわぎ【上着】上衣 shàngyī.

うわさ【噂】传言 chuányán. ¶～が立つ / 有传言. ¶～を立てる / 散布谣言. ¶～が広がる / 谣言四起. ¶彼女はアメリカへ留学したとの～だ / 听说她去美国留学了. ¶よからぬ～ / 坏名声. ¶～をすれば影 / 说曹操,曹操就到.

うわまわる【上回る】超过 chāoguò.

うわやく【上役】上级 shàngjí.

うん【運】命运 mìngyùn. ¶～がいい〔悪い〕/ 运气「好〔不好〕. ¶すべてを～に任せる / 一切听天由命. ¶幸～ / 幸运. ¶悪～ / 恶运.

うんえい【運営】经营 jīngyíng.

うんが【運河】运河 yùnhé.

うんこう【運行】运行 yùnxíng.

うんざり腻烦 nìfan. ¶彼女のぐちには～だ / 听腻了她的牢骚.

うんそう【運送】搬运 bānyùn. ¶～料 / 运费.

うんちん【運賃】运费 yùnfèi,车票钱 chēpiàoqián. ¶東京一大阪間の～はいくらですか / 从东京到大阪的车票多少钱? ¶～値上げ / 运费上涨.

うんてん【運転】驾驶 jiàshǐ. ¶車を～する / 开车. ¶春節は臨時列車が～される / 春节开行临时客运列车. ¶～手 / 司机. ¶～免許証 / 驾照. ¶安全～ / 安全驾驶.

うんどう【運動】运动 yùndòng. ¶最近私は～不足だ / 最近我很少运动.

うんぱん【運搬】搬运 bānyùn.

うんめい【運命】命运 mìngyùn. ¶～を切り開く / 开拓自己的命运. ¶～を共にする / 共命运. ¶～のいたずら / 命运的捉弄.

うんゆ【運輸】运输yùnshū. ¶～会社 / 运输公司.

え

え【絵】画 huà. ¶～を描く / 画画儿. ¶～を2枚描く / 画两幅画儿. ¶～にかいた餅 / 画饼充饥.

え【柄】把子 bàzi. ¶傘の～ / 伞把.

エアコン空调 kōngtiáo. ¶～をつける〔消す〕/ 开〔关〕空调.

エアロビクス有氧运动 yǒuyǎng yùndòng.

えいえん【永遠】永远 yǒngyuǎn. ¶～の別れ / 永别.

えいが【映画】电影 diànyǐng,影片 yǐngpiàn. ¶～を見に行く / 去看电影. ¶～館 / 电影院. ¶～スター / 电影明星.

えいきゅう【永久】永久 yǒngjiǔ. ¶～保存 / 永久保存. ¶～歯 / 恒牙.

えいきょう【影響】影响 yǐngxiǎng. ¶～を及ぼす / 造成影响. ¶～力 / 影响力.

えいぎょう【営業】营业 yíngyè. ¶～中 / 正在营业. ¶～時間 / 营业时间. ¶～禁止 / 禁止营业. ¶～部 / 销售部.

えいご【英語】英语 Yīngyǔ. ¶これは～でなんと言いますか / 这用英语怎么说? ¶～で話す / 用英语说. ¶～に訳す / 翻译成英语.

えいこう【栄光】光荣 guāngróng. ¶勝利の～ / 胜利的光芒.

えいじゅう【永住】永久居住 yǒngjiǔ jūzhù. ¶～の地 / 永久居住的地方. ¶～権 / 永居权.

エイズ艾滋病àizībìng. ¶～ウイルス / 艾滋病毒. ¶～ワクチン / 艾滋病疫苗. ¶～患者 / 艾滋病患者.

えいせい【衛星】卫星 wèixīng. ¶～都市 / 卫星城. ¶～放送 / 卫星广播. ¶人工～ / 人造卫星.

えいせい【衛生】卫生 wèishēng. ¶非～的な / 不卫生的. ¶公衆～ / 公共卫生.

えいぞう【映像】影像 yǐngxiàng,图像 túxiàng.

えいゆう【英雄】英雄 yīngxióng.

えいよ【栄誉】荣誉 róngyù. ¶～に輝く / 获得荣誉.

えいよう【栄養】营养 yíngyǎng. ¶～がある / 有营养. ¶～が足りない / 营养不足. ¶～をとる / 摄取营养. ¶～失調 / 营养失调.

えいり【営利】营利 yínglì. ¶～事業 / 营利事业. ¶～誘拐 / 图财诱拐.

えいり【鋭利】锋利 fēnglì,锐利 ruìlì. ¶～な刃物 / 锋利的刀具.

ええ是的 shìde. ¶～,そうです / 哎,是的.

ええと哎 āi. ¶約束の時間は,～,確か2時でしたね / 约好的时间,哎,是两点吧.

エープリルフール愚人节 Yúrénjié.

えがお【笑顔】笑容 xiàoróng. ¶～であいさつする / 笑着打招呼. ¶無理に～を作る / 强作笑颜.

えがく【描く】描写 miáoxiě. ¶秋の風景を～ / 描画秋天的风景. ¶紙飛行機が円を～ / 纸飞机绕圈儿飞. ¶夢に～ / 空想.

えき【駅】车站 chēzhàn. ¶次の～で降りる / 在下一站下车. ¶～員 / 车站工作人员. ¶～長 / 站长. ¶始発～ / 始发站. ¶終着～ / 终点站.

エキスパート专家 zhuānjiā.

えきたい【液体】液体yètǐ. ¶～窒素 / 液态氮. ¶～燃料 / 液体燃料.

えくぼ【靨】酒窝 jiǔwō. ¶笑うと～ができる / 一笑就有酒窝.

エゴイスト 自私的人 zìsī de rén.

エコノミークラス 经济舱 jīngjìcāng.

えこひいき【依怙贔屓】偏心 piānxīn, 偏袒 piāntǎn. ¶母は弟ばかりを～する / 妈妈总是偏向弟弟.

エコロジー 生态学 shēngtàixué.

えさ【餌】饲料 sìliào ;［おとり］诱饵 yòu'ěr. ¶釣り針に～をつける / 在鱼钩上放鱼饵. ¶鶏に～をやる / 给鸡喂食. ¶金を～にしておびきよせる / 以金钱为诱饵引诱上钩.

エジプト 埃及 Āijí.

えしゃく【会釈】打招呼 dǎ zhāohu, 示意 shìyì.

エスエフ【SF】科幻 kēhuàn. ¶～小説 / 科幻小说.

エスカレーター 自动扶梯 zìdòng fútī.

エストニア 爱沙尼亚 Àishāníyà.

えだ【枝】树枝 shùzhī, 枝子 zhīzi. ¶小～ / 小枝条.

えだまめ【枝豆】毛豆 máodòu.

エチオピア 埃塞俄比亚 Āisài'ébǐyà.

エチケット 礼节 lǐjié.

エックスせん【X線】X射线shèxiàn.

えつらん【閲覧】阅览 yuèlǎn.

エヌジーオー【NGO】非政府组织 fēizhèngfǔ zǔzhī.

エネルギー 能源 néngyuán. ¶～危機 / 能源危机.

えのぐ【絵の具】颜料 yánliào.

えはがき【絵葉書】美术明信片 měishù míngxìnpiàn.

エビ【海老】虾 xiā. ¶伊勢～ / 龙虾. ¶～で鯛を釣る / 一本万利.

エピソード 逸事 yìshì.

エフエム【FM】调频 tiáopín. ¶～放送局 / 调频广播电台.

えふで【絵筆】画笔 huàbǐ.

エプロン 围裙 wéiqún.

えほん【絵本】图画书 túhuàshū.

エメラルド 绿宝石 lǜbǎoshí.

えらい【偉い】伟大 wěidà ;［はなはだしい・ひどい］厉害 lìhai. ¶本当に～人だ / 真是个了不起的人. ¶偉そうな態度 / 傲慢的态度. ¶～人出だ / 人多得不得了. ¶～ことになった / 这下遭了.

えらぶ【選ぶ】选择 xuǎnzé. ¶気に入ったものを選びなさい / 请选自己中意的东西. ¶代表に選ばれる / 被选为代表. ¶死を～ / 选择死亡. ¶目的のためには手段を選ばない / 为达目的不择手段.

えり【襟】领子 lǐngzi. ¶～を正す / 端正姿势. ¶～巻き / 围巾.

エリート 尖子 jiānzi.

える【得る】得到 dédào. ¶名声を～ / 得到名声. ¶信任を～ / 得到信任. ¶～ところが大きい / 收获很大. ¶あり得ない / 不可能.

エルニーニョげんしょう【エルニーニョ現象】厄尔尼诺现象 è'ěrnínuò xiànxiàng.

エレガント 雅致 yǎzhi. ¶～な装い / 高雅的装束.

エレキギター 电吉他 diànjítā.

エレクトロニクス 电子学 diànzǐxué.

エレベーター 电梯 diàntī.

えん【円】圆 yuán ;［日本の通貨］日元 rìyuán. ¶～の面積 / 圆的面积. ¶～高 / 日元升值.

えん【縁】缘分 yuánfèn. ¶～を切る / 断绝关系. ¶～がない / 无缘. ¶～もゆかりもない / 毫无关系.

えんえき【演繹】演绎 yǎnyì. ¶～法 / 演绎法.

えんかい【宴会】宴会 yànhuì. ¶～を催す / 举行宴会.

えんかく【沿革】沿革 yángé. ¶わが社の～ / 我公司的发展历程.

えんかつ【円滑】顺利 shùnlì. ¶～な人間関係 / 协调的人际关系.

えんがん【沿岸】沿岸 yán'àn. ¶～漁業 / 沿海渔业.

えんき【延期】延期 yánqī. ¶雨が降ったら～になる / 若下雨就延期.

えんぎ【演技】表演 biǎoyǎn, 演技 yǎnjì. ¶すばらしい～ / 精彩的表演. ¶～力 / 演技水平.

えんぎ【縁起】兆头 zhàotou. ¶～がいい / 吉祥. ¶～でもないこと言うな / 别说不吉利的话.

えんきょく【婉曲】婉转 wǎnzhuǎn. ¶～な表現 / 委婉的表达方式. ¶～に断る / 委婉地拒绝；婉谢.

えんけい【円形】圆形 yuánxíng. ¶～脱毛症 / 圆形脱发症.

えんげい【園芸】园艺 yuányì.

えんげい【演芸】曲艺 qǔyì.

えんげき【演劇】戏剧 xìjù. ¶～界 / 戏剧界.

えんこ【縁故】亲朋 qīnpéng. ¶～採用 / 任用唯亲. ¶～者 / 亲戚.

えんご【援護】掩护yǎnhù. ¶～射撃 / 掩护射击.

えんし【遠視】远视 yuǎnshì. ¶～眼 / 远视眼.

エンジニア 工程师 gōngchéngshī.

えんしゅう【演習】练习 liànxí. ¶～問題 / 习题. ¶軍事～ / 军事演习.

えんしゅつ【演出】演出 yǎnchū, 导演 dǎoyǎn. ¶凝った～ / 策划细微. ¶～家 / 导演.

えんじょ【援助】援助 yuánzhù. ¶～を要請する / 申请援助. ¶経済的～ / 经济援助.

えんしょう【炎症】炎症 yánzhèng. ¶風邪でのどに～が起きた / 因感冒嗓子发炎了.

えんじる【演じる】演 yǎn ;［しでかす］造成 zàochéng. ¶オペラを～ / 演歌剧. ¶主人公を演じる / 演主角. ¶醜態を～ / 出丑.

エンジン 发动机 fādòngjī.
えんしんりょく【遠心力】离心力 líxīnlì.
えんすい【円錐】圆锥 yuánzhuī.
えんせい【遠征】远征 yuǎnzhēng. ¶～試合 / 远征比赛.
えんぜつ【演説】演说 yǎnshuō.
えんそう【演奏】演奏 yǎnzòu. ¶ピアノを～する / 演奏钢琴. ¶～者 / 演奏者. ¶～会 / 演奏会.
えんそく【遠足】［徒歩旅行］郊游 jiāoyóu ；［学校の遠足］学校旅行 xuéxiào lǚxíng. ¶～に行く / 去郊游.
えんだん【演壇】讲台 jiǎngtái. ¶～に登る / 登上讲台.
えんちゅう【円柱】圆柱 yuánzhù.
えんちょう【延長】延长 yáncháng. ¶期間を～する / 延期.
えんどう【豌豆】豌豆 wāndòu.
えんとつ【煙突】烟筒 yāntong.
えんばん【円盤】圆盘 yuánpán. ¶～投げ / 掷铁饼. ¶空飛ぶ～ / 飞碟.
えんぴつ【鉛筆】铅笔 qiānbǐ. ¶～を削る / 削铅笔. ¶赤～ / 红铅笔.
えんまん【円満】圆满 yuánmǎn. ¶～解決 / 圆满解决.
えんりょ【遠慮】客气kèqi. ¶～深い / 非常客气. ¶～がちに頼む / 不好意思地求人办事. ¶～なくいただきます / 不客气了. ¶～のない間柄 / 亲密无间. ¶機内でのおたばこはご～ください / 请勿在机舱内吸烟.

お

お【尾】尾巴 wěiba. ¶～を振る / 摇尾巴. ¶～を引く / 留下影响.
オアシス 绿洲 lùzhōu.
おい【甥】［兄弟の息子］侄子 zhízi ；［姉妹の息子］外甥 wàisheng.
おいかける【追い掛ける】追赶 zhuīgǎn. ¶流行を～ / 赶时髦.
おいこす【追い越す】超过 chāoguò, 赶过 gǎnguo. ¶前の車を～ / 超越前面的车辆. ¶ライバルに追い越される / 被对手超过.
おいしい【美味しい】好吃 hǎochī. ¶とっても～ / 真好吃. ¶～食べ物 / 美味佳肴. ¶～話 / 花言巧语.
おいだす【追い出す】赶出去 gǎnchūqù. ¶ねずみを～ / 撵老鼠.
おいつく【追いつく】赶上 gǎnshang. ¶彼は先に出発した友達にすぐ追いついた / 他很快追上了先走的朋友.
オイル 油 yóu ；［石油］石油 shíyóu.
おいわい【お祝い】祝贺 zhùhè. ¶心から～申し上げます / 衷心祝贺你.
おう【追う】追赶 zhuīgǎn ；［求める］追求 zhuīqiú. ¶理想を～ / 追求理想. ¶警察に追われている犯人 / 被警察追捕的犯人. ¶仕事に追われる / 工作繁忙. ¶流行を～ / 赶时髦. ¶追いつ追われつ / 你追我赶.
おう【負う】［背負う］背 bēi ；［責任を］负担 fùdān ；［傷を］受 shòu. ¶責任を～ / 负责. ¶手に負えない事態 / 应付不了的事态. ¶傷を～ / 受伤. ¶借金を～ / 负债.
おう【王】帝王 dìwáng ；［第一人者］大王dàwáng. ¶～室 / 王室. ¶～宮 / 王宫. ¶発明～ / 发明大王.
おうえん【応援】［助け救う］援助yuánzhù ；［元気づける］助威 zhùwēi. ¶～に駆けつける / 赶来加油. ¶～団 / 啦啦队.
おうかん【王冠】王冠 wángguān.
おうぎ【扇】扇子 shànzi. ¶～であおぐ / 扇扇子.
おうきゅう【応急】应急 yìngjí. ¶～処置 / 应急措施.
おうこく【王国】王国 wángguó.
おうごん【黄金】黄金 huángjīn. ¶～時代 / 黄金时代. ¶～律 / 黄金律.
おうし【雄牛・牡牛】公牛 gōngniú. ¶～座 / 金牛座.
おうじ【王子】公子 gōngzǐ.
おうしゅう【欧州】欧洲 Ōuzhōu.
おうじょ【王女】公主 gōngzhǔ.
おうじる【応じる】［返答する］答对 dáduì；［受け入れる］接受 jiēshòu, 答应 dāying ；［適合する］适应 shìyìng. ¶招待に～ / 接受邀请. ¶希望に～ / 满足希望. ¶時に応じて変わる / 随时应变.
おうせつま【応接間】客厅 kètīng.
おうだん【横断】横贯 héngguàn. ¶～歩道 / 人行横道.
おうとう【応答】答对 dáduì. ¶質疑～ / 回答质疑. ¶なんの～もない / 没有任何回应.
おうひ【王妃】王妃 wángfēi.
おうふく【往復】往返 wǎngfǎn, 来回 láihuí. ¶北京から天津まで列車で～する / 从北京到天津坐火车往返. ¶～切符 / 往返票. ¶～葉書 / 往返明信片.
おうぼ【応募】报名参加bàomíng cānjiā, 应征 yìngzhēng. ¶懸賞に～する / 应征悬赏. ¶～者 / 应征者. ¶～資格 / 申请资格.
おうむ【鸚鵡】鹦鹉 yīngwǔ.
おうよう【応用】应用 yìngyòng.
おうらい【往来】往来 wǎnglái. ¶人の～が激しい / 来往的人很多.
おうりょう【横領】侵占 qīnzhàn ；［公金の］贪污 tānwū. ¶公金を～する / 贪污〔侵占〕公款. ¶～罪 / 职务侵占罪.
おうろ【往路】去路 qùlù.
おうレンズ【凹レンズ】凹透镜 āotòujìng.
おえる【終える】结束 jiéshù. ¶任務を～ / 完成任务. ¶作文を書き終えた / 写完作文.
おおあめ【大雨】大雨 dàyǔ.
おおい【多い】多 duō. ¶財産が～ / 财产多. ¶多ければ～ほどよい / 越多越好. ¶多かれ少なかれ / 多多少

少.

おおい【覆い】罩子 zhàozi. ¶～をする / 掩盖.

おおいに【大いに】大大地 dàdàde. ¶～反省する / 深刻地反省. ¶～悩む / 非常烦恼. ¶～議論する / 彻底讨论.

おおう【覆う】盖 gài, 罩 zhào. ¶温床をビニールで～ / 用塑料薄膜盖住苗床. ¶黒い雲が空を～ / 黑云遮天. ¶両手で顔を～ / 双手捂脸.

おおうりだし【大売り出し】大甩卖 dàshuǎimài. ¶在庫一掃の～をする / 清仓大甩卖.

オーエル【OL】女职员 nǚzhíyuán.

おおがた【大型】大型dàxíng. ¶～車 / 大型车辆.

おおかみ【狼】狼 láng.

おおきい【大きい】大 dà. ¶体が～ / 身体高大. ¶部屋が～ / 房间大. ¶靴が～ / 鞋大. ¶あいつは態度が～ / 那家伙很傲慢. ¶大きく報道される / 被突出报道. ¶大きなことを言う / 说大话. ¶大きな顔をするな / 别自以为了不起. ¶大きなお世話だ / 多管闲事.

おおきさ【大きさ】大小 dàxiǎo. ¶部屋の～ / 房间的大小. ¶こぶし大の～ / 拳头大小.

おおく【多く】许多 xǔduō ;［大部分］大多 dàduō. ¶～の人々 / 许多人. ¶彼は～を語ろうとしなかった / 他不想多说.

オーケー【OK】同意 tóngyì. ¶その提案に～する / 同意那个建议.

おおげさ【大袈裟】夸张 kuāzhāng. ¶～に言う / 夸大其词. ¶彼はいつも話が～だ / 他说话总是夸张. ¶～な表現 / 夸张的表现.

オーケストラ管弦乐团guǎnxiányuètuán.

おおごえ【大声】大声 dàshēng. ¶～を出す / 大声喊. ¶～で歌う / 大声唱.

オーストラリア澳大利亚 Àodàlìyà.

オーストリア奥地利 Àodìlì.

おおぜい【大勢】很多人hěn duō rén. ¶～の前で / 在大庭广众前. ¶～でやって来た / 来了许多人.

オーダー订购 dìnggòu. ¶～メイド / 定做.

おおどおり【大通り】大街 dàjiē.

オートバイ摩托车 mótuōchē.

オートメーション自动化 zìdònghuà.

オーナー业主 yèzhǔ.

オービー【OB】校友 xiàoyǒu.

オーブン烤箱 kǎoxiāng. ¶～トースター / 电烤箱.

おおみそか【大晦日】除夕 chúxī ; 大年三十 dànián sānshí.

おおめ【多め・大目】［分量］多一点 duō yīdiǎn ;［寛大］宽容 kuānróng. ¶今回は～に見てください / 这次请高抬贵手.

おおもじ【大文字】大写 dàxiě.

おおやけ【公】公共 gōnggòng. ¶～の場 / 公共场合. ¶内容を～にする / 内容公布于众. ¶事件が～になる / 事件公之于众.

オーロラ极光 jíguāng.

おか【丘】小山 xiǎoshān.

おかあさん【お母さん】妈妈 māma.

おかげ【お陰】［力添え］托福 tuōfú ;［人のせい］责怪 zéguài. ¶ここまでやって来られたのは皆さんの～です / 能坚持到今天全靠大家的帮助. ¶～さまで元気です / 托您的福,我很好.

おかしい【可笑しい】可笑 kěxiào ;［おもしろい］好玩儿 hǎowánr ;［普通でない］奇怪 qíguài ;［怪しい］可疑 kěyí. ¶おかしな行動 / 可疑的行动. ¶～話 / 可笑的话. ¶頭が少し～んじゃないか / 脑子有点毛病吧.

おかす【犯す】［罪を］犯 fàn ;［強姦］强奸 qiángjiān. ¶罪を～ / 犯罪. ¶法を～ / 犯法.

おかす【冒す】冒 mào ;［病気にかかる］生病 shēngbìng. ¶危険を～ / 冒危险. ¶癌に冒される / 得癌症.

おかす【侵す】侵犯 qīnfàn. ¶国境を～ / 侵犯国境.

おがむ【拝む】拜 bài ;［礼拝］做礼拜 zuò lǐbài. ¶仏像を～ / 拜佛.

おがわ【小川】小河 xiǎohé.

おき【置き】隔 gé. ¶5分～に / 每隔五分钟. ¶1日～に / 隔天.

おきあがる【起き上がる】起来 qǐlái.

おきて【掟】规矩 guīju. ¶～を破る / 打破规矩.

おきどけい【置き時計】台钟 táizhōng.

おぎなう【補う】补充 bǔchōng. ¶欠員を～ / 补缺.

おきにいり【お気に入り】喜爱 xǐ'ài. ¶～のバッグ / 喜欢的包. ¶彼は上司の～だ / 他是上司的红人.

おきる【起きる】起来 qǐlái ;［生じる］发生 fāshēng. ¶6時に～ / 六点起床. ¶戦争が～ / 发生战争. ¶交通事故が～ / 发生交通事故.

おきわすれる【置き忘れる】遗忘 yíwàng. ¶電車の中に傘を置き忘れてきた / 把伞忘在电车里了.

おく【置く】放 fàng. ¶ペンを～ / 搁笔. ¶大阪に本社を～会社 / 把总部设在大阪的公司. ¶難しい立場に置かれる / 陷入困境. ¶念頭に～ / 放在心上. ¶距離を～ / 保持距离. ¶前もって話をして～ / 预先说好. ¶ふざけたまねをしたらただではおかないぞ / 你要是乱来可饶不了你. ¶ほうっておけ / 别管它.

おく【奥】里边 lǐbian. ¶～の部屋 / 里屋. ¶～の手 / 最后手段. ¶山の～ / 山里头. ¶胸の～ / 心里.

おく【億】亿 yì. ¶～万長者 / 亿万富翁.

おくがい【屋外】室外 shìwài.

おくさん【奥さん】太太 tàitai. ¶お隣の～ / 隔壁的太太.

おくじょう【屋上】屋顶 wūdǐng. ¶～庭園 / 屋顶花园. ¶～屋を架す / 屋上架屋.

おくない【屋内】室内 shìnèi. ¶～プール / 室内游泳池.

おくびょう【臆病】胆小 dǎnxiǎo. ¶～な人 / 胆小鬼. ¶～風に吹かれて逃げ出す / 胆怯溜掉.

おくゆき【奥行き】进深 jìnshēn.

おくりもの【贈り物】礼物 lǐwù. ¶～をする / 送礼. ¶誕生日の～ / 生日礼物.

おくる【送る】寄jì；[見送る]送sòng. ¶手紙を～ / 寄信. ¶合図を～ / 发信号. ¶悠々と日々を～ / 悠然度日. ¶家までお送りしましょう / 把你送到家吧.

おくる【贈る】赠送 zèngsòng ；[授ける]授予 shòuyǔ. ¶プレゼントを～ / 赠送礼物. ¶学位を～ / 授予学位. ¶金賞が贈られる / 授予金奖.

おくれ【後れ】落后 luòhòu. ¶～をとる / 落后.

おくれ【遅れ】迟到 chídào. ¶15分～のバス / 晚点十五分钟的公交车. ¶2時間の～が出る / 晚点两个小时.

おくれる【後れる】落后 luòhòu. ¶流行に～ / 过时.

おくれる【遅れる】迟 chí. ¶会社に～ / 上班迟到. ¶約束の時間に～ / 比约好的时间来晚. ¶電車が2時間遅れた / 电车晚点两小时. ¶10分遅れて会議は始まった / 会议推迟十分钟开始. ¶時計が～ / 表慢. ¶バスに乗り～ / 没赶上公共汽车.

おこす【起こす】[立たせる]扶起 fúqǐ ；[惹き起こす]惹起 rěqǐ ；[目を覚まさせる]叫醒 jiàoxǐng. ¶転んだ人を起こしてやる / 扶起跌倒的人. ¶会社を～ / 创办公司. ¶訴訟を～ / 打官司. ¶事故を～ / 发生事故. ¶ひともんちゃく～ / 惹出麻烦事. ¶あすの朝, 7時に起こしてください / 请明早七点叫醒我.

おこたる【怠る】懒惰 lǎnduò. ¶職務を～ / 不履行职务.

おこない【行い】行为 xíngwéi. ¶日ごろの～が悪い / 平时行为不端. ¶～を改める / 端正行为.

おこなう【行う】举行 jǔxíng, 进行 jìnxíng. ¶試合を～ / 进行比赛. ¶世論調査を～ / 进行民意调查. ¶言うは易く～は難し / 说起来容易, 做起来难.

おごり【奢り】[ぜいたく]奢侈 shēchǐ ；[ごちそう]请客 qǐngkè. ¶今日は僕の～だ / 今天我请客.

おこる【起こる】发生 fāshēng. ¶厄介なことが～ / 发生麻烦事. ¶何が起ころうとも / 无论发生什么.

おこる【怒る】生气 shēngqì, 发怒 fānù. ¶すぐ～ / 爱生气. ¶かんかんに～ / 大怒. ¶そんなに怒らないでよ / 别发那么大的火. ¶口をすべらせて彼女を怒らせてしまった / 说话不小心惹她生气了. ¶上司にひどく怒られた / 被上司训斥.

おごる【傲る】骄傲 jiāo'ào.

おごる【奢る】[ぜいたくだ]奢侈 shēchǐ ；[ごちそうする]请客 qǐngkè. ¶口がおごっている / 口味很高. ¶一杯おごらなくちゃね / 得请你喝一杯.

おさえる【押さえる】压住 yāzhù, 抓住 zhuāzhù. ¶文鎮で紙を～ / 用镇纸压住纸. ¶傷口を～ / 压住伤口. ¶要点を～ / 抓住要点.

おさえる【抑える】抑制 yìzhì. ¶たかぶった気持ちを～ / 抑制住兴奋的心情. ¶怒りを～ / 压住怒火. ¶出費を～ / 控制开支.

おさき【お先】先 xiān. ¶～にどうぞ / 您先走. ¶～に失礼します / 我先走了. ¶～真っ暗だ / 前途渺茫.

おさない【幼い】年幼 niányòu. ¶まだ年が～ / 还年幼. ¶～ころから / 从小时候起. ¶～考え / 幼稚的想法. ¶～少女 / 年幼的少女. ¶幼なじみ / 青梅竹马；从小就认识的朋友.

おさまる【収まる】平息 píngxī. ¶内乱が～ / 内乱平定下来. ¶ごたごたが丸く収まった / 风波平息了.

おさめる【治める】[統治する]治理 zhìlǐ ；[鎮める]平息 píngxī. ¶国を～ / 治国. ¶もめ事を丸く～ / 圆满解决纠纷. ¶学生たちの騒ぎを～ / 处理学生闹事.

おさめる【納める】[納入する]交纳 jiāonà ；[しまう]收存 shōucún. ¶税金を～ / 交税. ¶授業料を～ / 交学费. ¶商品を～ / 交付商品. ¶どうぞお納めください / 敬请笑纳.

おじ【伯父・叔父】[父の兄]伯伯 bóbo ；[父の弟]叔叔 shūshu ；[母の兄弟]舅舅 jiùjiu.

おしい【惜しい】可惜 kěxī. ¶～人をなくした / 失去了一位难得的人. ¶名残～別れ / 依依不舍.

おじいさん【お爺さん】爷爷 yéye, 老爷 lǎoyé, 老爷爷 lǎoyéye.

おしえ【教え】教导 jiàodǎo. ¶～を請う / 请教. ¶父の～に従う / 听从父亲的教诲.

おしえる【教える】教 jiāo. ¶ピアノを～ / 教钢琴. ¶道を～ / 指路. ¶あなたの電話番号を教えてください / 请告诉我你的电话号码.

おじぎ【お辞儀】鞠躬 jūgōng. ¶深々と～する / 深深地鞠躬.

おしつける【押しつける】[強く押す]推给 tuīgěi ；[抑圧する]强加于人 qiángjiāyú rén. ¶責任を彼に～ / 把责任归咎于他. ¶意見を他人に～ / 把意见强加于人.

おしぼたん【押しボタン】按钮ànniǔ.

おしぼり 湿毛巾 shīmáojīn.

おしまい【お仕舞い】结束 jiéshù. ¶

きょうはこれで～だ / 今天到这里结束. ¶あいつもああなったら～だ / 那家伙到了那个地步也就完蛋了.

おしむ【惜しむ】可惜 kěxī, 惋惜 wǎnxī. ¶惜しみなく金を使う / 花钱如流水. ¶成功するためには努力を惜しまない / 为了成功不惜一切努力. ¶～らくはその若さである / 可惜的是他还年轻. ¶彼の死を～ / 大家对他的死感到惋惜.

おしめ尿布 niàobù.

おしゃべり聊天 liáotiān. ¶～な人 / 爱闲聊的人.

おしゃれ爱漂亮 ài piàoliang. ¶彼女は～だ / 她喜欢打扮. ¶～な着こなし / 穿着漂亮.

おしょく【汚職】渎职 dúzhí. ¶～事件 / 渎职事件.

おす【押す】推 tuī. ¶門を～ / 推门. ¶後ろから～ / 从后面挤. ¶シャッターを～ / 按快门. ¶判を～ / 盖章. ¶～な～なの大盛況である / 人山人海的盛况. ¶押しも押されもせぬ大女優 / 公认的大女明星.

おす【雄・牡】公 gōng.

おせじ【お世辞】恭维话 gōngweihuà. ¶～を言う / 说恭维话. ¶～にもうまいとは言えない / 实在不敢恭维.

おせん【汚染】污染 wūrǎn. ¶水が～されている / 水受到污染. ¶～物質 / 污染物质. ¶大気～ / 大气污染.

おそい【遅い】慢 màn. ¶仕事が～ / 工作慢. ¶時間が～ / 时间晚. ¶遅くなってすみません / 来晚了, 对不起. ¶遅くとも9時までに帰る / 最晚九点回家. ¶謝ってももう～ / 道歉也为时已晚. ¶あの二人は遅かれ早かれ結婚するだろう / 那一对迟早要结婚吧.

おそう【襲う】袭击 xíjī. ¶敵陣を～ / 袭击敌人阵地. ¶銀行を～ / 抢银行. ¶恐怖に襲われる / 感到恐怖.

おそらく【恐らく】恐怕 kǒngpà. ¶～あすは雨だ / 明天恐怕要下雨.

おそれ【恐れ】害怕 hàipà. ¶～を知らない / 不知道害怕. ¶～をなして逃げた / 感到害怕溜掉了. ¶～おののく / 惶恐不安. ¶過分なもてなし～いります / 受到盛情款待真是不好意思. ¶彼の腕前には～いった / 我真佩服他的本领.

おそれる【恐れる】怕 pà. ¶失敗を恐れずに挑戦する / 不怕困难勇于挑战.

おそろしい【恐ろしい】恐怖 kǒngbù. ¶～目にあう / 遇到可怕的事.

オゾン臭氧 chòuyǎng. ¶～層 / 臭氧层. ¶～ホール / 臭氧洞.

おたがい【お互い】互相 hùxiāng. ¶困ったときは～様だ / 危难之时相互帮助. ¶～にがんばろう / 一起努力吧.

おだやか【穏やか】平稳 píngwěn. ¶～な性格 / 沉着的性格. ¶～な天気 / 温和的天气.

おちあう【落ち合う】会合 huìhé, 碰头 pèngtóu.

おちいる【陥る】陷入 xiànrù. ¶ジレンマに陥っている / 陷入进退两难的地步. ¶危篤に～ / 病危. ¶わなに～ / 落入圈套.

おちつく【落ち着く】［気持ちが］沉着 chénzhuó；［安定する］稳定 wěndìng；［定着する］安顿 āndùn. ¶心を落ち着かせる / 使心平静. ¶病状が～ / 病情稳定. ¶事態が～ / 事态平息. ¶新居に～ / 在新居安顿下来.

おちば【落ち葉】落叶 luòyè.

おちる【落ちる】掉下 diàoxià. ¶階段から～ / 从楼梯掉下来. ¶川に～ / 掉到河里. ¶飛行機が～ / 飞机坠落. ¶日が～ / 日落. ¶名簿から私の名前が抜け落ちている / 名册上漏掉我的名字. ¶試験に～ / 考试没通过. ¶人気が～ / 不红了.

おっと【夫】丈夫 zhàngfu. ¶～と妻 / 丈夫和妻子.

おつり【お釣り】找钱 zhǎoqián. ¶～をもらう / 拿找的零钱. ¶～を500円出す / 找五百日元零钱.

おと【音】声音 shēngyīn. ¶鐘の～ / 钟声. ¶波の～ / 涛声. ¶～もなく現れる / 悄然出现. ¶まったく～沙汰がない / 杳无音信.

おとうさん【お父さん】爸爸 bàba.

おとうと【弟】弟弟 dìdi.

おどかす【脅かす】［脅迫する］恐吓 kǒnghè；［びっくりさせる］吓唬 xiàhu.

おとぎばなし【お伽話】童话 tónghuà, 故事 gùshi.

おとこ【男】男人 nánrén. ¶～は度胸女は愛嬌 / 男人要胆量, 女人要温柔. ¶彼女に～が出来たらしい / 她好像有男朋友了. ¶～がすたる / 丢脸. ¶～の中の～ / 真正的男子汉. ¶彼はなかなかの～前だ / 他长得很帅.

おどし【脅し】恐吓 kǒnghè. ¶～文句 / 恐吓之词. ¶そんな～にのるもんか / 哪能怕这种吓唬.

おとしだま【お年玉】压岁钱 yāsuìqián.

おとす【落とす】［物などを下に］扔 rēng, 掉 diào；［失う］遗失 yíshī. ¶財布を～ / 丢失钱包. ¶信用を～ / 失去信誉. ¶品質を～ / 降低质量. ¶体重を2キロ～ / 体重减了两公斤. ¶経費で～ / 算入经费. ¶染みを～ / 去掉污渍.

おどす【脅す】恐吓 kǒnghè.

おとずれる【訪れる】访问 fǎngwèn；［到来する］到来 dàolái. ¶友人を～ / 访友. ¶観光地を～ / 参观名胜古迹. ¶20年ぶりに故郷を訪れた / 时隔二十年重回到故乡.

おととい【一昨日】前天 qiántiān.

おととし【一昨年】前年 qiánnián.

おとな【大人】大人 dàrén. ¶～気ない態度 / 孩子气.

おとなしい【大人しい】［従順］老实 lǎoshi, 乖 guāi ;［地味］素净 sùjìng. ¶～娘 / 乖女儿. ¶言うことをよく聞く～子供 / 听话懂事的小孩.

おどり【踊り】舞蹈 wǔdǎo. ¶～がうまい / 跳舞跳得很好.

おとる【劣る】不如 bùrú. ¶実力が相手より～ / 实力不如对方. ¶勝るとも劣らない / 有过之无不及.

おどる【躍る】跳跃 tiàoyuè. ¶胸が～ / 心情激动. ¶心が～ / 心跳. ¶1位に躍り出る / 跃居第一.

おどる【踊る】跳舞 tiàowǔ.

おとろえる【衰える】衰落 shuāiluò. ¶体力が～ / 体力衰退. ¶気力が～ / 精力衰弱. ¶台風が～ / 台风减弱. ¶国が～ / 国家衰落.

おどろかす【驚かす】吓唬 xiàhu. ¶～なよ / 别吓唬人. ¶鳥の声に驚かされる / 为鸟鸣吃惊.

おどろき【驚き】吃惊 chījīng. ¶～を禁じえない / 不由得吃惊. ¶～のあまり気を失った / 吓得昏了过去. ¶～に満ちた目で見る / 满目新奇.

おどろく【驚く】吃惊 chījīng. ¶～べき事実 / 令人震惊的事实. ¶大いに～ / 大吃一惊.

おなか【お腹】肚子 dùzi. ¶～がすいている / 肚子饿了. ¶～がいっぱいだ / 肚子饱了. ¶～をこわす / 吃坏肚子. ¶～が痛い / 肚子疼. ¶～を抱えて笑う / 捧腹大笑.

おなじ【同じ】一样 yīyàng, 相通 xiāngtóng. ¶～クラス / 同班. ¶年が～だ / 年纪一样大. ¶新品と～だ / 和新的一样. ¶今も昔も～だ / 自古一样.

おなら屁 pì. ¶～をする / 放屁.

おに【鬼】鬼 guǐ. ¶～に金棒 / 如虎添翼. ¶心を～にする / 硬着心肠. ¶仕事の～ / 工作狂. ¶～ごっこ / 捉迷藏.

おね【尾根】山脊 shānjǐ.

おの【斧】斧子 fǔzi.

おのおの【各々】各自 gèzì.

おば【伯母・叔母】［父の姉妹］姑姑 gūgu ;［母の姉妹］姨母 yímǔ.

おばあさん【お婆さん】奶奶 nǎinai, 姥姥 lǎolao, 老太太 lǎotàitai.

おばけ【お化け】妖怪 yāoguài.

おはよう【お早う】早上好 zǎoshang hǎo. ¶～ございます / 早上好.

おびえる【脅える】害怕 hàipà. ¶不安に～ / 非常不安.

オフィス办公室 bàngōngshì.

おぶつ【汚物】污秽 wūhuì.

オペラ歌剧 gējù.

おぼえる【覚える】记住 jìzhù. ¶単語を～ / 记单词. ¶何一つ覚えていない / 什么都没记住. ¶酒を～ / 学会喝酒. ¶覚えてろよ / 等着瞧.

おぼれる【溺れる】溺水 nìshuǐ. ¶泳いでいておぼれ死んだ / 游泳淹死了. ¶～者はわらをもつかむ / 饥不择食. ¶酒色に～ / 沉迷酒色.

おまもり【お守り】护身符 hùshēnfú.

おまわりさん【お巡りさん】警察 jǐngchá, 巡警 xúnjǐng.

おむつ【御襁褓】尿布 niàobù. ¶～を換える / 换尿布. ¶紙～ / 纸尿布.

オムレツ煎蛋卷 jiāndànjuǎn.

おめでとう【お目出度う】恭喜 gōngxǐ. ¶～ございます / 祝贺您. ¶あけまして～ございます / 新年好.

おもい【重い】沉重 chénzhòng. ¶荷物が～ / 行李重. ¶重くて持てない / 重得拿不动. ¶～足取り / 沉重的脚步. ¶口が～ / 沉默寡言. ¶～責任 / 重大的责任. ¶病気が～ / 病情重. ¶～罰 / 严厉的惩罚. ¶頭が～ / 昏沉沉. ¶事態を重く見る / 把事态看得严重.

おもい【思い】思念 sīniàn. ¶～に沈む / 忧心忡忡. ¶～どおりに生きる / 随心所欲地生活. ¶～をよせる / 思慕. ¶～もよらない結果 / 意想不到的结果. ¶～浮かべる / 回想起. ¶～を残す / 留恋. ¶そう言われれば～当たる節がある / 你这么说,我也想起来了.

おもいがけず【思いがけず】没想到 méi xiǎngdào. ¶～旧友から手紙を受け取った / 意外地收到老朋友的来信.

おもいがけない【思いがけない】想不到 xiǎngbudào. ¶～客 / 想不到的客人. ¶王先生にここでお目にかかるとは～ことです / 真没想到会在这里见到王老师.

おもいだす【思い出す】想起 xiǎngqǐ. ¶夏になると～ / 一到夏天就想起. ¶いくら考えても思い出せない / 怎么想也想不起来. ¶ああ,思い出した / 啊,想起来了. ¶彼がだれだかどうしても思い出せない / 怎么也想不起来他是谁.

おもいちがい【思い違い】误会 wùhuì. ¶私の～だったようだ / 好像是我误会了. ¶約束がきょうだとばかり～していた / 我以为约的是今天.

おもいつく【思いつく】想出 xiǎngchū. ¶いい考えを思いついた / 想出一个好主意.

おもいで【思い出】回忆 huíyì. ¶いい～ / 美好的回忆. ¶～にふける / 沉浸在回忆中.

おもいやり【思いやり】同情心 tóngqíngxīn. ¶あの奥さんは～がある / 那个太太能体谅人. ¶～のない人 / 没有同情心的人.

おもう【思う】想 xiǎng. ¶思っていることはなんでも言いなさい / 想到什么说什么. ¶思っていたほど美人ではなかった / 长得没想象的那么漂亮. ¶～ようにならない / 不如愿. ¶～存分食べる / 尽情地吃.

おもくるしい【重苦しい】沉闷 chénmèn. ¶～雰囲気 / 沉闷的气氛.

おもさ【重さ】重量 zhòngliàng.

おもしろい【面白い】有意思 yǒu yìsi, 有趣 yǒuqù. ¶おもしろくない / 没意思. ¶～ように釣れた / 鱼不停地上钩. ¶その映画はおもしろそうだね / 那个电影好像挺有趣.

おもちゃ【玩具】玩具 wánjù.

おもて【表】［表面］正面zhèngmiàn；［外・屋外］屋外 wūwài；［野球で］前半局 qiánbànjú. ¶どちらが～ですか / 哪面是正面？ ¶封筒の～ / 信封的正面. ¶～で遊ぶ / 在外边玩耍. ¶感情を～に出す / 感情外露.

おもな【主な】主要zhǔyào. ¶～用件 / 要事. ¶～原因 / 主要原因.

おもに【主に】主要 zhǔyào. ¶醬油は～大豆から作る / 酱油主要是由大豆制成的.

おもに【重荷】沉重的负担 chénzhòng de fùdān. ¶次第に～になってくる / 慢慢地成为沉重的负担.

おもわず【思わず】不由得 bùyóude, 情不自禁 qíng bù zì jīn. ¶～手を引っ込める / 不禁缩回了手.

おや【親】父母 fùmǔ, 双亲 shuāngqīn. ¶～の心子知らず / 子女不知父母心.

おやかた【親方】师傅 shīfu.

おやすみ【お休み】休息 xiūxi.

おやすみなさい【お休みなさい】晚安 wǎn'ān.

おやゆび【親指】［手足の］大拇指 dàmuzhǐ. ¶～を立てる / 挑大拇指.

およぐ【泳ぐ】游泳 yóuyǒng. ¶海に泳ぎに行く / 去海边游泳. ¶芸能界を巧みに泳ぎ渡っている / 在演艺界混得不错.

およそ【凡そ】大概dàgài, 大约dàyuē. ¶～100人が会議に出席した / 大约一百个人参加了会议. ¶作品が～出来上がった / 作品大体上完成了. ¶予算は～5億円程度だ / 预算大概为五亿日元左右.

および【及び】和 hé, 以及 yǐjí.

およぶ【及ぶ】达到 dádào. ¶費用は1億円に～ / 费用达一亿日元. ¶影響は全国に及んだ / 影响波及全国. ¶この期に及んで何を言う / 这时候还说什么. ¶すぐ返事するには及ばない / 不必马上回信. ¶相撲では彼に～者はいない / 相扑上谁都不如他.

オランダ荷兰 Hélán.

おり【檻】笼子 lóngzi.

オリーブ橄榄 gǎnlǎn.

おりかえす【折り返す】返回 fǎnhuí. ¶電車が終点で～ / 电车在终点返回. ¶折り返しご返事をください / 请立即回信. ¶折り返し点 / 折返点.

オリジナル原创 yuánchuàng, 原作 yuánzuò.

おりたたみ【折り畳み】折叠 zhédié. ¶～傘 / 折叠伞.

おりたたむ【折り畳む】折叠 zhédié. ¶傘を～ / 把伞合起来. ¶手紙を折り畳んで封筒に入れる / 把信折起来放到信封里.

おりもの【織物】纺织品 fǎngzhīpǐn.

おりる【下りる】下来 xiàlái；［許可が］批下来 pīxiàlai. ¶飛行機が～ / 飞机下降. ¶山から下りてくる / 从山上下来. ¶許可が～ / 得到批准.

おりる【降りる】下来 xiàlái；［退く］退 tuì；［やめる］辞 cí. ¶バスから～ / 下公共汽车. ¶次の駅で降ります / 在下站下车. ¶役職を～ / 辞去职务. ¶勝負を～ / 比赛弃权.

オリンピック奥运会 Àoyùnhuì. ¶冬季～ / 冬季奥运会.

おる【折る】［枝・指などを］折 zhé；［畳む］叠 dié. ¶紙で鶴を～ / 折纸鹤. ¶木の枝を～ / 折树枝. ¶指折り数えて待ちわびる / 扳着手指焦急地等待.

おる【織る】织 zhī. ¶絹を～ / 织丝绸.

オルガン风琴 fēngqín.

オルゴール八音盒 bāyīnhé.

おれる【折れる】断 duàn, 折断 zhéduàn；［譲歩する］让步 ràngbù. ¶台風で街路樹が折れた / 台风把路边的树刮倒了. ¶脚が折れた / 腿骨折了. ¶先方が折れてこちらの条件をのんだ / 对方让步接受了我方的条件. ¶骨の～仕事 / 费事的工作.

オレンジ橘子 júzi. ¶～ジュース / 橘子汁.

おろか【愚か】愚笨 yúbèn, 糊涂 hútu. ¶～な振る舞い / 愚蠢的举动. ¶～にも彼の言葉を信じた / 糊涂地相信了他的话. ¶～者 / 笨蛋.

おろし【卸】批发 pīfā. ¶～売り商 / 批发商. ¶～値 / 批发价.

おろす【下ろす】放下 fàngxià. ¶幕を～ / 闭幕. ¶店のシャッターを～ / 放下商店的百叶窗. ¶銀行から金を～ / 从银行取钱.

おろす【降ろす】搬下来 bānxiàlái, 卸 xiè. ¶次の角で降ろしてください / 请让我在前面的拐角处下车. ¶車から荷物を～ / 从车上卸行李.

おわり【終わり】结束 jiéshù. ¶～に近づく / 即将结束. ¶～を告げる / 宣告结束. ¶これで～だ / 这样就完了. ¶もう～にしよう / 到此结束吧.

おわる【終わる】结束 jiéshù. ¶仕事が～ / 工作结束. ¶学校は何時に～んだい / 学校几点放学？

おんがく【音楽】音乐 yīnyuè.

おんきょう【音響】音响 yīnxiǎng. ¶～効果 / 音响效果.

おんけい【恩恵】恩惠 ēnhuì. ¶自然の～を受ける / 接受大自然的恩惠.

おんけん【穏健】稳健 wěnjiàn. ¶～な思想 / 稳健的思想.

おんこう【温厚】温厚 wēnhòu. ¶～な人柄 / 温厚的人品.

おんしつ【温室】温室 wēnshì. ¶～効果 / 温室效应.

おんせい【音声】声音 shēngyīn.

おんせつ【音節】音节 yīnjié.
おんせん【温泉】温泉 wēnquán. ¶～に入る / 泡温泉.
おんだん【温暖】温暖 wēnnuǎn. ¶～な気候 / 温暖的气候. ¶～前線 / 暖锋面.
おんど【温度】温度 wēndù. ¶～が上がる / 温度上升. ¶～を測る / 测量温度. ¶～計 / 温度计.
おんどり【雄鶏】公鸡 gōngjī.
おんな【女】女人 nǚrén. ¶～ができる / 有情妇.
おんぶ【負んぶ】背 bēi. ¶子供を～する / 背小孩.
おんぷ【音符】音符 yīnfú.
おんりょう【音量】音量 yīnliàng. ¶～を調節する / 调节音量.
おんわ【穏和】温和 wēnhé. ¶気候が～だ / 气候温和. ¶～な性格 / 温和的性格.

か

か【蚊】蚊子 wénzi. ¶～に刺される / 被蚊子咬. ¶～取り線香 / 蚊香.
か【科】科 kē. ¶英文～ / 英文系；英语专业. ¶内～ / 内科. ¶ネコ～の動物 / 猫科动物.
か【課】科 kē, 课 kè. ¶庶務～ / 总务科. ¶～長 / 科长. ¶1日に1～ずつ進む / 一天学一课.
が【蛾】蛾子 ézi.
カーソル光标 guāngbiāo.
カーディガン开衫 kāishān, 对襟毛衣 duìjīn máoyī.
カーテン窗帘 chuānglián. ¶～を引く / 拉窗帘. ¶～コール / 谢幕.
カード卡 kǎ. ¶クリスマス～ / 圣诞卡. ¶クレジット～ / 信用卡.
カーニバル狂欢节 kuánghuānjié.
カーペット地毯 dìtǎn.
ガールフレンド女朋友 nǚpéngyou.
かい【会】会 huì. ¶～をもつ / 开会.
かい【階】楼 lóu. ¶最上～ / 顶层. ¶5～建て / 五层楼房.
かい【貝】贝 bèi. ¶～柱 / 闭壳肌.
かい【回】次 cì, 回 huí. ¶1～ / 一次. ¶2～ / 两次. ¶もう1～ / 再来一遍. ¶何～も / 好几次. ¶～を重ねる / 重复多次.
かい【櫂】桨 jiǎng. ¶～を漕ぐ / 划桨.
がい【害】损害 sǔnhài. ¶～をこうむる / 受害. ¶健康に～がある / 对健康有害. ¶健康を～する / 损害健康. ¶感情を～する / 伤害感情.
かいいん【会員】会员 huìyuán. ¶～になる / 成为会员. ¶～証 / 会员证.
かいうん【海運】海运hǎiyùn. ¶～業 / 海运业.
かいえん【開演】开演 kāiyǎn. ¶舞台は6時に～になる / 戏六点开演.
かいおうせい【海王星】海王星 hǎiwángxīng.
かいか【開花】开花 kāihuā. ¶桜の～予想 / 预计樱花的开花时期. ¶才能が～する / 发挥才能,取得成果.
かいが【絵画】绘画 huìhuà.
がいか【外貨】外汇wàihuì. ¶～預金 / 外汇存款.
かいかい【開会】开会 kāihuì. ¶～を宣言する / 宣布开会. ¶国会が～した / 国会开会. ¶～式 / 开幕式.
かいがい【海外】海外 hǎiwài. ¶～旅行 / 海外旅行. ¶～市場 / 海外市场.
かいかく【改革】改革 gǎigé. ¶行政機構を～する / 改革行政机构. ¶～案 / 改革方案.
かいかつ【快活】活泼 huópo.
かいがら【貝殻】贝壳 bèiké. ¶～細工 / 贝壳工艺品.
かいかん【会館】会议厅 huìyìtīng ；[同業者や同郷者の寄合所]会馆 huìguǎn.
かいがん【海岸】海岸hǎi'àn. ¶～線 / 海岸线.
がいかん【外観】外观 wàiguān.
かいき【怪奇】离奇 líqí. ¶複雑～な事件 / 复杂离奇的事件.
かいぎ【会議】会议huìyì. ¶～を開く / 开会. ¶～に出席する / 出席会议.
かいぎ【懐疑】怀疑 huáiyí. ¶～的な態度 / 怀疑的态度. ¶～心 / 疑心.
かいきゅう【階級】阶级 jiējí. ¶～制度 / 阶级制度. ¶～意識 / 阶级意识. ¶知識～ / 知识阶层.
かいきょう【海峡】海峡 hǎixiá.
かいぎょう【開業】开业 kāiyè. ¶～医 / 个人开业的医生.
かいきん【解禁】开禁 kāijìn.
かいぐん【海軍】海军 hǎijūn. ¶～士官 / 海军军官.
かいけい【会計】会计 kuàijì ；[勘定]算账suànzhàng；[支払]付款fùkuǎn. ¶～を済ます / 付完账. ¶お～お願いします / 请结账吧！¶～士 / 会计师.
かいけつ【解決】解决 jiějué. ¶事件を～する / 解决事件. ¶～の糸口をつかむ / 抓住解决的线索. ¶～の見込みがない / 没有解决的可能. ¶～策 / 解决方案.
かいけん【会見】会见 huìjiàn. ¶～を申し込む / 要求接见. ¶記者～ / 记者招待会.
がいけん【外見】外貌 wàimào.
かいげんれい【戒厳令】戒严令 jièyánlìng. ¶～を敷く / 下戒严令.
かいこ【蚕】蚕 cán.
かいこ【解雇】解雇jiěgù. ¶～される / 被解雇.
かいこ【回顧】回忆 huíyì. ¶昔を～する / 回顾过去. ¶～録 / 回忆录.
かいご【介護】护理 hùlǐ. ¶老人を～する / 护理老人. ¶～休暇 / 因护理老人的带薪假.
かいごう【会合】聚会 jùhuì.
がいこう【外交】外交 wàijiāo. ¶～関係を樹立する / 建立外交关系. ¶～的な手腕 / 外交手腕. ¶～官 / 外

交官. ¶～特権 / 外交特权. ¶～辞令 / 外交辞令.

がいこうてき【外向的】外向 wàixiàng. ¶～な性格 / 外向的性格.

がいこく【外国】外国 wàiguó. ¶～為替 / 外币汇兑. ¶～人 / 外国人；老外.

がいこつ【骸骨】尸骨 shīgǔ.

かいさい【開催】举办 jǔbàn. ¶展示会を～する / 举办展览会. ¶～日 / 举办日. ¶～地 / 举办地.

かいさつぐち【改札口】检票口 jiǎnpiàokǒu.

かいさん【解散】解散 jiěsàn. ¶人気グループが～する / 走红的组合解散.

がいさん【概算】估算 gūsuàn. ¶費用の～を出す / 提出费用预算.

かいさんぶつ【海産物】海产品 hǎichǎnpǐn.

かいし【開始】开始 kāishǐ. ¶試合を～する / 开始比赛.

かいしゃ【会社】公司 gōngsī. ¶～に勤める / 在公司里工作. ¶～を辞める / 辞职. ¶～員 / 公司职员. ¶株式～ / 股份（有限）公司.

がいしゃ【外車】外国汽车 wàiguó qìchē.

かいしゃく【解釈】解释 jiěshì. ¶善意に～する / 善意地解释.

かいしゅう【回収】回收 huíshōu. ¶廃品～ / 废品回收.

かいしゅう【改修】修复 xiūfù. ¶道路を～する / 修复道路. ¶～工事 / 修复工程.

かいしゅう【改宗】改变宗教信仰 gǎibiàn zōngjiào xìnyǎng. ¶キリスト教に～する / 改信基督教.

がいしゅつ【外出】外出 wàichū. ¶～中である / 正在外出.

かいじょう【会場】会场 huìchǎng.

かいじょう【開場】开场 kāichǎng. ¶展示場を～する / 展览会开场.

かいじょう【海上】海上 hǎishàng. ¶～保険 / 海上保险. ¶～封鎖 / 海上封锁.

がいしょく【外食】在外就餐 zàiwài jiùcān. ¶家族と～する / 和家人下饭馆. ¶～産業 / 餐饮业.

かいず【海図】海图 hǎitú.

かいすい【海水】海水 hǎishuǐ.

かいすいよく【海水浴】海水浴 hǎishuǐyù.

かいすう【回数】次数 cìshù, 回数 huíshù. ¶～が多い / 次数多. ¶～券 / 多次票.

かいする【会する】见面 jiànmiàn. ¶一堂に～ / 会聚一堂.

かいせい【快晴】晴朗 qínglǎng.

かいせい【改正】修改 xiūgǎi. ¶法律を～する / 修改法律.

かいせつ【解説】讲解 jiǎngjiě.

かいせん【回線】线路 xiànlù. ¶電話～ / 电话线.

かいぜん【改善】改善 gǎishàn. ¶生活を～する / 改善生活. ¶～の余地がある / 有改善的余地.

かいそう【回想】回忆 huíyì. ¶～にふける / 沉浸在回忆中. ¶学生時代を～する / 回忆学生时代. ¶～シーン / 回忆镜头. ¶～録 / 回忆录.

かいそう【改装】改装 gǎizhuāng. ¶店内を～する / 重装店面.

かいそう【海草】［食用］海菜 hǎicài.

かいそう【海藻】海藻 hǎizǎo.

かいぞう【改造】改造 gǎizào. ¶内閣を～する / 重组内阁.

かいぞく【海賊】海盗hǎidào. ¶～船 / 海盗船. ¶～版 / 盗版.

かいたい【解体】拆卸 chāixiè.

かいたく【開拓】开拓 kāituò. ¶新分野〔市場〕を～する / 开拓「新领域〔市场〕. ¶～者 / 开拓者.

かいだん【会談】会谈 huìtán. ¶首脳～ / 首脑会谈.

かいだん【階段】楼梯 lóutī. ¶～をのぼる / 爬楼梯. ¶～から落ちる / 从楼梯摔下.

かいちく【改築】改建 gǎijiàn. ¶家を～する / 改建房屋.

がいちゅう【害虫】害虫 hàichóng.

かいちゅうでんとう【懐中電灯】手电筒 shǒudiàntǒng.

かいちょう【会長】会长 huìzhǎng.

かいつう【開通】开通 kāitōng. ¶地下鉄が～する / 开通地铁.

かいて【買い手】买方 mǎifāng. ¶～市場 / 买方市场.

かいてい【海底】海底 hǎidǐ. ¶～火山 / 海底火山. ¶～トンネル / 海底隧道. ¶～ケーブル / 海底电缆.

かいてい【改訂】修订 xiūdìng. ¶教科書を～する / 修订教科书.

かいてき【快適】舒适 shūshì.

かいてん【回転】转 zhuàn. ¶資金を～させる / 使资金周转. ¶頭の～が速い〔遅い〕/ 脑子转得「快〔慢〕. ¶客の～がいい / 客人周转率高. ¶～ドア / 旋转门.

かいてん【開店】开张 kāizhāng.

ガイド向导 xiàngdǎo. ¶～ブック / 指南书. ¶～ライン / 政策方针.

かいとう【回答】回答 huídá. ¶質問に～する / 回答问题.

かいとう【解答】解答 jiědá. ¶～を求める / 求解.

かいどう【街道】大街 dàjiē, 街 jiē.

がいとう【街頭】街头 jiētóu. ¶～演説 / 街头演说. ¶～デモ / 上街游行.

がいとう【該当】符合 fúhé.

がいとう【街灯】路灯 lùdēng.

がいとう【外套】大衣 dàyī.

かいどく【解読】解析 jiěxī. ¶暗号を～する / 破译密码.

かいにゅう【介入】介入 jièrù. ¶軍事～する / 军事介入.

かいぬし【飼い主】饲养者 sìyǎngzhě.

がいねん【概念】概念 gàiniàn.

がいはく【外泊】在外过夜 zàiwài

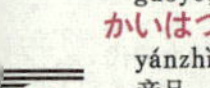

guòyè, 外宿 wàisù.

かいはつ【開発】开发 kāifā ；研制 yánzhì. ¶新製品を～する / 开发新产品.

かいばつ【海抜】海拔 hǎibá.

かいひ【会費】会费 huìfèi. ¶～を払う / 交会费.

かいひ【回避】回避 huíbì. ¶責任を～する / 回避责任.

がいぶ【外部】外部 wàibù. ¶秘密を～に漏らす / 把秘密透漏给外面.

かいふく【回復】恢复 huīfù. ¶健康を～する / 恢复健康. ¶景気が～する / 恢复景气.

かいぶつ【怪物】怪物 guàiwu.

かいほう【介抱】护理 hùlǐ. ¶けが人を～する / 护理伤员.

かいほう【解放】解放 jiěfàng. ¶人民～軍 / 人民解放军.

かいほう【開放】开放 kāifàng. ¶～的な性格 / 性格开朗. ¶市場を～する / 开放市场.

かいぼう【解剖】解剖 jiěpōu. ¶死体を～する / 解剖尸体.

かいまく【開幕】开幕 kāimù. ¶大会が～する / 大会开幕. ¶～式 / 开幕式.

がいむ【外務】外交 wàijiāo. ¶～省 / 外交部. ¶～大臣 / 外交部长.

かいもの【買い物】购物 gòuwù, 买东西 mǎi dōngxi. ¶デパートに～に行く / 去百货公司买东西.

がいや【外野】外野 wàiyě. ¶～手 / 外野手.

かいやく【解約】解约 jiěyuē.

かいよう【海洋】海洋 hǎiyáng.

がいらいご【外来語】外来词 wàiláicí.

かいりつ【戒律】戒律 jièlǜ. ¶～を破る / 破戒.

がいりゃく【概略】梗概 gěnggài, 概况 gàikuàng. ¶事件の～ / 事件的概梗.

かいりゅう【海流】海流 hǎiliú.

かいりょう【改良】改良 gǎiliáng.

かいろ【回路】回路 huílù. ¶電気～ / 电气回路. ¶集積～ / 集成电路.

がいろ【街路】街道 jiēdào. ¶～樹 / 林荫树.

かいわ【会話】会话 huìhuà.

かう【買う】买 mǎi. ¶乗車券を～ / 买车票. ¶恨みを～ / 招恨. ¶ひんしゅくを～ / 惹人讨厌. ¶彼の才能を高く～ / 高度评价他的才能.

かう【飼う】饲养 sìyǎng. ¶犬を～ / 养狗.

カウンセラー生活顾问 shēnghuó gùwèn, 心理医生 xīnlǐ yīshēng.

カウンター柜台 guìtái.

カウント计数 jìshù.

かえす【返す】还 huán. ¶本を～ / 还书. ¶借金を～ / 还债.

かえって反而 fǎn'ér. ¶～私のほうが申し訳ないことになりました / 反而我不好意思.

かえり【帰り】回 huí. ¶～に本屋へ立ち寄る / 回家的路上顺便去书店.

かえる【蛙】青蛙 qīngwā, 蛤蟆 háma.

かえる【帰る】回 huí. ¶家に～ / 回家.

かえる【変える】改变 gǎibiàn. ¶顔色を～ / 变脸色. ¶考えを～ / 改变想法.

かえる【代える】代替 dàitì. ¶命には代えられない / 生命所不能代替.

かえる【換える】换 huàn. ¶円を人民元に～ / 把日元换成人民币.

かえる【替える】替换 tìhuàn. ¶自動車のタイヤを～ / 换汽车轮胎.

かえる【返る】返回 fǎnhuí. ¶まるで少年時代に返ったようだ / 好像回到少年时代. ¶我に～ / 清醒过来.

かえる【孵る】孵化 fūhuà. ¶ひよこが5羽かえった / 孵化出了五只小鸡.

かお【顔】脸 liǎn. ¶～を洗う / 洗脸. ¶～をつぶす / 丢脸. ¶～が広い / 认识人多. ¶～が利く / 面子大. ¶合わせる～がない / 没脸见人. ¶大きな～をする / 大模大样. ¶～色をうかがう / 察言观色.

かおり【香り】气味 qìwèi, 香味 xiāngwèi.

がか【画家】画家 huàjiā.

かがいしゃ【加害者】加害者 jiāhàizhě.

かかえる【抱える】抱 bào ；〔雇用する〕雇佣 gùyōng. ¶重い荷物を～ / 抱着重东西. ¶かばんを小脇に～ / 把包夹在腋下. ¶腹を抱えて笑う / 捧腹大笑. ¶困難な問題を抱えている / 面临着难题.

かかく【価格】价格 jiàgé. ¶～を上げる〔下げる〕/ 提高〔降低〕价格.

かがく【科学】科学 kēxué. ¶～技術 / 科学技术. ¶～者 / 科学家.

かがく【化学】化学 huàxué. ¶～工業 / 化工业. ¶～兵器 / 化学武器.

かかげる【掲げる】悬挂 xuánguà. ¶看板を～ / 挂招牌. ¶旗を～ / 升旗.

かかと【踵】脚后跟 jiǎohòugen. ¶靴の～がすりへる / 鞋后跟磨损.

かがみ【鏡】镜子 jìngzi. ¶～を見る / 照镜子.

かがむ【屈む】弯腰 wānyāo. ¶かがんで財布を拾う / 弯腰捡钱包.

かがめる【屈める】弯腰 wānyāo. ¶体を～ / 弯身子.

かがやく【輝く】闪耀 shǎnyào. ¶まばゆく～宝石 / 耀眼发光的宝石. ¶栄冠に～ / 获得辉煌的荣誉.

かかり【係】担任 dānrèn. ¶会計～ / 会计人员.

かかる【掛かる】挂 guà. ¶拍車が～ / 加紧. ¶仕事に～ / 着手工作. ¶疑いが～ / 被怀疑. ¶気に～ / 担心. ¶医者に～ / 就医. ¶手数料が～ / 要手续费. ¶壁にもたれ～ / 靠着墙壁. ¶時間が～ / 花时间.

かかる【架かる】架设 jiàshè. ¶川には丸木橋が架かっている / 河上架着

独木桥.

かかる【懸かる】悬空 xuánkōng. ¶虹が～/挂彩虹. ¶山に霧が～/山上起雾.

かかる【罹る】得病débìng,生病shēngbìng.

かかわらず【拘わらず】尽管jǐnguǎn. ¶病気にも～外出する/得病照样出门. ¶努力したにも～失敗した/尽管很努力还是失败了.

かかわる【関わる・係わる】关系guānxi. ¶命に～ことだ/关系人命的事. ¶おまえのかかわり知るところではない/不是你管的事.

かき【柿】柿子 shìzi. ¶干し～/柿饼.

かき【牡蠣】牡蛎 mǔlì.

かき【夏期・夏季】夏季 xiàjì. ¶～休暇/暑假.

かぎ【鍵】钥匙 yàoshi. ¶～をかける/上锁. ¶～を開ける/开锁. ¶彼が事件の～を握っている/他掌握着事件的关键. ¶～穴/锁眼.

かぎ【鉤】钩子 gōuzi.

かきうつす【書き写す】抄 chāo.

かきかえる【書き換える】改写 gǎixiě. ¶名義を～/改换名义. ¶免許を～/变更执照.

かきこむ【書き込む】填写 tiánxiě. ¶必要事項を用紙に～/在表上填写必要事项.

かきとめ【書留】挂号 guàhào. ¶～で送る/寄挂号.

かきとめる【書き留める】写下来 xiěxiàlái. ¶住所をメモ用紙に～/把地址记在便条上.

かきとる【書き取る】听写 tīngxiě.

かきなおす【書き直す】修改 xiūgǎi, 改写 gǎixiě.

かきまぜる【かき混ぜる】搅拌 jiǎobàn. ¶セメントを～/搅拌水泥. ¶水にといて～/溶在水里搅拌.

かきゅう【下級】下级 xiàjí. ¶～生/低年级学生.

かぎょう【家業】家业 jiāyè. ¶～を引き継ぐ/继承家业.

かきょく【歌曲】歌曲 gēqǔ.

かぎる【限る】限定 xiàndìng. ¶時間が限られている/有时间限制. ¶学生に限り割引する/仅限学生打折. ¶うちの子に限ってそんな事はない/我家孩子绝不会干那事. ¶夏はビールに～/夏天还是啤酒好喝. ¶彼が勝つとは限らない/他并不一定能赢.

かきん【家禽】家禽 jiāqín.

かく－【各－】各 gè. ¶～自/各自. ¶全国～地/全国各地.

かく【核】核 hé. ¶～分裂/核裂变. ¶～燃料/核燃料. ¶～実験/核实验. ¶～兵器/核武器. ¶～保有国/拥有核武器的国家. ¶～の傘/核保护伞.

かく【角】角 jiǎo. ¶～切りにする/切成方块. ¶～ばった顔/有棱角的脸.

かく【格】水平 shuǐpíng, 地位 dìwèi, 身份 shēnfen. ¶～が違う/身份不同.

かく【書く】写 xiě. ¶名前を～/写名字. ¶手紙を～/写信.

かく【描く】画 huà. ¶絵〔地図〕を～/画'画儿〔地图〕.

かく【欠く】缺少 quēshǎo. ¶礼を～/失礼. ¶誠実さを～謝罪/没有诚意的道歉.

かく【掻く】抓 zhuā. ¶頭を～/挠头. ¶雪を～/除雪. ¶汗を～/出汗. ¶いびきを～/打呼噜. ¶恥を～/出丑;丢脸.

かぐ【嗅ぐ】闻 wén. ¶においを～/闻味.

かぐ【家具】家具 jiāju.

がく【額】［金額］金额 jīn'é;［額縁］匾额 biǎn'é. ¶～が大きい/金额很大. ¶～を飾る/装饰匾额.

がくい【学位】学位 xuéwèi. ¶～論文/考学位的论文. ¶～をとる/取得学位.

かくう【架空】虚构 xūgòu. ¶～の人物/虚构的人物.

かくえきていしゃ【各駅停車】慢车 mànchē.

がくえん【学園】学校 xuéxiào, 学园 xuéyuán.

かくげつ【隔月】隔月 géyuè.

かくげん【格言】格言 géyán.

かくご【覚悟】决心 juéxīn. ¶～を決める/下决心.

かくさ【格差】差别 chābié, 差距 chājù. ¶～が激しい/差别悬殊. ¶賃金～/工资差别.

かくざい【角材】方材 fāngcái.

かくざとう【角砂糖】方(块)糖 fāng (kuài) táng.

かくじ【各自】各自 gèzì. ¶食事は～持参する/自带饭菜.

かくしき【格式】排场 páichang, 礼节 lǐjié. ¶～ばる/讲排场.

がくしき【学識】学识 xuéshí. ¶～のある人/有学识的人. ¶～豊かな人/学识渊博的人.

かくじつ【確実】确实 quèshí. ¶～な証拠/确凿的证据. ¶～に合格する方法/绝对合格的方法.

がくしゃ【学者】学者 xuézhě.

かくしゅう【隔週】隔周 gézhōu.

がくしゅう【学習】学习 xuéxí.

がくじゅつ【学術】学术 xuéshù. ¶～的な価値のある発見/有学术价值的发现. ¶～会議/学术会议.

がくしょう【楽章】乐章 yuèzhāng.

かくしん【確信】确信 quèxìn.

かくしん【革新】革新 géxīn. ¶～的な方法/革新性的方法. ¶～政党/革新党.

かくしん【核心】核心 héxīn. ¶～をつく/抓住核心. ¶～的な役割/核心作用.

かくす【隠す】隐蔽 yǐnbì. ¶宝物を～/隐藏宝物. ¶秘密を～/隐藏秘密.

¶隠さずに話す / 不隐瞒地说.

がくせい【学生】学生 xuésheng. ¶～証 / 学生证.

がくせつ【学説】学说 xuéshuō.

かくだい【拡大】扩大 kuòdà. ¶消費の～をはかる / 谋求消费的扩大. ¶～コピー / 放大复印.

がくだん【楽団】乐团 yuètuán. ¶交響～ / 交响乐团.

かくちょう【拡張】扩大 kuòdà.

がくちょう【学長】校长 xiàozhǎng.

かくづけ【格付け】分等级 fēn děngjí. ¶ホテルの～をする / 定宾馆等级.

かくてい【確定】确定 quèdìng. ¶勝利を～的にする / 胜利确定无疑.

カクテル鸡尾酒 jīwěijiǔ.

かくど【角度】角度 jiǎodù. ¶いろいろな～から考える / 从各种角度考虑.

かくとう【格闘】搏斗 bódòu.

かくとく【獲得】获得 huòdé. ¶金メダルを～する / 获得金牌.

かくにん【確認】确认 quèrèn. ¶身元を～する / 确认身份.

がくねん【学年】年级 niánjí. ¶～末試験 / 学年考试.

がくひ【学費】学费 xuéfèi. ¶～を納入する / 交学费.

がくふ【楽譜】乐谱 yuèpǔ.

がくぶ【学部】院yuàn, 系xì. ¶文～ / 文科系；文学系. ¶工～ / 理工系. ¶～長 / 院长；系主任.

がくぶち【額縁】框 kuàng.

かくべつ【格別】特别 tèbié. ¶今年の暑さは～だ / 今年特别热.

かくほ【確保】确保 quèbǎo. ¶資金が～される / 确保资金.

かくめい【革命】革命 gémìng. ¶～を起こす / 发动革命.

がくもん【学問】学问 xuéwèn. ¶～的にすぐれた業績 / 学术上的出色成绩.

かくやす【格安】非常便宜 fēicháng piányi. ¶～の品 / 特别便宜的商品. ¶～で売る / 贱卖.

がくようひん【学用品】学生用具xuésheng yòngjù, 学习用品 xuéxí yòngpǐn.

かくり【隔離】隔离 gélí. ¶～患者 / 隔离病人.

かくりつ【確立】确立 quèlì. ¶地位を～する / 确立地位.

かくりつ【確率】概率 gàilǜ. ¶降水～ / 降水概率.

がくりょく【学力】学力 xuélì. ¶～が低下する / 学力下降. ¶～テスト / 学力水平考试.

がくれき【学歴】学历 xuélì. ¶～がある〔ない〕/ 有〔没有〕学历. ¶～社会 / 学历社会.

かくれる【隠れる】隐藏 yǐncáng. ¶隠れた才能 / 隐藏的能力.

かくれんぼう【隠れん坊】捉迷藏 zhuō mícáng. ¶～をする / 玩儿捉迷藏.

がくわり【学割】学生优惠 xuésheng yōuhuì.

-かけ【-掛け】刚开始 gāng kāishǐ. ¶読み～の本 / 读到一半的书.

かけ【賭け】打赌 dǎdǔ.

かげ【陰】［物の後ろ］背后 bèihòu；［日陰］荫凉 yìnliáng. ¶木の～で休む / 在树荫下休息. ¶～で糸を引く / 幕后操纵.

かげ【影】影子 yǐngzi；［背後］背后 bèihòu. ¶～がさす / 投下影子. ¶～も形もない / 无影无踪. ¶見る～もない / 面目全非.

がけ【崖】山崖 shānyá. ¶～をよじ登る / 攀崖. ¶～っぷちに立たされる / 处于危险境地.

かけあし【駆け足】跑步 pǎobù. ¶～で階段をのぼった / 跑步上楼梯.

かけい【家系】世系 shìxì. ¶～図 / 族谱；家谱.

かけい【家計】家庭收支 jiātíng shōuzhī. ¶～を切り詰める / 节约家庭开支. ¶～を切り盛りする / 管理家计.

かげき【過激】过激 guòjī.

かげき【歌劇】歌剧 gējù.

かけごえ【掛け声】吆喝 yāohe.

かけざん【掛け算】乘法 chéngfǎ.

かけだし【駆け出し】新手 xīnshǒu.

かけつ【可決】通过 tōngguò. ¶予算案を～する / 通过预算案.

かけぶとん【掛け布団】被子 bèizi. ¶～を掛ける / 盖被子.

かける【欠ける】破 pò, 缺 quē. ¶皿が～ / 盘子缺口了. ¶月が～ / 月亏. ¶常識が欠けている / 缺乏常识.

-かける【-掛ける】刚开始 gāng kāishǐ. ¶仕事をやりかけたままにしておく / 中途扔下工作不管.

かける【掛ける】挂 guà. ¶壁に鏡を～ / 把镜子挂在墙上. ¶塩を～ / 撒盐. ¶鍵を～ / 上锁. ¶ボタンを～ / 扣扣子. ¶ブレーキを～ / 刹车. ¶ブラシを～ / 用刷子刷. ¶迷惑を～ / 添麻烦. ¶眼鏡を～ / 戴眼镜. ¶エプロンを～ / 系围裙. ¶電話を～ / 打电话. ¶無言の圧力を～ / 施加无形的压力. ¶腕に磨きを～ / 磨练本领. ¶情けを～ / 仁慈地关怀. ¶気に～ / 在意. ¶手塩にかけて育てる / 精心抚养. ¶期待を～ / 期待. ¶金と時間をかけて製作する / 花金钱和时间制作. ¶保険を～ / 上保险. ¶2に8を～ / 二乘八. ¶学問を鼻に～ / 以博学自负. ¶お目に～ / 给您看.

かける【懸ける】悬 xuán. ¶懸賞金を～ / 悬赏.

かける【架ける】架 jià. ¶橋を～ / 架桥；搭桥.

かける【駆ける】跑 pǎo. ¶駆けて行く / 跑去.

かける【賭ける】打赌 dǎdǔ. ¶命を賭けて守る / 拼命防守. ¶優勝を賭

けて戦う / 为了获胜而拼搏.

かこ【過去】过去 guòqù. ¶～をふりかえる / 回忆过去.

かご【籠】笼子 lóngzi. ¶～の鳥 / 笼中之鸟. ¶～を編む / 编笼子.

かこい【囲い】围墙 wéiqiáng. ¶～をする / 圈围墙.

かこう【下降】下降 xiàjiàng.

かこう【火口】喷火口 pēnhuǒkǒu. ¶～湖 / 火山口湖.

かこう【河口】河口 hékǒu.

かこう【加工】加工 jiāgōng. ¶原料を～する / 加工原料. ¶～貿易 / 加工贸易.

かごう【化合】化合 huàhé. ¶酸素と水素を～させる / 使氢氧化合. ¶～物 / 化合物.

かこく【苛酷】苛刻kēkè. ¶～な労働 / 过重的劳动.

かこむ【囲む】包围 bāowéi. ¶山に囲まれた村 / 被山环抱的村庄. ¶敵の城を～ / 包围敌人的城堡. ¶かっこで～ / 用括弧括起来.

かさ【傘】雨伞 yǔsǎn. ¶～をさす / 打（雨）伞. ¶～を開く〔畳む〕/ 撑〔合〕伞. ¶日～ / 旱伞；阳伞.

かさい【火災】火灾huǒzāi. ¶～警報 / 火警.

かさかさ 干巴巴 gānbābā. ¶肌が～している / 皮肤干燥.

かさなる【重なる】重合 chónghé. ¶悪い事は～ものだ / 祸不单行.

かさねて【重ねて】再次 zàicì. ¶～お願いいたします / 再次拜托您.

かさねる【重ねる】重复 chóngfù. ¶失敗を～ / 连续失败.

かさばる【嵩張る】体积大 tǐjī dà.

かさむ【嵩む】增多 zēngduō. ¶費用が～ / 费用增多.

かざむき【風向き】风向 fēngxiàng.

かざり【飾り】装饰 zhuāngshì. ¶髪～ / 发饰. ¶社長といっても～だ / 说是老板，实际上是个摆设.

かざりつけ【飾り付け】装饰 zhuāngshì. ¶クリスマスの～ / 圣诞节的装饰.

かざる【飾る】装饰 zhuāngshì. ¶部屋を～ / 装饰房间. ¶宝石で身を～ / 用珠宝打扮. ¶有終の美を～ / 有始有终.

かざん【火山】火山 huǒshān. ¶～が爆発する / 火山爆发. ¶活～ / 活火山. ¶死～ / 死火山.

かし【菓子】点心 diǎnxin，糕点 gāodiǎn，糖果 tángguǒ.

かし【歌詞】歌词 gēcí.

かし【華氏】华氏 Huáshì.

かし【貸し】借出 jièchū. ¶彼に1万円の～がある / 借给他一万日元. ¶～家 / 出租的房子.

かし【樫】青冈栎 qīnggānglì.

かじ【火事】火灾 huǒzāi. ¶～を起こす / 发生火灾. ¶山～を消す / 扑灭山火.

かじ【家事】家务 jiāwù. ¶～をする / 做家务. ¶～に追われる / 忙于家务.

かじ【舵】舵 duò. ¶～を取る / 掌舵.

がし【餓死】饿死 èsǐ.

かじかむ 冻僵 dòngjiāng. ¶指が～ / 手指冻僵.

かしきり【貸し切り】包租 bāozū. ¶～バス / 包车.

かしこい【賢い】聪明 cōngming. ¶～子 / 聪明的孩子. ¶ずる～ / 奸滑.

かしだす【貸し出す】出借 chūjiè. ¶本を～ / 借书.

かしつ【過失】过失 guòshī. ¶～を犯す / 犯错误.

かじつ【果実】果实 guǒshí. ¶～酒 / 果酒.

カシミヤ 开司米 kāisīmǐ.

かしゃ【貨車】货车 huòchē.

かしゅ【歌手】歌手 gēshǒu.

かじゅ【果樹】果树 guǒshù. ¶～園 / 果园.

カジュアル 轻便 qīngbiàn. ¶～ウエア / 休闲装.

かしゅう【歌集】歌集 gējí.

かじゅう【果汁】果汁 guǒzhī. ¶～をしぼる / 挤果汁.

かじゅう【荷重】负荷 fùhè.

かしょ【箇所】地方dìfang. ¶破損～ / 破损部分.

かじょう【過剰】过剩 guòshèng. ¶～生産 / 生产过剩. ¶自意識～ / 自我意识过强.

かしら【頭】头目 tóumù. ¶盗賊の～ / 匪首.

かじりつく【齧り付く】啃 kěn，咬住 yǎozhù. ¶リンゴに～ / 啃苹果. ¶机に～ / 啃书本.

かじる【齧る】咬 yǎo，啃 kěn. ¶ネズミが木を～ / 老鼠啃木头.

かす【滓】渣滓 zhāzǐ. ¶～がたまる / 剩下渣滓.

かす【貸す】借出 jièchū. ¶金〔本〕を～ / 借「钱〔书〕. ¶手を～ / 帮忙.

かず【数】数量 shùliàng. ¶～を数える / 数数儿. ¶～が多い〔少ない〕/ 数量「多〔少〕.

ガス 煤气 méiqì. ¶～を引く / 铺设煤气管道. ¶～をつける / 打开煤气. ¶～漏れがする / 煤气泄漏. ¶～欠だ / 没有汽油了.

かすか【幽か・微か】微弱wēiruò. ¶～な街灯の光 / 微弱的路灯. ¶～に見える / 隐约可见.

かすみ【霞】霞 xiá，雾霭 wù'ǎi. ¶～がかかる / 有霞；雾霭朦胧.

かすむ【霞む】朦胧 ménglóng ；模糊 móhu. ¶霧で視界が～ / 因雾视野模糊. ¶目が～ / 眼睛模糊.

かする【課する】课 kè. ¶税を～ / 上税.

かすれる【掠れる】模糊 móhu. ¶雨のせいでインクが～ / 雨把墨迹弄模糊. ¶声が～ / 声音沙哑.

かぜ【風】风 fēng. ¶～が吹く / 刮

风. ¶～が静まる / 风停. ¶～が出る / 起风. ¶どういう～の吹き回しだ / 不知是哪阵风. ¶～の便り / 风闻.

かぜ【風邪】感冒gǎnmào. ¶～をひく / 患感冒. ¶～気味だ / 有点感冒. ¶～がはやる / 流行感冒. ¶～薬 / 感冒药.

かせい【火星】火星 huǒxīng.

かぜい【課税】课税 kèshuì.

かせき【化石】化石huàshí. ¶～燃料 / 化石燃料.

かせぐ【稼ぐ】挣钱 zhèngqián, 赚钱 zhuànqián. ¶生活費を～ / 赚生活费.

かせつ【仮説】假设 jiǎshè. ¶～を立てる / 提出假设.

カセット 盒式录音带 héshì lùyīndài. ¶～テープ / 磁带.

かせん【下線】下线 xiàxiàn. ¶～を引く / 画下线.

かせん【化繊】化纤 huàxiān.

かそう【仮装】化装 huàzhuāng. ¶～行列 / 化装游行.

がぞう【画像】图像 túxiàng. ¶～が乱れる / 图像不好. ¶～データ / 图像数据.

かぞえる【数える】数 shǔ. ¶指折り～ / 屈指计算. ¶ざっと～ / 大概数一下. ¶数え間違える / 数错. ¶名人に数えられる / 可算是名人. ¶数え上げたらきりがない / 不胜枚举.

かそく【加速】加速 jiāsù.

かぞく【家族】家人 jiārén. ¶～を養う / 养家人. ¶家族そろって出かけた / 全家出门. ¶核～ / 小家庭.

ガソリン 汽油 qìyóu. ¶～スタンド / 加油站.

かた【肩】肩膀 jiānbǎng. ¶～をすくめる / 耸肩. ¶～が凝る / 肩膀发酸. ¶～で息をする / 气喘吁吁. ¶～をもつ / 支持.

かた【型】型号xínghào. ¶同じ～の車 / 同型号的车. ¶～を破る / 打破常规.

かた【過多】过多 guòduō. ¶栄養～ / 营养过剩.

-かた【-方】〔仕 方〕方 法 fāngfǎ. ¶作り～ / 制（造）法. ¶食べ～ / 吃法.

かた【方】〔敬称〕位 wèi. ¶あの～ / 那位.

かたい【固い】坚固 jiāngù. ¶～木の椅子 / 硬木椅子. ¶～肉 / 肉很硬. ¶～意志 / 坚强意志. ¶～誓い / 坚定的誓言. ¶～握手を交わす / 紧紧地握手. ¶頭が～ / 脑子顽固. ¶口が～ / 嘴严. ¶固く決心する / 坚定下决心. ¶固く禁じる / 严禁. ¶固く縛る / 紧紧地绑.

かたい【堅い】硬 yìng. ¶～地面 / 硬地面.

かたい【硬い】生硬 shēngyìng. ¶～文章 / 生硬的文章. ¶～表情をする / 露出生硬的表情.

かだい【課題】课题 kètí. ¶～を残す / 留下课题. ¶～を提出する / 提交课题. ¶当面の～ / 当前的课题.

かだい【過大】过大 guòdà. ¶～な期待 / 过大的期望. ¶～評価 / 评价过高.

かたおもい【片思い】单相思 dānxiāngsī, 暗恋 ànliàn.

かたがき【肩書き】头衔 tóuxián.

かたき【敵】仇敌chóudí. ¶～を討つ / 报仇；复仇.

かたくるしい【堅苦しい】拘谨 jūjǐn. ¶～雰囲気 / 拘谨的气氛.

かたこと【片言】只言片语 zhī yán piàn yǔ. ¶～で話す / 说话不成句.

かたち【形】形式 xíngshì. ¶～がくずれる / 走样. ¶～だけの謝罪 / 表面的道歉.

かたづける【片付ける】收拾 shōushi. ¶食卓を～ / 收拾饭桌.

かたつむり【蝸牛】蜗牛 wōniú.

かたな【刀】刀 dāo.

かたはば【肩幅】肩宽 jiānkuān. ¶～が広い / 肩很宽.

かたほう【片方】单方 dānfāng.

かたまり【塊】块 kuài. ¶土の～ / 土块. ¶欲の～ / 极端贪婪.

かたまる【固まる】凝固 nínggù. ¶考えが～ / 想好了；主意形成. ¶基礎が～ / 基础巩固.

かたみ【形見】遗物 yíwù. ¶祖父の～の時計 / 祖父遗留下来的手表.

かたみち【片道】单程 dānchéng. ¶～乗車券 / 单程票.

かたむく【傾く】倾斜 qīngxié, 歪 wāi. ¶柱が～ / 柱子歪. ¶地震で建物が傾いた / 因地震房子歪了. ¶日が～ / 太阳西斜.

かたむける【傾ける】倾注 qīngzhù. ¶全力を～ / 全力以赴. ¶耳を～ / 倾听. ¶杯を～ / 倾杯而饮. ¶首を～ / 歪头.

かためる【固める】加固 jiāgù. ¶雪を踏み～ / 把雪踩实. ¶決意を～ / 下定决心. ¶地位を～ / 巩固地位. ¶身を～ / 成家.

かたよる【偏る】偏向 piānxiàng. ¶栄養が～ / 营养不均衡. ¶偏った思想 / 思想偏颇.

かたりあう【語り合う】谈心 tánxīn. ¶夜を徹して～ / 彻夜倾谈. ¶膝を交えて～ / 促膝谈心.

かたる【語る】谈 tán. ¶未来について～ / 展望未来.

カタログ 样本 yàngběn, 目录 mùlù. ¶～販売 / 目录销售.

かだん【花壇】花坛 huātán. ¶～に種をまく / 在花坛里撒种.

かち【価値】价值 jiàzhí. ¶～がある〔ない〕/ 有〔没有〕价值. ¶～が下がる / 贬值. ¶～観 / 价值观.

かち【勝ち】胜利 shènglì, 赢 yíng. ¶～を収める / 取得胜利.

かちく【家畜】家畜 jiāchù. ¶～を飼う / 饲养家畜.

かちめ【勝ち目】获胜可能 huòshèng kěnéng, 得胜的可能 déshèng de kě-

néng, 赢面 yíngmiàn. ¶～がある〔ない〕/ 有〔没〕获胜可能.
かちょう【課長】科长 kēzhǎng. ¶～に昇進する / 升为科长.
がちょう【鵞鳥】鹅 é.
かつ【勝つ】赢 yíng. ¶戦いに～/ 战斗获胜. ¶誘惑に～/ 战胜诱惑. ¶おのれに～/ 战胜自我.
かつ【且つ】并且 bìngqiě. ¶美人で～勉強もできる / 她长得漂亮, 并且学习好. ¶彼は画家であり～詩人だ / 他不仅是画家, 而且也是诗人. ¶必要～十分な条件 / 必要及充分条件.
がっか【学科】学科 xuékē.
がっかい【学会】学会 xuéhuì. ¶建築～/ 建筑学会.
がっかり【がっかり】失望 shīwàng, 垂头丧气 chuí tóu sàng qì. ¶彼の無責任な発言に～した / 对他不负责任的讲话很失望. ¶知らせを聞いて～した / 听到消息后非常失望.
かっき【活気】活力huólì. ¶～がある / 有活力. ¶～づく / 有生气. ¶～にあふれる議論 / 热烈的讨论. ¶～のうせた顔 / 失去活力的脸.
がっき【楽器】乐器 yuèqì. ¶弦～を演奏する / 演奏弦乐器.
がっき【学期】学期 xuéqī. ¶～末試験 / 期末考试. ¶新～/ 新学期.
かっきてき【画期的】划时代的 huà shídài de. ¶～な発明 / 划时代的发明.
がっきゅう【学級】年级 niánjí. ¶～委員 / 班级委员. ¶～閉鎖 / 全班停课. ¶～編成 / 编班.
がっきょく【楽曲】乐曲 yuèqǔ.
かつぐ【担ぐ】担 dān, ;〔天秤で〕挑 tiāo. ¶荷物を～/ 挑行李. ¶まんまと担がれる / 上当受骗.
かっこ【括弧】括号 kuòhào. ¶～でくくる / 用括号括上.
かっこいい 帅 shuài. ¶～車 / 漂亮的车. ¶～男 / 帅哥.
かっこう【格好】样子 yàngzi. ¶～を気にする / 在意外表. ¶～のいい事ばかりを言う / 尽说体面的事. ¶～つけた男 / 装样子的男人. ¶外出には～の天気だ / 适于外出的天气.
かっこう【郭公】布谷 bùgǔ, 杜鹃 dùjuān.
かっこう【滑降】滑降 huájiàng. ¶～競技 / 滑降比赛. ¶斜面を～する / 在陡坡上滑下.
がっこう【学校】学校 xuéxiào. ¶～に通う / 上学. ¶～をサボる / 逃学. ¶～を辞める / 退学.
かっさい【喝采】喝彩 hècǎi. ¶～を浴びる / 受到喝彩. ¶拍手～/ 拍手叫好.
かつじ【活字】铅字 qiānzì.
がっしゅく【合宿】集训 jíxùn. ¶～する / 进行集训.
がっしょう【合唱】合唱 héchàng. ¶～する / 合唱. ¶～団 / 合唱团.
かっしょく【褐色】褐色 hèsè. ¶～の肌 / 褐色的皮肤.
がっそう【合奏】合奏 hézòu. ¶～する / 合奏. ¶～曲 / 合奏曲.
かっそうろ【滑走路】跑道 pǎodào.
カッター 美工刀 měigōngdāo.
かつて 曾经 céngjīng. ¶～あった事件 / 过去发生过的事. ¶いまだ～聞いた事がない / 未曾听说的事.
かって【勝手】随便 suíbiàn. ¶～なやつ / 任性的家伙. ¶～に振る舞う / 任意胡搞. ¶～にしろ / 随你的便! ¶～を知っている / 熟悉情况.
かっと 发火 fāhuǒ. ¶～なる / 勃然大怒. ¶～なって殴る / 气得动手.
カット 切 qiē. ¶～グラス / 雕花玻璃.
かっとう【葛藤】纠纷 jiūfēn, 纠葛 jiūgé. ¶～が起こる / 发生纠纷. ¶内心の～/ 心里矛盾.
かつどう【活動】活动 huódòng. ¶クラブ～/ 课外活动.
かっぱつ【活発】活泼 huópo. ¶～な性格 / 活泼的性格. ¶～に討論する / 热烈地讨论.
かっぷく【恰幅】身材 shēncái. ¶～がよい / 身材壮实.
がっぺい【合併】合并 hébìng.
カップル 情侣 qínglǚ. ¶似合いの～/ 般配的一对.
かつやく【活躍】活跃 huóyuè. ¶～が期待される / 被期待发挥才能.
かつよう【活用】充分利用 chōngfèn lìyòng. ¶余暇を有効～する / 有效利用空暇时间.
かつら【鬘】假发 jiǎfà. ¶～をつける / 戴假发.
かつりょく【活力】活力 huólì. ¶～にあふれる / 充满活力.
かてい【家庭】家庭 jiātíng. ¶～をつくる / 建立家庭. ¶～的な人 / 恋家的人. ¶～教師 / 家教.
かてい【過程】过程 guòchéng.
かてい【課程】课程 kèchéng. ¶博士〔修士〕～/ 博士〔硕士〕课程.
かてい【仮定】假定 jiǎdìng.
かど【角】角 jiǎo, 角落 jiǎoluò, 拐角 guǎijiǎo. ¶曲がり～/ 拐角. ¶～の店 / 拐角的商店. ¶部屋の～/ 房间的角落. ¶彼の話には～がある / 他说话伤人.
かど【過度】过度 guòdù. ¶～の疲労 / 过度疲劳.
かとう【下等】下等 xiàděng. ¶～動物 / 低级动物.
かどう【華道】花道 huādào.
かとき【過渡期】过度期 guòdùqī. ¶国家再建の～/ 国家重建的过度期.
カトリック 天主教 tiānzhǔjiào. ¶～教徒 / 天主教徒.
かなあみ【金網】铁丝网 tiěsīwǎng.
かなう【敵う】比得过 bǐdeguò. ¶彼に～者はいない / 没有比得过他的.
かなえる【叶える】满足愿望 mǎnzú yuànwàng. ¶願いを～/ 实现愿望;

圆梦.

かなぐ【金具】金属零件 jīnshǔ língjiàn.

かなしい【悲しい】悲哀 bēi'āi,悲伤 bēishāng. ¶～知らせ / 悲痛的消息. ¶悲しそうな顔 / 悲伤的表情.

かなしみ【悲しみ】悲伤 bēishāng. ¶～に沈む / 非常悲痛.

かなしむ【悲しむ】悲伤 bēishāng. ¶別れを～ / 为分别伤心.

カナダ加拿大 Jiānádà.

かなづち【金槌】锤子 chuízi. ¶～で打つ / 用铁锤打. ¶彼は～だ / 他不会游泳.

かなめ【要】要害 yàohài. ¶肝心～の部分 / 关键的部分.

かなもの【金物】五金 wǔjīn. ¶～店 / 五金商店.

かならず【必ず】一定 yīdìng. ¶約束は～守る / 一定守约. ¶金持ちだからといって～しも幸福だとは限らない / 有钱人并不一定幸福.

かなり相当 xiāngdāng. ¶～暑い / 很热. ¶～手ごわい相手 / 相当难对付的对手.

カナリア金丝雀 jīnsīquè.

かなわない【適わない】比不过 bǐbuguò. ¶酒量では彼に～ / 酒量比不过他. ¶こう暑くては～ / 这么热,简直受不了.

かに【蟹】螃蟹 pángxiè.

かにゅう【加入】加入 jiārù. ¶保険に～する / 参加保险;投保.

カヌー独木舟 dúmùzhōu,皮划艇 píhuátǐng.

かね【金】钱 qián. ¶～をもうける / 赚钱. ¶～がかかる / 费钱. ¶～に目がくらむ / 见钱眼开. ¶～遣いが荒い / 大手大脚花钱. ¶～持ち / 有钱人.

かね【鐘】钟 zhōng. ¶～をつく / 撞钟. ¶～が鳴る / 钟响.

かねそなえる【兼ねそなえる】兼备 jiānbèi.

かねつ【過熱】过热 guòrè. ¶～した競争 / 激烈的竞争.

かねる【兼ねる】兼 jiān. ¶大は小を～ / 大能兼小.

かのう【可能】可能 kěnéng. ¶～な範囲で / 在可能的范围内. ¶不可能を～にする / 使不可能成为可能.

かのう【化膿】化脓 huànóng. ¶傷が～する / 伤口化脓.

かのじょ【彼女】她 tā ;［恋人］女朋友 nǚpéngyou.

かば【河馬】河马 hémǎ.

カバー罩子 zhàozi. ¶～をかける / 套上罩子. ¶損失を～する / 补偿损失. ¶本の～ / 书的封皮.

かばう【庇う】庇护 bìhù. ¶傷ついた足を～ / 保护受伤的脚. ¶彼女を～者はだれもいなかった / 没有一个人袒护她.

かばん【鞄】包 bāo. ¶～の中に本を入れる / 把书放在包里. ¶旅行～ / 旅行包.

かはんしん【下半身】下半身 xiàbànshēn.

かはんすう【過半数】过半数 guòbànshù. ¶～を得る / 取得过半数.

かび【黴】霉 méi. ¶～が生える / 发霉.

かびん【花瓶】花瓶 huāpíng. ¶～に花を生ける / 在花瓶里插花.

かびん【過敏】过敏 guòmǐn. ¶～症 / 过敏症.

かぶ【株】［切り株］棵 kē ;［株式］股票 gǔpiào. ¶～分けする / 分棵. ¶～でもうける / 炒股赚钱.

かぶ【下部】下部 xiàbù. ¶～組織 / 下级组织.

かぶ【蕪】芜菁 wújīng.

かぶか【株価】股价 gǔ jià.

カフェテリア咖啡厅 kāfēitīng.

かぶしき【株式】股份 gǔfèn. ¶～会社 / 股份有限公司. ¶～市場 / 股票市场. ¶～相場 / 股票行情. ¶～取引所 / 股票交易所.

かぶせる【被せる】罩 zhào. ¶ふたを～ / 盖上盖子. ¶責任を～ / 推委责任.

カプセル［医薬用］胶囊 jiāonáng.

かぶと【甲・兜】盔 kuī. ¶～を脱ぐ / 投降.

かぶとむし【甲虫・兜虫】甲虫 jiǎchóng.

かぶぬし【株主】股东 gǔdōng. ¶～総会 / 股东大会.

かぶる【被る】［液体を浴びる］淋 lín. ¶帽子を～ / 戴帽子.

かぶれる皮肤发炎 pífū fāyán. ¶漆に～ / 被漆垫了.

かふん【花粉】花粉 huāfěn. ¶～症 / 花粉过敏症.

かべ【壁】墙壁 qiángbì. ¶～に寄りかかる / 靠在墙上. ¶～で仕切る / 用墙隔开. ¶～掛け / 壁挂.

かへい【貨幣】货币 huòbì. ¶～経済 / 货币经济. ¶～制度 / 货币制度.

かぼそい【か細い】纤弱 xiānruò. ¶～腕 / 纤弱的胳膊. ¶～声 / 微弱的声音.

かぼちゃ【南瓜】南瓜 nánguā.

かま【釜】锅 guō.

かま【鎌】镰刀 liándāo. ¶～で稲を刈る / 用镰刀割稻子.

かまう【構う】关照 guānzhào. ¶どちらでも構わない / 哪个都行. ¶服装に構わない / 不讲究穿戴. ¶どうぞお構いなく / 不要为我张罗了.

かまえる【構える】［家・店などを］修建 xiūjiàn ;［態勢を］摆姿势 bǎi zīshì. ¶店を～ / 开店. ¶銃を～ / 端枪.

かまきり【蟷螂】螳螂 tángláng.

かまど【竈】炉灶 lúzào.

がまん【我慢】忍耐 rěnnài. ¶痛みを～する / 忍受疼痛. ¶～強い / 忍耐力强. ¶もう～できない / 忍无可忍.

かみ【紙】纸 zhǐ. ¶～くず / 纸屑. ¶～コップ / 纸杯. ¶～一重の差 / 毫

厘之差.

かみ【髪】头发 tóufa. ¶～を伸ばす / 留长发. ¶～を束ねる / 束发. ¶～を切る / 剪发. ¶～を洗う / 洗发. ¶～型 / 发型.

かみ【神】神 shén,上帝 shàngdì. ¶～に祈る / 向神祈求. ¶苦しいときの～頼み / 临时抱佛脚.

かみおむつ【紙おむつ】纸尿布 zhǐniàobù.

かみそり【剃刀】剃刀 tìdāo. ¶～で剃る / 用剃刀剃.

かみつ【過密】过密 guòmì. ¶～なスケジュール / 紧张的日程安排. ¶～都市 / 人口过密城市.

かみつく【嚙み付く】咬 yǎo. ¶犬が～ / 狗咬. ¶上司に～ / 顶撞上司.

かみなり【雷】雷 léi. ¶～が鳴る / 打雷. ¶～が落ちる / 落雷.

かむ【嚙む・咬む】咬 yǎo,嚼 jiáo. ¶食べ物はよくかんで食べなさい / 吃东西要细嚼慢咽. ¶犬にかまれる / 被狗咬. ¶舌を～ / 咬舌头.

かむ【擤む】擤 xǐng. ¶鼻を～ / 擤鼻涕.

ガム口香糖 kǒuxiāngtáng. ¶～をかむ / 嚼口香糖.

かめ【瓶・甕】缸 gāng.

かめ【亀】乌龟 wūguī.

かめい【加盟】加盟 jiāméng,加入 jiārù. ¶国連～国 / 联合国成员国.

カメラ照相机zhàoxiàngjī. ¶～マン / 摄影师. ¶デジタル～ / 数码相机.

カメレオン变色龙 biànsèlóng.

かめん【仮面】假面具 jiǎmiànjù. ¶～をはぐ / 揭开假面具.

がめん【画面】屏幕 píngmù,画面 huàmiàn.

かも【鴨】〔鳥〕野鸭子 yěyāzi ;〔だまされやすい人〕冤大头 yuāndàtóu. ¶～にする / 当做冤大头.

-かもしれない也许 yěxǔ. ¶雨が降る～ / 也许下雨.

かもく【科目】科目 kēmù. ¶専攻～ / 专业课.

かもしか羚羊 língyáng.

かもつ【貨物】货物huòwù. ¶～列車 / 货车. ¶～料金 / 货物运费.

かもめ海鸥 hǎi'ōu.

かやく【火薬】火药 huǒyào.

かゆ【粥】粥 zhōu,稀饭 xīfàn. ¶～を炊く / 熬粥.

かゆい【痒い】痒 yǎng. ¶頭が～ / 头痒. ¶～ところに手が届く / 体贴入微.

かよう【通う】来往 láiwǎng. ¶駅までバスが通っている / 有公共汽车通火车站. ¶学校〔会社〕に～ / 上「学〔班〕. ¶心が～ / 心里沟通.

かようきょく【歌謡曲】流行歌曲 liúxíng gēqǔ.

がようし【画用紙】画纸 huàzhǐ.

かようび【火曜日】星期二 xīngqī'èr.

から【空】空 kōng. ¶～っぽの箱 / 空箱子. ¶～いばりする / 虚张声势.

から【殻】壳 ké. ¶貝～ / 贝壳. ¶卵の～ / 蛋壳. ¶自分の～に閉じこもる / 把自己关在自己小房里.

-から从 cóng. ¶部屋～出る / 从房间出来. ¶子供のとき～ / 从小时候. ¶10時～始まる / 从十点开始. ¶友達～来た手紙 / 朋友来的信. ¶酒は米と水～作る / 日本酒是用大米和水做的. ¶きょうは時間がある～電話するよ / 今天因为有时间,所以给你打电话.

がら【柄】体格 tǐgé ;〔模様〕模样 múyàng. ¶派手な～ / 鲜艳的花样. ¶大～な人 / 大块头的人. ¶～にもないことを言う / 讲不合身份的话. ¶～の悪い男 / 人品不好的男人.

カラー彩色 cǎisè. ¶～テレビ / 彩电.

からい【辛い】辣 là ;〔塩辛い〕咸 xián. ¶～スープ / 辣汤. ¶この料理は塩辛すぎる / 这个菜太咸. ¶点数が～ / 给分严.

カラオケ卡拉OK kǎlāOK.

からかう嘲弄 cháonòng,开玩笑 kāi wánxiào. ¶～なよ! / 别嘲笑人!

からくち【辛口】辣味 làwèi. ¶～の酒 / 烈性酒.

からし【辛子】芥末 jièmo. ¶～がきいている / 芥末味很冲.

がらくた破烂儿 pòlànr.

からす【烏】乌鸦 wūyā.

ガラス玻璃 bōli. ¶～が割れる / 玻璃碎. ¶窓に～をはめる / 给窗户安玻璃.

からだ【体】身体 shēntǐ. ¶～の丈夫な子 / 身体结实的孩子. ¶～を鍛える / 锻炼身体. ¶～を壊す / 损害健康. ¶～を売る / 卖淫.

カラフル色彩绚丽 sècǎi xuànlì. ¶～な模様 / 五颜六色的花纹.

かり【借り】债 zhài. ¶～がある / 欠债. ¶～を返す / 还债.

かり【狩り】打猎 dǎliè.

かり【仮】非正式 fēizhèngshì. ¶～契約 / 草约. ¶～の話 / 姑且认定.

かりかた【借り方】借方 jièfāng.

かりちん【借り賃】租借费 zūjièfèi.

カリフラワー〔野菜名〕菜花 càihuā ;〔植物〕花椰菜 huāyēcài.

かりゅう【下流】下流 xiàliú,下游 xiàyóu. ¶～に流れる / 流向下流.

かりる【借りる】借 jiè. ¶図書館で本を～ / 在图书馆借书. ¶金を～ / 借钱. ¶電話を～ / 借电话.

かる【刈る】割 gē. ¶稲を～ / 割稻子. ¶芝生を～ / 割草坪. ¶髪を～ / 剪发.

かるい【軽い】轻 qīng. ¶～荷物 / 轻行李. ¶～足取り / 轻轻的脚步. ¶～食事 / 简单的饭菜. ¶口が～ / 嘴快. ¶軽く一杯やろう / 稍微喝一杯吧.

カルシウム钙 gài.

カルテ病历 bìnglì.

かれ【彼】他 tā ;〔恋人〕男朋友 nán-

péngyou.

カレー咖喱 gālí. ¶～粉 / 咖喱粉. ¶～ライス / 咖喱饭.

ガレージ车库 chēkù.

かれら【彼ら】他们 tāmen.

かれる【枯れる】枯萎 kūwěi.

かれる【嗄れる】嘶哑 sīyǎ. ¶声が～ / 声音嘶哑.

カレンダー月历 yuèlì, 挂历 guàlì. ¶日めくり～ / 日历.

カロリー卡路里 kǎlùlǐ, 热量 rèliàng. ¶～計算 / 热量计算.

かろう【過労】劳动过度 láodòng guòdù. ¶～死 / 过劳死.

がろう【画廊】画廊 huàláng.

かろうじて【辛うじて】好不容易 hǎobù róngyì. ¶～逃れる / 好不容易逃脱. ¶～生計を立てる / 勉强维持生活.

かろんじる【軽んじる】轻视 qīngshì. ¶人を～ / 小看人.

かわ【川】河 hé. ¶～が悠々と流れる / 河水慢慢流淌.

かわ【皮】皮 pí. ¶面の～が厚い / 脸皮厚. ¶化けの～がはがれる / 剥去画皮. ¶リンゴの～ / 苹果皮.

かわ【革】皮革 pígé. ¶～靴 / 皮鞋. ¶～かばん / 皮包. ¶牛～ / 牛皮. ¶ワニ～ / 鳄鱼皮.

がわ【側】侧 cè. ¶内～ / 内侧；里面. ¶向こう～ / 对面. ¶反対～ / 对面. ¶右～ / 右侧.

かわいい【可愛い】可爱 kě'ài. ¶～子 / 可爱的孩子.

かわいがる【可愛がる】宠爱 chǒng'ài. ¶孫を～ / 宠爱孙子.

かわいそう【可哀想】可怜 kělián. ¶～に思う / 觉着可怜.

かわかす【乾かす】晒干 shàigān. ¶ぬれたズボンを～ / 晒湿裤子.

かわかみ【川上】上游 shàngyóu.

かわぎし【川岸】河岸 hé'àn.

かわく【渇く】渴 kě. ¶のどが～ / 口渴.

かわく【乾く】干 gān, 干燥 gānzào. ¶洗濯物が～ / 洗的衣服干了. ¶空気が～ / 空气干燥.

かわしも【川下】下游 xiàyóu.

かわせ【為替】汇兑huìduì. ¶～相場 / 汇兑行情. ¶～レート / 汇率. ¶外国～ / 外汇.

かわら【瓦】瓦 wǎ.

かわり【代わり】代替dàitì. ¶～の者 / 代替的人.

かわりやすい【変わりやすい】容易变 róngyì biàn. ¶～天気 / 易变的天气.

かわる【代わる】代替 dàitì. ¶彼に～技術者はいない / 没有能顶替他的技术员. ¶～がわる / 轮流.

かわる【変わる】变化 biànhuà. ¶期日が～ / 日期变动. ¶相変わらず / 依旧. ¶変わった人 / 古怪的人.

かん【缶】罐 guàn. ¶～ビール / 罐装啤酒. ¶～詰 / 罐头. ¶～切り / 开罐器. ¶空き～ / 空罐.

かん【勘】直觉 zhíjué, 灵感 línggǎn. ¶～があたる / 直觉猜对了. ¶～がいい〔鈍い〕/ 直觉「灵敏〔迟钝〕.

かん【巻】卷 juàn. ¶上～ / 上卷. ¶下～ / 下卷. ¶全10～ / 全十卷.

がん【癌】癌 ái. ¶～にかかる / 得癌症. ¶胃～ / 胃癌. ¶肺～ / 肺癌.

かんか【感化】影响 yǐngxiǎng. ¶～を受ける / 受影响.

がんか【眼科】眼科 yǎnkē.

かんがい【灌漑】灌溉 guàngài. ¶～用水 / 灌溉用水.

かんがえ【考え】想法 xiǎngfa. ¶～をめぐらす / 想来想去. ¶～が浮かぶ / 想出主意. ¶いい～がある / 有好主意. ¶～が足りない / 考虑不周.

かんがえる【考える】想 xiǎng, 思考 sīkǎo. ¶よく～ / 深思熟虑. ¶何を考えていらっしゃるんですか / 你在想什么呢？

かんかく【感覚】感觉 gǎnjué. ¶～がなくなる / 失去感觉. ¶～が古い / 想法落后. ¶～が鋭い / 感觉敏锐.

かんかく【間隔】间隔 jiàngé. ¶5分～で / 隔五分钟.

かんかつ【管轄】管辖 guǎnxiá. ¶～官庁 / 有关当局.

がんがっき【管楽器】管乐器 guǎnyuèqì.

カンガルー袋鼠 dàishǔ.

かんき【換気】通风 tōngfēng. ¶～が悪い / 通风不好. ¶～扇 / 通风扇.

かんき【寒気】寒气 hánqì. ¶～団 / 冷气团.

かんきゃく【観客】观众 guānzhòng. ¶～席 / 观众席.

かんきょう【環境】环境 huánjìng. ¶～がよい / 环境好. ¶～に慣れる / 适应环境. ¶～汚染 / 环境污染. ¶～破壊 / 环境破坏. ¶～保護 / 环境保护；环保. ¶～ホルモン / 环境激素.

がんきょう【頑強】坚强 jiānqiáng.

がんぐ【玩具】玩具 wánjù. ¶～店 / 玩具店.

かんけい【関係】关系 guānxi. ¶密接な～がある / 有密切的关系. ¶～がない / 没关系. ¶友好～を結ぶ / 缔结友好关系. ¶需要と供給の～ / 供需关系. ¶教育～の仕事 / 与教育有关的工作.

かんげい【歓迎】欢迎 huānyíng. ¶～を受ける / 受到欢迎. ¶盛大な～ / 盛情的欢迎. ¶～会 / 欢迎会.

かんげき【感激】感激 gǎnjī, 感动 gǎndòng. ¶～的な場面 / 令人感动的场面.

かんけつ【完結】结束 jiéshù.

かんけつ【簡潔】简洁 jiǎnjié. ¶～に説明する / 简要地说明.

かんげんがく【管弦楽】管弦乐 guǎnxiányuè.

かんこ【歓呼】欢呼 huānhū. ¶～の

声をあげる / 发出欢呼声.

かんご【看護】护理 hùlǐ. ¶けが人を～する / 护理伤员.

がんこ【頑固】顽固wángù. ¶～な人 / 顽固的人.

かんこう【刊行】发行fāxíng. ¶～物 / 刊物.

かんこう【観光】观光 guānguāng, 游览 yóulǎn. ¶名所を～する / 游览名胜. ¶～客 / 旅游客. ¶～バス / 观光车. ¶～地 / 观光地.

かんこうちょう【官公庁】政府机关 zhèngfǔ jīguān.

かんこく【勧告】劝告 quàngào. ¶～に応じる / 听从劝告. ¶引退を～する / 劝其引退.

かんこく【韓国】韩国 Hánguó.

かんごく【監獄】监狱 jiānyù.

かんごし【看護師】护士 hùshi.

かんさ【監査】监查 jiānchá.

かんさつ【観察】观察 guānchá. ¶～力がある / 有观察力. ¶鋭い～ / 敏锐的观察.

かんさん【換算】换算 huànsuàn. ¶円に～する / 换算成日元.

かんし【監視】监视 jiānshì. ¶～下に置く / 置于监视之下. ¶～網 / 监视网.

かんじ【感じ】感觉 gǎnjué. ¶～の良い人 / 使人有好感的人. ¶あたたかい～の絵 / 感觉温暖的画儿.

かんじ【漢字】汉字 hànzì.

かんしゃ【感謝】感谢 gǎnxiè. ¶～状 / 感谢信. ¶～の気持ちを表す / 表达谢意.

かんじゃ【患者】患者 huànzhě. ¶～を診察する / 给病人诊断.

かんしゅう【慣習】习俗 xísú, 老规矩 lǎoguīju. ¶～を守る / 遵守规矩. ¶古い～を破る / 打破旧习俗.

かんしゅう【観衆】观众 guānzhòng. ¶～を魅了する / 使观众入迷.

かんじゅせい【感受性】感受 gǎnshòu. ¶～が豊かだ / 感受丰富.

がんしょ【願書】志愿书 zhìyuànshū. ¶入学～を出す / 提交入学志愿书.

かんしょう【干渉】干涉 gānshè. ¶内政に～する / 干涉内政.

かんしょう【感傷】感伤 gǎnshāng. ¶～に浸る / 十分感伤.

かんしょう【鑑賞】欣赏 xīnshǎng, 鉴赏 jiànshǎng. ¶音楽を～する / 欣赏音乐.

かんじょう【感情】感情 gǎnqíng. ¶～にまかせる / 感情用事. ¶～が高ぶる / 情绪高涨. ¶～を表に出す / 感情外露. ¶～を害する / 伤害感情.

かんじょう【勘定】买单 mǎidān, 结账 jiézhàng. ¶～を払う / 付款. ¶お～お願いします / 请结账. ¶～高い / 精于算计. ¶～書 / 账单.

がんじょう【頑丈】强健 qiángjiàn. ¶～な体 / 强健的身体.

かんしょく【間食】零食 língshí. ¶～をする / 吃零食.

かんじる【感じる】感觉到gǎnjuédào, 感到 gǎndào. ¶危険を～ / 感到危险. ¶焦りを～ / 感到焦急.

かんしん【関心】关心 guānxīn. ¶政治に～を持つ / 对政治感兴趣. ¶～が高まる / 引起大家关注.

かんしん【感心】佩服 pèifu. ¶～して話を聞く / 边听边觉得钦佩.

かんじん【肝心】重要 zhòngyào. ¶～な点 / 关键的地方；重要的事.

かんする【関する】有关 yǒuguān. ¶歴史に～論文 / 有关历史的论文. ¶我関せず / 与我无关.

かんせい【完成】完成 wánchéng. ¶～された作品 / 完成的作品. ¶～品 / 成品.

かんせい【歓声】欢声 huānshēng. ¶～が上がる / 发出欢呼声.

かんせい【感性】感性 gǎnxìng. ¶～が鋭い / 感觉敏锐.

かんぜい【関税】关税 guānshuì. ¶～を課す / 课关税. ¶～障壁 / 关税壁垒.

がんせき【岩石】岩石 yánshí.

かんせつ【関節】关节 guānjié.

かんせつ【間接】间接 jiànjiē. ¶～的に断る / 间接地拒绝.

かんせん【感染】感染 gǎnrǎn. ¶ウイルスに～する / 感染病毒.

かんせん【幹線】干线 gànxiàn. ¶～道路 / 主干道.

かんぜん【完全】完全 wánquán. ¶～に仕事を終える / 工作彻底结束. ¶～に負ける / 全败.

かんそう【感想】感想 gǎnxiǎng. ¶～を述べる / 谈感想.

かんそ【簡素】简朴 jiǎnpǔ. ¶～な暮らし / 简朴的生活.

かんそう【乾燥】干燥 gānzào. ¶無味～な文章 / 枯燥无味的文章. ¶空気が～している / 空气干燥. ¶～機 / 干燥机.

かんぞう【肝臓】肝脏 gānzàng.

かんそく【観測】观测 guāncè. ¶消息筋の～によれば / 据消息灵通人士估计. ¶気象～ / 气象观测.

かんたい【寒帯】寒带 hándài.

かんたい【艦隊】舰队 jiànduì. ¶無敵～ / 无敌舰队.

かんだい【寛大】宽大 kuāndà. ¶～な措置 / 宽大的措施.

かんたいじ【簡体字】简体字 jiǎntǐzì.

かんだかい【甲高い】尖锐 jiānruì, 高亢 gāokàng. ¶～声で話す / 尖声说话.

かんたん【簡単】简单 jiǎndān. ¶～な食事 / 便饭. ¶～に言えば / 简单地说.

かんたん【感嘆】感叹 gǎntàn. ¶～の声が上がる / 发出感叹之声.

がんたん【元旦】元旦 yuándàn.

かんだんけい【寒暖計】寒暑表 hánshǔbiǎo.

かんちがい【勘違い】错认 cuòrèn, 误

会 wùhuì.

かんちょう【干潮】退潮 tuìcháo. ¶～になる / 退潮. ¶～線 / 退潮线.

かんちょう【官庁】政府机关 zhèngfǔ jīguān. ¶～に勤める / 在政府机关工作.

かんつう【姦通】通奸 tōngjiān.

かんづめ【缶詰】罐头 guàntou. ¶ツナの～ / 金枪鱼罐头. ¶部屋に～になる / 关在屋里.

かんてい【鑑定】鉴定 jiàndìng. ¶筆跡を～する / 鉴定笔迹. ¶～書 / 鉴定书.

かんてい【官邸】官邸 guāndǐ. ¶首相～ / 首相官邸.

かんてん【観点】观点 guāndiǎn. ¶違う～から / 从不同的观点.

かんでん【感電】触电 chùdiàn. ¶雷に～する / 被雷击. ¶～死する / 电死.

かんでんち【乾電池】干电池gāndiànchí.

かんどう【感動】感动 gǎndòng, 激动 jīdòng. ¶深い～を与える / 使人深受感动. ¶～を呼び起こす / 使之感动. ¶～的なシーン / 感动的场面.

かんとく【監督】［スポーツ］领队 lǐngduì ;［映画］导演 dǎoyǎn. ¶試験を～する / 监考. ¶映画～ / 电影导演. ¶野球～ / 棒球队的领队.

かんな【鉋】刨子bàozi. ¶～をかける / 刨刨子.

カンニング 作弊 zuòbì. ¶～を見つける / 发现作弊.

かんねん【観念】观念 guānniàn ;［あきらめ］死心 sǐxīn. ¶固定～ / 成见. ¶誤った～を抱く / 抱着错误的观念.

かんのう【官能】官能 guānnéng. ¶～的な映画 / 春片.

かんぱ【寒波】寒流 hánliú. ¶～が押し寄せる / 寒流袭来.

かんぱい【乾杯】干杯 gānbēi. ¶～の音頭を取る / 致祝酒辞.

かんばつ【旱魃】旱灾 hànzāi.

がんばる【頑張る】坚持 jiānchí. ¶がんばれ！ / 加油！ ¶主張をまげずがんばり続ける / 坚持己见.

かんばん【看板】招牌 zhāopái. ¶～を出す / 挂牌开业. ¶～を下ろす / 关张. ¶～に偽りがない / 名符其实.

かんぱん【甲板】甲板 jiǎbǎn.

かんび【完備】完备 wánbèi, 齐全 qíquán. ¶冷暖房～ / 冷暖气齐全.

かんびょう【看病】看护 kānhù. ¶病人を～する / 护理病人.

かんぶ【幹部】干部 gànbù. ¶～候補生 / 干部预备生.

カンフーえいが【カンフー映画】功夫片 gōngfupiàn.

かんぺき【完璧】完美无缺 wánměi wúquē. ¶～を期する / 力图完善.

がんぺき【岸壁】码头 mǎtou.

がんぺき【岩壁】悬崖峭壁 xuányá qiàobì.

かんぽう【漢方】中医 zhōngyī. ¶～医 / 中医. ¶～薬 / 中药.

がんぼう【願望】愿望 yuànwàng. ¶～を抱く / 抱着愿望.

かんぼく【灌木】灌木 guànmù.

カンボジア 柬埔寨 Jiǎnpǔzhài.

かんぼつ【陥没】塌陷 tāxiàn, 凹陷 āoxiàn. ¶道路が～する / 道路塌陷.

かんむり【冠】冠guàn. ¶～をかぶる / 戴冠.

がんやく【丸薬】丸药 wányào.

かんゆう【勧誘】劝诱 quànyòu. ¶入会を～する / 劝说入会. ¶～を断る / 拒绝劝诱.

かんよ【関与】参与 cānyù. ¶～を否定する / 否定参与.

かんよう【寛容】宽容 kuānróng.

かんようく【慣用句】惯用语 guànyòngyǔ.

がんらい【元来】原来 yuánlái, 本来 běnlái.

かんらく【歓楽】欢乐huānlè. ¶～街 / 娱乐街.

かんり【管理】管理 guǎnlǐ. ¶～が行き届く / 管理完善. ¶財産を～する / 理财.

かんりゅう【寒流】寒流 hánliú.

かんりょう【完了】完成 wánchéng. ¶任務を～する / 完成任务.

かんりょう【官僚】官僚 guānliáo. ¶～主義 / 官僚主义.

かんれい【慣例】惯例 guànlì. ¶～に従う / 按照惯例.

かんれいぜんせん【寒冷前線】冷锋 lěngfēng.

かんれん【関連】关联 guānlián. ¶～性がある / 有关联性.

かんろく【貫禄】派头 pàitóu, 威严 wēiyán. ¶～がつく / 有了派头.

かんわ【緩和】缓和 huǎnhé. ¶交通事情を～する / 缓和交通情况. ¶規制～ / 放宽限制. ¶緊張～ / 缓和紧张.

き

き【木】树 shù. ¶～を植える / 植树. ¶～を切る / 砍树. ¶～の実 / 果实.

き【気】气 qì. ¶～が合う / 对劲儿. ¶～がある / 有意. ¶～が変わる / 改变主意. ¶～がきく / 机灵. ¶～が気でない / 焦急不安. ¶～が進まない / 不起劲儿. ¶～がつく / 细心. ¶～が強い / 要强. ¶～が短い / 性子急. ¶～にかかる / 挂念. ¶～に入る / 满意. ¶～に障る / 心里不痛快. ¶～の抜けたビール / 跑气的啤酒. ¶～を失う / 不省人事. ¶～を遣う / 小心谨慎. ¶～をつける / 小心. ¶やる～がない / 没心思干. ¶～が小さい / 胆子小.

ギア 齿轮 chǐlún.

きあつ【気圧】气压 qìyā. ¶～の谷 / 低压槽. ¶高～ / 高气压.

キー 键 jiàn. ¶～ポイント / 要点. ¶～ワード / 关键词.
キーボード 键盘 jiànpán.
キーホルダー 钥匙环 yàoshihuán, 钥匙圈 yàoshiquān.
きいろ【黄色】 黄色 huángsè. ¶～いセーター / 黄色的毛衣.
ぎいん【議員】 议员 yìyuán.
キウイ 猕猴桃 míhóutáo.
きえる【消える】 ［火・光が］灭 miè ；［見えなくなる］消失 xiāoshī. ¶火が～ / 火灭了. ¶雪が解けて～ / 雪融化没了.
ぎえんきん【義援金】 捐款 juānkuǎn. ¶～を募る / 募捐.
きおく【記憶】 记忆 jìyì. ¶～が薄れる / 记忆模糊. ¶～にない / 不记得. ¶～喪失 / 丧失记忆. ¶～力 / 记忆力.
きおくれ【気後れ】 胆怯 dǎnqiè. ¶面接を控えて～する / 面试前怯场.
きおん【気温】 气温 qìwēn. ¶～が低い〔高い〕/ 气温「低〔高〕. ¶最高〔最低〕～ / 最高〔最低〕气温.
きか【気化】 汽化 qìhuà. ¶～熱 / 汽化热. ¶水が～する / 水汽化.
きか【幾何】 几何 jǐhé. ¶～学 / 几何学.
きが【飢餓】 饥饿 jī'è.
きかい【機会】 机会 jīhuì. ¶～を捕らえる / 抓住机会. ¶～を逃す / 错过机会.
きかい【機械】 机械 jīxiè. ¶～を動かす / 开动机器.
きかい【奇怪】 奇怪 qíguài, 莫名其妙 mò míng qí miào.
きがい【危害】 危害 wēihài. ¶～を加える / 加害.
ぎかい【議会】 议会 yìhuì. ¶～制度 / 议会制度. ¶～を召集〔解散〕する / 召集〔解散〕议会.
きがえる【着替える】 换衣服 huàn yīfu. ¶パジャマに～ / 换上睡衣.
きかく【企画】 计划 jìhuà. ¶～力がある / 有计划能力.
きかく【規格】 规格 guīgé. ¶～に合う / 合乎规格.
きかざる【着飾る】 打扮 dǎban. ¶着飾って出かける / 打扮后出门.
きがる【気軽】 轻松 qīngsōng. ¶～に引き受ける / 爽快地接受.
きかん【期間】 期间 qījiān. ¶～限定 / 限定期间. ¶提出～ / 上交期限.
きかん【機関】 机关 jīguān. ¶～紙 / 机关报. ¶～士 / 火车司机. ¶～銃 / 机关枪. ¶教育～ / 教育机关.
きかん【器官】 器官 qìguān.
きかん【帰還】 返回 fǎnhuí. ¶母国に～する / 返回祖国.
きかん【季刊】 季刊 jìkān. ¶～誌 / 季刊杂志.
きかんし【気管支】 支气管 zhīqìguǎn. ¶～炎 / 支气管炎.
きき【危機】 危机 wēijī. ¶～が迫る / 危机迫近. ¶～を脱する / 脱离危险. ¶～管理 / 危机管理. ¶～一髪 / 千钧一发. ¶食糧～ / 粮食危机.
ききいれる【聞き入れる】 答应 dāying, 听从 tīngcóng. ¶要求を～ / 接受要求.
ききざけ【利き酒】 品尝酒味 pǐncháng jiǔwèi.
ききとり【聞き取り】 听懂 tīngdǒng. ¶～にくい / 听不清. ¶～テスト / 听力测试.
ききめ【効き目・利き目】 效果 xiàoguǒ. ¶～がある / 有效果.
ききゅう【気球】 气球 qìqiú. ¶～を飛ばす / 放气球. ¶熱～に乗る / 乘坐热气球. ¶観測～ / 观测气球.
ききょう【帰郷】 返回故乡 fǎnhuí gùxiāng, 回老家 huí lǎojiā.
きぎょう【企業】 企业 qǐyè. ¶～を起こす / 办企业. ¶～家 / 企业家. ¶中小～ / 中小企业. ¶～秘密 / 企业秘密.
きぎょうか【起業家】 创业者 chuàngyèzhě.
ぎきょく【戯曲】 戏剧 xìjù ；［台本］戏本 jùběn. ¶～化する / 戏剧化.
ききん【基金】 基金 jījīn. ¶～を設ける / 设立基金.
ききん【飢饉】 饥荒 jīhuāng, 饥馑 jījǐn.
ききんぞく【貴金属】 贵金属 guìjīnshǔ. ¶～商 / 珠宝商.
きく【聞く・聴く】 听 tīng ；［尋ねる］问 wèn. ¶音楽を～ / 听音乐. ¶先生の言いつけをよく～ / 认真听从老师的教导. ¶頼みを聞いてやる / 听取要求. ¶道を～ / 问路.
きく【効く・利く】 有效 yǒuxiào. ¶薬がよく～ / 药很有效. ¶機転が～ / 机灵. ¶目が～ / 有眼力.
きく【菊】 菊花 júhuā.
きぐ【器具】 器具 qìjù. ¶電気～ / 电气器具. ¶実験～ / 实验器具.
きぐ【危惧】 危惧 wēijù, 担心 dānxīn.
きくらげ 木耳 mù'ěr. ¶白～ / 银耳.
ぎけい【義兄】 ［妻の兄］大舅子 dàjiùzi ；［夫の兄］大伯子 dàbózi ；［姉の夫］姐夫 jiěfu.
きげき【喜劇】 喜剧 xǐjù.
きけん【危険】 危险 wēixiǎn. ¶～を冒す / 冒危险. ¶～に身をさらす / 面临危险. ¶～人物 / 危险人物.
きけん【棄権】 弃权 qìquán. ¶投票を～する / 放弃投票. ¶試合を～する / 比赛弃权.
きげん【期限】 期限 qīxiàn. ¶～が切れる / 过期. ¶～満了 / 到期. ¶有効～ / 有效期限.
きげん【機嫌】 情绪 qíngxù. ¶～がいい / 情绪好. ¶～をとる / 哄孩子. ¶～を損ねる / 不高兴.
きげん【起源】 起源 qǐyuán. ¶～をたどる / 寻找起源.
きげん【紀元】 公元 gōngyuán. ¶～前 / 公元前.

きこう【気候】气候 qìhòu. ¶温和な～ / 温和的气候.
きこう【機構】机构 jīgòu. ¶行政～ / 行政机构.
きこう【寄稿】投稿 tóugǎo. ¶雑誌に～する / 向杂志投稿.
きこう【寄港】停泊 tíngbó.
きこう【気功】气功 qìgōng.
きごう【記号】记号 jìhào. ¶～をつける / 做记号.
ぎこう【技巧】技巧 jìqiǎo. ¶～を凝らす / 在技巧上下工夫.
きこうぶん【紀行文】游记 yóujì.
きこえる【聞こえる】听见 tīngjiàn. ¶風の音が～ / 听见风声. ¶皮肉に～ / 听起来有讽刺味道.
きこく【帰国】回国 huíguó. ¶～の途につく / 启程回国.
ぎこちない不自然 bù zìrán. ¶～笑い / 尴尬地笑.
きこなし【着こなし】穿法 chuānfǎ. ¶～がうまい / 穿着得体.
きこん【既婚】已婚 yǐhūn. ¶～者 / 已婚者.
きさい【記載】记载 jìzǎi.
きさく【気さく】坦率 tǎnshuài, 爽快 shuǎngkuai. ¶～な人柄 / 豪爽的人.
きざし【兆し】征兆 zhēngzhào. ¶復興の～ / 复兴的征兆.
きざむ【刻む】切细 qiēxì. ¶ネギを～ / 把葱切细. ¶心に～ / 铭刻在心.
きし【岸】岸 àn.
きし【騎士】骑士 qíshì. ¶～道 / 骑士的风度.
きじ【雉】雉 zhì, 野鸡 yějī. ¶～も鳴かずば撃たれまい / 祸从口出.
きじ【記事】报道 bàodào, 新闻 xīnwén, 消息 xiāoxi. ¶～を載せる / 登载消息. ¶解説～ / 解说评论. ¶トップ～ / 头条消息.
きじ【生地】布料 bùliào.
ぎし【技師】工程师 gōngchéngshī.
ぎし【義姉】［妻の姉］大姨子 dàyízi ；［夫の姉］大姑子 dàgūzi ；［兄の妻］嫂子 sǎozi.
ぎしき【儀式】仪式 yíshì.
きしつ【気質】气质 qìzhì, 性格 xìnggé. ¶やさしい～ / 性情温柔. ¶学生～ / 学生派头.
きじつ【期日】日期 rìqī. ¶～を定める / 定日期. ¶～を守る / 遵守日期. ¶～どおりに / 按期.
きしむ【軋む】吱吱嘎嘎响 zhīzhigāgā xiǎng. ¶戸が～ / 拉门不灵.
きしゃ【汽車】火车 huǒchē.
きしゃ【記者】记者 jìzhě. ¶～会見を行う / 举行记者招待会. ¶新聞～ / 报社记者.
きしゅ【騎手】骑手 qíshǒu.
きしゅくしゃ【寄宿舎】学生宿舍 xuésheng sùshè. ¶～生 / 住校生.
きじゅつ【記述】记述 jìshù.
きじゅつ【奇術】魔术 móshù.
ぎじゅつ【技術】技术 jìshù. ¶～を磨く / 磨炼技术. ¶新しい～を導入する / 引进新技术. ¶～援助 / 技术援助. ¶科学～ / 科学技术.
きじゅん【基準】标准 biāozhǔn. ¶～を定める / 制定标准.
きしょう【気象】气象 qìxiàng. ¶～台 / 气象台. ¶～衛星 / 气象卫星. ¶～観測 / 气象观测.
きしょう【起床】起床 qǐchuáng. ¶早目に～する / 提前起床.
きしょう【気性】秉性 bǐngxìng, 脾气 píqi. ¶激しい～ / 脾气暴躁.
きじょう【気丈】刚毅 gāngyì.
キス接吻 jiēwěn, 亲嘴 qīnzuǐ.
きず【傷】伤 shāng ；［物の］毛病 máobing. ¶～を負う / 受伤；负伤. ¶切り～ / 划伤. ¶玉に～ / 美中不足.
きすう【奇数】奇数 jīshù.
きずく【築く】建筑 jiànzhù ；建立 jiànlì. ¶堤防を～ / 修建堤防. ¶確固たる地位を～ / 建立牢靠的地位.
きずつく【傷つく】受伤 shòushāng. ¶自尊心が～ / 自尊心受到伤害.
きずつける【傷つける】伤害 shānghài. ¶名誉を～ / 损害名誉. ¶心を～ / 伤心.
きずな【絆】纽带 niǔdài. ¶～を断つ / 摆脱束缚. ¶友情の～を深める / 加深友谊的纽带.
きせい【規制】规定 guīdìng, 限制 xiànzhì. ¶～を緩める〔強める〕/ 放松〔加强〕限制. ¶自主～ / 自行管制.
きせい【既成】既成 jìchéng. ¶～概念 / 既成概念. ¶～事実 / 既成事实.
きせい【既製】现成的 xiànchéng de. ¶～品 / 成品. ¶～服 / 成品服装.
きせい【帰省】回家探亲 huíjiā tànqīn. ¶～客 / 回乡旅客.
ぎせい【犠牲】牺牲 xīshēng. ¶自分を～にする / 牺牲自己. ¶多くの～を払う / 付出巨大的代价. ¶～者 / 牺牲者.
きせいちゅう【寄生虫】寄生虫 jìshēngchóng.
きせき【奇跡】奇迹 qíjì. ¶～が起こる / 发生奇迹. ¶～的に生き残る / 奇迹般地活下来.
きせつ【季節】季节 jìjié. ¶～の変わりめ / 季节转换的时候. ¶～外れの服装 / 不和季节的服装. ¶～感 / 季节感. ¶～風 / 季风.
きぜつ【気絶】昏倒 hūndǎo, 昏迷过去 hūnmíguòqu.
きせる【着せる】给…穿上 gěi…chuānshàng. ¶子供に服を～ / 给小孩穿上衣服. ¶濡れ衣を～ / 栽赃.
きそ【基礎】基础 jīchǔ. ¶～を築く / 打基础. ¶～を固める / 巩固基础.
きそ【起訴】起诉 qǐsù. ¶傷害罪で～する / 因伤害罪起诉. ¶～猶予 / 缓期提起公诉.
きそう【競う】争夺 zhēngduó, 竞争 jìngzhēng. ¶技を～ / 比赛本领. ¶首位を～ / 争当第一.
ぎそう【偽装】伪装 wěizhuāng. ¶～

結婚 / 假装结婚.
きぞう【寄贈】赠送 zèngsòng.
ぎぞう【偽造】伪造wěizào. ¶～紙幣 / 假钞.
きそく【規則】规则 guīzé. ¶～を守る〔破る〕/ 遵守〔破坏〕规则. ¶～的な生活 / 有规律的生活.
きた【北】北 běi. ¶～風 / 北风.
ギター吉他 jítā. ¶～を弾く / 弹吉他.
きたい【期待】期待 qīdài. ¶～をかける / 抱以期待. ¶～を裏切る / 辜负期待. ¶～に応える / 不辜负期待.
きたい【気体】气体 qìtǐ.
ぎだい【議題】议题 yìtí.
きたえる【鍛える】锻炼 duànliàn. ¶心身を～ / 锻炼身心. ¶部員を～ / 锻炼成员.
きたく【帰宅】回家 huíjiā. ¶～途中で / 在回家途中.
きたない【汚い】肮脏 āngzāng. ¶～水 / 脏水. ¶～字 / 潦草的字. ¶～手を使う / 使用不正当手段. ¶金に～ / 在钱上不干净. ¶～言葉 / 脏话. ¶意地～ / 心眼儿坏.
きたる【来る】下 xià. ¶～5日 / 下个五号.
きち【基地】基地 jīdì. ¶軍事～ / 军事基地.
きち【機知】机智 jīzhì. ¶～に富んだ人 / 富有机智的人.
きちょう【貴重】贵重 guìzhòng. ¶～品 / 贵重物品.
きちょう【機長】机长 jīzhǎng.
ぎちょう【議長】议长 yìzhǎng, 主席 zhǔxí. ¶～を務める / 担任议长.
きちょうめん【几帳面】一丝不苟 yī sī bù gǒu. ¶～な人 / 细心的人.
きちんと准确 zhǔnquè. ¶～払う / 如数付清. ¶～した身なり / 服装整洁. ¶髪を～手入れする / 把头发梳理得整齐.
きつい厉害 lìhai ; 严厉 yánlì ; 紧 jǐn. ¶ベルトをきつく締める / 把皮带系得紧紧的.
きつえん【喫煙】吸烟 xīyān.
きっかけ【切っ掛け】契机 qìjī. ¶話の～をつかむ / 抓住说话时机.
きづく【気付く】发现fāxiàn, 察觉chájué. ¶過ちに～ / 意识到错误.
キック踢 tī. ¶～オフ / 开球. ¶～ボクシング / 泰国式拳击.
ぎっくりごし【ぎっくり腰】闪腰 shǎnyāo.
きっさてん【喫茶店】茶馆 cháguǎn, 咖啡厅 kāfēitīng.
ぎっしり满满地 mǎnmǎnde. ¶かばんに～詰め込む / 包里装得满满的. ¶知識を頭に～詰め込む / 把知识装满脑子.
きっすい【生粋】纯粹 chúncuì, 地道 dìdao. ¶～の北京人 / 地道的北京人.
キッチン厨房 chúfáng.
きつつき【啄木鳥】啄木鸟 zhuómùniǎo.
きって【切手】邮票 yóupiào. ¶～を貼る / 贴邮票. ¶～を収集する / 集邮. ¶記念～ / 纪念邮票.
きっと［必ず］一定 yīdìng ;［厳しく］严厉地 yánlì de. ¶～そうだ / 一定是这样. ¶～知らせてくださいよ / 请一定告诉我. ¶～にらみつけた / 狠狠地瞪了一眼.
きつね【狐】狐狸 húli.
きっぷ【切符】票 piào. ¶～売り場 / 售票处. ¶往復～ / 往返票.
きてい【規定】规定 guīdìng. ¶～に従う / 服从规定. ¶～の手続きを踏む / 履行规定的手续. ¶～料金 / 规定价格.
ぎてい【義弟】［妻の弟］内弟 nèidì ;［夫の弟］小叔子 xiǎoshūzi ;［妹の夫］妹夫 mèifu.
きてき【汽笛】汽笛 qìdí. ¶～を鳴らす / 鸣笛.
きとう【祈禱】祈祷 qídǎo. ¶～師 / 祈祷师.
きどう【軌道】轨道 guǐdào. ¶～に乗る / 走上轨道. ¶～を外れる / 偏离轨道.
きどう【起動】启动 qǐdòng.
きとく【危篤】病危 bìngwēi. ¶～に陥る / 陷入病危.
きどる【気取る】装腔作势 zhuāng qiāng zuò shì. ¶気取った女 / 做作的女人. ¶英雄を～ / 假装英雄.
きないしょく【機内食】飞机便餐 fēijī biàncān.
きにゅう【記入】填写 tiánxiě.
きぬ【絹】丝绸 sīchóu.
きねん【記念】纪念 jìniàn. ¶～切手 / 纪念邮票. ¶～写真 / 纪念照. ¶～碑 / 纪念碑.
きのう【昨日】昨天 zuótiān.
きのう【機能】功能 gōngnéng. ¶～を高める / 提高功能.
ぎのう【技能】技能 jìnéng.
きのこ【茸】蘑菇mógu. ¶～が生える / 长蘑菇. ¶～がり / 采蘑菇.
きのどく【気の毒】可惜kěxī, 可怜kělián. ¶～に思う / 感到可怜.
きのみ【木の実】果实 guǒshí.
きば【牙】牙 yá.
きばつ【奇抜】新奇 xīnqí, 出奇 chūqí.
きばらし【気晴らし】散心 sànxīn, 解闷 jiěmèn, 消遣 xiāoqiǎn. ¶～に外へ出る / 出去散散心.
きはん【規範】规范 guīfàn. ¶～に従う / 遵从规范. ¶社会～ / 社会规范.
きばん【基盤】基础 jīchǔ. ¶～を固める / 加固基础. ¶～を失う / 失去基础.
きびしい【厳しい】严格 yángé, 严厉 yánlì. ¶～しつけ / 严格的教育. ¶～寒さ / 严寒. ¶～現実 / 严酷的现实. ¶生活が～ / 生活艰苦.
きひん【気品】品格 pǐngé, 文雅 wényǎ. ¶どことなく～がある / 看上去风度很文雅.
きびん【機敏】机敏 jīmǐn. ¶～に動

き回る / 行动机敏.

きふ【寄付】捐献 juānxiàn, 捐赠 juānzèng. ¶～金 / 捐款. ¶～を募る / 募捐.

ぎふ【義父】继父 jìfù ; [妻の父]岳父 yuèfù ; [夫の父]公公 gōnggong.

きぶん【気分】心情xīnqíng, 情绪qíngxù. ¶～がいい / 心情好. ¶～がすぐれない / 情绪不好. ¶お祭り～ / 节日气氛. ¶～屋 / 忽冷忽热的人. ¶～転換 / 转换心情.

きぼ【規模】规模 guīmó. ¶～を拡大する / 扩大规模.

ぎぼ【義母】继母 jìmǔ ; [妻の母]岳母 yuèmǔ ; [夫の母]婆婆 pópo.

きぼう【希望】希望 xīwàng. ¶～を持つ / 抱有希望. ¶～をかなえる / 如愿以偿. ¶～的観測 / 带有主观意愿的推测.

きほん【基本】基本 jīběn. ¶～的人権 / 基本人权.

ぎまい【義妹】[妻の妹]小姨子 xiǎoyízi ; [夫の妹]小姑子 xiǎogūzi ; [弟の妻]弟妹 dìmèi.

きまぐれ【気紛れ】没个准 méi ge zhǔn. ¶～な人 / 没准脾气的人.

きまつ【期末】期末 qīmò. ¶～決算 / 期末结算. ¶～試験 / 期末考试.

きまま【気儘】任性 rènxìng. ¶勝手～をする / 随心所欲.

きまり【決まり】规定 guīdìng. ¶～に従う / 服从规定. ¶仕事の～をつける / 了结工作. ¶～が悪い / 不好意思.

きまる【決まる】决定 juédìng. ¶日程が～ / 决定日程. ¶冬は寒いに決まっている / 冬天肯定冷.

きみ【君】你 nǐ.

きみ【気味】感受 gǎnshòu. ¶～が悪い / 令人不舒服.

きみ【黄身】蛋黄 dànhuáng.

きみつ【気密】密封 mìfēng.

きみどり【黄緑】淡绿 dànlǜ.

きみょう【奇妙】奇妙 qímiào. ¶～なこと / 奇怪的事.

ぎむ【義務】义务 yìwù. ¶～を負う / 承担义务. ¶～を果たす / 履行义务. ¶～感 / 义务观念. ¶～教育 / 义务教育.

きむずかしい【気難しい】不和悦 bù héyuè, 不好侍候 bù hǎo shìhòu, 难打交道 nán dǎ jiāodao. ¶～性格 / 爱挑剔的性格.

ぎめい【偽名】假名 jiǎmíng, 冒名 màomíng. ¶～を名乗る / 报假名.

きめる【決める】决定 juédìng. ¶目標を～ / 定下目标. ¶心を～ / 下定决心.

きもち【気持ち】心情 xīnqíng. ¶～が悪い / 不舒服. ¶～を引き締める / 振作精神.

きもの【着物】衣服 yīfu, 和服 héfú. ¶～を着る〔脱ぐ〕/ 穿〔脱〕衣服.

ぎもん【疑問】疑问 yíwèn. ¶～を抱く / 抱有怀疑. ¶～を晴らす / 消除怀疑. ¶～の余地がない / 无可怀疑.

きやく【規約】章程 zhāngchéng. ¶～に定める / 写入章程.

きゃく【客】客人 kèren. ¶～を迎える / 迎接客人. ¶～をもてなす / 招待客人. ¶招かれざる～ / 不速之客. ¶常連～ / 常客.

ぎゃく【逆】相反 xiāngfǎn. ¶～にする / 弄反.

きゃくせき【客席】观众席guānzhòngxí.

ぎゃくたい【虐待】虐待 nüèdài.

きゃくちゅう【脚注】脚注 jiǎozhù.

ぎゃくてん【逆転】逆转 nìzhuǎn. ¶形勢が～する / 形势逆转.

きゃくほん【脚本】剧本 jùběn, 脚本 jiǎoběn. ¶～家 / 剧本作家.

きゃしゃ【華奢】苗条 miáotiao.

キャスト分配角色 fēnpèi juésè.

きゃっかん【客観】客观 kèguān. ¶～的な意見 / 客观的意见.

キャッシュカード提款卡 tíkuǎnkǎ.

キャビア鱼子酱 yúzǐjiàng.

キャビン客舱 kècāng.

キャプテン [飛行機]机长 jīzhǎng ; [スポーツチーム]队长 duìzhǎng.

キャベツ洋白菜 yángbáicài, 圆白菜 yuánbáicài.

ギャラ演出费 yǎnchūfèi.

ギャラリー画廊 huàláng ; [顧客]观众 guānzhòng.

キャリア经历 jīnglì.

ギャング盗匪 dàofěi.

キャンセル取消 qǔxiāo, 解约 jiěyuē. ¶～待ち / 等退票.

キャンデー糖果 tángguǒ. ¶アイス～ / 冰棍儿.

キャンバス画布 huàbù.

キャンパス校园 xiàoyuán.

キャンピングカー露营车 lùyíngchē.

キャンプ露营 lùyíng.

ギャンブル赌博 dǔbó.

キャンペーン宣传活动 xuānchuán huódòng.

きゅう【九】九 jiǔ. ¶～分の1 / 九分之一. ¶～番目 / 第九.

きゅう【急】急剧 jíjù. ¶～な用事 / 急事. ¶～を要する / 紧急. ¶～に走り出す / 突然跑起来.

きゅう【級】等级 děngjí, 班级 bānjí.

きゅう【球】球 qiú. ¶～体 / 球体. ¶～根 / 球根. ¶～場 / 球场.

きゅうえん【救援】救援 jiùyuán. ¶～を求める / 请求救援 ; 求助. ¶～物資 / 救援物资.

きゅうか【休暇】休假 xiūjià. ¶～をとる / 请假. ¶～を過ごす / 度假.

きゅうかく【嗅覚】嗅觉 xiùjué. ¶～が鋭い / 嗅觉灵敏.

きゅうがく【休学】休学 xiūxué. ¶～届を出す / 递交休学申请.

きゅうかん【急患】急诊病人 jízhěn bìngrén.

きゅうぎ【球技】球赛 qiúsài, 球类比赛 qiúlèi bǐsài.
きゅうきゅう【救急】急救 jíjiù. ¶～車 / 救护车；急救车.
きゅうぎょう【休業】停业 tíngyè. ¶本日～ / 今日停业.
きゅうきょく【究極】终极 zhōngjí. ¶～の目的 / 最终的目的.
きゅうくつ【窮屈】不自由 bù zìyóu. ¶～なズボン / 窄小的裤子. ¶～な思いをする / 感觉拘束. ¶～な決まり / 死板的决定.
きゅうけい【休憩】休息 xiūxi. ¶～室 / 休息室. ¶～時間 / 休息时间.
きゅうげき【急激】急剧 jíjù. ¶～な変化 / 急剧的变化.
きゅうこう【急行】急往 jíwǎng；[列車]快车 kuàichē. ¶現場に～する / 奔赴现场. ¶～券 / 快车票.
きゅうこう【休校】停课 tíngkè.
きゅうこう【休講】停课 tíngkè.
きゅうこうか【急降下】俯冲 fǔchōng, 下滑 xiàhuá. ¶飛行機が～する / 飞机俯冲.
きゅうさい【救済】救济 jiùjì. ¶～事業 / 救济事业.
きゅうし【休止】停止 tíngzhǐ. ¶運行を～する / 停运.
きゅうしき【旧式】旧式 jiùshì. ¶～の自動車 / 旧式汽车.
きゅうじつ【休日】假日 jiàrì, 休息日 xiūxirì. ¶～出勤する / 假日加班.
きゅうしゅう【吸収】吸收 xīshōu. ¶水を～する / 吸收水. ¶～合併 / 吞并.
きゅうじゅう【九十】九十 jiǔshí. ¶～歳 / 九十岁.
きゅうしゅつ【救出】救出 jiùchū.
きゅうじょ【救助】抢救 qiǎngjiù.
きゅうじょう【窮状】窘况 jiǒngkuàng. ¶～を訴える / 申诉困境；诉苦.
きゅうしょうがつ【旧正月】春节 Chūnjié.
きゅうしょく【給食】提供饮食 tígōng yǐnshí.
きゅうじん【求人】招聘 zhāopìn. ¶～広告 / 招聘广告.
きゅうしんてき【急進的】激进的 jījìn de.
きゅうすい【給水】供水 gōngshuǐ. ¶～車 / 供水车.
きゅうする【窮する】困窘 kùnjiǒng. ¶答えに～ / 无言以答.
きゅうせい【旧姓】旧姓 jiùxìng.
きゅうせい【急性】急性 jíxìng. ¶～中毒症状 / 急性中毒症.
きゅうせん【休戦】停战 tíngzhàn. ¶～協定 / 停战协定. ¶～ライン / 停火线.
きゅうそく【休息】休息 xiūxi. ¶十分に～を取る / 好好儿休息.
きゅうそく【急速】急速 jísù, 迅速 xùnsù. ¶～な進歩 / 急速的进步. ¶～に接近する / 迅速接近.
きゅうだい【及第】及格 jígé. ¶～点 / 及格分数.
きゅうち【窮地】困境 kùnjìng, 窘境 jiǒngjìng. ¶～に陥る / 陷入困境. ¶～に追い込まれる / 被置于困境. ¶～を脱する / 脱离困境.
きゅうてい【宮廷】宫廷 gōngtíng.
きゅうでん【宮殿】宫殿 gōngdiàn.
きゅうとう【急騰】暴涨 bàozhǎng.
ぎゅうにく【牛肉】牛肉 niúròu.
ぎゅうにゅう【牛乳】牛奶 niúnǎi.
キューバ古巴 Gǔbā.
きゅうびょう【急病】急病 jíbìng. ¶～にかかる / 患急病.
きゅうふ【給付】补助 bǔzhù. ¶～金 / 补助款.
きゅうへん【急変】急变 jíbiàn, 骤变 zhòubiàn. ¶戦況が～する / 战况骤变.
きゅうめい【究明】查清 cháqīng. ¶原因を～する / 查清原因.
きゅうめい【救命】救命 jiùmìng. ¶～ボート / 救生艇.
きゅうやくせいしょ【旧約聖書】旧约全书 Jiùyuē quánshū.
きゅうゆ【給油】加油 jiāyóu. ¶ガソリンを～する / 加汽油. ¶～所 / 加油站.
きゅうゆう【旧友】老朋友 lǎopéngyou.
きゅうよ【給与】工资 gōngzī. ¶～所得 / 工资收入.
きゅうよう【休養】休养 xiūyǎng. ¶田舎で～をとる / 在乡间休养.
きゅうよう【急用】急事 jíshì. ¶～ができる / 有急事.
きゅうり【胡瓜】黄瓜 huánggua.
きゅうりょう【丘陵】丘陵 qiūlíng.
きゅうりょう【給料】工资 gōngzī. ¶～を上げる / 提高工资. ¶～を払う〔もらう〕/ 发〔领〕工资.
きゅうれき【旧暦】农历 nónglì, 旧历 jiùlì, 阴历 yīnlì.
きよ【寄与】贡献 gòngxiàn.
きよう【器用】灵巧 língqiǎo. ¶手先が～だ / 手巧. ¶～に世渡りする / 处世精明.
きょう【今日】今天 jīntiān. ¶～中に / 今天之内. ¶先週の～ / 上星期的今天.
ぎょう【行】行 háng. ¶～を空ける / 空行. ¶～を替える / 另起一行. ¶１～おきに / 每隔一行. ¶下から３～目 / 倒数第三行.
きょうあく【凶悪】凶恶 xiōng'è. ¶～な事件 / 恶性事件. ¶～犯 / 凶犯. ¶～犯罪 / 滔天罪行.
きょうい【胸囲】胸围 xiōngwéi. ¶～を測る / 量胸围.
きょうい【脅威】威胁 wēixié.
きょうい【驚異】惊异 jīngyì. ¶～的な記録 / 惊人的记录.
きょういく【教育】教育 jiàoyù. ¶～を受ける / 接受教育. ¶～水準 / 教育水平. ¶～委員会 / 教育委员会.

¶義務～ / 义务教育. ¶家庭～ / 家庭教育.
きょうか【教科】课程 kèchéng.
きょうか【強化】强化 qiánghuà. ¶取り締まりが～される / 强化取缔. ¶～ガラス / 强化玻璃；安全玻璃.
きょうかい【協会】协会 xiéhuì.
きょうかい【境界】地界 dìjiè, 境界 jìngjiè. ¶～を設ける / 设地界. ¶～線を引く / 划分界线.
きょうかい【教会】教堂 jiàotáng.
ぎょうかい【業界】同业界 tóngyèjiè, 同行业 tónghángyè. ¶～紙 / (同) 行业报.
きょうがく【共学】共学 gòngxué. ¶男女～ / 男女共学.
きょうがく【驚愕】惊愕 jīng'è. ¶～に堪えない / 不胜惊愕.
きょうかしょ【教科書】课本 kèběn, 教科书 jiàokēshū.
きょうかつ【恐喝】恐吓 kǒnghè. ¶～罪 / 恐吓罪.
きょうかん【共感】同感 tónggǎn. ¶～を覚える / 有同感.
きょうき【凶器】凶器 xiōngqì.
きょうぎ【協議】协议 xiéyì.
きょうぎ【競技】比赛 bǐsài. ¶～場 / 比赛场. ¶陸上～ / 田径赛.
ぎょうぎ【行儀】举止 jǔzhǐ；礼貌 lǐmào. ¶～がいい〔悪い〕/ 有〔没有〕礼节.
きょうきゅう【供給】供给 gōngjǐ. ¶需要と～ / 供需.
きょうぐう【境遇】境遇 jìngyù. ¶不幸な～ / 不幸的遭遇.
きょうくん【教訓】教训 jiàoxun. ¶～を得る / 得到教训.
きょうげき【京劇】京剧 jīngjù.
きょうこ【強固】坚固 jiāngù, 坚强 jiānqiáng. ¶彼の意志は～だ / 他的意志坚强. ¶地位を～にする / 巩固地位.
きょうこう【恐慌】恐慌 kǒnghuāng. ¶金融～ / 金融「恐慌〔危机〕」.
きょうこう【強行】强行 qiángxíng. ¶反対を押し切って～する / 不顾反对硬干. ¶～軍 / 强行军.
きょうこう【強硬】强硬 qiángyìng. ¶～な態度 / 强硬的态度. ¶～に主張する / 强硬地主张. ¶～策 / 强硬政策.
きょうこく【峡谷】峡谷 xiágǔ.
ぎょうざ【餃子】饺子 jiǎozi.
きょうざい【教材】教材 jiàocái.
きょうさく【凶作】歉收 qiànshōu.
きょうさんしゅぎ【共産主義】共产主义 gòngchǎn zhǔyì.
きょうさんとう【共産党】共产党 gòngchǎndǎng.
きょうし【教師】教师 jiàoshī. ¶小学校～ / 小学教师. ¶家庭～ / 家教.
ぎょうじ【行事】活动 huódòng. ¶今月の～ / 本月的活动. ¶年中～ / 一年中的例行活动. ¶祝賀～ / 庆祝活动.
きょうしつ【教室】教室 jiàoshì. ¶料理～ / 烹饪教室.
きょうじゅ【教授】教授 jiàoshòu. ¶方法を～する / 传授方法. ¶～法 / 教学法. ¶准～ / 副教授.
きょうしゅう【郷愁】乡愁 xiāngchóu.
きょうしゅく【恐縮】不好意思 bù hǎoyìsi. ¶面倒をかけて～です / 麻烦您不好意思. ¶心遣いに～する / 劳您挂念真过意不去.
ぎょうしょう【行商】行商 xíngshāng.
きょうじる【興じる】爱好 àihào. ¶遊びに～ / 贪玩儿.
きょうせい【強制】强制 qiángzhì. ¶～送還 / 强制遣送.
きょうせい【矯正】矫正 jiǎozhèng. ¶歯並びを～する / 矫正牙齿. ¶視力～ / 矫正视力.
ぎょうせい【行政】行政 xíngzhèng. ¶～手腕 / 行政手腕. ¶～改革 / 行政改革.
ぎょうせき【業績】业绩 yèjì. ¶～を上げる / 提高业绩. ¶～を残す / 留下业绩. ¶～不振 / 业绩不佳.
きょうそう【競争】竞争 jìngzhēng. ¶熾烈な～ / 激烈竞争. ¶～相手 / 竞争对手. ¶～率 / 竞争率. ¶～力 / 竞争力. ¶販売～ / 销售竞争.
きょうそう【競走】赛跑 sàipǎo. ¶100メートル～ / 百米赛跑.
きょうぞう【胸像】半身像 bànshēnxiàng.
ぎょうそう【形相】表情 biǎoqíng. ¶すさまじい～ / 凶相. ¶とたんに～が変わる / 突然变脸.
きょうそうきょく【協奏曲】协奏曲 xiézòuqǔ. ¶ピアノ～ / 钢琴协奏曲.
きょうぞん【共存】共存 gòngcún. ¶平和～ / 和平共存.
きょうだい【兄弟】兄弟姐妹 xiōngdì jiěmèi. ¶5人～ / 兄弟姐妹五个人.
きょうだい【強大】强大 qiángdà. ¶～な勢力 / 强大的势力.
きょうだい【鏡台】梳妆台 shūzhuāngtái.
きょうだん【教壇】讲坛 jiǎngtán. ¶～に立つ / 登上讲坛.
きょうちょう【強調】强调 qiángdiào. ¶要点を～する / 强调要点.
きょうちょう【協調】协调 xiétiáo. ¶～性がある / 有协调性.
きょうつう【共通】共同 gòngtóng. ¶～の利害 / 共同的利害. ¶二人に～する点 / 二人的共同点. ¶～語 / 普通话.
きょうてい【協定】协定 xiédìng. ¶～を結ぶ / 缔结协定.
きょうど【郷土】乡土 xiāngtǔ. ¶～芸能 / 曲艺. ¶～料理 / 乡土菜.
きょうどう【共同】共同 gòngtóng. ¶会社を～で経営する / 共同经营公司. ¶～研究 / 共同研究. ¶～声明 / 联合声明.

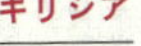

きょうどう【協同】协同 xiétóng. ¶～組合 / 生产合作社. ¶～作業 / 协同作业.

きょうはく【脅迫】威胁 wēixié. ¶～に屈する / 屈服于威胁.

きょうはん【共犯】同犯 tóngfàn. ¶～者 / 同案犯.

きょうふ【恐怖】恐怖 kǒngbù. ¶～を感じる / 感到恐怖. ¶～におののく / 吓得发抖. ¶～心 / 恐怖心. ¶高所～症 / 恐高症.

きょうほ【競歩】竞走 jìngzǒu.

きょうぼう【狂暴】凶暴 xiōngbào. ¶～な性格 / 残暴的性格.

きょうみ【興味】兴趣 xìngqù. ¶中国に～がある〔ない〕/ 对中国「有〔没有〕兴趣. ¶～を覚える / 感兴趣. ¶～深い話 / 很有意思的话.

きょうゆう【共有】共有 gòngyǒu. ¶～財産 / 共有财产.

きょうよう【教養】教养 jiàoyǎng. ¶～を身に付ける / 培养文化素养. ¶～を高める / 提高素养. ¶～に欠ける / 缺乏教养.

きょうよう【強要】强逼 qiǎngbī.

きょうり【郷里】家乡 jiāxiāng, 老家 lǎojiā.

きょうりゅう【恐竜】恐龙 kǒnglóng.

きょうりょく【協力】合作 hézuò. ¶～を惜しまない / 齐心协力.

きょうりょく【強力】强力 qiánglì. ¶～な後ろ盾 / 强有力的后盾.

きょうれつ【強烈】强烈 qiángliè. ¶～な印象 / 强烈的印象.

ぎょうれつ【行列】行列 hángliè. ¶～を作る / 排队.

きょうわこく【共和国】共和国 gònghéguó.

きょえいしん【虚栄心】虚荣心 xūróngxīn. ¶～が強い / 虚荣心强.

きょか【許可】批准 pīzhǔn, 许可 xǔkě. ¶～を求める / 请求批准. ¶～がおりる / 得到许可.

ぎょかいるい【魚介類】鳞介类 línjièlèi.

きょぎ【虚偽】虚假 xūjiǎ, 虚伪 xūwěi. ¶～の申告 / 虚假的申报.

ぎょぎょう【漁業】渔业 yúyè. ¶～協定 / 渔业协定. ¶～権 / 渔业权. ¶遠洋〔沿海〕～ / 远洋〔沿海〕渔业.

きょく【曲】曲子 qǔzi. ¶美しい〔悲しい〕～ / 优美〔悲伤〕的曲子.

きょくげい【曲芸】杂技 zájì.

きょくげん【極限】极限 jíxiàn. ¶～に達する / 到达极限. ¶～状態 / 极限状态.

きょくせつ【曲折】曲折 qūzhé. ¶人生の紆余～ / 人生的曲曲折折.

きょくせん【曲線】曲线 qūxiàn. ¶～を描く / 画曲线.

きょくたん【極端】极端 jíduān. ¶～な例 / 极端的例子. ¶～に走る / 走极端.

きょくちょう【局長】局长 júzhǎng. ¶編集～ / 编辑部主任.

きょくど【極度】极度 jídù. ¶～の緊張 / 极度的紧张. ¶～に怖がる / 极度地害怕.

きょくとう【極東】远东 Yuǎndōng.

きょくめん【局面】局面 júmiàn. ¶重大な～ / 重大的局面. ¶困難な～を打開する / 打破僵局.

ぎょこう【漁港】渔港 yúgǎng.

きょじゃく【虚弱】虚弱 xūruò. ¶～体質 / 体质虚弱.

きょじゅうしゃ【居住者】居民 jūmín.

きょしょくしょう【拒食症】厌食症 yànshízhèng.

きょじん【巨人】巨人 jùrén.

きょぜつ【拒絶】拒绝 jùjué. ¶要求を～する / 拒绝要求. ¶～反応 / 排斥反应.

ぎょせん【漁船】渔船 yúchuán.

ぎょそん【漁村】渔村 yúcūn.

きょだい【巨大】巨大 jùdà.

きょてん【拠点】据点 jùdiǎn. ¶～を築く / 构筑据点. ¶戦略～ / 战略据点.

きょねん【去年】去年 qùnián.

きょひ【拒否】拒绝 jùjué. ¶要求を～する / 拒绝要求. ¶～権を行使する / 行使否决权.

ぎょふ【漁夫】渔夫 yúfū. ¶～の利 / 渔人之利.

ぎょみん【漁民】渔民 yúmín.

きょむ【虚無】虚无 xūwú. ¶～的な思想 / 虚无的思想. ¶～主義 / 虚无主义.

きょよう【許容】容许 róngxǔ, 允许 yǔnxǔ. ¶～範囲 / 允许范围.

きょり【距離】距离 jùlí. ¶～を測る / 测定距离. ¶～を縮める / 缩短距离. ¶長～ / 长途.

きらい【嫌い】讨厌 tǎoyàn. ¶～な食べ物 / 不喜欢吃的东西.

きらう【嫌う】讨厌 tǎoyàn. ¶努力を～ / 不肯努力. ¶湿気を～ / 怕潮湿.

きらく【気楽】舒适 shūshì, 轻松 qīngsōng. ¶～に暮らす / 舒适地生活.

きらめく【煌く】闪耀 shǎnyào. ¶星が～ / 星星闪烁.

きり【霧】雾 wù. ¶～深い朝 / 浓雾的早晨. ¶～に包まれる / 被雾气笼罩. ¶～が晴れる / 雾散.

きり【錐】锥子 zhuīzi.

ぎり【義理】情义 qíngyì. ¶～堅い / 重情义. ¶～を立てる / 尽情义. ¶～を欠く / 不懂人情世故. ¶～の兄弟 / 干兄弟.

きりかえる【切り換える】变换 biànhuàn. ¶頭を～ / 换脑筋.

きりがみ【切り紙】剪纸 jiǎnzhǐ.

ぎりぎり勉勉强强 miǎnmiǎnqiǎngqiǎng. ¶予算が～だ / 预算将将够. ¶時間に～に間に合う / 勉强赶上时间.

きりさめ【霧雨】毛毛雨 máomaoyǔ.

ギリシア希腊 Xīlà. ¶～神話 / 希腊

神话.
キリスト基督Jīdū. ¶～教 / 基督教.
きりたおす【切り倒す】砍伐 kǎnfá. ¶木を～ / 砍树.
きりだす【切り出す】［木を］砍伐 kǎnfá ；［話を］说出 shuōchū. ¶木材を～ / 把砍下的木材运出来. ¶別れ話を～ / 提起分别的话；提出分手.
きりつ【規律】纪律 jìlǜ, 规律 guīlǜ. ¶～正しい / 有规律的生活. ¶～を守る / 遵守纪律.
きりつ【起立】起立 qǐlì. ¶全員～する / 全体起立.
きりつめる【切り詰める】节俭 jiéjiǎn. ¶生活費を～ / 节约生活费.
きりとる【切り取る】剪下 jiǎnxià. ¶新聞の記事を～ / 剪报.
きりぬき【切り抜き】剪下 jiǎnxià (的东西). ¶雑誌の～ / 剪下的杂志.
きりぬける【切り抜ける】摆脱 bǎituō. ¶難局を～ / 摆脱困境.
きりひらく【切り開く】开辟 kāipì. ¶森を～ / 开辟森林. ¶新境地を～ / 开创新天地.
きりふだ【切り札】王牌 wángpái. ¶～を出す / 打出王牌.
きりみ【切り身】鱼段 yúduàn. ¶サケの～ / 鲑鱼块.
きりゅう【気流】气流 qìliú. ¶～に乗る / 乘上气流. ¶～が乱れる / 气流紊乱. ¶上昇～ / 上升气流. ¶乱～ / 乱气流.
きりょう【器量】容貌 róngmào, 气量 qìliàng. ¶～のよい少女 / 长得好的女孩.
きりょく【気力】气力 qìlì. ¶～が旺盛だ / 精力旺盛. ¶～が衰える / 气力衰弱.
きりん【麒麟】［ジラフ］长颈鹿 chángjǐnglù ；［想像上の］麒麟 qílín.
きる【切る】切 qiē ；剪 jiǎn. ¶はさみで紙を～ / 用剪刀剪纸. ¶ナイフで手を～ / 用刀割手. ¶爪を～ / 剪指甲. ¶縁を～ / 断绝关系. ¶電話を～ / 挂电话. ¶しらを～ / 假装不知.
きる【着る】穿 chuān. ¶服を～ / 穿衣服. ¶恩に～ / 感恩.
きれ【布】布 bù.
きれい【綺麗】漂亮 piàoliang. ¶～な花 / 漂亮的花. ¶～な水 / 干净的水. ¶景色が～だ / 景色秀丽. ¶部屋を～にする / 收拾房间. ¶～に忘れる / 完全忘记. ¶借金を～に返す / 还清借款.
きれる【切れる】断开 duànkāi. ¶糸が～ / 线断. ¶電線が～ / 电线断. ¶商品が～ / 货卖完了. ¶頭が～ / 头脑精明.
キロ千 qiān. ¶～メートル / 公里. ¶～グラム / 公斤.
きろ【帰路】归途 guītú. ¶～につく / 踏上归途.
きろく【記録】记录 jìlù. ¶歴史に長く～される / 历史上永远地记录下来. ¶～を破る / 破记录. ¶新～を打ち立てる / 创造新记录. ¶世界最高～ / 世界最高记录.
ぎろん【議論】讨论tǎolùn, 争论zhēnglùn. ¶～の余地がない / 没有讨论的余地. ¶～を戦わせる / 相互争论. ¶～を尽くす / 争论到底.
きわだつ【際立つ】显眼 xiǎnyǎn. ¶色彩が～ / 色彩鲜艳. ¶際立った才能 / 超凡的才能.
きわめて【極めて】极为 jíwéi, 非常 fēicháng. ¶～危険な状態にある / 处于非常危险的状态. ¶～優秀 / 极为优秀.
きわまる【極まる】［極度］极其 jíqí. ¶残酷～行為 / 极其残酷的行为. ¶無礼極まりない態度 / 极端无礼的态度.
きん【金】黄金 huángjīn, 金子 jīnzi. ¶～市場 / 黄金市场. ¶～メダル / 金牌. ¶～めっき / 镀金. ¶～貨 / 金币. ¶～塊 / 金砖.
ぎん【銀】银 yín. ¶～貨 / 银币. ¶～メダル / 银牌.
きんいろ【金色】金黄色 jīnhuángsè.
ぎんいろ【銀色】银白色 yínbáisè.
きんえん【禁煙】禁烟 jìnyān, 禁止吸烟 jìnzhǐ xīyān, 戒烟 jièyān. ¶～車 / 禁烟列车. ¶～席 / 禁烟席.
ぎんが【銀河】银河 yínhé. ¶～系 / 银河系.
きんがく【金額】金额 jīn'é. ¶たいした～ではない / 不是大数目.
きんがん【近眼】近视眼 jìnshìyǎn.
きんかんがっき【金管楽器】铜管乐器 tóngguǎn yuèqì.
きんきゅう【緊急】紧急 jǐnjí. ¶～の場合 / 紧急的情况. ¶～時に備える / 以备紧急.
きんぎょ【金魚】金鱼 jīnyú.
きんこ【金庫】金库 jīnkù.
きんこう【近郊】近郊 jìnjiāo. ¶都市～ / 城市近郊.
きんこう【均衡】均衡 jūnhéng. ¶～を保つ / 保持均衡. ¶～が崩れる / 失去均衡.
ぎんこう【銀行】银行 yínháng. ¶～に預ける / 存到银行. ¶～から下ろす / 从银行取钱. ¶～から借りる / 从银行贷款. ¶中央～ / 中央银行.
きんし【禁止】禁止 jìnzhǐ.
きんし【近視】近视 jìnshì. ¶～眼的な態度 / 目光短浅的态度.
きんしこう【金糸猴】金丝猴 jīnsīhóu.
きんしゅ【禁酒】禁酒 jìnjiǔ, 戒酒 jièjiǔ.
きんじょ【近所】近处 jìnchù. ¶隣～ / 左邻右舍；周围邻居.
きんじる【禁じる】禁止 jìnzhǐ. ¶法律で～ / 法律禁止.
きんせい【近世】近世 jìnshì.
きんせい【均整】匀称 yúnchèn. ¶～

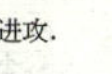

の取れた体形 / 匀称的身材.
きんせい【金星】金星 jīnxīng.
きんせん【金銭】金钱 jīnqián.
きんぞく【金属】金属 jīnshǔ, 五金 wǔjīn.
きんだい【近代】近 代 jìndài, 现 代 xiàndài. ¶～国家 / 现代国家 ; 近代国家.
きんちょう【緊張】紧 张 jǐnzhāng. ¶～が高まる / 紧张起来. ¶～緩和 / 缓和紧张.
ぎんなん【銀杏】银 杏 yínxìng, 白 果 báiguǒ.
きんにく【筋肉】肌肉 jīròu.
きんねん【近年】近几年 jìn jǐ nián.
きんぱく【緊迫】紧迫 jǐnpò. ¶～した空気 / 紧张的气氛.
きんぱつ【金髪】金发 jīnfà.
きんべん【勤勉】勤奋 qínfèn. ¶～な仕事ぶり / 勤奋工作的样子.
きんむ【勤務】工作 gōngzuò. ¶夜間～に就く / 上夜班. ¶～時間 / 工作时间. ¶～先 / 工作单位.
きんゆ【禁輸】禁运 jìnyùn. ¶～品 / 禁运品.
きんゆう【金融】金 融 jīnróng. ¶～が逼迫する / 金融紧张. ¶～機関 / 金融机关. ¶～政策 / 金融政策. ¶～引き締め / 金融紧缩. ¶～恐慌 / 金融危机.
きんようび【金曜日】星期五 xīngqīwǔ.
きんよく【禁欲】禁欲 jìnyù.
きんり【金利】利息 lìxī. ¶～引き下げ / 降低利息.
きんりん【近隣】近邻 jìnlín. ¶～諸国 / 近邻各国.
きんろうしゃ【勤労者】劳 动 者 láodòngzhě.

く

ぐあい【具合】状 态 zhuàngtài, 情 形 qíngxing. ¶体の～が悪い / 身体状况不好. ¶きょうは～が悪い / 今天不方便.
くい【杭】桩子 zhuāngzi. ¶～を打つ / 打桩. ¶出る～は打たれる / 枪打出头鸟 ; 树大招风.
くい【悔い】后悔 hòuhuǐ. ¶～が残る / 留下遗憾. ¶～改める / 悔改.
クイーン皇后 huánghòu ;［トランプ］王后 wánghòu.
くいき【区域】区域 qūyù.
くいちがい【食い違い】分 歧 fēnqí. ¶両者の主張に～が生じる / 双方的主张产生分歧.
くいちがう【食い違う】有 分 歧 yǒu fēnqí.
クイズ智力测验 zhìlì cèyàn. ¶～を解く / 猜谜. ¶～番組 / 智力竞赛节目.
くいとめる【食い止める】防止 fángzhǐ, 抑制住 yìzhìzhù. ¶被害を最小限に～ / 把损失控制到最小限度. ¶敵の侵攻を～ / 阻止住敌人的进攻.
クウェート科威特 Kēwēitè.
くうかん【空間】空间 kōngjiān. ¶～を埋める / 填补空间.
くうき【空気】空 气 kōngqì ;［雰囲気］气氛 qìfēn. ¶新鮮な～を吸う / 吸新鲜空气. ¶～が抜ける / 跑气. ¶不穏な～ / 动荡的气氛. ¶～が一変する / 气氛骤变.
くうきょ【空虚】空虚 kōngxū. ¶～な議論 / 空洞的议论.
くうぐん【空軍】空军 kōngjūn.
くうこう【空港】机场 jīchǎng. ¶国際～ / 国际机场. ¶～使用料 / 机场建设费.
くうしゃ【空車】空车 kōngchē.
くうしゅう【空襲】空 袭 kōngxí. ¶～警報 / 空袭警报.
ぐうすう【偶数】偶数 ǒushù.
くうせき【空席】空座位 kòng zuòwèi. ¶～を埋める / 占空座位. ¶～がない / 没有空位.
ぐうぜん【偶然】偶然 ǒurán. ¶～の一致 / 偶合. ¶～の出来事 / 偶然发生的事. ¶～に会う / 偶然碰见 ; 巧遇.
くうそう【空想】空想 kōngxiǎng. ¶～にふける / 沉于空想.
ぐうぞう【偶像】偶像 ǒuxiàng. ¶～崇拝 / 偶像崇拜.
くうちゅう【空中】空中 kōngzhōng.
クーデター政变 zhèngbiàn. ¶～を起こす / 发动政变. ¶軍事～ / 军事政变.
くうはく【空白】空白 kòngbái. ¶～の時間 / 时间的空白. ¶～を埋める / 填补空白.
くうふく【空腹】空腹 kōngfù. ¶～を覚える / 感到肚子饿. ¶～を満たす / 充饥.
くうゆ【空輸】空运 kōngyùn.
クール［感覚］凉 爽 liángshuǎng ;［性格］冷静 lěngjìng ;［かっこいい］酷 kù.
くうろ【空路】航线 hángxiàn. ¶～目的地へ向かう / 坐飞机飞往目的地.
ぐうわ【寓話】寓言 yùyán.
クエスチョンマーク问号 wènhào.
クォーテーションマーク引号 yǐnhào.
くかく【区画】区划 qūhuà. ¶行政～ / 行政区划.
くがつ【九月】九月 jiǔyuè.
くかん【区間】区间 qūjiān. ¶乗車～ / 乘车区间.
くき【茎】茎 jīng.
くぎ【釘】钉子 dīngzi. ¶～を打つ / 钉钉子.
くきょう【苦境】困境 kùnjìng. ¶～に立つ / 处于困境. ¶～に陥る / 陷入困境. ¶～を脱する / 脱离困境.
くぎり【区切り】阶 段 jiēduàn. ¶問題に～をつける / 问题告一段落.
くぎる【区切る】划 分 huàfēn, 隔 开

gékāi.

くぐる【潜る】钻过 zuānguò. ¶アーチを～/穿过楼牌. ¶法の目を～/钻法律的空子.

くこのみ【くこの実】枸杞子 gǒuqǐzǐ.

くさ【草】草 cǎo. ¶～が生える/长草. ¶～をむしる/拔草.

くさい【臭い】臭 chòu. ¶～におい/臭味. ¶生～/腥味. ¶ガス～/煤气味.

くさき【草木】草木 cǎomù.

くさち【草地】草地 cǎodì.

くさばな【草花】花草 huācǎo.

くさび【楔】楔子 xiēzi. ¶～を打つ/打楔子.

くさり【鎖】锁链 suǒliàn. ¶～につなぐ/锁在链子上.

くさる【腐る】腐烂 fǔlàn, 腐朽 fǔxiǔ. ¶木が～/木头腐朽. ¶魚が腐りかける/鱼开始腐烂.

くし【串】竹签子 zhúqiānzi. ¶～に刺す/穿竹签子.

くし【櫛】梳子 shūzi. ¶髪に～を入れる/用梳子梳头.

くじ【籤】签 qiān. ¶～を引く/抽签. ¶宝～に当たる/中彩票.

くじく【挫く】［ねんざ］扭 niǔ；［勢いをそぐ］抑制 yìzhì. ¶足を～/扭脚.

くじける【挫ける】挫败 cuòbài. ¶気持ちが～/灰心.

くじゃく【孔雀】孔雀 kǒngquè.

くしゃみ喷嚏 pēntì. ¶～をする/打喷嚏.

くじょ【駆除】驱除 qūchú.

くじょう【苦情】不满 bùmǎn. ¶～を言う/诉苦.

ぐしょう【具象】具体 jùtǐ.

くじら【鯨】鲸鱼 jīngyú.

くしん【苦心】苦心 kǔxīn. ¶～の作/费尽心血的作品.

くず【屑】碎片 suìpiàn. ¶～入れ/垃圾箱.

ぐずぐず【愚図愚図】磨蹭 móceng. ¶～するうちに汽車に乗り遅れた/磨磨蹭蹭地误了火车.

くすぐったい酥痒 sūyǎng. ¶足の裏が～/脚心痒. ¶ほめられて～/受到表扬不好意思.

くずす【崩す】拆 chāi, 粉碎 fěnsuì. ¶膝を～/伸腿坐. ¶1万円札を～/把一万日元换成零钱.

くすり【薬】药 yào. ¶～を飲む/吃药. ¶～をつける/上药. ¶この～は風邪によく効く/这药对感冒很有效. ¶粉～/药面儿. ¶水～/水剂. ¶胃～/胃药. ¶目～/眼药. ¶～屋/药店.

くすりゆび【薬指】无名指 wúmíngzhǐ.

くずれる【崩れる】崩溃 bēngkuì. ¶崖が～/山崖倒塌. ¶天気が～/天气变坏.

くせ【癖】习惯 xíguàn, 毛病 máobing. ¶悪い～/坏习惯. ¶怠け～/懒毛病. ¶～がつく/养成毛病. ¶～を直す/改掉毛病. ¶早起きの～をつける/养成早起的习惯. ¶手～/爱偷东西的毛病.

-くせに虽然…却 suīrán…què. ¶何も知らない～/什么都不知道却….

くそ【糞】屎 shǐ；［度を越す］过度 guòdù, 过分 guòfèn. ¶～をする/拉屎. ¶～まじめだ/过分认真.

くだ【管】管 guǎn. ¶ガラスの～/玻璃管. ¶～を巻く/唠唠叨叨说醉话.

ぐたい【具体】具体 jùtǐ. ¶～的な話/具体的话. ¶～化する/具体化. ¶～性に欠ける/缺乏具体性.

くだく【砕く】打碎 dǎsuì. ¶氷を～/把冰块弄碎. ¶心を～/绞尽脑汁.

くだける【砕ける】破碎 pòsuì. ¶鏡が～/镜子破了. ¶砕けた言い方/通俗易懂的说法.

ください【下さい】请给(我) qǐng gěi (wǒ). ¶これを～/请给我这个. ¶窓を開けて～/请打开窗户. ¶お掛け～/请坐.

くたびれる累 lèi, 疲乏 pífá. ¶くたびれたコート/穿旧的破大衣. ¶待ちくたびれた/等累了.

くだもの【果物】水果 shuǐguǒ. ¶～屋/水果店.

くだらない无聊 wúliáo. ¶～質問/无聊的问题. ¶～ことを言うな/别说无聊的事.

くだり【下り】下行 xiàxíng. ¶～列車/下行列车. ¶～坂の道/下坡路. ¶景気が～坂に入る/经济走下坡路.

くだる【下る】下降 xiàjiàng. ¶坂道を～/下坡. ¶命令が～/下命令. ¶審判が～/做出判决. ¶時代が～/时代变迁. ¶犠牲者は10人を下らない/牺牲人数不下十个人. ¶腹が～/拉肚子.

くち【口】嘴 zuǐ. ¶～を大きく開ける/把嘴张大. ¶～に入れる/放进嘴里. ¶～をとがらす/撅嘴. ¶瓶の～/瓶口. ¶～がうまい/嘴甜. ¶～が軽い/嘴快. ¶～を滑らす/说漏. ¶～が重い/寡言少语. ¶～が堅い/嘴严. ¶～をつぐむ/闭口不谈. ¶～が悪い/爱骂人. ¶～うるさい/多嘴多舌. ¶むだ～をたたく/说废话. ¶憎まれ～をたたく/说讨厌的话. ¶～に合う/和口味. ¶～が肥える/口味高. ¶出入～/出入口. ¶傷～/伤口.

ぐち【愚痴】牢骚 láosāo. ¶～を言う/发牢骚.

くちげんか【口げんか】争吵 zhēngchǎo, 吵架 chǎojià. ¶友人と～する/和朋友吵架.

くちずさむ【口ずさむ】吟诵 yínsòng. ¶歌を口ずさみながら仕事をする/边哼唱边工作. ¶詩を～/即兴吟诗.

くちばし【嘴】喙 huì.

くちびる【唇】嘴唇 zuǐchún. ¶～をかむ / 咬紧牙关.
くちぶえ【口笛】口哨 kǒushào. ¶～を吹く / 吹口哨.
くちべに【口紅】口红 kǒuhóng. ¶～を塗る / 抹口红.
くちやくそく【口約束】口头约定kǒutóu yuēdìng. ¶～を交わす / 定下口头之约.
くちょう【口調】语气 yǔqì.
くちる【朽ちる】腐朽 fǔxiǔ,腐烂 fǔlàn. ¶朽ち果てた木 / 朽木.
くつ【靴】鞋 xié. ¶～を履く〔脱ぐ〕/ 穿〔脱〕鞋. ¶～を磨く / 擦鞋. ¶革～ / 皮鞋.
くつう【苦痛】痛苦 tòngkǔ. ¶～を感じる / 感到痛苦.
くつがえす【覆す】推翻 tuīfān. ¶定説を～ / 推翻定论. ¶政権を～ / 颠覆政权.
クッキー曲奇 qūqí.
くつした【靴下】袜子 wàzi. ¶～を履く / 穿袜子.
くつじょく【屈辱】屈辱 qūrǔ. ¶～を受ける / 受到侮辱. ¶～に耐える / 忍受屈辱.
クッション靠垫 kàodiàn.
くっつく紧跟 jǐngēn. ¶母親にくっついて歩く / 紧跟着妈妈走. ¶服にご飯粒がくっついている / 饭粒儿粘在衣服上.
くっつける粘上 zhānshàng. ¶糊で～ / 用浆糊粘上.
くっぷく【屈服】屈服 qūfú.
くつろぐ【寛ぐ】舒畅 shūchàng,放松 fàngsōng. ¶家で～ / 在家舒服地休息.
くどう【駆動】驱动qūdòng. ¶四輪～ / 四轮驱动.
くとうてん【句読点】标点符号 biāodiǎn fúhào. ¶～を打つ / 打上标点.
ぐどん【愚鈍】愚蠢yúchǔn. ¶～な人 / 愚蠢的人.
くなん【苦難】苦难 kǔnàn. ¶様々な～を味わう / 尝尽各种辛酸.
くに【国】国家 guójiā. ¶我が～ / 我国.
くばる【配る】分配 fēnpèi. ¶答案用紙を～ / 分发试卷. ¶気を～ / 留神.
くび【首】脖子 bózi. ¶～が長い〔短い〕/ 脖子「长〔短〕. ¶～を長くする / 翘首以待. ¶～をくくる / 上吊. ¶～をかしげる / 怀疑. ¶～を横〔縦〕に振る / 摇〔点〕头. ¶～をつっこむ / 参与. ¶～にする / 解雇.
くびかざり【首飾り】项链 xiàngliàn.
くふう【工夫】想办法 xiǎng bànfǎ. ¶～を凝らす / 找窍门.
くぶん【区分】划分 huàfēn.
くべつ【区別】区分 qūfēn. ¶男女の～ / 男女之别. ¶新旧の～なく / 无新旧之分.
くま【熊】熊 xióng.
くまどり【隈取り】脸谱 liǎnpǔ.
くみ【組】班 bān. ¶～ごとに分かれる / 按班分开. ¶皿ひと～ / 一套盘子.
くみあい【組合】工会 gōnghuì. ¶労働～ / 劳动工会.
くみあわせ【組み合わせ】组合 zǔhé,搭配 dāpèi. ¶試合の～ / 比赛的编组. ¶色の～がいい / 色彩搭配得好.
くみきょく【組曲】组曲 zǔqǔ.
くみたてる【組み立てる】组装 zǔzhuāng. ¶おもちゃを～ / 组装玩具.
くむ【組む】组成 zǔchéng. ¶腕を～ / 挽手. ¶足場を～ / 搭手脚架. ¶プログラムを～ / 编排程序. ¶予算を～ / 编制预算.
くむ【汲む】打水 dǎ shuǐ. ¶井戸の水を～ / 打井水. ¶心情を～ / 体谅心情.
くも【雲】云彩 yúncai. ¶～一つない空 / 晴空无云. ¶～が晴れる / 云消雾散. ¶雨～ / 雨云.
くも【蜘蛛】蜘蛛 zhīzhū. ¶～の巣 / 蜘蛛网.
くもり【曇り】阴天 yīntiān. ¶～のち晴れ / 阴转晴.
くもる【曇る】阴 yīn. ¶空が～ / 天阴. ¶ガラスが～ / 玻璃起雾. ¶顔が～ / 面带愁容.
くやしい【悔しい】令人懊悔 lìng rén àohuǐ. ¶悔しくて泣く / 悔恨地哭.
くやむ【悔やむ】后悔 hòuhuǐ,悔恨 huǐhèn. ¶自分の過ちを～ / 悔恨自己的过错. ¶今さら悔やんでも遅い / 现在后悔已晚.
くら【鞍】鞍子 ānzi.
-くらい左右 zuǒyòu. ¶どれ～ / 多少. ¶スプーン1杯～ / 一勺左右. ¶1時間～ / 一个小时左右.
くらい【位】地位 dìwèi. ¶～が上がる / 地位上升.
くらい【暗い】黑暗hēi'àn. ¶～部屋 / 黑暗的房间. ¶性格が～ / 性格忧郁. ¶事情に～ / 不熟悉实情.
グライダー滑翔机 huáxiángjī.
クライマックス高潮 gāocháo.
グラウンド运动场 yùndòngchǎng.
くらがり【暗がり】昏暗 hūn'àn. ¶～の道 / 昏暗的道路.
クラクション汽车喇叭 qìchē lǎba.
くらげ【水母】海蜇 hǎizhé.
くらし【暮らし】生活 shēnghuó. ¶便利な～ / 生活便利. ¶快適な～ / 舒适的生活. ¶貧しい～ / 贫穷的生活. ¶～を立てる / 维持生计. ¶～に困る / 生活困难.
クラシック古典 gǔdiǎn. ¶～音楽 / 古典音乐.
クラス〔学級〕班 bān ;〔等級〕等级 děngjí. ¶～分け / 分班. ¶ファースト～ / 头等舱.
くらす【暮らす】生活 shēnghuó. ¶幸せに～ / 幸福地过日子.

グラス 玻璃杯 bōlibēi. ¶～ファイバー / 玻璃纤维.

ぐらつく 摇晃 yáohuang. ¶歯が～ / 牙齿松动.

クラブ 俱乐部 jùlèbù. ¶～に入る / 参加课外活动. ¶～活動 / 课外活动.

グラフ 图表 túbiǎo.

グラフィックデザイナー 平面设计师 píngmiàn shèjìshī.

くらべる【比べる】 比较 bǐjiào. ¶大きさを～ / 比较大小. ¶偽物を本物と～ / 比较假货和真货.

グラム 克 kè. ¶キロ～ / 公斤.

くらやみ【暗闇】 黑暗 hēi'àn. ¶～で何も見えない / 黑得什么都看不见.

クラリネット 黑管 hēiguǎn.

グランプリ 最高奖 zuìgāojiǎng. ¶～をとる / 获得最高奖.

くり【栗】 栗子 lìzi.

クリーニング 洗衣服 xǐ yīfu. ¶～店 / 洗衣店.

クリーム 奶油 nǎiyóu. ¶～を溶かす / 溶化奶油. ¶～を塗る / 涂奶油. ¶アイス～ / 冰激凌.

グリーンピース 青豌豆qīngwāndòu.

くりかえす【繰り返す】 重复chóngfù. ¶話を～ / 反复说. ¶過ちを～ / 重复错误. ¶戦争の悲劇が繰り返される / 战争的悲剧重演.

くりこす【繰り越す】 转入 zhuǎnrù. ¶残高を～ / 把余额转入. ¶次年度に～ / 转入新年度.

クリスマス 圣诞节 Shèngdànjié. ¶～イブ / 平安夜. ¶～カード / 圣诞卡.

クリック 点击 diǎnjī. ¶ダブル～ / 双击.

クリップ 回形针 huíxíngzhēn, 曲别针 qūbiézhēn.

くる【来る】 来 lái. ¶タクシーが～ / 来出租车. ¶彼はまだ来ない / 他还没来. ¶もう～ころだ / 该是来的时候了. ¶暑くなって～ / 越来越热. ¶～日も～日も / 一天又一天. ¶そうこなくっちゃおもしろくない / 这样才有意思.

くるう【狂う】 发疯 fāfēng ; 出毛病 chū máobing. ¶気が～ / 发疯. ¶時計が～ / 表有毛病了. ¶予定が～ / 安排打乱了. ¶順序が～ / 顺序乱了.

グループ 小组 xiǎozǔ.

くるくる 团团转 tuántuánzhuàn. ¶～回る / 转来转去.

くるしい【苦しい】 痛苦 tòngkǔ, 难受 nánshòu. ¶服がきつくて～ / 衣服紧不好受. ¶胸が～ / 胸部难受. ¶息をするのが～ / 呼吸困难. ¶～立場にある / 处境困难. ¶心～ / 于心不安. ¶生活が～ / 生活困难. ¶～言い訳 / 难以自圆其说.

くるしみ【苦しみ】 痛苦 tòngkǔ. ¶～を味わう / 尝到痛苦.

くるしむ【苦しむ】 感到痛苦 gǎndào tòngkǔ. ¶病気に～ / 疾病折磨. ¶借金で～ / 因借债而受罪. ¶返答に～ / 难于回答. ¶理解に～ / 难于理解.

くるしめる【苦しめる】 使人受到烦恼 shǐ rén shòudào fánnǎo, 使受苦 shǐ shòukǔ.

くるぶし【踝】 脚腕子 jiǎowànzi.

くるま【車】 车 chē. ¶～に乗る / 坐车. ¶～にひかれる / 被车撞. ¶～に酔う / 晕车. ¶～椅子 / 轮椅.

くるみ【胡桃】 核桃 hétao.

くるむ 包 bāo. ¶毛布で～ / 用毛毯包起来.

くれ【暮れ】 日暮 rìmù. ¶夕～時 / 傍晚时分. ¶年の～ / 岁末.

グレー 灰色 huīsè. ¶シルバー～ / 银灰色.

グレープフルーツ 葡萄柚 pútaoyòu.

クレーム 不满 bùmǎn ; 索赔 suǒpéi.

クレジット 信用 xìnyòng, 信贷 xìndài. ¶～カード / 信用卡.

クレヨン 蜡笔 làbǐ.

くれる【暮れる】 天黑 tiān hēi. ¶日が～ / 天黑. ¶年が暮れようとしている / 快到年底了. ¶涙に～ / 悲痛欲绝.

くれる【呉れる】 给 gěi. ¶おばあさんが小遣いをくれた / 奶奶给我零花钱了. ¶彼女がアルバムを見せてくれた / 她给我看了相册. ¶彼が辞書を貸してくれた / 他把字典借给我了.

くろ【黒】 黑 hēi. ¶～く日に焼ける / 被太阳晒黑. ¶腹～い / 心肠坏.

くろう【苦労】 辛苦 xīnkǔ. ¶～をかける / 添麻烦. ¶ご～さまでした / 您辛苦了！

くろうと【玄人】 内行 nèiháng.

クローク 寄存处 jìcúnchù. ¶～に預ける / 寄放在寄存处.

クローズアップ 特写 tèxiě.

グローバリゼーション 全球化 quánqiúhuà.

グローブ 手套 shǒutào.

クローン 克隆 kèlóng. ¶～人間 / 克隆人.

くろじ【黒字】 盈余 yíngyú. ¶～である / 赢利.

くろまく【黒幕】 后台 hòutái. ¶政界の～ / 政界后台.

くわ【鍬】 锄 chú. ¶～を入れる / 耕地.

くわ【桑】 桑树 sāngshù. ¶～畑 / 桑田.

くわえる【加える】 加 jiā, 施加 shījiā. ¶危害を～ / 加害. ¶1に3を～ / 一加上三. ¶スープに塩を～ / 给汤里加盐.

くわえる【咥える】 叼 diāo. ¶たばこを～ / 叼着烟. ¶指を～ / 眼馋.

くわしい【詳しい】 详细 xiángxì. ¶～解説 / 详细说明. ¶詳しく調べる / 详细调查. ¶法律に～人 / 精通法律的人.

くわだてる【企てる】 企图 qǐtú. ¶反

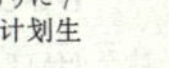

乱を～ / 谋反.

くわわる【加わる】加入 jiārù. ¶スピードが～ / 加速. ¶負担が～ / 增加负担. ¶ゲームに～ / 参加游戏.

－くん【－君】小… xiǎo…. ¶王～ / 小王.

ぐん【郡】郡 jùn.

ぐんかん【軍艦】军舰 jūnjiàn.

ぐんこくしゅぎ【軍国主義】军国主义 jūnguó zhǔyì.

ぐんじ【軍事】军事jūnshì. ¶～基地 / 军事基地. ¶～衛星 / 军事卫星. ¶～介入 / 军事介入.

くんしゅ【君主】君主 jūnzhǔ. ¶～国 / 君主国. ¶～制 / 君主制.

ぐんしゅう【群衆】群众 qúnzhòng. ¶～が押し寄せる / 很多人拥过来.

ぐんしゅく【軍縮】裁军 cáijūn. ¶～会議 / 裁军会议.

くんしょう【勲章】勋章 xūnzhāng.

くんしらん【君子蘭】君子兰 jūnzǐlán.

ぐんじん【軍人】军人 jūnrén.

くんせい【薫製】熏制 xūnzhì.

ぐんたい【軍隊】军队 jūnduì. ¶～に入る / 参军.

ぐんとう【群島】群岛 qúndǎo.

ぐんび【軍備】军备 jūnbèi. ¶～を拡張する / 扩军.

くんれん【訓練】训练 xùnliàn. ¶～を積む / 久经训练. ¶～を受ける / 接受训练. ¶よく～された犬 / 驯好的狗.

け

け【毛】［人の髪］头发 tóufa ；［動物の］毛 máo. ¶うぶ～ / 寒毛. ¶髪の～が薄い / 头发稀. ¶～が抜ける / 掉发. ¶羊の～ / 羊毛. ¶～深い人 / 汗毛重的人.

－け【－気】感觉 gǎnjué. ¶火の～ / 火儿. ¶寒～ / 发冷. ¶人～がない / 没有人迹.

けい【刑】刑罚 xíngfá. ¶～に服する / 服刑. ¶5年の～を宣告される / 被判处五年徒刑.

げい【芸】技巧 jìqiǎo. ¶～を身につける / 掌握技巧.

けいい【敬意】敬意 jìngyì. ¶～を表する / 表示敬意.

けいえい【経営】经营 jīngyíng. ¶～に携わる / 从事经营. ¶～者 / 经营者.

けいおんがく【軽音楽】轻音乐 qīngyīnyuè.

けいか【経過】经过 jīngguò. ¶病気の～がよい / 病情恢复得好. ¶～報告 / 经过报告.

けいかい【軽快】轻快 qīngkuài. ¶～な足取り / 步履轻快.

けいかい【警戒】戒备 jièbèi. ¶～を厳重にする / 严加警戒. ¶～心 / 戒备心.

けいかく【計画】计划 jìhuà. ¶～をたてる / 制定计划. ¶～どおりに / 按照原定计划. ¶～出産 / 计划生育.

けいかん【警官】警察 jǐngchá.

けいかん【景観】景观 jǐngguān. ¶～を損なう / 损害景观.

けいき【景気】景气 jǐngqì. ¶～がよい / 景气好. ¶～が悪い / 不景气；经济萧条. ¶～が上向く / 景气好转. ¶～が停滞する / 景气低迷. ¶～のいい話 / 挑好的话.

けいき【契機】契机 qìjī. ¶病気を～にたばこをやめた / 以生病为契机戒了烟.

けいき【計器】仪器 yíqì. ¶～が狂う / 仪器失调.

けいぐ【敬具】此致敬礼 cǐzhì jìnglǐ.

けいけん【経験】经验 jīngyàn ；体验 tǐyàn. ¶～を積む / 积累经验. ¶～を生かす / 发挥经验. ¶～が浅い / 经验少.

けいけん【敬虔】虔诚 qiánchéng. ¶～な信者 / 虔诚的信徒.

けいげん【軽減】减轻 jiǎnqīng. ¶負担を～する / 减轻负担.

けいこ【稽古】练习 liànxí.

けいご【敬語】敬语 jìngyǔ.

けいご【警護】警卫 jǐngwèi. ¶周辺～ / 保护周边的安全.

けいこう【傾向】倾向 qīngxiàng. ¶～を帯びる / 带有倾向. ¶増加の～が見られる / 可以看出增加的趋势.

けいこうぎょう【軽工業】轻工业 qīnggōngyè.

けいこうとう【蛍光灯】荧光灯 yíngguāngdēng.

けいこうペン【蛍光ペン】荧光笔 yíngguāngbǐ.

けいこく【渓谷】溪谷 xīgǔ.

けいこく【警告】警告 jǐnggào. ¶～を発する / 发出警告.

けいさい【掲載】登载 dēngzǎi. ¶新聞に～する / 刊登在报纸上.

けいざい【経済】经济 jīngjì. ¶～成長 / 经济增长. ¶～制裁 / 经济制裁.

けいさつ【警察】警察 jǐngchá. ¶～に届ける / 报警. ¶～に捕まる / 被警察抓住. ¶～官 / 警察. ¶～署 / 公安局.

けいさん【計算】计算 jìsuàn. ¶～に入れる / 算在内. ¶～違いをする / 算错. ¶～高い / 打小算盘.

けいじ【刑事】刑事 xíngshì ；刑警 xíngjǐng. ¶～事件 / 刑事案件.

けいじ【掲示】布告 bùgào. ¶～板 / 布告栏.

けいしき【形式】形式 xíngshì. ¶～にこだわる / 拘泥于形式.

けいしゃ【傾斜】倾斜 qīngxié. ¶～した道 / 斜坡路. ¶急な～ / 陡坡.

げいじゅつ【芸術】艺术 yìshù. ¶～家 / 艺术家.

けいしょう【継承】继承 jìchéng. ¶伝統を～する / 继承传统.

けいしょう【敬称】敬 称 jìngchēng. ¶～を使う / 使用敬称.

けいしょく【軽食】小吃 xiǎochī.

けいせい【形成】形成 xíngchéng. ¶人格を～する / 形成人格. ¶～外科 / 整形外科.

けいぞく【継続】继续 jìxù. ¶～は力なり / 坚持就是力量.

けいそつ【軽率】轻率 qīngshuài. ¶～な振る舞い / 轻率的举动.

けいたい【携帯】携带 xiédài. ¶～に便利だ / 便于携带. ¶～電話 / 手机.

けいたい【形態】形态 xíngtài.

けいちょう【傾聴】倾听 qīngtīng. ¶～に値する / 值得一听.

けいてき【警笛】警笛 jǐngdí. ¶～を鳴らす / 鸣警笛.

けいと【毛糸】毛线 máoxiàn. ¶～で編む / 用毛线织.

けいど【経度】经度 jīngdù.

けいとう【系統】系统 xìtǒng. ¶～だてる / 系统化. ¶バスの運転～図 / 公共汽车的路线图.

けいとう【傾倒】倾倒 qīngdǎo. ¶文学に～する / 倾心于文学.

げいにん【芸人】艺人 yìrén.

げいのうかい【芸能界】演艺界yǎnyìjiè,娱乐圈 yúlèquān.

げいのうじん【芸能人】艺人 yìrén.

けいば【競馬】赛马 sàimǎ. ¶～でもうける / 靠赛马赚钱.

けいばつ【刑罰】刑罚 xíngfá. ¶～を加える / 处以刑罚；处刑.

けいひ【経費】经费 jīngfèi. ¶～がかさむ / 经费增多. ¶～削減 / 削减经费.

けいび【警備】警备 jǐngbèi. ¶～が厳しい / 警备森严.

けいひん【景品】奖品 jiǎngpǐn. ¶～を出す / 提供奖品.

けいべつ【軽蔑】轻 蔑 qīngmiè,小 看 xiǎokàn. ¶～のまなざし / 轻蔑的目光.

けいほう【警報】警报 jǐngbào. ¶～を出す / 发出警报. ¶～器 / 警报器.

けいむしょ【刑務所】监 狱 jiānyù. ¶～に入る / 坐牢；进监狱.

けいもう【啓蒙】启蒙 qǐméng. ¶民衆を～する / 启发民众.

けいやく【契約】合 同 hétong. ¶～が切れる / 合同失效. ¶～を結ぶ / 签订合同. ¶～を破棄する / 撕毁合同.

けいゆ【軽油】轻油 qīngyóu.

けいゆ【経由】经由 jīngyóu. ¶北京～で洛陽へ行く / 经由北京去洛阳.

けいよう【形容】形 容 xíngróng. ¶巧みに～する / 巧妙地形容. ¶～詞 / 形容词.

けいり【経理】财会工作 cáikuài gōngzuò. ¶～課 / 会计科.

けいりゃく【計略】计谋 jìmóu. ¶～をはかる / 想计谋. ¶～に陥る / 中计.

けいりゅう【渓流】溪流 xīliú.

けいれき【経歴】经历 jīnglì. ¶～不詳 / 来历不明. ¶華々しい～ / 丰富的经历. ¶～詐証 / 伪造履历.

けいれん【痙攣】痉 挛 jìngluán, 抽 筋 chōujīn. ¶足に～が起こる / 腿上发生痉挛.

ケーキ 蛋糕 dàngāo. ¶バースデー～ / 生日蛋糕.

ケース ［容器］盒子 hézi ；［例］事例 shìlì, 案例 ànlì. ¶たばこ～ / 烟盒. ¶モデル～ / 典型事例.

ゲート 门 mén. ¶～が開く / 门开. ¶～ボール / 门球.

ケーブル 电缆 diànlǎn. ¶～テレビ / 有线电视.

ケーブルカー 缆车 lǎnchē.

ゲーム 游戏 yóuxì. ¶～センター / 游戏中心. ¶テレビ～ / 电子游戏.

けが【怪我】伤 shāng. ¶手に～をする / 手上受伤. ¶～人 / 受伤的人. ¶注意一秒,～一生 / 疏忽一秒,后悔一生.

げか【外科】外科 wàikē. ¶～医 / 外科医生.

けがわ【毛皮】毛 皮 máopí, 皮 货 píhuò. ¶～のコート / 皮大衣.

けがす【汚す】弄脏 nòngzāng. ¶名誉を～ / 玷污名誉.

けがらわしい【汚らわしい】肮 脏 āngzāng. ¶口にするのも～ / 说起来都恶心.

げき【劇】戏剧 xìjù. ¶～中の人物 / 戏剧中的人物.

げきじょう【劇場】剧场 jùchǎng.

げきじょう【激情】激 烈 的 感 情 jīliè de gǎnqíng.

げきたい【撃退】打退 dǎtuì, 赶走 gǎnzǒu.

げきだん【劇団】剧团 jùtuán.

げきつう【激痛】剧痛 jùtòng. ¶～に襲われる / 突然剧痛.

げきど【激怒】大怒 dànù.

げきどう【激動】动荡 dòngdàng. ¶～する情勢 / 动荡的形势. ¶～の世の中 / 急剧变化的社会.

げきれい【激励】激励 jīlì. ¶～を受ける / 受到激励.

げきろん【激論】激烈的讨论 jīliè de tǎolùn. ¶～を闘わせる / 展开激烈的讨论.

げこう【下校】放学 fàngxué. ¶～時間 / 放学时间.

けさ【今朝】今 天 早 上 jīntiān zǎoshang. ¶～早く / 今天清早. ¶～の出来事 / 今天早上发生的事.

げざい【下剤】泻药 xièyào.

けし【芥子】罂粟 yīngsù.

げし【夏至】夏至 xiàzhì.

けしいん【消印】邮戳 yóuchuō. ¶～を押す / 盖邮戳.

けしき【景色】风景 fēngjǐng. ¶～のよい場所 / 风景好的地方. ¶～を眺める / 远眺风景. ¶～が美しい / 风景优美.

けしゴム【消しゴム】橡皮 xiàngpí. ¶～で消す / 用橡皮擦掉. ¶～で誤字を消す / 用橡皮擦去写错的字.
げしゃ【下車】下车 xià chē. ¶途中～ / 途中下车.
げしゅく【下宿】寄宿 jìsù. ¶～を探す / 找公寓.
げじゅん【下旬】下旬 xiàxún. ¶2月～ / 二月下旬.
けしょう【化粧】化妆 huàzhuāng. ¶～を落とす / 卸妆. ¶～を直す / 补妆. ¶厚～ / 浓妆. ¶～品 / 化妆品.
けす【消す】消灭 xiāomiè. ¶火を～ / 灭火. ¶電気を～ / 关电. ¶字を～ / 擦掉字迹.
げすい【下水】脏水 zāngshuǐ, 下水道 xiàshuǐdào. ¶～管 / 下水管. ¶～道 / 下水道.
ゲスト客人 kèren；嘉宾 jiābīn. ¶～ハウス / 招待所.
けずる【削る】削 xiāo. ¶鉛筆を～ / 削铅笔. ¶予算を～ / 削减预算.
けた【桁】位数 wèishù. ¶答えの～が違う / 答案的位数不对. ¶人物の～が違う / 器量不同.
けだかい【気高い】崇高 chónggāo. ¶～姿 / 崇高的姿态.
けだもの【獣】兽类 shòulèi.
けち小气 xiǎoqì, 吝啬 lìnsè. ¶～な人 / 小气的人. ¶～をつける / 挑毛病. ¶けちん坊 / 吝啬鬼.
ケチャップ番茄酱 fānqiéjiàng, 番茄沙司 fānqié shāsī.
けつあつ【血圧】血压 xuèyā. ¶～が高い〔低い〕/ 血压「高〔低〕. ¶～を計る / 量血压.
けつい【決意】决心 juéxīn. ¶～を新たにする / 重下决心. ¶固く～する / 下定决心.
けつえき【血液】血液 xuèyè. ¶～型 / 血型. ¶～銀行 / 血库.
けっか【結果】结果 jiéguǒ.
けっかく【結核】结核 jiéhé. ¶～にかかっている / 患结核病.
けっかん【欠陥】缺陷 quēxiàn. ¶～を補う / 弥补缺陷. ¶～車 / 有毛病的车.
けっかん【血管】血管 xuèguǎn. ¶～が詰まる / 血管堵塞.
げっかん【月刊】月刊 yuèkān. ¶～誌 / 月刊杂志.
けっき【血気】血气 xuèqì. ¶～盛んな若者 / 血气方刚的年轻人.
けつぎ【決議】决议 juéyì. ¶満場一致で～される / 全场一致通过. ¶～案 / 决议案.
げっきゅう【月給】月薪 yuèxīn. ¶～を上げる / 提高工资.
けっきょく【結局】结果 jiéguǒ. ¶～は同じだ / 结果是一样的. ¶～むだになる / 结果徒劳.
けっきん【欠勤】缺勤 quēqín, 请假 qǐngjià. ¶～が目立つ / 缺勤多. ¶無断～ / 无故旷工.
げっけい【月経】月经 yuèjīng.
げっけいじゅ【月桂樹】月桂树 yuèguìshù.
けっこう【決行】（坚决）进行（jiānjué）jìnxíng. ¶ストを～する / 举行罢工. ¶雨天～ / 风雨无阻.
けっこう【結構】很好 hěn hǎo. ¶～な贈り物 / 不错的礼物. ¶もう～です / 已经够了. ¶～おもしろい / 挺有意思.
けっこう【欠航】停航 tíngháng.
けつごう【結合】结合 jiéhé.
げっこう【月光】月光 yuèguāng.
けっこん【結婚】结婚 jiéhūn. ¶～を申し込む / 求婚. ¶～式 / 结婚典礼；婚礼. ¶～指輪 / 结婚戒指.
けっさく【傑作】杰作 jiézuò. ¶世紀の～ / 世纪的杰作. ¶ピカソの～ / 毕加索的杰作.
けっさん【決算】决算 juésuàn. ¶月末に～する / 月末结算. ¶～日 / 结账日.
けっして【決して】决 jué. ¶～うそは言わない / 决不撒谎. ¶～泣きません / 决不哭. ¶～行ってはならない / 千万不要去；绝不能去.
げっしゃ【月謝】每月付的酬金 měi yuè fù de chóujīn. ¶～を払う / 付每月的学费.
げっしゅう【月収】月收入 yuèshōurù, 月薪 yuèxīn.
けつじょ【欠如】欠缺 qiànquē. ¶常識が～している / 缺乏常识.
けっしょう【結晶】结晶 jiéjīng. ¶努力の～ / 努力的结果. ¶雪の～ / 雪的结晶.
けっしょう【決勝】决赛 juésài. ¶～に勝ち進む / 进入决赛. ¶～戦 / 决赛. ¶～点 / 决胜点. ¶準～ / 半决赛.
げっしょく【月食】月食 yuèshí. ¶部分～ / 月偏食.
けっしん【決心】决心 juéxīn. ¶～がつかない / 下不了决心；拿不定主意. ¶固く～する / 下定决心.
けっせい【結成】结成 jiéchéng.
けっせき【欠席】缺席 quēxí. ¶～届 / 请假条. ¶無断～ / 无故缺席.
けつだん【決断】决断 juéduàn. ¶～を下す / 下决断. ¶～力がある / 有决断力.
けっちゃく【決着】解决 jiějué.
けってい【決定】决定 juédìng. ¶～に従う / 服从决定. ¶～的瞬間 / 决定性的瞬间. ¶～権 / 决定权.
けってん【欠点】缺点 quēdiǎn, 毛病 máobing. ¶～を指摘する / 指出缺点.
けっとう【決闘】决斗 juédòu. ¶～を申し込む / 要求决斗.
けっぱく【潔白】清白 qīngbái. ¶身の～を証明する / 证明自身的清白.
げっぷ【月賦】按月付款 àn yuè fùkuǎn. ¶～販売 / 按月付款的销售.
げっぷ打嗝儿 dǎgér. ¶～をする / 打

嗝儿.

げっぺい【月餅】月饼 yuèbǐng.

けっぺき【潔癖】洁癖 jiépǐ.

けつぼう【欠乏】缺乏 quēfá. ¶ビタミンが～する / 缺乏维生素.

けつまつ【結末】结局 jiéjú. ¶意外な～ / 意外的结局.

げつまつ【月末】月末 yuèmò.

げつようび【月曜日】星期一 xīngqīyī.

けつれつ【決裂】决裂 juéliè, 破裂 pòliè. ¶交渉が～する / 谈判决裂.

けつろん【結論】结论 jiélùn. ¶～に達する / 达成结论. ¶～を下す / 下结论.

けとばす【蹴飛ばす】踢开 tīkāi. ¶ボールを～ / 把球踢开.

けなす【貶す】贬低 biǎndī.

ケニア 肯尼亚 Kěnníyà.

げねつざい【解熱剤】退烧药 tuìshāoyào.

ゲノム 基因组 jīyīnzǔ, 染色体组 rǎnsètǐzǔ. ¶ヒト～ / 人类基因组.

けはい【気配】迹象 jìxiàng. ¶秋の～ / 秋意. ¶人の～を感じる / 感觉好像有人.

けびょう【仮病】假病 jiǎbìng. ¶～を使う / 装病.

げひん【下品】下流 xiàliú. ¶～な言葉遣い / 说话粗野；语言下流.

けむたい【煙たい】呛人 qiàngrén. ¶たき火が～ / 篝火呛人.

けむり【煙】烟 yān. ¶～が出る / 冒烟. ¶～にむせる / 烟呛得喘不过气来. ¶～が目にしみる / 烟熏眼睛. ¶火のない所に～は立たない / 无风不起浪.

けもの【獣】兽类 shòulèi.

けり 着落 zhuóluò. ¶～がつく / 收场；了结 liǎojié.

げり【下痢】腹泻 fùxiè, 拉肚子 lā dùzi. ¶～止め / 止泻药.

ゲリラ 游击 yóujī. ¶～戦 / 游击战.

ける【蹴る】踢 tī. ¶ボールを～ / 踢球. ¶席を蹴って出る / 拂袖而出.

げれつ【下劣】卑鄙 bēibǐ. ¶～なやから / 卑鄙之辈.

けれども 虽然 suīrán, 但是 dànshì. ¶彼は貧しい. ～誠実だ / 他虽然穷, 但是正直. ¶約束の時間になった. ～だれも来なかった / 到了约定时间, 可是谁都没来. ¶明日晴れたらいいんだ～ / 要是明天晴天就好了.

ゲレンデ 滑雪场 huáxuěchǎng.

けわしい【険しい】险峻 xiǎnjùn. ¶～山道 / 陡峭的山路. ¶～顔つき / 严厉的表情.

けん【件】事情 shìqing. ¶例の～ / 那件事. ¶事故の～数 / 事故次数.

けん【券】票 piào. ¶乗車～ / 车票. ¶航空～ / 飞机票. ¶入場～ / 门票.

けん【県】县 xiàn. ¶千葉～ / 千叶县.

けん【剣】剑 jiàn. ¶～を抜く / 拔剑. ¶～道 / 剑道.

げん【弦】弦 xián.

けんい【権威】权威 quánwēi. ¶～を失う / 失去权威. ¶医学界の～ / 医学界的权威.

げんいん【原因】原因 yuányīn. ¶～を突きとめる / 查明原因.

けんえき【検疫】检疫 jiǎnyì. ¶～を受ける / 接受检疫. ¶～所 / 检疫所.

げんえき【現役】现役 xiànyì. ¶～を退く / 退役. ¶～で大学に入る / 应届考上大学.

けんえつ【検閲】检查 jiǎnchá. ¶～を受ける / 接受检查.

けんお【嫌悪】厌恶 yànwù. ¶～感を抱く / 感到厌恶.

けんか【喧嘩】［言い争い］吵架 chǎojià；［なぐり合い］打架 dǎjià. ¶～を売る / 找碴儿打架. ¶～別れする / 吵过架没和好而分手. ¶口～ / 口角；吵架.

げんか【原価】成本 chéngběn. ¶～で売る / 按成本价卖.

けんかい【見解】见解 jiànjiě. ¶～の相違 / 见解不同. ¶～を述べる / 发表意见. ¶～を異にする / 见解不同.

げんかい【限界】极限 jíxiàn. ¶体力の～ / 体力的极限. ¶～を知る / 知道极限.

けんがく【見学】参观 cānguān. ¶工場を～する / 参观工厂.

げんかく【幻覚】幻觉 huànjué. ¶～を引き起こす / 引起幻觉.

げんかく【厳格】严格 yángé. ¶～な家庭 / 家教严的家庭. ¶～に育てる / 严格地培育.

げんがく【弦楽】弦乐 xiányuè. ¶～器 / 弦乐器. ¶～四重奏 / 弦乐四重奏.

げんがく【減額】减额 jiǎn'é. ¶予算を～する / 减少预算.

げんかん【玄関】门口 ménkǒu, 正门 zhèngmén. ¶～から入る / 从正门进来. ¶～払いされる / 吃闭门羹.

けんぎ【嫌疑】嫌疑 xiányí. ¶～をかけられる / 受嫌疑. ¶～が晴れる / 洗清嫌疑.

げんき【元気】精神 jīngshen. ¶～づける / 鼓劲儿. ¶～を出す / 提起精神. ¶～いっぱいだ / 干劲儿十足. ¶～がない / 没有精神.

けんきゅう【研究】研究 yánjiū. ¶～所 / 研究所. ¶～員 / 研究员.

げんきゅう【言及】说到 shuōdào. ¶問題に～する / 谈到问题.

けんきょ【謙虚】谦虚 qiānxū. ¶～な態度 / 谦虚的态度. ¶～に聞く / 谦虚地听.

けんぎょう【兼業】兼营 jiānyíng. ¶～農家 / 兼业农户.

けんきん【献金】捐献 juānxiàn, 捐款 juānkuǎn.

げんきん【現金】现金 xiànjīn. ¶～で買う〔払う〕/ 用现金买〔付款〕.

¶～取引 / 现金交易. ¶～なやつ / 势利眼的家伙.

げんきん【厳禁】严禁 yánjìn. ¶火気～ / 严禁烟火. ¶開放～ / 严禁开放.

げんけい【原形】原形 yuánxíng. ¶～をとどめない / 失去原形.

げんけい【原型】原型 yuánxíng.

けんけつ【献血】献血 xiànxuè.

けんげん【権限】权限 quánxiàn. ¶～を持つ / 有权限. ¶～がない / 没有权限.

げんご【言語】语言 yǔyán. ¶～学 / 语言学.

けんこう【健康】健康 jiànkāng. ¶～を害する / 损害健康. ¶～食品 / 健康食品. ¶～保険 / 健康保险. ¶～診断 / 体检.

げんこう【原稿】原稿 yuángǎo. ¶～を執筆する / 写稿. ¶～の締め切り / 稿子的截止日. ¶～用紙 / 稿纸.

げんこう【言行】言行 yánxíng. ¶～を慎む / 谨言慎行. ¶～不一致 / 言行不一致.

げんこう【現行】现行 xiànxíng. ¶～の法律 / 现行的法律. ¶～犯 / 现行犯.

げんこく【原告】原告 yuángào.

げんこつ【拳骨】拳头 quántou. ¶～で殴る / 用拳头打.

けんさ【検査】检查 jiǎnchá. ¶～を受ける / 接受检查.

けんざい【健在】健在 jiànzài. ¶両親共に～だ / 父母都健在.

げんざい【現在】现在 xiànzài. ¶～地 / 现在位置. ¶4月～ / 截止到四月.

けんさつ【検察】检察 jiǎnchá. ¶～官 / 检察官.

けんさく【検索】检索 jiǎnsuǒ. ¶～エンジン / 搜索引擎.

げんさく【原作】原作 yuánzuò. ¶～者 / 原作者.

けんざん【検算】核对 héduì.

げんさんち【原産地】原产地 yuánchǎndì.

げんし【原子】原子 yuánzǐ. ¶～記号 / 原子符号. ¶～爆弾 / 原子弹. ¶～炉 / 原子反应堆. ¶～力発電所 / 核电站.

げんし【原始】原始 yuánshǐ. ¶～時代 / 原始时代. ¶～人 / 原始人.

けんじ【検事】检察官 jiǎncháguān.

けんじ【堅持】坚持 jiānchí.

けんじつ【堅実】坚实 jiānshí.

げんじつ【現実】现实 xiànshí. ¶～性がない / 没有现实性. ¶～から遊離する / 脱离现实. ¶～逃避 / 逃避现实.

けんじゃ【賢者】贤人 xiánrén.

げんしゅ【元首】元首 yuánshǒu. ¶国家～ / 国家元首.

げんしゅ【厳守】严守 yánshǒu. ¶時間を～する / 严守时间. ¶秘密～ / 严守秘密.

けんしゅう【研修】进修 jìnxiū. ¶～会 / 培训会. ¶～生 / 进修生.

けんじゅう【拳銃】手枪 shǒuqiāng. ¶～を撃つ / 开枪.

げんじゅう【厳重】严重 yánzhòng. ¶～な処罰 / 严厉的处罚. ¶～に注意する / 严重警告.

げんじゅうしょ【現住所】现在住址 xiànzài zhùzhǐ.

げんしゅく【厳粛】严肃 yánsù. ¶～な雰囲気 / 庄重的气氛. ¶事態を～に受け止める / 严肃对待事态.

けんしょう【検証】验证 yànzhèng.

けんしょう【懸賞】悬赏 xuánshǎng. ¶～に当たった / 中了奖.

げんしょう【減少】减少 jiǎnshǎo. ¶人口が～する / 人口减少. ¶大幅に～する / 大幅度减少.

げんしょう【現象】现象 xiànxiàng. ¶一時的な～ / 暂时的现象.

げんじょう【現状】现状 xiànzhuàng. ¶～に甘んじる / 安于现状. ¶～を打破する / 打破现状. ¶～維持 / 维持现状.

げんしょく【原色】原色 yuánsè.

げんしょく【現職】现职 xiànzhí；现任 xiànrèn. ¶～の議員 / 现任议员. ¶～の教師 / 在职教师.

けんしん【検診】诊察 zhěnchá. ¶～を受ける / 接受检查. ¶定期～ / 定期体检.

けんしん【献身】献身 xiànshēn. ¶～的に看護する / 忘我地护理.

けんすい【懸垂】引体向上 yǐntǐ xiàngshàng.

げんぜい【減税】减税 jiǎnshuì.

けんせつ【建設】建设 jiànshè. ¶建物を～する / 盖楼房. ¶～的な意見 / 建设性的意见. ¶国家の～ / 国家的建设. ¶～業 / 建筑业.

けんぜん【健全】健全 jiànquán. ¶～な心身 / 身心健康. ¶～な財政 / 良好的财政状态.

げんせん【源泉】源泉 yuánquán. ¶～徴収 / 预扣所得税.

げんぜん【厳然】俨然 yǎnrán. ¶～たる事実 / 铁的事实.

げんそ【元素】元素 yuánsù. ¶～記号 / 元素符号.

けんぞう【建造】建造 jiànzào. ¶～物 / 建筑物.

げんそう【幻想】幻想 huànxiǎng. ¶～を抱く / 抱有幻想.

げんぞう【現像】冲洗 chōngxǐ. ¶写真を～する / 冲洗照片.

げんそく【原則】原则 yuánzé. ¶～を立てる / 确立原则.

げんそん【現存】现存 xiàncún.

けんたい【倦怠】厌倦 yànjuàn. ¶～感 / 厌倦感. ¶～期 / 厌倦期.

げんだい【現代】现代 xiàndài. ¶～化 / 现代化. ¶～文学 / 现代文学. ¶～史 / 现代史. ¶～人 / 现代人.

げんち【現地】现场 xiànchǎng；当地 dāngdì. ¶～へ向かう / 奔赴现场.

¶～時間 / 当地时间.
けんちく【建築】建筑 jiànzhù. ¶～現場 / 建筑工地. ¶～物 / 建筑物. ¶～家 / 建筑师.
けんちょ【顕著】显著 xiǎnzhù, 明显 míngxiǎn. ¶～な例 / 显著的例子. ¶～に現れる / 明显地显现出.
けんてい【検定】审定 shěndìng.
けんてい【献呈】奉献 fèngxiàn.
げんてい【限定】限定 xiàndìng. ¶範囲を～する / 限定范围.
げんてん【原点】原点 yuándiǎn. ¶～に帰る / 回到原点.
げんてん【減点】扣分 kòufēn. ¶5点～する / 扣五分.
げんど【限度】限度 xiàndù. ¶～をわきまえる / 分清尺寸. ¶忍耐にも～がある / 忍耐也是有限度的.
けんとう【見当】估计 gūjì. ¶～をつける / 进行估计. ¶～が外れる / 估计不准. ¶～違いだ / 估计错误.
けんとう【検討】研究 yánjiū；商讨 shāngtǎo. ¶～を加える / 加以分析. ¶再～する / 重新研讨.
けんとう【健闘】奋斗 fèndòu.
けんとう【拳闘】拳击 quánjī.
げんどうりょく【原動力】动力 dònglì.
げんば【現場】现场 xiànchǎng. ¶～検証 / 现场取证.
げんばく【原爆】原子弹 yuánzǐdàn.
けんびきょう【顕微鏡】显微镜 xiǎnwēijìng.
けんぶつ【見物】参观 cānguān. ¶～に行く / 去参观. ¶～人 / 参观者. ¶～客 / 游客.
げんぶつ【現物】现货 xiànhuò. ¶～取引 / 现货交易.
げんぶん【原文】原文 yuánwén. ¶～で読む / 读原著.
けんぽう【憲法】宪法 xiànfǎ. ¶～を改正する / 修改宪法；修宪. ¶～違反 / 违反宪法.
げんみつ【厳密】严密 yánmì.
けんめい【賢明】明智 míngzhì. ¶～な判断 / 明智的判断. ¶行かないほうが～だ / 不去是明智的.
けんめい【懸命】拼命 pīnmìng. ¶～に努力する / 拼命努力.
げんめい【言明】断言 duànyán.
げんめつ【幻滅】幻灭 huànmiè. ¶～を感じる / 感到失望.
けんやく【倹約】节俭 jiéjiǎn.
げんゆ【原油】原油 yuányóu.
けんり【権利】权利 quánlì. ¶～を得る / 得到权利. ¶～を失う / 失去权利. ¶～を主張する / 主张权利. ¶～を行使する / 行使权力.
げんり【原理】原理 yuánlǐ. ¶～主義 / 原理主义.
げんりょう【原料】原料 yuánliào.
けんりょく【権力】权力 quánlì. ¶～の座に就く / 掌握权力. ¶～争い / 权力之争.
げんろん【言論】言论 yánlùn. ¶～の自由 / 言论自由. ¶～の統制 / 限制言论自由.

こ

こ【子】小孩儿 xiǎoháir.
こ【弧】弧形 húxíng.
-こ【-個】个 ge. ¶1～ / 一个. ¶何～ / 几个. ¶あめ玉5～ / 五块糖. ¶10～入りの箱 / 盒子里装有十个.
ご【五】五 wǔ. ¶～分の1 / 五分之一. ¶～番目 / 第五.
ご【碁】围棋 wéiqí. ¶～を打つ / 下围棋. ¶～石 / 围棋子.
-ご【-後】之后 zhīhòu. ¶3時間～に / 三个小时后.
コアラ 考拉 kǎolā.
こい【恋】恋爱 liàn'ài.
こい【故意】故意 gùyì.
こい【濃い】浓 nóng. ¶～霧 / 浓雾. ¶～コーヒー / 浓咖啡.
こい【鯉】鲤鱼 lǐyú.
ごい【語彙】词汇 cíhuì. ¶～が豊富だ / 词汇丰富.
こいしい【恋しい】眷恋 juànliàn. ¶故郷が～ / 怀恋故乡.
こいぬ【小犬】小狗 xiǎogǒu.
こいびと【恋人】恋人 liànrén, 情人 qíngrén.
コイン 硬币 yìngbì.
こう【功】功绩 gōngjì. ¶～成り名遂げる / 功成名就.
ごう【号】号 hào. ¶1月～ / 一月号. ¶今週～ / 本周期刊. ¶のぞみ～ / 希望号.
こうい【行為】行为 xíngwéi.
こうい【好意】好意 hǎoyì. ¶～的な態度 / 善意的态度. ¶彼に～を持つ / 对他有好感. ¶～を示す / 表示好感.
ごうい【合意】意见一致 yìjian yīzhì. ¶～に達する / 达成一致意见；达成协意.
こういしつ【更衣室】更衣室 gēngyīshì.
ごうう【豪雨】暴雨 bàoyǔ. ¶集中～ / 集中暴雨.
こううん【幸運】幸运 xìngyùn. ¶～を祈る / 乞求好运. ¶～にも / 幸亏.
こうえい【光栄】光荣 guāngróng. ¶身に余る～ / 无上光荣.
こうえき【公益】公益 gōngyì. ¶～事業 / 公益事业.
こうえん【公園】公园 gōngyuán.
こうえん【公演】公演 gōngyǎn, 演出 yǎnchū. ¶地方～ / 地方公演.
こうえん【講演】讲演 jiǎngyǎn. ¶～会 / 报告会；讲演会.
こうえん【後援】后援 hòuyuán.
こうおん【高音】高音 gāoyīn.
こうか【効果】效果 xiàoguǒ. ¶～的な方法 / 有效的方法. ¶～がある〔ない〕/ 有〔没有〕效果.
こうか【硬貨】硬币 yìngbì.

こうか【高価】高价 gāojià.
こうか【降下】下降 xiàjiàng. ¶気温～/气温下降. ¶急～/俯冲.
ごうか【豪華】豪华 háohuá. ¶～な邸宅/豪华住宅.
こうかい【公開】公开 gōngkāi. ¶真相を～する/公开真相. ¶～捜査/公开搜捕. ¶～入札/公开招标.
こうかい【後悔】后悔 hòuhuǐ. ¶～先に立たず/事到临头懊悔迟；后悔莫及.
こうかい【航海】航海 hánghǎi. ¶～士/大副.
こうがい【口外】泄漏 xièlòu. ¶～無用/不可泄漏.
こうがい【公害】公害 gōnghài. ¶～問題/公害问题. ¶～病/公害病. ¶騒音～/噪音公害；噪声污染.
こうがい【郊外】郊区 jiāoqū.
こうかがくスモッグ【光化学スモッグ】光化学烟雾 guānghuàxué yānwù.
こうがく【工学】工学 gōngxué, 工程学 gōngchéngxué. ¶～部/工学系. ¶電子～/电子工程学.
こうがく【光学】光学 guāngxué.
ごうかく【合格】合格 hégé；及格 jígé, 考上 kǎoshàng. ¶大学入試に～する/考上大学.
こうかん【交換】交换 jiāohuàn. ¶名刺を～する/交换名片. ¶意見を～する/交换意见.
こうかん【好感】好感 hǎogǎn. ¶彼に～を抱く/对他有好感.
こうき【高貴】高贵 gāoguì.
こうき【後期】后半期 hòubànqī.
こうぎ【講義】讲课 jiǎngkè, 讲解 jiǎngjiě.
こうぎ【抗議】抗议 kàngyì.
こうきあつ【高気圧】高气压gāoqìyā.
こうきしん【好奇心】好奇心 hàoqíxīn. ¶～が強い/好奇心强.
こうきゅう【高級】高级 gāojí. ¶～品/高档商品.
こうきょう【公共】公共 gōnggòng. ¶～の物/公物. ¶～団体/公共团体. ¶～料金/公用事业费. ¶～事業/公共事业. ¶～広告/公益广告.
こうきょう【好況】繁荣 fánróng.
こうぎょう【工業】工业 gōngyè. ¶～化/工业化. ¶重～/重工业.
こうぎょう【鉱業】矿业 kuàngyè.
こうきょうきょく【交響曲】交响曲 jiāoxiǎngqǔ.
こうきん【公金】公款 gōngkuǎn. ¶～を横領する/贪污公款.
ごうきん【合金】合金 héjīn.
こうぐ【工具】工具 gōngjù.
こうくう【航空】航空 hángkōng. ¶～会社/航空公司. ¶～機/飞机. ¶～券/飞机票. ¶～便/航空信. ¶～母艦/航空母舰.
こうけい【光景】光景 guāngjǐng.
こうげい【工芸】工艺 gōngyì. ¶～家/工艺制作家. ¶～品/工艺品.
ごうけい【合計】共计 gòngjì, 合计 héjì. ¶～額/合计金额.
こうけいき【好景気】好景气 hǎojǐngqì.
こうけいしゃ【後継者】继承人 jìchéngrén, 接班人 jiēbānrén.
こうげき【攻撃】攻击 gōngjī, 进攻 jìngōng. ¶～力/攻击力.
こうけつあつ【高血圧】高血压 gāoxuèyā.
こうけん【貢献】贡献 gòngxiàn. ¶優勝に～する/为夺冠做贡献.
こうげん【高原】高原 gāoyuán. ¶～地帯/高原地带.
こうご【口語】口语 kǒuyǔ. ¶～体/口语体.
こうご【交互】互相hùxiāng, 交替jiāotì.
こうこう【高校】高中 gāozhōng. ¶～生/高中生.
こうこう【孝行】孝顺 xiàoshùn. ¶親～する/孝敬父母.
こうごう【皇后】皇后 huánghòu.
こうこがく【考古学】考古学 kǎogǔxué.
こうこく【広告】广告 guǎnggào. ¶～を出す/出广告. ¶～欄/广告栏.
こうさ【交差】交叉 jiāochā. ¶～点/十字路口. ¶～路/交叉路. ¶立体～/立体交叉.
こうさ【黄砂】沙尘 shāchén.
こうざ【口座】户头hùtóu, 账户 zhànghù. ¶銀行に～を開く/在银行开户头. ¶銀行～/银行户头. ¶～番号/户头账号.
こうざ【講座】讲座 jiǎngzuò.
こうさい【交際】交际 jiāojì, 交往 jiāowǎng.
こうさく【工作】工作 gōngzuò. ¶～機械/机床. ¶～員/特务.
こうさく【耕作】耕作 gēngzuò. ¶～地/耕地.
こうさつ【考察】考察 kǎochá.
こうさん【降参】投降 tóuxiáng.
こうざん【高山】高山 gāoshān. ¶～病/高山病；高山反应. ¶～植物/高山植物.
こうざん【鉱山】矿山 kuàngshān.
こうし【子牛】牛犊 niúdú.
こうし【公私】公私 gōngsī. ¶～を区別する/公私分明.
こうし【講師】讲师 jiǎngshī.
こうし【公使】公使 gōngshǐ.
こうし【格子】格子 gézi. ¶～窓/格窗.
こうじ【工事】工程 gōngchéng. ¶～現場/施工现场.
こうじ【公示】公布 gōngbù, 公示 gōngshì. ¶～価格/公布价格.
こうしき【公式】正式 zhèngshì. ¶～的な見解/正式的见解. ¶～発表/正式发表. ¶～訪問/正式访问.
こうじつ【口実】借口 jièkǒu. ¶～を作る/找借口. ¶病気を～に学校を

怠ける / 以生病为借口逃学.
こうして这样 zhèyàng.
こうしゃ【後者】后者 hòuzhě.
こうしゃ【校舎】校舍 xiàoshè.
こうしゅう【公衆】公众 gōngzhòng. ¶～衛生 / 公共卫生. ¶～電話 / 公用电话. ¶～道徳 / 公共道德.
こうしゅう【講習】讲习 jiǎngxí. ¶～を受ける / 参加讲习. ¶～会 / 讲习会.
こうじょ【控除】扣除 kòuchú. ¶所得～ / 扣除所得.
こうしょう【交渉】交涉 jiāoshè, 谈判 tánpàn. ¶～に応じる / 同意交涉. ¶～が決裂する / 谈判破裂.
こうしょう【高尚】高尚 gāoshàng.
こうじょう【工場】工厂 gōngchǎng. ¶自動車～ / 汽车厂.
こうじょう【向上】向上 xiàngshàng. ¶～心 / 上进心.
ごうじょう【強情】固执 gùzhí. ¶～を張る / 固执.
こうじょうせん【甲状腺】甲状腺 jiǎzhuàngxiàn. ¶～ホルモン / 甲状腺激素.
こうしょく【公職】公职 gōngzhí.
こうしん【行進】行进 xíngjìn. ¶～曲 / 进行曲. ¶デモ～ / 示威游行.
こうしん【更新】更新 gēngxīn. ¶記録を～する / 刷新记录.
こうしんりょう【香辛料】调料 tiáoliào, 佐料 zuǒliào.
こうすい【香水】香水 xiāngshuǐ. ¶～をつける / 撒香水.
こうずい【洪水】洪水 hóngshuǐ.
こうせい【構成】构成 gòuchéng.
こうせい【公正】公正 gōngzhèng. ¶～な評価 / 公正的评价. ¶～に扱う / 公正处理.
こうせいぶっしつ【抗生物質】抗生素 kàngshēngsù, 抗菌素 kàngjūnsù.
こうせき【功績】功绩 gōngjì. ¶～をあげる / 立下功绩.
こうせき【鉱石】矿石 kuàngshí.
こうせん【光線】光线 guāngxiàn.
こうぜん【公然】公然 gōngrán. ¶～たる事実 / 公开的事实.
こうそ【控訴】上诉 shàngsù. ¶～状 / 上诉状.
こうそ【酵素】酵素 jiàosù.
こうそう【高層】高层 gāocéng. ¶～ビル / 高层建筑.
こうそう【構想】构思 gòusī. ¶～を練る / 构思.
こうぞう【構造】构造 gòuzào, 结构 jiégòu.
こうそく【高速】高速 gāosù. ¶～で飛行する / 高速飞行. ¶～道路 / 高速公路.
こうそく【拘束】拘束 jūshù, 约束 yuēshù. ¶法的～力 / 法律性约束力.
こうたい【交代・交替】替换 tìhuàn. ¶世代～ / 世代交替.
こうたい【後退】后退 hòutuì.
こうたい【抗体】抗体 kàngtǐ.
こうだい【広大】宏大 hóngdà.
こうたく【光沢】光泽 guāngzé. ¶～がある / 有光泽.
こうちゃ【紅茶】红茶 hóngchá.
こうちょう【好調】顺利 shùnlì. ¶万事～である / 一切都顺利.
こうちょう【校長】校长 xiàozhǎng.
ごうちんきぎょう【郷鎮企業】乡镇企业 xiāngzhèn qǐyè.
こうつう【交通】交通 jiāotōng. ¶～の便がいい / 交通方便. ¶～違反 / 违反交通规则. ¶～事故 / 交通事故.
こうてい【行程】行程 xíngchéng.
こうてい【肯定】肯定 kěndìng. ¶～的な反応 / 肯定性反应. ¶～文 / 肯定句.
こうてい【皇帝】皇帝 huángdì.
こうてき【公的】公共的 gōnggòng de. ¶～な問題 / 公共问题.
こうてつ【更迭】更换 gēnghuàn, 更迭 gēngdié.
こうてつ【鋼鉄】钢铁 gāngtiě.
こうてん【好転】好转 hǎozhuǎn. ¶景気が～する / 经济好转.
こうど【高度】高度 gāodù. ¶～を下げる / 降低高度. ¶～計 / 高度计. ¶～成長 / 高速增长.
こうとう【高等】高等 gāoděng. ¶～学校 / 高中. ¶～教育 / 高等教育.
こうとう【口頭】口头 kǒutóu. ¶～で伝える / 口头转告.
こうどう【行動】行动 xíngdòng. ¶～に移す / 变成行动. ¶～力がある〔に欠ける〕/ 富有〔缺少〕行动力.
こうどう【講堂】礼堂 lǐtáng.
ごうとう【強盗】抢劫 qiǎngjié. ¶～を働く / 抢劫.
ごうどう【合同】联合 liánhé. ¶～演奏 / 联合演奏.
こうどく【購読】订阅 dìngyuè. ¶～料 / 订阅费.
こうにゅう【購入】购买 gòumǎi.
こうにん【公認】公认 gōngrèn. ¶～会計士 / 注册会计师.
こうにん【後任】后任 hòurèn. ¶～者 / 继任者.
こうねんき【更年期】更年期 gēngniánqī. ¶～障害 / 更年期病症.
こうのう【効能】功能 gōngnéng. ¶～がある / 有功效.
こうのとり【鸛】鹳 guàn.
こうはい【荒廃】荒芜 huāngwú.
こうはい【後輩】晚辈 wǎnbèi, 低年级同学 dīniánjí tóngxué.
こうばい【勾配】坡度 pōdù. ¶～が急だ〔緩やかだ〕/ 坡「陡〔缓〕.
こうばい【購買】购买 gòumǎi. ¶～力 / 购买力.
こうばしい【香ばしい】香味 xiāngwèi, 芳香 fāngxiāng.
こうはん【後半】后半部 hòubànbù. ¶～戦 / 后半场〔下半场〕比赛.
こうばん【交番】派出所 pàichūsuǒ.

こうひ【公費】公费 gōngfèi.
こうひょう【公表】公开 gōngkāi.
こうひょう【好評】好评 hǎopíng. ¶～を博する / 博得好评.
こうふ【交付】发给 fāgěi. ¶旅券を～する / 发给护照. ¶～金 / 补助金.
こうふく【幸福】幸福 xìngfú.
こうぶつ【好物】喜好的东西 xǐhào de dōngxi.
こうぶつ【鉱物】矿物 kuàngwù.
こうふん【興奮】兴奋 xīngfèn.
こうぶんしょ【公文書】公文 gōngwén.
こうへい【公平】公平 gōngpíng. ¶～な分配 / 公平分配. ¶～に接する / 公平地对待.
ごうべんがいしゃ【合弁会社】合资公司 hézī gōngsī.
こうほ【候補】候补 hòubǔ. ¶～を立てる / 提名候选. ¶～者 / 候选人. ¶大統領～ / 总统候选人.
こうぼ【酵母】酵母 jiàomǔ, 酶 méi.
こうほう【広報】公报 gōngbào. ¶～活動 / 公关活动.
ごうほうてき【合法的】合法的 héfǎ de. ¶～手段 / 合法手段.
こうま【小馬・子馬】马驹子 mǎjūzi.
こうまん【高慢】高傲 gāo'ào, 傲慢 àomàn. ¶～な態度 / 傲慢的态度.
ごうまん【傲慢】傲慢 àomàn. ¶～に振る舞う / 摆架子.
こうみょう【巧妙】巧妙 qiǎomiào. ¶～な手口 / 巧妙的手法.
こうむ【公務】公务 gōngwù. ¶～員 / 公务员.
こうむる【被る】蒙受 méngshòu. ¶恩恵を～ / 得到恩惠. ¶影響を～ / 受到影响.
こうめい【高名】有名 yǒumíng. ¶～な学者 / 有名的学者.
こうもく【項目】项目 xiàngmù.
こうもり【蝙蝠】蝙蝠 biānfú.
こうもん【肛門】肛门 gāngmén.
ごうもん【拷問】拷问 kǎowèn.
こうやく【公約】公开承诺 gōngkāi chéngnuò.
こうよう【公用】公用 gōngyòng. ¶～語 / 官方语言.
こうよう【紅葉】红叶 hóngyè.
こうようじゅ【広葉樹】阔叶树 kuòyèshù.
こうらく【行楽】游玩 yóuwán. ¶～客 / 游人. ¶～地 / 游览地区.
こうり【小売】零售 língshòu. ¶～価格 / 零售价格. ¶～商 / 零售商. ¶～店 / 零售商店.
こうり【高利】高利 gāolì. ¶～貸し / 高利贷.
ごうり【合理】合理 hélǐ. ¶～化 / 合理化. ¶～主義 / 合理主义.
こうりつ【公立】公立 gōnglì. ¶～学校 / 公立学校.
こうりつ【効率】效率 xiàolǜ. ¶～的な方法 / 有效的方法.
こうりゅう【交流】交流 jiāoliú. ¶文化～を図る / 寻求文化交流.
ごうりゅう【合流】合流 héliú.
こうりょ【考慮】考虑 kǎolǜ. ¶～に入れる / 加以考虑.
こうりょう【荒涼】荒凉 huāngliáng. ¶～とした景色 / 荒凉的景象.
こうりょう【香料】香料 xiāngliào.
こうりょく【効力】效力 xiàolì. ¶～がある / 有效力. ¶～を発する / 发挥效力.
こうれい【高齢】高龄 gāolíng. ¶～化社会 / 高龄社会.
ごうれい【号令】号令 hàolìng.
こうろ【航路】航线 hángxiàn.
こうろう【功労】功劳 gōngláo. ¶～者 / 功臣.
こうろん【口論】争吵 zhēngchǎo.
こえ【声】声音 shēngyīn. ¶～をそろえて / 异口同声. ¶～をひそめる / 低声细语.
ごえい【護衛】警卫 jǐngwèi.
こえる【越える】越过 yuèguò, 翻 fān. ¶雪山を～ / 翻雪山. ¶危険な峠を～ / 翻过危险的山口.
こえる【超える】超过 chāoguò. ¶2メートルを～大波 / 超过二米的大浪. ¶期限を～ / 超出期限. ¶常識を～ / 超出常识. ¶想像を～ / 超出想象.
ゴーグル护目镜 hùmùjìng.
コース路线 lùxiàn.
コート大衣 dàyī.
コーチ教练 jiàoliàn.
コード代码 dàimǎ, 编码 biānmǎ.
コーナー角 jiǎo. ¶～キック / 角球.
コーヒー咖啡 kāfēi. ¶インスタント～ / 速溶咖啡. ¶ブラック～ / 黑咖啡. ¶アイス～ / 冰(镇)咖啡.
コーラ可乐 kělè.
コーラス合唱队 héchàngduì.
コーラン古兰经 Gǔlánjīng.
こおり【氷】冰 bīng.
コーリャン高粱 gāoliang.
こおる【凍る】冻 dòng. ¶川が～ / 河水结冰. ¶肉を凍らせる / 冻肉.
ゴール终点 zhōngdiǎn. ¶～キーパー / 守门员.
こおろぎ【蟋蟀】蟋蟀 xīshuài.
こがい【戸外】户外 hùwài. ¶～で夜を明かす / 在户外等天亮.
ごかい【誤解】误会 wùhuì, 误解 wùjiě. ¶～を招く / 引起误会. ¶～を解く / 消除误会.
こがいしゃ【子会社】子公司 zǐgōngsī.
ごがく【語学】外语 wàiyǔ.
こがす【焦がす】烤煳 kǎohú, 烧焦 shāojiāo. ¶魚を～ / 把鱼烤糊了. ¶胸を～ / 恋慕.
こがた【小型】小型 xiǎoxíng. ¶～自動車 / 小型汽车.
ごがつ【五月】五月 wǔyuè.
こがらし【木枯らし】寒风 hánfēng.
こぎって【小切手】支票 zhīpiào. ¶

～を切る / 开支票.
ごきぶり 蟑螂 zhāngláng.
こきゃく【顧客】顾客 gùkè.
こきゅう【呼吸】呼吸 hūxī, 喘气 chuǎnqì. ¶～が荒い / 喘粗气. ¶～が合う / 配合默契. ¶～器官 / 呼吸器官.
こぐ【漕ぐ】划 huá. ¶舟を～ / 划船.
ごく【語句】词句 cíjù.
ごく【極】非常 fēicháng, 极为 jíwéi. ¶～まれ / 极为罕见.
こくえい【国営】国营 guóyíng. ¶～化する / 国营化.
こくおう【国王】国王 guówáng.
こくがい【国外】国外 guówài.
こくご【国語】语文 yǔwén, 国语 guóyǔ.
こくさい【国際】国际 guójì. ¶～空港 / 国际机场. ¶～電話 / 国际电话. ¶～法 / 国际法.
こくさん【国産】国产 guóchǎn. ¶～品 / 国产商品.
こくじん【黒人】黑人 hēirén.
こくせい【国政】国政 guózhèng. ¶～に参与する / 参与国政.
こくせき【国籍】国籍 guójí.
こくそ【告訴】控告kònggào. ¶～状 / 起诉书.
こくち【告知】通报 tōngbào.
こくど【国土】国土 guótǔ.
こくどう【国道】国道 guódào.
こくない【国内】国内 guónèi. ¶～総生産 / 国内生产总值.
こくはく【告白】坦白 tǎnbái.
こくはつ【告発】检举 jiǎnjǔ, 告发 gàofā.
こくばん【黒板】黑板 hēibǎn.
こくふく【克服】克服 kèfú. ¶困難を～する / 克服困难.
こくべつ【告別】告别 gàobié. ¶～式 / 告别仪式.
こくみん【国民】国民 guómín. ¶～所得 / 国民所得. ¶～投票 / 公民投票. ¶～総生産 / 国民生产总值.
こくもつ【穀物】谷物 gǔwù.
ごくらく【極楽】天堂 tiāntáng. ¶聞いて～見て地獄 / 看景不如听景.
こくりつ【国立】国立 guólì. ¶～大学 / 国立大学.
こくれん【国連】联合国 Liánhéguó.
こけ【苔】苔藓 táixiǎn. ¶～が生える / 长苔藓.
こげる【焦げる】煳 hú, 烤煳 kǎohú, 烧焦 shāojiāo. ¶食べ物が～ / 食物煳了. ¶何かが～においがする / 有煳味儿.
ここ 这里 zhèli, 这儿 zhèr. ¶～はどこですか？ / 这里是哪儿？ ¶～2, 3日 / 这两三天. ¶今日は～まで / 今天就到这儿.
ここ【個々】各个 gège. ¶～の問題 / 各个问题.
ごご【午後】下午 xiàwǔ. ¶～3時半の列車 / 下午三点半的列车.
ココア 可可(茶) kěkě(chá).
こごえ【小声】小声 xiǎoshēng. ¶～で話す / 小声说话.
こごえる【凍える】冻僵 dòngjiāng. ¶手〔足〕が～ / 冻「手〔脚〕. ¶凍え死ぬ / 冻死.
ここく【故国】祖国 zǔguó.
ここちよい【心地好い】舒适 shūshì. ¶～音楽 / 轻松的音乐. ¶～風が吹いてくる / 吹着清爽的微风.
こごと【小言】责备 zébèi, 牢骚 láosāo. ¶兄から～を食う / 受到哥哥的责备.
ここのか【九日】九号 jiǔhào.
ここのつ【九つ】九个 jiǔ ge. ¶この子は今年で～だ / 这孩子今年九岁.
こころ【心】心 xīn, 心地 xīndì. ¶～が広い / 心胸开阔. ¶～に刻む / 牢记. ¶～当たりがある / 有印象. ¶～得る / 领会. ¶～がける / 惦记. ¶～強い / 胆壮. ¶～苦しい / 于心不安. ¶～残りがする / 留有遗憾. ¶～のやさしい人 / 心地和善的人. ¶～づくしの品 / 厚意礼品. ¶～変わり / 变心.
こころがまえ【心構え】思想准备 sīxiǎng zhǔnbèi.
こころざし【志】志气 zhìqì. ¶～を立てる / 立志. ¶～を抱く / 胸怀雄心壮志.
こころづかい【心遣い】关怀 guānhuái. ¶お～ありがとうございます / 谢谢您的照顾.
こころぼそい【心細い】心里没底儿 xīnli méidǐr, 胆怯 dǎnqiè, 心中不安 xīnzhōng bù'ān.
こころみる【試みる】尝试 chángshì.
こころゆくまで【心行くまで】尽情 jìnqíng.
こころよい【快い】愉快 yúkuài. ¶～風 / 令人心旷神怡的风. ¶快く引き受ける / 很愉快地接受.
こさめ【小雨】小雨 xiǎoyǔ.
ごさん【誤算】估计错误 gūjì cuòwù.
こし【腰】腰 yāo. ¶～を伸ばす / 伸腰. ¶～をかがめてお辞儀する / 弯腰鞠躬. ¶～が低い / 平易近人. ¶～が重い / 行动迟缓.
こじ【孤児】孤儿 gū'ér.
こしかける【腰掛ける】坐下 zuòxià. ¶椅子に～ / 坐在椅子上.
こじき【乞食】乞丐 qǐgài.
こしつ【固執】固执 gùzhí. ¶自分の主張に～する / 顽固地坚持自己的主张；固执己见.
ゴシップ 闲话 xiánhuà.
ごじゅう【五十】五十 wǔshí. ¶～歩百歩 / 五十步笑百步.
ごしゅうしょうさま【御愁傷様】真令人悲伤 zhēn lìng rén bēishāng.
ごじゅん【語順】词序 cíxù.
こしょう【故障】发生故障 fāshēng gùzhàng, 毛病 máobing. ¶コンピュータが～した / 电脑出了毛病.
こしょう【胡椒】胡椒 hújiāo. ¶～をふりかける / 撒胡椒.

こじん【個人】个人 gèrén. ¶～的な考え / 个人的想法. ¶～差 / 个体差. ¶～主義 / 个人主义.
こす【越す】超过 chāoguò, 翻 fān. ¶冬を～ / 越冬. ¶峠を～ / 翻过山口. ¶それに越したことはない / 那再好不过了.
こす【濾す】过滤 guòlǜ. ¶酒を～ / 过滤酒.
こずえ【梢】树梢 shùshāo.
コスト 成本 chéngběn. ¶～パフォーマンス / 性价比.
コスモス 〔植物〕大波斯菊 dàbōsījú ; 〔宇宙〕宇宙yǔzhòu. ¶ミクロ～ / 微观世界.
こする【擦る】摩擦 mócā, 搓 cuō. ¶手を～ / 搓手.
こせい【個性】个性 gèxìng. ¶～が強い / 个性强. ¶～を生かす / 发挥个性.
こせき【戸籍】户口 hùkǒu, 户籍 hùjí. ¶～に入れる / 入籍.
こぜに【小銭】零钱 língqián. ¶～に替える / 换成零钱.
ごぜん【午前】上午 shàngwǔ.
こたい【固体】固体 gùtǐ.
こだい【古代】古代 gǔdài. ¶～文明 / 古代文明. ¶～史 / 古代史.
こたえ【答え】答案 dá'àn.
こたえる【答える】回答 huídá. ¶質問に～ / 回答问题.
こたえる【応える】反应 fǎnyìng. ¶提案に～ / 回应提议. ¶期待に～ / 不辜负期望. ¶寒さが～ / 冷得受不了.
こだま【木霊】回声 huíshēng.
こだわる【拘る】拘泥 jūnì. ¶細かいことにこだわらない / 不拘泥于小事.
ごちそう【御馳走】款待 kuǎndài. ¶昼飯を～する / 午饭我请你. ¶～を作る / 做好吃的饭菜. ¶～さまでした / 多谢您的款待 ; 吃饱了.
こちょう【誇張】夸张 kuāzhāng.
こちら 这边 zhèbian, 这里 zhèli. ¶～にいらしてください / 请到这边来.
こつ 要领 yàolǐng, 窍门儿 qiàoménr. ¶仕事の～ / 工作窍门.
こっか【国家】国家guójiā. ¶～主席 / 国家主席.
こっか【国歌】国歌 guógē.
こっかい【国会】国会 guóhuì. ¶～議員 / 国会议员.
こづかい【小遣い】零用钱 língyòngqián. ¶～をもらう / 要零花钱. ¶子供に～をやる / 给孩子零用钱.
こっかく【骨格】骨骼 gǔgé.
こっき【国旗】国旗 guóqí. ¶～掲揚 / 升国旗.
こっきょう【国境】国境 guójìng, 边境 biānjìng. ¶～線 / 国境线. ¶～地帯 / 边境地带. ¶～紛争 / 边境纠纷.
コック 厨师 chúshī.
こっくり 〔うなずく〕点头 diǎntóu. ¶～と居眠りする / 呼呼地打盹儿.
こっけい【滑稽】滑稽 huájī.
こつこつ 不懈地 bùxiède, 勤勉 qínmiǎn. ¶～貯める / 一点一点儿地攒钱.
ごつごつ 不柔软 bù róuruǎn. ¶～した手 / 粗糙的手.
こっせつ【骨折】骨折 gǔzhé.
こつそしょうしょう【骨粗鬆症】骨粗松症 gǔcūsōngzhèng.
こっち 这里 zhèli, 这边 zhèbian.
こづつみ【小包】包裹 bāoguǒ. ¶～で送る / 用包裹寄去.
こっとうひん【骨董品】古玩 gǔwán, 古董 gǔdǒng.
コップ 杯子 bēizi.
こてい【固定】固定 gùdìng.
こてん【古典】古典 gǔdiǎn. ¶～文学〔音楽〕/ 古典文学〔音乐〕.
こてん【個展】个人作品展览会 gèrén zuòpǐn zhǎnlǎnhuì, 个人展览 gèrén zhǎnlǎn. ¶～を開く / 举办个展.
こと【事】事情 shìqing. ¶どんな～があっても / 无论发生任何事情. ¶大変な～になった / 事情『闹大了〔不得了了〕. ¶～を起こす / 生事. ¶彼は中国の～に詳しい / 他对中国的情况很熟悉. ¶まだ見た～がない / 从未见过.
ことかく【事欠く】缺少 quēshǎo. ¶金には事欠かない / 钱不缺.
こと【古都】古都 gǔdū.
-ごと【-毎】每 měi. ¶10分～に / 每十分钟. ¶家～に / 每家.
こどく【孤独】孤独 gūdú, 孤单 gūdān. ¶～な生活 / 孤独的生活.
ことし【今年】今年 jīnnián.
ことづけ【言付け】留言 liúyán, 口信 kǒuxìn, 传话 chuánhuà. ¶～る / 托人带口信. ¶～を残す / 留下口信.
ことなる【異なる】不同 bùtóng. ¶考えが互いに～ / 想法各不相同.
ことば【言葉】语言 yǔyán. ¶～を交わす / 交谈. ¶～を返す / 顶嘴. ¶～を濁す / 含糊其词. ¶～に詰まる / 说不出话. ¶～が過ぎる / 说话过头. ¶～遣いに気をつける / 注意措辞. ¶お～ですが / 虽然你这么说.
こども【子供】小孩儿 xiǎoháir, 孩子 háizi. ¶～っぽい / 孩子气.
ことり【小鳥】小鸟 xiǎoniǎo. ¶～がさえずる / 小鸟唧唧喳喳. ¶～を飼う / 养小鸟.
ことわざ【諺】俗语 súyǔ. ¶～にも…と言うように / 俗话说….
ことわる【断る】拒绝 jùjué. ¶頼みを～ / 拒绝请求.
こな【粉】粉末 fěnmò. ¶～をひく / 磨粉. ¶～ミルク / 奶粉.
コネ 关系 guānxi. ¶～で就職した / 走后门参加工作. ¶～をつける / 拉关系.
こねこ【小猫】小猫 xiǎomāo.
こねる【捏ねる】揉合 róuhé. ¶米の粉を～ / 和米粉. ¶おもちゃを買っ

てくれとだだを～ / 缠着要买玩具.

この 这个 zhège. ¶～服 / 这件衣服. ¶～問題 / 这个问题. ¶～1週間 / 这一个星期.

このあいだ【この間】 最近 zuìjìn.

このかん【この間】 这个期间 zhège qījiān.

このくらい【この位】 这个程度 zhège chéngdù. ¶～の大きさ / 这么大.

このごろ【この頃】 最近 zuìjìn, 近来 jìnlái.

このさい【この際】 在这种情况下 zài zhè zhǒng qíngkuàng xià.

このつぎ【この次】 下一次 xià yī cì.

このは【木葉】 树叶 shùyè.

このへん【この辺】 这里 zhèli.

このまえ【この前】 上一次 shàng yī cì. ¶～の日曜日 / 上个星期天.

このましい【好ましい】 令人满意 lìng rén mǎnyì.

このみ【好み】 口味 kǒuwèi, 胃口 wèikǒu. ¶～に合わない / 不合口味.

このみ【木の実】 果实 guǒshí.

このむ【好む】 喜欢 xǐhuan. ¶果物を～ / 喜欢吃水果. ¶釣りを～ / 喜欢钓鱼. ¶～と好まざるとにかかわらず / 无论喜欢不喜欢.

このよ【この世】 人世间 rénshìjiān. ¶～を去る / 去世.

このような【この様な】 这样 zhèyàng.

このんで【好んで】 喜欢 xǐhuan. ¶日本人は～刺身を食べる / 日本人爱吃生鱼片.

こばこ【小箱】 小盒子 xiǎohézi.

こばむ【拒む】 拒绝 jùjué. ¶要求を～ / 拒绝要求.

こはん【湖畔】 湖边 húbiān.

ごはん【御飯】 米饭 mǐfàn. ¶～を炊く / 煮饭. ¶朝～ / 早饭. ¶昼～ / 午饭. ¶夕～ / 晚饭. ¶～茶わん / 饭碗.

コピー 复印 fùyìn, 拷贝 kǎobèi. ¶～ライター / 广告制作人.

こひつじ【子羊】 羔羊 gāoyáng.

こぶ【瘤】 鼓包 gǔbāo, 疙瘩 gēda, 驼峰 tuófēng.

ごぶさた【ご無沙汰】 好久没见 hǎojiǔ méi jiàn. ¶～しています / 好久没见.

こぶし【拳】 拳头 quántou. ¶～を振り上げる / 举起拳头.

こふん【古墳】 古墓 gǔmù.

ごぼう 牛蒡 niúbàng.

こぼす【零す】 洒 sǎ. ¶水を～ / 洒水. ¶涙を～ / 落泪. ¶バケツの水を～ / 把桶里的水弄洒了. ¶ぐちを～ / 发牢骚.

こぼれる【零れる】 溢出 yìchū.

こま【独楽】 陀螺 tuóluó. ¶～を回す / 转陀螺.

ごま【胡麻】 芝麻 zhīma. ¶～をする / 奉承；拍马屁. ¶～油 / 麻油.

コマーシャル 电视广告 diànshì guǎnggào.

こまかい【細かい】 细微 xìwēi. ¶～砂 / 细沙. ¶細かく刻む / 切成丝. ¶細かく説明する / 详细说明. ¶規則が～ / 规则定的很细. ¶お金に～ / 花钱仔细.

ごまかす【誤魔化す】 欺骗 qīpiàn. ¶値段を～ / 乱要价. ¶はかりの目盛りを～ / 乱改秤星. ¶刑事の目を～ / 扰乱警察的视线.

こまる【困る】 为难 wéinán, 困难 kùnnan.

ごみ【芥】 垃圾 lājī. ¶～箱 / 垃圾箱.

こみち【小道】 小径 xiǎojìng.

コミュニケーション 沟通 gōutōng, 交流 jiāoliú.

こむ【込む】 拥挤 yōngjǐ. ¶バスの車内が込んでいる / 公共汽车里拥挤.

ゴム 橡胶 xiàngjiāo. ¶～まり / 皮球. ¶消し～ / 橡皮.

こむぎ【小麦】 小麦 xiǎomài. ¶～粉 / 面粉.

こめ【米】 大米 dàmǐ. ¶もち～ / 糯米.

こめかみ 太阳穴 tàiyángxué.

コメディアン 喜剧演员 xǐjù yǎnyuán, 丑角 chǒujué.

コメディー 喜剧 xǐjù.

こめる【込める】 充满 chōngmǎn, 装 zhuāng. ¶力を～ / 用力. ¶感情を～ / 充满感情. ¶真心を～ / 诚心诚意.

ごめん【御免】 请原谅qǐng yuánliàng. ¶～なさい / 对不起.

こもん【顧問】 顾问 gùwèn. ¶～弁護士 / 顾问律师.

こや【小屋】 小房 xiǎofáng ；[動物の] 窝 wō. ¶豚～ / 猪圈.

こやし【肥やし】 肥料 féiliào. ¶～をやる / 施肥.

こゆう【固有】 固有 gùyǒu. ¶～の性質 / 原有的特性. ¶民族～の伝統 / 民族固有的传统.

こゆび【小指】 小指 xiǎozhǐ.

こよう【雇用】 雇佣 gùyōng. ¶事務員として～される / 被作为办事员聘用. ¶～主 / 雇主.

こよみ【暦】 历书 lìshū.

こらえる【堪える】 忍耐 rěnnài. ¶悲しみを～ / 忍住悲伤. ¶こらえきれずに笑いだした / 忍不住笑出声来.

ごらく【娯楽】 娱乐 yúlè.

コラム 专栏 zhuānlán. ¶～ニスト / 专栏作家.

ごらん【御覧】 请看 qǐng kàn. ¶～ください / 请看. ¶～のとおり / 像您所看到的那样.

ゴリラ 大猩猩 dàxīngxing.

こりる【懲りる】 不敢再尝试 bùgǎn zàichángshì.

こる【凝る】 [筋肉が]肌肉发酸 jīròu fāsuān ；[熱中する]入迷 rùmí. ¶釣りに～ / 热衷于钓鱼.

コルク 软木 ruǎnmù.

ゴルフ 高尔夫球 gāo'ěrfūqiú. ¶～をする / 打高尔夫球.

これ这个 zhège.
コレクション搜集品 sōujípǐn.
コレクトコール对方付款电话 duìfāng fùkuǎn diànhuà.
コレステロール胆固醇 dǎngùchún.
ころがる【転がる】滚 gǔn. ¶ボールがころころ～/球滚来滚去.
ころす【殺す】杀死 shāsǐ. ¶刺し～/刺杀. ¶絞め～/绞杀.
ころぶ【転ぶ】摔倒 shuāidǎo. ¶雪道で転んで足首をねんざした/在积雪的路上摔倒扭伤了脚脖子.
コロン冒号 màohào.
コロンビア哥伦比亚 Gēlúnbǐyà.
こわい【怖い】可怕 kěpà ; 怕 pà, 害怕 hàipà. ¶～先生/厉害的老师. ¶彼は怒り出すと～/他一发怒就很可怕.
こわがる【怖がる】怕 pà, 害怕 hàipà. ¶地震を～/怕地震.
こわす【壊す】破坏 pòhuài, 弄坏 nònghuài. ¶体を～/损害健康.
こわれる【壊れる】坏 huài, 弄坏 nònghuài. ¶こわれもの/易碎品.
こん【紺】藏青 zàngqīng.
こんき【根気】耐性 nàixìng, 毅力 yìlì. ¶～がある〔ない〕/有〔没有〕毅力.
こんきょ【根拠】根据 gēnjù. ¶～のないうわさ/没有根据的谣言.
コンクール竞演会 jìngyǎnhuì.
コンクリート混凝土 hùnníngtǔ.
こんげつ【今月】这个月 zhège yuè.
こんご【今後】今后 jīnhòu.
こんごう【混合】混合 hùnhé. ¶～ダブルス/(男女)混合双打.
コンサート演唱会 yǎnchànghuì, 演奏会 yǎnzòuhuì. ¶～ホール/音乐厅.
こんざつ【混雑】混乱 hùnluàn.
コンサルタント顾问 gùwèn.
こんしゅう【今週】这星期 zhè xīngqī.
こんじょう【根性】毅力 yìlì.
こんせい【混声】混声 hùnshēng. ¶～合唱/混声合唱.
こんぜつ【根絶】根绝 gēnjué.
こんせん【混線】串线 chuànxiàn. ¶電話が～する/电话串线.
コンセント插座 chāzuò. ¶～にプラグを差し込む/往插座里插上插销.
コンタクトレンズ隐形眼镜 yǐnxíng yǎnjìng. ¶～をする/戴隐形眼镜. ¶ソフト〔ハード〕～/软式〔硬式〕隐形眼镜.
こんだて【献立】菜单 càidān, 食谱 shípǔ.
コンチェルト协奏曲 xiézòuqǔ. ¶バイオリン～/小提琴协奏曲.
こんちゅう【昆虫】昆虫 kūnchóng.
コンディション状况 zhuàngkuàng, 条件 tiáojiàn.
コンテスト比赛会 bǐsàihuì. ¶美女～/选美大会.
こんど【今度】下次 xiàcì.
こんどう【混同】混淆 hùnxiáo. ¶公私～する/公私不分.
コンドーム避孕套 bìyùntào, 安全套 ānquántào.
コントラスト对比 duìbǐ.
コントラバス低音大提琴 dīyīn dàtíqín.
コントロール控制 kòngzhì. ¶リモート～/遥控.
こんとん【混沌】混沌 hùndùn. ¶～とした世界/混沌的世界.
こんな这样 zhèyàng. ¶～時間に/在这样的时候. ¶～に痛いとは思わなかった/没想到这么疼.
こんなん【困難】困难 kùnnan. ¶～が伴う/伴随着困难. ¶～にぶつかる/遇到困难. ¶～に打ち勝つ/战胜困难. ¶生活するのが～である/生活艰难.
こんにち【今日】今天 jīntiān.
こんにちは【今日は】你好 nǐ hǎo.
こんばん【今晚】今天晚上 jīntiān wǎnshang.
こんばんは【今晚は】晚上好 Wǎnshang hǎo.
コンビニ便利店 biànlìdiàn.
コンピュータ电脑 diànnǎo. ¶～ウイルス/电脑病毒.
コンプレックス自卑感 zìbēigǎn.
こんぽん【根本】根本 gēnběn. ¶～的な改革/根本性的改革. ¶～的に改める/彻底地改变.
コンマ逗号 dòuhào. ¶～以下/小数点以下.
こんや【今夜】今天晚上 jīntiān wǎnshang.
こんやく【婚約】订婚 dìnghūn. ¶～者/未婚妻;未婚夫. ¶～指輪/订婚戒指.
こんらん【混乱】混乱 hùnluàn.
こんわく【困惑】困惑 kùnhuò. ¶～した表情/困惑的表情.

さ

さ【差】差距 chājù. ¶大きな～がある/有很大的差距. ¶～がつく/形成差别. ¶一点～で負ける/以一分之差输了. ¶温度～/温差.
ざ【座】座位 zuòwèi, 席间 xíjiān. ¶～につく/就座. ¶～が白ける/冷场. ¶～を取りもつ/在席上应酬周旋. ¶～をはずす/离座.
さあ喂 wèi, 来 lái. ¶～行こう/喂, 走吧! ¶～食べよう/来, 吃吧! ¶～よくわかりません/哎, 我不太清楚.
サーカス马戏团 mǎxìtuán.
ザーサイ榨菜 zhàcài.
サーズ【SARS】非典 fēidiǎn.
サーチライト探照灯 tànzhàodēng.
サーバー服务器 fúwùqì. ¶ネットワーク～/网络服务器.
サービス服务 fúwù. ¶セルフ～/自助. ¶～業/服务业. ¶～がいい/服务好. ¶～料/服务费.
サーブ发球 fāqiú.

サーフィン 冲浪运动chōnglàng yùndòng. ¶サーファー / 冲浪运动员.
サーモスタット 恒温器 héngwēnqì.
さい【差異】 差异 chāyì.
さい【際】 时机 shíjī. ¶この～ / 这次. ¶緊急の～ / 紧急的时候. ¶出発に～して / 出发之际.
さい【犀】 犀牛 xīniú.
-さい【-歳】 岁 suì. ¶30～ / 三十岁. ¶満20～ / 二十周岁.
さいあく【最悪】 最坏 zuì huài. ¶～の場合 / 最坏的情况. ¶～の結果 / 最不好的结果.
ざいあく【罪悪】 罪恶 zuì'è. ¶～視する / 视为罪恶. ¶～感 / 罪恶感.
さいえん【菜園】 菜园 càiyuán. ¶家庭～ / 家庭小菜园.
さいかい【再会】 再会 zàihuì. ¶～を喜ぶ / 欣喜重逢.
さいかい【再開】 重新开始 chóngxīn kāishǐ. ¶授業を～する / 重新开课.
さいがい【災害】 灾害 zāihài. ¶～を被る / 受灾. ¶自然～ / 自然灾害.
ざいがく【在学】 在校 zàixiào. ¶大学に～する / 在大学学习. ¶～証明書 / 在学证明书.
さいき【才気】 才气cáiqì, 才华cáihuá. ¶～あふれる / 才华横溢.
さいき【再起】 再起 zàiqǐ.
さいきん【最近】 最近 zuìjìn. ¶～あった出来事 / 最近发生的事. ¶～の若い人たち / 最近的年轻人.
さいきん【細菌】 细菌 xìjūn. ¶～に感染する / 感染细菌. ¶～兵器 / 细菌武器.
さいく【細工】 手工艺 shǒugōngyì. ¶金～ / 金工艺. ¶陰で～をする / 暗中做手脚.
さいくつ【採掘】 开采 kāicǎi. ¶～権 / 开采权.
サイクリング 自行车旅行 zìxíngchē lǚxíng.
サイクル 循环 xúnhuán.
さいけつ【採決】 表决 biǎojué. ¶多数決で～する / 多数表决.
さいげつ【歳月】 岁月 suìyuè. ¶～が流れる / 岁月流逝. ¶～を要する / 需要时间. ¶～は流れる水のごとし / 岁月如流水.
さいけん【再建】 重建 chóngjiàn. ¶国を～する / 重建国家. ¶会社を～する / 重建公司.
さいけん【債権】 债权 zhàiquán. ¶～を譲渡する / 转让债权. ¶～者 / 债权人. ¶不良～ / 不良贷款.
さいけん【債券】 债券 zhàiquàn. ¶～を発行する / 发行债券.
さいげん【際限】 尽头 jìntóu. ¶～がない / 没有止境.
ざいげん【財源】 财源 cáiyuán. ¶～が乏しい / 财源贫乏. ¶～を確保する / 确保财源.
さいご【最後】 最后 zuìhòu. ¶～の日 / 最后的一天. ¶言い出したら～,後には引かない / 一旦说出来不能说了不算. ¶～通告 / 最后通牒.
ざいこ【在庫】 库存 kùcún. ¶～を調べる / 检查库存；盘库. ¶～一掃セール / 清仓大减价.
さいこう【最高】 最高 zuìgāo. ¶～記録を出す / 创造最高记录. ¶～におもしろい / 极有意思. ¶～気温 / 最高气温.
さいこう【再考】 重新考虑 chóngxīn kǎolǜ. ¶～を促す / 促其重新考虑.
さいころ【賽子】 色子 shǎizi, 骰子 tóuzi. ¶～を転がす / 掷色子.
さいさん【採算】 核算 hésuàn. ¶～が取れる / 合算. ¶～が合わない / 不合算. ¶独立～制 / 独立核算制.
ざいさん【財産】 财产 cáichǎn. ¶～を築く / 积累财产. ¶～を奪われる / 被剥夺财产. ¶～分与 / 划分财产.
さいじつ【祭日】 节日 jiérì.
さいしゅう【最終】 最终 zuìzhōng. ¶～列車 / 末班车.
さいしゅう【採集】 采集 cǎijí. ¶昆虫～ / 采集昆虫.
さいしょ【最初】 最初 zuìchū. ¶～から / 从开始. ¶～の試み / 最初的尝试. ¶～で最後 / 第一次也是最后一次.
さいしょう【最小】 最小 zuìxiǎo. ¶世界～の鳥 / 世界上最小的鸟儿. ¶～限度 / 最低限度. ¶～公倍数 / 最小公倍数.
さいじょう【最上】 最高 zuìgāo. ¶～の喜び / 无比的喜悦.
さいしょうげん【最小限】 最低限度 zuìdī xiàndù. ¶～に抑える / 控制到最低限度.
さいしん【最新】 最新 zuìxīn. ¶～の技術 / 最新的技术. ¶～流行 / 最新流行. ¶～式 / 最新式.
さいしん【細心】 小心谨慎xiǎoxīn jǐnshèn, 细心 xìxīn.
サイズ 尺寸 chǐcun, 尺码 chǐmǎ. ¶～を測る / 量尺寸. ¶～が合わない / 大小不合适. ¶～がぴったりだ / 大小正好. ¶～が大きい〔小さい〕/ 尺码「大〔小〕」. ¶～を測る / 量尺寸.
さいせい【再生】 再生 zàishēng. ¶テープを～する / 放磁带. ¶～紙 / 再生纸.
ざいせい【財政】 财政 cáizhèng. ¶～危機 / 财政危机. ¶～再建 / 重建财政. ¶緊縮～ / 财政紧缩.
さいせいき【最盛期】 鼎盛期 dǐngshèngqī. ¶経済発展の～ / 经济发展的鼎盛期. ¶イチゴの～ / 草莓大量上市的季节.
さいせん【再選】 重选 chóngxuǎn, 再次当选 zàicì dāngxuǎn. ¶国会議員に～される / 再次被选为国会议员. ¶～を果たす / 重新当选.
さいぜん【最善】 最好 zuìhǎo. ¶～の方法 / 最好的方法. ¶～を尽くす / 竭尽全力.
さいそく【催促】 催促 cuīcù. ¶矢のような～ / 催得很紧.

さいだい【最大】最大 zuìdà. ¶～の関心事 / 最关心的事情. ¶～公約数 / 最大公约数. ¶～量 / 最大量.
さいだいげん【最大限】最大限度 zuìdà xiàndù. ¶能力を～に発揮する / 最大限度地发挥能力.
さいたく【採択】通过 tōngguò. ¶議案が～される / 议案被通过.
さいだん【祭壇】祭坛 jìtán. ¶～をしつらえる / 设立祭坛.
さいだん【裁断】［布を］剪裁 jiǎncái ;［裁定する］裁决 cáijué. ¶生地を～する / 裁衣料. ¶～を仰ぐ / 请求裁决. ¶～を下す / 做出裁决.
ざいだん【財団】财团 cáituán. ¶～法人 / 财团法人.
さいちゅう【最中】正在 zhèngzài. ¶試合の～ / 正在比赛. ¶食事の～ / 正在用餐.
さいてい【最低】最低 zuìdī. ¶～のコンディション / 最差的状况. ¶～気温 / 最低气温.
さいてき【最適】最适合 zuì shìhé. ¶～な環境 / 最适合的环境.
さいてん【採点】记分 jìfēn. ¶答案を～する / 判卷子.
サイト 站点zhàndiǎn, 网点wǎngdiǎn. ¶ウェブ～ / 网点；网站.
サイド 侧面 cèmiàn, 旁边 pángbiān.
さいなん【災難】灾难 zāinàn. ¶～に遭う / 遇到灾难.
さいのう【才能】才能 cáinéng ；才干 cáigàn ；才华 cáihuá. ¶～がある / 有才能. ¶～を生かす / 发挥才能. ¶生まれつきの～ / 天生的才能.
さいばい【栽培】栽培 zāipéi. ¶野菜の～ / 蔬菜的栽培. ¶温室～ / 温室培养；温室栽培.
さいばん【裁判】审判 shěnpàn. ¶～に勝つ〔負ける〕/ 官司「打赢〔输〕了. ¶～に訴える / 起诉. ¶～官 / 法官. ¶民事〔刑事〕～ / 民事〔刑事〕审判.
さいばんしょ【裁判所】法院 fǎyuàn. ¶地方～ / 地方法院. ¶高等～ / 高等法院. ¶最高～ / 最高法院.
さいふ【財布】钱包 qiánbāo. ¶～をなくす / 丢钱包.
さいぶ【細部】细节 xìjié. ¶～にわたって説明する / 详细地说明.
さいへん【再編】重组 chóngzǔ. ¶大学を～する / 大学改组.
さいほう【裁縫】缝纫 féngrèn.
さいぼう【細胞】细胞 xìbāo. ¶～分裂 / 细胞分裂. ¶～膜 / 细胞膜.
さいほうそう【再放送】重播 chóngbō.
さいまつ【歳末】年末 niánmò. ¶～大売り出し / 年末大甩卖.
さいむ【債務】债务 zhàiwù. ¶～を清算する / 清算债务. ¶～者 / 债务人. ¶～超過 / 资不抵债.
ざいもく【材木】木料 mùliào. ¶～を切り出す / 运出伐好的木料.
さいよう【採用】采用 cǎiyòng. ¶～する / 采用. ¶～を取り消す / 取消录用. ¶提案が～される / 提案被采纳. ¶～試験 / 录用考试.
さいりよう【再利用】重新利用chóngxīn lìyòng.
ざいりょう【材料】材料 cáiliào. ¶～を取りそろえる / 搜集材料.
サイレン 警笛 jǐngdí. ¶～を鳴らす / 鸣笛.
さいわい【幸い】幸运 xìngyùn. ¶不幸中の～ / 不幸中之万幸.
サイン 签名 qiānmíng. ¶書類に～する / 在文件上签名.
サウジアラビア 沙特阿拉伯 Shātè Ālābó.
サウナ 桑拿(浴) sāngná(yù).
サウンド 声音 shēngyīn. ¶～エフェクト / 音响效果. ¶～トラック / 声带.
-さえ 甚至 shènzhì. ¶酒はもちろんのことたばこ～もやめた / 酒就不用说了,连烟也戒了. ¶金～あればなんでもできる / 只要有钱,什么都能办到.
さえぎる【遮る】遮挡 zhēdǎng. ¶日光を～ / 遮挡阳光. ¶行く手を～ / 挡住去路.
さえずる【囀る】啼叫 tíjiào. ¶ヒバリが～春 / 云雀鸣叫的春天.
さえる【冴える】清醒 qīngxǐng. ¶冴えた音色 / 清晰的音色. ¶頭が～ / 头脑清晰. ¶腕が～ / 技术超群. ¶冴えない顔 / 扫兴的脸.
さお【竿】竿子 gānzi. ¶物干し～ / 晒衣竿.
さか【坂】坡 pō. ¶～を上る / 上坡. ¶～道 / 坡路.
さかい【境】分界线 fēnjièxiàn. ¶海と川の～ / 海和山的分界线. ¶生死の～ / 生死之间.
さかえる【栄える】兴旺 xīngwàng. ¶国が～ / 国家繁荣. ¶一族が～ / 家族兴旺.
さかさ 颠倒 diāndǎo. ¶～に書く / 倒写.
さかさま【逆さま】颠倒 diāndǎo. ¶～の位置 / 颠倒的位置. ¶～に着る / 穿反.
さがす【捜す・探す】找 zhǎo. ¶なくした物を～ / 找丢失的物品. ¶職を～ / 找工作. ¶さがし出す / 找到. ¶さがし回る / 到处寻找.
さかずき【杯】酒杯 jiǔbēi. ¶～を空ける / 喝干. ¶～を返す / 回敬一杯酒. ¶～に酒を注ぐ / 给酒杯里倒酒. ¶～を傾ける / 举杯喝酒.
さかだち【逆立ち】倒立 dàolì, 拿大顶 nádàdǐng.
さかだてる【逆立てる】倒立 dàolì, 倒竖 dàoshù. ¶猫が毛を～ / 猫的毛倒竖起来.
さかな【魚】鱼 yú. ¶～をさばく / 做鱼. ¶～釣り / 钓鱼. ¶焼き～ / 烤鱼.
さかのぼる【遡る】追溯 zhuīsù. ¶

川を～ / 逆着河向上. ¶昔に～ / 追溯到从前.

さかば【酒場】酒馆 jiǔguǎn. ¶～で一杯やる / 在酒馆喝酒.

さからう【逆らう】反抗 fǎnkàng,违抗 wéikàng. ¶親に～ / 反抗父母. ¶流れに～ / 逆流.

さかり【盛り】旺盛 wàngshèng. ¶桜がまさに～だ / 樱花正在盛开. ¶～を過ぎる / 过了最好的时期. ¶食べ～ / 最能吃的时候.

さがる【下がる】降低 jiàngdī. ¶値段が～ / 降价. ¶温度が～ / 温度下降. ¶頭が～ / 低头.

さかん【左官】泥水匠 níshuǐjiàng.

さかん【盛ん】繁盛 fánshèng. ¶サッカーが～な国 / 盛行足球的国家. ¶老いてますます～ / 老当益壮.

さき【先】将来 jiānglái. ¶～を争う / 争先恐后. ¶～のことを考える / 考虑以后的事. ¶～が思いやられる / 前途令人担忧. ¶お～真っ暗だ / 未来一片漆黑. ¶行き～ / 去向.

さぎ【鷺】鹭鸶 lùsī.

さぎ【詐欺】欺诈 qīzhà, 诈骗 zhàpiàn. ¶～に遭う / 受骗. ¶～師 / 骗子.

さきおととい【一昨昨日】大前天 dàqiántiān.

さきがけ【先駆け】先锋 xiānfēng. ¶研究の～ / 研究带头人.

さきごろ【先頃】前些日子 qiánxiē rìzi, 前不久 qián bùjiǔ.

さきざき【先々】〔将来〕将来 jiānglái ;〔行く先々〕到处 dàochù. ¶行く～で歓待を受ける / 所到之处都受到欢迎.

サキソホン 萨克斯管 sàkèsīguǎn.

さきだつ【先立つ】走在前头 zǒu zài qiántou. ¶開会に先立って / 开幕前. ¶妻に先立たれる / 妻子比丈夫先去世.

さきゅう【砂丘】沙丘 shāqiū.

さきどり【先取り】优先得到 yōuxiān dédào. ¶時代を～する / 走在时代的前头.

さきばしる【先走る】抢先qiǎngxiān. ¶気持ちが～ / 情绪急躁.

さきばらい【先払い】预付 yùfù. ¶代金を～する / 预付货款.

さきほど【先ほど】刚才 gāngcái, 方才 fāngcái. ¶～のお話によりますと / 根据您刚才的话.

さきまわり【先回り】抢先到达 qiǎngxiān dàodá. ¶～して待ち伏せる / 抢占地形伏击.

さきもの【先物】期货 qīhuò. ¶～取引 / 期货交易.

さきゆき【先行き】将来 jiānglái, 前途 qiántú. ¶～があやしい / 前途难料. ¶～不透明 / 前景看不清.

さぎょう【作業】工作 gōngzuò. ¶～員 / 工作人员. ¶～着 / 工作服. ¶～場 / 工作现场.

さく【策】策略 cèlüè. ¶～を講じる / 讲策略. ¶～をめぐらす / 策划. ¶～にはまる / 中计.

さく【柵】围栏 wéilán. ¶～で囲む / 用围栏围起来.

さく【咲く】开 kāi. ¶桜が～ / 樱花开了. ¶話に花が～ / 谈得津津有味. ¶咲き乱れる / 盛开.

さく【裂く・割く】撕开 sīkāi, 分开 fēnkāi. ¶紙を～ / 撕纸. ¶二人の仲を～ / 拆散两人关系. ¶時間を～ / 腾出时间.

さく【作】作品 zuòpǐn. ¶魯迅～ / 鲁迅著. ¶夏目漱石～ / 夏目漱石作品. ¶出世～ / 成名作. ¶二毛～ / 一年两收.

さくいん【索引】索引 suǒyǐn. ¶～をつける / 加索引. ¶～を引く / 查索引. ¶総～を作る / 编总索引.

さくがら【作柄】收成 shōucheng. ¶今年の～ / 今年的收成.

さくげん【削減】削减 xuējiǎn. ¶予算を～する / 削减预算. ¶経費～に努める / 尽量削减经费.

さくし【作詞】作词 zuòcí. ¶～家 / 作词家.

さくじつ【昨日】昨天 zuótiān.

さくしゃ【作者】作者 zuòzhě.

さくしゅ【搾取】剥削 bōxuē. ¶～階級 / 剥削阶级.

さくじょ【削除】删除 shānchú. ¶文書から～する / 从文件上删去.

さくせい【作成】写 xiě, 作 zuò. ¶企画案を～する / 制定方案.

さくせん【作戦】作战 zuòzhàn. ¶～を立てる / 拟定作战方案. ¶～会議 / 作战会议.

さくねん【昨年】去年 qùnián. ¶～の夏 / 去年夏天.

さくばん【昨晩】昨晚 zuówǎn.

さくひん【作品】作品 zuòpǐn. ¶文学〔芸術〕～ / 文学〔艺术〕作品.

さくふう【作風】风格 fēnggé. ¶～が変わっている / 风格怪异. ¶～をまねる / 模仿风格.

さくぶん【作文】作文 zuòwén. ¶～を書く / 写作文.

さくもつ【作物】作物 zuòwù. ¶～の出来がよかった / 庄稼收成好. ¶農～ / 农作物.

さくや【昨夜】昨夜 zuóyè.

さくら【桜】樱花 yīnghuā. ¶～吹雪が散っている / 樱花纷纷落下.

さくらん【錯乱】错乱 cuòluàn.

さくらんぼ【桜ん坊・桜桃】樱桃yīngtáo.

さぐり【探り】探听 tàntīng. ¶それとなく～を入れる / 暗摸底.

さぐりだす【探り出す】找出 zhǎochū. ¶秘密を～ / 探听秘密. ¶居場所を～ / 打听藏身地.

さくりゃく【策略】策略 cèlüè. ¶～をめぐらす / 制定策略.

さぐる【探る】打探 dǎtàn, 摸索 mōsuǒ. ¶暗闇の中を手で～ / 在黑暗中用手摸索. ¶真意を～ / 打探真实想法.

ざくろ【石榴】石榴 shíliu.
さけ【鮭】鲑鱼 guīyú, 大麻哈鱼 dàmáhǎyú.
さけ【酒】酒 jiǔ. ¶～を飲む / 喝酒. ¶～を勧める / 劝酒. ¶～に強い / 能喝酒. ¶～に酔う / 喝醉. ¶～が回る / 酒劲上来. ¶～癖が悪い / 撒酒疯. ¶～飲み / 酒鬼.
さげすむ鄙视 bǐshì.
さけびごえ【叫び声】喊声 hǎnshēng. ¶～を上げる / 大声喊叫.
さけぶ【叫ぶ】喊叫 hǎnjiào. ¶大声で～ / 大声喊叫.
さけめ【裂け目】裂缝 lièfèng. ¶地面に～ができる / 地面上出现裂缝.
さける【避ける】避开 bìkāi. ¶人目を～ / 避人耳目. ¶争いを～ / 避免争吵. ¶雨を～ / 躲雨.
さける【裂ける】破裂 pòliè. ¶服の裾が～ / 衣服下襟裂开了.
さげる【下げる】低下 dīxià. ¶音量を～ / 放低音量. ¶値段を～ / 降低价格. ¶頭を～ / 低头.
ざこう【座高】坐高 zuògāo. ¶～が低い / 坐高低.
ささ【笹】细竹 xìzhú.
ささい【些細】细小 xìxiǎo. ¶～な事でけんかする / 为一点小事吵架.
ささえ【支え】支撑 zhīcheng, 支柱 zhīzhù. ¶心の～ / 心灵的支柱.
さざえ【栄螺】蝾螺 róngluó.
ささえる【支える】支持 zhīchí, 维持 wéichí. ¶生計を～ / 维持生计.
ささげる【捧げる】献 xiàn. ¶仏前に供物を～ / 在佛前献上供品. ¶命を～ / 献身.
ささつ【査察】核查 héchá, 检查 jiǎnchá. ¶核～ / 核设施调查.
さざなみ【細波】微波 wēibō. ¶～が立つ / 微波荡漾.
ささやき【囁き】小声 xiǎoshēng. ¶～声 / 低声细语.
ささやく【囁く】低语 dīyǔ.
ささる【刺さる】扎 zhā. ¶とげが～ / 扎刺.
さじ【匙】勺子 sháozi. ¶～ですくう / 用勺子舀.
さしあげる【差し上げる】给 gěi. ¶恩師に手紙を～ / 给恩师写信.
さしあたり【差し当たり】目前 mùqián. ¶～の費用 / 眼下的费用.
さしいれ【差し入れ】放入 fàngrù. ¶本を～る / 放书.
さしえ【挿し絵】插图 chātú. ¶～画家 / 插图画家.
さしおさえる【差し押さえる】扣押 kòuyā. ¶財産を～ / 冻结财产.
さしこむ【差し込む】插入 chārù. ¶コンセントにプラグを～ / 把插销插入插座. ¶朝日が窓から～ / 朝阳从窗户照进来. ¶腹が～ / 肚子绞痛.
さしさわり【差し障り】障碍 zhàng'ài. ¶～がある / 发生不良影响. ¶～のないことを言う / 说无碍的话.
さししめす【指し示す】指示 zhǐshì. ¶位置を地図で～ / 在地图上标出位置.
さしず【指図】指示 zhǐshì. ¶～を受ける / 接受指示.
さしせまる【差し迫る】迫近 pòjìn. ¶締め切りが～ / 截止日期临近. ¶危険が目の前に差し迫ってくる / 危险近在眼前.
さしだしにん【差出人】寄信人 jìxìnrén.
さしだす【差し出す】提出 tíchū. ¶名刺を～ / 递上名片. ¶救いの手を～ / 伸出救援之手.
さしつかえ【差し支え】不方便 bù fāngbiàn. ¶～なければ / 如果方便的话.
さしつかえる【差し支える】妨碍 fáng'ài. ¶仕事に～ / 有碍于工作.
さしひく【差し引く】扣除 kòuchú. ¶月給から～ / 从工资中扣除.
さしみ【刺身】生鱼片 shēngyúpiàn. ¶まぐろの～ / 金枪鱼生鱼片.
ざしょう【座礁】触礁 chùjiāo.
さじん【砂塵】沙尘 shāchén.
さす【刺す】刺 cì; [ハチやサソリが]蜇 zhē. ¶刀で～ / 用刀扎. ¶ハチが～ / 蜜蜂蜇. ¶蚊が～ / 蚊子咬.
さす【指す】指向 zhǐxiàng. ¶南を～ / 指向南方. ¶時計の針が12時を～ / 时针指向十二点. ¶将棋〔碁〕を～ / 下「象棋〔围棋〕.
さす【差す・射す】[傘などを]打 dǎ; [光が]照射 zhàoshè; [色が]呈现 chéngxiàn. ¶傘を～ / 打伞. ¶日が～ / 阳光照射. ¶頬に赤みが～ / 脸上发红.
さす【注す】倒 dào. ¶水を～ / 倒水. ¶杯に酒を～ / 给杯子里倒酒. ¶目薬を～ / 点眼药. ¶話に水を～ / 泼冷水.
さす【挿す】插 chā. ¶花瓶に花を～ / 把花插进花瓶里.
さすが【流石】真不愧是 zhēn bùkuì shì ; 到底 dàodǐ. ¶～に疲れた / 确实累了. ¶～は名人 / 真不愧是名人. ¶～に彼は冷静だった / 他到底是冷静. ¶～の彼でもその問題は解けない / 就连他也解决不了这个问题.
さずける【授ける】授予 shòuyǔ. ¶教えを～ / 传授知识. ¶勲章を～ / 授予勋章.
サスペンス悬念 xuánniàn. ¶～映画 / 刑侦影片.
さすらう【流離う】流浪 liúlàng. ¶諸国を～ / 漂游各国.
さする【摩る】抚摩 fǔmó. ¶背中を～ / 抚摩后背.
ざせき【座席】座位 zuòwèi. ¶～に着く / 坐到座位上.
させつ【左折】左拐 zuǒguǎi.
ざせつ【挫折】挫折 cuòzhé.
－させる让 ràng. ¶彼に歌わせる / 让他唱歌. ¶話させない / 不让说话.

させん【左遷】降级调职 jiàngjí diàozhí.
ざぜん【座禅】打坐 dǎzuò. ¶～を組む / 盘腿打坐.
さぞ想必 xiǎngbì. ¶～お疲れでしょう / 想必累了吧.
さそい【誘い】劝诱 quànyòu. ¶～をかける / 引诱. ¶～に乗る / 上当.
さそう【誘う】邀请 yāoqǐng. ¶一緒に事業を始めようと～ / 邀请一起干事业. ¶悪の道に～ / 引诱走上邪路. ¶眠気を～ / 令人发困. ¶涙を～ / 催人泪下.
さそいこむ【誘い込む】引诱 yǐnyòu. ¶一味に～ / 引诱入伙.
さそいだす【誘い出す】邀请来 yāoqǐnglái. ¶巧みな手段で～ / 用巧妙的手段引诱.
さそり【蠍】蝎子 xiēzi. ¶～座 / 天蝎座.
さだまる【定まる】制定 zhìdìng. ¶日程が～ / 日程安排了. ¶方針が～ / 方针定下来.
さだめる【定める】制定 zhìdìng. ¶目標を～ / 制定目标. ¶法を～ / 制定法律. ¶狙いを～ / 瞄准目标.
ざだんかい【座談会】座谈会 zuòtánhuì.
－さつ【－冊】本 běn ; 册 cè. ¶辞書 3～ / 三本词典.
さつ【札】纸币 zhǐbì. ¶～をくずす / 把纸币换成零钱. ¶～束 / 一沓钱. ¶100元～ / 一百元钞票.
ざつ【雑】粗糙 cūcāo. ¶～な作り / 制作粗糙. ¶～な仕事 / 工作粗糙.
さつえい【撮影】摄 影 shèyǐng; [写真]照相 zhàoxiàng. ¶映画を～する / 拍摄电影. ¶～所 / 电影制片厂. ¶～禁止 / 严禁照相.
ざつおん【雑音】杂音 záyīn, 噪声 zàoshēng. ¶～が混じる / 混入杂音.
さっか【作家】作家 zuòjiā. ¶人気～ / 受欢迎的作家.
サッカー足球 zúqiú. ¶～をする / 踢足球.
さつがい【殺害】杀害shāhài. ¶～犯 / 杀人犯.
さっかく【錯覚】错觉 cuòjué. ¶～を起こす / 产生错觉. ¶目の～ / 眼睛的错觉.
さっき刚才 gāngcái, 方才 fāngcái. ¶～のあの人 / 刚才的那个人.
ざつぎ【雑技】杂技 zájì.
さっきょく【作曲】作曲 zuòqǔ. ¶～家 / 作曲家.
さっきん【殺菌】杀菌 shājūn. ¶～剤 / 杀菌剂. ¶～力 / 杀菌力.
サックス萨克斯 sàkèsī.
ざっし【雑誌】杂志 zázhì.
ざつじ【雑事】杂事 záshì. ¶～にかまける / 忙于杂事.
ざっしゅ【雑種】杂种 zázhǒng. ¶～の犬 / 杂种犬.
さつじん【殺人】杀人 shārén. ¶～的なスケジュール / 日程安排异常紧张. ¶～事件 / 杀人事件. ¶～犯 / 杀人犯. ¶～未遂 / 杀人未遂.
さっする【察する】体察 tǐchá ; 体谅 tǐliang. ¶心中を～ / 体察对方心情. ¶危険を～ / 感到危险.
ざつぜん【雑然】杂乱 záluàn. ¶～とした部屋 / 乱七八糟的房间.
ざっそう【雑草】杂草 zácǎo. ¶～をむしる / 除杂草.
さっそく【早速】立即 lìjí, 马上 mǎshàng. ¶～試してみる / 马上试试看.
ざつだん【雑談】闲谈 xiántán. ¶～に興じる / 聊天.
さっち【察知】察觉 chájué.
さっちゅうざい【殺虫剤】杀虫剂shāchóngjì. ¶～をまく / 喷洒杀虫剂.
さっとう【殺到】涌向 yǒngxiàng. ¶希望者が～する / 报名的蜂拥而至.
さっぱり [性格]直爽 zhíshuǎng; [すっきり]爽快 shuǎngkuai; [味]清淡 qīngdàn; [まったく]完全 wánquán. ¶～わからない / 一点也不知道. ¶きれい～忘れてしまった / 忘得一干二净. ¶心が～する / 心里痛快. ¶～した服装 / 整洁的服装. ¶～した味 / 清淡的味道.
さっぷうけい【殺風景】杀风景 shāfēngjǐng. ¶～な部屋 / 冷清的房间.
さつまいも【薩摩芋】红薯 hóngshǔ.
さてい【査定】核定 hédìng.
さとう【砂糖】糖 táng. ¶～を入れる / 放糖. ¶角～ / 方糖.
さどう【茶道】茶道 chádào.
さどう【作動】启动 qǐdòng. ¶装置が～する / 装置启动.
さとす【諭す】教导 jiàodǎo.
さとり【悟り】悟道 wùdào. ¶～を開く / 开悟.
さとる【悟る】醒悟 xǐngwù. ¶真理を～ / 发现真理. ¶過ちを～ / 认识错误.
さなぎ【蛹】蛹 yǒng.
さは【左派】左派 zuǒpài.
さば【鯖】鲐鱼 táiyú. ¶～を読む / 打马虎眼.
さばき【裁き】制裁 zhìcái. ¶～を受ける / 接受审判.
さばく【砂漠】沙漠 shāmò. ¶～化する / 沙漠化.
さばく【裁く】审判 shěnpàn. ¶罪を～ / 定罪.
さばく【捌く】处理 chǔlǐ. ¶仕事を手際よく～ / 把工作处理得有条有理. ¶魚を～ / 做鱼. ¶売り～ / 推销.
さび【錆】锈 xiù. ¶～がつく / 生锈. ¶～を落とす / 除锈.
さびしい【寂しい】寂寞 jìmò. ¶～境遇 / 寂寞的境遇. ¶一人寂しく暮らす / 一个人寂寞地生活. ¶口が～ / 嘴馋. ¶懐が～ / 手头儿紧.
ざひょう【座標】坐标 zuòbiāo. ¶～軸 / 坐标轴.
さびる【錆びる】生锈 shēngxiù. ¶錆びたナイフ / 生锈的刀.
サファイア蓝宝石 lánbǎoshí.

さ

サプリメント补药 bǔyào.

さべつ【差別】歧视 qíshì. ¶～待遇を受ける / 受歧视. ¶人種～ / 种族歧视.

ざぶとん【座布団】坐垫 zuòdiàn. ¶～を敷く / 铺坐垫.

さほう【作法】礼节 lǐjié. ¶礼儀～ / 礼仪.

サポーター ［包带］护具 hùjù ；［支援者］支援者 zhīyuánzhě.

サボテン仙人掌 xiānrénzhǎng.

さほど并不那么 bìng bù nàme. ¶～遠くない / 并不远. ¶～寒くない / 并不冷.

サボる矿工 kuànggōng ；逃学 táoxué. ¶授業を～ / 旷课.

－さま【－様】先生 xiānsheng ；女士 nǚshì. ¶山田～ / 山田先生. ¶お客～ / 客人. ¶お父～ / 父亲. ¶お母～ / 母亲. ¶お疲れ～ / 您辛苦了.

さま【様】样子 yàngzi. ¶歩く～がまるでアヒルのようだ / 走路的样子好像鸭子似的. ¶～にならない / 不成体统. ¶～変わりする / 变样.

ざま【様】丑态 chǒutài. ¶その～は何だ / 这像什么样子. ¶～を見ろ / 活该.

サマータイム夏令时 xiàlìngshí.

さまざま【様々】各种各样 gèzhǒng gèyàng. ¶考え方も～だ / 想法多样. ¶～な商品 / 各种各样的商品.

さます【覚ます】弄醒 nòngxǐng. ¶目を～ / 睡醒. ¶酔いを～ / 醒酒.

さます【冷ます】冷却 lěngquè. ¶お湯を～ / 放凉开水. ¶熱を～ / 弄凉.

さまたげ【妨げ】妨碍 fáng'ài. ¶道の～になる / 阻碍道路.

さまたげる【妨げる】妨碍 fáng'ài. ¶眠りを～ / 影响睡眠.

さまよう【彷徨う】彷徨 pánghuáng, 徘徊 páihuái. ¶当てもなく～ / 信步流浪. ¶生死の境をさまよっている / 徘徊在生死之间.

サミット峰会 fēnghuì, 首脑会议 shǒunǎo huìyì.

さむい【寒い】寒冷 hánlěng. ¶～天気〔季節〕/ 寒冷的「天气〔季节〕. ¶この地方の冬は長くて寒い / 这地方冬天又长又冷. ¶背筋が寒くなる / 脊梁发冷. ¶お～福祉予算 / 少得可怜的福利预算.

さむがる【寒がる】怕冷 pàlěng.

さむけ【寒気】发冷 fālěng. ¶～がする / 浑身发冷.

さむさ【寒さ】寒冷 hánlěng. ¶～に震える / 冷得打颤.

さむぞら【寒空】寒天 hántiān.

さめ【鮫】鲨鱼 shāyú.

さめる【覚める】醒来 xǐnglái. ¶目が～ / 睡醒. ¶夢から～ / 从梦中醒来. ¶迷いから～ / 从迷茫中醒悟过来. ¶酔いが～ / 酒醒了.

さめる【冷める】变凉 biànliáng. ¶スープが～ / 汤凉了. ¶愛情が～ / 感情淡漠了. ¶興が～ / 扫兴.

さもないと否则 fǒuzé.

さや【鞘】刀鞘 dāoqiào.

さゆう【左右】左右 zuǒyòu. ¶道の～ / 道路的左右. ¶運命を～する / 左右命运.

さよう【作用】作用 zuòyòng. ¶副～ / 副作用.

さようなら再见 zàijiàn.

さよく【左翼】左派 zuǒpài.

さら【皿】碟子 diézi, 盘子 pánzi. ¶～洗い / 洗盘子. ¶膝の～ / 膝盖骨. ¶目を～にする / 瞪大眼睛看.

さらいげつ【再来月】下下月 xiàxiàyuè.

さらいしゅう【再来週】下下星期 xiàxiàxīngqī.

さらいねん【再来年】后年 hòunián.

さらけだす【曝け出す】揭开 jiēkāi. ¶弱点を～ / 暴露弱点.

さらす【曝す】晒 shài. ¶日光に～ / 被太阳晒. ¶風雨に～ / 风吹雨打. ¶恥を～ / 出丑. ¶危険に身を～ / 置身险境.

サラダ色拉 sèlā. ¶～ドレッシング / 色拉调味汁.

さらに【更に】更加 gèngjiā.

サラリーマン工薪阶层 gōngxīn jiēcéng.

さりげない【さり気ない】若无其事 ruò wú qí shì. ¶～心遣い / 若无其事的关怀. ¶さりげなく尋ねる / 装着无意的样子问.

さる【猿】猴子 hóuzi. ¶～も木から落ちる / 智者千虑,必有一失. ¶～まね / 东施效颦.

さる【去る】离开 líkāi. ¶故郷を～ / 离开故乡. ¶この世を～ / 去世. ¶～15日に / （已过去的）十五日. ¶消え～ / 消失.

ざる【笊】浅筐 qiǎnkuāng.

サロン沙龙 shālóng.

さわがしい【騒がしい】吵闹 chǎonào. ¶表が～ / 外面吵吵闹闹. ¶世間が～ / 举世哗然.

さわがせる【騒がせる】骚扰 sāorǎo. ¶世間を～ / 轰动社会. ¶お騒がせして申し訳ありません / 引起骚动,真对不起.

さわぎ【騒ぎ】混乱 hùnluàn. ¶～を起こす / 闹事. ¶大～になる / 发展成大骚动. ¶笑うどころの～ではない / 岂止是一笑了之的事.

さわぎたてる【騒ぎ立てる】叫嚷 jiàorǎng.

さわぐ【騒ぐ】吵闹 chǎonào. ¶大声を出して～ / 大声吵闹. ¶心が～ / 心里躁动.

さわやか【爽やか】爽快 shuǎngkuai. ¶～な気分になる / 心情爽快. ¶～に話す / 说话利索.

さわる【触る】碰 pèng, 摸 mō. ¶手でひげを～ / 用手摸胡子. ¶髪に～ / 抚摸头发.

さわる【障る】障碍 zhàng'ài. ¶体に～ / 有损身体. ¶気に～ / 得罪.
-さん先生 xiānsheng, 女士 nǚshì. ¶田中～ / 田中先生. ¶先生の息子～ / 老师的儿子. ¶隣の家のお嬢～ / 邻家的女儿.
さん【三】三 sān. ¶～分の一 / 三分之一. ¶～番目 / 第三. ¶～歳 / 三岁.
さん【酸】酸 suān. ¶～化する / 酸化. ¶～性 / 酸性. ¶アミノ～ / 氨基酸.
さんか【参加】参加 cānjiā. ¶～を拒む / 拒绝参加. ¶～者を募る / 招募参加人员.
さんか【産科】产科 chǎnkē. ¶～医 / 产科医生.
ざんがい【残骸】残骸 cánhái.
さんかく【三角】三角 sānjiǎo. ¶目を～にする / 横眉竖眼. ¶～関係 / 三角关系. ¶二等辺～形 / 等边三角形.
さんがく【山岳】山岳 shānyuè. ¶～地帯 / 高山地带.
ざんがく【残額】余额 yú'é.
さんがつ【三月】三月 sānyuè.
さんかん【参観】参观 cānguān. ¶授業～ / 参观教学.
さんぎいん【参議院】参议院 cānyìyuàn. ¶～議員 / 参议院议员.
さんきゃく【三脚】三脚架 sānjiǎojià.
ざんぎゃく【残虐】残忍 cánrěn. ¶～な行為 / 残忍的行为. ¶～極まりない / 极其残忍.
さんぎょう【産業】产业 chǎnyè. ¶～革命 / 工业革命. ¶～政策 / 产业政策. ¶～廃棄物 / 工业废弃物.
ざんぎょう【残業】加班 jiābān. ¶～手当 / 加班费. ¶～時間 / 加班时间.
ざんきん【残金】余款 yúkuǎn.
サングラス太阳镜 tàiyángjìng.
ざんげ【懺悔】忏悔 chànhuǐ. ¶神の前で～する / 在神面前忏悔.
さんご【珊瑚】珊瑚 shānhú. ¶～礁 / 珊瑚礁.
さんこう【参考】参考 cānkǎo. ¶資料を～にする / 把资料作为参考. ¶～のため / 为了参考. ¶～資料 / 参考资料. ¶～書 / 参考书.
ざんこく【残酷】残酷 cánkù. ¶～な仕打ち / 残酷地虐待. ¶～極まりない / 残忍之极.
さんざい【散在】散布 sànbù. ¶民家が～する / 民居星罗棋布.
さんざし山楂 shānzhā.
さんじゅう【三十】三十 sānshí. ¶～日 / 三十天. ¶～歳 / 三十岁.
さんしゅつ【算出】计算出来 jìsuàn chūlái. ¶経費を～する / 算出经费.
さんしゅつ【産出】产出 chǎnchū. ¶金を～する / 出产黄金. ¶～量 / 产量. ¶～国 / 生产国.
さんしょう【参照】参照 cānzhào. ¶注釈を～する / 参照注释.
さんしょう【山椒】花椒 huājiāo.
ざんしん【斬新】崭新 zhǎnxīn, 新颖 xīnyǐng. ¶～なスタイル / 新颖的样式.
さんすう【算数】算术 suànshù.
サンスクリット梵语 fànyǔ.
さんせい【賛成】赞成 zànchéng. ¶～を得る / 获得赞成. ¶～多数で可決される / 获多数赞成而通过.
さんせい【酸性】酸性 suānxìng. ¶～雨 / 酸雨. ¶～土壌 / 酸性土壤.
さんそ【酸素】氧气 yǎngqì. ¶～吸入 / 输氧. ¶～ボンベ / 氧气瓶. ¶～マスク / 氧气罩.
ざんだか【残高】余额 yú'é. ¶～照会 / 查询余额. ¶預金～ / 存款余额.
サンタクロース圣诞老人 Shèngdàn lǎorén.
サンダル凉鞋 liángxié.
さんち【産地】产地 chǎndì. ¶ブドウの～ / 葡萄产地. ¶朝鮮人参の～ / 人参产地. ¶～直送のリンゴ / 产地直销的苹果.
さんちょう【山頂】山顶 shāndǐng. ¶～に到達する / 到达山顶.
ざんていてき【暫定的】暂时的 zànshí de. ¶～な処置 / 暂时性的措施.
サンドイッチ三明治 sānmíngzhì.
さんどう【賛同】赞同 zàntóng. ¶～を得る / 得到赞同. ¶提案に～する / 赞成提案. ¶～者 / 赞同者.
ざんねん【残念】遗憾 yíhàn. ¶～に思う / 觉得遗憾. ¶～な結果 / 遗憾的结果.
さんねんせい【三年生】三年级 sānniánjí.
さんぱい【参拝】参拜 cānbài. ¶神社に～する / 参拜神社.
さんばし【桟橋】码头 mǎtou.
さんぱつ【散髪】理发 lǐfà. ¶～に行く / 去理发.
ざんぱん【残飯】剩饭 shèngfàn.
さんぴ【賛否】赞成与否 zànchéng yǔ fǒu. ¶～を問う / 提交表决. ¶その問題には～両論があった / 对这个问题有赞成与反对的两种看法.
さんび【賛美】赞美 zànměi. ¶～歌 / 赞美歌.
さんぷ【散布】撒 sǎ, 喷洒 pēnsǎ. ¶農薬を～する / 喷洒农药.
さんぷく【山腹】山腹 shānfù.
さんふじんか【産婦人科】妇产科 fùchǎnkē. ¶～医 / 妇产科医生.
さんぶつ【産物】产物 chǎnwù. ¶地域の～ / 当地特产. ¶農～ / 农产品. ¶海～ / 海产品.
サンプル样品 yàngpǐn. ¶商品の～ / 商品的样品.
さんぶん【散文】散文 sǎnwén. ¶～で書く / 用散文写. ¶～詩 / 散文诗.
さんぽ【散歩】散步 sànbù. ¶～に出る / 去散步.
さんぼう【参謀】参谋 cānmóu. ¶～長 / 参谋长.

しきい【敷居】门槛 ménkǎn. ¶～をまたぐ / 登门.
しきさい【色彩】色彩 sècǎi. ¶～感覚 / 色彩感.
しきじ【式辞】致辞 zhìcí. ¶～を述べる / 致辞.
しきしゃ【識者】有识之士 yǒushí zhī shì.
しきじょう【式場】会场 huìchǎng. ¶結婚～ / 结婚礼堂.
しきち【敷地】用地 yòngdì. ¶家の～ / （自家）房屋用地.
しきてん【式典】典礼 diǎnlǐ. ¶～を挙行する / 举行典礼. ¶記念～ / 纪念仪式.
しきぶとん 褥子 rùzi.
しきべつ【識別】识别 shíbié.
しきもの【敷物】铺垫 pūdiàn. ¶～を敷く / 铺铺垫.
しきゅう【支給】支付 zhīfù. ¶手当を～する / 支付津贴. ¶現物～ / 用实物支付.
しきゅう【至急】加急 jiājí. ¶～の場合 / 紧急的情况.
しきゅう【子宮】子宫 zǐgōng.
じきゅう【時給】计时工资 jìshí gōngzī, 一小时的工资 yī xiǎoshí de gōngzī.
じきゅう【自給】自给 zìjǐ. ¶食糧を～自足している / 粮食自给自足. ¶～率 / 自给率.
じきゅう【持久】持久 chíjiǔ. ¶～戦 / 持久战. ¶～力 / 耐力.
しぎょう【始業】开始〔工作〔学习〕kāishǐ gōngzuò〔xuéxí〕. ¶～時間 / 开始工作时间. ¶～式 / 开学典礼.
じぎょう【事業】事业 shìyè, 实业 shíyè. ¶～を営む / 经营实业. ¶新しい～を起こす / 创办新的企业. ¶～に失敗する / 事业失败. ¶～資金 / 事业资金. ¶～所 / 办事处.
しきり【仕切り】搁挡 gēdǎng. ¶部屋の～ / 房子的隔板.
しきりに【頻りに】再三 zàisān, 频繁地 pínfánde. ¶～せがむ / 不停地央求. ¶私のところにも～やって来る / 也频繁地来我这儿.
しきる【仕切る】隔开 gékāi; 〔主催〕主持 zhǔchí. ¶部屋を～ / 把房间隔开. ¶会議を～ / 主持会议.
しきん【資金】资金 zījīn. ¶～を調達する / 筹措资金. ¶～繰りが苦しい / 资金周转困难. ¶～源 / 资金来源.
しきんせき【試金石】试金石 shìjīnshí.
しく【敷く】铺 pū. ¶道に砂利を～ / 道路上铺沙子. ¶布団を～ / 铺被子.
じく【軸】轴 zhóu. ¶～受け / 轴承. ¶回転～ / 旋转轴. ¶マッチの～ / 火柴棍儿.
しぐさ【仕種・仕草】举止 jǔzhǐ. ¶子供っぽい～ / 孩子气的举止. ¶～をまねる / 模仿动作.
しくじる 失败 shībài.
ジグソーパズル 七巧板 qīqiǎobǎn, 拼板玩具 pīnbǎn wánjù.
しくみ【仕組み】构造 gòuzào, 结构 jiégòu. ¶社会の～ / 社会结构. ¶機械の～ / 机器的构造.
しけい【死刑】死刑 sǐxíng. ¶～を宣告する / 宣判死刑. ¶～囚 / 死囚犯.
しげき【刺激】刺激 cìjī. ¶～が強い / 刺激强. ¶～を与える / 给以刺激. ¶～剤 / 兴奋剂.
しげみ【茂み】草木繁茂处 cǎomù fánmào chù. ¶～に隠れる / 藏在草木丛里.
しける【湿気る】潮湿 cháoshī. ¶しけた部屋 / 发潮的房间.
しける【時化る】海浪汹涌 hǎilàng xiōngyǒng. ¶海がしけて波が荒い / 浪涛汹涌.
しげる【茂る】繁茂 fánmào. ¶青葉が～ / 绿叶茂盛.
しけん【試験】考试 kǎoshì. ¶～を受ける / 应考；参加考试. ¶～に受かる / 考上. ¶～に落ちる / 落榜；名落孙山. ¶～勉強をする / 应考学习. ¶～官 / 监考；考官.
しげん【資源】资源 zīyuán. ¶豊かな～ / 丰富的资源. ¶～に乏しい / 资源贫乏. ¶天然～を保護する / 保护天然资源. ¶地下～ / 地下资源.
じけん【事件】事件 shìjiàn. ¶～を起こす / 挑起事件. ¶～を捜査する / 调查案件. ¶～がうやむやになる / 案件不了了之. ¶盗難～ / 偷盗案件.
じげん【次元】次元 cìyuán. ¶三～ / 三维. ¶～の低い話 / 着眼点低的话. ¶～が違う / 层次不同.
じげん【時限】时限 shíxiàn. ¶～爆弾 / 定时炸弹. ¶第1～ / 第一节课.
じこ【事故】事故 shìgù. ¶交通～を起こす / 发生交通事故. ¶不慮の～に遭う / 遇到意外事故. ¶～現場 / 事故现场.
じこ【自己】自己 zìjǐ. ¶～暗示にかかる / 自我暗示. ¶～嫌悪に陥る / 陷入自我厌恶. ¶～顕示欲 / 自我表现欲. ¶～紹介 / 自我介绍. ¶～主張 / 自我主张. ¶～満足 / 自我满足.
じご【事後】事后 shìhòu. ¶～承諾 / 事后认可. ¶～報告 / 事后报告.
しこう【思考】思考 sīkǎo. ¶～力 / 思维能力.
しこう【志向】志向 zhìxiàng. ¶消費者の～ / 消费者的意向. ¶ブランド～ / 喜欢名牌.
しこう【施行】施行 shīxíng. ¶法律を公布,～する / 公布实施法律.
しこう【嗜好】嗜好 shìhào. ¶～に合う / 合乎嗜好. ¶～品 / 嗜好品.
じこう【時効】时效 shíxiào. ¶～が成立する / 时效成立.
じこう【事項】事项 shìxiàng. ¶特記～なし / 无特记事项. ¶注意～ / 注意事项.

じごう【次号】下一期 xiàyīqī. ¶以下～ / 下期待续.

しごういん【四合院】四合院 sìhéyuàn.

じこく【時刻】时刻 shíkè. ¶～表 / 时刻表. ¶出発～ / 出发时刻.

じごく【地獄】地狱 dìyù. ¶～に墜ちる / 下地狱. ¶生き～ / 活地狱.

しごと【仕事】工作 gōngzuò. ¶～を片付ける / 整理工作. ¶～に追われる / 忙于工作. ¶～がはかどらない / 工作进展不顺利. ¶～が手につかない / 不能安心工作.

しこむ训练 xùnliàn ; 买进 mǎijìn ; 装在里面 zhuāngzài lǐmiàn.

しこり【凝り】疙瘩 gēda. ¶～ができる / 长疙瘩. ¶～が取れた / 疙瘩掉了. ¶心に～が残る / 心里留下隔阂.

しさ【示唆】启示 qǐshì. ¶～に富んでいる / 富于启示.

じさ【時差】时差 shíchā. ¶～ぼけ / 时差不适应.

じざい【自在】自在 zìzài. ¶～に動く / 动作自如.

しさつ【視察】视察 shìchá ; 考察 kǎochá. ¶～団 / 考察团. ¶外国～ / 视察外国.

じさつ【自殺】自杀 zìshā. ¶～未遂 / 自杀未遂.

しさん【資産】资产 zīchǎn. ¶～を公開する / 公开财产. ¶～家 / 财主.

じさん【持参】自备 zìbèi. ¶弁当を～する / 自带盒饭.

しじ【指示】指示 zhǐshì. ¶～に従う / 服从指示.

しじ【支持】支持 zhīchí. ¶～を得る / 获得支持. ¶圧倒的な～ / 压倒性的支持. ¶～者 / 支持者.

じじ【時事】时事 shíshì. ¶～問題 / 时事问题. ¶～報道 / 时事报道. ¶～英語 / 时事英语.

シシカバブ烤羊肉串 kǎo yángròu chuàn.

じじつ【事実】事实 shìshí. ¶～に基づく / 根据事实. ¶～を明らかにする / 把事实搞清楚. ¶～無根 / 没有事实根据.

ししゃ【支社】分公司 fēngōngsī. ¶～長 / 分店经理.

ししゃ【死者】死者 sǐzhě.

ししゃ【使者】使者 shǐzhě.

じしゃく【磁石】磁铁 cítiě. ¶棒～ / 磁铁棒.

ししゃごにゅう【四捨五入】四舍五入 sì shě wǔ rù. ¶小数点以下を～する / 小数点以下四舍五入.

じしゅ【自主】自主 zìzhǔ. ¶～性 / 自主性. ¶～独立 / 独立自主.

ししゅう【刺繡】刺绣 cìxiù. ¶花の～を施す / 绣花儿.

ししゅう【詩集】诗集 shījí.

しじゅう【四十】四十 sìshí. ¶～九日 / 七七法事.

しじゅう【始終】始终 shǐzhōng. ¶～笑いながら話す / 始终边笑边说. ¶一部～ / 来龙去脉.

じしゅう【自習】自习 zìxí. ¶～時間 / 自习时间.

しじゅうそう【四重奏】四重奏 sìchóngzòu. ¶弦楽～ / 弦乐四重奏.

じしゅく【自粛】自我约束 zìwǒ yuēshù. ¶～自戒 / 自慎自戒.

ししゅつ【支出】支出 zhīchū. ¶～が増える / 支出增加. ¶～を抑える / 控制支出.

ししゅんき【思春期】知春期 zhīchūnqī.

ししょ【司書】图书管理员 túshū guǎnlǐyuán. ¶図書館～ / 图书馆管理员.

じしょ【辞書】词典 cídiǎn ; 字典 zìdiǎn. ¶～を引く / 查词典.

じじょ【次女】二女儿 èrnǚ'ér.

ししょう【支障】妨碍 fáng'ài. ¶生活に～をきたす / 给生活带来不便.

ししょう【師匠】师傅 shīfu.

ししょう【死傷】死伤 sǐshāng. ¶～者が出る / 出现死伤者.

しじょう【市場】市场 shìchǎng. ¶～に出る / 进入市场. ¶～を拡大する / 扩大市场. ¶～経済 / 市场经济. ¶～調査 / 市场调查. ¶～占有率 / 市场占有率.

しじょう【史上】历史上 lìshǐshàng. ¶～初の / 历史上第一次. ¶～まれな / 历史上罕见的. ¶～類を見ない / 史无前例.

しじょう【紙 上】报纸上 bàozhǐshàng ; 杂志上 zázhìshàng. ¶～をにぎわす / 在报纸上喧腾开了. ¶～に発表する / 发表在报刊上.

しじょう【私情】个人感情 gèrén gǎnqíng. ¶～をはさむ / 夹杂私情.

じしょう【自称】自称 zìchēng. ¶芸術家を～する / 自封艺术家.

じじょう【事情】事情 shìqing. ¶～に詳しい / 对情况了解. ¶～を打ち明ける / 说明缘故. ¶やむを得ぬ～で / 因不得已的情况. ¶～聴取 / 调查情况.

ししょく【試食】品尝 pǐncháng. ¶～品 / 试尝品.

じしょく【辞職】辞职 cízhí. ¶～を表明する / 宣布辞职. ¶～願を出す / 提交辞职书.

じじょでん【自叙伝】自传 zìzhuàn.

ししん【指針】准则 zhǔnzé. ¶行動の～ / 行动准则.

ししん【私心】私心 sīxīn. ¶～を捨てる / 抛去私心.

しじん【詩人】诗人 shīrén.

じしん【自信】自信 zìxìn, 信心 xìnxīn. ¶～満々だ / 充满自信. ¶勝つ～がある / 有获胜的信心. ¶～をなくす / 失去信心. ¶～を持つ / 有信心.

じしん【地震】地震 dìzhèn. ¶～が起きる / 发生地震. ¶～計 / 地震仪.

じしん【自身】自身 zìshēn. ¶自分～ / 自己本身.

じすい【自炊】自己做饭 zìjǐ zuòfàn.
しすう【指数】指数 zhǐshù. ¶物価～/物价指数.
しずか【静か】安静 ānjìng, 平静 píngjìng. ¶～になる/变安静了. ¶～な海/平静的海. ¶～な山里/静谧的山村. ¶もの～な声で話す/低声说话.
しずく【滴・雫】水滴 shuǐdī. ¶～が落ちる/落下水滴. ¶雨の～/雨滴.
システム系统 xìtǒng. ¶～化する/系统化. ¶～エンジニア/系统工程师.
じすべり【地滑り】地崩 dìbēng. ¶～が起きる/发生地崩.
しずまる【静まる】平静 píngjìng.
しずまる【鎮まる】镇静 zhènjìng. ¶騒ぎが～/骚乱平定下来. ¶痛みが～/疼痛控制住. ¶気持ちが～/心情平静下来.
しずむ【沈む】沉没 chénmò. ¶船が～/船沉没. ¶夕日が～/夕阳落下. ¶沈んだ表情/低沉的表情.
しずめる【静める】使安静 shǐ ānjìng. ¶気持ちを～/镇定情绪. ¶怒りを～/抑制怒火.
しずめる【鎮める】平息 píngxī. ¶痛みを～/镇痛. ¶騒ぎを～/平息骚乱.
しずめる【沈める】使…沉没 shǐ…chénmò. ¶浴槽に身を～/把身体泡在浴缸里.
しせい【姿勢】姿势 zīshì, 姿态 zītài. ¶～がいい/姿势好. ¶～を正す/纠正姿势. ¶低～/低姿态.
しせい【四声】四声 sìshēng.
じせい【自生】自生 zìshēng. ¶山野に～する花/山野里自生自长的花.
じせい【自制】自我克制 zìwǒ kèzhì. ¶欲望を～する/克制自己的欲望. ¶～心を失う/失去自制心.
じせい【時勢】时势 shíshì. ¶～に逆らう/倒逆于时代；反潮流. ¶～に乗り遅れる/落后时代.
しせいかつ【私生活】私生活 sīshēnghuó. ¶～に立ち入る/干预私生活.
しせき【史跡】历史遗迹 lìshǐ yíjì. ¶～を訪れる/参观历史古迹.
じせき【自責】自责 zìzé. ¶～の念に駆られる/感到自责.
しせつ【施設】设施 shèshī. ¶～を完備する/完善设施. ¶福祉～/福利设施. ¶軍事～/军事设施.
しせつ【使節】使节 shǐjié. ¶～団/使节团. ¶親善～/友好使节.
しせん【視線】视线 shìxiàn, 目光 mùguāng. ¶鋭い～/尖锐的目光. ¶～が合う/目光碰在一起. ¶～をそらす/移开视线.
しぜん【自然】自然 zìrán. ¶～の営み/自然界的活动. ¶～に親しむ/亲近自然. ¶傷が～に治る/伤自然好. ¶～現象/自然现象. ¶～保護/自然保护. ¶～破壊/自然破坏.
じぜん【事前】事前 shìqián, 事先 shìxiān. ¶～に知らせる/事前通知. ¶～協議/事前协议.
じぜん【慈善】慈善 císhàn. ¶～事業/慈善事业.
しそう【思想】思想 sīxiǎng. ¶～を弾圧する/压制思想. ¶偏った～/偏颇的思想. ¶危険～/危险的思想. ¶～調査/思想调查. ¶～家/思想家.
じそく【時速】时速 shísù. ¶～80キロで運転する/以八十公里时速驾驶.
じぞく【持続】持续 chíxù. ¶～力に欠ける/缺乏持续力. ¶～期間/持续时间.
しそん【子孫】子孙 zǐsūn. ¶～を残す/留下子孙. ¶～が繁栄する/子孙兴旺.
じそんしん【自尊心】自尊心 zìzūnxīn. ¶～が強い/自尊心强. ¶～が傷つく/自尊心受伤害.
した【下】下 xià. ¶～のほうを見る/往下看. ¶目～の人/晚辈. ¶年が三つ～だ/年龄小三岁.
した【舌】舌头 shétou. ¶～を出す/伸舌头. ¶～を巻く/赞叹不已. ¶～がもつれる/大舌头. ¶～足らずである/话没说清.
しだ【羊歯】羊齿 yángchǐ. ¶～植物/羊齿类植物.
したい【死体】尸体 shītǐ. ¶～遺棄/遗弃尸体.
したい【肢体】肢体 zhītǐ.
-したい想 xiǎng. ¶ぜひお会い～です/很想见一下.
しだい【次第】情况 qíngkuàng, 顺序 shùnxù. ¶事と～によっては/根据情况. ¶手当たり～/不管三七二十一.
しだいに【次第に】逐渐 zhújiàn, 渐渐 jiànjiàn. ¶～寒くなる/逐渐冷起来.
じたい【辞退】辞退 cítuì.
じたい【事態】事态 shìtài. ¶～が好転する/事态好转. ¶～が急変する/事态急转直下. ¶～の収拾を図る/图谋收拾局势.
じたい【自体】自身 zìshēn. ¶飛行機～の重さ/飞机自身的重量. ¶発想それ～はよかった/思路本身很好.
じだい【時代】时代 shídài. ¶～の趨勢/时代的趋势. ¶～を反映する/反映时代. ¶～遅れの考え/落伍的想法. ¶古き良き～/过去的好时光. ¶～錯誤/时代错误. ¶～劇/历史剧. ¶学生～/学生时代.
したう【慕う】爱慕 àimù. ¶母を～/恋慕母亲. ¶ひそかに～/暗自爱慕.
したうけ【下請け】分包 fēnbāo. ¶～に出す/转包出去. ¶～工場/承包工厂.
したうち【舌打ち】咂嘴 zāzuǐ.

したがう【従う】服从 fúcóng ；按照 ànzhào. ¶手順に従って / 按照顺序. ¶慣例に～ / 按照惯例. ¶時流に～ / 顺应时代潮流. ¶大勢に～ / 随大流. ¶上司の命令に～ / 服从上级的指令.

したがき【下書き】草稿 cǎogǎo. ¶～を作る / 打草稿.

したがって【従って】因此 yīncǐ.

－したがる想 xiǎng. ¶会いたがる / 想见到. ¶食べたがる / 想吃.

したぎ【下着】内衣 nèiyī.

したく【支度】准备 zhǔnbèi. ¶食事の～をする / 准备做饭.

じたく【自宅】自宅 zìzhái. ¶～療養する / 在自己家疗养. ¶～謹慎 / 禁止外出.

したごころ【下心】用心 yòngxīn. ¶～がある / 别有用心.

したさき【舌先】舌尖 shéjiān.

したしい【親しい】亲近 qīnjìn, 亲密 qīnmì. ¶～友達 / 亲密的朋友. ¶親しく話しかける / 亲近地搭话.

したじき【下敷】垫板 diànbǎn. ¶～を敷く / 用垫板. ¶車の～になる / 被压在车底下.

したしみ【親しみ】亲近 qīnjìn. ¶～を覚える / 感觉亲近. ¶～がこもっている / 充满友情.

したたらず【舌足らず】口齿不清kǒuchǐ bù qīng. ¶～な説明 / 解释得不充分.

したたる【滴る】滴落 dīluò. ¶雨が～ / 雨滴下来. ¶血が～ / 血滴下来.

したつづみ【舌鼓】咂嘴 zāzuǐ. ¶～を打つ / 咂嘴.

したて【下手】下边 xiàbian. ¶～に出る / 谦逊.

したて【仕立て】缝制 féngzhì. ¶～のよい背広 / 做工好的西服. ¶～直す / 重制.

－したところだ刚 gāng. ¶ちょうど帰ったところだ / 恰好刚回来.

したばら【下腹】小腹 xiǎofù. ¶～がしくしく痛い / 小腹隐隐作痛.

したび【下火】衰退 shuāituì. ¶ブームが～になる / 不流行了.

したまわる【下回る】低于 dīyú. ¶平均点を～ / 低于平均分数. ¶予想を大幅に～ / 大大低于预期.

したみ【下見】预先检查 yùxiān jiǎnchá. ¶建設予定地を～する / 预先察视基建用地.

したむき【下向き】衰落 shuāiluò. ¶景気が～になる / 市场不景气.

じだらく【自堕落】放荡 fàngdàng. ¶～な生活をする / 堕落的生活.

じだん【示談】私了 sīliǎo, 调停 tiáotíng.

じだんだ【地団太】跺脚 duòjiǎo. ¶～を踏んで悔しがる / 顿足捶胸；悔恨不已.

しち【七】七 qī. ¶～分の1 / 七分之一. ¶～番目 / 第七. ¶～転八倒する / 乱滚.

しち【質】当 dàng. ¶～に入れる / 当当. ¶～草 / 抵押品. ¶～流れ品 / 死当物品. ¶～屋 / 当铺.

じち【自治】自治 zìzhì. ¶地方～体 / 地方政府.

しちがつ【七月】七月 qīyuè.

しちめんちょう【七面鳥】火鸡 huǒjī.

しちゃく【試着】试衣服 shì yīfu, 试穿 shìchuān. ¶～してもいいですか？ / 试一下衣服可以吗？

しちゅう【支柱】支柱 zhīzhù. ¶テントの～ / 帐篷的支柱. ¶一家の～を失う / 失去一家的顶梁柱.

しちょう【市長】市长 shìzhǎng.

じちょう【自嘲】自嘲 zìcháo. ¶～的な笑い / 自嘲自笑.

しちょうかく【視聴覚】视听 shìtīng. ¶～教材 / 视听教材.

しちょうしゃ【視聴者】观众 guānzhòng, 听众 tīngzhòng.

しちょうりつ【視聴率】收视率 shōushìlǜ.

しつ【質】质量 zhìliàng. ¶～がいい / 质量好. ¶量より～ / 质量比数量更重要.

しつ【室】室 shì. ¶何号～ですか / 几号房间？¶研究～ / 研究室.

じつ【実】实际 shíjì. ¶名を捨てて～をとる / 舍名求实. ¶～の母 / 亲生的母亲. ¶～を言えば / 说真的. ¶～に残念なこと / 实在遗憾的事情.

しつう【歯痛】牙痛 yátòng.

じつえき【実益】实际的利益 shíjì de lìyì, 实益 shíyì. ¶趣味と～を兼ねる / 兴趣与实惠兼顾.

じつえん【実演】实际表演 shíjì biǎoyǎn. ¶～販売 / 现场展销.

じっか【実家】父母家 fùmǔjiā ；老家 lǎojiā ；娘家 niángjia. ¶～に帰る / 回父母家.

しっかく【失格】失去资格 shīqù zīgé. ¶～者 / 失去资格的人.

しっかり【確り】紧紧地 jǐnjǐnde, 牢牢地 láoláode. ¶ひもを～結ぶ / 把绳捆结实. ¶～と目を閉じる / 眼睛闭得很紧. ¶～食べる / 好好地吃饭.

じっかん【実感】真实感觉 zhēnshí gǎnjué. ¶～がわかない / 没有实感.

しっき【漆器】漆器 qīqì.

じつぎ【実技】实际技巧 shíjì jìqiǎo.

しっきゃく【失脚】下台 xiàtái. ¶政敵を～させる / 让政敌下台.

しつぎょう【失業】失业 shīyè. ¶～対策 / 失业对策. ¶～保険 / 失业保险. ¶～者 / 失业者. ¶～率 / 失业率.

じつぎょう【実業】实业 shíyè. ¶～家 / 实业家.

じっきょうちゅうけい【実況中継】实况转播 shíkuàng zhuǎnbō.

しつけ【躾】家教 jiājiào. ¶～のいい

子供 / 家教好的孩子.

しっけ【湿気】湿气 shīqì. ¶～を帯びる / 潮湿. ¶～を取る / 除湿气.

じっけい【実刑】实际执行的刑罚 shíjì zhíxíng de xíngfá. ¶～判决 / 实际服刑的判决.

しつける【躾る】教育 jiàoyù. ¶子供を～ / 教育孩子.

しつげん【失言】失言 shīyán. ¶～を取り消す / 取消失言.

じっけん【実験】实验 shíyàn. ¶～段階 / 实验阶段. ¶化学～ / 化学实验. ¶核～ / 核实验.

じっけん【実権】实权 shíquán. ¶～を握る / 掌握实权. ¶～を奪われる / 被夺实权.

じつげん【実現】实现 shíxiàn. ¶夢が～する / 实现梦想. ¶～性のない話 / 不现实的话.

しつこい纠缠不休 jiūchán bùxiū. ¶あの人は～性格だ / 他是个很执拗的人. ¶しつこく質問する / 纠缠不休地问. ¶～味 / 味道重厚.

しっこう【執行】执行 zhíxíng. ¶予算の～ / 执行预算. ¶～猶予 / 缓期执行. ¶～委員会 / 执行委员会.

じっこう【実行】实行 shíxíng. ¶～力のある人 / 有实践能力的人.

じっさい【実際】实际 shíjì. ¶～に試す / 实际尝试.

じつざい【実在】实际存在 shíjì cúnzài. ¶～の人物 / 实际存在的人物. ¶かつて～した村 / 以前实际有过的村子.

しっさく【失策】失策 shīcè. ¶～を犯す / 失策.

じっし【実施】实施 shíshī. ¶試験を～する / 实施考试. ¶訓練が～される / 进行训练.

じっしつ【実質】实际 shíjì. ¶～的に / 实际上. ¶～賃金 / 实际工资.

じっしゅう【実習】实习 shíxí. ¶～生 / 实习生. ¶現場での～ / 在现场实习. ¶教育～ / 教育实习.

じっしょう【実証】实证 shízhèng. ¶理論を～する / 验证理论. ¶～主義 / 实证主义.

じつじょう【実情】实情 shíqíng. ¶～を調査する / 调查实情. ¶～を訴える / 诉说实情.

しっしん【失神】昏迷 hūnmí,不省人事 bù xǐng rén shì. ¶恐ろしさのあまり～する / 吓得昏迷过去.

しっしん【湿疹】湿疹 shīzhěn.

しっせき【叱責】叱责 chìzé. ¶厳しく～する / 严厉地批评. ¶～を受ける / 受到叱责.

じっせき【実績】实绩 shíjì. ¶～を上げる / 提高业绩. ¶販売～ / 销售业绩.

じっせん【実践】实践 shíjiàn. ¶～に移す / 付诸实践.

しっそ【質素】朴素 pǔsù,质朴 zhìpǔ,俭朴 jiǎnpǔ. ¶～な身なり / 朴素的服饰. ¶～に暮らす / 俭朴地生活.

しっそう【失踪】失踪 shīzōng. ¶～者を捜索する / 搜寻失踪者.

しっそう【疾走】奔驰 bēnchí. ¶車が～する / 车正疾驶而行. ¶全力～ / 拼命奔跑.

しったい【失態】丢丑 diūchǒu. ¶～を演じる / 当众出丑.

じったい【実体】实质 shízhì. ¶～のない / 没有实体. ¶～をつかむ / 抓住实质.

じったい【実態】实际情况 shíjì qíngkuàng. ¶～を調査する / 调查实际情况. ¶経営の～ / 经营的实际情况.

しったかぶり【知ったかぶり】不懂装懂 bù dǒng zhuāng dǒng. ¶知りもしないくせに～する / 不知道却装懂.

じっち【実地】实地 shídì. ¶～訓練 / 实地训练.

じっちゅうはっく【十中八九】十有八九 shí yǒu bā jiǔ. ¶～は失敗するだろう / 大概十有八九失败了吧.

しっと【嫉妬】嫉妒 jídù,吃醋 chīcù. ¶～深い / 嫉妒心强. ¶～に狂う / 嫉妒得简直要发疯. ¶～心を抱く / 有嫉妒心.

しつど【湿度】湿度 shīdù. ¶～が高くなる / 湿度变高.

しつない【室内】室内 shìnèi. ¶～楽 / 室内乐（曲）.

しっぱい【失敗】失败 shībài. ¶商売に～する / 生意失败. ¶～に終わる / 以失败告终. ¶同じ～を繰り返す / 重复同样的错误.

しっぴつ【執筆】执笔 zhíbǐ. ¶小説を～する / 写小说. ¶～者 / 执笔人.

しっぷ【湿布】湿敷 shīfū.

じつぶつ【実物】实物 shíwù. ¶～大の絵 / 和实物一样大的画.

しっぽ【尻尾】尾巴 wěiba. ¶犬の～ / 狗的尾巴. ¶～を振る / 摇尾巴. ¶～をつかむ / 抓住把柄.

しつぼう【失望】失望 shīwàng. ¶～の色を隠せない / 藏不住失望的神色.

じつむ【実務】实际业务 shíjì yèwù. ¶～に携わる / 从事实际业务. ¶～家 / 从事实际业务的人.

しつめい【失明】失明 shīmíng. ¶事故で～する / 因事故而失明.

しつもん【質問】提问 tíwèn. ¶～に答える / 回答问题. ¶～攻めにあう / 遭到连珠炮似的提问.

しつよう【執拗】执拗 zhíniù. ¶～な追求 / 执拗的追求.

じつよう【実用】实用 shíyòng. ¶～的な家具 / 实用的家具. ¶～性がある / 有实用性.

しつりょう【質量】质量 zhìliàng.

じつりょく【実力】实力 shílì. ¶～を発揮する / 发挥实力. ¶～を見せつける / 显示实力. ¶～行使 / 动武.

しつれい【失礼】失礼 shīlǐ. ¶～な人 /

没礼貌的人. ¶お先に～します / 先告辞了.

じつれい【実例】实例 shílì. ¶～を挙げる / 举实例.

しつれん【失恋】失恋 shīliàn.

してい【指定】指定 zhǐdìng. ¶～を受ける / 接受指定. ¶～券 / 对号票. ¶～席 / 指定座位.

してき【指摘】指出 zhǐchū. ¶ミスを～する / 指出错误.

してき【詩的】有诗意的 yǒu shīyì de. ¶～な表現 / 有诗意的描写.

してき【私的】个人的 gèrén de. ¶～感情 / 个人感情.

してん【支店】分店 fēndiàn. ¶～を出す / 开分店. ¶～長 / 支店经理.

してん【視点】观点 guāndiǎn. ¶～が定まらない / 视线不定. ¶～を変える / 转变观点.

じてん【辞典】词典 cídiǎn. ¶～を引く / 查词典.

じてん【事典】事典 shìdiǎn. ¶百科～ / 百科全书.

じてん【時点】时候 shíhou. ¶現～では / 现阶段.

じてん【自転】自转 zìzhuàn. ¶地球の～ / 地球的自转.

じでん【自伝】自传 zìzhuàn.

じてんしゃ【自転車】自行车 zìxíngchē. ¶～で行く / 骑自行车去.

しどう【指導】指导 zhǐdǎo. ¶学生を～する / 指导学生. ¶先生の～を受ける / 接受老师的指导. ¶～的な役割を果たす / 起指导性作用. ¶～教官 / 指导教官；导师. ¶～者 / 领导人.

じどう【自動】自动 zìdòng. ¶～ドア / 自动门. ¶～販売機 / 自动售货机.

じどう【児童】儿童 értóng. ¶～劇 / 儿童剧. ¶～文学 / 儿童文学.

じどうし【自動詞】不及物动词 bùjíwù dòngcí.

じどうしゃ【自動車】汽车 qìchē. ¶～を運転する / 开汽车. ¶～教習所 / 驾校. ¶～事故 / 汽车事故.

しとやか【淑やか】文雅 wényǎ. ¶～な女性 / 娴静的女人.

しな【品】东西 dōngxi. ¶～がいい / 质量好. ¶～が豊富である / 东西齐全. ¶～数が多い / 品种繁多.

しない【市内】市内 shìnèi. ¶～に住む / 住在市内. ¶～循環バス / 市内循环车. ¶～通話 / 市内通话.

しなう【撓う】弯曲 wānqū. ¶よく～竹 / 柔性好的竹子.

しなぎれ【品切れ】缺货 quēhuò.

しなびる【萎びる】枯萎 kūwěi. ¶野菜が～ / 蔬菜蔫儿了.

しなもの【品物】东西 dōngxi.

しなやか【撓やか】柔软 róuruǎn. ¶～な指 / 纤细的手指.

シナリオ 剧本 jùběn.

じなん【次男】二儿子 èr'érzi.

シニア 老龄 lǎolíng.

しにものぐるい【死に物狂い】拼命 pīnmìng. ¶～になって働く / 豁出命干活.

しにん【死人】死人 sǐrén. ¶事故で～が出る / 因为事故而死了人.

じにん【辞任】辞职 cízhí. ¶引責～する／引咎辞职.

しぬ【死ぬ】死亡 sǐwáng. ¶癌で～ / 因癌症死亡. ¶若くして～ / 英年早逝. ¶～に死ねない / 死不瞑目. ¶～ほどつらい / 难受得要死. ¶暑くて死にそうだ / 热死了. ¶死んだ振りをする / 装死. ¶生きるか～かの問題 / 生死攸关的问题.

じぬし【地主】地主 dìzhǔ.

シネマ 电影 diànyǐng.

しのぐ【凌ぐ】克服 kèfú. ¶寒さを～ / 耐寒. ¶しのぎ難い蒸し暑さ / 难以忍耐的闷热. ¶急場を～ / 度过难关. ¶師を～勢い / 好像超过老师似的劲头.

しのびこむ【忍び込む】溜进 liūjìn. ¶どろぼうが～ / 小偷溜进来.

しのぶ【忍ぶ】忍耐 rěnnài. ¶恥を～ / 忍辱. ¶人目を忍んで会う / 偷偷地见面.

しのぶ【偲ぶ】回忆 huíyì；怀念 huáiniàn. ¶故人を～ / 怀念死者.

しば【芝】草坪 cǎopíng. ¶～を刈る / 割草.

しはい【支配】统治 tǒngzhì；支配 zhīpèi. ¶感情に～される / 被感情所左右. ¶～下に置く / 置于统治之下. ¶～階級 / 统治阶级.

しばい【芝居】戏剧 xìjù. ¶～を打つ / 耍花样. ¶～がかっている / 装模作样. ¶～見物 / 看戏.

じはく【自白】坦白 tǎnbái, 自供 zìgòng. ¶犯行を～する / 供认所犯罪行.

じばくテロ【自爆テロ】自杀式爆炸恐怖活动 zìshāshì bàozhà kǒngbù huódòng；人弹 réndàn；肉弹 ròudàn.

しばしば 屡次 lǚcì, 常常 chángcháng. ¶～あること / 经常有的事.

しはつ【始発】始发 shǐfā. ¶～駅 / 始发站. ¶～列車 / 头班车.

じはつてき【自発的】自发性 zìfāxìng. ¶～に行動する / 自发性地行动.

しばふ【芝生】草坪 cǎopíng.

しはらい【支払い】支付 zhīfù. ¶～を受ける / 支取. ¶～を済ませる / 付清. ¶～を停止する / 停止支付. ¶～期限が過ぎる / 超过支付期限.

しはらう【支払う】付款 fùkuǎn. ¶勘定を～ / 付账. ¶借金を～ / 还债.

しばらく【暫く】暂时 zànshí. ¶～して / 过了一会儿. ¶～お待ちください / 请稍等. ¶～ぶりですね / 好久不见了.

しばる【縛る】捆绑 kǔnbǎng. ¶本をひもで～ / 用绳子捆书. ¶人の自由

を～ / 限制人的自由. ¶因習に縛られる / 被陈规旧习所束缚.

しはん【市販】市场出售 shìchǎng chūshòu. ¶～薬 / 市场上卖的药.

じばん【地盤】地基 dìjī. ¶～がゆるい / 地基松动. ¶～を固める / 加固地基. ¶～沈下 / 地基下陷.

しはんき【四半期】季度 jìdù. ¶第一～ / 第一季度.

じひ【慈悲】慈悲 cíbēi. ¶～深い / 仁慈. ¶～を施す / 施舍.

じひ【自費】自费 zìfèi. ¶～出版する / 自费出版.

しひょう【指標】指标 zhǐbiāo. ¶景気～ / 景气指数.

じひょう【辞表】辞呈 cíchéng. ¶～を出す / 提交辞呈.

じびょう【持病】老毛病 lǎomáobing. ¶～が出る / 犯老毛病.

しびれる【痺れる】麻木 mámù. ¶足が～ / 脚发麻.

しぶ【支部】支部 zhībù. ¶～を設置する / 设立支部.

じふ【自負】自负 zìfù. ¶～心が強い / 很自负.

しぶい【渋い】涩 sè. ¶柿が～ / 柿子涩. ¶～顔をする / 板着脸.

しぶき【飛沫】飞沫 fēimò. ¶～がかかる / 溅上水花. ¶～を上げる / 溅起浪花.

しふく【至福】无上幸福 wúshàng xìngfú. ¶～のひととき / 幸福时光.

しふく【私服】便衣 biànyī. ¶～に着替える / 换成便衣. ¶～刑事 / 便衣警察.

しぶしぶ【渋々】勉勉强强地 miǎnmiǎnqiǎngqiǎngde. ¶～ながら承知する / 勉强答应了.

しぶとい顽强 wánqiáng. ¶しぶとく食い下がる / 顽强地不肯罢休.

しぶる【渋る】不顺畅 bù shùnchàng. ¶貸すのを～ / 不愿借出.

じぶん【自分】自己 zìjǐ. ¶～勝手 / 任性. ¶～自身 / 自己本身.

しへい【紙幣】纸币 zhǐbì. ¶～をくずす / 换成零钱. ¶偽造～ / 假钞.

しほう【司法】司法 sīfǎ. ¶～官 / 法官. ¶～権 / 司法权. ¶～試験 / 司法考试. ¶～制度 / 司法制度.

しほう【四方】四方 sìfāng. ¶～を見渡す / 环顾周围. ¶～を囲まれる / 四面被包围. ¶～八方 / 四面八方.

しぼう【死亡】死亡 sǐwáng. ¶交通事故で～した / 因交通事故死亡. ¶～者を出す / 出现死亡的人. ¶～率 / 死亡率.

しぼう【脂肪】脂肪 zhīfáng. ¶～がつく / 脂肪堆积.

しぼう【志望】志愿 zhìyuàn. ¶～校 / 志愿上的学校. ¶第一～ / 第一志愿.

じほう【時報】报时 bàoshí.

しぼむ【萎む】枯萎 kūwěi. ¶花が～ / 花蔫了. ¶風船が～ / 气球瘪了.

しぼる【絞る・搾る】拧 níng. ¶ふきんを～ / 拧抹布. ¶牛の乳を～ / 挤牛奶. ¶音量を～ / 把音量放小. ¶頭を～ / 绞尽脑汁. ¶先生にしぼられる / 被老师训斥.

しほん【資本】资本 zīběn. ¶～を投じる / 投资. ¶～家 / 资本家. ¶～金 / 资本金. ¶～主義 / 资本主义.

しま【島】岛屿 dǎoyǔ. ¶～に渡る / 上岛. ¶～国 / 岛国.

しま【縞】条纹 tiáowén.

しまい【姉妹】姐妹 jiěmèi. ¶～都市 / 姐妹城市. ¶兄弟～ / 兄弟姐妹.

しまう【仕舞う】收拾 shōushi. ¶本を～ / 收拾书. ¶たんすに～ / 收拾到柜子里. ¶大切にしまっておく / 珍藏起来. ¶胸にしまっておく / 藏在心里. ¶店を～ / 歇业.

しまうま【縞馬】斑马 bānmǎ.

じまく【字幕】字幕 zìmù.

しまつ【始末】处理 chǔlǐ. ¶～をつける / 妥善处理. ¶邪魔者を～する / 铲除绊脚石.

しまり【締まり】严紧 yánjǐn. ¶～の悪い蛇口 / 拧不紧的水龙头. ¶～のない顔 / 懈怠的面孔.

しまる【閉まる】关 guān. ¶門が～ / 关门.

しまる【締まる】勒紧 lēijǐn. ¶帯が～ / 系紧和服带子. ¶襟で首が～ / 领子勒住脖子了.

じまん【自慢】自夸 zìkuā. ¶息子の～話 / 夸自己的儿子.

しみ【染み】污渍 wūzì. ¶顔に～ができる / 脸上出现斑点. ¶～抜き / 除掉污垢.

じみ【地味】朴素 pǔsù. ¶～な人 / 质朴的人. ¶～な色の服 / 素颜色的衣服.

しみこむ【染み込む】渗透 shèntòu. ¶インクが紙に～ / 墨水渗进纸.

しみる【染みる】渗入 shènrù. ¶傷が～ / 伤口刺痛. ¶煙が目に～ / 烟进入眼睛. ¶心に～ / 铭记在心. ¶親切が身に～ / 关怀暖人心.

しみん【市民】市民 shìmín. ¶～権 / 市民权.

ジム健身房 jiànshēnfáng.

じむ【事務】事务 shìwù. ¶～所 / 事务所；办事处.

しめい【指名】指名 zhǐmíng. ¶～を受ける / 接受指名. ¶～手配する / 通缉.

しめい【氏名】姓名 xìngmíng. ¶住所～を記す / 填上住址姓名.

しめい【使命】使命 shǐmìng. ¶～を帯びる / 肩负使命. ¶～を果たす / 完成使命.

しめきり【締め切り】截止 jiézhǐ. ¶～が迫る / 截止日期临近. ¶～に間に合う / 赶上截止日期.

しめす【示す】出示 chūshì. ¶実例を～ / 举出实例. ¶方角を～ / 指示方

位.

しめだす【締め出す】排斥 páichì. ¶部屋から～ / 关在门外. ¶職場から締め出される / 赶出岗位.

じめつ【自滅】自取灭亡 zì qǔ miè wáng. ¶～行為 / 自取灭亡的行为.

しめっぽい【湿っぽい】湿 shī. ¶～衣服 / 潮乎乎的衣服. ¶～話 / 阴郁的话.

しめる【閉める】关闭 guānbì. ¶戸を～ / 关门.

しめる【締める】系紧 jìjǐn. ¶ベルトを～ / 系腰带. ¶ネクタイを～ / 系领带. ¶ねじを～ / 上螺丝. ¶気を引き～ / 振作精神.

しめる【占める】占 zhàn. ¶首位を～ / 占据首位. ¶過半数を～ / 占大半数. ¶味を～ / 尝到甜头.

しめる【湿る】潮湿 cháoshī. ¶空気が～ / 空气潮湿. ¶雨で服が～ / 雨淋湿了衣服.

じめん【地面】地面 dìmiàn. ¶～に座り込む / 坐在地上.

しも【霜】霜 shuāng. ¶～が降りる / 下霜. ¶～柱 / 霜柱.

じもと【地元】当地 dāngdì, 本地 běndì. ¶～の人 / 本地人. ¶～チーム / 本地队.

しもやけ【霜焼け】冻疮 dòngchuāng. ¶～になる / 受冻伤.

しもん【指紋】指纹 zhǐwén. ¶～採取 / 取指纹.

しや【視野】视野 shìyě. ¶～に入る / 进入视野. ¶～を広げる / 扩大视野. ¶～が狭い / 眼光狭窄.

じゃあく【邪悪】邪恶 xié'è. ¶～な心 / 邪恶的心.

ジャーナリスト记者 jìzhě, 新闻工作者 xīnwén gōngzuòzhě.

ジャーナリズム新闻界 xīnwénjiè.

シャープ尖锐 jiānruì ; 敏锐 mǐnruì. ¶～な人 / 头脑敏锐的人.

シャープペンシル自动铅笔 zìdòng qiānbǐ.

シャイ害羞 hàixiū.

ジャイアントパンダ大熊猫 dàxióngmāo.

しゃいん【社員】公司职员 gōngsī zhíyuán, 职工 zhígōng. ¶～食堂 / 公司食堂.

しゃか【釈迦】释迦牟尼 Shìjiāmóní. ¶お～様 / 佛祖. ¶～に説法 / 班门弄斧.

しゃかい【社会】社会 shèhuì. ¶～主義 / 社会主义. ¶～人 / 社会人. ¶～問題 / 社会问题.

じゃがいも【じゃが芋】土豆 tǔdòu, 马铃薯 mǎlíngshǔ.

しゃがむ蹲下 dūnxià. ¶その場に～ / 蹲在那儿.

しゃがれる【嗄れる】嘶哑 sīyǎ. ¶しゃがれ声 / 嘶哑的声音.

しゃく【癪】生气 shēngqì. ¶～にさわる / 令人生气. ¶話し方が～だ / 说话的样子让人生气.

しやくしょ【市役所】市政府 shìzhèngfǔ.

じゃぐち【蛇口】水龙头 shuǐlóngtóu. ¶～をひねる / 拧水龙头.

じゃくてん【弱点】弱点 ruòdiǎn. ¶～を握られる / 让别人抓住弱点. ¶人の～をつく / 攻击别人的弱点.

しゃくど【尺度】尺度 chǐdù. ¶価値の～ / 价值的尺度.

しゃくねつ【灼熱】灼热 zhuórè. ¶～の太陽 / 灼热的太阳. ¶～地獄 / 炎热的地狱.

しゃくほう【釈放】释放 shìfàng. ¶身柄を～する / 释放. ¶仮～ / 假释.

しゃくめい【釈明】解释 jiěshì. ¶～の余地がない / 没有辩解的余地.

しゃくや【借家】租房 zūfáng. ¶～住まいをする / 租房住.

しゃくよう【借用】借用 jièyòng. ¶～証書 / 借据. ¶無断～ / 擅自借用.

しゃげき【射撃】射击 shèjī. ¶～訓練 / 射击训练. ¶～場 / 射击场.

ジャケット夹克 jiākè.

しゃこ【車庫】车库 chēkù. ¶車を～に入れる / 把车放进车库.

しゃこう【社交】社交 shèjiāo. ¶～性に欠ける / 缺乏社交能力. ¶～家 / 社交家. ¶～界 / 社交界. ¶～辞令 / 外交辞令.

しゃざい【謝罪】道歉 dàoqiàn. ¶～を求める / 要求道歉. ¶～の意を表す / 表明道歉的意思.

しゃしょう【車掌】乘务员 chéngwùyuán.

しゃしん【写真】照片 zhàopiàn ; 影片 yǐngpiàn. ¶～を撮る / 拍照片. ¶～写りがよい / 上相. ¶～家 / 摄影家. ¶記念～ / 纪念照. ¶スピード～ / 快照.

ジャズ爵士乐 juéshìyuè.

じゃすい【邪推】猜忌 cāijì.

ジャスミンティー茉莉花茶 mòlìhuāchá.

しゃせい【写生】写生 xiěshēng. ¶～に行く / 去写生.

しゃせつ【社説】社论 shèlùn. ¶新聞の～ / 报纸的社论.

しゃせん【車線】行车线 xíngchēxiàn. ¶～を変更する / 改变行车线. ¶追い越し～ / 超车线.

しゃたく【社宅】公司职工宿舍 gōngsī zhígōng sùshè. ¶～住まい / 住公司职工宿舍.

しゃだん【遮断】隔断 géduàn. ¶通行を～する / 截断道路. ¶～機 / 断路闸.

しゃちょう【社長】总经理 zǒngjīnglǐ. ¶～室 / 经理办公室.

シャツ衬衫 chènshān.

しゃっかん【借款】贷款 dàikuǎn, 借款 jièkuǎn. ¶～協定 / 借款协定.

じゃっかん【若干】若干 ruògān. ¶～の訂正 / 若干的更正. ¶お金が～

足りない / 钱有一些不足.

しゃっきん【借金】借款 jièkuǎn. ¶～を返す / 还借款.

しゃっくり打嗝儿 dǎgér.

シャッター [カメラの]快门 kuàimén ; [遮断扉]百叶窗bǎiyèchuāng. ¶～を閉める / 放下百叶窗. ¶（カメラの）～を切る / 按快门.

しゃどう【車道】车道 chēdào. ¶～に飛び出す / 闯入车道.

シャトル穿梭往返的（交通工具）chuānsuō wǎngfǎn de (jiāotōng gōngjù). ¶スペース～ /（宇宙)航天飞机. ¶～バス / 往返汽车.

しゃふつ【煮沸】煮沸 zhǔfèi. ¶～消毒 / 煮沸消毒.

しゃぶる吮吸 shǔnxī. ¶指を～ / 吮手指. ¶飴を～ / 吃糖.

しゃべる【喋る】说 shuō. ¶この秘密は～な / 别说这个秘密. ¶よく～人 / 爱说话的人. ¶しゃべりまくる / 使劲说.

シャベル铁锹 tiěqiāo. ¶～ですくう / 用铁锹铲.

シャボンだま【シャボン玉】肥皂泡 féizàopào.

じゃま【邪魔】打搅 dǎjiǎo. ¶～くさい / 烦人. ¶～者 / 碍事的人. ¶～者扱いする / 当做累赘的. ¶お～します / 打搅您.

ジャム果酱 guǒjiàng. ¶～を塗る / 抹果酱. ¶イチゴ～ / 草莓果酱.

しゃめん【斜面】斜面 xiémiàn. ¶急な～ / 陡斜面.

じゃり【砂利】碎石 suìshí. ¶～を敷く / 铺碎石.

しゃりょう【車両】车辆 chēliàng. ¶～整備 / 检修车辆. ¶～通行止め / 车辆禁止通行.

しゃりん【車輪】车轮 chēlún.

しゃれ【洒落】俏皮话 qiàopihuà. ¶～がわかる / 懂俏皮话. ¶～を飛ばす / 讲俏皮话. ¶お～する / 打扮.

しゃれい【謝礼】谢礼 xièlǐ. ¶～を出す / 送谢礼.

しゃれた【洒落た】漂亮 piàoliang. ¶～格好をする / 穿得时髦.

じゃれる【戯れる】嬉戏 xīxì, 嬉闹 xīnào. ¶子犬が～ / 小狗在嬉戏.

シャワー淋浴 línyù. ¶～を浴びる / 洗淋浴. ¶～室 / 淋浴室. ¶～ルーム / 淋浴房.

ジャングル热带森林 rèdài sēnlín.

じゃんけん【じゃん拳】钉钢锤 dīnggāngchuí, 猜拳 cāiquán. ¶～で勝負を決める / 用钉钢锤决定胜负.

シャンデリア枝形吊灯 zhīxíng diàodēng.

ジャンパー短上衣 duǎnshàngyī.

シャンパン香槟酒 xiāngbīnjiǔ.

ジャンプ跳跃 tiàoyuè.

シャンプー洗发液xǐfàyè, 香波xiāngbō.

ジャンボ巨大 jùdà. ¶～ジェット機 / 巨型喷气客机.

ジャンル类型 lèixíng, 流派 liúpài.

しゅ【主】主要 zhǔyào. ¶～たる原因 / 主要的原因.

しゅ【種】种类 zhǒnglèi. ¶この～の本 / 这种书. ¶～の起源 / 物种起源.

しゅい【首位】首位 shǒuwèi. ¶～に立つ / 居于首位.

しゆう【私有】私有 sīyǒu. ¶～財産 / 私有财产. ¶～地 / 私有地.

しゅう【週】周 zhōu, 星期 xīngqī. ¶～1回 / 每周一次. ¶今～ / 这星期；本周. ¶先～ / 上星期；上周. ¶来～ / 下星期；下周. ¶毎～ / 每周.

しゅう【州】州 zhōu. ¶ハワイ～ / 夏威夷州.

じゆう【自由】自由 zìyóu. ¶～がきかない / 不自由. ¶～化する / 自由化. ¶～自在に / 自由自在. ¶言論表現の～ / 言论自由.

じゅう【十】十 shí. ¶～分の1 / 十分之一. ¶～番目 / 第十.

じゅう【銃】枪 qiāng. ¶～を撃つ / 打枪.

-じゅう【-中】整个 zhěnggè. ¶体～が痛い / 浑身疼. ¶世界～ / 整个世界.

じゅうあつ【重圧】重压 zhòngyā. ¶～に耐える / 忍住重压.

しゅうい【周囲】周围 zhōuwéi. ¶～の人々 / 周围的人们. ¶～の目 / 周围人的目光. ¶～を見渡す / 看周围.

じゅうい【獣医】兽医 shòuyī.

じゅういちがつ【十一月】十一月 shíyīyuè.

しゅうえき【収益】收益 shōuyì. ¶～を上げる / 增加收益.

しゅうかい【集会】集会 jíhuì. ¶～を開く / 召开集会. ¶～に参加する / 参加集会.

しゅうかく【収穫】收获 shōuhuò. ¶～の季節 / 收获的季节.

しゅうがくりょこう【修学旅行】修学旅行 xiūxué lǚxíng.

じゅうがつ【十月】十月 shíyuè.

しゅうかん【習慣】习惯 xíguàn. ¶～になる / 成为习惯. ¶早寝早起きの～を身につける / 养成早睡早起的习惯.

しゅうかん【週間】周zhōu, 星期xīngqī. ¶2～ / 两个星期. ¶読書～ / 读书周.

しゅうかん【週刊】周刊 zhōukān. ¶～誌 / 周刊杂志.

しゅうき【周期】周期 zhōuqī. ¶～的に / 周期性地.

しゅうき【臭気】臭气 chòuqì. ¶～を放つ / 散放臭气.

じゅうき【銃器】枪械 qiāngxiè. ¶～不法所持 / 非法持有枪支.

しゅうぎ【祝儀】礼金 lǐjīn, 小费 xiǎofèi.

しゅうぎいん【衆議院】众议院zhòng-

yìyuàn. ¶～議員 / 众议院议员.

しゅうきゅう【週休】周 休 zhōuxiū. ¶～二日制 / 周休两天制；五天工作制.

じゅうきょ【住居】住 所 zhùsuǒ. ¶～を定める / 确定住宅.

しゅうきょう【宗教】宗 教 zōngjiào. ¶～を広める / 传播宗教. ¶～家 / 宗教家. ¶～団体 / 宗教团体.

しゅうぎょう【就業】开始工作 kāishǐ gōngzuò ；就业 jiùyè. ¶～規則 / 工作规定. ¶～時間 / 工作时间.

しゅうぎょう【修業】结业 jiéyè.

じゅうぎょういん【従業員】职工zhígōng.

しゅうぎょうしき【終業式】结 业 式 jiéyèshì.

しゅうきん【集金】收款 shōukuǎn.

シュークリーム奶 油 泡 芙 nǎiyóu pàofú.

しゅうけい【集計】统计 tǒngjì. ¶～を出す / 算出总数.

しゅうげき【襲撃】袭击 xíjī. ¶敵の陣地を～する / 袭击敌方阵地.

じゅうけつ【充血】充 血 chōngxuè. ¶～した目 / 充血的眼睛.

しゅうごう【集合】集合 jíhé. ¶～時間 / 集合时间. ¶～場所 / 集合地点.

じゅうこうぎょう【重工業】重 工 业 zhònggōngyè.

じゅうごや【十五夜】阴历十五的夜晚 yīnlì shíwǔ de yèwǎn.

しゅうさい【秀才】秀才 xiùcái.

しゅうし【収支】收支 shōuzhī. ¶～を合わせる / 使收支平衡. ¶～決算 / 收支决算. ¶国際～ / 国际收支.

しゅうし【終始】始 终 shǐzhōng. ¶～一貫して / 始终如一.

しゅうし【修士】硕士 shuòshì. ¶～課程 / 硕士课程. ¶文学～ / 文学硕士.

しゅうじ【習字】习字 xízì, 书法 shūfǎ. ¶～を習う / 练习书法.

じゅうし【重視】重 视 zhòngshì. ¶事態を～する / 重视事态.

じゅうじ【十字】十 字 shízì. ¶～を切る / 划十字. ¶～架 / 十字架. ¶～路 / 十字路口.

じゅうじ【従事】从事 cóngshì. ¶農業に～する / 从事农业.

しゅうじつ【終日】整 天 zhěngtiān, 终 日 zhōngrì. ¶～禁煙 / 全天禁烟.

じゅうじつ【充実】充 实 chōngshí. ¶～感 / 充实感.

しゅうしふ【終止符】句号 jùhào ；结束 jiéshù. ¶～を打つ / 打上句号.

しゅうしゅう【収集】收 集 shōují. ¶情報を～する / 收集情报. ¶切手の～ / 收集邮票.

しゅうしゅう【収拾】收 拾 shōushi. ¶事態を～する / 收拾残局. ¶～がつかなくなる / 无法收拾.

しゅうしゅく【収縮】收 缩 shōusuō. ¶筋肉の～ / 肌肉收缩.

じゅうじゅん【従順】老实 lǎoshi. ¶～な態度 / 顺从的态度.

じゅうしょ【住所】住 址 zhùzhǐ. ¶～不定 / 住址不定. ¶～録 / 通讯录.

じゅうしょう【重傷】重 伤 zhòngshāng. ¶～を負う / 负重伤.

しゅうしょく【修飾】修 饰 xiūshì. ¶～語 / 修饰语. ¶連体～語 / 定语. ¶連用～語 / 状语.

しゅうしょく【就職】就业 jiùyè. ¶～の世話をする / 介绍工作. ¶～活動をする / 就业活动. ¶～口 / 就业单位. ¶～難 / 就业难.

しゅうしん【終身】终 身 zhōngshēn. ¶～刑 / 无期徒刑. ¶～雇用 / 终身雇佣.

しゅうじん【囚人】囚 犯 qiúfàn. ¶～服 / 囚服.

じゅうしん【重心】重 心 zhòngxīn. ¶～が高い / 重心高. ¶～を失う / 失去重心.

ジュース果汁 guǒzhī. ¶オレンジ～ / 橙汁.

しゅうせい【修正】修 正 xiūzhèng. ¶～を加える / 加以修改. ¶～案 / 修改草案.

しゅうせい【習性】习 性 xíxìng. ¶鳥の～ / 鸟的习性.

しゅうせき【集積】集积 jíjī. ¶～回路 / 集成电路. ¶～地 / 集聚地.

しゅうぜん【修繕】修缮 xiūshàn. ¶屋根の～ / 修缮房顶.

じゅうそく【充足】充足 chōngzú. ¶～した日々を送る / 过充实的日子. ¶～感 / 充足感.

じゅうぞく【従属】从属 cóngshǔ. ¶～関係 / 从属关系.

しゅうたい【醜態】丑 态 chǒutài. ¶～を演じる / 当众出丑. ¶～をさらす / 丢丑.

じゅうたい【渋滞】堵车 dǔchē. ¶～に巻き込まれる / 遇上堵车. ¶車で道が～する / 车辆使道路堵塞.

じゅうたい【重体・重態】病 危 bìngwēi. ¶～に陥る / 陷入病危状态.

じゅうだい【重大】重 大 zhòngdà ；[深刻]严重 yánzhòng. ¶責任が～だ / 责任重大. ¶～視する / 关注. ¶～事件 / 重大事件.

じゅうたく【住宅】住宅 zhùzhái. ¶～事情 / 住宅状况. ¶～地 / 住宅地. ¶～ローン／住房贷款.

しゅうだん【集団】集 团 jítuán, 集 体 jítǐ. ¶～行動 / 集体行动. ¶～心理 / 集团心理. ¶～生活 / 集体生活.

じゅうたん【絨毯】地毯 dìtǎn. ¶～を敷く / 铺地毯.

しゅうち【周知】众所周知 zhòng suǒ zhōu zhī. ¶～の事実 / 众所周知的事实. ¶～のとおり / 如众所周知.

しゅうちしん【羞恥心】羞耻心 xiūchǐxīn. ¶～がない / 无羞耻心.
しゅうちゃく【執着】执著 zhízhuó. ¶～心 / 执著心.
しゅうちゅう【集中】集中 jízhōng. ¶～力に欠ける / 缺乏集中力. ¶～豪雨 / 集中性暴雨.
しゅうてん【終点】终点 zhōngdiǎn. ¶バスの～ / 公交车的终点.
しゅうでん【終電】末班车 mòbānchē. ¶～を逃す / 错过末班车.
じゅうてん【重点】重点 zhòngdiǎn. ¶～を置く / 作为重点.
じゅうでん【充電】充电 chōngdiàn. ¶～器 / 充电器. ¶～期間 / 充电期间.
しゅうと【舅】［夫の父］公公 gōnggong ;［妻の父］岳父 yuèfù.
シュート［サッカー］射门 shèmén ;［バスケット］投篮 tóulán.
しゅうとう【周到】周到 zhōudao. ¶～な準備をする / 做好周到的准备.
じゅうどう【柔道】柔道 róudào.
しゅうどういん【修道院】修道院xiūdàoyuàn.
しゅうとく【習得】学会 xuéhuì. ¶外国語を～する / 学好外语.
しゅうとめ【姑】［夫の母］婆婆 pópo ;［妻の母］岳母 yuèmǔ.
じゅうなん【柔軟】柔软 róuruǎn. ¶～な考え方 / 灵活的想法.
じゅうにがつ【十二月】十二月shí'èryuè.
しゅうにゅう【収入】收入 shōurù. ¶～が少ない〔多い〕/ 收入「少〔多〕. ¶～が増える / 增加收入.
しゅうにん【就任】就职 jiùzhí, 就任 jiùrèn. ¶～演説 / 就职演说. ¶～式 / 就职仪式.
じゅうにん【住人】居民 jūmín.
しゅうねん【執念】执著之念 zhízhuó zhī niàn. ¶～深い / 非常执著. ¶～を燃やす / 耿耿于怀.
しゅうねん【周年】周年 zhōunián. ¶創立5～を迎える / 迎来了成立五周年.
しゅうは【宗派】宗派 zōngpài.
しゅうはすう【周波数】频率 pínlǜ.
じゅうびょう【重病】重病 zhòngbìng. ¶～にかかる / 患重病.
しゅうふく【修復】修复 xiūfù. ¶外交関係の～ / 恢复外交关系. ¶遺跡の～工事 / 遗迹的修复工程.
じゅうぶん【十分】足够 zúgòu, 充分 chōngfèn. ¶それで～だ / 那样就足够了. ¶～条件 / 充分条件.
しゅうへん【周辺】周边 zhōubiān. ¶学校の～ / 学校周边. ¶～機器 / 外围设备.
シューマイ 烧卖 shāomài.
しゅうまつ【週末】周末 zhōumò. ¶～ごとに / 每个周末.
しゅうまつ【終末】结尾 jiéwěi. ¶～を迎える / 迎来结局.
じゅうみん【住民】居民 jūmín. ¶～運動 / 居民运动. ¶～登録 / 户口登记. ¶～票 / 居民登记表.
しゅうやく【集約】总括 zǒngkuò. ¶意見を～する / 总结意见. ¶短い文章に～されている / 缩写成短文章. ¶～農業 / 集约农业.
じゅうやく【重役】董事 dǒngshì. ¶～会議 / 董事会.
じゅうゆ【重油】重油 zhòngyóu.
しゅうゆう【周遊】周游 zhōuyóu. ¶世界を～する / 周游世界. ¶～券 / 周游券.
しゅうよう【収容】容纳 róngnà. ¶～人員 / 容纳人数. ¶～能力 / 容纳能力.
じゅうよう【重要】重要 zhòngyào. ¶～な問題 / 重要的问题. ¶～な役割を果たす / 起重要作用. ¶～視する / 重视. ¶～参考人 / 重要证人. ¶～文化財 / 重点保护的文化遗产.
じゅうらい【従来】以往 yǐwǎng. ¶～どおり / 一如既往. ¶～の方針 / 一如既往的方针.
しゅうり【修理】修理 xiūlǐ. ¶～に出す / 拿去修理. ¶～工場 / 修理厂. ¶～中 / 正在修理.
しゅうりょう【終了】结束 jiéshù. ¶その日の営業を～する / 结束当天的销售. ¶試合～ / 比赛结束.
しゅうりょう【修了】学完 xuéwán. ¶義務教育課程を～する / 学完义务教育课程. ¶～証書 / 结业证.
じゅうりょう【重量】重量 zhòngliàng. ¶～感のある / 有分量的. ¶～挙げ / 举重. ¶～級 / 重量级. ¶～制限 / 重量限制. ¶～超過 / 超重.
じゅうりょく【重力】重力 zhònglì.
しゅうろく【収録】收录 shōulù. ¶テープに～する / 收录到磁带里. ¶～作品 / 收录的作品.
しゅうわい【収賄】受贿 shòuhuì. ¶～側 / 受贿方. ¶～罪 / 受贿罪.
しゅえい【守衛】门卫 ménwèi.
しゅえん【主演】主角 zhǔjué. ¶～映画 / 主演的电影. ¶～俳優 / 主角演员.
しゅかん【主観】主观 zhǔguān. ¶～的な判断 / 主观性判断. ¶～を捨てる / 抛弃主观. ¶～を交える / 夹杂主观.
しゅき【手記】手记 shǒujì.
しゅぎ【主義】主义 zhǔyì. ¶～に反する / 违背一贯主张. ¶～を通す / 坚持一贯作法. ¶人道～ / 人道主义. ¶民主～ / 民主主义.
しゅぎょう【修行】修行 xiūxíng, 修学 xiūxué. ¶～を積む / 不断修行.
じゅきょう【儒教】儒教 Rújiào.
じゅぎょう【授業】上课 shàngkè. ¶～に出る / 去听课. ¶～を受ける / 上课. ¶～をサボる / 旷课. ¶～料 / 学费.
しゅぎょく【珠玉】珠宝 zhūbǎo. ¶～の名曲 / 珍贵的名曲. ¶～篇 / 名

篇.

じゅく【塾】[受験]补习学校bǔxí xuéxiào ;[学習]训练班 xùnliànbān. ¶外国語の～/外语训练班. ¶～に通う/上补习班.

しゅくが【祝賀】祝贺 zhùhè,庆祝 qìngzhù. ¶～会/庆祝会. ¶～状/祝贺书. ¶～パレード/庆祝游行.

じゅくご【熟語】成语 chéngyǔ,惯用语 guànyòngyǔ. ¶四字～/四字成语.

しゅくじ【祝辞】祝词 zhùcí. ¶来賓の～/来宾的祝词. ¶～を述べる/致祝词.

しゅくじつ【祝日】节日 jiérì.

しゅくしゃ【宿舎】宿舍 sùshè. ¶職員～/职工宿舍. ¶学生～/学生宿舍.

しゅくしゃく【縮尺】缩尺 suōchǐ. ¶～図/缩图. ¶～5万分の1/缩尺五万分之一.

しゅくしょ【宿所】住处 zhùchù. ¶～を決める/决定住处.

しゅくじょ【淑女】淑女 shūnǚ. ¶紳士～の皆様/女士们先生们.

しゅくしょう【縮小】缩小 suōxiǎo. ¶規模を～する/缩小规模. ¶～コピー/缩印. ¶～図/缩小图.

じゅくす【熟す】熟 shú,成熟 chéngshú. ¶リンゴが～/苹果成熟. ¶機が～のを待つ/等待时机成熟.

じゅくすい【熟睡】熟睡 shúshuì. ¶朝まで～する/酣睡到早上.

しゅくだい【宿題】作业 zuòyè. ¶～を出す/留作业;交作业. ¶～を済ます/完成作业. ¶この問題は～にしておく/这个问题保留下来.

じゅくち【熟知】熟悉 shúxī. ¶事情に～している/熟悉情况.

しゅくでん【祝電】贺电 hèdiàn. ¶～を打つ/发贺电.

じゅくどく【熟読】熟读 shúdú. ¶教科書を～する/熟读课本.

しゅくはく【宿泊】住宿 zhùsù. ¶～施設/住宿设施. ¶～所/住宿地. ¶～料金/住宿费.

しゅくふく【祝福】祝福 zhùfú. ¶門出を～する/祝福走入社会. ¶～を受ける/接受祝福.

しゅくめい【宿命】宿命 sùmìng. ¶～のライバル/宿敌. ¶～と思う/看做宿命.

じゅくりょ【熟慮】深思熟虑 shēnsī shúlǜ. ¶～の末に/深思熟虑的结果.

じゅくれん【熟練】熟练 shúliàn. ¶～を要する/需要熟练. ¶～工/熟练工.

しゅげい【手芸】手工艺 shǒugōngyì. ¶～品/手工艺品.

しゅけん【主権】主权 zhǔquán. ¶～を侵す/侵犯主权. ¶～在民/主权在民. ¶～者/主权者.

じゅけん【受験】应考 yìngkǎo,应试 yìngshì. ¶～勉強する/应考学习. ¶～科目/考试科目. ¶～資格/应考资格. ¶～生/应考生.

しゅご【守護】守护 shǒuhù. ¶～神/守护神.

しゅご【主語】主语 zhǔyǔ.

しゅこう【趣向】主意 zhǔyi. ¶～を変える/改变主意. ¶～を凝らす/别出心裁.

じゅこう【受講】听讲 tīngjiǎng. ¶～者/听讲人. ¶～生/听讲生. ¶～料/听讲费.

しゅさい【主催】主办 zhǔbàn. ¶大会を～する/主办大会. ¶～国/东道国.

しゅし【種子】种子 zhǒngzi.

しゅし【趣旨】宗旨 zōngzhǐ. ¶設立の～/设立的宗旨. ¶～を述べる/叙述主要内容.

じゅし【樹脂】树脂shùzhī. ¶合成～/合成树脂.

しゅじい【主治医】主治医生 zhǔzhì yīshēng.

しゅしゃせんたく【取捨選択】取舍选择 qǔshě xuǎnzé.

しゅじゅう【主従】主从 zhǔcóng. ¶～関係/主从关系.

しゅじゅつ【手術】手术 shǒushù. ¶～する/做手术. ¶～を受ける/接受手术. ¶～で腫瘍を取り除く/做手术摘除肿瘤. ¶～室/手术室.

しゅしょう【主将】队长 duìzhǎng. ¶野球部の～/棒球队的队长.

しゅしょう【首相】首相 shǒuxiàng.

しゅしょう【殊勝】值得钦佩 zhíde qīnpèi. ¶～な心がけ/值得钦佩的精神.

じゅしょう【受賞】获奖 huòjiǎng. ¶～式に臨む/参加发奖仪式. ¶～作品/获奖作品.

しゅしょく【主食】主食 zhǔshí. ¶米を～とする/以大米为主食.

しゅじん【主人】主人 zhǔrén;[夫]丈夫 zhàngfu. ¶店の～/店老板. ¶～公/主人公.

じゅしん【受信】接收 jiēshōu. ¶～者/接收人. ¶～料/接收费.

じゅせい【受精】受精 shòujīng. ¶～卵/受精卵.

しゅせき【首席】首席 shǒuxí. ¶～で卒業する/以第一名毕业. ¶～代表/首席代表.

しゅぞく【種族】种族 zhǒngzú.

しゅたい【主体】主体 zhǔtǐ. ¶学生を～とする団体/以学生为主体的团体. ¶～性に欠ける/缺乏主体性.

しゅだい【主題】主题 zhǔtí. ¶～歌/主题歌.

しゅだん【手段】手段 shǒuduàn. ¶～を選ばない/不择手段. ¶あらゆる～を尽くす/用尽一切办法. ¶思い切った～を取る/采取果断的措施. ¶最後の～として/作为最后的手段.

しゅちょう【主張】主张 zhǔzhāng.

¶意見を～しあう / 各自阐述自己意见. ¶～が食い違う / 主张不同. ¶～を曲げない / 不改变主张.

しゅつえん【出演】演出 yǎnchū. ¶ドラマに～する / 参加电视剧演出. ¶～者 / 演出人员.

しゅっか【出火】起火 qǐhuǒ. ¶～の原因 / 起火的原因.

しゅつがん【出願】申请 shēnqǐng. ¶～手続き / 申请手续. ¶特許～中 / 正在申请专利.

しゅっきん【出勤】上班 shàngbān. ¶～時間 / 上班时间. ¶～簿 / 考勤薄.

しゅっけつ【出血】出血 chūxiě. ¶～多量 / 大量出血. ¶～大サービス / 大甩卖. ¶内～ / 内出血.

しゅっけつ【出欠】出缺席 chūquēxí. ¶～を取る / 点名.

しゅつげん【出現】出现 chūxiàn. ¶ライバルの～ / 出现对手.

じゅっこう【熟考】深思熟虑 shēnsī shúlǜ. ¶～の上 / 在深思熟虑以后. ¶～を重ねる / 反复仔细考虑.

しゅっこく【出国】出国 chūguó, 出境 chūjìng. ¶～手続きをする / 办出国手续. ¶～許可 / 批准出国.

しゅっさん【出産】分娩 fēnmiǎn. ¶～休暇 / 产假. ¶～予定日 / 预产期.

しゅっし【出資】出资 chūzī. ¶将来のために～する / 为将来投资. ¶～額 / 出资额. ¶～金 / 投资金额. ¶～者 / 出资人.

しゅっしょ【出所】出处 chūchù ; 出狱 chūyù. ¶刑務所から～する / 从监狱出来. ¶～不明 / 出处不明. ¶うわさの～ / 谣言的来源.

しゅっしょう【出生】出生 chūshēng, 诞生 dànshēng. ¶～地 / 出生地. ¶～届 / 出生登记. ¶～率 / 出生率.

しゅつじょう【出場】出场chūchǎng. ¶決勝戦に～する / 参加决赛. ¶～停止になる / 禁止上场. ¶～者 / 出场人员. ¶～権 / 出线权；参赛权.

しゅっしん【出身】出身 chūshēn. ¶～校 / 毕业学校. ¶～地 / 出生地. ¶軍人～ / 军人出身.

しゅっせ【出世】出名 chūmíng. ¶～街道 / 成功之道. ¶～作 / 成名作. ¶立身～ / 飞黄腾达.

しゅっせい【出征】出征 chūzhēng. ¶戦場へ～する / 出征去战场.

しゅっせき【出席】出席 chūxí. ¶～を取る / 点名. ¶会議に～する / 出席会议. ¶～者 / 出席者. ¶～日数 / 出席天数. ¶～簿 / 点名册.

しゅっちょう【出張】出差 chūchāi. ¶広州に～する / 去广州出差. ¶彼に～を命じる / 让他出差. ¶彼は～中だ / 他正出差. ¶～費 / 差旅费.

しゅっとう【出頭】到机关去 dào jīguān qù. ¶法廷に～する / 出庭. ¶～命令 / 出庭命令.

しゅっぱつ【出発】出发 chūfā, 动身 dòngshēn. ¶～を見合わせる / 暂停出发. ¶～間際に / 将要出发时. ¶～時刻 / 出发时间.

しゅっぱん【出版】出版 chūbǎn. ¶～社 / 出版社. ¶～物 / 出版物. ¶自費～ / 自费出版.

しゅっぴ【出費】支出 zhīchū. ¶～がかさむ / 费用上涨. ¶～を抑える / 控制支出.

しゅっぴん【出品】展出作品 zhǎnchū zuòpǐn. ¶展覧会に～する / 在展览会展出.

しゅつりょく【出力】输出 shūchū. ¶～を上げる / 提高输出功率. ¶～装置 / 输出装置.

しゅと【首都】首都 shǒudū. ¶～圏 / 首都圈. ¶～移転 / 迁都.

しゅどう【手動】手动 shǒudòng. ¶～式 / 手动式. ¶～ブレーキ / 手动闸.

じゅどうたい【受動態】被动语态 bèidòng yǔtài.

しゅとく【取得】取得 qǔdé. ¶～物 / 拾得物品.

ジュニア少年 shàonián.

じゅにゅう【授乳】哺乳 bǔrǔ. ¶～期 / 哺乳期.

しゅにん【主任】主任 zhǔrèn. ¶～教授 / 主任教授. ¶現場～ / 现场负责人.

しゅび【守備】防守 fángshǒu. ¶～につく / 进行防守. ¶～を固める / 坚固防御.

じゅひ【樹皮】树皮 shùpí.

しゅびいっかん【首尾一貫】首尾一贯 shǒuwěi yīguàn.

しゅびよく【首尾よく】顺利 shùnlì.

しゅひん【主賓】主宾 zhǔbīn. ¶～のあいさつ / 主宾的讲话. ¶～席 / 主宾席.

しゅふ【主婦】主妇 zhǔfù. ¶家庭の～ / 家庭主妇.

しゅぼうしゃ【首謀者・主謀者】主谋者 zhǔmóuzhě. ¶事件の～ / 案件的主谋.

しゅみ【趣味】爱好 àihào. ¶～はなんですか / 你的爱好是什么？¶～に合わない / 不合自己的爱好. ¶～と実益を兼ねる / 兴趣和利益得以兼顾. ¶～のよい服 / 时尚的衣服. ¶無～な人 / 没爱好的人.

じゅみょう【寿命】寿命 shòumìng. ¶～が長い / 寿命长. ¶～を縮める / 缩短寿命. ¶平均～ / 平均寿命.

しゅもく【種目】项目 xiàngmù. ¶競技～ / 比赛项目.

じゅもく【樹木】树木 shùmù. ¶～が茂る / 树木茂盛.

じゅもん【呪文】咒语 zhòuyǔ. ¶～を唱える / 诅咒.

しゅやく【主役】主角 zhǔjué. ¶～を演じる / 演主角.

じゅよ【授与】授予 shòuyǔ. ¶学位を～する / 授予学位. ¶～式 / 授予

仪式.

しゅよう【主要】主要 zhǔyào. ¶～な内容 / 主要内容. ¶～産業 / 主要产业. ¶～人物 / 主要人物.

しゅよう【腫瘍】肿瘤 zhǒngliú. ¶～ができる / 长肿瘤. ¶悪性〔良性〕～ / 恶性〔良性〕肿瘤.

じゅよう【受容】接受 jiēshòu. ¶外来文化を～する / 吸收外来文化. ¶～力 / 接纳能力.

じゅよう【需要】需要 xūyào. ¶～が増える / 需要增加. ¶～を満たす / 满足需要. ¶～と供給 / 需要和供给.

じゅり【受理】受理 shòulǐ. ¶願書を～する / 受理志愿书.

じゅりつ【樹立】树立 shùlì. ¶新記録を～する / 创新记录.

しゅりょう【狩猟】打猎 dǎliè. ¶～期 / 狩猎期. ¶～民族 / 狩猎民族.

しゅりょく【主力】主力 zhǔlì. ¶～を注ぐ / 投入主要力量. ¶～商品 / 主要商品. ¶～選手 / 主力选手.

しゅるい【種類】种类 zhǒnglèi. ¶新しい～ / 新的种类. ¶いろんな～の果物 / 各种水果.

しゅわ【手話】手语 shǒuyǔ. ¶～で話す / 用手语讲.

じゅわき【受話器】受话器 shòuhuàqì. ¶～を置く / 挂上电话.

しゅわん【手腕】本领 běnlǐng. ¶～を発揮する / 发挥本领.

しゅん【旬】应时 yìngshí,旺季 wàngjì.

じゅん【順】顺序shùnxù. ¶～を追って / 按顺序. ¶番号～に / 按号码顺序.

じゅん【純】纯粹 chúncuì. ¶～な性格 / 直率的性格. ¶～日本式 / 纯日本式. ¶～文学 / 纯文学.

じゅんい【順位】次序 cìxù. ¶～を争う / 争夺名次. ¶～をつける / 分等级.

じゅんえん【順延】顺延 shùnyán. ¶雨天～ / 雨天顺延.

じゅんか【純化】纯化 chúnhuà. ¶油を～する / 精炼油.

じゅんかい【巡回】巡回 xúnhuí.

しゅんかん【瞬間】瞬 间 shùnjiān. ¶～的に思い出す / 突然想起来. ¶決定的な～ / 关键时刻. ¶その光景を見た～驚いた / 看到那个景象一下子惊呆了.

じゅんかん【循環】循 环 xúnhuán. ¶血液の～ / 血液循环. ¶～バス / 循环公交车. ¶悪～ / 恶性循环.

じゅんきょうじゅ【准教授】副 教 授 fùjiàoshòu.

じゅんけつ【純潔】纯洁 chúnjié. ¶～な心 / 纯洁的心灵. ¶～を守る / 守贞节.

じゅんけっしょう【準決勝】半 决 赛 bànjuésài.

じゅんさ【巡査】警察 jǐngchá. ¶派出所の～ / 派出所的警察.

しゅんじ【瞬時】瞬间 shùnjiān. ¶～に消え去る / 瞬间消失. ¶～に理解した / 一下子理解了.

じゅんじゅん【順々】依次 yīcì,顺次 shùncì ;逐个 zhúgè. ¶～に仕事を片付ける / 依次整理工作.

じゅんじょ【順序】顺序 shùnxù. ¶～が逆になる / 顺序颠倒. ¶～立てて / 有步骤地. ¶～よく / 有条不紊地. ¶～を誤る / 弄错顺序.

じゅんじる【準じる】参 照 cānzhào. ¶前例に～ / 参照前例.

じゅんしん【純真】纯 真 chúnzhēn. ¶～な子供 / 纯真的孩子. ¶～無垢 / 天真无邪.

じゅんすい【純粋】纯粹 chúncuì. ¶～な金 / 纯金. ¶～な好意 / 纯粹的好意. ¶動機が～だ / 动机单纯.

しゅんせつ【春節】春节 Chūnjié.

じゅんちょう【順調】顺 利 shùnlì. ¶経過は～だ / 经过很顺利. ¶事が～に運ぶ / 事情运转顺利.

じゅんのう【順応】顺 应 shùnyìng. ¶環境に～する / 适应环境. ¶～性のある / 有适应性.

じゅんばん【順番】轮流 lúnliú. ¶～が回ってくる / 轮到了. ¶～どおりに / 按照顺序. ¶～を待つ / 排队等候.

じゅんび【準備】准备 zhǔnbèi. ¶～ができた / 准备好了. ¶～を怠る / 放松准备. ¶～を整える / 做好准备. ¶～運動 / 准备活动.

じょい【女医】女医生 nǚyīshēng.

しよう【使用】使用 shǐyòng. ¶～禁止 / 禁止使用. ¶～中 / 正在使用. ¶～者 / 使用者. ¶～料 / 使用费.

しよう【仕様】办法 bànfǎ. ¶どう～もない / 没办法. ¶痛くて～がない / 疼得没办法. ¶～書 / 说明书. ¶～を変更する / 变更规格.

しよう【私用】个 人 用 gèrén yòng. ¶～の電話 / 私人的电话. ¶～で出かける / 因私事出去.

しょう【賞】奖 jiǎng. ¶～を受ける / 获奖. ¶～を取る / 得奖. ¶一等～ / 一等奖.

しょう【章】章 zhāng. ¶第3～ / 第三章. ¶会員～ / 会章.

じよう【滋養】滋养 zīyǎng. ¶～分 / 养分. ¶～が多い / 营养多.

-じょう【-条】条 tiáo. ¶憲法第9～ / 宪法第九条. ¶一～の光 / 一条光线.

じょう【情】情 qíng. ¶～が移る / 产生感情. ¶～にもろい / 感情脆弱. ¶～にほだされる / 被感情束缚. ¶～の深い / 情感深厚.

じょう【錠】〔錠前〕锁 suǒ ;〔錠剤〕片 piàn. ¶～をかける / 上锁. ¶～をはずす / 开锁. ¶1回3～ / 一次三片.

しょううちゅう【小宇宙】小 宇 宙 xiǎoyǔzhòu.

じょうえい【上映】上 映 shàngyìng. ¶絶賛～中 / 正在热映之中.

じょうえん【上演】演出 yǎnchū,上演

shàngyǎn. ¶～期間 / 演出期间.
しょうか【消化】消化 xiāohuà. ¶～がよい / 消化好. ¶～が悪い / 消化不良. ¶～を助ける / 有助消化. ¶仕事を～する / 完成工作.
しょうか【消火】救火 jiùhuǒ. ¶～器 / 灭火器. ¶～栓 / 消火栓.
しょうが【生姜】姜 jiāng.
じょうか【浄化】净化 jìnghuà. ¶～槽 / 净化槽.
しょうかい【紹介】介绍 jièshào. ¶～状 / 介绍信. ¶自己～ / 自我介绍.
しょうかい【照会】询问 xúnwèn. ¶残高～ / 查询余额. ¶身元～ / 查验身份.
しょうかい【商会】商会 shānghuì.
しょうがい【生涯】毕生 bìshēng, 终生 zhōngshēng. ¶～を終える / 结束一辈子. ¶～を捧げる / 奉献终生. ¶～教育 / 终生教育.
しょうがい【傷害】伤害 shānghài. ¶～事件 / 伤害事件. ¶～致死 / 伤害致死.
しょうがい【障害】障碍 zhàng'ài. ¶～になる / 成为障碍. ¶～を乗り越える / 克服障碍. ¶～者 / 残疾人. ¶～物競争 / 障碍跑.
しょうがくきん【奨学金】奖学金 jiǎngxuéjīn. ¶～を受ける / 拿奖学金.
しょうがくせい【小学生】小学生 xiǎoxuéshēng.
しょうがっこう【小学校】小学（校）xiǎoxué (xiào).
しょうがつ【正月】正月 zhēngyuè. ¶～を過ごす / 过年. ¶～一日 / 正月初一.
しょうかん【召喚】传唤 chuánhuàn. ¶裁判所に～される / 被法院传讯.
しょうき【正気】精神正常 jīngshén zhèngcháng. ¶～を失う / 失去理智. ¶～に返る / 清醒过来.
しょうぎ【将棋】日本象棋 Rìběn xiàngqí. ¶～を指す / 下日本象棋. ¶～盤 / 日本象棋盘.
じょうき【蒸気】蒸气 zhēngqì;〔水蒸気〕蒸汽 zhēngqì. ¶～を出す / 冒出蒸汽. ¶～機関車 / 蒸汽机车.
じょうき【常軌】常规 chángguī. ¶～を逸する / 越出常规.
じょうぎ【定規】尺子 chǐzi. ¶～で線を引く / 用尺子划线. ¶三角～ / 三角尺.
しょうきゃく【焼却】烧掉 shāodiào. ¶ごみを～する / 焚烧垃圾. ¶～処分 / 焚烧处理. ¶～炉 / 焚烧炉.
じょうきゃく【乗客】乘客 chéngkè. ¶～名簿 / 旅客名单.
しょうきゅう【昇給】提薪 tíxīn. ¶定期～ / 定期加薪.
しょうきゅう【昇級】升级 shēngjí. ¶～試験 / 升级考试.
じょうきゅう【上級】高年级gāoniánjí. ¶～生 / 高年级学生. ¶～クラス / 高级班. ¶～品 / 高级品.
しょうぎょう【商業】商业 shāngyè. ¶～に従事する / 从事商业. ¶～を営む / 经营商业. ¶～化する / 商业化. ¶～学校 / 商业学校. ¶～銀行 / 商业银行. ¶～主義 / 商业主义. ¶～都市 / 商业城市.
じょうきょう【状況】情况qíngkuàng. ¶目下の～では / 在目前的状况下. ¶～を打開する / 打开局面. ¶～を把握する / 掌握情况.
じょうきょう【上京】进京 jìnjīng.
しょうきょく【消極】消极 xiāojí. ¶～的な姿勢 / 消极的姿态. ¶性格が～的だ / 性格消极. ¶～策 / 消极对策.
しょうきん【賞金】奖金 jiǎngjīn. ¶～を出す / 发奖金. ¶～を獲得する / 获得奖金.
しょうぐん【将軍】将军 jiāngjūn.
じょうげ【上下】上下 shàngxià. ¶～に動く / 上下移动. ¶～の別なく / 没有上下之分. ¶～関係 / 上下关系. ¶～水道 / 上下水道.
しょうげき【衝撃】冲击 chōngjī. ¶～を与える / 给与冲击. ¶～を受ける / 受到冲击.
しょうけん【証券】证券 zhèngquàn. ¶～会社 / 证券公司. ¶～市場 / 证券市场. ¶～取引所 / 证券交易所. ¶～アナリスト / 证券分析师.
しょうげん【証言】证词 zhèngcí. ¶被告に不利な～をする / 对被告不利的证词. ¶～台に立つ / 站在证人席上.
じょうけん【条件】条件 tiáojiàn. ¶～を付ける / 附加条件. ¶～を受け入れる / 接受条件. ¶～に合う / 合乎条件. ¶～付きで / 附带条件地. ¶無～に受け入れる / 无条件接受. ¶～反射 / 条件反射.
じょうげん【上限】上限 shàngxiàn. ¶～を設ける / 设立上限. ¶～を超える / 超过上限.
しょうこ【証拠】证据 zhèngjù. ¶～がある〔ない〕/ 有〔没有〕证据. ¶～を握る / 掌握证据. ¶～不十分 / 证据不充分. ¶～隠滅 / 毁灭证据. ¶～品 / 见证.
しょうご【正午】正午 zhèngwǔ, 中午 zhōngwǔ.
じょうご【漏斗】漏斗 lòudǒu.
しょうこう【将校】军官 jūnguān.
しょうこう【小康】暂时平稳 zànshí píngwěn. ¶～を得る / 病情暂时保持平稳.
じょうこう【条項】条款 tiáokuǎn.
しょうさい【詳細】详细 xiángxì. ¶～な計画書 / 详细的计划书. ¶～に報告する / 详细地汇报.
じょうざい【錠剤】片剂 piànjì. ¶～を飲む / 吃片剂药.
しょうさっし【小冊子】小册子 xiǎocèzi.
しょうさん【称賛・賞賛】称赞 chēng-

zàn. ¶～を博する / 迎得称赞. ¶～に値する / 值得称赞. ¶～のまなざしで / 用称赞的眼神.

しょうじ【障子】纸 拉「门〔窗〕zhǐlāmén〔chuāng〕. ¶～を張る / 糊拉门. ¶～紙 / 拉窗纸.

じょうし【上司】上司 shàngsī, 上级 shàngjí. ¶～の命令 / 上司的命令. ¶直属の～ / 顶头上司.

じょうじ【情事】色 情 事 sèqíngshì. ¶～におぼれる / 沉迷情事.

しょうじき【正直】正直 zhèngzhí. ¶～な人 / 老实人. ¶～なところ… / 说老实话….

じょうしき【常識】常 识 chángshí. ¶～がない / 没有常识. ¶～外れの行動 / 违背常识的行为. ¶～的に考える / 常识性地考虑.

しょうしつ【焼失】烧毁 shāohuǐ. ¶財産を～する / 烧毁财产. ¶文化財が～する / 文化遗产烧毁. ¶～家屋 / 烧毁的房屋.

じょうしつ【上質】优 质 yōuzhì. ¶～の素材 / 上等原料.

しょうしゃ【商社】商 社 shāngshè. ¶総合～ / 综合商社.

じょうしゃ【乗車】乘 车 chéngchē. ¶～拒否をする / 拒绝上车. ¶～券 / 车票. ¶～口 / 车门. ¶～時間 / 乘车时间.

じょうじゅ【成就】完 成 wánchéng. ¶大願を～する / 实现宏愿.

しょうしゅう【召集・招集】召集zhàojí ; 招集 zhāojí. ¶～に応じる / 应征. ¶国会の～ / 召开国会. ¶～令状 / 入伍通知书.

じょうじゅん【上旬】上 旬 shàngxún. ¶来月～ / 下月上旬.

しょうじょ【少女】少 女 shàonǚ. ¶～時代 / 少女时代.

しょうしょう【少々】稍 微 shāowēi. ¶こしょうを～かける / 稍微放些胡椒. ¶～お待ちください / 请稍等.

しょうじょう【症状】症 状 zhèngzhuàng. ¶～が悪化する / 症状恶化. ¶～が出る / 出现症状.

しょうじょう【賞状】奖 状 jiǎngzhuàng. ¶～を授与する / 颁发奖状.

じょうしょう【上昇】上 升 shàngshēng. ¶物価が～する / 物价上升. ¶～気流に乗る / 顺着上升气流.

しょうじる【生じる】产生chǎnshēng. ¶変化が～ / 产生变化. ¶静電気が～ / 产生静电.

しょうしん【昇進】提升 tíshēng. ¶部長に～する / 提升为部长. ¶～が早い / 提拔得快. ¶～の見込みがない / 没有提拔的希望.

じょうず【上手】擅长 shàncháng. ¶英語が～だ / 擅长英语. ¶～に歌う / 唱得好. ¶泳ぎの～な人 / 游泳好的人. ¶話～ / 很会说话 ; 能说会道.

しょうすう【小数】小数 xiǎoshù. ¶～点 / 小数点.

しょうすう【少数】少数 shǎoshù. ¶～意見 / 少数意见. ¶～民族 / 少数民族.

しょうする【称する】号称 hàochēng. ¶自ら名人と～ / 自封为名人. ¶病気と称して欠席する / 装病缺席.

じょうせい【情勢】局势 júshì. ¶～を見る / 看局势. ¶目下の～ / 目前的局势. ¶～判断 / 局势判断. ¶国際～ / 国际局势.

じょうせき【定石】公 式 gōngshì, 准则 zhǔnzé.

しょうせつ【小説】小 说 xiǎoshuō. ¶短編〔長編〕～ / 短篇〔长篇〕小说.

じょうせつ【常設】常 设 chángshè. ¶～委員会 / 常设委员会.

じょうぜつ【冗舌】饶舌 ráoshé, 健谈 jiàntán. ¶～な人 / 饶舌的人.

じょうせん【乗 船】上 船 shàng chuán.

しょうそう【焦燥】焦 躁 jiāozào. ¶～に駆られる / 心里十分焦躁. ¶～感 / 焦躁感.

しょうぞう【肖像】肖 像 xiàoxiàng. ¶～画 / 肖像画.

しょうそく【消息】消息 xiāoxi. ¶～を絶つ / 杳无音信. ¶～に通じる / 消息灵通. ¶～筋によれば / 据消息灵通人士说.

しょうたい【招待】招待 zhāodài. ¶～を断る / 谢绝邀请. ¶～券 / 招待券. ¶～状 / 请帖.

しょうたい【正体】原 形 yuánxíng. ¶～を隠す / 隐蔽真相. ¶～を現す / 现出原形. ¶～を暴く / 揭开真面目. ¶～をつかむ / 抓住尾巴.

じょうたい【状態】状 态 zhuàngtài. ¶戦争～に突入する / 进入战争状态. ¶健康～ / 健康状况.

しょうだく【承諾】同意 tóngyì, 承诺 chéngnuò. ¶～を得る / 得到同意. ¶～書 / 批准书. ¶事後～ / 事后认可.

じょうたつ【上達】进步 jìnbù. ¶外国語が～する / 外语有所长进. ¶～が早い / 进步快.

じょうだん【冗談】玩笑 wánxiào. ¶～を言う / 开玩笑. ¶～が通じない / 听不懂玩笑. ¶～を真に受ける / 把玩笑当真. ¶～にも程がある / 玩笑也有个限度. ¶～じゃない / 不是闹着玩儿的.

しょうち【承知】知道 zhīdao. ¶ご～の通り / 如您所知. ¶～の上で / 同意之下. ¶～しないぞ / 可不饶你.

じょうちょ【情緒】情绪 qíngxù. ¶～豊かな港町 / 富有情趣的港口城市. ¶異国～を味わう / 体会异国情调. ¶～不安定 / 情绪不稳定.

しょうちょう【象徴】象 征 xiàngzhēng. ¶平和の～ / 和平的象征.

しょうちょう【小腸】小 肠 xiǎocháng.

しょうてん【焦点】焦点 jiāodiǎn. ¶～を合わせる / 对焦点. ¶関心の

～ / 关注的焦点.

しょうてん【商店】商 店 shāngdiàn. ¶～を経営する / 经营商店. ¶～街 / 商业街.

じょうと【譲渡】转让 zhuǎnràng. ¶～証書 / 转让证书.

しょうどう【衝動】冲动 chōngdòng. ¶～にかられる / 出于一时冲动. ¶～買い / 冲动购物.

しょうどく【消毒】消 毒 xiāodú. ¶～薬 / 消毒药.

しょうとつ【衝突】冲突 chōngtū. ¶意見の～ / 意见的冲突. ¶～事故 / 撞车事故. ¶正面～ / 正面冲突.

しょうに【小児】小儿 xiǎo'ér. ¶～科 / 小儿科. ¶～まひ / 小儿麻痹.

しょうにかい【小児科医】小儿科医生 xiǎo'érkē yīshēng.

しょうにん【承認】承认 chéngrèn ; 批准 pīzhǔn. ¶～される / 被承认. ¶～を得る / 得到允许.

しょうにん【証人】证 人 zhèngrén. ¶～喚問 / 传唤证人. ¶生き～ / 活的证人.

しょうにん【商人】商 人 shāngrén. ¶～気質 / 商人习气. ¶～根性 / 商人气.

しょうね【性根】本性 běnxìng. ¶～が悪い / 本性不佳.

じょうねつ【情熱】热 情 rèqíng. ¶～を注ぐ / 倾注热情. ¶～を燃やす / 充满激情. ¶～家 / 热情的人.

しょうねん【少年】少 年 shàonián. ¶～時代 / 少年时代. ¶～犯罪 / 少年犯罪.

じょうば【乗馬】骑马 qí mǎ. ¶～服 / 骑马服.

しょうはい【勝敗】胜 败 shèngbài. ¶～がつく / 分出胜负. ¶～を決する / 决一胜负.

しょうばい【商売】买卖 mǎimai. ¶～が繁盛する / 生意兴隆. ¶～がたき / 商业上的竞争对手. ¶～人 / 生意人.

じょうはつ【蒸発】蒸发 zhēngfā. ¶水が～する / 水蒸发. ¶～して行方をくらます / 出踪后不知去向.

じょうはんしん【上半身】上 半 身 shàngbànshēn.

しょうひ【消費】消费 xiāofèi. ¶～者 / 消费者. ¶～量 / 消费量. ¶個人～ / 个人消费.

しょうひょう【商標】商标shāngbiāo. ¶～権 / 商标权. ¶登録～ / 注册商标.

しょうひん【商品】商 品 shāngpǐn. ¶～化する / 商品化. ¶～券 / 商品券. ¶～見本 / 商品样品. ¶目玉～ / 热门商品；拳头产品.

しょうひん【賞品】奖品 jiǎngpǐn. ¶～をもらう / 领取奖品.

じょうひん【上品】文 雅 wényǎ. ¶～ぶる / 装文雅. ¶～に話す / 谈吐斯文.

しょうぶ【菖蒲】菖蒲 chāngpú.

しょうぶ【勝負】胜 负 shèngfù, 输 赢 shūyíng. ¶～を争う / 争胜负. ¶～をつける / 定胜负. ¶～に勝つ / 赢得胜利.

じょうぶ【丈夫】结实 jiēshi. ¶体が～な人 / 身体结实的人. ¶～に作る / 做得结实.

じょうぶ【上部】上层 shàngcéng. ¶～からの命令 / 上层下的命令.

しょうぶん【性分】性 情 xìngqíng. ¶温和な～ / 性情温和. ¶持って生まれた～ / 天生的性格. ¶～に合わない / 性格不和.

しょうへい【招聘】招聘 zhāopìn. ¶～される / 被招聘. ¶～状 / 招聘书.

しょうべん【小便】小 便 xiǎobiàn. ¶～をする / 撒尿；小便. ¶～をもらす / 遗尿. ¶立ち～ / 随地撒尿.

じょうほ【譲歩】让步 ràngbù. ¶一歩も～しない / 一步也不让. ¶～を重ねる / 再三让步.

しようほう【使用法】使 用 方 法 shǐyòng fāngfǎ. ¶～を守る / 遵守使用方法. ¶～を誤る / 弄错使用方法.

しょうぼう【消防】消 防 xiāofáng. ¶～士 / 消防员. ¶～車 / 消防车. ¶～署 / 消防队.

じょうほう【情報】信 息 xìnxī, 情 报 qíngbào. ¶～を集める / 收集情报. ¶～をもらす / 透露情报. ¶～公開 / 信息公开. ¶～処理 / 信息处理. ¶～化社会 / 信息化社会.

じょうみゃく【静脈】静 脉 jìngmài. ¶～注射 / 静脉注射.

じょうむいん【乗務員】乘务员chéngwùyuán.

しょうめい【照明】照 明 zhàomíng. ¶～を当てる / 照明. ¶～装置 / 照明装置. ¶～弾 / 照明弹.

しょうめい【証明】证明 zhèngmíng. ¶無罪を～する / 证明无罪. ¶～書 / 证书.

しょうめつ【消滅】消灭 xiāomiè. ¶自然～する / 自然消失.

しょうめん【正面】正 面 zhèngmiàn. ¶～を向く / 向前看. ¶～きって反対する / 直截了当地反对. ¶～玄関 / 正门.

しょうもう【消耗】消耗 xiāohào. ¶体力を～する / 消耗体力. ¶～が激しい / 消耗很大. ¶～品 / 消耗品.

じょうやく【条約】条约 tiáoyuē ；公约 gōngyuē. ¶～を結ぶ / 缔结条约. ¶～に盛り込む / 加入条约. ¶～改正 / 修改条约. ¶通商～ / 通商条约.

しょうゆ【醤油】酱油 jiàngyóu. ¶～をかける / 放酱油. ¶～をつけて食べる / 蘸酱油吃.

しょうよ【賞与】奖金 jiǎngjīn.

じょうよう【常用】常用 chángyòng. ¶薬を～する / 经常用药.

じょうようしゃ【乗用車】轿 车 jiào-

chē.

しょうらい【将来】将来 jiānglái. ¶近い～ / 不久的将来. ¶～性のある会社 / 有前途的公司.

しょうり【勝利】胜利 shènglì. ¶～を収める / 获得胜利. ¶～に導く / 迈向胜利. ¶～者 / 胜利者.

じょうりく【上陸】登陆 dēnglù. ¶～作戦 / 登陆作战.

しょうりゃく【省略】省略 shěnglüè. ¶以下～ / 以下从略.

じょうりゅう【上流】上流 shàngliú, 上游 shàngyóu. ¶～までさかのぼる / 逆流到上游. ¶～社会 / 上流社会.

じょうりゅう【蒸留】蒸馏 zhēngliú. ¶～器 / 蒸馏器. ¶～酒 / 蒸馏酒. ¶～水 / 蒸馏水.

しょうりょう【少量】少量 shǎoliàng. ¶塩を～加える / 放一点儿盐. ¶～生産 / 少量生产.

しょうれい【奨励】奖励 jiǎnglì. ¶スポーツを～する / 鼓励体育运动. ¶～金 / 奖金.

じょうれん【常連】常客 chángkè, 熟客 shúkè. ¶～になる / 成为熟客. ¶～客 / 常客.

じょうろ【如雨露】喷壶 pēnhú. ¶～で草花に水をやる / 用喷壶给花草浇水.

しょうろんぽう【小籠包】小笼包 xiǎolóngbāo. ¶スープ入り～ / 小笼汤包.

ショー演出 yǎnchū; [音訳]秀 xiù. ¶～ウインドーをのぞく / 看橱窗. ¶トーク～ / 脱口秀.

しょえん【初演】首次演出 shǒucì yǎnchū.

じょおう【女王】女王 nǚwáng. ¶～蜂 / 蜂王.

ジョーク笑话xiàohua, 玩笑wánxiào.

しょか【初夏】初夏 chūxià.

じょがい【除外】除外 chúwài.

しょかつ【所轄】所辖 suǒxiá, 管辖 guǎnxiá. ¶～官庁 / 管辖机关. ¶～警察署 / 所辖警察署.

しょかん【所管】管辖 guǎnxiá.

しょかん【書簡】书信 shūxìn. ¶～のやり取り / 书信来往.

しょかん【所感】所感 suǒgǎn. ¶～を述べる / 谈感想. ¶年頭～ / 新年所感.

しょき【初期】初期 chūqī. ¶～の作品 / 初期的作品. ¶～化する / 格式化.

しょき【書記】书记 shūjì. ¶～官 / 书记官. ¶～局 / 书记处. ¶～長 / 总书记.

しょき【暑気】暑气 shǔqì. ¶～当たりする / 中暑. ¶～払いする / 去暑.

しょきゅう【初級】初级 chūjí. ¶～中国語 / 初级汉语. ¶～クラス / 初级班. ¶～編 / 初级篇.

じょきょ【除去】去掉 qùdiào. ¶かびを～する / 去掉发霉的地方. ¶～剤 / 除污剂.

じょきょうじゅ【助教授】→じゅんきょうじゅ

ジョギング慢跑 mànpǎo.

じょきん【除菌】除菌 chújūn. ¶～効果 / 除菌效果.

しよく【私欲】私欲 sīyù. ¶～におぼれる / 利令智昏. ¶私利～ / 自私自利.

しょく【職】工作 gōngzuò. ¶～を得る / 得到工作. ¶～を変える / 换工作. ¶～を失う / 失去工作. ¶～を探す / 找工作. ¶～に就く / 就业. ¶手に～を持つ / 有手艺.

しょく【食】食物 shíwù. ¶～が進む / 食欲好. ¶～が細い / 饭量少. ¶～に事欠く / 缺少食物.

しょくあたり【食中り】食物中毒 shíwù zhòngdú.

しょくいん【職員】职员 zhíyuán, 职工 zhígōng. ¶～会議 / 职工会议. ¶～室 / 职工休息室. ¶臨時～ / 临时职员.

しょくえん【食塩】食盐 shíyán. ¶～水 / 食盐水.

しょくぎょう【職業】职业 zhíyè. ¶一定の～を持つ / 有一定职业. ¶～意識 / 职业意识. ¶～軍人 / 职业军人. ¶～病 / 职业病.

しょくご【食後】饭后 fànhòu. ¶～に公園を散歩する / 饭后在公园散步. ¶～のデザート / 饭后的果盘.

しょくし【食指】食指 shízhǐ. ¶～が動く / 眼馋.

しょくじ【食事】吃饭 chīfàn. ¶～をとる / 吃饭. ¶～を抜く / 少吃一顿饭. ¶～の用意をする / 准备饭菜. ¶～時間 / 用餐时间. ¶～中 / 正在吃饭.

しょくじ【食餌】食物 shíwù. ¶～療法 / 食物疗法.

しょくしゅ【職種】职业的种类 zhíyè de zhǒnglèi. ¶～を問わない / 不论工种.

しょくせき【職責】职责 zhízé.

しょくぜん【食前】饭前 fànqián. ¶～酒 / 饭前喝的酒；开胃酒.

しょくたく【食卓】餐桌 cānzhuō. ¶～につく / 就餐. ¶～を囲む / 围坐在餐桌. ¶～を片付ける / 收拾餐桌. ¶～塩 / 食盐.

しょくたく【嘱託】委托 wěituō. ¶～社員 / 非正式职员. ¶～医 / 特约医生.

しょくちゅうどく【食中毒】食物中毒 shíwù zhòngdú.

しょくどう【食堂】食堂 shítáng. ¶～車 / 餐车. ¶～街 / 饮食街.

しょくどう【食道】食道 shídào. ¶～癌 / 食道癌.

しょくにん【職人】工匠 gōngjiàng. ¶～気質 / 手艺人的脾气. ¶～芸 / 工匠技巧.

しょくば【職場】工作岗位 gōngzuò gǎngwèi. ¶～に通う / 上班. ¶～に復帰する / 恢复工作. ¶～結婚 /

同单位的人结婚. ¶～放棄 / 放弃工作岗位.

しょくはつ【触発】触发 chùfā. ¶状況に～される / 被形势的变化所触发. ¶～地雷 / 触发地雷.

しょくパン【食パン】素面包 sùmiànbāo. ¶～1斤 / 一斤素面包.

しょくひ【食費】伙食费 huǒshífèi. ¶～を払う / 付餐费.

しょくひん【食品】食品 shípǐn. ¶～加工業 / 食品加工业. ¶～添加物 / 食品添加物. ¶インスタント～ / 快餐食品. ¶健康～ / 健康食品. ¶冷凍～ / 冷冻食品.

しょくぶつ【植物】植物 zhíwù. ¶～性の / 植物性的. ¶～に水をやる / 给植物浇水. ¶～を育てる / 培育植物. ¶～界 / 植物界. ¶～園 / 植物园.

しょくみん【植民】殖民 zhímín. ¶～地 / 殖民地. ¶～地化 / 殖民地化. ¶～地政策 / 殖民地政策.

しょくむ【職務】职务 zhíwù. ¶～を果たす / 履行职务. ¶～を怠る / 怠慢职责. ¶～権限 / 职务权限. ¶～命令 / 职务命令.

しょくもつ【食物】食物 shíwù. ¶～繊維 / 食物纤维. ¶～連鎖 / 食物链.

しょくよう【食用】食用 shíyòng. ¶～になる / 可以食用. ¶～油 / 食用油. ¶～ガエル / 食用蛙.

しょくよく【食欲】食欲 shíyù. ¶～旺盛だ / 食欲旺盛. ¶～をそそる / 刺激食欲. ¶～がなくなる / 没有食欲. ¶～不振 / 食欲不振.

しょくりょう【食料】食物 shíwù. ¶～品店 / 食品店.

しょくりょう【食糧】粮食 liángshi. ¶～事情 / 粮食供应情况. ¶～難 / 粮食紧张.

しょくれき【職歴】资历 zīlì.

しょけい【処刑】处刑 chǔxíng. ¶～される / 被处决. ¶～場 / 刑场. ¶～台 / 刑台.

しょけん【所見】所见 suǒjiàn. ¶～を述べる / 谈自己的想法.

じょげん【助言】建议 jiànyì. ¶～を求める / 征求意见. ¶～に従う / 听从劝告. ¶～者 / 建议人.

じょこう【徐行】慢行 mànxíng. ¶～運転 / 慢速行驶. ¶工事中につき～ / 施工慢行.

しょさい【書斎】书斋 shūzhāi. ¶～にこもる / 关在书斋里.

しょざい【所在】所在 suǒzài. ¶責任の～を明らかにする / 弄清责任的所在. ¶～地 / 所在地.

じょさいない【如才ない】圆滑 yuánhuá, 周到 zhōudao.

しょじ【所持】携带 xiédài. ¶武器を～する / 携带武器. ¶～金 / 携带金钱. ¶～品 / 随身物品. ¶不法～ / 非法持有.

じょし【女子】女子 nǚzǐ. ¶～学生 / 女学生. ¶～校 / 女子学校. ¶～大学 / 女子大学.

じょし【女史】女士 nǚshì.

しょしき【書式】公文格式 gōngwén géshi. ¶～の設定 / 设定格式. ¶～どおりに書く / 按公文格式写.

じょじし【叙事詩】叙事诗 xùshìshī.

じょしつ【除湿】除湿chúshī. ¶～器 / 除湿器.

じょしゅ【助手】助手 zhùshǒu. ¶～席 / 副驾驶座. ¶運転～ / 副驾驶.

じょじゅつ【叙述】叙述 xùshù. ¶ありのままを～する / 原原本本地叙述. ¶～用法 / 叙述法.

しょしゅん【初春】初春 chūchūn.

しょじょ【処女】处女 chǔnǚ. ¶～航海 / 初航. ¶～作 / 处女作. ¶～地 / 处女地.

じょじょうし【叙情詩】抒情诗 shūqíngshī.

じょじょに【徐々に】渐渐地 jiànjiànde, 逐渐 zhújiàn. ¶～進む / 徐徐前进. ¶～暗くなる / 渐渐地暗了.

しょしん【初心】初志 chūzhì. ¶～に戻る / 回到初衷. ¶～者 / 初学者.

しょする【処する】处 chǔ. ¶死刑に～ / 处以死刑. ¶身を～ / 善处自己.

しょせい【処世】处世chǔshì. ¶～訓 / 处世之训. ¶～術 / 处世之术.

じょせい【女性】女性 nǚxìng. ¶～雑誌 / 女性杂志. ¶～問題 / 女性问题.

じょせい【助成】协助xiézhù. ¶～金 / 补助金. ¶～品 / 补助品.

しょせき【書籍】书籍 shūjí. ¶～売り場 / 售书柜台. ¶～目録 / 书目.

じょせつ【除雪】除雪 chúxuě. ¶～機 / 除雪机. ¶～作業 / 铲雪作业. ¶～車 / 除雪车.

しょせん【所詮】终归 zhōngguī. ¶～かなわない望み / 终究难以实现的愿望. ¶～紙切れにすぎない / 不过是一张白纸.

じょそう【助走】助跑 zhùpǎo. ¶～をつける / 加助跑. ¶～路 / 助跑区.

じょそう【除草】除草 chúcǎo. ¶～器 / 除草机. ¶～薬 / 除草药.

しょぞく【所属】所属 suǒshǔ. ¶団体に～する / 隶属于团体. ¶～部隊 / 所属部队.

しょたい【所帯】家庭 jiātíng. ¶～を持つ / 成家. ¶～道具 / 家庭生活用品. ¶新婚～ / 新婚家庭.

しょたい【書体】字体 zìtǐ.

しょたいめん【初対面】初次见面chūcì jiànmiàn. ¶～のあいさつ / 初次见面的寒暄. ¶～で人見知りする / 初次见面认生.

しょち【処置】处置 chǔzhì. ¶～を誤る / 处置错误. ¶～なしだ / 束手无策. ¶応急～ / 紧急措施.

しょちゅうみまい【暑中見舞い】暑期问候 shǔqī wènhòu.

しょっかく【触覚】触觉 chùjué.

しょっき【食器】餐具 cānjù. ¶～を下げる / 收拾餐具. ¶～を洗う / 洗餐具.
ジョッキ大啤酒杯 dà píjiǔbēi, 扎 zhā.
ショッキング惊人 jīngrén. ¶～な事件 / 惊人的事件.
ショック冲击 chōngjī. ¶～を受ける / 受到打击. ¶～を与える / 使震惊. ¶～死する / 休克死.
しょっけん【職権】职权 zhíquán. ¶～を行使する / 行使职权. ¶～濫用 / 滥用职权.
しょっぱい咸 xián. ¶～味がする / 有咸味.
ショッピング购物 gòuwù. ¶～センター / 购物中心.
しょてい【所定】规定 guīdìng. ¶～の様式 / 规定的格式. ¶～の手続きを踏む / 履行规定的手续.
じょてい【女帝】女皇 nǚhuáng.
しょてん【書店】书店 shūdiàn.
しょとう【初冬】初冬 chūdōng.
しょとう【初等】初级 chūjí. ¶～科 / 初级班. ¶～教育 / 初等教育.
しょとう【諸島】群岛 qúndǎo.
しょどう【書道】书法 shūfǎ. ¶～を習う / 学习书法. ¶～家 / 书法家.
しょとく【所得】所得 suǒdé. ¶～が多い / 收入多. ¶～が増える / 收入增加. ¶～税 / 所得税. ¶国民～ / 国民收入.
しょにんきゅう【初任給】首次工资 shǒucì gōngzī.
しょばつ【処罰】处罚 chǔfá. ¶～を受ける / 接受处罚. ¶厳重な～ / 严厉的处罚.
しょひょう【書評】书评 shūpíng. ¶～欄 / 书评栏.
しょぶん【処分】处分 chǔfèn. ¶行政～ / 行政处分.
じょぶん【序文】序言 xùyán.
しょほ【初歩】初步 chūbù. ¶～の段階 / 初步阶段.
しょほう【処方】处方 chǔfāng. ¶～箋 / 处方；药方.
しょみん【庶民】老百姓 lǎobǎixìng. ¶～的な店 / 大众店. ¶一般～ / 平民百姓.
しょめい【署名】签名 qiānmíng. ¶～を集める / 收集签名. ¶～捺印する / 签字盖章.
じょめい【除名】开除 kāichú, 除名 chúmíng. ¶会員から～する / 从会员中除名. ¶～処分 / 开除处分.
しょゆう【所有】所有 suǒyǒu. ¶ビルを～している / 拥有楼房. ¶～権 / 所有权. ¶～地 / 所有地. ¶～物 / 所有物.
じょゆう【女優】女演员 nǚyǎnyuán.
しょり【処理】处理 chǔlǐ. ¶事後～ / 善后处理. ¶熱～ / 热处理. ¶排水～場 / 废水处理厂.
じょりゅう【女流】女性 nǚxìng. ¶～作家 / 女作家.
じょりょく【助力】帮助 bāngzhù. ¶～を求める / 寻求帮助. ¶～を得る / 得到帮助.
しょるい【書類】文件 wénjiàn. ¶～を作成する / 起草文件. ¶～選考する / 书面审察. ¶～送検する / 警察把犯人的材料提交给检察院. ¶秘密～ / 秘密文件.
じょろん【序論】序论 xùlùn.
しょんぼり无精打采 wú jīng dǎ cǎi. ¶～している / 垂头丧气. ¶～とした足取り / 无精打采的脚步.
じらい【地雷】地雷 dìléi. ¶～に触れる / 触及地雷. ¶～を取り除く / 清除地雷. ¶～探知機 / 地雷探测器.
しらが【白髪】白发 báifà. ¶～まじりの髪 / 花白头发. ¶～を抜く / 拔掉白头发. ¶～染め / 染白发. ¶若～ / 少白头.
しらかば【白樺】白桦 báihuà.
しらける【白ける】扫兴 sǎoxìng. ¶座が～ / 冷场.
しらじらしい【白々しい】显而易见 xiǎn ér yì jiàn. ¶～おせじ / 明显的奉承话. ¶～うそ / 明显的谎言.
じらす【焦らす】使人焦急 shǐ rén jiāojí. ¶長い間待たせて～ / 让人等很长时间等得都着急了.
しらせ【知らせ】通知 tōngzhī. ¶～を受け取る / 接到通知. ¶虫の～ / 心中有预感.
しらせる【知らせる】通知 tōngzhī. ¶暗に～ / 暗中告之. ¶前もって～ / 提前通知. ¶手紙で～ / 写信通知. ¶急を～ / 告急.
しらべる【調べる】调查 diàochá. ¶原因を～ / 调查原因. ¶事件を～ / 调查事件. ¶車内をくまなく～ / 彻底搜查车内. ¶辞書を～ / 查字典.
しらみ【虱】虱子 shīzi. ¶～がわく / 生虱子. ¶～つぶしに調べる / 逐一调查.
しり【尻】屁股 pìgu. ¶～が重い / 屁股沉. ¶～が軽い / 轻浮. ¶～をたたく / 催促. ¶～をぬぐう / 收拾残局. ¶夫を～に敷く / 妻管严.
しりあい【知り合い】熟人 shúrén. ¶～が多い / 熟人多. ¶～になる / 成为朋友.
しりあう【知り合う】相识 xiāngshí.
シリアス严肃 yánsù.
シリーズ系列 xìliè, 连续 liánxù. ¶～物 / 成套的东西. ¶日本～ / 日本棒球联赛.
じりき【自力】自己的力量 zìjǐ de lìliang. ¶～で立ち上がる / 凭自己的力量站起来.
しりごみ【尻込み】畏缩 wèisuō. ¶いざとなると～する / 一到紧要关头就退缩.
シリコン硅 guī. ¶～バレー / 硅谷.
しりぞく【退く】退出 tuìchū. ¶一歩～ / 后退一步. ¶その場から～ / 当场退出. ¶現役から～ / 离现役；退出现任职务.

しりぞける【退ける】斥退 chìtuì. ¶攻撃を～ / 击退进攻.

しりつ【市立】市立 shìlì. ¶～病院 / 市立医院.

しりつ【私立】私立 sīlì. ¶～大学 / 私立大学. ¶～探偵 / 私人侦探.

じりつ【自立】自立 zìlì. ¶親から～する / 离开父母自立.

じりつ【自律】自律 zìlǜ. ¶～神経 / 自律神经.

しりとり【尻取り】接尾令 jiēwěilìng.

しりめつれつ【支離滅裂】杂乱无章 zá luàn wú zhāng. ¶～なことを言う / 说些前后矛盾的话.

しりもち【尻餅】屁股蹲儿 pìgudūnr. ¶～をつく / 摔了个屁股蹲儿.

しりゅう【支流】支流 zhīliú.

しりょ【思慮】考虑 kǎolǜ. ¶～に欠ける / 欠考虑. ¶～深い人 / 深谋远虑的人. ¶～分別 / 思考判断.

しりょう【資料】资料 zīliào, 材料 cáiliào. ¶～をそろえる / 备齐资料. ¶～室 / 资料室. ¶会議～ / 会议材料.

しりょう【史料】史料 shǐliào. ¶～の収集 / 史料的收集. ¶貴重な～ / 珍贵的史料.

しりょう【飼料】饲料 sìliào. ¶牛の～ / 牛的饲料. ¶～作物 / 饲料作物.

しりょく【視力】视力 shìlì. ¶～がよい / 视力好. ¶～を失う / 失去视力. ¶～検査 / 视力检查.

しる【知る】知道 zhīdao. ¶だれも知らない事実 / 谁都不知道的事实. ¶知っている人 / 认识的人. ¶知ってのとおり / 如您所知. ¶私の～限り / 据我所知. ¶私の知ったことではない / 与我无关的事. ¶恥を知れ / 真不害臊. ¶知らぬ間に / 不知不觉地.

しる【汁】汁 zhī. ¶～を絞る / 挤汁. ¶みかんの～ / 橘子汁. ¶～気が多い / 汁多.

シルエット轮廓 lúnkuò, 剪影 jiǎnyǐng.

シルク丝绸 sīchóu. ¶～ハット / 大礼帽. ¶～ロード / 丝绸之路.

しるし【印】标志 biāozhì, 符号 fúhào. ¶～をつける / 标出记号. ¶感謝の～ / 感谢的表示. ¶三角～ / 三角符号. ¶丸～ / 圆圈符号.

しるす【記す】记 jì. ¶詳しく書き～ / 详细地标注.

シルバー银 yín. ¶～グレー / 银灰色.

シルバーシート老弱病残孕专座 lǎo ruò bìng cán yùn zhuānzuò.

しれい【司令】司令 sīlìng. ¶～を出す / 发布命令. ¶～官 / 司令官.

じれい【辞令】辞令 cílìng. ¶～を受ける / 接受任免. ¶外交～ / 外交辞令.

じれったい令人焦急 lìng rén jiāojí. ¶～話し方 / 让人着急的说法.

しれる【知れる】被人知道 bèi rén zhīdao. ¶事が～ / 事情被人知道. ¶身元が～ / 身份清楚了. ¶新聞に出て世間に～ / 刊登在报上,社会都知道了. ¶気が知れない / 难于理解. ¶知れた事だ / 不说自明的事.

しれん【試練】考验 kǎoyàn. ¶～を受ける / 接受考验. ¶～を経る / 经过考验. ¶～に耐える / 经得起考验.

ジレンマ进退两难 jìn tuì liǎng nán.

しろ【城】城 chéng. ¶～を築く / 修建城堡. ¶～を攻め落とす / 攻陷城池. ¶～跡 / 旧城遗迹.

しろ【白】白 bái. ¶～い紙 / 白纸. ¶真っ～いワイシャツ / 雪白的衬衫. ¶～ワイン / 白葡萄酒.

しろうと【素人】外行 wàiháng. ¶ずぶの～ / 完全外行.

しろくま【白熊】白熊 báixióng.

しろくろ【白黒】黑白 hēibái. ¶～つける / 弄清是非. ¶目を～させる / 翻白眼.

シロップ糖汁 tángzhī.

しろめ【白目】白眼珠 báiyǎnzhū. ¶～を剝く / 翻白眼.

しわ【皺】皱纹 zhòuwén. ¶～になる / 起皱纹. ¶眉間に～を寄せる / 皱眉头. ¶アイロンで～を伸ばす / 用熨斗烫平褶皱.

しわす【師走】腊月 làyuè.

しん【心・芯】核心 héxīn. ¶リンゴの～ / 苹果核. ¶鉛筆の～ / 铅笔芯. ¶体の～まで冷える / 透心凉.

しん【真】真正 zhēnzhèng. ¶～の友 / 真正的朋友. ¶～に迫る / 逼真.

しんあい【親愛】亲爱 qīn'ài. ¶～なる友 / 亲爱的朋友. ¶～の情を抱く / 拥有亲情.

しんい【真意】真实意思 zhēnshí yìsi. ¶～を探る / 揣摩真正的心意. ¶～をはかりかねる / 难于弄清真意.

じんい【人為】人为 rénwéi. ¶～的なミス / 人为的错误.

じんいん【人員】人员 rényuán. ¶～を増やす / 增加人员. ¶～整理 / 裁员. ¶余剰～ / 多余人员.

しんか【進化】进化 jìnhuà. ¶～の過程 / 进化的过程. ¶～論 / 进化论.

しんか【真価】真正的价值 zhēnzhèng de jiàzhí. ¶～を発揮する / 发挥真正的作用. ¶～を世に問う / 让世人判断其真正价值.

しんかい【深海】深海 shēnhǎi. ¶～魚 / 深海鱼.

しんがい【侵害】侵害 qīnhài. ¶プライバシーを～する / 侵犯隐私. ¶権利を～される / 权利被侵犯. ¶自由の～ / 侵犯自由. ¶人権～ / 侵犯人权.

しんがく【進学】升学 shēngxué. ¶～準備 / 升学准备. ¶～難 / 升学难. ¶～率 / 升学率.

しんがく【神学】神学 shénxué. ¶～校 / 神学校.
じんかく【人格】人格 réngé. ¶～を無視する / 无视人格. ¶～者 / 人格高尚的人. ¶二重～ / 双重人格.
しんかくか【神格化】神化 shénhuà.
しんがた【新型】新型 xīnxíng. ¶～車 / 新型车. ¶～モデル / 新型款式.
シンガポール新加坡 Xīnjiāpō.
しんかん【新刊】新刊 xīnkān. ¶～書 / 新刊书. ¶～図書 / 新刊图书.
しんかんせん【新幹線】新干线 xīngànxiàn.
しんき【新規】新 xīn. ¶～加入 / 新加入. ¶～採用 / 新录用.
しんぎ【審議】审议 shěnyì. ¶～を打ち切る / 停止审议. ¶～を再開する / 重新审议. ¶法案を～する / 审议法律草案. ¶～会 / 审议会.
しんぎ【真偽】真伪 zhēnwěi,真假 zhēnjiǎ. ¶～を確かめる / 确定真伪. ¶～不明 / 真假不明.
しんきゅう【進級】升级 shēngjí. ¶2年生に～する / 升到二年级. ¶～試験 / 升级考试.
しんきょう【心境】心境 xīnjìng. ¶～の変化 / 心情的变化. ¶～を語る / 谈心里话. ¶複雑な～ / 复杂的心情.
しんきろう【蜃気楼】海市蜃楼 hǎi shì shèn lóu.
しんきんかん【親近感】亲近感 qīnjìngǎn. ¶～を覚える / 觉得有亲近感. ¶～を抱く / 怀有亲近感. ¶～がわかない / 产生不出亲近感.
しんく【辛苦】辛苦 xīnkǔ. ¶～をなめる / 含辛茹苦. ¶あらゆる～をくぐりぬける / 历尽艰辛.
しんぐ【寝具】寝具 qǐnjù.
しんくう【真空】真空 zhēnkōng. ¶～にする / 保持真空. ¶～管 / 真空管.
ジンクス厄运 èyùn. ¶～を破る / 破除厄运.
シンクタンク智囊团 zhìnángtuán.
シングル单人 dānrén. ¶～ベッド / 单人床.
シンクロナイズドスイミング花样游泳 huāyàng yóuyǒng.
しんけい【神経】神经 shénjīng. ¶～が鈍い / 反应迟钝. ¶～が図太い / 满不在乎；不拘小节. ¶～が高ぶる / 兴奋. ¶～を集中する / 聚精会神. ¶～をとがらせる / 提高警惕. ¶～をすり減らす / 劳神. ¶～を逆なでする / 惹怒对方. ¶～質な人 / 神经质的人. ¶～科 / 神经科. ¶～衰弱 / 神经衰弱.
しんけん【真剣】认真 rènzhēn. ¶～なまなざし / 认真的眼神. ¶～味に欠ける / 缺乏认真劲. ¶～勝負 / 一决胜负.
じんけん【人権】人权 rénquán. ¶～を侵害される / 人权受到侵犯. ¶～擁護 / 维护人权. ¶基本的～ / 基本人权.
しんげんち【震源地】震源地 zhènyuándì. ¶うわさの～ / 谣言的来源.
じんけんひ【人件費】劳务费 láowùfèi. ¶～がかさむ / 劳务费用上涨. ¶～の削減 / 削减劳务费.
しんご【新語】新词 xīncí. ¶～辞典 / 新词词典.
しんこう【進行】进展 jìnzhǎn. ¶病気が～する / 病情恶化. ¶～中の計画 / 正在执行中的计划. ¶～係 / 司仪.
しんこう【信仰】信仰 xìnyǎng. ¶～心が厚い / 信仰虔诚. ¶～を捨てる / 抛弃信仰. ¶～の自由 / 信仰的自由.
しんこう【振興】振兴 zhènxīng. ¶商業を～する / 振兴商业.
しんこう【親交】深交 shēnjiāo. ¶～がある / 有亲密的交往. ¶～を結ぶ / 结下深交. ¶～を深める / 加深交往.
しんごう【信号】信号 xìnhào. ¶～を送る / 发送信号. ¶～を無視する / 闯红绿灯. ¶～機 / 红绿灯.
じんこう【人口】人口 rénkǒu. ¶～の減少 / 人口的减少. ¶～過剰 / 人口过剩. ¶～密度 / 人口密度. ¶～問題 / 人口问题.
じんこう【人工】人工 réngōng. ¶～衛星 / 人造卫星. ¶～呼吸 / 人工呼吸. ¶～芝 / 人造草坪. ¶～知能 / 人工智能. ¶～授精 / 人工授精.
しんこきゅう【深呼吸】深呼吸 shēn hūxī.
しんこく【深刻】严重 yánzhòng. ¶～な問題 / 重大问题. ¶事態が～になる / 事态变严重.
しんこく【申告】申报 shēnbào. ¶～者 / 申报人. ¶～書 / 申报单. ¶～漏れ / 漏报.
しんこん【新婚】新婚 xīnhūn. ¶～夫婦 / 新婚夫妇. ¶～旅行 / 蜜月旅行.
しんさ【審査】审查 shěnchá. ¶～に通る / 通过审查. ¶～員 / 审查员. ¶書類～ / 书面审查.
しんさつ【診察】诊察 zhěnchá. ¶～を受ける / 接受诊断. ¶患者を～する / 给患者诊断病情. ¶～券 / 挂号证. ¶～室 / 诊察室. ¶～料 / 诊费.
しんし【紳士】绅士 shēnshì. ¶～的な態度 / 绅士式的态度. ¶～を気取る / 假装绅士. ¶～服 / 男装.
じんじ【人事】人事 rénshì. ¶～を尽くして天命を待つ / 尽人事以待天命. ¶～異動 / 人事调动. ¶～課 / 人事科.
しんしき【新式】新式 xīnshì. ¶～の製品 / 新式产品. ¶最～ / 最新式.
しんしつ【寝室】寝室 qǐnshì.
しんじつ【真実】真实 zhēnshí. ¶～を明らかにする / 弄清真实情况. ¶

～を告白する / 坦白真相.

しんじゃ【信者】信徒 xìntú. ¶～になる / 成为信徒. ¶熱心な～ / 热心的信徒.

じんじゃ【神社】神社 shénshè. ¶～に参る / 参拜神社.

しんじゅ【真珠】珍珠 zhēnzhū. ¶～のネックレス / 珍珠项链. ¶～貝 / 珍珠贝. ¶養殖～ / 养殖珍珠.

じんしゅ【人種】人种 rénzhǒng. ¶～差別 / 种族歧视. ¶～問題 / 种族问题.

しんしゅく【伸縮】伸缩 shēnsuō. ¶～する布地 / 能伸缩的布料. ¶～自在 / 伸缩自如.

しんしゅつ【進出】进入 jìnrù. ¶海外市場に～する / 进入海外市场. ¶政界に～する / 进入政界.

しんしょう【心証】印 象 yìnxiàng. ¶～をよくする / 给人以好的印象. ¶～を害する / 抱有不好的印象.

しんじょう【心情】心情 xīnqíng. ¶～をくむ / 体谅人的心情.

しんじょう【信条】信条 xìntiáo. ¶～を守る / 坚守信条. ¶～に反する / 违背自己的信念. ¶生活～ / 生活信条.

しんじょう【真情】真 情 zhēnqíng. ¶～を吐露する / 吐露真情.

しんしょうしゃ【身障者】残疾人cánjírén.

しんじる【信じる】相 信 xiāngxìn. ¶彼の言葉を～ / 相信他的话. ¶神を～ / 信神. ¶信じられる / 信得过. ¶信じがたい / 难以相信.

しんしん【心身】身心 shēnxīn. ¶～ともに健康だ / 身心都很健康. ¶～ともに疲れ果てる / 身心疲惫.

しんじん【新人】新人xīnrén, 新手xīnshǒu. ¶期待の～ / 期待的新人. ¶～歌手 / 新歌手.

しんすい【心酔】醉 心 于 zuìxīnyú. ¶偏った思想に～する / 陶醉在偏执的思想中.

しんすい【浸水】渗 水 shènshuǐ. ¶床下～する / 地板下进水. ¶～家屋 / 水淹的房子.

しんせい【申請】申 请 shēnqǐng. ¶パスポートを～する / 申请护照. ¶～書 / 申请书. ¶～人 / 申请人.

しんせい【神聖】神圣 shénshèng. ¶～な儀式 / 神圣的仪式. ¶～視する / 看得神圣.

じんせい【人生】人生 rénshēng. ¶新しい～ / 新的人生. ¶楽しい～を送る / 度过快乐的人生. ¶～観 / 人生观. ¶～経験 / 人生经验.

しんせき【親戚】亲戚 qīnqi. ¶近い～ / 近亲. ¶～に当たる / 有亲戚关系. ¶～関係 / 亲戚关系.

シンセサイザー电子音响合成器 diànzǐ yīnxiǎng héchéngqì.

しんせつ【親切】热情 rèqíng ; 好意 hǎoyì. ¶～に振る舞う / 热情地招待. ¶～を尽くす / 极其亲切. ¶～を無にする / 辜负别人的心意.

しんせつ【新設】新 设 xīnshè. ¶学科を～する / 新设学科. ¶～校 / 新建的学校.

しんせん【新鮮】新鲜 xīnxiān. ¶～な感覚 / 新鲜的感觉. ¶～味に欠ける / 缺少新鲜味道.

しんぜん【親善】亲善 qīnshàn ¶～試合 / 友谊赛. ¶～使節 / 友好使节. ¶国際～ / 国际友好.

しんそう【真相】真相 zhēnxiàng. ¶事件の～ / 事件的真相. ¶～を明らかにする / 弄清真相. ¶～を究明する / 探明真相.

しんぞう【心臓】心脏 xīnzàng. ¶～がどきどきする / 心脏怦怦跳. ¶～移植 / 心脏移植. ¶～外科 / 心脏外科. ¶～発作 / 心脏病发作. ¶機械の～部 / 机器的核心部分. ¶～病 / 心脏病. ¶～まひ / 心脏麻痹.

じんぞう【腎臓】肾 脏 shènzàng. ¶～炎 / 肾炎. ¶～結石 / 肾结石. ¶～病 / 肾病.

じんぞう【人造】人造rénzào. ¶～湖 / 人工湖. ¶～ダイヤ / 人造钻石. ¶～皮革 / 人造革.

じんそく【迅速】迅速 xùnsù. ¶～な行動 / 迅速的行动. ¶～かつ正確に / 迅速并且准确地.

しんそこ【心底】内心 nèixīn. ¶～あきれる / 难以置信. ¶～嫌になる / 从心里讨厌.

しんたい【身体】身体 shēntǐ. ¶～検査をする / 检查身体. ¶～障害 / 残废.

しんたい【進退】进退 jìntuì, 去留 qùliú. ¶～きわまる / 进退维谷.

しんだい【寝台】卧铺 wòpù. ¶～に横になる / 躺在卧铺上. ¶～列車 / 卧铺车.

じんたい【人体】人体 réntǐ. ¶～に有害な物質 / 对人体有害的物质. ¶～実験 / 人体实验.

しんたいそう【新体操】艺术体操 yìshù tǐcāo.

しんだん【診断】诊断 zhěnduàn. ¶～を受ける / 接受诊断. ¶～を下す / 下诊断. ¶患者を～する / 给患者诊断. ¶健康～ / 健康诊断. ¶～書 / 诊断书.

しんちく【新築】新建 xīnjiàn. ¶～の家 / 新建的家. ¶～祝い / 祝贺新房建成(的仪式).

しんちゅう【心中】心里 xīnli. ¶～を明かす / 倾吐心事. ¶～を察しがたい / 真心难测. ¶～おだやかでない / 心情不平静.

しんちょう【身長】身高 shēngāo. ¶～が低い〔高い〕/ 个子「矮〔高〕」. ¶～を測る / 量身高. ¶～順に並ぶ / 按身高排队.

しんちょう【慎重】慎重 shènzhòng. ¶～な態度 / 慎重的态度. ¶～に扱う / 慎重对待. ¶～さを欠く / 缺乏慎重. ¶～派 / 慎重派.

しんちんたいしゃ【新陳代謝】新陈代谢 xīn chén dài xiè. ¶～が活発だ / 新陈代谢很旺盛.
しんつう【心痛】忧虑 yōulǜ. ¶～のあまり / 忧虑之极. ¶～が絶えない / 痛心事不断.
じんつう【陣痛】阵痛 zhèntòng. ¶～が始まる / 开始阵痛.
しんてい【進呈】赠送 zèngsòng.
しんてん【進展】进展 jìnzhǎn. ¶～を見せる / 出现进展. ¶事件の～ / 案件的进展. ¶事態が急速に～する / 事态急速发展. ¶二人の仲が～する / 两人的关系发展.
しんど【進度】进度 jìndù. ¶学習の～ / 学习的进度. ¶～が早い / 进度快.
しんとう【浸透】渗透 shèntòu. ¶国民の間に～する / 深入到国民之间. ¶～圧 / 渗透压. ¶～膜 / 渗透膜.
しんどう【振動】振动 zhèndòng. ¶激しく～する / 剧烈振动. ¶ガラス窓が～する / 窗户玻璃振动. ¶～計 / 振动计.
じんどう【人道】人道 réndào. ¶～的な立場から / 从人道的立场出发. ¶～に反する / 违背人道. ¶～主義 / 人道主义.
シンナー稀释剂 xīshìjì, 稀料 xīliào.
しんにゅう【進入】进入 jìnrù. ¶～禁止 / 禁止进入. ¶～灯 / 进入指示灯. ¶～路 / 进路.
しんにゅう【侵入】侵入 qīnrù, 闯入 chuǎngrù. ¶～者 / 闯入的人. ¶不法～ / 非法闯入.
しんにゅうせい【新入生】新生 xīnshēng. ¶～歓迎会 / 迎新会.
しんにん【信任】信任 xìnrèn. ¶～が厚い / 深得信任. ¶～を得る / 得到信任. ¶～状 / 国书. ¶不～ / 不信任.
しんにん【新任】新任 xīnrèn, 就任 jiùrèn. ¶～のあいさつ / 就任致词. ¶～の教師 / 新来的教师. ¶～地 / 新的工作地.
しんねん【信念】信念 xìnniàn. ¶～の強い人 / 信念坚定的人. ¶～を貫く / 坚持信念. ¶～を曲げない / 不改变信念.
しんねん【新年】新年 xīnnián. ¶～を迎える / 迎接新年. ¶～おめでとうございます / 新年好. ¶謹賀～ / 恭贺新年. ¶～会 / 新年庆祝会.
しんぱい【心配】担心 dānxīn. ¶父に～をかける / 叫爸爸担心. ¶～事がある / 有挂念的事情. ¶いらぬ～ / 不必要的担心.
しんぱん【審判】[法律]审判 shěnpàn ; [スポーツ]裁判 cáipàn. ¶公正な～ / 公正的审判. ¶最後の～ / 最后的审判. ¶～員 / 裁判员.
しんぴ【神秘】神秘 shénmì. ¶～的な世界 / 神秘的世界. ¶～に包まれている / 笼罩在神秘之中. ¶～を解く / 揭开神秘的面纱.
しんぴょうせい【信憑性】可靠性 kěkàoxìng. ¶～のある情報 / 可靠的消息. ¶～に乏しい / 缺乏可靠性.
しんぴん【新品】新品 xīnpǐn. ¶～同様だ / 和新的一样.
しんぷ【神父】神甫 shénfu.
しんぷ【新婦】新娘 xīnniáng. ¶～を迎える / 迎接新娘. ¶新郎～ / 新郎新娘.
じんぶつ【人物】人物 rénwù. ¶重要～ / 重要人物. ¶申し分のない～ / 无可挑剔的人. ¶～画 / 人物画.
シンプル简单 jiǎndān.
しんぶん【新聞】报纸 bàozhǐ. ¶～を見る / 看报. ¶～を広げる / 翻开报纸. ¶～に出る / 登载在报上. ¶～記事 / 报刊报道. ¶～記者 / 报刊记者. ¶～広告 / 报刊广告.
じんぶん【人文】人文 rénwén. ¶～科学 / 人文科学. ¶～地理 / 人文地理.
しんぺん【身辺】身边 shēnbiān. ¶～が危うい / 身边有危险 ; 危险临近. ¶～の整理をする / 处理身边琐事. ¶～を警護する / 护卫安全. ¶～多忙 / 身边事多.
しんぽ【進歩】进步 jìnbù. ¶著しい～ / 显著的进步. ¶～が速い / 进步快. ¶大きな～を遂げる / 取得重大进步.
しんぼう【辛抱】忍受 rěnshòu. ¶じっと～する / 一直忍耐着. ¶～強い / 有耐心. ¶もう少しの～だ / 再忍耐一会儿.
しんぼう【信望】声望 shēngwàng. ¶～が厚い / 威信高. ¶～を得る / 得到声望.
じんぼう【人望】声望 shēngwàng. ¶～がある / 有声望. ¶～を集める / 受人爱戴.
しんぽうしゃ【信奉者】信奉者 xìnfèngzhě.
しんぼく【親睦】和睦 hémù. ¶～を図る / 促进友好. ¶～を深める / 加深友好. ¶～会 / 联谊会.
シンポジウム研讨会 yántǎohuì.
シンボル象征 xiàngzhēng. ¶平和の～ / 和平的象征. ¶～カラー / 象征性的颜色. ¶～マーク / 象征标志.
しんまい【新米】新手 xīnshǒu, 生手 shēngshǒu. ¶～記者 / 新记者.
じんましん荨麻疹 xúnmázhěn.
しんみつ【親密】亲密 qīnmì. ¶極めて～な間柄 / 非常亲密的关系. ¶～に交わる / 亲密地交往.
じんみん【人民】人民 rénmín. ¶～裁判 / 人民审判. ¶～の～による～のための政治 / 民有、民治、民享的政治. ¶～元 / 人民币.
じんめい【人命】人命 rénmìng. ¶多くの～を失う / 失去众多生命. ¶～救助 / 救人命. ¶～尊重 / 尊重人的生命.
じんもん【尋問】审问 shěnwèn. ¶～を受ける / 接受审问. ¶反対～ / 对

方寻问.

しんや【深夜】深夜shēnyè. ¶～営業 / 深夜营业. ¶～放送 / 深夜节目. ¶～料金 / 夜间价格.

しんゆう【親友】亲密的朋友 qīnmì de péngyou. ¶～になる / 成为好朋友. ¶無二の～ / 最好的朋友.

しんよう【信用】信用 xìnyòng. ¶～を得る / 获得信任. ¶～を失う / 失去信任. ¶～を傷つける / 损害信誉. ¶店の～が落ちた / 商店的信誉下降. ¶～取引 / 信用交易.

しんようじゅ【針葉樹】针叶树 zhēnyèshù.

しんらい【信頼】信赖 xìnlài. ¶～できる人 / 可以信赖的人. ¶～にこたえる / 不辜负信赖. ¶～を裏切る / 辜负信任. ¶～関係を築く / 建立信赖关系.

しんらつ【辛辣】辛辣 xīnlà. ¶～な言葉 / 辛辣的语言. ¶～な批評をする / 尖锐地批评.

しんり【心理】心理 xīnlǐ. ¶～学 / 心理学. ¶～状態 / 心理状态. ¶～描写 / 心理描写. ¶～的効果 / 心理上的效果.

しんり【真理】真理 zhēnlǐ. ¶～を探求する / 探求真理.

しんり【審理】审理 shěnlǐ. ¶～を進める / 进行审理.

しんりゃく【侵略】侵略 qīnlüè. ¶～行為 / 侵略行为. ¶～国 / 侵略国. ¶～戦争 / 侵略战争.

しんりょう【診療】诊疗 zhěnliáo. ¶～を施す / 进行诊疗. ¶～時間 / 诊疗时间. ¶～所 / 诊疗所.

じんりょく【尽力】尽力 jìnlì. ¶～を請う / 请求帮忙. ¶～の甲斐もなく / 白费劲.

しんりん【森林】森林 sēnlín. ¶～開発 / 森林开发. ¶～公園 / 森林公园. ¶～地帯 / 森林地带. ¶～保護 / 森林保护. ¶～浴 / 森林浴.

しんるい【親類】亲戚 qīnqi. ¶～縁者 / 家属亲戚.

じんるい【人類】人类 rénlèi. ¶～の平和 / 人类和平. ¶～愛 / 人类之爱. ¶～学 / 人类学.

しんろ【進路】走向 zǒuxiàng. ¶台風の～ / 台风的走向. ¶卒業後の～ / 毕业后的道路. ¶～を誤る / 弄错方向. ¶～を妨げる / 挡住去路.

しんろう【新郎】新郎 xīnláng. ¶～新婦 / 新郎新娘.

しんろう【心労】操心 cāoxīn. ¶～が重なる / 不断操劳. ¶～のあまり病気になった / 操心过度得了病.

しんわ【神話】神话 shénhuà. ¶ギリシア～ / 希腊神话.

す

す【巣】窝 wō. ¶ハチの～ / 蜂窝. ¶愛の～ / 爱巢.

す【酢】醋 cù.

ず【図】图 tú. ¶～で示す / 图示. ¶～に当たる / 如愿以偿. ¶～に乗る / 得意忘形.

すあし【素足】光脚 guāngjiǎo.

ずあん【図案】图案 tú'àn.

ずい【髄】骨髓 gǔsuǐ. ¶骨の～までしみる / 刺骨.

すいあつ【水圧】水压 shuǐyā.

すいい【推移】发展 fāzhǎn. ¶事態の～を見守る / 注视事态的发展.

すいい【水位】水位 shuǐwèi. ¶～が高まる / 水位增高. ¶危険～ / 危险水位.

ずいいん【随員】随员 suíyuán.

スイートルーム套间 tàojiān.

すいえい【水泳】游泳 yóuyǒng. ¶～競技 / 游泳比赛. ¶～選手 / 游泳运动员. ¶～帽 / 泳帽.

すいか【西瓜】西瓜 xīguā.

すいがい【水害】水灾 shuǐzāi. ¶～を被る / 遭受水灾. ¶～地 / 水灾地区.

すいがら【吸い殻】烟头 yāntóu.

すいきゅう【水球】水球 shuǐqiú.

すいぎゅう【水牛】水牛 shuǐniú.

すいぎょうざ【水餃子】水饺 shuǐjiǎo.

すいぎん【水銀】水银 shuǐyín, 汞 gǒng. ¶～中毒 / 水银中毒. ¶～電池 / 水银电池. ¶～灯 / 水银灯.

すいげんち【水源地】水源地 shuǐyuándì.

すいこう【推敲】推敲 tuīqiāo. ¶～を重ねる / 反复推敲.

すいこう【遂行】完成 wánchéng. ¶任務を～する / 完成任务.

すいこむ【吸い込む】吸入 xīrù. ¶煙を～ / 吸入烟雾.

すいさいが【水彩画】水彩画 shuǐcǎihuà.

すいさつ【推察】推测 tuīcè.

すいさんぎょう【水産業】水产业 shuǐchǎnyè.

すいさんぶつ【水産物】水产品 shuǐchǎnpǐn.

すいし【水死】淹死 yānsǐ. ¶～体 / 溺死者的尸体.

すいじ【炊事】炊事 chuīshì. ¶～場 / 厨房. ¶～当番 / 伙食值班.

すいしつ【水質】水质 shuǐzhì.

すいしゃ【水車】水车 shuǐchē. ¶～小屋 / 水车磨房.

すいじゃく【衰弱】衰弱 shuāiruò. ¶神経～ / 神经衰弱.

すいじゅん【水準】水平 shuǐpíng. ¶一定の～に達する / 达到一定水平. ¶生活～ / 生活水平.

すいしょう【水晶】水晶 shuǐjīng. ¶～時計 / 水晶表.

すいじょう【水上】水上 shuǐshàng. ¶～警察 / 水上警察. ¶～スキー / 滑水运动.

すいじょうき【水蒸気】水蒸气 shuǐzhēngqì, 蒸汽 zhēngqì.

すいしん【水深】水深 shuǐshēn.

す

すいしん【推進】推进 tuījìn. ¶計画を～する / 推行计划. ¶～力 / 推动力.
スイス 瑞士 Ruìshì.
すいせい【彗星】彗星 huìxīng. ¶～のように現れる / 如彗星闪现.
すいせい【水星】水星 shuǐxīng.
すいせい【水性】水性 shuǐxìng. ¶～インク / 水性油墨. ¶～塗料 / 水溶性涂料.
すいせん【推薦】推荐 tuījiàn. ¶～状 / 推荐信.
すいせん【水仙】水仙 shuǐxiān.
すいせん【水洗】水洗 shuǐxǐ. ¶～トイレ / 冲水马桶.
すいそ【水素】氢 qīng. ¶～ガス / 氢气. ¶～爆弾 / 氢弹.
すいそう【水槽】水槽 shuǐcáo.
すいそう【吹奏】吹奏 chuīzòu. ¶～楽 / 吹奏乐. ¶～楽団 / 吹奏乐团.
すいぞう【膵臓】胰脏 yízàng, 胰腺 yíxiàn.
すいそく【推測】推测 tuīcè. ¶～がつく / 估计到.
すいぞくかん【水族館】水族馆 shuǐzúguǎn.
すいたい【衰退】衰退 shuāituì. ¶～の一途をたどる / 一直衰退下去. ¶国力の～ / 国力衰退.
すいちゅう【水中】水中 shuǐzhōng. ¶～カメラ / 水中照相机. ¶～眼鏡 / 潜水眼镜.
すいちょく【垂直】垂直 chuízhí. ¶～に交わる / 垂直相交. ¶～線 / 垂直线.
スイッチ 开关 kāiguān. ¶～を入れる〔切る〕/ 开〔关〕开关. ¶テレビの～ / 电视开关.
すいてい【推定】推定 tuīdìng. ¶死亡～時刻 / 推定死亡时间.
すいでん【水田】水田 shuǐtián.
すいとう【水筒】水壶 shuǐhú.
すいどう【水道】自来水 zìláishuǐ. ¶～を引く / 安自来水. ¶～を止める / 停自来水. ¶～管 / 自来水管.
すいとる【吸い取る】吸收 xīshōu. ¶掃除機でごみを～ / 用吸尘器吸垃圾.
すいばく【水爆】氢弹 qīngdàn.
すいはんき【炊飯器】电饭锅 diànfànguō, 电饭煲 diànfànbāo.
ずいひつ【随筆】随笔 suíbǐ. ¶～家 / 随笔作家.
すいぶん【水分】水分 shuǐfèn. ¶～の多い果物 / 水分多的水果.
ずいぶん【随分】相当 xiāngdāng. ¶～遠い / 很远.
すいへい【水平】水平 shuǐpíng. ¶～線 / 水平线. ¶～面 / 水平面.
すいへい【水兵】海军士兵 hǎijūn shìbīng.
すいほう【水泡】水泡 shuǐpào. ¶～に帰す / 化为泡影.
すいぼくが【水墨画】水墨画 shuǐmòhuà.
すいみん【睡眠】睡眠 shuìmián. ¶一日7時間の～を取る / 一天睡七个小时. ¶～を妨げる / 妨碍睡眠. ¶～時間 / 睡眠时间. ¶～不足 / 睡眠不足. ¶～薬 / 安眠药.
すいめん【水面】水面 shuǐmiàn. ¶～に浮かぶ / 浮在水面.
すいようせい【水溶性】水溶性 shuǐróngxìng. ¶～物質 / 水溶性物质.
すいようび【水曜日】星期三 xīngqīsān.
すいり【推理】推理 tuīlǐ. ¶～小説 / 推理小说.
すいりょく【水力】水力 shuǐlì. ¶～発電所 / 水力发电站.
すいれん【睡蓮】睡莲 shuìlián.
すいろ【水路】水渠 shuǐqú.
すいろん【推論】推论 tuīlùn. ¶事実から～する / 从事实推论.
スイング 摇动 yáodòng.
すう【数】数字 shùzì. ¶2桁の～ / 两位数. ¶～年後 / 数年后.
すう【吸う】吸进 xījìn. ¶新鲜な空気を～ / 呼吸新鲜空气. ¶たばこを～ / 吸烟.
スウェーデン 瑞典 Ruìdiǎn.
すうかい【数回】数次 shùcì.
すうがく【数学】数学 shùxué.
すうこう【崇高】崇高 chónggāo. ¶～な使命 / 崇高的使命.
すうじ【数字】数字 shùzì. ¶～で表す / 用数字表示. ¶～に弱い / 不擅长计算.
すうしき【数式】算式 suànshì.
ずうずうしい【図々しい】脸皮厚liǎnpí hòu. ¶～行動 / 厚颜无耻的行为.
スーツ 西装 xīzhuāng. ¶～ケース / 旅行箱.
スーパー 超级chāojí. ¶～マーケット / 超市. ¶～スター / 超级明星. ¶～マン / 超人.
すうはい【崇拝】崇拜 chóngbài. ¶～者 / 崇拜者. ¶偶像～ / 崇拜偶像.
スープ 汤 tāng.
ズーム 变焦 biànjiāo. ¶～イン / 放大. ¶～アウト / 缩小. ¶～レンズ / 变焦镜头.
すうりょう【数量】数量 shùliàng. ¶～が増える / 数量增加.
すえ【末】结果 jiéguǒ. ¶長い議論の～に / 长时间讨论的结果. ¶～長く / 永久.
すえつける【据え付ける】安装 ānzhuāng. ¶エアコンを～ / 安装空调.
すえっこ【末っ子】最小的孩子 zuì xiǎo de háizi.
すえる【据える】安放 ānfàng. ¶部長に～ / 当部长. ¶腹に据えかねる / 忍耐不住.
ずが【図画】画图 huàtú. ¶～用紙 / 画图纸.
スカート 裙子 qúnzi. ¶～を履く / 穿裙子. ¶ミニ～ / 迷你裙.
スカーフ 围巾 wéijīn.
ずかい【図解】图解 tújiě.

ずがいこつ【頭蓋骨】头盖骨 tóugàigǔ.

スカイダイビング跳伞 tiàosǎn.

スカウト物色人才 wùsè réncái, 星探 xīngtàn. ¶ボーイ〔ガール〕～ / 男〔女〕童子军.

すがお【素顔】不化妆的脸 bù huàzhuāng de liǎn；本来面目 běnlái miànmù. ¶彼女の～ / 她没有化妆的脸.

すかさず【透かさず】立即 lìjí. ¶～反問した / 及时反问.

すかす【透かす】透着看 tòuzhe kàn. ¶ガラス越しに透かして見る / 透过玻璃看. ¶封筒を透かして見る / 透过信封看.

ずかずか不礼貌 bù lǐmào. ¶～と入り込む / 冒冒失失地闯进来.

すがすがしい【清々しい】清新 qīngxīn. ¶～気分 / 爽快的气氛. ¶～朝の空気 / 早晨清新的空气. ¶～高原の朝 / 高原清新的早晨.

すがた【姿】姿态 zītài. ¶～を現す / 露面. ¶～を隠す / 不露面.

すがる【縋る】依附 yīfù. ¶母親に取りすがっている子供 / 纠缠妈妈的小孩. ¶親にすがって暮らす / 靠父母生活.

ずかん【図鑑】图鉴 tújiàn, 图谱 túpǔ. ¶動物～ / 动物图鉴.

スカンク臭鼬鼠 chòuyòushǔ.

すき【好き】喜欢 xǐhuan. ¶私は中国が～です / 我喜欢中国. ¶北京ダックが～だ / 喜欢吃北京烤鸭.

すき【隙】缝隙 fèngxì. ¶割りこむ～もない / 没有挤进去的余地. ¶～をつく / 钻空子. ¶～を見せる / 露出破绽.

すき【鋤】铁铲 tiěchǎn.

-すぎ【-過ぎ】过了 guò le. ¶8時～に出ましょう / 八点以后出去吧. ¶飲み～ / 喝多了.

すぎ【杉】杉树 shānshù.

スキー滑雪 huáxuě. ¶アルペン～ / 高山滑雪. ¶クロスカントリー～ / 越野滑雪. ¶フリースタイル～ / 自由式滑雪.

すきかって【好き勝手】随便 suíbiàn. ¶～にする / 随便做. ¶～なことを言う / 胡乱说.

すききらい【好き嫌い】好恶 hàowù. ¶食べ物の～をいう / 说对食物的好恶；挑食.

すきこのんで【好き好んで】自愿 zìyuàn. ¶～貧乏をする人はいない / 没有自找穷日子过的人.

すぎさる【過ぎ去る】过去 guòqù. ¶過ぎ去った時間 / 过去的时间. ¶過ぎ去った事は忘れよう / 忘掉过去的事吧.

すきずき【好き好き】各有所好 gè yǒu suǒ hào. ¶たで食う虫も～ / 人各有所好；百人吃百味.

ずきずき一阵一阵地痛yīzhènyīzhèn de tòng. ¶頭が～する / 头一阵一阵地痛.

すきとおる【透き通る】清澈 qīngchè. ¶透き通った水 / 清澈的水.

すぎない【過ぎない】不过 bùguò. ¶憶測に～ / 不过是揣测而已. ¶これは始まりに～ / 这仅仅是开始.

すきま【隙間】缝隙 fèngxì. ¶～ができる / 有缝隙. ¶ドアの～ / 门缝. ¶～風 / 贼风.

すきやき【すき焼き】鸡素烧 jīsùshāo.

スキャナー扫描仪 sǎomiáoyí.

スキャンダル丑闻 chǒuwén.

スキューバダイビング(器械) 潜水 (qìxiè) qiánshuǐ.

スキル技巧 jìqiǎo.

-すぎる【-過ぎる】过于 guòyú. ¶働き～ / 劳动过度. ¶大き～ / 过大.

すぎる【過ぎる】越过 yuèguò. ¶南京駅を～ / 经过南京火车站. ¶定刻を～ / 过了规定时间. ¶1時間が～ / 一个小时过去了. ¶期限が～ / 期限过了. ¶過ぎたこと / 过去的事. ¶盛りを～ / 过了鼎盛期. ¶言葉が～ / 言辞过激.

スキン皮肤 pífū, 皮革 pígé. ¶～シップ / 身体接触.

スキンダイビング潜水 qiánshuǐ.

ずきん【頭巾】头巾 tóujīn. ¶～をかぶる / 戴头巾.

すく【梳く】梳 shū. ¶髪を～ / 梳头.

すく【鋤く】挖 wā. ¶畑を～ / 翻地.

すぐ【直ぐ】立即 lìjí. ¶～始めよう / 马上开始吧. ¶～近くのところ / 很近的地方. ¶今～やりなさい / 请立即做. ¶連絡を受けて～出かけた / 接到通知后, 马上出去了. ¶もう～だ / 就快了.

すくい【救い】救助 jiùzhù. ¶～の手を差し伸べる / 伸出援助之手.

すくう【救う】救助 jiùzhù. ¶危機から～ / 从危机中解救出来.

すくう【掬う】舀 yǎo. ¶スープの実を～ / 捞汤里的东西. ¶しゃくしで汁を～ / 用勺子舀汤.

すくう【巣くう】搭窝 dāwō. ¶彼の体に～病魔 / 隐藏在他身体的病魔.

スクープ独家新闻 dújiā xīnwén, 特讯 tèxùn.

すくない【少ない】少 shǎo. ¶人数が～ / 人数少. ¶今年は雨が少なかった / 今年雨水少.

すくなからず【少なからず】不少 bùshǎo. ¶あのうわさには～驚いた / 对那个谣传吃惊不少.

すくなくとも【少なくとも】至少zhìshǎo. ¶～3か月はかかる / 至少要三个月. ¶～5千円は要る / 至少需要五千日元.

すくなめ【少なめ】少些 shǎoxiē, 少一点 shǎo yīdiǎn. ¶ご飯は～にしてください / 饭少来些.

すくめる【竦める】缩 suō. ¶首を～ / 缩脖子.

スクラップ ［切り抜き］剪报 jiǎnbào ；［くず（鉄）］废料 fèiliào，碎铁 suìtiě. ¶新聞の記事を～する / 剪报纸上的消息. ¶～ブック / 剪贴簿.

スクランブル 紧急起飞 jǐnjí qǐfēi，自由穿行 zìyóu chuānxíng. ¶～エッグ / 法式炒蛋. ¶～交差点 / 行人自由通行路口.

スクリーン ［映画］银幕 yínmù ；［テレビ］屏幕 píngmù.

スクリュー 螺旋桨 luóxuánjiǎng.

すぐれる【優れる】 杰出 jiéchū，出色 chūsè. ¶すぐれた技術 / 出色的技术. ¶数学は彼の方が断然すぐれている / 在数学上他绝对优秀.

ずけい【図形】 图形 túxíng.

スケート 滑冰 huábīng，溜冰 liūbīng. ¶～リンク / 滑冰场. ¶フィギュア～ / 花样滑冰. ¶スピード～ / 速滑. ¶～ボード / 滑板.

スケール ［規模］规模 guīmó ；［ものさし］尺 chǐ. ¶～が大きい / 规模大.

スケジュール 日程 rìchéng. ¶～を立てる / 安排日程.

スケッチ 素描 sùmiáo. ¶～ブック / 素描簿.

ずけずけ 毫不客气 háo bù kèqi. ¶～と言う / 直言不讳.

スケボー 滑板 huábǎn.

すける【透ける】 透明 tòumíng. ¶肌が透けて見える / 皮肤晶莹剔透.

スコア 得分 défēn. ¶～ボード / 记分牌.

すごい【凄い】 了不起 liǎobuqǐ. ¶～勢いで走る / 极快地跑.

スコール 热带骤雨 rèdài zhòuyǔ.

すこし【少し】 少量 shǎoliàng. ¶～ずつ貯金する / 一点一点存钱. ¶～でも力になりたい / 尽量帮助. ¶あともう～ / 还差一点. ¶～蒸し暑い / 有点闷热.

すこしも【少しも】 一点也 yīdiǎn yě. ¶～怖くない / 一点也不害怕.

すごす【過ごす】 度过 dùguò. ¶楽しい時間を～ / 度过愉快的时光. ¶この3か月は東京で～ / 这三个月在东京过. ¶いかがお過ごしですか / 您过得怎么样？

スコットランド 苏格兰 Sūgélán.

スコップ 铁铲 tiěchǎn.

すこやか【健やか】 健全 jiànquán. ¶～な精神 / 健全的精神.

すごろく【双六】 升官图 shēngguāntú，双六 shuāngliù.

すさむ【荒む】 颓废 tuífèi. ¶心が～ / 心情放纵.

すさまじい【凄まじい】 可怕的 kěpà de. ¶～事故現場 / 事故现场的惨状非常可怕. ¶～光景 / 可怕的情景.

すし【鮨・寿司】 寿司 shòusī. ¶～屋 / 寿司店. ¶回転～ / 旋转寿司.

すじ【筋】 条纹 tiáowén. ¶ふた～に分かれる / 分成两条. ¶幾～かの煙 / 几道烟. ¶～が立つ / 有道理. ¶～を通す / 讲清道理. ¶青～を立てる / 青筋暴露. ¶鼻～が通っている / 高鼻梁儿.

すじがき【筋書】 梗概 gěnggài. ¶小説の～ / 小说的梗概.

すじがねいり【筋金入り】 千锤百炼 qiān chuí bǎi liàn.

すじちがい【筋違い】 不合理 bù hélǐ. ¶～の主張 / 不合理的主张.

すしづめ【鮨詰め】 拥挤不堪 yōngjǐ bùkān. ¶～の電車 / 拥挤的电车.

すじみち【筋道】 顺序 shùnxù. ¶～を立てて話す / 按程序讲话.

すじむかい【筋向かい】 斜对面 xiéduìmiàn.

すじめ【筋目】 折痕 zhéhén.

すじょう【素性】 来历 láilì.

ずじょう【頭上】 头顶 tóudǐng. ¶～注意 / 注意头顶.

すす【煤】 煤烟子 méiyānzi.

すず【鈴】 铃(铛) líng (dang). ¶～を鳴らす / 摇铃. ¶猫に～をつける / 给猫挂上铃铛.

すず【錫】 锡 xī.

すすぐ【濯ぐ】 洗涮 xǐshuàn. ¶洗濯物を～ / 涮洗衣服.

すずしい【涼しい】 凉爽 liángshuǎng. ¶～風 / 凉风. ¶～目もと / 明亮的眼睛.

すすむ【進む】 前进 qiánjìn. ¶前に～ / 向前发展. ¶研究が～ / 研究进展. ¶食が～ / 食欲增加.

すずむ【涼む】 纳凉 nàliáng.

すずむし【鈴虫】 金钟儿 jīnzhōngr.

すすめ【勧め】 推荐 tuījiàn. ¶お～は何ですか / 您推荐什么？

すずめ【雀】 麻雀 máquè. ¶～の涙ほどのボーナス / 少得可怜的奖金.

すずめばち【雀蜂】 马蜂 mǎfēng.

すすめる【進める】 推行 tuīxíng. ¶計画を～ / 推行计划. ¶近代化を～ / 促进现代化. ¶話を～ / 进行谈话.

すすめる【勧める】 劝 quàn. ¶酒を～ / 劝酒. ¶進学を～ / 建议上学.

すずらん【鈴蘭】 铃兰 línglán.

すずり【硯】 砚台 yàntai.

すすりなく【啜り泣く】 啜泣 chuòqì.

すする【啜る】 吸 xī. ¶茶を～ / 啜茶. ¶鼻を～ / 吸鼻涕.

すすんで【進んで】 主动 zhǔdòng. ¶～参加する / 自愿参加.

すそ【裾】 下摆 xiàbǎi.

スター 明星 míngxīng. ¶スーパー～ / 超级明星.

スタート 开始 kāishǐ. ¶～を切る / 出发；起跑. ¶～ライン / 起跑线.

スタイリスト 配装师 pèizhuāngshī.

スタイル 姿势 zīshì. ¶～のいい人 / 身段好的人. ¶最新流行の～ / 最新流行的款式.

スタグフレーション 滞胀 zhìzhàng.

スタジアム 运动场 yùndòngchǎng.

スタジオ 播音室 bōyīnshì.
すたすた 飞快 fēikuài. ¶～歩く / 疾步.
スタッフ 工作人员 gōngzuò rényuán.
スタミナ 体力 tǐlì. ¶～をつける / 增加体力. ¶～料理 / 高营养的饭菜.
すたれる【廃れる】 荒废 huāngfèi. ¶伝統が～ / 传统衰落.
スタンダード 标准 biāozhǔn, 规格 guīgé.
スタンプ 图章 túzhāng. ¶～を押す / 盖印章.
スチール 铁制 tiězhì.
-ずつ 每 měi. ¶一つ～解決していこう / 一个一个解决吧. ¶一人～入ってください / 请一个一个进来.
ずつう【頭痛】 头疼 tóuténg. ¶～の種 / 烦恼的原因. ¶～薬 / 头疼药.
スツール 凳子 dèngzi.
すっかり 完全 wánquán. ¶～食べてしまった / 全吃完了. ¶～忘れていた / 彻底忘光了.
すっきり 畅快 chàngkuài. ¶気持ちが～している / 心情舒畅.
ずっと 一直 yīzhí. ¶一日中雨が～降り続けた / 一整天一直下雨. ¶～待っていた / 一直等着. ¶～前のこと / 很早以前的. ¶彼は私より～若い / 他比我年轻多了.
すっぱい【酸っぱい】 酸 suān. ¶リンゴが～ / 苹果酸. ¶～味がする / 吃着很酸.
ステアリング 方向盘 fāngxiàngpán.
ステーキ 烤肉 kǎoròu ; 牛排 niúpái.
ステージ 舞台 wǔtái. ¶～に立つ / 登上舞台.
すてき【素敵】 极好的 jíhǎo de. ¶～な車 / 漂亮的汽车. ¶～な男性 / 出色的男性.
すてご【捨て子】 弃婴 qìyīng.
ステッカー 标签 biāoqiān.
ステッキ 手杖 shǒuzhàng, 拐棍 guǎigùn.
ステップ 踏板 tàbǎn.
すでに【既に】 已经 yǐjing. ¶～述べたように / 如前所述.
すてる【捨てる】 丢弃 diūqì. ¶ごみを～ / 扔垃圾. ¶命を～ / 抛弃生命. ¶希望を～ / 放弃理想.
ステレオ 立体声 lìtǐshēng. ¶～タイプ / 格式化.
ステンレス 不锈钢 bùxiùgāng.
ストア 商店 shāngdiàn. ¶コンビニエンス～ / 便利店. ¶チェーン～ / 连锁店.
ストイック 禁欲主义 jìnyù zhǔyì.
ストーブ 炉子 lúzi. ¶電気～ / 电炉.
ストーリー 故事 gùshi, 情节 qíngjié.
ストッキング 长筒袜 chángtǒngwà. ¶～をはく / 穿长筒袜. ¶パンティー～ / 连裤袜.
ストック 存货 cúnhuò, 库存 kùcún.
ストップ 停止 tíngzhǐ. ¶バスが～する / 公共汽车停了. ¶ノン～ / 直达. ¶～モーション / 静止镜头. ¶～ウォッチ / 秒表.
ストライキ 罢工 bàgōng. ¶～を行う / 举行罢工.
ストライプ 条纹 tiáowén.
ストレート 直接 zhíjiē.
ストレス 精神压力 jīngshén yālì. ¶～がたまる / 精神压力很大. ¶～を解消する / 消除紧张压力.
ストロー 吸管 xīguǎn.
ストロボ 闪光灯 shǎnguāngdēng.
すな【砂】 沙子 shāzi. ¶～遊び / 玩沙子. ¶～時計 / 沙子表. ¶～場 / 沙池. ¶～浜 / 沙滩.
すなお【素直】 直率 zhíshuài. ¶～に白状する / 坦白交待.
スナック 小酒馆 xiǎojiǔguǎn, 小吃 xiǎochī.
スナップ ［ボタン］子母扣 zǐmǔkòu; ［野球］急球 jíqiú. ¶～ショット / 快照.
すなわち【即ち】 也就是 yě jiùshì.
スニーカー 运动鞋 yùndòngxié, 旅游鞋 lǚyóuxié.
ずぬけて【図抜けて】 出众 chūzhòng. ¶あいつは～でかい声でしゃべる / 那个人用出奇高的声音说话.
すね【脛】 小腿 xiǎotuǐ. ¶～にきずを持つ / 心有隐疚. ¶親の～をかじる / 靠父母生活.
すねる【拗ねる】 闹别扭 nào bièniu.
ずのう【頭脳】 头脑 tóunǎo.
スノータイヤ 雪地防滑轮胎 xuědì fánghuá lúntāi.
スノーボード 滑雪板 huáxuěbǎn.
スパート 冲刺 chōngcì. ¶ラスト～ / 最后冲刺.
スパイ 间谍 jiàndié, 特务 tèwù. ¶二重～ / 双重间谍.
スパイク 鞋底钉 xiédǐdīng, 钉子鞋 dīngzixié.
スパイス 香料 xiāngliào. ¶～のきいた料理 / 香料味浓的菜.
スパゲッティ 意大利面条 yìdàlì miàntiáo.
すばこ【巣箱】 鸟巢箱 niǎocháoxiāng.
すばしっこい 敏捷 mǐnjié.
ずばぬける【ずば抜ける】 拔尖儿 bájiānr. ¶ずば抜けた才能 / 出类拔萃的才能.
すばやい【素早い】 敏捷 mǐnjié.
すばらしい【素晴らしい】 非常好 fēicháng hǎo.
スパルタ 斯巴达 Sībādá. ¶～教育 / 斯巴达式教育.
ずばり 一针见血 yī zhēn jiàn xiě. ¶～と言う / 直截了当地说.
ずはん【図版】 插图 chātú.
スピーカー 喇叭 lǎba.
スピーチ 讲话 jiǎnghuà. ¶～コンテスト / 演讲比赛.
スピード 速度 sùdù. ¶～を出す〔落とす〕/ 提〔减〕速. ¶～スケート / 速滑.
ずひょう【図表】 图表 túbiǎo.

スピン 旋转 xuánzhuǎn.
スフィンクス 狮身人面像 shīshēn rénmiàn xiàng.
スプーン 汤匙 tāngchí.
すぶた【酢豚】古老肉 gǔlǎoròu.
ずぶとい【図太い】大胆 dàdǎn.
ずぶぬれ【ずぶ濡れ】淋湿 línshī. ¶～になる / 落汤鸡.
スプリング 弹簧 tánhuáng.
スプリンクラー 喷淋装置 pēnlín zhuāngzhì.
スプレー 喷雾器 pēnwùqì. ¶ヘア～ / 发胶.
スペア 备用 bèiyòng. ¶～タイヤ / 备用轮胎.
スペイン 西班牙 Xībānyá.
スペース 空间 kōngjiān. ¶～を取る / 留出空白.
スペースシャトル 航天飞机 hángtiān fēijī.
スペード 黑桃 hēitáo.
-すべきだ 应该 yīnggāi. ¶あの会社と契約～ / 应该和那家公司签合同. ¶自分で管理～ / 该当自己管理.
すべすべ 光滑 guānghuá. ¶～した肌 / 光滑的肌肤.
スペック 配置 pèizhì.
すべて【全て】全部 quánbù. ¶～を語る / 全部说出. ¶人生の～をかける / 以人生为赌注. ¶～私のせいだ / 都怪我不好. ¶～我々の責任 / 全是我们的责任. ¶～が徒労に帰した / 全部化为徒劳.
すべらす【滑らす】滑行 huáxíng. ¶足を～ / 滑倒. ¶口を～ / 说走了嘴.
すべりこむ【滑り込む】滑入 huárù. ¶列車がホームに～ / 列车驶入站台.
すべりだい【滑り台】滑梯 huátī.
すべる【滑る】滑 huá. ¶足が滑ってけがをした / 脚打滑跌伤了. ¶手が滑ってコップを落とした / 手打滑摔掉了杯子. ¶入試に～ / 没考上入学考试. ¶滑りやすい / 容易滑倒.
スペル 拼写 pīnxiě.
スポークスマン 发言人 fāyánrén.
スポーツ 体育运动 tǐyù yùndòng. ¶～万能 / 体育运动的天才；运动全能的人. ¶～マン / 运动员. ¶～センター / 体育中心. ¶～カー / 跑车.
スポーティー 轻松 qīngsōng. ¶～な服装 / 便装.
スポットライト 聚光灯 jùguāngdēng. ¶～を浴びる / 引人注目.
すぼめる【窄める】收拢 shōulǒng. ¶口を～ / 抿嘴. ¶肩を～ / 耸肩.
ズボン 裤子 kùzi. ¶半～をはく / 穿短裤.
スポンサー 出资人 chūzīrén, 资助者 zīzhùzhě.
スポンジ 海绵 hǎimián.
スマート 苗条 miáotiao. ¶～な身なり / 漂亮的装扮. ¶～な紳士 / 潇洒的绅士.
すまい【住まい】居住 jūzhù. ¶お～はどちらですか / 您家在哪儿？
すます【済ます】办完 bànwán. ¶用件は電話で済ました / 用电话把事情处理了. ¶夕食を済ましてきた / 吃完晚饭了.
すます【澄ます】澄清 dèngqīng. ¶泥水を～ / 把泥水弄清澈. ¶耳を～ / 聆听.
スマッシュ 扣球 kòuqiú.
すまない【済まない】对不起 duìbuqǐ.
すみ【隅】角落 jiǎoluò. ¶～から～まで / 到处.
すみ【炭】木炭 mùtàn. ¶～を焼く / 烧木炭. ¶～火 / 炭火.
すみ【墨】墨 mò. ¶～絵 / 水墨画.
すみきる【澄み切る】清澈 qīngchè. ¶澄みきった空 / 晴朗的天空.
すみません【済みません】［依赖］劳驾 láojià；［謝罪］对不起 duìbuqǐ.
すみやか【速やか】迅速 xùnsù.
すみれ【菫】堇菜 jǐncài.
すむ【住む】住 zhù. ¶田舎に住んでいる / 住在乡下. ¶家族と大阪に住んでいる / 和家人一起住在大阪.
すむ【済む】结束 jiéshù. ¶仕事が～ / 完成工作. ¶無事に～ / 平安了事.
すむ【澄む】澄清 chéngqīng. ¶澄んだ水 / 清澈的水. ¶澄んだ空 / 晴朗的天空. ¶澄んだ声 / 清脆的声音.
スムーズ 顺利 shùnlì.
すもう【相撲】相扑 xiāngpū. ¶～を取る / 摔跤.
スモッグ 烟雾 yānwù.
すもも【李】李子 lǐzi.
すやすや 安稳地 ānwěnde. ¶赤ん坊が～眠っている / 婴儿甜甜地睡着了.
-すら 连 lián. ¶100円～持っていない / 连一百日元也没有. ¶手紙～送っていない / 连信也没写.
スライス 切片 qiēpiàn.
スライド 幻灯机 huàndēngjī.
ずらす 挪开 nuókāi. ¶机を左に～ / 把桌子向左边挪一下. ¶椅子を少しずらしていただけますか / 请把椅子稍微挪一下好吗？ ¶時間を～ / 把时间错开.
すらすら 流利地 liúlìde. ¶質問に～と答える / 流利地回答问题. ¶問題が～解ける / 问题顺利地解决.
スラム 贫民窟 pínmínkū.
すらり 苗条 miáotiao. ¶～とした人 / 身材苗条的人.
スランプ 不顺 bùshùn. ¶～に陥る / 陷入低谷. ¶～から抜け出す / 摆脱低谷.
すり【掏摸】扒手 páshǒu, 小偷 xiǎotōu. ¶～を働く / 行窃.
スリーピース 三件套 sānjiàntào.
すりガラス【磨り硝子】磨玻璃 móbōli.
すりきず【擦り傷】擦伤 cāshāng.

すりきれる【擦り切れる】磨破mópò.
すりこむ【擦り込む】擦上 cāshàng. ¶薬を～/擦药.
スリット开衩 kāichà,裂缝 lièfèng.
スリッパ拖鞋 tuōxié.
すりつぶす【磨り潰す】碾碎 niǎnsuì. ¶ごまを～/把芝麻碾碎.
すりばち【擂り鉢】擂钵 léibō.
スリム苗条 miáotiao.
すりむく【擦り剝く】蹭破 cèngpò. ¶膝を～/蹭破膝盖.
スリラー惊险 jīngxiǎn. ¶～映画/惊险片.
スリランカ斯里兰卡 Sīlǐlánkǎ.
スリル惊险 jīngxiǎn. ¶～満点の映画/极其惊险的电影.
する做 zuò. ¶～事なす事/不管做什么事. ¶～事が何もない/无事可做. ¶電話を～/打电话. ¶教師を～/当教师. ¶寒気が～/发冷. ¶ばかに～/小看. ¶良いにおいが～/有香味. ¶ネックレスを～/戴项链. ¶この車は1000万円も～/这辆车值一千万日元. ¶逃げようと～/想逃掉. ¶日が暮れようとしている/天要黑下来. ¶3日もすれば/过三天.
する【刷る】印刷 yìnshuā. ¶新聞を～/印刷报纸.
する【擦る】摩擦 móchā. ¶マッチを～/划火柴. ¶板を紙やすりで～/用砂纸打磨木.
ずる【狡】狡猾 jiǎohuá. ¶～をする/耍滑头.
ずるい【狡い・猾い】狡猾 jiǎohuá. ¶～手段/狡猾的手段. ¶ずるく立ち回る/会钻营.
ずるずる拖拉 tuōlā. ¶ズボンの裾を～引きずりながら歩く/拖拉着裤子下摆走路. ¶約束期間を～伸ばす/拖延约定的时间.
すると于是 yúshì. ¶～彼女は突然泣き出した/于是她突然大哭起来. ¶～彼は遠い親戚になりますね/这么说他是一门远亲了.
するどい【鋭い】尖锐 jiānruì；敏锐 mǐnruì. ¶～目/敏锐的眼光. ¶～質問/尖锐的问题. ¶～観察/敏锐的观察.
ずるやすみ【狡休み】偷懒 tōulǎn. ¶学校を～する/逃学.
すれすれ差一点 chà yīdiǎn. ¶8時～に/刚到八点. ¶～で合格する/勉强及格.
すれちがう【擦れ違う】交错 jiāocuò. ¶二つの列車が～/两辆车相错而过. ¶彼と擦れ違いになった/和他走差了.
ずれる偏离 piānlí. ¶軌道から～/偏离轨道. ¶論点から～/偏离论点.
スローガン口号 kǒuhào. ¶～を揚げる/提出口号.
スローモーション慢镜头 mànjìngtóu,慢动作 màndòngzuò.
スロバキア斯洛伐克 Sīluòfákè.
スロベニア斯洛文尼亚 Sīluòwénníyà.
すわる【座る】坐 zuò. ¶椅子に～/坐在椅子上. ¶床の上にどっかと～/一屁股坐在地板上. ¶座布団の上にあぐらをかいて座っている/在坐垫上盘腿而坐.
ずんぐり墩实 dūnshi. ¶～している/长得很墩实. ¶～した人/矮胖子.
すんげき【寸劇】短剧 duǎnjù.
すんぜん【寸前】临近 línjìn,之前 zhīqián. ¶到着～/即将到达之前.
すんなり［順調］顺利 shùnlì；［スタイル］苗条 miáotiao. ¶～した脚/细长的腿. ¶予算案は～と通過した/预算案很顺利地通过了.
すんぽう【寸法】尺寸 chǐcun. ¶～が合う/尺寸合适. ¶～を測る/测长短.

せ

せ【背】背面 bèimiàn. ¶椅子の～/椅子背. ¶山の～/山脊. ¶～を向ける/背向. ¶太陽を～にする/背向太阳.
せい【背】个子 gèzi. ¶～が高い〔低い〕/个子「高〔矮〕. ¶～が伸びる/长个子.
せい【性】性别 xìngbié. ¶～教育/性教育. ¶～差別/性别歧视. ¶～行為/性行为. ¶～生活/性生活. ¶～転換/性转换. ¶～犯罪/性犯罪. ¶～的な嫌がらせ/性骚扰.
せい【精】精力 jīnglì. ¶～が出る/起劲.
せい【姓】姓 xìng.
-せい【-製】-制造. ¶日本～/日本制造.
せい【所為】缘故 yuángù. ¶人の～にする/归咎于别人. ¶歳の～/由于年龄的原因. ¶気の～/心理作用.
ぜい【税】税 shuì. ¶～を納める/纳税. ¶～を徴収する/收税. ¶～がかかる/上税. ¶～込みで1000円です/含税一千日元. ¶～率/税率. ¶消費～/消费税. ¶相続～/遗产继承税.
せいい【誠意】诚意 chéngyì. ¶～を示す/表示诚意. ¶～を尽くす/竭尽诚意. ¶～に欠ける/缺乏诚意. ¶誠心～/诚心诚意.
せいいっぱい【精一杯】竭尽全力 jiéjìn quánlì. ¶～やります/拼命干.
せいえき【精液】精液 jīngyè.
せいえん【声援】声援 shēngyuán.
せいおう【西欧】西欧 Xī'ōu.
せいか【成果】成果 chéngguǒ. ¶～をあげる/取得成果. ¶～を収める/获得成绩.
せいか【生家】出生的家 chūshēng de jiā；［実家］娘家 niángjia.
せいか【聖火】圣火 shènghuǒ. ¶～

ランナー / 圣火接力跑人员. ¶～リレー / 圣火接力.

せいか【聖歌】圣歌 shènggē. ¶～隊 / 赞美唱诗班.

せいかい【正解】正解 zhèngjiě.

せいかい【政界】政界 zhèngjiè.

せ

せいかく【性格】性格 xìnggé. ¶～が合う / 性格合得来. ¶～が合わない / 性格不合.

せいかく【正確】正确 zhèngquè, 准确 zhǔnquè. ¶～な時刻 / 准确时间. ¶～に記録する / 准确记录.

せいがく【声楽】声乐 shēngyuè. ¶～家 / 声乐家.

せいかつ【生活】生活 shēnghuó. ¶～が苦しい / 生活艰苦. ¶～に追われる / 生活所迫. ¶～環境 / 生活环境. ¶～空間 / 生活空间. ¶～水準 / 生活水平. ¶～費 / 生活费. ¶～様式 / 生活方式. ¶～力 / 生活能力. ¶～必需品 / 生活必需品.

せいかん【静観】静观 jìngguān. ¶事態を～する / 静观事态.

せいかん【精悍】精悍 jīnghàn. ¶～な顔つき / 精悍的脸庞.

せいがん【請願】请愿 qǐngyuàn. ¶～権 / 请愿权. ¶～書 / 请愿书. ¶～者 / 请愿人.

ぜいかん【税関】海关 hǎiguān.

せいき【世紀】世纪 shìjì. ¶～末 / 世纪末. ¶21～ / 二十一世纪.

せいき【生気】活力 huólì. ¶～を取り戻す / 恢复活力. ¶～がない / 没有朝气. ¶～はつらつとした青年 / 朝气蓬勃的青年.

せいき【正規】正规 zhèngguī. ¶～の教育 / 正规的教育. ¶～軍 / 正规军.

せいぎ【正義】正义 zhèngyì. ¶～感 / 正义感.

せいきゅう【性急】性急 xìngjí. ¶～な改革案 / 激进的改革方案. ¶～に事を運ぶ / 过急地处理事务.

せいきゅう【請求】索取 suǒqǔ. ¶～権 / 索取权. ¶～書 / 账单. ¶～額 / 应付金额.

せいぎょ【制御】控制 kòngzhì. ¶～装置 / 控制装置.

せいぎょう【生業】职业 zhíyè.

せいきょく【政局】政治局势 zhèngzhì júshì.

ぜいきん【税金】税金 shuìjīn. ¶～を納める / 缴税.

せいけい【生計】生计 shēngjì. ¶～を立てる / 谋生.

せいけい【整形】整形 zhěngxíng. ¶～外科 / 整形外科. ¶～手術 / 整形手术.

せいけい【西経】西经 xījīng. ¶～20度 / 西经二十度.

せいけつ【清潔】干净 gānjìng, 清洁 qīngjié. ¶～な服装 / 清洁的衣服. ¶～にする / 弄干净.

せいけん【政権】政权 zhèngquán. ¶～を握る / 掌握政权.

せいげん【制限】限制 xiànzhì. ¶～時間 / 时间限制. ¶～速度 / 速度限制. ¶年齢～ / 年龄限制.

せいこう【成功】成功 chénggōng. ¶～を祈る / 期待成功. ¶大～ / 非常成功.

せいこう【精巧】精致 jīngzhì. ¶～な機械 / 精密机器.

せいざ【星座】星座 xīngzuò.

せいざ【正座】端坐 duānzuò, 跪着坐 guìzhe zuò.

せいさい【制裁】制裁 zhìcái. ¶～を加える / 进行制裁. ¶～を受ける / 受到制裁.

せいさく【制作】制作 zhìzuò. ¶映画～ / 拍摄电影. ¶共同～ / 共同制作.

せいさく【政策】政策 zhèngcè. ¶～を立てる / 制定政策. ¶外交～ / 外交政策.

せいさく【製作】制造 zhìzào. ¶～所 / 制造厂. ¶～費 / 制造费用.

せいさん【生産】生产 shēngchǎn. ¶～性の向上に努める / 努力提高生产率. ¶～過剰 / 生产过剩. ¶～コスト / 生产成本. ¶～管理 / 生产管理. ¶～設備 / 生产设备. ¶～地 / 产地. ¶～物 / 产品. ¶～力 / 生产力.

せいさん【清算】清算 qīngsuàn. ¶過去を～する / 清算过去.

せいさん【精算】结算 jiésuàn, 细算 xìsuàn.

せいし【生死】生死 shēngsǐ. ¶～にかかわる問題 / 有关生死的问题. ¶～の境をさまよう / 徘徊在生死边缘. ¶～不明 / 生死不明.

せいし【制止】制止 zhìzhǐ. ¶～を振り切る / 不顾阻止.

せいし【静止】静止jìngzhǐ. ¶～衛星 / 静止卫星.

せいじ【政治】政治 zhèngzhì. ¶～運動 / 政治运动. ¶～家 / 政治家. ¶～活動 / 政治活动. ¶～資金 / 政治资金. ¶～団体 / 政治团体. ¶～犯 / 政治犯. ¶～問題 / 政治问题.

せいしき【正式】正式 zhèngshì. ¶～な名称 / 正式名称.

せいしつ【性質】性格 xìnggé. ¶おとなしい～ / 老实的性格. ¶～が荒い / 性情粗暴.

せいじつ【誠実】诚实 chéngshí. ¶～な人 / 诚实的人.

せいじゃく【静寂】寂静 jìjìng. ¶～を破る / 打破寂静.

せいしゅく【静粛】肃静 sùjìng. ¶～な雰囲気 / 肃静的气氛. ¶～に願います / 请肃静!

せいじゅく【成熟】成熟 chéngshú.

せいしゅん【青春】青春 qīngchūn. ¶～時代 / 青春时代.

せいしょ【清書】誊写 téngxiě. ¶原稿を～する / 誊写底稿.

せいしょ【聖書】圣经 Shèngjīng. ¶

旧約～ / 旧约全书. ¶新約～ / 新约全书.

せいしょう【斉唱】齐唱 qíchàng. ¶校歌を～する / 齐唱校歌.

せいじょう【正常】正常 zhèngcháng. ¶～に戻る / 恢复正常. ¶～化する / 正常化. ¶～値 / 正常值.

せいじょうき【星条旗】星条旗 Xīngtiáoqí.

せいしょうねん【青少年】青少年 qīngshàonián. ¶～犯罪 / 青少年犯罪.

せいしょく【生殖】生殖 shēngzhí. ¶～器 / 生殖器. ¶～機能 / 生殖机能.

せいしょくしゃ【聖職者】神职人员 shénzhí rényuán.

せいしん【精神】精神 jīngshén. ¶～的に支える / 精神上支持. ¶～力が強い / 意志坚强. ¶～医学 / 精神医学. ¶～鑑定 / 精神鉴定. ¶～年齢 / 心理年龄. ¶～分析 / 精神分析.

せいじん【成人】成人 chéngrén. ¶～式 / 成人仪式. ¶～映画 / 成人电影；A片.

せいず【製図】制图 zhìtú. ¶～板 / 制图板.

せいする【制する】制止 zhìzhǐ.

せいぜい【精々】尽量 jǐnliàng, 至多 zhìduō, 最多 zuìduō. ¶～努力します / 尽量努力. ¶～500円くらいでしょう / 最多不过五百日元吧.

せいせいどうどう【正々堂々】光明磊落guāngmíng lěiluò. ¶～と戦う / 堂堂正正地比赛.

せいせき【成績】成绩 chéngjì. ¶～が上がる〔下がる〕/ 成绩「上升〔下降〕. ¶よい～を取る / 取得好成绩. ¶～証明書 / 成绩单. ¶～表 / 成绩表.

せいせん【精選】精选 jīngxuǎn. ¶～された作品のみ展示されます / 只展出精选的作品.

せいぜん【整然】整齐 zhěngqí.

せいせんしょくりょうひん【生鮮食料品】生鲜食品 shēngxiān shípǐn.

せいそ【清楚】整洁 zhěngjié ; 清秀 qīngxiù.

せいそう【正装】正装 zhèngzhuāng.

せいそう【清掃】打扫dǎsǎo. ¶～車 / 清扫车.

せいぞう【製造】制造zhìzào. ¶～業 / 制造业. ¶～原価 / 生产成本. ¶～年月日 / 生产日期. ¶～元 / 生产厂家.

せいぞん【生存】生存 shēngcún. ¶～競争 / 生存竞争. ¶～権 / 生存权. ¶～者 / 幸存者. ¶～率 / 成活率.

せいたいけい【生態系】生态系shēngtàixì.

せいだい【盛大】盛大 shèngdà. ¶～なパーティー / 盛大的晚会. ¶～な拍手 / 热烈的掌声. ¶式典を～に挙行する / 隆重举行典礼.

せいたいがく【生態学】生态学shēngtàixué.

ぜいたく【贅沢】奢侈 shēchǐ. ¶～になる / 变得奢侈. ¶～をする / 奢侈. ¶～な生活 / 奢侈的生活.

せいち【精緻】精致 jīngzhì.

せいちょう【成長】成长 chéngzhǎng; 增长 zēngzhǎng. ¶子供が～する / 孩子长大. ¶急～を遂げる / 实现快速增长. ¶～率 / 增长率. ¶経済～ / 经济增长.

せいちょう【声調】声调 shēngdiào.

せいつう【精通】精通 jīngtōng. ¶彼は5か国語に～している / 他精通五国语言.

せいてい【制定】制定 zhìdìng.

せいてき【静的】静态的 jìngtài de.

せいてつじょ【製鉄所】炼铁厂 liàntiěchǎng.

せいてん【晴天】晴天 qíngtiān.

せいてん【青天】青天 qīngtiān. ¶～の霹靂 / 晴天〔青天〕霹雳.

せいと【生徒】学生 xuésheng.

せいど【制度】制度 zhìdù. ¶社会～ / 社会制度.

せいとう【正当】正当 zhèngdàng. ¶自分の行為を～化する / 把自己的行为正当化. ¶～防衛 / 正当防卫.

せいとう【政党】政党 zhèngdǎng. ¶～政治 / 政党政治.

せいとう【正統】正统 zhèngtǒng. ¶～派 / 正统派.

せいどう【青銅】青铜 qīngtóng. ¶～器時代 / 青铜器时代.

せいどく【精読】精读 jīngdú.

せいとん【整頓】整顿 zhěngdùn.

せいなん【西南】西南 xīnán. ¶～の風 / 西南风.

せいねん【青年】青年 qīngnián. ¶～実業家 / 青年企业家. ¶～期 / 青年时期. ¶～団 / 青年团.

せいねん【成年】成年 chéngnián. ¶～になる / 成年.

せいねんがっぴ【生年月日】出生年月日 chūshēng niányuèrì.

せいのう【性能】性能 xìngnéng. ¶～がよい〔悪い〕/ 性能「好〔差〕. ¶～のすぐれたコンピュータ / 性能出色的电脑.

ぜいにく【贅肉】肥肉 féiròu, (身体)多余的肉 (shēntǐ) duōyú de ròu. ¶～がつく / 长肥肉. ¶～を落とす / 去掉身上的肉.

せいはんたい【正反対】正相反 zhèngxiāngfǎn. ¶彼とは～の性格だ / 性格和他正相反.

せいび【整備】修配 xiūpèi. ¶機械の～ / 机器的维修. ¶～工場 / 修配厂.

せいひれい【正比例】正比 zhèngbǐ.

せいひん【製品】产品 chǎnpǐn. ¶～開発 / 产品开发. ¶新～ / 新产品.

せいふ【政府】政府 zhèngfǔ. ¶～機関 / 政府机关. ¶～方針 / 政府方针.

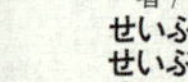

¶日本～ / 日本政府.

せいふく【征服】征服 zhēngfú. ¶～者 / 征服者.

せいふく【制服】制服 zhìfú.

せいぶつ【生物】生物 shēngwù.

せいぶつ【静物】静物 jìngwù. ¶～画 / 静物画.

せいぶん【成分】成分 chéngfen. ¶～を分析する / 分析成分.

せいふん【製粉】磨粉mòfěn. ¶～機 / 磨粉机. ¶～所 / 面粉厂.

せいぼ【聖母】圣母 Shèngmǔ. ¶～マリア / 圣母玛利亚.

せいぼ【歳暮】年末 niánmò ; 年终礼品 niánzhōng lǐpǐn.

せいほう【西方】西方 xīfāng.

せいぼう【制帽】制帽 zhìmào.

せいほうけい【正方形】正方形zhèngfāngxíng.

せいほく【西北】西北 xīběi. ¶～の風 / 西北风.

せいみつ【精密】精密 jīngmì. ¶～な時計 / 精密的钟表. ¶～検査 / 精密检查.

ぜいむしょ【税務署】税务局 shuìwùjú.

せいめい【生命】生命 shēngmìng. ¶～力 / 生命力. ¶～保険 / 人寿保险.

せいめい【姓名】姓名 xìngmíng.

せいめい【声明】声明 shēngmíng. ¶政府は～を発表した / 政府发表了声明. ¶共同～を出す / 发表共同声明.

せいもん【正門】正门 zhèngmén.

せいやく【制約】限制 xiànzhì. ¶～が多い / 限制很多. ¶～を受ける / 受到限制. ¶行動を～する / 限制行动.

せいやく【誓約】誓约 shìyuē. ¶～を守る / 遵守誓约. ¶～書 / 誓约书.

せいゆう【声優】配音演员pèiyīn yǎnyuán.

せいよう【西洋】西洋 Xīyáng. ¶～化する / 西方化. ¶～人 / 西方人. ¶～文明 / 西方文明. ¶～料理 / 西餐.

せいよう【静養】休养 xiūyǎng. ¶病後の～ / 病后休养.

せいらい【生来】生来 shēnglái, 天生 tiānshēng. ¶～の素質 / 天生的素质.

せいり【整理】整理 zhěnglǐ. ¶書類を～する / 整理文件. ¶交通～をする / 疏散交通.

せいり【生理】生理 shēnglǐ. ¶～学 / 生理学. ¶～作用 / 生理作用. ¶～痛 / 月经痛. ¶～用ナプキン / 卫生巾.

せいりつ【成立】成立 chénglì. ¶交渉が～する / 谈判成功. ¶契約が～する / 合同成立. ¶アリバイが～する / 不在场证据成立.

せいりょう【清涼】清凉 qīngliáng. ¶～飲料 / 清凉饮料.

せいりょく【勢力】势力 shìlì. ¶～を振るう / 显示势力. ¶～が衰える / 势力衰退. ¶～争い / 争权夺势. ¶～圏 / 势力圈.

せいりょく【精力】精力 jīnglì. ¶～家 / 精力充沛的人.

せいれき【西暦】公历 gōnglì. ¶～2006年 / 公元二〇〇六年.

せいれつ【整列】列队 lièduì.

セーター毛衣 máoyī.

セール减价 jiǎnjià. ¶バーゲン～ / 大减价.

セールスポイント卖点 màidiǎn.

セールスマン推销员 tuīxiāoyuán.

せおう【背負う】背 bēi. ¶赤ちゃんを～ / 背婴儿. ¶リュックサックを～ / 背双肩包. ¶借金を～ / 负债.

せおよぎ【背泳ぎ】仰泳 yǎngyǒng.

セオリー理论 lǐlùn, 学说 xuéshuō.

せかい【世界】世界 shìjiè. ¶～遺産 / 世界遗产. ¶～記録 / 世界纪录. ¶～選手権 / 世界锦标赛. ¶～平和 / 世界和平.

せき【席】座位 zuòwèi. ¶～につく / 就坐. ¶～をとる / 预定座位. ¶～を設ける / 设宴. ¶～を譲る / 让座.

せき【咳】咳嗽 késou. ¶～止め薬 / 止咳药.

せきがいせん【赤外線】红外线 hóngwàixiàn.

せきざい【石材】石材 shícái.

せきじゅうじ【赤十字】红十字 hóngshízì.

せきじゅん【席順】座位顺序 zuòwèi shùnxù.

せきずい【脊髄】脊髓 jǐsuǐ. ¶～神経 / 骨髓神经.

せきぞう【石造】石头建造 shítou jiànzào. ¶～美術 / 石雕艺术.

せきたん【石炭】煤 méi.

せきちゅう【脊柱】脊柱 jǐzhù.

せきつい【脊椎】脊椎 jǐzhuī.

せきどう【赤道】赤道 chìdào. ¶～直下 / 赤道正下方.

せきにん【責任】责任 zérèn. ¶～をとる / 承担责任. ¶～を果たす / 尽责任. ¶～を持つ / 负责任. ¶～感 / 责任感.

せきばらい【咳払い】清嗓子 qīng sǎngzi.

せきひ【石碑】石碑 shíbēi.

せきぶん【積分】积分 jīfēn.

せきめん【赤面】脸红 liǎnhóng.

せきゆ【石油】石油 shíyóu. ¶～化学 / 石油化学. ¶～産出国 / 石油输出国. ¶～埋蔵量 / 石油储藏量.

せきり【赤痢】痢疾 lìji.

セクシー性感 xìnggǎn, 肉感 ròugǎn. ¶～な姿 / 性感的样子.

セクハラ性骚扰 xìngsāorǎo.

せけん【世間】社会 shèhuì. ¶～を騒がす / 轰动社会. ¶～が広い / 交际广. ¶～知らずだ / 不懂世故. ¶～話 / 闲聊.

-せざるをえない 不得不 bùdébù. ¶節約～/不得不节约. ¶帰らざるをえない/不得不回家.

せじ【世辞】 恭维 gōngwéi,奉承话 fèngchénghuà. ¶お～を言う/说奉承话.

ゼスチャー 手势 shǒushì.

-せずにいられない 必须 bìxū. ¶電話～/不打电话不行.

ぜせい【是正】 纠正 jiūzhèng. ¶過ちを～する/纠正错误.

せぞく【世俗】 世俗 shìsú. ¶～的な関心/普通百姓的关心.

せだい【世代】 世代 shìdài. ¶～の差/代沟. ¶～交替/世代交替.

セダン 箱式小轿车 xiāngshì xiǎojiàochē.

せつ【節】 时候 shíhou. ¶その～はありがとうございました/那时太感谢您了. ¶その～はよろしくお願いします/到时请您关照.

せつ【説】 观点 guāndiǎn. ¶学～/学说.

せっかく【折角】 好（不）容易 hǎo(bù) róngyì. ¶～来たのに無駄足だった/好不容易来了,可白跑一趟. ¶～の休みなのに雨だ/难得的休息日偏偏下雨.

ぜつえん【絶縁】 绝缘 juéyuán. ¶彼と～する/和他断绝关系. ¶～状/决裂书. ¶～体/绝缘体.

せっかい【石灰】 石灰shíhuī. ¶～質/石灰质. ¶～岩/石灰岩. ¶～水/石灰水.

せっかい【切開】 开刀 kāidāo. ¶～手術/开刀手术.

せっかち 性急 xìngjí,急躁 jízào. ¶～な人/急性子的人.

せっきじだい【石器時代】 石器时代 shíqì shídài.

せっきょう【説教】 教训 jiàoxun.

せっきょく【積極】 积极 jījí. ¶～的/积极的. ¶～性/积极性.

せっきん【接近】 接近 jiējìn.

せっく【節句】 节日 jiérì. ¶端午の～/端午节.

セックス 性交 xìngjiāo. ¶～する/做爱. ¶～アピール/性感；吸引异性的魅力.

せっけい【設計】 设计 shèjì. ¶～図/设计图.

せっけっきゅう【赤血球】 红细胞 hóngxìbāo,红血球 hóngxuèqiú.

せっけん【石鹸】 肥皂 féizào,香皂 xiāngzào.

ゼッケン 号码布 hàomǎbù.

せっこう【石膏】 石膏 shígāo.

ぜっこう【絶交】 绝交 juéjiāo. ¶友達と～する/和朋友绝交.

ぜっこう【絶好】 绝好 juéhǎo. ¶～のチャンス/绝好的机会.

ぜっさん【絶賛】 高度赞扬 gāodù zànyáng. ¶～を博する/受到高度赞扬. ¶～発売中/正在热销之中.

せっし【摂氏】 摄氏 Shèshì.

せつじつ【切実】 迫切 pòqiè,殷切 yīnqiè. ¶最も～な問題/最迫切的问题.

せっしゅ【摂取】 摄取 shèqǔ. ¶ビタミンを～する/摄取维生素. ¶～量/摄取量.

せっしゅ【接種】 接种 jiēzhǒng. ¶予防～/预防接种.

せっしょう【折衝】 交涉 jiāoshè.

せっしょく【接触】 接触 jiēchù. ¶～を断つ/断绝来往. ¶～事故/碰撞事故.

せっする【接する】 临近 línjìn. ¶新しい家は川に接しています/新的家紧临河边. ¶人と～機会を作る/制造和人接触的机会.

せっせい【節制】 节制 jiézhì.

せっせと 努力地 nǔlìde. ¶～働く/勤勤恳恳地工作.

せっそう【節操】 节操 jiécāo. ¶～を守る/保持节操. ¶～のないやつ/没有节操的家伙.

せつぞく【接続】 连接 liánjiē. ¶コードを～する/连接软线.

せったい【接待】 接待 jiēdài,招待 zhāodài. ¶お客を～する/接待客人. ¶～を受ける/受到款待.

ぜったい【絶対】 绝对 juéduì. ¶～的な存在/绝对的存在. ¶～安静/绝对安静. ¶～音感/绝对音感. ¶～多数/绝对多数. ¶～値/绝对值.

ぜったいぜつめい【絶体絶命】 穷途末路 qióng tú mò lù.

せつだん【切断】 切断 qiēduàn. ¶～面/断面.

せっちゃくざい【接着剤】 黏合剂 niánhéjì.

せっちゅう【折衷】 折衷 zhézhōng. ¶～案/折衷方案.

ぜっちょう【絶頂】 极点 jídiǎn. ¶人気～の歌手/走红的歌手.

せってい【設定】 设定 shèdìng.

せつど【節度】 节制 jiézhì. ¶～を守る/有节制. ¶～ある生活/有节制的生活.

セット ［組合わせ］套 tào;［演劇］布景 bùjǐng;［取り付け］安装 ānzhuāng.

せっとう【窃盗】 盗窃 dàoqiè,偷窃 tōuqiè. ¶～を働く/行窃. ¶～犯/盗窃犯. ¶～罪/盗窃罪.

せっとく【説得】 说服 shuōfú. ¶～力のある話/有说服力的话.

せつない【切ない】 难受的 nánshòu de. ¶～思い/心中难受.

せつに【切に】 恳切地 kěnqiè de. ¶～願う/殷切希望.

せっぱく【切迫】 紧张 jǐnzhāng. ¶～した雰囲気/紧张的气氛.

ぜっぱん【絶版】 绝版 juébǎn. ¶～になる/成为绝版.

せつび【設備】 设备 shèbèi. ¶～が整う/设备齐全. ¶～投資/设备投资.

せつぶん【節分】 立春的前一天 lìchūn

de qián yītiān.
ぜっぺき【絶壁】悬崖绝壁xuányá juébì.
ぜつぼう【絶望】绝望 juéwàng. ¶～のあまり / 绝望之极. ¶～的な情勢 / 令人绝望的形势.

せつめい【説明】说明 shuōmíng. ¶事情を～する / 说明原由. ¶詳しい～ / 详细的说明. ¶～会 / 说明会. ¶～書 / 说明书.
ぜつめつ【絶滅】灭绝 mièjué.
せつやく【節約】节约 jiéyuē. ¶経費を～する / 节约经费.
せつりつ【設立】设立 shèlì. ¶会社を～する / 成立公司.
せともの【瀬戸物】陶瓷 táocí.
せなか【背中】脊背 jǐbèi. ¶～を向ける / 转过身.
ぜにん【是認】肯定 kěndìng.
せのび【背伸び】伸懒腰 shēn lǎnyāo. ¶～して体をほぐす / 伸懒腰舒展身体.
ぜひ【是非】［是と非］是非 shìfēi, 好坏 hǎohuài ；［必ず］务必 wùbì. ¶～を論じる / 讨论好坏. ¶～ともよろしくお願いします / 请务必关照.
せびろ【背広】男子西服 nánzǐ xīfú. ¶～をあつらえる / 定做西服.
せぼね【背骨】脊梁骨 jǐlianggǔ.
せまい【狭い】狭小 xiáxiǎo, 狭窄 xiázhǎi. ¶～部屋 / 狭小的房间. ¶道が～ / 路窄. ¶視野が～ / 视野狭窄.
せまる【迫る】迫近 pòjìn. ¶締め切りが迫っている / 期限临近了. ¶危険が目の前に迫っている / 危险迫在眼前. ¶必要に迫られて / 迫于需要. ¶真に迫った演技 / 逼真的演技.
せみ【蟬】知了 zhīliǎo, 蝉 chán.
セミコロン分号 fēnhào.
セミナー研究会 yánjiūhuì.
ゼミナール研究班 yánjiūbān.
せめ【責め】责备 zébèi. ¶～を負う / 负责任.
せめたてる【責め立てる】严厉指责 yánlì zhǐzé.
せめて至少 zhìshǎo. ¶～声だけでも聞かせてください / 至少让我听一下声音.
せめる【責める】责备 zébèi. ¶自分を～ / 责备自己.
せめる【攻める】攻击 gōngjī. ¶敵を～ / 攻击敌人.
セメント水泥 shuǐní.
ゼラチン凝胶 níngjiāo, 明胶 míngjiāo.
セラピスト心理治疗专家 xīnlǐ zhìliáo zhuānjiā, 精神疗法专家 jīngshén liáofǎ zhuānjiā.
セラミック陶瓷 táocí, 瓷质 cízhì.
せり【競り】拍卖 pāimài. ¶～にかける / 交付拍卖.
せりあう【競り合う】激烈竞争 jīliè jìngzhēng.
ゼリー果冻 guǒdòng.
せりふ【台詞・科白】台词 táicí.
セルフサービス无人售货 wúrén shòuhuò, 自助 zìzhù.
ゼロ零 líng.
セロハンテープ胶带 jiāodài.
セロリ芹菜 qíncài.
せろん【世論】舆论 yúlùn. ¶～調査 / 民意调查.
せわ【世話】照顾 zhàogu, 关照 guānzhào. ¶～になる / 得到关照. ¶いろいろとお～になりました / 受到您很多关照. ¶～を焼く / 照管. ¶大きなお～ / 多管闲事. ¶～好きな人 / 好管闲事的人.
せわしい【忙しい】忙 máng.
せん【千】千 qiān. ¶～円 / 一千日元. ¶～里の道も一歩から / 千里之行, 始于足下. ¶～差万別 / 千差万别. ¶～切り / (切成) 细丝.
せん【線】线 xiàn. ¶～を引く / 划线. ¶直～ / 直线. ¶曲～ / 曲线.
せん【栓】盖子 gàizi. ¶～を抜く / 开瓶盖. ¶瓶に～をする / 给瓶子塞塞子.
ぜん【善】善 shàn. ¶～悪 / 善恶.
ぜん－【全－】全部 quánbù. ¶～財産 / 全部财产. ¶～世界 / 全世界.
ぜん－【前－】前 qián. ¶～大統領 / 前总统.
せんい【繊維】纤维 xiānwéi. ¶～質 / 纤维质. ¶～製品 / 纤维制品.
ぜんい【善意】善意 shànyì. ¶～に解釈する / 善意地解释.
せんいん【船員】海员 hǎiyuán.
ぜんいん【全員】全体 quántǐ. ¶～が賛成した / 全体赞成. ¶われわれ～の責任 / 我们大家的责任. ¶～集合 / 全体集合.
せんえい【先鋭】激进 jījìn. ¶～化 / 激进化. ¶～化する / 极端化.
ぜんえい【前衛】前卫 qiánwèi. ¶～映画 / 前卫电影.
せんえつ【僭越】冒昧 màomèi.
せんが【線画】线条画 xiàntiáohuà.
ぜんか【前科】前科qiánkē. ¶～5犯 / 有五次前科的人. ¶～者 / 有前科的人.
せんかい【旋回】旋转 xuánzhuǎn. ¶急～する / 急转弯. ¶～飛行 / 盘旋飞行.
ぜんかい【前回】上回 shànghuí.
ぜんかい【全快】痊愈 quányù.
せんかん【戦艦】战舰 zhànjiàn.
ぜんき【前期】前期 qiánqī.
せんきょ【選挙】选举 xuǎnjǔ. ¶～を行う / 举行选举. ¶～に出る / 参加选举. ¶～運動 / 选举运动. ¶～活動 / 选举活动. ¶～公約 / 选举公约. ¶～権 / 选举权. ¶～違反 / 违反选举法. ¶総～ / 大选.
せんきょ【占拠】占领 zhànlǐng.
せんきょうし【宣教師】传教士 chuánjiàoshì.
せんくしゃ【先駆者】先驱者 xiānqūzhě.

せ

せんげつ【先月】上月 shàngyuè.

せんけん【先見】先见 xiānjiàn. ¶～の明 / 先见之明.

せんげん【宣言】宣言 xuānyán. ¶開会を～する / 宣布开会.

ぜんけん【全権】全权 quánquán. ¶～を握る / 掌握全权. ¶～を委任する / 全权委任.

せんご【戦後】战后 zhànhòu.

ぜんご【前後】前后 qiánhòu. ¶～左右 / 前后左右.

せんこう【選考】选拔 xuǎnbá. ¶～委員 / 选拔委员.

せんこう【専攻】专业 zhuānyè. ¶～科目 / 专业课.

せんこう【先行】先行 xiānxíng. ¶時代に～する / 走在时代的前面.

せんこう【閃光】闪光 shǎnguāng.

せんこう【線香】香 xiāng. ¶～をたく / 烧香.

ぜんこう【全校】全校 quánxiào. ¶～生 / 全校学生.

せんこく【宣告】宣言 xuānyán.

ぜんこく【全国】全国 quánguó. ¶～的に広がる / 扩大到全国.

センサー传感器 chuángǎnqì.

せんさい【戦災】战祸 zhànhuò.

せんさい【繊細】纤细 xiānxì.

せんざい【洗剤】洗衣粉 xǐyīfěn.

せんざい【潜在】潜在 qiánzài. ¶～意識 / 潜意识. ¶～力 / 潜力.

ぜんさい【前菜】冷盘 lěngpán.

せんし【戦死】战死 zhànsǐ. ¶～者 / 阵亡者.

せんし【先史】史前shǐqián. ¶～時代 / 史前时代.

せんしつ【船室】客舱 kècāng.

せんじつ【先日】前几天 qián jǐ tiān.

ぜんじつ【前日】前一天 qián yī tiān.

せんしゃ【戦車】坦克 tǎnkè.

ぜんしゃ【前者】前者 qiánzhě.

せんしゅ【選手】运动员 yùndòngyuán, 选手 xuǎnshǒu. ¶～権 / 锦标赛. ¶～村 / 运动员村. ¶サッカー～ / 足球运动员.

せんしゅう【先週】上周 shàngzhōu, 上星期 shàngxīngqī.

ぜんしゅう【全集】全集 quánjí. ¶文学～ / 文学全集.

せんじゅつ【戦術】战术 zhànshù.

せんじょう【洗浄】冲洗 chōngxǐ. ¶胃を～する / 洗胃. ¶～剤 / 洗涤剂.

せんじょう【戦場】战场 zhànchǎng. ¶～に赴く / 奔赴战场.

ぜんしょう【全勝】全胜 quánshèng.

ぜんしょう【全焼】全烧 quánshāo.

せんじょうてき【扇情的】煽情的 shānqíng de. ¶～なシーン / 煽情的场景.

せんしょく【染色】染色 rǎnsè.

ぜんしん【前進】前进 qiánjìn.

ぜんしん【全身】全身 quánshēn. ¶～運動 / 全身运动. ¶～が汗でびっしょりになった / 全身汗流浃背. ¶～麻酔をかける / 实施全身麻醉.

せんしんこく【先進国】发达国家 fādá guójiā.

センス感觉 gǎnjué.

せんす【扇子】扇子 shànzi. ¶～であおぐ / 扇扇子.

せんすい【潜水】潜水 qiánshuǐ. ¶～艦 / 潜水艇.

せんせい【先生】老师 lǎoshī. ¶担任の～ / 班主任. ¶校長～ / 校长.

せんせい【宣誓】宣誓 xuānshì. ¶～式 / 宣誓仪式. ¶選手～ / 运动员宣誓.

ぜんせい【全盛】鼎盛 dǐngshèng. ¶～期 / 鼎盛时期. ¶～時代 / 鼎盛时代.

せんせいじゅつ【占星術】占星术 zhànxīngshù.

センセーショナル轰动社会 hōngdòng shèhuì.

ぜんせかい【全世界】全世界 quánshìjiè, 全球 quánqiú.

せんせん【戦線】战线 zhànxiàn.

せんせん－【先先－】上上 shàngshàng. ¶～週 / 上上「周〔星期〕」. ¶～月 / 上上月.

せんぜん【戦前】战前 zhànqián.

ぜんせん【前線】前线 qiánxiàn. ¶～基地 / 前线基地. ¶最～ / 最前线.

ぜんぜん【全然】完全 wánquán, 根本 gēnběn. ¶～知らない / 根本不知道. ¶～大丈夫です / 一点没事.

せんぞ【先祖】祖先 zǔxiān.

せんそう【戦争】战争 zhànzhēng. ¶～が起こる / 发生战争. ¶核～ / 核战争.

ぜんそうきょく【前奏曲】前奏曲 qiánzòuqǔ.

ぜんそく【喘息】哮喘 xiàochuǎn.

ぜんそくりょく【全速力】全速 quánsù. ¶～で走る / 全速前进.

センター中心 zhōngxīn. ¶ショッピング～ / 购物中心. ¶～試験 / 全国统一高考.

ぜんたい【全体】全体 quántǐ.

ぜんだいみもん【前代未聞】闻所未闻 wén suǒ wèi wén. ¶～の出来事 / 前所未有的事.

せんたく【選択】选择 xuǎnzé. ¶～の余地がない / 没有选择的余地. ¶～科目 / 选修课.

せんたく【洗濯】洗衣服 xǐ yīfu. ¶～物を干す / 晾衣服. ¶～機 / 洗衣机. ¶～ばさみ / 衣夹. ¶～物 / 洗涤物.

せんたん【先端】先端 xiānduān, 尖端 jiānduān. ¶～技術 / 先端技术.

センチ厘米 límǐ. ¶～メートル / 厘米.

ぜんち【全治】治愈 zhìyù. ¶～1か月のけが / 需治疗一个月的伤.

ぜんちし【前置詞】介词 jiècí.

センチメンタル感伤 gǎnshāng. ¶～なドラマ / 感伤的电视剧.

せんちょう【船長】船长 chuánzhǎng.

そ

ぜんちょう【全長】全长 quáncháng. ¶翼の～ / 翅膀全长.

ぜんちょう【前兆】预兆 yùzhào. ¶～が見える / 看见前兆. ¶地震の～ / 地震的预兆. ¶不吉な～ / 不祥的预兆.

ぜんてい【前提】前提 qiántí. ¶結婚を～に付き合う / 以结婚为前提进行交往. ¶～条件 / 前提条件.

せんでん【宣伝】宣传 xuānchuán. ¶～活動 / 宣传活动. ¶～効果 / 宣传效果. ¶～文句 / 宣传语.

せんてんてき【先天的】先天的 xiāntiān de. ¶～な素質 / 先天的素质.

ぜんと【前途】前途 qiántú. ¶～有望な人 / 前途无量的人. ¶～洋々たる若者 / 前途无量的年轻人.

せんとう【先頭】前头 qiántou, 最前面 zuìqiánmiàn. ¶～に立つ / 站在最前面. ¶～を切る / 领头.

せんとう【戦闘】战斗 zhàndòu. ¶～機 / 战斗机.

せんとう【銭湯】澡堂 zǎotáng.

せんどう【先導】先导 xiāndǎo.

せんどう【扇動】煽动 shāndòng. ¶群衆を～する / 蛊惑群众. ¶～的な / 煽动性的. ¶～者 / 蛊惑者.

セントラルヒーティング集中供热 jízhōng gōngrè.

せんない【船内】船内 chuánnèi.

せんにゅうかん【先入観】成见 chéngjiàn. ¶～を持つ / 有成见.

せんにん【選任】选任 xuǎnrèn.

ぜんにん【善人】善人 shànrén.

ぜんにんしゃ【前任者】前任者 qiánrènzhě.

せんぬき【栓抜き】起子 qǐzi

せんねん【専念】专心 zhuānxīn.

ぜんねん【前年】前一年 qián yīnián.

ぜんのう【全能】全能 quánnéng. ¶～の / 全能的. ¶全知～ / 全知全能.

せんばい【専売】专卖 zhuānmài. ¶～特許 / 专卖权.

せんぱい【先輩】前辈 qiánbèi.

せんぱく【浅薄】浅薄 qiǎnbó. ¶～な知識 / 浅薄的知识.

せんばつ【選抜】选拔 xuǎnbá. ¶～試験 / 选拔考试. ¶～チーム / 选拔队.

せんぱつ【先発】先动身 xiān dòngshēn. ¶～隊 / 先遣队.

せんばん【旋盤】车床 chēchuáng. ¶～工 / 车床工.

ぜんはん【前半】前半 qiánbàn. ¶～戦 / 前半场.

ぜんぱん【全般】整体 zhěngtǐ.

ぜんぶ【全部】全部 quánbù.

せんぷうき【扇風機】电扇 diànshàn.

せんべい【煎餅】脆饼干 cuìbǐnggān.

せんべつ【餞別】饯别 jiànbié.

せんぼう【羨望】羡慕 xiànmù. ¶～の的だ / 羡慕的对象. ¶～のまなざし / 羡慕的眼神.

ぜんぽう【前方】前方 qiánfāng. ¶～を見る / 看前方.

ぜんまい【発条】发条 fātiáo. ¶時計の～を巻く / 拧钟表的发条.

ぜんまい【薇】紫萁 zǐqí.

せんめい【鮮明】清晰 qīngxī. ¶～な映像 / 清晰的图像. ¶今でも～に覚えている / 现在还清楚地记得.

ぜんめつ【全滅】完全歼灭 wánquán xiānmiè. ¶敵を～させる / 全歼敌人.

せんめん【洗面】洗脸 xǐliǎn. ¶～器 / 洗脸盆. ¶～台 / 洗脸台.

ぜんめん【全面】全面 quánmiàn. ¶～否定 / 全面否定.

ぜんめん【前面】前面 qiánmiàn. ¶～に出る / 在正面出现.

せんもん【専門】专门 zhuānmén. ¶～的な立場 / 专业的角度. ¶～家 / 专家.

ぜんや【前夜】前夕 qiánxī. ¶～祭 / 在节日前夕举行的庆祝活动.

せんやく【先約】先约 xiānyuē. ¶～がある / 有约在先.

せんゆう【占有】占有 zhànyǒu. ¶市場～率 / 市场占有率.

せんよう【専用】专用 zhuānyòng. ¶大統領～機 / 总统专机.

せんりつ【旋律】旋律 xuánlǜ.

せんりつ【戦慄】颤抖 chàndǒu. ¶～を覚える / 感到发抖.

せんりゃく【戦略】战略 zhànlüè. ¶～を立てる / 制定战略. ¶～家 / 战略家.

せんりょう【占領】占领 zhànlǐng. ¶～される / 被占领. ¶～軍 / 占领军. ¶～地 / 占领地.

せんりょう【染料】染料 rǎnliào.

ぜんりょう【善良】善良 shànliáng. ¶～な人 / 善良的人.

ぜんりょく【全力】全力 quánlì. ¶～を尽くす / 全力以赴；竭尽全力.

せんろ【線路】铁路(线) tiělù(xiàn), 铁轨 tiěguǐ.

そ

そあく【粗悪】粗劣 cūliè. ¶～品 / 次品.

そう是 shì. ¶～です / 是的. ¶私も～だ / 我也一样.

そう【層】阶层 jiēcéng. ¶読者～ / 读者群. ¶知識～ / 知识分子阶层. ¶各界各～ / 社会各阶层.

そう【沿う】沿着 yánzhe. ¶川に沿って行く / 沿着河走. ¶方針に～ / 按照方针.

そう【添う】符合 fúhé. ¶期待に～ / 满足希望.

そう【僧】僧人 sēngrén.

ぞう【象】大象 dàxiàng.

ぞう【像】像 xiàng. ¶仏の～ / 佛像. ¶肖～ / 肖像.

そうあん【草案】草案 cǎo'àn.

そうい【相違】不同 bùtóng. ¶～ありません / 完全一样.

そうい【創意】创意 chuàngyì. ¶～に富む / 富于创意.

ぞうお【憎悪】厌恶 yànwù. ¶～の念を抱く / 心里憎恶.

そうおう【相応】相应 xiāngyìng. ¶労働に～する報酬 / 与劳动相应的报酬.

そうおん【騒音】噪音 zàoyīn, 噪声 zàoshēng. ¶～公害 / 噪声污染. ¶～測定器 / 噪音测定器.

ぞうか【増加】增加zēngjiā, 增多zēngduō. ¶輸出が～する / 出口增加. ¶人口が～する / 人口增加.

ぞうか【造花】假花 jiǎhuā.

そうかい【総会】大会 dàhuì. ¶～屋 / 股东会上的混子. ¶臨時～ / 临时大会. ¶株主～ / 股东大会.

そうかい【爽快】爽快 shuǎngkuai. ¶～な気分 / 精神爽快.

そうがく【総額】总额 zǒng'é.

そうかつ【総括】总结 zǒngjié. ¶～的評価 / 总的评价.

そうかん【創刊】创刊 chuàngkān. ¶～号 / 创刊号.

そうがんきょう【双眼鏡】望远镜 wàngyuǎnjìng.

そうき【早期】早期 zǎoqī. ¶～発見 / 早期发现.

そうぎ【葬儀】葬礼 zànglǐ, 殡仪 bìnyí. ¶～に参列する / 参加葬礼. ¶～屋 / 殡仪服务店.

そうぎょう【操業】开工 kāigōng. ¶～を開始する / 正式投产. ¶～時間 / 作业时间. ¶～短縮 / 缩短作业时间.

ぞうきょう【増強】增强 zēngqiáng.

そうきょくせん【双曲線】双曲线 shuāngqūxiàn.

そうきん【送金】汇款 huìkuǎn. ¶～為替 / 汇兑.

ぞうきん【雑巾】抹布 mābù. ¶～をかける / 用抹布擦.

そうぐう【遭遇】遭遇 zāoyù.

ぞうげ【象牙】象牙 xiàngyá. ¶～の塔 / 象牙之塔.

そうけい【総計】总计 zǒngjì. ¶～を出す / 算出总额.

ぞうけい【造形】造型 zàoxíng. ¶～美術 / 造型艺术.

ぞうけい【造詣】造诣 zàoyì. ¶～が深い / 造诣深.

そうげん【草原】草原 cǎoyuán.

そうこ【倉庫】仓库 cāngkù.

そうご【相互】相互 xiānghù. ¶～依存 / 相互依存. ¶～関係 / 相互关系. ¶～作用 / 相互作用.

そうこう【走行】行驶 xíngshǐ. ¶～距離 / 行驶距离.

そうごう【総合】综合 zōnghé. ¶情報を～する / 综合情报. ¶～的な判断 / 综合判断. ¶～的に検討する / 综合地分析. ¶～課税 / 综合课税. ¶～商社 / 综合商社. ¶～大学 / 综合大学. ¶～病院 / 综合医院.

そうこう 这样那样 zhèyàng nàyàng. ¶～するうちに / 不知不觉中.

そうさ【捜査】搜查 sōuchá, 搜索 sōusuǒ. ¶～陣 / 搜索网. ¶～本部 / 搜索总部. ¶～網を広げる / 扩大搜查范围. ¶～令状 / 搜查证.

そうさ【操作】操作 cāozuò.

そうさい【相殺】相抵 xiāngdǐ. ¶お互いの債務を～する / 抵销相互的债务.

そうさい【総裁】总裁 zǒngcái.

そうさく【捜索】搜索 sōusuǒ. ¶～隊 / 搜索队.

そうさく【創作】创作 chuàngzuò. ¶～活動 / 创作活动.

そうし【創始】创始 chuàngshǐ. ¶～者 / 创始人.

そうじ【掃除】打扫 dǎsǎo. ¶部屋を～する / 打扫房间. ¶～機をかける / 用吸尘器打扫. ¶～当番 / 值日. ¶大～ / 大扫除.

そうしき【葬式】葬礼 zànglǐ.

そうしつ【喪失】丧失 sàngshī. ¶自信を～する / 丧失自信. ¶記憶～ / 丧失记忆.

そうしゃ【走者】赛跑的人 sàipǎo de rén. ¶先頭～ / 跑在前头的人. ¶一塁～ / 一垒跑垒员.

そうじゅう【操縦】驾驶 jiàshǐ. ¶飛行機を～する / 驾驶飞机. ¶～士 / 飞行员. ¶～席 / 驾驶舱.

そうじゅく【早熟】早熟 zǎoshú. ¶～な子 / 早熟的孩子.

そうしゅん【早春】早春 zǎochūn.

そうしょ【叢書】丛书 cóngshū. ¶古典文学～ / 古典文学丛书.

ぞうしょ【蔵書】藏书 cángshū. ¶～印 / 藏书印. ¶～家 / 藏书家. ¶～票 / 藏书票. ¶～目録 / 藏书目录.

そうじょう【相乗】相乘 xiāngchéng. ¶～効果 / 相乘效果. ¶～作用 / 相乘作用.

そうしょく【装飾】装饰 zhuāngshì. ¶～品 / 装饰品. ¶室内～ / 室内装饰.

ぞうしょく【増殖】增殖 zēngzhí. ¶細胞～ / 细胞增殖.

そうしん【送信】发送fāsòng. ¶～機 / 发报机.

ぞうしん【増進】增进 zēngjìn. ¶体力を～する / 增强体力. ¶食欲～ / 食欲增加.

そうしんぐ【装身具】首饰 shǒushì.

そうすう【総数】总数 zǒngshù.

ぞうぜい【増税】增税 zēngshuì.

そうせいじ【双生児】双胞胎 shuāngbāotāi.

そうせつ【創設】创建 chuàngjiàn.

ぞうせん【造船】造船 zàochuán. ¶～所 / 造船厂.

そうそう【早々】急忙 jímáng. ¶～に立ち去る / 匆忙地离开. ¶入社～に昇進した / 刚进公司就被提拔了. ¶新年～ / 新年伊始.

そうぞう【想像】想象 xiǎngxiàng. ¶～もつかない / 难以想象. ¶～を

絶する / 超出想象；无法想象. ¶～力 / 想象力.

そうぞう【創造】创造 chuàngzào. ¶～性 / 创造性. ¶～物 / 创造物. ¶～力 / 创造力. ¶天地～ / 创造天地.

そうぞうしい【騒々しい】吵闹 chǎonào. ¶～笑い声 / 喧笑声. ¶通りが～ / 街道喧哗. ¶車の音が～ / 汽车声刺耳.

そうぞく【相続】继承 jìchéng. ¶遺産を～する / 继承遗产. ¶～権 / 继承权. ¶～税 / 遗产继承税. ¶～人 / 继承人.

-そうだ好像 hǎoxiàng. ¶雨が降り～ / 好像要下雨. ¶帰国する～ / 听说要回国.

そうたい【早退】早退 zǎotuì.

そうだい【壮大】宏伟 hóngwěi. ¶～な建築物 / 宏伟的建筑物.

そうたいてき【相対的】相对的xiāngduì de.

ぞうだい【増大】增大 zēngdà.

そうだん【相談】商量 shāngliang. ¶友人と～する / 跟朋友商量. ¶～相手 / 知心人；（提供意见）商量的人. ¶～役 / 顾问.

そうち【装置】装置 zhuāngzhì. ¶安全～ / 安全装置. ¶制御～ / 控制装置.

ぞうちく【増築】扩建 kuòjiàn. ¶家を～する / 扩建房屋. ¶～工事 / 扩建工程.

そうちょう【早朝】清早 qīngzǎo.

そうちょう【総長】总长 zǒngzhǎng. ¶事務～ / 事务总长. ¶大学～ / 大学校长.

そうちょう【荘重】庄重 zhuāngzhòng. ¶～な音楽 / 庄严的音乐.

そうてい【想定】设想 shèxiǎng.

ぞうてい【贈呈】赠送 zèngsòng. ¶～式 / 赠送仪式. ¶～本 / 赠书.

そうとう【相当】相当 xiāngdāng. ¶～な金持ち / 相当有钱的人. ¶～な腕前 / 了不起的本领. ¶～な努力が必要だ / 必须相当地努力.

そうどう【騒動】骚动 sāodòng. ¶～が起こる / 发生骚动. ¶～を起こす / 闹事.

そうなん【遭難】遇难 yùnàn. ¶～者 / 遇难者. ¶～信号 / 遇难信号.

そうにゅう【挿入】插入 chārù. ¶～された語句 / 插入语.

そうねん【壮年】壮年 zhuàngnián.

そうば【相場】行情 hángqíng. ¶～が上がる〔下がる〕/ 行情上涨〔跌落〕. ¶～師 / 投机商.

そうび【装備】装备 zhuāngbèi. ¶～を点検する / 检查装备.

そうふ【送付】寄送 jìsòng. ¶書類を～する / 送交文件.

そうべつ【送別】送别 sòngbié. ¶～会 / 欢送会.

そうめい【聡明】聪明 cōngming.

そうほう【双方】双方 shuāngfāng.

そうらん【騒乱】骚乱 sāoluàn. ¶～罪 / 聚众闹事罪.

そうりだいじん【総理大臣】总理大臣 zǒnglǐ dàchén.

そうりつ【創立】创立 chuànglì. ¶～記念日 / 创立纪念日.

そうりょ【僧侶】僧侣 sēnglǚ.

そうりょう【送料】运费 yùnfèi.

そうれい【壮麗】壮丽 zhuànglì. ¶～な寺院 / 富丽堂皇的寺院.

そうわ【挿話】插话 chāhuà.

ぞうわい【贈賄】行贿 xínghuì. ¶～罪 / 行贿罪.

そえがき【添え書き】附加词句 fùjiā cíjù

そえる【添える】附加 fùjiā.

ソーセージ香肠 xiāngcháng.

ソーダ苏打 sūdá. ¶～水 / 苏打水.

ソーラー太阳能 tàiyángnéng. ¶～システム / 太阳能系统. ¶～パネル / 太阳能聚热板.

ゾーン区域 qūyù.

そがい【疎外】疏远 shūyuǎn; ［哲学］异化 yìhuà. ¶～感を持つ / 有孤独感.

ぞく【俗】低俗 dīsú.

-そく【-足】双 shuāng. ¶靴1～ / 一双鞋. ¶靴下2～ / 两双袜子.

ぞくあく【俗悪】庸俗 yōngsú, 下流 xiàliú. ¶～な趣味 / 低级趣味.

そくい【即位】即位 jíwèi. ¶～式 / 登基仪式.

ぞくご【俗語】俚语 lǐyǔ.

そくざ【即座】当场 dāngchǎng, 即时 jíshí. ¶～に答える / 即时答复.

そくし【即死】当场死亡 dāngchǎng sǐwáng.

そくじ【即時】立即 lìjí.

そくしん【促進】促进 cùjìn. ¶販売～ / 促销.

ぞくする【属する】属于 shǔyú. ¶営業部に属している / 属于销售部.

ぞくせい【属性】属性 shǔxìng.

そくせき【即席】即席jíxí. ¶～の舞台 / 即兴演出. ¶～で演奏をする / 即席演奏.

ぞくぞく冷得哆嗦 lěngde duōsuo. ¶～する / 发冷哆嗦.

ぞくぞく【続々】陆续 lùxù, 一个接一个 yī ge jiē yī ge.

そくたつ【速達】快递 kuàidì, 快信 kuàixìn. ¶～で出す / 用快信寄. ¶～郵便 / 快递信件.

そくてい【測定】测定 cèdìng. ¶距離を～する / 测定距离. ¶体力～ / 测定体力.

そくど【速度】速度 sùdù. ¶～違反 / 违章超速. ¶～制限 / 速度限制.

そくばく【束縛】束缚 shùfù. ¶自由を～する / 束缚自由. ¶～された生活 / 被束缚的生活.

ぞくはつ【続発】连续发生 liánxù fāshēng.

ぞくぶつ【俗物】俗物 súwù. ¶～根性 / 劣根性.

そくほう【速報】快报 kuàibào.
そくめん【側面】侧面 cèmiàn. ¶〜から援助する / 从侧面援助. ¶社会的〜から考える / 从社会的侧面来考虑. ¶〜図 / 侧面图.
そくりょう【測量】测量 cèliáng. ¶〜士 / 测量员. ¶〜図 / 测量图.
そくりょく【速力】速度 sùdù. ¶〜を上げる〔落とす〕/ 加〔缓〕速. ¶全〜で走る / 全速行走.
ソケット插座 chāzuò.
そこ那里 nàli, 那儿 nàr.
そこ【底】底 dǐ. ¶〜が浅い / 根底浅. ¶資金が〜をつく / 资金耗尽. ¶(景気などが) 〜を打つ / 到达谷底.
そこい【底意】内心 nèixīn. ¶〜をはかりかねる / 难揣真意.
そこいじ【底意地】心眼儿 xīnyǎnr. ¶〜が悪い / 心眼儿坏.
そこいれ【底入れ】到达谷底 dàodá gǔdǐ.
そこう【素行】品行 pǐnxíng. ¶〜が悪い / 品行坏. ¶〜を改める / 改掉恶习.
そこく【祖国】祖国 zǔguó.
そこそこ凑合 còuhe. ¶〜の味 / 味道还凑合. ¶〜の値段 / 说得过去的价格. ¶ピアノも〜できる / 钢琴也马马虎虎会一点.
そこぢから【底力】潜力 qiánlì. ¶〜がある / 有潜力. ¶〜を発揮する / 发挥潜力.
そこなう【損なう】损害 sǔnhài. ¶機嫌を〜 / 得罪人. ¶美観を〜 / 影响美观.
そこなし【底無し】无底 wúdǐ. ¶〜の沼 / 很深的沼泽. ¶彼は〜だ(大酒飲みだ) / 他酒量非常好.
そこぬけ【底抜け】掉底 diàodǐ. ¶〜によい人 / 大好人.
そこね【底値】底价 dǐjià.
そこびえ【底冷え】寒冷彻骨 hánlěng chègǔ.
そこびきあみ【底引き網】拖网 tuōwǎng. ¶〜漁 / 拖网捕鱼.
そこわれ【底割れ】破底 pòdǐ.
そざい【素材】素材 sùcái.
そし【阻止】阻止 zǔzhǐ.
そしき【組織】组织 zǔzhī. ¶労働組合を〜する / 组织劳动工会. ¶〜化 / 组织化. ¶〜犯罪 / 集体犯罪. ¶〜力 / 组织能力.
そしつ【素質】资质 zīzhì. ¶語学の〜がある / 有语言天赋.
そして并且 bìngqiě ; 于是 yúshì ; 然后 ránhòu.
そしょう【訴訟】诉讼 sùsòng. ¶〜を起こす / 起诉. ¶〜を取り下げる / 撤诉. ¶〜に勝つ〔負ける〕/ 官司打「赢〔输〕.
そせん【祖先】祖先 zǔxiān.
そそぐ【注ぐ】倒 dào. ¶杯に酒を〜 / 往杯里倒酒. ¶水を〜 / 倒水.
そそっかしい冒失 màoshi.
そそのかす【唆す】唆使 suōshǐ.
そそりたつ【聳り立つ】耸立 sǒnglì. ¶険しい山々がそそり立っている / 耸立着险峻的山脉.
そだち【育ち】生长 shēngzhǎng. ¶〜がよい〔悪い〕/ 生长环境「好〔坏〕. ¶〜盛り / 正长身体(时期).
そだつ【育つ】成长 chéngzhǎng. ¶すくすく〜 / 茁壮成长.
そだてる【育てる】培养 péiyǎng. ¶愛を〜 / 培养爱心. ¶子供を立派に〜 / 把孩子培养成人. ¶苗木を〜 / 培育苗木.
そち【措置】措施 cuòshī. ¶必要な〜を取る / 采取必要的措施.
そちら那边 nàbiān.
そつ漏洞 lòudòng, 懈 xiè. ¶〜がない / 无懈可击.
そっき【速記】速记 sùjì. ¶〜者 / 速记员. ¶〜録 / 速录.
そっきょう【即興】即兴 jíxìng. ¶〜演奏 / 即兴演奏. ¶〜劇 / 即兴表演. ¶〜詩 / 即兴吟诗.
そつぎょう【卒業】毕业 bìyè. ¶〜式 / 毕业典礼. ¶〜証書 / 毕业证. ¶〜生 / 毕业生. ¶〜論文 / 毕业论文.
ソックス袜子 wàzi.
そっくり一模一样 yī mú yī yàng. ¶〜そのまま返す / 原封不动地归还. ¶〜さん / 长得很像的人.
そっけない【素っ気ない】冷淡 lěngdàn. ¶〜態度 / 冷漠的态度.
ぞっこう【続行】继续进行 jìxù jìnxíng. ¶試合を〜する / 比赛继续进行.
そっこうじょ【測候所】气象站 qìxiàngzhàn.
そっせん【率先】率先 shuàixiān.
そっち那边 nàbiān.
そっちゅう【卒中】中风 zhòngfēng.
そっちょく【率直】坦率 tǎnshuài. ¶〜な告白 / 直率的坦白. ¶〜に話す / 坦率地说.
そっと轻轻地 qīngqīngde. ¶〜触れる / 轻轻地触摸. ¶〜入る / 悄悄地进来. ¶〜しておく / 暂且不动它.
ぞっと打颤 dǎzhàn. ¶〜する話 / 令人毛骨悚然的话.
そっとう【卒倒】昏倒 hūndǎo.
そで【袖】袖子 xiùzi. ¶〜をまくる / 挽袖子. ¶〜を通す / 穿进衣袖. ¶〜にすがる / 求助. ¶〜を引く / 引诱. ¶〜の下を使う / 暗中行贿. ¶〜擦り合うも他生の縁 / 相会皆有前生缘.
そと【外】外面 wàimiàn. ¶〜で遊ぶ / 在外面玩儿. ¶〜に出る / 到外面. ¶塀の〜 / 墙的外面. ¶〜回りの仕事 / 外勤工作.
そとがわ【外側】外侧 wàicè.
そなえ【備え】准备 zhǔnbèi.
そなえもの【供え物】供奉品 gòngfèngpǐn.
そなえる【備える】防备 fángbèi, 具备 jùbèi. ¶試験に〜 / 准备考试. ¶

洪水に～ / 防备洪水. ¶老後に～ / 以备晚年. ¶条件を～ / 具备条件.

ソナタ 奏鸣曲 zòumíngqǔ.

その 那个 nàge. ¶～人 / 那个人. ¶～本 / 那本书. ¶～後 / 从那以后. ¶～ころ / 那时. ¶～際には / 那时. ¶～せいで / 由于那个原因. ¶～他 / 另外. ¶～ため / 因此. ¶～つど / 每次. ¶～時 / 那时. ¶～場 / 当场. ¶～日 / 那天. ¶～辺 / 那边. ¶～まま / 原封不动. ¶～物 / 那个东西.

そば【側・傍】 旁边 pángbiān. ¶ずっと～にいる / 一直在旁边. ¶母親の～に寄る / 靠在母亲身边.

そば【蕎麦】 荞麦 qiáomài.

そばかす【雀斑】 雀斑 quèbān.

そびえる【聳える】 耸立 sǒnglì. ¶雲の上にそびえ立つ富士山 / 耸立云端的富士山.

そふ【祖父】 祖父 zǔfù.

ソファー 沙发 shāfā.

ソフト 柔软 róuruǎn. ¶～な声 / 柔和的声音.

ソフトウェア 软件 ruǎnjiàn.

ソフトクリーム 冰激凌 bīngjīlíng.

ソフトボール 垒球 lěiqiú.

そふぼ【祖父母】 祖父母 zǔfùmǔ.

ソプラノ 女高音nǚgāoyīn. ¶～歌手 / 女高音歌手.

そぶり【素振り】 态度 tàidu, 举止 jǔzhǐ. ¶妙な～ / 奇怪的举止.

そぼ【祖母】 祖母 zǔmǔ.

そぼく【素朴】 朴素pǔsù. ¶～な人柄 / 朴实的人品.

そまつ【粗末】 粗糙 cūcāo. ¶物を～にする / 糟蹋东西. ¶（食事などが）お～さまでした / 招待得不好.

そむく【背く】 辜负 gūfù, 违背 wéibèi. ¶期待に～ / 辜负期望.

そむける【背ける】 背过去 bèiguòqù. ¶顔を～ / 把脸扭过去. ¶目を～ / 移开视线.

そめる【染める】 染rǎn. ¶髪の毛を～ / 染发. ¶夕日が空を真っ赤に～ / 夕阳染红了天空. ¶悪事に手を～ / 干坏事.

そもそも 最初 zuìchū.

そや【粗野】 粗野 cūyě. ¶～な言動 / 粗野的言谈举止.

そよう【素養】 素养 sùyǎng. ¶文学の～がある / 有文学素养.

そよかぜ【微風】 微风 wēifēng.

そよぐ【戦ぐ】 微微摇动 wēiwēi yáodòng. ¶風に～木の葉 / 树叶迎风摇曳.

そよそよ 微微地吹 wēiwēide chuī. ¶～と春風が吹く / 春风徐徐吹来.

そら【空】 天空 tiānkōng. ¶～を見上げる / 抬头看天空. ¶うわの～で聞く / 心不在焉地听. ¶青～ / 蓝天. ¶夜～ / 夜空.

そら 唉 ài. ¶～また始まった / 你看, 又开始了.

そらいろ【空色】 天蓝色 tiānlánsè.

そらす【逸らす】 岔开 chàkāi. ¶目を～ / 转移视线. ¶話を～ / 把话岔开. ¶的を～ / 脱靶.

そらまめ【空豆】 蚕豆 cándòu.

そらみみ【空耳】 听错 tīngcuò. ¶～でしょう / 听错了吧.

そらもよう【空模様】 天气情况 tiānqì qíngkuàng. ¶明日の～ / 明天的天气情况.

そり【橇】 雪橇 xuěqiāo.

ソリスト 独唱者 dúchàngzhě, 独奏者 dúzòuzhě.

そる【反る】 弯曲 wānqū. ¶板が～ / 木版翘了. ¶体を後ろに反らす / 身体往后翻.

そる【剃る】 刮 guā. ¶ひげを～ / 刮胡子. ¶頭を～ / 剃头.

それ 那 nà. ¶～以来会っていない / 从那以后没见面. ¶～から / 之后. ¶～くらいなら十分だ / 有那么多就足够了. ¶～だから / 因此. ¶荷物は～だけですか / 行李就那些吗？ ¶～っきり連絡もない / 从那以后再没有联系. ¶～ではまたお会いしましょう / 那么, 再见. ¶～どころか / 岂止那样. ¶～となく彼に注意する / 拐弯抹角地警告他. ¶好きですか, ～とも嫌いですか / 喜欢还是讨厌？ ¶～にしても / 即使那样. ¶～ほど多くない / 并不多. ¶～ゆえ / 因此.

それぞれ 各自 gèzì.

それる【逸れる】 偏离 piānlí. ¶論点から～ / 脱离论点. ¶矢が～ / 箭射偏了. ¶話がわき道に～ / 话离题了.

ソロ 独唱 dúchàng ; 独奏 dúzòu.

そろい【揃い】 套 tào. ¶食器一～ / 一套餐具. ¶美人～だった / 都是美人呀. ¶お～でお出かけですか / 一起出门吗？

そろう【揃う】 齐全 qíquán. ¶全員～ / 全体到齐. ¶道具がそろっている / 工具齐全.

そろえる【揃える】 凑齐 còuqí. ¶必要な材料を～ / 备齐必要的材料. ¶口をそろえて言う / 异口同声.

そろそろ 就要 jiùyào. ¶～始めましょう / 该开始了吧. ¶～帰りましょうか / 该回家了吧？

そろばん【算盤】 算盘 suànpán. ¶～をはじく / 打算盘 ; 斤斤计较. ¶～が合う / 合算. ¶～の玉 / 算盘珠子.

そわそわ 心神不定 xīnshén bùdìng. ¶～する / 坐卧不安.

そん【損】 亏损 kuīsǔn. ¶～する / 吃亏.

そんがい【損害】 损害 sǔnhài. ¶～を受ける / 受损害. ¶～を与える / 造成损失. ¶～賠償 / 赔偿损失. ¶～保険 / 损失保险.

そんけい【尊敬】 尊敬 zūnjìng. ¶～語 / 敬语.

そんげん【尊厳】 尊严 zūnyán. ¶人

間の～ / 人的尊严.
そんざい【存在】存在 cúnzài. ¶人間は社会的～だ / 人是社会的存在. ¶～理由 / 存在理由. ¶～論 / 存在论.
ぞんざい粗鲁 cūlǔ. ¶～に書く / 写得潦草. ¶～に扱う / 轻视.
そんぞく【存続】延续 yánxù.
そんしつ【損失】损失 sǔnshī. ¶莫大な～を被る / 蒙受莫大的损失.
そんちょう【尊重】尊 重 zūnzhòng. ¶意見を～する / 尊重意见.
そんちょう【村長】村长 cūnzhǎng.
そんとく【損得】损益 sǔnyì, 得失 déshī.
そんな那样 nàyàng. ¶～ことできません / 不会干那样的事. ¶～はずがない / 不应该那样. ¶～に遠いのですか / 那么远吗？ ¶～に安いですか / 那么便宜吗？
ぞんぶん【存分】充分 chōngfèn, 尽情 jìnqíng. ¶～に楽しんでください / 请尽情享受. ¶思う～遊ぶ / 尽情玩儿.
そんみん【村民】村民 cūnmín.
そんらく【村落】村落 cūnluò.
そんりつ【存立】存在 cúnzài.

た

た【田】田地 tiándì. ¶～に水を引く / 给田里引水. ¶～を耕す / 耕地.
ターゲット目标 mùbiāo.
ダース打 dá. ¶ビール1～ / 一打啤酒.
タートルネック高领 gāolǐng.
ターミナル终点站 zhōngdiǎnzhàn. ¶高速バス～ / 高速公交终点站. ¶～ケア / 临终关怀.
ターム术语 shùyǔ. ¶テクニカル～ / 专门术语.
ターンテーブル转盘 zhuànpán.
たい【鯛】真鲷 zhēndiāo, 加级鱼 jiājíyú. ¶腐っても～ / 瘦死的骆驼比马大.
たい【隊】队 duì. ¶～を組む / 组队. ¶消防～ / 消防队.
タイ泰国 Tàiguó.
たい【対】比 bǐ. ¶5～3の比率 / 五比三的比率. ¶1～1で話す / 一对一地说.
だい【代】世代 shìdài. ¶40～の人 / 四十到五十岁的人. ¶80年～ / 八十年代. ¶お～は結構です / 不用付钱.
だい【台】台 tái ; 架 jià ;〔車両〕辆 liàng. ¶～を重ねる / 一辆又一辆. ¶楽譜～ / 乐谱架. ¶自動車10～ / 十辆汽车.
だい【題】题目 tímù. ¶歌の～ / 歌名. ¶～をつける / 起题目.
だい【大】大 dà. ¶～の大人 / 真正的大人. ¶～小さまざまな品物 / 大大小小的许多东西. ¶葉書～の / 明信片大小的. ¶～学者 / 大学者. ¶～成功 / 大成功.
だい-【第-】第 dì. ¶～1回 / 第一回. ¶～2課 / 第二课.
たいい【大意】大意 dàyì. ¶文章の～ / 文章的大意. ¶～をつかむ / 领会大意.
たいいく【体育】体育 tǐyù. ¶～館 / 体育馆. ¶～大会 / 体育运动会.
だいいち【第一】第一 dìyī. ¶健康が～だ / 健康第一. ¶～印象 / 第一印象.
たいいん【退院】出院 chūyuàn.
ダイエット减肥 jiǎnféi. ¶～中である / 正在减肥.
たいおう【対応】对应 duìyìng. ¶変化に～する / 应对变化. ¶～策を練る / 研究对策.
ダイオキシン二噁英 èr'èyīng.
たいおん【体温】体温 tǐwēn. ¶～が下がる / 体温下降. ¶～を測る / 量体温. ¶～計 / 体温计.
たいか【退化】退化 tuìhuà. ¶文明の～ / 文明的退化.
たいか【大家】大家 dàjiā. ¶書道の～ / 书法家.
たいか【耐火】耐火 nàihuǒ. ¶～性の金庫 / 耐火的保险柜. ¶～建築 / 耐火建筑.
だいか【代価】代价 dàijià. ¶～を支払う / 付出代价. ¶あまりに大きな～ / 巨大的代价.
たいかい【大会】大会 dàhuì. ¶～を開く / 召开大会. ¶～に参加する / 参加大会. ¶野球～ / 棒球运动会.
たいがい【大概】大概 dàgài. ¶日曜日は～家にいる / 星期天大概在家. ¶～の人なら知っている / 一般的人都知道. ¶ふざけるのも～にしろ / 开玩笑要适可而止.
たいかく【体格】体格 tǐgé. ¶～がいい / 体格好. ¶きゃしゃな～ / 苗条的身材.
たいがく【退学】退学 tuìxué. ¶～処分 / 退学处分. ¶中途～ / 中途退学；辍学.
だいがく【大学】大学 dàxué. ¶～に入る / 进入大学. ¶～にうかる / 考上大学. ¶～を出た / 大学毕业. ¶～生 / 大学生. ¶～病院 / 大学医院. ¶～院 / 研究生院. ¶～院生 / 研究生.
たいき【大気】大气 dàqì. ¶～汚染 / 大气污染. ¶～圏 / 大气圈.
たいきゃく【退却】退却 tuìquè. ¶後方に～する / 退却到后方. ¶～命令 / 撤退命令.
たいきゅう【耐久】耐久 nàijiǔ. ¶～性 / 耐久性. ¶～力 / 耐力.
たいきょ【退去】撤离 chèlí. ¶～命令 / 撤离命令.
たいきん【大金】巨款 jùkuǎn. ¶～を寄付する / 捐献巨款. ¶～を注ぎ込む / 投入巨款. ¶～を投じる / 投入巨资.
だいきん【代金】货款 huòkuǎn. ¶～

を支払う / 付货款. ¶～を請求する / 要求付货款. ¶～先払い / 预支货款.

だいく【大工】木匠 mùjiang. ¶～の棟梁 / 木匠师傅.

たいぐう【待遇】对待 duìdài. ¶～がよい〔悪い〕/ 待遇「好〔差〕. ¶国賓として～する / 作为国宾接待. ¶～改善 / 改善待遇. ¶社長～ / 经理待遇.

たいくつ【退屈】无聊 wúliáo. ¶～な話 / 无聊的话. ¶～しのぎに散歩にでかける / 外出散步消遣.

たいぐん【大群】大群 dàqún. ¶イナゴの～ / 蝗群. ¶～が押し寄せる / 蜂拥而至.

たいけい【体系】体系 tǐxì. ¶～づける / 建立体系. ¶～化する / 体系化. ¶組織～ / 组织体系.

たいけい【体型】体型 tǐxíng. ¶～に合わせる / 按照体型. ¶やせ型の～ / 瘦体型.

たいけつ【対決】对决 duìjué. ¶優勝をかけて～する / 为争夺冠军而战. ¶～姿勢 / 对抗姿态.

たいけん【体験】体验 tǐyàn. ¶～を生かす / 发挥体验. ¶貴重な～ / 珍贵的体验. ¶～談 / 经验之谈.

たいげんそうご【大言壮語】说大话 shuō dàhuà. ¶～を吐く / 夸海口.

たいこ【太鼓】鼓 gǔ. ¶～を叩く / 敲鼓.

たいこう【対抗】对抗 duìkàng. ¶～意識 / 对抗意识. ¶～策 / 对策. ¶クラス～ / 班级对抗.

だいこう【代行】代行 dàixíng. ¶職務を～する / 代行职务. ¶～機関 / 代理机构. ¶～者 / 代理人.

たいこく【大国】大国 dàguó. ¶経済～に成長する / 成长为经济大国. ¶～主義 / 大国主义. ¶軍事～ / 军事大国.

だいこん【大根】萝卜 luóbo. ¶～を刻む / 切萝卜. ¶～を抜く / 拔萝卜. ¶～おろし / 萝卜泥.

たいざい【滞在】逗留 dòuliú. ¶～を延長する / 延长逗留时间. ¶～期間 / 逗留期间. ¶～地 / 逗留地.

だいざい【題材】题材 tícái. ¶～を求める / 寻找题材. ¶実際の事件を～にする / 以真实的事件为题材.

たいさく【対策】对策 duìcè. ¶～を講じる / 研究对策. ¶～を練る / 研究对策. ¶緊急～ / 紧急对策.

たいし【大使】大使 dàshǐ. ¶～館 / 大使馆. ¶駐日～ / 驻日大使.

たいじ【胎児】胎儿 tāi'ér.

たいじ【退治】消灭 xiāomiè, 击退 jītuì. ¶害虫を～する / 扑灭害虫.

だいじ【大事】重要 zhòngyào. ¶～な点 / 要点. ¶～に扱う / 小心对待. ¶～をとる / 慎重从事.

ダイジェスト 摘要 zhāiyào.

たいした【大した】惊人 jīngrén. ¶～人 / 了不起的人. ¶～損害ではない / 不是太大的损失. ¶～ものではない / 没有什么大不了的.

たいしつ【体質】体质 tǐzhì. ¶企業の～ / 企业的性质. ¶～改善 / 改善体质. ¶虚弱～ / 体质虚弱.

たいして【大して】并不那么 bìng bù nàme. ¶～難しくない / 不太难.

たいしゃ【代謝】代谢 dàixiè. ¶新陳～ / 新陈代谢. ¶基礎～ / 基础代谢.

たいしゅう【大衆】大众 dàzhòng. ¶～的な人気 / 受大众喜爱.

たいじゅう【体重】体重 tǐzhòng. ¶～が増える / 体重增加. ¶～を計る / 量体重. ¶～計 / 体重计.

たいしょ【対処】应付 yìngfu. ¶難局に～する / 应对困难的局面. ¶問題にうまく～する / 熟练地处理问题.

たいしょう【対称】对称 duìchèn. ¶左右～の図形 / 左右对称的图形. ¶～軸 / 对称轴.

たいしょう【対照】对照 duìzhào. ¶～的な意見 / 形成对照的意见. ¶～をなす / 形成对照. ¶比較～する / 进行对比.

たいしょう【対象】对象 duìxiàng. ¶～とする / 作为对象. ¶～物 / 对象物. ¶研究～ / 研究对象.

たいしょう【大将】大将 dàjiàng. ¶陸軍～ / 陆军大将. ¶餓鬼～ / 孩子王.

たいしょう【大賞】大奖 dàjiǎng. ¶～を受賞する / 获得大奖. ¶文学～ / 文学大奖.

たいじょう【退場】退场 tuìchǎng. ¶式場から～する / 从会场退出. ¶～を命じる / 命令退场. ¶入～ / 进出会场.

だいしょう【代償】代价 dàijià. ¶～を払う / 付出代价.

だいじょうぶ【大丈夫】没关系 méi guānxi. ¶地震にも～な建物 / 不用担心地震的楼房. ¶～,心配するな / 没事,别担心.

たいしょく【退職】退休 tuìxiū. ¶～金 / 退休金. ¶～手当 / 退休津贴. ¶定年～ / 退休.

たいじん【対人】对待人 duìdài rén. ¶～関係のもつれ / 人际关系的纠纷. ¶～恐怖症 / 交际恐惧症.

だいじん【大臣】大臣 dàchén. ¶～に任命する / 任命为大臣. ¶総理～ / 总理大臣.

だいず【大豆】大豆 dàdòu. ¶～とアズキ / 大豆和小豆.

たいすい【耐水】耐水 nàishuǐ. ¶～性の紙 / 耐水性纸. ¶～性インク / 耐水性墨水.

だいすう【代数】代数 dàishù. ¶～学 / 代数学. ¶～幾何 / 代数几何.

たいする【対する】对 duì. ¶質問に～答え / 对问题的回答. ¶課題に対して考察を加える / 对课题进行考察.

たいせい【体制】体制 tǐzhì. ¶～を固める / 巩固体制. ¶社会～ / 社会体制. ¶反～ / 反体制.

たいせい【大勢】大局 dàjú. ¶～に従う / 顺应大局. ¶～に逆らう / 背离大局. ¶～に押される / 大势所趋. ¶～を占める / 占多数.

たいせい【態勢】姿态 zītài. ¶受け入れ～を整える / 做好接纳的准备. ¶出動～をとる / 做好出动的准备. ¶戦時～ / 临战状态.

たいせい【体勢】姿势 zīshì. ¶～が崩れる / 姿势不端正. ¶～を立て直す / 摆好姿势.

たいせいよう【大西洋】大西洋 Dàxīyáng.

たいせき【体積】体积 tǐjī. ¶面積と～ / 面积和体积. ¶～を計算する / 计算体积.

たいせき【堆積】堆积 duījī. ¶落ち葉が～する / 落叶堆积. ¶～岩 / 沉积岩. ¶～平野 / 沉积平原.

たいせつ【大切】重要 zhòngyào. ¶だれよりも～な人 / 比谁都重要的人. ¶～な意見 / 宝贵的意见. ¶物を～にする / 珍惜东西. ¶～に扱う / 谨慎对待.

たいそう【体操】体操 tǐcāo. ¶～選手 / 体操运动员. ¶器械～ / 器械体操. ¶徒手～ / 徒手操.

たいだ【怠惰】懒惰 lǎnduò. ¶～な生活 / 懒惰的生活. ¶～な日々を送る / 过着懒散的日子.

だいたい【大体】基本上 jīběnshang. ¶～出来上がった / 大体上已完成. ¶～の見当はつく / 基本上能判断出来.

だいだい【橙】橙 chéng. ¶～色 / 橙色.

だいだい【代々】世世代代 shìshì dàidài.

だいたすう【大多数】大多数 dàduōshù. ¶～の意見 / 大多数的意见. ¶圧倒的～ / 压倒性多数.

たいだん【対談】会谈 huìtán. ¶～記事 / 访谈录.

だいたん【大胆】大胆 dàdǎn. ¶～な発言 / 大胆的发言. ¶～な考え / 大胆的想法. ¶～不敵 / 勇猛无敌.

だいち【大地】大地 dàdì. ¶～の恵み / 大地的恩赐. ¶～に根を下ろす / 在大地扎根.

だいち【台地】高地 gāodì. ¶溶岩～ / 熔岩高地.

たいちょう【体調】身体状况 shēntǐ zhuàngkuàng. ¶～がいい / 身体状况好. ¶～がすぐれない / 身体欠佳.

たいちょう【隊長】队长 duìzhǎng.

だいちょう【大腸】大肠 dàcháng. ¶～炎 / 大肠炎. ¶～菌 / 大肠菌.

タイツ 紧身裤 jǐnshēnkù.

たいてい【大抵】大概 dàgài. ¶夏は～海へ行く / 夏天差不多都去海边. ¶～の事は知っている / 一般的事都知道.

たいど【態度】态度 tàidu. ¶～が悪い / 态度恶劣. ¶～がでかい / 态度蛮横. ¶～を改める / 改变态度. ¶不満そうな～をとる / 表现出不满的态度.

たいとう【台頭】崛起 juéqǐ. ¶新興勢力の～ / 新兴势力的崛起.

たいとう【対等】对等 duìděng. ¶～な関係 / 对等的关系. ¶～に扱う / 相同对待.

だいとうりょう【大統領】总统 zǒngtǒng. ¶～選挙 / 总统选举. ¶～夫人 / 总统夫人. ¶副～ / 副总统.

だいどころ【台所】厨房 chúfáng. ¶～が苦しい / 生活困难. ¶～仕事 / 做饭活.

だいとし【大都市】大城市 dàchéngshì.

タイトル 题目 tímù. ¶～を付ける / 定题目. ¶～マッチ / 锦标赛.

だいなし【台無し】毁坏 huǐhuài. ¶～にする / 弄坏. ¶服が～になる / 衣服穿不成了. ¶計画が～だ / 计划泡汤了.

ダイナマイト 炸药 zhàyào.

たいねつ【耐熱】耐热 nàirè. ¶～ガラス / 耐热玻璃. ¶～性 / 耐热性.

たいのう【滞納】滞纳 zhìnà, 拖欠 tuōqiàn. ¶家賃を～する / 拖欠房租. ¶～金 / 滞纳金. ¶～者 / 拖欠人.

たいはい【退廃】颓废 tuífèi. ¶～した生活 / 颓废的生活. ¶～的な小説 / 颓废的小说.

たいばつ【体罰】体罚 tǐfá. ¶～を加える / 施加体罚. ¶～に反対する / 反对体罚.

たいはん【大半】大半 dàbàn. ¶～を占める / 占大半. ¶仕事を～終える / 工作完成一大半.

たいひ【堆肥】堆肥 duīféi. ¶～をまく / 撒土肥.

たいひ【退避】躲避 duǒbì. ¶～所 / 避难所. ¶～命令 / 疏散命令.

だいひょう【代表】代表 dàibiǎo. ¶一同を～して / 代表全体人员. ¶～的な / 代表性的. ¶～作 / 代表作. ¶～者 / 代表. ¶～団 / 代表团.

ダイビング 跳水 tiàoshuǐ；潜水 qiánshuǐ.

タイプ 类型 lèixíng. ¶家庭的な～ / 居家式类型. ¶好みの～ / 喜欢的类型. ¶～印刷 / 打字印刷.

だいぶ【大分】相当 xiāngdāng. ¶時間が～かかる / 花不少时间. ¶成績が～よくなった / 成绩好多了.

たいふう【台風】台风 táifēng. ¶～が北上する / 台风北上. ¶～に見舞われる / 遭受台风侵袭. ¶～の被害 / 台风灾害. ¶～の目 / 台风眼.

だいぶつ【大仏】大佛 dàfó.

だいぶぶん【大部分】大部分 dàbùfen. ¶～を占める / 占大部分.

たいへいよう【太平洋】太平洋 Tàipíngyáng. ¶～横断 / 横渡太平洋. ¶～戦争 / 太平洋战争.

たいへん【大変】非常 fēicháng. ¶～な努力家 / 了不起的实干家. ¶～なことになった / 不得了了. ¶～な人

出だ / 人非常多.

だいべん【大便】大便 dàbiàn.

だいべん【代弁】代辩 dàibiàn. ¶損害を～する / 替人赔偿损失. ¶～者 / 代言人.

たいほ【逮捕】逮捕 dàibǔ. ¶逃走中の殺人犯が～された / 逃跑的杀人犯被逮捕了. ¶～状 / 逮捕令. ¶現行犯～ / 逮捕现行犯.

た

たいほう【大砲】大炮 dàpào. ¶～を撃つ / 打炮.

たいぼう【待望】期待 qīdài. ¶～の雨 / 及时雨. ¶～の大学生活 / 盼望已久的大学生活.

だいほん【台本】剧本 jùběn. ¶～を覚える / 记台词. ¶～どおりの展開 / 剧本上设计好的发展. ¶映画の～ / 电影剧本.

タイマー定时器 dìngshíqì. ¶～を設定する / 设定时间.

たいまん【怠慢】怠慢 dàimàn. ¶～な社員 / 懒散的职员. ¶職務～ / 玩忽职守.

タイミング时机 shíjī. ¶～が合わない / 没有合适的时机. ¶～が悪い / 时机不合适.

タイム时间 shíjiān. ¶～を測る / 测定时间. ¶～マシン / 时间机器. ¶～テーブル / 时间表.

だいめい【題名】标题 biāotí. ¶～をつける / 起名. ¶映画の～ / 电影名字.

だいめいし【代名詞】代词 dàicí. ¶うまいものの～ / 美食的代名词.

たいめん【体面】面子 miànzi, 体面 tǐmiàn. ¶～を重んじる / 讲究面子. ¶～を気にする / 在意面子. ¶～をつくろう / 装饰体面. ¶～にかかわる / 有关体面.

タイヤ轮胎 lúntāi. ¶～がパンクする / 轮胎爆了.

ダイヤ列车时刻表 lièchē shíkèbiǎo. ¶～が狂う / 列车时刻表乱了.

ダイヤモンド钻石 zuànshí. ¶～の指輪 / 钻石戒指.

ダイヤル号码盘 hàomǎpán. ¶～を回す / 拨号码. ¶～イン / 直拨.

たいよ【貸与】借给 jiègěi. ¶資金を～する / 贷给资金.

たいよう【太陽】太阳 tàiyáng. ¶心の～ / 心中的太阳. ¶～の光を浴びる / 沐浴阳光. ¶～エネルギー / 太阳能. ¶～系 / 太阳系. ¶～暦 / 阳历.

だいよう【代用】替代 tìdài. ¶絹の代わりにナイロンで～する / 用尼龙替代丝绸. ¶～品 / 替代品. ¶～食品 / 替代食品.

たいら【平ら】平整 píngzhěng. ¶～な地面 / 平整的地面. ¶～にする / 弄平.

だいり【代理】代理 dàilǐ. ¶～を務める / 进行代理. ¶～業者 / 代理商. ¶～店 / 代理店. ¶～人 / 代理人.

たいりく【大陸】大陆 dàlù. ¶～横断 / 横穿大陆. ¶新～ / 新大陆.

だいりせき【大理石】大理石 dàlǐshí. ¶～像 / 大理石像.

たいりつ【対立】对立 duìlì. ¶～が深まる / 对立加深. ¶意見が～する / 意见对立. ¶利害の～ / 利害的冲突.

たいりょう【大量】大量 dàliàng. ¶～に投入する / 大量地投入. ¶～消費 / 大量消费.

たいりょく【体力】体力 tǐlì. ¶～がある / 有体力. ¶～が衰える / 体力衰退. ¶～測定 / 体力测定.

タイル瓷砖 cízhuān. ¶～張りの床 / 贴有瓷砖的地板.

ダイレクトメール邮寄广告 yóujì guǎnggào.

たいわ【対話】对话 duìhuà. ¶～の場を持つ / 保持对话的机会. ¶～を通しての解決 / 通过对话解决.

たいわん【台湾】台湾 Táiwān.

たうえ【田植え】插秧 chāyāng. ¶～機 / 插秧机.

ダウン下降 xiàjiàng ; [羽毛]羽绒 yǔróng. ¶風邪で～した / 因感冒病倒. ¶コスト～ / 成本降低. ¶～ジャケット / 羽绒衣.

ダウンロード下载 xiàzài. ¶プログラムを～する / 下载程序.

だえき【唾液】唾液 tuòyè. ¶～を飲み込む / 咽唾液. ¶～腺 / 唾液腺.

たえる【耐える・堪える】忍耐 rěnnài. ¶苦痛を耐え忍ぶ / 忍住痛苦. ¶寒さに～ / 耐寒. ¶最後まで～ / 坚持到最后. ¶聞くに堪えない / 不忍心听. ¶堪え難い / 难于忍受.

たえる【絶える】消失 xiāoshī. ¶連絡が～ / 联系中断. ¶消息が～ / 断了音信. ¶絶えず努力する / 不断地努力. ¶絶え間ない努力 / 不懈的努力.

だえん【楕円】椭圆 tuǒyuán. ¶～形 / 椭圆形.

たおす【倒す】弄倒 nòngdǎo, 打倒 dǎdǎo. ¶押し～ / 压倒. ¶敵を～ / 把敌人打倒. ¶木を～ / 把树砍倒.

タオル毛巾 máojīn. ¶バス～ / 浴巾. ¶～を投げる / 投降.

たおれる【倒れる】倒 dǎo. ¶政権が～ / 政权垮台. ¶過労で～ / 过度疲劳病倒. ¶銃弾に～ / 中弹击倒下. ¶後ろに～ / 向后倒下. ¶あお向けに～ / 仰面倒下. ¶つまずいて～ / 拌倒.

たか【高】程度 chéngdù. ¶～が知れている / 没什么了不起. ¶～を括る / 低估.

たか【鷹】鹰 yīng. ¶～派 / 鹰派.

-だか【-高】量 liàng, 额 é. ¶売上～ / 销售额. ¶生産～ / 生产量.

たかい【高い】[背が]高 gāo ; [値段が]贵 guì. ¶～ビル / 高楼. ¶血圧が～ / 血压高. ¶生活水準が～ / 生活水平高. ¶背が～ / 个子高. ¶値段が～ / 价钱贵. ¶プライドが～ /

自尊心强. ¶鼻が～ / 骄傲. ¶背が高くなる / 个子长高了. ¶物価が高くなる / 物价上涨.

たがい【互い】互相 hùxiāng. ¶～の意見 / 相互的意见. ¶～に協力し合う / 互相合作. ¶～違いに / 分别.

だかい【打開】打开 dǎkāi. ¶難局を～する / 打开困难的局面. ¶～策 / 解决方案.

たかが【高が】顶多 dǐngduō. ¶相手は～子供じゃないか / 对方充其量是个小孩.

たがく【多額】巨额 jù'é. ¶～の損失 / 巨额的损失. ¶～納税者 / 高额纳税人.

たかさ【高さ】高度 gāodù. ¶～を測る / 测量高度. ¶～3000メートルの山 / 高度三千米的山. ¶声の～ / 声音的高度.

だがっき【打楽器】打击乐器dǎjī yuèqì. ¶～奏者 / 打击乐器演奏者.

たかとび【高跳び】跳高 tiàogāo. ¶走り～ / 跳高. ¶棒～ / 撑杆跳高.

たかとび【高飛び】远走高飞 yuǎn zǒu gāo fēi. ¶国外へ～する / 远逃国外.

たかなる【高鳴る】心情激动 xīnqíng jīdòng. ¶胸が～ / 心潮澎湃.

たかね【高嶺】高峰 gāofēng. ¶～の花 / 可望不可得的东西.

たかぶる【高ぶる】兴奋 xīngfèn. ¶気持ちが～ / 心情激动. ¶おごり～ / 傲慢自大.

たかまる【高まる】提高 tígāo. ¶関心が～ / 越来越受到关心. ¶危機感が～ / 越来越有危机感. ¶女性の地位が～ / 女性的地位提高了.

たかめる【高める】提高 tígāo. ¶声を～ / 提高嗓门. ¶生産性を～ / 提高生产率.

たがやす【耕す】耕 gēng. ¶鋤で畑を～ / 用镐耕地.

たから【宝】宝藏 bǎozàng,财宝 cáibǎo. ¶子供は国の～だ / 孩子是国家的财富. ¶～捜し / 寻宝. ¶～島 / 宝岛. ¶～の持ち腐れ / 英雄无用武之地.

たからくじ【宝籤】彩票 cǎipiào. ¶～を買う / 买彩票. ¶～が当たる / 彩票中了.

たかる【集る】［集まる］聚集 jùjí ; ［せびる］敲诈 qiāozhà. ¶砂糖にアリが～ / 糖上爬满了蚂蚁. ¶人の弱みに付け込んで～ / 抓住别人的弱点敲诈. ¶友達にたかられて一杯おごる / 朋友逼我请他喝酒.

たかん【多感】多愁善感 duō chóu shàn gǎn. ¶～な少年 / 善感的少年. ¶～な時期 / 多愁善感的时期.

たき【滝】瀑布 pùbù.

だきあげる【抱き上げる】抱起 bàoqǐ. ¶子供を～ / 抱起孩子.

たきぎ【薪】木柴 mùchái. ¶～取りに行く / 去砍柴.

タキシード男礼服 nánlǐfú.

たきび【焚き火】篝火 gōuhuǒ. ¶～をする / 点篝火. ¶～を囲む / 围着篝火.

だきょう【妥協】妥协 tuǒxié. ¶～の余地がない / 没有妥协的余地. ¶～点を見つける / 找到双方妥协的地方. ¶～案 / 妥协案.

たく【焚く】烧火 shāo huǒ. ¶薪を～ / 烧柴. ¶火を～ / 生火. ¶香を～ / 烧香. ¶風呂を～ / 烧洗澡水.

たく【炊く】烧 shāo. ¶ご飯を～ / 煮饭.

だく【抱く】抱 bào. ¶赤ん坊を～ / 抱婴儿. ¶卵を～ / 抱窝. ¶抱きしめる / 抱住.

たくえつ【卓越】卓越 zhuóyuè. ¶～した才能 / 卓越的才能. ¶～した技 / 卓越的技术.

たくさん【沢山】许多 xǔduō. ¶～の本 / 很多书. ¶～食べる / 吃很多. ¶もう～だ / 已经够了.

タクシー出租车 chūzūchē,的士 dīshì. ¶～を拾う / 叫出租车. ¶～運転手 / 出租车司机. ¶～乗り場 / 出租车乘车点.

たくじしょ【託児所】托儿所 tuō'érsuǒ. ¶～に子供を預ける / 把孩子托给托儿所.

たくはい【宅配】送货上门 sònghuò shàngmén. ¶～便 / 专递服务.

たくましい【逞しい】健壮 jiànzhuàng. ¶～若者 / 健壮的青年. ¶～体格 / 健壮的体格. ¶想像力をたくましくする / 发挥想象力；异想天开.

たくみ【巧み】巧妙 qiǎomiào. ¶～な話術 / 能说会道. ¶～にだます / 巧妙地欺骗.

たくらみ【企み】企图 qǐtú.

たくらむ【企む】策划 cèhuà. ¶陰謀を～ / 策划阴谋. ¶一もうけを～ / 计划赚一把.

たくわえ【蓄え・貯え】积蓄 jīxù. ¶～が底をつく / 积蓄见底. ¶老後の～ / 防老的积蓄.

たくわえる【蓄える・貯える】储蓄chǔxù. ¶食糧を～ / 储备粮食. ¶実力を～ / 积蓄实力. ¶知識を～ / 积蓄知识. ¶金を～ / 存钱.

たけ【竹】竹子 zhúzi.

たけ【丈】长度 chángdù. ¶スカートの～ / 裙子长. ¶～が長い / 尺寸长. ¶～を詰める / 改短长度.

-だけ只 zhǐ. ¶一つ～ください / 就要一个. ¶私～が知っている / 只有我知道. ¶命令に従った～だ / 只不过是执行命令而已.

たけうま【竹馬】高跷 gāoqiāo. ¶～に乗る / 踩高跷.

だげき【打撃】打击 dǎjī. ¶～を与える / 给了打击. ¶～を被る / 受到打击. ¶精神的な～ / 精神上的打击.

たけのこ【竹の子・筍】竹笋 zhúsǔn. ¶雨後の～ / 雨后春笋.

たげん【多元】多元 duōyuán. ¶～放

送 / 多元广播.

たこ【蛸・章魚】章鱼 zhāngyú.

たこ【凧】风筝 fēngzheng. ¶～を揚げる / 放风筝.

たこ 趼子 jiǎnzi. ¶耳に～ができる / 听腻了.

だこう【蛇行】蛇行 shéxíng. ¶～した川 / 蜿蜒的河流. ¶～運転 / S形行驶.

たこくせききぎょう【多国籍企業】跨国公司 kuàguó gōngsī.

たさい【多彩】多彩 duōcǎi. ¶～な催し物 / 丰富多彩的活动. ¶～な顔ぶれ / 各色的人员.

ださん【打算】算计 suànji. ¶～的な人 / 爱算计的人. ¶～で動く / 事事盘算.

たしか【確か】确实 quèshí ;[信頼できる]可靠 kěkào. ¶～な証拠 / 确凿的证据. ¶～な情報筋 / 可靠的消息. ¶～な品 / 货真价实.

たしかめる【確かめる】证实 zhèngshí. ¶自分の目で～ / 亲眼证实. ¶真偽を～ / 鉴别真伪.

たしざん【足し算】加法 jiāfǎ.

だしぬく【出し抜く】抢先下手 qiǎngxiān xiàshǒu ; 先发制人 xiān fā zhì rén.

だしゃ【打者】击球手 jīqiúshǒu. ¶先頭～ / 第一个击球手.

たしゅたよう【多種多様】多种多样 duōzhǒng duōyàng. ¶～な仕事 / 多种多样的工作.

たしょう【多少】多少 duōshǎo. ¶～の収穫はあった / 多少有点收获. ¶～にかかわらず / 不拘多少. ¶～異なる / 有点差异.

だしん【打診】试探 shìtàn. ¶意向を～する / 试探意向. ¶背中を～する / 敲击脊背诊断.

たす【足す】加 jiā. ¶7に9を～ / 七加九. ¶塩を～ / 添盐. ¶用を～ / 解手. ¶ひとこと言い～ / 补充一句.

だす【出す】出 chū. ¶表に～ / 公开. ¶茶を～ / 上茶. ¶金を～ / 出钱. ¶申請書を～ / 交申请书. ¶店を～ / 商店开张. ¶熱を～ / 发烧. ¶スピードを～ / 加快速度. ¶単行本を～ / 出单行本. ¶バスを～ / 发公交车. ¶舌を～ / 伸舌头 ; 暗地嗤笑. ¶商売に手を～ / 涉足商业. ¶手紙を～ / 寄信.

-だす【-出す】起来 qǐlái. ¶走り～ / 跑起来. ¶笑い～ / 笑起来. ¶雨が降り～ / 下起雨来.

たすう【多数】多数 duōshù. ¶～を占める / 占多数. ¶～決で決める / 多数表决决定. ¶圧倒的～ / 压倒性多数. ¶絶対～ / 绝对多数. ¶国民の大～ / 国民的大多数. ¶～派 / 多数派.

たすかる【助かる】得救 déjiù. ¶命が～ / 生命得救. ¶手間が省けて～ / 少花工夫帮了大忙.

たすけ【助け】援助 yuánzhù. ¶～を求める / 请求帮助. ¶～になる / 有所帮助.

たすける【助ける】帮助 bāngzhù. ¶命を～ / 救命. ¶助けてくれ / 救命! ¶仕事を～ / 协助工作. ¶消化を～ / 帮助消化.

たずねる【尋ねる】问 wèn, 询问 xúnwèn. ¶道を～ / 问路. ¶安否を～ / 询问是否平安. ¶由来を～ / 询问由来.

たずねる【訪ねる】访问 fǎngwèn, 找 zhǎo. ¶友人を～ / 找朋友.

だせい【惰性】惰性 duòxìng. ¶～的な生活 / 惰性的生活.

たそがれ【黄昏】黄昏 huánghūn. ¶人生の～ / 人生的黄昏.

ただ【只】一般 yībān, 普通 pǔtōng. ¶～の人 / 普通的人. ¶～事ではない / 不是小事. ¶～では済まされない / 不能轻易放过.

ただ【只】免费 miǎnfèi. ¶～食い / 白吃饭. ¶～働き / 白干. ¶～同様の値段 / 几乎和免费一样的价钱. ¶～より高いものはない / 白来的东西事后代价更高. ¶～でもいらない / 白给也不要. ¶～酒 / 免费酒.

ただ【唯】只是 zhǐshì. ¶～泣いてばかりいる / 只是不停地哭. ¶～うまくいくことを願うばかりだ / 但愿能办得顺利. ¶～一つ / 仅有一个. ¶～の一度もない / 连一次也没有. ¶～の友達であるだけだ / 只是一般朋友.

だだ【駄々】任性 rènxìng. ¶～をこねる / 缠人. ¶～っ子 / 不听话的孩子.

ただい【多大】很大 hěn dà. ¶～な損害 / 巨大的损失.

だたい【堕胎】堕胎 duòtāi. ¶～手術 / 堕胎手术.

たたえる【称える】称赞 chēngzàn. ¶健闘を～ / 称赞奋斗的精神.

たたかい【戦い・闘い】斗争 dòuzhēng. ¶～をくりひろげる / 进行斗争. ¶～を挑む / 挑战. ¶～に勝つ / 打赢. ¶時間との～ / 与时间竞赛.

たたかう【戦う・闘う】斗争 dòuzhēng. ¶優勝をかけて～ / 为冠军而战. ¶国のために～ / 为国家而奋斗. ¶貧困と～ / 和贫困做斗争.

たたく【叩く】敲 qiāo. ¶手を～ / 鼓掌 ; 拍手. ¶太鼓を～ / 敲鼓. ¶無駄口を～ / 说废话.

ただし【但し】但是 dànshì. ¶男女不問,～年齢制限あり / 不问性别,但有年龄限制. ¶～書き / 附言.

ただしい【正しい】正确 zhèngquè. ¶～答え / 正确答案. ¶～姿勢 / 正确的姿势. ¶彼の言うことが～ / 他说的很对. ¶文法上は～ / 语法上是正确的. ¶礼儀～ / 很有礼貌.

ただちに【直ちに】立刻 lìkè. ¶～出発する / 立刻出发.

たたみ【畳】榻榻米 tātāmǐ. ¶～を敷く / 铺榻榻米.

たたむ【畳む】折叠 zhédié. ¶傘を～ /

合上伞. ¶新聞紙を～ / 叠报纸. ¶布団を～ / 叠被子. ¶店を～ / 关店.

ただよう【漂う】漂 piāo. ¶波間に～ / 在波浪之间漂动. ¶たばこの煙が～ / 漂散着香烟的烟雾. ¶険悪な雰囲気が～ / 充满了险恶的气氛.

ただれる【爛れる】糜烂 mílàn. ¶傷口が～ / 伤口糜烂.

たち【質】气质 qìzhì. ¶～の悪い冗談 / 低俗的玩笑. ¶～のよくない人間 / 品质不好的人. ¶涙もろい～ / 爱掉眼泪的人.

たちあい【立ち会い】见证 jiànzhèng. ¶警官の～のもとで / 在警察见证之下. ¶～演説 / 竞选演说. ¶～人 / 见证人.

たちあがる【立ち上がる】站起来 zhànqǐlái. ¶椅子から～ / 从椅子上站起来. ¶困難から～ / 从困难中奋起. ¶挫折から再び～ / 从挫折中再次振作起来. ¶国家再建に～ / 致力于国家重建.

たちいり【立ち入り】进入 jìnrù. ¶～禁止 / 严禁入内.

たちいる【立ち入る】［入り込む］进入 jìnrù ;［関わる］干涉 gānshè. ¶芝生に～ / 进入草坪. ¶他人の問題に～ / 干预别人问题. ¶立ち入ったことを聞く / 追根问底.

たちぎき【立ち聞き】偷听 tōutīng. ¶人の話を～する / 偷听别人的话.

たちきる【断ち切る】切断 qiēduàn. ¶ロープを～ / 剪掉绳子. ¶たばこを～ / 戒烟. ¶未練を～ / 断绝依恋之情. ¶援助を～ / 断绝援助.

たちどまる【立ち止まる】站住 zhànzhù. ¶驚いて～ / 吓得站住. ¶赤信号で～ / 因红灯停下.

たちなおる【立ち直る】恢复过来 huīfùguòlái. ¶倒れずになんとか～ / 好容易才站住没跌倒. ¶痛手から～ / 从打击中恢复过来. ¶相場が～ / 行情恢复.

たちのく【立ち退く】搬出 bānchū. ¶住居を～ / 搬出住所.

たちば【立場】立场 lìchǎng. ¶強硬な～をとる / 采取强硬的立场. ¶つらい～に置かれる / 处在为难的境地. ¶対等な～に立つ / 站在对等的立场上. ¶当事者の～で考える / 站在当事者的立场上考虑. ¶～を失う / 失去立场.

たちまち【忽ち】忽然 hūrán. ¶～売り切れた / 一下子卖光了. ¶～消えてなくなる / 忽然消失.

だちょう【駝鳥】鸵鸟 tuóniǎo.

たちよる【立ち寄る】顺便去 shùnbiàn qù. ¶本屋に立ち寄ってから帰る / 顺便去书店后回家. ¶～暇がない / 没有时间去.

たつ【立つ】站 zhàn. ¶まっすぐに～ / 站直. ¶先頭に～ / 站在前面. ¶教壇に～ / 站上讲台. ¶人の上に～ / 位于人上. ¶優位に～ / 处在有利的位置. ¶苦しい立場に～ / 处在痛苦的境地. ¶見通しが～ / 能预见到. ¶面目が立たない / 保不住面子. ¶煙が～ / 冒烟. ¶うわさが～ / 谣言四起. ¶腹が～ / 生气. ¶席を～ / 离开座位. ¶～鳥あとを濁さず / 人过留名,雁过留声.

たつ【建つ】建造 jiànzào, 盖 gài. ¶ビルが～ / 盖起楼房. ¶銅像が～ / 建起铜像.

たつ【経つ】经过 jīngguò. ¶時間が～ / 时间流逝. ¶月日が～ / 岁月流逝.

たつ【発つ】离开 líkāi, 起程 qǐchéng, 出发 chūfā. ¶日本を～ / 从日本起程. ¶中国へ～ / 起程去中国. ¶明日～予定だ / 准备明天出发.

たつ【絶つ】断绝 duànjué, 断 duàn. ¶消息を～ / 失去音信. ¶付き合いを～ / 断绝来往. ¶自ら命を～ / 自杀.

たつ【断つ】断绝 duànjué. ¶酒を～ / 戒酒. ¶関係を～ / 断绝关系.

たつ【裁つ】裁 cái. ¶服地を～ / 裁布料.

たつ【竜】龙 lóng. ¶～年 / 龙年.

たっきゅう【卓球】乒乓球 pīngpāngqiú. ¶～台 / 乒乓球台. ¶～場 / 乒乓球场地.

だっきゅう【脱臼】脱臼 tuōjiù. ¶腕を～する / 胳膊脱臼.

たっしゃ【達者】［元気］健康 jiànkāng ;［上手］熟练 shúliàn. ¶～に暮らす / 健康地生活. ¶～で何よりだ / 健康比什么都好. ¶口の～な人 / 能说会道的人. ¶英語が～だ / 英语熟练.

ダッシュ 冲刺 chōngcì.

だっしゅつ【脱出】逃脱 táotuō.

だっしょく【脱色】脱色 tuōsè. ¶髪を～する / 头发脱色. ¶～剤 / 脱色剂.

たつじん【達人】高手 gāoshǒu. ¶武術の～ / 武术高手.

たっする【達する】达到 dádào. ¶目的地に～ / 到达目的地. ¶最高潮に～ / 达到最高潮. ¶過半数に～ / 达到过半数. ¶目標に～ / 达到目标. ¶一定額に～ / 达到一定数额.

たっせい【達成】完成 wánchéng. ¶願いを～する / 实现愿望. ¶～感 / 成就感.

だつぜい【脱税】逃税 táoshuì. ¶～疑惑 / 逃税嫌疑. ¶～者 / 逃税人.

だっせん【脱線】脱轨 tuōguǐ. ¶電車が～する / 电车脱轨了. ¶～事故 / 脱轨事故. ¶話が～する / 说话跑题.

だっそう【脱走】逃走 táozǒu. ¶刑務所から～する / 从监狱逃跑. ¶～兵 / 逃兵.

たった 仅仅 jǐnjǐn. ¶～2人だけ生き残った / 只有两个人生还. ¶～5千円 / 仅仅五千日元. ¶～今 / 刚才.

だったい【脱退】退出 tuìchū.

タッチ 接触 jiēchù. ¶～の差 / 只差一点儿.
たづな【手綱】 缰绳 jiāngsheng. ¶～をとる / 拉缰绳. ¶～を緩める / 放松缰绳.
たっぷり 充分 chōngfèn. ¶～食べる / 尽情地吃. ¶～眠る / 睡足. ¶～と酒をつぐ / 倒满了酒. ¶時間は～ある / 时间有的是. ¶自信～だ / 充满自信.
たつまき【竜巻】 龙卷风 lóngjuǎnfēng.
だつらく【脱落】 脱离 tuōlí. ¶上位から～する / 名次从前列掉下来. ¶～者 / 掉队者. ¶字句の～ / 丢词落句.
たて【縦】 竖 shù. ¶～に並べる / 竖着摆放. ¶～に線を引く / 拉竖线. ¶首を～に振る / 点头同意.
たて【盾】 盾 dùn. ¶～にする / 作后盾. ¶人間の～ / 人间盾牌. ¶法律を～にとる / 以法律为挡箭牌.
たてがき【縦書き】 竖写 shùxiě.
たてかける【立て掛ける】 竖放 shùfàng. ¶壁に鏡を～ / 把镜子靠在墙上.
たてがみ【鬣】 鬃毛 zōngmáo. ¶～が風になびく / 鬃毛随风而动. ¶～をなでる / 抚摩鬃毛.
たてつづけ【立て続け】 连续 liánxù, 接二连三 jiē èr lián sān. ¶～にしゃべる / 滔滔不绝地说. ¶～に質問する / 接连地问. ¶～に事件が起こった / 接二连三地发生事件.
たてまえ【建て前】 原则 yuánzé. ¶本音と～ / 表面与内心；原则话与真心话.
たてもの【建物】 建筑物 jiànzhùwù. ¶～を建てる / 盖房子. ¶石造りの～ / 石头盖的房子.
たてる【立てる】 建立 jiànlì. ¶棒を～ / 把棍子竖起来. ¶計画を～ / 制定计划. ¶生計を～ / 维持生计. ¶手柄を～ / 立功. ¶学説を～ / 提出学说. ¶顔を～ / 照顾面子. ¶うわさを～ / 造谣. ¶物音を～ / 发出声响. ¶腹を～ / 生气. ¶誓いを～ / 发誓.
たてる【建てる】 建造 jiànzào, 盖 gài. ¶ビルを～ / 盖楼房. ¶銅像を～ / 建铜像. ¶郊外に家を～ / 在郊外安家.
だとう【打倒】 打倒 dǎdǎo. ¶独裁政権を～する / 打倒独裁政权.
だとう【妥当】 妥当 tuǒdang. ¶～な意見 / 妥当的意见. ¶～でない / 不妥当. ¶～性 / 妥当性.
たどうし【他動詞】 及物动词 jíwù dòngcí.
たとえ 即使 jíshǐ. ¶～冗談でもそんな話はしないでください / 即使是开玩笑也请别说这种事. ¶～そうだとしてもあなたが悪い / 即使是那样, 也是你的不对.
たとえ【譬え・喩え】 比方 bǐfang.
たとえば【例えば】 例如 lìrú, 比如 bǐrú.
たとえる【譬える・喩える】 比喻bǐyù. ¶例えて言う / 比方说. ¶花に～ / 比喻成花.
たどる【辿る】 沿路走 yán lù zǒu, 探索 tànsuǒ. ¶指先で地図を～ / 用手指在地图上找. ¶昔の記憶を～ / 追忆往昔的回忆. ¶不幸な運命を～ / 走向不幸的命运.
たな【棚】 支架 zhījià. ¶壁に～をつる / 把架子装在墙上. ¶～卸し / 盘货；盘点存货.
たなばた【七夕】 七夕 Qīxī.
たに【谷】 谷 gǔ. ¶～間 / 山谷.
だに【壁蝨】 扁虱 biǎnshī, 螨虫 mǎnchóng. ¶～がたかる / 布满螨虫. ¶町の～ / 街头流氓.
たにん【他人】 他人 tārén. ¶赤の～ / 毫无关系的人. ¶～事ではない話 / 不是与己无关的事. ¶～行儀に冷たくあたる / 冷淡得「如同路人〔当外人〕看待.
たぬき【狸】 貉子 háozi. ¶取らぬ～の皮算用 / 打如意算盘. ¶～寝入り / 装睡.
たね【種】 种子 zhǒngzi. ¶畑に～をまく / 在田里撒种子. ¶～なしスイカ / 无籽西瓜. ¶紛争の～ / 纠纷的原因. ¶悩みの～ / 苦恼的原因.
たねまき【種蒔き】 播种 bōzhǒng.
たのしい【楽しい】 高兴 gāoxìng, 开心 kāixīn. ¶～生活 / 快乐的生活. ¶今日は楽しかったです / 今天真高兴.
たのしみ【楽しみ】 乐趣 lèqù. ¶読書の～ / 读书的乐趣. ¶散歩を～にする / 以散步为兴趣.
たのしむ【楽しむ】 享受 xiǎngshòu. ¶青春を～ / 享受青春. ¶釣りを～ / 以钓鱼为乐.
たのみ【頼み】 拜托 bàituō. ¶～を聞き入れる / 答应别人请求. ¶困ったときの神～ / 临时抱佛脚.
たのむ【頼む】 拜托 bàituō, 请求 qǐngqiú. ¶頭を下げて～ / 低头请求. ¶留守を～ / 请人看家.
たのもしい【頼もしい】 可靠 kěkào. ¶～男 / 有出息的男人. ¶～活躍ぶり / 很能干. ¶頼もしく成長する / 前途无量.
たば【束】 束 shù. ¶～になってかかる / 群起而攻之. ¶花～ / 花束. ¶札～ / 成捆的钱.
たばこ【煙草】 香烟 xiāngyān. ¶～を吸う / 吸烟. ¶～をやめる / 戒烟. ¶～の吸殻 / 烟头. ¶～一箱 / 一盒烟.
たばねる【束ねる】 扎 zā, 捆 kǔn. ¶髪を～ / 扎头发. ¶新聞紙を～ / 捆报纸.
たび【旅】 旅游 lǚyóu. ¶～に出る / 去旅游. ¶～を続ける / 继续旅游. ¶人生は～だ / 人生如旅. ¶汽車の～ / 火车旅行.

-たび【-度】次 cì. ¶見る～に思い出す / 每次看到就想起来. ¶ひと～事が起きたら大変だ / 一旦出了事, 那可不得了.

たび【足袋】布袜 bùwà.

タピオカ西米 xīmǐ, 木薯淀粉 mùshǔ diànfěn.

たびかさなる【度重なる】再三 zàisān. ¶～不始末 / 屡次不检点. ¶～要請 / 再三要求.

たびじ【旅路】旅途 lǚtú. ¶～につく / 踏上旅途.

たびじたく【旅支度】出行准备 chūxíng zhǔnbèi.

たびだつ【旅立つ】出发 chūfā. ¶外国へ～ / 去外国旅游.

たびたび【度々】经常 jīngcháng, 屡次 lǚcì. ¶～口にする言葉 / 经常说的话. ¶～失敗する / 经常失败.

たびびと【旅人】游人 yóurén, 旅客 lǚkè.

タフ强壮 qiángzhuàng. ¶～な男 / 硬汉.

タブー禁忌 jìnjì, 避讳 bìhui. ¶～視する / 看作忌讳.

だぶだぶ肥大的 féidà de. ¶～のズボン / 又肥又大的裤子.

ダブル双 shuāng. ¶～パンチ / 双重打击. ¶～ベッド / 双人床. ¶～クリック / 双击. ¶～インカム / 双重收入.

ダブルス双打 shuāngdǎ. ¶～のゲーム / 双打比赛.

たぶん【多分】大概 dàgài. ¶～大丈夫だ / 大概没事. ¶～来ないだろう / 大概不来吧. ¶遭難の恐れが～にある / 遇难的可能性很大.

たべすぎ【食べ過ぎ】吃得过多 chīde guòduō. ¶～は胃に悪い / 吃得过多对胃不好.

たべもの【食べ物】食物 shíwù. ¶温かい～ / 热的食物. ¶好きな～ / 喜欢吃的食物.

たべる【食べる】吃 chī. ¶ご飯を～ / 吃饭. ¶外で～ / 在外面吃饭. ¶このキノコは食べられる / 这个蘑菇可以吃. ¶月給をもらって食べている / 靠工资生活.

たほう【他方】另一方面 lìng yīfāngmiàn.

たぼう【多忙】忙碌 mánglù. ¶～な日々 / 忙碌的日子. ¶～を極める / 极度繁忙.

たほうめん【多方面】多方面duōfāngmiàn. ¶～にわたって検討する / 多方面考虑. ¶～で活躍する / 在多方面活跃.

たま【玉】玉石 yùshí. ¶～の汗 / 大汗珠. ¶～にきず / 美中不足. ¶目の～ / 眼珠.

たま【球】［ボール］球 qiú ；［電球］灯泡 dēngpào. ¶～を打つ / 打球. ¶～を投げる / 扔球. ¶～が切れた / 灯泡坏了.

たま【弾】子弹 zǐdàn. ¶～にあたる / 中弹. ¶～をこめる / 装子弹.

たまご【卵】鸡蛋 jīdàn. ¶～を産む / 下蛋. ¶～を割る / 打鸡蛋. ¶～の殻 / 蛋壳. ¶～焼き / 煎鸡蛋. ¶生～ / 生鸡蛋. ¶ゆで～ / 煮鸡蛋. ¶小説家の～ / 未来的小说家.

たましい【魂】灵魂 línghún. ¶～が抜ける / 丧魂失魄.

だます【騙す】欺骗 qīpiàn. ¶人を～ / 骗人. ¶まんまとだまされる / 完全上了当. ¶キツネにだまされる / 被狐狸骗.

たまたま偶然 ǒurán, 偶尔 ǒu'ěr.

たまに【偶に】偶尔 ǒu'ěr. ¶～会う / 偶尔看见. ¶～はいいことを言う / 偶尔说些好听的. ¶～手紙をよこす / 偶尔有书信来往.

たまねぎ【玉葱】洋葱 yángcōng.

たまらない【堪らない】受不了 shòubuliǎo. ¶暑くて～ / 热得受不了. ¶おかしくて～ / 可笑极了. ¶仕事のあとの一杯は～ / 下班后喝一杯真舒服.

たまる【溜まる】积存 jīcún. ¶雨水が～ / 雨水积存. ¶ほこりが～ / 灰尘积存. ¶仕事が～ / 工作堆积.

たまる【貯まる】积蓄 jīxù. ¶お金が～ / 攒钱.

たまる【堪まる】忍受 rěnshòu. ¶負けて～か / 绝不能输. ¶そんなことがあって～か / 怎么能允许有那事发生呢?

だまる【黙る】沉默 chénmò. ¶黙り込む / 沉默无言. ¶黙れ / 住嘴! ¶黙って働く / 默默地干活. ¶黙って出て行く / 悄悄出去. ¶黙っていられない / 忍不住沉默.

ダミー傀儡 kuǐlěi, 替身 tìshēn.

ダム水库 shuǐkù, 水坝 shuǐbà.

ため【為】为了 wèile. ¶将来の～に / 为了将来. ¶念の～ / 为慎重起见. ¶何の～にそうするのか / 为什么那样做? ¶～になる本 / 有益的书. ¶天候不良の～に飛行機が遅れた / 由于天气不好飞机晚点了. ¶風邪の～に学校を休む / 因感冒没去上学.

だめ【駄目】无用 wúyòng ; 坏 huài ; 不行 bù xíng. ¶～だ / 不行. ¶～なやつ / 没用的家伙. ¶酒が人を～にする / 酒会害人. ¶計画が～になる / 计划告吹. ¶いくら言っても～だ / 再说也白搭. ¶もう～だ / 已经不行了. ¶ここでたばこを吸っては～です / 不要在这儿抽烟. ¶～を押す / 再三叮嘱.

ためいき【溜息】叹息 tànxī. ¶～をつく / 叹一口气.

ダメージ损害 sǔnhài, 伤害 shānghài. ¶～を受ける / 受到损害.

ためし【例】先例 xiānlì. ¶うまく行った～がない / 没有顺利的先例.

ためし【試し】试 shì. ¶～にやってみる / 试试看.

ためす【試す】尝试 chángshì. ¶実力を～ / 尝试实力. ¶機械の性能を

～ / 检验机器的性能.

ためらい【躊躇い】犹豫 yóuyù. ¶～もなく / 毫不犹豫.

ためらう【躊躇う】犹豫 yóuyù. ¶返事を～ / 难于答复.

ためる【貯める】储蓄 chǔxù. ¶金を～ / 攒钱.

ためる【溜める】积 jī. ¶水を～ / 积水. ¶仕事を～ / 积压工作.

たもつ【保つ】保持 bǎochí. ¶平静を～ / 保持平静. ¶面目を～ / 保持体面. ¶いつまでも若さを～ / 永保青春. ¶秩序を～ / 维持秩序.

たやすい【容易い】容易 róngyì. ¶この仕事は～ / 这工作容易做. ¶いとも～こと / 非常简单. ¶たやすく金をもうける / 很容易地赚到钱.

たよう【多様】多样 duōyàng. ¶～な色彩 / 各种色彩. ¶～に取り揃える / 应有尽有. ¶～化 / 多样化. ¶多種～ / 多种多样.

たより【便り】书信 shūxìn. ¶～がある / 有消息. ¶～を待ちわびる / 焦急地等待回信. ¶春の～ / 春天的消息.

たより【頼り】依靠 yīkào. ¶～になる / 成为依靠. ¶月の明かりを～に歩く / 凭借着月光走.

たよる【頼る】倚仗 yǐzhàng. ¶親戚を頼って行く / 投靠亲戚.

たら【鱈】鳕鱼 xuěyú.

たらい【盥】盆 pén. ¶金～ / 金属盆.

だらく【堕落】堕落 duòluò. ¶～した生活 / 堕落的生活.

-だらけ全部 quánbù. ¶誤字～のレポート / 满是错字的报告. ¶借金～ / 一屁股债. ¶傷～ / 致处是伤.

だらける懒散 lǎnsǎn. ¶気持ちが～ / 心情懒散.

だらしない散漫 sǎnmàn. ¶～態度 / 吊儿郎当的态度. ¶～服装 / 衣冠不整. ¶女に～男 / 对女人放荡的男人.

たらす【垂らす】垂 chuí. ¶ひもを～ / 垂下带子. ¶すだれを～ / 垂帘. ¶よだれを～ / 垂涎.

だらだら［液体が］直流 zhíliú ;［話が］唠叨 láodao. ¶汗が～流れる / 汗流浃背. ¶～した話 / 没完没了的话.

たりない【足りない】不足 bùzú. ¶経験が～ / 经验不足. ¶誠意が～ / 诚意不够. ¶頭が～ / 头脑迟钝. ¶取るに～意見 / 不值一提的意见.

たりる【足りる】足够 zúgòu. ¶信頼するに～ / 值得信赖. ¶事～ / 够用. ¶用が～ / 够用.

たる【樽】木桶 mùtǒng. ¶ビヤ～ / 啤酒桶.

だるい【怠い】懒倦 lǎnjuàn. ¶体が～ / 身体浑身无力. ¶だるそうに立ち上がる / 有气无力地站起来.

だるま【達磨】达磨 Dámó, 不倒翁 bùdǎowēng.

たるむ【弛む】松弛 sōngchí. ¶ロープが～ / 绳子松了. ¶皮膚が～ / 皮肤松弛. ¶精神状態が～ / 精神松懈. ¶心が～ / 心情松弛.

だれ【誰】谁 shéi. ¶～もが知っている / 谁都知道. ¶～でも欠点はある / 谁都有缺点. ¶～でもいい / 谁都行. ¶～彼なしに / 不论是谁. ¶～一人として…ない / 没有一个人. ¶～それ / 某某.

たれる【垂れる】下垂 xiàchuí. ¶実の重みで枝が～ / 果实压枝头. ¶つり糸を～ / 垂钓. ¶教訓を～ / 垂训. ¶滴が～ / 往下滴水. ¶小便を～ / 撒尿.

タレント艺人 yìrén. ¶テレビ～ / 电视艺人.

タワー塔 tǎ. ¶東京～ / 东京塔.

たわし【束子】刷子 shuāzi. ¶～で磨く / 用刷子刷.

たわむ【撓む】弯曲 wānqū. ¶雪で木の枝が～ / 树枝被雪压弯.

たん【痰】痰 tán. ¶～がからむ / 痰堵着. ¶～を吐く / 吐痰. ¶～壷 / 痰盂.

-だん【-団】团 tuán. ¶記者～ / 记者团. ¶訪日～ / 访日团.

だん【段】台阶 táijiē. ¶2～ベッド / 双层床. ¶実力が～違いだ / 力量悬殊. ¶柔道3～ / 柔道三段. ¶～をとる / 取得段位.

だん【壇】坛 tán. ¶～に上る / 上台. ¶花～ / 花坛. ¶教～ / 讲台.

だんあつ【弾圧】镇压 zhènyā. ¶～を受ける / 受到镇压. ¶言論～ / 限制言论自由.

たんい【単位】单位 dānwèi ;［授業の］学分 xuéfēn. ¶長さの～ / 长度单位. ¶計算～ / 计算单位. ¶～を取る / 取得学分. ¶～が足りない / 学分不够.

たんいつ【単一】单一 dānyī. ¶～化する / 单一化. ¶～民族国家 / 单一民族国家.

たんか【担架】担架 dānjià. ¶～に載せる / 放到担架上. ¶病人を～で運ぶ / 用担架抬病人.

たんか【単価】单价 dānjià. ¶～50円 / 单价五十日元.

タンカー油轮 yóulún.

だんかい【段階】阶段 jiēduàn. ¶一定の～に達する / 达到一定阶段. ¶次の～に進む / 进入下一阶段. ¶研究～ / 研究阶段.

だんがい【断崖】断崖 duànyá. ¶～絶壁 / 悬崖峭壁.

だんがい【弾劾】弹劾 tánhé. ¶～を受ける / 受到弹劾. ¶～裁判所 / 弹劾法庭.

たんがん【嘆願】请愿 qǐngyuàn. ¶～を受け入れる / 接受请愿. ¶～書 / 请愿书.

だんがん【弾丸】子弹 zǐdàn.

たんき【短気】性急 xìngjí. ¶～な性格の人 / 性子急的人.

たんき【短期】短期 duǎnqī. ¶～金

利 / 短期利息. ¶～の契約 / 短期的合同. ¶～講習 / 短期讲学. ¶～留学 / 短期留学.

たんきゅう【探究】钻研 zuānyán. ¶～する / 钻研. ¶学問の～ / 钻研学问. ¶旺盛な～心 / 旺盛的钻研精神.

たんきょり【短距離】短距离 duǎnjùlí. ¶～競走 / 短跑. ¶～走者 / 短跑运动员.

タンク大桶 dàtǒng. ¶～ローリー / 油罐车. ¶石油～ / 石油贮罐.

だんけつ【団結】团结 tuánjié. ¶～心 / 团结心. ¶～力 / 团结力. ¶一致～ / 团结一致.

たんけん【探検】探险 tànxiǎn. ¶～家 / 探险家. ¶～隊 / 探险队. ¶南極～ / 南极探险.

だんげん【断言】断言 duànyán. ¶きっぱりと～する / 一口断定. ¶～はできない / 不能断言.

たんご【単語】单词 dāncí. ¶～を覚える / 记单词. ¶～帳 / 单词本.

タンゴ探戈舞 tàngēwǔ.

たんご【端午】端午 duānwǔ. ¶～の節句 / 端午节.

だんこ【断固】果断 guǒduàn, 断然 duànrán. ¶～たる態度 / 果断的态度. ¶～として拒絶する / 断然拒绝.

だんご【団子】米团子 mǐtuánzi. ¶花より～ / 舍华〔避虚〕求实. ¶～鼻 / 蒜头鼻子.

たんこう【炭坑】煤矿 méikuàng.

ダンサー舞蹈演员 wǔdǎo yǎnyuán.

たんさん【炭酸】碳酸 tànsuān. ¶～飲料 / 碳酸饮料. ¶～ガス / 碳酸气. ¶～水 / 碳酸水. ¶～ソーダ / 苏打.

だんし【男子】男子 nánzǐ. ¶～学生 / 男学生. ¶～用トイレ / 男厕所.

だんじき【断食】绝食 juéshí. ¶～療法 / 绝食疗法.

たんしゅく【短縮】缩短 suōduǎn. ¶労働時間の～ / 劳动时间的缩短. ¶～授業 / 缩减上课时间. ¶～ダイヤル / 缩位拨号.

たんじゅん【単純】单纯 dānchún. ¶頭の～な人 / 头脑简单的人. ¶～に考えて / 单纯地考虑. ¶～化 / 单纯化. ¶～労働 / 简单重复的劳动.

たんしょ【短所】短处 duǎnchù. ¶～を補う / 弥补短处. ¶長所と～ / 长处和短处.

だんじょ【男女】男女 nánnǚ. ¶～を問わず / 不论男女. ¶～同席で / 男女同席. ¶～共学 / 男女共学. ¶～平等 / 男女平等.

たんじょう【誕生】诞生 dànshēng. ¶～祝い / 生日礼物. ¶～日 / 生日. ¶～石 / 生日宝石. ¶～パーティー / 生日派对.

たんしん【単身】只身 zhīshēn. ¶～で渡米する / 只身赴美. ¶～赴任する / 单身赴任. ¶～敵地に乗り込む / 只身闯入敌阵.

たんす【簞笥】衣柜 yīguì. ¶～に入れる / 放进柜子. ¶～の中にかけておく / 挂在衣柜里.

ダンス跳舞 tiàowǔ, 舞蹈 wǔdǎo. ¶～パーティー / 舞会. ¶フォーク～ / 民族舞蹈；集体舞.

たんすい【淡水】淡水 dànshuǐ. ¶～湖 / 淡水湖. ¶～魚 / 淡水鱼.

だんせい【男性】男性 nánxìng. ¶～用 / 男性用. ¶～ホルモン / 男性荷尔蒙.

だんぜつ【断絶】断绝 duànjué. ¶家系が～する / 断后. ¶国交を～する / 断绝邦交.

たんせん【単線】单线 dānxiàn. ¶～鉄道 / 单线铁路.

だんぜん【断然】绝对 juéduì. ¶～トップだ / 绝对领先. ¶～有利だ / 完全有利. ¶～上手だ / 肯定厉害. ¶～若く見える / 看起来绝对年轻. ¶以前と～違う / 和以前完全不一样.

たんそ【炭素】碳 tàn. ¶～化合物 / 碳素化合物. ¶～繊維 / 碳素纤维.

だんそう【断層】断层 duàncéng. ¶～地震 / 断层地震. ¶～面 / 断层面.

たんそく【嘆息】叹息 tànxī. ¶～が出る / 叹息. ¶～をもらす / 发出叹息.

だんぞくてき【断続的】断断续续 duànduànxùxù. ¶～な銃声 / 断断续续的枪声. ¶～に聞こえる / 断断续续能听到.

だんたい【団体】团体 tuántǐ. ¶～に加入する / 加入团体. ¶～行動を取る / 进行集体行动. ¶～旅行 / 团体旅行. ¶～割引 / 团体打折.

たんたん【淡々】清淡 qīngdàn. ¶～と語る / 如实道来. ¶～とした心境 / 淡泊的心境.

だんだん【段々】渐渐 jiànjiàn, 逐渐 zhújiàn. ¶～夜が明ける / 渐渐天明了. ¶～おもしろくなる / 越来越有意思.

タンタンメン担担面 dàndanmiàn.

たんち【探知】探查 tànchá. ¶秘密を～する / 调查秘密. ¶～機 / 探测仪.

だんち【団地】住宅区 zhùzháiqū, 新村 xīncūn. ¶～住まい / 住宅区. ¶住宅～ / 住宅小区.

たんちょう【単調】单调 dāndiào. ¶～な日々 / 单调的日子. ¶～に歌う / 单调地唱.

たんちょう【短調】小调 xiǎodiào.

だんちょう【団長】团长 tuánzhǎng.

たんてい【探偵】侦探 zhēntàn. ¶～小説 / 侦探小说. ¶～社 / 侦探公司. ¶私立～ / 私立侦探.

だんてい【断定】断定 duàndìng. ¶～を下す / 下判断. ¶～的に言う / 确定地说. ¶～するには証拠が不十分だ / 要断定还缺少证据.

たんとう【担当】担任 dānrèn. ¶営業を～する / 担任销售工作. ¶～者 / 负责人.

たんとう【短刀】短刀 duǎndāo, 匕首 bǐshǒu. ¶～を抜く / 拔出短刀. ¶～で刺される / 被短刀刺.

だんどう【弾道】弹道 dàndào. ¶～ミサイル / 弹道导弹.

たんどく【単独】单独 dāndú. ¶～では用いられない / 不能单独使用. ¶～トップに立つ / 独居榜首. ¶～行動 / 单独行动. ¶～犯 / 个人犯.

だんな【旦那】主人 zhǔrén, 老板 lǎobǎn, 丈夫 zhàngfu. ¶若～ / 少爷.

たんなる【単なる】只是 zhǐshì. ¶～うわさにすぎない / 只不过是谣传罢了.

たんに【単に】只 zhǐ. ¶～聞いてみただけだ / 只是问问而已. ¶～気になっただけで他意はない / 只是关心,没有别的意思. ¶それは～模倣にすぎない / 那不过是模仿而已.

たんにん【担任】担当 dāndāng. ¶～の先生 / 班主任.

たんねん【丹念】仔细 zǐxì. ¶～な作業 / 细心的工作. ¶～に調べる / 仔细地查找. ¶～に作る / 认真制做.

だんねん【断念】放弃 fàngqì. ¶出馬を～する / 放弃参加竞选.

たんのう【堪能】［すぐれている］熟练 shúliàn ；［満足する］满足 mǎnzú. ¶語学に～な人 / 擅长外语的人. ¶ごちそうを～する / 一饱口福. ¶もう～した / 已经满足了.

たんぱ【短波】短波 duǎnbō. ¶～放送 / 短波广播.

たんぱく【淡白】清淡 qīngdàn. ¶～な味の魚 / 味道清淡的鱼. ¶お金に～な人 / 对钱财淡漠的人.

たんぱく【蛋白】蛋白 dànbái. ¶～質 / 蛋白质.

タンバリン手鼓 shǒugǔ.

ダンピング倾销 qīngxiāo.

ダンプカー自动卸货车 zìdòng xièhuòchē, 翻斗车 fāndǒuchē.

たんぺん【短編】短篇 duǎnpiān. ¶～小説 / 短篇小说.

ダンベル哑铃 yǎlíng.

だんぺん【断片】片段 piànduàn. ¶～的な記録 / 不完整的记录. ¶記憶に～的に残っている / 还能记着一部分.

たんぼ【田圃】田地 tiándì. ¶～道 / 田间小路.

たんぽ【担保】担保 dānbǎo. ¶～に取る / 进行担保. ¶～に入れる / 纳入担保. ¶家を～にして金を借りる / 把家作为担保借钱. ¶無～ / 无担保.

だんぼう【暖房】暖气 nuǎnqì. ¶～をつける / 开暖气. ¶～がよくきく / 暖气效果好. ¶冷～完備 / 冷暖气齐全.

たんぽぽ蒲公英 púgōngyīng.

だんボール【段ボール】纸板箱 zhǐbǎnxiāng.

タンメン汤面 tāngmiàn.

だんめん【断面】断面 duànmiàn. ¶現代社会の～ / 现代社会的侧面. ¶～図 / 断面图.

だんやく【弾薬】弹药 dànyào.

たんらく【短絡】武断 wǔduàn. ¶～的に考える / 武断地考虑. ¶～的思考 / 过于简单的想法.

だんらく【段落】段落 duànluò. ¶～をつける / 划分段落. ¶～に区切る / 划分成段落. ¶一～つく / 告一段落.

だんりゅう【暖流】暖流 nuǎnliú.

だんりょく【弾力】弹性 tánxìng. ¶～を持たせる / 使有弹性. ¶～性のある / 有弹性的. ¶～性に富む / 富有弹性.

たんれん【鍛練】锻炼 duànliàn. ¶～を重ねた刀 / 千锤百炼的刀. ¶心身の～に努める / 努力锻炼身心.

だんろ【暖炉】暖炉 nuǎnlú. ¶～をたく / 生炉子. ¶～にあたる / 烤火.

だんわ【談話】谈话 tánhuà. ¶～を発表する / 发表谈话. ¶～室 / 谈话室.

ち

ち【血】血 xiě. ¶～が出る / 出血. ¶～のつながりがある / 有血缘关系. ¶～を分けた兄弟 / 亲兄弟. ¶～が交じる / 混血. ¶～で～を洗う / 以血洗血. ¶～の気が引く / 血色减退. ¶～も涙もない / 冷酷无情. ¶～の海 / 血海. ¶～まみれ / 沾满鲜血.

ち【地】地 dì. ¶～の果て / 天涯海角. ¶天と～の差 / 天壤之别.

チアガール女子拉拉队员 nǚzǐ lālāduìyuán.

ちあん【治安】治安 zhì'ān. ¶～が悪い / 治安不好. ¶～が乱れる / 治安恶化.

ちい【地位】地位 dìwèi. ¶～が上がる / 地位上升. ¶～を奪う / 争夺地位. ¶重要な～を占める / 占重要地位.

ちいき【地域】地域 dìyù, 区域 qūyù. ¶～開発 / 地域开发. ¶～経済 / 区域经济. ¶～社会 / 社区；区域社会.

ちいさい【小さい】小 xiǎo. ¶～声で / 小声. ¶～時に / 小时侯. ¶気が～ / 胆小. ¶音を小さくする / 把声音放小. ¶小さめに切る / 切成小块.

チーズ奶酪 nǎilào. ¶～ケーキ / 奶酪蛋糕. ¶～バーガー / 奶酪汉堡.

チーター猎豹 lièbào.

チーム团队 tuánduì. ¶～を組む / 组成团队. ¶～プレー / 团体项目. ¶～メート / 队员. ¶～ワーク / 团队精神.

ちえ【知恵】智慧 zhìhuì. ¶～があ

る / 有智慧. ¶～を貸す / 给别人出主意. ¶～を絞る / 绞尽脑汁.

チェアパースン 议长 yìzhǎng, 会议主 huìyìzhǔ.

チェーン 链条 liàntiáo. ¶自転車の～ / 自行车链子. ¶～店 / 连锁店.

チェコ 捷克 Jiékè.

チェス 国际象棋 guójì xiàngqí.

チェック 查对 cháduì. ¶～アウトする / 办理退房手续. ¶～インする / 办理入住手续. ¶～柄 / 花格.

チェロ 大提琴 dàtíqín. ¶～をひく / 拉大提琴.

チェンジ 更换 gēnghuàn. ¶メンバー～ / 比赛换人.

ちか【地下】 地下 dìxià. ¶～に潜る / 潜伏在地下. ¶～2階 / 地下二层. ¶～街 / 地下街.

ちか【地価】 地价 dìjià. ¶～が上がる〔下がる〕/ 地价「上升〔下跌〕. ¶～が高騰している / 地价飞涨.

ちかい【近い】 近 jìn. ¶職場が家から～ / 单位离家近. ¶50に～ / 将近五十. ¶不可能に～ / 近乎不可能. ¶～うちに / 在近期. ¶～将来 / 不远的将来.

ちかい【誓い】 誓言 shìyán. ¶～を立てる / 发誓. ¶～を破る / 不履行诺言. ¶～の言葉 / 誓词.

ちかい【地階】 地下室 dìxiàshì.

ちがい【違い】 差异 chāyì ; 区别 qūbié. ¶～が生じる / 产生差异. ¶1分～で / 差一分钟. ¶文化の～ / 文化差异. ¶そうであるに～ない / 肯定是那样.

ちかう【誓う】 发誓 fāshì. ¶忠誠を～ / 发誓忠诚. ¶将来を誓い合う / 互相海誓山盟.

ちがう【違う】 不同 bùtóng. ¶意見が～ / 意见不同. ¶性格が～ / 性格不同. ¶～方向に行く / 去不同的方向. ¶その問題とは違ってこれはやさしい / 和那个问题不一样,这个简单.

ちかがい【地下街】 地下商店街 dìxià shāngdiànjiē.

ちかく【近く】 附近 fùjìn. ¶家の～ / 家附近. ¶～に来る / 来到附近. ¶百人～の人々 / 将近一百个人. ¶～発表される / 近期公布.

ちかく【知覚】 知觉 zhījué. ¶～神経 / 感觉神经.

ちがく【地学】 地学 dìxué.

ちかごろ【近頃】 近来 jìnlái, 最近 zuìjìn. ¶～の青年 / 现在的年轻人. ¶～いかがお過ごしですか / 最近过得怎么样?

ちかしつ【地下室】 地下室 dìxiàshì.

ちかすい【地下水】 地下水 dìxiàshuǐ.

ちかづく【近づく】 接近 jiējìn. ¶こちらへ～ / 靠近这里. ¶終わりに～ / 将近结束. ¶夏が～ / 夏天快来了. ¶近づきにくい / 不容易接近.

ちかてつ【地下鉄】 地铁 dìtiě. ¶～で行く / 坐地铁去. ¶～を乗り換える / 换乘地铁.

ちかどう【地下道】 地道 dìdào.

ちかみち【近道】 近路 jìnlù. ¶～で行く / 抄近路走.

ちかよる【近寄る】 靠近 kàojìn. ¶近寄って見る / 靠近看. ¶権力に～ / 依附权势.

ちから【力】 力量 lìliang ; 劲儿 jìnr. ¶～がある〔ない〕/ 有〔没有〕力量. ¶～が強い〔弱い〕/ 劲儿「大〔小〕. ¶～が尽きる / 用尽力气. ¶～を合わせる / 同心协力. ¶～を貸す / 协力. ¶～になってやる / 帮助. ¶腹に～を入れる / 加把劲儿. ¶その計画に～を入れる / 加紧那个计划. ¶彼がいるので～強い / 因为有他在,所以有信心. ¶～強い声 / 强有力的声音. ¶声に～がない / 无精打采的声音. ¶～比べをする / 比劲儿. ¶～ずくで納得させる / 强行让人信服. ¶～一杯 / 竭尽全力. ¶～任せに / 使足劲儿. ¶お金の～ / 金钱的力量. ¶～持ち / 大力士.

ちきゅう【地球】 地球 dìqiú. ¶～温暖化 / 全球变暖. ¶～儀 / 地球仪.

ちぎる【千切る】 撕 sī. ¶紙を～ / 撕纸. ¶パンを手でちぎって食べる / 用手撕面包吃.

ちぎれる【千切れる】 扭断 niǔduàn. ¶ロープが～ / 缆绳断了.

チキン 鸡肉 jīròu. ¶フライド～ / 炸鸡.

ちく【地区】 地区 dìqū. ¶～代表 / 地区代表. ¶商業～ / 商业区域.

ちくさん【畜産】 畜牧 xùmù. ¶～業 / 畜牧业. ¶～物 / 畜牧产品.

ちくしょう【畜生】 畜生 chùsheng. ¶こん～ / 混蛋!

ちくせき【蓄積】 积蓄 jīxù. ¶経験が～される / 积蓄经验. ¶富の～ / 财富的积累.

ちけい【地形】 地形 dìxíng. ¶～図 / 地形图. ¶～学 / 地形学.

チケット 票 piào.

ちこく【遅刻】 迟到 chídào. ¶学校に～する / 上学迟到. ¶～者 / 迟到人.

ちし【致死】 致死 zhìsǐ. ¶～量 / 致死量. ¶過失～罪 / 误杀罪.

ちじ【知事】 知事 zhīshì. ¶県～ / 县知事. ¶道～ / 道知事.

ちしき【知識】 知识 zhīshi. ¶～が豊富だ / 知识丰富. ¶～を得る / 得到知识. ¶～を積む / 积累知识. ¶生半可な～ / 一知半解的知识. ¶専門～ / 专业知识.

ちじょう【地上】 地上 dìshang. ¶～に降り立つ / 降落在地面. ¶～8階建てのビル / 地上八层的楼房. ¶～の楽園 / 人间乐园.

ちじん【知人】 熟人 shúrén. ¶～を頼って上京する / 去京城投靠熟人. ¶～関係 / 熟人关系.

ちず【地図】 地图 dìtú. ¶～を描く / 画地图. ¶～で探す / 用地图找. ¶～で調べる / 用地图查. ¶世界～ / 世界地图.

ちすじ【血筋】血统 xuètǒng. ¶～をひく / 继承血统.

ちせい【知性】理智 lǐzhì. ¶～がある / 有智慧. ¶～のかけらもない / 一点也不理智.

ちせつ【稚拙】拙劣 zhuōliè. ¶～な文章 / 拙劣的文章.

ちそう【地層】地层 dìcéng. ¶～を調べる / 调查地层.

ちたい【地帯】地带 dìdài. ¶危険～ / 危险地带. ¶工場～ / 工业区.

ちち【父】父亲 fùqin. ¶遺伝学の～ / 遗传学之父.

ちち【乳】奶 nǎi. ¶～を搾る / 挤奶. ¶～を飲ませる / 喂奶. ¶～を含ませる / 哺乳. ¶～離れする / 断奶. ¶～臭い / 乳臭.

ちぢむ【縮む】缩小 suōxiǎo. ¶洗濯で服が～ / 衣服洗后缩水. ¶恐怖で縮み上がる / 恐怖得畏缩起来. ¶身の～思い / 惶恐万状.

ちぢめる【縮める】缩短 suōduǎn. ¶服の裾を～ / 缩短衣服下摆. ¶距離を～ / 缩短距离. ¶記録を～ / 缩短记录. ¶寿命を～ / 缩短寿命.

ちちゅう【地中】地中 dìzhōng. ¶～に埋める / 埋在地下.

ちぢれる【縮れる】［しわが寄る］起皱 qǐzhòu ；［髪が］卷曲 juǎnqū. ¶服地が～ / 西服料子起皱. ¶髪が縮れている / 头发卷着.

ちつじょ【秩序】秩序 zhìxù. ¶～を守る / 维守秩序. ¶～を乱す / 破坏秩序. ¶～立った説明 / 有条理的解释. ¶～正しく並べる / 摆得整整齐齐.

ちっそ【窒素】氮 dàn. ¶～酸化物 / 氮酸化合物. ¶～肥料 / 氮肥.

ちっそく【窒息】窒息 zhìxī. ¶規則が厳しくて～しそうだ / 规矩太严,快要憋死了. ¶～死する / 窒息死亡.

ちっとも一点也不 yīdiǎn yě bù. ¶～おもしろくない / 一点也没有意思. ¶～わからない / 全然不懂. ¶～見当がつかない / 一点头绪也没有.

チップ小费 xiǎofèi. ¶～をやる / 给小费.

チップ薄片 báopiàn. ¶ポテト～ / 油炸土豆片.

ちてき【知的】智惠的 zhìhuì de. ¶～な雰囲気 / 充满智惠的氛围. ¶～な所がない / 缺少智惠. ¶～水準 / 知识水平. ¶～財産権 / 知识产权.

ちてん【地点】地点 dìdiǎn. ¶出発～ / 出发地点. ¶通過～ / 通过地点. ¶折り返し～ / 折返地点.

ちのう【知能】智力 zhìlì. ¶～が高い / 智商高. ¶～検査 / 智力测验. ¶～指数 / 智力商数；智商. ¶～犯 / 智能犯.

ちばしる【血走る】充血 chōngxuè ；兴奋 xīngfèn. ¶目が～ / 眼睛发红.

ちぶさ【乳房】乳房 rǔfáng.

ちへいせん【地平線】地平线 dìpíngxiàn. ¶～のかなた / 地平线的那边. ¶～に日が沈む / 太阳落入地平线.

チベット西藏 Xīzàng.

ちほう【地方】地方 dìfāng. ¶～議会 / 地方议会. ¶～銀行 / 地方银行. ¶～裁判所 / 地方法院. ¶～自治体 / 地方政府.

ちまき粽子 zòngzi. ¶～を作る / 包粽子.

ちみつ【緻密】精密 jīngmì. ¶～な計画 / 周密的计划. ¶～さに欠ける / 缺少细致性.

ちめい【地名】地名 dìmíng. ¶～辞典 / 地名词典.

ちめい【致命】致命 zhìmìng. ¶～的な打撃 / 致命的打击. ¶～傷を負う / 负致命伤.

ちめいど【知名度】知名度 zhīmíngdù. ¶～が高い / 知名度高. ¶～を上げる / 提高知名度.

ちゃ【茶】茶 chá. ¶～を入れる / 沏茶. ¶～をつぐ / 倒茶. ¶～を沸かす / 烧茶. ¶～を摘む / 采茶. ¶濃い～ / 浓茶.

チャージ收费 shōufèi. ¶ルーム～ / 房费.

チャーター包租 bāozū. ¶～機 / 包机.

チャーハン炒饭 chǎofàn.

チャイナドレス旗袍 qípáo.

チャイム门铃 ménlíng. ¶～が鳴る / 门铃响.

ちゃいろ【茶色】茶色 chásè.

ちゃかっしょく【茶褐色】茶褐色 cháhèsè.

ちゃく【着】［到着］到达 dàodá ；［順位］第 dì ；［衣服の数］件 jiàn. ¶6時～の汽車 / 六点到达的列车. ¶2～になる / 第二个到达. ¶洋服1～ / 一件西服.

ちゃくがん【着眼】着眼 zhuóyǎn. ¶～がさえている / 眼力高. ¶～点がいい / 着眼点好.

ちゃくじつ【着実】扎实 zhāshi, 稳步 wěnbù. ¶～な歩みを続ける / 稳步向前. ¶～に進歩する / 稳步发展.

ちゃくしゅ【着手】着手 zhuóshǒu. ¶工事に～する / 着手施工. ¶新しい計画に～する / 着手新的计划.

ちゃくしょく【着色】着色 zhuósè, 上色 shàngshǎi. ¶～剤 / 着色剂. ¶人工～ / 人工着色. ¶合成～料使用 / 使用合成色料.

ちゃくせき【着席】就座 jiùzuò. ¶自分の席に～する / 坐到自己的座位.

ちゃくそう【着想】构思 gòusī. ¶～が奇抜だ / 奇特的构思. ¶～がひらめく / 灵感闪现.

ちゃくち【着地】落地 luòdì. ¶～に成功する / 成功落地.

ちゃくちゃくと【着々と】稳步地 wěnbùde. ¶準備が～進められている / 准备工作稳步地进行. ¶～成功に近づく / 一步一步地接近成功.

ちゃくにん【着任】就任 jiùrèn. ¶新任地に～した / 已在新工作地点赴任. ¶新大臣に～する / 就任新大臣.

ちゃくふく【着服】贪污 tānwū. ¶～が発覚する / 贪污败露. ¶会社の金を～する / 贪污公司的钱.

ちゃくもく【着目】着眼 zhuóyǎn. ¶共通点に～する / 着眼于共同点. ¶～に価する / 值得关注.

ちゃくよう【着用】穿 chuān. ¶礼服を～する / 穿礼服. ¶制服～ / 穿制服.

ちゃくりく【着陸】着陆 zhuólù. ¶～に成功する / 成功着陆. ¶～体勢をとる / 准备着陆. ¶～地点 / 着陆地点.

チャック 拉链 lāliàn. ¶～をしめる / 拉上拉锁.

チャット 网上聊天 wǎngshang liáotiān.

チャリティー 慈善 císhàn. ¶～コンサート / 慈善音乐会.

チャルメラ 唢呐 suǒnà.

チャレンジ 挑战 tiǎozhàn. ¶試験に～する / 向考试挑战.

ちゃわん【茶碗】碗 wǎn. ¶ご飯～ / 饭碗. ¶湯飲み～ / 茶杯；茶碗.

ちゃんと 好好地 hǎohāode, 牢牢地 láoláode. ¶～覚えている / 牢牢记着. ¶～した人 / 正派人. ¶服を～着る / 衣帽整齐. ¶家賃を～払う / 按时付房费.

チャンス 机会 jīhuì, 时机 shíjī. ¶～をつかむ / 抓住机会. ¶～を逸する / 错过机会. ¶～到来 / 机会到来.

チャンネル 频道 píndào. ¶～を合わせる / 调频道. ¶～を変える / 换频道.

チャンピオン 冠军 guànjūn. ¶～シップ / 冠军杯；锦标赛.

ちゆ【治癒】治愈 zhìyù. ¶自然～する / 自然治愈.

ちゅう【中】中等 zhōngděng. ¶～程度 / 中等程度. ¶～くらいの / 中等的. ¶彼の成績は～だ / 他的成绩是中等.

-ちゅう【-中】中 zhōng. ¶空気～のほこり / 空气中的灰尘. ¶10人～1人 / 十人中有一人. ¶工事～ / 正在施工. ¶話し～ / 正在说话.

ちゅう【注】注释 zhùshì. ¶～をつける / 加注. ¶欄外の～ / 栏外的注释. ¶脚～ / 脚注.

ちゅうい【注意】注意 zhùyì. ¶足もとに～する / 当心脚下. ¶～を引く / 引起注意. ¶～深い / 很注意. ¶～力散漫である / 注意力分散. ¶～事項 / 注意事项. ¶取り扱い～ / 小心轻放.

チューインガム 口香糖 kǒuxiāngtáng.

ちゅうおう【中央】中央 zhōngyāng. ¶部屋の～に置く / 放在房子中央. ¶～集権 / 中央集权. ¶～分離帯 / 中央分离带. ¶～アジア / 中亚.

ちゅうかい【仲介】中介 zhōngjiè. ¶株の売買を～する / 做股票交易的中介. ¶～者 / 中介人. ¶～貿易 / 中间贸易.

ちゅうがく【中学】中学 zhōngxué. ¶～校 / 初中. ¶～生 / 初中生. ¶～2年 / 初中二年级. ¶～卒業 / 初中毕业.

ちゅうかりょうり【中華料理】中国菜 zhōngguócài.

ちゅうかん【中間】中间 zhōngjiān. ¶2人の～に立つ / 站在两人的中间. ¶～決算 / 中期结算. ¶～試験 / 期中考试. ¶～報告 / 中期报告.

ちゅうきゅう【中級】中级 zhōngjí. ¶～コース / 中级课程. ¶～英語 / 中级英语.

ちゅうけい【中継】转播 zhuǎngbō. ¶実況を～する / 转播实况. ¶～放送 / 实况转播. ¶～局 / 转播台. ¶～地点 / 转播地点.

ちゅうこ【中古】旧货 jiùhuò, 二手 èrshǒu. ¶～車 / 二手车. ¶～品 / 二手货.

ちゅうこく【忠告】忠告 zhōnggào. ¶～を受け入れる / 接受忠告.

ちゅうごく【中国】中国 Zhōngguó. ¶～語 / 汉语. ¶～人 / 中国人. ¶～料理店 / 中餐馆.

ちゅうさい【仲裁】仲裁 zhòngcái. ¶けんかを～する / 劝架. ¶～者 / 仲裁人.

ちゅうし【中止】中止 zhōngzhǐ. ¶会議を一時～する / 会议暂时中止. ¶雨で～になる / 因雨中止.

ちゅうじつ【忠実】忠实 zhōngshí. ¶～な部下 / 忠实的部下. ¶任務に～だ / 对任务忠实. ¶原文に～に訳す / 按原文忠实翻译.

ちゅうしゃ【注射】注射 zhùshè, 打针 dǎzhēn. ¶～を打つ / 打针. ¶～液 / 注射液. ¶～器 / 注射器. ¶～針 / 注射针头.

ちゅうしゃ【駐車】停车 tíngchē. ¶～違反 / 违规停车. ¶～禁止 / 禁止停车. ¶～場 / 停车场.

ちゅうしゃく【注釈】注释 zhùshì. ¶～を付ける / 添加注释. ¶～者 / 注释人.

ちゅうしゅつ【抽出】提取 tíqǔ. ¶～物 / 提取物.

ちゅうじゅん【中旬】中旬 zhōngxún. ¶2月～に / 在二月中旬. ¶～が過ぎる / 过了中旬.

ちゅうしょう【中傷】中伤 zhòngshāng, 诽谤 fěibàng. ¶とんでもない～を受ける / 受到莫须有的诽谤.

ちゅうしょう【抽象】抽象 chōuxiàng. ¶～画 / 抽象画. ¶～芸術 / 抽象艺术.

ちゅうしょうきぎょう【中小企業】中小企业 zhōngxiǎo qǐyè.

ちゅうしょく【昼食】午饭 wǔfàn.

¶～をとる / 吃午饭.

ちゅうしん【中心】中心 zhōngxīn ; 核心 héxīn. ¶話題の～ / 话题的中心. ¶太陽を～にして回る / 以太阳为中心旋转. ¶～人物 / 核心人物. ¶～地 / 中心地点.

ちゅうすう【中枢】中枢 zhōngshū. ¶会社の～ / 公司的中枢. ¶～機関 / 核心机关. ¶～神経 / 中枢神经.

ちゅうせい【中世】中世纪 zhōngshìjì. ¶～史 / 中世纪历史. ¶～ヨーロッパ / 中世纪欧洲.

ちゅうせい【中性】中性 zhōngxìng. ¶～子 / 中子.

ちゅうせい【忠誠】忠诚 zhōngchéng. ¶～を誓う / 效忠. ¶～を尽くす / 尽忠.

ちゅうせん【抽選】抽签 chōuqiān. ¶～に当たる / 中签. ¶～で順番を決める / 抽签决定顺序. ¶～券 / 抽奖票.

チューター辅导员 fǔdǎoyuán.

ちゅうたい【中退】中途退学 zhōngtú tuìxué, 辍学 chuòxué. ¶大学を～する / 从大学中途退学. ¶～生 / 退学学生.

ちゅうだん【中断】中断 zhōngduàn. ¶交渉を～する / 中断谈判. ¶工事が～される / 中断施工.

ちゅうちょ【躊躇】犹豫 yóuyù. ¶少しも～せずに / 毫不犹豫.

ちゅうと【中途】中途 zhōngtú. ¶～半端な / 不彻底. ¶～で放棄する / 中途放弃. ¶～採用する / 录用非应届毕业生.

ちゅうとう【中東】中东 Zhōngdōng. ¶～情勢 / 中东形势.

ちゅうどく【中毒】中毒 zhòngdú. ¶アルコール～ / 酒精中毒. ¶～患者 / 中毒患者. ¶～症状 / 中毒症状. ¶食～ / 食物中毒.

ちゅうにゅう【注入】注入 zhùrù. ¶薬を～する / 注入药物. ¶思想を～する / 灌输思想.

チューニング调音 tiáoyīn.

ちゅうねん【中年】中年 zhōngnián. ¶～の女性 / 中年妇女. ¶～期にさしかかる / 进入中年.

ちゅうぶ【中部】中部 zhōngbù. ¶～地方 / 中部地区.

チューブ软管 ruǎnguǎn, 内胎 nèitāi.

ちゅうふく【中腹】半山腰 bànshānyāo. ¶山の～に住む / 住在半山腰.

ちゅうもく【注目】注目 zhùmù. ¶～すべき結果 / 值得注目的结果. ¶～に値する / 值得注目. ¶～を集める / 受到注目. ¶～を浴びる / 受到注视. ¶～を引く / 引人注目. ¶～の的 / 注目的对象.

ちゅうもん【注文】订货 dìnghuò. ¶～を取り消す / 取消订货. ¶急ぎの～ / 紧急订货. ¶無理な～を付ける / 提出无理要求. ¶～品 / 订购商品.

ちゅうりつ【中立】中立 zhōnglì. ¶～を守る / 保持中立. ¶～国 / 中立国. ¶～地帯 / 中立地带.

チューリップ郁金香 yùjīnxiāng.

ちゅうりゅう【中流】中等 zhōngděng, 中流 zhōngliú. ¶～意識 / 中等阶层意识. ¶～家庭 / 中等家庭.

ちゅうわ【中和】中和 zhōnghé. ¶～剤 / 中和剂. ¶～反応 / 中和反应.

ちょう【兆】万亿 wànyì, 兆 zhào. ¶5～円 / 五万亿日元.

ちょう【長】长 zhǎng. ¶一家の～ / 一家之长.

ちょう【腸】肠 cháng. ¶～チフス / 伤寒. ¶～捻転 / 肠扭转. ¶～閉塞 / 肠梗阻. ¶大～ / 大肠. ¶小～ / 小肠.

ちょう【蝶】蝴蝶 húdié. ¶～結び / 蝴蝶结. ¶～ネクタイ / 领结儿. ¶あげは～ / 凤蝶. ¶もんしろ～ / 菜粉蝶.

ちょう－【超－】超 chāo. ¶～高層ビル / 超高层建筑. ¶～合金 / 超级合金. ¶～満員 / 超员. ¶～音速 / 超音速.

ちょういん【調印】签字 qiānzì. ¶協定に～する / 在协定上签字. ¶～国 / 签字国. ¶～式 / 签字仪式.

ちょうえき【懲役】徒刑 túxíng. ¶2年の～に処せられる / 判处两年徒刑. ¶～囚 / 囚徒. ¶無期～ / 无期徒刑.

ちょうえつ【超越】超越 chāoyuè. ¶時代を～する / 超越时代.

ちょうおんぱ【超音波】超声波 chāoshēngbō. ¶～検査 / 超声波检查.

ちょうか【超過】超过 chāoguò. ¶～額 / 超出额. ¶～勤務 / 加班. ¶～料金 / 超标费用.

ちょうかい【懲戒】惩戒 chéngjiè. ¶～処分 / 惩戒处分. ¶～免職 / 惩戒免职.

ちょうかく【聴覚】听觉 tīngjué.

ちょうかん【朝刊】早报 zǎobào.

ちょうかん【長官】长官 zhǎngguān.

ちょうき【長期】长期 chángqī. ¶～計画 / 长期计划. ¶～欠席 / 长期缺席. ¶～戦 / 长期战.

ちょうきょう【調教】驯服 xùnfú. ¶馬を～する / 驯马. ¶～師 / 驯兽师.

ちょうきょり【長距離】长途 chángtú. ¶～競走 / 长跑. ¶～電話 / 长途电话. ¶～列車 / 长途列车.

ちょうこう【徴候】征兆 zhēngzhào. ¶～を示す / 出现预兆. ¶回復の～が表れる / 出现恢复的迹象.

ちょうこう【聴講】旁听 pángtīng. ¶～を申し込む / 申请旁听. ¶～生 / 旁听生.

ちょうごう【調合】调剂 tiáojì. ¶薬を～する / 配药.

ちょうこく【彫刻】雕刻 diāokè. ¶氷で像を～する / 做冰雕像. ¶～家 / 雕刻家. ¶～刀 / 雕刻刀.

ちょうさ【調査】调查 diàochá. ¶～

する / 进行调查. ¶～に乗り出す / 着手调查. ¶～報告によれば / 根据调查报告. ¶～員 / 调查员. ¶～团 / 调查团. ¶世論～ / 民意调查.

ちょうざい【調剤】调剂 tiáojì. ¶～師 / 药剂师. ¶～薬局 / 药铺.

ちょうし【調子】［音 律］音 调 yīndiào ；［具合］样子 yàngzi. ¶次第に～が出てきた / 渐渐来劲儿了. ¶～が狂う / 不对劲儿. ¶人と～を合わせる / 打帮腔. ¶機械の～が悪い / 机器的状况不好. ¶お～者 / 得意忘形的人.

ちょうじ【寵児】宠儿 chǒng'ér. ¶時代の～ / 时代的宠儿. ¶文壇の～ / 文坛的宠儿.

ちょうしゅ【聴取】听取 tīngqǔ. ¶～者 / 听众. ¶～率 / 收听率. ¶事情～ / 查询情况.

ちょうじゅ【長寿】长寿 chángshòu. ¶～を保つ / 保持长寿. ¶～の秘訣 / 长寿秘诀. ¶～番組 / 长年播放的节目. ¶不老～ / 长生不老.

ちょうしゅう【徴収】征收 zhēngshōu. ¶税金を～する / 征税. ¶～金 / 征收税金.

ちょうしゅう【聴衆】听众tīngzhòng. ¶～が多い / 听众多. ¶～の心をつかむ / 抓住听众的心理.

ちょうしょ【長所】长处 chángchù. ¶～を生かす / 发挥长处.

ちょうしょ【調書】笔录 bǐlù. ¶～を取る / 做笔录. ¶～を作成する / 写口供.

ちょうじょ【長女】大女儿 dànǚ'ér.

ちょうしょう【嘲笑】嘲笑 cháoxiào. ¶～を受ける / 受到嘲笑. ¶～を浴びせる / 遭到许多人的嘲笑. ¶～の的になる / 成为嘲笑的对象.

ちょうじょう【頂上】顶点 dǐngdiǎn. ¶～に登る / 登顶. ¶～を極める / 登上顶峰；登峰造极. ¶山の～ / 山顶.

ちょうしょく【朝食】早饭zǎofàn. ¶～を食べる / 吃早饭.

ちょうしん【長身】高个子 gāo gèzi. ¶～の男 / 高个子男人. ¶～痩軀 / 瘦高个儿.

ちょうじん【超人】超人 chāorén. ¶～的な忍耐力 / 超人的耐力.

ちょうせい【調整】调 整 tiáozhěng. ¶意見を～する / 调整意见. ¶テレビの画面を～する / 调节电视画面. ¶～室 / 调节室.

ちょうせつ【調節】调节 tiáojié. ¶ボリュームを～する / 调节音量. ¶生産量～ / 调节产量.

ちょうせん【挑戦】挑战 tiǎozhàn. ¶～に応じる / 迎接挑战. ¶～を退ける / 击退挑战. ¶～者 / 挑战者.

ちょうだい【頂戴】领 受 lǐngshòu ；给 gěi ；请 qǐng. ¶～する / 领受；接受. ¶贈り物を～する / 得到礼物. ¶それ～ / 拿那个给我. ¶おいしく～しました / 吃得很饱了. ¶知らせて～ね / 请通知我.

ちょうたつ【調達】筹措 chóucuò. ¶資金を～する / 筹措资金.

ちょうちょう【長調】大调 dàdiào.

ちょうちん【提灯】灯 笼 dēnglong. ¶～を灯す / 点灯笼. ¶～行列 / 提灯游行.

ちょうてい【調停】调停 tiáotíng. ¶～に持ち込む / 着手调停. ¶～に乗り出す / 开始调停. ¶～案 / 调停方案. ¶～委員会 / 调停委员会.

ちょうてん【頂点】顶 点 dǐngdiǎn. ¶～に達する / 达到顶点. ¶～まで上り詰める / 登上顶点. ¶三角形の～ / 三角形顶点.

ちょうど【丁度】恰好 qiàhǎo. ¶～3時だ / 正好是三点. ¶～いいときに来た / 来得正好. ¶～今出かけたところだ / 刚刚出去.

ちょうなん【長男】长子 zhǎngzǐ.

ちょうはつ【挑発】挑拨 tiǎobō, 挑衅 tiǎoxìn. ¶～的な態度 / 挑衅性态度. ¶～に乗る / 受人挑拨. ¶相手を～する / 挑衅对方.

ちょうはつ【長髪】长头发 cháng tóufa. ¶～の男 / 长发男人.

ちょうばつ【懲罰】处罚 chǔfá. ¶～を下す / 给予惩罚.

ちょうふく【重複】重复 chóngfù. ¶～した書類 / 重复的文件. ¶話が～する / 说话内容重复.

ちょうへい【徴兵】征 兵 zhēngbīng. ¶～制度 / 征兵制度. ¶～検査 / 征兵检查. ¶～忌避 / 逃避兵役.

ちょうへん【長編】长篇 chángpiān. ¶～小説 / 长篇小说.

ちょうぼ【帳簿】账薄 zhàngbù. ¶～を付ける / 记账. ¶～をごまかす / 做假账.

ちょうほう【重宝】珍重 zhēnzhòng. ¶～な辞典 / 好用的字典. ¶彼はみんなに～がられている / 大家都看重他.

ちょうほう【諜報】谍 报 diébào. ¶～活動 / 谍报活动. ¶～機関 / 谍报机关. ¶～員 / 谍报员.

ちょうぼう【眺望】眺 望 tiàowàng. ¶～がよい / 风景好. ¶～台 / 眺望台.

ちょうほうけい【長方形】长方形 chángfāngxíng.

ちょうみりょう【調味料】调料 tiáoliào. ¶化学～ / 化学调料.

ちょうもんかい【聴聞会】听证会 tīngzhènghuì.

ちょうやく【跳躍】跳跃 tiàoyuè. ¶～台 / 跳台. ¶～力 / 弹跳力.

ちょうよう【徴用】征用 zhēngyòng. ¶強制的に～される / 被强行征用. ¶～状 / 征用书. ¶～令 / 征用令.

ちょうり【調理】烹饪 pēngrèn. ¶～器具 / 烹饪器皿. ¶～師 / 厨师. ¶～法 / 烹调法.

ちょうりつ【調律】调音 tiáoyīn. ¶ピアノを～する / 调钢琴的音律. ¶～師 / 调音师.

ちょうりゅう【潮流】潮流 cháoliú. ¶～が速い / 潮流快. ¶～に乗る / 顺应潮流. ¶時代の～に逆らう / 违背时代潮流.

ちょうりょく【聴力】听力 tīnglì. ¶～が衰える / 听力减退. ¶～を失う / 失去听力. ¶～検査 / 听力检查.

ちょうれい【朝礼】早会 zǎohuì. ¶～を行う / 举行早会.

ちょうろう【長老】老前辈 lǎoqiánbèi. ¶政界の～ / 政界的老前辈.

ちょうわ【調和】调和 tiáohé, 和谐 héxié. ¶～を成す / 进行协调. ¶～のとれた / 和谐.

チョーク粉笔 fěnbǐ.

ちょきん【貯金】存款 cúnkuǎn. ¶～を下ろす / 从账户上取钱. ¶～通帳 / 存折. ¶～箱 / 储蓄箱. ¶郵便～ / 邮政储蓄.

ちょくげき【直撃】直接命中 zhíjiē mìngzhòng. ¶台風の～を受ける / 受到台风的正面袭击. ¶～弾 / 直击弹.

ちょくせつ【直接】直接 zhíjiē. ¶～本人から聞く / 直接跟当事人询问. ¶～の原因 / 直接原因. ¶～税 / 直接税. ¶～選挙 / 直接选举.

ちょくせん【直線】直线 zhíxiàn. ¶～距離 / 直线距离. ¶～コース / 直线路程.

ちょくつう【直通】直通 zhítōng. ¶～列車 / 直达列车. ¶～電話 / 直拨电话.

ちょくばい【直売】直接销售 zhíjiē xiāoshòu, 直销 zhíxiāo. ¶産地で～する / 在产地直销. ¶～店 / 直销店. ¶～品 / 直销品.

ちょくめん【直面】面临 miànlín. ¶難局に～する / 面临艰难的局面. ¶～の問題 / 现在面临的问题.

ちょくやく【直訳】直译 zhíyì. ¶原文を～する / 直译原文.

ちょくりつ【直立】直立 zhílì. ¶～不動 / 直立不动. ¶～猿人 / 直立猿人.

ちょくりゅう【直流】直流 zhíliú. ¶～回路 / 直流电路.

チョコレート巧克力 qiǎokèlì.

ちょさく【著作】著作 zhùzuò. ¶～権を侵害する / 侵犯版权. ¶～者 / 著者；作者.

ちょしゃ【著者】作者 zuòzhě.

ちょすい【貯水】蓄水 xùshuǐ. ¶～タンク / 蓄水槽. ¶～池 / 水库. ¶～量 / 蓄水量.

ちょぞう【貯蔵】储藏 chǔcáng. ¶冷凍～する / 冷藏. ¶～庫 / 储藏库. ¶～品 / 储藏品. ¶～量 / 储藏量.

ちょちく【貯蓄】储蓄 chǔxù. ¶～預金 / 储蓄存款.

ちょっかん【直観】直观 zhíguān. ¶～的に悟る / 直观领悟.

ちょっかん【直感】直觉 zhíjué. ¶～的に見抜く / 直觉地看出来. ¶～が当たる / 直觉灵验. ¶～に頼る / 凭直觉.

ちょっかく【直角】直角 zhíjiǎo. ¶～になる / 构成直角. ¶～三角形 / 直角三角形.

ちょっけい【直径】直径 zhíjìng. ¶幹の～ / 树干的直径. ¶～を測る / 测量直径.

ちょっこう【直行】直达 zhídá. ¶現場に～する / 径直去现场. ¶～バス / 直达公交车. ¶～便 / 直达航班.

ちょっと稍微 shāowēi. ¶～お聞きしたいのですが / 我想问一下. ¶～待ってね / 请等一下. ¶～やそっとでは降参しない / 不轻易投降. ¶～した財産 / 相当多的财产.

ちょめい【著名】著名 zhùmíng. ¶～な科学者 / 著名的科学家.

ちらかす【散らかす】弄乱 nòngluàn. ¶公園にごみを～ / 公园里乱扔垃圾. ¶紙を～ / 乱扔纸屑. ¶庭を取り～ / 把院子弄得一团糟.

ちらかる【散らかる】凌乱 língluàn. ¶部屋が散らかっている / 房间乱七八糟. ¶ビラが散らかっている / 传单到处都是.

ちらし【散らし】宣传单 xuānchuándān. ¶～を配る / 分发广告. ¶～をまく / 撒传单.

ちらっと一闪 yīshǎn. ¶彼のほうを～見た / 朝他撇了一眼.

ちらばる【散らばる】散乱 sǎnluàn. ¶ごみが～ / 垃圾乱扔. ¶八方に～ / 分散在四面八方.

ちり【塵】灰尘 huīchén. ¶～を払う / 掸灰尘. ¶～一つない / 一尘不染. ¶～も積もれば山となる / 积少成多.

ちり【地理】地理 dìlǐ. ¶この辺の～に詳しい / 对这一带熟悉. ¶自然～ / 自然地理. ¶風水～ / 风水地理.

チリ智利 Zhìlì.

ちりょう【治療】治疗 zhìliáo. ¶～を受ける / 接受治疗. ¶～を施す / 进行治疗. ¶～費 / 治疗费.

ちりょく【知力】智力 zhìlì. ¶～を試す / 测试智力. ¶～と体力 / 智力和体力.

ちる【散る】[草花が]谢 xiè ；[ばらばらになる]散 sàn, 凋谢 diāoxiè ；[気が]分散 fēnsàn. ¶桜が～ / 樱花凋谢. ¶ガラスの破片が～ / 碎玻璃片散乱. ¶騒音で気が～ / 噪音使人注意力分散.

ちんか【沈下】下沉 xiàchén. ¶地盤～ / 地基下沉.

ちんぎん【賃金】工资 gōngzī. ¶～格差 / 工资差. ¶～闘争 / 工资斗争. ¶～引き上げ / 提高工资. ¶基本～ / 基本工资.

チンゲンサイ青梗菜 qīnggěngcài.

チンジャオロース青椒肉丝 qīngjiāo ròusī.

ちんじゅつ【陳述】陈述 chénshù. ¶

～書 / 陈词书. ¶冒頭～ / 开头陈述.

ちんじょう【陳情】请愿 qǐngyuàn. ¶国会に～する / 向国会请愿. ¶～団 / 请愿团.

ちんせい【鎮静】镇静 zhènjìng. ¶～剤 / 镇静剂.

ちんたい【沈滞】呆滞 dāizhì, 沉闷 chénmèn. ¶～した空気 / 沉闷的空气.

ちんたい【賃貸】出租 chūzū. ¶～契約 / 出租合同. ¶～住宅 / 出租住房.

ちんちゃく【沈着】沉着 chénzhuó. ¶～な態度 / 沉着的态度. ¶～に振る舞う / 沉着应对. ¶～冷静 / 沉重冷静.

ちんでん【沈殿】沉淀 chéndiàn. ¶底に～する / 沉淀到底部. ¶～物 / 沉淀物.

チンパンジー黑猩猩 hēixīngxing.

ちんぷ【陳腐】陈腐 chénfǔ. ¶～な冗談 / 陈旧的笑话.

ちんぼつ【沈没】沉没 chénmò. ¶海に～する / 沉到海里. ¶～船 / 沉船.

ちんもく【沈黙】沉默 chénmò. ¶～を守る / 保持沉默. ¶～を破る / 打破沉默.

ちんれつ【陳列】陈列 chénliè. ¶～室 / 陈列室. ¶～台 / 陈列台. ¶～棚 / 陈列架.

つ

ツアー旅行 lǚxíng. ¶～に参加する / 参加旅游团. ¶スキー～に行く / 去滑雪旅行. ¶～コンダクター / 旅游向导.

つい无意中 wúyìzhōng. ¶～今しがた / 刚才. ¶～食べ過ぎる / 不小心就吃多了. ¶～笑ってしまう / 不由得笑.

つい【対】对 duì. ¶～を成す / 成双成对. ¶～にする / 配成对. ¶～の茶器 / 成对的茶具.

ついか【追加】追加 zhuījiā. ¶条件を～する / 追加条件. ¶～注文 / 追加订货. ¶～料金 / 追加费用.

ついきゅう【追及】追究 zhuījiū. ¶責任を～する / 追究责任.

ついきゅう【追求】追求 zhuīqiú. ¶利益を～する / 追求利益. ¶理想の～ / 追求理想.

ついきゅう【追究】探究 tànjiū. ¶真理を～する / 追求真理.

ついげき【追撃】追击 zhuījī. ¶敵を～する / 追击敌人. ¶～隊 / 追击队.

ついしけん【追試験】补考 bǔkǎo. ¶～を受ける / 参加补考.

ついじゅう【追従】追随 zhuīsuí. ¶他人の意見に～する / 迎合别人意见. ¶～者 / 追随者.

ついしょう【追従】奉承 fèngcheng, 献媚 xiànmèi. ¶～する / 讨好. ¶お～を言う / 说奉承话. ¶～者 / 讨好人.

ついしん【追伸】再启 zàiqǐ, 又及 yòují.

ついせき【追跡】追踪 zhuīzōng, 跟踪 gēnzōng. ¶犯人を～する / 追踪犯人. ¶～の手を逃れる / 甩掉追捕者. ¶～調査 / 追踪调查.

ついたて【衝立】屏风 píngfēng. ¶～で仕切る / 用屏风隔开. ¶～を立てる / 立屏风.

ついて【就いて】关于 guānyú, 对于 duìyú. ¶この件に～ / 关于这件事. ¶文法に～の論文 / 有关语法的论文.

ついで【次いで】次于 cìyú. ¶東京に～大きい都市 / 仅次于东京的大城市.

ついていく【付いて行く】跟着 gēnzhe. ¶ひよこが後を～ / 小鸡跟在后面. ¶時代に～ / 跟上时代. ¶授業に何とか～ / 勉强跟得上课.

ついている走运 zǒuyùn. ¶きょうは～ / 今天走运. ¶ついていない / 不走运.

ついでに【序に】顺便 shùnbiàn. ¶～やってしまう / 顺便干了. ¶学校へ行く～ / 去学校的路上顺便.

ついとう【追悼】追悼 zhuīdào. ¶故人を～する / 追悼亡者. ¶～の意を表する / 表达追悼之意. ¶～の辞を述べる / 致悼词. ¶～式 / 追悼仪式.

ついとつ【追突】从后面撞上 cóng hòumian zhuàngshang, 追尾 zhuīwěi. ¶～事故 / 追尾事故.

ついに【遂に】终于 zhōngyú. ¶～完成する / 终于完成. ¶～行ってしまった / 终于走了.

ついばむ【啄む】啄 zhuó. ¶鶏がえさを～ / 鸡啄食.

ついほう【追放】放逐 fàngzhú. ¶公職から～される / 被开除公职. ¶国外～ / 驱逐出境.

ついやす【費やす】花费 huāfèi. ¶多くの時間と金を～ / 花费大量的时间和金钱. ¶長い歳月を～ / 耗费长时间. ¶水を無駄に～ / 浪费水.

ついらく【墜落】坠落 zhuìluò, 坠毁 zhuìhuǐ. ¶飛行機が～する / 坠机. ¶～現場 / 坠机现场. ¶～事故 / 坠机事故；飞机失事.

ツイン双 shuāng. ¶～ベッド / 双人床. ¶～ルーム / 双人间.

つう【通】〔手紙〕封 fēng ；〔くろうと〕精通 jīngtōng. ¶2～の手紙 / 两封信. ¶消息～ / 消息灵通的人. ¶情報～ / 信息灵通人士.

つうか【通貨】通货 tōnghuò. ¶～危機 / 通货危机. ¶～単位 / 货币单位. ¶国際～ / 国际通货.

つうか【通過】通过 tōngguò. ¶列車が次の駅を～する / 列车通过下一站. ¶検査を～する / 通过检查. ¶法案が～する / 通过法案. ¶～駅 / 不停车站. ¶～儀礼 / 例行仪式.

つうがく【通学】走读 zǒudú. ¶自宅から徒歩で～する / 从家里走路上学. ¶～区域 / 学区. ¶～路 / 上学的路. ¶汽車～ / 坐火车上学.
つうかん【痛感】痛感 tònggǎn. ¶責任を～する / 深感责任重大. ¶必要性を～する / 深感其必要性.
つうきん【通勤】上下班 shàngxiàbān. ¶地下鉄で～する / 坐地铁上下班. ¶～時間 / 上班时间. ¶～列車 / 通勤列车.
つうこう【通行】通行 tōngxíng, 行驶 xíngshǐ. ¶～禁止 / 禁止通行. ¶～証 / 通行证. ¶～人 / 行人. ¶一方～ / 单行线. ¶左側～ / 左侧行驶.
つうこく【通告】通告 tōnggào. ¶～を受ける / 接到通告. ¶～なしに / 没通告就. ¶最後～ / 最后通牒.
つうさん【通算】总计 zǒngjì. ¶日数を～する / 合计天数. ¶～成績 / 总成绩.
つうしょう【通商】通商 tōngshāng. ¶～交渉 / 通商协商. ¶～条約 / 通商条约. ¶～禁止 / 禁止通商.
つうじょう【通常】通常 tōngcháng, 一般 yībān. ¶～の値段 / 通常价格. ¶～そうは言わない / 一般不那样说. ¶～朝7時に起きる / 一般早上七点起床.
つうじる【通じる】相通 xiāngtōng ; [精通する]精通 jīngtōng. ¶道が四方に～ / 道路通向四面八方. ¶電話が通じない / 电话打不通. ¶友達を通じて知り合う / 通过朋友认识. ¶言葉が～ / 语言相通. ¶気持ちが～ / 心情相通. ¶国際情勢に～ / 精通国际形势. ¶敵と～ / 通敌.
つうしん【通信】通信 tōngxìn. ¶～が途絶える / 通信中断. ¶～衛星 / 通讯卫星. ¶～教育 / 函授教育. ¶～販売 / 邮售. ¶～網 / 通讯网.
つうせつ【痛切】深切 shēnqiè, 沉痛 chéntòng. ¶～だ / 深切感到. ¶～な面持ちで / 沉痛的表情. ¶～に訴える / 恳切地告诉.
つうせつ【通説】一般说法 yībān shuōfa. ¶～に従う / 按照一般说法. ¶～を覆す / 推翻定论.
つうぞく【通俗】通俗 tōngsú. ¶～小説 / 通俗小说. ¶～性 / 通俗性.
つうち【通知】通知 tōngzhī. ¶～を出す / 发出通知. ¶～を受ける / 接到通知. ¶～表 / 成绩单.
つうちょう【通帳】折子 zhézi, 存折 cúnzhé. ¶～に記録される / 在折子上记录. ¶預金～ / 存折.
つうねん【通年】全年 quánnián. ¶～着られる服 / 全年能穿的衣服. ¶～営業 / 全年营业.
つうふう【通風】通风 tōngfēng. ¶～がよい / 通风好. ¶～装置 / 通风装置.
つうふう【痛風】痛风 tòngfēng.
つうほう【通報】通报 tōngbào. ¶警察に～する / 报告给警察. ¶気象～ / 气象通报.
つうやく【通訳】翻译 fānyì. ¶～を務める / 当翻译. ¶～官 / 翻译官. ¶同時～ / 同声传译.
つうよう【通用】通用 tōngyòng. ¶～期間 / 通用期间. ¶～通貨 / 通用货币.
つうれい【通例】常规 chángguī. ¶～に従う / 按照惯例. ¶社会の～ / 社会常规.
つうろ【通路】通道 tōngdào. ¶～をふさぐ / 堵住过道. ¶～側の席 / 靠通道的座位.
つうわ【通話】通话 tōnghuà. ¶～中 / 正在通话. ¶～料 / 通话费. ¶市内～ / 市内通话；市话.
つえ【杖】拐杖 guǎizhàng. ¶～をついて歩く / 拄着拐杖走路.
つかい【使い】跑腿 pǎotuǐ. ¶～に行く / 出去办事. ¶～にやる / 让人跑腿；打发人去.
つかいかた【使い方】用法 yòngfǎ. ¶～を教える / 说明用法.
つかいこなす【使いこなす】熟练使用 shúliàn shǐyòng. ¶パソコンを～ / 熟练操作电脑. ¶英語をうまく～ / 熟练地使用英语.
つかいこむ【使い込む】［使い慣らす］用熟 yòngshú ; ［お金を勝手に不正使用する］挪用 nuóyòng. ¶使い込んだ包丁 / 用惯的菜刀. ¶公金を～ / 挪用公款.
つかいすて【使い捨て】一次性 yīcìxìng. ¶～ライター / 一次性打火机. ¶～文化 / 一次性文化.
つかいはしり【使い走り】跑腿的人 pǎotuǐ de rén. ¶～をする / 跑腿.
つかいはたす【使い果たす】用尽 yòngjìn, 费尽 fèijìn. ¶全財産を～ / 花光全部财产. ¶精力を～ / 费尽精力.
つかいふるす【使い古す】用旧 yòngjiù. ¶使い古した辞典 / 用旧的词典.
つかいみち【使い道】用途 yòngtú. ¶～が広い / 用途广泛. ¶金の～を知らない人 / 不知金钱用处的人.
つかいもの【使い物】有用的东西 yǒuyòng de dōngxi. ¶～にならない人 / 不中用的人. ¶古くなって～にならない / 旧得用不成.
つかう【使う】使用 shǐyòng. ¶道具を～ / 使用工具. ¶経費を～ / 使用经费. ¶丁寧な言葉を～ / 使用客气的语言. ¶頭を～ / 动脑子. ¶身だしなみに気を～ / 注意礼节. ¶事務員を～ / 使用事务员办事.
つかえる【使える】能用 néngyòng. ¶この椅子はまだ～ / 这个椅子还能用. ¶このチケットは来月まで～ / 这张票可以用到下个月.
つかえる【仕える】伺候 cìhou. ¶父母に～ / 伺候父母. ¶神に～ / 为神所用.

つかえる【支える】卡住 qiǎzhù, 堵塞 dǔsè. ¶餅がのどに～ / 年糕噎住嗓子. ¶のどがつかえて話せない / 嗓子噎着不能说话. ¶頭が天井に～ / 头顶着天花板. ¶仕事がつかえている / 工作进展缓慢. ¶返事に～ / 无法答复.

つかのま【束の間】瞬间 shùnjiān. ¶ほんの～の出来事 / 转眼之间发生的事. ¶～の命 / 短暂的生命.

つかまえる【捕まえる・摑まえる】抓住 zhuāzhù. ¶犯人を～ / 捉拿犯人. ¶泥棒を～ / 抓住小偷. ¶タクシーを～ / 叫住出租车. ¶手首を～ / 抓住手腕.

つかまる【捕まる】被抓住 bèi zhuāzhù. ¶逃げようとして捕まった / 想跑掉却被抓住. ¶友達に～ / 被朋友叫住.

つかまる【摑まる】抓住 zhuāzhù. ¶ロープにしっかり～ / 紧紧抓住绳子.

つかみどころ【摑み所】要点 yàodiǎn. ¶～がない / 不可捉摸. ¶～のない話 / 莫名其妙的话. ¶～のない人 / 难以捉摸的人.

つかむ【摑む】抓住 zhuāzhù. ¶襟首を～ / 揪住领口. ¶端緒を～ / 摸着头绪. ¶幸運を～ / 抓住幸运. ¶要点を～ / 抓住要点.

つかる【浸かる】浸泡 jìnpào. ¶水に～ / 被水浸泡. ¶洪水で家が～ / 洪水淹了家.

つかれ【疲れ】疲劳 píláo. ¶～がたまる / 劳累过度. ¶～がなかなか取れない / 疲劳难于消除. ¶～を知らない / 不知疲倦. ¶～やすい / 容易疲劳. ¶お～さま / 辛苦了.

つかれる【疲れる】累 lèi, 疲劳 píláo. ¶疲れた表情 / 疲倦的表情. ¶人生に～ / 厌倦人生. ¶神経が～ / 劳心费神.

つき【月】月亮 yuèliang. ¶～が出た / 月亮出来了. ¶～の光 / 月光. ¶～とすっぽん / 天壤之别. ¶～に一度 / 每月一次. ¶～平均 / 月平均. ¶毎～ / 每月.

つき 运气 yùnqi. ¶～が回ってきた / 时来运转. ¶～がない / 没运气.

つき【突き】刺 cì. ¶剣で一～する / 用剑一刺.

つき【付き・就き】有关 yǒuguān. ¶この点に～ / 关于这一点. ¶雨天に～営業中止 / 因为下雨停止营业. ¶一人に～5000円 / 每人五千日元.

-つき【-付き】附带 fùdài. ¶エアコン～の部屋 / 带空调的房间. ¶社長～の秘書 / 紧随经理的秘书. ¶条件～ / 有附加条件.

つぎ【次】下次 xiàcì. ¶～の番 / 下一个. ¶～の～の駅 / 下下站. ¶また～の機会に / 以后有机会再说.

つぎ【継ぎ】缝补 féngbǔ. ¶～を当てる / 缝补.

つきあい【付き合い】交往 jiāowǎng. ¶～が広い / 交际广. ¶～をやめる / 断绝来往. ¶課長の～でゴルフに行く / 陪着课长去打高尔夫球. ¶男同士の～ / 男人之间的交往. ¶長い～ / 多年的交往.

つきあう【付き合う】交往 jiāowǎng. ¶人と仲よく～ / 和人亲密交往. ¶買い物に～ / 陪买东西.

つきあたり【突き当たり】尽头 jìntóu. ¶～の店 / 路尽头的商店. ¶～を右に曲がる / 到头往右拐. ¶路地の～に / 胡同的尽头.

つきあたる【突き当たる】撞遇 zhuàngyù. ¶電柱に～ / 撞到电线杆. ¶困難に～ / 碰到困难.

つきあわせる【突き合わせる】对证 duìzhèng, 对照 duìzhào. ¶顔を～ / 面对面. ¶ひざを突き合わせて話す / 促膝而谈. ¶原本と翻訳本を～ / 把原著和译本对照.

つきおとす【突き落とす】推下 tuīxià. ¶崖から～ / 从山崖上推下去.

つぎき【接ぎ木】嫁接 jiàjiē. ¶ナシの～をする / 嫁接梨树.

つききり【付ききり】始终不离左右 shǐzhōng bùlí zuǒyòu. ¶～で看病する / 一直在照看病人.

つきごと【月毎】每月 měiyuè. ¶～に集まりを持つ / 每月都有聚会.

つきさす【突き刺す】扎进 zhājìn, 刺进 cìjìn. ¶胸を～ / 刺进胸膛. ¶ナイフを～ / 捅进刀子.

つきそい【付き添い】陪伴 péibàn. ¶～看護師 / 陪伴病人的护士.

つきそう【付き添う】陪伴 péibàn. ¶患者に～ / 陪伴病人.

つきだす【突き出す】伸出 shēnchū; [引き渡す]扭送 niǔsòng. ¶あごを～ / 伸出下巴. ¶犯人を警察に～ / 把犯人扭送警察局.

つぎたす【継ぎ足す】添上 tiānshàng. ¶説明を～ / 附加说明.

つきづき【月々】每月 měiyuè. ¶～20万円の黒字 / 每月二十万日元的赢余.

つぎつぎ【次々】不断 bùduàn, 接连 jiēlián. ¶～に事故が起こる / 事故接连发生. ¶～と仕事ができる / 工作一个接一个地来.

つきつめる【突き詰める】追究到底 zhuījiū dàodǐ. ¶突き詰めて考える / 苦思苦想. ¶事件の真相を～ / 追究事件的真相. ¶原因を～ / 追究原因.

つきでる【突き出る】挺出 tǐngchū. ¶釘が～ / 钉子扎出来. ¶海に突き出た岬 / 伸向大海的海角. ¶腹が～ / 肚子挺起来了.

つきとおす【突き通す】扎透 zhātòu. ¶針を～ / 针扎透了.

つきとばす【突き飛ばす】猛撞 měngzhuàng. ¶突き飛ばして逃げる / 撞倒后逃跑.

つきとめる【突き止める】查清 cháqīng, 追究 zhuījiū. ¶真相を～ / 查清真相. ¶容疑者の居所を～ / 查明

嫌疑人的住处.

つきなみ【月並み】平庸 píngyōng. ¶〜な文句 / 陈词滥调的话. ¶〜なことを言う / 说老一套.

つきひ【月日】岁月 suìyuè, 时光 shíguāng. ¶〜が流れる / 岁月流逝. ¶〜が経つにつれて / 随着时光的流逝. ¶幸せな〜を送る / 度过幸福的时光.

つ

つきまとう【付き纏う】纠缠 jiūchán. ¶怪しい男が〜 / 奇怪男人纠缠. ¶不安が〜 / 不安缠绕着. ¶どの世界でも学歴が〜 / 哪个地方都讲究学历.

つきみ【月見】赏月 shǎngyuè. ¶〜草 / 夜来香.

つきゆび【突き指】戳伤手指 chuōshāng shǒuzhǐ. ¶バスケットボールで〜をする / 篮球戳伤指头.

つきよ【月夜】月夜 yuèyè. ¶〜の散歩 / 月夜散步. ¶明るい〜 / 明亮的月夜.

つきる【尽きる】尽 jìn. ¶食料が〜 / 粮食吃完了. ¶力が〜 / 用尽力气. ¶愛想が〜 / 讨厌. ¶話が尽きない / 话说个没完. ¶おいしいの一言に〜 / 用一个词就是"好吃".

つく【付く】沾 zhān ; 带 dài. ¶汚れが〜 / 沾上污垢. ¶虫が〜 / 生虫子. ¶傷が〜 / 受伤. ¶跡が〜 / 留下痕迹. ¶景品が〜 / 带奖品. ¶条件が〜 / 带条件. ¶利子が〜 / 带利息. ¶肉が〜 / 长肉. ¶実力が〜 / 增长实力. ¶仕事が手につかない / 没心思工作. ¶悪い習慣が〜 / 养成坏习惯. ¶病人に看護師が〜 / 病人有护士照料. ¶父の後について歩く / 跟在父亲后面走. ¶反対派に〜 / 站在反对派一边. ¶あだ名が〜 / 起绰号. ¶決心が〜 / 下决心. ¶話が〜 / 谈好了. ¶気が〜 / 发现. ¶目鼻が〜 / 有眉目.

つく【着く】到 dào, 到达 dàodá. ¶駅に〜 / 到达车站. ¶小包が〜 / 包裹到了. ¶川底に足が〜 / 脚够到河底. ¶食卓に〜 / 就餐. ¶位置に〜 / 到达位置.

つく【突く】刺 cì. ¶心臓をナイフで〜 / 用刀子刺心脏. ¶判子を〜 / 盖章. ¶杖を〜 / 拄拐杖. ¶机にひじを〜 / 胳膊肘支在桌子上. ¶核心を〜 / 抓住核心. ¶意表を〜 / 出乎意外. ¶弱点を〜 / 抓住弱点. ¶悪臭が鼻を〜 / 臭味扑鼻.

つく【就く】从事 cóngshì. ¶職に〜 / 就业. ¶会社でいい地位に〜 / 在公司担任要职. ¶帰路に〜 / 回家. ¶眠りに〜 / 入睡. ¶先生に〜 / 跟着老师.

つく【吐く】叹 tàn ; 说 shuō. ¶ため息を〜 / 叹息. ¶一息〜 / 叹一口气 ; 休息一下. ¶うそを〜 / 撒谎 ; 说谎.

つく【搗く】捣 dǎo. ¶餅を〜 / 捣年糕.

つく【点く】点 diǎn. ¶火が〜 / 起火. ¶電気が〜 / 电灯亮.

つぐ【次ぐ】次于 cìyú. ¶上海に〜大都市 / 仅次于上海的大城市. ¶不幸に〜不幸 / 接二连三的不幸.

つぐ【継ぐ】继承 jìchéng. ¶家業を〜 / 继承家业. ¶父の遺志を〜 / 继承父亲的遗志. ¶遺産を〜 / 继承遗产. ¶王位を〜 / 继承王位.

つぐ【注ぐ】倒 dào. ¶杯に酒を〜 / 往杯子里倒酒.

つくえ【机】桌子 zhuōzi. ¶〜に向かう / 坐在桌前.

つくす【尽くす】尽力 jìnlì. ¶全力を〜 / 竭尽全力. ¶最善を〜 / 尽善尽美. ¶手を〜 / 想尽办法. ¶真心を〜 / 竭诚.

つぐなう【償う】赔偿 péicháng. ¶損害を〜 / 赔偿损失. ¶罪を〜 / 赎罪.

つくりあげる【作り上げる・造り上げる】做成 zuòchéng. ¶作品を〜 / 完成作品. ¶話を〜 / 编造谎言.

つくりばなし【作り話】谎言 huǎngyán. ¶〜でごまかす / 撒谎糊弄人.

つくる【作る】做 zuò. ¶道路を〜 / 修路. ¶倉庫を〜 / 盖仓库. ¶詩を〜 / 写诗. ¶列を〜 / 排队. ¶会社を〜 / 成立公司. ¶資金を〜 / 建立资金. ¶時間を〜 / 找时间. ¶きっかけを〜 / 找理由. ¶友達を〜 / 交朋友. ¶敵を〜 / 树敌. ¶笑顔を〜 / 装笑脸. ¶料理を〜 / 做菜.

つくろう【繕う】修缮 xiūshàn. ¶服の袖を〜 / 修补衣服袖子. ¶身なりを〜 / 打扮. ¶体裁を〜 / 装门面.

つけ【付け】赊账 shēzhàng. ¶〜で買う / 赊账买. ¶〜を払う / 还赊的账.

-つけ【-付け】经常 jīngcháng. ¶行き〜の飲み屋 / 常去的酒馆儿.

-づけ【-付け】日期 rìqī. ¶3月10日〜の消印 / 三月十日的邮戳. ¶4月1日〜で発令される / 四月一日颁布. ¶5月29日〜のファックス確かに頂戴しました / 确实收到五月二十九日的传真.

-づけ【-漬け】腌的 yān de. ¶みそ〜 / 酱腌的. ¶塩〜 / 盐腌的. ¶一夜〜で勉強する / 临阵磨枪.

つげぐち【告げ口】告密 gàomì. ¶上司に〜する / 给上司打小报告.

つけくわえる【付け加える】附加 fùjiā. ¶一言〜 / 加上一句话. ¶索引を〜 / 附加索引.

つけたす【付け足す】附加 fùjiā. ¶説明を〜 / 补充说明.

つけね【付け根】根部 gēnbù. ¶ももの〜 / 大腿根儿.

つけもの【漬物】咸菜 xiáncài.

つける【付ける】沾 zhān ; 安 ān ; 涂 tú. ¶割れた皿を接着剤で〜 / 用胶水沾破了的碟子. ¶手にインクを〜 / 手染上墨水. ¶香水を〜 / 洒香

水．¶薬を～／抹药．¶ボタンを～／缝扣子．¶履歴書に写真を貼り～／在履历书上贴照片．¶ノートに書き～／写在本子上．¶弁護士を～／请律师．¶手を～／着手．¶日記を～／写日记．¶味方に～／拉入自己阵营．¶人の後を～／跟在人后面．¶気を～／注意．¶話を～／把事情谈妥．¶名を～／起名．¶火を～／点火．¶値を～／定价．

つける【着ける】［体に帯びる］穿 chuān，戴 dài；［寄せる］靠 kào．¶ドレスを身に～／穿裙子．¶イヤリングを～／戴耳环．¶リボンを～／戴领结．¶ボートを岸に～／让船靠岸．

つける【点ける】点 diǎn．¶電灯を～／开灯．¶ガスを～／开煤气．¶薪に火を～／点燃木柴．

つける【浸ける】浸 jìn．¶手を水に～／把手泡在水里．

つける【漬ける】腌 yān．¶野菜を～／腌菜．

つげる【告げる】告诉 gàosu，通知 tōngzhī．¶名前を～／告诉名字．¶別れを～／告别．¶来訪を～／通知来访．¶秋を～／秋天到了．

つごう【都合】情况 qíngkuàng，方便 fāngbiàn．¶～がつき次第／一旦有机会．¶～のいい時に／方便的时候．¶～がよい／方便．¶家庭の～により／根据家庭的情况．¶金を友人に～する／向朋友筹措钱．

つじつま【辻褄】条理 tiáolǐ．¶～が合う／合乎道理．¶～の合わない言い訳／前后矛盾的辩解．

つた【蔦】常春藤 chángchūnténg．

つたえる【伝える】传达 chuándá，传授 chuánshòu．¶伝言を～／转告留言．¶外電が～ところによると／根据外电报道．¶技術を弟子に～／把技术传给弟子．

つたない【拙い】拙劣 zhuōliè．¶～字／拙劣的字．

つたわる【伝わる】传播 chuánbō．¶口から口へと～／一传十，十传百．¶気持ちが～／理解心情．¶文化が～／转播文化．¶振動が～／传振．

つち【土】土地 tǔdì．¶～の中に埋める／埋在土里．¶母国の～を踏む／踏上祖国的土地．¶畑の～／田地的土．

つちけむり【土煙】飞尘 fēichén．¶～を立てる／扬起飞尘．

つつ【筒】筒 tǒng．¶～形の容器／筒形的容器．

つづき【続き】继续 jìxù．¶小説の～／小说的下一段．¶仕事の～／接下去的工作．¶不幸～の家／接连不幸的家庭．¶～部屋／两间相连．

つつく 捅 tǒng．¶ひじで～／用肘碰一下．¶人の欠点を～／挑别人的缺点．¶鶏がえさを～／鸡啄食．

つづく【続く】继续 jìxù．¶日照りが～／持续干旱．¶不幸が～／接连不幸．¶次回へ～／下回待续．¶資金が続かない／资金跟不上．¶先生の後に～／跟在老师后面．

つづける【続ける】继续 jìxù．¶勉強を～／继续学习．¶話し～／继续说下去．¶雨が降り続けた／雨一直下．

つっこむ【突っ込む】闯入 chuǎngrù，深入 shēnrù．¶水たまりに足を～／脚伸到水坑里．¶敵陣に～／闯入敌人阵地．¶誤りを突っ込まれる／被指出错误．

つつじ【躑躅】杜鹃花 dùjuānhuā．

つつしみ【慎み】谨慎 jǐnshèn．¶～深い／非常谨慎．¶～がない／不慎重．

つつしむ【慎む】谨慎 jǐnshèn．¶言葉を～／说话谨慎．¶酒を～／慎酒．

つつみ【包み】包裹 bāoguǒ．¶～を広げる／打开包．¶服の～／衣服包．¶～紙／包装纸．

つつみ【堤】堤坝 dībà．¶～を築く／筑堤．¶～が切れる／堤坝决口．

つつむ【包む】包装 bāozhuāng．¶贈り物を紙で～／用纸包上礼物．¶炎に包まれる／被火包围．¶包み隠さず話す／毫不隐瞒地说．

つづり【綴り】［文の］拼字 pīnzì；［書類などの］册 cè，沓 dá．¶～を間違える／拼写错．¶～方／拼法．¶新聞ひと～／一沓报纸．

つづる【綴る】［文を］写 xiě；［書類を］装订 zhuāngdìng．¶新聞を綴って保管する／装订报纸保管．¶文章を～／写文章．

つとめ【務め】职责 zhízé．¶～を果たす／尽职责．¶親としての～／作为父母的职责．

つとめ【勤め】工作 gōngzuò．¶～に就く／就业．¶～から帰る／下班．¶～先／工作单位．

つとめる【勤める】工作 gōngzuò，任职 rènzhí．¶学校に～／在学校工作．¶商社に勤めている／在商社工作．

つとめる【務める】担任 dānrèn．¶ガイドを～／担任导游．¶主役を～／扮演主角．¶委員を～／担任委员．

つとめる【努める】努力 nǔlì，尽力 jìnlì．¶規則正しい生活に～／努力过有规律的生活．¶泣くまいと～／强忍着不哭出来．

つな【綱】绳索 shéngsuǒ．¶～で縛る／用绳子绑．¶～を解く／解开绳子．¶～を引く／拉绳子．

ツナ 金枪鱼 jīnqiāng yú．

つながり【繋がり】连接 liánjiē，关系 guānxi．¶血の～がある／有血缘关系．¶事件との～／和事件的关联．¶文の～／句子的联系．

つながる【繋がる】连接 liánjiē，关系 guānxi．¶戦争に～／关系到战争．¶事件に～人びと／和事件有牵连的

人们.

つなぐ【繋ぐ】连接 liánjiē, 牵连 qiānlián. ¶糸を～ / 接线. ¶手を～ / 手拉手. ¶電話を～ / 接通电话. ¶望みを～ / 有一丝希望.

つなひき【綱引き】拔河 báhé.

つなみ【津波】海啸 hǎixiào.

つね【常】普通 pǔtōng. ¶～に心がける / 常常操心. ¶世の～ / 世上常有的事.

つねる【抓る】掐 qiā. ¶ぎゅっと～ / 狠狠地掐一下. ¶手の甲を～ / 掐手背.

つの【角】角 jiǎo. ¶シカの～ / 鹿角.

つば【唾】唾液 tuòyè. ¶～を吐く / 吐唾沫. ¶～を付ける / 事先占为己有.

つばき【椿】山茶 shānchá.

つばさ【翼】翅膀 chìbǎng. ¶～を広げる / 展开翅膀.

つばめ【燕】燕子 yànzi. ¶～の巣 / 燕巣 ; [料理]燕窝.

つぶ【粒】粒 lì. ¶１～の米 / 一粒米. ¶大～の雨 / 大雨点. ¶米～大 / 米粒大小. ¶～揃いの人材 / 精选的人才.

つぶす【潰す】压碎 yāsuì ; [時間を]消磨 xiāomó ; [会社を]破产 pòchǎn. ¶ジャガイモを～ / 碾土豆泥. ¶面目を～ / 丢脸. ¶暇を～ / 消闲. ¶椅子を押し～ / 坐坏椅子. ¶店を～ / 商店倒闭.

つぶやく【呟く】嘟哝 dūnong. ¶独り言を～ / 自言自语. ¶ぶつぶつ～ / 唠叨不停.

つぶる【瞑る】闭(眼) bì(yǎn). ¶目を～ / 闭眼.

つぶれる【潰れる】弄坏 nònghuài. ¶箱が～ / 箱子坏了. ¶顔が～ / 丢脸. ¶会社が～ / 公司倒闭. ¶声が～ / 喊破嗓子.

つぼ【壺】壶 hú. ¶蜜の～ / 蜜罐. ¶～を押さえる / 抓住要点.

つぼみ【蕾】花蕾 huālěi. ¶～が膨らむ / 花蕾绽放. ¶バラの～ / 玫瑰花蕾.

つま【妻】妻子 qīzi. ¶～をめとる / 娶妻子. ¶内縁の～ / 姘居的女人.

つまさき【爪先】脚尖 jiǎojiān. ¶～で立つ / 掂起脚尖. ¶頭のてっぺんから～まで / 从头到脚.

つまずく【躓く】绊倒 bàndǎo. ¶石につまずいてころぶ / 被石头绊倒. ¶事業に～ / 生意受挫.

つまみぐい【摘み食い】偷吃 tōuchī. ¶ケーキをこっそり～する / 偷吃蛋糕. ¶会社の金を～する / 侵占公司的钱财.

つまむ【摘む】捏 niē. ¶鼻を～ / 捏鼻子. ¶ピンセットでガーゼを～ / 用镊子夹纱布. ¶菓子を～ / 吃点心.

つまようじ【爪楊枝】牙签 yáqiān.

つまらない没用 méiyòng, 没意思 méi yìsi. ¶～ことで怒る / 因小事生气. ¶～物ですが / 不是什么好东西. ¶～ことを言う / 说无聊的话. ¶～試合 / 没意思的比赛.

つまり【詰まり】[詰まること]堵塞 dǔsè ; [果て]尽头 jìntóu ; [要するに]总之 zǒngzhī ; [すなわち]也就是 yě jiùshì.

つまる【詰まる】堵塞 dǔsè. ¶本棚に本がぎっしりと詰まっている / 书架上书塞得满满的. ¶予定が～ / 日程排满. ¶鼻が～ / 鼻子不通. ¶胸が～ / 胸闷. ¶返事に～ / 不知如何回答.

つみ【罪】罪过 zuìguò. ¶～を犯す / 犯罪. ¶～を着せる / 归罪于人. ¶～に服する / 服罪. ¶～のない市民 / 无辜的市民. ¶～なことをする / 罪孽勾当. ¶～滅ぼし / 赎罪.

つみかさねる【積み重ねる】积累 jīlěi. ¶レンガを～ / 垒砖. ¶実験を～ / 反复实验. ¶努力を～ / 多次努力. ¶経験を～ / 积累经验.

つみこむ【積み込む】装上 zhuāngshàng. ¶車に荷物を～ / 在车上装货物.

つみたてる【積み立てる】积累 jīlěi. ¶資金を～ / 积攒资金.

つむ【積む】堆积 duījī. ¶本を高く～ / 把书堆得很高. ¶経験を～ / 积累经验. ¶練習を～ / 不断练习. ¶トラックに荷物を～ / 给卡车装货物.

つむ【摘む】采 cǎi, 摘 zhāi. ¶雑草を～ / 拔草. ¶花を～ / 摘花. ¶茶葉を～ / 采茶.

つむぐ【紡ぐ】纺 fǎng. ¶綿を糸に～ / 把棉花纺成线.

つめ【爪】指甲 zhǐjia. ¶～を切る / 剪指甲. ¶～を伸ばす / 留指甲. ¶～を研ぐ / 张牙舞爪. ¶～でひっかく / 用指甲挠. ¶～のあか / 指甲泥.

つめあと【爪痕】爪痕 zhǎohén. ¶～が残る / 留下爪痕. ¶台風の～ / 台风造成的灾害.

つめきり【爪切り】指甲刀 zhǐjiadāo.

つめこむ【詰め込む】装填 zhuāngtián. ¶トランクに荷物を～ / 给卡车装满货物. ¶乗客を～ / 挤满乘客. ¶知識を～ / 硬灌知识.

つめたい【冷たい】[温度]冰冷 bīnglěng ; [感情]冷淡 lěngdàn. ¶氷のように～ / 像冰一样冷. ¶～ビール / 冰镇啤酒. ¶～風 / 寒风. ¶心の～人 / 冷酷的人.

つめる【詰める】[一杯にする]装满 zhuāngmǎn ; [すき間を]挤紧 jǐjǐn ; [ふさぐ]填塞 tiánsāi ; [縮める]缩短 suōduǎn. ¶箱に引っ越し荷物を～ / 往箱子里装搬家的行李. ¶席を～ / 挤着坐. ¶息を～ / 屏住呼吸. ¶スカートの丈を～ / 缩短裙子下摆. ¶根を～ / 全力以赴.

つもり打算 dǎsuàn. ¶いつ行く～だい / 打算什么时候去? ¶明日発つ～だ / 明天准备出发. ¶どうする～ですか / 打算怎么办? ¶そんな～で言

ったのではない / 说的不是那个意思. ¶死んだ～で働く / 拼命干. ¶心～ / 打算.

つもる【積もる】积 jī. ¶ほこりが～ / 落满灰尘. ¶雪が積もっている / 积着雪. ¶～話がある / 有很多话要说.

つや【艶】光泽 guāngzé. ¶～がある / 有光泽. ¶～が出る / 出现光泽. ¶～消しガラス / 磨砂玻璃.

つゆ【露】露水 lùshuǐ. ¶～が降りる / 下露水. ¶刑場の～と消える / 被判处死刑. ¶朝～ / 晨露.

つゆ【梅雨】梅雨 méiyǔ. ¶～が始まる / 开始梅雨季节. ¶～が明ける / 梅雨期结束.

つゆ【汁】汤汁 tāngzhī.

つよい【強い】强壮 qiángzhuàng. ¶力が～ / 力气大. ¶気が～ / 好强. ¶意志が～ / 意志坚强. ¶寒さに～ / 耐寒. ¶日差しが～ / 日照强. ¶度の～眼鏡 / 度数高的眼镜. ¶数学に～ / 擅长数学. ¶酒に～ / 能喝酒. ¶～く非難する / 强烈谴责.

つよがり【強がり】逞强 chěngqiáng. ¶～を言う / 说逞强的话.

つよき【強気】刚强 gāngqiáng, 强硬 qiángyìng. ¶～に出る / 逞强. ¶～の態度 / 强硬的态度.

つよみ【強み】长处 chángchu. ¶語学ができるのが彼の～だ / 会外语是他的长处.

つら【面】脸 liǎn. ¶～も見たくない / 连看都不想看. ¶～の皮が厚い / 脸皮厚. ¶～当てを言う / 说讽刺话. ¶一族の～汚し / 给一家人丢脸. ¶しかめっ～ / 愁眉苦脸. ¶～構え / 长相.

つらい【辛い】痛苦 tòngkǔ. ¶別れが～ / 难舍难分. ¶腰が痛んで～ / 腰疼不好受. ¶～目に遭う / 吃苦头. ¶～立場にある / 处在难堪的立场. ¶辛く当たる / 苛待.

つらなる【連なる】连接 liánjiē. ¶南北に～山脈 / 贯通南北的山脉. ¶委員の末席に～ / 列为委员之一.

つらぬく【貫く】贯穿 guànchuān ; [考えなどを]贯彻 guànchè. ¶銃弾が胸を～ / 子弹穿过胸膛. ¶町を貫いて流れる川 / 穿流城市的河. ¶意志を～ / 贯彻意志. ¶主張を～ / 贯彻主张.

つらら【氷柱】冰柱 bīngzhù. ¶軒に～が下がる / 房檐下挂着冰柱.

つり【釣り】［魚釣り］钓鱼 diào yú ; [釣り銭]找的钱 zhǎo de qián. ¶～をする / 钓鱼. ¶～糸 / 钓鱼线. ¶～竿 / 鱼杆. ¶～針 / 鱼钩. ¶～堀 / 钓鱼池. ¶お～を渡す / 找零钱. ¶～はいらない / 不用找钱.

つりあい【釣り合い】平衡 pínghéng, 均衡 jūnhéng. ¶～を保つ / 保持平衡.

つりあう【釣り合う】平衡 pínghéng, 均衡 jūnhéng. ¶収入と支出が～ / 收支平衡.

つりがね【釣り鐘】吊钟 diàozhōng.

つりかわ【吊り革】吊带 diàodài. ¶～につかまる / 抓住吊带.

つりばし【吊り橋】吊桥 diàoqiáo. ¶～を渡る / 过吊桥.

つる【鶴】鹤 hè. ¶～の一声 / 一言堂.

つる【蔓】藤 téng. ¶～がはう / 蔓藤爬. ¶金～ / 钱的来路.

つる【釣る】钓 diào. ¶魚を～ / 钓鱼. ¶客を～ / 引诱客人. ¶景品につられる / 被奖品所吸引.

つる【吊る】吊 diào. ¶棚を～ / 吊搁板. ¶蚊帳を～ / 挂蚊帐. ¶首を～ / 上吊. ¶足が～ / 腿抽筋.

つるす【吊るす】挂 guà. ¶たんすに服を～ / 把衣服挂在柜子里. ¶ランプを～ / 挂灯. ¶子犬の首に鈴を～ / 给小狗脖子上拴铃铛.

つれだす【連れ出す】带出去 dàichūqu. ¶夫を買い物に～ / 带丈夫出去买东西.

つるつる ［滑る］光滑 guānghuá ; [はげる]光秃 guāngtū.

つれて【連れて】随着 suízhe. ¶暗くなるに～ / 随着天黑下来. ¶年をとるに～ / 随着年龄的增长.

つれていく【連れて行く】带去 dàiqù. ¶病院に子供を～ / 领着孩子去医院.

つれてくる【連れて来る】带来 dàilái. ¶家にガールフレンドを～ / 领女朋友到家里.

つれる【連れる】带领 dàilǐng. ¶子犬を連れて出かける / 带着小狗出门. ¶妹を連れて映画を見に行った / 领着妹妹去看电影了.

つわり【悪阻】妊娠反应 rènshēn fǎnyìng. ¶～が起こる / 发生怀孕反应.

て

て【手】手 shǒu. ¶～が空く / 闲着. ¶～がかかる / 费事. ¶～が足りない / 人手不够. ¶～が要る / 需要人手. ¶高くて～が出ない / 贵得买不起. ¶～も足も出ない / 一筹莫展. ¶50に～が届く / 将近五十岁. ¶子供たちの～が届かないところに置いてください / 请放在孩子够不着的地方. ¶今は忙しくてそこまで～が回らない / 现在忙得顾不上那件事. ¶～に余る仕事をかかえて大変だ / 遇到不能胜任的工作很发愁. ¶～に負えない / 解决不了. ¶仕事が～につかない / 工作干不下去. ¶机の上の書類を～に取る / 拿起桌上的文件. ¶情報が～に入る / 情报到手. ¶～の打ちようがない / 没办法下手. ¶～を貸す / 帮忙. ¶専門家の～を借りる / 让专家帮忙. ¶敵と～を組む / 和敌人合作. ¶犯罪に～を染める / 走上邪路. ¶～を出す / 出手. ¶～

を尽くす / 竭尽全力. ¶～を抜く / 偷工减料. ¶～を引く / 放手. ¶～を延ばす / 发展. ¶～を広げる / 扩大范围. ¶～を回す / 事先安排. ¶～を焼く / 棘手. ¶～を汚す / 干坏事. ¶～の内を見透かされる / 被看穿. ¶いつもの～ / 老办法.

-で 在 zài ; 用 yòng. ¶日本～初めての実験 / 在日本首次进行的实验. ¶バス～行く / 坐公交车去. ¶それ～よい / 这样就行.

で【出】出来 chūlái. ¶日の～ / 日出. ¶水の～が悪い / 水出不来.

であい【出会い】相见 xiāngjiàn. ¶運命的な～ / 戏剧性的见面. ¶最初の～から運命を感じた / 初次见面就感到是命运的安排. ¶～頭に / 迎头碰上. ¶偶然の～ / 偶遇.

であう【出会う】相遇 xiāngyù. ¶二人が初めて出会った場所 / 两人第一次见面的地方. ¶街で偶然友達に出会った / 在街上偶然地遇见朋友. ¶途中で事故に～ / 途中遇到事故.

てあし【手足】手脚 shǒujiǎo. ¶障害者の～となる活動 / 帮助残疾人的活动.

てあて【手当】［治療］治疗 zhìliáo ; ［報酬］津贴 jīntiē. ¶応急～ / 应急治疗. ¶家族～ / 家属津贴. ¶失業～ / 失业补贴.

てあたりしだい【手当たり次第】顺手 shùnshǒu. ¶関連する本を～に読みあさった / 只要是相关的书都抓起来读了一遍.

てあらい【手洗い】洗手间 xǐshǒujiān.

-である 是 shì. ¶人生は旅～ / 人生如旅. ¶景気回復は不可能～ / 恢复景气是不可能的. ¶専門家～彼の意見を聞きましょう / 听听他这个专家的意见.

ていあん【提案】提案 tí'àn. ¶～者 / 提案人.

ティー 茶 chá. ¶～タイム / 小憩. ¶～スプーン / 茶勺. ¶レモン～ / 柠檬红茶.

ティーシャツ T恤衫 T xùshān.

ディーゼル 柴油 cháiyóu. ¶～エンジン / 柴油发动机. ¶～車 / 柴油车.

ティーバッグ 袋泡茶 dàipàochá.

ていいん【定員】定员 dìngyuán. ¶～に達する / 达到定员. ¶～オーバーである / 超过定员.

ティーンエージャー 十几岁的青少年 shíjǐ suì de qīngshàonián.

ていえん【庭園】庭园 tíngyuán.

ていおう【帝王】首领 shǒulǐng. ¶クイズの～ / 猜谜高手. ¶～切開 / 剖腹产.

ていか【定価】定价 dìngjià. ¶～で買う / 按定价买. ¶～の2割引 / 定价八折. ¶～表 / 价格表.

ていか【低下】低下 dīxià. ¶品質の～ / 质量低下. ¶学力～の問題 / 学力下降问题.

ていき【定期】定期 dìngqī. ¶～的に / 定期性. ¶～刊行物 / 定期刊物. ¶～券 / 月票. ¶～検診 / 定期检查. ¶～便 / 固定航班. ¶～預金 / 定期存款.

ていき【提起】提起 tíqǐ. ¶問題～ / 提出问题.

ていぎ【定義】定义 dìngyì. ¶用語を～する / 定义术语.

ていきあつ【低気圧】低气压 dīqìyā.

ていきゅう【低級】低级 dījí. ¶～な趣味 / 低级趣味.

ていきゅうび【定休日】公休日 gōngxiūrì.

ていきょう【提供】提供 tígōng. ¶情報を～する / 提供信息. ¶この番組は…の～でお送りします / 本节目由…提供.

テイクアウト 打包 dǎbāo.

ていけい【提携】提携 tíxié, 合作 hézuò. ¶…と～する / 和…合作. ¶技術～ / 技术合作.

ていけつ【締結】缔结 dìjié. ¶条約を～する / 缔结条约.

ていけつあつ【低血圧】低血压 dīxuèyā.

ていこう【抵抗】抵抗 dǐkàng. ¶～にあう / 遭到抵抗. ¶～を受ける / 受到抵抗. ¶～を感じる / 感到有抵触. ¶そういう言い方には少し～がある / 对他的说法感到抵触. ¶～力 / 抵抗力.

ていこく【帝国】帝国 dìguó. ¶～主義 / 帝国主义.

ていこく【定刻】定时 dìngshí. ¶～に始まった / 按时开始. ¶～より早く着く / 提前到达.

ていさい【体裁】外表 wàibiǎo. ¶～が悪い / 不体面. ¶～を整える / 修饰外表. ¶～を気にする / 在意外表. ¶～よく断る / 婉言谢绝.

ていし【停止】停止 tíngzhǐ. ¶～信号 / 停止信号. ¶一時～ / 暂时停止.

ていじ【定時】定时 dìngshí. ¶～に出発する / 准时出发. ¶～株主総会 / 定期股东大会.

ていじ【提示】提示 tíshì. ¶身分証明書を～する / 出示身份证.

ていしゃ【停車】停车 tíngchē. ¶次の～駅 / 下一个停车站. ¶～場 / 停车站. ¶急～ / 紧急停车.

ていじゅう【定住】定居 dìngjū. ¶日本に～する / 在日本定居. ¶～者 / 定居人. ¶～地 / 定居地.

ていしゅつ【提出】提交 tíjiāo. ¶レポートを～する / 提交报告. ¶～書類 / 递交文件.

ていしょく【定食】套餐 tàocān, 份儿饭 fènrfàn.

でいすい【泥酔】酩酊大醉 mǐngdǐng dàzuì. ¶～状態 / 烂醉如泥的样子.

ディスカウント 折扣 zhékòu. ¶～ショップ / 廉价商店.

ディスカッション讨论 tǎolùn.
ディスク磁盘 cípán. ¶～ジョッキー / 音乐节目主持人. ¶～ドライブ / 磁盘驱动器. ¶ハード～ / 硬盘. ¶フロッピー～ / 软盘. ¶コンパクト～ / 光盘.
ディスコ迪斯科 dísīkē.
ディスプレー显示屏 xiǎnshìpíng.
ていする【呈する】呈现 chéngxiàn. ¶…に苦言を～ / 提出忠告. ¶盛况を～ / 呈现出盛况.
ていせい【訂正】更正 gēngzhèng. ¶誤りを～する / 更正错误.
ていせん【停戦】停战 tíngzhàn. ¶～協定 / 停战协定.
ていたい【停滞】停滞 tíngzhì. ¶景気が～する / 市场停滞. ¶～期 / 停滞期.
ていたく【邸宅】豪宅 háozhái. ¶大～ / 大豪宅.
ていちょう【丁重】郑重 zhèngzhòng. ¶～な手紙 / 诚恳的信. ¶～に扱う / 郑重地对待. ¶～に断る / 诚恳地拒绝.
ティッシュペーパー纸巾 zhǐjīn, 卫生纸 wèishēngzhǐ.
ていでん【停電】停电 tíngdiàn.
ていど【程度】程度 chéngdù. ¶補償額は被害の～による / 赔偿额根据受害的程度而定. ¶いくら人がいいといっても～がある / 人再好也有个限度. ¶1週間～かかる / 需要花一周左右.
ていとう【抵当】抵押 dǐyā. ¶家を～に入れる / 把家作为抵押. ¶～に取られる / 当作抵押. ¶～を設定する / 设定抵押. ¶～を解除する / 取消抵押. ¶～権 / 抵押权.
ディナー晚餐 wǎncān, 正宴 zhèngyàn. ¶～パーティー / 晚宴.
ていねい【丁寧】精心 jīngxīn. ¶～な言い方 / 礼貌的说法. ¶～な言葉遣い / 礼貌的措辞. ¶～な回答 / 认真的回答. ¶～に指導する / 认真地指导. ¶何度も～に説明する / 详细地解释好几次. ¶～語 / 礼貌语.
ていねん【定年】退休年龄 tuìxiū niánlíng. ¶～を迎える / 到了退休年龄. ¶～退職 / 退休.
ていはく【停泊】停泊 tíngbó.
ディフェンス防御 fángyù, 防守 fángshǒu.
ていひょう【定評】公认 gōngrèn. ¶～のあるレストラン / 公认的好餐馆.
ディベート辩论 biànlùn.
ていへん【底辺】底边 dǐbiān, 底层 dǐcéng. ¶三角形の～ / 三角形的底边. ¶社会の～ / 社会的底层.
ていぼう【堤防】堤防 dīfáng. ¶～が切れる / 决堤.
ていぼく【低木】灌木 guànmù.
でいり【出入り】出入 chūrù. ¶人の～が多い / 出入的人多. ¶～口 / 出入口. ¶金の～ / 收支.
ていりゅうじょ【停留所】停靠站 tíngkàozhàn. ¶バスの～ / 公交车的停靠站.
ていれ【手入れ】修整 xiūzhěng. ¶庭木の～ / 修整院子里的树木.
ディレクター电视导演 diànshì dǎoyǎn.
データ数据 shùjù. ¶～処理 / 数据处理. ¶～通信 / 数据通信. ¶～ベース / 数据库. ¶実験～ / 实验数据.
デート约会 yuēhuì. ¶～の相手 / 约会的对象.
テープ磁带 cídài. ¶カセット～ / 盒式磁带. ¶～レコーダー / 录音机. ¶ビデオ～ / 录像带.
テーブル桌子 zhuōzi. ¶～クロス / 桌布. ¶タイム～ / 时间表.
テーマ主题 zhǔtí. ¶～ソング / 主题歌. ¶～パーク / 主题公园.
ておくれ【手遅れ】耽误 dānwu. ¶～になる / 为时已晚.
てがかり【手掛かり】线索 xiànsuǒ. ¶～をつかむ / 抓住线索. ¶電話番号を～にして探す / 以电话号码为线索查找. ¶問題解決の～ / 解决问题的线索.
てがける【手掛ける】经手 jīngshǒu. ¶ソフトウェアの開発を～ / 经手软件开发. ¶入社して初めて手がけた仕事 / 进公司第一次经手的工作.
でかける【出かける】出门 chūmén. ¶散歩に～ / 出去散步. ¶あくびが～ / 要打哈欠.
てかせ【手枷】手铐 shǒukào. ¶～足かせをはめられる / 被带上手铐和脚镣.
てがた【手形】票据 piàojù. ¶～を振り出す / 出票据. ¶～振出人 / 出票人. ¶～受取人 / 承兑人. ¶～交換 / 票据交换. ¶～割引 / 贴现票据.
てかてか光滑 guānghuá. ¶～光る / 闪闪发亮.
でかでかと大大地 dàdàde. ¶～広告が載る / 大幅地刊登广告.
てがみ【手紙】信 xìn. ¶～を書く / 写信. ¶～を出す / 发信. ¶～をもらう / 收到信件. ¶～のやりとりをする / 进行书信来往.
てがら【手柄】功劳 gōngláo. ¶～を立てる / 立下功劳.
てがる【手軽】简单 jiǎndān. ¶～な方法 / 简单的方法. ¶～な料理 / 便饭. ¶～な値段 / 便宜的价格.
てき【敵】敌人 dírén. ¶～と戦う / 和敌人作战. ¶～に回す / 树敌.
-てき【-滴】滴 dī. ¶2,3～の目薬をさす / 点两滴眼药.
でき【出来】完成 wánchéng. ¶～のよい作品 / 写得好的作品.
できあい【出来合い】现成 xiànchéng. ¶～の服 / 成衣.
できあがる【出来上がる】完成 wánchéng. ¶もうすぐ～ / 马上完成. ¶あっという間に～ / 很快就完成.

てきい【敵意】敌意 díyì. ¶～のある質問 / 带有敌意的问题. ¶～を抱く / 抱有敌意. ¶～を示す / 露出敌意.
てきおう【適応】适应 shìyìng. ¶環境に～する / 适应环境.
てきごう【適合】适合 shìhé. ¶新しい環境に～する / 适应新的环境. ¶条件に～させる / 使符合条件.
てきこく【敵国】敌对国 díduìguó.
できごころ【出来心】鬼迷心窍 guǐ mí xīn qiào. ¶ほんの～で盗んでしまった / 一时糊涂才偷了.
できごと【出来事】发生的事 fāshēng de shì. ¶今日の～ / 今天发生的事.
てきざいてきしょ【適材適所】人得其位 rén dé qí wèi. ¶多様な人材を～に配置する / 各得其所地安排各种人才.
てきし【敵視】敌视 díshì.
できし【溺死】淹死 yānsǐ. ¶～体 / 淹死的尸体.
てきしゅつ【摘出】摘除 zhāichú.
テキスト教材 jiàocái, 文本 wénběn.
できすぎ【出来過ぎ】好得出乎预料 hǎode chūhū yùliào. ¶子供にしては～だ / 作为孩子来说,好得出乎预料.
てきする【適する】适合 shìhé. ¶飲用に適した水 / 适合饮用的水. ¶留学生に適したプログラム / 适合留学生的课程计划.
てきせい【適性】适应性 shìyìngxìng. ¶～に合った職業 / 适合的职业. ¶～検査 / 适应性检查.
てきせつ【適切】适当 shìdàng. ¶～な治療 / 适当的治疗. ¶～な対応 / 适当的应对.
できそこない【出来損ない】次品 cìpǐn. ¶～のご飯 / 做得不好的饭.
てきたい【敵対】敌对 díduì. ¶～視する / 看作敌对. ¶～意識 / 敌对意识. ¶～関係 / 敌对关系.
できだか【出来高】产量 chǎnliàng. ¶～払い / 计件工资.
できたて【出来立て】刚做好的 gāng zuòhǎo de. ¶～のパン / 刚烤好的面包.
てきちゅう【的中】命中 mìngzhòng. ¶予想が～する / 估计对了. ¶～率 / 命中率.
てきとう【適当】适当 shìdàng. ¶～な場所 / 适当的场地. ¶～な大きさに切る / 切成适当的大小.
てきど【適度】适度 shìdù. ¶～な運動 / 适度的运动. ¶～な量 / 适量. ¶～に食べる / 适量地吃.
-できない不能 bùnéng. ¶説明～ / 无法说明. ¶もうがまん～ / 再不能忍受.
てきぱき麻利 málì. ¶～と仕事をこなしていく / 利落地完成工作. ¶～と指示を出す / 明确地发出指示.
てきびしい【手厳しい】严厉 yánlì. ¶～批評 / 极严厉的批评. ¶～意見 / 非常严厉的意见.
できもの【出来物】疙瘩 gēda. ¶～ができた / 长了个疙瘩.
てきよう【適用】适用 shìyòng.
てきよう【摘要】摘要 zhāiyào. ¶改正案の～ / 修正案的摘要.
できる【出来る】做好 zuòhǎo ;［…できる］能 néng, 会 huì. ¶～だけのことはやる / 尽力而为. ¶～だけ早く帰る / 尽量早回家. ¶運転が～ / 会开车. ¶これはリサイクルが～ / 这能回收利用. ¶明日には全部できそうだ / 看来明天能全部结束. ¶顔ににきびができた / 脸上长粉刺了. ¶駅前にレストランができた / 车站前面开了个西餐馆. ¶急に用事ができた / 突然有急事. ¶クラスで一番～子だ / 班里成绩最好的学生. ¶彼は～人だ / 他是个能干的人. ¶二人はできているらしい / 他们两个人大概好上了.
てぎわ【手際】手法 shǒufǎ. ¶～がよい / 处理得当. ¶～よくまとめる / 归纳得很好.
でぐち【出口】出口 chūkǒu. ¶非常～ / 太平门.
テクニック技巧 jìqiǎo.
テクノロジー技术 jìshù, 工学 gōngxué.
てくび【手首】手腕子 shǒuwànzi. ¶～をつかむ / 抓住手腕子.
でくわす【出くわす】偶遇 ǒuyù. ¶ばったりと旧友に出くわした / 巧遇老朋友.
てこ【梃子】杠杆 gànggǎn. ¶～でも動かない / 坚持自见. ¶～の原理 / 杠杆原理.
てこずる【手こずる】难对付 nán duìfu. ¶説得に～ / 难以说服.
てごたえ【手応え】反应 fǎnyìng. ¶相手の～をうかがう / 询问对方的反映.
でこぼこ【凸凹】凹凸不平 āotū bùpíng. ¶～の道 / 坑坑洼洼的道路.
デコレーション装饰 zhuāngshì. ¶～ケーキ / 大型花式蛋糕.
てごろ【手頃】合适 héshì. ¶～な大きさ / 合适的大小. ¶～な値段 / 合适的价钱.
てごわい【手強い】不好对付 bù hǎo duìfu. ¶～相手 / 难对付的对手.
デザート甜食 tiánshí.
デザイナー设计师 shèjìshī. ¶ファッション～ / 时装设计师.
デザイン设计 shèjì.
てさき【手先】手工 shǒugōng. ¶～が器用だ / 手很巧.
てさぎょう【手作業】手工 shǒugōng.
てさぐり【手探り】摸索 mōsuo. ¶～で洞窟の中を進む / 在洞穴中摸黑前进.
てさげ【手提げ】手提 shǒutí. ¶～かばん / 手提包.
てざわり【手触り】手感 shǒugǎn. ¶

～が良い / 手感好.

でし【弟子】弟子 dìzǐ. ¶～入りする / 当学徒. ¶～を取る / 收徒弟.

デジタル数字 shùzì, 数码 shùmǎ. ¶～カメラ / 数码照相机. ¶～通信 / 数字通信. ¶～時計 / 电子表.

てじな【手品】魔术 móshù, 戏法 xìfǎ. ¶～をする / 变戏法.

でしゃばり【出しゃばり】多嘴多舌 duō zuǐ duō shé. ¶～な人 / 爱多管闲事的人.

でしゃばる【出しゃばる】多管闲事 duō guǎn xián shì, 出风头 chū fēngtou. ¶～な / 少管闲事!

てじゅん【手順】步骤 bùzhòu. ¶～を踏む / 按照步骤.

-でしょう吧 ba. ¶もうすぐ始まる～ / 马上就开始了吧. ¶それくらいのことはわかる～ / 那种事应该知道吧.

てじょう【手錠】手铐 shǒukào. ¶～をかける / 带手铐.

てすう【手数】麻烦 máfan. ¶お～をおかけして申し訳ございません / 给您添麻烦, 真对不起. ¶～料 / 手续费.

デスク办公桌 bàngōngzhuō. ¶～トップコンピュータ / 台式电脑. ¶～ワーク / 事务工作.

テスト测试 cèshì. ¶心理～ / 心理测试. ¶～ケース / 试例.

てすり【手摺】扶手 fúshou.

てせい【手製】自制 zìzhì. ¶～のケーキ / 自制的蛋糕. ¶～爆弾 / 自制炸弹.

てそう【手相】手相 shǒuxiàng. ¶～を見る / 看手相.

てだすけ【手助け】帮忙 bāngmáng. ¶店の仕事を～する / 帮忙做店的工作.

でたらめ胡扯 húchě. ¶～を言う / 胡说八道.

てぢか【手近】手边 shǒubiān. ¶～な例 / 身边儿的例子. ¶～に置く / 放在手边.

てちがい【手違い】差错 chācuò. ¶～が生じる / 出差错.

てちょう【手帳】记事本 jìshìběn, 手册 shǒucè.

てつ【鉄】铁 tiě. ¶～は熱いうちに打て / 趁热打铁.

てっかい【撤回】撤回 chèhuí. ¶処分を～する / 撤消处分.

でっかい巨大 jùdà. ¶～建物 / 高大的建筑物. ¶～夢 / 远大的理想.

てつがく【哲学】哲学 zhéxué. ¶～者 / 哲学家.

てつき【手付き】手的动作 shǒu de dòngzuò. ¶～がよい / 手势好. ¶慣れた～ / 熟练的动作.

てっき【鉄器】铁器 tiěqì. ¶～時代 / 铁器时代.

てっきょ【撤去】拆除 chāichú. ¶不法建築物を～する / 拆除违章建筑. ¶地雷～ / 清除地雷.

てっきょう【鉄橋】铁桥 tiěqiáo.

てっきん【鉄筋】钢筋 gāngjīn. ¶～コンクリート / 钢筋混凝土.

てつくず【鉄屑】废铁 fèitiě.

てづくり【手作り】自己做 zìjǐ zuò. ¶～の弁当 / 亲手做的盒饭.

デッサン素描 sùmiáo.

でつくす【出尽くす】都拿出来 dōu náchūlái. ¶涙が～ / 泪流满面. ¶質問が～ / 说出所有问题.

てっこう【鉄鋼】钢铁 gāngtiě.

てつせい【鉄製】铁制 tiězhì. ¶～の橋 / 铁桥. ¶～品 / 铁制品.

てったい【撤退】撤退 chètuì. ¶～命令 / 撤退命令.

てつだい【手伝い】帮忙 bāngmáng. ¶先生のお～をする / 给老师帮忙.

てつだう【手伝う】帮助 bāngzhù, 帮忙 bāngmáng. ¶家事を～ / 帮助做家务.

でっちあげる【でっち上げる】捏造 niēzào. ¶話を～ / 捏造谎言. ¶でっち上げられた報告書 / 编造的报告. ¶一晩ででっち上げたレポート / 一晚上拼凑出的小论文.

てつづき【手続き】手续 shǒuxù. ¶～を踏む / 办手续.

てってい【徹底】彻底 chèdǐ. ¶～した調査 / 彻底的调查. ¶品質管理が～している / 质量管理很彻底. ¶～的に究明する / 彻底查清.

てつどう【鉄道】铁道 tiědào.

デッドヒート激烈争斗 jīliè zhēngdòu. ¶激しい～ / 难分难解的比赛.

デッドライン最终期限 zuìzhōng qīxiàn.

てっぺん【天辺】顶点 dǐngdiǎn. ¶山の～ / 山顶点. ¶東京タワーの～ / 东京塔的顶端.

てつぼう【鉄棒】铁棒 tiěbàng ;［体操］单杠 dāngàng.

てっぽう【鉄砲】枪 qiāng. ¶～を撃つ / 打枪.

てつや【徹夜】熬夜 áoyè. ¶～で勉強する / 彻夜用功; 开夜车. ¶～で看病する / 通宵照顾病人.

でていく【出て行く】出去 chūqù. ¶家を～ / 离开家.

でてくる【出て来る】出现 chūxiàn. ¶動物の～絵本 / 有动物的漫画书. ¶映画に～場面 / 在电影里出现的场面.

テナー男高音 nángāoyīn. ¶～歌手 / 男高音歌手.

てなみ【手並み】本领 běnlǐng. ¶お～拝見 / 看看您的本领.

テナント承租人 chéngzūrén. ¶～募集中 / 正在招租.

てにいれる【手に入れる】弄到手 nòngdàoshǒu. ¶情報を～ / 得到信息. ¶1万円で手に入れた / 花一万日元买到手了.

テニス网球 wǎngqiú. ¶～コート / 网球场.

デニム 劳动布 láodòngbù. ¶～のズボン / 劳动布裤子. ¶～のジャケット / 劳动布上衣.

てにもつ【手荷物】 手提行李 shǒutí xíngli. ¶～はカウンターでお預けください / 手提行李请存放在柜台. ¶～取り扱い / 办理随身行李.

てぬき【手抜き】 偷工 tōugōng. ¶～工事 / 偷工减料的工程.

てぬぐい【手拭い】 手巾 shǒujīn. ¶～で顔をふく / 用手巾擦脸.

テノール 男高音 nángāoyīn.

てのひら【手の平】 手掌 shǒuzhǎng. ¶～を返す / 反掌；突然改变态度. ¶～サイズ / 手掌大小.

では 那么 nàme. ¶～始めます / 那么开始吧. ¶～失礼します / 那么告辞了.

デパート 百货商店 bǎihuò shāngdiàn.

てはい【手配】 安排 ānpái. ¶～を済ませる / 安排妥当. ¶チケットの～をする / 安排票务. ¶殺人の容疑者として～する / 作为杀人嫌疑犯通缉. ¶指名～ / 通缉令.

てはじめ【手始め】 首先 shǒuxiān.

てはず【手筈】 步骤 bùzhòu. ¶～を整える / 做好准备工作.

-ではない 不是 bùshì. ¶決して他人事～ / 决不是别人的事. ¶無料～ / 不是免费的.

-ではないか 不是…吗 bùshì…ma. ¶行くべき～ / 不是应该去吗？¶深刻な問題～ / 这不是很深刻的问题吗？

てばなす【手放す】 放手 fàngshǒu. ¶土地を～ / 转让土地.

てびき【手引き】 指南 zhǐnán. ¶ご利用の～ / 利用指南. ¶ホームページ作成の～ / 做网页的指南.

デビュー 初次登台 chūcì dēngtái. ¶文壇に～する / 初次登上文坛. ¶～作 / 处女作. ¶～曲 / 成名曲. ¶歌手～ / 新歌手登台.

てぶくろ【手袋】 手套 shǒutào. ¶～をはめる / 戴手套. ¶～をとる / 摘手套.

てぶら【手ぶら】 空手 kōngshǒu. ¶～で訪問する / 空着手访问.

デフレ 通货紧缩 tōnghuò jǐnsuō. ¶～を抑える / 抑制通货紧缩. ¶～を抜け出す / 摆脱通货紧缩. ¶～を引き起こす / 引起通货紧缩.

デポジット 押金 yājīn.

てほん【手本】 模范 mófàn, 榜样 bǎngyàng. ¶日本企業を～にする / 以日本企业为样板.

てま【手間】 工夫 gōngfu. ¶～がかかる / 费工夫. ¶～を省く / 省事.

デマ 流言 liúyán. ¶～を飛ばす / 散布谣言. ¶～情報 / 谣言信息.

てまえ【手前】 眼前 yǎnqián. ¶～の桜の木 / 跟前的樱花树. ¶京都の一つ～の駅で降りる / 在京都前一站下车. ¶虫歯で穴が開く一歩～の状態 / 虫牙快要变成牙窟窿. ¶～ども / 我们.

でまかせ【出任せ】 随便说 suíbiàn shuō. ¶～を言う / 乱说. ¶口から～を言う / 信口开河.

てまね【手まね】 手势 shǒushì. ¶～をする / 打手势说. ¶～で会話をする / 用手比划着对话.

てまねき【手招き】 招手 zhāoshǒu.

でみせ【出店】 [露店]摊位 tānwèi；[支店]分店 fēndiàn. ¶～を出す / 出摊. ¶～が並ぶ / 摊位相连.

でむかえる【出迎える】 迎接 yíngjiē. ¶友達を空港で～ / 去机场迎接朋友.

-ても 即使…也 jíshǐ…yě. ¶予約しなく～入れます / 即使不预约也能进场. ¶少々値段が高く～買いたい / 即使价钱稍微贵一些也想买. ¶悲しく～泣かない / 尽管悲伤但不哭. ¶あわてなく～大丈夫です / 不用着急. ¶電話をかけなく～いいのですか / 不打电话也行吗？

-でも 即使 jíshǐ. ¶どなた～参加できます / 谁都可以参加. ¶誰～楽しめるゲーム / 谁都能玩的游戏. ¶どこに～あるもの / 哪儿都有的东西. ¶今から～間に合う / 现在也来得及. ¶何度～行きたい / 去几次都行. ¶お茶～いかがですか / 喝杯茶怎么样？

でも 但是 dànshì, 不过 bùguò.

デモ 示威游行 shìwēi yóuxíng. ¶～に参加する / 参加游行. ¶～を行う / 举行游行. ¶～隊 / 游行队伍.

てもと【手元・手許】 手边 shǒubiān. ¶～にある資料 / 手头的资料. ¶ご注文の商品がお～に届くまでお待ちください / 请等候预订的东西到货.

デモンストレーション 示威 shìwēi, 示范 shìfàn；公开表演 gōngkāi biǎoyǎn.

デュエット 二重唱 èrchóngchàng.

てら【寺】 寺庙 sìmiào.

てらす【照らす】 照耀 zhàoyào；[見比べる]按照 ànzhào. ¶人の顔を照らし出す / 照出人的脸. ¶階段を～光 / 照着台阶的光线. ¶常識に照らして / 按照常识.

デラックス 豪华 háohuá. ¶～な部屋 / 豪华的房间.

デリケート 敏感 mǐngǎn. ¶～な問題 / 敏感的问题. ¶～な素材 / 易碎的材料. ¶～な肌 / 敏感的皮肤.

テリトリー 领土 lǐngtǔ, 版图 bǎntú.

てる【照る】 照 zhào. ¶日が～ / 太阳照. ¶～日もあれば曇る日もある / 天有晴也有阴.

でる【出る】 出来 chūlái. ¶営業に～ / 去营业. ¶外に～ / 外出. ¶太陽が～ / 出太阳. ¶旅に～ / 去旅游. ¶会議に～ / 参加会议. ¶映画に～ / 演电影. ¶試験に～問題 / 考试考的题目. ¶明日創刊号が～ / 明天出版创刊号. ¶お腹が～ / 肚子大

了. ¶音が～ / 出声. ¶涙が～ / 流泪. ¶熱が～ / 发烧. ¶元気が～ / 有精神. ¶食欲が～ / 有食欲. ¶効果が～ / 出现效果. ¶大きい差が～ / 出现大的差距. ¶横柄な態度に～ / 摆出蛮横的态度.

てれくさい【照れ臭い】害羞 hàixiū, 不好意思 bù hǎoyìsi.

テレパシー心灵感应 xīnlíng gǎnyìng.

テレビ 电视 diànshì. ¶～をつける〔消す〕/ 开〔关〕电视. ¶～を見る / 看电视. ¶～局 / 电视台. ¶～ドラマ / 电视剧. ¶～番組 / 电视节目. ¶～ゲーム / 电子游戏.

テレホンカード 电话卡 diànhuàkǎ.

てれる【照れる】腼腆 miǎntian.

テロ 恐怖 kǒngbù. ¶～事件 / 恐怖事件. ¶～リスト / 恐怖分子.

てわたす【手渡す】当面交 dāngmiàn jiāo. ¶現金を～ / 亲手交现金.

てん【点】点 diǎn. ¶～を打つ / 点标点. ¶文字の横に～をつける / 在文字旁边加点. ¶～を取る / 得分. ¶先制～をあげる / 率先得分. ¶1～を奪う / 夺得一分. ¶～を上げる / 加分. ¶高得～を獲得する / 获得高分. ¶この～からみると… / 从这点上看…. ¶注意～ / 注意点.

てん【天】天 tiān. ¶～を仰ぐ / 仰天. ¶～を突く高層ビル / 摩天大楼. ¶～の助け / 上天保佑. ¶～にものぼる心地 / 喜出望外. ¶～に向かって唾する / 搬起石头砸自己的脚. ¶～高く馬肥ゆる秋 / 秋高气爽.

でんあつ【電圧】电压 diànyā. ¶～が高い〔低い〕/ 电压「高〔低〕. ¶～を下げる〔上げる〕/ 降低〔提高〕电压.

てんいん【店員】店员 diànyuán.

でんえん【田園】田园 tiányuán. ¶～生活 / 田园生活. ¶～都市 / 田园都市. ¶～風景 / 田园风景. ¶～詩 / 田园诗.

てんか【添加】添加 tiānjiā. ¶～剤 / 添加剂. ¶～物 / 添加物.

てんか【点火】点火 diǎnhuǒ. ¶～装置 / 点火装置.

てんか【転嫁】转嫁 zhuǎnjià. ¶責任を～する / 转嫁责任.

でんか【電化】电气化 diànqìhuà. ¶鉄道を～する / 使铁路电气化.

てんかい【展開】展开 zhǎnkāi. ¶議論を～する / 展开议论. ¶新たな～を見せる / 出现新的局面. ¶～図 / 展开图.

てんかん【転換】转换 zhuǎnhuàn. ¶話題を～する / 转换话题. ¶気分を～させる / 转换心情. ¶～期を迎える / 迎来转折期. ¶運命の～点 / 命运的转折点. ¶発想の～ / 想法的转换.

てんき【天気】天气 tiānqì. ¶～がよい〔悪い〕/ 天气「好〔坏〕. ¶～が晴れる / 天晴. ¶～を予測する / 预测天气. ¶～予報 / 天气预报.

でんき【電気】电气 diànqì. ¶～を起こす / 发电. ¶～を送る / 输送电流. ¶～を流す / 输电. ¶～を通す / 通电. ¶～をつける〔消す〕/ 开〔关〕电灯. ¶～器具 / 电器. ¶～毛布 / 电热毯.

でんき【伝記】传记 zhuànjì. ¶～作家 / 传记作家.

でんきゅう【電球】电灯泡 diàndēngpào. ¶～をはめる / 安灯泡.

てんきょ【転居】迁居 qiānjū. ¶～先 / 迁入地址.

てんきん【転勤】调动工作 diàodòng gōngzuò. ¶地方に～する / 调到地方上工作.

てんけいてき【典型的】典型性 diǎnxíngxìng. ¶～なパターン / 典型的模式. ¶～な秋の天気 / 典型的秋天天气.

てんけん【点検】检查 jiǎnchá, 检修 jiǎnxiū. ¶設備を～する / 检修设备. ¶定期～ / 定期检修.

でんげん【電源】电源 diànyuán. ¶～が入っている / 按通电源. ¶～を入れる / 打开电源. ¶～を切る / 切断电源. ¶～スイッチ / 电源开关.

てんこ【点呼】点名 diǎnmíng.

てんこう【天候】天气 tiānqì. ¶悪～にもかかわらず / 尽管天气恶劣. ¶～不順 / 气候反常.

てんこう【転校】转校 zhuǎnxiào. ¶～生 / 转校生；插班生.

でんこう【電光】电光 diànguāng. ¶～掲示板 / 灯箱布告板. ¶～ニュース / 电子屏幕快报. ¶～石火 / 风驰电掣.

てんごく【天国】天国 tiānguó, 天堂 tiāntáng.

でんごん【伝言】传话 chuánhuà, 留言 liúyán. ¶～を伝える / 捎口信. ¶～板 / 留言板.

てんさい【天才】天才 tiāncái. ¶～的ピアニスト / 天才钢琴家. ¶音楽の～ / 音乐的天才. ¶～児 / 天才儿童；神童.

てんさい【天災】天灾 tiānzāi. ¶～を被る / 遭受天灾. ¶～地変 / 天灾地祸.

てんさく【添削】删改 shāngǎi, 修改 xiūgǎi. ¶～を受ける / 接受修改. ¶～を加える / 进行增删. ¶論文の～ / 论文的修改.

てんし【天使】天使 tiānshǐ. ¶白衣の～ / 白衣天使.

てんじ【点字】盲文 mángwén. ¶～を打つ / 打盲文. ¶～図書館 / 盲文图书馆. ¶～ブロック / 盲道.

てんじ【展示】展示 zhǎnshì. ¶～会 / 展览会.

でんし【電子】电子 diànzǐ. ¶～工学 / 电子工学. ¶～オルガン / 电子琴. ¶～計算機 / 电子计算机. ¶～手帳 / 电子笔记本. ¶～レンジ / 微波炉. ¶～マネー / 电子货币.

でんしゃ【電車】电车 diànchē. ¶～

に乗る / 坐电车. ¶～を降りる / 下电车. ¶一番～ / 首班车. ¶最終～ / 末班车.

てんしゅつ【転出】迁出 qiānchū. ¶～届 / 搬迁申请.

てんじょう【天井】天花板 tiānhuābǎn, 顶点 dǐngdiǎn. ¶～が高い〔低い〕/ 天花板「高〔低〕. ¶～相場 / 股市最高点. ¶～値 / 最高价.

でんしょう【伝承】传承 chuánchéng. ¶～者 / 传承者. ¶～文学 / 传承文学. ¶民間～ / 民间传承.

てんしょく【天職】天职 tiānzhí.

てんしょく【転職】转业 zhuǎnyè, 改行 gǎiháng.

でんしょばと【伝書鳩】信鸽 xìngē.

テンション 紧张 jǐnzhāng.

でんしん【電信】电信 diànxìn. ¶～為替 / 电汇. ¶～柱 / 电线杆.

てんすう【点数】分数 fēnshù. ¶～を稼ぐ / 得分. ¶～をつける / 打分.

てんしんらんまん【天真爛漫】天真烂漫 tiānzhēn lànmàn. ¶～な性格 / 天真烂漫的性格.

てんじる【転じる】变换 biànhuàn. ¶マイナスをプラスに～方法 / 负变正的方法. ¶景気は回復に～ものと予測する / 预计经济将好转.

てんせい【天性】天性 tiānxìng. ¶～の才能 / 天生的才能. ¶～の明るい気質 / 天生开朗的性格.

でんせつ【伝説】传说 chuánshuō. ¶～的な人物 / 传说性的人物.

てんせん【点線】虚线 xūxiàn. ¶～を引く / 画虚线. ¶～で囲む / 用虚线围起来. ¶～にそって / 沿着虚线.

でんせん【伝染】传染 chuánrǎn. ¶～病 / 传染病. ¶～経路 / 传染途径. ¶～性 / 传染性.

でんせん【伝線】绽线 zhànxiàn. ¶ストッキングが～する / 长统袜绽线.

でんせん【電線】电线 diànxiàn.

てんそう【転送】转送 zhuǎnsòng.

てんたい【天体】天体 tiāntǐ. ¶～観測 / 观测天体. ¶～望遠鏡 / 天体望远镜.

でんたく【電卓】电子计算器 diànzǐ jìsuànqì. ¶～をたたく / 使用计算器.

でんたつ【伝達】转达 zhuǎndá. ¶～事項 / 转达事项.

てんち【天地】天和地 tiān hé dì ; 世界 shìjiè. ¶～無用 / 请勿倒置.

でんち【電池】电池 diànchí. ¶～が切れた / 电池没电了. ¶この～は長くもつ / 这个电池寿命长.

でんちゅう【電柱】电线杆 diànxiàngān.

てんてき【点滴】点滴 diǎndī. ¶～注射 / 点滴注射. ¶～を打つ / 打点滴. ¶～を受ける / 接受点滴注射.

テント 帐篷 zhàngpeng. ¶～を張る / 搭帐篷.

てんとう【転倒】摔倒 shuāidǎo. ¶カーブで～する / 在拐弯处摔倒. ¶主客～ / 主客颠倒.

でんとう【伝統】传统 chuántǒng. ¶～を受け継ぐ / 继承传统. ¶～のある学校 / 有传统的学校. ¶～的な祭り / 传统的节日.

でんとう【電灯】电灯 diàndēng. ¶～をつける〔消す〕/ 开〔关〕电灯.

でんどう【伝導】传导 chuándǎo. ¶熱の～性がよい / 热的传导性好. ¶動力～装置 / 动力传导装置.

でんどう【伝道】传教 chuánjiào. ¶～活動 / 传教活动. ¶～師 / 传教士.

てんとうむし【天道虫】瓢虫 piáochóng.

てんにん【転任】调工作 diào gōngzuò.

でんねつき【電熱器】电热器 diànrèqì, 电炉 diànlú.

てんねん【天然】天然 tiānrán. ¶～記念物 / 自然纪念物. ¶～資源 / 天然资源. ¶～色 / 天然色.

てんのう【天皇】天皇 tiānhuáng.

てんのうせい【天王星】天王星 tiānwángxīng.

でんぱ【電波】电波 diànbō. ¶～を発信〔受信〕する / 发送〔接收〕电波. ¶～を捕らえる / 捕捉电波. ¶～を遮断する / 阻断电波.

てんぴ【天火】烤炉 kǎolú.

てんびん【天秤】天平 tiānpíng. ¶～にかける / 用天平称. ¶利益とリスクを～にかける / 权衡利益和风险. ¶～座 / 天秤座.

てんぷ【添付】添上 tiānshàng. ¶～ファイル / 附件.

てんぷく【転覆】颠覆 diānfù. ¶彼の乗ったボートが～した / 他坐的船翻了.

てんぷら 天麸罗 tiānfūluó. ¶エビの～ / 炸虾.

てんぶん【天分】天分 tiānfèn. ¶～を生かす / 发挥天分.

でんぷん【澱粉】淀粉 diànfěn.

テンポ 速度 sùdù. ¶～が速い〔遅い〕/ 速度「快〔慢〕.

てんぼう【展望】展望 zhǎnwàng. ¶～が明るい / 未来光明. ¶長期的～を持つ / 具有长远的规划. ¶新たな～を開く / 开创新的局面. ¶～車 / 了望车. ¶～台 / 了望台.

でんぽう【電報】电报 diànbào. ¶～を打つ / 打电报.

デンマーク 丹麦 Dānmài.

てんめつ【点滅】忽亮忽灭 hū liàng hū miè. ¶信号が～する / 信号忽亮忽灭.

てんもん【天文】天文 tiānwén. ¶～学 / 天文学. ¶～学的数字に達する / 达到天文数字. ¶～台 / 天文台.

てんよう【転用】挪用 nuóyòng. ¶農地～ / 挪用耕地.

てんらく【転落】落下 luòxià. ¶崖か

ら海に～する / 从山崖掉到海里. ¶最下位に～する / 掉到末位.

てんらんかい【展覧会】展览会 zhǎnlǎnhuì.

でんりゅう【電流】电流 diànliú. ¶～が流れる / 有电. ¶～を流す / 通电.

でんりょく【電力】电力 diànlì. ¶消費～を抑える / 抑制电力消费. ¶～会社 / 电力公司. ¶～供給 / 供电. ¶～消費量 / 电消费量. ¶～不足 / 电力不足. ¶～システム / 电力系统. ¶～料金 / 电费.

でんわ【電話】电话 diànhuà. ¶～が鳴る / 电话响. ¶～に出る / 接电话. ¶～をかける / 打电话. ¶～を切る / 挂电话. ¶～局 / 电话局. ¶～番号 / 电话号码. ¶～番号帳 / 电话号码簿. ¶～ボックス / 电话亭. ¶いたずら～ / 骚扰电话. ¶携帯～ / 手机. ¶公衆～ / 公用电话. ¶国際～ / 国际电话. ¶市外～ / 长途电话. ¶市内～ / 市话. ¶留守番～ / 录音电话.

と

と【戸】门 mén. ¶～を開ける〔閉める〕/ 开〔关〕门. ¶～をたたく / 敲门. ¶引き～ / 拉门.

-ど【-度】度 dù. ¶角度45～ / 四十五度角. ¶最高気温35～ / 最高气温三十五度. ¶二～と言わない / 再不说第二次. ¶もう一～ / 再来一次. ¶何～も / 好几次.

ど【度】度 dù. ¶～の強いめがね / 度数高的眼镜. ¶～が過ぎた冗談 / 过分的玩笑. ¶関心～ / 关心程度.

ドア门 mén. ¶～をノックする / 敲门. ¶回転～ / 旋转门. ¶自動～ / 自动门.

とい【樋】导水管 dǎoshuǐguǎn. ¶雨～ / 雨水管.

とい【問い】问题 wèntí. ¶～に答える / 回答问题. ¶～1 / 第一题.

といあわせ【問い合わせ】询问 xúnwèn. ¶～先 / 联系人.

といあわせる【問い合わせる】询问 xúnwèn. ¶電話で～ / 打电话询问.

ドイツ德国 Déguó. ¶～語 / 德语. ¶～人 / 德国人.

といつめる【問い詰める】追问 zhuīwèn. ¶きびしく～ / 严厉地追问.

トイレ厕所 cèsuǒ. ¶～に行く / 去厕所. ¶～はどこですか？/ 厕所在哪儿？

トイレットペーパー手纸 shǒuzhǐ.

とう【党】党 dǎng. ¶～に入る / 入党. ¶～を組織する / 组织政党. ¶～の方針 / 党的方针. ¶～内意見 / 党内意见. ¶～大会 / 党大会. ¶～員 / 党员. ¶与～ / 执政党. ¶野～ / 在野党；反对党.

とう【塔】塔 tǎ. ¶～を建てる / 建塔. ¶9層の石～ / 九层石塔. ¶慰霊～ / 慰灵塔.

とう【問う】询问 xúnwèn. ¶意見を～ / 征求意见. ¶安否を～ / 打听是否平安. ¶責任を～ / 追究责任. ¶男女を問わず / 不分男女.

-とう【-等】等 děng. ¶1～になる / 成为一等. ¶2～賞 / 二等奖. ¶酒, たばこ～ / 酒、香烟等.

-とう【-頭】头 tóu, 只 zhī. ¶牛10～ / 十头牛.

どう怎么 zěnme. ¶～思いますか / 怎么想？¶～すればよいかわからない / 不知道怎么做好. ¶～見ても / 无论怎么看. ¶～ってことない / 没什么大不了的事. ¶近頃お腹の具合は～ですか / 最近肚子怎么样？

どう【胴】躯干 qūgàn. ¶～が太い / 腰身粗.

どう【銅】铜 tóng. ¶～線 / 铜线. ¶～メダル / 铜牌.

とうあん【答案】答案 dá'àn. ¶～を書く / 写答案. ¶～を出す / 交答案. ¶～用紙 / 答题纸.

どうい【同意】同意 tóngyì. ¶～する / 同意. ¶～を得る / 获得同意. ¶～を求める / 寻求同意. ¶～の上で / 在同意的情况下.

どういう怎么 zěnme. ¶～わけかいつも失敗する / 不知怎么总是失败. ¶～ふうに使うかわからない / 不知道怎么用. ¶～ことだろう / 怎么(一)回事？

どういたしまして不客气 bù kèqi, 不用谢 bùyòng xiè, 不敢当 bù gǎndāng.

とういつ【統一】统一 tǒngyī. ¶精神～する / 精神集中. ¶～を欠く / 缺乏统一. ¶～された意見 / 统一的意见.

どういつ【同一】同样 tóngyàng. ¶～視する / 同样对待. ¶～人物 / 同一人物.

どういん【動員】动员 dòngyuán, 调动 diàodòng. ¶すべての人材を～する / 动员所有人才. ¶軍需物資の～ / 调运军需物资.

とうえい【投影】投影 tóuyǐng. ¶～図 / 投影图.

どうか请 qǐng. ¶～お願いします / 请多关照. ¶～お許しください / 请原谅. ¶正しいか～わからない / 不知道正确与否. ¶～しましたか / 怎么啦？¶頭が～なってしまいそうだ / 脑子快不行了.

どうが【動画】动画片 dònghuàpiàn.

どうか【銅貨】铜币 tóngbì.

とうかい【倒壊】倒塌 dǎotā. ¶～寸前の建物 / 即将倒塌的建筑. ¶～家屋 / 倒塌的房屋.

とうがい【当該】该 gāi. ¶～官庁 / 该官厅. ¶～事項 / 有关事项.

とうがらし【唐辛子】辣椒 làjiāo.

とうかん【投函】寄信 jìxìn. ¶手紙を～する / 把信投进邮筒.

どうかん【同感】同感 tónggǎn. ¶～

である / 我也这样认为. ¶あなたに～です / 和你有同感.

とうき【冬季】冬季 dōngjì. ¶～オリンピック大会 / 冬季奥运会.

とうき【冬期】冬季 dōngjì. ¶～休暇 / 冬季休假.

とうき【投機】投机 tóujī. ¶～売買 / 投机生意. ¶～熱 / 投机热. ¶～屋 / 投机商.

とうき【陶器】陶瓷 táocí.

とうき【騰貴】涨价 zhǎngjià, 上涨 shàngzhǎng. ¶市場が～する / 市场价格上涨. ¶物価の～ / 物价上涨.

とうき【投棄】抛弃 pāoqì. ¶不法～する / 非法扔倒垃圾. ¶～処分 / 当作废弃物处理.

とうぎ【討議】讨论 tǎolùn. ¶～に入る / 开始讨论. ¶～を打ち切る / 停止讨论.

どうき【動機】动机 dòngjī. ¶～付けする / 附加动机. ¶犯罪の～ / 犯罪动机.

どうき【動悸】心跳 xīntiào. ¶～がする / 觉着心跳.

どうき【同期】同期 tóngqī. ¶ほぼ～の作品 / 大概同时期的作品. ¶大学の～ / 在大学同年级. ¶～生 / 同届生.

どうぎ【動議】动议 dòngyì. ¶～を提出する / 提出动议. ¶～を支持する / 支持动议. ¶緊急～ / 紧急动议.

どうぎ【道義】道义 dàoyì. ¶～に反する / 违背道义. ¶～的責任がある / 有道义上的责任.

どうぎご【同義語】同义词 tóngyìcí.

とうきゅう【等級】等级 děngjí. ¶～を付ける / 定等级. ¶～を上げる / 提高等级. ¶～を定める / 规定等级.

とうぎゅう【闘牛】斗牛 dòuniú. ¶～士 / 斗牛士. ¶～場 / 斗牛场.

どうきゅう【同級】同级 tóngjí. ¶品質が～だ / 质量同一等级. ¶～生 / 同班同学；同学.

どうきょ【同居】同住 tóngzhù. ¶～人を置く / 找人同住. ¶四世代～ / 四世同堂.

どうきょう【道教】道教 Dàojiào.

とうきょく【当局】当局 dāngjú. ¶～者 / 当局者. ¶関係～ / 有关当局. ¶学校～ / 学校当局.

どうぐ【道具】工具 gōngjù. ¶絵を描く～ / 画画工具. ¶人を～扱いする / 把人当作工具. ¶～箱 / 工具箱. ¶商売～ / 做买卖的家伙. ¶所帯～ / 家具什物. ¶大工～ / 木匠工具. ¶掃除～ / 清扫工具.

どうくつ【洞窟】洞穴 dòngxué. ¶～を探検する / 探访洞穴.

とうげ【峠】山口 shānkǒu；［最高潮］最高点 zuìgāodiǎn. ¶高い～を越える / 越过山顶. ¶熱が～を越した / 开始退烧.

とうけい【統計】统计 tǒngjì. ¶～をとる / 进行统计. ¶～によると / 根据统计. ¶～学 / 统计学. ¶～表 / 统计表.

とうけい【東経】东经 dōngjīng.

とうげい【陶芸】陶瓷工艺 táocí gōngyì. ¶～家 / 陶艺家. ¶～品 / 陶艺品.

とうけつ【凍結】冻结 dòngjié. ¶水道が～する / 水管冻了. ¶松花江が～した / 松花江结冰了. ¶～資産 / 冻结资产. ¶物価の～ / 冻结物价.

どうけん【同権】同权 tóngquán. ¶男女～ / 男女同权.

とうこう【登校】上学 shàngxué. ¶～中に / 正在上学. ¶不～ / 拒绝上学.

とうこう【投稿】投稿 tóugǎo. ¶雑誌に～する / 给杂志投稿. ¶～者 / 投稿人. ¶～欄 / 投稿栏.

とうごう【統合】合并 hébìng. ¶企業を～する / 合并企业. ¶3軍を～する / 统一三军.

どうこう【瞳孔】瞳孔 tóngkǒng. ¶～反射 / 瞳孔反射.

どうこう【動向】动向 dòngxiàng. ¶～をうかがう / 观察动向. ¶今後の～ / 今后的动向. ¶最近の～ / 最近的动向.

どうこう【同行】同路 tónglù. ¶～を求める / 请人搭伴. ¶～者 / 同路人.

どうこうかい【同好会】爱好者俱乐部 àihàozhě jùlèbù.

どうさ【動作】动作 dòngzuò. ¶～が早い / 动作快. ¶鈍い～ / 迟钝的动作.

とうさい【搭載】搭载 dāzài. ¶貨物を～する / 装载货物. ¶～能力 / 搭载能力.

とうざい【東西】东西 dōngxī. ¶道が～に伸びる / 道路向东西延伸. ¶古今～ / 古今中外.

どうさつ【洞察】洞察 dòngchá. ¶世界情勢を～する / 洞察世界形势. ¶鋭い～力 / 敏锐的洞察力. ¶～力のある人 / 有洞察力的人.

とうさん【倒産】倒闭 dǎobì, 破产 pòchǎn. ¶会社が～する / 公司倒闭. ¶～を免れる / 免于倒闭.

とうし【投資】投资 tóuzī. ¶未来に～する / 投资未来. ¶不動産に～する / 向房地产投资. ¶～家 / 投资者. ¶～信託 / 投资信托. ¶設備～ / 设备投资.

とうし【闘志】斗志 dòuzhì. ¶～を燃やす / 激发斗志. ¶～を失う / 失去斗志. ¶～満々だ / 斗志昂扬.

とうし【凍死】冻死 dòngsǐ.

とうじ【当時】当时 dāngshí. ¶～の大統領 / 当时的大总统. ¶在学～ / 上学的时候. ¶その～ / 当时. ¶～の責任者 / 当时的负责人.

とうじ【答辞】答词 dácí. ¶～を述べる / 致答词. ¶～を読む / 读答词.

どうし【動詞】动词 dòngcí. ¶～の活用 / 动词活用. ¶他～ / 及物动词. ¶自～ / 不及物动词. ¶規則～ / 规则动词.

どうし【同士】同伴 tóngbàn. ¶男～ / 男人们. ¶かたき～ / 冤家.

どうじ【同時】同时 tóngshí. ¶夜が明けると～に家を出る / 天亮的时候离开家. ¶到着と～に出発する / 刚一到就出发. ¶政治家であると～に作家でもある / 既是政治家又是作家. ¶～通訳 / 同声传译.

どうじだい【同時代】同时代 tóngshídài. ¶～の人 / 同时代的人. ¶～に生きる / 生活在同一时代.

とうじつ【当日】当天 dāngtiān. ¶～券 / 当日有效券. ¶開店～ / 开店当天.

どうして 为什么 wèi shénme. ¶～いいかわからない / 不知道怎么办好. ¶～そんなことを言ったんだ / 为什么说那样的话？¶～笑うのか / 为什么笑呢？

どうしても 无论如何也 wúlùn rúhé yě. ¶～思い出せない / 无论如何也想不起来. ¶～会社に行かなければならない / 一定要去公司.

とうしゅ【党首】党首 dǎngshǒu.

とうしゅ【投手】投手 tóushǒu.

とうしゅう【踏襲】承袭 chéngxí. ¶伝統を～する / 沿袭传统. ¶前例を～する / 沿用前例.

とうしょ【投書】投稿 tóugǎo. ¶新聞に～する / 给报纸投稿. ¶～箱 / 投稿箱. ¶～欄 / 投稿栏.

とうしょ【当初】当初 dāngchū. ¶～から / 从开始. ¶～の心配とは違って / 和当初的担心不同. ¶～予算 / 最初预算.

とうじょう【登場】登场 dēngchǎng, 出场 chūchǎng. ¶大型新人の～ / 大牌新星的出现. ¶～人物 / 出场人物.

とうじょう【搭乗】搭乘 dāchéng. ¶飛行機に～する / 搭乘飞机. ¶～員 / 乘务员. ¶～券 / 登机票. ¶～口 / 登机口.

どうじょう【同情】同情 tóngqíng. ¶～のこもった / 充满同情的. ¶～心をかきたてる / 引发同情心.

とうじる【投じる】投 tóu. ¶海に身を～ / 跳海. ¶政界に身を～ / 投身政界. ¶大金を～ / 投入巨款. ¶一票を～ / 投下一票.

どうじる【動じる】动摇 dòngyáo. ¶何事にも動じない / 遇事不惊.

とうしん【等身】等身 děngshēn. ¶～大の銅像 / 等身大的铜像.

とうすい【陶酔】陶醉 táozuì. ¶音楽に～する / 陶醉在音乐里.

どうせ 反正 fǎnzhèng. ¶～それは必要だ / 不管怎么说那是必要的. ¶～言っても無駄だ / 反正说也没用.

とうせい【統制】管制 guǎnzhì. ¶言論を～する / 限制言论自由. ¶～下にある / 处于管制下. ¶～品 / 管制商品.

どうせい【銅製】铜制 tóngzhì. ¶～品 / 铜制品.

どうせい【動静】动静 dòngjìng. ¶～を探る / 观察动静. ¶最近の～ / 最近的动静.

どうせい【同棲】同居 tóngjū. ¶～者 / 同居人.

とうせん【当選】当选 dāngxuǎn. ¶国会議員に～する / 当选为国会议员. ¶懸賞論文に～する / 入选有奖论文比赛. ¶～の見込みがある / 有希望当选. ¶～確実である / 当选已成定局.

とうぜん【当然】当然 dāngrán. ¶～そうすべきだ / 当然应该那样做. ¶～彼がなすべきことだ / 当然应该他做.

どうぜん【同然】同样 tóngyàng. ¶死んだも～である / 和死了一样. ¶ただ～の値段 / 如同白送的价格.

どうぞ 请 qǐng. ¶～お入りください / 请进. ¶お茶を～ / 请喝茶.

とうそう【逃走】逃走 táozǒu. ¶～中である / 在逃. ¶～経路 / 逃跑路线. ¶～者 / 逃跑人.

とうそう【闘争】斗争 dòuzhēng. ¶～心 / 斗争心. ¶～本能 / 斗争本能. ¶賃上げ～ / 为提薪的斗争.

どうそう【同窓】同窗 tóngchuāng. ¶～生 / 同窗同学. ¶～会 / 同学会；校友会.

どうぞう【銅像】铜像 tóngxiàng.

とうそつ【統率】统率 tǒngshuài. ¶～力がある / 有统率能力. ¶～者 / 统率者.

とうた【淘汰】淘汰 táotài. ¶～される / 被淘汰. ¶自然～ / 自然淘汰. ¶人為～ / 人为淘汰.

とうだい【灯台】灯塔 dēngtǎ. ¶～下暗し / 当事者迷,旁观者清. ¶～守 / 看灯塔的人.

どうたい【胴体】躯体 qūtǐ. ¶～が太い / 腰身粗. ¶～着陸 / 机身着陆.

とうたつ【到達】到达 dàodá, 达到 dádào. ¶ある結論に～する / 达成某个结论. ¶世界水準に～している / 达到世界水平. ¶～点 / 达到目标.

とうち【統治】统治 tǒngzhì. ¶一国を～する / 统治一个国家. ¶～権 / 统治权. ¶～者 / 统治者.

とうちゃく【到着】到达 dàodá. ¶目的地に～する / 到达目的地. ¶～時刻 / 到达时间. ¶～順 / 到达顺序.

とうちょう【盗聴】窃听 qiètīng. ¶電話を～する / 窃听电话. ¶～器 / 窃听器.

とうてい【到底】无论如何也 wúlùn rúhé yě. ¶それは私には～無理だ / 那对我来说怎么也做不到. ¶こんなことは～あり得ない / 这样的事无论如何也是不可能的.

どうてん【同点】平分 píngfēn. ¶～になる / 打成平局. ¶～決勝 / 平局

決賽.

とうとい【貴い・尊い】高 贵 gāoguì. ¶生命ほど～ものはない / 没有比生命更可贵的东西. ¶～体験 / 宝贵的体验.

とうとう 终于 zhōngyú. ¶～彼は行ってしまった / 他终于走了. ¶努力の末に～完成した / 努力的结果终于完成了. ¶苦労の果てに～死んでしまった / 劳累之下终于死去了.

どうとう【同等】同 等 tóngděng. ¶～の人 / 同样的人. ¶～な実力 / 实力相当. ¶～に扱う / 同等对待.

どうどう【堂々】光明磊落 guāngmíng lěiluò. ¶～とした態度 / 光明磊落的态度. ¶～たる成績 / 辉煌的成绩.

どうとく【道徳】道德 dàodé. ¶～を守る / 遵守道德. ¶～に反する / 违背道德. ¶公衆～ / 公共道德.

とうとぶ【尊ぶ】珍重 zhēnzhòng. ¶人権を～ / 尊重人权.

とうなん【東南】东南 dōngnán. ¶～アジア / 东南亚.

とうなん【盗難】盗窃 dàoqiè. ¶～に遭う / 被盗. ¶～事件 / 盗窃案件. ¶～品 / 脏物.

どうにか 设法 shèfǎ. ¶～してください / 这事请想想办法. ¶～間に合った / 总算赶上了. ¶～危機を乗り越えた / 好歹度过了危机.

とうにゅう【投入】投入 tóurù. ¶兵力を～する / 投入兵力. ¶資金を～する / 投入资金.

とうにゅう【豆乳】豆 乳 dòurǔ, 豆浆 dòujiāng.

どうにゅう【導入】引进 yǐnjìn. ¶外国技術の～ / 引进国外技术. ¶～部 / 序曲.

とうにょうびょう【糖尿病】糖 尿 病 tángniàobìng.

とうは【党派】党派 dǎngpài. ¶～に分かれる / 分党派. ¶～を超えて団結する / 超越党派进行团结. ¶～争い / 党派之争.

とうばん【当番】值日 zhírì. ¶～になる / 轮到值日. ¶食事～ / 轮到做饭. ¶掃除～ / 卫生值日.

どうはん【同伴】同伴 tóngbàn. ¶夫人～ / 偕同夫人. ¶～者 / 同伴人.

とうひ【逃避】逃避 táobì. ¶現実から～する / 逃避现实. ¶～行 / 逃避他处.

とうひょう【投票】投票 tóupiào. ¶～する / 投票. ¶～に行く / 去投票. ¶～で決める / 投票决定. ¶～率が高かった / 投票率很高. ¶～権 / 投票权. ¶～用紙 / 选票. ¶記名～ / 记名投票.

とうふ【豆腐】豆腐 dòufu. ¶～1丁 / 一块豆腐. ¶～屋 / 豆腐店.

とうぶ【東部】东部 dōngbù.

とうぶ【頭部】头部 tóubù. ¶～を打つ / 击打头部. ¶～にけがをしている / 头部受伤.

どうふう【同封】附在信内 fùzài xìnnèi. ¶書類を～する / 随信寄文件.

どうぶつ【動物】动物 dòngwù. ¶～を飼う / 饲养动物. ¶～をならす / 驯养动物. ¶～的本能 / 动物的本能. ¶～園 / 动物园. ¶～実験 / 动物实验. ¶～病院 / 动物医院. ¶～プランクトン / 浮游动物.

とうぶん【当分】目前 mùqián. ¶雨は～やまない / 雨一时停不了.

とうぶん【等分】半分 bànfēn. ¶利益を～する / 平均分配利益. ¶二～する / 平均分成两份.

とうぼう【逃亡】逃亡 táowáng. ¶国外に～する / 逃亡国外. ¶～中の容疑者 / 在逃的嫌疑犯. ¶～者 / 在逃犯.

どうほう【同胞】同胞 tóngbāo. ¶海外の～ / 海外同胞. ¶在日～ / 在日同胞.

とうほく【東北】东北 dōngběi. ¶～地方 / 东北地区. ¶～アジア / 东北亚.

どうみゃく【動脈】动脉 dòngmài. ¶～硬化 / 动脉硬化. ¶大～ / 大动脉. ¶交通の～ / 交通干线.

とうみん【冬眠】冬眠 dōngmián. ¶～から覚める / 从冬眠中醒来. ¶～動物 / 冬眠动物.

とうめい【透明】透明 tòumíng. ¶～なガラス / 透明玻璃. ¶～度 / 透明度. ¶無色～ / 无色透明.

どうめい【同盟】同 盟 tóngméng. ¶軍事～を結ぶ / 缔结军事同盟. ¶～軍 / 同盟军. ¶非～国 / 非同盟国.

とうめん【当面】当 前 dāngqián. ¶～の問題 / 当前的问题.

どうも 怎么也 zěnme yě. ¶～うまくいかない / 怎么也不顺. ¶～信じられない / 总让人不能相信. ¶～様子がおかしい / 样子有点怪. ¶～違うらしい / 好像不太一样. ¶～ありがとう / 非常感谢.

とうもろこし 玉米 yùmǐ.

どうやら 好像 hǎoxiàng, 大概 dàgài. ¶～風邪を引いたようだ / 觉着好像感冒了. ¶～嘘らしい / 大概是撒谎. ¶～間に合った / 总算赶上了.

とうよう【東洋】亚洲 Yàzhōu. ¶～医学 / 东方医学. ¶～史 / 亚洲史. ¶～人 / 亚洲人.

どうよう【動揺】动摇 dòngyáo. ¶民心の～ / 民心的动摇. ¶心の～ / 内心的不安.

どうよう【同様】同 样 tóngyàng. ¶新品～である / 和新的一样. ¶～の方法で / 用同样的方法.

どうよう【童謡】童谣 tóngyáo.

どうらく【道楽】爱好 àihào. ¶食い～ / 讲究吃. ¶～息子 / 浪子.

どうらん【動乱】动 乱 dòngluàn. ¶～が起きる / 发生动乱.

どうり【道理】道理 dàolǐ. ¶～にかなっている / 合乎道理. ¶～に反する / 违反道理. ¶～で / 难怪.

どうりょう【同僚】同事 tóngshì. ¶職場の～ / 单位的同事.
どうりょく【動力】动力 dònglì. ¶～源 / 动力源泉.
どうろ【道路】道路 dàolù. ¶～が混んでいる / 路上拥挤. ¶～を横断する / 横过马路. ¶～工事 / 道路施工. ¶～標識 / 道路标识. ¶高速～ / 高速公路.
とうろく【登録】登记 dēngjì, 注册 zhùcè. ¶～者 / 登记人. ¶～商標 / 注册商标. ¶～番号 / 注册号码.
とうろん【討論】讨论 tǎolùn. ¶～する / 进行讨论. ¶公開～会 / 公开讨论会.
どうわ【童話】童话 tónghuà. ¶～の本 / 童话书. ¶～作家 / 童话作家.
とうわく【当惑】为难 wéinán. ¶～の色を浮かべる / 现出为难的神色. ¶～顔 / 为难的表情.
とお【十】十 shí.
とおい【遠い】远 yuǎn. ¶道が～ / 路远. ¶～国へ行く / 去遥远的国家. ¶～昔 / 很久以前. ¶～将来 / 很久以后. ¶～親戚 / 远亲. ¶耳が～ / 耳背. ¶電話が～ / 电话听不清. ¶まだほど～ / 还差得远. ¶気が遠くなる / 失去知觉.
とおか【十日】十日 shírì. ¶十月～ / 十月十「日〔号〕. ¶～待つ / 等十天.
とおからず【遠からず】不远 bùyuǎn, 不久 bùjiǔ. ¶～完成するだろう / 不久就会完成吧. ¶当たらずとも～だ / 八九不离十.
とおく【遠く】远处 yuǎnchù. ¶～離れる / 离得远. ¶彼には～及ばない / 和他差得远.
トークショー谈话节目 tánhuà jiémù, 脱口秀 tuōkǒuxiù.
とおざかる【遠ざかる】远离 yuǎnlí, 疏远 shūyuǎn. ¶汽笛が～ / 汽笛声远去. ¶危険が～ / 远离危险. ¶二人の仲が～ / 两人的关系疏远了. ¶学界から～ / 远离学术界. ¶銀幕から遠ざかってしまったスターたち / 远离银幕的明星们.
とおざける【遠ざける】躲开 duǒkāi. ¶マイクを～ / 把话筒拿开. ¶人を遠ざけて話す / 避开人说. ¶悪い友達を～ / 远离坏朋友.
とおす【通す】通过 tōngguò. ¶客を応接室に～ / 把客人请进接待室. ¶針に糸を～ / 穿针引线. ¶レンズを通して見る / 通过镜头看. ¶光を～素材 / 透光材料. ¶書類に目を～ / 看文件. ¶仕事を最後までやり～ / 工作一干到底. ¶人を通して紹介する / 通过人介绍. ¶無理を～ / 蛮干. ¶筋を通して話す / 有条理地讲. ¶がんばり～ / 坚持到底.
トースター烤面包器 kǎomiànbāoqì. ¶オーブン～ / 烤箱.
トースト烤面包片 kǎomiànbāopiàn, 吐司 tǔsī. ¶～にバターをつける / 给烤面包片抹黄油.
トータル总体 zǒngtǐ.
とおで【遠出】远行 yuǎnxíng. ¶きょうは少し～しよう / 今天稍微走远一点吧.
ドーナツ面包圈 miànbāoquān.
トーナメント淘汰赛 táotàisài.
とおのく【遠退く】远离 yuǎnlí. ¶足音が～ / 脚步声远去了. ¶チャンスが～ / 失去机会. ¶足が～ / 不太走动. ¶争いから～ / 远离纠纷.
ドーピング使用兴奋剂shǐyòng xīngfènjì.
とおまわし【遠回し】委婉 wěiwǎn. ¶～に言う / 委婉地说.
とおまわり【遠回り】绕远路 rào yuǎnlù. ¶その道は～になる / 那条路绕远.
ドーム圆顶屋 yuándǐngwū.
とおり【通り】［街路］马路 mǎlù ;［通行］来往 láiwǎng. ¶広い～に出る / 来到大路上. ¶車の～が激しい / 车水马龙. ¶風の～がよい / 通风好. ¶世間の～がよい / 社会信誉好. ¶言う～にしなさい / 按照说的那样做. ¶思った～の人 / 和想象中一样的人.
-とおり【-通り】种 zhǒng. ¶方法は3～ある / 方法有三种.
とおりかかる【通り掛かる】路过 lùguò. ¶家の前を～ / 从家门口过. ¶通りがかりの人に尋ねる / 问路过的人.
とおりこす【通り越す】超过 chāoguò. ¶前の車を～ / 超过前面的车. ¶目的地の前を～ / 走过目的地. ¶難しい局面を～ / 克服严峻的局面.
とおりぬける【通り抜ける】穿过 chuānguò. ¶森を～ / 穿过森林. ¶敷地内を～ / 穿过庭院. ¶通り抜けられません / 穿不过去.
とおりみち【通り道】通道 tōngdào, 通路 tōnglù. ¶～を塞ぐ / 堵住通路. ¶学校への～ / 去学校的路.
とおる【通る】经过 jīngguò. ¶この道は車がよく～ / 这条路经常过车. ¶10分おきにバスが通っている / 公交车每十分钟有一趟. ¶商店街を～ / 经过商店街. ¶試験に～ / 通过考试. ¶議案が国会を～ / 议案在国会通过. ¶よく～声 / 响亮的声音. ¶名の通った人 / 有名的人. ¶そんな言い訳は通らない / 那种辩解是行不通的. ¶無理が～ / 蛮不讲理. ¶意味が通っていない文章 / 意思不通的文章.
トーン音调 yīndiào. ¶声の～を下げる / 降低音调.
とかい【都会】城市 chéngshì. ¶～化 / 城市化. ¶～人 / 城市人. ¶大～ / 大城市.
とかげ【蜥蜴】蜥蜴 xīyì.
とかす【溶かす】溶化 rónghuà. ¶砂糖を水に～ / 把糖溶在水里. ¶味噌

を水に～ / 用水化开豆酱. ¶雪を～ / 化雪.

とかす【梳かす】梳理 shūlǐ. ¶髪を～ / 梳理头发.

とがめる【咎める】责备 zébèi. ¶遅刻したことを～ / 训斥迟到. ¶気が～ / 内疚. ¶良心が～ / 良心受到谴责.

とがらす【尖らす】削尖 xiāojiān. ¶鉛筆の先を～ / 把铅笔头削尖. ¶口を～ / 撅嘴. ¶神経を～ / 神经紧张.

とがる【尖る】尖锐 jiānruì. ¶先の尖った鉛筆 / 削尖的铅笔.

とき【時】时光 shíguāng. ¶～が経つ / 时光流逝. ¶～を刻む / 刻画时间. ¶～を移さずに / 立刻. ¶～と場合による / 根据时间和场合. ¶～は金なり / 时间就是金钱.

とき【鴇・朱鷺】朱鹮 zhūhuán.

どき【土器】土器 tǔqì.

ときおり【時折】偶尔 ǒu'ěr.

ときどき【時々】时常 shícháng. ¶～便りがある / 时常来信. ¶晴れ～曇り / 晴间阴.

どきどき扑通扑通 pūtōngpūtōng. ¶胸が～する / 心扑通扑通跳.

ときには【時には】偶尔 ǒu'ěr. ¶～そういうこともある / 有时也有那样的事. ¶～失敗もする / 偶尔也会失败.

ときめく心情激动 xīnqíng jīdòng. ¶プロポーズされて胸が～ / 受到求爱心扑通直跳.

ときめく【時めく】走红 zǒuhóng. ¶今を～小説家 / 走红的小说家.

ドキュメンタリー记录片 lìlùpiàn.

どきょう【度胸】胆量 dǎnliàng. ¶～がある / 有胆量. ¶～のすわった人 / 有胆量的人.

とぎれる【途切れる】中断 zhōngduàn. ¶電話が～ / 电话中断. ¶消息が～ / 消息中断.

とく【得】利益 lìyì. ¶～になる / 划算. ¶～をする / 占便宜. ¶～な性格 / 有利的性格. ¶大きいほうが～だ / 大的好.

とく【徳】品德 pǐndé. ¶～が高い / 德高望重. ¶～が備わっている / 品德兼备. ¶～を積む / 积德行善.

とく【解く】解 jiě. ¶問題を～ / 解题. ¶誤解を～ / 消除误解. ¶包囲を～ / 突破包围. ¶契約を～ / 解除合同. ¶役目を解かれる / 被解职.

とく【説く】说教 shuōjiào.

とぐ【研ぐ】研磨 yánmó. ¶包丁を砥石で～ / 用磨石磨菜刀. ¶米を～ / 淘米.

どく【退く】让开 ràngkāi. ¶横に～ / 让到一边. ¶ちょっとどいて下さい / 请让开一下.

どく【毒】毒 dú. ¶～が回る / 毒性发作. ¶～を消す / 消毒. ¶体に～である / 对身体有害. ¶～キノコ / 毒蘑菇.

とくい【得意】心满意足 xīn mǎn yì zú. ¶～の絶頂だ / 得意极了；得意忘形. ¶～満面だ / 洋洋得意. ¶英語が～である / 擅长英语. ¶～先を広げる / 扩大客户.

とくい【特異】特异 tèyì. ¶～な才能 / 特异的才能. ¶～性 / 特异性. ¶～体質 / 特异体质.

どくがく【独学】自学 zìxué. ¶～で中国語を勉強する / 自学汉语.

とくぎ【特技】特长 tècháng. ¶～を生かす / 发挥特长.

どくさい【独裁】独裁 dúcái, 专政 zhuānzhèng. ¶～国家 / 独裁国家. ¶～者 / 独裁者.

どくさつ【毒殺】毒死 dúsǐ. ¶～される / 被毒死.

とくさん【特産】特产 tèchǎn. ¶～物 / 土特产品. ¶～品 / 土特产.

どくじ【独自】独自 dúzì. ¶～の技術 / 独创的技术. ¶～に開発する / 独自开发. ¶～性がない / 没有独特性.

とくしつ【特質】特性 tèxìng. ¶～として表れる / 作为特性表现出来. ¶日本文化の～ / 日本文化的特性.

どくしゃ【読者】读者 dúzhě. ¶多くの～を持つ / 拥有很多读者. ¶～の層が厚い / 读者范围广.

とくしゅ【特殊】特殊 tèshū. ¶～加工 / 特殊加工. ¶～効果 / 特殊效果. ¶～性 / 特殊性.

とくしゅう【特集】特刊 tèkān. ¶～を組む / 编辑专刊. ¶～記事 / 特刊新闻. ¶～号 / 特刊号.

どくしょ【読書】读书 dúshū. ¶～にふける / 埋头读书. ¶～家 / 喜欢读书的人.

どくしょう【独唱】独唱 dúchàng. ¶～曲 / 独唱曲.

とくしょく【特色】特色 tèsè, 特点 tèdiǎn. ¶～が表れている / 特色表现出来. ¶～を出す / 表现特色. ¶～のある料理 / 有特色的饭菜.

どくしん【独身】单身 dānshēn. ¶～生活を送る / 过单身生活.

とくせい【特製】特制 tèzhì. ¶～品 / 特制品.

とくせつ【特設】特设 tèshè. ¶～会場 / 特设会场. ¶～舞台 / 特设舞台.

どくぜつ【毒舌】刻薄话 kèbóhuà. ¶～を振るう / 大肆讽刺. ¶～家 / 爱说刻薄话的人.

どくせん【独占】独占 dúzhàn, 垄断 lǒngduàn. ¶ひと部屋を～する / 独占一个房间. ¶～インタビュー / 独家采访. ¶～価格 / 垄断价格. ¶～企業 / 垄断企业. ¶～禁止法 / 反垄断法.

どくぜん【独善】自以为是 zì yǐ wéi shì. ¶～におちいる / 自以为是. ¶～家 / 好自以为是的人.

どくそう【独奏】独奏 dúzòu. ¶ピアノの～をする / 独奏钢琴. ¶～会 /

独奏会.

どくそう【独創】独创 dúchuàng. ¶～的な / 独创性的. ¶～性 / 独创性. ¶～力 / 独创力.

とくそく【督促】督促 dūcù. ¶～する ¶～状 / 催促信.

ドクター博士 bóshì ；医生 yīshēng. ¶～コース / 博士课程. ¶～ストップ / 医生叫停.

とくだね【特種】特讯 tèxùn. ¶～記事 / 独家消息.

どくだん【独断】独断 dúduàn. ¶～で決める / 独断. ¶～専行する / 独断专行.

とくちょう【特徴】特征 tèzhēng,特点 tèdiǎn. ¶～をとらえる / 抓住特征. ¶～がない / 没有特征.

とくちょう【特長】特长 tècháng,特点 tèdiǎn. ¶製品の～ / 商品的特长.

とくてい【特定】特定 tèdìng. ¶～の人 / 特定的人. ¶犯人を～する / 特定犯人.

とくてん【得点】得分 défēn. ¶～がない / 没有得分. ¶～を記入する / 记分. ¶最高～ / 最高得分.

とくてん【特典】特权 tèquán. ¶～が与えられる / 被授予特权. ¶会員～ / 会员优惠.

どくとく【独特】独特 dútè. ¶～のやり方 / 独特的做法. ¶～の味 / 独特的味道.

とくに【特に】特别 tèbié. ¶～注意すべきこと / 尤其应该注意的事项. ¶～目立った特徴はない / 没有特别明显的特征.

とくばい【特売】特价 tèjià. ¶～で買う / 特价买. ¶～価格 / 特价. ¶～品 / 特价商品.

とくは【特派】特派 tèpài. ¶～員 / 特派员.

とくひつ【特筆】大书特书 dà shū tè shū. ¶～に値する / 值得特别写一下.

とくべつ【特別】特别 tèbié,特殊 tèshū. ¶～な関係 / 特殊关系. ¶～扱いする / 特殊对待. ¶今年の冬は～寒い / 今年冬天特别冷. ¶～措置 / 特别措施. ¶～手当て / 特别津贴. ¶～料金 / 特价.

とくめい【匿名】匿名 nìmíng. ¶～で寄付する / 匿名捐款. ¶～の投書 / 匿名投稿. ¶～希望 / 希望匿名.

どくやく【毒薬】毒药 dúyào. ¶～を飲む / 喝毒药.

とくゆう【特有】特有 tèyǒu. ¶その国～の文化 / 那个国家特有的文化.

どくりつ【独立】独立 dúlì. ¶～記念日 / 独立纪念日. ¶～国 / 独立国. ¶～心 / 自立心. ¶～宣言 / 独立宣言. ¶～採算制 / 独立核算制.

どくりょく【独力】自己的力量 zìjǐ de lìliang.

とげ【棘】刺 cì. ¶～が刺さる / 被刺扎. ¶言葉に～がある / 话里有刺.

とけい【時計】［携带用］表 biǎo ；［置き時計］钟 zhōng. ¶～が早い / 表快. ¶～が止まる / 表停. ¶～を合わせる / 对表. ¶～回りに / 顺时针转. ¶～の針 / 表针.

とける【解ける】松开 sōngkāi,解开 jiěkāi. ¶靴紐が～ / 鞋带松了. ¶誤解が～ / 误解消除. ¶謎が～ / 谜解开了.

とける【溶ける】溶化 rónghuà. ¶熱で～ / 遇热溶化. ¶塩は水によく～ / 盐易溶于水. ¶粉が水によく～ / 粉末易溶于水. ¶春になって氷が解け始めた / 到春天冰开始溶化了.

とげる【遂げる】完成 wánchéng. ¶目的を～ / 达到目的. ¶思いを～ / 实现愿望. ¶著しい進歩を～ / 取得显著的进步. ¶壮絶な最期を～ / 英勇牺牲.

どける【退ける】挪开 nuókāi. ¶障害物を～ / 挪开障碍物. ¶椅子をわきに～ / 把椅子移到旁边.

とこ【床】床铺 chuángpù. ¶～を敷く / 铺床. ¶～に就く / 就寝. ¶病の～につく / 卧床不起.

どこ【何処】哪里 nǎlǐ. ¶ここは～ですか / 这儿是哪儿？¶～の方ですか / 你是哪里人？¶～にでもある / 哪里都有. ¶～からか声が聞こえてくる / 不知从哪儿传来了声音.

とこや【床屋】理发店 lǐfàdiàn.

ところ【所】地方 dìfang. ¶高い～ / 高处. ¶～構わず / 不论什么地方. ¶行く～がない / 没有去的地方. ¶いい～に来た / 来得正好. ¶今出かけた～だ / 刚出门. ¶きょうの～はこれくらいにしよう / 今天就到这里吧. ¶聞く～によると / 听说. ¶言ってみた～で無駄だ / 说了也没用.

ところが然而 rán'ér.

ところで可是 kěshì ；对了 duì le.

ところどころ【所々】有些地方 yǒuxiē dìfang. ¶道の～に花が咲いている / 路上随处都开着花.

とざす【閉ざす】封住 fēngzhù. ¶戸を閉ざして人を入れない / 锁上门不让人进. ¶口を閉ざして何も語らない / 闭着嘴不说话；闭口什么也不讲. ¶心を～ / 闷在心里. ¶雪に閉ざされる / 被大雪封住.

とざん【登山】登山 dēngshān,爬山 páshān. ¶～に行く / 去登山. ¶～者 / 登山者. ¶～道 / 登山路.

とし【年】年 nián ；年纪 niánjì. ¶～を越す / 过年. ¶～が明ける / 新年来临. ¶～を取る / 上了年纪. ¶～を取っている / 年纪大了.

とし【都市】城市 chéngshì,都市 dūshì. ¶～に住む / 住在都市. ¶～化 / 城市化. ¶～ガス / 管道煤气. ¶～計画 / 城市规划. ¶主要～ / 主要城市. ¶工業～ / 工业城市.

どじ失败 shībài. ¶～が多い / 失败

很多. ¶～を踏む / 搞错.

としうえ【年上】年长 niánzhǎng. ¶～の女性 / 年长的女性. ¶彼は私より10歳～だ / 他比我大十岁.

としがい【年甲斐】年龄阅历 niánlíng yuèlì. ¶～もない / 不懂世故. ¶～もないことをする / 做出的事与年纪不符.

としご【年子】差一岁的孩子chà yī suì de háizi.

としこし【年越し】过年 guònián.

とじこめる【閉じ込める】关在里面 guānzài lǐmiàn. ¶牢に～ / 关在牢里. ¶雪に閉じ込められる / 被大雪困住.

とじこもる【閉じこもる】闷在家里 mēnzài jiāli. ¶部屋に～ / 关在房间. ¶自分の殻に～ / 躲在自己的小世界里.

としごろ【年頃】适龄期 shìlíngqī. ¶～の娘 / 适龄期的女儿.

としした【年下】年纪小 niánjì xiǎo. ¶～の夫 / 年纪小的丈夫. ¶一回り～ / 年纪小一轮. ¶八つ～ / 小八岁.

としつき【年月】时光 shíguāng. ¶～が流れる / 时光流逝.

-として作为 zuòwéi. ¶画家～活躍する / 作为画家活跃. ¶女性～は声が低いほうだ / 作为女的来说,声音很低.

としは【年端】年龄 niánlíng. ¶～もいかぬ子供 / 未成年的孩子.

とじまり【戸締まり】关门 guānmén. ¶～をしっかりする / 关好门.

どしゃ【土砂】土砂 tǔshā. ¶～降り / 滂沱大雨.

としょ【図書】图书 túshū. ¶～を出版する / 出版图书. ¶～券 / 图书券. ¶～室 / 图书室.

どじょう【土壌】土壤 tǔrǎng. ¶肥えた～ / 肥沃的土壤. ¶～汚染 / 土壤污染.

としょかん【図書館】图书馆 túshūguǎn. ¶～で本を借りる / 在图书馆借书. ¶～員 / 图书馆员. ¶国会～ / 国会图书馆.

としより【年寄り】老人 lǎorén. ¶～くさい / 老气横秋.

とじる【閉じる】关 guān, 闭 bì. ¶門を～ / 关门. ¶店を～ / 关店. ¶本を～ / 合上书. ¶目を～ / 闭眼睛. ¶口を～ / 闭嘴.

とじる【綴じる】订上 dìngshàng. ¶新聞を～ / 把报纸订上. ¶雑誌の記事を～ / 装订剪下的杂志.

としん【都心】市中心 shìzhōngxīn.

どせい【土星】土星 tǔxīng.

とそう【塗装】喷漆 pēnqī. ¶～工事をする / 喷漆施工.

どそく【土足】不脱鞋 bù tuō xié. ¶～で上がりこむ / 穿着鞋进来. ¶～厳禁 / 严禁穿鞋入内.

どだい【土台】基础 jīchǔ. ¶～がしっかりしている / 基础很结实. ¶～を築く / 打好基础. ¶～を固める / 巩固基础.

とだえる【途絶える】断绝 duànjué. ¶人通りが～ / 人迹断绝. ¶消息が～ / 消息断绝.

とだな【戸棚】橱柜 chúguì.

とたん【途端】一…就 yī…jiù. ¶駆け出した～に転んだ / 刚一跑就摔倒了.

トタン镀锌铁 dùxīntiě. ¶～屋根 / 铁皮房顶.

どたんば【土壇場】最后关头 zuìhòu guāntóu, 紧要关头 jǐnyào guāntóu. ¶～で逃げ出す / 在紧要关头逃走. ¶～になってあわてる / 在紧要关头慌张.

とち【土地】土地 tǔdì. ¶～を耕す / 耕地. ¶やせた～ / 贫瘠的土地. ¶～開発 / 土地开发. ¶～所有 / 土地所有.

どちゃく【土着】土著 tǔzhù. ¶～民 / 土著居民.

とちゅう【途中】中途 zhōngtú. ¶～で / 在中途. ¶仕事の～ / 工作中途. ¶学校へ行く～ / 去学校途中. ¶～下車する / 中途下车.

どちら哪里 nǎlǐ. ¶～へ行かれるのですか / 你去哪里？¶～かと言えば / 说起来. ¶～にしても / 不管怎么说. ¶～もおもしろい / 哪个都有意思. ¶～様ですか / 哪一位？

とっか【特価】特价 tèjià. ¶～販売 / 特价销售. ¶～品 / 特价商品.

どっかいりょく【読解力】读解力 dújiělì. ¶～を養う / 培养读解能力.

とっきゅう【特急】特快 tèkuài. ¶～列車 / 特快车.

とっきょ【特許】专利 zhuānlì. ¶～を取る / 取得特许. ¶～権 / 专利权. ¶～品 / 专利品.

とっく早就 zǎojiù. ¶～に知っている / 早就知道. ¶～に家に帰った / 老早就回家了. ¶～の昔に / 很早以前.

とっくん【特訓】特殊训练 tèshū xùnliàn. ¶～を受ける / 接受特殊训练.

とっけん【特権】特权 tèquán. ¶～を与える / 授予特权. ¶女性の～ / 女性的特权. ¶～階級 / 特权阶级.

とっしん【突進】挺进 tǐngjìn. ¶敵に向かって～する / 向敌人方向挺进.

とつぜん【突然】突然 tūrán. ¶～の知らせ / 突然的消息. ¶～の悲報 / 突然的噩耗. ¶雨が～降り出した / 突然下雨了. ¶～変異 / 突然变异. ¶～死 / 骤死.

とって【取っ手】把手 bǎshou. ¶ドアの～ / 门的把手. ¶引き出しの～ / 抽屉的拉手.

ドット点 diǎn, 圆点 yuándiǎn.

とつにゅう【突入】冲进 chōngjìn. ¶敵陣に～する / 冲入敌人阵地.

とっぱ【突破】突破 tūpò. ¶難関を～する / 突破难关. ¶～口 / 突破口.

とっぱつ【突発】突发 tūfā. ¶～的

な / 突发性的. ¶～事故 / 突发事故.

とっぴ【突飛】离奇 líqí. ¶～な考え / 离奇的想法. ¶～な発言をする / 古怪的发言.

とっぴょうしもない【突拍子もない】异常 yìcháng. ¶～計画 / 异常的计划.

トッピング浇头 jiāotou.

トップ顶 dǐng, 第一 dìyī. ¶クラスで～になる / 在班上得第一. ¶～クラスの成績 / 最优异的成绩. ¶～会談 / 首脑会谈. ¶～ニュース / 头条新闻. ¶～シークレット / 一级机密. ¶～ダウン / 由高向下.

とつレンズ【凸レンズ】凸透镜 tūtòujìng.

どて【土手】堤坝 dībà. ¶～を築く / 修筑堤坝.

とても非常 fēicháng. ¶～できません / 怎么也不行. ¶～面白い / 非常有趣.

とどく【届く】到达 dàodá. ¶小包が～ / 包裹到了. ¶声が～ / 呼声传到. ¶50に手が～ / 将到五十岁. ¶細かいところまで手が～ / 细致入微. ¶願いが～ / 如愿以偿.

とどけ【届け】申报 shēnbào. ¶～を出す / 提出申报. ¶出生～ / 出生登记.

とどけでる【届け出る】申报 shēnbào. ¶警察に被害を～ / 向警察申报受害情况.

とどける【届ける】〔配達する〕送到 sòngdào ;〔報告する〕报告 bàogào. ¶市役所に～ / 通知市政府. ¶手紙を～ / 送信.

とどこおる【滞る】拖延 tuōyán. ¶家賃が～ / 拖欠房租. ¶景気が～ / 市场停滞.

ととのう【整う】齐备 qíbèi. ¶準備が～ / 准备齐全. ¶整った顔立ち / 五官端正. ¶座が～ / 座位备整.

ととのえる【整える】整理 zhěnglǐ. ¶身なりを～ / 打扮整齐. ¶体調を～ / 调整身体状况. ¶足並みを～ / 保持步调一致. ¶準備態勢を～ / 做好充分准备. ¶出張のしたくを～ / 做出差准备.

とどまる【止まる・留まる】停留 tíngliú. ¶ホテルに～ / 留在宾馆. ¶現職に～ / 保留现职. ¶～ところを知らない / 没有止境.

とどめる【止める・留める】留住 liúzhù. ¶被害を最小限に～ / 把受灾控制在最小限度. ¶問題提起のみに～ / 只限于提出问题. ¶歴史に名を～ / 留名史册.

とどろく【轟く】轰鸣 hōngmíng. ¶雷が～ / 雷声轰鸣. ¶悪名が～ / 臭名远扬. ¶胸が～ / 心情激动.

となえる【唱える】〔声に出して読む〕念诵 niànsong ;〔主張する〕提倡 tíchàng. ¶念仏を～ / 念经. ¶呪文を～ / 念咒语. ¶異議を～ / 提出异议. ¶新しい思想を～ / 提倡新思想.

トナカイ驯鹿 xùnlù.

どなた哪位 nǎwèi. ¶もしもし,～ですか / 喂,您是哪位?

となり【隣】旁边 pángbiān, 邻居 línjū. ¶～に座る / 坐在旁边. ¶～の家 / 邻居. ¶～の国 / 相邻的国家.

どなる【怒鳴る】喊叫 hǎnjiào. ¶大声で～ / 大声喊叫.

どの哪个 nǎge. ¶～車にお乗りですか / 坐哪辆车? ¶～本でもお好きなのをお取りください / 请随便拿你喜欢的书. ¶～部屋も空いていない / 哪个房间都没空着.

どのくらい多少 duōshao. ¶日本に来て～になりますか / 来日本多长时间了? ¶費用は～ですか / 费用多少?

どのように怎么 zěnme. ¶郵便局には～行きますか / 去邮局怎么走? ¶これは～使いますか / 这个怎么用呢?

とばく【賭博】赌博 dǔbó. ¶～場 / 赌场.

とばす【飛ばす】飞 fēi, 放 fàng. ¶模型飛行機を～ / 放飞机模型. ¶水を～ / 溅起水. ¶車を～ / 开快车. ¶順序を～ / 跳过顺序. ¶地方に飛ばされる / 被降职派到地方.

とび【鳶】老鹰 lǎoyīng. ¶～が鷹を生む / 乌鸦窝里出凤凰.

とびおりる【飛び下りる】跳下 tiàoxià. ¶橋から～ / 从桥上跳下.

とびかかる【飛び掛かる】扑上去 pūshàngqù. ¶犬が～ / 狗扑过来.

とびこえる【跳び越える】跳过 tiàoguò. ¶垣根を～ / 跳过墙.

とびこみ【飛び込み】跳进 tiàojìn. ¶～競技 / 跳水项目. ¶～台 / 跳台. ¶～自殺 / 撞车〔卧轨〕自杀.

とびこむ【飛び込む】跳进 tiàojìn. ¶川に～ / 跳河. ¶部屋に～ / 闯进房间.

とびだす【飛び出す】跑出 pǎochū. ¶道に～ / 闯到马路上. ¶家を～ / 从家里跑出来. ¶～絵本 / 立体画书.

とびちる【飛び散る】飞散 fēisàn. ¶四方に～ / 到处飞溅.

とびつく【飛び付く・跳び付く】扑过来 pūguòlái. ¶ライオンがシマウマに飛びついた / 狮子向斑马扑去. ¶新商品に～ / 争购新商品.

トピック话题 huàtí.

とびばこ【跳び箱】跳箱 tiàoxiāng.

とびら【扉】门扇 ménshān. ¶～を開ける〔閉める〕/ 开〔关〕门. ¶本の～絵 / 书的扉页画.

とふ【塗布】涂 tú. ¶薬を～する / 涂药.

とぶ【飛ぶ】飞 fēi. ¶飛行機が～ / 飞机飞行. ¶鳥が空を～ / 鸟在天上飞. ¶国外へ～ / 逃往国外. ¶砲弾が～ / 炮弹发射. ¶ヒューズが～ /

保险丝断了. ¶～ように売れる / 卖得飞快. ¶飛んで火に入る夏の虫 / 飞蛾投火.

とぶ【跳ぶ】跳 tiào. ¶バーを～ / 越过横杆. ¶溝を跳びこす / 跳过沟.

どぶ【溝】水沟 shuǐgōu. ¶～をさらう / 疏通水沟. ¶～に落ちる / 掉进水沟里. ¶～川 / 阴沟.

とほ【徒歩】徒步 tǔbù. ¶～で行く / 走着去. ¶～5分 / 走路五分钟.

とほう【途方】¶途方に暮れて立ち尽くす / 束手无策. ¶～もない話 / 毫无道理的话.

どぼく【土木】土木 tǔmù. ¶～工事 / 土木工程. ¶～工学 / 土木工程学. ¶～機械 / 土木机械.

とぼける装糊涂 zhuāng hútu, 装傻 zhuāngshǎ.

とぼしい【乏しい】缺乏 quēfá. ¶資金が～ / 资金困乏. ¶才能に～ / 才疏学浅. ¶変化に～ / 缺少变化. ¶経験が～ / 缺乏经验.

とぼとぼ有气无力 yǒu qì wú lì. ¶～歩く / 拖着沉重的脚步行走.

トマト西红柿 xīhóngshì, 番茄 fānqié. ¶～ケチャップ / 番茄沙司. ¶～ジュース / 番茄汁.

とまどう【戸惑う】不知所措 bù zhī suǒ cuò. ¶突然のことに～ / 突然的事使人不知所措. ¶どう話せばいいのか～ / 不知道怎么说好.

とまる【止まる·停まる】停止tíngzhǐ. ¶急に～ / 突然停下. ¶電車が2番線に止まった / 电车停在二号站台. ¶そこで止まれ / 站在那儿别动. ¶笑いが止まらない / 笑个不停. ¶時計が～ / 表停. ¶電気が～ / 停电.

とまる【泊まる】住宿 zhùsù. ¶ホテルに～ / 住在宾馆. ¶一晩～ / 住一个晚上.

とまる【留まる】停留 tíngliú. ¶鳥が枝に～ / 鸟在枝头. ¶宿屋に長期間～ / 长期住在旅社. ¶目に～ / 看到.

とみ【富】财富 cáifù. ¶～を築く / 积攒财富.

ドミノ多米诺骨牌 duōmǐnuò gǔpái.

ドメスティック家庭的 jiātíng de ; 国内的 guónèi de. ¶～バイオレンス / 家庭暴力. ¶～ライン / 国内航线.

とむ【富む】富有 fùyǒu. ¶天然資源に～ / 天然资源丰富. ¶経験に～ / 富于经验. ¶想像力に～ / 富于想象力.

とむらう【弔う】吊唁 diàoyàn. ¶死者を～ / 吊唁死者.

とめる【止める·停める】停止 tíngzhǐ. ¶足を～ / 停下脚步. ¶車を～ / 停车. ¶機械を～ / 关机器. ¶水道を～ / 关水管. ¶息を～ / 屏住呼吸. ¶けんかを～ / 劝架.

とめる【泊める】留住 liúzhù. ¶客を家に～ / 让客人住在家里.

とめる【留める】固定 gùdìng. ¶板を釘で～ / 用钉子钉板. ¶ポスターを掲示板に～ / 把海报固定在告示栏上. ¶ボタンを～ / 扣扣子. ¶気に～ / 介意.

とも【友】朋友 péngyou. ¶竹馬の～ / 青梅竹马. ¶自然を～として生きる / 把自然当作朋友相处.

ともかく总之 zǒngzhī. ¶～試してみよう / 不管怎么样,试试看吧. ¶冗談は～として / 玩笑暂且不论. ¶事実かどうかは～ / 是否事实暂且不论. ¶～要求が多すぎる / 总之,要求太多了.

ともばたらき【共働き】双职工 shuāngzhígōng. ¶～の夫婦 / 双职工夫妇.

ともだち【友達】朋友 péngyou. ¶～が多い / 朋友多. ¶～付き合いをする / 交朋友. ¶～甲斐がない / 不够朋友. ¶男〔女〕～ / 男〔女〕朋友. ¶飲み～ / 酒友.

ともなう【伴う】伴随 bànsuí. ¶危険が～ / 伴随着危险. ¶妻を伴って出席する / 带着妻子参加. ¶犬を伴って散歩する / 领着狗散步. ¶仕事の内容に伴わない収入 / 和工作不相称的收入.

ともに【共に】共同 gòngtóng, 一起 yīqǐ. ¶～学んだ仲 / 一起学习的伙伴. ¶行動を～する / 一起行动. ¶男女～ / 男女都…. ¶嬉しいと～悲しい / 悲喜交加. ¶年齢と～ / 随着年龄.

どもる【吃る】口吃 kǒuchī, 结巴 jiēba. ¶焦って～ / 急得说话结巴.

どようび【土曜日】星期六 xīngqīliù.

とら【虎】老虎 lǎohu. ¶～は死して皮を残し,人は死して名を残す / 豹死留皮,人死留名. ¶～の威を借る狐 / 狐假虎威.

トライ尝试 chángshì.

ドライ干的 gān de. ¶～な性格 / 淡漠的性格. ¶～アイス / 干冰. ¶～クリーニング / 干洗. ¶～フラワー / 干花.

トライアスロン铁人三项 tiěrén sānxiàng.

トライアル アンド エラー反复尝试 fǎnfù chángshì.

ドライバー〔運転手〕司机 sījī ;〔ネジまわし〕改锥 gǎizhuī. ¶プラス～ / 十字纹改锥.

ドライブ兜风 dōufēng. ¶～インシアター / 汽车电影院.

ドライヤー吹风机 chuīfēngjī.

とらえる【捕らえる】捕获 bǔhuò, 抓住 zhuāzhù. ¶犯人を～ / 逮捕犯人. ¶機会を～ / 抓住机会. ¶特徴を～ / 抓住特征. ¶心を～ / 扣人心弦.

トラクター拖拉机 tuōlājī.

トラック〔車〕卡车 kǎchē ;〔競技場〕跑道 pǎodào. ¶大型〔小型〕～ / 大〔小〕型卡车. ¶～の運転手 / 卡车司机. ¶～競技 / 径赛.

トラブル纠纷 jiūfēn. ¶～を起こす / 闹纠纷. ¶～に巻き込む / 卷入纠纷. ¶～メーカー / 爱惹麻烦的人.

トラベラーズチェック旅行支票 lǚxíng zhīpiào.

ドラマ剧 jù. ¶テレビ～ / 电视剧. ¶ラジオ～ / 广播剧. ¶連続～ / 连续剧. ¶～チック / 戏剧性.

ドラム鼓 gǔ. ¶～をたたく / 敲鼓. ¶～缶 / 汽油桶.

トランク箱子 xiāngzi. ¶旅行用～ / 旅行箱. ¶自動車の～ / 汽车的行李箱. ¶～ルーム / 贮藏室.

トランシーバー步话机 bùhuàjī, 对讲机 duìjiǎngjī.

トランクス平脚短裤 píngjiǎo duǎnkù.

トランジスタ半导体 bàndǎotǐ.

トランプ扑克 pūkè. ¶～をする / 玩儿扑克. ¶～のカード / 扑克牌.

トランペット小号 xiǎohào.

とり【鳥】鸟 niǎo. ¶～が飛んでいく / 鸟飞走了. ¶～を飼う / 养鸟. ¶～肉 / 鸡肉. ¶渡り～ / 候鸟.

とりあえず暂且 zànqiě. ¶～ビール / 先来个啤酒.

とりあげる【取り上げる】提起 tíqǐ. ¶問題に～ / 提出问题. ¶資格を～ / 取消资格. ¶赤ちゃんを～ / 接生婴儿.

とりあつかい【取り扱い】操作 cāozuò ; 处理 chǔlǐ. ¶～が難しい / 操作难. ¶～説明書 / 使用说明书. ¶～注意 / 使用注意事项.

とりあつかう【取り扱う】操作 cāozuò ; 处理 chǔlǐ ; 办理 bànlǐ. ¶丁寧に～ / 细心办理. ¶主題として～ / 作为主题办. ¶ほかの部署で～ / 在别的部门处理. ¶青果を～店 / 卖水果蔬菜的商店.

とりいれる【取り入れる】收获 shōuhuò. ¶洗濯物を～ / 收洗的衣物. ¶稲を～ / 收割水稻. ¶参加者の意見を～ / 采纳参加者的意见.

とりインフルエンザ【鳥インフルエンザ】禽流感 qínliúgǎn.

とりえ【取り柄】优点 yōudiǎn. ¶これといった～がない / 没有特别的优点.

とりかえす【取り返す】挽回 wǎnhuí. ¶奪われた物を～ / 取回被偷的东西. ¶～ことのできない失敗 / 不可挽回的失败.

とりかえる【取り替える】更换 gēnghuàn. ¶部品を～ / 换零件. ¶不良品を～ / 更换次品. ¶靴の底を～ / 换鞋底.

とりかこむ【取り囲む】围 wéi. ¶建物を～ / 围住楼房. ¶人々が彼をぐるりと取り囲んでいる / 人们把他围个水泄不通.

とりきめる【取り決める】决定 juédìng. ¶日程を～ / 决定日程安排. ¶取引を～ / 商量交易.

とりくむ【取り組む】致力 zhìlì. ¶対戦相手と～ / 扭住对手. ¶難題に～ / 致力于难题的解决. ¶研究に～ / 致力于研究.

とりけす【取り消す】取消 qǔxiāo. ¶約束を～ / 取消约定. ¶許可を～ / 取消许可. ¶発言を～ / 收回发言.

とりこ【虜】俘虏 fúlǔ. ¶魅力の～になる / 被魅力征服. ¶彼を～にする / 迷住他. ¶恋の～ / 爱情的俘虏.

とりこむ【取り込む】忙乱 mángluàn. ¶洗濯物を～ / 把洗晒的衣物拿进来. ¶仕事で取り込んでいる / 工作忙碌.

とりさる【取り去る】去掉 qùdiào. ¶腫瘍を～ / 摘除肿瘤. ¶薬で痛みを～ / 用药止痛.

とりしまる【取り締まる】取缔 qǔdì. ¶駐車違反を～ / 取缔违法停车. ¶違反者を～ / 查处违反规则的人.

とりしらべ【取り調べ】审讯 shěnxùn. ¶～を受ける / 受审讯. ¶過酷な～を行う / 进行严刑逼供.

とりだす【取り出す】取出来 qǔchūlái. ¶ポケットから小銭を～ / 从口袋里拿出零钱. ¶封筒から手紙を～ / 从信封中取出信.

とりたてる【取り立てる】［徴収する］征收 zhēngshōu ;［引き立てる］提拔 tíbá. ¶借金を～ / 催还欠款. ¶税金を～ / 征税. ¶課長に～ / 提拔为科长.

トリック诡计 guǐjì, 圈套 quāntào. ¶～を使う / 使用奸计. ¶～にひっかかる / 上圈套. ¶～プレー / 假动作.

とりつぐ【取り次ぐ】转达 zhuǎndá.

とりつける【取り付ける】安装 ānzhuāng. ¶電話を～ / 安电话. ¶壁にスイッチを～ / 在墙上装开关. ¶承認を～ / 得到批准. ¶支持を～ / 获得支持.

とりにがす【取り逃がす】使…跑掉 shǐ…pǎodiào. ¶逮捕寸前で犯人を～ / 将要逮捕时让犯人逃走了. ¶絶好の機会を～ / 丢掉了绝好的机会.

とりにく【鶏肉】鸡肉 jīròu.

とりのぞく【取り除く】消除 xiāochú. ¶土の中から石を～ / 从土中挑石头. ¶故障の原因を～ / 消除故障的原因.

とりはだ【鳥肌】鸡皮疙瘩 jīpí gēda. ¶～が立つ / 起鸡皮疙瘩.

とりひき【取引】交易 jiāoyì. ¶～がない / 没有交易. ¶～先 / 交易处. ¶現金～ / 现金交易. ¶やみ～ / 黑市交易.

ドリブル带球 dàiqiú.

とりぶん【取り分】应得的份儿 yīng dé de fènr. ¶～が減る / 分得少. ¶自分の～ / 自己应得的份儿.

とりまく【取り巻く】包围 bāowéi.

¶敵の城を～ / 包围敌城. ¶報道陣が首相を～ / 记者们围住了首相. ¶社長を～連中 / 奉承经理的人.

とりみだす【取り乱す】慌乱 huāngluàn. ¶知らせを聞いて～ / 听到消息惊慌起来.

トリミング修剪 xiūjiǎn.

とりもどす【取り戻す】恢复 huīfù. ¶意識を～ / 恢复意识. ¶平和を～ / 恢复和平. ¶遅れを～ / 挽回延误.

とりやめる【取り止める】取消 qǔxiāo. ¶予定を～ / 取消计划. ¶旅行を～ / 取消旅行.

とりょう【塗料】涂料 túliào. ¶～を塗る / 刷涂料.

どりょく【努力】努力 nǔlì. ¶～を傾ける / 付出努力. ¶～の甲斐もなく / 努力而没结果. ¶～のたまもの / 努力的结果. ¶～家 / 实干家.

とりよせる【取り寄せる】索取suǒqǔ. ¶本を注文して～ / 邮购订书.

ドリル ［工具］钻头 zuàntóu ；［練習］练习 liànxí. ¶～で穴をあける / 用钻头钻孔. ¶算数の～ / 算术习题.

とる【取る】取 qǔ. ¶手に～ / 拿在手里. ¶眼鏡を～ / 摘下眼镜. ¶人のものを～ / 拿别人的东西. ¶資格を～ / 获得资格. ¶一等賞を～ / 获得一等奖. ¶連絡を～ / 联系. ¶昼食を～ / 吃午饭. ¶場所を～ / 占场地. ¶悪い意味に～ / 恶意理解. ¶年を～ / 上年纪. ¶新聞を～ / 订报. ¶最後の手段を～ / 采取最后的手段. ¶～に足りない問題 / 不值一提的问题.

ドル美元 měiyuán. ¶～で支払う / 用美元支付. ¶～相場 / 美元行情. ¶～箱 / 金库；摇钱树.

トルコ土耳其 Tǔ'ěrqí.

どれ哪个 nǎge. ¶～がいいですか / 哪个好呢？¶～かひとつ選んでください / 请选其中一个. ¶～でもいいです / 哪个都行. ¶～も同じに見える / 看起来哪个都一样. ¶～にしようか / 要哪个呢？

どれい【奴隷】奴隶 núlì. ¶～を解放する / 解放奴隶. ¶～制度 / 奴隶制度.

トレー浅盘 qiǎnpán.

トレードマーク商标 shāngbiāo.

トレーナー教练员 jiàoliànyuán.

トレーニング训练 xùnliàn. ¶～を始める / 开始训练. ¶～ウエア / 训练服. ¶～パンツ / 运动裤.

トレーラー拖车 tuōchē.

どれくらい【どれ位】多少 duōshao. ¶時間は～かかりますか / 需要多长时间？

ドレス女礼服 nǚlǐfú. ¶～アップする / 穿正装.

ドレッシング调味汁 tiáowèizhī. ¶～をかける / 放调味料.

トレパン运动裤 yùndòngkù.

とれる【取れる】［離れる］掉下 diàoxia ；［産出する］生产 shēngchǎn ；［解釈される］可以理解 kěyǐ lǐjiě. ¶ボタンが～ / 扣子掉了. ¶染みが取れない / 污迹洗不掉. ¶痛みが～ / 止痛. ¶米が～ / 收获大米. ¶リンゴのよく～産地 / 盛产苹果的产地. ¶魚が～ / 能捕鱼. ¶そうとも～ / 也可以这么理解.

トレンド倾向 qīngxiàng, 趋势 qūshì, 流行 liúxíng.

どろ【泥】泥 ní. ¶～だらけになる / 满身是泥. ¶親の顔に～を塗る / 给父母脸上抹黑.

ドロップ跌落 diēluò, 遗漏 yílòu ；［あめ］水果糖 shuǐguǒtáng.

どろぬま【泥沼】泥沼 nízhǎo. ¶～にはまる / 陷入泥潭.

トロフィー奖杯 jiǎngbēi.

どろぼう【泥棒】贼 zéi, 小偷 xiǎotōu. ¶～が入る / 闹贼. ¶～に入る / 行窃. ¶～を捕まえる / 抓小偷.

トロンボーン长号 chánghào.

トロリーバス无轨电车 wúguǐ diànchē.

どわすれ【度忘れ】突然忘记 tūrán wàngjì. ¶大事なことを～する / 重要的事一下子想不起来.

トン吨 dūn. ¶4～トラック / 可装四吨的卡车.

とんかつ【豚カツ】炸猪排 zházhūpái.

どんかん【鈍感】迟钝 chídùn. ¶世の流れに～だ / 对世事反应迟钝.

どんぐり【団栗】橡子 xiàngzǐ. ¶～の背比べ / 半斤八两.

どんこう【鈍行】慢车 mànchē. ¶～列車で行く / 坐慢车去.

とんち【頓知】机敏 jīmǐn. ¶～が利く / 机敏伶俐.

とんでもない岂有此理 qǐ yǒu cǐ lǐ. ¶～誤解 / 出人预料的误解. ¶～錯覚 / 毫无道理的错觉. ¶～値段 / 离谱的价格.

どんな什么 shénme. ¶～人でもできる / 什么人都会. ¶～人ですか / 是什么样的人？¶～ご用件ですか / 有什么事？¶～事が起ころうとも / 不管发生什么事.

どんなに多么 duōme. ¶～急いでも間に合わない / 再怎么赶也赶不上. ¶～悲しかっただろう / 该多么伤心呀！

トンネル隧道 suìdào. ¶～を掘る / 挖隧道. ¶～を抜ける / 穿过隧道.

どんぶり【丼】盖浇饭 gàijiāofàn. ¶～で食べる / 吃大碗. ¶親子～ / 母子饭. ¶ウナギ～ / 鳗鱼盖饭.

とんぼ【蜻蛉】蜻蜓 qīngtíng. ¶～がえり / 翻筋斗.

とんや【問屋】批发商 pīfāshāng. ¶そうは～がおろさない / 没那么容易.

どんよく【貪欲】贪婪 tānlán. ¶知識の吸収に～な人 / 对知识贪婪的人. ¶～に財産を増やす / 贪婪地敛财.

な

な【名】名字míngzi；名称míngchēng. ¶～を売る / 卖名. ¶彼女は妻とは～ばかりで体のいい家政婦だ / 她名义上是妻子,其实不过是一个保姆. ¶～を捨てて実を取る / 舍名取实.

ない【無い】没有 méiyǒu. ¶私の本が～ / 没有我的书. ¶もう言う事は～ / 没什么可说了. ¶日本にしか～ / 只有日本才有. ¶～よりはましだ / 比没有好. ¶そういう言い方は～でしょう / 话不能这么说吧. ¶何事もなかったようにふるまう / 装做什么也没发生. ¶～ものねだりする / 缘木求鱼. ¶～袖は振れぬ / 巧妇难为无米之炊.

ナイーブ纯朴 chúnpǔ；纯真 chúnzhēn.

ないえん【内縁】姘居 pīnjū. ¶～の妻 / 姘居的女人. ¶～関係 / 姘居关系.

ないか【内科】内科 nèikē. ¶～医 / 内科医生.

ないかく【内閣】内阁 nèigé. ¶～改造 / 重组内阁. ¶～官房長官 / 内阁官房长官. ¶～総理大臣 / 内阁总理大臣. ¶～総辞職 / 内阁总辞职.

ないがしろ【蔑ろ】无视 wúshì. ¶彼を～にする / 不把他放在眼里.

ないこうてき【内向的】内向 nèixiàng. ¶～な人 / 性格内向的人.

ないし【乃至】乃至nǎizhì. ¶5～8 / 五乃至八.

ないしょ【内緒】秘密 mìmì. ¶～にする / 保密. ¶～話 / 悄悄话.

ないしょく【内職】副业 fùyè. ¶～をする / 干副业.

ないしん【内心】内心 nèixīn. ¶～では心配になる / 心里担心.

ナイス很好 hěn hǎo,漂亮 piàoliang. ¶～ショット / 好球.

ないせい【内政】内政 nèizhèng. ¶～干渉 / 内政干涉.

ないせん【内線】内线 nèixiàn. ¶～番号 / 分机号码.

ないぞう【内臓】内脏 nèizàng. ¶～疾患 / 内脏疾病.

ないぞう【内蔵】内藏 nèicáng. ¶ビデオ～型テレビ / 视录像一体机.

ナイター夜场比赛 yèchǎng bǐsài.

ないてき【内的】内在的 nèizài de.

ナイト夜间 yèjiān. ¶～ガウン / 长睡衣. ¶～キャップ / 睡帽. ¶～クラブ / 夜总会.

ナイフ刀子 dāozi. ¶～とフォーク／餐刀和叉子.

ないぶ【内部】内部 nèibù. ¶～の者 / 内部的人. ¶～事情 / 内部情况. ¶～告発 / 内部检举. ¶～情報 / 内部消息.

ないめん【内面】内心 nèixīn. ¶～描写 / 心理描写.

ないよう【内容】内容 nèiróng. ¶～がある / 有内容. ¶～が乏しい / 缺乏内容. ¶～見本 / 样品.

ナイロン尼龙 nílóng. ¶～ストッキング / 尼龙长袜.

なえ【苗】苗 miào. ¶～木 / 苗木. ¶～床 / 苗床.

なお【尚】更 gèng. ¶～悪いことには / 更坏的事是.

なおかつ【尚且つ】而且 érqiě.

なおさら【尚更】更加 gèngjiā.

なおざり忽视 hūshì. ¶仕事を～にする / 工作马虎.

なおす【直す】改正 gǎizhèng. ¶欠点を～ / 改正缺点. ¶ネクタイを～ / 弄正领带. ¶化粧を～ / 补妆. ¶書き～ / 重写.

なおす【治す】治疗 zhìliáo. ¶風邪を～ / 治疗感冒.

なおる【直る】恢复 huīfù. ¶癖が～ / 改毛病. ¶機嫌が～ / 情绪好转.

なおる【治る】治愈 zhìyù. ¶傷が治った / 伤好了.

なか【中】里边 lǐbian. ¶電車の～で / 在电车上. ¶山の～で / 在山里. ¶3人の～で / 在三人之中. ¶～に立つ / 站在中间. ¶～をとる / 折中.

なか【仲】关系 guānxi. ¶～がよい〔悪い〕/ 关系「好〔不好〕. ¶～を裂く / 离间. ¶～を取り持つ / 调解关系. ¶犬猿の～ / 水火不相容.

ながい【長い】长 cháng. ¶～間 / 长时间. ¶～目で見る / 从长远看. ¶～物には巻かれろ / 胳臂扭不过大腿. ¶先は～よ / 以后还长着呢.

ながいき【長生き】长寿 chángshòu.

ながいす【長椅子】长椅子 chángyǐzi.

ながぐつ【長靴】长筒靴 chángtǒngxuē.

なかごろ【中頃】中期 zhōngqī.

ながさ【長さ】长度 chángdù. ¶～30センチの定規 / 长为三十厘米的尺子.

ながす【流す】流 liú. ¶涙を～ / 流眼泪. ¶音楽を～ / 放音乐.

なかせる【泣かせる】使人哭 shǐ rén kū. ¶～話 / 令人感动的话. ¶親泣かせなやつだ / 让父母大伤脑筋的家伙.

ながそで【長袖】长袖 chángxiù.

なかたがい【仲違い】失和 shīhé.

なかでも【中でも】尤其 yóuqí.

なかなおり【仲直り】和好 héhǎo. ¶彼らを～させる / 让他们和好.

なかなか相当 xiāngdāng. ¶彼は～承知しないだろう / 他很难答应吧.

なかには【中には】其中 qízhōng. ¶～そういう人もいるだろうね / 其中也有那样的人吧.

なかにわ【中庭】院子 yuànzi.

ながねん【長年】多年 duōnián. ¶～の慣習 / 多年的习惯. ¶～の研究 / 多年的研究. ¶～の夢 / 多年的理

想.
なかば【半ば】一半 yībàn.
ながびく【長引く】拖长 tuōcháng.
なかほど【中程】中间 zhōngjiān.
なかま【仲間】伙伴 huǒbàn. ¶～入りする / 入伙. ¶～内で / 同伙. ¶～外れにされる / 被排挤在外. ¶～割れ / 起内讧. ¶飲み～ / 酒友.
なかみ【中身】内容 nèiróng.
ながめ【眺め】风景 fēngjǐng. ¶～がいい / 风景好.
ながめる【眺める】眺望 tiàowàng.
ながもち【長持ち】耐用 nàiyòng. ¶丈夫で～ / 经久耐用.
なかやすみ【中休み】中间休息zhōngjiān xiūxi.
なかゆび【中指】中指 zhōngzhǐ.
なかよく【仲良く】关系好 guānxi hǎo. ¶～なる / 成为好朋友.
なかよし【仲良し】好朋友 hǎo péngyou.
ーながら一边…一边… yībiān…yībiān…. ¶テレビを見～ご飯を食べる / 一边看电视一边吃饭. ¶大学に通ってい～そんなことも知らないのか / 都上大学了,还不知道那种事？
ながらく【長らく】很久 hěn jiǔ.
ながれ【流れ】流 liú. ¶川の～ / 河流. ¶～にしたがって / 随着流水. ¶～弾に当たる / 中流弹. ¶～をくむ / 继承流派. ¶お～になる / 中止. ¶～作業 / 流水作业. ¶～図 / 流程图.
ながれこむ【流れ込む】流进 liújìn. ¶大勢の人が～ / 很多人蜂拥而至.
ながれでる【流れ出る】流出 liúchū.
ながれぼし【流れ星】流星 liúxīng.
ながれる【流れる】流 liú.
なきごえ【泣き声】哭声 kūshēng. ¶赤ちゃんの～が聞こえる / 听见婴儿的哭声.
なきごえ【鳴き声】叫声 jiàoshēng. ¶鳥の～ / 鸟的叫声.
なきさけぶ【泣き叫ぶ】哭喊 kūhǎn.
なきどころ【泣き所】弱点 ruòdiǎn. ¶弁慶の～ / 强者的弱点.
なきむし【泣き虫】爱哭的人 ài kū de rén.
なきわめく【泣き喚く】哭喊 kūhǎn.
なぎ【凪】风平浪静 fēng píng làng jìng.
なく【泣く】哭 kū. ¶泣きたくなる / 想哭. ¶泣いても笑っても / 不管怎样. ¶～子も黙る / 令人生畏.
なく【鳴く】鸣叫 míngjiào. ¶虫が～ / 虫子叫.
なぐさめ【慰め】安慰 ānwèi. ¶～を求める / 寻求安慰.
なぐさめる【慰める】安慰 ānwèi, 安抚 ānfǔ. ¶故人の霊を～ / 安抚故人的亡灵. ¶遺族を～ / 安抚遗族.
なくす【無くす】丢掉 diūdiào. ¶財布を～ / 丢钱包. ¶貧困を～ / 消除贫困.
なくなる【無くなる】［見あたらない］丢失 diūshī ；［使い切る］用完 yòngwán. ¶僕のペンが無くなった / 我的笔不见了.
なくなる【亡くなる】死亡 sǐwáng. ¶癌で亡くなる / 因癌症而死.
なぐりあう【殴り合う】互相殴打 hùxiāng ōudǎ.
なぐりかえす【殴り返す】还手 huánshǒu.
なぐりかかる【殴りかかる】扑过去 pūguòqù.
なぐりがき【殴り書き】潦草地写liáocǎode xiě.
なぐりたおす【殴り倒す】打倒 dǎdǎo.
なぐる【殴る】打 dǎ.
なげかわしい【嘆かわしい】可叹 kětàn.
なげく【嘆く】悲叹 bēitàn. ¶嘆き悲しむ / 悲叹.
なげすてる【投げ捨てる】抛弃 pāoqì.
なげだす【投げ出す】放弃 fàngqì.
なげやり【投げ遣り】中途放弃zhōngtú fàngqì. ¶～な態度で / 破罐破摔的态度.
なげる【投げる】扔 rēng ；放弃 fàngqì. ¶試合を～ / 放弃比赛.
なこうど【仲人】媒人 méirén. ¶～をする / 做媒人.
なごやか【和やか】温和 wēnhé. ¶～な雰囲気の中で / 在和睦的气氛中.
なごり【名残】惜别 xībié. ¶～雪 / 残雪. ¶～を惜しむ / 惜别. ¶～惜しい / 依依不舍.
なさけ【情け】人情 rénqíng. ¶～知らず / 不懂人情世故. ¶～容赦ない / 毫不留情. ¶～は人の為ならず / 好心必有好报.
なさけない【情けない】可耻 kěchǐ. ¶～成績 / 可耻的成绩.
なさけぶかい【情け深い】仁慈réncí.
なし【無し】没有 méiyǒu. ¶言うこと～だ / 无可挑剔了.
なし【梨】梨 lí. ¶～のつぶて / 杳无音信.
なしとげる【成し遂げる】完成 wánchéng. ¶計画を～ / 完成计划.
なじみ【馴染み】熟知 shúzhī. ¶～の店 / 熟悉的商店. ¶幼～ / 童年的朋友. ¶顔～ / 熟人儿.
ナショナリズム民族主义 mínzú zhǔyì.
なじる【詰る】责备 zébèi.
なす【茄子】茄子 qiézi.
なぜ【何故】为什么 wèi shénme. ¶～そこへ行ったのですか / 为什么去那里了？¶～そんなことをしたのですか / 为什么做那种事？¶～かわからないが / 不知道为什么.
なぜなら【何故なら】因为 yīnwèi.
なぞ【謎】谜 mí. ¶～をかける / 示意. ¶～を解く / 解迷. ¶～めいたほほえみ / 莫名其妙的笑.
なぞなぞ【謎々】谜语 míyǔ. ¶～の

答 / 谜底. ¶～をする / 猜谜.

なだかい【名高い】有名 yǒumíng. ¶世界に～ / 闻名世界.

なたね【菜種】油菜子 yóucàizi. ¶～油 / 菜油.

なだめる【宥める】劝解 quànjiě ; 哄 hǒng. ¶子供をなだめすかして薬を飲ませる / 哄孩子吃药.

なだらか平缓 pínghuǎn. ¶～な坂 / 慢坡.

なだれ【雪崩】雪崩 xuěbēng. ¶～が起こる / 发生雪崩. ¶～にのみ込まれる / 被卷入雪崩. ¶～を打って / 土崩瓦解. ¶～現象 / 雪崩现象.

なつ【夏】夏天 xiàtiān. ¶～休み / 暑假. ¶～の盛りに / 盛夏酷暑. ¶～風邪をひく / 热伤风.

なついん【捺印】盖章 gàizhāng. ¶署名～する / 签名盖章.

なつかしい【懐かしい】想念 xiǎngniàn. ¶～故郷 / 令人怀念的故乡. ¶～思い出 / 令人难忘的回忆. ¶故国が～ / 想念祖国.

なづける【名づける】起名 qǐmíng. ¶祖父の名をもらって息子に太郎と名づけた / 借爷爷的名字给儿子起名太郎.

ナッツ果仁 guǒrén, 坚果 jiānguǒ.

ナット螺母 luómǔ. ¶ボルトを～で留める / 用螺母扣住螺丝钉.

なっとう【納豆】纳豆 nàdòu.

なっとく【納得】领会 lǐnghuì. ¶～させる / 说服. ¶～がゆかない / 想不通.

なつめ枣 zǎo.

なでおろす【撫で下ろす】从上向下抚摩 cóng shàng xiàng xià fǔmó. ¶胸を～ / 放心.

なでる【撫でる】抚摸 fǔmō. ¶子供の頭を～ / 抚摸孩子的头.

など【等】等 děng, 等等 děngděng. ¶リンゴ、バナナ～のフルーツ / 苹果、香蕉等水果.

ナトリウム钠 nà.

ななめ【斜め】斜 xié. ¶～向かい / 斜对面. ¶ご機嫌～ / 情绪不好.

なに【何】什么 shénme. ¶～から話していいやらわからない / 不知道从哪儿说起好. ¶～が何だかさっぱりわからない / 弄不清究竟是怎么一回事. ¶彼は～をしている人ですか / 他是干什么的？¶～を言っても彼女は聞こうとしない / 不管说什么她都不听. ¶～かしら不吉な予感がする / 不知怎么,有不祥的预感. ¶～が何でもやり遂げなければならない / 无论如何也必须完成. ¶～はともあれ無事でよかった / 不管怎么样没事就好. ¶～また遅刻したの / 怎么又迟到了？

なにか【何か】什么 shénme. ¶～冷たい飲み物をください / 请来点儿冷饮. ¶～ご用ですか / 有什么事吗？¶ほかに～することはありますか / 还有什么事要做吗？¶～出来ることがあったら何でもおっしゃってください / 如果有什么能帮忙的话,请尽管告诉我.

なにがなんでも【何が何でも】无论如何 wúlùn rúhé. ¶～手に入れる / 无论如何也一定要搞到手.

なにくわぬかお【何食わぬ顔】若无其事的样子 ruò wú qí shì de yàngzi. ¶～で会に出席する / 若无其事地参加会议.

なにげない【何気ない】不经意 bù jīngyì. ¶～一言 / 不经意的一句话.

なにごと【何事】什么事情 shénme shìqing. ¶これは一体～だ / 这究竟是怎么回事？¶会議は～もなく終わった / 会议顺利地结束了. ¶～にも全力を尽くす / 事事都要尽力.

なにしろ【何しろ】总之 zǒngzhī. ¶～面白い映画だよ / 总之是个好电影.

なにとぞ【何卒】务必 wùbì. ¶明日の会議には～ご出席ください / 明天的会,请您务必出席.

なにひとつ【何一つ】一个也yī ge yě. ¶～としてやましいことはない / 没做任何亏心事. ¶～残さず食べてしまった / 一点不剩地吃光了.

なにぶん【何分】到底 dàodǐ. ¶～にも彼は若すぎるよ / 到底他还太年轻呀. ¶この件は～よろしくお願いします / 这事务必请您关照.

なにも【何も】什么也 shénme yě. ¶～することがない / 没什么可做的事. ¶驚きで～言えなかった / 吓得什么也说不出来.

なにもの【何者】什么人 shénme rén. ¶やつは～だ / 他是什么人？¶～かがそれを持ち去った / 不知是谁把它拿走了.

なにもの【何物】什么东西 shénme dōngxi. ¶～にもかえがたい / 没什么可以代替.

なにやら【何やら】好像 hǎoxiàng. ¶～焦げ臭いよ / 好像有股糊焦味.

なにより【何より】首先 shǒuxiān. ¶～も健康が大事だ / 健康比什么都重要. ¶～もまず病気を治すことだ / 不管怎样先治好病. ¶無事で～だ / 没事比什么都好. ¶～の贈り物 / 最好的礼物.

なのる【名乗る】自报姓名 zìbào xìngmíng. ¶鈴木と～人 / 自称姓铃木的人.

なびかせる【靡かせる】飘动 piāodòng. ¶髪を風になびかせて / 头发随风飘.

なびく【靡く】摇摆 yáobǎi. ¶風に～ / 随风摇摆. ¶金の力に～ / 屈从于金钱的力量.

ナビゲーター导航仪 dǎohángyí ; 导航员 dǎohángyuán.

なふだ【名札】姓名牌 xìngmíngpái.

ナプキン［食事用］餐巾纸 cānjīnzhǐ ; ［生理用］卫生巾 wèishēngjīn.

なべ【鍋】锅 guō. ¶～物 / 火锅. ¶

土～ / 沙锅. ¶～敷き / 锅垫. ¶～底景気 / 买卖不兴隆. ¶割れ～に綴じ蓋 / 方榫对方卯.

なま【生】生 shēng. ¶～肉 / 生肉. ¶～玉子 / 生鸡蛋. ¶～野菜を食べる / 生吃蔬菜. ¶～ビール / 生啤酒. ¶～放送 / 实况广播. ¶～演奏 / 现场演奏.

なまあたたかい【生暖かい】微温 wēiwēn.

なまいき【生意気】自大 zìdà, 狂妄 kuángwàng. ¶～なことを言う / 说大话；出言不逊.

なまえ【名前】名字 míngzi. ¶～を記入する / 写下名字. ¶～を伏せる / 匿名. ¶お～をお聞かせ願えますか / 请问您贵姓？

なまぐさい【生臭い】腥 xīng. ¶血～ / 血腥味. ¶この魚は～ / 这条鱼很腥.

なまけもの【怠け者】懒汉 lǎnhàn.

なまける【怠ける】懒惰 lǎnduò, 偷懒 tōulǎn. ¶仕事を～ / 工作偷懒.

なまごみ【生ごみ】厨房垃圾 chúfáng lājī.

なまず【鯰】鲇鱼 niányú.

なまなましい【生々しい】生动 shēngdòng. ¶記憶に～ / 记忆犹新.

なまぬるい【生温い】［温度が］温和 wēnhuo；［てぬるい］不严格 bù yángé. ¶～湯 / 温水. ¶～処置 / 处理得不严格.

なまはんか【生半可】一知半解 yī zhī bàn jiě. ¶～な知識 / 一知半解的知识.

なまみ【生身】活人 huó rén. ¶私だって～の人間です. 怒りもしますよ / 我也是人, 也会发火.

なまめかしい【艶かしい】娇艳 jiāoyàn. ¶～しぐさ / 艳丽的动作.

なまもの【生物】生的食品 shēng de shípǐn. ¶～ですのでお早めにお召し上がりください / 因为是生东西, 请尽早吃. ¶～を食べてお腹をこわした / 吃生的食品, 把肚子吃坏了.

なまやさい【生野菜】新鲜蔬菜 xīnxiān shūcài.

なまやさしい【生易しい】轻而易举 qīng ér yì jǔ.

なまり【鉛】铅 qiān. ¶～色 / 铅灰色.

なまり【訛り】口音 kǒuyīn. ¶関西～がある / 有关西口音.

なみ【波】波浪 bōlàng. ¶～が高い / 浪高. ¶～が静まった / 风平浪静了. ¶～が立つ / 起风波. ¶～にさらわれる / 被浪卷走. ¶～に乗る / 乘风破浪. ¶打ち寄せる～ / 打来的海浪. ¶砕ける～ / 撞击的浪花. ¶人の～ / 人流.

-なみ【-並み】同样 tóngyàng. ¶例年～の気温 / 和往年一样的气温. ¶十人～の / 一般.

なみ【並み】一般 yìbān. ¶～のレベル / 一般的水平. ¶～の人間 / 普通人.

なみうちぎわ【波打ち際】岸边 ànbiān.

なみうつ【波打つ】起浪 qǐlàng. ¶稲穂が波打っている / 稻浪滚滚.

なみかぜ【波風】风浪 fēnglàng. ¶～を立てる / 起风波.

なみき【並木】林荫树 línyìnshù, 街道树 jiēdàoshù. ¶～道 / 林荫路.

なみしぶき【波しぶき】浪花 lànghuā.

なみだ【涙】眼泪 yǎnlèi. ¶～を流す / 流眼泪. ¶～をのむ / 忍恨. ¶～を誘う / 引人落泪. ¶～にむせぶ / 抽泣哽咽. ¶～ながらに訴える / 哭着倾诉. ¶お～ちょうだいの話 / 催人泪下的话. ¶すずめの～ほどの給料 / 少得可怜的工资.

なみたいてい【並大抵】一般 yībān. ¶彼の努力は～ではない / 他所下的巧夫非同一般.

なみなみ满满地 mǎnmǎnde. ¶グラスに～と水を注ぐ / 给杯子倒水倒得满满的.

なみなみ【並々】普通 pǔtōng. ¶～ならぬ努力をする / 非同一般的努力.

なみのり【波乗り】冲浪 chōnglàng.

なみはずれる【並外れる】非凡 fēifán. ¶並外れて頭がいい / 超乎寻常的聪明. ¶並外れた記憶力がある / 具有非凡的记忆力.

なめくじ【蛞蝓】蛞蚰 kuòyú, 鼻涕虫 bítìchóng.

なめす【鞣す】鞣 róu. ¶革を～ / 鞣皮子.

なめらか【滑らか】平滑 pínghuá. ¶～な肌 / 滑润的皮肤.

なめる【嘗める・舐める】舔 tiǎn；轻视 qīngshì. ¶子犬が皿をなめている / 小狗舔着盘子. ¶相手をなめてかかる / 轻视对方. ¶おれをなめんなよ / 别小看我呀.

なや【納屋】小库房 xiǎokùfáng.

なやます【悩ます】困扰 kùnrǎo. ¶一晩中蚊に悩まされた / 被蚊子搅了一晚上. ¶頭を～ / 伤脑筋.

なやみ【悩み】烦恼 fánnǎo. ¶～を打ち明ける / 倾吐心事. ¶～の種 / 苦恼的原因.

なやむ【悩む】苦恼 kǔnǎo, 烦恼 fánnǎo. ¶恋に～ / 为恋爱而烦恼. ¶借金に悩んでいる / 为债务而发愁. ¶神経痛に悩んでいる / 被神经痛所困扰.

-なら如果 rúguǒ. ¶そういう話～私が引き受けます / 如果是那样, 我接受. ¶他言しない～ / 如果不对别人说的话. ¶私～彼の案に賛成です / 如果是我的话, 就赞成他的意见. ¶日本～ではの料理 / 只有在日本才能吃到的菜.

ならう【習う】学习 xuéxí. ¶中国語を～ / 学汉语. ¶～より慣れよ / 熟能生巧.

ならう【倣う】仿照 fǎngzhào. ¶前

例に～ / 仿照前例. ¶右へならえ / 向右看齐！

ならす【馴らす】驯养 xùnyǎng. ¶トラを～ / 驯养老虎. ¶馴らされたイルカ / 驯养的海豚.

ならす【慣らす】使之适应 shǐ zhī shìyìng.

ならす【鳴らす】鸣 míng. ¶呼び鈴を～ / 按门铃.

ならずもの【ならず者】坏蛋 huàidàn, 流氓 liúmáng.

-ならない 不许 bù xǔ. ¶見ては～ / 不要看. ¶そうしては～ / 不许那样做. ¶こうしなくては～ / 不那样不行. ¶気が急いで～ / 着急不堪. ¶これ以上我慢～ / 再也忍受不了.

ならび【並び】排列 páiliè. ¶この～にあるスーパー / 在这排的超市. ¶一～の桜の木 / 一排樱花树.

ならぶ【並ぶ】［列を作る］排列 páiliè；［隣り合う］并排 bìngpái. ¶1列に～ / 排成一排. ¶子供たちを並ばせる / 让孩子们排队. ¶並んで行く / 并排走. ¶彼と並んで座る / 和他并排坐. ¶囲碁では彼に～者はいない / 下围棋没有人比得上他.

ならべたてる【並べ立てる】罗列 luóliè. ¶不平を～ / 发一大堆牢骚. ¶人の欠点を～ / 数落别人缺点.

ならべる【並べる】摆 bǎi, 陈列 chénliè. ¶机を～ / 摆放桌子. ¶椅子を2列に～ / 把椅子摆成两排. ¶商品を見栄えよく～ / 把商品摆得好看. ¶商品がショーケースに並べてある / 商品摆放在橱窗里. ¶料理を食卓に～ / 把菜放在饭桌上. ¶本をきちんと棚に並べる / 把书整齐地摆在书架上. ¶証拠を～ / 列举证据.

ならわし【習わし】习惯 xíguàn. ¶世間の～ / 世俗.

なりあがる【成り上がる】一步登天 yī bù dēng tiān.

なりきん【成金】暴发户 bàofāhù. ¶～趣味 / 暴发户的低级趣味. ¶にわか～ / 暴发户. ¶土地～ / 房地产暴发户.

なりすます【成り済ます】假装 jiǎzhuāng. ¶医者に～ / 假装成医生. ¶くろうとに～ / 冒充内行.

なりたち【成り立ち】成立的经过 chénglì de jīngguò.

なりたつ【成り立つ】成立 chénglì. ¶契約が～ / 合同成立. ¶委員会は5人の委員から成り立っている / 委员会由五个委员组成. ¶この商売は成り立たない / 这个生意做不成. ¶君の理論は成り立たない / 你的理论不成立.

なりゆき【成り行き】趋势 qūshì. ¶～を見守る / 注视事情的发展. ¶事の～に任せる / 事情顺其自然.

なる【成る】成为 chéngwéi. ¶医者に～ / 当医生. ¶嘘が本当になった / 谎言变成了真的；弄假成真. ¶～ようになるものだ / 车到山前必有路. ¶彼はどうなりましたか / 他怎么样了？¶春に～ / 春天到了. ¶彼が死んで2年に～ / 他死了两年了. ¶そんなことをして何に～ / 做那种事有什么用？¶5章から～論文 / 由五章构成的论文. ¶夢が本当に～ / 梦想成真.

なる【生る】成熟 chéngshú. ¶実が～ / 结果实. ¶金の～木 / 摇钱树.

なる【鳴る】响 xiǎng. ¶鐘が～ / 钟声响起.

ナルシスト 自恋者 zìliànzhě, 自我陶醉者 zìwǒ táozuìzhě.

なるべく 尽量 jǐnliàng. ¶～早く来てください / 请尽量早来.

なるほど【成る程】确实 quèshí. ¶～ね / 原来如此. ¶～そのとおりだ / 确实是那样的. ¶～, そりゃ大変だ / 是啊, 那可够呛.

ナレーション 解说 jiěshuō.

ナレーター 解说员 jiěshuōyuán.

なれなれしい【馴れ馴れしい】过分亲昵 guòfèn qīnnì. ¶なれなれしく振る舞う / 熟不拘礼地相待.

なれる【慣れる】习惯 xíguàn. ¶日本食に慣れている / 习惯吃日本菜. ¶まだ仕事に慣れていない / 工作还不习惯. ¶慣れた手つきで / 用熟练的动作. ¶使い慣れたペン / 用惯的笔. ¶見慣れない人 / 陌生人.

なれる【馴れる】驯服 xùnfú. ¶なれた馬 / 驯服的马.

なわ【縄】绳子 shéngzi. ¶～に挂かる / 被捕；落网. ¶荷に～を挂ける / 用绳子捆行李. ¶～ばしご / 绳梯.

なわとび【縄跳び】跳绳 tiàoshéng.

なわばり【縄張り】地盘 dìpán. ¶～を荒らす / 侵犯地盘. ¶～争い / 争地盘.

なん【何】什么 shénme. ¶それは～ですか / 那是什么？¶～ですって / 你说什么？¶ご家族は～人ですか / 您家里有几口人？¶～円ですか / 多少日元？¶きょうは～日ですか / 今天是几号？¶～人もの人々 / 好几个人. ¶10～年か前 / 十几年前. ¶～年も / 好几年. ¶～と言っても / 不管怎么说.

なん【難】难 nàn. ¶就職～ / 就业难. ¶住宅～ / 住房难. ¶～を逃れる / 逃难. ¶性格的に～がある / 性格中有缺陷. ¶彼の～を言えば / 说他的毛病的话.

なんい【南緯】南纬 nánwěi.

なんおう【南欧】南欧 Nán'ōu.

なんか【軟化】变软 biànruǎn. ¶態度が～する / 态度缓和.

なんかい【何回】几次 jǐ cì. ¶～聞いても聞きとれない / 听几次都听不懂.

なんがつ【何月】几月 jǐyuè. ¶～生まれですか / 生日是几月？

なんきょく【南極】南极 nánjí. ¶～海 / 南极海. ¶～観測 / 南极观测. ¶～観測隊 / 南极观测队. ¶～条約 / 南极条约. ¶～大陸 / 南极大

陸. ¶～点 / 南极点.

なんこう【軟膏】软膏 ruǎngāo. ¶～を塗る / 抹软膏.

なんさい【何歳】几岁 jǐ suì. ¶坊や,～ですか / 小朋友,你几岁？¶君のお父さんは～ですか / 你爸爸今年多大年纪？

なんじ【何時】几点 jǐdiǎn. ¶～ですか / 几点了？¶～でもかまいません / 什么时候都可以.

なんじかん【何時間】几小时 jǐ xiǎoshí. ¶ここからそこまで～かかりますか / 从这里到那里要花几小时？

なんじゃく【軟弱】软弱 ruǎnruò. ¶～なからだを鍛える / 锻炼软弱的身体.

なんせい【南西】西南 xīnán. ¶～の風 / 西南风.

ナンセンス荒谬 huāngmiù. ¶それは～だ / 那毫无意义.

なんだ【何だ】什么shénme. ¶～って / 你说什么？¶それが～ / 那又怎么样？¶こう言っちゃ～けど / 这么说可能有点不妥.

なんだか【何だか】总觉得 zǒng juéde. ¶～機械が変だ / 好像机器有毛病. ¶～そのことが不安だ / 总觉得对那事不放心. ¶～つらい / 总觉得有点难受.

なんたる【何たる】多么 duōme. ¶～ざまだ / 多么糟糕！¶～侮辱 / 太侮辱人了.

なんちょう【難聴】重听 zhòngtīng.

-なんて说是 shuōshì. ¶彼女が君の妹だ～本当かい / 说她是你妹妹,是真的吗？¶なんとまあそんなことがある～ / 怎么会有那种事！

なんて【何て】多么 duōme. ¶～美人なんだ / 多漂亮呀！¶～暑いんだ / 怎么这么热！¶～こった / 怎么会这样！¶～言ったんですか / 你说什么？¶～こと言うの / 你这是什么话？¶～たって夏はビールが一番だ / 不管怎么说,夏天还是啤酒最好.

なんで【何で】为什么 wèi shénme. ¶～泣くの / 你为什么哭呀？

なんでも【何でも】任何 rènhé. ¶～好きなものをどうぞ / 喜欢什么就吃什么吧. ¶本なら～いい / 只要是书,什么都行. ¶～お申しつけください / 不论什么请讲. ¶彼は～かんでもやりたがる / 他什么事都想做. ¶～いいから,行ってみよう / 不管怎么样去看看吧. ¶～彼女は結婚するそうだ / 听说她要结婚了.

なんでもない【何でもない】没关系 méi guānxi. ¶彼にとってそんなことは～ / 那事对他来说无所谓.

なんてん【難点】难点 nándiǎn.

なんと【何と】怎样 zěnyàng. ¶～お礼を言っていいか… / 不知该怎么感谢你才好. ¶～おわびしていいか… / 怎么道歉才好呢. ¶彼が～言おうと / 不管他怎么说.

なんど【何度】几次 jǐcì. ¶彼に～電話しても出なかった / 给他打过好几次电话都没人接.

なんといっても【何と言っても】不管怎么说 bùguǎn zěnme shuō.

なんとう【南東】东南 dōngnán. ¶～の風 / 东南风.

なんとか【何とか】好容易才hǎoróngyì cái. ¶～間に合った / 勉强赶上. ¶～合格する / 总算合格. ¶～して手に入れる / 好不容易才弄到手. ¶～できませんか / 不能通融一下吗？¶～しなさいよ / 想想办法吧. ¶その件は～しましょう / 那件事总得想想办法吧. ¶～なるだろう / 总会有办法的.

なんとなく【何となく】总觉得 zǒng juéde. ¶～彼が好きになれない / 总觉得怎么也不喜欢他. ¶～覚えている / 好像记得.

なんとも【何とも】实在 shízài. ¶～申し訳ありません / 实在对不起. ¶～はや困ったことになった / 真是不好办. ¶痛くも～ない / 根本不疼；不痛不痒. ¶今のところそれについては～言えない / 那件事现在还不好说.

なんにち【何日】几号 jǐ hào. ¶～ですか / 几号了？¶～かかりますか / 要几天？

なんにん【何人】几个人 jǐ ge rén. ¶お子さんは～ですか / 您有几个孩子？

なんねん【何年】几年 jǐ nián. ¶勉強して～ですか / 学了几年了？

なんの【何の】什么 shénme. ¶～話をしているのですか / 在说什么呢？¶～かのと言って金を返さない / 找各种借口就是不还钱. ¶うるさいの～って / 吵得不得了. ¶～苦もなく / 毫不困难地. ¶あいつは～役にも立たない / 他什么用也不顶. ¶私は彼とは～関係もない / 我和他一点关系也没有.

ナンバー号码 hàomǎ. ¶～プレート / 车牌. ¶～ワン / 第一.

なんぱ【難破】失事 shīshì. ¶～船 / 遇难船.

なんぶ【南部】南部 nánbù.

なんべい【南米】南美 Nánměi. ¶～大陸 / 南美大陆.

なんべん【何遍】几遍 jǐ biàn. ¶～聞いてもわからない / 听了几遍也听不懂.

なんみん【難民】难民 nànmín. ¶～キャンプ / 难民营. ¶～収容所 / 难民收容所. ¶～条約 / 难民条约. ¶政治～ / 政治难民.

なんぽう【南方】南方 nánfāng.

なんぼく【南北】南北 nánběi. ¶～アメリカ / 南北美洲. ¶～戦争 / 南北战争. ¶～朝時代 / 南北朝时代. ¶～問題 / 南北问题.

なんもん【難問】难题 nántí. ¶～を解く / 解难题. ¶～を抱える / 遇到难题. ¶～に取り組む / 解决难题.

なんら【何等】丝毫 sīháo. ¶彼とは

～関係がない / 和他毫无关系. ¶～困らない / 毫不为难.

に

に【二】二 èr. ¶第～の人生 / 第二人生. ¶～分の1 / 二分之一. ¶～番目 / 第二. ¶～院制 / 两院制.

に【荷】行李 xíngli, 货 huò. ¶～を積む〔降ろす〕/ 装〔卸〕货. ¶～が重い / 担子重.

-に在 zài. ¶東京～すんでいる / 住在东京. ¶家～帰る / 回家. ¶右～曲がる / 往右拐. ¶1年～3回 / 一年三次. ¶コーヒー～砂糖を入れる / 给咖啡里放糖. ¶元を円～両替する / 把人民币兑换成日元. ¶子供～菓子をあげる / 给孩子糖果.

にあい【似合い】合适 héshì. ¶～の夫婦 / 般配的夫妇.

にあう【似合う】适合 shìhé. ¶ネックレスが服に～ / 项链跟衣服很配.

にあげ【荷揚げ】卸货 xièhuò.

ニーズ需求 xūqiú. ¶ユーザーの～ / 用户的需求.

にえる【煮える】煮熟 zhǔshú. ¶ジャガイモが～ / 土豆煮熟了. ¶スープが～ / 汤煮好了.

におい【匂い・臭い】味儿 wèir, 气味 qìwèi. ¶いい～がする / 有香味儿. ¶いやな～がする / 有臭味. ¶～をかぐ / 闻味. ¶～袋 / 香袋. ¶犯罪の～ / 犯罪的嫌疑.

におう【匂う・臭う】发臭 fāchòu. ¶下水が～ / 下水道发臭. ¶ガスが～ / 有煤气味儿.

にかい【二回】两回 liǎng huí. ¶ひと月に～来る / 一个月来两回. ¶北京へ来たのはこれが～目です / 这是第二次来北京.

にかい【二階】二楼 èr lóu, 二层 èr céng. ¶～に上がる / 上二楼. ¶～から下りる / 从二楼下来. ¶～建ての家 / 二层楼的房子. ¶～の部屋 / 二层的房间. ¶～建てバス / 双层巴士.

にがい【苦い】苦 kǔ. ¶～コーヒー / 苦咖啡. ¶～顔をする / 哭丧着脸. ¶～経験をする / 经历痛苦的体验.

にがす【逃がす】放跑 fàngpǎo. ¶釣った魚を逃がしてやる / 把钓到的鱼放生. ¶チャンスを～ / 错过机会. ¶逃がした魚は大きい / 没得到的总是最好的.

にがつ【二月】二月 èryuè.

にがて【苦手】不擅长 bù shàncháng. ¶僕は英語が～だ / 我英语不好. ¶あいつは～だ / 那家伙不好对付.

にがにがしい【苦々しい】令人不快 lìng rén bùkuài.

にかよう【似通う】相似 xiāngsì.

にがわらい【苦笑い】苦笑 kǔxiào.

にきび【面皰】粉刺 fěncì, 青春痘 qīngchūndòu. ¶～ができる / 长粉刺.

にぎやか【賑やか】热闹 rènao. ¶～な市場 / 繁华的市场. ¶～な通り / 热闹的街道.

にぎり【握り】握 wò. ¶～こぶし / 拳头. ¶～飯 / 饭团.

にぎる【握る】握 wò. ¶手を～ / 握手. ¶ハンドルを～ / 握方向盘. ¶寿司を～ / 攥寿司. ¶権力を～ / 掌握权力. ¶秘密を～ / 掌握秘密.

にぎわう【賑わう】热闹 rènao.

にく【肉】肉 ròu. ¶この～は堅い〔柔らかい〕/ 这块肉很「硬〔软〕. ¶腹に余分な～が付く / 肚子上长有长余的肉. ¶～料理 / 肉菜.

にくい【憎い】可憎 kězēng. ¶なんて～やつだ / 多么可憎的家伙呀！

-にくい【-難い】难于 nányú. ¶読み～ / 难读. ¶言い～こと / 不好意思说的事.

にくがん【肉眼】肉眼 ròuyǎn. ¶～では見えない / 肉眼看不见.

にくしみ【憎しみ】憎恨 zēnghèn. ¶～を抱く / 怀恨在心.

にくしょく【肉食】肉食 ròushí. ¶～動物 / 肉食动物.

にくしん【肉親】亲人 qīnrén.

にくせい【肉声】原声 yuánshēng.

にくたい【肉体】肉体 ròutǐ. ¶～関係がある / 有肉体关系. ¶～関係を結ぶ / 搞男女关系. ¶～美 / 人体美. ¶～労働者 / 体力劳动者.

にくたらしい【憎たらしい】可恶 kěwù, 讨厌 tǎoyàn.

にくだんご【肉団子】肉丸子 ròuwánzi.

にくにくしい【憎々しい】令人讨厌 lìng rén tǎoyàn. ¶憎々しげに笑う / 笑得令人讨厌.

にくはく【肉薄】逼近 bījìn. ¶敵艦に～する / 逼近敌舰.

にくひつ【肉筆】亲笔 qīnbǐ. ¶～の原稿 / 亲笔写的原稿.

にくまれぐち【憎まれ口】说令人讨厌的话 shuō lìng rén tǎoyàn de huà. ¶～をきく / 说讨人嫌的话.

にくまれる【憎まれる】被人讨厌 bèi rén tǎoyàn. ¶憎まれ役 / 讨人嫌的角色.

にくまん【肉饅】肉包子 ròubāozi.

にくむ【憎む】怨恨 yuànhèn. ¶罪を憎んで、人を憎まず / 恨罪不恨人. ¶彼は何をしても憎めないやつだ / 他做什么都让人恨不起来.

にくや【肉屋】肉店 ròudiàn.

にくらしい【憎らしい】令人讨厌 lìng rén tǎoyàn.

にぐるま【荷車】大车 dàchē.

にげみち【逃げ道】退路 tuìlù. ¶～を絶つ / 切断退路.

にげる【逃げる】逃跑 táopǎo. ¶こっそり～ / 悄悄地逃掉. ¶～が勝ち / 走为上计. ¶妻に逃げられる / 让老婆跑了. ¶逃げ道 / 退路.

ニコチン尼古丁 nígǔdīng.

にこにこ笑嘻嘻 xiàoxīxī. ¶～顔で / 笑呵呵的表情.

にごる【濁る】混浊 hùnzhuó. ¶雨で川の水が～/因为下雨,河水混浊. ¶濁った声/不清楚的声音. ¶濁った色/不鲜明的色彩.

にさんかたんそ【二酸化炭素】二氧化碳 èryǎnghuàtàn.

にし【西】西 xī. ¶日が～に傾く/太阳偏西. ¶～も東もわからない/分不出东西. ¶～海岸/西海岸. ¶～風/西风. ¶～日/西晒.

にじ【虹】彩虹 cǎihóng. ¶空に～が出た/天空出现了彩虹. ¶～色/彩虹颜色.

にじ【二次】二次 èrcì. ¶～試験/复试.

-にしては作为 zuòwéi. ¶5月～寒い/作为五月份有点冷.

にじます【虹鱒】虹鳟 hóngzūn.

にじむ【滲む】渗 shèn. ¶血が包帯ににじんでいる/血渗到绷带里.

にしゃたくいつ【二者択一】二者择一 èrzhě zé yī.

にじゅう【二重】双重 shuāngchóng. ¶～に見える/看起来是双重的. ¶～に払う/重复付款. ¶～あご/双下巴. ¶～価格/双重价格. ¶～基準/双重标准. ¶～構造/双重结构. ¶～国籍/双重国籍. ¶～唱/二重唱. ¶～人格/双重人格. ¶～スパイ/双重间谍. ¶～否定/双重否定.

にじょう【二乗】自乘 zìchéng, 平方 píngfāng.

ニス清漆 qīngqī. ¶～を塗る/涂清漆.

にせ【偽】假 jiǎ. ¶～金/假钱. ¶～医者/假医生.

にせい【二世】二世 èrshì. ¶～議員/世袭议员.

にたつ【煮立つ】煮开 zhǔkāi. ¶お湯が～/水开了.

にたにた傻笑 shǎxiào. ¶～笑う/傻乎乎地笑.

にちじ【日時】日期和时刻 rìqī hé shíkè. ¶～と場所を定める/确定时间和地点.

にちじょう【日常】日常 rìcháng. ¶～の仕事/日常工作. ¶～生活/日常生活. ¶～茶飯事/家常便饭.

にちぼつ【日没】日落 rìluò. ¶～時間/日落时间.

にちや【日夜】昼夜 zhòuyè. ¶～勉学に励む/昼夜勤奋学习.

にちようび【日曜日】星期天 xīngqītiān, 星期日 xīngqīrì.

にちようひん【日用品】日用品 rìyòngpǐn.

にっか【日課】每天要做的事 měitiān yào zuò de shì. ¶読書を～とする/以每天读书为惯例.

にっかん【日刊】日刊 rìkān. ¶～紙/日报.

にっき【日記】日记 rìjì. ¶～をつける/记日记. ¶～に書く/写在日记里.

にっきゅう【日給】日工资 rìgōngzī. ¶～で働く/干当天结账的活. ¶～制/日薪制.

ニックネーム外号 wàihào. ¶～をつける/起外号.

にづくり【荷造り】整理行李 zhěnglǐ xíngli. ¶～をする/打包.

ニッケル镍 niè.

にっこう【日光】日光 rìguāng. ¶～浴をする/晒日光浴. ¶～消毒をする/日光消毒.

にっこり微笑 wēixiào. ¶～する/微微一笑.

にっし【日誌】日志 rìzhì.

にっしゃびょう【日射病】中暑 zhòngshǔ.

にっしょく【日食】日食 rìshí. ¶皆既〔部分〕日食/全〔偏〕日食.

にっすう【日数】天数 tiānshù. ¶～がかかる/要花不少天.

にっちゅう【日中】白天 báitiān. ¶～は暑かった/白天很热.

にってい【日程】日程 rìchéng. ¶～が詰まっている/日程紧张. ¶～表/日程表.

ニット编织 biānzhī. ¶～のスカート/针织的裙子. ¶～ウエア/针织衣服.

につめる【煮詰める】煮干 zhǔgān.

にてひなる【似て非なる】似是而非 sì shì ér fēi. ¶けちと倹約は～ものだ/吝啬和节约是似是而非的.

にど【二度】两次 liǎng cì. ¶～目の結婚/第二次结婚. ¶こんな機会は～とないだろう/这样的机会不会再有第二次了吧. ¶～あることは三度ある/有第二次就会有第三次;一而再,再而三. ¶～手間になる/费两遍事.

にとう【二等】二等 èr děng. ¶～になる/成为第二名. ¶～賞/二等奖.

にとうぶん【二等分】二等分 èrděngfēn. ¶～線/二等分线.

になう【担う】承担 chéngdān. ¶責任を～/承担责任.

にばい【二倍】两倍 liǎng bèi. ¶～に増える/增加到两倍.

にばん【二番】第二 dì'èr. ¶下から～目の妹/倒数第二个妹妹. ¶～煎じ/换汤不换药.

ニヒル虚无 xūwú. ¶ニヒリスト/虚无主义者. ¶ニヒリズム/虚无主义.

にぶい【鈍い】迟钝 chídùn. ¶包丁の刃が～/菜刀的刃不快. ¶～光/弱光. ¶～音を立てる/发出笨重的声. ¶勘が～/反应迟钝. ¶頭の回転が～/脑子转不动了. ¶運動神経が～/运动神经迟钝. ¶動作が～/动作迟缓.

にふだ【荷札】货签 huòqiān. ¶～を付ける/系上货签.

にほん【日本】日本 Rìběn. ¶～的な考え方/日本式的想法. ¶～画/日

本画．¶～海 / 日本海．¶～語 / 日语．¶～史 / 日本史．¶～時間 / 日本时间．¶～酒 / 日本酒．¶～人 / 日本人．¶～製品 / 日本产品．¶～茶 / 日本茶．¶～脳炎 / 乙型脑炎．¶～びいき / 偏爱日本．¶～料理 / 日本料理．¶～列島 / 日本列岛．

にまいじた【二枚舌】谎言 huǎngyán．¶～を使う / 一张嘴；两片舌．

にもつ【荷物】行李 xíngli．¶～を預ける / 存放行李．¶～をまとめる / 整理行李．

にやにや嗤笑 chīxiào．¶～する / 默默发笑．

にやり一笑 yīxiào．¶～と笑う / 微微一笑．

ニュアンス语感 yǔgǎn．¶～が違う / 语感有微妙差别．

にゅういん【入院】住院 zhùyuàn．¶～患者 / 住院病人．

にゅうか【入荷】进货 jìnhuò．¶本日～ / 今日进货．

にゅうかい【入会】入会 rùhuì．¶～を申し込む / 申请入会．¶～金 / 入会费．

にゅうがく【入学】入学 rùxué．¶～願書 / 入学志愿书．¶～金 / 入学费．¶～資格 / 入学资格．¶～式 / 入学典礼．¶～試験 / 入学考试．¶～手続き / 入学手续．

にゅうがん【乳癌】乳癌 rǔ'ái．¶～になる / 患乳癌．

にゅうぎゅう【乳牛】乳牛 rǔniú．

にゅうきん【入金】进账 jìnzhàng．

にゅうこく【入国】入境 rùjìng．¶～管理局 / 出入境管理局．¶～許可書 / 入境许可证．¶～申告書 / 入境申报单．¶～手続き / 入境手续．¶～ビザ / 签证．¶不法～ / 非法入境．

にゅうさつ【入札】投标 tóubiāo．¶～価格 / 投标价．¶～者 / 投标人．¶不正～ / 非法投标．

にゅうさん【乳酸】乳酸 rǔsuān．¶～飲料 / 乳酸饮料．¶～菌 / 乳酸菌．

にゅうし【入試】入学考试 rùxué kǎoshì．¶大学～ / 高考．

にゅうじ【乳児】婴儿 yīng'ér．

ニュージーランド新西兰 Xīnxīlán．

にゅうしゃ【入社】进入公司 jìnrù gōngsī．¶～試験 / 录用考试．

にゅうしょう【入賞】得奖 déjiǎng．¶～者 / 获奖人．

にゅうじょう【入場】入场 rùchǎng．¶～お断り / 禁止入场．¶～無料 / 免费入场．¶～行進 / 入场游行．¶～式 / 入场仪式．¶～者 / 入场人．¶～料 / 入场费．

ニュース新闻 xīnwén，消息 xiāoxi．¶～が入る / 有消息．¶最新の～によると / 据最新消息．¶～解説 / 新闻解说．¶～キャスター / 新闻节目主持人．¶～ソース / 消息来源．¶～バリュー / 新闻价值．¶～番組 / 新闻节目．

にゅうせいひん【乳製品】乳制品 rǔzhìpǐn．

にゅうせん【入選】入选 rùxuǎn．¶展覧会に～する / 入选展览会．¶1等に～する / 当选一等奖．¶～作 / 入选作品．¶～者 / 当选者．

にゅうもん【入門】入门 rùmén．¶～書 / 入门书．

にゅうよく【入浴】洗澡 xǐzǎo．

にゅうりょく【入力】输入 shūrù．¶～装置 / 输入装置．¶～ミス / 输入错误．

にゅうわ【柔和】柔和 róuhe．¶～な顔 / 和蔼的表情．

にょう【尿】尿 niào．¶～管 / 尿管．¶～検査 / 尿检．¶～失禁 / 尿失禁．

にょうぼう【女房】老婆 lǎopo．¶古～ / 老伴儿．

にらむ【睨む】瞪 dèng；估计 gūjì．¶険しい目つきで彼を～ / 用阴险的眼神瞪他．¶あいつが犯人だとにらんだ / 我猜测那家伙是犯人．¶私のにらんだことに狂いはない / 我估计的事没错．

にりつはいはん【二律背反】二律背反 èrlǜ bèifǎn．

にりゅう【二流】二流 èrliú．¶～の大学〔会社〕/ 二流"大学〔公司〕．

にる【似る】像 xiàng．¶母親によく似ている / 长得很像母亲．¶この子は父親と顔が似ている / 这个孩子和他父亲长相相似．

にる【煮る】煮 zhǔ，炖 dùn．¶とろ火でぐつぐつ～ / 用微火炖．

にれ【楡】榆树 yúshù．

にわ【庭】院子 yuànzi，庭院 tíngyuàn．¶～の手入れをする / 修整院子．¶～を作る / 造庭院．¶～のある家 / 有院子的家．¶～仕事 / 园艺工作．¶～石 / 庭院的点景石．¶～木 / 庭树．¶～師 / 园艺师．¶前～ / 前院．¶裏～ / 后院．

にわか【俄】突然 tūrán．

にわかあめ【俄雨】骤雨 zhòuyǔ．¶～に遭う / 碰上阵雨．

にわとり【鶏】鸡 jī．¶～を飼う / 养鸡．¶～が卵を産んだ / 鸡下蛋了．¶～小屋 / 鸡窝．

にんい【任意】任意 rènyì．¶～出頭 / 任意自首．¶～保険 / 任意保险．

にんか【認可】批准 pīzhǔn，认可 rènkě．¶～が下りる / 批准下来了．¶～を受ける / 获得认可．¶～証 / 许可证．¶無～の / 未经批准．

にんき【人気】声望 shēngwàng，人气 rénqì．¶～がある作家 / 受欢迎的作家．¶～が出る / 红起来．¶～がなくなる / 不受欢迎．¶～を博する / 博得欢迎．¶～絶頂である / 红得发紫．¶～を落とす / 人气下降．¶～のあるスポーツ / 受欢迎的体育运动．¶～歌手 / 受欢迎的歌手．¶～番組 / 受欢迎的节目．¶～商

品 / 受欢迎的商品. ¶～株 / 热门股.

にんき【任期】任期 rènqī.

にんぎょ【人魚】美人鱼 měirényú.

にんぎょう【人形】玩偶 wán'ǒu. ¶～遊びをする / 玩娃娃. ¶～劇 / 木偶剧. ¶～使い / 操弄木偶的人.

にんげん【人間】人 rén. ¶～関係 / 人际关系. ¶～性 / 人性. ¶～味 / 人情味. ¶～愛 / 人性爱. ¶～形成 / 人格形成. ¶～工学 / 人类工程学. ¶～国宝 / 国宝级人物.

ね

にんしき【認識】认识 rènshi. ¶～を新たにする / 重新认识. ¶～不足である / 认识不足.

にんじょう【人情】人情 rénqíng. ¶人情が厚い〔薄い〕/ 人情浓〔薄〕. ¶～味溢れる / 充满人情味. ¶～家 / 热心人.

にんしん【妊娠】怀孕 huáiyùn. ¶彼女は～5か月である / 她怀孕五个月. ¶～中絶 / 人工流产.

にんじん【人参】胡萝卜 húluóbo ;〔高麗人参〕人参 rénshēn.

にんずう【人数】人数 rénshù. ¶～を数える / 数人数. ¶～を揃える / 凑齐人数. ¶～が足りない / 人不够.

にんそう【人相】相貌 xiàngmào. ¶～が悪い / 相貌不好. ¶～を見る / 看相. ¶～学 / 相面学.

にんたい【忍耐】忍耐 rěnnài. ¶～強い / 忍耐力强. ¶～力 / 耐力.

にんてい【認定】认定 rèndìng. ¶～を受ける / 接受认定.

にんにく【大蒜】大蒜 dàsuàn. ¶～のにおい / 大蒜的气味. ¶～の芽 / 蒜苗.

にんむ【任務】任务 rènwu. ¶～を果たす / 完成任务. ¶～につく / 执行任务.

にんめい【任命】任命 rènmìng. ¶～権 / 任命权. ¶～式 / 任命仪式.

ぬ

ぬいぐるみ【縫いぐるみ】布娃娃 bùwáwa.

ぬう【縫う】缝 féng. ¶ミシンで～ / 用缝纫机缝. ¶傷口を～ / 缝伤口. ¶人波を縫って進む / 在人群中穿行. ¶仕事の合間を縫って / 在工作间隙.

ヌード 裸体 luǒtǐ. ¶～写真 / 裸体照片.

ぬか【糠】糠 kāng. ¶～味噌 / 米糠酱. ¶～喜び / 白高兴.

ぬかす【抜かす】跳过 tiàoguò, 漏掉 lòudiào.

ぬかる 泥泞 nínìng. ¶道がぬかっている / 道路泥泞. ¶雪が解けて道がぬかっている / 由于雪化,道路泥泞.

ぬかるみ【泥濘】泥泞 nínìng. ¶～にはまる / 陷入泥泞.

ぬく【抜く】拔 bá. ¶前の車を～ / 超车. ¶刀を～ / 拔刀. ¶虫歯を～ / 拔虫牙. ¶白髪を～ / 拔白头发. ¶腐ったものを抜き取る / 挑出腐烂的东西. ¶ワサビ抜きで / 不加芥末. ¶前置きは抜きにする / 省略前言不说. ¶お世辞抜きで / 不说恭维的话. ¶手を～ / 偷工. ¶がんばり～ / 坚持到底.

ぬぐ【脱ぐ】脱 tuō. ¶服を～ / 脱衣服. ¶帽子を～ / 摘帽子. ¶靴を～ / 脱鞋.

ぬぐう【拭う】擦 cā. ¶汗を～ / 擦汗.

ぬけみち【抜け道】抄道 chāodào. ¶～を通る / 走抄道.

ぬけめ【抜け目】疏忽 shūhu. ¶～のない人 / 精明的人.

ぬける【抜ける】脱离 tuōlí, 掉 diào. ¶髪の毛が～ / 掉头发. ¶ドアの取っ手が～ / 门的把手掉了. ¶トンネルを～ / 穿过隧道. ¶力が～ / 松劲儿. ¶気が～ / 泄气. ¶間が～ / 愚蠢.

ぬげる【脱げる】掉下来 diàoxiàlai. ¶帽子が～ / 帽子掉了.

ぬし【主】主人 zhǔrén. ¶あの声の～は誰ですか / 那是谁的声音？

ぬすみ【盗み】偷盗 tōudào. ¶～を働く / 行窃.

ぬすむ【盗む】偷盗 tōudào. ¶財布を盗まれた / 钱包被偷了. ¶人目を盗んで人と会う / 背着人见面.

ぬの【布】布 bù. ¶～切れ / 碎布头儿. ¶～地 / 布料.

ぬま【沼】沼泽 zhǎozé.

ぬめり 滑溜 huáliū, 〔粘液〕黏液 niányè.

ぬらす【濡らす】弄湿 nòngshī. ¶袖を濡らさないように気をつけて / 小心不要把袖口弄湿！

ぬりぐすり【塗り薬】外敷药品 wàifū yàopǐn, 涂抹药品 túmǒ yàopǐn.

ぬる【塗る】涂 tú, 抹 mǒ. ¶壁に色を～ / 墙上涂色. ¶ペンキを～ / 涂油漆. ¶手に薬を～ / 给手上抹药.

ぬるい【温い】微温 wēiwēn, 不凉不热 bù liáng bù rè.

ぬれぎぬ【濡れ衣】冤枉 yuānwang. ¶～を着せられる / 受冤枉. ¶～を晴らす / 洗去不白之冤.

ぬれる【濡れる】淋湿 línshī. ¶雨に濡れた服 / 被雨淋湿的衣服. ¶下着が汗で濡れた / 内衣被汗水淋湿了. ¶濡れ手で粟 / 不劳而获.

ね

ね【根】根 gēn. ¶～が付く / 扎根. ¶～を絶つ / 断根. ¶～は善良だ / 心地善良. ¶～に持つ / 怀恨在心. ¶～も葉もない / 毫无根据.

ね【値】价钱 jiàqian. ¶～が上がる〔下がる〕/ 价格「升〔降〕了. ¶～が張る / 价钱昂贵. ¶言い～ / 要价. ¶小売〔卸し〕～ / 零售〔批发〕价.

ね【音】声音 shēngyīn. ¶～を上げ

る / 服输. ¶除夜の鐘の～ / 除夕的钟声.

ねあがり【値上がり】涨价 zhǎngjià. ¶石油が5パーセント～した / 石油价格涨了百分之五.

ねあげ【値上げ】提价 tíjià. ¶電話料金が8パーセント～になった / 电话费提价百分之八. ¶公共料金の～ / 公用事业费上涨. ¶賃金の～ / 提高工资. ¶便乗～ / 搭车涨价.

ネイティブ本国的 běnguó de ; 本地的 běndì de. ¶～スピーカー / 母语说话人.

ねいろ【音色】音色 yīnsè.

ねうち【値打ち】价值 jiàzhí. ¶～が上がる / 价值提高. ¶～のある絵 / 值钱的画儿.

ねえ喂 wèi. ¶～,いい考えがあるの / 喂,我有一个好主意.

ネーミング命名 mìngmíng,取名 qǔmíng,提名 tímíng.

ネーム名字 míngzi. ¶～バリュー / 名声 ; 声誉. ¶～カード / 名片.

ネオン霓虹灯 níhóngdēng. ¶～サイン / 霓虹灯广告牌.

ネガ底片 dǐpiàn.

ねがい【願い】愿望 yuànwàng. ¶お～があるのですが / 我有个愿望. ¶お～だからあっちへ行ってくれないか / 求求您,到别处去好吗？¶～事がかなった / 愿望实现了.

ねがう【願う】祈求 qǐqiú. ¶成功を～ / 祈求成功. ¶平和を～心 / 祈求和平的心愿. ¶願ってもない幸せです / 求之不得的幸福. ¶願ったりかなったりだ / 事从心愿.

ねがえる【寝返る】［寝返りを打つ］翻身fānshēn ;［裏切る］叛变pànbiàn.

ねかす【寝かす】使睡觉 shǐ shuìjiào. ¶子供を～ / 哄孩子睡觉. ¶3年間寝かしたワイン / 存放了三年的葡萄酒.

ねぎ【葱】葱 cōng.

ねぎる【値切る】还价 huánjià,砍价 kǎnjià. ¶そのバッグを8千円に値切った / 把那个包砍价砍到八千日元.

ねくずれ【値崩れ】行市暴跌 hángshi bàodiē.

ネクタイ领带lǐngdài. ¶～を締める / 打领带. ¶～を緩める / 放松领带. ¶～ピン / 领带夹.

ねくら【根暗】内向 nèixiàng. ¶性格が～だ / 性格内向.

ネグリジェ睡袍 shuìpáo.

ねこ【猫】猫 māo. ¶～を飼う / 养猫. ¶～がにゃあと鳴いた / 猫喵地叫了一声. ¶～に小判 / 对牛弹琴.

ネゴシエーション交涉 jiāoshè,谈判 tánpàn.

ねごと【寝言】梦话 mènghuà. ¶～を言う / 说梦话.

ねこむ【寝込む】［ぐっすり眠る］熟睡 shúshuì ;［病床につく］卧病wòbìng. ¶彼は風邪で寝込んでいる / 他因感冒卧床不起.

ねさがり【値下がり】跌价 diējià.

ねさげ【値下げ】降价 jiàngjià.

ねざす【根差す】扎根 zhāgēn.

ねじ螺丝 luósī. ¶～を締める〔緩める〕/ 拧紧〔松〕螺丝. ¶～を巻く / 拧紧发条. ¶ふたを～で留める / 把盖子用螺丝钉钉上. ¶～回し / 螺丝刀.

ねじまげる【捩じ曲げる】拧弯 níngwān. ¶釘を～ / 扭弯钉子. ¶事実を～ / 歪曲事实.

ねじる【捩じる】扭 niǔ. ¶体を～ / 扭动身体. ¶タオルを～ / 拧毛巾. ¶びんのふたを～ / 拧瓶盖. ¶蛇口を～ / 拧水龙头.

ねすごす【寝過ごす】睡过头 shuìguòtóu.

ねずみ【鼠】老鼠 lǎoshǔ. ¶～が鳴いている / 老鼠在叫. ¶～捕り / 捕鼠器.

ねたみ【妬み】嫉妒 jídù. ¶～を買う / 招人嫉妒.

ねたむ【妬む】嫉妒 jídù. ¶彼は上司の覚えがめでたいので同僚から妬まれている / 因为他受上司器重被大家嫉妒.

ねだる央求 yāngqiú. ¶子供が母親におこづかいを～ / 孩子央求妈妈给零用钱.

ねだん【値段】价钱 jiàqian. ¶～をつける / 定价钱. ¶～はいくらですか / 价格是多少？

ねつ【熱】热 rè,烧 shāo. ¶～を加える / 加热. ¶高い～がある / 发高烧. ¶昨夜から少し～があるようだ / 从昨晚好像有点发烧. ¶～が下がった / 烧退了. ¶～を出す / 发烧. ¶～を計る / 量体温. ¶～が入る / 热心. ¶～に浮かされる / 发高烧说胡话. ¶～を上げる / 入迷. ¶～が冷める / 不再热心. ¶～を入れる / 加劲儿. ¶～気球 / 热气球. ¶～効率 / 热效率. ¶～冷まし / 解烧.

ねつい【熱意】热情 rèqíng. ¶～を示す / 显示热情.

ねっき【熱気】热气 rèqì ; 热情 rèqíng.

ねっきょう【熱狂】狂热 kuángrè. ¶～的な歓迎 / 热烈的欢迎.

ねづく【根付く】生根 shēnggēn,扎根 zhāgēn.

ネックレス项链 xiàngliàn.

ねっしん【熱心】热心 rèxīn. ¶～に勉強する / 认真学习.

ねっする【熱する】加热 jiārè. ¶熱しやすい性格 / 容易激动的性格. ¶熱しやすく冷めやすい性格 / 易冷易热的性格.

ねつぞう【捏造】捏造 niēzào.

ねったい【熱帯】热带 rèdài. ¶～雨林 / 热带雨林. ¶～魚 / 热带鱼. ¶～植物 / 热带植物. ¶～性低気圧 / 热带性低气压. ¶～夜 / 最低

気温超过二十五度的夜晚.

ねっちゅう【熱中】热中 rèzhōng. ¶仕事に～する / 专心工作.

ネット 网 wǎng. ¶～を張る / 挂上球网. ¶インター～ / 因特网.

ねっとう【熱湯】热水 rèshuǐ. ¶～消毒する / 用开水消毒.

ネットオークション 网上拍卖wǎngshàng pāimài.

ネットサーフィン 网上冲浪 wǎngshàng chōnglàng.

ネットワーク 网络 wǎngluò.

ねづよい【根強い】根深蒂固 gēn shēn dì gù. ¶～人気 / 长久不衰地受人欢迎. ¶～反対 / 坚决反对.

ねつれつ【熱烈】热烈 rèliè. ¶～に歓迎する / 热烈欢迎.

ねどこ【寝床】卧具 wòjù. ¶～に入る / 进被窝. ¶～を敷く / 铺床.

ネパール 尼泊尔 Níbó'ér.

ねばねば 黏乎乎 niánhūhu.

ねばり【粘り】黏性 niánxìng. ¶～のある餅 / 有黏性的年糕. ¶～気のある液体 / 有黏性的液体. ¶彼は～が足りない / 他缺少耐性.

ねばりづよい【粘り強い】顽强 wánqiáng. ¶粘り強く説得する / 耐心地说服.

ねばる【粘る】［ねばねばする］发黏 fānián ；［持ちこたえる］坚持 jiānchí. ¶コーヒー1杯で2時間ねばった / 一杯咖啡磨了两小时.

ねびき【値引き】减价 jiǎnjià. ¶100円～する / 减价一百日元. ¶100円に～する / 减价到一百日元.

ねぶかい【根深い】根深 gēnshēn. ¶～偏見 / 根深蒂固的偏见.

ねぶくろ【寝袋】睡袋 shuìdài.

ねぶそく【寝不足】睡眠不足 shuìmián bùzú. ¶～で気分が悪い / 因睡眠不足而感到不舒服.

ねふだ【値札】商品价格标签 shāngpǐn jiàgé biāoqiān. ¶～を付ける / 贴价格标签.

ねぼう【寝坊】睡懒觉 shuì lǎnjiào. ¶～して会社に遅れた / 睡懒觉上班迟了.

ねぼける【寝惚ける】睡迷糊 shuìmíhu. ¶寝ぼけたことを言うなよ / 别说胡话了.

ねほりはほり【根掘り葉掘り】刨根问底 páo gēn wèn dǐ.

ねまき【寝巻き】睡衣 shuìyī.

ねまわし【根回し】事先疏通 shìxiān shūtōng. ¶事前に～をする / 事先做疏通工作.

ねむい【眠い】困倦 kùnjuàn. ¶～目をこする / 揉着睡眼.

ねむけ【眠気】睡意 shuìyì. ¶～を催す / 犯困. ¶～覚ましにコーヒーを飲む / 喝咖啡驱散睡意.

ねむり【眠り】睡觉 shuìjiào. ¶～が浅い〔深い〕/ 睡得不实〔实〕. ¶～に落ちる / 睡着了. ¶永遠の～につく / 长眠. ¶～薬 / 安眠药.

ねむりこむ【眠り込む】熟睡 shúshuì.

ねむる【眠る】睡觉 shuìjiào. ¶よく～ / 睡得很好. ¶たっぷり～ / 睡足了. ¶すやすや眠っている / 睡得很安稳. ¶ぐっすり～ / 睡得很香. ¶ぐうぐう～ / 呼呼大睡. ¶死んだように～ / 睡得像个死人了. ¶海底に～資源 / 沉睡在海底的资源.

ねらい【狙い】瞄准 miáozhǔn. ¶～をつける / 瞄准方向. ¶～が当たる / 打中. ¶～が外れる / 打偏. ¶論文の～ / 论文的用意.

ねらう【狙う】瞄准 miáozhǔn. ¶的を～ / 瞄准靶子. ¶鳥を狙って撃つ / 瞄准小鸟开枪. ¶機会を～ / 寻找机会. ¶優勝を～ / 争取冠军.

ねる【寝る】［眠る］睡觉 shuìjiào ；［横になる］躺 tǎng. ¶一晩よく寝たので気分爽快だ / 一晚上睡得很好, 心情很爽. ¶～時間だ / 是睡觉时间了. ¶彼女は彼と寝た / 她和他睡觉了. ¶芝生に～ / 躺在草坪上. ¶ベッドに寝て本を読む / 躺在床上看书. ¶病気で寝ている / 卧病在床. ¶寝ても覚めても / 日夜. ¶寝ているお金 / 没利用上的钱. ¶寝た子を起こす / 无事生非. ¶～間も惜しむ / 废寝忘食.

ねる【練る】揉 róu. ¶小麦粉を～ / 揉面粉. ¶粘土を～ / 和粘土. ¶文章を～ / 推敲文章. ¶練り上げる / 提炼.

ねん【念】念头 niàntou. ¶感謝の～を表す / 表示感谢的心情. ¶不安の～に襲われる / 不安的感觉袭上心头. ¶～のために傘を持って行く / 为慎重起见带伞去. ¶～を押す / 叮咛. ¶～を入れる / 严加注意. ¶～には～を入れよ / 要再三小心.

ねん【年】年 nián. ¶2～に1度 / 两年一次. ¶何～生ですか / 几年级学生？¶5～生です / 五年级学生.

ねんいり【念入り】仔细 zǐxì. ¶～に調べる / 仔细调查.

ねんが【年賀】贺年 hènián. ¶～に行く / 去拜年. ¶～状 / 贺年片；贺年卡. ¶～はがき / 贺年片.

ねんがっぴ【年月日】年月日 niányuèrì. ¶領収書に～を書く / 在发票上写年月日.

ねんかん【年鑑】年鉴 niánjiàn. ¶経済～ / 经济年鉴.

ねんがん【念願】心愿 xīnyuàn, 愿望 yuànwàng. ¶～がかなう / 实现心愿.

ねんきん【年金】养老金 yǎnglǎojīn. ¶～で暮らす / 靠养老金生活. ¶65歳から～がもらえる / 六十五岁起可以领养老金. ¶～制度 / 养老金制度. ¶～受給者 / 养老金的领取者. ¶老齢～ / 老年养老金. ¶企業～ / 企业养老金. ¶国民～ / 国民养老金. ¶厚生～ / 福利年金. ¶終身～ / 终身养老金.

ねんげつ【年月】岁月 suìyuè. ¶～を重ねる / 经年累月.
ねんごう【年号】年号 niánhào. ¶～を改める / 改元.
ねんざ【捻挫】扭伤 niǔshāng. ¶足首を～する / 扭伤脚脖子.
ねんしゅう【年収】年收入 niánshōurù, 年薪 niánxīn. ¶～600万ドルである / 年收入六百万美元.
ねんじゅう【年中】一年之中 yīnián zhī zhōng. ¶～無休 / 整年营业.
ねんしょう【燃焼】燃烧 ránshāo. ¶不完全～ / 不完全燃烧.
ねんしょう【年少】年少 niánshào. ¶～者 / 少年.
ねんだい【年代】年代 niándài. ¶1990～ / (二十世纪) 九十年代. ¶～ものワイン / 陈年葡萄酒. ¶～記 / 编年史.
ねんちゃく【粘着】黏性 niánxìng. ¶～テープ / 胶带. ¶～性 / 黏性. ¶～力 / 黏着力.
ねんちゅうぎょうじ【年中行事】一年之中的庆典 yīnián zhī zhōng de qìngdiǎn.
ねんちょう【年長】年长 niánzhǎng. ¶～者 / 年长者.
ねんど【粘土】黏土 niántǔ. ¶～細工 / 黏土工艺.
ねんど【年度】年度 niándù. ¶会計～ / 会计年度.
ねんぱい【年配】年纪 niánjì. ¶～の婦人 / 上年纪的妇女. ¶50～の男 / 五十来岁的男人.
ねんぴょう【年表】年表 niánbiǎo.
ねんぽう【年俸】年薪 niánxīn. ¶～制 / 年薪制.
ねんまく【粘膜】黏膜 niánmó.
ねんまつ【年末】年底 niándǐ, 年终 niánzhōng. ¶～大売り出し / 年底大甩卖. ¶～賞与 / 年终奖金. ¶～調整 / 年终进行扣缴所得税额的调整.
ねんりょう【燃料】燃料 ránliào. ¶～計 / 燃料计. ¶～タンク / 燃料箱. ¶～電池 / 燃料电池. ¶～費 / 燃料费. ¶～棒 / 燃料棒. ¶～補給 / 燃料补给.
ねんりん【年輪】年轮 niánlún. ¶～を重ねる / 积累经验.
ねんれい【年齢】年龄 niánlíng. ¶同～である / 同岁. ¶～給 / 年龄工资. ¶～制限 / 年龄限制. ¶～層 / 年龄层.

の

の【野】原野 yuányě. ¶あとは～となれ山となれ / 只管眼前, 不顾将来.
-の的 de. ¶我々～願いは一つです / 我们的愿望是一样的. ¶私～家 / 我的家. ¶日本語～新聞 / 日语报纸.
ノイズ杂音 záyīn, 噪音 zàoyīn.
ノイローゼ神经衰弱 shénjīng shuāiruò. ¶～にかかる / 患神经衰弱.
のう【能】本事 běnshi. ¶～ある鷹は爪を隠す / 真人不露相.
のう【脳】脑 nǎo. ¶～外科 / 脑外科. ¶～梗塞 / 脑梗塞. ¶～死 / 脑死亡. ¶～腫瘍 / 脑肿瘤. ¶～出血 / 脑溢血. ¶～卒中 / 脑中风.
のうえん【農園】农场 nóngchǎng.
のうか【農家】农家 nóngjiā.
のうがく【農学】农学 nóngxué.
のうき【納期】交付期 jiāofùqī, 交货期 jiāohuòqī.
のうぎょう【農業】农业 nóngyè. ¶～協同組合 / 农业协会.
のうぐ【農具】农具 nóngjù.
のうこう【農耕】农耕 nónggēng. ¶～民族 / 农耕民族.
のうこう【濃厚】浓厚 nónghòu. ¶殺人の疑いが～だ / 杀人的嫌疑很大. ¶～な味 / 浓重的味道.
のうさくぶつ【農作物】农作物 nóngzuòwù.
のうさんぶつ【農産物】农产品 nóngchǎnpǐn.
のうしゅく【濃縮】浓缩 nóngsuō. ¶～ウラン / 浓缩铀.
のうじょう【農場】农场 nóngchǎng.
のうぜい【納税】纳税 nàshuì.
のうそん【農村】农村 nóngcūn.
のうたん【濃淡】浓淡 nóngdàn. ¶～を付ける / 使颜色有深有浅.
のうち【農地】农田 nóngtián.
のうどう【能動】能动 néngdòng. ¶～的 / 能动性.
のうにゅう【納入】交纳 jiāonà. ¶学費を～する / 交纳学费.
ノウハウ技术秘诀 jìshù mìjué.
のうひん【納品】交货 jiāohuò. ¶～書 / 交货单. ¶期日通りに～する / 如期交货.
のうみん【農民】农民 nóngmín.
のうむ【濃霧】浓雾 nóngwù. ¶～が立ち込める / 大雾笼罩.
のうやく【農薬】农药 nóngyào. ¶～をまく / 撒农药.
のうりつ【能率】效率 xiàolǜ. ¶～的な方法 / 有效率的方法.
のうりょく【能力】能力 nénglì. ¶～がある〔ない〕/ 有〔没有〕能力. ¶～主義 / 能力主义.
ノーカウント不计分 bù jìfēn.
ノーカット完整版 wánzhěngbǎn, 未经删节 wèi jīng shānjié.
ノーコメント无可奉告 wú kě fènggào.
ノーサンキュー不需要 bù xūyào.
ノースリーブ无袖服装 wúxiù fúzhuāng.
ノート笔记本 bǐjìběn. ¶～パソコン / 笔记本电脑.
ノーブラ不带胸罩 bù dài xiōngzhào.
ノーベルしょう【ノーベル賞】诺贝尔奖 Nuòbèi'ěr jiǎng. ¶～受賞者 / 诺贝尔奖获奖者.

ノーマル正常 zhèngcháng. ¶～な状態 / 正常状态. ¶アブ～ / 异常；变态.
のがす【逃す】错过 cuòguò. ¶好機を～ / 错过好时机.
のがれる【逃れる】逃跑 táopǎo, 躲避 duǒbì. ¶戦火を逃れてきた人々 / 躲避战火的人们.
のき【軒】房檐 fángyán. ¶～を連ねる / 鳞次栉比. ¶～下 / 屋檐下.
のけもの【除け者】被排挤出去的人 bèi páijǐchūqù de rén. ¶～にする / 当作异己.
のこぎり【鋸】锯 jù. ¶～で木を切る / 用锯锯木头.
のこしておく【残しておく】留下 liúxià.
のこす【残す】剩下 shèngxià, 保留 bǎoliú. ¶食べ物を～ / 把饭剩下. ¶財産を～ / 留下财产. ¶後世に名を～ / 流芳后世.
のこらず【残らず】全部 quánbù. ¶ひとり～帰った / 所有的人都回家了.
のこり【残り】剩下的 shèngxià de. ¶（食堂で）～は包んでもらえますか / 把剩下的菜打包好吗？
のこる【残る】留下 liúxià. ¶記憶に～ / 留在记忆里.
のさばる飞扬跋扈 fēi yáng bá hù.
のせる【乗せる】装上 zhuāngshang. ¶赤ちゃんをベビーカーに～ / 把孩子放在婴儿车上.
のせる【載せる】［何かの上に］放 fàng ；［掲載する］登载 dēngzǎi, 刊登 kāndēng. ¶棚に荷物を～ / 把行李放在行李架上. ¶新聞に広告を～ / 在报纸上打广告.
のぞきこむ【覗き込む】偷看 tōukàn.
のぞく【覗く】窥视 kuīshì. ¶部屋の中を～ / 偷看房间里面.
のぞく【除く】除去 chúqù. ¶不安を～ / 消除不安.
のそのそ慢吞吞地 màntūntūnde.
のぞましい【望ましい】最好 zuìhǎo.
のぞみ【望み】期望 qīwàng. ¶～をかなえる / 实现愿望. ¶～薄 / 希望不大. ¶～通り / 如愿.
のぞむ【望む】［希望する］希望 xīwàng ；［展望する］遥望 yáowàng. ¶平和的な統一を～ / 盼望和平统一.
のぞむ【臨む】面临 miànlín.
のち【後】后 hòu. ¶20年の～に / 二十年后. ¶晴れ～曇り / 晴转阴.
のちのち【後々】将来 jiānglái. ¶～のため / 为了将来.
のちほど【後ほど】过后 guòhòu. ¶では～ / 回头见.
ノック敲 qiāo. ¶ドアを～する / 敲门. ¶～アウト / 击败对手. ¶～ダウン / 打倒. ¶～ダウン輸出 / 出口装配零件.
のっとる【則る】根据 gēnjù. ¶原則に～ / 根据原则. ¶先例に～ / 循例.
のっとる【乗っ取る】篡夺 cuànduó, 窃取 qièqǔ.
－ので因为 yīnwèi. ¶非常に疲れていた～寝た / 因为很累,所以睡了. ¶お金がない～買えません / 因为没钱,买不起.
のど【喉・咽】喉咙 hóulong. ¶～仏 / 喉结. ¶～が渇いた / 口渴. ¶～もと過ぎれば熱さを忘れる / 好了伤疤忘了痛.
のどかな悠闲 yōuxián. ¶～気持ち / 悠闲的心情. ¶～田園風景 / 恬静的田园风景.
－のに虽然 suīrán. ¶5月な～まだ寒い / 虽是五月还有点冷. ¶留学する～必要な書類 / 为了留学需要的文件. ¶君も行けばよかった～ / 你也去了该多好.
ののしる【罵る】骂 mà. ¶彼女は彼をペテン師と罵った / 她骂他是骗子.
のばす【伸ばす】［長くする］拉长 lācháng ；［成長させる］提高 tígāo. ¶髪を～ / 留长头发. ¶才能を～ / 提高能力. ¶売り上げを～ / 增加销售额.
のばす【延ばす】［延長する］延长 yáncháng ；［延期する］延期 yánqī. ¶営業時間を～ / 延长营业时间. ¶予定を～ / 推迟计划.
のはら【野原】原野 yuányě.
のばら【野薔薇】野蔷薇 yě qiángwēi.
のびちぢみ【伸び縮み】伸缩 shēnsuō, 弹性 tánxìng.
のびのび自由自在 zìyóu zìzài. ¶～と育つ / 自由自在地成长.
のびる【伸びる】伸长 shēncháng. ¶輸出が～ / 出口增长. ¶背が～ / 个子长高了.
のびる【延びる】［長くなる］延伸 yánshēn ；［遅くなる］延期 yánqī. ¶出発が3日のびた / 出发推迟三天. ¶地下鉄が空港までのびた / 地铁延伸到机场.
ノブ把手 bǎshou, 拉手 lāshou.
のべ【延べ】总计 zǒngjì. ¶～人員 / 总人数. ¶～日数 / 总天数. ¶～80人 / 八十人次.
のべる【述べる】叙述 xùshù. ¶事実を～ / 叙述事实. ¶祝辞を～ / 致贺词.
のぼせる晕头转向 yūn tóu zhuàn xiàng. ¶暑くて～ / 热得头昏脑涨. ¶映画スターに～ / 迷恋电影明星.
のぼり【上り】上行线 shàngxíngxiàn. ¶～列車 / 上行列车. ¶～坂 / 上坡路. ¶お～さん / 进京的乡下人.
のぼる【上る】上升 shàngshēng. ¶川を船で上った / 坐船逆流而上. ¶死者は20人にも上った / 死者上升到二十人.
のぼる【登る】登 dēng. ¶山に～ / 登山；爬山.
のぼる【昇る】升 shēng. ¶太陽が

～/太阳升起来. ¶地位が～/升级.

のみ【蚤】跳蚤 tiàozao. ¶～の市/跳蚤市场.

のみ【鑿】凿子 záozi.

-のみ只 zhǐ. ¶正確に計算できたのは彼～であった/能正确计算的只有他.

のみぐすり【飲み薬】内服药 nèifúyào.

のみこむ【飲み込む】咽下 yānxià. ¶つばを～/咽唾沫. ¶こつを～/领会窍门.

のみち【野道】野外小路yěwài xiǎolù.

-のみならず不仅仅 bùjǐnjǐn. ¶彼は政治家である～芸術家でもある/他不仅是政治家也是艺术家.

ノミネート提名 tímíng.

のみほす【飲み干す】喝干 hēgān.

のみみず【飲み水】饮用水 yǐnyòngshuǐ.

のみもの【飲み物】饮料 yǐnliào.

のみや【飲み屋】酒馆 jiǔguǎn.

のむ【飲む】喝 hē. ¶コーヒーを～/喝咖啡. ¶酒を～/喝酒. ¶薬を～/吃药. ¶たばこを～/吸烟. ¶～打つ買う/吃喝嫖赌.

のらいぬ【野良犬】野狗 yěgǒu.

のらねこ【野良猫】野猫 yěmāo.

のり【糊】浆糊 jiānghú. ¶～を付ける/抹浆糊. ¶～ではる/用浆糊贴.

のり【海苔】紫菜 zǐcài.

のりおくれる【乗り遅れる】赶不上 gǎnbushàng. ¶電車に～/赶不上电车.

のりかえ【乗り換え】换乘 huànchéng. ¶人民広場に行くにはどこで～ればいいですか/去人民广场在哪里换车好呢？¶～駅/换乘车站.

のりき【乗り気】起劲 qǐjìn, 感兴趣 gǎn xìngqù.

のりきる【乗り切る】越过 yuèguò. ¶難関を～/越过难关.

のりくみいん【乗組員】乘务员chéngwùyuán.

のりこえる【乗り越える】克服 kèfú. ¶困難を～/克服困难.

のりこす【乗り越す】坐过站 zuòguò zhàn. ¶うっかり乗り越してしまった/不小心坐过了站.

のりこむ【乗り込む】坐上 zuòshàng.

のりづけ【糊付け】［服を］浆 jiāng；［のりを付ける］用糨糊粘贴 yòng jiànghu zhāntiē.

のりば【乗り場】乘车站 chéngchēzhàn.

のりもの【乗り物】交通工具 jiāotōng gōngjù. ¶～酔い/晕车.

のる【乗る】［乗り物などに］坐 zuò；［バイク・馬・自転車に］骑 qí. ¶バス〔飛行機〕に～/坐「巴士〔飞机〕. ¶バイク〔馬〕に～/骑「摩托车〔马〕.

のる【載る】［置かれる］放 fàng；［掲載される］登载 dēngzǎi, 刊登 kāndēng. ¶この言葉は辞書に載っていません/字典里没有这个词.

ノルウェー挪威 Nuówēi.

ノルマ定额 dìng'é. ¶～を課す/规定定额.

のろい【鈍い】［遅い］慢 màn；［にぶい］迟钝 chídùn.

のろい【呪い】诅咒 zǔzhòu.

のろう【呪う】诅咒 zǔzhòu. ¶陰で彼を～/背地里诅咒他.

のろのろ慢慢腾腾地 mànmànténgténgde. ¶～運転/慢吞吞地开车.

のんき悠闲 yōuxián. ¶～に暮らす/悠闲过日子. ¶そんな～な事を言うな/别说马马虎虎的话！

ノンキャリア非预备干部的一般公务员 fēiyùbèi gànbù de yībān gōngwùyuán.

ノンストップ直达 zhídá. ¶名古屋まで～/到名古屋中途不停.

のんだくれ酒鬼 jiǔguǐ.

ノンバンク非银行金融机构 fēiyínháng jīnróng jīgòu.

のんびり悠闲 yōuxián. ¶～した生活/悠闲自在的生活.

ノンフィクション纪实性作品 jìshíxìng zuòpǐn. ¶～作家/纪实性作品作家.

ノンポリ不问政治bù wèn zhèngzhì.

は

は【葉】叶 yè. ¶～の茂った木/枝叶繁茂的树. ¶落ち～/落叶.

は【歯】牙 yá. ¶～が痛い/牙疼. ¶～が抜ける/牙掉了. ¶～を磨く/刷牙. ¶～を抜く/拔牙. ¶～を食いしばる/咬紧牙关. ¶歯に衣を着せない/直言不讳.

は【刃】刀刃 dāorèn. ¶～を研ぐ/磨刃.

は【派】派别 pàibié, 派系 pàixì. ¶左～/左派. ¶右～/右派.

ば【場】地方dìfang；［場所］场所chǎngsuǒ；［場合・状況］场合 chǎnghé；［劇・舞台の場面］场面 chǎngmiàn. ¶その～で/当场. ¶～を持たせる/应付场面.

バー杆子 gānzi. ¶～を飛び越える/越过横杆.

ばあい【場合】场合 chǎnghé. ¶～によっては/根据情况. ¶泣いている～ではない/不是哭的场合.

はあく【把握】把握 bǎwò.

バーゲンセール大甩卖 dàshuǎimài.

バーコード条形码 tiáoxíngmǎ.

バージョン版本 bǎnběn. ¶～アップ/版本升级.

パーセント百分比 bǎifēnbǐ, 百分之… bǎi fēn zhī…. ¶30～/百分之三十. ¶20～引き/便宜百分之二十. ¶100～賛成です/百分之百赞成.

パーソナリティー［個性］个性 gèxìng；［司会者］节目主持人 jiémù

zhǔchírén.

バーター易货 yìhuò. ¶～貿易 / 易货贸易.

バーチャル虚拟 xūnǐ, 虚幻 xūhuàn. ¶～リアリティ / 虚拟现实；虚拟环境.

パーティー晚会 wǎnhuì. ¶～を開く / 开晚会. ¶6人の～を組む / 组成六人小组.

バーテン吧丁 bādīng, 酒保 jiǔbǎo.

ハート心 xīn, 心脏 xīnzàng.

ハード严格 yángé. ¶～カバーの本 / 精装书. ¶～ウエア / 计算机硬件. ¶～ディスク / 硬盘. ¶～スケジュール / 紧张的日程. ¶～ボイルド文学 / 冷酷文学.

は

パート打零工 dǎ línggōng. ¶～で働く / 干计时工. ¶～タイマー / 打零工的人.

バードウオッチング观察野鸟 guānchá yěniǎo.

パートナー伙伴 huǒbàn. ¶～シップ / 伙伴关系.

ハーブ药草 yàocǎo. ¶～ティー / 香草茶.

ハープ竖琴 shùqín. ¶～奏者 / 竖琴演奏者.

バーベキュー野外烧烤 yěwài shāokǎo.

パーマ烫发 tàngfà. ¶～をかける / 烫头发.

ハーモニー和声 héshēng, 协调 xiétiáo.

ハーモニカ口琴 kǒuqín.

はい是 shì, 对 duì.

はい【灰】灰 huī. ¶～になる / 化成灰.

はい【肺】肺 fèi. ¶～を患う / 患肺病.

ばい【倍】倍 bèi. ¶～になる / 成倍. ¶物価が2～に上がった / 物价涨了一倍.

はいいろ【灰色】灰色 huīsè.

ハイウェイ高速公路 gāosù gōnglù.

はいえい【背泳】仰泳 yǎngyǒng.

ハイエナ鬣狗 liègǒu.

はいえん【肺炎】肺炎 fèiyán. ¶～になる / 患肺炎.

バイオテクノロジー生物工程shēngwù gōngchéng.

バイオリン小提琴 xiǎotíqín. ¶～を弾く / 拉小提琴.

ハイオク(タン) 高锌烷汽油gāoxīnwán qìyóu.

バイオリズム生命周期 shēngmìng zhōuqī, 生物钟 shēngwùzhōng.

バイオレンス暴力 bàolì.

ばいかい【媒介】媒介 méijiè. ¶～物 / 媒介物.

はいがす【排ガス】排气 páiqì.

はいかつりょう【肺活量】肺活量 fèihuóliàng. ¶～計 / 肺活量计.

ハイカラ洋派 yángpài, 新派 xīnpài.

はいかん【配管】配管 pèiguǎn. ¶～する / 配管. ¶～工 / 配管工. ¶～工事 / 管道工程.

はいがん【肺癌】肺癌 fèi'ái.

はいきぶつ【廃棄物】废弃物 fèiqìwù.

はいきょ【廃虚】废墟 fèixū. ¶～になる / 变成废墟.

ばいきん【黴菌】细菌 xìjūn. ¶傷口から～が入った / 伤口进细菌了.

ハイキング郊游 jiāoyóu. ¶～に行く / 去郊游.

バイキング自助餐 zìzhùcān.

バイク摩托车 mótuōchē.

はいぐうしゃ【配偶者】配偶 pèi'ǒu. ¶～控除 / 配偶扣除.

はいけい【拝啓】敬启者 jìngqǐzhě.

はいけい【背景】背景 bèijǐng.

はいけん【拝見】拜见 bàijiàn, 领教 lǐngjiào.

はいご【背後】背后 bèihòu.

はいざら【灰皿】烟灰缸 yānhuīgāng.

はいし【廃止】废止 fèizhǐ.

はいしゃ【敗者】败者 bàizhě. ¶～復活戦 / 双淘汰赛.

はいしゃ【歯医者】牙科医生 yákē yīshēng. ¶～に行く / 去看牙医.

はいしゃく【拝借】拜借 bàijiè.

ばいしゃく【媒酌】做媒 zuòméi, 媒妁 méishuò.

ハイジャック劫机 jiéjī. ¶～犯人 / 劫机犯.

ばいしゅう【買収】收买 shōumǎi, 收购 shōugòu. ¶企業の併合～ / 企业的兼并收购. ¶～策 / 收买方案.

はいじょ【排除】排除 páichú.

ばいしょう【賠償】赔偿 péicháng. ¶～責任 / 赔偿责任.

はいすい【排水】排水 páishuǐ. ¶～管 / 排水管. ¶～溝 / 排水沟. ¶～口 / 排水口. ¶～工事 / 排水工程. ¶～設備 / 排水设备. ¶～ポンプ / 排水泵. ¶～量 / 排水量.

はいせき【排斥】排斥 páichì, 抵制 dǐzhì. ¶日本製品を～する / 抵制日货.

はいせつ【排泄】排泄 páixiè.

はいせん【敗戦】战败 zhànbài. ¶～国 / 战败国. ¶～投手 / 比赛失败的投手.

はいた【歯痛】牙疼 yáténg.

ばいたい【媒体】媒体 méitǐ.

はいたつ【配達】发送 fāsòng. ¶無料で～する / 免费发送. ¶～区域 / 发送区域. ¶～先 / 收件人. ¶～証明書 / 双挂号回执. ¶～人 / 发送人. ¶～料 / 发送费.

はいたてき【排他的】排他性 páitāxìng. ¶～経済水域 / 排他性经济水域.

はいち【配置】配置 pèizhì；[人員]调动 diàodòng. ¶～換えをする / 换配置. ¶～図 / 配置图. ¶～転換 / 转换配置；人事调动.

ハイテク高科技 gāokējì, 尖端技术 jiānduān jìshù.

ばいてん【売店】小卖部 xiǎomàibù. ¶駅の～ / 车站的小卖部.

バイト 临时工 línshígōng.
はいとう【配当】分配fēnpèi, 分红fēnhóng. ¶利益の～にあずかる / 接受分配的利益. ¶～落ち / 失去分红的股票. ¶～率 / 分配率. ¶無～ / 无分红.
パイナップル 菠萝 bōluó, 凤梨 fènglí.
ばいばい【売買】买卖 mǎimai. ¶～契約 / 买卖合同. ¶～手数料 / 买卖手续费.
バイパス 旁路 pánglù.
ハイヒール 高跟鞋 gāogēnxié.
ハイビジョン 高清电视 gāoqīng diànshì.
はいびょう【肺病】肺病 fèibìng.
はいふ【配布】散发 sànfā.
パイプ 烟斗 yāndǒu. ¶～に火をつける / 给烟斗点火. ¶～をふかす / 吸烟. ¶～役を果たす / 从中斡旋. ¶～オルガン / 管风琴. ¶ビニール～ / 塑料管.
バイブル 圣经 Shèngjīng ; 经典 jīngdiǎn.
ハイフン 连字符 liánzìfú.
はいぶん【配分】分配 fēnpèi.
はいぼく【敗北】失败 shībài. ¶～者 / 失败者. ¶～宣言 / 失败宣言.
はいやく【配役】配角 pèijué.
はいゆう【俳優】演员 yǎnyuán. ¶映画～ / 电影演员.
ハイライト 聚光点 jùguāngdiǎn, 精彩场面 jīngcǎi chǎngmiàn.
ばいりつ【倍率】倍率 bèilǜ.
はいりょ【配慮】关怀 guānhuái, 照顾 zhàogù. ¶ご～ありがとうございます / 谢谢你的关照. ¶～に欠ける / 缺乏关怀.
バイリンガル 双语 shuāngyǔ, 能说两种语言的人 néng shuō liǎngzhǒng yǔyán de rén. ¶～教育 / 双语教育.
はいる【入る】进入jìnrù. ¶教室に～ / 进教室. ¶会議場に～ / 进入会场. ¶政界に～ / 进入政界. ¶目に～ / 看到. ¶どうぞお入りください / 请进. ¶この瓶はどのくらい入りますか / 这个瓶子能装多少? ¶お茶が入った / 茶泡上了.
はいれつ【配列】排列 páiliè. ¶～し直す / 重新排列.
パイロット 飞行员 fēixíngyuán. ¶～ランプ / 领航灯.
バインダー 活页夹 huóyèjiā.
はう【這う】爬 pá. ¶はって行く / 爬着走. ¶赤ん坊がはい回る / 婴儿来回爬.
パウダー 粉末fěnmò ; 香粉xiāngfěn.
はえ【蠅】苍蝇 cāngying. ¶～をたたく / 打苍蝇. ¶～たたき / 蝇拍.
はえる【生える】生长 shēngzhǎng. ¶根が～ / 扎根. ¶歯が～ / 长牙. ¶ひげが～ / 长胡子.
はえる【映える】闪亮 shǎnliàng, 醒目 xǐngmù, 光彩照人 guāngcǎi zhàorén.
はか【墓】墓 mù. ¶～を作る / 造墓. ¶～参りをする / 扫墓. ¶～石 / 墓石. ¶～場 / 墓地.
ばか【馬鹿】傻瓜 shǎguā. ¶～にする / 看不起. ¶～にならない / 不容轻视 ; 不能小视. ¶～を見る / 上当. ¶～なことを言うな / 别瞎说. ¶～丁寧だ / 过分客气. ¶～話 / 傻话.
はかい【破壊】破坏 pòhuài. ¶環境～ / 破坏环境. ¶～工作 / 破坏活动. ¶～力 / 破坏力.
はがき【葉書】明信片 míngxìnpiàn. ¶絵～ / 美术明信片. ¶往復～ / 往返明信片.
はがす【剝がす】揭掉 jiēdiào. ¶壁紙を～ / 揭下壁纸. ¶アルバムから写真を～ / 从相册上揭掉照片.
はかせ【博士】博士 bóshì. ¶哲学～ / 哲学博士.
はかどる【捗る】进展顺利 jìnzhǎn shùnlì. ¶いっこうにはかどらない / 进展不顺.
はかない【儚い】渺茫 miǎománg. ¶～夢を追う / 追求不实际的梦想.
はがね 钢 gāng, 钢铁 gāngtiě.
はかり【秤】秤 chèng. ¶～にかける / 用秤称. ¶さお～ / 杆秤.
－ばかり 左右 zuǒyòu. ¶5日～ / 五天左右. ¶一日中寝て～いる / 一整天光睡.
はかりうり【量り売り】论分量卖 lùn fènliang mài.
はかる【計る・測る・量る】测量 cèliáng. ¶水深を～ / 测量水深.
はかる【図る】图谋 túmóu. ¶自殺を～ / 企图自杀. ¶公益を～ / 为了公益.
はがれる 剥落 bōluò.
バカンス 休假 xiūjià.
はき【破棄】撕毁 sīhuǐ, 取消 qǔxiāo.
はきけ【吐き気】呕吐 ǒutù. ¶～がする / 想吐.
パキスタン 巴基斯坦 Bājīsītǎn.
はきゅう【波及】波及 bōjí. ¶～効果 / 波及效果.
はく【掃く】扫 sǎo. ¶部屋を～ / 扫房间. ¶掃いて集める / 扫到一起. ¶掃いて捨てるほどある / 多得富余.
はく【吐く】吐 tǔ ; 吐 tù. ¶息を～ / 呼气. ¶煙を～ / 冒烟. ¶食べた物を～ / 把吃的东西吐出来. ¶血を～ / 吐血. ¶気炎を～ / 气势激昂. ¶本音を～ / 说实话.
はく【履く】穿 chuān. ¶運動靴を履いている / 穿着运动鞋. ¶ブーツを履いて出かける / 穿着长靴出门. ¶この靴は履き心地がいい / 这双鞋穿着舒服.
はぐ【剝ぐ】剥 bāo. ¶木の皮を～ / 剥树皮.
はくがい【迫害】迫害 pòhài. ¶～を受ける / 受迫害.
はぐき【歯茎】牙床 yáchuáng.

は

ばくげき【爆撃】轰炸 hōngzhà. ¶～機 / 轰炸机.
はくさい【白菜】白菜 báicài.
はくし【白紙】白纸 báizhǐ. ¶～に戻す / 全部取消.
はくしき【博識】博学多识bóxué duōshí.
はくしゅ【拍手】拍手 pāishǒu,鼓掌 gǔzhǎng. ¶～喝采する / 鼓掌喝彩.
はくじょう【白状】坦白 tǎnbái ; 交代 jiāodài.
はくじょう【薄情】薄情 bóqíng,无情 wúqíng,冷酷 lěngkù.
はくじん【白人】白人 báirén.
ばくぜん【漠然】茫然 mángrán. ¶～とした期待 / 茫然地期待.
ばくだい【莫大】巨大 jùdà,重大 zhòngdà. ¶～な被害を被る / 蒙受重大的损失.
ばくだん【爆弾】炸弹 zhàdàn. ¶～を落とす / 扔炸弹. ¶～をしかける / 安放炸弹. ¶～発言 / 爆炸性发言. ¶～処理班 / 爆炸物处理小组. ¶核～ / 核弹.
ばくち赌博 dǔbó.
ばくちく【爆竹】爆竹 bàozhú. ¶～を鳴らす / 放爆竹.
はくちょう【白鳥】天鹅 tiān'é. ¶～座 / 天鹅座.
バクテリア细菌 xìjūn.
ばくは【爆破】爆破 bàopò.
はくはつ【白髪】白发 báifà.
ばくはつ【爆発】爆发 bàofā,爆炸 bàozhà. ¶怒りを～させる / 发怒. ¶～的に売れる / 卖得很火. ¶～的人気を博す / 博得极高的欢迎. ¶～音 / 爆炸声. ¶～物 / 爆炸物.
はくぶつかん【博物館】博物馆 bówùguǎn. ¶国立～ / 国立博物馆.
はくらんかい【博覧会】博览会bólǎnhuì. ¶万国～ / 世界博览会.
はぐるま【歯車】齿轮 chǐlún.
はぐれる离群 líqún,落伍 luòwǔ.
ばくろ【暴露】暴露 bàolù.
はげ【禿げ】秃 tū. ¶～頭 / 秃头.
はげしい【激しい】激烈 jīliè. ¶気性が～ / 性格暴躁. ¶～戦闘 / 激烈的战斗. ¶～風雨 / 狂风暴雨.
バケツ水桶 shuǐtǒng.
はげます【励ます】鼓励 gǔlì.
はげむ【励む】努力 nǔlì.
ばけもの【化け物】怪物 guàiwù.
はげる【禿げる】秃 tū.
ばける【化ける】变幻 biànhuàn,变形 biànxíng,改头换面 gǎitóu huànmiàn.
はけん【覇権】霸权 bàquán. ¶～を握る / 掌握霸权. ¶～主義 / 霸权主义.
はけん【派遣】派遣 pàiqiǎn. ¶代表団を～する / 派遣代表团. ¶～労働者 / 临时工.
はこ【箱】箱子 xiāngzi. ¶～に詰める / 装箱.
はこぶ【運ぶ】运输 yùnshū. ¶荷物を～ / 运输货物.
バザー义卖市场 yìmài shìchǎng. ¶～を開く / 开设义卖市场.
はさみ【鋏】剪刀 jiǎndāo. ¶～を入れる / 用剪刀剪.
はさむ【挟む】夹 jiā. ¶パンにハムを～ / 面包里夹火腿. ¶指をドアに挟んだ / 指头夹在门里.
はさん【破産】破产 pòchǎn. ¶～を宣告する / 宣告破产. ¶～者 / 破产者.
はし【橋】桥 qiáo. ¶～をかける / 架桥. ¶～を渡る / 过桥. ¶～のたもとで / 桥脚下. ¶～桁 / 桥桁.
はし【端】旁边 pángbiān. ¶道の～に / 路旁. ¶～から～まで / 从这头到那头.
はし【箸】筷子 kuàizi. ¶～を置く / 放下筷子. ¶～でおかずを挟む / 用筷子夹菜. ¶～をつける / 下筷子.
はじ【恥】羞耻 xiūchǐ. ¶～をかく / 丢脸. ¶～をしのぶ / 忍辱. ¶～も外聞もなく / 不顾体面. ¶～の上塗り / 丑上加丑. ¶～知らず / 恬不知耻.
はしか【麻疹】麻疹 mázhěn.
はしがき序文 xùwén,前言 qiányán.
はじく弹开 tánkāi. ¶指で～ / 用指甲弹. ¶そろばんを～ / 打算盘. ¶水を～ / 不渗水.
はしけ【艀】舢板 shānbǎn.
はしご【梯子】梯子 tīzi. ¶～を壁にかける / 把梯子靠在墙上. ¶～酒 / 接连去几家酒馆喝酒. ¶～車 / 带梯子的救火车.
はじまり【始まり】开始 kāishǐ.
はじまる【始まる】开始 kāishǐ. ¶戦争が始まった / 战争开始了. ¶彼の寝坊は今に始まったことではない / 他睡懒觉不是从今天开始的. ¶今さら後悔しても始まらない / 现在后悔也没用.
はじめ【初め・始め】开始 kāishǐ. ¶～から / 从开始.
はじめて【初めて】初次 chūcì,第一次 dìyī cì. ¶生まれて～ / 有生第一次. ¶大阪は～です / 第一次来大阪.
はじめまして【初めまして】初次见面 chūcì jiànmiàn.
はじめる【始める】开始 kāishǐ. ¶中国語の勉強を～ / 开始学习汉语. ¶ゴルフを～ / 开始学打高尔夫球.
ばしゃ【馬車】马车 mǎchē. ¶～馬のように働く / 盲目地干活.
パジャマ睡衣 shuìyī.
ばじゅつ【馬術】马术 mǎshù. ¶～競技 / 马术比赛.
ばしょ【場所】地点 dìdiǎn. ¶約束の～ / 约会的地点.
ばしょがら【場所柄】场合 chǎnghé. ¶～をわきまえずに / 不顾场合.
はしら【柱】柱子 zhùzi. ¶～を立てる / 立柱子. ¶～時計 / 挂钟. ¶一家の～ / 家里的顶梁柱.

はしりたかとび【走り高跳び】跳高 tiàogāo.

はしりはばとび【走り幅跳び】跳远 tiàoyuǎn.

はしる【走る】跑 pǎo. ¶100メートルを～ / 跑一百米. ¶彼が走ってきた / 他跑过来了. ¶車が猛スピードで走って行く / 车快速驶去. ¶右肘に痛みが走った / 右肘感到一阵剧痛. ¶高速道路が南北に走っている / 高速公路贯穿南北. ¶悪事に～ / 做坏事.

はじる【恥じる】害羞 hàixiū. ¶恥じて赤くなる / 害羞脸红. ¶その名に恥じない立派な選手だった / 不愧是有名的选手.

はす【蓮】莲藕 lián'ǒu.

はず【筈】理应 lǐyīng. ¶彼はもう着いている～だ / 他应该已经到了. ¶そんな～はない / 不可能是那样.

バス [乗り物]公交车 gōngjiāochē, 公共汽车 gōnggòng qìchē, 大轿车 dàjiàochē ; [風呂]沐浴 mùyù, 浴室 yùshì, 浴盆 yùpén ; [低音]低音部 dīyīnbù, 男低音 nándīyīn. ¶～が通っている / 通公交车. ¶～で行く / 坐公交车去. ¶～に乗る / 坐公交车. ¶～に乗り遅れる / 没赶上公交车. ¶～ガイド / 公交车向导. ¶～ターミナル / 公交车终点. ¶～停 / 汽车站. ¶～旅行 / 大客车旅行. ¶～路線 / 公交车路线. ¶～ルーム / 浴室. ¶～タオル / 浴巾. ¶～ローブ / 浴衣.

パス [合格]合格 hégé, 通过 tōngguò ; [送球]传球 chuánqiú. ¶入試に～する / 通过入学考试. ¶ボールを～する / 传球.

はずかしい【恥ずかしい】不好意思 bù hǎo yìsi, 害羞 hàixiū. ¶恥ずかしげもない / 毫不害羞. ¶恥ずかしそうな顔 / 害羞的表情. ¶何も～ことではない / 没什么可害羞的.

はずかしめる【辱める】羞耻 xiūchǐ.

バスケットボール篮球 lánqiú.

はずす【外す】去除 qùchú. ¶ボタンを～ / 解开扣子. ¶席を～ / 离开座位. ¶的を～ / 脱靶.

パスタ意大利面 yìdàlìmiàn.

パステル彩色粉笔 cǎisè fěnbǐ. ¶～画 / 蜡笔画. ¶～カラー / 中间色.

パスポート护照 hùzhào. ¶～を申請する / 申请护照.

はずむ【弾む】弹 tán ¶よく～ボール / 弹性好的球. ¶息が～ / 气喘. ¶話が～ / 说得起劲.

パズル难题 nántí, 字谜 zìmí. ¶～を解く / 解难题.

はずれ【外れ】边缘 biānyuán ; 失败 shībài ; 未击中 wèi jīzhòng.

はずれる【外れる】掉 diào. ¶ボタンが～ / 扣子掉了. ¶的が～ / 脱靶. ¶予測が～ / 估计错误. ¶歌の調子が～ / 歌跑调. ¶当てが～ / 希望落空. ¶礼儀に～ / 不合礼仪. ¶道理に外れた行動 / 不合道理的行动.

パスワード密码 mìmǎ.

はせい【派生】派生 pàishēng. ¶金融～商品 / 金融派生商品.

パセリ荷兰芹 hélánqín.

パソコン个人计算机 gèrén jìsuànjī, 个人电脑 gèrén diànnǎo.

はそん【破損】破损 pòsǔn.

はた【旗】旗帜 qízhì. ¶～を掲げる / 升旗. ¶～を降ろす / 降旗. ¶～を振る / 摇旗. ¶～ざお / 旗杆.

はだ【肌】皮肤 pífū. ¶白い～ / 白色的肌肤. ¶～がきれいだ / 皮肤好. ¶～が荒れる / 皮肤粗糙. ¶～で感じる / 亲身感受. ¶～が合わない / 合不来. ¶木～ / 树皮. ¶山～ / 山的表面.

バター黄油 huángyóu. ¶～でいためる / 用黄油炒. ¶パンに～を塗る / 给面包上抹黄油.

パターン类型 lèixíng. ¶～化する / 格式化.

はだか【裸】裸体 luǒtǐ. ¶～になる / 把衣服脱光. ¶～一貫から財を築く / 白手起家.

はたけ【畑】田地 tiándì. ¶～を耕す / 耕地. ¶みかん～ / 橘树园. ¶野菜～ / 蔬菜地. ¶～違いである / 领域不同.

はださむい【肌寒い】感觉冷 gǎnjué lěng. ¶今日は～ / 今天有点冷.

はだし【裸足】赤脚 chìjiǎo. ¶～で歩く / 光脚走.

はたす【果たす】完成 wánchéng. ¶義務を～ / 尽义务. ¶望みを～ / 实现愿望. ¶約束を～ / 履行诺言.

はたち【二十歳】二十岁 èrshí suì. ¶とっくに～を過ぎている / 早就过了二十岁了.

バタフライ [水泳]蝶泳 diéyǒng.

はたらく【働く】工作 gōngzuò. ¶彼女はあの工場で働いている / 她在那个工厂工作. ¶働きすぎる / 工作过度.

はち【八】八 bā. ¶～分の1 / 八分之一. ¶～番目 / 第八.

はち【蜂】蜂 fēng. ¶～に刺される / 被蜂蛰. ¶蜜～ / 蜜蜂.

はちがつ【八月】八月 bāyuè.

はちゅうるい【爬虫類】爬行动物 páxíng dòngwù.

-はつ【-発】发 fā. ¶8時～の列車 / 八点发的列车. ¶ロンドン～の外信によれば / 据伦敦外电报道. ¶銃を1～撃つ / 打一枪.

ばつ【罰】处罚 chǔfá, 惩罚 chéngfá. ¶～を受ける〔与える〕/ 受〔处〕罚.

はついく【発育】发育 fāyù. ¶～が早い〔遅い〕/ 发育早〔晚〕. ¶～盛り / 发育旺盛期. ¶～不全 / 发育不全.

はつおん【発音】发音 fāyīn. ¶～がよい〔悪い〕/ 发音好〔不好〕. ¶～記号 / 发音符号.

はっか【薄荷】薄荷 bòhe.

ハッカー黒客 hēikè.

はっき【発揮】发挥 fāhuī.

はっきり清楚 qīngchu. ¶～させる / 搞清楚. ¶～言うと / 确切地说. ¶天気が～しない / 天气不晴朗.

ばっきん【罰金】罚款 fákuǎn. ¶～を科す / 罚款. ¶～を取られる / 被罚款.

バック后面 hòumiàn, 背部 bèibù ; [背景]背景 bèijǐng ; [後退]倒车 dàochē, 后退 hòutuì. ¶青空を～に / 以蓝天为背景. ¶車を～させる / 倒车. ¶～ミラー / 后视镜. ¶有力な～がある / 有坚实的后台.

バッグ包 bāo.

はっくつ【発掘】发掘 fājué. ¶遺跡が～される / 遗迹被发掘. ¶埋もれた人材を～する / 发掘被埋没的人才. ¶～現場 / 发掘现场. ¶～品 / 出土文物.

バックル扣环 kòuhuán.

ばつぐん【抜群】出色 chūsè, 出类拔萃 chū lèi bá cuì.

はっけっきゅう【白血球】白细胞 báixìbaō, 白血球 báixuèqiú.

はっけつびょう【白血病】白血病 báixuèbìng ; [俗称]血癌 xuè'ái.

はっけん【発見】发现 fāxiàn. ¶～者 / 发现者.

はつげん【発言】发言 fāyán. ¶～権がある / 有发言权. ¶～者 / 发言人. ¶～力 / 发言力.

はつこい【初恋】初恋 chūliàn.

はっこう【発行】发行 fāxíng. ¶～禁止になる / 被禁止发行. ¶～高 / 发行额. ¶～人 / 发行人. ¶～部数 / 发行册数.

はっこう【発酵】发酵 fājiào. ¶～食品 / 发酵食品.

はっさん【発散】散发 sànfā.

バッジ徽章 huīzhāng. ¶～をつける / 戴徽章.

はっしゃ【発車】发车 fāchē. ¶～します / 发车了. ¶～のベルが鳴る / 发车的铃声响了. ¶～時刻 / 发车时间.

はっしん【発進】出发 chūfā. ¶～基地 / 起飞基地.

はっしん【発信】发信 fāxìn. ¶～音 / 发信音. ¶～機 / 发报机. ¶～局 / 发信局. ¶～地 / 发信地. ¶～人 / 发信人.

はっしん【発疹】出疹子 chū zhěnzi.

ばっすい【抜粋】摘录 zhāilù.

はっする【発する】发出 fāchū. ¶光を～ / 发光. ¶奇声を～ / 发出怪声. ¶警告を～ / 发出警告.

はっせい【発生】发生 fāshēng. ¶台風が～した / 发生台风了. ¶～率 / 发生率.

はっそう【発送】发送 fāsòng. ¶～先 / 收件人. ¶～日 / 发送日期.

はっそう【発想】想法 xiǎngfa. ¶日本的な～ / 日本式的想法.

ばった【飛蝗】蚂蚱 màzha.

バッター击球手 jīqiúshǒu.

はったつ【発達】发达 fādá. ¶交通が～している / 交通很发达.

はっちゅう【発注】订货 dìnghuò.

ばってき【抜擢】提拔 tíbá.

バッテリー电池 diànchí, 电瓶 diànpíng.

はってん【発展】发展 fāzhǎn. ¶著しい～を遂げる / 取得显著的发展. ¶～性 / 发展性. ¶～的解消 / 为了发展而解散. ¶～途上国 / 发展中国家.

はつでん【発電】发电 fādiàn. ¶～機 / 发电机. ¶～所 / 发电站.

バット球棒 qiúbàng.

はつねつ【発熱】发烧 fāshāo.

はつばい【発売】发售 fāshòu. ¶～中である / 正在发售. ¶～禁止になる / 禁止发售. ¶～部数 / 发售册数.

ハッピーエンド圆满结局 yuánmǎn jiéjú.

はっぴょう【発表】发表 fābiǎo. ¶～者 / 发表人. ¶ピアノ～会 / 钢琴汇报演出.

はっぽう【発泡】起泡 qǐpào. ¶～剤 / 泡沫剂. ¶～スチロール / 泡沫苯乙烯. ¶～性 / 起泡性.

はつめい【発明】发明 fāmíng. ¶必要は～の母 / 需要是发明之母. ¶～家 / 发明家. ¶～品 / 发明的产品.

はつもうで【初詣】新年参拜 xīnnián cānbài. ¶～に行く / 去新年参拜.

はつらつ生气勃勃 shēngqì bóbó.

はて【果て】边际 biānjì. ¶～がない / 无止境. ¶世界の～ / 天涯海角.

はで【派手】奢华 shēhuá. ¶～な服装をする / 华丽的服装. ¶金遣いが～である / 花钱大手大脚.

はてしない【果てしない】没有边际 méiyǒu biānjì. ¶～砂漠 / 无尽的沙漠.

パテント专利 zhuānlì.

はと【鳩】鸽子 gēzi. ¶～小屋 / 鸽子窝. ¶～時計 / 鸽子报时挂钟. ¶～派 / 鸽派. ¶伝書～ / 信鸽.

ばとう【罵倒】大骂 dàmà. ¶～される / 挨大骂.

パトカー巡逻车 xúnluóchē, 警车 jǐngchē.

バドミントン羽毛球 yǔmáoqiú.

パトロール巡逻 xúnluó.

パトロン赞助人 zànzhùrén, 资助人 zīzhùrén, 包养人 bāoyǎngrén.

バトン接力棒 jiēlìbàng. ¶～タッチ / 递接力棒

はな【花】花 huā. ¶～が咲く / 开花. ¶～が散る / 谢花. ¶～を生ける / 插花. ¶～を添える / 锦上添花. ¶～をもたせる / 给别人面子. ¶～も実もある / 有名有实. ¶～より団子 / 舍名求实. ¶言わぬが～ / 不说为妙. ¶職場の～ / 单位的美人.

はな【鼻】鼻子 bízi. ¶～が高い / 得意扬扬. ¶～であしらう / 冷淡相对. ¶～にかける / 自高自大. ¶～を明かす / 使人现眼. ¶～を折る / 挫其锐气. ¶～を鳴らす / 撒娇. ¶～の下が長い / 好色.

はなうた【鼻歌】哼歌 hēnggē.

はなごえ【鼻声】鼻音 bíyīn.

はなし【話】话 huà. ¶～をする / 说话. ¶～を合わせる / 顺着对方说. ¶～をそらす / 偏离话题. ¶～をつける / 把话讲明. ¶～が合う〔合わない〕/ 说话「投机〔不投机〕. ¶～が違う / 说的不是一回事. ¶～がつく / 商谈有了结果. ¶～が上手である / 能说会道. ¶～に乗る / 参与对方提案. ¶～にならない / 不像话. ¶～に花が咲く / 说得起劲. ¶ちょっとお～があるんですが / 有件事想商量一下. ¶～は違いますが / 我想说件别的事. ¶早い～が / 总之. ¶～のわかる人 / 通情达理的人.

はなしあい【話し合い】商量 shāngliang. ¶彼と～をする / 跟他商量.

はなしことば【話し言葉】口语 kǒuyǔ.

はなす【話す】说 shuō, 讲 jiǎng. ¶電話で～ / 打电话说.

はなす【放す】松开 sōngkāi. ¶鳥を～ / 放鸟. ¶手を～ / 松手. ¶ハンドルを～ / 松开方向盘.

はなす【離す】离开 líkāi. ¶目を～ / 不看. ¶手が離せない / 腾不出手.

はなたば【花束】花束 huāshù.

はなぢ【鼻血】鼻血 bíxiě. ¶～が出る / 流鼻血.

はなづら【鼻面】鼻头 bítou.

バナナ香蕉 xiāngjiāo. ¶～の皮をむく / 剥香蕉皮. ¶～一房 / 一串香蕉.

はなはだ【甚だ】非常 fēicháng.

はなび【花火】焰火 yànhuǒ. ¶～を上げる / 放焰火. ¶～大会 / 焰火大会.

はなびら【花びら】花瓣 huābàn.

はなみ【花見】赏花 shǎng huā. ¶～に行く / 去赏花.

はなみず【鼻水】鼻涕 bítì. ¶～が出る / 流鼻涕.

はなむこ【花婿】新郎 xīnláng.

はなもちならない【鼻持ちならない】令人讨厌 lìng rén tǎoyàn. ¶～やつ / 令人讨厌的家伙.

はなやか【華やか】华丽 huálì. ¶～な姿 / 华丽的样子. ¶～な人生を送る / 过辉煌的人生.

はなよめ【花嫁】新娘 xīnniáng. ¶～衣裳 / 新娘衣服.

はなれる【離れる】离开 líkāi. ¶市内から少し離れた所に住んでいる / 住在离市内有点远的地方. ¶家族と遠く離れて暮らす / 远离家人独立生活. ¶頭を離れない / 满脑子想. ¶彼らはずいぶん年が離れている / 他们年龄相差悬殊.

はなわ【花輪】花圈 huāquān.

はにかむ腼腆 miǎntian.

パニック恐慌 kǒnghuāng. ¶～に陥る / 陷入惊慌.

バニラ香子兰 xiāngzilǎn. ¶～アイス / 香草冰激凌.

はね【羽】翅膀 chìbǎng；羽毛 yǔmáo. ¶～を広げる / 展翅. ¶～布団 / 羽毛被.

ばね【発条】发条 fātiáo. ¶～仕掛け / 弹簧装置.

はねかえる回弹 huítán.

はねつける【撥ね付ける】拒绝 jùjué. ¶要求を～ / 拒绝要求.

ハネムーン蜜月 mìyuè.

はねる【跳ねる】蹦 bèng. ¶魚が～ / 鱼蹦. ¶油が服に～ / 油溅到衣服上.

パネル仪表盘 yíbiǎopán；布告栏 bùgàolán. ¶～ディスカッション / 公开讨论会.

パノラマ全景 quánjǐng. ¶～写真 / 全景照片.

はは【母】母亲 mǔqīn. ¶母の日 / 母亲节.

はば【幅】幅度 fúdù. ¶～が広い〔狭い〕/ 幅度「大〔小〕. ¶～を利かす / 有影响力.

パパイア番木瓜 fānmùguā.

ははかた【母方】母亲一方 mǔqīn yìfāng. ¶～の祖父 / 外祖父.

はばかる【憚る】忌惮 jìdàn, 顾忌 gùjì.

はばたく【羽ばたく】扇动翅膀 shāndòng chìbǎng.

はばつ【派閥】派别 pàibié, 派系 pàixì. ¶～争い / 派别斗争. ¶～政治 / 派别政治. ¶～解消 / 消除派别.

はばとび【幅跳び】跳远 tiàoyuǎn.

はばむ【阻む】阻止 zǔzhǐ. ¶行く手を～ / 挡住去路.

パビリオン展厅 zhǎntīng, 展馆 zhǎnguǎn.

パフォーマンス表演 biǎoyǎn. ¶ただの～だよ / 只是表演而已.

はぶく【省く】减去 jiǎnqù. ¶経費を～ / 节省经费. ¶手間を～ / 省事.

ハプニング偶发事件 ǒufā shìjiàn.

はブラシ【歯ブラシ】牙刷 yáshuā. ¶～で歯を磨く / 用牙刷刷牙.

バブル泡沫 pàomò. ¶～経済 / 泡沫经济.

はへん【破片】碎片 suìpiàn.

はまき【葉巻】雪茄 xuějiā.

はまぐり【蛤文】文蛤 wéngé, 蛤蜊 gélí.

はまべ【浜辺】海边 hǎibiān.

はまる【嵌まる】适合 shìhé. ¶足にぴったり～靴 / 非常合脚的鞋子. ¶条件に～ / 正符合条件. ¶彼女はその役にはまっている / 她适合演那个角色. ¶わなに～ / 中圈套. ¶計略に～ / 中计. ¶穴に～ / 掉进坑里.

はみがき【歯磨き】牙膏 yágāo. ¶～をする / 刷牙.

はみだす突出 tūchū, 溢出 yìchū, 露出 lùchū.
ハミング哼歌 hēnggē, 哼唱 hēngchàng.
ハム火腿 huǒtuǐ. ¶～エッグ / 火腿蛋. ¶～サンド / 火腿三明治.
ハムスター荷兰鼠 hélánshǔ.
はめつ【破滅】破灭 pòmiè.
はめる【嵌める】戴 dài. ¶指輪を～ / 戴戒指. ¶人をわなに～ / 让人上圈套.
ばめん【場面】场面 chǎngmiàn.
はもの【刃物】刀具 dāojù.
はもん【破門】破门 pòmén.
はやい【早い】早 zǎo. ¶出勤時間にはまだ～ / 离上班时间还早. ¶起きるにはまだ～ / 离起床还早. ¶～話が / 简单地说. ¶～者勝ちだ / 先下手为强.
はやい【速い】快 kuài. ¶仕事が～ / 工作迅速. ¶進歩が～ / 进步快.
はやおき【早起き】早起 zǎoqǐ. ¶彼は～だ / 他起得早. ¶～は三文の得 / 早起三分利.
はやく【早く・速く】早zǎo；快kuài；迅速 xùnsù. ¶できるだけ～ / 尽量快. ¶一日も～ / 尽可能早地. ¶～しろ / 快点干.
はやくちことば【早口言葉】绕口令 ràokǒulìng.
はやさ【速さ】速度 sùdù.
はやし【林】树林 shùlín.
はやね【早寝】早睡 zǎoshuì. ¶～早起き / 早睡早起.
はやめ【早め】提前 tíqián. ¶～に帰る / 提前回家.
はやめる【早める】加快 jiākuài；提早 tízǎo. ¶時間を～ / 提前时间.
はやり【流行り】流行 liúxíng. ¶～言葉 / 流行语.
はやる【流行る】流行 liúxíng. ¶この手の店ははやっている / 这种商店流行. ¶はやらなくなる / 不再流行.
はら【腹】肚子 dùzi. ¶～がいっぱいだ / 肚子饱. ¶～いっぱい食べる / 吃饱. ¶～がすいている / 肚子饿. ¶～をこわす / 拉肚子. ¶～を抱えて笑う / 捧腹大笑. ¶～が痛い / 肚子疼. ¶～を探る / 刺探他人内心. ¶～を決める / 下决心. ¶～を割って話す / 推心置腹地说. ¶痛くもない～を探られる / 无故被人怀疑. ¶～が据わっている / 有胆量. ¶～を立てる / 生气.
ばら零散 língsan. ¶～で買う / 零着买. ¶～で売り買いする / 零散地买卖.
ばら【薔薇】玫瑰花 méiguihuā. ¶～色 / 玫瑰色.
バラード叙事诗 shùshìshī, 爱情歌曲 àiqíng gēqǔ.
はらいもどす【払い戻す】退还 tuìhuán. ¶料金を～ / 退钱.
はらう【払う】[振り払う]拂 fú；[支払う]支付 zhīfù. ¶ほこりを～ / 除去灰尘. ¶靴についた泥を～ / 掸掉鞋上的泥. ¶勘定を～ / 买单. ¶敬意を～ / 表示敬意. ¶足を～ / 扫腿.
バラエティー［多様性］多种多样 duōzhǒng duōyàng；［ショー］综艺节目 zōngyì jiémù.
はらぐろい【腹黒い】心黑 xīnhēi.
パラシュート降落伞 jiàngluòsǎn. ¶～で降下する / 用降落伞降落. ¶～部隊 / 伞兵部队.
はらす【晴らす】解除 jiěchú. ¶疑いを～ / 解除怀疑. ¶恨みを～ / 雪恨. ¶憂さを～ / 消除忧愁.
ばらす泄露 xièlù. ¶秘密を～ / 泄露秘密.
パラソル太阳伞 tàiyángsǎn.
パラダイス天堂 tiāntáng.
はらっぱ【原っぱ】空地 kòngdì.
ばらばら分散 fēnsàn. ¶～になる / 散乱. ¶～死体 / 碎尸.
はらはら非常担心 fēicháng dānxīn. ¶～する場面 / 提心吊胆的场面.
はらぺこ【腹ぺこ】肚子饿 dùzi è. ¶～で死にそうだ / 快饿死了.
ばらまく【ばら撒く】撒 sā. ¶ビラを～ / 散发传单. ¶金を～ / 撒钱.
はらわた【腸】肠 cháng. ¶～が煮えくり返る / 怒不可遏.
バランス平衡 pínghéng. ¶～を保つ / 保持平衡. ¶～が崩れる / 失去平衡. ¶栄養～のとれた食事 / 营养平衡的饮食.
はり【針】针 zhēn. ¶～に糸を通す / 穿针引线. ¶～で刺すような痛み / 好像用针扎似的疼. ¶～のむしろに座るよう / 如坐针毡. ¶時計の～ / 表针. ¶注射～ / 注射针. ¶釣り～ / 鱼钩. ¶ホッチキスの～ / 订书针.
はり【梁】大梁 dàliáng.
バリアフリー无障碍环境 wúzhàng-ài huánjìng.
バリウム钡 bèi；钡餐 bèicān.
はりがね【針金】铁丝 tiěsī.
はりきる【張り切る】努力 nǔlì. ¶張り切った気分 / 干劲十足的心情.
バリケード路障 lùzhàng. ¶～を築く / 设路障.
ハリケーン飓风 jùfēng.
はりだす【張り出す】公布 gōngbù. ¶合格者名簿を～ / 公布合格者名单.
はる【春】春天 chūntiān. ¶～を迎える / 迎接春天. ¶冬が去り～がやってきた / 冬天走了,春天来了. ¶わが世の～を謳歌する / 讴歌人生全盛时代. ¶～らしい天気 / 春天一样的天气. ¶～先に / 早春. ¶～霞 / 春雾. ¶～風 / 春风.
はる【張る】拉 lā. ¶氷が～ / 结冰. ¶根が～ / 扎根. ¶幕を～ / 挂幕. ¶テントを～ / 扎帐篷. ¶肩が～ / 肩酸. ¶値が～ / 价高. ¶気を～ / 精神紧张. ¶意地を～ / 固执. ¶相

場を～ / 投机. ¶命を～ / 拼命.

はる【貼る】贴 tiē. ¶切手を～ / 贴邮票. ¶障子を～ / 贴拉门.

はるか【遥か】遥远 yáoyuǎn. ¶～な地平線 / 遥远的地平线. ¶～かなたに / 远处. ¶～昔に / 遥远的过去. ¶～未来に / 遥远的未来.

バルコニー阳台 yángtái.

パルス脉搏 màibó, 脉冲 màichōng.

はるばる【遥々】遥远 yáoyuǎn. ¶～訪ねてくる / 千里迢迢来访.

バルブ活门 huómén, 阀门 fámén.

パルプ纸浆 zhǐjiāng. ¶～材 / 纸浆料.

はるまき【春巻】春卷 chūnjuǎn.

はれ【晴れ】晴天 qíngtiān. ¶曇りのち～ / 阴转晴.

バレエ芭蕾舞 bālěiwǔ.

パレード游行 yóuxíng.

バレーボール排球 páiqiú.

はれぎ【晴れ着】盛装 shèngzhuāng.

はれつ【破裂】破裂 pòliè.

パレット调色板 tiáosèbǎn.

バレリーナ芭蕾舞女演员 bālěiwǔ nǚyǎnyuán.

はれる【腫れる】肿 zhǒng. ¶ハチに刺されたところが～ / 被蜂蛰的地方肿了.

はれる【晴れる】晴 qíng. ¶空がからっと晴れた / 天空骤晴. ¶晴れ上がった秋空 / 晴朗的秋天. ¶霧が～ / 雾散了. ¶悲しみが～ / 悲痛消失. ¶気分が～ / 精神爽快. ¶疑いが～ / 消除怀疑.

バレンタインデー情人节 Qíngrénjié.

はれんち【破廉恥】厚颜无耻 hòuyán wúchǐ. ¶～な行為 / 无耻的行为.

バロック巴洛克式 Bāluòkèshì.

パロディー谐模文 xiémówén.

バロメーター晴雨表 qíngyǔbiǎo ; 标志 biāozhì.

パワー能力 nénglì, 力量 lìliang, 势力 shìlì.

ハワイ夏威夷 Xiàwēiyí.

はん【半】半 bàn. ¶4時～に / 四点半. ¶～月 / 半个月.

はん【版】版 bǎn. ¶～を組む / 组版. ¶～を重ねる / 重版. ¶～を改める / 改版.

はん【班】班 bān. ¶～長 / 班长.

ばん【晩】晚上 wǎnshang. ¶～ご飯 / 晚饭.

ばん【番】次序 cìxù. ¶～が回ってくる / 轮到了. ¶4～打者 / 四号击球手. ¶3～ホーム / 三号站台.

バン载货车 zàihuòchē.

パン面包 miànbāo. ¶～を焼く / 烤面包. ¶～が硬い / 面包硬. ¶～1枚 / 一片面包. ¶～くず / 面包屑. ¶～粉 / 面包粉. ¶～屋 / 面包店. ¶あん～ / 豆馅面包.

はんい【範囲】范围 fànwéi. ¶～を広げる〔狭める〕/ 扩大〔缩小〕范围. ¶～を越えている / 超出范围. ¶～内で / 在范围之内.

はんいご【反意語】反义词 fǎnyìcí.

はんえい【繁栄】繁荣 fánróng.

はんえい【反映】反映 fǎnyìng.

はんかがい【繁華街】繁华街 fánhuájiē.

はんが【版画】版画 bǎnhuà. ¶～家 / 版画家.

ハンガー衣架 yījià. ¶～に掛ける / 挂在衣架上.

ハンカチ手绢 shǒujuàn. ¶～でふく / 用手绢擦.

ハンガリー匈牙利 Xiōngyálì.

はんかん【反感】反感 fǎngǎn. ¶～を抱く / 感到反感. ¶～を買う / 招来反感.

はんぎゃく【反逆】反叛 fǎnpàn.

はんきょう【反響】反响 fǎnxiǎng. ¶大きな～を呼ぶ / 引起很大的反响.

パンク爆胎 bàotāi. ¶～をなおす / 修理爆胎.

ばんぐみ【番組】节目 jiémù. ¶～を制作する / 制作节目. ¶～編成 / 编节目.

バングラデシュ孟加拉国 Mèngjiālāguó.

はんけい【半径】半径 bànjìng.

はんけい【判型】型号 xínghào.

はんけつ【判決】判决 pànjué. ¶～を言い渡す / 下达判决. ¶～を覆す / 推翻判决. ¶～文 / 判决书.

はんげつ【半月】半月 bànyuè. ¶～形 / 半月形.

はんけん【版権】版权 bǎnquán.

ばんけん【番犬】看家犬 kānjiāquǎn.

はんこう【犯行】犯罪行为 fànzuì xíngwéi. ¶～現場 / 犯罪现场. ¶～声明 / 犯罪声明.

はんこう【反抗】反抗 fǎnkàng. ¶～的な態度 / 反抗态度. ¶～期 / 反抗期. ¶～心 / 反抗心.

ばんごう【番号】号码 hàomǎ. ¶～をつける / 编号码. ¶～順に / 按照号码顺序. ¶～案内 / 电话号码咨询. ¶～札 / 号码牌.

ばんこく【万国】万国 wànguó. ¶～旗 / 万国旗. ¶～博覧会 / 世界博览会.

はんざい【犯罪】犯罪 fànzuì. ¶～を犯す / 犯罪. ¶～行為 / 犯罪行为. ¶～者 / 犯罪人 ; 罪犯. ¶～心理学 / 犯罪心理学.

ばんざい【万歳】万岁 wànsuì. ¶～を唱える / 高呼万岁. ¶～三唱 / 三呼万岁.

ハンサム帅 shuài, 英俊 yīngjùn. ¶～な少年 / 英俊的少年.

ばんさん【晩餐】晚餐 wǎncān. ¶最期の～ / 最后的晚餐. ¶～会 / 晚餐会.

ばんじ【万事】万事 wànshì. ¶～お任せします / 一切拜托了. ¶～休す / 万事休矣. ¶一事が～ / 从一事可以推测其他事.

パンジー三色堇 sānsèjǐn.
バンジージャンプ蹦极跳 bèngjítiào.
はんしゃ【反射】反射 fǎnshè. ¶～神経がいい / 反射神经好. ¶～鏡 / 折射镜. ¶～熱 / 折射热. ¶～望遠鏡 / 反射望远镜. ¶～率 / 反射率. ¶～炉 / 反射炉.
はんじょう【繁盛】繁荣昌盛 fánróng chāngshèng. ¶事業が～する / 事业发达. ¶家内～ / 家庭兴旺.
はんしょく【繁殖】繁殖 fánzhí. ¶～期 / 繁殖期. ¶～力 / 繁殖力.
パンスト连裤袜 liánkùwà.
はんズボン【半ズボン】短裤duǎnkù.
はんする【反する】违反 wéifǎn, 相反 xiāngfǎn. ¶これに反して / 与此不同. ¶期待に～ / 与期望相反. ¶事実に反している / 违反事实.
はんせい【反省】反省 fǎnxǐng. ¶～の色が濃い / 有反省的意思. ¶～会 / 检讨会.
はんせん【帆船】帆船 fānchuán.
ばんせん【番線】站台 zhàntái. ¶2～ / 二号站台.
ばんぜん【万全】万无一失 wàn wú yī shī. ¶～を期す / 以期做到万无一失.
ばんそう【伴奏】伴奏 bànzòu. ¶無～で歌う / 无伴奏唱歌. ¶～者 / 伴奏者.
ばんそうこう【絆創膏】白胶布 báijiāobù. ¶～を貼る / 贴胶布.
はんそく【反則】犯规 fànguī. ¶～をする / 犯规. ¶～金 / 犯规罚款. ¶～行為 / 犯规行为.
はんそで【半袖】短袖 duǎnxiù.
パンダ熊猫 xióngmāo. ¶ジャイアント～ / 大熊猫. ¶レッサー～ / 小熊猫.
ハンター猎人 lièrén.
はんたい【反対】反对 fǎnduì. ¶～運動 / 反对运动. ¶～語 / 反义词. ¶～者 / 反对者. ¶～勢力 / 反对势力.
はんたいじ【繁体字】繁体字 fántǐzì.
はんだん【判断】判断 pànduàn. ¶～を下す / 下判断. ¶～を誤る / 错误判断. ¶あの口調から判断すると / 从那个语调来判断.
ばんち【番地】门牌号 ménpáihào.
はんちゅう【範疇】范畴 fànchóu. ¶哲学の～に入る / 进入哲学的范畴.
パンツ［下着］裤衩 kùchǎ；［ズボン］裤子 kùzi.
はんてい【判定】判定 pàndìng. ¶～勝ち / 计分取胜. ¶～基準 / 判定基准.
パンティー三角裤衩 sānjiǎo kùchǎ.
ハンディキャップ［障　害］障　碍 zhàng'ài；［競技］让步 ràngbù.
パンティストッキング连裤袜 liánkùwà.
はんてん【斑点】斑点 bāndiǎn. ¶～がある / 有斑点.
バンド［ベルト］带 dài；［楽団］乐队 yuèduì. ¶革の～ / 皮带. ¶ゴム～ / 胶带. ¶ジャズ～ / 爵士乐队. ¶～マン / 乐队队员.
はんとう【半島】半岛 bàndǎo. ¶朝鮮～ / 朝鲜半岛.
はんどうたい【半導体】半导体 bàndǎotǐ.
ハンドバッグ手提包 shǒutíbāo.
ハンドブック手册 shǒucè.
ハンドボール手球 shǒuqiú.
パントマイム哑剧yǎjù. ¶～をする / 表演哑剧.
パンドラ潘朵拉 Pānduǒlā. ¶～の箱 / 潘朵拉盒子.
ハンドル方向盘 fāngxiàngpán. ¶～を回す / 打方向盘. ¶車の～ / 汽车方向盘.
はんにん【犯人】犯人 fànrén. ¶～を逮捕する / 逮捕犯人.
ばんにん【番人】看守 kānshǒu.
ばんねん【晩年】晚年 wǎnnián. ¶幸せな～を送る / 度过幸福的晚年.
はんのう【反応】反应 fǎnyìng. ¶～速度 / 反应速度.
ばんのう【万能】万能 wànnéng. ¶～選手 / 全能选手. ¶～薬 / 万能药；万灵药.
バンパー缓冲器 huǎnchōngqì.
ハンバーガー汉堡包 hànbǎobāo.
ハンバーグ汉堡牛肉饼 hànbǎo niúròubǐng.
はんばい【販売】销售 xiāoshòu. ¶～価格 / 销售价格. ¶～促進 / 促销. ¶～店 / 销售店. ¶～費 / 销售费. ¶～部 / 销售部. ¶～網 / 销售网络.
はんぷく【反復】反复 fǎnfù.
パンプス女用无带低跟鞋 nǚyòng wúdài dīgēnxié.
ばんぶつ【万物】万物 wànwù. ¶人間は～の霊長である / 人类是万物之灵.
パンフレット小册子 xiǎocèzi.
はんぶん【半分】一半 yībàn. ¶～に切る / 切成两半. ¶～に減らす / 减少到一半. ¶～にしてください / 请来一半. ¶～ずつ分けて食べる / 一人一半地吃. ¶～眠っている / 半睡半醒.
ハンマー铁锤 tiěchuí. ¶～でたたく / 用铁锤敲. ¶～で釘を打つ / 用铁锤钉钉子. ¶～投げをする / 掷链球.
はんらん【反乱】叛乱 pànluàn. ¶～が起こる / 发生叛乱. ¶～軍 / 叛乱军.
はんらん【氾濫】泛滥 fànlàn. ¶大雨で川が～した / 因大雨河流泛滥. ¶外国製品の～ / 外国产品泛滥.
はんれい【凡例】凡例 fánlì.
はんろん【反論】反驳 fǎnbó.

ひ

ひ【火】火 huǒ. ¶～をおこす / 起火.

¶～をつける / 点火. ¶～がつく / 着火. ¶～が出る（火事になる） / 失火. ¶よく～を通す / 好好加热. ¶やかんを～にかける / 把壶放在火上. ¶たとえ～の中水の中 / 赴汤蹈火. ¶～に油を注ぐ / 火上浇油.

ひ【日】太阳 tàiyáng. ¶～がよく当たる / 日照充足. ¶～に当たる / 晒太阳. ¶～に焼ける / 晒黑. ¶～が短くなる / 天短. ¶～が悪い / 日子不吉利. ¶～を改める / 改天. ¶～に～に進歩する / 天天向上.

ひ【比】比 bǐ. ¶彼の～ではない / 跟他没法比.

び【美】美 měi. ¶天然の～ / 天然美. ¶自然の～ / 自然美.

ひあい【悲哀】悲哀 bēi'āi. ¶人生の～を味わう / 体味人生的悲哀.

ピアス穿孔耳环 chuānkǒng ěrhuán. ¶～をする / 带穿孔耳环.

ひあたり【日当たり】向阳 xiàngyáng. ¶～がよい / 日照很好. ¶～のよい部屋 / 向阳的房子.

ピアノ钢琴 gāngqín. ¶～を弾く / 弹钢琴.

ヒアリング［聴解力］听力 tīnglì；［公聴会］听证会 tīngzhènghuì.

ピーアール宣传 xuānchuán.

ひいき【贔屓】偏心 piānxīn. ¶～目に見る / 用偏袒的看法看. ¶～の引き倒し / 过分袒护,反害其人. ¶～客 / 老主顾.

ピーク顶点 dǐngdiǎn,最高点 zuìgāodiǎn.

ヒーター电热器 diànrèqì. ¶石油ファン～ / 石油取暖炉.

ピータン皮蛋 pídàn,松花 sōnghuā.

ビーチパラソル大遮阳伞 dà zhēyángsǎn.

ひいでる【秀でる】优秀 yōuxiù. ¶成績が～ / 成绩优秀. ¶秀でた腕前 / 出色的本领.

ビーナス维纳斯 wéinàsī. ¶ミロの～ / 米罗的维纳斯.

ピーナッツ花生 huāshēng.

ビーバー海狸 hǎilí.

ビーフシチュー炖牛肉 dùnniúròu.

ピーマン柿子椒 shìzijiāo,青椒 qīngjiāo.

ビール啤酒 píjiǔ. ¶～工場 / 啤酒厂. ¶～瓶 / 啤酒瓶. ¶～腹 / 啤酒肚. ¶生～ / 生啤酒.

ヒーロー英雄 yīngxióng. ¶～インタビュー / 采访「优秀选手〔比赛中的英雄〕.

ヒエラルキー金字塔式 jīnzìtǎshì.

ひえる【冷える】变冷 biànlěng. ¶体が～ / 身上发冷. ¶二人の仲は冷えてしまった / 两人的关系变冷了.

ピエロ小丑 xiǎochǒu.

ビオラ中提琴 zhōngtíqín.

ひがい【被害】受害 shòuhài. ¶～を受ける / 受害. ¶～を被る / 蒙受损失. ¶～を与える / 给予损害. ¶～者 / 受害者；被害人. ¶～額 / 损失金额. ¶～妄想 / 被迫害妄想症.

ひかえ【控え】候补 hòubǔ. ¶～をとる / 留副本. ¶～室 / 休息室. ¶～選手 / 候补选手.

ひがえり【日帰り】当天返回 dàngtiān fǎnhuí. ¶～の出張をする / 当天返回的出差.

ひかえる【控える】节制 jiézhì. ¶正月を控えて / 新年临近. ¶塩分を～ / 控制吃盐.

ひかく【比較】比较 bǐjiào. ¶AとBを～する / A和B进行比较. ¶～にならない / 不能相比. ¶～的 / 比较；相当. ¶～広告 / 对比广告.

ひかく【皮革】皮革 pígé. ¶～製品 / 皮革制品.

ひかげ【日陰】阴凉 yīnliáng. ¶～者 / 见不得人的人.

ひがさ【日傘】旱伞 hànsǎn.

ひがし【東】东 dōng. ¶～側 / 东方. ¶～海岸 / 东海岸. ¶～風 / 东风.

ぴかぴか光亮 guāngliàng. ¶～光る / 闪闪发光. ¶～に磨く / 擦得锃亮.

ひがむ【僻む】心怀偏见 xīnhuái piānjiàn.

ひかり【光】光 guāng. ¶～を放つ / 放光. ¶～を失う（失明する） / 失明. ¶希望の～ / 希望之光. ¶太陽の～ / 太阳光. ¶月の～ / 月光. ¶星の～ / 星光. ¶～通信 / 光缆通信. ¶～ファイバー / 光导纤维.

ひかる【光る】发光 fāguāng. ¶星がきらきら～ / 星光闪耀. ¶存在が～ / 其存在令人注目；出类拔萃. ¶彼女には親の目が光っている / 家长管她管得很严.

ひかん【悲観】悲观 bēiguān. ¶～的な結末 / 悲观的结尾. ¶～論 / 悲观论. ¶～論者 / 悲观论者.

ひきあげる【引き上げる】提升 tíshēng. ¶物価を～ / 提高物价.

ひきあげる【引き揚げる】撤离 chèlí.

ひきいる【率いる】率领 shuàilǐng.

ひきうける【引き受ける】接受 jiēshòu. ¶責任を～ / 负责. ¶仲人を～ / 答应做媒人. ¶身元を～ / 保证身份.

ひきおこす引起 yǐnqǐ.

ひきかえ【引き替え・引き換え】交换 jiāohuàn. ¶代金と～に送る / 收款后发货. ¶～券 / 兑换券.

ひきかえす【引き返す】返回 fǎnhuí.

ひきがね【引き金】扳机 bānjī. ¶～を引く / 扣扳机；引发.

ひきさく【引き裂く】撕裂 sīliè.

ひきさげる【引き下げる】降低 jiàngdī. ¶コストを～ / 降低成本.

ひきざん【引き算】减法 jiǎnfǎ.

ひきしお【引き潮】退潮 tuìcháo.

ひきしめる【引き締める】收紧 shōujǐn,紧缩 jǐnsuō. ¶財政を～ / 缩减财政开支.

ひきずる拖曳 tuōyè,拖着脚步 tuōzhe jiǎobù.

ひきだし【引き出し】抽屉 chōuti. ¶～を開ける / 开抽屉.

ひきだす【引き出す】拉出 lāchū. ¶貯金を～ / 提取存款.

ひきたつ【引き立つ】醒目 xǐngmù.

ひきつぐ【引き継ぐ】继承 jìchéng.

ひきつける【引き付ける】〔けいれん〕抽筋 chōujīn ;〔魅惑する〕吸引 xīyǐn.

ひきつづき【引き続き】继续 jìxù.

ひきつる痉挛 jìngluán.

ひきとめる【引き止める】挽留 wǎnliú. ¶客を～ / 挽留客人.

ひきとる【引き取る】接受 jiēshòu. ¶親を亡くした子供たちを～ / 收养失去父母的孩子. ¶息を～ / 咽气.

ビキニ比基尼泳衣 bǐjīní yǒngyī,三点式 sāndiǎnshì.

ひきにく【挽き肉】肉末 ròumò.

ひきにげ【轢き逃げ】汽车撞人后逃走 qìchē zhuàng rén hòu táozǒu. ¶～事件 / 撞人逃逸事件.

ひきぬく【引き抜く】拔出 báchū. ¶釘を～ / 拔钉子. ¶栓を～ / 拔开瓶塞. ¶よい社員を～ / 把好的职员拉拢过来.

ひきのばす【引き伸ばす】延长 yáncháng ;〔引っ張って伸ばす〕拉长 lācháng,抻长 chēncháng ;〔写真を〕洗印照片 xǐyìn zhàopiàn.

ひきはなす【引き離す】分开 fēnkāi,拉开 lākāi.

ひきはらう【引き払う】搬出 bānchū.

ひきょう【卑怯】懦弱 nuòruò,卑鄙 bēibǐ. ¶～者 / 懦弱胆小〔卑鄙〕的人.

ひきわけ【引き分け】平局 píngjú. ¶～る / 打平.

ひきわたし【引き渡し】递交 dìjiāo. ¶～払い / 交货时收款. ¶～期日 / 提交日期.

ひく【引く】拉 lā. ¶綱を～ / 拉绳. ¶くじを～ / 抽签. ¶スカートの裾を～ / 拉裙摆. ¶子供の手を～ / 牵着孩子的手. ¶10から3を～ / 从十里减去三. ¶給料から税金を～ / 从工资里扣税. ¶電気を～ / 安电线. ¶口紅を～ / 描口红. ¶人目を～ / 惹人注意. ¶例を～ / 举例. ¶辞書を～ / 查词典. ¶風邪を～ / 得感冒. ¶手を～ / 退出. ¶～に引けない / 进退两难.

ひく【弾く】弹 tán. ¶ピアノを～ / 弹钢琴. ¶バイオリンを～ / 拉小提琴. ¶ギターを～ / 弹吉他.

ひく【挽く】拉 lā. ¶のこを～ / 拉锯. ¶車を～ / 拉车.

ひく【轢く】轧 yà. ¶トラックが人を～ / 卡车压人. ¶自動車にひかれる / 被汽车碾了.

ひくい【低い】低 dī,矮 ǎi. ¶天井が～ / 天花板低. ¶腰が～ / 谦恭. ¶背が～ / 个子矮. ¶～声で / 低声. ¶～鼻 / 塌鼻子.

ひくつ【卑屈】卑屈 bēiqū. ¶～な態度 / 低三下四的态度. ¶～になる / 自卑. ¶～に笑う / 低声下气地笑.

ピクニック郊游 jiāoyóu. ¶～に行く / 去郊游.

ひぐれ【日暮れ】傍晚 bàngwǎn,黄昏 huánghūn. ¶～前に / 黄昏前.

ひげ【髭】胡子 húzi. ¶～をそる / 刮胡子. ¶～を生やす / 留胡子. ¶～そり / 刮胡刀.

ひげき【悲劇】悲剧 bēijù. ¶～的な結末 / 悲剧的结局.

ひけつ【秘訣】秘诀 mìjué.

ひけつ【否決】否决 fǒujué. ¶法案が～された / 法案被否决了.

ひこう【非行】不良行为 bùliáng xíngwéi. ¶～に走る / 走上邪路. ¶～グループ / 流氓团伙.

ひこうき【飛行機】飞机 fēijī. ¶～で行く / 坐飞机去. ¶～に乗る / 坐飞机. ¶～から降りる / 从飞机上下来. ¶～事故 / 飞机事故；飞机失事. ¶～雲 / 飞机云.

ひこうしき【非公式】非正式fēizhèngshì. ¶～会談 / 非正式会谈.

ひごうほう【非合法】非法 fēifǎ. ¶～化する / 非法化.

ひこく【被告】被告 bèigào. ¶～人 / 被告人. ¶～席 / 被告席. ¶～弁護人 / 被告辩护人.

ひこようしゃ【被雇用者】被雇人 bèigùrén.

ひごろ【日頃】平常 píngcháng,平日 píngrì.

ひざ【膝】膝盖 xīgài. ¶～を組む / 盘腿. ¶～を崩す / 随便坐. ¶～を交えて話す / 促膝交谈. ¶～ががくがくしている / 膝盖不停地颤抖. ¶～掛け / 盖膝盖的毯子.

ビザ签证 qiānzhèng. ¶～がおりる / 签证下来. ¶～が切れる / 签证到期. ¶入国〔出国〕～ / 入境〔出境〕签证.

ピザ比萨饼 bǐsàbǐng.

ひさい【被災】受灾 shòuzāi.

ひさいしゃ【被災者】受灾者 shòuzāizhě.

ひざし【日差し】日照 rìzhào. ¶強い～の中を歩く / 在强日光下行走.

ひさしぶり【久し振り】隔了好久 géle hǎojiǔ. ¶～に帰郷する / 隔了好久重回家乡. ¶～ですね / 好久不见. ¶～の休暇 / 好久没有的休假日.

ひざまずく【跪く】跪下 guìxià. ¶ひざまずいて祈る / 跪下祈求.

ひさん【悲惨】悲惨 bēicǎn. ¶～な光景 / 悲惨的景象.

ひじ【肘】肘 zhǒu. ¶～をつく / 支着胳膊肘. ¶～を張る / 张开两肘. ¶～で押す / 用肘压.

ひしがた【菱形】菱形 língxíng.

ビジネス商务 shāngwù. ¶～マン / 商务人员. ¶～クラス / 商务舱. ¶～ライク / 公事公办.

ひしゃく【柄杓】舀子 yǎozi.

ひじゅう【比重】比重 bǐzhòng.

びじゅつ【美術】美术 měishù. ¶～館 / 美术馆. ¶～鑑賞 / 美术欣赏. ¶～展 / 美展. ¶～評論家 / 美术评论家. ¶～品 / 美术品.

ひじゅん【批准】批准 pīzhǔn. ¶条約を～する / 批准条约. ¶～書 / 批准书.

ひしょ【秘書】秘书 mìshū. ¶～課 / 秘书科. ¶～官 / 秘书官. ¶社長～ / 经理秘书.

ひしょ【避暑】避暑 bìshǔ. ¶～に出かける / 去避暑. ¶～客 / 来避暑的客人. ¶～地 / 避暑胜地.

びじょ【美女】美女 měinǚ.

ひじょう【非常】非常 fēicháng. ¶～な関心 / 非常关心. ¶～に重要な事件 / 非常重要的事件. ¶～に優秀な成績 / 非常优秀的成绩. ¶頭が～によい / 脑子非常聪明. ¶～の場合 / 紧急情况时. ¶～時に備える / 以防万一. ¶～事態を宣言する / 宣布紧急状态. ¶～階段 / 紧急楼梯. ¶～口 / 紧急出口；太平门. ¶～手段 / 紧急手段. ¶～食 / 紧急食品.

ひじょう【非情】冷漠 lěngmò, 无情 wúqíng.

びしょう【微笑】微笑 wēixiào.

ひじょうしき【非常識】没有常识méiyǒu chángshí. ¶彼は～だ / 他不懂常理.

びしょぬれ【びしょ濡れ】淋湿 línshī. ¶全身～になる / 浑身湿透.

びじん【美人】美人 měirén. ¶～薄命 / 红颜薄命.

ビスケット 饼干 bǐnggān.

ヒステリー 癔病 yìbìng, 歇斯底里 xiēsīdǐlǐ. ¶～を起こす / 癔病发作.

ピストル 手枪 shǒuqiāng.

ピストン 活塞 huósāi. ¶～輸送 / 往返连续运输.

ひずむ【歪む】变形 biànxíng.

びせいぶつ【微生物】微生物 wēishēngwù.

ひそう【悲壮】悲壮 bēizhuàng. ¶～な覚悟 / 悲壮的决心.

ひそか【密か】悄悄地 qiāoqiāode. ¶～な恋心 / 暗中恋慕.

ひそむ【潜む】隐藏 yǐncáng, 潜藏 qiáncáng.

ひだ【襞】褶子 zhězi. ¶スカートに～をつける / 给裙子打褶.

ひたい【額】额头 étóu. ¶～を集めて相談する / 招集大家一起商量.

ひたす【浸す】浸泡 jìnpào. ¶小川に足を～ / 把脚泡在小河里.

ビタミン 维生素 wéishēngsù. ¶～Aが豊富である / 维生素A很丰富. ¶～剤 / 维生素片剂.

ひたむき 一心一意 yī xīn yī yì.

ひだり【左】左 zuǒ. ¶～に曲がる / 往左拐. ¶～うちわである / 悠闲度日.

ひだりがわ【左側】左侧 zuǒcè. ¶～通行 / 左侧行驶.

ひだりきき【左利き】左撇子 zuǒpiězi ；[酒飲み]喜欢喝酒的人 xǐhuan hē jiǔ de rén.

ぴちぴち 活泼 huópo. ¶～はねる / 活蹦乱跳.

ひつう【悲痛】悲痛 bēitòng. ¶彼は～な面持ちだった / 他表情悲痛.

ひっかかる【引っ掛かる】挂住 guàzhù. ¶木の枝にたこが～ / 风筝挂在树枝上. ¶ズボンが釘に引っかかって破れた / 裤子被钉子剐破了.

ひっかく【引っ掻く】搔 sāo. ¶猫が手を～ / 猫抓手.

ひっかける【引っ掛ける】挂起来guàqǐlái. ¶コートを洋服かけに～ / 把大衣挂在衣架上.

ひっき【筆記】笔记 bǐjì. ¶～体で書く / 用手写体写. ¶～具 / 文具. ¶～試験 / 笔试.

ひつぎ【棺】棺材 guāncai.

ひっきりなし【引っ切りなし】不停地 bùtíngde. ¶～に客が来る / 不断地来客人.

びっくり 吃惊 chījīng. ¶～仰天する / 大吃一惊. ¶～するほどうまい / 格外地好吃. ¶～箱 / 惊奇玩具箱.

ひっくりかえす【引っ繰り返す】翻倒 fāndǎo.

ひっくりかえる【引っ繰り返る】颠倒 diāndǎo. ¶船が～ / 船翻. ¶事態は引っくり返った / 事态完全扭转了.

ひづけ【日付】日期 rìqī. ¶～を入れる / 填日期. ¶～変更線 / 国际日期变更线.

ひっこし【引っ越し】搬家 bānjiā.

ひっこす【引っ越す】搬家 bānjiā. ¶大阪から神戸へ～ / 从大阪搬到神户.

ひっこむ【引っ込む】隐退 yǐntuì. ¶田舎に～ / 退居乡下. ¶自分の部屋に引っ込んだまま出てこない / 闷在自己的房间里不出来.

ひっこめる【引っ込める】缩回 suōhuí. ¶手を～ / 缩回手. ¶提案を～ / 撤回案件.

ひつじ【羊】羊 yáng. ¶～飼い / 牧羊人. ¶～の肉 / 羊肉. ¶子～ / 羊羔.

ひっし【必死】拼命 pīnmìng.

ひっしゃ【筆者】笔者 bǐzhě.

ひっしゅう【必修】必修 bìxiū. ¶～科目 / 必修科目.

ひつじゅひん【必需品】必需品 bìxūpǐn. ¶生活～ / 生活必需品.

ひっせき【筆跡】笔迹 bǐjì. ¶～鑑定 / 笔迹鉴定.

ひつぜん【必然】必然 bìrán. ¶～的に / 必然性的. ¶～性 / 必然性.

ひっそり 寂静 jìjìng. ¶室内が～している / 屋里鸦雀无声.

ひったくる【引ったくる】抢夺qiǎngduó. ¶金を～ / 抢钱.

ぴったり 正合适 zhèng héshì. ¶計算が～合った / 计算完全正确. ¶彼

女はその役に〜だ / 她适合演那个角色.

ピッチ 速度 sùdù, 效率 xiàolǜ. ¶〜を上げる〔落とす〕/ 加〔减〕速.

ピッチャー 投手 tóushǒu.

ひってき【匹敵】 匹敌 pǐdí. ¶彼女に〜する者はいない / 没人能和她比.

ビット 位 wèi, 比特 bǐtè.

ひっぱる【引っ張る】 拉 lā. ¶足を〜(邪魔する) / 拖后腿.

ひづめ【蹄】 蹄子 tízi.

ひつよう【必要】 必要 bìyào. ¶休養の〜を感じる / 感到有休养的必要. ¶そこへ行く〜はない / 没有必要去那儿. ¶〜は発明の母 / 需要是发明之母. ¶この仕事に〜な技術 / 干这个工作需要的技术. ¶〜性に迫られて / 迫于必要性. ¶〜悪 / 必要的坏手段. ¶〜経費 / 必要经费. ¶〜条件 / 必要条件.

ひてい【否定】 否定 fǒudìng. ¶〜文 / 否定句. ¶この点を〜する / 否定这一点.

ビデオ 录像 lùxiàng. ¶〜に撮る / 拍录像. ¶〜化する / 拍成录像. ¶〜カメラ / 摄像机. ¶〜ディスク / 光盘. ¶〜テープ / 录像带.

ひと【人】 人 rén. ¶〜を使う / 用人. ¶〜を〜とも思わない / 不把人当人. ¶〜は見かけによらない / 人不可貌相. ¶〜には言えない話がある / 有难言之隐. ¶〜を食った態度をする / 目中无人的态度. ¶〜の振り見て我が振り直せ / 借鉴他人, 矫正自己. ¶〜がよい / 人品好. ¶〜が悪い / 人品坏. ¶〜が変わる / 人品变了. ¶〜が足りない / 人手不够.

ひどい【酷い】 残酷 cánkù, 厉害 lìhai. ¶〜扱いをする / 待人残酷. ¶〜目にあった / 倒霉了. ¶〜暑さ / 酷暑. ¶〜降りになる / (雨)下得很猛. ¶風が〜 / 风大. ¶ひどくしかる / 严厉地训斥.

ひといき【一息】 一口气 yī kǒu qì. ¶〜入れる / 喘口气. ¶ほっと〜つく / 松了一口气. ¶〜に坂を駆け上る / 一口气上了坡. ¶水を〜に飲み干す / 一口气喝完水. ¶もう〜で頂上だ / 再加把劲就到山顶了.

ひとがら【人柄】 人品 rénpǐn. ¶〜がよい / 人品好.

ひときれ【一切れ】 一片 yī piàn. ¶パン〜 / 一片面包.

びとく【美徳】 美德 měidé.

ひとくち【一口】 一口 yī kǒu. ¶〜食べる / 吃一口. ¶〜に言うと / 简单地说.

ひとけ【人気】 人迹 rénjì. ¶〜のない山の中 / 人迹罕至的山里.

ヒトゲノム 人类基因组 rénlèi jīyīnzǔ.

ひどけい【日時計】 日晷 rìguǐ.

ひとこいしい【人恋しい】 令人怀恋 lìng rén huáiliàn.

ひとこと【一言】 一句话 yī jù huà. ¶〜で言うと / 总之一句话. ¶〜も言わずに / 一句话也不说. ¶〜あいさつする / 打个招呼.

ひとごみ【人込み】 人群 rénqún. ¶〜に紛れる / 混在人群中.

ひとさしゆび【人差し指】 食指 shízhǐ.

ひとしい【等しい】 相同 xiāngtóng.

ひとじち【人質】 人质 rénzhì, 肉票 ròupiào. ¶〜にとる / 作为人质.

ひとそろい【一揃い】 套 tào. ¶食器〜 / 一套餐具.

ひとだかり【人集り】 众人集聚 zhòngrén jíjù. ¶街角で〜がしていた / 街头围了一群人.

ひとつ【一つ】 一个 yī ge. ¶一人〜ずつ / 一人一个. ¶〜いくらですか / 多少钱一个? ¶心を〜にする / 齐心协力. ¶心の持ちよう〜だ / 要看心情如何. ¶〜よろしくお願いします / 请多关照. ¶〜は時間がないこと, もう〜は金がないことだ / 一是没时间, 二是没钱.

ひとで【人出】 出来的人 chūlái de rén. ¶デパートはすごい〜だった / 商场里人山人海.

ひとで【人手】 人员 rényuán. ¶〜を借りる / 借人手. ¶〜に頼る / 依赖别人. ¶〜に渡る / 落入他人. ¶〜が足りない / 人手不够.

ひとで【海星】 海星 hǎixīng.

ひとどおり【人通り】 行人来往 xíngrén láiwǎng. ¶〜の激しい通り / 行人多的道路. ¶〜が途絶える / 没有行人了.

ひととき【一時】 一时 yīshí.

ひとなつっこい【人懐っこい】 不认生 bù rènshēng.

ひとなみ【人並み】 普通 pǔtōng. ¶〜に暮らす / 普通地生活. ¶〜はずれた / 超群.

ひとびと【人々】 人们 rénmen.

ひとまえ【人前】 人前 rénqián. ¶〜を繕う / 摆阔气. ¶このままでは〜に出られません / 这样见不了人.

ひとみ【瞳】 眼睛 yǎnjing, 瞳孔 tóngkǒng. ¶〜をこらす / 凝视. ¶つぶらな〜 / 圆圆的眼睛.

ひとみしり【人見知り】 认生 rènshēng, 怕生 pàshēng.

ひとめ【一目】 一眼 yī yǎn. ¶〜会いたい / 想见一面. ¶〜ぼれする / 一见钟情.

ひとめ【人目】 别人的视线 biérén de shìxiàn. ¶〜を避ける / 避开众目. ¶〜を引く / 引人注目. ¶〜をはばからず大泣きする / 旁若无人地大哭. ¶〜にさらされている / 被人看. ¶ここは〜が多い / 这里人多眼杂. ¶〜に触れない / 不让人看到.

ひとやすみ【一休み】 休息一会儿 xiūxi yīhuìr.

ひとり【一人】 一人 yī rén, 一个人 yī ge rén. ¶〜ずつ話す / 一个人一个人地说. ¶〜当たり / 平均每人. ¶

私の友人の～ / 我朋友中的一个. ¶正解は彼～でした / 回答正确的只有他一个人. ¶～としてそのことを知らなかった / 谁都不知道. ¶～分 / 一份. ¶もう～分追加できますか / 再加一份可以吗？¶～部屋 / 单人间.

ひとり【独り】独自 dúzì. ¶～で暮らす / 独自生活. ¶～で旅に出る / 独自出门旅游.

ひとりごと【独り言】自言自语 zì yán zì yǔ. ¶～を言う / 自言自语.

ひとりっこ【一人っ子】独生子女 dúshēng zǐnǚ. ¶～政策 / 独生子女政策.

ひとりでに自然而然 zì rán ér rán.

ひとりぼっち【独りぼっち】孤单 gūdān. ¶～になる / 成为孤零零一个人.

ひな【雛】雏 chú. ¶鶏の～ / 鸡雏.

ひなた【日向】向阳 xiàngyáng. ¶～ぼっこをする / 晒太阳.

ひなびた【鄙びた】带有乡村气息 dàiyǒu xiāngcūn qìxī. ¶～温泉地 / 有地方气息的温泉胜地.

ひなん【避難】避难 bìnàn. ¶～訓練 / 避难训练. ¶～所 / 避难所. ¶～民 / 难民. ¶～命令 / 避难命令.

ひなん【非難】谴责 qiǎnzé. ¶～を浴びる / 遭到谴责. ¶～の的になる / 成为指责的对象.

ビニール乙烯基 yǐxījī, 塑料 sùliào. ¶～袋 / 塑料袋. ¶～ハウス / 塑料大棚.

ひにく【皮肉】讽刺 fěngcì, 挖苦 wāku. ¶～を言う / 说讽刺话. ¶～屋 / 爱说讽刺话的人.

ひにち【日にち】日期 rìqī. ¶～を決める / 决定日期. ¶～がかかる / 花时间.

ひにん【避妊】避孕 bìyùn. ¶～具 / 避孕工具. ¶～薬 / 避孕药. ¶経口～薬 / 口服避孕药.

びねつ【微熱】低烧 dīshāo. ¶～がある / 有点低烧.

ひねる【捻る】拧 níng, 扭 niǔ. ¶腰を～ / 扭身. ¶水道の蛇口を～ / 拧水龙头. ¶頭を～ / 绞尽脑汁. ¶俳句を～ / 苦思冥想地写俳句.

ひのいり【日の入り】日落 rìluò.

ひので【日の出】日出 rìchū. ¶～を拝む / 看日出. ¶山頂で～を迎える / 在山顶迎接日出. ¶彼は～の勢いだ / 他如同旭日东升.

ひばな【火花】火花 huǒhuā. ¶～を散らす / 激烈斗争.

ひばり【雲雀】云雀 yúnquè.

ひはん【批判】批评 pīpíng. ¶～を浴びる / 遭到批评. ¶～者 / 批评人.

ひばん【非番】歇班 xiēbān. ¶今日は～だ / 今天歇班.

ひび【罅】裂口 lièkǒu, 裂缝 lièfèng. ¶壺に～が入る / 壶上有裂缝.

ひびき【響き】回响 huíxiǎng.

ひびく【響く】回响 huíxiǎng. ¶遠くで鐘が鳴り～ / 远处钟声回荡. ¶胸に～ / 打动心灵. ¶成績に～ / 影响成绩.

ひひょう【批評】评论 pínglùn. ¶～家 / 评论家. ¶～眼 / 评论能力.

ひふ【皮膚】皮肤 pífū. ¶～移植 / 皮肤移植. ¶～炎 / 皮炎. ¶～科 / 皮肤科. ¶～呼吸 / 皮肤呼吸. ¶～病 / 皮肤病.

ひぼう【誹謗】诽谤 fěibàng.

びぼう【美貌】美貌 měimào. ¶～の持ち主 / 美人.

ひぼん【非凡】非凡 fēifán. ¶～な才能 / 非凡的才能.

ひま【暇】空闲 kòngxián. ¶食事をする～もない / 连吃饭的时间也没有. ¶息をつぐ～もない / 没有喘气的功夫. ¶～をつくる / 抽空. ¶～をつぶす / 消磨时间. ¶今晩は～だ / 今晚有空. ¶お～はとらせません / 不会耽误您的时间. ¶～な人 / 闲人. ¶商売が～だ / 生意冷清. ¶お～なときにお電話ください / 您有空的时候,请给我打电话. ¶～をみて一度遊びに行きます / 抽空去玩儿一次.

ひまご【曾孫】曾孙 zēngsūn.

ヒマラヤ喜马拉雅 Xǐmǎlāyǎ. ¶～山脈 / 喜马拉雅山脉.

ひまわり【向日葵】向日葵 xiàngrìkuí.

ひまん【肥満】肥胖 féipàng. ¶～児 / 肥胖儿.

ひみつ【秘密】秘密 mìmì. ¶～にする / 作为秘密. ¶～を守る / 保守秘密. ¶～を明かす / 揭开秘密. ¶～を暴く / 揭发秘密. ¶～を漏らす / 泄露秘密. ¶～裏に事を進める / 暗中进行. ¶公然の～ / 公开的秘密. ¶～結社 / 秘密结社. ¶～文書 / 秘密文件.

びみょう【微妙】微妙 wēimiào. ¶～な立場 / 微妙的立场. ¶～なニュアンスの違い / 意思上有微妙的差别.

ひめい【悲鳴】叫苦 jiàokǔ. ¶～を上げる / 惊叫. ¶うれしい～を上げる / 喜出望外地发愁.

ひめん【罷免】罢免 bàmiǎn.

ひも【紐】绳子 shéngzi, 细绳 xìshéng. ¶～を結ぶ / 系绳. ¶～を解く / 解绳. ¶～をかける / 用细绳捆上.

ひやあせ【冷や汗】冷汗 lěnghàn. ¶～をかく / 出冷汗.

ひやかす【冷やかす】戏弄 xìnòng.

ひゃく【百】百 bǎi. ¶～に一つ / 百里挑一. ¶何～もの / 好几百. ¶そんなことは～も承知だ / 那种事我早就知道. ¶～万長者 / 百万富翁. ¶～発百中 / 百发百中.

ひやく【飛躍】飞跃 fēiyuè. ¶論理の～ / 逻辑上缺少连贯性. ¶～的な進歩を遂げる / 取得飞速进步.

ひゃくぶん【百聞】百闻 bǎiwén. ¶～は一見にしかず / 百闻不如一见.

ひやけ【日焼け】晒黑 shàihēi. ¶～

止め / 防晒.

ヒヤシンス 风信子 fēngxìnzi.

ひやす【冷やす】 冷却 lěngquè. ¶頭を～ / 使头脑冷静. ¶冷やしたビール / 冰镇啤酒.

ひゃっかじてん【百科事典】 百科全书 bǎikē quánshū.

ひややか【冷ややか】 冷冰冰 lěngbīngbīng. ¶～な態度 / 冷冰冰的态度.

ヒヤリング→ヒアリング

ひゆ【比喩】 比喻 bǐyù. ¶～的表现 / 比喻性表达.

ヒューズ 保险丝 bǎoxiǎnsī. ¶～が飛ぶ / 保险丝断了.

ひ

ヒューマニズム 人道主义 réndào zhǔyì.

ひょう【票】 票 piào. ¶～を投じる / 投票. ¶～集めをする / 网罗选票. ¶～固めをする / 拉票. ¶～を大量に獲得する / 获得大量选票. ¶二人の候補者に～が割れた / 两个候选人分散了选票.

ひょう【表】 表 biǎo, 表格 biǎogé. ¶～にまとめる / 归纳成表. ¶一覧～ / 一览表. ¶時間～ / 时间表. ¶年～ / 年表. ¶成績～ / 成绩单.

ひょう【雹】 冰雹 bīngbáo. ¶～が降る / 下冰雹.

ひょう【豹】 豹子 bàozi.

ひよう【費用】 费用 fèiyong. ¶～がかかる / 需要费用. ¶わずかな～で / 以很少的费用.

びょう【秒】 秒 miǎo. ¶～単位で / 以秒为单位. ¶毎～ / 每秒.

びょう【鋲】 图钉 túdīng. ¶～で留める / 用图钉钉住.

びよう【美容】 美容 měiróng. ¶～にいい / 对美容有好处. ¶～と健康のため / 为了美容和健康. ¶～院 / 美容院. ¶～師 / 美容师. ¶～整形 / 整形美容. ¶～体操 / 美容操.

びょういん【病院】 医院 yīyuàn. ¶～に通う / 上医院. ¶～へ送られる / 被送到医院. ¶～へ見舞いに行く / 去医院看病人. ¶～長 / 院长. ¶大学～ / 大学医院. ¶総合～ / 综合医院.

ひょうか【評価】 评价 píngjià. ¶高く〔低く〕～する / 评价「高〔低〕」. ¶～益 / 评估利润. ¶～額 / 评估价格. ¶～基準 / 评价标准. ¶～損 / 评价损失.

ひょうが【氷河】 冰川 bīngchuān. ¶～時代 / 冰川期.

ひょうき【表記】 标记 biāojì. ¶～法 / 书写法.

びょうき【病気】 疾病 jíbìng. ¶～になる / 得病. ¶～にかかっている / 患病. ¶～で寝ている / 因病卧床. ¶～が治る / 疾病痊愈. ¶～を治す / 治病. ¶例の～ / 老毛病.

ひょうぎかい【評議会】 评议会 píngyìhuì.

ひょうけつ【票決】 投票表决 tóupiào biǎojué. ¶～に付す / 付之投票表决.

びょうけつ【病欠】 请病假 qǐngbìngjià. ¶電話で～と伝える / 打电话请病假.

ひょうげん【表現】 表现 biǎoxiàn. ¶考えを～する / 表达思想. ¶～の自由 / 表达的自由. ¶～力 / 表现力.

びょうげんきん【病原菌】 病原菌 bìngyuánjūn.

ひょうご【標語】 标语 biāoyǔ.

ひょうさつ【表札】 门牌 ménpái.

ひょうし【表紙】 封面 fēngmiàn. ¶表～ / 封面. ¶裏～ / 封底.

ひょうし【拍子】 拍子 pāizi. ¶～をとる / 打拍子. ¶～抜けする / 扫兴. ¶転んだ～に鍵をなくした / 摔了一跤把钥匙丢了.

ひょうしき【標識】 标志 biāozhì. ¶道路～を立てる / 设路标. ¶～灯 / 标志灯. ¶～板 / 标志牌.

びょうしつ【病室】 病房 bìngfáng.

びょうしゃ【描写】 描写 miáoxiě.

びょうじゃく【病弱】 病弱 bìngruò. ¶～な子供 / 体弱多病的孩子. ¶生まれつき～である / 生来体弱多病.

ひょうじゅん【標準】 标准 biāozhǔn. ¶～に達する / 达到标准. ¶～以下である / 标准以下. ¶～化 / 标准化. ¶～価格 / 标准价格. ¶～語 / 标准话；普通话.

ひょうしょう【表彰】 表彰 biǎozhāng. ¶～される / 受到表彰. ¶～台に上がる / 上领奖台. ¶～式 / 表彰仪式. ¶～状 / 奖状.

ひょうじょう【表情】 神情 shénqíng, 表情 biǎoqíng. ¶～が豊かだ / 表情丰富. ¶～に乏しい / 缺少表情. ¶～をつくる / 做出表情. ¶～を読み取る / 揣摩表情. ¶うれしい～ / 高兴的表情. ¶現地の～を伝える / 传达现场的情况.

びょうしょう【病床】 病床 bìngchuáng. ¶～にふす / 卧床不起.

びょうじょう【病状】 病情 bìngqíng. ¶～が悪化〔好転〕する / 病情「恶化〔好转〕」. ¶～は一進一退である / 病情时好时坏.

ひょうせつ【剽窃】 剽窃 piāoqiè.

ひょうだい【表題】 标题 biāotí. ¶～をつける / 定标题. ¶～音楽 / 标题音乐.

ひょうてき【標的】 标靶 biāobǎ.

びょうてき【病的】 病态的 bìngtài de. ¶～な妄想 / 病态的妄想.

びょうどう【平等】 平等 píngděng. ¶～な権利 / 平等的权利. ¶～に扱う / 平等对待. ¶法の下の～ / 法律面前的平等. ¶男女～ / 男女平等.

びょうにん【病人】 病人 bìngrén. ¶～を抱える / 家有病人. ¶～を介護する / 照看病人. ¶～を見舞う / 探望病人.

ひょうはく【漂白】 漂白 piǎobái. ¶～剤 / 漂白剂.

ひょうばん【評判】评价 píngjià. ¶～がよい〔悪い〕/ 评价「好〔坏〕. ¶～になる / 评价很高. ¶～を高める / 提高名誉. ¶～を落とす / 破坏名声. ¶その芝居は～倒れであった / 那出戏与名声不符.
ひょうほん【標本】标本 biāoběn. ¶～を作る / 制作标本.
ひょうめい【表明】表 明 biǎomíng. ¶所信を～する / 表明信念.
ひょうめん【表面】表 面 biǎomiàn. ¶～上は / 表面上. ¶～化する / 表面化. ¶～張力 / 表面张力.
ひょうりゅう【漂流】漂 流 piāoliú. ¶～船 / 漂流船. ¶～物 / 漂流物.
ひょうろん【評論】评论 pínglùn. ¶～家 / 评论家.
ひよく【肥沃】肥沃 féiwò. ¶～な土地 / 肥沃的土地.
ひよけ【日除け】遮阳 zhēyáng.
ひよこ【雛】雏鸡 chújī.
ひょっとしたら说不定 shuōbudìng. ¶～大雨になるかもしれない / 说不定要下大雨.
ひより【日和】天气 tiānqì；晴天 qíngtiān. ¶行楽～ / 出去外面的好天气.
ひよりみ【日和見】观 望 形 势 guānwàng xíngshì. ¶～主義 / 机会主义.
ひょろひょろ摇 摇 晃 晃 yáoyáohuánghuáng. ¶～歩く / 步履踉跄. ¶～した体つき / 瘦弱的体格.
ビラ传单 chuándān.
ひらおよぎ【平泳ぎ】蛙泳 wāyǒng.
ひらがな平假名 píngjiǎmíng.
ひらく【開く】打开 dǎkāi；召开 zhàokāi；开放 kāifàng. ¶ふたを～ / 开盖子. ¶包みを～ / 打开包裹. ¶心を～ / 打开心扉. ¶パーティーを～ / 举办晚会. ¶国交を～ / 建立外交关系. ¶道を～ / 开辟道路. ¶裾の開いたスカート / 下摆张开的裙子. ¶開いた傷口 / 裂开的伤口.
ひらたい【平たい】平坦 píngtǎn. ¶～岩 / 平坦的岩石. ¶～顔 / 扁平脸. ¶平たく言うと / 说白了.
ピラミッド金字塔 jīnzìtǎ.
ひらめ【平目】比目鱼 bǐmùyú.
ひらめく【閃く】闪耀 shǎnyào. ¶稲妻が～ / 打闪. ¶名案がひらめいた / 突然想出好主意.
ピリオド句号 jùhào.
ひりつ【比率】比率 bǐlǜ. ¶～が高い〔低い〕/ 比率「高〔低〕. ¶4対6の～で / 以四对六的比率.
ビリヤード台 球 táiqiú. ¶～をする / 打台球. ¶～場 / 台球场.
ひりょう【肥料】肥料 féiliào. ¶～を施す / 施肥.
ひる【昼】中午 zhōngwǔ. ¶～間 / 白天. ¶～休み / 午休.
ビル楼房 lóufáng. ¶～風 / 大楼之间的风.
ピル避孕药 bìyùnyào. ¶～を服用する / 服用避孕药.
ひるがえる【翻る】飘 扬 piāoyáng. ¶万国旗が～ / 万国旗飘动.
ひるね【昼寝】午睡 wǔshuì. ¶～をする / 睡午觉.
ひるま白天 báitiān.
ひれ【鰭】鳍 qí.
ヒレ［牛・豚の腰肉］里脊 lǐji.
ひれつ【卑劣】卑劣 bēiliè. ¶～な手段を用いる / 用卑鄙的手段.
ひろい【広い】宽 kuān. ¶部屋が～ / 房间大. ¶道が～ / 路宽. ¶心が～ / 心宽. ¶顔が～ / 交际面广. ¶～平野 / 广阔的平原. ¶～意味で / 在广义上.
ヒロイン女主角 nǚzhǔjué.
ひろう【拾う】捡 jiǎn. ¶金を～ / 捡到钱. ¶かろうじて命拾いをした / 好不容易捡了一条命. ¶勝ちを～ / 侥幸胜利. ¶タクシーを～ / 叫出租车.
ひろう【疲労】疲劳 píláo. ¶～困憊する / 疲惫不堪；疲劳困乏. ¶～が蓄積する / 积劳. ¶～の色が見える / 面有倦色.
ビロード天鹅绒 tiān'éróng.
ひろがる【広がる】扩大 kuòdà. ¶道路が～ / 道路拓宽了. ¶知識が～ / 知识扩大. ¶友達の輪が広がった / 朋友圈扩大了. ¶砂浜が海辺に広がっている / 沙滩在海边延伸. ¶目の前に～海 / 眼前一望无际的大海.
ひろげる【広げる】打开 dǎkāi；扩展 kuòzhǎn. ¶傘を～ / 撑开伞. ¶道を～ / 扩路. ¶事業を～ / 扩展事业. ¶勢力を～ / 扩张势力.
ひろさ【広さ】面积 miànjī. ¶アパートの～はどのくらいですか / 公寓的面积是多大？
ひろば【広場】广场 guǎngchǎng.
ひろま【広間】大厅 dàtīng.
ひろまる【広まる】扩大 kuòdà. ¶噂が広まっている / 流言传开了. ¶名声が～ / 名声远扬.
ひろめる【広める】扩展 kuòzhǎn. ¶知識を～ / 扩充知识. ¶勢力を～ / 扩大势力. ¶仏教を～ / 传播佛教.
びわ【枇杷】枇杷 pípa.
ひん【品】品位 pǐnwèi. ¶～がある〔ない〕/ 有〔没〕品位. ¶～がよい〔悪い〕/ 品位「高〔低〕. ¶舶来～ / 进口货.
びん【瓶】瓶子 píngzi. ¶～の栓 / 瓶塞. ¶～の口 / 瓶口. ¶～詰めの / 瓶装的. ¶ビール～ / 啤酒瓶.
びん【便】班次 bāncì. ¶4時の～で成田を立ちます / 四点的航班从成田出发. ¶航空～ / 航空邮件；航空信.
ピン大头针 dàtóuzhēn. ¶～で留める / 用大头针别住. ¶ヘア～ / 发卡. ¶温泉にも～からキリまである / 温泉也有从最好到最坏的.
ひんい【品位】品位 pǐnwèi. ¶～がある / 有品位. ¶～を保つ / 保持品位. ¶～を落とす / 降低品位.

びんかん【敏感】敏感 mǐngǎn. ¶～に反応する / 反应敏感. ¶彼女は流行に～だ / 她对流行很敏感.
ピンク桃色 táosè, 粉红色 fěnhóngsè. ¶～映画 / 色情电影.
ひんけつ【貧血】贫血 pínxuè. ¶～を起こす / 患贫血.
ひんこん【貧困】贫困 pínkùn. ¶～に耐える / 忍受贫困. ¶想像力の～ / 想象力贫乏. ¶政策の～ / 政策贫乏. ¶～家庭 / 贫困家庭.
ひんし【品詞】词类 cílèi.
ひんし【瀕死】濒临死亡 bīnlín sǐwáng. ¶～の重傷を負う / 身负濒临死亡的重伤. ¶～の状態に陥る / 陷入濒死状态.
ひんしつ【品質】质量 zhìliàng. ¶～がよい〔悪い〕/ 质量「好〔坏〕. ¶～管理 / 质量管理. ¶～保証 / 质量保证.
ひんじゃく【貧弱】瘦弱 shòuruò；贫乏 pínfá. ¶～な体格 / 瘦弱的体格. ¶内容が～だ / 内容贫乏.
ひんしゅ【品種】品种 pǐnzhǒng. ¶～改良をする / 改良品种.
びんしょう【敏捷】敏捷 mǐnjié. ¶～な動作 / 敏捷的动作. ¶～に行動する / 敏捷地行动.
びんじょう【便乗】坐顺风车 zuò shùnfēngchē. ¶～値上げ / 搭车涨价.
びんせん【便箋】信纸 xìnzhǐ.
ピンチ困境 kùnjìng. ¶～に陥る / 陷入困境. ¶～を切り抜ける / 摆脱困境.
ヒント暗示 ànshì. ¶～を出す / 给暗示.
ひんど【頻度】频率 pínlǜ. ¶使用～が高い / 使用频率高.
ピント焦点 jiāodiǎn. ¶～が合っている / 焦点对好了. ¶～を合わせる / 对焦点. ¶～がぼける / 焦点模糊.
ひんぱん【頻繁】频繁 pínfán. ¶車が～に出入りする / 车辆来往频繁. ¶この通りは人の往来が～だ / 这条路行人来往很多.
びんぼう【貧乏】贫穷 pínqióng. ¶～になる / 变贫穷. ¶～から抜け出す / 摆脱贫穷. ¶～暇なし / 穷人无空闲；越穷越忙. ¶～人 / 穷人.
ピンポン乒乓球 pīngpāngqiú.

ふ

ぶ【部】册 cè. ¶その本は30万～売れた / 那本书买了三十万册.
ファーストクラス头等舱 tóuděngcāng.
ファーストフード快餐 kuàicān.
ぶあい【歩合】比率 bǐlǜ. ¶～制 / 佣金制. ¶公定～ / 法定汇价.
ファイト战斗 zhàndòu, 拼搏 pīnbó.
ファイバー纤维 xiānwéi. ¶光～ / 光纤.
ファイル文件 wénjiàn. ¶～管理 / 文件管理. ¶添付～ / 附件.
ファインダー取景器 qǔjǐngqì.
ファインプレー妙技 miàojì.
ファクス传真 chuánzhēn. ¶～を送る / 发传真.
ファシズム法西斯主义 Fǎxīsī zhǔyì.
ファスナー拉锁 lāsuǒ. ¶～を閉める〔開ける〕/ 拉上〔拉下〕拉链.
ぶあつい【分厚い】很厚 hěn hòu. ¶～本 / 厚厚的书.
ファッション时装 shízhuāng. ¶～モデル / 时装模特. ¶～ショー / 时装表演. ¶最新～ / 最新时装.
ファン迷 mí. ¶～レター / 崇拜者的来信. ¶映画～ / 影迷.
ふあん【不安】不安 bù'ān. ¶～な気持ち / 不安的心情. ¶～な一夜を明かす / 度过了一个不眠之夜. ¶なんとなく～なの / 总觉得有点不安. ¶～感 / 不安感. ¶社会～ / 社会不安.
ファンタジー奇幻 qíhuàn.
ふあんてい【不安定】不稳定 bùwěndìng. ¶～な立場 / 不稳定的立场.
ファンデーション粉底霜 fěndǐshuāng.
ブイ救生圈 jiùshēngquān.
フィアンセ未婚妻 wèihūnqī；未婚夫 wèihūnfū.
フィードバック反馈 fǎnkuì.
フィールド田地 tiándì. ¶～競技 / 田赛.
フィギュアスケート花样滑冰 huāyàng huábīng.
フィクション虚构 xūgòu. ¶ノン～ / 记实作品.
フィットネス健身 jiànshēn.
フィナーレ最后的乐章 zuìhòu de yuèzhāng, 终曲 zhōngqǔ.
フィリピン菲律宾 Fēilǜbīn.
フィルター过滤器 guòlǜqì.
フィルム胶卷 jiāojuǎn. ¶カメラに～を入れる / 给照相机装胶卷. ¶カラー～ / 彩色胶卷.
フィンランド芬兰 Fēnlán.
ふう【風】风味 fēngwèi. ¶イタリア～の家具 / 意大利式的家具. ¶学生～の男 / 学生样子的男子. ¶どういう～にすればいいの / 怎么做才好呢？ ¶こんな～に書く / 这样写.
ふう【封】封 fēng. ¶手紙の～をする / 把信封上.
ふういん【封印】封条 fēngtiáo.
ブーイング喝倒彩 hè dàocǎi.
ふうかく【風格】风格 fēnggé. ¶堂々たる～ / 仪表非凡. ¶独特の～ / 独特风格.
ふうがわり【風変わり】与众不同 yǔ zhòng bù tóng. ¶～な格好 / 古怪的外表. ¶～なところがある / 有与众不同之处.
ふうき【風紀】风纪 fēngjì. ¶～を乱す / 败坏风纪.
ブーケ花束 huāshù.

ふうけい【風景】风景 fēngjǐng. ¶～画 / 风景画. ¶～写真 / 风景照.

ふうさ【封鎖】封锁 fēngsuǒ. ¶～を解く / 解除封锁. ¶海上～ / 海上封锁.

ふうさい【風采】相貌 xiàngmào. ¶～の上がらない男 / 不起眼的男人.

ふうし【風刺】讽刺 fěngcì. ¶～画 / 讽刺画. ¶～作家 / 讽刺作家.

ふうしゃ【風車】风车 fēngchē. ¶～小屋 / 风车小屋.

ふうしゅう【風習】风俗 fēngsú. ¶～を改める / 移风易俗.

ブース展台 zhǎntái, 展区 zhǎnqū.

ふうせん【風船】气球 qìqiú. ¶～をふくらます / 吹气球.

ふうそく【風速】风速 fēngsù. ¶現在～10メートルです / 现在风速十米. ¶～計 / 风速计.

ふうぞく【風俗】风俗 fēngsú. ¶～を乱す / 伤风败俗. ¶土地の～ / 当地的风俗. ¶～営業 / 色情行业.

ブーツ长筒皮靴 chángtǒng píxuē.

フード头巾 tóujīn. ¶～をかぶる / 戴头巾.

ふうとう【封筒】信封 xìnfēng. ¶～の封を切る / 拆开信封.

ふうふ【夫婦】夫妇 fūfù, 夫妻 fūqī. ¶～になる / 结为夫妇. ¶～仲がよい / 夫妻关系好. ¶～げんかをする / 夫妻吵架. ¶～げんかは犬も食わない / 夫妻吵架,狗都不理. ¶～別姓 / 夫妻别姓.

ふうみ【風味】味道 wèidào. ¶～が落ちる / 味道差.

ブーム热潮 rècháo. ¶～になる / 成为一股热. ¶中国語学習～が起こる / 出现学习汉语热.

ブーメラン飞去来器 fēiqùláiqì.

フーリガン疯狂球迷 fēngkuáng qiúmí, 足球流氓 zúqiú liúmáng.

ふうりゅう【風流】风雅 fēngyǎ.

ふうりょく【風力】风力 fēnglì. ¶～計 / 风力计.

プール游泳池 yóuyǒngchí. ¶～開き / 开放游泳池. ¶温水～ / 温水游泳池. ¶資金を～する / 储备资金.

ふうん【不運】不走运 bù zǒuyùn. ¶～にも / 倒霉.

ふえ【笛】笛子 dízi. ¶～を吹く / 吹笛子.

フェア公正 gōngzhèng. ¶～プレーをする / 公正比赛. ¶骨董品～ / 古董展览会.

フェイント假动作 jiǎdòngzuò. ¶～をかける / 做假动作.

フェスティバル节日 jiérì, 庆祝活动 qìngzhù huódòng.

フェミニズム女权运动 nǚquán yùndòng.

フェリー渡轮 dùlún.

ふえる【増える】增加 zēngjiā. ¶数が～ / 数量增加. ¶体重が4キロ増えた / 体重增加了四公斤.

フェルト毛毡 máozhān. ¶～ペン / 尖头万能笔.

フェロモン佛罗蒙 fóluóméng, 性外激素 xìng wài jīsù.

フェンシング击剑 jījiàn.

フォアグラ鹅肝 égān.

フォーカス焦点 jiāodiǎn, 要点 yàodiǎn.

フォーク叉子 chāzi. ¶～を使う / 用叉子. ¶～で刺す / 用叉子叉. ¶～リフト / 叉车. ¶～ソング / 民歌. ¶～ダンス / 民间舞.

フォーマット格式 géshì. ¶ディスクの～ / 软盘格式化.

フォーム样式 yàngshì, 姿势 zīshì. ¶打撃～を改造する / 改变击球姿势.

フォワード前锋 qiánfēng.

フォント字体 zìtǐ.

ふか【不可】不行 bù xíng ; 不及格 bù jígé.

ふか【孵化】孵化 fūhuà.

ぶか【部下】部下 bùxià.

ふかい【深い】深 shēn. ¶～海 / 深海. ¶～森 / 茂密的森林. ¶～傷 / 很深的伤害. ¶～悲しみ / 极度悲痛. ¶学識が～ / 学识渊博. ¶意味が～ / 意味深长. ¶彼女とは～関係だ / 和她的关系很深. ¶霧が～ / 雾浓.

ふかい【不快】不快 bùkuài, 不愉快 bù yúkuài. ¶～に思う / 感到不快. ¶～感を与える / 给人不愉快的感受. ¶～指数 / 不快指数.

ふかかい【不可解】难以理解 nányǐ lǐjiě. ¶～な人物 / 难以理解的人物. ¶～なこと / 难以理解的事情.

ふかけつ【不可欠】不可缺少 bù kě quēshǎo. ¶～な要素 / 不可缺的因素. ¶人間に水は～だ / 对于人类水是不可缺少的.

ふかさ【深さ】深度 shēndù. ¶このプールは～が6メートルある / 这个游泳池有六米深.

ぶかっこう【不格好】不好看 bù hǎokàn.

ふかのう【不可能】不可能 bù kěnéng. ¶実現～な計画 / 不可能实现的计划. ¶海外旅行なんて～だよ / 海外旅行什么的没门儿.

ふかひれ鱼翅 yúchì.

ふかんぜん【不完全】不完全 bù wánquán. ¶～燃焼 / 不完全燃烧. ¶～雇用 / 不完全雇用.

ぶき【武器】武器 wǔqì. ¶～を取る / 拿武器. ¶～援助 / 武器援助.

ふきかえ【吹き替え】配音 pèiyīn. ¶日本語～版映画 / 日语配音版电影.

ふきげん【不機嫌】不愉快 bù yúkuài. ¶～な顔 / 不高兴的表情.

ふきそく【不規則】不规律 bù guīlǜ. ¶～な生活 / 没规律的生活. ¶～動詞 / 不规则动词. ¶～変化 / 不规则变化.

ふきつ【不吉】不祥 bùxiáng. ¶～な夢を見る / 做不吉利的梦. ¶～な予

感がする / 有不吉祥的感觉.

ふきでもの【吹き出物】疙瘩 gēda.

ぶきみ【不気味】怪异 guàiyì,可怕 kěpà.

ふきゅう【普及】普及 pǔjí. ¶コンピュータを～させる / 使计算机普及. ¶～版 / 普及版.

ふきゅう【不朽】不朽 bùxiǔ. ¶～の名作 / 不朽的名作.

ふきょう【不況】不景气 bù jǐngqì. ¶金融～ / 金融萧条. ¶円高～ / 日元升值引起的不景气.

ぶきよう【不器用】笨拙 bènzhuō. ¶手先が～だ / 手不灵巧；笨手笨脚.

ふきん【布巾】抹布 mābù.

ふきん【付近】附近 fùjìn. ¶この～に / 这附近.

ふきんこう【不均衡】不平衡 bù pínghéng. ¶貿易～ / 贸易不平衡.

ふく【服】衣服 yīfu. ¶～を着る〔脱ぐ〕/ 穿〔脱〕衣服. ¶～を着替える / 换衣服. ¶黒い～を着ている / 穿着黑衣服. ¶既製～ / 成衣. ¶紳士～ / 西服. ¶婦人～ / 妇女服装. ¶子供～ / 儿童服装.

ふく【吹く】吹 chuī. ¶風が～ / 刮风. ¶熱いお茶を吹いて冷ます / 吹热茶让它凉. ¶フルートを～ / 吹长笛.

ふく【拭く】擦 cā. ¶ガラス窓を～ / 擦玻璃窗. ¶床を～ / 擦地板. ¶汗を～ / 擦汗. ¶涙を～ / 擦眼泪.

ふく【福】幸福 xìngfú. ¶～の神 / 福神.

ふぐ【河豚】河豚 hétún.

ふく－【副－】副 fù. ¶～総理 / 副总理. ¶～大統領 / 副总统. ¶～知事 / 副知事. ¶～支配人 / 副经理. ¶～操縦士 / 飞机副驾驶员.

ふくいん【福音】福音 fúyīn. ¶～書 / 福音书.

ふぐう【不遇】不幸 bùxìng.

ふくえき【服役】服役 fúyì. ¶～期間 / 服役期间.

ふくげん【復元】复原 fùyuán. ¶～図 / 复原图. ¶～力 / 复原能力.

ふくざつ【複雑】复杂 fùzá. ¶～な心境だ / 复杂的心情. ¶～にからみ合う / 纠缠得很复杂. ¶内容が～だ / 内容复杂.

ふくさよう【副作用】副作用 fùzuòyòng. ¶この薬に～はありますか / 这药有副作用吗？

ふくし【福祉】福利 fúlì. ¶～国家 / 福利国家. ¶～制度 / 福利制度. ¶～事業 / 福利事业. ¶～施設 / 福利设施. ¶社会～ / 社会福利.

ふくし【副詞】副词 fùcí.

ふくじ【服地】衣服料子 yīfu liàozi.

ふくしゃ【複写】复印 fùyìn. ¶～物 / 复制品. ¶～機 / 复印机.

ふくしゅう【復習】复习 fùxí.

ふくしゅう【復讐】复仇 fùchóu. ¶～に燃えている / 一心要报仇.

ふくじゅう【服従】服从 fúcóng. ¶彼には絶対～だ / 对他绝对服从.

ふくしょく【副食】配菜 pèicài,副食 fùshí.

ふくしょく【服飾】服饰 fúshì.

ふくすう【複数】复数 fùshù. ¶～形 / 复数形式. ¶～政党制 / 多党制.

ふくせい【複製】复制 fùzhì. ¶不許～ / 不许复制.

ふくそう【服装】服装 fúzhuāng. ¶～を整える / 整理服装.

ふくつ【不屈】不屈不挠 bù qū bù náo.

ふくつう【腹痛】腹痛 fùtòng,肚子痛 dùzi tòng. ¶～を起こす / 引起肚子疼.

ふくびき【福引き】抽彩 chōucǎi. ¶～を引く / 抽奖.

ふくむ【含む】包含 bāohán. ¶口に水を～ / 嘴里含着水. ¶どうかこの件をお含みおきください / 请把这件事放在心上.

ふくよう【服用】服用 fúyòng. ¶食前に～すること / 饭前服用.

ふくらしこ【膨らし粉】发酵粉 fājiàofěn.

ふくらはぎ【脹脛】腓 féi,腿肚子 tuǐdùzi.

ふくらむ【膨らむ】膨胀 péngzhàng. ¶気球が～ / 气球鼓起来了. ¶年ごとに～予算 / 年年膨胀的预算. ¶膨らんだパン / 膨松的面包.

ふくり【複利】复利 fùlì.

ふくれる【膨れる】鼓起来 gǔqǐlai. ¶お腹が～ / 吃饱. ¶すぐ君は～んだから / 你动不动就爱生气！

ふくろ【袋】袋子 dàizi. ¶～に入れる / 装在袋子里. ¶やつは～のねずみだよ / 他已经是囊中之鼠了. ¶月給～ / 工资袋.

ふくろ【復路】返程 fǎnchéng.

ふくろう【梟】猫头鹰 māotóuyīng.

ふけい【父兄】家长 jiāzhǎng. ¶～会 / 家长会.

ふけいき【不景気】不景气 bù jǐngqì.

ふけいざい【不経済】不经济 bù jīngjì.

ふけつ【不潔】不干净 bù gānjìng. ¶トイレが～だ / 厕所不卫生.

ふける【老ける】年老 niánlǎo. ¶あの人は老けて見えるね / 那人显老.

ふける【更ける】夜深 yè shēn. ¶夜が～につれて / 随着夜深. ¶秋もふけて / 秋色渐浓.

ふける【耽る】沉迷 chénmí. ¶酒色に～ / 沉迷酒色. ¶妄想に～ / 沉醉在妄想中.

ふこう【不幸】不幸 bùxìng. ¶～にも / 倒霉. ¶～中の幸い / 不幸中的万幸. ¶～に遭う / 遭到不幸. ¶身内に～があった / 亲人中有人死了.

ふごう【富豪】富豪 fùháo. ¶大～ / 大富豪.

ふごう【符号】符号 fúhào,标记 biāojì. ¶マイナス～ / 负号. ¶～をつけ

る / 加上记号.

ふごうかく【不合格】不及格 bù jígé. ¶試験で～になる / 考试不及格. ¶～者 / 不及格者. ¶～品 / 次品.

ふこうへい【不公平】不公平bù gōngpíng. ¶～な処置 / 不公平的处理.

ふごうり【不合理】不合理bù hélǐ.

ふさ【房】串 chuàn. ¶ブドウひと～ / 一嘟噜葡萄.

ブザー蜂鸣器 fēngmíngqì. ¶～を鳴らす / 揿信号器.

ふさい【夫妻】夫妻 fūqī,夫妇 fūfù. ¶伊藤さん～ / 伊藤夫妇.

ふさい【負債】负债 fùzhài. ¶多額の～を抱える / 有巨额债务. ¶～国 / 负债国. ¶～者 / 负债人.

ふざい【不在】不在 bùzài. ¶～地主 / 住在外地的地主. ¶～者投票 / 事先投票.

ふさがる【塞がる】堵 dǔ. ¶今手がふさがっているんだ / 现在没工夫.

ふさく【不作】歉收 qiànshōu. ¶作物は～だった / 庄稼歉收.

ふさぐ【塞ぐ】堵住 dǔzhù. ¶耳を～ / 捂住耳朵. ¶瓶の口を栓で～ / 用塞子塞住瓶口. ¶石塀のすき間をセメントで～ / 用水泥堵石墙的缝隙. ¶倒木が道をふさいでいる / 倒的树把路堵住了.

ふさぐ【鬱ぐ】不舒畅 bù shūchàng. ¶気が～ / 心情郁闷.

ふざける开玩笑 kāi wánxiào. ¶～な / 别开玩笑! ¶ちょっとふざけただけだよ / 只是稍微开开玩笑而已.

ふさふさ丛生 cóngshēng. ¶～とした髪 / 密密的头发.

ぶさほう【無作法】没礼貌 méi lǐmào. ¶～な振る舞いをする / 做没礼貌的举动.

ふさわしい【相応しい】相称 xiāngchèn. ¶年齢に～ / 跟年令相称.

ふし【節】［竹や木］节子 jiēzi ; ［メロディ］曲调 qǔdiào. ¶～くれだった手 / 粗壮的手. ¶～の難しい歌 / 曲调难的歌.

ふじ【藤】紫藤 zǐténg. ¶～色 / 淡紫色. ¶～棚 / 藤萝棚架.

ふじ【不治】不治 bù zhì. ¶～の病 / 不治之症.

ぶじ【無事】平安 píng'ān. ¶～に暮らす / 平稳地生活. ¶ご～を祈ります / 祝你平安.

ふしぎ【不思議】奇怪 qíguài,不可思议 bù kě sī yì. ¶～な現象 / 奇怪的现象. ¶～な夢を見る / 做奇怪的梦. ¶彼女が時間に遅れるなんて～だ / 她会迟到真不可思议.

ふしぜん【不自然】不自然bù zìrán.

ふじゆう【不自由】不自由 bù zìyóu. ¶目の～な人 / 眼睛不好的人. ¶彼は何～なく育った / 他成长于一个富裕的环境.

ふじゅうぶん【不十分】不足bùzú,不充分 bùchōngfèn. ¶証拠～で釈放される / 因证据不足被释放.

ぶしょ【部署】工作岗位 gōngzuò gǎngwèi. ¶～に就く / 就任.

ふしょう【負傷】负伤 fùshāng. ¶足を～する / 脚负伤. ¶～者 / 伤员.

ぶしょう【不精・無精】懒 lǎn. ¶～ひげ / 因没刮而长长的胡子. ¶～者 / 懒汉.

ふしょく【腐食】腐蚀 fǔshí. ¶～作用 / 腐蚀作用.

ぶじょく【侮辱】侮辱 wǔrǔ. ¶法廷～罪に問われる / 处以蔑视法庭罪.

ふしん【不信】不信 bùxìn. ¶～を買う / 招致不信. ¶～の目で見る / 用不相信的眼神看. ¶～感を抱く / 抱有不信任感. ¶政治～ / 对政治不信任.

ふしん【不審】形迹可疑 xíngjì kěyí. ¶挙動～の男 / 行动可疑的人.

ふじん【夫人】夫人 fūrén. ¶山田～ / 山田夫人.

ふじん【婦人】妇女 fùnǚ. ¶～科 / 妇科. ¶～病 / 妇科病 ; 妇女病. ¶～服 / 女装.

ふしんせつ【不親切】不热情 bù rèqíng.

ふせい【不正】不正当 bù zhèngdàng. ¶～な手段で / 用不正当手段. ¶～を正す / 纠正错误. ¶～入学をする / 不正当入学 ; 走后门入学. ¶～乗車をする / 逃票. ¶～取引 / 不正当交易. ¶～蓄財 / 非法敛财. ¶～選挙 / 不正当选举. ¶～融資 / 违法融资.

ふぜい【風情】有情趣 yǒu qíngqù.

ふせいかく【不正確】不正确 bù zhèngquè. ¶～な情報 / 不正确的情报.

ふせぐ【防ぐ】防止 fángzhǐ. ¶犯罪を～ / 防止犯罪. ¶風雨を～ / 防风挡雨.

ふせつ【敷設】铺设 pūshè. ¶鉄道を～する / 铺设铁路.

ふせる【伏せる】隐藏 yǐncáng. ¶床に～ / 趴在地上. ¶顔を～ / 低下头. ¶目を～ / 垂下视线. ¶事実を～ / 隐瞒事实.

ぶそう【武装】武装 wǔzhuāng. ¶～蜂起する / 武装起义. ¶～解除 / 解除武装.

ふそく【不足】不足 bùzú. ¶食糧～ / 粮食短缺. ¶睡眠～ / 睡眠不足.

ふぞく【付属】附属 fùshǔ. ¶K大学～中学校 / K大学附属中学. ¶～病院 / 附属医院. ¶～品 / 附属品.

ふぞろい【不揃い】不规则 bù guīzé. ¶～のリンゴ / 大小不一的苹果.

ふた【蓋】盖子 gàizi. ¶～をする〔取る〕/ 盖〔揭〕盖子.

ふだ【札】牌子 páizi. ¶番号～ / 号码牌.

ぶた【豚】猪 zhū. ¶～に真珠 / 对牛弹琴. ¶～肉 / 猪肉.

ぶたい【部隊】部队 bùduì.

ぶたい【舞台】舞台 wǔtái. ¶～に立

つ / 站在舞台上. ¶～衣装 / 舞台服装. ¶～装置 / 舞台设置.

ふたご【双子】双胞胎 shuāngbāotāi. ¶彼らは～です / 他们是双胞胎. ¶～の弟 / 双胞胎的弟弟. ¶～座 / 双子座.

ふたたび【再び】再次 zàicì. ¶二度と～こんなばかなことはしません / 决不再做这样的傻事.

ふたつ【二つ】两个 liǎng ge ; 两岁 liǎng suì. ¶～ください / 给我两个. ¶～とない / 独一无二.

ふたり【二人】两个人 liǎng ge rén. ¶～ですが席はありますか / 两个人, 有座位吗？

ふ

ふたん【負担】负担 fùdān. ¶～をかける / 增添负担.

ふだん【普段】平时 píngshí. ¶～どおり / 平时那样. ¶～11時に寝る / 平时十一点睡觉. ¶～着 / 便装.

ふち【縁】边 biān.

ふちゅうい【不注意】不注意 bù zhùyì. ¶～による事故 / 因疏忽引起的事故.

ぶちょう【部長】部长 bùzhǎng. ¶営業～ / 营销部长.

ふつう【普通】一般 yībān, 普通 pǔtōng. ¶～7時に起きる / 一般七点起床. ¶～預金 / 活期存款. ¶～料金 / 一般价格. ¶～列車 / 普通列车. ¶～選挙 / 普选. ¶～株 / 一般股票. ¶～社債 / 一般公司债券.

ふつう【不通】不通 bùtōng. ¶鉄道が～になる / 铁道不通.

ぶっか【物価】物价 wùjià. ¶～が高い〔安い〕/ 物价「高〔便宜〕. ¶～が上がる〔下がる〕/ 物价「上涨〔下降〕. ¶～指数 / 物价指数. ¶～高 / 物价昂贵.

ふっかつ【復活】复活 fùhuó. ¶予算の～折衝 / 恢复预算的交涉. ¶キリストの～ / 基督的复活. ¶～祭 / 复活节.

ふつかよい【二日酔い】宿醉 sùzuì.

ぶつかる 碰 pèng, 撞 zhuàng. ¶乗用車がトラックに～ / 轿车撞到卡车上. ¶難関に～ / 碰上难关. ¶日曜日と祝日が～ / 星期天和节日碰上了.

ふっき【復帰】复原 fùyuán, 回归 huíguī.

ふっきゅう【復旧】修复 xiūfù. ¶～作業 / 修复工作.

ぶっきょう【仏教】佛教 Fójiào. ¶～徒 / 佛教徒.

ぶっきらぼう 生硬 shēngyìng, 冷淡 lěngdàn.

フック 挂钩 guàgōu. ¶帽子を～に掛ける / 把帽子挂在衣帽钩上.

ぶつける 碰上 pèngshang, 撞上 zhuàngshang. ¶木に車を～ / 开车撞到树上. ¶ドアに頭を～ / 头碰到门上. ¶ボールを壁に～ / 球打到墙上. ¶怒りを彼に～ / 把气撒在他身上.

ふっこう【復興】复兴 fùxīng.

ふつごう【不都合】不方便 bù fāngbiàn. ¶～な日程 / 不方便的日程.

ふっこく【復刻】复制 fùzhì. ¶～版 / 复刻版. ¶～本 / 复制本.

ぶっしつ【物質】物质 wùzhì. ¶～文明 / 物质文明.

ぶつぞう【仏像】佛像 fóxiàng.

ぶったい【物体】物体 wùtǐ.

ふっとう【沸騰】沸腾 fèiténg. ¶その件で議論が～した / 在这件事上争论热烈. ¶～点 / 沸点.

ぶつり【物理】物理 wùlǐ. ¶～化学 / 物理化学. ¶～学者 / 物理学家. ¶～療法 / 物理疗法.

ふで【筆】毛笔 máobǐ. ¶～が立つ / 文章写得好. ¶～を入れる / 修改. ¶～を置く / 搁笔. ¶～を取る / 执笔. ¶弘法も～の誤り / 智者千虑, 必有一失.

ブティック 服装店 fúzhuāngdiàn.

ふてきとう【不適当】不合适 bù héshì.

ふてぎわ【不手際】拙劣 zhuōliè, 笨拙 bènzhuō. ¶～をお許しください / 请原谅我的笨拙.

ふと 突然 tūrán. ¶～気付く / 突然想起.

ふとい【太い】粗 cū. ¶足が～ / 脚肥. ¶肝が～ / 胆大. ¶～声 / 粗声.

ふとう【不当】不合理 bù hélǐ. ¶～解雇 / 无理解雇. ¶～利益 / 非法利润. ¶～労働行為 / 不合理劳动行为.

ぶどう【葡萄】葡萄 pútáo. ¶～園 / 葡萄园. ¶～酒 / 葡萄酒. ¶～球菌 / 葡萄球菌. ¶～糖 / 葡萄糖.

ふどうさん【不動産】房地产 fángdìchǎn.

ふとくい【不得意】不擅长 bù shàncháng. ¶～科目 / 不擅长的科目.

ふところ【懐】怀 huái. ¶～が暖かい / 手头宽余. ¶～を肥やす / 肥私囊.

ふとさ【太さ】粗 cū. ¶どのくらいの～ですか / 有多粗呢？ ¶～が4センチある / 有四厘米粗.

ふとじ【太字】粗体字 cūtǐzì.

ふとっぱら【太っ腹】度量大 dùliàng dà ; 大方 dàfang.

ふとる【太る】胖 pàng. ¶豚のように～ / 像猪一样胖. ¶10キロ太った / 胖了十公斤. ¶太りすぎの / 胖得过分的.

ふとん【布団】被褥 bèirù. ¶掛け～ / 被子. ¶敷き～ / 褥子. ¶～を敷く / 铺被褥.

ふな【鮒】鲫鱼 jìyú.

ぶな【山毛欅】山毛榉 shānmáojǔ.

ふなづみ【船積み】装船 zhuāng chuán. ¶～する / 装船. ¶～港 / 装货港口.

ふなのり【船乗り】船员 chuányuán.

ふなびん【船便】海运 hǎiyùn. ¶～

で送る / 用船邮.

ふなよい【船酔い】晕船 yùnchuán.

ぶなん【無難】稳妥 wěntuǒ. ¶～な演技 / 平淡的演技. ¶～な選択をする / 稳妥的选择.

ふね【船】船 chuán. ¶～に乗る / 坐船. ¶～を降りる / 下船. ¶～を漕ぐ / 划船. ¶～で上海へ行く / 坐船去上海. ¶乗りかかった～だ / 骑虎难下.

ふはい【腐敗】腐 败 fǔbài. ¶ ～ 政治 / 腐败政治.

ふひょう【不評】评价不高 píngjià bù gāo.

ぶひん【部品】零件 língjiàn. ¶～を交換する / 换零件. ¶機械～ / 机器零件.

ふぶき【吹雪】暴风雪 bàofēngxuě.

ふふく【不服】不满 bùmǎn,不服气 bù fúqì. ¶この結論に～がある / 对这个结论有意见.

ぶぶん【部分】部分 bùfen. ¶～的な理解 / 部分性理解. ¶～的に意味を把握する / 部分地理解意思.

ふへい【不平】不满 bùmǎn. ¶～を言う / 表示不满. ¶～分子 / 不满分子. ¶～たらたら / 牢骚满腹.

ぶべつ【侮蔑】侮蔑 wǔmiè. ¶～のまなざし / 侮辱的目光.

ふべん【不便】不 方 便 bù fāngbiàn. ¶交通の～な所に住んでいる / 住在交通不便的地方.

ふへん【普遍】普遍 pǔbiàn. ¶～化 / 普遍化. ¶～性 / 普遍性.

ふぼ【父母】父母 fùmǔ. ¶～会 / 家长会.

ふほう【訃報】讣告 fùgào. ¶～に接する / 接到讣告.

ふほう【不法】非法 fēifǎ. ¶拳銃の～所持で捕まる / 因非法持有枪支而被逮捕. ¶～移民 / 非法移民. ¶～監禁 / 非法监禁. ¶～行為 / 非法行为. ¶～就労者 / 非法打工者. ¶～侵入 / 非法闯入. ¶～占拠 / 非法占有. ¶～滞在 / 非法逗留. ¶～入国 / 非法入境.

ふまん【不満】不满 bùmǎn. ¶～を言う / 埋怨. ¶～を表明する / 表明不满. ¶～だらけだ / 牢骚满腹. ¶～そうな表情 / 不满的表情.

ふみきり【踏み切り】铁路道口 tiělù dàokǒu.

ふみだす【踏み出す】迈 出 màichū. ¶最初の一歩を～ / 迈出第一步.

ふみにじる践踏 jiàntà. ¶草花を～ / 践踏花草. ¶人の感情を～ / 践踏别人的感情.

ふみはずす【踏み外す】失足 shīzú.

ふみんしょう【不眠症】失 眠 症 shīmiánzhèng. ¶～になる / 患失眠症.

ふむ【踏む】踏 tà. ¶自転車のペダルを～ / 踏自行车的踏板. ¶10年ぶりに祖国の土を踏んだ / 十年后又一次踏上祖国的土地. ¶舞台を～ / 登上舞台. ¶手続きを～ / 履行手续. ¶韻を～ / 押韵. ¶踏んだり蹴ったりだ / 雪上加霜.

ふめい【不明】不明 bùmíng. ¶事故の原因は～です / 事故原因不明. ¶意味～の説明 / 含糊不清的解释. ¶原因～の病気 / 原因不明的疾病. ¶生死～ / 生死不明. ¶行くえ～ / 下落不明.

ふめいりょう【不明瞭】不 明 了 bù míngliǎo. ¶～な発音 / 不清楚的发音.

ふもう【不毛】寸草不生 cùn cǎo bù shēng,毫无进展 háo wú jìnzhǎn.

ふもと【麓】山脚下 shānjiǎoxià.

ぶもん【部門】部门 bùmén.

ふやす【増やす】增加 zēngjiā. ¶生産を～ / 增加生产. ¶財産を～ / 增加财产.

ふゆ【冬】冬天 dōngtiān. ¶～服 / 冬天的衣服. ¶～休み / 寒假. ¶～を越す / 越冬.

ふゆかい【不愉快】不 愉 快 bù yúkuài. ¶～に思う / 感到不愉快. ¶～にさせる / 令人不愉快.

ふよう【扶養】抚 养 fǔyǎng. ¶ ～ 家族 / 抚养亲属. ¶～控除 / 抚养扣除. ¶～者 / 抚养人.

ぶよう【舞踊】舞 蹈 wǔdǎo. ¶ 民 族～ / 民族舞蹈.

フライ ［揚げもの］油炸食品 yóuzhá shípǐn ；［飛行］飞 fēi. ¶魚を～にする / 油炸鱼. ¶エビ～ / 炸虾. ¶～を打つ / 打飞球.

フライト飞 行 fēixíng, 航 班 hángbān.

プライド自尊心 zìzūnxīn. ¶～が高い / 自尊心强. ¶～を傷つける / 伤自尊心.

フライトアテンダント飞机乘务员 fēijī chéngwùyuán.

フライドチキン炸鸡 zhájī.

フライドポテト炸薯条 zháshǔtiáo.

プライバシー隐私 yǐnsī,私密 sīmì. ¶～を犯す / 侵犯隐私.

フライパン平底锅 píngdǐguō.

プライベート私人 sīrén. ¶～な問題 / 私人的问题.

ブラインド百叶窗 bǎiyèchuāng. ¶～を上げる / 拉上百叶窗.

ブラウス女式衬衫 nǚshì chènshān.

プラグ插头 chātóu. ¶～を差し込む / 插上插头.

ブラシ刷子 shuāzi. ¶～をかける / 用刷子刷.

ブラジャー胸罩 xiōngzhào. ¶～をつける / 戴胸罩. ¶～を外す / 摘胸罩.

ブラジル巴西 Bāxī.

プラス加 jiā,附加 fùjiā. ¶～アルファ / 加上若干.

プラスチック塑料 sùliào. ¶～製品 / 塑料制品. ¶～爆弾 / 塑胶炸弹.

ブラスバンド铜 管 乐 队 tóngguǎn

yuèduì.

プラタナス 法国梧桐 fǎguó wǔtóng.

プラチナ 白金 báijīn.

ぶらつく 闲逛 xiánguàng, 溜达 liūda. ¶街を～ / 在街上闲逛.

ブラックホール 黑洞 hēidòng.

ブラックリスト 黑名单 hēimíngdān.

フラッシュ 闪光 shǎnguāng, 闪光灯 shǎnguāngdēng. ¶～をたく / 打闪光灯. ¶～バック / 回放；回闪.

プラットホーム 站台 zhàntái.

プラネタリウム 天象仪 tiānxiàngyí.

ぶらぶら 晃荡 huàngdang.

フラミンゴ 火烈鸟 huǒlièniǎo.

プラム 洋李 yánglǐ.

プラモデル 塑料模型 sùliào móxíng.

プラン 计划 jìhuà. ¶～を立てる / 制定计划.

ブランク 空白 kòngbái, 空格 kònggé. ¶～を埋める / 填上空白.

プランクトン 浮游生物 fúyóu shēngwù.

ぶらんこ 秋千 qiūqiān. ¶～に乗る / 打秋千.

フランス 法国 Fǎguó. ¶～革命 / 法国革命. ¶～語 / 法语. ¶～人 / 法国人. ¶～料理 / 法国菜.

フランチャイズ 授权经营 shòuquán jīngyíng.

ブランデー 白兰地 báilándì.

プラント 成套设备 chéngtào shèbèi.

ブランド 名牌 míngpái. ¶～商品 / 名牌商品. ¶～志向 / 喜欢名牌.

ふり【不利】 不利 bùlì. ¶～な条件 / 不利条件. ¶試合の形勢は～だ / 比赛的形势不利.

ふり【振り】 样子 yàngzi. ¶人の～見てわが～直せ / 借鉴他人,矫正自己. ¶知らない～をする / 装作不知道.

フリー ［自由］自由 zìyóu ；［ただ］免费 miǎnfèi. ¶～で仕事する / 自由职业. ¶～ライター / 自由撰稿人. ¶～ダイヤル / 免费电话. ¶～キック / 罚任意球. ¶～スロー / 罚球. ¶～ソフト / 免费软件. ¶～スタイルスキー / 自由式滑雪.

フリーズドライ 冰冻干燥处理 bīngdòng gānzào chǔlǐ.

フリーター 自由职业者 zìyóu zhíyèzhě.

プリーツ 衣褶 yīzhě. ¶～スカート / 百褶裙.

ブリーフケース 公文包 gōngwénbāo.

フリーマーケット 跳蚤市场 tiàozao shìchǎng.

フリーダイヤル 免费咨询电话 miǎnfèi zīxún diànhuà.

フリーパス 免费通行证 miǎnfèi tōngxíngzhèng.

ふりえき【不利益】 没有利益 méiyǒu lìyì. ¶～を被る / 蒙受损失.

ふりかえ【振替】 调换 diàohuàn. ¶～で送金する / 转账寄钱. ¶～輸送する / 代替输送. ¶～休日 / 换休日；补休.

ふりかえる【振り返る】 回头 huítóu. ¶往時を～ / 回顾往昔.

ふりこ【振り子】 摆 bǎi. ¶～時計 / 摆钟.

ふりこみ【振り込み】 转账 zhuǎnzhàng. ¶給料は銀行口座に自動～になっている / 工资自动从银行账户转账.

ふりこむ【振り込む】 存入 cúnrù. ¶銀行口座に～ / 给银行账户转账.

プリズム 棱镜 léngjìng.

ふりだし 出发点 chūfādiǎn. ¶～に戻る / 回到出发点.

プリペイドカード 预付卡 yùfùkǎ.

ふりむく【振り向く】 回头 huítóu.

ふりょう【不良】 不良 bùliáng. ¶～品 / 次品. ¶～在庫 / 次品积压. ¶～債権 / 不良贷款. ¶～少年 / 流氓少年. ¶消化～ / 消化不良.

ぶりょく【武力】 武力 wǔlì. ¶～を行使する / 行使武力.

フリル 波形褶边 bōxíng zhěbiān. ¶～のワンピース / 波形褶边的连衣裙.

ふりん【不倫】 不正当男女关系 bù zhèngdàng nánnǚ guānxi. ¶～の恋 / 婚外恋.

プリン 果冻 guǒdòng, 布丁 bùdīng.

プリンター 打印机 dǎyìnjī, 印刷机 yìnshuājī.

プリント 打印 dǎyìn.

ふる【降る】 下 xià. ¶雨が降っている / 正在下雨. ¶今にも降りそうだ / 好像马上要下雨. ¶雪が降ったりやんだりしている / 雪时下时停. ¶降ってわいたような災難 / 突然降临的灾难.

ふる【振る】 摇晃 yáohuang. ¶手を～ / 招手. ¶首を縦に～ / 点头同意. ¶よく振ってからお飲みください / 请摇匀后喝. ¶肉にコショウを～ / 给肉里放胡椒. ¶漢字にルビを～ / 给汉字注假名. ¶彼女にふられる / 被女朋友甩了.

ふるい【古い】 古老 gǔlǎo. ¶～建物 / 古老的建筑物. ¶考えが～ / 想法陈旧. ¶それは～よ / 那太旧了.

ふるい【篩】 筛子 shāizi. ¶～にかける / 用筛子筛.

ブルーカラー 蓝领 lánlǐng.

フルーツ 水果 shuǐguǒ. ¶～ジュース / 果汁.

フルート 长笛 chángdí. ¶～奏者 / 长笛演奏者.

ブルーベリー 蓝莓 lánméi.

ふるえる【震える】 发抖 fādǒu, 颤抖 chàndǒu. ¶木の葉が風に震えている / 树叶随风摇动. ¶寒さで～ / 冻得发抖. ¶手が震えている / 手在颤抖.

ブルガリア 保加利亚 Bǎojiālìyà.

ふるくさい【古臭い】 陈旧 chénjiù. ¶～考え / 陈旧的想法. ¶頭が～ / 脑袋太旧.

フルコース 套餐 tàocān.

ふるさと【故郷】故乡 gùxiāng. ¶～を思う / 思念故乡. ¶心の～ / 心中的故乡. ¶第二の～ / 第二故乡.
ブルジョア资产阶级 zīchǎn jiējí.
ブルゾン防寒夹克衫 fánghán jiākèshān.
ブルドーザー推土机 tuītǔjī.
ブルドック虎头犬 hǔtóuquǎn.
ふるほん【古本】旧书 jiùshū. ¶～屋 / 旧书店.
ふるまう【振る舞う】[行う]行动xíngdòng ; [もてなす]请客 qǐngkè. ¶高校生らしく振る舞いなさい / 举止要像个高中生样子. ¶昼食を～ / 请吃午饭.
ぶれい【無礼】无礼 wúlǐ. ¶～なことを言う / 说没有礼貌的话. ¶～者め / 蛮不讲理的东西.
プレー比赛 bǐsài ; 玩 wán. ¶～オフ / 决赛加赛. ¶～ボーイ / 花花公子. ¶～ボール / 开球.
ブレーカー电流断路器 diànliú duànlùqì. ¶～が落ちた / 电流器跳闸了.
プレーガイド预售票处 yùshòupiàochù.
ブレーキ闸 zhá. ¶急～をかける / 急刹车.
プレーヤー [選手]选手 xuǎnshǒu ; [レコード]电唱机 diànchàngjī.
ブレーン大脑 dànǎo, 智囊 zhìnáng.
フレキシブル灵活 línghuó.
プレス [新聞]媒体 méitǐ, 媒介 méijiè ; [圧力]压yā ; [アイロン]熨yùn.
ブレスレット手镯 shǒuzhuó.
プレゼンテーション演示 yǎnshì.
プレゼント礼物 lǐwù. ¶～をする / 送礼物. ¶誕生～ / 生日礼物.
プレッシャー压力 yālì. ¶～をかける / 施加压力. ¶～に弱い / 承受不住压力.
フレッシュ新鲜 xīnxiān.
プレミアム额外费用 éwài fèiyòng.
ふれる【触れる】摸 mō. ¶手を～な / 别动手.
ブレンド混合 hùnhé. ¶～コーヒー / 混和咖啡.
ふろ【風呂】浴池 yùchí. ¶～に入る / 洗澡. ¶～を沸かす / 烧洗澡水. ¶～場 / 浴池. ¶～屋 / 澡堂.
プロ职业 zhíyè. ¶～チーム入りする / 成为职业运动员. ¶～野球 / 职业棒球.
ブローカー掮客 qiánkè.
ブローチ胸针 xiōngzhēn. ¶～をつける / 别胸针.
ブロードバンド宽带网 kuāndàiwǎng.
ふろく【付録】附录 fùlù.
プログラマー程序设计员 chéngxù shèjìyuán.
プログラム[コンピュータ]程序chéngxù ; [演目]节目单 jiémùdān. ¶～を組む / 编程序. ¶～言語 / 程序设计语言.
プロジェクター投影仪 tóuyǐngyí.
プロダクション制作公司 zhìzuò gōngsī.
ブロック集团 jítuán ; [かたまり]块 kuài ; [区画]地区 dìqū. ¶～経済 / 区域经济. ¶～建築 / 板块建筑.
フロッピー软盘 ruǎnpán.
プロテスタント新教徒 xīnjiàotú.
プロバイダー服务商 fúwùshāng.
プロパンガス液化石油气 yèhuà shíyóuqì.
プロフィール人物简介 rénwù jiǎnjiè.
プロフェッショナル专家 zhuānjiā.
プロペラ螺旋桨 luóxuánjiǎng.
プロポーズ求婚 qiúhūn. ¶彼女に～する / 向她求婚.
プロレス职业摔跤 zhíyè shuāijiāo.
フロンガス氟利昂 fúlì'áng.
ブロンズ青铜 qīngtóng. ¶～像 / 青铜像.
フロンティアスピリット开拓精神 kāituò jīngshén.
フロント服务台 fúwùtái. ¶～係 / 前台人员.
フロントガラス挡风玻璃 dǎngfēng bōli.
ふわ【不和】不和 bùhé. ¶～である / 不和睦. ¶～になる / 不和睦. ¶夫婦の～ / 夫妻不和.
ふわたり【不渡り】拒付 jùfù. ¶～手形 / 空头支票.
ふん【分】分 fēn. ¶午後 2 時20～です / 下午两点二十分.
ふん【糞】粪 fèn. ¶～をする / 拉屎.
ぶん【文】句子 jùzi. ¶～を分析する / 分析句子.
ぶん【分】份 fèn. ¶～を尽くす / 尽本分. ¶～不相応に暮らす / 不合身份地过日子. ¶これはあなたの～です / 这是你那份. ¶この～ならすぐによくなるでしょう / 照这个样子马上就会好的.
ふんいき【雰囲気】气氛 qìfēn. ¶～を壊す / 破坏气氛.
ふんか【噴火】喷火 pēnhuǒ. ¶～口 / 喷火口.
ぶんか【文化】文化 wénhuà. ¶～遺産 / 文化遗产. ¶～勲章 / 文化勋章. ¶～交流 / 文化交流. ¶～祭 / 文化艺术节. ¶～財 / 文化财富. ¶～人類学 / 文化人类学. ¶～大革命 / 文化大革命. ¶～庁 / 文化厅. ¶～の日 / 文化节.
ぶんかい【分解】分解 fēnjiě. ¶元素に～する / 分解为元素. ¶電気～ / 电解. ¶空中～ / 空中解体.
ぶんがく【文学】文学 wénxué. ¶～界 / 文学界. ¶～作品 / 文学作品. ¶～者 / 文学家. ¶～部 / 文学系.
ぶんかつ【分割】分割 fēngē. ¶～払い / 分期付款.
ふんきゅう【紛糾】纠纷 jiūfēn.
ぶんご【文語】文言文 wényánwén. ¶～体 / 文言体.

ぶんこ【文庫】文库 wénkù. ¶~本 / 小型版本.
ぶんご【文語】文言 wényán.
ぶんし【分子】[数学·化学の]分子 fēnzǐ ; [構成員]分子 fènzǐ. ¶~と分母 / 分子和分母. ¶~式 / 分子式. ¶~構造 / 分子结构. ¶~生物学 / 分子生物学. ¶悪質~ / 恶劣分子.
ぶんしつ【紛失】丢失 diūshī. ¶~届を出す / 申报丢失. ¶~物 / 丢失物.
ぶんしょ【文書】文件 wénjiàn ; 书面 shūmiàn. ¶~を作成する / 制作文件. ¶~で回答する / 用书面形式回答. ¶~を偽造する / 伪造公文.
ぶんしょう【文章】文章 wénzhāng. ¶彼女は~がうまい / 她文章写得好.
ふんすい【噴水】喷泉 pēnquán.
ぶんすう【分数】分数 fēnshù. ¶仮~ / 假分数. ¶帯~ / 带分数.
ぶんせき【分析】分析 fēnxī. ¶構造を~する / 分析结构.
ふんそう【紛争】纠纷 jiūfēn. ¶~を起こす / 挑起纠纷. ¶~を解決する / 解决纠纷. ¶国境~ / 边境纠纷.
ぶんたい【文体】文体 wéntǐ. ¶独特の~ / 特有的文体.
ぶんたん【分担】分担 fēndān. ¶~金 / 分担金额.
ぶんちん【文鎮】镇纸 zhènzhǐ.
ぶんつう【文通】通信 tōngxìn. ¶~を続ける / 保持通信联系.
ぶんぱい【分配】分配 fēnpèi. ¶~金 / 分配金.
ふんばる【踏ん張る】坚持 jiānchí.
ぶんぷ【分布】分布 fēnbù. ¶~図 / 分布图. ¶~範囲 / 分布范围.
ぶんべつ【分別】分别fēnbié, 分离fēnlí. ¶ごみを~収集する / 分类收垃圾.
ぶんべん【分娩】分娩 fēnmiǎn. ¶~室 / 分娩室.
ぶんぼ【分母】分母 fēnmǔ.
ぶんぽう【文法】语法 yǔfǎ. ¶~学者 / 语法学家. ¶生成〔変形〕~ / 生成〔变换〕语法.
ぶんぽうぐ【文房具】文具 wénjù.
ふんまつ【粉末】粉末 fěnmò. ¶~にする / 弄成粉末. ¶~ジュース / 果汁粉.
ぶんめい【文明】文明 wénmíng. ¶~の利器 / 文明的利器. ¶~開化 / 文明开化. ¶~国 / 文明国家.
ぶんや【分野】领域 lǐngyù. ¶専門~ / 专业领域.
ぶんり【分離】分离 fēnlí. ¶~課税 / 分离课税.
ぶんりょう【分量】分量 fènliang. ¶砂糖の~を量る / 称糖的分量.
ぶんるい【分類】分类 fēnlèi. ¶~表 / 分类表. ¶~目録 / 分类目录.
ぶんれつ【分裂】分裂 fēnliè. ¶核~ / 核分裂. ¶細胞~ / 细胞分裂. ¶国論が~する / 舆论对立.

-へ 到 dào. ¶東の方~流れる川 / 向东流的河. ¶病院~行く / 去医院.
ヘア 毛发 máofà. ¶~スタイル / 发型. ¶~ピン / 发卡. ¶~クリーム / 发乳.
ペア 对 duì. ¶~を組む / 结成对. ¶~ルックの二人 / 穿情侣装的两个人.
へい【塀】围墙 wéiqiáng.
へいえき【兵役】兵役 bīngyì. ¶~に服する / 服兵役. ¶~免除 / 免除兵役.
へいおん【平穏】平稳 píngwěn. ¶~な生活 / 平静的生活. ¶~無事に帰宅する / 平安无事地回家.
へいかい【閉会】闭会 bìhuì. ¶~式 / 闭幕式.
へいがい【弊害】弊病 bìbìng. ¶~が百出する / 弊病百出.
へいき【兵器】兵器 bīngqì. ¶~庫 / 兵器库. ¶核~ / 核武器.
へいき【平気】不在乎 bù zàihu. ¶~だよ / 无所谓呀. ¶~で嘘をつく / 满不在乎地撒谎.
へいきん【平均】平均 píngjūn. ¶~以下である / 低于平均. ¶~株価 / 平均股价. ¶~寿命 / 平均寿命. ¶~台 / 平衡木. ¶~点 / 平均分数. ¶~年齢 / 平均年龄. ¶~利回り / 平均收益率.
へいきんだい【平均台】平衡木 pínghéngmù.
へいこう【平行】平行 píngxíng. ¶~線 / 平行线. ¶両者の意見は~線に終わった / 双方的意见谈不拢. ¶~四辺形 / 平行四边形. ¶~棒 / 双杠.
へいこう【平衡】平衡 pínghéng. ¶~感覚 / 平衡感.
へいこう【閉口】无话可说 wú huà kě shuō.
へいこうゆにゅう【並行輸入】同时进口 tóngshí jìnkǒu. ¶~する / 同时进口.
べいこく【米国】美国 Měiguó.
へいさ【閉鎖】封闭 fēngbì. ¶~的な社会 / 封闭性的社会.
へいし【兵士】士兵 shìbīng.
へいじつ【平日】平时 píngshí. ¶~の夜は / 平时晚上. ¶~会員 / 周日会员.
へいしゃ【弊社】敝公司 bì gōngsī.
へいじょう【平常】平常 píngcháng. ¶~どおり / 和平常一样. ¶~心で / 以平常心.
へいせい【平静】平静 píngjìng. ¶心の~を保つ〔失う〕/ 保持〔失去〕镇静.
へいぜん【平然】坦然 tǎnrán. ¶~とした態度 / 冷静的态度. ¶~として

いる / 从容不迫.
へいち【平地】平地 píngdì.
へいてん【閉店】商店关门 shāngdiàn guānmén. ¶本日～ / 今天停业. ¶～時刻 / 关门时间.
へいねつ【平熱】正常体温 zhèngcháng tǐwēn.
へいねん【平年】普通年 pǔtōng nián, 平年 píngnián.
へいふく【平服】便服 biànfú.
へいほう【平方】平方 píngfāng. ¶10～メートル / 十平方米. ¶～根 / 平方根.
へいぼん【平凡】平凡 píngfán. ¶～な生活 / 平凡的生活.
へいめん【平面】平面 píngmiàn. ¶～図 / 平面图.
へいや【平野】平原 píngyuán.
へいれつ【並列】并列 bìngliè.
へいわ【平和】和平 hépíng. ¶～時 / 和平时期. ¶～運動 / 和平运动. ¶～憲法 / 和平宪法. ¶～主義 / 和平主义. ¶～条約 / 和平条约. ¶～維持軍 / 维和部队.
ベーコン腊肉 làròu. ¶～エッグ / 腊肉鸡蛋.
ページ页 yè. ¶～をめくる / 翻页. ¶13～を開けなさい / 请翻到十三页. ¶その事件は歴史に新しい～を加えた / 那个事件给历史增添了新的一页.
ベース基地 jīdì, 基础 jīchǔ. ¶～キャンプ / 大本营. ¶～アップ / 提高基本工资. ¶ホーム～ / 本垒.
ペース步调 bùdiào. ¶～メーカー / 起搏器.
へきが【壁画】壁画 bìhuà.
ペキン【北京】北京 Běijīng. ¶～原人 / 北京猿人. ¶～ダック / 北京烤鸭.
ヘクタール公顷 gōngqǐng.
ベクトル向量 xiàngliàng, 矢量 shǐliàng.
ヘクトパスカル百帕 bǎipà.
へこむ【凹む】瘪 biě, 凹下 āoxià. ¶バケツがへこんだ / 桶瘪了. ¶地面が～ / 地面洼下去. ¶腹が～ / 肚子瘪了. ¶気持ちが～ / 垂头丧气.
へさき【舳先】船头 chuántóu.
ベジタリアン素食者 sùshízhě.
ペシミスト悲观主义者 bēiguān zhǔyìzhě.
ベスト最好 zuìhǎo. ¶～を尽くす / 尽最大努力. ¶～セラー / 畅销商品. ¶～コンディション / 最佳状态.
へそ【臍】肚脐 dùqí. ¶～の緒 / 脐带. ¶～を曲げる / 闹别扭.
へた【下手】笨拙 bènzhuō. ¶料理が～だ / 不会做饭. ¶～の横好きでゴルフをします / 打得不好, 偏爱打高尔夫球. ¶～するとこの仕事は1日で終わらないかもしれない / 搞不好的话, 这活儿一天完不了.
へだたり【隔たり】距离 jùlí.
へだてる【隔てる】相隔 xiānggé. ¶20年の時を隔てて / 相隔二十年. ¶壁を隔てて / 隔着墙.
ペダル踏板 tàbǎn. ¶～を踏む / 踩踏板.
ぺちゃんこ压扁 yābiǎn.
-べつ【-別】区别 qūbié. ¶年齢～に / 按年龄. ¶国～では / 按国别.
べつ【別】另外 lìngwài. ¶～に処理する / 另外分开处理.
べっかん【別館】分馆 fēnguǎn.
べっそう【別荘】别墅 biéshù.
ベッド床 chuáng. ¶～に入る / 上床. ¶2段～ / 上下床. ¶ダブル～ / 双人床.
ペット宠物 chǒngwù. ¶～にする / 作为宠物.
ペットボトル塑料瓶 sùliàopíng.
ヘッドホン耳机 ěrjī.
ヘッドライト车头灯 chētóudēng.
べつべつ【別々】分别 fēnbié. ¶代金は～に払う / 费用各付各的.
ヘディング头球 tóuqiú.
ベテラン老资格 lǎozīgé. ¶～教師 / 资深老师.
ベトナム越南 Yuènán. ¶～戦争 / 越南战争.
へとへと精疲力竭 jīng pí lì jié. ¶～になる / 累得精疲力尽.
べとべと黏糊 niánhu. ¶汗で体が～する / 汗出得浑身黏糊糊的.
ペナルティー处罚 chǔfá ; 罚款 fákuǎn ; 罚点球 fádiǎnqiú.
へび【蛇】蛇 shé. ¶～皮 / 蛇皮.
ベビーカー婴儿车 yīng'érchē.
ベビーシッター保姆 bǎomǔ, 看孩子的 kān háizi de.
へま愚蠢 yúchǔn, 糊涂 hútu ; 错误 cuòwù, 失误 shīwù.
へや【部屋】房间 fángjiān. ¶～を借りる / 租房. ¶広い～ / 宽敞的房间. ¶5～の家 / 五个房间的屋子. ¶～着 / 室内便装. ¶～代 / 房租. ¶～割り / 分配房间. ¶子供～ / 小孩房间.
へらす【減らす】减少 jiǎnshǎo. ¶出費を～ / 减少开支. ¶経費を～ / 减少经费. ¶体重を～ / 减少体重. ¶仕事を～ / 减少工作.
ぺらぺら流利 liúlì. ¶彼はフランス語が～だ / 他的法语很流利. ¶彼女は～とよくしゃべる / 她唠唠叨叨地很能说. ¶～の布 / 薄薄的布.
ベラルーシ白俄罗斯 Bái'éluósī.
ベランダ阳台 yángtái.
へり【縁】边缘 biānyuán.
ヘリコプター直升机 zhíshēngjī.
へる【減る】减少 jiǎnshǎo. ¶体重が3キロ減った / 体重减少了三公斤. ¶農業人口が減ってきている / 农业人口在减少.
へる【経る】经过 jīngguò. ¶京都を経て大阪へ行く / 经由京都去大阪. ¶厳しい審査を～ / 经过严格审查. ¶試練を経て成功を収めた / 历经考验终获成功.

ベル 门铃 ménlíng. ¶玄関の～が鳴っている / 门铃响了.
ペルー 秘鲁 Bìlǔ.
ベルギー 比利时 Bǐlìshí.
ペルシャ 波斯 Bōsī. ¶～湾 / 波斯湾.
ヘルツ 赫兹 hèzī.
ベルト 腰带 yāodài. ¶～を締める / 系腰带. ¶～コンベア / 传送带.
ヘルメット 头盔 tóukuī.
へん【変】 奇怪 qíguài. ¶～な性格 / 奇怪的性格. ¶何か様子が～だ / 样子有点不对. ¶～だと思いませんか / 你不觉得奇怪吗？
べん【便】 便利 biànlì. ¶この町は交通の～が悪い / 这个城市交通不方便. ¶大～をする / 大便.
ペン 笔 bǐ. ¶ボール～で書く / 用圆珠笔写. ¶～を折る / 停笔. ¶～は剣よりも強し / 笔杆胜过枪杆. ¶～先 / 笔尖. ¶～軸 / 笔杆. ¶～ネーム / 笔名.
へんか【変化】 变化 biànhuà. ¶～しやすい / 容易变化. ¶～に富む / 富于变化. ¶～がない / 没变化. ¶～球 / 曲线球.
べんかい【弁解】 辩解 biànjiě. ¶～の余地はない / 没有辩解的余地.
へんかく【変革】 变革 biàngé.
へんかん【返還】 归还 guīhuán.
べんぎ【便宜】 方便 fāngbiàn. ¶～を図る / 提供方便. ¶～上 / 为了方便起见.
ペンキ 油漆 yóuqī. ¶壁に～を塗る / 墙上刷油漆. ¶～塗りたて / 油漆未干.
へんきゃく【返却】 归还 guīhuán. ¶図書館に本を～する / 把书还给图书馆.
べんきょう【勉強】 学习 xuéxí. ¶～ができる / 学习好. ¶いい～になった / 很有收获；学到了很多. ¶～量 / 学习量. ¶～部屋 / 学习的房间. ¶試験～ / 应考学习.
へんきょく【編曲】 编曲 biānqǔ.
へんきん【返金】 退款 tuìkuǎn.
ペンギン 企鹅 qǐ'é.
へんけん【偏見】 偏见 piānjiàn. ¶～を持つ / 有偏见.
べんご【弁護】 辩护 biànhù. ¶～士 / 律师. ¶～団 / 律师团. ¶～人 / 辩护人.
へんこう【変更】 变更 biàngēng. ¶予定に～はない / 计划没有变动.
へんさい【返済】 还债 huánzhài. ¶全額～する / 全额还贷. ¶～期間延長 / 延长还贷期限.
へんじ【返事】 答复 dáfù. ¶～はいついただけますか / 什么时候能有回信呢？
へんしゅう【編集】 编辑 biānjí. ¶～者 / 编辑. ¶～長 / 总编辑. ¶～部 / 编辑部. ¶～会議 / 编辑会议.
べんじょ【便所】 厕所 cèsuǒ.
べんしょう【弁償】 赔偿 péicháng.
ペンション 西式家庭旅店 xīshì jiātíng lǚdiàn.
へんしん【返信】 回信 huíxìn.
へんじん【変人】 怪人 guàirén.
へんせん【変遷】 变迁 biànqiān, 推移 tuīyí.
へんそう【変装】 化装 huàzhuāng.
へんそく【変速】 变速 biànsù.
へんそく【変則】 不规则的 bù guīzé de, 没有规律的 méiyǒu guīlǜ de.
ペンダント 垂饰 chuíshì.
ベンチ 长凳 chángdèng. ¶公園の～に座る / 坐在公园的长凳上.
ペンチ 钳子 qiánzi.
ベンチャービジネス 风险企业 fēngxiǎn qǐyè, 新兴企业 xīnxīng qǐyè.
へんどう【変動】 变动 biàndòng. ¶～為替相場制 / 变动汇率制.
べんとう【弁当】 盒饭 héfàn. ¶～を持って行く / 带盒饭去. ¶～箱 / 饭盒.
へんとうせん【扁桃腺】 扁桃腺 biǎntáoxiàn. ¶～が腫れる / 扁桃体肿大.
へんにゅう【編入】 合并 hébìng, 插入 chārù. ¶2年生の～試験 / 二年级的插班考试.
ペンネーム 笔名 bǐmíng.
へんぴ【辺鄙】 偏僻 piānpì. ¶～な所に住んでいる / 住在偏僻的地方.
べんぴ【便秘】 便秘 biànmì.
へんぴん【返品】 退货 tuìhuò.
ペンフレンド 笔友 bǐyǒu.
べんめい【弁明】 辩解 biànjiě, 申辩 shēnbiàn.
へんよう【変容】 变样 biànyàng.
べんり【便利】 方便 fāngbiàn. ¶～な道具 / 方便的工具.
へんれい【返礼】 回礼 huílǐ.
べんろん【弁論】 辩论 biànlùn. ¶～大会 / 辩论大赛.

ほ

ほ【帆】 帆 fān. ¶～を張る / 扬帆.
ほ【穂】 穗 suì. ¶～が出ている / 出穗.
ほいく【保育】 保育 bǎoyù. ¶～園 / 保育园. ¶～器 / 保温箱.
ボイコット 联合抵制 liánhé dǐzhì.
ボイラー 锅炉 guōlú. ¶～室 / 锅炉房.
ぼいん【母音】 元音 yuányīn；韵母 yùnmǔ.
ぼいん【拇印】 指印 zhǐyìn.
ポイント 要点 yàodiǎn. ¶～をつかむ / 抓住要点.
ほう【方】 方向 fāngxiàng. ¶泥棒はどっちの～に逃げましたか / 贼往哪边儿跑了？¶駅の～です / 车站那边. ¶大きい～を私にください / 把大的给我吧.
ほう【法】 法律 fǎlǜ.
ぼう【棒】 棍 gùn. ¶一生を～に振る / 断送一生. ¶足が～になってしまったよ / 腿走酸了. ¶天秤～ / 扁

担. ¶～グラフ / 直线图表.

ほうい【包囲】包围 bāowéi. ¶敵に～される / 被敌人包围.

ほうえい【放映】放映 fàngyìng ; 播送 bōsòng. ¶～中である / 正在播送. ¶～権 / 放映权.

ぼうえい【防衛】防卫 fángwèi. ¶～費 / 防卫费用. ¶～庁 / 防卫厅. ¶～軍 / 防卫军.

ぼうえき【貿易】贸易 màoyì. ¶～摩擦 / 贸易摩擦. ¶自由〔保護〕～ / 自由〔保护〕贸易. ¶～相手国 / 贸易对象国. ¶～収支 / 贸易收支. ¶～外収支 / 贸易外收支. ¶～自由化 / 贸易自由化. ¶～不均衡 / 贸易不平衡. ¶～赤字〔黒字〕/ 贸易「逆差〔顺差〕. ¶～商 / 贸易商. ¶～風 / 信风.

ぼうえんきょう【望遠鏡】望远镜 wàngyuǎnjìng.

ほうおう【法王】教皇 jiàohuáng. ¶～庁 / 教皇厅. ¶ローマ～ / 罗马教皇.

ほうか【放火】纵火 zònghuǒ. ¶～魔 / 纵火犯.

ほうかい【崩壊】崩溃 bēngkuì.

ぼうがい【妨害】妨碍 fáng'ài.

ほうがく【方角】方向 fāngxiàng. ¶～を見失う / 迷失方向.

ほうがく【法学】法学 fǎxué. ¶～部 / 法学部. ¶～者 / 法学家.

ほうかご【放課後】放学后 fàngxuéhòu.

ほうがんなげ【砲丸投げ】投铅球 tóuqiānqiú.

ほうき【箒】扫帚 sàozhou. ¶～で部屋を掃く / 用扫帚打扫屋子.

ほうき【法規】法规 fǎguī. ¶～上の手続きを経る / 经过有关法规的手续.

ほうき【放棄】放弃 fàngqì. ¶権利を～する / 放弃权利. ¶～試合 / 放弃比赛.

ぼうぎょ【防御】防御 fángyù. ¶～を固める / 巩固防御. ¶～率 / 防御率.

ぼうくん【暴君】暴君 bàojūn.

ほうげん【方言】方言 fāngyán.

ぼうけん【冒険】冒险 màoxiǎn. ¶～家 / 冒险家.

ほうこう【方向】方向 fāngxiàng. ¶～転換する / 转换方向. ¶あらゆる～に / 所有方向. ¶北の～に / 北边. ¶彼は～音痴です / 他没有方向感. ¶～指示器 / 方向指示器. ¶～舵 / 方向舵.

ぼうこう【暴行】暴行 bàoxíng. ¶集団～ / 集体施暴.

ぼうこう【膀胱】膀胱 pángguāng. ¶～炎 / 膀胱炎. ¶～結石 / 膀胱结石.

ほうこく【報告】报告 bàogào. ¶上司に結果を～する / 向上司报告结果. ¶～書を作る / 写报告书. ¶～者 / 报告人.

ぼうさい【防災】防灾 fángzāi. ¶～訓練 / 防灾训练. ¶～対策 / 防灾对策.

ほうさく【豊作】丰收 fēngshōu. ¶～貧乏に苦しむ / 为"丰收饥馑"而发愁.

ほうし【奉仕】廉价 liánjià. ¶社会に～する / 为社会服务. ¶～品 / 廉价品.

ぼうし【帽子】帽子 màozi. ¶～をかぶる / 戴帽子.

ぼうし【防止】防止 fángzhǐ. ¶老化を～する / 防止老化.

ほうしき【方式】方式 fāngshì.

ほうしゃせん【放射線】放射线 fàngshèxiàn. ¶～技師 / 放射线技师. ¶～療法 / 放射线疗法.

ほうしゃのう【放射能】辐射能 fúshènéng. ¶～汚染 / 核辐射污染. ¶～漏れ / 辐射漏出.

ほうしゅう【報酬】报酬 bàochou. ¶～を支払う / 支付报酬.

ほうしん【方針】方针 fāngzhēn. ¶～を定める / 制定方针. ¶～を誤る / 定错方针. ¶～を転換する / 转变方针.

ほうじん【法人】法人 fǎrén. ¶～を設立する / 设立法人. ¶～税 / 法人税. ¶～所得 / 法人所得. ¶～株主 / 法人股东. ¶学校～ / 学校法人. ¶財団～ / 财团法人.

ぼうず【坊主】和尚 héshang.

ぼうすい【防水】防水 fángshuǐ. ¶～時計 / 防水表. ¶～扉 / 防水门.

ほうせき【宝石】宝石 bǎoshí. ¶～商 / 宝石商.

ぼうぜん【茫然】茫然 mángrán. ¶～と座っている / 茫然地坐着.

ほうそう【放送】广播 guǎngbō, 播放 bōfàng. ¶テレビで～する / 电视播放. ¶～中 / 正在播放. ¶～局 / 广播电台. ¶～大学 / 广播电视大学. ¶～衛星 / 电视卫星. ¶生～ / 直播. ¶再～ / 重播. ¶深夜～ / 深夜节目. ¶衛星～ / 卫星广播.

ほうそう【包装】包装 bāozhuāng. ¶～紙 / 包装纸.

ぼうそう【暴走】乱跑 luànpǎo ; 失控 shīkòng. ¶～族 / 飙车族.

ほうそく【法則】法则 fǎzé, 规律 guīlǜ. ¶自然の～ / 自然规律.

ほうたい【包帯】绷带 bēngdài. ¶～をする / 扎绷带.

ぼうだい【膨大】庞大 pángdà.

ぼうたかとび【棒高跳び】撑竿跳 chēnggāntiào.

ほうち【放置】放任不管 fàngrèn bùguǎn. ¶～自転車 / 违法停放自行车.

ぼうちゅうざい【防虫剤】防虫剂 fángchóngjì.

ほうちょう【包丁】菜刀 càidāo. ¶～で肉を切る / 用菜刀切肉.

ぼうちょう【膨脹】膨胀 péngzhàng.

ほうてい【法廷】法庭 fǎtíng. ¶～に立つ / 上法庭. ¶～で争う / 司法解决.

ほうてい【法定】法定 fǎdìng. ¶～相続人 / 法定继承人. ¶～伝染病 / 法定传染病. ¶～金利 / 法定利率.

ほうていしき【方程式】方程式 fāngchéngshì.

ほうてき【法的】法律上 fǎlǜshàng. ¶～措置を取る / 采取法律措施. ¶～根拠がない / 没有法律上的依据.

ほうどう【報道】报道 bàodào. ¶その事件は新聞で詳しく～された / 那个事件被报纸详细报道了. ¶～の自由 / 报道的自由.

ぼうどう【暴動】暴动 bàodòng. ¶～が起こる / 发生暴动. ¶～を起こす / 发动暴动. ¶～を鎮圧する / 镇压暴动.

ぼうとく【冒瀆】侮辱wǔrǔ；亵渎xièdú, 冒渎 màodú.

ぼうはん【防犯】防止犯罪 fángzhǐ fànzuì. ¶～訓練 / 防盗训练. ¶～カメラ / 防盗摄像机.

ほうび【褒美】奖品 jiǎngpǐn, 奖赏 jiǎngshǎng. ¶～をやる / 给予奖赏；给与奖励.

ほうふ【豊富】丰富 fēngfù. ¶～な知識 / 丰富的知识. ¶経験の～な人 / 经验丰富的人. ¶地下資源が～だ / 地下资源丰富.

ほうふ【抱負】抱负 bàofù. ¶～を語る / 谈抱负.

ぼうふうう【暴風雨】暴风雨bàofēngyǔ.

ほうふく【報復】报复 bàofù. ¶～する / 打击报复. ¶～措置を取る / 采取报复措施. ¶～関税 / 报复性关税.

ぼうふざい【防腐剤】防腐剂 fángfǔjì.

ほうほう【方法】方法 fāngfǎ. ¶～論 / 方法论.

ほうぼく【放牧】放牧 fàngmù. ¶～地 / 放牧地.

ほうまん【豊満】丰满 fēngmǎn. ¶～な胸 / 丰满的胸部.

ほうむる【葬る】埋葬 máizàng. ¶遺体を墓に～ / 把遗体埋葬在墓里. ¶闇に～ / 隐藏.

ぼうめい【亡命】亡命 wángmìng. ¶政治～する / 政治避难.

ほうめん【方面】方面 fāngmiàn. ¶各～で / 各方面.

ほうもつ【宝物】宝物 bǎowù. ¶～殿 / 珍宝殿.

ほうもん【訪問】访问 fǎngwèn. ¶～看護 / 上门护理. ¶～販売 / 登门销售.

ほうよう【抱擁】拥抱 yōngbào.

ほうりだす【放り出す】扔出去 rēngchūqù. ¶読みかけの本を～ / 把刚看的书撇到一边. ¶やりかけの仕事を～ / 放弃干到一半儿的工作. ¶家族をほうり出して酒色にふける / 不管家人自己沉迷酒色.

ほうりつ【法律】法律 fǎlǜ. ¶～を定める / 制定法律. ¶～に定められている / 法律规定. ¶～にかなう / 合乎法律. ¶～に反する / 违背法律. ¶～違反 / 违反法律. ¶～家 / 法律专家. ¶～顧問 / 法律顾问. ¶～事務所 / 律师事务所.

ぼうりょく【暴力】暴力 bàolì. ¶～を振るう / 动用暴力. ¶～団 / 暴力团；黑社会.

ボウリング保龄球 bǎolíngqiú. ¶～をする / 打保龄球. ¶～場 / 保龄球场.

ほうる【放る】扔 rēng. ¶石を～ / 扔石头.

ほうれい【法令】法令 fǎlìng. ¶～を公布する / 公布法令.

ぼうれい【亡霊】亡灵 wánglíng. ¶～が出る / 闹鬼.

ほうれんそう【菠薐草】菠菜 bōcài.

ほうろう【放浪】流浪 liúlàng. ¶～者 / 流浪者. ¶～癖 / 流浪习气.

ほうろう【琺瑯】搪瓷 tángcí. ¶～引きの容器 / 搪瓷容器.

ほうわ【飽和】饱和 bǎohé.

ほえる【吠える】叫 jiào. ¶～犬はかみつかぬ / 爱叫的狗不咬人.

ほお【頬】脸蛋 liǎndàn. ¶～を赤らめる / 脸红. ¶～が緩む / 微笑. ¶～がふっくらとしている / 脸胖呼呼. ¶彼女は～がこけている / 她脸庞消瘦.

ボーイ男孩儿 nánháir. ¶～スカウト / 童子军. ¶～フレンド / 男朋友.

ボーカル声乐 shēngyuè. ¶～グループ / 声乐小组.

ホース软管 ruǎnguǎn, 水龙带 shuǐlóngdài.

ポーズ［姿］姿势 zīshì ；［停止］暂停 zàntíng. ¶～を取る / 摆姿势.

ボーダレス无边界 wúbiānjiè.

ボーダーライン边界线 biānjièxiàn.

ボート船 chuán. ¶～を漕ぐ / 划船. ¶～ピープル / 渡海难民. ¶～レース / 划船比赛.

ポートレート肖像 xiàoxiàng, 人像 rénxiàng.

ボーナス奖金 jiǎngjīn.

ほおべに【頬紅】胭脂 yānzhi.

ホーム家 jiā. ¶～ドラマ / 家庭连续剧. ¶～レス / 流浪汉.

ホームシック想家 xiǎngjiā. ¶～にかかる / 得怀乡病.

ホームステイ寄宿别人家 jìsù biérénjiā.

ホームページ网页 wǎngyè.

ポーランド波兰 Bōlán.

ボール球 qiú. ¶～を投げる / 扔球.

ボールペン圆珠笔 yuánzhūbǐ.

ほか【外・他】其他 qítā. ¶どこか～の場所を探す / 找别的地方. ¶だれか～の人に尋ねる / 问问别人. ¶～に行きたい人はいますか / 另外还有想去的人吗？¶～の物を見せてくださ

い / 请让我看看其它东西. ¶～に質問はありませんか / 另外还有问题吗？ ¶～でもありませんが / 不是别的.

ぼかす【暈す】含糊 hánhu. ¶言葉を～ / 含糊其词.

ほがらか【朗らか】开朗 kāilǎng.

ほかん【保管】保管 bǎoguǎn. ¶～所 / 保管所. ¶～料 / 保管费.

ぼき【簿記】簿记 bùjì. ¶～をつける / 记账. ¶～係 / 簿记员.

ほきゅう【補給】补给 bǔjǐ. ¶～基地 / 补给基地. ¶～路 / 补给路线.

ほきょう【補強】加固 jiāgù, 加强 jiāqiáng. ¶～工事 / 加强工程.

ぼきん【募金】募捐 mùjuān. ¶～運動 / 募捐运动.

ほくい【北緯】北纬 běiwěi. ¶～40度39分 / 北纬四十度三十九分.

ぼくし【牧師】牧师 mùshī.

ほくおう【北欧】北欧 Běi'ōu.

ボクサー拳击手 quánjīshǒu.

ぼくじょう【牧場】牧场 mùchǎng.

ボクシング拳击 quánjī.

ぼくちく【牧畜】畜牧 xùmù. ¶～業者 / 畜牧业者.

ほくとしちせい【北斗七星】北斗七星 běidǒuqīxīng.

ほくぶ【北部】北部 běibù.

ぼくめつ【撲滅】消灭 xiāomiè. ¶エイズ～運動 / 消灭艾滋病运动.

ほくろ【黒子】黑痣 hēizhì.

ほけつ【補欠】补缺 bǔquē. ¶～選挙 / 补缺选举. ¶～選手 / 候补选手.

ポケット口袋 kǒudài. ¶～マネー / 零花钱. ¶～カメラ / 袖珍照相机.

ぼける脑子迟钝 nǎozi chídùn.

ほけん【保険】保险 bǎoxiǎn. ¶～に加入する / 加入保险. ¶生命～を掛ける / 加入人寿保险. ¶3千万円の生命～に入っている / 投保三千万日元的人寿保险. ¶～を勧誘する / 劝参加保险. ¶～会社 / 保险公司. ¶～料 / 保险费. ¶健康～ / 健康保险. ¶雇用～ / 雇佣保险. ¶社会～ / 社会保险. ¶損害～ / 损失保险. ¶火災～ / 火灾保险.

ほご【保護】保护 bǎohù. ¶～願い / 请求保护. ¶～者 / 保护者. ¶～観察 / 保护观察. ¶～貿易 / 保护贸易. ¶～色 / 保护色. ¶～林 / 保护林. ¶自然～ / 自然保护.

ほご【補語】补语 bǔyǔ.

ぼご【母語】母语 mǔyǔ.

ほこう【歩行】步行 bùxíng. ¶～器 / 步行机. ¶～訓練 / 步行训练. ¶～者天国 / 步行街. ¶～者専用道路 / 步行者专用路.

ぼこく【母国】祖国 zǔguó. ¶～語 / 母语.

ほこり【埃】灰尘 huīchén. ¶～が立つ / 起灰尘. ¶～を払う / 掸灰尘. ¶～まみれになる / 满是灰尘.

ほこり【誇り】自豪 zìháo. ¶～高い人 / 自尊心强的人. ¶～を傷つける / 伤了自尊心.

ほこる【誇る】自豪 zìháo. ¶自分の功績を～ / 为自己的功绩自豪.

ほし【星】星星 xīngxing. ¶～がきらきら光る / 星星闪闪发光. ¶～を付ける / 定目标. ¶悪い～の下に生まれる / 生不逢时. ¶～空 / 星空. ¶～屑 / 小星星.

ほしい【欲しい】想要 xiǎngyào. ¶デジタルカメラが～ / 想要一台数码照相机. ¶～物は何でもやるよ / 想要什么就给你什么. ¶もっと熱心に働いて～ / 希望你更认真地工作.

ほしうらない【星占い】占星术 zhànxīngshù.

ポジション位置wèizhi；职位zhíwèi.

ほしぶどう【干し葡萄】葡萄干pútaogān.

ほしゅう【補習】补习 bǔxí.

ほじゅう【補充】补充 bǔchōng. ¶～兵 / 补充兵员.

ぼしゅう【募集】募集 mùjí. ¶～価格 / 募集价格. ¶～広告 / 征集广告.

ほじょ【補助】补助 bǔzhù. ¶～的な / 补助性的. ¶～椅子 / 加座. ¶～金 / 补助金.

ほしょう【保証】保证 bǎozhèng. ¶～人 / 保证人. ¶～金 / 保证金. ¶～書 / 保证书.

ほしょう【補償】补偿 bǔcháng. ¶～金 / 补偿金.

ほす【干す】晒 shài. ¶洗濯物を～ / 晒衣物.

ボス头头儿 tóutour, 老板 lǎobǎn.

ポスター海报 hǎibào. ¶～をはる / 贴海报.

ホスト主人 zhǔrén, 东道主 dōngdàozhǔ. ¶～ファミリー / 寄宿家庭.

ポスト［地位］职位 zhíwèi；［郵便箱］邮筒 yóutǒng.

ホスピス临终关怀医院 línzhōng guānhuái yīyuàn.

ぼせい【母性】母性 mǔxìng. ¶～本能をくすぐる / 唤起母性本能. ¶～愛 / 母爱.

ほそい【細い】细 xì. ¶～指 / 纤细的手指. ¶細くて長い足 / 细长的腿. ¶目を細くあける / 眯着眼. ¶道が～ / 路窄. ¶消え入りそうな～声 / 纤弱的声音. ¶食が～ / 饭量少.

ほそう【舗装】铺路 pūlù. ¶～工事 / 铺路工程. ¶～道路 / 柏油马路.

ほそく【補足】补充 bǔchōng.

ほそながい【細長い】细长 xìcháng.

ほぞん【保存】保存 bǎocún. ¶～状態がよい / 保存状态良好. ¶合成～料使用 / 使用合成保存剂.

ポタージュ浓汤 nóngtāng.

ぼだいじゅ【菩提樹】菩提树 pútíshù.

ほたる【蛍】萤火虫 yínghuǒchóng. ¶～の光 / 萤火虫的光.

ボタン扣子 kòuzi. ¶～を掛ける / 扣

扣子. ¶～を外す / 解扣子. ¶～をつける / 钉扣子.
ぼち【墓地】墓地 mùdì.
ホチキス订书机 dìngshūjī. ¶書類を～で留める / 用订书机把文件订住. ¶～の針 / 订书针.
ほちょうき【補聴器】助听器 zhùtīngqì.
ほっきにん【発起人】发起人 fāqǐrén.
ほっきょく【北極】北极 běijí. ¶～海 / 北极海. ¶～圏 / 北极圈. ¶～星 / 北极星. ¶～熊 / 北极熊.
ホック暗扣 ànkòu.
ボックス箱子 xiāngzi, 盒子 hézi.
ホッケー曲棍球 qūgùnqiú. ¶～をする / 打曲棍球. ¶アイス～ / 冰球.
ほっさ【発作】发作 fāzuò. ¶～を起こす / 病发作. ¶～的に / 发作性的.
ほっそり苗条 miáotiao. ¶～した美人 / 苗条美人. ¶ウエストが～している / 腰身纤细.
ほっと放心 fàngxīn. ¶ああ,～した / 啊,放心了.
ホット热 rè. ¶～ライン / 热线.
ポット壶 hú. ¶コーヒー～ / 咖啡壶.
ぼっとう【没頭】埋头 máitóu. ¶～する / 专心致志.
ホットケーキ薄烤饼 bókǎobǐng.
ホットドッグ热狗 règǒu.
ポップコーン爆米花 bàomǐhuā.
ポップス流行歌曲 liúxíng gēqǔ.
ホップ・ステップ・ジャンプ三级跳远 sānjí tiàoyuǎn.
ぼつらく【没落】没落 mòluò.
ボディ人体 réntǐ, 身体 shēntǐ. ¶～ガード / 保镖. ¶～チェック / 搜身检查. ¶～ランゲージ / 姿势语言.
ポテト马铃薯 mǎlíngshǔ.
ポテトチップス薯片 shǔpiàn.
ホテル宾馆 bīnguǎn, 饭店 fàndiàn, 酒店 jiǔdiàn. ¶～に宿泊する / 住在宾馆.
ほど【程】程度 chéngdù. ¶彼の実力の～はわからない / 不知道他的实力如何. ¶1時間～で彼は帰って来るだろう / 过一小时左右他大概会回来吧. ¶我慢にも～がある / 忍耐也有个限度. ¶身の～を知らない / 没有自知之明. ¶早ければ早い～よい / 越早越好.
ほどう【歩道】人行道 rénxíngdào. ¶～橋 / 过街天桥. ¶横断～ / 人行横道.
ほどく【解く】解 jiě. ¶靴のひもを～ / 解鞋带.
ほとけ【仏】佛 fó. ¶知らぬが～だ / 眼不见心不烦. ¶～心を起こす / 发慈悲心.
ほどこす【施す】给予 jǐyǔ. ¶慈善を～ / 施善. ¶手の施しようがない / 无能为力.
ほととぎす【時鳥】杜鹃 dùjuān.
ほとり【辺】边 biān. ¶川の～に / 河边.
ボトルネック瓶颈 píngjǐng.
ほとんど【殆ど】几乎 jīhū. ¶もう時間が～ない / 几乎没有时间. ¶それは～不可能だ / 那几乎是不可能的.
ぼにゅう【母乳】母乳 mǔrǔ. ¶赤ん坊を～で育てる / 用母乳喂养小孩.
ほにゅうびん【哺乳瓶】奶瓶 nǎipíng.
ほにゅうるい【哺乳類】哺乳动物 bǔrǔ dòngwù.
ほね【骨】骨头 gǔtou. ¶右腕の～を折った / 右臂骨折了. ¶この魚は～が多い / 这个鱼刺多. ¶魚の～を取り除く / 剔除鱼刺. ¶あいつは～がある / 他有骨气. ¶～が折れる仕事 / 费劲的工作. ¶～と皮である / 瘦得皮包骨头. ¶～の髄まで腐っている / 坏透了. ¶～折り損 / 徒劳. ¶～惜しみ / 不肯卖力气.
ほねぐみ骨骼 gǔgé, 构架 gòujià.
ほねやすめ【骨休め】休息 xiūxi.
ほのお【炎】火焰 huǒyàn. ¶～に包まれる / 被火包围.
ほのか【仄か】微弱 wēiruò. ¶～な街灯の光 / 灰暗的街灯. ¶月の光が～に照っている / 月光隐隐约约地照着.
ほのめかす【仄めかす】暗示 ànshì. ¶立候補の意向を～ / 暗示要当候选人.
ポピュラー通俗的 tōngsú de. ¶～音楽 / 大众音乐. ¶～ソング / 流行歌曲.
ポプラ白杨(树) báiyáng(shù).
ほぼ【略】大概 dàgài. ¶工事は～完成した / 工程基本上完成了.
ほぼ【保母】保姆 bǎomǔ.
ほほえましい【微笑ましい】招人微笑 zhāo rén wēixiào, 令人愉快 lìng rén yúkuài. ¶～光景 / 令人愉快的景象.
ほほえむ【微笑む】微笑 wēixiào. ¶にっこりと～ / 嫣然一笑.
ほめる【褒める】夸奖 kuājiǎng, 赞扬 zànyáng. ¶それはあまりほめられたことではない / 那可不是什么值得赞扬的事.
ぼやける模糊 móhu. ¶写真が～ / 照片模糊.
ほよう【保養】疗养 liáoyǎng. ¶～所 / 疗养所. ¶～地 / 疗养地.
ほら【法螺】海螺 hǎiluó. ¶～を吹く / 吹牛皮. ¶～吹き / 说大话的人. ¶～話 / 大话.
ほらあな【洞穴】洞穴 dòngxué.
ボランティア志愿者 zhìyuànzhě.
ほり【堀】护城河 hùchénghé.
ポリエチレン聚乙烯 jùyǐxī.
ポリシー政策zhèngcè,方针fāngzhēn.
ポリぶくろ【ポリ袋】塑料袋 sùliàodài.
ほりゅう【保留】保留 bǎoliú. ¶～項目 / 保留项目.
ボリューム [分量]分量 fènliang ; [音量]音量 yīnliàng. ¶～を上げ

る / 提高音量. ¶～のある食事 / 分量多的饭菜.

ほりょ【捕虜】俘虏 fúlǔ.

ほる【掘る】挖掘 wājué. ¶地面を～ / 挖地面. ¶穴を～ / 挖洞. ¶石炭を～ / 挖煤.

ほる【彫る】雕刻 diāokè.

ボルト [電気]伏 fú ; [工具]螺钉 luódīng, 螺栓 luóshuān. ¶～とナット / 螺栓和螺母.

ポルトガル 葡萄牙 Pútáoyá.

ポルノ 色情 sèqíng. ¶～映画 / 色情电影. ¶～ショップ / 成人用品店.

ホルン 圆号 yuánhào. ¶～を吹く / 吹圆号.

ほれる【惚れる】迷恋 míliàn. ¶ほれ込む / 迷恋上. ¶一目ぼれする / 一见钟情.

ぼろ 破烂 pòlàn, 缺点 quēdiǎn.

ポロシャツ 短袖带领运动衫 duǎnxiù dàilǐng yùndòngshān.

ほろびる【滅びる】灭亡 mièwáng.

ほろぼす【滅ぼす】毁灭 huǐmiè. ¶身を～ / 自取灭亡.

ホワイトカラー 白领 báilǐng.

ホワイトハウス 白宫 Báigōng.

ほん【本】书 shū. ¶歴史の～を読む / 读历史书. ¶初めて～を出す / 第一次出书. ¶～の虫 / 书虫.

ぼん【盆】 [什器の]盘 pán ; [お盆]盂兰盆会 yúlánpénhuì.

ほんき【本気】真心 zhēnxīn. ¶～にする / 当真. ¶～なのかい / 真心吗？

ホンコン【香港】香港 Xiānggǎng.

ぼんさい【盆栽】盆景 pénjǐng.

ほんしつ【本質】本质 běnzhì. ¶～的には異なっていない / 本质性没有不同.

ほんしゃ【本社】总公司 zǒnggōngsī.

ほんしん【本心】真心 zhēnxīn. ¶～を明かす / 说出心里话.

ほんせき【本籍】原籍 yuánjí ; 籍贯 jíguàn. ¶～地 / 原籍所在地.

ほんだな【本棚】书架 shūjià.

ぼんち【盆地】盆地 péndì. ¶京都～ / 京都盆地.

ほんてん【本店】总店 zǒngdiàn.

ポンド 英镑 yīngbàng.

ほんとう【本当】真正 zhēnzhèng. ¶～のことを言えば / 说实话. ¶～ですか / 是真的吗？¶どうもそれは～らしい / 那好像是真的. ¶その件はあなたの上司と話すのが～だと思う / 那件事你最好跟领导谈谈.

ほんにん【本人】本人 běnrén.

ほんね【本音】真心话 zhēnxīnhuà. ¶～とたてまえ / 真心话和场面话.

ほんの 实在 shízài. ¶～少し / 一点点. ¶～子供 / 不过是孩子.

ほんのう【本能】本能 běnnéng.

ほんぶ【本部】总部 zǒngbù. ¶捜査～ / 搜查总部. ¶大学～ / 大学本部.

ポンプ 泵 bèng. ¶～でくみ上げる / 用抽水机抽水.

ほんぶん【本文】正文 zhèngwén.

ボンベ 气罐 qìguàn. ¶酸素～ / 氧气罐.

ほんみょう【本名】原名 yuánmíng.

ほんもの【本物】真货 zhēnhuò. ¶～そっくりだ / 和真货一模一样.

ほんや【本屋】书店 shūdiàn.

ほんやく【翻訳】翻译 fānyì. ¶～者 / 翻译.

ぼんやり 发呆 fādāi. ¶～と窓の外を見ていた / 呆呆地看着窗外.

ほんらい【本来】本来 běnlái. ¶～の姿 / 本来面目.

ほんりょう【本領】本领 běnlǐng, 特长 tècháng. ¶～発揮 / 发挥本领.

ほんろん【本論】本论 běnlùn.

ま

ま【間】空隙 kòngxì ; 时间 shíjiān. ¶寝る～もない / 连睡觉的工夫也没有. ¶息をつぐ～もない / 连喘息的时间也没有. ¶休む～もない / 连休息的时间也没有. ¶あっという～に / 瞬间. ¶～がいい / 凑巧. ¶～が抜ける / 糊涂；蠢头蠢脑的样子. ¶～の悪いことに / 不凑巧. ¶～を持たせる / 拖延时间.

ま【魔】恶魔 èmó. ¶～の海 / 魔海. ¶～の交差点 / 常出事的十字路口. ¶～が差す / 鬼迷心窍. ¶～よけ / 辟邪.

まあ 哎呀 āiyā, 还可以 hái kěyǐ. ¶～すてき / 哎呀，真棒！¶～そんなところだ / 就是那么回事；基本上是这样吧.

マーガリン 人造黄油 rénzào huángyóu.

マーク 记号 jìhao. ¶相手を～する / 盯住对手. ¶新記録を～する / 创造新记录. ¶～をつける / 标上标记. ¶シンボル～ / 象征性图案. ¶トレード～ / 注册商标.

マーケット 商场 shāngchǎng, 市场 shìchǎng. ¶～シェア / 市场份额. ¶～リサーチ / 市场调查. ¶スーパー～ / 超市.

マージャン 麻将 májiàng. ¶～をする / 打麻将.

マージン [印刷]边缘 biānyuán ; [利益]利润 lìrùn.

マーチ 进行曲 jìnxíngqǔ.

マーボーどうふ【麻婆豆腐】麻婆豆腐 mápó dòufu.

まあまあ 还算可以 háisuàn kěyǐ. ¶～だね / 还算可以吧. ¶～の値段だ / 还能接受的价格.

まい【枚】张 zhāng. ¶3～の紙 / 三张纸. ¶パン2～ / 两片面包. ¶～数 / 张数.

まい－【毎－】每 měi. ¶～月 / 每月. ¶～朝 / 每天早上. ¶～晩 / 每天晚上. ¶～回 / 每次. ¶彼の遅刻は～度のことだ / 他每次都迟到.

マイカー私家车 sījiāchē, 私车 sīchē.
マイク麦克风 màikèfēng. ¶～で話す / 用麦克风说话.
マイクロ微型 wēixíng. ¶～ウェーブ / 微波. ¶～バス / 面包车. ¶～フィルム / 微型胶卷.
まいご【迷子】迷路的孩子mílù de háizi. ¶～になる / 迷路. ¶～を捜す / 找丢失的孩子.
まいじ【毎時】每小时 měi xiǎoshí. ¶～60キロ / 每小时六十公里.
まいしゅう【毎週】每周 měizhōu.
まいそう【埋葬】埋葬 máizàng. ¶～地 / 埋葬地. ¶～許可書 / 埋葬许可书.
まいぞう【埋蔵】埋藏 máicáng. ¶～物 / 埋藏物. ¶～文化財 / 地下文物. ¶石油～量 / 地下石油储量.
まいつき【毎月】每月 měiyuè.
まいど【毎度】每次 měicì. ¶～ありがとうございます / 谢谢每次光临.
まいとし【毎年】每年 měinián. ¶～1回 / 每年一次.
マイナス减 jiǎn, 负 fù ; 赤字 chìzì. ¶10～2は8だ / 十减二等于八. ¶～10度 / 零下十度. ¶～イメージ / 消极印象. ¶～成長 / 负增长.
まいにち【毎日】每天 měitiān. ¶～の運動 / 每天的运动. ¶～忙しい / 每天都很忙.
マイペース自己的速度 zìjǐ de sùdù. ¶～を維持する / 保持自身步调.
マイル英里 yīnglǐ.
まいる【参る】［行く］去 qù ; ［降参］投降 tóuxiáng. ¶すぐに参ります / 我马上去. ¶どうだ参ったか / 怎么样, 认输了吧？¶彼は彼女にすっかり参っている / 他彻底迷上她.
マイレージ里程 lǐchéng.
まう【舞う】跳舞 tiàowǔ. ¶花びらが風に舞っている / 花瓣随风飘散.
まうえ【真上】正上方 zhèng shàngfāng, 头顶上 tóudǐngshàng.
マウス鼠标 shǔbiāo.
マウンテンバイク山地自行车 shāndì zìxíngchē.
－まえ【－前】份数 fènshù. ¶3人～の食事 / 三份饭.
まえ【前】前 qián, 前面 qiánmiàn ; 以前 yǐqián. ¶駅の～に / 车站前面. ¶～に進む / 前进. ¶バスの～の方に座る / 坐在公交车的前排座位上. ¶6時ちょっと～に / 快六点的时候. ¶その～の晩に / 在那前一天晚上.
まえあし【前足】前肢 qiánzhī.
まえうり【前売り】预售 yùshòu. ¶切符の～をする / 预先售票. ¶～券 / 预售票.
まえがき【前書き】序言 xùyán.
まえばらい【前払い】预付 yùfù.
まえむき【前向き】积极 jījí. ¶～の姿勢 / 积极的姿态. ¶～に検討します / 积极地考虑.
まえもって事先 shìxiān, 预先 yùxiān.
まかす【負かす】打败 dǎbài. ¶相手チームを～ / 打败对方.
まかせる【任せる】任凭 rènpíng ; 委托 wěituō. ¶家事を妹に～ / 把家里的事交给妹妹. ¶私に任せてください / 交给我吧. ¶運を天に～ / 听天由命. ¶想像に～ / 任其想象. ¶身を～ / 以身相许.
まがりかど【曲がり角】拐角 guǎijiǎo ; 转折 zhuǎnzhé. ¶～を曲がる / 拐弯. ¶人生の～にくる / 到了人生的转折点.
まがる【曲がる】弯曲wānqū, 倾斜qīngxié. ¶老人は腰が曲がっている / 老人弯着腰. ¶ネクタイが曲がっていますよ / 领带歪了. ¶右に曲がれ / 向右转！¶曲がった性格 / 乖僻的性格. ¶曲がったことは大嫌いだ / 最讨厌心术不正.
マカロニ通心粉 tōngxīnfěn.
まき【薪】劈柴 pǐchái. ¶～をくべる / 添劈柴. ¶～を割る / 劈柴.
まきこむ【巻き込む】卷入 juǎnrù, 牵扯 qiānchě.
まきば【牧場】牧场 mùchǎng.
まぎらわしい【紛らわしい】容易混同 róngyì hùntóng. ¶～表現 / 含糊不清的表达方式.
まぎれる【紛れる】混入 hùnrù.
まく【幕】幕 mù. ¶～を張る / 挂幕. ¶～を閉じる / 闭幕. ¶～が開く / 开幕. ¶第1～ / 第一幕.
まく【膜】膜 mó. ¶表面に～が生じる / 表面生出膜. ¶細胞～ / 细胞膜.
まく【巻く】卷起 juǎnqǐ, 缠上 chánshàng. ¶ござを～ / 卷席. ¶スカーフを首に～ / 在脖子上围围巾. ¶ねじを～ / 上发条.
まく【蒔く・播く】播种 bōzhǒng. ¶庭に種を～ / 在院子里撒种. ¶自分でまいた種だ / 自作自受.
まく【撒く】撒 sǎ, 洒 sǎ. ¶水を～ / 洒水. ¶ビラを～ / 撒传单. ¶農薬を～ / 撒农药.
マグニチュード震级 zhènjí, 里氏 lǐshì. ¶～4の地震があった / 发生了四级地震.
マグネシウム镁 měi.
マグマ岩浆 yánjiāng.
まくら【枕】枕头 zhěntou. ¶～をして寝る / 高枕无忧. ¶～カバー / 枕套.
まくる【捲る】卷起 juǎnqǐ. ¶裾を～ / 把衣襟掖起来.
まぐれ【紛れ】偶然 ǒurán. ¶～当たり / 侥幸成功.
マクロ宏观 hóngguān. ¶～経済 / 宏观经济. ¶～コントロール / 宏观调控.
まぐろ【鮪】金枪鱼 jīnqiāngyú.
まけ【負け】输 shū. ¶きみの～だ / 你输了.
まける【負ける】输 shū. ¶プレッシャ

ーに～ / 承受不住压力. ¶誘惑に～ / 经不起诱惑. ¶～が勝ち / 虽败犹胜. ¶値段を～ / 让价. ¶ 1 割～ / 打九折.

まげる【曲げる】弄弯 nòngwān ；[ゆがめる]歪曲 wāiqū. ¶腰を～ / 弯腰. ¶鉄筋を～ / 弯钢筋. ¶真実を～ / 歪曲事实. ¶志を～ / 改变志向.

まご【孫】孙子 sūnzi. ¶～ができる / 添孙子.

まごころ【真心】真心 zhēnxīn. ¶～を込めて / 真心诚意地. ¶～のこもった贈り物 / 真心的礼物.

まごつく发 慌 fāhuāng, 徘 徊 páihuái.

まことに实在 shízài, 确实 quèshí.

まさか想不到 xiǎngbudào. ¶～彼に会うとは / 确实没想到和他见面. ¶～の時に / 万一的时候.

マザコン恋母情结 liànmǔ qíngjié.

まさつ【摩擦】摩 擦 mócā, 纠 纷 jiūfēn. ¶～が起きる / 发生摩擦. ¶～音 / 摩擦音. ¶貿易～ / 贸易摩擦.

まさに【正に】真的 zhēn de. ¶～そのとおりです / 的确如此. ¶それは～私が欲しかったものだ / 那正是我想要的东西.

まさる【勝る】胜过 shèngguò. ¶健康は富に～ / 健康胜于财富. ¶～とも劣らない / 有过之而无不及.

まざる【混ざる】混杂 hùnzá. ¶不純物が～ / 夹杂不纯物.

まし强 qiáng ；不如 bùrú. ¶やらないより～だ / 比不做强. ¶そんなことをするくらいなら死んだほうが～だ / 与其做那种事还不如死了好.

まして何况 hékuàng. ¶以前にも～美しい / 比以前更漂亮了. ¶中国語を読むこともできないのに～書けるはずがない / 中文连看也看不懂更何况写了.

まじない【呪い】符咒 fúzhòu.

まじめ【真面目】认真 rènzhēn. ¶～な態度 / 认真的态度. ¶～に考える / 认真地考虑.

まじゅつ【魔術】魔 术 móshù. ¶～師 / 魔术师.

まじょ【魔女】女巫 nǚwū.

まじる【混じる】混杂 hùnzá. ¶花の中に雑草が混じっている / 花里混长着杂草.

まじわる【交わる】［クロス］交叉jiāochā ；［交際］交往 jiāowǎng.

ます【増す】增多 zēngduō. ¶川の水かさが～ / 河里的水量增加. ¶重要性が～ / 重要性提高了.

ます【鱒】鳟鱼 zūnyú.

まず【先ず】首先 shǒuxiān. ¶～第一に / 首先第一. ¶～はその人と会ってみよう / 首先和那人见个面吧. ¶～ひと安心だ / 总算放心了.

ますい【麻酔】麻醉 mázuì. ¶～をかける / 施行麻醉. ¶～が覚める / 麻醉退了. ¶～薬 / 麻药. ¶～銃 / 麻醉枪.

まずい【不味い】不好吃 bù hǎochī, 难吃 nánchī. ¶～肉だ / 难吃的肉. ¶料理の腕が～ / 做饭的水平很差. ¶顔が～ / 脸长得丑.

マスク口罩 kǒuzhào. ¶風邪で～をかける / 因感冒戴口罩.

マスコット吉祥物 jíxiángwù.

マスコミ大众传媒 dàzhòng chuánméi, 新闻媒体 xīnwén méitǐ. ¶～を騒がせる / 轰动传媒界. ¶～受けする / 在传媒界受欢迎. ¶～嫌いの政治家 / 讨厌传媒的政治家.

まずしい【貧しい】贫 穷 pínqióng. ¶～暮らしをする / 过着穷日子. ¶～人々 / 贫穷的人们.

マスター［修 得］掌 握 zhǎngwò ；［雇い主］老板 lǎobǎn ；［修士］硕士 shuòshì. ¶英語を～する / 掌握英语. ¶～キー / 万能钥匙.

マスタード芥末 jièmo.

ますます【益々】越发 yuèfā. ¶～悪くなる / 越来越坏. ¶～不利になる / 越发不利. ¶～のご発展をお祈りいたします / 祝您日益进步.

まずまず【先ず先ず】还 可 以 hái kěyǐ. ¶～というところだ / 还算可以. ¶息子の成績は～だ / 儿子的成绩还算过得去.

マスメディア宣传媒体 xuānchuán méitǐ.

まぜる【混ぜる】混 合 hùnhé, 搅 拌 jiǎobàn. ¶砂とセメントを～ / 把沙子和水泥搅拌.

また【又】又 yòu, 再 zài. ¶～火事があった / 又发生火灾了. ¶明日～会いましょう / 明天再见吧. ¶～の機会に行くとしよう / 下一次机会再去吧. ¶じゃあ～ね / 拜拜. ¶彼は医者であり～詩人でもある / 他既是医生又是诗人.

まだ【未だ】还 hái. ¶～ほんの子供じゃないか / 还是个小孩子嘛. ¶～彼女に会ったことがない / 还没见过她. ¶これから～寒くなるだろう / 以后还会变冷吧. ¶これと同じ物が～ありますか / 还有和这个一样的东西吗？ ¶弟より～兄のほうが問題だ / 跟弟弟比起来哥哥更有问题.

またがる【跨がる】骑 qí, 跨 过 kuàguò. ¶馬に～ / 骑马. ¶二つの国にまたがっている / 跨越两个国家.

またぐ【跨ぐ】跨过 kuàguò. ¶敷居を～ / 跨过门槛；登门.

またせる【待たせる】使等 shǐ děng. ¶長らくお待たせしました / 让您久等了. ¶タクシーを待たせてあります / 让出租车等着呢.

またたく【瞬く】眨 眼 zhǎyǎn, 闪 烁 shǎnshuò. ¶～間に / 眨眼间. ¶ネオンサインが～街 / 霓虹灯闪烁的街道.

または【又は】或 huò. ¶塩～醤油で味付けする / 用盐或者酱油调味.

ま

まだら【斑】花斑 huābān. ¶白黒～の犬 / 黑白色相间的狗.

まち【町・街】城镇 chéngzhèn, 城市 chéngshì ; 街 jiē. ¶～に出かける / 上街. ¶～じゅうの人が行事に参加した / 全城的人都参加了活动.

まちあいしつ【待合室】［駅］候车室 hòuchēshì ;［病院］候诊室 hòuzhěnshì.

まちあわせる【待ち合わせる】等候见面 děnghòu jiànmiàn. ¶駅前で待ち合わせよう / 在车站前见面吧.

まぢか【間近】迫近 pòjìn.

まちがい【間違い】错误 cuòwù. ¶～を犯す / 犯错误. ¶～を起こす / 出现错误. ¶～電話 / 打错的电话. ¶～ない / 没错.

まちがえる【間違える】做错 zuòcuò. ¶計算を～ / 计算错了. ¶電車を間違えた / 坐错了列车.

まちどおしい【待ち遠しい】急切盼望的 jíqiè pànwàng de. ¶夏休みが～ / 急切地盼望着暑假.

まつ【待つ】等 děng. ¶少々お待ちください / 请稍等. ¶当てにしないで待っています / 没抱希望地等着. ¶待ちきれない / 等不及了.

まつ【松】松树 sōngshù. ¶～の実 / 松子. ¶～林 / 松树林. ¶～並木 / 松树林荫道. ¶～かさ / 松果. ¶～葉 / 松叶. ¶～やに / 松胶.

まつえい【末裔】后裔 hòuyì.

まっか【真っ赤】鲜红 xiānhóng. ¶～な嘘 / 彻底的谎言 ; 弥天大谎.

まっくら【真っ暗】乌黑 wūhēi, 漆黑 qīhēi. ¶～な夜道 / 漆黑的夜道. ¶お先～だ / 前途一片漆黑. ¶目の前が～になる / 眼前黑暗.

まっくろ【真っ黒】漆黑 qīhēi.

まつげ【睫毛】睫毛 jiémáo. ¶逆さ～ / 倒睫. ¶つけ～ / 假睫毛.

マッサージ按摩 ànmó. ¶顔を～してもらう / 做脸部按摩. ¶～療法 / 按摩疗法. ¶～師 / 按摩师. ¶足裏～ / 足底按摩.

まっさお【真っ青】苍白 cāngbái. ¶～な空 / 蔚蓝的天空. ¶顔が～だよ / 脸色苍白.

まっさかさま头朝下地 tóu cháo xiàdì. ¶木から～に落ちた / 从树上一个倒栽葱掉下来.

まっさき【真っ先】最先 zuìxiān ; 最前面 zuì qiánmiàn. ¶～に駆けつける / 最先赶到.

まっさつ【抹殺】抹杀 mǒshā, 消除 xiāochú.

マッシュルーム蘑菇 mógu.

まっしろ【真っ白】雪白 xuěbái. ¶～なシャツ / 雪白的衬衫.

まっすぐ【真っ直ぐ】笔直 bǐzhí. ¶～な道 / 笔直的路. ¶～にする / 弄直.

まったく【全く】完全 wánquán. ¶～話にならない / 完全不像话. ¶彼のことは～知りません / 他的事一点也不知道. ¶君の話は～そのとおりだ / 你说的真对.

まったん【末端】末端 mòduān, 末梢 mòshāo.

マッチ［火をつける用具］火柴 huǒchái ;［調和］相配 xiāngpèi ;［試合］比赛 bǐsài. ¶帽子が服によく～する / 帽子很配衣服. ¶～を擦る / 划火柴. ¶～箱 / 火柴盒. ¶～棒 / 火柴棍. ¶～ポイント / 获胜所需最后一分. ¶タイトル～ / 冠军赛.

マット蹭鞋垫 cèngxiédiàn, 软垫 ruǎndiàn. ¶～を敷く / 铺垫子. ¶～運動 / 垫上体操.

マットレス床垫 chuángdiàn.

まつり【祭り】祭祀 jìsì. ¶～を催す / 举行祭祀活动. ¶～を祝う / 庆祝节日. ¶お～気分 / 节日气氛. ¶雪～ / 冰雪节.

まつる【祭る】祭奠 jìdiàn, 供奉 gòngfèng. ¶先祖の墓を～ / 祭奠祖先的坟墓. ¶湯島天神には菅原道真が祭られている / 汤岛天神供奉着菅原道真.

まで到 dào, 至 zhì. ¶5時～に / 五点前. ¶現在～ / 迄今为止. ¶最後～ / 到最后. ¶東京から大阪～ / 从东京到大阪. ¶力の及ぶところ～ / 力所能及. ¶100歳～生きる / 活到一百岁. ¶出発～30分ある / 离出发还有半小时. ¶今日はこれ～ / 今天就到这里.

まと【的】靶子 bǎzi, 目标 mùbiāo. ¶～に当たる / 打中. ¶～を外す / 打偏. ¶～を射た質問 / 抓住要害的问题. ¶注目の～ / 注目的对象.

まど【窓】窗户 chuānghu. ¶～を開ける / 打开窗户 ; 开窗. ¶～ふきをする / 擦窗户. ¶～から外を見る / 从窗户向外看. ¶～辺に立つ / 站在窗户边. ¶～側の席 / 靠窗户的座位. ¶～ガラス / 窗玻璃. ¶～枠 / 窗框.

まどぐち【窓口】窗口 chuāngkǒu. ¶～係 / 窗口工作人员.

まとまる【纏まる】汇集 huìjí. ¶全国民が一つに～ / 全国人民团结一致. ¶話がまとまった / 谈妥了. ¶考えが～ / 考虑成熟. ¶縁談が～ / 婚事谈妥.

まとめ【纏め】总结 zǒngjié. ¶～役 / 干事.

まとめる【纏める】汇集 huìjí ; 统一 tǒngyī. ¶荷物をまとめて送る / 把行李集中在一起寄. ¶考えを～ / 统一想法. ¶意見を～ / 统一意见. ¶交渉を～ / 达成协议.

まとも【正面・真面】正面 zhèngmiàn. ¶冗談を～に受け取る / 把玩笑当真. ¶風を～に受けて / 顶风. ¶～な暮らしをする / 过正经生活.

まどり【間取り】房型 fángxíng.

まどろむ瞌睡 kēshuì, 打盹 dǎdǔn.

まどわす迷惑 míhuò, 蛊惑 gǔhuò.

マトン羊肉 yángròu.

マナー礼节 lǐjié. ¶～がよい〔悪い〕/ 有〔没有〕礼貌. ¶テーブル～ / 餐桌礼仪.

まないた【俎】菜板 càibǎn. ¶～の上の鯉 / 俎上之鱼；/ 任人宰割.

まなざし【眼差し】眼神 yǎnshén. ¶疑わしげな～ / 怀疑的目光.

まなじり眼角 yǎnjiǎo, 眼梢 yǎnshāo.

まなつ【真夏】盛夏 shèngxià. ¶～日 / 酷暑日.

まなぶ【学ぶ】学 xué, 学习 xuéxí. ¶広東語を～ / 学广东话. ¶先輩に～ / 向高年级同学学习. ¶よく学びよく遊べ / 好好学, 好好玩.

マニア迷 mí. ¶オーディオ～ / 音响迷.

まにあう【間に合う】来得及 láidejí, 赶得上 gǎndeshàng. ¶電車に～ / 赶上电车. ¶締め切りに～ / 赶上截止日期. ¶バスに間に合わなかった / 没赶上公交车. ¶もう間に合わない / 已经来不及了. ¶この本で～ / 用这本书对付. ¶明日の朝までに間に合わせてください / 请赶在明天早上以前. ¶昼食をそばで間に合わせる / 吃荞麦面当午饭.

マニキュア指甲油 zhǐjiayóu.

マニフェスト公约 gōngyuē.

マニュアル指南 zhǐnán.

まぬがれる【免れる】避开 bìkāi, 逃避 táobì. ¶責任を～ / 逃避责任. ¶兵役を～ / 逃避兵役. ¶幸いにも事故をまぬがれた / 幸亏没发生事故. ¶危機を～ / 摆脱危机.

まぬけ蠢货 chǔnhuò.

まね【真似】模仿 mófǎng. ¶～がうまい / 擅长模仿. ¶死んだ～をする / 装死. ¶ほんの～ごとです / 只是模仿一下而已.

マネージャー经纪人 jīngjìrén.

まねく【招く】邀请yāoqǐng；聘请pìnqǐng；惹 rě, 招致 zhāozhì. ¶友人をパーティーに～ / 邀请朋友参加晚会. ¶結婚式に招かれる / 被邀请参加婚礼. ¶顧問に～ / 邀请为顾问. ¶彼はついて来いと私を招いた / 他说让我跟他来. ¶批判を～ / 招来批评. ¶誤解を～ / 招致误会.

まねる【真似る】模仿 mófǎng. ¶話し方を～ / 模仿说话的方式. ¶人の絵を～ / 效仿别人的画. ¶手本をまねて練習する / 模仿字帖练习.

まばたき眨眼 zhǎyǎn.

まばら【疎ら】稀少 xīshǎo. ¶人影も～な通り / 行人稀少的街道.

まひ【麻痺】麻痹mábì；瘫痪tānhuàn. ¶台風で交通機関が～している / 因台风交通系统瘫痪.

まひる【真昼】白昼 báizhòu.

まぶしい【眩しい】晃眼 huǎngyǎn. ¶日の光がまぶしかった / 阳光很刺眼.

まぶた【瞼】眼皮 yǎnpí. ¶～を閉じる / 合上眼. ¶～に浮かぶ / 时时记起. ¶～に残る / 留在记忆里.

まふゆ【真冬】严冬 yándōng. ¶～日 / 严冬天.

マフラー围巾 wéijīn. ¶～をする / 围围巾.

まほう【魔法】魔术 móshù. ¶～をかける / 施魔术. ¶～使い / 魔术师. ¶～瓶 / 暖水瓶.

まぼろし【幻】虚幻 xūhuàn.

-まま【-儘】原封不动 yuánfēng bùdòng. ¶窓が開けた～になっている / 窗户一直开着. ¶コートを着た～で / 穿着大衣. ¶人生は～ならない / 人生不如意.

ままごと【飯事】过家家 guò jiājia.

まめ【忠実】勤恳 qínkěn. ¶～な男 / 认真的男人. ¶～に働く / 勤勤恳恳地工作.

まめ【豆】豆子 dòuzi. ¶～を炒る / 炒豆子. ¶～をまく / 撒豆子. ¶～台風 / 小台风.

まめ【肉刺】水泡 shuǐpào. ¶足に～ができる / 脚上起水泡了.

まもなく【間も無く】不久 bùjiǔ, 马上 mǎshàng. ¶～開演する / 马上就要开演了.

まもり【守り】守卫 shǒuwèi. ¶～が固い / 戒备森严. ¶～を固める / 加强防守. ¶～神 / 守护神.

まもる【守る】守护 shǒuhù. ¶約束を～ / 守约. ¶伝統を～ / 保护传统.

まやく【麻薬】麻药 máyào；毒品 dúpǐn. ¶～を用いる / 用麻药. ¶～中毒 / 吸毒上瘾. ¶～常用者 / 长期服用毒品者. ¶～密売人 / 毒品走私贩.

まゆ【眉】眉毛 méimáo. ¶～をひそめる / 皱眉头. ¶～一つ動かさずに / 毫不惊慌.

まゆ【繭】茧 jiǎn.

まよう【迷う】迷失 míshī；犹豫 yóuyù. ¶道に～ / 迷路. ¶行こうか行くまいか～ / 犹豫着去还是不去.

まよなか【真夜中】半夜 bànyè.

マヨネーズ蛋黄酱 dànhuángjiàng.

マラソン马拉松 mǎlāsōng. ¶～をする / 跑马拉松.

まる-【丸-】整个 zhěnggè. ¶～3日かかる / 整整用了三天.

まる【丸】圆 yuán, 圈 quān. ¶～を描く / 画圆圈儿. ¶～をつける / 打圈儿. ¶番号を～で囲む / 在号码上画圈儿. ¶リンゴを～かじりする / 啃整个苹果.

まるい【丸い・円い】圆 yuán. ¶～月 / 圆月. ¶丸く車座に座る / 围坐成一圈. ¶性格が～人 / 性格圆滑的人.

マルチメディア多媒体 duōméitǐ.

まるで【丸で】像 xiàng, 简直 jiǎnzhí. ¶～違うよ / 简直不一样. ¶～話にならない / 简直不像话. ¶彼女は～気にかけない / 她完全不在乎. ¶彼は～パイロットのように見える / 他看

起来好像是飞行员似的.

まるまる【丸々】圆 圆 的 yuányuán de. ¶～と太った赤ちゃん / 胖乎乎的婴儿.

まるみ【丸み・円み】圆 形 yuánxíng. ¶性格に～が出る / 性格变得圆滑.

マレーシア马来西亚 Mǎláixīyà.

まれ【稀】稀奇 xīqí, 少有 shǎoyǒu. ¶～な出来事 / 稀有的事. ¶～に見る美人 / 少见的美人.

まわす【回す】旋转 xuánzhuǎn. ¶こまを～ / 抽陀螺. ¶洗濯機を～ / 开洗衣机. ¶書類を～ / 传送文件. ¶車を～ / 派车. ¶支店に回される / 被降级调到分店.

まわり【周り】周围 zhōuwéi. ¶～の人々 / 周围的人们. ¶学校の～に / 学校周围.

まわりくどい【回りくどい】啰唆 luōsuo. ¶～言い方はやめてくれ / 别拐弯抹角地说.

まわりみち【回り道】绕远 ràoyuǎn.

まわる【回る】转 zhuǎn. ¶得意先を～ / 兜揽生意. ¶順番が回ってきた / 轮到了. ¶急がば回れ / 欲速则不达. ¶酒が～ / 酒劲儿上来了. ¶口がよく～ / 口齿流利.

まん【万】万 wàn. ¶百～ / 一百万.

まんいち【万一】万一 wànyī. ¶～の場合 / 在万一的情况下. ¶～に備える / 以防万一.

まんいん【満員】满 员 mǎnyuán. ¶～の観衆 / 满场的观众. ¶～電車 / 电车满员.

まんえん【蔓延】蔓延 mànyán. ¶インフルエンザが～している / 流感正在蔓延.

まんが【漫画】漫画 mànhuà. ¶～を描く / 画漫画. ¶～家 / 漫画家. ¶～本 / 漫画书. ¶4コマ～ / 四联漫画.

まんかい【満開】盛 开 shèngkāi. ¶桜が～だ / 樱花盛开.

まんき【満期】期满 qīmǎn. ¶あなたの保険は6月末日で～になります / 您的保险六月底期满.

まんげつ【満月】满月 mǎnyuè.

マンゴ芒果 mángguǒ.

まんざい【漫才】相声 xiàngsheng.

マンション公寓 gōngyù.

まんせい【慢性】慢性 mànxìng. ¶～化する / 慢性化. ¶～インフレ / 慢性通货膨胀. ¶～疾患 / 慢性病.

まんぞく【満足】满意 mǎnyì. ¶～な結果 / 满意的结果. ¶～そうな表情 / 满意的表情.

まんちょう【満潮】涨 潮 zhǎngcháo. ¶～になる / 涨潮了.

まんてん【満点】满分 mǎnfēn. ¶～を取る / 考了满分. ¶50点～で採点する / 以五十分为满分判卷. ¶彼女は母親として～だ / 她作为母亲很尽职. ¶スリル～のジェットコースター / 极富刺激的快速滑车.

マント斗篷 dǒupeng.

マントー馒头 mántou.

マンドリン曼陀铃 màntuólíng.

まんなか【真ん中】正 中 央 zhèng zhōngyāng. ¶～の娘 / 中间的女儿. ¶～から分ける / 从中间分开.

マンネリ千篇一律 qiān piān yī lù. ¶～化する / 千篇一律化. ¶～に陥る / 陷入老一套.

まんねんひつ【万年筆】钢笔 gāngbǐ.

マンパワー人力资源 rénlì zīyuán.

まんびき【万引き】（在商店）偷东西（zài shāngdiàn） tōu dōngxi.

まんぷく【満腹】吃 饱 chībǎo. ¶～感 / 吃饱的感觉.

まんべんなく【万遍無く】均匀地 jūnyúnde.

マンモス［古生物］猛犸 měngmǎ ；［大規模］巨大 jùdà. ¶～大学 / 规模大的大学. ¶～タンカー / 巨型油轮. ¶～都市 / 大城市.

み

み【実】果实 guǒshí. ¶～を結ぶ / 结果. ¶～のある話 / 有内容的话.

み【身】身体 shēntǐ. ¶～をささげる / 献身. ¶～一つで / 独身一人. ¶～から出た錆 / 自作自受. ¶私の～になってごらん / 请站在我的立场上想想. ¶貝の～ / 贝肉.

みあい【見合い】相亲 xiāngqīn. ¶～をする / 相亲. ¶～結婚 / 经人介绍的婚姻.

みあげる【見上げる】仰 视 yǎngshì. ¶空を～ / 仰望天空. ¶見上げた心がけ / 令人佩服的修养.

みあわせる【見合わせる】暂 停 zàntíng ; 相互看 xiānghù kàn. ¶互いに顔を～ / 面面相觑. ¶出発を～ / 暂停出发.

みいだす【見い出す】看出 kànchū.

ミーティング会议 huìyì, 集会 jíhuì.

ミイラ木乃伊 mùnǎiyī.

みうしなう【見失う】迷 失 míshī, 看丢 kàndiū. ¶彼の姿を霧の中で見失った / 他的身影消失在雾中.

みうち【身内】亲属 qīnshǔ, 家人 jiārén. ¶会社の重要ポストを～で固める / 公司的重要职位是由家人担任. ¶～びいき / 袒护亲属.

みえ【見栄】虚荣 xūróng, 亮相 liàngxiàng. ¶～を張る / 追求虚荣.

みえる【見える】看见 kànjiàn. ¶ここから海が～ / 从这里可以看到大海. ¶若く～ / 显得年轻. ¶その方はまもなくお見えになります / 那位先生马上就要到了.

みおくり【見送り】送行 sòngxíng ; 搁置 gēzhì. ¶お～いただきありがとうございます / 谢谢您来送我. ¶その法案は～になった / 那个法案被搁置了.

みおくる【見送る】送行 sòngxíng ; 搁置 gēzhì. ¶駅で恋人を～ / 在车站送情人.

みおとす【見落とす】看漏 kànlòu.

みおぼえ【見覚え】眼熟 yǎnshú. ¶～がある〔ない〕/ 很〔不〕面熟.

みおろす【見下ろす】俯瞰 fǔkàn.

みかい【未開】未开垦 wèi kāikěn. ¶～地 / 未开垦的土地.

みかえり【見返り】补偿 bǔcháng. ¶～資金 / 补偿资金.

みかく【味覚】味觉 wèijué, 口味 kǒuwèi. ¶～に合う / 合乎口味.

みがく【磨く・研く】磨 mó. ¶靴を～ / 擦鞋. ¶歯を～ / 刷牙. ¶腕を～ / 磨练本事. ¶刃物を～ / 磨刀. ¶レンズを～ / 磨镜片.

みかけ【見かけ】外观 wàiguān. ¶～倒しだ / 徒有虚表. ¶人は～によらない / 人不可貌相.

みかた【味方】伙伴 huǒbàn. ¶～をする / 站在一起. ¶～に引き入れる / 拉入同伙. ¶僕はいつでも君の～だ / 我什么时候都站在你这边.

みかた【見方】看法 kànfǎ. ¶別の～で / 别的看法.

みかづき【三日月】月牙 yuèyá.

みがまえる【身構える】摆出架势 bǎichū jiàshì.

みがる【身軽】轻便qīngbiàn, 轻巧qīngqiǎo, 轻松 qīngsōng.

みかん【蜜柑】橘子 júzi.

みき【幹】树干 shùgàn.

みぎ【右】右边 yòubiān. ¶～のとおり相違ありません / 以上如实无误. ¶彼の～に出る者はいない / 没有人能超过他.

みぎうで【右腕】最得力助手 zuì délì zhùshǒu. ¶彼は社長の～だ / 他是经理最得力的助手.

みぎがわ【右側】右侧 yòucè. ¶～通行 / 靠右行.

みぎきき【右利き】右撇子 yòupiězi.

ミキサー搅拌机 jiǎobànjī.

みぎて【右手】右边 yòubian. ¶～に見える公園 / 在右边有个公园.

みくだす【見下す】轻视 qīngshì, 小看 xiǎokàn, 瞧不起 qiáobuqǐ.

みくらべる【見比べる】相比xiāngbǐ, 比较 bǐjiào. ¶AとBを～ / A和B相比.

みぐるしい【見苦しい】难看 nánkàn, 可耻 kěchǐ.

ミクロ微观 wēiguān.

みごと【見事】精彩 jīngcǎi. ¶お～ / 好样的！¶～な演技 / 精彩的表演.

みこみ【見込み】估计 gūjì；希望 xīwàng. ¶～がない / 没希望. ¶勝つ～がある / 有希望赢. ¶～がはずれる / 期望落空. ¶～違いをする / 计划落空.

みこん【未婚】未婚 wèihūn. ¶～の母 / 未婚母亲. ¶～者 / 未婚的人.

ミサ弥撒 mísa. ¶～を行う / 做弥撒. ¶～曲 / 弥撒曲.

ミサイル导弹 dǎodàn. ¶～基地 / 导弹基地. ¶核～ / 核导弹.

みさき【岬】海角 hǎijiǎo.

みじかい【短い】短 duǎn. ¶ひもが～ / 带子短. ¶夏が～ / 夏天短. ¶～あいさつ / 简短的问候. ¶～期間 / 短时间. ¶日が短くなる / 天变短了. ¶バットを短く持つ / 球棒拿得短. ¶短めのジャケット / 短夹克.

みじたく【身支度】整装 zhěngzhuāng. ¶急いで～する / 赶快整理行装.

みじめ【惨め】凄惨 qīcǎn. ¶～な最期 / 凄惨的临终.

みじゅく【未熟】生 shēng；不老练 bù lǎoliàn. ¶～な果実 / 生的果实. ¶～な腕前 / 不熟练的技术. ¶～な文章 / 生硬的文章. ¶運転の腕が～だ / 驾驶技术不熟练. ¶仕事がまだ～だ / 工作不老练. ¶～児 / 早产儿.

ミシン缝纫机 féngrènjī. ¶～で縫う / 用缝纫机缝.

ミス〔お嬢さん〕小姐 xiǎojiě；失误 shīwù. ¶～する / 做错. ¶～ジャッジ / 误判；误审. ¶～プリント / 打印错误.

ミズ女士 nǚshì.

みず【水】水 shuǐ. ¶飲み～ / 饮用水. ¶水道の～ / 自来水. ¶～を飲む / 喝水. ¶～をまく / 洒水. ¶花に～をやる / 给花浇水. ¶風呂に～を入れる / 给浴池里放水. ¶野菜の～を切る / 去掉蔬菜的水分. ¶～と油である / 水火不容. ¶～に流す / 付之东流.

みずいろ【水色】浅蓝色 qiǎnlánsè.

みずうみ【湖】湖 hú.

みずかき【水掻き】蹼 pǔ.

みずから【自ら】亲自 qīnzì. ¶～を省みる / 反省自己. ¶～命を絶つ / 自杀.

みずぎ【水着】游泳衣 yóuyǒngyī.

みすごす放过 fàngguò, 忽略 hūlüè.

ミスター先生 xiānsheng.

ミステリー神秘 shénmì. ¶～小説 / 推理〔神秘〕小说.

みすてる【見捨てる】抛弃 pāoqì, 舍弃 shěqì.

みずとり【水鳥】水鸟 shuǐniǎo.

ミスプリント印错 yìncuò. ¶～だらけである / 尽是印刷错误.

みすぼらしい【見窄らしい】破旧 pòjiù. ¶～身なり / 衣衫烂缕.

みずみずしい【瑞々しい】娇嫩 jiāonen. ¶～野菜と果物 / 新鲜的蔬菜和水果.

みずむし【水虫】脚气jiǎoqì, 脚癣jiǎoxuǎn. ¶～になった / 得脚气了.

みせ【店】商店 shāngdiàn. ¶～を出す / 开店. ¶～を畳む / 歇业. ¶～じまいする / 关店. ¶～番をする / 看店铺. ¶～先 / 店头.

みせいねん【未成年】未成年 wèi chéngnián.

みせかけ【見せかけ】外表 wàibiǎo. ¶～の友情 / 虚假的友情.

ミセス夫人 fūrén.

みせびらかす【見せびらかす】炫耀 xuànyào.

みせびらき【店開き】新开业 xīn kāiyè.

みせもの【見せ物】杂耍 záshuǎ. ¶～小屋 / 曲艺场.

みせる【見せる】让看 ràng kàn. ¶身分証明書を～ / 出示身份证. ¶この指輪をちょっと見せてください / 请让我看一下这个戒指. ¶若く～ / 装年轻. ¶医者に～ / 让医生看病.

-みせる【-見せる】做给别人看 zuògěi biérén kàn. ¶必ずやって見せます / 一定做给你看.

みそ【味噌】豆酱 dòujiàng. ¶～汁 / 酱汤.

みぞ【溝】水沟 shuǐgōu ;[心の]隔阂 géhé. ¶～を掘る / 挖水沟. ¶二人の仲に～が生じる / 两个人的关系产生了隔阂.

み

みぞれ【霙】雨夹雪 yǔjiāxuě. ¶～が降っている / 下雨加雪. ¶～の日 / 雨雪交加的日子.

-みたい好像 hǎoxiàng. ¶子供～な顔 / 像孩子一样的脸. ¶石～に硬い / 像石头一样硬. ¶糊～なもの / 像浆糊似的东西. ¶本～なものを手に持っている / 手里拿着好像书之类的. ¶雨～だ / 好像下雨. ¶ちょっと大きい～だ / 好像大一点.

みだし【見出し】标题 biāotí. ¶～をつける / 起标题. ¶～語 / 词条. ¶小～ / 小标题.

みだしなみ【身嗜み】讲究穿着 jiǎngjiu chuānzhuó. ¶～がいい / 外表很讲究.

みたす【満たす】充满 chōngmǎn ; 满足 mǎnzú. ¶水筒に水を～ / 给水筒里灌满水. ¶条件を～ / 满足条件. ¶欲望を～ / 满足欲望. ¶何か満たされない気持ちである / 好像不太满足.

みだす【乱す】打乱 dǎluàn, 扰乱 rǎoluàn. ¶列を～ / 把队列搞乱. ¶風紀を～ / 扰乱风纪. ¶髪を振り～ / 甩乱头发. ¶人心を～ / 扰乱人心.

みだれる【乱れる】杂乱 záluàn. ¶髪が～ / 头发不整. ¶ダイヤが～ / 列车时刻打乱了. ¶風紀が～ / 风纪紊乱. ¶心が～ / 心乱.

みち【道】道路 dàolù. ¶～に迷う / 迷路. ¶～を間違える / 走错路. ¶～が開かれる / 开辟道路. ¶～を切り開く / 开路. ¶～を尋ねる / 问路. ¶～をふさぐ / 堵路. ¶～を譲る / 让路. ¶～案内をする / 领路. ¶～を急ぐ / 赶路. ¶われわれの進むべき～ / 我们应该走的路. ¶好きな～を歩む / 走自己喜欢的道路. ¶後進に～を開く / 为后辈让路. ¶解決の～を模索する / 摸索解决的途径. ¶ほかに～がない / 没有别的办法.

みち【未知】未知 wèizhī. ¶～の世界 / 未知的世界.

みぢか【身近】身边的 shēnbiān de, 周围的 zhōuwéi de.

みちがえる【見違える】看错 kàncuò, 认不出 rènbuchū. ¶～ようになる / 焕然一新.

みちしお【満ち潮】满潮 mǎncháo.

みちしるべ【道標】路标 lùbiāo.

みちのり【道程】路程 lùchéng. ¶歩いて10分の～ / 步行十分钟的路程.

みちばた【道端】路边 lùbiān, 路旁 lùpáng.

みちびく【導く】引导 yǐndǎo. ¶観客を会場に～ / 引导观众进入会场. ¶チームを勝利へと～ / 给队伍带来胜利. ¶答えを導き出す / 导出答案.

みちる【満ちる】充满 chōngmǎn. ¶自信に満ちている / 充满自信. ¶潮が～ / 涨潮.

みつ【蜜】蜂蜜 fēngmì. ¶～を集める / 采蜜. ¶～蜂 / 蜜蜂.

みつあみ【三つ編み】辫子 biànzi. ¶～にする / 梳辫子.

みつかる【見付かる】被看到 bèi kàndào. ¶間違いが見つかった / 找到错误. ¶塀を乗り越えようとして～ / 正想翻墙被发现. ¶なくした財布が～ / 丢的钱包找到. ¶仕事が見つかった / 找到工作了.

ミックス混合 hùnhé. ¶～ジュース / 混合果汁.

みつける【見付ける】找到 zhǎodào. ¶新しい真理を～ / 找到新的真理. ¶宝物を～ / 寻宝. ¶探していた本を見つけた / 发现一直要找的书. ¶仕事を～ / 找工作.

みつご【三つ子】一胎三子 yī tāi sān zǐ ; 三岁小孩 sān suì xiǎohái. ¶～の魂百まで / 禀性难移.

みっこく【密告】告密 gàomì. ¶～者 / 检举人.

みっしゅう【密集】密集 mìjí. ¶人口～地域 / 人口密集区域.

みっせい【密生】丛生 cóngshēng. ¶雑草が～している / 杂草丛生.

みっせつ【密接】密切 mìqiè. ¶～な関係がある / 有密切的关系. ¶ますます～になる / 越来越密切.

みつだん【密談】密谈 mìtán.

みっちゃく【密着】紧贴 jǐntiē.

みつど【密度】密度 mìdù. ¶～の高い議論 / 讨论很有内容. ¶人口～ / 人口密度.

みっともない不像样 bù xiàngyàng, 丢人 diūrén. ¶～からそんなことやめなさい / 太不像样子了, 别干那事.

みつばち【蜜蜂】蜜蜂 mìfēng. ¶～の巣 / 蜂巢.

みつめる【見詰める】凝视 níngshì.

みつもり【見積もり】估计 gūjì, 估价 gūjià. ¶～を出す / 估算. ¶改装の～をする / 估算改装的费用. ¶～額 / 估计额. ¶～書 / 估价书.

みつもる【見積もる】估计 gūjì, 估价 gūjià. ¶高く～ / 高估. ¶少なく見積もっても / 即使低估.

みつゆ【密輸】走私 zǒusī. ¶～団 / 走私团伙. ¶～品 / 走私品.

みつゆにゅう【密輸入】走私进口zǒusī jìnkǒu.

みつりん【密林】密林 mìlín.

みてい【未定】未定 wèidìng. ¶日取りは～である / 日期未定.

みてとる【見て取る】看透 kàntòu. ¶状况を～ / 摸清情况.

みとう【未到・未踏】未到 wèidào. ¶人跡～の地 / 人迹未到的地方. ¶前人～ / 前人未到.

みとおし【見通し】预料 yùliào ; 前景 qiánjǐng. ¶事業の～が明るい / 事业前途光明. ¶あまり～はよくない / 前景不太好. ¶景気の～が立たない / 景气的前景不好. ¶この道路は～がきかない / 这条路看不远.

みとおす【見通す】看透 kàntòu ; 预料 yùliào. ¶10年先まで～ / 看到十年后. ¶将来を～ / 展望未来.

みどころ【見所】精彩之处 jīngcǎi zhīchù. ¶～がある / 有前途 ; 有希望.

みとめる【認める】承认 chéngrèn. ¶誤りを～ / 承认错误. ¶犯行を～ / 承认犯罪.

みどり【緑】绿色 lǜsè.

みとれる【見とれる】入迷 rùmí. ¶花に～ / 看花看得入迷.

みな【皆】大家 dàjiā. ¶～の意見 / 大家的意见. ¶～が賛成した / 全体赞成. ¶～で何人ですか / 一共多少人? ¶～でいくらですか / 总共多少钱?

みなおす【見直す】重看 chóngkàn. ¶もう一度～ / 再看一次. ¶計画を～必要がある / 这个计划有必要重新看一次.

みなさん【皆さん】大家 dàjiā, 各位 gèwèi. ¶～のおかげで / 托大家的福. ¶～これから会議を始めます / 各位, 现在开始开会. ¶家族の～によろしく / 请向全家人问好.

みなしご【孤児】孤儿 gū'ér.

みなす【見做す】当做 dàngzuò, 认为 rènwéi. ¶承諾したものと～ / 看做是答应了. ¶彼の行為は過失と見なされた / 被认为是他的行为过失.

みなと【港】港口 gǎngkǒu. ¶～に着く / 到达港口. ¶～を出る / 离开港口. ¶～町 / 港口城市. ¶～祭り / 港口节.

みなみ【南】南 nán. ¶～向きの家 / 朝南的房子.

みなもと【源】根源 gēnyuán.

みならい【見習い】见习 jiànxí. ¶～中である / 见习期间. ¶～看護師 / 见习护士. ¶～期間 / 见习期间.

みならう【見習う】见习 jiànxí. ¶子は親を～ / 孩子模仿父母. ¶人のよいところを～ / 学习别人优点.

みなり【身形】装束 zhuāngshù. ¶～を整える / 打扮整齐.

みなれる【見慣れる】眼熟 yǎnshú. ¶見慣れた街 / 熟悉的街道. ¶見慣れた故郷の山や川 / 熟悉的家乡山水. ¶見慣れない人 / 不熟悉的人 ; 陌生人.

みにくい【醜い】丑 chǒu, 难看 nánkàn.

ミニスカート迷你裙 mínǐqún.

ミニチュア小型 xiǎoxíng. ¶～セット / 一套模型. ¶～カー / 汽车模型.

みにつける【身に付ける】掌握zhǎngwò, 学会 xuéhuì. ¶技術を～ / 掌握技术. ¶外国語を～ / 学会外语.

みにつける【身に着ける】带着 dàizhe. ¶グレーのコートを身に着けた / 穿上灰色大衣. ¶お守りをいつも身に着けている / 身上总是带着护身符.

みぬく【見抜く】看透 kàntòu. ¶人の心を～ / 洞察人心.

みね【峰】山峰 shānfēng. ¶～伝いに歩く / 沿着山峰走.

ミネラルウォーター矿泉水 kuàngquánshuǐ.

みのうえ【身の上】境遇 jìngyù.

みのがす【見逃す】看漏 kànlòu. ¶好機を～ / 错过好机会. ¶不正を～ / 放过违法行为.

みのり【実り】收获 shōuhuò. ¶～多い / 结果多. ¶～ある研究 / 有成果的研究. ¶～の秋 / 收获的秋季.

みのる【実る】结果 jiēguǒ. ¶稲がよく～ / 大米丰收. ¶努力が～ / 努力有结果.

みはなす【見離す・見放す】放弃fàngqì. ¶医者に見離される / 被医生放弃.

みはらし【見晴らし】眺望 tiàowàng. ¶～がよい / 风景好. ¶～台 / 眺望台.

みはり【見張り】看守 kānshǒu. ¶～を置く / 派人看守.

みはる【見張る】警戒 jǐngjiè, 看守 kānshǒu. ¶門の前で警備員が見張っている / 门前有警卫看守着.

みぶり【身振り】姿势 zīshì. ¶～で合図する / 用手势比划. ¶～手振りで / 比比划划.

みぶるい【身震い】颤抖 chàndǒu, 发抖 fādǒu.

みぶん【身分】身份 shēnfen. ¶～のある人 / 有地位的人. ¶～の高い〔低い〕人 / 地位「高〔低〕的人. ¶～を明かす / 查明身份. ¶～相応に暮らす / 过着与地位相称的生活. ¶けっこうなご～ですね / 真有福气啊. ¶～証明書 / 身份证.

みぼうじん【未亡人】寡妇 guǎfu.

みほん【見本】样品 yàngpǐn, 货样 huòyàng. ¶商品の～ / 商品的货样. ¶新しい切手の～ / 新邮票的样本. ¶～市 / 商品展销市场. ¶～刷り / 校样. ¶～帳 / 样本.

みまい【見舞い】慰问 wèiwèn, 探望 tànwàng. ¶～に行く / 去探望病人. ¶～客 / 慰问客人. ¶～状 /

慰问信. ¶～品 / 慰问礼品.

みまう【見舞う】慰问 wèiwèn, 探望 tànwàng. ¶入院している友人を見舞った / 探望住院的朋友. ¶津波に見舞われる / 受海啸袭击. ¶相次いで不運に見舞われる / 连遭不幸.

みまもる【見守る】照料 zhàoliào. ¶家族に見守られて息をひきとる / 家人守护着咽了气. ¶事件の展開を～ / 关注着事情的进展.

みまわす【見回す】环视 huánshì. ¶周囲を～ / 环视四周.

みまわる【見回る】巡查 xúnchá. ¶各教室を～ / 巡视各教室.

みまん【未満】未满 wèimǎn. ¶20歳～ / 未满二十岁.

みみ【耳】耳朵 ěrduo. ¶～がいい / 听力很好；耳朵尖. ¶～が遠い / 耳背. ¶～が聞こえなくなる / 耳朵听不见；耳聋. ¶～に入る / 听到. ¶～に入れる / 说给人听. ¶～にはさむ / 听到一点儿. ¶～が早い / 耳朵长. ¶～を傾ける / 倾听. ¶～をそばだてる / 侧耳听. ¶～にたこができるほど聞いた / 听腻了. ¶～を貸さない / 不听别人意见. ¶～をふさぐ / 堵住耳朵不想听. ¶～を疑う / 怀疑听错. ¶～が痛い話 / 刺耳的话. ¶～を揃えて払う / 备齐钱付款. ¶パンの～ / 面包「边〔的硬皮〕.

みみかき【耳かき】耳挖勺 ěrwāsháo, 耳挖子 ěrwāzi.

みみず 蚯蚓 qiūyǐn.

みみずく 猫头鹰 māotóuyīng.

みめい【未明】凌晨 língchén. ¶明日の～に出発する / 明天拂晓出发.

みもと【身元】来历 láilì. ¶～を調査する / 调查来历. ¶～が判明する / 弄清来历. ¶～の確かな人 / 来历可靠的人. ¶～不明の死体 / 身份不明的尸体. ¶～保証人 / 保人.

みゃく【脈】脉搏 màibó. ¶～をとる / 摸脉. ¶～がない / 没有希望.

みゃくうつ【脈打つ】脉搏跳动 màibó tiàodòng. ¶心臓が激しく脈打った / 心脏剧烈跳动.

みゃくはく【脈拍】脉搏 màibó. ¶～を測る / 测脉搏. ¶～数 / 脉搏.

みやげ【土産】土特产 tǔtèchǎn. ¶～話 / 旅行见闻. ¶～物屋 / 特产商店.

みやこ【都】首都 shǒudū. ¶音楽の～ウィーン / 音乐之都维也纳. ¶住めば～ / 地方住久了就会喜欢.

みやすい【見易い】好看 hǎokàn. ¶きれいで～字 / 工整易读的字.

みやぶる【見破る】看穿 kànchuān. ¶敵の計略を～ / 看穿敌人的计谋.

ミュージカル 音乐剧 yīnyuèjù.

ミュージシャン 音乐家 yīnyuèjiā.

みょう【妙】奇怪 qíguài. ¶演技の～ / 表演的妙处. ¶言い得て～である / 说得巧妙. ¶～なことを言う / 说得莫名其妙. ¶～な人 / 怪人.

みょうごにち【明後日】后天hòutiān.

みょうじ【名字】姓 xìng.

みょうちょう【明朝】明天早晨 míngtiān zǎochen.

みょうにち【明日】明天 míngtiān.

みょうばん【明晩】明天晚上míngtiān wǎnshàng.

みらい【未来】未来 wèilái. ¶～のある若者 / 有前途的年轻人. ¶～の大スター / 未来的大明星. ¶社会の～像を描く / 描绘未来社会情形. ¶～永劫 / 永久. ¶～学 / 未来学.

ミリメートル 毫米 háomǐ.

みりょう【魅了】吸引 xīyǐn.

みりょく【魅力】魅力 mèilì. ¶～的な人 / 富有魅力的人. ¶～を感じる / 感到魅力. ¶～がない / 没有魅力.

みる【見る】看 kàn. ¶ちらっと～ / 瞥一眼. ¶花を～ / 赏花. ¶新聞を～ / 看报纸. ¶映画を～ / 看电影. ¶人の顔色を～ / 看人脸色. ¶機会を見てうかがいます / 找个机会去看您. ¶京都には～べき所が多い / 京都有很多值得看的地方. ¶見たところ / 看样子. ¶見てのとおり / 如你所看. ¶～影もないほどやつれている / 憔悴得不成样子. ¶～に耐えない / 不忍心看. ¶～に見かねて / 不忍坐视.

みる【診る】看病 kànbìng. ¶患者を～ / 给患者看病. ¶医者に診てもらう / 请医生看病.

みるからに【見るからに】看上去kànshàngqù. ¶～おいしそうだ / 看上去挺好吃.

ミルク 牛奶 niúnǎi. ¶～ティー / 奶茶.

みるみる【見る見る】眼看着 yǎnkànzhe. ¶貯金は～減った / 存款眼看着减少.

みるめ【見る目】眼力 yǎnlì. ¶～がない / 没眼力. ¶君は～があるね / 你真有眼力呀.

みれん【未練】留恋 liúliàn.

みわく【魅惑】有魅力 yǒu mèilì, 迷惑 míhuo. ¶～的な女性 / 迷人的女性.

みわける【見分ける】区别 qūbié. ¶AとBを～ / 区分A和B.

みわたす【見渡す】远眺 yuǎntiào. ¶～限り / 一望无际.

みんえい【民営】民营 mínyíng, 民办 mínbàn, 私营 sīyíng.

みんかん【民間】民间 mínjiān. ¶～から選ばれた人 / 从民间选拔的人. ¶～外交 / 民间外交. ¶～活力 / 民间活力. ¶～企業 / 民营企业. ¶～資本 / 民营资本. ¶～人 / 民间人士. ¶～伝承 / 民间传承. ¶～放送 / 民营广播. ¶～療法 / 民间疗法.

ミンク 水貂 shuǐdiāo. ¶～の毛皮 / 水貂皮. ¶～のえり巻き / 水貂皮围巾.

みんげいひん【民芸品】民间工艺品

mínjiān gōngyìpǐn.
みんじ【民事】民事 mínshì. ¶～裁判 / 民事审判. ¶～事件 / 民事案件. ¶～訴訟 / 民事诉讼.
みんしゅう【民衆】大众 dàzhòng. ¶～運動 / 大众运动.
みんしゅく【民宿】家庭旅店 jiātíng lǚdiàn.
みんしゅか【民主化】民主化 mínzhǔhuà.
みんしゅしゅぎ【民主主義】民主主义 mínzhǔ zhǔyì.
みんしゅてき【民主的】民主性 mínzhǔxìng. ¶～な選挙 / 民主性选举.
みんぞく【民族】民族 mínzú. ¶～の伝統を守る / 保护民族传统. ¶～意識 / 民族意识. ¶～衣装 / 民族服装. ¶～音楽 / 民族音乐. ¶～学 / 民族学. ¶～国家 / 民族国家. ¶～主義 / 民族主义. ¶～性 / 民族性.
みんぞく【民俗】民俗 mínsú. ¶～音楽 / 民俗音乐. ¶～学 / 民俗学. ¶～芸能 / 民俗文艺.
ミント 薄荷 bòhe.
みんな 大家 dàjiā.
みんぽう【民法】民法 mínfǎ.
みんよう【民謡】民歌 míngē.
みんわ【民話】民间传说 mínjiān chuánshuō.

む

む【無】无 wú. ¶～にする / 化为乌有. ¶～に帰す / 徒劳.
むい【無為】无所作为 wú suǒ zuò wéi. ¶～無策である / 无所作为.
むいしき【無意識】无意识 wúyìshí. ¶～の動作 / 无意识的动作. ¶～に口にする / 无意识地说.
むいみ【無意味】无意义 wú yìyì. ¶そんなこと言ったって～だよ / 说那话也没用.
ムース [整髪料]摩丝 mósī.
ムード 气氛 qìfēn. ¶～のあるバー / 有气氛的酒吧.
むえき【無益】无益 wúyì. ¶～な試み / 无益的尝试.
むえん【無縁】无缘 wúyuán. ¶～墓地 / 无主坟.
むかい【向かい】对面 duìmiàn. ¶～に座る / 坐在对面. ¶～の家 / 对面的房子. ¶お～さん / 对面人家. ¶～風 / 顶风.
むがい【無害】无害 wúhài. ¶～通航 / 无害通行.
むかいあう【向かい合う】面对面 miànduìmiàn. ¶向かい合って座る / 面对面坐着.
むかう【向かう】向 xiàng ; 前往 qiánwǎng. ¶机に～ / 坐在桌前. ¶海に向かって開けた土地 / 面向大海开阔的土地. ¶船は大連に向かっている / 船开往大连. ¶野党は分裂の方向に向かっている / 在野党正在走向分裂.
むかえいれる【迎え入れる】迎接 yíngjiē. ¶外国人観光客を～ / 迎接外国游客.
むかえる【迎える】迎接 yíngjiē. ¶駅で彼を～ / 在车站接他. ¶空港までお客様を迎えに行く / 去机场迎接客人. ¶各地で温かく迎えられた / 在各地受到欢迎.
むかし【昔】以前 yǐqián. ¶～をしのぶ / 怀旧. ¶～はここに井戸があった / 以前这里有一口水井. ¶彼とは～からの知り合いだ / 和他是老相识. ¶その村は～のままである / 那个村子和以前一样. ¶それはとっくの～のことだ / 那是很久很久以前的事. ¶～気質の職人 / 老派匠人. ¶～なじみ / 老相识. ¶～話 / 传说故事.
むかつく 恶心 ěxin.
むかで【百足】蜈蚣 wúgōng.
むかんかく【無感覚】无感觉 wú gǎnjué.
むかんけい【無関係】没关系 méi guānxi. ¶彼女とは～だ / 和她没关系.
むかんしん【無関心】不关心 bù guānxīn. ¶～を装う / 装作不感兴趣.
むき【向き】方向 fāngxiàng. ¶～を変える / 改变方向. ¶風の～が変わった / 风向变了. ¶南～の部屋 / 朝南的房间. ¶人には～不向きがある / 人各有所长.
むき【無機】无机 wújī. ¶～化学 / 无机化学. ¶～質 / 无机质.
むぎ【麦】麦 mài. ¶～茶 / 麦茶. ¶～飯 / 麦饭.
むきず【無傷】无伤痕 wú shānghén.
むきだし【剝き出し】露骨 lùgǔ. ¶本性を～にする / 露出本性. ¶感情を～にする / 毫不掩饰感情.
むきになる【向きになる】较真 jiàozhēn. ¶そんなにむきにならないで落ち着け / 别那较真,冷静一点.
むきりょく【無気力】没有精神 méiyǒu jīngshen,无气魄 wú qìpò. ¶～な若者たち / 没有气魄的年轻人.
むぎわら【麦藁】麦秆 màigǎn. ¶～帽子 / 麦草帽.
むく【向く】向 xiàng ; 适合 shìhé. ¶後ろを～ / 向后. ¶正面を向いて座る / 对着正面坐着. ¶その仕事に向いた人 / 适合那个工作的人. ¶その服は中学生には向かない / 那种服装不适合中学生.
むく【剝く】剥 bāo. ¶タマネギの皮を～ / 剥洋葱皮. ¶栗の皮を～ / 剥栗子皮.
むくい【報い】报应 bàoyìng. ¶～を受ける / 接受报应. ¶当然の～ / 当然的报应.
むくいる【報いる】报答 bàodá. ¶恩に～ / 报恩.
むくち【無口】寡言 guǎyán. ¶～な

人 / 沉默寡言的人.
むくどり【椋鳥】白头翁鸟 báitóuwēngniǎo.
－むけ【－向け】面向 miànxiàng. ¶子供～ / 面向儿童. ¶旅行～かばん / 旅行用箱.
むける【向ける】向 xiàng. ¶音のする方に顔を～ / 朝发出声响的方向看. ¶注意を～ / 注意看. ¶銃を～ / 枪对着.
むげん【無限】无限 wúxiàn. ¶～大 / 无限大.
むこ【婿】女婿 nǚxù. ¶～をとる / 招女婿. ¶～養子になる / 入赘.
むごい【惨い・酷い】悲惨 bēicǎn ; 残酷 cánkù.
むこう【向こう】对面 duìmiàn. ¶～側 / 对面. ¶通りの～側に / 马路的对面. ¶山の～ / 山的对面. ¶～のバス停 / 对面的公交车站. ¶～三軒両隣 / 左邻右舍. ¶世論を～に回す / 与舆论对抗. ¶～を張る / 对抗.
むこう【無効】无效 wúxiào. ¶当選を～にする / 当选无效. ¶この契約はまったく～だ / 这个合同完全无效. ¶～投票 / 无效投票.
むこうみず【向こう見ず】鲁 莽 lǔmǎng. ¶～な行動をする / 采取鲁莽的行动.
むごん【無言】无言 wúyán. ¶～の抗議 / 无声的抗议. ¶～劇 / 哑剧.
むざい【無罪】无罪 wúzuì. ¶～を主張する / 主张无罪. ¶～放免になる / 无罪释放.
むさくるしい 邋遢 lāta.
むさぼる【貪る】贪婪 tānlán. ¶暴利を～ / 贪图暴利. ¶むさぼり読む / 如饥似渴地读书.
むし【虫】虫 chóng. ¶～に刺された / 被虫子蛰了. ¶仕事の～ / 工作狂. ¶本の～ / 书呆子. ¶～の居所が悪そうだ / 心情不好. ¶～の知らせ / 预感. ¶～が好かないやつ / 总觉得讨厌的人. ¶それでは～がよすぎますよ / 那太自私了.
むし【無視】无视 wúshì. ¶赤信号を～する / 闯红灯.
むじ【無地】素色 sùsè. ¶～のシャツ / 素色的衬衫.
むしあつい【蒸し暑い】闷热 mēnrè.
むしかく【無資格】无资格 wú zīgé. ¶～者 / 无资格者. ¶～診療 / 无资格行医.
むじつ【無実】无实 wúshí. ¶～の罪で投獄される / 蒙受冤枉进监狱.
むしば【虫歯】虫牙 chóngyá. ¶～を抜く / 拔虫牙. ¶～を予防する / 预防虫牙. ¶～がうずく / 虫牙疼. ¶～が3本ある / 有三颗虫牙.
むしばむ【蝕む】侵蚀 qīnshí. ¶たばこは健康を～ / 香烟损害身体.
むじひ【無慈悲】残忍 cánrěn.
むしぼし【虫干し】晾 晒 liàngshài. ¶衣類を～する / 晾晒衣服.
むしめがね【虫眼鏡】放大镜 fàngdàjìng.
むじゃき【無邪気】天真 tiānzhēn. ¶～な考え / 天真的想法. ¶～な子供 / 天真的孩子.
むじゅうりょく【無重力】无重力 wúzhònglì.
むじゅん【矛盾】矛盾 máodùn. ¶君の話は～していますよ / 你说的话很矛盾.
むじょう【無情】无情 wúqíng. ¶～の雨 / 无情的雨.
むじょうけん【無条件】无条件 wútiáojiàn. ¶～に受け入れる / 无条件接受. ¶～で賛成する / 无条件赞成. ¶～降伏 / 无条件投降.
むしょく【無色】无色 wúsè. ¶～透明の液体 / 无色透明的液体.
むしょく【無職】无业 wúyè, 没有工作 méiyǒu gōngzuò. ¶～者 / 无业者.
むしょぞく【無所属】无党派 wúdǎngpài. ¶～で立候補する / 以无党派身份竞选. ¶～議員 / 无党派议员.
むしる 拔 bá, 揪 jiū.
むしろ【寧ろ】莫如 mòrú. ¶彼女は歌手というより～女優だ / 与其说她是歌手倒不如说是演员.
むじん【無人】无人 wúrén. ¶～駅 / 无人车站. ¶～島 / 无人岛.
むしんけい【無神経】感觉迟钝 gǎnjué chídùn ; 不顾及别人 bù gùjí biérén. ¶～な人 / 感觉迟钝的人.
むしんろん【無神論】无神论 wúshénlùn. ¶～者 / 无神论者.
むす【蒸す】蒸 zhēng. ¶ジャガイモを～ / 蒸土豆.
むすう【無数】无数 wúshù. ¶～の星 / 无数的星星.
むずかしい【難しい】难 nán. ¶この問題は難しすぎて解けない / 这个题太难不会解. ¶そんなに難しく考えなくてもいいよ / 别想得太难了. ¶～年頃 / 难对付的年龄.
むすこ【息子】儿子 érzi. ¶一人～ / 独生子.
むすばれる【結ばれる】结合 jiéhé. ¶彼らは結ばれた / 他们结合了.
むすびあわせる【結び合わせる】结起来 jiéqǐlái.
むすびつき【結び付き】结合 jiéhé.
むすびつける【結び付ける】结合 jiéhé.
むすびめ【結び目】结的扣儿 jié de kòur. ¶～を解く / 解扣.
むすぶ【結ぶ】连结 liánjié ; 缔结 dìjié. ¶靴のひもを～ / 系鞋带. ¶ネクタイを～ / 打领带. ¶契約を～ / 签合同. ¶同盟を～ / 结为同盟. ¶手を～ / 携手. ¶実を～ / 结果.
むずむず 痒痒 yǎngyang. ¶～する / 发痒.
むすめ【娘】女儿 nǚ'ér, 姑娘 gūniang. ¶ひとり～ / 独生女. ¶～盛り / 青春美貌时期. ¶～心 / 纯洁的少女

心. ¶～時代 / 少女时代.

むぜい【無税】免税 miǎnshuì. ¶～品 / 免税品.

むせいげん【無制限】无限制 wúxiànzhì. ¶～に入場を許可する / 允许无限制入场.

むせきにん【無責任】不负责任 bù fù zérèn. ¶～な発言 / 不负责任的讲话. ¶あいつは～なやつだ / 那家伙没责任感.

むせる【噎せる】噎住 yēzhù.

むせん【無線】无线 wúxiàn. ¶～局 / 无线电台.

むそう【夢想】梦想 mèngxiǎng. ¶～に浸る / 沉浸在梦想中.

むだ【無駄】徒劳 túláo, 浪费 làngfèi. ¶～な努力 / 徒劳. ¶やっても～だ / 做了也白搭. ¶やってみたが～だった / 试了还是不行. ¶そんなことをしても時間の～だ / 做那事简直是浪费时间.

むだん【無断】擅自 shànzì. ¶～欠勤〔外出〕/ 擅自「缺席〔外出〕.

むち【鞭】鞭子 biānzi. ¶愛の～ / 爱情的鞭策 ; 恨铁不成钢.

むち【無知】无知 wúzhī. ¶～蒙昧のやから / 愚昧无知之辈. ¶～をさらけ出す / 揭露其无知.

むちつじょ【無秩序】无秩序 wúzhìxù.

むちゃ【無茶】胡乱 húluàn. ¶～な要求 / 无理的要求. ¶～な運転 / 开车鲁莽. ¶～はするなよ / 别胡来. ¶～苦茶 / 乱七八糟.

むちゅう【夢中】忘我 wàngwǒ. ¶釣りに～である / 迷上钓鱼.

むちんじょうしゃ【無賃乗車】无票乘车 wúpiào chéngchē.

むつまじい【睦まじい】和睦 hémù. ¶夫婦仲が～ / 夫妻和睦.

むてっぽう【無鉄砲】鲁莽 lǔmǎng, 冒失 màoshi. ¶～な挑戦 / 鲁莽的挑战.

むとんちゃく【無頓着】不介意 bù jièyì. ¶～な性格 / 散漫的性格. ¶服装に～だ / 不讲究穿着.

むなしい【空しい】空虚 kōngxū.

むね【胸】胸膛 xiōngtáng. ¶～を張る / 挺胸. ¶～にバッジをつける / 胸前戴着徽章. ¶～がすっとする / 心里痛快. ¶～がつかえる / 忧心忡忡. ¶～のつかえが下りる / 心情舒畅. ¶～に描く / 在心里描绘. ¶～に迫る演説 / 让人感慨万千的演讲. ¶～に秘める / 藏在心里. ¶～を打たれる / 打动心弦. ¶～を躍らせる / 兴奋. ¶～を焦がす / 焦虑. ¶～をなでおろす / 放下心来. ¶～を膨らませる / 满怀希望. ¶感動で～がいっぱいだ / 极其感动.

むね【棟】大梁 dàliáng. ¶～上げする / 上梁. ¶～上げ式 / 上梁仪式.

むねやけ【胸焼け】烧心 shāoxīn. ¶～がする / 烧心.

むのう【無能】无能 wúnéng. ¶あいつは～だ / 他是无能的人.

むひ【無比】无比 wúbǐ. ¶彼の計算は正確～だ / 他的计算正确无比.

むひょうじょう【無表情】没表情 méi biǎoqíng. ¶～な顔 / 毫无表情的脸.

むぼう【無謀】鲁莽 lǔmǎng. ¶～運転 / 鲁莽驾驶.

むほん【謀叛】谋反 móufǎn. ¶～を起こす / 发动叛变.

むみかんそう【無味乾燥】枯燥无味 kūzào wúwèi. ¶～な文章 / 枯燥无味的文章.

むめい【無名】无名 wúmíng. ¶～の作家 / 没名气的作家. ¶～戦士の墓 / 无名战士墓. ¶その画家は生前は全くの～だった / 那个画家生前根本没名气.

むめんきょ【無免許】无执照 wú zhízhào. ¶～運転をする / 无证驾驶. ¶～医 / 无证行医.

むら【村】村庄 cūnzhuāng. ¶～はずれに / 村边. ¶～人 / 村民. ¶～役場 / 村政府. ¶～おこし / 振兴乡村.

むらがる【群がる】聚集 jùjí.

むらさき【紫】紫色 zǐsè.

むり【無理】无理 wúlǐ ; 过度 guòdù ; 勉强 miǎnqiǎng. ¶～やり / 强迫. ¶～強いする / 逼迫. ¶～をする / 勉强. ¶～難題を吹っかける / 提出无理的要求.

むりょう【無料】免费 miǎnfèi. ¶～入場券 / 免费入场票. ¶～配達 / 免费寄送.

むりょく【無力】无力 wúlì. ¶～だ / 无能为力. ¶～感 / 无力之感.

むれ【群れ】群 qún. ¶～をなして押し寄せる / 成群结队地来.

め

め【目・眼】眼睛 yǎnjing. ¶～を開ける〔閉じる〕/ 睁开〔闭上〕眼睛. ¶～の前で / 在眼前. ¶自分の～で見届ける / 亲眼看到. ¶～が覚める / 醒来. ¶～がよい / 眼力好. ¶～が高い / 眼力高. ¶人を見る～がある / 有识别人的能力. ¶長い～で見る / 从长远看. ¶ひどい～に遭う / 倒霉. ¶見た～がよくない / 外观不好. ¶～には～を歯には歯を / 以牙还牙. ¶～は口ほどにものを言う / 眼睛也会说话. ¶～医者 / 眼科医生.

め【芽】芽 yá. ¶～が出る / 萌芽. ¶～を出す / 发芽. ¶～を摘む / 掐芽. ¶悪の～を摘み取る / 扼杀罪恶的萌芽.

めあて【目当て】目的 mùdì. ¶金～に働く / 为钱工作.

めい【姪】［兄弟の娘］侄女 zhínǚ ; ［姉妹の娘］外甥女 wàishengnǚ.

めい【銘】铭文 míngwén. ¶石に～を刻む / 在石头上刻铭文.

めいあん【名案】好主意 hǎo zhǔyi. ¶～が浮かぶ / 想出好主意.

めいおうせい【冥王星】冥王星 míngwángxīng.
めいが【名画】名画 mínghuà.
めいかい【明快】明快 míngkuài. ¶～な答え / 明确的回答.
めいかく【明確】明确 míngquè. ¶～な証拠 / 明确的证据. ¶～にする / 弄明确. ¶～に区別する / 明确区分.
めいがら【銘柄】商标 shāngbiāo. ¶～を指定する / 指定品牌.
めいぎ【名義】名义 míngyì. ¶～変更 / 名义变更. ¶～を貸す / 借名义. ¶～人 / 名义人.
めいきょく【名曲】名曲 míngqǔ.
めいさい【明細】明细 míngxì. ¶～書 / 明细帐.
めいさい【迷彩】迷彩 mícǎi. ¶～服 / 迷彩服.
めいさく【名作】名作 míngzuò. ¶不朽の～ / 不朽的名作.
めいし【名刺】名片 míngpiàn. ¶～を交換する / 交换名片. ¶～を差し出す / 递名片.
めいし【名士】名人 míngrén. ¶文壇の～ / 文坛名人.
めいし【名詞】名词 míngcí. ¶～句 / 名词短语. ¶固有～ / 固有名词.
めいしょ【名所】名胜 míngshèng. ¶～旧跡 / 名胜古迹.
めいしょう【名称】名称 míngchēng.
めいじる【命じる】命令 mìnglìng. ¶命じられるままに / 唯命是从.
めいしん【迷信】迷信 míxìn. ¶～を信じる / 相信迷信. ¶～家 / 迷信的人.
めいじん【名人】名人 míngrén. ¶～芸 / 名人表演. ¶～気質 / 名人气质.
めいせい【名声】名声 míngshēng. ¶～を博する / 博得名声.
めいせき【明晰】明晰 míngxī, 清晰 qīngxī. ¶～な論理 / 清晰的逻辑. ¶頭脳～だ / 头脑清晰.
めいそう【瞑想】瞑想 míngxiǎng. ¶～にふける / 耽于瞑想. ¶～録 / 瞑想录.
めいだい【命題】命题 mìngtí.
めいちゅう【命中】命中 mìngzhòng.
めいにち【命日】忌日 jìrì. ¶父の～ / 父亲的忌日.
めいはく【明白】明白 míngbai.
めいぶつ【名物】名产 míngchǎn. ¶この地方の～ / 这个地方的名产.
めいぼ【名簿】名册 míngcè. ¶～に載せる / 记载在名册上. ¶～に載っている / 载入名册.
めいめい【銘々】各自 gèzì. ¶～の考え / 各自的想法.
めいめい【命名】命名 mìngmíng.
めいもく【名目】名目 míngmù.
めいやく【盟約】盟约 méngyuē. ¶～を守る〔破る〕/ 遵守〔撕毁〕盟约.
めいよ【名誉】名誉 míngyù. ¶～を重んじる / 重视名誉. ¶～を汚す / 玷污名誉. ¶～を回復する / 挽回名誉. ¶～に思う / 感到光荣. ¶～にかけても / 以名誉担保. ¶～教授 / 名誉教授. ¶～市民 / 名誉市民.
めいりょう【明瞭】明了 míngliǎo.
めいる【滅入る】灰心 huīxīn. ¶気が～ような音楽 / 令人消沉的音乐.
めいれい【命令】命令 mìnglìng. ¶～に従う〔逆らう〕/ 服从〔违抗〕命令. ¶～を受ける / 接受命令.
めいろ【迷路】迷路 mílù, 迷途 mítú. ¶～に迷い込む / 陷入迷途.
めいろう【明朗】明朗 mínglǎng. ¶～な性格 / 明朗的性格.
めいわく【迷惑】麻烦 máfan. ¶～をかける / 添麻烦.
めうえ【目上】长辈 zhǎngbèi.
めうし【雌牛】母牛 mǔniú.
メーカー制造商 zhìzàoshāng, 厂家 chǎngjiā. ¶～品 / 名牌.
メーキャップ化妆 huàzhuāng. ¶～アーティスト / 化妆设计师.
メーター仪表 yíbiǎo. ¶ガスの～を調べる / 查煤气表. ¶タクシーの～ / 出租车计价器. ¶～制 / 按仪表计价制度.
メーデー国际劳动节 Guójì láodòngjié.
メートル米 mǐ. ¶長さ 2 ～です / 长度两米. ¶～法 / 米制.
メール邮件 yóujiàn ;〔電子メール〕电子邮件 diànzǐ yóujiàn. ¶～アドレス / 电子邮址. ¶～ボックス / 邮件箱. ¶迷惑～ / 垃圾邮件. ¶～を送る〔受け取る〕/ 发送〔接收〕邮件.
メーン主要 zhǔyào. ¶～イベント / 主要项目. ¶～テーブル / 主桌. ¶～バンク / 主力银行.
メガ百万 bǎiwàn.
めかくし【目隠し】蒙眼 méngyǎn. ¶～をする / 把眼睛蒙上.
めがける【目掛ける】对准 duìzhǔn. ¶…を目掛けて走っていく / 朝着…跑去.
めかた【目方】重量 zhòngliàng. ¶～を測る / 称重量. ¶～が減る〔増える〕/ 重量「减少〔增加〕. ¶～で売る / 按分量卖.
メカニズム机制 jīzhì, 机构 jīgòu.
めがね【眼鏡】眼镜 yǎnjìng. ¶～をかける〔はずす〕/ 戴〔摘〕眼镜. ¶～をかけている / 戴着眼镜. ¶度の強い〔弱い〕～ / 度数「大〔小〕的眼镜. ¶～屋 / 眼镜店.
メガホン话筒 huàtǒng.
めがみ【女神】女神 nǚshén. ¶幸運の～ / 幸运女神.
メキシコ墨西哥 Mòxīgē.
めきめき显著 xiǎnzhù. ¶～上達する / 显著地进步.
めぐすり【目薬】眼药 yǎnyào. ¶～をさす / 点眼药.
めぐまれる【恵まれる】幸运 xìngyùn. ¶天候に～ / 遇到好天气. ¶チャンスに～ / 遇到好机会. ¶恵ま

れた環境 / 优越的环境. ¶恵まれた才能 / 天赋的才能. ¶恵まれない家庭の子供 / 不幸家庭的孩子. ¶恵まれない人々に愛の手を / 向不幸的人们伸出关爱之手.

めぐみ【恵み】恩惠 ēnhuì. ¶自然の～を受ける / 接受大自然的恩惠. ¶神の～によって / 上帝保佑. ¶～の雨 / 及时雨.

めぐむ【恵む】施舍 shīshě.

めぐらす【巡らす】围上 wéishàng. ¶頭を～ / 把头扭过去. ¶庭に垣を～ / 给院子围上围墙. ¶計略を～ / 想计谋.

めぐり【巡り】巡游 xúnyóu. ¶血の～が悪い / 血液循环不好. ¶名所～をする / 巡游名胜.

めぐりあう【巡り合う】偶然遇见 ǒurán yùjiàn.

めくる【捲る】翻 fān. ¶ページを～ / 翻页. ¶カードを～ / 翻卡片.

めぐる【巡る】围绕 wéirào. ¶諸国を～ / 巡游各国. ¶春がまた巡ってきた / 春天又来了. ¶遺産を巡って争う / 围绕财产争斗.

めげる屈服 qūfú, 退缩 tuìsuō.

めさき【目先】眼前 yǎnqián. ¶～の利益ばかり考える / 只顾眼前利益.

めざす【目指す・目差す】向着 xiàngzhe. ¶ゴールを目指して走る / 朝着终点跑去. ¶新記録を～ / 目标是创新记录.

めざましい【目覚ましい】惊人 jīngrén. ¶～活躍 / 异常活跃. ¶～発展を遂げる / 取得长足的发展.

めざまし【目覚まし】叫醒 jiàoxǐng. ¶～時計 / 闹钟. ¶6時に～をかける / 闹钟上到六点.

めざめる【目覚める】睡醒 shuìxǐng. ¶朝の6時に目覚めた / 早上六点醒来了. ¶夢から～ / 从梦中醒来. ¶現実に～ / 从梦幻中醒悟过来.

めし【飯】米饭 mǐfàn. ¶～を炊く / 煮饭. ¶～を食う / 吃饭. ¶～の食い上げになる / 揭不开锅. ¶作家では～が食えない / 当作家吃不上饭. ¶三度の～より映画が好きだ / 比什么都喜欢电影. ¶～粒 / 米粒.

めした下级 xiàjí, 下属 xiàshǔ.

めしつかい【召し使い】佣人 yōngrén, 仆人 púrén.

メジャー［巻尺］卷尺 juǎnchǐ ;［主流］主流 zhǔliú.

めじり【目尻】眼角 yǎnjiǎo. ¶～が上がっている / 吊眼梢. ¶～のしわ / 眼角的皱纹.

めじるし【目印】记号 jìhao. ¶～をつける / 做记号.

めす【雌】雌性 cíxìng. ¶～犬 / 母狗.

めずらしい【珍しい】少有 shǎoyǒu, 少见 shǎojiàn, 罕见 hǎnjiàn. ¶～客 / 稀客. ¶～話 / 少见的事. ¶珍しがる / 觉得稀罕. ¶博物館に行くと～物が多い / 一到博物馆能看到很多珍奇的东西.

めそめそ抽泣 chōuqì. ¶～泣く / 抽抽搭搭地哭.

めだつ【目立つ】显眼 xiǎnyǎn. ¶目立ちたがる / 喜欢被人注目. ¶目立たない / 不显眼.

めだま【目玉】眼球 yǎnqiú. ¶～をぎょろぎょろさせる / 眼珠乱转. ¶大～を食らう / 挨批评. ¶観光の～ / 旅游的热点. ¶～商品 / 特价品. ¶～番組 / 特别节目. ¶～焼き / 煎鸡蛋.

メダル奖牌 jiǎngpái. ¶金～を獲得する / 获得金牌.

メタン甲烷 jiǎwán, 沼气 zhǎoqì.

めちゃくちゃ【滅茶苦茶】乱七八糟 luàn qī bā zāo. ¶～なことを言う / 说不讲理的话. ¶～に高い / 太贵了. ¶部屋の中が～だ / 房间里乱七八糟.

めつき【目つき】眼神 yǎnshén. ¶～が悪い / 眼神令人不快.

めっき【鍍金】镀 dù. ¶～する / 镀金. ¶金～がはがれた / 镀金剥落了；现原形.

めっきり明显 míngxiǎn. ¶～寒くなりました / 明显地冷起来了.

メッセージ口信 kǒuxìn.

めった【滅多】很少 hěn shǎo. ¶こんな事故は～にない / 这种事故很少有. ¶～に使わない機器 / 很少使用的机器. ¶～に来ないチャンス / 少有的机会.

めつぼう【滅亡】灭亡 mièwáng. ¶～の道をたどる / 走上灭亡的道路.

メディア媒介 méijiè, 媒体 méitǐ, 传媒 chuánméi. ¶マス～ / 传媒.

めでたい【目出度い】可喜 kěxǐ. ¶～出来事 / 可喜的事情. ¶めでたく解決した / 圆满地解决了.

メドレー混合曲 hùnhéqǔ. ¶～で歌う / 混唱. ¶～リレー / 混合接力赛.

メニュー菜单 càidān. ¶～を見せてください / 请让我看一下菜单.

めばえる【芽生える】萌生 méngshēng. ¶愛が～ / 萌发爱情.

めぼしい出色 chūsè. ¶王蒙の～作品は全部読んだ / 王蒙有名的作品, 我全读过. ¶部屋には～ものは何もなかった / 房间里没什么值钱的东西.

めまい【目眩・眩暈】头晕 tóuyūn. ¶～がする / 觉得头晕.

めまぐるしい【目まぐるしい】瞬息万变 shùn xī wàn biàn. ¶目まぐるしく変わる世の中 / 瞬息万变的社会.

メモ笔记 bǐjì. ¶～をとる / 做记录. ¶～帳 / 笔记本. ¶～用紙 / 便条纸.

めもり【目盛り】刻度 kèdù. ¶～を読む / 看刻度.

メモリー记忆 jìyì ;［コンピュータ］存储 cúnchǔ, 内存 nèicún.

めやに【目脂】眼屎 yǎnshǐ.

めらめら熊熊 xióngxióng. ¶炎が～と燃え上がった / 火熊熊地燃烧.

メリット好处 hǎochu. ¶そんなことをしてもなんの～もないよ / 做那种事也没有任何好处.

メルクマール尺度chǐdù,基准jīzhǔn.

メロディー旋律 xuánlǜ.

メロン甜瓜 tiánguā.

めん【綿】棉 mián. ¶～織物 / 棉织品. ¶～製品 / 棉制品.

めん【面】面 miàn. ¶～が割れている / 原形毕露. ¶～と向かう / 面对面. ¶～をかぶる / 带面具. ¶新聞の1～に載る / 登载在报纸的头版. ¶あらゆる～で / 在所有方面.

めん【麺】面条 miàntiáo.

めんえき【免疫】免疫 miǎnyì. ¶～がある / 有免疫力. ¶～ができる / 形成免疫力. ¶～学 / 免疫学.

めんかい【面会】会面 huìmiàn. ¶～時間 / 会面时间. ¶～謝絶 / 谢绝会见. ¶～人 / 会面人. ¶～日 / 会面日.

めんきょ【免許】执照 zhízhào. ¶～を取得する / 取得执照. ¶～証 / 执照. ¶運転～ / 驾驶执照.

めんくらう【面食らう】不知所措 bù zhī suǒ cuò.

めんしき【面識】认识 rènshi. ¶彼と～がある / 认识他. ¶～がない / 不认识. ¶一～もない人 / 素不相识的人.

めんじょ【免除】免除 miǎnchú. ¶債務を～する / 免除债务. ¶兵役～ / 免除兵役.

めんじょう【免状】资格证zīgézhèng.

めんしょく【免職】解雇 jiěgù. ¶懲戒～ / 开除处分.

めんする【面する】面向 miànxiàng. ¶そのホテルは通りに面している / 那家旅馆面向街道.

めんぜい【免税】免税 miǎnshuì. ¶～店 / 免税店. ¶～品 / 免税品.

めんせき【面積】面积 miànjī.

めんせつ【面接】面试 miànshì. ¶～試験を受ける / 接受面试. ¶～官 / 面试官.

めんぜん【面前】面前 miànqián. ¶公衆の～で / 大庭广众.

めんだん【面談】面谈 miàntán.

めんつ【面子】面子 miànzi. ¶～を重んじる / 重面子；要面子.

メンテナンス维修 wéixiū. ¶アフター～ / 售后维修服务.

めんどう【面倒】麻烦 máfan. ¶～なことになる / 变麻烦. ¶～くさい / 很麻烦. ¶ご～をおかけして申し訳ありません / 给您添麻烦,真对不起. ¶～を見る / 照顾. ¶～見のいい先生 / 体贴人的老师.

めんどり【雌鶏】母鸡 mǔjī.

メンバー成员 chéngyuán.

めんみつ【綿密】周密 zhōumì. ¶～な計画 / 周密的计划. ¶～に検討する / 详细研究.

めんもく【面目】面子 miànzi. ¶～を保つ / 保住面子. ¶～を失う / 丢面子. ¶～ない / 没面子. ¶～を一新する / 面目一新. ¶～にかけて / 为了体面.

も

-も也 yě. ¶「映画が好きだ」「私～」/ “我喜欢电影”“我也是！” ¶彼はドイツ語～フランス語～話せる / 他德语法语都会说. ¶先生で～学生で～時間は守らねばなりません / 不论是老师还是学生都应该遵守时间. ¶酒はもちろんタバコ～やめた / 别说酒了,连烟也戒了. ¶猿～木から落ちる / 智者千虑,必有一失. ¶だれに～欠点はあるものだ / 谁都有缺点. ¶ちっと～うれしくない / 一点也不高兴. ¶これは1万円～した / 这个竟花了一万日元.

もう已经 yǐjing；再 zài. ¶彼は～ここに住んでいない / 他已经不在这里住了. ¶～車も来るでしょう / 车马上就来了. ¶お茶を～一杯飲む / 再喝一杯茶.

もういちど【もう一度】再一次 zài yī cì.

もういっぽう【もう一方】另一方面 lìng yī fāngmiàn.

もうかる【儲かる】赚钱 zhuànqián. ¶～商売 / 赚钱的买卖. ¶200万円もうかった / 赚了两百万日元. ¶この商売はもうからない / 这个生意不赚钱.

もうきん【猛禽】猛禽 měngqín. ¶～類 / 猛禽类.

もうけ【儲け】利润 lìrùn. ¶大～する / 大赚一笔. ¶～が少ない / 赚得不多. ¶思わぬ～ものをした / 没想到赚了大钱.

もうける【儲ける】赚钱 zhuànqián. ¶この会社はもうけている / 这个公司赢利. ¶彼女は2男1女をもうけた / 她生了两男一女.

もうける【設ける】设置 shèzhì. ¶機会を～ / 制造机会. ¶酒席を～ / 预备酒席. ¶規定を～ / 建立规定.

もうしあげる【申し上げる】讲jiǎng,说起 shuōqǐ.

もうしあわせ【申し合わせ】协定xiédìng. ¶～ができている / 形成协议.

もうしあわせる【申し合わせる】商定 shāngdìng.

もうしいれ【申し入れ】要求 yāoqiú.

もうしいれる【申し入れる】提议tíyì.

もうじき马上 mǎshàng.

もうしこみしょ【申込書】申请书 shēnqǐngshū,报名单 bàomíngdān.

もうしこむ【申し込む】申请 shēnqǐng,报名 bàomíng. ¶結婚を～ / 求婚. ¶面会を～ / 要求见面. ¶彼らに野球の試合を～ / 向他们提议进行棒球比赛. ¶奨学金を～ / 申请奖

学金.
もうしたて【申し立て】申诉 shēnsù. ¶虚偽の～をする / 作虚假的申述.
もうしたてる【申し立てる】声明 shēngmíng. ¶異議を～ / 提出异议.
もうしでる【申し出る】提议 tíyì. ¶彼らへの援助を～ / 提议援助他们. ¶希望者は総務部まで～こと / 有意者请到总务处申请. ¶何でもお申し出ください / 无论什么都请提出来.
もうしひらき【申し開き】申辩 shēnbiàn.
もうしぶんない【申し分ない】没说的 méi shuō de.
もうじゅう【猛獣】猛兽 měngshòu.
もうしわけない【申し訳ない】对不起 duìbuqǐ.
もうすぐ马上 mǎshàng. ¶～12時だ / 马上就十二点了.
もうすこし【もう少し】再来一些 zài lái yīxiē. ¶～ください / 请再给一些.
もうそう【妄想】妄想 wàngxiǎng. ¶～にふける / 沉迷于妄想. ¶～に悩む / 苦于妄想.
もうちょう【盲腸】盲肠 mángcháng. ¶～の手術を受ける / 接受盲肠手术. ¶～炎 / 盲肠炎.
もうてん【盲点】盲点 mángdiǎn, 死角 sǐjiǎo.
もうどうけん【盲導犬】导盲犬 dǎomángquǎn.
もうひつ【毛筆】毛笔 máobǐ.
もうひとつ【もう一つ】再来一个 zài lái yī ge.
もうふ【毛布】毛毯 máotǎn.
もうまく【網膜】视网膜 shìwǎngmó. ¶～剝離 / 视网膜脱落.
もうもく【盲目】盲目 mángmù. ¶～的な愛情 / 盲目的爱情.
もうれつ【猛烈】激烈 jīliè. ¶～な痛み / 剧痛. ¶～に非難する / 强烈指责. ¶火の勢いが～だ / 火势凶猛. ¶～社員 / 勤奋的职员.
もうろう【朦朧】朦胧 ménglóng. ¶意識が～としている / 意识朦胧.
もえあがる【燃え上がる】火烧得很旺 huǒ shāode hěn wàng. ¶～炎 / 熊熊火焰.
もえさし【燃え差し】余烬 yújìn. ¶ろうそくの～ / 没烧完的蜡烛.
もえつきる【燃え尽きる】燃尽 ránjìn. ¶ろうそくが燃え尽きた / 蜡烛燃尽了.
もえる【燃える】燃烧 ránshāo. ¶～ような情熱 / 火一样的热情.
モーション动作 dòngzuò. ¶スロー～ / 慢动作.
モーター发动机 fādòngjī, 摩托 mótuō, 电动机 diàndòngjī. ¶～ショー / 汽车展览会. ¶～ボート / 摩托艇.
モード流行样式 liúxíng yàngshì.
モーニングコール叫醒服务 jiàoxǐng fúwù.
もがく挣扎 zhēngzhá. ¶もがき苦しむ / 痛苦地挣扎.
もぎしけん【模擬試験】模拟考试 mónǐ kǎoshì.
もぐ摘 zhāi. ¶もぎたての桃 / 刚摘的桃子.
もくげき【目撃】目击 mùjī. ¶～者 / 目击者.
もくざい【木材】木材 mùcái.
もくさつ【黙殺】不理睬 bù lǐcǎi.
もくし【黙視】默视 mòshì.
もくじ【目次】目录 mùlù.
もくせい【木製】木制 mùzhì. ¶～品 / 木制品.
もくせい【木星】木星 mùxīng.
もくぞう【木造】木建 mùjiàn. ¶～家屋 / 木造房屋.
もくたん【木炭】木炭 mùtàn. ¶～画 / 木炭画.
もくちょう【木彫】木雕 mùdiāo. ¶～の人形 / 木偶.
もくてき【目的】目的 mùdì. ¶～を達成する / 达到目的. ¶勉強する～で中国に来た / 为了学习来中国. ¶～地 / 目的地.
もくどく【黙読】默读 mòdú.
もくにん【黙認】默认 mòrèn.
もくば【木馬】木马 mùmǎ.
もくひょう【目標】目标 mùbiāo. ¶～にする / 作为目标. ¶～を定める / 制定目标. ¶～価格 / 目标价位. ¶～額 / 目标额.
もくようび【木曜日】星期四 xīngqīsì.
もぐら【土竜】鼹鼠 yǎnshǔ.
もぐる【潜る】潜入 qiánrù. ¶水中に～ / 潜入水中. ¶地下に～ / 潜入地下.
もくれい【目礼】注目礼 zhùmùlǐ. ¶～を交わす / 互致注目礼.
もくろく【目録】目录 mùlù. ¶～に載っている / 登在目录上.
もけい【模型】模型 móxíng. ¶～飛行機 / 模型飞机.
モザイク马赛克 mǎsàikè.
もし【若し】如果 rúguǒ, 要是 yàoshi. ¶～僕が3時までに来なかったら / 如果我三点前没到的话. ¶～君が勝ったら / 如果你赢了. ¶～忙しくなかったら / 如果不忙的话. ¶～遅れても / 如果迟到也.
もじ【文字】文字 wénzì. ¶～どおり訳す / 照字面翻译. ¶～多重放送 / 文字电视广播. ¶～コード / 语言编码.
もしかしたら【若しかしたら】或许 huòxǔ.
もしくは【若しくは】或者 huòzhě.
もしも【若しも】如果 rúguǒ. ¶～のことがあったら / 万一有什么事.
もしもし喂 wèi.
もじもじ扭捏 niǔnie. ¶～する / 扭扭捏捏.
もしや【若しや】或许 huòxǔ. ¶～と

思ったことが現実になった / 设想的事变成现实了.
もしゃ【模写】临摹 línmó.
もじゃもじゃ乱蓬蓬 luànpéngpéng. ¶～のひげ / 乱糟糟的胡子.
もしょう【喪章】黑纱 hēishā. ¶～をつける / 戴黑纱.
もぞう【模造】仿造 fǎngzào. ¶～品 / 仿造品.
もだえる【悶える】苦闷 kǔmèn. ¶もだえ苦しむ / 苦闷焦虑.
もたせかける【凭せ掛ける】靠 kào.
もたせる【持たせる】让…拿 ràng…ná. ¶彼に荷物を～ / 让他拿行李. ¶費用を彼に～ / 让他出费用.
もたもた慢腾腾 màntēngtēng. ¶～するなよ / 别磨蹭了.
もたらす【齎す】造成 zàochéng. ¶大きな被害を～ / 造成巨大的损失.
もたれる【凭れる】倚靠 yīkào. ¶壁に～ / 靠在墙上. ¶胃が～ / 胃积食了.
モダン现代 xiàndài. ¶～アート / 现代艺术. ¶～ジャズ / 现代爵士乐. ¶～バレエ / 现代芭蕾舞.
もち【餅】年糕 niángāo. ¶～をつく / 捣年糕. ¶～は餅屋だ / 各有所长.
もち【持ち】负担 fùdān. ¶旅費は会社～だ / 旅费由公司出. ¶自分～で / 自己负担.
もちあげる【持ち上げる】举起 jǔqǐ. ¶椅子を～ / 举起椅子. ¶彼を持ち上げて歌わせる / 哄着让他唱.
もちあじ【持ち味】独特的风格 dútè de fēnggé. ¶自分の～を生かす / 发挥自己的独到之处. ¶材料の～を生かした料理 / 保持原料味道的菜.
もちあわせ【持ち合わせ】手头现钱 shǒutóu xiànqián. ¶いま金の～がない / 现在手头没钱.
もちあるく【持ち歩く】随身带着 suíshēn dàizhe. ¶ノートパソコンを～ / 随身带着笔记本电脑.
もちいる【用いる】使用 shǐyòng. ¶道具を～ / 使用工具. ¶木材を用いて作った机 / 用木头做的桌子. ¶建築に用いられた資材 / 用于建筑的材料.
モチーフ主题 zhǔtí, 主旨 zhǔzhǐ.
もちかえる【持ち帰る】带回 dàihuí. ¶持ち帰り用に包んでください / 请打包. ¶持ち帰りのピザ / 带回家吃的比萨饼.
もちかぶがいしゃ【持株会社】控股公司 kònggǔ gōngsī.
もちこたえる【持ち堪える】坚持 jiānchí.
もちこむ【持ち込む】带入 dàirù. ¶カバンを機内に～ / 把包带进机舱里. ¶機内持ち込み荷物 / 机内随身手提行李. ¶裁判に～ / 打官司.
もちさる【持ち去る】带走 dàizǒu.
もちだす【持ち出す】提出 tíchū. ¶その話を～機会がなかった / 没有提及那事的机会.
もちなおす【持ち直す】好转 hǎozhuǎn, 恢复 huīfù.
もちにげ【持ち逃げ】拐走 guǎizǒu.
もちぬし【持ち主】物主 wùzhǔ.
もちば【持ち場】岗位 gǎngwèi.
もちはこぶ【持ち運ぶ】搬运 bānyùn.
もちぶん【持ち分】份额 fèn'é.
もちもの【持ち物】携带物品 xiédài wùpǐn.
モチベーション动机 dòngjī.
もちろん【勿論】当然 dāngrán.
もつ【持つ】拿 ná, 带 dài. ¶かばんを～ / 拿包. ¶本を持ってくる / 带书来. ¶弁当を持っていく / 带着盒饭去. ¶ハンドバッグを持っている女性 / 带着手提包的女性. ¶記録を持っている / 保持记录. ¶自分の家を～ / 拥有自己的房子. ¶家庭を～ / 成家. ¶あの人は大きなビルを持っている / 那人拥有一座大楼. ¶希望を持ち続ける / 一直不放弃希望. ¶持って生まれた才能 / 天生的才能. ¶一年生を～ / 担任一年级学生. ¶費用を～ / 承担费用. ¶この靴は長く～ / 这个鞋耐穿.
もっか【目下】目前 mùqián. ¶～のところは / 目前情况.
もっきん【木琴】木琴 mùqín.
もったいない【勿体ない】可惜 kěxī. ¶捨てるには～ / 扔掉可惜. ¶そんな高価なものをいただいては～ / 收到这么贵重的东西,真不敢当.
もったいぶる【勿体振る】装腔作势 zhuāng qiāng zuò shì. ¶もったいぶって話す / 装腔作势地说.
もっと更加 gèngjiā ; 再 zài. ¶～安くしてください / 请再便宜一点儿吧.
モットー座右铭 zuòyòumíng, 格言 géyán.
もっとも【最も】最 zuì. ¶～すぐれた作品 / 最优秀的作品.
もっとも【尤も】合理 hélǐ. ¶彼女がそう言うのも～だ / 她说得合乎情理.
もっともらしい【尤もらしい】好像有道理 hǎoxiàng yǒu dàolǐ. ¶～顔をする / 装出一本正经的样子.
もっぱら【専ら】专门 zhuānmén.
もつれる【縺れる】纠缠 jiūchán. ¶糸が～ / 线缠在一起. ¶髪の毛が～ / 头发缠在一起. ¶足が～ / 脚下打晃. ¶舌が～ / 舌头不听使唤.
もてあそぶ【弄ぶ】玩弄 wánnòng. ¶女を～ / 玩弄妇女. ¶運命にもてあそばれる / 被命运捉弄.
もてなす【持て成す】接待 jiēdài, 款待 kuǎndài.
モデム调制调解器 tiáozhì tiáojiěqì.
もてる【持てる】［人気がある］受欢迎 shòu huānyíng ;［持っている］拥有 yōngyǒu. ¶～力を発揮する / 发挥实力. ¶～国と持たざる国 / 富国家和穷国家. ¶女に～ / 讨女性喜欢.
モデル模特儿 mótèr. ¶画家の～になる / 当画家的模特儿. ¶ファッション～ / 时装模特儿. ¶～ケース / 典

型事例．¶～チェンジ / 改变款式．¶～ルーム / 样板房．

もと【元】原来 yuánlái．¶～は / 原来是．¶～首相 / 前首相．¶～が取れない / 亏本．¶～も子もない / 一无所有．

もと【下】之下 zhīxià．¶自由の旗印の～に / 在自由的旗帜下．¶参加するという条件の～に / 在参加的条件下．¶綿密な計画の～に / 在周密计划安排下．¶他人の～で働く / 在别人手下工作．

もと【許】身边 shēnbiān．¶両親の～を離れて暮らす / 离开父母身边生活．

もどす【戻す】还 huán．¶戻して置く / 放回去．¶借りた金を～ / 退还借款．¶食べた物を～ / 吐出吃的东西．

もとせん【元栓】总 开 关 zǒngkāiguān．¶ガスの～を閉める / 关上煤气的总开关．

もとづく【基づく】根据 gēnjù；基于 jīyú．¶最新状況に基づいて判断する / 根据最新情况下判断．

もとで【元手】本钱 běnqián，资本 zīběn．

もとね【元値】成本 chéngběn，原价 yuánjià．¶～で売る / 按原价卖．

もとめる【求める】要求 yāoqiú，请求 qǐngqiú．¶救助を～ / 请求救助．¶経済援助を～ / 要求经济援助．¶熟練が求められる仕事 / 需要熟练技术的工作．

もともと【元々】原来 yuánlái．¶彼は～体が弱い / 他原先身体弱．¶～が頑固な人間だ / 原本就是固执的人．¶私たちは～親しい関係だ / 我们原来就关系亲密．¶だめで～だよ / 不行也不亏．

もどる【戻る】返回 fǎnhuí．¶来た道を～ / 返回原路．¶すぐ戻ります / 马上回家．¶なくした物が戻ってきた / 丢的东西找回来了．¶調子が～ / 状态恢复．¶記憶が～ / 记忆恢复．¶よりが～ / 破镜重圆．

モニュメント纪念碑 jìniànbēi．

もの【物】东西 dōngxi．¶～を買う / 买东西．¶この本は私の～だ / 这本书是我的．¶～がのどを通らない / 吃不下东西．¶～がいい / 东西好．¶～の道理を知る / 懂道理．¶～をよく知っている / 知识非常丰富．¶私は～を書くのが好きだ / 我喜欢写东西．

ものおき【物置】库房 kùfáng．

ものおしみ【物惜しみ】吝啬 lìnsè，小气 xiǎoqi．

ものおと【物音】响动 xiǎngdòng．¶何か～がする / 有什么响动．

ものおぼえ【物覚え】记性 jìxing．¶～がよい〔悪い〕/ 记性「好〔坏〕」．

ものがたり【物語】故事 gùshi．

ものがたる【物語る】说明 shuōmíng．¶廃墟の現場は戦争の惨状を物語っている / 废墟现场诉说着战争的惨状．¶無実を物語っている / 意味着清白．

モノクローム单色的 dānsè de．

ものごと【物事】事物 shìwù．¶～をわきまえる / 懂得轻重缓急．

ものさし【物差し】尺子 chǐzi．

ものしり【物知り】知识渊博 zhīshi yuānbó．¶彼は～だ / 他是知识渊博的人．

ものずき【物好き】好事 hàoshì．¶～な人 / 好事之人．

ものすごい【物凄い】厉害 lìhai．¶～人気だ / 红得发紫．

ものまね【物真似】模仿 mófǎng．¶～をする / 进行模仿．

ものもらい【物もらい】〔麦粒腫〕针眼 zhēnyǎn．

モノラル单声道 dānshēngdào．

モノレール单轨电车 dānguǐ diànchē．

モノローグ独白 dúbái．

ものわかり【物分かり】理解 lǐjiě．¶～がよい / 懂事．¶～が悪い / 不懂事．

もはや【最早】已经 yǐjing．¶～遅すぎる / 已经太迟了．¶～これまで / 这就完蛋了．

もはん【模範】模范 mófàn，榜样 bǎngyàng．¶…を～とする… / 以…为榜样．¶～を示す / 示范．¶～試合 / 表演比赛．¶～生 / 模范学生．

もふく【喪服】丧服 sāngfú．¶～を着ている / 穿着丧服．

もほう【模倣】模仿 mófǎng．

もみ【樅】枞树 cōngshù．

もみじ【紅葉】红叶 hóngyè．¶～狩り / 观赏红叶．

もむ【揉む】揉 róu．¶肩を～ / 揉肩膀．

もめごと【揉め事】纠纷 jiūfēn．¶社内に～が絶えない / 公司里纠纷不断．

もめる【揉める】争执 zhēngzhí．¶つまらない問題で彼らはもめている / 他们因小事争执着．

もめん【木綿】棉 mián．¶～糸 / 棉线．

もも【股・腿】大腿 dàtuǐ．

もも【桃】桃子 táozi．

ももいろ【桃色】桃红色 táohóngsè．

もや【靄】雾霭 wù'ǎi．¶湖に～がかかっている / 湖上笼罩着雾霭．

モヤシ豆芽 dòuyá．

もやす【燃やす】烧 shāo．¶落ち葉を～ / 烧落叶．¶情熱を～ / 热情洋溢．

もよう【模様】〔柄〕花样 huāyàng；〔情勢〕情形 qíngxing．¶～をつける / 加上花纹．¶試験は中止になる～だ / 考试好像要中止．¶花～ / 花纹．¶水玉～ / 水珠花纹．

もよおし【催し】集会 jíhuì，活动 huódòng．

もよおす【催す】举办 jǔbàn．¶送別

会を～ / 开送别会. ¶尿意を～ / 想尿尿. ¶眠気を～ / 感到困倦. ¶吐き気を～ / 引起呕吐.

もらう【貰う】要 yào ；得到 dédào. ¶小遣いを～ / 要零花钱. ¶賞を～ / 得奖. ¶嫁を～ / 娶媳妇. ¶エンジンを調べて～ / 请人检查发动机. ¶医者に診て～ / 让医生看病. ¶すぐ出て行ってもらいたい / 想请你赶快出去.

もらす【漏らす・洩らす】遗漏 yílòu, 泄露 xièlòu. ¶小便をズボンに～ / 尿裤子. ¶秘密を～ / 泄露秘密. ¶情報を～ / 泄露情报. ¶不満を～ / 抱怨. ¶ため息を～ / 叹气. ¶水も漏らさぬ警戒網 / 滴水不漏的戒备.

モラル道德 dàodé. ¶～に欠ける / 缺少道德观念.

もり【森】森林 sēnlín.

もりあがる凸起 tūqǐ, 气氛热烈 qìfēn rèliè, 高涨 gāozhǎng. ¶士気が～ / 士气高涨.

もる【盛る】盛 chéng. ¶ご飯を～ / 盛饭.

モルタル灰泥 huīní. ¶～を塗る / 抹灰泥.

もれる【漏れる・洩れる】泄漏 xièlòu, 漏掉 lòudiào. ¶ガスが～ / 煤气漏了. ¶機密が～ / 机密泄露. ¶選考に～ / 落选. ¶名前が名簿から漏れている / 名字从名册中漏掉了.

もろい【脆い】脆弱 cuìruò. ¶意志が～ / 意志不坚强. ¶情に～ / 感情脆弱.

もん【門】门 mén. ¶～をくぐる / 进门. ¶立派な～構え / 街门漂亮. ¶～札 / 门牌. ¶～灯 / 门灯.

もん【紋】［模様］花纹 huāwén ；［家紋］家徽 jiāhuī.

もんく【文句】抱怨 bàoyuàn. ¶何か～でもあるのか / 有什么意见吗？

モンゴル蒙古 Měnggǔ.

もんだい【問題】问题 wèntí. ¶～を起こす / 惹出麻烦. ¶～意識 / 问题意识. ¶～点 / 问题点.

や

や【矢】箭 jiàn. ¶～を放つ / 放箭. ¶～を弓につがえる / 把箭搭在弓上. ¶～でも鉄砲でも持ってこい / 你拿什么东西来,我都不怕. ¶光陰～のごとし / 光阴似箭.

やあ呀 yā. ¶～,ほんとうに驚いたよ / 呀,吓死我了！

やえい【野営】野营 yěyíng.

やおや【八百屋】蔬菜店 shūcàidiàn.

やがい【野外】野外 yěwài. ¶～で演習をする / 在野外演习. ¶～演奏会 / 露天演奏会.

やがく【夜学】夜校 yèxiào. ¶～生 / 夜校学生.

やかた【館】公馆 gōngguǎn.

やがて不久 bùjiǔ. ¶立春が過ぎると～春がやって来る / 立春一过,春天很快就到了. ¶～夜が明けると彼らは出発した / 天一亮,他们就出发了.

やかましい【喧しい】嘈杂 cáozá. ¶車の音が～ / 汽车声嘈杂.

やかん【夜間】夜间 yèjiān. ¶～営業 / 夜间营业. ¶～発着訓練 / 夜间起降训练. ¶～飛行 / 夜间飞行.

やかん【薬缶】水壶 shuǐhú.

やぎ【山羊】山羊 shānyáng. ¶～皮 / 山羊皮. ¶～座 / 摩羯座.

やきそば【焼きそば】炒面 chǎomiàn.

やきなおし翻版 fānbǎn.

やきにく【焼き肉】烤肉 kǎoròu.

やきもち【焼き餅】烤年糕 kǎo niángāo. ¶～を焼く / 嫉妒；吃醋.

やきゅう【野球】棒球 bàngqiú. ¶～をする / 打棒球. ¶～場 / 棒球场. ¶～選手 / 棒球选手. ¶～チーム / 棒球队. ¶プロ～ / 职业棒球.

やきん【夜勤】夜班 yèbān. ¶～をする / 上夜班. ¶～手当 / 夜班费.

やく【焼く】烧 shāo, 烤 kǎo. ¶落ち葉を～ / 烧落叶. ¶海岸で背中を～ / 在海边晒黑后背. ¶魚を～ / 烤鱼. ¶炭を～ / 烧炭. ¶陶器を～ / 烧陶瓷.

やく【役】职务 zhíwù. ¶～を退く / 退职. ¶お～ご免になる / 被解除职务. ¶～を決める / 决定职务. ¶～に立つ / 有用. ¶なんの～にも立たない / 没有什么用处；无济于事.

やく【訳】翻译 fānyì. ¶～をつける / 翻译. ¶日本語に～す / 译成日语.

やく【約】大约 dàyuē. ¶～5万円かかる / 大约需要五万日元. ¶～10分ほど遅れた / 大约晚了十分钟.

やくいん【役員】董事 dǒngshì. ¶会社の～をしている / 当公司的董事. ¶～会 / 董事会.

やくがく【薬学】药学 yàoxué.

やくご【訳語】译词 yìcí. ¶この語に対応する中国語の～がない / 这个词没有相应的汉语译词.

やくざい【薬剤】药剂 yàojì. ¶～散布 / 撒药. ¶～師 / 药剂师.

やくしゃ【役者】演员 yǎnyuán. ¶～になる / 当演员. ¶～が揃う / 主要角色都齐了. ¶やつの方が～が一枚上だ / 他比我更胜一筹.

やくしゃ【訳者】译者 yìzhě.

やくしょ【役所】政府机关 zhèngfǔ jīguān.

やくしょく【役職】职务 zhíwù.

やくしん【躍進】跃进 yuèjìn.

やくす【訳す】翻译 fānyì. ¶中国語を日本語に～ / 把汉语翻译成日语.

やくそう【薬草】药草 yàocǎo.

やくそく【約束】约定 yuēdìng. ¶～を守る〔破る〕/ 守〔失〕约. ¶～どおり / 如约. ¶彼は将来が～されている / 他的前途已有保证.

やくだつ【役立つ】有益 yǒuyì.

やくにん【役人】公务员 gōngwùyuán.

やくひん【薬品】药品 yàopǐn.

やくぶん【訳文】译文 yìwén.

やくみ【薬味】调料 tiáoliào. ¶～を入れる / 放调料. ¶～がきいている / 调料味很浓.

やくめ【役目】作用 zuòyòng. ¶重要な～を果たす / 发挥重要作用. ¶自分の～を果たす / 尽到自己的责任. ¶親の～ / 父母的职责.

やくわり【役割】角色 juésè. ¶各自の～を決める / 决定各自的角色. ¶～を分担する / 分担任务. ¶重要な～を果たす / 发挥重要作用.

やけあと【焼け跡】火灾后的痕迹 huǒzāi hòu de hénjì.

やけい【夜景】夜景 yèjǐng.

やけい【夜警】夜间巡逻 yèjiān xúnluó.

やけしぬ【焼け死ぬ】烧死 shāosǐ.

やけど【火傷】烫伤 tàngshāng. ¶手に～する / 手被烫伤. ¶～の跡がある / 有烧伤的痕迹.

やける【焼ける】燃烧 ránshāo. ¶火事で家が焼けてしまった / 火把房子烧了. ¶～ような暑さ / 好像烤一样的热. ¶肉がよく焼けている / 肉烤得很好. ¶日に～ / 被太阳晒黑.

やける【妬ける】嫉妒 jídù, 吃醋 chīcù.

やこう【夜行】夜车 yèchē. ¶～列車で行く / 坐夜车.

やさい【野菜】蔬菜 shūcài. ¶～炒め / 炒菜. ¶～サラダ / 蔬菜色拉.

やさしい【優しい】温柔 wēnróu. ¶気立ての～少女 / 性情温柔的少女. ¶やさしく言葉をかける / 亲切地打招呼. ¶環境に～製品 / 有益于环保的产品.

やさしい【易しい】简单 jiǎndān, 容易 róngyì. ¶～仕事ではない / 不是简单的工作.

やし【椰子】椰子 yēzi.

やじうま看热闹的人 kàn rènao de rén.

やしなう【養う】养育 yǎngyù. ¶女手一つで子供3人を～ / 一个女人家养育三个孩子. ¶家族を～ / 养活家人. ¶よい習慣を～ / 养成好的习惯. ¶体力を～ / 保养体力.

やじゅう【野獣】野兽 yěshòu.

やしょく【夜食】夜宵 yèxiāo.

やしん【野心】野心 yěxīn. ¶～的な作品 / 充满雄心的作品. ¶～を抱く / 怀有野心. ¶～満々の若者 / 充满野心的年轻人. ¶～家 / 野心家.

やすい【安い】便宜 piányi. ¶～品物 / 便宜的商品. ¶値段がとても～ / 价格非常便宜. ¶安くしてください / 请便宜点. ¶もう少し～ものはありませんか / 有再便宜一点儿的吗?

やすうり【安売り】廉卖 liánmài.

やすっぽい【安っぽい】低俗 dīsú. ¶安っぽく見える / 显得低俗. ¶～人間 / 庸俗的人.

やすみ【休み】休息 xiūxi. ¶～を取る / 请假. ¶～になる / 放假. ¶この店は火曜日が～だ / 这个店星期二休息. ¶～なく客が来る / 不断地来客人.

やすむ【休む】休息 xiūxi, 歇 xiē ; [欠席する]缺席 quēxí. ¶仕事〔学校〕を～ / 不上「班〔课〕. ¶お休みなさい / 晚安.

やすらか【安らか】安稳 ānwěn. ¶～な生活 / 安逸的生活. ¶～に暮らしている / 无忧无虑地生活.

やすらぎ【安らぎ】安详 ānxiáng. ¶心の～を覚える / 觉得心情平静.

やすり【鑢】锉刀 cuòdāo. ¶～をかける / 用锉刀锉.

やせ【痩せ】瘦人 shòurén. ¶～の大食い / 瘦人饭量大.

やせい【野生】野生 yěshēng. ¶～生物 / 野生生物. ¶～植物〔動物〕/ 野生「植物〔动物〕.

やせがまん【痩せ我慢】硬着头皮 yìngzhe tóupí.

やせぎす【痩せぎす】骨瘦如柴 gǔ shòu rú chái.

やせる【痩せる】瘦 shòu. ¶2キロやせた / 瘦了两公斤. ¶やせた土地 / 贫瘠的土地.

やそう【野草】野草 yěcǎo.

やそうきょく【夜想曲】夜曲 yèqǔ.

やたい【屋台】摊子 tānzi. ¶～を出す / 出摊子. ¶～で一杯ひっかける / 在酒摊上喝点酒.

やたら胡乱 húluàn. ¶～につっかかる / 总是顶嘴;乱发脾气. ¶末っ子を～にかわいがる / 十分溺爱最小的孩子.

やちょう【野鳥】野鸟 yěniǎo. ¶～観察 / 观察野鸟.

やちん【家賃】房租 fángzū. ¶この家の～は月10万円です / 这个房子的房租是每月十万日元. ¶～滞納 / 拖欠房租.

やつ【奴】家伙 jiāhuo.

やっかい【厄介】麻烦 máfan. ¶～をかける / 添麻烦.

やっきょく【薬局】药店 yàodiàn.

やっと终于 zhōngyú ; [なんとか]勉强 miǎnqiǎng. ¶～のことで助かった / 好歹得救了. ¶～合格した / 勉强及格了. ¶～間に合う / 终于赶上. ¶～完成した / 终于完成. ¶食べていくのが～だ / 勉强维持生计.

やど【宿】旅店 lǚdiàn.

やといにん【雇い人】佣人 yōngrén.

やといぬし【雇い主】雇主 gùzhǔ.

やとう【雇う】雇用 gùyòng. ¶コックを3人～ / 雇了三个厨师. ¶1年契約で雇われる / 以一年的合同被雇用.

やとう【野党】在野党 zàiyědǎng, 反对党 fǎnduìdǎng.

やどや【宿屋】旅店 lǚdiàn.

やなぎ【柳】柳树 liǔshù.

やに【脂】[木の]树脂 shùzhī ; [目の]眼屎 yǎnshǐ.

やにわに【矢庭に】突然 tūrán. ¶～大声を出す / 突然大喊.

やぬし【家主】房东 fángdōng.

やね【屋根】房顶 fángdǐng. ¶～伝いに / 顺着房顶. ¶一つ～の下に / 在同一屋檐下. ¶～裏 / 阁楼.

やはり 还是 háishi ; 果然 guǒrán. ¶君も～悪い / 你也不好. ¶私も～同じ考えだ / 我也是同样的想法. ¶今も～重慶にお住まいですか / 你现在还住在重庆吗？¶試験は～難しかった / 考试果然很难.

やはん【夜半】半夜 bànyè. ¶～過ぎに / 下半夜.

やばん【野蛮】野蛮 yěmán. ¶～な人 / 野蛮人. ¶～な行為 / 野蛮行为.

やぶ【藪】草丛 cǎocóng. ¶～から棒 / 冷不丁.

やぶる【破る】弄破 nòngpò ;［裂く］撕 sī. ¶紙を～ / 撕纸. ¶手紙をずたずたに～ / 把信撕得粉碎. ¶約束を～ / 违约. ¶沈黙を～ / 打破沉默. ¶包囲網を破って逃げる / 突破包围圈逃跑. ¶マラソンの世界記録を～ / 打破马拉松世界记录.

やぶる【敗る】打败 dǎbài. ¶敵を～ / 打败敌人.

やぶれかぶれ【破れかぶれ】自暴自弃 zì bào zì qì. ¶～になる / 破罐破摔.

やぶれる【破れる】破 pò. ¶服が～ / 衣服破了. ¶私の夢は破れた / 我的梦想破灭了.

やぶれる【敗れる】败北 bàiběi. ¶試合に～ / 比赛失败.

やぶん【夜分】夜里 yèli.

やぼ【野暮】土气 tǔqì. ¶～な男 / 傻里傻气的男人. ¶～なことは言うなよ / 别说傻话.

やぼう【野望】野心 yěxīn. ¶～を抱く / 有野心.

やま【山】山 shān. ¶～に登る / 登山. ¶～を下りる / 下山. ¶一～500円のリンゴ / 一堆苹果五百日元. ¶宿題が～ほどある / 作业一大堆. ¶～を越す / 翻山. ¶～が当たる / 押宝押中.

やまい【病】疾病 jíbìng. ¶不治の～で苦しむ / 为不治之症而忧虑. ¶～は気から / 病打心上起. ¶～膏肓に入る / 病入膏肓.

やまかじ【山火事】山火 shānhuǒ.

やまごや【山小屋】山间小屋 shānjiān xiǎowū.

やまなみ【山並み】山脉 shānmài.

やまびこ【山彦】回音 huíyīn. ¶～が響く / 回声震荡.

やみ【闇】黑暗 hēi'àn. ¶夜の～に消える / 消失在夜色中. ¶～で手に入れる / 从黑市上弄到的. ¶一寸先は～ / 前途莫测. ¶～から～に葬る / 掩盖真相.

やみいち【闇市】黑市 hēishì.

やみくも【闇雲】鲁莽 lǔmǎng.

やむ【止む】停止 tíngzhǐ. ¶雨が～ / 雨停了. ¶風が～ / 风停了.

やむ【病む】患病 huànbìng. ¶重病を～ / 患重病. ¶気に～ / 烦恼.

やむにやまれぬ 不得已 bùdéyǐ. ¶～理由で / 因不得已的理由.

やむをえない【やむを得ない】没办法 méi bànfǎ. ¶～事情で行けなかった / 因迫不得已的事情没能去. ¶やむを得ず退職する / 不得已只好退职.

やめる【止める】终止 zhōngzhǐ. ¶学校を～ / 退学. ¶たばこを～ / 戒烟. ¶悪い習慣を～ / 改掉坏习惯.

やめる【辞める】辞职 cízhí. ¶会社を～ / 辞掉公司.

やや 稍微 shāowēi. ¶彼のほうが私より～背が高い / 他比我稍高一点. ¶～驚いた様子だ / 有点惊奇的样子. ¶～あって彼女が現れた / 不一会儿她来了.

ややこしい 复杂 fùzá, 麻烦 máfan. ¶～手続き / 烦杂的手续. ¶～問題 / 头疼的问题. ¶計算が～ / 计算复杂.

やり【槍】长枪 chángqiāng. ¶～で突く / 用长枪扎.

やりかた【遣り方】做法 zuòfǎ. ¶それは君の～次第だ / 那要看你怎么做了. ¶彼の～はそもそも間違っている / 他的做法本来就错了.

やりそこなう【遣り損なう】做错 zuòcuò.

やりて【やり手】能人 néngrén.

やりとげる【遣り遂げる】完成 wánchéng. ¶自分の力で～ / 靠自己的力量干到底.

やりなおす【遣り直す】重新做 chóngxīn zuò. ¶勉強を～ / 重新学习. ¶一から～ / 从头做起.

やる【遣る】给 gěi ; 做 zuò. ¶小遣いを～ / 给零花钱. ¶宿題を～ / 做作业. ¶子供を大学に～ / 送孩子上大学. ¶使いに～ / 打发人去. ¶窓の外に目を～ / 看窗外. ¶一杯～ / 喝一杯. ¶彼に靴を買って～ / 给他买鞋.

やるき【やる気】干劲 gànjìn. ¶～満々だ / 干劲十足. ¶～のある人 / 有干劲的人. ¶～が起きる / 来劲.

やるせない【遣る瀬無い】郁郁不乐 yù yù bù lè. ¶～思いだ / 郁闷的心情.

やわらかい【柔らかい・軟らかい】柔软 róuruǎn. ¶～肉 / 烂肉. ¶桃が～ / 桃子软. ¶頭が～ / 头脑灵活.

やわらぐ【和らぐ】缓和 huǎnhé. ¶態度が～ / 态度缓和起来. ¶寒さが～ / 寒冷程度转暖.

やわらげる【和らげる】缓和 huǎnhé. ¶痛みを～ / 减轻痛苦. ¶衝撃を～ / 缓和打击.

やんちゃ 调皮 tiáopí. ¶～な子供 / 调皮的小孩.

やんわり 委婉 wěiwǎn, 婉转 wǎn-

zhuǎn. ¶～と断る / 委婉地拒绝. ¶～と注意する / 婉转地提醒.

ゆ

ゆ【湯】开水 kāishuǐ. ¶～を沸かす / 烧开水. ¶～に入る / 洗澡. ¶～の町 / 温泉镇.

ゆいいつ【唯一】唯一 wéiyī. ¶～の友 / 唯一的朋友.

ゆいごん【遺言】遗嘱 yízhǔ. ¶～状 / 遗书.

ゆうい【優位】优势 yōushì. ¶～に立つ / 占优势. ¶男性～の社会 / 男性优越的社会.

ゆういぎ【有意義】有意义 yǒu yìyì. ¶～な経験 / 有意义的经验. ¶休みを～に過ごす / 有意义地度假. ¶～なひととき / 一段有意义的时光.

ゆううつ【憂鬱】忧郁 yōuyù. ¶～な顔 / 忧郁的表情. ¶～にさせる / 令人忧郁. ¶～症 / 忧郁症. ¶気分が～になる / 心烦.

ゆうえき【有益】有益 yǒuyì. ¶～な話 / 有益的话. ¶～に使う / 有益地使用.

ゆうえつ【優越】优越 yōuyuè. ¶～感を抱く / 有优越感.

ゆうえんち【遊園地】游乐园 yóulèyuán.

ゆうが【優雅】优雅 yōuyǎ. ¶～な生活を送る / 过优雅的生活.

ゆうかい【誘拐】诱拐 yòuguǎi. ¶～殺人事件 / 诱拐杀人案. ¶～犯 / 诱拐犯.

ゆうがい【有害】有害 yǒuhài. ¶～物質 / 有害物质.

ゆうかしょうけん【有価証券】有价证券 yǒujià zhèngquàn.

ゆうがた【夕方】傍晚 bàngwǎn. ¶～には戻ります / 傍晚回来.

ゆうかん【夕刊】晚报 wǎnbào.

ゆうかん【勇敢】勇敢 yǒnggǎn. ¶～な兵士 / 勇敢的士兵. ¶～に戦う / 勇敢地战斗.

ゆうき【勇気】勇气 yǒngqì. ¶～がある / 有勇气. ¶～を出す / 鼓起勇气. ¶～づける / 增添勇气.

ゆうき【有機】有机 yǒujī. ¶～化学 / 有机化学. ¶～化合物 / 有机化合物. ¶～農業 / 有机农业. ¶～肥料 / 有机肥料. ¶～野菜 / 有机蔬菜.

ゆうぎ【遊戯】游戏 yóuxì.

ゆうきゅう【有給】带薪 dàixīn. ¶～休暇 / 带薪休假.

ゆうぐう【優遇】优待 yōudài, 优惠 yōuhuì.

ゆうぐれ【夕暮れ】黄昏 huánghūn.

ゆうげん【有限】有限 yǒuxiàn.

ゆうけんしゃ【有権者】有权者 yǒuquánzhě.

ゆうこう【有効】有效 yǒuxiào. ¶～に使う / 有效地使用. ¶3日間～ / 三天有效. ¶～期限5月5日 / 有效期限为五月五日. ¶～求人倍率 / 有效招聘倍率. ¶～成分 / 有效成分.

ゆうこう【友好】友好 yǒuhǎo. ¶～的な雰囲気 / 友好的气氛. ¶～関係を維持する / 维持友好关系. ¶～国 / 友好国家. ¶～条約 / 友好条约.

ゆうごう【融合】融合 rónghé. ¶核～ / 核聚变.

ユーザー用户 yònghù.

ゆうざい【有罪】有罪 yǒuzuì. ¶～判決を受ける / 被判有罪.

ゆうし【融資】融资 róngzī, 贷款 dàikuǎn. ¶～を打ち切る / 停止融资. ¶銀行から500万の～を受ける / 从银行借贷五百万日元. ¶～返済 / 返还借款.

ゆうし【有志】有志 yǒuzhì. ¶～が集まる / 聚集有志之士.

ゆうしてっせん【有刺鉄線】有刺铁丝 yǒucì tiěsī.

ゆうしゅう【優秀】优秀 yōuxiù, 优异 yōuyì. ¶～な学生 / 优秀的学生. ¶～な成績を取る / 取得优秀的成绩. ¶最～選手 / 最优秀运动员.

ゆうじゅうふだん【優柔不断】优柔寡断 yōu róu guǎ duàn.

ゆうしゅつ【湧出】涌出 yǒngchū. ¶地下水が～する / 地下水涌出来.

ゆうしょう【優勝】冠军 guànjūn. ¶～争い / 争夺冠军. ¶～決定戦 / 决赛. ¶～候補 / 冠军竞争者. ¶～チーム / 冠军队. ¶～杯 / 冠军杯.

ゆうしょう【有償】有偿 yǒucháng. ¶～契約 / 有偿合同.

ゆうじょう【友情】友情 yǒuqíng. ¶～に厚い / 友情深厚.

ゆうしょく【夕食】晚饭 wǎnfàn. ¶～をとる / 吃晚饭. ¶～は軽く済ませた / 晚饭随便吃了一点.

ゆうしょく【有色】有色 yǒusè. ¶～人種 / 有色人种.

ゆうじん【友人】朋友 péngyou. ¶古い～ / 老朋友.

ゆうしんろん【有神論】有神论 yǒushénlùn. ¶～者 / 有神论者.

ゆうずう【融通】通融 tōngróng. ¶金を～する / 通融钱款. ¶～のきかない人 / 头脑不灵活的人；死脑筋.

ゆうせい【優勢】优势 yōushì.

ゆうせい【郵政】邮政 yóuzhèng.

ゆうせん【有線】有线 yǒuxiàn. ¶～テレビ / 有线电视.

ゆうせん【優先】优先 yōuxiān. ¶AをBより～させる / A比B优先. ¶～権 / 优先权. ¶～順位をつける / 决定优先顺序. ¶～株 / 优先股.

ゆうぜん【悠然】悠然 yōurán. ¶～とした態度 / 从容的态度.

ゆうそう【郵送】邮寄 yóujì. ¶～無料 / 免费邮寄.

ゆうだい【雄大】宏伟 hóngwěi. ¶～な景色 / 雄伟的景色.

ゆうだち【夕立】雷阵雨 léizhènyǔ.

ゆ

¶～が降りそうだ / 好像要下雷阵雨.

ユーターン 调头 diàotóu. ¶～禁止 / 禁止调头.

ゆうち【誘致】 招商 zhāoshāng. ¶工場を～する / 招商厂家. ¶外資を～する / 引进外资.

ゆうどう【誘導】 引导 yǐndǎo, 诱导 yòudǎo. ¶～尋問 / 套供. ¶～装置 / 诱导装置. ¶～ミサイル / 制导导弹.

ゆうどく【有毒】 有毒 yǒudú. ¶～な成分 / 有毒的成分. ¶～ガス / 有毒气体. ¶～廃棄物 / 有毒废弃物.

ユートピア 乌托邦 wūtuōbāng.

ゆうのう【有能】 有能力 yǒu nénglì, 能干 nénggàn. ¶～な社員 / 有能力的职员.

ゆうはつ【誘発】 诱发 yòufā. ¶内乱を～する / 诱发内乱.

ゆうはん【夕飯】 晚饭 wǎnfàn. ¶～をつくる / 做晚饭. ¶～を食べる / 吃晚饭.

ゆうひ【夕日】 夕阳 xīyáng.

ゆうび【優美】 优美 yōuměi.

ゆうびん【郵便】 邮政 yóuzhèng, 邮件 yóujiàn. ¶～で送る / 邮寄. ¶～料金 / 邮费. ¶～局 / 邮局. ¶～番号 / 邮政编码.

ユーフォー 飞碟 fēidié.

ゆうふく【裕福】 富裕 fùyù. ¶～な家に生まれる / 生在富裕家庭.

ゆうべん【雄弁】 雄辩 xióngbiàn. ¶～に物語っている / 充分证明. ¶熱烈に～をふるう / 高谈阔论. ¶～家 / 雄辩家.

ゆうぼう【有望】 有希望 yǒu xīwàng, 有前途 yǒu qiántú. ¶前途～な若者 / 大有前途的青年. ¶～株 / 将来看好的股票.

ゆうめい【有名】 有名 yǒumíng. ¶～になる / 成名. ¶静岡はお茶で～です / 静冈以产茶而闻名. ¶～無実だ / 有名无实. ¶～校 / 名校. ¶～人 / 名人. ¶～ブランド / 名牌.

ユーモア 幽默 yōumò. ¶～がわかる / 懂得幽默. ¶～に富んでいる / 富于幽默.

ユーモラス 幽默 yōumò.

ゆうやけ【夕焼け】 晚霞 wǎnxiá.

ゆうゆう 悠然自得 yōurán zìdé.

ゆうよ【猶予】 犹豫 yóuyù, 缓刑 huǎnxíng. ¶2日間の～を与える / 准许缓期两天. ¶一刻の～も許さない / 刻不容缓. ¶～期間 / 缓刑期间.

ゆうよう【有用】 有用 yǒuyòng.

ユーラシア 欧亚大陆 Ōu-Yà dàlù.

ゆうらんせん【遊覧船】 观光船 guānguāngchuán.

ゆうり【有利】 有利 yǒulì.

ゆうりょ【憂慮】 忧虑 yōulǜ. ¶～すべき事態 / 值得忧虑的事态.

ゆうりょう【有料】 收费 shōufèi. ¶～駐車場 / 收费停车场. ¶～道路 / 收费公路. ¶～トイレ / 收费厕所.

ゆうりょう【優良】 优良 yōuliáng, 优秀 yōuxiù. ¶～企業 / 优秀企业. ¶～株 / 头等股票. ¶～図書 / 优秀图书. ¶～品 / 优质产品.

ゆうりょく【有力】 有力 yǒulì. ¶～な候補者 / 有希望当选的候选人. ¶～者 / 有实力的人.

ゆうれい【幽霊】 幽灵 yōulíng. ¶～が出る / 闹鬼. ¶～会社 / 有名无实的公司. ¶～屋敷 / 凶宅.

ユーロ 欧元 ōuyuán.

ゆうわ【宥和】 绥靖 suíjìng.

ゆうわく【誘惑】 诱惑 yòuhuò. ¶～に勝つ〔負ける〕/ 战胜〔败于〕诱惑.

ゆえに【故に】 由于 yóuyú.

ゆか【床】 地板 dìbǎn. ¶～を張る / 铺地板. ¶～掃除をする / 扫地. ¶～暖房 / 地板式供热. ¶～面積 / 室内面积.

ゆかい【愉快】 愉快 yúkuài. ¶～な人 / 快活的人.

ゆがむ【歪む】 扭曲 niǔqū. ¶ゆがんだ性格 / 扭曲的性格.

ゆがめる【歪める】 歪曲 wāiqū. ¶口を～ / 歪嘴. ¶事実を～ / 歪曲事实.

ゆかり【縁・所縁】 因缘 yīnyuán. ¶縁も～もない / 毫无关系. ¶漱石～の地 / 与夏目漱石有关的地方.

ゆき【雪】 雪 xuě. ¶～が降り出した / 下雪了. ¶～が2メートルも積もっている / 雪积了两米厚. ¶～に閉じ込められる / 被雪困住. ¶～に覆われた山頂 / 覆盖着白雪的山顶. ¶～合戦 / 打雪仗. ¶～だるまを作る / 堆雪人. ¶～がとける / 冰消雪融.

ゆきつく【行き着く】 到达 dàodá. ¶目的地に～ / 到达目的地. ¶やっと山頂に行き着いた / 终于到达山顶.

ゆきづまる【行き詰まる】 走不通 zǒubutōng. ¶交渉が～ / 交涉陷入僵局.

ゆきわたる【行き渡る】 普及 pǔjí.

ゆく【行く】 去 qù ; 〔離れる〕走 zǒu.

ゆくえ【行方】 去向 qùxiàng, 下落 xiàluò, 行踪 xíngzōng. ¶～をくらます / 隐藏行踪. ¶～を追う / 追查行踪. ¶～不明 / 下落不明.

ゆげ【湯気】 热气 rèqì. ¶～が立つ / 冒热气.

ゆけつ【輸血】 输血 shūxuè.

ゆさぶる【揺さぶる】 摇晃 yáohuang. ¶政界を～ / 震撼政界. ¶彼女の言葉は私の心を揺さぶった / 她的话打动了我的心. ¶木の枝を揺さぶって木の実を取った / 摇树取果.

ゆしゅつ【輸出】 出口 chūkǒu. ¶～業 / 出口行业. ¶密～ / 走私出口. ¶～超過 / 顺差.

ゆすぐ【濯ぐ】 漂洗 piǎoxǐ. ¶洗濯物を～ / 漂洗衣物. ¶口を～ / 漱口.

ゆずり【譲り】 转让 zhuǎnràng. ¶親～の財産 / 父母遗留的财产. ¶彼女の性格は母親～のものだ / 她的性格

随她母亲.

ゆずりあう【譲り合う】互让 hùràng. ¶道を～/互相让路.

ゆずりうける【譲り受ける】继承 jìchéng. ¶事業を～/继承事业.

ゆずりわたす【譲り渡す】转让 zhuǎnràng. ¶息子に財産を～/把财产传给儿子.

ゆする【揺する】晃动 huàngdòng. ¶肩を揺すって笑う/颤肩大笑.

ゆずる【譲る】转让 zhuǎnràng, 让步 ràngbù. ¶子供に財産を～/把财产转让给孩子. ¶席を～/让座. ¶道を～/让路. ¶これ以上は譲れない/不能再让步了.

ゆそう【輸送】运输 yùnshū. ¶～船/运输船. ¶～力/运力.

ゆたか【豊か】丰富 fēngfù；富裕 fùyù. ¶～な社会/富裕的社会. ¶～な暮らしをする/过富裕生活. ¶資源が～だ/资源丰富.

ゆだねる【委ねる】委托 wěituō. ¶管理を～/委托管理. ¶会社を息子に～/把企业委托给儿子. ¶運命に身を～/听天由命.

ユダヤ犹太 Yóutài. ¶～教/犹太教. ¶～人/犹太人.

ゆだん【油断】马虎 mǎhu. ¶～もすきもない/切勿疏忽大意. ¶～大敵/千万不可麻痹大意.

ゆたんぽ【湯たんぽ】热水袋 rèshuǐdài.

ゆっくり慢慢 mànmàn. ¶～話す/慢慢地说. ¶～考える/好好考虑. ¶列車が～と動き始めた/列车徐徐开动. ¶～休む/好好休息. ¶どうぞご～/请再坐一会儿.

ゆでたまご【茹で卵】煮鸡蛋 zhǔjīdàn.

ゆでる【茹でる】煮 zhǔ. ¶野菜を軽く～/把蔬菜稍微焯一下.

ゆでん【油田】油田 yóutián. ¶～探査/勘探油田. ¶海底～/海底油田.

ゆとり余裕 yúyù, 宽裕 kuānyù.

ユニーク独特 dútè. ¶～なデザイン/新颖的设计.

ユニット组合 zǔhé. ¶～家具/组合家具.

ユニバーサル全球 quánqiú.

ユニフォーム制服 zhìfú；运动服 yùndòngfú；工作服 gōngzuòfú.

ゆにゅう【輸入】进口 jìnkǒu. ¶～業/进口行业. ¶密～/走私进口. ¶～超過/逆差.

ゆび【指】指头 zhǐtou, 手指 shǒuzhǐ. ¶～を鳴らす/弹手指. ¶～折り数えて待つ/屈指以待. ¶親～/拇指. ¶人差し～/食指. ¶中～/中指. ¶薬～/无名指. ¶小～/小拇指.

ゆびわ【指輪】戒指 jièzhi. ¶～をはめる/戴戒指. ¶～をはずす/摘戒指.

ゆみ【弓】弓 gōng. ¶～を射る/拉弓射箭.

ゆみなり【弓形】弓形 gōngxíng. ¶体を～にそらす/身体向后弯成弓形.

ゆめ【夢】梦 mèng. ¶～を見る/做梦. ¶～を追う/追求梦想. ¶～を抱く/心怀梦想. ¶～から覚める/从梦中醒来. ¶～が実現した/梦想实现了. ¶～にも思わない/做梦也没想到. ¶～占い/解梦.

ゆめみる【夢見る】做梦 zuòmèng.

ゆらい【由来】来历 láilì, 由来 yóulái.

ゆり【百合】百合 bǎihé.

ゆりいす【揺り椅子】摇椅 yáoyǐ.

ゆりうごかす【揺り動かす】摇动 yáodòng.

ゆりかご【揺りかご】摇篮 yáolán.

ゆるい【緩い】松 sōng；慢 màn；平缓 pínghuǎn. ¶～カーブ/慢弯. ¶～スピードで/慢速. ¶傾斜が～/倾斜小. ¶緩やかに流れる川/缓缓流动的河流.

ゆるがす【揺るがす】震撼 zhènhàn. ¶大地を～ような爆音/震撼大地的爆炸声.

ゆるし【許し】原谅 yuánliàng, 许可 xǔkě. ¶～を得る/得到许可. ¶～を請う/恳请原谅.

ゆるす【許す】允许 yǔnxǔ, 原谅 yuánliàng. ¶ご無礼をお許しください/原谅我的失礼. ¶外出を～/允许外出. ¶時間の～限り/只要时间允许. ¶事情が許せば/情况允许的话. ¶入学が許される/批准入学. ¶弁解は一切許されません/绝对不容辩解. ¶気を～/疏忽.

ゆるむ【緩む】松弛 sōngchí. ¶結び目が～/结扣松了. ¶気が～/精神松懈. ¶寒さが～/不那么冷了.

ゆるめる【緩める】放松 fàngsōng. ¶手綱を～/放松缰绳. ¶結びを～/松开绳扣. ¶歩調を～/放慢步子. ¶警戒を～/放松警惕. ¶緊張を～/缓解紧张.

ゆるやか【緩やか】平缓 pínghuǎn. ¶～な流れ/平缓的河流. ¶～な坂/缓坡.

ゆれ【揺れ】摇晃 yáohuang. ¶車の～がひどい/车摇晃得厉害.

ゆれる【揺れる】摇晃 yáohuang；［心が］动摇 dòngyáo. ¶前後左右に～/前后左右摇晃. ¶風に～木の葉/被风吹动的树叶. ¶政界が揺れている/政界不稳. ¶彼の心は揺れ動いた/他的心动摇了. ¶揺れ動く世界経済/动荡的世界经济.

よ

よ【世】社会 shèhuì. ¶～に知られる/闻名于世. ¶あの～/来世.

よ【夜】夜 yè. ¶～が明ける/天亮. ¶～がふける/夜深.

よあかし【夜明かし】通宵 tōngxiāo. ¶～する/熬夜.

よあけ【夜明け】黎明 límíng. ¶～

前 / 黎明前. ¶新しい時代の～ / 新时代的曙光.

よあそび【夜遊び】夜晚游玩 yèwǎn yóuwán.

よい【良い·好い】好 hǎo. ¶質が～ / 质量好. ¶頭が～ / 聪明. ¶ちょうど～時に来てくれた / 你来得正好. ¶健康に～ / 对健康有好处. ¶天気が～ / 天气好. ¶気分が～ / 心情好. ¶みんな無事でよかった / 大家都安全太好了. ¶仲が～ / 关系好. ¶パパが早く帰ってくれば～のに / 爸爸能早点回来该多好.

よい【善い】好 hǎo ; 善良 shànliáng. ¶人が～ / 为人善良. ¶～ことと悪いことの区別がつかない / 分不清善恶.

よい【宵】晚上 wǎnshang.

よいん【余韻】余韵 yúyùn. ¶～を残す / 留下余韵. ¶興奮の～が冷めやらない / 兴奋难以平息.

よう【用】事情 shìqing. ¶～がある / 有事. ¶～がすむ / 事情办好. ¶君にちょっと～があるんだ / 找你有点事. ¶何の～なの / 有什么事吗？

よう【酔う】醉 zuì ;〔乗り物に〕晕 yùn. ¶酔った勢いで / 借着酒劲. ¶船酔い / 晕船.

ようい【用意】准备 zhǔnbèi. ¶～周到だ / 准备周到. ¶お金を～する / 预备钱. ¶～,ドン / 预备,跑！

ようい【容易】容易 róngyì. ¶～ならぬ事態 / 情况严重.

よういん【要因】原因 yuányīn. ¶主な～ / 主要的原因.

ようえき【溶液】溶液 róngyè.

ようかい【溶解】溶解 róngjiě.

ようがし【洋菓子】西式糕点 xīshì gāodiǎn.

ようがん【溶岩】熔岩 róngyán.

ようき【容器】容器 róngqì.

ようき【陽気】快活 kuàihuo ; 开朗 kāilǎng. ¶～な性格 / 开朗的性格. ¶～に遊ぶ / 快活地玩儿. ¶今日は～がよい / 今天天气很好.

ようぎしゃ【容疑者】嫌疑人 xiányírén. ¶～を手配する / 通缉嫌疑犯.

ようきゅう【要求】要求 yāoqiú. ¶賃上げを～する / 要求涨工资. ¶～に応じる / 答应要求. ¶～を断る / 拒绝要求. ¶それは無理な～だ / 那是无理的要求.

ようぐ【用具】用具 yòngjù. ¶ゴルフ～ / 高尔夫用具.

ようけん【用件】正事 zhèngshì. ¶ご～は何ですか / 有什么事吗？¶早速～に入りましょう / 现在谈正事吧.

ようご【用語】用语 yòngyǔ, 术语 shùyǔ. ¶～集 / 术语集. ¶専門～ / 专业术语.

ようご【擁護】拥护 yōnghù. ¶人権～ / 拥护人权.

ようこそ欢迎 huānyíng. ¶～おいでくださいました / 欢迎光临.

ようさい【要塞】要塞 yàosài. ¶～を築く / 修建要塞. ¶難攻不落の～ / 难以攻陷的要塞.

ようし【要旨】要点 yàodiǎn. ¶演説の～ / 演说的要点.

ようし【用紙】表格 biǎogé. ¶申し込み～ / 申请表. ¶答案～ / 试卷.

ようし【容姿】容貌 róngmào. ¶彼女は～端麗だ / 她容貌端庄美丽.

ようし【養子】养子 yǎngzǐ. ¶～にする / 收为养子. ¶～縁組 / 过继养子.

ようじ【用事】事情 shìqing. ¶君に～がある / 找你有事.

ようじ【幼児】幼儿 yòu'ér.

ようじ【楊枝】牙签 yáqiān.

ようしき【様式】样式 yàngshì. ¶生活～ / 生活方式.

ようしき【洋式】西式 xīshì.

ようしゃ【容赦】宽恕 kuānshù, 留情 liúqíng. ¶情け～ない仕打ち / 毫不留情的作法. ¶～なく処罰する / 严厉惩罚. ¶なにとぞご～ください / 请饶了我吧.

ようしょ【要所】重要部位 zhòngyào bùwèi, 要冲 yàochōng.

ようしょく【養殖】养殖 yǎngzhí. ¶～のウナギ / 养殖的鳗鱼. ¶～真珠 / 养殖珍珠. ¶～漁業 / 养殖渔业. ¶～場 / 养殖场.

ようじん【用心】小心 xiǎoxīn. ¶火の～ / 小心火灾.

ようす【様子】情况 qíngkuàng, 样子 yàngzi. ¶～を見る / 看情况. ¶家庭の～を調べる / 调查家庭的情况. ¶みすぼらしい～ / 寒酸的样子. ¶彼女は～が変だ / 她的样子有点儿不对头. ¶雨が降りそうな～だ / 好像要下雨. ¶行きたくない～だ / 看样子不想去.

ようする【要する】需要 xūyào. ¶これは急を～ / 这需要加紧. ¶10年を～工事 / 费时十年的工程. ¶修理を～ / 需要修理.

ようするに【要するに】总之 zǒngzhī. ¶～彼は無能なのです / 总之他就是无能. ¶～金が借りたいんだろう / 总之是想借钱吧.

ようせい【妖精】妖精 yāojing.

ようせい【要請】请求 qǐngqiú. ¶～に応じる / 答应请求. ¶～を拒む / 拒绝要求.

ようせい【養成】培养 péiyǎng. ¶～所 / 培养站.

ようせき【容積】容积 róngjī. ¶～率 / 容积率.

ようせつ【溶接】焊接 hànjiē. ¶～機 / 焊接机. ¶～工 / 焊接工.

ようそ【要素】要素 yàosù. ¶不可欠の～ / 必不可少的因素.

ようだ好像 hǎoxiàng. ¶君の姉さんは映画スターの～だね / 你姐姐像个电影明星. ¶彼の病気は癌の～だ / 他的病好像是癌症. ¶彼女は知らない～だ / 看来她不知道. ¶綿の～な雲 / 像棉花一样的云.

ようだい【容体】病情 bìngqíng，病状 bìngzhuàng. ¶彼の～は思わしくなかった / 他的状况不太好. ¶彼の～が急変した / 他的病情突然加剧.
ようち【幼稚】幼稚 yòuzhì. ¶～な行動 / 幼稚的行动. ¶～園 / 幼儿园.
ようつう【腰痛】腰痛 yāotòng.
ようてん【要点】要点 yàodiǎn. ¶～を整理する / 整理要点. ¶～をつかむ / 抓住要点.
ようと【用途】用途 yòngtú. ¶～が広い / 用途广泛.
ようにん【容認】承认 chéngrèn.
ようねん【幼年】幼年 yòunián. ¶～期 / 幼年时期.
ようび【曜日】星期 xīngqī. ¶今日は何～ですか / 今天星期几？
ようひし【羊皮紙】羊皮纸 yángpízhǐ.
ようふ【養父】养父 yǎngfù.
ようふく【洋服】西服 xīfú. ¶～だんす / 大衣柜；西服柜.
ようぶん【養分】养分 yǎngfèn. ¶根から～を吸収する / 从根部吸收养分.
ようぼ【養母】养母 yǎngmǔ.
ようほう【用法】用法 yòngfǎ.
ようほう【養蜂】养蜂 yǎngfēng.
ようぼう【容貌】容貌 róngmào. ¶～魁偉な男 / 相貌魁伟的男人. ¶端正な～ / 端正的容貌.
ようもう【羊毛】羊毛 yángmáo. ¶～製品 / 羊毛制品.
ようやく【要約】摘要 zhāiyào.
ようやく【漸く】终于 zhōngyú.
ようりょう【要領】要领 yàolǐng. ¶仕事の～をつかむ / 抓住工作的要领. ¶あいつは～のいいやつだ / 他是个很精明的人. ¶彼は～が悪い / 他做事笨拙.
ようりょう【容量】容量 róngliàng.
ようりょう【用量】用量 yòngliàng.
ようれい【用例】例子 lìzi. ¶～を示す / 举出例子.
ヨーグルト 酸奶 suānnǎi.
ヨーロッパ欧洲 Ōuzhōu. ¶～人 / 欧洲人. ¶～大陸 / 欧洲大陆. ¶～連合 / 欧盟.
よか【余暇】余暇 yúxiá. ¶～を過ごす / 消遣.
ヨガ 瑜伽 yújiā.
よかん【予感】预感 yùgǎn. ¶不吉な～がする / 有不祥的预感.
よき【予期】预计 yùjì. ¶～せぬ出来事 / 没预料到的事情.
よきょう【余興】助兴 zhùxìng. ¶～に一曲歌った / 唱了一首助兴.
よきん【預金】存款 cúnkuǎn. ¶銀行から～を引き出す / 从银行取钱.
よく【良く・好く】好好 hǎohāo. ¶～眠った / 睡好了. ¶～食べる / 好好吃. ¶～聞こえない / 听不清楚. ¶～わからない / 不太明白. ¶～おいでくださいました / 欢迎光临. ¶～泣く子供 / 爱哭的孩子. ¶私は映画館に～行く / 我经常去看电影.
よく【欲】欲望 yùwàng. ¶～が深い / 欲望高. ¶～がない / 没有欲望. ¶～に目がくらむ / 利令智昏.
よく－【翌－】第二 dì'èr. ¶～朝 / 第二天早上. ¶～晩 / 第二天晚上. ¶～日 / 第二天. ¶～週 / 第二周. ¶～月 / 第二个月. ¶～年 / 第二年.
よくあつ【抑圧】压抑 yāyì. ¶～された人々 / 受压抑的人们.
よくしつ【浴室】浴室 yùshì.
よくじつ【翌日】第二天 dì'èrtiān.
よくせい【抑制】抑制 yìzhì. ¶感情を～する / 抑制感情.
よくそう【浴槽】浴缸 yùgāng.
よくばり【欲張り】贪婪 tānlán.
よくぼう【欲望】欲望 yùwàng. ¶～を満たす / 满足欲望.
よくよう【浴用】洗 澡 用 的 xǐzǎo yòng de. ¶～タオル / 浴巾.
よけい【余計】多余 duōyú. ¶お金が～にかかる / 要多花点钱. ¶人より～練習する / 比别人更多地练习. ¶100円～に払う / 多付一百日元. ¶～な金はない / 没有多余的钱. ¶～なお世話だ / 少管闲事. ¶～な心配はするな / 别瞎操心. ¶来るなと言われると～に行きたくなる / 说不让去反而更想去.
よける【避ける】躲避 duǒbì. ¶車を～ / 躲避汽车.
よけん【予見】预见 yùjiàn.
よげん【予言】预言 yùyán. ¶～者 / 预言者.
よこ【横】横 héng. ¶～10センチ縦5センチの板 / 长十厘米，宽五厘米的木板. ¶彼は～になっています / 他躺着. ¶首を～に振る / 摇头.
よこがお【横顔】侧脸 cèliǎn.
よこぎる【横切る】横穿 héngchuān. ¶道路を～ / 横穿马路.
よこく【予告】预告 yùgào. ¶～編 / 预告片.
よごす【汚す】弄脏 nòngzāng. ¶服を～ / 弄脏衣服.
よこたえる【横たえる】躺 tǎng. ¶体を～ / 躺下.
よこたわる【横たわる】横 卧 héngwò. ¶～難関 / 面临的难关.
よこむき【横向き】侧身 cèshēn. ¶～に寝る / 侧身而卧.
よごれ【汚れ】污垢 wūgòu. ¶～を洗い落とす / 洗掉污垢. ¶インクの～がどうしても落ちない / 墨水的痕迹怎么也去不掉.
よごれる【汚れる】弄 脏 nòngzāng. ¶靴が～ / 鞋弄脏了. ¶汚れた服 / 脏衣服. ¶白い服は汚れやすい / 白色衣服容易脏. ¶汚れた空気 / 污染的空气.
よさ【良さ】好处 hǎochu.
よさん【予算】预算 yùsuàn. ¶～を編成する / 编制预算. ¶～に組み込む / 编入预算. ¶～をオーバーする / 超出预算. ¶～の範囲内で / 在

よ

预算范围内.

よじのぼる【攀じ登る】攀 登 pāndēng. ¶山の急斜面を～ / 攀登山的陡峭面.

よしゅう【予習】预习 yùxí. ¶明日の～をする / 预习明天的功课.

よせあつめ拼凑 pīncòu.

よせる【寄せる】靠近 kàojìn. ¶悪い友達を寄せつけるな / 别和坏朋友掺和. ¶車を道路の脇に寄せて止める / 把车靠路旁停下. ¶椅子をそばに～ / 把椅子拉近. ¶ご意見ご感想をお寄せください / 请提出意见和感想. ¶おじの家に身を～ / 暂住在叔叔家. ¶思いを～ / 爱慕. ¶同情を～ / 给予同情.

よせん【予選】预选 yùxuǎn. ¶～を通過する / 通过预选. ¶～で敗退する / 在预赛中被淘汰了.

よそ【余所・他所】别的地方 biéde dìfang. ¶どこか～で話そう / 换个地方说吧. ¶～の国 / 别的国家. ¶我々の心配を～に / 不顾我们的担心.

よそう【予想】预想 yùxiǎng, 预料 yùliào. ¶～どおりになる / 不出所料. ¶～よりよかった / 比预计的好. ¶～が外れる / 估计错了. ¶～に反して / 出乎预料. ¶～外である / 出乎意料.

よそおう【装う】打扮 dǎbàn ; 装作 zhuāngzuò. ¶派手に装っている / 穿着华丽. ¶無知を～ / 装着无知. ¶無関心を～ / 装不关心.

よそく【予測】预测 yùcè, 预料 yùliào. ¶～を誤る / 错误估计.

よそごと【余所事】旁人的事 pángrén de shì. ¶～とは思えない / 不认为与己无关.

よそみ【余所見】东 张 西 望 dōng zhāng xī wàng.

よそよそしい【余所余所しい】见 外 jiànwài ; 疏远 shūyuǎn. ¶態度が～ / 态度冷淡. ¶～雰囲気 / 公事公办的气氛.

よだれ【涎】口水 kǒushuǐ. ¶～を流す / 流口水.

よち【余地】余地 yúdì. ¶再考の～がない / 没有再考虑的余地.

よっきゅう【欲求】欲望 yùwàng. ¶～を満たす / 满足欲望. ¶～不満に陥る / 感到失意.

ヨット游艇 yóutǐng. ¶～ハーバー / 游艇码头.

よっぱらい【酔っ払い】醉汉 zuìhàn. ¶～運転 / 酒后开车.

よっぱらう【酔っ払う】喝醉 hēzuì.

よてい【予定】预定 yùdìng. ¶～の時間に / 按预定的时间. ¶～より1日早く / 比预定时间早一天. ¶～外の行動 / 计划之外的行动. ¶渋滞ですっかり～が狂ってしまった / 因堵车完全打乱了计划. ¶来週のご～はいかがですか / 下周有什么安排呢？¶～日 / 预计的日子. ¶～表 / 日程表.

よとう【与党】执政党 zhízhèngdǎng.

よどむ【淀む・澱む】淤积 yūjī. ¶よどんだ空気 / 空气不流通. ¶よどんだ目 / 呆滞的眼睛.

よなか【夜中】半夜 bànyè.

よのなか【世の中】世 上 shìshàng. ¶～を知らない / 不了解社会情况. ¶～はそんなに甘くないよ / 社会没那么简单. ¶物騒な～ / 不稳定的社会；乱糟糟的世道.

よび【予備】预 备 yùbèi. ¶～の電池 / 预备的电池. ¶～のお金を取っておく / 留出备用的钱. ¶～交渉 / 准备性交涉. ¶～選挙 / 预选. ¶～知識 / 预备知识. ¶～調査 / 预先调查.

よびおこす【呼び起こす】唤起 huànqǐ. ¶感動を～ / 让人感动.

よびかけ【呼び掛け】呼吁 hūyù, 号召 hàozhào. ¶募金の～に応じる / 响应募捐的号召.

よびかける【呼び掛ける】呼吁 hūyù, 号召 hàozhào. ¶世論に～ / 呼吁舆论.

よびごえ【呼び声】喊 声 hǎnshēng. ¶後ろから～が聞こえた / 听见后面的叫声. ¶首相候補として～が高い / 当选下届首相的呼声很高.

よびだす【呼び出す】传呼 chuánhū, 传唤 chuánhuàn.

よびりん【呼び鈴】电铃 diànlíng. ¶～を鳴らす / 按电铃.

よぶ【呼ぶ】叫 jiào. ¶名前を～ / 叫名字. ¶ボーイを～ / 叫服务员. ¶救急車を～ / 叫救护车. ¶助けを～ / 叫人帮忙. ¶タクシーを呼んでください / 请叫辆出租车. ¶誕生会に友人たちを～ / 生日时邀请朋友. ¶反響を～ / 引起反响. ¶批判を～ / 招来批评. ¶関心を～ / 引起关注. ¶客を～ために知恵を絞る / 想办法招揽客人.

よふけ【夜更け】深夜 shēnyè.

よぶん【余分】多余duōyú, 剩余shèngyú. ¶1冊～がある / 多出了一本. ¶～なお金はない / 没有多余的钱.

よほう【予報】预报 yùbào. ¶天気～によると / 天气预报说.

よぼう【予防】预防 yùfáng. ¶風邪の～のために / 为了预防感冒. ¶～線を張る / 设防线. ¶～接種を受ける / 打预防针.

よみがえる【蘇る】复苏 fùsū.

よみせ【夜店】夜摊 yètān, 夜市 yèshì.

よみもの【読み物】读物 dúwù.

よむ【読む】读 dú, 看 kàn ; 念 niàn. ¶子供に童話を読んでやる / 给孩子读童话故事. ¶楽譜を～ / 读乐谱. ¶データを～ / 读数据. ¶心を～ / 揣测心理. ¶先を～ / 考虑将来.

よむ【詠む】作诗 zuòshī.

よめ【嫁】媳妇儿 xífùr. ¶息子の～にもらう / 给儿子娶媳妇. ¶農家に～に行く / 嫁到农村. ¶娘を～にやる / 把女儿嫁出去. ¶～いびりをす

る / 欺负媳妇.

よやく【予約】预约 yùyuē. ¶ホテルの～を取る / 订饭店. ¶～で一杯だ / 订满了. ¶ここは～制です / 这里是预约制. ¶～金 / 预订费. ¶～販売 / 预订销售.

よゆう【余裕】富余 fùyú,充裕 chōngyù. ¶あと5人乗れる～がある / 还可以坐五个人. ¶金の～がない / 手头紧张. ¶他人のことを考える～がない / 没有余地考虑别人的事. ¶少し～をみて出かける / 提前一点出发. ¶～しゃくしゃくだ / 绰绰有余.

-より 离 lí；从 cóng；比 bǐ. ¶駅～100メートル以内に / 离车站一百米以内. ¶以前～知っている / 从前就知道. ¶10時～始まる / 从十点开始. ¶弟のほうが私～背が高い / 弟弟比我个子高. ¶年～若く見える / 比实际年龄看着年轻.

よりいと【撚り糸】捻线 niǎnxiàn.

よりかかる【寄り掛かる】依靠 yīkào. ¶壁に～ / 靠墙. ¶親に寄りかかって暮らす / 依靠父母过日子.

よりそう【寄り添う】贴紧 tiējǐn. ¶寄り添って歩く / 并肩走.

よりによって【選りに選って】偏偏 piānpiān. ¶～今日彼が来るなんて / 没想到偏偏今天他会来.

よりみち【寄り道】绕道 ràodào. ¶～して本屋に立ち寄る / 绕远儿去书店.

よる【夜】夜 yè,夜晚 yèwǎn. ¶～がふける / 夜深. ¶～にならないうちに / 趁天没黑. ¶私は～型です / 我是晚上有精神.

よる【因る・依る】由于 yóuyú；根据 gēnjù. ¶天候不良により / 由于气候不好. ¶今日の新聞によれば / 根据今天的报纸. ¶彼の出方によっては / 看他的做法. ¶法律により禁じられている / 被法律禁止. ¶正確なデータに～結論 / 根据正确的数据得出的结论. ¶ガス爆発により受けた被害 / 由于瓦斯爆炸而受的损失. ¶多数決により決定する / 根据多数表决来决定.

よる【寄る】靠近 kàojìn. ¶そばに～ / 靠近. ¶明日そちらに寄ります / 明天到你那里. ¶しわが～ / 起皱纹.

よろこばしい【喜ばしい・悦ばしい】可喜 kěxǐ. ¶～出来事 / 可喜的事. ¶～傾向だ / 令人高兴的趋势.

よろこび【喜び】喜悦 xǐyuè. ¶～をかみしめる / 体会喜悦的心情. ¶知らせを聞いて～もひとしおです / 听到消息更高兴了.

よろこぶ【喜ぶ・慶ぶ】高兴 gāoxìng. ¶息子の無事を～ / 很高兴儿子平安无事. ¶これは～べきことだ / 这是应该高兴的事. ¶合格通知を受け取って～ / 拿到录取通知书很高兴. ¶喜んでお手伝いいたします / 很高兴为你帮忙. ¶結婚の慶び / 新婚之喜.

よろしい【宜しい】可以 kěyǐ. ¶君は行かなくても～ / 你可以不去. ¶これで～ですか / 这样可以吗？¶どちらでも～ / 哪个都可以.

よろしく【宜しく】适当 shìdàng. ¶～処理してください / 请适当处理. ¶～お伝えください / 请代我问好. ¶父が～とのことです / 父亲问你好. ¶初めまして,どうぞ～お願いします / 初次见面,请多关照.

よろめく 踉跄 liàngqiàng.

よろん【世論】舆论 yúlùn. ¶～調査 / 民意测验；舆论调查.

よわい【弱い】虚弱 xūruò. ¶体が～ / 身体虚弱. ¶風が～ / 风小. ¶気が～ / 胆小. ¶数学に～ / 数学不好. ¶酒が～ / 酒量不行. ¶～酒 / 度数低的酒. ¶頭の～人 / 弱智.

よわさ【弱さ】弱点 ruòdiǎn.

よわね【弱音】不争气的话 bù zhēngqì de huà,泄气话 xièqìhuà.

よわび【弱火】小火 xiǎohuǒ,文火 wénhuǒ.

よわまる【弱まる】变弱 biànruò. ¶風が～ / 风变小了.

よわみ【弱み】弱点 ruòdiǎn. ¶～を握る / 抓住弱点.

よわむし【弱虫】胆小鬼 dǎnxiǎoguǐ.

よわる【弱る】减弱 jiǎnruò. ¶彼にお世辞を言われて弱ったよ / 被他说奉承话,我就尴尬了.

ら

ラード 猪油 zhūyóu,大油 dàyóu.

ラーメン 拉面 lāmiàn；汤面 tāngmiàn. ¶インスタント～ / 方便面.

らいう【雷雨】雷雨 léiyǔ. ¶～に遭う / 遇上雷雨.

ライオン 狮子 shīzi.

らいきゃく【来客】来客 láikè.

らいげつ【来月】下个月 xià ge yuè. ¶～の15日 / 下月十五日.

らいしゅう【来週】下周 xiàzhōu,下星期 xià xīngqī. ¶～の月曜日 / 下「周〔星期〕一.

ライス 米饭 mǐfàn. ¶カレー～ / 咖喱饭.

らいせ【来世】来世 láishì.

ライセンス 许可 xǔkě. ¶～生産 / 授权生产.

ライター 打火机 dǎhuǒjī. ¶～をつける / 打打火机.

ライチ 荔枝 lìzhī.

ライト 电灯 diàndēng. ¶ヘッド～ / 车前灯. ¶～ブルー / 淡蓝色.

らいねん【来年】明年 míngnián. ¶～の5月 / 明年的五月. ¶～度の予算案 / 下年度预算案.

ライブ 现场xiànchǎng,现场演奏xiànchǎng yǎnzòu. ¶～コンサート / 现场演奏会. ¶～レコーディング / 实况录音. ¶～ハウス / 现场秀；小剧场.

ライフサイエンス生命科学 shēngmìng kēxué.
ライバル对手 duìshǒu. ¶～意識をあおる / 激起竞争意识. ¶～会社 / 竞争对手公司.
ライフルじゅう【ライフル銃】来复枪 láifùqiāng, 步枪 bùqiāng.
ライフワーク毕生事业 bìshēng shìyè.
ライむぎ【ライ麦】黑麦 hēimài. ¶～畑 / 黑麦田.
らいめい【雷鳴】雷鸣 léimíng. ¶すごい～が聞こえた / 听到震耳的雷鸣.
らく【楽】舒服 shūfu. ¶～な仕事 / 轻松的工作. ¶～な生活 / 舒服的生活. ¶気が～になる / 精神放松. ¶～に暮らす / 安逸地生活. ¶～あれば苦あり / 有甜必有苦.
らくいん【烙印】烙印 làoyìn. ¶詐欺師の～を押される / 被烙上骗子的印记.
らくえん【楽園】乐园 lèyuán. ¶地上の～ / 人间乐园.
らくがき【落書き】乱写 luànxiě. ¶～禁止 / 禁止乱涂乱画.
らくご【落伍】落伍 luòwǔ.
らくさ【落差】落差 luòchā. ¶～が大きい / 落差大. ¶～50メートルの滝 / 落差五十米的瀑布.
らくしょう【楽勝】轻易取胜 qīngyì qǔshèng.
らくせん【落選】落选 luòxuǎn. ¶10票差で～した / 以十票之差落选了.
らくだ【駱駝】骆驼 luòtuo. ¶～のこぶ / 骆驼的肉峰.
らくだい【落第】不及格 bù jígé. ¶数学で～する / 数学不及格. ¶教師としては～だ / 作为老师是不合格的. ¶～生 / 不及格的学生. ¶～点 / 不及格分数.
らくたん【落胆】灰心 huīxīn.
らくてん【楽天】乐观 lèguān. ¶～的な人 / 乐观的人. ¶～的に考える / 乐观地考虑. ¶～家 / 乐天派. ¶～主義 / 乐观主义.
ラグビー橄榄球 gǎnlǎnqiú.
らくよう【落葉】落叶 luòyè. ¶～樹 / 落叶树.
ラクロス长曲棍球 chángqūgùnqiú.
ラケット球拍 qiúpāi.
-らしい好像 hǎoxiàng. ¶彼女は疲れている～ / 她好像累了. ¶明日は雨になる～ / 明天好像下雨. ¶彼女～やり方だ / 像她的做法.
ラジオ收音机 shōuyīnjī. ¶～をつける〔消す〕/ 开〔关〕收音机. ¶～を聞く / 听收音机. ¶中国語の～講座 / 汉语广播讲座. ¶～番組 / 广播节目. ¶～ドラマ / 广播剧.
ラジカセ收录机 shōulùjī.
ラジカル激进分子 jījìn fènzǐ.
らしんばん【羅針盤】罗盘 luópán.
ラスト最后 zuìhòu. ¶～スパート / 最后冲刺.
らせん【螺旋】螺旋 luóxuán. ¶～階段 / 螺旋楼梯.
らたい【裸体】裸体 luǒtǐ.
らち【拉致】绑架 bǎngjià. ¶～事件 / 绑架案.
らっか【落下】落下 luòxià.
ラッカー喷漆 pēnqī. ¶～を塗る / 涂喷漆.
らっかさん【落下傘】降落伞jiàngluòsǎn. ¶～で降りる / 坐降落伞下来. ¶～部隊 / 伞兵部队.
らっかせい【落花生】花生 huāshēng.
らっかん【楽観】乐观 lèguān. ¶～主義者 / 乐观主义者.
ラッキー走运 zǒuyùn, 侥幸 jiǎoxìng.
ラッコ海獭 hǎitǎ.
ラッシュアワー上下班高峰时间 shàngxiàbān gāofēng shíjiān.
らっぱ【喇叭】喇叭 lǎba. ¶～を吹く / 吹喇叭；[ほらを吹く]说大话. ¶～飲みする / 对着瓶子喝.
ラップタイム分段速度 fēnduàn sùdù.
ラテン拉丁 Lādīng. ¶～語 / 拉丁语. ¶～民族 / 拉丁民族. ¶～アメリカ / 拉丁美洲. ¶～音楽 / 拉丁音乐.
ラブストーリー爱情故事 àiqíng gùshì, 爱情片 àiqíngpiàn.
ラブレター情书 qíngshū.
ラベル标签 biāoqiān. ¶～をはる / 贴标签.
ラマダン斋月 zhāiyuè.
ラムネ柠檬汽水 níngméng qìshuǐ.
ラリー拉力赛 lālìsài.
られつ罗列 luóliè.
らん【欄】栏 lán. ¶新聞のスポーツ～ / 报纸的体育版.
らん【蘭】兰花 lánhuā.
らんおう【卵黄】蛋黄 dànhuáng.
らんかん【欄干】栏杆 lángān.
ランキング排名 páimíng. ¶世界～3位 / 世界排名第三. ¶～表 / 排行榜.
ランク等级 děngjí. ¶～付けする / 划分等级.
らんざつ【乱雑】杂乱 záluàn.
らんし【乱視】散光 sǎnguāng.
らんそう【卵巣】卵巢 luǎncháo. ¶～摘出手術 / 卵巢摘除手术. ¶～ホルモン / 卵巢荷尔蒙. ¶～炎 / 卵巢炎.
ランチ午餐 wǔcān. ¶～タイム / 午餐时间.
ランドセル双肩背包 shuāngjiān bēibāo.
ランニング慢跑 mànpǎo. ¶～シャツ / 运动背心. ¶～コスト / 运营成本.
らんぱく【卵白】蛋白 dànbái.
らんぴつ【乱筆】字迹潦草 zìjì liáocǎo.
ランプ灯 dēng.
らんぼう【乱暴】粗暴 cūbào, 粗鲁 cūlǔ. ¶～な言葉づかい / 说话粗鲁.

ら

らんよう【濫用】滥用 lànyòng. ¶公金を～する / 滥用公款. ¶職権～ / 滥用职权.

り

リアクション反应 fǎnyìng.
リアリズム现实主义 xiànshí zhǔyì.
リアリティ现实感 xiànshígǎn.
リアル现实的 xiànshí de. ¶～タイム / 实时.
リーグ联盟 liánméng. ¶～戦 / 联赛. ¶メジャー～ / 美国职业棒球大联赛. ¶J～ / 日本足球联赛.
リース出租 chūzū. ¶土地を10年の～で借りる / 土地租赁十年.
リーズナブル合理 hélǐ.
リーダー领导 lǐngdǎo. ¶～シップを発揮する / 发挥领导能力.
リード领先 lǐngxiān. ¶3点～する / 领先三分. ¶～を奪われる / 被落在后面. ¶2対1で日本チームが中国チームを～している / 二比一日本队领先中国队. ¶～ギター / 旋律吉他.
リーフレット广告单 guǎnggàodān.
りえき【利益】利益 lìyì, 利润 lìrùn. ¶～が薄い / 利薄. ¶～が多い / 利润多. ¶～をあげる / 增加利润. ¶～を得る / 获得利益. ¶～率 / 利润率.
りか【理科】理科 lǐkē.
りかい【理解】理解 lǐjiě, 了解 liǎojiě. ¶～を深める / 加深理解. ¶～が早い / 理解得快. ¶～できない / 不能理解.
りがい【利害】利害 lìhài. ¶～を共にする / 共享利害. ¶～が絡み合う / 利害交织. ¶～関係を持つ / 有利害关系.
りきがく【力学】力学 lìxué.
りきし【力士】力士 lìshì.
りきせつ【力説】极力主张 jílì zhǔzhāng.
りく【陸】陆地 lùdì. ¶～に上がる / 上陆地. ¶～が見える / 看见陆地.
リクエスト点播 diǎnbō.
りくぐん【陸軍】陆军 lùjūn.
りくじょう【陸上】陆上 lùshàng. ¶～競技 / 田径比赛. ¶～自衛隊 / 陆上自卫队.
りくつ【理屈】道理 dàolǐ. ¶～に合う / 合乎道理. ¶何かと～をつける / 找什么理由. ¶～っぽい人 / 爱讲道理的人.
リクライニングシート可调节角度的座椅 kě tiáojié jiǎodù de zuòyǐ.
リクルート征募 zhēngmù, 招聘 zhāopìn.
りくろ【陸路】陆路 lùlù. ¶～で行く / 从陆路走.
りこう【利口】聪明 cōngming. ¶～な少年 / 机灵的少年. ¶～ぶる / 装聪明. ¶～に立ち回る / 巧妙周旋. ¶お～にしててね / 要听话呀.
リコール罢免 bàmiǎn ;〔車など〕召回 zhàohuí.
りこしゅぎ【利己主義】利己主义 lìjǐ zhǔyì.
りこてき【利己的】利己的 lìjǐ de.
りこん【離婚】离婚 líhūn. ¶夫と～した / 和丈夫离婚. ¶～訴訟 / 离婚诉讼. ¶～手続き / 离婚手续. ¶～届 / 离婚登记.
リサーチ调查 diàochá.
リザーブ预约 yùyuē, 保留 bǎoliú.
リサイクル再利用 zàilìyòng. ¶～ショップ / 旧货商店.
リサイタル独唱会 dúchànghuì, 独奏会 dúzòuhuì.
りし【利子】利息 lìxī. ¶～がつく / 有利息. ¶無～で / 无利息. ¶8%の～を払う / 付百分之八的利息.
りじ【理事】理事 lǐshì, 董事 dǒngshì. ¶～会 / 理事会. ¶～長 / 理事长. ¶常任～ / 常任理事.
りじゅん【利潤】利润 lìrùn. ¶～を追求する / 追求利润.
りす【栗鼠】松鼠 sōngshǔ.
リスク危险 wēixiǎn.
リスト名单 míngdān. ¶ブラック～ / 黑名单.
リストラ裁员 cáiyuán ; 解雇 jiěgù.
リズム节奏 jiézòu. ¶～を取る / 打拍子. ¶～感 / 节奏感.
りせい【理性】理性 lǐxìng. ¶～を失う / 失去理性. ¶～に訴える / 诉诸理性.
リセット重新设定 chóngxīn shèdìng.
りそう【理想】理想 lǐxiǎng. ¶～を抱く / 胸怀理想. ¶彼女は～が高い / 她的理想高. ¶～化する / 理想化. ¶～家 / 理想家. ¶～主義 / 理想主义.
リゾート度假胜地 dùjià shèngdì.
りそく【利息】利息 lìxī.
リタイア中途隐退 zhōngtú yǐntuì.
りち【理知】理智 lǐzhì.
りちぎ【律義・律儀】耿直 gěngzhí. ¶～者 / 诚实的人.
りつ【率】比率 bǐlǜ. ¶～のよい〔悪い〕仕事 / 报酬『好〔差〕的工作.
りっきょう【陸橋】立交桥 lìjiāoqiáo.
りっこうほ【立候補】参加竞选 cānjiā jìngxuǎn. ¶～を表明する / 表明参加竞选. ¶～者 / 候选人.
りっしょう【立証】证实 zhèngshí. ¶無罪を～する / 证实无罪.
りっしんしゅっせ【立身出世】出人头地 chū rén tóu dì.
りつぞう【立像】立像 lìxiàng.
りったい【立体】立体 lìtǐ. ¶～映画 / 立体电影. ¶～交差 / 立体交叉. ¶～駐車場 / 立体停车场.
リットル公升 gōngshēng.
りっぱ【立派】出色 chūsè. ¶～な人 / 优秀的人. ¶言うことだけはご～ですね / 只是嘴上说得好听.
りっぷく【立腹】生气 shēngqì.

リップサービス口头上说好听的话 kǒutóushàng shuō hǎotīng de huà.
りっぽう【立法】立法 lìfǎ. ¶～機関 / 立法机关. ¶～権 / 立法权.
りっぽうメートル【立方メートル】立方米 lìfāngmǐ.
りてん【利点】长处 chángchu.
りとう【離島】远离陆地的孤岛 yuǎnlí lùdì de gūdǎo.
リトグラフ石版画 shíbǎnhuà.
りとますし【リトマス紙】石蕊试纸 shíruǐ shìzhǐ.
リニアモーターカー磁悬浮列车 cíxuánfú lièchē.
リネン亚麻布 yàmábù. ¶～製品 / 亚麻制品.
りねん【理念】理念 lǐniàn.
リハーサル彩排 cǎipái. ¶カメラ～ / 摄影排演.
リバーシブル可逆的 kěnì de,可两用的 kě liǎngyòng de.
りはつ【理髪】理发 lǐfà. ¶～師 / 理发师. ¶～店 / 理发店.
リハビリ康复运动 kāngfù yùndòng.
リビングルーム起居室 qǐjūshì.
リフォーム装修 zhuāngxiū.
りふじん【理不尽】不讲理 bù jiǎnglǐ.
リフト爬山吊椅 páshān diàoyǐ.
リベート回扣 huíkòu.
りべつ【離別】离别 líbié.
リボン丝带 sīdài.
リミット限制 xiànzhì. ¶タイム～ / 时间限制.
リモコン遥控器 yáokòngqì.
りゃくご【略語】缩略语 suōlüèyǔ.
りゃくしき【略式】简便方式 jiǎnbiàn fāngshì. ¶～化する / 简便化. ¶～起訴する / 简易起诉. ¶～裁判 / 简易法庭. ¶～命令 / 简易命令.
りゃくす【略す】省略 shěnglüè.
りゃくず【略図】略图 lüètú. ¶～を描く / 画略图.
りゃくだつ【略奪】掠夺 lüèduó.
りゆう【理由】理由 lǐyóu. ¶～を問いただす / 盘问理由. ¶健康上の～で / 因健康原因. ¶～もなく / 毫无理由地.
りゅう【竜】龙 lóng.
りゅういき【流域】流域 liúyù.
りゅうがく【留学】留学 liúxué. ¶～生 / 留学生.
りゅうぎ【流儀】流派 liúpài ; 做派 zuòpài.
りゅうこう【流行】流行 liúxíng,时髦 shímáo. ¶～遅れの服 / 过时的服装. ¶～しなくなる / 不再流行. ¶～歌 / 流行歌曲. ¶～歌手 / 流行歌手. ¶～語 / 流行语.
りゅうざん【流産】流产 liúchǎn. ¶子供を～する / 婴儿流产.
りゅうし【粒子】粒子 lìzǐ. ¶素～ / 基本粒子.
りゅうしゅつ【流出】流失 liúshī. ¶頭脳～ / 人才流失.
りゅうせい【流星】流星 liúxīng. ¶～群 / 流星群.
りゅうちょう【流暢】流利 liúlì. ¶～に中国語を話す / 流利地说汉语.
りゅうつう【流通】流通 liútōng. ¶～貨幣 / 流通货币. ¶～経路 / 流通渠道. ¶～産業 / 流通业.
りゅうどう【流動】流动 liúdòng. ¶～資本 / 流动资本. ¶～比率 / 流动比率. ¶～食 / 流食.
りゅうにゅう【流入】流入 liúrù.
りゅうねん【留年】留级 liújí.
りゅうは【流派】流派 liúpài.
りゅうひょう【流氷】浮冰 fúbīng.
りゅうほ【留保】保留 bǎoliú. ¶～事項 / 保留事项.
リューマチ风湿 fēngshī.
リュックサック背包 bēibāo.
りよう【利用】利用 lìyòng. ¶廃物を～する / 利用废物. ¶～価値 / 利用价值. ¶～者 / 利用者.
りょう【漁】打鱼 dǎyú. ¶～に出る / 去打鱼. ¶ニシン～ / 捕鲱鱼.
りょう【寮】宿舍 sùshè.
りょう【猟】打猎 dǎliè. ¶～に出かける / 出门打猎.
りょういき【領域】领域 lǐngyù. ¶～を侵す / 侵犯领域. ¶～を広げる / 扩展领域. ¶それは私の～ではない / 那不是我的专业.
りょうが【陵駕】凌驾 língjià.
りょうかい【了解】同意 tóngyì. ¶相手の～を得る / 取得对方的同意.
りょうかい【領海】领海 lǐnghǎi. ¶～侵犯 / 侵犯领海.
りょうがえ【両替】兑换 duìhuàn. ¶円を元に～する / 把日元兑换成人民币. ¶～機 / 兑换机.
りょうがわ【両側】两边 liǎngbiān. ¶道の～に / 路的两旁.
りょうきん【料金】费用 fèiyong. ¶～を払う / 支付费用. ¶郵便～が上がった / 邮费涨了. ¶電気～ / 电费.
りょうくう【領空】领空 lǐngkōng. ¶～侵犯 / 侵犯领空.
りようし【理容師】理发师 lǐfàshī.
りょうし【漁師】渔夫 yúfū.
りょうし【猟師】猎手 lièshǒu.
りょうし【量子】量子 liàngzǐ. ¶～物理学 / 量子物理学.
りょうじ【領事】领事 lǐngshì. ¶～館 / 领事馆. ¶総～ / 总领事.
りょうじゅう【猟銃】猎枪 lièqiāng.
りょうしゅう【領収】收到 shōudào. ¶～書を出す / 开收据. ¶～書をください / 请给我收据.
りょうしょう【了承】同意 tóngyì. ¶～を得る / 获得同意. ¶～を求める / 请求同意.
りょうしょく【糧食】粮食 liángshi.
りょうしん【両親】父母 fùmǔ. ¶～の承諾を得る / 得到父母的许可.
りょうしん【良心】良心 liángxīn. ¶

～がとがめる / 良心谴责. ¶～の呵責を感じる / 受到良心的谴责. ¶～的な店 / 讲信用的商店.

りょうど【領土】领土 lǐngtǔ. ¶～を守る / 保卫领土. ¶～を拡張する / 扩张领土. ¶～を侵す / 侵犯领土. ¶～問題 / 领土问题. ¶～権 / 领土权.

りょうほう【両方】双方 shuāngfāng. ¶～の主張 / 双方的主张. ¶AとBの～とも学生だ / A和B都是学生.

りょうほう【療法】疗法 liáofǎ. ¶薬物～ / 药物疗法. ¶食餌～ / 食物疗法.

りょうよう【療養】疗养 liáoyǎng.

りょうり【料理】饭菜 fàncài. ¶～する / 做饭. ¶彼女は～がうまい / 她做饭好吃. ¶～法 / 烹调法. ¶～人 / 厨师. ¶～教室 / 烹饪培训班. ¶日本～ / 日本菜. ¶フランス～ / 法国菜. ¶中華～店 / 中餐馆. ¶家庭～ / 家常菜. ¶肉～ / 肉菜.

りょうりつ【両立】并存 bìngcún. ¶仕事と家事を～させる / 兼顾工作和家务.

りょかく【旅客】旅客 lǚkè. ¶～運賃 / 旅客运费. ¶～機 / 客机.

りょかん【旅館】旅馆 lǚguǎn. ¶～に泊まる / 住在旅馆.

りょくち【緑地】绿地 lǜdì. ¶～帯 / 绿化带.

りょくちゃ【緑茶】绿茶 lǜchá.

りょけん【旅券】护照 hùzhào. ¶～を申請する / 申请护照.

りょこう【旅行】旅游 lǚyóu, 旅行 lǚxíng. ¶よくご～なさいますか / 您经常旅行吗？¶～先で病気になる / 在旅途中患病. ¶～シーズン / 旅游季节. ¶～かばん / 旅行包. ¶～代理店 / 旅游代理店. ¶～損害保険 / 旅行伤害保险.

りょてい【旅程】旅程 lǚchéng. ¶一日の～ / 一天的旅程. ¶～が詰まっている / 旅程排得满满的.

りょひ【旅費】旅费 lǚfèi. ¶往復の～ / 往返旅费.

リラックス放松 fàngsōng.

りりく【離陸】起飞 qǐfēi.

りりつ【利率】利率 lìlǜ. ¶～を上げる〔下げる〕/ 上〔下〕调利率. ¶定期預金の～が高い〔低い〕/ 定期的利率「高〔低〕. ¶年7分5厘の～で / 年利率百分之七点五.

リレー接力赛 jiēlìsài. ¶400メートル～ / 四百米接力赛.

りれき【履歴】履历 lǚlì. ¶～に傷がつく / 给履历上抹上污点. ¶～書 / 履历书.

りろん【理論】理论 lǐlùn. ¶～を立てる / 建立理论. ¶～化する / 理论化. ¶～と実践 / 理论和实践. ¶～家 / 理论家.

りん【燐】磷 lín. ¶～鉱石 / 磷矿石.

りんか【隣家】邻居 línjū.

りんかく【輪郭】轮廓 lúnkuò. ¶～を描く / 画出轮廓.

りんきおうへん【臨機応変】随机应变 suí jī yìng biàn.

りんぎょう【林業】林业 línyè.

リンク链接 liànjiē. ¶～集 / 友情链接.

リング拳击场 quánjīchǎng.

りんご【林檎】苹果 píngguǒ. ¶～園 / 苹果园. ¶～酒 / 苹果酒.

りんこく【隣国】邻国 línguó.

りんじ【臨時】临时 línshí. ¶～の措置 / 临时的措施. ¶～休業 / 临时停业. ¶～総会 / 临时代表大会. ¶～ニュース / 特别消息. ¶～予算 / 临时预算.

りんしつ【隣室】隔壁 gébì.

りんじゅう【臨終】临终 línzhōng. ¶～の際に / 临终之时. ¶祖父の～を看取る / 给祖父送终.

りんしょう【臨床】临床 línchuáng. ¶～医 / 临床医生.

りんじん【隣人】邻人 línrén, 邻居 línjū. ¶～愛 / 爱护邻居.

リンス护发素 hùfàsù, 润丝 rùnsī. ¶～する / 涂护发素.

りんせつ【隣接】邻接 línjiē.

リンチ私刑 sīxíng.

リンパせん【リンパ腺】淋巴结 línbājié.

りんり【倫理】伦理 lúnlǐ. ¶～に反する / 违背伦理. ¶～学 / 伦理学. ¶～観 / 伦理观.

る

るい【類】类 lèi. ¶同～の雑誌 / 同类的杂志. ¶これに～する事例 / 与此类似的事例. ¶～は友を呼ぶ / 物以类聚. ¶哺乳～ / 哺乳类.

るい【塁】堡垒 bǎolěi.

るいえん【類縁】类属 lèishǔ. ¶～関係 / 类属关系.

るいご【類語】类义词 lèiyìcí.

るいじ【類似】类似 lèisì. ¶～点 / 类似点. ¶～品にご注意ください / 请注意仿制品.

ルーキー新手 xīnshǒu.

ルージュ口红 kǒuhóng.

ルーズ散漫 sǎnmàn. ¶～な性格 / 散漫的性格. ¶時間に～だ / 不守时. ¶～リーフ / 活页纸.

ルーツ根 gēn. ¶～を探る / 寻根.

ルート途径 tújìng. ¶別の～で行く / 走别的途径. ¶秘密～で / 用秘密途径.

ルーマニア罗马尼亚 Luómǎníyà.

ルームサービス客房服务 kèfáng fúwù.

ルール规则 guīzé. ¶～を守る / 遵守规则. ¶～違反 / 违反规则；犯规.

ルーレット轮盘赌 lúnpándǔ.

るいすい【類推】类推 lèituī. ¶…から～すると / 从…类推的话.

ルクセンブルク卢森堡 Lúsēnbǎo.

るす【留守】不在家 bù zàijiā. ¶～中

に / 外出期间. ¶～がちだ / 经常不在家. ¶～番をする / 看家. ¶～番電話 / 录音电话.
るつぼ【坩堝】坩埚 gānguō. ¶人種の～ / 人种的大熔炉. ¶興奮の～と化す / 兴奋到极点.
ルネッサンス文艺复兴 wényì fùxīng.
ルビー红宝石 hóngbǎoshí.
ルポルタージュ报告文学 bàogào wénxué.

れ

レア半熟 bànshú, 嫩 nèn.
れい【例】例子 lìzi. ¶～を挙げる / 举例. ¶…を～にとる / 以…为例子. ¶～にならう / 仿照例子. ¶歴史上～のない大惨事 / 史无前例的惨案. ¶～の話を繰り返す / 重复说那件事. ¶～によって彼は遅刻した / 他又像往常一样迟到了. ¶～になく彼女は早く出勤した / 她例外早早上班了.
れい【礼】礼节 lǐjié. ¶～を守る / 遵守礼节. ¶あの人には～を失しないように / 对那个人不要失礼. ¶先生に～をする / 给老师行礼. ¶～を言う / 道谢. ¶お～の申し上げようもありません / 不知如何感谢才好. ¶お～の手紙を書く / 写感谢信. ¶これはほんのお～のしるしです / 这是一点心意.
れい【零】零 líng. ¶3対～で勝つ / 三比零赢了. ¶気温が～下5度に下がる / 气温降到零下五度.
れい【霊】灵 líng.
レイアウト版面设计 bǎnmiàn shèjì；设计 shèjì, 配置 pèizhì.
れいがい【例外】例外 lìwài. ¶～的に認める / 破例承认. ¶～なしに / 概不例外.
れいき【冷気】寒气 hánqì.
れいぎ【礼儀】礼貌 lǐmào, 礼仪 lǐyí. ¶～正しい / 有礼貌. ¶～を知らない / 不懂礼节. ¶～に反する / 违反礼节. ¶～作法 / 礼仪成规.
れいきゃく【冷却】冷却 lěngquè. ¶～器 / 冷却机. ¶～水 / 冷却水. ¶～期間を置く / 暂时放一段时间.
れいきゅうしゃ【霊柩車】灵车 língchē.
れいけつ【冷血】冷血 lěngxuè. ¶～漢 / 冷酷的人. ¶～動物 / 冷血动物.
れいこく【冷酷】冷酷 lěngkù. ¶～な男 / 冷酷的男人. ¶～な仕打ち / 冷酷的对待.
れいこん【霊魂】灵魂 línghún.
れいしょう【例証】例证 lìzhèng.
れいじょう【令嬢】令爱 lìng'ài. ¶お宅のご～ / 您家令爱.
れいじょう【礼状】感谢信 gǎnxièxìn.
れいせい【冷静】冷静 lěngjìng. ¶～になる / 冷静下来. ¶～さを失う / 失去冷静. ¶～さを取り戻す / 恢复冷静. ¶～を保つ / 保持冷静.
れいぞう【冷蔵】冷藏 lěngcáng. ¶～庫 / 冰箱. ¶～室 / 冷藏室. ¶要～ / 需要冷藏.
れいたん【冷淡】冷淡 lěngdàn. ¶～にあしらう / 冷淡对待.
れいだんぼう【冷暖房】冷热空调 lěngrè kōngtiáo.
れいてん【零点】零分 língfēn. ¶～を取る / 得了零分.
れいど【零度】零度 língdù. ¶絶対～ / 绝对零度.
れいとう【冷凍】冷冻 lěngdòng. ¶～庫 / 冰柜. ¶～室 / 冷冻室. ¶～車 / 冷冻车. ¶～食品 / 冷冻食品. ¶魚を～輸送する / 把鱼冷冻运输.
れいねん【例年】往年 wǎngnián.
れいはい【礼拝】礼拜 lǐbài. ¶教会の～に出席する / 参加教会的礼拜. ¶～者 / 礼拜者. ¶～堂 / 礼拜堂.
れいふく【礼服】礼服 lǐfú. ¶～を着用する / 穿礼服. ¶～には及びません / 不必穿礼服.
れいぼう【冷房】冷气设备 lěngqì shèbèi. ¶この部屋は～が効きすぎている / 这个房间冷气开得太凉. ¶～車 / 空调车.
れいめい【黎明】黎明 límíng. ¶近代文学の～期 / 现代文学的黎明期.
レインコート雨衣 yǔyī.
レーサー赛车选手 sàichē xuǎnshǒu.
レーザー激光 jīguāng. ¶～光線 / 激光射线. ¶～ディスク / 激光唱片.
レース赛跑 sàipǎo. ¶～に出る / 出赛. ¶自動車～ / 赛车. ¶～クイーン / 赛车女郎.
レース花边 huābiān. ¶～編み / 编织花边. ¶～糸 / 花边线.
レーズン葡萄干 pútaogān.
レーダー雷达 léidá. ¶～基地 / 雷达基地. ¶～網 / 雷达网.
レート汇率 huìlǜ. ¶レートを上げる〔下げる〕/ 提高〔降低〕汇率. ¶為替～ / 汇兑利率.
レール轨道 guǐdào. ¶～を敷く / 铺设轨道.
レーン赛道 sàidào.
れきし【歴史】历史 lìshǐ. ¶～に残る / 流传后世. ¶～は繰り返す / 历史重复. ¶～的な演説をする / 进行历史性演说. ¶～上の人物 / 历史上的人物. ¶～家 / 历史学家. ¶～年表 / 历史年表.
れきぜん【歴然】明确 míngquè. ¶～とした事実 / 千真万确的事实. ¶証拠が～としている / 证据确凿.
レギュラー正规 zhèngguī. ¶～を外される / 被从正式成员中取消. ¶～メンバー / 正式成员.
レクリエーション娱乐 yúlè. ¶～施設 / 娱乐设施.
レコード唱片 chàngpiàn.

レジ 现金出纳机 xiànjīn chūnàjī.
レシート 收据 shōujù.
レシーバー 〔体育〕接球员 jiēqiúyuán ;〔受信機〕接收机 jiēshōujī.
レシピ 食谱 shípǔ.
レジャー 休闲 xiūxián. ¶～産業 / 休闲业. ¶～センター / 休闲中心.
レジュメ 摘要 zhāiyào.
レスキュー 急救队 jíjiùduì.
レストラン 餐厅 cāntīng.
レズビアン 女性同性恋 nǚxìng tóngxìngliàn.
レスポンス 反应 fǎnyìng.
レスリング 摔交 shuāijiāo.
レセプション 招待会 zhāodàihuì.
レタス 莴苣 wōjù.
れつ【列】 队列 duìliè. ¶～を作る / 排队. ¶～に割り込む / 插队. ¶一～に並ぶ / 站成一排. ¶2～目の端に / 在第二排的边上.
レッカーしゃ【レッカー車】 吊车 diàochē. ¶車が～で移動された / 车被吊车移走了.
れっきょ【列挙】 列举 lièjǔ.
れっしゃ【列車】 列车 lièchē. ¶～で行く / 坐列车去. ¶～事故 / 列车事故.
レッスン 课程 kèchéng. ¶ピアノの～をする / 学钢琴.
れっせい【劣勢】 劣势 lièshì. ¶数の上で～だ / 在数量上是劣势. ¶～を挽回する / 挽回劣势.
れっとう【列島】 列岛 lièdǎo.
れっとうかん【劣等感】 自卑感 zìbēigǎn. ¶～を抱く / 怀有自卑感.
レディー 女士 nǚshì ;妇女 fùnǚ. ¶～ファースト / 女士优先.
レディーメード 成品 chéngpǐn. ¶～のスーツ / 成品西服 ;现成的服装.
レトリック 修辞(学) xiūcí(xué).
レトルトしょくひん【レトルト食品】 蒸煮袋食品 zhēngzhǔdài shípǐn.
レトロ 怀古 huáigǔ.
レバー 〔肝臓〕肝脏 gānzàng ;〔取っ手〕把手 bǎshou. ¶～を引く / 拉把手.
レパートリー 上演节目shàngyǎn jiémù.
レフェリー 裁判 cáipàn. ¶試合の～を務める / 当比赛的裁判.
レプリカ 复制品 fùzhìpǐn.
レベル 水平 shuǐpíng. ¶～が高い〔低い〕/ 水平「高〔低〕」. ¶～アップ〔ダウン〕する / 水平「上升〔下降〕.
レポーター 报告人 bàogàorén ;记者 jìzhě.
レポート 调查报告 diàochá bàogào. ¶～を提出〔作成〕する / 提交〔写〕调查报告.
レモネード 柠檬水 níngméngshuǐ.
レモン 柠檬 níngméng. ¶～搾り器 / 柠檬榨汁机. ¶～ティー / 柠檬茶.
れんあい【恋愛】 恋爱 liàn'ài. ¶～する / 谈恋爱. ¶～結婚 / 恋爱结婚. ¶自由～ / 自由恋爱.
れんか【廉価】 廉价 liánjià. ¶～版 / 廉价版. ¶～販売 / 廉价销售.
れんが【煉瓦】 砖 zhuān. ¶～を積む / 垒砖. ¶～造りの家 / 砖造的房子. ¶～職人 / 烧砖师傅.
れんきゅう【連休】 连休 liánxiū.
れんきんじゅつ【錬金術】 炼金术 liànjīnshù. ¶～師 / 炼金师.
れんけい【連係】 配合 pèihé. ¶彼らと～する / 和他们联手. ¶～プレー / 相互配合.
れんごう【連合】 联合 liánhé. ¶～軍 / 联军. ¶～国 / 同盟国. ¶～政権 / 联合政权. ¶国際～ / 联合国.
れんさはんのう【連鎖反応】 连锁反应 liánsuǒ fǎnyìng. ¶～が起こる / 发生连锁反应.
レンジ 炉灶 lúzào. ¶電子～ / 微波炉.
れんじつ【連日】 连日 liánrì. ¶～連夜 / 接连几天几夜.
れんしゅう【練習】 练习 liànxí. ¶～を積む / 反复练习. ¶文法の～問題をする / 做语法的练习题. ¶～試合 / 练习比赛. ¶～場 / 练习场.
レンズ 镜头 jìngtóu. ¶凹〔凸〕～ / 凹〔凸〕透镜. ¶望遠～ / 望远镜头.
れんそう【連想】 联想 liánxiǎng.
れんぞく【連続】 连续 liánxù. ¶3日～して雨が降った / 连续三天下雨. ¶～して起こる / 连续发生. ¶～殺人犯 / 连续杀人犯. ¶～小説 / 连载小说. ¶～ドラマ / 连续剧.
れんたい【連帯】 连带 liándài. ¶～して責任を負う / 负连带责任. ¶～感 / 连带感. ¶～保証人 / 连带保证人.
レンタカー 租赁汽车 zūlìn qìchē.
レンタル 租赁 zūlìn, 出租 chūzū. ¶～ビデオ / 出租录像带.
れんたん【練炭】 蜂窝煤 fēngwōméi.
レントゲン X光线 X guāngxiàn. ¶～を撮る / 照透视. ¶～検査を受ける / 接受透视检查. ¶～技師 / X光线技师. ¶～写真 / X光照片.
れんぽう【連邦】 联邦 liánbāng. ¶～国家 / 联邦国家.
れんめい【連盟】 联盟 liánméng. ¶国際～ / 国际联盟.
れんらく【連絡】 联系 liánxì, 联络 liánluò. ¶～が悪い / 不好联系. ¶～を絶つ / 断绝联系. ¶彼の～先の電話番号 / 他的联系电话. ¶～船 / 轮渡.
れんりつ【連立】 联合 liánhé. ¶～内閣 / 联合内阁.

ろ

ろ【炉】 炉 lú. ¶～端 / 炉边. ¶原子～ / 核反应堆. ¶溶鉱～ / 熔矿炉.

ろ【櫓】橹 lǔ. ¶～をこぐ / 摇橹.
ろう【蝋】蜡 là. ¶～細工 / 蜡工艺. ¶～人形 / 蜡人像.
ろう【牢】牢狱 láoyù. ¶～に入る / 坐牢. ¶～破り / 越狱.
ろうあしゃ【聾唖者】聋哑人 lóngyǎrén.
ろうか【廊下】走廊 zǒuláng. ¶～伝いに / 沿着走廊. ¶渡り～ / 回廊.
ろうか【老化】老化 lǎohuà. ¶～が早い / 老化早. ¶頭の～を防ぐ / 防止大脑的老化. ¶～現象 / 老化现象.
ろうかい【老獪】老奸巨猾 lǎo jiān jù huá. ¶～な政治家 / 老奸巨滑的政治家.
ろうがん【老眼】老花眼 lǎohuāyǎn.
ろうきゅう【老朽】老朽 lǎoxiǔ,破旧 pòjiù. ¶～化した校舎 / 破旧的校舍. ¶～船 / 破船.
ろうごく【牢獄】牢狱 láoyù.
ろうじん【老人】老人 lǎorén.
ろうすい【老衰】衰老 shuāilǎo. ¶～で死ぬ / 衰老而死.
ろうそく【蝋燭】蜡烛 làzhú. ¶～をつける〔消す〕/ 点〔灭〕蜡烛. ¶～立て / 蜡台.
ろうどう【労働】劳动 láodòng. ¶頭脳～者 / 脑力劳动者. ¶～組合 / 劳动工会. ¶～時間 / 劳动时间. ¶～人口 / 劳动人口. ¶～市場 / 劳力市场. ¶～争議 / 劳工争议. ¶～運動 / 劳工运动. ¶～問題 / 劳工问题. ¶厚生～省 / 厚生劳动省. ¶～委員会 / 劳动委员会. ¶～基準法 / 劳动基准法. ¶～基準監督署 / 劳动基准监督署. ¶～協約 / 劳动协议. ¶～ビザ / 劳动签证. ¶不法～ / 非法劳动.
ろうどく【朗読】朗读 lǎngdú,朗诵 lǎngsòng.
ろうねん【老年】老年 lǎonián.
ろうばい【狼狽】狼狈 lángbèi.
ろうひ【浪費】浪费 làngfèi. ¶～癖がある / 有浪费的习惯. ¶～家 / 挥霍的人.
ろうほう【朗報】好消息 hǎo xiāoxi.
ローカル地方的 dìfāng de. ¶～な話題 / 地方性话题. ¶～線 / 地方线. ¶～ニュース / 当地新闻. ¶～放送 / 地区广播.
ローギア低速挡 dīsùdǎng.
ローション化妆水 huàzhuāngshuǐ. ¶～を塗る / 擦化妆水.
ロースト烤 kǎo. ¶～チキン / 烤鸡肉. ¶～ビーフ / 烤牛肉.
ロータリー环形 huánxíng. ¶～エンジン / 转缸式发动机. ¶～クラブ / 扶轮社.
ローテーション轮换 lúnhuàn.
ロードショー新片特约放映 xīnpiàn tèyuē fàngyìng.
ロープ缆绳 lǎnshéng.
ロープウエー索道 suǒdào.
ローマ罗马 Luómǎ. ¶～字で名前を書く / 用罗马字写名字. ¶～カトリック教 / 罗马天主教. ¶～法皇 / 罗马教皇. ¶～は一日にして成らず / 伟业非一日而就. ¶すべての道は～に通ず / 条条大路通罗马.
ローヤルゼリー蜂王浆 fēngwángjiāng.
ローラー滚轮 gǔnlún. ¶～作戦 / 挨家挨户地进行盘问. ¶～スケート / 旱冰.
ローン贷款 dàikuǎn；按揭 ànjiē. ¶住宅～を返す / 还住房贷款.
ろうりょく【労力】劳力 láolì. ¶～を省く / 省劳力. ¶～が不足している / 劳力不足.
ろうれん【老練】老练 lǎoliàn.
ろか【濾過】过滤 guòlǜ. ¶～装置 / 过滤装置.
ろく【六】六 liù. ¶～分の1 / 六分之一. ¶～番目 / 第六.
ろくおん【録音】录音 lùyīn.
ろくが【録画】录像 lùxiàng.
ろくがつ【六月】六月 liùyuè.
ろくすっぽ不好 bù hǎo. ¶～知りもしないくせに / 根本不知道.
ろくでもない【碌でも無い】无聊 wúliáo. ¶～ことを言う / 说些无聊的事. ¶ろくでなし / 无赖.
ろくな【碌な】像样的 xiàngyàng de. ¶きょうは～ことがない / 今天没什么好事. ¶この店は～ものを置いていない / 这个店没什么好东西.
ろくに【碌に】很好地 hěn hǎo de. ¶～それを読みもしないで / 也不好好读. ¶～お昼も食べられなかった / 午饭也没吃好.
ろくまく【肋膜】胸膜 xiōngmó.
ろくろ【轆轤】陶工旋盘 táogōng xuànpán,辘轳 lùlú.
ロケ外景 wàijǐng. ¶京都に～に行く / 去京都拍外景.
ロケット火箭 huǒjiàn. ¶～を打ち上げる / 发射火箭. ¶～発射台 / 火箭发射台. ¶～エンジン / 火箭发动机. ¶～工学 / 航天工程学. ¶～弾 / 火箭弹.
ろこつ【露骨】露骨 lùgǔ. ¶～な描写 / 露骨的描写. ¶～に言う / 露骨地说.
ろし【濾紙】滤纸 lǜzhǐ.
ろじ【路地】胡同 hútòng. ¶～裏 / 小巷里；小胡同.
ロシア俄罗斯 Éluósī. ¶～人 / 俄罗斯人. ¶～語 / 俄语.
ロジック逻辑 luóji.
ロス损失 sǔnshī,损耗 sǔnhào. ¶～タイム / 损耗的时间.
ろせん【路線】路线 lùxiàn. ¶強硬～をとる / 采取强硬的路线. ¶～バス / 公共汽车. ¶～価 / 主要道路沿线地价.
ロッカー橱柜 chúguì. ¶～ルーム / 更衣室.
ロック（ンロール）摇滚 yáogǔn.
ロッククライミング攀岩 pānyán.
ろっこつ【肋骨】肋骨 lèigǔ.

ろてん【露店】摊子 tānzi. ¶～商 / 摊贩.

ろば【驢馬】驴 lǘ.

ロビー休息室 xiūxishì. ¶～活動 / 游说议员活动.

ロブスター龙虾 lóngxiā.

ロボット机器人 jīqirén. ¶～化する / 机器人化. ¶～工学 / 机器人工程学. ¶産業用～ / 工业机器人.

ロマンス浪漫史 làngmànshǐ.

ロマンチスト浪漫主义者 làngmàn zhǔyìzhě.

ロマンチック浪漫 làngmàn.

ろめん【路面】路面 lùmiàn. ¶～電車 / 有轨电车.

ろんぎ【論議】争论 zhēnglùn, 议论 yìlùn. ¶～を呼ぶ / 引起争论.

ろんきゅう【論及】论及 lùnjí. ¶細部にまで～する / 谈到细节问题.

ろんきょ【論拠】论据 lùnjù. ¶～を示す / 出示证据.

ろんしょう【論証】论证 lùnzhèng.

ろんじる【論じる】讨论 tǎolùn. ¶芸術について～ / 就艺术进行讨论. ¶事の是非を～ / 讨论是非.

ろんせつ【論説】评论 pínglùn.

ろんそう【論争】争论 zhēnglùn.

ろんてん【論点】论点 lùndiǎn. ¶～を外れる / 离开论点. ¶～をぼかす / 转移论点.

ろんばく【論駁】驳斥 bóchì.

ろんぴょう【論評】评论 pínglùn.

ろんぶん【論文】论文 lùnwén. ¶～を書く〔提出する〕/ 写〔交〕论文.

ろんり【論理】逻辑 luóji. ¶～に飛躍があるね / 不合逻辑. ¶～で攻める / 从逻辑上驳斥. ¶～回路 / 逻辑电路. ¶～学 / 逻辑学.

わ

わ【和】和 hé. ¶5と3の～は8だ / 五加三的和是八. ¶～を結ぶ / 和好. ¶人の～ / 人和. ¶～をもって貴しとなす / 以和为贵.

わ【輪】圆 yuán. ¶～になって座る / 围圈坐. ¶彼は兄に～をかけた嘘つきだ / 他比他哥哥更爱撒谎.

ワールドカップ世界杯 shìjièbēi.

ワイシャツ衬衫 chènshān. ¶～姿のサラリーマン / 穿衬衫的职员.

わいせつ【猥褻】猥亵 wěixiè, 淫猥 yínwěi. ¶～行為 / 流氓行为. ¶～罪 / 猥亵罪. ¶強制～ / 强行猥亵妇女.

ワイド宽广 kuānguǎng.

ワイパー雨刷 yǔshuā.

ワイヤレス无线 wúxiàn.

わいろ【賄賂】贿赂 huìlù. ¶～を贈る〔受け取る〕/ 行〔受〕贿.

ワイン葡萄酒 pútaojiǔ. ¶～グラス / 葡萄酒杯. ¶白～ / 白葡萄酒. ¶赤～ / 红葡萄酒；红酒.

わおん【和音】和音héyīn,和弦héxián.

わかい【若い】年轻 niánqíng. ¶彼は私より2つ～ / 他比我小两岁. ¶気が～ / 精神上年轻. ¶年の割に若く見える / 比年纪大看着年轻. ¶若くして死ぬ / 夭折. ¶そんなこと言うなんてあいつもまだ～ね / 说这种话说明他还年轻.

わかい【和解】和解 héjiě.

わかがえる【若返る】变得年轻 biànde niánqīng. ¶若返ったような気になる / 觉得返老还童. ¶役員の若返りを図る / 力求领导班子的年轻化.

わかさ【若さ】年轻 niánqīng. ¶～の秘訣は何ですか / 年轻的秘诀是什么?

わかす【沸かす】烧开 shāokāi. ¶湯を～ / 烧开水. ¶風呂を～ / 烧洗澡水. ¶観客を沸かせる / 使观众沸腾起来.

わかば【若葉】嫩叶 nènyè.

わがまま【我が儘】任性 rènxìng. ¶～な子供 / 任性的孩子. ¶～を通す / 我行我素. ¶～を言うんじゃない / 不该说任性的话.

ワカメ裙带菜 qúndàicài.

わかもの【若者】青年 qīngnián, 年轻人 niánqīngrén. ¶近頃の～は意気地がないね / 现在的年轻人没出息. ¶最近の～は礼儀を知らない / 现在的年轻人不懂礼貌.

わからずや【分からず屋】胡搅蛮缠的人 hújiǎo mánchán de rén.

わかりきった【分かり切った】非常明白 fēicháng míngbai. ¶それは～ことだ / 那是明摆着的事.

わかりにくい【分かり難い】难懂 nándǒng.

わかりやすい【分かり易い】易懂 yìdǒng. ¶わかりやすく説明する / 通俗地说明.

わかる【分かる】知道 zhīdao. ¶わかりました / 知道了. ¶気持ちは～けど / 明白你的心情. ¶どうしてよいかわからない / 不知道怎么做好. ¶一瞬彼がだれだかわからなかった / 一时没认出他来.

わかれ【別れ】分别 fēnbié. ¶つらい～ / 痛苦的别离. ¶～の杯 / 送别酒. ¶～を告げる / 告别. ¶～話が持ち上がる / 提出分手.

わかれみち【分かれ道】岔道 chàdào. ¶ここが運命の～だ / 这里是命运的分水岭. ¶人生の～に立つ / 站在人生的歧路.

わかれる【別れる】分别 fēnbié. ¶別れて暮らす / 分居. ¶夫と～ / 和丈夫离婚.

わかれる【分かれる】分开 fēnkāi. ¶道が二またに～ / 道路分成两岔.

わかわかしい【若々しい】年轻的 niánqīng de. ¶彼はいつも～ / 他总是朝气蓬勃的.

わき【脇】腋窝 yèwō. ¶～の下に汗をかく / 腋窝下流汗. ¶彼の～に近寄る / 靠近他. ¶彼女の～に腰かける / 坐在她身边. ¶～に置く / 放在身旁. ¶～を向く / 看一边.

わきばら【脇腹】側腹 cèfù. ¶～が痛い / 侧腹疼.
わきみち【脇道】岔道 chàdào. ¶～に入る / 走入歧途. ¶話が～にそれる / 话离题了.
わきやく【脇役】配角 pèijué. ¶～に回る / 演配角. ¶～に徹する / 甘当配角.
わく【沸く】煮沸 zhǔfèi. ¶お湯が～ / 水开了. ¶お風呂が沸いたよ / 洗澡水烧好了. ¶彼女が登場すると場内が沸いた / 她一登场,场内就沸腾了.
わく【湧く】涌出 yǒngchū. ¶清水が岩の間からわいている / 清水从岩石间涌出来. ¶水たまりに蚊が～ / 水坑生蚊子. ¶興味が～ / 产生兴趣. ¶恐怖心がわいた / 感到了恐怖.
わく【枠】框架 kuàngjià. ¶～にはめる / 镶在框里. ¶予算の～外だ / 预算范围之外. ¶～にはまった考え方 / 受条条框框束缚的想法. ¶窓～ / 窗框.
わくせい【惑星】行星 xíngxīng. ¶～軌道 / 行星轨道.
ワクチン 疫苗 yìmiáo. ¶～を接種する / 接种疫苗.
わけ【訳】理由 lǐyóu, 原因 yuányīn. ¶何を言っているのか～がわからないよ / 不明白在说什么. ¶～を話してください / 请说一下理由. ¶～もなくさびしいの / 不知为什么感到寂寞. ¶なるほど君が怒る～だ / 怪不得你生气呢. ¶どういう～か彼は来なかった / 不知为什么他没来. ¶深い～がある / 有很深的原因. ¶そういう～だったのか / 原来是这么回事. ¶それなら行かない～にはいかない / 既然如此就不得不去了.
わけまえ【分け前】应得的份儿 yīngdé de fènr. ¶利益の～をもらう / 得到一份利益. ¶自分の～ / 自己的份儿.
わけめ【分け目】分界线 fēnjièxiàn.
わける【分ける】分 fēn. ¶生徒を2クラスに～ / 把学生分成两个班. ¶髪を横に～ / 把头发分到旁边. ¶大きさによって～ / 根据大小分开. ¶年齢別に～ / 根据年龄分开. ¶人込みを分けて歩く / 穿过人群走.
わゴム【輪ゴム】橡皮筋儿 xiàngpíjīnr.
わざ 本领 běnlǐng, 手艺 shǒuyì.
わざと【態と】故意地 gùyìde. ¶それは～したのです / 那是故意干的. ¶～らしい / 假惺惺的.
わざわい【災い】灾难 zāinàn. ¶口は～の元 / 祸从口出. ¶～転じて福となす / 转祸为福.
わざわざ【態々】特意 tèyì. ¶～書き直す / 特意改写. ¶～おいでになる必要はございません / 没必要特意来.
わし【鷲】鹫 jiù, 雕 diāo. ¶～鼻 / 鹰勾鼻.
わしょく【和食】日餐 rìcān.
わずか【僅か】一点点 yīdiǎndiǎn. ¶～な食べ物 / 一点点食物. ¶お金が～しかない / 仅有一点点钱.
わずらわしい【煩わしい】麻烦 máfan.
わずらわす【煩わす】添麻烦 tiān máfan. ¶お手を煩わせてすみません / 对不起给你添麻烦.
わすれっぽい【忘れっぽい】健忘 jiànwàng. ¶彼は～ / 他爱忘事儿. ¶最近どうも忘れっぽくてね / 最近变得爱忘事儿了.
わすれもの【忘れ物】遗失物 yíshīwù.
わすれる【忘れる】忘 wàng, 忘记 wàngjì. ¶彼女の電話番号を忘れた / 忘了她的电话号码. ¶ドアの鍵を掛けるのを忘れた / 忘了锁门. ¶忘れずに電気を消してください / 请别忘记关灯. ¶あの人が忘れられない / 忘不了那个人. ¶忘れられない出来事 / 难以忘怀的事情. ¶済んだことは忘れよう / 过去的事就忘掉吧.
わせい【和声】和声 héshēng.
わた【綿】棉花 miánhua. ¶～入れ / 棉衣. ¶～菓子 / 棉花糖.
わだい【話題】话题 huàtí. ¶～になる / 成话题. ¶～を変える / 改变话题.
わたし【私】我 wǒ. ¶～の故郷 / 我的故乡. ¶～たち / 我们.
わたす【渡す】渡 dù ; 架 jià ; 交 jiāo. ¶契約金を～ / 交合同金. ¶渡し舟で人を～ / 用船把人送过河. ¶橋を～ / 架桥. ¶ロープを～ / 拉上缆绳.
わだち【轍】车辙 chēzhé.
わたりどり【渡り鳥】候鸟 hòuniǎo.
わたる【渡る】渡过 dùguò. ¶橋を～ / 过桥. ¶道路を～ / 过路. ¶海を～ / 跨海. ¶人手に～ / 归别人所有.
ワックス 蜡 là. ¶～を塗る / 打蜡.
ワット 瓦特 wǎtè, 瓦 wǎ.
ワッペン 徽章 huīzhāng.
わな【罠】圈套 quāntào. ¶～に掛ける / 设圈套. ¶～に掛かる / 上了圈套.
わに【鰐】鳄鱼 èyú. ¶～革のハンドバッグ / 鳄鱼皮手提包.
わび【詫び】道歉 dàoqiàn. ¶～を入れる / 赔礼道歉. ¶～言を繰り返す / 反复道歉. ¶～状 / 道歉信.
わびしい【侘びしい】寂寞 jìmò. ¶～一人暮らしをする / 孤零零地生活. ¶一人わびしく夕食をとる / 一个人孤单地吃饭.
わびる【詫びる】道歉 dàoqiàn. ¶心からおわびします / 从心里致以歉意.
わふく【和服】和服 héfú.
わめく【喚く】大喊 dàhǎn. ¶子供が泣きわめいている / 孩子大哭起来.
わら【藁】稻草 dàocǎo. ¶おぼれる者は～をもつかむ / 有病乱求医. ¶～ぶき屋根 / 草屋顶.

わらい【笑い】笑 xiào. ¶～が止まらない / 笑个不停. ¶～をこらえる / 忍住笑声. ¶～顔 / 笑脸. ¶～声 / 笑声. ¶～声を上げる / 发出笑声.

わらう【笑う】笑 xiào. ¶大声で～ / 大声笑. ¶くすくす～ / 哧哧地笑. ¶にこにこ～ / 嘻嘻地笑. ¶げらげら～ / 格格地笑. ¶笑って済ます / 一笑了之. ¶笑わずにはいられない / 情不自禁地笑. ¶そんなことをしたら人に笑われるよ / 做那种事会让人笑话的. ¶他人の不幸を～ものではない / 不应该取笑别人的不幸. ¶～角には福来る / 笑口常开,福常来.

わらわせる【笑わせる】让人笑 ràng rén xiào. ¶聴衆を～ / 逗观众笑. ¶あれで歌手だなんて～よ / 那就是歌手真可笑. ¶あいつが大きなことを言うとは～ / 他说大话真让人好笑.

わり【割】分摊 fēntān. ¶～のいい仕事 / 划算的工作. ¶～が合わない / 不划算.

わりあい【割合】比例 bǐlì. ¶5人に1人の～で合格した / 五个人里有一个人合格. ¶きょうは～暖かい / 今天比较暖和.

わりあて【割り当て】分配 fēnpèi.

わりかん【割り勘】AA制 AA zhì.

わりこむ【割り込む】插入 chārù. ¶並ばずに列に～ / 不排队加塞.

わりざん【割り算】除法 chúfǎ. ¶～をする / 算除法.

わりだか【割高】比较贵 bǐjiào guì. ¶都会は田舎に比べて物価が～だ / 城市比农村物价贵一些.

わりと【割と】比较 bǐjiào. ¶彼は～元気だった / 他还算精神.

わりに【割に】比较 bǐjiào. ¶物価は～安い / 物价比较便宜. ¶彼は年の～老けている / 他看起来显老. ¶三流ホテルの～はましなほうだ / 在三流宾馆里还算是不错的.

わりばし【割り箸】卫生筷 wèishēngkuài, 一次性筷子 yīcìxìng kuàizi.

わりびき【割引】打折扣 dǎ zhékòu. ¶2～で売る / 打八折卖. ¶1～にしてもらう / 打九折. ¶～価格 / 打折价. ¶～券 / 优惠券.

わりびく【割り引く】折扣 zhékòu. ¶10%～ / 折扣百分之十. ¶あいつの言うことは少し割り引いて聞くべきだ / 听他说话要打点折听扣.

わりまし【割り増し】加价 jiājià. ¶タクシーの～料金 / 出租车费的加价. ¶～運賃 / 加价运费.

わる【割る】分开 fēnkāi. ¶花瓶を～ / 打碎花瓶. ¶スイカを二つに～ / 把西瓜切成两半. ¶竹を～ / 劈竹子. ¶10を2で～ / 十除以二. ¶ウイスキーを水で～ / 威士忌里加水. ¶過半数を～ / 不到半数. ¶1ドルが100円台を割った / 一美元兑换不到一百日元. ¶口を～ / 坦白.

わるい【悪い】坏 huài. ¶天気が～ / 天气不好. ¶運が～ / 运气不好. ¶景気が～ / 不景气. ¶質が～ / 质量差. ¶仲が～ / 关系不好. ¶気分が～ / 心情坏. ¶人のことを悪く言う / 说别人坏话. ¶うそばかり言う～やつ / 尽撒谎的坏家伙. ¶意地が～ / 用心不良. ¶だれが～のでもないよ / 谁都不能怪. ¶喫煙は体に～ / 吸烟有损身体. ¶体の具合が悪くて会社を休んだ / 身体不舒服请假不上班. ¶～ことに雨が降り出した / 倒霉地下起雨来. ¶タイミングが～ / 时机不好. ¶～けど先に行くからね / 不好意思,先走了. ¶君には～ことをしてしまった / 这件事真对不起你. ¶いい時も～時もあるよ / 有好的时候,也有坏的时候. ¶～ようにはしないよ / 不会做害你的事.

わるがしこい【悪賢い】奸猾jiānhuá. ¶～やつ / 奸猾的人.

わるくち【悪口】坏话 huàihuà. ¶～を言う / 说坏话.

わるだくみ【悪巧み】奸计 jiānjì. ¶～をする / 制定奸计.

ワルツ 华尔兹 huá'ěrzī, 圆舞曲 yuánwǔqǔ. ¶～を踊る / 跳华尔兹舞.

わるふざけ【悪ふざけ】恶作剧 èzuòjù. ¶～をする / 搞恶作剧. ¶～が過ぎるよ / 恶作剧过头了.

わるもの【悪者】坏蛋 huàidàn, 恶棍 ègùn.

われめ【割れ目】裂缝 lièfèng. ¶～が入る / 出现裂缝.

われる【割れる】碎 suì. ¶コップが粉々に割れた / 杯子打碎了. ¶地震で壁がひび割れた / 地震使墙壁裂开了缝. ¶党は三つの派閥に割れた / 党分成三个派系. ¶～ような拍手 / 雷鸣般的掌声. ¶頭が～ように痛い / 头疼得像裂开似的. ¶割れやすい / 易碎.

われわれ【我々】我们 wǒmen.

わん【湾】湾 wān. ¶東京～ / 东京湾.

わん【椀】碗 wǎn.

わんきょく【湾曲】弯曲 wānqū. ¶～した海岸線 / 蜿蜒的海岸线.

わんしょう【腕章】袖章 xiùzhāng. ¶～を巻く / 带上袖章.

ワンタン 馄饨 húntun.

わんぱく【腕白】淘气 táoqì. ¶～坊主 / 淘气鬼.

ワンパターン 一成不变 yī chéng bù biàn, 一个模子 yī ge múzi.

ワンピース 连衣裙 liányīqún.

ワンマン 一个人 yī ge rén；独裁者 dúcáizhě. ¶～ショー / 独奏会；独唱会. ¶～バス / 无人售票车.

わんりょく【腕力】腕力 wànlì. ¶～に訴える / 付诸武力. ¶～を振るう / 动手.

わんわん ［犬の鳴き声］汪汪 wāngwāng. ¶犬が～鳴く / 狗汪汪叫.

ポケットプログレッシブ中日・日中辞典

2006年３月20日　初版第１刷発行
2011年３月13日　　第２刷発行

編　者　武信　彰
　　　　山田眞一
　　　　古川　裕
　　　　森　宏子

発行者　大澤　昇

発行所　株式会社　小学館
郵便番号　101-8001
東京都千代田区一ツ橋2-3-1
電話　編集（03）3230-5169
　　　販売（03）5281-3555

印刷所　凸版印刷株式会社
製本所　牧製本印刷株式会社

★本辞典の表紙は、地球環境に配慮した素材を使用しています。
★小学館外国語辞典のホームページ
http://www.l-world.shogakukan.co.jp/

Printed in Japan　　ISBN4-09-506151-0

現代中国地図

凡例
回 首都
■ 省都・区都
◎ 直轄市
◉ 特別行政区
◦ その他の都市
—・— 国界
– – – 未確定国界
—— 省界

ESTADOS UNIDOS DE AMÉR
P. de la Baja California
Golfo de California
Río Grande
MÉXICO
Golfo de
OCÉANO PACÍFICO
Ciudad de México
GUATEMALA
Guatemala
San Salvad
EL SALVAD
0
1000km
San José
Panamá
Caracas
COSTA RICA
VENEZUELA
PANAMÁ
Bogotá
Arch. de Colón
(Is. Galápagos)
COLOMBIA
ECUADOR
Quito
PERÚ
Lima
Lago
Titicaca
La Paz
BOLIVI
OCÉANO PACÍFICO
CHILE
Buenos
Santiago
ARGEN
0
1000km
Cabo de Hornos

ポケットプログレッシブ
西和・和西辞典

2003年11月1日　初版第1刷発行
2024年3月13日　　　第15刷発行

編者代表　高　垣　敏　博
発行者　吉　田　兼　一
発行所　〔郵便番号　101-8001〕
東京都千代田区一ツ橋2－3－1
株式会社小　学　館
電話　編集　東京（03）3230-5170
販売　東京（03）5281-3555

印刷所　TOPPAN株式会社

製本所　牧製本印刷株式会社

★小学館の辞書公式ウェブサイト
「ことばのまど」
https://kotobanomado.jp/
Printed in Japan　ISBN4-09-506131-6